DICTIONNAIRE

GÉNÉRAL

DES LETTRES, DES BEAUX-ARTS

ET DES

SCIENCES MORALES ET POLITIQUES

II

GRANDS ATLAS

Dressés par A. BRUÉ

Nouvelle édition, revue et complétée par E. LEVASSEUR, membre de l'Institut, professeur au Collège de France

POUR TOUTES LES NOUVELLES LIMITES, DÉCOUVERTES, ETC.

L'Atlas de Brué peut être regardé comme le meilleur ouvrage de ce genre qui ait jamais paru en France; nous ne pensons pas qu'aucun autre puisse lui être comparé, sous le double rapport de la précision des connaissances et du soin de l'exécution.

M. LEVASSEUR, aidé de deux membres de la Société de Géographie, MM. MALTE-BRUN et DUFRESNE, vient de le mettre au courant des plus récentes découvertes de la science moderne et en conformité avec les derniers événements de la politique contemporaine dans les cinq parties du monde.

Atlas universel de Géographie physique, politique ancienne, du moyen âge moderne et contemporaine de toutes les parties du monde. 67 feuilles grand raisin, donnant : 67 cartes principales et 85 suppléments qui, pour les détails qu'ils offrent, tiennent lieu d'autant de cartes, 1 vol. in-folio, demi-reliure. Prix : 75 fr.

Atlas de Géographie moderne, 50 cartes grand raisin. 1 volume in-folio, demi-reliure. . . 60 »

Atlas de Géographie ancienne et moderne, 36 feuilles grand raisin. 1 volume in-folio, demi-reliure. . . . . 40 »

Atlas de Géographie moderne, 21 feuilles grand raisin. 1 volume in-folio, demi-reliure. . 25 »

CARTES MURALES

dressées par A. BRUÉ, géographe
revues et complétées par E. LEVASSEUR, membre de l'Institut.

Ces Cartes, qui se distinguent par les nombreux détails et renseignements qu'elles donnent et par une exécution soignée, viennent d'être entièrement transformées sous le rapport des nouvelles découvertes, des voies de communication et des limites d'États. Tous les chemins de fer, lignes de navigation, lignes télégraphiques, vents, courants, ont été scrupuleusement indiqués.

France (Carte géographique et administrative de la), comprenant une grande partie des États voisins, présentant l'état actuel des Routes nationales et départementales, des Routes stratégiques, des Chemins de fer, des Canaux, etc. Nouvelle édition, revue et complétée, donnant l'indication des nouvelles frontières, 4 feuilles format grand aigle (hauteur 1 m. 35, largeur 2 mètres). . . . . . . 20 »
Collée sur toile, vernie, montée sur gorge et rouleau. . . . . 35 »

Europe centrale (carte physique, politique et routière de l'). Nouvelle édition, revue et complétée. 4 feuilles grand aigle (hauteur 1 m. 35, largeur 1 m. 85). . . . . 20 »
Collée sur toile, vernie, montée sur gorge et rouleau. . . . . 35 »

Planisphère sur la projection de Mercator. Nouvelle édition revue et complétée pour les nouvelles découvertes. 4 feuilles grand aigle (hauteur 1 m. 30, largeur 1 m. 68). . . . . 20 »
Collée sur toile, vernie, montée sur gorge et rouleau). . . . . 35 »

Amérique du Nord (carte de l', du Groënland et des îles qui en dépendent, dédiée à l'Académie des sciences. Nouvelle édition. 4 feuilles grand aigle (hauteur 1 m. 30, largeur 1 m. 85). 20 »
Collée sur toile, vernie, montée sur gorge et rouleau. . . . . 35 »

Amérique du Sud (carte de l', et des îles qui en dépendent, dédiée à l'Académie des sciences. Nouvelle édition. 4 feuilles grand aigle (hauteur 1 m. 85, largeur 1 m. 30). . . . . 28 »
Collée sur toile, vernie, montée sur gorge et rouleau. . . . . 35 »

EN PRÉPARATION :

Mappemonde en deux hémisphères, avec un tableau comparé de la longueur des fleuves et de la hauteur des montagnes du globe. 4 feuilles grand aigle (hauteur 1 m. 25, largeur 1 m. 95).

Asie. 4 feuilles grand aigle (hauteur 1 m. 40, largeur 1 m. 20).

Afrique. 4 feuilles grand aigle (hauteur 1 m. 40, largeur 1 m. 10).

Océanie, comprenant l'archipel d'Asie, l'Australie et la Polynésie. 4 feuilles grand aigle (hauteur 1 m. 60, largeur 1 m. 20).

Ces Cartes se vendront réunies sous le titre de

GRAND ATLAS DES CINQ PARTIES DU MONDE

32 feuilles grand aigle. 1 volume atlantique, reliure demi-chagrin. Prix. . . . . 160 fr.

PARIS. — Impr. J. CLAYE. — A. QUANTIN et Cⁱᵉ, rue Saint-Benoît.

DICTIONNAIRE

GÉNÉRAL

DES

LETTRES, DES BEAUX-ARTS

ET DES

SCIENCES MORALES ET POLITIQUES

COMPRENANT

POUR LES LETTRES : La Grammaire ; — la Linguistique ; — la Rhétorique, la Poétique et la Versification ; — la Critique ; — la Théorie et l'Histoire des différents genres de Littérature ; — l'Histoire des Littératures anciennes et modernes ; — des Notices analytiques sur les grandes œuvres littéraires ; — la Paléographie et la Diplomatique, etc.

POUR LES BEAUX-ARTS : L'Architecture : Constructions civiles, religieuses, hydrauliques, militaires et navales ; — la Sculpture, la Peinture, la Musique, la Gravure, avec leur histoire ; — la Numismatique ; — le Dessin, la Lithographie, la Photographie ; — la Description des monuments fameux ; — les divers arts et jeux d'agrément, de force, d'adresse ou de combinaison, etc.

(N. B. Cette partie est ornée de figures dans le texte.)

POUR LES SCIENCES MORALES ET POLITIQUES : La Philosophie : Psychologie, Logique, Morale, Métaphysique, Théodicée, Histoire des systèmes philosophiques ; — les Religions, les Cultes et la Liturgie de tous les peuples ; — La Jurisprudence usuelle : Droit civil, politique, pénal et international : Législation militaire, maritime, industrielle, commerciale et agricole ; la Science politique ; théorie et histoire des gouvernements ; la Science de l'Administration, et l'Histoire des institutions administratives ; — les Études historiques et géographiques ; — le Blason ; — l'Économie politique et sociale : Institutions de crédit et de charité, Banques, Bienfaisance publique, Hospices, Salles d'asile ; — la Statistique ; — la Pédagogie et l'Éducation, etc.

PAR

M. Th. BACHELET

L'un des auteurs-directeurs du *Dictionnaire de Biographie et d'Histoire*, etc.

ancien élève de l'École normale supérieure, chevalier de la Légion d'honneur,
officier de l'instruction publique, agrégé de l'Université, professeur à l'École des sciences et des lettres
et au lycée Corneille, de Rouen, conservateur de la bibliothèque publique de cette ville, etc.

UNE SOCIÉTÉ

DE LITTÉRATEURS, D'ARTISTES, DE PUBLICISTES ET DE SAVANTS

et avec la collaboration

DE

M. CH. DEZOBRY

AUTEUR DE ROME AU SIÈCLE D'AUGUSTE
ET L'UN DES AUTEURS-DIRECTEURS
DU DICTIONNAIRE DE BIOGRAPHIE ET D'HISTOIRE, ETC.

DEUXIÈME PARTIE

CINQUIÈME ÉDITION

PARIS

LIBRAIRIE CH. DELAGRAVE

15, RUE SOUFFLOT, 15

—

1879

Chd Delagrave

DICTIONNAIRE

DES LETTRES

DES BEAUX-ARTS

ET

DES SCIENCES MORALES ET POLITIQUES

G

G, 7ᵉ lettre et 5ᵉ consonne dans l'alphabet latin et dans les alphabets qui en dérivent. Le *gamma* des Grecs et les caractères correspondants des alphabets orientaux occupent la 3ᵉ place. En français, le G a deux valeurs de prononciation : il est *dur* devant *a, o, u, l, n, r* (*gale, gosier, guttural, glu, gnomon, gris*), et alors c'est une lettre gutturale ; il est *doux*, avec le son du *j*, devant *e, i, y* (*gémir, gilet, gymnase*), et il est alors une lettre chuintante. La distinction des deux valeurs du G existe aussi en italien, en espagnol, en allemand et en anglais ; mais si le G dur a une prononciation uniforme dans toutes ces langues, il n'en est pas de même du G doux, qui se prononce *dj* en italien et en anglais, et en allemand (*weg, wegen*), et comme la *jota* en espagnol. En allemand, la prononciation du *g* se conserve souvent devant l'*e* et l'*i*. — A la fin des mots, le G ne se prononce pas en français, sauf quelques exceptions, comme *joug*, et à moins que le mot suivant ne commence par une voyelle, et alors il prend le son du *k* (*sang impur, long espoir, rang élevé*). Il est muet aussi quelquefois au milieu des mots, par exemple dans *vingt, doigt, legs*.

Dans le passage d'une langue à une autre, certains mots présentent la permutation du C avec C (*Cadix*, du latin *Gades* ; *gras*, de *crassus* ; — V. l'art. sur la lettre C), ou du G avec I (*fuir*, de *fugere* ; *lire*, de *legere*). Beaucoup de mots allemands, introduits dans le français, ont permuté W avec G (*garde*, de *ward* ; *gain*, de *win* ; *guerre*, de *war* ; *Guillaume*, de *Wilhem*). Le réciproque existe dans *wallon*, dérivé de *gaulois*. De *vasco* nous avons fait *gascon*.

L'articulation gutturo-nasale *gn*, qui se trouve dans beaucoup de mots français (*bagne, règne, ligne, seigneur, agneau, signal, rogner*), existe aussi : 1° en italien (*segno, signor*) ; 2° en anglais, avec les deux mêmes lettres placées en sens inverse (*sing*) ; 3° en espagnol, avec un *n* surmonté d'un trait (*leño, Marañon*). Les Italiens ont une articulation particulière, *gli*, où l'on entend successivement notre *l* mouillé et l'*i* voyelle.

Dans les abréviations des inscriptions romaines, G est pour *Gaius, Gellius, gens, genius, gratis, gaudium, gloria*, etc. D. G. veut dire *Dei gratia* ; S. C., *Sa Grâce* ou *Sa Grandeur*. Sur les anciennes monnaies françaises, G était la marque de la fabrique de Poitiers. — Comme lettre numérale, le G valait 400 chez les Romains ; surmonté d'un trait horizontal, 400,000. Mais, en grec, γ' valait 3, et ͵γ 3,000. — Dans le comput ecclésiastique, G est la dernière des 7 lettres dominicales, et marque sur le calendrier les dimanches, dans les années où ce jour tombe le 7 janvier. — Dans la notation musicale, G désigne le *sol*, qui était la 7ᵉ note de la gamme ancienne.

GABARE (du bas latin *cabarus*, ou de l'hébreu *habarah*, bateau de passage), nom donné à deux espèces de navires de charge : 1° aux lourdes barques, pontées ou non pontées, à un seul mât, allant à la voile et à l'aviron, et dont on se sert dans les ports pour porter à bord des bâtiments en rade les objets de consommation ; 2° aux grosses corvettes de 300 à 600 tonneaux, qui vont ravitailler les garnisons des colonies, les escadres et les stations : elles ont trois mâts, et portent de 8 à 12 canons ou caronades ; les plus petites sont appelées *gabarots*, et les plus grandes, *gabosses*. Dans les ports, la marie-salope est quelquefois appelée *gabare à vase*.　　　B.

GABARE, filet à mailles serrées, soutenu à la surface de l'eau par des morceaux de liége. On en fait usage sur nos côtes de l'Océan, à l'embouchure des rivières.

GABARIT, modèle en bois ou en fer sur lequel travaillent les ouvriers des constructions navales, et qui offre la forme, les contours et les proportions qu'ils doivent reproduire en faisant un bâtiment.

GABELLE. *V.* ce mot dans notre *Dictionn. de Biogr. et d'Histoire*, et, dans le présent ouvrage, l'art. SEL (Impôt du).

GABÉLOU, nom donné jadis aux commis des gabelles, et qui ne s'emploie plus que dans le langage populaire pour désigner les douaniers, les employés de l'octroi et les commis des contributions indirectes.

GABIE (du bas latin *gabia*, cage, hotte), sorte de demi-hune en caillebotis appliquée sur un des côtés de la tête des mâts à antennes.

GABIER, nom que l'on donne, sur les grands bâtiments, aux matelots que l'on choisit par le commandant parmi ceux du service des hunes et du beaupré, ont la surveillance des gréements, et sont chargés d'y faire les réparations nécessaires. On les distingue d'après le mât auquel ils sont attachés : *gabiers de grand'hune*, au nombre de 16 pour un vaisseau, de 10 à 12 pour une frégate ; *gabiers de misaine*, en pareil nombre ; *gabiers d'artimon et de beaupré*, moins nombreux. Le titre de *gabier* implique un emploi et non un grade ; il ne se porte pas à terre. Les contre-maîtres sont choisis de préférence parmi les gabiers. Dans les prises faites par les bâtiments de l'État, chaque gabier a 2 parts 1/29 (arrêté consulaire du 9 ventôse an IV).

GABION, sorte de grand panier cylindrique, sans fond, formé d'un clayonnage, et qu'on remplit de terre ou de toute autre matière. Il sert, dans les siéges, à garantir les troupes et les travailleurs contre la mousqueterie de la place. Les *gabions de sape* ou *de tranchée*, qui ont 0ᵐ,80 de diamètre extérieur, et 0ᵐ,65 pour une frégate remplis de terre : placés debout les uns à côté des autres, ils forment, soit le parapet des sapes, des logements, des tranchées, soit le cavalier qu'on élève en avant du chemin couvert. Les *gabions farcis* ou *roulants* ont 2ᵐ,30 de hauteur, 1ᵐ,30 à 1ᵐ,50 de diamètre extérieur, et sont garnis de vingt-cinq à trente fascines, ou de laine, de bourre, de menus copeaux : on les emploie couchés, et on les roule au moyen d'un crochet en avant des travailleurs.

GABLE, en Architecture, couronnement d'un mur de façade dans les édifices des périodes romane et ogivale. Il dérive du fronton antique, mais il n'en a conservé que la forme triangulaire. Il est simple et uni, ou découpé à jour et très-orné. Ses dimensions ne sont assujetties à aucune règle fixe; la hauteur dépend souvent du comble que le gable dans la plupart des cas est appelé à masquer. Dans les monuments romans, il est ordinairement surmonté d'une croix, tandis qu'à l'époque ogivale il se couronne de bouquets en panaches. V. PIGNON, FRONTON. E. L.

GABLETS, petits gables décorant les niches et les dais, qui même dans le principe en portaient le nom.

GABORD. V. BORDAGE.

GABURON ou JUMELLE, pièce de bois qui recouvre un bas-mât depuis sa naissance jusqu'au quart environ de sa longueur au-dessous de la hune, pour le renforcer, et pour le garantir des frottements du mât supérieur qu'on monte ou qu'on descend. *Gaburon* est pour *capuron*, dérivé du latin *caput*, tête.

GACHIS (de l'allemand *waschen*, laver), mélange de chaux, de sable, de plâtre ou de ciment délayé dans de l'eau, et propre à la bâtisse. *Gâcher serré*, c'est mettre du plâtre dans l'eau jusqu'à ce qu'elle soit tout absorbée; *gâcher lâche*, c'est mettre peu de plâtre et obtenir un mélange très-liquide.

GAÉLIQUE, nom que les linguistes donnent à la branche des langues celtiques (V. *ce mot*) qui comprend l'idiome des montagnards de l'Écosse et celui des paysans irlandais. Cependant les écrivains anglais appellent *gaélique* la langue primitive de l'Écosse, à l'exclusion de celle de l'Irlande. C'est à elle également qu'ils donnent les noms d'*erse* et d'*albanack*. La déclinaison du gaélique, qui a 6 cas, se fait en partie par flexion et en partie à l'aide de prépositions. Il n'y a pas de genre neutre. La conjugaison, riche en modes, qu'elle a un nom négatif, est pauvre en temps, car elle n'a que l'imparfait et le futur; les autres temps se forment par périphrases. Le passif se forme sans auxiliaires, si ce n'est aux modes optatif et conjonctif. A l'indicatif, la terminaison est invariable pour les deux genres et pour toutes les personnes, et le pronom personnel se place après le verbe. Un certain nombre de particules, en se joignant à un adjectif, à un substantif ou à un verbe, en modifient le sens. Dans la construction, l'article, les verbes et les pronoms possessifs se mettent avant le substantif, mais le nominatif ou le sujet est placé ordinairement après le verbe; les prépositions précèdent leurs régimes. Le gaélique est plein de sons gutturaux. Sans doute on ne l'écrivait pas avant l'arrivée des Romains dans la Grande-Bretagne; car on n'a découvert aucun manuscrit, aucun monument épigraphique antérieur à cette époque. L'alphabet que l'on adopta dans la suite n'est autre que le latin: il se compose de 18 lettres, où ne figurent pas *k, q, v, x, y* et *z*. L'écriture est hérissée de consonnes, qui cependant ne se prononcent pas. La prononciation a beaucoup varié selon les localités, et l'orthographe selon les époques. On a distingué jusqu'à 24 rhythmes dans la versification: l'emploi de la rime finale est rare, mais on se sert fréquemment des assonances, de l'allitération et même de la rime dans le corps du vers. Parmi les poètes dont on a conservé des chants gaéliques, on peut citer: Lacklan-Mhor-Mluirich-Albinnich, barde du Lord des Iles au commencement du XVe siècle; Alexandre Mac-Donald et Jean Lom Mac-Donald, du XVIIIe siècle; Mac-Intyre, dont les œuvres ont été publiées en 1768; Dunald Buchanan, en 1770; Kenneth Mackensie, en 1796; John Mac-Gregor, en 1801; Allan Mac-Dougal, en 1800; Robert Donn, en 1829. V. Shaw, *Dictionnaire gaélique et anglais*, Londres, 1780, 2 vol. in-4°; J. Kelly, *Grammaire pratique de l'ancien gaélique*, ibid., 1803, in-4°; Stewart, *Éléments de la grammaire gaélique*, 2e édit., Édimbourg, 1812; Armstrong, *Dictionnaire gaélique*, Londres, 1825, in-4°; *Dictionarium scoto-celticum*, ou *Dictionnaire complet de la langue gaélique*, publié par la Société des Highlands, Édimbourg, 1828, 2 vol. in-4°.

GAFFE, perche munie d'un fer à deux branches pointues, dont l'une est droite et l'autre recourbée. Elle sert à pousser une embarcation au large, ou à la retenir en profitant d'un point d'appui quelconque.

GAGE (de l'allemand *wage*, balance, équilibre), chose donnée comme sûreté de l'exécution d'une convention, et contrat qui confère un droit sur cette chose. Le droit de gage consiste dans la faculté de se faire payer sur la chose donnée en gage, par privilége et préférence aux autres créanciers (*Code Napol.*, art. 2073). Les droits

d'*antichrèse*, de *privilége*, d'*hypothèque* (V. *ce mots*), portent sur des gages: mais l'hypothèque est un droit réel et de préférence sur les immeubles ou leur usufruit; l'antichrèse, un droit de percevoir les fruits de l'immeuble; le privilége, un droit né de la qualité même de la créance, qui peut exister sur les meubles ou sur les immeubles, ou sur tous à la fois; le gage proprement dit, un droit de préférence sur les meubles seulement. Le contrat de gage se forme par tradition de l'objet mobilier; le droit ne subsiste sur le gage qu'autant que ce gage a été mis et est resté en la possession de celui qui a dû le recevoir (*Code Napol.*, art. 2076). Le gage, possédé à titre précaire, est imprescriptible; le créancier ne peut se l'approprier ou en disposer, et doit recourir à la justice pour réaliser ses droits ou pour se faire indemniser des dépens et pertes que le gage a pu lui occasionner. Le gage est indivisible, et ne peut être réclamé par portion. Le débiteur peut exercer des recours pour détérioration de l'objet qu'il a engagé. V. Troplong, *Commentaire du Nantissement, du Gage et de l'Antichrèse*, 1841, in-8°.

GAGE (Lettre de). V. LETTRE DE GAGE.

GAGERIE (SAISIE-). V. SAISIE.

GAGES, salaires, des domestiques et des ouvriers. V. DOMESTIQUE, SALAIRE.

GAGES (Prêt sur). V. PRÊT, et MONT-DE-PIÉTÉ.

GAGEURE. V. PARI.

GAGNE-PAIN, nom donné, pendant le moyen âge, à ceux qui faisaient profession de nettoyer et raccommoder les vases d'étain. C'est sans doute parce qu'on les payait avec un morceau de pain. Ils étaient exempts du service du guet. On les appelait aussi *gagne-deniers* et *gagnemailles*.

GAIDON, un des romans carlovingiens (V. *ce mot*), qui peut être considéré comme une suite de la chanson de Roncevaux. C'est le complément de la vengeance de la mort des douze pairs. Gaidon, duc d'Angers, est faussement accusé par Thibaut d'Aspremont, frère du traître Ganelon, d'avoir voulu empoisonner l'empereur. De là une guerre entre le vassal et le suzerain. Charles est fait prisonnier; mais le vainqueur se jette à genoux devant le vaincu, en le suppliant de lui rendre son amitié. La paix est rétablie; la vérité paraît au grand jour; Thibaut est mis à mort, et Gaidon épouse la reine de Gascogne. — La chanson de Gaidon, dans laquelle Charlemagne joue le plus triste rôle, se trouve à la Bibliothèque nationale de Paris dans deux manuscrits du XIIIe siècle et dans un du XVe. Elle contient 10,887 vers, et a été publiée par MM. Guessard et S. Luce dans la collection des *Anciens poètes de la France*, Paris, 1862, in-16. V. l'*Histoire littéraire de la France*, tome XXII; S. Luce, *De Gaidone, carmine gallico vetustiore, disquisitio critica*, Paris, 1860, in-8°.

GAILLARDE, ancienne danse, originaire d'Italie, et qu'on appela d'abord *la Romanesca* (la Romaine). Elle s'exécutait à 3 temps, d'un mouvement vif et animé. Il en est resté le *pas de gaillarde*, composé d'un pas assemblé, d'un pas marché, d'un pas tombé et qui se fait en avant et de côté.

GAILLARDE. V. CARACTÈRES D'IMPRIMERIE.

GAILLARDS, parties du pont supérieur situées à l'*avant* et à l'*arrière* des grands bâtiments. Le gaillard d'arrière s'étend depuis le *couronnement* (haut de la poupe) jusqu'au grand mât; le gaillard d'avant est compris entre les *apôtres* (allonges placées de chaque côté de l'étrave) et le bout de l'arrière du porte-haubans de misaine. Le pont supérieur, qui est aujourd'hui de plain-pied, réunit les deux gaillards; autrefois ils communiquaient par les *passavants*. Les gaillards, comme les autres ponts, portent des bouches à feu, mais d'un moindre calibre. Le gaillard d'arrière porte généralement une *dunette* (V. *ce mot*). En mer et dans la vie ordinaire du bord, les officiers et les passagers admis à leur table ont seuls le privilége de se promener sur le gaillard d'arrière. En rade ou dans le port, le côté de tribord du gaillard d'arrière est la place d'honneur, et, quand le commandant y paraît, tout le monde passe à bâbord: en mer, c'est le côté du vent qui est le côté d'honneur.

GAILLON (Château de), à 15 kil. E.-S.-E. de Louviers (Eure). Ce château, construit sous Louis XIII, de 1502 à 1509, pour le cardinal-ministre Georges d'Amboise, non par l'italien Giocondo, comme on l'a dit, mais par des architectes français, et détruit en 1792, fut une des premières et des plus belles productions de la Renaissance en France. Il se composait de quatre corps de logis de hauteur égale, enveloppant une cour irrégulière, au milieu de laquelle était une fontaine à plusieurs vasques de marbre blanc superposées. Le clocheton, la dentelure et l'ogive gothiques s'y mariaient avec les pilastres italiens et les arabesques florentines. Les bâtiments étaient entourés de parterres, terrasses, pièces d'eau, orangeries, serres chaudes, grottes et pavillons à l'imitation des villas de l'Italie. Sur l'emplacement du château, s'élève aujourd'hui une maison centrale de détention, où l'on ne voit plus des constructions premières qu'un porche flanqué de quatre tourelles, une tour de la chapelle, une galerie et une terrasse. Une des façades, richement sculptée et ciselée, a été transportée par Alexandre Lenoir dans la première cour du palais des Beaux-Arts à Paris, où on la connaît sous le nom d'*Arc de Gaillon:* elle est de Pierre Fain, architecte rouennais. La fontaine se trouve au Louvre, dans le Musée de la sculpture française. Les boiseries et les stalles de la chapelle sont dans l'église de S¹-Denis. B.

GAINE, étui de couteau, de ciseaux, de poignard, etc. On donnait autrefois aussi ce nom aux fourreaux de sabres et d'épées, d'où vinrent les expressions *dégainer*, *rengainer.* — En Architecture, la gaine est un support s'évasant de bas en haut et servant à soutenir un buste : le corps est censé renfermé dans la gaine, et les pieds sortent par en bas. Quand la statue est ainsi complétée, elle prend le nom de *terme.*

GAINIER, ouvrier qui fabrique les gaines. Les gainiers, fourreliers et ouvriers en cuir bouilli formaient autrefois à Paris un corps de métier, dont l'ordonnance d'établissement remontait à l'année 1323.

GAINS DE SURVIE, en termes de Droit, avantages stipulés entre particuliers au profit du survivant.

GAITÉ (Théâtre de la), le plus ancien des théâtres du boulevard du Temple à Paris. Fondé par Nicolet en 1760, sous le titre de *Théâtre des grands danseurs du roi*, on y donna des danses tunambulesques, des pantomimes et de petites comédies bouffonnes, dont l'acteur Taconnet eut longtemps la fourniture. En 1792, il reçut le nom de *Théâtre d'Emulation*, et, bientôt après, celui de *Théâtre de la Gaîté.* Vers 1800, on y joua les premiers mélodrames, puis la célèbre féerie du *Pied de Mouton.* Les vaudevilles de Brazier et les drames de Pixérécourt lui donnèrent une grande vogue. En 1835, un incendie consuma tout l'intérieur et le matériel de la salle, qui fut reconstruite la même année. Le théâtre de la Gaîté a eu quelques succès prodigieux, parmi lesquels il faut citer *le Sonneur de Saint-Paul, la Grâce de Dieu*, et *les Cosaques.* V. le *Supplément.* B.

GALA, ancien mot qui signifiait un vêtement riche et somptueux, dont les nobles se paraient pour les fêtes et les festins de cour. Il ne subsiste plus que pour désigner un festin.

GALANDRE, navire. V. CHÉLANDE.

GALANTERIE, mot qui désigne les actes d'empressement, d'égards et de protection de l'homme envers la femme dans les pays civilisés. Un *homme galant* est celui qui montre auprès des femmes cette assiduité, cet esprit de condescendance ; l'expression de *galant homme* exprime une tout autre idée, celle d'un homme dont la conduite est probe, loyale et digne d'estime; appliquée à la femme, l'épithète de *galante* est toujours prise en mauvaise part, et exprime d'une manière à peu près honnête une idée qui ne l'est pas. La galanterie est un sentiment moderne, et particulièrement français. Elle a eu un âge florissant à l'époque de la chevalerie. Impossible en dehors des hommes bien élevés et polis, elle a dégénéré souvent en abus et en scandales, même à la cour, où la dignité semblerait devoir la contenir dans de justes bornes : on l'a vue licencieuse au xvɪᵉ, au xvɪɪᵉ et au xvɪɪɪᵉ siècle, et maniérée, pleine d'afféterie au sortir de la Révolution.

GALANTS, coques de rubans employées comme garniture. C'était un ornement de toilette au xvɪɪᵉ siècle.

GALAUBAN. V. GALHAUBAN.

GALBE, (de l'italien *garbo*, bonne grâce), en Architecture et en Sculpture, contour arrondi d'un objet quelconque. On dit qu'une colonne est *galbée*, lorsqu'au lieu d'avoir un fût rectiligne, elle se renfle au milieu et diminue dans les autres parties suivant des règles fixes. En général, on appelle *galbe* le chantournement d'un vase, d'un balustre, d'une console, le profil d'une statue, etc. E. L.

GALEA, genre de casque romain, en métal fourbi, surmonté d'un petit anneau, s'attachant avec une jugulaire. Celui des officiers avait un cimier de plumes ou de crin. Le casque des trompettes était couvert d'une peau

de lion avec sa crinière. Dans les jeux du Cirque, les cochers eurent des casques à ailerons, symbole de légèreté. On voit au cabinet des antiques, à Paris, un casque romain fondu avec tant de délicatesse, qu'il n'a guère plus de 2 millimèt. d'épaisseur et ne pèse qu'un kilogr. B.

GALÉACE ou GALÉASSE (de l'italien *galea*, galère), gros navire à un seul pont, à trois mâts, et à 25 ou 30 bancs de rameurs, employé dans l'Adriatique et la Méditerranée dans les derniers siècles du moyen âge. La galéace, étroite en proportion de sa longueur, qui atteignit quelquefois 60 mèt., avait les mêmes parties que la galère, mais était d'un tiers plus longue, plus large et plus haute. A la poupe et à la proue étaient disposées deux grandes places pour les soldats et plus tard pour l'artillerie ; une espèce de rue ou coursive, entourant le navire à l'intérieur, servait à loger des soldats, qui pouvaient tirer par des meurtrières en restant à l'abri des coups de l'ennemi. La galéace figura pour la 1ʳᵉ fois dans la marine française sous Philippe le Bel. B.

GALÈCHE. V. CUIRASSE.

GALÉE, terme de typographie. V. COMPOSITION.

GALÈRE, navire. ⎫ V. notre *Dictionnaire de*
GALÈRES (Peine des). ⎭ *Biographie et d'Histoire.*

GALERIE, pièce plus longue que large, parfois d'une très-grande longueur, et qui sert dans les palais à réunir plusieurs appartements. Comme ces galeries offrent un bel emplacement pour les fêtes où l'on invite un grand nombre de personnes, on y a souvent placé des meubles de luxe, de belles tentures, des tableaux. Par suite, on fit des galeries spécialement consacrées aux objets d'art, et le mot *galerie* a désigné des collections artistiques.

GALERIE, nom qu'on donne dans les églises aux espèces de nefs pratiquées au-dessus des voûtes des bas côtés, et donnant sur la nef majeure par plusieurs ouvertures. Il n'y en a peut-être pas de plus remarquables que celles qui entourent le chœur et le sanctuaire de la cathédrale de Bayeux. Dans certaines églises, comme à Notre-Dame de Châlons-sur-Marne et à Notre-Dame de Laon, les galeries sont aussi larges que les nefs collatérales au-dessus desquelles on les a construites. Les monuments des xɪɪɪᵉ, xɪvᵉ et xvᵉ siècles ne présentent généralement pour galeries que d'étroits passages pratiqués dans l'épaisseur des murs. Quelquefois les galeries sont seulement simulées par l'ornementation, et ne font qu'indiquer un étage au-dessus des grandes arcades et des voûtes des basses nefs. On voit aussi des galeries extérieures qui coupent la façade des cathédrales : les plus remarquables sont celles d'Amiens, de Reims, et de Paris. Enfin, d'autres galeries extérieures, placées au sommet des murailles, et souvent construites en encorbellement, sont destinées à donner passage à la base des combles et des charpentes.

GALERIE, en termes de Fortification, conduit souterrain servant à l'attaque et à la défense des places. La *Galerie de communication* mène les assiégés de la place aux travaux avancés. La *Galerie de mine* sert aux assiégeants pour arriver au pied des murs à l'abri de l'artillerie ; elle a environ 1 mèt. de largeur sur 1ᵐ,30 de hauteur. La *Galerie de contre-mine* et d'*écoute* est destinée à contrebattre les travaux de mine faits par les assiégeants. Les galeries souterraines étaient employées par les Anciens comme moyen d'attaquer les places : on creusait sous les murs de longues galeries qu'on étayait avec des pièces de charpente. Lorsque les galeries étaient terminées, on y entassait des matières combustibles ; le feu, en détruisant les supports en charpente des voûtes, faisait crouler les murs. Les assiégés, de leur côté, minaient les travaux d'attaque pour les renverser et les incendier. Il se livrait sous terre de terribles combats, parce que ces travaux étaient alors beaucoup plus considérables que de notre temps. La galerie d'approche s'appelait *vinea* (vigne, treille), parce qu'elle était souvent faite à jour et recouverte d'un fort treillis en charpente qui la faisait ressembler à un berceau de verdure.

GALERIE, nom donné autrefois, dans la Marine, à une espèce de balcon établi à l'arrière d'un navire et un peu en saillie au-dessus du gouvernail. Elle était ordinairement décorée d'une balustrade, et servait de promenade au capitaine. Parfois il y en avait deux l'une au-dessus de l'autre, et on les appelait *Jardins*, parce qu'on les embellissait de fleurs. Elles se fermaient avec des rideaux. — Aujourd'hui, la *Galerie* est un couloir ou corridor pratiqué dans l'intérieur d'un bâtiment de guerre à la flottaison, pour faciliter les réparations de la coque pendant le combat.

GALERIE, espèce de balcon construit aux divers étages

d'une salle de spectacle, et destiné à recevoir, sur des files de banquettes, un ou plusieurs rangs de spectateurs en avant des loges.

GALÉRIEN, mot synonyme de *forçat. V.* BAGNE.

GALERUS. *V.* ce mot dans notre *Dictionnaire de Biographie et d'Histoire.*

GALGAL. *V.* CELTIQUES (Monuments).

GALHAUBAN, la plus longue des manœuvres dormantes d'un bâtiment, servant à assujettir, par le travers et vers l'arrière, les mâts de hune, de perroquet, et de cacatois. Les galhaubans tiennent mieux les mâts élevés que les haubans. Sur les vaisseaux et les frégates, on en établit quatre *de chaque bord* sur le grand mât de hune, autant sur le petit, trois au mât de perroquet de fougue ou, mât de hune d'artimon, trois aux mâts de grand et de petit perroquet, deux ou trois au mât de perruche, un ou deux aux trois mâts de cacatois.

GALIBI (Langue). *V.* CARAÏBE.

GALICIEN (Dialecte). C'est un idiome à part, presque aussi distinct du castillan que le catalan, sans ressembler cependant à ce dernier, et il présente, au contraire, beaucoup d'analogies avec le portugais; mais il a du castillan la richesse, la tendance aux contractions, aux suppressions de certains mots, tels par exemple que l'article. Le galicien suit à peu près le portugais dans les formes de la conjugaison. La situation géographique de la Galice explique ces analogies. Vers le XIIᵉ siècle et le XIIIᵉ, le portugais et le galicien ne formaient qu'un seul idiome. Plus tard, avec le progrès de la nationalité portugaise et l'établissement d'une cour, la langue portugaise se développa, se polit, tandis que le galicien demeura dans sa rudesse primitive, à l'état d'idiome local. Il s'est formé antérieurement au castillan : on connaît des monuments de la prose galicienne qui datent de 1150, et des fragments de poésies qui remontent à l'an 1200. Vers le XIIᵉ siècle, le galicien était l'idiome principal ou prédominant dans la péninsule : le roi de Castille Alphonse X s'en servit pour écrire sa *Chronique* rimée. *V.* les *Mémoires pour servir à l'histoire de la poésie espagnole* par le P. Sarmiento, et la fameuse *Lettre* du marquis de Santillane au connétable de Portugal. E. B.

GALIEN RÉTHORE, c.-à-d. *Galien le Restauré*, roman du cycle carlovingien. Charlemagne se vantant un jour de sa puissance, l'impératrice lui dit que le plus grand des princes est Hugo, empereur de Constantinople. Il veut s'en assurer, et, accompagné de ses douze pairs, va faire ses dévotions à Jérusalem et visiter Hugo en passant. Les extravagances chevaleresques sont poussées à un tel excès pendant ce voyage, que l'auteur, selon quelques critiques, aurait voulu faire la satire des compositions de son temps. On y voit, sur l'exemple de Charlemagne et ses pairs, assimilés à Jésus-Christ et aux Apôtres, faire de nombreux miracles. *V.* la *Bibliothèque des romans*, octobre 1778.

GALIMATIAS, discours embrouillé et confus, qui semble dire quelque chose et ne dit rien. En voici un en manière de madrigal que Collé fit par plaisanterie, et qu'il lut un jour devant Fontenelle, chez Mᵐᵉ de Tencin :

Qu'il est heureux de se défendre
Quand le cœur ne s'est pas rendu!
Mais qu'il est fâcheux de se rendre,
Quand le bonheur est suspendu!
Dans un discours sans suite et tendre,
Égarez un cœur éperdu;
Souvent par un mal entendu
L'amant adroit se fait entendre.

Fontenelle, croyant comprendre ce couplet, voulut le faire recommencer. « Eh! grosse bête, lui dit Mᵐᵉ de Tencin, ne vois-tu pas que ce n'est que du galimatias! »

Huet croit que ce mot est la réunion des deux mots latins *Galli Mathias*, dont se servit un avocat, au lieu de *Gallus Mathiæ*, au sujet d'un coq appartenant à une des parties qui s'appelait Mathias : à force de répéter ces deux mots, l'avocat, s'embrouillant, en intervertit l'ordre; et c'est depuis que ce mot *galimatias*, qu'on devrait écrire *Gallimathias*, si l'anecdote est vraie, a été appliqué à tout assemblage de mots inintelligible. Boileau a distingué le *galimatias simple*, que l'auteur comprend et que le public ne comprend pas, et le *galimatias double*, que ne comprend ni le public ni l'auteur. G.

GALION, ancien navire qu'il ne faut pas confondre avec le *galio* ou *galionus*, petite galère ou *galiote* du moyen âge, et qui fut en usage aux XVIᵉ et XVIIᵉ siècles. Il tenait de la *nef* ou vaisseau rond par la forme générale, et de la *galère* par la longueur. Le port des plus

grands galions était de 1,000 à 1,200 tonneaux. Dans les flottes on voyait des galions à 3 et 4 ponts, dont les supérieurs portaient des canons. Les galions d'un faible tonnage marchaient quelquefois à l'aviron; les grands n'usaient que de la voile. La mâture consistait en trois mâts verticaux, le mât de misaine, le grand mât, et le mât d'artimon; parfois on en arborait un 4ᵉ en arrière de l'artimon, le contre-artimon. Les voiles du mât de misaine et du grand mât étaient carrées et au nombre de trois, la basse voile, le hunier et le perroquet; celles de l'artimon et du contre-artimon étaient à la latine, c.-à-d. enverguées sur des antennes. L'Espagne, voulant monopoliser le commerce avec le Nouveau Monde, formait la *flotte d'argent*, convoi de douze forts galions portant les noms des douze apôtres. Mais ces navires, qui portaient tant de richesses, mal armés, peu propres au combat, devenaient souvent la proie des pirates. B.

GALIOTE (de l'italien *galiotta*, petite galère), ancien navire léger, rapide à la course, et, par conséquent, très-favorable à la piraterie. Sa construction et son gréement étaient les mêmes que ceux de la felouque. Il ne faut pas confondre ce navire, qui fut adopté par les corsaires barbaresques, avec la galiote hollandaise, large et lourd bâtiment destiné à porter le plus de marchandises possible, et dont la marche est pénible et lente. On a encore donné le nom de galiote aux coches d'eau qui servaient à voyager sur les canaux et les rivières.

GALIOTE A BOMBES. *V.* BOMBARDE.

GALLE (Tours de). *V.* notre *Dictionnaire de Biographie et d'Histoire.*

GALLÉE, nom que donnaient les Grecs du Bas-Empire à un vaisseau long à éperon (*navis rostrata*), allant à la rame et à la voile.

GALLIAMBIQUE (Vers), espèce d'hexamètre latin, dont la première partie ressemble assez à un vers anacréontique (◡ ◡ – ou – – ou ◠ ◠ ◠), et dont les trois derniers pieds sont un anapeste, un tribraque ou un iambe, et un iambe. La pièce 63 du recueil de Catulle est écrite en galliambiques. Les *Galles*, prêtres de Cybèle, faisaient usage de ce mètre pour leurs danses; de là son nom. P.

GALLICANE (Église). *V.* ÉGLISE GALLICANE, dans notre *Dictionnaire de Biographie et d'Histoire.*

GALLICISME, idiotisme de la langue française, c.-à-d. manière de s'exprimer particulière à cette langue. Le gallicisme peut se trouver : 1° dans le sens d'un mot simple; ainsi, le mot *sentiment*, qui est commun à plusieurs langues modernes, n'a qu'en français le sens d'affection de l'âme et de passion amoureuse, d'où est venu le mot *sentimental*; 2° dans l'association de plusieurs mots : *sage-femme*, *forte tête*; *mauvaise grâce*, etc.; 3° dans l'emploi d'une figure : *Comment vous portez-vous?* — *Rompre en visière à tout le genre humain*; *être à bout*; *vous me la baillez bonne*; *une chose en l'air*, etc.; 4° dans la construction de la phrase : *Que faire? Il y a deux ans*; *il n'y a pas jusqu'aux enfants qui ne s'en mêlent*; *il n'est rien moins que généreux*; *vous avez beau dire*; *si j'étais que de vous*, etc... — Plus le sujet traité par l'écrivain se rapproche du genre familier ou populaire, plus le gallicisme abonde. Ainsi on en trouve bien plus dans les *Lettres* de Mᵐᵉ de Sévigné, dans les *Fables* de La Fontaine et dans les comédies de Molière, que dans Racine, Boileau, Bossuet ou Buffon. — *Gallicisme* signifie encore « faute commise par un Français en parlant ou en écrivant dans une langue étrangère, » lorsqu'il donne aux mots de cette langue un tour qui n'est correct ou usité que dans la sienne propre. Ainsi, ce serait un gallicisme d'écrire en latin *Venio ab hoc tibi dicendo*, et en anglais *I come from saying it you*, pour dire *Je viens de vous le dire*, ce qui s'exprime régulièrement dans ces langues par *Hoc tibi paullo ante dixi*, et *I have just said it you.*

GALLO-BELGE ou **FLAMANDE** (École), école musicale célèbre aux XVᵉ et XVIᵉ siècles. Elle se développa sous la protection des ducs de Bourgogne, et fournit des compositeurs et des chanteurs à toute l'Europe. Jean Tinctor ou le Teinturier, de Nivelle, fut le plus savant théoricien du XVᵉ siècle, et en même temps un compositeur habile : les ouvrages qu'il a écrits sur toutes les parties de la musique prouvent que Gafforio et les autres théoriciens de l'Italie y puisèrent leur science. Devenu maître de chapelle de Ferdinand d'Arragon, roi de Naples, il fonda la plus ancienne école de musique de l'Italie, et l'on conserve ses messes et ses motets en manuscrit dans la bibliothèque de la chapelle Sixtine. A la même époque, les musiciens flamands les plus remarquables étaient

Gilles ou Égide Binchois, Caron, Brassard, Régis, Guillaume Dufay, Antoine Busnois, maître de chapelle de Charles le Téméraire, Jean Ockeghem et Josquin Després. Au siècle suivant appartiennent Adrien Willaert, de Bruges, qui devint maître de la chapelle de St-Marc à Venise, et y établit une école où se forma Zarlino, le plus savant théoricien de l'Italie; Cyprien Rore, qui fut maître de chapelle du duc de Ferrare; Philippe Verdelot, célébré par Rabelais, et mentionné par Zarlino comme un excellent maître; Nicolas Gombert, Clément surnommé *non Papa*, Pierre de la Rue, Jacquet ou Jacques de Berchem, Philippe de Mons, Jacques de Kerl, Corneille Canis, Josquin Baston, Jacques de Turnhout, Thomas Créquillon, Dominique Phinot, Lupus Helling, Arnold de Prug, Jossen Junkers, Jean Castileti, Pierre Marsonus, Matté Lemeistre, Arcadelt, Jacob Vaet, Jean Crespel, Sébastien Hollander, Eustache Barbion, etc. Il est généralement reconnu que les *concerts de voix* ont pris naissance en Flandre vers le milieu du xvie siècle, quand Charles-Quint établit sa cour à Bruxelles. Le plus célèbre compositeur de la seconde moitié de ce siècle, celui qu'on peut comparer à Palestrina et qui mérita d'être appelé comme lui *le Prince des musiciens*, est Roland de Lassus (Orlando Lasso), né à Mons. Depuis le xvie siècle, l'école flamande cessa de produire de grands musiciens : ce fut seulement au xviiie que les provinces belges virent naître Gossec et Grétry. *V.* Belgique (Beaux-Arts en). B.

GALLOIS (Idiome), un des idiomes celtiques, de la branche kymrique, appelé *cimraëg* ou *kymraig* par les habitants du pays de Galles, et *welsh* par les Anglais. Il est encore parlé aujourd'hui par les paysans gallois, et cultivé avec un zèle tout national par les antiquaires du pays. Les monuments écrits sont fort anciens et assez nombreux. L'*Archéologie du pays de Galles*, publiée en anglais en 1801, en renferme une collection très-intéressante : il y a là des poésies qu'on peut rapporter, avec assez de vraisemblance, aux vie, viie et viiie siècles. Le gallois forme sa déclinaison à la manière du français, en modifiant l'article; il n'a que deux genres. Les substantifs ont un pluriel; mais les adjectifs ne varient jamais leur terminaison, ni par rapport au genre, ni par rapport au nombre. Les diminutifs sont très-nombreux. La conjugaison est riche en temps, qui se forment par flexion comme dans le latin. On écrit le gallois avec l'alphabet latin. *V.* W. Salisbury, *Dictionnaire anglais et welche*, Londres, 1547, in-8°; J. Davies, *Dictionnaire gallois*, 1552, in-fol.; H. Perry, *Grammaire welche*, 1595, in-4°; W. Richards, *Dictionnaire welche-anglais*, dans son *Antiquæ linguæ britannicæ thesaurus*, Bristol, 1753, in-8°; W. Evans, *Dictionnaire anglais-welche*, Carmarthen, 1771, in-8°; W. Owen, *Dictionnaire gallois*, Londres, 1793, et *Grammaire galloise*, 1804.

GALLOT, nom donné au patois de la haute Bretagne, dans lequel se sont perpétuées des expressions qu'on ne lit plus que dans les auteurs du xve et du xvie siècle.

GALOCHES, souliers à semelle de bois, ou à semelle en cuir très-épaisse et garnie de gros clous.

GALON, bande étroite d'un tissu fabriqué avec des matières très-diverses, fil, laine, soie, or, argent, etc. Le galon est une des marques les plus usitées pour distinguer diverses conditions sociales, depuis la livrée du valet jusqu'à la toque du magistrat ou le riche habit du fonctionnaire. L'Église fait aussi un large emploi du galon dans ses ornements. Dans l'armée, les galons servent à distinguer les grades des sous-officiers : les caporaux ont deux galons de laine sur l'avant-bras; les sergents, un galon d'or ou d'argent, selon le corps; les sergents-majors, deux galons d'or ou d'argent; les fourriers, un galon d'or ou d'argent sur le haut du bras. Les tambours, trompettes et musiciens ont, au collet et aux manches, des galons dont la forme et le nombre ont beaucoup varié. Pour distinguer facilement les galons en or et en argent, la loi a voulu, sous des peines sévères, que le fil d'or et d'argent fin fût placé sur la soie, et que le chanvre ou le lin servît aux galons en faux. On appelle *galons pleins* ceux qui n'ont point d'envers et présentent un dessin des deux côtés; *galons figurés*, ceux qui ont un envers, mais formé des mêmes matières que l'endroit; *galons systèmes*, ceux dont le dessin et la matière ne paraissent que d'un côté. Le prix élevé des galons fins a donné une grande extension à la fabrication des galons en faux.

galon, en termes d'Architecture, bandelette garnie de perles.

GALOP, danse à deux temps, d'un mouvement vif et même emporté, et originaire de la Hongrie ou de la Bavière.

Elle parut à Berlin en 1822, et à Paris en 1827 dans le ballet de *la Neige*. Le galop de l'opéra de *Gustave III*, par Auber, est célèbre. Le galop est devenu le complément presque obligé de la contredanse, et le finale de tous les bals.

GALOUBET ou FLUTET (du provençal *gal*, joyeux, et *oubet* pour *aubet*, diminutif de *auboï*, hautbois), le plus aigu des instruments à vent, espèce de flageolet à bec. Plus élevé de deux octaves que la flûte traversière, et d'une octave que la petite flûte, il est en ton de *ré*. On parvient difficilement à en bien jouer; car la main gauche seule sert à le tenir et à le mettre en jeu, afin d'en tirer avec trois trous deux octaves et un ton. La gamme se fait de trois vents différents. Le galoubet, instrument champêtre, ne va pas sans le tambourin (*V. ce mot*), sur lequel l'exécutant marque le rhythme et la mesure avec la main droite. Il est depuis longtemps abandonné dans le nord de la France, mais il est encore très-commun en Provence : là on trouve des gens qui, sans être musiciens, exécutent des passages d'une justesse, d'une netteté et d'une vivacité incroyables; s'ils sont en nombre, ils jouent à deux parties, et quelque clarinettiste en improvise une 3e. A la fin du siècle dernier, J.-N. Carbonel, musicien de l'Opéra de Paris, était parvenu à jouer du galoubet dans tous les tons sans changer de corps; il a laissé une Méthode pour cet instrument. Plus récemment, Châteauminois eut des succès sur le galoubet. B.

GALVARDINE, ancien manteau dont on se couvrait pour se préserver de la pluie.

GAMBE, sorte de jeu d'orgue de forme cylindrique, fait en étain, et ayant ordinairement huit pieds. La gambe, que l'on nomme aussi *viola di gamba*, rentre dans la série des jeux dont le diapason est étroit. Ce jeu parle lentement, et imite le frottement de l'archet sur une corde de violoncelle. F. C.

GAMBISON ou GAMBESSON (du vieux verbe *gamboiser*, rembourrer), espèce de plastron en peau rembourrée de laine, d'étoupe ou de crin, que les cavaliers du moyen âge mettaient sous la chemise de mailles, et qui descendait jusqu'aux cuisses.

GAMELLE (du latin *camella*, panier d'osier très-serré), grand vase de bois ou de fer-blanc dans lequel étaient contenues la soupe et la viande de 8 soldats dans l'armée de terre, de 7 matelots dans la marine, et où ils mangeaient autrefois ensemble. Une décision du 24 décembre 1852 a substitué dans l'armée de terre les gamelles individuelles aux gamelles communes.

GAMMA, nom donné par quelques auteurs à une espèce de crosse dont la tête a la forme de la lettre grecque de ce nom.

GAMME, nom de l'échelle musicale moderne, composée de sept degrés différents et de la répétition du premier degré qui s'appelle alors *octave*. La gamme, inventée par Gui d'Arezzo, ne fut d'abord composée que de 6 notes, *ut, ré, mi, fa, sol, la*; mais, par la suite, on y ajouta une 7e note, le *si*. Une gamme se divise en *tons* et *demi-tons*, dont le lieu dépend du *mode* dans lequel elle est établie; mais, dans chaque mode, elle ne peut contenir en totalité, du 1er au 8e degré, qu'une valeur de 6 tons pleins. On appelle *gamme diatonique* celle qui procède par tons et demi-tons, tels qu'ils se trouvent dans l'ordre naturel du ton et du mode où l'on est, et *gamme chromatique* celle qui n'est composée que de demi-tons. Il y a deux sortes de gammes diatoniques : l'une, *majeure*, composée de 5 tons et 2 demi-tons, ces derniers placés du 3e au 4e degré et du 7e au 8e; l'autre, *mineure*, où les demi-tons sont du 2e au 3e degré et du 7e au 8e. Le nom de *gamme* vient de la lettre grecque *gamma*, par laquelle Gui d'Arezzo désigna la note (*sol*) qu'il aurait ajoutée, dit-on, au-dessous de la dernière note du système des Grecs. B.

GANACHE. *V.* Caquetoire.

GAND (Église St-Bavon, à). Cette église, une des plus grandes et des plus belles de la Belgique, était primitivement consacrée à St Jean. Elle prit le nom de St Bavon en 1540, lorsque Charles-Quint, voulant élever une citadelle sur l'emplacement de l'abbaye de St-Bavon, lui donna pour chapitre les religieux de cette abbaye supprimée, et on l'érigea en cathédrale en 1559. C'est un monument fort peu orné à l'extérieur : les murs, malgré leur grande élévation, ne sont renforcés que de minces contre-forts; les portails sont d'une extrême simplicité. La tour, bâtie de 1462 à 1534, est également plus remarquable par la hardiesse de ses proportions que par la richesse de ses ornements : quatre tourelles d'angles, dégagées de la tour elle-même, qui est octogone, la font paraître carrée. Cette tour, haute de 90ᵐ,66, supportait autrefois une flèche, qui l'élevait jusqu'à 122 mèt., et que le feu du ciel a dévorée en 1603. La crypte qui s'étend sous le chœur fut bâtie au xᵉ siècle et reconstruite en 1228 ; le rond-point de chœur est dans le style ogival du xiiiᵉ siècle ; le chœur, plus élevé que les nefs, paraît n'avoir été terminé qu'à la fin du même siècle ; les nefs et les transepts offrent le style ogival du xvᵉ siècle. Le plan général de l'église de Sᵗ-Bavon est celui de la croix latine avec transepts et collatéraux : il y a, tout autour de l'église, des chapelles ornées de précieux tableaux. La chaire, sculptée en chêne et en marbre blanc, est l'œuvre de Laurent Delvaux. Le chœur est revêtu d'une décoration en marbres blanc et noir, dont le style classique n'est pas en rapport avec celui de l'édifice ; on y voit quatre mausolées, dont le plus remarquable est celui de l'évêque Triest par Jérôme Duquesnoy, de belles stalles sculptées, et un maître-autel entouré de trois portes de bronze au lieu de retable. V. Van Lockeren, *Histoire de l'abbaye de Sᵗ-Bavon*, 1855, in-8°.

GANNES (Tours de). { V. notre *Dictionnaire de Bio-*
GANTELETS, GANTS. { *graphie et d'Histoire*.

GARAMOND, ancien caractère d'imprimerie, de la grosseur du petit-romain, et qui tirait son nom de son inventeur.

GARANTIE (de l'allemand *wahren*, garder), sûreté contre une éventualité quelconque. On nomme *garant* celui qui la donne, et *garanti* celui qui la reçoit. Les cohéritiers sont respectivement garants les uns envers les autres des troubles et évictions soufferts par les biens héréditaires (*Code Napol.*, art. 884). Le vendeur garantit à l'acquéreur la possession paisible et durable de l'objet vendu. L'existence d'une créance, au moment de sa vente, doit être garantie (art. 1693). Le bailleur doit garantir son preneur contre les évictions de la chose louée (art. 1721 et 1727). Le prêteur garantit celui qu'il oblige contre les pertes que les défauts à lui connus de la chose pourraient occasionner. Les voituriers par terre et par eau (art. 1782 et suiv.), les aubergistes (art. 1952 et suiv.), garantissent les objets qu'ils prennent en dépôt. L'entrepreneur est, pendant dix ans, responsable des vices de construction (art. 1792). — La garantie est *légale*, quand la loi la suppose ; *conventionnelle*, quand elle résulte de l'accord des parties. Elle n'est qu'une obligation accessoire au contrat, car les parties peuvent convenir qu'elles ne garantissent pas l'objet du contrat. On nomme *garantie de droit* celle qui porte sur le droit de la chose ou sur ses qualités capitales, essentielles pour l'usage qu'on en veut faire ; *garantie de fait*, celle qui regarde les vices et les qualités non essentielles de la chose : la première est *de rigueur*, la seconde doit être stipulée pour exister. En vertu de la garantie de droit, l'acquéreur a recours contre le vendeur, soit qu'une éviction ou un trouble quelconque le prive d'une possession paisible, soit pour défauts cachés de la chose vendue, lesquels auraient empêché le contrat ou en auraient modifié les conditions. Dans l'ancien Droit français, il y avait une *garantie des faits du prince*, c.-à-d. que si le prince dépouillait un particulier d'un bien acheté, celui-ci avait recours contre son vendeur : cette garantie, étant de fait et non de droit, devait être stipulée. On distingue encore la *garantie formelle*, qui oblige le garant à prendre le fait et cause du garanti à qui l'on intente une action réelle ou hypothécaire, si celui-ci le requiert avant le jugement (*Code de Procéd. civ.*, art. 182) ; et la *garantie simple*, en vertu de laquelle le garant peut intervenir si le garanti est inquiété par une action personnelle, mais sans se substituer à lui (*Ibid.*, art. 183). Le délai pour appeler en garantie est de huitaine (*Ibid.*, art. 175), délai augmenté selon les besoins des distances ou du nombre des garants.

Dans les sociétés politiques, il existe des *garanties individuelles*, nées des droits de chacun (telles que la liberté des cultes, celle de la presse, l'institution du jury, l'inamovibilité des juges), et des *garanties constitutionnelles*, attachées à certaines positions, à certaines fonctions, telles que l'inviolabilité du roi, des pairs et des députés établie par les Chartes de 1814 et de 1830. De même, les *fonctionnaires publics* ne peuvent être traduits en justice, pour abus de pouvoir ou pour délit commis dans l'exercice de leurs fonctions, qu'en vertu d'une autorisation (Loi du 22 frimaire an VIII). V. Daunou, *Essai sur les garanties individuelles*, in-8° ; Cherbuliez, *Théorie des garanties constitutionnelles*, 1838, 2 vol. in-8°.

GARANTIE DES MATIÈRES D'OR ET D'ARGENT, administra-tion dépendant du ministère des finances, et dont la fonction est d'examiner et de marquer les matières d'or et d'argent converties en orfévrerie ou bijouterie, afin d'indiquer leur degré de pureté pour la garantie des acheteurs. Ce contrôle public et obligatoire remonte à l'origine de la corporation des orfévres. Les réglements d'Étienne Boileau, du temps de Louis IX, rappelaient que, dans nul pays, l'or n'était d'aussi bon aloi qu'en France, et recommandaient aux fabricants de maintenir cette supériorité. Les orfévres de Paris portaient leurs ouvrages à la *Maison commune*, où ils étaient essayés et poinçonnés sous la surveillance des gardes du métier. Au xviᵉ et au xviiᵉ siècle, le fisc intervint, et perçut un droit sur les matières d'or et d'argent : ce droit, fixé d'abord (déclaration du 31 mars 1672) à 20 sous par marc d'argent et à 30 sous par once d'or, s'était élevé en 1789, par des augmentations successives, à 6 livres 6 sous par once d'or et à 10 sous 6 deniers par once d'argent (l'or paye aujourd'hui à peu près le même droit ; l'argent paye un tiers en moins). Tout droit sur les matières d'or et d'argent fut aboli en 1791. La loi du 19 brumaire an VI (9 nov. 1797) rétablit le *contrôle* et le *droit de garantie*. Des bureaux de garantie sont établis sous l'autorité du ministre des finances dans presque tous les départements, et composés d'un essayeur, d'un contrôleur, d'un receveur et d'un contrôleur. L'essayeur est nommé par le préfet ; le contrôleur et le receveur sont des agents de l'administration des contributions indirectes. Les bijoutiers et les orfévres y portent leurs ouvrages, qui sont *essayés*, soit à la coupelle, soit aux touchaux, coupés s'ils sont au-dessous de tout titre légal, et, s'ils sont reconnus bons, acceptés et revêtus d'un poinçon différent selon le titre. L'orfévrerie française paye pour le seul droit de marque et par hectogramme : sur les ouvrages d'or, 22 fr., et sur ceux d'argent, 1 fr. 10 c.; pour le droit d'essai à la coupelle, 5 fr. par 120 grammes d'or, 80 centimes par 2 kilogr. d'argent ; pour le droit d'essai au touchau, 9 centimes par décagramme d'or, 9 centimes par hectogramme d'argent. L'orfévrerie exportée a droit à la restitution des deux tiers du droit de marque, et dans certains cas à la totalité. Les orfévres sont tenus de porter tous leurs ouvrages sans exception au bureau de garantie, et d'inscrire sur un livre coté et parafé toutes les matières d'or et d'argent qui entrent chez eux. Les employés du bureau, accompagnés d'un officier de police, font des visites chez les orfévres, vérifient les livres, pénètrent dans l'atelier, se font présenter les marchandises, saisissent toutes celles qui sont terminées sans avoir été revêtues de la marque, et dressent procès-verbal. L'orfévre est condamné à une amende, et, après trois contraventions, défense lui est faite d'exercer le métier. Malgré cette surveillance si active et cause de la loi, plus du tiers des ouvrages d'or et d'argent échappent à la marque et au droit. — Les lingots ne sont pas soumis aux mêmes règles que les ouvrages fabriqués et destinés à être vendus aux particuliers ; ils sont essayés par les essayeurs particuliers du commerce, dont la rémunération n'est pas fixée par un tarif. Le maximum du prix qu'ils prennent est de 1 fr. pour un essai de matière d'or, et de 75 centimes pour un essai de matière d'argent. Les lingots portent, outre la marque de l'essayeur, le chiffre des millièmes de fin, et ils ne se vend sur cette garantie, dont répond l'essayeur. V. Raibaud, *Traité de la garantie des matières et ouvrages d'or et d'argent*, Paris, 1825, in-8° ; Chaudet, *l'Art de l'essayeur*, Paris, 1835 ; Lachèze, *Nouveau Manuel simplifié de la garantie des matières et ouvrages d'or et d'argent*, Paris, 1838, in-18. L.

GARCETTES, en termes de Marine, cordes qui servent à prendre les ris, ou à attacher le tournevire au câble quand on lève l'ancre. Les garcettes des ris sont plus grosses au milieu qu'aux deux bouts ; celles du tournevire sont d'égale grosseur partout. La garcette était autrefois l'instrument de discipline avec lequel on frappait sur le dos nu des matelots coupables de quelques méfaits.

GARD (Pont du). V. notre *Dictionnaire de Biographie et d'Histoire*.

GARDE (de l'allemand *wahren*, garder), nom donné, 1° à une réunion de soldats ou autres agents de la force publique, désignés pour veiller, pendant un temps déterminé, au maintien de l'ordre, à la conservation d'un monument, à la sûreté d'un poste, etc.; 2° au service que ce détachement armé accomplit. *Monter la garde*, c'est faire partie de la garde qui prend le service ; *relever l* garde, c'est remplacer par une nouvelle garde celle dont le service est expiré ; *descendre la garde*, c'est rentrer au quartier ou au logement quand la garde a été relevée. *Battre la garde*, c'est exécuter la batterie de tambour qui appelle les hommes à la garde. On nomme *grand'garde* un corps assez considérable de cavalerie placé à la tête d'un camp, pour empêcher toute tentative de l'ennemi; la grand'garde est protégée elle-même par une *garde avancée.* — En beaucoup de cas, *garde* a le sens de gardien, de surveillant, de conservateur.

GARDE, partie saillante entre la poignée d'une épée ou d'un sabre, et qui sert à protéger la main.

GARDE-CANAL, agent chargé de veiller à la conservation des canaux, et même des propriétés qui en dépendent, de constater les infractions faites aux règlements, ainsi que les délits de pêche, et d'en dresser procès-verbal. Ces agents sont placés sous les ordres des ingénieurs et des conducteurs des ponts et chaussées.

GARDE CHAMPÊTRE, agent préposé à la garde des champs. On l'appelait autrefois *messier* (du latin *messis,* moisson; ou du celtique *messaer,* gardeur de bêtes), *bangard* en Lorraine, *gâstier* en Auvergne, *bannerot* dans le pays Messin, et, dans diverses provinces, *bannard, sergent de verdure, vignor* ou *garde des vignes,* etc. D'après l'ancien Droit français, les messiers devaient être *idoines* (capables de remplir leurs fonctions), âgés de 18 à 22 ans selon les localités, et prêter serment devant le juge, ou, à son défaut, devant l'officier de police (Édit de nov. 1706). Une déclaration du 11 juin 1709 ordonna qu'il serait nommé dans chaque paroisse un nombre de messiers proportionné à l'étendue du territoire. Les messiers, nommés pour un an, et même pour la seule saison des fruits, n'étaient pas tenus d'écrire leurs procès-verbaux, mais faisaient seulement des rapports verbaux au greffier, qui les inscrivait, et ces rapports, affirmés véritables, faisaient foi en justice. La loi du 28 sept. 1791 exige que les gardes champêtres soient âgés de 25 ans au moins et reconnus pour gens de bonnes mœurs, et qu'ils prêtent le serment de « veiller à la conservation de toutes les propriétés qui sont sous la foi publique, et de toutes celles dont la garde leur aura été confiée par l'acte de leur nomination. » Celle du 20 messidor an III (8 juillet 1795) ordonne qu'il y en ait dans toutes les communes. Un arrêté du 25 fructidor an IX décide qu'ils seront choisis parmi les vétérans dont les préfets auront dû dresser une liste, et que le choix, confié au maire, contrôlé par le conseil municipal, sera admis par le sous-préfet, lequel délivre la commission. Depuis le décret du 25 mars 1852, les gardes champêtres sont nommés par les préfets sur la présentation des maires. Ils sont agents de la force publique, et doivent prêter main-forte quand ils en sont requis : tout excès commis contre eux dans l'exercice de leurs fonctions est de la compétence de la Cour d'assises (*Code pénal,* art. 228, 230). Ils sont, de plus, officiers de police judiciaire, auxiliaires du procureur impérial, sous la surveillance duquel ils sont placés (*Code d'Instr. crim.,* art. 17), et jouissent, à ce titre, des privilèges et garanties des membres de l'ordre judiciaire. Leurs fonctions ne sont pas annuelles comme celles des messiers, mais d'une durée illimitée; leur salaire est prélevé sur les revenus de la commune, et complété au besoin par des centimes additionnels à la contribution foncière assise sur les biens ruraux.

Incompétents hors du territoire pour lequel ils sont assermentés, les gardes champêtres parcourent ce territoire, porteurs d'armes autorisées par le préfet, et munis d'une plaque de métal ou d'étoffe, placée en endroit apparent et sur laquelle sont écrits leur nom, celui de la commune, et le titre de la loi. Ils constatent les délits et contraventions qui portent atteinte aux propriétés rurales, et leur procès-verbal (*V. ce mot*) doit être remis dans le délai de trois jours, y compris celui du délit, au commissaire de police, ou, à son défaut, au maire ou adjoint, devant lequel il faut ensuite qu'il soit affirmé véritable. Puis la juridiction compétente est saisie dans le délai de 8 jours; si la poursuite n'est pas ensuite entreprise dans le délai d'un mois par la partie lésée ou le ministère public, il n'y a plus lieu à poursuivre (Loi du 8 nov. 1791). Les gardes champêtres sont responsables des délits qu'ils auraient négligé de faire connaître. Si le délinquant pris en flagrant délit peut encourir, vu la gravité du cas, la peine de l'emprisonnement, ou si c'est un individu dénoncé par la clameur publique, ils peuvent l'arrêter pour le conduire devant le juge de paix ou le maire, et à cet effet se faire prêter main-forte. Si les choses enlevées ont été transportées dans des lieux clos, ils ont le droit de les saisir pour les mettre en séquestre, pourvu qu'ils soient accompagnés du commissaire de police, du juge de paix, du maire ou d'un adjoint, qui signe alors le procès-verbal. — D'après un décret du

11 juin 1806, les gardes champêtres font connaître leur installation aux officiers ou sous-officiers de gendarmerie de leur canton : ceux-ci surveillent leur conduite et la font connaître au sous-préfet, peuvent les mettre en réquisition pour les cas qui intéressent la tranquillité publique, et leur transmettent le signalement des divers individus qu'ils ont ordre d'arrêter. Réciproquement, les gardes champêtres informent les maires de ce qu'ils ont découvert de contraire au maintien de l'ordre, et les maires en donnent avis aux officiers de la gendarmerie. *V.* Dufour, *Manuel pratique des gardes champêtres, des gardes forestiers et des gardes-pêche,* 2e édit., Paris, 1824; Rondonneau, *Nouveau Manuel théorique et pratique des gardes champêtres, forestiers et gardes-pêche,* 1820, in-18; Boyard, *Nouveau Manuel complet des gardes champêtres, communaux ou particuliers,* 1844, in-12; Sorbet, *Petit guide des gardes champêtres,* 1851, in-18; Larade, *Guide et formulaire des gardes champêtres,* 1858, in-18; Crinon et Vasserot, *Le Forestier praticien, ou Guide des gardes champêtres,* 1852, in-18; Marc Deffaux, *Guide-Manuel général du garde champêtre et du messier,* 1852, in-12; Cère, *Nouveau Manuel du garde champêtre, forestier et particulier,* 1853, in-18; Dubarry, *Nouveau Manuel des gardes champêtres, des gardes forestiers,* etc., 1856, in-12.

GARDE-CHASSE. Dans l'ancienne monarchie française, l'importance que les seigneurs attachaient à leurs droits de chasse avait fait créer une vaste organisation pour veiller à la conservation de ces droits. Au sommet était un *grand veneur,* dont la charge, longtemps confondue avec celle du grand maître des eaux et forêts, en fut séparée sous Charles VI, puis fut démembrée elle-même par l'institution du *grand fauconnier.* Le grand veneur, officier de la maison du roi, avait la haute main sur tous les officiers de la vénerie, auxquels il conférait les provisions et les emplois. Au-dessous du grand veneur, il y avait : 1° les *capitaineries,* composées d'un tribunal instruisant et jugeant les délits de chasse, d'un *capitaine,* de *lieutenants* et de *gardes,* chargés de la surveillance et de la conservation des droits de chasse; 2° les *capitaineries des maisons royales,* qui connaissaient exclusivement des délits commis dans un rayon de trois lieues autour des maisons du roi, même par les particuliers sur leurs terres, où ils ne pouvaient chasser sans permission. Les maîtrises des eaux et forêts veillaient aussi à la conservation du gibier. Les gardes-chasse n'avaient d'autre arme qu'un pistolet, et il leur était interdit de chasser. La Révolution détruisit toute cette organisation, et une loi du 3 nov. 1789 permit aux propriétaires de détruire comme ils l'entendraient le gibier sur leurs terres. Mais une loi du 30 août 1790 rétablit la police de la chasse, et la confia aux gardes forestiers, aux gardes forestiers et à la gendarmerie. La loi du 3 mai 1843 régit aujourd'hui la matière : les officiers qui peuvent dresser des procès-verbaux pour délits de chasse sont les maires et adjoints, les officiers, maréchaux des logis et brigadiers de gendarmerie, les simples gendarmes, les gardes forestiers, les gardes-pêche, les gardes champêtres et les gardes assermentés des particuliers. Ces divers agents ne peuvent avoir un permis de chasse, et, en cas de contravention, le maximum de la peine leur est appliqué. Les délinquants ne peuvent être saisis ni désarmés; mais, s'ils sont déguisés ou masqués, s'ils refusent de faire connaître leur nom, ou s'ils n'ont pas de domicile connu, ils sont immédiatement conduits devant le maire ou le juge de paix, pour que leur individualité soit constatée. Les auteurs des procès-verbaux contre les délits de chasse ont droit à une gratification.

GARDE DU COMMERCE. *V.* COMMERCE.

GARDE DES SCEAUX. *V.* notre *Dictionnaire de Biographie et d'Histoire.*

GARDE-CÔTE. *V.* ce mot dans notre *Dictionnaire de Biographie et d'Histoire.*

GARDE FORESTIER, agent préposé à la garde des bois et forêts. L'organisation des agents de la police forestière remonte très-haut dans l'histoire de la monarchie française. Une ordonnance de novembre 1219 nous apprend qu'il existait, à la haute main des premières autorités, un *conseil des gardes,* qui connaissait des délits commis dans les forêts; puis venait un *maître garde,* exerçant une espèce de garde générale, et ayant sous ses ordres deux classes de gardes, les *sergents traversiers,* qui faisaient des visites extraordinaires de forêt en forêt, et les *simples sergents* des forêts, subordonnés aux précédents. L'ordonnance de 1669 supprima tous ces fonctionnaires, et créa une hiérarchie nouvelle, ainsi composée : les *ser-*

gents à garde ou gardes à pied, gardes d'un canton circonscrit; les gardes généraux à cheval, qui devaient surveiller les précédents; les maîtres particuliers, dont les soins s'étendaient sur une maîtrise ou groupe de cantons; les grands maîtres, chargés d'un vaste département forestier. Les gardes forestiers devaient être catholiques, connus comme gens de bonne vie et mœurs, savoir lire et écrire, répondre à un interrogatoire sur tout ce qui était relatif à leur état, déposer un cautionnement de 300 livres, payer 12 livres pour leur réception, et prêter serment devant un maître particulier. Il leur était défendu de boire avec les délinquants, et de tenir cabaret. Ils consignaient sur un registre, parafé par le maître particulier et par le procureur du roi, leurs visites, leurs procès-verbaux, et tout ce qu'ils avaient pu découvrir. Les gardes à pied portaient des pistolets, mais ne pouvaient s'en servir pour la chasse; les gardes généraux avaient le privilège de porter un fusil, et devaient, en faisant leurs tournées, être porteurs d'une bandoulière, insigne de leur dignité. Ils ne pouvaient pousser leurs perquisitions dans l'intérieur des enclos que s'ils étaient accompagnés d'un maître, du juge de l'endroit, du maire ou d'un échevin. Leurs procès-verbaux, légalement faits et affirmés, faisaient foi en justice, jusqu'à inscription de faux. En 1689, les places de gardes furent érigées en titres d'offices; mais les prévarications de ceux qui occupèrent ces charges mises en vente amenèrent la suppression de ces charges par arrêt du Conseil en 1719. — Depuis le Code forestier de 1827, la France est divisée en Conservations forestières : sous la dépendance immédiate du ministre des finances est un directeur, assisté de 3 sous-directeurs; il y a dans chaque conservation, un conservateur, des inspecteurs et sous-inspecteurs correspondant à des subdivisions de la conservation, des gardes généraux, des arpenteurs, des gardes à cheval, et des gardes à pied. Le directeur nomme les agents inférieurs jusqu'au grade de garde général exclusivement; ils prêtent serment devant le tribunal de 1re instance de leur résidence. V. le Supplément.

Les gardes forestiers ne peuvent exercer d'autres fonctions, soit administratives, soit judiciaires, ni faire commerce de bois ou exercer un métier où le bois soit employé. Leur uniforme se compose d'un habit, d'un gilet et d'un pantalon de drap vert, avec bandoulière chamois à bandes de drap vert et à plaque de métal blanc portant ces mots : « Forêts de l'État. » Le collet de l'habit des gardes à cheval est orné d'un rameau de chêne brodé en argent. Tous les gardes peuvent porter un fusil simple. Ils sont responsables des dégâts qu'ils auraient négligé de constater. Ils arrêtent le coupable pris en flagrant délit, et peuvent requérir main-forte; pour pénétrer dans un lieu clos, ils doivent être accompagnés d'un représentant de l'autorité municipale. Les procès-verbaux des gardes à pied, écrits de leur propre main, doivent être affirmés devant le juge de paix, formalité à laquelle ne sont pas soumis ceux des gardes à cheval et des gardes généraux : ces procès-verbaux, signés par deux gardes, font foi jusqu'à inscription de faux; signés par un seul, ils n'ont pas la même force que pour les contraventions n'entraînant pas une condamnation à plus de 100 fr. d'amende et de dommages-intérêts réunis. Les agents forestiers ont qualité pour faire les citations et significations dans les poursuites exercées au nom de l'administration forestière; ils taxent les actes comme les huissiers des juges de paix. Ils exposent l'affaire et sont entendus dans leurs conclusions devant les tribunaux correctionnels, seuls compétents pour ces matières. Comme agents d'une administration publique, les gardes forestiers ne peuvent être poursuivis qu'après autorisation; en qualité d'officiers de police judiciaire, ils ont le privilège de n'être jugés que par une Cour d'appel.

GARDE IMPÉRIALE. V. ce mot dans notre Dictionnaire de Biographie et d'Histoire.

GARDE-INFANT, espèce de vertugadins ou de paniers dont la mode vint d'Espagne en France au commencement du XVIIe siècle.

GARDE-MEUBLES, édifice où l'on garde les meubles de l'État ou du prince. Avant la Révolution, le garde-meubles de la couronne de France était le côté oriental du monument bâti par Gabriel sur la place Louis XV (auj. place de la Concorde), et occupé maintenant par le ministère de la marine. Toutes les résidences royales avaient leur garde-meubles; un officier qui portait le même nom en avait la surveillance. Aujourd'hui, le garde-meubles de la couronne, placé dans les attributions du ministre de la maison de l'empereur, se trouve dans l'île des Cygnes, près du pont d'Iéna, sous la surveillance d'un directeur et d'un inspecteur.

GARDE-MINES, autrefois conducteur des mines, nom donné à des agents auxiliaires des ingénieurs des mines pour la surveillance et la police des exploitations, les levées et les copies de plans. Les gardes-mines sont nommés par le ministre de l'agriculture, du commerce et des travaux publics; ils doivent avoir subi un examen, et être âgés de 21 ans au moins, de 30 ans au plus (35 ans pour les anciens militaires). On en distingue 5 classes, qui ne diffèrent que par le traitement (900, 1,200, 1,500 1,800, et 2,000 fr.) et les frais de tournée.

GARDE NATIONALE. V. ce mot dans notre Dictionnaire de Biographie et d'Histoire.

GARDE PARTICULIER, garde qu'un particulier peut établir pour veiller sur ses propriétés rurales. Autrefois les seigneurs seuls possédaient le droit d'en avoir. Ces gardes, reçus au siège de la maîtrise forestière du ressort, ou simplement à la justice des seigneurs, pouvaient porter le fusil, mais seulement comme chasseurs de leur maître et sous condition d'une commission enregistrée au greffe. La loi du 20 messidor an III a autorisé tout propriétaire à avoir des gardes; les fermiers eux-mêmes peuvent en nommer pour la conservation de leurs récoltes. Les gardes particuliers, pourvus d'une commission sur papier timbré, agréés par le sous-préfet, prêtent serment devant le tribunal de 1re instance : ils peuvent alors verbaliser, comme les gardes champêtres, pour délits de chasse, de pêche, etc., et leurs procès-verbaux font foi jusqu'à preuve contraire. Le propriétaire qui a un garde particulier n'en contribue pas moins au payement du garde champêtre de sa commune; car celui-ci veille sur les propriétés protégées par un garde spécial aussi bien que sur les autres.

GARDE-PÊCHE, agent chargé de veiller à l'exécution des lois sur la police des eaux, fleuves et rivières relativement à la pêche, et de plus à la navigation. Aussi lui donne-t-on en certains endroits le nom de garde-rivière. Les gardes-pêche appartiennent à l'administration forestière; leur condition et leurs droits, semblables d'ailleurs à ceux des gardes forestiers (V. plus haut), sont déterminés par la loi du 15 avril 1829 sur la pêche fluviale. Ils sont autorisés à saisir les instruments de pêche prohibés et le poisson pêché en délit. Les éclusiers, les officiers de police judiciaire, les gardes champêtres, les gardes assermentés des particuliers, peuvent aussi dresser procès-verbal des délits de pêche.

GARDE-PORT, agent établi pour la police des ports sur les rivières navigables ou flottables. D'après le décret du 21 août 1852, les gardes-ports sont nommés et commissionnés par le ministre de l'agriculture, du commerce et des travaux publics; ils prêtent serment devant le tribunal de 1re instance du lieu de leur résidence. Tout commerce et toute autre fonction salariée leur sont interdits. Ils surveillent l'amarrage, le garage, le tirant d'eau des bateaux ou trains, le temps qu'ils doivent rester le long des quais, assurent la conservation des marchandises pendant et après le débarquement, ainsi que dans les dépôts où elles séjournent, et ont la police du service général des quais. Leurs procès-verbaux doivent être affirmés par-devant le juge de paix, le maire ou l'adjoint. Ils sont responsables des délits qu'ils n'ont pas constatés, et passibles des amendes qui eussent été encourues par les délinquants; les pertes ou avaries provenant de leur négligence peuvent donner lieu contre eux à une action en indemnité. Ils sont sous les ordres des inspecteurs des ports et des ingénieurs chargés du service de la navigation. Leur rémunération consiste en rétributions dues par l'expéditeur lors de l'arrivage des marchandises et par le destinataire lors de leur enlèvement, conformément à un tarif.

GARDE-VENTE, agent que tout adjudicataire des coupes de bois et forêts doit nommer pour constater les délits commis dans sa vente et autour de cette vente, jusqu'à l'ouïe de la cognée. Il prête serment devant le juge de paix, inscrit jour par jour, sur un registre timbré, coté et parafé par les sous-inspecteurs de l'administration forestière, les bois débités, le nom des personnes qui les ont achetés ou leur demeure, et veille à ce que les ouvriers exploitants se soumettent aux prescriptions et prohibitions que les lois et ordonnances leur imposent.

GARDERIE, nom qu'on donne quelquefois aux crèches (V. ce mot).

GARDES (CENT-). V. notre Dictionnaire de Biographie et d'Histoire, au Supplément.

GARDIEN JUDICIAIRE, celui que la justice commet à

la garde d'objets saisis ou mis sous les scellés, moyennant des frais fixés par la loi. Il en répond s'ils sont détruits, perdus ou endommagés, à moins qu'il ne prouve le cas fortuit. Pour négligence, la peine varie selon la nature des choses mises sous scellé; mais si le gardien commet le crime prémédité de bris de scellés, il est puni de 2 à 5 ans d'emprisonnement, et quelquefois plus.

GARE, petit bassin naturel ou artificiel, qui sert de port dans les rivières. Des estacades le préservent des glaces et d'un courant trop rapide. — On donne encore le nom de *gare* aux stations de chemins de fer, aux emplacements destinés au chargement et au déchargement des marchandises, et, par extension, aux salles réservées aux voyageurs.

GARENNE (de l'anglais *warren*, dérivé de *ward*, garde), lieu entouré de fossés et de murailles ou de treillages, pour élever des lapins, et, par extension, tout bois ou bruyère où abonde le lapin. Une garenne ne peut être établie sans l'autorisation du sous-préfet et sans l'avis conforme du conseil municipal, ni à moins de 300 mèt. des propriétés d'autrui; le propriétaire est responsable des dégâts causés par les lapins. Le droit de *garenne d'eau* consistait autrefois à interdire la pêche dans les étangs, rivières ou fleuves. L'art. 524 du *Code Napoléon* fait des lapins de garenne un immeuble par destination.

GARGANTUA, roman satirique en 5 livres composé par Rabelais. Le 1er parut en 1533, le 4e en 1552, le 5e en 1558 seulement. Le principal personnage n'était pas une invention de l'auteur : les contes populaires parlaient du géant Gargantua, et, dans une foule de localités, on appliquait son nom à des monuments celtiques (*V. ce mot*). En 1532, on imprima un opuscule intitulé : *Les grandes et inestimables cronicques du grant et énorme géant Gargantua, contenant la généalogie, la grandeur et force de son corps, aussi les merveilleux faicts d'armes qu'il fist pour le roi Artus.* Un grand nombre de passages, spécialement les prologues du 1er et du 3e livre, montrent en termes tantôt clairs, tantôt enveloppés, quelle a été la pensée de Rabelais en écrivant son ouvrage : non-seulement *Gargantua*, ainsi que *Pantagruel* qui lui fait suite, contient quantité d'allusions et d'allégories aux hommes et aux choses de l'époque, mais il a été composé dans ce but; Rabelais s'est plu à construire une fable extravagante qui lui permit d'amener sur la scène, sous le voile des plus folles fictions, toutes les conditions de la vie et tous les ordres de l'État. Mais il ne faudrait pas appliquer à son œuvre un système régulier et suivi d'interprétation historique, inscrire, par exemple, sous le nom de chacun des personnages du roman, celui de quelque personnage réel, et voir, dans chacune de leurs aventures, le travestissement d'un événement contemporain. Certains commentateurs reconnaissent Louis XII dans Grandgousier, François 1er dans Gargantua, la reine Claude dans Badebec, Henri II dans Pantagruel, le cardinal Du Bellay dans Jean des Entommeures, le cardinal de Lorraine dans Panurge, Maximilien Sforza dans Picrochole, Anne de Bretagne dans Gargamelle, la duchesse d'Étampes ou Diane de Poitiers dans la jument de Gargantua, Charles-Quint dans Bringuenarilles, Jules II dans le grand dompteur des Cimbres, etc. : rien n'est plus douteux que la réalité de ces explications. Ce qui est vraisemblable, c'est que la majeure partie des personnages de Rabelais ne sont point, à proprement parler, des personnages allégoriques, mais des personnages imaginaires, destinés seulement à devenir l'occasion et le centre d'allusions soit aux hommes, soit aux choses sur lesquelles l'auteur voulait s'expliquer, et, par conséquent, susceptibles d'être dans un moment donné la représentation d'un individu réel. Le mérite éminent de Rabelais est d'allier au même degré une extrême folie et une extrême sagesse ; une extrême folie quand il invente, une extrême sagesse quand il juge. « Rabelais, dit un critique, n'est à la surface qu'un railleur trop souvent cynique ; au fond, c'est un esprit sérieux, indigné des travers dont il rit, jaloux de déraciner les abus dont il se moque. Le travestissement sous le déguise le protège en même temps ; c'est une cuirasse, et aussi un bouclier derrière lequel il se retranche pour lancer impunément les traits qui portent coup. »

GARGOUILLES, dégorgeoirs saillants en pierre, placés au moyen âge le long des gouttières élevées, et servant à jeter les eaux loin des murailles. Les artistes leur ont donné la forme symbolique d'un dragon volant, souvent à face humaine et grimaçante. Les archéologues y voient l'image du démon; en peuplant les gouttières et les galeries aériennes de monstres infernaux, on rappelait aux fidèles qu'ils devaient toujours se mettre en garde contre le démon, le tenir esclave et enchaîné, comme l'avait fait l'artiste, qui le forçait à préserver l'église des eaux pluviales en les écartant de la muraille. Quelquefois les gargouilles n'étaient mises que comme ornementation et pour compléter les façades. Aujourd'hui on ne les conserve également que comme décor, parce qu'on a reconnu l'inconvénient qu'il y a de laisser tomber les eaux tout autour d'un édifice, dont les fondations se trouvent dégradées et les abords difficiles en temps de pluie. On donne de nos jours le nom de gargouille à toute tête de gouttière plus ou moins saillante. — Du temps de Dagobert, suivant une vieille légende, un dragon horrible était né du limon des eaux à la suite d'un long débordement de la Seine. Ce dragon, qui désolait la contrée, et que l'évêque St Romain tua, s'appelait la *Gargouille*. Voilà, vraisemblablement, l'origine du nom et des figures monstrueuses et fantastiques que les sculpteurs-imagiers représentèrent dans les gouttières des églises dites gothiques.   E. L.

GARGOUSSE, autrefois GARGOUCHE et GARGOUGE, tube en papier ou en parchemin, rempli de poudre, pour la charge d'un canon ou d'un mortier. Son poids est le tiers de celui du boulet. Le papier fort est préférable au parchemin; car celui-ci laisse dans l'âme de la pièce des fragments enflammés, qui, à la recharge, causent de graves accidents. Dans l'origine, on introduisait la poudre à nu avec une grande cuiller appelée *lanterne;* mais les fréquents accidents qui résultaient de ce mode de charge les firent abandonner. Lors de la Révolution, on fit des gargousses avec les parchemins des familles nobles et des titres précieux pour l'histoire. M. de Laborde a retrouvé dans les magasins de Vincennes un nombre considérable de gargousses fabriquées de cette façon, et en a tiré d'intéressants documents nationaux.

GARGOUSSIER, boîte cylindrique dans laquelle on place la gargousse pour l'apporter dans la batterie au premier servant chargé de l'introduire dans la pièce. On la nomme aussi *garde-feu.*

GARIN DE MONTGLANE, 1re branche de la chanson de *Guillaume-au-Court-Nez.* Garin arrive à la cour de Charlemagne, et inspire une vive passion à la reine. Charles irrité le défie aux échecs : « Si je perds, lui dit-il, vous recevrez tel don qu'il vous plaira, même celui de ma couronne et de ma femme; si je gagne, je vous fais aussitôt trancher la tête. » La partie s'engage; Garin est vainqueur, et demande le fief de Montglane (Glanum, près de Tarascon?), alors occupé par un vassal rebelle. Il en fait la conquête, et épouse Mabile, sœur du comte de Limoges. — Un morceau curieux de cette chanson est la description de l'échiquier de Charlemagne, dont la Bibliothèque nationale de Paris possède une pièce; c'est un *aufin* ou *éléphant*, le fou du jeu moderne. L'histoire de *Garin de Montglane* est conservée à la même Bibliothèque dans deux manuscrits, l'un du xive siècle, l'autre du xve; à la Bibliothèque de l'Arsenal, dans un manuscrit du xive; au Musée Britannique, dans un manuscrit du xiiie; enfin au Vatican, dans un manuscrit daté de 1324. Une histoire en prose du *Preux chevalier Guérin de Montglane* a été imprimée plusieurs fois au xve siècle et au xvie; le titre de cet ouvrage est mensonger; car il ne raconte pas les aventures des enfants de Garin. *V. l'Hist. litt. de la France,* tome xxii.   H. D.

GARIN LE LOHÉRAIN (le Lorrain), 2e partie de la chanson des Lohérains, faisant suite au roman de *Hervis* (*V. ce mot*). Les Vandales ont envahi la France; Charles-Martel les bat, mais succombe à ses blessures. Pépin, son fils, est appelé au secours de Thierry, roi de Maurienne ou de Savoie, qu'attaquent quatre princes sarrasins; il tombe malade, et Garin le Lohérain est chargé du commandement des troupes. A la vue des infidèles, les Gascons ont peur et abandonnent Garin, qui, aidé de son frère Bégon de Belin, défait les Sarrasins. Thierry, qui a été blessé mortellement, lui ayant confié sa fille Blanchefleur, il revient en France, et demande au roi la permission d'épouser la princesse. Mais Fromont, auquel Pépin avait promis le premier fief vacant dans son empire, réclame Blanchefleur avec la Maurienne. Garin provoque Fromont, et le combat s'engage. Ici finit la première chanson de Garin. — Une véritable bataille est livrée, dans le palais même de Pépin, entre les Gascons sous les ordres de Fromont, et les Lorrains commandés par Garin; les derniers sont vainqueurs; cependant la guerre continue pendant plusieurs années; enfin on convient de s'en remettre au jugement du roi. Pépin ordonne que Blanchefleur épouse Garin : mais l'archevêque de Reims lui représente qu'il ferait mieux de l'épouser lui-même, et, au moment où l'union de Blanchefleur avec Garin va être célébrée, quatre moines viennent jurer sur les reliques que les deux futurs sont cousins et ne peuvent se marier. Pépin épouse Blanchefleur, et fait de Garin son échanson. Le Gascon Bernard insulte Garin à la table du roi : une lutte s'engage entre les Gascons et les Lorrains ; Bégon, chef des cuisines, vient au secours de Garin, avec tous ses marmitons armés de broches et de crochets. La victoire reste aux Lorrains, et, après des alternatives de victoires et de défaites, les Gascons sont réduits à demander la paix. Ici finit la deuxième chanson de Garin. — La paix fut observée pendant sept années. Bégon, dans son château de Belin (près de Bordeaux), est tourmenté du désir de revoir son frère : malgré les prières et les pressentiments de sa femme Béatrix, il se met en route, et tue un sanglier sur le domaine de son ancien ennemi Fromont. Égaré dans la forêt pendant la nuit, il sonne du cor pour appeler ses compagnons ; les forestiers de Fromont accourent, et le somment de se rendre ; il refuse, et succombe dans une lutte inégale. Fromont reconnaît avec effroi Bégon, lui fait des funérailles honorables, et offre de livrer à Garin ceux qui ont commis le meurtre. Ses propositions ne sont pas acceptées ; la guerre va recommencer. Telle est la troisième et dernière chanson de Garin le Loherain.

Le roman de Garin, publié par M. Paulin Pâris, et dont l'invention primitive est attribuée par Dom Calmet à Hugues Métellus, chanoine régulier de St-Léon de Toul au XIIe siècle, se compose d'environ quinze mille vers de dix syllabes ; les trois chansons qu'il comprend ne sont peut-être pas l'œuvre d'un seul auteur. La 1re, telle qu'elle existe aujourd'hui, paraît être moins ancienne que les autres ; on y trouve moins de poésie, d'intérêt et de vraisemblance. L'auteur fait une singulière confusion des événements historiques : il place auprès de Charles Martel St Loup et St Nicaise, qui vivaient au IVe siècle ; et, au lieu du roi des Wisigoths, c'est Charles Martel qui périt dans la bataille. La 3e chanson est bien supérieure aux deux précédentes : les derniers instants de Bégon et le récit des vengeances que sa mort occasionne sont des morceaux vraiment épiques. Nous savons par les manuscrits que c'est l'œuvre de Jehan de Flagy, qui vivait au commencement du XIIe siècle. On suppose qu'il était Champenois. H. D.

GARNACHE, nom d'une tunique à collet et à demi-manches larges et pendantes, qu'on portait au XIIIe siècle. C'était une sorte de robe de chambre.

GARNI (Hôtel). V. MAISONS GARNIES.

GARNISAIRES. V. ce mot dans notre Dictionnaire de Biographie et d'Histoire.

GARNISON (du vieux mot warni, warnesture), désignait dans le principe les munitions et les vivres d'un corps de troupes. Dans le bas latin, garnisio a la même signification. Au XVe siècle, le mot garnison commence à être synonyme d'établies ou establies ; puis il finit par signifier à la fois le lieu consacré au logement des troupes et le corps de troupes lui-même. Ce fut Charles VII qui accoutuma les villes à recevoir de petites garnisons royales ; c'était la conséquence forcée de la formation des troupes régulières. Les villes votèrent pour l'entretien des garnisons un impôt qu'on appela taille de guerre ; mais elles exigèrent que la garnison ne dépassât pas 30 hommes, et que la maire seul eût le droit de les passer en revue. Louis XI grossit les garnisons, et Louis XII enleva aux maires le droit de surveillance. Machiavel nous apprend que les garnisons françaises de son temps étaient pendant la paix divisées en quatre grands corps, réparties en Guienne, Picardie, Bourgogne et Provence ; les municipalités se réservaient la fonte et la garde des bouches à feu, pour imposer aux compagnies dans le cas où elles viendraient à abuser de leur force. Sous Henri IV, les garnisons furent de petits corps de troupes portant le nom de leurs chefs, isolés des régiments, et changeant souvent de lieu. Il y eut aussi les mortes-payes, vieux soldats rassemblés par les gouverneurs, dont ils formaient comme la défense et les gardes du corps : ces troupes irrégulières, n'obéissant qu'au chef qui les payait, étaient un danger et un sujet continuel de troubles ; Louis XIV les abolit. Aujourd'hui les garnisons s'établissent régulièrement dans les villes aux frais de l'État et des communes.

GARROTTE. } V. ces mots dans notre Dictionnaire
GARUM. } de Biographie et d'Histoire.

GASQUET (de casque), espèce de fez (V. ce mot)

GASCON. V. le Supplément.

GASTRONOMIE (du grec gastêr, estomac, et nomos, loi), science du manger. C'est, selon la définition de Brillat-Savarin, « la connaissance raisonnée de tout ce qui a rapport à l'homme en tant qu'il se nourrit. » Le gourmet ne sait qu'apprécier ; le gastronome remonte des effets aux causes, analyse les substances alimentaires, recherche la meilleure nourriture possible au point de vue de la conservation des individus, et la veut aussi hygiénique qu'agréable. Il vit dignement, et doit être doué de sens sûrs, de jugement, et de fortune. Berchoux a publié, en 1800, un petit poëme descriptif sur la gastronomie ; l'ouvrage le plus agréable sur cette matière est la Physiologie du goût de Brillat-Savarin.

GATE, nom donné pendant le moyen âge à une grosse galère à cent rames.

GATTE, partie d'un vaisseau très-rapprochée des écubiers, et qui est séparée du reste du bâtiment par une forte cloison élevée à quelques pieds au-dessus du pont de la batterie basse. Cette cloison retient l'eau qui pénètre par les écubiers, et dont on facilite ensuite l'écoulement par des dalots percés dans la gatte.

GAUCOURTE, robe courte, en usage dans certaines parties de la France au moyen âge.

GAUDES, en latin gaudia, nom donné, dans certaines localités de la Provence, à des cantiques de joie, à des espèces de noëls qu'on chante en l'honneur de la Ste Vierge depuis la Nativité jusqu'à la Purification.

GAUDRON ou GODRON, ornement creux ou saillant, circulaire ou ovale, et arrondi comme une amande. Lorsque le gaudron est taillé en creux, il est souvent bordé d'un filet et orné d'une petite rose. La période romano-byzantine en plaça quelquefois sur les chapiteaux. La Renaissance italienne en orna fréquemment les objets d'orfévrerie. Dans la bijouterie, on nomme aussi gaudrons des ornements ciselés, consistant surtout en rayons qui partent du centre du bijou. Au XVIe siècle, les gaudrons étaient les plis ronds qu'on faisait aux fraises.

GAUFRAGE, opération à l'aide de laquelle on obtient des gaufrures ou dessins en relief sur du papier, des étoffes et des peaux. On se sert de fers chauds qu'on appelle gaufroirs, et qui se composent de deux parties : la 1re, de cuivre, est en creux ; la 2e, qui en est la contre-partie, est en relief, et de carton. Des chevilles de repère servent à appliquer ces deux pièces exactement l'une sur l'autre : le papier humecté se place au milieu, et le gaufroir métallique échauffé fait prendre sa forme. On ne retire la pièce gaufrée qu'après le refroidissement. Ce procédé, bon pour les papiers légers, ne suffirait pas pour les cartons et les peaux ; le gaufrage se fait alors au cylindre combiné avec le système du calandrage.

GAUFREY, chanson de geste qui appartient au cycle des romans carlovingiens (V. ce mot), et paraît avoir été composée vers le milieu du XIIIe siècle. Le sujet en est assez complexe : c'est l'histoire des douze fils de Doon de Mayence, mais surtout de l'aîné, Gaufrey. Il s'en faut toutefois que l'intérêt se concentre sur cette famille, à laquelle, par un manque d'unité dans la composition, une foule d'autres personnages font ombre : tels sont Doon lui-même, déjà célèbre dans un autre poëme (V. DOON DE MAYENCE), Garin de Montglane, qui est aussi le chef d'une famille héroïque (V. GARIN DE MONTGLANE), son serviteur Robastre, fils du génie Malabron, Berart de Montdidier, l'un des douze pairs de Charlemagne, etc. L'auteur inconnu du poëme de Gaufrey a imaginé la fable suivante : assiégé dans son château de Montglane par Gloriant, roi des Sarrasins, le vieux Garin implore le secours de Doon de Mayence, dont les 12 fils sont à la veille d'aller guerroyer en Syrie. Ceux-ci mettent en fuite les Sarrasins, qui cependant, au milieu de leur défaite, emmènent prisonniers Doon et Garin. La captivité des deux vieillards dure sept années, pendant lesquelles Gaufrey et ses frères font les conquêtes qu'ils projetaient au début du poëme. Chacun d'eux se marie, et, tandis que Grifon, l'un des fils de Doon qui ait forligné et failli à l'honneur, donne le jour au traître Ganelon, si fameux dans la légende de Charlemagne, Gaufrey épouse la belle Passerose, dont il a Ogier le Danois, l'un des héros les plus fameux de l'épopée carlovingienne, celui dont nos jeux de cartes perpétuent encore le nom et le souvenir. Les fils de Doon, joints à ceux de Garin, songent enfin à délivrer les héros captifs. Robastre tue Gloriant, et hérite à la fois de sa couronne et de sa veuve Mandagloire, préalablement baptisée. — La chanson de

Gaufrey, dont il n'existe qu'un seul manuscrit, du XIV° siècle, conservé à la bibliothèque de la Faculté de médecine de Montpellier, a été publiée, dans la collection des *Anciens poëtes de la France*, par MM. Guessard et Chabaille, Paris, 1859, in-16. **B.**

GAULOIS (Art). *V.* CELTIQUES (Monuments).

GAULOISE (Langue). *V.* CELTIQUES (Langues).

GAULOISE (Religion). *V.* DRUIDES, dans notre *Dictionnaire de Biographie et d'Histoire*.

GAULOISES (Monnaies). *V.* FRANÇAISES.

GAUR (Langue). *V.* BENGALI.

GAUSAPE. } *V.* ces mots dans notre *Dictionnaire de*
GAVOTTE. } *Biographie et d'Histoire.*

GAYDON. *V.* GAIDON.

GAZETTE. *V.* JOURNAL, dans notre *Dictionnaire de Biographie et d'Histoire.*

GEMARA. *V.* TALMUD, dans notre *Dictionnaire de Biographie et d'Histoire.*

GÉMINÉ, se dit, en Architecture, de deux baies, de deux fenêtres, de deux arcades réunies par une moulure commune, de deux colonnes ayant un chapiteau commun, et de deux chapiteaux ayant un abaque commun. — Dans les inscriptions et les médailles, les *lettres gé-minées* marquent deux personnes, comme dans COSS et IMPP, qui désignent deux consuls et deux empereurs. En français, MM. (Messieurs), LL. MM. (Leurs Majestés), LL. AA. (Leurs Altesses), sont des lettres géminées.

GEMME (du latin *gemma*), mot que les archéologues emploient comme synonyme de pierre fine soumise à l'action de la taille.

GÉMONIES. *V.* ce mot dans notre *Dictionnaire de Biographie et d'Histoire.*

GENDARMERIE. Ce nom, qui a désigné autrefois divers corps de troupes (*V.* GENDARMERIE, dans notre *Dictionnaire de Biographie et d'Histoire*), ne s'applique plus qu'à une milice établie pour veiller au maintien de l'ordre, à la sûreté publique, et pour assurer l'exécution des lois et des arrêts judiciaires. Les attributions de la gendarmerie ont été fixées par la loi du 28 germinal an VI (17 avril 1798). Elle a été réorganisée par décrets du 22 décembre 1851, 19 février 1852, et 1er mars 1854. Les corps qui la composèrent alors furent : 1° un régiment à 2 bataillons de *gendarmerie de la garde impériale*, anc. *gendarmerie mobile* ou *gendarmerie d'élite* (supprim. en 1869); 2° un escadron de *gendarmerie à cheval de la garde impériale*; 3° la garde de Paris, précédemment appelée *garde républicaine* ou *garde municipale*, composée de 2 bataillons et de 2 escadrons; 4° la *gendarmerie départementale*; 5° la *gendarmerie coloniale*, comprenant 4 compagnies pour la Martinique, la Guadeloupe, la Réunion, la Guyane, et 3 brigades aux îles St-Pierre et Miquelon; 6° une compagnie de *gendarmes vétérans*; 7° les *voltigeurs corses*. Un *Comité de la gendarmerie* est chargé d'examiner toutes les questions intéressant l'arme.

La gendarmerie départementale forme 26 légions, qui se composent chacune de plusieurs compagnies, et dont le tableau suit :

Légions.	Chefs-lieux.	Départements.
1re..	Paris.......	Seine, Seine-et-Oise, Seine-et-Marne, Oise.
2e...	Rouen	Seine-Inférieure, Eure, Calvados, Orne.
3e...	Lille.......	Nord, Pas-de-Calais, Somme.
4e...	Châlons...	Marne, Aisne, Ardennes.
5e...	Nancy.....	Meurthe-et-Moselle, Meuse, Vosges.
7e...	Besançon...	Doubs, Jura, Haute-Marne, Haute-Saône.
8e...	Lyon.......	Rhône, Loire, Drôme, Ardèche.
9e...	Marseille...	Bouches-du-Rhône, Vaucluse.
10e...	Montpellier.	Hérault, Aveyron, Lozère, Gard.
11e...	Perpignan.	Pyrénées - Orientales , Ariége , Aude.
12e...	Toulouse...	Haute-Garonne, Tarn-et-Garonne, Lot, Tarn.
13e...	Bayonne....	Basses-Pyrénées, Landes, Gers, Hautes-Pyrénées.
14e...	Bordeaux...	Gironde, Charente - Inférieure, Dordogne, Lot-et-Garonne.
15e...	Nantes.....	Loire-Inférieure, Maine-et-Loire, Deux-Sèvres, Vendée.
16e...	Rennes.....	Ille-et-Vilaine, Manche, Mayenne.
17e...	Bastia......	Corse.
18e...	Tours......	Indre-et-Loire, Loir-et-Cher, Sarthe, Vienne.
19e...	Bourges.....	Cher, Nièvre, Allier, Indre.
20e...	Clermont...	Puy-de-Dôme, Haute-Loire, Cantal.
21e...	Limoges....	Haute-Vienne, Creuse, Corrèze, Charente.
22e...	Grenoble...	Isère, Hautes-Alpes, Savoie, Haute-Savoie.
23e...	Orléans.....	Loiret, Aube, Eure-et-Loir, Yonne.
24e...	Dijon.......	Côte-d'Or, Saône-et-Loire, Ain.
25e...	Nice	Alpes - Maritimes , Var, Basses-Alpes.
26e...	Brest.......	Finistère, Morbihan, Côtes-du-Nord.

Chaque légion se compose de 29 officiers, 83 maréchaux des logis, 102 brigadiers, et 760 gendarmes; ensemble, 974 hommes, dont 70 à pied et 875 à cheval. Le chef d'une légion est colonel ou lieutenant-colonel; le service d'un département forme une compagnie, et est commandé par un chef d'escadron; celui d'un arrondissement est dirigé par un capitaine ou un lieutenant. Les compagnies sont divisées en brigades; la brigade à pied est de 5 hommes, commandée par un brigadier ou un maréchal des logis; la brigade à cheval est commandée par un brigadier, si elle compte 5 hommes, par un maréchal des logis si elle en compte 6.

Les simples gendarmes ont rang de brigadiers; ils se montent, s'équipent et s'habillent à leurs frais. L'armement seul est fourni par l'État; il consiste, pour le gendarme à cheval, en un sabre de cavalerie de ligne, pistolets et mousqueton, et, pour le gendarme à pied, en un fusil à baïonnette et un sabre-briquet. L'uniforme est : habit de drap bleu, avec collet et parements bleus, revers et retroussis écarlate; pantalon de drap bleu (blanc en grande tenue); chapeau à cornes (shako en Corse); aiguillettes et trèfles en fil blanc; buffleterie jaune, bordée en galon de fil blanc; bottes demi-fortes pour la cavalerie, guêtres pour l'infanterie. Les officiers portent l'épaulette d'argent. — La garde de Paris a pour uniforme l'habit de drap bleu, avec collet bleu, parements bleus à patte blanche, revers blancs et retroussis en drap écarlate, boutons jaunes aux armes de la ville : l'infanterie porte le pantalon en drap bleu, les épaulettes en laine rouge, le shako orné d'un galon aurore, et l'aigrette rouge; la cavalerie a le pantalon de peau blanc, les contre-épaulettes et aiguillettes en laine aurore, et le casque à la dragonne, orné d'un plumet rouge. Les officiers portent l'épaulette en or. — Les voltigeurs corses ont l'habit court, de drap bleu, boutonné droit sur la poitrine, avec retroussis, collet et parements de drap bleu, passe-poils jonquille, trèfles en laine jonquille, le pantalon de drap gris-bleu en hiver et de coutil bleu en été, les guêtres noires ou bleues, le shako.

La Gendarmerie se recrute, soit au moyen de soldats gradés qui rendent leurs galons pour y entrer, et qui sont désignés, aux inspections générales, parmi les hommes ayant encore deux ans de service à faire, soit au moyen d'anciens militaires qui en ont fait la demande. Les gendarmes qui ont accompli le temps de service imposé par la loi de recrutement sont libres de se retirer en donnant leur démission, leur séjour dans l'arme étant dès lors complètement volontaire. Jusqu'au grade de lieutenant inclusivement, l'avancement est réservé aux militaires de l'arme; un certain nombre d'emplois dans les grades supérieurs est attribué aux officiers de l'armée du grade correspondant. Les gendarmes ne reçoivent des magasins de l'État aucune prestation en nature, si ce n'est quand ils sont détachés dans une armée pour y constituer la force publique : dans leur situation normale, ils se nourrissent à leurs frais et comme ils l'entendent, au moyen de la solde qui leur est attribuée. *V.* Cochet de Savigny, *Mémorial complet de la gendarmerie*, 2e édit., 1851, 3 vol. in-8°; Perrève et Cochet de Savigny, *Formulaire général et annoté à l'usage de tous les militaires de la gendarmerie départementale*, 1853, 3e édit.; Rouillard, *Manuel de la gendarmerie*, 1853, in-12; Cochet de Savigny, *Dictionnaire de la gendarmerie*, 5e édit., 1853, in-18.

GÉNÉALOGIE (du grec *génos*, race, et *logos*, discours), exposition de la filiation d'un individu ou du développement d'une famille, tableau de ses parentés et de ses alliances. Les Orientaux ont attaché de tout temps une grande importance aux généalogies, par lesquelles peut s'établir l'ancienneté des familles : aussi en voit-on des exemples dans le *Pentateuque*; le *Nouveau Testament* nous donne la généalogie de J.-C. Les Romains de distinction conservaient avec soin leurs généalogies, et il en fut de même au moyen âge, où il fallut souvent, pour occuper certains emplois, prouver sa noblesse ou au moins un certain nombre d'aïeux. Aujourd'hui même, la généalogie est une affaire sérieuse, par exemple pour les questions de succession.

GÉNÉALOGIQUE (Arbre). *V.* Arbre.

GÉNÉALOGISTE. } *V.* ces mots dans notre *Diction-*
GÉNÉRAL. } *naire de Biographie et d'Histoire.*

GÉNÉRALE, batterie de tambour par laquelle on donne l'alarme aux troupes. Dans les places de guerre et les camps, dès qu'on bat la générale, tous les tambours doivent la répéter à l'instant en parcourant les rues et les quartiers, accompagnés de deux hommes armés. Un ordre du jour indique aux troupes les positions qu'elles doivent occuper en ce cas. La générale est battue dans les villes en cas d'incendie ou de révolte, et à l'armée en cas de surprise. Les chefs de corps peuvent faire battre la générale à l'improviste, pour juger de l'exécution plus ou moins rapide de leurs ordres et tenir les troupes en haleine. Le soldat qui, au son de la générale, ne se rend pas immédiatement à son poste, encourt un emprisonnement d'un mois, et la récidive est punie de six mois de prison, puis de deux ans de boulet; l'officier peut perdre son grade. Il y a aussi des peines sévères contre ceux qui feraient battre la générale sans autorisation.

GÉNÉRALE (Proposition), proposition dont les termes ne s'appliquent pas à une personne ou à une chose plutôt qu'à une autre, ou sont applicables à un très-grand nombre de personnes ou de choses : « Les princes gâtés par la flatterie trouvent sec et austère tout ce qui est libre et ingénu (Fénelon). — Qu'importe de posséder une grande étendue de terre et de commander à un plus grand nombre d'hommes? On n'en a que plus d'embarras et moins de liberté. » (Id.) P.

GÉNÉRALIFE, c.-à-d. en arabe *Maison des fêtes,* sorte de maison de plaisance bâtie par les Arabes sur une éminence voisine de Grenade. L'extérieur en est fort simple, comme toutes les constructions orientales, et ne présente que de grandes murailles sans fenêtres, surmontées d'une terrasse avec une galerie en arcades, le tout coiffé d'un petit belvédère moderne. Les délicates sculptures de l'intérieur ont été empâtées par le badigeon des modernes. Une des salles contient la suite des portraits des rois d'Espagne. Le véritable charme du Généralife, ce sont ses jardins et ses eaux.

GÉNÉRALISATION, opération de l'esprit qui consiste à dégager le général du particulier, à l'en *séparer,* afin de le voir *séparément.* La Généralisation est de deux sortes, *médiate* et *immédiate.* Dans le premier cas, l'esprit part des notions concrètes et individuelles des êtres ou des faits; puis, par l'Abstraction et la Comparaison volontaire, il forme les notions générales d'*espèce,* de *genre,* de *classe,* etc. Les modes et les rapports généralisés, et reconnus les mêmes ou comme divers, deviennent des *caractères* communs ou différents. La présence de caractères communs dans plusieurs objets fait réunir ces objets en un seul groupe, auquel nous ajoutons par la pensée tous ceux que nous supposons avoir les mêmes caractères; nous appliquons à cet ensemble la notion d'unité, et nous avons une *espèce.* De même, en saisissant les caractères communs entre plusieurs espèces, et appliquant à l'ensemble la notion d'unité, on obtient un *genre,* et ainsi de suite. Dans cette opération il y a deux choses à observer : la *compréhension* et l'*étendue.* La première renferme le nombre de qualités communes aux individus contenus dans une classe; la seconde, le nombre de ces individus. La Généralisation *immédiate* ne résulte pas de la comparaison; elle ne doit rien à la volonté. C'est une opération de la Raison qui consiste à s'élever au nécessaire et à l'absolu, au moyen du contingent et du relatif : ainsi, à l'occasion de l'idée d'un temps limité, nous concevons nécessairement l'idée du temps sans limite. Cette sorte de Généralisation donne un résultat tout différent de la première. Par celle-ci on obtient des principes qui résultent de recherches volontaires, longues et laborieuses; dans le second cas, certains principes nous apparaissent d'eux-mêmes et comme malgré nous; ils ont pour caractères d'être *spontanés, nécessaires, universels.* Ce ne sont plus des idées *générales,* mais *universelles. V.* Idée. R.

GÉNÉRALISSIME. } *V.* ces mots dans notre *Diction-*
GÉNÉRALITÉ. } *naire de Biogr. et d'Histoire.*

GÊNES (Monuments de). Parmi les édifices religieux de la ville de Gênes, un des plus remarquables est la

cathédrale S¹-*Laurent,* construite au commencement du xi° siècle, et restaurée au xvi° par Galéas Alessi. A l'extérieur, elle est revêtue de marbres blanc et noir, disposés en assises alternatives; une seule des deux tours qui devaient surmonter l'édifice a été exécutée. L'intérieur, où l'on est frappé d'un singulier mélange de styles architectoniques, contient beaucoup de statues, de bas-reliefs et de tableaux précieux. La chapelle de S¹-Jean-Baptiste est particulièrement ornée avec richesse : la châsse du saint, toute en argent, a été faite au xv° siècle. La belle marqueterie des stalles du chœur est l'œuvre de Zabello, artiste de Bergame. On conserve dans la sacristie le *Sacro Catino* (V. ce mot). — L'église de l'*Annunziata,* bâtie aux frais de la famille des Lomellini, sur les dessins de Scorticone et de Jacques della Porta, est d'une magnificence peu commune. Sans parler des œuvres d'art qui la décorent, elle a été presque complètement dorée il y a quelques années. La façade, revêtue de marbre blanc, est inachevée. — L'église de S¹°-*Marie-de-Carignan* ou de l'*Assomption,* située sur une hauteur d'où l'on domine la ville, a été construite par Galéas Alessi, de 1552 à 1600, aux frais de la famille Sauli. C'est un édifice complet, bien ordonné, et d'une parfaite unité : il forme un carré régulier de 50 mèt., sans compter l'abside, et est divisé en trois nefs; quatre piliers supportent une grande coupole centrale, et d'autres coupoles plus petites s'élèvent aux quatre angles de la croix. L'orgue passe pour être un des premiers d'Italie. — Au nombre des monuments civils on distingue : l'*Université,* splendide bâtiment, construit au xvii° siècle sur les dessins de Bartolommeo Bianco; le *Palais ducal* ou *della Citta,* ancienne résidence des doges, rebâti au xvi° siècle par Andrea Vannone; le *Palais Doria,* œuvre de Perino del Vaga et de Montorsoli; le *Palais Royal* ou *Palais Durazzo,* élevé au xvii° siècle par Falcone et Cantone; le *Palais Brignole-Sale,* dit le *Palais rouge* à cause de la couleur de la façade, et contenant une belle collection de tableaux; le *Palais Balbi,* dont Bianco et Corradi furent les architectes; le *Palais Pallavicini,* où se trouve une célèbre galerie de tableaux, etc. *V.* Gauthier, *Les plus beaux édifices de Gênes,* Paris, 1809, 2 vol. in-fol.

GÉNÈSE. } *V.* ces mots dans notre *Diction-*
GÉNÉTHLIAQUE. } *naire de Biogr. et d'Histoire.*

GENEVIÈVE (Bibliothèque S¹°-), à Paris. Elle date de 1624 : le cardinal de La Rochefoucauld, les savants Génovéfains Fronteau et Lallemand en sont les fondateurs; Dumoulinet, numismate distingué, Pingré, et Mercier, abbé de S¹-Léger, contribuèrent à son agrandissement. L'archevêque de Reims, Le Tellier, lui légua 16,000 volumes. Elle fut placée dans l'étage supérieur du couvent des Génovéfains (aujourd'hui le lycée Henri IV), formant une galerie en croix latine. Une perspective, peinte par Lafon, à l'extrémité du petit bras, lui donnait l'aspect d'une croix grecque. Au croisement des bras, Restout peignit, en 1730, le triomphe de S¹ Augustin. Avant la Révolution, la bibliothèque S¹°-Geneviève passait pour la mieux installée des bibliothèques de France. Le local en existe encore, mais il est consacré au service du lycée Henri IV. En 1850, la bibliothèque a été transférée dans un bâtiment de la place du Panthéon, construit spécialement pour la recevoir, sur l'emplacement de l'ancien collége Montaigu, qui obtint ce prison militaire. Elle se compose de 160,000 volumes et de 3,500 manuscrits. On y peut travailler tous les jours de 10 heures à 3 heures, et le soir de 6 à 10 heures.

GENEVIÈVE (Eglise S¹°-). *V.* Panthéon, dans notre *Dictionnaire de Biographie et d'Histoire.*

GÉNIE. Ce mot avait, au xvii° siècle, un sens plus général que de nos jours : il s'entendait ordinairement de l'esprit et du caractère; il exprimait surtout l'intelligence active et dirigée par la volonté. Bossuet dit de la princesse Palatine, que « son génie se trouva également propre aux divertissements et aux affaires. » Il va même, dans l'Oraison funèbre du grand Condé, jusqu'à faire du génie une faculté de l'intelligence : « Vivacité, pénétration, grandeur et sublimité du génie, voilà pour l'esprit. » Cependant, Boileau, dans sa belle épître à Racine (Ép. 7), prend déjà ce mot dans le sens où nous le prenons aujourd'hui, et l'applique à Molière et à Corneille aussi bien qu'à son ami :

Mais par les envieux un génie excité
Au comble de son art est mille fois monté.

Les écrivains du xviii° siècle n'ont guère vu dans le génie que le talent porté à un degré supérieur. Voltaire a dit quelque part : « Au fond, le génie est-il autre chose que le talent? Qu'est-ce que le talent, sinon la disposition à réussir dans un art? » Dans le *Temple du Goût*, il en fait un synonyme de l'imagination :

De faux brillants, trop de génie
Mettent le Tasse un cran plus bas;
Mais que ne pardonne-t-on pas
Pour Armide et pour Herminie?

Les nuances avaient cependant été indiquées nettement par La Bruyère, dans cette réflexion qu'il laisse échapper en passant : « Talent, goût, esprit, génie, choses différentes, non incompatibles » (Ch. Ier, *Des ouvrages de l'esprit*). Aujourd'hui, le mot *génie* s'entend dans une acception particulière, et représente une idée plus grande, celle des vastes et hautes conceptions de l'intelligence; dans les arts, l'idée de création sublime; dans la vie et dans le gouvernement, l'idée d'une énergie de caractère qui domine les hommes et les maîtrise, les entraîne par l'admiration, les soumet par l'étonnement et quelquefois même par la crainte. Il y a le génie de la politique et de la guerre, le génie des affaires et de l'administration, comme le génie des sciences et des lettres. Il nous semble que, d'ordinaire, le génie se reconnaît à sa puissance, c'est-à-dire à ses œuvres et à ses résultats. Le talent, plus facile à définir, n'est qu'une disposition heureuse de la nature, une supériorité relative. Quelquefois même on appelle de ce nom, dans les arts ou dans les affaires, l'habileté de l'exécution; il ne s'agit plus alors que d'une aptitude acquise. Le génie se l'acquiert pas, et il est bien au-dessus de l'aptitude et de l'habileté; son caractère essentiel est la grandeur dans l'originalité; le talent, même supérieur, ne s'élève pas au-dessus de la distinction, et n'atteint jamais au génie. Aussi a-t-il pour effet de satisfaire, d'intéresser, de séduire même; le génie éblouit et enlève les hommes, leur ôte la réflexion ou en rend l'usage inutile; le talent ne leur cause que du plaisir. Il y a donc une étroite parenté entre le génie et le sublime. Dans la politique comme dans les arts, le génie conçoit et exécute les grandes choses : il est essentiellement créateur. Il y a encore une liaison naturelle entre le génie et l'immortalité, qui est le privilège et le prix des actions et des ouvrages sublimes. Toutefois, dans les œuvres des arts, et surtout de l'esprit, l'immortalité, la réputation même ne s'attachent pas toujours dès l'abord aux vues ni aux créations de génie. On ferait une liste bien longue des inventeurs, des savants, des artistes, des poètes qui ont vu leurs conceptions méconnues, méprisées, livrées au ridicule par les connaisseurs aussi bien que par les ignorants. Les calculs de Christophe Colomb étaient des chimères, la découverte de la vapeur une folie, *le Paradis perdu* et *Athalie* des écrits ennuyeux, jusqu'au jour où la Providence a réformé les jugements du public, et fait rendre au génie l'honneur qui lui était dû. Ce serait donc une mesure incertaine et sujette à l'erreur que d'estimer le génie par ses résultats immédiats; le sublime n'est pas toujours reconnu, et l'immortalité se fait attendre; mais elle ne fait jamais défaut à la vraie grandeur. La popularité d'ailleurs se trompe quelquefois, et s'attache aux ouvrages et aux hommes médiocres. Pompée était l'idole des Romains quand César commençait à grandir. Les savants et le public du xvie siècle décernèrent à Ronsard des honneurs divins. On sait comment la postérité se charge de redresser de pareilles erreurs, aussi bien qu'elle corrige les injustices. Ce serait encore une mesure inexacte que d'estimer les créations d'un homme de génie, qui peuvent n'être que des ébauches, d'après les œuvres perfectionnées et polies de ses imitateurs. Voltaire n'échappe pas à ce défaut quand il fait bon marché de l'invention comparée à l'utilité, et qu'il écrit : « Tous les acheteurs vous diront : « J'avoue que l'inventeur de la navette avait plus de génie « que le manufacturier qui fait mon drap; mais mon « drap vaut mieux que celui de l'inventeur... Enfin, « chacun avouera, pour peu qu'on ait de conscience, que « nous respectons les génies qui ont ébauché les arts, et « que les esprits qui les ont perfectionnés sont plus à « notre usage. » Or, la justice veut que nous fassions honneur au génie des progrès dont il est le premier auteur. Il nous faut moins de quinze jours pour aller sûrement et commodément en Amérique; mais c'est Colomb qui a trouvé le chemin.

Génie de la politique et de la guerre. — Les politiques et les militaires ne sont guère exposés à ce genre de mécomptes, parce qu'ils produisent des résultats positifs, immédiats, où l'on reconnaît qu'ils ont la force, à laquelle les hommes résistent rarement. Depuis Périclès jusqu'à

Richelieu, depuis Alexandre et César jusqu'à Napoléon, l'on s'est accordé à reconnaître tous les caractères du génie dans ces âmes vastes et puissantes, en qui se personnifient l'intelligence, les volontés et les passions de l'humanité, et qui fascinent les hommes par la magie de la gloire, ou les subjuguent par la supériorité des lumières et de l'énergie. Ici même, la Providence a donné au génie ce singulier privilège d'être loué des hommes à proportion de ce qu'il leur coûte, parce que la postérité reconnaît sa grandeur dans les coups mêmes qu'il a frappés, et que, pour emprunter le langage de Bossuet, « s'il n'a pas les cœurs, il force l'admiration. » Montesquieu a ingénieusement analysé cette remarquable loi des choses humaines dans le *Dialogue de Sylla et d'Eucrate*; lorsque le philosophe dit à ce redoutable politique, couvert de sang plus que de gloire : « Je voyais bien que votre âme était haute, mais je ne soupçonnais pas qu'elle fût grande. » Cela veut dire : « J'avais ignoré jusqu'à présent que vous fussiez un homme de génie. » C'est un sentiment analogue qui a fait dire à M. de Lamartine (*Nouvelles Méditations*, VII) :

Et vous, fléaux de Dieu, qui sait si le génie
N'est pas une de vos vertus?

Génie des sciences et des arts. — Le génie des sciences, des lettres et des arts est peut-être moins exposé à ces reproches, quoiqu'il y ait de déplorables exemples des abus auxquels il se prête : l'esprit prodigieux que Voltaire a dépensé en impiétés et en bouffonneries, l'ardente imagination et la prestigieuse éloquence de Rousseau, employées à mêler perpétuellement le sophisme et la vérité, tout ce qui fausse le jugement, flétrit l'âme ou étourdit la conscience, mérite-t-il encore le nom de génie? Le mot seul semble exclure l'idée du mal et de l'immoralité. Il faudrait ne pas accorder plus que le talent à des écarts déplorables, et, quoique la langue ait consacré les termes de génie malfaisant et de génie de la destruction, elle devrait réserver la désignation glorieuse d'écrivains de génie aux maîtres irréprochables qui ne se sont jamais servis de la parole et des arts que pour le beau et le bien. Nous n'essayerons pas d'en faire une revue qui serait nécessairement incomplète, et qui, à l'honneur de l'humanité, serait pour ainsi dire infinie. Il faudrait commencer par Homère, père de toutes les sciences dans l'antiquité, et parcourir trente siècles pour s'arrêter où? aux découvertes de Cuvier ou bien aux *Méditations* de Lamartine? Ce n'est pas non plus le lieu de chercher quel caractère le génie a pris dans les écrivains chrétiens, ni d'étudier au point de vue littéraire l'étonnante simplicité de St Paul. Il vaut mieux s'arrêter à notre xviie siècle, qui nous offre l'expression la plus parfaite et la plus pure du génie des lettres, c.-à-d. de l'humanité, et saluer dans le xixe les conquêtes magnifiques du génie des sciences, qui détermine la place des astres sans les voir, endort la douleur, fixe la lumière, et fait voler la pensée humaine aussi vite que la foudre. Remarquons seulement que les découvertes de la science n'assurent pas à leurs inventeurs la même gloire que les créations de l'éloquence et de la poésie. Buffon en a donné la raison, quand il a dit : « La « quantité des connaissances, la singularité des faits, la « nouveauté même des découvertes, ne sont pas de sûrs « garants de l'immortalité, parce que les connaissances, « les faits et les découvertes s'enlèvent et se transportent « aisément... Ces choses sont hors de l'homme; le style, « c'est l'homme même. » (*Discours de réception.*) Nous dirons également : le génie, c'est l'homme même, et ses œuvres sont durables comme qu'il tire de son propre fonds, c.-à-d. de son âme, parce qu'elles traduisent en termes immortels des vérités qui sont de tous les temps et intéressent tous les hommes. C'est la gloire des Anciens, et le secret de ces chefs-d'œuvre qui ont immortalisé tant de petites cités de la Grèce, et ajouté un tel éclat à la grandeur des Romains. Ce caractère de vérité neuve et puissante est l'origine d'une expression consacrée, le *génie ancien*, qu'on compare et que l'on oppose souvent au *génie moderne*. Il ne suffit pas d'entendre par là, comme Voltaire, « le caractère, les mœurs, les talents « principaux, les vices mêmes qui distinguent un peuple « d'un autre. » Cette explication ne regarde que le caractère d'une nation, et il y a dans le mot *génie* quelque chose de plus, une idée de supériorité, de qualités personnelles et élevées par où excelle un peuple ou une civilisation. Nous disons le génie ancien et le génie moderne, le génie espagnol et le génie anglais, pour exprimer plus qu'une singularité, c.-à-d. une originalité accompagnée de grandeur, ce qui est le vrai sens du mot génie.

Il y a bien des nuances dans une question si générale, et qui touche à tant d'autres : on peut distinguer encore, surtout dans la conduite des choses humaines, le génie de conception et le génie d'exécution, dont la différence est peut-être plus sensible dans la politique et dans la guerre. Un page de Gustave-Adolphe, Torstenson, à la vue d'une manœuvre inattendue des ennemis, change, de sa propre inspiration, un ordre du roi, qu'il était chargé de transmettre, et le roi le félicite de cette désobéissance de génie. Il y a des génies incomplets ; c'est l'effet d'une loi divine, qui condamne la sagesse et la grandeur humaines à être, comme dit Bossuet, « toujours courtes par quelque endroit. » Les critiques du XVIIIe siècle faisaient même de l'incomplet une condition ou un caractère particulier du génie. Marmontel disait : « Le génie est une sorte d'inspi-« ration fréquente, mais passagère ;... les intervalles du « génie sont occupés par le talent ; quand l'un s'endort, « l'autre veille ; quand l'un s'est négligé, l'autre vient « après lui et perfectionne son ouvrage. » L'exemple fa-vori du temps à l'appui de cette théorie, outre Shaks-peare, que l'on ne comprenait pas, c'était Corneille, que la mode sacrifiait à Racine, comme si Polyeucte et Cinna étaient le fruit d'une inspiration par accès et d'un génie intermittent. Nous sommes revenus de cette erreur, que Voltaire avait autorisée le premier par ses jugements, et nous croyons avec admiration à l'égalité du génie de Cor-neille. Quoiqu'il ait subi cette loi fatale de la décadence attachée presque toujours à la vieillesse, ce n'est pas chez lui qu'il faut chercher l'exemple d'un génie incomplet, non plus que chez Boileau, si ridiculement attaqué de nos jours. En effet, le génie incomplet n'est pas celui qui ne suffit pas à tout, et qui n'a pas eu toutes les qualités, même celles dont il n'avait pas besoin ; c'est celui qui pouvait arriver à la grandeur et à la perfection dans le genre qui lui convenait, ode, drame, histoire, éloquence, et qui, faute de vérité ou de goût, s'est arrêté en chemin. Il se rencontre d'ordinaire aux époques de décadence. On a souvent et justement cité à ce propos le nom de Sé-nèque : les temps modernes, et notre siècle peut-être plus que d'autres, fourniraient plus d'un exemple ana-logue. Nous avons vu des hommes doués de qualités supérieures, et nés pour le sublime, s'interdire volontai-rement de l'atteindre, parce qu'ils manquaient de sincé-rité et de bonne foi, ou qu'ils méprisaient la critique et sacrifiaient tout à l'idolâtrie d'eux-mêmes et à l'engoue-ment du public ; ou bien encore parce qu'ils ne respec-taient pas plus leur personne que leur talent. Ce titre de génie incomplet sera en même temps leur récompense et leur condamnation ; car la vraie beauté et la vraie gran-deur, quoique soumises aux imperfections inévitables de l'humanité, n'existent pas sans l'ensemble et sans l'har-monie. — Il ne faut pas confondre avec ces génies incom-plets par leur faute ceux que le malheur a empêchés de parvenir au degré où ils étaient appelés : André Chénier en est le plus triste et le plus glorieux exemple ; il a com-posé des vers impérissables : l'Aveugle et la Jeune cap-tive sont des œuvres de génie ; et cependant, le regret amer qui lui échappa en face de la mort exprimait, avec la conscience de ce qu'il pouvait faire, la douleur de perdre si cruellement ses droits à l'immortalité. C'est, au reste, un des traits supérieurs du génie, et l'un des plus aimables, que cette défiance de soi-même que Chénier portait jusque sur l'échafaud, et que Molière avouait no-blement à Boileau, quand il s'appliquait à lui-même ce vers du satirique (Sat. 2) :

Il plaît à tout le monde, et ne saurait se plaire.

En effet, l'écrivain de génie, les yeux attachés sur cet idéal qui recule toujours, est souvent d'autant plus près de la perfection qu'il se croit plus incomplet.

Génie des arts. — On comprend aisément que les lois du génie sont les mêmes dans les arts ; celui du sculp-teur, du peintre, du compositeur, se reconnaît aux émo-tions qu'ils font naître, à l'admiration qu'ils inspirent. Un artiste de talent fait plaisir ; mais il y a plus que du plaisir dans les impressions que produisent les chefs-d'œuvre de Phidias et de Raphaël, de Gluck, de Mozart, de Beethoven, et de Rossini ; là, comme dans les lettres, les conditions et les caractères du génie sont la vérité, l'ori-ginalité, la simplicité dans la puissance, la sensibilité qui passe de l'âme de l'artiste dans celle du public. Sans doute, les œuvres des arts n'échappent pas aux caprices de la mode et aux erreurs du goût (V. ce mot). La mu-sique même est peut-être plus exposée aux méprises que

les arts du dessin, soit parce qu'elle vieillit vite, soit parce qu'elle parle aux sens, et que la beauté de la voix et l'habileté de l'exécution exercent une séduction qui profite assez souvent à des œuvres ordinaires ou même médiocres. Mais ces jugements de passage se réforment comme tous les autres, et, dans un art si mobile et si fugitif ; c'est le génie seul qui ne vieillit pas. A. D.

GÉNIE CIVIL, dénomination sous laquelle on comprend le corps des ingénieurs des mines et des ponts et chaus-sées. V. MINES, PONTS ET CHAUSSÉES.

GÉNIE MARITIME. Ce corps, dont nous avons retracé l'historique dans notre Dictionnaire de Biographie et d'Histoire, est organisé de la manière suivante :

Grades.	Assimilation.
1 Inspecteur général . . .	Contre-amiral.
11 Directeurs des construc-tions navales (1re et 2e classes).	Après les contre-amiraux.
38 Ingénieurs (1re et 2e classes).	Capitaines de vaisseau et de frégate.
74 Sous-ingénieurs (1re, 2e et 3e classes)	Lieutenants de vaisseau et de frégate.

Et le nombre d'élèves nécessaire au service. Les traite-ments sont ainsi fixés : inspecteur général, 12,000 fr. ; directeurs, 10,000 et 8,000 fr. ; ingénieurs, 5,000 et 4,000 fr. ; sous-ingénieurs, 3,000, 2,400 et 2,000 fr. ; élèves, 1,200 fr.

GÉNIE MILITAIRE. Ce corps, dont nous avons indiqué les vicissitudes dans notre Dictionnaire de Biographie et d'Histoire, a un état-major, qu'une ordonnance du 31 oc-tobre 1845, modifiée en quelques points en 1860, fixa ainsi qu'il suit : 5 généraux de division, 8 généraux de brigade, 29 colonels, 29 lieutenants-colonels, 108 chefs de bataillon, 150 capitaines de 1re classe, 150 capitaines de 2e classe et lieutenants ; en tout, 479 officiers. Il y eut, dans la garde impériale, une division du génie, composée de 2 compagnies. Le corps du Génie est de 7,000 hommes environ, formant 3 régiments, plus 2 compagnies d'ou-vriers. L'armement consiste dans le fusil à baïonnette et le sabre-poignard. L'uniforme est ainsi réglé : habit bleu, à revers non adhérents, avec collet, revers, parements et pattes de parements en velours noir, et passe-poil écarlate ; doublure du collet et des revers, brides d'épau-lettes, grenades d'ornement des retroussis, en drap bleu, retroussis et épaulettes écarlate ; boutons jaunes, em-preints d'une cuirasse avec casque au-dessus ; pantalon bleu, avec bandes et passe-poils écarlate ; shako en tissu de coton noir, avec pourtour supérieur en galon écarlate, plaque à aigle, ayant pour empreinte, dans l'écusson, une cuirasse surmontée d'un casque et placée au-dessus d'une bombe ; pompon sphérique à flamme écarlate ; buf-fleterie blanche. Les officiers portent l'épaulette d'or. Un corps d'employés, chargé des détails du service des places fortes, des bâtiments et établissements militaires, est composé de 73 gardes principaux du génie, de 180 gardes du génie de 1re classe, et 332 de 2e. Les établissements du génie sont : le dépôt des fortifications, à Paris ; l'ar-senal du génie, à Versailles ; les écoles régimentaires de Versailles, Arras et Montpellier, places spécialement affectées comme lieu de garnison aux trois régiments.

GÉNITIF, flexion particulière aux noms, pronoms et participes des langues à déclinaisons (grec, latin, alle-mand). C'est l'un des cas obliques (V. CAS). Il exprime proprement un rapport de possession, de propriété, d'ap-partenance, que les prépositions de et à en français : ainsi, « la maison de Paul ; cette maison est à Paul ; Do-mus Pauli ; Hœc domus Pauli est. » Il détermine la qualité d'une personne ou d'une chose : « Puer optimæ indolis, enfant d'un excellent naturel ; » — la quantité : « Classis LXX navium, flotte de 70 navires ; » — le poids : « Corona parvi ponderis, couronne d'un faible poids ; » — la forme : « Navis inusitatæ magnitudinis, navire d'une grandeur extraordinaire ; » — la valeur : « Vestis magni pretii, un vêtement d'un grand prix. » Il sert de complément : 1° aux superlatifs et aux mots qui expri-ment la partie d'un tout : « Dimidium temporis, la moitié du temps ; Altissima arborum, le plus élevé des arbres ; » 2° aux adjectifs qui expriment les idées de désir ou d'in-différence, de sécurité ou d'inquiétude, de savoir ou d'ignorance, de mémoire ou d'oubli, de participation ou de non-participation, d'abondance ou de disette, de fécon-dité ou de stérilité, etc. ; 3° avec un certain nombre de participes pris adjectivement, comme *sciens;* 4° avec divers mots exprimant des idées de poursuite judiciaire, de condamnation, d'acquittement, de culpabilité, d'innocence, etc. : *Proditionis insimulatus,* accusé de trahison. » Le grec et le latin ont ces divers points de ressemblance : mais, sur d'autres, ils se séparent. Ainsi, maintes fois le génitif grec répond à l'ablatif latin : par exemple, lorsqu'il s'agit d'exprimer le temps, le complément d'un comparatif ou de tout mot marquant supériorité, infériorité, différence, idée de départ, de sortie, d'extraction, de matière, enfin le complément circonstanciel connu sous le nom de *génitif absolu.* Il a très-souvent la force de nos locutions *quant à, par rapport à, eu égard à,* etc. Il s'emploie dans certaines exclamations, et peut résulter aussi d'une ellipse. Il exprime l'idée partitive absolument comme fait *de* en français dans « donnez-moi *du* pain. » — Le rapport marqué par le génitif est souvent équivoque ; ainsi, *Amor Dei* peut signifier ou activement, l'amour de Dieu pour les hommes, ou passivement, l'amour dont Dieu est l'objet.

La flexion casuelle n'indiquant pas toujours assez nettement le rapport d'un nom à un autre mot, on a souvent recours aux prépositions ; mais l'emploi de cette partie du discours avec le génitif est particulier à la langue grecque. Lorsque l'une de ces prépositions entre dans la composition d'un verbe, le complément ne se met au génitif que si, sans rien changer au sens du verbe, on peut en détacher la préposition et la placer immédiatement devant son cas. Souvent l'emploi du génitif dépend du sens même du verbe et non de la préposition.   P.

GÉNOIS (Dialecte), un des dialectes italiens, celui qui se rapproche le plus du provençal. Il est en outre remarquable par la fréquente substitution de l'*r* à l'*l,* et par la présence d'un certain nombre de sons rauques et singuliers, qui semblent provenir du contact des Génois avec les autres peuples dans leurs anciennes courses maritimes. Dante reprochait au dialecte génois de son temps que, si on lui enlevait la lettre *z,* il resterait muet : aujourd'hui il n'a aucun mot ayant le *z* toscan. Une propriété qui le distingue des autres dialectes italiens, le vénitien excepté, c'est la suppression, dans certaines conditions, des lettres *l, t, v* : ainsi, *nolo* devient *noo; dito, dio; nave, nae.* La lettre *l* se supprime quand elle est suivie de *d* ou de *t.* Le génois possède les sons *eu* et *u* français ; il a, comme le piémontais, les sons *an, in, on, un;* il supprime la voyelle *e* à la fin des mots terminés par *ne, ni, no,* et prononce *bastion* pour *bastione, man* pour *mani.* Il a reçu beaucoup de mots des Arabes, des Espagnols, des Grecs et des Français. Un recueil de poésies en dialecte génois a été publié sous le nom de *Çittara zeneise,* par Gian-Jacopo Cavalli.

GÉNOISE (École), une des écoles italiennes de peinture. Le plus ancien artiste qui la représente est François d'Oberto, dont on a un tableau portant la date de 1368, dans l'église de St-Dominique, à Gênes. On connaît aussi quelques tableaux peints au xve siècle par Jacques Marone, Galeotto Nebea, Jean Massone et Tuccio d'Andria. A la fin de ce siècle, Louis Brea fonda une école d'où sortirent Charles de Mantegna, Aurel Robertelli, Nicolas Corso, André Morellino, Fr.-Laurent Moreno et Fr. Simon de Carnuli. Le sac de Rome par les Allemands amena à Gênes, en 1528, Perino del Vaga, élève de Raphaël : l'influence de ce peintre modifia le style de l'école génoise, à laquelle appartiennent, dans sa nouvelle phase, Augustin Calvi, ses fils Lazare et Pantaléon, Lucas Cambiaso dit *Cangiage,* Benoît Castiglione, Bernardin Castello et J.-B. Paggi. Ce dernier eut à son tour un grand nombre d'élèves, que les voyages par toute l'Italie firent perdre à l'école génoise son caractère spécial, et parmi lesquels on distingue Valerio Castello, Dominique Piola, J.-B. Carlone, Bernard Strozzi dit *le Capucin,* et Raphaël Soprani. Depuis le milieu du xviie siècle, la réputation des artistes génois ne s'est plus répandue en dehors de leur pays.

GENOUILLÈRE, pièce de l'armure au moyen âge, couvrant le genou, et réunissant les grèves ou jambières aux cuissards. Parfois elle était terminée sur le devant par un ornement conique, et portait sur le côté extérieur une pointe longue et forte, pour préserver le cavalier d'être serré de près par d'autres cavaliers, dont les chevaux se seraient blessés contre ces pointes. — De nos jours, on nomme *genouillère* le revêtement intérieur d'une batterie à embrasures ; sa hauteur est de 1m,19 pour les batteries de plein fouet, et de 1m,33 pour celles à ricochet.

GENRE, le premier des cinq universaux de l'École; idée collective qui s'étend à d'autres idées encore univer-

selles. Telle est la *substance* par rapport au *corps* et à l'*esprit,* l'*animal* par rapport à l'*homme* et aux autres espèces, le *quadrilatère* par rapport au *parallélogramme* et au *trapèze.* En soi le genre est la collection des espèces qui se ressemblent plus entre elles qu'elles ne ressemblent à quelque espèce que ce soit d'un autre genre. Ainsi, dans le genre animal, les espèces les moins semblables entre elles, les mammifères et les mollusques, se ressemblent plus entre elles qu'elles ne ressemblent l'une ou l'autre à quelque espèce que ce soit d'un autre genre, par exemple à une espèce végétale. La notion des genres, si des différents degrés, joue un grand rôle dans toutes les sciences, les rapports et les vérités dont on s'efforce d'acquérir la connaissance étant des vérités et des rapports généraux. V. UNIVERSAUX.   B—E.

GENRE, en Musique, manière d'assembler successivement par tons et par demi-tons les degrés de l'échelle et d'en former des mélodies. Il y a trois genres, le *diatonique,* le *chromatique* et l'*enharmonique* (V. ces mots).

GENRE, forme particulière que prennent les noms, les adjectifs et les pronoms, suivant le genre des êtres dont on parle. Naturellement tous les noms qui conviennent à l'homme seul ou aux animaux mâles doivent être du genre masculin : *Paul, père, fils, frère, lion, cheval.* Tous ceux qui conviennent à la femme seule ou aux animaux femelles doivent être du genre féminin : *Pauline, mère, fille, sœur, lionne, jument, cavale.* La langue française ne reconnaît pas les deux genres dont nous venons de parler : il en est de même de l'italien et de l'espagnol. Le grec, le latin, l'allemand et l'anglais en admettent un troisième, sous lequel on devrait ranger les noms qui ne sont naturellement ni masculins ni féminins : c'est le genre *neutre* (du latin *neutrum,* ni l'un ni l'autre). Mais on trouve à cet égard infiniment de caprice dans toutes ces langues : ainsi, en grec, le *cœur* est exprimé par deux mots, dont l'un est neutre et l'autre féminin ; de même en latin, *mens, animus, ingenium,* « esprit », expriment la même idée avec trois genres différents. Certains noms de femmes de bas étage prenaient dans ces deux langues la forme du neutre, en restant féminins. En français, en italien, en espagnol, en allemand, même caprice dans l'application du féminin ou du masculin aux êtres qui ne sont pas naturellement de l'un de ces deux genres : ainsi *arbre* est du masculin, *branche* est du féminin ; *racine* est du féminin ainsi que *tige, tronc* est masculin ; *mont* et *vallon* sont du masculin, *montagne* et *vallée* du féminin, etc. Aussi les genres sont-ils loin de se correspondre dans les diverses langues : le mot *poitrine,* féminin en français, a pour correspondant en grec un nom masculin, en latin un nom neutre. — La langue anglaise est celle qui offre le moins d'anomalies à cet égard ; elle a cela de particulier, qu'elle fait neutres tous les noms d'animaux.   P.

GENRE (Peinture de), nom sous lequel on comprend la bambochade (V. ce mot), les scènes de la vie qui n'ont pas le caractère du style assigné à la peinture d'histoire, la représentation des animaux considérés isolément et non comme accessoires du paysage ou du tableau d'histoire, les vues d'édifices pris aussi isolément, les intérieurs, les fleurs, les instruments, les ustensiles et tout ce qu'on appelle la *nature morte.* Aux tableaux de cette dernière espèce on réservait autrefois la dénomination de *tableaux de genre;* les autres s'appelaient *tableaux de chevalet.* En général, les tableaux de genre sont de petites ou médiocres proportions.

GENRES D'ÉLOQUENCE, DE LITTÉRATURE. V. ÉLOQUENCE, LITTÉRATURE.

GENS (Droit des). V. DROIT DES GENS.

GENS DE LETTRES, qualification de ceux qui se livrent à la littérature et en font profession ; elle est d'origine romaine. Les premiers hommes de lettres chez les Romains furent des Grecs, des esclaves ou des affranchis, on les appelait *rhéteurs* (V. ce mot). Mais des gens de lettres proprement dits, cultivant tous les genres de littérature, il n'y en eut à Rome qu'à dater de la fin de la république et surtout de l'époque des empereurs ; du temps d'Auguste, leur condition fut assez digne : on sortait des guerres civiles, le pouvoir absolu avait à se faire pardonner son origine, et l'empereur voulait ne paraître que le premier magistrat de la république. Aussi, Virgile, Horace, Tucca, Varius et d'autres furent autant les amis que les protégés d'Auguste et de Mécène. Plus tard, particulièrement sous les mauvais empereurs, les gens de lettres, en générale n'étaient guère plus que des parasites. V. sur ce sujet les *Études de mœurs et de critique sur les poëtes latins de la décadence,* par M. D. Nisard, 2e édit., Paris, 1849, 2 v. in-8e.

En Grèce, sauf quelques exceptions pour de grands talents ou de grands génies, la profession des lettres s'exerçait dans la patrie ou même à l'étranger; c'était particulièrement de l'enseignement de la rhétorique que les lettrés vivaient. Les littérateurs sérieux cultivaient les lettres pour la gloire, pour plaire au peuple, qui quelquefois les en récompensait par une gratification prise dans le trésor de l'État; ainsi Hérodote ayant lu aux Athéniens les morceaux de son *Histoire* qui devaient particulièrement les intéresser, le peuple lui fit don de 10 talents (55,000 fr. environ). Le même peuple voulut que l'on comptât au poëte Chérilus un philippe d'or (34 à 35 fr.) pour chaque vers d'une pièce où il avait célébré la victoire des Grecs sur Xerxès.

Dans le nouveau monde chrétien, les gens de lettres, mêlés au clergé, servirent la cause de la civilisation, tout en perpétuant la tradition des sophistes. Pendant le moyen âge, aucun écrivain ne compta dans l'ordre social, s'il ne faisait partie du clergé, et alors la considération dont il jouissait venait du corps dont il était membre, et non de son propre mérite. En dehors de l'Église, il n'y eut que des poëtes et des chroniqueurs assez misérables, qui faisaient profession d'amuser les loisirs des seigneurs et des princes.

La période de la Renaissance parut être comme un âge d'or pour la littérature; Charles-Quint rendait les plus grands honneurs à Guichardin, qui était, il est vrai, en même temps qu'écrivain, homme d'État et guerrier. On faisait de riches présents aux gens de lettres, on leur donnait les revenus de riches abbayes, ou les chargeait de missions diplomatiques. Mais ces faveurs étaient pour ceux qui joignaient l'esprit des affaires à la culture des lettres : ceux qui n'étaient que littérateurs ou poëtes étaient flattés et négligés; l'Arioste, par exemple, se plaint de ce qu'après l'avoir embrassé sur les deux joues, le pape Léon X le laissait dans la misère. Les gens de lettres purement lettrés, et mieux avisés, traitaient de singuliers protecteurs comme ils le méritaient; ainsi Paul Jove disait avoir deux plumes, l'une d'or et l'autre d'argent, afin de proportionner la louange aux dons, et tous, en général, pensaient comme le sculpteur Cellini : « Je sers qui me paye. »

La domesticité des gens de lettres était comme une tradition qui passa d'Italie en France. Les littérateurs, les poëtes ne pouvaient guère être que les complaisants et les flatteurs des princes : cela faisait, en quelque sorte, partie de leur profession. Le cardinal de Richelieu leur imposa son joug avec dureté : de la même main qu'il brisait le protestantisme, il fit son empire de la république des lettres.

Louis XIV rendit la position des lettrés plus éclatante, mais non plus sûre : « L'intelligence, a dit Colbert, prêta hommage-lige au monarque. » Nous serons plus explicite et plus vrai en ajoutant que les gens de lettres prêtaient leur hommage à tous les grands seigneurs qui pouvaient les protéger. Dans ce temps, où la noblesse de race avait une si haute valeur et possédait de si grands biens, nul auteur ne publiait un ouvrage sans une dédicace à quelque puissant du jour; voyez celles de Corneille et de Racine, pour ne parler que des illustres : elles sentent la domesticité. Rappelons-nous que Richelieu tenait à sa solde une foule de gens de lettres, et que Fouquet, longtemps auprès, avait aussi nombre de pensionnaires de cette sorte, parmi lesquels on comptait La Fontaine, qui fut si fidèle au surintendant malheureux.

Les auteurs bien accueillis du public trouvaient une rémunération raisonnable de leurs travaux : P. Corneille tira 2,000 livres de chacune de ses tragédies d'*Attila* et de *Bérénice*; Molière reçut autant pour son *Festin de Pierre*, 1,100 pour ses *Fâcheux* et 1,000 pour ses *Femmes savantes*; les premières représentations d'*Ésope à la cour*, comédie de Boursault, lui valurent tout près de 3,000 livres. Rappelons-nous qu'alors l'argent avait environ 6 fois plus de valeur qu'aujourd'hui (V. MONNAIE), et les sommes ci-dessus devront se traduire, en chiffres actuels, par 12,000 fr., 6,600 fr., 6,000 fr., et 18,000 fr. — Les manuscrits des livres se vendaient un peu moins cher, car Boileau ne reçut pour son *Lutrin* que 600 liv. (soit 3,600 fr.), et Racine céda le manuscrit d'*Andromaque* pour 200 liv. (soit 1,200 fr.); on voit que ces prix sont assez équitables, Boileau était dans tout l'éclat de sa réputation, et Racine commençait la sienne. — Les pensions royales, distribuées en 1663 aux gens de lettres, étaient fixées avec une vraie magnificence : Mézerai, historiographe de France, en avait une de 4,000 liv. (24,000 fr.); Chapelain, alors « le premier poëte du

monde pour l'héroïque », disait-on, recevait 3,000 liv. (18,000 fr.); P. Corneille, 2,000 liv. (12,000 fr.); Benserade, 1,500 liv. (9,000 fr.); Molière, qui n'avait encore donné que l'*École des Femmes*, sa première bonne comédie, 1,000 liv. (6,000 fr.); et Racine, qui en était à *la Thébaïde*, 800 liv. (4,800 fr.).

La position sociale des gens de lettres s'améliora pendant le XVIIIe siècle : la haute société, reconnaissant leur supériorité intellectuelle, vivait avec eux presque sur le pied d'égalité; les grands seigneurs, tout en demeurant des protecteurs, recherchaient les lettrés, les admettaient dans les jouissances de l'existence la plus opulente. Néanmoins, au fond, ils gardaient vis-à-vis de ces privilégiés de l'intelligence la morgue aristocratique. Ils ne faisaient rien pour eux : les récompenses les plus effectives qu'on leur accordait étaient des places près des ministres, des surintendants ou des princes, et des privilèges de journaux. Il y avait aussi des pensions, mais la plupart du temps le Trésor ne les payait pas. L'accueil et les gracieusetés du grand monde devenaient une charge pour les gens de lettres mal rentés, et beaucoup fuyaient cette charge en se réfugiant dans la retraite. Chamfort a bien peint, et sans doute éprouvé avec son acrimonie habituelle, a dit, avec son acrimonie habituelle : « Les gens de lettres, surtout les poëtes, sont comme les paons, à qui on jette mesquinement quelques graines dans leur loge, et qu'on en tire quelquefois pour les voir étaler leur queue ; tandis que les coqs, les poules, les canards et les dindons se promènent librement dans la basse-cour et remplissent leur jabot tout à leur aise. »

Les gens de lettres, en voyant leurs écrits, leurs opinions attirer l'attention de la France et de l'Europe, supportaient difficilement cette position inférieure ; ils se sentaient propres à tout, et la constitution de la société en faisait une espèce de classe d'inutiles, à laquelle aucune carrière ne s'ouvrait dans l'administration ou le gouvernement de l'État. Aussi, quand vint la Révolution, ils prirent, de l'autorité du talent, une force que leur refusait depuis trois siècles, et après n'avoir été rien dans l'État, ils y furent tout par la presse quotidienne ou périodique, et quelques-uns par la tribune. Lorsque le pays tomba à la merci de la Terreur, ce gouvernement considéra les gens de lettres comme ses ennemis, et en immola beaucoup ; d'autres purent braver les tyrans, et montrèrent le plus noble courage : Chénier, en faisant applaudir en plein théâtre, dans la tragédie de *Caïus Gracchus*, ces mots qui étaient une réclamation et une accusation contre les détenteurs du pouvoir : « Des lois, et non du sang ; » Delille, en composant, contre Robespierre tout-puissant, son dithyrambe sur l'immortalité de l'âme ; Laya, en donnant sa comédie de *l'Ami des lois*, qui n'était pas un bon ouvrage, comme il le disait lui-même 30 ans après, mais qui était une bonne action. Les gens de lettres (et l'on pourrait en citer bien d'autres encore) se firent alors les vengeurs de la morale publique, de la liberté et de l'humanité indignement foulées aux pieds par les plus scélérats comme les plus ignobles de tous les tyrans.

Lorsque le Consulat eut rétabli l'ordre dans le gouvernement d'abord, puis dans les esprits; quand ensuite l'Empire eut tout pacifié à l'intérieur, les gens de lettres en général, voyant l'égalité établie et les droits des citoyens assurés, désabusés un peu de la liberté par les excès de la licence et de la tyrannie que la France venait de subir, se rallièrent sous l'égide du gouvernement réparateur d'un homme du plus puissant génie; ils se prêtèrent de nouveau à jouer devant le souverain le rôle des poëtes et des littérateurs du temps de Louis XIV. Ce rôle leur semblait d'autant plus séduisant, que les premiers d'entre eux étaient admis aux places, dignités et grands honneurs politiques du nouvel Empire. Les autres recevaient des pensions, ou, dans les administrations, des places peu assujettissantes; Français de Nantes, par exemple, directeur général de la régie des Droits réunis, avait dans son personnel beaucoup de poëtes et de littérateurs, qui ne venaient guère qu'une fois par mois à leur bureau, pour y toucher les honoraires d'une place donnée comme un bénéfice n'obligeant pas à résidence.

La Restauration continua ces errements en faveur de ses partisans; on se souvient que le poëte Désaugiers fut pendant longtemps investi du titre officiel de *chansonnier de la ville de Paris*, aux appointements de 6,000 fr. par an. Dans le même temps, à peu près, Roger, poëte comique, qui a laissé 2 ou 3 jolis ouvrages, fut directeur général des postes; plus tard, M. de Barante, l'historien, occupa la place de directeur général des contributions indirectes; Cuvier fut conseiller d'État et commissaire du roi devant les chambres législatives; Chateaubriand fut ambassadeur et ministre; M. Guizot et M. Thiers entrèrent dans la haute administration, et bien d'autres gens de lettres prirent rang après eux, conséquence de la Révolution, qui avait ouvert toutes les carrières à toutes les intelligences.

La presse périodique offrit un attrait et un refuge aux écrivains plus indépendants, et quelquefois servit de marchepied pour arriver à une foule de places, et même à de hauts emplois publics; M. de Bourqueney, par exemple, qui occupa successivement avec distinction les deux grandes ambassades de Constantinople et de Vienne, sortit de la rédaction du *Journal des Débats*, et, pendant les dernières années de la Restauration, Chateaubriand fut un des rédacteurs les plus assidus de la même feuille. Le droit de publier ses pensées, sous quelque forme que ce fût, concédé ou plutôt renouvelé par la Charte de Louis XVIII, créa une carrière nouvelle pour les gens de lettres : on mit tout en journal ou en revue, depuis la littérature savante ou sérieuse jusqu'à la littérature légère et jusqu'aux romans : en un mot, le livre se fit journal, et les écrivains d'un talent véritable trouvèrent là une juste et souvent *très-libérale rémunération* de leurs travaux. Cette combinaison de la presse périodique assura l'indépendance de l'homme de lettres et le classa dans la société, non plus, comme sous l'ancien régime, par sa profession, mais suivant son plus ou moins de mérite.

Voilà quel est aujourd'hui l'état, la position, la condition des gens de lettres. Comme partout dans notre société, ils sont enfants de leurs œuvres, se classent par leur mérite, et peuvent, dans les cas de talents distingués ou de génie, prétendre aux premiers rangs non-seulement dans le monde, mais dans nos grands corps politiques et dans les conseils du souverain.

Nous parlons ici des gens de lettres vraiment doués pour exercer cette noble profession, et des chances possibles pour eux d'arriver, par beaucoup de travail, à conquérir une position dans le monde. Mais outre que les chances heureuses ne sont pas pour tous, le talent seul, sans certaines qualités du caractère, peut vous laisser dans une obscurité misérable. Une autre cause de non-réussite, c'est de prendre un goût, une passion même, si l'on veut, pour une vocation; dans ce cas, la profession des lettres est la plus décevante, sous tous les rapports : ordinairement, elle vous attire le mépris des gens sensés, ou quelquefois, à grand'peine et par exception, une froide et mince estime toujours mêlée de pitié. Ce que nous disons là existe : comme nous ne faisons pas des portraits, plus de détails seraient déplacés ici ; mais nous avons dû constater un fait, qui est comme une ombre appartenant à notre tableau.

Au milieu de ces deux extrêmes de gloire et de misère, la condition des hommes de lettres, en général, a progressé avec celle des autres classes de la société : elle est, en moyenne, meilleure qu'autrefois. — A Paris, ils se sont constitués en Sociétés; ainsi, il y a une *Société des auteurs dramatiques* (*V.* Auteurs), et une *Société des gens de lettres* : cette dernière est composée, en grande partie, d'écrivains de la presse périodique littéraire : elle a pour objet de veiller aux intérêts de tous ses membres, dont le nombre est illimité, de leur faciliter les moyens de tirer tout le parti possible de leurs œuvres, de maintenir intacte leur propriété littéraire, enfin de secourir ceux qui sont dans le besoin. L'État a reconnu cette Société, et, depuis 1857, lui accorde une subvention annuelle de 5,000 fr. Le principal revenu de la Société vient de ses membres : il consiste en cotisations qu'un comité d'administration fixe suivant les besoins, mais qui, dans aucun cas, ne peut dépasser 2 fr. par mois. En outre, tout membre nouveau doit, à son entrée dans la Société, verser à la caisse une somme de 20 fr.　　　　　　　　　　　　　　C. D—y.

GÉNUFLEXION, acte de respect et d'humilité qui se fait en fléchissant le genou. Il en est fait plusieurs fois mention dans l'Ancien Testament, et l'usage en exista de bonne heure parmi les chrétiens pendant leurs prières. De Pâques à la Pentecôte on faisait toutes les prières debout, en mémoire de la résurrection de J.-C. Les Abyssins, les Russes et les Juifs ne s'agenouillent pas. Au VIII° siècle, la secte des *Agonyclites* regardait la génuflexion comme une superstition. Plusieurs rois exigèrent qu'on fléchît le genou en leur parlant. Autrefois les députés du tiers état parlaient à genoux au roi de France. Les vassaux rendaient de même hommage aux seigneurs.

GEOFFROI et BRUNISSENDE, roman provençal du cycle d'Arthur. Geoffroi vient d'être armé chevalier par le roi en personne, quand un inconnu entre dans la salle du festin et tue un des convives d'Arthur. Geoffroi obtient la permission de poursuivre cet insolent chevalier; à travers mille aventures il l'atteint, et le défait en combat singulier. Le prix de sa victoire est la belle Brunissende, dont il a délivré le père. — Ce roman, d'un auteur inconnu, a été publié par Raynouard, d'après deux manuscrits du XIII° siècle. *V. Histoire littéraire de la France*, t. XXII.　　　　　　　　　　　　　　H. D.

GÉOGRAPHES (Ingénieurs). *V.* Ingénieur.

GÉOGRAPHIE ou DESCRIPTION DE LA TERRE (du grec *ghê*, terre, et *graphéin*, décrire). Elle touche aux sciences mathématiques, physiques et historiques, suivant que l'on considère le globe dans ses rapports avec le reste de l'univers, dans sa structure intérieure ou extérieure, enfin dans la manière dont sa surface a été ou est encore partagée entre les différents peuples. De là trois grandes divisions : *Géographie mathématique, physique* et *politique*. — La Terre n'étant qu'un des moindres globes de l'univers, on ne peut en aborder l'étude sans connaître quelles attractions réciproques l'unissent aux autres planètes qui composent avec elle le système solaire, combien durent sa révolution autour du soleil et sa rotation sur elle-même, d'où naissent la différence des saisons et celle des jours et des nuits; il faut connaître aussi sa forme, ses dimensions, son volume, ses rapports avec la lune, son satellite, dont les mouvements déterminent sur la terre les phénomènes des marées, toutes choses qui rentrent dans le domaine des mathématiques et de l'astronomie. Aux mêmes sciences appartient la construction des cartes et des globes représentant la Terre, puisqu'il est impossible de placer exactement les différents lieux du globe sans y avoir tracé préalablement les cercles de longitude et de latitude. La géographie touche aux sciences physiques par les relations étroites des phénomènes de l'air et des eaux avec les climats et les productions du globe, par la nécessité de connaître les divers terrains qui composent la croûte terrestre, d'étudier les végétaux qui la parent et les animaux qui l'habitent. A ne considérer même que les formes de la surface du globe, on divise encore la géographie physique en *orographie* ou étude des parties solides, et *hydrographie* ou science des éléments liquides. Enfin, si, au-dessus des végétaux et des animaux, on examine l'homme, c'est l'histoire qui apprend les migrations des races humaines, les déplacements des peuples, et quelle partie de la Terre chacun a possédée ou possède encore. De là encore deux parties distinctes : la *géographie politique*, enseignant les limites et les divisions intérieures des États d'aujourd'hui, et la *géographie historique*, celles des États qui ne sont plus.

Les trois parties de la géographie sont si intimement liées, que la science n'a véritablement commencé d'être qu'après les premiers développements de l'astronomie et des sciences d'observation, et avec l'établissement des grands empires civilisés; mais ces trois parties n'ont point marché d'un pas égal; c'est par des travaux commencés seulement au siècle dernier que l'on a connu la forme exacte et les véritables dimensions de la planète; c'est seulement de nos jours, après les grandes découvertes en chimie, en physique et en géologie, qu'on a pu formuler les lois générales de la géographie physique. Et cependant il existe encore, après tant de navigations et de voyages, des contrées fermées à notre curiosité : sans parler des deux pôles, peut-être à jamais inaccessibles, personne n'a visité encore le centre de l'Afrique et de l'Australie. Dans la géographie politique même, les Anciens nous ont laissé, chez le géographe Strabon et chez les grands historiens grecs et latins, des modèles que notre siècle n'a pas surpassés.

Histoire de la géographie dans l'antiquité. — A l'origine, la géographie est toute ethnographique. Le chapitre x de la *Genèse* n'est qu'une liste généalogique des peuples connus des Hébreux. Il en est de même de la géographie d'Homère, qui n'a fait autre chose que peindre par quelques épithètes les contrées bien connues des Grecs et entourer de légendes les pays les plus éloignés; il faut un reste de la dévotion superstitieuse dont quelques anciens honoraient leur poëte, pour trouver un *système* géographique dans la description du bouclier d'Achille. C'est seulement au milieu du VI° siècle que commence la *science* géographique, avec les découvertes astronomiques et mathématiques de Pythagore qui enseigne la sphéricité de la Terre, avec les voyages du Sañien Colæus dans l'Espagne méridionale et au delà du détroit de Gadès, avec les recherches des philosophes ioniens, entre autres d'Anaximandre, qui chercha à déterminer la grandeur de la Terre, enfin avec la fondation de l'empire des Perses, maîtres des trois contrées où s'étaient développées d'abord les sciences mathématiques et nautiques, la Chaldée, l'Égypte et la Phénicie. L'extension de cet empire vers l'Orient, la fondation des colonies grecques sur les bords de la mer Noire et leur commerce avec les tribus septentrionales, permirent à Hérodote de donner le premier une idée précise de la Terre connue de son temps. Hérodote est le père de la géographie comme de l'histoire. S'il commet des erreurs sur l'étendue relative de l'Europe, de l'Asie et de la Libye, il connaît bien le bassin de la Méditerranée, principalement dans sa partie orientale; il décrit parfaitement la mer Noire et les fleuves qu'elle reçoit; il a vu l'Égypte et la plus grande partie de l'Asie occidentale; il sait déjà (ce qui a été contesté encore pendant cinq siècles) que la Caspienne est une mer isolée; les traditions qu'il a recueillies sur l'Inde, sur la circumnavigation des Phéniciens autour de l'Afrique, sur le voyage des Nasamons au centre de ce continent, ont fourni de précieux renseignements à la critique moderne; il mentionne avec soin la nature et les productions des diverses contrées, note le caractère de leurs habitants, enrichit ses descriptions des traditions historiques des différents peuples, analyse leurs gouvernements, et fait connaître les sources et l'étendue de leurs richesses. La géographie est encore mêlée à l'histoire, mais elle existe déjà comme science. C'est aussi l'époque où naît la *Cartographie*, dont les premiers éléments paraissent avoir été empruntés par les Grecs aux Égyptiens et aux Phéniciens. Anaximandre dressa la première mappemonde connue, où il donnait à la Terre la forme d'un cylindre convexe à sa partie supérieure et ayant un diamètre trois fois plus considérable que sa hauteur. Un peu plus tard, Aristagoras, tyran de Milet, apporta au roi de Sparte, Cléomène, pour le décider à soutenir les Ioniens contre les Perses et à aller attaquer le grand roi jusqu'au cœur de ses États, une planche de cuivre où étaient représentés les contours de la Terre, les mers et les rivières, les noms et l'emplacement des peuples établis entre la Grèce et le centre de l'empire persan. Hérodote, après avoir parlé de cette carte, donne la description d'un Itinéraire, véritable livre de postes, indiquant, par journées de routes et par parasanges, la distance d'Éphèse à Suze.

Entre la fondation de l'empire des Perses et celle de l'empire d'Alexandre, qui marque la seconde époque de la géographie ancienne, se placent plusieurs voyages qui étendent les limites du monde connu, et bientôt Aristote, ses disciples et toute l'école d'Alexandrie, recueillant ces connaissances, donnent à la science un immense développement. Ainsi, deux Carthaginois s'avancent bien au delà des Colonnes d'Hercule, Hannon sur les côtes occidentales d'Afrique, Himilcon sur celles d'Europe, où il est suivi, un siècle après, par Pythéas, qui pénètre jusqu'au nord de la Grande-Bretagne et jusqu'à l'entrée de la Baltique. Alexandre le Grand étendit les connaissances des Grecs dans l'Inde, fit relever par ses *bématistes* ou ingénieurs-géographes, Diognète et Béton, les marches journalières de son armée, et explorer les côtes de la mer Érythrée par ses amiraux Néarque et Onésicrite : cette expédition créa donc la *topographie militaire* et l'*hydrographie maritime*, branches importantes de la cartographie. Il ne manquait aux Grecs que des connaissances mathématiques plus étendues; déjà cependant Eudoxe de Cnide avait essayé d'assujettir la géographie à des observations astronomiques, et Pythéas, à l'aide du gnomon, avait déterminé presque exactement la latitude de Marseille, sa patrie. Mais par l'expédition d'Alexandre, les nombreuses observations des Égyptiens et des Chaldéens devinrent accessibles aux Grecs et leur fournirent des données nouvelles. Aussi voyons-nous presque aussitôt Aristote enseigner la sphéricité de la Terre, en évaluer la circonférence presque aussi exactement que l'ont fait les modernes, et deviner le Nouveau Monde. Son disciple Dicéarque chercha à déterminer les lieux situés sous le parallèle de Rhodes; enfin le bibliothécaire d'Alexandrie, Ératosthène, unissant aux recherches antérieures ses propres observations, créa un système complet de géographie et de cartographie qui resta classique pendant quatre siècles. Quoique connaissant la sphéricité de la Terre, il crut, comme tous les géographes de l'antiquité, que la partie habitable du globe n'occupait qu'une surface assez restreinte de l'hé-

misphère boréal, entre l'équateur et le pôle, et qu'on pouvait, sans grande erreur, considérer cette portion étroite de la sphère comme une surface plane. De là une double erreur : d'abord la projection de sa carte, où les méridiens, comme les parallèles, étaient des lignes droites, était une projection plate par développement cylindrique qui défigurait les contrées septentrionales; elle était ensuite beaucoup plus allongée de l'E. à l'O. que du N. au S. De là le nom de *longitude* ou longueur donné par les Anciens à l'étendue de la Terre, mesurée d'Orient en Occident, et celui de *latitude* ou largeur, du Nord au Sud, noms conservés par les modernes, bien qu'ils ne représentent plus aujourd'hui qu'une idée fausse. D'autres erreurs venaient encore de la fausse direction du principal méridien et du principal parallèle. Ce dernier celui de Rhodes, appelé aussi *diaphragme de Dicéarque*, parce que cet astronome, d'après des observations erronées, avait placé sous ce parallèle de Rhodes ,les points principaux du bassin de la Méditerranée, les Colonnes d'Hercule, le détroit de Sicile, le cap Sunium, Issus, et une longue chaîne de montagnes appelée du nom général de Taurus, et qu'il supposait s'étendre en ligne droite à travers toute l'Asie. Le principal méridien était celui d'Alexandrie, sous lequel Ératosthène, trompé par les indications toujours inexactes du gnomon, avait placé au Sud Syène et Méroé, au Nord Rhodes, Byzance et l'embouchure du Borysthène. Enfin, refusant de croire à l'assertion d'Hérodote sur l'isolement de la Caspienne, il faisait de cette mer un golfe de l'Océan septentrional, conformément à ses idées systématiques sur la connexité de toutes les mers du globe. Malgré ses erreurs, le système d'Ératosthène prévalut pendant quatre siècles sur celui de l'astronome Hipparque, beaucoup plus mathématique. Hipparque démontra qu'on ne pouvait déterminer exactement les positions respectives des lieux, qu'en partageant le globe en cercles correspondants et semblables à ceux de la sphère céleste; il voulut déterminer les latitudes et les longitudes au moyen d'instruments inventés par lui ou dont il fit le premier un fréquent usage, l'astrolabe et la dioptre; il substitua à la projection plate d'Ératosthène un châssis à méridiens convergents, en tenant compte du décroissement des degrés de longitude proportionnellement à l'élévation des latitudes, c.-à-d. qu'il inventa la projection perspective stéréographique.

Les empires de Cyrus et d'Alexandre avaient principalement étendu vers l'Orient le domaine de la géographie : la domination romaine, qui forme la troisième grande époque de la géographie ancienne, fit principalement connaître l'Occident et le centre de l'Europe. L'Afrique carthaginoise fut décrite par Polybe à la suite des guerres puniques : les conquêtes de César dans la Gaule et les expéditions de ses successeurs dans la Grande-Bretagne et la Germanie doublèrent presque l'étendue du monde ancien. Mais la géographie mathématique semble oubliée pendant deux siècles, et la science se borne à la géographie descriptive et aux itinéraires, comme le prouvent les ouvrages de César lui-même, de Strabon, de Pline, de Pomponius Mela, de Tacite, les Périples de Denys le Périégète et d'Arrien, et les Stathmes Parthiques (stations des routes) d'Isidore de Charax : ces ouvrages étaient sans doute accompagnés de cartes itinéraires. César, et, après lui, Auguste, avaient ordonné à trois géomètres grecs, Théodote, Zénodote et Polyclète, de mesurer la surface de l'empire romain, et le gendre d'Auguste, Agrippa, avait exposé à Rome une carte du monde dont Pline fait souvent mention. C'est sans doute de cette carte que les Romains avaient extrait les itinéraires dont quelques-uns sont parvenus jusqu'à nous (V. ITINÉRAIRES). L'ouvrage de Strabon représente l'état de la science au commencement de l'ère chrétienne. Cet auteur oriente mal l'Europe occidentale et les côtes méridionales de l'Asie : ainsi, il pense que les Pyrénées se dirigent du N. au S., que le Rhin leur est parallèle, que la Grande-Bretagne a une forme triangulaire, et que l'Irlande est située entièrement au N. de la grande île. Il ne connaît rien au delà de l'Elbe, et, dans la Méditerranée même, il donne à l'Italie une direction presque entièrement de l'O. à l'E. Comme Ératosthène, il fait de la Caspienne un golfe de l'océan septentrional, et, dans sa pensée, la côte de l'Inde depuis l'Indus jusqu'au cap Comorin se dirige tout entière vers l'Orient. Mais la Grèce et la plus grande partie de l'Asie sont riches de descriptions exactes et de détails historiques du plus haut intérêt, et l'ouvrage de Strabon est le modèle le plus parfait de la géographie politique. Dans le second siècle de l'ère chrétienne, la géographie mathématique est tirée de l'oubli par deux Grecs, Marin de Tyr et Ptolémée. Marin renouvela le système des cartes plates d'Ératosthène ; mais ses cartes, comme ses ouvrages, sont perdues, et Ptolémée seul nous fait connaître les unes et les autres. L'ouvrage de Ptolémée est le résumé de toute la science géographique de l'antiquité, à l'époque de la plus grande extension de l'empire romain. Ptolémée oriente bien plus exactement que Strabon l'Espagne, l'Italie, la Gaule et les îles Britanniques; il connaît, quoique un peu confusément, le S. de la Baltique jusque vers le 58° de latitude ; en Afrique, ses connaissances sur le Niger et principalement sur le Nil supérieur sont faites pour nous étonner encore aujourd'hui ; en Asie, il revient à l'isolement de la Caspienne, tout en donnant à cette mer une fausse extension de l'E. à l'O. ; une partie de l'Asie centrale est désignée sous le nom de Sérique, et l'Inde au delà du Gange assez bien décrite jusqu'au Grand Golfe (de Martaban). Mais, à côté de ces mérites, on rencontre l'hypothèse étrange d'une terre continue allant de la côte de l'Inde à celle de l'Afrique, et faisant de la mer des Indes une immense Caspienne, hypothèse qui s'est perpétuée pendant une partie du moyen âge, et a longtemps fait croire aux Européens qu'il était impossible d'arriver aux Indes en contournant l'Afrique. Il ne fallait rien moins que l'expédition de Vasco de Gama pour détruire cette erreur. Dans ses cartes, Ptolémée substitua aux projections d'Ératosthène et d'Hipparque la *projection chlamydoïde* (c.-à-d. ayant la forme d'un manteau), projection par développement conique modifié, et qui se rapproche beaucoup de celle que nous appelons aujourd'hui projection de Flamsteed corrigée. Les parallèles y sont également formés d'arcs de cercle concentriques et équidistants, et les méridiens conservent leur espacement réel sur tous les parallèles. Ptolémée donne, au dernier livre de sa Géographie, la description des 26 cartes (10 d'Europe, 4 d'Afrique, 12 d'Asie) qui accompagnent son ouvrage dans les manuscrits que nous avons conservés de lui ; mais on pense que ces cartes sont, pour le dessin, l'œuvre d'un artiste Alexandrin du IVe siècle, Agathodœmon, qui les construisit d'après les calculs de Ptolémée, et qu'elles ont été plus ou moins fidèlement reproduites par les copistes du moyen âge. Les latitudes et les longitudes de Ptolémée sont loin d'être toujours exactes, et, par suite, ses cartes nous étonnent par la configuration souvent bizarre des pays qu'elles représentent : ainsi, ses longitudes renferment principalement des erreurs énormes vers l'Orient, où il donne à la Méditerranée une étendue de 20 degrés de plus qu'elle n'en peut avoir, erreur qui a persisté jusqu'aux cartes de Delisle au commencement du XVIIIe siècle. Il recule les bouches du Gange de plus de 46 degrés au delà de leur véritable position ; mais c'est par cette hypothèse de l'extension exagérée de l'Asie vers l'Orient et du peu de distance auquel elle devait se trouver de l'Espagne par l'Ouest, que Colomb a été amené à chercher vers l'Occident la route des Indes, et à découvert un Nouveau Monde qu'il prit pour une partie de l'Asie. Dans l'occident de la Méditerranée, les latitudes et les longitudes de Ptolémée sont beaucoup plus exactes, et, par suite, le dessin de ses cartes, comme leur graduation, s'éloigne beaucoup moins du dessin et de la graduation modernes.

Géographie du Moyen Age. — A partir du Ve siècle et pendant près de 1,000 ans, les travaux géographiques de l'antiquité semblent n'avoir pas existé. Les secs abrégés d'Agathémère et de Marcien d'Héraclée, les peu connus de Festus Aviénus, les *Notices des provinces* ou de l'Empire, les Dictionnaires géographiques de Vibius Sequester et d'Eusèbe, voilà les dernières productions de l'âge romain. Un moine égyptien du VIe siècle, Cosmas Indicopleustès, représente, dans sa *Topographie chrétienne*, la Terre comme une vaste surface plane entourée d'une muraille ; il ne peut comprendre la sphéricité de la Terre, et cette opinion lui semble une hérésie et un reste de paganisme. Le dessin joint à son ouvrage est la plus ancienne mappemonde du moyen âge. Au VIIe siècle appartient une géographie en latin barbare, composée par un anonyme appelé le *Géographe de Ravenne*, et qui ne sert presque qu'à nous faire regretter tous les ouvrages aujourd'hui perdus qu'il a consultés. Les cartes de cette époque, celle de l'abbaye de St-Gall au VIIe siècle, et la mappemonde en argent que possédait Charlemagne, n'étaient pas sans doute moins barbares que les livres, si l'on en juge par celle qui accompagne un manuscrit de l'*Apocalypse* conservé à la Bibliothèque royale de Turin. Cette mappemonde paraît être du IXe siècle ; la Méditerranée, qui y est représentée par un parallélogramme régulier, s'étend jusqu'au milieu de la carte, où elle est rejointe à angle droit par une masse d'eau séparant l'Europe de l'Asie, et se réunissant à l'Océan qui entoure la Terre ; le Nil y est aussi large que la Méditerranée, et toutes les îles sont de forme carrée et d'une étendue à peu près égale. — Pendant que l'Europe occidentale était plongée dans l'ignorance, les Arabes recueillaient l'héritage de la science grecque. Au IXe siècle, le calife Al-Mamoun fit mesurer un degré du méridien dans le désert de Syrie, entre Rakka et Palmyre, et traduire en arabe la géographie de Ptolémée. C'est surtout vers le centre et l'orient de l'Asie, et vers les côtes orientales de l'Afrique que la domination arabe étendit les limites du monde connu. La conquête du bassin de l'Indus mit les Arabes en relation avec l'Asie centrale et même avec la Chine, où ils se rendaient par deux routes, celle de terre qui leur fit connaître le Thibet, le Turkestan chinois et la Chine méridionale, et celle de mer qui les mena à Ceylan, à Sumatra, et à toutes les îles de la Malaisie. En Afrique, ils étendirent leur religion jusqu'à Sofala, et colonisèrent Madagascar, qu'ils appelaient Phanbalon. De ce mouvement de découvertes naquit une riche littérature géographique; parmi les nombreux géographes Arabes, on cite Massoudi et Ibn-Haukal au Xe siècle, Edrisi au XIIe, Ibn-el-Ouardy, Hamdoullah, Aboul-Feda, El-Bakoui au XIVe, et, au XVe, Léon l'Africain, qui appartient presque à la géographie moderne. Mais les cartes de ces géographes sont inférieures à ce que pouvaient faire espérer leurs ouvrages. Les plus curieuses sont celles, au nombre de 69, qui accompagnent l'ouvrage d'Edrisi, et dont *trois* enrichissent la traduction qu'en a donnée M. Jaubert (Paris, 1836). — Les pirateries des Scandinaves firent connaître l'Europe septentrionale et même un nouveau monde trop tôt oublié. Le roi saxon Alfred le Grand nous a conservé les relations de deux Normands, Other et Wulfstan, qui, dans le IXe siècle, explorèrent, le premier les côtes de l'Océan Glacial et de la mer Blanche, le second celles de la Baltique. D'autres naviguent au N.-O., découvrent les îles Féroé en 861, et en 872 l'Islande, d'où Erik Rauda s'élance en 982 pour aborder au Groënland, bientôt assez peuplé pour être divisé en deux cantons et recevoir un évêque. En 1002, Leif, fils d'Érik, et Biörn cinglent au S.-O., découvrent une île rocheuse qu'ils appellent *Helleland*, puis une terre basse, *Markland*, et un pays couvert de vignes sauvages qui lui méritent le nom de *Vinland*. Le jour le plus court y ayant été observé de 8 heures, on ne peut méconnaître que les Scandinaves ont découvert les côtes du Canada actuel et des États-Unis jusque vers le 42e degré, et, par conséquent, trouvé l'Amérique avant Colomb. Ces contrées furent révélées à l'Europe par deux Vénitiens, les frères Zeni, qui y firent une expédition en 1381 : la carte qui accompagne la relation de leur voyage, imprimée seulement en 1558, représente assez exactement les côtes de Danemark et de Norvége, l'Islande, et d'autres contrées dont le nom apparaît pour la première fois dans la cartographie, la Frislande (sans doute les Féroé), le Groënland, enfin Estotiland et Drocco, voisins du Vinland, et qui paraissent être Terre-Neuve et la Nouvelle-Écosse. Mais l'invasion d'une flotte ennemie, en 1418, détruisit ces colonies normandes de l'Amérique, et le monopole du commerce avec l'Islande et le Groënland que s'était arrogé la couronne de Norvége enleva à l'Europe la connaissance de ces découvertes ; il est probable que Colomb, dans son voyage en Islande, en 1477, n'eut aucune connaissance, puisque, au lieu de se diriger le N.-O., où il eût été certain de trouver des terres, il alla au Sud jusqu'aux Canaries, et de là vers le S.-O., dans les parallèles de l'Inde, dont il se flattait de toucher les extrémités. — Après les Scandinaves, deux autres peuples firent faire à la géographie des progrès dont les fruits ne furent point perdus pour la science : ce sont les Italiens et les marins de la côte orientale d'Espagne, Catalans et Majorquins. Les Croisades rapprochèrent les Européens des Orientaux, et l'invasion des Mongols, qui, dans le courant du XIIIe siècle, soumirent la plus grande partie de l'Asie et détruisirent l'empire des Califes, détermina les papes et les rois européens, entre autres St Louis, à envoyer des ambassadeurs à ces ennemis des Musulmans. De là les voyages de Nicolas Ascelin, de Jean du Plan-Carpin, de Rubruquis (1245-1295), qui firent assez fidèlement connaître la Russie et l'Asie centrale. Ils sont tous surpassés par le Vénitien Marco Polo, qui parcourt de 1271 à 1295 toute l'Asie centrale, la Chine qu'il appelle *Cathay*, visite le Japon, qu'il nomme *Zipangou*, séjourne à Sumatra, et revient par le Sud de l'Asie et l'Afrique. Sa relation, sans cesse citée par Colomb, le confirma dans la confiance qu'il accordait aux longitudes erronées de Ptolémée, et le poussa plus fortement encore à chercher la route des Indes par l'Occident. Les Croisades donnèrent encore l'essor aux marines de Venise, de Gênes et de Pise, et firent faire de rapides progrès à la cartographie de la Méditerranée. Les neuf cartes marines du Génois Visconti, datées de 1318, et conservées à la Bibliothèque impériale de Vienne, donnent, avec des formes assez justes et des proportions généralement observées, la Méditerranée, le Pont-Euxin et l'O. de l'Europe. Le Vénitien Sanuto, proposant, en 1321, une croisade commerciale pour arracher le commerce des Indes au soudan d'Égypte, accompagna son livre (*Secreta Fidelium Crucis*) d'une carte qui faisait connaître les pays dont il parlait; elle a été reproduite par Bongars dans ses *Gesta Dei per Francos*. Ce sont encore des Vénitiens, les frères Pizigaui, qui publièrent en 1367 une grande mappemonde (auj. à Parme), où les formes sont déjà exactes, les détails nombreux et disposés avec sagacité. De leur côté, les Majorquins avaient inventé, à la fin du XIIIᵉ siècle, les cartes plancs, et les Catalans la disputèrent bientôt en hardiesse et en science nautiques aux républiques italiennes. Aucune carte de cette époque n'a une plus haute valeur que l'*Atlas Catalan* de 1375 (à la Bibliothèque impériale de Paris); l'Europe y est représentée avec détails, particulièrement dans le S.-O.; le lac Issikoul, dans l'Asie centrale, est figuré; mais ce qui est surtout curieux, c'est la représentation des côtes occidentales d'Afrique, où l'on trouve le cap Bojador, les Açores, Madère sous le nom analogue d'Isola di Legname (île des forêts), et les Canaries, longtemps avant les voyages des Portugais et de Béthencourt, à qui l'on attribue ces découvertes: la gloire en doit revenir aux Majorquins et aux Catalans. — Le XVᵉ siècle est une époque mémorable dans l'histoire de la géographie. Le Normand Béthencourt conquiert les Canaries pour la couronne de Castille, et, depuis 1415, les Portugais, sous l'impulsion de l'infant D. Henri, dépassant les caps et les archipels visités par les Catalans, voient avec surprise, après avoir doublé le cap Vert, que la côte d'Afrique, au lieu de s'étendre à l'occident comme l'enseignait Ptolémée, se repliait vers l'est. Ce premier démenti donné par l'expérience aux hypothèses anciennes fut suivi d'un second, quand on eut traversé en 1472 la région équatoriale, que les géographes représentaient comme inaccessible à cause de la chaleur. En 1486, Barthélemy Diaz parvint au cap des Tourmentes, dont le roi Juan II changea le nom de mauvais augure en celui de cap de Bonne-Espérance; peu après, les relations de Covilham et de Païva, envoyés aux Indes par l'Afrique et la mer Rouge, firent connaître la forme de l'Afrique orientale et la possibilité d'arriver par mer aux côtes de l'Asie, contrairement à l'hypothèse de Ptolémée sur la terre continue s'étendant de la mer Rouge au pays des Sines. Enfin Vasco de Gama doubla le cap de Bonne-Espérance en 1497, et arriva, l'année suivante, à Calicut. C'était presque un nouveau monde révélé à l'Europe, séparée depuis tant de siècles de l'Asie méridionale. En même temps l'Espagne marchait sur les traces du Portugal, et le génie de Colomb révélait véritablement à l'ancien monde un nouveau continent (1492). Un si prodigieux mouvement de découvertes devait influer sur la cartographie. Aussi les globes et les cartes du XVᵉ siècle sont-ils bien supérieurs à ceux de l'âge précédent; il suffit de citer la mappemonde d'Andrea Bianco de 1436 (à la Bibliot. St Marc de Venise), celle du Vénitien Fra Mauro de 1459 (Bibliot. de Murano, près de Venise), le fameux globe de l'Allemand Martin Behaim, compagnon du Portugais D. Cam, en 1484, globe construit en 1492 (auj. à Nuremberg), enfin la précieuse mappemonde que Juan de la Cosa, pilote de Christophe Colomb dans son 2ᵉ voyage, composa en 1500: elle est à la Bibliot. royale de Madrid; mais un fac-simile de 4 de ses parties se trouve dans l'*Histoire de la Géographie du Nouveau Continent* d'Al. de Humboldt, t. V.

Histoire de la Géographie dans les temps modernes. — A la fin du XVᵉ siècle, la route des Indes et celle de l'Amérique étaient trouvées; l'œuvre des siècles suivants fut de compléter ces deux découvertes par la reconnaissance de toutes les terres et des océans qui séparaient les deux pays. Tous les peuples de l'occident de l'Europe se jetèrent dans cette voie avec une égale ardeur; mais c'est encore aux Portugais et aux Espagnols qu'appartient la gloire principale au XVIᵉ siècle. Les succes-

seurs de Vasco de Gama, Alméida, Albuquerque, Juan de Castro, découvrent Madagascar, Ceylan (1506), Malacca, les îles de la Sonde et les Moluques (1511), fondent Macao sur les côtes de Chine (1517), pénètrent jusqu'au Japon, et fondent un immense empire colonial, absorbé à la fin du siècle dans la monarchie espagnole. En Amérique, un de leurs marins, Cabral, avait découvert en 1500 le Brésil ou Terre de Sᵗᵉ-Croix; mais sur ce continent la principale gloire revient aux Espagnols. Après Colomb, qui, dans son 3ᵉ voyage (1498), avait longé la côte du continent méridional jusqu'à l'Orénoque, Pinzon et Vespuce s'étaient avancés au Midi jusqu'au delà de l'Équateur (1499-1500), et Diaz de Solis jusqu'à l'embouchure du Rio de la Plata (1516). Mais déjà le grand isthme central avait été traversé, et le Grand Océan aperçu et touché par Balboa (1513). De là l'entreprise hardie d'un Portugais au service de l'Espagne, Magellan, qui, cherchant au sud du continent nouveau un passage entre les deux océans, traverse en 1520 le détroit qui porte son nom, franchit le vaste océan auquel il donne le nom de Pacifique, et découvre les archipels des Mariannes et des Philippines, où il est tué. Cano, son successeur, arrive par la route de l'ouest aux Moluques, que les Portugais avaient atteintes par l'orient, revient en Espagne par le cap de Bonne-Espérance, démontrant ainsi la sphéricité de la Terre enseignée par Pythagore et Aristote, et ayant accompli le premier, en 1,124 jours, le tour du monde. Bientôt la conquête du Mexique par Cortez, du Pérou par Pizarre, du Chili par Almagro et Valdivia (1519-41), l'exploration du fleuve des Amazones par Orellana (1541), de la Plata par Mendoza, la reconnaissance des côtes de la Californie par Ulloa (1539-40) et par Cabrillo (1542), donnent à l'Espagne les vastes contrées situées entre l'équateur et le 40ᵉ de latitude nord et sud. — Cet immense empire, dont Philippe II avait voulu presque interdire l'entrée aux autres peuples européens, est forcé et démembré au XVIIᵉ siècle par les trois grands ennemis de l'Espagne, la France, l'Angleterre et la Hollande, qui se disputent la souveraineté des mers abandonnée par l'Espagne en décadence. Déjà, dès le XVIᵉ siècle, par l'ordre de François Iᵉʳ, Verazzani en 1524, Jacq. Cartier en 1534, avaient révélé à l'Europe l'ancien Vinland des Scandinaves, et remonté le Sᵗ-Laurent; au XVIIᵉ, Champlain par la colonisation du Canada (1606-8), Cavelier de La Salle par l'exploration du bassin du Mississipi, qu'il appelle Louisiane (1670-82), semblent justifier le nom présomptueux de Nouvelle-France donné à presque toute l'Amérique septentrionale.

Les Anglais et les Hollandais naviguent intrépidement vers le pôle nord, cherchant de ce côté le détroit entre l'Atlantique et le Pacifique, que Magellan avait trouvé dans l'hémisphère opposé. Ainsi, dès 1553, l'Anglais Willoughby, renouvelant la navigation du Scandinave Other, double le cap Nord, et parvient au port russe d'Arkhangel au fond de la mer Blanche. En 1596-7, les Hollandais Barentz et Hemskerk pénètrent jusqu'au nord de la Sibérie, hivernent à la Nouvelle-Zemble et au Spitzberg, par 80ᵉ de latitude nord. Repoussés au nord-est, les marins anglais cherchent vers le nord-ouest ce passage que leurs successeurs ont trouvé seulement de nos jours. Hudson découvre le détroit et la mer qui portent son nom, et meurt abandonné par son équipage (1610), et Baffin s'avance inutilement jusqu'à plus de 70ᵉ vers le pôle nord. Mais c'est principalement aux Hollandais qu'appartient, au XVIIᵉ siècle, la gloire des grandes découvertes maritimes et des plus importantes conquêtes coloniales. Lemaire et Schouten découvrent au sud de la Terre du Feu le cap Horn (1616), route plus abrégée que le détroit de Magellan, sinon plus sûre, pour pénétrer dans le Pacifique. Ils forcent l'entrée de ce mystérieux empire colonial que la jalousie espagnole avait voulu dérober à la convoitise de ses rivaux. Les Hollandais, y pénétrant d'un autre côté par la route du cap de Bonne-Espérance, s'emparent des îles de la Sonde, des Moluques, fondent Batavia (1618), et, jusqu'en 1644, la Papouasie, les côtes de la grande terre appelée bientôt Nouvelle-Hollande, déjà visitées par les Portugais et les Espagnols de 1511 à 1540, sont explorées par Dirck Nardighs, Carpenter, Nuytz, et surtout Tasman, qui, s'avançant le plus loin de tous vers le sud et l'est, découvre la Terre de Van-Diémen et la Nouvelle-Zélande (1642). Mais par suite de la forme défectueuse donnée par les cartes hollandaises à toutes ces côtes, que l'on figurait comme les parties contiguës d'un grand continent austral, on peut dire qu'à l'exception de l'archipel de la Malaisie, c'est au XVIIIᵉ siècle et aux navigateurs anglais et français, Carteret, Cook, Bougainville et La Peyrouse, qu'appartient la gloire d'avoir véritablement fait connaître la cinquième partie du monde. Pendant ces deux siècles, la géographie politique et la géographie mathématique marchent d'un pas égal à ce rapide mouvement de découvertes. Les principaux recueils sont : le *Théâtre de l'Univers* d'Ortelius (1570), l'*Atlas* de Mercator (1595), auquel on doit la projection plate corrigée qui porte son nom, l'*Atlas Minor* et l'*Atlas Major* de Hondius, qui commence à réduire les dimensions exagérées données par Ptolémée à l'Asie orientale, les *Cartes topographiques* des Blaeu, des Sanson, des Duval, des Jaillot, les *Essais de géographie comparée* d'Adrien de Valois et de Cluverius, enfin le *Globe* et les *Cartes* de G. Delisle, qui, s'éclairant des découvertes astronomiques du premier Cassini, réforma toute la géographie mathématique, et corrigea les erreurs persistantes dans les dimensions de l'Asie et de la Méditerranée orientale.

Au XVIIIe siècle, c'est vers la géographie du Nord-Est de l'Asie, du Nord-Ouest de l'Amérique et de l'Océanie centrale que se portèrent les efforts des marines russe, anglaise et française. Les Russes, maîtres de la Sibérie occidentale depuis la fin du XVIe siècle, s'étaient avancés jusqu'au fleuve Amour et à l'océan Pacifique à la fin du XVIIe ; mais rien n'était plus confus, même dans les cartes de Delisle, que les contrées limitrophes du Japon et des extrémités septentrionales des deux continents. Ce furent deux Danois au service de la Russie, Spangenberg et Behring, qui reconnurent les îles Kouriles, la mer et le détroit de Behring, les îles Aléoutiennes, la presqu'île d'Alaschka, et les rivages de l'Amérique jusqu'au mont St-Élie. Mais les contours de ces pays ne furent parfaitement déterminés que par Cook et La Peyrouse : le premier, dans son 3e voyage, parcourut toute la côte américaine depuis l'île de Sitkha jusqu'au cap Glacé, par 70° lat. nord ; le second découvrit le détroit qui porte son nom entre les îles Iézo et Tarrakaï, et la Manche de Tartarie, entre Tarrakaï et le continent (1787). Un an auparavant, La Peyrouse avait également parcouru la côte de l'Amérique du Nord, au sud du St-Élie, visitée après lui par Dixon (1787), Vancouver (1792-94), Broughton et Gray, qui explorèrent la Colombia ou Orégon (1792). On cherchait déjà à relier ces découvertes, par des explorations sur terre, aux colonies anglaises de la Nouvelle-Bretagne. De là les voyages d'Hearne (1771) aux bords de la Coppermine, et de Mackensie (1789-93) sur le fleuve qui porte son nom. Dans l'Océanie, Dampier découvrit la Nouvelle-Bretagne (1704), Wallis le sud de l'archipel Dangereux et Otahiti déjà entrevu par Quiros en 1606, Carteret la Nouvelle-Irlande (1767); Bougainville (1768), après avoir touché à Otahiti, découvrit l'archipel des Navigateurs et celui de la Louisiade ; Cook, dans trois voyages (1769-79), s'avança jusqu'aux banquises du cercle polaire antarctique, découvrit le détroit qui porte son nom entre les îles de la Nouvelle-Zélande, la Nouvelle-Californie, explora la côte orientale de la Nouvelle-Hollande, les Nouvelles-Hébrides, appelées îles du St-Esprit par Quiros (1606) et Grandes-Cyclades par Bougainville (1768), enfin découvrit l'archipel Sandwich, où il trouva la mort. La Peyrouse, après son expédition en Amérique et en Asie, parcourut aussi la plus grande partie de cet archipel, et périt à Vanikoro (1788). D'Entrecasteaux, envoyé vainement à sa recherche, explora mieux qu'on ne l'avait fait jusqu'alors la Papouasie et les îles voisines. — Ce siècle fut aussi très-fécond pour la géographie mathématique et politique, par suite du grand développement des sciences mathématiques et économiques. Les voyages de Maupertuis au cercle polaire et de La Condamine à l'Équateur (1736), pour mesurer des arcs du méridien, commencèrent à faire connaître la forme véritable et les dimensions exactes de la terre : Cassini de Thury entreprit et Jacques-Dom. Cassini acheva la grande carte de France en 183 feuilles, modèle de tous les travaux de ce genre exécutés depuis par les gouvernements. D'Anville perfectionna les méthodes de Delisle, devina souvent par la force de son esprit ce que les observations et les voyages ne démontrèrent que longtemps après, et ne publia pas moins de 211 cartes et de 78 Mémoires pleins d'érudition sur tous les sujets de géographie ancienne, du moyen âge et moderne. Gosselin éclaira beaucoup de points obscurs de la géographie mathématique des Anciens, et enrichit de cartes savantes la traduction de Strabon. Non moins importants sont les travaux et les cartes de Rennell sur la géographie d'Hérodote, celle de l'Indoustan et les courants de la mer. La statistique fut créée par le géographe allemand Büsching, et le dé-

loppement de cette science produisit un grand nombre de cartes détaillées dans tous les États de l'Europe : la carte de Belgique par Ferrari en 25 feuilles, en Allemagne celles de Homann et de Sotzmann, de Cary en Angleterre, de Rizzi-Zannoni en Italie, de Buache, des deux Robert de Vaugondy et de Bonne en France.

Les guerres de la Révolution et de l'Empire interrompirent pour 25 ans les grands voyages de découvertes. On ne cite guère pendant cette période que quelques voyages scientifiques dans des contrées déjà explorées, et un grand développement de la cartographie militaire. Parmi les premiers, on remarque le grand voyage d'Al. de Humboldt et de Bonpland dans l'Amérique espagnole (1799-1804), ceux de Flinders et de Baudin sur les côtes méridionales et occidentales de la Nouvelle-Hollande (1801-3); parmi les cartes de cette époque, l'*Atlas national*, en 85 feuilles, de Chanlaire ; les cartes de Mentelle; la belle carte d'Italie de Bacler d'Albe pour les campagnes de Bonaparte, en 30 feuilles ; celles d'Égypte et de Syrie, dont Jacotin enrichit la *Grande description de l'Égypte* due aux savants qui avaient accompagné l'expédition française. — Avec la paix générale recommencèrent les grands voyages de découvertes, qui, poursuivis jusqu'à nos jours, ont eu pour principaux objets les deux pôles et le centre des deux continents d'Afrique et d'Océanie. Le pôle nord fut attaqué le premier, dans l'espoir de découvrir le fameux passage nord-ouest, oublié depuis Hudson et Baffin ; les Anglais eurent presque seuls l'honneur de ces découvertes. John Ross (1818 et 1829) découvrit les Highlands arctiques sur la côte occidentale du Groënland, et la terre Boothia, la plus septentrionale du continent américain. Parry, dans quatre voyages successifs (1819, 1821, 1824, 1827), franchit le détroit de Lancastre où s'était arrêté Ross, découvre ceux de Barrow et de Melville, l'immense archipel Parry, et, plus au sud, le détroit de Fury et Hekla, l'île Cockburn et la presqu'île Melville; puis, s'élevant directement vers le pôle au nord du Spitzberg, il parvient jusqu'à 82° 45' de latitude. Ces grands résultats ne furent égalés dans les voyages de Franklin en 1818 au N.-O. du Spitzberg jusqu'à 80° 34' de latitude ; dans ses expéditions par terre (1819, 1825), où il reconnut la plus grande partie de la côte du continent, alors totalement inconnue, à l'E. et à l'O. des fleuves Coppermine et Mackensie ; enfin dans son 4e voyage (1845), où il périt en 1847, mais après avoir, comme on ne le sut seulement qu'en 1859, exploré l'archipel Parry et atteint presque vers le sud le point où il était parvenu dans ses précédents voyages par mer. Dix-huit expéditions entreprises pour retrouver ses traces ont étendu considérablement le domaine de la géographie. Enfin, en 1853, Mac-Clure, venant par les détroits de Behring, de Banks et de Melville, et Inglofield par ceux de Davis, de Lancastre et de Barrow, ont résolu le problème du passage Nord-Ouest. En même temps l'Américain Kane, naviguant directement au nord de la baie de Baffin, franchit le détroit de Smith, le canal Kennedy, et, pénétrant jusqu'au 82°, découvrit une mer libre de glaces qui semble ouvrir le chemin vers le pôle arctique (1853-1855). — Les découvertes furent moins considérables vers le pôle austral. Au sud de l'Amérique, les marines anglaise, française et russe rivalisèrent d'ardeur. Smith (1819), Powell (1821) et Biscoë (1832) découvrirent les Shetland, les Orcades du sud et la terre de Graham ; Dumont-d'Urville, les terres Louis-Philippe et Joinville (1838); Bellinghausen, les îles Alexandre Ier et Pierre Ier. Au sud de l'Australie, Dumont-d'Urville signala les côtes Clarie et Adélie (1840); mais l'expédition la plus mémorable est celle de James Clarke Ross, neveu de l'explorateur des terres arctiques, qui, franchissant enfin le cercle polaire austral, trouva une mer libre de banquises, découvrit la terre Victoria, et releva une immense étendue de côtes du 70° au 78° de latitude, où la découverte des volcans-glaciers Erebus et Terror signala dignement le terme de ses travaux et la limite actuelle du monde antarctique. — L'Afrique, presque oubliée jusqu'à la fin du XVIIe siècle, a été, depuis cette époque, le théâtre de nombreuses explorations. Le voyage de Bruce (1769-73), qui découvrit les sources du Nil Bleu, et surtout la fondation, en Angleterre, de l'Association africaine en 1788, ramenèrent l'attention sur cette partie du monde. Les explorations furent glorieusement inaugurées par le double voyage de Mungo-Park (1795, 1803), qui découvrit le cours supérieur et moyen du Niger. Il fut suivi par Denham et Clapperton, qui trouvent le lac Tchad (1823); les frères Lander, qui explorent les bouches du Niger; Caillié, le premier voyageur qui revint de **Tombouctou**

(1828-30) ; Becroft et Laird, qui explorèrent le grand affluent du Niger, la Tchadda ou Benoùe, pendant que de Tripoli partait, en 1850, la grande expédition de Richardson, Overweg, Barth et Vogel, qui explorèrent tout le pays entre la Méditerranée et la Tchadda, entre Tombouctou et le Ouaday. A l'est, des expéditions mémorables, mais jusqu'à présent infructueuses, étaient tentées pour trouver les sources du Nil. Méhémet-Ali envoya deux expéditions (1830-1841), qui, commandées par M. d'Arnaud, remontèrent le Nil Blanc jusqu'à 4° 42' latitude nord ; le missionnaire allemand Knoblecher poursuivit ces recherches jusqu'à 4° 9', Brun-Pollet jusqu'à 3°, Ang. Vinco jusqu'à 2° ; et aujourd'hui de nouveaux voyageurs, l'Italien Miani, le Français Lejean et l'Allemand Heuglin continuent ces recherches. A ces découvertes se relient celles qui sont entreprises à l'est de l'Afrique par les missionnaires et les officiers anglais partis de Mombaza. Parmi les premiers, Krapf et Rebmann découvrirent en 1849 les glaciers-volcans Kenia et Kilimandjaro, et Erhardt recueillit de précieux renseignements sur l'existence de grands lacs intérieurs, aperçus enfin en 1857 par Speke et Burton, et appelés par eux Ujiji et Ukérévé. En même temps, au S. de l'Afrique, le missionnaire anglais Livingstone, après avoir, en 1849, découvert le lac Ngami et les rivières qu'il reçoit, explora tout le cours du Zambèze, et, le premier des Européens, traversa toute l'Afrique australe, de l'embouchure de ce fleuve à St-Paul de Loanda sur la côte occidentale. Anderson, Galton, Ladislas Magyar, ont poursuivi ces explorations, et il n'y a plus aujourd'hui que le centre de l'Afrique, des deux côtés de l'Équateur, qui se dérobe encore à notre curiosité. — La dernière découverte parmi les cinq parties du monde, l'Australie, a été aussi la dernière explorée, et, jusqu'en 1815, on ne connaissait que la ligne des côtes situées entre le Pacifique et les Montagnes-Bleues. En 1815, Macquarie franchit ces montagnes et découvrit le fleuve qui porte son nom ; Oxley explora le Lachlan (1817) ; Sturt, le Darling et le Murrumbridge (1829-30). Au nord du continent, Mitchell et Leichards reconnurent la côte et l'intérieur entre Sidney et le golfe de Carpentarie. Les frères Grégory, connus par leurs explorations dans l'ouest, remontèrent la rivière Victoria, découvrirent la chaîne de partage entre les eaux de la côte et celles de l'intérieur (1855), et, l'année suivante, traversèrent tout le nord pour arriver à Brisbane, sur la côte orientale. Au midi, Eyre découvrit, en 1842, le vaste lac Torrens. Sturt en 1844, Babbage en 1856, Grégory en 1858, Mac-Dougal Stuart en 1860, parvinrent presque jusqu'au centre du continent, mais sans pouvoir encore, en partant du sud, arriver jusqu'à la côte septentrionale.

Dans les voyages maritimes ou terrestres, sans faire de découvertes nouvelles, on a recueilli d'innombrables observations sur tous les points de la géographie mathématique, physique et politique, et sur les sciences qui s'y rattachent, météorologie, histoire naturelle, ethnographie, linguistique. Parmi les premiers, nous citerons ceux de Freycinet, en 1817 ; de Duperrey, sur la *Coquille*, en 1822 ; de Dumont-d'Urville, sur l'*Astrolabe*, en 1826 ; de Wrangell et Lütke, qui explorèrent les côtes de la Sibérie et de la Nouvelle-Zemble (1820-23) ; de La Place, sur la *Favorite* (1830) et l'*Artémise* (1837) ; de Dupetit-Thouars, sur la *Vénus* (1837-39) ; enfin de la frégate autrichienne *Novara* en 1857. Parmi les seconds, on distingue ceux de Léopold de Buch dans la Scandinavie, d'Al. de Humboldt dans la Sibérie occidentale (1820), de Castren dans l'Altaï, de Middendorf (1844-55), de Mourawiew (1854), de Maak sur l'Amour, de Khanikow dans la région de l'Aral, et plus récemment (1858) dans le Khorassan ; de Texier et de Tchihatchew dans l'Asie-Mineure ; de Laborde, Lepsius, Berton, Lynch, de Saulcy, Tobler dans la Syrie, la Palestine et l'Arabie ; de Botta, Fresnel, Layard, Rawlinson, Oppert dans l'ancienne Mésopotamie, la Babylonie et la Perse ; de Jacquemont (1828-30), Everest, Hooker et des frères Schlagintweit dans l'Hindoustan. Dans l'Amérique du Nord, les explorations de Lewis et Clarke sur le cours supérieur de l'Orégon (1804), de Pike (1805) et Long (1819) vers le Mississipi et les montagnes Rocheuses, de Frémont entre les montagnes et la Californie (1842-45) ; dans l'Amérique du Sud, les voyages d'Alcide d'Orbigny (1826), Aug. de Saint-Hilaire, Castelnau, Pentland et Bowring ; ceux de Squier, de Hellert et de Garella dans l'Amérique centrale, à l'occasion des projets de communication interocéanique. — A tous ces éléments de connaissance viennent se joindre les relevés de terrains ou de côtes entrepris par les gouvernements pour les besoins de l'ad-

ministration ou de la défense, et publiés par les états-majors des armées et les hydrographes de la marine. Tels sont, en France, les Dépôts de la marine et de la guerre ; en Angleterre, les cartes de l'Amirauté ; en Allemagne, les publications des états-majors autrichiens, prussiens, bavarois, etc. ; les Dépôts topographiques de Naples et de St-Pétersbourg ; la Direction hydrographique de Madrid ; l'État-Major général hollandais ; le Dépôt de la marine à Copenhague ; le Bureau topographique fédéral de Suisse ; l'*Hydrophical office* des États-Unis et les belles cartes de F. Maury. Parmi les grandes opérations géodésiques, il faut citer la mesure de l'arc de cercle entre Dunkerque et Formentera, commencée sous le 1er Empire par les savants français, Delambre, Méchain, Biot et Arago ; celui de l'Hindoustan, entre l'Hymalaya et le cap Comorin, par le colonel Everest, et celui que les savants russes Struve et Woldstett ont récemment mesuré du cap Nord aux bouches du Danube. — Tous ces travaux et les innombrables productions de statistique faites par les gouvernements ou les particuliers, l'enseignement si fécond, en Allemagne, du célèbre Ritter, ont fait aujourd'hui de la géographie, naguère encore simple annexe de l'histoire, une science particulière. L'Allemagne et l'Angleterre marchent actuellement à la tête des nations européennes dans les sciences géographiques, encore peu répandues et peu goûtées en France, bien que notre pays ait fondé la première Société géographique à Paris en 1821 : depuis se sont établies celles de Berlin en 1827, de Londres en 1830, de Bombay en 1831, de Francfort-sur-le-Mein en 1836, de Darmstadt et de St-Pétersbourg en 1845, de New-York en 1851, de Vienne et de Genève en 1858. Toutes ces sociétés publient des Bulletins et des Mémoires. Il faut y ajouter trois établissements particuliers importants : l'*Institut géographique* de Weimar, l'*Établissement géographique de Vander-Maelen* à Bruxelles, et celui de *Perthes* à Gotha, qui publie un important recueil, les *Mittheilungen*, dirigé par Petermann. Non moins important est le recueil des Annales des Voyages, fondé à Paris en 1808 par Malte-Brun, et continué aujourd'hui par son fils. C. P.

GÉOLE, logement des gardiens de prison, et autrefois, par extension, la prison même. Jadis le *geôlier*, chargé de la garde des prisonniers, percevait une sur un *geôlage* (*V.* ce mot dans notre *Dictionnaire de Biographie et d'Histoire*). Depuis la Révolution, on a établi un traitement fixe pour tous les employés de l'administration des prisons, mais le geôlier perçoit encore des bénéfices dans les fournitures qu'il est autorisé à faire aux prisonniers.

GÉOPONIQUES (du grec *ghê*, terre, et *ponos*, travail), nom donné par les anciens Grecs à la science de l'agriculture. C'est aussi le titre d'un recueil d'écrits en langue grecque, relatifs à cette science, recueil formé au ive siècle par Cassianus Bassus. La meilleure édition grecque-latine est celle de Leipzig, 1781, 4 vol. in-4° ; les *Géoponiques* ont été trad. en français par Pierre de Narbonne, 1545-50, in-12.

GÉORAMA (du grec *gê*, terre, *orama*, spectacle), spectacle imaginé en 1823 par Delanglard. Le spectateur se plaçait au centre d'une sphère de plus de 30 mèt. de circonférence, en toile vernissée, sur laquelle on avait figuré toutes les terres du globe ; il pouvait ainsi tout embrasser d'un seul coup d'œil, tandis qu'avec de grands globes, vus extérieurement, on n'aperçoit à la fois qu'une petite portion de la terre. Un nouveau Géorama fut ouvert en 1844 par Ch.-Aug. Guérin aux Champs-Élysées, à Paris. — On donne aussi le nom de *Géorama* à une représentation en relief, sur une échelle plus ou moins grande, de l'ensemble ou d'une partie de la terre.

GEORGES-DE-BOCHERVILLE (Église de SAINT-). Cette église, bâtie pour un collège de chanoines par Raoul de Tancarville, chambellan du duc de Normandie, Guillaume le Bâtard entre les années 1050 et 1066, et érigée en abbaye en 1114, s'élève sur le côté occidental d'une haute colline, à 8 kil. S.-O. de Rouen. C'est un monument roman, que l'achèvement de la construction, l'unité du style et le développement du plan rendent un des plus complets qui existent. La façade occidentale offre une porte à arcade plein cintre, dont les voussoirs sont décorés de zigzags, de bâtons rompus, de dents de scie, de pointes de diamant, etc., et surmontée de deux rangs de trois arcades, le tout couronné par un haut pignon sans ornements. Elle est circonscrite par deux tourelles carrées, qui portent à leur sommet des campaniles dans le style du xiiie siècle, et accotées d'ailes basses et étroites correspondant aux bas côtés de l'édifice. L'église a, en effet, trois nefs, terminées chacune par une abside circu-

laire. A l'intersection des transepts s'élève une lanterne, formant au dehors un étage carré de 11 mèt. de côté et de 4 mèt. de hauteur pour les cloches : cet étage est coiffé d'une flèche en charpente recouverte d'ardoise, haute de 27 mèt., et passant du carré à l'octogone au moyen de coyaux sur les diagonales. L'intérieur de l'église n'a qu'une ornementation fort simple, analogue à celle du portail; des feuillages et quelques figures se montrent aux chapiteaux des piliers, monuments de la sculpture du XIIe siècle dans sa naïveté barbare. On remarque à l'extrémité de chaque transept une sorte de tribune soutenue par deux arcades qui se réunissent sur la même colonne massive. — Près du flanc septentrional de l'église est une belle salle capitulaire oblongue, construite à la fin du XIIe siècle ou au commencement du XIIIe : elle est éclairée par de hautes fenêtres en lancette, au-dessous desquelles règnent, du côté de l'entrée, trois arcades à plein cintre. Ce mélange de formes circulaires et de formes ogivales révèle le style de transition. V. Deville, *Essai historique sur l'église et l'abbaye de St-Georges-de-Bocherville*, Rouen, 1827, in-4°,
B.

GÉORGIENNE (Langue), une des langues caucasiennes (*V. ce mot*), rattachée généralement aux langues indo-européennes, bien que, selon les Géorgiens, elle en soit, par l'étymologie, complétement indépendante. Elle tient au sanscrit par l'intermédiaire des antiques idiomes de la Perse. Le géorgien est riche en flexions grammaticales. La déclinaison est la même pour les substantifs, les adjectifs et les pronoms. Ces mots n'ont qu'un seul genre. La langue admet beaucoup de mots dérivés et composés; elle ne connaît point l'usage de l'article. Dans le verbe, les personnes ont chacune leur caractéristique particulière; les temps de l'indicatif sont au nombre de sept, dont trois passés et trois futurs; certaines particules servent à convertir l'indicatif en conditionnel. Le subjonctif n'existe pas. Le passif se forme par des verbes auxiliaires. Les prépositions sont jointes à la fin du nom qu'elles régissent. On distingue dans le géorgien 5 dialectes, ceux du Karthli, du Kakhéti, d'Iméréthie, de Mingrélie et du Gouria; les Russes lui donnent le nom de *grousien* ou *grousinien*. Un certain nombre de mots persans, arméniens et turcs, sont souvent employés à la place des leurs synonymes dans cet idiome; on trouve même des mots latins et français, venus pour la plupart par la voie de la Russie. La prononciation est rude, à cause de l'accumulation des consonnes. — Les Géorgiens ont deux alphabets : le *vulgaire* ou *militaire*, dont ils font remonter l'usage jusqu'à Alexandre le Grand, en faisant honneur de son introduction à Pharnavaz, leur 1er roi; et l'*ecclésiastique*, inventé par l'Arménien Mesrob. Ce dernier a aujourd'hui une double forme, se composant de majuscules et de minuscules. Les philologues regardent l'alphabet vulgaire comme une transformation de l'ecclésiastique, et croient qu'il n'a été fixé qu'au XIVe siècle.

Les Géorgiens ont une littérature. Selon l'archimandrite Eugénius (*Tableau historique de la Géorgie*), la prosodie est fondée sur les tons ou accents; Brosset prétend, au contraire, que le nombre des syllabes, avec la rime finale qui a été empruntée du turc, est la règle de la versification. Le plus ancien livre géorgien que l'on possède est la traduction de la Bible, faite au VIIIe siècle par St Euphémius ou Euthymius. Un général Roustewel a composé un poème que quelques critiques pensent avoir été en partie tiré de sources persanes, *L'homme vêtu d'une peau de tigre*, ou *Amours de Tariel et de Nestan Daredjan*. On peut encore citer, parmi les monuments de la littérature géorgienne, un poème héroïque, le *Tamariani*, éloge de la reine Thamar par Tsachruchadsé; deux romans en prose, le *Visramiani* par Sarg de Thmogwi, et le *Daredjaniani* par Mosé de Khoni; le *Dawithiani*, recueil de poésies de David Gouramis Chvili; les satires de Bessarion Gabas Chvili; un recueil d'hymnes religieux et nationaux formé au XVIIIe siècle par le patriarche Antoni; le *Code du roi Wakhtang*, et la *Chronique* qui porte le nom de ce prince. V. Maggi, *Syntagmata linguarum orientalium quæ in Georgiæ regionibus audiuntur*, Rome, 1643, in-fol.; Klaproth, *Vocabulaire géorgien-français et français-géorgien*, Paris, 1827, in-8°; Fr.-C. Alter, *Sur la littérature géorgienne*, en allemand, Vienne, 1798, in-8°; Brosset, *Recherches sur la poésie géorgienne*, dans le *Journal asiatique* d'avril 1830; le même, *Mémoires relatifs à la langue et à la littérature géorgiennes*, Paris, 1833; le même, *Éléments de la langue géorgienne*, Paris, 1837, in-8°.

GÉORGIQUES (du grec *gè*, terre, et *ergon*, travail),

poëme didactique composé par Virgile, à la prière de Mécène, son protecteur, entre les années 717 et 724 de Rome (36 et 29 av. J.-C.), dans le but de remettre en honneur parmi les Romains l'agriculture abandonnée pendant les guerres civiles, et de les ramener à la simplicité des mœurs de leurs ancêtres. Ce poëme se compose de quatre chants, dont les sujets sont : la culture de la terre, celle des arbres et de la vigne, le soin des troupeaux, et l'élève des abeilles. Des invocations, des préceptes sur le sujet spécial de chacun des chants, des épisodes destinés à prévenir la monotonie d'une exposition continuellement didactique, telle est la marche constante de Virgile. On lui a reproché le manque d'ordre : mais, si la méthode n'est pas complétement rigoureuse, elle est suffisamment nette et claire, et on ne peut pas exiger d'un poëme la même rigueur que d'un traité régulier en prose. Virgile n'a pas épuisé tout son sujet; mais s'il a omis plus d'un point important, par exemple, la culture des jardins, c'est volontairement et déterminé par son goût de poëte, ou bien parce que ces parties de l'agriculture étaient étrangères au but qu'il se proposait, l'utile, et non l'agréable. — Virgile (II, 175) semble se donner comme un imitateur d'Hésiode; cependant le poëme *les OEuvres et les Jours* n'a presque rien de commun avec les *Géorgiques* que la similitude du genre. L'auteur latin a beaucoup moins emprunté aux Grecs qu'à Varron et à Caton : son ouvrage n'est pas seulement un résumé de la science antique, il contient aussi les résultats de sa propre expérience, et il est devenu une autorité pour les Anciens, puisque Pline et Columelle le citent fréquemment. Les *Géorgiques* sont un parfait modèle de l'art de relever et d'embellir les détails les plus communs de la vie rustique : la variété des tons, la rapidité de la marche, le charme continu du style, tout concourt à en faire un poëme rempli de beautés supérieures, plein d'imagination et de goût, production d'un génie élevé, qui avait atteint toute sa vigueur et sa maturité. Virgile a eu des continuateurs ou des imitateurs, mais jamais de rivaux. Columelle a traité en vers des jardins, dans le 10e livre de son Traité *De re rustica*; le P. Vanière a donné le *Prædium rusticum*, en XVI chants; le P. Rapin, *Hortorum libri IV*; l'Anglais Thompson, *les Saisons*, en IV chants, imitées chez nous dans *les Saisons* de Saint-Lambert et *les Mois* de Roucher; Rosset a composé *l'Agriculture*, en IX chants. Les *Géorgiques* ont été traduites en vers français par l'abbé Marolles, Segrais, Martin, Le Franc de Pompignan, et enfin Delille, qui le a fait oublier tous et a composé lui-même les *Trois règnes* en VIII chants, *les Jardins* en IV chants, *l'Homme des champs* en IV chants. Toutes ces œuvres complémentaires, toutes ces traductions, ne servent qu'à faire sentir plus profondément la désespérante perfection de Virgile. V. dans le tome II du *Génie de Virgile* par Malfilâtre, des *Réflexions sur les Géorgiques*, des analyses, de nombreuses traductions et imitations en vers; le *Discours préliminaire* en tête de la traduction de Delille; les *Notices historiques, arguments et appréciations littéraires* de l'édition de Virgile, par M. Bouchot, 1860.
F. B.

GÉRANT (du latin *gerere*, administrer), celui qui administre les affaires d'autrui, soit d'un particulier, soit d'une société civile ou commerciale. Dans les sociétés en commandite, les commandités seuls peuvent être gérants. Un gérant volontaire est tenu des obligations qui résulteraient d'un mandat exprès (*Code Napoléon*, article 1372). — Les lois du 11 juillet 1828 et du 9 septembre 1835 astreignent les sociétés qui publient un journal à avoir un *gérant responsable*, propriétaire d'une part ou action dans ce journal et d'un tiers du cautionnement, pour signer la feuille de chaque jour et répondre de son contenu.

GÉRARD DE NEVERS (Roman de). V. VIOLETTE (La).

GÉRARD DE ROUSSILLON, poëme provençal sur les démêlés du duc Gérard avec Charles le Chauve, que l'auteur confond avec Charles-Martel. Gérard, vaincu et proscrit, est réduit à errer avec sa femme de forêt en forêt, d'ermitage en ermitage; bref, il se fait charbonnier, et la duchesse devient couturière. Enfin, il obtient son pardon, grâce aux prières de la reine. Le Gérard du roman n'est pas un personnage imaginaire; il fut réellement, au IXe siècle, comte de Roussillon (près de Châtillon-sur-Seine) et duc de Bourgogne. Élevé dans le palais de Louis le Débonnaire, il fut toujours fidèle à ce prince, et reçut de lui le comté de Paris. Mais, ayant suivi le parti de Lothaire, il fut dépouillé de ce comté par Charles le Chauve. Lothaire, avant de mourir, désigna Gérard pour être le tuteur du roi de Provence, l'un de ses fils. Ce fut alors que Gérard s'établit à Vienne, d'où il fit plusieurs expéditions contre les Sarrasins établis dans le delta du Rhône. En 863, le royaume de Provence fut conquis par Charles le Chauve; alors Gérard se retira dans son château de Roussillon, où il mourut en 878. Il avait fondé plusieurs abbayes, dont la plus célèbre est celle de Vézelai. Le poème de *Gérard de Roussillon* paraît avoir été composé au XIIᵉ siècle; il existe manuscrit à la Bibliothèque nationale de Paris. — Un poème en langue d'oïl sur le même sujet a été publié en 1858 par M. Mignard, qui le rapporte à l'année 1316. *V. Histoire littéraire de la France*, t. XXII. **H. D.**

GÉRARD DE VIANE, 2ᵉ branche de la chanson de *Guillaume au court nez*. Gérard, fils de Garin de Montglane, obtient de l'empereur le fief de Vienne; mais, insulté par la reine, il prend les armes contre son souverain. Assiégé dans Vienne, il résiste pendant sept ans. C'est à ce siège que Roland rencontre Olivier, et est fiancé à la belle Aude. — Cette chanson, imitation du roman provençal *Gérard de Roussillon*, est attribuée à un certain Bertrand, de Bar-sur-Aube. La Bibliothèque nationale en possède deux manuscrits du XIIIᵉ siècle; le Musée Britannique en a également deux du XIIIᵉ siècle et un du XIVᵉ. Une partie de ce roman a été publiée par J. Bekker à Berlin, 1829, en tête du *Fierabras* provençal. Le texte complet a été publié par Tarbé, Reims, 1829, in-8°. *V. l'Hist. litt. de la France*, t. XXII. **H. D.**

GERMAIN (du latin *germanus*), se dit des frères et des sœurs nés du même père et de la même mère, par opposition aux *consanguins* et aux *utérins*. *V. Cousin*.

GERMAIN-L'AUXERROIS (Église Sᵗ-), une des plus anciennes églises de Paris. Fondée par Chilpéric sous le nom de *Sᵗ-Germain-le-Rond* (à cause de sa forme), elle fut, lors des invasions des Normands, prise par les pirates, qui, l'entourant d'un fossé, la changèrent en forteresse, puis y mirent le feu en l'abandonnant. Le roi Robert le Pieux la rebâtit en 1010. Il ne reste rien de cet ancien édifice. Le grand portail actuel paraît dater de Philippe le Bel; le pignon qui le surmonte supporte une statue de l'ange du Jugement dernier, exécutée de nos jours par M. Marochetti. Le porche à triple arcade qui fait saillie sur ce portail date de 1429. Lorsque les rois habitèrent le Louvre, l'église Sᵗ-Germain-l'Auxerrois fut adoptée comme paroisse de la cour, et subit de notables changements : les piliers gothiques prirent une forme moderne; on démolit le jubé qui masquait l'entrée du chœur, et on le remplaça par la grille de fer poli et doré qu'on voit aujourd'hui, et qui est, d'ailleurs, un bel ouvrage de serrurerie; le banc d'œuvre a été sculpté d'après les dessins de Perrault et de Lebrun; c'est peut-être le plus remarquable de ceux des églises de Paris. En 1831, l'église fut saccagée par une émeute populaire, et on la ferma jusqu'en 1837 : alors elle fut restaurée, sous la direction de Lassus, et rendue au culte. Le portique fut alors décoré de peintures murales, exécutées à la cire, par M. Mottez, à l'instar de beaucoup d'églises d'Italie. La pensée était heureuse, mais l'humidité de notre climat s'y prêta mal, et aujourd'hui ces peintures sont déjà un peu passées. On remarque, à l'intérieur, une fort belle chapelle de la Vierge, et des peintures à la cire exécutées par MM. Amaury Duval, Jean Gigoux et Couderc; des vitraux par M. Maréchal (de Metz); dans la croisée, un bénitier trinitaire en marbre, par M. Jouffroy, et surtout les sculptures en bois de la chapelle de la Passion. Sᵗ-Germain-l'Auxerrois est un des plus curieux et des plus gracieux monuments du XIVᵉ et du XVᵉ siècle. En 1860-61, on a élevé au Nord, à l'alignement du porche, et y touchant presque, un élégant campanile (*V. CAMPANILE*), beaucoup plus élevé que celui qui existe au Sud, près du transept, et du haut duquel, en 1572, partit le signal du massacre de la Sᵗ-Barthélemy. **B.**

GERMAIN-DES-PRÉS (Église Sᵗ-), le plus ancien des monuments religieux de Paris. Childebert Iᵉʳ la fonda en 543, sur l'emplacement d'un temple consacré à Isis, pour y placer la tunique de Sᵗ-Vincent et une croix qu'il avait rapportées de sa campagne au delà des Pyrénées contre les Wisigoths, et la dédicace fut faite par l'évêque Sᵗ Germain en 558. Ce prélat fit bâtir, au midi de l'édifice, un oratoire sous l'invocation de Sᵗ-Symphorien, où plus tard lui-même fut inhumé. Dans plusieurs actes des VIIᵉ et VIIIᵉ siècles, l'église est désignée sous le nom de *Sᵗ-Germain et Sᵗ-Vincent*. Elle était alors décorée de mosaïques d'or, et sa couverture était en métal. En 754, le corps de Sᵗ Germain, exhumé de l'oratoire, fut déposé dans l'église,

qui bientôt ne fut plus désignée que sous le seul nom de Sᵗ-Germain. Ravagée par les Normands en 845, 856 et 861, reconstruite par l'abbé Gozlin, puis encore livrée en proie aux pirates, elle ne se releva de ses ruines qu'aux XIᵉ et XIIᵉ siècles, et le pape Alexandre III, qui la consacra en 1163, déclara qu'elle ne relèverait que du saint-siége. L'architecture de l'église Sᵗ-Germain-des-Prés marque une époque fort intéressante dans l'histoire de l'art, celle où, à côté du plein cintre roman, commence à poindre l'ogive. L'édifice est en forme de croix; l'extrémité orientale est circulaire, et autour du rond-point rayonnent cinq chapelles également circulaires. Les transepts, qui sont fort courts, datent du XIIᵉ siècle. Les piliers de la nef sont carrés, et flanqués, sur chaque face, d'une colonne engagée; les arcades en plein cintre qui les unissent sont ornées d'un tore élégant sur l'arête. Sur les chapiteaux, d'un travail assez barbare, on a représenté des figures entières, des monstres et des plantes exotiques. Cette partie-là est évidemment la plus ancienne. Dans le chœur, les fenêtres de la claire-voie sont à ogives; les colonnes de la galerie du premier étage sont couronnées par un entablement horizontal; les colonnes du rond-point supportent des ogives, tandis que les autres arcades du chœur présentent des pleins cintres. L'édifice fut réparé en 1653 : ce fut alors qu'on pratiqua des ailes sur les deux côtés, et qu'une voûte remplaça le vieux lambris qui couvrait les murs. De nos jours, l'église Sᵗ-Germain-des-Prés a subi une nouvelle et entière restauration : M. Flandrin a peint à la cire divers sujets sur les murailles du chœur; les piliers et les voûtes ont reçu une peinture polychrome, qui rappelle la décoration de la Sᵗᵉ-Chapelle; la flèche a été reconstruite en entier; enfin on a repris en sous-œuvre la tour, que les archéologues regardent comme un débris de l'édifice élevé du temps de Childebert. *V. Bouillard, Histoire de l'abbaye royale de Sᵗ-Germain-des-Prés*, Paris, 1724, in-fol. **B.**

GERMAIN-EN-LAYE (Château de Sᵗ-). En 1124, Louis VI le Gros fit bâtir à Sᵗ-Germain un château fort, où ses successeurs séjournèrent fréquemment, et qui fut incendié par les Anglais en 1346. Les travaux de réédification furent commencés par ordre de Charles V, en 1367. François Iᵉʳ, non content de les achever, fit élever l'édifice d'un étage, et le décora de toutes sortes d'ornements, tels que chiffres, armes, salamandres, F couronnés, et autres fantaisies élégantes dont les artistes de la Renaissance étaient prodigues. Comme le château avait néanmoins conservé l'aspect d'une forteresse, Henri IV voulut avoir une résidence royale plus moderne, et fit construire, à une distance de 130 mèt. environ, par son architecte Marchand, un *Château neuf*, dans le style de la Renaissance. Il était sur le bord de la colline au-dessus de la Seine, vers laquelle les jardins descendaient en terrasses soutenues par des maçonneries; et, sous ces terrasses, on ménagea des grottes garnies de coquillages et de figures automates, ouvrage du mécanicien florentin Francini. Louis XIV, qui naquit dans ce château, dépensa plus de 6 millions pour l'embellir, puis l'abandonna après la construction de Versailles. Quand le roi Jacques II vint chercher un refuge en France, Louis XIV le logea au vieux château de Sᵗ-Germain. Pendant la Révolution, on fit une prison de ce château sombre et triste. Sous le 1ᵉʳ Empire, on y installa une école de cavalerie; la Restauration en fit une caserne de gardes du corps; après 1830, on le transforma en pénitencier militaire; Napoléon III l'a consacré, en 1862, à un musée celtique et romain. Le château neuf fut abandonné pendant la minorité de Louis XIV, et il n'en reste aujourd'hui que quelques terrasses et un pavillon improprement appelé *Pavillon de Henri IV*, ancienne chapelle transformée en restaurant. Le vieux château, de forme pentagonale, est de briques et de pierres, et couvre une superficie d'un hectare 55 ares. Les cinq gros pavillons d'angle, bâtis par Mansard, en 1687, ont été remplacés de nos jours. La chapelle ogivale, située du côté de la place du Théâtre, fut peinte, au temps de Louis XIII, par Vouet et Lesueur. Autour du château, François Iᵉʳ avait fait planter un jardin, qui fut agrandi sous Louis XIV et dessiné à nouveau par Le Nôtre; les bassins et les jets d'eau furent comblés en 1750. La terrasse, une des plus magnifiques promenades de l'Europe pour l'étendue du parcours et du point de vue, fut construite par Le Nôtre en 1676 : elle a près de 2,400 mèt. de longueur, 35 mèt. de largeur, et est soutenue par un mur élevé, avec cordon et tablette de pierre. *V. le Supplément*.

GERMAINS (Religion des). *V. notre Dictionnaire de Biographie et d'Histoire*, page 1176, col. 1.

GERMANIQUE (Droit). *V.* Barbares (Lois des).

GERMANIQUES (Langues), groupe de langues appartenant à la famille des langues indo-européennes (*V. ce mot*), et comprenant le gothique, l'islandais, le suédois, le danois, l'anglo-saxon, l'anglais, le bas allemand (auquel se rattachent le frison, le hollandais, le flamand), et le haut allemand (allemand, souabe ou alémanique, etc.). Jacques Grimm leur assigne quatre caractères fondamentaux : 1° la propriété qu'a la voyelle de s'adoucir en se prononçant, pour indiquer une modification dans la signification ou l'emploi du mot ; 2° la métathèse, c.-à-d. la transformation d'une consonne en une consonne de la même classe, mais qui s'en distingue par une prononciation plus forte, ou moins forte, ou plus aspirée ; 3° l'existence de conjugaisons *fortes* et *faibles*, c.-à-d. de conjugaisons dans lesquelles la voyelle radicale change d'après certaines lois, et de conjugaisons dans lesquelles elle demeure invariable ; 4° des déclinaisons faibles pour les substantifs et les adjectifs, c.-à-d. des déclinaisons dans lesquelles la voyelle radicale demeure la même aux différents cas, ces cas ne se distinguant que par les terminaisons. Des permutations de lettres s'opèrent non-seulement entre les diverses formes d'un même mot, ou en passant du mot radical au mot composé, mais entre les mots des différents dialectes. Les langues germaniques, très-riches sous le rapport du vocabulaire, sont assez pauvres quant aux temps des verbes : elles n'avaient originairement que deux temps, le présent et le passé, et elles ont dû recourir à des verbes auxiliaires pour exprimer d'autres temps dont les progrès de la pensée rendaient la distinction nécessaire.

GERMANISME, façon de parler propre à la langue allemande, ou encore empruntée à cette langue et transportée dans un autre idiome.

GERMER (Église de Sᵗ-), à 28 kilom. O. de Beauvais (Oise). Cette église, commencée vers 1030, est un remarquable monument du style de transition entre le roman et le gothique. Elle a 67 mèt. de longueur, et 18 mèt. de largeur. A l'extérieur, on la dirait entièrement romane : les fenêtres sont à plein cintre, sauf au Sud, où il y en a quelques-unes en ogive. La façade est moderne ; les piliers qui paraissent au dehors et ceux de la première travée soutenaient jadis deux clochers, qui furent ruinés par les Bourguignons vers 1400. La nef se compose de 7 travées à arcades ogivales, séparées par des piliers chargés de 5 fûts engagés, non compris les colonnes latérales : au-dessus de ces arcades est un ordre d'arcades bouchées, en plein cintre surbaissé, tenant la place du triforium, puis un autre ordre de petites fenêtres carrées bouchées, une galerie étroite portant sur une corniche à consoles, et enfin la claire-voie à 7 fenêtres romanes étroites, inscrites dans des arcs ogives. Les voûtes, qui avaient été détruites par la chute des clochers, ont été rétablies en bois vers 1754. Les transepts sont, comme la nef, ogivaux au rez-de-chaussée, et romans dans les ordres supérieurs, sauf quelques changements causés par des réparations. Le chœur présente 7 arcades à archivoltes découpées en zigzag ; le triforium a des arcades romanes pareilles à celles des transepts, sauf les extrêmes latérales qui sont tripartites ; la galerie à consoles et la claire-voie sont en tout semblables aux mêmes parties de la nef ; les voûtes offrent pour nervures de gros boudins chargés de bâtons croisés, de rubans, de feuilles encadrées, et d'autres ornements d'un effet bizarre. Les collatéraux sont étroits, bas, d'un aspect lourd, à arcades en fer à cheval ; ils sont continués par une galerie garnie de chapelles, qui forment autant d'arcs de cercle sur l'abside. — Par une allée pratiquée aux dépens de l'arcade centrale de l'abside, on arrive à une seconde église, longue de 34 mèt., large de 9, et éclairée par 15 fenêtres, dont 5 à l'abside sont géminées, tandis que chacune des autres embrasse quatre petites ogives réunies en deux groupes. Du côté de l'entrée est une magnifique rosace, de 7ᵐ,22 de diamètre. De superbes vitraux des xiiiᵉ et xivᵉ siècles représentaient l'histoire de Sᵗ Germer. Les murs étaient primitivement peints à fresque ; ils ont été recouverts de badigeon. L'autel portait un beau retable en pierre peinte, chef-d'œuvre de la statuaire de l'époque, qui passe aujourd'hui dans le musée de Cluny à Paris. Cette église, chef-d'œuvre de grâce et de légèreté, dans le style de la meilleure époque ogivale, n'est pas sans analogie avec la Sᵗᵉ-Chapelle de Paris. Les fenêtres sont surmontées extérieurement de frontons, dont on a tronqué le sommet. Des contre-forts à clochetons, ornés d'arcades simulées, s'appuient au comble. Sur le côté méridional s'élève une tourelle hexagone, à arcades ogivales simulées, supportant une balustrade à jour.

GÉRONDIF, en latin *Gerundium* ; forme particulière de la conjugaison latine, et qui n'est autre chose que la déclinaison de l'infinitif : ainsi *amandi* est le génitif, *amando* le datif et l'ablatif de *amare* ; *amandum* en est l'accusatif employé comme complément direct avec diverses prépositions. Le gérondif se met là où on mettrait un nom de radical ou de sens analogue, à un cas exprimant un régime indirect : ainsi *tempus scribendi* (le temps d'écrire) est pour *tempus scriptionis*, *aptus scribendo* ou *ad scribendum* (apte à écrire) pour *aptus scriptioni* ou *ad scriptionem*, *fessus scribendo* (fatigué d'écrire) pour *fessus scriptione*. Les poëtes négligent souvent l'emploi du gérondif, et le remplacent par l'infinitif : *cantare peritus*, au lieu de *cantandi*. Le gérondif a donné naissance aux participes présents des langues néo-latines : la preuve en dans l'emploi très-vicieux du gérondif en *do* à l'époque de la décadence du latin et surtout après les invasions des Barbares. Ce système est toutefois un peu contrarié en français par la variabilité qui caractérisait autrefois notre participe présent quant au genre et au nombre. *V.* Participe.   P.

GÉRONTE (du grec *gérón*, *gérontos*, ancien, vieillard), nom que les anciens auteurs comiques français ont donné au père, au personnage grave de leurs pièces. Les Gérontes n'eurent d'abord rien de ridicule ; puis on les fit durs, avares, entêtés, simples et crédules. Rotrou, dans sa comédie de *La Sœur* (1647), a introduit un Géronte venant de Constantinople, sous le costume turc. Ce personnage a reçu de Molière son caractère véritable, dans le *Médecin malgré lui* et les *Fourberies de Scapin*, 1666-1671 ; puis, Regnard l'employa dans *le Joueur*, *le Retour imprévu* et surtout *le Légataire universel*.

GERVAIS (Église Saint-), à Paris. Commencée en 1212 et dédiée en 1480, cette église de style ogival a un portail d'un caractère tout différent, élevé en 1616 sur les plans et sous la direction de Jacques Debrosses. Le portail réunit les trois ordres grecs d'architecture superposés ; sa masse imposante, mais lourde et sans grâce, forme contraste avec les proportions délicates du gothique. On y a placé de nos jours les statues de Sᵗ Gervais et de Sᵗ Protais, dues au ciseau de Préault et de Moyne. L'église Sᵗ-Gervais a été dépouillée de ses anciennes richesses : le musée du Louvre lui a enlevé ses tableaux de Philippe de Champagne, de Lesueur, et Sébastien Bourdon ; les vitraux de Jean Cousin ont presque complétement péri. On montre cependant encore un *Père éternel*, attribué au Pérugin, et un tableau sur bois, représentant en neuf compartiments neuf scènes de la Passion, et qu'on dit être d'Albert Dürer. La chapelle de la Sᵗᵉ Vierge a été richement peinte et ornementée ; on y voit une curieuse clef pendante, exécutée par Jacquet au xvᵉ siècle. Préault a exécuté pour la chapelle des fonts baptismaux un Christ d'un effet saisissant.   B.

GÈSE, arme. *V.* notre *Dictionnaire de Biographie et d'Histoire.*

GESTA ROMANORUM, titre d'une collection latine de récits généralement apocryphes et empruntés à l'histoire des Romains célèbres, formée pour offrir au moines une instruction intéressante, et où l'on faisait des lectures dans les réfectoires aux heures des repas. Chaque chapitre contient une histoire, qui s'appuie sur l'autorité d'un écrivain de l'antiquité, et d'ordinaire on ne trouve dans cet auteur rien qui s'y rapporte. Les personnages historiques sont présentés sous des traits tout autres que ceux qu'on leur connaît. Cette collection, où il y a de la naïveté, une simplicité parfois puérile et un peu de mysticisme, est attribuée à un bénédictin du xiiiᵉ siècle, Bertheur, mort prieur de l'abbaye de Sᵗ-Éloi, à Paris. Elle obtint une vogue immense pendant deux siècles : les prédicateurs la citaient dans leurs sermons ; plusieurs conteurs italiens et Shakspeare lui-même lui ont fait des emprunts. Oubliée depuis la Renaissance, elle a attiré l'attention des érudits de nos jours : Douce et Swan l'ont fait connaître à l'Angleterre ; Græsse, qui en a publié une traduction allemande avec ample commentaire (Dresde, 1843), croit, en raison des germanismes et des anglicismes qui y fourmillent, qu'elle est l'œuvre d'un certain Elinandus, moine allemand ou anglais. A. Keller a donné une édition du texte latin à Tubingue, en 1844. M. Brunet en a publié une vieille traduction française, qui porte le titre bizarre de *Violier des histoires romaines.*   B.

GESTE, nom donné au *langage d'action*, aux mouvements du corps, soit naturels, soit artificiels, qui aident à traduire nos sentiments et nos pensées. Il comprend, par conséquent, l'expression de la physionomie, la pose du corps, les mouvements des bras et des mains. L'art du geste est une partie importante de l'action oratoire et du jeu théâtral (*V.* ACTION, DRAMATIQUE-Art, MIMIQUE, PANTOMIME). Dans l'éloquence de la chaire, il est plus nécessaire qu'ailleurs de modérer, de régler ses gestes ; le P. Sanlecque, dans un petit poëme sur la Déclamation, a caractérisé d'une manière assez heureuse les défauts auxquels on se laisse trop souvent aller :

> Songeons à ce docteur dont la voix pédantesque
> Donne un air de relief à son air soldatesque.
> Vous le voyez, campé comme un gladiateur,
> Le poing toujours fermé narguer son auditeur :
> On dirait, quand il veut pousser un syllogisme,
> Qu'il appelle en duel tout le christianisme ;
> Ou que de sa fureur nous prenant pour témoins,
> Il veuille défier le diable à coups de poings....
> Surtout n'imitez pas cet homme ridicule
> Dont la bras nonchalant fait toujours le pendule ;
> Au travers de vos doigts ne vous faites point voir,
> Et ne nous prêchez pas comme on parle au parloir.
> Chez les nouveaux acteurs c'est un geste à la mode
> Que de nager au bout de chaque période.
> Chez d'autres apprentis, l'on passe pour galant
> Lorsqu'on écrit en l'air et qu'on peint en parlant.
> L'un semble d'une main encenser l'assemblée,
> L'autre à ses doigts crochus paraît avoir l'onglée ;
> Celui-ci prend plaisir à montrer ses bras nus,
> Celui-là fait semblant de compter ses écus.
> Ici, le bras manchot jamais ne se déploie ;
> Là, les doigts écartés font une patte d'oie.
> Souvent, charmé du sens dont mes discours sont pleins,
> Je m'applaudis moi-même et fais claquer mes mains.
> Souvent je ne veux pas que ma phrase finisse
> Avant que, pour signal, je ne frappe ma cuisse.
> Tantôt, quand mon esprit n'imagine plus rien,
> J'enfonce mon bonnet qui tenait déjà bien.
> Quelquefois, en poussant une voix de tonnerre,
> Je fais le timbalier sur les bords de ma chaire.

La science du geste est très-importante pour ceux qui se livrent aux beaux-arts ; car il n'est pas, pour le sculpteur et le peintre, de moyen d'expression plus puissant que le geste. Il n'est pas étonnant que les Anciens aient représenté si souvent leurs personnages nus ou presque nus : en effet, il existe une grande différence entre la force de signification d'une figure drapée et celle d'une figure nue, dont toutes les parties mettent en évidence tant de signes caractéristiques et correspondants, qui tous concourent à l'unité de l'expression. B.

GESTES (Chansons de), nom donné aux romans de chevalerie, où l'on célébrait les actions (en latin *gesta*), les exploits des héros. Les Chansons de gestes, divisées en couplets monorimes, étaient faites pour être chantées, comme les *rapsodies* des anciens Grecs, avec accompagnement d'instruments. Fauriel avait émis, à leur sujet, plusieurs opinions que M. Paulin Pàris a combattues avec succès : ainsi, il leur donnait à toutes le nom de *romans carlovingiens*, tandis qu'un grand nombre ne se rapportent ni à Charlemagne ni à sa famille, ni à ses contemporains ; il les regardait, non comme des œuvres originales, mais comme des imitations d'épopées provençales aujourd'hui perdues, ce qui est dénué de preuves sérieuses, car il est avéré, d'une part, que *Gérard de Roussillon* et *Fierabras* sont les seuls romans que l'on possède en provençal, et, de l'autre, que les manuscrits provençaux ne remontent pas au delà du xive siècle ou tout au plus à la fin du xiiie ; il ne croyait pas qu'elles fussent antérieures au xiie siècle, oubliant que les Trouvères de ce siècle en citent les héros, que l'on entonna une de ces Chansons à la bataille d'Hastings (1066), et qu'à la même époque Robert Guiscard se faisait chanter les vers de la Chanson de *Guillaume au court nez*; enfin, par la raison qu'elles étaient trop longues, il ne croyait pas qu'on les eût jamais chantées, comme si l'on n'avait pas récité dans l'antiquité l'*Iliade* et ses 24,000 vers, non pas chaque fois en entier, mais en prenant isolément un récit, une description de combat, etc. Il est aujourd'hui hors de doute que- les Chansons de gestes ont pris naissance chez les Trouvères, dans le domaine de la langue d'oïl. Elles furent vraisemblablement l'amplification des chants guerriers qu'on appelait *cantilènes* dans les siècles antérieurs, et dont on trouve des échantillons dans le recueil de poésies populaires latines publié par M. Edelestand du Méril : c'est ce que permet de supposer un fragment d'une épopée intitulée *Gormond et Isembard*, laquelle est bâtie sur le chant composé en mémoire de la victoire de Louis III sur les Normands en 882. *V.* Wolf, *Sur les poëmes épiques des anciens Français*, en allem., Vienne, 1838, in-8°; Paulin Pàris, *les*

Chansons de geste, Paris, 1859, broch. in-8°; Ch. d'Héricault, *Essai sur l'origine de l'épopée française et sur son histoire au moyen âge*, Paris, 1860, in-8°. B.

GHAZEL. *V.* CASSIDÉ.

GHEEZ ou GHIZ. *V.* ÉTHIOPIENNES (Langues).

GHIOLOF (Idiome). *V.* WOLOF.

GHIRIF, sorte de petite flûte chez les Turcs.

GIBAULT ou GIBBE, arme offensive du moyen âge, massue selon les uns, fronde selon les autres.

GIBECIÈRE, espèce de sac ou de bourse qu'on portait autrefois à la ceinture. Elle se rapprochait de l'aumônière. Aujourd'hui c'est la poche en cuir et à filet où les chasseurs placent leurs ustensiles de chasse et leur gibier, et on la nomme aussi *carnier* ou *carnassière*. On appelle encore *gibecière* le sac de toile ou de cuir que les escamoteurs portent devant eux à la ceinture, et qui, divisé à l'intérieur en plusieurs poches où se placent des muscades et des boules de toute grosseur, sert, avec ces gobelets, à exécuter les *tours* dits *de gibecière*.

GIBERNE. *V.* ce mot dans notre *Dictionnaire de Biographie et d'Histoire*.

GIBET, instrument qui sert au supplice de la pendaison. On pense que son nom vient de l'arabe *gibel* (montagne), parce qu'on dressait toujours le gibet sur un lieu élevé. *Gibet* est synonyme de *potence* et de *fourches patibulaires*.

GIG ou GUIGUE, canot très-léger, long de 7 à 8 mèt., profond d'environ 90 centimètres, à fond plat, les deux bouts en pointe, et marchant au moyen de 6 avirons et d'une voile légère que porte un mât très-court.

GIGANTÉJA, c.-à-d. *Tour des Géants*, édifice construit, dit-on, par des Phéniciens dans l'île de Gozzo. Il se compose de deux temples hypèthres, placés parallèlement l'un à côté de l'autre, et composés de cinq absides à peu près circulaires, rangées autour d'une nef étroite : leur façade commune, tournée vers l'orient, est percée de deux portes par lesquelles on pénètre dans l'intérieur. Le plus considérable des deux temples a 26 mèt. de longueur, et 23 mèt. dans sa plus grande largeur. Les murailles sont en blocs de pierre énormes, placés alternativement debout et dans le sens de leur longueur ; les interstices sont remplis de pierres plus petites. Ces constructions ont une grande analogie avec celles des Pélasges.

GIGUE, danse et air dont la mesure est à six-huit et d'un mouvement vif et gai. Les gigues de Corelli ont eu beaucoup de succès ; mais airs et danse sont entièrement passés de mode, excepté en Angleterre. Les danseurs de corde donnent le nom de *gigue* à un de leurs pas. — Les anciens auteurs français parlent d'un instrument de musique nommé *gigue*, inventé en Allemagne, où on l'appelait *geige* ou *geigen*. D'une forme analogue à celle d'une gigue ou cuisse de chevreuil, il ressemblait à la mandoline moderne : le corps était bombé et à côtes, la table percée de deux ouïes, et le manche garni de trois cordes. C'est de cet instrument que la danse tira son nom.

GIL-BLAS, célèbre roman de mœurs, publié en trois parties par Lesage (1715, 1724 et 1735). L'action, largement dessinée, commence vers la fin du xvie siècle, et se poursuit pendant la première moitié du xviie : le sage passe en Espagne, mais les personnages n'ont d'espagnol que le nom et le costume, leurs mœurs sont françaises. La supériorité de l'œuvre consiste moins dans le mérite de la conception que dans la vérité frappante des détails et l'habileté de la mise en scène ; un esprit vif, enjoué et satirique l'anime d'un bout à l'autre ; le style est un modèle de correction, d'aisance et de clarté. Gil-Blas, le docteur Sangrado, l'archevêque de Grenade, sont restés populaires ; et il s'en faut de beaucoup que tous les personnages soient de pure invention : lors de l'apparition du roman, on crut reconnaître les originaux d'une foule de portraits, et l'on publia une *clef*, aujourd'hui perdue. Les gens de théâtre, les médecins et leurs querelles, la prostitution des faveurs de l'autorité, les désordres et les gaspillages des grandes maisons, les bureaux d'esprit, Lesage avait tout sous les yeux, sans avoir besoin de rien emprunter à l'Espagne. On lui a reproché à tort d'avoir calomnié de parti pris l'humanité ; il n'y a en lui rien du misanthrope, du moraliste sévère, du satirique acrimonieux ; il a simplement montré ce qu'il avait vu, sans en charger les couleurs, avec une ironie est plutôt indulgente qu'amère et passionnée. — Du vivant même de Lesage, on nia l'originalité de son roman, et l'on prétendit qu'il l'avait tiré de l'espagnol. Il en est résulté une controverse qui a duré jusqu'à nos jours. Bruzen de La Martinière, dans son *Nouveau Portefeuille historique, poétique et littéraire* (2e édit., 1757), disait de Lesage à la fin de quelques réflexions sur son *Diable boiteux* : « C'est sa manière d'embellir extrêmement tout ce qu'il emprunte des Espagnols; c'est ainsi qu'il en a usé envers *Gil-Blas*, dont il a fait un chef-d'œuvre inimitable. » Voltaire alla plus loin : ne pardonnant pas à Lesage de l'avoir désigné (liv. x, chap. 4) sous le nom du poète Triaquero (mot qui veut dire en espagnol *charlatan, vendeur d'orviétan*), il l'accusa, dans son *Siècle de Louis XIV*, d'avoir tout emprunté à l'ouvrage intitulé *la Vida del escudero Don Marcos d'Obregon*. Mais, s'il avait réellement connu cet ouvrage, publié par Vicente Espinel à Madrid en 1618, il aurait vu que Lesage avait tout au plus arrangé avec tact une dizaine de passages, et que, malgré cette retouche habile, ce n'étaient pas les meilleurs de *Gil-Blas*. L'accusation de plagiat fut renouvelée en 1787 dans un livre publié à Madrid sous le nom du P. Isla, bien que ce savant fût mort depuis 1781 : on y soutient que Lesage reçut d'un Andalou, nommé Constantini, le manuscrit de *Gil-Blas*, qui n'aurait pu être publié sans danger en Espagne, pour qu'il le traduisît en français et le fît imprimer à Paris. Ces assertions ont été victorieusement réfutées par François de Neufchâteau, dans une Dissertation lue en 1818 à l'Académie française. En 1820, un savant espagnol, Llorente, dans des *Observations critiques sur le roman de Gil-Blas*, prétendit que le véritable auteur de ce livre était Don Antonio de Solis y Ribadeneira, mort en 1686, allégation qui fut l'objet d'un nouveau travail de François de Neufchâteau, et que repoussa également Audiffret dans sa *Notice historique sur Lesage* (1821). Un professeur de l'université de Berlin, Frédéric Franceson, dans un *Essai sur l'originalité de Gil-Blas*, a récemment dressé une liste exacte et sûre des emprunts de Lesage, et il conclut que *Gil-Blas* lui appartient bien en propre, et que, s'il a imité, c'est à la manière de Shakspeare, de Molière et de La Fontaine. Outre la *Vie de l'écuyer don Marcos de Obregon*, Lesage a mis à contribution diverses pièces du théâtre espagnol, *Plaire et ne pas aimer* de Calderon, les *Embarras du mensonge* de Mendoza, le *Mariage par vengeance* de Rojas, *Tout est piège en amour* de Diégo de Cordova, etc. P—s.

GILLE, personnage de comédie, le niais des tréteaux et de la parade. Il est entièrement vêtu de blanc, et porte de longues manches pendantes. Rival d'Arlequin près de Colombine, il sert de plastron aux deux amants. Son nom vient peut-être d'un bouffon qui aurait créé ou fait valoir l'emploi.

GINGRAS. *V.* Comos.

GINGRÉE, flûte des funérailles chez les Anciens.

GIPPON, vêtement en usage en France au commencement du xve siècle. C'était une sorte de gilet rond à manches et de dessous.

GIRALDA (La), célèbre tour carrée construite à Séville par les Mores jusqu'aux trois quarts de sa hauteur; les chrétiens ont ajouté le couronnement. Le tout est surmonté par une statue de la Foi. La partie qui est l'ouvrage des Mores est décorée de sculptures d'un genre beaucoup plus simple que celles de leurs autres édifices. Dans l'intérieur de la tour, il y a un escalier tournant sans marches; il est si large et la pente en est si douce, que plusieurs hommes à cheval peuvent y monter de front, jusqu'à la hauteur où commencent les travaux des chrétiens : à cet endroit l'escalier devient plus rapide et se compose de degrés. B.

GIRANDOLE, assemblage de tuyaux formant une figure quelconque par leurs jets d'eau; — chandelier à plusieurs branches, qui sert à l'ornement des salons et des galeries de fête; — espèce de boucles d'oreille formées de grappes de pierres fines.

GIRARD. *V.* Gérard.

GIRBERT DE METZ, roman de chevalerie qui fait suite à *Garin le Lohérain* (*V. ce mot*). Girbert, fils de Garin, entreprend de venger la mort de son père. Il y est aidé par l'empereur Pépin. Les Bordelais sont vaincus et demandent la paix : Fromondin, fils de Fromont, est rétabli dans Bordeaux; sa sœur Ludie est mariée à Hernaut, cousin de Girbert. Cette paix ayant été rompue par une trahison de Fromondin, Girbert enlève du cercueil le crâne de Fromont, le fait monter en forme de coupe, et y fait boire Fromondin. La guerre recommence plus terrible entre les deux familles : Fromondin vaincu se retire en Espagne dans un ermitage. Le hasard fait que Girbert, allant en pèlerinage à St-Jacques de Compostelle, s'adresse à Fromondin pour se confesser; le Bordelais reconnaît son ennemi et cherche à l'assassiner : mais il tombe lui-même sous le fer de Girbert. — C'est ici que finit la *Chanson des Lohérains* dans la plupart des ma-

nuscrits. Cette branche, qui n'a pas été publiée, est conservée à la Bibliothèque nationale de Paris dans cinq manuscrits du xıre siècle, du xııre et du xıve. Une traduction en prose en a été faite au xvıe siècle par Philippe de Vigneulles, citoyen de Metz, dont le manuscrit original fait partie de la collection de la comtesse Esmery. *V. l'Histoire littéraire de la France*, tome XXII. H. D.

GIRGENTI (Ruines de). *V.* Agrigente.

GIRON, en termes de Blason, une des pièces honorables de l'écu. Il est de forme triangulaire; sa base a pour largeur la moitié de celle de l'écu, au centre duquel atteint son sommet.

GIRON LE COURTOIS, un des romans de la Table ronde (*V. ce mot*), l'un des plus intéressants, et celui où la morale est la plus pure. Giron, dont le grand-père fut dépouillé du royaume des Gaules par Pharamond et les Francs, vit sous les règnes d'Uter Pandragon et d'Arthur. Pour ne pas tomber dans les piéges de la dame de Maloanc, mariée à son ami Danayn le Roux, il s'éloigne, se lance dans la carrière des aventures, et est grièvement blessé en défendant une demoiselle Bloye, attaquée par des chevaliers félons. Soigné par elle, il se soustrait aux élans de sa reconnaissance, et va faire de nouvelles prouesses. A la suite d'un tournoi où il s'est distingué incognito sous les yeux de sa dame, il apprend qu'un chevalier l'a enlevée; il la délivre en tuant le ravisseur au milieu d'une forêt. Là, il va céder à sa passion, quand son épée, que lui avait léguée en mourant son tuteur Hector le Brun, sort du fourreau, et il lit sur la lame cette devise : *Loyauté est au-dessus de tout, fausseté honnit tout*. Honteux de la trahison qu'il allait commettre envers Danayn, il se jette sur la pointe de son épée, et se fait une horrible blessure. Danayn survient, et Giron lui apprend ce qui s'est passé. A peine rentrée chez elle, la dame de Maloanc est prise d'une fièvre qui l'emporte au tombeau. — Le roman de *Giron le Courtois* se distingue des autres du même cycle, en ce qu'on n'y voit ni fées ni géants; le St Graal n'y exerce non plus aucune influence religieuse. Il fut composé vers le milieu du xıııe siècle par Luce du Gast. Nous en possédons une version en prose, publiée en 1519 à Paris. B.

GIRONNÉ, en termes de Blason, se dit d'un écu divisé en 6, 8, 10, 12 et même 16 girons, de deux émaux alternés.

GIROUETTE (du vieux français *girer, virer*), feuille métallique placée de champ au sommet des édifices, et disposée sur une tige de manière à pouvoir tourner librement autour de celle-ci au moindre vent. Pour juger de la direction des courants d'air, ou place au-dessous de la girouette, des lettres fixes qui désignent les quatre points cardinaux et quelquefois les positions intermédiaires. Cependant ces signes indicatifs ne suffiraient pas pour les observations météorologiques; on se sert, dans ce cas, d'un grand cercle divisé en degrés; et comme on ne pourrait atteindre jusqu'à la girouette pour constater la direction précise du vent et la marquer en degrés, on obtient par une transmission de mouvement la marque des courants sur un cercle inférieur. On constate aussi avec une machine particulière appelée *anémomètre* la force et la vitesse du vent. L'idée de la girouette est fort ancienne. On raconte qu'Andronic de Cyrrha fit élever à Athènes la *Tour des Vents*, et graver, sur les côtés, des figures qui représentaient les huit vents principaux : un triton d'airain, tournant sur un pivot au sommet de la tour, posait une baguette qu'il tenait à la main sur le vent qui soufflait. La girouette était, au moyen âge, un attribut du seigneur, et ne pouvait être placée que sur les châteaux féodaux : figurée en pennon, elle annonçait la demeure d'un simple chevalier; taillée en bannière, celle d'un banneret. — Dans la Marine, on nomme *girouette* une bande de toile, blanche, bleue ou rouge, placée au sommet du grand mât. Dans les escadres elle sert de signe distinctif pour les différents navires.

GISORS (Château de). Ce château, bâti de 1088 à 1097 par Guillaume le Roux, duc de Normandie, pour son vassal Robert de Belesme, et augmenté par Henri Ier Beauclerc, est un des plus vastes et des mieux conservés du moyen âge. Il pouvait, dit-on, loger 10,000 hommes. Il se composait de deux enceintes, avec un donjon au milieu de la seconde. Ses ruines imposantes couvrent une colline située à l'extrémité de la ville, près de la rivière de l'Epte. Les fossés et les remparts ont été transformés en belles promenades, et quelques constructions servent de halle : mais on voit toujours, outre le donjon, flanqué d'une tourelle qui contenait l'escalier, une grosse tour dite *de St-Thomas*, parce que Thomas Becket y trouva un asile, et une tour *de la Passion* ou *du Prisonnier*, ainsi appelée de ce que, dans une de ses salles basses, les murailles sont couvertes de sculptures où un prisonnier dont la légende n'a pas conservé le nom a représenté, incorrectement mais avec naïveté, au moyen d'un clou arraché à la porte de son cachot, plusieurs scènes de la Passion de J.-C. et de la vie des Saints. B.

GISORS (Église St-GERVAIS-ET-St-PROTAIS, à). Cet édifice est de plusieurs styles. Le chœur fut bâti au xiiie siècle; on construisit ensuite les nefs; le portail du Nord, très-richement orné, date du xve siècle. La façade occidentale appartient à l'âge de la Renaissance : c'est le plus précieux monument de cette époque qui soit en Normandie; l'ordonnance en est belle, les détails et les figures sont de l'école de Jean Goujon, et presque dignes de lui. Cette façade est flanquée, à gauche, d'un clocher terminé, et, à droite, d'un autre clocher de forme différente, dont il n'existe que la base, mais cependant remarquable comme œuvre de la Renaissance. L'église est à 5 nefs, disposition très-rare, et dans le pourtour sont 23 chapelles. 43 piliers de styles divers soutiennent les voûtes. Des vitraux du xvie siècle ornent les deux étages de fenêtres. Parmi les curiosités, une tribune des orgues, un *Arbre de Jessé* sculpté dans la chapelle du Rosaire, de nombreux panneaux peints à l'huile, et un pavage parsemé d'épitaphes gothiques. V. Taylor, *Voyages pittoresques dans l'ancienne France*, pl. 100 à 121. B.

GITA-GOVINDA, ou le *Chant du Pasteur*, poëme sanscrit dont le principal héros est Krishna, désigné sous le nom de *Govinda*, qui signifie *berger*. Cet ouvrage a pour auteur Jayadéva, et pour sujet apparent les aventures amoureuses de Krishna avec les bergères nommées Gôpis. Ce n'est pas une épopée, ni même à proprement parler une œuvre épique, bien que cette forme ait été donnée par les poëtes indiens à un grand nombre d'écrits. Son sujet semblerait devoir le ranger parmi les œuvres de poésie érotique; mais il est incontestable que l'auteur a voulu composer un poëme symbolique et mystique, où les personnages et les aventures les plus romanesques ne sont que des figures recouvrant une doctrine religieuse et métaphysique. Du reste, à le prendre tel qu'il est, ce poëme renferme souvent les analyses les plus délicates des sentiments intimes du cœur humain. Quant à sa date, il est difficile de la fixer d'une manière historique ; mais on peut dire qu'il appartient à une époque avancée de la littérature indienne, et, d'un autre côté, au temps où le culte de Krishna, l'un des derniers venus de la religion brâhmanique, était dans toute sa vigueur. EM. B.

GIVRE, en termes de Blason, grosse couleuvre, vipère ou serpent à queue ondulante. Quand elle est en fasce, on la dit *rampante;* droite, on la dit *en pal.*

GIVRÉE, nom qu'on donnait, dans la seconde moitié du xviiie siècle, à des surtouts de table imaginés par un Suisse nommé Soleure, et qui, au moyen d'une poudre de verre blanc semée sur des endroits gommés, figuraient le *givre* de l'hiver.

GIZEH (Pyramides de). V. PYRAMIDES.

GLACES. La fabrication des glaces date du moyen âge, et les Vénitiens en eurent longtemps le monopole. Les glaces de Venise étaient légèrement violacées, ou plutôt rosées, et prêtaient ainsi au teint une nuance agréable. En 1634, Eustache Grandmont. d'Autonneuil et Jean-Ant. d'Autonneuil obtinrent, pour la fabrication des glaces à Paris, un privilége de 10 années, qu'ils cédèrent, 6 ans après, à Raphaël de La Planche, trésorier général des bâtiments du roi. En 1665, Colbert érigea en manufacture royale ce premier établissement qui languissait, et fit construire, dans la rue de Reuilly, des bâtiments destinés à faire des essais. Une manufacture fut fondée à Tour-la-Ville, près de Cherbourg, et elle n'a cessé d'exister qu'en 1808. Ce fut en 1688 qu'Abraham Thévart, ou, selon quelques-uns, Lucas de Néhon, imagina, au lieu des glaces soufflées d'après les anciens procédés, les glaces coulées ou laminées : les premiers travaux en ce genre furent faits dans les ateliers de la rue de Reuilly, vers 1694, mais on dut les abandonner à cause de la cherté de la main-d'œuvre et du bois, et ils ne furent repris qu'un peu plus tard à St-Gobain. La méthode du polissage a été inventée par Dufresny. Les deux compagnies de Tour-la-Ville et de St-Gobain, réunies en une seule à St-Gobain, se virent enlever leur privilége en 1701, à cause du mauvais état de leurs affaires; en 1702, le privilége fut accordé à une compagnie dirigée par Antoine d'Agincourt, qui porta la fabrication à un haut degré de perfection. On continua de souffler les glaces à Tour-la-Ville, et de les couler à St-Gobain : les glaces des deux manufactures étaient envoyées à Paris, et c'est dans la rue de Reuilly qu'elles étaient polies, étamées et mises en vente. Plus tard, les ateliers de polissage furent transférés à Chauny, et l'étamage seul fut exécuté à Paris. L'industrie des glaces tomba, durant la Révolution, dans un complet allanguissement : on la vit renaître sous le 1er Empire, et une manufacture du faubourg St-Antoine à Paris, dépendance de l'établissement de St-Gobain, envoya à l'Exposition de 1806 une glace de 3m,08 sur 1m,62. Ce fut à peu près vers ce temps que les verreries de St-Quirin et de Cirey (Meurthe) firent concurrence à St-Gobain ; en 1830. un accord sur les prix mit fin à cette rivalité, et dès lors les deux compagnies n'ont eu qu'un seul tarif et qu'un seul dépôt à Paris; en 1830 aussi, les bâtiments de la rue de Reuilly furent convertis en caserne. On a vu à l'Exposition universelle de 1855 une glace de St-Gobain qui mesurait 18m,04 de superficie. Une manufacture fondée depuis quelques années à Montluçon a pris un rapide développement. Il en existe d'importantes à Aniche (Nord), à Blackwall près de Londres, à Oignies et à Floreffe en Belgique; on en a créé une à Aix-la-Chapelle en 1853.

Ce fut peu de temps après la mort de Henri IV qu'on appliqua aux carrosses des fermetures en glace, selon le modèle importé d'Italie par Bassompierre. Des dernières années de Louis XIV date l'usage de mettre des glaces sur les cheminées d'appartement, au lieu des tableaux, bas-reliefs ou grands calendriers qu'on y plaçait auparavant : l'idée en vint à Robert de Cotte, ou à François Mansard. De là vint la mode des appartements tapissés de glaces du haut jusqu'en bas, ainsi qu'on le voit dans les poésies de Régnier-Desmarais; raffinement de luxe imité de l'antiquité, et dont parle Sénèque (*Ep.* 86). B.

GLACES ET NEIGES. Les propriétaires et locataires sont tenus de faire casser la glace, balayer et relever les neiges qui se trouvent devant leurs maisons, cours et jardins, jusqu'au milieu de la rue, et de les mettre en tas le long des ruisseaux, s'il y a des trottoirs, et, s'il n'y en a pas, près des bornes. Ils doivent tenir libres le ruisseau et les bouches d'égouts. En cas de verglas, il faut semer du sable, de la cendre, etc. L'amende infligée aux contrevenants est de 1 fr. à 5 fr.

GLACIÈRE, cavité ordinairement souterraine où l'on conserve de la glace. Elle a la forme d'un tronc de cône renversé, et se termine à sa partie inférieure par un puisard recouvert d'une grille, où s'écoule l'eau qui se forme par la fusion de la glace, bien que la température des glacières soit à peu près à 0°. Elle a des parois en maçonnerie, qui supportent une charpente placée au-dessus du sol, recouverte d'une épaisse couverture en chaume, et disposée de manière à donner accès du dehors au dedans de la glacière au moyen d'un corridor; celui-ci, recouvert également en chaume, se ferme hermétiquement par plusieurs portes successives. La glace doit être arrangée et tassée avec soin, afin que l'air circule difficilement entre les morceaux. On place ordinairement les glacières sur le flanc d'un coteau qui regarde le nord; on les entoure d'arbres touffus, qui les garantissent de l'ardeur du soleil. Aux États-Unis, les glacières sont au-dessus du sol et se composent de plusieurs bâtiments concentriques, dont les murs, très-épais, sont munis d'épais paillassons. — En 183... on a construit à St-Ouen , près Paris, une glacière souterraine qui peut contenir 8 millions de kilogr. de glace, et en 1859, la ville de Paris en a établi, dans le Bois de Boulogne, vers la Mare d'Auteuil, une dont la capacité est de 10 millions de kilogr. Il existe encore une glacière dans Paris, au quartier de la Villette, et 40 autres, environ, dans la banlieue; les principales sont à St-Ouen, au N.; Bobigny, au N.-E.; Gentilly, Vanves, Issy, au S.; Chaville au S.-O., etc. Elles tiennent ensemble plus de 20 millions de kilogr. V. au *Supplément.*

GLACIS, pente de terre ordinairement recouverte de gazon. Le glacis joue un grand rôle dans la fortification; il sert à couvrir et à masquer les ouvrages. Le glacis le plus avancé est celui qui relie la contrescarpe à la campagne; il se prolonge en pente douce sur une grande longueur. C'est dans les glacis que l'assiégeant établit les cheminements d'approche et les batteries de brèche. — En Peinture, on donne le nom de *glacis* à de légères couches de couleurs que les peintres appliquent sur leurs tableaux pour leur donner de la transparence et de l'éclat.

GLAÇURE, nom donné, dans les arts céramiques, à une sorte de couverte légère. V. COUVERTE.

GLADIATEURS. V. notre *Dictionnaire de Biographie et d'Histoire.*

GLAGOLITIQUE (du slave *glagol*, parole, discours), nom donné à un alphabet slave, complètement différent du cyrillien (*V. ce mot*), et employé par le clergé catholique de Dalmatie pour écrire le vieux slavon ou langue ecclésiastique. Certains savants ont attribué, mais contre toute vraisemblance, l'alphabet glagolitique à S¹ Jérôme, et le nomment *hiéronymique;* le saint l'aurait inventé pour traduire en illyrien la liturgie du rit latin. D'autres prétendent que c'est simplement le cyrillien, altéré à dessein pour préserver les Slaves de l'influence du rit grec, que les évêques de ce culte cherchaient à introduire. Dobrowski a soutenu, dans ses *Glagolitica* (Prague, 1807), qu'il ne remontait pas au delà du xiiiᵉ siècle; mais Kopitar a publié à Vienne, en 1846, sous le titre de *Glagolita Clozianus,* un manuscrit glagolitique du xiᵉ siècle, appartenant au comte Kloz. Jacob Grimm attribue aux caractères glagolitiques une bien plus haute antiquité, parce qu'il y trouve reproduits quelques caractères runiques. Ce fut en lettres glagolitiques qu'on imprima le premier ouvrage slavon. Des *Fragments glagolitiques* ont été publiés par Hofler et Schafarik, Prague, 1857, in-8°.

GLAIVE, en latin *gladius,* nom qui n'est plus usité qu'au figuré et en poésie. C'était, chez les Anciens, une épée à lame courte, large et à deux tranchants, assez semblable au sabre-poignard de notre infanterie. Au moyen âge, on appela *glaive* une lance mince, armée d'une pointe longue et aiguë.

GLANAGE, acte de ramasser à la main les épis restés isolément dans les champs, après la mise en bottes dans certains pays, et seulement après l'enlèvement des gerbes dans d'autres. La loi de Moïse prescrivit aux Hébreux de laisser le pauvre, la veuve, l'orphelin et l'étranger glaner dans les champs. Chez nous, les lois du 2 et du 8 septembre 1791, celles du 23 thermidor an iv et du 28 avril 1832, ont réglementé le glanage. Les femmes, vieillards, enfants et infirmes hors d'état d'aider à la récolte ont seuls le droit de glaner; le glanage n'est permis que dans les champs ouverts et quand le soleil est sur l'horizon; il est accordé 2 jours pour le glanage, et le propriétaire ou fermier ne peut, avant le 2ᵉ jour, envoyer son bétail dans les champs moissonnés; nul ne peut vendre le droit de glaner, ni s'opposer au glanage par violence ou autrement. Le *Code pénal* (art. 471) punit d'une amende de 1 à 5 fr. ceux qui glanent dans des champs non entièrement moissonnés, ou avant le lever et après le coucher du soleil; un emprisonnement de 3 jours au plus peut encore être prononcé selon les circonstances.

GLANDÉE (Droit de), droit de mettre les porcs dans les bois et forêts pour leur faire consommer des glands. Il appartient aux habitants des communes voisines, ou est concédé annuellement à des adjudicataires.

GLAS (du grec *klaiô,* pleurer, ou *klazô,* faire un bruit perçant; ou du latin *clango*), en latin du moyen âge *classicum,* tintement lugubre, lent et mesuré d'une cloche, qui annonce l'agonie ou la mort d'une personne. Autrefois *glas* signifiait le branle simultané de toutes les cloches d'un clocher. — Le même nom a été étendu aux coups de canon tirés à intervalles réguliers dans les cérémonies de deuil, aux batteries sourdes de tambour, au jeu des instruments exécutant des airs funèbres.

GLASS-CORD, instrument de musique inventé par Franklin. C'est une espèce de piano dans lequel les cordes métalliques sont remplacées par des lames de verre, que soutiennent des chevalets libres à l'extrémité, et que frappent des marteaux soulevés par les touches.

GLÈBE (du latin *globus,* motte de terre). Ce mot, par extension, a servi à désigner un fonds de terre. Chez les Romains, les esclaves attachés à un domaine s'appelaient *servi glebæ adscriptitii.* L'usage de transmettre les esclaves avec la terre passa du Droit romain dans le nôtre. Il a disparu de la Révolution; mais il existe encore en Russie et aux États-Unis.

GLEE, chant joyeux particulier à l'Angleterre. Il est à 2, 3, 4 ou 5 voix uniques, sans accompagnement, et ne doit jamais être chanté en chœur. Parmi les compositeurs de *glees,* on cite Danby, Harrington, Cooke, Webbe, Calcott, Stevens, Beale, etc.

GLOBE, manœuvre militaire.) V. notre *Dictionnaire*
GLOBE, emblème de souverai-) *de Biographie et*
neté.) *d'Histoire.*

GLOBE DE COMPRESSION, fourneau de mine inventé en 1732 par l'ingénieur Bélidor pour défendre les attaques de places. Il sert à crever les contre-mines de l'assiégé, ou à faire sauter la contrescarpe et combler ainsi le fossé qui défend l'approche de l'escarpe.

GLOBE TERRESTRE, représentation de la Terre avec ses mers, ses continents, les divers détails du sol, les villes principales, enfin les cercles mathématiques qui servent à déterminer les rapports de la terre avec les astres ou

des lieux terrestres entre eux. C'est la seule image exacte de notre monde et la seule qui donne la véritable position des lieux, puisque, une sphère n'étant pas développable sur un plan, les cartes planes ne peuvent jamais offrir qu'une figure et des positions approximatives. Un globe terrestre se compose de deux parties distinctes, le globe lui-même, et les différentes pièces qui le supportent et l'entourent. Celles-ci sont, dans les globes les plus simples, au nombre de quatre : 1° le *pied,* qui porte tout l'appareil; 2° un grand cercle de métal appelé *méridien général,* sur lequel on marque les degrés de latitude, et même, dans les grands globes, les minutes et les secondes; 3° un second grand cercle de métal, perpendiculaire au précédent, qu'il coupe en deux parties égales; c'est l'*horizon rationnel;* 4° un *quart de cercle,* lame de cuivre fixée au méridien général et à l'horizon, divisée en 90 degrés, et tenant lieu de compas pour mesurer les distances. Le globe lui-même, ordinairement en métal, tient au méridien général par des poinçons fixés à ses deux pôles; mais il est mobile sur un axe dont ces poinçons sont les extrémités, et incliné de 66° 32' sur l'horizon. Il porte toutes les mêmes lignes que les cartes, équateur, parallèles, tropiques, cercles polaires, méridiens, etc., et c'est après avoir tracé tous ces cercles que l'on dessine sur le globe lui-même la figure de la terre. Mais cette dernière méthode étant longue et coûteuse, on applique le plus souvent, sur la boule destinée à devenir un globe terrestre, une carte générale du monde, construite exprès, et divisée en segments sphériques appelés *fuseaux.*

Le plus ancien globe terrestre dont il soit fait mention est le globe en argent que possédait Roger II, roi des Deux-Siciles, et pour l'explication duquel Édrisi composa sa Géographie en 1154. Mais ce globe a disparu, et le plus ancien que l'on ait conservé est celui que Martin Behaim construisit en 1492, et que l'on conserve à la Bibliothèque de Nuremberg : il offre les découvertes des Portugais sur les côtes d'Afrique jusqu'au cap Negro, où aborda en 1485 Diégo Cam, que Behaim accompagnait; le cap de Bonne-Espérance, découvert par B. Diaz en 1486, y est marqué, mais non pas à sa véritable place, et tout près, au contraire, du cap Negro. Un autre globe de la même époque, mais dont l'auteur est inconnu, a été récemment trouvé à Laon : M. d'Avezac en a donné la description et le fac-similé dans le *Bulletin de la Société de Géographie* (nov.-déc. 1860). Il porte au sud de l'Afrique la date de 1493; mais le point auquel elle s'applique n'est autre que le cap Negro, comme dans le globe de Behaim. On connaît, de la première moitié du xviᵉ siècle, cinq globes importants pour l'histoire des découvertes en Amérique : le plus ancien, conservé à la Bibliothèque de Nuremberg, fut exécuté par Jean Schœner à Bamberg en 1520; un autre, de la même époque environ, sans date ni nom d'auteur, se trouve à Francfort-sur-le-Mein; des trois autres, postérieurs à 1524, puisqu'ils représentent, sous le nom de *Terra Francesca,* les découvertes que fit Verazzano en Amérique par les ordres de François Iᵉʳ, l'un est à la Bibliothèque impériale de Paris, l'autre à celle de Nancy, et le dernier, construit à Rouen, sans doute par quelque navigateur rouennais ou dieppois resté inconnu comme les auteurs des deux précédents, se distingue par la conjecture hardie du détroit (découvert 200 ans plus tard par Behring) qui sépare l'Amérique de l'Asie. Ces globes sont en métal, la plupart en cuivre doré, et gravés en creux. Cependant, dès le commencement du siècle, existait l'art, attribué à Albert Dürer, de dessiner et de graver des fuseaux destinés à être collés sur une boule; ainsi était composé le globe qui accompagnait, en 1530, la Cosmographie de Gemma Frison. Les plus célèbres globes depuis le xviᵉ siècle sont : les deux globes en cuivre construits par L'Hôte en 1618, placés aujourd'hui à la bibliothèque de l'Institut, et remarquables par la beauté de l'exécution; le globe dit *de Gottorp,* œuvre d'Oléarius, en 1664, et qui se trouve actuellement à S¹-Pétersbourg; les deux beaux globes, de 4 mèt. de diamètre, qui ornent l'une des salles de la Bibliothèque impériale à Paris, et qui furent terminés par Coronelli en 1683; celui de Cambridge, qui a 6 mèt. de diamètre; enfin les deux beaux globes manuscrits de Poirson, dessinés sur la boule même avec une grande exactitude; l'un, construit pour l'éducation du roi de Rome, a 1ᵐ,07 de diamètre; l'autre, de 0ᵐ,65, orne, au Louvre, la galerie du Musée de marine.　　C. P.

GLOCESTER. *V.* Gloucester.
GLOCKENSPIEL. *V.* Clochettes (Jeu de).
GLOIRE, mot employé comme synonyme d'*auréole*

(*V. ce mot*), et qui s'applique également, 1° à toute peinture représentant le ciel ouvert, avec les trois personnes de la Trinité entourées d'anges et de saints ; 2° à ces rayonnements en bois doré dont on décore quelquefois le fond du sanctuaire, comme à la cathédrale d'Amiens et à l'église S¹-Roch, à Paris ; 3° à une machine de théâtre, composée d'un siége et de nuages qui l'enveloppent, et sur laquelle un personnage est emporté vers les cieux ou descend sur la scène.

GLORIA IN EXCELSIS, hymne de la liturgie catholique, dans laquelle il entra vers le vii° siècle. Les premières paroles sont celles que les Anges, dans l'Évangile selon S¹ Luc, adressèrent aux bergers en leur annonçant la naissance de Jésus. On ne sait qui composa la suite. Le *Gloria in excelsis*, qu'on appelle aussi *l'hymne angélique*, se chante à la messe après le *Kyrie ;* on le supprime dans l'Avent et depuis la Septuagésime jusqu'au Samedi saint, ainsi qu'aux messes des morts.

GLORIA PATRI, verset par lequel on termine le chant ou la récitation de chaque psaume. On croit que ce fut le pape Damase qui ordonna, en 368, de l'y placer, bien que Baronius prétende qu'il était en usage du temps des apôtres. Philostorge, écrivain du iv° siècle, donne ces trois formules : *Gloire au Père, au Fils et au S¹-Esprit; Gloire au Père par le Fils dans le S¹-Esprit; Gloire au Père dans le Fils et le S¹-Esprit*. Sozomène et Nicéphore disent aussi : *Gloire au Père et au Fils dans le S¹-Esprit*. La 1ʳᵉ formule est en usage dans les églises d'Occident ; les trois autres sont d'origine arienne. Le 4ᵉ concile de Tolède, en 533, ajouta au mot *honor*, et supprima les paroles *Sicut erat in principio et nunc et semper*. L'Église grecque se servit quelque temps de la formule catholique, et, plus tard, supprima les mots *Sicut erat in principio*, qui d'ailleurs n'étaient pas encore universellement adoptés au vi° siècle en Occident. *V.* Doxologie, dans notre *Dictionnaire de Biographie et d'Histoire*.

GLOSE, explication de quelques mots obscurs, ou surannés, ou techniques d'une langue par d'autres plus intelligibles de la même langue. Ce genre d'explication fut d'abord appliqué chez les Grecs aux mots d'origine étrangère : la note était écrite à la marge du manuscrit. Plus tard la glose fut une explication détaillée, mais littérale, du texte d'un auteur, soit dans sa langue, soit dans la langue du glossateur si celui-ci était étranger. De ce genre sont les *Gloses sur le Droit romain*, et en particulier la *Grande Glose* ou *Glose continue* d'Accurse (xv° et xvi° siècles).—Le mot *glose* est l'altération du grec *glóssa*, qui, outre sa signification générale de *langue, langage*, désignait aussi un *terme particulier à un art*, ou *introduit par des usages nouveaux*, surtout lorsque ceux-ci venaient de l'étranger. Ce terme avait pour synonyme *glósséma*, adopté par les grammairiens latins. Les recueils de *gloses* s'appelaient *Lexiques* chez les Grecs : le mot *glossaire* a été créé par les Romains. Quant au mot *glossateur* (auteur d'une glose), il est moderne. — Quelques écrivains anciens sur la musique appellent *glose* tout ornement vicieux et de mauvais goût. P.

GLOSSAIRE (du grec *glóssa*, langue), Dictionnaire ou Lexique, servant à expliquer les *mots* d'une langue qui ont vieilli ou changé d'acception. Ce genre de livres est né en Grèce (*V.* Glose). Il y a des Glossaires *généraux* qui expliquent les vieux mots d'une langue, et des Glossaires *particuliers* ou *spéciaux* qui expliquent les termes vieillis d'un seul auteur. Les plus estimés parmi les premiers chez les modernes sont : le *Glossarium archæologicum* de Spielmann, Londres, 1664-87, in-fol. ; le *Glossarium ad scriptores mediæ et infimæ græcitatis* de Du Cange, Lyon, 1688, 2 vol. in-fol. ; le *Glossarium ad scriptores mediæ et infimæ latinitatis* du même auteur, 6 vol. in-fol., augmenté du *Glossarium novum* de Carpentier, Paris, 1766, 4 vol. in-fol. ; le *Glossarium roman* de Roquefort ; le *Lexique roman* de Raynouard ; le *Glossarium germanicum* de Wachter, Leipzig, 1737 ; le *Glossarium ad scriptores linguæ francicæ et alemannicæ* de Schilter, Ulm, 1727 ; le *Glossarium germanicum medii ævi* de J.-G. Scherz, annoté par Oberlin, Strasbourg, 1781-84, 2 vol. in-fol. On peut citer comme exemples de Glossaires particuliers les Lexiques d'Homère, de Pindare, de Sophocle, de Thucydide, etc., dans lesquels on trouve seulement les mots qui figurent dans ces auteurs, avec les sens qu'ils y ont attachés. Les recueils de locutions techniques s'appellent aussi *Glossaires*.

GLOUCESTER (Cathédrale de). Cette église, ancienne abbaye de S¹-Pierre, est une des plus belles de l'Angleterre. Fondée en 1089, elle ne fut terminée qu'au xiii° siècle. Son plan est en forme de croix : la longueur extérieure est de 140 mèt., celle du transept de 48 mèt. ; la voûte de la nef dans œuvre s'élève à 28 mèt., celle des collatéraux à 13 mèt. L'extérieur de l'édifice n'a rien de très-remarquable, sauf la tour centrale ; le portail est fort simple. Tous les piliers de la nef sont ronds. Les fenêtres, larges et hautes, sont traversées de meneaux perpendiculaires. Les voûtes sont chargées de moulures qui s'entre-croisent dans tous les sens. Parmi les tombeaux on remarque ceux de deux fils de Guillaume le Conquérant, d'Édouard II, de l'évêque Warburton, de Jenner. La chapelle de la S¹ᵉ-Vierge, dont l'entrée est surmontée d'une espèce de tribune très-ornée, et dont chaque côté est flanqué de deux chapelles absidales à cinq pans, forme une petite église à cinq travées, avec transept et sanctuaire. A la cathédrale de Gloucester est attenant un beau cloître carré, de 48 mèt. de côté, large et haut de 6 mèt.

GLOZA, sorte de composition particulière aux Espagnols, et que l'on pourrait comparer aux variations de la musique sur un air donné. Ils prennent un vers et en étendent la paraphrase en plusieurs stances, de manière que la même pensée se reproduise dans chacune, en faisant même revenir les expressions du vers fondamental, et finir chaque stance par sa reproduction partielle et totale.

GLUCKISTES et PICCINNISTES. *V.* France (Musique en).

GLYCONIQUE (Vers), espèce de vers lyrique chez les Anciens, composé d'un trochée, d'un dactyle, d'un dactyle ou d'un crétique. Il se trouve fréquemment en *système*, avec un phérécratien pour *clausule*. Le 1ᵉʳ pied peut être un spondée. Il en est de même du 2ᵉ ; mais alors les Grecs terminaient par un choriambe. Ils remplaçaient quelquefois le spondée du 2ᵉ pied par un tribraque, rarement par un anapeste, plus souvent par un trochée. Quelquefois, même lorsqu'il y a un tribraque au 2ᵉ pied, le 3ᵉ renferme deux tribraques : c'est que chaque longue du choriambe a été résolue en deux brèves. On trouve des exemples de tribraque au 1ᵉʳ pied, avec un dactyle aux deux autres. D'autres fois le glyconique se compose d'un spondée ou d'un trochée entre deux dactyles, dont le dernier peut être un crétique. Chez les tragiques, les glyconiques de différentes espèces peuvent se correspondre de la strophe à l'antistrophe. Dans les systèmes, on insérait fréquemment des vers de diverses espèces, particulièrement de ceux qui se rattachent au système trochaïque, ou choriambique, ou dactylique. Quelquefois ces vers ne sont que des fragments de glyconiques, ou des glyconiques hypermètres. Parmi les poètes latins, Horace n'emploie jamais le glyconique en système continu ; il l'unit à l'asclépiade. *V.* Hermann, *Epitome doctrinæ metricæ*, p. 200-208.. P.

GLYPHE (du grec *gluphéin*, graver), ornement architectural ; canal creusé en portion de cercle ou en angle. Il sert par ses combinaisons à tracer une inscription, à graver une effigie ou des ornements sur une pierre tumulaire.

GLYPTIQUE (du grec *gluphéin*, graver), mot qui signifie *art de graver*, mais que l'on emploie seulement dans le sens restreint de *gravure sur pierres*. Avant de graver une pierre, on la taille en rond ou en ovale, et on en polit la surface ; si cette surface est bombée, la pierre se nomme *cabochon* (*V. ce mot*). Pour graver, on se sert d'un *touret*, espèce de tour auquel est fixée une *bouterolle* ou *tarière* : ce petit morceau de fer ou de cuivre, que le touret met en mouvement, use et entame la pierre, et, pour aider son action, on emploie des poudres et des liquides. Les Anciens se servent du *naxium*, poussière de grès du Levant, puis du *schiste d'Arménie*, et enfin de l'*émeri*, qui est aujourd'hui en usage ; on polissait les pierres avec l'*ostracite* ou os de seiche, et avec la *poudre de diamant*, qui a prévalu chez les Modernes. Les pierres gravées en creux s'appellent *intailles*, et les pierres gravées en relief, *camées* (*V.* ces mots). Toutes sortes de pierres ont été employées par les graveurs : les tendres ou communes ont ordinairement été travaillées par des artistes vulgaires, les plus dures et les plus précieuses par des artistes habiles. On a surtout choisi l'*améthyste*, l'*aigue-marine*, l'*agate*, la *cornaline*, la *sardoine*, les *jaspes*, etc. (*V.* ces mots). Quand une gravure est terminée, on la polit avec du tripoli, et au moyen de petits instruments de bois ou d'une brosse ; mais il ne faut pas un poli trop brillant, dont les reflets nuiraient à l'effet du travail. Les œuvres de la glyptique sont précieuses, non-seulement par la matière qu'emploient les artistes, mais encore par la difficulté du travail : il faut un grand art pour obtenir la perfection des contours, et pour conserver les proportions dans les formes du relief.

La connaissance des pierres gravées fournit d'utiles renseignements à l'archéologie : souvent celles de l'Antiquité représentent des épisodes mythologiques ou historiques qui ont rapport à des passages des poëtes ; ou bien elles reproduisent des statues et des bas-reliefs célèbres, dont elles nous conservent seules le souvenir ; elles peuvent servir à restaurer des statues mutilées ou privées de leurs attributs, en offrant les mêmes sujets dans leur ensemble, avec tous les accessoires ; elles ont conservé les noms de plusieurs habiles graveurs, et peuvent aider ainsi à déterminer l'époque à laquelle appartiennent quelques ouvrages de l'art. Pour réunir une suite de pierres gravées, il faut d'heureux hasards, des recherches longues et persévérantes, et beaucoup d'argent ; il n'y a guère que les souverains qui aient pu former des collections considérables. Mais, par le moyen des empreintes (V. ce mot), on a mis, pour ainsi dire, les pierres gravées en la possession de tous ceux qui attachent moins de prix à la matière elle-même qu'aux renseignements donnés par ces pierres : une collection d'empreintes a l'avantage de réunir les sujets dans les divers cabinets.

A part quelques traits disséminés dans les œuvres de Pline le naturaliste, on ne trouve pas, dans les écrits des Anciens, de détails sur leurs procédés de glyptique. S'il est présumable que nos procédés d'exécution mécanique sont plus parfaits, en revanche les meilleurs graveurs modernes n'ont pas encore atteint la perfection artistique des Grecs. Les pierres gravées ne servirent pas seulement aux Anciens pour leurs anneaux et leurs cachets, ils en firent des objets de toilette et de luxe ; les femmes en ornèrent leurs coiffures, leurs bracelets, leurs ceintures, leurs agrafes, la bordure de leurs robes ; les vases et les meubles précieux en furent enrichis.

La glyptique paraît avoir pris naissance chez les Égyptiens. Les plus anciennes pierres gravées sont les scarabées, ainsi nommées parce qu'elles ont la figure de cet insecte, qui était sacré en Égypte : on y voit le plus souvent des hiéroglyphes gravés en creux, ou des images et attributs de divinités. Les Éthiopiens gravaient aussi des cachets. Le rational du grand-prêtre des Hébreux était orné de 12 pierres, sur lesquelles étaient gravés les noms des tribus. Comme monuments de la glyptique chez les Babyloniens, nous possédons un certain nombre de cylindres (V. ce mot). Alexandre le Grand scella des actes avec le cachet du roi de Perse Darius III. — Les Étrusques pratiquèrent de bonne heure la glyptique. Leurs pierres gravées se reconnaissent : 1° à la forme de scarabée, qui leur est assez ordinaire, et qu'ils ont sans doute empruntée à l'Égypte ; 2° à un grènetis formé de points en creux qui cernent le champ de la pierre ; 3° aux inscriptions tracées généralement de droite à gauche. Elles sont toutes percées de part en part dans le sens de leur longueur, sans doute parce qu'on les montait sur anneaux, ou qu'on les employait à des colliers et comme amulettes. Les sujets qu'elles représentent sont, pour la plupart, empruntés à la religion ou à l'histoire héroïque des Grecs. Les faussaires ont beaucoup contrefait les pierres étrusques. — C'est aux Grecs qu'appartiennent les œuvres les plus remarquables de la glyptique, parce qu'ils ont eu le goût le plus pur. On ne saurait dire à quelle époque ils commencèrent à cultiver cet art ; mais la plus ancienne pierre gravée, de travail grec, qui nous soit parvenue, est une cornaline du cabinet de Berlin, où est représentée la mort du héros spartiate Othryadès, événement du VIe siècle av. J.-C. Les pierres grecques sont, en général, de forme ovale et de peu d'épaisseur. Pour les choisir on s'attachait à certains rapports de leur couleur avec le sujet à graver ; ainsi, on gravait une figure de Proserpine sur une pierre noire, Neptune et les Tritons sur de l'aigue-marine, Bacchus sur une améthyste, Marsyas écorché sur du jaspe rouge, etc. Un nom gravé sur une pierre grecque doit être généralement considéré comme celui de l'artiste qui l'a exécuté, tandis que, sur les pierres romaines, c'est plutôt celui du propriétaire. On n'a recueilli le nom d'aucun des artistes égyptiens ou étrusques, mais on connaît bon nombre de graveurs grecs, entre autres Théodore de Samos, Apollonide, Solon, Polyclète de Sicyone, Dioscoride. Ils préféraient le nu aux figures drapées, et les sujets mythologiques ou héroïques à ceux de l'histoire contemporaine. — Il n'y eut pas d'école romaine de glyptique ; les pierres gravées à Rome par les artistes grecs qu'on y

attira appartiennent à l'école grecque, mais représentent surtout des figures romaines. Toutefois, quelques Romains s'exercèrent à la glyptique, tels que Quintillus, Aquilas, Rufus, Félix (qu'on croit avoir été un affranchi de Cornélius Sévérus). La glyptique survécut aux autres arts dans le Bas-Empire, parce qu'elle était inséparable de l'art de graver les coins pour les monnaies.

En Occident, après la chute de l'Empire romain, le goût des pierres gravées s'effaça. Heureusement, les Trésors des églises conservèrent pendant le moyen âge quelques œuvres précieuses, dans lesquelles une piété peu éclairée voyait des objets de dévotion (V. Camée) ; d'autres servirent d'ornements aux châsses, aux reliquaires, aux vêtements sacerdotaux. Depuis la Renaissance des arts, le goût de la glyptique s'étant ranimé, les pierres antiques ont été recherchées avec empressement, et les artistes ont essayé de marcher sur les traces des Anciens. Au XVIe siècle on remarque surtout Jean et Dominique, que leur habileté, l'un dans la gravure en creux, l'autre dans la gravure en relief, fit appeler Jean des Cornalines et Dominique des Camées. Sur leurs traces marchèrent Michelino, Marie de Pescia, Castel Bolognese, Valerio Vicentino ou Valerio Belli, Alessandro Cesari dit il Greco, etc. L'Italie a encore produit, au XVIIe siècle, André dit il Borgognone, et, au XVIIIe, Sirleti, les Costanzi, Ghinghi, les Torricelli, Pichler, Rega. La glyptique fut importée en France par Matteo del Nasaro, sous François Ier, et, dès le règne de Louis XIII, Julien de Fontenay, dit Coldoré, s'y distingua. Les Siriès, qui se sont succédé de père en fils comme graveurs de la galerie et à l'École des beaux-arts de Florence, sont originaires de Figeac (Lot). Parmi les artistes français qui se sont fait un nom dans la glyptique, on remarque : Maurice, originaire du Milanais, mort en 1732 ; Barrier, mort en 1746 ; Jacques Guay, de Marseille ; et, au XIXe siècle, Jeuffroy, Desbœufs, Domard, Fauginet, Mongeot, Hewite, Simon, Tiolier. Un prix de gravure en pierres fines et en médailles a été institué, en 1805, à l'École des beaux-arts de Paris. En Allemagne, la gravure en pierres fines remonte au XVIe siècle, et les artistes de ce pays prétendent au premier rang après les Italiens : ils font encore beaucoup d'armoiries sur pierres dures. Les plus remarquables ont été Lucas Kilian, les Dorsch, Laurent Natter. L'Angleterre cite aussi quelques bons graveurs : au premier rang, Thomas Simon, qui grava le portrait de Cromwell.

Certains caractères servent à distinguer les pierres gravées antiques des modernes. D'abord, il faut examiner si la matière de la pierre a été connue et travaillée par les Anciens, si elle provient d'un gisement d'où ils auront pu la tirer, si les bons artistes l'ont employée. Puis, le fini du travail, la fidélité du costume, le poli du fond de la gravure, sont encore des indices assez certains d'antiquité. L'entente de la perspective peut rendre une pierre suspecte, parce que les Anciens ont ignoré jusqu'à un certain point cet art. Les faussaires ayant souvent inscrit des noms de graveurs célèbres sur des œuvres médiocres ou modernes, on doit examiner si la beauté du travail répond à la réputation de l'artiste, et la comparer aux autres ouvrages connus de cet artiste. La manière dont les lettres des inscriptions ont été gravées peut être aussi un bon indice : les grands artistes inscrivaient leur nom eux-mêmes avec beaucoup de soin ; quelques graveurs modernes, tels que Pichler et Natter, se sont servis de caractères grecs.

V. Rossi, Gemme antiche figurate, Rome, 1707, 4 vol. in-4°; Gori, Thesaurus gemmarum antiquarum, Florence, 1750, 3 vol. in-4°; Mariette, Traité des pierres gravées, Paris, 1750, 2 vol. in-fol.; Natter, Traité de la gravure en pierres fines, Londres, 1754 ; Winckelmann, Description des pierres gravées du baron de Stoch, Florence, 1760, in-fol.; Lachau et Leblond, Description de pierres gravées du duc d'Orléans, Paris, 1780, 2 vol. in-fol.; Eckhel, Pierres gravées du Cabinet impérial, Vienne, 1788, in-fol.; Millin, Introduction à l'étude des pierres gravées, Paris, 1797, et Pierres gravées inédites, 1817, in-8°; Dubois, Choix de pierres gravées antiques, égyptiennes et persanes, Paris, 1817, in-4°; Lenormant, Trésor de numismatique et de glyptique. B.

GLYPTOGRAPHIE (du grec glupta, choses gravées, et graphein, décrire), description des pierres gravées.

GLYPTOTHÈQUE (du grec glupta, choses gravées, et thêkê, dépôt), collection de pierres gravées. Marcus Scaurus, beau-fils de Sylla, fut le premier qui forma une collection de ce genre. Pompée suivit son exemple. César exposa dans le temple de Vénus Génitrix les pierres qu'il avait enlevées à Mithridate, et Marcellus, fils d'Octavie, laissa le public jouir de la collection qu'il avait formée dans le temple d'Apollon Palatin. Au xvɪᵉ siècle, les Médicis réunirent des pierres gravées, et trouvèrent bientôt des imitateurs dans le reste de l'Europe. Parmi les collections publiques, on distingue celles de la Bibliothèque impériale à Paris, du Vatican à Rome, de Berlin, de Vienne, de Dresde, de Munich, de Copenhague, de Saint-Pétersbourg. Au nombre des cabinets appartenant à des particuliers, on cite ceux de *Strozzi* et de *Ludovici* à Rome, de *Poniatowski* en Russie, des ducs de Devonshire, de Carlisle, de Bedford et de Marlborough en Angleterre, du *duc de Blacas*, du *comte Pourtalès* et du *baron Roger* à Paris.

GNOMIQUE (Poésie), c.-à-d. *sentencieuse;* du grec *gnômè,* sentence morale. Elle consistait, chez les Grecs, à exprimer en vers précis, et dans un style élégant et naturel, les vérités morales les plus importantes, qui se gravaient ainsi plus aisément dans la mémoire. Phocylide de Milet, Théognis de Mégare, au vɪᵉ siècle avant J.-C., sont les poëtes gnomiques les plus célèbres; mais nous n'avons que des fragments de leurs œuvres. V. les recueils de Brunck (1784), de Bekker (1815), et les traductions françaises de Lévesque et de Coupé. — Chez les modernes, on peut compter parmi les poëtes gnomiques Dufaur de Pibrac (xvɪᵉ siècle), dont les *Quatrains moraux* ont été longtemps célèbres, et Pierre Matthieu, mort sous Louis XIII. Quant aux *Sentences* de Publius Syrus, contemporain de Jules César, ce ne sont que des vers isolés extraits de ses *Mimes,* et qui n'appartiennent pas proprement à la poésie gnomique. P.

GNOMON. V. ce mot dans notre *Dictionnaire de Biographie et d'Histoire.*

GNOSTICISME, du grec *gnôsis,* connaissance. On entend par là l'ensemble des doctrines philosophiques et religieuses, basées sur une prétendue connaissance supérieure et mystérieuse. Le gnosticisme se montra dès les premières années de l'ère chrétienne. Il eut des origines diverses, et il comprenait un grand nombre de sectes; mais il y avait entre elles quelques principes communs : toutes expliquaient l'origine des êtres spirituels par émanation du sein de Dieu (*V.* Éons); à mesure que ces êtres s'éloignaient du foyer divin, ils dégénéraient et tendaient à se matérialiser, jusqu'au retour de tous au point de départ et au rétablissement de l'harmonie primitive. A ces données générales les gnostiques ajoutaient quelques dogmes secondaires, qui variaient selon les écoles, mais qui revenaient à dire que la *gnose* était une tradition réservée à une race privilégiée, et que le gnosticisme pouvait seul conduire à la perfection. Tout le gnosticisme se divise en cinq groupes principaux, qui eux-mêmes se subdivisent en des rameaux nombreux. Ces cinq groupes sont : 1° le *groupe palestinien,* qui a pour fondateur principal Simon le Magicien ; 2° le *groupe syriaque,* qui se rattache au précédent par son fondateur Saturnin ; 3° le *groupe égyptien,* qui comprend trois écoles : la première eut pour chef Basilide; la seconde, Valentin ; la troisième, sortie de la précédente, était celle des *Ophites,* ainsi nommés du rôle que le serpent jouait dans leurs cérémonies; elle comprenait les *Caïnites,* qui regardaient Jéhovah comme un mauvais génie et la race de Caïn comme celle des élus, et les *Séthiens,* qui se rattachaient au judaïsme; 4° le *groupe sporadique,* composé de petites fractions détachées du groupe égyptien ; 5° le *groupe asiatique,* dont les principaux organes furent Cerdon en Syrie, et Marcion en Asie Mineure. Ce groupe fut celui qui causa à l'Église les plus vives inquiétudes. Cependant l'influence du gnosticisme fut bornée; combattu par les Pères de l'Église et surtout par Sᵗ Irénée, poursuivi avec rigueur par les empereurs grecs, il disparut peu à peu, mais non sans laisser de traces, car on le retrouve en Orient chez les Manichéens, les Pauliciens, les Bogomites ; en Occident chez les Cathares, les Albigeois, et chez d'autres sectes qui se rattachaient à ces dernières. V. Matter, *Histoire critique du Gnosticisme et de son influence sur les sectes religieuses et philosophiques des six premiers siècles de l'ère chrétienne,* 3 vol. in-8°. R.

GOBELET (du bas breton *gob?*), vase à boire dont on se servait généralement autrefois. Chez les princes et les grands seigneurs, il était d'or, couvert de riches ciselures, et parfois enrichi de pierres fines; chez les bourgeois, il était d'argent, et enfin ou de bois dans la classe pauvre. La forme des gobelets a varié souvent; l'une des plus communes s'est perpétuée jusqu'à nos jours dans les gobelets dont se servent sur les places publiques les marchands de coco; ils sont évasés du haut, et soutenus par une base large et peu élevée. Les verres ont détrôné les gobelets. Des gobelets de fer-blanc servent aux escamoteurs pour exécuter leurs tours de gibecière. Parmi les services des maisons royales de France avant la Révolution, il y avait celui du *gobelet,* qui se divisait en deux parties : la *panneterie-bouche* et l'*échansonnerie-bouche.* Le chef de ce service se nommait *chef du gobelet,* et servait le roi l'épée au côté; il devait, en présence du premier valet de chambre, goûter de tout ce qu'était servi.

GOBELINS (Manufacture des), célèbre manufacture de tapisseries et de tapis, entretenue à Paris aux frais de l'État. François Iᵉʳ, au lieu d'acheter ses tapisseries aux marchands de Paris ou de Flandre, établit au château de Fontainebleau un atelier royal, placé sous la direction du surintendant des bâtiments de La Bourdaisière et du peintre Sébastien Serlio, et qui, sous Henri II, fut confié à Philibert Delorme. Henri IV installa des tapisseries de haute lisse à Paris, dans la maison des Jésuites, qui venaient d'être chassés de France; après le rappel de cette compagnie, il les transféra dans les galeries du Louvre. Des tapissiers flamands, appelés par le roi en 1601, furent placés dans quelques restes du palais des Tournelles, puis au faubourg Sᵗ-Marcel, dans une maison dépendant des ateliers de teinture de la famille Gobelin. Ils eurent pour chefs Marc de Comans et François de La Planche, dont les fils, Charles de Comans et Raphaël de La Planche, se séparèrent en 1633, le premier restant aux Gobelins, le second allant s'établir au faubourg Sᵗ-Germain, dans une rue qui porta son nom, là où passe aujourd'hui la rue de Varennes. Les deux fabriques furent subventionnées par le roi. En 1662, les ateliers du Louvre et de la rue de La Planche furent annexés à celui des Gobelins, où Colbert réunit des peintres, des sculpteurs, des graveurs, des orfévres, des fondeurs, des lapidaires, des ébénistes, des teinturiers, etc. : le tout constitua la *Manufacture des meubles de la Couronne,* sous la direction de Lebrun, peintre de Louis XIV. Toutefois cette organisation ne fut complète qu'en 1667. La manufacture embrassa dans ses travaux tout ce qui se rapportait à l'ameublement, et acquit bientôt un grand renom pour la beauté et l'excellence de ses produits. Les malheurs de la fin du xvɪɪᵉ siècle lui furent funestes, et, en 1694, pendant la direction de Pierre Mignard, on congédia une partie des ouvriers; mais, en 1699, J.-H. Mansard, surintendant des bâtiments, arts et manufactures du royaume, lui rendit sa première organisation, et en donna la direction à Robert de Cotte. L'établissement des Gobelins se maintint, avec des alternatives de succès plus ou moins grands, jusqu'à la Révolution. On avait d'abord, pour faire la tapisserie, coupé les tableaux par bandes, qu'on plaçait près de la chaîne; en 1747, on imagina de prendre sur du papier transparent tous les traits du tableau; à l'appliquer ce papier sur la chaîne, comme on le faisait auparavant du tableau même. En 1759, Vaucanson introduisit encore de nouvelles améliorations. En 1790, un salaire fixe pour les artistes et les ouvriers fut substitué au salaire à la tâche. A partir du 1ᵉʳ Empire, la manufacture fut comprise dans la dotation de la couronne, dont elle n'a été distraite que de 1848 à 1852. En 1826, la manufacture de la Savonnerie (*V. ce mot*) lui fut annexée; il en fut de même de celle de Beauvais, de 1848 à 1850. — Les tapisseries des Gobelins sont remarquables par la perfection des procédés, l'excellence de la teinture des laines, la beauté de l'exécution; elles reproduisent avec une surprenante exactitude les tableaux des peintres. La manufacture comprend une galerie d'exposition, une école de dessin, et une école spéciale de tapisserie. B.

GOBETIS, nom qu'on donne quelquefois au crépi (*V. ce mot*).

GODEBERT, partie du vêtement au xɪvᵉ siècle. Selon les uns, c'était une tunique qui recouvrait l'armure; selon les autres, une forme particulière de camail.

GODEFROI DE BOUILLON (Les Enfances de), cinquième branche du *Chevalier au Cygne.* Hélias rétablit dans ses domaines la duchesse de Bouillon chassée par un usurpateur ; il épouse Béatrix, fille de la duchesse, et lui impose la condition de ne jamais chercher à savoir son nom ni son pays. Après sept ans de mariage, elle oublie son serment; Hélias la quitte aussitôt. Sa fille Ida est mariée au comte de Boulogne; elle donne le jour à Godefroi, qui, encore enfant, se distingue par tant de prouesses, que sa renommée va troubler dans La Mecque le soudan Cornumaran. Ce chef vient en France pour connaître par lui-même le mérite de Godefroi, et, plein d'admiration, il le déclare digne de l'empire du monde. — Il existe deux leçons manuscrites des *Enfances de Godefroi* : la plus ancienne est sans nom d'auteur ; l'autre, qui est une amplification maladroite de la première, est l'ouvrage d'un certain Renaut, qui écrivit dans les premières années du XIIIe siècle. V. *Histoire littéraire de la France*, t. XXII. H. D.

GODILLE, aviron qu'on place dans une entaille arrondie sur l'arrière d'une barque, et qu'un seul homme manie en imitant les mouvements de la queue d'un poisson. Faire avancer la barque par ce moyen, c'est *godiller*.

GODRON. V. GAUDRON.

GOD SAVE THE KING, c.-à-d. en anglais *Dieu sauve le roi !* C'est le refrain et le titre d'un chant national anglais. Ce chant, d'un caractère grave et d'un puissant effet, n'a pas d'auteur certain. Les uns prétendent qu'il fut composé et exécuté pour la première fois sur l'orgue en 1607 par un certain John Bull, organiste de la chapelle de Jacques Ier. D'autres disent que les paroles étaient : *God save great James, our king* (que Dieu conserve le grand Jacques, notre roi !); qu'on les mit en musique pour la chapelle catholique de Jacques II ; qu'on n'osa plus les chanter après la chute de ce prince, et qu'au bout de soixante ans, après les avoir quelque peu modifiées, on s'en servit pour les rois de la maison de Hanovre. D'après une autre tradition, l'hymne et la mélodie seraient du poëte Harry Carrey, qui aurait fait corriger et compléter son œuvre au point de vue de la composition musicale par le célèbre Handel. On a même dit que l'air du *God save the king* avait été tiré par Handel d'un *Invocation aux Dieux* mise en musique par Lulli sur des paroles de Quinault ; ou qu'on l'avait pris d'un *Domine salvum* écrit par le même compositeur pour les demoiselles de St-Cyr, et transporté à la cour de Jacques II. Ce qu'il y a de certain, c'est que l'hymne national fut imprimé en 1745 dans le *Gentleman's Magazine*, et qu'il devint immédiatement populaire. B.

GOÉLETTE (de *goéland ?*), petit et élégant bâtiment à deux mâts inclinés vers l'arrière, portant depuis 30 jusqu'à 150 tonneaux. Les voiles inférieures sont trapézoïdales, et du genre de celles qu'on nomme *latines* ; celles de l'avant ou *focs* sont triangulaires ; celles qu'on hisse au haut des mâts sont carrées comme les huniers, quelquefois triangulaires et à antennes. La goëlette est fine voilière et bonne marcheuse ; mais, surprise par un grain, elle s'incline, chavire et sombre aisément sous ses voiles démesurées. Aux États-Unis, où l'on a inventé ce genre de bâtiments, on les nomme *pilots-boats* (bateaux-pilotes). En Europe, on a armé des goëlettes en guerre ; elles portent de 6 à 8 caronades. Les Anglais appellent ces bâtiments *schooners*. — On appelle *goëlette-brick* ou *brick-goëlette* un bâtiment dont le grand mât porte une voilure de goëlette, et le mât de misaine une voilure de brick.

GOMBETTE (Loi). V. notre *Dictionnaire de Biographie et d'Histoire*.

GONDOLE, embarcation de passage et d'agrément dont on se sert à Venise. Elle est à fond plat, et peinte en noir ; son bau n'est pas grand en raison de sa longueur, qui est de 11 mèt. environ ; l'étrave et l'étambot (pièces de bois faisant suite à la quille, à l'avant et à l'arrière) sont prolongés à une certaine hauteur, et les bouts finissent en volute recourbée au dehors ; une cabine pour les passagers occupe le milieu. Deux hommes, placés aux extrémités, suffisent pour mener la gondole ; ils sont debout, et rament en poussant devant eux. Comines dit que, lorsqu'il alla à Venise, on y comptait 30,000 gondoles ; au commencement du XIXe siècle. il y en avait 6,500 ; aujourd'hui on en trouverait à peine 700. — Des omnibus et des diligences ont aussi reçu le nom de *gondoles*. A la bataille de Fontenoy (1745), le maréchal de Saxe, qui ne pouvait se tenir à cheval, se fit porter dans une *gondole* d'osier.

GONFALON. V. ce mot dans notre *Dictionnaire de Biographie et d'Histoire*.

GONG, instrument de musique en usage chez les Chinois. Sa forme approche de celle d'une corne, et il est composé d'un alliage d'argent, de cuivre et de plomb. Cet instrument, dont le son est aigu et retentissant, s'emploie pour éveiller l'attention des auditeurs. Dans les châteaux du nord de l'Europe, on se sert d'instruments semblables, au lieu de cloches, pour appeler les invités aux repas ; — on s'en sert également maintenant sur les lignes de chemins de fer.

GONG. V. TAM-TAM.

GONGORISME. V. ESPAGNOLE (Littérature).

GONNE, nom d'un vêtement de dessous à l'usage des hommes et des femmes vers le XIIIe siècle. On appela *Gonnel* le petit sayon des paysans.

GORAH, instrument de musique des Hottentots. Il se compose d'une baguette tendue en forme d'arc au moyen d'une corde à boyau. A l'une des extrémités de cette corde est fixé un tuyau du plume d'autruche ; ce tuyau étant placé entre les lèvres et soumis au souffle du joueur, la corde vibre, et l'on peut lui faire produire toutes les notes d'un accord parfait.

GORGE, moulure concave qui représente dans son profil un talon renversé ou une courbe variable. L'architecture ogivale donna au 3e période fit un grand usage des moulures creusées en gorge. La Renaissance en tira un merveilleux parti pour les corniches des plafonds intérieurs des appartements. Les corniches à grandes moulures creuses se perpétuèrent jusqu'au siècle dernier, et on semble vouloir y revenir de nos jours.

GORGE, terme de Fortification. V. BASTION.

GORGERETTE ou GORGIÈRE, nom donné au XIVe siècle à un collet de mailles, attaché le plus souvent au haubert, et qui faisait l'office de cravate par-dessous le camail.

GORGERIN, partie cylindrique et légèrement concave du chapiteau dorique, comprise entre l'astragale et les filets, et ornée quelquefois de fleurons et de cannelures.

GORGERIN, pièce d'armure. V. notre *Dictionnaire de Biographie et d'Histoire*.

GORGHEGGIO, mot italien par lequel on désigne un passage rapide exécuté avec la voix, et une *vocalise*.

GORMONT ET ISEMBART. V. le *Supplément*.

GOTHIQUE (Architecture). V. OGIVALE (Architecture).

GOTHIQUE (Écriture). V. ÉCRITURE.

GOTHIQUE (Langue, Littérature). V. ALLEMANDE.

GOTHS (Art des). V. ESPAGNE, ITALIE.

GOUACHE, autrefois *Guazze* (de l'italien *guazzo*, flaque d'eau), sorte de peinture en détrempe dans laquelle on emploie des couleurs broyées et délayées à l'eau gommée. Elle diffère de l'aquarelle (V. *ce mot*) en ce que les couleurs sont en pâte et se posent par couches successives comme dans la peinture à l'huile. Très-propre à peindre le paysage d'après nature, elle sert aussi à faire des esquisses pour de grandes compositions. On l'emploie pour les décorations de théâtre, pour celles des fêtes publiques, pour les perspectives. Cette manière de peindre, prompte et expéditive, a de l'éclat. Il ne faut pas oublier, en la pratiquant, que les couleurs sèchent promptement, qu'il est impossible de les fondre autant qu'on pourrait le souhaiter, et que les retouches sont à peu près impossibles. En 1839, à l'Exposition de peinture de Paris, on vit des essais de *gouache vernie*, qui a pour but de remédier à cet inconvénient. — C'est la gouache que les moines du moyen âge employèrent pour orner les manuscrits de sujets empruntés à la Bible. Parmi les peintres modernes qui excellèrent dans ce genre de peinture, on remarque : le Corrége, dont le Musée du Louvre possède deux beaux tableaux allégoriques (*la Vertu victorieuse des Vices*, et *l'Homme sensuel attaché au Plaisir par l'Habitude*) ; J.-G. Bawr, de Strasbourg, habile dans le paysage, la perspective et l'architecture, et dont le même Musée renferme une *Cavalcade du pape* et une *Marche du Grand-Seigneur*; Baudoin, gendre de Boucher, et auteur d'une suite de tableaux dans le genre libre et familier, entre autres le *Coucher de la mariée*; Noël, dont on a des marines très-estimées. Les Persans, les Chinois et les Indiens ont parfaitement réussi dans la gouache : on voit à la Bibliothèque nationale de Paris une série de portraits en pied et beaucoup de sujets familiers, dessinés avec finesse et peints avec une grande finesse. B.

GOUDJERATE (Idiome). V. GUZERATE.

GOUILLARDS. V. CLERCS-RIBAUDS.

GOUJAT. V. ce mot dans notre *Dictionnaire de Biographie et d'Histoire*.

GOULET, canal étroit qui sert d'entrée à une rade ou à un port.

GOULETTE, nom donné, dans les cascades, à un petit canal en pente douce taillé sur des tablettes de pierre ou de marbre, et interrompu d'espace en espace par de petits bassins en coquille d'où sortent des bouillons d'eau.

GOUM. V. notre *Dictionnaire de Biographie et d'Histoire*.

GOUPILLON, aspersoir en usage dans l'Église catholique. C'est un petit bâton portant une tête garnie de soies de porc. Le mot vient du vieux français *goupil* (renard), parce que c'était avec une queue de renard que se faisaient anciennement les aspersions. Le goupillon est quelquefois tout en métal, et alors la tête est formée d'une boule creuse retenant l'eau bénite, mais percée de petits trous qui permettent d'asperger les fidèles.

GOURABE ou **GOURABLE**, grande barque à trois mâts employée sur la mer des Indes, et remarquable par un gréement très-élancé, par la grosseur et l'élévation exagérée de la poupe.

GOURBIL. } V. ces mots dans notre *Dictionnaire de*
GOURDE. } *Biographie et d'Histoire.*

GOURMANDISE, amour déréglé du boire et du manger. C'est le 4ᵉ des péchés capitaux.

GOURMETTE, en termes de Marine, garde qu'on met sur un navire pour veiller aux marchandises. — Les Provençaux donnent le même nom à un valet de bord chargé surtout du nettoyage du bâtiment et du service de l'équipage.

GOUSSE, ornement architectural en forme de gousse végétale. On le trouve principalement dans le chapiteau conique, mais il s'écarte souvent de la forme naturelle pour en adopter d'autres variables.

GOUSSET, partie des anciennes armures, qui avait la forme d'un triangle, et qui garantissait le dessous du bras. — Dans le Blason, on donnait le même nom à l'une des pièces honorables de l'écu, prenant en haut des deux angles et se terminant en pal à la pointe.

GOUT. Le goût est plus facile à définir que l'esprit ou même le génie ; et Voltaire, qui en avait tant, est un des écrivains qui en ont le mieux déterminé les caractères. « En général, dit-il, le goût fin et sûr consiste dans le « sentiment prompt d'une beauté parmi des défauts, et « d'un défaut parmi des beautés. » Il a écrit encore, dans le *Siècle de Louis XIV* : « Le goût n'est que la suite d'un « sens droit, et le sentiment prompt d'un esprit bien « fait. » Le goût, en effet, se compose de deux éléments, l'intelligence et la sensibilité. L'un sert à discerner le vrai du faux, le spécieux du solide, à distinguer les nuances, à pénétrer les secrets et les règles du beau : on l'appelle également *sens critique*. L'autre est frappé spontanément des défauts et des beautés, remplace le jugement par l'émotion, et adopte ou repousse avec une égale vivacité ce qui lui plaît et ce qui lui répugne. Nous avons indiqué ailleurs (V. Critique) le rapport et la proportion de ces deux facultés. Il semble cependant que le goût doit être essentiellement critique, et saisir particulièrement les défauts. Au reste, réduit à l'intelligence, il deviendrait sec et froid ; réduit à la sensibilité, il tournerait en panégyriques enthousiastes ou en boutades d'impatience, et serait exposé à de fréquentes erreurs. On en voit la preuve dans les jugements des connaisseurs et du public ; les premiers, plus éclairés et plus difficiles, raisonnent leurs impressions, les discutent, les soumettent à l'analyse, au lieu de s'y livrer franchement lorsqu'elles sont justes et vraies. C'est pour eux que La Bruyère a écrit : « Le plaisir de la critique nous ôte celui d'être « vivement touchés des belles choses. » Le peuple, qui s'abandonne tout entier aux choses qui le frappent, se laisse souvent prendre à la déclamation, à la fausse chaleur, aux artifices grossiers ; il vaut mieux, avec lui, frapper fort que frapper juste. De ces deux manières de juger, laquelle est préférable ? Au milieu du XVIIIᵉ siècle Dalembert écrivait : « L'impression est le juge naturel « du premier moment, la discussion l'est du second. Dans « les personnes qui joignent à la finesse et à la prompti-« tude du tact la netteté et la justesse de l'esprit, le se-« cond juge ne fera pour l'ordinaire que confirmer les « arrêts rendus par le premier. » Et il ajoutait, à propos de cet esprit d'examen et d'analyse, devenu celui de l'époque sous le nom d'*esprit philosophique*, et dont il était lui-même un des représentants les plus autorisés : « Tel est le malheur de la condition humaine. Nous n'ac-« quérons guère de connaissances nouvelles que pour « nous désabuser de quelque illusion, et nos lumières « sont presque toujours aux dépens de nos plaisirs... Si « ces lumières peuvent diminuer nos plaisirs, elles flattent « en même temps notre vanité. On s'applaudit d'être de-« venu difficile ; on croit avoir acquis par là un degré de « mérite. » Ces lignes, écrites en 1757, ne semblent-elles pas faites pour nous ? La métaphysique allemande a, de nos jours, remplacé celle de l'Encyclopédie : elle a développé et porté plus loin encore l'esprit d'examen appliqué aux œuvres des arts, et profondément altéré ce qui pouvait nous rester d'émotions simples et naïves. Il est impossible de revenir en arrière ; mais on peut au moins s'arrêter sur la pente, et profiter des lumières acquises, pour mieux sentir des beautés qui n'ont pas toujours été

bien saisies. Nous avons appris à aimer de grands esprits et des chefs-d'œuvre injustement condamnés avant nous (V. Critique, Génie) ; c'est un progrès du goût qui doit nous consoler de l'abus de l'analyse. Nous n'avons pas besoin de nous égarer dans les subtilités de l'*esthétique*; et, pour nous en tenir au siècle de Voltaire, un de ses contemporains les plus sensés et les plus aimables, Vauvenargues, a dit sur cette question le mot des esprits distingués et des honnêtes gens : « Il faut de l'âme pour avoir du goût. » C'est en effet l'âme, c.-à-d. le sentiment passionné du vrai, qui place si haut la beauté idéale et la cherchait avec Platon au sein même de la divinité (V. le *Banquet*), et qui, avec Fénelon, la ramène tout entière à la vérité et à la vertu. — A cette hauteur, le goût est le privilége d'un petit nombre d'esprits très-supérieurs ; mais, à tous les degrés, le goût est toujours un privilége. Il n'est pas, à beaucoup près, aussi répandu ni aussi partagé que le bon sens ; et, en effet, il n'est pas aussi nécessaire ; on peut vivre sans avoir du goût. C'est ce qui faisait dire à Voltaire : « On est affligé « quand on considère cette foule prodigieuse d'hommes « qui n'ont pas la moindre étincelle de goût, qui n'ai-« ment aucun des beaux-arts, qui ne lisent jamais, et « dont quelques-uns feuillettent tout au plus un journal « pour être au courant, et pour se mettre en état de « parler au hasard des choses dont ils ne peuvent avoir « que des idées confuses. Le goût est inconnu aux familles « bourgeoises, où l'on est continuellement occupé du « soin de sa fortune, des détails domestiques, et d'une « grossière oisiveté, amusée par une partie de jeu. J'ai « connu un commis des bureaux de Versailles, né avec « beaucoup d'esprit, qui disait : « Je suis bien malheu-« reux ; je n'ai pas le temps d'avoir du goût. » Toutefois, nous méritons ce reproche beaucoup moins que nos pères. Les journaux et l'enseignement public, sans parler du théâtre, se sont chargés de nous éclairer ; et il serait trop sévère de répéter après Voltaire, « qu'il n'y a pas dans « Paris trois mille personnes qui aient le goût des beau-« arts ; » car le progrès de l'éducation l'a rendu plus général et plus populaire.

Le goût peut donc s'acquérir : il se forme, se développe, se rectifie même quelquefois, du moins chez les esprits droits et sensés ; car, dans les esprits faux et mal faits, le goût ne se redresse pas plus que le jugement. Les modèles y contribuent plus encore que les leçons, une fois que nous avons appris à les apprécier ; et, d'ailleurs, l'enseignement des maîtres, dans les arts comme dans les lettres, doit s'appuyer sur les chefs-d'œuvre. Les peuples apprennent et s'instruisent comme les individus ; leurs impressions et leurs admirations premières sont confuses, grossières, irréfléchies ; la civilisation leur apporte la délicatesse avec la critique. Les Grecs seuls, merveilleusement doués pour les arts, atteignirent d'abord la perfection ; et si leur goût s'est altéré plus tard, dans la poésie et dans l'éloquence, si leur caractère propre s'est gâté par les côtés mêmes où il était original, si les défauts enfin ont prévalu sur les qualités, l'architecture et la sculpture ont échappé à cette décadence, et, sous l'Empire romain, ont produit des œuvres comparables à celles de Phidias, ou du moins de Praxitèle. Mais les Romains et les nations modernes ont dû faire l'éducation de leur goût, et la faire à l'école de leurs prédécesseurs. Horace a spirituellement raconté la conquête pacifique qui soumit à la Grèce vaincue ses farouches vainqueurs. Le monde moderne a subi le même ascendant, et pris des leçons de goût des peuples qu'il avait remplacés. Cette éducation ne se fait pas en un jour dans les sociétés non plus que chez les hommes. Les délicatesses des arts ne sont pas populaires ; elles ne se laissent pas pénétrer et manier indiscrètement ; ce sont l'habitude et la réflexion, aidées de leçons intelligentes, qui nous apprennent à goûter les lettres, la peinture, la musique, chose à laquelle ne suffisent pas les dispositions naturelles, à moins d'être singulièrement heureuses. Une oreille juste, mais qui n'est pas exercée, ne distinguera pas les délicatesses et les effets de l'harmonie : l'œil n'est pas frappé tout d'abord, dans un tableau, de la pureté du dessin, de la richesse du coloris, de la perspective et de la lumière ; l'intelligence même et le sentiment ne démêlent pas à première vue, dans la poésie ou l'éloquence, toutes les beautés de la composition, de l'unité, de l'intérêt. Le goût, d'ailleurs, est tout universel, et le beau, dans sa variété infinie, ne révèle pas tous ses secrets à tout le monde. On trouvera des écrivains supérieurs parfaitement incapables d'apprécier les beaux-arts ; un artiste n'entendra rien à la littérature. Peut-être se feront-ils leur éducation l'un à l'autre, et se communiqueront-ils les parties de goût qui leur manquent; peut-être aussi n'y réussiront-ils jamais, parce que leur nature s'y sera obstinément refusée. Faire naître et former le goût des lettres et des arts, c'est multiplier les jouissances les plus nobles et les plus délicates; pour y réussir, il faut prendre peu à peu l'esprit des bons artistes et des bons auteurs. On acquiert, dans ce commerce, des idées saines et justes; on apprend à se défier de ces surprises des sens et de l'esprit qui peuvent égarer le goût; on apprend encore à se tenir en garde contre la raffinement et la subtilité, défauts ordinaires des époques et des intelligences trop cultivées. La pente est facile de la délicatesse à l'affectation, et le goût se gâte avec autant de rapidité qu'il a mis de lenteur à se former. « Ce malheur, dit encore Voltaire, « arrive d'ordinaire après les siècles de perfection; les « artistes, craignant d'être imitateurs, cherchent des « routes écartées; ils s'éloignent de la belle nature que « leurs prédécesseurs avait saisie. Il y a du mérite dans « leurs efforts; ce mérite couvre leurs défauts; le public, « amoureux des nouveautés, court après eux; il s'en dé- « goûte bientôt, et il en paraît d'autres qui font de nou- « veaux efforts pour plaire; ils s'éloignent de la nature « encore plus que les premiers. Le goût se perd; on est « entouré de nouveautés qui sont rapidement effacées les « unes par les autres. Le public ne sait plus où il en est, « et il regrette en vain le siècle du bon goût qui ne peut « plus revenir; c'est un dépôt que quelques bons esprits « conservent alors loin de la foule. » Les bons esprits ressemblent à ces sages dont parle le poëte Lucrèce, qui se passent, comme les coureurs athéniens dans le stade, le flambeau de la vie et de la civilisation. Nous n'avons pas à redouter aujourd'hui que le flambeau des sciences s'éteigne; nous pourrions craindre plutôt pour celui des lettres; car, dans une société très-raffinée comme la nôtre, le goût se fatigue et se lasse; et les auteurs ne se font pas faute de le réveiller, comme on excite les palais blasés par des mets épicés et des liqueurs fortes. Le seul remède à cette disposition maladive et dangereuse se trouve encore dans les œuvres des grands maîtres et dans les livres des bons critiques; là sont les destinées et l'avenir du goût.

Des variations du goût en France. — Le goût des arts, dans notre pays, a précédé le goût littéraire. Du XIIᵉ au XIVᵉ siècle, l'architecture avait produit des monuments admirables, quand la langue et la littérature en étaient à leurs premiers essais. Sous le règne des Valois, les élégants édifices de la Renaissance s'élevèrent à côté des églises gothiques, pendant que nos écrivains cherchaient encore la forme la mieux appropriée à l'esprit français. On connaît les fortunes singulières que cet art a subies chez nous, et comment l'architecture gothique, si durement traitée par Fénelon, fit place, avec celle de la Renaissance, à la simplicité tour à tour sévère et imposante du XVIIᵉ siècle et aux pesantes copies de l'antique, œuvres du siècle suivant et du premier Empire, pour reprendre faveur à notre époque. Il a fallu bien des études, bien des discussions et bien des progrès pour arriver à l'équité des jugements, et à cette admiration intelligente de toutes les formes du beau que l'on a décorée du nom un peu prétentieux d'*éclectisme*. La peinture a eu de même ses faveurs et ses retours, depuis le Poussin, Lesueur et Mignard jusqu'à l'école dite *impériale;* il faut chercher dans les auteurs compétents l'histoire des différentes écoles, de leur popularité et de leur décadence. Nous ne parlons pas des modes. Voltaire, que l'on cite toujours avec plaisir en matière de goût, a dit : « Le goût est ar- « bitraire dans plusieurs choses, comme dans les étoffes, « dans les parures, dans les équipages, dans ce qui n'est « pas au rang des beaux-arts; alors il mérite plutôt le nom « de *fantaisie*. C'est la fantaisie, plutôt que le goût, qui « produit tant de modes nouvelles. » — Quant au goût littéraire, c'est un autre champ de bataille, où nous avons vu, comme dans les arts, des luttes acharnées entre les *classiques* et les *romantiques*, ainsi que les deux camps ennemis s'appelaient eux-mêmes vers 1830. L'histoire du goût en France, comme dans tous les pays, est plutôt l'histoire de la littérature et des arts que celle de la critique. Les écrivains suivent les idées en vogue au moins autant qu'ils les dirigent, et il faut une grande force de bon sens et de courage pour corriger des erreurs accréditées et applaudies. Ce bon sens courageux a été une partie de la gloire de nos grands écrivains au XVIIᵉ siècle ; mais, du reste, la perfection de leur génie n'exclut nullement les beautés des autres époques ni des autres littératures. La Renaissance eut dans toute l'Europe le tort de con-

fondre le goût et le génie avec l'érudition. Elle admirait l'antiquité tout entière, sans choix ni réserve, et saluait avec enthousiasme les auteurs du temps qui, comme Ronsard ou Jodelle, essayaient de la traduire littéralement, au lieu de s'en inspirer. Les guerres, les affaires politiques, les relations continuelles avec l'Italie et l'Espagne mirent à la mode le goût des deux pays, c.-à-d. l'emphase espagnole et l'affectation italienne, et la cour d'Élisabeth tint en grande faveur la recherche, les pointes et les jeux de mots, sous le nom d'*euphuisme*. Ni le génie de Rabelais et de Montaigne, si profonds érudits d'ailleurs, ni celui de Shakspeare, qui ne haïssait pas non plus le langage à la mode, ne corrigèrent le goût de leurs nations; aussi, pendant le siècle suivant, furent-ils enveloppés dans une condamnation générale, qui s'étendit à toute la Renaissance. La première moitié du XVIIᵉ siècle se ressent du mauvais goût étranger, malgré les efforts de Malherbe et ses colères contre Ronsard. Ce n'est pas seulement dans Théophile ou dans Voiture que l'on trouve les pointes et l'abus du faux esprit : Corneille paya tribut à la mode, et, malgré la puissance de son bon sens et de son génie, ne s'affranchit jamais complétement de cette servitude de sa jeunesse. La grande société de l'Hôtel de Rambouillet n'était pas faite pour le corriger : le goût des *Précieuses* avait fait de la recherche et de la fausse élégance une loi suprême du beau langage; le *grand fin*, le *fin du fin* régnait en dépit de la raison de Descartes et de Pascal. L'esprit français, si net et si droit de sa nature, pour revenir s'arrêter au vrai, au simple et au naturel, eut besoin de la critique incisive et mordante de Boileau et de Molière, du bon sens de Louis XIV, à qui Voltaire fait trop complétement honneur du goût général, et de cette admirable réunion de grands écrivains, d'excellents esprits et d'*honnêtes gens* qui formèrent, pendant quarante années, la société la plus polie que le monde ait jamais vue. On peut seulement regretter que le goût du grand siècle ait été trop discret à l'endroit des grands auteurs contemporains, qu'une sorte de pudeur empêchait souvent de louer, et trop insouciant des qualités qu'il aurait trouvées dans les littératures étrangères : mais les imitateurs de l'Italie et de l'Espagne avaient, par leur faux goût, ramené le public au culte des modèles anciens. — Le XVIIIᵉ siècle, dont Voltaire fut l'expression la plus complète, et dont l'esprit demeura notre règle jusqu'à la fin du premier Empire, conserva pieusement la tradition littéraire du siècle de Louis XIV, tandis qu'il détruisait toutes les autres. Il la rendit étroite et exclusive : le jour où Shakspeare pénétra en France, Voltaire demanda sa proscription en pleine Académie. Le goût français faisait également loi chez les étrangers, et l'Allemagne ne connaissait plus d'autres modèles que les imitateurs de Voltaire, jusqu'au jour où Lessing, Schlegel et Schiller rendirent au génie allemand son véritable caractère et sa liberté. Ils eurent en France une élève glorieuse, Mᵐᵉ de Staël, dont les ouvrages exercèrent, avec ceux de Chateaubriand, une puissante influence sur le goût du public. Bientôt, la Restauration vit l'école appelée *romantique* venger les littératures anglaise et allemande d'un mépris long et injuste, nier les principes et les règles, éternelles ou secondaires, indifféremment, émanciper la fantaisie, proclamer la théorie de l'*art pour l'art*, faire enfin du mot *classique* le synonyme de routine, d'aveuglement et d'ineptie. On put craindre que le goût ne vînt à périr parmi ces ridicules écarts, dont il reste aujourd'hui un souvenir plaisant et des traces malheureuses. Mais une vérité ne change pas. L'esprit français est de race latine, et non de race germanique; il s'est formé de cette langue et de cette littérature si fortes des Romains, qui ont laissé dans l'univers des empreintes ineffaçables (*V.* LATINE — Langue). Là, plus encore que dans le génie grec, est le fonds du bon goût, c.-à-d. la vérité générale et universelle; les étrangers ne nous apportent que des vérités secondaires. Au reste, les peuples du Midi n'ont guère d'influence aujourd'hui sur notre littérature; elle a plutôt besoin d'être préservée de la bizarrerie anglaise et de l'emphase nébuleuse des Allemands. A chaque peuple convient son goût, qui est une partie de son caractère national; et, quoique les différences de race et de langue soient peut-être destinées à s'effacer un jour, dans ce mouvement de chemins de fer, d'intérêts et d'idées qui tend à confondre tous les peuples de l'Europe, les *gens de goût* doivent en défendre le dépôt contre l'invasion étrangère et contre l'invasion domestique, toutes deux également barbares.

Goût musical. — La musique, comme tous les autres arts, est l'expression du goût d'un peuple ; mais toutes les nations ne sont pas également organisées pour l'aimer et la cultiver. Il en est même qui n'y arriveront jamais; et, chez celles qui sont ou se prétendent musiciennes, elle est particulièrement soumise à l'empire de la mode et de la fantaisie. Notre éducation, à nous, a été longue et difficile. La lettre de J.-J. Rousseau *Sur l'Opéra français* souleva des tempêtes; et cependant, avec beaucoup de verve moqueuse, elle ne disait que la vérité. Les Italiens et les Allemands, musiciens par excellence, ont eu bien de la peine à former les oreilles françaises; et l'Italie comptait déjà deux siècles de compositeurs, que la France en était encore à Rameau. Rousseau a beaucoup contribué à rendre populaire le plaisir de la musique; et, dans la première moitié de ce siècle, le goût a trouvé, pour se produire et s'éclairer, des talents et des ouvrages excellents. On peut seulement être surpris de la mobilité du goût musical. Le génie de quelques maîtres, la beauté de *quelques compositions résistent seuls à l'action rapide* et destructive de la vieillesse. Encore l'esprit de révolution, qui n'épargne pas les beaux-arts, a-t-il menacé de substituer aux œuvres consacrées par une admiration universelle ce qu'il appelle la *musique de l'avenir*. Mais le goût musical, comme le goût littéraire, trouve une défense dans l'ennui que causent les mauvais ouvrages; son influence est inévitable, irrésistible, et n'est impuissante que sur le talent et le génie. A. D.

GOUTTEREAU (Mur), nom donné par quelques écrivains à la muraille d'église dans laquelle est percée la claire-voie.

GOUTTES, petits cônes saillants qui ornent le soffite du mutule de la corniche dorique, ou qui régnent sous les triglyphes de la frise sur l'architrave.

GOUTTIÈRE, conduit ou canal de forme et de matière variables qui reçoit les eaux d'un toit à sa base, où un tuyau de descente les mène jusqu'à terre. Au moyen âge, les couvertures ne portaient pas de gouttières, ou bien on les terminait par des gargouilles (*V. ce mot*). De nos jours, la police exige que tout toit ait sa gouttière, proscrit l'usage des gargouilles, et ordonne qu'elles soient remplacées par des tuyaux de descente.

GOUVERNAIL (du latin *gubernaculum*), machine en bois, placée à l'arrière des navires, mobile autour d'un axe, et que l'on fait mouvoir, soit à l'aide d'une *barre* ou *timon* qu'on pousse à la main, soit au moyen d'une roue ou treuil. Aux navires ce qu'est la queue aux poissons, et sert à les amener et à les maintenir dans telle direction que l'on veut. On lui donne ordinairement, par en bas, le 12ᵉ de la plus grande largeur du bâtiment, et, par en haut, c.-à-d. au-dessus de la ligne de flottaison, les trois quarts de la dimension inférieure. La barre du gouvernail. qui est horizontale, est établie au-dessus du pont inférieur des vaisseaux, du faux-pont des frégates, et du pont unique des bâtiments qui n'en ont qu'un seul. La perte du gouvernail à la mer est un accident très-grave; car, outre l'impossibilité où se trouve le navire de suivre aucune direction voulue et d'éviter les écueils, il présente constamment le travers au vent et aux lames pendant les tempêtes. — Le gouvernail n'était primitivement qu'un aviron attaché au flanc du navire; puis on en mit un à droite et à gauche. On ne sait à quelle époque il fut placé à l'arrière.

En Numismatique, un gouvernail posé sur un globe accompagné de faisceaux marque la puissance souveraine.

GOUVERNEMENT, autorité qui exerce la souveraineté dans un État (*V. ce mot*). Le Gouvernement ordonne, l'Administration exécute. Il y a trois formes principales de gouvernement, la *Monarchie*, l'*Aristocratie*, la *Démocratie* (*V. ces mots*), toutes également légitimes, pourvu qu'elles soient appropriées aux besoins, aux mœurs, à l'état de civilisation des peuples. Un gouvernement peut être *absolu, despotique* (*V.* ABSOLUTISME, DESPOTISME), ou *constitutionnel*, c.-à-d. réglé dans ses actes par une Constitution. Ce dernier est dit aussi *représentatif* et *parlementaire*. Le gouvernement a eu pour principe, selon les temps : 1º la supériorité des qualités personnelles; 2º la supériorité de l'âge; 3º la supériorité de la naissance; 4º la supériorité de la fortune. Tout gouvernement n'a que trois fonctions simples, mais importantes, à remplir : protéger la société contre les attaques ou les violences des autres nations indépendantes; garantir chaque membre de la société contre les effets de la malveillance et de l'injustice de tout autre membre; enfin ériger et entretenir certains établissements utiles au public, qu'il n'est jamais dans l'intérêt d'un individu ou d'un petit nombre d'individus de créer et d'entretenir

pour leur compte, par la raison que les dépenses occasionnées par ces établissements surpasseraient les avantages que pourraient en tirer les particuliers qui les soutiendraient à leurs frais. Une des règles les plus générales de l'Économie politique, c'est que les gouvernements ne doivent jamais diriger le capital et l'industrie des particuliers; ils doivent, au contraire, laisser à chacun, tant qu'il se conforme aux lois, le soin de surveiller ses propres intérêts d'après ses vues personnelles. L'exécution de cette maxime offre la garantie la plus sûre qu'on obtiendra des produits constants et uniformes pour les besoins de la nation. Dans les sociétés antiques, et même à l'origine des sociétés modernes, alors que l'esprit d'association n'avait point encore pris son essor, le gouvernement seul pouvait exécuter les grands travaux d'utilité publique : c'est ainsi que s'est établi le principe d'après lequel l'État doit rendre à la société les services collectifs dont l'industrie particulière ne se chargerait pas, et qui sont cependant considérés comme indispensables au bien-être de la société. Aujourd'hui encore, dans presque tous les pays du monde, à l'exception de l'Angleterre, de la Suisse et des États-Unis d'Amérique, le gouvernement est chargé de rendre à la société un grand nombre de services collectifs, en concurrence ou non avec l'industrie privée. Lorsque le gouvernement intervient dans ce qui peut être laissé à l'initiative de l'individu, il empiète sur la responsabilité des citoyens; il dénie à ceux-ci la capacité de juger eux-mêmes de l'étendue et de la nature de leurs besoins, en leur ôtant le choix des moyens de les satisfaire, et il prend sur lui une responsabilité correspondante à toute la somme de libertés individuelles qu'il anéantit, et cette responsabilité, devenue énorme pour tous les gouvernements interventionistes, est aujourd'hui une des causes principales de leur instabilité et des fréquentes révolutions qu'ils subissent. Il en résulte aussi que ces gouvernements, pour se prémunir contre ces dangers, s'entourent d'appareils et de mesures de sûreté, les uns très-coûteux, les autres très-oppressifs, pour les nations ainsi gouvernées. A. L.

GRAAL ou GRÉAL (Le Saint), du vieux français *graalz, gréal* ou *grasal*, signifiant un vase en forme de plat. C'est, dans les traditions du moyen âge, un vase miraculeux, fait d'une seule pierre précieuse, apporté du ciel sur la terre, gardé d'abord par des anges, puis par des hommes d'une pureté angélique, dans un temple fortifié sur le Mont Salvage (*mons salvationis*). Le poëte provençal Guyot ou Kyot, qu'on suppose avoir vécu entre 1160 et 1180, fit un poëme avec cette légende, qu'il disait avoir puisée dans un manuscrit arabe d'un More appelé Flegetanis, en une chronique latine de l'Anjou. Après lui, Chrestien de Troyes et d'autres Trouvères étendirent la légende en y rattachant celles du roi Arthur et de la Table ronde : ils confondirent *san greal* (saint vase) avec *sang real* (sang royal, sang du Seigneur); ils imaginèrent que Joseph d'Arimathie, apôtre des Celtes, avait recueilli dans le *Graal*, qui avait déjà servi à la Cène, le sang de Jésus crucifié, et que, ce vase ayant été perdu après lui, plusieurs chevaliers se mirent à la recherche. Le *Livre du saint Graal et de la Table ronde* comprend trois parties considérables, le roman du *Saint Graal*, le roman de *Merlin*, et le roman de *Lancelot*; ce dernier subdivisé en cinq parties, *Gallehot, la Charrette, Agravain*, *la Quête du Graal et la Mort d'Arthur*. Les romans du *Saint Graal* et de *Merlin* ont été rédigés par Robert de Borron, chevalier attaché au service du comte de Montbéliard, et Gasse le Blond, parent du roi Henri II Plantagenet; un chapelain de ce monarque est auteur de tout le roman de *Lancelot*. Au XIIIᵉ siècle, le poëte allemand Wolfram d'Eschenbach tira de la légende du Saint Graal deux romans épiques, *Parcival* et *Titurel* (*V. ces mots*).

Le *Livre du Saint Graal et de la Table ronde* s'ouvre par un prologue destiné à apprendre au lecteur comment cette histoire est parvenue à la connaissance des hommes. En l'an 117 de l'ère chrétienne, dans un lieu écarté et sauvage de la Bretagne, l'ermite Nascien a une vision : un personnage d'une beauté surhumaine et entouré d'une éblouissante clarté, Jésus-Christ lui-même, lui apporte un petit livre où est contenu ce qui va suivre, et dont il prend copie. Le romancier n'a pas craint de donner ainsi à son œuvre le caractère d'une révélation. Puis commence la 1ʳᵉ partie de cette œuvre, la seule dont nous nous occupons ici, le *Roman du Saint Graal*. Le décurion Joseph d'Arimathie, s'étant assuré la possession du vase dont Jésus avait fait usage en célébrant la Pâque avec ses apôtres chez Simon, obtient de Pilate le corps du Sauveur crucifié, recueille les gouttes de sang qui coulent encore des plaies divines, et met le cadavre au tombeau. Les Juifs irrités s'emparent de lui, et l'emmènent dans un château du grand prêtre Caïphe : là, il reçoit, de Jésus qui lui apparaît, le graal caché dans un coin de sa maison. Après 40 années de captivité qui se sont écoulées sans qu'il en sentît le poids, il est délivré lors de la prise de Jérusalem par Titus. Emmenant ses parents chrétiens et quelques autres fidèles, il se dirige vers l'Euphrate, et arrive dans la capitale d'un Empire appelé Sarras, berceau des peuples sarrasins, où son fils Josèphe est ordonné prêtre et évêque par un ange. Le romancier nous raconte ensuite la propagation de l'Évangile chez les Arabes ; le roi de ce peuple résiste longtemps : mais quand il a reçu, avec le baptême, le nom de Mordrain, il fait construire pour le graal un palais splendide, qui est appelé le *Palais spirituel*. Toutefois, le vase sacré ne doit pas demeurer en Asie ; Josèphe reçoit l'ordre de l'emporter en Occident. Arrivé au bord de la mer, il ôte sa chemise, l'étend sur l'eau, et ce radeau merveilleux l'emporte avec ses compagnons jusqu'en Grande-Bretagne. La conversion de ce pays s'accomplit rapidement, mais non pas sans danger, et il faut que Mordrain vienne de l'Orient avec une armée au secours de Josèphe. La fin du roman montre comment le graal s'est transmis de génération en génération. L'évêque Josèphe le confie à un cousin germain, Alain, l'un des 12 fils de Bron, qui était beau-frère de Joseph d'Arimathie. Alain transporte le précieux vase dans le royaume de la *Terre foraine*, dont les habitants se convertissent ; il le lègue en mourant à Josué, l'un de ses frères, dont les successeurs font construire, pour le conserver, le château de Corbenic. A l'extinction de la postérité d'Alain, le graal passe aux descendants de Nascien, beau-frère de Mordrain, qui émigrent dans la Bretagne armoricaine, et desquels est issu Lancelot. Quant à Mordrain, il vit pendant 300 ans, comme un témoin irrécusable de tant de merveilles. — Dans le *Roman du Saint Graal*, l'élément chevaleresque occupe peu de place ; il n'y a presque pas de combats, de prouesses, de grands coups d'épée : ce qui y domine, ce sont les miracles, les songes prophétiques, les conversions, les châtiments des chrétiens indignes ou des païens endurcis. Ce roman a été publié d'après un manuscrit de la Bibliothèque nationale de de Paris par M. Francisque Michel, 1841, in-12. B.

GRABATAIRES, mot de même sens que *Cliniques* (V. ce mot).

GRACE, mot qui, dans le langage de la Théologie, signifie toute faveur que Dieu accorde aux hommes. On distingue : les faveurs ou *grâces naturelles*, que nous recevons de Dieu par rapport à la vie présente (comme la vie, les qualités intellectuelles ou morales, la science, les richesses, etc.), faveurs purement gratuites, puisqu'il ne les doit à personne ; et les *grâces surnaturelles*, qui se rapportent directement à la vie future, au salut. Parmi ces dernières, les unes sont *extérieures*, telles que l'Incarnation du Fils de Dieu, ses miracles, ses prédications, la Rédemption, les bons exemples dont nous sommes témoins, les instructions que nous entendons, toutes choses qui déterminent notre volonté à la pratique des vertus chrétiennes et nous font avancer ainsi vers nos destinées surnaturelles, mais qui cependant ne peuvent être pour nous un principe efficace de justification, de sanctification, de salut ; les autres sont *intérieures*, et se résument en une sorte d'infusion de l'Esprit Saint, qui nous identifie à Jésus-Christ, nous fait agir et mériter en lui. La grâce intérieure est dite *actuelle*, quand elle est un secours accordé par Dieu pour connaître et pratiquer le bien en telle ou telle occasion ; *habituelle*, quand elle est un état permanent de justice, résultant, pour l'âme, de la pratique de la prière et de la fréquentation des sacrements. L'effet de la grâce habituelle est de sanctifier l'homme, de le rendre juste et agréable à Dieu : aussi cette grâce est-elle appelée *justifiante* ou *sanctifiante*.

L'Église enseigne que l'homme, dans son état actuel et relativement au salut, a besoin de la grâce ou du secours de Dieu. Depuis que le péché originel l'a fait déchoir de l'état primitif dans lequel il avait été créé, et fait qu'il trouve en dehors de lui, en Dieu, un secours qui éclaire son intelligence et porte sa volonté entraînée par une inclination violente vers le mal. Mais la nécessité de la grâce est-elle conciliable avec l'existence du libre arbitre ? L'action de Dieu sur l'intelligence et la volonté de l'homme est-elle à ce point déterminante, que l'homme

soit réduit à l'état de machine en ne fonctionnant que par une impulsion étrangère, ou bien conserve-t-il sa liberté? Ce problème a été fréquemment discuté. Au Ve siècle, le moine breton Pélage nia la nécessité de la grâce, et soutint que l'homme avait en lui-même assez de force pour faire toute espèce de bien et arriver au salut. Sa doctrine, condamnée par le pape Innocent Ier et par les évêques d'Afrique, est connue sous le nom de *Pélagianisme*. Elle fut propagée en Italie par Célestius, et présentée avec tant d'habileté, qu'elle trompa momentanément le pape Zosime. Mais St Augustin lui porta les derniers coups : ce Père affirme l'*efficacité* de la grâce ; il enseigne que le libre arbitre, survivant sans doute dans son essence au péché originel, n'a conservé son énergie que pour le mal, et que la grâce, en lui restaurant son activité pour le bien, le restaure, le rétablit, et, comme dit St Paul, le recrée dans les bonnes œuvres. Loin donc que le secours divin gêne l'action de l'homme, l'homme privé de la grâce est captif dans les liens du mal et n'a plus liberté ni liberté pour agir. Quelques auteurs, entre autres le P. Sirmond, ont accusé des disciples peu intelligents de St Augustin d'avoir dénaturé sa doctrine en l'exagérant, et supprimé complètement la liberté de l'homme ; ils les qualifient de *Prédestinatiens*, c.-à-d. partisans de la Prédestination, et attribuent la même erreur à Gothescalk, moine du IXe siècle. Mais leur assertion ne repose que sur des monuments historiques dont l'authenticité et la valeur est suspecte ; les savants de Port-Royal ont pensé que les prétendus Prédestinatiens du Ve siècle n'ont été que des disciples de St Augustin auxquels les Pélagiens auraient imputé faussement une doctrine condamnable.

Pélage eut des disciples mitigés, qu'on nomma *Semi-Pélagiens*. Tels furent Cassien et les moines de St Victor de Marseille, peut-être aussi quelques moines de Lérins et plusieurs évêques de la Gaule méridionale. Ils admettaient la nécessité de la grâce pour le salut, mais affirmaient en même temps que la *première grâce* n'était accordée par Dieu qu'à l'homme qui l'avait méritée, et que l'efficacité de la grâce dépendait de l'adhésion libre de la volonté humaine. Ce système est incohérent et hétérodoxe. Si l'homme peut mériter la première grâce, il peut les mériter toutes ; s'il peut les mériter, son action est bonne en dehors de la grâce, il peut par lui-même faire le bien, la grâce ne lui est plus nécessaire. S'il donne à la grâce son efficacité par la libre adhésion de sa volonté, il peut agir librement pour le bien sans la grâce ; le péché originel ne lui a pas imprimé une impulsion déterminante pour le mal ; il jouit de toute sa liberté pour agir dans un sens ou dans un autre. Le Semi-Pélagianisme fut condamné par le 2e concile d'Orange.

On le vit reparaître au commencement du XVIIe siècle dans le *Molinisme*, adopté par une grande partie de la Compagnie de Jésus. Molina n'admettait pas de *grâce efficace* proprement dite ; il soutenait que Dieu donne à tous les hommes des *grâces suffisantes*, qui deviennent *efficaces* par l'adhésion libre de la volonté. Ainsi, ce n'est pas Dieu qui opère par sa grâce sur le cœur de l'homme, c'est l'homme qui, par son adhésion, donne à la grâce sa véritable valeur. Cela revient à dire que la grâce n'existe pas réellement, qu'elle n'est pas nécessaire, que l'homme agit sans elle pour le bien avec la plus entière liberté. Ce fut pour dissimuler ce que le Molinisme avait de trop hétérodoxe, que certains Jésuites imaginèrent le *Congruisme* (V. ce mot) : mais, au fond, le système est le même. Les docteurs dominicains, disciples de St Thomas, et partisans de la grâce efficace, ont admis les grâces suffisantes, mais sans attacher à cette expression le même sens que les Molinistes : pour eux, les grâces suffisantes sont des grâces qui ne suffisent pas, qui n'ont pas leur effet, et ils se refusent à admettre que la volonté de l'homme donne à la grâce son efficacité. L'école de Port-Royal, qui combattit vigoureusement le Molinisme, fut accusée par ses adversaires de n'admettre que des *grâces efficaces* obtenant toujours *nécessairement* leur effet, et, par conséquent, de rejeter le libre arbitre. C'était une erreur : non-seulement les savants de Port-Royal ont poursuivi dans les ouvrages des calvinistes jusqu'aux moindres traces de la doctrine prédestinatienne, mais ils ont admis avec St Augustin des *grâces excitantes*, dont l'effet est souvent nul à cause des mauvaises inclinations de l'homme et de l'abus qu'il peut faire de sa liberté ; si l'homme correspond à ces grâces excitantes, Dieu l'en récompense, disent-ils, en lui accordant des *grâces efficaces*, et son libre arbitre en reçoit une telle force, qu'il opère, non pas *nécessairement*, mais *certainement* le bien.

La grâce est-elle si absolument nécessaire, que, sans elle, on ne puisse faire aucun bien? A considérer le bien en lui-même, relativement à son objet, il est certain que l'homme, sans un secours surnaturel, et par l'effet de qualités morales purement naturelles, peut faire le bien, par exemple, respecter ses parents, donner l'aumône, etc. Mais ce bien, relativement à notre action, est *défectueux*, en tant qu'il est produit par un être dégénéré. Il n'y a d'acte réellement *parfait*, que celui qui est fait sous l'impulsion de Dieu, sous l'inspiration de la grâce.

Quant à la distribution des grâces, Dieu en accorde-t-il aux uns de tellement efficaces, qu'ils pratiquent aisément la vertu? Pourquoi n'en accorde-t-il pas à d'autres? Comment se fait-il qu'il laisse tant d'hommes dans l'idolâtrie, l'hérésie ou le schisme? Comment les laisse-t-il mourir sans qu'ils aient été régénérés par le baptême? Ce sont des questions dont St Augustin a jugé la solution impossible, des mystères que la raison ne peut et ne doit pas sonder.

GRACE (Délai de). V. Délai.

GRACE (Droit de). }
GRACE (Lettres de). } V. notre *Dictionnaire de Biographie et d'Histoire.*
GRACES (Les Trois). }

GRACES EXPECTATIVES. V. EXPECTATIVES, dans notre *Dictionnaire de Biographie et d'Histoire.*

GRACES (Jeu des), jeu qui ressemble à celui du volant. On se sert de bâtonnets ou petites baguettes, que l'on croise un peu pour lancer un petit cerceau; l'autre joueur doit le recevoir et le lancer de même.

GRACIOSO, personnage comique du théâtre espagnol. Son nom indique que la grâce, la douceur, l'amabilité et la légèreté doivent être les caractères distinctifs de son jeu. Ainsi conçu, le Gracioso a presque entièrement disparu de la scène : on l'a transformé en bouffon loquace, poltron, gauche ou déplacé dans ses plaisanteries.

GRADATION (du latin *gradus*, degré). C'est, en Littérature, un arrangement d'idées tel que l'effet va en augmentant sans cesse et comme par degrés. Ainsi, un orateur dispose ses preuves en réservant les plus fortes pour les dernières. Dans une œuvre dramatique, dans un roman, les scènes et les tableaux se succèdent de manière à produire, chez le spectateur, des émotions de plus en plus vives et profondes. — Dans la Rhétorique, la gradation est une figure de pensée, que les Grecs nommaient *climax*, c.-à-d. *échelle*, et qui consiste à présenter une suite d'idées, d'images, de sentiments qui enchérissent les uns sur les autres. Elle est dite *ascendante*, comme dans cet exemple : *Va, cours, vole !* On appelle gradation *descendante* une diminution successive et graduelle.

Le mot *Gradation* s'emploie aussi dans les beaux-arts. En Peinture, il indique le passage insensible d'une couleur à une autre. Les peintres et les sculpteurs appellent encore *Gradation* l'artifice de composition qui consiste à grouper les personnages de manière que les principaux soient en relief et que les autres s'affaiblissent graduellement quant à l'expression et au jeu de la lumière. « Il y a, dit Quatremère de Quincy, gradation dans le système des ordres de l'architecture, lorsqu'on les considère, soit sous le rapport des proportions, soit sous celui des ornements. Le dorique, qui est le plus fort et le plus simple, est suivi de l'ionique, plus élégant et plus varié, après lequel vient le corinthien, plus svelte encore et plus riche. »   B.

GRADE (du latin *gradus*, degré), nom donné, dans le langage militaire, aux degrés par lesquels on monte l'échelle de l'avancement. On en distingue onze dans l'armée française : *caporal* et *brigadier, sergent* et *maréchal des logis, sous-lieutenant, lieutenant, capitaine, chef de bataillon* ou *d'escadron, lieutenant-colonel, colonel, général de brigade, général de division,* et *maréchal de France.* Les titres de *fourrier, sergent-major, maréchal des logis chef, adjudant, adjudant-major, officier payeur, quartier-maître, trésorier, major,* désignent des offices, et ne sont pas des grades, puisqu'on peut avancer sans les recevoir. Dans l'armée de mer, les grades sont : *quartier-maître, maître, aspirant, enseigne de vaisseau, lieutenant de vaisseau, capitaine de frégate, capitaine de vaisseau, contre-amiral, vice-amiral,* et *amiral.* Depuis la loi de 1832, les grades sont donnés, soit à l'ancienneté, soit au choix (V. Avancement). L'emploi est distinct du grade : la disponibilité et la retraite enlèvent l'emploi, et non le grade, qui ne se perd que par la *dégradation.* — Dans le clergé, *grade* se dit de la prêtrise et des degrés plus élevés, même de l'épiscopat. — Dans les Universités

et les Facultés, on confère les grades de *bachelier, de licencié* et de *docteur.*

GRADINS, degrés, marches ou bancs disposés graduellement les uns au-dessus des autres en forme d'escaliers. Les Grecs creusaient les gradins de leurs théâtres sur le flanc d'une colline, et formaient ainsi des sièges naturels; les Romains construisirent ces magnifiques édifices isolés, où d'immenses et solides gradins recevaient des milliers de spectateurs.

GRADUEL, répons qui se dit ou se chante à la messe, immédiatement après l'Épître. Le nom vient de ce qu'on le chantait sur les degrés (*gradus*) du sanctuaire ou pendant que le diacre qui allait dire l'Évangile montait les degrés de l'ambon. L'usage du Graduel remonte aux papes St Célestin ou St Grégoire. — On appelle aussi *Graduel* le livre de lutrin qui contient les messes notées. Il est divisé, comme l'Antiphonaire, en *Propre du temps* et *Commun des Saints.*

GRADUÉS. V. ce mot dans notre *Dictionnaire de Biographie et d'Histoire.*

GRADUS AD PARNASSUM, c.-à-d. *degré pour atteindre au Parnasse,* titre sous lequel on connaît dans nos écoles secondaires le Dictionnaire poétique latin, donnant la quantité de chaque mot, ses synonymes, les périphrases à l'aide desquelles on peut le remplacer, les épithètes qu'on peut lui adjoindre, le tout à l'usage de ceux qui s'essayent aux vers latins. Ce fut le P. Aler qui imagina ce titre de *Gradus,* adopté plus tard par le P. Vanière pour la seconde édition de son *Dictionarium poeticum.* Sous le premier Empire français, Noël s'appropria, au moyen de quelques modifications, l'œuvre du P. Vanière, et son *Gradus* est encore en usage dans les écoles.

GRÆCOSTASE. V. ce mot dans notre *Dictionnaire de Biographie et d'Histoire.*

GRAIN, effet que produisent les tailles de la gravure diversement croisées entre elles.

GRAINS (Commerce des). V. Céréales.

GRAMMAIRE, terme formé d'un mot de la basse latinité, mais qui remonte au mot grec *gramma* (lettre, écrit). La Grammaire est l'art de parler et d'écrire correctement, c.-à-d. conformément à l'usage des personnes qui parlent bien et des meilleurs écrivains. Les Grammaires particulières traitent de telle ou telle langue déterminée et considérée isolément; elles exposent les principes de la déclinaison et de la conjugaison, de la variabilité ou non-variabilité des diverses parties du discours, les principes de dérivation, de composition, les règles de construction, de syntaxe, et rendent compte des anomalies, c.-à-d. des déviations de la forme reçue pour telle classe de mots, des irrégularités de syntaxe et de construction sur lesquelles reposent les principales figures de grammaire et de mots et la plupart des idiotismes. Les Grammaires comparées s'occupent de montrer les ressemblances et les différences des mots, des formes grammaticales, de la construction et de la syntaxe en usage dans deux ou plusieurs langues. Les procédés grammaticaux d'une langue peuvent être comparés isolément avec ceux d'une autre langue, par exemple le latin et le français, l'anglais et l'allemand. On peut aussi établir la comparaison entre un groupe de langues analogues et un groupe d'autres langues ayant entre elles aussi certaines affinités : ainsi, comparer les procédés généraux des langues sémitiques (chaldéen, syriaque, hébreu, arabe, etc.), avec ceux des langues indo-européennes (sanskrit, grec, latin, tudesque, etc.). On peut comparer les procédés des langues synthétiques, comme le sanskrit, le grec, le latin, avec ceux des langues analytiques, telles que le français, l'italien, l'espagnol, le portugais, le grec moderne ou romaïque, et exposer, comme conclusion de cette étude, le tableau résumé des avantages et des inconvénients attachés à chacun de ces systèmes. L'Étymologie (V. ce mot) est une branche importante de la Grammaire comparée, lorsqu'on étudie deux ou plusieurs langues issues d'une souche commune, telles que l'italien, le français et l'espagnol, idiomes formés simultanément de la dissolution du latin après les invasions barbares du ve et vie siècles. Elle est aussi d'un secours puissant pour l'étude approfondie de l'anglais, idiome formé principalement du saxon, mais avec des emprunts considérables à la langue française du moyen âge importée par la conquête normande. La Grammaire générale et raisonnée ou *philosophique* embrasse ce qu'il y a de commun, d'essentiel, d'invariable dans le langage de toutes les nations, et cherche, dans la nature de l'intelligence humaine, la raison des faits qui se trouvent partout les mêmes au milieu de la plus grande diversité ; car il y a des principes fondamentaux communs, et, on peut le dire, antérieurs à toute langue spéciale, immuables et universels, comme tenant à la nature de la pensée même.

La Grammaire, dont les bases ont été posées par les anciens Grecs, est d'origine relativement récente : les premières recherches sur les procédés du langage se trouvent éparses dans le *Cratyle* de Platon et dans le livre de l'*Interprétation* (de la pensée) par Aristote (IVe siècle ‡7. J.-C.). Les savants d'Alexandrie firent faire, dès le siècle suivant, de notables progrès à la grammaire. L'un des plus distingués est Apollonius Dyscole (IIe siècle de J.-C.), qui, le premier, a réduit la grammaire en système. Chez les Romains, il faut citer principalement Varron, contemporain de César, et Priscien (VIe siècle de notre ère). Chez les modernes, Sanchez (Sanctius), Vossius, Arnauld et Lancelot (*Grammaire de Port-Royal*), Dumarsais, Condillac, Beauzée, Harris, De Brosses, Court de Gébelin, Sylvestre de Sacy, Destutt de Tracy, de Gérando, Clément, Charma, de Humboldt, etc., sont auteurs de *Grammaires générales*. Comme *Grammaires comparées*, on connaît l'ouvrage de l'abbé Dangeau (XVIIe siècle) sur les *Conjugaisons des langues anciennes comparées aux modernes*, le Traité d'Henri Estienne (XVIe siècle) sur *la Conformité du langage grec avec le langage français*, et les *Notions de Grammaire comparée* de M. Egger, 1852. Pour les auteurs de *Grammaires particulières*, V. les articles consacrés à chaque langue.

Chez les Anciens, le mot *grammaire*, et, par suite, le mot *grammairien*, n'avaient pas le même sens que chez nous : la grammaire, ou, comme ils disaient, la *grammatique*, embrassait l'interprétation philologique, littéraire, mythologique, critique, historique des principaux *poètes*, à l'étude desquels on passait aussitôt qu'on possédait les notions fondamentales sur la langue grecque ou sur la langue latine : c'était comme le deuxième degré de l'enseignement. Zénodote d'Ephèse, Aristophane de Byzance, Aristarque de Samothrace, se distinguèrent, le dernier surtout, par leurs études de toutes sortes sur les poésies homériques, et leurs travaux servirent de base à ceux qui se publièrent bientôt sur la grammaire proprement dite, ainsi qu'aux Lexiques et Glossaires, qui souvent ne se composaient que d'extraits de ces grands commentateurs. Au moyen âge, les *grammairiens* grecs prirent le nom de *scoliastes*. Les anciens Romains désignaient aussi ces savants par le *nom de litterati*. Quant à l'étude des grands *prosateurs*, elle faisait partie de la *Rhétorique*, à cause de l'importance toute particulière que le talent de la parole et l'étude des procédés eurent pendant longtemps dans la république athénienne et dans la république romaine. Après la chute de la liberté, qui entraîna celle de l'éloquence, la même division fut maintenue dans les écoles. Au moyen âge, la Grammaire était au premier rang des *Arts libéraux*. Peu à peu elle se sépara de la philologie et de la critique littéraire. — Le maître qui se chargeait d'enseigner les premiers éléments de la langue s'appelait, chez les Grecs, *grammatiste*, et, chez les Romains, *litterator* : il correspond à peu près à notre instituteur primaire, maître élémentaire, professeur de grammaire ; nos professeurs d'humanités, de rhétorique et de Faculté, ne sont pas sans analogie avec le *grammatique* ou *lettré* et le *rhéteur* de l'antiquité, considérés comme hommes d'enseignement. P.

GRANELLESCHI (Société des), sorte d'Académie qui se forma à Venise vers 1740, pour s'opposer au mauvais goût de l'époque, moins encore par des ouvrages sérieux qu'au moyen de productions satiriques et bouffonnes. En italien, un *granelli* est un sot, un niais, un imbécile.

GRANGE, bâtiment destiné à conserver les grains en gerbes et les pailles, dans une exploitation rurale. On doit en éloigner toutes les causes d'incendie. Plus une grange se rapproche du cube par sa forme, mieux elle répond à sa destination, qui est de renfermer autant d'espace que possible ; si l'on donne à la toiture une grande hauteur, on augmente ainsi la quantité de gerbes qu'on peut mettre à l'abri. Le sol de la grange doit être surélevé par rapport au terrain environnant, et formé de matériaux secs. Si l'égrenage se fait au fléau, l'aire à battre doit être bien dressée, sans trous ni fissures où le grain pourrait se perdre, et bien ferme pour résister aux chocs du fléau : on en fait, soit avec de la terre franche un peu argileuse, dont on a extrait avec soin les corps étrangers, et à laquelle on mêle de la fiente de bêtes à cornes, ou du marc d'olive ou du tan, ou de la bourre, ou du blanc de salpêtre, soit avec du bois, ou de l'asphalte. Dans le midi de la France, en Espagne et en Italie, où le battage se fait en plein air immédiatement après la récolte, il n'existe pas de granges. V. Morel de Vindé, *Essai sur les constructions rurales*, 1824.

GRANJA (La), château de plaisance des rois d'Espagne, bâti au village de St-Ildefonse, à 8 kilom. de Ségovie, par ordre de Philippe V, qui voulait imiter les Versailles de son aïeul Louis XIV. Il tire son nom d'une ferme ou métairie (*granja* en espagnol) qui appartenait aux Hiéronymites de Ségovie, et sur l'emplacement de laquelle on le construisit. Les travaux durèrent de 1719 à 1746 ; Jubara, Sachetti, Procaccini, Sani, Firmin, Thierry et Dumandré, y furent employés. La Granja occupe la partie la plus élevée d'une place en pente, où elle offre une façade peu remarquable, limitée par deux tours à flèches aiguës, et au centre de laquelle se trouve l'abside de la chapelle. La façade principale est du côté des jardins : des pilastres et des demi-colonnes encadrent les fenêtres du rez-de-chaussée et de l'étage, que couronnent des frontons de forme baroque, et une corniche ornée de vases ; au centre s'élève un attique soutenu par quatre cariatides. Les appartements intérieurs sont remarquables par leur grandeur et leur richesse, mais présentent une monotone uniformité. On voit dans les salles basses une collection d'antiquités formée à Rome par l'ex-reine Christine de Suède, et achetée plus tard par Philippe V ; les pièces supérieures sont garnies de belles peintures. La chapelle, ornée avec peu de goût, contient le tombeau élevé par Ferdinand VI à la mémoire de son père. Ce qu'il y a de plus beau à la Granja, ce sont les jardins et leurs eaux, dont certains jets atteignent 40 à 45 mèt. de hauteur. Les plus belles fontaines portent les noms de *Bains de Diane* et de *Fontaine de Neptune*. B.

GRAPHIUM. V. ce mot dans notre *Dictionnaire de Biographie et d'Histoire.*

GRAPPIN, petite ancre à pattes ou griffes recourbées, attachée par un anneau à l'extrémité d'une corde ; elle sert aux embarcations légères. Il y a des *grappins d'abordage*, qui se lancent dans les haubans des navires qu'on veut accrocher. Les *grappins de brûlots*, placés sur les basses vergues, sont quelque peu différents de forme.

GRASSEYEMENT, vice de prononciation qui porte sur la consonne *r*, dont il dénature et atténue le son. Il résulte d'une mauvaise direction donnée à la langue, qui, au lieu d'être portée vers le palais pour y vibrer au passage de l'air poussé au dehors, est abaissée vers les dents inférieures. Le son de l'*r* est quelquefois même supprimé, ainsi que le faisaient à dessein les *Inc-oyables* et les *Me-veilleuses* du Directoire. La grasseyement choque peu, quand il n'est pas trop prononcé, et il a même une certaine grâce efféminée.

GRATIFICATION, libéralité faite aux employés de certaines administrations publiques et particulières, à raison des étrennes ou de tout autre événement.

GRAU, petit canal entre un étang et la mer.

GRAVE, qualification de certains sons musicaux, par rapport à d'autres qui sont aigus (V. Aigu). Plus les vibrations du corps sonore sont lentes, plus le son est grave. La gravité des sons dépend de la grosseur des cordes ou des tuyaux, de la longueur, du diamètre, et en général du volume et de la masse du corps sonore. — *Grave* est aussi le nom d'un mouvement un peu plus rapide que le *largo*, mais plus lent que l'*adagio*.

GRAVILLE (Abbaye de), au Havre. La construction, commencée à la fin du XIe siècle, ne fut achevée qu'au XIIIe ; elle est de style roman, sauf le chœur, où se trouvent des arcades ogivales. L'abbaye de Graville est en forme de croix latine. A la gauche de l'entrée occidentale est une grosse tour carrée en ruine. Une autre tour carrée, de peu de hauteur, et surmontée d'une pyramide en ardoise, s'élève à l'intersection des transepts. Les chapiteaux des piliers qui supportent la voûte en bois de l'édifice, et les parois extérieures du transept septentrional, ont reçu une ornementation grossière, mais intéressante pour l'histoire de la sculpture. — Le cimetière attenant à l'abbaye contient une croix de pierre assez ornée, qui porte d'un côté l'image du Christ, de l'autre celle de la Vierge, et qui repose sur un socle octogonal : cette croix servit de modèle pour celle qui figura primitivement à l'Opéra de Paris dans le 3e acte de *Robert le Diable*.

GRAVURE (du grec *graphéin*, écrire, tracer), art de tracer un dessin sur une matière dure. Après n'avoir offert pendant longtemps qu'un intérêt secondaire, cet art a pris tout d'un coup une grande importance, lorsqu'on eut appris à tirer des planches gravées, par le moyen de l'impression, un nombre indéfini d'*épreuves* ou *estampes*, auxquelles on donne également le nom de *gravures*. Toutes les espèces de gravure se ramènent à trois : la *Gravure en creux*, la *Gravure en relief*, et la *Gravure en bas-relief*.

I. GRAVURE EN CREUX. La matière employée est toujours un métal. On prit, à l'origine, de petites plaques d'argent, quelquefois d'or, parce que la gravure ne servait qu'à orner des bijoux. Mais, lorsque Maso Finiguerra eut trouvé, en 1452, le moyen de tirer épreuve d'une plaque qu'il avait gravée pour l'église Saint-Jean à Florence (V. NIELLE), Mantegna, Baccio Baldini, Botticelli, Antoine Pollajuolo, Francia, et d'autres artistes gravèrent sur des planches plus grandes, avec l'intention de tirer dès épreuves : depuis ce moment, on fit usage d'un métal moins précieux, ordinairement le cuivre rouge, et aussi le cuivre jaune, l'acier et l'étain. On grave en creux de diverses manières, *au burin*, *à l'eau-forte*, *au pointillé*, *en manière de crayon*, *en mezzotinte*, *au lavis*; il faut ajouter la *gravure de musique*, la *gravure mécanique*, la *gravure en typographie*, et la *gravure héliographique*.

La *Gravure au burin* ou *taille-douce* est la plus ancienne et celle dont on obtient les plus beaux résultats. Il est rare qu'on emploie le burin seul; ordinairement on se contente de terminer avec cet instrument le travail préparé avec l'eau-forte, et les linges, les plumes, les parties les plus délicates des chairs sont terminées avec la *pointe sèche*. Les *tailles* sont généralement croisées, excepté dans les parties qui approchent des lumières; graver avec un seul rang de tailles est une singularité ou un tour de force. La manière dont les tailles sont croisées n'est pas indifférente : elles sont en carré pour les pierres et autres objets inflexibles, en losange pour les chairs ou les draperies. Avec les tailles croisées, on doit tâcher d'en avoir une principale qui soit placée dans le sens des muscles si c'est des chairs qu'on grave, dans le sens des plis si ce sont des draperies, et, si c'est un terrain ou un monument, dans le sens de sa plus grande longueur et suivant la perspective. On ne multiplie le croisement des tailles que dans les fonds et quelques parties d'ombre. Elles ne sont pas toujours de même force, mais on les fait plus fines et plus déliées dans les fonds et dans les demi-teintes, et souvent même, en approchant des lumières, on les termine par quelques points qui ont l'air de prolonger la taille. Dans les premiers plans, les travaux doivent être plus larges; mais il faut éviter d'y placer des tailles qui choquent l'œil par leur épaisseur et qui laissent des blancs entre elles. — Aujourd'hui les graveurs préparent et avancent beaucoup leurs travaux à l'aide de l'eau-forte (*V. à la col. suiv.*) : mais, au xve siècle, ce moyen était inconnu; on en faisait encore peu d'usage au xvie, et, dans le xviie, on trouve encore de très-belles gravures exécutées seulement au burin. — L'école française de gravure a commencé dans la seconde moitié du xvie siècle, avec Jean Duvet, Étienne Delaulne, Noël Garnier, Nicolas Béatricet, P. Voeiriot, Jacques Périsin, Tortorel et René Boivin. Sous Henri IV fleurirent Léonard Gaultier, Androuet Ducerceau, Étienne Dupérac, Philippe Thomassin et Thomas de Leu. Au temps de Louis XIII, Callot, Labelle, Chaperon, Pérelle, brillèrent d'un vif éclat. Pendant le règne de Louis XIV, notre école devint la première de l'Europe, avec Poilly, Étienne Baudet, Pesne, Guill. Château, Claudine Stella, Gérard, Audran, Édelinck, Nanteuil, Masson, Van Schuppen, etc. Sous Louis XV, Benoît et Jean Audran, Nicolas Dorigny, Charles et Louis Simoneau, Gaspard Duchange, Nic.-H. Tardieu, Alexis Loir, Louis Desplaces, soutinrent la gloire de l'école, et après eux vinrent les deux Dupuis, Laurent Cars, Philippe Lebas, les Drevet et les Balechou. Les étrangers venaient alors en France apprendre à manier le burin, par exemple, les allemands Wagner, Preisler, Schmidt et Wille, les anglais Strange, Ingram et Ryland : l'Angleterre nous enleva même Aliamet, Lempereur et Vivarais. Mme de pompadour donna l'exemple d'abandonner les principes sévères de l'école, pour faire du joli et de l'effet; mais Ant. Trouvain, les deux Chéreau, Daullé, Larmessin, conservèrent les bonnes traditions. A la fin du xviiie siè-

cle, Saint-Aubin, Avril, Duplessis-Bertaux et Boissieu nous amènent jusqu'à la grande école du xixe, d'après les inspirations de David, et qui a pour représentants Bervic, Desnoyers, Massart, Richomme, Henriquel Dupont, Sixdeniers, Lemaître, Martinet, François, Blanchard, etc. A notre époque on peut aussi mentionner Toschi, Anderloni, Garavaglia et Mercuri en Italie, Sharp, Wollett, Earlom et Green en Angleterre.

Pour la *Gravure à l'eau-forte*, on prend une planche de cuivre ou d'acier, on la couvre d'un vernis inattaquable aux acides, et, avec une pointe, on dessine en enlevant ce vernis, qu'on a eu soin de noircir à la fumée d'un flambeau. Parmi les artistes, les uns prennent une pointe fine, les autres une *échoppe* ou grosse pointe, dont le bout, en forme de triangle irrégulier, sert à faire des pleins ou des déliés, suivant la manière de tenir l'instrument. Il en est qui varient la grosseur de leur pointe, d'après la nature du travail qu'ils veulent faire. Le travail de la pointe étant terminé, il reste à *faire mordre*, ce qui consiste à verser sur la planche de l'eau-forte ou acide nitrique mélangé d'eau, qui entame le métal aux endroits où la pointe l'a mis à découvert. On nomme *eaux-fortes de peintre* les planches gravées ainsi d'une manière définitive, et *eaux-fortes de graveur* celles où l'on a seulement préparé un travail qui doit être terminé au burin. Pour graver sur verre, on emploie l'acide fluorique au lieu d'eau-forte. — Les Italiens ont attribué à François Mazzuoli, dit le Parmesan, l'invention de la gravure à l'eau-forte; cet artiste est seulement le premier qui ait pratiqué cet art en Italie (1530). Les Allemands ont revendiqué la découverte pour Albert Dürer (1510). Mais il existe au Musée britannique de Londres une gravure allégorique et satirique de Wenceslas d'Olmütz, où l'on trouve la date de 1496, et qui est, par conséquent, antérieure aux compositions de Dürer et de Mazzuoli. Un certain nombre ont gravé à l'eau-forte, entre autres, Berghem, Paul Potter, Swanevelt, Everdingen, Henri Roos, Rembrandt, Annibal Carrache, le Guide, Salvator Rosa, Castiglione, Claude Lorrain, Bourdon, Coypel. Parmi les graveurs qui employèrent à la fois le burin et l'eau-forte, on remarque Gérard Audran, qui a porté ce procédé à la perfection, Chasteau, Hollar, Desplaces, Duchange, Le Bas, Vivarais, Marc-Antoine Raimondi, les Ghisi, Longhi, Bartolozzi. Quelques-uns ne se sont servis du burin que pour reprendre des parties qui n'avaient pas mordu à l'eau-forte; tels sont Bartoli, La Belle, Callot, Abraham Bosse, Sylvestre, Chauveau, Le Potre, Leclerc, Morin, Pérelle, Périer, Wagner. Le meilleur graveur à l'eau-forte de notre temps est Charles Jacque.

La *Gravure au pointillé* n'emploie pas les tailles, mais des points disposés par séries. On les obtient par l'eau-forte; le burin donne ensuite l'empâtement nécessaire aux ombres et aux demi-teintes, et la *roulette* fond ces dernières avec les lumières. Les plus anciennes estampes au pointillé, d'origine hollandaise, datent du commencement du xviie siècle, et présentent un assemblage de points ordinairement triangulaires et d'une grosseur inégale. Morin et Boulanger ont gravé de cette manière plusieurs portraits et des sujets historiques. A la fin du xviiie siècle, Bartolozzi mit le pointillé à la mode, particulièrement en Angleterre, et l'on vit se répandre une énorme quantité de mauvais ouvrages, surtout des scènes domestiques et sentimentales. Au xixe siècle, Hopwood a fait des portraits d'un beau fini et d'un joli effet. — La *Gravure au maillet* est une variété de la gravure au pointillé : les pointes avec lesquelles on fait les points sont enfoncées dans le métal à l'aide d'un petit maillet. Lutma est presque le seul artiste qui ait opéré ainsi, et il n'a laissé que quatre têtes ou portraits dans ce genre.

La *Gravure en manière de crayon* a été inventée en 1756 par François et Demarteau, graveurs parisiens. Pour imiter l'irrégularité d'un crayon passé sur les grains du papier, on prend une planche de cuivre vernie; on emploie, au lieu de la pointe ordinaire, une pointe divisée en plusieurs parties inégales, et on trace ainsi les contours; puis on imite les hachures soit avec ces pointes, soit avec des roulettes qui présentent également à leur circonférence des aspérités inégales. Cette manière de graver, qui était surtout en usage pour l'exécution des modèles destinés aux écoles de dessin, est remplacée aujourd'hui avec avantage par la lithographie.

La *Gravure en mezzotinte* ou *à la manière noire*, dont l'invention est, à tort, attribuée à Louis Siegen, lieutenant-colonel au service du landgrave de Hesse-Cassel, vers 1643, remonte à 1601, et appartient à

François Aspruck, graveur tout à fait inconnu, et dont il existe à la Bibliothèque nationale de Paris plusieurs planches datées. Les procédés en ont été bien perfectionnés depuis. On prend un cuivre ordinairement jaune, plané avec grand soin; on y fait faire le *grain* par un ouvrier au moyen d'un *berceau*, large ciseau dont le bout, fait en portion de cercle, est strié et présente des pointes très-aiguës. L'ouvrier, en berçant sa main, fait entrer ces pointes dans la planche. Il passe le berceau successivement par bandes parallèles sur la hauteur, puis sur la largeur, et ensuite par chaque diagonale, en recommençant jusqu'à vingt fois de chaque côté. L'épreuve qu'on tire alors donne un noir parfait. Puis, le graveur, ayant décalqué son dessin sur le cuivre, prend un *racloir*, lame aiguisée des deux côtés, avec laquelle il abat le grain de la planche, d'abord en entier dans toutes les parties claires, ensuite plus légèrement dans les demi-teintes et les parties plus ou moins ombrées. On emploie aussi, au lieu du racloir, un *ébarboir*, barreau d'acier à trois ou quatre faces, dont les angles moins aigus font un travail plus doux. Mais, en tout cas, le racloir ne suffit pas dans les clairs purs, parce qu'il peut occasionner quelques légères rayures; on les efface au moyen du *brunissoir*, instrument d'acier très-poli. Cette manière d'opérer est le contraire de la gravure ordinaire : car la pointe ou le burin semble faire l'effet d'un crayon noir sur un papier blanc, tandis que le racloir produit celui d'un crayon blanc sur du papier de couleur. La gravure à la manière noire est plus prompte et plus expéditive que l'eau-forte et le burin; elle est susceptible de grands effets à cause de l'obscurité qu'elle laisse dans les masses; mais elle manque de fermeté et de hardiesse, ainsi que de finesse, par suite de l'espèce de velouté produit par le grain. Vaillant est à peu près le seul artiste français qui ait employé la gravure à la manière noire sous le règne de Louis XIV; on trouve ensuite Leblond sous Louis XV, et, de nos jours, Jazet. Les Anglais y excellent : il n'est pas de graveur plus remarquable que Martin et Thomas Landseer, nos contemporains.

La *Gravure au lavis* ou *aqua-tinta* imite les dessins au lavis faits à l'encre de Chine, au bistre ou à la sépia. Elle produit à peu près les mêmes effets que la mezzo-tinto ; mais, comme la gravure à l'eau-forte, elle s'exécute au moyen d'une action chimique : on grave d'abord à l'eau-forte les contours de la figure; on couvre ensuite d'un vernis noir impénétrable à l'acide nitrique les parties de la planche où il ne doit y avoir ni trait ni ombre. Puis on saupoudre la planche de colophane réduite en poudre très-fine, et on l'expose à une chaleur ardente jusqu'à ce que la résine soit fondue. Par ce moyen, il se forme, entre les molécules de la colophane, de petits espaces par lesquels l'acide nitrique peut s'insinuer et mordre. L'acide est alors versé sur la planche, et on l'y laisse cinq minutes, temps suffisant pour les ombres faibles. On couvre ces ombres faibles avec du vernis, on en fait agir l'acide une seconde fois, et ainsi de suite jusqu'à ce que les ombres les plus fortes soient tracées à leur tour. Telle est la méthode pour les sujets d'histoire et d'architecture. Pour le paysage, on emploie un autre procédé, qui consiste à étendre sur la planche un bon vernis de graveur ; puis on recouvre au pinceau toutes les parties qui doivent être gravées, avec un mélange d'huile d'olive, d'essence de térébenthine et de noir de fumée. Ce mélange amollit le vernis, qui peut être enlevé avec un linge fin, en laissant paraître sur le cuivre les marques faites avec le pinceau. Alors on agit, comme dans le premier procédé, à l'aide de la colophane, et on répète l'opération plusieurs fois, suivant qu'on veut obtenir des teintes plus ou moins foncées. — La gravure au lavis a été inventée en 1660 par Hercule Zeghars, ou en 1762 par Fr.-Phil. Charpentier, graveur de Paris. D'autres l'attribuent à Le-prince.

La *Gravure sur pierre* s'exécute sur pierre lithographique; elle a été imaginée vers 18 ; c'est un procédé qui a son avantage pour la facilité du travail, mais il ne réussit bien que pour le dessin au trait, ou le dessin topographique ou géographique ; il ne souffre pas de médiocrité; aussi, en général, ce genre de gravure est sec et froid, comme à la gravure ou sur acier.

Pour la *Gravure de musique*, on s'est servi d'abord de planches en cuivre, puis en étain et en zinc. Bien qu'on emploie le burin pour quelques parties, presque tout le travail se fait au moyen de poinçons qu'on frappe avec un marteau. S'il y a des paroles à graver, c'est par là que l'on commence, et c'est l'affaire du graveur en taille-douce. C'est au commencement du XVIIIe siècle qu'on se mit à graver la musique, qui était précédemment imprimée. L'idée en est attribuée au compositeur allemand G.-Ph. Telemann.

On a imaginé, de nos jours, diverses *Machines à graver*. Celle de Conté sert à faire avec une très-grande régularité des séries de lignes parallèles, également espacées, comme cela est nécessaire pour les ciels des grandes gravures. Elle se compose essentiellement d'une règle ou d'un cylindre portant des ondulations que l'on fait mouvoir au moyen d'une vis de rappel parfaitement régulière, et d'une pointe qui trace une ligne le long de cette règle ou de ce cylindre. La machine de Collas sert à reproduire, gravés en taille-douce, sur une planche d'acier ou de cuivre, les effets de relief ou d'enfoncement d'une médaille, d'un bas-relief.

La *Gravure en typographie* comprend toutes les opérations à l'aide desquelles se font les poinçons d'acier servant à frapper les matrices employées pour couler les caractères d'imprimerie. Elle est très-importante ; car de la bonté et de la beauté de ce qu'elle produit dépendent les succès du fondeur et de l'imprimeur.

La *Gravure héliographique*, qui s'exécute sur acier et sur verre, n'a pas encore atteint une grande perfection. Après avoir obtenu, sur une plaque enduite d'un vernis de benzine, d'essence de zeste de citron et de bitume de Judée, une bonne image à l'aide de la chambre obscure, on la place dans une boîte semblable à celle qui sert à passer la plaque daguerrienne au mercure. Dans le fond de cette boîte, que l'on ferme hermétiquement, est une capsule de porcelaine contenant de l'essence de spic pure, que l'on chauffe très-fort avec une lampe à alcool. La plaque étant bien séchée à l'air, on la fait mordre par l'eau-forte.

II. GRAVURE EN RELIEF. Cette manière de graver, plus longue et plus difficile que la gravure en creux, est aussi moins ancienne ; on croit que les Chinois la pratiquaient dans le XIe siècle. Mais, comme l'impression en est plus simple et plus facile, c'est d'elle qu'on a tiré des épreuves en premier. La gravure en relief s'exécute ordinairement sur du bois, mais aussi quelquefois sur cuivre jaune et sur acier. Au XIIIe siècle on exécutait en Allemagne des cartes géographiques gravées en relief sur bois; il en existe des exemplaires à la Bibliothèque impériale de Paris.

La gravure en relief sur cuivre et sur acier sert à exécuter les estampilles, les poinçons, les vignettes employées dans la fabrication des actions des compagnies industrielles, les ornements que les relieurs placent sur le dos ou le plat des livres, etc.

On grave sur bois *à une* ou *à plusieurs tailles*. Pour graver à une seule taille, le buis est le plus généralement employé. On prend aussi du poirier pour les sujets de grande dimension, ou quand le travail n'exige aucune finesse, comme pour la fabrication de l'indienne ou du papier peint. Lorsque la planche est bien dressée et polie, on la couvre d'une légère couche de blanc de céruse ou de zinc délayée avec de l'eau gommée et un peu d'alun : le dessinateur trace alors avec un crayon dur la composition qu'il veut publier, et tout le travail du graveur se borne à enlever les parties du bois restées blanches, et à laisser en saillie les traits et les hachures que l'artiste a dessinés et qui deviennent alors autant de *tailles*. Dans la gravure en creux, le sillon du *burin* ou de la pointe doit être rempli d'encre et produire les traits aperçus sur l'épreuve; dans la gravure en relief, ce qu'on enlève est la partie qui ne doit pas laisser de trace sur le papier, et on *épargne* les tailles qui doivent marquer à l'impression : c'est de là vient le nom de *gravure en taille d'épargne* que l'on donne à la gravure en relief. — Autrefois, les graveurs sur bois étaient appelés *tailleurs de bois*, et on leur donnait le nom de *taille* à la planche taillée ou gravée. Aussi, quand on parle de *gravure à plusieurs tailles*, il ne s'agit pas du nombre des hachures, ni de leur croisement, mais des tailles ou planches diverses qu'on emploie pour graver en couleur. La gravure à plusieurs tailles est aussi connue sous les dénominations de *gravure en camaïeu* et de *gravure en clair-obscur* (V. CAMAÏEU).

La gravure sur bois offrit à peine, à l'origine, les caractères d'un art : elle servit à tailler des sceaux économiques, des lettres en relief, dont les scribes et enlumineurs faisaient usage pour imprimer les majuscules. On a des preuves que cette coutume s'établit dès le XIIe siècle. La plus ancienne mention d'un graveur en bois que l'on ait découverte jusqu'ici se trouve dans un obituaire des Franciscains, à Nördlingen, lequel s'arrête au commencement du xve siècle : ce graveur se nommait Fr.-H. Luger, et était laïque. Par conséquent, les Allemands sont aussi peu fondés à réclamer l'invention de la gravure sur bois pour Ulrich Vilgrim que les Italiens pour Ugo da Carpi. Au xve siècle, l'art de tailler le bois pour en obtenir des estampes se répandit dans les monastères dans le monde séculier : de nombreux ateliers fonctionnèrent à Ulm, Nuremberg, Augsbourg, etc., et fournirent d'images l'Italie, la France et les Pays-Bas. En même temps que l'imprimerie substituait les livres aux manuscrits, la gravure se substituait à la peinture en miniature. Dans les estampes de ce temps, les figures, aussi bien que les fonds, les terrains, les arbres, les édifices, sont encore faits au trait, à peine ombrés de quelques hachures, et propres à recevoir une enluminure : c'est l'art dans son enfance, avec sa naïveté, sa grâce quelquefois, mais aussi avec ses incorrections, son ignorance de la perspective et du clair-obscur, son peu d'habileté mécanique. Mais le perfectionnement de l'exécution artistique ne tarda pas à être sensible : pendant tout le xve siècle, l'art de graver sur bois fit des progrès continus ; Albert Dürer et ses élèves lui donnèrent le plus grand éclat qu'il ait jamais atteint avec l'ancienne école. Parmi les graveurs français, on cite Tollat, Raefé, Pierre Voeiriot, Noël Garnier, Bernard Salomon dit *le petit Bernard*, Jean Le Maître, Moni, Georges Mathieu, Cruche, et le célèbre Jean Cousin. Puis, la gravure en relief pencha peu à peu vers son déclin, en jetant sur les Pays-Bas, pendant la seconde moitié du xvie siècle, les derniers rayons de sa splendeur. On remarqua, sous Henri IV, Leclerc et Pierre Rochienne, et, sous Louis XIII, Étienne Duval et Palliot. La décadence, un moment suspendue par Rubens, devint plus rapide après la mort de cet illustre artiste, et, pendant le xviiie siècle, ce fut un art presque abandonné. La France seule le cultiva d'une manière assez brillante pour prouver qu'il ne périrait point : deux familles se distinguèrent principalement à cette époque, les Papillon et les Lesueur ; auprès d'elles une foule d'artistes secondaires ornèrent les livres de frontispices de vignettes, de fleurons, et même exécutèrent de grandes planches. A la fin du siècle, si l'on excepte Godard d'Alençon, l'école française faiblit à son tour. Mais l'œuvre fut alors reprise et continuée par l'Angleterre, dont les artistes, de 1800 à 1825, furent les seuls en Europe capables de graver avec goût : on doit mentionner Thomas Bewick, Th. Hood, Harvey, Sears, Tabagg, Branstone, Clennell, Nesbitt, Thompson, etc. Ils substituèrent la gravure sur bois debout et au burin à la gravure sur bois de fil et au canif. En France, la gravure sur bois ne s'était conservée que dans province, à Épinal, par exemple, où on l'employait pour illustrer de rudes empreintes les livres populaires, et confectionner ces images grossières qui tapissaient les cabarets et les chaumières. A Paris, quelques fleurons et culs-de-lampe étaient exécutés pour les publications de luxe par Best, Andrew, Leloir et Brevière. Le succès que le *Penny Magazine*, le *Saturday Magazine* et autres recueils illustrés, vendus à bas prix, obtenaient en Angleterre, donna l'idée de créer en France le *Magasin pittoresque* en 1833. Les fondateurs de l'entreprise, Charton et Lachevardière, s'associèrent Best, Andrew et Leloir ; une nombreuse école de graveurs se forma sous leur direction, et, après quelques années laborieuses et pénibles, le *Magasin pittoresque* a publié de véritables chefs-d'œuvre de gravure, bien supérieurs à tout ce qui se fait en Angleterre. Parmi les artistes qui se firent un nom, on distingue Belhatte, Cherrier, Chevauchet, les deux Lacoste, Maurisset, Porret, Rouget, Tellier. *L'Illustration* et le *Monde illustré* donnent aujourd'hui, avec une étonnante rapidité, des gravures considérables comme étendue et comme valeur. Nous citerons encore l'*Histoire des peintres de toutes les écoles*, publiée par Charles Blanc, et pour laquelle Dujardin, Gusman, Carbonneau, Dupré, Gauchard, Trichon, Ligny, Quartley, Timms, Whitehead, Pannemaker, etc., ont gravé les tableaux des grands maîtres, d'après les dessins de Cabasson, Pàquier, Hadamard, Bocourt, Freeman, Beaucé, Gagniet, Marvy, Daubigny, etc. L'*Histoire de la Touraine*, publiée par Mame, les *Galeries de l'Europe*, l'*Imitation de Jésus-Christ*, rivalisent avec l'*Histoire des peintres*.

III. GRAVURE EN BAS-RELIEF. C'est moins un genre de gravure qu'une espèce particulière de ciselure et de sculpture. Elle comprend la *gravure de médailles* et la *gravure sur pierres fines* (V. GLYPTIQUE, MÉDAILLES).

ÉCOLES DE GRAVURE.

École française. — Elle est originaire d'Italie, ainsi qu'on le verra plus bas. Nous ne dirons qu'un mot de Noël Garnier et de Jean Duvet, malgré le mérite de ce dernier ; mais on ne saurait reconnaître dans Duvet, dessinateur fougueux et confus de l'*Apocalypse*, le génie caractéristique de la nation. Étienne de Laulne, Androuet du Cerceau, sont de véritables dessinateurs français : l'un et l'autre ont eu le génie de la grâce. Rien de curieux pour l'histoire des mœurs, pour en connaître les mœurs et les traits caractéristiques, comme le recueil de pièces historiques dû à Tortorel et à Périssim, et les estampes de Woëriot, de Thomas de Leu, de Léonard Gaultier. Dans ce premier âge de la gravure française, qui s'étend jusqu'au commencement du xviie siècle, l'estampe se recommande moins par le mérite de l'artiste que par l'intérêt du sujet. Cette observation est encore vraie appliquée à Abraham Bosse ; son œuvre si vaste renferme sur l'époque de Louis XIII, la vie domestique du temps, mœurs, habillement, meubles, etc., des documents pleins d'intérêt. Callot a une place à part ; bien que né à Nancy, il n'en est pas moins le premier grand graveur français, par l'esprit, l'entrain, la sagacité mordante, le bon sens sceptique et gouailleur, qui caractérisent nos auteurs, artistes et écrivains, les plus populaires. Il a manié la pointe avec une dextérité inimitable. Une eau-forte de Callot se reconnaît au premier coup d'œil entre toutes les gravures du monde. Mais Callot est une individualité plus remarquable par sa propre originalité que par son influence sur la marche et les destinées de l'art. En France cette influence fut peu sensible. En Italie elle fit naître quelques imitateurs, tels que Canta Gallina, Cantarini, Della Bella (La Belle). Cependant la France, le pays des artistes, penseurs et philosophes, un pays où l'art n'est pas pittoresque, où les peintres mettent dans leurs productions plus d'idées que de dessin, et plus de dessin que de couleur, devait voir tôt ou tard la gravure briller d'un vif et durable éclat. Cette supériorité commence avec le Poussin, dont les ouvrages prêtaient tant à la gravure, et qu'elle a reproduits d'une manière très-remarquable. Étienne Baudet, Guillaume Château, les Stella, Jean Pesne surtout, sans égaler comme éclat de burin, comme science de l'outil, les interprètes de Rubens, ne leur sont pas inférieurs sous le rapport de la fidélité et du sentiment.

Nous entrons alors dans le second âge de la gravure française. Les Poilly, Edelinck, Nanteuil, Masson, Van Schuppen, élève de Nanteuil, Pierre Drevet, élève de Masson, portent l'art à une hauteur dont le nom de Gérard Audran marque le point extrême. On ne se lasse pas d'admirer dans les portraits et les grands sujets traités par ces maîtres la correction du dessin, l'habile distribution de la lumière, l'adresse avec laquelle le même instrument fait reconnaître l'éclat du métal, la fermeté des chairs, le scintillement de l'eau, la transparence de la dentelle, la douceur de l'hermine et le degré de velouté et de finesse d'étoffe. A Le Brun revient une bonne part dans ce progrès. En possession de la direction de toutes les branches de l'art, il n'épargna pas les conseils à Gérard Audran, et celui-ci les mit à profit avec tant d'intelligence, qu'en interprétant Le Brun il sut l'égaler, et rendre quelquefois même sa traduction supérieure à l'original. Les *Batailles d'Alexandre*, les plafonds de Versailles, presque toutes les pièces gravées pour le *Cabinet du Roi*, se recommandent par la fermeté brillante de l'exécution et la largeur du style.

A partir de Gérard Audran, le sceptre de la gravure appartient à la France. Ce sont d'abord les élèves de Gérard : Benoist et Jean Audran, Nicolas Dorigny, Charles et Louis Simoneau, Gaspard Duchange, Alexis Loir, Louis Desplaces, Nicolas-Henri Tardieu ; viennent ensuite les élèves de Tardieu, Laurent Cars et Philippe Le Bas ; ceux de Le Bas, Alliamet, Cochin, Wille, et puis Bervic, l'élève de Wille ; Boucher-Desnoyers, l'élève de Bervic; Alexandre Tardieu, M. Henriquel-Dupont, élèves de Desnoyers. Ainsi, de Gérard Audran jusqu'à nos jours, les saines doctrines, par leur transmission, en maintenant la supériorité de la France, lui ont assuré le glorieux patronage qu'elle continue à exercer auprès des Écoles étrangères. On a recherché dans leur temps, et on recherche encore, les productions de Bernard Picard, de Larmessin, de Dupuis, de Daullé, de Beauvarlet, de Leprince, de Balechou, de Flipart, de Ficquet, de Saint-Aubin, etc., avec autant d'empressement que celles des graveurs que nous avons précédemment nommés. Pratiqué par ces maîtres habiles, l'art du XVIIIᵉ siècle fut exprimé avec ses qualités séduisantes et ses défauts. La gravure arrive vers la fin du siècle à une véritable originalité dans la vignette ; l'artiste préfère souvent le burin au pinceau. Mais l'art, dans ce badinage, perd chaque jour sous le rapport de la force et du style.

Avec le peintre David, il se relève enfin ; on entre dans une manière large et sévère. Toutefois, il ne faudrait pas attribuer à David une action directe sur la gravure ; l'influence fut tout à fait indirecte. L'art ramené à d'autres idées y ramena naturellement le goût et la pensée des graveurs. Bervic devint un admirateur passionné des bas-reliefs du Parthénon. On pouvait lui reprocher, ainsi qu'à son maître Wille, l'exagération du procédé, l'affectation de la science et de la dextérité de l'outil ; une étude des graveurs du XVIIᵉ siècle, alors plus assidue que celle des maîtres dont ils avaient à interpréter l'œuvre. Leurs élèves, avec moins de talent quelquefois, ont fait preuve de plus de modération consciencieuse. MM. Tardieu, Boucher-Desnoyers, ont laissé un grand nombre de productions très-distinguées, et quelques-unes capables de supporter la comparaison avec les chefs-d'œuvre de l'art qui les avaient devancés. Nous avons encore aujourd'hui de dignes héritiers de leurs doctrines, et la main mourante de Desnoyers a passé à M. Henriquel-Dupont ce sceptre de la gravure dont la France est en possession depuis deux cents ans.

ÉCOLES ÉTRANGÈRES.

École allemande. — Son caractère peut se résumer en deux mots : idéal et matérialisme. Le sentiment exquis de la beauté manque au vieux génie allemand. Albert Dürer est la personnification la plus complète de l'art de son pays ; toute l'école allemande procède de lui, particulièrement Aldegrever et Hans Scheuffalen. Bientôt l'école d'Allemagne fut absorbée par celle de l'Italie, et ne compta plus, au XVIᵉ siècle, que des imitateurs de Marc-Antoine Raimondi. De nos jours, l'École allemande s'est attachée à rendre la pureté des contours et la ligne, plus que l'effet pittoresque. On cite parmi les graveurs les plus distingués Merz, Felsing, Steinla, Joseph et François Zeller. Le dernier a obtenu la médaille d'or à l'Exposition des beaux-arts, en 1859, pour une belle planche de la *Dispute du S-Sacrement,* d'après Raphaël.

École anglaise. — Les graveurs anglais ont commencé par marcher dans la voie de tout le monde, aux XVIᵉ et XVIIᵉ siècles : Strange imita Laurent Cars ; Vivarès et Woolet prennent la manière de Le Bas ; mais les uns et les autres surpassent leurs maîtres, et Woolet, dans le maniement de l'outil, a fait de vrais tours de force. Les Anglais ont, en général, perfectionné les procédés et produit des œuvres remarquables, surtout dans la gravure en manière noire. Un de leurs perfectionnements, dû à Conseil, est l'alliance de la manière noire et de la taille douce. Néanmoins on compte aussi chez eux d'excellents purinistes, et Raynbach, entre autres, s'est fait une juste réputation par ses tailles-douces, d'après Wilkie, surtout le *Colin-Maillard.* L'École anglaise réussit beaucoup dans les gravures d'animaux, et les planches de Landseer sont, en ce genre, des chefs-d'œuvre. Le grand style ne s'accorde pas avec la nature des Anglais ; ils tombent alors dans le roide et le théâtral.

École italienne. — Les premiers graveurs italiens furent des dessinateurs originaux, qui reproduisaient par le burin leurs propres conceptions, que Botticelli, Andréa Mantegna, Pollajuolo ; ils le firent avec une correction et une fermeté de dessin admirables. Mais à partir de Marc-Antoine Raimondi, l'école des graveurs sur métal se consacre à populariser les œuvres des grands peintres, ce qui le mit dans une excellente condition de progrès. Raimondi, élève de Raphaël, a reproduit, sous sa direction, les dessins des cartons de son maître, et a contribué à les populariser. Il est demeuré chef d'école, et a laissé de nombreux élèves. Augustin de Venise, Marc de Ravenne, Vico de Parme, Buonasone de Bologne, les Ghisi, etc., Aldegravure par un dessin généralement correct, un burin précis, serré, mais sec. Ugo da Carpi parvint à donner trois et quatre tons à la gravure en camaïen. Volpato, Raphaël Morghen, malgré leur réputation, furent des graveurs monotones, qui ne surent pas prendre le caractère de leurs modèles, et portèrent partout une manière brillante et molle, la même pour traduire le Corrége et le Poussin. Ils ont dû leurs succès à l'heureux choix des modèles d'après lesquels ils ont travaillé. Les Muller, malgré leur origine germanique, appartiennent à l'École italienne ; *la Vierge à la chaise* de J. Godard Muller, et *la Vierge de Sixte V* de Guillaume Muller, sont des œuvres estimables. — Aujourd'hui, l'école italienne suit les traditions de l'École française : elle en a la facilité et le brillant. Nous citerons, parmi ses graveurs les plus remarquables, M. Toschi, auteur de *l'Entrée d'Henri IV à Paris,* d'après Gérard ; Mercuri, à qui l'on doit *les Moissonneurs dans les marais Pontins,* d'après Léopold Robert ; M. Calamatta, qui a gravé *le Vœu de Louis XIII,* d'après M. Ingres, etc.

École des Pays-Bas. — Le créateur de cette école est Lucas de Leyde. Il mit dans les estampes le clair-obscur et la couleur au moyen d'une distribution profondément sentie de la lumière. Les autres graveurs de cette école ont plus de métier que de goût et d'invention : Corneille Cort, interprète du Titien, manque de sentiment ; et Jean Muller, Henri Goltzius, et toute son école, ainsi que celle des Sadeler, se distinguent par la vigueur et la hardiesse du burin, bien plus que par un vrai sentiment de l'art. — Rubens a créé une véritable école de gravure : il forma lui-même des graveurs, les dirigea, leur apprit à s'inspirer, avant tout, de l'œuvre qu'ils devaient reproduire par leur burin, et à mettre de la couleur dans leur travail ; aussi, aucun œuvre n'a été mieux gravé que le sien. Ses élèves, Vosterman, Pierre Souteman, Pontius, Bolswert, ont été d'éminents graveurs, et jamais le burin n'a eu plus d'éclat, ni rencontré plus de ressources. — Cependant Rembrandt fut un homme à part ; il illustra un procédé de gravure à l'eau-forte, qui lui est particulier, et où il est resté supérieur à tous ses imitateurs. Nul n'a mieux compris, ni mieux rendu les oppositions d'ombre et de lumière. Ses défauts sont la vulgarité jusqu'au trivial, et l'absence absolue du sentiment de la beauté. Néanmoins, il est resté le plus grand coloriste de l'École flamande, qui, depuis lui, n'a pas produit un graveur digne de prendre rang parmi les maîtres.

V. Humbert, *Abrégé historique de l'origine et des progrès de la gravure en bois et en taille-douce,* Berlin, 1752, in-8° ; Fournier, *Dissertation sur l'origine et les progrès de l'art de graver en bois,* Paris, 1758, in-8° ; Abr. Bosse, *Traité de la gravure à l'eau-forte et au burin,* Paris, 1758 ; *Traité de la gravure en bois* par Papillon, Paris, 1766, et par Jackson, Londres, 1839 ; Jansen, *Essai sur l'origine de la gravure en bois et en taille-douce,* Paris, 1808, 2 vol. in-8° ; Deleschamps, *Des mordants, des vernis et des planches dans l'art du graveur, ou Traité complet de la gravure,* 1836, in-8° ; Léon de Laborde, *Histoire de la gravure en manière noire,* 1839, in-8° ; J. Renouvier, *Des types et des manières des maîtres graveurs, pour servir à l'histoire de la gravure,* Montpellier, 1856, in-8° ; Passavant, *Le peintre-graveur, contenant l'histoire de la gravure sur bois, sur métal et au burin, jusque vers la fin du XVIᵉ siècle,* Leipzig, 1860, 2 vol. in-8° ; J. Renouvier, *Histoire de l'origine et des progrès de la gravure dans les Pays-Bas et en Allemagne jusqu'à la fin du XVᵉ siècle,* Bruxelles, 1860, in-8° ; *Enciclopedia metodica delle belle arti,* par l'abbé Pierre Zani, Parme, 1819 (la première partie, donnant la table des noms propres, renferme 19 volumes in-8° ; la seconde, inachevée, présentant la liste des sujets) est en 9 vol. in-8° ; *Künstler Lexicon,* par Nagler, Munich, 1835, 22 vol. in-8° ; *le Peintre graveur,* par Bartsch, Vienne, 1818, 21 vol. in-8° ; *le Supplément,* par Veigel, 1 vol. in-8° ; *le Dictionnaire des Graveurs,* de Strutt, en anglais, Londres, 1785, 2 vol. in-4° ; *le Dictionnaire des monogrammes,* par Brulliot, 3 vol. in-8°, Munich, 1832-33-34 ; *le Manuel des curieux et des amateurs de l'art, ou Notice des graveurs et de leurs principaux ouvrages,* Zurich, 1797-1808, 9 vol. in-8°, par Huber et Rost, etc. ; *le Peintre graveur français,* par M. Robert Duménil, 8 vol. in-8°, 1835-1850 ; *l'Histoire de la gravure française,* de M. Georges Duplessis, ouvrage couronné par l'Académie des beaux-arts, en 1861, 1 vol. in-8°, etc. ; *le Discours historique sur la gravure,* d'Émeric David ; les excellents articles sur l'Histoire de la gravure, publiés par M. Henri Delaborde dans la *Revue des Deux Mondes,* sont précieux à consulter : conçus à un point de vue élevé, ils abondent en vues ingénieuses et profondes.   B.

GRÉAL (Le Saint-). V. GRAAL.

GRECQUE, ornement d'Architecture. V. FRETTE.

GRECQUE (Église). V. ÉGLISE GRECQUE, dans notre *Dictionnaire de Biographie et d'Histoire,* page 898, col. 2.

GRECQUE (Langue). — des langues aryennes ou indo-européennes, la plus analytique de toutes celles du groupe méridional. Le régime des castes, auquel les

Aryens d'Asie furent soumis, ayant été inconnu dans la Grèce, on en peut conclure que les Aryens qui s'établirent dans ce pays n'y trouvèrent déjà installées ni races jaunes, ni races noires, comme cela avait eu lieu en Asie. Issu du fond védique, mais déjà modifié sur sa route, l'idiome qui devint plus tard le grec fut donc une langue populaire, la langue de tous, et se forma en quelque sorte démocratiquement par le travail commun de tout un peuple. Les antiques hymnes orphiques, autant qu'on en peut juger par les imitations alexandrines, ressemblaient singulièrement aux hymnes du Véda, et remontaient peut-être aussi haut dans le passé. Mais la période épique des aèdes nous montre une langue se formant librement dans la bouche même du peuple et des chanteurs. Cette formation de la langue grecque contraste avec celle du sanscrit, qui fut l'œuvre des brahmanes, c.-à-d. de prêtres philosophes et grammairiens, plus occupés de saisir l'ensemble et les rapports des choses pour en tirer une théorie, que de les examiner en particulier et en détail pour les faire tourner ensuite à leurs usages. Il est résulté de ces circonstances si opposées, que le sanscrit est devenu une langue synthétique et le grec une langue éminemment propre à l'analyse; le sanscrit est fait pour la contemplation, et le grec pour l'action. Toutefois, encore voisin de son origine, le grec conserva les avantages des langues synthétiques dans sa grammaire, analogue à la grammaire sanscrite, et dans la facilité qu'il a de composer des mots ou de les dériver les uns des autres; il demeura donc tout à fait propre à la poésie, comme il l'était à la science et aux affaires.

Les anciens Grecs ne nous ont rien appris sur l'origine de leur langue; un préjugé invincible élevait dans leur esprit une barrière infranchissable entre eux et les autres peuples, qu'ils appelaient des Barbares, et ils n'eussent pas imaginé pouvoir trouver au delà des limites de la Grèce la racine d'un mot grec. Platon seul avoue qu'il faudrait recourir aux langues étrangères, pour découvrir les sources où ses compatriotes avaient puisé la leur; mais aucun travail de ce genre ne fut tenté. Hérodote prétend que les Pélasges, habitants primitifs de la Grèce, parlaient un idiome spécial, éteint de son temps; mais on n'avait fait alors aucune étude comparative des langues, de manière à reconnaître les radicaux sous leurs transformations diverses; et il n'est pas douteux aujourd'hui que l'idiome des Hellènes provenait de la même source que celui des Pélasges, dont il se distingua seulement par un vocabulaire plus riche et un mécanisme plus parfait. — Le grec, avant d'arriver à l'état sous lequel nous le connaissons, a subi de grandes modifications. Dès les premiers temps de l'occupation hellénique, on distingua trois tribus principales, la tribu *éolienne*, la tribu *dorienne*, et la tribu *ionienne* : les trois formes principales de la langue commune, c.-à-d. trois dialectes. Les différences qui séparaient ces dialectes furent sans doute peu tranchées d'abord, à cause des relations à peu près constantes des peuples grecs entre eux dans les premiers temps de leur histoire, relations attestées par les exploits légendaires de Thésée, d'Hercule et autres héros, ainsi que par l'expédition des Argonautes, la guerre de Thèbes, et surtout la guerre de Troie. Les révolutions qui suivirent les temps héroïques, les émigrations nombreuses des peuples du XIIᵉ au Xᵉ siècle av. J.-C., ne permirent pas à la langue de prendre un caractère d'unité, et, à l'époque d'Homère, c.-à-d. vers la fin du Xᵉ siècle, elle ne présente pas encore une parfaite uniformité : l'ionien, sans doute, domine dans ses poésies; mais d'autres formes en assez grand nombre y sont mélangées, les unes éoliennes, quelques autres doriennes, d'autres dont il est impossible maintenant d'assigner le caractère. Au siècle suivant, où fleurit Hésiode, la langue poétique, la seule usitée dans les œuvres littéraires, diffère peu de celle de l'*Iliade* et de l'*Odyssée*. Mais, du IXᵉ au VIᵉ siècle, on voit se dessiner nettement chacun des trois dialectes qui jusque-là n'avaient pas eu de forme bien arrêtée : l'ionien apparaît plus net dans Archiloque, Callinus, Tyrtée, Mimnerme, Anacréon; le dorien semble se fixer avec Alcman; l'éolien est porté à sa perfection par Alcée, Sappho, Érinne. Enfin, au VIᵉ siècle, l'idiome athénien, modification du dialecte ionique, se montre avec des caractères bien distincts dans les poésies de Solon. Au Vᵉ siècle, l'éolien est en décadence comme langue littéraire, et, se fondant avec le dorien, donne naissance au dialecte éolo-dorien des poésies de Pindare, de manière toutefois que l'élément dorien domine; on voit se fixer la prose ionienne, dont

les œuvres d'Hérodote et d'Hippocrate sont les plus illustres monuments, tandis que la prose et la poésie attiques sont portées à leur perfection, l'une par Antiphon, Andocide, Lysias et Thucydide, l'autre par les grands poëtes dramatiques. La suprématie littéraire et intellectuelle conquise dans ce siècle par Athènes donne à sa langue, désormais fixée, une prépondérance marquée sur tous les dialectes, dont elle s'est assimilé quelques formes, surtout dans la poésie; l'éolien semble disparaître définitivement de la littérature; l'ionien homérique devient de plus en plus une langue savante, à l'usage des poëtes, et qui n'est plus guère comprise que dans les écoles et par les gens instruits; l'ionien cesse peu à peu de s'écrire après Démocrite et Ctésias; la Grèce a enfin une langue littéraire uniforme, qui est celle de Lysias, de Xénophon, de Platon, d'Isocrate, et de Démosthène. Cette langue se répand dans tout l'Orient après les conquêtes d'Alexandre le Grand; mais cette diffusion même en altéra promptement la pureté; et l'influence toute-puissante de la Macédoine au IIIᵉ siècle en Grèce, en Égypte et dans l'Asie occidentale, amena dans le dialecte attique des modifications sensibles, contre lesquelles on sut réagir à Athènes et dans les principales écoles des rhéteurs et des sophistes, mais qui furent irrévocables en Asie, à Alexandrie, et même dans certaines parties de la Grèce européenne, puisque nous voyons Polybe écrire dans une langue qui se rapproche beaucoup plus de l'alexandrin que de l'élégance et de la pureté attiques. L'alexandrin subsista jusqu'au VIIᵉ siècle de l'ère chrétienne sans subir de modifications bien remarquables : à cette époque il est définitivement remplacé par le byzantin, qui s'est formé dès le Vᵉ siècle après J.-C., et qui, dégénérant peu à peu, devait aboutir au romaïque ou grec moderne. *V.* ALEXANDRIN, ATTIQUE. DORIEN, ÉOLIEN, IONIEN, MACÉDONIEN (Dialecte), BYZANTINE (Langue).

Dans les plus anciens monuments de la langue grecque (l'*Iliade* et l'*Odyssée*), on trouve déjà tous les caractères essentiels qu'on lui voit conserver dans les temps postérieurs : une déclinaison et une conjugaison très-variées et très-riches; une syntaxe éminemment synthétique; l'usage très-fréquent des ellipses, des syllepses, des attractions, des anacoluthes; l'usage habituel de l'inversion, dans la prose comme dans les vers. Considérée au point de vue littéraire, elle est poétique et pittoresque entre toutes les langues, en même temps que naïve et simple. Elle excelle à exprimer, à l'aide de ses nombreuses particules, des nuances fines et délicates; ce qui contribue à lui donner une précision que les autres langues ne sauraient atteindre au même degré, et qui fait le désespoir des traducteurs. Sa syntaxe est d'une merveilleuse flexibilité, image de la mobilité et de la puissance d'imagination des grands écrivains.

L'étude de la langue grecque, très-répandue dans l'Orient, où elle se maintint jusqu'à la conquête ottomane, s'introduisit à Rome au IIᵉ siècle avant l'ère chrétienne, et ne tarda pas à y prendre un grand développement : sous les empereurs surtout, elle fut populaire dans les classes aristocratiques, et il fut souvent de mode à la cour de parler grec. De Rome elle pénétra dans la Gaule Cisalpine, puis dans la Transalpine, où elle était parlée depuis longtemps sur la côte S.-E., par Marseille et ses colonies, puis enfin dans l'Espagne. Elle paraît même avoir été cultivée à Carthage, puisque Annibal savait non-seulement la parler, mais l'écrire; au temps de César et d'Auguste, le roi de Mauritanie Juba II composa en langue grecque une sorte d'Encyclopédie dont nous avons quelques fragments. L'invasion des Barbares du Nord porta à l'étude du grec un coup mortel dans toutes les contrées où la langue n'était pas celle des peuples; quelques écrits d'Aristote et de Galien, traduits en latin d'après des traductions arabes des VIIIᵉ et IXᵉ siècles, furent, au moyen âge, les seuls débris connus, parmi nous, de cette littérature, qui ne reparut dans l'Occident sa forme originale qu'à la fin du XVᵉ siècle. Cultivée en France avec ardeur par les savants du XVIᵉ, et enseignée au *Collége Royal*, elle pénétra dans les écoles de l'Université de Paris et des Jésuites; interrompue par les guerres religieuses, cette étude reprit quelque éclat au XVIIᵉ siècle. L'esprit novateur du XVIIIᵉ affecta de la mépriser, sans s'inquiéter de connaître les originaux, et lui fit perdre sa faveur. Restaurée sous le Iᵉʳ Empire, lors de la constitution de l'Université actuelle, elle a continué d'occuper dans les études secondaires et supérieures la place importante qu'elle mérite à côté du latin et du français. Mais nulle part elle n'a été cultivée avec autant de patience et d'ardeur qu'en Allemagne, où cependant le point de vue auquel on l'étudie est plutôt critique et philologique que vraiment littéraire. — Considérée par rapport à l'utilité pratique, l'étude de la langue grecque est dans tous les pays un secours précieux pour l'intelligence prompte et nette des nombreux termes de sciences, d'arts et d'industrie qu'on a tirés directement ou que l'on a composés à l'aide d'éléments et de radicaux isolés, que les Anciens n'ont pu songer à associer; aussi quelques-uns sont-ils combinés d'une manière plus conforme à l'euphonie telle que la réclament nos oreilles françaises, qu'aux véritables principes de la composition des mots grecs. Étudiée plus à fond, et à un point de vue plus élevé, la langue grecque nous révèle le secret merveilleux d'une alliance intime entre le naïf et le sublime (Homère), entre le ton familier et la noblesse du style (Platon et Sophocle); elle nous montre une simplicité élégante unie au pathétique chez Euripide, la finesse gracieuse à une certaine nudité de style chez Xénophon, et, dans Démosthène, tout à la fois la gravité, la véhémence et le naturel. V. ATTICISME.

Prononciation du grec ancien. — La prononciation du grec ancien est à peu près inconnue; et celle qu'on a adoptée dans l'Occident, le Nord et le Midi de l'Europe, est arbitraire et barbare, chaque peuple prononçant le grec d'après les règles usitées pour sa propre langue. Au xve siècle, les Grecs réfugiés de Constantinople avaient apporté en Italie, en Allemagne et en France la prononciation usitée de leur temps; mais des savants ayant démontré que cette prononciation ne pouvait, dans un grand nombre de cas, s'appliquer à la langue de l'antiquité, et ne concordait pas avec les observations éparses dans les critiques ou autres écrivains, avec l'orthographe de certaines inscriptions, ni avec celle que les Grecs avaient adoptée pour reproduire dans leur langue des mots de la langue latine, ni avec la manière dont les Latins écrivaient certains mots grecs en caractères romains, elle fut peu à peu abandonnée, et l'on prit le parti de prononcer comme on fait aujourd'hui. Toutefois, on ne saurait nier que, tout altérée que doit être, chez les Grecs modernes, la prononciation de leurs ancêtres, sur beaucoup de points ils se rapprochent plus que nous de la vérité. Le débat entre les partisans de la prononciation byzantine, représentés par Reuchlin, et ceux de la prononciation arbitraire, représentés par Érasme, roulait principalement sur certaines voyelles et diphthongues : η, υ, ι, ει, οι, devaient-ils se prononcer uniformément comme i? αυ se prononçait-il af ou av, ευ ef ou ev? Telle est, en effet, la prononciation des Grecs modernes.

Les consonnes présentent beaucoup moins de difficultés que les voyelles et les diphthongues; et le système des partisans de la prononciation moderne est plus solide sur ce nouveau terrain. Ainsi, il est à peu près certain que B avait un son demi-aspiré approchant de notre v : aussi voit-on le mot latin *servus* écrit en grec σέρβος. Les lettres θ, φ, χ ont dû être des signes d'aspiration forte, et sont à peu près exactement représentées par le *th* anglais, notre *f*, et le *ch* allemand.

Bibliographie. — Un certain nombre de Traités grammaticaux de la langue grecque nous ont été laissés par les Anciens; on peut consulter : les Fragments d'Aristophane de Byzance, publiés par Nauck, Halle, 1848, in-8°; ceux de Philémon, édités par Osann, Berlin, 1821; le Traité d'Apollonius Dyscole, *De constructione orationis* (édit. de Bekker, Berlin, 1817), et celui *De pronomine* (ibid., 1813); la *Grammaire de* Théodose d'Alexandrie, éditée par Gœttling, Leipz., 1822, in-8°; et les *Grammatici græci* de G. Dindorf, Leipz., 1823, in-8°. Nous avons aussi des *Lexiques* par Hésychius, Suidas, Photius, et Zonaras; un *Onomasticon* de Pollux, et un autre d'Orion de Thèbes. — Parmi les auteurs modernes de Grammaire, nous mentionnerons : Constantin Lascaris, *Grammaire grecque*, en grec, Milan, 1476; Alde Manuce, *Grammaticæ græcæ institutiones*, Venise, 1515, in-4°; Théodore Guza, *Introductivæ grammaticæ lib. IV*, Paris, 1529; G. Budé, *Commentarii linguæ græcæ*, Paris, 1548, in-fol.; J. Camerarius, *Commentarii linguæ græcæ*, Bâle, 1551; W. Camden, *Grammaticæ græcæ institutio*, Londres, 1591, in-8°; Lancelot, *Nouvelle méthode pour apprendre la langue grecque*, dite *Grammaire grecque de Port-Royal*, Paris, 1655, in-8°; Weller, *Grammatica græca*, Leipz., 1781; J.-F. Fischer, *Animadversiones in Velleri grammaticam græcam*, Leipz., 1798-1801, 4 vol. in-8°; G. Hermann, *De emendanda ratione grammaticæ græcæ*, Leipz., 1801, in-8°; Viger, *De præcipuis*

græcæ linguæ idiotismis, 4e édit., 1834; Maittaire, *Græcæ linguæ dialecti*, édit. de Sturz, Leipz., 1807; Ahrens, *De dialectis græcis*, Gœttingue, 1843, 2 vol.; J.-L. Burnouf, *Méthode pour étudier la langue grecque*, Paris, 1813, très-souvent réimprimée; Ph. Buttmann, *Grammaire grecque*, en allem., 1 édit. de Lobeck, Berlin, 1830-39, 2 vol.; Aug. Matthiæ, *Grammaire grecque*, trad. en français par Gail et Longueville, Paris, 1831-42, 4 vol. in-8°; Thiersch, *Grammaire grecque*, 1826; Kühner, *Grammaire grecque*, 1835; Rost, *Grammaire grecque*, en allem., Gœttingue, 1841, etc. — Les principaux Dictionnaires grecs modernes sont ceux de : H. Estienne, *Thesaurus linguæ græcæ*, Paris, 1572, in-fol., réédité de nos jours chez F. Didot; J. Scapula, *Lexicon græco-latinum*, 1580; Schrevelius, *Lexicon manuale græco-latinum*, Leyde, 1645, in-8°; Hederich, *Lexicon manuale græco-latinum et latino-græcum*, édit. de Pinzger et Passow, Leipz., 1825-1827, 3 vol. in-8°; J. Planche, *Dictionnaire grec-français*, Paris, 1809, in-8°, amélioré plus tard par Vendel-Heyl et Pillon; Alexandre, *Dictionnaire français-grec* et *Dictionnaire grec-français*, 2 vol. in-8°. J.-G. Schneider, Rost, Passow, W. Pape, ont donné pour les Allemands des Dictionnaires grecs estimés. Benfey a publié un *Dictionnaire des racines grecques*, Berlin, 1839; Gœttling a écrit sur l'accentuation grecque, Spitzner sur la prosodie, Leusch sur la métrique. — Quant à l'histoire de la langue, on consultera avec fruit : G. Burton, *Historia linguæ græcæ*, Londres, 1657, in-8°; Ingewald Elingius, *Historia linguæ græcæ*, Leipz., 1691; L. Reinhard, *Historia græcæ linguæ critico-litteraria*, ibid., 1728, in-8°; Harles, *Introductio in historiam linguæ græcæ*, Altenbourg, 1778, 3 vol. in-8°. **P.**

GRECQUE (Littérature). Les œuvres littéraires de l'ancienne Grèce, lues dans l'ordre où elles ont été composées, nous offrent un tableau complet et animé des doctrines religieuses et philosophiques, des conditions de la vie sociale et de la vie privée, des relations politiques des cités entre elles, de l'histoire, des arts, en un mot de tous les éléments de la civilisation d'un grand peuple, et cela pour une période qui ne comprend pas moins de dix siècles. En poursuivant cette étude jusque dans les siècles qui ont suivi l'introduction du christianisme en Occident, on voit la littérature grecque renaître au souffle de cette religion nouvelle, produire les grandes œuvres des Pères de l'Église d'Orient, et se continuer de siècle en siècle jusqu'à nos jours.

Un fait domine l'histoire de la littérature hellénique, et la distingue de toutes les littératures anciennes et modernes, à l'exception de celle de l'Inde : c'est son originalité. Les Grecs n'ont point eu de maîtres : si, dans les temps les plus anciens, ils ont eu des relations de parenté avec les races aryennes de l'Asie centrale, et s'ils ont apporté avec eux, dans leurs migrations vers l'ouest, les chants, la langue et les traditions de leurs aïeux, il n'en est pas moins certain que, une fois fixés sur le sol hellénique, ils s'y sont développés par eux-mêmes, ont tiré de leur propre fonds leurs œuvres de littérature et d'art, ont créé les genres, les ont développés et perfectionnés par un travail qui a été le leur et sous la seule inspiration de leur génie. L'originalité et la perfection de leurs ouvrages en tout genre a fait d'eux les précepteurs et les modèles des peuples qui sont venus plus tard. Ceux-ci n'ont donc pu, par la force des choses, que refaire, dans des conditions et à des points de vue différents, ce que les Grecs avaient fait avant eux : les efforts des écoles appelées *romantiques* n'ont pas introduit, dans la littérature, des genres nouveaux, des formes nouvelles; prenant, comme les écoles *classiques*, les formes que les Grecs avaient créées, les romantiques des différents pays de l'Europe ont moins innové dans l'art d'écrire proprement dit que dans l'esprit même auquel ils ont demandé leurs inspirations. On pourrait même dire que plusieurs genres créés par les Grecs et portés par eux à une suprême perfection ont été d'abord dénaturés par les Romains, puis détournés de nouveau de leur origine et de leurs conditions essentielles par les peuples modernes qui les avaient reçus de l'Italie; de sorte que ces genres n'ont plus été représentés dans les temps modernes, et demeurent, au moins dans leurs formes complètes, l'apanage de la Grèce antique. Telle est, par exemple, l'ode pindarique; telles sont aussi, à bien des égards, la tragédie et l'épopée.

Les œuvres littéraires de la Grèce, et principalement la poésie, plus étroitement liée à l'art que la prose, ont toujours, pendant une période de huit ou dix siècles, emprunté à la religion ses traditions, ses figures et ses symboles. Il y a une alliance constante entre les lettres grecques et la mythologie. La première condition pour bien comprendre et sentir les œuvres du génie grec, c'est de se pénétrer des croyances religieuses de ces anciens temps. Mais il ne suffit pas ici de se donner une teinture de science mythologique, et de savoir que Jupiter est fils de Saturne ; il est indispensable de se rendre compte de la valeur de ces conceptions symboliques, et de saisir leur signification ; car c'est toujours avec leur valeur représentative que les dieux et les déesses paraissent dans la poésie et dans l'art ; les actions qu'ils y accomplissent, les attributs qu'ils y reçoivent, ne sont consacrés par la tradition religieuse, ou ne sont inventés par le poëte et l'artiste que conformément au symbole primitif et fondamental. Ainsi entendue, la portion mythologique des œuvres littéraires de la Grèce s'anime d'une vie nouvelle, et tout l'art antique devient intelligible. Cette union d'une mythologie symbolique et des conceptions du génie individuel est si étroite en Grèce, et en même temps si nécessaire, que l'on peut dater la décadence de la littérature et des arts, dans cette contrée, du jour où les symboles, perdant leur signification et leur empire, ont cessé d'être respectés par les poëtes et les sculpteurs. Jusque-là, en effet, dans chaque genre, le génie propre de chaque auteur s'appliquait moins à créer des types nouveaux qu'à perfectionner, à polir, à rendre plus claire et plus saisissable à tous l'œuvre créée par ses devanciers. Le mouvement général qui portait l'esprit grec vers la perfection en toutes choses se produisait donc de même dans chaque genre particulier : il s'agissait moins de faire du nouveau que de faire mieux. C'est ce qui explique pourquoi la Grèce ancienne a rempli nos bibliothèques et nos musées des mêmes sujets mille fois répétés. Mais on doit observer que le fonds de la mythologie et de l'histoire héroïque est d'une abondance et d'une richesse excessives, et offre des sujets d'une variété infinie. Lorsque la perfection eut été atteinte dans chaque genre, c.-à-d. lorsque l'on eut dit au symbole tout ce qu'il contenait, les poëtes et les artistes se trouvèrent forcés ou de copier exactement l'œuvre des derniers maîtres, ou de dénaturer les types pour faire du nouveau. On prit ce dernier parti. Mais c'était là une rupture ouverte avec la tradition ; c'était aussi une véritable dégradation de conceptions excellentes, que l'on changeait, mais qui, ne pouvant plus être perfectionnées, n'étaient modifiées qu'à leur détriment. On peut dater de l'époque d'Euripide, vers la fin du ve siècle et le commencement du ive av. J.-C., cette sorte de révolte contre le passé, et cette tentative d'introduire dans la poésie et les arts des formes nouvelles et un esprit nouveau. C'est donc pendant la période qui précède immédiatement ce poëte, et à laquelle il appartient lui-même en partie, qu'il faut placer le point de maturité et de perfection des œuvres du génie grec. C'est de ce temps qu'il faut dater la décadence, lente d'abord et presque insensible, mais qui ne tardera pas à se précipiter. La fantaisie s'introduit alors dans les conceptions de l'esprit individuel ; on s'affranchit par degrés de la tradition ; les grands genres s'épuisent ; l'art et la poésie ne sont plus qu'un jeu, et leurs œuvres des objets de luxe payés par les princes et par les riches particuliers.

L'originalité, jointe au respect de la tradition nationale, a fait qu'en Grèce les genres littéraires se sont succédé les uns aux autres dans leur ordre naturel, et sont arrivés à leur temps et, pour ainsi dire, à terme. C'est la seule littérature qui, en Occident, présente ce caractère. En effet, les peuples qui sont venus après ont eu pour modèles, et tous à la fois, ces ouvrages qui ne s'étaient produits en Grèce que successivement et en vertu d'un développement libre et spontané. A la Renaissance des lettres, soit à Rome du temps des Scipions, soit chez les Modernes à diverses époques, les lettrés et les poëtes ont choisi parmi ces modèles ceux qui leur agréaient le plus ; et ils ont imités sans se soucier de l'opportunité des temps ni des conditions extérieures des genres. On a vu à Rome et chez les Modernes l'épopée se produire après les ouvrages du théâtre, et les poésies légères naître au même moment que l'épopée. Il en est résulté des littératures en partie artificielles, et des œuvres qui, malgré leur excellence, ne tiennent pas au fond des idées nationales et souvent n'intéressent que les hommes instruits ou spéciaux. La popularité, au contraire, s'attachait en Grèce à des ouvrages nés du cœur même du peuple et composés pour lui.

Les *Hymnes* sont la première forme qu'ait revêtue la pensée grecque durant une période antérieure à l'histoire, antérieure même aux temps héroïques, et dont il est impossible de fixer les limites. Les noms d'Orphée, de Musée, de Linus, sont parvenus jusqu'à nous, mais non leurs chants ; encore ces noms sont-ils entourés de légendes fabuleuses, qui font de ces personnages des êtres presque mythologiques. Les poésies connues sous le nom d'*Orphiques* n'ont aucun caractère d'authenticité ; ce sont des productions des derniers temps de la Grèce ; la langue parlée au temps des Argonautes, dont Orphée était le chantre sacré, ne ressemblait certainement que de fort loin à celle des poésies Orphiques. Quant au fond même de ces poésies, il n'est ni pélasgique, ni hellénique ; on y reconnaît de la manière la plus claire, à côté de traditions grecques conservées dans les sanctuaires, des idées et des noms empruntés à l'Orient et particulièrement à l'Inde ; de sorte qu'il est à peu près hors de doute que les poésies Orphiques ont été composées en Égypte, et probablement à Alexandrie, à l'époque où les croyances de l'Orient et les idées philosophiques et religieuses de la Grèce tentaient de se combiner et de s'unir. Ces poésies ne peuvent donc nous donner qu'une notion très-imparfaite et même fausse de ce que furent dans les plus anciens temps les chants sacrés connus sous le nom d'Hymnes. C'est d'ailleurs que peut nous venir sur ce point quelque lumière. En effet, les vieilles traditions helléniques, les légendes relatives à ces poëtes primitifs les rattachent de très-près au centre asiatique d'où les populations grecques étaient venues ; le nom même d'Orphée n'a rien de grec, ainsi que beaucoup d'autres du même temps, et il a, ainsi que plus d'une légende, son explication naturelle dans les poésies asiatiques conservées par les peuples de l'Inde. Ces poésies, ces hymnes, nous en possédons de volumineux recueils connus sous le nom de *Védas* (*V. ce mot*). C'est donc dans les chants des *Védas*, et plus spécialement du *Rig-Véda*, qu'il faudrait chercher le type primitif et original des hymnes Orphiques. Car le *Véda* n'appartient pas plus à l'Orient qu'à l'Occident ; il est la source commune des croyances religieuses, de la poésie, de la langue, en un mot de la civilisation de l'Inde et de la Perse, de la Grèce, de l'Italie, de la Germanie et des peuples du Nord appartenant à notre race. Il est donc vraisemblable que les poésies Orphiques, la langue dans laquelle elles étaient composées, les circonstances de la vie publique ou privée où elles étaient chantées, se rapprochaient beaucoup de l'état où nous les voyons dans le *Rig-Véda*.

Les *Épopées* sont venues après les Hymnes. Les populations helléniques étaient depuis longtemps fixées sur le sol de la Grèce, des îles et des rivages de l'Asie Mineure, lorsque les chants épiques parvinrent à la forme littéraire qu'ils ont dans Homère. C'était le temps de ces royautés féodales entre lesquelles le monde hellénique fut longtemps partagé. Chaque coin de terre, chaque colline dominant la plaine ou la mer, avait son prince héréditaire, à la fois général, administrateur, législateur et juge. Les *aèdes* (*V. ce mot*) chantaient dans les festins de ces hommes puissants et riches, les uns attachés, comme Phémius dans l'*Odyssée*, à la cour des princes, d'autres voyageant de ville en ville et chantant, la phorminx à la main, dans les assemblées des hommes et des femmes. Les sujets de ces chants interrompus étaient d'ordinaire empruntés aux légendes héroïques de la Grèce, aux exploits des guerriers de l'âge précédent, ou même aux expéditions contemporaines. La grande expédition de Troie, avec ses antécédents et ses lointaines conséquences, forma le cycle épique par excellence, et la source inépuisable d'où découla la grande épopée des temps homériques. Ce serait une erreur de réduire ces œuvres de la poésie épique des Grecs à ce qui nous est parvenu sous le nom d'Homère : Homère a été le plus grand des aèdes ; mais tout le monde alors, Achille lui-même, était chantre de récits héroïques, et chacun contribuait pour sa part à l'immense développement que prit dans cette période le cycle de l'Épopée. L'*Iliade* n'est qu'un épisode de la guerre de Troie ; l'*Odyssée* en est un autre emprunté au même cycle héroïque. Il est hors de doute que les autres événements du cycle troyen avaient été chantés en vers dans tout le monde grec, et si le recueil de ces chants avait pu se faire avant l'époque de Pisistrate, nous posséderions des épopées grecques rivalisant d'étendue avec celles de l'Inde et les dépassant peut-être. — Les aèdes épiques n'avaient plus rien de commun avec les chantres de la période des Hymnes : ceux-ci étaient des prêtres plus encore que des poëtes, et leurs œuvres, transm..ses dans les familles et dans les sanctuaires, ont composé la liturgie sacrée; rien de semblable pour Homère. Les aèdes de son temps et lui-même n'ont aucune autorité publique, et ne paraissent dans les cérémonies que comme simples particuliers; leurs œuvres sont donc pour ainsi dire laïques, leur poésie est libre et sécularisée; leur génie seul donne toute leur valeur à leurs chants. On retenait, on redisait les meilleurs; leur nombre allait grossissant, et à la fin, tous les événements du grand cycle troyen se trouvant exprimés en vers dans la mémoire des hommes, il fut possible d'en rassembler les fragments épars et de composer de véritables épopées. Les *Rapsodes* sont venus presque en même temps que les aèdes; mais il y en a eu longtemps après que la poésie épique se fut éteinte. C'est grâce à ces *couseurs de chants* que les œuvres épiques du temps d'Homère ont été conservées, puisqu'il est à peu près certain qu'à l'époque de ce grand poëte les Grecs ne connaissaient pas l'écriture. Les *Diascévastes* ou distributeurs, qui, au temps de Pisistrate, donnèrent de l'*Iliade* et de l'*Odyssée* une première édition complète, ne firent que placer dans leur ordre naturel les pièces détachées que leur fournirent les rapsodes. Cette apparition tardive des *épopées sous une forme systématique* a soulevé dans l'antiquité deux questions sur lesquelles les modernes sont encore partagés : Homère a-t-il existé, ou ce nom n'est-il qu'un symbole, une personnification du génie épique? S'il a existé, est-il également l'auteur de l'*Iliade* et de l'*Odyssée*? Il n'y a aucune raison sérieuse de douter qu'il y ait eu un grand poëte du nom d'Homère, comme il y a eu un Sämund pour l'*Edda*, un Vâlmîki pour le *Râmâyana.* Mais il est permis de croire qu'il n'avait pas composé les épopées homériques avec la forme qu'elles ont aujourd'hui, puisque cette forme leur fut donnée au temps de Pisistrate. On ne saurait s'appuyer sur l'unité de chacune d'elles, puisque les événements eux-mêmes donnent l'unité à l'épopée, et que cette unité n'est qu'un cadre d'une grandeur indéfinie où l'on peut intercaler à volonté les épisodes. C'est ainsi qu'a été composé, on le sait, le *Mahâbhârata.* Enfin il est permis de croire que l'*Iliade* et l'*Odyssée* ne sont l'œuvre ni d'un même homme, ni d'un même temps, ni d'un même pays. — La langue des épopées homériques n'est pas la langue grecque usuelle, il n'y avait pas à cette époque une langue commune; chaque province ou plutôt chaque race avait son dialecte. Ceux des côtes d'Asie étaient mieux compris et plus perfectionnés que ceux du continent, à cause de leur contact journalier avec les peuples civilisés de l'Asie. C'est l'ionien qui domine dans Homère, principalement dans l'*Iliade;* mais ce dialecte est loin de s'y présenter avec la même pureté que dans Hérodote, qui vivait cinq siècles plus tard; d'où l'on peut conclure que les épopées sont l'œuvre d'un homme ou de plusieurs hommes ayant séjourné dans diverses parties de la Grèce et ne parlant plus rigoureusement leur langue maternelle. Cette diversité des lieux et peut-être des temps se remarque aussi dans la grande épopée indienne.

Les épopées homériques, admirables comme œuvres littéraires, ont été le modèle primitif imité par les poëtes épiques des temps postérieurs. Mais ce qui leur donne une supériorité incontestable, c'est qu'elles n'ont rien d'artificiel dans aucune de leurs parties, dans aucun récit, dans aucun tableau, et qu'elles sont l'œuvre de la nature dans toute sa spontanéité. Elles nous offrent de plus un tableau fidèle de la société hellénique du temps, avec ses croyances religieuses, ses symboles, sa vie privée, ses souvenirs guerriers, ses courses aventureuses. Un puissant intérêt s'attache à leur lecture, parce que, outre cette curiosité continuellement éveillée en nous et à chaque instant satisfaite, elles nous offrent l'expression naïve et vraie des sentiments les plus variés de notre nature. Le nombre si grand des personnages et des situations ne laisse endormi en nous aucun de nos instincts ; tous se développent et parlent à leur tour, et cela avec une convenance et un naturel qui n'ont jamais été surpassés.

C'est à cette même période épique qu'appartient Hésiode, dont les œuvres ont un caractère de personnalité incontestable : sa *Théogonie* est une tentative hardie de systématiser les croyances religieuses de son temps; mais il ne semble pas que cette œuvre ait eu les conséquences que le poëte semblait en attendre, car le principe opposé à celui qu'il admettait a prévalu dans presque toute la Grèce, et l'on a continué à regarder le monde comme issu d'un principe masculin et non d'un principe

femelle. Le fond d'idées contenu dans les deux poëmes d'Hésiode est peu favorable à la poésie, et explique suffisamment leur brièveté.

Un espace de temps considérable s'écoula entre l'époque homérique proprement dite et l'apparition des grands genres qui devaient succéder à l'Épopée. Une transition insensible s'opère durant cette période entre l'état féodal et la constitution des cités oligarchiques ou démocratiques. La poésie se développe dans des genres secondaires sur toute la surface du monde grec. En même temps que l'on continue à chanter ces fragments épiques connus sous le nom d'*Hymnes d'Homère* et à célébrer sous cette même forme les autres événements des temps héroïques, *Retours des héros, Thébaïdes, Héracléides,* on voit naître l'antique *Élégie,* caractérisée par le vers de cinq pieds nommé *élégos,* et dans laquelle brillèrent Callinus et Tyrtée au VIIe siècle av. J.-C. Vers le même temps'florissait aussi la *poésie iambique,* qui fut la satire des Grecs, et à laquelle Archiloque a attaché son nom. La poésie s'exerçait même dès lors et dans le siècle suivant sur des sujets purement moraux et philosophiques : Mimnerne, Solon, Phocylide, Théognis sont demeurés célèbres dans ce genre. Mais ce sont là des genres inférieurs, et qui le cèdent à l'ode et à la poésie dramatique.

La *poésie lyrique* est tout entière dans l'*Ode.* C'est à Lesbos, île éolienne, que l'ode reçut au VIIe siècle une forme définitive; elle est, comme les autres genres, une création du génie grec, et rien n'indique qu'elle ait été conçue à l'imitation des chants hébraïques, qui n'ont avec l'ode aucun point commun. L'ode est née en Grèce avec la musique, et a toujours eu avec elle une union indissoluble; c'est de ce rapport étroit qu'est venu à ce genre le nom de poésie lyrique, et les Grecs sont le seul peuple littéraire qui ait cultivé la poésie lyrique dans toute sa pureté. L'ode grecque est caractérisée par l'absence de vers ; la mesure y est remplacée par le *rhythme,* et par ce mot les Grecs entendaient ce que nous appelons un *air.* Il est aussi impossible de concevoir une ode grecque sans musique, qu'un opéra réduit aux paroles. La pensée lyrique se présentait à l'auteur sous la double forme d'une prose rhythmée et d'une mélodie. Telle est l'essence de l'ode grecque. L'ode ne fut constituée que par l'invention de l'heptacorde, qui, donnant toute la série des notes, permit d'exprimer tous les sentiments dans les modes musicaux qui leur étaient le mieux appropriés. Chaque dialecte avait ses poëtes lyriques dans un temps où il n'y avait pas encore une langue commune; à chaque dialecte correspondait naturellement un mode musical déterminé; le plus musical de tous'était le dialecte dorien, comme le mode dorien est le plus poétique des modes. — Les lyriques éoliens se rattachent à Orphée par les traditions de l'école d'Antissa, et aux provinces de Phrygie et de Lydie par la nature des modes musicaux dont ils faisaient usage. Terpandre fut considéré par les Grecs comme le père de la poésie lyrique ; mais il appartient à peine à l'histoire. Alcée de Mitylène mit la lyre au service de la politique dans un temps de discorde, et de la volupté dans l'île la plus dissolue des rivages d'Asie ; c'est à lui qu'appartient le rhythme alcaïque, si souvent imité par Horace. Sous la direction enthousiaste de Sapho, de Lesbos, l'école d'Antissa se dédoubla en quelque sorte; Sapho institua des chœurs de jeunes filles, dont les chants lyriques eurent un écho dans toute la Grèce. — A cette époque le génie dorien ajoutait au lyrisme des rivages de l'Asie l'eurythmie et la sévérité des formes; Alcman à-Sparte, Stésichore en Sicile, constituaient le chœur dithyrambique, créé par Arion, et le complétaient par l'épode. — Les Ioniens donnèrent ensuite au fond même de l'ode ce qui lui manquait encore, une entière liberté d'allure. Cette race privilégiée produisait à la fois le joyeux et populaire Anacréon, le savant et mélancolique Simonide. C'est l'époque des grandes théories musicales, nées sous l'influence de l'école pythagoricienne, et qui mirent entre les mains des poëtes lyriques et dramatiques une puissance toute nouvelle. A ce siècle (520-400) appartient le plus grand lyrique de tous les temps, Pindare. L'ode triomphale, créée par Simonide, était chantée soit en séance après les Jeux, soit en marche, soit même avec danse dans la demeure des vainqueurs. Elle a un caractère essentiellement national et populaire; elle peut être écrite dans tous les dialectes, et chantée sur tous les modes. Elle est héroïque et calme, elle ne procède pas de la passion ; mais elle passe aisément des événements ordinaires aux réflexions sublimes. Elle est religieuse, comme l'occasion qui l'a fait naître : Pindare compose dans les mêmes conditions que Phidias. En somme, l'ode triomphale, dans sa perfection pindarique, est un enseignement moral appuyé sur les traditions, ayant pour motif une victoire aux grands Jeux de la Grèce, adressé aux hommes assemblés, et se fortifiant par le sentiment musical.

La *poésie dramatique* parvint à sa perfection presque en même temps que l'ode; la Tragédie vint la première; la *Comédie* se forma sur son modèle. C'est vers le temps de Pisistrate que le chant en l'honneur de Bacchus, appelé Dithyrambe (*V. ce mot*), se transforma par degrés en tragédie, lorsque le poëte, qui récitait ou chantait les aventures du Dieu, admit un interlocuteur, et mit son récit en action. Peu à peu le dialogue se sépara du chant, et ce dernier constitua le chœur (*V. ce mot*), lequel continua ses évolutions autour de l'autel. Thespis contribua plus que les autres poëtes à cette transformation du chant bachique en *tragédie*; il n'admit qu'un seul personnage, qu'un seul acteur, lequel était toujours en scène pendant la représentation, et ne se reposait que dans les moments remplis par les chants du chœur. Au temps d'Eschyle, on faisait encore des tragédies ayant cette extrême simplicité, offrant des chœurs très-développés, un dialogue assez court et une action presque nulle. Eschyle donna à la tragédie sa forme définitive, et nous avons de lui la plus grande œuvre dramatique qui existe, la trilogie nommée *Orestie* (*V. ce mot*). A cette époque Bacchus avait cessé d'être le personnage obligé de la tragédie; les sujets étaient d'ordinaire empruntés à l'histoire héroïque de la Grèce, surtout aux légendes troyennes et thébaines; mais Eschyle mettait aussi sur la scène des sujets purement mythologiques, comme son *Prométhée*, ou purement historiques et contemporains, comme ses *Perses*. Il n'y avait point d'entr'actes; les chants du chœur en tenaient lieu. Tous les personnages portaient le masque et le cothurne, le premier, parce que les conditions et l'esprit de l'art grec n'eussent pas permis qu'un acteur avec sa figure représentât Jupiter, Minerve ou Agamemnon; le second, parce que, le masque étant admis, il fallait rétablir les proportions du corps de l'acteur en relevant sa taille. Ces deux parties essentielles du costume tragique étaient, du reste, favorables à l'effet général dans les immenses théâtres de la Grèce. Le chœur tragique ne put parvenir à sa perfection qu'au temps d'Eschyle, lorsque tous les modes musicaux eurent été réunis dans une vaste synthèse, et que les poëtes lyriques eurent conçu cet admirable ensemble mélodique connu sous le nom de *strophe, antistrophe et épode*. — La tragédie grecque n'a jamais eu plus de puissance et d'audace que dans Eschyle. Sophocle y ajouta cette justesse des proportions, cette grâce et cette sensibilité exquise, cette action continue et progressive qui, sans nuire à la force et à la simplicité, ont fait de ses tragédies des modèles pour la postérité. L'art à cette époque atteignait en toutes choses à sa perfection; tout ce qu'il y avait de rude dans les œuvres des précédentes générations disparaissait. C'était ce siècle, ou, pour mieux dire, cette période de Périclès, où la civilisation hellénique avait encore toutes les vertus du passé, sans avoir les vices et les défauts des temps postérieurs. Pindare, Sophocle, Phidias, Périclès lui-même, Hérodote, puis Thucydide et un grand nombre d'hommes d'un génie supérieur ont formé dans les arts et les lettres à la fois un ensemble qui ne se présente aussi complet à aucune autre époque de l'histoire. — Euripide n'est point un auteur de décadence; il est presque contemporain de Sophocle; mais, concevant l'art d'une autre manière, il y introduisit des usages nouveaux qui contribuèrent à l'altérer et à le perdre. La tradition n'est plus respectée au même degré; les dieux et les héros sont amoindris, pour être rendus plus humains; la dignité du langage n'est plus observée comme dans Eschyle et Sophocle; on s'adresse moins à l'intelligence du spectateur qu'à ses passions; on cherche le tragique et le pathétique, au lieu de ce calme et de cette majesté que les personnages conservaient jusque dans leurs violences. Nul auteur tragique ne peint plus profondément le cœur humain qu'Euripide; c'est lui surtout qui servait de modèle à notre Racine, qui a traduit du grec quelques-unes de ses scènes les plus émouvantes. La tragédie devient de plus en plus humaine; mais le niveau de l'art s'abaisse à chaque pas qu'elle fait en ce sens. — Nous ne citons ici que les plus grands écrivains. Mais l'histoire nous a conservé les noms de beaucoup d'autres, et nous montre que, dans la tragédie, comme dans les autres parties de la littérature, le génie

grec a été d'une extrême fécondité. On fit des tragédies longtemps après Euripide, et l'on en faisait encore lorsque la Grèce, devenue province romaine, n'était plus que l'ombre d'elle-même. Mais la sophistique se mêla de plus en plus à la tragédie; les sentiments et les idées, trop subtilement analysés, nuisirent à l'action; les grandes pensées disparurent avec la foi religieuse et politique, et avec les bonnes mœurs; on peut dire qu'au temps d'Alexandre la bonne tragédie était morte et ne devait pas renaître.

La *comédie* grecque naquit aussi dans les fêtes de Bacchus, mais de cette partie de la fête qu'on appelait *comos*, et que caractérisaient les ris, les chants joyeux et l'ivresse. Il n'y avait donc aucune tendance possible à unir la comédie et la tragédie, et à composer ces œuvres mixtes que les modernes appellent *drames*. Née presque en même temps que la tragédie, la comédie grecque ne tarda pas à prendre un caractère politique, et à devenir une satire personnelle des hommes du jour. Telle fut certainement la comédie entre les mains de Cratinos et d'Eupolis, qui, avec Aristophane, sont les poëtes de *l'ancienne comédie* athénienne. Une licence extrême la caractérise, non-seulement dans la critique des actions et des mœurs des particuliers, mais dans l'invention des personnages et des situations; une fantaisie sans limite, que les romantiques modernes et les auteurs d'opéras et de pièces à illusion n'ont pas égalée, anime les pièces d'Aristophane; c'est là que s'étale dans toute sa gaieté licencieuse la vie exubérante des peuples du Midi. Mais les poëtes prirent parti dans les événements politiques, et le grand nombre des spectateurs auxquels ils s'adressaient leur donnant une influence démesurée, le gouvernement d'Athènes supprima, en l'année 404, la *parabase* (*V. ce mot*), discours direct du poëte aux spectateurs, et défendit qu'aucune personne vivante fût mise sur la scène. Ce décret des trente tyrans ne fut jamais rapporté. Sous l'influence de ces conditions nouvelles et de la philosophie socratique qui se développait alors, la comédie chercha quelque temps une voie nouvelle, et devint à sa renaissance une critique générale des mœurs et des travers de l'humanité ou de la société du temps. Telle fut déjà la *comédie moyenne* d'Antiphane et d'Alexis, dans ses incertitudes; telle fut certainement la *nouvelle comédie*, qui, à la fin du IVe et au commencement du IIIe siècle, jeta, avec Ménandre et Philémon, le plus vif éclat. Les siècles postérieurs, soit à Rome, soit chez les modernes, imitèrent, non Aristophane, qui est à peine imitable, mais les poëtes de la comédie nouvelle, grands peintres de mœurs et de caractères, sachant faire naître une action et une intrigue des sentiments et des situations initiales des personnages.

La prose grecque, avant Alexandre, comprend surtout l'histoire, l'éloquence et la philosophie. L'*Histoire*, comme la poésie, naquit sur les rivages de l'Asie Mineure : Cadmos, Hécatée, sont de Milet; Hellanicos est de Mitylène, Hérodote d'Halicarnasse; c'est ce dernier qui donna le premier une forme littéraire à l'histoire, et qui créa le genre. Il lui donna la forme d'une épopée, prenant pour sujet dominant la grande lutte de la Grèce et de la Perse qui dépassa de beaucoup la guerre de Troie, et amenant les histoires particulières des peuples de Grèce et d'Asie jusqu'au moment où ils se trouvent partagés entre les deux camps. Cette forme donnée à l'histoire est moins humaine, moins politique que la forme chronologique; mais elle est certainement plus grandiose et plus littéraire; elle fait d'un livre d'histoire une véritable œuvre d'art; celle d'Hérodote est, du reste, sous l'invocation des neuf Muses, et elle fut présentée aux Grecs dans le grand concours des arts et de la poésie, aux jeux Olympiques. Cette forme était parfaitement appropriée aux événements qu'elle revêtait, lesquels n'ont rien de politique et sont les péripéties d'une lutte internationale, d'une guerre des deux mondes. L'histoire grecque se présente tout d'abord avec le caractère de véracité qui la distingue des œuvres d'imagination; les accusations longtemps portées contre la bonne foi d'Hérodote tombent tour à tour devant les découvertes modernes. — Les faits qui suivirent la guerre médique sont d'une nature politique; la guerre du Péloponèse a ce caractère, puisqu'il s'agissait là d'un conflit entre deux constitutions, l'oligarchie de Sparte et la démocratie d'Athène. L'histoire qui la raconte est une histoire politique; les récits de Thucydide ne sont plus groupés sous une forme poétique; ils se développent suivant l'ordre des années et des faits, comme un drame où les acteurs sont des hommes réels, et où les scènes procèdent des caractères de chacun d'eux et des conditions générales où ils sont placés. L'œuvre de Thucydide n'a été égalée par aucun historien des temps postérieurs; car jamais des formes oligarchiques et démocratiques aussi pures n'ont été aux prises, et n'ont trouvé un homme qui ait su les approfondir et en exposer la lutte avec autant de génie que Thucydide. Cet auteur marque le point de perfection de l'histoire chez les Grecs. — Xénophon, qui le continue, est loin de l'égaler : l'histoire entre ses mains est ou une simple narration, à la vérité fort intéressante, ou des mémoires, ou des récits mêlés de fantaisie et destinés à soutenir un système de philosophie politique. — Nous n'avons aucun des ouvrages historiques composés dans le IVe siècle, et qui faisaient suite à Thucydide et à Xénophon. L'histoire du genre ne peut être faite pour cette période que par conjecture : Ctésias, Théopompe, Éphore ne nous sont connus que par des citations et des témoignages, l'esprit de l'histoire se perd durant ce siècle, la fantaisie se mêle à la réalité. Il faut descendre jusqu'à Polybe. Mais ici l'histoire change de caractère et de matière. Rome a conquis une grande partie de l'ancien monde ; c'est à démêler les causes et les procédés de cet agrandissement que l'histoire s'applique ; elle devient donc plus générale et en quelque façon plus philosophique et plus instructive pour les races futures : la vérité a repris tous ses droits ; elle exige de l'écrivain le savoir, la pratique des affaires, la clarté des déductions, la justesse des jugements et leur impartialité. Polybe est demeuré dans ce genre le modèle des historiens modernes ; mais il est moins politique que Thucydide. — Il y a une grande décadence de ce genre de Polybe à Denys d'Halicarnasse et à Diodore de Sicile. A cette époque les Grecs étaient répandus sur toute la surface du monde romain. — Plutarque, au 1er siècle de notre ère, écrivait en grec dans un genre qu'il semble avoir créé, la biographie. Les Vies des hommes illustres sont en histoire ce qu'en peinture est le genre du portrait ; c'est l'histoire réduite à ses petites proportions. Il n'y a point d'art dans les Vies de Plutarque ; l'histoire mérite à peine sous cette forme de compter dans la littérature ; c'est la portée des moins habiles ; c'est l'extrême décadence du genre inauguré par Hérodote. Cependant l'on continua toujours à écrire l'histoire en langue grecque sous l'Empire romain et à Constantinople ; et c'est, de toutes les formes littéraires, celle qui a montré le plus de persistance.

L'Éloquence grecque a deux grandes époques, Périclès et Démosthène. C'est de tous les genres littéraires celui qui appartient le plus évidemment aux temps historiques ; en Grèce elle est née avec eux, elle a grandi avec l'art civique, elle s'est montrée essentiellement politique ou judiciaire ; les Grecs n'ont point connu l'éloquence sacrée, parce qu'il n'y avait pas en Grèce d'enseignement religieux ni de chaires. L'éloquence grecque est liée avec la démocratie, et c'est dans Athènes que l'une et l'autre atteignent tout leur développement. L'unité monarchique de Philippe et d'Alexandre met fin à l'éloquence. — Thémistocle peut être regardé comme le premier orateur qui ait paru en Grèce; en lui se personnifia l'esprit athénien; après la guerre médique, il fut déclaré que, par l'art de la parole, il avait sauvé la nation. Perfectionnée rapidement ensuite, l'éloquence parvient à sa plus haute expression dans la personne de Périclès, dont la parole gouverna Athènes pendant quarante ans. C'est l'éloquence sans passion, sans gestes, sans action apparente, forte d'idées, maîtresse d'elle-même, impersonnelle, belle et calme comme une statue de Phidias. Deux fléaux changent alors l'esprit public, la peste qui démoralise la ville, la guerre dorienne qui n'avait plus le génie de Périclès pour la diriger. La démagogie est maîtresse de la place publique; elle est armée de tous les moyens fournis par la sophistique et la rhétorique ; Cléon, Alcibiade du côté des démocrates, Antiphon à la ville, Phrynichos à l'armée du côté de l'oligarchie, soulèvent des tempêtes et détournent l'éloquence de son but légitime ; c'est le règne de la terreur et de la violence. La victoire de Lysandre et l'établissement des Trente et des harmostes rendirent silencieuses toutes les tribunes en Grèce. Quand on fut sorti de cet état violent, on vit naître l'éloquence de cabinet : Lysias, qui la représente, fut un orateur judiciaire ; mais comme il n'y avait dans Athènes ni avocats, ni ministère public, il ne parut qu'une fois au tribunal, et tous ses discours ont été composés pour d'autres personnes et prononcés par elles. C'est le plus pur atticisme qui s'y fait remarquer ;

les règles de la rhétorique y sont scrupuleusement suivies. — Le professeur Isocrate n'a jamais prononcé un discours ; il a écrit pour d'autres, comme Lysias ; il a aussi composé des plaidoyers pour des personnages héroïques ou pour des causes imaginaires. Cependant il était regardé comme le plus grand orateur de son temps ; il est donc évident pour nous qu'à cette époque éloquence et rhétorique étaient confondues. Les trois grandes œuvres oratoires d'Isocrate ne sont pas des discours et n'auraient pu être prononcées ; ce sont des brochures ou pamphlets politiques. — La grande éloquence se ranima sur les questions du temps : la plus importante, celle que les guerres médiques avaient soulevée, qu'avaient élaborée les Dix-mille et Agésilas, était la question de Perse ou d'Orient. Elle se compliqua, vers le milieu du IVe siècle, de la question du Nord ou de Macédoine. Les projets de Philippe partagèrent les orateurs en deux camps : d'une part Isocrate, Eubule, Eschine, usant d'habileté et de sophismes ; de l'autre Lycurgue, Hypéride, Hégésippe, Démosthène, s'appuyant sur le sentiment de l'indépendance nationale et luttant contre Philippe avec une éloquence qui croissait comme le danger. La défaite de Chéronée et le triomphe de la Macédoine mirent fin à l'éloquence grecque, à la démocratie et à l'indépendance.

La Philosophie produisit le dernier venu des genres littéraires de la Grèce. Elle parla d'abord en vers, au temps où, se confondant avec les sciences particulières, elle cherchait elle-même sa voie. Mais l'enseignement socratique changea ses habitudes, et lui fit adopter la prose comme sa langue naturelle ; toutefois, avant Socrate, les derniers philosophes des anciennes écoles, Héraclite, Anaxagore, avaient composé des traités en prose, dont il reste des fragments. A cette même époque écrivait Hippocrate, que l'on peut nommer le philosophe de la médecine, et qui fit dans cet art une réforme analogue à celle de Socrate dans la philosophie. De l'école de Socrate sortit toute une phalange d'écrivains philosophes, dont les plus illustres ont été Xénophon et Platon. La vie aventureuse du premier ne lui donna pas le loisir de se livrer tout entier à la composition d'ouvrages purement philosophiques ; cependant plusieurs de ses écrits en ce genre sont demeurés célèbres, et offrent cette clarté et cet agrément dans la forme qui sont le caractère de cette école. Platon, l'un des plus féconds écrivains de la Grèce, adopta, pour exposer ses idées philosophiques, la forme du dialogue, empruntée au théâtre, et mit en scène dans ses écrits les hommes les plus distingués de son temps. Il n'y a pas moins d'art dans la composition de ces dialogues que dans les comédies du temps. Quelque grave que soit le sujet, il y a un charme infini dans ces ouvrages, et ce charme vient uniquement de la forme dont l'art grec, qui vit tout entier dans Platon, a su les revêtir. Les dialogues de Platon ont servi de modèles à un grand nombre d'écrivains philosophiques, soit à Rome, soit chez les modernes ; mais nul d'entre eux n'a pu les égaler ; car cette forme du dialogue n'est admissible qu'à la condition que les interlocuteurs ne soient pas des personnages abstraits, et qu'ils aient autant de réalité que ceux de la scène. — L'œuvre de Platon est d'une diversité infinie ; celle d'Aristote, son disciple et son rival, l'est également. Mais les écrits d'Aristote se présentent sous la forme de traités, sous la forme didactique, laquelle est beaucoup moins littéraire que celle du dialogue. Si le style des œuvres d'Aristote était bien celui de la littérature philosophique de son temps, la chute que ce genre fit ne serait pas moins profonde que rapide ; mais on a lieu de croire que ce philosophe avait rédigé peu d'écrits, et que ceux qui nous sont venus sous son nom n'étaient que des notes du professeur et peut-être même de ses élèves. — Son successeur fut Théophraste, plus célèbre comme botaniste que comme philosophe ; il est difficile de juger de la valeur de ses écrits d'après les Caractères qui nous restent de lui ; car ce sont des fragments épars d'un grand ouvrage perdu ; il y a dans ces morceaux plus de verve que d'art ; ils ont eu le mérite d'être le point de départ de La Bruyère. — A partir de cette époque les écoles philosophiques ont subordonné la théorie à la pratique, et ont produit un assez grand nombre de traités de morale, presque entièrement perdus. Épicure, Zénon, Cléanthe ont été les modèles imités par les philosophes latins. Après eux la Grèce n'a pas cessé de produire des écrits philosophiques ; mais, après le règne d'Alexandre, un esprit nouveau se mêle à toutes ses productions ; c'est l'esprit oriental. (V. ALEXANDRIE — École d'.)

Il nous reste à dire quelques mots d'un genre secondaire qui a jeté en Grèce un certain éclat. La littérature sicilienne a produit l'*Idylle*, dont les formes, dans Théocrite même qui en est le créateur, sont d'une variété très-grande. Quoique venue dans un temps de décadence et lorsque les idées de l'Orient transformaient déjà les lettres grecques, l'idylle, dans Théocrite, a le charme et la grâce d'un tableau de genre, d'un vase bien ciselé, ou d'un bas-relief de petites dimensions, mais d'un travail fini. Bion et Moschos, ses successeurs, n'ont rien ajouté aux qualités du genre, et le petit recueil de Théocrite, bien supérieur aux Églogues de Virgile, demeure encore le modèle de la poésie pastorale et bucolique.

Le génie grec était alors dispersé dans tout le monde antique ; il avait ses centres partout, principalement à Alexandrie. Là se donnaient rendez-vous toutes les idées, toutes les doctrines, toutes les religions, toutes les langues. La critique et l'érudition naquirent dans cette ville, où les Ptolémées s'en firent les protecteurs et les propagateurs. Le Musée, inspiré par Démétrius de Phalère à Ptolémée Soter, vers l'an 300, réunit des savants et des professeurs de tout ordre. La flatterie inspira à des poëtes des œuvres de nulle valeur, comme les anagrammes à Lycophron, les apothéoses de princes vivants à Callimaque. Le poëme des *Argonautiques*, qui est une œuvre d'érudition, n'est pas une épopée, donne la mesure de ce qui se produisait alors en poésie.

Il faut franchir le commencement de l'ère chrétienne pour trouver encore de véritables écrivains grecs. Mais dès lors un monde nouveau commence à naître : c'est Rome avec sa puissante organisation, c'est l'Inde et la Perse avec leur panthéisme symbolique, c'est la Judée, la Phénicie et l'Égypte, et bientôt c'est le christianisme, qui, luttant avec les idées grecques proprement dites, ou leur donnant par le mélange une nouvelle fécondité, suscitent dans un monde décrépit des tentatives littéraires animées d'un esprit nouveau. V. BYZANTINE.

V. Fabricius, *Bibliotheca græca, seu notitia scriptorum veterum græcorum*, 1705-28, 14 vol. in-4°, ouvrage réédité, mais sans avoir été achevé, par Harless, Hambourg, 1790-1809, 13 vol. in-8° ; Schœll, *Histoire de la littérature grecque profane*, Paris, 1813-1825, 8 vol. in-8° ; C.-O. Müller, *Histoire de la littérature grecque jusqu'au siècle d'Alexandre*, en allem., Breslau, 1841, 2 vol. in-8° ; Bernhardy, *Esquisse de la littérature grecque*, en allem., Halle, 1838-1845, 2 vol. in-8° ; Bode, *Histoire de la poésie grecque*, en allem., Leipzig, 1838-1840, 5 vol. in-8° ; A. Pierron, *Histoire de la littérature grecque*, 1850, in-12 ; Munk, *Histoire critique de la langue et de la littérature de l'ancienne Grèce*, en anglais, Londres, 1850 ; C.-O. Müller, G.-C. Lewis et Dʳ Donaldson, *Histoire de la littérature de l'ancienne Grèce*, en anglais, 1858, 8 vol. in-8°. Eᴍ. B.

GRECQUE (Philosophie). La philosophie grecque commence environ 600 ans av. J.-C., et finit dans le vᴵᴱ siècle de notre ère. Antérieurement on avait eu les *Sentences* des Gnomiques, mais sans aucun caractère spéculatif. Dans son développement de 1200 ans, la philosophie grecque se divise en trois grandes périodes : 1° depuis Thalès jusqu'à Socrate ; 2° depuis Socrate jusqu'à l'école d'Alexandrie ; 3° la philosophie néoplatonicienne. La première période s'ouvre avec les écoles *Ionienne* et *Italique*. Les Ioniens ont pour chef Thalès de Milet ; après lui on cite Anaximandre, Anaximène, et d'autres moins célèbres. Le principal caractère de cette école est d'avoir conçu le premier principe uniquement comme matériel, sans tenir aucun compte des choses incorporelles, et de n'avoir pas déterminé le principe du mouvement. Ne s'attachant qu'aux phénomènes, elle n'admettait que l'évidence donnée par les sens, et conduisait au fatalisme (V. IONIENNE — École). Anaxagore se distingue des philosophes précédents en ce qu'il introduit l'intelligence comme principe d'ordre, sans toutefois ôter à l'école son caractère sensualiste. L'école italique, au contraire, au lieu de s'arrêter aux phénomènes, ne considère que leurs rapports ; de là son double caractère mathématique et astronomique. Aussi fut-elle entièrement spiritualiste. Pour elle les *nombres* sont les principes des choses, c.-à-d. des causes. Il est probable, car il ne reste rien des premiers philosophes de l'école, qu'en disant que le monde s'était formé à l'imitation des nombres, les Pythagoriciens voulaient dire que tout est sorti de la substance primitive comme les nombres naissent de l'unité en s'ajoutant sans cesse à elle-même. Dieu étant l'unité, la perfection consiste à s'en rapprocher ; aussi l'âme est un nombre, elle est immortelle et soumise à la métempsycose. L'école d'Italie est de beaucoup supérieure à celle d'Ionie par sa manière d'expliquer le système du monde (elle admettait que le soleil est fixe au milieu des planètes), et par sa morale, qui suppose une sanction après cette vie (V. PYTHAGORICIENNE — École). Elle eut pour fondateur Pythagore ; les plus renommés après lui furent Empédocle, qui, le premier, admit plusieurs éléments ; Épicharme ; Archytas de Tarente, célèbre comme mathématicien. Cette école trouva son dernier développement dans celle d'Élée ; en effet, Xénophane, et surtout Parménide et Zénon d'Élée, en vinrent à nier toute réalité matérielle, toute variété, et à ne plus admettre que l'unité absolue (V. ÉLÉATIQUE — École). Cet excès, opposé à celui des Ioniens qui n'admettaient que la pluralité, donna naissance à une secte qui fut celle des Sophistes (V. ce mot). Ceux-ci, prenant les systèmes, démêlant avec sagacité leurs côtés négatifs et leurs endroits faibles, les opposant l'un à l'autre, arrivèrent par la confusion et la contradiction à une sorte de négation universelle. Une des conséquences de ce procédé était de porter atteinte à la morale ; la philosophie était menacée dans son avenir, il lui fallait un sauveur ; ce fut Socrate.

Avec lui commence la deuxième période. Il détourna les esprits des hypothèses physiques et astronomiques, matérialistes et idéalistes de l'âge précédent. Il assigna pour point de départ à la philosophie la connaissance de soi-même ; de là le caractère essentiellement moral et humain de sa doctrine. Il fut le premier moraliste, en ce sens que, le premier, il enseigna une moralité qui consiste à faire son devoir pour le devoir. Enfin il donna une méthode à la philosophie, et prépara ainsi son brillant avenir. On vit naître après lui plusieurs écoles : celle de Mégare, qui se borna à déterminer le bien en général, et à montrer que le fini ne pouvait être le vrai ; celle de Cyrène, qui se rattache à l'épicuréisme, et celle des Cyniques, qui alla se fondre dans celle du Portique (V. MÉGARIENNE, CYRÉNAÏQUE, CYNIQUE). Mais les véritables écoles socratiques furent celles de Platon et d'Aristote. Platon, fondateur de l'Académie, embrassa à la fois la dialectique, la physique et la morale, en s'attachant surtout aux données de la raison. Les notions particulières ne sont pour lui qu'un point de départ d'où il s'élève, par la dialectique, jusqu'aux *idées en elles-mêmes*, types éternels dont la réalité en ce monde n'est qu'une infidèle image. Ces *idées* ont leur raison d'être en Dieu, en sorte que Platon considère la philosophie comme la connaissance des choses quant à leur notion essentielle, c.-à-d. quant à leur véritable existence en Dieu, comme dans l'objet infini et universel des conceptions de la raison. Au contraire, les notions que nous avons des choses d'après la perception sensible et les simples phénomènes de l'expérience sont des notions trompeuses. Cette théorie, appuyée sur la *réminiscence* (V. ce mot), supposait une vie antérieure où l'âme avait vu de plus près ces exemplaires en Dieu. Comme pour Socrate, Dieu est une Providence, organisateur et roi du monde ; mais Platon ne va pas jusqu'à l'unité absolue des Éléates. S'il est moins hardi sous ce rapport, il est plus moral ; il introduit dans la philosophie grecque des idées qui ont fait dire à Sᵗ Augustin : « Si Platon et ses amis revenaient au monde, ils n'auraient à changer que bien peu de chose à leur doctrine pour être chrétiens » (V. PLATONICIENNE — École). Platon n'est pas idéaliste ; mais ses successeurs immédiats Speusippe, Xénocrate, Polémon, Cratès et Crantor conduisent l'Académie à l'idéalisme et au pythagorisme. Après eux, Arcésilas, développant les germes de scepticisme cachés dans la doctrine platonicienne, fonda la *Moyenne Académie*, dont le principe était que la vérité ne doit être considérée que comme une simple conviction personnelle, une vraisemblance, en sorte que l'homme est pour ainsi dire condamné à ne rien savoir. Carnéade, en mitigeant un peu cette proposition, prétendit qu'il n'y a aucun critérium de la vérité ; la pensée, modifiant l'objet, ne le laisse pas arriver jusqu'à nous tel qu'il est. Carnéade fut le chef de la *Nouvelle Académie*. On en compte une quatrième, qui a pour conduite de Clitomaque, qui proclama hautement l'impuissance de rien comprendre. Bientôt après, sous Philon et Antiochus, elle revint au dogmatisme (V. ACADÉMIE).

Avec Platon, la philosophie grecque avait fait d'immenses progrès, surtout au point de vue moral ; il en fut de même avec le fondateur du Lycée, sous le rapport scientifique. Si Aristote est un grand métaphysicien, il est aussi un grand physicien ; avec lui l'esprit humain trouve et formule les lois du raisonnement déductif. Il en est de même de la poétique de l'éloquence et de la politique. Avec lui la philosophie devient réellement la science des causes et des premiers principes. L'idée qu'il s'est faite de la philosophie suffit pour montrer qu'il n'est pas sensualiste. Elle est surtout la science de l'essence, la connaissance du but ou de la fin, et ce but, c'est le meilleur en chaque chose ; mais pour lui ce même but est quelque chose de réel, de concret, par opposition à l'*idée* de Platon. Dieu est la cause, le principe, mais il n'est pas Providence. Du reste, Aristote paraît ne s'occuper que de choses particulières et ne traiter de Dieu ou de l'absolu qu'à son tour, tout en reconnaissant qu'il est ce qu'il y a de meilleur (*V.* Péripatéticienne — École). Aristote n'est pas sensualiste ; mais son Dieu sans Providence, l'âme dont la personnalité ne survit pas au corps, la préférence qu'il donne au particulier et au contingent, devaient conduire au sensualisme ; c'est ce qu'on vit chez ses disciples Théophraste, Dicéarque, Aristoxène, Straton surnommé le Physicien. Avec eux, comme avec les descendants de Platon, les grands systèmes dégénèrent et font place à l'Épicuréisme et au Stoïcisme (*V.* ces mots), environ 300 ans av. J.-C. Le premier, avec la physique atomistique de Démocrite et d'Épicure, et sa morale de l'intérêt et du plaisir, conduisait à l'athéisme en métaphysique et à l'égoisme en morale. Le second, avec sa morale rigide, fut l'expression de l'héroisme moral du caractère socratique ; il subordonna l'intérêt au devoir ; mais, en commandant à l'homme de vivre selon la *nature*, il méconnut les droits de la sensibilité. Ces deux écoles, environ un siècle avant notre ère, introduisent la philosophie grecque à Rome ; Cicéron y représenta l'Académie, Lucrèce l'Épicuréisme, et Sénèque le Portique ; à Rome, la philosophie fut classique comme la littérature. Quand la philosophie semble s'éloigner de la Grèce, c'est à Alexandrie qu'il faut la suivre. Mais, avant qu'elle s'y montrât avec un nouveau caractère, le scepticisme apparaît comme un résultat du conflit des systèmes antérieurs. Déjà il s'était annoncé avec Pyrrhon (340 av. J.-C.), mais c'était trop tôt. Le vrai scepticisme s'établit avec toute sa puissance dans la personne d'OEnésidème, qui en fit un système régulier, en lui donnant des principes et une méthode. Par là il mit en question toute croyance et toute réalité. Ce système fut continué par Agrippa et Sextus Empiricus. Le procédé général de l'école consistait à opposer les idées sensibles aux conceptions de la raison, pour arriver au doute par la contradiction. De là cette formule qui résume tout le scepticisme pratique de l'antiquité : « *Pas plus l'un que l'autre*, οὐδεν μᾶλλον. »

Tel était, deux siècles après J.-C., l'état de la philosophie grecque. Alexandrie avait succédé à Athènes ; elle était devenue le foyer des sciences et des lettres. Les différents systèmes de philosophie s'y rencontrèrent et y vinrent une cause de scepticisme ; mais ce dernier système ne pouvait pas satisfaire l'esprit humain ; de là naquit l'école d'Alexandrie ; son premier caractère fut l'éclectisme, ou plutôt le syncrétisme. Elle voulut en effet tenter la conciliation entre les différents systèmes, et surtout entre Platon et Aristote ; mais, grâce à l'influence de l'Orient et des idées religieuses qui occupaient alors les esprits, un second caractère vint dominer le premier, ce fut le mysticisme. Expliquer la nature divine et la manière dont elle se manifeste, s'élever par l'extase au-dessus des données de la raison, tel était l'objet principal de la nouvelle école, qu'on appela aussi *Néoplatonicienne*. Avec Plotin et Porphyre elle reste dans les limites d'un mysticisme qui n'a rien d'extravagant ; mais avec Jamblique et ceux qui viennent après lui, elle tombe du mysticisme dans la théurgie, elle pratique l'évocation, elle fait des miracles. Avant de perdre le droit de parler au nom du paganisme, la philosophie grecque revint aux lieux où elle avait longtemps brillé, et jeta un vif et dernier éclat à Athènes dans la personne de Proclus. Bientôt les portes de l'école furent fermées par un édit de Justinien, en 529 (*V.* Alexandrie — École d').

Cette philosophie, qui se développa dans un si long espace de temps, survécut à la nationalité grecque, surtout les doctrines de Platon et d'Aristote, qui se montrèrent dans la civilisation arabe, et qui exercèrent une influence incontestable et souvent utile sur la civilisation moderne. Outre les historiens de la philosophie, Brucker, Tiedemann, Stanley, Tennemann, Degérando, Ritter, *V. Recherches sur les opinions, la théologie et la philosophie des plus anciens peuples, et surtout des Grecs, jusqu'au temps d'Aristote* (allem.), in-8°, Elbing, 1785 ; Anderson, *La philosophie de l'ancienne Grèce* (angl.), in-8°, Londres, 1791 ; Sacchi, *Storia della filosofia greca*, 4 vol. in-8°, Pavie, 1818-1820. R.

GRECQUE (Religion). L'étude de la religion des anciens Grecs présente de graves difficultés, et les savants n'ont pu se mettre d'accord sur les questions qu'elle soulève. La Grèce n'eut jamais de livre sacré, de symbole, de sacerdoce organisé pour la conservation des dogmes : les poëtes et les artistes furent les véritables théologiens, et, la notion des divinités étant à peu près livrée à la conception arbitraire de chacun, la religion n'eut jamais de traits précis et arrêtés. Pourtant Hésiode, dans sa *Théogonie*, a systématisé les principales idées éparses dans la Grèce, et établi un ordre chronologique dans la succession des dieux.

Les dieux et les déesses, qu'on adorait en nombre presque infini, ne seraient, d'après une opinion représentée déjà dans l'antiquité par Évhémère, que des êtres humains déifiés après leur mort à cause de leurs exploits ou de leurs vertus, et il ne faudrait voir dans les mythes que des faits historiques altérés par l'ignorance populaire et embellis par la fantaisie des poëtes. D'autres mythologues, et c'est le plus grand nombre, regardent les dieux de la Grèce comme la personnification des éléments, des agents physiques, et croient découvrir sous le voile de la Fable l'expression figurée du rôle que les phénomènes naturels jouent dans l'univers. Divisés quant aux idées dont les divinités grecques étaient l'expression, les savants le sont également sur la question de l'origine et de la provenance de ces divinités : naquirent-elles sur le sol de la Grèce, ou n'ont-elles été que des transformations de divinités apportées soit de l'Asie occidentale, soit de l'Égypte ? L'impossibilité de distinguer les traditions positives d'avec les créations de l'imagination poétique, les contradictions fréquentes qui existent entre les mythes, les modifications que ces mythes ont dû subir suivant les temps et les lieux, tout concourt à jeter de l'obscurité sur cette matière.

Un fait incontestable, c'est que les divinités grecques peuvent se ramener à deux classes : 1° celles qui, d'origine pélasgique, et suivant toute vraisemblance, apportées de l'Asie, furent reconnues et honorées dans toute la Grèce ; 2° celles qui naquirent des idées et des croyances particulières à telle ou telle peuplade, et dont le culte, primitivement propre à certains cantons, se répandit de proche en proche dans les autres, par suite des rapports fréquents qui existèrent entre les habitants de la Grèce ; cela explique la variété qu'on rencontre dans les caractères des diverses divinités, dont on confondit souvent les attributs, et dans les cérémonies célébrées en leur honneur.

Les plus anciens habitants de la Grèce, les Pélasges, que l'ethnologie rattache à la race indo-européenne, et qui vinrent d'Asie en Europe à une époque très-reculée, eurent un certain nombre de grandes divinités, qui se placèrent plus tard à la tête du panthéon hellénique, *Zeus* (Jupiter), *Hèra* (Junon), *Arès* (Mars), *Vesta* ou *Hestia, Hermès* (Mercure), *Pallas* ou *Athéné* (Minerve). Le culte de Zeus conserva longtemps son importance à Dodone en Épire. Celui d'Hermès fut surtout en vigueur chez les Arcadiens. En Crète et à Samothrace, la religion demeura dans un rapport étroit avec celles de l'Asie occidentale, de la Phénicie, de la Syrie. Hérodote prétend que les Pélasges ne donnaient d'abord aucun nom à leurs divinités ; des colonies égyptiennes leur auraient apporté les dieux qu'ils adorèrent plus tard et qu'ils transmirent aux Hellènes. Mais aucun fait positif n'établit qu'il y ait eu, dans ces temps reculés, des relations entre l'Égypte et la Grèce ; les noms des dieux pélasgiques n'existent pas dans le panthéon égyptien, et les ressemblances d'attributs qu'on pourrait trouver entre ces dieux et certaines divinités égyptiennes s'expliquent par l'identité du principe suivant lequel reposaient les antiques religions, la personnification des forces de la nature. Le berceau des divinités pélasgiques doit plutôt être placé dans l'Asie occidentale, ou du moins quelques-uns des mythes dont se composait leur histoire auront été empruntés aux dieux de ce pays.

Aux éléments pélasgiques de la religion grecque s'ajoutèrent deux autres ordres de divinités. D'abord, des colonies venues de Phénicie, de Syrie, de Phrygie, etc., apportèrent directement leurs dieux, qui se mêlèrent peu à peu à ceux des anciens habitants de la Grèce. Ensuite, la religion se développa de bonne heure conformément au génie particulier de chaque contrée et de chaque tribu hellénique : des cultes et des rites locaux se formèrent en Thessalie, en Béotie, à Samos, à Rhodes, etc., et c'est là principalement qu'il faut chercher les origines du polythéisme grec.

Le culte des *héros* acheva d'imprimer à ce polythéisme une physionomie distincte. Sous ce nom de héros on comprit les individus nés d'un dieu et d'une mortelle, comme Hercule, ou d'un mortel et d'une déesse, comme Achille, et tous les personnages des temps fabuleux, chefs de races ou de migrations, fondateurs de villes, protecteurs de cités et de familles, vainqueurs de bêtes féroces, bienfaiteurs de leurs semblables. Des mythologues ont vu à tort dans quelques-uns de ces héros, tels qu'Hercule, Persée, Jason, etc., des divinités de l'Orient défigurées par le génie grec : si l'on a transporté sur leur tête certains mythes relatifs à des dieux asiatiques, ces emprunts furent tardifs.

L'anthropomorphisme (*V. ce mot*) a été enfin un des caractères essentiels du polythéisme. Les Grecs finirent par déifier tous leurs penchants, bons ou mauvais ; en sorte qu'en adorant leurs dieux, ils adorèrent leur propre humanité. Les appétits grossiers, l'amour des combats, la vengeance, eurent, dans l'Olympe, des représentants aussi bien que la justice et la piété. Les simulacres mêmes des dieux furent faits à l'image de l'homme, et les artistes cherchèrent à leur donner l'idéale perfection du corps humain. Dès le temps d'Homère, les dieux ne se distinguaient des hommes que par des organes plus parfaits, une plus haute stature, une voix plus puissante ; une nourriture divine éternisait leur vigueur et leur jeunesse ; ils avaient en outre la faculté de revêtir à leur gré toutes les formes imaginables, depuis le corps subtil et impalpable des météores jusqu'à celui des animaux.

C'est du vii° et du vi° siècle avant l'ère chrétienne que date l'importation des dogmes étrangers, qui a dénaturé le polythéisme hellénique. Les relations avec l'Asie devinrent fréquentes ; les écoles pythagoricienne et platonicienne essayèrent tour à tour d'assimiler entre eux les dieux honorés chez les différents peuples, afin de réunir les éléments vraiment religieux qui existaient dans ces cultes divers ; le peuple grec attribua les noms de ses divinités aux divinités étrangères qui avaient avec elles quelque ressemblance, et mi* sur le compte de ses propres dieux les fables dont les dieux étrangers étaient l'objet. Ce syncrétisme atteignit ses derniers développements à l'époque de l'école d'Alexandrie, qui voulut opérer une fusion complète entre les religions de l'Asie, de l'Égypte et de la Grèce. Alors aussi on prétendit donner aux mythes païens un sens et une portée qu'ils n'avaient certainement pas ; on fit de ces mythes autant d'expressions figurées des phénomènes naturels, des révolutions astronomiques. Le polythéisme fut ainsi totalement dénaturé, et celui qui le jugerait d'après les derniers écrivains grecs s'en ferait l'idée la plus fausse. Au temps des Alexandrins, le polythéisme n'avait plus de rapport avec la religion d'Homère, d'Hésiode et de Pindare ; les fables anciennes n'étaient plus que des allégories ; les rites seuls étaient conservés, parce qu'ils constituaient généralement pour le peuple toute la religion, et que les philosophes cherchaient à s'appuyer sur la tradition pour dissimuler la nouveauté de leurs idées ; la religion n'était plus qu'un attachement routinier et inintelligent à des cérémonies ridicules ou surannées.

Au reste, en défigurant le polythéisme, la philosophie en épura la doctrine. Le culte de divinités conçues comme de simples et imparfaites créatures, l'emploi de simulacres qui faisaient confondre l'être adoré et le signe sensible destiné à réveiller son souvenir, engendraient la superstition, et, chez le peuple du moins, le polythéisme dégénérait en idolâtrie. Aucun dogme précis, aucune liturgie réglée par un corps sacerdotal, aucun enseignement moral, ne réprimaient les dérèglements auxquels donnaient lieu, par exemple, les fêtes de Vénus, d'Adonis, de Bacchus ; les Mystères eux-mêmes, institués sans doute pour l'instruction des initiés, dégénéraient en cérémonies licencieuses, dont le secret ne faisait qu'assurer l'impunité. En un mot, le polythéisme avait des excitations pour tous les penchants vicieux ; il livrait l'homme à toutes ses passions. La philosophie essaya de corriger les croyances dépravantes par un enseignement capable de soustraire l'homme à leur joug ; elle représenta comme des fables les actions criminelles ou obscènes que l'on mettait sur le compte des dieux, ou bien donna des interprétations qui en faisaient disparaître l'immoralité et l'indécence.

V. Wœlcker, *Sur la mythologie des peuples Iapétiques,* en allem., Giessen, 1824, in-12 ; Fréd. Creuzer, *Symbo-*

lique des religions de l'antiquité, trad. en français par M. Guigniaut ; O. Müller, *Prolégomènes d'une Mythologie scientifique,* en allem., 1825 ; Lobeck, *Aglaophamus, sive de theologiæ mysticæ Græcorum causis,* Kœnigsberg, 1829, 2 vol. in-8° ; Ph. Buttmann, *Le Mythologue, ou Recueil d'études sur les croyances des Anciens,* en allem., Berlin, 1829, 2 vol. in-8° ; Bœttiger, *Idées sur la Mythologie de l'Art,* en allemand, Dresde, 1836, 2 vol. in-8° ; E. Jacobi, *Dictionnaire de la mythologie grecque et romaine,* en allem., Leipzig, 1847, 2 vol. in-8° ; Alfred Maury, *Histoire des religions de la Grèce antique,* 1857 et suiv., 3 vol. in-8°.

GRECQUE (Architecture). De tous les arts du dessin pratiqués et perfectionnés par les Grecs, l'architecture a été le plus idéal, c.-à-d. celui qui s'est le plus détaché des conditions de la matière et des passions qu'elle suggère. Née de l'utile, elle s'en est bientôt détachée ; opérant avec le bois et la pierre, elle les a peu à peu cachés, au point de les faire disparaître aux yeux du spectateur pour ne lui présenter que des formes pures et immatérielles. Dans la période de sa décadence, cet art n'a jamais fait reparaître la matière dont il s'était affranchi, et c'est plutôt par l'abus de la forme qu'il s'est éloigné de sa propre perfection.

C'est une opinion exagérée et exclusive de faire dériver toute l'architecture des Grecs de primitives constructions en bois, et de l'opposer par ce côté seul à celle des Égyptiens, qui n'ont pas, eux non plus, emprunté leurs modèles uniquement à d'antiques maisons en pierres. La voûte même que les Grecs l'ont pratiquée, à une époque fort ancienne, ne dérive nullement d'un échafaudage de bois, non plus que les murs des villes, dont les formes les plus antiques existent encore et ne supposent que la pierre. Toutefois, les plus beaux édifices de la Grèce, ses temples, ses théâtres, ses portiques, ses odéons présentent des formes évidemment issues de la maison de bois, de même qu'en Égypte les édifices d'un genre analogue ne supposent l'emploi de cette matière que dans quelques-unes de leurs parties accessoires.

De bonne heure l'architecture, dont les conceptions sont géométriques, s'annexa deux arts qui lui sont naturellement étrangers, mais qui peuvent ajouter beaucoup à l'effet idéal de ses édifices, la sculpture et la peinture. Mais, jusque dans les derniers temps, les sculpteurs et les peintres subordonnèrent leur conception et leur travail à l'œuvre de l'architecte ; et les ouvrages d'un goût médiocre que produisit l'âge de la décadence conservèrent ainsi leur unité et leur ensemble. Ce principe se retrouve appliqué avec rigueur dans l'art grec tout entier, qui sut toujours subordonner la partie décorative d'une œuvre à l'œuvre elle-même.

Les plus anciens monuments que la Grèce nous ait laissés se rapportent à l'art de la guerre : ce sont des murs pour enceindre des villes ou fermer des isthmes et des défilés ; ils sont connus sous le nom de *murs cyclopéens.* Ces constructions sont l'œuvre des Pélasges, la plus ancienne migration asiatique dont l'histoire grecque fasse mention. L'Arcadie et l'Épire, moins mêlées que d'autres provinces aux guerres ultérieures, en conservent de grands exemples ; mais le sol de la Grèce, dans toutes ses parties, est couvert de ruines *pélasgiques ;* l'Asie Mineure en renferme un grand nombre ; l'Italie, la Sicile, le Sud de la France, les îles de la Méditerranée en offrent assez pour que l'on puisse constater le grand développement de la race pélasgique autour de cette mer, sur les rivages du Nord. Les murs cyclopéens sont formés de blocs de pierre énormes, entassés les uns au-dessus des autres, sans ordre apparent, sans liaison. Les plus anciens ne portent aucune trace de travail humain ; les angles des pierres y ont leurs formes naturelles et primitives ; ces formes seules, en s'adaptant grossièrement les unes dans les autres, ont déterminé la place que les constructeurs leur ont donnée. Tels sont les murs de Tirynthe en Argolide, le mur qui fermait l'isthme de Corinthe, etc. Plus tard, les architectes pélasges firent tailler avec soin les angles de ces pierres colossales, de manière qu'elles ne laissassent point de vide dans leurs jointures ; c'est ce que l'on nomme des *constructions polygonales.* Tels étaient les murs cyclopéens de Mycènes. Il ne semble pas, du reste, que ces deux manières de construire se soient positivement succédé l'une à l'autre ; lorsque l'on taillait les blocs dans certaines parties du monde pélasgique, on bâtissait encore en pierres brutes dans certaines autres. Mais doit-on aussi attribuer aux Pélasges, à cet âge primitif de l'architecture antique, les constructions où les pierres sont carrées et disposées en assises? Nous ne le pensons pas; et c'est de cette construction régulière que nous datons l'architecture *hellénique*. La majeure partie des ruines de Mycènes appartient à cet âge, où l'on trouve déjà les portes en trapèze et la sculpture unie à l'art de bâtir (*Porte des Lions*). La période des temps héroïques est la première en ce genre; elle a laissé de très-beaux monuments dont plusieurs subsistent encore; le *Trésor des Atrides*, appelé aussi *Tombeau d'Agamemnon*, à Mycènes, est le mieux conservé de tous. Cet édifice souterrain est formé d'assises circulaires superposées et de plus en plus étroites; de sorte qu'il a la forme d'une voûte, mais sans clef; c'est l'encorbellement proprement dit. A cette époque se rapportent les descriptions architectoniques données par Homère; le sol occupé jadis par les Grecs en offre encore de nombreux débris.

On ne peut fixer la date de l'apparition des *ordres* dans le monde grec; on peut dire seulement qu'ils se sont succédé, et que le plus ancien est l'*ordre dorique*. Le temple dorique est manifestement conçu à l'image de la maison de bois, dont il reproduit toutes les parties dans leurs moindres détails. Le ναός, en effet, est la *maison de la divinité*, dont la statue y est conservée, et qu'elle-même vient quelquefois habiter en personne; le peuple n'y pénètre pas; les serviteurs du dieu seuls y sont admis. Les premiers temples doriques ont encore la lourdeur des anciens temps : colonnes courtes et massives, souvent monolithes, chapiteaux saillants, énormes architraves. Mais les éléments essentiels de l'architecture hellénique s'y trouvent déjà : simplicité des rapports entre les parties, nombre restreint des membres, grandes lignes plus ou moins infléchies autour d'un axe vertical ou dans le sens de la courbure de la terre, portes hautes en trapèze, colonnades détachées des murs, longues perspectives adoucies, cannelures larges et en petit nombre, peinture plate sur toutes les parties de l'édifice, ornements courants, sculptures aux frontons, aux métopes, et en frises continues au haut des murs, caissons profonds et ornés sous les colonnades et à l'intérieur du temple. A cet âge appartiennent le temple de Némésis à Rhamnonte et celui de Corinthe; celui de Junon à Olympie était de la même époque, mais il est détruit.

L'*ordre ionique* parut à une époque qu'il est impossible de fixer, mais qui est certainement antérieure à l'année 580 av. J.-C. Les colonnes à bases, avec volutes au chapiteau, le distinguent de l'ordre dorique; cette première différence, unie à la légèreté du fût, en entraîne d'autres dans toutes les parties de l'édifice. L'élégance ornée caractérise cet ordre, moins essentiellement grec que le précédent, et qui ne prit un grand développement que dans les temps postérieurs. Nous voyons toutefois que, dans les édifices fort anciens, l'ordre ionique était employé à l'intérieur, même avec de grandes dimensions. Le temple de Diane à Éphèse était entièrement ionique, et ne date cependant que du commencement du VIᵉ siècle; l'art de tailler la pierre et la science des formes étaient donc déjà fort avancés à cette époque (*V.* Grecque — Sculpture). — La seconde moitié du VIᵉ siècle et la première du Vᵉ ont été marquées par un progrès rapide de tous les arts, des lettres, et en général de la civilisation hellénique. Toutes les formes architecturales se perfectionnent, deviennent plus élégantes, plus gracieuses; le fond reste le même et constitue la tradition, mais la lourdeur disparaît ainsi que la force diminue; l'harmonie, l'eurythmie, sont l'objet d'études savantes, soutenues par un goût de plus en plus épuré. Quand on mesure la distance qui sépare les édifices de Sélinonte, d'Agrigente, d'Égine, de Pœstum et d'Assos, des commencements du siècle de Périclès, on comprend le chemin parcouru par les architectes et les sculpteurs durant cette période. C'est de ce temps que semblent dater les colonnades intérieures, soit simples, soit superposées, et la grande ouverture centrale des temples hypèthres. Toute la Grèce est couverte de ruines appartenant à cette période. Les édifices étaient de pierre; mais cette matière disparaissait sous un stuc jaune d'une finesse et d'un éclat incomparables. C'est alors que la matière disparaît entièrement à l'œil, et ne laisse plus au spectateur que l'impression des formes les plus splendides et les plus harmonieuses. Les édifices sacrés, ce plus souvent élevés au sommet des collines, se détachaient au soleil sur le fond lumineux du ciel bleu, et présentaient vraiment aux fidèles l'image de la demeure des dieux. C'est durant cette période aussi que commencèrent à s'élever des édifices utiles, comme les canaux et les aqueducs. Les théâtres sont de la période suivante. — L'invasion des Perses causa dans la

Grèce une sorte de révolution, qui se fit sentir aussi bien dans les arts que dans la politique; la dévastation des cités détruisit un grand nombre d'édifices religieux ou militaires d'une date souvent assez récente et qu'il fallut relever. Le développement politique et maritime d'Athènes fit affluer dans cette ville les richesses du monde grec, et lui permirent de sortir de ses cendres avec une magnificence inconnue aux temps postérieurs. L'art était alors dans toute sa force et touchait à sa maturité. On refit en marbre, avec une perfection à peine croyable pour nous, les édifices de pierre dévastés. Les temples, les théâtres, les Odéons, les Propylées, les portiques ont été construits dans toute leur beauté noble, grandiose et élégante, avec toutes les ressources des arts accessoires, à partir de l'administration de Cimon, et jusqu'à la prise d'Athènes par Lysandre en 404. Les quarante années de l'administration de Périclès sont où l'architecture s'élever à son idéal le plus parfait. De Cimon date le temple de Thésée à Athènes, ouvrage d'une rare élégance. Mais un homme d'un génie supérieur, Phidias, imprima à toutes les œuvres architecturales de ce temps un caractère de beauté qui n'a point été égalé depuis : la force sans lourdeur, l'élégance sans affectation, l'idéal soutenu par une incroyable science de la statique et des proportions. Les lignes droites ont entièrement disparu; il n'y a plus, dans ces édifices qui semblent carrés, aucune surface horizontale ou verticale sur laquelle une ligne droite puisse s'appliquer; tout est courbe, du pavé au faîte; les murs, les colonnes, sont inclinés avec une science infinie; l'effet visuel est calculé dans les plus petits détails. La solidité n'a jamais été ménagée avec autant d'art que dans les œuvres de ce temps. Sous la direction de Phidias, Ictinos éleva le Parthénon, Mnésiclès les Propylées. Toutes les constructions de ce temps nous montrent l'art de bâtir dans sa perfection : grands blocs de marbre égaux ou symétriques, reproduisant pour leur part les courbes et les inclinaisons dans lesquelles ils sont compris; nul ciment pour les joindre; surfaces polies s'adaptant au point de devenir indiscernables; nul glissement possible, les courbes et les pentes étant combinées en vue de la solidarité des parties et de l'unité compacte du tout. Ces beaux temples de marbre blanc n'en étaient pas moins couverts du stuc orangé traditionnel; car, pour être le plus parfait des matériaux, le marbre n'en est pas moins une matière, que l'art tout idéal des Grecs devait s'attacher à faire disparaître. La sculpture, dont Phidias est à cette époque le plus illustre représentant, apporta son concours à la décoration des temples : les frises du Parthénon sont les plus grandes œuvres de sculpture que nous ait laissées l'antiquité; mais elles étaient de beaucoup surpassées par la statue même de la déesse, toute d'ivoire et d'or, œuvre de Phidias. Sous l'impulsion donnée par cet artiste et par Périclès, la Grèce se couvrit d'ouvrages d'architecture d'un caractère grandiose et d'une richesse tout idéale. On n'éleva pas seulement des temples, mais aussi des théâtres de pierre jusqu'à 150,000 spectateurs, des portiques ou galeries couvertes ornées de colonnes et de peintures, des salles de musique, des hippodromes à gradins, divers ouvrages d'utilité publique.

La guerre du Péloponèse, le règne de l'oligarchie, la prise d'Athènes par Lysandre, la tyrannie des Trente, ruinèrent une ville que la peste avait déjà démoralisé les habitants. L'esprit public se détourna de l'intérêt de l'État vers les jouissances individuelles. L'architecture se mit, ainsi que les autres arts, au service des particuliers, et leur éleva des maisons qui rivalisaient avec les temples des dieux. On construisit fort peu d'édifices publics depuis 404 jusqu'à la bataille de Chéronée; mais les villes étalèrent un luxe inconnu aux temps antérieurs; non-seulement on abattit les maisons anciennes pour en élever de nouvelles, mais les rues devinrent plus larges et plus régulières. Le Pirée fut rebâti de la sorte, ainsi que Sybaris ou Thurii et d'autres cités, soit en Grèce, soit dans les colonies.

La bataille de Chéronée introduisit dans le monde grec l'esprit macédonien, positif et pratique, et n'envisageant l'art et la littérature que comme ornements d'un règne ou moyens de gouvernement. Mais l'extension de la civilisation hellénique vers l'Orient à la suite d'Alexandre le Grand, et la fondation des royaumes grecs de l'Asie et de l'Égypte, ouvrirent un champ immense à l'activité des artistes. Des édifices grecs, temples, palais, villes entières, furent élevés par des architectes venus pour la plupart d'Athènes, ou du moins inspirés par l'art athénien. La réaction de l'Orient sur cet art fut à peine sensible; car le goût de la magnificence existait, comme le constate Démosthène, avant même la bataille de Chéronée. Mais les richesses de l'Asie, l'abondance et la variété des matériaux, le travail peu coûteux de masses populaires habituées à une obéissance passive, mirent entre les mains des princes et des artistes des moyens d'une puissance jusque-là inconnue. On doit ajouter aussi que le progrès rapide des sciences, sous l'influence de l'esprit nouveau, créa des méthodes et des instruments perfectionnés pour élever rapidement et à moins de frais d'immenses édifices. Les Séleucides, les rois de Pergame, les Ptolémées, rivalisèrent de zèle et de magnificence; mais les exigences personnelles de maîtres enivrés par leur opulence n'exercèrent pas toujours une influence favorable sur l'art des architectes; on sacrifia beaucoup aux commodités d'une vie pleine de mollesse. C'est sous ces influences combinées que s'éleva de toutes pièces la ville d'Alexandrie, dessinée et construite par Dinocrate, et qui fut un modèle pour les temps postérieurs. Antioche ne le céda en rien à Alexandrie pour la régularité de son plan et la splendeur des habitations particulières. A cet extérieur magnifique répondait une décoration intérieure pleine de goût et d'élégance, en même temps que de richesse et d'éclat. Toutefois, cette profusion venait en grande partie d'une passion souvent désordonnée pour le luxe et les plaisirs, et d'une ostentation plus favorable aux architectes qu'à l'architecture : car les grands hommes qui avaient élevé le Parthénon et décoré les Propylées ne recevaient qu'une rétribution minime pour leur travail; ceux, au contraire, qui travaillaient à satisfaire le goût des princes et des particuliers s'enrichissaient; mais le caractère idéal de leurs œuvres s'abaissant avec le but à atteindre, ils ont élevé en majeure partie des édifices sans nom. — C'est pendant cette période que se développa dans toute sa richesse l'*ordre corinthien*, moins élégant, mais plus somptueux que l'ionique. C'est lui qui fut adopté de préférence dans les siècles qui suivirent.

La conquête de la Grèce par les Romains et la soumission de l'Asie et de l'Afrique concentrèrent dans Rome la puissance politique et les trésors de ces riches contrées; sous cette autorité nouvelle, les arts de la Grèce continuèrent à régner exclusivement. L'originalité puissante de l'architecture hellénique avait soumis l'esprit macédonien, résisté aux influences dissolvantes de l'Asie, dressé des cités grecques en Égypte à côté de villes bâties sur un tout autre modèle; elle soumit encore l'esprit romain, en se mettant à son service. C'est donc une histoire qui se continue jusqu'à la fin de l'Empire, où elle devient l'architecture byzantine. L'utile, soit dans la vie privée, soit dans la vie publique, domine l'architecture au temps des Romains; mais ce principe est appliqué d'une manière grandiose et ne souffre rien de mesquin; quoique l'art de bâtir n'ait jamais produit sous les empereurs rien de comparable au Parthénon, cependant les constructeurs grecs employés par eux ont laissé des édifices très-solides et parfois d'un grand caractère. L'arcade avait à peine paru dans les édifices grecs des temps antérieurs; elle prend une importance majeure dans cette dernière période; elle a pour conséquence naturelle la voûte et le dôme, et pour complément les piliers remplaçant les colonnes. L'addition de colonnes, soit détachées, soit engagées, à l'extérieur de ces édifices, produisit un mélange de formes dont le goût du temps de Périclès n'eût pas été satisfait : mais ce mélange provenait du besoin de rendre plus légères en apparence les formes lourdes d'arcades portées sur d'énormes piliers. C'est ce même besoin qui fit naître le *chapiteau composite*, mélange plus riche encore que le corinthien, mais d'une composition toujours difficile et rarement heureuse. Les grandes dimensions des édifices, composés de plusieurs étages, suggérèrent l'idée de placer les ordres les uns au-dessus des autres, en commençant par le plus simple; mais à l'ordre dorique, qui n'a point de base, le substitua le *toscan*, plus en harmonie avec le genre des nouvelles constructions. Tels sont les membres principaux auxquels se reconnaissent les ouvrages nés sous l'influence du génie romain. On en éleva dans tout l'Empire, depuis l'époque de la conquête, et principalement sous Auguste secondé par Agrippa, sous les Flaviens et sous les Antonins. Les constructions romaines, que les Grecs d'autrefois avaient à peine pratiquées ou même entièrement ignorées, sont surtout les thermes, les aqueducs, les arcs de triomphe, les amphithéâtres, les basiliques. La grandeur de ces constructions n'eût pas permis d'y appliquer l'art infini du Parthénon; il fallut donc recourir à des moyens plus économiques : de là l'usage universel alors

de la brique ou des petites pierres carrées à l'extérieur des murs comme revêtement, et du mortier jeté à l'intérieur avec des débris de toute forme et se prenant en une masse unique et presque indestructible; de là aussi l'emploi de pierres de taille dont l'extérieur n'est que dégrossi. — Quant à la valeur architecturale des constructions de l'Empire, elle est en général très-petite : les membres, empruntés aux ordres grecs, ne servent plus qu'à dissimuler la lourdeur des formes réelles des édifices; ces membres, on les modifie, on les accouple, on les engage, on les superpose, ou bien on s'en sert comme de points d'attache à des ornements étrangers, de manière qu'ils perdent entièrement leur signification et leur valeur architectonique. Par cet abus qui prodigue la variété sous tant de formes, on tombe réellement dans une déplorable uniformité. C'est par ce mélange arbitraire de toutes les conceptions antiques que finit l'architecture grecque. Elle avait commencé par des formes herculéennes; sous Périclès, elle avait atteint son point de maturité, forte, gracieuse, naturelle, idéale; elle périssait sous le poids de la richesse, du bien-être et du luxe, accablée par ses ornements.

V. J.-D. Leroy, *Les ruines des plus beaux monuments de la Grèce*, Paris, 1753 et 1770, in-fol.; Hugues dit d'Hancarville, *Recherches sur les arts de la Grèce*, Londres, 1785, 3 vol. in-8°; Stieglitz, *L'Architecture des Anciens*, en allem., Leipzig, 1796, in-8°; le même, *Archéologie de l'architecture des Grecs et des Romains*, Weimar, 1801, 3 vol. in-8°; Meiners, *Histoire des arts de la Grèce*, Paris, 1798, 5 vol. in-8°; Winckelmann, *Histoire de l'art dans l'antiquité*, Paris, 1802, 3 vol. in-4°; J. Stuart et N. Revett, *Antiquités d'Athènes*, ouvrage traduit de l'anglais par Feuillet, Paris, 1808-1822, 4 vol. in-fol.; Lebrun, *Théorie de l'architecture grecque et romaine*, Paris, 1807, in-fol.; J.-G. Legrand, *Monuments de la Grèce*, Paris, 1808, in-fol.; Aikin, *Essai sur l'ordre dorique*, en anglais, Londres, 1810, in-fol.; Hübsch, *Sur l'architecture grecque*, en allem., 2e édit., Heidelberg, 1824, in-4°; Rosenthal, *Sur l'origine et le sens des formes architectoniques des Grecs*, en allem., Berlin, 1830, in-4°; Bütticher, *L'Architecture des Hellènes*, en allem., Potsdam, 1842-52, 3 vol. in-4° et atlas in-fol.; Forchhammer, *Sur les murs cyclopéens de la Grèce*, en allem., Kiel, 1847; Brunn, *Histoire des artistes grecs*, en allem., Brunswick, 1856-59, 2 vol. in-8°; Leake, *La Topographie d'Athènes, avec des remarques sur ses antiquités*, en anglais, Londres, 1821 et 1841, 2 vol. in-8°; Papworth, *Essai sur l'architecture grecque*, en anglais (en tête de son édition des OEuvres de l'architecte W. Chambers), Londres, 1826, in-4°; E. Dodwell, *Vues et descriptions des constructions pélasgiques ou cyclopéennes en Grèce et en Italie*, en anglais, Londres, 1834, in-fol.; *Expédition scientifique en Morée, ordonnée par le gouvernement français*, Paris, 1835, 3 vol. in-fol.; De Clarac, *Manuel de l'histoire de l'art chez les Anciens*, 1847, 2 vol. in-12; Penrose, *Recherche des principes de l'architecture athénienne*, en anglais, Londres, 1851, in-fol. Em. B.

GRECQUE (Peinture). Les œuvres des peintres grecs sont perdues : il ne nous reste, pour en faire l'histoire, que les jugements des Anciens, les traditions et les peintures d'époques relativement modernes et d'artistes secondaires retrouvées dans les villes du Vésuve. Mais cet ensemble de documents est considérable. Il est difficile de fixer une date aux commencements de la peinture; car cet art se borna longtemps à colorier les statues, les bas-reliefs et les temples à fournir des sujets de broderies aux femmes de la Grèce et de l'Asie Mineure. Les traditions la font naître à Corinthe et à Sicyone, villes de potiers qui employaient des coloristes pour orner les vases de dessins en teintes plates : nous avons quelques-uns de ces anciens vases. On ne voit pas qu'avant la guerre médique, la peinture se soit, comme art, rendue indépendante de la sculpture, de l'architecture et de la céramique. Mais cette guerre contribua à donner aux Grecs la conscience de leur génie, et donna un élan singulier à tous les arts. Cependant la peinture conserva longtemps encore l'habitude de modeler ses conceptions d'après celles de la sculpture, et de disposer les personnages comme dans les bas-reliefs. Le dessin la préoccupa plus que la couleur, et celle-ci ne parvint à toute sa perfection qu'au temps d'Alexandre. Jusque-là les figures sont en petit nombre, séparées les unes des autres de façon à ne pas se couvrir mutuellement; le coloris est clair, transparent, peu modelé, les raccourcis évités comme dans les bas-reliefs, la perspective presque nulle. — La peinture fit un grand pas vers l'indépendance lorsque, se détachant des temples et des vases, elle composa librement sur des tables de bois ou sur des surfaces étendues préparées exprès. Polygnote, qui vivait au temps de Cimon et sous Périclès, trouva l'art de peindre presque dans l'enfance, et en fit un rival de l'art de Phidias. On ne peut douter que les peintures dont il orna le temple de Thésée et plus tard les temples de Delphes, de Platée, et la Pinacothèque d'Athènes, n'aient été de simples ornements courants ou des tableaux de chevalet. Mais ce grand peintre avait décoré les murs de la Lesché à Gnide et du Pœcile à Athènes : dans le premier il avait représenté la prise de Troie, le départ des Grecs, et l'évocation des morts par Ulysse; dans l'autre, la lutte des Grecs et des Perses. A l'exécution de ces derniers ouvrages travaillèrent aussi Micon et Panœnus. Dans le même portique étaient encore représentés plusieurs sujets de l'histoire d'Athènes. On voit donc qu'à l'époque de Périclès et même de Thémistocle on pratiquait déjà la peinture historique sur de grandes dimensions; et cela, non-seulement avec une grande pureté de dessin, qui n'a rien de surprenant dans le pays des sculpteurs et des architectes, mais avec un coloris approprié aux personnages, et une expression en harmonie avec les caractères et les situations.

Si la sculpture contribua à la perfection du dessin, l'art des décorations scéniques contribua à celle de la perspective, c.-à-d. surtout à la distribution des ombres et de la lumière. Apollodore fit en cela une véritable révolution, dont profita largement Zeuxis. C'est donc d'Apollodore que l'on doit dater la seconde période de la peinture; car c'est plus encore par l'art des ombres que par celui du coloris ou même du dessin, que l'on donne à un tableau cette magie qui produit l'illusion et charme l'esprit. — Les descriptions que les auteurs anciens nous ont laissées des tableaux de ce temps (ve siècle) montrent que la peinture était, quant à l'expression, dans une voie tout autre que la sculpture : celle-ci, dans le grand art de Phidias et de Polyclète, évitait de représenter les passions et de tourmenter les traits du visage; au contraire, les plus grands peintres d'alors, Zeuxis, Parrhasius, Timanthe, recherchaient ce que les modernes appellent l'expression, ressource dont la plastique n'a pas besoin. Ce n'est donc pas seulement la majesté divine de Jupiter et la grâce féminine d'Hélène, rendues par une expression générale, que l'on recherchait en peinture; c'était ou la gradation de la douleur paternelle dans Agamemnon, ou cette variété des qualités et des défauts du peuple même, que l'on s'étudiait à exprimer par la disposition habile des traits du visage, du geste, de la pose et des draperies.

Sur la fin de ce siècle, les peintres se formaient en écoles rivales : celle d'Ionie, dont Zeuxis et Parrhasius étaient les chefs; l'école de Sicyone, sous Pamphyle; l'école hellénique ou attique, qui finissaient alors et ne pouvait plus rivaliser avec la science nouvelle. De toutes ces écoles, celle de Sicyone, venue la dernière, fut celle qui porta le plus loin l'art de peindre; elle s'étend sur tout le siècle suivant, et produit des hommes d'un génie et d'une habileté supérieure. Leur premier maître fut Pamphyle, qui enseigna dans Sicyone pendant de longues années; il commençait son enseignement par les mathématiques, c.-à-d. par le dessin linéaire, la perspective et la projection des ombres; le raccourci était un objet d'étude tout particulier; la pureté du dessin la plus sévère était exigée; le coloris venait ensuite : rendre les caractères et les passions ne pouvait être enseigné dans l'école que d'une manière générale; on sait avec quelle justesse l'art de l'expression, soit générale, soit même individuelle et locale, fut pratiqué dans l'école de Sicyone. Pausias, Euphranor, Échion, Mélanthius, Nicias, Théon de Samos, Aristide de Thèbes, appartiennent à cette époque, sans compter une foule d'autres artistes renommés dont l'histoire a gardé les noms. Mais deux surtout se distinguent dans ce ive siècle, Protogènes et Apelle. Celui-ci, élève de Pamphyle, fut considéré par les Anciens comme le plus grand peintre de l'antiquité; il serait juste peut-être de distinguer dans ces éloges la part qui revient de droit à l'art de peindre, et celle qui se rapporte au choix même des sujets et au caractère idéal des œuvres. Il est incontestable que l'art était plus parfait et avait plus de ressources au temps d'Apelle que dans le siècle précédent; qu'Apelle tira des effets excellents des mêmes moyens, et porta plus loin que ses prédécesseurs la grâce des lignes, du dessin, du coloris, de la composition, l'éclat de la jeunesse, le charme sensuel, la vérité de l'expression et de la représentation.

Mais, dans la liste de ses œuvres, on voit dominer, comme dans tout l'art de cette période, les formes adoucies, les figures de femmes, les héros et les dieux dont la jeunesse a quelque chose de féminin et de sensuel : la Vénus Anadyomène fut le chef-d'œuvre de ce grand peintre. Protogènes se forma lui-même et sans maître, ne s'inspirant que de la nature; mais il est évident qu'il était sous l'influence directe, non-seulement des idées du temps, mais encore des écoles dominantes et particulièrement d'Apelle dont il était l'ami; car il ne faisait aucun contraste avec lui et peignait dans le même genre. — C'est aussi pendant cette période du ive siècle que se développa la représentation individuelle des personnes ou le portrait. Le ve siècle n'en faisait pas, ou du moins ne s'attachait pas à la ressemblance matérielle; l'école de Sicyone, au contraire, conçut le portrait à la façon des modernes, c.-à-d. comme la reproduction du caractère physique et moral de la personne. Apelle excella dans ce genre. — Quant à ces tableaux de la nature que nous appelons paysages, il ne semble pas que les Grecs les aient, à aucune époque, conçus à notre manière : si parfois la mer, les montagnes, les champs furent mis par eux en peinture, le paysage ne fut qu'un fond de tableau où le sujet principal était une action humaine ou une scène de mythologie, ou un détail emprunté à la vie des animaux. Mais il ne paraît pas qu'avant le siècle d'Auguste on ait jamais représenté un paysage pour lui-même et par amour pour le site; il n'y avait pas même en grec de mot pour désigner ce genre de peinture.

L'encaustique, c.-à-d. la couleur broyée et mêlée à la cire, et appliquée à chaud sur le substratum, sorte d'enduit poli, puis recouverte d'une couche de cire transparente, fondue avec le cauterium, en manière de vernis : telle fut la façon ordinaire de peindre de toute l'antiquité gréco-romaine; mais l'application de la couleur sur une surface murale encore mouillée, c.-à-d. la fresque, fut également pratiquée par les Anciens. Toutefois la véritable peinture, suivant les Grecs, fut la peinture de chevalet à l'encaustique.

La période qui suivit Alexandre le Grand est marquée par une diffusion générale de l'art de peindre, en Asie, en Égypte, en Italie. La construction des grandes villes de l'Orient, composées de palais et de maisons somptueuses, employa un nombre étonnant d'artistes. Mais la satisfaction du goût et du caprice individuel des riches pour lesquels ils travaillèrent fit déchoir rapidement la perfection matérielle et morale de leurs œuvres. Cette période ne peut opposer aucun nom aux grands maîtres de la période précédente : les scènes amusantes, ou vivement éclairées, les dieux représentés par leur côté comique, souvent des images d'une grossière sensualité, tels sont les sujets ordinairement traités dans ces temps de décadence politique et morale. Les décorations intérieures des maisons prennent une importance majeure dans la peinture : les arabesques, les encadrements de panneaux sur le fond desquels se détache ou une scène, ou un personnage ou un animal; les tableaux de genre empruntés à la vie domestique et peints sur les murs des appartements; les guirlandes de fleurs aux plafonds; les perspectives architecturales prolongeant à l'œil les chambres et les galeries; tel est l'emploi ordinaire de la peinture. C'est durant cette période que naquit la mosaïque, appliquée d'abord à terre sur le sol, puis verticalement contre les murs, où elle rivalisa avec la peinture même dans la représentation des sujets les plus complexes et les plus passionnés. On peut rapporter à cette époque la grande mosaïque de Pompéi, connue sous le nom de Bataille d'Arbelles.

La conquête des pays grecs par Rome fit passer en Italie beaucoup de peintures de chevalet des meilleures écoles. La vue des cités luxueuses de l'Asie et de l'Égypte poussa les Romains dans la même voie qu'elles, et dès lors les peintres grecs travaillèrent pour leurs maîtres et se soumirent à leurs exigences. Les sujets les plus tragiques de l'histoire héroïque et les portraits, voilà pour la peinture de chevalet; la décoration des maisons et des villas suivant le goût du temps, voilà pour le plus grand nombre des artistes. La peinture murale reçut donc un nouveau développement durant la période impériale; cette scénographie intérieure donna naissance à la véritable peinture de paysage, dont la création remonte à Ludius, sous le règne d'Octave; toutefois le paysage était plutôt emprunté à la campagne, telle que les Romains l'avaient faite, qu'à la nature libre des fleuves, des montagnes et de la mer : des villas, des jardins, animés par des scènes d'une gaieté comique, tels étaient les sujets de Ludius.

Cette longue période de l'Empire est marquée par une décadence de plus en plus rapide de la peinture : pas un nom, pas un ouvrage qui mérite d'être signalé, à moins que l'on ne cite, sous Adrien, Ætion et son tableau de *Roxane et Alexandre*. Mais du jour où les esclaves furent chargés de peindre pour leurs maitres et que l'art fut tombé dans ce discrédit, on peut dire que la peinture avait cessé d'être. Réfugiée dans l'empire d'Orient et recueillie par les chrétiens ainsi que la mosaïque, elle y devint la peinture byzantine, d'où la peinture moderne est sortie.

V. Junius, *De picturâ veterum*, Rotterdam, 1674, in-fol.; Durand, *Histoire de la peinture ancienne*, Londres, 1725 (c'est une traduction du 35e liv. de Pline); Grunde, *Essai sur la peinture des Grecs*, en allem., Dresde, 1811, in-8°; C.-A. Bœttiger, *Essai sur l'archéologie de la peinture, principalement chez les Grecs*, Dresde, 1811, 2 vol. in-8°; Raoul Rochette, *Peintures antiques inédites*, Paris, 1836, in-4°; Letronne, *Lettres d'un antiquaire à un artiste sur l'emploi de la peinture historique murale*, 1835, et in Appendice, 1837, in-8°; O. Müller, *Manuel d'archéologie*, traduit en français, Paris, 1842, 3 vol. in-18; De Clarac, *Manuel de l'histoire de l'art chez les Anciens*, 1847, 2 vol. in-12. EM. B.

GRECQUE (Sculpture). La vie intellectuelle exprimée au dehors par des formes sensibles, et cela dans sa généralité et sa simplicité la plus grande, tel est le caractère dominant de la sculpture grecque; il s'est montré dès les origines de cet art, et il s'est maintenu jusqu'à la fin. La sculpture s'est trouvée engagée dans cette voie, non-seulement par la nature même du génie hellénique à la fois réfléchi et plein d'expansion, mais aussi par la poésie qui elle-même chantait sous l'inspiration des croyances religieuses. En effet, la religion des anciens Grecs avait l'avantage d'offrir à l'imagination des symboles en nombre presque infini, et d'une signification assez précise pour être représentés aux yeux dans toute leur diversité. Toute l'antiquité s'accorde à dire que les Grecs n'eurent longtemps d'autres statues que celles des dieux. Ces statues étaient des *idoles*, mot qui signifie image, représentation figurée; on les conservait, soit dans des constructions sacrées qui étaient la demeure des dieux (ναός), soit dans des enceintes (*temenos*) circonscrites et inaccessibles au vulgaire. Les dieux, conçus comme des puissances ayant chacune son domaine parmi les phénomènes naturels, reçurent des attributs en rapport avec ces phénomènes eux-mêmes : ainsi Jupiter, dieu qui préside aux météores, eut la foudre et l'aigle, oiseau des airs; Neptune eut le trident, c.-à-d. le harpon, arme des navigateurs; Apollon, dieu qui a son trône dans le soleil, eut l'arc et la flèche, symbole des rayons pénétrants du jour. Ces attributs essentiels passèrent des sanctuaires dans les ateliers des sculpteurs, avec leur valeur significative. A mesure que l'art de tailler la pierre et le bois ou de modeler l'argile se perfectionna, les formes des dieux et de leurs attributs acquirent plus de netteté et de précision, les corps divins ne durent plus sembler faits sur un modèle unique; il fallut que, par les proportions de leurs membres, par leurs gestes, par l'action où on les représentait, ils exprimassent la nature même des phénomènes dont ils étaient les régulateurs. En effet le *symbole* n'est autre chose que la représentation, sous une forme sensible, d'idées abstraites qui n'ont en soi rien de matériel ni de figuré. La symbolique contient donc l'explication de la statuaire antique, laquelle reste sans elle une énigme indéchiffrable; la première condition pour comprendre et sentir les œuvres de la sculpture des Grecs, c'est d'approfondir leur mythologie. Ainsi entendu dans son vrai sens, la plastique ancienne est l'art spiritualiste par excellence, puisque, loin de donner aux passions nées de la matière une expression qui émeut l'âme de sentiments bas, elle écarte d'abord ces sentiments eux-mêmes, et ne se sert des formes corporelles que pour exprimer et rendre saisissables au vulgaire les conceptions les plus immatérielles de l'esprit. Telle est aussi la cause et l'origine de ce caractère dominant des œuvres antiques, le calme du visage, la sérénité d'âme des personnages divins.

Toutefois, après le grand siècle de Périclès, lorsque la majesté des dieux eut été rendue dans son expression la plus sublime, et que l'esprit public, devenu plus philosophique et moins croyant, eut commencé à faire avec Socrate un retour sur lui-même, les sculpteurs introduisirent peu à peu la passion dans les conceptions de la plastique, et accrurent ce que les modernes appellent l'expression (*ta pathê*); comme les sujets donnés par la religion étaient trop symboliques pour comporter la variété et la violence des passions humaines, ils en vinrent à représenter celles-ci directement, et à reproduire non-seulement des sujets humains, mais encore des personnes réelles et vivantes. L'usage des portraits-statues et des bustes se répandit promptement au temps des rois macédoniens, et devint universel sous la domination romaine. Les Anciens excellèrent dans ce genre, comme ils avaient excellé dans la sculpture symbolique; mais, quelle qu'ait été leur habileté à rendre la ressemblance des personnes, même idéalisées, on doit reconnaître que l'usage d'élever des statues à tout venant marque un abaissement de l'art antique.

L'art du sculpteur comprenait dans l'antiquité, nonseulement la *statuaire* proprement dite, dont les matières ordinaires étaient le bois, la pierre, et, bientôt après, les métaux, mais encore le *bas-relief*, qui tient le milieu entre la statuaire et la peinture, la *toreutique* ou l'art de ciseler et de repousser les métaux, la *céramique* même, dans une certaine mesure, et enfin l'art d'orner les constructions de formes en relief empruntées soit à la géométrie, soit à la végétation, soit même au règne animal. Les modernes ont suivi en cela les usages des Grecs, et cultivent d'après les mêmes principes ces différentes branches de l'art du sculpteur.

On peut diviser en cinq périodes l'histoire de la sculpture chez les Grecs : les temps primitifs ou la sculpture hiératique, la période des guerres médiques, le siècle de Périclès, la période macédonienne, et la période romaine.

Ire Période. — Les servantes d'or de Vulcain et le bouclier d'Achille, dans Homère, ne peuvent être considérés comme faisant partie de l'histoire de la sculpture, et prouvent tout au plus que les Grecs de cette époque avaient déjà des notions de la plastique. Il n'en est pas de même des *lions* de Mycènes, le plus ancien ouvrage de sculpture qui nous soit venu de ces temps héroïques, conception symbolique analogue sans doute aux têtes de *gorgone* et aux images de *dragon* décrites par les anciens auteurs; ce sont là des sculptures adhérentes ou bas-reliefs. Mais ce qui caractérise la plus ancienne statuaire, c'est l'usage, très-général alors, des ξόανα ou *statues en bois des divinités*. C'étaient de véritables idoles, conservées, soit dans des temples, soit dans des grottes, comme le *Palladium* de Troie et la *Cérès* de Phigalie; ces idoles étaient souvent monstrueuses, parce que l'art, ne distinguant pas encore les doctrines vraiment symboliques d'avec celles qui devaient rester à l'état de mystères, faute de pouvoir être représentées aux yeux, chargeait ces statues de formes bizarrement assemblées et multipliées. Ces idoles de bois étaient de toute grandeur, depuis la taille humaine jusqu'à celle d'une simple poupée; elles demeurèrent, comme objets de vénération, longtemps après que l'art, dégagé des entraves du culte, eut donné des mêmes divinités des images plus belles, et en réalité plus justes. La roideur, l'immobilité, les jambes réunies comme celles des statues égyptiennes, les yeux à peine modelés ou d'une fixité singulière, l'adhérence des mains et des bras, tels étaient les traits ordinaires de ces antiques ébauches, auxquelles on rendait dans les sanctuaires les mêmes soins qu'à des personnes vivantes, soins qui du reste furent rendus dans la suite aux grandes œuvres des statuaires, conservées dans les plus beaux temples et aux époques les moins crédules. La famille crétoise de Dédale, établie en Attique, celle de Smilis à Egine, furent de véritables écoles, où la sculpture, acquérant plus de liberté, fut enfin un art. Dédale ouvrit les yeux des statues, détacha du corps les bras et les jambes, ce qui fit dire qu'il les anima. Sicyone et l'île de Rhodes furent aussi des centres où se perfectionnèrent dès cette époque les représentations symboliques des dieux. En outre, sur la fin de cette période hiératique, parait l'art de représenter en métal battu, c'est-à-dire repoussé au marteau, non-seulement des scènes mythologiques de petites. dimensions, mais des divinités de la taille d'un homme. Les potiers modelaient en petit des sujets analogues, et l'on trouve souvent encore dans l'Attique des terres cuites de ces anciens temps.

IIe Période. — Le développement de la poésie, qui d'épique devient lyrique et dramatique, c'est-à-dire plus humaine et plus passionnée; les relations de plus en plus suivies des Grecs avec l'Asie riche et civilisée; le perfectionnement des métiers et surtout du travail des métaux dont les outils sont fabriqués; en un mot le progrès de l'esprit public en toutes choses : telles sont les causes de l'activité féconde déployée dans la sculpture au temps des guerres médiques. Cette période de plus d'un siècle (de 57) à 450 environ) n'est pas encore celle de la perfection; mais elle est marquée par un effort puissant du génie grec pour échapper aux formes hiératiques, et, sans perdre la tradition, atteindre le naturel et l'expression de la vie dans sa plénitude et sa liberté. L'art en même temps se vulgarise, et passionne non-seulement des individus ou des familles d'artistes, mais des cités et des peuples entiers ; les États consacrent à des œuvres d'architecture et de sculpture une partie notable de leurs revenus. La plastique, sous toutes ses formes, sort des sanctuaires, et devient partie intégrante de la vie publique et privée. En même temps le style, encore tout archaïque au commencement de cette période, devient de plus en plus naturel en se sécularisant; l'usage des jeux (agônes) et des luttes athlétiques, devenu général, offre aux yeux des sculpteurs les formes du corps humain dans ce qu'elles ont de plus dégagé et de plus mobile; les pompes sacrées, les théories, les chœurs d'hommes et de femmes, les montrent dans l'eurythmie et la décence la plus complète : de sorte qu'à la fin de cette période, la roideur antique, la dureté du dessin, la lourdeur des proportions, le manque de rhythme dans les gestes et de caractère (ethos) dans les figures, ont en grand partie disparu. — Il nous reste un assez grand nombre d'ouvrages de cette période, peu de statues, beaucoup de bas-reliefs en terres cuites. En effet, l'usage du bois disparaît dans le milieu du VIᵉ siècle; l'or et les matières précieuses sont employés pour les statues isolées des dieux, et en préparent la spoliation et la destruction; les bas-reliefs des temples, par leur position élevée, et les terres cuites, par leur peu de valeur matérielle, échappent mieux au ravage. Dipœnus et Scyllis de l'école de Dédale, Gitiadas de Lacédémone, Canachus de Sicyone, toreuticien et fondeur, Agéladas d'Argos, fondeur, Critias d'Athènes, Onatas d'Égine : tels sont les noms les plus célèbres de cette période, où s'est répand dans toutes les parties de la Grèce. L'emploi de la pierre et bientôt du marbre, qui font ressortir par leur couleur même la pureté des lignes, contribue au perfectionnement du bas-relief; celui-ci est alors pratiqué en grand et dans tout le monde hellénique, depuis la Sicile jusqu'en Asie Mineure; on en décore des autels, des bases de statues, et surtout des temples, qui le reçoivent sur quatre de leurs parties extérieures, le fronton, les métopes, la frise, et les acrotères. Voici les principaux ouvrages qui nous restent de cette période : les bas-reliefs de Sélinonte et ceux d'Assos, la Vesta Giustiniani aux draperies presque cannelées, l'autel des douze dieux (au Louvre), ouvrage plein d'élégance, les sculptures d'Égine, œuvre considérable conservée dans la Glyptothèque de Munich.

IIIᵉ Période. — La prépondérance d'Athènes, devenue le centre du monde grec par son génie démocratique, se fait sentir dans les arts depuis le commencement de cette période. On avait placé vers la fin le point culminant de l'art chez les Grecs; une plus juste appréciation des œuvres antiques l'a fait descendre au commencement; aujourd'hui, c'est aux temps qui ont immédiatement précédé la guerre du Péloponnèse que l'on attribue les plus beaux ouvrages de la sculpture grecque. Les formes hiératiques sont entièrement disparu, pour faire place au naturel le plus libre et le plus vrai; mais la sensualité n'est pour rien encore dans les conceptions des sculpteurs; le nu est traité avec un sentiment idéal qui exclut toute passion, toute idée charnelle : le calme dans la dignité, la modération dans la puissance, la sagesse avec la raison supérieure, caractérisent ces personnages divins de l'époque de Périclès, uniquement occupés de leurs fonctions surnaturelles, et n'épousant les passions humaines que dans une mesure compatible avec leur majesté. A aucune époque de l'histoire, la sculpture n'a atteint à une aussi grande hauteur idéale. — Mais la guerre du Péloponnèse, accompagnée de fléaux, de revers et de crimes, porta un coup à l'esprit public et le fit déchoir : on songea davantage à jouir de la vie; et les sculpteurs, dont les moyens pratiques se perfectionnaient chaque jour, furent entraînés vers des sujets où les passions humaines et la sensualité pussent trouver place (Voy., sur cette transformation de l'esprit public les articles, Littérature et Architecture grecques). On cessa de représenter les divinités d'un caractère tout à fait mâle, d'un âge mûr ou d'une nature impassible, et l'on choisit de préférence celles dont les formes juvéniles avaient quelque chose de féminin, comme Bacchus, Apollon,

l'Amour; il en fut de même des déesses, et tandis que Minerve est le grand modèle de l'époque de Périclès, celui des années postérieures est Vénus. La grâce et le charme des formes féminines, parfois même avec un certain mélange de sensualité, remplacent vers le milieu de cette période la puissance idéale, la beauté sévère et toute spirituelle du grand art antérieur. — La première époque nous offre les noms de Phidias et de Polyclète, qui représentent, le premier l'école athénienne, le second l'école de Sicyone et d'Argos. Autour de ces grands noms se groupent ceux de Polygnote, peintre et sculpteur, de Myron, élève d'Agéladas, de Callimaque, toreuticien et fondeur, du grand Alcamènes, élève et rival de Phidias, d'Agoracrite, de Socrate le philosophe, et d'une foule d'artistes de renom que nous ne pouvons citer ici. Les grandes œuvres de cette époque si féconde, œuvres dont une partie nous est parvenue, sont : la Pallas du Parthénon, grande statue d'or et d'ivoire par Phidias; le Jupiter d'Olympie, où toute la majesté du dieu était rendue; la grande Pallas promachos de la citadelle d'Athènes; l'Aphrodite des jardins, par Alcamènes; le Doryphore de Polyclète, devenu le canon des proportions du corps humain ; sa Junon d'Argos, son Amazone; la vache de Myron; et ces innombrables sculptures qui ornèrent les temples grecs relevés à cette époque, et dont nous possédons de si beaux débris dans les reliefs du Parthénon, de Phigalie, et dans les caryatides de l'Érechtheion d'Athènes. — La seconde époque est celle de Lysippe et de Praxitèle. Il n'y a pas de transition entre la manière de Phidias et la leur : le contraste est frappant; ils créent un ordre de beauté toute nouvelle, et font dire au marbre tout ce que la forme humaine peut avoir d'élégance, de grâce, d'harmonie, de souplesse et de charme voluptueux. Scopas de Paros entra le premier dans cette voie, où il fut suivi par toute la nouvelle génération d'artistes : Polyclès, Léocharès, Euphranor le peintre, Praxitèle, Timothée, Lysippe, Silanion, etc. Leurs œuvres furent estimées à une incroyable valeur, qui s'accrut encore dans les siècles suivants. Voici les plus célèbres : l'Apollon citharède de Scopas, son groupe d'Achille, sa Vénus populaire, à Élis; les Niobides, que nous possédons encore et qui sont l'œuvre ou de Scopas ou de Praxitèle ; de ce dernier, le Satyre peribœtos, que nous possédons sous le nom de Faune, l'Amour de Thespies consacré par Phryné, la Vénus de Cnide dont celle de Médicis semble être une imitation imparfaite; le Sauroctone du Louvre; l'Hercule Farnèse, imité de Lysippe par Glaucon; la statue d'Alexandre par Lysippe, dont une copie (la tête seule) existe au Louvre.

IVᵉ Période. — La période macédonienne est marquée par un développement du génie grec dans les pays conquis par Alexandre le Grand, et par une réaction de ces pays eux-mêmes sur le génie grec. La construction de villes entières en Asie et en Égypte par des artistes grecs augmenta le nombre de ces derniers, en même temps que les richesses de l'Orient, dont les conquérants avaient le maniement et dirigeaient l'emploi, mettaient aux mains des sculpteurs, des architectes et des peintres, des ressources presque infinies. L'influence de l'Orient sur la sculpture grecque se remarque surtout dans le goût de la magnificence et des proportions grandioses; mais en même temps que le goût des beaux-arts se répand chez les particuliers, les besoins du luxe et d'une vie sensuelle font pénétrer la sculpture jusque dans les appartements privés, et l'on voit se produire alors, à côté des œuvres colossales faites pour le public, une multitude innombrable de petits ouvrages de sculpture, soit de marbre, soit de métal, soit de plâtre moulé, qui transforment les maisons en musées. Les autres arts fournissent aussi leur contingent à ces décorations intérieures, faites du reste avec un goût exquis et une grande élégance. Il est bien remarquable que, dans cet immense développement que reçoit le génie artiste de la Grèce, il n'y a pour ainsi dire aucun nom qui ait surnagé et que l'on n'y puisse rapprocher des grands noms des temps antérieurs. Cependant l'étude de la nature physique et morale de l'homme était poussée beaucoup plus loin, et avait atteint ce degré d'analyse que la sculpture ne peut pas dépasser sans devenir une dissection anatomique ou un traité de psychologie: mais ces connaissances scientifiques, par l'excès même de leur précision, nuisaient à l'inspiration et étouffaient l'idée de l'ensemble ; de plus elles mettaient la sculpture à la portée de tout le monde, et faisaient que les artistes semblaient tous également habiles. L'art, durant cette période, gagne donc en étendue ce qu'il perd en inspiration : il s'est vulgarisé, mais en même temps il est devenu plus vulgaire; ses œuvres sont moins recherchées pour leur beauté idéale que comme des ornements de luxe; et ce besoin du luxe, auquel la sculpture répond alors pour sa part, n'est pas moins reconnaissable dans les ouvrages publics que dans ceux que commandent les riches particuliers. — L'étude analytique des formes et des passions conduisit l'art vers l'expression de l'individu, où la tendance de la période antérieure le conduisait naturellement. Les rois macédoniens, les grands personnages, les riches particuliers, les hommes célèbres, commencèrent à voir leurs traits représentés en marbre ou en bronze; et pour laisser encore à ces figures privées d'idéal quelque chose qui semblât les relever au-dessus de la nature individuelle, on représenta fréquemment ces hommes du jour revêtus d'ornements et d'attributs divins appropriés à leur caractère. — Quelques ouvrages existants permettent d'étudier l'art de cette époque dans ce qu'il a fait de meilleur : citons le *Laocoon*, comme expression détaillée d'un sentiment complexe et multiple merveilleusement étudié; le *Gladiateur* d'Agasias (au Louvre), comme étude admirable des formes anatomiques; le *taureau Farnèse*, reconnu inférieur à son ancienne renommée; le *Colosse de Rhodes*, œuvre de Charès, élève de Lysippe.

V *Période*. — Les principaux centres de sculpture avaient été en Asie pendant la période macédonienne : Rhodes, Pergame, Éphèse, riches cités, avaient vu fleurir des écoles demeurées célèbres. La conquête romaine eut pour suite le pillage de la Grèce et de l'Asie, qui virent transporter à Rome leurs plus beaux ouvrages de sculpture. Cette nouvelle capitale devint comme un musée où se trouvèrent réunies des œuvres de toutes les époques et de toutes les écoles; les artistes grecs y furent attirés, et par ces modèles nombreux, et par les travaux que les riches patriciens de l'école des Scipions leur firent exécuter. Les villes élégantes de l'Asie Mineure et de l'Égypte devinrent les modèles sur lesquels se formait la nouvelle cité romaine; et de plus, les habitudes agricoles des Romains et les progrès de la grande propriété peuplèrent les campagnes de villas somptueuses, qu'il fallut orner des dépouilles du monde grec et des œuvres d'artistes contemporains; les villes municipales d'Italie ne tardèrent pas à imiter la grande ville; et ainsi le monde des artistes grecs émigra pour ainsi dire tout entier dans cette nouvelle patrie. Mais il fallut travailler vite, et se conformer souvent aux exigences de maîtres dont le génie n'a jamais eu la finesse et la délicatesse exquises du génie des Hellènes. La cinquième période est donc celle de la décadence : plus d'inspiration pour des artistes travaillant par ordre; plus d'élévation dans les idées; le luxe et la mollesse, l'amour des plaisirs et l'ostentation, se sont mis à la place des grandes pensées religieuses ou des traditions de gloire nationale qui avaient inspiré les siècles de liberté. Il est digne de remarque cependant que les moyens matériels dont la sculpture disposait se perfectionnaient chaque jour : le grand colosse de Néron, statue d'airain fondue par Zénodore, n'avait pas moins de 36 mèt. de haut, et dépassait le colosse de Rhodes. L'art de représenter les personnes vivantes se répand de plus en plus et devient véritablement l'art de la période romaine, soit qu'on les revête d'ornements divins comme dans la période macédonienne, soit qu'on les reproduise au naturel. Cette même tendance, désormais invincible, se retrouve dans la reproduction sculpturale des scènes historiques, où tout est fait d'après nature et sans idéal : tels sont les bas-reliefs des arcs de triomphe à Rome. Le nombre des portraits, soit en pied, soit en buste, qui nous restent du temps des Empereurs, est considérable : ils remplissent tous les musées de l'Europe; les femmes y sont en grand nombre, représentées avec leur costume et leur coiffure originale, rarement disgracieuse. — Quant aux sculptures des édifices publics, elles sont généralement lourdes et négligées, souvent grossières et presque barbares; cette remarque s'applique également aux ornements sculptés des temples et des autres édifices romains, dont la laideur est choquante si l'on vient à les comparer aux ornements analogues des édifices grecs. — L'époque de Trajan et d'Adrien produisit plusieurs œuvres pour lesquelles la critique peut faire quelques réserves; nous citerons la *colonne Trajane*, la statue de *Nerva* au Vatican, celle de *Marc-Aurèle* aujourd'hui sur la place du Capitole, ouvrages estimables. Mais les efforts des Antonins ne purent relever un art marchant vers sa décadence, et qui, après avoir perdu l'inspiration et l'idéal, avait fini par oublier le naturel, la grâce des formes, et jusqu'à la justesse des proportions. Le dessin devenait incorrect et de

convention. Après l'invasion des idées panthéistiques de l'Orient dénaturées et amoindries, les figures des dieux se transforment pour s'accommoder à un idéal indécis, à une conception mystique et nécessairement informe. Les premières œuvres chrétiennes sont sèches et maigres, et d'ailleurs appartiennent plus souvent à la peinture qu'à la sculpture. Les invasions des Barbares portent le dernier coup à un art qui n'avait pas duré moins de quatorze siècles. *V.* H. Meyer, *Histoire des arts plastiques chez les Grecs et les Romains*, en allem., Dresde, 1824-36, 3 vol. in-8°; Thiersch, *Sur les époques des arts plastiques chez les Grecs*, en allem., Munich, 2° édjt., 1829, in-8°; Hirt, *Histoire des arts plastiques chez les Anciens*, en allem., Berlin, 1833, in-8°.   Em. B.

GRECQUE (Musique). Le système musical des Grecs s'est développé peu à peu depuis les temps les plus anciens de leur histoire héroïque jusqu'au v° siècle av. J.-C., époque où, sous l'influence directe de l'École pythagoricienne, il se présenta dans son ensemble et avec tous ses moyens. Les instruments se sont aussi perfectionnés par degrés : depuis la simple flûte de Pan et l'instrument fait d'une écaille de tortue jusqu'à la magadis à vingt cordes, il y a une série de changements dans la théorie et dans la pratique musicales; et ces changements accompagnent le développement parallèle de la poésie lyrique jusqu'au jour où l'instrumentation s'est séparée du chant, et a produit dans les Odéons et les concours musicaux des œuvres plus compliquées. Comme le système musical des Anciens diffère notablement du nôtre, nous allons l'exposer en nous plaçant au point de vue des Grecs eux-mêmes.

Les sons forment une série continue de l'aigu au grave; on l'obtient en faisant glisser le doigt sur une corde tendue et vibrante; dans cette série l'on ne distingue aucune note particulière. Mais, en arrêtant le doigt à certaines places et en supprimant le glissement intermédiaire, on obtient des sons distincts ou *notes*. Des lois mathématiques président à la distribution des intervalles de ces notes et en règlent la longueur. L'oreille observe dès lors que les sons s'appellent les uns les autres, et forment des consonnances mélodiques. Toutefois, ces consonnances peuvent être établies sur une partie quelconque de la corde, c.-à-d. de la série indistincte des sons. On peut prendre pour point de départ de la série consonnante soit la note aiguë, soit la grave; on lui donne alors le nom de note du *ton* (τόνος, tension de la corde) : les Grecs prenaient pour note du ton la note la plus aiguë de la série, et solfiaient en descendant.

Il n'existe dans la série consonnante que quatre notes fixes, formant trois intervalles : ce sont celles que nous nommons la première, la seconde, la quinte et l'octave. Mais l'octave n'est que la répétition de la première, soit à l'aigu, soit au grave; de sorte que, si l'on continue dans ces deux sens à faire résonner ces notes fondamentales dans toute la portée de l'oreille humaine, on obtient toujours cette même série se répétant elle-même. Les Anciens ont nommé *ton* l'intervalle qui sépare la première de la seconde; de la seconde à la cinquième, et de la cinquième à l'octave, il y a deux intervalles de quarte. Le ton, partagé en deux, forme des *demi-tons*; les demitons, partagés en deux, forment des *quarts de ton*, quand les cordes sont entre elles comme 80 et 81, la différence est appelée *comma*; et le comma exprime aussi la différence du demi-ton majeur et du demi-ton mineur. Les intervalles de quarte, dans la série fondamentale, peuvent être divisés par des notes dont la place n'a rien de fixe par elle-même, et les intervalles plus petits qui en résultent peuvent offrir des demi-tons, des tiers de ton, des quarts de ton, ou des espaces exprimés par d'autres fractions. Tel est le point de départ de la musique antique et l'origine des écoles musicales chez les Grecs.

L'intervalle de quarte est commun à toutes les musiques humaines, parce qu'il exprime un rapport numérique très-simple et qu'il fait partie des consonnances fondamentales. Les musiciens gréco-asiatiques de Phrygie, de Lydie, ont observé de bonne heure les mêmes séries consonnantes ou mélodiques qui se reproduisent sur l'échelle des sons, offrant la même combinaison de tons et de demi-tons : *do ré mi fa — sol la si do*; ou bien *ré mi fa sol — la si do ré*; ou encore *mi fa sol la — si do ré mi*, etc. Telle est l'origine du *tétracorde* ou série de quatre notes, qui est le fondement de toute la théorie musicale des Anciens. Ces tétracordes, comparés entre eux, par exemple celui de *do* avec celui de *ré* ou de *mi*, diffèrent uniquement par la place du demi-ton, qui est en effet à l'aigu, au milieu ou au grave. Pendant plusieurs siècles, les plus anciens Grecs ne connurent que le tétracorde, et composèrent leurs chants dans quelqu'une de ces courtes séries mélodiques. Mais on finit par s'apercevoir qu'en mettant à la suite l'un de l'autre deux tétracordes semblables, les deux notes extrêmes sont à l'octave l'une de l'autre, et qu'un ton sépare ces deux tétracordes l'un de l'autre. Toutefois, ce ton complémentaire peut se trouver soit au milieu de l'octave, comme ci-dessus, soit au grave, comme dans la double série *si*, *mi*, *mi-la*, soit à l'aigu, comme la*série la-ré*, *ré-sol*. De toute manière l'octave étant ainsi complétée, l'instrument peut rendre toute la série musicale par une simple répétition des notes de l'octave, et faire entendre ainsi toute la gamme. Réunir deux tétracordes semblables, avec leur ton complémentaire, s'appela : mettre sept cordes à la lyre.

Les *modes* (en grec *armonia*) étaient primitivement de simples tétracordes, que l'invention de l'octave transforma en vrais pentacordes. Le mode est déterminé par la place du demi-ton dans le tétracorde, et il se solfie en descendant ; l'air ou mélodie doit toujours finir sur la note extrême du mode, soit à l'aigu, soit au grave. Les modes primitifs étaient le *dorien* (*mi ré do si la*), le *phrygien* (*ré do si la sol*), et le *lydien* (*do si la sol fa*). Ils eurent trois modes subordonnés, complétant l'octave à l'aigu : l'*hypodorien* (*la sol fa mi ré*), l'*hypophrygien* (*sol fa mi ré do*), et l'*hypolydien* (*fa mi ré do si*). Enfin un septième mode appelé *mixolydien* reposait sur le *si* grave de l'hypolydien, et produisait *si la sol fa mi*. On doit observer que ce système, le seul complet dont l'histoire fasse mention, permettait de faire reposer une mélodie sur une note quelconque de la gamme, et produisait des airs essentiellement différents entre eux et d'une grande expression. Le plain-chant, qui, n'ayant ni rhythme ni mesure, n'est pas proprement de la musique, tire encore de beaux effets de ces débris de la musique grecque dont il est composé.

Nous avons dit qu'il n'y a de fixe parmi les notes que la 1re, la 2e, la 5e et l'octave ; les autres peuvent être abaissées de quantités variables à volonté, sans que la mélodie soit troublée. Quand les intervalles obtenus sont tous des tons et des demi-tons, l'octave est appelée *diatonique*, et, par une légère variation, l'on obtient le *diatonique mou, dur ou moyen*. Mais si la quantité dont les notes variables sont abaissées dépasse 1/3 de ton, le *genre* est changé : si, par exemple, on arrive à des intervalles de 1/2 ton à côté d'autres qui soient de 1 ton 1/2, c'est le genre *chromatique*. Voici, comme modèle, le mode dorien et hypodorien chromatisé : *mi*, *ré b*, *do*, *si*, *la*, *sol b*, *fa*, *mi*, *ré*. Ce qui donne à cette gamme, laquelle n'admet aucune autre note que celles-là, c'est que l'accord sur une note y est à volonté majeur ou mineur. Chaque mode a son genre chromatique. — Le genre *enharmonique*, entièrement perdu pour nous, fut ajouté aux deux autres par Olympe le Vieux. Composé par la même méthode que le chromatique, il n'admet que des intervalles de 2 tons, 1 ton et 1/4 de ton. Voici le dorien enharmonique, en descendant : *la*, *fa*, *fa 1/4*, *mi*, *do*, *do 1/4*, *si*, *la*. Que l'on tente avec le violon d'exécuter cette simple gamme, on verra qu'elle agit de la façon la plus puissante sur la sensibilité, laissant loin derrière elle les modes diatoniques ou chromatiques les plus émouvants. Platon proscrivait le genre enharmonique.

Il y aurait de belles et curieuses recherches à faire sur l'exécution musicale chez les Anciens, sur leurs instruments (Aristote seul en nomme 33 à vent), sur les chœurs tragiques et comiques, sur le chant de la scène, sur les odes, sur les Odéons ou Conservatoires, sur les concerts privés et les grands concours de musique de l'antiquité. Tous ces sujets sont à peine effleurés par la critique moderne. V. Burette, *Ac. des Insc.*, XVII ; Vincent, *Notice sur divers manusc. grecs*, etc., 1847 ; Tiron, *Études sur la musique grecque, le plain-chant et la tonalité moderne*, Paris, 1866.   EM. B.

GRECS MODERNES (Langue des). Cette langue, qu'on appela aussi *romaïque* parce que les Turcs du xve siècle considérèrent comme romaine toute la population de l'empire grec qui était étrangère à leur race, dérive du grec ancien. Celui des antiques dialectes avec lequel elle a le plus de rapport, c'est l'ionien, ou plutôt l'attique. On la parle dans le royaume de Grèce, en Albanie, en Thessalie, en Roumélie, dans une partie de l'Anatolie, dans les îles de l'Archipel, à Chypre, à Candie, et dans les îles Ioniennes. Quelques cantons de l'intérieur de la Grèce, le pays de Mégare, les îles les moins fréquentées de l'Ar-

chipel, sont les lieux où elle a conservé le plus de pureté ; dans les provinces septentrionales, elle est mélangée d'albanais ; des éléments italiens s'y sont introduits dans les îles Ioniennes, à Athènes et en Morée. Il y a telles localités écartées où l'on a conservé des mots, des locutions, des phrases de l'ancien grec, dont on ne trouve plus trace dans les villes, telles expressions qui appartiennent au temps d'Homère, et qui ont disparu des auteurs postérieurs ; tantôt les mots de la langue classique ont subi, dans le grec moderne, des contractions, des suppressions de désinence, qui les défigurent ; tantôt les mots, en gardant plus ou moins fidèlement la forme primitive, ont changé de signification. En ce qui concerne la grammaire, le grec moderne se distingue du grec ancien par les particularités suivantes : le nombre duel n'existe pas ; le datif a disparu de la déclinaison, et est remplacé par le génitif ou par une préposition qui régit l'accusatif ; le premier nom de nombre sert d'article indéfini : les degrés de comparaison se forment à l'aide de particules, et plusieurs temps du verbe au moyen d'auxiliaires ; le verbe *avoir* (ἔχω) sert, comme dans les langues néolatines, à la formation des temps du passé, et le verbe *vouloir* (θέλω), joint à une forme dérivée de l'ancien infinitif, sert à composer, comme en allemand et en anglais, le futur et le conditionnel ; l'infinitif, devenu hors d'usage, est remplacé par une périphrase dans laquelle le verbe se met au subjonctif ; la voix moyenne a été supprimée ; enfin la construction est beaucoup moins transpositive. Le grec moderne a des dialectes, dont la plupart ne sont que des patois produits par une prononciation altérée et par des idiotismes venus de l'étranger. On distingue surtout le *romaïque propre*, avec les sous-dialectes de Constantinople ou des Fanariotes, de Saloniki, de Janina, d'Athènes et d'Hydra ; et l'*éolo-dorien*, comprenant le *maïnote* (à Sparte), le *candiote* et le *cypriote*. V. Martin Crusius, *Turco-Græcia*, Bâle, 1584 ; J.-M. Langius, *Philologia barbaro-græca*, Nuremberg, 1708, in-4° ; Ananias d'Antiparos, *Grammatica græca vulgaris*, Venise, 1784, in-4° ; Athanase Christopoulos, *Grammaire grecque moderne*, en grec, Vienne, 1805 ; Jùles David, *Méthode pour étudier la langue grecque moderne*, Paris, 1821, in-8°, et *Parallèle des langues grecques ancienne et moderne*, en grec, Paris, 1820, in-8° ; G. Kutuffa, *Compendio di grammatica della lingua greca moderna*, Livourne, 1825, in-8° ; Lüdemann, *Grammaire du grec moderne*, en allemand, Leipzig, 1826 ; Minoïde Minas, *Théorie de la Grammaire de la langue grecque*, Paris, 1827, in-8° ; Michel Schinas, *Grammaire élémentaire du grec moderne*, Paris, 1829, in-8° ; Theocharopoulos, *Grammaire grecque universelle*, Paris, 1830, in-8° ; — J. Meursius, *Glossarium græco-barbarum*, Leyde, 1614, in-4° ; Ducange, *Glossarium ad scriptores mediæ et infimæ græcitatis*, Lyon, 1688, 2 vol. in-fol. ; Zalyk, *Dictionnaire français-grec moderne*, Paris, 1809, in-8° ; Dehèque, *Dictionnaire grec moderne français*, Paris, 1825, in-16 ; Coumas, *Dictionnaire grec moderne*, en grec, Vienne, 1826, in-4° ; Daviers, *Dictionnaire français et grec vulgaire*, Paris, 1830 ; Scarlatès de Byzance, *Lexique grec moderne*, Athènes, 1857 ; — Mullach, *Grammaire de la langue vulgaire des Grecs dans son évolution historique*, en allem., Berlin, 1856.

GRECS MODERNES (Littérature des). Les plus anciens monuments de la littérature grecque moderne sont, au xie siècle, une Chronique de Siméon Séthos, qui fut protovestiaire à la cour d'Alexis Ier Comnène, et, au xiie, les poésies de Théodore Prodromos. Il faut descendre ensuite jusqu'au xvie siècle, où l'on trouve les œuvres de grammaire de Chrysoloras et de Lascaris, et les *Annales universelles* de Dosithée. Au xviie appartiennent l'*Erotocrite*, roman de chevalerie de Vincent Cornaro, et l'*Érophile*, tragédie de Georges Chortatzi. Pendant le xviiie, les Grecs ont fait de nombreux emprunts aux littératures étrangères : de cette époque datent les traductions de l'*Histoire ancienne* de Rollin et du *Télémaque* de Fénelon. Eugène Bulgaris, archevêque de Kherson, traduit les *Géorgiques* et l'*Énéide* de Virgile. Parmi les auteurs d'ouvrages originaux, on doit citer : Mélétios, archevêque d'Athènes, qui recueillit les légendes de l'Archipel ; Photinos, dont on a une *Histoire de la Thrace et de la Transylvanie* ; le moine Grégoire de Dodone, qui a publié la *Biographie des patriarches de Jérusalem*.

Un mouvement littéraire assez important s'est déclaré au xixe siècle ; sans parler d'un grand nombre de livres de morale et d'éducation traduits de l'italien, du français, de l'anglais, et de l'allemand, il faut mentionner les traités de rhétorique et de philosophie d'Œkonomos et de

Vambas, les ouvrages théologiques de Theoclitos Parmakidis, les écrits politiques de Minas, de Polysoidès, de Palœologos et de Spyridion Vallettas, les travaux philologiques de Coray, de Neophytos Dukas, de Darbaris, d'Asopios, de Vanvas, de Zenobios Pop. Dans le genre historique Perraebos a donné une *Histoire de Souli* (1815) et des *Mémoires sur la guerre de l'indépendance de 1820* (1836); Philippidis, une *Histoire de la Roumanie*, 1816; Risos Néroulos, une *Histoire de la Grèce moderne*, 1828; A. Soutzos, une *Histoire de la révolution grecque*, 1829; Sourmélis, une *Histoire d'Athènes à l'époque de la guerre de l'indépendance*, 1834; K.-D. Schinas, une *Histoire des anciens peuples*, 1845; Risos Rangavis, des *Antiquités helléniques*, 1842, etc. — La Grèce moderne possède une poésie populaire, dans laquelle on remarque surtout les chants des Klephtes et ceux qui se rattachent à la guerre de l'indépendance; des recueils en ont été publiés en français par Fauriel (1825, 2 vol.) et par le comte de Marcellus (1860, in-12). Mais elle a aussi une poésie savante qui s'est essayée dans plusieurs genres. Rigas, Kalvos, Salomos, Angelica Pali, Karatchoutschas, ont composé des hymnes de guerre et de liberté. Les deux Soutzos et Orphanidis ont cultivé la satire. Christopoulos s'est exercé dans l'ode anacréontique; Risos Néroulos, Pikkolos, Zampelios, les deux Soutzos, dans le genre dramatique. Panagos Soutzos est aussi auteur d'un poème épique et didactique, *le Messie*, et Alexandre Soutzos d'un poème fort estimé, *le Vagabond*. Rangavis a chanté, dans *le Séducteur des peuples*, le moine monténégrin Stéphanos, l'un des faux Pierre III qui parurent sous la czarine Catherine II. Zalakostas a publié en 1851 un poème sur le siége de Missolonghi, et, en 1853, un poème intitulé *Armatoles et Klephtes*.

GRÉEMENT (du vieux mot *gréer*, pour *agréer*, qui signifiait *approprier*), totalité des voiles, des poulies et des cordages propres au service des vergues et des mâts d'un navire.

GREENWICH (Hôpital de), magnifique établissement fondé en 1696, à la place où était un palais des rois d'Angleterre, pour recevoir les marins invalides. Il peut loger 4,000 personnes. L'aspect en est surtout majestueux quand on y arrive par la Tamise, sur les bords de laquelle est un grand square où s'élève la statue de George II par Rysbrack. L'hospice se compose de cinq corps de bâtiments : 1° celui dit *du roi Charles*, surmonté d'un dôme avec belvédère, œuvre de Christophe Wren, et contenant la bibliothèque affectée à l'usage des pensionnaires; 2° celui de *la reine Anne*; 3° celui *du roi Guillaume*; 4° celui de *la reine Marie*, où se trouve la chapelle; 5° l'*Asile* ou *École*. Au point de vue de l'art, la chapelle est fort intéressante : les statues de la Foi, de l'Espérance, de la Charité, et de la Modestie, en ornent le vestibule; le portail richement sculpté, les portes d'acajou massif, la décoration intérieure, composent un ensemble qui n'a pas d'égal en Angleterre; sur l'autel est un très-beau tableau de West, représentant St Paul échappé du naufrage. On remarque aussi la *Galerie navale*, formée en 1823; elle comprend : 1° un vestibule, où sont les statues de Nelson, de Duncan, de St Vincent, et de Howe, plusieurs peintures de Turner et de Loutherbourg, un portrait de Van Tromp; 2° une grande salle ornée de portraits d'amiraux anglais qui étaient autrefois à Windsor et à Hampton-Court, et d'autres peintures de marine; 3° une autre salle renfermant des objets curieux, des modèles de vaisseaux, etc.

GREFFE (du grec *graphein*, écrire), dépôt où sont classés et conservés les registres et les actes des parties, pour qu'on puisse y recourir lorsqu'on veut en avoir des expéditions. C'est là aussi que s'acquittent les droits de justice et les amendes. Dans les greffes des tribunaux de 1re instance sont également déposés les doubles des registres de l'état civil de chaque arrondissement.

GREFFIER (du grec *grapheus*, écrivain), fonctionnaire établi près des Cours et tribunaux pour écrire les arrêts, sentences, jugements et autres actes prononcés ou dictés par les juges, en garder les minutes, et en délivrer les expéditions à qui il appartient. Les greffiers des justices de paix et des tribunaux de 1re instance et de commerce doivent être âgés de 25 ans au moins; ceux des Cours impériales, de 27 ans. On demande qu'ils soient licenciés en Droit et aient suivi le barreau pendant 2 ans. Une justice de paix n'a d'ordinaire qu'un greffier; les tribunaux de 1re instance et de commerce ont un ou plusieurs *greffiers-adjoints*; le nombre de ces derniers est plus considérable dans les Cours impériales, où le premier des greffiers a le titre de *greffier en chef*.

Ce fonctionnaire est assujetti à un cautionnement, dont le chiffre varie en raison de la population et du ressort du tribunal. Il est soumis à la surveillance du président et du ministère public. Outre un traitement fixe, qui est médiocre, il touche, par les rôles d'expéditions qu'il délivre, un droit qui, dans certaines localités, rend son poste très-lucratif. Le traitement fixe des greffiers est de 600 à 800 fr. pour les justices de paix, de 600 à 1,200 fr. pour les tribunaux de police (6,000 fr. à Paris), de 800 à 1,800 fr. pour les tribunaux de commerce, de 1,000 à 2,400 fr. pour les tribunaux de 1re instance (6,000 fr. à Paris), de 2,000 à 4,000 fr. pour les Cours d'appel (8,000 fr. à Paris). Les droits de greffe sont fixés par les tarifs du 16 février 1807 et du 18 juin 1811, par ordonnance du 9 octobre 1825, par arrêt du 8 avril 1848, et par décret du 24 mai 1854. Le greffier de la Cour de cassation a un traitement fixe de 46,000 fr., sur lequel il paye 4 commis et les fournitures du greffe. Les greffiers ont la qualité de membres des Cours ou tribunaux auxquels ils sont attachés, et prennent rang après les officiers du ministère public. La loi du 28 avril 1816 les autorise à présenter leurs successeurs. Ils ne peuvent être parents ni alliés, jusqu'au degré d'oncle ou de neveu inclusivement, d'un membre de la Cour ou du Tribunal, et des dispenses ne sont accordées que dans les tribunaux composés de 8 juges au moins (Loi du 20 avril 1810). Leurs fonctions sont incompatibles avec toute autre fonction publique salariée et avec tout office. Là où il n'y a pas de commissaires-priseurs, les greffiers des justices de paix peuvent procéder aux ventes publiques de meubles, et aussi des récoltes pendant par racines. V. GREFFIER, dans notre *Dictionnaire de Biographie et d'Histoire*.

GRÉGORIEN (Chant). Le chant grégorien, nommé aussi *plain-chant* ou *chant romain*, est le chant ecclésiastique en usage dans presque toutes les églises de l'Occident. Il fut réglé à la fin du vie siècle par le pape St Grégoire le Grand, qui, aux quatre *modes authentiques* (V. ce mot) établis par St Ambroise, et formant la base du *chant ambrosien* (V. ce mot), ajouta les quatre *modes plagaux* (V. ce mot). Le chant grégorien a subi plusieurs modifications dans le cours de son existence : la plus importante et la plus autorisée a eu lieu au xvie siècle, à la suite du concile de Trente et par l'ordre du pape Grégoire XIII. Il existe un grand nombre d'éditions du chant grégorien, et, quoiqu'elles aient un fonds commun, elles offrent entre elles de notables différences. (V. PLAIN-CHANT). V. Nivers, *Dissertation sur le chant grégorien*, Paris, 1683, in-8°; Th. Nisard, *Études sur la restauration du chant grégorien*, Paris, 1855, in-8°. F. C.

GRÉGORIEN (Rit), rit réglé par le pape St Grégoire le Grand. Le pape Gélase avait réuni, dans un *Sacramentaire* qui porte son nom, les prières conservées par la tradition; St Grégoire les mit dans un meilleur ordre, précisa les cérémonies du culte, et composa ainsi un nouveau *Sacramentaire*. Il fit, d'ailleurs, peu de changements dans la liturgie, abrégeant surtout celle de Gélase.

GRÉGUES. V. BRAIES.

GRÉLIER, nom qu'on donnait jadis à une sorte de trompe de chasse.

GRÉMIAL (du latin *gremium*, giron), linge ou morceau d'étoffe que l'on place sur les genoux de l'évêque officiant, lorsqu'il est assis, pour garantir la chasuble.

GRENADE (Cathédrale de). Cet édifice, commencé en 1529 sur les plans de Diégo de Siloé, et inauguré en 1560, mesure 119 mèt. de longueur sur 70 de largeur. Sa façade à trois portes est ornée de statues et de bas-reliefs. Il est distribué en cinq nefs, soutenues par d'énormes piliers ou colonnes groupées. Les nefs latérales sont garnies de chapelles, dont les retables et les peintures ont généralement beaucoup de valeur. La *Grande chapelle* qui occupe la largeur de trois nefs (32 mèt.), est une des œuvres les plus somptueuses de l'Espagne : ornée de magnifiques peintures par Alonzo Cano et ses élèves, éclairée par de beaux vitraux où l'on a représenté la Passion, elle est recouverte d'une coupole jadis peinte en bleu et semée d'étoiles d'or, et dont la clef est à 47 mèt. audessus du sol. La *Chapelle royale* contient deux très-beaux mausolées, qui recouvrent, l'un les restes de Ferdinand le Catholique et de sa femme, l'autre ceux de Jeanne la Folle et de son mari Philippe le Beau. La tour de la cathédrale de Grenade a 56 mèt. d'élévation : dorique au 1er étage, ionique au 2e, corinthienne au 3e, elle devait avoir un 4e étage toscan.

GRENADE (L'ALHAMBRA de). V. ALHAMBRA.

GRENADE, projectile. V. notre *Dictionnaire de Biographie et d'Histoire*.

GRENADIERS, soldats d'élite qui forment une compagnie dans chaque bataillon d'infanterie de ligne. Ils sont choisis par le colonel, sur la présentation des chefs de bataillon, parmi les hommes de haute taille, ayant au moins six mois de service (une belle conduite à la guerre dispense de cette condition), et réunissant les qualités qui font le bon militaire. Ils ont une solde plus forte que celle des fusiliers, sont exempts des corvées qui roulent sur le régiment ou le bataillon, partagent avec les voltigeurs la garde du drapeau, et portent le sabre, les épaulettes rouges, et une grenade brodée sur l'uniforme. Jadis ils avaient le bonnet à poil, qui fut encore en usage pour les grenadiers de la garde impériale. V. GRENADIERS, dans notre *Dictionnaire de Biographie et d'Hist.*

GRENAT, pierre précieuse, de couleur vineuse, qu'on emploie dans la bijouterie. Le symbolisme chrétien en a fait un des emblèmes de la charité.

GRENELLE (Puits de). V. notre *Dictionnaire de Biographie et d'Histoire.*

GRENELLE (Fontaine de). V. FONTAINE, page 901.

GRENETIS, bordure de petits grains qui entoure le type d'une médaille.

GRENIER (du latin *granarium*, dérivé de *granum*, grain), magasin où l'on conserve les grains battus, notamment les céréales. Il est bon que, dans une ferme, le grenier soit à proximité des granges ou de la machine à battre, et, pour éviter l'incendie, dans un bâtiment isolé. On ne doit le placer ni au rez-de-chaussée, car la première condition d'un bon grenier est d'être parfaitement sec, ni au-dessus des étables et des écuries, d'où s'exhale un air chaud et humide, nuisible à la conservation du grain. L'emplacement le plus convenable est au-dessus des hangars et des remises, ou dans le corps de logis du cultivateur. Un grenier n'a pas besoin d'avoir plus de 2 à 3 mèt. de hauteur, parce que le blé entassé sur une trop grande épaisseur tend à s'échauffer et que son poids sur le plancher est considérable; mais on peut superposer plusieurs étages de greniers. Le toit doit être assez saillant, pour que l'intérieur du grenier soit mieux protégé contre les eaux pluviales; des ouvertures percées en petit nombre, au nord et au midi, établissent au besoin un courant qui renouvelle l'air intérieur, et on les tient exactement fermées à l'aide de volets, afin d'empêcher la chaleur d'y pénétrer. S'il y a plusieurs greniers superposés, une ventilation énergique s'établit au moyen de trappes ouvertes dans leurs planchers, et qui servent tout à la fois au montage ou à la descente des grains, et à la formation d'un courant d'air de bas en haut. Au-dessus d'une écurie ou d'une étable, le mieux est de carreler le grenier; partout ailleurs un plancher en bois est préférable, pourvu qu'avant d'introduire les grains on l'ait nettoyé et brossé pour enlever la poussière et les insectes. Il est également profitable de blanchir chaque année les murs avec un lait de chaux, qui atteint les insectes dans les plus petites fissures; à plus forte raison doit-on boucher tous les trous qui pourraient servir de gîte aux animaux rongeurs.

GRENIER, en termes de Marine, lit de pièces de bois ou de galets, préparé dans le fond de la cale d'un navire, à la hauteur d'un demi-mètre environ, pour recevoir des ballots, qui, sans cette précaution, seraient atteints par l'humidité.

GRENIERS D'ABONDANCE. V. notre *Dictionnaire de Biographie et d'Histoire.*

GRÈS, un des matériaux employés à différentes époques dans la construction, surtout pour les édifices considérables. Le temple de Jupiter Panhellénien à Égine était en grès jaune, et le tombeau de Midas en grès rouge. Les Égyptiens élevèrent en grès la majeure partie de leurs temples, et taillèrent leurs statues dans une pierre de grès très-fin.

GRÈVE, bord de la mer ou des rivières que les basses eaux laissent à découvert en y abandonnant du *gravier* ou des galets. On donna longtemps à Paris le nom de g.ève à la portion du rivage de la Seine qui avoisine l'Hôtel de Ville, et c'est sur la *Place de Grève* que se firent les exécutions capitales jusqu'en 1830. Comme c'est là que les ouvriers en bâtiment se réunissent le matin, depuis un temps immémorial, pour se renseigner mutuellement sur les travaux en cours d'exécution et se faire enrôler par les entrepreneurs, comme ils y sont plus nombreux lorsqu'il y a des interruptions de travail, l'usage s'est établi d'appeler *grève* toute suspension de travail par suite de coalition. V. COALITION.

GRÈVES, pièce d'armure. V. notre *Dictionnaire de Biographie et d'Histoire.*

GRIBANE, petit navire de 50 à 60 tonneaux, en usage sur les côtes de la Manche. La gribane porte deux mâts très-courts et un beaupré; lorsqu'il y a un hunier au grand mât, on met un mât de hune volant.

GRIEFS, en latin *gravamina*, atteintes ou lésions graves contre lesquelles on réclame, soit en politique, soit devant la justice.

GRIFFE, empreinte destinée à tenir lieu de signature, dont elle est le fac-simile, et instrument qui sert à la faire. Comme une griffe peut être facilement imitée, ou apposée par un autre que celui qui signe, il est *interdit* aux fonctionnaires publics d'en faire usage. La griffe des commerçants, mise sur effets de commerce rendus à leurs débiteurs, vaut libération, à moins que ces derniers ne soient convaincus de l'avoir appliquée eux-mêmes.

GRIFFES, ornement d'architecture de toutes les époques. A l'époque romano-byzantine, la base attique s'orne de griffes, de pattes ou de feuillages enroulés sur les angles du soubassement; c'est un de ses caractères particuliers. On rencontre des griffes dans un grand nombre de meubles antiques et modernes.

GRIFFON, animal fabuleux, lion ailé à tête d'aigle, et qui se trouve dans l'ornementation des monuments à toutes les époques. On le voit aussi sur des médailles antiques.

GRIGNOTIS, tailles de gravure courtes, vagues et tremblotées, interrompues par des points de toutes les formes. Ils conviennent principalement pour les feuillés, les troncs d'arbres, les terrains, les vieilles murailles, les chaumières, les étoffes grossières et velues.

GRIL, espèce de chantier établi à proximité d'un quai pour réparer les navires. Il consiste en une plate-forme composée de pièces de bois disposées en grillage. On y laisse échouer le bâtiment soumis à des réparations que l'on ne peut exécuter que pendant les basses mers.

GRILLE, assemblage de pièces de bois ou de fer qui sert à fermer une enceinte. Les grilles en bois sont d'un grand usage; parfois très-riches, comme on en voit à l'intérieur de certaines églises, parfois très-simples, comme celles qui ferment les vergers et les enclos, elles ont suivi dans leur construction le goût des différentes époques, sans présenter des particularités aussi remarquables que les grilles en fer. On a déployé dans celles-ci, surtout à partir du XVe siècle, lorsqu'elles étaient destinées à des intérieurs d'églises ou à des entrées de palais et de châteaux, un luxe inouï, qui en fait des chefs-d'œuvre de serrurerie. La place Royale à Paris était autrefois entourée d'une fort belle grille, qui, sous Louis-Philippe, a été remplacée par une grille moderne sans caractère; le Palais de Justice est justement renommé pour la grille de sa cour d'honneur.

GRILLET, dans le Blason, grelot qui paraît en quelques écus, et plus fréquemment aux jambes des oiseaux de proie.

GRIMBELINS, banquiers qui, au XVIIe siècle, servaient d'intermédiaires entre les marchands de bestiaux et les bouchers.

GRIME, emploi de théâtre. *Se grimer*, c'est donner à sa physionomie certaines modifications, à l'aide de moyens artificiels. Les *grimes* sont les vieillards ridicules ou comiques.

GRINGOLÉ, en termes de Blason, se dit des croix, sautoirs, meubles, dont les extrémités se terminent en têtes de serpent.

GRIPHE, en grec *griphos*, énigme que, chez les Anciens, les convives se proposaient mutuellement pendant le repas. Le mot signifie *filet* ou *rets de pêcheur*, propre à prendre des poissons.

GRIPSHOLM (Château de). V. notre *Dictionnaire de Biographie et d'Histoire.*

GRISAILLES, peintures formées en quelque sorte d'une seule couleur blanche ou grise passant par tous les tons du blanc au noir; c'est une espèce de camaïeu (V. ce mot). On peut citer comme des modèles de grisailles les magnifiques imitations de bas-reliefs qui décorent la voûte de la grande salle de la Bourse à Paris, et dues à Meynier et Abel de Pujol. — On dit que des vitraux sont peints en grisaille, lorsqu'on ne s'est servi pour les sujets et ornements que de la seule teinte grise. Ils apparaissent dès le XIIIe siècle. Quelques-uns de ces vitraux ne sont composés que de lacis et d'ornements, parfois rehaussés de touches en couleur qui leur donnent une grande vivacité. Dans les hautes verrières des nefs et du haut chœur, ces grandes personnages se détachent souvent, comme à Reims, à Amiens et à Tournai, sur un fond en grisaille. Les églises de Bourges, de Rouen, de

Fribourg, etc., en présentent aussi des exemples. Au xive siècle, après la découverte du jaune d'argent, les peintres verriers exécutèrent entièrement des vitraux en grisaille et or. Au xve et à l'époque de la Renaissance, avec le perfectionnement de l'art du dessin, surgissent des vitraux à grands sujets entièrement en grisaille : bien que la facture en soit souvent admirable, on doit reconnaître qu'ils sont naturellement froids ; les grisailles offrent un bel aspect pour les ornements, lorsqu'elles sont légèrement rehaussées de couleurs. E. L.

GRIS-GRIS. V. ce mot dans notre *Dictionnaire de Biographie et d'Histoire*.

GRIVOIS, nom qu'on donnait, au xviie siècle, aux soldats pillards qui allaient partout maraudant et se gorgeant de butin, comme les *grives* qui s'enivrent de raisin dans les vignes. Par suite, on l'employa pour désigner tout homme d'humeur éveillée et hardie, souvent en débauche. En passant dans la Littérature, le mot *grivois* s'est appliqué aux chansons joyeuses et avinées.

GRIVOIS, nom donné sous Louis XIV à une sorte de tabatière, munie d'une râpe à tabac.

GROAT, monnaie d'argent d'Angleterre, valant 4 penny (42 centimes).

GROENLANDAIS (Idiome), le mieux connu des idiomes eskimaux (V. ce mot). Il diffère assez notablement des autres, pour que les tribus qui habitent au S. du détroit de Davis et de la mer de Baffin ne le comprennent qu'avec difficulté : on en peut signaler, entre autres motifs, la présence d'une assez grande quantité de termes dérivés du norvégien et que les anciens colons scandinaves y ont introduits. Le groënlandais manque des articulations *d, f, h, x* et *z*; on n'y rencontre jamais *b, g, l* et *v* comme initiales. Il est rare que, dans le corps des mots, deux consonnes soient placées de suite ; mais l'emploi dominant des lettres *t, k* et *r* donne à la prononciation une grande dureté. Le groënlandais est une langue polysynthétique et d'agglutination, où l'on trouve des composés d'une excessive longueur ; toutefois, les règles fixes qui président à la formation des mots et à la syntaxe donnent de la clarté à cette langue, malgré son apparente complication. Il n'y a pas de genre dans les noms ; les cas se forment par les suffixes ou désinences. Ce sont aussi des changements de désinence qui expriment les degrés de comparaison. On ne connaît que les cinq premiers noms de nombre ; au delà, et jusqu'à 20, on s'aide, pour compter, des noms des doigts des pieds et des mains ; puis, jusqu'à 100, on emploie le mot significant *personne* pour exprimer 20, et l'on dit, par exemple, *trois personnes* pour le nombre 60. La déclinaison et la conjugaison ont les trois nombres singulier, pluriel et duel. La conjugaison, très-riche en modes, n'a que trois temps : le présent, qui sert à exprimer le présent et un temps passé depuis peu ; le prétérit ; et le futur, qui a deux formes pour le futur indéfini et pour un futur peu éloigné. Il y a une forme particulière pour la conjugaison négative. La voix passive des verbes ne diffère de l'active que par une légère addition à la racine. Les conjonctions s'attachent au verbe, les prépositions au nom, et les adverbes à l'adjectif, sous forme de désinences. Les moindres nuances d'une action s'expriment par des termes distincts : ainsi, l'idée de *pêcher* se traduit par autant de verbes différents qu'il y a de sortes de poissons. On dit que les femmes n'ont pas un vocabulaire identique à celui des hommes, phénomène qui a été remarqué aussi chez les Caraïbes et les Guaranis, et qu'on explique par la disparition d'une population mâle primitive, dont les femmes auraient été épargnées par de nouveaux venus. Balbi distingue dans le groënlandais trois dialectes : celui du Nord ou d'Upernavick, appelé *hamouk* ou *kamouk*; celui du milieu, parlé dans l'île de Disco et sur la côte occidentale; celui du Sud ou de Julianeshaab. V. Bartholinus, *De Groënlandorum linguâ* (dans les *Transactions de médecine et de philosophie* de Copenhague), 1675; Egède, *Dictionarium groënlandico-danico-latinum*, Copenhague, 1750, in-8°, et *Grammatica groënlandico-danico-latina*, 1760, in-8°; Thorhallesen, *Schema verbi grammatici*, Copenhague, 1776; Othon Fabricius, *Dictionnaire groënlandais*, ibid., 1804, in-8°; Kleinschmidt, *Grammaire groënlandaise*, Berlin, 1851.

GROLLE, ancien vase, en forme de flacon, avec une poignée.

GROS, monnaie de France. V. notre *Dictionnaire de Biographie et d'Histoire*.

gros, monnaie allemande. Dans les États de la Confédération germanique, les *bons gros* (*gute groschen*) valent 12 *pfennige*, et sont le 24e du *thaler*, qui vaut

4 fr. En Prusse, le *gros d'argent* (*silbergroschen*) ne vaut que le 30e du thaler prussien de 3 fr. 75 c. En Saxe, le *nouveau gros* (*neugroschen*) vaut 10 *pfennige*.

GROS FA. V. FA.

GROSSE, nom donné aux expéditions des actes notariés et des jugements qui sont prises sur l'original et délivrées en la forme exécutoire. C'est la forme exécutoire qui distingue la grosse de toute autre expédition, et elle donne le droit d'agir directement sans recourir aux tribunaux. Une grosse est ainsi appelée, parce qu'on la copie ordinairement d'une écriture large et grosse. Elle fait foi dans le cas où l'original viendrait à se perdre. Les notaires et les greffiers des tribunaux peuvent seuls délivrer des grosses : chacune des parties intéressées peut en obtenir une ; mais tout notaire ou greffier qui lui en délivrerait une seconde, sans une ordonnance du président du tribunal, encourrait la destitution. Les grosses des contrats de mariage qui ont subi quelques changements par des contre-lettres ne peuvent être délivrées sans la mention de ces changements.

grosse, en termes de Commerce, désigne un compte de 12 douzaines d'objets; c'est comme qui dirait une grosse balle (ballot).

grosse (Contrat à la). V. PRÊT A LA GROSSE.

GROSSERIE, nom sur lequel on comprend, en termes d'Orfévrerie, la vaisselle de table et les vases destinés aux églises.

GROSSESSE (Déclaration de). En Droit, la veuve qui reste enceinte doit faire sa déclaration de grossesse, et il lui est donné un *curateur au ventre* pour prévenir toute supposition de part (V. ce mot). — La femme condamnée à mort suspend l'exécution en déclarant une grossesse.

GROSSO, ancienne monnaie de compte de Venise, valait 2 centimes 1/2. Le *Grossetto* en était la 12e partie, tandis qu'en Dalmatie c'est aujourd'hui la 40e partie d'un ducat, environ 9 centimes 1/2.

GROTE, monnaie de Brême, valant 5 centimes.

GROTESQUE, mot qui signifia originairement une de ces figures de caprice, de fantaisie, que l'on nomma aussi *arabesques* (V. ce mot). Du temps d'Auguste, le genre, dit arabesque par les modernes, était déjà en grande faveur à Rome dans la peinture décorative; Vitruve le blâme en s'appuyant sur une froide logique, un rigide bon sens qui ne tient compte ni de l'ingénieux, ni du gracieux dont brillent habituellement les bonnes compositions de ce genre. Au xvie siècle, les ruines souterraines de quelques monuments antiques, notamment des Thermes de Titus, à Rome, offrirent beaucoup de fragments de ces capricieuses compositions; les Italiens les nommèrent *grotesques*, de *grotta*, « grotte, » mot par lequel ils désignent tout lieu souterrain. — Après les gens de goût, c.-à-d. les Anciens, vinrent les exagérateurs : outrant une idée qui était déjà un abus, mais que les inventeurs se faisaient pardonner à force d'élégance, d'imagination fine, spirituelle, et de correction, ils tombèrent dans le vulgaire, firent de la caricature, et gâtèrent la chose et le mot. Sous leur lourd crayon et leur imagination triviale, les grotesques devinrent des figures grimaçantes, où tout est tourné en défauts, antipodes du gracieux et de l'élégant, autant que du sérieux et du correct, mais où l'art véritable du dessin n'entre plus pour rien. A l'époque de la Renaissance, des graveurs s'attachèrent à produire des scènes imaginaires comiques ou hideuses, ne cherchant dans la nature humaine que des types défectueux, dont ils exagéraient encore les défauts. Les artistes du moyen âge cultivèrent ce genre avec prédilection; ils en firent abus dans la sculpture décorative, en attachant aux églises les figures les plus monstrueuses, et sculptant, sur les boiseries d'intérieur de ces monuments, sur des stalles de chœur, les scènes les plus scandaleuses et les personnages les plus propres à appeler la dérision. C. D—Y.

GROUCH, monnaie d'argent d'Égypte, valant 30 centimes.

GROUP, en termes de factage et de messagerie, sac plein de numéraire et cacheté, qui doit être transporté d'un endroit à un autre.

GROUPE, en termes de Beaux-Arts, ensemble de figures réunies dans une action commune et disposées de manière que l'œil peut les embrasser d'un seul coup. L'art de grouper les personnages fut porté à son degré le plus élevé dans l'antiquité, mais disparut avec la civilisation romaine, et ne fut nullement compris pendant le moyen âge. Alors on rangea les personnages à la file, on leur donna des poses forcées et qui pouvaient prêter à rire, même dans les sujets les plus graves. Les peintres de la Renaissance, abandonnant la routine, mirent dans leurs groupes de personnages le jeu de la nature et l'expression réelle de l'action. Ce progrès, préparé par les peintres du xve siècle, fut surtout réalisé par Michel-Ange, qui, en mettant au jour son fameux carton de la guerre de Pise, montra aux artistes la voie véritable. Il n'est pas possible de donner des règles pour l'art de grouper; les modèles qu'offre la nature sont en nombre infini, et c'est à l'artiste de suivre son inspiration en cherchant toujours les combinaisons les plus naturelles et les plus parlantes. Mengs, en voulant établir des règles basées sur le nombre impair, s'est perdu dans des raisonnements diffus et inutiles. Pour la sculpture, l'antiquité nous a laissé des groupes très-heureux, le Laocoon, le Taureau Farnèse, les Dioscures, les Lutteurs de Florence, etc.   E. L.

GROUPE, en italien *grupetto*, assemblage de trois ou quatre petites notes de musique, dont la valeur se prend en avant de la note qui en est affectée, et qui s'exécutent avec rapidité.

GRUE (La), danse des Anciens, instituée, dit-on, par Thésée, en mémoire de sa délivrance par Ariane, et qu'il exécuta avec les jeunes Athéniens tirés du Labyrinthe. Celui qui menait cette danse faisait et défaisait le cercle, pour simuler les tours et détours du Labyrinthe, et les autres danseurs le suivaient, à l'imitation des grues qui en suivent toujours une quand elles volent en troupe.

GRUERIE. *V.* ce mot dans notre *Dictionnaire de Biographie et d'Histoire*.

GRYLLES, nom que les Anciens donnaient aux objets d'art représentant des sujets grotesques. *V.* CARICATURE, dans le *Supplément*.

GRYMPE, voile des femmes au ixe siècle.

GRYPHE. *V.* GRIPHE.

GUACAS ou HUACAS, lieux consacrés à la sépulture chez les anciens Péruviens.

GUADALAJARA (Palais de), palais des ducs de l'Infantado, dans la Nouvelle-Castille. C'est un monument de transition entre le style architectural du moyen âge et celui de la Renaissance. La construction en fut commencée en 1461 par le marquis Hurtado de Mendoza. La façade principale, d'un développement considérable, est semée de pointes de diamant qui marquent la jonction des pierres, percée de fenêtres de diverses dimensions, et couronnée d'une galerie saillante à mâchicoulis. Un grand écusson aux armes de la famille, tenu par deux Satyres, est au-dessus de la porte, qu'encadrent deux tourelles. Cette porte, ainsi que dans toutes les maisons de l'aristocratie espagnole antérieures au xviiie siècle, ne se trouve pas au milieu de la façade, parce que, dit-on, le droit d'avoir la porte au milieu du manoir était jadis un privilège de la souveraineté en Espagne. La distribution intérieure du monument a subi, depuis l'origine, toutes sortes de modifications qui ont mélangé les styles. La cour est entourée de deux galeries superposées, soutenues, sur chaque côté, par six colonnes : les colonnes de la galerie inférieure sont rondes, en pierre, et d'ordre dorique, et supportent des espèces d'arcs moresques dont les tympans sont garnis de lions sculptés ; celles de la galerie supérieure sont torses, et les tympans ornés de griffons ; on retrouve à l'entablement le style le plus pur. Dans les appartements, où admire les soubassements en azuléjos (*V.* ce mot), les plafonds à caissons décorés de peintures, les cheminées vastes et richement sculptées. La *Salle des races*, ainsi appelée à cause de ses peintures qui représentaient les armoiries de la plupart des familles nobles d'Espagne, a été célèbre par la magnificence de ses dorures, qui la firent nommer un *brasier d'or*; on la laisse dans un complet abandon.

GUANCHES (Idiome des). On ne possède qu'un millier de mots environ de l'idiome des Guanches ou indigènes de l'archipel des Canaries. Insuffisants pour servir de base à une étude approfondie de cet idiome, ils permettent néanmoins de le rattacher au berbère (*V.* ce mot). Cette filiation, indiquée dès le commencement du xve siècle par les chapelains qui firent partie de l'expédition de Béthencourt aux Canaries, ne résulte pas seulement de l'absence des copulatives qu'on signale chez les Guanches et les Berbères, ni de leur prononciation également dure et gutturale, mais aussi de la nature des mots. *V.* Sabin-Berthelot, *Mémoires sur les Guanches* (dans les tomes 1 et 2 des *Mémoires de la Société ethnologique de Paris*); Da Costa de Macedo, *Remarques ethnographiques sur la langue originale des îles Canaries* (dans le *Journal de la Société de géographie de Londres*, 1841).

GUARANIS (Idiomes), idiomes parlés par les Guaranis du Brésil (*V.* ce mot). Les principaux sont le *tupi* et le *guarani* propre. Ils diffèrent, selon Balbi, de toutes les langues de l'Amérique. On y remarque une multitude de particules, qui souvent n'ont pas de signification par elles-mêmes, mais qui, en se groupant, forment des termes d'un sens précis. Le guarani manque des consonnes *f* et *l*; il substitue à cette dernière, dans les noms étrangers, la lettre *r*. L'aspiration de l'*h* y est fréquente, mais très-adoucie; il a trois articulations correspondant au *ch* allemand, à notre gutturo-nasale *gn*, et à notre *l* mouillée. La déclinaison n'a qu'une seule forme ; le génitif et l'accusatif lui manquent : le pluriel s'indique par le sens de la phrase, ou à l'aide d'un mot à part désignant la pluralité. Les quatre premiers noms de nombre seuls existent en guarani; pour les autres, les Guaranis se servent aujourd'hui des termes espagnols. Il n'y a pas de verbe substantif. Les verbes ordinaires se conjuguent au moyen de préfixes indiquant les personnes, les temps et les modes. Un nom peut devenir verbe par l'adjonction du pronom personnel. On dit que, comme dans le caraïbe et le groënlandais, le vocabulaire des femmes n'est pas identique avec celui des hommes. *V.* Ruiz de Montoya, *Tesoro de la lingua guarani*, Madrid, 1639, in-4°; Bandini, *Arte de la lingua guarani*, avec notes de Restivo, 1724, in-4°.

GUARIVE (Dialecte). *V.* CARAÏBE (Langue).

GUARRAZAR (Couronnes de), couronnes d'or trouvées en 1858 à Guarrazar, dans la province de Tolède, et achetées au prix de 100,000 fr. par le gouvernement français, qui les a placées au musée de Cluny. Elles sont au nombre de huit, enrichies de pierreries, garnies de chaînes d'or destinées à les suspendre, et ornées de pendeloques à l'intérieur et à la circonférence. De grandes lettres d'or suspendues à la plus importante de ces couronnes forment le nom de *Reccesvinthus*, roi des Wisigoths d'Espagne à la fin du viie siècle; l'inscription d'une croix pendante au milieu d'une autre couronne porte le nom de Sonnica, qui est peut-être celui de la femme du même prince, et nous apprend que cette couronne fut offerte à la Vierge de Sorbaces. Les couronnes de Guarrazar furent probablement enfouies lors de l'invasion des Arabes, et elles se sont conservées intactes.

GUDAK, violon à trois cordes des Russes.

GUDRUN. *V.* le *Supplément*.

GUEDRONS. } *V.* notre *Dictionnaire de Biographie*
GUÉRILLAS. } *et d'Histoire*.

GUÉGARIA ou GUÉGUE (Dialecte). *V.* ALBANAIS

GUÉRITE, petite loge ordinairement en bois, quelquefois en maçonnerie, servant d'abri aux militaires en faction. Dans les édifices du moyen âge, on construisait les guérites à toute hauteur et souvent en saillie; après la découverte de la poudre à canon, on fut obligé d'y renoncer, parce qu'elles servaient de point de mire aux boulets, qui les démolissaient en peu de temps. Les guérites sont maintenant établies dans les murailles épaisses, en façon de niche architecturale.

GUERRE, lutte de deux peuples ou États qui tendent à se limiter, à se subordonner ou à se détruire. Tantôt elle a pour but la conquête, tantôt elle est un moyen de contrainte pour obtenir l'exécution d'une promesse ou le redressement d'un grief. Elle décide les différends des princes plus souvent que ceux des nations. La guerre est *défensive*, lorsqu'elle est résistance à l'attaque ; *offensive*, lorsqu'elle est invasion sur le territoire ennemi. La guerre qui se poursuit entre deux armées manœuvrant l'une contre l'autre est qualifiée de *guerre de campagne*, par opposition à la *guerre de siège*. Une guerre qui a pour but la réalisation d'une idée est une *guerre de principe*, celle qui n'est que la satisfaction d'une passion est une *guerre d'intérêt* : ces deux caractères sont rarement séparés, parce qu'on invoque toujours une idée, un principe, pour excuser l'emploi de la violence. Les guerres essentiellement politiques sont préférables aux guerres religieuses et aux guerres nationales, parce qu'elles sont en général plus courtes et moins acharnées; elles survivent peu à la pensée politique qui leur a donné naissance. On a beaucoup discuté sur la justice ou l'injustice de la guerre : en fait, il est presque toujours impossible de démêler de quel côté se trouve le bon droit, à supposer qu'il existe dans l'un des deux; certaines convenances, l'orgueil blessé, de mauvaises raisons plaidées avec plus ou moins d'art, déterminent souvent les hostilités. Il n'y a qu'un seul cas où la guerre se justifie aux yeux de la raison et de la justice : c'est celui où un peuple défend son territoire, ses lois, ses croyances. Plus d'une fois la guerre a été un moyen de civilisation, et peut-être était-elle dans les lois de la Providence : tout dépend de savoir si le peuple envahissant était plus civilisé que le peuple envahi, et si la conquête eut pour but et réellement pour effet la civilisation. Les causes qui donnent naissance aux guerres entre États peuvent aussi produire la guerre entre les membres d'une même société politique : c'est alors une *guerre civile ;* là encore, celui-là seul a raison qui défend contre une oppression violente sa vie, sa famille, sa liberté, ses croyances, les produits de son travail.

GUERRE (Art de la). *V.* MILITAIRE (Art).

GUERRE (Conseil de), tribunal chargé de juger les délits et crimes des militaires. La loi du 13 brumaire an V (8 nov. 1795) en a créé un par corps d'armée ou division militaire de l'intérieur. Il se compose d'un colonel, président; d'un officier supérieur, de deux capitaines, d'un lieutenant, d'un sous-lieutenant, et d'un sous-officier, juges; d'un rapporteur, en même temps juge d'instruction; et d'un commissaire du gouv. faisant les fonctions du ministère public. Ces deux derniers magistrats sont pris parmi les chefs de bataillon ou d'escadron, ou les capitaines et les adjoints de 1re et 2e classe de l'Intendance militaire : ils ont des substituts du grade de capitaine ou de lieutenant. Les greffiers sont adjudants d'administration ou officiers d'administration; les commis-greffiers sont adjudants sous-officiers. Les débats sont publics. Trois suffrages favorables entraînent l'absolution; il en faut cinq contraires pour appliquer une peine. Le jugement est rendu sans désemparer; il est exécutoire 24 heures après que la lecture en a été donnée au condamné, s'il n'y a pas eu pourvoi en révision ; et, s'il y a eu pourvoi suivi de confirmation, dans les 24 heures du renvoi des pièces au Conseil. Les délits commis par des militaires éloignés de leurs drapeaux sont jugés par les tribunaux ordinaires, tandis que les individus à la suite de l'armée sont soumis aux Conseils de guerre. Dans les places assiégées, le commandant choisit les membres du Conseil de guerre, dont les pouvoirs finissent avec l'état de siège, et duquel tous les citoyens sont justiciables. Une loi du 18 vendémiaire an VI a établi dans chaque division militaire un Conseil de révision (*V. ce mot*), et un second Conseil de guerre chargé de connaître des jugements que celui-ci a réformés. — Dans la Marine, il y a deux espèces de Conseils de guerre : les uns, siégeant à bord des bâtiments de l'État, ont pour justiciables tous les individus embarqués ; les autres, placés dans les chefs-lieux des préfectures maritimes, étendent leur compétence à tous les officiers ou assimilés, ainsi qu'aux individus embarqués, lorsque leur bâtiment est dans l'enceinte de l'arsenal, et jugent les faits de perte ou de prise de bâtiments de l'État. — On appelle encore Conseil de guerre, soit à l'armée, soit dans une place de guerre, une réunion d'officiers tenue pour donner un avis sur le parti à prendre dans quelques cas difficiles. *V.* MILITAIRE (Justice).

GUERRE (Décime de), imposition extraordinaire d'un décime par franc en sus des droits d'enregistrement, de timbre, d'hypothèque, de greffe, de voitures publiques, de garantie sur les matières d'or et d'argent, de douane, etc., ainsi que sur les amendes et condamnations pécuniaires. Cette imposition, établie pour une année par la loi du 6 prairial an VII (25 mai 1799), à titre de subvention de guerre, s'est maintenue d'année en année jusqu'à présent. Il y a même eu quelquefois le *double décime* de guerre.

GUERRE (Déclaration de). Chez les Romains, la déclaration de guerre s'appelait *clarigatio,* parce que c'était une publication à haute voix (*clarâ voce*), faite par les Féciaux, personnages sacerdotaux qui jetaient en outre une javeline sur le territoire du peuple déclaré ennemi. Jusqu'au milieu du XVIIe siècle, on conserva cet usage de faire déclarer la guerre par des hérauts d'armes : au moyen âge, le héraut envoyé au chef ennemi jetait à ses pieds un gantelet en signe de défi ; ou bien, il sonnait du cor sur la ligne de démarcation des parties belligérantes, et lisait à haute voix le cartel ; ou encore il l'affichait sur quelque arbre voisin de la frontière. Aujourd'hui on proclame l'état de guerre par des manifestes rendus publics et qu'on notifie de part et d'autre; on rappelle les ambassadeurs, chargés d'affaires et consuls, qui, avant de prendre leurs passe-ports, déposent les intérêts de leurs commettants entre les mains des agents de quelque nation amie ; on rappelle ceux des sujets qui sont au service militaire ou civil de l'ennemi, et même ceux qui se trouvent sans fonctions sur son territoire; on interdit toute relation de commerce.

GUERRE (Dépôt de la). *V.* DÉPÔT DE LA GUERRE, dans notre *Dictionnaire de Biographie et d'Histoire.*

GUERRE (Ministère de la). *V.* MINISTÈRE DE LA GUERRE, dans notre *Dictionnaire de Biographie et d'Histoire.*

GUERRE (Petite), simulacre de guerre dans lequel des corps de troupes manœuvrent et feignent de combattre les uns contre les autres, en tirant seulement à poudre.

GUERRES (Commissaires des), officiers qui avaient autrefois pour attributions de veiller aux besoins des troupes, de pourvoir aux vivres et aux approvisionnements de toute sorte. Les sénéchaux et les baillis remplissaient ces fonctions dans les limites de leurs bailliages, lorsqu'en 1355 on créa un corps d'administrateurs militaires sous le titre de *conducteurs des gens de guerre;* on en compta 12 pour toute l'armée. Une ordonnance de 1373 autorisa les connétables, les maréchaux, les maîtres des arbalétriers, à nommer les gens qui étaient sous leurs ordres, des *commis* ou *commissaires des guerres.* Cet essai d'administration militaire fut abandonné au commencement du règne de Charles VII. Les commissaires des guerres furent rétablis en 1514, sous la dépendance du ministre de la guerre, et une ordonnance de 1553 leur accorda le droit de siéger au parlement; on leur donna pour chef, en 1614, un *commissaire général,* qui fut remplacé en 1635 par des *commissaires ordonnateurs.* Leur solde avait été fixée à 480 livres en 1514 : un arrêt du Conseil, de l'année 1693, donna à ceux qui avaient payé 50,000 liv. pour la finance de leur charge, 2,200 liv. de gages et 3,000 liv. d'appointements; à ceux qui avaient payé 40,000 liv., 1,600 liv. de gages et 3,000 liv. d'appointements; à ceux qui n'avaient financé que 30,000 liv., 1,320 liv. de gages, sans appointements. Pendant le ministère du comte de Saint-Germain, il y eut 18 commissaires ordonnateurs, assimilés aux colonels, avec 6,000 liv. de solde ; 16 commissaires principaux, 20 commissaires de 1re classe, 96 de 2e, tous assimilés aux capitaines, avec 5,000, 4,000 et 3,000 liv. de solde. En 1788, la finance fut portée à 55,000 liv. Un décret du 20 sept. 1791 établit une organisation nouvelle, qui dura jusqu'au 29 janv. 1800, époque où les fonctions attribuées jusque-là aux commissaires des guerres furent partagées entre deux sortes de fonctionnaires, les *inspecteurs aux revues* et les *commissaires des guerres.* Ces derniers comprirent 35 commissaires ordonnateurs, 120 commissaires de 1re classe, 120 de 2e, et 35 adjoints; supprimés par ordonnance du 29 juillet 1817, ils furent remplacés par le corps de l'*Intendance militaire.*   B.

GUET. *V.* ce mot dans notre *Dictionnaire de Biographie et d'Histoire.*

GUET-APENS (c.-à-d. guet appensé, prémédité), action d'attendre un individu pour lui donner la mort ou exercer sur lui quelques violences. Le guet-apens dénote la préméditation, et est une circonstance aggravante du crime ou délit auquel il s'applique.

GUÊTRE, pièce de cuir ou d'étoffe qui couvre tout ou partie de la jambe et le dessus du pied, et qui se boutonne ou se boucle sur le côté. Les Anciens connurent les guêtres sous le nom de *tibialia.* Dans l'armée française, les guêtres furent, à partir du premier Empire, une pièce importante du vêtement : l'infanterie de ligne et les dragons à pied portaient les guêtres montantes au-dessus du genou ; celles de l'infanterie légère n'allaient qu'à mi-jambe, et étaient coupées en cœur sur le devant, avec un gland et une houppe de couleur. En 1810, les guêtres de l'infanterie de ligne descendirent au-dessous du genou. Aujourd'hui l'infanterie française porte des guêtres de cuir pendant l'hiver, et de toile grise pendant l'été.

GUETTE, nom qu'on donnait quelquefois à la tour la plus élevée d'un château, parce qu'elle servait à faire le guet.

GUEULE, mot employé comme synonyme de *Cymaise* (*V. ce mot*).

GUEULES (de l'arabe *gul*, rose), en termes de Blason, désigne la couleur rouge. C'était la plus honorable ; elle n'était portée que par les princes ou ceux auxquels la permission en avait été octroyée, et exprimait la justice, l'amour de Dieu, la vaillance, la magnanimité. L'émail de gueules est figuré par des hachures verticales sur le fond de l'écu.

GUI ou BÔME, grande vergue en arc-boutant qui sert à étendre la partie inférieure de la brigantine. Le gui tient par un bout au mât d'artimon, sur lequel il tourne comme sur un centre ; par l'autre, il sort d'un quart de sa longueur en dehors du bâtiment. Placé très-près du pont, il y cause un encombrement regrettable.

GUI DE BOURGOGNE, chanson de geste qui appartient

au cycle des romans carlovingiens (*V. ce mot*), et qui, à en juger par la langue et par certains détails de mœurs et de costume, dut être composée à la fin du XIIᵉ siècle ou au commencement du XIIIᵉ. Le sujet se rapporte à la conquête fabuleuse de l'Espagne par Charlemagne. Il y a déjà 27 ans que la guerre est commencée, lorsque de jeunes chevaliers, dont les pères servent sous l'empereur, décernent la royauté à l'un d'entre eux, Gui de Bourgogne, personnage qui n'a rien de commun avec celui que les légendes font figurer parmi les paladins de Charlemagne et que l'on trouve dans la chanson de *Fierabras* (*V. ce mot*). Gui, au lieu de gouverner paisiblement la France, enjoint à ses compagnons, après avoir reçu leur serment de foi et d'hommage, de le suivre en Espagne, où, après de brillants exploits, il va se soumettre à Charlemagne, et l'aide à prendre la ville de Luiserne, vainement assiégée depuis sept ans. — Le Trouvère qui a écrit *Gui de Bourgogne* est inconnu; il possède sur ses contemporains une supériorité évidente dans les scènes dialoguées. Son poëme n'a été conservé que dans deux manuscrits du XIIIᵉ siècle : l'un, conservé au Musée britannique de Londres, a fait partie de la bibliothèque Harléienne ; l'autre, qui est le meilleur, provenant du monastère de Marmoutiers, et conservé à la bibliothèque de Tours, est celui qu'ont publié MM. Guessard et Michelant dans la collection des *Anciens poëtes de la France*, Paris, 1859, in-16. B.

GUI DE NANTEUIL, chanson de geste qui se rattache au cycle des romans carlovingiens (*V. ce mot*). Gui de Nanteuil est fils de Garnier de Nanteuil et d'Aye d'Avignon ; il a pour aïeul Doon de Nanteuil, le second des douze fils de Doon de Mayence. S'étant rendu à une cour plénière tenue par Charlemagne, il reçoit de ce prince la faveur de porter l'oriflamme. La famille de Ganelon en est jalouse : Hervieu de Lyon, fils du fameux traître Macaire et neveu de Ganelon, qui a récemment fait à l'empereur un riche présent pour obtenir la main de la belle Églantine de Gascogne, accuse Gui d'un meurtre. Celui-ci demande le combat, et Hervieu n'échappe à la mort que par une lâche intervention des siens. Pendant la mêlée, Gui a frappé le jeune Hardré, l'une des espérances de la famille de Ganelon : poursuivi jusque sous les murs de Nanteuil par Charlemagne et Hervieu, il voit arriver à son aide une armée de 100,000 hommes, sous les ordres de Ganor, le second époux d'Aye. La victoire n'est plus un instant douteuse ; Hervieu périt sous les coups de son rival, et l'empereur, couvert de honte et de ridicule, est réduit à demander la paix. Églantine épouse Gui de Nanteuil. — Ce roman, de 3,000 vers environ, fait suite immédiatement à celui d'*Aye* (*V. ce mot*) ; il est l'œuvre d'un trouvère inconnu, et semble avoir été composé à la fin du XIIᵉ siècle. On n'en connaît aujourd'hui que deux manuscrits : l'un, appartenant à la bibliothèque de la Faculté de Médecine de Montpellier ; l'autre, en français fortement italianisé, conservé dans la bibliothèque de St-Marc, à Venise. Ils ont servi pour la publication du *Gui de Nanteuil* de P. Meyer, lequel fait partie de la collection des *Anciens poëtes de la France*, Paris, 1861.

GUI DE WARWYKE. *V. le Supplément.*

GUIBERT D'ANDRENAS, 9ᵉ branche de la chanson de *Guillaume au court nez*. Aimeri de Narbonne, chargé de gloire et d'années, n'a plus qu'un fils à pourvoir. Il lui donne la cité d'Andrenas, en Espagne, qu'il possédera quand il en aura chassé les mécréants. Il part à la tête de tous ses parents et amis pour mettre le siège devant Andrenas. Cette ville est livrée par la belle Gaïete ou Augalète, qui reçoit le baptême et épouse Guibert. — Cette chanson existe à la Bibliothèque nationale de Paris dans un seul manuscrit du XIVᵉ siècle. *V. Histoire littéraire de la France*, tome XXII. H. D.

GUIBRE, en termes de Marine, synonyme d'*éperon* (*V. ce mot*).

GUICHET, petite porte de service pratiquée dans une grande, pour éviter l'embarras ou l'inconvénient d'ouvrir les grands battants. On en voit aux portes des prisons, des châteaux, des édifices publics. A Paris, on donne le nom de *guichets* du Louvre aux arcades de ce monument sous lesquelles passent les voitures et les piétons. On appelle aussi *guichets* de petites ouvertures pratiquées dans les fenêtres des portes, comme aux prisons et aux couvents, pour pouvoir parler du dedans au dehors sans être obligé d'ouvrir la porte. De là est venu le nom de *guichetiers* donné aux geôliers de prison. — En Hydraulique, les guichets sont de petites portes pratiquées dans les grandes portes d'écluses ; elles servent à laisser passer l'eau en quantité moindre et avec moins de violence ; on les manœuvre au moyen de crics et de roues dentées fixées sur la tête des grandes vannes.

GUIDE (La), en termes de Musique, partie qui entre la première dans une fugue, et annonce le sujet.

GUIDE, nom que prennent les sous-officiers sur lesquels, dans les évolutions, les hommes d'une troupe doivent régler leurs alignements et leurs mouvements.

GUIDE-ACCORD. *V. au Supplément.*

GUIDES, un des régiments de cavalerie de la garde impériale en France. Un décret du 10 mai 1852 leur a donné pour uniforme un dolman et une veste de drap vert, avec brandebourgs de laine jaune, un pantalon garance, un colback avec flamme garance et aigrette en crins blancs. *V.* GUIDES, dans notre *Dictionnaire de Biographie et d'Histoire*.

GUIDON, mot qui, après avoir désigné une espèce particulière d'étendard (*V.* notre *Dictionnaire de Biographie et d'Histoire*), ne s'applique plus, dans l'armée de terre, qu'à un petit drapeau carré dont le manche peut entrer dans le canon du fusil, et qui sert aux alignements. Dans la Marine, le guidon, plus court et plus large que la flamme (*V. ce mot*), est employé pour les signaux. — Dans le Plain-chant, on nomme *guidon* un petit signe qu'on place au bout de chaque portée, pour indiquer la place qu'occupe la 1ʳᵉ note de la portée suivante.

GUIGUE. *V.* GIG.

GUILDER. *V.* GULD.

GUILDHALL, c.-à-d. en anglais *Salle de la corporation*, nom donné à l'Hôtel de Ville de Londres. Ce monument, construit en 1411, brûlé presque entièrement en 1669, et aussitôt réédifié, n'a eu sa façade terminée qu'en 1789. A l'entrée se trouvent les deux célèbres statues de Gog et de Magog. La grande salle, qui a 51 mèt. de longueur sur 16ᵐ,33 de largeur et 18ᵐ,66 d'élévation, peut contenir de 6 à 7,000 personnes : c'est là qu'ont lieu les élections parlementaires et municipales, les réunions autorisées du corps des aldermen, les repas, fêtes et bals donnés par la ville de Londres.

GUILLAUME, monnaie d'or de Hollande, valant 20 fr. 70 c.

GUILLAUME (Les Enfances), 4ᵉ branche de la chanson de *Guillaume au court nez*. Aimeri de Narbonne envoie son fils à la cour de l'empereur Charles. Le jeune homme rencontre en chemin une troupe de Sarrasins ; il les met en déroute, et fait savoir à la belle Orable, fille du roi d'Orange, qu'il prétend l'épouser un jour. Il arrive à St-Denis pour le couronnement de l'empereur, et y montre tant de bravoure et d'adresse, que Charles l'arme chevalier. La vie de Guillaume est ensuite remplie par une longue série d'exploits, tels que le *Couronnement du roi Louis*, le *Charroi de Nismes*, la *Prise d'Orange*, la *Bataille d'Aleschans*. Enfin Guillaume, devenu vieux, songe à son salut éternel, et alors commence son *Moniage*, qui est la 13ᵉ branche de la chanson. Il construit le monastère de Gellone, non loin d'Aniane. Chassé bientôt par les moines d'Aniane, qui redoutaient sa force et sa violence, il construit dans une forêt aux environs de Montpellier la fameuse cellule de St-Guilhem-du-Désert. Enfin il est appelé par l'empereur pour défendre Paris assiégé par les Infidèles. Reçu d'abord dans la maison de Bernard du Fossé (maison devenue historique et qui est encore mentionnée comme telle au XVᵉ siècle), il délivre Paris en tuant le géant Isoré. L'endroit où il eut lieu le combat s'appelle encore *Tombe Isoire* ; c'est la principale entrée des catacombes au delà de l'anc. barrière d'Arcueil. Guillaume retourne dans son ermitage, où son dernier exploit est une lutte corps à corps avec le Diable. Il meurt en odeur de sainteté. — Ce Guillaume n'est point un personnage imaginaire. Charlemagne l'avait nommé gouverneur de Toulouse, et, à ce titre, il soutint de longues guerres contre les Gascons, qui prétendaient conserver leur indépendance. La tradition, en se transmettant d'âge en âge, se transforma et s'agrandit ; Guillaume devint le vainqueur des Sarrasins, le conquérant de l'Italie ; on lui attribua les exploits des Normands. Quant à la sainteté de sa vie monastique, elle est attestée par un témoin oculaire, le moine Ardon, qui écrivit en 822 la vie de St Benoît. Les *Enfances Guillaume* sont conservées à la Bibliothèque nationale de Paris dans quatre manuscrits ; le *Moniage* se trouve aussi dans quatre manuscrits incomplets, dont l'un appartient à la bibliothèque de l'Arsenal. *V. Histoire littéraire de la France*, t. XXII. H. D.

GUILLAUME AU COURT NEZ, grande chanson de geste sur les exploits d'Aimeri de Narbonne, de ses enfants et petits-enfants. Cette chanson prend le nom du plus célèbre des enfants d'Almeri, Guillaume au court nez, autrement dit Guillaume d'Orange, Guillaume Fierebrace, St-Guillaume de Gellone. Elle se compose d'environ 120,000 vers, et on la divise en 18 branches, savoir :

I. Garin de Montglane ;	XI. Les Enfances Vivien ;
II. Gérard de Viane ;	XII. La chevalerie Vivien
III. Aimeri de Narbonne ;	et la bataille d'Ales-
IV. Les Enfances Guil-	chans ;
laume ;	XIII. Le moiniage Guil-
V. Le Couronnement du	laume ;
roi Louis ;	XIV. Rainouart ;
VI. Le Charroi de Nismes ;	XV. La bataille de Loqui-
VII. La prise d'Orange ;	fer ;
VIII. Beuve de Comarchis ;	XVI. Le moiniage Rai-
IX. Guibert d'Andernas ;	nouart ;
X. La mort d'Aimeri de	XVII. Renier ;
Narbonne ;	XVIII. Foulque de Candie.

V. les articles consacrés à ces divers romans.   H. D.

GUILLEMETS, signe typographique qui se place avant et après une citation. Il est ainsi figuré : « ». L'usage s'en introduisit pour la première fois dans l'imprimerie en 1546, et l'on croit qu'un certain Guillemet en fut l'inventeur.

GUILLOCHIS, ornement en forme de réseau ou de lignes ondulées, dont on embellit les pièces d'orfèvrerie. Il se pratique au moyen d'une machine appelée *tour à guillocher*. — En Sculpture, *guillochis* est synonyme de *grecque* et de *bâtons rompus*.

GUILLOTINE, instrument de décapitation usité surtout en France. C'est un pesant couteau d'acier, à tranchant oblique, suspendu entre deux poteaux, abaissé ou relevé par le simple jeu d'une corde, et qui tombe sur le cou du condamné garrotté horizontalement sur une planche. La guillotine est ainsi appelée d'un médecin nommé Guillotin, député à l'Assemblée constituante de 1789 ; non qu'il en soit l'inventeur, mais parce qu'il l'indiqua comme moyen uniforme d'infliger la mort, sans distinction de noblesse ou de roture, et comme le procédé le plus prompt, le plus sûr et le plus doux ; Antoine Louis, secrétaire de l'Académie de Médecine, et le mécanicien Schmidt, venaient de la perfectionner. Elle porta quelque temps le nom de *la grosse Louison, la petite Louison* ou *Louisette*, par allusion au docteur Louis. Des machines analogues existaient antérieurement : Jean d'Auton (*Histoire de Louis XII*) mentionne en 1507 la *mannaja* employée à Gênes ; Robertson parle d'un instrument appelé *maiden* en Écosse pour le supplice des nobles. D'anciennes gravures allemandes de Pentz, de H. Aldegrever et de Lucas Cranach offrent l'image de pareils instruments de supplice, ainsi que l'ouvrage publié en 1555 par Achille Bocchi sous le titre de *Symbolicæ quæstiones de universo genere*. On voit dans les Mémoires de Puységur que le maréchal de Montmorency fût décapité à Toulouse, en 1632, au moyen d'une *doloire* glissant entre deux poutres. Avant la Révolution, on jouait à Paris, sur le théâtre d'Audinot, une pantomime des *Quatre fils Aymon*, où l'un des personnages était exécuté de cette façon. V. Dubois, *Recherches historiques et physiologiques sur la guillotine*, Paris, 1843, et un article de la *Revue britannique*, décembre 1846.   B.

GUIMBARDE, instrument ou plutôt appareil vibratoire en fer, très-commun en Allemagne et dans les Pays-Bas. De forme à peu près ovale, comme l'anse ou poignée des anciens tire-bouchons, il offre au milieu une languette de même métal, élastique, scellée par un bout au haut du corps de l'instrument, et dont l'autre bout est recourbé pour que le doigt puisse aisément l'accrocher. On applique la guimbarde contre les dents, et on l'y assujettit par la pression des lèvres. Pour en jouer, on agite la languette avec le doigt ; en vibrant elle produit un son, qui resterait monotone si ses intonations n'étaient modifiées par l'élargissement et le rétrécissement des lèvres. Les enfants font de la guimbarde un jouet plutôt qu'un instrument ; mais il s'est trouvé des artistes qui en ont tiré de prodigieux effets, entre autres Koch, Eulenstein, Kunert, Deichmüller, Scheibler, au point de se faire admirer dans les concerts. Ces artistes, pour exécuter des morceaux compliqués et passer dans divers tons, se servaient successivement de plusieurs guimbardes, et les échangeaient sans interrompre le cours de la phrase musicale. Scheibler avait façonné, sous le nom d'*Aura*, un instrument composé de douze guimbardes, pour lequel il écrivit une Méthode.   B.

GUIMBARDE, grand chariot à 2 ou 4 roues, servant au transport des marchandises, ou des récoltes des champs.

GUIMBARDE (Jeu de). V. MARIÉE (Jeu de la).

GUIMPE (de l'allemand *wimpel*, voile), morceau de toile qui couvre le cou et la poitrine des religieuses, et qui quelquefois encadre aussi le visage. Le vieux verbe *guimper* signifiait se faire religieuse. Les femmes du monde portent aussi des collerettes en forme de guimpe.

GUINDER, en termes de Marine, hisser sur les bas-mâts les mâts de perroquet et de cacatois. On nomme *guindant* la plus grande hauteur à laquelle on puisse élever une voile ; *guindal*, une machine à hisser les fardeaux qu'on doit embarquer sur les navires ; *guindeau*, un treuil à axe horizontal qui sert à retenir les câbles et à lever les ancres.

GUINÉE, monnaie. V. notre *Dictionnaire de Biographie et d'Histoire*.

GUINGUETTE (du vieux mot *guinguet*, petit vin ; dérivé lui-même de *guinguet*, petit, mince, étroit), cabaret hors de la ville, par delà les barrières, où le peuple va boire et danser. — On donnait autrefois le même nom à une voiture découverte à deux roues, qui fut ensuite appelée *Phaéton*.

GUIRLANDE DE JULIE (La), recueil de madrigaux, que le duc de Montausier fit composer par les beaux esprits du temps, et dont il composa une partie, en l'honneur de Mlle Julie-Lucine d'Angennes de Rambouillet, dont il était épris depuis 10 ans. C'est un volume manuscrit sur vélin, de 90 feuillets in-folio ; 29 contiennent chacun une fleur peinte en miniature, et les autres un ou plusieurs madrigaux, au nombre total de 62, se rapportant à chaque fleur. Après trois feuillets de garde, on trouve le faux-titre, composé d'une guirlande de fleurs au milieu de laquelle on lit : *La Guirlande de Julie*. Après trois autres feuillets blancs, on rencontre encore une miniature représentant, au milieu d'un nuage, Zéphyr tenant une rose à la main droite, et, de la gauche, une guirlande de 29 fleurs qu'il souffle légèrement sur la terre. Le volume, relié en maroquin rouge, avec des J. L. enlacés (Julie-Lucine), fut envoyé, en 1641, à Mlle de Rambouillet, le jour de sa fête, comme un bouquet plus délicat et plus durable que celui de véritables fleurs.

Les beaux-esprits qui assistèrent Montausier dans sa galanterie furent : Antoine Arnauld, Arnauld d'Andilly, Arnauld de Briotte marquis de Pomponne, Chapelain, Colletet, Conrart, Corbeville, Desmarets de Saint-Sorlin, l'abbé Habert, le capitaine Habert, Malleville, Martin, Monmort, Racan, Scudéry, et Tallemant des Réaux. Il n'y a pas de bien grands poëtes dans cette espèce de pléiade, et l'ouvrage s'en ressent : c'est l'esprit alambiqué et vulgaire, fade et froid, tourné dans des vers extrêmement médiocres. Les deux madrigaux les plus passables sont le quatrain suivant de Desmarets sur la *violette*

> Modeste en ma couleur, modeste en mon séjour,
> Franche d'ambition, je me cache sous l'herbe ;
> Mais si sur votre front je puis me voir un jour,
> La plus humble des fleurs sera la plus superbe.

et trois stances de Tallemant des Réaux sur le *lis*

> Devant vous je perds la victoire
> Que ma blancheur me fit donner,
> Et je prétends plus d'autre gloire
> Que celle de vous couronner.

> Le ciel, par un bonheur insigne,
> Fit choix de moi seul autrefois,
> Comme de la fleur la plus digne
> Pour faire présent à nos rois.

> Mais si j'obtenais ma requête,
> Mon sort serait plus glorieux
> D'être monté sur votre tête
> Que d'être descendu des cieux.

Montausier composa 16 pièces dans la Guirlande de sa chère Julie : mais s'il fut inspiré par l'amour, il ne le fut guère par Apollon. L'écriture seule de ce recueil, en belle ronde, de la main de Jarry, noteur de la chapelle du roi, est irréprochable ; les miniatures, peintes par Robertet, artiste célèbre alors, ne valent guère mieux que la poésie. Néanmoins, ce cadeau si galant excita une admiration générale ; il avança un peu les affaires de Montausier, qui quatre ans après, obtint enfin la main de Julie. — La duchesse conserva toujours précieusement ce livre ; lorsqu'elle mourut, en 1671, le duc le recueillit. Après Montausier, la Guirlande passa à la duchesse de Crussol d'Uzès et à ses héritiers, puis au duc de La Vallière ; un Anglais l'acheta 14,510 livres ; en dernier lieu, elle appartenait à Mme de Châtillon. Une copie du texte a été imprimée, Paris, 1784, petit in-8°, et 1818, in-18.   C. D—Y.

GUISARME, lance dont le fer avait la forme d'une

hache à deux tranchants, ou hache qui portait un dard au sommet de sa douille.

GUITARE (du grec *kithara*), instrument de musique à cordes. Le corps en est formé de deux tables parallèles, l'une en sapin, l'autre en érable ou en acajou, assemblées par une éclisse de 8 à 10 centimètres de hauteur. Il offre deux dépressions latérales, comme le violon, avec cette différence qu'il n'y a point d'angles, tout étant arrondi. Le manche, divisé par des *touches* sur lesquelles on pose les doigts de la main gauche, et placées de façon à correspondre à autant de demi-tons, est terminé par un *sillet*, et garni de chevilles qui servent à monter ou à descendre les cordes de l'instrument, fixées par l'autre extrémité sur un chevalet fort bas. Il n'y eut d'abord que 4 cordes, puis 5; en 1773, Vanhek, de l'Académie royale de musique de Paris, imagina des guitares à 12 cordes. Aujourd'hui on en met six. De ces cordes, les trois plus graves, dites *bourdons*, sont en soie revêtue de laiton, et les trois autres en boyau. On les accorde par quartes justes en montant, excepté la 4ᵉ et la 5ᵉ, entre lesquelles il n'y a qu'une tierce majeure : on obtient ainsi, du grave à l'aigu, les notes *mi*, *la*, *ré*, *sol*, *si*, *mi*. La musique pour guitare s'écrit en clef de *sol;* mais les sons donnent l'octave basse des notes qui les représentent. On les produit en pinçant les cordes avec la main droite. Au milieu de la table supérieure est pratiquée une *rosace* ou *rosette,* grand trou circulaire au moyen duquel les sons vont retentir dans la caisse, d'où ils sortent amplifiés. La guitare est un instrument de peu de ressources; les sons en sont voilés et les arpéges monotones. Elle ne peut guère servir qu'à accompagner la voix. En outre, il n'est pas facile de jouer sur tous les tons : aussi a-t-on souvent recours à un petit mécanisme qui, s'adaptant au manche, hausse tout le système d'un ton et demi, ou à la *scordatura* (désaccordage), qui n'élève les sons que d'un demi-ton. — La guitare a existé dès les temps anciens : on en trouve la figure sur les monuments de l'Égypte. Les Arabes l'apportèrent en Espagne, où elle n'a pas cessé d'être en vogue. En France, elle fut connue depuis le x1ᵉ siècle sous le nom de *guiterne.* Dans notre siècle, Sor, Aguado, Huerta, Meissonnier, Carcassi, Carulli, ont été assez habiles sur la guitare pour en faire un instrument de concert; ils ont laissé des Méthodes. — En 1823, Staufer, luthier de Vienne, inventa une *guitare d'amour*, plus grande que les guitares ordinaires, avec fond bombé, et montée de 7 cordes. Les sons aigus ont de la ressemblance avec ceux du hautbois, et les sons graves avec ceux du corps de basset. Un autre Allemand a imaginé à Londres une *guitare à piano :* le doigté pour la main gauche est le même que dans la guitare ordinaire; mais la main droite joue sur un clavier à six touches adapté à la partie droite et inférieure de la table d'harmonie, et qui fait sortir du trou de résonnance autant de petits marteaux chargés de frapper les cordes.   B.

GUITERNE. *V.* GUITARE.

GUIVRE. *V.* GIVRE.

GUIVRÉ. *V.* TORE.

GUIZANDO (Taureaux de). *V.* ESPAGNE (Architecture en).

GULDEN ou GUILDER, monnaie d'Allemagne, dont la valeur n'est pas partout la même : le guld de Manheim vaut 2 fr. 85 c. Dans le Brunswick, on distingue le guld de 1764 (2 fr. 89 c.), le guld commun (2 fr. 59 c.), et le guld de 1795 (2 fr. 89 c.). Toutes ces monnaies sont d'argent. Dans la Hesse-Darmstadt, le guld n'est qu'une monnaie de compte, qui vaut 2 fr. 16 c. Le guld d'or de Hanovre vaut 70 c.

GULLIVER (Les Voyages de), célèbre ouvrage de Swift, publié en 1726. Il est divisé en quatre parties, dont on lit principalement les deux premières : ce sont les voyages dans l'empire de *Lilliput* et dans le royaume de *Brobdingnag.* L'auteur disait dans une lettre qu'il adressait à Pope, un an avant l'impression de son livre : « Le principal but que je me propose dans tous mes travaux est de vexer le monde plutôt que de le divertir... Voilà la grande base de misanthropie sur laquelle j'ai élevé tout l'édifice de mes Voyages. » C'est, en effet, la faiblesse, la vanité de ses semblables que Swift a voulu faire ressortir dans une fiction aussi ingénieuse que hardie; en conduisant successivement son héros chez un peuple de pygmées et chez un peuple de géants, il le place dans des situations et des embarras où la misère humaine apparaît sous le jour le plus ridicule, et il fait jaillir de cette combinaison une foule de contrastes inattendus et de comiques effets. « Le voyage à Lilliput, a dit Walter Scott, est une allusion à la cour et à la politique de l'Angleterre; sir Robert

Walpole est peint dans le caractère du premier ministre Flimnap. Les factions des tories et des whigs sont désignées par les factions des *talons hauts* et des *talons plats ;* les *petits boutiens* et les *gros boutiens* sont les papistes et les protestants. Le prince de Galles, qui traitait également bien les whigs et les tories, est peint dans le personnage de l'héritier présomptif, qui porte un talon haut et un talon plat. *Bléfuscu* est la France, où Ormond et Bolingbroke avaient été obligés de se réfugier. Dans le voyage à Brobdingnag, la satire est d'une application plus générale : c'est un jugement des actions et des sentiments des hommes porté par des êtres d'une force immense, et en même temps d'un caractère froid, réfléchi et philosophique. Les mêmes idées reviennent nécessairement; mais, comme elles sont renversées dans le rôle que joue le narrateur, c'est plutôt un développement qu'une répétition. On ne saurait trop louer l'art infini avec lequel les actions humaines sont partagées entre ces deux races d'êtres imaginaires pour rendre la satire plus mordante; à Lilliput, les intrigues et les tracasseries politiques, qui sont les principales occupations des gens de cour en Europe, transportées dans une cour de petites créatures de six pouces de haut, deviennent un objet de ridicule, tandis que la légèreté des femmes et les folies des courtisans, que l'auteur met sur le compte des personnages de la cour de Brobdingnag, deviennent monstrueuses et repoussantes chez une nation d'une stature effrayante. Les deux dernières parties des *Voyages de Gulliver* offrent plus de désordre et de négligence que les premières ; les fictions y sont encore plus hardies, mais moins heureuses. Toutefois, c'est la même verve satirique. Dans le voyage à Laputa, Swift tourne en ridicule les géomètres, les astronomes, les philosophes contemplatifs, les amateurs des sciences abstraites, et les faiseurs de projets. S'il évoque, à propos de l'île des Magiciens, les ombres de plusieurs personnages illustres de l'antiquité, c'est encore pour faire des révélations malignes et des saillies de scepticisme historique. Chez les Houyhnms, il pousse le sarcasme jusqu'à la violence, et le dédain des bienséances jusqu'au cynisme, pour satisfaire sa haine contre la société et contre l'humanité. En somme, les *Voyages de Gulliver*, écrits d'ailleurs avec un naturel parfait, avec une simplicité de langage inimitable, avec une fécondité d'imagination qui les fait lire par les enfants comme de véritables contes de fées, sont pour les hommes faits une triste et amère ironie. Les tableaux de Swift découragent et ne corrigent pas : ce n'est point aux vices et aux travers, mais à la nature même de l'homme qu'il fait le procès, et l'homme trouve en lui un accusateur passionné. Sa philosophie est encore plus chagrine, plus désolante que celle de La Rochefoucauld, en qui, disait-il, il reconnaissait son caractère tout entier; et l'on ne peut s'étonner que Voltaire, qui le rencontra souvent dans la société de Pope et de Bolingbroke, ait professé pour lui une grande admiration, car ils avaient tous deux la même insouciance en morale, le même mélange de malice et de gaieté, le même art d'exprimer avec bonhomie les idées les plus fines et les plus piquantes.   B.

GUSLI, instrument de musique russe. C'est une sorte de harpe horizontale, montée de cordes en métal.

GUTTURALES, lettres qui se prononcent du gosier (en latin *guttur*) : telles sont, en français, les consonnes *g* dur, *c* dur, *k*, *q* (*gale*, *cale*, *kilo*, *quand*). Plusieurs grammairiens appellent ces consonnes *palatales*. En grec, les gutturales γ, x, χ, sont quelquefois aussi appelées *palatales*. En allemand, on compte comme gutturales *c*, *g*, *ch*, *x*. En espagnol, *x* et *j* ont un son guttural tout particulier.   P.

GUTTUS, petit vase de libations pour les sacrifices, chez les anciens Romains. Il ne laissait couler la liqueur que goutte à goutte.

GUYOT (Bible). *V.* BIBLE.

GUZERATE ou GOUDJERATE (Dialecte), dialecte indien, parlé non-seulement dans la presqu'île de Guzerate, mais dans plusieurs provinces arrosées par la Nerbuddha, parmi les Parsis attachés à la religion de Zoroastre. Il est fort voisin de l'hindoustani (*V.* INDIENNES — Langues); c'est la même simplicité de déclinaison et de conjugaison; les règles de la syntaxe sont à peu près identiques aussi dans les deux idiomes. Le guzerate a été assez fortement modifié par l'invasion musulmane. Son écriture se distingue par l'absence de la barre horizontale qui, dans d'autres écritures de l'Inde, réunit la partie supérieure des caractères. *V.* Drummond, *Illustrations of the grammatical parts of the Guzerattee, Mahratta and English languages*, Bombay, 1808.

GUZLA, instrument de musique des Illyriens. C'est une sorte de violon très-simple, puisqu'il n'y a qu'une seule corde de crins tressés. On en joue avec un archet.

GYMNASE. *V.* ce mot dans notre *Dictionnaire de Biographie et d'Histoire.*

GYMNASE DRAMATIQUE, l'un des théâtres de Paris, ouvert en 1820, sur le boulevard Bonne-Nouvelle. Il ne devait être qu'une espèce de succursale du Conservatoire, un théâtre d'essai, où des élèves se seraient exercés dans des fragments de pièces, tout au plus dans des comédies en un acte. Mais, grâce à la protection de la duchesse de Berry, en l'honneur de laquelle il prit le nom de *Théâtre de Madame,* il étendit ses attributions, et ce fut pour lui que Scribe composa bon nombre de ses plus ingénieux ouvrages. Après la Révolution de 1830, il reprit son nom de *Gymnase.* Les pièces de Scribe, de Mélesville, de Bayard, de Dumanoir, lui donnèrent une vogue durable, que sut entretenir le talent d'acteurs tels que Perlet, Gontier, Bouffé, Ferville, Numa, Mmes Allan, Léontine Fay (Volnys), Jenny Vertpré, Rose Chéri, etc. Le Gymnase a obtenu le droit de représenter des comédies de genre en 3 actes, et même en 5 actes, moyennant une autorisation spéciale.

GYMNASE MILITAIRE.
GYMNASE MUSICAL.
GYMNASIARQUE.
GYMNASTE.
GYMNASTIQUE.
GYMNIQUES (Jeux).
GYMNOPÉDIE.
GYMNOSOPHISTES.
GYNÉCÉE.

V. ces mots dans notre *Dictionnaire de Biographie et d'Histoire.*

H

H

H, 8e lettre de l'alphabet latin et des alphabets qui en dérivent. Sa forme vient de celle de l'*éta* grec (H, η), caractère qui remplaça l'*esprit rude* comme signe d'aspiration. Les Latins n'employèrent pas toujours la lettre H dans tous les mots où on la voit aujourd'hui, et Cicéron se plaint qu'on l'ait introduite : toutefois, comme le latin n'avait pas de signes simples équivalents du φ et du χ des Grecs, il fut avantageux de se servir de l'H combinée avec le P et le C pour la transcription de ces caractères. On y trouve même l'H employée pour le χ (*halo,* de χαλάω ; *hortus,* de χόρτος). — En français, on distingue l'*h* muette et l'*h* aspirée. Cependant il n'y a véritablement pas d'*h* aspirée : *auteur* et *hauteur* se prononcent de même. La seule valeur présente, au commencement d'un mot, de l'H dite aspirée, est celle du tréma : son effet est d'empêcher la liaison de la consonne finale du mot précédent avec la voyelle qui suit l'H (*les hasards*), ou l'élision de certaines voyelles qui aurait lieu autrement (*le haut, la haine*). Quant à la manière de reconnaître les deux espèces d'H, l'abbé d'Olivet dit que l'H doit s'aspirer dans les mots d'origine non latine (*la hanche, le hasard*) ; que, pour les mots qui ont une étymologie latine, l'H s'aspire quand le primitif latin s'écrit sans H (*le haut,* dérivé d'*altus ; il hurle,* dérivé d'*ululare*), et ne s'aspire pas quand le primitif s'écrit avec une H (*l'homme, l'histoire,* dérivés de *homo, historia*). Ce ne sont pas là des règles absolues : ainsi, *héros* et *héroïsme,* formés d'un même radical, ont, le premier l'*h* aspirée, et le second l'*h* muette. Les Anglais et les Allemands aspirent l'H au commencement des mots bien plus fortement que les Français ; les premiers ont des mots qui commencent par une H muette, les seconds n'ont ce genre de lettre qu'au milieu des mots. En allemand, l'H placée après une voyelle et devant une consonne (*ehre, ihn, wohl*) ne s'aspire pas, mais indique qu'il faut allonger le son de la voyelle qui la précède. Dans l'ancienne orthographe des idiomes germaniques, l'H placée au commencement des mots devant une consonne (*Hlodwig, Hlother*) indiquait une articulation gutturale. Dans le passage du latin au germain, H a quelquefois remplacé le x grec ou le *c* latin (*horn,* de κέρας ; ou de *cornu ; hlinian,* de κλίνω ou de *clino,* je penche). — En espagnol, H ne se prononce que devant les diphthongues *ie* et *ue* (*hierro, fer ; huevo,* œuf). Il n'y a pas d'H aspirée en italien. — La lettre H manque dans les alphabets lithuanien et russe ; mais, dans certaines expressions tirées du vieux slavon, les Russes donnent la valeur de l'H à leur G ou *gamma.* Au contraire, en wende et en bohème, l'H initiale se prononce comme G.

Il y a souvent, dans le passage d'une langue à une autre, permutation de l'F et de l'H : ainsi, les Latins ont écrit quelquefois *forreum* pour *horreum* (grenier) ; les Espagnols ont fait *heno* du latin *fenum, harina* de *farina, hablar* de *fabulari,* etc.

L'H entre dans la composition de plusieurs lettres doubles des alphabets modernes. En français, on trouve : le groupe CH, dont il a été parlé ailleurs (*V.* C) ; le groupe PH, qui a le son de l'F, et qui remplace soit le *phi* (φ) des Grecs, comme dans *physique, philosophe,* soit le *phé* des Hébreux, comme dans *séraphin ;* le groupe RH, représentant l'esprit rude qui affectait l'initiale *rho* (ρ) en grec, comme dans *rhume, rhéteur ;* le groupe TH, qui équivaut au *théta* (Θ, θ) des Grecs, et qui ne se prononce que comme T, dans *théâtre, thermes, thyrse,* etc., ce qui explique pourquoi on a supprimé l'H dans certains mots du même genre, comme *trône, trésor.* — En anglais, le groupe TH représente deux articulations, celle du *théta* grec (dans *think*), et celle du *zéta* (dans *that, this,* etc.).

Comme abréviation sur les monuments antiques, H a signifié *homo, hœres, hora, heros, Hercules, Hadrianus, Hispania, Hostilius, have* (vieille forme du mot *ave*)*; hic, honor, habet,* etc.; HS (pour LLS, *libra libra semis*) voulait dire *sestertius,* HL *hoc loco,* HE *hoc est,* HA *hujus anni,* HOS *hostis* ou *hospes.* Sur d'anciennes monnaies de France, H était la marque de La Rochelle. Nous écrivons S. H. pour *Sa Hautesse.*

Dans la numération des Grecs, H désigna primitivement le nombre 100, comme esprit rude de mot *ekaton* (cent) ; plus tard, ce fut seulement 8, à cause du rang que l'*éta* occupa dans l'alphabet. — Chez les Romains, l'H valut 200 ; surmontée d'un trait horizontal, elle valait 200,000.

Dans la notation musicale des Allemands, H représente le *si* naturel.

B.

HABEAS CORPUS. *V.* notre *Dictionnaire de Biographie et d'Histoire.*

HABILLEMENT. *V.* COSTUME.

HABIT, mot qui, dans son acception générale, signifie un vêtement quelconque. En un sens spécial, comme quand on dit *prendre l'habit,* c'est le costume ecclésiastique ou monacal. L'*habit habillé* ou *frac* est le vêtement d'homme qui couvre les bras et le buste, a un collet rabattu, est ouvert par devant, et se termine derrière par des pans ou basques plus ou moins amples : fait en drap noir, il est le costume civil de cérémonie. Il ne date que du XVIIIe siècle. L'*habit à la française,* dont il dérive, parut au temps de Louis XIV : il avait alors le collet droit (ce qui a été conservé), les basques assez larges pour qu'on les repliât en arrière, et des parements détachés de la manche, tandis que l'on se contente aujourd'hui de les figurer ; on le faisait en drap, en velours, en soie, en bouracan, etc. C'est cet habit que l'on porte encore comme costume de cour, et dont la forme a été conservée pour le costume des fonctionnaires civils, qui a, de plus, ainsi que les habits de l'ancienne noblesse, une broderie plus ou moins riche de soie, d'argent ou d'or au collet, aux parements et aux basques. On fait en draps de couleur, ou en étoffe plus légère, des habits dits *de chasse, de campagne,* etc. L'habit militaire à basques a été remplacé, vers 1830, par la tunique dans toute l'infanterie de ligne, et de nos jours, en 1858 par une veste à basquines ; il subsiste encore chez les grenadiers et les voltigeurs de la garde impériale, dans les armes du génie et de l'artillerie, dans les corps des sapeurs-pompiers et des sergents de ville. B.

HABITACLE, caisse ou armoire destinée à renfermer la boussole dans un navire. L'habitacle se trouve au milieu du gaillard d'arrière, près de la barre du gouvernail, à la vue du timonier; une lumière l'éclaire la nuit. Les planches en sont assemblées à chevilles et sans clous, pour qu'aucune pièce de fer n'agisse mal à propos sur l'aiguille aimantée.

HABITATIONS. V. MAISONS.

HABITUDE (du latin habere, posséder), pouvoir que nous avons de reproduire, sans réflexion et sans le vouloir, certains faits que nous avons produits plusieurs fois. L'habitude supprime l'effort; elle est affranchie de toute gêne; de là son nom. Ce que l'instinct nous a fait faire primitivement, nous le faisons ensuite par habitude, et cette loi s'étend aux actes qui ont été d'abord volontaires; la réitération les rend habituels, et développe en nous la même facilité et la même inclination : elle devient une seconde nature. Soit que l'habitude succède à l'instinct ou à la volonté, elle produit les effets les plus remarquables. Au point de vue physique, elle facilite nos mouvements, donne de l'adresse à la main, de la justesse au coup d'œil, et nous aide à exprimer nos pensées par le geste, les sons et l'écriture. Elle agit de même sur nos facultés : un de ses premiers effets est de diminuer notre sensibilité physique, car une foule de sensations dont nous n'avons plus conscience ont d'abord été pour nous une source de plaisir ou de douleur; il en est d'autres, au contraire, qui exigent le concours de la volonté et de l'intelligence, et que l'habitude rend plus vives, plus délicates, telles que les sensations de l'ouïe, de la vue et du tact. L'intelligence ne doit pas moins à l'habitude; ses facultés et ses opérations gagnent à un exercice suivi. Ainsi, quelle facilité ne donne-t-elle pas pour reproduire la pensée au moyen de tant de signes conventionnels? C'est au point de vue moral et sur la volonté que l'habitude a le plus d'importance. L'éducation, qui développe dans l'homme les facultés physiques, intellectuelles et morales en vue de la pratique du bien, n'est que l'ensemble et le résultat des habitudes qu'il a contractées dans sa jeunesse et même dans son enfance. Bonnes et vertueuses, elles l'élèvent à ses yeux et dans l'estime des autres; mauvaises et vicieuses, elles le dégradent et l'avilissent, et prennent sur lui un empire que sa volonté est souvent impuissante à détruire. Les effets de l'habitude se montrent aussi chez les animaux, dont plusieurs sont susceptibles d'une espèce d'éducation. On remarque même quelque chose de semblable dans certaines plantes, qui s'acclimatent et s'habituent à un nouveau sol; mais on ne voit rien d'analogue dans la matière inorganique. Cette considération conduit à penser que la force de l'habitude n'a rien de matériel. V. Reid, Essais sur les facultés actives, Essai 3, ch. III; Dugald-Stewart, Philosophie de l'esprit humain, t. Ier, ch. II; Maine de Biran, Influence de l'habitude sur la faculté de penser, in-8°, Paris, an XI; De l'habitude, thèse de M. Ravaisson, in-8°, Paris, 1838; Hahn, De consuetudine, Leyde, 1701, in-4°; Wetzel, De consuetudine circa rerum non naturalium usu, Bâle, 1730, in-4°; Jung, De consuetudinis efficacia generali in actibus vitalibus, Halle, 1705, in-4°; Jungnickel, De Consuetudine altera natura, in-4°, Wittemberg, 1787; de Cardaillac, Études de philosophie, section 3, ch. IV et V; Dutrochet, Théorie de l'habitude, Paris, 1810, in-8°. R.

HABORN-SIP, sorte de fifre ou chalumeau, excessivement criard, aux sons duquel on danse dans quelques districts de la Hongrie. Autrefois, il servait à appeler les montagnards à une levée en masse, et, comme le prince Ragotzki l'employa en faisant campagne, on le nomme fifre de Ragotzki.

HACHE, instrument de fer tranchant, muni d'un manche, et servant à divers usages militaires ou domestiques. Dans l'antiquité, la bipenne ou hache à deux têtes, dont l'une était tranchante et l'autre aiguë, ou qui étaient toutes deux tranchantes, est déjà citée par Homère, qui la nomme axine. Quoiqu'elle semble appartenir plutôt aux peuples du Nord, on la voit quelquefois dans la main des héros grecs. Sur le fronton du temple d'Olympie, sculpté par Alcamènes, on voyait, dit Pausanias, Thésée combattant avec une hache les ravisseurs de la femme de Pirithoüs. Suivant Plutarque, les Amazones faisaient de la hache leur arme favorite; celle avec laquelle ce héros tua Hippolyte fut donnée à Omphale, et, après avoir passé de ses successeurs aux rois de Carie, fut déposée dans un temple de Jupiter Labradien (du carien labras, hache). On voit la bipenne sur des médailles de Mylassa en Carie, de Thyatira en Lydie, sur un autel de Jupiter conservé parmi les marbres d'Oxford, et sur quelques médailles égyptiennes. Plusieurs figures de la mythologie étrusque sont aussi caractérisées par cette arme. Les Romains se servirent de haches pour les sacrifices, les combats sur mer et les travaux de charpente; ils en avaient placé aux faisceaux des licteurs.

On donne le nom de haches celtiques à des instruments en silex et en bronze qui ont servi aux premiers habitants de l'Occident, et dont l'emploi a dû être très-varié. On a trouvé des haches de silex au pied des monuments druidiques, quelquefois mêlées aux ossements à demi brûlés; dans les tumulus, sous la tête des guerriers ou à leurs pieds; d'autres fois, au milieu de débris sanglants des sacrifices. En certains endroits, qui ont pu être des centres de fabrication, on s'est rencontré un assez grand nombre dont les unes étaient achevées, et les autres à différents degrés de travail. Le nord et le centre de l'Europe en ont fourni une quantité considérable, qui ornent les collections publiques et privées, et qui présentent plusieurs types. Dans les unes, le tranchant taillé régulièrement suit une ligne arrondie qui se termine par derrière en une pointe aiguë; les autres sont à deux tranchants, mais d'une forme souvent irrégulière et moins gracieuse; d'autres sont à tranchant d'un côté et à pointe mousse de l'autre. Les haches en bronze, sans être aussi multipliées que celles en silex, sont cependant nombreuses, et se trouvent aux mêmes endroits. On a découvert en Allemagne, en France et en Angleterre, d'anciennes fonderies de ces instruments, des moules en argile et en bronze, des scories, des débris de fonte et de cuivre. En 1821, les restes d'un établissement de ce genre ont été retrouvés dans le département de la Manche par M. de Gerville.

La hache fut une des armes principales des Francs; c'est ce qui lui fit donner le nom de francisque par Grégoire de Tours. Les peuples du moyen âge, la modifiant légèrement, en firent la hache d'armes, dont les musées conservent un grand nombre de spécimens. Tantôt cette hache avait deux tranchants opposés dos à dos, tantôt un tranchant d'un côté et une sorte de marteau de l'autre. La hache des compagnies d'ordonnance de Charles VII n'avait pas de marteau, mais la douille du fer se prolongeait en pointe aiguë au delà du tranchant. Il y eut enfin des haches dont le marteau fut remplacé par un dard ou par un croissant à deux pointes. Les maréchaux de France accotaient leur écusson d'une hache d'armes, comme insigne de leur dignité.

Lorsque la poudre à canon fut inventée, on essaya de faire des haches munies de pistolets, mais on réussit peu : le Musée d'artillerie de Paris en possède quelques-unes. Sous Louis XIV, les grenadiers portèrent la hache; mais quand on leur fit abandonner la grenade pour le fusil, on ne laissa la hache qu'à quelques hommes par compagnie; ce fut là l'origine des sapeurs, dont la mission est de briser à coups de hache tout obstacle qui arrêterait les soldats. Les cavaliers et les soldats du génie portent aujourd'hui de petites haches qui leur servent à dresser le campement. Les marins ont la hache d'abordage, qui porte, à l'opposite du tranchant, une forte pointe de fer, destinée à pénétrer dans les bordages du navire ennemi et à faciliter l'abordage.

HACHÉES (Moulures), nom donné quelquefois aux Dents de scie (V. ce mot).

HACHEREAU, petite hache d'armes, courte, légère et sans marteau.

HACHURES, lignes parallèles ou croisées qui forment, dans un dessin ou dans une gravure, soit un fond, soit les ombres nuancées. Les peintres verriers ont fréquemment employé les hachures à angles droits pour les fonds ou les ornements; elles furent remplacées au XVe siècle par des fleurs et des fleurons, puis vinrent les teintes fondues. Cependant, au XVIIe siècle, quelques peintres à la main hardie reprirent les hachures pour les ombres, et obtinrent ainsi des effets très-heureux et très-énergiques. — Dans la science héraldique, les hachures sont des lignes conventionnelles dont le sens indique une couleur : on marque l'azur par des lignes horizontales, le gueules ou rouge par des verticales, le sable ou noir par des hachures croisées à angle droit, le sinople ou vert par des diagonales de droite à gauche, et le violet ou le pourpre par des diagonales de gauche à droite. Ce procédé commode pour expliquer le Blason ne date que du XVIIe siècle.

HACQUEBUTE, HAQUEBUTE ou HAQUEBUSE, vieilles formes du mot arquebuse au XIVe siècle.

HADRIANÉES. *V.* Adrianées.

HÆMATINON, matière vitreuse d'un beau rouge foncé, opaque, plus nuancée que le verre, susceptible d'un très-grand poli, et dont les Anciens se servaient pour mosaïques, vases d'apparat, etc. On la rencontre souvent à Pompéi.

HAGIOGRAPHE (du grec *hagios*, saint, et *graphéin*, écrire), qualification donnée primitivement aux auteurs de l'Ancien Testament autres que Moïse et les Prophètes, puis aux biographes et légendaires qui ont écrit sur la vie et les actions des Saints. L'*Hagiographie* est la science des écrits de ce genre.

HAGIOSIDÈRE (du grec *hagios*, saint, et *sidèros*, fer), fer sacré, large de quatre doigts environ et long de seize, attaché par le milieu à une corde à l'aide de laquelle on le tient suspendu, et sur lequel on frappe avec un marteau. Cet instrument remplace les cloches, interdites chez les Grecs soumis aux Turcs. Lorsqu'on porte le viatique à un malade, le clerc ou l'employé qui marche devant le prêtre frappe trois fois de temps à autre sur un hagiosidère.

HAHA, ouverture pratiquée dans un mur de jardin ou de parc, afin de laisser la vue libre, et qui est défendue par un fossé extérieur.

HAICANE ou **HAICIENNE** (Langue). *V.* Arménienne (Langue).

HAIE, clôture naturelle ou artificielle des jardins, des champs, des vignes, etc. On distingue la *haie vive*, faite d'arbres ou arbustes, ordinairement épineux, et la *haie morte*, formée de pieux ou de planches. Toute haie séparant deux propriétés closes, ou dont aucune ne l'est, est réputée mitoyenne; les arbres qui se trouvent dans la haie sont également mitoyens. Les haies vives, ou les arbres de basse tige pouvant servir à les former, ne doivent pas être plantées à une distance moindre d'un demi-mètre de la ligne séparative des deux héritages; si les branches se développent trop, le propriétaire voisin peut contraindre à les couper. Quiconque détruit une haie, en tout ou en partie, est puni d'un emprisonnement d'un mois à un an, et d'une amende égale au quart des restitutions et dommages-intérêts.

HAIK, pièce d'étoffe de laine blanche, que les Arabes portent drapée autour du corps et attachée sur la tête par quelques tours d'un cordon de laine brune. Les femmes, quand elles sortent, s'en enveloppent complètement, ne laissant apercevoir que leurs yeux.

HAINE, passion qui naît à la suite d'un mal dont la cause nous irrite parce que nous y voyons de l'intention. Il y a, par suite, un état de réaction qui va jusqu'à la répulsion contre la cause qui nous blesse. La haine devient alors une colère réfléchie et méditée qui prend plusieurs formes, telles que la colère et la vengeance. Aussi, ce qui la fait naître en nous ne sort pas de l'ordre physique, mais de l'ordre moral. Le crime, l'orgueil, l'oppression, peuvent nous inspirer de la haine, et, dans tous les cas de même nature, elle est légitime, mais à la condition de ne tomber que sur le vice ou le crime, et non sur les personnes. Dans ce dernier cas, c'est la plaie la plus funeste à l'homme. La haine enracinée dans le cœur devient une source d'iniquités; c'est elle qui fit de Caïn l'assassin de son frère. R.

HAIRE. *V.* Cilice, dans notre *Dictionnaire de Biographie et d'Histoire*.

HALAGE (Chemin de), espace de 7ᵐ,79 de large que les propriétaires sont obligés de laisser libre, sur la rive des cours d'eau qui a le plus de profondeur, pour le passage des chevaux qui traînent les navires, sans que toutefois le terrain cesse de leur appartenir. On ne peut ni bâtir, ni planter, ni tenir clôture plus près que 9ᵐ,75, sous peine de confiscation, de réparation, et d'une amende de 500 fr. L'obligation résulte d'une ordonnance de 1669, et d'un arrêt du Conseil en date du 24 juin 1777, et des art. 526 et 650 du *Code Napoléon*.

HALECRET, sorte de cuirasse. *V.* notre *Dictionnaire de Biographie et d'Histoire*.

HALER, en termes de Marine, tirer et roidir un cordage pour amener horizontalement une manœuvre, un mât, un fardeau, une chaloupe, etc. On nomme *hale-bord* un petit cordage employé à haler dans un bâtiment tout objet extérieur; *hale-bas*, une petite manœuvre qui sert à amener les voiles, pavillons et guidons; *hale-breu*, un petit cordage qui passe dans une poulie et sert à élever les voiles; *hale-dedans*, un cordage à l'aide duquel on hale en dedans certaines voiles.

HALIEUTIQUES (du grec *halieutikè*, pêche), nom donné, chez les anciens Grecs, aux ouvrages didactiques sur la pêche. Nous avons sur ce sujet un poëme d'Oppien, et quelques fragments d'un autre d'Ovide.

HALLALI, fanfare sonnée par la trompe de chasse pour rassembler les chasseurs au moment où le cerf aux abois va devenir la curée des chiens. Cette fanfare, dont l'auteur est inconnu, a été placée par Philidor dans la chasse de *Tom Jones*, par Méhul à la fin de son ouverture du *Jeune Henri*, et par Haydn dans la chasse de son oratorio des *Saisons*.

HALLEBARDE. *V.* notre *Dict. de Biogr. et d'Histoire*.

HALLECRET. *V.* Cuirasse.

HALLES (de l'allemand *hall*, salle), édifices où l'on concentre et expose, pour la vente en gros à certains jours, les vivres, comestibles et autres objets de consommation usuelle. Ces établissements d'utilité publique exigent une architecture simple, une ventilation facile et permanente, des couvertures qui protègent les marchandises contre les grandes chaleurs et les grands froids, des abords et des dégagements vastes, la libre disposition d'eaux abondantes.

HALLES DE PARIS. *V.* notre *Dictionnaire de Biographie et d'Histoire*.

HALLIER ou **TRÉMAIL,** filet perpendiculaire qu'on emploie pour la chasse aux perdrix, aux cailles, aux faisans et aux canards.

HALLUCINATION. Il y a des cas où l'âme, sans être excitée par le monde extérieur, croit éprouver des sensations, où elle croit voir, entendre, toucher des objets qui n'existent pas réellement; l'hallucination est cette sensation fausse, qui donne à l'esprit l'idée d'un corps agissant actuellement sur les organes, quoique ce corps n'existe pas. Il y a cependant cette différence entre l'*halluciné* et le *fou*, que le premier peut avoir conscience de son état et faire effort pour en sortir; s'il se possède encore, il accuse ses organes de mensonge, à l'exception de certains cas, telle que l'extase (*V. ce mot*); le fou, au contraire, a perdu tout empire sur lui-même. L'halluciné est dans l'erreur (*hallucinari*, se tromper), mais il est en même temps sur le chemin de la folie; plus il cède à l'hallucination, plus il approche du moment où il perdra sa raison et sa volonté. Il y a certaines hallucinations qui semblent être des intermédiaires entre la vision et l'hallucination du maniaque; elles ne se produisent que peu de fois, et disparaissent ensuite pour toujours, sans doute avec le trouble passager du cerveau qui les avait produites. L'hallucination accompagne souvent la folie, l'ivresse, le délire fébrile, et particulièrement l'extase; ses causes sont ordinairement celles qui mènent à la folie, mais il faut citer en particulier une imagination maladive, qui conduit à la perception imaginaire des phénomènes sensibles. *V.* Brière de Boismont, *Traité des hallucinations*, 1845 et 1852.

HALTÈRES, masses de pierre ou de plomb, destinées, chez les Anciens, à développer la force musculaire dans les exercices du gymnase. On les tenait dans chaque main en sautant, courant, dansant, etc.

HAMAC, lit suspendu dont usage la plupart des tribus aborigènes de l'Amérique. Il est formé d'un morceau d'étoffe de coton, long de 3 mèt., large de 2, de chaque côté duquel pendent des cordelettes qui servent à le suspendre à des tiges de bambou. Les femmes riches des colonies européennes voyagent étendues dans leurs hamacs, que portent deux ou quatre nègres. Dans les navires, on suspend des hamacs aux plafonds des entreponts pour le coucher des matelots: on évite ainsi le désagrément du roulis. Les Anglais garnissent le fond des hamacs d'un rectangle de bois, pour que la personne couchée conserve la position horizontale. Les Anciens connaissaient l'usage du hamac, qu'ils appelaient *lectus pensilis*, « lit suspendu. »

HAMÂCA (EL), anthologie arabe, ainsi appelée parce le 1ᵉʳ chapitre comprend des vers sur le courage guerrier (*hamâça*). Elle fut faite par Abou-Tammâm-Habib-Ibn-Ans, le Tayyte, poëte célèbre, vers l'an 835 de notre ère, et commentée par Tabrizi. Abou-Tammâm a distribué son choix de morceaux en dix chapitres, dont le 1ᵉʳ tient plus de la moitié de l'ouvrage, et traite des faits valeureux et des mœurs guerrières des Arabes antérieurs à Mahomet; les autres comprennent des élégies, des sentences morales, des vers amoureux, des satires, des descriptions, des récits de voyages, des facéties, etc. Le Hamâça est une source précieuse pour l'étude de la langue et de l'état social des Arabes avant l'Islam. Le texte, accompagné d'un commentaire de Tabrizi, d'une traduction latine et de notes, a été publié par M. Freytag, à Bonn, 1828-51. Nous avons donné des extraits du.

Hamâça dans le *Journal Asiatique* (avril 1855). G. D.

HAMÉIDES, en termes de Blason, pièces qui représentent trois chantiers de cave, appelés *hames* en flamand.

HAMPE, manche de pinceau; — tige ou manche d'une arme quelconque, d'un drapeau, etc.

HAMPTON-COURT, une des résidences royales d'Angleterre, dans le comté de Middlesex. On y arrive après avoir traversé la Tamise sur un beau pont. Le palais fut construit par le cardinal Wolsey, qui en fit don plus tard à Henri VIII. Élisabeth y créa le premier jardin botanique qu'ait eu l'Angleterre. Il servit quelque temps de prison à Charles Ier, et Guillaume III agrandit les jardins. Les appartements contiennent une galerie de tableaux, où l'on voit, à côté d'un grand nombre de toiles insignifiantes, les célèbres cartons de Raphaël (*V.* CARTONS) et quelques bons ouvrages de Mantegna. On remarque à Hampton-Court une treille plantée en 1768 : son unique cep a près de 80 centimètres de tour à 1 mèt. du sol; elle a 35 mèt. de longueur, et produit jusqu'à 2,500 grappes, dont le raisin est réservé pour la table royale.

HANAP. *V.* ce mot dans notre *Dictionnaire de Biographie et d'Histoire.*

HANCHE, en termes de Marine, partie de l'arrière d'un bâtiment qui est entre la poupe et les haubans du grand mât.

HANDICAP, mot anglais adopté dans les courses, et qui indique la charge proportionnelle et variable donnée aux jockeys, et par suite aux chevaux, suivant la force présumée de chaque animal.

HANGAR (du celtique *han*, maison, et *gard*, garde), emplacement couvert, mais non clôturé sur tous les côtés. Dans une ferme, on y met provisoirement à l'abri les foins, les pailles, les gerbes même; on y remise aussi les chariots, brouettes et charrues, les vieux fûts, les paniers, les équipages de parc, etc. Dans les ports et arsenaux, on conserve sous des hangars des bois de construction, les mâts, les ancres, etc.

HAN-LIN, c.-à-d. en chinois *forêt de pinceaux*, Académie politique et littéraire fondée à Pékin, au VIIe siècle de notre ère, par l'empereur Hiouan-Tsong. Son nom vient des pinceaux qui, en Chine, servent à écrire. Ses membres ne publient que des ouvrages collectifs, qui sont imprimés par le gouvernement, et distribués aux bibliothèques des villes et aux principaux fonctionnaires.

HANNAQUE (Dialecte). *V.* BOHÊME.

HANOUARDS, nom qu'on donnait autrefois aux porteurs de sel et de poisson de mer. Ils étaient attachés aux greniers à sel, et avaient le privilège de porter les corps des rois défunts.

HANS, espèces d'auberges à l'usage des Français qui trafiquaient autrefois dans le Levant.

HANSE. | *V.* ces mots dans notre *Dictionnaire*
HANSWURST. | *de Biographie et d'Histoire.*

HAOUSSA (Idiome), idiome parlé dans le Soudan. Sa construction directe le rapproche des idiomes du bassin du Niger et du Nil, et son système vocal rappelle la langue des Tibbous, race intermédiaire entre les Nègres et les Touaregs. D'un autre côté, le haoussa, par sa tendance au monosyllabisme, offre de l'analogie avec les idiomes de la Guinée.

HAQUEBUTE. *V.* HACQUEBUTE.

HAQUENÉE (du latin *equina*, dérivé d'*equus*, cheval), nom donné, pendant le moyen âge, à tout cheval d'allure douce, facile à monter, et allant ordinairement à l'amble. C'était la monture des dames et des ecclésiastiques. La *haquenée du gobelet* était le cheval qui portait le couvert et le dîner des rois de France dans leurs petits voyages. Jusqu'au XVIIIe siècle, l'ambassadeur du roi de Naples à Rome offrit tous les ans au pape, à la veille de la St-Pierre, une haquenée blanche, en signe de vassalité.

HAQUET, sorte de charrette, longue, étroite et sans ridelles, composée de deux pièces de bois liées horizontalement par des barreaux, et à qui une articulation placée près des brancards permet de faire bascule. Les fardeaux qu'on y dépose sont retenus par deux cordes parallèles, enroulées à la tête de la charrette par le moyen d'un moulinet. On attribue l'invention du haquet à Pascal.

HARANGUE, allocution, discours qu'on adresse à une assemblée, à des troupes, ou qu'on écrivain, wit poète, soit historien, met dans la bouche de ses personnages. Homère a prêté à ses héros d'admirables harangues. Les habitudes oratoires de la vie publique chez les Grecs et les Romains expliquent la présence des harangues qui se mêlent fréquemment au récit dans les historiens de l'antiquité : Lucien a même donné des règles sur la manière

de les écrire. Parmi les modernes, Vossius, La Mothe Le Vayer, le P. Lemoyne, Laharpe, Marmontel, Mably, Vertot, ont regardé les harangues comme utiles et d'un heureux effet dans l'histoire, tandis que le P. Rapin et Dalembert les repoussent. Il y a quelque chose d'étrange à faire parler des personnages qui ont gardé le silence, à rapporter des discours tenus en secret et dont toute révélation était impossible; en pareil cas, l'historien ne fait évidemment que mettre en scène ses propres pensées, son esprit et son éloquence. On ne saurait douter que les historiens de l'antiquité même aient presque toujours supposé ou façonné la forme de leurs harangues, et placé des morceaux oratoires là où il n'y en eut pas : plus du cinquième du livre de Thucydide est en discours; quatre auteurs ont mis dans la bouche de Véturie parlant à Coriolan quatre discours dissemblables; les tables de bronze retrouvées en 1520 à Lyon portent les propres paroles que l'empereur Claude prononça dans le Sénat romain au sujet d'une demande des Gaulois, et elles sont tout autres que celles qu'on lit dans Tacite. Toutefois, ce serait aller trop loin que de condamner absolument les harangues dans l'histoire : car elles donnent de la variété et du mouvement à la narration, et suppléent à son insuffisance. Ce qu'on est en droit d'exiger, c'est que l'écrivain n'introduise pas de discours hors de propos, quand il n'en fut pas prononcé, et dans la bouche d'un personnage qui n'a point parlé : ainsi, Mézeray a blessé toutes les convenances de l'histoire en mettant une harangue dans la bouche de Jeanne Darc au moment de son supplice. Quant aux discours qui ont été réellement prononcés, mais dont on n'a pas conservé le texte, l'historien doit se borner à ce qu'il sait positivement sur l'idée générale, le caractère et le but de ces discours : on trouve un exemple contemporain de reconstitution de ce genre dans certaines parties de l'*Histoire de Napoléon et de la grande armée en 1812* de Ph. de Ségur, et dans l'*Histoire des Girondins* de M. de Lamartine. — Aujourd'hui on ne donne plus guère le nom de *harangues* qu'à des compliments adressés de vive voix par les autorités aux souverains et aux princes.

HARAS (du latin *hara*, étable), établissement où l'on élève et entretient des étalons et des juments pour propager et améliorer la race. On distingue les *haras sauvages*, vastes espaces où les chevaux vivent en liberté, comme en Russie, en Arabie et en Amérique; les *haras domestiques* ou *privés*, accessoires aux domaines ruraux; les *haras parqués*, pâturages enclos et gardés, ainsi qu'il y en a beaucoup en Allemagne, en Hongrie, en Italie et en Espagne. Depuis Louis XIII, tous les gouvernements en France ont attaché la plus grande importance au perfectionnement des races chevalines, et spécialement de celles qui servent à la remonte de la cavalerie. C'est de ce règne que date le premier essai fait pour fonder des haras aux frais de l'État, essai qui ne fut pas heureux. En 1665, Colbert établit une organisation des haras qui reposait sur le concours de l'industrie privée, encouragée et soutenue par l'État. Malgré les avantages économiques de ce système administratif, l'Assemblée constituante le supprima. Si le mode d'encouragement avait été maintenu tel qu'il existait avant 1789, on aurait fait des économies considérables; en même temps, les chevaux français se seraient au moins conservés avec les qualités qu'ils avaient pour la guerre, et les anciennes espèces légères n'auraient pas été dégradées ou détruites par l'influence malheureuse des croisements, qui n'ont pas donné les résultats qu'on en espérait. Cette ancienne organisation des haras n'était pas onéreuse pour l'État, et elle offrait de grandes ressources à l'armée comme au commerce. L'État, en effet, n'avait pas à sa charge, comme aujourd'hui, de nombreux établissements d'étalons avec tout le personnel indispensable; l'industrie privée entretenait la plus grande partie des types reproducteurs, moyennant quelques privilèges ou des primes qui s'élevaient environ à 300 fr. par tête de cheval, tandis qu'avec le système actuel l'entretien de chaque étalon ne coûte pas moins de 1,000 à 1,200 fr. à l'État. Cette faible prime suffisait aux agriculteurs pour élever des étalons auxquels on dut ces races françaises qui avaient une grande réputation et qui offrirent tant de ressources aux armées de la République et de l'Empire pendant les luttes que ces deux gouvernements eurent à soutenir contre l'Europe coalisée. Les haras de Pompadour et du Pin, établis sous Louis XV, supprimés en 1790, furent reconstitués par Napoléon Ier en 1806; Louis XVIII en ajouta un 3e, celui de Rosières (Meurthe). Louis-Philippe en créa deux à St-Cloud et à Meudon, où l'on conservait surtout les étalons de race arabe; ils ont été désorganisés après 1848. Un décret du 21 juin 1852 n'a conservé qu'un seul *haras*, celui de Pompadour. On compte 22 *dépôts d'étalons*, à Angers, Annecy, Aurillac, Besançon, Blois, Braisne, Cluny, Hennebont, Lamballe, Libourne, Montier-en-Der, Pau, Perpignan, le Pin, Pompadour, La Roche-sur-Yon, Rhodez, Rosières, Saint-Lô, Saintes, Tarbes et Villeneuve-sur-Lot. Après avoir été placé dans les attributions du ministre du commerce, le service des haras a été constitué en direction générale dans le ministère d'État par décret du 19 décembre 1860. Un administrateur centralise, sous les ordres du directeur général, les détails du personnel de l'administration et du matériel du service. Le personnel du service actif comprend 8 inspecteurs généraux, 26 directeurs de dépôts d'étalons, 26 sous-directeurs agents comptables, 10 surveillants, 26 vétérinaires, des brigadiers et des palefreniers en nombre proportionné aux besoins du service. Le directeur a 10,000 fr. de traitement, les inspecteurs généraux 8,000, les directeurs de dépôt de 3,500 à 5,000, les agents comptables de 2,000 à 2,600, les vétérinaires de 1,000 à 2,000. Il y a, auprès du gouvernement, un *Conseil supérieur des haras*, comprenant, indépendamment du directeur général et de l'administrateur, 10 membres choisis par le ministre parmi les sénateurs, les députés au Corps législatif, les membres du Conseil d'État, les officiers généraux de l'armée, et les personnes versées dans les matières hippiques; et un *Comité consultatif des haras*, formé des inspecteurs généraux, sous la présidence du directeur général.   B.

HARASSE, bouclier de près de 2 mèt. de hauteur, dont se servaient autrefois les vilains ou roturiers dans le combat judiciaire. Il couvrait tout le corps, et avait deux trous pratiqués à la hauteur des yeux. Comme il était très-lourd, on a tiré de son nom le mot *harassé*, qui se dit d'un homme accablé de fatigue.

HARDI, monnaie de billon frappée en Guienne par les Anglais au XIVe et au XVe siècle. Elle valait le quart du sou, c.-à-d. trois deniers. Le type des Hardis représente un buste de face, couronné, et armé du sceptre et de l'épée; au revers est une croix, avec diverses figures et inscriptions. Louis XI, Charles VIII et Louis XII firent frapper aussi des Hardis; au temps de François Ier, on les confondit avec les liards.

HAREM. V. ce mot dans notre *Dictionnaire de Biographie et d'Histoire.*

HARENGERS, corporation des marchands de harengs, formée dès le XIIe siècle. Un règlement de Louis IX, en 1254, distingua les *Poissonniers*, qui vendaient le poisson frais, et les *Harengers*, qui ne conservaient que la vente du poisson saur et salé.

HARIVANÇA, poème indien, en langue sanscrite, dont le titre veut dire *généalogie de Hari*, c.-à-d. de Vishnu. C'est, sous une forme épique, une compilation très-développée de récits antérieurs, racontés soit par écrit, soit dans la tradition populaire de l'Inde, et relatifs à ce dieu, incarné dans Krishna. A ce titre, il a pour pendant et pour complément naturel les *Purânas* (*V. ce mot*), principalement dans les parties de ces légendes qui se rapportent à Vishnu. Mais, pour qui étudie et compare ces légendes sous les formes diverses où la poésie indienne nous les présente, le *Harivança* est antérieur aux *Purânas*, et a même été connu de leurs auteurs. D'un autre côté, une comparaison analogue place le *Harivança* après le *Mahâbhârata*, auquel on le rattache ordinairement. Si l'on poursuit les recherches au delà de la grande épopée, on arrive au *Râmâyana*, qui présente sous leur forme la plus antique les légendes de Vishnu. Enfin, le *Gîta-Gôvinda* (*V. ce mot*) semble être d'une date plus récente encore que les *Purânas*, et se rapprocher des temps modernes. L'intérêt du *Harivança* consiste surtout en ce qu'il marque une des étapes où s'est arrêté le culte de Vishnu : il n'y a dans le *Râmâyana* aucune tendance marquée vers ce culte en particulier; cette tendance est sensible dans le *Mahâbhârata;* le *Harivança* appartient à la secte de Vishnu d'une façon évidente, mais sans s'arrêter néanmoins d'une manière exclusive à quelqu'une de ses incarnations; les *Purânas* viennent immédiatement après; et enfin le chant lyrique du *Gîta-Gôvinda* célèbre exclusivement Krishna et Râdhâ sa maîtresse, en donnant à leurs aventures cette valeur mystique et symbolique qui caractérise une époque avancée de l'histoire. Le *Harivança* a été traduit en français par M. Langlois, 1835, 2 vol. in-4°.   EM. B.

HARMAMAXA, voiture ou litière des Anciens, couverte par-dessus, fermée par des rideaux sur les côtés, et servant spécialement à transporter les femmes et les enfants.

HARMATIQUE. *V.* NOME.

HARMONICA, instrument de musique, auquel on a donné différentes formes. C'était d'abord un assemblage de verres inégalement remplis d'eau, accordés par demi-tons, et placés dans une caisse longue d'un mètre : après avoir humecté le bord de ces verres avec une éponge mouillée, on trempait les doigts dans l'eau, et, en les passant légèrement sur les bords des verres, il résultait de ce frottement certains sons. Un Irlandais, nommé Puckeridge, est regardé comme l'inventeur de cet instrument. En 1760, le célèbre Franklin modifia l'harmonica : il fit fixer de petites coupes de verre, contenant de l'eau et accordées par demi-tons comme précédemment, sur un axe commun, que faisait tourner horizontalement une roue mise en mouvement par une corde attachée au pied du joueur : la manière d'en tirer des sons n'était pas changée; seulement la main droite conduisait la mélodie, et la gauche l'accompagnement. Mlles Davies firent entendre cet instrument à Paris en 1765. L'abbé Mazucchi imagina en 1776 d'employer, au lieu des doigts, un archet enduit de poix, de térébenthine, de cire ou de savon. Les *harmonicas à clavier* de Rœllig et de Klein furent imaginés pour éviter le contact des doigts et du verre, résultat obtenu au moyen de touches garnies et disposées en conséquence. Une Méthode d'harmonica fut publiée par Müller, Leipzig, 1788. Le clavicylindre (*V. ce mot*) de Chladni est une espèce d'harmonica. Les sons des instruments de ce genre sont doux et purs, mais agissent avec énergie sur le système nerveux. Ce fut pour remédier à cet inconvénient que Rœllig, à Vienne, imagina l'*harmonica à clavecin*, dans lequel, à l'harmonica ordinaire, était joint un clavier qui produisait, au moyen d'un levier, les sons par des tuyaux. — L'harmonica de Lenormand, dont on voit des imitations grossières entre les mains des enfants, se compose de lames de verre d'inégale longueur, formant des séries diatoniques, et retenues entre des fils qui leur laissent toute liberté de vibration : on les frappe avec un petit marteau de liége. B.

HARMONICA, jeu très-doux qu'on place ordinairement au 3e clavier dans les orgues d'Allemagne, et qui est destiné à produire des effets d'écho. Il est, en général, fait avec du bois de chêne ou d'érable.

HARMONICA A CORDES, nom donné par Stein, organiste d'Augsbourg, en 1788, à un instrument de musique qui offrait la combinaison d'un piano et d'une épinette, accordés à l'unisson, et qu'on pouvait jouer ensemble ou séparément.

HARMONICON, harmonica perfectionné par G.-C. Müller, directeur de musique à Brême, qui y avait ajouté trois registres de flûte et un de hautbois.

HARMONICORDE, instrument de musique inventé par Kauffmann, à Dresde. C'était un piano à queue, et perpendiculaire, accompagné d'un mécanisme que le pied mettait en mouvement, et dont le son était semblable à celui d'un harmonica.

HARMONIE, heureux accord des parties d'un tout. Ainsi, l'*Harmonie de l'univers* résulte de ce divin esprit d'ordre qui a mis toutes les œuvres de la création à la place précise qui convient à chacune d'elles, et les a enchaînées les unes aux autres par des lois immuables. Bernardin de Saint-Pierre a décrit les *Harmonies de la nature*, c.-à-d. les rapports extérieurs des êtres entre eux. Pour les philosophes de l'antiquité, le mot *harmonie*, appliqué à l'ordre général du monde, rappelait une idée de musique, et, réciproquement, la musique s'expliquait pour eux par des lois numériques, empruntées aux rapports des corps célestes. Ils appelaient *harmonie céleste* ou *harmonie des sphères* une sorte de musique qu'ils supposaient produite par les mouvements des planètes et des étoiles, et par les impressions de ces corps célestes les uns sur les autres; différents sons devaient résulter de la diversité des mouvements. Dans les Arts du dessin, la symétrie des proportions, la perfection des formes, le rapprochement habile des ombres et de la lumière, l'accord entre les couleurs, la fusion des teintes, le ton général et les contrastes, l'unité d'action, de mouvement, de sentiment, produisent l'*harmonie*.   B.

HARMONIE, terme de Musique. On dit qu'une voix est *harmonieuse*, que des sons sont *harmonieux*, lorsque l'émission, le timbre et la succession des sons ont quelque chose qui flatte l'oreille. Mais, indépendamment de cette acception générale et vulgaire, le mot *Harmonie* a deux sens spéciaux en musique; il désigne : 1° un corps d'instruments à vent, ou la masse de ces instruments qui entre dans la composition d'un orchestre; 2° la *science des accords*. Cette science, dont le but est l'accompagnement de la *mélodie* (*V. ce mot*), comprend deux parties, la théorie des accords isolés (*V.* Accord), et la théorie de la succession et de l'enchaînement des accords. L'harmonie entière, dans un ton donné, se réduit à l'emploi successif de deux accords, l'accord parfait sur la tonique et l'accord de dominante, soit dans leur état naturel, soit modifiés par le *renversement*, la *substitution*, les *altérations*, l'*anticipation*, le *retard*, et aussi par les *notes de passage*, les *pédales* et les *progressions*, et à l'observation, pour les accords dissonants, de la *préparation* et de la *résolution* (*V. ces mots*). Pour changer de ton, on a recours à la *modulation* (*V. ce mot*). L'emploi des trois mouvements direct, contraire, et oblique, et celui du *contre-point* (*V. ce mot*), font aussi partie de l'harmonie. On appelle *Harmonie appliquée* l'art d'assortir telle ou telle variété d'accords à un morceau d'une couleur particulière; on y fait rentrer, outre la détermination des *styles*, l'art de l'*accompagnement* et celui de l'*instrumentation* (*V. ces mots*). L'harmonie est dite *directe* quand la basse est fondamentale, et que les parties supérieures conservent l'ordre direct entre elles et avec cette basse; *renversée* quand le son fondamental dans quelqu'une des parties supérieures, et qu'un autre son de l'accord est transporté à la basse au-dessous des autres; *figurée* lorsqu'on fait passer plusieurs notes sous un accord.

L'habitude d'entendre des accords dès notre enfance nous fait de l'harmonie un besoin de la musique. Mais il est des peuples, comme les Turcs, les Arabes et les Chinois, qui, même de nos jours, ne sont pas initiés à l'harmonie telle que nous l'entendons, et à qui les effets de notre musique en accords sont importuns, bien qu'ils reposent sur des phénomènes acoustiques naturels. Il n'est donc pas incroyable que les Grecs et les Romains, malgré le développement de leur civilisation, n'aient point connu l'harmonie, et se soient bornés aux unissons et aux octaves. Bien qu'on ait beaucoup écrit pour établir le contraire (Gafforio, Zarlino, Doni, Meibomius, Isaac Vossius, l'abbé Fraguier), on ne trouve dans les Traités à musique d'Aristoxène, d'Aristide Quintilien, d'Alypius, de Ptolémée, de Boëce, aucune expression équivalente de notre mot *harmonie*, et les consonnances de quarte, de quinte et d'octave, dont il est fait mention, n'étaient pas employées simultanément, mais en successions mélodiques. Les fragments peu nombreux que l'on a conservés de l'ancienne musique grecque n'offrent aucun vestige d'accord. Enfin la forme des lyres et des cithares, le petit nombre de leurs cordes, qui ne pouvaient être modifiées comme sur nos instruments à manche, donnent beaucoup de probabilité à l'opinion de ceux qui ne croient pas à l'existence de l'harmonie dans la musique des Anciens, entre autres, Glaréanus, Artusi, Mersenne, Kircher, Burette, Martini, Marpurg, Forkel, etc. — Les 1res notions de l'harmonie se trouvent au moyen âge, dans un écrivain du VIIe siècle, Isidore de Séville, et elles ont été sans doute le résultat de l'introduction de l'orgue, sur lequel on a expérimenté la simultanéité des sons; mais l'harmonie resta dans la barbarie jusque vers le milieu du XIVe (*V.* Diaphonie, Déchant). Des musiciens italiens commencèrent à lui donner des formes plus douces; tels furent Francesco Landino, dit *Cieco* (l'aveugle) ou *Francesco degli organi* (à cause de son habileté sur l'orgue), Jacopo de Bologne, Nicolo del Proposto et plusieurs autres. Les plus anciens écrivains qui traitèrent de l'harmonie furent Hucbald de Saint-Amand (xe siècle), Gui d'Arezzo et Francon de Cologne (xie), Marchetto de Padoue et Jean de Muris (xiiie). L'harmonie se perfectionna ensuite, grâce aux talents de deux musiciens français, Guillaume Dufay et Gilles Binchois, et d'un Anglais, John Dunstaple, qui vivaient dans la première moitié du xve siècle. Leurs élèves, Jean Tinctor, Gaforio, etc., ajoutèrent à leurs découvertes, et, depuis lors, l'harmonie s'est continuellement enrichie d'effets nouveaux. Jusqu'à la fin du xvie siècle, on ne fit usage que d'accords consonnants et de quelques prolongations qui produisaient des dissonances préparées : vers 1500, le Vénitien Claude Monteverde employa, le premier, les accords dissonants naturels et les substitutions. Au commencement du siècle suivant, Louis Viadana, maître de chapelle de la cathédrale de Mantoue, imagina, dit-on, de représenter l'harmonie par des chiffres placés au-dessus des notes de la basse (*V.* Basse chiffrée). En 1609, le géomètre français Sauveur, reprenant une expérience du P. Mersenne sur la résonnance d'une corde métallique, distingua le *son fondamental*, donné par les vibrations de la totalité de la corde, et les *sons dérivés* (octave de la quinte du son fondamental et double

octave de sa tierce), provenant de vibrations partielles. S'emparant de ce résultat, Rameau chercha les bases de la science des accords dans les lois de l'acoustique, et fit connaître, en 1722, son système de la *basse fondamentale* (*V. ce mot*), qui eut une vogue prodigieuse; mais il ne pouvait rendre compte de l'*accord parfait mineur* que par des hypothèses. Du moins, c'était la première fois qu'on mettait un ordre rigoureux dans les phénomènes harmoniques, et Rameau avait été aussi le premier à apercevoir le mécanisme du renversement des accords. Vers le même temps, le violoniste italien Tartini proposait un autre système, également fondé sur une expérience de résonnance. Il avait observé que deux sons aigus qu'on faisait entendre à la tierce faisaient résonner au grave un 3e son, également à la tierce du son inférieur, ce qui donnait encore l'accord parfait. Mais la théorie obscure qu'il établit, et qui fut vantée par J.-J. Rousseau, n'eut jamais de succès. Les systèmes d'harmonie étaient devenus une mode au xviiie siècle : la France vit éclore ceux de Serre, d'Estève, de Baillière, de Jamard, de l'abbé Roussier, aujourd'hui justement oubliés; en Allemagne, Kirnberger découvrit, en 1773, la théorie des prolongations, que Catel reproduisit plus tard chez nous avec plus de simplicité et de clarté. De nos jours, M. Fétis a expliqué le mécanisme de la substitution, et la combinaison de cette substitution avec les prolongations et les altérations.

V. Catel, *Traité d'harmonie*, 1802, in-4o; Choron, *Principes de composition des écoles d'Italie*, 1809, 3 vol. in-fol.; Berton, *Traité d'harmonie*, 1815; Reicha, *Traité complet et raisonné d'harmonie*, Paris, 1819, in-fol.; Perne, *Cours élémentaire d'harmonie et d'accompagnement*, 1822, 2 vol. in-fol.; Selvaggi, *Trattato d'armonia*, Naples, 1823, in-8o; Fétis, *Méthode élémentaire et abrégée d'harmonie et d'accompagnement*, Paris, 1823, in-4o; Dourlen, *Principes d'harmonie*, 1824; Jelensperger, *l'Harmonie au commencement du* xixe *siècle*, 1830; J.-G. Werner, *Essai d'une méthode facile et claire d'harmonie*, en allem., Leipzig, 1832, 2 vol. in-4o; Dauvilliers, *Traité de composition élémentaire des accords*, 1834; Gérard, *Traité méthodique d'harmonie*, 1834; Choron et Adrien de Lafage, *Manuel complet de musique*, 1836-38, 6 vol. in-18; De Coussemaker, *Histoire de l'harmonie au moyen âge*, 1852, in-4o.   B.

HARMONIE (Table d'). *V.* Harpe, Piano.

HARMONIE DU STYLE, combinaison de sons qui plaisent à l'oreille, soit par leur accord entre eux, soit par leur rapport avec les idées et les sentiments qu'ils expriment. De là deux sortes d'harmonie, l'*harmonie mécanique* et l'*harmonie imitative*. Toutes deux ont une grande importance : selon Cicéron, c'est l'harmonie qui distingue l'orateur habile du parleur ignorant et vulgaire, et l'oreille, suivant l'expression de Quintilien, est « le chemin du cœur. »

L'*Harmonie mécanique*, qui consiste dans l'accord des sons que l'on emploie, est, à proprement parler, l'*euphonie* ou la *mélodie* du style. Elle résulte : 1o du *choix des mots*, dans lesquels il faut chercher, autant que possible, un heureux mélange de voyelles et de consonnes, de brèves et de longues; 2o de l'*arrangement des mots*, où l'on doit éviter l'hiatus (*V. ce mot*), la répétition des mêmes consonnances, toute série de mots d'égale dimension, toute accumulation de monosyllabes ou de mots d'une longueur démesurée, les assemblages où dominent les consonnes fortes et les syllabes rudes, etc.; 3o de la *construction des phrases*, auxquelles on s'attache à donner du *nombre* et de la *période* (*V. ces mots*).

L'*harmonie imitative* est un artifice de style qui consiste à peindre les choses par les sons des mots ou par l'habile arrangement de la phrase, qui tantôt est douce et coulante, tantôt rude et saccadée, tantôt sourde et tantôt sonore, tantôt se précipite alerte et rapide, tantôt se déroule avec lenteur ou se développe majestueusement, selon la nature des idées et des sentiments exprimés. Ainsi, Boileau (Sat. 3, *le Repas ridicule*) nous fait entendre le bruit d'une assiette lancée à la tête de quelqu'un, et qui revient après avoir manqué son but :

> L'autre esquive le coup, et l'assiette volant
> S'en va frapper le mur et revient en roulant.

La Fontaine nous met sous les yeux l'inquiétude d'un avare :

> . . . . . Il entassait toujours;
> Il passait les nuits et les jours
> A compter, calculer, supputer sans relâche,
> Calculant, supputant, comptant comme à la tâche.
>   LA FONTAINE. XII, 3, *du Thésauriseur et du Singe*.

Il ne pouvait pas mieux peindre Borée, qui, dit-il :

Se gorge de vapeurs, s'enfle comme un ballon,
Fait un vacarme de démon,
Siffle, souffle, tempête.....
LA FONTAINE, *Phébus et Borée*, VI, 3.

Racine fait dire à Oreste en proie aux Furies (*Andromaque*, V, 5) :

Pour qui sont ces serpents qui sifflent sur vos têtes?

Il peint un monstre en ces mots (*Phèdre*, V, 6) :

Indomptable taureau, dragon impétueux,
Sa croupe se recourbe en replis tortueux.

La prose peut recourir, comme la poésie, à l'harmonie imitative, afin de peindre les objets par les sons. Ainsi, Chateaubriand a dit : « Le rauque son de la trompette du Tartare appelle les habitants des ombres éternelles; les noires cavernes en sont ébranlées, et le bruit, d'abîme en abîme, roule et retombe. »

L'harmonie imitative ne doit jamais être cherchée pour elle-même ni sentir l'effort; et, chez les écrivains de premier ordre, elle jaillit toujours de l'inspiration; il en est de cette qualité comme de la justesse de l'expression, qui, chez eux, suit toujours la justesse de la pensée.

HARMONIE PRÉÉTABLIE, système à l'aide duquel Leibniz prétendait expliquer l'action de l'âme sur le corps et du corps sur l'âme. En réalité, il n'admettait pas l'influence réciproque des deux substances l'une sur l'autre : car il imaginait que le Créateur, en les réunissant dans l'homme, avait établi entre elles une harmonie parfaite, de telle façon que, bien que chacune se développât suivant des lois propres, les modifications qu'elle éprouvait correspondaient exactement à des modifications éprouvées par l'autre; telles seraient deux horloges bien réglées, qui marqueraient toujours les mêmes heures, quoique obéissant à des mécanismes distincts.

HARMONIES DES ÉVANGILES, titre d'ouvrages destinés à montrer l'accord des doctrines et des faits dans les livres des quatre Évangélistes. Les plus anciens de ces ouvrages sont attribués à Tatien et à Théophile d'Antioche. Eusèbe dressa ensuite un tableau synoptique des Évangiles. Nous avons de St Augustin un livre *De consensu Evangelistarum*. Pierre Lombard, St Thomas d'Aquin et Gerson au moyen âge, Osiander, Jean Buisson, Calvin, Paulus et Clausen chez les modernes, se sont aussi occupés de la concordance (*V. ce mot*) des Évangiles.

HARMONIFLUTE. *V.* au *Supplément*.

HARMONIPHON, instrument à vent à clavier, long de 0m,42 sur 0m,12 de large et 0m,8 de haut, qui s'insuffle au moyen d'un tube élastique, et qui produit simultanément plusieurs sons, analogues à ceux des hautbois. Il a été inventé en 1837 par M. Paris, de Dijon.

HARMONIQUE (Division). *V.* ARITHMÉTIQUE.

HARMONIQUES (Sons) ou *sons flûtés*, sons tirés de certains instruments à cordes, tels que le violon et le violoncelle, par un mouvement particulier de l'archet, qu'on approche davantage du chevalet, et en posant légèrement le doigt sur la corde. Ils diffèrent des sons du jeu ordinaire par le timbre, qui est beaucoup plus doux, et par le ton. On attribue l'invention des sons harmoniques à un élève de Tartini, Domenico Ferrari, de Crémone, au milieu du XVIIIe siècle. — On donne encore le nom d'harmoniques aux sons concomitants ou accessoires qui, par le principe de la résonnance, accompagnent un son quelconque. Toutes les aliquotes d'une corde sonore en donnent les harmoniques.

HARMONIUM. *V.* ORGUE EXPRESSIF.

HARPAGON, machine de guerre. *V.* notre *Dictionnaire de Biographie et d'Histoire*.

HARPALYCE. *V.* CHANSON.

HARPASTUM. *V.* BALLE (Jeux de), dans notre *Dictionnaire de Biographie et d'Histoire*.

HARPE, instrument de musique de grande dimension et de forme triangulaire, monté de cordes de boyau et de cordes de soie filées en laiton, disposées verticalement, et qu'on pince avec les deux mains pour en tirer des sons. La harpe se compose de trois pièces principales assemblées en triangle, la *console*, la *colonne* et le *corps sonore*; les deux dernières sont réunies dans leur partie inférieure par une quatrième pièce, la *cuvette*, qui forme la base de l'instrument. Le corps sonore est une caisse convexe en érable, plus large à la base qu'au sommet, et recouverte d'une *table d'harmonie*, planche de sapin sur laquelle sont fixés les boutons qui servent à attacher les cordes. La console, partie supérieure de l'instrument, est une bande légèrement courbée en forme d'*s*, et garnie de chevilles à l'aide desquelles on monte les cordes fixées sur la table d'harmonie. La colonne est le montant qui sert à l'assemblage des deux pièces précédentes. La musique de harpe s'écrit à deux parties comme celle de piano; on emploie la clef de *sol* pour la 1re partie, et la clef de *fa* 4e ligne pour la 2e. — La harpe fut connue des Anciens; mais elle a dû s'éloigner notablement des proportions modernes, s'il est vrai que ce soit avec une harpe que David dansa devant l'Arche (*V.* KINNOR). La harpe est figurée souvent sur les monuments de l'ancienne Égypte, et l'on en voit une de ce pays au Musée égyptien de Paris. Les harpes égyptiennes n'avaient pas de console, et étaient en forme d'arc; on en jouait dans les processions tout en marchant, le bois de l'instrument posé sur l'épaule et les cordes tournées vers le ciel. L'instrument triangulaire que les Grecs appelaient *trigone*, et que quelques auteurs croient le même que le *sambuque*, correspond à la harpe moderne. Les Romains ne paraissent guère en avoir fait usage, car on n'en a trouvé qu'une seule figure dans les peintures d'Herculanum. Les peuples du Nord, Scandinaves, Celtes, et Germains, firent grand usage de la harpe. On la trouve mentionnée pour la première fois, avec son nom actuel, dans une pièce de vers de l'évêque Fortunat au VIe siècle. Au moyen âge, elle fut l'instrument des troubadours et des ménestrels. On sait que le nombre des cordes varia alors de 6 à 25. Le plus souvent la harpe n'avait pas de colonne de soutien vers le devant; le triangle était ouvert. Comme les cordes étaient accordées selon l'ordre naturel de la gamme diatonique, elles ne pouvaient donner les dièses et les bémols, et toute modulation était interdite. Les habitants du pays de Galles ont une harpe à triple rang de cordes : les deux rangs extérieurs sont montés à l'unisson, le rang intérieur est celui des notes diésées ou bémolisées. Cette disposition offre de grandes difficultés pour l'exécution. En Irlande on inventa la *harpe double* (à 2 rangs de cordes), afin d'augmenter la force du son. Luc-Antoine Eustache, gentilhomme napolitain et chambellan du pape Pie V, imagina, pour obtenir tous les demi-tons de l'échelle, de mettre à la harpe 78 cordes disposées sur 3 rangs : le 1er comprenait quatre octaves, le 2e faisait les demi-tons, le troisième était à l'octave du premier. Les difficultés de l'exécution firent abandonner cet instrument compliqué. Vers 1660, un Tyrolien ajouta sur la console dans l'instrument simple, des *crochets* ou *sabots* qui, correspondant aux cordes et mus avec la main, accroissaient la tension, et donnaient ainsi le demi-ton supérieur. Mais, tandis qu'une main de l'instrumentiste se portait aux crochets, il n'en restait qu'une pour pincer les cordes; en 1720, Hochbrucker, luthier de Donawerth, remédia à cet inconvénient par l'invention de la *pédale*, mécanisme qui, pressé au pied de l'exécutant, et passant au milieu de la colonne, met les crochets en mouvement. Ce mécanisme, qu'on a attribué à tort à Jean-Paul Vetter, d'Anspach, fut perfectionné à Paris par Nadermann, depuis lequel il y a 7 pédales, une pour chaque note de la gamme, quatre à droite et trois à gauche de la cuvette. En cet état, la harpe est dite à *simple mouvement* : elle est montée de 43 cordes, accordées en *mi bémol*, et comprend 6 octaves. Si le morceau est dans un autre ton, l'exécutant dispose ses pédales d'avance. En 1782, Cousineau inventa le *mécanisme à béquilles*, qui, avec un double rang de pédales, faisait produire à la même corde le dièse et le bémol à volonté. En 1787, Sébastien Érard imagina de remplacer les crochets par des *fourchettes* à double bascule, qui pincent les cordes au lieu de les tirer hors de la ligne perpendiculaire. Chaque corde peut alors recevoir trois intonations, le bémol, le bécarre, et le dièse; les pédales, toujours au nombre de 7, peuvent se mouvoir de deux manières, et se fixer à volonté dans des crans pratiqués à la cuvette. La harpe d'Érard, dite à *double mouvement*, et dans laquelle chaque pédale fait une double fonction pour élever à la volonté chaque corde d'un demi-ton ou d'un ton, date de 1811, et est accordée en *si* naturel; c'est la harpe seule employée aujourd'hui. Bothe, de Berlin, a disposé dans sa *harpe chromatique*, inventée en 1787, et reproduite en 1804 par Pfranger, toutes les cordes par demi-tons (12 pour une gamme), en donnant aux cordes additionnelles une couleur qui les distingue; mais l'instrument est devenu trop grand, les cordes sont trop nombreuses et trop serrées, et le doigté n'est plus le même. — La harpe, fort en faveur à la fin du XVIIIᵉ siècle et au commencement du XIXᵉ, est de nos jours, presque abandonnée. Cet abandon a commencé à la suite des perfectionnements de mécanisme, qui ont rendu l'instrument plus difficile à jouer. On l'accorde, comme le piano, par tempérament (V. ce mot). Entre les doigts d'un habile exécutant, elle rend des sons purs et doux ; mais il est difficile d'éviter la monotonie, et d'arriver à quelque énergie dans l'expression. Mᵐᵉ Krumpholz, M. de Marin, Dizi, Baëcker, Bochsa, Pollet, et, de nos jours, Labarre et Godefroid ont été les harpistes les plus brillants. La harpe s'emploie quelquefois à l'orchestre, où elle produit d'heureux effets, en raison surtout de la différence de son timbre. B.

HARPE A CLAVECIN. V. CLAVICITHERIUM.

HARPE-DITALE, harpe imaginée vers 1834 par le facteur Pfeiffer. C'est un instrument, non d'exécution, mais d'accompagnement. Le mécanisme au moyen duquel on élève chaque corde d'un demi-ton se meut par la pression du doigt, et non par celle du pied comme dans la harpe ordinaire. Les dimensions de la harpe-ditale la mettent à la portée des enfants.

HARPE ÉOLIENNE, ou *harpe météorologique*, appareil musical plus curieux qu'utile, destiné à produire des sons harmonieux par la seule action du vent. C'est une boîte de sapin, de 1 mètre sur 20 à 30 centimètres, contenant une table d'harmonie, sur laquelle sont tendues des cordes en boyau. En exposant ces cordes à un courant d'air assez fort, elles résonnent d'une façon agréable, bien que la succession et la combinaison de leurs sons se fassent sans ordre et sans règle. On attribue l'invention de la harpe éolienne au P. Kircher. En 1785, l'abbé Gattoni, à Côme, construisit dans un jardin une harpe éolienne gigantesque : elle se composait de 15 fils de fer, longs de 100 mèt., tendus à l'aide de cylindres, disposés dans la direction du Nord au Sud, et inclinés de manière à former un angle de 20 à 30 degrés avec l'horizon. Sous l'impulsion du vent, elle rendait des sons très-puissants. V. ANÉMOCORDE.

HARPE HARMONICO-FORTE, harpe inventée vers 1809 par Keyser. C'est une harpe ordinaire à laquelle on a ajouté 34 cordes de laiton, accordées deux à deux, qui forment une espèce de contre-basse de 17 demi-tons, et qu'on fait résonner avec le pied par le moyen de 17 touches correspondant à autant de marteaux qui frappent les cordes.

HARPES. V. ATTENTE (Pierres d') et HERSE.

HARPIN, ancienne arme, qui se composait d'un croc adapté à un long manche.

HARPO-LYRE, instrument de musique inventé à Besançon, en 1829, par un musicien appelé Salomon. Il a la forme d'une lyre antique, et est monté de 21 cordes réparties sur trois manches. Les cordes du manche du milieu sont les mêmes que celles de la guitare à 6 cordes, et sont accordées de même. L'ensemble de l'instrument a 4 octaves et demie.

HARPON, large et solide fer de flèche fixé à l'extrémité d'un manche en bois de 2 mèt. de longueur, auquel tient une longue corde. Cet instrument sert à la pêche de la baleine et autres cétacés. L'animal frappé emporte le harpon ; mais, quand il a succombé, la corde le ramène.

HART (Supplice de la). V. notre *Dictionnaire de Biographie et d'Histoire*.

HASARD. L'idée du hasard est la négation de toute cause et de toute loi dans la production des phénomènes et des êtres ; c'était la négation du Destin chez les Anciens, chez les modernes c'est celle de Dieu et de la Providence. Pris dans un sens positif, le hasard est donc une absurdité et un non-sens, puisque tout ce qui commence est nécessairement produit par une cause et selon certaines conditions. Il y eut cependant une école qui voulut élever l'idée du hasard au rang de système scientifique ; ce fut celle d'Épicure. En expliquant l'univers et tous les êtres par le choc accidentel des atomes, Épicure invent tout au hasard, et méconnaissait l'idée de loi. Ce grossier fatalisme était en contradiction avec les plus simples données de la raison ; les Stoïciens reconnaissaient au moins la nécessité d'un ordre éternel et immuable. Le hasard, s'il était quelque chose, ne serait qu'un principe de désordre ; il suffit de promener ses regards sur la terre, de lever les yeux au ciel, pour y voir des marques constantes d'ordre et d'harmonie. Pour celui qui l'emploie, le mot *hasard* veut dire : je ne sais pas. L'ignorant en cristallographie peut attribuer au hasard la formation des cristaux, Haüy l'explique par une loi mathématique d'une grande simplicité. Le hasard perd de

son empire à mesure que la science fait des progrès ; la science ramène à l'idée de Dieu, en montrant l'ignorance et la folie de ceux qui prétendaient pouvoir s'en passer. R.

HAST (Armes d'). ⎰ V. notre *Dictionnaire de Biographie et d'Histoire*.
HASTATS. ⎱

HASUR, instrument de musique. V. ASCION.

HATTI-CHÉRYF. V. notre *Dictionnaire de Biographie et d'Histoire*.

HAUBANS, gros cordages destinés à consolider la tête des mâts, qui pourraient se rompre par l'action directe des voiles ou par les ébranlements du navire pendant les tempêtes. Des moufles permettent de les roidir à volonté. Le nombre des haubans varie selon la force du bâtiment et la résistance des mâts. Plus les haubans sont attachés au pied des mâts, plus ils ont de force ; c'est pourquoi, lorsque vint l'usage de construire les navires à murailles rentrantes, on y adapta des arcs-boutants saillants ou des plates-formes saillantes, qui prirent le nom de *porte-haubans* et qui servent à attacher ces cordages. On a voulu remplacer les haubans en cordes par des fils de fer et des chaînes ; mais cette innovation, qui substituait à un système élastique un système inflexible, supprimant toute vibration et causant de fréquentes ruptures, dut être abandonné. Toutefois une idée lui survécut : ce fut de se servir, pour le pied des haubans, de crémaillères en fer et de chaînes qui, au moyen d'un mécanisme, permettent de roidir à volonté les haubans, en laissant à leur partie supérieure leur élasticité ; en outre, leur partie inférieure est à l'abri de l'incendie.

HAUBERGEON, cotte ou chemise de mailles, faite de petits anneaux de fer, et plus tard de lames articulées. C'était le haubert des écuyers, moins riche que celui des chevaliers.

HAUBERT. ⎰ V. notre *Dictionnaire de Biographie et d'Histoire*.
HAUNET. ⎱

HAUSSE. V. BAISSE.

HAUSSE-COL. C'était autrefois la partie supérieure de la cuirasse de fer plein qui entourait le cou et recouvrait le gorgerin ; ou bien, quand le casque n'avait pas de gorgerin, un col ou collet en fer dont on entourait la gorge. Aujourd'hui le hausse-col est un ornement de cuivre ou d'argent doré, en forme de croissant et bombé, que les officiers d'infanterie portent, lorsqu'ils sont de service ou en grande tenue, fixé au-dessous du cou sur le haut de la poitrine par deux cordonnets qui s'attachent aux boutons des épaulettes.

HAUTBOIS, en italien *oboe*, instrument de musique à vent à anche, ainsi nommé parce que, dans l'ancien système d'orchestration, sa partie était habituellement écrite plus haut que celles des violons, ou parce qu'il servait à renforcer leurs sons aigus. Long de 0ᵐ,60 environ, et fait en cèdre, en ébène, en buis, ou en grenadille, il se compose de trois *corps* ou pièces, qui s'ajustent bout à bout, et qui forment un tube graduellement évasé, terminé par un petit *pavillon* en entonnoir. L'anche est formée de deux lames de roseau. Parfois on adapte au corps supérieur une *pompe* : ce sont deux tubes de cuivre roulant l'un sur l'autre et augmentant de 2 centimètres la longueur du tube. Le diapason du hautbois s'étend depuis l'*ut* grave du violon jusqu'au *sol* suraigu : en allongeant le tube, Brod l'a fait descendre jusqu'au *la*. Le hautbois a des sons champêtres et doux, avec plus d'accent et de variété que ceux de la flûte ; malgré sa petitesse, il a beaucoup de puissance, et perce au milieu des masses les plus formidables. On l'emploie également bien pour les effets d'orchestre et pour les solos. La difficulté la plus considérable de son jeu consiste dans l'acte de retenir le souffle pour adoucir le son, et pour éviter les *couacs*, qui ont lieu quand l'anche seule entre en vibration, sans faire sortir le son de l'instrument. Il y a aussi des précautions à prendre lorsqu'on joue avec beaucoup de douceur, parce que le hautbois peut *octavier*, c.-à-d. faire entendre l'octave aiguë du son qu'on veut produire. Dans un orchestre, le hautbois se divise en 1ᵉʳ et 2ᵉ ; il a pour alto le *cor anglais* et pour basse le *basson* (V. ces mots). La musique qu'il exécute est écrite sur la clef de *sol*. Il est le plus juste des instruments à vent. Quand on emploie le hautbois comme instrument de solo, les tons les plus favorables à son jeu sont ceux d'*ut*, de *fa*, de *sol*, de *la* mineur, de *ré* mineur, et de *mi* mineur. Les traits rapides sont difficiles dans les tons où il y a beaucoup de dièses ou de bémols.

Le hautbois était déjà en usage en France vers la fin du XVᵉ siècle : mais alors c'était un instrument grossier, d'un son dur et rauque, et qui n'avait que 8 trous, sans clefs. Il dérivait sans doute de l'instrument rustique appelé *hautbois de Poitou*. Son étendue était d'une octave et d'une sixte, depuis *ut* jusqu'à *la*. On distinguait le *premier* et le *second dessus de hautbois*. La *haute-contre de hautbois* ou *hautbois d'amour* descendait une tierce mineure plus bas que le dessus, et renfermait l'échelle depuis *la* jusqu'à *fa*. La *taille de hautbois* sonnait une quinte plus bas que le dessus : sa longueur était de 0ᵐ,85 environ, et son étendue de *fa* (au-dessous du *sol* grave du violon) jusqu'à *ut*. La *basse de hautbois*, longue de 5 pieds environ, était percée de onze trous, dont quatre se bouchaient avec des clefs, et se jouait avec un bocal en cuivre courbé, comme le basson ; le son le plus grave était le *fa* grave de la voix de basse. Le *fagot* et le *cervelas* (*V. ces mots*) se rapportaient à la basse de hautbois. Le *hautbois de forêt* (en italien *oboë piccolo*), qui existe encore aujourd'hui, mais qu'on n'admet plus dans l'orchestre, sonne l'octave aiguë du hautbois moderne. Le premier hautboïste habile que mentionne l'histoire de la musique est Filidori, de Sienne, fort applaudi à la cour de Louis XIII. Ce prince, entendant, quelques années après, le Français Danican sur le même instrument, s'écria : « J'ai retrouvé un autre Philidor. » Telle est l'origine du nom de Philidor que prirent les Danican, musiciens distingués. Les Besozzi, originaires de Parme, perfectionnèrent la fabrication du hautbois, et se produisirent avec grand succès comme exécutants en Italie, en Allemagne et en France, sans rencontrer d'autre rival sérieux qu'un Allemand nommé Fischer. L'un d'eux, Jérôme Besozzi, qui entra au service de Louis XV en 1769, fonda une école, d'où sortirent Garnier, Michel, et Sallantin. A cette époque, un luthier de Paris, Delasse, fabriqua des hautbois que l'on recherche encore aujourd'hui, malgré les additions de clefs que l'on a faites pour ajouter à la justesse de l'instrument et dont le nombre s'est élevé jusqu'à 14. De nos jours, Vogt, Brod, Gilles, Verroust aîné, Triebert, ont brillamment représenté l'école française de hautbois, et Sellner l'école allemande. L'Espagne a produit, de nos jours aussi, un hautboïste distingué, Soler, — Il existe des Méthodes pour le hautbois par Schickart, Amsterdam, 1730 ; par Vanderhagen et par Garnier, Paris, 1798 et 1800 ; par Sellner, Vienne, 1824 ; par Châlon, Paris, 1826 ; par Brod, *ibid.*, 1828, etc. **B.**

HAUTBOIS (Jeu de), un des jeux d'anche de l'orgue. C'est un jeu de forme conique, fait en étain fin, et qui sonne à l'unisson des dessus de trompette. Il se place au récit et au positif, et il en a toute l'étendue ; son harmonie est gracieuse, et imite assez bien l'instrument dont il porte le nom. **F. C.**

HAUT-BORD. *V.* Bord.

HAUT DE CASSE. *V.* Casse.

HAUT-DE-CHAUSSES. *V.* Chausses, dans notre *Dictionnaire de Biographie et d'Histoire*.

HAUTECOMBE, ancienne abbaye de l'ordre de Cîteaux, sur la rive occidentale du lac du Bourget, en Savoie. Elle fut fondée en 1125 par Amédée III, comte de Savoie, pour servir de lieu de sépulture aux membres de sa famille. Fort maltraitée pendant la guerre de la succession d'Autriche et à l'époque de la Révolution française, elle a été reconstruite en style gothique, en 1824, par ordre de Charles-Félix, roi de Sardaigne ; les tombes ont été autant que possible restaurées.

HAUTE-CONTRE, la plus aiguë des voix d'homme, plus élevée que celle du ténor, et ainsi appelée par opposition à la *basse-contre* (*V.* Basse). Les voix de haute-contre, très-rares aujourd'hui, se trouvaient principalement dans le midi de la France, étaient cultivées dans les maîtrises des cathédrales, et exécutaient la partie d'*alto* (*V. ce mot*). Cette partie est trop basse pour la voix de contralto, et trop élevée pour celle de ténor ; aussi l'exécution de la musique écrite pour la haute-contre présente maintenant des difficultés presque insurmontables.

HAUTE-CONTRE, ancien instrument de musique, variété de la *viole* (*V. ce mot*).

HAUTE COUR DE JUSTICE, tribunal dont l'institution remonte à la Révolution française (*V.* notre *Dictionnaire de Biographie et d'Histoire*, page 692, col. 2), et qui est chargé de juger les crimes politiques et les attentats à la sûreté de l'État. Conservé par la Constitution de 1852, il a reçu quelques modifications par le sénatus-consulte organique du 13 juillet de la même année. Les juges, pris parmi les membres de la Cour de cassation, formaient une *Chambre de mise en accusation* et une *Chambre de jugement*, toutes deux composées de 5 juges et de 2 suppléants. Le jury se composait de 36 membres des Conseils généraux. La haute cour ne pouvait être saisie que par un décret de l'Empereur.

HAUTE-LISSE. *V.* Lisse.

HAUTE POLICE. *V.* Surveillance.

HAUT-RELIEF. *V.* Bas-relief.

HAUTS-FONDS. *V.* Bas-fonds.

HAVAGE. } *V.* ces mots dans notre *Dictionnaire de*
HAVET. } *Biographie et d'Histoire.*

HAVRE (du celtique *aber*, ou de l'allemand *hafen*), nom qu'on donnait anciennement à tout port de mer, naturel ou creusé par les hommes, et qui ne s'applique plus qu'à certains ports situés à l'embouchure d'une rivière. Un havre naturel s'appelle *crique*.

HAVRE-SAC, de l'allemand *hafersack*, sac à avoine, sac à provisions. Les soldats ont de tout temps porté avec eux une besace ou un sac, où étaient renfermés leurs vêtements et leurs vivres. Jusqu'au temps de Turenne, ce sac fut appelé *canapsa* (de l'allemand *knapp-sack*), et se porta en gibecière sur le côté. Sous le ministre Choiseul, la peau garnie de poils remplaça la toile pour les sacs de l'infanterie. Le ministre Saint-Germain fit prendre, au lieu de la simple courroie, une bretelle double pour les porter. Gouvion Saint-Cyr autorisa, à l'instar des Anglais, le havre-sac en toile cirée, qui ne plut pas à l'armée. La garde royale de la Restauration transforma, par une addition de planchettes, le sac en une espèce de petite malle quadrangulaire méplate, dont l'usage est resté général.

HEAUME. *V.* ce mot dans notre *Dictionnaire de Biographie et d'Histoire*.

HEBDOMADIER (du grec *hebdomas*, semaine), nom donné, dans un couvent ou dans un chapitre de chanoines, à celui qui est de semaine pour dire les oraisons de l'office et y présider.

HÉBERGE. *V.* Mitoyenneté.

HÉBRAÏQUE (Art). — I. *Architecture*. Il est à peu près impossible d'apprécier les caractères et les vicissitudes de l'art de bâtir chez les Hébreux, leurs monuments ayant été complétement détruits, et les détails que donne la Bible sur diverses constructions ne suffisant pas toujours pour s'en former une idée précise. L'*Arche d'alliance*, le *Tabernacle*, le célèbre *Temple de Salomon* (*V. ces mots*), d'huit palais élevés par ce prince, ne peuvent être aujourd'hui connus que par les descriptions des livres saints. Certains écrivains ont pensé que la civilisation hébraïque ne fut qu'un pâle reflet de la civilisation des Égyptiens, et qu'en matière de beaux-arts les Juifs se bornèrent à imiter leurs voisins. Il est cependant naturel de penser qu'ils communiquèrent à leurs édifices publics un caractère *spécial*, en rapport avec leurs croyances et avec leurs mœurs. A propos de la description du Temple, Millin a exprimé l'opinion que là disposition de l'ensemble, la construction pyramidale des murs, l'espèce de grande porte qui précédait la façade antérieure, étaient imitées des Égyptiens, tandis que la toiture en bois et les lambris également en bois dont l'intérieur était entièrement revêtu rappelaient plutôt l'architecture phénicienne, ainsi que les colonnes en bois du palais d'été de Salomon ; que, dans ses ornements, les Hébreux avaient montré le même goût de la magnificence qui caractérisait les Égyptiens et les Phéniciens. *V.* De Saulcy, *Histoire de l'art judaïque*, Paris, 1858, in-8°.

II. *Sculpture*. — On voit dans l'Écriture que la sculpture et la ciselure étaient cultivées très-anciennement par les Hébreux. Rachel vole les petites idoles de son père Laban ; les Hébreux dans le désert fondent un Veau d'or ; des chérubins, des vases, des candélabres en bronze, ouvrages de Bézéléel, décorent l'Arche d'alliance. Mais la loi de Moïse interdisait toute représentation de Dieu sous une image visible.

III. *Peinture*. — Il n'y a de traces de la peinture que dans le livre d'Ézéchiel (VIII, 10 ; XXIII, 14), et encore ce livre a-t-il été écrit dans le pays des Chaldéens.

IV. *Musique*. — La musique fut le seul art cultivé avec quelque succès par les Hébreux ; ils en faisaient même remonter l'origine avant le déluge, et attribuaient l'invention des instruments à un fils de Caïn. Mais, bien qu'on ait écrit de nombreux ouvrages sur cette matière, elle est loin d'être élucidée. Les instruments, par exemple, dont il est fait mention dans la Bible, ne nous sont pas connus parfaitement : au nombre des instruments à cordes, on remarque le *kinnor* et le *nébel*, et, parmi les instruments à vent, l'*ougab* (*V. ces mots*), sans parler des flûtes, des trompettes, des tambourins, des cymbales, etc. Un des historiens de la musique, Forkel, a prétendu que toute la musique des Hébreux consista dans une espèce de récitatif monotone, analogue aux psalmodies des synagogues et des églises modernes : mais, outre que cette assertion est dénuée de preuves, on ne voit pas pourquoi la mélodie, qui est chose naturelle, aurait été refusée à un peuple d'une civilisation assez avancée ; on ne comprendrait pas l'effet merveilleux de la musique sur Saül en démence, et tout ce que la Bible rapporte des chants des prophètes. D'ailleurs, il est rapporté que David forma, pour rehausser la splendeur du culte, un corps de 4,000 Lévites musiciens, divisés en plusieurs chœurs, dont chacun avait un orchestre et un personnage dirigeant, chargé aussi de chanter ou de jouer les solos. Ajoutons, toutefois, que la simplicité des chants et des instruments chez tous les peuples de l'antiquité, et spécialement l'absence de toute écriture musicale chez les Hébreux, ne permettent pas de supposer rien d'analogue à ce que les modernes appellent l'harmonie. V. Ugolino, *Thesaurus antiquitatum sacrarum*, t. XXXII, où se trouvent une quarantaine de traités spéciaux sur la musique et les instruments des Hébreux ; Forkel, *Histoire de la musique*, chap. III ; Pfeiffer, *Sur la musique des anciens Hébreux*, en allem., 1779 ; Contant de la Molette, *Essai sur la poésie et la musique des Hébreux*, Paris, 1781 ; des Dissertations de Saalschütz, Berlin, 1829, et de P.-J. Schneider, Bonn, 1834, etc.   B.

HÉBRAÏQUE (Langue), une des langues sémitiques (*V. ce mot*), celle qui est arrivée la première à son complet développement, puisqu'elle possédait déjà une littérature lorsque les autres étaient encore dans l'enfance. Ce phénomène n'autorise pas cependant à la regarder, avec quelques hébraïsants, comme la langue mère universelle, ni comme la plus ancienne des langues, encore moins comme celle qui aurait été parlée dans le Paradis terrestre. L'hébreu tient le milieu entre les idiomes araméens et l'arabe : s'il se rapproche des premiers par ses racines, il a plus d'analogie avec le second pour la richesse des formes grammaticales ; les radicaux hébraïques se rapprochent davantage par leurs voyelles des radicaux araméens correspondants, mais ils sont plus analogues aux termes arabes par leurs consonnes.

Selon la plupart des hébraïsants, les racines hébraïques se composent, en général, de trois lettres et de deux syllabes, et il n'y aurait qu'un petit nombre de mots monosyllabiques trilittères et de mots bilittères. Si ce caractère polysyllabique des racines était réel, il serait une exception à la règle qu'on observe partout ailleurs : la difficulté de ramener aujourd'hui les mots hébreux à des radicaux monosyllabiques est l'indice que la langue, à l'état où nous la connaissons, s'était déjà éloignée de sa forme primitive. Le nombre des racines trilittères est de 2,000 environ ; celui des radicaux bilittères auxquels Neumann croyait pouvoir rigoureusement le réduire serait à peine de cinq cents. Rumelin, à l'aide de la transposition et de la permutation des lettres, réduisit à quinze racines tous les mots hébreux. Il y a en hébreu deux genres, le masculin et le féminin, et trois nombres, le singulier, le pluriel et le duel : ce dernier ne s'emploie que pour désigner des objets qui sont doubles par leur nature. On reconnaît le genre, tantôt à la signification, tantôt à la désinence des mots. Dans chaque genre le pluriel se forme d'une manière particulière. Les substantifs ne se déclinent pas ; les cas sont indiqués par l'article sous forme de préfixe, et par des prépositions inséparables. Il n'y a ni augmentatifs, ni diminutifs : on supplée aux premiers par certaines locutions, telles que le *saint des saints*, le *cantique des cantiques*. Lorsque deux substantifs qui se suivent expriment un rapport de possession, c'est le mot régissant seul qui affecte une forme spéciale ; il rejette, en outre, l'article préfixe : on a donné à cette construction le nom d'état construit. Ainsi, dans *debar Elohim* (parole de Dieu), c'est le mot *dabar* (parole) qui a subi une modification. Si les deux substantifs qui se trouvent à l'état construit n'expriment qu'une seule idée, l'article, s'il doit y en avoir un, se met devant le mot complémentaire ; ainsi l'on dit *ange du Dieu* pour *l'ange de Dieu*, *hommes de la guerre* pour *les hommes de guerre*. — A la place des adjectifs, qui sont en petit nombre, on emploie des substantifs, et les deux mots se mettent à l'état construit : *homme de Dieu* pour *homme vertueux*, *fils de perdition* pour *homme perdu*. L'hébreu ne possède pas d'adjectifs dérivés de substantifs, comme sont nos mots *divin*, *humain*, *terrestre*. Le comparatif se forme au moyen de préfixes, et le superlatif absolu par la répétition du même mot : *très-saint* se dit *saint*, *saint*, *saint*. Tantôt les adjectifs déterminatifs et les pronoms sont séparés, tantôt ils se présentent sous la forme d'affixes et de suffixes : ils s'ajoutent comme suffixes aux substantifs, aux

prépositions, et aux verbes employés au parfait, et comme préfixes au futur. — Les noms de nombre placés après le substantif se mettent au singulier ; les noms placés après les dizaines à partir de la seconde rejettent la marque du pluriel. Il y a même des substantifs qui, exprimant une mesure, comme *jour*, *homme*, *armée*, restent invariables. — Le verbe admet, aux 2e et 3e personnes, la distinction des genres. Il n'y a que deux temps : le prétérit, qui sert pour l'imparfait, le parfait, le plus-que-parfait et même le présent ; et le futur, qui répond tantôt au futur simple, tantôt au futur antérieur, tantôt encore au présent. Par l'adjonction d'une lettre préfixe, le futur se convertit en prétérit ; au moyen de certains retranchements et de certaines additions à la finale de ce temps, il acquiert la valeur du subjonctif, du conditionnel et de l'optatif. L'impératif n'a que la 2e personne. L'infinitif et le participe peuvent être considérés comme de véritables noms. Ce n'est ni par l'infinitif comme les Latins, ni par la 1re personne du présent comme les Grecs, que les Hébreux nomment un verbe, mais par la 3e personne du prétérit, dans laquelle ils voient la racine verbale à l'état le plus pur. L'hébreu n'a qu'une conjugaison : mais le verbe est susceptible de revêtir sept formes ou voix, qui modifient le sens primitif par l'idée de circonstances nouvelles, et expriment un sens passif, un sens causatif, un sens fréquentatif, etc. A l'aide de ces verbes dérivés, la conjugaison acquiert une certaine richesse. — Les adverbes et les prépositions, dont le nombre est fort restreint, peuvent, dans certains cas, prendre les signes des genres, et être traités comme de véritables noms.

La plupart des règles de la syntaxe hébraïque sont conformes à celles des autres langues ; la construction est directe, et ne présente aucune difficulté. Seulement la confusion des temps des verbes, le peu de distinction qui existe entre les manières de parler conditionnelles et les manières absolues, entre les propositions secondaires et les propositions principales, la facilité avec laquelle on passe du singulier au pluriel, du masculin au féminin, ôtent au style la précision désirable.

La Palestine avait trop peu d'étendue pour que plusieurs dialectes pussent s'y former. On sait seulement qu'il y avait, d'un lieu à l'autre, des différences de prononciation : ainsi, les habitants du royaume d'Israël, notamment les Galiléens, altéraient les consonnes gutturales, et, dans la tribu d'Éphraïm, on changeait l'articulation chuintante en sifflante. On peut distinguer dans l'histoire de la langue hébraïque deux périodes : la première, qu'on appelle l'*âge d'or*, s'étend depuis l'origine de la langue jusqu'à la captivité de Babylone ; la seconde, ou *âge d'argent*, qui commence à la captivité et finit à l'époque des Macchabées, se distingue par les nombreux emprunts que les écrivains font au dialecte chaldéen ; car les Juifs, pendant leur séjour à Babylone, s'habituèrent avec d'autant plus de facilité qu'il avait une grande affinité avec la langue hébraïque. Ils continuèrent à le parler après leur retour, et, de la langue parlée, il passa insensiblement dans la langue écrite, où, vers l'avènement de J.-C., il avait à peu près remplacé l'ancien hébreu. Après la dynastie asmonéenne, la langue hébraïque pure devint une langue morte, et le dialecte hébreu-chaldéen ou syro-chaldéen fut seul employé. Parallèlement à ce dialecte s'était développé, depuis le VIIe siècle av. J.-C., l'idiome samaritain (*V. ce mot*). Un hébreu moderne, dit *rabbinique*, s'est formé depuis le Xe siècle de l'ère chrétienne chez les Juifs de l'Espagne : tout en affectant de se rapprocher de l'ancien hébreu par sa structure générale, il conserva les formes chaldaïques, et, de plus, emprunta à l'arabe, au grec, au latin, et aux langues des pays où s'étaient réfugiés les restes du peuple de Dieu, un grand nombre d'expressions. Les Juifs modernes, surtout en Allemagne, ont conservé le rabbinique comme langue scientifique ; quant à l'ancien hébreu, qui est la langue liturgique, ils ne le comprennent généralement guère mieux que les catholiques ne comprennent le latin.

Parmi les ouvrages très-nombreux qui ont été publiés sur la langue hébraïque, nous citerons : J. Reuchlin, *De rudimentis hebraïcis libri III*, Tubingue, 1506, in-fol. ; Buxtorf, *Thesaurus grammaticus linguæ sanctæ*, Bâle, 1609, in-8° ; Bellarmin, *Institutiones linguæ hebraïcæ*, Rome, 1622, in-8° ; Louis de Dieu, *Grammatica linguarum Hebræorum, Chaldæorum et Syrorum inter se collatarum*, Leyde, 1628 ; Hottinger, *Grammatica quatuor linguarum, hebraïca, chaldaïca, syriaca et arabica, harmonica*, Heidelberg, 1658 ; Guarin, *Grammatica hebraïca et chaldaïca*, Paris, 1724, in-4° ; Masclef, *Grammatica* hebraïca, Paris, 1731, in-12; Schultens, *Institutiones ad fundamenta linguæ hebrææ*, Leyde, 1737, in-4°; Michaëlis, *Grammaire hébraïque*, en allem., Halle, 1745; Schrœder, *Institutiones ad fundamenta linguæ hebraicæ rectè cognoscendæ*, Groningue, 1766, in-8°; Robertson, *Grammatica hebraïca*, 2° édit., Édimbourg, 1783; Wilson, *Éléments de la Grammaire hébraïque*, en anglais, 2° édit., 1788; Vater, *Grammaire hébraïque*, en allemand, Leipzig, 1798, in-8°; Fabre d'Olivet, *la Langue hébraïque restituée*, Paris, 1816, in-4°; Gesenius, *Grammaire critique de la langue hébraïque*, en allem., Leipzig, 1817, in-8°; Volney, *l'Hébreu simplifié par la méthode alphabétique*, Paris, 1820; Cohen, *Cours de lecture hébraïque*, 1824, in-8°; Ewald, *Grammaire critique de la langue hébraïque*, en allem., Leipzig, 1827, in-8°; Glaire, *Principes de grammaire hébraïque et chaldaïque*, Paris, 1832, in-8°; Sarchi, *Grammaire hébraïque raisonnée*, Paris, 1844, in-8°; Latouche, *Études hébraïques*, Paris, 1836, 3 vol. in-8°; E. Slaughter et J. Michaelis, *Grammatica hebraïca*, édition donnée par V. Castellini, 1851, in-8°; — Pagninus, *Thesaurus linguæ sanctæ*, Lyon, 1577, in-fol.; Forster, *Dictionarium hebraïcum*, Bâle, 1557, in-fol.; Buxtorf, *Lexicon hebraïcum et chaldaïcum*, Bâle, 1631, in-8°, et *Lexicon chaldaïcum, thalmudicum et rabbinicum*, 1639, in-8°; J. Cocceji, *Lexicon hebraïcum*, 1669; G. Robertson, *Thesaurus linguæ sanctæ*, Londres, 1680, in-4°; Thomassin, *Glossarium universale hebraïcum*, Paris, 1697, in-fol.; Bouget, *Lexicon hebraïcum et chaldaïco-biblicum*, Rome, 1737, in-fol.; Guarin, *Lexicon hebraïcum et chaldaïco-biblicum*, Paris, 1746, 2 vol. in-4°; J. Simonis, *Lexicon manuale hebræum et chaldæum*; Hall, 1752, in-8°; Michaelis, *Supplementa ad lexica hebraïca*, Gœttingue, 1792, 6 vol. in-4°; Dindorf, *Novum lexicon linguæ hebraïco-chaldaïcæ*, Leipzig, 1802, 2 vol. in-8°; Gesenius, *Thesaurus philologicus et criticus linguæ hebraïcæ*, Leipzig, 1829, in-4°; Glaire, *Lexicon manuale hebraïcum et chaldaïcum*, Paris, 1830, in-8°; Latouche, *Dictionnaire hébraïque raisonné*, Rennes, 1845; — Postel, *De originibus seu de hebraïcæ linguæ antiquitate*, Paris, 1538, in-4°; Bertram, *Parallèle de la langue hébraïque et de la langue araméenne*, en latin, Genève, 1574, in-8°; Loescher, *De causis linguæ hebrææ*, Francfort, 1706, in-4°; Hauptmann, *Historia linguæ hebrææ*, Leipzig, 1750, in-8°; Clemm, *Histoire critique de la langue hébraïque*, en allem., Heidelberg, 1754, in-8°; Hezel, *Histoire de la langue et de la littérature hébraïques*, en allemand, Halle, 1770; Gesenius, *Histoire de la langue et de la littérature hébraïques*, en allem., Leipzig, 1815; Blogg, *Histoire de la langue et de la littérature hébraïques*, en allemand, Hanovre, 1826, in-4°. **H.**

HÉBRAÏQUE (Écriture). Les Hébreux ont eu deux formes d'écriture, l'une dite *carrée* ou *chaldéenne*, et l'autre *brisée* ou *samaritaine*. Les hébraïsants ne sont pas d'accord sur la question de savoir quelle est la plus ancienne; quelques-uns supposent qu'elles existèrent simultanément dans tous les temps; et furent employées, la première pour la transcription des livres saints et les usages religieux, la seconde pour les usages profanes, la correspondance et les affaires. La qualification de *chaldéen* donnée au caractère carré semble indiquer son origine étrangère; il aura été importé en Palestine au retour de la captivité de Babylone. D'un autre côté, l'identité presque complète de l'alphabet samaritain avec le phénicien est une forte présomption de son antiquité. Il y a encore une écriture *ronde* ou *rabbinique*; elle est comparativement toute moderne. — Sous chacune de ses formes, l'alphabet hébraïque contient 22 lettres. Selon Buxtorf, elles seraient toutes consonnes; Masclef y distingue, au contraire, 6 voyelles, dont 4 brèves et 2 longues. D'autres n'admettent que 3 lettres faisant fonctions de voyelles, *a*, *i*, *u*; les voyelles *e* et *o* ne sont comme en grec, en latin et dans les langues qui en dérivent, que des sons intermédiaires, des diphthongues qui résultent de la combinaison de deux voyelles (*ai*, *é*, de *a* et *i*; *au*, *o*, de *a* et *u*). Aussi a-t-on appelé les trois voyelles *matres lectionis*, « les mères, ou les bases de la lecture. » Mais ces voyelles mêmes ne sont autre chose que des consonnes faibles, qu'on n'employait comme voyelles que pour les sons graves et longs; les brèves étaient omises, et le lecteur dut y suppléer. De là les nombreuses interprétations auxquelles a donné lieu le texte sacré : car un même mot change de sens en changeant de voyelle. Souvent aussi le sens du mot dépend de l'accent tonique. On comprend combien une pareille écriture dut être imparfaite et équivoque. Néanmoins, on ne se servit pas d'autres

voyelles ni d'autres signes phoniques pendant tout le temps où l'idiome hébraïque fut une langue vivante ; avec cette différence, pourtant, que les derniers écrivains mirent fréquemment la voyelle dans les mots où elle avait été omise antérieurement. L'habitude et la connaissance de la langue, ainsi que cela se pratique encore de nos jours chez les Arabes et les Perses, suppléaient au défaut de la vocalisation. Mais, à mesure que l'hébreu devenait langue morte, la véritable prononciation disparaissait : aussi fut-on obligé, pour remédier à cet inconvénient, d'inventer des *points diacritiques* et des *points-voyelles*. Suivant Élias Lévita, cette innovation ne date que du VI° ou VII° siècle après J.-C. Une foule de modifications, telles que celles de nombre, de genre, de temps, etc., ne sont indiquées que par les points-voyelles. Ces points se placent presque tous en dessus ou en dessous de la ligne d'écriture : ils représentent dix voyelles différentes, cinq longues et cinq brèves. Les points diacritiques servent à modifier la valeur de la consonne à laquelle ils sont attachés, par exemple, à la faire redoubler dans la prononciation, à faire disparaître l'aspiration; etc. A la même époque on inventa les signes de ponctuation et les accents. Les Juifs ont cependant conservé par tradition l'antique coutume; le *Pentateuque* écrit sur du parchemin et dont ils se servent pour leur service religieux est dépourvu de tout signe qui facilite la lecture. *V.* Van Helmont, *Alphabeti naturalis hebraïci brevissima delineatio*, Sulzbach, 1667; Samuel Bochart, *Dissertation sur l'affinité des caractères samaritains avec les Grecs*, en latin, dans ses Œuvres; Leyde, 1675, in-fol. **H.**

HÉBRAÏQUE (Littérature). Tous les monuments de l'ancienne littérature hébraïque qui sont parvenus jusqu'à nous forment le recueil connu sous le nom de *Bible* (*V. ce mot*). Ils sont de différents genres, et souvent même, dans un seul écrit, on trouve mêlées l'histoire, l'éloquence et la poésie.

Les ouvrages historiques de la Bible sont : le *Pentateuque*, qui contient l'histoire de la création, des premières générations humaines, et du peuple juif jusqu'à son entrée dans la Terre promise; le livre de *Josué*; le livre des *Juges*, qui prend le récit historique à la mort de Josué et le continue jusqu'à celle de Samson; les 4 livres des *Rois*, commençant à la naissance du grand-prêtre Samuel et se terminant à la destruction du royaume de Juda; les 2 livres des *Chroniques* ou des *Paralipomènes*, qui reprennent la généalogie de la nation juive à partir d'Adam, répètent sous une forme très-abrégée la partie historique des livres précédents, et finissent à l'édit de Cyrus en faveur des Juifs; les livres d'*Esdras*, qui commencent au retour de la captivité de Babylone, et renferment un espace de 113 ans. La série des livres consacrés à l'histoire nationale est ensuite interrompue par des récits épisodiques, ce sont les livres de *Judith*, de *Tobie*, de *Jonas*, d'*Esther*, de *Daniel*. Enfin les livres des *Macchabées* contiennent l'histoire des Juifs depuis Alexandre le Grand jusqu'à Antiochus Nicanor.

On trouve dans le *Pentateuque* deux morceaux poétiques, les Cantiques de Moïse au chap. XV de l'*Exode* et au chap. XXXII du *Deutéronome*. A la poésie appartient aussi le Cantique de Débora (*Juges*, chap. v), le livre de *Job*, les *Psaumes* de David, les *Proverbes*, l'*Ecclésiaste*, la *Sagesse*, l'*Ecclésiastique*, le *Cantique des cantiques*, les discours des prophètes, particulièrement d'Isaïe, et les *Lamentations* de Jérémie. C'est avec ces diverses parties de la Bible qu'on se fait la plus juste idée du génie hébraïque. Plus exempt qu'aucun autre de toute influence étrangère, il s'y montre dans son originalité propre. Tout, chez les poètes hébreux, s'anime de brillantes images et de hardies métaphores, et nul style ne présente un caractère aussi pittoresque; l'expression, à la fois simple et noble, revêt une incroyable majesté, et la pensée s'élève à de sublimes hauteurs. Mais on peut reprocher aux écrivains de la Bible de manquer souvent d'ordre et de méthode, et la faire perdre des plus nobles conceptions aux détails les plus vulgaires.

Plusieurs écrits des anciens Hébreux ont été perdus. Le livre des *Nombres* (chap. XXI, v. 14) mentionne un *Livre des guerres de Jéhovah*, c.-à-d. des guerres que le peuple de Dieu eut à soutenir dans le désert. Celui de *Josué* (ch. X, v. 13) parle d'un *Livre du juste* ou *des héros*, que l'on croit avoir été un antique recueil de chants nationaux. Les livres des *Rois* se réfèrent souvent à des *Annales des rois de Juda et d'Israël*. Divers écrits scientifiques, que nous n'avons plus, étaient attribués à Salomon.

Indépendamment de la Bible, les Juifs possèdent un

Code de droit civil et religieux, qui est pour eux la suite et le complément; c'est le *Talmud* (*V.* ce mot dans notre *Dictionnaire de Biographie et d'Histoire*). Ils ont aussi, sous le nom de *Targums*, diverses paraphrases chaldaïques de l'Ancien Testament. Au vie siècle de notre ère parut, sous le nom de *Massora* (tradition), un travail critique sur le texte de la Bible, destiné à fixer ce texte d'après les manuscrits les plus authentiques, à arrêter l'orthographe de la langue, et indiquant un certain nombre de variantes remarquables.

Il y eut en Occident, pendant le moyen-âge, une *littérature rabbinique*, qui fait suite à celle des anciens Hébreux, et dont l'Espagne fut le principal centre. Brillante surtout au xiie siècle, elle produisit le voyageur Benjamin de Tudèle, le philologue Aben-Esra, le grammairien lexicographe David Kimkhi, et le philosophe Maimonide. Au xiiie siècle appartient le poëte Charizi; au xve, Abraham Zachat, de Séville, publia le *Juchazin* (Livre des familles), espèce d'Histoire universelle. Les rabbins espagnols cessèrent leurs travaux à partir du règne de Ferdinand le Catholique, et trouvèrent ailleurs peu de continuateurs. C'est seulement dans la 2e moitié du xviiie siècle que deux rabbins allemands, Mendelssohn et Hartwig Werely, firent renaître chez leurs coreligionnaires le goût de la littérature hébraïque.

V. Lowth, *Prælectiones academicæ de sacrâ poësi Hebræorum*, Oxford, 1732, in-4°; Aurivillius, *De poesi biblicâ*, Upsal, 1758; Herder, *Leçons sur la poésie des Hébreux*; Delitsch; *Histoire de la poésie judaïque; depuis la clôture du canon des Saintes Ecritures jusqu'à nos jours*, Leipzig, 1830; Wenrich, *De poeseos hebraicæ atque arabica origine, indole, consensu atque discrimine*, Leipzig, 1843, in-8°; Beugnot, *Les Juifs d'Occident*, Paris, 1824; Kayserling, *Mémoires pour servir à la littérature et à l'histoire des Juifs portugais*, en allem., Leipzig, 1859. B.

HÉBRAÏQUE (Versification). Selon Josèphe, les cantiques de Moïse, au 15e chap. de l'*Exode* et au 32e du *Deutéronome*, seraient en hexamètres, et certains *Psaumes* de David en pentamètres et en trimètres. Contrairement à ce témoignage, les rabbins pensent que la poésie hébraïque n'a jamais eu de mètre fixe, et il est, en effet, difficile d'en reconnaître aucun : on ne voit pas de vers mesurés par le nombre des syllabes ou par la quantité prosodique. Ce qui distingue la poésie, c'est d'abord un rhythme résultant d'une certaine symétrie entre les membres de la phrase, et du *parallélisme* des idées entre les deux parties de la stance ou du verset; ce sont ensuite certaines formes du langage, les mots prenant des acceptions et les phrases recevant des constructions spéciales. Le Dr Lowth distingue trois espèce de parallélisme, le *synonyme*, l'*antithétique* et le *synthétique*. Dans le parallélisme synonyme, les mots correspondants des deux membres sont synonymes, ou renferment des idées analogues :

> Ma doctrine distillera comme la pluie,
> Ma parole dégouttera comme la rosée,
> Comme l'averse sur la verdure,
> Comme la giboulée sur l'herbe.
> (*Deutéronome*, 32, 2.)

Dans le parallélisme antithétique, les mots correspondants offrent un sens opposé :

> Les coups de l'ami sont fidèles,
> Les baisers de l'ennemi sont perfides.
> (*Proverbes*, 27, 6.)

Le parallélisme synthétique n'offre qu'une simple analogie dans l'ordre des mots et des idées; les mots ne sont ni analogues ni opposés les uns aux autres, et l'idée exprimée dans le premier membre est continuée dans le second et complétée par un nouveau trait :

> La loi de Jéhova est parfaite,
> Récréant l'âme,
> L'avertissement de Jéhova est fidèle,
> Rendant sage le simple.
> (*Psaumes*, 19, 8 et suiv.)

HÉBREUX (Monnaies des). Elles ne furent, dans l'origine, que des morceaux d'argent d'un poids déterminé, marqués d'un signe généralement reconnu dans le commerce (*Genèse*, xxiii, 16) : les anciens livres de la Bible ne parlent pas de monnaies proprement dites. Il y avait des pièces d'un *sicle* (poids de 274 grains), des demisicles, des quarts de sicle. Le sicle en monnaie pouvait valoir environ 3 fr. 10 c. Ce fut seulement à l'époque des Macchabées que les Hébreux frappèrent des monnaies réelles : les légendes des sicles furent tracées en caractères samaritains. Plus tard, les princes de la famille d'Hérode frappèrent des monnaies, comme les espèces bilingues, à la fois grecques et hébraïques. De nombreuses pièces d'argent et de bronze sont parvenues jusqu'à nous, mais on n'en a aucune d'or. Le monnayage cessa lors de la destruction de Jérusalem par Titus. Les monnaies hébraïques n'offrent aucune représentation de la figure humaine, proscrite par la loi de Moïse; on y voit la jusquiame, qui faisait partie des ornements de la couronne du grand prêtre, la verge d'Aaron; le vase où la manne fut recueillie, des épis de blé, emblèmes de la religion juive, la vigne, souvenir de la fertilité de la terre promise, ou encore le Temple et l'Arche d'alliance. B.

HÉCATONSTYLON. *V.* ce mot dans notre *Dictionnaire de Biographie et d'Histoire*.

HÉDONISME (du grec *hēdonē*, plaisir), doctrine philosophique qui considère le plaisir comme le principe de l'activité morale, comme le souverain bien. C'est le système de l'école cyrénaïque et de l'épicuréisme (*V. ces mots*).

HÉDYCOMOS. *V.* Comos.

HÉGÉMONIE.) *V.* notre *Dictionnaire de Biographie*
HÉGIRE.) *et d'Histoire*.

HEIDELBERG (Château de). Ce château, élevé de 104 mèt. au-dessus du Neckar, sur une colline appelée le Jettenbuhl, est un assemblage de constructions de toutes sortes, qui l'ont fait surnommer l'Alhambra de l'Allemagne : chaque électeur palatin depuis le xve siècle voulut ajouter aux travaux de ses prédécesseurs. Cette collection de tours et de palais, fort endommagée pendant la guerre de Trente Ans, souffrit encore les dévastations de Mélac en 1688 et 1693, et le château est resté depuis cette époque dans l'état où on le voit aujourd'hui. Quand on est entré par la grande porte dans la cour principale, on a devant soi le palais de Frédéric IV (1583-1610), dont la façade, surmontée de deux hauts frontons triangulaires, offre des entablements largement projetés, et entre 4 rangs de fenêtres, les statues finement taillées de 9 palatins, de 2 rois, et de 5 empereurs; à gauche, on a le palais gothique de Louis le Barbu, profondément troué et crevassé; à droite, le palais construit sous Othon-Henri, de 1555 à 1559, dont la façade exquise, en style Renaissance, est garnie de dieux et de demi-dieux grecs, de héros hébreux, de chimères et de nymphes, et de Césars romains; derrière soi, sous les ogives d'un porche, on a 4 colonnes de granit gris, données par le pape à Charlemagne, et qui ornèrent d'abord le palais du grand empereur à Ingelheim. Toute la cour est obstruée de débris de fontaines et de perrons. Le palais de Frédéric IV contient le musée Graimberg, amas peu choisi d'antiquités et de tableaux. Sur la partie orientale du château, on remarque : la *Tour fendue*, construite en 1450, et qui contenait le magasin à poudre; la *Tour de la bibliothèque*, bâtie en 1550, et qui a renfermé la bibliothèque palatine du Vatican; la *Tour octogone* ou *de la cloche*, bâtie en 1525, incendiée par la foudre en 1764. Du côté occidental est la *Grosse tour*, achevée en 1533, et ruinée par les Français, bien que ses murs aient une épaisseur de 7 mèt. Dans les caves du château se trouve un fameux tonneau, qui présente l'aspect d'un navire sous la cale : construit en 1751, il a 11 mèt. de longueur, 8 mèt. de diamètre, et peut contenir 283,000 bouteilles de vin; il offre à sa partie supérieure une plate-forme, où l'on monte par deux escaliers à deux étages. Le château de Heidelberg a une magnifique terrasse et de charmants jardins. *V.* le comte de Graimberg, *Guide du voyageur aux ruines du château de Heidelberg*, 1836, in-fol.; Pfnor et Ramée, *Monographie du château de Heidelberg*, in-fol. B.

HEIDUQUES. *V.* notre *Dictionnaire de Biographie et d'Histoire*.

HELDENBUCH, c.-à-d. *Livre des Héros*, nom d'une collection de poëmes allemands, composés dans le xiiie ou le xive siècle, et dont les sujets, moitié fabuleux, moitié historiques, se rapportent aux temps d'Attila et de Théodoric. La plupart de ces poëmes ont été retravaillés et tronqués au xve siècle par Gaspard de Roan, dont le texte a servi à toutes les éditions du *Heldenbuch*; mais la forme primitive a été rétablie dans l'édition donnée par Von der Hagen, Berlin, 1820-24, 2 vol. in-4°. Le *Heldenbuch* comprend : *les Aïeux de Théodoric et sa fuite chez les Huns*, poëme qui paraît être un travail de seconde main; *la Bataille de Ravenne*, écrit prétentieux et d'un intérêt à peu près nul; *la Mort d'Alfart*, où l'on paraît avoir imité là lutte du fils d'Attila avec Vitigès, racontée dans le poëme précédent; *Otnit*, poëme dans lequel on a trouvé de l'analogie avec *l'Oberon* de Wieland; *Wolfdietrich*, tableau de la fidélité mutuelle que se devaient les suzerains et les vassaux : *le Gnome Laurin*, *Sigenot*, *Ecke, la Cour d'Attila à Worms*, poëmes pleins de trivialité, de fastidieuses redites, et où l'on vit dans le monde des géants et des nains; *Théodoric et ses compagnons*, ouvrage qui, avant d'être écourté par Gaspard de Roan, portait le titre de *Combat avec les dragons; le Jardin des roses*, dont l'auteur a visé aux effets comiques, et qui est la meilleure production du recueil.

HÉLÉPOLE. *V.* ce mot dans notre *Dictionnaire de Biographie et d'Histoire*.

HÉLIAS, 4ᵉ branche du *Chevalier au Cygne* par la date de la composition, mais la 1ʳᵉ dans l'ordre des idées. Le roi Lothaire épouse la belle Élioxe, qui meurt en donnant le jour à sept jumeaux. Chacun d'eux vient au monde avec une chaîne d'or au cou. La mère du roi, qu'un manuscrit appelle *la vieille Matabrune*, ordonne de faire périr ces enfants. Sept ans plus tard, elle apprend qu'ils ont été sauvés, et leur fait enlever leurs chaînes d'or; aussitôt ils sont métamorphosés en cygnes, et vont habiter dans les jardins de Lothaire. Cependant la fille d'Élioxe a conservé sa chaîne d'or, et n'a pas été métamorphosée comme ses frères. Elle raconte à Lothaire ce qui est arrivé. Le roi fait chercher les chaînes pour les rendre à ses enfants. Une seule avait été fondue par l'orfévre de Matabrune; un seul des fils de Lothaire conserve la forme d'un cygne : Hélias le place à la proue de son vaisseau, d'où lui vient le nom de *Chevalier au Cygne*. La Bibliothèque impériale de Paris possède quatre manuscrits de la chanson d'Hélias. *V.* l'*Histoire litt. de la France*, t. XXII. H. D.

HÉLICES, en termes d'Architecture, la même chose que les caulicoles (*V. ce mot*).

HÉLICOÏDE. *V.* Escalier.

HÉLICON, une des lyres des Anciens, ainsi nommée en souvenir des Muses qui habitaient sur le mont Hélicon, parce qu'elle avait 9 cordes.

HÉLIENNE (Monnaie), monnaie des comtes de Périgord, ainsi appelée du comte Héli au xıᵉ siècle.

HÉLIOGRAPHIE. *V.* Photographie.

HÉLIOPOLIS (Ruines d'). *V.* Balbeck.

HELLÉNIQUES, titre donné par Xénophon à l'histoire en 7 livres qu'il écrivit pour faire suite à l'ouvrage de Thucydide, et qui s'arrête à la bataille de Mantinée.

HELLÉNISME, manière de s'exprimer particulière à la langue grecque. C'est un hellénisme de faire accorder en cas le relatif complément direct d'un verbe actif avec son antécédent, lorsque celui-ci est au génitif et au datif. La formule de salutation et d'adieu, *kaïre*, est propre aux Grecs. Un des hellénismes les plus remarquables est l'emploi des particules μέν et δέ mises en corrélation. — On donne aussi le nom d'*hellénismes* à certaines tournures grecques introduites dans une langue étrangère : telle est cette construction latine : *Sensit delapsus in hostes*, au lieu de : *se delapsum esse*. Racine (*Athalie*, III, 4), à l'exemple du grec, *thaumazô ei*, a dit également :

J'admirais *si* Mathan, dépouillant l'artifice, etc.

Hellénisme s'appliquait aussi aux fautes de langage que faisaient les Grecs lorsqu'ils parlaient latin et qu'ils employaient dans cette langue des tours propres à la leur; par exemple, il pouvait leur échapper de dire *turpium est*, parce qu'on disait dans leur langue *tòn aiskrón esti*. P.

HÉMICYCLE (du grec *hémi*, demi, et *kuklos*, cercle), construction demi-circulaire. C'est la forme la meilleure que l'on puisse adopter pour placer un grand nombre de spectateurs ou d'auditeurs.

HÉMI-DITON, nom donné, dans la musique des anciens Grecs, non pas à la moitié du *diton* ou intervalle de tierce majeure, mais à cet intervalle diminué d'un demi-ton, à la tierce mineure.

HÉMIOLIE, navire employé surtout par les anciens pirates grecs. La moitié des côtés était libre de rameurs, pour former un pont sur lequel on pût combattre.

HÉMISTICHE, du grec *hémi*, demi, et *stikhos*, vers. On appelle ainsi en français chacune des deux parties du vers alexandrin séparées par le repos de la césure :

Le moment où je parle | est déjà loin de moi.
Boileau, *Ép. 3.*

HENDÉCASYLLABE (du grec *hendéka* onze), vers de

onze syllabes. Dans l'antiquité, on donnait ce nom à trois espèces de vers : au *phaleuce*, à l'*alcaïque*, et au *saphique* (*V.* ces mots). Dans les temps modernes, il a été propre à la poésie italienne, dont il est le grand vers. Notre vers français de dix syllabes, lorsqu'il finit par une rime féminine, offre beaucoup de ressemblance avec l'hendécasyllabe italien. — On trouve quelquefois ce vers dans la poésie anglaise, mais seulement dans les pièces lyriques. P.

HENNIN. *V.* Coiffure.

HENRI, monnaie. *V.* notre *Dictionnaire de Biographie et d'Histoire*.

HENRIADE (La), poëme de Voltaire, en l'honneur de Henri IV, roi de France. Le sujet est le siége de Paris, commencé par Henri III, que la Ligue en avait chassé, et par Henri de Navarre, et achevé par ce dernier. Le lieu de la scène ne s'étend pas plus loin que de Paris à Ivry (Eure). Les événements sont : un voyage de Henri de Navarre en Angleterre pour demander des secours contre la Ligue à la reine Élisabeth; les vicissitudes du siége, la détresse des assiégés et leur fanatisme; l'envoi par eux d'un dominicain, Jacques Clément, qui vient assassiner Henri III dans son camp; Henri de Navarre reconnu roi sous le nom de Henri IV par l'armée, et repoussé par la Ligue parce qu'il est calviniste; enfin Paris réduit à toute extrémité, et l'abjuration du roi, qui détermine enfin les révoltés à se soumettre. — Le poëme est en dix chants et en vers alexandrins. Voltaire a cherché à jeter de la variété dans cette action, d'abord par des récits historiques, qui sont comme l'avant-scène de son poëme, et qu'Henri fait à la reine Élisabeth, tels que les guerres civiles entre les catholiques et les protestants, les massacres de la Sᵗ-Barthélemy (chants 1, 2, 3); ensuite par du merveilleux : il fait intervenir, comme soutien des ligueurs, la Discorde, qui va chercher la Politique au Vatican, soulève la Sorbonne et les Seize contre le parlement de Paris (chant 4), et pousse Jacques Clément à l'assassinat de Henri III (chant 5); Sᵗ Louis descendant du ciel pour arrêter la fureur de Henri IV au moment où il va faire brûler Paris, et le transportant ensuite en esprit au ciel, aux enfers, où il lui fait voir, dans le palais des Destins, les souverains qui lui succéderont, et les grands hommes que la France doit produire (chants 6, 7). — Les contemporains de Voltaire, surtout lors de la première publication de *la Henriade*, en 1725, la saluèrent d'épopée (*V. ce mot*); mais ce poëme est bien loin de mériter un aussi beau titre : son plan manque d'unité, et l'action de grandeur, d'intérêt, de mouvement; le développement des faits n'a pas assez d'ampleur; les caractères sont trop peu variés, les personnages trop peu agissants. Il y a de belles descriptions, quelques épisodes, des portraits pleins de vigueur, mais il règne dans l'ensemble une froideur qui permet difficilement de suivre le poëte sans interruption jusqu'au bout. Point de ces tableaux de mœurs locales, point de ces scènes de la nature champêtre, qui, dans Homère et dans Virgile, délassent le lecteur animé des passions ou ému des dangers de leurs personnages : « Il n'y a pas seulement, disait plaisamment Delille, d'herbe pour nourrir les chevaux, ni d'eau pour les désaltérer. » Voltaire commença *la Henriade* à vingt ans, sans savoir, ainsi qu'il le dit lui-même, ce que c'était qu'un poème épique. Quant au sujet, il était mal choisi : l'époque de la Ligue, trop récente pour avoir la perspective et le lointain poétique, était aussi trop connue, avec ses intrigues et son fanatisme grossier, avec le cynisme de ses mœurs, pour qu'on y pût aisément trouver des tableaux épiques. Au fond, *la Henriade* n'est qu'une thèse morale contre le fanatisme et en faveur de la tolérance. Le véritable merveilleux de l'épopée ne pouvait y trouver place. Le christianisme admet que les anges et les démons, substances incorporelles, ont quelquefois revêtu des formes palpables, et ont commerce avec les hommes, ceux-là pour les aider au bien, ceux-ci pour les pousser au mal : dédaignant ou craignant d'employer ce merveilleux fourni par la religion, Voltaire eut recours à de froides allégories : il personnifia, il fit agir et parler la Discorde, le Fanatisme, la Politique, la Vérité, c.-à-d. de pures abstractions. Malgré les efforts de Voltaire, l'épopée manque donc encore à la France. Mais *la Henriade* sera toujours un chef-d'œuvre de versification noble, élégante et pure.

Le sujet choisi par Voltaire avait été déjà traité avant lui ; un auteur de la fin du xviᵉ siècle, Chillac, écrivit une *Liliade françoise*, poëme dont Henri IV est le héros. On a de Sébastien Garnier une *Henriade*, publiée à Blois en 1593, et qu'on eut la bizarre idée de réimprimer en 1770. *L'Henricias* de Quillet, poëme latin en 12 chants, est aujourd'hui perdu. Un *Enrico* de J. Malmignati (Venise, 1623, in-8°) paraît avoir été mis à contribution par Voltaire pour quelques détails (*V.* le *Magasin encyclopédique*, 5ᵉ année, t. 1ᵉʳ). Un nommé Aillaud n'a pas craint, au xviiiᵉ siècle, de refaire et de défigurer *la Henriade*, qui a été en outre parodiée, presque vers par vers, par Monbron, sous le titre de *la Henriade travestie, aux dépens du public*, Berlin, 1758, in-12. Il existe un *Commentaire sur la Henriade* par La Beaumelle et Fréron, Paris, 1775, 2 vol. in-8°. B.

HEPHTHÉMIMÈRE (Césure). *V.* CÉSURE.

HEPTACORDE (du grec *hepta*, sept), nom donné par les anciens Grecs à une sorte de lyre qui avait 7 cordes, et à un système musical formé de 7 sons, comme est notre gamme.

HEPTAMÉRON (du grec *hepta*, sept, et *éméra*, jour), recueil de Nouvelles et de Contes composés par Marguerite, reine de Navarre, à l'imitation du *Décaméron* de Boccace. Ce devait être aussi un *Décaméron*; mais la mort empêcha Marguerite de terminer son œuvre, qui ne comprend que sept journées au lieu de dix. La scène se passe aux Pyrénées; les dix personnages qui y jouent un rôle sont réunis dans une abbaye où des pluies torrentielles les ont contraints de se réfugier : il leur faut attendre qu'on répare les chemins effondrés et que l'on construise un pont sur le Gave; pour passer ce temps sans ennui, ils conviennent de se rendre chaque jour dans une prairie voisine, où chacun racontera une histoire. Les récits de l'*Heptaméron* ne se distinguent ni par l'intérêt ni par l'art de la composition; mais le style a de l'agrément et de la finesse. Les sujets, dont quelques-uns se rapportent à des personnages contemporains, roulent sur les ruses et les tromperies de l'amour; ils sont racontés avec une crudité de détails peu édifiante, à l'appui d'une maxime contenue dans le prologue dont chacun d'eux est précédé, et tendent à une moralité qui est déduite dans l'épilogue; mais cette moralité est souvent équivoque. Les épilogues sont des conversations entre les interlocuteurs de l'*Heptaméron* sur l'histoire qu'ils viennent d'entendre; ils peuvent passer pour de curieux échantillons de la haute société de l'époque, et, à ce titre, ils relèvent la banalité des aventures auxquelles ils tiennent lieu de dénoûment. On trouve dans cet ouvrage plus de loquacité que de sentiment, plus d'esprit que de tendresse, et le même caractère de subtilité mystique qu'on remarque dans les autres écrits de Marguerite de Navarre. Elle le composa presque entièrement en voyage, comme pour se délasser, et dans un âge assez avancé pour qu'on ne lui suppose pas d'intention licencieuse, quand même sa vie entière ne protesterait pas contre cette imputation. — La 1ʳᵉ édition de l'*Heptaméron*, qui parut sans nom d'auteur, était intitulée *Histoire des amants fortunez, dédiée à l'illustre princesse Mᵐᵉ Marguerite de Bourbon, duchesse de Nivernois*, Paris, 1558. En 1698, il en parut un sous ce titre : *Contes et Nouvelles de Marguerite de Valois, mis en beau langage*, Amsterdam, 2 vol. in-8°, où, sous prétexte de rajeunir le style de l'auteur, on le rendit méconnaissable. La seule édition conforme au texte original est celle de M. Leroux de Lincy, Paris, 1853, 3 vol. in-8°. P—s.

HEPTAMÈTRE (du grec *hepta*, sept, et *métron*, mesure), vers de 7 pieds. On en trouve dans le système dactylique (*V.* ÉOLIQUE — Vers). Servius en cite un exemple latin qui est hypercatalectique :

Versic|ulos tibi|dactyli|cos ceci|ni, puer|optime|, quos faci|as.

Le vers dactylico-trochaïque est un heptamètre dont les 4 premiers pieds appartiennent à l'ordre dactylique, les 3 derniers à l'ordre trochaïque :

Solvitur| acris hi|ems gra|ta vice| veris| et Fav|oni. HOR.

V. SEPTÉNAIRE. P.

HEPTASYLLABE (du grec *hepta*, sept), vers français de 7 syllabes. Il remonte aux origines de notre littérature. Il est fréquent dans les chansons. Dans les autres genres lyriques, il compose des dizains harmonieux, comme celui-ci de J.-B. Rousseau (*Odes*, I, 10) :

J'ai vu mes tristes journées
Décliner vers leur penchant, etc.

Quelquefois les 6 derniers vers du dizain sont en heptasyllabes, et les 4 premiers en alexandrins. D'autres fois l'heptasyllabe fait partie de strophes de différentes mesures, comme on le voit par les chœurs de Racine. Dans

sa cantate de *Diane*, J.-B. Rousseau a employé des tercets heptasyllabes :

Quel bonheur ! quelle victoire !
Quel triomphe ! quelle gloire !
Les Amours sont désarmés.

Certains vers métriques des Anciens se trouvent être heptasyllabes : tels sont le dimètre iambique catalectique, le dimètre trochaïque catalectique et le dimètre choriambique catalectique; mais il faut que ces vers soient purs, c.-à-d. n'admettent aucun pied qui ne leur soit propre, comme serait l'anapeste pour l'iambe, le dactyle pour le trochée. P.

HEPTÉRIS, navire de guerre des Anciens, à 7 rangs de rames de chaque côté.

HERÆUM, nom des temples de Junon, en grec Héra.

HÉRALDIQUE (Art). *V.* BLASON.

HÉRAUDERIE. } *V.* ces mots dans notre *Dictionnaire*
HÉRAUT. } *de Biographie et d'Histoire.*

HERBORISTE, celui qui fait métier de vendre des simples ou plantes médicinales. Dans les grandes villes, on ne peut exercer cette profession sans un diplôme de capacité, qui s'obtient après examen (Lois du 11 avril 1803 et du 13 août 1805). Il y a des diplômes de deux classes, dont le coût est de 100 fr. et de 50 fr. Les herboristes sont assujettis aux visites annuelles de la commission médicale. Ils ne peuvent vendre que des plantes indigènes; le débit de toute substance exotique et de toute préparation pharmaceutique leur est interdit.

HERCULANUM, une des trois villes englouties par l'éruption du Vésuve, en l'an 79 après J.-C. La masse de lave accumulée encore sur elle par des éruptions moins anciennes a une épaisseur qui varie de 21 à 34 mèt.; Resina et une partie de Portici ont été bâties au-dessus. Il paraît que, dès la fin du xviᵉ siècle, on y fit quelques fouilles, bientôt abandonnées. En 1713, Emmanuel de Lorraine, prince d'Elbeuf, ayant eu besoin de marbres pour une maison qu'il faisait bâtir à Portici, apprit qu'on en avait trouvé en creusant un puits, et fit continuer ce travail. On atteignit ainsi un théâtre par la partie postérieure de la scène, et c'est encore par ce puits que le monument reçoit aujourd'hui la lumière. Pendant plusieurs années, le prince d'Elbeuf recueillit des marbres, des colonnes, des statues, dont il dut restituer une partie au gouvernement napolitain. Le roi Charles III interdit aux particuliers de faire des fouilles, et ordonna lui-même la reprise des travaux en diverses directions dans le voisinage du puits : ils furent poursuivis de 1738 à 1770, mais avec peu d'intelligence, car on remplissait la plupart des excavations après y avoir fait des recherches. Une Académie des *Herculaniens* fut instituée pour publier la description des antiquités qu'on avait recueillies. A la suite d'une nouvelle interruption, on travailla encore de 1828 à 1837. — C'est à Resina qu'on danse dans la ville souterraine, qui ne se visite qu'avec des flambeaux. Les rues d'Herculanum sont droites, avec des espèces de trottoirs, et pavées en lave; les maisons, distribuées comme à Pompéi (*V. ce mot*), n'ont qu'un seul étage, et de nombreuses peintures qui en ornaient l'intérieur ont été enlevées. Le *théâtre*, le premier et le plus grand édifice qu'on ait découvert, a 78 mèt. de diamètre, et pouvait contenir 10,000 spectateurs : il est composé de 16 rangs de gradins en travertin, et de 3 rangs à l'amphithéâtre supérieur; l'orchestre est pavé de marbres africains. Ce théâtre, où l'on a trouvé des statues en marbre et en bronze, et quatre statues équestres en bronze doré, est obstrué par des piliers massifs, destinés à étayer les terres supérieures. La découverte du théâtre fut suivie de celle de deux *temples*, situés à peu de distance, l'un de 50 mèt. de longueur sur 20 mèt. de largeur, l'autre de 20 mèt. sur 15. Une *basilique*, longue de 76 mèt. et large de 44, avec un portique de 42 colonnes, était ornée de statues et de peintures; sur la place qui la précédait, s'élevaient les deux statues équestres du fondateur et de son fils. De 1750 à 1760, on explora la *Villa d'Aristide* ou *des Papyrus* : c'est là que furent trouvés la Faune ivre, le Faune dormant, le Mercure, l'Aristide, la Minerve étrusque, le groupe du Satyre et de la Chèvre, les six danseuses, une quantité de bustes, et toute la bibliothèque de papyrus (près de 3,000 rouleaux) qu'on voit au Musée des études de Naples. Les fouilles de 1828 ont mis à découvert la *Maison d'Argus*, ainsi appelée d'une peinture représentant Io gardée par Argus, et où l'on a trouvé des comestibles : une plante recueillie dans le jardin de cette maison a poussé de nouveau et produit des fleurs. Dans les différentes fouilles, on a recueilli un nombre considérable d'instruments et d'ustensiles de sacrifices ou de ménage, en marbre, en bronze, en verre, tels que tables, candélabres, lampes, bassins, vases, flacons, instruments de musique et de chirurgie, tablettes et stylets pour écrire, colliers, bracelets, bagues, pendants d'oreille, épingles, dés à coudre et à jouer, linge; chaussures, filets de pêcheur et d'oiseleur, etc. Ces objets sont, en général, mieux exécutés que ceux qu'on a tirés de Pompéi. On peut croire que la population d'Herculanum avait eu le temps de fuir lors de l'invasion de la lave, car on n'a pas rencontré de débris humains : un seul squelette presque complet fut trouvé sous l'escalier d'une maison; il tenait dans une main une bourse remplie de petites pièces de monnaie; quand on essaya de l'enlever, il tomba en poussière. V. Bajardi, *Le antichitd di Ercolano*, Naples, 1752-1792, 9 vol. in-fol.; Venuti, *Descrizione delle prime scoperte dell'antic. cittd di Ercolano*, Venise, 1749, in-8°; Bellicart, *Observations sur les antiquités d'Herculanum*, Paris, 1754, in-12; Cochin, *Observations sur les antiquités d'Herculanum*, ibid., 1757, in-8°; Winckelmann, *Lettre à M. le comte de Brühl sur les découvertes d'Herculanum*, Dresde, 1764, in-4°; Fougeroux de Bondaroy, *Recherches sur les ruines d'Herculanum*, Paris, 1770, in-12; Cramer, *Notes pour servir à l'histoire des découvertes d'Herculanum*, Halle, 1773, in-8°; Piranesi, *Antiquités d'Herculanum*, Paris, 1804-1806, in-4°; Jorio, *Notizie sugli scavi di Ercolano*, Naples, 1827, in-8°; Hamilton, *Relation des découvertes faites à Herculanum et à Pompéi*, Édimbourg, 1837, 2 vol. in-4°; Roux et Barré, *Herculanum et Pompéi*, Paris, 1848, 8 vol. in-8°; E. Breton, *Pompeia, suivie d'une notice sur Herculanum*; Paris, 1855, gr. in-8°. B.

HERCULE. Plusieurs statues antiques de ce héros sont arrivées jusqu'à nous, avec le nom de leurs auteurs. Ce sont : l'*Hercule au repos*, admirable statue mutilée, dite *Torse du Belvédère* ou de *Michel-Ange*, conservée au musée Pio-Clémentin de Rome, et œuvre de l'Athénien Apollonius, fils de Nestor; l'*Hercule Farnèse*, à Naples, statue par Glycon d'Athènes, dont le nom se trouve aussi sur un autre Hercule de la collection Guarnacci; l'*Hercule du palais Pitti*, à Florence, copie d'une œuvre d'un Lysippe. On ignore où se trouve actuellement un Hercule qui était à Rome au XVIᵉ siècle, signé de deux frères, Diodote et Ménodote, de Nicomédie. Les bas-reliefs et les vases peints de l'antiquité reproduisent une foule de scènes empruntées à la vie d'Hercule. Le héros est ordinairement représenté sous les traits d'un homme vigoureux, appuyé sur une massue, et revêtu de la peau d'un lion : il est tantôt barbu, tantôt sans barbe, parfois couronné de peuplier blanc, et armé d'un arc et d'un carquois.

HÉRÉDITÉ (du latin *hœres*, héritier), mot qui se dit, 1° du droit de recueillir en totalité ou en partie les biens qu'une personne laisse après sa mort; 2° de l'ensemble des droits, tant actifs que passifs, qui composent une succession. On nomme *Adition d'hérédité* l'acte par lequel une personne fait connaître qu'elle accepte les bénéfices et les charges d'une succession qui lui est dévolue; *Pétition d'hérédité*, l'action par laquelle une personne qui se prétend héritière forme sa demande devant les tribunaux, action qui se prescrit par 30 ans. La *cession d'hérédité* peut se présenter sous trois aspects : 1° vente d'une hérédité que le cédant déclare sienne et composée de tels ou tels objets; dans le cas d'éviction d'un de ces objets, il y a lieu à l'action en garantie; 2° vente d'une hérédité à laquelle le cédant se déclare appelé; il n'est garant que de l'existence de la qualité d'héritier, bonne ou mauvaise; 3° vente des droits que le cédant prétend avoir sur l'hérédité; il n'y a lieu à garantie que s'il savait, au moment de la cession, n'avoir aucun droit à l'hérédité. — Les Socialistes ont nié la légitimité de l'hérédité. Il est vrai que l'hérédité peut faire tomber de grands biens dans des mains incapables ou indignes, et qu'elle est un obstacle à l'utopie de l'égalité absolue; mais, outre qu'elle découle naturellement du droit de propriété (V. ce mot), supprimer l'hérédité, ce serait tout à la fois détruire le stimulant le plus puissant du travail chez le père de famille, et imposer des embarras inextricables à l'État; chargé, à chaque décès, de régler l'emploi des biens et de fixer le sort des survivants.

HEREFORD (Cathédrale de), en Angleterre. Commencée après la conquête normande, et achevée seulement à la fin du XIIIᵉ siècle, elle a les dimensions suivantes : longueur dans œuvre, 105 mèt.; largeur de la nef et des collatéraux, 25 mèt.; hauteur des voûtes,

22 mèt. La tour centrale qui surmonte l'édifice s'élève à 47 mèt. Le plan de la cathédrale de Hereford est en forme de croix à doubles croisillons; l'abside se termine carrément, ce qui est fréquent dans les monuments anglais. Les contre-forts ne sont pas couronnés de clochetons. Tous les piliers de la nef sont ronds; les fenêtres n'offrent point d'uniformité : il y en a de style ogival primitif, de style ogival secondaire, et de style perpendiculaire. Au-dessous de la chapelle de la Vierge est une crypte, partagée en deux nefs par une rangée de colonnes.

HÉRÉSIE. Ce mot, d'après son étymologie (en grec *airéin*, choisir), désigne une opinion *préférée* à une autre, un choix qui a pour effet de diviser des hommes précédemment unis par la communauté de doctrines. Ainsi, chez les Anciens, les diverses écoles de philosophie et de médecine étaient appelées *hérésies*, ce qui n'impliquait pour aucune d'elles l'idée d'*erreur*. Pour l'Église catholique, l'*hérésie* est une opinion contraire à une vérité qu'elle présente comme révélée, à un article de foi; par conséquent, le mot est toujours pris en mauvaise part et entraîne nécessairement l'idée d'erreur! Une hérésie est *formelle*, quand il y a mauvaise foi ou opiniâtreté; *matérielle*, dans le cas contraire. On appelle *hérésiarque* l'inventeur d'une hérésie; *hérétique*, celui qui en est le sectateur, soit de son propre choix, soit pour l'avoir reçue dès l'enfance. Les passions de l'homme rebelles à l'austérité de la morale évangélique, l'incompréhensibilité des mystères humiliante pour la raison, l'invariabilité des dogmes qui froisse notre amour pour la nouveauté, la soumission absolue que l'Église réclame pour ses décisions et qui blesse notre indépendance, la nécessité d'admettre les vérités révélées comme autant de faits indiscutables et soustraits à notre curiosité, voilà les principales sources de l'hérésie. L'Église prémunit les fidèles contre l'hérésie, en la condamnant dans les conciles ou par la voix des papes. Elle la punit, chez les clercs, par la déposition, et, chez tous, par l'excommunication. Il fut un temps où, de plus, elle livrait les hérétiques au *bras séculier*, et les punissait de la prison, de la mort même. L'abbé Pluquet a publié un *Dictionnaire des hérésies*, Paris, 1762, 2 vol. in-8°, souvent réimprimé.

HÉRISSON, en latin *Ericius*, ancienne machine de guerre. C'était une poutre garnie de pointes de fer, et que les défenseurs d'une place faisaient rouler sur les débris de la brèche, pour empêcher l'assiégeant d'y monter. (V. ce mot.)

HÉRITAGE; tout ce qui vient par voie de *succession*. (V. ce mot.)

HÉRITIER, celui qui succède à tous les droits actifs et passifs d'un défunt. On nomme *héritier légitime* ou *ab intestat*, celui qui succède en vertu des dispositions de la loi; *héritier institué* ou *testamentaire*, celui qui est nommé par la volonté du défunt; *héritier présomptif*, le parent le plus proche, et qui, par cette raison, est présumé devoir hériter; *héritier pur et simple*, celui qui a accepté une succession purement et simplement, et qui est tenu indéfiniment des dettes de cette succession; *héritier bénéficiaire*; celui qui n'a accepté une succession que sous bénéfice d'inventaire (V. ce mot) et n'est tenu des dettes que jusqu'à concurrence de ce qu'il a recueilli; *héritier réservataire*, celui en faveur duquel la loi a établi une réserve (V. ce mot); *héritier apparent*, celui qui, n'étant pas héritier véritable, s'empare comme tel d'une succession, et en jouit ou en dispose comme si elle lui appartenait réellement; *héritier fiduciaire*, celui qui ne recueille une succession que par fidéicommis (V. ce mot). Pour être reconnu héritier, il faut exister au moment de l'ouverture de la succession : l'enfant qui n'est pas encore né, mais qui est conçu, est capable de succéder, pourvu qu'il naisse viable. V. EXHÉRÉDATION.

HERMATHÈNE. V. ce mot dans notre *Dictionnaire de Biographie et d'Histoire*.

HERMÉNEUTIQUE, du grec *herménéia*, interprétation. En Philosophie, l'herméneutique est l'explication des termes comme préparation nécessaire à l'intelligence d'une doctrine, telle que l'*Herménéia* d'Aristote, qui a pour objet l'exactitude de la proposition, et où il examine la valeur des termes dont elle se compose. En Théologie, elle devient quelquefois l'*Exégèse*, en joignant à l'interprétation des mots celle de la doctrine, comme on le voit chez Origène. En Jurisprudence, l'herméneutique recherche et examine les sources du Droit. R.

HERMÈS, statue de Mercure placée dans une espèce de gaîne ou cippe, de telle sorte qu'il n'y a que la tête, une partie du buste et les pieds qui paraissent, et souvent terminée simplement en gaîne. Chez les Anciens on plaça sur les routes et dans les carrefours des hernès à autant de têtes qu'il y avait de directions à marquer : celui de Proclyde à Ancyre en avait trois; celui de Télésarchides dans le Céramique en avait quatre. On inscrivait sur ces statues les distances itinéraires ou des sentences morales. Bacchus et Apollon furent aussi représentés en hermès. On perpétua sous forme d'hermès les images des personnages illustres : en 1742, on a trouvé à Rome un hermès à deux têtes, portant les noms d'Épicure et de Métrodore ; il en existe aussi qui réunissent Hérodote et Thucydide, Socrate et Alcibiade. — On appelait *Herméracles* les hermès qui réunissaient les têtes adossées de Mercure et d'Hercule.

HERMÉTIQUE (Philosophie), corps de doctrine tiré des livres attribués à Hermès ou Mercure Trismégiste, nommé aussi par les Égyptiens Thaut ou Thoth. Il est démontré aujourd'hui que ces livres n'ont aucune authenticité, surtout en ce qui concerne certaines sciences telles que la médecine, la chimie, l'histoire naturelle. La partie philosophique paraît tenir par quelques points aux doctrines égyptiennes auxquelles on croit pouvoir rapporter le *Pœmander*, les fragments qui s'y rattachent, et *'Asclépius*, dialogue qui nous est parvenu en latin sous le nom d'Apulée. Ces écrits sont regardés comme des extraits des doctrines secrètes des prêtres de Memphis et de Saïs ; mais cette opinion n'est pas appuyée sur des preuves incontestables. Ils reconnaissent comme premier principe l'Unité absolue, Dieu, qui n'est connu que par l'intelligence. C'est le seul être véritable; la vie répandue dans l'univers émane de lui, est lui-même. En général, on retrouve dans la philosophie hermétique le fond de la doctrine de Platon et de Plotin, mêlé aux mystères des Égyptiens, à la mythologie des Grecs, et même à certaines traditions juives et chrétiennes. Tout ce qui concerne cette philosophie a été réuni par Marsile Ficin, qui en donna une traduction latine en 1471. On peut consulter le *Symbolique* de Creutzer, livre 3; la dissertation de M. Guigniaut, *De* Ερμοῦ *seu Mercurii mythologia*, in-8°, Paris, 1835. — La partie scientifique proprement dite a donné lieu à la prétendue science qui se donnait pour but la transmutation des métaux et l'art de faire de l'or. Le *Pœmander* fut regardé comme un traité d'Alchimie. V. Lenglet du Fresnoy, *Histoire de la philosophie hermétique*, 1742, 3 vol. in-12.   R.

HERMINE, nom d'une des deux fourrures du Blason. Elle est, en général, d'argent pour le fond, et de sable pour les mouchetures.

HÉROI-COMIQUE (Épopée), sorte de parodie de l'Épopée véritable; poëme dans lequel on traite un sujet commun et presque trivial, avec le ton et les formes épiques. La disproportion des moyens avec la fin, le contraste du fond et de la forme, constituent le comique de ce genre de composition. Par une raillerie ingénieuse, le poëme héroïcomique élève dans les régions héroïques ce qui est vulgaire par nature, et en cela il se distingue du poëme burlesque (*V. ce mot*), qui, par le travestissement des mœurs et du langage, fait descendre les dieux et les héros au niveau des personnages les plus vulgaires. La *Batrachomyomachie* attribuée à Homère, le *Sceau enlevé* de Tassoni, le *Lutrin* de Boileau, la *Boucle de cheveux enlevée* de Pope, sont des poëmes héroï-comiques.

HÉROÏDES, épîtres en vers élégiaques, composées par Ovide, sous le nom de quelques femmes célèbres des temps héroïques, comme Briséis, Pénélope, Médée, Phèdre, Hermione, Déjanire, Ariane, Hélène, etc. Elles écrivent à leur amant, ou à leur époux absent ou infidèle. Ces élégies, au nombre de 21, manquent de passion et de naïveté; le style en est trop souvent artificiel ; les développements des pensées et des sentiments, le tour des vers, font paraître le talent de l'écrivain et du versificateur, mais ne conviennent presque jamais au personnage qui écrit, et le font perdre de vue au lecteur. L'uniformité et la monotonie de la plupart de ces pièces contribuent aussi à refroidir l'intérêt. La 16ᵉ pièce, la 18ᵉ, la 20ᵉ sont supposées écrites par des héros, et la 15ᵉ (Sappho à Phaon) n'est pas une véritable héroïde. On peut en dire autant de celles de Didon à Énée, d'Héro à Léandre. — Les modernes se sont aussi essayés dans ce genre créé par Ovide : citons l'*Épître d'Héloïse à Abailard* par le poëte anglais Pope, infiniment supérieure à toutes celles du poëte latin, et l'héroïde de *Didon à Énée* par Gilbert.   P.

HÉROÏQUE (Poëme), sorte d'épopée imparfaite, sans fiction ni merveilleux, et dont l'action a moins d'importance et souvent aussi moins de durée que celle de l'épopée proprement dite. Ce n'est pour le fond que de l'histoire mise en vers. Telle est la *Pharsale* de Lucain.

HÉROÏQUES (Pieds), nom donné chez les Anciens au dactyle, au spondée, à l'anapeste.

HÉROÏQUES (Vers), vers destinés, chez les Anciens, à célébrer les exploits des héros (Hercule, Jason, Thésée, Achille, etc.). C'étaient les hexamètres. En français, nous donnons aussi ce nom aux vers alexandrins ou de douze syllabes.

HÉROON, nom donné chez les anciens Grecs à des édifices à la fois funéraires et religieux, de dimensions variables, élevés en l'honneur des héros, et qui avaient quelquefois, comme celui de Thésée à Athènes, l'importance d'un temple. On en voit deux dans l'île de Santorin.

HÉROS (Le livre des). V. HELDENBUCH.

HERSE, forte grille de fer placée derrière la porte d'entrée des châteaux-forts au moyen âge. Elle glissait dans une rainure; se baissait et se levait à volonté, et servait de seconde clôture. Il y eut, chez les Grecs et les Romains, des clôtures de ce genre sous le nom de *portes catarrhactes*, au moyen âge, on les appela quelquefois *sarrasines*, parce qu'elles avaient été empruntées à l'Orient, et encore *harpes*.

HERSE, construction en bois ou en fer, ayant la forme d'un triangle vertical, armé de pointes pour supporter des cierges, et qu'on place autour du cercueil ou du cénotaphe d'un mort, pendant la cérémonie religieuse. — On donne le même nom aux chandeliers de forme verticale, à plusieurs pointes, qui servent à faire brûler plusieurs cierges, soit devant les autels ou à côté, soit près des tombeaux, ou encore dans le chœur pendant la semaine sainte, à l'office des Ténèbres. Les écrivains latins ecclésiastiques se servent du mot *rastrum* ou *rastellum* (râtelier).

HERVIS DE METZ, un des romans des douze Pairs, la première partie de la chanson des Lohérins. On n'en connaît pas l'auteur. Hervis est le fils du bourgeois Thierry, qui avait épousé la fille du duc de Metz. Chargé d'étaler et de vendre des marchandises aux foires de Provins, de Lagny, du Lendit, mais ayant les goûts d'un chevalier et non d'un marchand, il offre banquets et fourrures à tous ceux qu'il rencontre. Après bien des querelles et des malheurs, il épouse la belle Béatrix, et devient duc de Metz. Charles-Martel, attaqué par les Wandres (Vandales) et par Gérard de Roussillon, demande des secours à Hervis, qui convoque ses compagnons. Là s'arrête le poëme, composé d'environ dix mille vers et subdivisé en plusieurs chansons. Tel qu'il existe aujourd'hui, il paraît être moins ancien que le roman de *Garin*. On en a deux manuscrits du XIIIᵉ siècle, l'un à la Bibliothèque nationale de Paris, l'autre à celle de l'Arsenal. V. l'*Histoire littéraire de la France*, t. XXII.   D.

HÉTÈRES, HÉTÉRIE. V. ces mots dans notre *Dictionnaire de Biographie et d'Histoire*.

HÉTÉROCLITE (du grec *hétéros*, autre, et *klinéin*, décliner), se dit, en Grammaire, des noms grecs et latins qui suivent à la fois deux déclinaisons, comme *fames*, gén. *famis* (3ᵉ déclin.), abl. *fame* (5ᵉ) ; *jugerum*, gén. *jugeri* (2ᵉ déclin.), abl. *jugere*, gén. *fluor, jugerum*, dat. et ablat. *jugeribus* (3ᵉ). On pourrait ajouter à cette espèce de noms ceux qui suivent deux déclinaisons parallèles et complètes, comme *senecta* et *senectus*, *materia* et *materies, juventa* et *juventus*.

HÉTÉRODOXE (du grec *hétéros*, autre, et *doxa*, opinion), se dit, dans le catholicisme, de toute opinion différente de celle de l'Église, et de toute personne qui a cette opinion. On ne peut pas être *hérétique* sans être *hétérodoxe*; mais on peut être hétérodoxe sans être hérétique, l'*hétérodoxie* étant une divergence d'opinion sur une règle de discipline, et non sur un article de foi.

HÉTÉROGÈNE (du grec *hétéros*, autre, et *génos*, genre), se dit, en Grammaire, des noms irréguliers qui sont d'un genre au singulier et d'un autre genre au pluriel, comme en latin *locus*, au plur. *loca*, et en français *délice, orgue, amour*, etc.

HÉTÉRONOMIE. V. AUTONOMIE.

HÉTÉROSCIENS (du grec *hétéros*, autre, et *skia*, ombre), habitants de la terre dont l'ombre ne se projette que d'un seul côté. Ce sont ceux qui se trouvent entre les Tropiques et les Cercles polaires, et dont on voit l'ombre, par les latitudes septentrionales, toujours tournée vers le nord, ou bien, par les latitudes méridionales, vers le sud.

HEU, bâtiment à fond plat, tirant peu d'eau, portant un grand mât, une trinquette, un foc et un petit mât sur son extrémité de derrière. On l'emploie au cabotage dans la Manche et dans la mer du Nord.

HEUQUES, vêtement de cour, en drap de couleur richement brodé, à l'usage des hommes au xve siècle.

HEURES, HEUSES, HEXACLINON. *V.* ces mots dans notre *Dictionnaire de Biographie et d'Histoire.*

HEXACORDE, division de 6 notes établie dans l'échelle musicale par un musicien du xie siècle dont le nom ne nous est pas parvenu, et non, comme on l'a dit, par *Gui d'Arezzo. Elle* remplaça la *division par tétracordes* selon les Grecs, et la division par octaves du pape Grégoire le Grand. C'était une des plus graves erreurs que l'on pût introduire (*V.* MUANCES). — *Hexacorde* signifie aussi un instrument à 6 cordes.

HEXAMÈTRE (du grec *hex*, six, et *métron*, mesure), nom des vers grecs et latins dont la mesure est de 6 pieds, autrement, qui ont 6 mesures. Les 4 premiers pieds sont indifféremment dactyles ou spondées ; le 5e est toujours, du moins en latin, un dactyle ; le 6e est spondée ou trochée :

It lăcry̆|māns gŭt|tĭsque hŭ|mēctāt| grăndĭbŭs | ōră.

Quelquefois l'hexamètre est terminé par deux spondées, ou par un spondée et un trochée ; dans ce cas, le 4e pied doit être un dactyle (*V.* SPONDAÏQUE). Par une exception infiniment plus rare, le 6e pied est quelquefois un dactyle (*V.* DACTYLIQUE). L'iambe s'y rencontre aussi (*V.* MIURUS). L'iambe et le tribraque se trouvent quelquefois au 1er pied dans Homère (*V.* ACÉPHALES). Enfin, l'anapeste forme le 1er pied dans ce vers du 1er livre des *Géorgiques* :

Flŭvĭōrum rex Eridanus, camposque per omnes...

Les poëtes grecs terminent leurs hexamètres par des mots de toute longueur, depuis le monosyllabe jusqu'au mot de 7 syllabes ; les poëtes latins, à partir du siècle d'Auguste, étaient astreints à n'employer à cette place qu'un mot de deux ou de trois syllabes : ils ne s'affranchissaient de cette loi, nécessitée par les conditions d'harmonie particulières à leur langue, que si le mot final du vers était un nom grec, soit propre, soit commun, ou si le vers était spondaïque, ou bien dans les sujets d'un ton moins élevé que l'épopée, comme l'épître et la satire. Aussi les vers d'Horace et de Juvénal se rapprochent-ils plus, en général, du système grec que du système latin. Le rhythme de l'hexamètre est le plus riche et le plus beau que l'on connaisse, et les Grecs en ont attribué l'invention aux Dieux, qui l'avaient, disait-on, révélé à la prêtresse Phémonoé. Il avait le précieux avantage de convenir à tous les sujets, aux familiers ou gracieux comme aux plus nobles et aux plus graves. On a vainement essayé de le faire passer dans la versification moderne. En voici pourtant un exemple assez remarquable d'un poëte du xvie siècle, qui avait traduit en vers de cette mesure l'*Iliade* et l'*Odyssée* :

Chante, dé|esse, le | cœur furi|eux et | l'ire d'A|chilles,
Pernici|euse qui | fut...

On donne quelquefois improprement le nom d'*hexamètre* au vers alexandrin français, parce que les syllabes se comptent deux par deux, ainsi qu'à l'iambique anglais de 12 syllabes.

HEXAPLES (du grec *hexaploos*, sextuple), titre qu'Origène avait donné à un de ses ouvrages, dans lequel il avait disposé sur 6 colonnes le texte hébreu de la Bible, le même en caractères grecs, la version d'Aquila, celle de Symmaque, celle des Septante, et celle de Théodotion. Il ne nous reste que quelques fragments de cet ouvrage.

HEXAPTÉRIGE, c.-à-d. en grec *qui a six ailes*, instrument en usage dans le culte grec. C'est un disque, ordinairement de bois peint et doré, sur lequel on a représenté un séraphin à six ailes, et fixé au bout d'un manche. On en voit un à chaque extrémité de l'autel. Les hexaptériges sont garnis, tout autour, de petites lames de métal, et on les agite pour avertir les fidèles de s'incliner. On les porte près du célébrant pendant les processions.

HEXASTYLE, nom donné par les Anciens aux temples qui avaient un portique formé de six colonnes de front.

HEXÉRIS, navire de guerre des Anciens, à six rangs de rames de chaque côté.

HIATUS, mot latin admis dans le style de la Grammaire et qui signifie *bâillement*. L'hiatus résulte de la rencontre de la voyelle finale d'un mot avec la voyelle initiale du mot suivant : en effet, les lèvres, restées ouvertes en prononçant la dernière syllabe du premier mot,

ne peuvent se refermer pour prononcer la première du second. Par extension, le concours de deux ou de plusieurs voyelles dans l'intérieur d'un mot s'appelle *hiatus*. Les écrivains grecs, prosateurs ou poëtes, tantôt se permettent, tantôt évitent l'hiatus, et l'on ne saurait à cet égard fixer aucune règle : on sait seulement qu'on blâmait dans Isocrate et les écrivains de son école le soin scrupuleux qu'ils mettaient à éviter le choc des voyelles. Au reste, les hiatus abondent dans Homère, dans Hérodote, dans Thucydide, dans Platon. On avait trois moyens d'éviter l'hiatus : l'*élision*, la *contraction*, la *crase* (*V.* ces mots). — En latin, la rencontre des voyelles n'était pas toujours désagréable, comme le témoignent Cicéron, Quintilien et Aulu-Gelle. On peut conclure d'une note d'Aulu-Gelle (*Nuits attiques*, VII, 20) que, tout en faisant l'élision dans ce vers, on laissait entendre encore la voyelle élidée, de manière à rendre l'hiatus sensible à l'oreille. — En français, on n'évite l'hiatus qu'en vers. Dans la prose écrite, et dans la conversation surtout, il est assez fréquent. Dans le style soutenu, on évite les hiatus de ce genre : « Cicéron *alla à* Athènes ; — *j'ai été* étonné. » Souvent on fait, dans la conversation, des hiatus que ne justifie point l'orthographe, mais qu'on se permet pour ne pas donner à son langage un air apprêté et prétentieux. La versification aussi, telle qu'elle est fixée depuis la réforme de Malherbe et de Boileau, admet l'hiatus dans le corps des mots, dans les mots composés, et dans certaines locutions proverbiales : *Pré aux* clercs ; suer sang *et eau ;* à tort *et* à travers (*et*, bien que finissant par une consonne, fait hiatus, parce qu'il ne se lie jamais au mot suivant) :

Tant y a qu'il n'est rien que votre chien ne prenne.
RACINE, les Plaideurs, III, 3.

Le juge prétendait qu'à *tort et à travers*
On ne saurait manquer, condamnant un pervers.
LA FONTAINE, Fab., II, 3.

Elle l'admet entre une nasale finale et une voyelle initiale ou même une autre nasale : ainsi Racine a fini un vers par *Néron en colère ;* et il en commence un autre par ces mots : *Le dessein en est pris.* Il n'y a pas hiatus dans le cas où deux voyelles sont séparées par un *e* muet, qui s'élide sur la seconde :

Rome entière noyée *au* sang de ses enfants.
CORNEILLE, Cinna, I, 3.

La même immunité existe pour la voyelle qui précède une *h* aspirée :

Un clerc, pour quinze sous, sans craindre *le hold.*
BOILEAU, Sat. IX.

Voici encore des hiatus tolérés :

Sur votre prisonnier, huissier, ayez les yeux.
RACINE, les Plaideurs, II, 8.

J'ai fait parler le *loup*, et répondre l'agneau.
LA FONTAINE, Fables, II, 1.

On évite certains hiatus à l'aide de lettres intercalaires (*V.* EUPHONIE). *V.* aussi LIAISON. P.

HIÉRARCHIE (du grec *hiéros*, sacré, et *arkhé*, commandement), mot qui signifia primitivement, chez les Grecs, le pouvoir des prêtres, puis, dans le christianisme, l'ensemble des pouvoirs ecclésiastiques subordonnés les uns aux autres, et qui désigne aujourd'hui l'ordre des pouvoirs, de quelque nature qu'ils soient. Il n'y a point de société sans hiérarchie. Dans les administrations, les correspondances doivent suivre la voie hiérarchique. La hiérarchie est la base de la subordination militaire ; elle maintient la discipline et assure l'exécution des ordres.

HIÉRATIQUE (du grec *hiéros*, sacré), qualification que reçoit tout art assujetti à des règles fixes pour représenter les personnes ou les choses sacrées. Dans l'Hindoustan et l'Égypte, ce furent les castes sacerdotales qui imposèrent ces types invariables.

HIÉRATIQUE (Écriture). *V.* HIÉROGLYPHES.

HIÉROGLYPHES (du grec *ieros*, sacré, et *gluphein*, sculpter, graver), nom donné, dans un sens général, aux caractères d'écriture employés avec une valeur mystérieuse et conventionnelle, et, dans un sens particulier, aux signes graphiques de l'ancienne Égypte sculptés sur les murailles des temples et des palais. Les premiers, que l'on rencontre, par exemple, en Chine et au Mexique, sont des imitations d'objets matériels, produisant des tableaux représentatifs de la pensée. Les seconds, dont la clef n'a été trouvée que dans les temps modernes, offrent une complication plus grande : on ne saurait dire quelle en a été l'origine, ni par quelles transformations successives ils ont pris la forme et le sens que nous leur connaissons ; mais il est certain que cette écriture est d'une haute antiquité, et que les hiéroglyphes des monuments qui remontent à plus de vingt siècles avant l'ère chrétienne ne diffèrent pas de ceux qui furent gravés au temps d'Auguste.

L'étrangeté des hiéroglyphes avait frappé les Anciens, qui cependant ne paraissent pas avoir cherché à en sonder le mystère. Diodore de Sicile et Ammien Marcellin les croyaient entièrement *idéographiques*, c.-à-d. exprimant les idées par des images ou des symboles. Clément d'Alexandrie parle de la valeur phonétique que recevaient certains signes, mais en termes concis et obscurs qui ne permettraient pas de fonder une opinion. Les Modernes ont fait de nombreuses recherches avant d'arriver à des résultats certains. Le P. Kircher, dans son *OEdipus Ægyptiacus* (1652), soutint que les hiéroglyphes étaient purement idéographiques. Au siècle suivant, Zoéga (*De origine et usu obeliscorum*), remarquant que les signes relevés sur les monuments ne dépassaient guère le nombre de 800, nombre bien restreint pour une écriture idéographique, soupçonna que quelques-uns de ces signes pouvaient avoir une valeur phonétique. Le grand ouvrage publié par la Commission scientifique de l'expédition française d'Égypte fournit de nouveaux moyens d'étude. Silvestre de Sacy détermina, sur l'inscription de Rosette (*V. ce mot*), la place et les limites des noms propres, mais sans réussir dans leur analyse, qu'Ackerblad fit le premier avec quelque succès. L'Anglais Young reconnut sur la même inscription que les noms propres étaient renfermés dans des cartouches ou encadrements, et 12 signes qu'il étudia dans les noms de Ptolémée et de Bérénice, il détermina exactement la valeur de cinq. Puis il publia 200 groupes hiéroglyphiques, et donna, plutôt en les devinant que par une démonstration rigoureuse, le sens de 77 de ces groupes : toutefois, il en interpréta faussement plusieurs, et crut que les hiéroglyphes étaient essentiellement idéographiques, excepté dans le cas des noms propres. Champollion aborda l'étude des monuments graphiques de l'Égypte avec une connaissance approfondie de la langue copte, qui n'est autre que l'ancienne langue égyptienne écrite avec les caractères de l'alphabet grec ; en examinant l'inscription de l'obélisque de Philæ, dont la base portait une inscription grecque de même teneur, il y trouva le nom de Cléopâtre, et, dans ce nom, cinq lettres qui lui étaient communes avec celui de Ptolémée précédemment reconnu sur la pierre de Rosette ; il put lire ensuite sur le temple d'Esneh les noms de Septime-Sévère, de Géta, de Caracalla ; enfin, il découvrit que le système graphique égyptien comprenait un certain nombre de figures purement *phonétiques*, c.-à-d. représentant, non des idées, mais des sons, et dressa une liste de 260 hiéroglyphes phonétiques. Salvolini étendit plus tard cette liste à 303, mais en confondant toutes les époques et toutes les valeurs, et en traitant comme signes simples des caractères qui ont une valeur syllabique.

A envisager la *forme* matérielle des signes, il y a lieu de distinguer trois sortes d'écritures égyptiennes, qu'on appelle *hiéroglyphique, hiératique* et *démotique*. L'écriture hiéroglyphique ou sacrée, seule employée sur les monuments publics, se compose de signes représentant les objets du monde physique, à l'aide d'un tracé simplement linéaire ou colorié : on en compte de 800 environ. Comme on ne pouvait les employer qu'avec la connaissance du dessin, on imagina, en faveur de ceux qui ne l'avaient pas, l'écriture hiératique ou sacerdotale, composée du même nombre de signes que l'écriture hiéroglyphique, mais de signes abrégés, facilement exécutables, et pourtant de même signification : par exemple, au lieu de tracer la figure entière d'un lion couché, on ne faisait que la silhouette de sa partie postérieure. Cette écriture était particulièrement à l'usage des prêtres, qui s'en servaient pour tout ce qui dépendait de leurs attributions religieuses. L'écriture démotique, employée pour les usages ordinaires de la vie, se servait des mêmes signes que l'écriture hiératique, mais en moins grand nombre : on la nommait encore écriture *populaire* ou *épistolographique*. Les trois sortes d'écritures n'en formaient donc qu'une seule en théorie, et, pour la pratique seulement, on avait adopté une tachygraphie des signes primitifs. Clément d'Alexandrie dit qu'on apprenait d'abord l'écriture démotique, puis l'écriture

hiératique, enfin l'écriture hiéroglyphique. Elles sont souvent employées à la fois dans le même manuscrit. — Quant à leur valeur, les signes sont *figuratifs*, ou *symboliques*, ou *phonétiques*. Les signes figuratifs expriment les idées par la figure de leurs objets : pour exprimer l'idée d'un cheval, d'un obélisque, d'une couronne, on les dessine. Les signes symboliques, dits aussi *tropiques* ou *énigmatiques*, expriment les idées abstraites par l'image d'objets physiques : deux bras élevés expriment l'idée d'offrande, un vase d'où s'épand l'eau l'idée de libation, un cercle avec un point au milieu l'idée du soleil, etc. Les signes phonétiques expriment les sons de la langue parlée, et ont les mêmes fonctions que les lettres de nos alphabets. Pour les déterminer, on décida que la figure d'un objet dont le nom dans la langue parlée commencerait par l'articulation *b* serait dans l'écriture le caractère *b*, et ainsi des autres. A la différence des écritures de l'antiquité classique et des écritures modernes, qui n'emploient que des caractères phonétiques, l'écriture égyptienne employait à la fois, dans le même texte, dans la même phrase, quelquefois dans le même mot, les trois sortes de caractères figuratifs, symboliques et phonétiques : ces derniers, dont le nombre ne s'élevait guère au-dessus de cent, figurent pour les deux tiers dans les textes égyptiens.

Un certain nombre de caractères hiéroglyphiques (Bunsen en comptait 70) ont une valeur, non point alphabétique, mais syllabique. M. Lepsius croit qu'il y en avait davantage, et que plusieurs des signes regardés aujourd'hui comme homophones différaient autrefois, peut-être par quelque voyelle qui leur était inhérente. Les seules voyelles que l'on trouve aujourd'hui dans les inscriptions sont initiales ou finales : le même savant suppose que la voyelle principale d'un mot, placée peut-être au milieu dans la prononciation, a pu être reportée à la fin dans l'écriture, comme une sorte de déterminatif phonétique. La suppression des voyelles médiales établit un rapport remarquable entre l'écriture égyptienne et les écritures sémitiques : un autre trait de ressemblance, c'est que plusieurs hiéroglyphes employés comme lettres initiales ont tantôt la valeur d'une voyelle, tantôt celle d'un simple signe d'aspiration. — Certains signes employés symboliquement servent à éclaircir un groupe alphabétique, de sorte qu'on a en même temps la prononciation du mot et une métaphore qui s'y rapporte. Ces signes, que Champollion appela *déterminatifs*, peuvent indiquer le genre, le nombre, l'espèce ; ils se placent après le mot qu'ils sont destinés à éclaircir : ainsi, un bras armé d'une massue est le déterminatif des actions qui demandent l'emploi de la force, deux jambes sont celui des verbes de mouvement, etc. La liste des caractères déterminatifs, enrichie depuis le mot de Champollion, en contient 120 chez Bunsen. — Beaucoup de signes sont tout à la fois idéographiques et phonétiques, et présentent un sens et un son complets, bien qu'ils puissent être accompagnés néanmoins de tout ou partie des lettres qui produisent le même son. Une foule de mots, transcrits en caractères phonétiques, conservent pour lettre initiale leur signe idéographique, et, d'un autre côté, le même mot est transcrit phonétiquement, tantôt en toutes lettres, tantôt au moyen de signes employés comme de véritables rébus.

V. Langlois de Belestat, *Discours sur les hiéroglyphes égyptiens*, Paris, 1583, in-4º ; Westerhovius, *Hiéroglyphes des Égyptiens*, Amst., 1735, in-4º ; Warburton, *Essai sur les hiéroglyphes égyptiens*, Paris, 1744, 2 vol. in-12 ; Tandeau de Saint-Nicolas, *Dissertation sur l'écriture hiéroglyphique*, 1762 ; Thomas Astle, *l'Origine et les progrès de l'écriture hiéroglyphique*, en anglais, 1784, in-4º ; De Guignes, *Essai sur les moyens de parvenir à la lecture et à l'intelligence des hiéroglyphes* (dans le 1er tome des *Mém. de l'Acad. des Inscriptions*) ; Langlois, *Discours des hiéroglyphes égyptiens*, Paris, 1784, in-4º ; Bertuch, *Essai sur les hiéroglyphes*, Weimar, 1804, in-4º ; Quatremère de Quincy, *Recherches sur la langue et la littérature de l'Égypte*, 1808 ; Palhin, *Lettre sur les hiéroglyphes*, Cassel, 1802 ; le même, *Essai sur les hiéroglyphes*, Weimar, 1804 ; le même, *De l'étude des hiéroglyphes*, Paris, 1812, in-12 ; Lacour, *Essai sur les hiéroglyphes égyptiens*, 1821 ; Spohn, *De linguâ et litteris veterum Ægyptiorum*, Leipzig, 1831 ; Alex. Lenoir, *Nouveaux essais sur les hiéroglyphes*, 1822, in-8º ; Seyffarth, *Rudimenta hieroglyphica*, Leipzig, 1825, in-4º ; Champollion, *Précis du système hiéroglyphique*, Paris, 1824, et *Grammaire égyptienne*, publiée seulement en 1836 ; Salvolini, *Analyse grammaticale des différents textes égyptiens*, Paris, 1826, in-4º ; H. Salt, *Essai sur le système des hiéroglyphes pho-*

nétiques, trad. en franç. par Devère, 1827; Brown, *Aperçu sur les hiéroglyphes d'Égypte*; traduit de l'anglais, Paris, 1827; Greppo, *Essai sur le système hiéroglyphique de Champollion*, Paris, 1829, in-8°; Klaproth, *Examen des travaux de Champollion sur les hiéroglyphes*, 1832; Young, *Rudiments of an Egyptian dictionary*; 1831; Leemans, *Horapollinis Niloi hieroglyphica*, Amst., 1835; Nork, *Essai sur les hiéroglyphes*, en allem., Leipzig, 1837; Lepsius, *Lettre à M. Rosellini sur l'alphabet hiéroglyphique*, Rome, 1837, in-8°; Ch. Lenormant, *Recherches sur l'origine, la destination chez les Anciens, et l'utilité actuelle des hiéroglyphes d'Horapollon*, Paris, 1838, in-4°; J.-A. de Goulianoff, *Archéologie égyptienne*, Leipzig, 1839, 3 vol. in-8°; Ideler, *Hermapion, sive rudimenta hieroglyp. veter. Ægypt. litteraturæ*, Leipzig, 1841, in-4°; Bunsen, *La place qu'occupe l'Égypte dans l'histoire du monde*, en allem., Hambourg, 1845; Brugsch; *Scriptura Ægyptiorum demotica*, Berlin, 1848; le même, *Collection de documents démotiques*, t. Iᵉʳ, 1850.   B.

HIÉRON (du grec *iéron*, sacré), nom donné par les anciens Grecs à la totalité de l'enceinte sacrée qui renfermait le temple, les terres et les bois consacrés, les habitations des prêtres, etc.

HIEROTHÉCIUM, sorte de reliquaire renfermant une portion de la vraie croix.

HIEROTHYRIDAS ou HIEROTHYRIDION, espèce de chapelle portative, fermée par des volets ornés de peintures, et qu'on peut ranger parmi les diptyques ou les triptyques.

HILARODIE, nom donné, chez les anciens Grecs, d'abord à une chanson badine, puis à une petite pièce de théâtre tenant le milieu entre la comédie et la tragédie. On y a vu l'origine de la parodie (*V. ce mot*).

HILARO-TRAGÉDIE, nom que les Grecs donnaient à ce que les modernes ont appelé *tragi-comédie*; à une tragédie dont le dénoûment était heureux. L'invention de ce genre de pièces est attribuée par Suidas à Rhinton.

HIMALAYENS (Idiomes), nom donné à un groupe d'idiomes monosyllabiques, parlés au N.-E. du bassin du Gange. Les principaux sont le *bodo* et le *dhimal*.

HIMYARITE (Dialecte), dialecte parlé autrefois dans l'Yémen et dans la région orientale de l'Arabie. Il s'écrivait avec un caractère particulier, désigné sous le nom d'*Al Mosnad*, et qui était à peu près tombé en désuétude dès le temps de Mahomet; Pococke a voulu voir dans ce caractère le chaldéen à l'état primitif. On lui a même trouvé une ressemblance, évidemment fortuite, avec quelques-uns des plus anciens alphabets de l'Inde, et avec le slave (glagolitique). Selon quelques linguistes, l'himyarite aurait été assez rapproché du syriaque; Gesenius croit qu'il avait plus de rapport avec l'éthiopien, qu'on parlait de l'autre côté de la mer Rouge. MM. Fulgence Fresnel et Th.-J. Arnaud ont recueilli plusieurs inscriptions himyarites chez les tribus qui occupent l'ancien pays de Saba; ils pensent que l'*ekhkili*, parlé aujourd'hui dans le Mahra et l'Hadramaout, est un reste de l'antique dialecte. Le baron de Wrede a composé un petit Vocabulaire des mots himyarites que contient l'arabe actuel. *V.* Gesenius, *Sur la langue et l'écriture himyarites*, en allem., 1841.

HINDOUI ET HINDOUSTANI (Langues). *V.* INDIENNES (Langues).

HIPPODROME. *V.* ce mot dans notre *Dictionnaire de Biographie et d'Histoire*.

HIPPONACTIQUE (Vers). *V.* CHOLIAMBE.

HIPPOPHORBE (du grec *ippos*, cheval, et *phorbéia*, lanière de cuir que les joueurs de flûte se mettaient sur la bouche), flûte libyenne, qui rendait un son très-aigu et semblable au hennissement du cheval. Elle était faite, dit Pollux, en laurier dépouillé de son écorce et de sa moelle. Les gardiens de chevaux dans les pâturages en faisaient usage.

HIRAU ou HIRIAU, ancien nom des jongleurs et des ménestrels.

HIRONDE (Queue d'). *V.* QUEUE D'HIRONDE.

HISTOIRE (du grec *istoria*, recherche des choses curieuses, exposition de ce que l'on a vu), un des grands genres littéraires en prose. L'histoire raconte les faits accomplis par les hommes réunis en société; elle les coordonne, les rapporte à leurs causes, met leurs effets en lumière, et prononce sur leur moralité. Voilà son objet et son but : aussi Cicéron l'appelle-t-il le témoin des temps, la lumière de la vérité, l'école de la vie. Observer des phénomènes toujours identiques, qui se succèdent invariablement dans le même ordre et suivant les mêmes lois; comme les phénomènes astronomiques ou physi-

ques, c'est faire de la *science* et non de l'*histoire*. Le naturaliste, qui réunit et classe les objets de ses observations d'après des caractères communs aux êtres de toutes les époques et de toutes les latitudes, fait encore œuvre de savant et non d'historien : le nom d'*histoire naturelle* est un abus de termes qui vient de ce qu'on a confondu la variété avec l'irrégularité, la multiplicité avec la succession; l'histoire de la nature ne peut dater que des découvertes modernes, qui ont révélé les révolutions traversées par le monde physique dans ses premiers âges. Le domaine propre de l'histoire, c'est la vie des hommes, c.-à-d. ce qui est inconstant, ce qui change et se transforme capricieusement, du moins en apparence; c'est la succession des faits unie à la diversité. Dieu ne peut être l'objet de l'histoire, comme le voulait Jean Bodin au XVIᵉ siècle; car l'essence des choses divines est l'immutabilité. Dans l'homme seul existe une puissance distincte des éléments qui composent son corps et des agents physiques qui animent la matière; seul il a cette prérogative, que non-seulement il peut dérober son âme aux atteintes du monde extérieur, mais que, luttant sans cesse et prenant l'empire à son tour, il sait défendre son corps même contre les influences auxquelles il semble directement soumis. S'il touche à la terre par un côté de sa nature, par l'autre il tient au ciel; et cette émanation de la divinité, c'est moins encore l'intelligence que la faculté de vouloir : de cette faculté dérivent les actes libres, qui déconcertent toutes les prévisions, qui se dérobent à l'analyse, et que l'historien doit précisément recueillir et expliquer. Les faits humains qui échappent à la science sont proprement le domaine de l'histoire.

L'histoire est sujette à des transformations successives. Quelle est la loi de son développement? D'abord, elle se contente de recueillir les faits, plus ou moins altérés par la fiction, et de les confier une seconde fois à la mémoire, à l'aide du rhythme poétique; si l'écriture ne peut encore leur assurer une existence plus durable. L'histoire raconte alors pour raconter; elle se confond avec l'épopée. Mais l'esprit humain ne s'arrête pas là : quelle que soit l'irrégularité des faits, l'attention, à force d'observer la génération des effets et des causes, finit par découvrir un fil conducteur; elle s'en saisit, et s'efforce de retrouver l'ordre dans ce désordre apparent. De là naît l'*histoire pragmatique*, comme l'ont appelée les Anciens, ou *philosophique*, selon l'expression des modernes; c.-à-d. le récit des faits humains avec leurs principes et leurs conséquences. Ce n'est pas encore le dernier mot de l'histoire : l'homme, tourmenté d'un besoin insatiable de connaître, ne peut se contenter d'une explication incomplète et partielle; il ne tend à rien moins qu'à trouver le secret de toutes choses, à embrasser d'un seul coup d'œil, en partant d'un principe unique, la génération des idées, des constitutions, des révolutions. Ce dernier progrès, c'est la *Philosophie de l'histoire* (*V. ce mot*). — Il est évident que les conditions de l'histoire varient avec son caractère. Tant qu'elle n'est qu'un simple récit, elle peut se borner à un peuple, à une ville, à un individu. Dès qu'elle s'élève aux causes et aux effets, son horizon doit s'étendre : l'événement est en Grèce, mais la cause peut être en Asie. L'histoire philosophique est donc nécessairement générale. Il faut plus encore, si l'historien, considérant l'individu comme le résumé de l'espèce, et l'espèce comme le développement multiple de l'individu, prétend déterminer la loi qui domine tous les faits humains, et les ramener ainsi à leur théorie savante. Rien alors ne doit plus lui échapper; il n'a plus le droit de choisir même les grands peuples et les grands hommes qui représentent et résument le mieux l'esprit de l'humanité; il n'est pas de fait si insignifiant en apparence qui ne puisse jeter du jour sur l'ensemble; pas de contrée si lointaine qu'on ne doive explorer. L'histoire, parvenue à ce degré, doit donc être universelle. Mais le génie de l'homme peut-il jamais s'élever jusqu'à l'universalité? Cette espérance n'est-elle pas une chimère? Malgré son impuissance, malgré ses nombreux échecs dans la Philosophie de l'histoire, l'esprit humain tend toujours à la généralisation. Cependant il ne peut espérer d'atteindre le but qu'il poursuit : du jour où la Philosophie de l'histoire aurait tenu tout ce qu'elle promet, il n'y aurait plus d'histoire, il y aurait une science; et l'homme, s'élevant de degré en degré jusqu'à la parfaite intelligence des choses passées, de là même jusqu'à la prévision de l'avenir, se confondrait avec Dieu.

L'histoire est une création de la Grèce. On trouve, à la vérité, dans les littératures orientales, par exemple chez les Hébreux, quelques livres dits historiques; mais ce ne sont que des récits composés dans le but tout à fait pratique de conserver le souvenir de certains faits, qu'il est essentiel de ne pas oublier, et hors desquels l'écrivain n'a rien voulu voir. Ce qui caractérise, au contraire, les historiens grecs, c'est une curiosité insatiable, un esprit d'investigation générale, pour qui tous les faits ont une égale valeur ; c'est la recherche de la vérité pour elle-même, sans préoccupation de l'emploi qu'ils en pourront faire ; c'est l'esprit de critique, qui n'admet pas indistinctement toutes les traditions, qui choisit entre les témoignages ; c'est enfin l'esprit philosophique, qui, sous tous les actes sociaux, voit une manifestation de l'esprit humain. Mais les Grecs ont eu sur l'histoire une opinion particulière, enseignée dans leurs écoles, et que les Romains ont ensuite adoptée : ils confondaient presque l'histoire avec l'éloquence : *Nihil est magis oratorium quam historia*, disait Cicéron. Cette confusion, naïvement exprimée dans une préface d'Éphore, livra la théorie même du genre historique à l'autorité des rhéteurs, et la confina dans un chapitre de leurs traités sur l'art oratoire. Aussi, trop préoccupés du soin de la forme, les historiens de l'antiquité cherchèrent à intéresser et à plaire, aux dépens même de la vérité. Nulle part cette tendance ne se montre mieux à découvert, et nulle part on n'en voit mieux les effets, que dans l'usage des harangues (*V. ce mot*). C'est toujours l'art qui prime la science, toujours l'intérêt et le plaisir qui passent avant l'instruction et la vérité.

Les qualités nécessaires à l'historien sont nombreuses, variées, presque effrayantes. Pour la recherche des faits, il a besoin d'une rare intelligence : non-seulement il doit remonter aux différentes sources de l'histoire, traditions orales, inscriptions monumentales, médailles, livres, documents publics et privés, etc., et soumettre à une critique attentive, pénétrante et délicate tout ce qu'il aura recueilli ; il lui faut être versé dans la connaissance des lois, de la guerre, des finances, des institutions administratives, des langues, et s'éclairer par la chronologie et la géographie, qu'on a appelées les deux yeux de l'histoire. — La mise en œuvre des matériaux exige un grand talent de composition ; afin de produire l'intérêt et d'éviter l'ennui ; dans le nombre infini des faits, il importe de choisir ceux qui méritent de survivre, ceux qui sont dans un rapport essentiel avec la nature de l'homme, et dans un rapport anecdotique avec la nature des hommes à telle ou telle époque. — L'historien doit avoir fortifié, agrandi ses méditations solitaires par l'expérience de la vie active : s'il ne connaissait la société que par les livres, il serait exposé à la juger fort mal, et se trouverait dans l'impossibilité de la peindre. Tous les historiens de la Grèce, excepté peut-être Hérodote, furent des hommes publics, des orateurs et des généraux ; il en fut de même à Rome ; chez les modernes aussi, Machiavel, Guichardin, Paolo Sarpi, De Thou, rappellent l'idée de la vie active mêlée à la spéculation littéraire. — Parmi les qualités morales qui sont indispensables à l'historien, il faut citer en première ligne l'amour de la vérité, et par là on en entend, non pas seulement le besoin de cette vérité sèche et morte qui n'est que l'exactitude, mais la force de retrouver, de sentir et de refaire la vérité locale et contemporaine, de dessiner les physionomies des personnages, et de les mettre en mouvement, en leur rendant leurs passions et leurs costumes. On demandera ensuite à l'historien l'amour de l'humanité, c.-à-d. que sa justice impartiale ne doit pas être impassible : il faut qu'il ait une passion, qu'il souffre ou soit heureux de ce qu'il raconte, semblable à un témoin tout ému received de ce qu'il a vus. Lucien disait que l'historien doit être un étranger sans patrie, sans autels ; et un écrivain du XVIIIe siècle, qu'il doit n'être d'aucun pays, d'aucun parti, d'aucune religion : des récits composés dans de pareilles dispositions, sans principes, sans idées ; sans conviction ; ne pourraient avoir ni vie ni couleur. C'est à l'historien de soutenir, au contraire, le parti de la justice, qui est de tous les temps et de tous les lieux, sans qu'aucun intérêt de patrie, de corps ou de secte puisse le lui faire déserter.

Malgré la remarque si vraie d'Aristote, que la distinction des genres ne repose pas sur la différence de la forme, il faut se garder de croire que la forme soit indifférente : la pensée humaine, au contraire, ne peut être complète sans elle. Il y a donc un style historique, comme il y a un style oratoire. Chez les Anciens, la poésie et l'histoire avaient été longtemps confondues : dans les premiers âges des sociétés, l'homme n'est pas riche en souvenirs, et il n'a pas encore eu le temps d'exercer beaucoup sa raison ; l'imagination augmente et embellit

de ses inventions tous les événements qui ont vivement agi sur elle et qu'elle se plaît à célébrer. C'est ainsi qu'il y a de l'histoire dans Homère, et de la poésie dans Hérodote. De nos jours même, quoique le progrès des temps ait démêlé bien des éléments jusque-là confondus, le divorce n'est pas et ne saurait être complet entre la raison et l'imagination ; la poésie doit encore puiser ses données dans l'histoire, et l'histoire emprunter à la poésie ses formes vives et animées. On a prétendu que les deux genres devaient rester complétement indépendants l'un de l'autre, et on a voulu renfermer l'historien dans les limites étroites de la critique. Mais les auteurs tels que Suétone sont de simples compilateurs ; s'ils ont le mérite de la conscience et de l'exactitude, s'ils ont rassemblé tous les matériaux de l'histoire, l'histoire est encore à faire. Chez eux, tout est froid et décoloré ; au lieu de tableaux, ils n'offrent que de sèches divisions ; au lieu de personnages vivants, les membres épars qui pourraient servir à les recomposer. La vérité n'est pas tout entière dans une simple juxtaposition des faits, et une mémoire fidèle, une recherche patiente ne sont pas les seules qualités qu'on doive exiger de l'historien : la puissance de la réflexion et de l'imagination lui sont tout aussi nécessaires. L'une sert à choisir entre les différents récits, à discerner la vérité au milieu des contradictions, quelquefois même à combler les lacunes profondes, à restaurer des ruines et à reconstruire un vaste monument ; l'autre, répandant ses vives couleurs sur cette nature insensible, anime les descriptions, caractérise fortement le génie des peuples et des individus, évoque pour ainsi dire les morts, et donne au récit tout l'intérêt d'une action. L'historien doit éprouver quelque chose de l'émotion ressentie par les personnages qu'il met en scène, et faire passer ses sentiments dans ses écrits. Si l'histoire tient à la fois à la science et à la poésie, elle doit revêtir une forme intermédiaire entre les deux formes affectées aux œuvres de l'imagination et de la raison.

Eu égard à l'étendue des sujets, l'histoire est dite *universelle*, si elle embrasse tous les peuples et tous les siècles ; *générale*, quand elle s'occupe d'une nation, dont elle montre l'origine, les progrès et les diverses révolutions ; *particulière*, lorsqu'elle se borne à une période isolée, à un événement spécial, à une province, à une ville, à un homme public. Quand elle entre dans les détails de la conduite privée d'un personnage, elle devient une simple *Vie*, une *Biographie* (*V. ce mot*). Si un personnage raconte lui-même ses actes et les événements dont il a été témoin, sa composition rentre dans la classe des *Autobiographies* et des *Mémoires* (*V. ces mots*). — Au point de vue des éléments constitutifs de la société, l'histoire a été divisée en deux grandes parties, l'*histoire sacrée* et l'*histoire profane*. L'histoire sacrée, qui raconte tous les faits relatifs à la religion depuis l'origine du monde jusqu'à nos jours, se subdivise en *histoire sainte*, où l'on s'occupe des faits antérieurs au Christianisme et consignés dans les saintes Écritures, et *histoire ecclésiastique*, qui traite de l'établissement de l'Église et de son développement à travers les siècles. L'histoire profane embrasse l'histoire civile, politique et intellectuelle des différents peuples. On la partage en trois grandes périodes : *histoire ancienne*, depuis l'origine des États dans l'antique Orient jusqu'à la chute du monde romain à la fin du IVe siècle de l'ère chrétienne ; *histoire du moyen âge*, depuis la ruine de l'Empire romain jusqu'à l'établissement des Turcs Ottomans à Constantinople en 1453 ; *histoire des temps modernes*, depuis le milieu du XVe siècle jusqu'à nos jours. — Pour le tableau des plus célèbres historiens, *V.* les articles consacrés à l'histoire des diverses littératures.　　　　　　　　　　　　　B.

HISTOIRE (Académies d'), Sociétés formées par les savants de divers pays pour l'étude de l'histoire nationale. La *Société de l'Histoire de France*, fondée à Paris en 1833 par MM. Guizot, Thiers, Molé, de Barante, A. Beugnot, Mignet, Raynouard, Fauriel, etc., se réunit à la Bibliothèque impériale, et publie, outre un Annuaire et un Bulletin, des ouvrages et documents relatifs à l'histoire de la France. Au nombre des Sociétés étrangères, on remarque : l'*Académie royale d'Histoire portugaise de Lisbonne*, créée en 1720 par Jean V ; l'*Académie royale d'Histoire de Madrid*, confirmée en 1738 par Philippe V ; l'*Académie d'Histoire et d'Antiquités de Naples*, créée en 1807 par Napoléon Ier ; la *Société historique anglaise*, fondée à Londres en 1836 pour l'étude et la publication des documents antérieurs à Henri VIII ; la *Société de l'histoire ancienne de l'Allemagne*, fondée en 1819 à Francfort-sur-le-Mein par le ministre prussien De Stein ;

la *Société historique de la Basse-Saxe*, fondée à Hanovre en 1834; la *Société de l'Histoire nationale du Wurtemberg*, créée en 1822; la *Société historique et archéologique de Moscou*, créée en 1836, etc.

HISTOIRE (Peinture d'), le premier et le principal genre de la peinture, celui qui a pour objet principal la représentation de la figure et de l'action de l'homme, et qui embrasse les sujets tirés de l'histoire et de la mythologie, ainsi que les compositions allégoriques. Il implique un caractère noble, un style élevé, et quelque beauté idéale.

HISTOIRE AUGUSTE. *V.* AUGUSTE.

HISTORIÉ, se dit de toutes parties architecturales, moulures, chapiteaux, etc., sur lesquelles on a sculpté, peint ou gravé des sujets empruntés à l'histoire ou à la fable.

HISTORIOGRAPHE. ⎰ *V.* ces mots dans notre *Dict.*
HISTRION. ⎱ *de Biog. et d'Histoire.*

HITOPADÊÇA, c.-à-d. *Instruction salutaire*, recueil de fables et de contes en langue sanscrite. C'est un abrégé, de date assez récente, d'un ouvrage plus considérable et probablement beaucoup plus ancien, le *Pantcha-Tantra*. Le *Hitôpadêça* renferme un extrait des trois premiers livres de ce poëme, et d'un autre ouvrage brâhmanique que nous ne possédons pas. On peut donc considérer l'histoire du *Pantcha-Tantra* comme renfermant implicitement celle du *Hitôpadêça;* car c'est l'histoire même de la Fable. Ce recueil fut traduit en pehlvi, au VIᵉ siècle de notre ère, sous le titre de *Calila et Dimna;* puis, du pehlvi en arabe, au VIIIᵉ siècle; de l'arabe en hébreu par le rabbin Joel. Jean de Capoue le traduisit de l'hébreu en latin au XIIᵉ siècle sous le titre de *Directorium humanæ vitæ*, qui rend le sens du mot *Hitôpadêça*. Au XVᵉ et au XVIᵉ siècle on en fit, sur le latin, des versions espagnole, italienne et française; en 1579, Pierre de Larrivey les fondit ensemble sous le nom de *Deux livres de filosofie fabuleuse.* La Fontaine vint immédiatement après. De plus, le *Calila et Dimna* pehlvi fut traduit en persan aux XIIᵉ et XIIIᵉ siècles sous le titre de *Anwari Sohaili.* Le livre des *Lumières* est la traduction des quatre premiers livres; imprimé sous le nom de *Fables de Pilpay*, il a fourni plusieurs beaux sujets à notre grand fabuliste. — Le *Hitôpadêça*, ainsi que le *Pantcha-Tantra*, sont attribués au brâhmane Vishnuçarma. Schlegel et Lassen en ont donné une traduction latine, en 1831; Johnson, une traduction anglaise, en 1848; M. Lancereau, une française, en 1855. Le *Pantcha-Tantra*, traduit imparfaitement par l'abbé Dubois en 1826, vient de l'être fidèlement en allemand par M. Benfey. Ce dernier ouvrage est d'origine brâhmanique; il ne renferme aucun trait qui rappelle le bouddhisme, et semble, sinon antérieur à cette religion, au moins contemporain de ses premiers développements. Son style, la langue dans laquelle il est écrit, le reportent également à cette époque, c.-à-d. vers le IIᵉ ou le IIIᵉ siècle avant notre ère. Quant au *Hitôpadêça*, il est difficile d'en fixer la date, mais il ne semble pas pouvoir être antérieur au IIIᵉ ou au IVᵉ siècle de l'ère chrétienne. Il se peut aussi que les écrivains bouddhiques, à l'époque de leur lutte contre les brâhmanes, aient emprunté à ces derniers une forme littéraire éminemment propre à l'enseignement moral : ainsi s'expliqueraient les traits lancés contre les brâhmanes dans l'édition qui a servi de texte au traducteur arabe, traits dont nos textes du *Pantcha-Tantra* sont exempts. Em. B.

HOC (Jeu du) ⎰ *V.* JEUX, dans notre *Dict. de Biogr.*
HOCA (Jeu de) ⎱ *et d'Hist.*, p. 1436, col. 2.

HOCHE-PLIS. *V.* au *Supplément.*

HOIR, ancien terme de Jurisprudence, synonyme d'*héritier.* Il se disait spécialement des enfants et petits-enfants, et s'employait plutôt au pluriel qu'au singulier.

HOIRIE, mot autrefois synonyme d'*héritage*, de *succession*, dans la langue du droit. On nomme *avancement d'hoirie* une donation en avance sur une succession à recueillir. Ce qui est ainsi donné est retenu plus tard dans le compte de la succession.

HOLLANDAISE (École), l'une des grandes écoles de peinture chez les modernes. Les plus anciens artistes de cette école sont : Albert van Ouwater, de Harlem, qui vivait avant l'an 1400; Thierry, également de Harlem, postérieur d'un demi-siècle au précédent; et Corneille Engelbrechtsen, de Leyde, qui, le premier dans sa patrie, employa la peinture à l'huile. La peinture historique jeta un certain éclat dans le cours du XVIᵉ siècle, grâce à Lucas de Leyde, Martin Heemskerk, Octave Van Veen (Otto Venius), Honthorst, Ant. Moro. L'école est dès lors remarquable par une parfaite intelligence du clair-

obscur, une couleur aussi brillante que vraie, et un fini des plus précieux, sans arriver pourtant à la sécheresse.

Quand le protestantisme se fut répandu dans les Provinces-Unies, les tableaux religieux furent bannis des églises. L'art, entrant dans une autre route, n'exploita plus que le *paysage* national, car l'amour du sol de la patrie s'augmentait depuis qu'on avait secoué le joug de l'Espagne; que la *marine*, car elle était la défense et la force du nouvel État; que le *genre*, car on aimait à se reposer, dans des scènes calmes d'intérieur, de la lutte furieuse qu'il avait fallu soutenir. Alors surgirent tous ces grands artistes qui ont rempli le XVIIᵉ siècle, les paysagistes Jean et André Both, Albert Cuyp, Ant. Waterloo, Van Goyen, les deux Van der Neer, Moucheron, Swanevelt, Abraham Bloemaert, Hobbema, Ruysdaël, Wynants, Van Éverdingen, Berghem, Pynacker; les peintres de genre, Adrien Brauwer, Schalken, Netscher, les deux Weenix, Gérard Dow, Terburg, Pierre de Hoogh, Jean Steen, Poelemburg, Adrien et Isaac Van Ostade, Adrien Van der Werf, Van der Heyden, Pierre de Laar, dit le Bamboche, Corneille Bega, les deux Koninck, Mieris et Metzu; les peintres d'animaux, Paul Potter, Karel Dujardin, Hondekoeter et Wouwermans; les peintres de marine, Van Cappellen, Backhuysen et Van de Velde; les portraitistes, Bol, Van den Eeckhout et Van der Helst; les peintres de fleurs, David de Heem et Van Huysum; et, au-dessus de tous, Rembrandt, le sublime coloriste, le peintre de l'ombre. Descamps, *Vies des peintres flamands, allemands et hollandais*, Paris, 1750, 5 vol. in-8°.

HOLLANDAISE (Langue), langue classée par les linguistes dans la famille saxonne ou cimbrique des langues germaniques, et formant avec la langue flamande (*V. ce mot*) le groupe néerlandais (*V. ce mot*). Elle n'a pris ce nom que depuis que la Hollande s'est séparée des Espagnols, et, comme cette province était la plus importante des Provinces-Unies, son dialecte a été celui du gouvernement et de la nation. Le hollandais ne s'employait guère encore au XVIIᵉ et au XVIIIᵉ siècle que pour les versions de de la Bible, les sermons, les ouvrages de théologie et de controverse religieuse: les meilleurs auteurs écrivaient en latin ou en français. Le hollandais a les mêmes radicaux que les autres langues du bas-allemand. Il change assez ordinairement en *p* l'*f* des Allemands, en *v* leur *b*, souvent aussi en *t* leur *s* et leur *z*, en *d* leur *t*, et parfois en *k* leur *ch*. Il évite les sons sifflants et les accumulations de consonnes, mais traîne les voyelles d'une façon disgracieuse. Comme en allemand, l'accent tombe dans chaque mot sur la syllabe fondamentale. Le hollandais est très-riche en expressions relatives à la mer et à la marine; mais il est obligé d'emprunter à l'allemand la plupart des termes philosophiques. Moins hardi que l'allemand dans la composition des mots, il a aussi rejeté, chez les auteurs modernes, les longues périodes et les pénibles constructions de cette langue. L'alphabet hollandais a 22, 24 ou 26 lettres, selon qu'on admet, ou qu'on rejette comme faisant double emploi, tout ou partie des lettres *c*, *q*, *x* et *y*. La prononciation, généralement semblable à celle de l'allemand, présente les particularités suivantes : la lettre *u* a le son de notre diphthongue *eu*, le son *ou* est rendu par la voyelle composée *œ*, tandis que les lettres *ou* forment une diphthongue qui se prononce *oou;* les lettres *ij* forment une diphthongue qui répond à ce qu'on entend dans le mot français *veille;* le *g* a le son du *ch* allemand. Des différences de prononciation et l'introduction d'un certain nombre de mots étrangers donnent naissance à des dialectes locaux, dont les plus importants sont ceux de Zélande, de Gueldre, de Groningue, et celui de la vallée de Kampen ou de l'Yssel supérieur. *V.* Sewel, *Grammaire néerlandaise*, Amst., 1708, in-8°; Ph. Lagrue, *Grammaire hollandaise*, Amst., 1785, in-8°; Zeydelaar, *Grammaire hollandaise*, Amst., 1791, in-8°; Van Moerbeck, *Nouvelle Grammaire hollandaise*, en all., Leipzig, 1791, in-8°; P. Weiland, *Grammaire néerlandaise*, 1805; Van der Pyl, *Grammaire hollandaise pratique*, Dordrecht, in-8°; W. Bilderdyk, *Grammaire néerlandaise*, La Haye, 1826, in-8°; Winkelman, *Dictionnaire français-hollandais et hollandais-français*, Utrecht, 1783, 2 vol. in-8°; P. Marin, *Dictionnaire français et hollandais*, Amst., 1793, 2 vol. in-4°; Van Moock, *Nouveau Dictionnaire français-hollandais et hollandais-français*, Zutphen, 1824, 4 vol. in-8°; Olinger, *les Racines de la langue hollandaise, accompagnées d'une Grammaire simplifiée*, Bruxelles, 1818, in-12, et *Dictionnaire français-hollandais*, 2 vol. in-8; Van Jaarsveldt, *Sur les rapports du hollandais avec l'allemand*, Amst., 1838; F. Otto,

Essai théorique et pratique sur la langue et la littérature hollandaises, en allem., Erlangen, 1839, 2 vol. in-8°.

HOLLANDAISE (Littérature). Les Hollandais n'ont eu qu'assez tard une littérature nationale. Il n'est nullement prouvé que la Chronique rimée qui porte le nom de Nicolas Kolyn remonte, comme on l'a prétendu, jusqu'au xii° siècle. Celle dans laquelle Melis Stoke raconta l'histoire des comtes de Hollande jusqu'à Guillaume III, est du xiii°. Le xiv° présente Guillaume Van Hilleggersberg et des espèces de Trouvères, appelés *Sprekers* (orateurs), qui visitaient les cours des princes et des seigneurs, débitant des *spreuken* ou proverbes, maximes morales en prose et en vers. Des traductions ou des imitations de poèmes carlovingiens, tels que *Flore et Blanchefleur, Renaud de Montauban*, etc., furent faites en hollandais, mais on regarde les romans de *Charles et Élégast* et des *Enfants de Limbourg* comme des œuvres originales de cette littérature. Au commencement du xv° siècle on vit se former, dans les villes importantes, des corporations de *Rederijkers* (rhétoriciens) analogues aux *Meistersængers* allemands.

Quand les Provinces-Unies eurent échappé à la domination de l'Espagne, la littérature hollandaise prit un plus grand essor, et devint très-florissante. Le xvi° siècle vit paraître des poètes nombreux et distingués : Koornhert, qui combattit, dans des poèmes didactiques, les erreurs et les préjugés de son temps ; Philippe de Marnix, ami du prince d'Orange, auteur de chants qui devinrent populaires, et d'une œuvre satirique en prose, intitulée *Bijenkorf* ; H.-L. Spiegel, Rœmer Visscher et ses filles Anne et Marie, le chansonnier Laurent Reaal, Dirks Pers ; Brederode et Koster, qui donnèrent les premiers une forme régulière, l'un à la comédie, l'autre à la tragédie ; P. Corn. Hooft, bien supérieur à tous les précédents, et qui excella dans tous les genres ; Jan Vos, qui fut son rival dans les compositions dramatiques ; J. Cats, dont les œuvres sont pleines d'un aimable enjouement. La ville de Dordrecht eut son école poétique particulière, représentée par Kamphuysen, Hugo Grotius, Daniel Joncktys, Daniel Heinsius, Jérémie de Dekker, Van Someren. La poésie fut portée au plus haut degré de perfection pendant le xvii° siècle par Joost Van der Vondel, qui a publié des traductions d'auteurs classiques, des chants lyriques, des sonnets, des élégies, des héroïdes, des épîtres, des satires, des tragédies et une Poétique. On peut citer après lui Antonides Van der Goes, poète lyrique et tragique estimé ; Heymann Dullaert, Const. Huyghens, Joachim Oudaan, Van Westerbaen ; Reinier Anslo, dont le poème de *la Peste de Naples* est toujours estimé ; Van Feckenbroch, qu'on a surnommé le Scarron hollandais ; Jean Six, Jean de Brœkhuysen, Élisabeth Koolaert, J.-B. Wellekens, Rotgans, Moonen, Vlaming, J. Vollenhove, Luc. Schermer, Corn. Poot, qui excella dans la chanson et l'épître. — Hooft ne fut pas seulement un poète, mais un prosateur remarquable : on lui doit une *Histoire de Henri IV*, une *Histoire de la maison de Médicis* et une *Histoire de la guerre pour l'indépendance des Pays-Bas*. Gérard Brandt écrivit une *Vie de Ruyter* et une *Histoire de la Réformation*, et Gérard Van Loon une *Histoire de la Hollande*.

Lorsque les écrivains français du règne de Louis XIV eurent ébloui l'Europe de l'éclat de leur renommée, on se mit à les imiter en Hollande. Sybrand Feitama, traducteur du *Télémaque* et de *la Henriade*, se fit le chef de l'école nouvelle, dans laquelle on compte, entre autres poètes, Hoogvliet, W. Van Haren, et son frère Zwier Van Haren. La scène française fut également prise pour modèle par André Pels, Buisero, Huijdecoper, Langendijk, Van Steenwijk. Mais l'imitation étrangère ne pouvait être durable : vers le milieu du xviii° siècle, une femme, Lucr. Wilh. Van Merken, dont on a des poèmes historiques et didactiques, ramena la littérature nationale sur son véritable terrain, et, parmi ceux qui marchèrent en poésie sur cette trace nouvelle, on distingue Bellamy, Feith, Niewerland, Van Alphen, Élisabeth Bekker et Agathe Deken. Le théâtre reprit aussi ses libres allures avec Van Winter, Jels, Nomsz, Haverkorn, Uylenbroek, Doornik, et la baronne de Lannoy. Au nombre des prosateurs, on remarque Van Effen, fondateur des journaux hebdomadaires *le Misanthrope* et *le Spectateur*, et les historiens Jean Wagenaar, Stijl, Kluit, Van Wijn, Van Hamelsveld, Muntinghe, Meermann, Stuart, Scheltema, Kampen, Bosscha, Van Capelle, De Jonge, De Vries, Groen Van Prinsterer, etc.

Le génie le plus puissant du commencement du xix° siècle a été Bilderdijk, qui brilla dans tous les genres de

littérature. Autour de lui se sont groupés les poètes lyriques Kincker, Helmers, Spandaw, Loots et Tollens, les poètes élégiaques Simons et Borger, le poète bucolique Loosjes, les poètes didactiques Hulshoff, Hennert, Van der Bosch et Paulus, le satirique Fokke, enfin Lulof, qui cultiva le genre descriptif. Plus près de nous, la poésie hollandaise a été représentée par Isaac de Costa, Van der Hoop, Ter Haar, Van Lennep, Bogaerts, Wieselius, etc. Kantelaar s'est fait une grande réputation comme panégyriste, et Van der Palm comme orateur de la chaire. Le roman a jeté un assez vif éclat avec Maria Post.

V. Noël Paquot, *Mémoires pour servir à l'histoire littéraire des dix-sept provinces des Pays-Bas*, Liége, 1763 et suiv., 3 vol. in-fol., ouvrage inachevé ; Siegenbeek, *Histoire de la littérature néerlandaise*, Harlem, 1826, in-8° ; Gravenwert, *Essai sur l'histoire de la littérature néerlandaise*, Amst., 1830, in-8°.

HOLOPHRASTIQUE (du grec *holos*, tout ; et *phrazô*, je parle), c.-à-d. *exprimant l'idée dans son tout ; terme* dont se servent quelques linguistes par opposition à *analytique*, et qu'ils appliquent aux langues polysynthétiques.

HOLY-CROSS (Abbaye d'), en Irlande, dans le Munster, sur les bords de la Suir. Fondée en 1182 par Donald O'Brien, roi de Limerick, pour recevoir un morceau de la vraie croix donnée par le pape Pascal II (d'où lui est venu son nom, qui signifie *Sainte-Croix*), elle n'offre plus aujourd'hui que des ruines imposantes, les plus curieuses que l'on possède en style ogival. L'architecture de la nef est inférieure à celle des transepts, du chœur et de la tour. Celle-ci, carrée et d'une grande élévation, est supportée par quatre arcades gracieuses, qui ont d'élégants arcs-boutants découpés en pointe. Deux chapelles divisent l'aile du nord : l'une, qui contient les fonts baptismaux et un autel en forme de tombe, est éclairée par une fenêtre du plus étrange dessin. Dans le chœur s'élèvent une sorte de mausolée, avec écussons sculptés aux armoiries des Fitz-Gerald, et un cénotaphe qui paraît avoir été destiné à recevoir, pendant les services funèbres, les corps des défunts.

HOLY-ROOD (Palais et Abbaye d'), à Édimbourg. Le palais d'Holy-Rood, ancienne résidence des souverains écossais, est un grand bâtiment de forme quadrangulaire, avec une cour centrale : chaque côté présente un développement de près de 80 mèt. Les quatre tours crénelées qui garnissent les angles lui donnent l'aspect d'une forteresse féodale. Il a subi tant de changements depuis sa construction, qu'on ne saurait attribuer une date précise à aucune de ses parties. Les tours du N.-O., bâties par Jacques V, passent pour la partie la plus ancienne. Détruit par les Anglais en 1544, le palais fut rebâti peu de temps après sur un plan plus vaste, et ce ne fut qu'il ne renfermait pas moins de cinq cours. Cromwell le démolit de nouveau, à l'exception de l'angle du N.-O. ; les autres parties du monument actuel furent élevées sous le règne de Charles II, sur les plans de W. Bruce. Au-dessus de la porte d'entrée de la façade occidentale, on voit encore les armes royales de l'Écosse : de chaque côté s'élèvent deux colonnes doriques, qui supportent un entablement surmonté d'une coupole en forme de couronne impériale. Cette porte est gardée par des soldats vêtus de l'ancien costume national. A l'angle S.-E. de la cour intérieure est un grand escalier conduisant aux appartements royaux, qui furent habités en 1793, et de 1830 à 1833 par les Bourbons exilés de France. Le côté septentrional du palais contient une galerie longue de 49 mèt., large de 8ᵐ,50, haute de 6ᵐ, et où se trouvent 114 médiocres portraits peints par le Hollandais De Witt : ils passent pour ceux des rois d'Écosse, mais n'ont aucune authenticité. La seule curiosité vraiment intéressante d'Holy-Rood est la chambre à coucher de Marie Stuart, que l'on a conservée dans l'état où elle se trouvait au temps de cette reine : elle est située à l'angle N.-O. Les ducs d'Hamilton sont les gardiens héréditaires du palais. — Au N. du palais sont les ruines de l'abbaye fondée en 1128 par David Iᵉʳ. Cet édifice, de style ogival, fut pillé en 1332 et en partie détruit en 1544 par les Anglais. La nef qui avait été préservée fut dépouillée de tous ses ornements lors de la Réformation. Charles Iᵉʳ fit restaurer ces ruines, qu'il transforma en une chapelle royale, où il fut couronné en 1633. Pendant la République, la populace la dévasta de nouveau. En 1758, on la recouvrit d'un toit tellement lourd, que, dix ans après, les murs s'affaissèrent en partie sous ce poids. Depuis lors elle est restée une ruine. On y voit les restes de David II, de Jacques II, de Jacques V et de sa femme, de Henri Darnley, etc., car l'intérieur a servi pendant longtemps de cimetière: *V. Historical description of the monastery and chapel royal, of. Holyrood-House*, Édimbourg, 1819, in-8°.

HOMBRE (Jeu de l'). *V.* Jeux, dans notre *Dictionnaire de Biographie et d'Histoire*, page 1436, col. 2.

HOMÉLIE (du grec *homilia*, discours familier, conversation; en latin *sermo*), nom donné aux discours qui se faisaient dans l'église, pour montrer que ce n'étaient pas des harangues et des discours d'apparat comme ceux des orateurs profanes, mais des entretiens comme ceux d'un maître à ses disciples ou d'un père à ses enfants. Nous avons un grand nombre d'homélies des Pères de l'Église grecque, S¹ Basile, S¹ Jean Chrysostôme, S¹ Grégoire de Nazianze, etc. On en trouve chez les Pères latins, dans S¹ Augustin entre autres, sous le titre d'*Enarratio*. L'ancienne homélie a été remplacée par le *Prône* (*V. ce mot*).

HOMÉRIDES. } *V.* ces mots dans notre
HOMÉRIQUE (Guerre) } *Dictionnaire de Biogra-*
HOMÉRISTES. } *phie et d'Histoire*.

HOMICIDE (du latin *homo*, homme, et *cædere*, tuer), acte de tuer un homme, et celui qui a commis cet acte. La loi française distingue plusieurs espèces d'homicides: l'*assassinat*, le *meurtre*, le *régicide*, le *parricide*, l'*infanticide* (*V.* ces mots), l'*homicide par imprudence* (puni d'un emprisonnement de 3 mois à 2 ans, d'une amende de 50 à 500 fr., et donnant lieu à des dommages-intérêts), et l'*homicide par légitime défense* (*V. ce mot*). La loi prend en considération l'âge du coupable (*V.* Discernement).

HOMILÉTIQUE, nom donné par les rhéteurs allemands à la partie de la Rhétorique qui concerne l'éloquence de la chaire. Schmidt, Ammon, Schott, Hüffel, ont écrit des traités d'Homilétique.

HOMILIAIRE, recueil d'homélies qui devaient être lues le dimanche dans la primitive Église.

HOMMAGE. } *V.* ces mots dans notre *Dictionnaire de*
HOMME. } *Biographie et d'Histoire*.

HOMMES DE LETTRES. *V.* Gens de lettres.

HOMOEOGRAPHIE. *V.* Lithotypographie.

HOMOEOMÉRIES, particules similaires en nombre infini, qui étaient, suivant Anaxagore, le principe matériel, la substance de toutes choses (*V.* Aristote, *Métaph.*, I, 3). « Il pensait, nous dit Diogène Laërce (*Vie d'Anaxa-«gore*), que les principes des choses consistent en pe-«tites parties toutes semblables les unes aux autres..., «et que l'univers a été formé de corpuscules, de parties «menues et conformes entre elles. » D'après cela, on serait tenté au premier abord d'assimiler les homœoméries d'Anaxagore aux atomes des Épicuriens. Mais il faut noter, entre les deux systèmes, cette différence tout à l'avantage d'Anaxagore, que les atomistes considéraient leur matière première comme douée par elle-même de la propriété de se mouvoir, tandis que la cause du mouvement et de la réunion des homœoméries est cette intelligence, ce νοῦς, que Platon et Aristote louent Anaxagore d'avoir nommée pour la première fois le principe de l'arrangement et de l'ordre de l'univers. *V.* la note de l'article *Anaxagoras* dans le *Dictionnaire critique* de Bayle, et la thèse de M. Zévort *Sur la vie et la doctrine d'Anaxagore*. B—E.

HOMOEOPTOTE et HOMOEOTÉLEUTE (du grec *omoios*, semblable; *ptôtos*, qui tombe; *téleutè*, terminaison), terme de la Rhétorique ancienne, désignant une figure qui rapproche des mots dont les terminaisons sont semblables. On a un exemple de cet artifice dans les vers suivants d'Horace (*Sat. I, 6, v. 55*) :

> Multos sæpe viros, nullis majoribus ortos,
> Et vixisse probos, amplis et honoribus auctos.

Dans ce retour périodique des mêmes consonnances on voit généralement l'origine du système de versification rimée qui fut souvent employé en latin du moyen âge. La même figure se trouve dans les dictons populaires, parce qu'elle indique bien le parallélisme des idées : « Qui terre *a*, guerre *a*; — Jeux de mains, jeux de vilains; — Comparaison n'est pas raison. »

HOMOLOGATION (du grec *omologéin*, approuver), sanction donnée par l'autorité judiciaire à un acte qui lui est soumis. Les délibérations des Conseils de famille sur les intérêts graves des mineurs et des interdits (*Code Napol.*, art. 448, 457, 483, 511), les licitations ou partages faits en justice, doivent être homologués par le tribunal de 1ʳᵉ instance. Les concordats passés entre le failli et ses créanciers doivent avoir l'homologation du tribunal de commerce *Code de Comm.*, art. 524-529). Les actes

de notoriété tenant lieu, en cas de célébration de mariage, des actes de naissance, doivent être soumis à l'homologation des tribunaux de 1ʳᵉ instance. Les transactions autorisées par les conseils municipaux doivent être homologuées par le préfet quand la somme ne dépasse pas 3,000 fr., et par l'empereur si la somme est plus considérable. Les tarifs des chemins de fer doivent être homologués par le ministre de l'agriculture, du commerce et des travaux publics.

HOMOLOGUMÈNES, nom que reçurent au ivᵉ siècle les livres du Nouveau Testament dont l'authenticité était prouvée et reconnue de tous, par opposition aux livres *antilogumènes*, dont l'authenticité était contestée.

HOMONYME (du grec *omos*, semblable, et *onoma*, nom), se dit des mots qui se prononcent de même, soit en s'écrivant différemment, comme *cours* (lieu de promenade) et *cour* (espace découvert enfermé de murs), *saint* (du latin *sanctus*, pur), *sein* (de *sinus*), *sain* (de *sanus*), *ceint* (de *cinctus*) et *seing* (de *signum*), *mer*, *mère* et *maire*; soit en signifiant des choses différentes, comme *port* (du latin *portus*), abri pour les vaisseaux, et *port* (du verbe *porter*), manière de se tenir en marchant; *cor*, durillon aux pieds, et *cor*, instrument de musique; *livre* (poids) et *livre* (qu'on lit), *neuf* (chiffre) et *neuf* (nouveau). On dit aussi *mon homonyme*, *votre homonyme*, en parlant d'une personne portant le même nom que celle qui parle ou à qui l'on s'adresse, que ces noms soient ou non conformes par l'orthographe. Les mots homonymes sont une source féconde de méprises et de fautes pour les étrangers, et pour les nationaux même qui commencent à étudier leur propre langue. *V.* L. Philippon de La Madeleine, *Des Homonymes français*, 3ᵉ édit., Paris, 1817.

HOMONYMES (Rimes). *V.* Rime.

HOMOPHONIE. *V.* Antiphonie.

HONCHETS. *V.* Jonchets.

HONGRELINE; vêtement militaire au xviiᵉ siècle. C'était un pourpoint fourré, ouvert par devant, serré à la taille, et muni de basques assez longues; les manches, assez larges, descendaient à peine au-dessous du coude, et étaient garnies par en bas d'un large retroussis.

HONGRIEURS ou HONGROYEURS, nom donné autrefois à des artisans qui préparaient des cuirs à la manière de Hongrie, et aux marchands qui vendaient ces cuirs.

HONGROISE ou MAGYARE (Langue), une des langues ouralo-finnoises. Les Hongrois ont longtemps prétendu que leur idiome était seul de son espèce, sans rapport de filiation ou de génération avec aucun autre. Tout ce qu'on peut leur accorder, c'est qu'il était déjà formé à une époque où la plupart des langues actuelles de l'Europe n'existaient pas ou n'exerçaient point d'influence dans la Hongrie; c'est encore qu'il contient des mots qui ne se retrouvent pas dans les autres langues connues. Beaucoup de mots hongrois ayant des analogues en sanscrit, en persan, en hébreu, en turc, en slave, en grec, en latin, en allemand, en scandinave, etc., certains linguistes n'ont voulu voir, au contraire, dans la langue hongroise qu'un mélange de toutes sortes d'idiomes : mais les Hongrois ont toujours possédé dans l'histoire un caractère trop tranché, trop original, pour qu'une langue bâtarde puisse leur être attribuée, et leur contact avec les peuples chez lesquels ils ont passé, ou qui ont passé chez eux, suffit à expliquer la présence des mots étrangers dans leur langue. Adelung, ne sachant à quel groupe la rattacher, la mit, avec l'albanais, à part des autres langues européennes; ce sont Klaproth et Balbi qui l'ont fait entrer dans la famille des langues ouraliennes ou finnoises.

Le hongrois a des racines extrêmement simples, qui peuvent aisément se ramener à l'état monosyllabique, et qui n'altèrent jamais les flexions qui s'y adjoignent. Il possède beaucoup d'onomatopées, et une grande facilité pour la composition des mots. On y distingue des voyelles simples, *a, e, i, o, u*, qui ont le son aigu, et des voyelles quiescentes, *á, é, í, ö, ú, ü*, qui se prononcent en trainant. Il n'y a pas de diphthongues proprement dites. Le hongrois a des sons particuliers, *gy, ny, ly, ty*, où l'*y* ne sonne nullement comme un *i*, mais comme un *j* se confondant avec la consonne. Il évite dans la prononciation la rencontre des consonnes, au point de préposer une lettre euphonique aux consonnes doubles des radicaux étrangers (*iskola*, du latin *scola*). Il ne distingue pas les genres, et exprime le sexe, quand cela est nécessaire, par un mot distinct. Il n'a pas de déclinaisons; les flexions des cas consistent en particules qui se joignent au radical, et que les anciens grammairiens prirent à to't pour des terminaisons de cas. Les pronoms possessifs et les prépositions s'expriment par des suffixes. L'article es; exprimé par *az* ou par *a*, selon que le substantif qu'il détermine commence par une voyelle ou par une consonne. L'adjectif est invariable quand il précède le substantif qu'il qualifie; mais, s'il le suit et en est séparé par le verbe *étre*, il prend les mêmes flexions que lui. Les noms de famille sont considérés comme des adjectifs, et, pour cela, s'énoncent avant les noms de baptême (*Bathory Gabor*, Gabriel de Bathor). Le comparatif se forme en ajoutant la lettre *b* à la fin du positif. Dans le verbe, la 3e personne du présent est considérée comme le thème ou radical pur. Le verbe substantif se sous-entend le plus souvent. Le verbe *avoir* exprimant la possession se rend par le verbe *étre* rapport pour sujet le nom de l'objet possédé (*un livre est à moi*; au lieu de *j'ai un livre*). La forme du futur dans les verbes ne diffère pas de celle du présent, et le sens seul ou quelque particule fait distinguer les deux temps; l'emploi d'un auxiliaire pour exprimer le futur est relativement récent. Les verbes actifs ont la propriété d'être conjugués de deux manières, selon qu'on les emploie dans un sens général ou dans un sens déterminé. Le hongrois a trois participes, un pour le présent, un pour le passé, et un pour le futur.

La juste proportion des voyelles et des consonnes, le soin que l'on apporte à bien articuler les syllabes et à nuancer exactement les sons, donnent à la langue hongroise beaucoup d'harmonie, en même temps qu'elle est redevable d'une singulière énergie à la variété de ses formes et de ses constructions. La régularité des flexions et des liaisons la rend claire et précise. La prosodie et le rhythme y sont tels, qu'on a pu y introduire avec succès les mètres des Grecs et des Romains. Malgré ses qualités, la langue hongroise est peu parlée, ce qui s'explique par la coexistence en Hongrie du slave, de l'allemand et du valaque, et surtout par cette circonstance que, durant plusieurs siècles, elle a été exclue de l'Église, de l'administration publique, des écoles, où l'on n'employait que le latin, et de la haute société, qui préférait le français ou l'allemand. On y distingue 4 dialectes, différenciés entre eux par la prononciation : le paloczen, parlé dans les comitats de Héves, de Neograd et de Honth ; le magyar d'au delà du Danube ; le magyar des bords de la Théiss; et le dialecte des Szeklers, qui vivent dans la Transylvanie, la Bukowine et la Moldavie.

Les Hongrois ont eu une écriture nationale, qui s'est perpétuée presque jusqu'à nos jours chez les Szeklers : mais l'alphabet latin a été adopté lors de la prédication du christianisme. Seulement, comme la langue présente au moins 31 valeurs phonétiques, il a fallu augmenter cet alphabet, en multipliant les voyelles au moyen de tréma et d'accents, et les consonnes en réunissant plusieurs qui transcrivent des articulations spéciales (*zs, sz, j, gn*). V. Molnár, *Grammatica hungarica*, Hanovre, 1610, in-8o; Komáromi, *Grammaire hongroise*, Utrecht, 1665; Pereszlenyi, *Grammatica linguæ hungaricæ*, Tyrnau, 1682, in-8o ; J. Thomas, *Grammaire française et hongroise*, OEdenburg, 1763, in-8o; Gyarmathi, *Grammaire critique de la langue hongroise*, Clausenberg, 1794, 2 vol. in-8o ; Nicolas Revai, *Grammatica hungarica*, Pesth, 1809, 2 vol. in-8o ; Tœpler, *Grammaire théorique et pratique de la langue hongroise*, en allem., Pesth, 1842 ; J. Eiben, *Nouvelle Grammaire hongroise*, Lemberg, 1843, in-8o; Molnár, *Dictionarium latino-hungaricum*, Nuremberg, 1606, in-8o ; Pariz Papai, *Dictionarium latino-hungaricum*, Leutschau, 1708 ; Dankowsky, *Magyaricæ linguæ Lexicon critico-etymologicum*, Presbourg, 1833, in-8o; Michel Kis et Ignace Paradis, *Nouveau Dictionnaire de poche français-hongrois et hongrois-français*, Pesth, 1844, in-12 ; Virag, *Magyar prosodia*, Bude, 1820, in-8o; Ortelli, *Harmonia linguarum, speciatim hungaricæ cum hebræâ*, Wittemberg, 1746, in-8o; Beregzaszi, *Sur la ressemblance de la langue hongroise avec les langues orientales*, en allem., Leipzig, 1796; Gyarmathi, *Affinitas linguæ hungaricæ cum linguis fennicæ originis*, Gœttingue, 1799, in-8o; F. Thomas, *Conjecturæ de origine, primâ sede et linguâ Hungarorum*, Bude, 1806, 3 vol.; Peringer, *Sur la langue magyare*, en allem., Vienne, 1833, in-8o; Horvat, *Sur les dialectes de la Hongrie*, 1821; Fogarasi, *Métaphysique de la langue hongroise*, en allem., Pesth, 1834; Benkovich, *Sur l'origine des Hongrois et de leur langue*, Presbourg, 1836.

HONGROISE (Littérature). Dès le XIe siècle, la civilisation avait jeté, chez les Magyares, d'assez profondes racines pour qu'une littérature nationale pût se développer. Malheureusement, à la suite de l'établissement du christia-

nisme en Hongrie, le latin fut substitué à la langue populaire pour le culte; les procédures devant les tribunaux, la rédaction des documents authentiques et des actes légaux. Nous ne parlerons ni des écoles et sociétés savantes, fondées et entretenues pendant plusieurs siècles par la munificence des souverains; ni des chroniques latines dont un grand nombre sont encore ensevelies en manuscrit dans les archives, et dont beaucoup d'autres ont péri au milieu des bouleversements politiques; ni des historiens Simon Von Réza, Calanus, Thomas Spalatensis, Rogerius, Jean de Kikellö, Laurent de Monacis, Bonfinius, Galeotus, Ranzanus, Tubéro, Vérantius, Ratkai, Sambucus, Istvansi, etc.; ni des philosophes et mathématiciens Pierre de Dacie, Boscovich, Segner, Rauch, Micovinyi, etc.; ni des orateurs et des poëtes, comme Janus Pannonius, Zalkan, François Hunyade, Dobner, Pallya, etc. Toute cette littérature, qui employait une langue antipathique au génie national, resta le partage exclusif d'une classe privilégiée.

La langue latine n'étouffa cependant pas complètement l'idiome magyare, qui se conservait dans les relations de la vie commune, dans les camps, dans les fêtes domestiques ou populaires, dans les assemblées politiques. On a recueilli des fragments d'hymnes guerriers, de chants populaires et de sermons en hongrois. Les annales de la Hongrie parlent du *Cantus jaculatorum et truffatorum*. La préface du décret de Coloman dans le *Corpus juris Hungariæ* l'indique et a été traduit du hongrois, et on prétend que la Bulle d'or d'André II existe encore en original dans cette langue. Ce ne fut toutefois qu'au XIVe siècle, sous le gouvernement des princes de la maison d'Anjou, que la littérature nationale sortit pour quelque temps de son état de proscription et prit un plus libre essor. On rédigea en hongrois des actes publics et des lettres ; de cette époque date la formule de serment en hongrois, qui se lit encore dans le *Corpus juris Hungariæ*. La Bibliothèque impériale de Vienne possède un manuscrit de l'an 1382, renfermant une traduction de plusieurs livres de la Bible, essai qui fut suivi de traductions complètes des Saintes Écritures par Ladislas Bathori en 1450 et par Bertalan en 1508. Dès 1465, Janus Pannonius composa une Grammaire hongroise, qui ne nous est pas parvenue.

Avec le XVIe siècle s'ouvre une période plus favorable pour la littérature hongroise : les mouvements politiques et religieux donnent aux esprits une vive impulsion. Bien que les princes de la maison de Habsbourg se soient efforcés de faire prédominer l'allemand, ou, à son défaut, le latin, Ferdinand Ier doit s'engager solennellement, en 1526, à respecter la langue et la nationalité des Magyares. Pour instruire le peuple, dans son propre idiome, des destinées de ses ancêtres, Székely, Temesvári, Heltei, Bartha, Lisznyai, écrivent leurs Chroniques hongroises. Des traductions de la Bible sont publiées par Komjáti, Pesti, Sylvestre, Juhász, Féleyhazi, Karolyi, Molnár, Kéldi, Komáromi, Tótfalusi. Des orateurs éloquents se révèlent : Gaal, Davidis, Kultsár, Bornemisza, Telegdi et Detsi au XVIe siècle, Pazman, Kaldi, Skaritzai, Zvonaritz, Koptsanyi, Margitai au XVIIe. Dans la poésie sacrée se distinguent Batizi, Pétsi, Uffalvi, Skaritzai, Fabricius, Fazékas, Gelei, Dajká, Megyesi, etc. Jamais on ne composa plus de chants destinés à rappeler les exploits des héros nationaux, à raconter les vieilles histoires ou les vieux contes : parmi ceux qui brillèrent dans ce genre de littérature, on cite, Csáti, Tinódi, Kákonyi, Tsanádi, Valkai, Tsáktorny, Tserényi, Szegedi, Illesfalvi, Sztary, Balassa, Illosvai, Verès, Enyedi, Szöllösi, etc. La poésie épique prend aussi un grand essor avec le comte Niklas Zrinyi, Ladislas Liszti, Christophe Paskó, le comte Étienne Kohary, et Etienne de Gyöngyösi. Dans la poésie lyrique, Rimai et Benitzky se font un nom célèbre. On publie une foule de Grammaires, de Dictionnaires et d'autres ouvrages de philologie.

Cette littérature hongroise, si pleine de sève, si vigoureuse dans ses développements, fut étouffée au XVIIIe siècle par les princes autrichiens, parce que la langue nationale était considérée comme la source des hérésies et des révoltes, et le latin redevint plus florissant que jamais. Toutefois, le hongrois fut encore employé dans la poésie par Faludi, Bessenyei, Paul Anyos, Kálmar, Bárotzi, Révai, etc. Mais les efforts de Joseph II pour abolir la Constitution hongroise et pour imposer l'allemand comme langue des affaires publiques amenèrent une réaction violente. En 1781 Mathieu Ráth publia le premier journal en langue hongroise. En 1790, après la mort de Joseph II, la Diète hongroise rendit l'étude de cette langue obligatoire dans les écoles, et en prescrivit l'emploi

dans tous les actes publics, politiques et judiciaires ; des théâtres hongrois s'ouvrirent à Ofen et à Pesth ; on fonda des Revues purement littéraires. Cette nouvelle période, qui commença à la fin du XVIIIe siècle, a été féconde. Dans la poésie on remarque Joseph Rajinis, Gabriel Dayka, Kasinczy, Verseghi, Csokonai, Virág, Jean Kis, Berszenyi, Kisfaludy, Paul Szemere, Ráday, Szcutzobi, Kölesey, Witkovics, Szent-Miklosy, André Horváth, Erdélyi, Kerényi, Lisznyai, Jean Arany, et surtout Czuzcor, Vörösmarty et Petœfi. Parmi les prosateurs nous citerons : le baron Jósika, qui a pris pour modèle Walter Scott dans ses romans ; les romanciers Kuthy, Nagy, Pálffy, Tompa, Dobsza ; les historiens Étienne et Michel Horváth, Szalay, Juszay ; les géographes Fényes et Palugyai ; les auteurs dramatiques Cœtvœs, Obernyik, Gál, Czakó, Ladislas Teleki, Szigligeti.
V. Wallaszki, *Conspectus reipublicæ litterariæ in Ungaria*, Presbourg, 1785, in-8°; Endrödy, *Histoire du théâtre hongrois*, Pesth, 1793, 3 vol. in-8°; Gál, *Théâtre des Hongrois*, Brünn, 1820; Fanyeri et Toldy, *Manuel de la poésie hongroise*, Pesth, 1828, 2 vol. in-8°; John Bowring, *Aperçu de la langue et de la littérature de la Hongrie et de la Transylvanie*, en anglais, Londr., 1830, in-8°; Stettner et Schedel, *Manuel de la poésie hongroise*, Vienne, 1836; Toldy, *Histoire de la littérature hongroise*, 2e édit., Pesth, 1853, 3 vol.

HONGROYEURS. V. HONGRIEURS.

HONNÊTE. L'*honnête* est pris ordinairement comme synonyme du *devoir*, parce-qu'il a comme lui un caractère obligatoire ; mais il semble entrer encore plus délicatement dans toutes les nuances de la vie morale, et d'ailleurs nous avons le sentiment de l'honnête avant de bien comprendre le devoir par la raison. Cependant, s'il introduit en quelque sorte la vie morale jusque dans les bienséances sociales, il subordonne, comme le devoir, la passion et l'intérêt à la loi universelle et absolue du juste, et, comme lui encore, il se distingue de l'*agréable* qui flatte la sensibilité, et de l'*utile* qui n'est qu'une affaire de calcul : il reste digne d'éloge, dit Cicéron, quand même il ne rapporterait ni utilité, ni récompense, ni profit. On s'accorde à reconnaître quatre sources de l'honnête : la *prudence* ou la *sagesse*, vertu nécessaire dans l'ordre de l'intelligence ; la *justice*, qui n'est que l'honnête considéré dans toutes les relations sociales ; la *force* ou fermeté de caractère ; la *tempérance*, qui comprend la modération en toute chose. R.

HONNEUR. C'est, dans le sens le plus rigoureux, ce qui porte l'homme à conformer sa conduite à l'*honnête*, ce qui lui mérite l'estime et parfois l'admiration de ses semblables, quand il fait ce qui est moralement beau. L'honneur, ainsi entendu, est un principe d'action qui porte à faire ce qui distingue, ce qui ennoblit, ce qui orne la vie. Il suppose le respect de soi-même, la décence et la loyauté dans les relations. De là résulte un second sens du mot *honneur*, qui est la *considération*, la *bonne réputation ;* l'effet prend le nom de la cause. Ce dernier sens est le plus commun, par suite, l'honneur dépend en partie de l'opinion, qui peut le dénaturer. De là ce qu'on appelle le *point d'honneur*, qui pousse quelquefois à faire ce que défend la loi morale. L'honneur alors n'est plus que le *respect humain*, mal compris. — *Honneurs*, dignités, se distinguent de l'*honneur* : « On peut être à la fois couvert d'infamie et de dignités », dit Montesquieu.
Dans certains jeux, tels que le whist, le boston, les *honneurs* sont les figures et les as. — On appelle encore *honneurs* certains présents qui se font au sacre des rois et des prélats, comme, en France, un vase de vermeil, un pain d'or ou d'argent, des médailles d'or. R.

HONNEUR, dieu allégorique. ⎰ V. notre *Dict. de*
HONNEUR (Chevaliers, Dames d'). ⎰ *Biogr. et d'Hist.*
HONNEUR (Légion d'). V. LÉGION.

HONORAIRES, mot qui s'employait jadis pour désigner les traitements des fonctionnaires d'un ordre élevé, et qui ne désigne plus que la rétribution due aux services et aux soins des personnes qui exercent certaines professions libérales, par exemple les médecins et les avocats.

HONORAT (La Vie de St), poëme provençal où l'histoire du saint est rattachée à toutes les traditions de l'épopée carlovingienne. Cet ouvrage est surtout curieux parce qu'il fait connaître un grand nombre de romans aujourd'hui perdus. Il fut composé vers la fin du XIIIe siècle par Ramond Feraud, moine de Lérins. Il existe manuscrit à la Bibliothèque nationale de Paris. V. *Histoire littéraire de la France*, tome XXII; Sardou, *la Vida de Sant Honorat*, analyse et morceaux choisis, avec la traduction, Paris, 1858, gr. in-8°. H. D.

HONVEDS, c.-à-d. en hongrois *défenseurs du pays*, nom qu'on donnait jadis en Hongrie aux soldats indigènes, et plus tard à toute l'armée.

HOPITAL. ⎰ V. ces mots dans notre *Dictionnaire*
HOQUETON. ⎰ *de Biographie et d'Histoire.*

HORATIA (Colonne). V. COLONNES MONUMENTALES, dans notre *Dictionnaire de Biographie et d'Histoire*, page 634, col. 1.

HORION, casque. V. notre *Dictionnaire de Biographie et d'Histoire.*

HORLOGE, instrument propre à mesurer la marche du temps. Les peuples de l'antiquité n'ont employé à cet usage que les sabliers, les cadrans solaires et les clepsydres. On arriva, vers l'époque du Bas-Empire, à obtenir des horloges d'eau à mouvement continu ; c'étai une horloge de ce genre que le calife Haroun-al-Raschid envoya en présent à Charlemagne. L'horloge exécutée au IXe siècle par Pacificus, archidiacre de Vérone, et qui marquait les heures, le quantième du mois, les jours de la semaine, le lever et le coucher du soleil, les signes du zodiaque, etc., était mue également par une force hydraulique. Ce fut au Xe siècle que les horloges purement mécaniques furent inventées, et l'on a attribué cette découverte à Gerbert (le pape Sylvestre II). Le rouage de la sonnerie parut au XIIe siècle : on en trouve la première mention dans les *Usages de l'ordre de Cîteaux*, compilés vers 1120. Au commencement du XIVe siècle, on commença de faire des horloges monumentales en Allemagne et en Italie. Celle qui fut placée en 1344 sur la tour du palais de Padoue émerveilla les contemporains à un tel point, que l'auteur, Jacques de Dondi, reçut le surnom de *Horologius*, porté aussi par ses descendants. Un Allemand, Henri de Vic, attiré à Paris par Charles V, fit l'horloge de la tour du Palais de Justice, où l'on trouvait déjà les principes de l'horlogerie moderne, un poids pour moteur, une pièce oscillante pour régulateur, et l'échappement. Cette horloge, dont le cadran fut décoré par Germain Pilon au XVIe siècle, subit diverses modifications jusqu'au XVIIIe, époque où elle fut détruite. Une autre horloge fut faite vers 1380 par Jean Jouvence pour le château de Montargis. On fit d'assez bonne heure des horloges très-compliquées : tantôt c'étaient des carillons qui indiquaient le temps, tantôt des personnages mécaniques qui venaient jouer des scènes à certains moments. Celle que Pierre de Chalus, abbé de Cluny, fit placer dans son église vers le milieu du XIVe siècle, portait un calendrier perpétuel, indiquant l'année, le mois, la semaine, le jour et les minutes, et un calendrier ecclésiastique indiquant les fêtes et les offices de chaque jour, les positions, oppositions et conjonctions des astres, les phases de la lune, etc.; chaque jour, dans une niche supérieure, se présentaient des personnages mécaniques jouant une scène religieuse ; les heures étaient annoncées par un coq qui battait de l'aile et chantait deux fois ; au même moment un Ange ouvrait une porte et saluait la Ste Vierge, le St Esprit descendait sur sa tête en forme de colombe, le Père éternel la bénissait ; un carillon harmonique se faisait entendre ; on voyait s'agiter des animaux fantastiques qui remuaient la langue et les yeux, et tout disparaissait à la fois après l'heure sonnée. Presque toutes les églises et les beffrois finirent par posséder des horloges plus ou moins curieuses ; on cite particulièrement celle de Courtrai, transportée à Dijon par ordre du duc Philippe le Hardi (V. JACQUEMART), celles de Lyon, de Caen, de Lille, de Metz, d'Auxerre, de Sens, de la Samaritaine à Paris, du château d'Anet (V. ce mot), de Moulins, de Besançon, etc. On voit encore à Berne une ancienne horloge à jeu mécanique, œuvre de Gaspard Bruner : à toutes les heures, un coq chante, un fou frappe sur deux cloches avec de petits marteaux ; un personnage assis sur un trône ouvre une large bouche, et baisse-d'une main un sablier, de l'autre un sceptre, autant de fois que les marteaux frappent ; devant lui défilent de petits ours, les uns à quatre pattes, les autres à cheval ou debout, quelques-uns couronnés, ou cuirassés et armés. L'horloge actuelle de la cathédrale de Strasbourg (V. ce mot) ne date que de 1842. Aujourd'hui on ne s'attache plus aux horloges monumentales à pièces mécaniques ; on fait encore des horloges mécaniques sous forme de tableaux pour l'ornement des appartements. V. Berthoud, *Histoire de la mesure du temps par les horloges*, Paris, 1802, 2 vol. in-4°; P. Dubois, *Histoire et traité de l'horlogerie*, Paris, 1850, in-4°.

HORLOGERS, ancienne corporation, qui avait pour patron St Éloi. Les statuts qu'elle reçut de Louis XI en 1483 furent confirmés par François Ier, Henri II, Charles IX, Henri IV et Louis XIV. L'apprentissage était de 8 ans : le brevet coûtait 54 livres, et la maîtrise 900 livres. Un arrêt du Conseil, en date du 8 mai 1643, astreignit les horlogers à mettre leur nom aux boîtes de montres qu'ils vendraient.

HORN, chanson de geste qui est le développement d'une ancienne ballade qu'on chante encore en Écosse. Horn est aimé de Rimel, fille du roi ; il est exilé ; mais, avant de partir, il fait promettre à sa fiancée de lui être fidèle pendant sept ans. Ce temps écoulé, il se présente, déguisé en mendiant, dans la salle du festin où l'on célébrait les noces de Rimel avec un roi. La jeune fille le reconnaît, et quitte son royal époux pour suivre le mendiant ; mais Horn était un vaillant chevalier, et Rimel, en partageant son sort, monte bientôt sur un trône. Cette chanson est conservée dans trois manuscrits qui appartiennent au Musée britannique, à la bibliothèque d'Oxford et à celle de l'université de Cambridge. M. Francisque Michel a donné à Paris, en 1845, un volume sous ce titre : Horn et Rimenhild, recueil de ce qui reste des poëmes relatifs à leurs aventures, composés en français, en anglais et en écossais, dans les XIIIe, XIVe, XVe et XVIe siècles, publié d'après les manuscrits de Londres, de Cambridge, d'Oxford et d'Édimbourg. Ces morceaux sont, outre le poëme français : The geste of kyng Horn; Horn childe and maiden Rimnild; Young Hynhorne; Hyndehorn; Hiltibrahsenti Hadubrant. V. Histoire littéraire de la France, tome XXII. H. D.

HOROLOGION, livre de chant de l'Église grecque, renfermant les Heures (Prime, Tierce, Sexte et None).

HORS DE COUR, en termes de Jurisprudence, jugement qui renvoie les parties parce qu'il n'y a pas sujet de plaider.

HORS-D'OEUVRE, en Architecture, tout ce qui ne fait point partie de l'ordonnance générale ; — en Littérature, tout ce qui semble ajouté après coup dans un ouvrage, et peut en être retranché sans nuire à l'ensemble.

HOSANNA, mot dérivé de l'hébreu, où il signifie Sauvez, je vous prie, et qui est une formule de bénédiction et d'heureux souhait. Les Juifs appelaient Hosanna les prières qu'ils récitaient le 7e jour de la fête des Tabernacles, ainsi que les branches de feuillage qu'ils agitaient pendant cette fête ; la fête elle-même était dite Grand-Hosanna. — Dans la Liturgie catholique, une hymne du jour des Rameaux a été appelée Hosanna, parce qu'elle commence par ce mot.

HOSPICE.
HOSPITALIERS.
HOSPITALITÉ. } V. ces mots dans notre Dictionnaire de Biographie et d'Histoire.
HOSPITIUM.
HOSPODAR.

HOSTIE. Ce mot, qui avait un sens particulier pour les Anciens (V. notre Dictionnaire de Biographie et d'Histoire), désigne chez les chrétiens Jésus-Christ, qui s'est immolé pour les hommes comme une victime (en latin hostia), et le pain destiné au sacrifice eucharistique.

HOSTILITIUM. C'était, au temps des Carlovingiens, une prestation de guerre consistant en bœufs et en chariots.

HOTEL.
HOTEL-DIEU. } V. notre Dictionnaire de Biographie et d'Histoire.
HOTEL DE VILLE.

HOTEL GARNI, maison meublée, tenue par une personne patentée, qui loue chaque chambre au jour ou au mois. L'hôtel garni a remplacé l'hôtellerie et l'auberge, et est soumis aux mêmes règlements. V. Aubergiste.

HOTTE, partie du tuyau d'une cheminée de cuisine ou de laboratoire, et jadis de certains grands appartements, qui commence au-dessus et en retrait du manteau, mais en saillie sur le mur de l'appartement, et qui monte en s'inclinant en arrière jusqu'au plafond.

HOTTENTOTS (Langue des), une des langues de l'Afrique. Elle a pour caractère distinctif une sorte de claquement analogue au petit bruit qui nous est familier dans un accès d'impatience, ou à celui que nous produisons pour faire partir un cheval ou accélérer sa marche, et qui précède immédiatement la prononciation de la plupart des mots et des syllabes. « Quand une demi-douzaine de Hottentots, dit Thunberg, parlent ensemble, on croirait entendre caqueter des oies. » La langue des Hottentots a de fortes aspirations, dans lesquelles on entend prédominer des diphthongues prolongées et ouvertes, telles que oo, oou, aau, uu. Les lettres i, f, v, x manquent, ainsi que les sifflantes ; le d et le g, le b et le d se confondent souvent. Le hottentot est une langue d'agglutination. Il ne possède ni article, ni pronom relatif, ni

déclinaisons, ni conjugaisons, ni verbes auxiliaires, et il faut avoir égard, pour y suppléer, au sens de la phrase, à l'expression de la physionomie, à l'intonation et aux gestes. Les substantifs ont deux genres au singulier, et trois au pluriel ; le 3e a une valeur collective. Dans les pronoms, la distinction des genres s'étend aux trois personnes, mais le neutre n'existe que pour le singulier. L'adjectif ne prend la marque ni du genre, ni du nombre. On distingue quatre dialectes dans la langue hottentote, le hottentot proprement dit, le dialecte des Boschimans, ceux des Namaquas et des Koranas.

HOUARI (de l'anglais wherry), bâtiment de cabotage à deux mâts portant deux voiles. Des voiles sont dites en houari, quand ce sont des voiles triangulaires dont la ralingue (cordage cousu à l'entour) est élevée par sa vergue au-dessus du mât.

HOUPPELANDE ou HOUPPELANDE, nom donné au XVe siècle à une sorte de robe de chambre, garnie de manches traînant à terre, fendue par devant, assujettie au cou par un collet droit et montant, et serrée à la taille par une ceinture. Après la Révolution française, on l'appliqua à un vêtement large qu'on porta par-dessus l'habit pour dissimuler la carmagnole ; pendant l'hiver on en fit une redingote longue, garnie et bordée de fourrures ou de velours. L'armée portait depuis longtemps de longs manteaux ou cabans qu'on appelait aussi houppelandes. La douillette, qui fut, au commencement du XIXe siècle, le vêtement de dessus des magistrats, des médecins et autres personnages graves, était une sorte de houppelande ; elle n'est plus portée que par certains ecclésiastiques. Le nom de houppelande viendrait, dit-on, de ce que ce vêtement aurait été importé de l'Upland : mais il est bien peu probable qu'une province de la Suède ait jamais influé sur les modes de l'Europe occidentale. Avant que nous eussions la houppelande, les Italiens se servaient d'un vêtement appelé pelando; les mots il pelando sont devenus, chez les Provençaux, lou peland.

HOURD ou HURDEL, vieux mot désignant une galerie de bois couverte, posée en encorbellement sur un rempart et servant de chemin de ronde. Les hourds s'appelaient corseras dans le Languedoc.

HOURDIS, remplissage de cloison de charpente fait avec des briquetons et du plâtre. On se sert aussi du hourdis pour garnir l'intervalle des solives d'un plancher.

HOURQUE, en anglais howker, bâtiment de transport en usage dans le Nord, et principalement en Hollande. La hourque a le fond plat, l'avant et l'arrière arrondis, un mât au centre avec une grande voile et un hunier, un autre mât à l'arrière avec une voile carrée. Elle navigue fort mal.

HOUSEAUX ou HOUSES (de l'allemand hosen, haut-de-chausses), sortes de bottes destinées à garantir les jambes contre la pluie et la boue.

HOUSSE, couverture qui se met sur la croupe des chevaux de selle ; — recouvrement en étoffe d'un fauteuil ou de tout autre meuble.

HOUSSETTE, dans le Blason, meuble représentant une botte autrefois en usage parmi les gens de guerre.

HRADSCHIN. V. Prague.

HUACAS. V. Guacas.

HUASTÈQUE (Idiome). V. Mexicaines (Langues).

HUCHERS ou HUCHIERS, ancienne corporation d'ouvriers qui fabriquaient les huches, coffres et bahuts. Comme ces meubles étaient ornés de sculptures, le huchier était le sculpteur en bois. Au temps de Louis IX, les huchiers étaient compris dans la corporation des charpentiers, sous le nom de charpentiers de la petite cognée.

HUCHET, petite trompe de chasse qui sert à appeler les chiens.

HUDIBRAS, poëme comique anglais, en 9 chants et en vers rimés de 8 syllabes, composé par Samuel Butler, et publié en 1663. Le sujet est fort simple : le presbytérien Hudibras, juge de paix et militaire, veut empêcher un combat d'ours et de chiens, et fait arrêter parmi les récalcitrants un ménétrier boiteux ; mais la populace se soulève, délivre le prisonnier, et met le juge à sa place. C'est une satire contre les puritains et les anciens partisans de la République, écrite par un auteur royaliste et attaché à la religion anglicane : aussi le parti des Stuarts l'accueillit-il avec enthousiasme, et la cour de Charles II éleva le nom de Butler bien au-dessus de celui de Milton. La gloire de l'Hudibras se soutint jusqu'au milieu du XVIIIe siècle ; le Dr Johnson, jacobite passionné, considérait ce poëme comme l'un des monuments de la littérature anglaise, et, quand Voltaire séjourna en Angleterre, cette opinion était généralement admise. Il écrivait, en 1734 : « C'est *Don Quichotte*, c'est notre *Satire Ménippée* fondus ensemble. C'est, de tous les livres que j'ai jamais lus, celui où j'ai trouvé le plus d'esprit ; mais c'est aussi le plus intraduisible... Presque tout y fait allusion à des aventures particulières. Le plus grand ridicule tombe surtout sur des théologiens, que peu de gens du monde entendent. Il faudrait à tout moment un commentaire, et la plaisanterie expliquée cesse d'être plaisanterie. Tout commentateur de bons mots est un sot. » Aujourd'hui qu'on ne se passionne plus pour Cromwell ou pour les Stuarts, et que les sectes religieuses troublent peu la paix, les critiques font-ils grand cas de l'estime pour le poëme de Butler : l'esprit de cet auteur perd son effet par l'obscurité des allusions. Voltaire a imité ou plutôt imité le début du 1er chant de l'*Hudibras*. En 1757, un officier anglais au service de la France, J. Townley, traduisit en vers français, avec force notes explicatives, l'ouvrage tout entier, et on y a joint, dans l'édition de 1819, une *Clef*, qui est elle-même de médiocre ressource. Hogarth a composé une série de dessins spirituels, pour illustrer l'*Hudibras*.

HUÉHUETL, instrument de musique des anciens Mexicains. C'était un cylindre de bois, d'un mètre de hauteur, sculpté et peint sur les côtés, et couvert d'une peau de daim bien tendue, sur laquelle on frappait avec les doigts.

HUÉLINE et ÉGLANTINE. V. JUGEMENT D'AMOUR (Le).

HUESCA (Cathédrale de), en Espagne, dans l'ancien royaume d'Aragon. Cette église, bâtie dans la partie la plus élevée de la ville, sur l'un des côtés d'une vaste place rectangulaire, est en style ogival du xiiie et du xive siècle. Sa façade principale est flanquée d'une clocher octogone à lourde base carrée ; la grande porte présente sept voussures remplies de statuettes, et dont le bas est occupé par de belles statues d'apôtres et de martyrs, plus grandes que nature, et qu'on recouvre de riches vêtements à certaines fêtes. Le milieu du fronton est occupé par une rosace à jour. L'étage supérieur de cette façade est rétréci, et garni, à ses extrémités, de tourelles cannelées, sans style et sans élégance. L'intérieur de l'église, en forme de croix latine, offre une belle nef centrale, d'une grande élévation ; mais les collatéraux sont bas, étroits et sombres. Le maître-autel est en albâtre, est un magnifique travail : Damien Florent y a sculpté de 1520 à 1553, la Passion de J. C.

HUGUES CAPET (Poëme de). V. CAPET, au *Supplém*.

HUILE (Peinture à l'). On a longtemps attribué à Jean Van Eyck la découverte de la peinture à l'huile, et l'on affirmait même que c'était en 1410 que cet artiste avait imaginé de dissoudre les couleurs dans de l'huile de noix ou de lin. Bien qu'il soit constant que les Romains se servaient de la peinture à l'huile pour de grossiers ouvrages de décoration, rien n'établit nettement qu'ils aient employé à exécuter de véritables tableaux, ainsi que l'a prétendu le comte de Caylus. Ce qui est plus certain, c'est que la peinture à l'huile est décrite dans l'ouvrage *Diversarum artium schedula* du moine Théophile, qui vivait, selon les uns au xe ou xie siècle, selon les autres au xiiie ; cet auteur fait remarquer que l'huile est lente à sécher, et cet inconvénient a peut-être empêché les artistes du moyen âge d'en faire usage. On a retrouvé, d'ailleurs, plusieurs peintures à l'huile antérieures à Van Eyck, et l'on sait que, dès 1355, Jean Coste peignait à l'huile en France. Van Eyck a seulement imaginé de faire cuire les huiles ordinaires et d'y mêler une substance résineuse, afin qu'elles séchassent plus rapidement. Ses procédés furent surpris par Antonello de Messine, portés en Italie, et généralement adoptés par les artistes. V. Lessing, *Sur l'ancienneté de la peinture à l'huile*, Brunswick, 1774, in-8° ; Budberg, *Essai sur l'époque de la découverte de la peinture à l'huile*, Gœttingue, 1792, in-4°.   B.

HUILES (Saintes), nom donné, 1° dans l'Église catholique ; au saint *chrême* (V. ce mot), à l'*huile des catéchumènes* (V. ce mot), et à l'*huile des malades* employée pour l'extrême-onction ; 2° dans l'Église grecque, à l'extrême-onction elle-même.

HUIS, vieux mot signifiant *porte*. En matière judiciaire, on dit qu'une affaire est jugée *à huis clos*, lorsque le public n'est pas admis aux débats. Il en était ainsi jadis devant les Cours prévôtales, les Chambres ardentes, et pour les jugements au criminel : aujourd'hui que la publicité des débats est un principe admis, les tribunaux ne peuvent ordonner le huis-clos que si les débats peuvent entraîner du scandale ou de graves inconvénients pour l'ordre et les bonnes mœurs (*Code de Procéd.*, art. 87) ; le jugement n'en doit pas moins être prononcé publiquement.

HUISSERIE, ensemble des poteaux et de la traverse de menuiserie qui forment la baie d'une porte.

HUISSIER. } V. ces mots dans notre *Dictionnaire de*
HULANS.   }   *Biographie et d'Histoire*.

HUMANITÉS (du latin *humanus*, poli), mot par lequel on désigne la partie de l'éducation universitaire qui s'étend de la classe de troisième à la rhétorique, et durant laquelle, avec une étude plus approfondie du grec et du latin, on se livre à la littérature et à l'histoire, connaissances qui font l'homme, qui développent et fortifient le plus puissamment ses facultés intellectuelles et morales.

HUMOUR, mot emprunté à la langue anglaise pour désigner une nuance de caractère, une tournure d'esprit particulière aux Anglais et qui se reflète dans certaines de leurs œuvres littéraires. Il est assez difficile de définir l'*humour* : tantôt c'est quelque chose d'analogue à ce que nous nommons la *fantaisie*, tantôt c'est une mélancolie souriante, plus railleuse que pensive, ou bien encore la verve satirique, ou enfin une sorte de gaieté flegmatique, qui se sent plus qu'elle ne se voit, et qui ne réjouit l'esprit que jusqu'au sourire. On trouve l'*humour* sous toutes les formes et à tous les degrés chez Sterne, Swift, Butler, lord Byron, Walter Scott, Lamb et Dickens. Les Allemands ont eu aussi quelques *humoristes*, comme Jean-Paul Richter et Henri Heine.

HUNE, nom donné autrefois à la *gabie* ou *cage* placée au sommet des mâts des navires, et où l'on mettait en vigie un homme, qui en reçut le nom de *gabier*. Dans les temps modernes, on a modifié la forme des hunes ; ce sont des plates-formes solides et épaisses, qui servent à relier le bas mât au second mât ou *mât de hune*, et qui en même temps font l'office d'arcs-boutants autour desquels les haubans viennent se roidir. Le mât de hune porte une voile carrée dite *hunier*, et qui s'attache à la basse vergue, nommée pour cette raison *vergue de hune*. Le hunier se partage en plusieurs bandes horizontales qu'on nomme *ris*, et qui, au moyen de *garcettes*, peuvent se replier sur la vergue pour diminuer la toile au vent. Le hunier du grand mât est le *grand hunier* ; celui du mât de misaine, le *petit hunier* ; le hunier d'artimon a reçu le nom de *perroquet de fougue*. Les hunes, dans les combats navals, se couvrent de gabiers armés de fusils, de tromblons, et les feux plongeants sont d'un terrible effet.

HUON DE BORDEAUX, Chanson de geste qui fait partie des romans carlovingiens (V. ce mot). Elle a été composée par un trouvère dont on ne connaît ni le nom ni le pays, vers la fin du xiie siècle ou le commencement du xiiie, à une époque où la veine héroïque commençait à s'épuiser, où les contes bretons s'emparaient de la faveur jusque-là réservée aux œuvres françaises, et où les poëmes d'aventures allaient remplacer les poëmes dits historiques ou Chansons de geste. En voici le sujet. Huon et Gérard, fils de Séguin, duc de Bordeaux, sont accusés auprès de Charlemagne par Amaury de la Tour de Rivier, qui convoite leurs domaines, de vouloir se soustraire à l'hommage. Mandés à la cour, ils sont traîtreusement assaillis en chemin par Amaury, qui s'est fait un complice de Charlot, fils de l'empereur : Charlot blesse grièvement Gérard, mais est tué par Huon. Celui-ci n'échappe à la mort, dont Charlemagne le menace, que sur les prières de son oncle le duc Naimes : mais il doit accepter comme châtiment une mission lointaine et périlleuse. Alors se déroule une série d'aventures dont le héros ne serait pas sorti par sa seule valeur, et où il doit ses succès à l'appui du nain Oberon, roi de Féerie. Réconcilié enfin avec l'empereur, il recouvre son fief. L'auteur de *Huon de Bordeaux* a donc prêté un sujet au tout au moins un cadre carlovingien ; il a donné à son poëme la forme consacrée de la Chanson de geste, c.-à-d. le mètre de 10 syllabes et les couplets monorimes, mais a fait de son héros un chercheur d'aventures, et introduit dans son œuvre le merveilleux féerique. Un savant allemand, M. Ferdinand Wolf, a pensé qu'il avait existé un poëme plus ancien, dont celui-ci ne serait qu'un remaniement ; mais aucun argument sans réplique n'appuie sa conjecture. *Huon de Bordeaux* est un des meilleurs romans de chevalerie que nous possédions, et on peut le préférer au poëme allemand que Wieland en tira au xviiie siècle. Certains critiques considèrent le personnage d'Oberon ou Auberon comme un emprunt fait par le trouvère français à la Germanie : il ne serait autre que l'Alberich des *Niebelungen*, du *Heldenbuch*, du poëme d'*Otnit*, etc. M. de La Villemarqué lui attribue, au contraire, une origine celtique, et l'identifie avec un personnage de la féerie bretonne, Gwyn-Araun. Dans tous les cas, l'auteur de *Huon de Bordeaux* a beaucoup ajouté de son fonds à l'invention allemande ou celtique. Ce poëme a été continué, refondu, rajeuni plusieurs fois dans les siècles suivants : au xive siècle déjà, il s'était accru d'une suite, qui le portait de 10,000 vers à près de 30,000, et d'une espèce de prologue intitulé le *Roman d'Auberon*. Dans les manuscrits du xve siècle, on lui trouve une suite différente, ou bien la forme du roman entier est remaniée, l'alexandrin ayant remplacé le vers de 10 syllabes. En 1454, on en fit une version en prose, imprimée pour la première fois en 1516, puis fréquemment reproduite. Une requête adressée au parlement, en 1557, montre que *Huon de Bordeaux* fut aussi transformé en une pièce de théâtre ; elle n'est point parvenue jusqu'à nous. Le poëme jouit aussi d'une grande faveur à l'étranger : il y en eut deux versions néerlandaises en vers ; l'une, dont il ne reste que des fragments, est de la fin du xive siècle ou du commencement du xve ; l'autre a été imprimée à Anvers dans la première moitié du xvie. Vers le même temps, parut aussi en Angleterre une traduction en prose de notre Chanson de geste, par sir John Bourchier, lord Berners. Oberon figure dans le drame de *Jacques IV* par Robert Greene ; Spenser, dans sa *Reine des fées*, lui fait une généalogie ; Shakspeare lui a donné un rôle dans le *Songe d'une nuit d'été*, à l'époque où l'on jouait encore en Angleterre un drame de *Huon de Bordeaux;* enfin Ben Johnson, et, en notre siècle, Sotheby, l'ont mis en scène dans ces pièces de fantaisie que les Anglais nomment *masque*. En Allemagne, Wieland prit le sujet de son poëme d'*Oberon* dans l'analyse que M. de Tressan avait faite de *Huon de Bordeaux* pour la *Bibliothèque des romans;* il inspira à son tour l'opéra d'*Oberon* par Weber, œuvre qui date de 1826, et qu'on n'a jouée à Paris qu'en 1857. Les manuscrits du poëme français de *Huon de Bordeaux* sont au nombre de quatre: il y en a deux à la Bibliothèque nationale de Paris, tous deux du xve siècle, et dont l'un, aux armes de Richelieu, est en vers de 10 syllabes, et l'autre en alexandrins ; le 3e, à la bibliothèque de l'université de Turin, est du xive siècle ; le 4e, provenant de l'abbaye de Marmoutier et conservé à la bibliothèque de Tours, date du xiiie siècle, et est en dialecte artésien. Ils ont servi à la publication de l'édition donnée dans la collection des *Anciens poëtes de la France* par MM. Guessard et Grandmaison, Paris, 1860, in-16. B.

HUQUE, vêtement d'homme au xive et au xve siècle. C'était une blouse courte, sans ceinture, sans manches, ou avec manches larges qui ne descendaient pas plus bas que le coude. Elle servait également de pardessus d'été ou de cotte d'armes.

HURDEL. *V.* HOURD.

HURON (Idiome), un des idiomes iroquois. Il n'a pas les sons correspondants aux lettres *b, p, f, m, n, v, u, g* et *r* de l'alphabet français, et est rempli d'aspirations et de sons gutturaux. Selon le P. Charlevoix, le huron est remarquable autant par la richesse des expressions et la variété des tours, que par la propriété des termes et par sa grande régularité. Les verbes simples y ont une double conjugaison, l'une absolue, l'autre réciproque. Les verbes actifs se multiplient autant de fois qu'il y a de choses tombant sous leur action : par exemple, le verbe qui correspond à *manger* varie autant de fois qu'il y a de choses comestibles. L'action s'exprime autrement à l'égard d'une personne et d'une chose : ainsi, *voir* un homme et *voir* une pierre, ce sont deux verbes. *Se servir* d'un objet appartenant à celui qui s'en sert ou à celui à qui l'on parle, s'exprime également par deux verbes différents. On a publié deux petits Dictionnaires, une Grammaire et un Catéchisme de cette langue, dont le système de numération est semblable au nôtre.

HUSSARDS. *V.* notre *Dictionnaire de Biographie et d'Histoire.*

HUSTINGS. *V.* notre *Dict. de Biogr. et d'Histoire.*

HUTTE. *V.* BARAQUE.

HYACINTHE, pierre précieuse dont la teinte bleue approche de celle d'un ciel serein. Dans la Symbolique chrétienne, elle signifie la prudence qui tempère le zèle ardent, la sérénité de la conscience, la paix, le désir des choses du ciel. On en fait l'image de St-Paul.

HYALOGRAPHIE. *V.* au *Supplément.*

HYBRIDE, nom par lequel on désigne, en Grammaire, les mots composés dont les éléments sont empruntés à deux langues différentes; tels sont, en français *cholera-*

morbus, bigamie, bureaucratie, antiscorbutique, etc. Cette méthode de composition est vicieuse; néanmoins l'usage a consacré un grand nombre de mots semblables.

HYDRAULE. *V.* ORGUE.

HYDRAULIQUE (Architecture). *V.* ARCHITECTURE.

HYDROCÉRAMES (du grec *udôr*, eau, et *kéramos*, terre à potier), vases faits avec une argile poreuse, et dans lesquels on met l'eau ou tout autre liquide qu'on veut rafraîchir. Tels sont les *alcarazas* d'Espagne.

HYDROGRAPHES (Ingénieurs). *V.* notre *Dictionnaire de Biographie et d'Histoire.*

HYDROGRAPHIE, partie de la Géographie physique où l'on étudie les parties ou éléments liquides du globe. Dans son domaine rentrent toutes les recherches relatives tant aux eaux douces qu'aux eaux salées ; pour les premières, la précipitation des vapeurs atmosphériques qui se condensent en glaciers sur les hautes montagnes ou se résolvent en pluie dans les plaines, l'examen des sources apparentes ou souterraines, le régime des lacs et des fleuves avec tous les accidents qui les caractérisent; pour les secondes, leur répartition sur le globe et leurs grandes divisions, avec tous les phénomènes qu'elles présentent, différence de salure et de température, banquises, marées, courants. Cette dernière partie, que l'on peut appeler, pour la distinguer de la première, *hydrographie maritime,* a fait, depuis le commencement de notre siècle, d'immenses progrès, dus aux grands voyages maritimes, aux nombreuses opérations de sondages faites pour la pose des câbles électriques sous-marins dans l'Océan et la Méditerranée, enfin aux belles recherches de l'américain Maury, qui, par l'étude attentive des vents et des courants, a fait connaître au commerce les routes les plus abrégées et les plus sûres de la navigation. L'hydrographie maritime forme une branche importante des connaissances navales, et elle est enseignée dans des *Écoles d'hydrographie,* établies dans nos principaux ports.   C. P.

HYDROGRAPHIE (Écoles d'). *V.* ÉCOLES, dans notre *Dictionnaire de Biographie et d'Histoire,* page 877, col. 2.

HYGIÈNE PUBLIQUE (Conseil d'). *V.* CONSEIL, dans notre *Dictionnaire de Biographie et d'Histoire,* page 656, col. 1.

HYLOZOISME (du grec *ulê,* matière, et *zôê,* vie), forme générale des systèmes qui regardent comme nécessairement unies la matière et la vie. L'hylozoïsme prit différentes formes, selon que l'on croyait que le monde était le résultat d'agrégats matériels, d'atomes animés et vivants, comme Strabon de Lampsaque, ou que l'on voyait en lui un seul et même être, un animal, dont l'âme du monde était la vie, comme le pensaient les Stoïciens. En général, tout système qui suppose cette âme du monde, sous quelque nom que ce soit, tombe dans l'hylozoïsme ; c'est ce qu'on voit depuis les Stoïciens jusqu'à Spinoza. Pour tous la réponse est la même : la vie proprement dite ne se montre que dans l'organisme, et celui-ci ne se voit pas dans toutes les parties de la matière; d'où il suit que la matière et la vie ne sont pas essentielles l'une à l'autre.   R.

HYMÉE. *V.* CHANSON.

HYMÉNÉE. *V.* ce mot dans notre *Dictionnaire de Biographie et d'Histoire.*

HYMNAIRE, livre de chant contenant des hymnes.

HYMNE (du grec *umnos*), louange en vers adressée à la Divinité. Les premiers hymnes eurent un caractère exclusivement religieux. Ceux d'Orphée étaient célèbres dans l'antiquité, mais on n'en a rien conservé. Les *Chants des Saliens* et le *Chant arval,* à Rome, étaient des hymnes. Chez les Hébreux, les *Cantiques* de Moïse et de Débora sont aussi de véritables hymnes. Les hymnes qui nous sont arrivés sous le nom d'Homère ne sont déjà plus exclusivement religieux : on y développe les aventures des dieux et des déesses de l'Olympe. Chez Pindare et Callimaque, ils prennent encore un caractère littéraire plus prononcé. Le bel hymne attribué au stoïcien Cléanthe en l'honneur de Jupiter a plutôt un caractère philosophique que religieux, au sens que le vulgaire donne à ce dernier mot ; sous le nom populaire de Jupiter, il chante la toute-puissance, l'immensité, la providence de Dieu, tel que le conçoit la raison. Citons aussi Mésonide, dont on a un hymne à Némésis, et Aristide, auteur de deux hymnes, l'un à Jupiter, l'autre à Minerve. Les hymnes recevaient des noms spéciaux selon le dieu qu'ils célébraient : c'était le *Péan* pour Apollon, le *Dithyrambe* pour Bacchus, etc. *V.* Wimfelingius, *De hymnorum auctoribus,* Strasbourg, 1515, in-4o; Kries, *De hymnis veterum,* Gœttingue, 1742, in-4o; Sneedorf,

De hymnis veterum Græcorum, Copenhague, 1786, in-8°; Souchay, *Sur les hymnes des Anciens*, dans les *Mém. de l'Ac. des Insc. et Belles-Lettres*, t. XVIII et XXIV. — Les chrétiens ont donné aussi le nom d'*hymne* aux petits poëmes consacrés à la louange de Dieu ou des saints. L'hymne chrétienne (car un usage bizarre a voulu que les hymnes de l'Église fussent au féminin, et les hymnes antiques du masculin) est exclusivement religieuse et morale; elle témoigne de la reconnaissance, de l'amour et du respect des hommes pour les bienfaits de la Divinité. Les hymnes les plus connues sont : celles de S¹ Ambroise, *Aurora cœlum purpurat, Conditor alme siderum, Christe redemptor omnium*, etc.; celle de Prudence en l'honneur des Innocents martyrs, *Salvete flores martyrum*, inspirée par une foi naïve, et écrite avec une grâce charmante; celles de S¹ Grégoire, *Lucis Creator optime, Audi benigne conditor, Te lucis ante terminum*, etc.; le *Vexilla regis*, de Fortunat; le *Pange lingua*, de Claudien Mamert; le *Veni creator*, attribué à Charlemagne, etc. Sedulius, Paul Diacre, Saint Thomas, ont aussi composé des hymnes. Dans les temps modernes on a beaucoup vanté celles de Coffin et de Santeul; elles sont ingénieusement écrites, mais le style en est trop savant et parfois maniéré. — Dans les premiers siècles, le mètre affecté généralement à l'hymne était l'iambique de quatre pieds (*Salvĕtĕ flōrēs mārtўrŭm; Vēxīllă rēgīs prōdĕŭnt*, Santeul et Coffin ont employé une plus grande variété de mètres. Il y a rarement plus de 6 stances de 4 vers dans une hymne; la dernière est une paraphrase du *Gloria patri*. Quant aux hymnes du moyen âge, on y trouve généralement la numération des syllabes et la rime substituées à la mesure. **P.**

HYMNE ANGÉLIQUE. *V.* **GLORIA IN EXCELSIS.**

HYMNE CHÉRUBIQUE. *V.* **CHÉRUBIQUE.**

HYMNOLOGION, livre de l'Église grecque, contenant le recueil général des hymnes.

HYPALLAGE (du grec *upallagè*, changement), sorte de trope qui consiste en un renversement dans la corrélation des idées : « Rendre l'homme au bonheur, c'est le rendre à la vie. » On dit *la beauté de ces arbres*, au lieu de *ces beaux arbres*. L'hypallage applique à une chose une épithète qui ne convient qu'à une personne. Virgile dit (*Æneid*., III, 44) :

Heu! fuge *crudeles* terras, fuge littus *avarum*,

c.-à-d., fuis la Thrace où règne un roi cruel et avare. La même figure fait accorder un adjectif avec un substantif qui ne semble pas lui convenir (Id., *ibid*., VI, 268) :

Ibant *obscuri solâ* sub nocte per umbram,

au lieu de *ibant obscurâ soli*... **G.**

HYPERBATE (du grec *uper*, au delà, par-dessus, et *bainéin*, aller), transposition des pensées et des paroles dans l'ordre et la suite d'un discours. C'est une variété de l'Inversion. Voici des hyperbates de pensée : « O fils de Cambyse, *car* les dieux veillent sur toi, autrement tu ne serais pas arrivé à une si haute fortune, *venge-toi* d'Astyage, ton meurtrier » (Hérodote). L'ordre naturel était : « O fils de Cambyse, *venge-toi* d'Astyage, tu le peux, *puisque* les dieux veillent sur toi. » Virgile fait dire par Junon au roi des vents : « Éole, *car* le père des dieux et le roi des hommes t'a donné de calmer et de soulever les flots, *un peuple ennemi de Junon vogue sur la mer Tyrrhénienne*, portant en Italie Ilion et ses pénates vaincus; eh bien, *déchaîne les vents*, engloutis leurs vaisseaux submergés; » au lieu de : « Éole, *déchaîne* les vents et engloutis les vaisseaux des Troyens, tu le peux, *car* Jupiter t'a donné de calmer et de soulever les flots. » Ces sortes d'hyperbates ne sont guère d'usage que dans les langues anciennes. Les hyperbates de mots sont encore plus propres au grec et au latin. En voici un exemple de Bossuet : « Le matin, elle fleurissait, avec quelles grâces, vous le savez. » **P.**

HYPERBOLE (du grec *uperbolè*, excès), figure de Rhétorique qui exagère les choses pour faire plus d'impression. Rien n'est plus contraire au bon goût, rien ne s'éloigne plus du naturel et de la vérité que l'exagération : et cependant on trouve de beaux exemples de cette figure dans les meilleurs écrivains; c'est qu'alors elle est employée à propos, et que la grandeur et la majesté du sujet comportent le grandiose inusité de l'expression et de la pensée. On conçoit, que le poëte inspiré se laisse emporter à la fougue de son imagination, et qu'alors ses idées et son langage revêtent pour ainsi

dire une forme surnaturelle. Ainsi, Racine a dit en parlant de l'impie (*Esther*, III, 9) :

> Pareil au cèdre, il cachait dans les cieux
> Son front audacieux.

Voici une autre hyperbole du même poëte (*Phèdre*, V, 6) :

> Le ciel avec horreur voit ce monstre sauvage,
> La terre s'en émeut, l'air en est infecté;
> Le flot qui l'apporta recule épouvanté.

Molière fait dire à Alceste, à propos de civilités rendues à des gens presque inconnus (*le Misanthrope*, I, 1) :

> Et si par un malheur j'en avais fait autant,
> Je m'irais, de regret, pendre tout à l'instant.

On emploie même l'hyperbole dans la conversation, quand on dit, par exemple, *marcher comme une tortue, aller plus vite que le vent, pleuvoir par torrents*, etc.

HYPERCATALECTE ou **HYPERCATALECTIQUE** (du grec *uper*, au delà, et *katalèctos*, terminé), vers qui finit au delà de sa mesure légitime :

> Jamque iter emensi, turres ac|tecta La|tinorum
> Ardua cernebant.
> VIRGILE, *Æneid.*, VII, 160.

Dans le vers hexamètre héroïque latin, la syllabe surnuméraire est toujours susceptible d'élision, et le vers suivant doit commencer par une voyelle. Les hypercatalectes sont infiniment plus usités dans les vers lyriques, et y constituent des mesures régulières. Ainsi, le monomètre et le dimètre iambique sont souvent hypercatalectes :

> Discruci|for ani|mi.

Et dans Horace (I, Od. 9, 19) :

> Lenes | que sub|noctem | susur|ri.

De même le monomètre trochaïque :

> Deci|dit cœlo;

le dimètre, le trimètre trochaïque :

> Sensit | ortus, | sensit | occa|sus.
> Vidi|mus simul|ata | dona | molis | immen|sæ.

Le vers adonique est un choriambique hypercatalectique :

> Terruit urb|em.
> HORACE, I, Od. 2, 4.

Le dimètre choriambique est souvent hypercatalecte. Le mètre dactylique en offre aussi des exemples :

> Pulvis et | umbra sum|us.
> ID., IV. Od. 7, 16

> Tendit in | extern|as i|re tenebr|as.

La poésie italienne offre quelques exemples de vers décasyllabes hypercatalectes; ils sont plus nombreux en allemand, particulièrement dans les iambes ou dans les mètres lyriques imités de ceux de l'antiquité grecque et latine. **P.**

HYPER-DORIEN ou **MIXO-LYDIEN**, mode de la musique des anciens Grecs, duquel la fondamentale ou tonique était une quarte au-dessus de celle du mode dorien.

HYPERDULIE (du grec *uper*, au-dessus, et *douléia*, hommage), culte qu'on rend à la S¹e Vierge. On le nomme ainsi parce qu'il est au-dessus de celui qu'on rend aux Saints.

HYPER-ÉOLIEN, un des modes de la musique grecque, qui avait sa fondamentale ou tonique une quarte au-dessus de celle du mode éolien.

HYPER-IONIEN, mode de la musique grecque, qui avait sa fondamentale ou tonique une quarte au-dessus de celle du mode ionien.

HYPER-LYDIEN, le plus aigu des modes de la musique grecque. Il avait sa fondamentale ou tonique une quarte au-dessus de celle du mode lydien.

HYPERMÈTRE (du grec *uper*, au delà, et *métron*, mesure), vers hexamètre qui a une syllabe de surcroît après la 6e syllabe. Cette syllabe est toujours susceptible d'élision, et, dans ce cas, le vers suivant commence par une voyelle. Tel est ce vers de Virgile (*Georg*., II, 242.) :

Omne adeo genus in terris hominumque ferarum*que*
Et genus æquoreum...

Les vers terminés par un dactyle doivent rentrer dans la même catégorie (Id., *Georg.*, II, 69) :

Inseritur vero ex fetu nucis arbutus horri*da,,*
Et steriles platani...

Il n'y a point d'exemples de cette licence dans la versification grecque. D'ailleurs, toute syllabe élidée y est toujours représentée par une apostrophe, et conséquemment ne se prononçait jamais. P.

HYPER-PHRYGIEN, un des modes de la musique grecque, à l'octave de l'hypo-dorien. On le nommait aussi *hyper-mixo-lydien.*

HYPERTHÈSE (du grec *uper*, au delà, par dessus, et *thésis*, position), transposition de lettres. Ex. : κιθὼν pour χιτών, βάθραχος pour βάτραχος, mots dans lesquels les aspirées ont été transposées d'une syllabe à une autre. Le mot *Hyperthèse* désignait aussi en grec le degré de comparaison que nous appelons *superlatif.* P.

HYPÈTHRE (du grec *upo*, sous, et *aithra*, air), nom donné par les architectes à tout édifice découvert ou sans toit. Le grand temple de Pæstum en offre un spécimen encore existant. Les temples de Jupiter et de Minerve à Athènes, de Cérès et de Proserpine à Éleusis, de Jupiter Panhellénien à Égine, de Jupiter à Olympie, etc., étaient hypèthres. On donnait ainsi à l'intérieur des édifices un aspect moins sombre.

HYPHEN (du grec *upo*, sous, et *én*, un seul ; sous-un-seul, c.-à-d. en un seul tout), terme de grammaire grecque. C'était une ligne en forme d'arc renversé que l'on traçait au-dessus de la finale d'un mot et de l'initiale d'un autre, pour montrer qu'ils ne devaient faire qu'un (il équivaut alors à notre trait d'union), ou pour indiquer une crase non faite dans l'écriture.

HYPOCAUSTE. V. BAINS.

HYPOCRITIQUE, c.-à-d. en grec *qui contrefait, qui imite;* nom que les Anciens donnaient à l'art du geste, partie importante de l'éloquence et du jeu scénique. C'était l'art de tout exprimer sans paroles. Les gestes que devaient faire les comédiens et les tragédiens étaient indiqués par des signes au-dessus des vers, et cette sorte de notation s'appelait la *musique hypocritique.*

HYPO-DORIEN, le plus grave des modes de la musique grecque. Il avait sa fondamentale ou tonique une quarte au-dessous de celle du mode dorien.

HYPO-ÉOLIEN, mode de la musique grecque, dont la fondamentale ou tonique était une quarte au-dessous de celle du mode éolien.

HYPOGÉE. V. ce mot dans notre *Dictionnaire de Biographie et d'Histoire.*

HYPO-IONIEN, mode de la musique grecque, dont la fondamentale ou tonique était une quarte au-dessous de celle du mode ionien.

HYPO-LYDIEN, mode de la musique grecque, dont la fondamentale ou tonique était une quarte au-dessous de celle du mode lydien.

HYPOPHORE (du grec *phérein*, porter, et *upo*, sous), terme de Rhétorique ancienne; objection ou allégation que l'on fait valoir pour justifier un acte ou une prétention. Tel est ce passage du commencement de la harangue sur l'Halonèse, où Démosthène rappelle les termes d'une Lettre de Philippe : « Philippe dit qu'il vous donne cette île comme sa propriété ; que vous la revendiquez injustement ; qu'en effet elle n'a été à vous, ni quand il l'a prise, ni depuis qu'il la possède ; qu'il l'a enlevée aux pirates, et qu'à ce titre elle lui appartient. » Aussi le rhéteur Hermogène définit-il justement l'hypophore la *raison de l'adversaire* ou *de l'ennemi.* L'hypophore est toujours suivie immédiatement d'une réponse, que les rhéteurs appelaient *Anthypophore.* P.

HYPO-PHRYGIEN, mode de la musique grecque, dont la fondamentale ou tonique était une quarte au-dessous de celle du mode phrygien.

HYPORKHÈME, pièce de poésie du genre lyrique, composée, chez les anciens Grecs, pour les chœurs de jeunes garçons aux fêtes de Délos. Dans l'origine, le poète lui-même, comme cela eut lieu plus tard pour la poésie dramatique, apprenait sa pièce aux danseurs et aux chanteurs ; il proscrivait les mouvements, les figures, la cadence, et veillait à ce que tout cela fût l'expression exacte de son petit poëme ; en sorte que la *danse (orkhèma)* avait lieu proprement *sous (upo)* l'autorité du poète. L'hyporkhème fut d'abord, comme le Péan, exclusivement grave ; plus tard il servit aussi à exprimer des idées enjouées et

badines, et offrit même quelques rapports avec la danse comique appelée *Cordace.* Xénodame de Cythère, Pratinas de Phlionte et Pindare furent les principaux auteurs d'hyporkhèmes : on a quelques fragments de ceux du poète thébain. P.

HYPOSCENIUM, nom qui signifie *sous la scène,* et que Pollux donne au mur de devant de la scène tourné vers l'orchestre, dans les théâtres de l'antiquité. On le décorait de colonnes et de statues.

HYPOSTASE. Ce mot, qui joue un si grand rôle dans les écoles d'Alexandrie et d'Athènes, depuis Plotin jusqu'à Proclus, est l'indication d'une doctrine qui suppose un Dieu qui, sans sortir de lui-même, se transforme éternellement en une essence d'un ordre inférieur, pour ne pas tomber dans le mouvement nécessaire au Dieu créateur. Plotin, pour expliquer Dieu et le monde, s'appuie sur la nécessité d'un intermédiaire entre l'absolu et le mobile. Il admet donc en Dieu : 1° une hypostase supérieure qui possède la perfection infinie sans mélange d'action et de multiplicité ; 2° une hypostase inférieure à la première, l'intelligence en soi ; 3° une hypostase capable de produire le monde, mais mobile et inférieure à la précédente. Tels sont les trois principes en un seul être, reconnus par toute l'école néoplatonicienne, l'Un, ou le Bien, qui est le Père ; l'Intelligence, qui est le Fils ; l'Ame, qui est le principe universel de la vie.

Dans l'Église, le mot *hypostase* fut employé avant celui de *personne,* en parlant de la Trinité. Pour concevoir la distinction de la divinité et les attributs des trois personnes, on disait qu'il y avait en Dieu trois hypostases en une seule essence. Le mot est grec (*upostasis*), les Latins firent prévaloir le mot *personne.* (V. TRINITÉ.) R.

HYPOTHÈQUE (du grec *upotèkè,* gage). Selon la définition du *Code Napoléon* (art. 2114), l'hypothèque est un droit réel sur les immeubles affectés à l'acquittement d'une obligation, c.-à-d. qu'une personne qui a un engagement pécuniaire à remplir donne une garantie spéciale sur un ou plusieurs de ses immeubles ; l'immeuble devient ainsi, entre les mains de celui qui est nanti de l'hypothèque, une espèce de gage. Ce gage diffère cependant beaucoup du gage mobilier, de la marchandise déposée en nantissement chez le prêteur. Le prêteur, s'il n'est pas payé, peut, sans beaucoup de formalités et surtout sans une grande perte de temps, faire vendre les marchandises et recouvrer le montant de sa créance. L'immeuble hypothéqué, au contraire, ne peut être vendu qu'avec beaucoup de difficultés et de frais ; les entraves dont la législation a entouré la saisie des immeubles, dans la pensée d'être utile aux propriétaires et de mieux consacrer le caractère de la propriété, nuisent en réalité aux propriétaires qui veulent emprunter, rendent presque aléatoire le prêt qui devrait être le plus sûr de tous, et élèvent d'une manière artificielle le taux du prêt hypothécaire ; on l'évalue à 6 1/2 et 7 pour 100. — Les règlements sur les hypothèques, qui ont été fixés en France par les ordonnances de 1539, 1581, 1606, 1673, 1771, par les lois du 9 messidor an III, du 11 brumaire an VII, par le *Code Napoléon,* ont été souvent attaqués : ils ont été modifiés et rendus un peu moins rigoureux par la loi de 1841 et par le décret du 28 mars 1852 qui a institué le *Crédit foncier (V. ce mot).* Avant l'institution du Crédit foncier, il y avait eu, en France, un établissement qui prêtait sur hypothèques, et qui s'appelait *Caisse hypothécaire;* il n'a pas pu se soutenir. « La caisse hypothécaire, dit M. Wolowski, a succombé en grande partie par suite des véritables dénis de justice qui entravaient vis-à-vis d'elle les formalités ruineuses de l'expropriation. Une seule affaire de cette nature n'a pas duré moins de dix-sept ans. Cette saisie monstre a donné lieu à près de deux cents incidents, et à autant de jugements et d'arrêts ; la Cour de cassation a été saisie, à cette occasion, de quatorze pourvois, et les frais ne se sont pas élevés à moins de 400,000 francs ! » — « Le sol, disait à la Chambre M. Dupin en 1835, est ce qui présente le plus de sûreté en apparence, et cependant c'est à ce gage qu'on se fie le moins, c'est celui qu'on redoute le plus! Pourquoi? C'est qu'il y a un contre-sens dans la législation ; c'est que la loi des hypothèques, qui devait être faite pour assurer les créances, ne laisse pas les créanciers sans inquiétude sur leur conservation ; et la loi d'expropriation, qui aurait dû être conçue pour en assurer le recouvrement, agit en sens précisément contraire, c'est-à-dire qu'on semble avoir tout fait, tout imaginé contre le créancier, pour empêcher qu'il n'ait son argent à l'échéance. Au contraire, le législateur semble avoir accumulé les précautions en faveur du débiteur, pour favoriser sa résistance et sa mauvaise foi. »

Il y a trois sortes d'hypothèque : 1° l'hypothèque *tacite* ou *légale*, celle que dans certains cas la loi écrite accorde sans stipulation (aux femmes mariées, sur les biens de leur mari; aux mineurs et interdits, sur les biens de leur tuteur; à l'État, aux communes et aux établissements publics, sur les biens des comptables); 2° l'hypothèque *judiciaire*, résultant de jugements qui ont condamné un débiteur à payer : ces deux hypothèques frappent sur tous les biens présents et à venir; 3° l'hypothèque *conventionnelle*, consentie par un acte authentique (*Code Napoléon*, art. 2,117), et qui n'atteint que les immeubles désignés dans l'acte. Les créanciers *privilégiés* priment les hypothécaires (V. PRIVILÉGE); par conséquent, lorsqu'on veut placer ses fonds par obligation avec hypothèque sur des immeubles, il faut s'assurer que leur valeur est suffisante pour que l'hypothèque ait son effet après l'acquittement des créances privilégiées. On doit s'informer encore si l'hypothèque offerte ne serait pas primée par les hypothèques qui appartiennent, soit aux femmes pour leurs dots ou conventions matrimoniales, soit aux mineurs et aux interdits à raison de la gestion de leur tuteur, ces hypothèques venant en premier ordre après les créances privilégiées : il est vrai que les maris et les tuteurs sont tenus de rendre publiques ces hypothèques, sous peine d'être réputés stellionataires, et, comme tels, contraignables par corps; mais si le stellionataire est insolvable, l'argent prêté n'en est pas moins perdu. Toute hypothèque est indivisible, c.-à-d. qu'elle subsiste en entier sur tous les immeubles affectés, sur chacun et sur chaque portion de ces immeubles : elle les suit, dans quelques mains qu'ils passent. Les hypothèques prennent rang du jour de l'inscription sur les registres du conservateur dans l'arrondissement duquel est situé l'immeuble. Ces registres sont publics, et le conservateur est tenu de donner copie des actes à tous ceux qui le requièrent, ou un certificat qu'il n'existe aucune inscription. Si les biens assujettis à l'hypothèque périssent, ou s'ils éprouvent des dégradations qui les rendent insuffisants pour la sûreté du créancier, celui-ci peut demander son remboursement ou un supplément d'hypothèque (*Code Napoléon*, art. 2,131). Les inscriptions conservent l'hypothèque pendant dix ans, et restent sans effet si elles n'ont été renouvelées avant l'expiration de ce délai (art. 2,154). Néanmoins, si, après le délai de prescription, le créancier veut renouveler son hypothèque, il le peut, mais dans ce cas il ne prend rang qu'après les autres créanciers, s'il y en a. L'hypothèque prend fin : 1° par l'extinction de l'obligation, 2° par la renonciation du créancier, 3° par la prescription de la créance, 4° par la *purge* que peuvent opérer l'acquéreur, le donataire, l'échangiste, ou le légataire particulier des biens hypothéqués (V. PURGE). — La conservation des hypothèques est confiée à l'administration de l'Enregistrement et des Domaines. Les droits payés aux bureaux des hypothèques sont perçus au profit du Trésor public. La loi du 28 avril 1816 prescrit la perception d'un pour millé du capital de la créance; le renouvellement de l'inscription à l'expiration du délai décennal donne lieu à la même perception. Les frais des inscriptions sont à la charge du débiteur. Une remise sur les droits perçus est accordée aux conservateurs; mais, en outre, il doit leur être payé, pour les actes, copies, extraits ou certificats qu'ils délivrent, des salaires dont la quotité a été fixée par décret du 21 sept. 1810. Les conservateurs des hypothèques fournissent deux cautionnements, l'un en immeubles, l'autre en numéraire. V. Guichard, *Législation hypothécaire*, Paris, 1810, 3 vol. in-8°; Carrier, *Traité des hypothèques*, 1818, in-8°; Cotelle, *Des privilèges et hypothèques*, 1820, in-8°; Battur, *Traité des privilèges et hypothèques*, 2e édit., Paris, 1823, 4 vol. in-8°; Grenier, *Traité des hypothèques*, 3e édition, Clermont-Ferrand, 1829, 2 vol. in-4°; Persil, *Régime hypothécaire*, 4e édit., Paris, 1833, 2 vol. in-8°; Dufrayer, *Manuel du prêteur sur hypothèque*, 1838, in-18; Despréaux, *Dictionnaire général des hypothèques*, 1842, in-8°; Baudot, *Traité des formalités hypothécaires*, 1845, 2 vol.

in-8°; Valette, *Traité des hypothèques*, 1836, in-8°; Delamontre, *Traité du prêt sur hypothèque*, 1847, in-8°; Troplong, *Commentaire sur les privilèges et hypothèques*, 5e édit., 1854, 4 vol. in-8°; Marcadé et Pont, *Commentaire des privilèges et hypothèques*, 2 vol. in-8°; Hervieu, *Résumé de jurisprudence sur les privilèges et hypothèques*, 4e édit., 1859, in-4°; Schilling, *Traité du droit de gage et d'hypothèque chez les Romains*, trad. de l'allemand par Pellat, 1840, in-8°; Anthoine de Saint-Joseph, *Concordance entre les lois hypothécaires étrangères et françaises*, 1847, 1 vol. gr. in-8°; Allemand, *Examen du régime hypothécaire établi par le Code civil*, 1837, in-8°; Fouet de Conflans, *De la réforme hypothécaire*, 1848, in-8°; Hauthuille, *De la réforme du système hypothécaire*, 1843, in-8°; Hébert, *De quelques modifications à introduire dans le régime hypothécaire*, 1841, in-8°; Odier, *Des systèmes hypothécaires*, 1840, in-12; Saint-Nexent, *De la réforme du régime hypothécaire*, 1845, in-8°.

HYPOTHÈSE (du grec *upothésis*, supposition), fait ou principe admis sans preuves, pour expliquer certains faits; par suite, on appelle *méthode hypothétique* celle qui pose de semblables principes pour expliquer les faits observés. Il y a trois sortes d'hypothèses : la première suppose des faits non observés, pour en expliquer d'autres que l'on connaît, mais dont la cause nous échappe; ainsi Newton supposait dans l'eau la présence d'un corps combustible, pour expliquer certains faits de réfraction; la seconde sorte consiste à admettre une force comme cause de certains effets, par exemple, l'électricité; la troisième n'est qu'un moyen imaginé pour rendre plus facile l'enseignement dans les sciences; ainsi, les chimistes supposent la matière divisée en atomes, pour en expliquer les combinaisons. La première sorte est la plus importante, et il est indispensable d'y avoir recours quand l'observation, l'expérimentation, le raisonnement ne peuvent pas suffire. L'hypothèse, dans ce cas, doit être soigneusement vérifiée, et rejetée si l'expérience ne la confirme pas : l'observation a confirmé l'hypothèse d'Huyghens sur l'anneau de Saturne; celle de Laplace sur la formation des planètes, ne pouvant pas être vérifiée, est inadmissible. L'hypothèse ne peut donc produire la certitude que lorsqu'en perdant son premier caractère, elle passe à l'état de fait évident et démontré; hors de là elle n'est qu'un moyen souvent indispensable, mais sans caractère scientifique; jusque-là elle n'est qu'une supposition qui doit disparaître quand il est prouvé qu'elle est vraie ou fausse : vraie, elle est acquise à la science; fausse, elle est convaincue d'erreur et rejetée comme telle.   R.

HYPOTRACHÉLIUM, nom donné par Vitruve à ce que nous appelons *gorgerin* dans la colonne.

HYPOTYPOSE (du grec *upo*, sous, et *tupoô*, je figure, je décris), figure de Rhétorique qui peint l'objet avec des couleurs si vives, des images si vraies, qu'elle le met en quelque sorte sous les yeux, et que le spectateur ou l'auditeur, s'identifiant avec le personnage, s'oublie au point de se croire témoin des faits qui lui sont racontés. Ainsi, dans *Athalie* (I, 2), Josabeth raconte au grand prêtre comment elle a arraché Joas tout sanglant des mains de ses meurtriers :

> Hélas! l'état horrible où le ciel me l'offrit
> Revient à tout moment effrayer mon esprit :
> De princes égorgés la chambre était remplie, etc.

Andromaque (III, 8) nous fournit un autre exemple d'hypotypose :

> Figure-toi Pyrrhus, les yeux étincelants,
> Entrant à la lueur de nos palais brûlants, etc.

On peut citer encore la peinture de la Mollesse dans le *Lutrin* de Boileau, la mort de Bocchoris dans le *Télémaque* de Fénelon, le sacrifice d'Eudore dans les *Martyrs* de Chateaubriand.   G.

I

I, 9ᵉ lettre et 3ᵉ voyelle de l'alphabet latin, ainsi que des alphabets des langues néolatines et des langues germaniques. En latin, l'i était à la fois consonne et voyelle : consonne, lorsqu'il était placé devant une voyelle dans un mot d'origine italique (*Ianus, coniicio*, qui s'écrivirent tardivement *Janus, conjicio*); voyelle, dans les mots d'origine grecque (*iambus*); consonne dans certains mots d'origine hébraïque (*Judæus*), voyelle dans certains d'autres (*Iacobus*). L'i eut également deux valeurs en France : ce fut Ramus qui, au xviᵉ siècle, donna uniformément la forme du *j* à l'ancien *i* consonne; mais il n'y a encore que fort peu d'années que les chapitres des lettres I et J ont cessé d'être confondus en un seul dans les Dictionnaires. Les Latins substituèrent quelquefois l'*u* à l'*i* : *Decumus, Maxumus*, pour *Decimus, Maximus*. En français, l'*i* perd le son qui lui est propre, en s'unissant à d'autres voyelles, comme dans *laid, gain, sein, peine, roi*, etc. : il le reprend à l'aide du tréma, comme dans *Moise, Héloïse, Laïs*, etc. En anglais, l'*i* perd très-souvent le son que lui donnent les autres peuples de l'Europe; mais, en revanche, ce son est attribué à d'autres caractères, à l'*e* (dans *be*, être), à *ee* (dans *see*, voir), à *ea* (dans *tea*, thé). L'usage de mettre un point sur l'*i*, pour qu'on n'en fasse pas un jambage d'une lettre voisine, ne date que du xivᵉ siècle. — Comme abréviation dans les inscriptions latines, I signifie *imperator, invictus, inferi, in, justus, illustris, jure*, etc. Sur les monnaies romaines, il représente l'*as*, comme valeur et comme poids. Autrefois il était la marque des monnaies frappées à Limoges. — Dans la théorie du syllogisme, I désignait une proposition affirmative particulière. ⏤ Signe numéral, l'*iota* grec valait 10. En latin, I vaut 1, et représente autant d'unités qu'il est répété de fois jusqu'à quatre : mis devant I et X, il se retranche de ces nombres; placé après, il s'y ajoute (IV=4; IX=9; VI=6; XI=11). Cependant, IIC exprime 200, IIIM 3,000, etc.   B.

IALÈNE. *V.* CHANSON.

IAMBE, pied de la versification grecque et latine, composé d'une brève et d'une longue : *dĭĕs*. Archiloque en est réputé l'inventeur; c'est du moins lui qui, le premier, l'a employé dans les pièces mordantes et satiriques.

IAMBÉLÉGIAQUE (Vers). C'est le renversement du vers élégiambique, c.-à-d. qu'il se compose de 2 dipodies iambiques suivies de la 2ᵉ penthémimère élégiaque; il est asynartète; Horace a écrit (*Epod*. 13, v. 10 et 18) :

Dēfōrmĭs æ|grĭmōnĭæ ‖ dŭlcĭbŭs ăllŏquĭĭs.
Lēvārĕ dī|rīs pēctŏrā ‖ sōllĭcĭtūdĭnĭbŭs.

Ce vers passait pour avoir été inventé par Archiloque, ainsi que l'élégiambique.   P.

IAMBIQUE (Poésie), nom donné chez les anciens Grecs à ce qui s'appelle spécialement *Satire* chez les peuples modernes. Les diatribes contre les personnes ou contre les mœurs générales ayant été primitivement composées en iambes, le nom d'*iambique* a été donné au poème lui-même : on disait vulgairement des *iambes*, pour dire une satire mordante, une invective. Archiloque, Hipponax, Timocréon, sont les représentants les plus connus de ce genre de poésie; mais nous ne saurions apprécier le mérite de leurs œuvres, dont il ne nous est parvenu que de trop courts fragments. Nous n'avons point de pièce latine portant ce titre, bien que les poëtes latins se servent fréquemment du mot *iambes* pour désigner une pièce médisante. Mais nous devons rattacher à ce genre un grand nombre des pièces d'Horace connues sous le nom d'*épodes*, et dont quelques-unes sont d'une virulence extrême, notamment les odes 4, 6, 10, 17. Chez nous, André Chénier a renouvelé ce genre, mais dans un seul essai inachevé, et, de nos jours, M. Auguste Barbier s'est fait un nom par ses *Iambes*. Ils sont composés de grands vers alternant avec un plus petit placé en forme d'épode, à l'imitation de ce que nous voyons dans Horace, qui lui-même s'était modelé sur les iambographes de la Grèce.   P.

IAMBIQUE (Vers), vers composé d'iambes, ou dont l'iambe est la base. En grec et en latin, il y a des iambiques de 2 jusqu'à 8 pieds. On les scande par *dipodies*, et chaque dipodie forme une mesure ou mètre : d'où le nom de *monomètre* donné au vers de 2 pieds, de *dimètre* au vers de 4 pieds, de *trimètre* au vers de 6 pieds, et de *tétramètre* à celui de 8 pieds.

I. *Monomètre*. Il est très-rare. On le trouve employé comme clausule dans un système de dimètres ou de trimètres. Pur, il a 2 iambes. Au 1ᵉʳ iambe on substitue souvent une spondée; au 2ᵉ un pyrrhique. Les Latins mettaient souvent le dactyle au lieu du spondée au 1ᵉʳ pied : *pēssŭmă mănē*. Il peut être hypercatalectique; alors, outre la 1ʳᵉ substitution, il peut recevoir un anapeste au 2ᵉ pied.

II. *Dimètre*. Il est fréquent chez les lyriques, les tragiques et les comiques. Alcman et Anacréon paraissent l'avoir employé les premiers dans un *système* (V. ce mot). Il y a en 3 variétés : acatalectique (4 pieds), catalectique (3 pieds et demi), brachycatalectique (3 pieds). La 1ʳᵉ comporte l'iambe, le spondée, le dactyle rarement, du moins en grec, au 1ᵉʳ et au 5ᵉ pied; l'anapeste au 1ᵉʳ pied ne se voit que chez les comiques. Dans la 2ᵉ, le 3ᵉ pied est nécessairement un iambe, le 2ᵉ peut être un tribraque. Dans la 3ᵉ, le 3ᵉ pied est un iambe, ou un pyrrhique, très-souvent précédé d'un anapeste. Horace a employé le tribraque au 2ᵉ pied du dimètre catalectique. Dans les systèmes dimétriques, tel est l'étroit enchaînement des vers, que chaque dernier pied se comporte comme s'il était dans le corps du vers, c.-à-d. que, 1° la longue finale peut se résoudre en deux brèves, d'où résulte un tribraque; 2° l'hiatus est interdit d'un vers à l'autre, aussi bien que toute syllabe douteuse; d'où il suit que le dimètre peut être terminé par un iambe ou un tribraque, jamais par un pyrrhique ni un anapeste, et qu'un mot peut être interrompu et se continuer au vers suivant. Les systèmes de dimètres iambiques sont habituellement terminés par un dimètre catalectique. Les systèmes de dimètres catalectiques sont eux-mêmes fréquents. Souvent un système de dimètres renferme les trois variétés, avec un monomètre hypercatalectique pour clausule. Le dimètre hypercatalectique forme le 3ᵉ vers de la strophe alcaïque.

III. *Trimètre*. C'est le plus connu, le plus usité des vers iambiques. Pur, ce vers se compose de 6 iambes, si ce n'est que le 6ᵉ doit être remplacé par un pyrrhique. Archiloque, Simonide et les iambographes en avaient fait un fréquent usage : néanmoins ils substituaient parfois à l'iambe des pieds impairs le spondée, et introduisaient à tous les pieds, sauf le 6ᵉ, l'anapeste, seulement lorsqu'il fallait un mot propre. Ces substitutions ont été adoptées par les tragiques, qui, de plus, admettent le tribraque aux quatre premiers pieds. Les trimètres iambiques reçoivent principalement la césure penthémimère et la césure hephthémimère, quelquefois la césure trihémimère; elle a lieu sur une brève aussi bien que sur une longue. L'enjambement se fait d'une manière à peu près aussi variée que dans l'hexamètre héroïque; le rejet d'un spondée est assez fréquent, surtout s'il ne termine pas complétement le sens; cependant le sens peut s'y arrêter, s'il en résulte un effet d'harmonie imitative. Le drame satyrique suivit les règles de la versification des tragédies, quand le poëte mettait en scène un personnage héroïque; mais on y prenait plus de licences métriques lorsqu'on faisait parler les Satyres et autres personnages burlesques. C'est ce qui avait lieu aussi dans la Vieille Comédie. Le trimètre de la Nouvelle Comédie se conformait aux règles du trimètre tragique. Au temps de Sénèque, les poëtes latins, en admettant le trimètre, y introduisirent toutes sortes de licences, à tel point que la mesure de leurs vers est souvent confuse. Horace s'est le plus rapproché de la pureté grecque.

Certains trimètres ont un spondée au 6ᵉ pied (V. CHOLIAMBE). Il y a aussi des trimètres catalectiques qui figurent dans la strophe alcaïque. Enfin le trimètre brachycatalectique est un iambique de 5 pieds, qui a toujours un anapeste au 4e, et dont le 1er iambe admet comme substitution le spondée.

IV. *Tétramètre.* L'iambique de 8 pieds n'admet guère d'autre substitution que le spondée. On n'en trouve aucun exemple dans ce qui reste du théâtre grec. Chez les Latins, qui, au contraire, en ont fait un grand usage au théâtre, il admet tous les pieds du trimètre libre; le 8e pied doit toujours être un iambe. On le coupait après la césure qui suit le 4e pied : quelquefois il est coupé en deux hémistiches, c.-à-d. en deux dimètres, et alors il peut être asynartète.

Les poëtes de la vieille comédie grecque ont fait un très-grand usage du tétramètre catalectique (7 pieds et demi). Le 7e pied doit être un iambe; mais on y trouve quelquefois, dans un nom propre, l'anapeste. Le tribraque est fréquent aux 1er, 2e et 6e pieds; il est plus rare au 4e, qui reçoit régulièrement l'iambe, le spondée, parfois l'anapeste. Ce vers est la base du vers *politique*, né en Grèce au moyen âge. Le tétramètre catalectique est également fort usité dans la comédie latine, mais toujours avec beaucoup plus de licences. Le dactyle et le procéleusmatique y sont admis au 4e pied; au 7e le tribraque, le spondée, le dactyle, l'anapeste, le procéleusmatique, ces deux derniers plus rarement, et à condition que la première brève ne soit pas la finale du mot précédent. Il est asynartète chez les Latins, ce qui n'a pas lieu chez les Grecs.   P.

IAMBYCE, instrument à cordes des Anciens, mentionné par Pollux. On suppose que c'était une cithare triangulaire inventée par Ibycus.

IBÉRIENNES (Langues), nom des langues parlées dans l'Espagne ancienne, telles que le turdétan, le cantabre, le celtibérien, et dont il ne subsiste plus qu'une seule, le basque (*V. ce mot*).

IBSAMBOUL (Temples d'), dans la Nubie inférieure, sur la rive gauche du Nil. Ces temples, au nombre de deux, découverts par Belzoni, sont aussi remarquables que les plus beaux de l'Égypte, et datent du règne de Ramsès le Grand (Sésostris). Ils sont entièrement taillés dans le roc. La façade du plus grand, coupée à pic, a 32 mèt. de hauteur sur 34 de largeur, et offre, au centre, une porte de 5 mèt. sur 2 et 1/2. Quatre colosses assis, représentant Ramsès, annoncent dignement l'entrée de ce temple dédié à Phré; dégagés du sable qui les recouvre en grande partie aujourd'hui, ils n'auraient pas moins de 20 mèt. de hauteur; trois seulement subsistent dans un état parfait de conservation. L'intérieur du temple est une excavation toute de main d'homme. La première salle ou pronaos, qui a 16 mèt. carrés sur 8 d'élévation, est soutenue par deux rangs de quatre piliers chacun, contre lesquels sont adossés autant de colosses debout, représentant Osiris sous les traits de Ramsès; les parois de cette salle sont décorées de bas-reliefs coloriés, où l'on a figuré les exploits de ce prince en Asie et en Afrique. Vient ensuite une seconde pièce ou naos, à peu près de même caractère, longue de 12 mèt.; et enfin le sanctuaire, où l'on voit, dans une niche très-profonde, les statues assises, plus grandes que nature et coloriées, d'Ammon-Ra, de Phré, de Phtha et de Ramsès. Ce monument ne reçoit le jour et l'air que par l'entrée. — Le petit temple, à quelque distance au N.-E. du grand, a été dédié à la déesse Athor par la femme de Ramsès. Moins élevé et moins profondément creusé, il a une façade en talus, contre laquelle s'appuient six colosses de 12 mèt. de hauteur, séparés les uns des autres par des contre-forts couverts d'hiéroglyphes. A l'intérieur, on remarque des piliers carrés surmontés de têtes de femmes, et des bas-reliefs peints, d'un excellent style, dont tous les sujets sont mythologiques.

ICARIE, nom donné par le communiste Cabet à la terre imaginaire où devaient se réaliser ses utopies. Cette terre a pour capitale Icara, autour de laquelle se groupent 100 villes provinciales; chacune de celles-ci est entourée de 10 villes communales, placées au centre de territoires égaux. Toutes sont construites sur le même modèle, et réalisent, sous le rapport de la propreté, de la commodité et de l'élégance, les plus beaux rêves de l'imagination. Les établissements agricoles ne sont pas moins parfaits dans leur genre. Les Icariens ne connaissent ni propriété, ni monnaies, ni ventes, ni achats; ils vivent en communauté de biens et de travaux. C'est la république ou la communauté qui recueille les produits de la terre et de l'industrie, et qui les partage également entre les citoyens : elle les loge, les nourrit, les habille et les instruit. Le travail n'a, d'ailleurs, rien de répugnant; des machines très-nombreuses dispensent

l'homme de tout effort pénible et, et toutes les professions étant également estimées, chacun choisit la sienne suivant son goût. Le mariage est admis et respecté, jusqu'à ce que, par l'effet du progrès des lumières, la promiscuité des sexes n'inspire plus de répugnance; comme il n'y a ni dots ni successions, les convenances personnelles président seules aux unions. Au point de vue politique, une assemblée de 2,000 membres, élue par le suffrage universel, est investie de l'autorité législative pour tout ce qui concerne l'intérêt général; chaque province a aussi son assemblée particulière où l'on discute ses intérêts spéciaux, et, dans chaque commune, une assemblée primaire examine les questions d'intérêt local qui lui sont renvoyées par l'assemblée générale. Il y a un *exécutoire national* (pouvoir exécutif), et des *exécutoires provinciaux* et com-unaux, dont les membres sont nommés par le peuple. Aucun fonctionnaire ne reçoit de traitement. On n'a pas besoin de force publique, parce qu'en Icarie on ne voit ni partis politiques, ni complots, ni émeutes, ni violences, ni larcins. Le journal national, les journaux provinciaux et communaux ne contiennent que des procès-verbaux et des statistiques, toute discussion leur étant interdite : la liberté de la presse est remplacée par le droit de proposition dans les assemblées populaires. Toutes les religions sont tolérées; mais il est interdit de parler de religion aux enfants avant qu'ils aient l'âge de 16 ou 17 ans. Suivant le catéchisme icarien, Jésus-Christ n'est qu'un homme, le premier de tous; les prêtres sont de simples prédicateurs de morale. On félicite ceux qui croient à un Paradis pour les justes; quant à l'Enfer, il est inutile, parce qu'il n'y a pas de méchants en Icarie.   B.

ICHNOGRAPHIE (du grec *ichnos*, trace, et *graphein*, écrire), opération qui consiste à dessiner les contours que forment des objets sur un plan. Ainsi, pour un édifice, le plan est la trace qu'il laisserait sur le sol s'il était rasé.

ICONIQUES (Statues), statues que les Anciens érigeaient aux athlètes qui avaient remporté trois victoires. Elles étaient l'image exacte de leurs formes et de leur caractère gymnastique.

ICONOGRAPHIE (du grec *éikón*, image, et *graphein*, décrire), description des monuments de la statuaire antique et de celle du moyen âge, et, dans un sens plus restreint, description des images des personnages célèbres, représentés par les statues, les bustes, des médailles, des pierres gravées, des peintures, etc. Les principaux auteurs qui ont fait des recueils iconographiques sont : Mazocchi, *Illustrium imagines*, 1517, in-4e; Flavio Orsini, *Illustrium imagines*, Rome, 1569; Canini, *Iconografia*, Rome, 1669, et Amst., 1731; Bellorio, *Veterum illustrium imagines*, Rome, 1685; Visconti, *Iconographie grecque*, Paris, 1811, 3 vol. in-4e; Mongez, *Iconographie romaine*, Paris, 1817-26, 4 vol. gr. in-fol.; Delpech, *Iconographie des contemporains*, Paris, 1824, in-fol.; Didron, *Iconographie chrétienne*, 1844, in-4e; l'abbé Crosnier, *Iconographie chrétienne*, Paris, 1848, in-8e; Guénebault, *Dictionnaire iconographique des figures, légendes et actes des saints*, 1846, gr. in-8e.

ICONOLATRIE (du grec *éikón*, image, et *latréia*, adoration), culte des images poussé jusqu'à l'adoration, comme chez les païens.

ICONOLOGIE (du grec *éikón*, image, et *légein*, dire, expliquer), explication des emblèmes, des figures allégoriques et de leurs attributs. Les auteurs qui ont entrepris ce genre de travail sont : J. Baudouin, *Recueil d'emblèmes*, Paris, 1688, 3 vol. in-8e; Lacombe de Presel, *Dictionnaire iconologique*, 1755 et 1779, in-12; J. Boudard, *Iconologie de divers auteurs*, Parme, 1750, 2 vol. in-fol.; Ch. Delafosse, *Iconologie historique*, Paris, 1768; Gaucher, *Iconologie, ou Traité complet des allégories, emblèmes*, etc., Paris, 1796, 4 vol. in-12; Gravelot et Cochin, *Iconologie par figures*, 1796; F. Pistrucci, *Iconologia*, Milan, 1821.

ICONOSTASE (du grec *éikón*, image, et *stasis*, pose), clôture du sanctuaire dans les églises anciennes. Elle était ainsi appelée, parce qu'on y exposait de saintes images à la vénération des fidèles. Dans les premiers temps de l'ère chrétienne, les sanctuaires étaient exhaussés de quelques marches au-dessus de la nef, et fermés par une clôture ornée de colonnes, de mosaïques et de fresques; une ou trois portes y donnaient accès, et permettaient aux fidèles d'en apercevoir une partie. Plus tard, les Iconostase furent remplacées par des tentures et des grilles, puis enfin portées à l'extrémité du chœur et transformées ou confondues avec les jubés. Chez les chrétiens du rite

g:ec, on donne le nom d'*Iconostases* à des niches ou cabinets qui renferment des images saintes, et que voile
un rideau.

ICOSI-DRACHME, monnaie d'or de 20 drachmes créée
e 1 Grèce en 1833. Elle vaut 17 fr. 90 c.

IDÉAL. L'idée exprimée par ce mot est celle d'un modèle parfait, d'un type de beauté qui n'existe pas dans la
réalité, et que l'artiste imite en cherchant à l'égaler sans
jamais y parvenir. Cicéron nous montre Phidias copiant
un *modèle intérieur* pour faire sa *Minerve* ou son *Jupiter Olympien*. C'est sur la théorie platonicienne des idées
que repose la doctrine de l'idéal. Selon Platon, l'esprit
s'élève graduellement et par abstraction jusqu'aux idées
pures, modèles parfaits, types éternels comme Dieu en qui
ils résident. La beauté réalisée par l'artiste n'est qu'une
imparfaite image de cette beauté parfaite, exempte de tout
alliage. A cette théorie, qui repose sur le dogme de la *réminiscence* (*V. ce mot*), on en oppose une autre, consistant
pour l'esprit à prendre dans les objets de même nature
les parties qui paraissent les plus belles, afin d'en former
un tout, qui devient ainsi le modèle idéal de l'artiste.
Dans les deux cas, ce modèle n'est toujours qu'une *idée*
à laquelle l'art cherche à donner une *réalité;* mais le second procédé est empirique; le premier relève surtout de
la raison, le second de l'imagination, et il peut conduire
à confondre la *fiction* avec l'*idéal*. Toutefois celui-ci,
quelle que soit l'origine qu'on lui attribue, est le *rationalisme* dans l'art; il est opposé à cette doctrine qui ne
donne d'autre mission à l'artiste que de copier grossièrement la nature, et qui est aujourd'hui le *réalisme*. *V.*
ART, BEAUX-ARTS, RÉALISME.   R.

IDÉALISME, système qui a joué un grand rôle dans la
philosophie, surtout depuis un siècle. Dans son sens le
plus vulgaire, ce n'est qu'une exagération du Spiritualisme; c'est l'*immatérialisme*, puisqu'il prétend que les
objets matériels n'existent pas. Tel est l'idéalisme de Berkeley. Kant, par une analyse profonde de l'entendement,
arriva à l'*idéalisme transcendantal*, qui diffère du précédent en ce qu'il ne nie pas l'existence des objets; mais
en même temps il soutient que ces objets ne nous apparaissent pas tels qu'ils sont en soi, mais selon les formes
de notre sensibilité et de notre entendement. De là sortit
l'*idéalisme objectif* de Schelling et l'*idéalisme absolu* de
Hégel; dans ce dernier, l'idée confondue avec l'être
constitue l'essence même des choses. Dans l'antiquité,
les Éléates avaient ouvert la voie à cet idéalisme outré,
qui conduit au panthéisme. Il y a un idéalisme moins
exagéré, qui fait encore bien grande la part de la raison,
mais qui ne méconnaît pas entièrement les droits des
sens. Il est basé sur la théorie platonicienne des idées,
Platon supposant que la véritable réalité est l'idée
éternelle reposant au sein de l'absolu. A cette doctrine se
rattachent, à des degrés différents, Descartes, Malebranche, Bossuet, Fénelon, Leibniz.   R.

IDÉE. L'idée ne peut pas être définie; c'est un fait
simple de l'intelligence, la vue isolée d'un objet; elle se
distingue par là du *jugement*, qui contient l'affirmation.
Les idées se classent : 1° d'après leurs objets, en idées
de *modes*, d'*êtres* et de *rapports;* 2° selon qu'elles se
rapportent à des objets réels, en idées *concrètes, individuelles, relatives, contingentes*, et en idées *nécessaires* et
absolues; toutes les sortes d'idées donnent lieu à la
question d'origine; celles à objets non réels sont les
idées *abstraites, générales* et *fictives;* elles donnent lieu
à rechercher, non leur origine, mais leur formation ;
3° au point de vue de la qualité, elles sont *vraies, exactes,
précises, claires, distinctes*, ou *fausses, inexactes, vagues, obscures, confuses;* 4° au point de vue logique, on
les distingue en idées *simples, complexes, composées,
collectives*. Descartes les divisait toutes en idées *adven-
tices, factices* et *innées*, les premières acquises par l'expérience, les secondes par le travail de l'imagination ;
quant aux idées innées, ce sont celles qui sont naturellement dans l'esprit et que la raison conçoit. La question de
formation pour certaines idées ne donne lieu à aucune
difficulté, c'est un fait libre de l'intelligence : il n'en est
pas de même de la question d'origine; c'est par la nature des idées qu'on peut la résoudre. Les idées *individuelles et contingentes* (*sensibles*) viennent des sens
ou de la conscience ; les idées *nécessaires et absolues*
(*intellectuelles* ou *morales*) sont des *conceptions* de la
raison, ce sont les *idées* de Platon (*V.* IDÉAL), et celles
que Descartes appelle *innées*. Les attribuer toutes, sans
distinction, à l'expérience, c'est nier les *idées nécessaires* de cause, de temps, d'espace, etc. ; c'est rayer la
raison du nombre des facultés intellectuelles. Cette

erreur des *sensualistes* vient de ce qu'on est porté à
confondre les idées qu'on obtient au début de la connaissance avec celles qu'on obtient ensuite à l'occasion
des premières. L'erreur contraire, en rapportant tout
à la raison, conduit à l'*idéalisme*. Pour être dans le
vrai, il faut reconnaître : 1° que les *sens* nous donnent la connaissance des *phénomènes* du monde extérieur physique ; 2° que la *conscience* nous donne la connaissance des *faits* du monde intérieur, ou du *moi;*
3° que la *raison* nous fait *concevoir* la *réalité substantielle* du monde physique, et la *réalité substantielle* du
moi; 4° que la même raison nous révèle immédiatement,
hors de nous, une autre *réalité objective*, un *non-moi*
immatériel dont le caractère est absolu et nécessaire, et
qui nous apparaît comme la condition du monde physique, et du *moi;* en un mot, Dieu.   R.

IDÉES (Association des). *V.* ASSOCIATION.

IDÉES-IMAGES (Théorie des), théorie philosophique dans
laquelle les idées sont considérées, suivant le sens étymologique de leur nom (en grec *eidos*, *idéa*, forme,
image), comme de véritables images des objets, et comme
étant elles-mêmes l'objet immédiat auquel l'esprit s'applique dans le phénomène de la perception. La théorie
des Idées-images, ou, comme l'on dit encore, des *Idées
représentatives*, semble avoir eu pour origine l'impossibilité de donner une explication positivité de la perception ; mais, en substituant la perception de l'idée à celle
de la chose même, on ne faisait que déplacer la difficulté,
si même on ne la compliquait. C'est dans la philosophie
atomistique qu'il semble avoir été fait pour la première
fois mention des idées. Démocrite supposait que ce que
nous appelons la perception se produit par certaines
émanations des corps, qui pénètrent jusqu'à l'âme et
viennent s'y imprimer, en passant par les organes des
sens. Ces émanations ou effluves sont des figures semblables aux corps dont elles se détachent. Telle fut aussi
la doctrine d'Épicure; Lucrèce, qui nous l'a transmise,
donne aux émanations les noms de *vestigia, simulacra*
(traces, images), et enseigne expressément que c'est ainsi
que nous connaissons non-seulement les formes, mais
les odeurs, les saveurs, les sons, en un mot toutes les
propriétés des corps. Telle est la théorie des Idées-images
sous sa forme la plus naïve, la plus grossière sans doute,
mais la plus intelligible encore et la moins illogique.
Car, quelques objections que soulèvent toutes les parties
du système, à ne le prendre que dans son principe, on
comprend jusqu'à un certain point que des images matérielles fassent impression sur une âme matérielle, formée, comme tout le reste, d'atomes agrégés. Mais que
penser de l'inconséquence des philosophes qui reconnaissent la spiritualité de l'âme et conservent néanmoins l'hypothèse des Idées-images? Aristote, ses disciples, presque
toute la philosophie scolastique, Locke enfin, ont mérité
ce reproche. Le premier pensait que l'âme ne reçoit la
notion des objets extérieurs que par un intermédiaire,
celui-là même qu'il appelle *formes* ou *idées sensibles* .
« Le sens, dit-il, est ce qui est capable de recevoir ces
idées sans en recevoir la matière. » Et tous les efforts de
l'école tendent effectivement à expliquer comment les
idées se spiritualisent, pour ainsi dire, en passant du
dehors au dedans. On peut prendre une notion sommaire, mais assez exacte, des artifices et des subtilités
de pensée et de langage auxquelles le péripatétisme a eu
recours pour atteindre ce but, en lisant le chapitre que
Malebranche (*Recherche de la vérité*, l. III, IIᵉ partie,
ch. 2) a consacré à la critique de ce système. Quoi qu'il
en soit, les doctrines d'Aristote, transportées presque en
toutes pièces dans la scolastique, y perpétuèrent la tradition des Idées-images, sous le nom d'*Espèces* (*V.* ES-
PÈCE); et, malgré les rares protestations de quelques
esprits plus indépendants, tels que Duns Scot, qui trouvait avec raison que l'idée ainsi comprise n'est qu'un
embarras de plus, on continua de croire et d'enseigner
que la perception des objets n'est possible que par l'intermédiaire des idées, et que celles-ci sont les images
des choses. La philosophie cartésienne finit, il est vrai,
par entendre les idées dans un tout autre sens; mais
Locke conserva l'ancienne théorie : « Il est évident, dit-
« il, que l'esprit ne connaît pas les choses immédiate-
« ment, mais seulement par l'intermédiaire des idées
« qu'il en a, et, par conséquent, notre connaissance n'est
« vraie qu'autant qu'il y a de la conformité entre nos
« idées et leurs objets. » Or, ou ces paroles ne signifient
rien, ou l'idée ne peut être conforme à l'objet qu'autant
qu'elle est la copie, c.-à-d. l'image ; et ici se reproduisent avec toute leur force les objections qu'on aurait

pu également élever contre les *simulacra* des Épicuriens, contre les *formes* ou *idées* péripatéticiennes, et contre les *espèces* scolastiques. Si l'image est matérielle, en quoi la perception de cette matière est-elle plus explicable que celle de la matière des corps eux-mêmes? Et que fait-on autre chose que de doubler la difficulté ou de la déplacer? En outre, comment concevoir ces images circulant à travers l'espace, s'y croisant, s'y heurtant, ces milliers d'images semblables ou différentes, émises simultanément par un objet que perçoivent des milliers de spectateurs? Et si, avec beaucoup de bonne volonté, on peut admettre un instant que les images des choses visibles fassent impression sur une âme matérielle, à la façon du cachet sur la cire, que sera-ce lorsqu'il s'agira des images du son, de la résistance, etc., et de l'impression faite par ces images matérielles sur une âme immatérielle? Suppose-t-on des images immatérielles? Ce sont d'autres contradictions : que peut-on entendre par des images immatérielles de la matière? Comment procèdent-elles des corps, et comment agissent-elles sur l'âme? Enfin, de quelque côté qu'on prenne la théorie des Idées-images, quelques modifications qu'on lui fasse subir, elle aboutit toujours à un ensemble de résultats absurdes, dont le plus curieux peut-être est celui que Berkeley et Hume ont très-logiquement déduit de la doctrine de Locke, savoir, que les corps n'existent pas, ou, ce qui revient au même pour nous, que nous ne savons absolument rien de leur existence, puisque, ne les connaissant que par les idées et n'ayant aucun moyen de comparer celles-ci à leurs prétendus originaux, nous ne savons, à proprement parler, ni si elles leur ressemblent, ni si ces originaux existent réellement. Ainsi, le scepticisme le plus complet, ou, si l'on se décide résolûment pour la négative, le nihilisme, telle est la conséquence forcée du système des Idées-images.   B—E.

IDENTITÉ (du latin *idem*, le même), propriété qui ne peut appartenir qu'à la substance et jamais au phénomène. Par elle un être est toujours et invariablement le même, mais elle ne peut pas être attribuée indifféremment à toute espèce d'êtres. Dans les corps inorganiques l'identité n'est qu'apparente, parce que les molécules matérielles dont ils se composent sont soumises au changement. Chez les êtres vivants, la partie matérielle, se renouvelant sans cesse, ne comporte pas l'identité; celle-ci ne consiste pour eux que dans la persistance du type de chaque espèce; elle dépend par conséquent de la continuité dans l'ordre et dans le mouvement. Mais la véritable identité n'est pas encore là; elle ne peut se trouver que dans un être un et simple, comme l'âme. L'identité est donc l'unité continue de l'être qui n'éprouve aucune altération dans sa substance, dans un être spirituel qui pense, qui veut, et qui à toutes les époques de sa vie peut se retrouver tel qu'il était antérieurement. Une telle identité, qui est celle du *moi*, est prouvée par la conscience et la mémoire ; elle est une garantie de la responsabilité morale, et, par suite, de l'immortalité de notre âme (V. ÂME). — On donne quelquefois le nom de *Principe d'identité* au *principe de contradiction* (V. *ce mot*). — La doctrine de l'*identité absolue* est le système de Schelling, qui regarde comme absolument identiques le sujet et l'objet, le *moi* et le *non-moi*, tous les êtres étant confondus en un seul être unique, répandu partout, dans l'espace et dans le temps, étranger à lui-même, et s'agitant sans cesse dans une solution indéfinie.

L'identité se constate, dans les affaires civiles d'un particulier, par la production des actes de l'état civil, ou, à défaut, d'un acte de notoriété. Celle d'un fonctionnaire public dont on invoque un acte dans un lieu étranger à son ressort, se prouve par la légalisation de sa signature. La personne qui demande un passe-port doit, si elle n'est pas connue de celui qui le délivre, ou si elle ne produit un autre passe-port non encore périmé, faire attester son identité par deux témoins devant le commissaire de police. V. INDIVIDUALITÉ.   R.

IDÉOGRAPHIQUE (Écriture). V. ÉCRITURE.

IDÉOLOGIE (du grec *idea*, idée, et *logos*, étude), nom que prit le condillacisme à la fin du XVIIIe siècle. Condillac avait particulièrement porté son attention sur deux points : l'origine de nos connaissances, et la puissance des signes. L'idéologie s'attacha à ces deux points presque exclusivement, en traitant de l'analyse de l'entendement et de l'origine du langage, y compris quelques vues remarquables sur la grammaire générale. Garat, enseignant l'idéologie à l'École normale, était professeur d'*analyse*. Cette analyse n'était autre que celle de la sensation, regardée comme la source de toutes nos idées, au moral

comme au physique. La science de l'âme était réduite à n'être qu'une partie de celle du corps, et la psychologie une branche de la physiologie. Le développement complet de l'esprit humain devant sortir de la même source, Destutt de Tracy, à la suite de Condillac, fait venir la parole du gloussement, du cri animal. Ce point de départ admis, il développe avec un grand talent d'analyse la manière dont les langues ont dû se former, et personne n'a précisé avec plus de netteté le rôle des parties du discours. L'association des idées, dans ses rapports avec les signes, occupe aussi une grande place dans l'*idéologie*. La morale répond entièrement à son principe. L'unique but de l'homme est de se conserver ; le bien, c'est ce qui conserve et perfectionne l'organisme ; le mal, ce qui le détériore ou le détruit. Volney, dans son *Catéchisme de la loi naturelle*, développe cette morale, qui n'est qu'un affligeant égoïsme.

Outre les *idéologues* dont les noms précèdent, il y en eut d'autres également recommandables par leur caractère et leur talent ; tels furent Cabanis, Chénier, Daunou, Ginguené. Ils firent pour la plupart une opposition au gouvernement d'alors, ce qui leur attira l'antipathie et les sarcasmes de l'empereur Napoléon Ier, antipathie qui alla jusqu'à lui faire supprimer l'Académie des Sciences morales et politiques, qu'il regardait comme le foyer de l'*Idéologie*. Elle vécut encore quelque temps dans la petite société d'Auteuil, pour mourir bientôt modifiée et ensuite abandonnée par Laromiguière, Degérando, et Maine de Biran.   R.

IDIOME (du grec *idiôma*, chose propre, particularité). Appliqué aux langues, ce mot désigne une langue propre à une nation, et, par extension, le langage particulier à une province. V. LANGUE, DIALECTE, PATOIS.   P.

IDIOTISME (du grec *idios*, propre, particulier), mot qui signifie proprement « locution particulière à une langue. » L'idiotisme consiste, soit dans l'emploi des mots, comme en français *aller, se porter*, dans le sens de *être dans tel ou tel état de santé*; soit dans la manière de les arranger, comme : *si j'étais que de vous*, construction qui n'est conforme aux règles d'aucune langue, mais que l'usage a consacrée dans la nôtre. Lorsqu'on veut distinguer les idiotismes propres à une langue en particulier, on leur donne un nom analogue à celui de cette langue : les idiotismes de la langue française s'appellent *gallicismes*, ceux du grec *hellénismes*, ceux du latin *latinismes*, ceux de l'anglais *anglicismes*, ceux de l'allemand *germanismes*, etc...   P.

IDOLATRIE (du grec *eidôlon*, effigie, image, et *latréia*, adoration), culte des *idoles* ou images de la Divinité prises pour la Divinité elle-même. Le fétichisme, le sabéisme, le polythéisme, sont des formes de l'idolâtrie.

IDYLLE (du grec *eidullion*, diminutif de *eidos*, petite pièce, morceau détaché). Ce mot, chez les Anciens, s'appliquait à tous les petits poèmes dont le sujet était une description, un tableau. Ainsi Théocrite a donné le nom d'idylles à ses poèmes, qui roulent les uns sur des sujets champêtres, les autres sur des sujets érotiques, ou dramatiques, ou même épiques, etc. Ausone a fait de même pour ses poésies détachées, où l'on trouve des vers sur la Pâque, un éloge funèbre de son père, une description de sa petite campagne, etc. — Chez les modernes, l'Idylle est une variété du genre pastoral. Elle diffère de l'églogue en ce qu'elle est toujours un récit ou une description, qu'elle ne prend point la forme du dialogue, et qu'elle est moins animée. V. ÉGLOGUE, PASTORALE (Poésie).   P.

IF, petit échafaudage de forme pyramidale, destiné à recevoir des lampions pour les illuminations.

IGEL (Monument romain d'), dans la Prusse rhénane, près de Trèves. C'est une sorte de tour carrée de près de 5 mèt. de côté, haute de 24 mèt., terminée dans sa partie supérieure en pyramide, et surmontée d'un globe terrestre sur lequel un aigle semble prendre son essor. Quelques savants lui attribuent un caractère et une destination funéraires ; d'autres supposent qu'il fut élevé pour célébrer, soit la naissance de Caligula, soit le mariage de Constance Chlore avec Hélène. Cette dernière conjecture expliquerait un bas-relief de ce monument, représentant un homme et une femme se donnant la main : on y remarque aussi un repas de famille, des attributs de commerce, un berger Pâris, des scènes de danse et de jeu. Une inscription fruste semble indiquer que la tour fut élevée à la mémoire du marchand Secundinus Secorus, fondateur d'Igel.

IGNORANCE DU SUJET, *Ignoratio elenchi*, sophisme qui consiste à s'écarter du sujet, à prouver autre chose que ce qui est en question ou ce que personne ne conteste, à prêter à l'adversaire une opinion qui n'est pas la sienne. Ce sophisme est le vice habituel des discussions : pour l'éviter, il faut s'attacher au point précis de la question, bien définir le sujet, et fixer le sens des termes. Dans l'*Horace* (acte. IV, sc. 2) de Corneille, il y a *ignorance du sujet*, et, par suite, méprise, entre le vieil Horace, qui croit que son fils a fui par peur devant les Curiaces, et Valère, qui ne parle que d'une fuite simulée pour mieux assurer la victoire. L'argumentation de J.-J. Rousseau contre Molière, dans sa *Lettre sur les spectacles*, repose sur un sophisme du même genre.

IHRAM, manteau de pénitence dont se couvre le pèlerin musulman en approchant de la Mecque. Il est composé de deux pièces de laine blanches, sans coutures.

ILDEFONSE (Château de SAINT-). *V.* GRANJA (La).

ILIADE, l'une des deux grandes épopées grecques, parvenues jusqu'à nous sous le nom d'Homère. Selon Hérodote, elle a dû être composée 400 ans avant cet historien, c.-à-d. au IXᵉ ou au Xᵉ siècle av. J.-C.; les faits qu'elle raconte appartiennent au XIIᵉ ou au XIVᵉ, de sorte qu'entre ces faits et le poëme il s'est écoulé plusieurs siècles : mais, comme, dans les temps antérieurs à l'histoire, la civilisation ne se transforme que lentement, on peut regarder l'*Iliade* comme une peinture des mœurs des temps héroïques en général, et, à ce titre, c'est une œuvre précieuse à consulter quand on veut refaire l'histoire des âges primitifs de la Grèce. Toutefois, dans l'intervalle de temps qui s'est écoulé entre l'*Iliade* et l'*Odyssée*, les usages, les idées, les croyances ont subi des changements assez considérables, pour que la plupart des savants aient cessé d'attribuer ces deux épopées à un même poëte, et se soient rangés à l'opinion antique des *Chorizontes* (*V. ce mot*), qui reconnaissaient deux Homères. Quant à l'*Iliade* elle-même, l'étude des œuvres du même genre produites d'une manière originale et avec modèles antérieurs par d'autres nations, soit en Occident, soit surtout dans l'Inde, a montré la façon dont elle a dû être composée par son auteur. On sait par Homère lui-même qu'au temps de la guerre de Troie, et aussi dans les siècles qui suivirent, les actions célèbres des guerriers, les histoires divines, les traditions, étaient chantées dans les réunions des hommes par des *aèdes* ou improvisateurs, qui accompagnaient leurs récits du son continu et peu varié d'un instrument (*V.* AÈDES); on a lieu de croire aussi que les Grecs de ces temps anciens ne pratiquaient pas encore l'écriture : c'est donc le rhythme et la mesure qui soutenaient la mémoire des aèdes et perpétuaient le souvenir de leurs chants. Il se forma, dans la Grèce asiatique et dans les îles, de véritables écoles d'aèdes, dont l'unique occupation fut de répéter les chants de leurs maîtres et d'y ajouter leurs propres récits. Homère fut le plus célèbre d'entre eux. Les chantres épiques des temps postérieurs se rattachèrent à lui, complétèrent son œuvre, y mêlèrent des récits qui furent répétés comme des fragments du maître, et formèrent ainsi la génération des *rapsodes homérides*; il en existait encore au temps de Platon, et probablement longtemps après lui. On ne peut guère douter que, lorsque Solon entreprit de réunir en un corps les œuvres d'Homère, il n'ait rassemblé à la fois des fragments écrits et de simples chants récités. Le travail de Pisistrate, beaucoup plus complet, fit regarder cet homme politique comme le véritable restaurateur d'Homère; en effet, l'œuvre des *Diascévastes* (*V. ce mot*) ou arrangeurs ne fut pas une simple compilation, mais l'unification de morceaux dispersés et souvent incohérents, dont il leur fallut rejeter un grand nombre. Les éditeurs qui vinrent après continuèrent le travail de Pisistrate; l'édition de la Cassette, composée par Aristote pour Alexandre, prépara le minutieux et savant examen des critiques d'Alexandrie. C'est après ces remaniements successifs que fut enfin arrêtée la forme sous laquelle l'*Iliade* et l'*Odyssée* sont parvenues jusqu'à nous.

L'unité de l'*Iliade* est-elle l'œuvre de Solon et de Pisistrate, ou bien a-t-elle été conçue par Homère lui-même? Le grand événement historique raconté dans les poëmes d'Homère suffit à donner à une épopée son unité de composition; l'unité épique est en elle-même une chose vague, et ne constitue qu'un cadre, dont la grandeur peut s'étendre ou se rétrécir à volonté, et où viennent se placer, sans fin et sans difficulté, des épisodes plus ou moins dépendants du sujet principal et au milieu desquels se sujet se développe sans se perdre. Tel est le plan de l'*Odyssée*; tel est même celui de l'*Iliade*, et, en général, de tous les poëmes épiques, anciens et modernes. On doit observer que l'*Iliade* n'a point pour sujet

la guerre de Troie, mais la colère d'Achille, c.-à-d. un accès de passion humaine, dont on suit la naissance, le développement, les effets et la terminaison; c'est là une unité toute morale, et dans la conception ne peut appartenir qu'à un seul homme. On ne peut donc ôter à Homère que des fragments plus ou moins secondaires, intercalés par des rapsodes. — Un nombre très-grand de personnages paraissent dans l'*Iliade*, hommes, femmes, déesses et dieux. Leurs caractères furent certainement établis par la tradition longtemps avant Homère; ils lui étaient donnés tout tracés. Mais il restait à les mettre en œuvre et à les conserver semblables à eux-mêmes pendant toute la durée d'un grand poëme. Cette unité morale et poétique des caractères dans l'*Iliade* prouve encore qu'un seul homme est l'auteur du poëme.

Voici en abrégé le contenu de l'*Iliade*. Une querelle s'élève entre Achille et Agamemnon au sujet de la captive Chryséis. Achille invoque Jupiter, qui se range du côté du héros. Agamemnon aveuglé livre, en l'absence d'Achille, le combat aux Troyens : mais dès ce moment les Grecs, auparavant victorieux, sont repoussés par degrés loin de Troie, et ramenés jusque dans leur camp. Ils comprennent que la retraite d'Achille est la cause de leurs maux : une députation lui est envoyée; Achille est inexorable. Le combat reprend; Hector et les Troyens emportent le camp des Grecs, qui abandonnent la terre de Troade et se renferment sur leurs vaisseaux. Après diverses péripéties de la lutte, dont Achille est instruit par Patrocle, son ami, celui-ci obtient d'aller combattre : il est tué par Hector, et sa mort amène le dénoûment. Achille s'enflamme du feu de la vengeance, oublie son ressentiment contre Agamemnon et les Grecs, court au combat, met les Troyens en déroute, et tue Hector. Les funérailles de Patrocle, la scène attendrissante où le vieux roi Priam vient redemander le corps de son fils et baiser la main qui l'a tué, enfin les funérailles d'Hector et les lamentations des femmes, terminent de la façon la plus grandiose cette épopée d'une composition si simple et d'une si parfaite unité. — Des épisodes de toute longueur et en nombre infini peuvent se loger dans ce cadre; il y en a beaucoup dans l'*Iliade* : mais leur nombre et leurs proportions ont été calculés, soit par le poëte, soit par ceux qui, aux temps de Solon et de Pisistrate, ont édité le poëme, de façon à ne pas nuire à l'ensemble et à l'intérêt. Cette conception de l'harmonie et des proportions des parties et du tout n'a rien qui doive nous surprendre, car elle est un des caractères propres du génie grec à toutes les époques de son histoire.

L'*Iliade* a joué un grand rôle dans le développement de la littérature ancienne et moderne. Comme elle renfermait les légendes d'un grand nombre de dieux, de héros et de peuples, qui intéressaient le monde grec, elle a été pour les siècles postérieurs une sorte de trésor où presque tous les auteurs grecs ont puisé. Non-seulement elle a été répétée par fragments dans toute la Grèce par les rapsodes, et cela pendant plusieurs siècles, fournissant ainsi à la poésie populaire comme aux hommes lettrés la matière de leurs chants, mais elle a été un modèle d'après lequel d'autres poëtes chantèrent à leur tour les héros de cette guerre de Troie, dont Homère n'avait pris qu'un court épisode (*V.* GRECQUE — Littérature). Les épiques modernes ont eu pour guide Virgile, et, par Virgile, Homère. En dehors de l'épopée, l'*Iliade* a fourni des matériaux à presque toute la poésie grecque : les faits qu'elle raconte souvent en un court résumé, repris par le drame ou chantés sur la lyre, ont reçu sous ces formes nouvelles un plus grand développement. Les dieux ont été acceptés par les poëtes des siècles suivants, tels que l'*Iliade* les avait dépeints; seulement leur caractère et leurs actions ont reçu les lentes modifications qu'une civilisation plus avancée devait leur faire subir. De la Grèce, ces dieux ont passé dans la poésie latine; ils sont dans Virgile à peu près ce qu'ils sont dans Homère; et enfin, d'Homère et de Virgile, ils sont venus jusqu'à nous, ayant presque perdu leur signification symbolique, mais ayant encore leur figure et leurs attributs. Nous en dirons autant des héros et des scènes de l'*Iliade* : n'ont-ils pas rempli la poésie ancienne et moderne? Enfin les arts du dessin n'ont puisé sans relâche à cette source inépuisable : non-seulement les sculpteurs et les peintres grecs cherchèrent là leurs inspirations, et en tirèrent un grand nombre d'œuvres admirables, mais les artistes modernes, nos écoles de peinture et de sculpture, ne trouvent nulle part ailleurs de sujets plus élevés ou plus pathétiques. On peut donc dire que, de toutes les œuvres de poésie, il n'en est aucune qui ait une importance comparable à l'*Iliade*, dans l'histoire des lettres et des arts de l'Occident. *V.* R. Wood, *On the original Genius of Homer*, 1769 ; Wolf, *Prolegomena ad Homerum*, 1795; Payne Knight, *Nouveaux Prolegomena ad Homerum*, 1814; Dugas-Monthel, *Histoire des poésies homériques.* Em. B.

ILIAQUE (Table), bas-relief en stuc, découvert au xviie siècle dans les ruines d'un temple sur la voie Appienne, et ainsi appelé parce qu'on y voit représentés les principaux sujets de la guerre d'Ilion ou Troie. Les passages des poètes dont les sujets ont été tirés sont gravés en deux colonnes qui divisent la Table en trois grandes parties. On suppose que ce monument servait aux grammairiens pour mieux faire comprendre aux jeunes gens les événements racontés par Homère. La table Iliaque est conservée à Rome, au Capitole.

ILLAPS, en termes de Théologie, celui qui se trouve dans une sorte d'extase contemplative.

ILLINOIS (Idiome). *V.* Miami.

ILLUMINATIONS. *V.* ce mot dans notre *Dictionnaire de Biographie et d'Histoire.*

ILLUMINISME, sorte de mysticisme vulgaire, dont le caractère essentiel est, chez les adeptes, la prétention de s'élever à la connaissance du surnaturel, surtout en matière religieuse. D'après son principe, énoncé par Swedenborg, que l'Entendement est le réceptacle de la lumière, l'illuminisme doit mettre l'homme en communication avec le monde spirituel, en commerce avec les esprits, et lui découvrir les mystères les plus obscurs. C'est moins une doctrine qu'un état de l'âme contagieux et susceptible de revêtir des formes différentes. Il tient à la théurgie chez les derniers Alexandrins, au gnosticisme dans les premiers siècles de l'ère chrétienne ; comme le gnostique, l'illuminé ne contemple pas ce qu'il voit, mais ce qu'il ne voit pas. Aux xiiie et xive siècles, les sectes qui se rattachent au joachimisme s'en rapprochent plus ou moins. En Allemagne, les Beggards donnent au joachimisme une teinte métaphysique qui annonce l'illuminisme de Jacob Bœhm. Celui-ci devint un des plus célèbres représentants de la secte : son ignorance le rendait plus propre à recevoir la lumière d'en haut, et ce ne fut qu'après trois visions qu'il prit la plume. Avec lui l'illuminisme devint un obscur système de métaphysique et de panthéisme. La secte des Rose-Croix le plaça sur le terrain de la chimie, ou plutôt de l'alchimie, en prétendant découvrir les mystères de la nature. Dans les nombreux écrits du Suédois Svedenborg, l'illuminisme embrasse l'univers entier, le ciel, la terre et même l'enfer (*V. Du Ciel et de l'Enfer*, Londres, 1788, in-4°; *Des terres australes et planétaires, et de leurs habitants*, Londres, 1758). Vers 1754, Martinez Pasqualis affilia l'illuminisme à quelques loges maçonniques, et lui donna un caractère cabalistique, prétendant à des manifestations visibles au moyen d'évocations théurgiques. Saint-Martin, initié par Martinez, renonça à cette folie pour s'enfermer dans la théosophie pure. L'illuminisme de Saint-Martin se montra chez quelques personnages de la Révolution, et ce *philosophe inconnu* fut enveloppé dans les poursuites dirigées contre Catherine Théot, Dom Gerle et plusieurs autres. Mais le véritable illuminisme politique, au xviiie siècle, remonte au Bavarois Weishaupt, qui le répandit par toute l'Allemagne et même en France ; il ne se proposait rien moins que l'abolition de la propriété, de l'autorité sociale et de la nationalité ; il aspirait à faire du genre humain une seule et heureuse famille, arrivant ainsi aux rêveries d'un utopisme extravagant. *V.* Illuminés, dans notre *Dictionnaire de Biographie et d'Histoire.* R.

ILLUSION, erreur des sens qui nous fait percevoir les objets autrement qu'ils ne sont en effet, ou qui nous fait prendre l'image, c.-à-d. les apparences de l'objet, pour la réalité. Cette dernière sorte d'illusion est particulièrement celle que peuvent produire les œuvres dramatiques et les œuvres de la peinture. Selon la remarque de Marmontel, l'illusion, dans la tragédie, ne peut pas être complète, parce qu'il nous est impossible de faire abstraction du lieu réel de la représentation, des invraisemblances forcées du spectacle qui se déroule sous nos yeux, du jugement que nous portons et sur l'œuvre soumise à notre appréciation et sur les acteurs qui en sont les interprètes. L'illusion ne doit même pas être complète, car alors elle serait révoltante et péniblement douloureuse ; il faut qu'une réflexion tacite nous avertisse, par exemple, que le meurtre de Camille ou de Zaïre, les convulsions d'Inès empoisonnée, ne sont que des fictions, et modère par là l'impression de la terreur et de la pitié. Dans le comique, rien ne répugne à une pleine illusion, et l'impression du ridicule n'a pas besoin d'être tempérée comme celle du pathétique : toutefois, des pièces comme le *Misanthrope* ou l'*Avare* sont, dans les détails et dans l'ensemble, dans le caractère et dans l'intrigue, des compositions plus achevées qu'on n'en peut voir dans la nature; et l'illusion théâtrale, si elle était complète, empêcherait de voir cette perfection qui décèle un art suprême, et dont le sentiment est un des plaisirs du spectacle. — L'illusion semble aux esprits grossiers le principal ou même l'unique but de la peinture. Mais l'imitation exacte de l'objet, la reproduction identique des apparences est fort loin d'être la perfection de l'art, soit que l'on considère dans une œuvre la difficulté d'exécution, ou les effets qu'elle produit. Que l'on cite les raisins de Zeuxis, becquetés par les oiseaux, et le rideau de Parrhasius, qui trompa Zeuxis lui-même : cela prouve le peu de fondement de certaines admirations, et la disposition qu'on a eue de tout temps à s'enthousiasmer pour les puérilités de l'art. Qui ne sait à quels leurres grossiers les animaux se laissent prendre ? Il n'est point de grisaille, point de peinture de décor quelque peu soignée, qui ne fasse illusion, même aux gens les mieux instruits des procédés et des effets de l'art. D'un autre côté, cette imitation exacte d'où résulte l'illusion des sens, par cela seul qu'elle exclut le beau idéal et tout idéal, ne saurait exercer sur l'esprit qu'un charme très-borné. Si une symphonie qui imite un orage était prise pour un orage véritable, elle n'exciterait aucune admiration pour le musicien et pourrait même faire naître un sentiment désagréable; si, dans un passage de musique qui imite le bruit de marteaux tombant sur l'enclume, l'illusion était telle qu'on crût entendre de véritables marteaux, on ne s'aviserait pas d'applaudir, et l'on éprouverait tout aussi peu de plaisir que lorsqu'on passe devant l'atelier d'un forgeron. De même, en peinture, quelle femme soutiendrait le spectacle du massacre des Innocents, si le tableau lui causait une entière illusion? Quel homme verrait sans horreur Judith tenant la tête sanglante d'Holopherne? Si l'imitation pouvait et devait être portée jusqu'à l'illusion complète, on frémirait au lieu d'éprouver du plaisir. Si l'illusion était la première partie du peinture, les premiers peintres seraient ceux qui ne traitent que les plus petits détails de la nature, et le dernier de tous les genres serait celui de l'histoire, parce qu'il se refuse plus que les autres à la parfaite illusion. Des objets de peu de saillie, tels que des moulures et des bas-reliefs, parfois aussi des fleurs et des fruits, pourront tromper les sens, au point de mettre les spectateurs dans la nécessité de recourir au toucher pour s'assurer de la vérité : mais l'illusion s'affaiblit à mesure que les objets sont plus grands, et il est sans exemple qu'un tableau composé de plusieurs figures ait jamais fait croire au spectateur qu'il voyait des hommes véritables. L'illusion, qui ne naît souvent que de l'inattention et de la surprise, peut être produite par les plus mauvais ouvrages, et ce n'est point l'illusion causée par les ouvrages de Raphaël ou de Michel-Ange qui leur a obtenu l'admiration des siècles. Les coloristes sont, parmi les peintres, ceux qui arrivent le plus aisément à produire l'illusion, et cependant on ne leur donne pas le premier rang parmi les artistes. L'imitation la plus prochaine de la réalité n'est pas le seul but de la peinture : il y a des beautés d'un genre différent et supérieur, qui font la grandeur de l'art, telles que l'abondance, l'originalité et la hauteur des conceptions, le choix des attitudes, l'agencement ingénieux des groupes. La seule illusion que l'art doive toujours se proposer d'atteindre, c'est que le tableau puisse rappeler si bien le vrai par la justesse de ses formes, par la combinaison de ses tons de couleur et de ses effets, que l'image fasse tout le plaisir qu'on peut attendre d'une imitation de la vérité.

ILLUSTRATIONS, nom qu'on donnait jadis aux ornements coloriés des manuscrits, et qui s'applique aujourd'hui aux gravures sur bois intercalées dans un texte imprimé. Des illustrations bien conçues et bien faites ajoutent à la clarté d'un livre, lui donnent plus de lumière (du latin *lux*), d'où le mot a été formé.

ILLYRIEN (Idiome). L'idiome des anciens Illyriens se rattachait à la souche thrace. Aujourd'hui on appelle *Illyriens* les idiomes slaves de la famille orientale, c'est-à-dire le *croate*, le *wende*, et le *servien* ou *serbe*. Dans un sens restreint, l'illyrien moderne n'est autre que le *dalmate* (*V.* ce mot). *V.* Dolci, *De illyricæ linguæ vetustate et amplitudine*, Venise, 1754, in-8°; B. Cassius, *Institutionum linguæ illyricæ lib.* ii, Rome, 1604, in-8°;

Micalia, *Grammatica linguæ illyricæ*, Lorette, 1649, in-8°, et *Thesaurus linguæ illyricæ*, ibid. ; Wuianousky, *Grammatica illyriana*, 1772, in-8° ; Appendini, *Grammaire de la langue illyrienne*, en ital., 1812, in-8° ; Bellosztenecz, *Gazophylacium latino-illyricorum onomatum*, 1740, in-4° ; Stulli, *Lexicon latino-italico-illyricum*, Bude, 1801, 2 vol. in-4°, et *Dictionarium illyrico-latino-italicum*, Raguse, 1806, 2 vol. in-4°.

IMAGE, en latin *imago* (dérivé d'*imitari*, imiter), imitation d'un objet naturel qui vient à frapper nos yeux, quand, par exemple, cet objet se réfléchit sur une surface polie, sur un miroir, ou à la surface de l'eau. Par extension, le mot *image* est devenu synonyme de *portrait* ou *figure* : seulement, il est aujourd'hui réservé pour des personnages vénérés, comme lorsqu'on dit les *images* de Dieu, de la Ste Vierge et des Saints, et, tandis que, chez les anciens Grecs, le mot *éikon* (image) servait à désigner les productions des beaux-arts, nous n'appliquons plus la qualification d'*images* qu'à des œuvres grossières. *Image* se dit encore de l'effigie en relief qui se voit sur les monnaies et les médailles. — En Littérature, l'*image* est une expression qui, pour donner de la couleur à une pensée, pour rendre sensible l'objet de cette pensée, le peint sous des traits qui ne sont pas les siens, mais ceux d'un objet analogue. Ce n'est ni un tableau, ni une description achevée, mais un coup de pinceau vif et rapide, qui, sans peindre les détails, laisse à l'esprit le plaisir de les deviner. Il y a *image* dans chacun des vers suivants :

Et *monté sur le faîte*, il aspire à *descendre*.
CORNEILLE, *Cinna*, II, 1.

Le masque tombe, l'homme reste.
J.-B. ROUSSEAU, *Odes*, II, à la Fortune.

Le *nectar* que l'on *sert* au maître du tonnerre,
Et dont nous *enivrons* tous les dieux de la terre,
C'est la *louange*, Iris.....
LA FONTAINE, *Fables*, X, 1.

La vie est un *combat* dont la palme est aux cieux.
C. DELAVIGNE.

La prose comporte les images, aussi bien que la poésie. Bossuet, au lieu de dire que les hommes devenaient de jour en jour plus méchants, dit qu'*ils allaient s'enfonçant dans l'iniquité*. Toute image suppose une ressemblance, et renferme une comparaison ; de la justesse de cette comparaison dépend la clarté, la transparence de l'image.

IMAGE (Droit d'). *V.* notre *Dictionnaire de Biographie et d'Histoire*.

IMAGIERS, nom donné pendant le moyen âge aux artistes occupés à peindre, sculpter ou graver les images. Ils formaient deux corporations. La première, dans laquelle étaient les artistes sortis de toutes les classes de la société, même des plus élevées, ne travaillait que pour l'Église ; on y sculpta aussi des manches de couteau, mais ce travail fut abandonné comme profane. La deuxième corporation travaillait plutôt en relief qu'en statuaire ; elle peignait, argentait, dorait et travaillait pour tout le monde.

IMAGINATION, Faculté par laquelle l'esprit se forme des idées qui n'ont pas d'objets réels. La nature de ces idées montre qu'il y a deux sortes d'Imagination : 1° spontanée, 2° réfléchie ou *poétique*. La première consiste à se représenter vivement les idées ou images relatives au monde sensible : la passion, la rêverie, la peur, aident au développement de cette sorte d'Imagination. Dans certains états de l'âme, tels que le rêve, le sommeil, le délire, elle substitue ses hallucinations aux véritables perceptions des sens ; elle peut conduire au somnambulisme. Cette sorte d'Imagination est commune aux hommes et aux animaux. La seconde sorte est la seule qui mérite le nom de *faculté créatrice*, parce que seule, à l'aide de matériaux fournis par la perception, conservés par la mémoire, séparés par l'abstraction, elle crée des formes qui n'ont que la vie qu'elle leur donne, et qui sont plus ou moins la manifestation de l'idée. Pour en venir là, elle est soumise à certaines conditions dont l'ensemble forme la science du beau (*V.* ESTHÉTIQUE). La première de ces conditions est un idéal, un type parfait conçu par la raison ; il faut, en outre, que la combinaison des éléments soit ordonnée par le goût, sous peine de tomber dans le monstrueux, le bizarre ou le grotesque ; c'est alors que Malebranche a pu l'appeler *la folle du logis*. L'Imagination est la faculté esthétique par excellence, puisqu'elle a pour but d'aider l'art à représenter l'idéal

par le réel ; mais son action se fait sentir aussi dans les sciences, où elle peut conduire l'homme aux plus heureuses découvertes comme aux plus folles hypothèses. Dans la pratique de la vie, elle peut beaucoup pour le bonheur ou le malheur de l'homme, selon qu'il se forme de la vie une image plus ou moins conforme à la réalité : c'est alors que les déceptions ont parfois de cruelles conséquences. — L'Imagination ne doit pas être confondue avec la Mémoire ; elle ne s'en rapproche que lorsqu'elle rappelle des objets sensibles avec une grande vivacité ; on l'a appelée, dans ce cas, *imagination reproductive* ; mais il ne faut pas oublier que l'objet du souvenir est donné comme absent, c'est le contraire pour l'Imagination. Celle-ci diffère aussi de la conception, qui a un objet réel, non perceptible par les sens, mais que nous atteignons par la raison. *V.* Descartes, *Des Passions de l'âme* ; Malebranche, *Recherche de la vérité*, *Entretiens sur la morale* ; le P. André, *Essai sur le beau* ; Voltaire, *Encyclopédie*, art. *Imagination* ; Muratori, *Della forza della Fantasia umana*, Venise, 1745 et 1766, in-8° ; Bonstetten, *Recherches sur la nature et les lois de l'Imagination*, Genève, 1807 ; Astruc, *Disputatio de Phantasia et Imaginatione*, Montpellier, 1723, in-8° ; Meister, *Sur l'Imagination*, en allemand, Berne, 1778, in-8° ; Lévesque de Pouilly, *Théorie de l'Imagination*, 1803, in-8°. Akenside et Delille ont composé des poèmes sur l'Imagination. R.

IMAM. } *V.* ces mots dans notre *Dictionnaire de Biographie et d'Histoire*.
IMARET. }

IMBLOCATION, nom donné quelquefois à la sépulture des excommuniés, dont les corps, jetés à la voirie, étaient recouverts d'un monceau de terre ou de pierres.

IMBRICATIONS, ornement d'Architecture particulier au moyen âge. Il affecte la forme d'écailles de poisson rangées les unes au-dessus des autres, à la manière des tuiles (en latin *imbrices*) sur un toit. Il sert à décorer les clochers, les frontons et les frises. Complètement arrondi à l'époque romane, cet ornement devient ensuite ogival et polylobé. E. L.

IMBROGLIO, mot d'origine italienne, qui signifie *désordre, confusion*. On l'emploie en Littérature pour désigner une œuvre d'imagination, surtout une composition dramatique, qui présente une intrigue compliquée, embrouillée, et dont il est difficile de suivre le fil. L'*Héraclius* de Corneille est un imbroglio tragique, et le *Mariage de Figaro* de Beaumarchais un spirituel imbroglio. On exige de l'imbroglio, qu'en offrant une sorte d'énigme il ne la rende pas tellement obscure, qu'il soit impossible ou même trop pénible de la deviner. G.

IMITATION, le penchant à l'imitation, dont on trouve des traces chez les animaux de l'ordre le plus élevé, surtout chez le singe, est un des penchants primitifs et essentiels de l'homme. C'est lui qui engendre l'émulation ; c'est sur lui que repose toute l'éducabilité. Même quand l'œuvre de l'éducation est achevée, il continue de jouer un rôle important dans la vie humaine, et il peut seul expliquer l'empire des bons et des mauvais exemples. Aristote a été jusqu'à dire que l'homme ne diffère des autres animaux qu'en ce qu'il est imitateur à un plus haut degré.

IMITATION LITTÉRAIRE. Diderot, qui était bon juge des arts, a défini l'imitation, *la représentation artificielle d'un objet*, et rattaché à cette définition celle du discours oratoire ou poétique, qu'il appelle imitation par les voix articulées ; de la musique, qu'il appelle imitation par les sons ; de la peinture, qu'il appelle imitation par des couleurs, etc. Il pouvait dire plus simplement que l'imitation est la reproduction instinctive ou raisonnée des objets de notre connaissance, et qu'elle est l'origine et le principe de tous les arts. L'enfant contrefait les gestes et répète les paroles ; l'homme copie d'abord la nature, avec plus ou moins d'adresse, et plus tard en reproduit les images mêmes qu'il a tracées. L'imitation est donc le rapport perpétuel de la nature et de l'art, depuis les ébauches informes et grossières jusqu'aux chefs-d'œuvre. Ses procédés et ses règles se multiplient à l'infini, parce que les applications de l'intelligence sont infinies. La science découvre et démontre, elle n'imite qu'à mesure qu'elle se rapproche de la pratique et de l'art, comme dans la médecine et la chirurgie, où il y a beaucoup d'écoles, c.-à-d. d'imitateurs. L'industrie invente souvent, et surtout perfectionne ; mais elle vit d'imitations, si bien que la loi a dû prendre les inventeurs sous sa protection, les instituer propriétaires, et les garantir de cette imitation déloyale qui s'appelle contrefaçon. Le jour où le brevet expire, l'invention tombe dans le domaine public, et appartient à tous les imitateurs. — Dans les arts ainsi que dans les lettres, l'imitation est de droit; car ces belles occupations de l'esprit humain n'existent que grâce aux modèles, pris dans la nature ou dans les œuvres des maîtres. « Ceux qui ont créé l'art, dit également Diderot, n'ont eu de modèle que la nature; ceux qui l'ont perfectionné n'ont été, à les juger à la rigueur, que les imitateurs des premiers ; ce qui ne leur a point ôté le titre d'hommes de génie, parce que nous apprécions moins le mérite des ouvrages par la première invention et la difficulté des obstacles surmontés que par le degré de perfection et l'effet..... Celui qui invente un genre d'imitation est un homme de génie; celui qui perfectionne un genre d'imitation inventé ou qui y excelle est aussi un homme de génie.» Ainsi, la vérité et la beauté, pour être originales n'ont pas besoin d'en être à leur apparition première. L'homme et la nature ne changent pas; et, si le monde extérieur nous révèle tous les jours et nous réserve encore des mystères longtemps interdits à notre curiosité, il y a longtemps que le monde intérieur, c.-à-d. les passions et les caractères, ne nous offrent plus de découvertes à faire. La nouveauté dans les arts dépend donc en général de la forme que le talent sait donner à des sujets déjà traités, à des idées et à des sentiments exprimés mille fois. Cette forme originale vient de l'âme, de l'inspiration personnelle; l'homme s'y révèle, non l'artiste ou l'écrivain (V. GÉNIE). Il faut chercher dans les grands maîtres les exemples et les secrets de cette imitation féconde, qui est tantôt éloquente et sublime, tantôt ingénieuse et délicate. Elle est bien différente de l'imitation timide et servile, ou purement artificielle, qui ne voit dans les créations du talent et du génie qu'une règle du genre ou plutôt un procédé du métier. Des esprits supérieurs et indépendants, comme Chateaubriand, ont cependant adopté de bonne foi cette tradition des imitations obligées, ce bagage de machines épiques ou tragiques, telles que les songes, les récits, les voyages, les combats des hommes et des dieux. Chapelain se croyait un poète épique, parce qu'il avait semé dans sa Pucelle les discours, les descriptions, les batailles, le ciel et les démons, à la manière de l'Iliade et de l'Énéide. Voltaire eut la même illusion, du moins dans sa jeunesse, et la fit partager à ses contemporains, qui n'eurent pas assez de goût ou de hardiesse pour dénoncer dans la Henriade des imitations aussi froides et aussi pénibles que le récit de Henri de Bourbon ou ses amours avec Gabrielle. Au reste, ils auraient tous deux invoqué pour leur justification l'autorité de Virgile ou du Tasse. Ne pouvaient-ils pas dire, eux et tous les faiseurs d'épopée, qui sont imitateurs par excellence : « Virgile a trouvé « dans l'Odyssée le modèle du récit d'Énée; il a emprunté à Apollonius de Rhodes les plaintes et les fureurs de Didon. Le Tasse a pris à Virgile l'idée de son « Enfer et quantité d'épisodes, celui de Camille, devenue « Clorinde, celui de Soliman, caché dans un nuage, et « paraissant subitement devant le roi de Jérusalem « comme Énée devant la reine de Carthage. Nous avons « droit de faire comme nos maîtres. » Et vraiment ils avaient ce droit, commun à tous les écrivains et à tous les artistes. C'était de plus une loi pour eux, une nécessité inévitable; car ils se trouvaient imitateurs même malgré eux, puisqu'ils étaient prévenus dans tous les genres, et forcés de dire de leurs glorieux devanciers ce que dit plaisamment le métromane de Piron (la Métromanie, III, 7) :

Ils nous ont dérobés, dérobons nos neveux.

On rencontre si peu d'esprits créateurs ou originaux, que rien n'est plus ordinaire, en littérature, que les imitations qui défigurent l'original, et ne sont que des œuvres médiocres, telles que, par exemple, les tragédies de Ducis imitées de Shakspeare. L'imitation ne mérite l'attention des bons juges dans deux cas, lorsqu'elle est très-fidèle, bien sentie et bien écrite, ou lorsqu'elle est à peine une imitation, et peut être ressembler à une seconde invention. Hors de là, imiter est le grand chemin par où l'on court à l'oubli.

L'histoire des lettres et des arts ne présente que deux grandes sources d'invention, le génie grec et le christianisme; l'antiquité tout entière s'est inspirée du premier, les temps modernes de l'un et de l'autre. Les Grecs eurent le privilège d'être un peuple créateur, privilège, il est vrai, partagé pour quelques points, au moins avec les Hébreux pour la poésie lyrique. Mais les modèles des autres genres poétiques, de la philosophie, de l'éloquence, de l'histoire, leur appartiennent en propre, au même titre que ceux des beaux-arts. Leur merveilleux génie fut tout ensemble inventeur et imitateur. Après s'être inspiré de la nature et de lui-même, il imitait ses propres ouvrages. C'est ainsi qu'il tira le drame de l'épopée unie à la poésie lyrique, et transporta sur la scène ces héros et ces récits d'Homère et des poètes cycliques, destinés à défrayer tant de tragédies jusqu'au siècle d'Horace (V. l'Epître aux Pisons) et jusqu'à nos jours. Cependant, les véritables modèles de la grande et féconde imitation doivent se chercher plutôt chez les Romains (V. LATINE—Littérature). Ennius, Plaute, Térence avaient traduit ou imité, non sans gloire, les poètes grecs, et principalement les comiques. Les grands hommes qui vinrent après eux demandèrent à la Grèce d'éclairer et de guider leur génie. Lucrèce emprunte aux Alexandrins, Cicéron à Démosthène et à Platon, Horace aux poètes lyriques, Virgile à Homère et même à Apollonius de Rhodes. Par une succession naturelle, qui est l'effet du temps et des transformations sociales, après la révolution la plus profonde qui ait remué l'univers, ces admirables élèves des Grecs deviennent des maîtres à leur tour. Le génie moderne, quoique soumis à la toute-puissante influence de la religion chrétienne, n'échappe pas à l'ascendant inévitable des chefs-d'œuvre, et pense tout d'abord à les imiter. C'est même à l'alliance du goût antique et de l'esprit nouveau qu'il devra son originalité et les beautés nouvelles qu'il ajoutera aux immortels monuments de ses devanciers.

Comment donc imitaient Virgile, Horace et Cicéron? Comment les grands écrivains modernes ont-ils imité leurs illustres prédécesseurs? Nos classiques du XVIIe siècle sont-ils imitateurs et originaux au même titre que Dante et Milton? La réponse à cette question a été faite d'avance par l'un des meilleurs critiques anciens, qui écrivait, il est vrai, dans la décadence du monde grec et romain, mais après des merveilles qu'il était digne de comprendre: Longin a éloquemment exprimé les caractères de l'imitation, telle que l'entendent et la pratiquent les hommes de génie. «Celui-là seul est digne d'imiter les grands modèles, que l'esprit d'autrui ravit hors de lui-même. Ces grandes beautés que nous remarquons dans les ouvrages des anciens sont comme autant de sources sacrées, d'où s'élèvent des vapeurs bienfaisantes qui se répandent dans l'âme de leurs imitateurs; si bien que, dans ce moment, ils sont comme ravis et emportés de l'enthousiasme d'autrui. » Or, à qui ces grandes images s'appliquent-elles mieux qu'à nos grands orateurs et à nos grands poètes? Le plus hardi, le plus impétueux de tous, Bossuet, s'est fait, de l'Écriture sainte et des Pères, mêlés au goût de l'antiquité et à son propre génie, une éloquence toute à lui. Ces paroles ardentes qui jaillissent de son âme ne sont souvent que des imitations, soit qu'il prenne à St Jean Chrysostome le fameux mot sur Jérémie, seul capable d'égaler les lamentations aux calamités; soit qu'il s'imite lui-même et remanie ses propres inspirations, en appliquant à la duchesse d'Orléans ce qu'il avait dit des vanités humaines dans l'Oraison funèbre de Henri de Gornay. Fénelon est encore un des imitateurs les plus extraordinaires que nous présentent la poésie et l'éloquence : il emprunte à Sophocle les traits les plus touchants de son Philoctète; et les vers du tragique grec, traduits littéralement par l'écrivain chrétien, prennent son accent et deviennent son langage propre. S'il conduit Télémaque aux Enfers, et qu'il fasse repasser son héros et son fils par cette route si familière aux poètes épiques depuis Ulysse, le voyageur par excellence, il fait d'une imitation classique et d'un lieu commun de l'épopée une création divine ; le sentiment moral et la foi lui inspirent, dans la peinture des Champs-Élysées, des accents qu'aucune voix humaine n'a surpassés. A cette hauteur, l'imitation est égale aux créations les plus sublimes. Il faut qu'on nous avertisse de ce que le génie doit à l'Écriture, à St Paul, à Homère et à Platon; nous n'avons entendu que Bossuet et Fénelon. Passons des orateurs aux poètes : nous trouverons une égale originalité, puisée aux mêmes sources. Corneille transporte dans son héroïque dialogue les sauvages fiertés des héros espagnols; avec quelques lignes de Tite-Live il fait le plaidoyer du vieil Horace; avec une page de Sénèque, traduite mot à mot, le discours d'Auguste à Cinna; avec un fragment de Lucain, les plus fiers et les plus mâles qu'on ait mis dans la bouche de César. Racine, qui n'avoue pas toujours ce qu'il doit à autrui (on n'a pas dit un mot de la Phèdre de Sénèque), imite Euripide à la manière de Fénelon, et la Bible à la manière de Bossuet. Avec la souplesse admirable de son génie, il unit dans un harmonieux ensemble la passion de Phèdre et celle de Didon, éclairées du sentiment chrétien; et, s'il fait parler Dieu lui-même par la bouche de Joad, les livres de Moïse, les Psaumes et les Prophètes viennent se fondre dans les plus sublimes élans de la poésie lyrique et de l'éloquence. Tous ces grands écrivains se reconnaissent imitateurs, et proclament les Anciens leurs maîtres. Boileau trouve chez Horace les modèles de la satire, de l'épître, de la poétique; il use sans scrupule des *dépouilles* du poëte latin, et y mêle l'horreur des méchants écrits, le bon sens profond et la rare droiture de son esprit. La Fontaine, inimitable par le style, met à contribution, pour les sujets de ses fables, Ésope, Phèdre, Bidpaï, les fabliaux, comme un domaine commun que le droit d'imitation poétique a mis à sa discrétion. On sait le mot de Molière : « Je prends mon bien où je le trouve. » Aussi un critique célèbre d'Allemagne qui s'est acharné sur lui, Schlegel, lui reproche-t-il aigrement que si tous les comiques italiens lui reprenaient ce qu'il leur doit, ils le laisseraient nu comme la corneille d'Horace. Il faut rire d'une assertion pareille, et l'on renverrait Schlegel au *Misanthrope* et au *Tartufe*, s'il n'avait déclaré qu'il leur préfère *le Médecin malgré lui*. Ce qui résulte de l'aveu de Molière et de cette attaque puérile, c'est que Molière est imitateur à la façon de tous les grands hommes.

On comprendra cette précieuse alliance de l'imitation et de l'originalité, si l'on se pénètre de ces écrivains supérieurs, qu'on les compare à leurs modèles, et qu'on sache retrouver, dans les beautés qui leur viennent du dehors, leur propre accent et le langage de leur âme. On la comprendra peut-être mieux encore, si l'on regarde au-dessous d'eux les imitateurs ordinaires, qui n'ont que du talent, de l'esprit ou de l'habileté. Nous ne parlons pas des copistes ni des plagiaires, *servile troupeau* qui mettait Horace en colère, et qui a, de temps immémorial, introduit la contrefaçon dans la littérature. Sans descendre jusque-là, nous trouverons aisément, par exemple en France, au xviii⁰ siècle, de nombreux exemples d'imitations intelligentes qui ne s'élèvent pas jusqu'à l'originalité. Voltaire écrit *Sémiramis* comme son *Athalie*, comme il écrit l'*Essai sur les mœurs*, pour avoir son *Discours sur l'histoire universelle*. Au reste, il ne pouvait mieux imiter de Bossuet que l'idée philosophique de son ouvrage, tandis qu'il est nourri de Racine, qu'il en a constamment les vers sur les lèvres, et qu'après avoir découvert chez lui le nom si heureux de Zaïre, il fait de *Sémiramis* une réminiscence continuelle d'*Athalie*. Après Voltaire viennent ses imitateurs, qui conservent et continuent les traditions secondaires de la poésie et de l'éloquence, mais en ont perdu la véritable inspiration. Voici une liste de ce qu'on pourrait appeler les illustrations tragiques des dernières années du xviii⁰ siècle, de tout le xviii⁰, et du commencement du xix⁰, si voltairien encore en tout. Nous suivrons l'ordre chronologique des succès, car tous en ont eu, et ces chefs-d'œuvre des poëtes que nous allons nommer se trouvent dans les recueils appelés traîtreusement *Répertoire du Théâtre français* : Campistron, Longepierre, Lafosse, Lagrange, Saurin, Duché, Lamothe, Piron, Le Franc de Pompignan, Guymond de la Touche, Lemierre, Saurin, Dubelloy, Laharpe, Chamfort, Chénier, Lemercier, etc.; sous le 1ᵉʳ Empire, Luce de Lancival, Raynouard, Jouy, Baour-Lormian, etc.; sous la Restauration, Soumet, Ancelot, Guiraud, etc. Cela ne ressemble-t-il pas à un nécrologe littéraire? Essayez de mettre sous la plupart de ces noms les titres des chefs-d'œuvre qui auraient dû immortaliser ces fervents de la tragédie taillée sur le patron racinien, vous serez peut-être embarrassés plus d'une fois; des littérateurs de profession le seraient sans doute : mais pour eux, comme pour tout le monde, ces tragédies sont autant de livres qu'on ne lit plus, sans presque en excepter celles de Voltaire; comme œuvre d'ensemble, elles sont si faibles, que les plus grands acteurs s'en détournent et parce qu'elles offrent trop peu de prise à leur talent, tandis qu'il trouve toujours à se développer dans les pièces de Corneille et de Racine.

Parmi ces imitateurs, le plus curieux par la peine qu'il se donne pour ajouter à ses titres de gloire celui d'écrivain et de poëte français est le roi de Prusse, Frédéric le Grand. Chez lui, et même chez d'autres, l'imitation tourne involontairement à la parodie de bonne foi; mais, si nous revenons à des écrivains sérieux, nous trouverons, dans l'imitation, d'autres caractères et d'autres défauts. L'un des plus ordinaires et des plus difficiles à éviter, c'est le pastiche, qui n'est point le plagiat, mais

un emprunt honnête, adroitement ajusté, où les idées d'autrui s'encadrent parmi celles qui appartiennent à l'auteur. Le Tasse, que nous citions tout à l'heure, cède souvent à cette tentation, et Chateaubriand beaucoup plus encore, dans son roman poétique des *Martyrs*. Le lecteur y trouve le sacré et le profane, Tertullien et Virgile, industrieusement assemblés par fragments, et, à côté de ce placage, des beautés neuves et saisissantes comme l'épisode de Velléda, qui, cependant, n'est encore qu'une réminiscence de Médée, de Didon, et de toutes les amantes jalouses et abandonnées.

De ces nombreux exemples, il est facile de conclure comment l'imitation peut et doit être originale, à quelles conditions elle est permise et légitime, et à quel point le talent y peut réussir. On voit en effet comment un esprit heureusement doué se pénètre des grands modèles, et cherche à s'approprier, dans la mesure de ses forces, ce qui fait la supériorité de leur génie et de leur style, ou de leur *manière*, s'il s'agit des beaux-arts. — Pour que l'imitation littéraire soit féconde, il est bon qu'elle ne se disperse pas sur un trop grand nombre d'objets. Les Romains disaient *qu'il fallait craindre l'homme qui ne sait qu'un livre* (*timeo hominem unius libri*). Cela voulait dire que l'intelligence d'un homme, concentrée sur un maître tel que Platon ou Tacite, Pascal ou Bossuet, acquiert, dans ce commerce long et intime, un degré de pénétration, de vigueur et de puissance où il semblait qu'elle ne dût jamais atteindre. C'est ainsi que l'on peut essayer d'écrire, si l'on a des idées. Non qu'il soit facile ou même possible d'imiter le style des maîtres. L'un d'eux a dit que *le style ne peut ni se transporter, ni s'altérer*, et il ne s'est pas trouvé jusqu'à présent d'imitateur assez habile pour donner sur ce point un démenti à Buffon. On peut s'inspirer de Tacite, de Bossuet, de Corneille; on n'imite point leur magnifique langage, parce qu'il se s'apprend pas comme le maniement d'un pinceau ou le mécanisme d'un instrument de musique. Mais on puise, dans l'étude approfondie de leur pensée et de leur expression, les qualités essentielles et générales qui leur sont communes avec tous les bons auteurs, et qu'ils ont possédées au plus haut degré, justesse, précision, vivacité, noblesse, naturel, etc. Les imitations et les emprunts de détail conviennent aux écoliers, parce qu'ils n'ont pas encore d'idées, et qu'ils ont besoin de prendre dans les modèles les pensées et les termes qui leur manquent; quant aux écrivains, ils doivent se les interdire, parce qu'une mémoire trop fidèle accuse la stérilité d'invention. Pour quelques emprunts heureux, qui peuvent réussir dans les vers, il y a trop de réminiscences qui déplaisent et fatiguent. Le même danger se rencontre dans la musique, où les compositeurs ne se font souvent pas faute de formules communes et de phrases employées déjà, qu'ils déguisent de leur mieux; l'ennui du public en fait promptement justice. — Il y a encore dans le style des imitations minutieuses et presque mécaniques, destinées aux connaisseurs et quelquefois goûtées du public. Elles causent en général de la surprise plutôt qu'un plaisir véritable; elles ressemblent à ces peintures qu'on appelle des *trompe-l'œil*, et qui font l'admiration du vulgaire. A ce genre appartient l'*harmonie imitative*, trop vantée des rhéteurs et qui, chez les excellents écrivains, naît souvent toute seule d'un choix heureux des mots propres et expressifs. Ces mots ont leur musique, et imitent par là on ne sait même des objets : on les appelle des *onomatopées*. C'est là que se trouve souvent le secret de cette harmonie tellement sensible dans Virgile, dans La Fontaine, et même dans Boileau. Il faut laisser parmi les curiosités littéraires du xvi⁰ siècle ces imitations puériles par lesquelles Ronsard et ses élèves prétendaient reproduire jusqu'au chant et au vol de l'*alouette* :

Elle est guindée du zéphire,
Sublime en l'air vire et revire,
Et y déclique un joli cri
Qui rit, guérit, et tire l'ire
Des esprits mieux que je n'écri.

Mais ce danger de l'harmonie imitative n'est que secondaire; il y en a de plus sérieux dans le choix des modèles et dans l'usage qu'on en fait. Le goût est la règle de l'imitation, à laquelle il doit en partie sa naissance. Nous en avons indiqué les caractères et les lois (*V. ce mot*); c'est lui qui juge les écoles; ce n'est pas toujours lui qui les fait. On a pu remarquer dans Horace la folie de ces disciples du philosophe Porcius Latro, qui, à force de boire du cumin, s'étaient rendus pâles comme leur maître, et croyaient avoir acquis sa science. Leur histoire n'est-elle pas celle des artistes et des poëtes échevelés de notre siècle? Chez les esprits communs, l'imitation s'attache aux caractères extérieurs, aux singularités et même aux ridicules, par exemple en matière d'art ou de modes. Nous l'avons vu mille fois, dans ce siècle qui semble avoir épuisé à la fois tous les genres d'originalité et d'imitation. Du reste, on a reproché aux Français d'être imitateurs par excellence, et de courir volontiers après les inventions, les idées et même les extravagances des autres peuples. Peut-être ce reproche est-il mérité : cependant, au fond, il s'applique plus ou moins à l'humanité tout entière. Il y a si peu de caractères et d'esprits originaux! Après tout, dans les arts comme dans les lettres, il n'y a qu'un objet et qu'un but. Que le peintre fasse des portraits, des paysages ou des tableaux d'histoire; que le musicien traduise dans sa langue le sentiment et la passion; qu'il imite même certains phénomènes qui sont du domaine des sons; que l'auteur exprime dans son style les mouvements et les nuances infinies de la vie et de l'âme humaines; l'objet est toujours l'homme et la nature, et le but est l'idéal. Le moyen est l'imitation, qui s'appelle également l'art, et qui doit toujours proposer aux yeux et à la main de l'écrivain et de l'artiste ce type de beauté sublime si éloquemment recommandé par Cicéron. (*V. le commencement de l'Orateur.*) A. D.

IMITATION, en termes de Musique, reproduction, dans un même morceau, d'un motif déjà entendu. Tantôt c'est une simple répétition, tantôt une transposition ou tout autre arrangement du premier motif, qui passe, par exemple, alternativement d'un instrument ou d'une voix à une autre. L'imitation est *libre*, quand le goût du compositeur en règle l'emploi; elle peut être *obligée* et méthodique, comme dans le canon, où elle est continue, et dans la fugue, où elle est périodique (*V.* CANON, FUGUE).

IMITATION (Dessin d'). *V.* DESSIN INDUSTRIEL.

IMITATION DE JÉSUS-CHRIST, « le plus beau livre, dit Fontenelle, qui soit sorti de la main des hommes, puisque l'*Évangile* n'en vient pas. » L'*Imitation* est divisée en 4 livres : le 1er, intitulé: *Avis utile pour la vie spirituelle*, engage à imiter J.-C. et à mépriser les vanités du monde, parle de l'humble sentiment qu'on doit avoir de soi-même, du bonheur qu'on éprouve dans l'obéissance et la soumission à un supérieur, des avantages de l'adversité, et, arrivant à la vie religieuse, vante l'amour de la retraite et du silence. — Le 2e a pour titre: *Avis propres à conduire à la vie intérieure;* c'est une sorte de conversation intérieure, de familiarité intime avec J.-C. — Dans le 3e, intitulé : *De la Consolation intérieure*, J.-C. exhorte le fidèle à renoncer à soi-même, à mépriser les consolations humaines, et à ne chercher de vraie consolation qu'en Dieu. — Le 4e traite du *Sacrement de l'Eucharistie;* ce sont des exhortations à s'approcher de la communion, et à s'unir intimement avec J.-C. — Tout l'ouvrage est fondé sur une profonde humilité qui porte à substituer la volonté de Dieu, des supérieurs et même du prochain à la sienne, à dédaigner les vanités du monde, à supporter avec patience les misères de cette vie, et à n'espérer de paix et de bonheur que dans la vie éternelle. Il a été quelquefois et justement appelé le *Livre de la Consolation*. Composé en latin, on l'a traduit dans toutes les langues : on n'en compte pas moins de 80 versions françaises en prose, plusieurs en vers, dont la plus célèbre est de P. Corneille, le tout ensemble formant auj. (1861) plus de 1500 éditions !

Quel est l'auteur de l'*Imitation?* Il n'est pas de problème qui ait été plus fréquemment agité; car, en France seulement, depuis le commencement du XVIIe siècle, près de 200 dissertations ont été publiées pour le résoudre. En laissant de côté l'opinion qui attribue ce livre à St Bernard, et quelques autres réclamations aussi difficiles à justifier, on trouve qu'il y a trois prétendants sérieux : un certain Jean Gesen, Gessen ou Gersen, qui aurait été abbé du monastère de St-Étienne à Verceil pendant le XIIIe siècle; Thomas de Kempen ou A Kempis, chanoine du diocèse de Cologne; et Jean Gerson, chancelier de l'Université de Paris.

Les Italiens, les Jésuites piémontais, le bénédictin Calétan, et, de nos jours, Grégory et Paravia, ont pris le parti de Gersen. Si l'*Imitation* datait du XIIIe siècle, comment se ferait-il qu'un ouvrage destiné à une si grande popularité, et dont les copies ont été si nombreuses au XVe siècle, fût resté inconnu pendant près de deux cents ans, et qu'il n'en eût existé qu'un manuscrit? Ce manuscrit, d'ailleurs, trouvé à Arona, ne saurait être, au jugement des meilleurs paléographes, antérieur à l'an 1400. On allègue un journal de la famille des Avogadri,

où il est parlé de l'*imitation* à la date de 1349 : mais il serait prouvé seulement qu'en 1349 il y avait des *Imitations* en circulation, et il n'en résulterait rien quant au texte que nous donnent les manuscrits du XVe siècle. Les italianismes signalés dans l'*Imitation* ne prouvent rien ; ce sont tout aussi bien des gallicismes. Il n'est même pas établi qu'un Gersen ait existé à Verceil : les manuscrits anciens où se trouve son nom ne l'appellent jamais *abbé de Verceil*, et ceux qui portent cette qualification offrent peu de certitude; plusieurs manuscrits ajoutent à son nom le titre de *chancelier de Paris*, ce qui peut faire supposer une substitution de l'*e* à l'*o* par quelque erreur des copistes, qui auraient écrit *Gersen* au lieu de *Gerson*. Il n'est pas improbable qu'on aura exploité en Italie cette méprise, en haine du chancelier de l'Université qui s'était déclaré l'adversaire de l'infaillibilité papale.

Thomas A Kempis a pour lui le témoignage des chanoines réguliers de St-Augustin, des Jésuites flamands, des Bollandistes, un arrêt du parlement de Paris en 1652, l'autorité du chanoine Eusèbe Amort au XVIIIe siècle, et, de nos jours, Giesder (*Histoire de l'Église*), Ch. Schmidt, Mgr Malou, etc. On cite un manuscrit de sa main, daté de 1441, et se terminant par ces mots : *Finitus et completus per manus fratris Thomæ à Kempis*. Mais cela signifie que Thomas A Kempis est l'auteur de la copie, et non l'auteur du livre : or, on sait qu'il était habile calligraphe, et qu'il employa sa vie à copier des manuscrits. De plus, le manuscrit de 1441 ne peut être un original, puisqu'on en a d'autres de 1437 et de 1421 : c'est une simple copie, et elle est défectueuse, car l'ordre des quatre parties de l'*Imitation* y est maladroitement interverti. Pour admettre que Thomas A Kempis, qui mourut en 1471, est l'auteur de l'*Imitation*, il faudrait supposer, avec la date de 1421, qu'il la composa fort jeune, et encore est-il certain que le livre était déjà très-répandu en Europe au commencement du XVe siècle. L'auteur de l'*Imitation* demande à n'être point connu : il ne pouvait donc pas signer son ouvrage, sans se mettre en contradiction avec lui-même. Qu'il y ait, dans l'*Imitation*, certaines expressions qui se traduisent mieux en flamand qu'en italien ou en français, on peut l'accepter ; mais cela tient à ce que le flamand, resté à l'état de patois, est aujourd'hui plus semblable à ce qu'il était au moyen âge. Enfin il n'y a qu'à lire quelque opuscule du chanoine de Cologne pour s'apercevoir qu'il n'était pas capable d'écrire le livre qu'on veut lui attribuer.

Quant à Gerson, pour énumérer ses anciens partisans, on peut citer dans notre siècle Gence, Onésime Leroy, Barbier, Thomassy, Faugère, le chevalier Vert, comme ayant soutenu le plus vigoureusement sa cause. Ils s'appuient sur ce que les plus anciens et les meilleurs manuscrits de l'*Imitation*, ainsi que les premières éditions imprimées, portent le nom du chancelier de Paris; ils mentionnent surtout un manuscrit ayant appartenu au neveu de Gerson, portant le nom et la miniature de ce dernier, et contenant aussi un sermon sur la Passion, qui est incontestablement de lui. On leur objecte que l'*Imitation* ne figure pas dans la liste des écrits du chancelier dressée par son frère lui-même : mais l'auteur du livre ne voulant pas être connu, son frère peut avoir respecté ce vœu; d'ailleurs la liste qu'il a dressée porte un recueil de pensées courtes et utiles, sans en donner le titre, et ce recueil ne serait-il pas l'*Imitation?* Les partisans de Gerson disent que l'*Imitation* fut écrite à l'abbaye de Mœlk en Autriche, où il s'était réfugié après le concile de Constance, et où l'on a trouvé 22 manuscrits de son livre; que les idiotismes étrangers qui s'y rencontrent, s'ils ne sont pas dus aux copistes, s'expliquent par le séjour du chancelier en Allemagne, en Flandre et en Italie; que l'on retrouve, dans les différentes œuvres de Gerson, le même latin, les mêmes tournures de phrases, les mêmes mots forgés que dans l'*Imitation*. Si ce livre était italien ou allemand, ajoutent-ils, d'où vient que c'est en France qu'il a eu le plus d'éditions et de traductions, et qu'on en trouve le plus de manuscrits? Pourquoi l'Italie elle-même, jusqu'au XVIe siècle, imprima-t-elle l'*Imitation* sous le nom de Gerson?

A vrai dire, la critique, malgré tant de discussions, est encore réduite aujourd'hui à opposer les unes aux autres les conjectures et les probabilités. Chacun démontre péremptoirement que ses adversaires sont dans l'erreur, mais n'apporte aucune preuve qui lève tous les doutes : la polémique n'a que des résultats négatifs. Peut-on du moins dire dans quel pays est né le livre de l'*Imitation?* M. Renan croit qu'il est originaire d'Italie : il en a, dit-il, le génie peu profond, mais limpide, éloigné des spéculations abstraites, mais merveilleusement propre aux recherches de la philosophie pratique. Selon le même écrivain, les Pays-Bas et les provinces du Rhin étaient comme prédestinés, par la tranquille mysticité qu'ils inspirent, à devenir pour l'*Imitation* comme une seconde patrie. Quant à la France, il repousse nettement ses prétentions. M. Michelet est d'un avis tout différent : « Ce livre n'a ni l'élan pétrarchesque des mystiques italiens, encore moins les fleurs bizarres des Allemands, leur profondeur sous des formes puériles, leur dangereuse mollesse de cœur. Dans l'*Imitation* il y a plus de sentiments que d'images; cela est français. » C'était aussi l'opinion de Corneille. M. Victor Leclerc, dans la préface qu'il a mise à l'édition in-folio de l'*Imitation* (1855), a relevé dans le latin de ce livre un certain nombre de locutions essentiellement françaises. On peut ajouter que la manière dont l'esprit français a su s'approprier l'*Imitation*, la faire passer sans effort, sans contrainte, avec une puissance d'originalité presque égale à la conception primitive, dans la langue vulgaire, sous le titre de *Livre de l'internelle consolacion*, est une présomption que cette œuvre était foncièrement sienne.

Une opinion qui a pris crédit de nos jours, c'est que l'*Imitation* est une œuvre impersonnelle, née dans le moyen âge à une date qu'on ne saurait fixer avec précision, et arrivée par des développements successifs à la forme où nous la trouvons au milieu du xve siècle. « Qui sait, a dit M. Michelet, si l'*Imitation* n'a pas été l'épopée intérieure de la vie monastique, si elle ne s'est pas formée peu à peu, si elle n'a pas été suspendue et reprise, si elle n'a pas été enfin l'œuvre collective que le monachisme du moyen âge nous a léguée comme sa pensée la plus profonde et son monument le plus glorieux? » M. Victor Leclerc regarde le 1er livre comme fort antérieur aux trois autres : « Le langage humble et calme du premier livre paraîtrait difficilement l'œuvre de cet esprit plus hardi, plus familiarisé avec l'antiquité profane, et qui se plaît aux grandes images et aux amples développements du troisième livre, et ni l'une ni l'autre de ces deux parties n'a le moindre rapport avec la théologie savante et subtile dont le quatrième livre est rempli. » Il est certain que, même au xve siècle, les manuscrits ne sont pas identiques : tantôt il n'y a qu'un seul livre de l'*Imitation*, tantôt deux, souvent trois, quelquefois quatre, réunis sous un titre général ou présentés comme des traités distincts. Le travail de composition de l'*Imitation* aura commencé vraisemblablement au xiie siècle : le 1er et le 2e livre gardent l'empreinte de cette grande époque du mysticisme. Il y eut là, dans le principe, quelque recueil de préceptes monastiques livré aux méditations des religieux, commenté journellement, et auquel chaque génération aura apporté sa pensée. Le 3e livre semble appartenir plus particulièrement au xiiie siècle, par l'inspiration plus hardie, par le mouvement plus vif de la pensée et du style; la théologie du 4e livre rappelle, au contraire, le xive siècle et ses grandes controverses. Sans doute l'ouvrage fait corps, il est coordonné dans son ensemble : mais la vie permanente qui animait ce manuel monastique aura effacé les disparates trop saillantes, fondu les couleurs et harmonisé l'ensemble. Le même sujet est plusieurs fois repris; on sent la redondance un peu confuse des interpolations successives. La liaison n'existe que dans le fond des choses, nullement dans la forme; car chaque livre n'est un tout, chaque chapitre une instruction complète, et chaque verset a un sens par lui-même. L'*Imitation* offre le caractère d'un centon : or, un homme ne saurait écrire ainsi; c'est un travail collectif et séculaire dont la rédaction dernière, œuvre d'un auteur inconnu, de Gerson peut-être, appartient à la fin du xive siècle ou au commencement du xve. Ce mode de production littéraire n'a rien qui doive surprendre : c'est ainsi que se sont formées les grandes épopées de l'Inde et celles d'Homère. Au moyen âge même, de courtes cantilènes guerrières des temps Carlovingiens sont devenues chansons de gestes, puis poëmes épiques, puis romans d'aventures. — Cependant cette opinion a des contradicteurs très-autorisés qui, au lieu de différences caractéristiques dans l'ouvrage, n'en voient que d'accidentelles, produites par la nature diverse des sujets traités. V. G. de Grégory, *Mémoire sur le véritable auteur de l'Imitation de J.-C.*, Paris, 1827, in-12; Paravia, *Dell' autore del libro de Imitatione Christi*, Turin, 1853; Lécuy, *Essai sur la vie de J. Gerson*, Paris, 1832, 2 vol. in-8°; Ch. Schmidt, *Essai sur Jean Gerson*, Strasbourg, 1839; Mgr Malou, *Recherches historiques et critiques sur le véritable auteur du livre de l'Imitation de J.-C.*, Paris,

1858, in-8°; Gence, *Nouvelles considérations sur l'auteur et le livre de l'Imitation de J.-C.*, 1826; un article de Daunou dans le *Journal des Savants* de décembre 1827; Thomassy, *Jean Gerson*, Paris, 1843; Vert, *Études historiques et critiques de l'Imitation*. Toulouse, 1856; *Annales de philosophie chrétienne*, année 1861; Mangeart, *Réponse de la France à la Belgique relativement à l'Imitation de J.-C.*, Paris, 1862, br. in-8°.

IMMANENT, en termes d'École, ce qui reste en dedans (*manere in*) d'une chose ou d'une idée, et n'en sort jamais. Spinoza appelait Dieu la *cause immanente* du monde, pour faire comprendre que, par son essence, il ne diffère point du monde. Kant parle d'un emploi *immanent* de la raison; il entend par là un emploi de la raison qui ne dépasse pas les limites du monde visible, par opposition à un emploi *transcendant* de la raison, dépassant ces limites. Une *méthode immanente* est celle qu'on peut déterminer par l'objet même de la recherche. Un *savoir immanent* est un savoir qui est approfondi dans le sujet même. En Théologie, un *acte immanent* est celui qui demeure dans la personne qui agit, sans avoir d'effet au dehors : Dieu a engendré le Fils et le St Esprit par des actions immanentes, tandis qu'il a créé le monde par une action transitoire.

IMMATÉRIALITÉ. V. Spiritualité.

IMMATRICULATION, action d'inscrire sur un registre public, dit *matricule* (V. ce mot).

IMMENSITÉ. V. Dieu.

IMMEUBLES (du latin *immobilis*, immobile), biens qui ne peuvent être considérés comme *meubles*, c.-à-d. qu'on ne peut transporter, cacher ni détourner. On distingue : 1° les *Immeubles par nature*, comme les biens-fonds, terres, bâtiments, etc., les récoltes pendantes par leurs racines, les fruits des arbres non encore recueillis; 2° les *Immeubles par destination*, choses qui, mobilières par leur nature, sont incorporées dans un immeuble pour en faire partie intégrante, de sorte qu'on ne puisse les détacher sans détérioration, ou qui sont affectées au service de l'immeuble par le propriétaire, comme les animaux attachés à la culture, les ustensiles aratoires, les semences données aux fermiers, les pigeons des colombiers, les lapins des garennes, les ruches à miel, les poissons des étangs, les pressoirs, chaudières, cuves et tonnes, les pailles, les engrais, les ustensiles nécessaires à l'exploitation d'une forge ou d'une usine, les objets scellés dans les murs, les glaces faisant corps avec la boiserie, les statues placées dans des niches; 3° les *Immeubles par fiction, par la loi, par coutume*, comme les offices, les rentes constituées, etc. L'usufruit des choses immobilières, les servitudes foncières et les actions qui tendent à revendiquer ces immeubles, sont considérés comme immeubles *par l'objet auquel ils s'appliquent*. Les immeubles ne peuvent jamais être considérés comme marchandises, ni les spéculations dont ils sont l'objet être rangées parmi les actes de commerce.

IMMOLATION. V. ce mot dans notre *Dictionnaire de Biographie et d'Histoire*.

IMMONDICES. Quiconque jette involontairement des immondices sur autrui encourt une amende de 1 à 5 fr., outre la réparation du dommage causé. Si le fait a été volontaire, l'amende est de 6 à 15 fr., et un emprisonnement de 1 à 3 jours peut être prononcé (*Code pénal*, art. 471, 475 et 476). V. Boues, Balayage.

IMMORTALITÉ DE L'AME. La croyance à l'immortalité de l'âme est aussi profondément gravée dans le cœur de l'homme que celle à l'existence de Dieu. L'homme y croit instinctivement d'abord, et la réflexion vient confirmer sa croyance. La foi et la raison, la religion et la philosophie sont d'accord pour la proclamer, et les preuves ne manquent pas pour la confirmer. La première est dans les faits de conscience. L'homme a en lui la notion et le désir de l'immortalité; il la cherche pour ses ouvrages, pour son nom, pour lui-même, et, dans ses rêves d'espérance, il prend sans cesse possession d'un avenir indéfini : sans cesse il tend à la connaissance du vrai, à la représentation de l'idéal, à la réalisation du bien, sans y parvenir; l'induction nous porte déjà à conclure qu'après cette vie il y en a une autre où l'âme continue de marcher vers le même but, et d'accomplir sa destinée. La nature du principe pensant ajoute une nouvelle force à ces considérations. Le *moi* est un, simple, indivisible, identique; par conséquent, il ne peut pas périr, comme les corps, par décomposition, et son immatérialité devient une garantie de son immortalité. Cependant, simple ou non, l'âme pourrait être anéantie par la cause qui lui a donné l'être; cette seconde preuve n'est pas encore suffisante. D'ailleurs, en admettant qu'elle garantisse l'immortalité de la substance pensante, elle ne montre pas suffisamment la persistance de la personnalité humaine, et c'est en celle-ci que consiste la véritable immortalité. Une troisième sorte de preuve lève tous les doutes : elle est fondée sur la loi du mérite et du démérite, complément nécessaire et inséparable de la loi du devoir : elle montre que la justice de Dieu s'oppose à l'anéantissement de la personnalité humaine, et par conséquent de l'âme, parce que la loi morale doit avoir sa sanction. Le droit qu'a l'homme de bien au bonheur, en se conformant à la loi du devoir, est inaliénable et imprescriptible ; de même, le coupable encourt un châtiment auquel il ne doit pas pouvoir se soustraire. Si, dans ce monde, les biens et les maux sont distribués selon la règle et l'exacte proportion que veut la justice divine, si la vertu y trouve la récompense qu'elle mérite, si le vice et le crime y sont toujours punis comme ils le méritent, l'immortalité n'a pas de raison d'être ; sinon, il faut qu'elle soit, elle est nécessaire comme Dieu lui-même. Or, l'histoire entière de l'humanité et l'expérience de chaque jour montrent que l'harmonie entre la loi du devoir et celle du mérite et du démérite n'existe pas sur cette terre, et que la loi morale n'y trouve pas sa sanction ; il faut donc que cette sanction ait lieu dans une autre vie. Dans tous les temps et chez tous les peuples cette vérité a été reconnue et proclamée, et la diversité d'opinions sur la manière d'expliquer et d'appliquer le dogme de l'immortalité de l'âme prouve l'universalité du principe. Les sectateurs de la religion d'Odin en parlaient autrement que les Grecs, Homère autrement qu'Ossian ; le dogme de la métempsycose diffère du spiritualisme chrétien ; mais tous sont d'accord sur le point capital, l'immortalité de l'âme. Quant aux systèmes qui tendent à la nier ouvertement ou implicitement, comme le matérialisme et le panthéisme, la réfutation de leurs principes montre en même temps l'erreur où ils tombent sur cette question capitale. R.

IMMUNITÉ (du latin *in* marquant privation, et *munus*, charge), exemption de quelque charge, devoir ou imposition. Chez la plupart des peuples de l'antiquité, les prêtres, ainsi que certains lieux consacrés aux dieux, furent exempts de toute espèce d'impôts et charges. A Rome, quelques fonctions donnaient droit à des immunités. Au moyen âge, en France, le mot *immunités* a été souvent employé pour *franchises, libertés, privilèges :* chaque ordre de l'État avait ses immunités particulières ; il en était d'autres spéciales aux habitants de telle ou telle localité, à telle ou telle profession. La Révolution de 1789 a fait disparaître toutes les immunités, en déclarant tous les citoyens égaux devant la loi.

IMMUTABILITÉ. V. Dieu.

IMPANATION. V. ce mot dans notre *Dictionnaire de Biographie et d'Histoire.*

IMPARFAIT, temps des verbes, qui s'appelle aussi *passé simultané*; en effet, il exprime un état ou une action passés maintenant, mais présents par rapport à un autre état ou une autre action également passés : « *Je lisais* comme vous entrâtes; *il était* là quand je suis venu. » L'imparfait existe en français et en latin à l'indicatif et au subjonctif. A l'infinitif et au participe il se confond avec le présent pour la forme; ainsi, « Un coq *cherchant* de la nourriture trouva une perle, » équivaut à « Un coq *qui cherchait...* » L'imparfait indicatif français est une altération de l'imparfait latin : « J'aimais, tu aimais, il aimait, » viennent de amabam, amabas, amabat (l'ancienne langue ne mettait pas d's à la 1re personne, ce qui était plus conforme à l'étymologie). Celui du subjonctif est dérivé, non pas de l'imparfait, mais du plus-que-parfait du subjonctif latin : ainsi, « que j'aimasse, que tu aimasses, qu'il aimât, » viennent de amassem, amasses, amasset, et non pas de amarem. Les deux autres langues néolatines forment les deux imparfaits d'une manière analogue au français. En grec, l'imparfait a pour caractéristique la terminaison ον, souvent modifiée en ουν et en ων dans les verbes contractes; il est en ην dans les verbes en μι. Il a, de plus, l'augment, qui est constant chez les Attiques, en vers comme en prose. L'imparfait du subjonctif n'existe pas à proprement parler; mais le présent de l'optatif en a tout à fait la valeur : *Aderam ut loquerer,* παρῆν ἵνα λέγοιμι. P.

IMPARFAITS (Droits). V. Droit.

IMPARFAITS (Tons), nom donné, dans le plain-chant, aux tons qui n'atteignent pas les deux notes extrêmes de leur échelle diatonique. Le ton authentique est imparfait, s'il ne s'élève pas jusqu'à l'octave de sa finale; le plagal

est imparfait, s'il ne descend pas à la quarte au-dessous de sa finale. F. C.

IMPARISYLLABIQUE (Nom), nom (substantif ou adjectif) qui a, au génitif et aux cas qui en dérivent, une syllabe de plus qu'au nominatif. Les substantifs de cette classe comprennent la 3e déclinaison grecque, la 3e, la 4e et la 5e du latin. Ceux qui se rattachent à ces déclinaisons, sans avoir plus de syllabes aux cas indirects qu'au cas direct, ne sont parisyllabiques qu'en apparence, ces cas ayant subi une contraction ou une syncope; ainsi, en latin, *manûs*, génit. sing. et nomin. et accus. pluriel de *manûs*, est pour *manûis, manûes.* Un certain nombre de noms grecs en υς et ις sont parisyllabiques à l'accusatif singulier, par exemple : πόλις, πόλιν. Dans la langue grecque, telle que nous la montrent les poésies d'Homère, le caractère imparisyllabique se remarque partiellement aux deux premières déclinaisons; ainsi, le génitif singulier (propre aux Éoliens) est souvent en ᾶο; celui du pluriel est fréquemment en άων à la 1re, le génitif singul. en οιο à la 2e; le datif plur. de la 1re est en ῃσι, de la 2e en οισι; ηφι marque quelquefois le génitif et le datif des deux nombres de la 1re décl., οφι ces mêmes cas dans la 2e. Le latin, dans sa forme primitive, avait le génitif pluriel de la 1re décl. en *aï*, le datif plur. en *abus*, et celui de la 2e en *obus*. Ces deux déclinaisons sont constamment imparisyllabiques au génitif pluriel : *rosa rosarum, dominus dominorum.* Réciproquement, la 3e contient un grand nombre de noms parisyllabiques, comme *collis, nubes, senex, altare, cubile*; mais aucun ne l'est au datif pluriel qui est toujours en *ibus*; un très-petit nombre le sont au génitif pluriel, comme *juvenum, senum, canum, apum*; les autres ont une terminaison dissyllabique : *collium, nubium, altarium*, etc. P.

IMPASTATION, mélange de plusieurs matières, de couleurs et de consistances différentes, unies et liées par quelque ciment ou mastic qui durcit au feu ou à l'air : tels sont les ouvrages de poterie, de porcelaine, les marbres peints, le stuc, le carton-pierre.

IMPENSES (du latin *impensa*, dépense), en termes de Droit, dépenses faites sur un immeuble qui appartient à autrui ou qui ne nous appartient qu'en partie. Elles sont dites *nécessaires*, quand la conservation du bien en dépend; *utiles*, quand elles l'améliorent simplement; *voluptuaires*, c.-à-d. de pur agrément, quand elles l'embellissent sans en accroître la valeur. Un donataire qui fait rapport à une succession, et un possesseur de bonne foi qui est soumis à l'éviction (*V. ce mot*), sont indemnisés des impenses nécessaires et utiles, mais non des voluptuaires (*Code Napol.*, art. 861, 862, 1634, 1635).

IMPÉRATIF, mode des verbes qui sert à exprimer le commandement (en latin *imperium*, d'où le verbe *imperare*) : « *Viens* ici; — *faites* ce que je vous dis; — *n'allez pas* là-bas. » Souvent aussi il marque simplement prière, exhortation, invitation. Quelquefois, dans les phrases vives, il s'emploie improprement pour un autre mode avec une conjonction, comme lorsqu'on dit : « *Faites-le, ne le faites pas*, je ne m'en soucie point, » pour dire : « Je ne me soucie pas que vous le fassiez ou que vous ne le fassiez pas. » En français, l'impératif n'a qu'une forme temporelle (celle du présent); il est défectif quant aux personnes, n'ayant que la 2e du sing. et du pluriel et la 1re du pluriel. En latin, l'impératif a deux formes, dont l'une, terminée en *a*, en *e*, en *i*, suivant la conjugaison, correspond à notre impératif, et dont l'autre, terminée en *ato, eto, ito*, marque plutôt le futur que le présent, et s'emploie surtout là où nous exprimons un commandement par le futur indicatif, par exemple dans le style des lois et des édits : « *On se réunira* à la place, *Coeunto in foro*; — quiconque franchira cette limite *sera déclaré* ennemi public, *adjudicatus esto hostis.* » — En grec, l'impératif a trois formes temporelles, le présent, l'aoriste, le parfait. Le présent s'emploie lorsque la chose commandée doit avoir de la durée; l'aoriste, lorsqu'on ne considère que l'instant même où elle sera exécutée; le parfait correspond à cette tournure française : *Ayez fini quand j'arriverai.* C'est surtout au passif que ce temps grec s'emploie. L'impératif grec n'a pas de 1re personne, non plus que le latin : on y supplée, comme en latin, par la personne correspondante du subjonctif présent. P.

IMPÉRATIF CATÉGORIQUE, nom sous lequel Kant désigne la loi morale, pour exprimer le caractère obligatoire des devoirs qu'elle impose.

IMPÉRIALE, jeu qui se joue à deux, et avec 32 cartes. Chaque joueur reçoit 12 cartes; la 25e est retournée, et constitue l'atout. Celui qui donne marque un point s'il a retourné une des cartes marquantes (roi , dame, valet, as et sept). Le premier en cartes annonce son plus haut point en une couleur ; si ce point est supérieur, ou seulement égal à celui de l'adversaire, il marque un point. Ensuite, on montre les impériales, qui sont les 4 rois, ou les 4 dames, ou les 4 valets, ou les 4 as, ou les 4 sept, ou enfin une quatrième majeure. Il y a aussi l'impériale de cartes blanches. Chaque impériale oblige l'adversaire à démarquer les jetons qu'il a déjà acquis. A chaque carte jouée, il faut fournir ou couper. Les cartes marquantes jouées sans être prises par l'adversaire comptent chacune un point, ainsi que celles qu'on lui enlève par supériorité de figure. Il en est de même de chaque levée faite en plus. Chaque fois qu'on atteint 6 points, on marque une impériale. Le capot vaut aussi une impériale. La partie se joue en un nombre d'impériales convenu d'avance. L'impériale tire, dit-on, son nom de l'empereur Charles-Quint, qui l'aimait beaucoup.

IMPÉRIALE, monnaie russe. *V.* ce mot dans notre *Dictionnaire de Biographie et d'Histoire.*

IMPÉRIALE, partie supérieure d'une diligence ou d'une voiture de voyage.

IMPÉRIALE (Bibliothèque). *V.* BIBLIOTHÈQUE NATIONALE.

IMPÉRIALE (Chambre). *V.* CHAMBRE IMPÉRIALE, dans notre *Dictionnaire de Biographie et d'Histoire.*

IMPÉRIALE (Cour), auj. d'APPEL, juridiction de 1er ordre en France, ayant pour attribution de connaître souverainement, en matière civile, des appels de jugements rendus par les tribunaux de 1re instance et de commerce, et, en matière criminelle, des appels de police correctionnelle. Elle statue, en outre, sur les mises en accusation des prévenus contre lesquels les Chambres du conseil des tribunaux de 1re instance ont rendu des ordonnances de prises de corps. Il y a 28 Cours d'appel (*V.* notre *Dictionnaire de Biographie et d'Histoire,* p. 1084, col. 2). Les magistrats qui les composent ont le titre de *Conseillers :* leur nombre varie selon l'importance du ressort. Chaque Cour a un 1er président, et autant de présidents qu'elle a de Chambres : elle a une ou plusieurs Chambres civiles, une Chambre d'appels de police correctionnelle, et une Chambre d'accusation. Une Chambre des vacations est chargée de juger, pendant les vacances, les affaires urgentes. Les Chambres civiles ne peuvent statuer qu'au nombre de 7 conseillers au moins, et les Chambres correctionnelles et d'accusation qu'au nombre de 5 au moins. Les Cours d'appel exercent un droit de surveillance sur les tribunaux civils de leur ressort; elles reçoivent le serment des présidents et juges de ces tribunaux et des tribunaux de commerce, comme aussi des membres du ministère public près les tribunaux civils. Le ministère public près une Cour d'appel se compose d'un procureur général, d'avocats généraux, et de substituts du procureur général. Il y a un greffier en chef et des commis greffiers assermentés pour le service de la Cour. Des avoués et des huissiers en nombre fixe ont seuls le droit de postuler et d'instrumenter près d'elle.

IMPÉRIALE (Garde). *V.* GARDE IMPÉRIALE, dans notre *Dictionnaire de Biographie et d'Histoire.*

IMPÉRIALE (Imprimerie). *V.* IMPRIMERIE, dans notre *Dictionnaire de Biographie et d'Histoire.*

IMPÉRIALES, nom que les numismates donnent aux médailles frappées sous les empereurs romains. Ces médailles commencent avec J. César, et par celles où sa tête est représentée. Quel que soit le métal employé, les têtes des empereurs ont une grande valeur artistique, parce que les coins furent gravés d'après de bons portraits. Les médailles des impératrices sont plus difficiles à classer, parce qu'on y trouve des noms corrompus ou omis dans l'histoire.

IMPERSONNEL, nom que l'on donne aux verbes qui n'ont qu'une seule personne, à savoir la 3e, et qui, partant, sont considérés comme étant dépourvus de cette inflexion. Tels sont , en français, *il faut, il pleut, il neige, il tonne.* On distingue les verbes *essentiellement impersonnels,* c.-à-d. qui ne peuvent jamais avoir que cette forme de conjugaison, comme ceux cités plus haut, et les verbes *accidentellement impersonnels,* c.-à-d. ceux qui, ayant toutes leurs personnes, sont employés dans certains cas, comme des verbes impersonnels ; tels sont : *il importe, il arrive.* Cela a lieu lorsque le sujet de ces verbes n'est point le nom d'une personne ou d'une chose déterminée. — Tous les verbes grecs et latins de forme active peuvent devenir impersonnels à la 3e personne du singulier du passif, pris dans un sens vague; ainsi, *dicitur,* il est dit, on dit; *curritur,* on court;

ventum est, on est venu, Les verbes neutres ne sont pas susceptibles de cette forme en grec.   P.

IMPÉTRANT (du latin *impetrare,* obtenir), en termes de Droit et d'Administration, celui qui a obtenu l'objet de sa demande.

IMPLUVIATA, nom donné par les anciens Romains à un vêtement de couleur brune, robe carrée à 4 côtés, comme l'*impluvium* d'une maison. N'était-ce pas aussi un manteau contre la pluie?

IMPLUVIUM. *V.* ATRIUM.

IMPORTATION. *V.* COMMERCE.

IMPORTATION (Brevets d'). *V.* BREVETS D'INVENTION.

IMPOSITION, en termes de Finances, mot synonyme de *Contribution* (*V.* ce mot).

IMPOSITION, en termes de Typographie, arrangement méthodique des pages dont se compose une feuille d'impression. Il doit être tel que, la feuille étant imprimée et pliée, toutes les pages se trouvent dans l'ordre où elles sont lues. L'imposition est confiée au *metteur en pages.*

IMPOSITION DES MAINS, cérémonie en usage chez les Hébreux et les Chrétiens. Les premiers, quand ils priaient pour quelqu'un, mettaient leurs mains sur sa tête, en adressant leurs vœux à Dieu. Jésus-Christ imposa de même les mains aux enfants qu'il voulait bénir et aux malades qu'il guérissait; ses Apôtres les imposèrent aux hommes qu'ils recevaient dans la foi ou auxquels ils conféraient un ministère spirituel. Dans l'Église catholique, les sacrements de la Confirmation et de l'Ordre se confèrent par l'imposition des mains.

IMPOSTE (du bas latin *impostare,* reposer sur), couronnement orné de moulures, qui forme la tête d'un pilier ou pied-droit à la naissance de la partie cintrée d'une arcade, et qui, par conséquent, sert de base à l'arc. On donne le même nom à la moulure qui orne le contour d'une arcade ou simplement d'une baie de fenêtre, ainsi qu'à la partie supérieure et dormante d'un châssis de porte ou de fenêtre.

IMPOSTEURS (Le livre DES TROIS), petit livre latin, dirigé contre les religions de Moïse, de Jésus-Christ, et de Mahomet, et dans lequel l'auteur s'attache même à démontrer que toutes les preuves de l'existence de Dieu sont fausses ou ridicules. On a commencé à parler d'un livre de ce titre au commencement du XVIIe siècle, sans qu'on en eût jamais vu un seul exemplaire, et la reine Christine de Suède offrit en vain 30,000 livres à qui le lui procurerait. Il fut attribué à l'empereur Frédéric II ou à son chancelier Pierre des Vignes, qui s'en seraient fait une arme contre le Saint-Siége vers la fin de la guerre du Sacerdoce et de l'Empire, à Campanella, à Guill. Postel, à Machiavel, à Rabelais, à Érasme, à Étienne Dolet, au Poggio, à Ochino, à Muret, à Pomponace, à Cardan, à Ramus, à Jordano Bruno, à Vanini, etc. Le fait est que le livre n'existait pas : telle était l'opinion de La Monnoye, de Richard Simon, de Grotius, du P. Mersenne, et de Bayle. On ne saurait dire par quelle méprise la réalité du traité *De tribus impostoribus* fut acceptée : mais il est admis généralement aujourd'hui qu'un penseur à la fois audacieux et prudent l'écrivit au XVIIIe siècle, en imitant avec assez d'art la latinité du moyen âge, et que Straub, libraire de Vienne, en fut le premier éditeur en 1753. La Bibliothèque nationale de Paris en possède un exemplaire qui appartenu au duc de La Vallière, et où on lit la date de 1598, date évidemment fausse, car le livre parle des *Védas* de l'Inde avec une connaissance que l'on ne possédait pas au XVIe siècle. D'autres éditions du livre *Des trois Imposteurs* ont été publiées en 1792, 1833, 1846, et 1861.

IMPOT. L'impôt est la portion du revenu de chacun que demande tout gouvernement, pour subvenir aux dépenses des services publics. Il est nécessaire, il est légitime, et, dans bien des cas même, il constitue pour la société un emploi lucratif de ses fonds. La richesse ne se forme dans un pays que grâce à la sécurité dont jouissent les individus, et cette sécurité ne s'obtient qu'au moyen d'une bonne et vigilante administration, qu'il faut payer. Aussi quelques-uns, prenant le mot dans une acception un peu trop étroite, ont-ils appelé l'impôt une *prime d'assurance.* Voici, selon M. Passy, les conditions nécessaires pour qu'un impôt soit légitime : 1° il doit être proportionnel, c.-à-d. réparti de façon à n'exiger de chaque contribuable qu'une quote-part proportionnée au chiffre total de son revenu particulier; 2° la quote-part d'impôt, ainsi que l'époque et la forme du payement, doit être suffisamment connue de tous, pour exclure toute contestation et toute décision arbitraire; 3° la perception doit être faite aux époques et sous les formes les moins incommodes pour les redevables ; 4° l'impôt doit être organisé de manière à n'entraîner que les moindres frais de perception possibles.

L'impôt, n'étant qu'une part du revenu de chacun prélevée dans l'intérêt du service de tous, doit toujours se proportionner au revenu des citoyens et aux besoins de l'État. Il ne faut jamais exiger des contribuables plus qu'ils ne peuvent raisonnablement donner, c.-à-d. ne jamais leur prendre une partie de leur revenu assez considérable pour leur enlever les moyens de vivre ou le désir de travailler à acquérir ce revenu : c'est la première loi. Mais cette limite que l'impôt ne doit franchir en aucun cas, il ne doit pas non plus l'atteindre toujours. Dès que l'État a pourvu aux services utiles à la société, il doit s'arrêter, et ne pas s'autoriser du superflu de ses recettes pour se permettre un superflu de dépenses ; l'économie doit présider à tous les actes d'un gouvernement en matière d'impôt, parce qu'il doit se souvenir sans cesse que les particuliers savent faire un meilleur usage que lui de la fortune publique : c'est la seconde loi.

Les impôts sont nombreux et divers (V. Contributions). Une des formes de l'impôt qui a le plus préoccupé l'Économie politique, est l'*impôt sur le revenu* : il serait l'impôt par excellence, et même devrait être l'unique impôt, s'il était praticable ; car il atteint directement la matière imposable tout entière, le revenu. Les Anglais le pratiquent en partie sous le nom d'*income-tax ;* les Français l'ont tenté plusieurs fois sous le nom de *taille personnelle*, de *capitation*, de *dixième* et de *vingtième ;* mais ces impôts, établis sous l'ancienne monarchie, étaient entachés de l'esprit de privilège du temps. L'impôt sur le revenu ne peut pas être complétement et sincèrement établi, parce que le revenu des particuliers, se composant de mille éléments divers, ne peut être évalué que d'une manière très-imparfaite, cas où l'imperfection est une grosse iniquité, et, d'une autre part, parce que le contribuable, qui seul connaît l'étendue véritable de ses revenus, a intérêt à les dissimuler : un bon impôt ne doit porter que sur des objets d'une nature et d'une valeur nettement définies, et sur lesquels il n'y a pas de contestation possible.

Le chiffre des impôts que supportent les citoyens n'est pas le même dans tous les pays ; il est relatif à la fortune des habitants, à la nature du gouvernement, et s'élève en général avec la richesse des contribuables et l'importance des services publics.

La comparaison entre divers pays ne peut pas être très-rigoureuse, parce que l'incidence des impôts et le mode de perception modifient beaucoup les charges. Voici cependant un tableau qui donne, pour les principaux États de l'Europe, le chiffre des recettes et la part de charge qui incombe à chaque individu :

Budgets de 1857-1858.

	RECETTE.	PAR TÊTE.
		fr. c.
Angleterre.	2,058,075,000	74 50
France.	1,790,225,838	49 84
Pays-Bas.	157,185,000	45 87
Wurtemberg.	80,000,000	44 80
Espagne.	499,410,478	35 13
Belgique.	139,604,090	30 30
États Sardes.	135,567,300	27 59
Prusse.	446,099,000	25 91
États Romains.	76,505,700	24 50
Bade.	32,467,000	23 89
Suède.	80,838,000	22 21
Hanovre.	36,847,000	20 12
Autriche.	710,211,917	19 »
Danemark.	46,180,000	18 65
Bavière.	83,154,000	18 29
Toscane.	31,960,000	17 75
Russie.	1,101,880,000	16 90
Saxe.	33.541,000	16 45
Deux-Siciles.	134,726,000	14 87
Portugal.	89,343,000	14 45
Grèce.	14,712,000	14 11
Norvége.	20,289,000	13 05
Suisse.	16,540,000	7 91

V. le marquis de Mirabeau, *Théorie de l'impôt*, Paris, 1760 ; Graslin, *Essai analytique sur la richesse et sur l'impôt*, Londres, 1767, in-8° ; Hume, *Essai sur les impôts*, trad. de l'anglais, 1766 et 1767, in-12 ; Letrosne, *Essai analytique sur la richesse et sur l'impôt*, Paris,

1767, in-8° ; Gorani, *Traité de l'impôt*, 1772, in-8° ; Durban, *Traité de l'impôt*, an VI (1797), in-8° ; Guiraudet, *Doctrine sur l'impôt*, an VIII (1800), in-8° ; Broggia, *Traité des impôts*, en italien, Milan, 1803 ; Bailleul, *De la richesse et de l'impôt*, Paris, 1816 ; Ricardo, *Des principes de l'Économie politique et de l'impôt*, trad. de l'anglais, 1818 et 1846, 2 vol. in-8° ; Ém. de Girardin, *L'impôt*, 1851, in-8°. V. aussi notre article Finances. L.

IMPÔT PROPORTIONNEL et IMPÔT PROGRESSIF. — L'impôt *proportionnel* est celui qui est réparti entre les citoyens proportionnellement aux revenus dont ils jouissent sous la protection de l'État, protection qui sert de base à l'obligation de concourir aux charges publiques. La proportionnalité *exacte* entre la contribution individuelle et le bénéfice retiré de l'ordre social, peut être considérée comme représentant, en matière de taxation, cette justice stricte qui est d'abord impraticable, et serait ensuite par elle-même si souvent voisine de la suprême injustice. L'application de la règle de proportionnalité a pour première conséquence la suppression des exemptions de personnes ou de biens, et la *condamnation de faveurs* accordées aux fortunes élevées par rapport aux fortunes très-inférieures, telles que, par exemple, en Angleterre, les droits de succession. Elle repousse tout système d'impôt *progressif*, soit sur le capital, soit sur le revenu.

La théorie de l'impôt *progressif* naît de l'idée que la société doit, par l'impôt, chercher à réaliser une égalité de situation absolue pour chaque citoyen, et non relative à la masse des biens et aux propriétés acquises. Les besoins réels de chaque homme étant à peu près identiques, les partisans de l'impôt progressif voudraient que l'État retranchât de tout ce qui excède la somme nécessaire pour la satisfaction de ces besoins, en un mot enlevât le superflu. Avec ce système de taxe, on demande par exemple, zéro à un revenu de 500 fr. ou tout autre minimum, un faible tantième à un revenu de 600 fr. ; ce tantième, et ce qu'on appelle la *raison* en arithmétique, à un revenu de 700 fr. ; ce tantième plus deux fois la *raison*, à un revenu de 800 fr., etc. L'impôt progressif a un vice radical : il sévit contre les qualités mêmes qu'il importe le plus de propager au sein des populations, et, s'il lui était donné d'atteindre pleinement son but, il en résulterait la stagnation de la richesse et de l'industrie. Cette taxe, par sa nature, détourne du travail ; se haussant à mesure que la richesse s'accumule, elle punit le succès, et semble une prime offerte à la paresse et à la dissipation. La république de Florence a pratiqué l'impôt progressif avec passion ; quelques États de l'Allemagne en usent modérément et l'*income-tax* anglais en a été une application restreinte et éphémère. L'Assemblée Constituante de 1789 avait établi, par la loi du 18 janvier 1791, l'impôt personnel sur le loyer, d'après la théorie suivante : Un loyer de 200 livres dénotait l'existence d'un revenu à peu près double, et cette proportion s'augmentant à mesure que le loyer croissait, de telle sorte, par exemple, qu'un loyer de 12,000 livres passait pour le signe d'un revenu douze fois plus fort. L'application de ce système, sans être maintenue d'une manière générale, a été longtemps tolérée indirectement avant la loi du 21 avril 1832, par l'autorisation donnée à quelques villes, Paris entre autres, de répartir, suivant une échelle progressive, le contingent d'impôt mobilier dont une part est supportée par une addition à l'octroi. V. J. Garnier, *Éléments de finances*, Paris, 1859, in-18 ; *Dictionnaire de l'économie politique*. A. L.

IMPRÉCATION (du latin *imprecatio*). Ce mot exprime l'idée d'une malédiction prononcée au nom des Dieux. L'Imprécation, expression de la fureur et du désespoir, est une figure de Rhétorique fréquemment employée dans toutes les littératures. En ce qui concerne la poésie dramatique, on connaît les imprécations d'Œdipe contre les meurtriers de Laïus dans l'*Œdipe roi* de Sophocle, celles de Cléopâtre dans la *Rodogune* de Corneille, celles de Camille dans l'*Horace* du même poète, celles du grand prêtre Joad dans l'*Athalie* de Racine. L'Écriture sainte en offre des exemples également célèbres ; telles sont les imprécations de Balaam contre les Hébreux, et d'Élisée contre des enfants moqueurs. On trouve au 1er chant de l'*Iliade* d'Homère l'imprécation de Chrysès contre Agamemnon, et, au 4e chant de l'*Énéide* de Virgile, les imprécations de Didon mourante. — Les Anciens portaient des sentences ou décrets d'imprécation contre ceux qu'ils regardaient comme impies ou sacrilèges : c'est le plus souvent aux Furies et aux divinités infernales qu'on vouait le coupable. Ainsi Alcibiade fut maudit publiquement pour avoir profané les mystères de Cérès et mutilé les statues de Mercure. — Le respect qu'on avait pour les tombeaux donnait lieu à des imprécations d'un genre différent : les tombeaux étaient chargés de formules qui vouaient le profanateur à la colère et à la vengeance divines, et des inscriptions sépulcrales recueillies par les antiquaires prouvent que cet usage se perpétua chez les chrétiens des premiers siècles. Au moyen âge, les chartes relatives aux priviléges du clergé et aux donations qui leur sont faites se terminent par des malédictions du même genre. G.

IMPRESARIO, nom qu'on donne en Italie à tout directeur d'une troupe de comédiens ou entrepreneur de théâtre. Ce mot, qui est presque passé dans la langue française, vient de l'italien *impresa*, entreprise.

IMPRESSES (Espèces). *V.* Espèce.

IMPRESSION, action matérielle des corps sur l'organisme, et principalement sur le système nerveux : c'est un phénomène physique qui devient l'antécédent indispensable de la sensation. L'impression, à ce titre, est triple : l'*organe* reçoit l'action et la communique aux *nerfs*, qui la transmettent au *cerveau*. Cette impression *organique*, *nerveuse* et *cérébrale* ne doit donc pas être confondue avec la sensation, qui est un fait purement psychologique résultant du premier : supprimez l'impression, la sensation est impossible. L'analogie qui existe entre l'impression proprement dite et certains faits psychologiques a fait donner leur nom à ces derniers : on dit des *impressions morales, religieuses*, etc. ; c'est un langage que l'usage autorise et dont on ne peut guère se passer, mais il ne faut pas oublier qu'il est métaphorique, et qu'il n'autorise pas à confondre le monde matériel avec le monde spirituel. R.

IMPRESSION, action d'imprimer. L'*impression typographique* s'exécute à l'aide d'une *presse* que fait mouvoir un ouvrier ou une machine. On applique la feuille de papier sur la *forme* encrée convenablement, et on presse de façon que l'œil du caractère, entrant dans cette feuille, y dépose l'encre dont il est couvert. Quand on se sert d'une presse à bras, la feuille ne s'imprime que d'un côté, et il faut recommencer sur l'autre, après avoir changé la forme : avec la presse mécanique, les deux côtés s'impriment encore successivement, mais dans une même opération. On fait aussi des impressions avec des planches à jour, par exemple, les affiches peintes. L'*impression de la gravure sur bois* s'effectue comme l'impression typographique, parce qu'il s'agit encore ici de reproduire un type qui est en relief. Il en est autrement pour l'*impression de la gravure en creux* ou en *taille-douce* : là on ne laisse de l'encre que dans les creux ; on fait passer la feuille de papier sur la planche entre deux rouleaux recouverts de langes qui font entrer le papier dans les creux de la gravure. Les creux et les reliefs ne sont pour rien dans l'*impression lithographique* : l'encre ne prend que sur les parties dessinées sur la pierre avec un crayon gras ; une sorte de râteau fortement fixé sur la presse, et sous lequel passent la pierre et le papier, fait décharger l'encre sur le papier. L'*impression des papiers peints* s'opère ordinairement au moyen de planches de bois gravées en relief : on emploie autant de planches qu'il y a de couleurs dans le dessin, et on applique bien exactement les repères les uns sur les autres.

IMPRESSION (Peinture d'), couche de couleur posée, soit sur une toile ou une muraille pour recevoir une peinture, soit sur un mur, une boiserie, un ouvrage de serrurerie, pour les préserver des effets de l'humidité. Appliquée sur des ouvrages de sculpture, elle efface toutes les finesses du travail.

IMPRIMERIE, art de reproduire les écrits, au moyen de caractères en métal fondus et assemblés. L'art se compose de deux parties, la *composition* et le *tirage* (*V.* ces mots). Sur l'histoire de l'imprimerie, *V.* notre *Dictionnaire de Biographie et d'Histoire*.

IMPRIMÉS (Taxe des). Les imprimés transportés par la poste étaient, avant la réforme de 1878, divisés en 3 classes : la 1re comprenait les journaux et ouvrages périodiques traitant de matières politiques ou d'économie sociale, taxés à 0 fr. 04 par chaque exemplaire du poids de 40 gr. et au-dessous, et à 0 fr. 01 en plus par chaque 10 gr. ou fraction de 10 gr. au-dessus ; — la 2e comprenait les journaux, recueils, bulletins, etc., consacrés aux lettres, aux sciences, aux arts, à l'agriculture et à l'industrie, et dont le port est de 2 cent. par chaque exemplaire du poids de 20 gr. et au-dessous, et de 1 cent. en plus pour chaque 10 gr. ou fraction de 10 gr. en sus ; — la 3e comprenait les avis, circulaires, prospectus, prix courants avec ou sans échantillons, livres, gravures, lithographies, autographies, épreuves d'impression avec les *corrections et les manuscrits* (sous condition d'une autorisation préalable du directeur général des postes) : le port était de 1 cent. par paquet ou exemplaire isolé du poids de 5 gr. et au-dessous, et de 1 cent. en plus par chaque 5 gr. jusqu'à 50 ; de 10 cent. depuis 50 gr. jusqu'à 100, et 1 cent. de plus par chaque 10 gr. ou fraction de 10 gr. au-dessus. Les imprimés de la 3e classe pouvaient être expédiés sous forme de lettres, pourvu qu'ils fussent pliés de manière que les deux extrémités restent ouvertes, ou sous enveloppe non cachetée ; ils payaient alors 10 cent. chacun, circulant de bureau à bureau, et 5 cent. dans la circonscription d'un même bureau (10 et 5 cent. en plus par chaque 10 gr. ou fraction de 10 gr., s'ils pesaient plus de 10 gr.). Toute insertion de lettre, ou même de note ayant caractère de correspondance, entraîne, aujourd'hui encore, une pénalité (*V.* Poste). Les imprimés ne circulent aux prix précédents qu'autant qu'ils ont été affranchis au départ : autrement ils sont taxés d'après le tarif des lettres. S'ils ont été affranchis en timbres-poste et que l'affranchissement soit insuffisant, ils sont frappés, en sus, d'une taxe égale au triple de l'insuffisance, taxe qui, en cas de refus du destinataire, est payée par l'expéditeur. Les imprimés doivent être expédiés sous bandes mobiles, couvrant au plus le tiers de la surface, ou sous une forme qui permette d'en vérifier facilement le contenu. Les cartes, plans et gravures peuvent être expédiés sur rouleau ou entre cartons maintenus extérieurement par des ficelles faciles à dénouer. Le poids des bandes, enveloppes et ficelles est compris dans la taxe. Les paquets ne doivent pas dépasser un poids de 3 kilog., ni avoir sur aucune de leurs faces une dimension supérieure à 0m,45. *V.* le *Supplément*.

IMPRIMEUR. Des lettres patentes, données en mars 1488 par Charles VIII, accordaient aux imprimeurs-libraires les priviléges et prérogatives de l'Université. Ces priviléges, confirmés le 9 avril 1513, furent souvent renouvelés depuis, notamment le 28 février 1723. Nul ne pouvait être imprimeur sans une autorisation du gouvernement. La profession devint libre à la Révolution ; mais un décret du 5 février 1810 replaça l'imprimerie sous la surveillance du gouvernement. La loi du 21 octobre 1814 décide que nul ne peut être imprimeur s'il n'a obtenu un *brevet* ou autorisation du ministre de l'intérieur, qui peut toujours le retirer. L'ordonnance du 24 octobre 1814 oblige les imprimeurs à faire, à la direction de la librairie pour Paris, au secrétariat de la préfecture pour les départements, la déclaration des ouvrages qu'ils se proposent de publier, et à en déposer deux exemplaires : le défaut de déclaration avant le dépôt, et le défaut de dépôt avant la publication, sont punis d'une amende de 1,000 fr., 2,000 pour la récidive. Indépendamment du dépôt légal, tous écrits traitant de matières politiques ou d'économie sociale et ayant moins de 10 feuilles d'impression, autres que les journaux ou écrits périodiques, doivent, aux termes de la loi du 29 juillet 1849, être déposés par l'imprimeur au parquet du procureur impérial, sous peine d'une amende de 100 à 500 fr. Chaque exemplaire d'ouvrage doit porter l'indication du nom et de la demeure de l'imprimeur, à peine d'une amende de 3,000 fr., et de 6,000 fr. si cette indication est fausse, sans préjudice de l'emprisonnement. Les imprimeurs sont tenus d'avoir un livre coté et parafé par le maire, et d'y inscrire, par ordre de dates et avec une série de numéros, le titre des ouvrages qu'ils impriment, le nombre des feuilles, des volumes et des exemplaires, et le format de l'édition. Un imprimeur peut présenter son successeur à l'agrément du ministre. Tout possesseur ou dépositaire d'une imprimerie clandestine est puni d'une amende de 10,000 fr., et d'un emprisonnement de 6 mois. *V.* Pic, *Code des imprimeurs*, *libraires*, etc., Paris, 1827, in-8° ; Grimont, *Manuel-Annuaire de l'imprimerie, de la librairie et de la presse*, Paris, 1855, in-12.

IMPROMPTU (du latin *in promptu*, sur-le-champ). Ce mot désigne une épigramme, un madrigal, ou une autre petite pièce de poésie, faite sur-le-champ, sans avoir été préméditée, préparée. L'impromptu demande, avant tout, de la facilité, de la vivacité, du piquant ou du gracieux. En voici un que fit Mme d'Houdetot sur Mme la duchesse de La Vallière, qui, à 50 ans, était encore fort belle :

La nature prudente et sage
Force le temps à respecter
Les charmes de ce beau visage
Qu'elle n'aurait pu répéter.

IMPROVISATION. En littérature, c'est l'acte d'exprimer ses pensées et ses sentiments sans préparation, sans labeur préliminaire (*ex improviso*), dans l'ordre et sous la forme que leur donnent ordinairement la réflexion et le travail. On appelle aussi *Improvisation* le produit de cette composition immédiate. Converser et causer, même avec finesse, avec esprit, c'est sans doute composer en parlant, mais non pas improviser. L'improvisation implique une forme littéraire, une certaine élévation, qui la distinguent du discours usuel : elle ne peut être qu'*oratoire* ou *poétique*.

Pour un orateur, l'improvisation consiste, soit à parler dans une circonstance imprévue, soit à prononcer un discours dont il aura préparé le fond et disposé les principales pensées. Dans le premier cas, il ne peut puiser ses idées que dans une connaissance précédemment acquise du sujet, et demander ses mouvements qu'à son émotion subite. Dans le second, il a en quelque sorte parlé déjà en lui-même presque tout son discours, préparé ses preuves et calculé ses effets. En tout état de cause, l'orateur qui improvise parlera avec plus ou moins d'éloquence, selon qu'il aura plus ou moins d'habitude et de facilité pour la parole, et qu'il sera plus ou moins fortement ému, tout en restant maître de son émotion. La faculté d'improviser, disait Quintilien, est le plus beau fruit de l'étude et la plus ample récompense d'un long travail : c'est qu'en effet, si l'on ne s'est familiarisé par l'étude de l'art oratoire avec tous les éléments qui doivent entrer dans la composition d'un discours, si l'on n'a commencé par écrire et si l'on n'a beaucoup écrit, on ne parviendra jamais à posséder un vrai talent d'improvisation sur lequel on puisse compter. L'éloquence de la chaire, ne s'exerçant qu'à des intervalles assez longs, qui laissent toute liberté à la composition écrite, et traitant généralement des sujets qui nécessitent des méditations préparatoires, fournit de rares occasions et peu d'exemples d'improvisation. Cependant Bossuet ne traçait qu'une sorte de canevas de ses discours. Fénelon, dans ses *Dialogues sur l'éloquence*, ne se montre pas favorable à la préparation écrite et à la récitation des sermons : « S¹ Augustin dit que les prédicateurs doivent parler d'une manière encore plus claire et plus sensible que les autres orateurs, parce que la coutume et la bienséance ne permettent pas de les interroger. Ils doivent craindre de ne pas se proportionner assez à leurs auditeurs. C'est pourquoi, dit-il, ceux qui apprennent leurs sermons mot à mot, et qui ne peuvent répéter et éclaircir une vérité jusqu'à ce qu'ils aient remarqué qu'on les comprenne, se privent d'un grand avantage. Vous voyez bien par là que S¹ Augustin se contentait de préparer les choses dans son esprit, sans mettre dans sa mémoire toutes les paroles de ses sermons. Quand même les règles de la vraie éloquence demanderaient quelque chose de plus, celles du ministère évangélique ne permettraient pas d'aller plus loin. Pendant qu'il y a tant de besoins pressants dans le christianisme, pendant que le prêtre, qui doit être l'homme de Dieu, préparé à toute bonne œuvre, devrait se hâter de déraciner l'ignorance et les scandales du champ de l'Église, il trouve qu'il est fort indigne de lui qu'il passe sa vie dans son cabinet à arrondir des périodes, à retoucher des portraits et à inventer des divisions. Car, dès que l'on s'est mis sur le pied de ces sortes de prédications, on n'a plus le temps de faire autre chose; on ne fait plus d'autre étude, ni d'autre travail; encore même, pour se soulager, se réduit-on souvent à redire toujours les mêmes sermons. Quelle éloquence que celle d'un homme dont l'auditeur sait d'avance toutes les expressions et tous les discours! » Toujours est-il que l'improvisation exige un labeur profond et étendu; car, mieux vaut prononcer un discours suivi et sensé, préparé de longue main, que de débiter des idées incohérentes en un style plat, ou de rester court de pensées et d'expressions. — L'improvisation est bien autrement nécessaire dans les débats judiciaires et dans les discussions politiques. Utile pour l'attaque, indispensable à la défense, provoquée par la contradiction, par les objections inattendues, elle est la pierre de touche du véritable orateur. Mais il est juste d'observer qu'au barreau et à la tribune l'éloquence n'est pas tout entière dans les mots, dans les saillies de l'imagination, dans les grands mouvements qui naissent de l'à-propos et de l'inspiration du moment, mais bien aussi dans les intonations, dans le geste et la physionomie, et c'est dans la parfaite harmonie entre la mimique et la parole qui double, dans l'improvisation, l'effet produit par l'orateur.

L'improvisation poétique remonte à une haute anti-

quité, et l'on peut même dire qu'à l'origine toute poésie dut être improvisée. La simplicité des rhythmes primitifs laissait à l'inspiration des poëtes un libre cours. Mais quand les langues eurent pris des formes plus rigoureuses et plus variées, la poésie, distincte désormais du langage vulgaire, se soumit à des règles : il fallut un travail particulier, une certaine science acquise, pour traduire l'inspiration poétique, et, dans ces conditions, l'improvisation devint une faculté exceptionnelle, partage de quelques intelligences privilégiées. Les Orientaux et les peuples du midi de l'Europe, les Italiens surtout, ont une grande facilité à improviser des vers. Ce talent est même si commun en Italie, que les improvisateurs s'établissent en plein air, et, prenant leur auditoire dans la rue, font de leur art un véritable métier. Serafino d'Aquila et Bernardo Accolti dit l'*Unico Aretino* au xve siècle, Marone, Quercio et Silvio Antoniano au xvie, Perfetti, Zucco, la Corilla et Métastase au xviiie, Sgricci, Cicconi, Bindocci, Sestini, Gianni et Rosa Taddei au xixe, ont été doués, au suprême degré, de ce talent d'improvisation poétique. En France, l'improvisation s'est presque toujours bornée à la production de quelques bouts-rimés, impromptus et madrigaux, où la mémoire est principalement en jeu, et dont le mérite consiste bien plus dans l'à-propos que dans la valeur intrinsèque de la poésie. Encore la soudaineté de ces compositions, où se distinguèrent les Voiture, les Boufflers, les Neufchâteau, est-elle bien établie? De nos jours, Eugène de Pradel a joui d'une grande réputation comme improvisateur d'ouvrages. On cite également De Clercq en Hollande, Wolf d'Altona et Langenschwarz en Allemagne.

On doit encore ranger dans la catégorie de l'improvisation poétique certaines pièces, d'une étendue médiocre, provoquées à l'improviste, composées en une heure ou deux, et qui sont quelquefois des œuvres que leur mérite fera vivre; nous citerons, dans ce genre, la *Réponse à Némésis*, par M. de Lamartine, qui l'improvisa pendant l'agitation d'un scrutin pour son élection à la députation, en 1831, et le *Rhin allemand*, par Alfred de Musset, pièce écrite en peu d'instants, à côté d'un salon où l'on venait de lire la chanson allemande de Becker, publiée en 1840, sous ce même titre, que Musset lui emprunta.

Il existe aussi une improvisation musicale, principalement sur l'orgue et le piano; elle est beaucoup plus répandue en Italie et en France qu'en Allemagne. Pour y réussir, il ne suffit pas de posséder une grande habileté d'exécution, des réminiscences plus ou moins abondantes. Improviser, c'est lire, en quelque sorte, à livre ouvert dans son imagination; c'est y déchiffrer une idée nette, complète, bien conformée, ayant tous ses membres, avec le mouvement et la vie; c'est concevoir et produire instantanément une mélodie régulière, soutenue par une bonne harmonie, assujettie à la mesure et au rhythme. Improviser, ce n'est pas exprimer des idées incohérentes et banales, contrairement à toutes les règles de l'art et du goût.

IMPUTATION, en termes de Droit, action d'attribuer à quelqu'un une chose digne de blâme. L'imputation publique d'un fait qui porte atteinte à l'honneur et à la considération constitue une *diffamation* (*V. ce mot*). — On nomme *imputation de payement* l'indication que le payement fait par le débiteur s'applique à l'une de ses obligations. Celui qui a plusieurs dettes a le droit de déclarer, lorsqu'il paye, laquelle il entend acquitter. Lorsque la dette porte intérêt, le payement qui n'est pas intégral s'impute d'abord sur les intérêts, à moins que le créancier ne consente à ce qu'il en soit autrement.

INALIÉNABILITÉ (du latin *in* privatif, et *alienus*, autrui), état d'un bien, d'un droit, d'une chose quelconque, qui ne peut être transféré à autrui. Ainsi, les biens des mineurs, des interdits, des femmes mariées sous le régime dotal, des communes et des établissements publics, les biens frappés de substitutions ou érigés en majorats, les pensions militaires et celles de la Légion d'honneur, les domaines de l'État, etc., sont inaliénables. Certains droits naturels, comme la liberté, sont inaliénables, et le *Code Napoléon* (art. 1780) dit qu'on ne peut engager ses services qu'à temps ou pour une entreprise déterminée.

INAMOVIBILITÉ (du latin *in* privatif, et *amoveri*, être détourné), caractère donné par la loi à toute fonction publique dont le titulaire ne peut être dépossédé sans son consentement, à moins d'excès d'âge, de forfaiture ou de mort civile. Sont inamovibles, en France, les Sénateurs, les membres de la Cour de cassation, de la Cour des comptes, des Cours impériales et des Tribunaux de 1ʳᵉ instance, excepté les magistrats du ministère public. L'inamovibilité des juges, concédée par un édit de Louis XI en date du 21 octobre 1467, fut abolie par la Constitution de 1791, rétablie par la Constitution de l'an VIII, détruite de nouveau par un arrêté du gouvernement provisoire de 1848, mais consacrée encore par l'Assemblée constituante de la même année.

INAUGURATION, cérémonie qui avait lieu chez les anciens Romains quand un citoyen était appelé à faire partie d'un collège de prêtres, ou lorsqu'il s'agissait de choisir un emplacement pour y élever un temple, une ville, un théâtre, etc. Le nom venait de ce que l'on consultait les *augures* sur la bonté du choix. — Pour les Modernes, le mot *Inauguration* ne s'applique avec justesse qu'à la cérémonie qui consacre les monuments civils (colonnes, statues, obélisques, fontaines, etc.), la première fois qu'ils sont livrés aux regards ou à l'usage du public.

INCAPACITÉ, en Droit, défaut de qualité pour faire quelque acte civil ou autre prescrit par la loi. Les incapacités dérivent de la nature, ou sont fondées sur l'intérêt général de la société; dans tous les cas, la loi les détermine, parce qu'en principe toute personne est capable. Elles cessent avec les causes qui les avaient produites. On distingue l'*incapacité civile* et l'*incapacité politique*. L'incapacité civile peut résulter de la faiblesse de l'*âge*, de l'*interdiction*, de la qualité de *femme mariée*, de la *mort civile* (V. ces mots). En matière de droits politiques, les femmes, mariées ou non mariées, sont incapables; les causes d'incapacité pour les hommes sont les mêmes qu'en matière civile, et il y en a, en outre, qui sont spéciales, telles que la dégradation civique et certaines condamnations. Pour les fonctions publiques, l'incapacité résulte soit de l'absence des conditions requises pour exercer ces fonctions, soit de certaines incompatibilités (V. ce mot). — Les liens de parenté sont, en certains cas, une cause d'incapacité. Ainsi, les parents et alliés, jusqu'au degré d'oncle et neveu inclusivement, ne peuvent être simultanément membres d'un même tribunal ou d'une même Cour, sans une dispense de l'Empereur (Loi du 20 avril 1810). Il y a des incapacités du même genre pour les fonctions de conseiller municipal (Loi du 5 mai 1855).

INCARNATION. V. ce mot dans notre *Dictionnaire de Biographie et d'Histoire.*

INCENDIE. La loi des Francs Saliens condamnait l'incendiaire d'une maison habitée à payer 62 sous et demi au propriétaire, 100 sous à chacun de ceux qui avaient échappé à l'incendie, 200 sous aux parents de chaque mort, et à restituer ce qui avait été détruit. D'après les *Établissements* de Louis IX, la peine était la perte des yeux. Plus tard, un incendiaire de noble origine était décapité, si le dommage avait été considérable, et, dans le cas contraire, banni à perpétuité; pour le roturier, la peine était le feu ou le bannissement, selon la gravité du mal. — La loi française actuelle punit de mort celui qui a mis volontairement le feu à des lieux d'habitation, ou dont le crime a causé la mort d'une ou plusieurs personnes. Elle édicte les travaux forcés à perpétuité, s'il s'agit de lieux non habités, de forêts, de bois taillis, de récoltes sur pied, les travaux forcés à temps; pour les bois et récoltes abattus. Celui qui met le feu à des bâtiments et autres objets à lui appartenant est passible de la réclusion, et, s'il en résulte préjudice pour autrui, des travaux forcés à temps. La menace écrite d'incendie entraîne un emprisonnement de 2 à 5 ans, et une amende de 100 à 600 fr. Si elle est accompagnée d'injonction ou condition quelconque, elle est punie des travaux forcés à temps. Si elle a été simplement verbale, avec ou sans condition, la peine est un emprisonnement de 6 mois à 2 ans et une amende de 25 à 300 fr. L'incendie par imprudence ou par négligence n'est pas un crime, mais un délit : il entraîne des dommages-intérêts, et une amende de 50 à 500 fr. (Code pénal, art. 434-475). L'autorité municipale prend les mesures nécessaires pour prévenir les incendies (Arrêté du 5 brumaire an IX), et les contraventions à ses arrêtés sont punies des peines de simple police; elle peut faire abattre, pour circonscrire un foyer d'incendie, les édifices qui en sont voisins, sauf indemnité payable par la commune, ou par toutes autres personnes responsables. Quiconque est requis de prêter secours en cas d'incendie, et s'y refuse, est passible d'une amende de 6 à 10 fr. L'autorité peut faire prendre l'eau des puits et citernes, malgré les propriétaires.

INCERTUM OPUS. V. Appareil.

INCESSIBLE, qui ne peut être cédé ou transporté.

Sont incessibles : les choses déclarées insaisissables par la loi; les droits exclusivement attachés à une personne, tels que les droits d'usage et d'habitation, le droit de présentation pour un office, etc.

INCESTE (du latin *in* négatif, et *castus*, chaste), union illicite des sexes entre ascendants et descendants légitimes, naturels ou par alliance, parents au premier degré, et entre frères et sœurs, parents au second degré. La morale inspire une vive répulsion pour ces sortes d'unions : cependant, les mariages entre frères et sœurs se sont longtemps maintenus chez les anciens Asiatiques. Notre *Code pénal* n'a pas compris l'inceste parmi les crimes qualifiés. V. Mariage.

INCHOATIFS (Verbes), verbes latins qui marquent l'action *dans son commencement* (d'*inchoare*, commencer). Ils sont ordinairement terminés en *sco*, toujours neutres, et ne peuvent prendre en aucune manière la forme passive. Ceux qui dérivent de verbes se forment de la 2e personne du primitif : « dormio, dormis, *dormisco;* tremo, *is, tremisco;* ardeo, *es, ardesco;* augeo, *es, augesco;* labo, *as, labasco.* Cependant coalesco vient de alo, *alis.* Ceux qui dérivent d'un nom ou d'un adjectif intercalent entre le radical du primitif et la terminaison inchoative la voyelle *a* ou *e* : « puer, repuerasco; juven-*is,* juven*esco;* senex, sen-*is,* sen-*esco;* æger, ægr-*i,* ægr-*esco;* grav-*is,* ingrav-*esco.* » Ces verbes ne se conjuguent sous cette forme allongée qu'aux temps qui marquent l'action non accomplie (présent, imparfait, futur); le parfait et ses dérivés sont terminés en *ui, ueram, uero,* etc., comme s'ils venaient de formes plus simples : *senui, convalui, indurui,* etc. Beaucoup manquent de cette seconde série de temps. — On peut donner le nom d'*Inchoatifs* à certains verbes grecs en ασκω, comme ἡβάσκω, *juvenesco;* γηράσκω, *senesco;* — et aux verbes français en *ir* qui expriment un commencement d'action : *vieillir, rajeunir, s'endormir, verdir, jaunir;* mais c'est plutôt par le sens que par la forme qu'ils sont inchoatifs. — Certains verbes latins en *sco,* comme *disco, nosco,* etc., n'appartiennent pas à cette catégorie. P.

INCIDENT, en Littérature, événement fortuit qui survient au milieu d'une action. Boileau a dit avec raison (*Art poét.*, ch. III) :

N'offrez point un sujet d'*incidents* trop chargé.

En termes de Palais, on nomme *Incident* une contestation accessoire qui s'élève dans le cours d'un procès. Les *demandes incidentes* se forment par un simple acte, renfermant les moyens et les conclusions; elles sont jugées immédiatement et au préalable, ou bien, si le fond est en état de recevoir jugement, il est statué sur le tout à la fois (Code de Procéd., art. 337-341).

INCIDENTE (Phrase), proposition subordonnée enclavée entre les termes de la proposition dont elle dépend. Ex. : « La terre, *qui tout à l'heure n'était qu'un chaos*, est un séjour délicieux où règnent le calme et l'harmonie. » — « Le ton de l'orateur et du poète, *dès que le sujet est grand*, doit toujours être sublime. »

Celui *qui met un frein à la fureur des flots*
Sait aussi des méchants arrêter les complots.

L. Racine, *la Religion*, ch. I.

La phrase incidente est ou *explicative*, comme dans les deux premiers exemples, ou *déterminative*, comme dans le second. *Incidente* paraît venir du verbe latin *incidere*, couper. V. Incise. P.

INCINÉRATION (du latin *in*, en, dans, et *cinis*, cendre), réduction en cendres. Le mot se dit spécialement de l'acte de brûler les corps humains après la mort; on emploie aussi celui de *crémation*. La coutume de brûler les corps, au lieu de les inhumer, fut presque générale chez les Grecs et les Romains (V. Bucher); on croit que le celte cessa à Rome sous l'empire des Antonins. César nous apprend que l'incinération était également pratiquée dans la Gaule. Il en fut de même chez les Scythes et dans l'Inde. Chez les modernes, l'inhumation (V. ce mot) a prévalu, sauf pour des motifs particuliers, tels que le besoin d'échapper à la peste, ou la putréfaction des cadavres aurait pu augmenter, ou la difficulté de creuser la terre pour y déposer les corps. Dans les années 1856 et 1857, on a proposé de revenir à l'usage de la destruction des corps par le feu, en faisant surtout valoir l'encombrement des cimetières dans les grandes villes et le danger que fait subir à la santé publique le remaniement fréquent d'un sol imprégné de matières putrides. Mais l'incinération des morts répugne à nos instincts et à nos mœurs; elle présenterait d'ailleurs des difficultés insurmontables. *V.* Jamieson, *De l'origine de la crémation*, trad. de l'anglais par Boulard, Paris, 1821.

INCISE (du latin *incisus*, coupé), petite phrase qui forme un sens partiel, et qui entre dans le sens total de la période ou d'un membre de la période. Le plus souvent, l'incise n'est pas indispensable dans une phrase; mais elle la rend plus pleine, en y introduisant une nouvelle idée accessoire. On doit éviter de multiplier les incises : elles peuvent gêner la marche de la période et la rendre obscure. Il y a deux incises dans les vers suivants de Racine (*Iphigénie*, IV, 6) :

> Assez d'autres viendront, *à nos ordres soumis,*
> Se couvrir des lauriers qui vous furent promis,
> Et, *par d'heureux exploits forçant la destinée,*
> Trouveront d'Ilion la fatale journée.   P.

INCOLAT (Droit d'), nom donné, dans quelques États modernes, au droit que le souverain accorde à certains étrangers de jouir des mêmes prérogatives civiles et politiques que les indigènes (*incolæ*).

INCOME-TAX. *V.* ce mot dans notre *Dictionnaire de Biographie et d'Histoire.*

INCOMPATIBILITÉ, impossibilité qu'il y a, suivant les lois, à ce que certaines fonctions puissent être exercées en même temps par un même individu. Par suite de la distinction des pouvoirs dans l'État, il y a incompatibilité entre les fonctions militaires et les fonctions administratives, entre celles-ci et les fonctions judiciaires; entre le service de la garde nationale et les fonctions des magistrats qui ont le droit de requérir la force publique; entre les fonctions judiciaires entre elles, et entre les fonctions administratives entre elles (loi du 24 vendémiaire an III). D'autres incompatibilités sont fondées sur la hiérarchie des fonctions, sur l'impossibilité de suffire à deux emplois, et sur des raisons de convenance : ainsi, les fonctions de juré sont incompatibles avec celles de ministre, de sénateur, de conseiller d'État, de préfet, de sous-préfet, de juge, de procureur général, d'procureur impérial, de substitut, de ministre d'un culte (*Code d'instruction crim.*, art. 383; loi du 4 juin 1853); la profession d'avocat est incompatible avec les fonctions de l'ordre judiciaire, avec celles de préfet, de sous-préfet, etc., avec toute espèce de négoce; les fonctions de juge sont incompatibles avec les professions d'avoué et d'huissier, et avec le commerce; un avoué ne peut être conseiller de préfecture (avis du Conseil, 5 août 1809); les fonctions de notaire sont incompatibles avec celles de juges, de procureurs, de substituts, de greffiers, d'avoués, d'huissiers, et de commissaires de police (loi du 25 ventôse an XI). Les comptables de deniers communaux, les agents salariés des communes, les entrepreneurs de services communaux, les domestiques attachés à la personne, les individus dispensés de concourir aux charges communales, ceux qui sont secourus par les bureaux de bienfaisance, ne peuvent être conseillers municipaux (loi du 5 mai 1855); les agents salariés de la commune ne peuvent être ses adjoints. Les conseillers d'État en service ordinaire et les maîtres des requêtes ne peuvent être sénateurs, ni députés au Corps législatif, et leurs fonctions sont également incompatibles avec toutes autres fonctions publiques salariées (décret du 25 janvier 1852). Les ministres et tous autres fonctionnaires publics rétribués ne peuvent être membres du Corps législatif. La loi du 22 juin 1833 désigne un certain nombre de fonctionnaires qui ne peuvent faire partie d'un Conseil général ou d'un Conseil d'arrondissement. Le caractère spirituel du ministère ecclésiastique le rend incompatible avec les fonctions administratives ou judiciaires.

INCOMPÉTENCE, état du juge qui n'a pas pouvoir de connaître d'une contestation. L'incompétence est *matérielle*, si le juge connaît d'une matière attribuée à un autre juge; *personnelle*, s'il prononce entre des personnes qui ne sont pas ses justiciables. — Relativement à un fonctionnaire de l'ordre administratif, l'incompétence est la négation du pouvoir de faire tel ou tel acte qui n'est pas de son ressort. *V.* COMPÉTENCE, CONFLIT.

INCOMPLEXE, c.-à-d. qui n'a pas de complément, s'oppose à *complexe*. Le sujet et l'attribut sont incomplexes dans cette proposition : « *La rose est odorante;* » au lieu que le sujet est complexe dans celle-ci : « *Le parfum des roses est doux.* » L'attribut le deviendrait, s'il y avait : « Il m'est *doux*, le parfum des roses, » ou : « *Qu'il est doux.....!* »   P.

INCONNU (Le Bel), roman de la Table ronde. Le sujet de la délivrance de la fille du roi Gringars, la blonde

Esmerée, qu'un enchanteur a changée en une guivre (couleuvre) monstrueuse, et fait garder par deux chevaliers et mille jongleurs dans un immense château enchanté, au milieu de la Cité Gastée (ruinée). Cette délivrance ne peut être accomplie que par un seul chevalier. Le Bel Inconnu, ainsi nommé de ce qu'il ignorait son propre nom, obtient du roi Arthur la permission de tenter l'entreprise, se rend au château, brave tous les enchantements, combat tour à tour les deux chevaliers, met l'un en fuite et tue l'autre. La guivre se montre alors, s'approche, le fascine de son brillant regard, s'élance sur lui, le baise à la bouche, et ce baiser détruit le charme. Elle redevient une belle jeune fille, se fait connaître à son libérateur comme reine du pays de Galles, et lui offre son royaume et sa main. Le Bel Inconnu accepte, après qu'une voix mystérieuse lui a révélé qu'il se nomme Giglain, fils du chevalier Gauvain et de la fée aux Blanches Mains. — Ce roman forme plus de 6,000 vers de 8 syllabes, dont 2,000 environ racontent l'aventure principale : le reste se compose de récits épisodiques de combats contre des chevaliers ou des géants, que le Bel Inconnu rencontre, et qu'il tue ou soumet, pendant son voyage pour se rendre à la Cité Gastée. Parmi ces épisodes, remarquables par une imagination heureuse, et souvent l'art et la vivacité de la narration, il y en a un, *la Fée de l'île d'or*, pour laquelle le Bel Inconnu se prend d'une vive passion, qui paraît évidemment le type de celui d'*Armide et Renaud*, de la *Jérusalem délivrée* : le nœud, les détails, et jusqu'au dénoûment, sont les mêmes, car le Bel Inconnu n'est arraché à son enivrement que par l'annonce d'un tournoi où le roi Arthur convoque tous les chevaliers.

Le roman du *Bel Inconnu* (ou *li Biaus Desconnus*) est de Renauld de Beaujeu, poëte du XIIIᵉ siècle; il jouissait d'une grande vogue au moyen âge, et fut traduit en plusieurs langues, notamment en anglais; mais l'original était perdu depuis des siècles, lorsque le hasard l'a fait retrouver en 1855, dans un vieux manuscrit de la bibliothèque du duc d'Aumale, à Twickenham. M. Hippeau, qui fit cette intéressante découverte, obtint du prince la permission de publier ce roman, dont il donna l'édition *princeps*, suivie de la traduction anglaise et d'un glossaire, Paris, 1860, petit in-8°, dans une collection de poëtes français du moyen âge.   C.-D—y.

INCORPORATION, en termes de Droit, mode d'acquérir la propriété par *accession* (*V.* ce mot). Tout ce qui s'unit et s'incorpore à la chose principale appartient au propriétaire.

INCROYABLES. *V.* ce mot dans notre *Dictionnaire de Biographie et d'Histoire.*

INCRUSTATION, ouvrage d'architecture, de sculpture ou d'ornementation, composé de plusieurs matières dont les unes forment des dessins dans les autres. Dès les temps les plus reculés, les incrustations ont été en usage: ainsi, on appliquait des yeux de verre et des vêtements ou ornements de couleur à quelques statues. Les émaux incrustés sont regardés comme les plus anciens. Le moyen âge nous a laissé des pierres tombales dont les incrustations en métal pour les vêtements offrent une grande finesse de détails. *V.* MARQUETERIE, DAMASQUINURE, NIELLE, ÉMAIL, MOSAÏQUE.

INCULPATION. *V.* ACCUSATION.

INCUNABLES, nom que l'on donne aux livres qui sont regardés comme sortis du berceau (*incunabula*) de l'imprimerie, c.-à-d. ceux qui ont été imprimés dans les premières années de l'introduction de cet art dans chaque ville, jusqu'à l'année 1500, et même jusqu'à quelques ouvrages. Pour les incunables *xylographiques* ou *tabellaires*, c.-à-d. obtenus au moyen de planches de bois solides et d'une seule pièce, on ne saurait assigner aucune date certaine; mais la *Bible des pauvres* et le *Donat* (*V.* ces mots) passent pour antérieurs à 1440. Pour les incunables *typographiques* ou composés en caractères mobiles, les plus anciens sont : la *Bible Mazarine*, qui est de 1450 à 1455; la *Bible de Schelhorn*, de 1461 au plus tard, et que plusieurs bibliographes regardent comme l'œuvre de Gutenberg lui-même; la *Bulle d'indulgences* de Nicolas V, 1454; le *Psautier* de 1457; le *Rationale divinorum officiorum* de Durand, 1459. *V.* Maittaire, *Annales typographici*, La Haye, 1719; Meermann, *Origines typographicæ*, La Haye, 1765, 2 vol. in-4°; Panzer, *Annales typographici*, Nuremberg, 1793-1830, 11 vol. in-4°; Audiffredi, *Catalogus editionum seculi XV*, Rome, 1783, in-4°; Hain, *Repertorium bibliographicum*, Stuttgard, 1826-38, 2 vol. in-4°.

INCUSES (du latin *in*, dans, et *cudere*, frapper), c.-à-d.

frappées *en creux;* nom donné à des médailles dont le type est *en creux d'un* côté et en relief de l'autre, le plus souvent par l'inadvertance du monnayeur pour les médailles romaines, et caractère de haute antiquité pour les médailles grecques.

INDÉCLINABLE, en termes de Grammaire, se dit des mots qui gardent une forme immuable parce que l'idée qu'ils expriment conserve toujours et partout le même aspect. Ce sont les prépositions, les adverbes, les conjonctions et les interjections.

INDÉFECTIBILITÉ, caractère que possède l'Église catholique de ne pouvoir périr ou tomber en ruine. L'indéfectibilité repose sur ces paroles de J.-C. à ses apôtres : «Je serai avec vous jusqu'à la consommation des siècles.» (S¹ Matthieu, XXVIII.)

INDÉFINI, se dit des mots qui expriment une idée vague ou générale, qu'on n'applique point à un objet particulier et défini. *On, rien, personne, autrui, qui, que, quoi* interrogatifs, sont des noms indéfinis; *chacun, quelqu'un, l'un, l'autre, quiconque,* sont des pronoms indéfinis; *chaque, quelque, aucun, nul, tout, quel, quelconque,* sont des adjectifs indéfinis. *Celui* et *tel,* suivis d'un relatif, sont très-souvent employés dans un sens vague ; ils doivent être classés alors parmi les pronoms indéfinis. Les locutions *quoi que, qui que ce soit, quoi que ce soit,* peuvent être rangées au nombre des noms indéfinis. Dans la conjugaison française, le mot *indéfini* s'applique au *passé* ou *prétérit* formé à l'aide du présent de l'auxiliaire *être* ou *avoir (j'ai aimé, il est tombé),* parce que cette forme verbale marque une action faite à une époque entièrement passée, qui très-souvent n'est pas déterminée, ou dans une période de temps qui n'est pas entièrement écoulée et que l'on considère comme plus ou moins vague ; ainsi : « Les fruits de la terre ont été la première nourriture des hommes. — J'ai eu la fièvre cette année, ce printemps, aujourd'hui, etc. » Dans cette acception, le passé indéfini correspond tout à fuit à l'aoriste des Grecs. Mais souvent notre prétérit indéfini indique une action récemment terminée, ou du moins dont les résultats, quelque éloignée que soit cette action, subsistent encore au moment où l'on parle : « J'ai fini ma lettre, ma tâche ; — j'ai envoyé tout ce que vous m'avez dit ; — je me suis mis dans une bien fâcheuse position ; — la longueur de cette guerre nous a réduits à de tels malheurs. » Alors il correspond au parfait des Grecs. Dans la vivacité de l'expression, le prétérit indéfini remplace quelquefois le futur antérieur, de même que le présent remplace le futur ; ainsi, de même qu'on dit : *Attendez, je viens,* pour *je viendrai dans un instant,* de même on dit : *Attendez, j'ai fini dans un moment,* pour *j'aurai fini, je vais avoir fini. Avez-vous bientôt fait,* dit avec vivacité qui s'exprime d'ordinaire ainsi : *Aurez-vous bientôt fait ?* — Enfin le mot *indéfini* s'applique à des phrases entières lorsqu'elles ont quelque chose de vague, qu'elles ne expriment rien de fixe à l'esprit, qu'elles n'expriment qu'une pensée générale, une pensée qui ne tombe sur aucun objet particulier, déterminé. On dit alors que la phrase a un sens indéfini. Ex. : « Croit-on avoir satisfait à tous les devoirs du chrétien, quand on n'a rendu service à *personne?* » P.

INDEMNITÉ, ce qui est accordé à titre de réparation d'un dommage (en latin *damnum)* causé par une personne à une autre (V. DOMMAGES-INTÉRÊTS). Dans certains cas, l'État ou les communes doivent des indemnités, par exemple, au propriétaire exproprié pour cause d'utilité publique (V. EXPROPRIATION), à celui qui a été pillé dans une émeute, etc. En 1849, on a indemnisé les propriétaires des colonies françaises dont les esclaves venaient d'être affranchis. On nomme encore *Indemnité* le recours accordé à la femme sur les biens du mari, pour les obligations auxquelles elle s'est engagée avec lui; elle doit être indemnisée entièrement par les héritiers du mari quand elle renonce à la communauté ; mais quand elle l'accepte, elle n'a son recours que pour la moitié.

INDEMNITÉ DE ROUTE. V. notre *Dictionnaire de Biographie et d'Histoire.*

INDÉPENDANCE. L'indépendance réelle n'appartient qu'à l'être absolu, à Dieu, car Dieu seul ne dépend d'aucun autre être. Pour l'homme il ne peut y avoir d'indépendance absolue ; il dépend non-seulement des lois morales que Dieu lui a imposées, mais aussi des faits résultant de sa nature spirituelle et matérielle, et des conditions métaphysiques et physiques du monde où il est placé. L'indépendance à laquelle peuvent aspirer les hommes n'est que relative au Droit des gens, aux relations internationales. L'un des premiers droits qui, pour

un État, découlent de la souveraineté, c'est l'indépendance à l'égard des autres États, et, pour les nations asservies par un conquérant, le premier but est de recouvrer leur indépendance. Mais si les sociétés politiques sont de droit indépendantes entre elles, les individus au sein de chaque société sont nécessairement dépendants; ils dépendent des lois et de l'autorité publique. L'état social lui-même suppose le sacrifice de l'indépendance individuelle aux nécessités de l'ordre. Dans la société donc l'individu a droit à la *liberté,* non à l'*indépendance.*

INDÉTERMINÉ, terme de Grammaire. V. INDÉFINI.

INDEX, nom donné, en Bibliographie, à la table alphabétique des matières des livres grecs et latins. Souvent dans cette table se trouvent *indiqués* tous les passages où un même mot est employé. Quand les travaux de ce genre sont publiés à part de l'ouvrage auquel ils se rapportent, ils forment des lexiques spéciaux. V. LEXIQUE.

INDEX (Congrégation de l'). V. notre *Dictionnaire de Biographie et d'Histoire.*

INDICATIF, mode des verbes qui exprime l'état ou l'action d'une manière positive, certaine et absolue. Il reçoit, en français, 8 modifications : le présent *j'aime,* l'imparfait *j'aimais,* le passé défini *j'aimai,* le passé indéfini *j'ai aimé,* le passé antérieur *j'eus aimé,* le plus-que-parfait *j'avais aimé,* le futur *j'aimerai,* le futur antérieur *j'aurai aimé.* — En latin, les modifications se réduisent à 6 : *amo, amabam, amavi, amaveram, amabo, amavero.* Elles sont en grec au nombre de 7 : φιλῶ, ἐφίλουν, φιλήσω, ἐφίλησα, πεφίληκα, ἐπεφιλήκειν, πεφιλύκώς, ἐσόμαι. Mais elles peuvent s'élever jusqu'à 10, à l'actif : ainsi le verbe τύπτω, outre l'aoriste ἔτυψα, a un second aoriste ἔτυπον, et, outre le parfait et le plus-que-parfait τέτυφα, ἐτετύφειν, un second parfait et plus-que-parfait τέτυπα, ἐτετύπειν. — Dans beaucoup de cas, la syntaxe de l'indicatif n'est pas la même en français, en latin, en grec; ainsi, en français et en grec, on dit l'indicatif : « Dites-moi *qui vous êtes, où vous allez, si vous viendrez,* etc. » Il faut, dans ce cas, le subjonctif en latin. Les Grecs disent : « Envoyez-moi quelqu'un qui *est* capable de me rendre ce service ; » dans ce cas, le latin et le français emploient le subjonctif. Les Grecs disent : « Faites *en sorte que vous serez digne de l'estime* publique; » les Français et les Latins disent « que vous *soyez.* » L'indicatif accompagne souvent les conjonctions grecques et latines signifiant *avant que;* cela est tout à fait contraire à l'usage de notre langue. Mais un fait remarquable commun aux trois langues, c'est l'emploi de l'indicatif à la place du conditionnel. Ainsi, Voltaire dit : « Stanislas *était* perdu, s'il *restait,* » pour dire « eût été perdu, s'il *fût...* » On dit dans les trois langues « il *fallait, oportebat* ou *oportuit,* ἔδει, ἐχρῆν » dans le sens conditionnel ; et l'on dit indistinctement « je *puis* citer ou je *pourrais* citer, je *pouvais* citer ou j'*aurais pu* citer, etc. » P.

INDICTION. V. ce mot dans notre *Dictionnaire de Biographie et d'Histoire.*

INDIEN (Art.). I. *Architecture.* — Les monuments religieux de l'Inde se divisent en trois classes, les temples souterrains, les rochers taillés et sculptés, et les pagodes en matériaux rapportés. Ce sont trois périodes distinctes et successives de l'art; mais aucune *construction* actuelle ne paraît remonter plus haut que le VIIIᵉ siècle de notre ère. Les temples souterrains se développent sous des montagnes de porphyre dans une étendue de plusieurs lieues; les plus célèbres sont aux environs de Bombay et dans l'île de Ceylan. Ceux d'Ellora (V. *ce mot)* passent pour les plus curieux. On voit encore de nombreuses grottes sacrées sur la côte de Coromandel, non loin de Madras, dans l'antique ville de Mahabalipour, dans l'île de Salsette, à Karli (entre Bombay et Pounah), dans l'île Éléphanta (V. *ce mot),* etc. Le plus ordinairement ces grottes sont carrées, reposent sur de nombreux piliers, et s'ouvrent sur un péristyle à colonnades. Au fond, et entouré d'un espace libre, se trouve le sanctuaire, ménagé dans une espèce de niche. Les piliers sont pour la plupart quadrangulaires jusqu'à une grande hauteur, et se terminent en forme de colonnes cannelées, supportant comme chapiteau une espèce de coussin déprimé que surmonte un abaque cubique avec des consoles. Les temples taillés à ciel ouvert dans les rochers n'offrent pas un travail moins étonnant. On en a également élevé dans les villes et dans les résidences des souverains. Les forteresses, comme dans les autres contrées de l'Asie, renfermaient le palais des rois et le temple des dieux, et elles occupaient un espace considérable. Le palais de Madoureh n'a pas moins d'un mille de circuit, et il contient dans son enceinte des bois, des étangs, des jardins, des galeries, des maisons, et une magnifique pagode, dont le soubassement est en pierres de taille et la partie supérieure en briques vernissées ; cette pagode a 37 mèt. de largeur à sa base et 50 mèt. de hauteur. La pagode de Tanjaour a 70 mèt. de hauteur, et 12 étages ; celles de Bengalore, de Tritchinapaly, de Burramahl et de Maïssour ne sont pas moins importantes. Mais une des plus complètes est celle de Chalembroum, sur la côte de Coromandel. Les pagodes ou temples en plein air se terminent par une coupole renflée sur les côtés, ou par un dôme écrasé ; elles ont des plafonds voûtés et des façades fermées ; le caprice a présidé à leur construction : on en voit qui reposent sur le dos de gigantesques éléphants. — Les palais se composent ordinairement de petites cours entourées de bâtiments, quelquefois découvertes, mais le plus souvent plantées d'arbres : une colonnade en forme de cloître règne autour de chaque cour. Les bâtiments, de construction solide, ont des toits plats en terrasse, et l'on peut toujours superposer des étages avec régularité. Les escaliers, étroits et roides, sont pris dans l'épaisseur des murs. Les maisons particulières sont construites d'après les mêmes principes. Quelques-unes ont des murs en stuc blanc, d'autres sont peintes en rouge foncé ; à l'intérieur, elles sont couvertes de peintures représentant des arbres ou des sujets mythologiques. La coutume de bâtir des tours aux portes des villes ou des grands monuments existe dans l'Inde comme dans l'ancienne Égypte : mais les Hindous n'en élèvent qu'une, au-dessus de la porte, tandis que les Égyptiens en plaçaient deux, une de chaque côté. Les plus grands de tous les travaux des Hindous, ce sont peut-être leurs réservoirs : les uns, creusés dans le sol et près des villes, servent aux bains et à l'irrigation ; les autres sont formés par des vallées dont on a comblé les issues par des digues immenses. Il y a encore dans l'Inde une espèce de puits d'une profondeur considérable et d'une grande largeur, ronds ou carrés, entourés de galeries jusqu'au niveau de l'eau, et où l'on descend par de larges degrés. Il faut enfin compter, parmi les monuments de l'architecture indienne, des colonnes et des arcs de triomphe carrés, élevés en l'honneur des héros victorieux, et des ponts dont les piles, formées d'énormes blocs, sont jointes les unes aux autres par des pierres de taille d'un seul morceau. — Dans l'Afghanistan se rencontrent des monuments funéraires d'une construction particulière, et que l'on nomme *topes* ou *stupas*. On en a fouillé quelques-uns, et on ne peut douter que les salles qui s'y trouvent n'aient renfermé des restes humains. Les *Dagobas*, monuments funéraires de l'île de Ceylan, affectent une forme et une construction un peu différentes : ce sont des espèces de tumulus recouverts d'une pyramide. — Il serait difficile de déterminer les bases de l'architecture indienne : les règles imposées par les lois religieuses aux architectes leur indiquaient plutôt la disposition et l'importance des édifices que leur forme. On les trouve dans les chap. XXVI et XXVII du *Matsya*, le plus important des *Pouranas*. Quant à l'ornementation, elle devait être exclusivement hiératique, et frapper sans cesse l'imagination ardente et désordonnée de peuples restés stationnaires dans leur civilisation. Les musulmans vinrent au moyen âge imposer à ces nations leur religion, leurs usages et leur goût dans les arts. Alors on vit les mosquées et les minarets remplacer les temples antiques de l'Inde. Les princes seldjoukides, mongols et persans élevèrent un grand nombre de mosquées et des palais d'une splendeur sans égale. Enfin sont venus les dominateurs chrétiens, qui ont bâti leurs chétifs et maigres monuments dans le goût classique, étrange contraste avec les colossales constructions des temps antérieurs. Madras, Bombay, Calcutta, Chandernagor, semblent autant de villes grecques.

II. *Sculpture*. — Les règles de l'architecture indienne étaient tracées dans les livres sacrés, et les architectes, revêtus d'un caractère semi-sacerdotal, ne pouvaient s'en écarter. Les sculpteurs avaient une latitude plus grande ; leur art avait aussi ses règles et ses principes, ses types pour les divinités, mais ils avaient toute liberté pour inspirer le respect et l'effroi aux Hindous, en donnant aux parties architectoniques et aux décorations les formes les plus bizarres et les plus capricieuses. Les Hindous trouvaient, dans leur mythologie, des sujets inépuisables ; mais la symbolique arbitraire qu'y rattachaient les idées populaires rendait très-difficile une exécution artistique. L'artiste, condamné à représenter des divinités à trois têtes, à quatre et jusqu'à douze bras, ne pouvait arriver à produire des œuvres vraiment belles. Les sculpteurs indiens ont traité le bas-relief aussi bien que la ronde bosse et la

statuaire. Si quelques-unes de leurs œuvres ont de l'expression, toutes attestent une grande inhabileté dans la composition, et une ignorance complète de l'anatomie et des proportions. Ils ont mieux réussi dans les arabesques.

III. *Peinture*. — La peinture est encore dans l'enfance chez les Hindous. Les murailles des palais et des maisons offrent des sujets peints avec des couleurs à l'eau, quelquefois à l'huile, et représentant des scènes mythologiques, des batailles, des processions, des luttes, des animaux, etc. Tout cela est fort grossier. Les miniatures de l'Inde conservées dans les manuscrits possèdent une certaine grâce, quand elles représentent des scènes de la vie ordinaire, et, pour la facilité du dessin et l'expression, elles l'emportent infiniment sur les miniatures chinoises. On peut voir à la Bibliothèque impériale de Paris une belle collection d'œuvres du XVIᵉ siècle, rapportées par Manucci, et, en manuscrit, une *Histoire des Radjahs de l'Hindoustan*, que le colonel Gentil écrivit en 1772 et fit orner de miniatures par un artiste indien.

IV. *Musique*. — La musique des Hindous compte 84 modes, dont on n'emploie ordinairement que 36, et qui ont chacun une expression particulière destinée à agir sur tel sentiment ou telle affection. Les modes empruntent leurs noms aux saisons de l'année, aux heures du jour et de la nuit, et sont censés posséder chacun quelque qualité appropriée au temps d'où il a pris son nom. Les airs hindous se ressemblent presque tous, et sont remarquablement doux et plaintifs : l'exécution la plus favorable est celle à une seule voix, accompagnée par la *vina*, instrument qu'on appelle la lyre indienne ; mais le plus souvent on accompagne avec des instruments à cordes et des tambours, et les chanteurs le dominent tout ce bruit qu'en poussant des cris déchirants pour des oreilles européennes. La gamme des Hindous procède par octaves, comme la nôtre ; mais ils ne connaissent pas notre harmonie. Parmi les instruments qui leur sont particuliers, nous citerons : le *song*, buccin dans lequel les Brahmanes soufflent de toutes leurs forces pour appeler le peuple ; le *gautha*, petite cloche de bronze, ornée d'une tête et de deux ailes, qu'ils sonnent soir et matin dans les vestibules des temples avant de commencer les sacrifices ; le *capliu* ou *bin*, composé de deux calebasses d'inégale grosseur, jointes par un long tube de bois sur lequel sont tendues plusieurs cordes de fil de coton gommées et deux cordes d'acier ; le *tamboura*, dont le corps est formé d'une gourde avec un long manche, et qui est monté de trois cordes qu'on frappe avec un plectre ; le *sarangui*, qui a du rapport avec notre violoncelle, bien que plus petit et monté d'un plus grand nombre de cordes ; le *sarinda*, violon grossier dont les cordes sont en coton ; l'*omerti*, espèce de timbale formée d'une noix de coco qu'on a recouverte d'une peau très-mince, et sur laquelle sont tendues quelques cordes ; l'*urni*, instrument du même genre, mais à une seule corde ; le *hauk*, énorme tambour orné de plumes et de crin, dont on fait usage dans certaines fêtes, moyennant une permission de l'autorité, et le payement d'une certaine somme ; l'*hula*, tambour plus petit dont on bat avec la main ; le *mirdeng* ou *khole*, tambour dont le corps est en terre cuite ; le *domp*, grand tambour de forme octogone ; le *thobla*, composé de deux tambours, l'un de terre et l'autre de bois ; le *tikora*, formé aussi de deux tambours, mais d'inégale grandeur ; le *djugo* ou *djumpa*, cylindre de terre cuite, sur lequel on a tendu une peau, et dont on tire une espèce de bourdonnement par le frottement d'un archet sur cette peau ; le *surmonglah*, formé de longs morceaux de bambou unis par de petites cordes qui les traversent ; le *ramsinga*, grande trompette composée de quatre tubes de métal très-mince qui entrent les uns dans les autres ; le *baunk*, qu'on peut comparer à notre trompette pour la forme et pour la qualité du son ; le *sunarae*, sorte de clarinette ; le *tabri*, qui ressemble à la cornemuse ; le *bansy*, flûte à bec, et le *crishma*, sorte de flageolet, qu'on insuffle avec le nez.

V. Langlès, *Monuments anciens et modernes de l'Hindoustan*, Paris, 1810-13, 2 vol. in-fol. ; Rammohoun-Roy, *Essay on the architecture of the Hindus*, Londres, 1834 ; Kittoe, *Illustrations of Indian architecture*, Calcutta, 1843, 17 part. in-fol. ; Lassen, *Antiquités de l'Inde*, Bonn, 1844-52. E. L.

INDIENNE (Littérature). L'Inde est, avec la Grèce et l'Italie, la contrée du monde ancien qui a produit le plus d'œuvres littéraires : sa fécondité en ouvrages de tous genres a été immense. L'Europe ne possède pas, à beaucoup près, tous les livres composés dans l'Inde ancienne et moderne ; et cependant ceux qu'elle a édités ou dont elle a les manuscrits ou les textes imprimés en Orient, forment déjà une grande bibliothèque. Ces ouvrages, dont plusieurs sont fort étendus, ne sont venus entre nos mains que depuis la fin du dernier siècle ; la plupart ne sont pas encore traduits dans les langues de l'Europe ; l'Allemagne et l'Angleterre ont fait la majeure partie de ces traductions, et la France, à présent entrée dans cette voie, commence à pouvoir prendre connaissance de l'Orient sans recourir à ses voisins. Les œuvres qui composent la littérature de l'Inde ne se sont point produites en un petit nombre d'années ni même de siècles : ses plus anciennes poésies sont antérieures à tout ce qui reste des plus anciens monuments littéraires de la race âryenne, et l'on ne peut pas même dire que la littérature sanscrite soit terminée, puisque, si la langue des anciens brâhmanes est une langue morte, cependant plusieurs brâhmanes de nos jours composent encore en sanscrit, et considèrent cette langue comme leur véritable idiome littéraire. Ainsi, la littérature de l'Inde est grande par sa durée comme par la variété de ses monuments. Mais elle est, au moins dans sa partie classique, restreinte, quant au territoire où les livres ont été composés, à un espace de pays assez borné ; en effet, si l'on excepte le *Véda*, qui est le livre primitif de notre race tout entière et qui n'appartient pas exclusivement à l'Inde, et plusieurs ouvrages bouddhiques qui peuvent avoir été écrits même en pays étranger par des Indiens, l'immense majorité des œuvres sanscrites ont été composées sur les bords du Gange et de la Yamunâ, et, plus spécialement encore, non loin du confluent sacré de ces deux fleuves. On sait, notamment par le premier livre des lois de Manou, que la caste des brâhmanes, qui presque seule cultivait les lettres, avait pour devoir de ne pas franchir une certaine *limite territoriale comprenant la vallée moyenne et supé-rieure du Gange avec ses affluents*. C'est là que s'élevèrent les cités d'Aoude, de Delhi, de Bénarès, etc., non moins célèbres par la grandeur de leur civilisation morale et littéraire que par leur richesse et le bien-être de leurs habitants.

Au sortir de l'époque védique, l'Inde était en possession d'une idée qui n'a paru que tard chez les Grecs, et encore dans les écrits de quelques philosophes, l'idée de l'unité de Dieu. Dieu fut conçu dès ces temps reculés, non-seulement dans ce qu'il peut avoir en lui d'actif comme principe créateur, mais dans son abstraction la plus haute comme principe neutre et indivisible. La notion panthéistique de Brâhma anime toute la littérature indienne jusqu'au moment où le bouddhisme s'en détache, et celui-ci même ne l'exclut pas, mais la fait rentrer dans un ensemble nouveau d'idées et de doctrines. De la conception première de l'unité de Dieu et de l'unité substantielle de tous les êtres, découle une morale austère, dont les éléments essentiels furent établis dès les *plus anciens temps*. Le panthéisme fut comme le régulateur de la vie pratique et de la pensée à la fois ; aussi se retrouve-t-il constamment dans les œuvres dont l'ensemble forme la littérature indienne, de même que le polythéisme est partout dans les productions du génie grec ; mais la morale qui ressort du panthéisme l'emportant de beaucoup sur celle du polythéisme des Hellènes, le milieu moral où se meuvent les personnages et où écrivent les auteurs des livres indiens est très-supérieur à celui que nous offrent les Grecs. Ajoutons que, dans la pratique, il n'y a pas une grande différence entre la morale panthéistique et celle qui se fonde sur le dogme de la création : il en résulte pour nous cette impression étrange d'une civilisation constituée au rebours de la nôtre et d'un ensemble de sentiments moraux que l'on croirait chrétiens. Ces sentiments s'élèvent souvent à une hauteur que n'ont point dépassée les littératures modernes de l'Europe, et parviennent à une délicatesse exquise dont les anciens Grecs n'ont point approché. — Ce même système panthéistique a placé les Indiens vis-à-vis de *la nature* dans une situation d'esprit toute différente des Grecs. Ceux-ci n'ont vu en elle qu'un théâtre de l'activité humaine, dans les choses inanimées et la vie végétative qu'un ensemble de matériaux, dans les bêtes que des ennemis ou des auxiliaires qu'il fallait d'abord dompter : ce que les modernes appellent le *sentiment de la nature*, qui n'est autre chose que la conception de la vie universelle dans ce qu'elle a de poétique et de sympathique, n'existe pas chez les Grecs. Il est partout et à toutes les époques dans les écrits des brâhmanes. On a dit que la nature écrase l'homme dans ces grandes vallées, et que, dans les ouvrages indiens, l'homme disparaît et s'anéantit devant la nature toute-puissante : c'est

une erreur, que la lecture d'un poëme quelconque de l'Inde peut dissiper ; au contraire, dans aucune littérature antique la force morale de l'homme ne se déploie avec autant de grandeur et de pouvoir. Cette puissance de la science et de la vertu, les Indiens l'ont même exagérée outre mesure dans certaines doctrines religieuses, et lui donnent parfois trop d'importance dans leurs poëmes.

La connaissance de la littérature de l'Inde est devenue pour l'Europe un intérêt majeur. Non-seulement le *Véda* est le plus ancien monument écrit des peuples indo-européens, mais il renferme les formes les plus complètes et les plus significatives de leur langue commune, et doit être considéré comme donnant la clef de leurs langues particulières. On ne peut donc faire aucun progrès réel dans l'étude de ces langues, sans la connaissance de l'idiome védique, à laquelle on arrive par celle du sanscrit. De plus, les livres de l'Inde, et surtout le *Véda*, contiennent les mythes primitifs qui ont servi de point de départ à toutes les mythologies occidentales, depuis la Perse, l'Asie Mineure et la Grèce antique jusqu'à, l'Irlande et jusqu'au Portugal ; plus tard, les missionnaires du bouddhisme propagèrent dans une grande partie du monde ancien des doctrines dont l'écho retentit jusque dans la Grèce civilisée. Au temps des rois macédoniens en Égypte, le monde grec, dont la civilisation se concentrait dans Alexandrie, entendit prêcher et professer dans le Musée les doctrines de l'Inde qu'il s'assimila : on a conjecturé de là qu'elles facilitèrent un peu en Orient la diffusion du christianisme, et qu'elles eurent quelque influence sur la théologie alexandrine. A d'autres époques, les idées indiennes ont envahi la Chine, le Thibet, Ceylan, la presqu'île au delà du Gange, et un grand nombre d'îles des archipels de l'Orient. Or, nos relations avec ces contrées, que la science, l'industrie et le commerce rapprochent de nous chaque jour, donnent un puissant attrait à l'étude des livres originaux où sont déposées toutes ces doctrines, et la rendent même nécessaire. Enfin elle est l'unique moyen d'action dont disposent ceux qui sont chargés de défendre ou de propager en Orient les idées chrétiennes.

L'étude de l'Inde dans sa littérature est difficile, par l'absence de chronologie, et par la presque impossibilité de déterminer la date des principaux ouvrages sanscrits : plusieurs échappent jusqu'à ce jour à toute classification chronologique ; leur date peut varier quelquefois dans un intervalle de plus de mille ans. Néanmoins les travaux des derniers indianistes, surtout ceux de Lassen et d'Eug. Burnouf, ont montré que l'examen critique et comparatif des doctrines qu'ils renferment permet d'arriver à des dates au moins relatives pour un certain nombre d'ouvrages essentiels. En outre, le bouddhisme a commencé dans l'Inde la période historique, a une chronologie, conservée dans plusieurs parties du monde oriental, et qui offre avec les voyages et les histoires des Grecs, des Chinois et des peuples du midi de l'Asie, des synchronismes précieux. Enfin, la nature des dogmes védiques, les caractères de la langue védique permettent d'affirmer que beaucoup d'hymnes dans le *Rig-Véda* sont antérieurs à ce que l'Occident nous offre de plus ancien dans le même genre, c.-à-d. à Homère et à Zoroastre. Sans arriver à des dates fixes et précises, on peut donc déterminer approximativement certaines époques, entre lesquelles s'opèrent les grands développements des idées et de la civilisation de l'Inde, et se produisent les ouvrages où ils sont contenus.

Trois mouvements religieux se remarquent dans la littérature védique, et donnent lieu à trois grandes catégories d'ouvrages : la religion primitive contenue dans les *Vedas ;* le brâhmanisme, qui inspire à lui seul la grande littérature classique de l'Inde ; et le bouddhisme, dont les doctrines ont fait naître dans l'Inde et au dehors un grand nombre d'ouvrages composés soit en sanscrit, soit dans les idiomes qui en sont dérivés immédiatement. La période védique commence avec les plus anciens hymnes du *Véda*, dont la date ne peut guère être rapprochée de nous au delà du XIVe ou du XVe siècle av. J.-C., mais peut être reculée davantage dans le passé. Elle se continue encore jusque dans la période suivante, parce que les livres relatifs au *Véda*, composés ultérieurement par des brâhmanes, étaient écrits pour eux en langue védique ; de sorte qu'il n'est pas possible de fixer présentement la date du dernier livre écrit dans cette langue, et qu'il est certain d'autre part que ces écrits témoignent de doctrines brâhmaniques déjà très-avancées. Il est donc possible que la période védique, non celle où furent faits les hymnes, mais celle des commentaires, se prolonge jusque dans le voisinage de l'ère chrétienne. — La période brâhmanique commence avec les plus anciens chants épiques des aèdes indiens; elle répond à l'établissement définitif de la société âryenne dans les vallées du Gange; elle est postérieure par ses commencements aux grandes guerres des fils de Kuru, relatées dans le *Mahâbhârata*, et à l'expédition de Râma vers le sud. Ces événements, qui sont peut-être contemporains des guerres héroïques des Grecs, ont été pour les Indiens ce que furent pour les aèdes helléniques l'expédition des Argonautes et la guerre de Troie. C'est alors que le régime des castes, issu de la conquête, s'organise dans l'Inde, que passent dans les écrits des poètes les doctrines panthéistiques, dont les réunions des prêtres avaient fait un enseignement officiel dès les plus anciens temps. Il n'y a pas eu d'interruption dans le développement de la littérature brâhmanique depuis lors jusqu'à nos jours; on peut dire qu'elle dure encore. C'est elle qui porte le nom de littérature *sanscrite*, par lequel on l'oppose à la littérature *védique*, celle-ci nous offrant une langue dont les règles et les formes sont encore flottantes, tandis que la langue sanscrite est pour ainsi dire faite de toutes pièces, d'après un idéal grammatical fixé à l'avance. — Le bouddhisme n'a pas interrompu ce développement régulier et prolongé. Né dans l'Inde, il n'a pu s'y maintenir; exilé, il a emporté au loin ses idées et ses livres; de sorte qu'il semble avoir traversé le grand système brâhmanique comme une comète traverse le système solaire, sans le troubler. Toutefois, comme le bouddhisme lui-même n'est pas arrivé à l'improviste, mais se rattache étroitement au développement philosophique de l'Inde, les livres composés avant son apparition l'annoncent en quelque sorte et prennent date à cause de lui; il en est de même, à plus forte raison, de ceux qui l'attaquent ou qui en font seulement mention comme d'une chose existante. Enfin il y a un certain nombre d'écrits contenant des allusions à des faits que les Grecs ou les Chinois ont eux-mêmes connus et dont ils nous ont donné la date précise. On voit donc que, par l'examen intrinsèque des livres sanscrits, et par le moyen des synchronismes, il est possible, dans une certaine mesure, de rétablir l'ordre chronologique dans cet immense dédale de la littérature indienne.

Période védique. — Il est question ailleurs des *Védas* (*V. ce mot*). Disons seulement ici que les origines de la période littéraire qui se rattache au *Véda* ne sont pas dans l'Hindoustan, dans la région des Cinq-Fleuves ou Penjâb; c'est ce que montre la lecture des hymnes du *Véda*, où ces rivières, affluents de l'Indus, sont désignées par les noms mêmes que les Grecs ont reproduits dans leur langue en les défigurant. Il est même à croire que plusieurs de ces chants sont antérieurs à l'époque fort reculée où les Aryens émigrants vinrent s'établir dans la Pentapotamie. Quoi qu'il en soit, ce que nous devons constater ici, c'est que la forme primitive que revêt à la pensée est celle du vers, et que le premier genre poétique est l'hymne : l'ode, qui est la forme lyrique par excellence, constitue un genre d'une date postérieure. Dans les littératures d'imitation, les mêmes hommes qui font des odes peuvent aussi composer des hymnes, mais il n'en est pas ainsi dans les littératures originales, c.-à-d. dans l'Inde et dans la Grèce. Tous les hymnes des quatre *Védas* pris ensemble forment à eux seuls une période littéraire d'assez longue durée; car, si les plus anciens ont été composés hors du Penjâb, les derniers l'ont été certainement dans les vallées du Gange; or, il n'est pas douteux que les Aryens, avant de descendre dans ces vallées, n'aient séjourné longtemps sur les Cinq-Rivières, n'y aient fondé des établissements, n'en aient repoussé les habitants primitifs dans les montagnes environnantes où ils les voit encore, et n'aient composé dans ce séjour la majeure partie de leurs chants sacrés. Selon nous, c'est cette période primitive qui constitue la vraie période védique : car, du moment où la langue âryenne est devenue le sanscrit (or elle l'est dans la partie la plus antique de l'épopée brâhmanique), l'idiome védique n'est plus la langue vraie de la poésie; elle n'existe dès lors que par tradition, et c'est en vertu d'une sorte de règle ou d'un usage religieux qu'elle sert aux écrivains. Cette considération, qu'appuie et ce qui s'est passé en Grèce pour les poésies orphiques, et surtout ce que nous voyons pour le latin dans l'Église catholique, nous fait comprendre combien a pu être prolongée et ancienne la coexistence du sanscrit dans l'épopée et de l'idiome primitif dans les ouvrages relatifs au *Véda*. Voici les noms et la nature de ces ouvrages :

Les *Brâhmanas* servent de complément et d'explication aux *Védas*; ils ont été composés pour la plupart dans la période qui sépare les hymnes de l'épopée brâhmanique. Ils renferment des recueils d'observations explicatives transmises dans les familles de prêtres, et différant entre eux selon les idées philosophiques de ces familles et selon le *Véda* auquel ils se rapportent. Beaucoup d'entre eux ou sont perdus ou sont encore cachés pour nous; mais les principaux sont entre nos mains. Ces commentaires sont précieux pour l'interprétation des *Védas*. — Les *Sûtras* continuent les *Brâhmanas*, et sont aussi des commentaires des *Védas*; leurs explications semblent s'abréger à mesure qu'elles sont plus nombreuses, et cette concision augmente de plus en plus leur obscurité. Les *Sûtras* sont souvent moins clairs que le *Véda* lui-même; ils sont, pour la plupart, d'une époque où la société brâhmanique existait avec sa division régulière en quatre castes; les *Brâhmanas* indiquent tout au plus ce régime était en voie de s'établir. C'est pendant ce moyen âge héroïque que le texte des hymnes fut fixé définitivement et pour toujours dans les écoles des brâhmanes, et depuis lors il n'a reçu aucune altération; la grammaire, la prononciation, la métrique et la cantilène des hymnes furent établies dans des traités qui sont entre nos mains et qui remontent à cette époque. Les nombreux travaux relatifs à la grammaire et le soin de fixer le sens des mots védiques prouvent que cet idiome n'était déjà plus en vigueur, et était remplacé par la langue sanscrite, dont les règles furent consignées par Pânini. — Les *Upanishads*, qui sont d'époques probablement fort différentes, sont aussi des compléments dogmatiques du *Véda*; elles rentrent en majeure partie parmi les *Brâhmanas*, mais plusieurs aussi ont une existence et une valeur indépendantes, ces dernières surtout ne sont souvent que l'écho de spéculations philosophiques propres à telle ou telle école brâhmanique; du reste, les savants ne les ont pas encore classées à ce point de vue historique.

Période brâhmanique. — Cette période est de beaucoup la plus longue, et celle où se sont produits les ouvrages les plus variés. Elle constitue proprement la période *sanscrite*, non que la langue dans laquelle sont écrits ces ouvrages soit essentiellement différente de la langue du *Véda*, mais cette dernière est le fonds commun de tous les peuples de langue âryenne, tandis que le sanscrit est la langue classique de l'Inde. On ne peut guère douter qu'il n'ait existé dans ce pays concurremment avec la langue védique; le fait est certain pour la période des *Sûtras* brâhmaniques; il est probable pour une partie au moins de la période des *Brâhmanas*. L'épopée, ou, pour mieux dire, le genre épique, embrasse les premiers temps de cette période; les autres genres viennent après, aussi bien qu'en Grèce; et, comme dans ce dernier pays, le genre épique ne cesse pas d'être cultivé pendant que les autres se développent, et reprend, aux époques de décadence, une sorte d'énergie nouvelle : de manière que, si les deux grandes épopées indiennes se rapportent, comme l'*Iliade* et l'*Odyssée*, aux anciens temps de la littérature classique, les *Purânas*, ainsi que les *Argonautiques*, sont d'une époque bien postérieure et même récente. Entre ces époques extrêmes de la période classique se placent les autres genres littéraires, le drame, le genre lyrique, la poésie légère, etc. Pendant que le sanscrit (ou langue parfaite) est employé à la composition des ouvrages savants par les brâhmanes, l'ancienne langue continue d'être usitée dans les classes inférieures du peuple et va s'y altérant de plus en plus : elle prend le nom de *prâcrit*, et paraît à son tour dans les œuvres littéraires où l'on fait parler des hommes de basse condition, comme les drames. La séparation grammaticale de ces deux langues est de beaucoup postérieure aux épopées primitives. Il faut donc admettre que dans l'Inde existèrent à la fois l'*idiome védique* comme langue liturgique, le *sanscrit* comme langue savante mais libre, et le *prâcrit* comme langue populaire. Le prâcrit tient peu de place dans la littérature brâhmanique ou classique; il en tient une grande dans les ouvrages bouddhiques.

Le *Mahâbhârata* semble être, dans sa partie essentielle, la plus antique des épopées indiennes. Déjà les aèdes indiens racontaient depuis longtemps en vers, et en s'accompagnant de la vina, les exploits des dieux et des héros, lorsque la grande guerre de deux familles âryennes dans le nord de l'Inde, les Courous et les Pandous, devint le sujet principal des chants épiques. Il n'est pas douteux que cette guerre ne fût terminée depuis longtemps, lorsque le premier auteur du *Mahâbhârata* la prit pour sujet;

mais il n'est pas vraisemblable que cette épopée doive se placer entre Dion Chrysostome et Mégasthène, puisque les navigateurs grecs antérieurs à ce dernier la trouvèrent déjà dans le sud de l'Hindoustan. Nous la considérons aussi comme antérieure à Pânini, parce que, dans sa partie la plus antique, les règles de la langue sont moins fixes que dans ce grammairien. Mais il est évident, d'un autre côté, que la majeure partie de ce poëme de 250,000 vers, est d'époques fort diverses et relativement récentes, et que son fonds primitif n'avait guère que le cinquième de cette étendue. Les récensions successives du *Mahâbhárata* l'ont agrandi chaque fois, et en ont fait un ouvrage sans unité de langue ni de doctrine, appartenant à des civilisations, à des croyances sensiblement différentes les unes des autres. Dans le fonds primitif, tout porte à croire que les héros humains n'avaient pas encore revêtu le caractère mystique qu'ils présentent dans le grand poëme, que c'étaient des rois âryens et non des incarnations divines, et que les dieux ne participaient aux événements que dans la mesure où ils y participent dans Homère. Réduit à cette dimension, le *Mahâbhárata* peut se classer avec quelque raison parmi les plus anciens ouvrages de langue sanscrite, et remonter aux temps héroïques de l'Inde. Or, ces temps eux-mêmes sont antérieurs aux *Sútras* védiques et à plusieurs *Brâhmanas;* il est donc légitime de regarder l'œuvre du grand aède, inconnu peut-être, qui composa le premier *Mahâbhárata*, comme de beaucoup antérieure à l'avénement du Bouddha, c.-à-d. au VIe siècle av. J.-C., et comme ne pouvant guère descendre plus bas que le temps d'Homère lui-même. Quant aux additions successives qu'a reçues le *Mahâbhárata* primitif, il n'est pas possible, dans l'état présent de la science, d'en fixer exactement les nombres. On peut dire seulement qu'on y trouve l'écho des diverses doctrines religieuses ou philosophiques auxquelles l'Inde a donné naissance. Il y a même telle partie qui forme à elle seule un véritable poëme, et dont le lien avec la grande épopée est purement artificiel : telle est par exemple la *Bhâgavad-Gîtâ* (V. ce mot). Enfin la rédaction définitive du poëme, telle que nous la possédons, c.-à-d. dans toute son étendue, doit être considérée comme postérieure à l'ère chrétienne. On voit que le *Mahâbhárata* a eu dans l'Inde un sort semblable à celui d'Homère chez les Grecs; seulement ce dernier a été soumis par les Alexandrins à un travail de critique qui a manqué au *Mahâbhárata* (V. ce mot).

Le *Râmáyana*, d'une étendue moins grande, offre cette unité de langue et de doctrine qui caractérise l'œuvre d'un seul homme; d'un autre côté, Vyâsa est dans l'Inde un personnage presque fabuleux, tandis que Vâlmiki a toujours été regardé comme un homme ayant réellement vécu. Ce seul fait, ajouté à la perfection littéraire du poëme, montrerait que le *Râmáyana* est postérieur au *Mahâbhárata*. En outre, le sujet du poëme nous présente la conquête âryenne de l'Hindoustan dans sa dernière période, puisqu'il la conduit jusque dans l'île de Ceylan. Enfin, le caractère allégorique des personnages indique une époque plus avancée du développement panthéistique de l'Inde. Toutefois, il est difficile de ne pas admettre que cette épopée, comme la précédente, repose sur un fond de traditions réellement historiques, et que Râma fut véritablement le conquérant et le civilisateur du Sud. Cette œuvre était accomplie, et le poëme de Vâlmiki existait selon toute vraisemblance, lorsque les anciens navigateurs grecs, antérieurs à Alexandre, parcoururent les côtes de la mer Erythrée et connurent les Indiens sanscrits. Le *Râmáyana* pourrait donc se placer entre cette époque et celle d'Homère; car il ne laisse soupçonner aucunement l'existence de la religion bouddhique, fait au moins singulier dans un poëme tout mythologique et allégorique, si l'auteur de ce poëme était postérieur au Bouddha. Les critiques européens ont, du reste, relativement à ce poëme, à vérifier, comme pour la grande épopée, les parties réellement antiques et originales; car il est évident que plusieurs fragments et tout ce qui concerne l'incarnation de Vishnu en Râma sont des interpolations. Remarquons ici qu'autant les Indiens ont été respectueux à l'égard des textes du *Véda*, autant ils se sont montrés libres à l'égard des épopées : c'est de là que naissent la majeure partie des difficultés chronologiques que nous rencontrons aujourd'hui en cette matière. V. RAMAYANA.

Au genre épique se rattachent les *Purânas* et quelques autres poëmes d'une moindre importance. Il existait, dans les anciens temps, des œuvres poétiques nommées *Purânas*, qui ont été perdues ou dont nous n'avons pas les textes : ces œuvres, qui remontaient peut-être au temps des grandes épopées, ont servi de point de départ aux *Purânas* actuels. Ceux-ci, dont nous possédons les deux plus importants (V. PURANAS), sont d'une époque qu'il est difficile de fixer, mais certainement beaucoup plus récente que les épopées, et postérieure de plusieurs siècles sans doute à l'ère chrétienne. Ils se rattachent, quant à la forme, aux épopées, et, quant au fond, à la tradition religieuse. La nature des doctrines qui y sont développées prouve l'âge moderne de leur composition : en effet, ils se rapportent tous au culte et aux incarnations de Vishnu et de Çiva, c.-à-d. aux deux plus récentes religions de l'Inde.

On peut ranger aussi dans l'ancienne littérature sanscrite les *Lois de Manou*, dont le texte que nous possédons diffère probablement assez peu de sa plus ancienne rédaction. Il est difficile de dire si celle-ci est antérieure au Bouddha, bien qu'elle ne renferme aucune allusion à ses doctrines; mais la nature des prescriptions que renferme ce code, et le degré où l'on en est parvenue la métaphysique, dénotent une époque fort ancienne. Il n'en est pas de même du code de *Yájnavalkya*, dont la composition est évidemment très-moderne, sans pouvoir toutefois descendre plus bas que le VIe siècle de notre ère. — Les ouvrages relatifs à la législation et appelés *dharmaçâstras* sont en grand nombre dans la littérature sanscrite; nous sommes loin de les posséder tous, et, dans l'Inde même, beaucoup d'entre eux sans doute sont perdus. Il en a été composé à toutes les époques, depuis les divers codes qui ont porté le nom de Manou jusqu'à nos jours. A ces ouvrages d'une portée générale, il faut ajouter les traités spéciaux où sont contenues les prescriptions et les règles propres à chaque fonction, à chaque exercice, à chaque métier. Ces traités sont en très-grand nombre dans l'Inde.

Le drame indien (en prâcrit *nata*) est issu de la danse. C'est ainsi que des fêtes de Bacchus est sorti le *chœur*, qui formait presque à lui seul les drames primitifs de la Grèce. La danse elle-même paraît être issue des cérémonies védiques, ce qui explique pourquoi les Indiens attribuent au drame une origine divine, et supposent un poète dramatique et une troupe d'acteurs divins donnant des représentations à la cour céleste d'Indra. Toutefois, le drame ne naquit dans l'Inde qu'à une époque où la danse était entièrement sécularisée : parmi les drames que nous possédons, les plus modernes ont seuls un but et un sens religieux; les plus anciens empruntent leurs sujets et leurs personnages à la vie ordinaire. Ce fait, après tout, ne prouve rien quant à l'origine du drame indien, puisque nous sommes loin de posséder les premiers essais qui aient été faits en ce genre : si le *Chariot d'argile* du roi Sudraka est le plus ancien que nous ayons, il montre au contraire par sa perfection que le drame était cultivé depuis longtemps dans l'Inde lorsqu'il parut au jour. Rien n'indique que le drame ait fait partie des cérémonies sacrées au temps du roi Sudraka; s'il était joué aux jours des sacrifices, il n'était offert aux assistants que comme un amusement royal : ce caractère de frivolité qui semblait s'attacher aux drames, malgré le travail sérieux de leurs auteurs, explique peut-être pourquoi, d'une part, les anciens drames sont perdus, pourquoi, de l'autre, ce genre s'est perpétué si longtemps et même jusqu'à nos jours. Les traités spéciaux et les usages traditionnels expliquent de même pourquoi la forme des drames a si peu changé : en effet, à partir d'une époque fort ancienne, les drames ont fait partie du cérémonial à la cour des rois indiens. On ne peut guère contester que le *Chariot d'argile* ne soit antérieur à Kâlidâsa, le plus célèbre poète dramatique de l'Inde, que l'opinion commune fait vivre à la cour de Vikramâditya, 56 ans avant J.-C. Le prâcrit est en usage dans les drames quand on y fait parler des gens du peuple; ce langage est très-corrompu dans le *Chariot d'argile*; il l'est moins dans les drames attribués à Kâlidâsa; mais cela ne saurait rien prouver quant à leur âge relatif, puisque, dès que l'on sort du sanscrit, la langue usuelle n'a plus de règles fixes, et l'usage qu'en fait le poète est arbitraire. D'ailleurs, dans plusieurs des meilleurs drames indiens, il y a des personnages bouddhistes, et, quoique les drames soient essentiellement brâhmaniques, les bouddhistes y sont traités avec déférence, avec respect : ces drames sont donc au moins de l'époque où le bouddhisme vivait dans l'Inde, et paisiblement, à côté de la religion qui devait plus tard l'en bannir; tels sont les beaux drames de Bhavabhûti. — Les sujets des drames indiens sont parfois empruntés à la vie ordinaire; mais le plus souvent ils sont pris dans la tradition épique du *Mahâbhârata* ou du *Râmâyana;* quelques-uns prennent leurs sujets dans le *Véda* lui-même; d'autres, enfin, dans la légende de Krishna. La manière dont ces sujets sont traités ne rappelle en rien le théâtre grec : ici, en effet, il n'y a que les tragédies et des comédies; le genre mixte des Modernes, appelé spécialement *drame,* ne se rencontre que chez les Romains (par exemple, *les Captifs* de Plaute), et encore accidentellement, confondu avec la comédie. L'Inde n'a point de tragédies : une représentation est dans ce pays un amusement royal, et, à ce titre, doit toujours finir bien; la vertu doit y être récompensée, et le pécheur y recevoir son pardon. Le chœur n'y tient pas la même place que dans les pièces grecques; la longueur des représentations, le nombre des personnages, la complication de l'intrigue, sont poussés beaucoup plus loin ici que dans Ménandre ou Philémon. Il n'y a donc aucun élément commun entre ces deux théâtres; et, d'autre part, il n'y a aucun fait historique d'après lequel on puisse dire que les Indiens aient tiré l'idée du drame des théâtres grecs de la Bactriane ou du Penjâb. — Du reste, les drames anciens de l'Inde sont ou mythologiques, comme *Vikrama et Urvaçi,* ou d'intrigue et de caractère, comme le *Chariot d'argile* et la *Mudrâ Râxasa* (l'Anneau du ministre). Il n'y avait point de théâtres publics; le public se composait de la cour et des invités; les acteurs, qui étaient des deux sexes, ne formaient point une classe méprisée. Une mise en scène habile et variée représentait les objets fantastiques comme les objets naturels; il y avait des scènes à grand spectacle, faites surtout pour le plaisir des yeux. La règle des trois unités se réduisait à l'unité d'action : le drame lui-même était romantique, sans être ni d'un art matérialiste, et sans s'écarter outre mesure du naturel et du bon sens. Un fait singulier nous est offert par le théâtre indien : il y avait des pièces entièrement métaphysiques, où les personnages étaient des idées : tel est le *Prabôdha-Tchandrôdaya* (Lever de la Lune de l'Intelligence) ; ce fait suppose un public comme aucun théâtre de l'Europe ancienne ou moderne n'en a jamais contenu, et caractérise la société distinguée de l'Inde.

La poésie lyrique et les genres légers comptent dans l'Inde un assez grand nombre d'écrits. Nous citerons les deux plus célèbres : le *Nuage-Messager* ou *Méghadûta,* attribué à *Kâlidâsa,* et qui a été le modèle de beaucoup d'ouvrages semblables, et le *Gîta-Gôvinda* (*V. ce mot*), chant d'amour mystique et symbolique, dont l'auteur est Jayadéva. Cette poésie romanesque, à l'exception de ce dernier poème, est d'un style souvent affecté et d'un caractère sensualiste parfois très-dissolu : elle date, en général, des temps où ont été dans leur vigueur les cultes de Çiva et de Krishna, et s'étend depuis le commencement de l'ère chrétienne jusque durant la domination musulmane. — La fable et le conte sont représentés dans l'Inde par plusieurs ouvrages importants, dont l'existence se lie à l'histoire de ces mêmes genres en Occident. Le plus ancien d'entre eux est le *Pantchatantra,* dont il est difficile de fixer la date, mais qui certainement n'est pas le premier livre de fables qui ait été composé dans l'Inde : c'est ce que prouve sa perfection; l'*Hitôpadêça* (*V. ce mot*) en est l'abrégé. La nature des croyances religieuses de l'Inde rapprochait l'homme des animaux, et la vie commune qu'ils menaient avec les hommes invitait ces derniers à tirer de leurs habitudes instinctives des règles de conduite pour eux-mêmes. Il n'est donc nullement nécessaire de supposer que les Indiens aient imité les fables grecques : mais celles-ci pouvaient bien aussi s'être développées sans l'influence de l'Inde; on sait toutefois que la fable est venue d'Asie avec Ésope le Phrygien; ce personnage, presque mythologique, l'avait-il inventée ou la tenait-il lui-même des Orientaux?

Nous ne pouvons traiter en détail ici de la littérature scientifique, qui forme en sanscrit toute une bibliothèque. Parmi les ouvrages qui la composent, la philosophie se place au premier rang, soit par son importance absolue, soit par son ancienneté et son long développement historique (*V.* INDIENNE — Philosophie). La période védique avait déjà discuté ou abordé la plupart des questions de métaphysique et de cosmologie, avant que ces mêmes problèmes fussent traités en langue sanscrite. Il n'y a pas eu d'interruption dans ce mouvement d'idées, non plus que dans l'usage des deux langues, puisque celles-ci ont coexisté pendant plusieurs siècles. C'est donc dans le *Véda* et dans les plus anciens *Brâhmanas* qu'il faut chercher l'origine de toute la littérature philosophique de l'Inde. Quant aux écrits philosophiques que nous possédons,

l'existence d'anciennes écoles demeurées célèbres prouve qu'ils ont été précédés de beaucoup d'autres, dont plusieurs sans doute existent encore dans le pays. Les traités de philosophie portent le nom de *Sûtras,* fil, enchaînement d'idées. Les plus anciens eurent pour auteur Kapila, qui fut plus tard divinisé, et que l'on considère comme le fondateur du système *sânkhya.* Cet auteur est antérieur au bouddhisme, dont la métaphysique est étroitement liée avec celle de ce système, et dont les légendes le donnent comme beaucoup antérieur au Bouddha. Or l'époque de ce réformateur est aujourd'hui fixée au vi⁰ siècle av. J.-C. Kapila semble donc remonter à la première période de la langue sanscrite. Patanjali, et plus tard Yâlnavalkya, fondèrent et appliquèrent à la vie pratique la doctrine du *Yôga;* ces auteurs sont représentés comme bouddhistes, ou du moins comme ayant prêté leur concours aux ascètes de cette religion dans un temps où elle n'était probablement encore regardée que comme un système de philosophie morale; il y a donc une relation étroite entre les livres qui traitent du système *sânkhya* et ceux qui exposent le *yôga* ou la doctrine de l'Union mystique. Parmi ces derniers on doit remarquer, outre le XII⁰ livre du *Mahâbhârata,* la *Bhagavad-Gîtâ,* qui rattache la doctrine du *yôga* au culte populaire de Krishna. Ce dernier fait semble indiquer que ce poëme n'est pas d'une date très-ancienne; plusieurs passages font penser qu'il est contemporain de la prédication bouddhiste dans l'Inde, laquelle comprend elle-même une longue série d'années. C'est donc à cette époque, voisine de l'ère du Christ, que l'on peut le mieux placer le plus beau développement de cette partie de la littérature philosophique chez les Indiens. — A côté de cette école, on peut le dire, florissait la philosophie contenue dans les *Mimânsâ-Sûtras;* l'auteur du plus ancien d'entre ces livres est Jaimini, que l'on donne comme le révélateur du *Sâma-Véda;* le *Sûtra* de Bâdarâyana représente le second développement de la même doctrine; et toutefois l'authenticité de ces deux écrits est loin d'être prouvée; on peut seulement dire qu'ils remontent à une période assez reculée. Citons encore le *Brâhma-sûtra,* dont le but est d'établir que les différents systèmes philosophiques sont plus ou moins erronés, que le monde n'a pas de réalité substantielle, et que Dieu seul existe dans son unité absolue. Cet ouvrage est d'une date postérieure aux précédents, mais ancienne. — La logique est représentée en sanscrit par une longue suite d'ouvrages, appelés également *Sûtras,* qui se rattachent aux différents systèmes de philosophie et de métaphysique. Les recherches logiques ont occupé les plus anciens brâhmanes; il en est déjà question dans Manou. Mais les anciens traités de logique sont perdus ou ne sont pas entre nos mains; les autres, qui sont plus récents, sont réunis sous les noms de Kanâda et de Gôtama, auteurs d'une époque incertaine.

Dans la littérature brâhmanique se rangent encore les ouvrages de grammaire. Pânini, considéré comme le législateur de la langue sanscrite, est d'une langue fort ancienne, bien qu'il cite les Yavanas (Ioniens ou Grecs), puisque ce nom désigne parfois les Occidentaux en général. Sa grammaire est un livre d'une grande valeur, et que les Indiens ont souvent enrichi de commentaires. Citons aussi le *Vocabulaire d'Amarasinha,* auteur cité comme contemporain de Kâlidâsa; les traités de Rhétorique, de Poétique, de Métrique composés à différentes époques, mais dont les principes remontent très-haut dans l'histoire et se rattachent à la période antique des Védas. — L'Astronomie a produit dans l'Inde un assez grand nombre d'ouvrages, dont plusieurs ont une importance réelle pour l'histoire de cette science. Ce sont les Indiens, en effet, qui ont inventé les chiffres décimaux, l'arithmétique et l'algèbre, transmises à l'Occident par l'intermédiaire des Arabes, et plus tard reportées par eux aux Indiens eux-mêmes avec l'astronomie. — La médecine a eu dans l'Inde un développement original : les traités qui existent ont un intérêt particulier, soit en eux-mêmes, soit au point de vue de l'histoire de cet art. — Enfin nous indiquons seulement en passant les traités relatifs à la peinture, à la sculpture, à l'art de bâtir, l'art militaire, etc., pour faire sentir combien est riche la mine que la littérature sanscrite offre à l'Occident.

Littérature bouddhique. — Le Bouddha parut dans le vi⁰ siècle av. J.-C. ; il prêcha, sans rien écrire. Ses prédications s'adressaient tantôt aux brâhmanes, tantôt au peuple : au point de vue métaphysique, elles se rattachaient au système *sânkhya,* et n'apportaient rien de nouveau; mais elles tendaient à faire une réforme dans les mœurs et la vie religieuse, et provoquaient, par le principe de l'égalité des hommes devant la Loi, l'abolition des castes et par conséquent une révolution politique (*V.* Boud-THISME). Cette tendance démocratique de la réforme se fait sentir dans toute la littérature bouddhique. Il en résulte, en effet, que, s'adressant aux masses populaires, les prédicateurs et les moralistes nouveaux sont obligés d'employer leurs expressions, leur langage, leurs figures de style, et de s'écarter par conséquent, non-seulement des règles de Pânini, mais des habitudes grammaticales de la société distinguée de leur temps. Dans la littérature brâhmanique, le prâcrit n'apparaît qu'accidentellement dans les drames; dans la littérature bouddhique, il est partout. En outre, les nécessités mêmes de l'enseignement populaire forcent le maître à développer longuement ses idées, à les reprendre sous diverses formes, à les appuyer par des exemples ou des figures : de là la diffusion qui règne dans beaucoup d'ouvrages bouddhiques, les répétitions, les redondances; de là aussi des récits pleins d'intérêt, et des paraboles d'un sentiment profond et exquis. Le sentiment moral, la charité, forme en effet le fond le plus ordinaire des écrits bouddhiques, au moins des plus anciens; les doctrines métaphysiques et les règles hiérarchiques ne furent exposées que plus tard dans des ouvrages spéciaux. Néanmoins, selon la tradition, le premier concile, qui se réunit dans le Mag-hada immédiatement après la mort de Çâkya-muni, divisa déjà les écrits sacrés en trois séries, comprises ensemble sous le nom de *Tripitaka* ou les Trois-Corbeilles ou Recueils ; la première contenait la doctrine du Boud-dha lui-même sous le nom de *Sûtras*, la seconde les règles de discipline ou le *Vinaya*, la troisième la méta-physique ou l'*Abhidharma*. Cette division primordiale s'est perpétuée dans les pays bouddhistes du Nord et du Sud. En dehors de ce premier corps de livres bouddhi-ques, furent composés un grand nombre de discours, surtout à partir du règne d'Açòka, le grand propagateur de la foi nouvelle; car le concile qui fut tenu sous son règne décida qu'elle serait prêchée en tous lieux par des missionnaires, ce qui eut lieu en effet. La collection des livres sacrés fut faite une dernière fois dans le Nord sous le règne de Kanishka (Kanerki), quatre cents ans après la mort du Bouddha : ces livres existent encore; une partie considérable est entre nos mains, réunie récemment dans le Népâl par M. Hodgson; nous en possédons en outre la traduction tibétaine complète en cent volumes sous le nom de Kah-gyur, et différentes autres traductions étrangères à l'Inde. Apportés dans l'île de Ceylan av. J.-C., ils s'y conservèrent, et ne furent traduits en pâli qu'au commencement du v° siècle de notre ère : c'est sous cette forme qu'ils existent encore à Ceylan, ainsi que dans le royaume de Siam. Nous possédons en pâli de Ceylan le *Mahâvança*, composé à la fin du v° siècle de notre ère. Les *Sûtras* sanscrits du Népâl, comme l'a établi Eug. Burnouf, sont de deux époques différentes et se divisent en deux catégories : les *Sûtras simples* et les *grands Sûtras;* ceux-ci, postérieurs pour la langue, la forme et la doctrine, ne sont que le déve-loppement des premiers, et montrent la personne du maître au milieu d'un cortège de dieux et de personnages fantastiques dont les *Sûtras simples* sont exempts; les récits de ces derniers et leurs paraboles s'y retrouvent, mais amplifiés et délayés avec une abondance excessive. L'antériorité des *Sûtras simples* par rapport aux autres est démontrée par leur simplicité relative, mais surtout par le point de développement où la doctrine est parve-nue dans les uns et dans les autres; quant aux *grands Sûtras*, ils existaient déjà au temps du voyageur chinois Fa-Hian, vers la fin du IV° siècle et le commencement du v°, époque où l'on doit conséquemment penser que le culte de Çiva était déjà ancien dans l'Inde brâhmanique. Ce fait, rapproché de beaucoup d'autres, montre la pos-tériorité du bouddhisme par rapport à la religion des brâhmanes, qui que ces deux religions sont issues l'une de l'autre et n'ont pas puisé simultanément à une source commune. Le panthéon brâhmanique a passé presque tout entier dans le bouddhisme; mais les *Sûtras*, sur-tout les derniers en date, l'ont accru d'une hiérarchie d'esprits supérieurs, dont le dernier degré est celui de Bouddha parfaitement accompli; l'antique Brâhma s'y trouve, mais dédoublé et placé à un rang inférieur. Mais les dieux brâhmaniques sont plutôt des conceptions poé-tiques et des personnifications littéraires des forces de la nature que des êtres dont l'existence ait une valeur réel-lement philosophique : pour devenir tels et entrer dans

une doctrine où l'on tient à peine compte de la notion de Dieu, il a donc fallu que ces antiques conceptions védi-ques eussent dépouillé en grande partie leur caractère primitif pour devenir des notions philosophiques et dé-signer des degrés dans la hiérarchie céleste. Cette re-marque porte sur toute la littérature védique, à l'excep-tion peut-être des plus anciens *Sûtras*, et sur la majeure et la meilleure partie de la littérature brâhmanique. En effet, celle-ci, principalement dans l'épopée, nous pré-sente les dieux sous la figure d'êtres poétiques et sym-boliques, en tout semblables aux dieux de la Grèce. Les parties où ils n'ont pas ce caractère sont pour cela même regardées comme des interpolations et rangées parmi les écrits relativement modernes; le reste, c.-à-d. le fond primitif de ces poèmes, doit donc être considéré comme antérieur de beaucoup d'années à la naissance du boud-dhisme, c.-à-d. au VI° siècle av. J.-C. Enfin, les plus anciens *Sûtras* bouddhiques, ceux qui remontent au dernier concile, nous offrent le tableau d'une société mo-ralement et matériellement tombée très-bas par l'excès même de sa civilisation; cela seul peut expliquer le grand succès de la prédication du Bouddha, non-seule-ment dans le bas peuple, mais dans toutes les castes de l'Inde. Or, cette civilisation excessive, ces vices, ces misères, ne se montrent nullement dans les épopées, comme ils se font sentir par exemple dans Virgile, et comme ils se voient dans les drames indiens. Ces consi-dérations essentielles marquent dans quelle phase litté-raire de l'Inde on doit placer cette littérature bouddhique, qui n'y a fait pour ainsi dire qu'une apparition de quel-ques siècles, et qui s'en est exilée avec la doctrine elle-même et ses représentants.

On doit considérer comme postérieurs à la collection du *Tripitaka* les nombreux ouvrages connus sous le nom de *Tantras*. Ce titre désignait déjà des écrits brâhmani-ques d'une période littéraire plus ancienne; les *Tantras* bouddhiques, qui sont au point de vue littéraire d'une extrême pauvreté, offrent cet intérêt, qu'ils marquent une phase du développement des idées bouddhistes dans l'Inde. Ils portent généralement la marque d'une influence des cultes brâhmaniques sur la nouvelle religion, et d'une sorte de retour de celle-ci vers l'ancienne. Pleins de for-mules de superstition et de magie, les *Tantras* bouddhi-ques semblent être le produit d'une alliance entre le culte du Bouddha et celui de Çiva; de sorte que ce der-nier, qui est encore en vigueur dans l'Inde, se trouve, par le fait de son union avec le bouddhisme, rangé parmi les derniers développements des idées brâhma-niques.

L'étude détaillée de la littérature bouddhique doit être d'un grand secours pour résoudre plusieurs questions de chronologie dans les lettres sanscrites. En effet, celles-ci n'ont point de dates; la religion nouvelle en a plusieurs, qui, par la comparaison prudente des traditions du Sud et du Nord avec les données des Chinois et des Grecs, peuvent se déterminer à peu d'années près. Quand un ordre définitif sera établi entre les ouvrages bouddhi-ques, et la date de chacun d'eux assurée, le rapproche-ment des doctrines philosophiques et religieuses, de l'état social, politique, moral, littéraire, matériel même, auquel donnera lieu chacun des ouvrages brâhmaniques, pourra indiquer, au moins approximativement, l'époque, sinon la date de ces derniers, et établir une sorte de chronologie dans cet amoncellement prodigieux de la lit-térature indienne. On devra aussi ne pas perdre de vue que l'Inde a eu son développement littéraire original, qu'elle n'a imité aucun peuple antérieur, qu'à cet égard elle s'est trouvée dans les mêmes conditions que la Grèce ancienne : par conséquent, tout porte à croire que les genres littéraires sont venus chez les Indiens dans le même ordre que chez les Grecs; ce n'est là qu'une don-née *à priori*, mais que les études faites jusqu'à présent tendent à confirmer de plus en plus. L'ordre que nous avons dû suivre nous-même dans cet exposé n'est pas fondé sur des résultats toujours certains; il ne peut que représenter les probabilités où est parvenue la critique en ce moment; or, son œuvre est loin d'être finie. Il fau-drait, pour qu'elle se fît désormais avec quelque certi-tude, que la majeure partie des textes sanscrits fût non-seulement publiée, mais aussi traduite, et elle est fort loin de l'être. L'état des études sanscrites en Europe a fait quelques progrès, puisque ces études se répandent de plus en plus; mais elles sont encore tout à fait individuelles en France, et, malgré une chaire de sanscrit au Collège de France, elles ne reçoivent à peu près aucun encouragement. Toutefois il y a lieu de penser que, nos relations avec l'Orient s'accroissant chaque jour, l'intérêt fera ce que n'ont pu faire l'amour de la science et le désir éclairé de préparer l'avenir.

V. Colebrooke, *Essai sur les Védas*, en anglais, dans les *Recherches Asiatiques* de Calcutta ; Ward, *Aperçu de l'histoire, de la littérature et de la mythologie des Indiens*, Serampour, 1818 , 2 vol. in-4° ; Roth, *Sur la littérature et l'histoire des Védas*, en allemand, 1846 ; Nève, *Études sur les hymnes du Rig-Véda*, Louvain , 1842, in-8° ; Garcin de Tassy, *Histoire de la littérature hindoue et hindoustani*, 1837-47, 2 vol. grand in-8° ; Langlois, *Monuments littéraires de l'Inde*, ou *Mélanges de littérature sanscrite, contenant une exposition rapide de cette littérature*, etc., Paris, 1827, in-8° ; *Chefs-d'œuvre du théâtre indien, traduits de l'original sanscrit en anglais* , par Wilson, et *de l'anglais en français* par Langlois , 1828, 2 vol. in-8° ; Weber, *Études indiennes*, en allemand , 1850-51 ; le même, *Histoire de la littérature indienne, traduite de l'allemand*, par Sadous, in-8°, 1859 ; Eug. Burnouf, *Introduction à l'histoire du Bouddhisme*, in-4°, 1844 ; Loiseleur-Deslongchamps, *Essai sur les Fables indiennes*, 1838 ; Soupé, *Essai critique sur la littérature indienne*, 1856, in-12 ; Eichhoff, *Poésie héroïque des Indiens comparée à l'épopée grecque et romaine*, Paris , 1860 , in-8° ; Hæberlin, *Anthologie sanscrite* , Calcutta , 1847, recueil de poésies lyriques indiennes ; Gildemeister, *Bibliothecæ sanscritæ specimen* , catalogue des ouvrages sanscrits imprimés, Bonn, 1847.   Em. B.

INDIENNE (Philosophie). La philosophie remonte aux plus anciens temps de la race indienne. Elle est antérieure, dans ses premières spéculations, à l'époque où les Aryens descendirent dans les vallées du Gange et de la Yamunâ : en effet, les hymnes du *Véda* ont pour la plupart été composés dans le Penjâb ; plusieurs semblent remonter au temps où les Aryens faisaient encore partie de ce noyau central de populations bactriennes qui a produit toutes les branches de la famille indo-européenne. Or, c'est dans ces hymnes que l'on doit chercher les premiers essais de la pensée philosophique : les doctrines métaphysiques ne sont pas nées toutes faites à certaines époques déterminées de nos histoires ; elles se sont dégagées par degrés de conceptions obscures, dont la forme primitive et presque complète se trouve dans le *Véda*. Les écrits composés ultérieurement par les Brâhmanes, soit en langue védique, soit en sanscrit, et dont plusieurs sont évidemment modernes, portent souvent la trace de systèmes philosophiques tout faits et auxquels les auteurs du *Véda* n'avaient nullement songé. A ce titre, la plupart des *Brâhmanas*, les *Sûtras*, les *Upanishads* (V. INDIENNE— Littérature), sont plutôt faits pour égarer la critique historique que pour la guider dans l'étude des temps primitifs.

Le *Véda*, considéré dans ses plus anciens hymnes, ne porte la trace d'aucune philosophie, d'aucune doctrine religieuse ayant existé antérieurement. Le spectacle de la nature avec ses phénomènes réguliers et périodiques, puis un retour sur la pensée elle-même, inspirèrent aux Aryens l'idée que ces grands mouvements étaient produits et dirigés par des puissances invisibles, auxquelles ils donnèrent des noms ; les astres, les vents, les nuages, la foudre, les eaux, le feu, frappèrent surtout ces âmes méditatives d'une admiration toute philosophique ; ces objets étant pour les hommes la source visible de tous les biens, elles ajoutèrent à l'étonnement un sentiment d'amour mêlé quelquefois de crainte, et, la pensée philosophique prenant un tour religieux, on adora les dieux. La première conception philosophique fut donc le polythéisme pur, sans aucune trace de monothéisme et dans un temps où l'on était loin encore de l'idée de création et de créateur. Plus tard les chefs de famille, qui étaient les prêtres, se réunissant pour conférer sur les matières religieuses, les cultes se rapprochèrent, se groupèrent ; certains dieux furent placés avant les autres dans la hiérarchie céleste ; mais aucun d'eux ne se transfigura au point de devenir Dieu lui-même ; leur réalité corporelle les retint toujours à un niveau inférieur, et les empêcha de devenir des êtres purement métaphysiques. Dieu n'existe pas dans le Panthéon védique, non plus que dans celui des Grecs, des Romains et des peuples du Nord de l'Europe. Ces rameaux se sont séparés du tronc commun avant le grand hymne de Dirghatama, où l'unité de Dieu apparaît pour la première fois dans toute son élévation métaphysique. A partir de cet hymne, la philosophie indienne a trouvé sa voie, le panthéisme est fondé. Le développement des doctrines indiennes, depuis leur origine jusqu'à nos jours, a constamment été do-

miné par la pensée védique, c.-à-d. par le panthéisme. Ceux des systèmes ultérieurs qui se rapprochent soit de l'athéisme et du matérialisme, soit du dogme de la création, n'échappent pas néanmoins à la pensée commune d'un dieu impersonnel, et rentrent par quelque côté dans la croyance universelle de l'Orient âryen ; les sectes religieuses, issues de doctrines philosophiques plus ou moins hétérodoxes, sont néanmoins panthéistes dans le fond de leurs dogmes.

Les œuvres qui ont trait à la vie physique ayant été confiées dans l'Inde aux castes inférieures, la vie intellectuelle fut l'apanage des deux premières castes, et plus particulièrement des Brâhmanes , puisque les Xatriyas , quoique instruits dans le *Véda* et dans la connaissance de la loi, avaient pour fonction essentielle la guerre et le gouvernement des États. Le développement de la science, les recherches philosophiques et la méditation , furent le lot des mêmes hommes que la constitution des castes chargeait des cérémonies du culte, de la conservation et de l'interprétation des saintes Écritures. Les philosophes indiens sont donc presque tous des Brâhmanes ; le Bouddhisme seul, en ouvrant à tous la caste des brâhmanes, sécularisait la philosophie et la théologie à la fois ; mais, chassé de l'Inde, il ne put recevoir qu'au dehors ses grands développements. L'indépendance primitive des familles âryennes eut pour conséquence l'égalité des brâhmanes entre eux, et l'impossibilité d'établir un centre religieux où l'unité de dogme fût conservée. L'interprétation du *Véda* fut donc livrée à la raison individuelle de chacun des prêtres, ou tout au plus à certains collèges de brâhmanes , dont l'autorité ne put jamais être assez grande pour s'imposer à la caste entière : les brâhmanes, maîtres de ce texte où aucun dogme n'est énoncé sous une forme définitive, indépendants du pouvoir civil et politique, qui leur était subordonné, indépendants spirituellement les uns à l'égard des autres , jouirent de la plus grande liberté philosophique dont l'histoire fasse mention. Les systèmes purent donc se développer sans réticences ; la sécurité était assurée à leurs auteurs : ceux même qui créèrent les doctrines à nos yeux les moins acceptables n'en étaient pas moins considérés, puisque, tout en se trompant, ils avaient fait preuve d'une haute intelligence et développé certaines parties de la science ; on attaquait la doctrine, mais la personne était respectée. — Quant à l'apparition successive des systèmes, il n'est pas aisé d'en suivre la marche. Leurs auteurs, ayant été l'objet de l'admiration universelle, ont été pour la plupart reportés à des dates trop anciennes, et toujours indéterminées, par les Indiens des temps postérieurs. Les livres où ces systèmes sont exposés n'ont point de date ; leur époque ne peut être assignée que par l'étude détaillée de chacun d'eux, et par la comparaison toujours difficile des doctrines ou des faits qu'ils contiennent. L'apparition du Bouddhisme dans le courant du vie siècle av. J.-C. est la première date à peu près certaine que l'on rencontre, et c'est de là qu'il faut partir pour rétablir la succession chronologique des doctrines. Or, jusqu'à présent, rien ne prouve, comme on l'a avancé dans la dernière école française, que cette succession ait obéi à la même loi que celle des philosophies de la Grèce : au contraire, il est à peu près incontestable que le panthéisme , avec le mysticisme théorique et pratique, a régné dans l'Inde dès les temps les plus reculés, et que les autres systèmes se sont produits plus tard, tandis qu'en Grèce ils étaient venus les premiers. Le panthéisme, c.-à-d. l'unité absolue de l'être, était une doctrine védique avant d'être le fondement de la société brâhmanique, et ainsi toute la philosophie indienne est postérieure à cette idée ; tandis qu'en Grèce cette même idée, indiquée peut-être par Platon, qui avait quelque connaissance des doctrines orientales enseignées par les Pythagoriciens, n'est devenue le fondement d'un grand système que dans l'école d'Alexandrie, à la fin du développement des idées grecques, et dans une ville où depuis plusieurs siècles l'Orient et l'Occident se donnaient chaque jour la main. Il faut donc se garder de reconstruire *à priori* la chronologie philosophique de l'Inde en la calquant sur celle de la Grèce : lire les textes, les comparer, s'éclairer par les synchronismes grecs, arabes, chinois, etc., telle est la seule manière de résoudre cet immense problème, non encore résolu. La tradition brâhmanique doit aussi être mise en compte, malgré ses exagérations ; car, si les brâhmanes , dans leur enseignement traditionnel, ont peu à peu outré l'antiquité de leurs auteurs, il est probable néanmoins qu'ils ont conservé leurs dates relatives , dates qu'une critique prudente peut rétablir approximativement dans la chronologie universelle.

On peut considérer toute la philosophie indienne comme faisant partie du Brâhmanisme. Issu de la philosophie nommée *Sânkhya*, le Bouddhisme n'a pas apporté une métaphysique nouvelle ; il n'a fait que développer et appliquer les doctrines enseignées depuis longtemps. Toutefois, à partir du jour où il prit dans l'Inde une importance menaçante pour le régime des castes, il se sépara métaphysiquement du Brâhmanisme, comme il s'en était séparé socialement, et il eut son développement propre en matière de philosophie.

Écoles brâhmaniques. — La durée de ces écoles n'a pas été limitée par les autres : de beaucoup antérieures au Bouddhisme, elles ont reçu encore de nouveaux développements après lui. Le *Védânta*, qui porte aussi le nom de *Uttara-mimânsâ*, contient, avec la *Pûrva-mimânsâ* (ancienne *Mimânsâ*), les premières spéculations brâhmaniques. Cependant plusieurs critiques considèrent le système *Sânkhya* comme plus ancien encore, quoiqu'il s'éloigne davantage de l'orthodoxie fondée sur le *Véda*. Mais il semble que les doctrines de ce dernier système aient quelque chose de plus moderne, et aient été en partie développées par opposition avec les spéculations fondées exclusivement sur les Livres saints. En effet, ce qui caractérise le plus profondément ces deux *écoles*, c'est que les *Mimânsâs* sont essentiellement théologiques tandis que le *Sânkhya* contient l'effort individuel fait par ses auteurs pour séculariser les spéculations philosophiques et les soustraire à la tyrannie du texte du *Véda*. C'est ce texte que les Védântistes opposent aux doctrines libres du *Sânkhya*, comme c'était aussi sur des textes védiques que les auteurs de la première *Mimânsâ* appuyaient leurs doctrines. Le *Sânkhya*, au contraire, se fonde d'ordinaire sur la libre autorité de la raison, et ne tire des textes du *Véda* que les conséquences conformes à sa doctrine ; plus tard les Yôgis en vinrent jusqu'à rejeter l'autorité du *Véda* lui-même, sous prétexte que l'on trouve tout ce que l'on veut dans le *Véda*, et que ce recueil est semblable à un puits qui déborde de tous côtés ; enfin la tentative du bouddha Çâkya-Muni prenait son point de départ dans le *Sânkhya*, comme dans le système le plus libre et le plus propre à fonder un nouvel ordre de choses. Or, il est naturel que la doctrine précède la réforme, et que l'autorité soit antérieure à l'effort que l'on fait pour s'y soustraire. Cette autorité, qui du reste ne réussit jamais à s'établir dans l'Inde, c'est celle qui s'appuyait sur le Livre saint, en commentait le texte et en conservait la lettre. Si le *Védânta* (ou seconde *Mimânsâ*) est postérieur au système *Sânkhya*, il est donc au moins vraisemblable que la *Pûrva-mimânsâ* l'a précédé. Ce dernier mot signifie simplement *spéculation* ; il est employé dans les *Brâhmanas*, ainsi que le mot *Sânkhya*, mais tous deux probablement dans leur sens général, et non pour désigner des systèmes philosophiques, qui sont postérieurs aux *Brâhmanas*, du moins aux plus anciens. La *Pûrva-mimânsâ* est à peine un système ; elle porte aussi le nom de *Karma-mimânsâ*, ou doctrine des œuvres ; elle n'apporte aucun développement métaphysique réel aux spéculations contenues dans le *Véda* ; et cette *mimânsâ* tout entière ne vaut peut-être pas, comme philosophie, le seul hymne de Dirghatama. Elle est purement théologique et surtout pratique ; son but est de mettre d'accord des textes contenus dans les commentaires védiques et d'en donner le véritable sens ; mais son principal objet est de formuler des préceptes pour l'accomplissement des œuvres. Le *sûtra* brâhmanique où est exposée l'ancienne *Mimânsâ* est attribué à Jaimini, qui plus tard, ayant reçu les honneurs d'une sorte d'apothéose, fut considéré comme le révélateur du *Sâma-véda*. Mais ce *sûtra* nomme Bâdarâyana, auteur de la seconde *Mimânsâ* : toutefois, comme la réciproque a lieu également, on n'en saurait conclure que l'ancienne *Mimânsâ* soit postérieure à la seconde. Ces noms ont pu être intercalés par la suite dans ces anciens écrits. Les doctrines philosophiques admises dans l'ancienne *Mimânsâ* y sont toutes subordonnées à la tradition religieuse (c.-à-d. au *Véda*), qui est pour ces théologiens la principale source de la connaissance en matière de science et la seule en matière de morale. Les procédés philosophiques, appliqués par eux au développement et à l'interprétation des textes sacrés, sont d'une uniformité tout hiératique, et nous montrent, dans la période où cette théologie s'est produite, une sorte de moyen âge assez semblable au nôtre. Comme lui aussi, la théologie de l'ancienne *Mimânsâ* s'est perdue, chez

les commentateurs des siècles suivants, dans une véritable casuistique. Du reste, elle est intimement liée avec le développement des questions de logique pure et appliquée, de grammaire et de rhétorique ; elle a abordé, sinon soulevé, la question de l'origine du langage et de ses rapports avec la pensée : fondée sur un principe panthéistique, elle a été conduite à admettre l'éternité du langage (λόγος) comme expression de la pensée conçue elle-même comme éternelle ; cette expression, dont la vérité est nécessairement absolue, c'est le *Véda* lui-même, source de toute science.

Le *Sânkhya* (doctrine rationnelle, rationalisme) n'est guère moins ancien que la *Mimânsâ*; mais il en diffère essentiellement par son point de départ : en effet, il n'est au fond qu'une réaction contre l'ancienne doctrine, devenue formaliste et en quelque sorte pharisaïque. Kapila, auteur du *Sânkhya* primitif, paraît avoir attaqué dans ses procédés, dans ses résultats et dans ses dogmes la doctrine des théologiens. C'est lui qui fit cette première tentative d'émancipation, au nom de la raison humaine ; mais sa raison, non encore dirigée par des méthodes bien conçues, se porta tout d'abord aux derniers excès de la négation. Selon Kapila, c'est d'une substance primitive (*avyaktam*) que le monde est sorti, et non d'une émanation de Brâhma ; et c'est aussi de ce principe insaisissable qu'est issue l'âme, soit sous sa forme universelle, soit dans les individus. L'âme est le véritable objet de la science, étude pour laquelle le *Véda* est d'une médiocre utilité ; en effet, ce n'est point par une révélation antique, mais par une étude personnelle et libre, que l'on peut arriver à la connaissance de l'âme, de son origine, de sa destinée ; au contraire, celui qui connaît l'âme et sa marche, c.-à-d. sa destinée, est non-seulement savant, mais plus réellement pieux que ceux qui lisent le *Véda* et accomplissent les cérémonies sacrées. On voit quel genre de révolution eût tenté par Kapila dans les idées philosophiques de son temps, et combien il s'écartait des théologiens et de leur méthode. Voici quels sont les traits les plus essentiels de sa philosophie, telle qu'elle est contenue dans le *Sânkhya-karika*. Ce qui n'est pas ne peut être, et ce qui est ne peut cesser d'être ; il faut donc admettre que, sous les apparences continuellement variées que nous atteignons par nos divers moyens de connaissance, il existe un principe immuable et invariable d'où ces choses dérivent et qui est lui-même imperceptible aux sens. Cet Indivisible ne pouvant pas ne pas être, puisqu'il est, est doué d'une vertu productive, puisque c'est de lui que naissent toutes choses. Cette vertu porte le nom de *prakriti* (en latin *procreatio*) ou *nature*. Envisagée au point de vue psychologique et moral, la *prakriti* engendre les trois qualités, qui sont la *bonté* avec la science, la *passion*, et l'*obscurité* avec l'ignorance et l'erreur. L'âme elle-même, qui est le fond sur lequel se manifestent tous les phénomènes de la pensée, est impérissable, et différente pour chaque individu ; c'est ce que montre l'expérience. Elle existe donc au même titre que la nature. Le second *Sânkhya*, celui de Patanjali, qui semble avoir paru antérieurement au Bouddhisme et lui avoir servi de fondement, poussa beaucoup plus loin cette doctrine de l'âme, et fit apercevoir qu'en raisonnant sur le même fondement, il fallait admettre une âme universelle (*mahâtman*) comme on admettait une *prakriti*, et ne voir dans les âmes individuelles que des formes particulières de cette grande âme. Dès lors l'existence de l'individu s'expliquait par l'union de l'âme et de la matière, produite dans le fait de la génération ; la grande âme voit par là sa conscience suprême, son moi (*ahamkâra*), se diviser et s'amoindrir, et tomber sous la condition des trois qualités ; la proportion relative de ces qualités fait la différence des natures individuelles. En même temps que le *Sânkhya* recevait ces développements psychologiques, il se rapprochait métaphysiquement de l'ancienne doctrine védique, en présentant la *prakriti* comme une simple condition abstraite des êtres, une simple loi qui se dédouble en deux autres, l'émanation (*pravritti*) et le retour (*nivritti*) ; dès lors, en effet, l'âme reste le seul élément substantiel du monde, et c'est en elle que réside toute la perfection et la réalité. Mais, si l'âme individuelle n'est qu'une forme de la grande âme, celle-ci à son tour n'est pas la forme primitive du souverain être, elle n'est pas Dieu. Par un dégagement progressif des conditions qu'elle subit, le *Sânkhya* parvient à cette définition : « Dieu est le principe neutre, éternel et indivisible. » Brâhma lui-même est appelé la matrice où s'engendre cet Invisible, que la pensée ne peut comprendre. Ainsi, par ce dernier pas, le *Sânkhya* retrouve le principe même du Brâhmanisme et le dépasse.

On voit combien cette doctrine a laissé loin derrière elle la théologie. Celle-ci néanmoins sut se défendre; et c'est dans cette lutte que semble être née la seconde *Mimânsâ*, appelée aussi le *Védânta* ou *Brâhma-mimânsâ*. A quelle époque se produisit cette nouvelle théologie védique? On ne peut le dire exactement; mais les circonstances où elle paraît s'être développée, et le nom traditionnel, quoique mythologique, de son auteur, Vyâsa, indiquent qu'elle est antérieure au Bouddhisme, bien qu'elle ait continué à régner longtemps après et qu'elle soit encore admise aujourd'hui par la plupart des brâhmanes. L'opposition des rationalistes força les théologiens à sortir de l'interprétation littérale et étroite du *Véda*, et à fonder sur le Livre saint une véritable philosophie, dont voici les principaux traits. Brâhma ou Dieu existant par lui-même, infini selon l'espace et le temps, unique, éternel, indivisible, n'a rien au-dessus de lui; être des êtres, il est la seule véritable substance, dont les êtres divers, depuis les dieux jusqu'aux atomes de la matière, sont les manifestations ou plutôt les émanations; sous le nom masculin de Brâhma, Dieu est le producteur et le père des êtres vivants. Tous ces êtres, à partir de Brâhma, sont soumis à la loi de la périodicité, que les Indiens désignent par ces mots : « le jour et la nuit de Brâhma, la veille et le sommeil de Brâhma. » Comment cette production est-elle rendue possible, Dieu étant indivisible et toujours le même? En vertu d'un principe métaphysique, que la philosophie poétique des brâhmanes a quelquefois personnifié, et qu'elle désigne sous le nom de *mâyâ*. Cette *mâyâ* est souvent l'illusion, la magie trompeuse des objets sensibles; mais elle est, avant tout, le principe de la mesure (*mâ*, mesurer), la possibilité du plus et du moins, ce que Platon appelle *le grand et le petit*, en un mot la notion métaphysique de *mesure*, mot dont la racine est aussi *mâ*, mesurer. La *mâyâ* joue un rôle très-important dans le panthéisme brâhmanique; elle n'est point l'énergie créatrice, laquelle seule appartient au principe substantiel masculin (*purusha*), mais elle rend possible la production des êtres; elle est, comme dans Platon, la matrice, la mère du monde. Il n'y a ici aucune trace de dualisme, puisqu'au fond la *mâyâ* n'est rien, et n'est qu'une condition tout abstraite de l'existence des choses, condition qu'il est impossible de ne pas admettre. C'est ici que trouve sa place, dans la théologie orthodoxe, le panthéon indien avec toute sa hiérarchie de dieux et de déesses, dont les trois premiers formèrent la divine trinité (*trimurti*); mais cette dernière conception appartient aux temps postérieurs. Les dieux sont eux-mêmes, ainsi que les mondes, soumis à la loi de périodicité, et n'ont qu'une existence limitée, dans les conditions du monde présent. Les hommes, comme les dieux, sont des émanations de Brâhma, et ont aussi leur *mâyâ* : ce principe abstrait descend à tous les degrés de l'émanation, et se manifeste de plus en plus à mesure que l'on s'éloigne du premier principe; les choses matérielles sont donc celles où la *mâyâ* a le plus d'empire; elle prend en elles une telle importance, que l'élément divin ne s'y rencontre presque plus, aux yeux de certains philosophes, et que, pour eux, ce monde sensible est tel qu'un rêve et une illusion. — Les Védântistes, comme les rationalistes, admettent les trois qualités, bonté, passion, obscurité. La bonté domine dans les émanations supérieures, qui sont les dieux; et ceux-ci même ne sont pas exempts de toute passion et de toute ignorance, puisqu'ils ne peuvent saisir entièrement l'éternel dans son unité infinie. Les êtres inférieurs sont au dernier degré de l'obscurité, puisqu'ils sont entièrement privés d'intelligence. Entre deux sont les hommes, qui eux-mêmes ne sont pas tous au même degré, et sont liés dans des proportions très-diverses aux trois qualités. On voit ici comment la psychologie brâhmanique se rattache à la métaphysique, et combien ce grand système ressemble à celui de Spinoza et des panthéistes modernes. La règle des œuvres, ce que nous appelons la morale, s'ensuit naturellement, et consiste au fond dans la loi du *retour*, qui fait partie essentielle de toute doctrine panthéistique. Seulement la loi du retour est beaucoup plus étendue que la loi morale, puisqu'elle embrasse le monde entier, depuis la matière inerte jusqu'aux dieux les plus élevés : c'est en vertu de cette loi que les mondes retournent à Brâhma, lorsque son jour est fini et que la période du sommeil s'avance. La loi morale ne s'applique qu'aux êtres intelligents; simple en elle-même, elle se diversifie suivant la nature de chacun d'eux. Le devoir, en effet, consiste à se dégager autant qu'il est possible de la *mâyâ*, ou, ce qui revient au même, à développer en soi la bonté, et à se rapprocher ainsi de l'essence divine. C'est là qu'on y arrive par la science et par la vertu; la première nous fait échapper à l'obscurité, c.-à-d. à l'ignorance et à l'erreur; la seconde nous rend maîtres de la passion. Par cette double voie l'on parvient à la délivrance (*môxa*). Ici se placent, dans la doctrine brâhmanique, la morale pratique des hommes, les lois communes à tous, et les lois propres à chaque caste, à chaque condition, lois qui se résument dans cette formule générale : « Il vaut mieux suivre sa loi, même moins parfaite, que celle d'autrui, même meilleure. » La philosophie morale des brâhmanes, admirée par toute l'antiquité depuis le jour où elle a commencé à l'entrevoir, a répandu dans leurs œuvres littéraires un esprit de douceur, d'aménité, de décence, de pureté touchante, qu'aucune autre littérature n'a égalé. La doctrine des passions contre l'homme qui cherche à les soumettre ou à s'y soustraire est rendue avec un sens moral d'une singulière profondeur, soit dans les œuvres épiques, soit même dans les drames des temps postérieurs. En effet, l'austérité (*tapas*) et la chasteté sont les deux vertus sans cesse recommandées par la morale des brâhmanes, comme la science de l'âme et du principe suprême est à leurs yeux la première des sciences. Ce double caractère se rencontre sans cesse dans les prescriptions écrites aux livres de la loi, et dans les héros présentés par les poëtes pour servir de modèles aux hommes. Telle est l'essence de la morale dans toutes les écoles panthéistes anciennes et modernes, bien que les écoles et les théologies rivales aient tiré des mêmes principes de tout autres conséquences.

Du reste, ces conséquences ont été tirées par quelques brâhmanes, et mises en pratique par des âmes ardentes et passionnées. Les mystiques n'ont pas été plus rares dans l'Inde que dans l'Occident, et les règles pratiques dont l'accomplissement procure ici-bas la vision divine et la béatitude ont été données en sanscrit de la manière la plus détaillée. Mais ces pratiques ne sont pas la règle commune des brâhmanes, ne l'ont jamais été, et les hommes qui s'y sont livrés ont toujours été présentés par eux comme des exceptions. Il en a été ainsi chez les chrétiens; dans l'Inde comme chez eux, un caractère de sainteté a été d'ordinaire attribué à ces pieux pénitents. C'est à cette tendance vers le mysticisme que se rattache le *Yôga*. Ce mot signifie union avec Dieu, communion spirituelle; et ceux qui suivent cette doctrine sont les *yôgîs*. Le *Yôga* se rattache si étroitement au *sânkhya*, que Patanjali en est souvent désigné comme l'auteur, et que l'on trouve perpétuellement réunis les mots *sânkhyayôga*. Cette doctrine mystique, dont Yâjnavalkya est la principale autorité connue, et dont la *Bhagavad-gîtâ* offre la plus belle expression, est certainement antérieure au Bouddhisme, et a continué d'exister dans l'Inde et d'y vivre jusqu'à nos jours. Il semble qu'elle ait fleuri surtout à l'époque où les prédications bouddhiques commençaient à émouvoir les masses populaires et à les détourner des fonctions que la loi leur avait assignées; car il est fait à cela même une allusion presque évidente dans la *Bhagavad-gîtâ*. Le *Yôga* n'apportait aucune doctrine métaphysique nouvelle; mais, adoptant celle de Patanjali ou se rattachant à l'antique système de Kapila, il se rapprochait beaucoup de la philosophie brâhmanique, soit pour la métaphysique, soit pour la morale. Le but du *Yôga* est de conduire l'homme à la délivrance, en le soustrayant d'abord à l'ignorance et au péché, puis en lui donnant les moyens de s'identifier dès cette vie avec le principe suprême. C'est d'abord par la purification que doit se préparer l'âme du yôgî; la purification s'obtient par la pénitence, et se complète par la science. La science elle-même s'obtient par la méditation, non point par une contemplation errante et par une sorte de rêverie, mais par une suite d'idées claires et de vérités bien enchaînées. Celui qui dirige ainsi son intelligence ne tarde pas à s'apercevoir que les différences passagères des êtres s'effacent d'elles-mêmes, et qu'il y a en eux tous un principe, un fond identique. Concevant l'identité, le yôgî, dont la raison s'affranchit par degrés des liens et des illusions de la *mâyâ*, se sent vivre de la vie de tous les êtres, et atteint la grande âme, qu'il reconnaît en lui-même et dans tous les vivants. Sa raison a pu le conduire jusque-là; le dernier degré de la science est un mystère suprême qui ne se dévoile qu'à un petit nombre d'élus, et cela par une grâce toute particulière : celui qui a pu le pénétrer voit Dieu, non plus seulement face à face, mais en soi-même, comme le premier principe, neutre et indivisible, dans lequel tous les dieux et les mondes sont éternellement contenus. Cette vue le remplit à la fois de terreur et d'amour, et le souvenir qu'il en conserve lui est une source intarissable de joie. Cette marche progressive et réglée de l'intelligence vers le premier principe conduit l'homme à la béatitude, le purifie de ses souillures, et l'illumine d'une science qu'aucune autre ne peut égaler ; le faisant échapper aux liens de la matière, elle le conduit à la délivrance. La *Bhagavad-gîtâ*, où est exposée cette doctrine avec sa méthode, se donne elle-même pour un livre consolateur, et produit, en effet, cette impression sur les âmes bien préparées : car telle est la vertu du mysticisme, quand il ne s'écarte pas trop des règles ordinaires de la raison. Le succès de la philosophie du *Yôga* fut très-grand dans l'Inde, non-seulement parce qu'il était en lui-même d'une grande élévation métaphysique et morale, mais aussi parce que, se fondant sur le *Sânkhya*, il conduisait les hommes au même but que le *Védânta*, mais librement et sans les astreindre à des pratiques religieuses devenues pour ainsi dire tyranniques en même temps que surannées. Chez les modernes, les yôgis ne sont plus souvent que des mystiques outrés et des dévots d'un ascétisme parfois ridicule.

Les *Sûtras logiques* de Kanâda et de Gòtama, tels que nous les possédons, sont vraisemblablement d'une époque très-récente. Mais les systèmes qu'ils renferment n'en sont pas moins d'une assez haute antiquité. En effet, les anciens *sûtras* brâhmaniques commencent presque toujours par des considérations logiques, au moyen desquelles les auteurs de ces traités se dirigent eux-mêmes dans leurs raisonnements. Les études de logique pure et appliquée remontent donc à une époque ancienne de l'histoire philosophique de l'Inde. Mais la formation positive d'écoles de logique, et notamment des deux écoles dont nous venons de nommer les fondateurs, semble avoir eu lieu à des époques plus rapprochées de nous. Ces deux écoles et les traités qu'elles ont produits ne sont pas seulement logiques ; ces ouvrages renferment de véritables systèmes de philosophie ; mais l'élément logique y domine. Ce sont les écoles atomistes de l'Inde, en ce sens que, dans les doctrines de Kanâda et de Gòtama, le monde est originairement composé d'atomes ; mais bien différentes des doctrines d'Épicure et de Démocrite, elles admettent l'inertie absolue de ces atomes, et rapportent leur mouvement initial, leur organisation et leurs lois à un principe supérieur et intelligent, qui est Dieu. Les doctrines de Kanâda forment un système connu· sous le nom de *Vaçeshika*, du mot sanscrit *viçésa* qui signifie *différence*, parce que la théorie des atomes est surtout appuyée par Kanâda sur la catégorie logique qui porte ce nom. On appelle *Nyâya* le système logique de Gòtama. Il n'est pas facile de dire lequel des deux a précédé l'autre. Toutefois, comme le système de Kanâda est l'objet de réfutations dans le *Védânta-Sûtra*, tandis que celui de Gòtama n'y est pas mentionné, on pourrait induire que Kanâda est antérieur à ce *Sûtra*, et que Gòtama lui est postérieur ; mais comme ce *Sûtra* lui-même est probablement très-récent, il y a lieu de croire que ces deux auteurs vivaient longtemps peut-être avant qu'il fût composé. Si la date de la *Bhagavad-gîtâ* est celle que nous avons indiquée approximativement, le *Vaçeshika* lui serait même antérieur ; car il y a dans ce célèbre dialogue certaines paroles de dédain pour la science qui s'occupe des différences, au lieu de chercher tout de suite le général. Quoi qu'il en soit, l'œuvre principale de ces deux systèmes, et ce qui fait encore aujourd'hui leur réputation dans l'Inde, est d'avoir classé les idées dans des catégories logiques ; en effet, l'établissement de ces catégories est une des premières conditions pour arriver sûrement à la science, et par elle au but de la vie, qui est la délivrance ou le repos. La question des méthodes et des procédés naturels de l'intelligence pour arriver à la connaissance de la vérité a donc préoccupé particulièrement les écoles logiques ; de sorte que leurs fondateurs se rapprochent, par plusieurs côtés, d'Aristote, de Bacon et de Descartes. Ce qui concerne la certitude et l'évidence, le raisonnement et la preuve d'une part, et d'autre part la perception sensible, l'induction, la comparaison, l'analogie et le témoignage, forme l'objet d'analyses longues et intéressantes. Il en est de même des principes de la raison et des diverses sortes de causes. Les résultats auxquels sont arrivés les logiciens de l'Inde offrent une analogie frappante avec ceux que les Grecs et les Modernes ont obtenus : le seul point peut-être sur lequel ils

diffèrent profondément, c'est la cause efficiente, puisque personne dans l'Inde ne semble avoir admis ni conçu l'idée de création, telle qu'elle se présente à l'esprit des Modernes ; ils ne conçoivent pas, en effet, que quelque chose puisse être fait de rien, ni par conséquent qu'il existe des causes réellement efficientes : l'effet, selon eux, ne saurait s'étendre jusqu'à la substance, laquelle est une et éternelle ; il est nécessairement borné au phénomène et aux relations des phénomènes entre eux. La cause efficiente se réduit ainsi à la cause formelle, qui est en même temps ordonnatrice. Les logiciens sanscrits ont aussi analysé avec sagacité ce qui concerne les arguments et les discussions, les sophismes et les causes logiques de nos erreurs : dans ces analyses et dans l'énumération des fausses preuves, ils n'ont pas même été surpassés en subtilité par nos logiciens du moyen âge.

· *Écoles hérétiques ou hétérodoxes.* — Les divers systèmes dont nous venons de parler se rattachent tous plus ou moins directement au Brâhmanisme, ou du moins étaient considérés par les brâhmanes comme des développements divers de la science, admissibles dans une certaine mesure et à des titres différents. A côté de ces systèmes s'élevèrent, soit dans le sein même du Brâhmanisme, soit à côté de lui, des sectes moitié religieuses, moitié philosophiques, en opposition réelle avec ses doctrines fondamentales. La plus célèbre de toutes, surtout à cause de la lutte qu'elle a soutenue dans l'Inde et·de l'immense développement qu'elle a pris au dehors, est celle des Bouddhistes. N'apportant pas une métaphysique nouvelle, et se fondant principalement sur le *Sânkhya*, elle tentait particulièrement une réformation morale dans la société (*V.* BOUDDHISME). Mais une fois constitués, les sectateurs du Bouddha durent s'occuper de fixer pour ainsi dire le dogme, et d'énoncer le système métaphysique auquel il convenait de s'arrêter. Cela était d'autant plus nécessaire, que la prédication s'adressait non-seulement aux brâhmanes, mais encore à des castes que leur éducation n'avait pas préparées à recevoir et à comprendre un enchaînement de notions philosophiques. Le corps de la métaphysique bouddhique est compris dans la troisième partie du *Tripitaka* (*V.* INDIENNE, — Littérature), connue sous le nom d'*Abhidharma*. Bien que la rédaction des ouvrages de ce recueil soit de beaucoup postérieure au vIe siècle av. J.-C., il n'en est pas moins certain que le Bouddha connaissait à fond les doctrines philosophiques de son temps, que ses prédications roulaient souvent sur des matières de ce genre, et que, s'il s'arrêta au système *sânkhya*, ce ne fut point par un effet du hasard ni même par le sein même conscience de son choix. C'est dans les *sûtras* les moins développés que l'on doit chercher les doctrines les plus rapprochées de celles qu'il admettait. Dans la suite, chacun des docteurs bouddhistes voulut avoir sa doctrine philosophique, et l'église se partagea dans un grand nombre d'opinions, toutes fondées sur les paroles du maître, mais comprenant des conséquences auxquelles il n'avait jamais songé. Le *Sânkhya*, au point où il était parvenu à l'époque du Bouddha, n'était point un système athée ; mais donnant déjà naissance au *Yôga*, il admettait comme· principe absolu des choses un objet tellement métaphysique, qu'à peine pouvait-on dire s'il était un être ou non. Cette conception n'était point accessible à la foule, et ne pouvait offrir à personne un objet d'adoration et de culte. Mais la doctrine bouddhique admettait, comme celle des brâhmanes, avec quelques différences, la grande hiérarchie des êtres depuis les dieux supérieurs jusqu'aux derniers objets physiques. Elle admettait aussi la *mâyâ*, principe abstrait du mal, personnifié dans la suite sous le nom de *Mâra*, le tentateur. Le point de la métaphysique bouddhique qui a soulevé de nos jours les plus graves discussions est la question de la personnalité, qui, dans la philosophie *sânkhya*, comme en général dans le panthéisme, est résolue tout autrement que chez les chrétiens. En effet, chez ces derniers, la personnalité est considérée comme une perfection, et donnée à Dieu comme un de ses attributs les plus incontestables : il en est tout autrement dans les systèmes orientaux. Ici la différence des êtres est considérée comme provenant du même principe que leurs imperfections, c.-à-d. de la *mâyâ* ; les êtres raisonnables, qui sont identiques dans la partie la plus élevée de leur intelligence, la raison, ne diffèrent entre eux que par les rapports divers qu'ils ont avec les choses finies, rapports dont la *mâyâ* est la condition essentielle : or, c'est cette diversité des rapports qui constitue la personnalité ; elle est donc elle-même une imperfection, un mal ; elle est l'origine de l'ignorance, de l'erreur et du péché. A mesure que par la science et par la vertu on se soustrait de plus en plus à la magie des contacts, c.-à-d. aux vérités contingentes et aux objets sensibles, on sent à la fois la vie de l'intelligence s'agrandir en se concentrant et la personnalité se restreindre. Que par un effort suprême on parvienne à briser la dernière relation, on éteint par cela même la personnalité, on se perd dans le principe absolu des choses; c'est à la fois la délivrance (*môxa*) et l'extinction (*nirvâna*). Les chrétiens disent : c'est l'anéantissement complet; les philosophes bouddhistes disent : c'est l'anéantissement complet des conditions de l'existence. Telle est la nature du *nirvâna*, laquelle ne peut être comprise si l'on se place au point de vue d'un dieu personnel et créateur. On voit qu'en définitive il n'y a pas ici une doctrine essentiellement différente du *Sânkhya-Yôga*, et qu'après tout la philosophie religieuse des Bouddhistes n'est pas le nihilisme. D'ailleurs, une philosophie qui prêcherait le néant et promettrait comme but de la science, et, comme récompense des vertus les plus hautes et les plus pénibles à acquérir, l'anéantissement final et absolu, ne deviendrait jamais la religion de plusieurs centaines de millions d'hommes et n'eût pas duré déjà vingt-quatre siècles.

Nous ne pouvons entrer dans l'exposé des doctrines propres à chacune des sectes bouddhistes. Disons seulement que, dans la suite des siècles, la conception du Bouddha se généralisa, eut sa place dans la hiérarchie métaphysique des êtres, et devint le type de la perfection, au point que le principe absolu des êtres fut désigné sous le nom de Bouddha suprême ou primordial, *Adhi-bouddha*. Enfin ce fut par les incarnations successives de ce Bouddha primitif que fut expliquée l'existence des hommes supérieurs, des sages (*bouddhas*) qui viennent tour à tour enseigner au monde la doctrine du salut. Ces explications n'étaient pas une nouveauté dans l'Inde, puisque l'unité absolue de la substance, admise généralement dans la philosophie comme dans la théologie indienne, a pour conséquence que les êtres sont substantiellement contenus en Dieu, et ne sont individuellement que ses émanations; émanations d'autant plus voisines de leur source, qu'elles portent davantage le double signe de la perfection, la science et la vertu.

Si nous jetons un coup d'œil sur les effets de la philosophie bouddhique, nous reconnaîtrons que son principal mérite fut d'avoir appelé tous les hommes à la participation de sa lumière, en d'autres termes d'avoir vulgarisé la science en remplaçant la petite caste des brâhmanes par une église véritablement universelle (*sangga*), c.-à-d. libre et ouverte à tous. En ce sens, le Bouddhisme a accompli dans l'Asie, quoique banni de l'Inde centrale, la sécularisation que Kapila avait tentée au sein du Brâhmanisme : c'est là l'œuvre philosophique du Bouddha. En second lieu, la conviction personnelle, la foi libre (*çraddhâ*) étant substituée à l'autorité brâhmanique du *Véda*, la morale fut fondée pratiquement sur l'effort individuel et non plus sur la pratique de cérémonies traditionnelles dont le sens était perdu, métaphysiquement sur l'unité de la substance qui engendre l'universalité de la loi et la fraternité des hommes : la charité devint donc la forme la plus essentielle de la morale sociale, et la régulatrice de toutes les relations des hommes entre eux. C'est là l'œuvre religieuse de la philosophie bouddhique.

La doctrine philosophique des Jaïnas, qui dans l'Inde semblent avoir succédé aux Bouddhistes bannis, est encore peu connue; ils se rattachent aussi au système antique de Kapila. Mais ils paraissent aussi avoir une tendance prononcée vers la théorie des atomes, qui est en grande partie matérialiste. En effet, les brâhmanes modernes, qui s'appuient sur le *Védânta*, opposent aux Jaïnas que la matière, de quelque façon qu'elle soit combinée, ne peut produire l'intelligence ni rendre raison des facultés et des opérations de l'esprit. Si l'athéisme est au bout de cette doctrine hétérodoxe, les mêmes brâhmanes lui opposent la nécessité d'un principe organisateur de la matière, principe que la matière elle-même ne saurait ni contenir ni constituer. Du reste, la secte des Jaïnas est plutôt religieuse que philosophique; et l'on doit observer que ç'a été la destinée commune des divers systèmes philosophiques de l'Inde d'être d'abord purement spéculatifs, puis de développer leurs conséquences morales, et enfin d'aboutir à la simple pratique et de passer ainsi à l'état de sectes religieuses. Les Jaïnas sont peu nombreux dans l'Inde, surtout dans la partie de cette contrée qui est sous l'influence prépondérante des brâhmanes orthodoxes; et il ne paraît pas

que cette secte ait jamais reçu un très-grand développement.

Nous en devons dire autant de plusieurs autres systèmes hétérodoxes ou hérétiques, tels que ceux des Bârshaspatyas, des Tchârvâkas, des Lôkâyatikas. Nous n'avons en Europe aucun des ouvrages composés par ces sectes, et nous ne pouvons connaître leurs idées que par les citations assez rares et les réfutations accidentelles contenues dans les ouvrages de philosophie orthodoxe.

Enfin, dans les derniers siècles, la majeure partie des dissidents, soit qu'ils se rattachent à un nom connu et forment une secte, soit qu'ils aient eu des idées à eux, se sont élevés beaucoup moins haut en matière de philosophie que les anciens auteurs. Le milieu dans lequel ils vivaient allait s'abaissant d'année en année; l'antique panthéisme, dont le développement, unique dans l'histoire, avait produit de si grands effets, dégénérait en des cultes particuliers et véritablement polythéistes et idolâtriques, les seuls qui subsistent aujourd'hui de l'ancienne religion fondée sur le *Véda*. Malgré l'attachement des brâhmanes, nos contemporains, à leurs dogmes philosophiques, malgré la vénération qu'ils professent pour leurs anciens auteurs, on peut dire que l'esprit de Kapila, comme celui de Vyâsa, de Patanjali et de Yâjnavalkya, les a quittés, et que les'systèmes philosophiques de l'Inde ont dit leur dernier mot.

Le développement de la philosophie indienne a été original pendant toute sa durée. Les Grecs ne semblent pas avoir exercé une influence sensible sur elle : on a lieu de croire, au contraire, qu'à l'époque où les anciens philosophes de la Grèce rapportèrent les premiers éléments de la sagesse de leurs lointains voyages en Orient, l'Inde avait déjà vu paraître ses premiers grands systèmes de philosophie védique, la réaction libérale qui amena la tentative de Kapila, et la profonde fermentation d'idées d'où sortit le Bouddhisme. En effet, le Bouddha Çâkya-Muni vivait au VIᵉ siècle avant notre ère, et, à cette époque, la Grèce en était encore aux tâtonnements des philosophes de l'Ionie et de la Grande-Grèce; le Bouddha, au contraire, avait été précédé par la doctrine du *Sânkhya*, réforme rationaliste qui suppose un long développement antérieur de la théologie. Plus tard, lorsque se fondèrent en Orient les royaumes grecs des successeurs d'Alexandre, ni le Bouddhisme alors florissant, ni le Brâhmanisme n'avaient rien à demander à Platon, ni à Aristote, à plus forte raison aux écoles de philosophie morale, que ces deux religions laissaient bien loin derrière elles. Les mêmes considérations s'appliquent aux influences extérieures que l'Inde aurait pu subir dans les siècles moins reculés, soit à l'époque des premiers voyages des apôtres chrétiens vers l'Orient, voyages qui ne laissèrent après eux aucun prosélyte, soit plus tard à l'époque des missions chrétiennes : en effet, dans l'état de décadence où sont tombées les croyances indiennes et la philosophie avec elles, la civilisation de nos jours, avec toutes les forces dont elle dispose, trouve une résistance invincible dans les doctrines panthéistiques des brâhmanes, et ne parvient à rattacher au christianisme aucun d'entre eux. Il y a donc dans les hommes de cette race une grande force de croyance, et par conséquent une grande originalité.

V. Colebrooke, *On the Vedas*, dans les *Asiatic Researches;* le même, *Essai sur la philosophie des Hindous*, traduit par Pauthier, 1833, in-8°; le même, *The exposition of the Vedanta philosophy*, dans le *Asiatic Journal*, 1835; Windischmann, *Sankara, seu de theologumenis Vedanticorum*, 1833, in-8°; *Rig-Véda*, trad. en français par Langlois, 4 vol. in-8°; *Lois de Manou*, trad. par Loiseleur-Deslongchamps, 2 vol. in-8°; *Bhagavad-Gîtâ*, trad. par Em. Burnouf, in-8°, 1861; *Sânkhya Karika*, trad. par Colebrooke, 1837, in-4°; A. Mazure, *Essai sur la langue et la philosophie des Indiens*, Paris, 1837, in-8°; *Mémoire sur le Sânkhya*, par Barthélemy Saint-Hilaire, dans les *Mém. de l'Acad. des Sciences morales et politiques; Introduction à l'histoire du Bouddhisme*, par Eug. Burnouf, Paris, 1844, in-4°; Bird, *Historical researches on the origine of the Bouddha and Jaina religion*, Bombay, 1847, in-fol. Em. B.

INDIENNES (Langues). La langue que les Brahmanes apportèrent dans l'Inde à une époque inconnue, et que l'on désigne par le nom de *sanscrit* (*V. ce mot*), a été la langue dominante pendant plusieurs siècles, ainsi que le prouvent les traces qu'elle a laissées dans presque tous les dialectes postérieurs. Vers le IIIᵉ siècle avant l'ère chrétienne, elle fit place, comme langue vulgaire, au *prâkrit* (*dérivé, inférieur, imparfait*), en qui certains linguistes voient le reste d'antiques idiomes parlés dans la péninsule avant l'arrivée de la race brâhmanique, mais dont l'opinion générale fait un sanscrit négligé et corrompu (*V.* PRAKRIT), et ne survécut plus que comme langue savante dans les écoles et dans la littérature. D'un dialecte prâkrit naquit, vers le VIᵉ siècle de notre ère, le *pali* (*V. ce mot*), que les Bouddhistes employèrent pour la rédaction de leurs livres sacrés, et qu'ils transportèrent à Ceylan et dans l'Inde transgangétique. Dès avant le Xᵉ siècle, une autre langue dérivée du sanscrit, et écrite comme lui avec l'alphabet *dévanagari*, la langue *hindouïe*, se répandit dans tout le Nord de l'Inde : on la retrouve encore aujourd'hui, sous le nom de *braj-bhakha*, dans le pays de Braj (Bundelkund). L'hindouï, modernisé par les Hindous eux-mêmes, mais conservant encore d'ordinaire le dévanagari, porte le nom d'*hindi*; il est de préférence la langue littéraire des peuples non musulmans de l'Inde, et on lui donne, dans le pays d'Agra et de Dehli, le nom de *khâri boli* (*langue pure*). Depuis le XIIᵉ siècle, les Hindous musulmans emploient l'*hindoustani*, qui est un mélé de mots arabes et persans, et dans lequel on distingue deux dialectes principaux, l'*ourdou* (langue des camps), parlé dans le Nord, et le *dakhni*, parlé dans le Sud. L'hindoustani, adopté à la cour des Grands-Mogols, compris dans presque toutes les grandes villes, est resté, sous la domination anglaise, la langue de la diplomatie, de l'administration et du commerce. La grammaire de l'hindoustani, dit M. Vaïsse, est beaucoup plus simple que celle du sanscrit : on n'y compte que 2 genres, 2 nombres et 6 cas pour les noms, les adjectifs et les pronoms. Dans plusieurs temps de la conjugaison, on fait usage de deux auxiliaires, dont l'un, qui s'emploie avec la voix neutre et la voix active, signifie *être* ou *devenir*, et l'autre, qui s'emploie avec la voix passive, signifie *aller*. Chaque voix se conjugue sur un seul paradigme; mais les verbes composés peuvent, d'après la forme particulière que leur donnent certaines modifications apportées au sens primitif, être partagés en 10 classes (nominaux ou adverbiaux, intensitifs, potentiels, complétifs, inchoatifs, permissifs, acquisitifs, désidératifs, fréquentatifs, continuatifs). Les voyageurs donnent le nom de *moors* à une forme corrompue de l'hindoustani, patois plein de termes empruntés à toutes les nations avec lesquelles la population des côtes s'est trouvée en rapport, principalement aux Portugais. Enfin, il existe dans l'Inde certains dialectes provinciaux, dérivés du sanscrit : les principaux sont le *bengali* ou *gaur*, l'*orissa*, le *mahratte*, le *guzerate*, le *sindhi*, le *pendjabi*, le *cingalais*, le *kawi* (*V. ces mots*). — Indépendamment des idiomes de la souche brâhmanique, on parle dans le Dékan plusieurs dialectes qui ne leur sont pas apparentés, le *tamoul* ou *malabar*, le *kanara* ou *karnatique*, le *malayâla*, etc. *V.* DRAVIDIENNES (Langues).

V. Schultz, *Grammatica hindostanica*, Halle, 1745, in-4°; Fergusson, *Dictionary of the Hindostan language*, Londres, 1753 ; J. Gilchrist, *Dictionary English and Hindoostanee*, Calcutta, 1787, 2 vol. in-4°, et *Hindoostanee philology* (Dictionnaire hindoustani), Edimbourg, 1810, in-4°; Harris, *A Dictionary English and Hindostany*, Madras, 1790, in-4°; J. Taylor et W. Hunter, *Dictionary Hindustani and English*, Calcutta, 1808, 2 vol. in-4° ; J. Shakespear, *A Grammar of the Hindustani language*, Londres, 1818, in-4°, et *Dictionary Hindustani and English*, 5ᵉ édit., 1846, in-4°; W. Price, *Grammar of the Hindoostanee language*, Londres, 1827, in-4°; W. Yates, *Introduction to the Hindoostanee language*, Calcutta, 1827, in-8°; Sandford Arnot, *Hindustani grammar*, Londres, 1831, in-8°; Garcin de Tassy, *Rudiments de la langue hindoustani*, Paris, 1833, in-4°, et *Rudiments de la langue hindouïe*, Paris, 1847, in-8°; Dunkan Forbes, *A grammar of the Hindustani language*, Londres, 1848, in-8°; Ballantyne, *Elements of Hindi and Braj-bhakha grammar*, Londres, 1839, in-4°; Thompson, *Dictionnaire hindi*, G. Hadley, *Compendious grammar of the jargon of Indoostan called moors*, Londres, 1804, in-8°.

INDIENNES (Religions). *V.* VÉDA, BRAHMANISME, MANOU (Lois de), BOUDDHISME.

INDIGENCE (Certificat d'), acte qui a pour objet de constater l'état indigent d'un individu. Les maires, les commissaires de police, les bureaux de bienfaisance, délivrent des certificats de cette nature à ceux qui en ont besoin, soit pour obtenir des secours, ou un passe-port gratuit, soit pour entrer dans certaines maisons de refuge. Le certificat d'indigence peut donner lieu à l'exemption des droits d'enregistrement et de succession, à la remise ou modération des impôts, à la délivrance gratuite des actes de l'état civil, à la dispense de consigner l'amende en cas de pourvoi en cassation, au bénéfice de l'assistance judiciaire, à l'inhumation sans frais, etc.

INDIGENTS (Secours aux). *V.* ASSISTANCE PUBLIQUE; BUREAUX DE BIENFAISANCE, CHARITÉ LÉGALE, PAUPÉRISME.

INDIGNE, en termes de Droit, celui que la loi prive d'une succession ou d'une libéralité exercée en sa faveur, pour avoir manqué à un devoir essentiel envers la personne à laquelle il devait succéder ou envers l'auteur de la libéralité. L'*indignité* doit être prononcée par les tribunaux. Le Code déclare indignes : 1° celui qui aurait été *condamné* pour avoir donné ou tenté de donner la mort au défunt; 2° celui qui a porté contre le défunt une accusation capitale *jugée* calomnieuse; 3° l'héritier majeur qui, instruit du meurtre du défunt, ne l'aura pas dénoncé à la justice (ce défaut de dénonciation ne peut être opposé aux ascendants et descendants du meurtrier, ni à ses alliés au même degré, ni à son époux ou épouse, ni à ses frères et sœurs, ni à ses oncles et tantes, ni à ses neveux et nièces). Les enfants de l'indigne qui viennent à la succession de leur chef, et sans le secours de la représentation, ne sont pas exclus par la faute de leur père.

INDIVIDUALITÉ (du latin *individuum*, chose qui ne peut être divisée), ensemble des propriétés qui distinguent un être de tous les êtres de son espèce. Le mot *individuel* désigne ce qui appartient à un objet d'une manière indivisible et inséparable, de telle sorte qu'on ne peut l'en détacher sans détruire sa nature en tant qu'être particulier. L'*individuel* ne peut être reconnu que par l'observation, tandis que le *général* se détermine par la comparaison et la réflexion.

INDIVIDUALITÉ (Certificat d') ou d'IDENTITÉ, acte délivré par un notaire, par le maire ou un juge de paix à une personne, pour attester d'une manière authentique ses nom, prénoms, âge, qualité et demeure. Le créancier d'une rente publique non viagère est tenu de le produire au payeur du Trésor, pour en obtenir le payement (Décret du 24 août 1793). Les agents de change l'exigent, lorsqu'ils ont à opérer le transfert d'une rente appartenant à un individu qui leur est inconnu.

INDIVISION, état des biens *indivis*, c.-à-d. possédés en commun par plusieurs personnes, et dont elles se partagent seulement les fruits. Nul ne peut être contraint à rester dans l'indivision, et le partage peut toujours être provoqué, nonobstant prohibitions et conventions contraires (*Code Napol.*, art. 815).

INDO-EUROPÉENNES (Langues), une des grandes familles de langues, à laquelle M. Lassen a donné le nom d'*âryennes*, généralement adopté aujourd'hui par les savants. Quelques-uns opposent le nom à celui d'*iraniennes*, qu'ils donnent aux langues dont le zend est la souche, réservant celui d'*âryennes* aux langues qui se rattachent directement au sanscrit : cette distinction, historiquement inexacte, a l'inconvénient d'exclure en quelque sorte de la famille plusieurs langues de l'Europe, dont l'origine doit pourtant être cherchée dans l'Asie centrale. — Le sanscrit n'est pas la source d'où découlent les langues âryennes; il n'est lui-même qu'une de ces langues, plus semblable peut-être que les autres à l'idiome primitivement parlé dans le centre géographique de la race Iapétique, mais non plus ancienne que certaines de ces langues. Toutefois, comme il a été formé plus régulièrement et a dû, dans la période où il s'est développé pour parvenir à sa perfection, a subi moins d'altérations et reçu moins d'exceptions que la plupart des langues âryennes, il peut être considéré comme le type le plus pur de toute la famille. Plus une langue de famille âryenne se rapproche du sanscrit, plus elle se rapproche des formes primitives de l'idiome commun. Le berceau de cet idiome comprenait l'Arie, la Sogdiane et la Bactriane, c'est-à-dire les provinces d'Hérat, de Balk et de Samarkande; les Aryas occupaient donc les vallées de l'Hindou-Khô ou Caucase indien, tant au Nord qu'au Sud, et les plaines dominées par cette chaîne de montagnes. C'est de là qu'ils se répandirent dans plusieurs directions et s'établirent dans des contrées séparées, où ils formèrent des peuples indépendants et ignorés les uns des autres. Une portion notable du *Véda*, nous pourrions même dire le *Rig-Véda* presque entier (*V.* VÉDA), existait déjà avant la migration orientale ou brâhmanique fût arrivée dans l'Inde; les dogmes encore flottants et vagues contenus dans ces hymnes, ont été également le point de départ du magisme contenu dans l'*Avesta* (*V.* ZEND-AVESTA) ; et quand on veut se rendre un compte exact de la plupart des traditions grecques, latines, germaniques, slaves et scandinaves, c'est encore au *Véda* qu'il faut avoir recours. Le *Véda* est donc un monument commun de tous les peuples âryens, et la *langue védique* la souche commune de leurs langues, l'idiome central autour duquel les langues indo-européennes ont rayonné en s'en détachant. Quand les peuples de race âryenne se furent éloignés de leur demeure primitive, ils ne conservèrent de relations suivies, ni entre eux, ni avec leur berceau; leurs idiomes prirent des développements divers et des formes variées, nées de la variété des besoins, et n'eurent plus de commun entre eux que les racines des mots; de ces racines elles-mêmes plusieurs ont pu s'oublier et se perdre, comme aussi quelques racines nouvelles ont pu être inventées; mais le fond de ces langues est demeuré le même, et c'est en les comparant que nous retrouvons aujourd'hui leur parenté.

On peut partager en deux grandes classes les langues de famille âryenne : 1° celles du midi, formant trois groupes, les langues *sanscritiques*, les langues *iraniennes*, et les langues *pélasgiques;* 2° celles du Nord, formant aussi trois groupes, les langues *slaves*, les langues *germaniques*, et les langues *celtiques*. Les temps modernes, commençant à la conquête romaine et se continuant après l'invasion des Barbares, ont vu naître des idiomes nouveaux du mélange et de l'action mutuelle des langues anciennes de l'Europe; un fait analogue s'est produit en Asie après la conquête des contrées méridionales par les Aryas de l'Inde et par les Iraniens, et, plus tard, après la conquête musulmane, qui a introduit un élément sémitique dans des idiomes primitivement issus de la souche védique.

I. LANGUES DU MIDI. — Les Aryas, partis de l'Hindou-Khô, ayant pris leur direction vers l'Est, traversèrent l'Indus entre Attok et Badakchan, et, tenant à leur gauche les Himâlayas, descendirent dans les hautes vallées du Gange, où ils s'établirent. La langue védique, dont ils emportaient avec eux les monuments sacrés, se transformant peu à peu, devint le *sanscrit* (*V. ce mot*). — Le sanscrit pur était surtout la langue des Brâhmanes, c'est-à-dire de la caste supérieure, qui possédait le domaine de la religion, de la science et de la poésie. En contact perpétuel avec les races jaunes et noires qui peuplaient la presqu'île indienne avant l'arrivée des Aryas, les Brâhmanes ne parvinrent à conserver leur langue qu'en établissant entre eux et ces races la barrière infranchissable des castes; et c'est à cette institution qu'est due la conservation de la race blanche dans l'Inde, de sa religion, de ses productions littéraires, et enfin de l'idiome sanscrit, devenu la langue sacrée. Toutefois, malgré la défense formelle de la loi de Manou, le mélange s'accomplit par degrés surtout entre les castes inférieures, moins éclairées que les autres et qui recherchaient l'alliance des purs Aryas autant que ceux-ci fuyaient la leur. Le sanscrit se corrompit, particulièrement dans le bas peuple, dont il n'était pas la langue primitive et naturelle. Ainsi se forma le *prâcrit*, qui n'est pas une langue dérivée, mais une langue altérée : le peuple parlait ainsi au temps du roi Vikramâditya, qui commença à régner 56 ans av. J.-C. — Le *pâli* est dérivé du sanscrit à peu près au même titre que l'italien l'est du latin. C'est la langue des livres bouddhiques, et celle qui, avec eux, s'est le plus répandue hors de l'Inde; elle est en usage, au moins comme langue sacrée, dans beaucoup de pays où le bouddhisme est en vigueur, à Ceylan, chez les Birmans et les Siamois. — Nous ne donnerons pas ici la liste des nombreux idiomes nés du sanscrit plus ou moins intimement combiné avec les idiomes barbares des peuples du Sud, lesquels ne font point partie de la race âryenne. Mais nous ne pouvons passer sous silence les langues *hindie* et *hindouie*, qui ont succédé au sanscrit, et qui sont parlées et écrites dans la majeure partie de l'Inde centrale.

Le *zend* est la souche des langues iraniennes, et la plus importante d'entre elles. L'*Avesta*, le seul monument écrit qui nous en reste, énonce clairement l'origine des peuples de l'Iran : le lieu d'où ils sont venus est la Sogdiane. Cette tradition, conservée dans le livre de Zoroastre, et puisée à sa source première, établit la parenté des peuples iraniens avec ceux de l'Inde, et les rattache comme eux à des origines védiques. Les hommes qui, partis des vallées de l'Oxus, principal fleuve de la Sogdiane, formèrent cette branche de la race âryenne, prirent aussi pour eux le nom d'Aryas, commun à toute la race, et qui demeura celui de l'Arie et de la ville d'Hérat, sa capitale; c'est ce nom qui, par une modification

légère, est devenu celui de l'Asie entière, contrée des Aryas, et que les modernes donnent encore à la Perse, nommée par eux Iran. La langue iranienne, probablement avec des dialectes variés, se répandit ainsi vers le Sud; et nous savons par les livres zends qu'elle était admise dans toute l'Asie centrale, depuis la chaîne qui borde l'Indus à l'Occident jusqu'aux confins de la Médie. Faut-il considérer la langue zend comme identique au perse de la période achéménide? Non, si l'on en juge d'après les inscriptions cunéiformes de Persépolis, où s'est révélée une langue très-voisine du zend, mais non absolument la même. Quoi qu'il en soit, le zend fut, sans contredit, la langue sacrée du vaste empire des Perses, et, par cela même, plus ancienne que la langue vulgaire. Par le fait, elle se rattache de très-près à la langue du *Véda*, et présente des caractères qui ne permettent pas de la considérer comme plus jeune que le sanscrit et comme tirant de lui son origine. On peut diviser en quatre groupes les racines de la langue zende : 1° celles qui appartiennent également au sanscrit, au grec, au latin, au slave, au celtique et à l'allemand; ce sont de beaucoup les plus nombreuses; 2° celles qui ne se retrouvent pas dans le sanscrit classique, mais qui sont mentionnées dans les vocabulaires indiens comme lui ayant primitivement appartenu; 3° celles qui appartiennent exclusivement à l'idiome du *Véda*, rares en latin et en grec, plus communes dans les langues germaniques; 4° enfin, celles qui n'appartiennent qu'au zend et au persan moderne. Ces faits prouvent à la fois l'origine védique du zend et sa haute antiquité, puisqu'une portion de cet idiome se trouve contemporaine du *Véda*. Telle racine qui, en sanscrit, est demeurée solitaire, a eu, dans le zend, une famille de mots; telle autre n'a reçu que ses premiers développements, tandis qu'elle a sa famille complète dans une des langues de l'Europe. Cela établit simultanément la parenté et l'indépendance de ces langues. — Il ne nous reste des langues parlées jadis dans l'Asie Mineure que des noms, souvenirs à la vérité très-persistants du séjour des peuples dans une contrée, mais qui ne suffisent pas à refaire une langue perdue; toutefois ces noms de montagnes, de fleuves, de pays, de villes, joints aux traditions de cette presqu'île conservées par les auteurs grecs, prouvent que l'influence iranienne s'était étendue fort loin vers l'Occident longtemps avant les expéditions de Darius et de Cyrus lui-même. — Entre le zend et le persan moderne sont les deux principaux chaînons de l'idiome antique transformé sont le *perse* et le *parsi*, le premier parlé dans les temps historiques les plus anciens du royaume médo-persique, le second parlé avant l'époque des Sassanides. Le *persan* date de cette époque, et a subi lui-même, au milieu des révolutions de l'Asie centrale, des modifications successives. Cette langue, encore en usage dans la contrée qui s'étend de la mer Caspienne au détroit d'Ormuz, s'est assez bien conservée dans les livres et dans la société instruite, mais s'est profondément dénaturée dans la bouche du peuple; elle a fourni, du reste, une abondante littérature. — Les idiomes parlés dans l'Afghanistan, le Kurdistan et le Béloutchistan, idiomes privés de littérature, parce que, depuis leur formation, les peuples de ces pays n'ont pu parvenir à une civilisation suffisante, se rattachent directement à la langue zende, au même titre que le persan. — L'*arménien* ne tire pas son origine du zend par la même voie que le persan; il paraît en venir plus directement, et il est au moins l'égal de ce dernier en ancienneté. C'est à l'arménien, et peut-être même immédiatement au zend, que se rattachent aussi les dialectes parlés au pied du Caucase russe, vers le Midi. Comme l'ont prouvé les travaux faits de nos jours, les populations de ces contrées parlaient une langue éminemment âryenne : tel était l'idiome de la Colchide. — Il nous reste à citer encore le *péhlvi* (*pahalavi*), langue dont nous ne possédons qu'un seul monument, le *Boun-déhech* (*V. ce mot*), dont la rédaction n'est pas antérieure au VIIᵉ siècle de notre ère. Il paraît avoir été parlé dans la Médie dès le milieu du IIIᵉ siècle, au temps d'Ardeschir. Ce dialecte présente ce fait remarquable dans l'histoire des langues, d'être âryen par la plupart de ses racines, et sémitique par sa grammaire; aussi, quand on aborde l'étude des livres contenus dans l'*Avesta*, est-on frappé de trouver plus de ressemblance entre le zend et le persan moderne qu'entre le péhlvi du *Boun-déhech* et le zend du *Vendidad-sadé*.

Le nom de *pélasgiques* a été donné en commun à deux langues qui diffèrent en beaucoup de points l'une de l'autre, mais qui se rattachent également à l'Asie centrale par les traditions relatives aux Pélasges : ce sont le *grec* et le *latin*.

Les origines de la langue grecque sont diverses. Un premier fond fut apporté d'Asie par les Pélasges, partis, probablement en même temps que les Iraniens, de la chaîne de l'Hindou-Khô. Les populations de la Grèce qui succédèrent aux Pélasges ne parlaient pas une langue différente de la leur quant au fond; mais, comme elles paraissent s'être avancées de proche en proche par l'Asie Mineure et avoir longtemps séjourné dans la Phrygie et sur les rivages occidentaux de la presqu'île, elles furent pendant ce temps en contact avec les peuples iraniens déjà civilisés, et, à leur arrivée dans la Grèce, ces nouvelles migrations se trouvèrent mieux policées et plus savantes que l'antique génération des Pélasges. Il en résulta que la langue encore rudimentaire de ces derniers fit place presque partout aux dialectes venus d'Asie tout formés et presque parfaits, l'éolien, le dorien et l'ionien. D'un autre côté, la plupart des grandes familles de la Grèce prétendaient se rattacher à la Crète, pays où revivaient des traditions presque brâhmaniques. Une partie de la langue grecque tira également son *origine de cette* île, dont la population, partagée en castes sous les lois de Minos (Manou) et de son frère Rhadamanthe (Dharma-râja, le même que Yama et que le Djem-schid de l'*Avesta*), venait de l'Asie par Carpathos et le pays des Cariens. Ce qui nous reste de ce courant méridional des langues gréco-asiatiques établit en partie la transition entre le grec et l'idiome de l'Asie centrale; et s'il est vrai que le nom même des Crètes, des Cariens et de plusieurs peuplades et villes du Péloponnèse soit venu de la Carmanie, contrée aryenne sur les frontières de la Perse, on aura l'une des sources de la langue grecque, source qui n'est nullement pélasgique. Quoi qu'il en soit, le grec, considéré en lui-même, se rapproche du zend beaucoup plus que du sanskrit, et nous dit en quelque sorte qu'il est venu, comme la langue des anciens Perses, d'une migration occidentale des Aryas. — Il est remarquable que le grec n'a engendré aucune langue, et que le grec moderne ne diffère presque pas de l'ancien.

L'histoire de la formation du latin est encore pleine d'obscurités; mais son origine asiatique ne laisse aucun doute. On ne saurait dire quelle part ont eue dans le développement primitif de cette langue les Pélasges-Tyrrhéniens, ni ce qu'ont ajouté au fond venu d'eux les migrations postérieures et les colonies asiatiques, dont la plus problématique serait celle des Troyens. Le fait le plus frappant est la ressemblance de racines, de grammaire et de génie, que le latin présente avec le sanskrit. Cette parenté, est cependant moins prochaine que celle du grec avec le zend. Quoique le latin ne soit pas la langue de Rome seulement, mais celle d'une portion considérable de l'Italie, le génie pratique, c.-à-d. politique et militaire des Romains, a exercé sur son développement une influence prépondérante, jusqu'au jour (vers 240 av. J.-C.) où la littérature grecque commença à le modifier. Le latin fut porté par la conquête romaine dans une grande partie de l'Europe, et en expulsa presque entièrement les idiomes locaux, ou se combina avec eux et produisit les langues *néolatines*. Dans chacune de ces langues, on retrouve, à des degrés divers, ces anciens idiomes mêlés au fond néolatin. L'*italien* reproduit le latin presque pur dans la Toscane et les États du Pape, quoique là même il contienne un certain nombre de mots ostrogothiques ou lombards; mais le *provençal*, le *génois*, le *napolitain* renferment de nombreux vestiges du grec, sans compter les expressions empruntées aux idiomes des Barbares; le *vénitien* est à peine de l'italien. Le *portugais* et surtout l'*espagnol*, latins en majeure partie, rappellent souvent aussi l'arabe, et même l'antique idiome ibérien, langues étrangères à la famille aryenne. — Le *français* ne contient guère moins de mots latins que l'italien, et ne présente que de loin en loin des mots celtiques, galliques ou germaniques. Mais la modification ou plutôt la destruction de la grammaire latine a été beaucoup plus complète dans notre langue que dans celles du Midi. La suppression de l'accent tonique a entraîné une extrême confusion entre les sons des voyelles et des diphthongues et la disparition fréquente de syllabes entières. Si nous ne possédions des monuments de presque tous les âges de notre langue, l'origine d'une foule de mots serait méconnaissable, ce qui se voit aussi parfois dans l'espagnol. L'influence latine s'est encore propagée dans la Grande-Bretagne et la Germanie, mais avec moins d'empire. Le *valaque* n'est pas moins latin que le français. L'*albanais* rappelle aussi les langues italiques; mais, au lieu d'être venu du latin, il

semble tenir d'aussi près que lui, de plus près peut-être, à l'idiome des antiques Pélasges-Tyrrhéniens.

II. LANGUES DU NORD. — A mesure que l'on s'éloigne du foyer natal des Aryas, les langues issues de leur idiome primitif sont de moins en moins littéraires, et s'éveillent de plus en plus tard à la civilisation. Quelques-unes n'ont jamais pu la voir; les autres n'ont fait que la recevoir des Latins, qui eux-mêmes la tenaient des Grecs; de sorte que le foyer de la civilisation occidentale a été la Grèce, et surtout Athènes, comme l'Inde a été celui de l'Asie orientale et la Perse celui de l'Asie centrale.

Le *celtique*, comprenant l'idiome des Cimbres ou Bretons, et celui des Gaulois ou Gaëls, est encore parlé, mais fortement imprégné de latin, dans les péninsules les plus occidentales de la France et de l'Angleterre; il a été la langue de l'ancienne Gaule et d'une portion considérable de la Grande-Bretagne; mais, si l'on en excepte certains chants irlandais en gaélique, il n'a pu, dans les temps modernes, devenir autre chose qu'un patois. Ce qui nous en reste, surtout en Irlande, rappelle très-clairement l'Arie et la Bactriane, le nom même de cette île (*Érin*) n'étant peut-être que celui des Aryas. Le cimbre occupait une assez vaste étendue de pays sur l'Océan septentrional, et comprenant, avec le Danemark actuel, la Belgique (Balk?) et le sud de l'Angleterre.

La branche *slave*, surtout dans quelques-uns de ses rameaux, le *lithuanien* par exemple, offre ce fait singulièrement frappant d'une langue reproduisant l'idiome védique presque pur, à tel point que beaucoup de mots lithuaniens sont en même temps sanscrits. Si l'on prend cette langue pour terme de comparaison entre les idiomes slaves, c'est elle qui établit le mieux leur parenté avec la langue du *Véda*, et qui montre le mieux de quel lieu du monde sont venues ces populations du Nord. Le lithuanien, parlé aujourd'hui par plus d'un million d'hommes en Prusse et en Russie, est une langue tout à fait antique, égale peut-être en durée au latin, au grec, au zend et au sanscrit. Le lithuanien a donné naissance à l'ancien *prussien*, qui a été en grande partie remplacé par l'allemand : toutefois la famille slave est celle dont la langue offre le plus d'uniformité et le moins de dialectes, quoiqu'elle soit parlée par un grand nombre d'hommes. Parmi ces différents dialectes, nous ne citerons que le *russe*, la langue qui, en Europe, possède le plus grand nombre de sons et la plus parfaite euphonie. Elle est, de nos jours, de plus en plus pénétrée par l'influence gréco-latine, à laquelle elle finira par céder entièrement.

L'*islandais*, qui est l'ancienne langue des Scandinaves ou Normands, avant d'avoir produit le *suédois* et le *danois*, pouvait être considéré comme le type des langues germaniques. Toutefois il était lui-même issu du *gothique*, langue fort ancienne et rappelant de très-près celles de l'Asie centrale. Ce dernier, dont Ulphilas nous a légué un monument fort curieux, est donc la plus ancienne forme que nous ayons d'une langue germanique : il est du même ordre que le lithuanien dans la philologie. — Il y a déjà loin du gothique au *vieux saxon*, qui constitue en grande partie la langue des Flandres; mais l'*anglo-saxon*, qui a produit l'*anglais*, s'en éloigne encore davantage; et, cette dernière langue, la seule du groupe qui ait donné lieu à une grande littérature, un nombre très-grand de mots viennent du latin et sont empruntés au français. — Sans faire acception des dialectes divers de l'Allemagne, le *deutsch* ou *teutonique*, que nous nommons en général *allemand*, est, entre les langues littéraires de l'Europe contemporaine, celle qui a le plus les caractères d'une langue antique. Mais on ne doit pas exagérer ici la vérité; car les formes grammaticales de cette langue sont pauvres, et rappellent l'idiome d'où le deutsch est sorti a traversé une longue période de barbarie. L'ancien *haut allemand* tient le milieu entre l'allemand moderne et les langues de l'Asie centrale, et forme ici la *véritable transition*; toutefois, comme les monuments écrits de l'ancien haut allemand ne remontent pas à une époque reculée, il y a lieu de croire qu'entre lui et l'idiome primitif conservé dans le *Véda* il s'est écoulé un grand nombre de siècles, pendant lesquels a eu lieu la transformation de cet idiome lui-même.

V. Adelung, *Mithridates*, Berlin, 1806-17, 4 vol. in-8°; Vater, *Tableaux comparatifs des grammaires des langues de l'Europe et de l'Asie*, Halle, 1822 ; Raynouard, *Lexique roman*, ou Dictionnaire de la langue des troubadours comparée aux anciens langues de l'Europe latine, Paris, 1838-44, 6 vol. gr. in-8°; Murray, *History of the European languages, or Researches into the affinities of the Teutonic, Greek, Celtic, Sclavonic and Indian nations,*

Édimb., 1823, 2 vol. in-8°; F. Bopp, *Grammaire comparée du sanskrit, du zend, du grec, etc.*, en allemand, Berlin, 2 vol. in-4°, et *Observations sur cette grammaire*, par Eug. Burnouf (*Journ. des Savants*, 1833); Pott, *Etymologische Forschungen*, Lemgo, 1833, in-8°; Chavée, *Lexicologie indo-européenne*, Paris, 1849, in-8°; Eichhoff, *Parallèle des langues de l'Europe et de l'Inde*, Paris, 1836, in-4°; Pictet, *Les Origines indo-européennes*, Genève et Paris, 1859.
EM. B.

INDUCTION, opération de l'intelligence qui consiste à étendre naturellement et spontanément une croyance, dans le temps et dans l'espace, à tous les êtres et à tous les faits d'une même classe. Ainsi, lorsque nous percevons un mode dans un corps, nous croyons que ce mode y existe actuellement; mais, de plus, nous croyons naturellement que ce mode était dans ce corps avant la perception, et qu'il continuera d'y être quand celle-ci aura cessé. La croyance, en s'étendant à la fois dans le passé et dans l'avenir, érige en qualité ou en propriété permanente le mode qui a été perçu comme instantané. L'enfant qui s'est une fois brûlé en touchant au feu, croit qu'il se brûlera de nouveau s'il y touche. Ce raisonnement inductif que l'esprit fait pour le temps, il le fait aussi pour l'espace, et les modes observés deviennent des propriétés non-seulement permanentes, mais encore générales, et les rapports conçus comme constants et généraux deviennent des *lois*. Ainsi, par l'Induction, l'esprit s'élève du particulier au général, des faits aux lois, des effets aux causes. — L'Induction est légitime dans deux cas : 1° quand elle conclut de l'universalité des parties au tout, en s'appuyant sur l'idée même du tout; une énumération complète est la condition indispensable de sa légitimité; 2° quand de quelques parties seulement observées, elle conclut à un tout idéal collectif, espèce, genre, classe, etc., dont toutes les parties sont réputées semblables et soumises aux mêmes lois, ce qui suppose la croyance primitive à la fixité des espèces et des genres, à la stabilité et à la généralité des lois de l'univers. Cette dernière sorte d'induction est supérieure à la précédente, et la seule que Bacon admette comme réellement scientifique. Les règles à suivre dans l'induction ont été données par Newton dans ses *Regulæ philosophandi*, et par Bacon dans son *Novum Organum*. L'Induction est un procédé naturel à l'esprit humain; le philosophe anglais eut le mérite d'appeler l'attention sur une méthode jusqu'alors trop négligée, et d'en faire sentir la nécessité : à partir de ce moment, les sciences d'observation et d'expérimentation firent de rapides progrès. Cependant il faut remarquer que toute connaissance inductive n'est, à parler rigoureusement, qu'une probabilité souvent très-grande, et qui peut indéfiniment approcher de la certitude, sans y arriver jamais, parce que le progrès des sciences d'observation et d'expérimentation consiste à remplacer les théories par des théories plus exactes et plus complètes, à faire rentrer une loi générale dans une autre plus générale encore. V. Bacon, *Novum Organum*, liv. I, § 105 et suiv., et liv. II; Port-Royal, *Logique*, 4e partie; Cournot, *Essai sur les fondements de nos connaissances*, ch. IV.
R.

INDULGENCES. } V. ces mots dans notre *Diction.*
INDULT. } *de Biographie et d'Histoire.*

INDUSIUM, nom de la tunique des femmes chez les anciens Romains.

INDUSTRIE. Dans le langage ordinaire, l'industrie est opposée au commerce et à l'agriculture, et désigne le travail de l'atelier. Dans la langue de l'Économie politique, le mot *industrie* a une acception plus générale : c'est l'activité humaine appliquée à la matière, et l'appropriant aux besoins de la société. L'industrie existe à peine dans une société naissante; elle se développe, au contraire, dans une société civilisée; elle devient le lien des hommes et des nations, qu'elle tient plus étroitement unis que ne peuvent le faire les institutions et les alliances politiques. Un individu quelconque peut livrer les fruits de son travail à ses voisins, et, pourvu qu'il les ait fait agréer par eux, s'en faire restituer l'équivalent dans toute autre partie du monde que celle qu'il habite lui-même. Il travaille pour les Français, des Allemands, des Russes; il peut se faire rendre le prix de son travail par des Américains, des Indiens ou des Chinois. Tous les peuples se prêtent mutuellement assistance par l'industrie. La laine des troupeaux nourris par les Australiens est apportée en Europe par des navigateurs anglais; elle est versée par les négociants anglais sur le continent européen; là, convertie en fils et lainages par des travailleurs allemands, belges ou français, teinte à

l'aide de matières fournies par les Américains du centre, elle est transportée de nouveau, à l'état de drap confectionné, par des navigateurs de tous les pays, dans toutes les parties du monde. L'industrie constitue donc une grande organisation sociale, qui a pour principe l'intérêt personnel, pour objet fondamental la *production*, pour régulateur la *concurrence*, pour moyens d'action l'*échange* et la *division du travail* (*V.* ces mots).
L.

Dans les temps antérieurs à la conquête romaine, l'industrie de la Gaule fut sans importance et sans activité : elle ne commença à se développer qu'après J. César, lorsque les besoins d'une civilisation nouvelle firent sentir la nécessité de la production. Des manufactures s'établirent dans les grands centres créés par l'administration romaine : Arras, entre autres villes, eut des fabriques de draps dont il ne le cédaient en beauté et en finesse, dit Sᵗ Jérôme, qu'aux étoffes de soie. Les bouleversements dont fut accompagnée l'invasion des Barbares réduisirent l'industrie à quelques produits grossiers et aux arts de première nécessité. Pendant les temps mérovingiens, la fabrication de la draperie, des cuirs et des armes eut seule quelque importance, et, dans des ateliers ouverts par les moines au milieu de leurs couvents et par les rois sur leurs grandes métairies, quelques familles gauloises, ainsi que les *lètes* venus de la Germanie avec les conquérants, cardèrent le lin et le chanvre, tissèrent la toile, ou firent un peu de broderie en soie et en or. Charlemagne essaya d'activer l'industrie par de sages règlements; on voit dans son Capitulaire *De villis* qu'on employait la garance et le pastel pour teindre les étoffes : mais, d'un autre côté, il restreignit la libre production par des lois somptuaires. Après lui, les invasions des Normands, et l'établissement du système féodal retardèrent les progrès industriels de la France. Le droit d'exercer une industrie, d'ouvrir un atelier, s'acheta des seigneurs, et encore l'ouvrier n'était-il pas toujours garanti contre les violences de ces maitres qui prenaient tout ce qui était à leur convenance. Aucune législation précise, aucun pouvoir supérieur et respecté ne protégeait les producteurs.

Ce fut seulement aux XIIᵉ et XIIIᵉ siècles, à l'époque où s'organisèrent les Communes et les corporations d'arts et métiers (V. ARTS ET MÉTIERS), que l'industrie put renaître (*V.* ARTS ET MÉTIERS), et les Croisades contribuèrent à lui donner une grande impulsion en rendant les communications plus faciles et les marchés plus nombreux. On peut voir dans le *Livre des métiers*, rédigé au temps de Louis IX, par Étienne Boileau, quelles étaient alors les corporations industrielles, les conditions de l'admission à l'apprentissage et sa durée, les conditions de la maîtrise, les procédés de fabrication, etc. Les classes industrielles comptèrent désormais dans l'État, non-seulement comme associations laborieuses, mais aussi comme corps politiques, puisqu'elles intervinrent dans les élections municipales et purent prétendre aux magistratures de la cité, et comme corps militaires, puisqu'elles entrèrent dans les milices bourgeoises. Avec cette organisation, les progrès de l'industrie furent sensibles : des halles s'ouvrirent dans toutes les villes pour la vente des produits; des fabriques de coton s'établirent en Provence, et des fabriques de soieries à Lyon, Nîmes, et Beaucaire; Provins eut jusqu'à 3,200 métiers battants pour la confection des draps, et 4,700 ouvriers couteliers. Montpellier devint célèbre par l'habileté de ses émailleurs, Reims par ses toiles, les villes du nord par leurs tanneries, leurs teintureries, et leurs tapisseries, Cambrai par son orfévrerie, etc. Toutefois, la guerre de Cent Ans fut encore un obstacle à l'industrie, qui ne se releva qu'après l'expulsion des Anglais, surtout sous le règne de Louis XI. Ce prince établit, aux environs de Tours, des plantations de mûriers et des fabriques de soieries, et encouragea l'industrie minière.

Les guerres d'Italie donnèrent aux Français le goût du luxe, et l'industrie dut se faire plus savante, plus délicate dans ses procédés. François Iᵉʳ attira des ouvriers italiens habiles dans la fabrication des soieries, qui, à la fin de son règne, occupait 8,000 métiers en Touraine seulement; pour encourager les producteurs nationaux, il frappa de droits considérables les draps étrangers et les étoffes d'or et d'argent. Sous Henri II, Mutio de Bologne introduisit en France les verreries vénitiennes. A la même époque, l'ébénisterie produisait des meubles encore admirés aujourd'hui. Bien que l'industrie ait eu beaucoup à souffrir des guerres de religion, le gouvernement n'en oublia pas complétement les intérêts : ainsi, un édit de janvier 1572 prohiba l'exportation des matières premières et l'importation des matières ouvrées; dix ans plus tard, Catherine de Médicis entreprit de fonder à Orléans des manufactures de soieries et de tapisseries. Après le rétablissement de la paix intérieure, Henri IV releva l'industrie languissante, et favorisa, malgré la résistance de Sully, la production des objets de luxe : un tanneur nommé Roze alla dérober aux Hongrois leurs secrets de préparation des cuirs ; le célèbre établissement des Gobelins (*V. ce mot*) s'ouvrit ; la production des soieries devint telle, qu'on en exporta en 2 ans pour 18 millions, monnaie de temps ; on fonda des manufactures pour filer l'or, scier et marteler le fer, fabriquer des bas de soie, des tentures en cuir doré, des vases de cristal, etc. Les États-Généraux de 1614 formulèrent des vœux en faveur de l'industrie, demandant spécialement qu'on la protégeât par la prohibition des produits étrangers. Pendant l'administration de Richelieu et de Mazarin, les dissensions intestines et les guerres extérieures arrêtèrent l'essor de l'industrie, qui ne se ranima, mais avec un grand éclat, que sous le ministère de Colbert.

Colbert voulut affranchir l'industrie française de toute dépendance par rapport à l'étranger, et créer les genres de fabrication que l'on ne possédait pas encore. Des manufactures de glaces, établies à Tour-la-Ville près de Cherbourg, et à St-Gobain en Picardie, donnèrent des produits égaux à ceux de Murano et de Venise. La culture des mûriers prit assez d'extension pour qu'on pût se passer des soies étrangères, et le produit des manufactures de soieries s'éleva à plus de 50 millions. Des ateliers pour la fabrication des dentelles furent formés au Quesnoy, à Arras, Reims, Sedan, Château-Thierry, Alençon, Loudun, Aurillac, etc. Les tapis de Turquie et de Perse furent surpassés par ceux de la Savonnerie (*V. ce mot*), et les tapisseries de Flandre par celles des Gobelins ; d'autres manufactures de tapis furent créées à Beauvais et à Aubusson. Abbeville, Sedan, Louviers, fabriquèrent les draps tins, qu'on était auparavant obligé de demander à l'Angleterre et à la Hollande. Louis XIV avançait les manufacturiers en lainages 2,000 livres par chaque métier battant : aussi, dès 1660, on en comptait 44,200 dans le royaume. Les porcelaines sorties des ateliers de Sèvres n'eurent pas de rivales en Europe. Colbert, tout en développant les industries de luxe, fut loin de négliger la production des objets de première nécessité : il établit des fabriques de bas d'estame, de toiles à voile, et de savon blanc, appela en France des ouvriers suédois pour enseigner à extraire des pins les matières résineuses et à faire du goudron, fit venir également d'Allemagne des ouvriers ferblantiers, et déroba à l'Angleterre le secret de la trempe de l'acier. Il multiplia enfin, pour favoriser l'industrie nationale, les mesures prohibitives, qu'on regardait alors comme indispensables (*V.* Prohibition, Protecteur — Système).

La mort de Colbert, et la révocation de l'édit de Nantes, *qui fit sortir de France des milliers de familles industrieuses*, portèrent aux manufactures un coup dont elles se ressentirent pendant plus d'un siècle. Les Mémoires que les intendants des généralités furent chargés de rédiger, en 1698, prouvent, par exemple, que déjà la fabrication des soieries, qui avait occupé en Touraine 20,000 ouvriers, et un nombre double de femmes et d'enfants, n'employait plus que 4,000 ouvriers des deux sexes, et que Lyon, qui comptait naguère 18,000 métiers, en avait perdu plus des trois quarts. Le XVIIIe siècle fut moins remarquable par les progrès de l'industrie que par les demandes de réforme dans le système des corporations : les économistes réclamèrent la liberté du travail, et, après une suppression momentanée des maîtrises et des jurandes pendant le ministère de Turgot, elles disparurent tout à fait par décret de l'Assemblée *constituante* en date du 13 février 1791. L'essor que la libre concurrence n'aurait pas manqué d'imprimer à l'industrie fut malheureusement arrêté par les guerres civiles et extérieures qui signalèrent les premières années de la République : cependant, à cette époque appartient la création du Conservatoire des arts et métiers, destiné à collectionner les modèles de toutes les machines industrielles, et auquel furent adjoints, à partir de 1819, différents cours publics d'enseignement. De la République date également la législation relative aux brevets d'invention, pour garantir aux inventeurs les profits, au moins temporaires, de leurs découvertes. A partir de 1798, l'industrie se releva : cette année-là même, il y eut une Exposition de ses produits à Paris, dont les solennités de ce genre revinrent plus tard à des époques périodiques. La *Société d'encouragement*, fondée le 9 brumaire an x, exerça sur le développement de l'industrie la plus heureuse influence, par les prix qu'elle distribua chaque année, et qui s'élèvent aujourd'hui à plus de 200,000 fr. Sous le 1er Empire, la production de la laine et de la soie, la fabrication des lainages, des cotonnades, des fers, des cristaux, de la coutellerie, de l'horlogerie, fit d'immenses progrès ; les casimirs, les couvertures, la ganterie, les nankins de Rouen, furent surtout remarqués ; la France se trouva affranchie du tribut qu'elle payait à l'étranger pour un grand nombre d'objets, tels que les aciers, les faux, les limes. Lors du blocus continental, l'industrie française fit des efforts prodigieux pour suffire à la consommation de l'Europe privée des produits anglais. Les primes et les encouragements furent multipliés par Napoléon Ier, surtout pour la fabrication du sucre de betterave. Un décret du 7 mai 1810 promit un million de francs à celui qui construirait une machine à filer le lin, et les malheurs de la fin de l'Empire empêchèrent seuls de récompenser Philippe de Girard, l'auteur de cette invention. Depuis la Restauration, les perfectionnements de l'industrie ont été nombreux et rapides : ils n'ont eu que deux temps d'arrêt, produits par le malaise général qui suivit les révolutions de 1830 et de 1848. Au commencement du XIXe siècle, il existait à peine quelques machines à vapeur ; on les compte aujourd'hui par milliers. La filature du coton, de la laine et du lin se fait sur une grande échelle ; les draps, les stoffs brochés, les châles, ont atteint une perfection qu'il semble impossible de surpasser ; l'application du métier à la Jacquart a permis aux manufacturiers de l'Alsace de fabriquer des percales et des jaconas dignes de rivaliser avec les produits anglais de ce genre ; les machines à papier continu ont été créées ; la bougie stéarique et le bleu de Prusse ont aussi pris place dans l'industrie ; les progrès de la fabrication des aiguilles ont rendu moins fréquentes les importations de l'Angleterre ; nos soieries, nos cuirs vernis, nos maroquins, notre parfumerie, nos instruments de chirurgie, de mathématiques et de physique, nos meubles, nos bronzes, notre bijouterie, nos modes, etc., obtiennent une préférence marquée sur tous les marchés. Aussi, les inquiétudes éveillées par une extension de la liberté des échanges internationaux à partir de 1861 n'ont-elles pas été généralement justifiées : un abaissement prudent et nécessairement progressif des droits qui frappent les matières premières, la réduction des frais de transport, un outillage plus parfait qui permette une production plus rapide, plus abondante et moins coûteuse, enfin la conviction qu'on ne doit ni s'engourdir dans la routine, ni compter sur l'État ou sur personne autre que soi-même, telles sont les conditions de succès dans une lutte internationale dont le but final doit être l'avantage des consommateurs.

INDUSTRIE (Expositions de). INDUSTRIE (Palais de l'). } *V.* notre *Dictionnaire de Biographie et d'Histoir*

INDUSTRIEL (Dessin). *V.* Dessin.

INDUSTRIEL (Enseignement). Cet enseignement n'existait pas en France ni en Europe avant 1789 : les gens de métier suivaient des usages établis, acceptaient des procédés introduits dans la pratique, et faisaient tout ce qu'ils avaient vu faire, sans chercher à innover. Depuis la Révolution, on s'est préoccupé de l'instruction professionnelle, et les Écoles primaires supérieures, libres ou annexées à des collèges, les Écoles d'arts et métiers, l'École centrale des arts et manufactures, le Conservatoire des arts et métiers, forment aujourd'hui un ensemble d'enseignement industriel qui semble ne laisser rien à désirer.

INDUSTRIELLE (École), nom donné au groupe d'économistes qui proclament que la première source de la richesse est le travail. Adam Smith a été le fondateur de cette école.

INDUSTRIELS (Arts). *V.* Arts et métiers.

INDUT (du latin *indutus*, habillé, revêtu), nom donné, dans certaines églises, à des clercs revêtus d'une aube et d'une tunique, qui, dans les messes solennelles, assistent le prêtre, le diacre, et le sous-diacre à l'autel.

INFAILLIBILITÉ, privilège de ne pouvoir ni se tromper soi-même, ni tromper les autres en les enseignant. L'infaillibilité de l'Église n'est autre chose, comme le fait observer Bossuet, que « la certitude invincible du témoignage qu'elle rend de sa doctrine, et l'obligation dans laquelle est chaque fidèle d'acquiescer et de croire à ce témoignage. » Elle a pour base les promesses de son fondateur. « Je suis tous les jours avec vous jusqu'à la consommation des siècles (St Mathieu, XXVII), » dit Jésus aux pasteurs de l'Église en la personne des Apôtres, c.-à-d. qu'il est avec eux pour les préserver de l'erreur. Il dit encore : « Celui qui vous écoute m'écoute (S¹ Luc, x); » or, serait-ce écouter Jésus-Christ que d'écouter l'erreur, si l'Église venait à l'écouter? On lit enfin dans S¹ Jean (xiv) : « Mon Père vous donnera un autre Paraclet, afin qu'il demeure avec vous pour toujours; c'est l'esprit de vérité. » Chaque évêque en particulier n'est pas infaillible; il n'a part à l'infaillibilité qu'autant qu'il concourt au témoignage unanime, qui est la marque de la vérité. Les théologiens d'Italie soutiennent que le pape est infaillible, même sans le reste des pasteurs. Ce qui est avoué de tout le monde, c'est que l'Église universelle est infaillible dans ses décisions dogmatiques ou morales, et que les jugements du pape ont la même infaillibilité que les décisions des conciles dès qu'ils sont appuyés du consentement des pasteurs de l'Église.

INFAMANTE (Peine). *V.* PEINE.

INFAMIE. *V.* ce mot dans notre *Dictionnaire de Biographie et d'Histoire.*

INFANT. *V.* ce mot dans notre *Dictionnaire de Biographie et d'Histoire.*

INFANTERIE (de l'italien *fante*, homme de pied), nom générique des troupes combattant à pied. L'infanterie, chez les Grecs et les Romains, fut la partie principale des armées; au moyen âge, elle céda le pas à la cavalerie, pour reprendre toute son importance après l'invention de la poudre à canon. De même qu'on distinguait chez les Anciens différents corps d'infanterie (*V.* ARMÉE), on a séparé chez les Modernes l'*infanterie de ligne* et l'*infanterie légère* : mais on était arrivé, en France, à ne plus les distinguer que par la couleur du collet et des boutons, l'habillement, l'armement, l'organisation, l'instruction et le service étant identiques; c'est seulement en 1854 qu'on a supprimé la distinction des deux infanteries. La véritable infanterie légère se compose aujourd'hui des chasseurs à pied, dits chasseurs de Vincennes. L'infanterie française est distribuée par *régiments*, subdivisés en *bataillons*, et ceux-ci en *compagnies* : on forme des *brigades* avec les régiments, et des *divisions* avec les brigades (*V.* ces mots). L'*infanterie légère d'Afrique* n'a rien dans son organisation, ni dans son service, de ce qui constitue une troupe légère; cette qualification conviendrait beaucoup mieux aux régiments de zouaves. On nomme *infanterie de marine* un corps chargé de défendre les colonies, de garder les ports et les arsenaux, de faire toutes les expéditions de guerre maritime, et d'accroître la force militaire des vaisseaux.

INFANTICIDE (du latin *infans*, enfant, et *cædere*, tuer), meurtre d'un enfant nouveau-né, commis par le père ou la mère. Il est licite en Chine, et beaucoup de peuples anciens ne l'ont pas considéré davantage comme un crime. Notre *Code pénal* (art. 300-302) le punit de mort; la loi du 25 juin 1824, qui avait réduit la peine pour la mère à celle des travaux forcés à perpétuité, a été abrogée par celle du 28 avril 1832, qui autorise, du reste, le jury à admettre des circonstances atténuantes. Le nombre des infanticides a continuellement et progressivement augmenté en France; cela tient peut-être aux mesures prises pour rendre plus difficile l'admission aux hospices d'enfants trouvés, ou tout simplement à ce que la constatation des crimes se fait avec plus de soin et de certitude.

INFÉODATION. } *V.* ces mots dans notre *Dictionnaire*
INFÉRIES. } *de Biographie et d'Histoire.*

INFIDÈLE, en termes de Théologie, celui qui n'a pas reçu la foi chrétienne, ou qui, l'ayant reçue, l'a repoussée. Dans le premier cas, c'est un *infidèle négatif;* dans le second, c'est un *infidèle positif.*

INFINI. *V.* FINI.

INFINITIF, mode des verbes marquant l'état ou l'action d'une manière indéfinie, et, dès lors, sans aucun rapport exprimé de nombre ni de personne : *être, avoir, aimer.* En français, l'infinitif est susceptible des trois temps à l'actif et au passif : présent, *frapper, être frappé;* passé, *avoir frappé, avoir été frappé;* futur, *devoir frapper* (peu usité, surtout au passif). En latin, il a, de plus, le futur passé, mais à l'actif seulement. En grec, il a le présent, le futur, l'aoriste, le parfait, et le futur passé aux trois voix.

Dans les trois langues, l'infinitif fait fonction ou de sujet ou de régime, soit direct, soit indirect; mais, en grec et en français seulement, on peut le faire précéder d'une préposition. En grec, cela est toujours possible, pourvu qu'il y ait un article; en français, seulement avec quelques prépositions : ainsi, *dans, en, sur, contre, à cause de,* etc., ne peuvent aller devant un infinitif : *à, de, pour, sans,* sont les plus usitées. Cette faculté de mettre une préposition devant l'infinitif est suppléée en latin par l'usage du gérondif (*V.* ce mot). Néanmoins les poëtes,

fort rarement les prosateurs, emploient l'infinitif à la place du gérondif; ils l'emploient aussi là où l'usage général de la langue demandait un supin en *um* ou en *u* : « Quod si tantus amor casus *cognoscere* nostros, » au lieu de *cognoscendi;* — « Non ferro Libycas *populare* penates Venimus, » au lieu de *populatum;* — « Niveus *videri,* » pour *visu.*

Dans les trois langues, surtout en grec, l'infinitif devient quelquefois un véritable substantif : *le savoir, le devoir, le pouvoir, le vivre, le dormir, le manger, le boire, le rire; tel est son dire.*

Avec *son marcher lent* quand arriverait-elle?
LA FONTAINE, *Fables,* XII, 15.

Ou plutôt que ne puis-je, au *doux tombeur du jour...*
LAMARTINE.

Perse a dit *scire tuum; nostrum istud vivere.* Ces observations s'appliquent généralement aussi aux langues modernes, comme l'italien, l'espagnol, l'allemand, l'anglais : seulement ces deux dernières langues offrent cette particularité que, dans l'une, l'infinitif est précédé de la particule *zu,* et, dans l'autre, de la particule *to.* Autrefois notre langue faisait un usage plus hardi de l'infinitif employé comme complément soit avec, soit sans l'article; les auteurs du XVIᵉ siècle en offrent des exemples remarquables, ceux-ci entre autres : « Gardant ses gens *d'être oisifs,* » c.-à-d. *de l'oisiveté;* « Fuyant *l'être* souvent *vus* du peuple, » etc. Ce sont des hellénismes qu'on cherchait à introduire dans la langue, mais auxquels on a renoncé, parce qu'ils ont quelque chose d'étrange et de contraint.

En grec, en latin, en français, l'infinitif employé comme complément joue le rôle d'une proposition complétive précédée de ότι, *quod, que.* En français, cela a lieu seulement lorsque le sujet des deux propositions est le même : « *Crésus croyait être* le plus heureux des mortels, » c.-à-d. *Crésus croyait qu'il était.* En grec, les deux syntaxes étaient facultatives et ont toujours existé simultanément, excepté avec les verbes βούλομαι, δεῖ, χρή, et quelques autres analogues. En latin, l'infinitif fut longtemps seul admis : « Crœsus *se esse* felicissimum omnium putabat; » l'usage de *quod,* remplacé quelquefois par *quia, quoniam,* ne devint général qu'au vᵉ siècle après J.-C. : « Crœsus putabat *quod esset* felicissimus. » Ce tour eût semblé barbare au siècle d'Auguste. En français et dans toutes les langues modernes, l'infinitif a été généralement remplacé par l'emploi de la conjonction *que* et de celles qui y correspondent.

Un usage remarquable de l'infinitif en français, c'est de suppléer quelquefois l'impératif; nous disons : *Rechercher les origines de telle institution;* au lieu de : *qu'on recherche,* ou on recherchera. Il en est de même en grec.

L'infinitif présent s'emploie très-souvent en latin à la place du présent et de l'imparfait de l'indicatif dans le style de l'histoire et dans les narrations de tout genre; c'était une manière de donner plus de rapidité et d'entrain au style. Le sujet est toujours au nominatif : « *Numidæ, alii* postremos *cædere, pars* a sinistra ac dextera *tentare.* » Cette syntaxe, inconnue aux Grecs, a passé en français, mais seulement dans le style familier; l'infinitif, en ce cas, est toujours précédé de la préposition *de* :

Rats en campagne aussitôt;
Et le citadin de dire :
Achevons tout notre rôt.
LA FONTAINE, *Fab.* I, 9.

Cette préposition *de* s'employait fréquemment autrefois lorsque l'infinitif, jouant le rôle de sujet, commençait la phrase; ainsi l'on disait : « *De mentir,* c'est bien honteux, » comme nous disons encore aujourd'hui : « Il est bien honteux de mentir. » On lit dans Boileau :

Mais *de blâmer* des vers ou durs ou languissants,
De choquer un auteur qui choque le bon sens,
De railler un plaisant qui ne sait pas nous plaire,
C'est ce que tout lecteur eut toujours droit de *faire.*

L'infinitif s'emploie dans toutes les langues pour marquer l'étonnement, l'indignation :

Moi, le faire empereur! Ingrat, l'avez-vous cru?
RACINE, *Britannicus,* IV, 2.

... Mene incepto desistere victam,
VIRGILE, *Énéide,* I, 41.

L'infinitif s'emploie très-souvent en français après les mots interrogatifs, que la phrase soit directe ou indirecte : *Que faire? Pourquoi rester? Comment sortir? Ils ne*

surent que trouver, comment s'y prendre, où aller? etc.
E.1 grec et en latin, l'infinitif s'employait aussi, mais
dans un cas différent, après les interrogatifs et les excla-
matifs; c'était dans les discours indirects.　　P.

INFIRMERIE, local spécialement affecté au traitement
des malades dans tout établissement où vivent en commun un certain nombre d'individus, par exemple dans
les couvents, séminaires, colléges, prisons, etc.

INFIRMIERS, préposés à la garde et au service des malades dans les hôpitaux. Ce sont des soldats organisés par
compagnies et par escouades, soumis aux règles de la
hiérarchie et de la discipline, qui remplissent ces fonctions dans les hôpitaux militaires : leurs caporaux et sergents, dits infirmiers-majors, sont placés sous les ordres
immédiats des officiers d'administration comptables.

INFLEXION ou FLEXION, propriété que possèdent les
mots déclinables de s'infléchir, de se modifier selon les
rapports qui modifient l'idée même exprimée par le mot.
Cette propriété est d'autant plus commune dans une
langue, que cette langue est plus apte à recevoir une
grande variété de terminaisons : telles sont les deux
langues anciennes et la langue allemande. Ainsi, dans ces
trois langues, selon qu'un nom ou pronom est sujet, ou
complément soit d'un nom, soit d'un adjectif, soit d'un
verbe, soit d'une préposition, et selon qu'un verbe a
rapport à un ou à plusieurs sujets, ou à l'une des trois
personnes, la désinence ou terminaison de ce nom, pronom ou verbe, est modifiée d'une manière spéciale.
Ainsi : « Paulus amat Petrum; Pauli frater a Petro
amatur; Ego illos amo; tu me cum summo studio di-
ligis; nos sumus illis carissimi, etc. » Les langues néo-
latines et la langue anglaise sont beaucoup moins riches
à cet égard que le grec et le latin; et l'allemand forme
comme une sorte d'intermédiaire, se rapprochant plus,
néanmoins, de la pauvreté des langues modernes.　P.

INFORMATION. V. Enquête.

INFRACTION (du latin frangere, briser), toute violation d'une loi, d'un traité. Les infractions aux lois se
divisent en contraventions, délits et crimes (V. ces mots).

INFULE. V. ce mot dans notre Dictionnaire de Biographie et d'Histoire.

INGÉNIEUR, autrefois engegnour, ingegnour (de l'italien
ingegno, engin, machine), savant qui conduit et dirige les
travaux d'art à l'aide des sciences appliquées. On distingue, en France, les Ingénieurs de l'État, chargés de
services publics, et les Ingénieurs civils, employés par
les particuliers ou par les villes. Les premiers comprennent : 1° les Ingénieurs des eaux et forêts, chargés de la
conservation des bois et forêts, de la construction et de
l'entretien des rives, canaux, aqueducs, etc. ; 2° les Ingénieurs-Géographes, institués sous Louis XV pour dresser
des cartes civiles et militaires, lever les plans des champs
de bataille, etc. ; ils sont, depuis 1831, réunis au corps
de l'État-major; 3° les Ingénieurs-Hydrographes (V. Hydrographes, dans notre Dictionnaire de Biographie et
d'Hist.); 4° les Ingénieurs de la marine (V. Génie maritime); 5° les Ingénieurs militaires (V. Génie militaire;
6° les Ingénieurs des mines (V. Mines); 7° les Ingénieurs
des ponts et chaussées (V. Ponts et Chaussées).

INGÉNUE, emploi de théâtre, celui où l'on représente
les jeunes filles naïves. L'Agnès de l'École des Femmes
de Molière est le type des rôles d'ingénues. Mlles Gaus-
sin, Mars, Anaïs, et Plessy ont été les actrices les plus
renommées dans cet emploi.

INGRÈS, terme de Droit canonique, désigne le droit en
vertu duquel celui qui a résigné, avec stipulation de retour, un bénéfice dont il n'a pas pris possession, peut
rentrer dans ce bénéfice (ingredi in beneficium) au cas
pour lequel le retour a été stipulé.

INHUMATION. V. ce mot dans notre Dictionnaire de
Biographie et d'Histoire.

INITIALE (du latin initium, commencement), lettre
commençant un mot. Elle doit toujours être majuscule
au commencement d'une phrase, et dans les noms propres
ou dans les noms communs personnifiés. En allemand,
tous les substantifs et adjectifs pris substantivement reçoivent une initiale majuscule. Une lettre initiale sert
souvent à désigner un nom, soit propre, soit commun,
que l'on ne veut pas laisser connaître de tout le monde,
ou qu'on ne veut pas écrire en entier pour des motifs de
bienséance. La plupart du temps, les prénoms se marquent par une simple initiale : J. Racine (Jean Racine),
P. Corneille (Pierre Corneille). — Les lettres initiales
sont aussi employées comme abréviations. V. Abréviations, Majuscules, et le 1er article de chacune des lettres
de l'alphabet dans ce Dictionnaire.

INITIATION, cérémonie par laquelle on était admis,
chez les Anciens, à la connaissance et à la participation
de certains mystères de la religion. Les Modernes emploient le même mot pour désigner l'admission dans une
société secrète.

INITIATIVE, en Droit politique, pouvoir de proposer
des lois. La Constitution de 1791 l'attribua à l'Assemblée
législative; celle de l'an III le réserva au Conseil des
Cinq-Cents, mais le Directoire avait le droit de provoquer par un message l'action de la puissance législative.
D'après la Constitution de l'an VIII et sous le premier Empire, l'initiative des lois appartint au gouvernement. Sous
le régime de la Charte de 1814, le roi seul proposait les
lois; mais les Chambres pouvaient le supplier de faire
présenter tel ou tel projet, et indiquer ce qu'il devait
contenir. D'après la Charte de 1830, la proposition des
lois appartint au roi, à la Chambre des pairs et à la
Chambre des députés. Sous la Constitution de 1848, le
président de la République partagea l'initiative avec l'Assemblée nationale; de 1852 à 1870, elle fut réservée au
gouvernement.

INJURE (du latin in, contre, et jus, droit), expression
d'outrage ou de mépris adressée à autrui. L'injure qualifiée est celle qui a été proférée dans un lieu public : elle
est punie correctionnellement d'une amende de 16 fr. à
500 fr. Si l'injure n'a pas été proférée publiquement, elle
se poursuit devant les tribunaux de simple police, et est
punie d'une amende de 1 à 5 fr.; la contravention disparaît même s'il y a eu provocation préalable (Code pénal,
art. 471). Les injures proférées à l'audience d'un tribunal peuvent être jugées immédiatement. L'injure contre
l'Empereur prend le nom d'offense (V. ce mot); celles
contre les grands corps de l'État, les officiers ministériels
et les fonctionnaires publics se nomment outrages (V. ce
mot). En matière de Presse, l'injure est toute invective
ne renfermant l'imputation d'aucun fait déterminé, ce en
quoi elle diffère de la diffamation (V. ce mot).

INKRAN (Idiome). V. Acra.

INONDATION, débordement des eaux qui sortent de
leur lit. Quand elle est l'effet d'une force majeure, personne n'en est responsable; mais si elle résulte d'ouvrages pratiqués dans une propriété, celui qui a fait
exécuter ces ouvrages est responsable du dommage qu'il
a causé à autrui. Les propriétaires, fermiers ou autres,
jouissant de moulins, usines ou étangs, et qui, par l'élévation du déversoir de leurs eaux au-dessus de la hauteur déterminée par l'autorité, ont produit une inondation,
sont passibles d'une amende de 50 fr. au moins (Code
pénal, art. 457); si cette inondation a fait quelques dégradations, la peine est augmentée d'un emprisonnement
de 6 jours à 1 mois.

IN PACE. V. ce mot dans notre Dictionnaire de Biographie et d'Histoire.

INSAISISSABLE. Le Code de Procédure (art. 580-592)
déclare insaisissables : 1° les provisions alimentaires;
2° les sommes et objets disponibles déclarés insaisissables par le testateur; 3° les choses déclarées insaisissables par la loi, comme le coucher des saisis, les habits
dont ils sont vêtus, les livres, instruments ou outils nécessaires à leur profession; une vache, deux chèvres ou
trois brebis, au choix du saisi; 4° les immeubles par destination (V. Immeubles); les rentes sur l'État sont insaisissables; les traitements et pensions dus par l'État ne
peuvent être saisis que pour une portion (V. Appointements). La solde des militaires inférieure à 600 fr. est
insaisissable; elle n'est saisissable que pour un 5e lorsqu'elle dépasse cette somme.

INSCRIPTION, en grec épigramma, épigraphè, en latin
inscriptio, titulus, se dit de tout texte gravé ou peint sur
le marbre, la pierre ou les métaux. On joint aux monuments de ce genre les papyrus de l'Égypte. La science
des inscriptions se nomme l'épigraphie, et celui qui s'en
occupe, épigraphiste. Les notions que fournissent les inscriptions peuvent être incomplètes; mais ces inscriptions, généralement contemporaines des événements et
des hommes dont elles ont perpétué la mémoire, exposées pendant des siècles au milieu de populations qui
pouvaient les contredire si elles étaient mensongères,
offrent un caractère d'authenticité et de certitude que
ne possèdent pas toujours les relations des historiens.
L'épigraphie rend des services importants à la linguistique : c'est par les inscriptions cunéiformes (V. ce mot)
que les savants de nos jours ont retrouvé l'idiome des
anciens habitants de la Babylonie, de la Médie, et de
la Perse; les inscriptions leur ont également permis de
reconstituer celui de la vieille Égypte (V. Hiéroglyphes);

nous leur devons enfin tout ce que nous savons des langues parlées par les Lyciens, les Lybiens, les Étrusques, les Osques, les anciens Scandinaves (*V.* RUNES). L'utilité des études épigraphiques pour l'histoire ancienne est de toute évidence : les *Marbres de Paros* pour la Grèce, les *Fastes consulaires* pour Rome, ont assuré et complété la chronologie ; la *Colonne de Duilius* a conservé le souvenir de la première victoire navale des Romains ; le *Monument d'Ancyre* est une des sources les plus précieuses de l'histoire de l'empereur Auguste. Les inscriptions confirment le témoignage des historiens, ou suppléent aux lacunes que le temps a faites dans leurs ouvrages. La science du Droit romain a tiré des inscriptions une foule de textes, de formules, avec leurs applications ; enfin ce n'est que par les inscriptions recueillies dans notre conquête de l'Algérie, que l'on a connu toute l'étendue des possessions romaines dans ce pays. Malgré tant de faits, que nul ne conteste, les Modernes font à peine usage des inscriptions pour eux-mêmes : ils semblent croire, bien à tort, que l'imprimerie et la gravure doivent tout éterniser. *V.* Maffei, *Ars critica lapidaria* (dans le Supplément au *Thesaurus* de Muratori) ; Oudendorp, *De veteribus inscriptionibus et monumentorum usu*, Leyde, 1745, in-4° ; Zaccaria, *Istituzione antiquario-lapidaria*, Rome, 1770, in-8° ; Sportono, *Trattato dell'arte epigrafica*, Savone, 1813, 2 vol. in-8° ; Sainte-Croix, *Essai sur les inscriptions antiques*, dans le *Magasin encyclopédique*, 2ᵉ année, t. V ; Le Bas, *Sur l'utilité qu'on peut tirer de l'épigraphie pour l'intelligence des auteurs anciens*, Paris, 1820, in-4° ; Eisenhardt, *De auctoritate et usu inscriptionum in jure*, Helmstadt, 1740, in-4° ; Vunderlich, *De usu inscriptionum... in jure*, 1750, in-4°.

Dans l'antiquité même, sans parler des historiens qui, comme Hérodote et Pausanias, ont inséré des inscriptions dans leurs ouvrages, il y eut des collecteurs grecs d'*épigrammes ;* mais aucun de leurs recueils, à l'exception de l'*Anthologie*, ne nous est parvenu. Il ne paraît pas que les Romains se soient livrés à ce genre de recherches. Mais, chez les modernes, les collections épigraphiques sont nombreuses. Parmi les savants qui les ont formées, nous citerons : Cyriaque Pizzicoli, dit Cyriaque d'Ancône, *Inscriptiones et epigrammata græca et latina*, Rome, 1747, in-fol. (l'auteur appartient à la fin du XVIᵉ siècle) ; Gruter, *Inscriptiones antiquæ totius orbis romani*, Heidelberg, 1602, in-fol., ouvrage réédité à Amsterdam (1707, 4 vol. in-fol.) par Grævius, qui y comprit les collections publiées par Reinesius (Leipzig, 1682), Spon (Lyon, 1685) et Fabretti (Rome, 1699) ; Gori, *Inscriptiones antiquæ in Etruriæ urbibus exstantes*, Florence, 1726, 3 vol. in-fol. ; Marquard Gude, *Antiquæ inscriptiones*, Lœuwarden, 1731, in-fol. ; Pococke et Milles, *Inscriptiones græcæ et latinæ*, Londres, 1752, in-fol., Doni, *Inscriptiones antiquæ*, Florence, 1731, in-fol. ; Maffei, *Galliæ antiquitates selectæ*, Vérone, 1731, in-fol., et *Museum Veronense*, ibid., 1749, in-fol. ; Muratori, *Novus Thesaurus veterum inscriptionum*, Milan, 1737, 4 vol. in-fol. ; Passionei, *Iscrizioni antiche disposte per ordine di varie classe*, Lucques, 1760, in-fol. ; Chandler, *Inscriptiones antiquæ*, Oxford, 1774, in-fol. ; Donati, *Ad novum Thesaurum Muratorii supplementum*, Lucques, 1765-75, 2 vol. in-fol. ; Guasco, *Musei Capitolini antiquæ inscriptiones*, Rome, 1775, 3 vol. in-fol. ; Torremuzza, *Siciliæ et objacentium insularum veterum inscriptionum nova collectio*, Palerme, 1784, in-fol. ; Biagi, *Monumenta græca et latina*, Rome, 1787, in-4° ; Boeckh et Franz, *Corpus inscriptionum græcarum*, Berlin, 1828-51, 3 vol. ; Orelli, *Inscriptionum latinarum selectarum amplissima collectio*, Zurich, 1828, 2 vol. gr. in-8°, et supplément, par Henzen, Zurich, 1856, gr. in-8° ; Osann, *Sylloge inscriptionum*, Iéna, 1832 ; Welcker, *Sylloge epigrammatum*, Bonn, 1828 ; Franz, *Elementa Epigraphices græcæ*, Berlin, 1841 ; Bailie, *Inscriptions asiatiques*, Londres, 1844-46, 2 vol. in-8° ; De Wal, *Mythologiæ septentrionalis monumenta epigraphica latina*, Utrecht, 1847, in-8° ; L. Renier, *Inscriptions romaines de l'Algérie*, Paris, 1855 et suiv. 2 vol. in-4°.

INSCRIPTION, en termes de Droit et d'Administration, enregistrement d'un nom, d'une qualité, d'un droit ou de quelque autre chose sur des registres établis à cet effet. Un étudiant *prend ses inscriptions* en se faisant inscrire, au commencement de chaque trimestre, sur le registre de la Faculté dans laquelle il étudie pour obtenir des grades. Il faut 12 inscriptions pour être admis à l'examen de licencié en Droit, et 16 pour le doctorat, soit en Droit, soit en médecine. Les inscriptions de Droit coûtent chacune 15 fr. ; celles de médecine, 50 fr. ; celles des Facultés de Lettres, 3 fr.

INSCRIPTION DE FAUX, acte par lequel on soutient en justice qu'une pièce produite dans un procès est fausse ou falsifiée. Les tribunaux de commerce et les juges de paix ne sont pas compétents pour admettre ou rejeter les inscriptions de faux. La Cour de cassation peut les admettre ou les rejeter ; une fois admises, elle ne peut statuer sur elles, et doit renvoyer aux tribunaux ordinaires.

INSCRIPTION DE RENTE, titre délivré par l'État et inscrit sur le Grand-Livre de la dette publique, qui constate la propriété d'une rente perpétuelle due par le Trésor. Ce titre peut être nominatif ou au porteur. Il est insaisissable. En cas de perte d'un titre, le propriétaire doit en faire la déclaration devant le maire de la localité, en se faisant accompagner de deux témoins qui attestent son individualité : le remplacement du titre a lieu dans le semestre qui suit celui de la déclaration.

INSCRIPTION FUNÉRAIRE. *V.* CIMETIÈRE.

INSCRIPTION HYPOTHÉCAIRE. *V.* HYPOTHÈQUE.

INSCRIPTION MARITIME. *V.* ce mot dans notre *Dictionnaire de Biographie et d'Histoire.*

INSCRIPTIONS ET BELLES-LETTRES (Académie des). Établie par Colbert en 1663, elle reçut de Louis XIV le nom de *Petite Académie*, soit parce qu'elle ne comprit d'abord que quatre membres (Charpentier, Quinault, l'abbé Tallemant, et Félibien le père), pris dans l'Académie française, soit à cause du peu d'importance de ses premiers travaux, qui se bornaient, en effet, aux inscriptions pour les monuments publics, aux dessins des tapisseries du roi, aux devises des jetons du Trésor, à l'examen des projets d'embellissement de Versailles, etc. On la chargea ensuite de retracer l'histoire de Louis XIV à l'aide de médailles, et, sous le ministère de Pontchartrain, elle reçut le nom d'*Académie des Inscriptions et des Médailles*. Elle était arrivée progressivement à 10 membres, lorsqu'un règlement du 16 juillet 1701 la composa de 40 membres, dont 10 *vétérans*, 10 *honoraires*, 10 *pensionnaires* et 10 *élèves ;* un local lui fut assigné au Louvre pour ses séances, qui s'étaient tenues primitivement chez Colbert, puis chez Louvois ; on lui accorda des armoiries et des jetons de présence. Des lettres patentes de février 1712 confirmèrent son établissement. En 1715, on y admit pour la première fois, comme honoraires, trois savants étrangers. Un arrêt du Conseil d'État, du 4 janvier 1716, donna à la Société le nom assez vague d'*Académie des Inscriptions et Belles-Lettres*, supprima la classe des élèves, et porta à 20 le nombre des associés ; bientôt après, on réduisit le nombre des vétérans. Plus tard, l'Académie fut augmentée d'une classe d'*Académiciens libres*, qu'on divisa depuis en *résidents* et *non-résidents*, et le nombre des pensionnaires fut porté à 20. Un sentiment de jalousie avait fait décider que les membres qui se présenteraient à l'Académie française seraient exclus de la compagnie ; Louis XV annula cette délibération. Un décret de la Convention, en date du 8 août 1793, supprima l'Académie des Inscriptions, ainsi que toutes les autres : lors de la création de l'Institut en 1795, elle fut comprise dans la 2ᵉ classe, dite des *Sciences morales et politiques ;* sous le Consulat, en 1803, elle devint la 3ᵉ classe, dite d'*Histoire et de littérature anciennes*, et se composa de 40 membres (pensionnés à raison de 1,500 fr. par an), de 8 associés étrangers et de 20 correspondants. En vertu de l'ordonnance royale du 21 mars 1816, elle devint 2ᵉ classe de l'Institut, reprit son ancien titre, et conserva sa même organisation, sauf la création de 10 places d'académiciens libres. En 1823, le nombre des membres pensionnaires fut réduit à 30, pour augmenter leur traitement : mais, en 1831, le chiffre de 40 fut rétabli. Depuis 1717, l'Académie des Inscriptions et Belles-Lettres publie des Mémoires très-estimés sur les matières d'érudition, d'antiquités nationales et étrangères, de langues anciennes et orientales. Sa collection se compose de 51 vol. in-4°, dits *ancienne série*, 1701-1814, et de 25 vol. in-4°, dits *nouvelle série*, dont le premier est de 1809. Une *Table générale et méthodique* a été publiée par de l'Averdy en 1791, et revue, corrigée, augmentée de l'index des mémoires depuis l'origine de l'Académie jusques et y compris 1850, par MM. de Rozière et Châtel, Paris, 1856, 1 vol. in-4°. Il y a une édit. in-12 de ces *Mémoires*, La Haye et Paris, 1719-81, mais qui ne va que jusqu'à 1776, et ne représente que 41 vol. in-4°. L'Académie est aujourd'hui divisée en commissions qui dirigent des publications importantes, telles que les

Notices et Extraits des manuscrits, les *Historiens des Gaules et de la France*, les *Historiens des Croisades*, l'*Histoire littéraire de la France*, etc. Elle décerne des prix chaque année.   B.

INSERTUM OPUS. *V.* APPAREIL.

INSIGNE, qualification donnée autrefois à certaines églises collégiales, supérieures aux autres par le nombre des ecclésiastiques qui les composaient ou par la grandeur de leurs revenus. Ces églises avaient dans les processions et les cérémonies une bannière spéciale comme marque de leur *insignité*, et leur chapitre prenait le pas sur les autres.

INSIGNES, signes extérieurs de puissance et de dignité. De tout temps, les hommes placés à la tête de leurs semblables ont porté des marques plus ou moins apparentes de leur puissance. Chez les nations de l'Asie, le souverain se distingue de ses sujets surtout par la splendeur de ses vêtements. Les insignes royaux chez les Romains étaient la couronne d'or, le siége d'ivoire, et les douze licteurs que les consuls conservèrent. Ceux des empereurs d'Allemagne étaient la couronne d'or, le sceptre et la boule impériale, l'épée de Charlemagne, celle de S¹ Maurice, les éperons d'or, la dalmatique, et de riches bijoux, dont une partie se trouve encore dans le Trésor d'Aix-la-Chapelle. Les chevaliers du moyen âge avaient le casque et l'écu. Les évêques portent le pallium, la mitre, la crosse et l'anneau. Les souverains actuels ont la couronne, le sceptre, la main de justice, l'épée, etc.; les maréchaux de France, le bâton; les pachas turcs, trois queues de cheval; les mandarins chinois, des plumes de paon, etc. Les costumes, décorations, médailles, etc., sont des insignes.

INSINUATION. C'était, chez les Romains, le dépôt, dans les archives publiques, des actes que l'on voulait rendre authentiques. Dans l'ancien Droit français, l'*insinuation* était ce que nous appelons *enregistrement* et *transcription* (*V. ces mots*). En Droit canon, l'*Insinuation* était la déclaration de leurs noms et surnoms que les gradués devaient faire tous les ans à leurs collateurs.

INSOLVABILITÉ (du latin *in* négatif, et *solvere*, payer), état de celui qui ne peut payer ses dettes. Toute personne insolvable et poursuivie pour dettes est déclarée en *faillite*, si elle est commerçante, en *déconfiture*, si elle ne l'est pas (*V.* FAILLITE, DÉCONFITURE). Les personnes notoirement insolvables ne peuvent devenir adjudicataires (*Code de Procédure*, art. 713). Les cohéritiers sont tenus de payer la part de celui d'entre eux qui est insolvable, lorsqu'il s'agit d'une dette hypothécaire (*Code Napol.*, art. 870). Il en est de même dans le cas où l'un des codébiteurs d'une dette solidaire se trouve insolvable (*Ibid.*, art. 1214). Si un mari était insolvable lorsque le père a constitué une dot à sa fille, celle-ci n'est tenue de rapporter à la succession du père que l'action qu'elle a contre celle de son mari; si le mari n'est devenu insolvable que depuis le mariage, la perte de la dot tombe uniquement sur la femme (art. 1573).

INSOUMISSION, état du jeune soldat qui n'a pas répondu à l'appel sous les drapeaux. Celui qui a reçu un ordre de route et n'est pas arrivé à sa destination doit être, après un mois de délai, traduit devant un Conseil de guerre, et, hors le cas de force majeure, puni, comme insoumis, d'un emprisonnement d'un mois à un an. Le temps pendant lequel il a été insoumis ne peut compter en déduction des années de service exigées.

INSPECTEUR (du latin *inspicere*, examiner), fonctionnaire ayant pour mission de surveiller, d'examiner les actes de fonctionnaires subalternes, et d'en rendre compte à une autorité supérieure. Il y a des inspecteurs des finances, de l'enregistrement et des domaines, des forêts, des postes, des contributions directes et indirectes, de l'agriculture, de la navigation, de la marine, des ponts et chaussées, des mines, des prisons, des maisons centrales de force et de correction, des établissements de bienfaisance, du travail des enfants dans les manufactures, des poids et mesures, des poudres et salpêtres, des tabacs, des théâtres, des fortifications, des haras, des écoles vétérinaires et des bergeries impériales, des eaux minérales, de la voirie, des bâtiments civils et monuments publics, des beaux-arts, des monuments historiques et antiquités nationales, des halles et marchés, des chemins de fer, etc. Les inspecteurs généraux et spéc:aux de police, créés par décret du 30 janv. 1852, ont été supprimés par décret du 5 mars 1853. — L'Université a des inspecteurs généraux de l'enseignement supérieur (12.000 fr. de traitement), de l'enseignement secondaire (10,000 fr.), et de l'enseignement primaire (8,000 fr.),

des inspecteurs d'académie (6,000, 5,500 et 5,000 fr.), et des inspecteurs de l'instruction primaire (trois classes à 2,400 fr., 2,000 fr. et 1,600 fr. de traitement). — Dans l'armée, il y eut, au temps du Consulat et du premier Empire, des *Inspecteurs aux revues*, chargés de l'embrigadement, de l'incorporation, de la levée et du licenciement des hommes, de l'organisation, de la solde et de la comptabilité des corps, de la tenue des contrôles et des revues; ils ont été remplacés par les *Intendants militaires*. Aujourd'hui, les inspections des troupes sont faites chaque année par des généraux de division, dont la mission est toujours temporaire.

INSPIRATION, en termes de Théologie, état des hommes qui agissent sous l'influence de l'Esprit divin, par une communication immédiate et surnaturelle avec Dieu. Moïse, les prophètes, les apôtres, ont été inspirés de Dieu. Tous les fondateurs de religions ont prétendu avoir été instruits immédiatement par la divinité. Une idée universellement répandue dans l'antiquité païenne, c'est que les sages, les poètes, les artistes, tenaient de quelque dieu le don de mieux parler que leurs semblables : dans la littérature et dans les beaux-arts, être inspiré, c'est inventer, disposer et exécuter une œuvre en quelque sorte tout d'un trait, c'est trouver d'abondance les idées, les images, les expressions, les mouvements magnifiques. Cette inspiration, essentielle au génie, est un don de nature; on la reçoit, mais on ne l'acquiert pas.

INSPRUCK (Cathédrale d'). Cette église, dite *des Franciscains*, ou *de la Cour*, ou *de la S¹ᵉ-Croix*, fut construite de 1553 à 1563 par Ferdinand Iᵉʳ. Si elle n'a rien de bien remarquable au point de vue architectural, les œuvres d'art qu'elle renferme en font une des églises les plus intéressantes de l'Allemagne : au milieu de la nef principale s'élève le tombeau de l'empereur Maximilien Iᵉʳ, une des merveilles de l'art moderne; ce tombeau, qui ne contient pas les restes du mort, est entouré d'une grille de fer, et repose sur trois degrés de marbre. Il est haut de 2 mèt., long de 10, surmonté d'une statue, en bronze de *Maximilien* agenouillé, et orné aux angles des statues également en bronze de la Justice, de la Prudence, de la Force, et de la Modération, fondues par Ludovico della Duca, artiste sicilien. Les quatre pans latéraux sont décorés de 24 bas-reliefs en marbre de Carrare, que séparent 16 pilastres de marbre noir; 20 de ces bas-reliefs ont été exécutés par Alexandre Colin, de Malines, et les 4 autres par les frères Bernhard et Arnold Abel, de Cologne. Ils représentent les principaux événements de la vie de Maximilien, et l'exécution en est admirable : les nombreux personnages qu'ils contiennent, et dont les têtes sont quelquefois des portraits, sont très-bien groupés, et les vues des villes et des châteaux sont rendues avec un rare bonheur. Autour de ce magnifique mausolée se tiennent, comme pour veiller sur le monarque endormi, 28 statues en bronze, plus grandes que nature, représentent des hommes et des femmes de maisons princières, surtout de la maison de Habsbourg, et quelques héros qui excitaient l'admiration de Maximilien (Clovis, Théodoric le Grand, le roi Arthur, Godefroi de Bouillon). Les personnages des bas-reliefs et les statues portent les costumes et les armes du temps, ce qui leur donne une grande valeur historique. Indépendamment du tombeau de Maximilien Iᵉʳ, la cathédrale d'Inspruck contient : à gauche, le monument et la statue d'André Hofer, par Schaller; à droite, la *Chapelle d'argent*, ainsi nommée d'une Vierge en argent et d'un bas-relief de même métal qui en ornent l'autel, et contenant, entre les tombeaux de l'archiduc Ferdinand et de sa femme Philippine, 23 statuettes de bronze de saints, princes ou nobles, comme les grandes statues de la nef, de 1563 à 1583, par les frères Étienne et Melchior Godl, Grégoire Lœffler et Hans Landenstreich, et qui appartenaient aussi jadis au tombeau de Maximilien.

INSTALLATION (du latin *in*, dans, et *stallum*, siége, chaire), action de placer quelqu'un sur le siége qu'il doit occuper, de le mettre solennellement en possession d'une place, d'un emploi, d'une dignité.

INSTANCE (du latin *stare in judicio*, être en jugement), action intentée ou poursuite portée devant un tribunal quelconque. On nomme *Demande introductive d'instance* celle qui saisit le juge d'une cause. Une instance peut être déclarée périmée; si le demandeur laisse s'écouler trois années sans faire aucun acte de procédure; mais tant que la péremption n'aura pas été réclamée, le demandeur peut raviver son action en assignant l'adversaire en *reprise d'instance*. L'instance est prescrite par

30 ans. — Le mot *instance* désigne aussi la juridiction. Être en *première instance*, c'est plaider devant le tribunal du premier degré : les tribunaux civils sont dits *de première instance*, bien qu'ils prononcent souvent par appel sur les décisions de la justice de paix. Dans les matières administratives, le Conseil de préfecture est juge de 1re instance relativement au Conseil d'État. La juridiction du second degré se nomme *seconde instance*; mais, au lieu de cette expression, on emploie le mot *appel*.

INSTANCE DE CABINET. *V.* CABINET.

INSTINCT, en latin *instinctus* (du grec *enstizô*, piquer, exciter à l'intérieur), principe d'action que l'on trouve chez l'homme, chez l'animal, et jusqu'à un certain point dans la plante, et dont les différentes variétés déterminent chez les êtres, suivant leur nature et leurs besoins, et pour la satisfaction de ces derniers, des mouvements auxquels l'intelligence et la volonté sont étrangères; mouvements proprement dits, lorsqu'il s'agit de besoins physiques; développements de l'activité morale, lorsque c'est l'âme qui est en cause.

Des végétaux, qui, pour se développer, ont besoin d'air et de lumière, sont placés dans une cave où l'air et la lumière ne pénètrent que par un soupirail; s'ils sont d'ailleurs de nature à ne pas succomber immédiatement, on verra leurs tiges s'allonger dans la direction du jour. Voilà, dans un être dépourvu d'intelligence et de volonté, un mouvement dont le but évident est de replacer la plante dans les conditions les plus favorables à la satisfaction d'un besoin de sa nature. Il en est de même du mouvement des racines pour chercher le sol qui leur est le plus favorable et y prendre la direction qui leur convient le mieux, et de la facilité avec laquelle certaines fleurs tournent sur leurs tiges pour suivre pendant toute la journée le mouvement du soleil. Il en est de même, pourrait-on dire, de toutes les fonctions de l'existence végétale; seulement nous remarquons mieux celles qui s'exécutent dans des circonstances exceptionnelles et anomales.

Dans l'animal, l'instinct se dessine bien plus nettement : il produit, chez les espèces inférieures, où l'intelligence et, par suite, la perfectibilité font le plus complétement défaut, les merveilles, tant de fois décrites, des ruches, des fourmilières, etc. Tout en présentant une apparence moins mécanique, l'instinct n'est ni moins spontané ni moins sûr chez les espèces supérieures. Les besoins de l'alimentation, de la conservation, de la reproduction, de l'éducation de la famille, font exécuter à l'animal une foule d'actes qui ne sont, bien évidemment, ni réfléchis, ni voulus; de là les émigrations périodiques ou accidentelles, la construction des nids, des terriers, les mille artifices, les mille ruses (si l'on peut appeler ainsi ce dont l'intelligence est absente) que les animaux emploient pour assurer leur sécurité, leur subsistance et celle de leurs petits. Ainsi, les besoins de la nature animale se manifestent par autant d'impulsions aveugles et spontanées, et ces impulsions sont les instincts des animaux.

Des principes analogues existent aussi chez l'homme : l'enfant qui va chercher au sein de sa nourrice la nourriture qui lui convient ne met, dans cet acte, ni plus de réflexion, ni plus de volonté que l'agneau. Plus tard, lorsqu'au milieu des occupations, des peines et des plaisirs de la vie, la faim vient impérieusement rappeler à l'homme la nécessité de satisfaire le besoin naturel d'alimentation, sans doute l'instinct n'agit plus seul ; il subsiste cependant, et se laisse assez facilement distinguer de la connaissance, acquise par nous, de la nécessité de prendre des aliments, et de la volonté d'en prendre. Ainsi se manifestent chez l'homme tous les besoins purement physiques. Mais l'homme ne vit pas seulement de la vie animale, et il y a lieu de se demander si c'est aussi par des instincts que se manifestent primitivement chez lui les besoins de la vie intellectuelle et morale; besoins réels, car l'esprit ne peut pas plus se passer de connaissances ou son cœur d'affections que son corps d'aliments. Or, sur ce point les auteurs diffèrent d'avis, dans la forme peut-être plus que dans le fond, mais assez enfin pour que la question mérite d'être examinée. C'est abuser des mots, disent les uns, que d'appliquer le nom d'instinct à ces affections spontanément ressenties, mais acceptées par l'âme en toute conscience et en toute liberté. Mais est-il bien certain que ce soit en toute conscience et en toute liberté? Qu'y a-t-il de réfléchi et de volontaire dans l'amour qu'une jeune mère éprouve pour son enfant nouveau-né? Ce n'est pas un devoir qu'elle remplit; c'est un besoin de son cœur qu'elle satisfait,

c'est une impulsion à laquelle elle cède. Que, chez elle, ce besoin, cette impulsion revêtent des caractères plus touchants et plus nobles que chez l'animal, parce que, après tout, il s'agit d'un être en qui les facultés morales ne sont pas séparables des tendances primitives et ne tardent pas à les modifier et à en changer la physionomie, cela est vrai : mais, au fond, les premiers mouvements de l'amour maternel sont chez la femme ce qu'ils sont chez la femelle de tout animal, le résultat d'un instinct. Affirmer qu'il en est ainsi, ce n'est rien rabaisser, rien diminuer; car c'est rapporter à la Providence la première impulsion donnée à toutes nos facultés, à l'intelligence, à la volonté elle-même. La personnalité et la liberté de l'homme n'en souffrent d'ailleurs aucune atteinte; car cet état est éminemment transitoire, et l'homme, saisissant, à mesure qu'il se développe, la direction de ses facultés, substitue en lui-même le règne de la raison et de la liberté à celui des instincts. Il convient donc d'étendre le nom d'instinct aussi bien aux tendances primitives de l'intelligence et du cœur qu'aux impulsions de la vie physique et animale, et nous considérons comme une classification exacte des instincts celle qu'en ont faite les psychologues de l'école écossaise, Reid et Dugald Stewart : 1° *Appétits*, relatifs au corps, communs à l'homme et aux animaux; 2° *Désirs* ou penchants de l'intelligence; 3° *Affections*, principes sociaux, impliquant une certaine expansion de la bienveillance à l'égard des êtres qui en sont l'objet. *V.* nos articles APPÉTIT, DÉSIR, AFFECTION). *V.* l'art. INSTINCT du *Dictionnaire des sciences philosophiques*, t. III, Paris, 1847; Bossuet, *Connaissance de Dieu et de soi-même*, 5e partie; Fénelon, *Existence de Dieu*, 1re partie; Reid, *Essais sur les facultés actives;* Dugald Stewart, *Esquisses de philosophie morale*, et *Philosophie des facultés actives et morales;* Ad. Garnier, *Précis d'un cours de psychologie;* Réaumur, *Mémoires pour servir à l'histoire naturelle des insectes;* Milne Edwards, *Cours de zoologie élémentaire, De l'Intelligence et de l'Instinct;* quelques pages charmantes de Chateaubriand, *Génie du christianisme*, 1re partie, liv. V. B—E.

INSTITA. *V.* ce mot dans notre *Dictionnaire de Biographie et d'Histoire*.

INSTITUT (du latin *institutum*, établissement), mot qui, dans son acception première, signifia *règle, constitution*, particulièrement en parlant de certains ordres monastiques, et qui s'est ensuite appliqué à toute société d'hommes suivant une même règle.

INSTITUT AGRONOMIQUE. *V.* AGRICULTURE (Écoles d').

INSTITUT DE CORRESPONDANCE ARCHÉOLOGIQUE, Société libre d'archéologues, d'antiquaires, et d'amateurs de tous les pays, qui s'occupe de recherches et d'études sur l'antiquité. Elle siége à Rome : un comité de 6 membres et deux secrétaires président à ses travaux. Chaque année elle publie 1 vol. in-8° d'*Annales*, composé de mémoires et de dissertations, avec un atlas in-fol. de planches d'objets inédits; et en outre, un *Bulletin* mensuel, pour les procès-verbaux de ses séances, les nouvelles diverses, et les découvertes archéologiques les plus récentes. Ces deux recueils ont paru régulièrement depuis la fondation de la société. Les pièces en sont écrites en italien, et quelquefois en latin ou en français, jamais en d'autres langues. — Une colonie d'antiquaires prussiens, Gerhard, Bunsen, Panofka, Millengen, auxquels se joignit le duc de Luynes, fonda l'Institut de correspondance archéologique, en 1829. Le roi de Prusse, Guillaume IV, alors prince royal, fut et est demeuré le protecteur de cette Société, qui tient ses séances au mont Capitolin, dans une belle salle située derrière le palais des Conservateurs. C. D—Y.

INSTITUT DE FRANCE, corps institué par l'art. 298 de la Constitution de l'an III (1794), sous le nom d'*Institut national*, pour remplacer les anciennes Académies supprimées par la Convention en 1793: Il devait être chargé « de recueillir les découvertes, de perfectionner les arts et les sciences. » La loi sur l'instruction publique, décrétée le 3 brumaire an IV (25 oct. 1795), décida que l'Institut serait composé de 144 membres résidant à Paris, d'un pareil nombre d'associés dans les départements, et de 24 associés étrangers; qu'il formerait trois classes : 1° *Sciences physiques et mathématiques*, comprenant 10 sections (60 membres résidants, et 60 dans les départements); 2° *Sciences morales et politiques*, comprenant 6 sections (36 membres résidants, et 36 dans les départements); 3° *Littérature et Beaux-Arts*, comprenant 8 sections (48 membres résidants, 48 dans les départements). Aucun membre ne pouvait appartenir à deux sections différentes; mais chacun pouvait assister aux séances et concourir aux travaux des autres classes. Les secrétaires des classes étaient temporaires. Pour la première formation, le Directoire (20 nov. 1796) nomma 48 membres, qui élurent les 96 autres, et les 144 réunis choisirent les associés. Une fois organisé, l'Institut pourvut seul aux places vacantes, sur une liste au moins triple, présentée par la classe où il y avait une vacance. Il fut installé au Louvre. — En 1803, la classe des Sciences morales et politiques fut supprimée, et l'Institut fut partagé en 4 classes, *Sciences physiques et mathématiques*, *Langue et littérature françaises*, *Histoire et littérature anciennes*, *Beaux-Arts*. A la 1re on ajouta une section de géographie et de navigation, ce qui porta le nombre des membres résidants à 63 ; la 2e fut composée de 40 membres ; la 3e, d'un pareil nombre, put avoir 8 associés étrangers et 60 correspondants ; la 4e, divisée en 5 sections, comprit 28 membres résidants, 8 associés étrangers, et 38 correspondants. Chaque classe eut un secrétaire perpétuel. Le traitement des membres de l'Institut était de 1,500 fr. En 1806, l'*Institut national* prit, dans son Annuaire, le titre d'*Institut de France*, et reçut, dans l'Almanach impérial, celui d'*Institut des Sciences, Lettres et Arts*. En 1811, il devint *Institut impérial*, et, en 1814, *Institut royal*. En 1816, l'Institut, conservé avec son titre, cessa d'exister comme corps organisé tel que l'avaient compris ses fondateurs : le lien qui existait entre les classes fut rompu, et leurs dénominations furent remplacées par les noms des anciennes Académies, *Académie française*, *Académie des Inscriptions et Belles-Lettres*, *Académie des Beaux-Arts*, et *Académie des Sciences*. Des *membres libres* remplacèrent les anciens Académiciens honoraires. Ce fut seulement en 1832 qu'on rétablit l'*Académie des Sciences morales et politiques*. Les Mémoires de l'Institut jusqu'en 1816 forment 25 vol. in-4o, dont 14 pour les Sciences, 5 pour les Sciences morales, 5 pour la Littérature et les Beaux-Arts, 3 pour le système métrique, et 2 pour les savants étrangers. Les cinq classes de l'Institut ont tenu annuellement une séance publique (au 15 août, jour de la St-Napoléon, d'après le décret du 14 avril 1855), où l'on faisait des lectures et décernait des prix. B.

INSTITUT DE FRANCE (Palais de l'). *V.* notre *Dictionnaire de Biographie et d'Histoire.*

INSTITUT D'ÉGYPTE, corps formé par le général Bonaparte au Caire, en 1798, avec les savants et les artistes qu'il avait amenés de France. Les uns devaient s'occuper à faire une description exacte de l'Égypte, et à dresser la carte ; les autres étaient chargés d'en étudier les ruines, et de fournir de nouvelles lumières à l'histoire : ceux-ci avaient à examiner les productions, à faire les observations utiles à la physique, à l'astronomie, à l'histoire naturelle ; ceux-là devaient rechercher les améliorations qu'on pouvait apporter à l'existence des habitants par des machines, des canaux, des travaux sur le Nil. Monge fut le président de l'Institut d'Égypte. La *Décade égyptienne*, imprimée au Caire en 3 vol. in-4o, contient les principaux Mémoires lus dans les séances. En 1803, Bonaparte ordonna l'exécution d'un ouvrage renfermant toutes les observations de l'Institut ; il est intitulé : *Description de l'Égypte ou Recueil des observations qui ont été faites en Égypte pendant l'expédition de l'armée française*, Paris, impr. impériale, 1809-13, et impr. royale, 1818-28, 10 vol. in-fol. de texte, avec 31 pl., et 12 vol. in-fol., atlas de 894 pl. — Le même ouvrage, 2e édit., Paris, Panckoucke, 1820-30, 24 tomes en 26 vol. in-8o, et 12 vol. in-fol. de planches.

INSTITUT DES PROVINCES. *V.* CONGRÈS.

INSTITUT HISTORIQUE, société savante fondée à Paris en 1833 par M. de Monglave et plusieurs autres personnes, pour se livrer aux recherches historiques. Elle publie un journal intitulé *l'Investigateur*.

INSTITUTES. *V.* ce mot dans notre *Dictionnaire de Biographie et d'Histoire.*

INSTITUTEUR, mot qui, dans sa plus grande extension, désigne quiconque s'applique à l'enseignement ou tient une maison d'éducation. Un décret de la Convention, du mois de décembre 1792, a appliqué aux maîtres d'école, chargés de l'instruction du premier degré ou instruction primaire, le titre officiel d'*Instituteurs primaires*. *V.* ÉCOLES PRIMAIRES, dans notre *Dictionnaire de Biographie et d'Histoire.*

INSTITUTION (du latin *statuere in*, établir sur), toute chose fondée dans un intérêt public. Les Caisses d'épargne, la Banque, l'Université, etc., sont des *institutions*.

INSTITUTION, maison particulière d'instruction secondaire. Pour qu'elle reçût ce titre, il fallait autrefois que le *chef* fût bachelier ès lettres et bachelier ès sciences, tandis que le baccalauréat ès lettres suffisait pour être *maître de pension* : cette distinction n'a pas été maintenue par la loi du 15 mars 1850. Les institutions ne pouvaient élever leur enseignement au-dessus des humanités, les pensions au-dessus des classes de grammaire : dans les villes où existait un lycée ou un collége, elles étaient tenues d'en faire suivre les cours par leurs élèves. Une institution était dite *de plein exercice*, quand elle donnait le même enseignement que les lycées et les colléges, et conduisait les élèves au terme des études classiques : mais on n'autorisait d'établissements de ce genre que dans les localités dépourvues de lycées ou de colléges. Les chefs d'institution étaient soumis à un droit annuel de 150 fr. à Paris, 100 fr. dans les départements ; les maîtres de pension, à un droit de 75 fr. et 50 fr. : de plus, ils devaient la *rétribution universitaire*, fixée au 20e du prix de la pension de chaque élève. Toute institution peut aujourd'hui se suffire à elle-même, ou bien envoyer ses élèves au lycée ou au collége de l'endroit, faire alors la répétition de toutes les classes, et borner les leçons de l'intérieur aux matières qui ne font pas partie de l'enseignement public. On peut même ne s'y occuper que de ce qui convient particulièrement aux professions industrielles. D'après la loi du 15 mars 1850, pour avoir le droit de tenir un établissement d'instruction secondaire, il faut être âgé de 25 ans au moins, être bachelier ès lettres ou ès sciences, ou pourvu d'un brevet de capacité que délivre dans chaque département une commission instituée à cet effet, et avoir fait un stage d'au moins 5 ans comme professeur ou surveillant dans un établissement public ou libre. Le ministre de l'instruction publique peut accorder dispense du stage. L'inspecteur d'académie a droit de surveillance sur les institutions, seulement en ce qui concerne l'hygiène et la salubrité, et pour s'assurer qu'on n'enseigne rien de contraire à la morale, à la constitution et aux lois. Le chef d'institution qui se refuserait à ces inspections encourrait une amende de 100 fr. à 1,000 fr., et, pour la récidive, de 500 à 3,000 fr. Deux condamnations dans une même année entraînent la fermeture de l'établissement. Pour inconduite, immoralité, etc., tout chef d'institution peut être traduit devant le Conseil académique, et encourir la réprimande, la censure, l'interdiction temporaire ou définitive, sans préjudice des peines encourues pour crimes et délits prévus par le Code pénal. La loi de 1850 détermine les incapacités qui empêchent de tenir un établissement d'instruction publique. B.

INSTITUTION CANONIQUE, mission que les supérieurs ecclésiastiques donnent à ceux qui sont pourvus de bénéfices ou de titres, en leur accordant le *visa* ou les *provisions*. En France, où il n'y a de bénéfices, tout ecclésiastique nommé évêque par le gouvernement doit obtenir l'institution du pape (Loi du 18 germinal an x). Les évêques nomment les curés, mais ne leur confèrent pas l'institution avant que la nomination ait été agréée par le chef de l'État.

INSTITUTION CONTRACTUELLE, donation faite par contrat de mariage aux époux et aux enfants qui naîtront d'eux, des biens existant au moment du décès du donateur. Elle est irrévocable comme la donation entre-vifs.

INSTITUTION D'HÉRITIER, disposition par laquelle, dans nos anciens pays de Droit écrit, un testateur nommait son héritier. Elle constituait, comme dans le Droit romain, l'essence du testament, qui, sans elle, était frappé de nullité. Dans les pays de Droit coutumier, l'institution d'héritier n'était pas nécessaire pour la validité du testament. D'après le *Code Napoléon*, toute personne peut disposer par testament, soit sous le titre d'institution d'héritier, soit sous le titre de legs, soit sous toute autre dénomination propre à manifester sa volonté.

INSTRUCTEUR, officier ou sous-officier chargé d'enseigner aux soldats l'exercice et le maniement des armes.

INSTRUCTION (du latin *struere in*, construire intérieurement), mot qui s'entend du savoir acquis par l'étude, de la culture de l'esprit. L'*instruction* diffère de l'*éducation*, en ce que celle-ci emporte l'idée d'un bon usage de celle-là : on peut avoir de l'instruction et une mauvaise éducation.

INSTRUCTION, petite allocution religieuse. Quand elle est faite par demandes et par réponses, elle prend le nom de *catéchisme*.

INSTRUCTION CRIMINELLE, ensemble des procédures et formalités qui précèdent, accompagnent et suivent les jugements criminels et correctionnels. C'est le *Ministère public* et le *juge d'instruction* (*V. ces mots*) qui en ont été chargés par la loi. Ils constatent le corps du délit et tous les vestiges que le crime a laissés ; ils recueillent les écrits, pièces et documents qui y ont rapport, les dépositions, réponses et explications contradictoires des témoins et parties intéressées, en un mot, tout ce qui peut être produit devant les juges comme élément de conviction (*V.* PRÉVENTION, ACCUSATION). — Dans l'ancienne Rome, il n'y avait ni instruction écrite, ni mise en prévention ; l'action publique pouvait être exercée par un citoyen quelconque, à ses frais et risques, sans qu'il eût été personnellement lésé, mais pour signaler son patriotisme. Au moyen âge, chez les peuples d'origine germanique, les *épreuves judiciaires*, et, plus tard, le *duel* ou *combat judiciaire* (*V. ces mots dans notre Dictionnaire de Biographie et d'Histoire*), tinrent lieu de l'instruction criminelle : c'était employer, selon la remarque de Montesquieu, des preuves qui ne prouvaient point, et qui n'étaient liées ni avec l'innocence, ni avec le crime. En France, avant 1789, les officiers chargés exclusivement de poursuivre, au nom du souverain, la répression des crimes, jouissaient d'une grande indépendance ; car ils tenaient leur charge à titre d'office, ce qui les rendait inamovibles. Aujourd'hui ils ne sont que de simples fonctionnaires, nommés par un ministre, et révocables. *V.* Bourguignon, *Manuel d'Instruction criminelle*, 3ᵉ édit., 1811, 2 vol. in-8° ; Daubenton, *Traité pratique du Code d'Instruction criminelle*, 1809, in-8° ; Carnot, *De l'Instruction criminelle*, Paris, 1829-35, 4 vol. in-4° ; Mangin, *Traité de l'action publique et de l'action civile en matière criminelle*, 2ᵉ édit., 1844, 2 vol. in-8°, et *De l'instruction écrite et du règlement de la compétence en matière criminelle*, 1847, 2 vol. in-8° ; Trébutien, *Cours élémentaire de Droit criminel*, 1854, 2 vol. in-8° ; Faustin Hélie, *Traité de l'Instruction criminelle*, 1845-60, 9 vol. in-8°.

Notre *Code d'Instruction criminelle* fut promulgué le 27 novembre 1808. Il se compose de deux livres, précédés de dispositions relatives à l'exercice des actions publique et civile en général, et contient 643 articles. Le 1ᵉʳ livre traite de la Police judiciaire, c.-à-d. de la recherche et de la constatation des crimes, délits et contraventions, et des officiers qui l'exercent. Le 2ᵉ s'occupe du mode de procéder devant les tribunaux correctionnels et de police et devant la Cour d'assises ; de l'exécution des jugements criminels ; des demandes en cassation, en révision, en renvoi, ou en règlement de juges ; de la procédure en matière de faux et de contumace ; des infractions commises par certains fonctionnaires ou contre leur autorité ; des dépositions des princes et fonctionnaires ; des prisons, maisons d'arrêt et de justice ; des détentions illégales ; de la réhabilitation et de la prescription. Dès 1815, le titre VI de ce Code, relatif aux Cours spéciales, disparut avec ces Cours. Plusieurs modifications de détail furent ensuite introduites par les lois du 10 déc. 1830 sur les juges auditeurs, du 4 mars 1831 sur les Cours d'assises, du 28 avril 1832, qui a changé les art. 206, 339, 340, 341, 345, 347, 368, 372, 399 et 619, et du 10 avril 1834 sur les associations ; par les décrets du 25 fév. 1852 sur les délits politiques et de presse, du 1ᵉʳ mars 1852 sur les juges d'instruction, des 28 mars 1852, 17 janv. et 5 mars 1853 sur les commissariats de police ; par les lois des 9 et 10 juin 1853 sur le jury, du 3 juillet 1852 sur les réhabilitations, du 4 avril 1855 sur la liberté provisoire, les mandats de dépôt et d'arrêt, etc. *V.* Duvergier, *Code d'instruction criminelle et Code pénal annotés*, 1833, in-8° ; Benoit, *Traité et Manuel synthétique et pratique des Codes pénal et d'instruction criminelle*, 1845, in-8° ; Bonnin, *Commentaire du Code d'instruction criminelle*, 1845, in-8° ; Rogron, *Codes d'instruction criminelle et pénal expliqués*, 4ᵉ édit. 1849, 2 vol. ; Berriat Saint-Prix, *Traité de la procédure des tribunaux criminels*, 1851-54, 3 vol. in-8° ; Grattier, *Code d'instruction criminelle et Code pénal expliqués*, 1854, in-8° ; Boitard et Colmet d'Aage, *Leçons sur les Codes d'instruction criminelle et pénale*, 7ᵉ édit., 1856, in-8°.

INSTRUCTION PUBLIQUE, enseignement donné ou surveillé par l'État. La surveillance et la direction des établissements d'instruction forment, dans la plupart des pays modernes, une des principales branches de l'administration. On peut voir, dans notre *Dictionnaire de Biographie et d'Histoire*, aux articles ÉCOLES CHEZ LES ANCIENS, ÉCOLES MUNICIPALES OU IMPÉRIALES, ÉCOLES CATHÉDRALES, ÉCOLES MONASTIQUES, UNIVERSITÉ, ce qu'a été l'instruction publique jusqu'à nos jours, et, à l'art. FRANCE (page 1085), quelle en est l'organisation actuelle. *V.* aussi les articles consacrés à chaque genre d'établissements d'instruction, et ENSEIGNEMENT.

INSTRUCTION PUBLIQUE (Conseil supérieur de l'). *V.* CONSEIL, dans notre *Dictionnaire de Biographie et d'Histoire*, page 656, col. 1.

INSTRUCTION PUBLIQUE (Ministère de l') ET DES CULTES *V.* MINISTÈRE, dans notre *Dictionnaire de Biographie et d'Histoire*, page 1804, col. 2.

INSTRUCTIONS, explications écrites ou verbales qu'on donne à une personne pour la conduite de quelque affaire.

INSTRUMENT, mot qui signifiait autrefois *charte* et *acte*. Dans la langue du Droit, il s'applique encore, quoique assez rarement, à tout acte destiné à constater une convention.

INSTRUMENTAL (Cas), terminaison spéciale des noms de certaines langues pour marquer l'*instrument*, et, par extension, le *moyen*, la *manière*. Dans le sanscrit, cette désinence est *à* au singulier, *bhis* au pluriel. En grec, certaines désinences adverbiales, comme η *πάντη* (*de toute façon*), comme φι ou φις, dans ἶφι (*par la force, avec force*), et λιχριφις (*obliquement*), comme τι dans ἀμυνητί (*en se défendant*), comme ου ι dans πανσυδι (*en masse*) et πανοικι (*en employant toute la maison*), peuvent bien être des restes d'une ancienne déclinaison. Les désinences adverbiales αξ, ιξ, υξ, dans les mots ὀδαξ (*avec les dents*), κουριξ (*par les cheveux*), πυξ (*à coups de poing*), expriment aussi l'instrument, et se rattachent à la classe des mots précédemment cités.   P.

INSTRUMENTATION, art d'exprimer la musique par des instruments, et, dans une acception moins étendue, art de distribuer dans une partition les divers instruments de manière à produire toutes sortes d'effets par le choix et la combinaison des timbres. Cet art suppose non-seulement une science profonde de l'harmonie, mais la connaissance de tous les instruments qui composent un orchestre, de leur portée, de leur étendue respective, de leurs différentes qualité de son, des tons qui leur sont favorables, des traits qu'ils peuvent exécuter facilement. « Les accompagnements d'une musique bien faite, dit M. Fétis, ne se bornent point à soutenir le chant par une harmonie plaquée ; souvent on y remarque un ou deux dessins qui semblent au premier abord devoir contrarier la mélodie principale, mais qui, dans la réalité, concourent à former avec elle un tout plus ou moins satisfaisant. Ces systèmes d'accompagnements figurés peuvent importuner une oreille peu exercée, mais ils complètent le plaisir des musiciens instruits et des amateurs éclairés. Quelquefois ils deviennent la partie la plus importante du morceau, et les voix leur servent en quelque sorte d'accompagnement : dans ces circonstances, il est nécessaire que les formes de l'accompagnement soient gracieuses et chantantes, ou sémillantes et vives. » L'instrumentation est de création moderne. Jusqu'au milieu du XVIIIᵉ siècle, les compositeurs se sont presque toujours bornés dans leurs accompagnements à soutenir les voix ; le petit nombre et l'imperfection des instruments étaient un obstacle presque insurmontable au progrès. Les opéras du XVIIᵉ siècle n'étaient accompagnés que par des violons, des violes et des basses de viole ; au commencement du XVIIIᵉ, on ajouta des flûtes et des hautbois. Puis, les ressources augmentant successivement, l'instrumentation prit un essor rapide avec Handel, Glück, Haydn, Cimarosa, Mozart, Paisiello, et elle se développa encore entre les mains de Méhul, de Cherubini, de Beethoven et de Rossini. L'abus n'a point tardé à suivre ; aujourd'hui, toutes les richesses de l'orchestre sont employées pour produire de l'effet, quel que soit le caractère des morceaux, et cette profusion de moyens a pour conséquence de fatiguer, d'endurcir l'oreille, qui ne trouve plus, dans ce qui en est dépourvu, que faiblesse et pauvreté. *V.* Gafuri, *De harmonia musicorum instrumentorum*, Milan, 1518, in-fol. ; Agricola, *Musica instrumentalis*, Wittemberg, 1529, in-8° ; Galilei, *Dialogo sopra l'arte del bene intavolare e rettamente suonare la musica negli instrumenti*, Venise, 1569 ou 1584, in-fol. ; Th. Merck, *Éléments de musique instrumentale*, en allemand, Augsbourg, 1695 ; Francœur, *Diapason général de tous les instruments à vent et Observations sur chacun d'eux*, Paris, 1772, in-fol. ; Vandenbrook, *Traité de tous les instruments à vent, à l'usage des compositeurs*, G. Kastner, *Traité d'instrumentation*, Paris, 1836, et *Cours d'instrumentation*, 1837 ; Berlioz, *Traité d'orchestration et d'instrumentation*, in-fol.   B.

INSTRUMENTER, en termes de Pratique, faire un acte destiné à constater un fait, à fixer les termes d'une convention, tel que procès-verbal, contrat, etc. Cela se dit surtout des notaires et des huissiers, considérés comme les *instruments* de la loi.

INSTRUMENTS DE MUSIQUE. Il y a trois manières de produire des sons : 1° par les vibrations des cordes; 2° par les vibrations de l'air dans les tubes; 3° par les vibrations de certains corps élastiques en formes de plaques, de lames ou de tiges. De là trois familles d'instruments : les *instruments à cordes*, les *instruments à vent* et les *instruments de percussion*. Chaque famille offre bien des subdivisions. Parmi les instruments à cordes, il en est dont les cordes résonnent librement dans l'air, comme la *lyre* et les anciennes *harpes*, tandis que, dans d'autres, comme le *violon* et le *piano*, les cordes sont disposées au-dessus d'une caisse de résonnance qui renvoie et renforce le son. Tantôt on pince les cordes avec les doigts (*guitare, harpe*); tantôt elles sont frottées par une roue (*vielle*) ou par un archet (*violon, alto, viole d'amour, violoncelle, contre-basse*); ou bien on les attaque par un petit instrument tenu dans les doigts (le *plectrum* de la lyre antique), par un mécanisme qui lui est analogue (*clavecin*), par un système de martelets qui correspondent à un clavier (*piano*). — Les instruments à vent sont de différentes sortes : 1° ceux qui se composent de simples tuyaux dans lesquels on souffle de l'air (*flûte, fifre, chalumeau, syrinx*); 2° ceux à anche simple (*clarinette, cor de basset, saxophone*); 3° ceux à anche double (*hautbois, cor anglais, basson*); 4° ceux à embouchure (*cor, trompette, cornet, trombone, ophicléide, serpent, basson russe*); 5° ceux à clavier et qui reçoivent le vent, non plus par la bouche de l'homme, mais au moyen d'un soufflet (*orgue, harmonium, accordéon, concertina*). — Les instruments de percussion sont de deux espèces : 1° à son fixe et appréciable (*timbales, timbres, cloches, harmonica*); 2° à résonnances indéterminables (*caisse, tambour de basque, cymbales, triangle, chapeau chinois, tam-tam, castagnettes*). Chez les anciens Asiatiques, les Grecs, les Romains et les peuples du Nord, les instruments à cordes pincées ont tenu la première place : dans la musique moderne, ils ont perdu la prééminence, parce qu'ils sont bornés dans leurs moyens et peu propres à suivre les progrès de l'art. *V.* Maupertuis, *Mémoire sur la forme des instruments de musique*, dans les *Mémoires de l'Académie des Sciences*, 1724; Bianchini, *De tribus generibus instrumentorum musicæ veterum organicæ*, Rome, 1742, in-4°; Bonanni, *Description des instruments harmoniques en tout genre*, en ital. et en franç., Rome, 1776, gr. in-4°; Bottée de Toulmon, *Dissertation sur les instruments de musique employés au moyen âge*, dans le t. XVII des *Mém. de la Soc. des Antiquaires de France*, 1844; E. de Coussemaker, *Essai sur les instruments de musique au moyen âge*, dans les t. III, IV, V, VII et IX des *Annales archéologiques. V.* aussi, dans le présent ouvrage, les articles consacrés à chaque instrument. B.

INSUBORDINATION, dans le langage militaire, acte d'indiscipline, de désobéissance, de désordre. C'est un délit qui a plus ou moins de gravité selon les temps, les habitudes reconnues, le grade, etc. *V.* DISCIPLINE.

INSULTE. *V.* INJURE.

INTAILLE (de l'italien *intaglio*, ciselure), pierre fine gravée en creux. Parmi les intailles célèbres, on peut citer le *Démosthène*, l'*Io*, le *Persée* et le *Mercure* de Dioscoride, la *Méduse* de Solon, la *Julie* d'Évodus, la cornaline dite *cachet de Michel-Ange*. Les intailles, que les Anciens appelaient *diaglyphes*, servaient de sceaux et de cachets, et on les montait ordinairement en bague.

INTELLIGENCE, l'une des trois facultés générales dont l'ensemble constitue la nature de l'homme (de *intelligere*, comprendre par l'attention; *legere inter*, choisir, discerner). C'est, à proprement parler, le *mentis acies* des Latins; de là vient qu'on la nomme aussi *raison*, mais celle-ci n'est que la faculté de connaître par excellence. On l'appelle aussi *entendement* (*intellectus*), mais alors ce n'est plus qu'une capacité, *intellect patient*, disaient les scolastiques; l'intelligence est l'entendement en activité, *intellect agent*. Cette faculté est le *moi* pensant et prenant connaissance des objets, et son véritable objet, c'est la *réalité*; elle a pour but et pour résultat la *vérité*. La réalité se montre sous différentes formes; de là divers modes de l'intelligence auxquels on donne le nom de *facultés intellectuelles*, et qui ne sont que l'intelligence elle-même. Ainsi, elle est la faculté de *percevoir* extérieurement par les *sens*, intérieurement par la *conscience*; puis le *jugement*, quand on affirme un rapport; l'*induction*, quand l'esprit s'élève du particulier au général; la *déduction*, quand il descend du général au particulier; la *raison*, l'expression la plus haute et la

plus noble de l'intelligence, et par laquelle l'esprit conçoit le nécessaire et l'absolu. A ces *facultés* dites *d'acquisition* se joignent celles dites *de conservation*, la *mémoire* et l'*association des idées*; enfin l'*imagination*, faculté créatrice. L'intelligence entre en exercice d'abord d'une manière fatale, l'âme pense et ne peut pas ne pas penser; ensuite elle devient une faculté à un titre plus élevé que la sensibilité, par l'intervention de la volonté, ce qui constitue l'*attention*. De là une différence entre *voir* et *regarder*; dans le premier cas l'esprit est passif, dans le second il est actif : en réduisant ces deux faits au premier, on arrive à une théorie de l'entendement passif, comme celle de Malebranche, qui a le tort de méconnaître le rôle de l'activité dans l'intelligence. Celle-ci se distingue : 1° de la sensibilité, d'abord par son double caractère d'objectivité et d'impersonnalité, ensuite par son but qui est le *vrai* et le *beau*; 2° de la volonté, en ce qu'elle est fatale, l'esprit ne pouvant se refuser à recevoir des notions relatives à la nature des objets de la connaissance. Mais comme l'intelligence se confond avec les deux autres facultés dans l'unité du *moi*, il en résulte une influence réciproque, et qui a pour l'intelligence une grande importance. *V.* Aristote, *Essai sur l'âme;* Locke, *Essai sur l'entendement humain;* Leibniz, *Nouveaux essais sur l'entendement;* Condillac, *Essai sur l'origine des connaissances humaines;* Ad. Garnier, *Traité des facultés de l'âme;* Chauvet, *Des théories de l'entendement humain dans l'antiquité*, 1855, in-8°. R.

INTENDANCE, INTENDANTS. *V.* notre *Dictionnaire de Biographie et d'Histoire.*

INTENTION, acte de la volonté par lequel le *moi* se tourne vers un but qu'il se propose d'atteindre. L'intention est pour là une condition indispensable de la moralité : on peut être coupable devant Dieu, sans avoir consommé un crime prémédité, de même qu'on peut être innocent tout en manquant aux prescriptions de la loi. C'est une distinction que les tribunaux ont soin d'admettre (*V.* DISCERNEMENT et PRÉMÉDITATION) et d'après laquelle chacun se juge soi-même; aussi la Morale s'occupe plus de l'*intention* que de l'*action*, celle-ci relève plus particulièrement du Droit. R.

INTERCALATION, insertion d'un ou de plusieurs mots ou même d'un passage plus ou moins étendu dans le texte d'un auteur (*V.* INTERPOLATION, et INTERLIGNE.) — Insertion d'une lettre au milieu d'un mot. *V.* ÉPENTHÈSE.

INTERCIDENCE. *V.* DIAPTOSE.

INTERCOURSE, mot d'origine anglaise, désignant le droit réciproque à la libre pratique des ports dans l'ensemble des relations commerciales d'un pays avec un autre.

INTERDICTION, en Droit, état de prohibition dans lequel une personne est placée à l'égard de certains actes. Le *Code Napoléon* déclare que celui qui est dans le cas d'imbécillité ou dans l'état habituel de démence ou de fureur doit être interdit, même lorsqu'il y a des intervalles lucides. Les parents, qu'on est en droit de considérer comme affectionnés, peuvent seuls provoquer l'interdiction : toutes autres personnes ne peuvent qu'adresser un avis ou une sollicitation à l'autorité compétente, laquelle peut juger convenable de demander l'interdiction, et le doit même dans le cas de fureur. L'interdiction est prononcée par le tribunal de 1re instance, sur le rapport d'un juge commis à cet effet, et après avis du Conseil de famille, interrogatoire et audition des parties; on peut en appeler de sa sentence. Le jugement d'interdiction est signifié à partie, affiché dans l'auditoire du tribunal et dans les études de notaires. L'effet de l'interdiction est d'assimiler l'interdit au mineur pour sa personne et ses biens : il n'a plus la disposition ni l'administration de ses biens, et les lois sur la tutelle des mineurs lui sont applicables. L'interdiction peut n'être pas *complète*, mais *partielle*, c.-à-d. ne porter que sur certains actes déterminés, comme ceux de plaider, de transiger, d'emprunter. A proprement parler, le prodigue n'est pas interdit; il est *assisté* d'un *Conseil judiciaire* (*V. ce mot*). L'interdiction cesse avec les causes qui l'ont motivée; mais la mainlevée ne peut être prononcée que par un jugement (*Code Napol.*, art. 489-512). — On nomme *interdiction légale* la privation totale ou partielle des droits civiques, civils ou de famille; cette interdiction n'est plus, comme la précédente, une protection donnée à l'interdit contre la faiblesse de son esprit, c'est une peine qui résulte de la condamnation aux travaux forcés, à la détention, à la reclusion, ou qui est prononcée par les tribunaux correctionnels (*Code pénal*, art. 29-31, 142, 143). — Quelquefois l'interdiction est une peine infligée à un fonctionnaire : le mot, dans ce cas, a le sens de *suspension* ou de *destitution*.

INTERDIT. V. ce mot dans notre *Dictionnaire de Biographie et d'Histoire.*

INTÉRÊT, profit que l'on retire d'une somme d'argent prêtée pour un temps déterminé. Le prêt à intérêt existe depuis qu'il y a entre les hommes des relations commerciales, et le taux de l'intérêt a varié avec l'abondance des capitaux, la sécurité des prêteurs, les facilités ou les restrictions apportées à ce genre de commerce par les lois et les mœurs. Chez les Athéniens, la loi ne déterminait pas le taux de l'intérêt, et, depuis que Solon eut réduit les dettes et dégrévé les terres, jamais il n'y eut de plaintes sérieuses ni d'émeutes populaires au sujet de l'usure. — A Rome, la loi des Douze Tables avait établi l'intérêt légal à 8 1/2 p. 100; plus tard, il fut réduit à 4 1/2; mais ces lois étaient mal observées, et le taux de l'intérêt s'élevait en réalité beaucoup plus haut. La question de l'usure agita pendant plusieurs siècles la République romaine, et fut le grand moyen dont le parti démocratique se servit pour soulever les plébéiens contre les patriciens : Brutus, celui qui prit part à l'assassinat de César, prêtait à 48 p. 100. Sous l'Empire, l'intérêt était de 12 p. 100 ; la loi paraît avoir été mieux observée que sous la République, et les plaintes cessent de se faire entendre. — Le moyen âge proscrivit absolument le prêt à intérêt. Aristote (*Politique*, I, 4), confondant avec l'usure l'intérêt légitime que peut rapporter un capital en numéraire, l'avait condamné; les docteurs acceptèrent cette condamnation comme un acte de foi, et s'armèrent de l'interprétation de quelques passages de l'Écriture, et d'un sentiment exagéré de charité. L'interdiction passa de la loi ecclésiastique dans la loi civile. Le capitulaire d'Aix-la-Chapelle (789) proscrivit formellement l'intérêt, et il resta ainsi condamné jusqu'à 1789. Ce n'est pas à dire que pendant mille ans il n'y ait pas eu d'argent prêté : si la loi ne reconnaissait pas le prêt direct, elle admettait la lettre de change, la constitution de rentes; les prêteurs se servaient de ces moyens détournés, et faisaient payer cher aux emprunteurs les risques et les embarras de leur position. Calvin est un des premiers qui aient proclamé hautement la légitimité et l'utilité du prêt à intérêt, et sa doctrine, adoptée dans tous les États calvinistes, n'est peut-être pas étrangère au rapide développement industriel et commercial de ces États. Les écrivains du XVIIIe siècle, entre autres Montesquieu et Turgot, protestèrent contre l'injuste proscription du prêt à intérêt. L'Assemblée constituante leva enfin l'interdiction par la loi du 12 octobre 1789, portant : « Tous particuliers, corps, communautés et gens de mainmorte pourront à l'avenir prêter l'argent à terme fixe, avec stipulation d'intérêts suivant le taux déterminé par la loi. » La loi du 3 septembre 1807 a fixé l'intérêt de l'argent en matière civile à 5 p. 100, et en matière de commerce à 6 p. 100. On a blâmé cette limitation du taux de l'intérêt, qui gêne la liberté des transactions, et à laquelle échappent les prêteurs à l'aide des commissions et des droits divers qu'ils exigent. Quelques années auparavant, à l'époque du Consulat, l'argent variait de 12 à 20 p. 100 sur la place de Paris. En Angleterre, l'intérêt de l'argent n'est limité (à 5 p. 100) que pour les prêts hypothécaires et les prêts mobiliers inférieurs à 10 livres sterling : or, l'argent est moins cher en Angleterre que dans les pays où la loi fixe un maximum. La Banque de France a été affranchie, depuis 1857, de la limite d'intérêt, et cette concession doit un jour, sans doute, devenir générale. V. l'abbé Mignot, *Traité des prêts, ou de l'intérêt légitime et illégitime*, 1738; Turgot, *Mémoire sur les prêts d'argent;* Laforest, *Traité de l'usure et des intérêts*, 1769; J.-L. Gouttes, *Théorie de l'intérêt*, 1780; A. Rendu, *Considérations sur le prêt à intérêt*, 1806; Meyer, *Essai sur le principe fondamental de l'intérêt*, Amst., 1809; le cardinal de La Luzerne, *Dissertation sur le prêt du commerce*, Dijon, 1823; Baconnière, *Du taux de l'intérêt*, 1824; Cotelle, *Traité des intérêts*, 1826. V. aussi, dans le présent ouvrage, les articles ANATOCISME, ESCOMPTE.   L.

INTÉRÊT. En Morale, l'intérêt est un principe d'action qui s'accorde quelquefois avec le devoir, mais qui le plus souvent s'y oppose, et en aucun cas, ne peut le remplacer. Il n'en a pas le caractère obligatoire; il n'est pas, comme lui, universel, immuable, désintéressé. En puisant ses motifs d'action dans les divers jugements d'utilité, dans celui du mérite et du démérite, il nous fournit les deux règles de l'intérêt bien entendu, qui se rapporte au bien-être de l'individu ou à celui des masses : de là

l'*intérêt personnel* et l'*intérêt général.* Le premier, se dénaturant facilement, conduit à l'amour du plaisir et à l'égoïsme : Aristippe et Épicure chez les Anciens, chez les Modernes Hobbes, Bentham, et, en général, toute doctrine qui met en doute la réalité d'une autre vie, sont des organes de l'intérêt personnel. L'intérêt général, avec un caractère plus noble, puisqu'il se rattache au principe d'expansion, ne peut pas davantage remplacer la morale du devoir, comme le prouvent le système de la *sympathie* d'Adam Smith, celui de la *bienveillance* de Ferguson, et encore bien plus le système de l'*intérêt politique* ou *salus populi suprema lex.* Si ces doctrines ne peuvent pas être la base de la Morale, elles aident cependant à l'accomplissement des devoirs sociaux, et à développer chez l'individu l'amour de ses semblables.   R.

INTÉRÊT, en termes de Littérature, attrait qui attache le spectateur à ce qu'il voit, le lecteur à ce qu'il lit, l'auditeur à ce qu'il entend. Nous prenons plaisir à être émus de curiosité, d'inquiétude, de crainte, de pitié, d'admiration, etc. L'intérêt peut résulter de divers éléments, par exemple, de caractères bien tracés, de situations fortes, de scènes habilement conduites. Il peut être dans l'exécution comme dans le plan, dans la forme comme dans le fond, ainsi que le prouve la poésie, qui réussit à charmer l'esprit et les oreilles par son harmonie, même quand sous cette harmonie ne se cache aucune idée grande et sérieuse : toutefois, l'intérêt qu'excite l'art de l'écrivain n'est guère durable, s'il n'est soutenu par l'intérêt du sujet.

INTÉRIEUR (Ministère de l'). V. MINISTÈRE, dans notre *Dictionnaire de Biographie et d'Histoire.*

INTÉRIM, mot latin signifiant *en attendant, provisoirement,* et qui désigne l'espace de temps pendant lequel une fonction est accidentellement remplie par un autre que le titulaire.

INTERJECTION, partie du discours, introduite dans la Grammaire par les Romains : les Grecs la faisaient rentrer dans l'adverbe. C'est principalement un son, un cri arraché par la douleur, la joie, la crainte, le mépris, la dérision, l'admiration, la surprise, etc. Ce cri étant d'ordinaire *jeté au milieu* d'une phrase (*jactus, inter*), le mot qui l'exprime a été appelé *interjection.* L'interjection la plus fréquente, celle qui s'applique au plus grand nombre d'affections subites de l'âme, est l'exclamation *ah! ha!* On considère encore comme interjections certains mots qui servent à encourager, à avertir, à imposer silence, et qui appartiennent à d'autres parties du discours : ainsi, *Allons! Voyons! Paix! Tout beau! Bon Dieu! Corbleu!* etc. Certaines interjections sont suivies d'un cas indirect, comme en latin *Hei mihi! O me miserum!* Mais alors on suppose l'ellipse d'un mot gouvernant ce cas, qui n'est qu'en apparence dépendant de l'interjection.   P.

INTERLIGNE (du latin *inter,* entre, et *linea,* ligne), espace entre deux lignes écrites ou imprimées. Dans les actes notariés, il ne doit y avoir ni interligne ni addition, et les mots interlignés sont nuls (Loi du 25 ventôse an XI); le notaire contrevenant est passible d'une amende de 10 fr., et, s'il y a eu fraude, de dommages-intérêts, et même de destitution. L'amende pour les conservateurs des hypothèques est de 1,000 à 2,000 fr., sans préjudice des dommages-intérêts des parties. Les autres officiers ministériels ne doivent non plus rien écrire entre les lignes de leurs actes. Dans un acte sous seing privé, les mots interlignés ne sont pas nuls, quoique non approuvés, s'il est établi qu'ils sont de la même main que le corps de l'acte. Les livres des agents de change et des courtiers ne doivent pas contenir d'interlignes (*Code de Comm.*, art. 84). — En Typographie, les *interlignes* sont des lames de métal, moins hautes que le caractère, qu'on place entre les lignes pour les séparer et les maintenir.

INTERLOCUTOIRE (Jugement), décision judiciaire qui ordonne, *avant faire droit au fond,* que préalablement il sera fait une production de pièces, une vérification, une preuve, une instruction, ou tout autre acte jugé nécessaire pour l'éclaircissement de la cause. Il peut être fait appel d'un jugement interlocutoire avant le jugement définitif (*Code de Procéd.*, art. 451-473).

INTERLOPE, mot anglais qui signifie *intrus,* et qu'on applique comme qualification : 1° à tout navire qui trafique en fraude; 2° aux hommes qui font ce commerce frauduleux ; 3° au commerce lui-même.

INTERLUDE, nom qu'on donne : 1° à la partie de la fugue appelée aussi *divertissement;* 2° à tout épisode qui dans une pièce quelconque de musique, ne tient pas essentiellement au sujet; 3° aux petits morceaux d'orgue que l'on joue entre les strophes d'une hymne, ou entre un psaume et un autre.

INTERMÈDE, courte composition dramatique, musicale ou chorégraphique, placée entre deux grandes pièces ou entre les actes d'une pièce de longue haleine. Les chœurs des tragédies antiques, ceux d'*Esther* et d'*Athalie*, sont de véritables intermèdes. Molière a placé des intermèdes burlesques dans *le Bourgeois gentilhomme*, et dans *le Malade imaginaire*. Au xviii° siècle, les petits opéras en un acte étaient qualifiés d'intermèdes : telle est *la Serva padrona* de Pergolèse.

INTERMÉDIAIRES. *V.* le *Supplément.*

INTERNATIONAL (Droit). *V.* Droit des gens.

INTERNE, élève qui habite dans un établissement d'instruction. — On donne le même nom aux étudiants en médecine attachés au service des hôpitaux civils, et qui y font leur demeure. Reçus par concours, ils montent tour à tour la garde, font les pansements, pratiquent les opérations chirurgicales les plus simples, et suivent les visites des médecins et chirurgiens, dont ils enregistrent les prescriptions. L'internat dure 4 années.

INTERNEMENT. *V.* Surveillance.

INTERNONCE. *V.* notre *Dictionnaire de Biographie et d'Histoire.*

INTERPELLATION, dans le langage parlementaire, question adressée dans une Chambre à un ministre sur un point ordinairement en dehors de la discussion des lois, mais touchant la situation intérieure ou extérieure du pays, l'exécution des lois, etc. En général, l'objet de l'interpellation est indiqué d'avance, et l'Assemblée fixe un jour pour en entendre le développement. Les interpellations sont fréquentes dans le Parlement anglais. *V.* le *Supplément.*

INTERPOLATION (du latin *interpolare*, rajeunir du vieux en y mêlant du neuf), se dit spécialement, dans le langage de la critique littéraire, de tout passage qui a été, soit par fraude, soit par ignorance, inséré dans le texte d'un écrivain. Il n'est point d'ouvrages où les interpolations aient été plus nombreuses que dans l'*Iliade* et l'*Odyssée* d'Homère, poëmes qui, pendant plusieurs siècles, ne se sont conservés que par la tradition orale, et où les rapsodes durent souvent introduire des vers ou des développements, soit pour les mettre en harmonie avec le goût et les idées de leur temps ou avec l'esprit de telle ou telle cité, soit pour flatter quelque famille puissante ou insérer quelque tradition mythologique inconnue aux temps antérieurs, soit enfin par défaillance de leur mémoire. Lorsque les poésies homériques furent écrites, plus d'une interpolation dut se glisser encore par le fait des copistes ou des diascévastes (*V. ce mot*). Dès le iv° siècle avant J.-C., mais surtout à partir du iii°, la critique grecque nota de signes convenus bon nombre de ces interpolations. Plusieurs interpolations doivent être aussi imputées aux grammairiens d'Alexandrie eux-mêmes : ainsi, lorsque fut établie la division en 24 rapsodies, on inséra souvent, pour éviter une fin ou un commencement trop brusque, un ou plusieurs vers, toujours assez communs, et souvent empruntés au poëte lui-même.

Une autre source d'interpolation, plus fréquente chez les prosateurs que chez les poëtes, ce sont les *gloses* que certains copistes, ou lecteurs, ou critiques, mettaient à la marge du manuscrit, et qu'un autre copiste inattentif ou ignorant transportait dans le texte, soit comme addition, soit comme substitution. Dans les écoles de l'antiquité, ces insertions de gloses étaient indiquées soigneusement aux auditeurs, et les bonnes éditions en purgeaient toujours le texte; malheureusement, les manuscrits qui nous sont parvenus en sont remplis, parce qu'ils remontent à une époque relativement peu éloignée de nous, et où les bons copistes devenaient de plus en plus rares, c.-à-d. au milieu du moyen âge. Les critiques modernes en ont relevé un grand nombre dès le xvi° siècle; mais il ne leur a pas été aussi facile de le prononcer avec certitude et autorité sur la véritable expression originale, que de là tant de corrections par conjectures. Les érudits qui ont porté le plus de lumières dans cette partie de la critique des textes sont, au xvi° siècle, Henri Estienne; au xvii°, Saumaise et Casaubon; plus tard, Bentley, Porson, Hermann, Heyne, Jacobs, Reiske, Brunck, Bœckh, Bekker, Coray, Hase, Boissonade, etc.

Des interpolations importantes ont été signalées également dans les Livres saints. *V.* Bible, Apocryphes.

L'invention de l'imprimerie n'a pu préserver de toute interpolation les ouvrages modernes eux-mêmes; c'est principalement dans les œuvres dramatiques qu'elles ont été remarquées; et elles doivent la plupart du temps être attribuées aux acteurs. Shakspeare chez les Anglais et Molière en France ont dû être de bonne heure l'objet d'études critiques, grâce auxquelles nous possédons aujourd'hui très-purs les textes de ces deux grands écrivains.   P.

INTERPOSITION DE PERSONNE, acte de celui qui prête son nom à quelqu'un, pour lui faciliter des avantages qu'il ne pourrait obtenir directement. Toute donation faite à des personnes interposées est nulle. Sont réputés interposés les père et mère, les enfants et descendants, et l'époux de la personne incapable.(*Code Napoléon*, art. 911, 1099, 1100).

INTERPRÉTATION, traduction accompagnée d'explications. Elle prend les noms d'*Exégèse* et d'*Herméneutique* (*V. ces mots*) s'il s'agit de livres sacrés. V. Huet, *De interpretatione libri II*, Paris, 1661, in-4°; Beck, *De interpretatione veterum scriptorum*, Leipzig, 1798, in-4°; G. Meyer, *Essai d'une Herméneutique générale*, en allem., Halle, 1756, in-8°; Rosenmüller, *Historia interpretationis librorum sacrorum*, Leipzig, 1795-1814; W. Meyer, *Histoire de l'Herméneutique sacrée*, en allem., ibid., 1802-1808; J.-A. Ernesti, *Institutio interpretis Novi Testamenti*, édit. d'Ammon, 1809. — L'interprétation d'une loi dont le texte est obscur ou équivoque est donnée par les juges chargés de l'appliquer; ils se guident tantôt par les règles que la législation a elle-même fixées (analogie des lois, principes naturels du Droit, etc.), tantôt par l'autorité des jurisconsultes qui ont écrit sur la matière, ou encore par les décisions qu'ont rendues les Cours supérieures. Quand l'obscurité est telle qu'on ne peut déterminer la véritable intention du législateur, et que les divers tribunaux prononcent chacun d'une manière différente, une *interprétation authentique* est donnée par la Cour de cassation. — L'interprétation des conventions appartient aux tribunaux, et le *Code Napoléon* (art. 1156-66) en a tracé les règles. *V.* Clause; Mailher de Chassat, *Traité de l'interprétation des lois*, 1845, in-8°; Delisle, *Principes de l'interprétation des lois, des actes et des conventions*, 1852, 2 vol. in-8°.

INTERPRÈTE, celui qui traduit d'une langue dans une autre. Des interprètes organisés sont attachés aux troupes françaises d'Algérie. Les interprètes des ambassades en Orient, appelés *drogmans*, sont des fonctionnaires d'une certaine importance. Les *interprètes jurés* ou *traducteurs assermentés* près les Cours ou tribunaux sont choisis par le président, doivent être âgés de 21 ans au moins, et prêter serment de traduire avec fidélité; on ne peut les prendre, ni parmi les juges, ni parmi les jurés, ni parmi les témoins (*Code d'Instruction criminelle*, art. 332 et 333). Ils sont sujets à récusation. Pour les actes de commerce déférés aux tribunaux, il y a des *courtiers interprètes*. *V.* Courtiers.

INTERRÈGNE, *temps* pendant lequel un royaume se trouve sans roi, un empire sans chef.

INTERROGATIF (Mot), adjectif, pronom ou adverbe servant à marquer une interrogation. Tels sont, en français, *qui? quel? lequel? quoi? que? quand? comment? où? combien?* Ajoutons la périphrase interrogative *est-ce que?* Le latin et le grec sont plus riches en particules interrogatives.   P.

INTERROGATIF (Tour), tour de phrase servant à indiquer l'interrogation. Telle est, en français, l'inversion du sujet, lorsque ce sujet est un pronom : *Viendrez-vous? Sommes-nous prêts? Ont-ils été avertis?* Si le sujet est un substantif, l'inversion ne peut avoir lieu en français; mais, après le verbe, on exprime pléonastiquement le pronom : *Votre frère est-il parti? Mes sœurs resteront-elles avec nous?* Le tour interrogatif est souvent employé pour remplacer la conjonction *si*, *quand même*, *quoique*. Ex. : « *Archélaüs est puissant?* Peu m'importe, s'il n'est vertueux. — *Eussiez-vous* d'ailleurs cent belles qualités, si vous n'êtes aimable, vous ne trouverez qu'indifférence. » Le tour interrogatif est très-fréquent dans la conversation, lorsqu'on veut exprimer vivement une affirmation ou une négation :

> Comment peut-on juger d'une pièce, en effet,
> Au tintamarre affreux qu'au parterre on a fait?
>
> Piron, *la Métromanie*, V, 2.

c.-à-d. on ne peut pas juger, etc.

> N'est-ce pas à vos yeux un spectacle assez doux
> Que la veuve d'Hector pleurant à vos genoux?
>
> Racine, *Andromaque*, III, 4.

Ce tour est d'un grand usage dans les discours; de là le nom de *tour oratoire* que les rhéteurs lui ont donné. P.

INTERROGATION, proposition tournée de manière qu'elle indique l'ignorance ou l'incertitude de celui qui parle, et le désir qu'il a d'être instruit ou fixé sur tel ou tel point : « Qui a créé le monde? Comment la terre se soutient-elle dans l'espace? Quel est votre avis? Quel parti prendre? » On voit que l'interrogation peut porter sur le sujet, l'attribut, ou l'un de ses compléments.

L'interrogation est souvent une Figure de pensée, qui consiste à prendre le tour interrogatif, non pour marquer un doute réel, car l'expression serait alors toute simple et sans figure, mais pour exprimer une persuasion plus grande par l'espèce de défi que l'on paraît faire à l'auditeur de nier ce qu'on avance; pour réveiller l'attention par cette espèce de vivacité; pour marquer la surprise, la crainte, la douleur, l'indignation, et autres mouvements de l'âme; quelquefois pour presser, convaincre, confondre ceux à qui on adresse la parole. C'est la figure la plus fréquente peut-être dans le langage familier et dans le langage populaire. Aussi en rencontre-t-on de nombreux exemples chez les poëtes et les orateurs, les deux classes d'écrivains qui ont le plus d'occasions de recourir aux mouvements passionnés du style. Quelquefois l'interrogation et la réponse se font tout à la fois, ce qui est un moyen d'éveiller l'attention et de la fixer sur la réponse qui suit immédiatement. Lorsque la réponse n'est pas faite, si elle doit être négative, l'interrogation se fait purement et simplement :

> La foi qui n'agit point, est-ce une foi sincère?
> RACINE, *Athalie*, I, 1.

Si la réponse doit être affirmative, l'interrogation prend un tour négatif : « Ne vous avais-je pas fait toutes les recommandations nécessaires? » Les interrogations accumulées sont l'expression de la véhémence des sentiments et des passions. P.

INTERROGATION (Méthode d'), procédé qui consiste à poser des questions à ceux qu'on veut instruire, pour les amener à chercher eux-mêmes ce qu'ils ont besoin de savoir. C'était la méthode que Socrate employait avec les sophistes et avec ses disciples : avec les premiers, pour les confondre et les forcer à avouer qu'ils ignoraient ce qu'ils prétendaient enseigner; c'était l'*ironie socratique* proprement dite; avec les seconds, pour les mettre sur la voie et les conduire, par l'analyse, à envisager une idée ou une question sous toutes ses faces, et à se rendre compte de leurs pensées. Socrate se disait pour cette raison *l'accoucheur des esprits*. Cette méthode, appelée aussi *dialectique*, est préférable, quand elle est praticable, à la méthode exclusivement dogmatique. R.

INTERROGATION (Point d'). *V.* PONCTUATION.

INTERROGATOIRE, ensemble des questions qu'adresse un magistrat et des réponses que fait celui qui est interrogé. En matière criminelle, l'interrogatoire est un des actes les plus importants de l'*instruction* (*V. ce mot*); la manière d'y procéder est réglée par le *Code d'instruction criminelle*. Dans le cas de flagrant délit, le coupable doit être interrogé sur-le-champ par le procureur impérial et les officiers auxiliaires, et le procès-verbal, rédigé en présence du commissaire de police, du maire ou d'un adjoint, ou de deux citoyens domiciliés dans la commune, est revêtu de leur signature (art. 40). Tout inculpé doit être interrogé par le juge d'instruction, sur-le-champ en cas de mandat de comparution, dans les 24 heures en cas de mandat d'amener (art. 93); le procès-verbal, rédigé par le greffier, doit être signé du prévenu, et, en cas de refus ou d'impossibilité, il doit en être fait mention. Le juge d'instruction peut renouveler ses interrogatoires autant de fois qu'il le croit utile à la découverte de la vérité. Si le prévenu doit être traduit devant le tribunal correctionnel, il n'a plus, en sortant des mains du juge d'instruction, qu'à être interrogé à l'audience. Mais, s'il est renvoyé devant la Cour d'assises, le président de cette Cour, ou un juge commis par lui, l'interroge de nouveau, 24 heures au plus tard après la remise des pièces au greffe et l'arrivée de l'accusé dans la maison de justice (art. 293); cet interrogatoire a lieu en l'absence du conseil de l'accusé (art. 302 et 574); procès-verbal en est dressé par le greffier et signé par l'accusé. Quand les débats sont ouverts, le président procède publiquement et en présence du jury à un dernier interrogatoire, pendant lequel l'accusé est assisté de son conseil, qui peut s'opposer à ce que certaines questions lui soient posées. Des questions peuvent être adressées par les juges, le procureur général et les jurés, en passant par la bouche du président. — En Angleterre, la loi ne permet pas qu'on interroge les prévenus, ni qu'on se prévale de leurs aveux; le magistrat se borne à leur demander s'ils sont coupables ou non.

En matière civile, le mot *Interrogatoire* ne s'emploie seul que pour désigner les questions faites par le juge à une personne dont l'interdiction est poursuivie. En tout autre cas, on dit *Interrogatoire sur faits et articles* : les parties peuvent, en toute matière et en tout état de cause, demander de se faire interroger respectivement, sans retard de l'instruction ni du jugement (*V.* le *Code de Procédure civile*, liv. II, tit. 15).

INTERVALLE, en termes de Musique, distance qui sépare deux sons dans l'échelle de la gamme. Une note étant donnée, celle qui la suit immédiatement au-dessus est à l'intervalle de *seconde*; un degré encore plus haut, c'est la *tierce*, et successivement la *quarte*, la *quinte*, la *sixte*, la *septième*, l'*octave*, la *neuvième*, la *dixième*, etc. En mélodie, les intervalles sont *successifs*; en harmonie, ils sont *successifs* dans les parties et *simultanés* par l'accord des parties entre elles. Dans la pratique de l'harmonie, on est convenu de conserver aux intervalles qui excèdent la distance d'une neuvième les dénominations de *tierce*, *quarte*, *quinte*, *sixte*, etc., parce qu'ils ne sont, à proprement parler, que les doubles de ces dernières. Les intervalles sont dits *simples*, quand ils ne dépassent pas l'octave, et *multiples* ou *composés*, quand ils dépassent cette étendue. Suivant l'effet qu'ils produisent sur nos sens, les intervalles simples sont *consonnants* ou *dissonants* (*V.* CONSONNANCE, DISSONANCE). La quarte, la quinte et l'octave sont des consonnances *parfaites*, parce qu'elles ne peuvent être modifiées; la tierce et la sixte sont dites *imparfaites*, parce qu'elles peuvent varier d'un demi-ton, et être, par conséquent, *mineures* ou *majeures*. Les dissonances de seconde et de septième peuvent aussi être majeures ou mineures. Un intervalle quelconque est dit *superflu* ou *augmenté*, quand il est augmenté d'un demi-ton; *diminué*, quand on le diminue d'autant : dans les deux cas il est *altéré*. Autrefois on se servait des qualifications de *juste* et de *faux* pour les variétés d'extension de la quarte et de la quinte; mais, ce qui est faux ne pouvant trouver place en harmonie, on a renoncé à ces mauvaises expressions. Un intervalle est *diatonique* quand il a lieu sur les tons naturels de la gamme; *chromatique* quand il a lieu d'un ton à un demi-ton; *enharmonique* quand il est produit sur le même degré par un dièse. *V.* Scheibe, *Sur les intervalles et les genres en musique*, en allem., Hambourg, 1739, in-8°; Riedt, *Essai sur les intervalles en musique*, en allem., Berlin, 1753, in-4°; Rœllig, *Essai d'une table d'intervalles musicaux*, en allem., Leipz., 1789, in-fol.; Dauprat, *Nouveau Traité théorique et pratique des accords*, Paris, 1857, in-4°. B.

INTERVENTION, en termes de Droit, action par laquelle un tiers s'introduit dans une instance civile, afin de participer aux débats et de faire prononcer par le même jugement sur l'intérêt qu'il a dans l'affaire. L'intervention doit être formée par simple requête et conclusions motivées, sans aucun développement (*Code de Procéd.*, art. 339). Elle est dispensée du préliminaire de conciliation (art. 49). Elle ne peut retarder le jugement de la cause principale, si cette cause était en état d'être jugée. Une intervention n'est reçue sur l'appel que de la part de ceux qui auraient le droit de former tierce opposition (*V. ce mot*). — En Droit commercial, il peut y avoir intervention lors du protêt d'une lettre de change ou d'un billet, si quelqu'un se présente pour faire honneur à l'une des signatures de cet effet : l'intervention et le payement sont constatés dans l'acte de protêt ou à la suite.

Dans le Droit politique, on nomme *Intervention* l'acte d'un État qui prend parti dans la querelle de deux autres, ou dans les dissensions civiles d'un pays étranger. Cette intervention peut s'effectuer, soit en fournissant des armes et des subsides à l'un des belligérants, soit par des conseils et des menaces, soit par la force ouverte; elle est donc tantôt *officieuse* ou *pacifique*, tantôt *armée*. Elle peut être spontanée, ou résulter d'engagements antérieurs, ou être provoquée par la demande de l'une des puissances en lutte. L'intervention déterminée par des motifs d'ambition personnelle, exécutée en vue d'une conquête, est une hypocrisie et un crime. C'est également un crime pour un gouvernement d'intervenir dans un pays étranger pour implanter par la force des institutions et des hommes dont ce pays ne veut pas. Une intervention dans la querelle de deux peuples n'a de raison d'être pour un autre peuple, que s'il lui faut pourvoir à sa propre sécurité, défendre son principe ou tout autre grand intérêt national.

Sous la Restauration, il y eut en Europe abus de l'intervention armée : c'était une des conséquences du principe de cette ligue appelée du trop beau nom de *Sainte-Alliance*, et qui fut un prétexte aux étrangers pour envahir notre pays en 1815; aussi, la première chose que fit la France, après sa Révolution de 1830, fut de proclamer le principe de non-intervention pour elle-même et pour les autres. Par cette déclaration aussi hardie que fière, elle se donna une force morale de plus, et se fit respecter de l'Europe. Le parti ultra-libéral voulut appliquer ce principe avec la même rigueur absolue dont la Sainte-Alliance avait fait preuve à l'égard du principe contraire pour réprimer les tentatives d'émancipation politique : ainsi, en 1831, les Romagnes s'étant insurgées, les Autrichiens marchent pour les faire rentrer sous l'autorité légitime. Alors l'opposition demande que la France intervienne à main armée, puisque les Autrichiens violaient le principe de non-intervention. Mais, en Politique, il ne peut y avoir de principe absolu, parce que le premier principe comme le premier devoir d'un gouvernement est de songer à l'intérêt de son propre pays. Washington, l'un des fondateurs de l'indépendance américaine, a toujours proclamé et pratiqué cette doctrine, même vis-à-vis de la France. Casimir Périer, président du conseil des ministres au moment de l'insurrection des Romagnes, répondit à ceux qui voulaient qu'une armée française fût envoyée en Italie : « Un principe est pratiqué, est professé par nous; est-ce à dire que nous porterons nos armes partout où ce principe ne sera pas respecté? Ce serait une intervention d'un autre genre. Le droit de non-intervention ainsi entendu servirait de masque à l'esprit de conquête. L'intérêt et l'honneur de la France pourront seuls nous faire prendre les armes; le sang français n'appartient qu'à la France. » Le bon sens public applaudit à ces paroles, et l'intervention armée n'eut pas lieu. B. et C. D—Y.

INTESTAT (AB). *V.* AB INTESTAT.

INTIMATION (du latin *intimare*, enjoindre), assignation que l'appelant d'un jugement donne à la partie qui a obtenu gain de cause, pour qu'elle ait à comparaître devant de nouveaux juges. L'*Intimé* est le défendeur en appel. *V.* DÉFENDEUR.

INTINCTION, en termes de Liturgie, mélange qui se fait à la Messe, entre la consécration et la communion, d'une petite partie de l'hostie consacrée avec le sang de J.-C.

INTOLÉRANCE. *V.* TOLÉRANCE.

INTONATION, manière de donner à ce qu'on lit ou récite le *ton* convenable, en pliant la voix aux diverses inflexions qui expriment, selon la nature des pensées et des sentiments, la force ou la douceur, la gaieté ou la passion. Les nuances de l'intonation consistent dans le plus ou moins d'élévation, dans le plus ou moins de lenteur ou de brièveté des sons. Au milieu de la conversation même, il est rare que l'idée instantanément conçue n'emprunte pas, pour se présenter au dehors, le ton le plus naturel et le plus vrai. Dans le débit oratoire ou théâtral, les intonations fausses résultent de l'ignorance, de l'insensibilité ou du mauvais goût. — En Musique, l'*Intonation* est l'acte d'émettre le son. Sa justesse dépend de la voix et de l'oreille; sa netteté s'acquiert par l'exercice. Les clefs et leur armature sont dites *signes d'intonation*. — Dans le Plain-chant, l'*Intonation* est la manière de commencer le chant du premier verset d'un psaume. Il y a trois espèces d'intonations : 1° les intonations *solennelles*, qui servent à chanter le verset du psaume qui suit l'introït, et les deux versets de la doxologie; elles ne sont d'usage qu'à l'introït de la messe; 2° les intonations *festivales*, qui sont celles des psaumes et des cantiques des Matines, Laudes, ou Vêpres; on ne les emploie que les dimanches et les jours de fête; 3° les intonations *fériales*, qui sont appliquées aux mêmes parties de l'office que les intonations précédentes, mais dont on se sert aux fêtes simples et aux jours fériés.

INTRADOS, en termes de Construction, partie intérieure et concave d'un arc, d'une voûte. L'*extrados* en est le parement extérieur. On dit aussi *douelle intérieure* et *douelle extérieure*.

INTRANSITIF, se dit des verbes exprimant un état ou une action ne sortant pas du sujet : tels sont, en français, *blanchir* (dans le sens neutre), *dîner*, *souper*, *marcher*, *parler*, *fleurir*, *dormir*, etc. Tous les verbes intransitifs sont neutres; mais tous les neutres ne sont pas intran-

sitifs : ainsi *venir*, *aller*, *entrer*, *sortir*. *V.* NEUTRE. P.

INTRIGUE (du latin *intricare*, embarrasser, embrouiller). C'est, en Littérature, l'ensemble des moyens par lesquels se développe le sujet d'une tragédie, d'une comédie ou d'un drame.

Dans les littératures grecque et latine, les intrigues de tragédie sont extrêmement simples, et sacrifiées ordinairement aux développements des caractères principaux. Le personnage collectif qu'on appelle le chœur y prend une part importante, et qui fait ressembler, en plusieurs points, la tragédie antique à nos grands opéras.

L'intrigue de la comédie grecque était encore plus simple, puisque Térence, en imitant Ménandre, prenait deux de ses comédies pour en composer une seule, ce qui le fit appeler demi-Ménandre. La construction des théâtres des Anciens, leur immensité, était une des causes qui imposaient aux poètes une composition simple, si différente de nos intrigues dramatiques, représentées devant un auditoire douze ou quinze fois moins nombreux, et dans des salles où tout est arrangé pour l'illusion de la scène. Je m'imagine que, chez les Grecs et chez les Romains, le public n'était attentif qu'à certaines scènes capitales d'un ouvrage, et n'écoutait guère le reste, à peu près comme, en Italie, on écoute les opéras italiens. L'intrigue tragique étant toujours un fait de l'histoire ou de la religion nationale, le titre seul de la pièce suffisait pour mettre les spectateurs au courant du sujet traité; mais l'intrigue comique n'offrant pas la même ressource, et, d'ailleurs, étant un peu plus compliquée, les poètes l'expliquaient tout au long dans un prologue. On voit, par ce fait seul, que le principal intérêt des pièces devait être dans certaines scènes, dans certains rôles, dans le jeu des acteurs, et que l'intrigue n'occupait qu'un rang très-secondaire. Chez les Modernes, le théâtre comique prend ou cherche ses types dans la société, parmi les spectateurs même, pour ainsi dire; chez les Anciens, les types de la comédie sont des esclaves, des affranchis, des maquignons, en un mot, l'image d'un monde de bas étage, de gens de mauvais lieu, et qui n'étaient jamais admis dans la société civile, ni surtout dans celle des femmes honnêtes. Il était interdit aux poètes de mettre sur le théâtre aucune imitation de la vie de famille. On voit combien ces différences si tranchées, dans le choix même des sujets, dans la construction des théâtres, et dans la nature des spectateurs, ont dû en mettre dans la composition des intrigues, surtout pour la comédie.

Chez nous, où la tragédie n'est qu'une imitation plus ou moins perfectionnée de celle des Anciens, elle a aussi, presque toujours, pour point de départ une donnée historique, sur laquelle le poète dispose des incidents, bien liés les uns aux autres, bien combinés pour exciter la terreur ou la pitié, et qui conduisent à un dénoûment souvent aussi donné par l'histoire. *Horace, Cinna, la Mort de Pompée*, de P. Corneille, sont des sujets dont le dénoûment est forcément historique. Nous dirons la même chose d'*Esther*, d'*Athalie*, de *Britannicus*, de Racine, et même de toutes ses tragédies, puisque, depuis l'origine de notre théâtre, les poètes semblent avoir admis, comme règle inviolable, que le sujet d'un poème tragique doit être pris dans l'histoire, la légende ou la fable.

L'intrigue de comédie est de deux sortes : celle de la comédie de caractère et celle de la comédie d'intrigue; on donne à la première moins d'importance, afin de laisser plus de place au développement du caractère, comme dans *le Misanthrope* de Molière; la seconde est plus forte, plus compliquée, parce que les événements mêmes de la pièce en font le principal intérêt.

Les ouvrages de théâtre étant essentiellement faits pour être représentés plutôt que lus, une intrigue bien conçue, bien tissue, bien composée, en un mot intéressante, touchante ou comique, est presque toujours un puissant élément de succès. Si l'on juge une tragédie ou une comédie au point de vue purement littéraire, l'intrigue bien faite est sans aucun doute un mérite; mais si l'exécution ensuite est faible ou médiocre, c'est un germe de mort pour l'ouvrage. On a, dans l'histoire du théâtre, des exemples de très-grands succès dus à une intrigue intéressante, et, néanmoins, comme les pièces étaient faiblement exécutées, elles sont tombées dans l'oubli, dès qu'elles ont pu être jugées de sang-froid. Thomas Corneille a été plusieurs fois dans ce cas, par exemple pour ses tragédies de *Timocrate*, de *Stilicon*, de *Camma*, d'*Ariane*, qui obtinrent un succès de cent représentations consécutives, et que personne ne connaît plus depuis deux siècles. Les intrigues des tragédies de Pradon ne sont pas beaucoup inférieures à celles de Racine; mais l'exécution a tout tué.

Dans la comédie, surtout la comédie en prose, l'exécution a moins d'influence parce qu'elle est beaucoup plus facile; aussi, avec un sujet heureux, habilement disposé et composé, un auteur peut espérer le succès. Molière et Regnard ont laissé, dans la plupart de leurs comédies, des modèles d'intrigues. Parmi les auteurs secondaires, Beaumarchais, Sedaine, Picard, Alex. Duval, et, de nos jours, Casimir Delavigne, Scribe, ont beaucoup de comédies bien intriguées; nous citerons de Beaumarchais, le *Barbier de Séville* et le *Mariage de Figaro*; de Sedaine, le *Philosophe sans le savoir*, le *Déserteur*, *Richard Cœur de Lion*; de Picard, le *Collatéral*, *Du Hautcours*, les *Marionnettes*, le *Conteur*, les *Deux Philibert*, les *Trois quartiers*; d'Alexandre Duval, la *Jeunesse d'Henri V*, le *Tyran domestique*, *Édouard en Écosse*; de C. Delavigne, *Marino Faliero*, *Louis XI*, les *Enfants d'Édouard*, tragédies; l'*École des Vieillards*, *Don Juan d'Autriche*, comédies; de Scribe, la *Camaraderie*, les *Mariages d'argent*, *Une Chaîne*, *Bertrand et Raton*, comédies, la *Dame blanche*, l'*Ambassadrice*, le *Maçon*, le *Domino noir*, *Fra Diavolo*, la *Sirène*, les *Diamants de la couronne*, *Haydée*, la *Part du Diable*, etc., opéras-comiques. Une œuvre dramatique bien écrite et mal composée, ou bien composée et mal écrite, ont l'une et l'autre chance certaine de naufrage devant les spectateurs ou devant les lecteurs. L'intrigue fait donc partie intégrante de la composition et de l'exécution, et ce n'est qu'en réunissant ces deux qualités qu'un ouvrage approche de cette perfection relative, qui lui assigne un rang durable parmi les productions littéraires. Entrer dans les éléments de l'intrigue tragique ou comique serait subtiliser sur la question; nous tenons pour bon l'axiome que :

Tous les genres sont bons hors le genre ennuyeux.

Peu importe donc qu'il y ait dans presque toutes les intrigues dramatiques une passion d'amour plus ou moins importante. Nous noterons seulement qu'au XVIIe et au XVIIIe siècle on en a fait abus dans le tragique, comme dans le comique; et que cette passion, ayant le but honnête du mariage, est le fond de toutes les intrigues comiques des deux derniers siècles. Les auteurs de nos jours, en voulant sortir du chemin battu, ont pris le contre-pied, et mis en scène des amours malhonnêtes, ce qui fit plus d'une fois du théâtre une école de mauvaises mœurs. Néanmoins, comme de tout effort de l'esprit il sort presque toujours un progrès à côté d'un abus, le mariage n'est plus maintenant le pivot unique ou principal sur lequel tournent toutes les comédies; le sujet et les intrigues sont pris plus dans le vrai de la vie, et c'est en cela que le théâtre du XIXe siècle se distingue de ses devanciers, de même que tout le théâtre moderne, depuis le XVIIe siècle surtout, est très-supérieur à celui des Anciens, sous le rapport de l'intrigue.   C. D—Y.

INTRODUCTEURS DES AMBASSADEURS. *V.* notre *Dictionnaire de Biographie et d'Histoire.*

INTRODUCTION, espèce de discours préliminaire mis au devant d'un ouvrage littéraire ou scientifique; il est destiné à faire entrer le lecteur dans l'esprit qui a présidé à la composition du livre, ou à lui présenter un tableau général soit de l'état antérieur de la science, soit des faits historiques, littéraires ou autres, dont la connaissance préalable lui peut être utile ou indispensable pour bien saisir l'ouvrage offert à sa curiosité. Certaines introductions forment un véritable livre qui peut se détacher de l'ouvrage principal : telle est celle que Voltaire a mise en tête de son *Essai sur les mœurs* et qu'il a intitulée *Philosophie de l'histoire*, et celle dont Robertson a fait précéder son histoire du règne de Charles-Quint, beau tableau de l'histoire générale de la civilisation européenne depuis la destruction de l'Empire romain jusqu'au XVIe siècle. — Certains ouvrages isolés ont reçu de leur auteur le titre d'*Introduction*: telle est l'*Introduction à la vie dévote*, de St François de Sales.   P.

INTRODUCTION, morceau de musique d'un mouvement grave, composé d'un petit nombre de phrases, souvent même de quelques mesures ou de quelques accords, et qui annonce le premier *allegro* d'une pièce instrumentale. Ainsi, l'ouverture de la *Flûte enchantée* de Mozart commence par une introduction. Quelques compositeurs, donnant plus d'extension et de mouvement à ce morceau, lui ont fait tenir la place de l'ouverture; le *Robert le Diable* de Meyerbeer en fournit un bel exemple. On donn aussi le nom d'*Introduction* aux morceaux de chant qui viennent immédiatement après l'ouverture et où se trouve l'exposition du drame musical : les *Noces de Figaro* et le *Don Juan* de Mozart, la *Dame blanche* de Boïeldieu, la *Gazza ladra*, *Sémiramis*, la *Cenerentola* et *Guillaume Tell* de Rossini, offrent des modèles de ces introductions scéniques.   B.

INTROIT (du latin *introitus*, entrée), début de la Messe, comprenant : 1° un dialogue entre le célébrant et le servant au bas des degrés de l'autel, dialogue dont les premiers mots sont : *Introibo ad altare Dei*; 2° une antienne avec verset que le prêtre récite à l'autel, du côté droit, et qui annonce le sujet du mystère et de la fête qu'on va célébrer. Dans les grandes messes, le chœur chante en même temps cette antienne, qui a aussi le nom d'*Introit*; elle précède le *Kyrie*. Il n'y a pas d'Introit le Samedi saint ni la veille de la Pentecôte, parce que, ces jours-là, dans l'ancienne Église, le peuple était déjà assemblé depuis longtemps pour la baptême des catéchumènes. Pendant longtemps on ne distingua chaque dimanche de l'année que par le premier mot de l'Introit de ce jour : le dimanche de *Lætare*, d'*Oculi*, de *Quasimodo*, etc. L'usage d'une antienne à l'Introït remonte au pape Célestin.

INTRONATI (Académie des), c.-à-d. des *hébétés*, des *imbéciles*, Société formée à Sienne vers 1450, dans le but de cultiver la langue italienne. Leur nom était une antiphrase, ou marquait le peu de prétention qu'ils avaient à l'esprit. Il y eut une Académie du même nom à Naples.

INTRONISATION, nom donné à l'installation d'un évêque, parce qu'on le fait asseoir sur la chaire en forme de *trône* qu'il doit occuper.

INTRUSION, en termes de Droit canonique, action d'usurper une dignité ou un office ecclésiastique. Celui qui s'en rend coupable est qualifié d'*intrus*. On distingue trois sortes d'intrusion : la 1re consiste à se mettre en possession d'un bénéfice ou office, sans avoir ni demandé ni obtenu aucun titre; la 2e à se mettre en possession avec un titre vicieux et nul; la 3e à prendre possession avant d'avoir reçu les lettres de *visa* de l'ordinaire. L'intrusion emporte une incapacité perpétuelle de posséder le bénéfice usurpé. On a quelquefois donné le nom d'*intrus*, mais improprement, au bénéficier gardant son bénéfice après en avoir encouru la privation.

INTUITION (du latin *intueri*, regarder). Ce mot eut d'abord un sens exclusivement religieux : la théologie entendait par là une vue immédiate et surnaturelle, accordée soit aux élus dans le ciel, soit à quelques privilégiés ici-bas; c'était un des effets de l'extase. La philosophie a pris le même mot en modifiant sa signification. Kant nomme *intuition* la perception par les sens, et il distingue les *intuitions pures*, comprenant le temps et l'espace, et les *intuitions empiriques* ou représentations sensibles. Toute connaissance qui résulte d'une intuition est dite *intuitive*, tandis que celle qui résulte d'un rapport est *discursive*; la 1re est simultanée, la 2e successive. Pour Schelling, l'*intuition* est un fait par lequel l'intelligence saisit l'absolu. Les écoles écossaise et française appellent *intuitifs* tout jugement et toute croyance qui se présentent spontanément à l'esprit, en appliquant cette appellation aux résultats donnés par les sens et à ceux produits par la Raison.   R.

INTUSIATA, sorte de robe que les femmes de l'ancienne Rome mettaient dans l'intérieur de la maison.

INVALIDES. *V.* notre *Dictionnaire de Biographie et d'Histoire.*

INVENTAIRE. Tout commerçant est tenu (*Code de commerce*, art. 9) de faire tous les ans son *inventaire*, c.-à-d. le relevé exact de toutes ses dettes et de toutes ses créances, de son passif et de son actif, et d'établir nettement par la balance sa situation commerciale. Il doit écrire cet inventaire sur un livre spécial, signé et paraphé. Il en est beaucoup qui négligent cette prescription de la loi; et c'est un grand tort, puisque, en cas de faillite, des livres tenus irrégulièrement peuvent entraîner la banqueroute simple, et que l'absence des livres exigés par la loi peut entraîner la banqueroute frauduleuse (*V.* BANQUEROUTE). L'inventaire ne contient qu'un abrégé sommaire de chacun des chapitres de l'actif ou du passif; les détails se trouvent sur les livres. — On nomme encore *Inventaire* l'état des biens, meubles, titres, papiers d'une personne ou d'une société. Le *Code Napoléon* (art. 1414 et suiv.) trace les règles qui concernent l'inventaire par rapport au mariage; le *Code de procédure* (art. 928, 941-944), celles à suivre pour dresser un inventaire après décès. Un inventaire est exigé de la part de ceux qui sont envoyés en possession provisoire des biens d'un absent; de la part du tuteur à son entrée en fonctions; de l'héritier qui veut accepter une succession sous bénéfice d'inventaire; du curateur à une succession vacante; de l'exécuteur testamentaire lorsqu'il y a des héritiers mineurs, interdits ou absents; de celui qui est grevé de restitution; de l'usufruitier à son entrée en jouissance; de celui qui a un droit d'usage ou d'habitation à exercer; du mari, lorsqu'il survient une succession aux époux vivant en communauté; de la veuve commune en biens et survivant, qui veut conserver la faculté de renoncer à la communauté; et des époux qui se marient sans communauté. L'inventaire peut être dressé par acte sous seing privé, mais celui après décès doit être fait devant notaire. Les frais se prélèvent sur les biens inventoriés. V. De Madre, *Formulaire pour inventaires,* 1852, in-4°.

INVENTAIRE (Bénéfice d'). V. BÉNÉFICE D'INVENTAIRE.

INVENTION, première partie de la Rhétorique. Elle consiste, dit Cicéron, dans la recherche des raisons vraies ou vraisemblables qui peuvent appuyer la cause. Elle a donc pour objet de trouver les moyens de convaincre et de persuader. L'orateur doit chercher d'abord les moyens de convaincre; car il lui faut, avant tout, établir la vérité *de son discours* : quand une fois la conviction sera passée dans l'esprit des auditeurs, il s'efforcera de les émouvoir, et il leur persuadera de faire ce dont il les aura convaincus. Il est nécessaire que la persuasion repose sur la conviction; car, le premier entraînement une fois passé, elle pourrait tomber d'elle-même, faute d'un fondement solide, ou être détruite par un discours plus convaincant de l'adversaire. Instruire et toucher sont donc les premiers devoirs de l'orateur; mais, pour y réussir, il faut qu'il plaise et qu'il sache se concilier la confiance, l'estime et la bienveillance des auditeurs. A ces trois points : *instruire, plaire, toucher,* correspondent trois parties de l'Invention. On instruit par les *preuves,* on plaît par les *mœurs,* on touche par les *passions.* Il nous reste de Cicéron deux livres *De l'Invention.*

Les Anciens étudiaient l'Invention surtout en vue de l'art oratoire, et tous leurs Traités de rhétorique ne s'adressent qu'à l'orateur. Mais le poète, l'historien, le philosophe, tous ceux qui en un mot veulent écrire, sont obligés aussi de chercher d'abord le sujet qu'ils veulent traiter, et ensuite la manière la plus convenable de communiquer leurs idées à autrui. H. D.

INVENTION (Brevets d'). V. BREVETS D'INVENTION.

INVERSION, disposition des termes de la proposition, ou des membres de la phrase, dans un ordre différent de celui qui a été consacré par l'usage général. Ainsi, en français, où il est de principe que le sujet se place d'abord, puis le verbe, puis l'attribut, et que la proposition principale soit suivie des propositions qui lui sont subordonnées logiquement, il y aura inversion toutes les fois qu'il sera dérogé à cet ordre. C'est en ce sens que nous disons que les langues anciennes sont des langues à inversion, parce que généralement le verbe y est placé à la fin; que les adjectifs, soit attributs, soit qualificatifs, y sont plus généralement placés avant les substantifs, et que les compléments d'un substantif ou d'un adjectif le précèdent ordinairement au lieu de le suivre. Ce n'est pas cependant que notre langue, surtout en poésie, ne puisse user de cette ressource souvent précieuse; ainsi Racine a dit (*Athalie,* II, 5) :

Dans le temple des Juifs un instinct m'a poussée,
Et d'apaiser leur Dieu j'ai conçu la pensée.

Dans une petite pièce de poésie légère (le *Mondain*), Voltaire a employé l'inversion d'une manière heureuse pour un effet imitatif; voulant parler d'un gourmand mort d'indigestion, il a dit :

Oppressé fut d'une indigestion

La construction régulière n'eût fait qu'un vers plat.
En prose, l'inversion doit être employée discrètement, et faire gagner quelque chose à l'expression de la pensée, à l'harmonie de la phrase, ou même à la clarté. « *Restait* cette redoutable infanterie d'Espagne, » a dit Bossuet, qui ailleurs dit encore : « *Aussi vifs étaient les regards, aussi vite et impétueuse était l'attaque, aussi fortes et inévitables étaient les mains* du prince de Condé. » — « *Avec le mot de gloire,* on obtenait tout de lui, » dit Voltaire en parlant de Charles XII. L'inversion est souvent commandée dans notre langue par l'usage : « *Que voulez-vous? Ne me l'avez-vous pas fait connaître?* » — Plus une langue est riche en inflexions grammaticales,

plus elle a une tendance synthétique, plus aussi elle peut librement user de l'inversion. Voilà pourquoi le grec et le latin sont des langues essentiellement *transpositives.* De là cette variété presque infinie de leurs constructions; de là cette faculté de suivre, dans la disposition des éléments de la phrase, soit l'ordre logique de la pensée, soit l'ordre capricieux de la passion; de là ces effets merveilleux de style que nos langues modernes sont presque toujours impuissantes à reproduire. Mais ce sont là surtout des ressources précieuses pour la poésie et l'éloquence. P.

INVESTIGATION (Méthode d'). V. ANALYSE.

INVESTISSEMENT, opération de siège consistant à envelopper de troupes une place attaquée.

INVESTITURE. V. notre *Dictionnaire de Biographie et d'Histoire.*

INVIOLABILITÉ, privilège ou droit d'être à l'abri de toute action violente. Le premier droit de la souveraineté est d'être inviolable; ce principe est fondé, dans les gouvernements absolus, sur l'idée que le roi est le représentant de Dieu sur la terre. Dans les monarchies constitutionnelles, l'inviolabilité du roi repose sur ces maximes d'ordre public, que « le roi ne peut mal faire, » que « le roi règne et ne gouverne pas; » mais elle implique comme corollaire indispensable la responsabilité des ministres. La représentation nationale est inviolable au même titre que la souveraineté du peuple : chaque député , mandataire de la nation, est inviolable, ou du moins aucune poursuite ne peut être exercée contre lui, même en cas de culpabilité , sans l'autorisation de l'assemblée dont il fait partie. Les ambassadeurs sont inviolables de par le Droit des gens. A la guerre, la personne des parlementaires est inviolable. L'inviolabilité du domicile des citoyens est une des garanties de la liberté individuelle ; l'autorité publique ne peut y pénétrer qu'après l'accomplissement des formalités légales. L'inviolabilité des lettres et de la correspondance privée est un devoir pour les gouvernements.

INVITATOIRE, nom de l'antienne par laquelle on répond, dans l'Église romaine, au psaume des Matines *Venite exultemus,* qui est une *invitation* à chanter les louanges de Dieu.

INVOCATION (du latin *in* , dans, et *vocare* , appeler), appel que l'homme adresse à la divinité ou à toute autre puissance supérieure. L'Invocation était en usage chez les Anciens dans leurs mystères, leurs sacrifices, leurs hymnes, et jusque dans leurs chœurs dramatiques. Les devins *invoquaient* les *démons. Chez les chrétiens,* l'Invocation de la Ste Vierge et des Saints est aussi ancienne que l'Église. Dans la liturgie grecque et orientale, après que le prêtre a rapporté, dans le sacrifice de la messe, les paroles de J.-C., il prononce une prière dite *invocation du St-Esprit* , et que l'on croit essentielle à la consécration.

INVOCATION , partie du début d'un poème épique où le poète appelle une divinité qui l'inspire. Au commencement de l'*Iliade,* Homère invoque simplement la Muse; il en est de même de Virgile dans l'*Énéide.* On trouve de belles invocations dans les *Géorgiques* du même poète (à Bacchus, à Cérès, à Neptune, à Minerve, etc.), dans le poème *De la nature des choses* par Lucrèce (à Vénus), dans les *Métamorphoses* d'Ovide, etc. On les comprend quand on se rappelle les habitudes de la religion païenne; mais, chez les poètes modernes, toutes les invocations de ce genre sont factices.

INVOCATION , terme de Diplomatique. V. DIPLÔME.

IOLOF (Idiome). V. WOLOF.

IONIEN (Dialecte) , un des quatre principaux dialectes de l'ancienne Grèce. On le parlait surtout dans les colonies de l'Asie Mineure et les îles de l'Archipel. Il se divise en ancien et en nouveau. Homère et Hésiode ont , en général, écrit dans le premier des deux, qui originairement différait peu ou point de l'ancien attique. La mollesse plus récente de ce dialecte prit naissance lorsque les Ioniens commencèrent à se mêler avec d'autres peuples par le commerce, et à envoyer des colons au dehors. Anacréon, Hécatée, Hérodote, Hippocrate, Phérécyde, Démocrite, en ont fait usage. Le dialecte ionien était le plus doux de tous les dialectes grecs, à cause de la fréquente rencontre des voyelles, et de l'absence non moins fréquente des aspirations. V. Guill. Dindorf, *Commentatio de dialecto Herodoti cum dialecto attica veteri comparata* (dans l'Hérodote grec-latin de Didot); Heyne, *Observations sur l'Iliade,* Raps. VIII, vers 226 et suiv., *Sur la différence du dialecte ionien dans Homère et dans Hérodote.* P.

IONIEN (Mode), un des modes de la musique des anciens Grecs, le plus efféminé de tous. Il était placé entre le dorien et le phrygien.. Il convenait aux fêtes et aux danses voluptueuses. Dans la suite, le système musical s'étant étendu à l'aigu et au grave, il y eut un mode *hyper-ionien*, c.-à-d. ionien aigu.

IONIENNE (École), école de philosophie grecque, ainsi nommée parce que la plupart des philosophes qui en faisaient partie étaient nés en Ionie. Cette école chercha à substituer un système de physique aux anciennes cosmogonies mythologiques, et à déterminer l'état primitif des choses, ainsi que leur principe dans l'ordre matériel. Ainsi, Thalès, son fondateur, né en 640 av. J.-C., partant d'une observation insuffisante, regarda l'eau comme l'élément dont toutes choses étaient faites; pour Anaximandre, son disciple, ce fut un principe tenant le milieu entre l'air et le feu, et qu'il appelait *l'infini* ou le chaos ; Anaximène donna la préférence à l'air. Quoique se séparant à beaucoup d'égards des précédents, il faut citer Héraclite, qui attribuait au feu le rôle de principe élémentaire. Anaxagore, reprenant un siècle plus tard l'hypothèse d'Anaximandre, y ajouta un esprit supérieur, distinct du chaos, auquel il communiquait le mouvement et l'harmonie ; il proclamait ainsi une intelligence divine, et faisait entrer l'École dans une voie nouvelle. Les systèmes panthéistes des autres Ioniens étaient indépendants des croyances populaires, sans les exclure; celui d'Anaxagore leur parut hostile ; il fut poursuivi. Peu de temps avant lui avait paru Hermotime de Clazomène, qui porta son attention sur le principe pensant. Les deux derniers philosophes de l'École furent Diogène d'Apollonie, qui suivit les traces d'Anaxagore, et Archélaüs de Milet, qui fut un des maîtres de Socrate. En prenant le monde physique pour l'unique objet de ses spéculations, l'École ionienne s'attacha spécialement à la certitude des sens; elle fut, pour cette raison, regardée comme la première école sensualiste. V. Tiedemann, *Premiers philosophes de la Grèce*, in-8°, Leipzig, 1780 (en all.); Bouterweck, *De primis philosophorum græcorum decretis physicis*, dans les *Commentaires de la Société de Gœttingue*, 1811; Henri Ritter, *Histoire de la philosophie ionienne*, in-8°, Berlin, 1821 (en all.); Mallet, *Histoire de la philosophie ionienne*, in-8°, Paris, 1842. R.

IONIQUE (Ordre), un des ordres de l'architecture grecque. Entre la majesté un peu pesante de l'ordre dorique et l'extrême richesse de l'ordre corinthien, il représente les qualités intermédiaires, la grâce et l'élégance. Son nom n'implique pas qu'il ait été inventé en Ionie (on ne sait qui s'en servit le premier), mais qu'il fut particulièrement en faveur dans ce pays. On en cite peu d'exemples dans la Grèce proprement dite. Les Romains ne l'employèrent qu'accidentellement, par exemple au temple de la Fortune Virile, au théâtre de Marcellus, et aux thermes de Dioclétien. Des savants ont soutenu que, dans l'origine, l'ordre ionique servit exclusivement pour les monuments funéraires. V. COLONNE, BASE, ORDRES, ARCHITRAVE, CORNICHE.

IONIQUE (Pied), pied de la versification grecque et latine, composé de six temps, soit deux longues et deux brèves (c'est l'ionique *majeur*), soit deux brèves suivies de deux longues (c'est l'ionique *mineur*).

IONIQUE (Vers), vers grec et latin, dont l'invention est attribuée au poëte Ion, de Chios, et qui était composé, en tout ou en partie, de pieds ioniques, soit majeurs, soit mineurs. La forme la plus usitée de l'*ionique majeur* paraît avoir été le tétramètre catalectique, de trois ioniques et d'un trochée ou spondée final, la dernière syllabe étant indifférente :

Pansa optime, | divos cole | si vis bonus | esse.

Le 3e pied est fréquemment un dichorée ou ditrochée :

Ter corripui terribi | lem mănū bǐ | pennem.

PÉTRONE.

L'une des longues, particulièrement la 2e de chaque pied, se résout fréquemment en deux brèves :

Ipsĕ dŏmĭnŭ | divĕs ŏpĕrĭs | et laboris | expers.

PLAUTE.

Dans l'ionique suivant, c'est la 1re qui souffre la solution :

Elĕmēntă rŭ | des quæ puer | os docent mag | ĭstrĭ.

On voit au 3e pied un épitrite second, dans ce vers d'Ennius :

Nam qui lepid | e postulat | altĕrŭm frŭstr | arī.

Le ditrochée se rencontre quelquefois au 1er pied. Plaute a substitué le molosse à l'ionique ou au ditrochée initial.

Quō făcto aut | dicto adest op | us quietus | ne sit.

Le 3e pied de ce vers peut être considéré, soit comme épitrite, soit, en supprimant s final de *quietus*, comme ditrochée. — On voit que l'ionique majeur tétramètre a souvent, après le 2e pied, une césure, qui paraît toutefois n'avoir pas été indispensable, car il n'est pas rare de la voir négligée.

Dans le vers *ionique mineur*, le ditrochée est remplacé par le diïambe ($\smile - \smile -$), qui s'introduit en se partageant entre deux pieds consécutifs, c.-à-d. que si la dernière syllabe d'un pied devient ïambe, le pied suivant perd une brève, de sorte que les deux pieds réunis équivalent effectivement à deux ioniques mineurs purs; en effet, $\smile \smile - - \smile \smile - -$ a pour équivalent $\smile \smile - \smile - \smile - -$. Autrement dit, lorsque la substitution ïambique a lieu, le 1er pied devient un péon 3e, et le suivant un épitrite second. Cette particularité métrique de l'ionique s'appelait *anaclase*, c.-à-d. *réfraction*, *repli*. On n'en trouve pas d'exemples dans ce qui nous reste d'ioniques latins. Les lyriques éoliens paraissent avoir affectionné les ioniques mineurs purs; les lyriques d'Ionie, l'*anaclase ïambique*; les tragiques d'Athènes se rapprochent davantage des Éoliens, les comiques des Ioniens. Il y a des ioniques mineurs de différentes mesures : 1° des dimètres acatalectiques ; 2° des dimètres catalectiques; 3° des trimètres acatalectiques et catalectiques ; 4° des tétramètres acatalectiques et catalectiques. Le dernier pied des différents catalectiques est l'anapeste. On trouve, mais seulement dans les pièces byzantines, le choliambe substitué au 1er ionique des trimètres. Les solutions de longues en brèves, ou les contractions des deux brèves en une longue, sont beaucoup moins fréquentes que dans l'ionique majeur. — Il nous reste peu de pièces composées entièrement d'ioniques mineurs. Celle qu'on trouve dans le 3e Liv. des *Odes* d'Horace est en tétramètres mêlés de quelques trimètres. On trouve chez les tragiques grecs un assez grand nombre de vers ioniques mineurs disposés en *systèmes*; ce sont des dimètres, des trimètres et des tétramètres entremêlés : on peut citer comme exemple le dernier chœur des *Suppliantes* d'Eschyle, depuis le v. 1015 jusqu'au v. 1059. P

IRANIENNES (Langues). V. INDO-EUROPÉENNES.

IRLANDAIS (Idiome), un des idiomes celtiques (V. ce mot), de la branche gaélique, appelé *Erinack* par ceux qui le parlent, et *Irish* par les Anglais. Il est rempli de sons gutturaux, et on trouve peu de langues dont l'orthographe s'éloigne autant de la prononciation. On dit qu'autrefois les Druides du pays l'écrivaient au moyen d'une sorte de runes qui portait le nom d'*ogam*, et se composait de petites lignes tracées perpendiculairement ou obliquement à une longue ligne horizontale qui les réunissait. Dans les plus anciens manuscrits qui nous sont parvenus, il est écrit au moyen d'une variété particulière de l'alphabet latin, dont l'invention est attribuée à St Patrice. V. Mac Curtin, *Elements of the Irish language*, Louvain, 1728, in-8°, et *English-Irish Dictionary*, Paris, 1732, in-4°; O'Brien, *Irish-English Dictionary*, Paris, 1768, in-4°, et *Irish Grammar*, Dublin, 1809, in-8°; Vallancey, *An Essay on the antiquity of the Irish language*, Dublin, 1772, et *Grammar of the Iberno-Celtic or Irish language*, ibid., 1782, in-8°; J.-J. Marcel, *Alphabet irlandais*, précédé d'une *Notice historique*, Paris, 1804, in-8°; O'Reilly, *Irish-English Dictionary, to which is annexed an Irish Grammar*, Dublin, 1817-22 ; O'Donovan, *Grammar of the Irish language*, Dublin, 1845.

IRLANDAISE (Littérature). La littérature irlandaise comprend deux classes distinctes de compositions, les vieux chants des bardes païens que nous a conservés la tradition, et les œuvres chrétiennes des anciens moines. Quelques chants irlandais remontent très-probablement aux viie et vie siècles ; on les trouve réunis dans l'important ouvrage publié par le Dr O'Connor sous le titre de : *Rerum hibernicarum scriptores veteres*, 4 vol. in-4°. Du ve au viiie siècle, période pendant laquelle les pays du continent tombèrent dans la barbarie, la tradition des lettres latines et grecques se conserva en Irlande : il y eut à Hy, Lismore, Bangor, Clonfert, Clonard, Armagh, etc., des écoles où l'on allait étudier de toutes les régions voisines. Les maîtres irlandais se répandirent à leur tour sur le continent : parmi eux on distingue, aux v.ᵉ et vɪɪᵉ siècles, Sᵗ Colomban, qui visita la Gaule, la Suisse et la Lombardie ; Sᵗ Gall, son disciple ; Sᵗ Roding, fondateur de Beaulieu en Argonne ; Sᵗ Furcy, fondateur de Lagny ; Sᵗ Livin, qui prêcha la foi chrétienne aux Gantois ; — au vɪɪɪᵉ, Sᵗ Virgile, qui fut évêque de Salzbourg, et ses compagnons de prédication en Bavière, Sᵗ Declan et Sᵗ Alto ; Dobdan, dit le Grec, évêque de Chiemsée ; les grammairiens Colchus ou Coelchu le Sage, Cruindmelus et Malrachanus ; — au ɪxᵉ, Clément, qui fut appelé à la cour de Charlemagne ; le moine Dicuil, auteur du De mensura orbis terræ, publié par Walckenaër en 1807 ; Claude, qui a laissé des gloses sur presque tous les livres de l'Écriture sainte ; Dungal, chargé par Charlemagne d'instruire la jeunesse de Pavie ; Mannon et Jean Scot Erigène, qui vinrent en France à l'époque de Charles le Chauve ; etc.

IRON (Idiome). V. Ossète.

IRONIE (du grec eironia, ironie et interrogation), figure de Rhétorique qui cache un sens opposé au sens propre et littéral, et qui n'est qu'une contre-vérité, comme dans ces vers de Gilbert (Le dix-huitième siècle) :

D'abord comme un prodige on le prône partout :
Il nous vante ! en effet, c'est un homme de goût;
Son chef-d'œuvre est toujours l'écrit qui doit éclore;
On récite déjà les vers qu'il fait encore.

On distingue deux sortes d'ironie : l'une, enjouée, légère, qui plaisante avec finesse ; l'autre, aigre, mordante, qui répand l'amertume et le fiel. En voici un exemple, pris de Chamfort, qui, en ce genre, avait l'esprit et le cœur assez riches. Il parle de la France du temps de Louis XV : « Il y aurait une manière plaisante de prouver qu'en France les philosophes sont les plus mauvais citoyens du monde ; la preuve, la voici : c'est qu'ayant imprimé une grande quantité de vérités importantes dans l'ordre politique et économique, ayant donné plusieurs conseils utiles, consignés dans leurs livres, ces conseils ont été suivis par presque tous les souverains de l'Europe, presque partout, hors en France; d'où il suit que la prospérité des étrangers augmentant leur puissance, tandis que la France reste aux mêmes termes, conserve ses abus, etc., elle finira par être dans l'état d'infériorité, relativement aux autres puissances; et c'est évidemment la faute des philosophes. »

Quelquefois l'ironie est la dernière ressource de la fureur et du désespoir. Oreste apprend qu'Hermione n'a pu survivre à Pyrrhus, qu'il vient lui-même d'immoler ; il s'écrie (Andromaque, V, 5) :

Grâce aux dieux, mon malheur passe mon espérance!
Oui, je te loue, ô Ciel ! de ta persévérance!.....

Et il termine cette affreuse ironie par un vers qui y met le comble :

Eh bien! je meurs content, et mon sort est rempli!

C'est le sublime de la rage. — Les pamphlétaires affectionnent particulièrement l'ironie, dont ils tirent de puissants effets ; mais c'est là un genre de mérite qui ne dénote le plus souvent qu'un esprit envieux, médisant et satirique, et que, sous ce rapport, tout écrivain sérieux doit s'interdire. V. Antiphrase, Astéisme, Charientisme, Chleuasme, Mimèse. C. D—y.

IRONIE SOCRATIQUE. V. Interrogation (Méthode d').

IROQUOIS (Idiomes), groupe d'idiomes de l'Amérique septentrionale, comprenant le mohawk, l'onéida, le séneca, l'onondaga, le huron. Les articulations labiales m et p manquent à ces idiomes.

IRRÉGULIER, en termes de Grammaire, se dit de ce qui n'est pas conforme aux règles établies et consacrées. Ainsi, en français, un nom est irrégulier quant au nombre, lorsque son pluriel n'est terminé par un x, au lieu d'un s, qui est le véritable signe du pluriel. Il y a irrégularité dans la formation du féminin de l'adjectif tiers, qui fait tierce au lieu de tierse, qui demande l'analogie. L'orthographe du mot absous, formé du latin absolutus, est irrégulière au point de vue de l'étymologie aussi bien qu'au point de vue de l'analogie avec le féminin, qui fait absoute (absoluta) ; il en est de même de favori, qui devrait s'écrire par un t. — La conjugaison française est remplie de formes irrégulières : ainsi je suis, nous sommes, je serai, appartient au verbe être; j'enverrai est formé de envoyer, je tiendrai vient de tenir, je cueille vient de cueillir, on dit je hais, tandis qu'on dit nous

haïssons et haïr ; j'ai, tu as, il a, je vais (autrefois je vas), tu vas, il va, ne peuvent se rattacher à aucun paradigme ; j'assieds, nous asseyons, assis, ont peu de rapport avec l'infinitif asseoir, et le participe de celui-ci fait asseyant, lorsque le simple fait séant; je puis, tu peux, je pourrai, ne rappellent guère au premier abord l'infinitif pouvoir; je sais et sachant appartiennent à savoir; quatre verbes, ils ont, ils sont, ils font, ils vont, s'écartent de la forme générale des troisièmes personnes du pluriel, qui est ent. Naître fait né au participe passé, et naquis au passé défini; vivre fit longtemps véquis, auj. remplacé par vécus, non moins irrégulier, etc. Nous avons des passés définis terminés tantôt en is, tantôt en ins, tantôt en us, et des participes passés sans analogie avec le passé défini, comme je vins et venu, je mourus et mort. Beaucoup de ces irrégularités s'expliquent par l'existence de formes anciennes, que le temps a fait disparaître : ainsi, je cueille suppose une ancienne conjugaison cueiller, usitée encore dans les campagnes. D'autres se justifient étymologiquement : par exemple, vous faites, vous dites, sont analogues aux formes latines facitis, dicitis. Les irrégularités dans la déclinaison et dans la conjugaison latines s'expliquent aussi, pour la plupart, par des archaïsmes qui se sont mêlés aux déclinaisons et aux conjugaisons de la langue une fois formée, quelquefois par des syncopes ou des contractions, par des permutations de lettres, etc. La conjugaison grecque, bien que très-compliquée, est plus régulière et plus méthodique.

Quant aux irrégularités de syntaxe et de construction, la plupart doivent être rangées parmi les figures de grammaire, telles que la syllepse, le pléonasme, l'ellipse, l'inversion ou l'hyperbate, la suspension, l'anacoluthe, l'attraction (V. ces mots). — La prosodie et la versification sont soumises à des règles fixes établies d'après l'usage des meilleurs poëtes; les irrégularités qui consistent à s'en écarter sont généralement comprises sous le nom de licences poétiques (V. Licence). — En général, toute irrégularité cesse d'être blâmable si elle contribue à la brièveté, à la concision, à la rapidité, à l'énergie de l'expression, sans répandre sur le style aucune obscurité ou un air d'affectation ; ce qui suppose toujours une connaissance approfondie des ressources et du vrai génie de la langue dans laquelle on écrit. P.

IRRÉGULIERS (Tons). On nomme ainsi, dans le plainchant, les tons qui ne se terminent pas par leur note finale régulière. On range aussi quelquefois parmi les tons irréguliers des morceaux de plain-chant qui ont dû être transposés par suite de la réduction des douze modes à huit. C'est à tort; car, lorsque la finale se rapporte régulièrement à la quarte ou à la quinte normales de ces tons, ils ne présentent aucune particularité qui puisse les faire classer dans les tons irréguliers. La transposition, qui reproduit, dans une autre partie de l'échelle des tons, un morceau bien composé, ne peut être regardée comme une irrégularité constitutionnelle. F. C.

IRRIGATIONS. V. Cours d'eau.

ISAGOGE (du grec eis, dans, et agôgè, action de conduire), mot d'un emploi assez rare, et synonyme d'Introduction. Il a été appliqué aux interprétations des écrits logiques d'Aristote, particulièrement de l'Organon et des Catégories, et alors il signifie éclaircissement, commentaire.

ISAIE LE TRISTE, un des romans de la Table ronde, composé sans doute après celui de Tristan (V. ce mot), auquel il fait suite. Le nom d'Isaie le Triste rappelle ceux de sa mère Iseult et de son père Tristan. Confié après sa naissance aux soins d'un saint ermite, Isaie est protégé, au sortir de l'enfance, par quatre fées, dans lesquelles il est facile de reconnaître les quatre vertus morales, la Prudence, la Force, la Tempérance et la Justice. Ces fées lui donnent pour écuyer le nain Tronc, qui n'est autre qu'Obéron, condamné, pour quelques fautes qu'il a commises, à passer un certain temps sur la terre sous une laide enveloppe : Tronc sera fustigé et puni toutes les fois que son maître fera une sottise, et cette invention donne lieu à des scènes comiques fort originales. Isaie se rend à la cour du roi Irion : après avoir séduit la fille de ce prince, Marthe, qui met au monde un fils nommé Marc, il part, avec l'idée de faire des chrétiens, mais fait périr sous ses coups beaucoup plus d'hommes qu'il n'en baptise. Il a couru des aventures pendant plusieurs années, lorsque 50,000 Sarrasins, embarqués sur une flotte commandée par l'amiral de Perse, descendent en Grande-Bretagne. Marc taille en pièces le corps d'Infidèles qui reste près de la flotte pour la garder ; Isaie délivre de l'invasion le royaume d'Irion, puis il épouse Marthe, et Tronc reprend sa forme et sa qualité d'Obéron.

ISCHIORROGIQUE (Vers), c.-à-d. *dégingandé, déhanché*, nom donné par les anciens Grecs au choliambe (*V. ce mot*), tel que l'employa le poëte Ananius. D'après les règles ordinaires, les pieds impairs pouvaient être indifféremment spondées ou des iambes ; Ananius se fit une loi de mettre partout un spondée au 5ᵉ pied.

ISIAQUE (Table). } *V.* ces mots dans notre *Dictionnaire de Biographie et d'Histoire.*
ISIS.

ISLAMISME (de l'arabe *islam*, résignation à la volonté de Dieu), nom donné à la religion de Mahomet. *V.* CORAN, dans notre *Dictionnaire de Biographie et d'Histoire.*

ISLANDAISE (Langue), une des langues scandinaves (*V. ce mot*), celle qui a conservé le mieux jusqu'à nos jours l'idiome parlé primitivement dans les trois royaumes du Nord, et appelé pour cette raison *ancien scandinave* ou *langue du Nord.* La parenté de cette langue avec le gothique est si.étroite, que les radicaux de même signification présentent le plus souvent les mêmes consonnes, et ne diffèrent guère que par leurs voyelles. L'évêque suédois Troil, dans ses *Lettres sur l'Islande*, dit que l'islandais était divisé en 4 dialectes, qui se distinguaient seulement par certaines nuances de prononciation. L'orthographe n'était pas encore bien fixée aux xiiᵉ et xiiiᵉ siècles, comme le prouvent les différences notables qui existent dans les manuscrits de cette époque. Après la réunion de l'Islande au Danemark dans les dernières années du xivᵉ siècle, bien des mots et des formes du danois pénétrèrent dans l'islandais, auquel vinrent ensuite se mêler, par l'effet des relations commerciales ou intellectuelles, un certain nombre de termes hollandais, anglais et même français. Toutefois, ces altérations n'ont guère atteint que le langage de la population des côtes, et la vieille langue s'est maintenue presque intacte dans les cantons de l'intérieur. — On ne rencontre dans l'islandais ni les rudes gutturales de l'allemand, ni les nombreuses sifflantes de l'anglais; son articulation la plus dure est une *h* fortement aspirée. Aussi la prononciation est-elle douce et sonore. L'islandais admet les combinaisons grammaticales les plus compliquées et de nombreuses modifications du mots, ce qui lui donne une grande ressemblance avec l'allemand. Il a 3 genres, et 4 déclinaisons pour les noms et les pronoms. L'article défini se place à la fin des substantifs. Les verbes *forts* ou primitifs forment leur prétérit par un changement dans la voyelle du radical, et les verbes *faibles* ou dérivés par l'addition du suffixe *ta*. La syntaxe est simple, et les phrases fort courtes. Quand l'introduction du christianisme en Islande, vers l'an 1000, y fit connaître la langue latine, celle-ci donna bien son écriture à la langue nationale, qui jusqu'alors en avait été dépourvue, mais elle ne put point exercer une influence perturbatrice sur un idiome à qui une riche littérature avait déjà imprimé un caractère distinctif, ni même en restreindre l'usage. *V.* Runolph Jona, *Grammaticæ islandicæ rudimenta*, Copenhague, 1651, in-4°; Gudmund Andrea, *Lexicon islandicum*, publié par P. Resen, ibid., 1683, in-4°; Magnus Olafsen, *Dictionnaire islandais*, publié par Ole Vorm, 1683; Ole Verelius, *Dictionnaire islandais*, publié par Rudbeck, 1691; Rask, *Introduction à la langue islandaise*, en danois, 1811, in-8°; Björn Haldorsön, *Lexicon islandico-latino-danicum*, 1814, 2 vol. in-8°; L.-Ch. Müller, *Grammaire islandaise*, Copenhague, 1837, in-8°; Holmboe, *Sur la langue du Nord*, Vienne, 1852.

ISLANDAISE (Littérature). La poésie fut très-anciennement cultivée par les Islandais. Leur versification repose tour à tour sur l'allitération, l'assonance et la rime. L'allitération est la règle la plus ancienne et de l'emploi le plus fréquent : elle se fait au moyen de trois mots commençant par la même lettre, et dont deux se trouvent dans le premier vers du distique, l'autre commence le second vers. Les anciens Traités de versification comptent 136 variétés de vers, qui reçurent des noms particuliers ; mais Rask les réduit à trois principales, selon qu'on se sert de l'allitération seule, ou de l'allitération et de l'assonance, ou de l'allitération et de la rime. Dès le viiᵉ siècle, les *Skaldes*, poëtes guerriers comme étaient les Bardes chez les nations celtiques, célébraient les dieux et les héros : leurs chants, transmis de bouche en bouche, ne furent fixés par l'écriture qu'au xiᵉ siècle, après la conversion de l'Islande au christianisme. Bien que ce soit principalement aux Islandais que l'on doive ce qu'on sait sur les *Runes* (*V. ce mot*), il ne paraît pas que les inscriptions runiques de leur île nous aient transmis des productions de poëtes. Les poëmes les plus anciens sont ceux que recueillit, dit-on, Sæmund Sigfusson au xiiᵉ siècle, et dont se compose l'ancienne *Edda* (*V.* ce mot dans notre *Dictionnaire de Biographie et d'Histoire*) : ils font bien comprendre tout ce qu'il y avait de haute inspiration et de puissante énergie dans les anciens temps de la Scandinavie. Parmi les Skaldes antérieurs à la prédication de l'Évangile, on cite Thorwald Hialteson, Inguna Seimund, Erpur Luitand, Brage, Thiodolf de Hvin, Thorbiörn Hornklofi, Einar Skalagmann, Thorluf, Egill Skalagrimsson, et Eyvind, surnommé *Skaldaspillr* (destructeur des Skaldes, parce qu'il les surpassa tous). A partir du xiᵉ siècle, la poésie dégénéra pour le fond et pour la forme : la simplicité antique fit place à la recherche ; les Skaldes mirent leur gloire à vaincre dans la versification les plus grandes difficultés possibles; ils visèrent à un style pompeux, et ne produisirent plus que des compositions ampoulées. Au lieu de chants épiques ou religieux, on eut surtout des œuvres gnomiques, des proverbes et des sentences. Il en fut ainsi jusqu'au milieu du xiiiᵉ siècle, époque où les Skaldes, cessant d'être protégés et favorisés comme poëtes de cour, ne tardèrent pas à disparaître. Ce fut le temps où Snorre Sturleson recueillit les légendes historiques en prose, les traités de grammaire, de rhétorique et de poésie, qui composent la seconde *Edda*, et où commença une poésie ecclésiastique et chrétienne, consistant en hymnes et en imitations d'histoires bibliques et de légendes de Saints.

La prose date en Islande du commencement du xiiᵉ siècle. Ari le Sage écrivit alors l'*Islendigabok* (livre des Islandais), histoire rapide du pays, qui s'arrête vers l'an 1120, et commença le *Landnamabok* (livre de la prise de possession du pays), ouvrage plus complet, terminé dans la seconde moitié du xiiiᵉ siècle par Sturle Thordsson. Au xiiᵉ appartiennent également : 1° le *Konungsskuggsaia* (Miroir du roi), collection de notices relatives à l'histoire naturelle et à la géographie, et de règles pour vivre à la cour ; 2° le code connu sous le nom de *Gragas*, formé avec les traditions du Droit ancien, à la demande du légiste Bergthor, et dont on a une édition par Sveinbjörnsen en 1829 ; 3° le *Kristinrettr*, qui est le Droit canon chrétien, composé par l'évêque Thorlak en 1123, et publié par Thorkelin en 1755. Une source non moins précieuse de l'ancienne histoire de la Scandinavie, ce sont les *Sagas* (traditions verbales), récits en vers ou en prose, composés aux xiiiᵉ, xivᵉ et xvᵉ siècles, et dans lesquels sont célébrés les faits d'armes des antiques héros, les exploits des rois et des familles illustres. Enfin, indépendamment des traditions indigènes, la littérature islandaise s'enrichit, par des traductions ou des imitations, d'un grand nombre de légendes des pays méridionaux, telles que celles d'Arthur, de Merlin, de Tristan, d'Alexandre, de Charlemagne, etc.

Depuis la réunion de l'Islande au Danemark en 1397, l'esprit littéraire s'est affaibli. La première traduction islandaise de la Bible a été l'ouvrage d'un évêque d'Hollum, Gudbrand Thorlaksön, qui l'acheva en 1584. Halgrim Peterssön rima des Psaumes, qui sont devenus la lecture habituelle du peuple. Au xviiiᵉ siècle, Torfœus s'est fait une réputation européenne par sa *Chronique de Norvége* et sa *Chronologie des rois de Danemark;* Arne Magnussen a révélé au monde littéraire les anciens monuments poétiques et historiques de son pays ; Finnsen a écrit son *Histoire ecclésiastique d'Islande.* Parmi les œuvres poétiques du même siècle, on peut citer des traductions de l'*Odyssée* par Sveinbjörn Egilssön, du *Paradis perdu* et de la *Messiade* par le curé Thorlaksön, et un poëme sur la vie champêtre (*Bunadarbalkr*) par Eggert Olafsön. De nos jours, Bénédict Gröndall et Thorarensen se sont montrés véritablement poëtes. *V.* Halfdan Einardsön, *Histoire littéraire de l'Islande*, Leipzig, 1786; Lindfors, *Essai sur la littérature islandaise*, Lund, 1824, in-8°; Legis, *Mines du Nord ancien*, en allem., Leipzig, 1829; Bergmann, *Poëmes islandais*, Paris, 1838 ; Schlozer, *Histoire de la littérature islandaise*, en allem.; Graberg de Hensö, *Essai sur les Skaldes ;* Edélestand du Méril, *Prolégomènes à l'histoire de la poésie scandinave*, Paris, 1839; Marmier, *Lettres sur l'Islande.*

ISOCHROMIE (du grec *isos*, égal, et *chróma*, couleur), est employé quelquefois comme synonyme de *lithochromie* (*V. ce mot*).

ISODOMON. *V.* APPAREIL.

ISOGRAPHIE (du grec *isos*, égal, pareil, et *graphéin*, écrire), se dit, 1° de la reproduction des écritures, 2° de tout recueil de fac-simile ou d'autographes.

ISON (Chant en). *V.* CHANT EN ISON.

ISORÉ LE SAUVAGE, roman carlovingien attribué à Jean de Bapaume. Isoré est un fidèle et habile conseiller que Charlemagne a placé auprès de son neveu Anséis de Carthage, roi d'Espagne. Obligé de faire un voyage lointain pour le service de son maître, il lui fait jurer de respecter sa fille pendant son absence : Anséis viole son serment sans le savoir, et Isoré se venge en appelant les Mores en Espagne. Les chrétiens, tantôt vainqueurs, tantôt vaincus, finissent par exterminer les ennemis, grâce à l'intervention de Charlemagne. Anséis épouse Gaudisse, fille du roi des Mores. — La Bibliothèque nationale de Paris possède deux manuscrits de ce poëme, l'un de Jean du Ryer, l'autre de Jean Le Chat de Bologne. V. *Histoire littéraire de la France*, tom. XIX. H. D.

ISSANT, en termes de Blason, se dit d'un animal dont on ne voit que la partie supérieure, qui semble *issir* ou sortir d'une pièce de l'écu.

ISSOIRE (Église d'), département du Puy-de-Dôme, un des plus beaux exemples du style roman qu'il y ait en France. Cette église, qui faisait partie du monastère de S¹-Austremoine, date du commencement du X° siècle, sauf les voûtes de la grande nef, qui sont ogivales et appartiennent au XII° siècle. La construction est très-régulière à l'extérieur ; mais le travail intérieur présente de grandes négligences : ainsi, les colonnes ont des diamètres différents et sont d'inégales hauteurs. Les parements sont apparents, et les joints, garnis, accusent nettement la forme du moellon. Les matériaux employés sont le grès à gros grain pour les masses, et le grès calcaire pour les ornements ; les mosaïques de l'extérieur sont faites avec des scories rouges et noires. L'édifice a une crypte qui présente un modèle curieux de chapelles rayonnantes. V. Taylor, *Voyages pittoresques en France ;* Malley, *Essai sur l'architecture des églises romanes et romano-byzantines du Puy-de-Dôme*, in-fol.

ISTHMIQUES, titre de l'un des quatre livres d'odes triomphales que Pindare nous a laissées. Les *Isthmiques* chantent les vainqueurs des Jeux célébrés en l'honneur de Neptune sur l'isthme de Corinthe.

ITALIANISME, manière de parler propre à la langue italienne ; tour italien, expression italienne transportée dans une autre langue.

ITALIE (Architecture en). L'art italien ne date que de la fin du IV° siècle de l'ère chrétienne : c'est le moment où s'écroule la puissance romaine, et où le christianisme, devenu la religion dominante, ouvre aux artistes des sources nouvelles d'inspiration. Les monuments de l'antiquité sont encore debout, comme autant d'exemples vivants, et les traditions de l'art païen se perpétuent toujours dans les écoles : mais le goût, perverti par un long commerce avec l'Orient, méconnaît les règles sévères du simple et du beau, on travaille hâtivement en vue du lucre, sans études lentes et profondes ; les exigences du luxe, aussi bien que le dérèglement des imaginations, produisent une exubérance de détails et d'ornements sous lesquels les grandes formes disparaissent. Les modèles antiques vont périr, en même temps que les vrais principes. Déjà, au temps de Théodose, il ne reste plus à Rome que le baptistère de S¹-Jean-de-Latran et le mausolée de S¹° Constance qui remontent à Constantin ; il faudrait rééditier la plupart des monuments, dégradés ou abattus ; mais les premiers empereurs chrétiens, non moins que les Barbares venus de la Germanie au V° siècle, poursuivent l'œuvre de destruction : Constantin, Théodose, Honorius, ferment ou ruinent les édifices consacrés au paganisme.

Sortie des Catacombes, où la persécution l'avait contrainte de chercher un asile, la religion nouvelle ne pouvait d'un seul coup enfanter un art nouveau. Elle commença par approprier à ses besoins quelques-uns des monuments encore existants : les basiliques romaines furent converties en temples chrétiens (V. BASILIQUE), et, jusqu'au IX° siècle, ce fut leur plan qu'on adopta pour la construction de toutes les églises de l'Occident. Constantin avait fait élever à Rome, avec les colonnes et les débris des monuments païens, les basiliques du Sauveur ou de S¹-Jean-de-Latran, de S¹-Pierre, de S¹-Paul-hors-les-murs, de S¹°-Croix, de S¹-André, de S¹°-Agnès, de S¹-Laurent, des SS.-Marcellin-et-Pierre ; ces églises primitives, œuvres furent détruites ou d'un art fort imparfait, durent être reconstruites par Théodose ou par les papes des V° et VI° siècles. Puis on bâtit S¹°-Marie-Majeure, S¹°-Agathe, S¹°-Bibiane, S¹-Pierre-ès-liens, S¹-Pancrace, S¹°-Pudentienne, S¹°-Sabine, S¹°-Praxède, S¹-Sylvestre, S¹°-Marie-Araceli, S¹°-Marie-in-Cosmedin, S¹°-Marie-in-Trastevere, S¹-Clément, toutes imitations de la basilique. Sous Va-

lentinien III, la ville de Ravenne, où résidèrent la plupart des empereurs d'Occident, vit s'élever la basilique Majeure, S¹°-Agathe, S¹-François, S¹-Jean, la chapelle sépulcrale des SS.-Nazaire-et-Celse. Les seules modifications graves que l'on apporta au style de l'architecture furent : 1° la substitution de l'arcade à l'architrave qui régnait précédemment sur les colonnes ; 2° l'allongement de la partie transversale de la basilique, de manière à figurer la croix ; 3° la construction, en dehors et tout près de la basilique, d'un baptistère (V. *ce mot*) où l'on conféra le baptème.

Les mêmes règles architecturales furent suivies pendant la domination des Ostrogoths. Le grand Théodoric, élevé à Byzance, où il avait pris le goût des arts, fit bâtir à Ravenne la basilique de S¹-Apollinaire, celle d'Hercule, S¹-Théodore, le baptistère de Santa-Maria-in-Cosmedin, un palais, et un mausolée dont la coupole était creusée dans une seule pierre d'Istrie, et qui paraît être aujourd'hui l'église de Santa-Maria-della-Rotonda. Symmaque nous a conservé le nom de l'architecte Daniel, qui construisit ces monuments. Un autre architecte, Aloïsius, fut chargé de restaurer les édifices de Rome. Beaucoup d'églises, de palais, de bains, s'élevèrent à Pavie, à Monza, à Naples. Lorsque Cassiodore, l'un des ministres de Théodoric, se retira du monde, il fonda la célèbre abbaye du Mont-Cassin. Amalasonthe, fille de Théodoric, continua à orner Ravenne : à son règne appartiennent l'église de S¹-Vital et le baptistère de S¹-Jean, construits dans le style byzantin (V. *ce mot*), dont ils sont les seuls monuments purs en Italie, car la basilique latine resta le type universellement adopté. Toutefois la coupole byzantine (V. COUPOLE) demeura acquise à l'église chrétienne, et s'éleva, dans la suite, du milieu de la basilique.

Bien qu'on emploie dans l'histoire des arts la dénomination de *style lombard*, les Lombards, qui occupèrent l'Italie septentrionale de 568 à 774, n'eurent pas un style d'architecture qui leur fût propre. Venus des forêts de la Germanie, ignorant les premiers éléments de la construction, ils ne purent qu'adopter l'art des vaincus, c.-à-d. l'art romain dégénéré. Les monuments, d'ailleurs assez rares, de cette période se reconnaissent à leurs formes courtes et trapues, aux colonnes basses reposant sur un simple bloc de pierre, aux chapiteaux coniques et ornés de feuillages ou d'animaux, aux voûtes en maçonnerie remplaçant les toits de charpente, à une grossière ornementation de colonnades et d'arcs engagés dans le mur, aux cordons qui marquent extérieurement les étages, aux fenêtres étroites comme des meurtrières. On voit dans les lois lombardes que la ville de Côme fournit alors les meilleurs architectes et tailleurs de pierre.

Jusqu'au XI° siècle, soit effet de l'habitude, soit inimitié contre les Grecs, soit rigidité des papes à ne pas laisser altérer sensiblement le type primitif de la basilique, les Italiens s'en étaient tenus au style latin. Mais les relations commerciales d'Amalfi, de Pise, de Gênes, d'Ancône et de Venise avec l'empire d'Orient amenèrent une alliance de l'élément latin et de l'élément byzantin, d'où résulta un nouveau style, appelé *roman*, *romano-byzantin*, et quelquefois *lombard de la seconde époque*. Par le contact de l'Europe avec l'Asie pendant les Croisades, le nouveau style, surtout à Venise et en Sicile, reçut l'empreinte du fantastique et du merveilleux oriental, visible principalement dans l'ornementation. Entre autres changements survenus dans l'architecture, on prolongea de plus en plus la partie transversale qui formait la croix latine, et on en garnit de chapelles les extrémités ; l'abside fut agrandie, et le chœur plus ou moins exhaussé au-dessus de l'église ; la crypte ou confession, dans laquelle on déposait les reliques, s'agrandit et devint une petite église souterraine ; les ailes de la basilique, prolongées au delà du transept, prirent la forme absidale ; une coupole s'éleva au point d'intersection de la nef principale et des transepts ; les plafonds en solives horizontales firent place aux plafonds voûtés en bois ou à des voûtes d'arête ; des piliers, souvent avec des colonnettes engagées, se substituèrent généralement aux colonnes ; les formes de leurs chapiteaux varièrent à l'infini, et les socles s'élevèrent sensiblement ; on fit les fenêtres plus nombreuses, plus ouvertes, et souvent géminées ; les portes furent décorées de sculptures, et précédées de porches à jour ; des clochers surmontèrent les édifices de moindre importance, tandis que les dômes ou cathédrales conservèrent, comme par le passé, des campaniles isolés ; les arcatures ou arcades simulées ne servirent plus seulement à marquer les étages sur les murs extérieurs, on les prodigua sans raison ; la façade principale s'orna d'une rose ou roue, vaste fenêtre circulaire; les églises prenant de jour en jour plus d'élévation, on en soutint les murailles par des contre-forts extérieurs ; les pierres de différentes couleurs employées dans la construction, le mélange et les combinaisons de la pierre et de la brique, présentèrent à l'œil une diversité agréable. Au nombre des monuments de cette période, qui s'étend jusqu'au xiiie siècle, on peut citer St-Ambroise de Milan, St-Zénon, St-Fermo, et St-Antoine de Vérone, St-Étienne de Bologne, St-Ciriaque et Ste-Marie d'Ancône, Ste-Marie de Monza, les Dômes de Parme, de Plaisance, de Modène, de Côme, de Mantoue, de Crémone, de Ferrare, de Pise, etc., les Eremitani de Padoue, St-Michel de Pavie, St-Michel de Florence, Ste-Marie de Bergame, les églises Ste-Marie-Majeure, St-Jean et St-Paul, Ste-Françoise à Rome, etc. — Les cloîtres annexés aux monastères datent aussi de cette époque. Les plus remarquables sont ceux de St-Jean de Latran et de St-Paul à Rome, de St-Zénon à Vérone, de Subiaco, etc.

L'architecture civile suivit le mouvement de l'architecture religieuse. Dans toutes les villes s'élevèrent des palais publics, dans lesquels on retrouve des principes communs de construction : c'est un carré enveloppant une cour intérieure, et dont un portique forme le rez-de-chaussée; au-dessus sont les salles d'assemblée, éclairées par de vastes fenêtres ; des statues ornent ordinairement les façades. Les rivalités des villes entre elles ou des partis dans une même ville engendrant des luttes fréquentes, les édifices municipaux et même les hôtels des riches citoyens sont fortifiés, crénelés, de manière à pouvoir soutenir un siége. Tels sont les vieux palais de Florence, de Vérone, de Vicence, le palais ducal de Ferrare, le palais d'Eccelin à Padoue, le château Delle Torri à Turin.

Malgré la multitude des monuments élevés en Italie pendant la période romane, c'est à peine si quelques noms d'architectes sont arrivés jusqu'à nous. A Pise, *Buschetto* fit le Dôme, *Diotisalvi* le baptistère, *Bonanno* la Tour penchée; *Nicolas* et *André* bâtirent St-Michel-in-Borgo, le Campo-Santo, et le campanile de St-Nicolas. On doit encore à Nicolas le palais des Anziani à Pise, la Trinité à Florence, et St-Antoine de Padoue. *Giudetto* éleva la façade de St-Martin à Lucques ; *Marchione d'Arezzo*, les cathédrales de Pistoia et de Volterra, la Piève d'Arezzo, et la tour des Conti à Rome; *Egidio de Milan*, le palais d'Eccelin ; *Leonardo Boccalecca*, le Salone ou palais communal de Padoue ; *Lorenzo Maetani*, le Dôme d'Orvieto ; *Augustin* et *Agnolo de Sienne*, le palais de cette ville; frère *Ristoro de Cambio*, l'église Ste-Marie-Nouvelle à Florence ; *Arnolfo di Lapo*, la cathédrale, et frère *Jean*, le pont de la Carraja, dans la même ville. A Rome, on remarqua la famille des *Cosmates*, ainsi appelés de leur chef Cosma, et qui, très-habiles dans l'art des incrustations en mosaïque, furent aussi les architectes des ambons de St-Laurent, de Ste-Marie-Araceli et de St-Césaire, du cloître de Subiaco, et du portique de la cathédrale de Civita-Castellana. Deux de leurs élèves, *Pierre* et *Jean*, construisirent les cloîtres de St-Jean de Latran et de St-Paul à Rome.

A partir de la fin du xiiie siècle, on voit paraître un nouveau style, le *style ogival*, que les Italiens appelèrent *gothique* ou *allemand*, et même *barbare*, parce qu'il fut importé chez eux par des Allemands. Mais il est plutôt employé comme ornementation que comme système architectural. Tandis que les façades et les portails affectent la forme ogivale et s'ornent quelquefois de clochetons, on conserve à l'intérieur des églises l'arc à plein cintre, les voûtes d'arête, les colonnes rondes, les chapiteaux, les corniches, etc.; la coupole octogone ne se laisse pas supplanter par le clocher et la flèche. Les architectes italiens repoussent cette exubérance d'aiguilles et d'ornements à jour, qui plaisaient aux artistes des autres pays ; en employant les formes ogivales, ils cèdent à une mode passagère, à un goût étranger. Deux édifices seulement ont été conçus et exécutés dans le style purement ogival, l'église supérieure de St-François à Assise et le Dôme de Milan; et tous deux sont attribués à des architectes allemands, maître Jacob et Henri de Galmodia. On trouve le style ogival simplement mélangé avec le style roman à St-Pétrone de Bologne, au Campo Santo et à Ste-Marie-della-Spina de Pise, à Ste-Anastasie et au Dôme de Vérone, à St-Antoine de Padoue, aux Dômes de Florence, d'Arezzo, de Sienne et d'Orvieto, à St-Jean de Naples, etc. Giotto, plus connu comme peintre, éleva le campanile de Florence ; André Orcagna fut l'architecte de la *Loggia dei Lanzi* de la même ville.

Avec le xve siècle commence un âge nouveau pour l'art italien, qui rompt les entraves dans lesquelles l'école romano-byzantine tendait à l'immobiliser. Les modèles antiques échappés aux ravages des hommes et du temps sont étudiés avec passion. Dans cette période qui a reçu le nom de *Renaissance*, on ne pouvait adopter les divisions, les dispositions architectoniques des édifices gréco-romains, puisque le plan des monuments modernes était résulté de besoins inconnus aux sociétés païennes ; mais on revint à l'antiquité pour les proportions, les profils et la décoration. Le style de la Renaissance fut moins un système nouveau d'architecture qu'un mode de revêtement et d'ornementation. Brunelleschi, de Florence, en fut le promoteur; on lui doit la coupole de la cathédrale de Florence, les églises du St-Esprit et de St-Laurent, le palais Pitti, dans la même ville. L'alliance de l'art antique et du style roman, quelquefois aussi de l'ogive, qui distingue les œuvres de ce grand architecte, caractérise aussi les travaux de ses élèves et de ses imitateurs : tels sont les palais Ricardi, Tornabuoni et Cafareggi à Florence, et le château de la Faggiuola, par Michelozzo Michelozzi ; le palais Strozzi à Florence, par Benoît Majano et Cronaca; les palais élevés à Sienne et à Urbin par François di Giorgio et par Rosellini; les églises de St-Augustin et de Ste-Marie-du-Peuple à Rome, par Pintelli ; les portiques intérieurs du palais dit de Venise, dans la même ville, par Julien Majano; le grand hôpital de Milan, par Antoine Filarète. Mais l'arrivée des Grecs fugitifs de Constantinople, en 1453, donna une nouvelle force au goût de l'antique, et l'on ne tarda pas à voir disparaître les dernières traces des styles du moyen âge. Vers la même époque on retrouva les livres de Vitruve, qui, étudiés et commentés, devinrent l'unique code de l'architecture. Alberti écrivit son grand ouvrage *De re ædificatoriâ*, d'après les préceptes de l'auteur latin, qu'il mit en pratique dans le palais Ruccellai et le chœur de l'Annonciade à Florence, dans les églises de St-André à Mantoue et de St-François à Rimini.

De la Toscane le style de la Renaissance se répandit partout. A Venise, où les monuments de style byzantin s'étaient couverts d'ornements dans le goût oriental, l'art antique ne put pas conserver non plus la simplicité et la pureté de ses lignes, et les œuvres conçues d'après ses principes offrirent également une grande richesse décorative. L'imitation de l'antique, qui n'était pas encore très-sensible et n'étouffait pas l'originalité dans les œuvres de Giov. Giocondo, se manifeste dans les constructions dirigées par une célèbre famille d'architectes, les Lombardi ; Pierre Lombardi élève Ste-Marie-des-Miracles , Ste-Marie-Mère-de-Dieu, les palais Contarini, Vendramin et Corner, les monuments Zeno et Mocenigo; Martin Lombardi fait la *scuola* de St-Marc et la façade de St-Zacharie ; Moro Lombardi, l'église St-Michel de Murano. A la même école appartenaient Barthélemy Buono, qui éleva les *Procuraties vieilles ;* Bergamasco, architecte de la chapelle Émilienne et du palais des Camerlingues ; Riccio, qui fit l'escalier des Géants, et la façade intérieure du palais des Doges; Scarpagnino, auteur de la façade de l'école St-Roch. — Une protestation vive contre ce luxe d'ornementation de l'architecture vénitienne partit de la Lombardie, et eut pour organe principal Lazzari Bramante. Aux églises Ste-Marie-des-Anges, St-Satire et St-Eustorge, au cloître de St-Ambroise, au Lazaret, au palais Castiglioni, que cet architecte bâtit à Milan, on trouve encore un mélange du style roman et du style de la Renaissance ; mais les monuments qu'il fit à Rome, le palais de la Chancellerie, le palais Giraud, la cour du Vatican dans sa forme primitive, l'église de St-Pierre telle qu'il la conçut, sont l'expression la plus parfaite du style classique italien dans sa sobriété et sa beauté. Parmi les élèves ou les émules de Bramante, on compte Peruzzi, qui éleva à Rome la Farnesina, les palais Chigi et Massimo ; Raphaël, dont on possède à Rome les palais Berti et Vidoni, à Florence les palais Gandolfini et Uguccioni; Sangallo, qui fit à Rome le palais Farnèse; Ligorio, architecte de la villa Pia dans la même ville; Serlio, qui alla en France travailler aux palais du Louvre et de Fontainebleau.

Cependant, un élément nouveau, le *pittoresque*, allait s'introduire dans l'architecture et en altérer la pureté. Jusques-là les édifices, créés dans un but d'utilité ou pour une destination sérieuse, avaient été grands et simples : maintenant , dans le dessein de satisfaire le goût des princes et des seigneurs pour le luxe, les architectes vont se livrer à la recherche de formes, d'arrangements et d'effets qui plaisent à la vue. Michel-Ange, avec toute l'autorité de son génie, consacra cette introduction de l'élément pittoresque dont les artistes vénitiens avaient déjà donné l'exemple : St-Pierre de Rome et son immense coupole, la décoration extérieure du Capitole, le cloître de Ste-Marie-des-Anges, la bibliothèque Laurentienne à Florence, sont ses principaux ouvrages. Après lui, quelques talents supérieurs, Jules Romain à Mantoue, Fontana à Rome, Sansovino, Scamozzi et Da Ponte à Venise, soutinrent le système pittoresque, qui, cependant, privé du souffle puissant dont Michel-Ange l'avait animé, laissait déjà entrevoir une prochaine décadence. Vainement Vignole, Alessi, Ammanati, San-Micheli, Palladio, s'en tenant aux préceptes antiques et à l'école de Bramante, protestèrent contre l'envahissement du pittoresque : on en vint, pendant le XVIIe siècle, à ne plus se préoccuper que de la pompe et de la richesse. On fit de la décoration qui étonnait les yeux ; de là ce que les critiques italiens ont appelé le *style des machinistes*. En voulant constamment renchérir sur ce qui existait, l'art tomba dans l'extravagance, on eut le *style baroque*. Les cannelures des colonnes furent ornées ; les chapiteaux, les architraves, les corniches, les frises, se chargèrent de volutes, de rinceaux, de guirlandes, de chapelets et d'oves, sous lesquels disparut la ligne droite. Carlo Maderno, qui acheva St-Pierre de Rome, fut un des promoteurs de cette architecture corrompue. Lorenzo Bernini, dit le Bernin, qui éleva la colonnade, le baldaquin et la chaire de St-Pierre de Rome, le grand escalier du Vatican, le palais Barberini, fit encore davantage du grandiose et de la décoration. Ponzio et Ramaldi à Rome, Buontalenti, Parigi, Nigetti et Silvani à Florence, Meda et Mangoni à Milan, Vittoria et Campagna à Venise, suivirent la même voie. Mais ils furent tous surpassés, pour le dévergondage du goût, par Borromini, sur les traces duquel marchèrent Guarini à Turin, Sardi, Pozzi, Rossi et Longhena à Venise.

Ce qu'a produit le XVIIIe siècle ne mérite guère le nom d'art : les artistes italiens ne font qu'imiter les étrangers. Ivara et Vanvitelli, l'architecte du château de Caserte, s'efforcent, mais en vain, de ramener l'architecture aux vrais principes. Piranesi et Milizia furent plus heureux plus tard, et alors se forma une école meilleure, celle du marquis Cagnola, de Simonetti, de Campesi et de Stern, à qui Milan, Rome et Naples sont redevables de leurs plus récents édifices.

V. Sarnelli, *Antica basilicografia*, Naples, 1702; J. Blaeu, *Nouveau Théâtre d'Italie*, en holl., Amsterdam, 1704, 4 vol. in-fol.; Burmann, *Thesaurus antiquitatum Italiæ*; Séroux d'Agincourt, *Histoire de l'art par les monuments*, Paris, 1809-23, 6 vol. in-fol.; Cordero, *Della italiana Architettura durante la dominazione longobarda*, Brescia, 1829; Knight, *l'Architecture ecclésiastique de l'Italie*, en anglais; L. Taylor et D. Cresy, *Architecture du moyen âge en Italie*, en anglais, Londres, 1829, in-4°; Selvatico, *Della Architettura e della Scultura di Venezia*, Venise, 1847; Letarouilly, *Les Édifices de Rome moderne*, Paris, 1840-55, 3 vol. in-fol. de planches, et 1 vol. in-4° de texte.

ITALIE (Sculpture en). Au dernier siècle de l'Empire romain, la sculpture, même quand elle rappelait la composition, l'ajustement, la pose et l'expression des œuvres plus anciennes, trahissait une grande ignorance dans l'exécution : les bas-reliefs de l'arc de Constantin à Rome, les sarcophages de l'impératrice Hélène, de Ste-Constance, de Junius Bassus, de Probus Anicius et d'Olybrius, et les autres monuments du même genre que l'on a recueillis au musée du Vatican, montrent que l'habileté pratique manquait aux artistes. Le christianisme était encore trop jeune pour créer des types nouveaux : après avoir renversé beaucoup d'idoles du paganisme, les chrétiens qui se livrèrent aux beaux-arts se bornèrent à imiter les modèles échappés à la destruction; seulement, sous l'influence d'idées morales plus austères, le nu fut voilé et les formes plus enveloppées. La sculpture fut employée de bonne heure à décorer les basiliques chrétiennes. La plupart des statues étaient alors en métaux précieux, et faites au repoussé : le bibliothécaire Anastase en mentionne un très-grand nombre qui furent données par les empereurs aux papes ou exécutées aux frais de ces derniers, mais pas une n'est arrivée jusqu'à nous; elles ont disparu dans les pillages de Rome par les Barbares. Il en est de même des croix, patènes, vases sacrés, encensoirs, chandeliers et lampes, que l'on faisait également au repoussé, avec ornements et figures; quelques rares débris en ont été conservés dans le Trésor de Rome. Les statues équestres de Théodoric le Grand, fondues à

Rome, à Ravenne, à Naples, à Pavie, prouvent que l'art du fondeur n'était pas encore perdu au VIe siècle, ou du moins qu'il avait repris quelque activité pendant la domination des Goths. Mais les œuvres les plus remarquables de ces premiers siècles de l'Italie chrétienne ont été faites en ivoire : ce sont des diptyques, des tableaux d'autel, des crosses et des sièges épiscopaux, des couvertures d'évangéliaires, des autels portatifs, des reliquaires, etc.

Jusqu'à l'époque de l'invasion lombarde, la sculpture n'avait guère franchi l'intérieur des basiliques, soit parce que les statues en matières précieuses ne pouvaient être exposées au dehors, soit pour ne point rappeler à la foule à peine convertie le culte des idoles. Sous les Lombards, les portails commencèrent à se décorer de sculptures : les statues de Roland et d'Olivier, qu'on voit encore aujourd'hui à la cathédrale de Vérone, datent de cette époque; elles attestent la barbarie des artistes, aussi bien que les bas-reliefs de la Porte Romaine à Milan, qui leur sont cependant postérieurs de deux siècles. Ce fut seulement sous l'influence du goût byzantin que la sculpture entra dans une voie de progrès. Dès la fin du IXe siècle, un artiste lombard, Volvinus, exécuta en orfèvrerie au repoussé le célèbre revêtement d'autel de l'église St-Ambroise à Milan. Au XIe, les portes de bronze sculptées, qu'on apporta de Grèce pour décorer les portails des églises de St-Marc à Venise, de St-Paul à Rome, et du Dôme de Naples, servirent de modèles aux portes des cathédrales d'Amalfi et de Bénévent, plus tard à celle de Pise, coulée en 1180 par Bonanno, et à celle du baptistère de St-Jean-de-Latran, à Rome, exécutée en 1203 par Pierre et Hubert de Plaisance. Les noms de quelques autres artistes du XIIe siècle nous ont été conservés; ce sont : Guillaume, qui fit les bas-reliefs du Dôme de Modène; Nicolas de Ficarolo, qui décora St-Zénon de Vérone et le Dôme de Ferrare; Antelami, qui travailla à Parme, Robert à Pise, Biduino à Lucques, Gruamonti à Pistoia. Leurs œuvres offrent une certaine élévation de conception, mais l'exécution est encore barbare.

Au XIIIe siècle, Nicolas de Pise, sculpteur en même temps qu'architecte, donna une nouvelle direction aux études. Élève de maîtres grecs qui travaillaient au Dôme de sa patrie, il suivit d'abord leur manière : mais, frappé de la beauté de certaines sculptures antiques qui avaient été rapportées de Grèce par les Pisans, il médita sur ces modèles, suivit les principes qu'ils enseignent, et ramena l'art à l'étude de la nature. Les sculptures des chaires de Pise et de Sienne, celles du tombeau de St Dominique à Bologne, attestent les progrès qu'il accomplit. Au siècle suivant, André de Pise fit l'une des portes du baptistère de Florence; parmi ses élèves ou imitateurs, André Orcagna sculpta l'autel d'Or San Michele, Massucio les tombeaux du roi Robert et de la reine Sanche à Naples, Alberto di Arnoldo la madone du Bigallo à Florence, Lamberti celle de la Miséricorde à Arezzo, Lanfrani le tombeau des Pepoli à Bologne, Bononi da Campione le tombeau de Can della Scala à Vérone, Balduccio celui de St Pierre martyr à Milan, Calendario les chapiteaux ornés de statues du palais ducal à Venise, etc. Dans le même temps, Cione, père d'Orcagna, son élève Léonard, Pierre de Florence, Giglio de Pise, Jacob d'Ognabène, faisaient l'autel de la cathédrale de Pistoia et celui du baptistère de Florence, deux œuvres remarquables d'orfèvrerie.

Quand vint la Renaissance, la sculpture se développa rapidement par l'étude de l'antiquité, et acquit cette habileté d'exécution pratique qui manquait à l'âge précédent. Une école se forma à Sienne, sous la direction de Jacopo della Quercia, surnommé *della Fonte* à cause de la fontaine *Gaja* (charmante) qu'il y exécuta, et on voit aussi de beaux ouvrages à Lucques et à Bologne : elle compta d'excellents artistes, Mathieu de Lucques, Nicolas de l'Arca, Vecchietto, Nicolas di Piero, etc. — Mais Florence produisit des sculpteurs plus remarquables encore. Laurent Ghiberti fit ses deux célèbres portes en bronze du Baptistère, dans les bas-reliefs desquelles il sut allier à la simplicité et à l'élévation de la conception la noblesse de l'ajustement, la beauté de la forme, la pureté de l'exécution et l'effet pittoresque. Il fit encore plusieurs statues en bronze pour l'église d'Or San Michele, les tombeaux de St-Zénobius et de St Protus, des bas-reliefs pour l'église St-Jean de Sienne, divers ouvrages d'orfèvrerie aujourd'hui perdus, dont Vasari vante le goût et la délicatesse. Donato ou Donatello fut celui qui imprima le mieux à l'école florentine, et même à toute la sculpture italienne, le caractère de naturalisme qu'elle a toujours conservé depuis. Exclusivement préoccupé de la vérité et de l'imitation exacte, oubliant que la beauté est une des conditions vitales de l'art, il descendit jusqu'au réalisme. Ses œuvres se distinguent moins par la force et la nôblesse de la pensée que par l'expression profonde des formes : elles révèlent une grande science anatomique, une rare habileté d'exécution, et la connaissance des effets des passions de l'âme sur le corps. Ses principaux ouvrages sont, à Florence, les statues de S¹ Pierre, de S¹ Marc, de S¹ Georges, de Judith, de David, et divers bas-reliefs à S¹-Laurent; à Padoue, les bas-reliefs dans la cathédrale, et la statue équestre de Gattamelata. On doit une place à part à Lucas della Robbia pour ses sculptures en terre cuite et vernissée, où la pureté du goût et un style presque antique s'unissent à la naïveté du moyen âge. A la suite de Ghiberti, de Donato et de Lucas della Robbia, citons l'architecte Brunelleschi, dont on voit un beau crucifix de bois à S¹ª-Maria-Novella ; Filarete, qui sculpta les portes de S¹-Pierre de Rome; Antoine Rossellini, auteur des tombeaux du cardinal de Portugal à San-Miniato et de Marie d'Aragon à Naples; Bernard Rossellini, son frère, qui fit le mausolée de Marzuppini à S¹ᵉ-Croix de Florence; Benoît Majano, dont on a le mausolée Strozzi à Florence; André Verrochio, dont Venise possède la statue de Colleoni, coulée en bronze après sa mort par Alexandre Leopardi; André Sansovino, dont le groupe de S¹ᵉ Anne, la Vierge et l'enfant Jésus à St-Augustin de Rome est la plus belle production; Vellano, Jean de Pise, Bertoldo, Nanni di Banco, élèves de Donatello; Désiré de Settignano, Augustin de Guccio, Minio de Fiesole, les frères della Robbia, qui suivirent plutôt la manière de Ghiberti; enfin Rusticci, Baccio de Montelupo, Benoît de Rovezzano, etc. — A Rome s'illustra Paolo Romano, qui fit les statues en argent des Apôtres, fondues par les Allemands lors du sac de la ville en 1527. — A Naples parurent André Ciccione, auteur du tombeau de Ladislas, et Aniello Fiore, dont l'église S¹-Dominique renferme les ouvrages. — Les progrès de la sculpture furent plus lents dans l'Italie septentrionale, presque entièrement dépourvue de monuments antiques; cependant on peut citer à Venise deux familles de sculpteurs, celle des Bon (Jean, Pantaléon et Barthélemy), dont le faire naïf rappelle encore les traditions de l'école byzantine, et celle des Lombardi, célèbres aussi comme architectes, et qui ont subi davantage l'influence des modèles antiques. — La sculpture d'ornement est devenue une branche importante de l'art. Là encore il faut citer Ghiberti, Brunelleschi, Lucas della Robbia, qui avaient commencé par être orfévres, et les Lombardi. Au nombre des ornemanistes célèbres figurent aussi Riccio Briosco, qui fit le candélabre de S¹-Antoine de Padoue; Alexandre Leopardi, auteur des piédestaux en bronze de la place S¹-Marc à Venise; Basti, Bamboja, Brambilla, Agrate, qui travaillèrent à la Chartreuse de Pavie. — L'orfévrerie a pris aussi un développement considérable : Leonardo di Ser Giovanni, Bartoluccio Ghiberti, Verrochio, Cennini, Pollajuolo, et surtout Benvenuto Cellini, la portèrent à un haut degré de perfection. Le dernier a laissé aussi des œuvres de statuaire, telles que le Persée de la Loggia des Lanzi, à Florence, et la Nymphe de Fontainebleau.

Comme il avait fait pour les formes architectoniques, Michel-Ange se mit presque toujours au-dessus des règles de la sculpture, et employa la forme humaine dans des créations colossales, dans lesquelles le style et l'expression ont un caractère en quelque sorte surhumain. Ses principales œuvres sont : les statues du Matin, du Midi, du Soir et de la Nuit, au tombeau des Médicis; la statue de Laurent de Médicis, connue sous le nom de Pensiero; le Moïse du tombeau de Jules II à Rome; les deux figures d'esclaves que possède le Musée du Louvre. Le Bacchus et le David de Florence, la Pitié à S¹-Pierre de Rome, le Christ de l'église de la Minerve, l'Ange qu'on voit à l'église de S¹-Dominique de Bologne, tous ouvrages de la jeunesse de Michel-Ange, n'offrent pas la même recherche de grandiose, et ont une vérité plus humaine. Les élèves les plus illustres de Michel-Ange furent : Montorsoli, Montelupo, Guillaume della Porta, auteur du tombeau de Pie III à S¹-Pierre de Rome; Ammanati, qui fit la fontaine de la place du Grand-Duc à Florence; Danti, Bandini, etc. Il eut aussi un rival, Baccio Bandinelli, qui décora de statues et de bas-reliefs le chœur de la cathédrale de Florence, et dont la fausse grandeur, l'exagération, le mauvais goût, contribuèrent puissamment à la décadence de la sculpture italienne.

A partir du xvii° siècle, en effet, les sculpteurs recherchent, non plus la beauté de la ligne, mais l'expression et l'effet pittoresque. Le Bernin eut le caractère théâtral et affecté en sculpture comme en architecture : rien de plus pompeux que les statues de Constantin et de Longin à S¹-Pierre de Rome, de plus expressif que la figure de S¹ᵉ Bibiane, de plus sensuel que celle de S¹ᵉ Thérèse à l'église de la Victoire. On voulait donner alors au marbre la souplesse de la chair et des étoffes. Mocchi, Raggi, Bolgi, Ferrata, Aspetti, Baratta, Fansaga, Algardi (tombeau de Léon XI, sculptures de la villa Pamfili, etc.), prirent le Bernin pour modèle. Cioli, Foggini, Mosca, Scalza, Lorenzetto, sacrifièrent moins à l'extravagance. Les œuvres de Jean de Bologne sont également conçues et exécutées dans un meilleur style que celles du même temps : il suffit de citer l'Enlèvement des Sabines à Florence, le Mercure de Bologne, la fontaine de Boboli. Stefano Maderno est aussi l'un des artistes qui protestèrent, mais à peu près en vain, contre les erreurs de l'art. — La décadence a continué pendant le xviii° siècle, où Rusconi et Pompeo Battoni sont les seuls sculpteurs qui méritent une mention. Vers la fin du siècle, le Vénitien Canova entreprit de régénérer la statuaire, en la ramenant vers l'étude de l'antiquité : mais ses œuvres à lui-même ne sont que des imitations assez pâles, sans énergie, où la grâce remplace la véritable beauté. Parmi ses élèves on peut citer : Antonio d'Este, célèbre par ses bustes et ses reliefs; Giuseppe de Fabris, auteur des monuments du Tasse et de Léon X; C. Tadolini, G. Finelli, les deux Ferrari, et surtout Bartolini et Pompeo Marchesi, les premiers de tous. En dehors de cette école, Gaëtano Monti, B. Comolli, Sangiorgio, Putti, Pampaloni, Persico, ont acquis une certaine réputation. Enfin, le Danois Thorwaldsen, pendant son séjour en Italie, a formé quelques disciples, Galli, Benzoni, Tenerani, etc. V. Cicognara, Storia della Scultura, Florence, 1813-18, 3 vol. in-fol.

ITALIE (Peinture en). C'est dans les Catacombes de Rome que se trouvent les plus anciens monuments de la peinture chrétienne; mais rien n'autorise à affirmer qu'aucun de ces monuments soit antérieur au v° siècle. Nul écrivain des âges précédents ne parle de peintures existant dans les Catacombes, et le poëte Prudence, qui, le premier, mentionne une représentation du martyre de S¹ Hippolyte, n'indique pas le lieu où elle était placée. On voit dans une lettre d'Adrien Iᵉʳ à Charlemagne que le pape Célestin Iᵉʳ (424-432) fit orner de peintures le cimetière de S¹ᵉ-Priscille. C'est donc vraisemblablement après le triomphe du christianisme que l'on décora les lieux où avaient été enterrés ses premiers saints et ses martyrs. Dans les Catacombes des SS. Marcellin et Pierre, de S¹ Calixte, de S¹ᵉ Agnès, réputées les plus anciennes, les artistes chrétiens ont peint le Christ sous les figures symboliques d'Orphée, de Moïse, de Tobie, de Daniel, de Jonas, du Bon Pasteur; on y voit aussi des images de martyrs entourées de couronnes de laurier, Jésus au milieu de ses apôtres, la Vierge et l'Enfant, les repas des agapes, les jeunes Hébreux dans la fournaise, et autres scènes de l'Ancien Testament. Le style de ces œuvres est barbare, bien qu'il atteste une imitation des modèles de l'antiquité païenne. Au reste, les peintures décoratives des Catacombes ont été faites à diverses époques, et probablement jusqu'à la fin du viii° siècle : celles de S¹ Pontien et de S¹ Valentin présentent des figures moins païennes, des ajustements plus austères et des sujets d'invention plus récente, tels que le Baptême du Christ, le Crucifiement, de saints ermites couronnés par Dieu, etc. — Des peintures furent également exécutées dans les églises. Prudence parle d'une peinture de S¹ Cassien dans l'église d'Imola; S¹ Paulin, évêque de Nole, orna de peintures la basilique de S¹-Félix; le pape Symmaque fit peindre la confession de S¹ Pierre, et Léon Iᵉʳ les portraits des 46 premiers papes dans la basilique de S¹-Paul. Les peintures dont on couvrit les murs des édifices sacrés et des palais ont presque toutes péri : celles qui existent dans l'église des S¹ˢ-Nazaire et Celse à Vérone sont du vii° ou du viii° siècle. Durant la même période, la mosaïque fut souvent préférée à la peinture proprement dite : outre qu'elle avait plus de solidité et pouvait braver les intempéries, elle plaçait ses figures sur fonds d'or qui ajoutaient à la richesse du travail, et exigeait moins d'étude pour l'exécution. Les mosaïques de S¹ᵉ-Marie-Majeure et du baptistère de S¹-Jean-de-Latran au v° siècle, des S¹ˢ-Cosme et Damien, de S¹ᵉ-Pudentienne au vi°, sont exécutées dans le style latin, dont elles reproduisent les formes courtes et rudes, mais mouvementées; elles sont sans doute l'œuvre de maîtres italiens. Mais les violences des iconoclastes dans l'Empire d'Orient firent refluer en Italie une foule d'artistes byzantins : on reconnaît leur style plus calme, plus sobre de gestes, moins expressif peut-être, mais plus élancé de formes, dans les mosaïques de Ste-Agnès, de Ste-Praxède, de St-Clément à Rome, de St-Vital à Ravenne, de St-Marc à Venise, de St-Ambroise à Milan, de St-Pierre à Pavie, de St-Étienne à Naples, exécutées du viie au xie siècle. — La peinture sur manuscrits a laissé aussi quelques œuvres. Le *Virgile* du ve siècle, que possède la bibliothèque du Vatican, contient des miniatures dont la ressemblance avec les peintures des Catacombes est frappante. Dans le *Térence* du ixe siècle que conserve la même collection, l'imitation de l'antique est beaucoup moins sensible, et le dessin plus barbare.

Les bouleversements politiques de l'Italie, l'insuffisance des artistes et de leurs procédés, la sévérité de l'architecture romane, qui se prêtait moins que la basilique primitive à la décoration picturale, avaient fait tomber la peinture dans la barbarie, lorsqu'au xie siècle s'opéra une véritable Renaissance, sous l'influence de l'art byzantin. Une école grecque s'établit alors à Rome; les peintures du cloître de St-Urbain et de celui de Subiaco lui appartiennent sans doute. *Désiré*, abbé du Mont-Cassin, fit venir de Constantinople des artistes habiles dans la mosaïque, et l'on croit pouvoir leur attribuer les mosaïques de Ste-Marie-in-Trastevere et de St-Grégoire à Rome, de San-Miniato près de Florence, et de Torcello près de Venise. Héraclius Romain au xie siècle, Théophile Lombard au xiie, écrivirent sur la peinture, et, au xiiie, Venise appela Théophanes de Constantinople pour ouvrir une école. Un certain nombre d'artistes de Sienne suivirent les pratiques de l'art byzantin, mais en modifièrent l'austérité par la grâce; ce furent Guido, Parabuoi et Diotisalvi. Mino de Turrita, également originaire de Sienne, décora à Rome quelques parties de Ste-Marie-Majeure et restaura la mosaïque de St-Jean-de-Latran. Gaddo Gaddi, habile mosaïste, travailla à Florence et à Rome, et ses œuvres, comme celles de Mino, offrent le mélange de la manière grecque et du style latin. Margaritone d'Arezzo, au contraire, suivit la manière grecque sans modification ni progrès. Giunta de Pise fut celui qui, pendant le xiiie siècle, donna le mieux à ses figures l'expression humaine.

C'était aussi sous la direction d'Apollonius, l'un des maîtres étrangers qui ornaient de mosaïques l'église St-Marc de Venise, et qui fut amené à Florence par André Tafi, que Cimabué avait fait ses premières études. Mais l'exemple de Nicolas de Pise, qui régénérait la sculpture par l'étude et l'interprétation de la nature, le fit sortir des voies traditionnelles. Les progrès qu'il fit faire à l'art excitèrent l'admiration des contemporains, et sa *Madone* de Sta-Maria-Novella, regardée comme la merveille du temps, fut portée processionnellement par les Florentins. Quelques-unes de ses peintures existent aussi à Assise. Si l'exécution en est imparfaite, la conception ne manque pas d'originalité et de grandeur. Avec Cimabué commencent le véritable style italien et l'*école florentine* (*V. ce mot*). Giotto, son élève, le surpassa en grâce : l'expression devint chez lui plus humaine, plus vraie; les formes devinrent plus correctes, les draperies plus naturelles, et les raccourcis commencèrent à être étudiés. Il y eut pendant le xive siècle une *école giottesque*, composée des élèves de Giotto, Stefano de Florence, Taddeo Gaddi, Simon Memmi, Cavallini, Capanna, Laurati, Giottino, Simon de Naples, Jean de Milan, Menabuoi de Padoue, Guillaume de Forli, Antoine de Venise, Angiolo Gaddi, etc. D'autres artistes, tels que Buffalmacco, les Orcagna, Traini, furent plus fidèles à l'ancien style, dont ils conservèrent les traditions typiques. Les artistes des deux écoles rivales déployèrent à l'envi leurs talents dans la décoration du *Campo-Santo* (*V. ce mot*) à Pise, monument unique de la peinture à fresque. — L'école de Giotto ne prospéra pas seulement en Toscane : elle se répandit en Lombardie, où elle compta parmi ses membres Stefano et Jacques de Vérone, Giusto, Jean Miretto, Altichiero, Jacques Avanzi. Là encore, son influence fut combattue par des peintres qui firent briller d'un dernier éclat l'ancienne école, Guariente, Jean et Antoine de Padoue, Laurent de Venise, Semitecolo, etc. — A la même époque, l'école de Sienne, représentée par Simone de Martino, continuait à se distinguer par la douceur de son style, qui devait dégénérer assez vite en faiblesse et en épuisement : les peintres auxquels on a donné le nom de *miniaturistes*, et parmi lesquels figurent Oderigi d'Agubbio, Franco de Bologne, Vitale delle Madone, Pisanello, Lippo Dalmasio, Gentile da Fabriano, Guido Palmerucci, Fra Angelico de Fiesole, se sont inspirés de

son esprit; c'est la même façon de peindre en teintes plates, le même soin à éviter tout accent trop marqué de la vie réelle et à spiritualiser la nature humaine.

Avec le xve siècle se manifesta, dans la peinture italienne, une tendance de jour en jour plus forte à reproduire la nature dans toute sa vérité, à secouer les entraves imposées jusqu'alors à l'art par les exigences du style religieux, et à embrasser avec une liberté illimitée les sujets profanes comme les sujets sacrés. Le domaine de l'art va s'agrandir : forme, expression, disposition, ajustement, modelé, clair-obscur, coloris, tout sera étudié et calculé. Trois peintres de l'école florentine ont eu la plus grande influence sur ce développement de la peinture dans la voie du naturalisme : Paolo Uccello, qui appliqua à son art les principes de la perspective linéaire; Masolino, avec qui l'exécution pratique fit de grands progrès; et surtout Masaccio, qui se dégagea des derniers vestiges de l'art traditionnel, et inaugura ce qu'on pourrait appeler le style dramatique. A leur suite on peut mentionner Filippo Lippi, qui plaça le premier des paysages d'une certaine importance dans ses tableaux, Botticelli, Baldovinetti, André del Castagno, Benozzo Gozzoli, Roselli, Ghirlandajo, Pollajuolo, dont les peintures se distinguent par la science anatomique, Luca Signorelli, Fra Bartolomeo della Porta, etc. Un caractère commun à tous ces peintres, c'est l'introduction des portraits de contemporains dans leurs œuvres. — Le naturalisme fut également pratiqué dans la Lombardie : si on ne le trouve pas encore dans l'école *dont font partie* Foppa, Civerchio, Bevilacqua, Fossano et Montorfano, il inspira l'école de Padoue, fondée par Squarcione et André Montegna; de là il se répandit dans les États vénitiens avec Parentino, Pizzolo et Buono, à Bologne avec Lorenzo Costa, en Ombrie avec Florenzo di Lorenzo, à Parme avec les frères Mazzuoli, à Lodi avec les frères Piazza, à Milan avec Bramantino et Borgognone. — Cependant il y eut en Ombrie, particulièrement à Pérouse, une école qui, tout en adoptant les progrès que faisait la peinture dans l'exécution pratique, conserva les traditions du style pieux, sans les laisser s'altérer au contact des idées antiques et païennes, et que l'on peut regarder comme issue de l'école de Sienne et des miniaturistes du xive siècle. Après avoir compté parmi ses maîtres Taddeo Bartolo de Sienne, Martinelli, Antoine de Foligno, Buonfigli, Nicolas Alunno, elle jeta un vif éclat avec Pinturicchio et Pierre Vanucci, dit *le Pérugin;* ce dernier eut à son tour pour élèves Luigi l'Ingegno, Manni, San-Giorgio, Pacchiarotto, et enfin Raphaël Sanzio, destiné à les éclipser tous. Bologne savait aussi dans Francesco Francia un chef d'école, qui se rapprochait des artistes de Pérouse par le sentiment pieux et par la finesse de l'exécution.

Outre les progrès du naturalisme dans l'art, le xve siècle vit s'opérer une autre révolution, dont le signal fut donné par l'*école vénitienne* (*V. ce mot*), attachée plus longtemps que les autres à la peinture byzantine. Antonello de Messine, en possession du secret par lequel Jean de Bruges avait rendu plus facile l'emploi de la peinture à l'huile (*V. ce mot*), le porta à Venise vers 1450, tandis que Dominique le fit connaître à Florence. Partout ce genre de peinture fut adopté pour les tableaux de chevalet; mais les artistes vénitiens s'en servirent les premiers pour remplacer la fresque dans les grandes compositions. Jean Bellini, et son frère moins illustre Gentile Bellini, donnèrent à l'école vénitienne cette supériorité de coloris qui l'a toujours distinguée. Parmi leurs élèves ou leurs émules, on doit citer Cima de Conegliano, Basalti, Buonconsiglio, Marescalco, Previtali, Penacchi, Catena, Bissolo, Santa-Croce, Rocco Marcone, Jean d'Udine, Cariano de Bergame, Pellegrino de San-Daniele, Carpaccio, Mansueti, Lazzaro Sebastiani, Liberale, Francesco Morone, Girolamo dai Libri, Montagna de Vicence, etc.

Quel que fût le mérite de tous les peintres précédents, ils furent tous surpassés par des artistes qui portèrent l'art au point extrême de la perfection, Léonard de Vinci, Michel-Ange, Raphaël, le Giorgion, le Titien et le Corrége. Parce qu'ils naquirent vers la fin du xve siècle, on les désigna, eux et leurs élèves, sous le nom de *Cinquecentisti*. Léonard de Vinci, après avoir étudié à Florence sous Verrochio, alla porter à l'*école milanaise* une vie nouvelle et féconde : aucun artiste ne réalisa si complètement l'idée qu'on se fait de la peinture antique, science de la perspective et de la lumière, étude minutieuse de la forme, art du modelé, largeur du dessin, profondeur de l'expression; il ne lui a manqué que le génie créateur de Michel-Ange ou de Raphaël pour être le plus grand peintre des temps modernes. Sans parler de la fameuse *Cène* de de Milan, fresque aujourd'hui fort altérée, on peut citer deux toiles que possède le Musée du Louvre, *la Vierge*, *l'Enfant Jésus et S*te *Anne*, et cette *Joconde*, peinte, selon les expressions de Vasari, « de manière à faire trembler tout artiste robuste. » Après Léonard de Vinci, l'école milanaise fut représentée, au xvie siècle, par Bernardino Luini, Melzi, Salaino, Marco d'Oggione, Cesare da Cesto, Salario, Beltraffio, Gaudenzio Ferrari, Razzi dit le *Sodoma*, Beccafumi, etc. — Michel-Ange se fraya une voie indépendante. Il n'a guère laissé qu'une œuvre en peinture, la célèbre fresque du *Jugement dernier*, ui orne la voûte de la chapelle Sixtine à Rome; car le tableaux qu'on lui attribue furent exécutés par ses élèves d'après ses dessins. Sa chaleur de composition, sa connaissance profonde de l'anatomie, la hardiesse de ses contours et de ses raccourcis, lui donnent, comme dans l'architecture et la sculpture, une originalité puissante, qui devint dans l'exagération dans ses imitateurs. Si l'on excepte Daniel de Volterre et Sébastien del Piombo, trop éminents pour reproduire les défauts du maître, il n'y a plus, après lui, que des peintres qui tombent dans le faux et l'enflure.en cherchant l'effet, Vasari, Rossi, Naldini, les Zuccari, Vanni, le chevalier d'Arpino, Fontana, Cesi, Semini, Cambiaso, etc. Dans la peinture de portrait, Angelo Allori dit Bronzino et son neveu Alessandro appartiennent à la même école. Il faut faire exception pour André del Sarto, dont la peinture se rattache à l'école naturaliste, mais tempérée par une grande naïveté et une grande finesse de dessin et d'expression, et qui eut pour élèves Franciabigio, le Pontormo, le Rosso. Vers la fin du xvie siècle, Ludovico Cigoli et Gregorio Pagani revinrent à la nature et à un goût meilleur dans l'emploi du clair-obscur. — Raphaël Sanzio, dit *le Divin*, est le chef de *l'école romaine*. Il a réuni les qualités des autres maîtres, non pas au même degré de perfection ou de puissance, mais dans une mesure qui fait de lui le premier des peintres : élève du Pérugin, il puisa dans l'école ombrienne cette expression pieuse, cette grâce et cette douceur qui convenaient à sa nature; plus tard il étudia la perfection classique de Léonard de Vinci, la couleur magistrale de Fra Bartolomeo, le naturalisme des anciens Florentins, l'antiquité dans les collections de Rome, et, de tous les caractères qu'il sut s'assimiler et transformer à son image, résulta le plus harmonieux, le plus merveilleux ensemble. Raphaël a eu la plus sublime conception de la noblesse idéale de la nature humaine, et son génie, sans jamais faiblir, apparait dans toutes ses œuvres avec la même beauté chaste et solennelle. Il suffit de citer la *Dispute du S*t*-Sacrement*, l'*École d'Athènes*, la *Transfiguration*, les *Sibylles*, le *Triomphe de Galathée*, les *Noces de Psyché*, la décoration des *Loges* du Vatican, la *Bataille de Constantin*, la *Vierge de Foligno*, la *Madone de Sixte-Quint*, la S*te* *Famille* du Louvre, les portraits de *Jules II* et de la *Fornarina*. Les meilleurs maîtres de l'école romaine après Raphaël ont été Jules Romain, le Primatice, Niccolo dell' Abbate, François Penni, Perino del Vaga, Polydore de Caravage, André Sabbatini, Pellegrino, Benvenuto Tisi dit *il Garofalo*, Giacomone de Faenza, Timoteo Viti, les Campi, etc. — Le Giorgione et le Titien, élèves de Jean Bellini, ont donné à l'*école vénitienne* tout son éclat. Les portraits de l'un sont remarquables par leur chaleur et leur vérité. L'autre, admirable comme peintre d'histoire et de portraits, et le premier grand maître que le paysage ait compté, posséda au suprême degré la puissance et l'harmonie de la couleur, qui est le caractère distinctif de l'école. Après eux vinrent Palma le Vieux, Bonifacio, Lorenzo Lotto, Schiavone, Paris Bordone, Pordenone, Moroni, Romanino-Maganza, Brussasorci, Moro, Moretto, Farinata, Campagnola, Zelotti, Savoldo, enfin le Tintoret et Paul Véronèse, ce dernier, maître à son tour de Cagliari, de Palma le Jeune et des Bassan. — Quant au Corrège, s'il pèche au point de vue de la pureté et de la gravité du style, il excelle par la largeur du modelé, la distribution de la lumière et des ombres, la qualité du ton, le bel empâtement et la solidité de la peinture. Ses mérites étaient le produit d'un instinct et d'un sentiment particuliers, et ne pouvaient se formuler en doctrine : aussi n'ouvrit-il pas d'école. Son seul élève fut peut-être Rondani, car il n'a pas même instruit son propre fils, Pomponio Allegri. Mais comme ses œuvres excitèrent un engouement général, il eut beaucoup d'imitateurs, tels que François Mazzuoli dit *il Parmegianmo*, et Schidone de Modène, chez qui la douceur dégénéra en mollesse, le sentiment en affectation, la facilité en licence.

Après cet âge glorieux de la peinture italienne, la décadence commença au xviie siècle. Trois frères, Louis, Annibal et Augustin Carrache, essayèrent de l'arrêter, et se firent chefs d'une école dite *éclectique*, dans laquelle on chercha à réunir comme en un faisceau les qualités distinctives des maîtres précédents. De cette école sortirent Tiarini, Cavedoni, Spada, Massari, Salvi dit Sassoferrato, éclipsés bientôt par des condisciples que surent à leur tour des élèves distingués : le Guide, maître de Cagnacci, de Semenza, de Canuti, d'Elisabeth Sirani; Barbieri, dit *le Guerchin* (le borgne); Domenico Zampieri, dit *le Dominiquin*; l'Albane, maître de Mola et d'André Sacchi. Louis Cardi dit Cigoli et Christofano Allori suivirent l'école de plus loin. — Malgré les efforts des Carrache, les peintres adoptèrent de plus en plus le style décoratif et théâtral qui leur a valu le surnom de *machinistes*, et prirent souvent pour modèle la nature la plus vulgaire. A leur tête était Michel-Ange de Caravage, qui eut pour principaux disciples ou imitateurs Lanfranco, Pierre de Cortone, Carlo Maratta, Antonio Canaletto, et Carlo Cignani. Les mêmes principes furent appliqués dans *l'école napolitaine*, qui, jusqu'à l'arrivée de Penni et de Polydore de Caravage, n'avait produit que Colantonio del Fiore et Antonio Salario dit *le Zingaro* : Ribeira dit *l'Espagnolet*, Preti dit *il Calabrese*, Salvator Rosa, Luca Giordano et Solimena ont fermé les plus fameux représentants. Le style des machinistes fut enfin porté à Venise par Turchi et Bassetti, à Vérone par Salmeggia, Tiepolo et Ricci. Un autre peintre, la Baroche, mit à la mode la grâce mignarde et le sentimentalisme, qui furent aussi les caractères de Carlo Dolci.

Pendant le xviiie siècle, l'Italie n'a guère produit que Pompeo Battoni, qui se rattache à l'école éclectique, et dont l'influence fut à peu près nulle. Depuis cette époque, Appiani à Milan, Benvenuti à Florence, Camuccini à Rome, subissant plus ou moins l'influence de l'école française de David, n'ont pu être rattachés, par leurs grandes décorations à fresque, qu'à l'école des machinistes. On cite encore le peintre français Fabre, fixé à Florence, et dont les paysages ne sont pas moins remarquables que ses tableaux historiques; Hayez et Pelagio Palage, peintres d'histoire à Milan; Migliara, peintre d'architecture; Ermini, qui a exécuté à Florence de jolies miniatures; Sabbatini, qui jouit d'une grande réputation pour ses dessins à la plume.

V. Vasari, *La Vita de' pittori*, Florence, 1550, in-fol., trad. en français par Jeanron et Léclanché, Paris, 1840, 10 vol. in-8o; Lanzi, *Histoire de la peinture en Italie*, trad. en français par Mme Dieudé, Paris, 1824, 5 vol. in-8o; Artaud, *Considérations sur l'état de la peinture en Italie, dans les quatre siècles qui ont précédé celui de Raphaël*, Paris, 1808 et 1812, in-8o; Andy, *Histoire de la peinture en Italie*, Paris, 1817, in-12; Bourbet, *Histoire de la peinture en Italie*, Paris, 1817; G.-T. James, *The Italian schools of painting*, Londres, 1820, in-8o; W. Ottley, *Histoire de la peinture en Italie*, en anglais, in-fol. ; Huard, *Histoire de la peinture italienne*, Paris, 1834, in-8o; Rosini, *Storia della pittura italiana*, Pise, 1842, J. Coindet, *Histoire de la peinture en Italie*, Paris, 1 vol. in-12; De Stendhal, *Histoire de la peinture en Italie*, nouvelle édition, Paris, 1866, in-12.   B.

ITALIE (Musique en). Dans les premiers siècles qui suivirent la chute de l'Empire romain, la musique ne fut autre chose que le plain-chant, avec ses deux formes successives qu'on nomme le chant ambrosien et le chant grégorien (V. PLAIN-CHANT, AMBROSIEN, GRÉGORIEN); son échelle, imparfaite et restreinte, servait également pour de déterminer dans quelle proportion l'art chrétien employa les éléments de la musique hébraïque et de la musique grecque. On ne saurait dire avec plus d'exactitude l'époque à laquelle les instruments furent introduits dans le service divin : selon l'opinion générale, on commença à se servir de l'orgue dans l'Église romaine sous le pape Vitalien, vers l'an 670. Puis, jusqu'au xie siècle, les faits relatifs à l'histoire de la musique en Italie sont très-rares : un prêtre vénitien, nommé George, se rend, en 826, auprès de Louis le Débonnaire, qui lui fait construire un orgue hydraulique à Aix-la-Chapelle; le pape Silvestre II, mort en 1003, jouit d'une grande réputation comme musicien, et ajoute quelques perfectionnements à l'orgue.

On a attribué à Gui d'Arezzo, moine bénédictin, mort en 1050, de grandes réformes dans le système musical : il aurait, dit-on, créé la gamme moderne en convertissant les tétracordes des Grecs en un hexacorde, donné aux notes les noms qu'elles portent encore aujourd'hui, imaginé la portée, établi l'usage et la distinction des clefs, etc.

Forkel a combattu cette tradition avec succès; mais il n'en reste pas moins avéré que Gui d'Arezzo recueillit les préceptes de musique, peu répandus alors, de ses prédécesseurs et de ses contemporains, et qu'il introduisit une nouvelle méthode pour l'enseignement du chant. Les guerres dont l'Italie fut le théâtre pendant tout le moyen âge arrêtèrent les progrès de l'art musical, et il faut arriver jusqu'à la fin du XIIIᵉ siècle pour trouver de nouveaux enseignements. Dante, dans sa *Divine Comédie*, célèbre un musicien du nom de Casella, dont il ne reste aucun autre souvenir, si ce n'est un ami du même poète, Scocchetti, met en musique quelques-uns de ses vers. Vers le même temps, Marchetto de Padoue, commentateur de Francon de Cologne, écrivait un *Lucidarium musicœ planœ* et un *Pomœrium musicœ mensuratœ*, insérés par Gerbert dans sa collection des *Scriptores ecclesiastici de musicâ sacrâ* (t. III).—Au XIVᵉ siècle, un Florentin, Francesco Landino, surnommé Cieco (l'aveugle), fut célèbre comme compositeur et comme organiste; quelques-unes de ses œuvres se trouvent dans un manuscrit de la Bibliothèque impériale de Paris. En 1310, une société de musiciens exécuta à Florence des *Laudi spirituali*. Boccace nous représente les personnages de son *Décaméron* jouant de la viole et du luth, chantant et dansant; on peut en conclure que la musique était alors cultivée par les gens du monde. Il parle aussi d'un certain Minuccio d'Arezzo, excellent joueur de viole et chanteur parfait. On signale enfin une bulle du pape Jean XXII, en 1322, pour interdire les *semi-brèves*, les *minimes*, les harmonies barbares (V. DÉCHANT, DIAPHONIE), et tous les ornements qui avaient altéré la pureté primitive du chant ecclésiastique.

Pendant le XVᵉ siècle, ce furent des artistes de l'école gallo-belge (V. ce mot) qui vinrent donner l'impulsion au génie italien. La chapelle du pape et celles des autres cours de l'Italie recrutèrent des compositeurs et des chanteurs flamands, français, espagnols, allemands même. Jean Tinctor vint de Belgique fonder une école à Naples vers 1450. Un Allemand, Henri Isaak, fut le premier qui, vers 1475, écrivit à Florence des *chants carnavalesques* (V. ce mot). Parmi les Italiens dont l'exemple des étrangers excita l'émulation, on cite un fameux organiste de Florence, Antonio *degli organi*. Le peintre Léonard de Vinci fut musicien, et joua de divers instruments. Une école publique de musique fut créée à Milan, en 1483, par le duc Louis Sforza. Mais ce fut principalement des théoriciens que produisit l'Italie : Jean de Mantoue, dit *le Carthusien* (le Chartreux), né à Namur et élevé en Italie; Prosdocimo de Beldemandis, né à Padoue, auteur de Traités sur la musique mesurée et sur le contre-point; Franchino Gaforio, de Lodi, qui ouvrit des cours publics sur la musique à Mantoue, à Vérone, à Milan, et dans les ouvrages duquel le système musical de l'époque est complétement exposé (*Theorica musica*, Milan, 1492; *Practica musicæ*, 1496; *De harmonia musicorum instrumentorum*, 1518).

Avec le XVIᵉ siècle commence une période brillante pour l'art italien. En 1503, Octave Petrucci de Fossombrone invente les caractères pour l'impression de la musique, et désormais les ouvrages des compositeurs vont avoir un moyen de propagation. Des écoles sont établies à Naples, *Santa-Maria di Loretta* en 1537, *la Pieta déi Turchini* et *Sant' Onofrio* en 1583, *I poveri di Giesu Christo* en 1589. D'autres établissements du même genre fleurissent à Rome, à Florence, à Venise, à Milan. Les genres de composition se distinguent les uns des autres, et sont tous cultivés avec succès. Palestrina, élève du Français Goudimel, et successeur d'Animuccia comme maître de chapelle de St-Pierre de Rome, a été surnommé le *créateur de la musique d'église moderne*. Si ses compositions manquent parfois de mélodie, elles se distinguent par la clarté et la majesté du style, la vérité de l'expression, la simplicité dans la modulation, l'observation sévère des règles de l'harmonie. Chef de l'école romaine, il a eu pour disciples ou imitateurs les frères Jean-Marie et Bernard Nanini, Felice Anerio, Antonio Cifra, Ruggiero Giovanelli. L'école lombarde devint également célèbre : après son chef Costanzo Porta, on y compte Pietro Ponzio de Parme, Orazio Vecchi de Milan, Paolo Cima. Rocco Rodio fut la principale gloire de l'école napolitaine. L'école vénitienne, fondée par le Flamand Willaert, eut pour représentants Giovanni Croce, Giovanni Feretti, Matteo Asola, Andrea Gabrieli, son neveu Giovanni Gabrieli, Antonio Sartorio, etc. Une nouvelle forme de composition sacrée, l'*Oratorio* (V. ce mot), date du même siècle.

La musique profane prit son essor en même temps

que la musique sacrée. Les mélodies populaires napolitaines, connues sous les noms d'*aria*, de *canzonette*, de *villanelle*, furent à la mode dans toute l'Europe, comme l'avaient été, au moyen âge, les chants des Troubadours. Des sociétés d'amateurs exécutèrent des *madrigaux* (V. ce mot), composés à plusieurs voix et dans un style fugué, sur des vers de Pétrarque, d'Arioste ou du Tasse, par Animuccia, Palestrina et Luca Marenzio de l'école romaine, le prince Gesualdo de l'école napolitaine, Joseph Caimo et Giacomo Gastoldi de l'école lombarde, Costanzo Festa et Ant. Biffi de l'école vénitienne. Vers 1583, une nouvelle espèce de musique, la musique concertante, prit naissance à la cour des ducs de Ferrare et à Venise : on en attribue l'introduction à un compositeur de l'école romaine, Annibale Melone. Enfin, le système de l'harmonie fut considérablement perfectionné en 1590 par Claude Monteverde, de l'école vénitienne, qui le premier osa se servir des dissonances (V. ce mot), et l'emploi de la *basse chiffrée*, d'autres disent de la *basse continue* (V. ces mots), fut imaginé, quelques années après, par Louis Viadana, maître de chapelle à Mantoue. — Plusieurs écrivains contribuèrent aux progrès de l'art, particulièrement Pierre Aaron, Louis Fogliani, Jean-Marie Lanfranco; le P. Ange de Piciton, Nicolas Vicentino, l'abbé Aiguino, Zarlino, qui est le plus remarquable de tous, Jean-Marie Artusi, Vincent Galilée (père du mathématicien), Orazio Tigrini, Hercule Bottrigari, le P. Valerio Bona, le P. Ludovico Zacconi.

Le XVIᵉ siècle a vu les débuts d'un genre nouveau, le genre dramatique, destiné à prendre, dans les âges suivants, une supériorité incontestable. L'application de la musique à des drames était sans doute plus ancienne : car une *Conversion de St Paul*, avec musique de François Baverini, fut représentée à Rome, selon les uns en 1440, selon les autres en 1480, et on joua de même un drame d'Ange Politien, *Orfeo*, en 1475; on dit même que, dès l'année 1300, on récitait en vers les belles actions des grands capitaines, et y joignant de la musique. Ce n'étaient là que des essais informes. Alfonso della Viola, maître de chapelle à Ferrare, passe pour avoir, le premier, uni le chant avec la déclamation dans les représentations scéniques : il est certain que la plus ancienne pièce ayant forme d'opéra est l'*Orbecche* de Giraldi Cinthio, tragédie dont il écrivit la musique, et qui parut à Ferrare en 1541. Claudio Merula, Orazio Vecchi et Emilio del Cavaliere, firent quelques tentatives du même genre. Ce n'étaient encore que des espèces de monologues composés dans le style des madrigaux, et chantés par plusieurs voix, faute d'instruments pour accompagner. On fit un jour la *Dafne* de Peri, composée à Florence en 1597, et dans laquelle le *récitatif* ou déclamation lyrique remplaça la déclamation parlée. Le succès de cette innovation fut consacré par l'*Euridice* de Peri et de Julio Caccini, représentée à Florence en 1600 à l'occasion du mariage de Henri IV avec Marie de Médicis, par l'*Ariadne* et l'*Orfeo* de Monteverde (1607). On commençait en même temps à employer quelques instruments d'orchestre.

Le drame lyrique demeura stationnaire pendant les premières années du XVIIᵉ siècle. Puis, Francesco Cavalli, maître de chapelle à Venise, chercha, dans son opéra de *Jason* (1649), à mettre l'expression de ses airs en rapport avec la situation des personnages. Carissimi donna plus de grâce au récitatif, plus de mouvement, de variété et d'élégance aux accompagnements de basse, donna aux oratorios une forme plus régulière, et introduisit les instruments d'orchestre dans la musique d'église. Alexandre Scarlatti dégagea du récitatif l'*air* qui se confondait trop souvent avec lui, et créa l'*ouverture*. La construction de théâtres permanents et publics permit de multiplier les représentations, qui avaient eu lieu jusque-là dans les salons particuliers. Dominique Mazzocchi, musicien de l'école romaine, se distingua dans la composition des madrigaux, Gregorio Allegri, Valentini, Bornabei, Benevoli, Perti et Steffani dans la musique sacrée, Colonna dans l'oratorio. Horace Benevoli, maître de chapelle du Vatican, perfectionna la science du contre-point. La *cantate* (V. ce mot), destinée à remplacer bientôt le madrigal, fut cultivée par Carissimi, Stradella, Scarlatti, Cesti, Ludovico Rossi, Bassani, Gasparini, Lotti, etc. — La musique instrumentale marchait de pair avec la musique vocale. Deux familles de luthiers de Crémone, les Amati et les Stradivari, portèrent au plus haut point de perfection la fabrication des violons. Une école de violon, fondée par Corelli, produisit, entre autres exécutants distingués, Francesco Geminiani, les frères Somis de Turin, Albinoni de Venise, Joseph Torelli de Vérone, Joseph Valentini, Marietto de Naples, Pierre Locatelli de Bergame, Veracini de Florence. Un célèbre musicien de Ferrare, Frescobaldi, organiste du Vatican, inventa une nouvelle manière de jouer de l'orgue, qui consistait à lier et à soutenir les sons, à proposer et à reproduire alternativement quelques sujets d'imitation. La ville de Bologne se distingua entre toutes par ses institutions musicales : trois sociétés s'y formèrent, celle des *Floridi*, fondée en 1615 par Adrien Banchieri, celle des *Filomusi* et des *Filoschici* établies par Jérôme Giacobbi en 1622 et 1633, et toutes furent absorbées par l'*Académie philharmonique*, instituée en 1666 par Vincent Carrati. Parmi les auteurs d'ouvrages théoriques, nous mentionnerons Lemme Rossi, Lorenzo Penna, Scipion Ceretto, Etienne Bernardi, Camille Angleria, Jean-Marie Buononcini, Angelo Berardi, le P. Daniel Bartoli, et surtout J.-B. Doni.

Le XVIIIᵉ siècle a été, sans contredit, l'époque la plus remarquable et la plus féconde de la musique italienne. Des maîtres renommés ont tenu des écoles d'où sont sortis de grands talents en tous genres, les Fedi et Amadori à Rome, Pistocchi à Bologne, Redi à Florence, Brivio à Milan, Peli à Modène, Gizzi, Porpora, Leo, Durante, Feo, Sala, Fenaroli et Tritto à Naples. Dans aucun temps on ne vit l'art du chant pratiqué avec un tel éclat : l'école romaine donna Bernacchi, Pasi, Fabri, Guarducci, Ansani, Cicognani, Pacchiarotti, Crescentini, la Gabrielli, la Catalani; l'école napolitaine fut illustrée par Farinelli, Caffarelli, Gizzielli, Millico, Aprile, Mattucci, la Mingotti; à l'école lombarde se rattachent Appiano, Salimbeni, Monticelli, Guadagni, Giov. Paita, Carlo Scalzi, Aug. Fontana, Ottani, David, Marchesi, Viganoni, la Viscontina, la Grassini; le Porporino et la Bordoni se formèrent à Venise, Manzuoli et la Tramontini à Florence. Les écrits théoriques se multiplièrent : il suffit de citer, parmi ceux qui en furent les auteurs, Zacharie Tevo, le P. Martini, le P. Sacchi, le comte Algarotti, le P. Paolucci, le chevalier Planelli, Signorelli, J.-B. Mancini, Manfredini, le P. Valotti, le chanoine Belli, le P. Sabbatini.

Les ressources se multipliant, le travail de la composition devient plus abondant et plus riche. La musique sacrée, qui ne cède que peu à peu le premier rang, compte parmi ses trésors les œuvres d'Ottavio Pittoni, de Porpora, de Leo, de Durante, les *Stabat* de Pergolèse et de Boccherini, les *Psaumes* de Marcello, une foule de morceaux écrits par Fioroni, Salulini, Mei, San-Martini, Santarelli, Bertoni, Casali, les PP. Martini et Valotti, Zanotti, Vignoli, Ottani, Orsoni, etc. — La poésie du drame lyrique, portée à une rare perfection par Métastase, était de nature à provoquer l'inspiration des musiciens. Trois générations de compositeurs dramatiques, en progrès l'une sur l'autre, se succédèrent dans le cours d'un même siècle. A la première appartiennent : Porpora; Leonardo Vinci, qui sut donner aux airs plus de développement et une forme régulière; Pergolèse, dit le *Divin*, dont les mélodies pleines d'expression, mais peu goûtées de son vivant, excitèrent, après sa mort prématurée, le plus vif enthousiasme; Logroscino, que les Napolitains surnommèrent *le Dieu de l'opéra bouffe*; Buononcini, qu'un parti ne craignit pas d'opposer à Handel; Duni, qui alla écrire ses opéras-comiques à Paris; Pistorini, dont le talent dans les intermèdes et l'opéra bouffe était plein de grâce et de flexibilité; Galuppi, un des meilleurs compositeurs pour l'opéra comique. La seconde génération comprend : Jommelli, dont la musique de chambre et d'église, aussi bien que les œuvres théâtrales, se distingue par l'originalité des idées, la simplicité touchante des mélodies, et la richesse de l'harmonie; Piccinni, musicien d'une rare abondance, qui introduisit dans l'opéra les morceaux d'ensemble, détermina la juste forme du duo, et, pendant quelques années de séjour en France, se posa comme le rival de Gluck (*V.* FRANCE — Musique en); Sarti, qui manqua de profondeur, mais dont les mélodies et la facture générale étaient d'une élégance remarquable; Sacchini, que la France put louer pour la pureté et l'expression de ses chants, pour la facilité et la richesse de ses accompagnements. Enfin, trois maîtres ont encore surpassé leurs prédécesseurs, Guglielmi, Paisiello, et Cimarosa, dont les ouvrages sont des chefs-d'œuvre de chant, de grâce, d'esprit et d'originalité. — D'autres compositeurs dramatiques parurent encore au XVIIIᵉ siècle, mais sans atteindre au premier rang : tels furent Orlandini, Polarolo, Callara, Vivaldi, Porta, Giacomelli, Bertoni, Traëtta, etc.

Dans la musique instrumentale, le XVIIIᵉ siècle a produit aussi des artistes très-distingués. Joseph Tartini, célèbre par l'invention d'un système d'harmonie, forma une école de violon, dans laquelle il enseigna la nouvelle manière de conduire l'archet que lui avait apprise son maître Veracini. Il eut pour élèves Nardini, Morigi, Ferrari, Capuzzi, Celestini, et Pugnani, maître à son tour de Viotti et de Bruni. Alexandre Rolla se fit connaître par son talent sur la viole et sur le violon. Antoine Lolli, de Bergame, figure aussi parmi les violonistes. Les frères Alexandre et Jérôme Besozzi eurent une grande réputation, l'un sur le basson, l'autre sur le hautbois.

Les dernières années du XVIIIᵉ siècle et les premières du XIXᵉ forment une période intermédiaire, qui se prolonge jusqu'à l'avénement de Rossini, et durant laquelle les compositeurs se sont bornés à imiter les modèles de l'âge précédent, à perfectionner les procédés, sans qu'il y ait de progrès bien sensibles au point de vue de l'invention. Les uns allèrent s'établir et faire jouer leurs œuvres à l'étranger; ce sont Salieri et Righini en Allemagne, Bernardo Mengozzi, Bernardo Porta, Della Maria, Spontini, Cherubini, Paër et Carafa en France; ceux d'entre eux qui vécurent assez longtemps reçurent le contre-coup de la révolution opérée par Rossini, et modifièrent leur style dans leurs derniers ouvrages. Les autres, qui demeurèrent en Italie, n'eurent qu'une vogue momentanée, à laquelle le nouveau compositeur mit fin d'un seul coup; ce sont : Nazolini, musicien gracieux, mais dépourvu de force; Vincenzo Federici, qui écrivit pour les théâtres de Londres et de l'Italie; François Mosca, d'un savoir très-borné, et à qui l'on attribue le premier emploi du *crescendo* (*V. ce mot*); François Gnecco, dont le style est lâche, trivial et incorrect; Zingarelli, directeur du Conservatoire à Naples; Simon Mayr ou Mayer, originaire de la Bavière, et imitateur de Mozart; Fioravanti, qui prit pour modèle la manière de Guglielmi, et abandonna le théâtre, où il avait eu quelques succès dans le genre bouffe, pour remplir les fonctions de maître de chapelle à Rome; Joseph Farinelli, imitateur de Cimarosa; Joseph Niccolini, plus nerveux, mais inégal; les frères Orgitano, qui eurent quelque originalité dans la forme des cantilènes et la coupe des morceaux; Generali, doué d'un génie heureux, que les excès d'une vie de désordre ne tardèrent pas à étouffer; François Morlacchi, musicien assez fécond et estimable; Charles Coccia, longtemps directeur de l'opéra italien à Lisbonne et à Londres. — Dans cette période se place la fondation du *Lycée musical* de Bologne (1805), où enseigna le P. Mattei, et, en 1807, celle du Conservatoire de Milan, dont Asioli fut le premier directeur.

La gloire de l'Italie pendant le XIXᵉ siècle réside dans le génie de Rossini, dont les chefs-d'œuvre ont eu un prodigieux succès dans le monde entier. Il suffira de citer *Tancrède* et *l'Italienne à Alger* (1813), *le Barbier de Séville* et *Otello* (1816), *la Gazza ladra* et *la Cenerentola* (1817), *Mose in Egitto* (1818), *la Donna del Lago* (1819), *Sémiramis* (1824), *le Siége de Corinthe* (1827), qui n'est qu'un *Maometto* retouché pour la scène française, *le Comte Ory* (1828), et *Guillaume Tell* (1829). La popularité de cette musique ne peut être comparée à aucune autre : il y a là une quantité prodigieuse de chants heureux et d'inspirations dramatiques, d'élégantes mélodies qui plaisent à l'oreille et au cœur. Les opéras des anciens maîtres contenaient trop de récitatifs, d'airs et de duos, et pas assez de morceaux d'ensemble : Rossini mit peu de récitatifs dans ses œuvres, les soutint par de riches dessins d'orchestre, donna plus de mouvement à l'action, plus d'importance aux masses chorales, et ne laissa pas être l'intérêt faiblir dans l'intervalle des morceaux. Tous les moyens matériels dont les compositeurs précédents avaient usé, tels que les différents rhythmes, les coupes des airs, duos et morceaux d'ensemble, le *crescendo*, les canons, les divers genres de modulations et d'accompagnements, Rossini a su se les approprier; ces moyens, improductifs entre les mains des hommes médiocres, leur a donné la vie par la fécondité, la grâce et la chaleur de ses inspirations. On lui a reproché une certaine monotonie dans les formes de ses morceaux, et un style de chant beaucoup trop orné; ce dernier caractère a pu être l'effet de la médiocrité des chanteurs, qui, incapables d'embellir avec goût, comme on le faisait autrefois, les mélodies des compositeurs, avaient besoin qu'on leur écrivît tous les agréments du chant. Rossini a cependant trouvé des interprètes habiles, Veluti, Rubini, Nozzari, Galli, Lablache, A. Nourrit, Duprez, Mᵐᵉˢ Pisaroni et Pasta. — Les autres compositeurs italiens du xix⁰ siècle ont suivi la voie tracée par Rossini, dont ils n'ont guère fait qu'imiter les chants, les formes et l'instrumentation : tels sont Pacini, Vaccaj, Valentini, Persiani, Balducci, Aspa, Petrelli, Ricci, Raimondi, Bonfichi, Sapienza, Coppola, Costamagna, Negri, Nini, Lillo, Casamorata. Au-dessus d'eux on doit placer trois maîtres aussi connus à l'étranger qu'en Italie, Mercadante, Bellini, et Donizetti. Aujourd'hui, le compositeur dramatique le plus renommé est Verdi, qui a su donner un grand intérêt au travail de l'orchestre, mais qui ne possède pas une veine mélodique fort abondante ; en outre, on doit le blâmer de donner au chant et à l'instrumentation un excès de sonorité.

La musique d'église n'occupe plus un rang aussi élevé que par le passé. Si l'on exécute encore avec talent les compositions des anciens maîtres, on ne produit plus d'œuvres appartenant au style véritablement religieux, et les formules rossiniennes ont pénétré presque partout. Il n'est guère permis de citer que l'abbé Baini, compositeur et chanteur de la chapelle pontificale, Terziani, maître de chapelle de St-Jean-de-Latran, et Guidi, maître de chapelle de Ste-Marie-in-Trastevere. — Dans la musique instrumentale, on distingue l'organiste Parisi, et les violonistes Polledro et Rovelli, que le merveilleux talent de Paganini fit oublier, puis Bazzini, Sivori, etc. B.

ITALIE (Gravure en). V. GRAVURE.

ITALIENNE (Comédie). V. notre Dictionnaire de Biographie et d'Histoire.

ITALIENNE (Langue), une des langues néolatines (V. ce mot). Elle doit être considérée, dans sa plus haute origine, comme une deuxième forme de l'ancien latin. En effet, le latin primitif, suivant une loi générale des langues, alla toujours en perdant les formes compliquées de ses déclinaisons et de ses conjugaisons, pour en adopter de plus claires, de plus analytiques ; à côté donc du latin littéraire, fixé par les écrivains de génie, et parlé par les classes cultivées de la société romaine, se trouvait une langue moins correcte, mais aussi logique, dite langue rustique et langue des camps, celle des paysans, de la plèbe, et des soldats. On rencontre des traces de cette langue dès le ii⁰ siècle de J.-C., dans les inscriptions des catacombes, où l'on voit déjà un des principaux caractères de ce qui deviendra un jour l'italien, la suppression des déclinaisons, et la tendance vers une terminaison unique des substantifs. Avec le temps, et sous l'influence des événements, cette langue populaire finit par se substituer à l'ancien latin dans le langage ordinaire. Le premier monument connu de cette langue nouvelle, que l'on peut déjà appeler italien, date de 1135 ; c'est une inscription en vers, gravée sur une pierre de la voûte de la cathédrale de Ferrare : mais, dès le ix⁰ et même le viii⁰ siècle, on trouve des vestiges de la nouvelle langue dans les noms propres d'hommes et de lieux que renferment les actes privés ou publics. Les caractères de cet ancien italien, qui sont restés ceux de l'italien moderne, consistent : 1° dans une terminaison invariable ou presque invariable, substituée aux désinences variées de la déclinaison latine, et qui fut, généralement, celle de l'ablatif latin singulier. Ainsi, on dit genitore, domino; au lieu de genitoris, genitorem, domini, dominum; 2° l'italien décomposa les formes compliquées par lesquelles l'ancien latin marquait les divers temps du verbe, au moyen de verbes auxiliaires, comme être, avoir, faire, aller, venir; 3° la suppression des cas qui marquaient les rapports sous lesquels l'esprit conçoit les objets extérieurs amena l'usage des mots particuliers (prépositions) pour continuer à marquer ces mêmes rapports : liber Petri devint il libro di Pietro; 4° l'ancien adjectif latin ille, illa, employé déjà même par Cicéron avec le génitif d'une façon déterminative, devint l'accompagnement obligé du substantif, et forma l'espèce particulière de mots appelée article : il, lo, la, igli.

La grande masse des mots de la langue italienne est incontestablement d'origine latine ; néanmoins l'Italie a été si longtemps bouleversée par les invasions, qu'on peut dire que sa langue a une physionomie moins latine que l'espagnol. L'italien a conservé un grand nombre de mots appartenant aux langues des peuplades qui précédèrent les Latins, telles que l'ibérien, l'étrusque, l'ombrien, l'osque, le sabin. Il a emprunté quelques expressions aux races conquérantes, Gaulois, Germains, Slaves. Il en a reçu quelques autres des Sarrasins et des possesseurs grecs de la basse Italie.

Plus harmonieux, mais moins sonore que l'espagnol, l'italien en a l'abondance et la naïveté : sa naïveté tient à l'origine démocratique de la langue, qui se forma dans

les fortes républiques de Pise, de Florence, de Pavie, etc. D'ailleurs, le grand nombre de génies divers qui ont écrit dans cette belle langue l'ont pliée à tous les tons, depuis les plus simples jusqu'aux plus sublimes. On peut y noter les différentes phases de la vie politique de l'Italie : simple, concise et en progrès tant que le peuple de ces républiques, en déployant son énergie, conserve dans ses mœurs la rudesse et la simplicité, la langue italienne s'efféminé et s'amollit aussitôt que les mœurs se corrompent et que la nation ne sait plus défendre son indépendance.

L'italien est loin d'être parlé avec la même pureté dans toute la Péninsule : il existe un grand nombre de dialectes, fort éloignés de l'italien classique, ont leur origine dans l'invasion et la conquête. Les plus incorrects sont le lombard, le vénitien, et surtout le napolitain des Calabres et des Abruzzes. Le toscan de Florence passe pour l'italien le plus pur et le plus harmonieux. Dans la bouche des Romains, il prend un accent particulier de noblesse. Il semblerait donc que l'italien classique ne soit que le dialecte toscan, élevé par la culture et par la destinée au rang d'idiome national. Toutefois il est une opinion qui regarde l'italien littéraire comme formé ni-distinctement de tous les dialectes italiens, en conservant de chacun ce qu'il avait de plus parfait. Cette opinion, qui est celle de Dante, a pris récemment un certain crédit en Italie.

V. Accarisio, Grammatica volgare, Bologne, 1536, in-8°; De Mesmes, Grammaire italienne composée en françoys, Paris, 1548, in-8°; Scipio Lentulus, Italicœ grammaticœ præcepta ac ratio, Naples, 1568, in-8°; Nouvelle méthode de MM. de Port-Royal pour apprendre la langue italienne, Paris, 1660; Veneroni, Le maître italien, Amst., 1691; Corticelli, Regole ed osservazioni della lingua toscana ridotta a metodo, Bologne, 1745, in-8°; Soave, Grammatica ragionata della lingua italiana, Parme, 1772, in-8°; Luneau de Boisgermain, Cours-de langue italienne, Paris, 1783, 3 vol. in-8°; Barberi, Grammaire des grammaires italiennes, Paris, 1819, 2 vol. in-8°; Martelli, Grammaire italienne élémentaire, Paris, 1826; les Grammaires de Veneroni, de Biagioli, et de Vergani; Cerutti, Grammatica filosofica della lingua italiana, Rome, 1839; — Accarisio, Vocabolario et ortografia della lingua volgare, Cento, 1543, in-4°; Il Vocabolario degli academici della Crusca, Venise, 1612, in-fol.; Antonini, Dizionario italiano, latino e francese, 1735, 2 vol. in-4°; Alberti di Villanova, Dictionnaire italien-français, Nice, 1778, 2 vol. in-4°; et Dizionario universale, critico, enciclopedico della lingua italiana, Lucques, 1797, 6 vol. in-4°; Barberi, Dictionnaire italien-français, Paris, 1825, 2 vol. in-4°; Bonavilla, Vocabolario etimologico, Milan, 1825, 5 vol.; Tomaseo, Nuovo dizionario dei sinonimi della lingua italiana, Florence, 1830; Morlino de Roujoux, Dictionnaire classique italien-français et français-italien, Paris, 1832, 2 vol. in-8°; Dizionario della lingua italiana, Bologne, 1819-26, 7 vol.; Vocabolario universale italiano, Naples, 1829-40, 2 vol.; — Fr. Alunno, Le richezze della lingua italiana, Venise, 1543, in-fol.; Giambullari, Il Gello, cioè ragionamenti della prima origine della toscana lingua, Florence, 1546, in-4°; Persio, Discorso intorno alla conformità della lingua italiana con la greca, Bologne, 1592, in-8°; Buonmattei, Della lingua toscana libri II, Florence, 1643, in-4°; F. de Diano, Fiume dell' origine della lingua italiana e latina, Venise, 1626, in-8°; Oct. Ferrari, Origines linguœ italicœ, Paris, 1676, in-fol.; Cesarotti, Saggio sopra la lingua italiana, Vicence, 1788, in-8°; Galeani, Dell' uso e de' pregi della lingua italiana, Turin, 1791, 2 vol. in-8°; Tozzelli Mazzoni, Origine della lingua italiana, Bologne, 1831; Romani, Opere sopra la lingua italiana, Milan, 1825, 8 vol. in-8°; Castiglia, Studii sulla lingua italiana, Palerme, 1836. E. B.

ITALIENNE (Littérature). L'histoire de cette littérature peut se diviser en cinq périodes. La 1re, qui s'étend jusqu'au xiv⁰ siècle, comprend le réveil des lettres en Italie après l'invasion des Barbares, et les premiers essais des poètes sous l'influence des modèles provençaux ; la 2⁰ est dominée par trois grands noms, Dante, Pétrarque, et Boccace ; la 3⁰, comprenant la seconde moitié du xv⁰ siècle et tout le xvi⁰, est l'âge de la Renaissance, et renferme ce qu'on appelle le siècle de Léon X ; la 4⁰ se compose du xvii⁰ siècle, pendant lequel l'Italie, malgré sa décadence, agit encore sur les littératures voisines, et du xviii⁰, où elle subit l'influence française ; la 5⁰ est l'âge contemporain.

Première période. — La littérature italienne ne procède

pas *immédiatement* de la littérature latine : les lettres romaines, tombées en décadence dès l'époque des empereurs, allèrent en déclinant jusqu'à Constantin, qui, en délaissant Rome pour Byzance, donna le coup mortel aux lettres et aux arts en Italie. A dater du triomphe de la religion chrétienne sous cet empereur, la littérature ecclésiastique seule fournit des ouvrages remarquables. Mais bientôt l'invasion des Barbares anéantit toute culture morale, et, si elle introduisit un élément nouveau dans le sol épuisé de la vieille Italie, elle ne l'en rendit pas moins pour longtemps stérile. Toutefois, l'état de l'Italie sous les rois goths et lombards ne fut pas aussi affreux qu'on serait tenté de le croire : les vainqueurs prirent quelque chose de la civilisation des peuples conquis, et il *suffit de citer Théodoric* pour prouver que les rois goths tinrent à honneur de protéger les lettres. A l'époque de Charlemagne, l'Italie éta;'. plus civilisée que les autres contrées de l'Europe ; on voit ce prince attirer à sa cour des littérateurs et des artistes italiens, entre autres Théodulfe, *Goth* d'origine, qu'il fit évêque d'Orléans. Sous les successeurs de Charlemagne, les ténèbres vont s'épaississant de plus en plus : les seules études de ces âges reculés sont la jurisprudence et la théologie ; et encore de misérables disputes d'école absorbent-elles le petit nombre d'esprits qui se préoccupent encore de ces sciences. Les mots se substituent aux idées, la subtilité et le sophisme prennent la place de la simplicité des beaux siècles.

Le pontificat de Grégoire VII (1073-1085) vit apparaître les premières lueurs de la renaissance des lettres en Italie. Ce pape donna ordre aux évêques d'entretenir chacun près de son église une école pour l'enseignement des lettres. Dans le même temps, la comtesse Mathilde fondait l'université de Bologne, où l'on se mit à étudier le Code Justinien. Tous les grands hommes de cette époque sont des hommes d'église, et les deux plus célèbres, nés en Italie, passèrent leur vie loin de leur pays ; ce sont : Lanfranc, de Pavie, qui fit de l'abbaye du Bec, en Normandie, une école fameuse, et combattit l'hérésie de Béranger ; et St Anselme d'Aoste, son disciple, comme lui abbé du Bec et archevêque de Cantorbéry. Leur plus grand titre de gloire est l'admiration de leur siècle ; leurs *ouvrages sont oubliés*, comme les disputes théologiques qui y avaient donné lieu. — Le XIIe siècle fit entrer dans la civilisation européenne un élément nouveau : les Croisades établirent des communications entre Constantinople et l'Italie, et les évêques italiens fréquemment envoyés en ambassade dans l'empire d'Orient s'initièrent à la connaissance de la langue et de la littérature des Grecs. Malheureusement, l'Église et l'Italie étaient souvent troublées : la élections des papes amenaient des conflits dont les empereurs d'Allemagne décidaient ; plusieurs antipapes provoquaient des schismes ; Arnaud de Brescia cherchait à établir à Rome une république, que le pape Adrien IV ne renversa qu'avec l'aide de l'empereur Frédéric Barberousse. Pendant ces troubles, les lettres languissaient, et l'Italie ne fournissait d'autre homme célèbre que Pierre Lombard, *le maître des sentences*, qui alla tenir école à Paris. C'était l'époque de la grande autorité d'Aristote. Les lettres se réduisaient à la grammaire et à la dialectique. La querelle des Réalistes et des Nominaux envahissait les écoles. L'italien n'existait pas encore, ou, si une langue vulgaire se parlait communément, elle ne s'écrivait pas. Le latin, déjà passé à l'état de langue morte, était la langue des auteurs, et il avait bien perdu de sa pureté sous leur plume. Ce qu'il y a de plus intéressant à cette époque, ce sont les Chroniques locales, qui abondent, et dont Muratori a fait l'analyse. Pise, Gênes, Milan, avaient leur historien officiel, racontant les événements dont il avait été témoin, avec partialité sans doute, mais avec intérêt.

Mais pendant que la langue italienne s'élaborait lentement et obscurément, il existait déjà dans le midi de la France une langue toute formée et une école de poésie florissante. Les Troubadours, appelés en Italie, ne pouvaient manquer d'y avoir des imitateurs. Le premier Italien signalé comme poëte provençal est Alberto Malaspina, qui florissait à la fin du XIIe siècle. On cite encore Sordello de Mantoue, auquel Dante a consacré, dans le *Purgatoire*, quelques-uns de ses plus beaux vers ; Lanfranco Cicala de Gênes, Bartolomeo Zorri de Venise, Lambertini de Bologne, Lanfranchi de Pise, etc. — Mais l'influence des Troubadours ne produisit pas seulement des poëtes provençaux en Italie, elle fit naître les premiers poëtes italiens qui se servirent de la langue de leur pays. A partir de l'année 1220, Frédéric II tint en Sicile une

cour brillante, où l'on cultiva la poésie nationale, et cette école fut si célèbre, qu'au dire de Dante on donnait de son temps à tout ouvrage en vers le nom de *Sicilien*. Entre autres poëtes, l'école sicilienne compta Ciullo d'Alcamo, Frédéric II lui-même, son chancelier Pierre des Vignes, Jacopo da Lentino, les deux Colonna (Guido et Odo), Ranieri et Ruggiere de Palerme. De 1250 à 1270, il se forma à Bologne une nouvelle école de poésie, dont le chef fut Guido Guinicelli. Quand on compare les œuvres de cet auteur à celles de ses devanciers, on y trouve plus de suite et plus d'art dans l'ensemble, plus d'imagination et de traits ingénieux dans les détails, plus d'élévation de sentiments et d'idées, une langue plus souple, plus polie, plus originale ; mais, à peu d'exceptions près, les pièces de Guido sont aussi dans le goût et le système provençal ; elles roulent sur l'amour chevaleresque. A l'école de Bologne appartient aussi Guidotto, remarquable par une exquise sensibilité. Puis fleurirent en Toscane ou dans les pays voisins un assez grand nombre de poëtes qui l'avaient, à ce qu'il semble, reconnu pour leur maître : le plus célèbre fut Guittone d'Arezzo, qui composa non-seulement des *canzone*, mais des Lettres en prose remarquables par l'énergie et la chaleur du sentiment. Citons encore le franciscain Jacopo da Todi, Buonagiunta de Lucques, Guido Lapo de Mantoue, Folcalchiero de Sienne, et, à Florence, Ugolino Ubaldini et Dante da Majano. Vint ensuite Brunetto Latini, le maître de Dante, qui fit quelques vers amoureux, parce qu'il fallait en faire pour être réputé un homme bien né et de belles manières ; mais il n'y avait en lui rien de bien poétique. La science, la philosophie et la littérature ancienne furent ce qu'il cultiva de préférence. Il traduisit, dit-on, en italien la *Rhétorique* et divers fragments des harangues de Cicéron, et répandit de la sorte des principes de goût et de composition littéraire plus généraux et plus relevés que ceux qui avaient jusque-là dominé. Le principal ouvrage de Brunetto, intitulé *le Trésor*, est le résumé de toute la science de son temps, qu'il avait recueillie dans de nombreux voyages. Par le double effet des préceptes et des exemples de Brunetto Latini, la tendance vers les études et les spéculations philosophiques se fortifia ; elle se fit sentir jusque dans la nouvelle école de poésie qui venait de se former à Florence, et où l'on se piqua moins d'exprimer l'amour que de le définir subtilement dans le sens des opinions d'Aristote. Guido Cavalcanti, le poëte de cette école qui, grâce aux éloges de Dante, en est généralement regardé comme le chef, est du moins celui qui en représente le mieux le côté savant, abstrait, philosophique : il composa des ballades et des canzones, où il introduisit assez mal à propos ses dissertations philosophiques et ses souvenirs de l'antiquité.

Deuxième période. — Dante inaugure magnifiquement une civilisation nouvelle. Outre le poëme épique par lequel il est surtout connu (*V.* Divine comédie), il a laissé d'autres ouvrages importants. Le premier est la *Vita nuova* (Vie nouvelle), qu'il écrivit en 1291, à l'âge de 21 ans. Il y réunit toutes les pièces de poésie qu'il avait faites pour Béatrix, morte depuis un ou deux ans, et les lia entre elles par un commentaire historique ou psychologique, dans lequel entra tout ce que sa mémoire lui rappelait des motifs qui l'avaient porté à composer ces poésies, et des impressions au milieu desquelles il les avait écrites. — Le traité latin *De Eloquio vulgari* (De la langue et de l'éloquence vulgaire) est divisé en deux parties. La première est consacrée à l'histoire des dialectes italiens. Dante les classe avec méthode, et de manière à rattacher leurs rapports intrinsèques à leur position géographique ; il donne de plusieurs des échantillons curieux. Selon lui, le dialecte dans lequel écrivaient les poëtes du XIIIe siècle n'est le dialecte particulier d'aucune des provinces ni des villes de l'Italie, mais un dialecte de cour, un dialecte idéal, modèle, formé indistinctement de ce qu'il y avait de plus parfait dans les dialectes locaux, et il lui donne le nom de dialecte *cardinal* ou *illustre*. Dans la deuxième partie du Traité de l'éloquence vulgaire, Dante a posé les principes d'une théorie de la poésie. Après avoir parlé de la poésie en général, il traite de sa forme, et de ses divers styles, qui sont *le tragique, le comique* et *l'élégiaque*, mais il prend ces termes dans un sens tout différent de leur sens classique et convenu. Par tragique, il entend le style noble et élevé ; par comique, le style bas et médiocre ; par élégiaque, le style bas à l'exclusion de tout autre. Il n'entre dans aucune explication particulière relativement aux styles élégiaque et comique ; quant au tragique, il ne trouve que trois sujets auxquels il convienne, la bravoure guerrière, l'amour, la vertu. — Un troisième ouvrage de Dante, *le Banquet* (*Il convito*), est un commentaire scientifique et philosophique de 14 canzones des plus belles qu'il eût faites jusqu'alors. Enfin on a de lui un traité latin *De monarchiâ*, écrit pour soutenir le parti de l'empereur Henri VII. Dans cet ouvrage divisé en trois livres, Dante examine : 1° si la monarchie universelle est nécessaire au bonheur du monde ; 2° si le peuple romain avait eu le droit d'exercer cette monarchie ; 3° si l'autorité du monarque dépend de Dieu ou d'un autre, ministre ou vicaire de Dieu. Il résout affirmativement les deux premières *questions* ; il s'attache, surtout dans la 3ᵉ partie, à démontrer que l'empereur est indépendant du pouvoir du pape, soutient que les souverains dépendent directement de Dieu, et tend à ne reconnaître l'autorité du pape qu'en matière spirituelle.

La renommée de Dante domine son siècle; mais ce serait une injustice que de ne pas noter le mouvement littéraire qui se produisait en même temps. C'était l'époque où Robert d'Anjou, roi de Naples et comte de Provence, protégeait les savants et même avait la noble émulation de les égaler. La plupart des princes de l'Italie, et, à leur exemple, les riches citoyens, se faisaient une gloire de protéger les écrivains et les artistes, à qui l'on ne donna peut-être jamais plus d'encouragements et d'honneurs. Les Universités de Bologne et de Padoue contribuèrent à propager et à étendre le goût des lettres en Italie : leurs professeurs étaient, pour la plupart, des hommes de grand talent, tels que Pierre d'Albano et Cecco d'Ascoli. Cino da Pistoia, professeur de jurisprudence, était également connu comme poëte, et Pétrarque lui fit l'honneur de l'imiter. Giovanni d'Andrea, de Bologne, était un canoniste célèbre, et sa fille Novella était assez savante pour le suppléer souvent. L'Histoire, genre dans lequel les Italiens se sont le plus distingués, commençait à avoir des interprètes, qui font autorité pour la langue et pour les faits. Dino Compagni, florentin, écrivit une *Chronique* qui s'étend de 1280 à 1312. Jean Villani rédigea aussi, mais avec plus d'étendue et de talent, avec une sorte de dignité, quoique dans un style naïf et simple, une Histoire de Florence depuis sa fondation jusqu'à l'an 1348, ouvrage que Matteo Villani, son frère, et Philippe, fils de Matteo, continuèrent jusqu'à l'an 1364, et qui est rangé parmi les classiques italiens. Venise eut aussi son historien, le doge André Dandolo, dont le livre, écrit en latin, comprend depuis les premières années de l'ère chrétienne jusqu'à l'an 1342. Albertino Mussato, de Padoue, fut historien et poëte. Il a laissé une histoire sous le titre d'*Augusta*, parce qu'elle contient en 16 livres la vie de l'empereur Henri VII. Dans 8 autres livres, il raconte les événements qui suivirent la mort de ce prince, jusqu'en 1317; 3 livres en vers héroïques ont pour sujet le siége de Padoue par Can Grande de la Scala, et, dans un dernier livre en prose, Mussato décrit les troubles qui déchirèrent cette ville et la firent passer sous la domination des seigneurs de Vérone. Les poésies de Mussato, épîtres, élégies, églogues, sont en latin, d'un style abondant et facile. Il composa aussi deux tragédies latines, les premières qui aient été écrites en Italie : l'une, *Eccerinus*, dont le fameux Ezzelino est le héros ; l'autre, *Achilles*, qui a pour sujet la mort d'Achille.

Pétrarque partage avec Dante l'honneur d'avoir formé la poésie italienne. Ses œuvres latines, sur lesquelles il fondait tout l'espoir de sa renommée, et qu'on a complétement oubliées, ne sont pas sans mérite : il sentit, le premier, qu'il fallait oublier le langage barbare de l'école, et remonter à Cicéron et à Virgile. Ce furent les deux modèles qu'il se proposa dans sa douce et pure latinité. Les principaux de ces ouvrages sont : un *Traité de l'une et de l'autre fortune*, où il a développé l'idée philosophique, qu'il est souvent plus difficile de soutenir la bonne que la mauvaise fortune; des Traités *De la vie solitaire*, et *Sur le loisir des religieux*; un Traité *Du mépris du monde*, en forme de dialogue entre l'auteur et Sᵗ Augustin ; un écrit singulièrement original, intitulé : *De sa propre ignorance et de celle de beaucoup d'autres*, en réponse à des jeunes gens qui l'avaient traité d'ignorant parce qu'il ne partageait pas leur exclusive admiration pour Aristote ; un poëme inachevé, *l'Afrique*, en l'honneur de Scipion l'Africain ; douze églogues, dont quelques-unes sont de vraies satires contre les papes et les abus de l'Église ; une Correspondance avec tous les grands hommes d'alors, où l'on retrouve l'histoire politique et littéraire de l'époque. — Le *Canzoniere*, recueil de poésies en langue vulgaire, et que pour cette raison Pé-

trarque regardait presque comme une erreur de son génie, est cependant ce qui a fait de lui un des premiers poëtes de l'Italie. Un seul objet remplit cette suite de petits poëmes, la passion toute platonique de Pétrarque pour Laure de Sades, dame vertueuse autant que belle ; mais la monotonie du sujet est rachetée par le coloris de l'imagination et la magie du style. La rudesse sublime de Dante n'existe plus; tout est châtié, élégant, correct ; la langue poétique vulgaire est fixée en Italie, et restera ce que l'a faite Pétrarque.

Boccace fut pour la prose ce que Dante et Pétrarque furent pour la poésie; ses écrits sont le type du langage correct et élégant; son style pittoresque et gracieux, libre dans ses allures, mais toujours châtié dans ses termes, est demeuré le modèle des prosateurs italiens. L'œuvre principale de Boccace, le *Décaméron*, a été appréciée ailleurs (*V.* DÉCAMÉRON). Parmi ses ouvrages latins, nous citerons : un *Traité de la généalogie des Dieux*, où il a réuni tout ce que ses études lui avaient appris sur le système mythologique des Anciens; un petit Traité sur les montagnes, les forêts, les fontaines, les lacs, les fleuves, les étangs et les différents noms de la mer, lequel put être alors très-utile pour l'étude de la géographie ancienne, dont les notions étaient aussi confuses que celles de la mythologie ; un *Traité des infortunes des hommes et des femmes illustres* ; un livre *Des femmes célèbres*; 16 églogues, roulant presque toutes sur des faits qui lui sont particuliers ou des traits de l'histoire de son temps, ce qui, joint à la dureté et à l'obscurité du style, les rend souvent difficiles à entendre. Boccace avait composé des sonnets et des poésies amoureuses en langue vulgaire : il les brûla quand il connut les vers de Pétrarque, mais il conserva les grands poëmes; il en retira la gloire d'avoir inventé l'*ottava rima*, forme poétique si heureuse, qu'un seul poëte excepté (le Trissin), elle fut ensuite adoptée par tous les épiques italiens. La *Théséide* fut le premier poëme où, renonçant aux fictions et aux songes, qui étaient devenus comme un cadre universel, Boccace, à l'exemple des anciens poëtes, imagina une action bien tissue et intéressante. Le *Filostrato*, poëme en dix parties, a pour sujet l'amour de Troïle, fils de Priam, pour Chryséis, la trahison de celle-ci et le désespoir de l'amant trompé; l'Académie de la Crusca a mis ce poëme au nombre des ouvrages qui font autorité pour la langue italienne. Le *Ninfale fiesolano* est un petit poëme sans division de chants, où sont racontées les amours du berger Africo et de la nymphe Mensola. L'*Amorosa visione*, selon l'usage alors très-commun, est écrite en tercets, et forme un grand acrostiche : en prenant la première lettre du 1ᵉʳ vers de chaque tercet, depuis le commencement jusqu'à la fin, on en compose deux sonnets et une canzone, en vers très-réguliers, que le poëte adresse à sa maîtresse, et dans lesquels se trouvent cachés leurs deux noms, *Madama Maria* et *Giovanni di Boccacio da Certaldo;* Boccace avait pris cette singulière idée aux Provençaux. Le *Filocopo* paraît être son premier ouvrage en prose italienne ; c'est un roman de chevalerie avec toutes les aventures et les invraisemblances d'usage. La *Fiammetta*, autre roman divisé en 7 livres, est d'un style plus naturel ; l'héroïne, qui n'est autre que la princesse Marie de Naples, y raconte ses amours avec Pamphile, qui représente Boccace. Le *Corbaccio* ou *Laberinto d'amore* est une satire violente et souvent cynique contre une veuve dont Boccace était devenu amoureux, et dont il avait été dédaigné. Citons enfin l'*Ameto* ou *Admète*, pastorale mêlée de prose et de vers, premier essai d'une invention nouvelle, et l'*Urbano*, court roman dont l'empereur Frédéric Barberousse est le héros. — L'habitude d'écrire des romans fit qu'en composant son *Origine, vita e costumi di Dante Alighieri*, Boccace en fit plutôt un roman qu'une histoire : il passe légèrement sur les actions, les infortunes et les ouvrages du grand homme, et parle fort au long de ses amours. Les leçons que Boccace donna dans ses dernières années sur la *Divine comédie* sont beaucoup plus estimées; imprimées seulement en 1724, elles ne s'étendent que jusqu'au 17ᵉ chant de l'*Enfer;* c'est le premier modèle italien de la prose didactique.

La seconde moitié du XIVᵉ siècle se ressentit de l'impulsion donnée par Dante, Pétrarque et Boccace; ce fut une époque de grande activité intellectuelle. Les Universités fournissaient des hommes remarquables dans toutes les branches du savoir. Louis Marsigli, Louis Donato et beaucoup d'autres occupaient avec honneur les chaires de théologie. L'astrologie, science chimérique, mais chère au moyen âge, était cultivée par Andolone del Nero, Génois, et par Thomas de Pisan, que sa renommée fit appeler en France par.Charles V, et dont le plus beau titre est d'être le père de notre Christine de Pisan. Paul le géomètre ne se borna pas, comme l'indique son surnom, aux vaines recherches de l'astrologie. Pierre Crescenzio écrivit sur l'agriculture. La jurisprudence, cultivée de tout temps avec succès dans l'Université de Bologne, reçut un nouveau lustre des ouvrages et de l'enseignement de Bartole, auteur des Traités *Des Guelfes et des Gibelins*, *De l'administration de la république*, *De la tyrannie*, etc., et dont Balde, son élève, partagea la réputation. Pierre Villani écrivit les *Vies* des hommes illustres de Florence, et eut la gloire d'être choisi en 1401 pour remplacer Boccace dans l'interprétation de la *Divine comédie*, que commentait vers le même temps Benvenuto da Imola, auteur d'une *Histoire des Empereurs*. Marino Sanuto, noble Vénitien, écrivit une relation remarquable de ses voyages en Orient. — Pétrarque se plaignait d'avoir créé une foule de poètes qui l'accablaient de leurs poésies latines : l'exemple d'un grand poète et le goût du temps avaient causé cette épidémie. Un poëte aujourd'hui oublié, Zanoli da Strada, n'en obtint pas moins les honneurs du triomphe. Landino, poëte et musicien, laissa des poésies latines qui égalent celles de Pétrarque. Enfin Coluccio Salutato écrivit en vers et en prose, et ses contemporains le comparent à Cicéron et à Virgile. Le nombre des versificateurs en langue vulgaire était encore plus grand, et parmi eux on compte des femmes : Ste Catherine de Sienne est restée célèbre par la pureté et la vivacité de son style, et fait autorité pour la langue. Federigo Frezzi voulut imiter, dans son *Quadrirepio* ou *Quadrirregno*, la *Divine Comédie* de Dante ; Fazio degli Uberti fut moins heureux encore dans le *Ditia Mondo* (*Dicta Mundi*). Buonacorso de Montemagno égala presque Pétrarque dans ses poésies, et ce même poëte eut encore pour imitateurs Antonio da Ferrara, Francesco degli Albizzi, Sennuccio del-Bene, Zenone de' Zenoni. Franco Sacchetti fut en même temps poëte et prosateur : il a laissé des Nouvelles dans le genre du *Décaméron*, moins l'immoralité. En 1378 parut un autre recueil de contes supérieurs à ceux de Sacchetti, et que l'on peut placer à côté de ceux de Boccace : c'est *Il Pecorone* (la Pécore) ; l'auteur est Giovanni Florentino.·De ce recueil, connu dans toute l'Europe du moyen âge, Shakspeare a tiré plusieurs détails de ses ouvrages, en particulier l'histoire du *Marchand de Venise*. On a enfin d'Antonio Pucci un *capitolo* satirique (*V.* CAPITOLO) sur Florence, où, prenant tour à tour le style comique et le style grave, il signale les abus de son temps avec force et avec esprit.

Troisième période. — Nous voici arrivés au siècle de l'érudition. Encouragés par des princes qui, pour la plupart, cultivaient eux-mêmes les lettres, surtout par les Médicis, les savants entreprirent de faire revivre l'antiquité : les manuscrits des anciens furent découverts ; ceux que l'on avait déjà furent expliqués. La plupart des grands hommes qui ont illustré cette période sortirent des écoles de célèbres grammairiens, Jean de Ravenne et le savant grec Emmanuel Chrysoloras. Guarino de Vérone, élève de Jean de Ravenne, se rendit à Constantinople uniquement pour apprendre le grec à l'école de Chrysoloras. De retour de ses voyages, où il avait recueilli des manuscrits précieux, il professa à Vérone, à Padoue, à Bologne, à Venise et à Ferrare. Ses principaux ouvrages sont des traductions latines de plusieurs *Vies* et de quelques *OEuvres morales* de Plutarque, et surtout de la *Géographie* de Strabon. Il écrivit aussi la vie d'Aristote, celle de Platon, et composa une grammaire grecque et une grammaire latine. Son meilleur titre de gloire est d'avoir découvert les poésies de Catulle. — Jean Aurispa professa aussi dans les principales villes d'Italie, alla à Constantinople étudier le grec, en rapporta les poésies de Callimaque, de Pindare, d'Oppien, les œuvres de Platon, de Plotin, de Xénophon, etc., les expliqua et en multiplia les copies. — Ambrogio le Camaldule ne professa point, mais, par ses relations, ses correspondances et ses travaux, il entretint le goût des bonnes études, que de célèbres professeurs, ses amis, répandaient par leurs leçons. — Leonardo Bruni, élève de Jean de Ravenne, secrétaire apostolique, et plus tard chancelier de la république de Florence, a laissé un grand nombre de traductions grecques et des Pères de l'Église, et une *Histoire de Florence*, depuis l'origine de cette ville jusqu'à l'an 1404. Il a aussi écrit des *Mémoires* ou *Commentaires* sur les événements pu-

blics de son temps, et les biographies de Dante et de Pétrarque, toutes deux en italien. — Poggio Bracciolino, connu en France sous le nom du *Pogge*, principalement comme auteur d'un recueil de bons mots et de facéties licencieuses, fut un personnage très-grave, d'une grande autorité dans les lettres, et l'un de ceux qui leur rendirent à cette époque les services les plus signalés. Il retrouva un grand nombre de manuscrits dans les monastères de France et d'Allemagne, entre autres Quintilien, Vitruve, un ouvrage de Lactance, et quelques Discours de Cicéron. Il a composé plusieurs traités philosophiques remarquables, *Du malheur des princes*, *Des vicissitudes de la Fortune*, *De l'hypocrisie* ; un dialogue *Sur le malheur de la destinée humaine* ; une *Histoire de Florence*, depuis 1350 jusqu'en 1455. Poggio eut de grandes querelles avec les érudits contemporains : le plus célèbre de ses adversaires fut Filelfo, qui étudia à Constantinople, professa à Bologne et à Florence, laissa des traductions latines de la *Rhétorique* d'Aristote, de deux traités d'Hippocrate, de plusieurs *Vies* de Plutarque, de la *Cyropédie* de Xénophon, et composa plusieurs traités philosophiques, des Dialogues sur le modèle du *Banquet* de Platon, des poésies latines qui lui valurent la couronne poétique des mains du roi de Naples, des satires et des épîtres curieuses pour l'histoire de son siècle. — Laurent Valla succéda à Filelfo dans la réputation du plus savant professeur de son temps. On a de lui une Histoire de Ferdinand d'Aragon et quelques traités de linguistique.

Le XVe siècle vit le commencement de cette émigration des Grecs en Italie, qui contribua si puissamment à la renaissance des lettres. Mais si ils mirent à la mode la science, ils inaugurèrent aussi ces disputes souvent oiseuses qui passionnaient les esprits. Ce fut le temps des querelles sur Aristote et Platon. Deux Grecs, nommés tous deux Georges de Trébizonde, écrivirent l'un pour, l'autre contre Platon. Après eux, le cardinal Bessarion prit parti pour Platon, et le Grec Théodore Gaza de Thessalonique pour Aristote. Cosme de Médicis fonda à Florence une *Académie platonicienne*, consacrée à l'explication et à l'étude du philosophe dont elle portait le nom. Les principaux membres furent : Marsile Ficin, qui écrivait à 23 ans ses quatre livres des *Institutions platoniciennes*, traduisit Platon, et l'expliqua publiquement ; Pic de La Mirandole, le type de l'étude et du savoir précoces, beau génie fourvoyé par les subtilités de l'école, auteur d'une thèse *De omni re scibili*, qui est un prodige de talent mal employé, et d'un livre intitulé *Heptaple*, où la *Genèse* est expliquée par les allégories de Platon ; Christophe Landino, qui fut le maître de Laurent de Médicis.

On ne se borna pas dans ce siècle d'érudition à la recherche des anciens, à l'étude de leurs langues, à l'interprétation de leurs chefs-d'œuvre ; on y joignit la recherche des antiquités, des médailles, des monuments de toute sorte ; on en formait des collections, on expliquait les inscriptions, on s'en servait pour l'intelligence des auteurs, qui aidaient à leur tour à expliquer les monuments. L'un des premiers qui employa cette méthode fut Flavio Biondo ; dans deux ouvrages de *Rome renouvelée* et *Rome triomphante*, écrits en latin, il montra une érudition prodigieuse pour le temps. Pomponius Leto ou Lœtus explora les antiquités de Rome avec succès ; il a laissé divers traités sur les lois et les mœurs des anciens Romains, et une histoire des empereurs. — Son ami Platina fut surtout connu par une *Histoire des Papes*, écrite avec élégance et impartialité. — Mais le plus célèbre historien de ce temps fut Æneas Sylvius Piccolomini, qui devint pape sous le nom de Pie II. Il a écrit des *Commentaires* en 12 livres sur les événements arrivés de son temps en Italie, divers opuscules philosophiques, des traités de grammaire et de philologie.

La littérature italienne est très-riche en historiens ; le morcellement du territoire a pu favoriser ces histoires particulières. Au XVe siècle, Sambellico et Bernardo Giustiniani écrivirent l'histoire de Venise ; Vergerio, celle des princes de Carrare ; Jean Simonetta, celle de François Sforza ; Bernardino Corio, celle de Milan ; Giorgio Stella, celle de Gênes. Il n'y eut pas de petit prince qui n'eût son historiographe, le plus souvent partial, parce qu'il était dépendant. La plupart de ces ouvrages étaient écrits en latin. Cependant Pandolfo Collenuccio écrivit l'histoire de Naples en langue italienne.

Le débordement des poëtes latins fut encore plus fort· que dans le siècle précédent. Il est inutile de faire l'énumération de compositions presque toutes sans talent, et complétement oubliées. C'est aussi dans ce siècle qu'apparaissent les improvisateurs : plusieurs excitèrent l'admiration de leurs contemporains; mais il en est des improvisateurs comme des grands acteurs, ils meurent tout entiers, laissant à peine un nom. On cultivait la poésie latine avec plus de succès à Naples que dans le reste de l'Italie : Pontano fit des vers aussi semblables pour l'élégance et la grâce à ceux du siècle d'Auguste qu'il était, possible à des modernes de le faire; Beccadelli, surnommé Palermita (de Palerme), a laissé des tragédies, des élégies et autres poésies latines remarquables, mais d'une liberté par trop antique.

La poésie italienne n'était pourtant pas abandonnée. L'exemple de Laurent de Médicis devait stimuler les poëtes : ce prince a laissé des canzones, des églogues, des poésies morales, remarquables par l'élégance du style et la force des pensées; le premier il écrivit pour le peuple : on a de lui des cantiques, un *Mystère de St Jean et St Paul*, qu'il fit représenter au mariage d'un de ses enfants, enfin des chansons restées populaires, pleines d'esprit et de gaieté. — Auprès de lui se place Politien, savant universel, philosophe pour obéir au goût de son temps, mais poëte par nature. Dès l'âge de 15 ans, il publia des épîtres et des épigrammes. Il célébra Julien de Médicis dans un poëme qu'il dédia à Laurent, composa des chants populaires ou *canzoni a ballo*, d'un tour spirituel et élégant, reprit et perfectionna l'*ottava rima*, inventée par Boccace, et donna, dans la *Favola di Orfeo*, le modèle de la première composition dramatique moderne. — Sannazar exprima ses sentiments patriotiques dans des sonnets harmonieux. Sa pastorale de l'*Arcadie*, malgré la pauvreté du sujet, eut, dans le XVIᵉ siècle seulement, 60 éditions. — Les autres poëtes italiens de l'époque sont restés bien au-dessous des précédents. Giusto da Conti imita servilement Pétrarque dans des canzones qui ont presque toutes pour sujet la belle main de sa dame. Burchiello, poëte populaire, écrivit des poésies presque toujours incohérentes, mais qui ne manquent ni de verve, ni d'originalité. Les trois frères Pulci, Bernardo, Lucca et Luigi, écrivirent des élégies, des églogues et des poëmes en l'honneur de Julien et de Laurent de Médicis. Serafino Aquilano fut le plus célèbre de tous ces poëtes : on l'égalait à Pétrarque; mais sa réputation ne lui survécut que d'un siècle. Il est juste aussi de tirer de la foule Matteo Palmieri, dont la *Città di Vità* est un dernier écho de la poésie de Dante, Feo Belcari, Francesco Cei, et enfin Girolamo Benivieni; il y a dans ses poésies une clarté, un naturel et une pureté de goût, qui semblent les qualités distinctives de l'école de Florence.

Les femmes ne restèrent pas en arrière de le mouvement littéraire de ce siècle. On en vit un grand nombre écrire des vers agréables, soit en langue vulgaire, soit en latin et même en grec, haranguer en latin, comme la jeune Hippolyte Sforce, le pape Pie II, ou, comme Cassandra Fedele, se distinguer dans l'étude des belles-lettres et de la philosophie, discuter contre les plus savants, et mériter les éloges de Politien.

Le XVIᵉ siècle est la grande époque de la littérature italienne. Les érudits du XVᵉ avaient préparé des matériaux immenses à la génération suivante, et les héritiers se trouvèrent dignes de recueillir la succession de leurs devanciers. L'épopée chevaleresque, qui a fourni plusieurs chefs-d'œuvre, s'est inspirée de la Chronique de Charlemagne et des douze pairs, attribuée à l'archevêque Turpin. Mais, tout en se servant du nom de Turpin pour faire passer bien des histoires incroyables, chaque auteur introduit sans scrupule les inventions et les caractères que son imagination lui fournit. La famille de Charlemagne se modifie au gré de chacun, et presque toujours le naïf auteur trouve moyen de rattacher au grand empereur la famille du petit prince italien qui le protège. Tous ces poëmes ont un air de famille par l'incohérence dans le style, la profusion des détails et les mêmes formules : l'auteur commence chaque chant par une prière, et la finit en interpellant ses auditeurs, ou plus souvent en vue de provoquer leur générosité. Il serait donc inutile de s'arrêter à des compositions comme *Buevo d'Antona*, *I reali di Francia*, l'*Ancroïa*, la *Spagna*, etc., qui n'ont guère fait que fournir l'idée de poëmes restés célèbres. Le premier qui mérite une mention particulière est celui de Pulci, intitulé *Morgante le Grand* (*V. ce mot*). Puis, un poëte connu sous le nom de l'*Aveugle de Ferrare*, mais dont le nom de famille était Bello, tira aussi des vieux romans carlovingiens un sujet qu'il traita d'une manière originale, et sans s'astreindre, comme le Pulci, à toutes les formes établies par les romanciers populaires. Son poëme, intitulé *Mambriano*, a pour héros Mambrin, roi de Bithynie, qui, dans le but de venger la mort de son oncle, part

pour aller défier Renaud de Montauban, fait naufrage dans l'île de la fée Canradine, et assiége Montauban, défendu par les quatre fils Aymon et leur sœur Bradamante. Ce poëme n'a pas été achevé. Vinrent ensuite le *Roland amoureux* (*V. ce mot*) du comte Bojardo, refait plus tard par le Berni, et le *Roland furieux* (*V. ce mot*) de l'Arioste, inimitable modèle de l'épopée héroï-comique. — Louis Dolce composa cinq ou six romans épiques, dont le plus connu a pour sujet l'enfance de Roland et ses premiers exploits; quelques incidents de ce poëme ne manquent pas d'agrément. — Citons encore l'*Angélique amoureuse* de Vicenzo Brusantini, et la tentative médiocrement heureuse d'une femme, Tullie Aragon, qui écrivit *Il Meschino o il Guerino*, dans la louable intention de remplacer par un ouvrage honnête les productions généralement immorales de ses devanciers.

Après les poëmes de Charlemagne et des douze pairs, vinrent ceux tirés de sujets antiques, surtout de l'*Iliade* et de l'*Odyssée*. Tels sont la *Destruction de Troie*, l'*Achille*, l'*Enea* et l'*Ulysse* de Dolce, toutes froides imitations d'Homère. Il y eut aussi des romans de la Table ronde, *Lancelot du Lac*, *Tristan de Léonois*, connus de très-bonne heure en Italie par des traductions en prose de nos vieux romans français. Le plus célèbre des romans de cette famille fut *Giron le Courtois*, dont l'auteur, Luigi Alamanni, reçut le sujet de François Iᵉʳ, et qui est conduit avec art. Le même auteur a laissé une *Avarchide* (le siége de Bourges, en latin *Avaricum*), calquée sur l'*Iliade*. On a du Trissin une *Italie délivrée des Goths*. Bernardo Tasso, père du Tasse, envoyé en Espagne en 1535 par Ferrante Sanseverino, prince de Salerne, y connut l'*Amadis de Gaule* de Montalvo, et composa sur les principaux épisodes de ce roman un poëme d'*Amadigi di Francia* : c'est une imitation libre de l'original, sans autre modification importante que l'addition de deux personnages, Alidor, frère d'Oriane, et Mirinda, sœur d'Amadis; mais le style est très-soigné, la versification pure, noble et agréable. Aussi ce poëme occupe-t-il le second rang de l'épopée romanesque en Italie; il ne le cède qu'au *Roland furieux*.

Nous n'avons à parler ici que des moindres ouvrages de Torquato Tasso, dit le Tasse, les articles particuliers étant consacrés à la *Jérusalem délivrée* et à l'*Aminte*. Le Tasse composa à 18 ans un poëme épique en 12 chants, dont le héros est *Renaud*, fils d'Aymon et cousin de Roland; son amour pour la belle Clarisse, ses premiers faits d'armes entrepris pour l'obtenir, les obstacles qui les séparent, et enfin leur union, en sont le sujet, le nœud et le dénoûment; ce poëme est peu lu, et mérite peu de l'être. Le Tasse, vers la fin de sa vie, refondit la *Jérusalem délivrée* dans un second poëme, *Jérusalem conquise*, qu'il préféra au premier, jugement que les gens de goût n'ont pas ratifié. Vers la même époque, son esprit étant de plus en plus tourné aux idées religieuses, il écrivit *les Sept journées*, poëme sur la création du monde; il en prit peut-être l'idée dans un poëme français pompeusement ridicule, *la Semaine*, de Du Bartas; c'est une œuvre inachevée, où se trouvent néanmoins des morceaux d'une grande beauté.

La gloire du Tasse éclipsa celle de tous les autres poëtes de son temps; lui seul fit l'éloge de l'*Amant fidèle* de Curzio Gonzaga; les contemporains n'y prirent pas garde. Le *Nouveau Monde* de Giorgini, la *Maltéide* de Fratta, la *Jérusalem détruite* de Potenzano, l'*Angeleida* de Valvasone, n'ont pas vécu plus longtemps. Les *Larmes de St Pierre* par Tansillo eurent un plus grand succès. Le temps de l'épopée chevaleresque était passé, et, comme toujours, après le sérieux vint la parodie. Par une tendance déplorable du caractère italien, on vit de toutes parts paraître des railleries de la valeur guerrière. Merlin Coccajo, pseudonyme de Teofilo Folengo, inventa le *style macaronique*, mélange burlesque de latin et d'italien, et écrivit dans ce style l'*Orlandino*, poëme extravagant, où, donnant un libre essor à son caprice, il a su exprimer d'une manière vive et pittoresque toutes les folies de son cerveau. — Antonio Grazzini, plus connu sous le nom de Lasca, écrivit des poésies badines, et fut le premier fondateur de l'Académie de la Crusca. Il composa aussi un petit poëme intitulé : *la Guerra de' Mostri*. On lui attribue un autre ouvrage du même genre, *la Nanea*, composé pour se moquer d'un poëme de Benedetto Arrighi, intitulé : *Gigantea* ou Guerre des Géants. Ces inventions, la plupart plus grotesques que spirituelles, ne laissèrent pas d'obtenir une renommée durable. — L'épopée héroï-comique fut créée par Tassoni, dont le poëme, *la Secchia rapita*, raconte une guerre des habitants de Modène et de Bologne au sujet d'un seau de bois. Lalli travestit l'*Enéide*, et Bracciolini persifla les dieux du paganisme.

L'art dramatique se forma en Italie plus tôt que dans les autres pays de l'Europe. Dès le xive siècle, lorsque nous en étions encore aux *Mystères* et aux *Confrères de la Passion*, les Italiens avaient des tragédies régulières. Au xve on citait la *Catinia* de Polentone, l'*Amphitryon* et le *Joseph* de Collenuccio. Au xvie, les représentations dramatiques formèrent le principal divertissement de toutes les cours, sans en excepter celle de Rome. Léon X fit représenter à ses frais la tragédie de *Sophonisbe* que le Trissin lui avait dédiée. Ce poëte se distingua par une imitation servile du théâtre grec; ceux qui vinrent après lui l'imitèrent à leur tour. On lui doit d'avoir affranchi le théâtre italien du joug de la rime : les vers libres qu'il employa étaient cependant mêlés avec quelques vers rimés. *Sophonisbe* marque un progrès sensible dans la tragédie italienne; et dénote un grand talent; aussi le succès de cette pièce fut-il général, non-seulement en Italie, mais en France, où elle fut plusieurs fois traduite. — L'exemple du Trissin fut promptement suivi par le Florentin Ruccellai : pour sa première pièce, intitulée : *Rosemonde*, il choisit un sujet historique, et le disposa à la manière des Grecs, employant les chœurs, et les vers libres pour le dialogue. Son *Oreste* n'est autre chose que l'*Iphigénie en Tauride*, imitée et même le plus souvent traduite d'Euripide. — Martelli, auteur de *Tullia*, prit son sujet dans Tito-Live : malgré le caractère odieux de l'héroïne et les défauts de la pièce, les Italiens accordent à la *Tullia* un des premiers rangs parmi les tragédies qui signalèrent chez eux la renaissance de l'art. — Alamanni, qui figure déjà dans l'épopée, se distingua aussi dans la tragédie; mais il se contenta de faire passer dans sa langue les beautés de l'*Antigone* de Sophocle. — Nous ne parlerons que pour mémoire des neuf tragédies de Giraldi Cinthio, de celles de Louis Dolce, et même de la *Canace* de Sperone Speroni. Le Tasse composa à deux reprises différentes une tragédie de *Torismond*, pièce toute d'invention et mise à la mode par Giraldi. Les Italiens la comptent au nombre des plus belles du xvie siècle : on y remarque de nombreuses imitations de l'*OEdipe roi* de Sophocle. Ce chef-d'œuvre grec fut traduit quelque temps après avec talent par Anguillara. Citons aussi comme sujets empruntés à l'antiquité celui de *Mérope*, traité pour la première fois par le prince Torelli. Nous finirons cette nomenclature par une pièce où se trouve un singulier contraste entre l'auteur et le sujet, l'*Horace* de Pierre Arétin. Ce poëte, qui ajoutait sa propre licence aux sujets les plus licencieux, traita dans toute son austérité ce grand sujet; il fut aussi fidèle à l'histoire qu'il est possible de l'être en la transportant sur le théâtre; et, dans ce qu'il ajouta au récit de Tite-Live, il fit voir beaucoup de connaissance des usages civils et religieux de l'ancienne Rome.

La comédie n'avait existé en Italie, avant le xvie siècle, qu'à l'état de farce ou de pantomime. A cette époque de renaissance, on commença à revenir aux modèles antiques. Les comédies de Plaute et de Térence furent étudiées, et même représentées, soit traduites, soit même en latin : à cette école se forma une pléiade d'auteurs comiques, aussi remarquables par le talent que par l'immoralité. Le premier fut le cardinal Bibbiena, qui fit représenter devant Léon X sa *Calandria*, dont nous ne pouvons pas même indiquer le sujet. L'Arioste, dès sa plus grande jeunesse, s'exerça à imiter les comédies d'après Plaute et Térence : la *Cassaria*, I *Suppositi*, la *Lena*, *Il Negromante*, et la *Scolastica*, restée imparfaite. Ces pièces, moins libres dans l'expression que la *Calandria*, n'en sont pas moins immorales; mais, ces réserves faites, on ne peut trop louer le style de l'auteur, qui, pour l'aisance et la clarté, n'a pas d'égal dans toute la poésie italienne; peu d'écrivains ont eu au même degré que l'Arioste le don de peindre les caractères, les vices et les ridicules des hommes. — Une comédie plus connue en France est la *Mandragore* de Machiavel, traduite par J.-B. Rousseau : rien de plus vif et de plus libre que le ton de cette comédie; Léon X voulut qu'elle fût jouée devant sa cour, ce qui semble d'autant plus étonnant que, outre la licence du sujet et des détails, elle renferme une satire violente contre le clergé et la religion. Machiavel composa encore la *Clithia*, comédie imitée de la *Casina* de Plaute, également fort libre, et une traduction de l'*Andrienne* de Térence. — Nommer l'Arétin, c'est assez dire à quoi l'on doit s'attendre : ses principales pièces sont : *le Maréchal*, *la Courtisane*, *l'Hypocrite*, la

Taranta et *le Philosophe*; on y remarque en général assez peu d'invention, mais des détails piquants qui font connaître les mœurs du temps. — Jean-Marie Cecchi fut l'un des meilleurs et le plus fécond des auteurs comiques de son siècle; on a de lui 10 comédies imprimées, qui ne sont que la moindre partie de ce qu'il avait écrit; la plupart sont tirées de Plaute et de Térence. La plus comique, mais aussi la plus libre, est l'*Asiuolo*. — Le Lasca, auteur de Nouvelles dans le genre de celles de Boccace, le fut aussi de comédies moins piquantes, mais moins libres que celles de Cecchi. — Louis Dolce, poëte fécond et plus laborieux que brillant, écrivit cinq comédies, les unes en vers, les autres en prose; la plupart ont pour sujet des aventures contemporaines. — Les trois pièces composées par Francesco d'Ambra sont des chefs-d'œuvre dans le genre alors le plus en vogue, la comédie d'intrigue; l'Académie de la Crusca compte au nombre des autorités pour la langue. — Nous trouvons presque tous les noms illustres de l'époque sur la liste des auteurs comiques : Annibal Caro, le célèbre traducteur de l'*Enéide*; Guarini, l'auteur du drame pastoral *Il Pastor fido* (V. ce mot); le Berni, Firenzuola, Caporali, Tansillo, qui marchèrent sur les traces de l'Arétin; Gelli et Beolco, dit Ruzzante, qui acquirent de la célébrité par leurs farces de carnaval.

Ce fut encore Berni qui créa un genre de poésie railleuse, appelé de son nom *poésie bernesque*, et où il eut pour imitateurs et rivaux Caporali, Mauro, Molza, Giovanni della Casa, etc. Dans la satire savante se distinguèrent Vinciguerra et Ercole Bentivoglio. — La poésie didactique, pour laquelle Virgile servit toujours de modèle, peut citer le poëme de l'*Agriculture* par Alamanni, celui des *Abeilles* par Ruccellai, d'autres sur la *Navigation* par Baldi, sur la *Chasse* par Scandianese et par Valvasone. — Quelques femmes du xvie siècle ont acquis une certaine réputation dans la poésie, telles que Vittoria Colonna, Veronica Gambara, Gaspara Stampa, Laura Terracina, etc.

Le xvie siècle vit naître l'hérésie de Luther et celle de Calvin; aucun théologien ne se crut dispensé de les combattre selon ses forces; plusieurs le firent avec grand talent; mais les plus remarquables furent les cardinaux Bellarmin et Baronius. Le premier composa des ouvrages de controverse proprement dite, et les protestants, qui ne pouvaient refuser leur admiration à ce redoutable adversaire, fondèrent des chaires dont les professeurs n'avaient point d'autre emploi que de le réfuter. Le second consacra sa laborieuse carrière à écrire ses *Annales ecclésiastiques*, travail immense et d'un grand talent, pour lequel il a fallu des recherches vraiment prodigieuses.

Au xvie siècle, les Universités continuèrent d'être florissantes. Les princes se disputaient les savants professeurs qui, comme les deux Béroalde, Amaseo Battista, Egnazio, élevaient la science dans l'amour des lettres. Le Droit civil et le Droit canon, études favorites du moyen âge, n'avaient pas été délaissés : Alciat et ses successeurs les avaient tirés de la barbarie, et joignaient à la science les ornements littéraires qui avaient trop manqué à leurs devanciers. L'étude des langues anciennes était plus répandue que jamais. De magnifiques imprimeries multipliaient les chefs-d'œuvre de l'antiquité : les Aldes ne se contentaient pas de donner pendant trois générations leurs soins assidus aux éditions qui sortaient de leurs presses, ils annotaient eux-mêmes les textes anciens, et s'entouraient d'érudits pour les aider dans leurs travaux. Les langues orientales, surtout l'hébreu, étaient étudiées comme le grec et le latin : une imprimerie pourvue de caractères orientaux fut établie à Rome. On ne se contentait plus d'étudier les mœurs des Anciens dans les livres; les antiquités étaient consultées, les inscriptions reproduites; et de savants antiquaires, comme Sigonius, Panvinio Valeriano, interrogeaient les monuments romains, grecs et égyptiens. Ils furent véritablement les fondateurs de cette branche de la science historique. — La langue latine était toujours celle de l'érudition. La plupart des savants dédaignaient d'écrire en italien. Toutefois, sous ce rapport, il se fit une révolution dans les esprits : on commença à soupçonner les beautés de la langue vulgaire, et à écrire des traités pour en faire connaître la richesse et en fixer les règles. Le plus célèbre de ces ouvrages est le *Prose* de Bembo. Il mérite le succès universel dont il a joui. L'auteur y apprécie avec justesse la langue elle-même et les plus grands écrivains. Il assaisonne toujours de réflexions utiles ses discussions et ses jugements. Les *Observations* de Dolce sont restées au nombre des livres utiles sur la langue italienne. Rinaldo Corso, auteur des *Fondamenti del parlar toscano*, se distingua dans la foule des grammairiens contemporains par son savoir et l'élégance de son style.

La guerre que le siècle précédent avait vu s'allumer entre les philosophies d'Aristote et de Platon parut terminée par la défaite de la première. Le cardinal Bessarion et l'Académie platonicienne de Florence avaient donné tant d'autorité à Platon, qu'il semblait devoir régner seul dans les écoles; mais au xvi⁰ siècle Aristote reprit le dessus, et cette dispute oiseuse recommença de plus belle. Parmi les aristotéliciens était Pomponace, qui professa avec grand succès à Padoue et à Bologne. Il eut pour disciple Simone Perzio, plus savant que lui dans les langues anciennes. Parmi les plus célèbres platoniciens, on trouve Jacopo Zabarelli, les deux Piccolomini, Chivio, Strozzi, Patrizzi. — D'autres hommes distingués écrivirent des traités philosophiques sans se soucier des querelles d'école; tels furent Télésio, Cardan, et le comte de Castiglione, auteur d'un traité *Du Courtisan*, dans lequel il trace les devoirs du courtisan honnête homme et professe la morale la plus élevée. On peut aussi ranger le Tasse parmi les philosophes : ses *Dialogues*, où il prit Platon pour modèle, furent composés aux jours les plus malheureux de sa vie; il y traite les sujets les plus divers avec un rare talent, et chez lui le philosophe ne fait pas disparaître le poëte. Un des charmes de ce remarquable écrit est dans les allusions qu'y fait le Tasse à ses malheurs.

Machiavel est le plus grand écrivain politique de son siècle. Mêlé aux affaires de Florence, sa patrie, envoyé, comme négociateur, en France, à César Borgia, à l'empereur d'Allemagne, il mit dans ses écrits l'expérience de sa vie. On lui a reproché, surtout dans le fameux traité du *Prince*, d'avoir émis des principes corrupteurs. En effet, mettant à part l'intérêt des peuples, dont il ne parle pas, Machiavel n'a pour objet que celui du prince, et ne considère encore cet intérêt que relativement à l'acquisition, à la durée et à la stabilité du pouvoir. Les conseils qu'il donne pour parvenir à ce but sont uniquement politiques, c.-à-d. plus grossièrement intéressés qu'honnêtes. S'il eut une excuse, ce fut la corruption du temps où il vécut et des hommes qu'il fréquenta. Mais on ne lui pardonne pas de raconter sans la moindre indignation les meurtres de César Borgia. Machiavel écrivit aussi une *Histoire de Florence*, et des discours sur l'*Art de la guerre* et sur *Tite-Live*. Après les réserves que nous avons faites, on ne peut trop admirer la profondeur des vues, le style nerveux et élégant, qui feront durer ces ouvrages autant que la langue italienne. — La réputation de Machiavel a tellement éclipsé celle des autres écrivains politiques de son temps, qu'on connaît à peine les noms de Gianotto, de Contarini, et même du Vénitien Paruta : des *Discours politiques*, formant deux livres, lui assurent cependant un rang distingué parmi les publicistes italiens.

L'histoire fut un des genres les plus cultivés au xvi⁰ siècle. Le plus connu peut-être des écrivains qui traitèrent de l'histoire générale est Paul Jove. L'*Histoire de mon temps* est le premier ouvrage qu'il entreprit, et le dernier qu'il publia; c'est celui qui lui a valu le plus d'éloges et de critiques. Tout en louant la clarté, la facilité et l'abondance de son style, on doit blâmer la partialité avec laquelle il a loué ses protecteurs et dénigré les hommes qui s'étaient montrés moins généreux à son égard. Outre son *Histoire*, Paul Jove écrivit les *Vies* d'Alphonse I⁰ʳ, duc de Ferrare, de Gonzalve de Cordoue, de Léon X, du marquis de Pescaire, du cardinal Pompée Colonna; une description de la Grande-Bretagne, de la Moscovie. Tous ses ouvrages sont en latin, à l'exception d'un commentaire sur la guerre des Turcs. — La même période de temps que Paul Jove avait parcourue dans sa grande histoire latine le vit en italien par Guichardin, historien qui n'a pas moins de renommée, et qui mérite plus d'estime; mais il se renferma dans les bornes de l'Italie, au lieu de s'étendre, comme Paul Jove, aux événements du monde entier. On reproche à cette histoire des harangues et des réflexions trop longues, et le style manque de clarté. L'histoire d'Adriani, qui embrasse de 1536 à 1574, est regardée comme la suite de celle de Guichardin. — Machiavel, par sa belle *Histoire de Florence*, avait appelé sur lui trop d'éclat pour n'être pas imité. Le premier qui suivit son exemple fut Jacopo Nardi, qui appartenait au parti républicain vaincu par les Médicis : son *Histoire*, composée dans l'exil, porte en soi le caractère de tous les ouvrages de parti, et a peut-être moins contribué à sa renommée littéraire que sa belle

traduction de Tite-Live. — Le sénateur Philippe Nerli écrivit des *Mémoires* sur ce qui s'était passé dans sa patrie depuis 1215 jusqu'en 1537; tout dévoué aux Médicis, il se montra partial, comme Nardi, mais dans le sens contraire. — L'*Histoire de Florence* de Bernardo Segni, que l'auteur s'abstint de publier de son vivant pour ne compromettre ni les intérêts de la vérité, ni sa propre sûreté, est écrite avec sagesse et impartialité. — Varchi, littérateur, poëte et même mathématicien, est auteur d'une *Histoire de Florence* qui va de 1527 à 1538 : malgré la diffusion du style, elle est écrite avec beaucoup d'exactitude et de sagesse. — Le Vénitien Bruto écrivit en latin une *Histoire de Florence*, remarquable par la liberté de ses jugements sur les Médicis. — Scipione Ammirato, né dans le royaume de Naples, est regardé comme plus exact que les historiens de Florence qui l'avaient précédé.

Venise a eu aussi ses historiens : le cardinal Pierre Bembo, célèbre à tant de titres, fut nommé, en 1529, historiographe de cette république. Son Histoire, œuvre de sa vieillesse, est en 12 livres, qui se terminent à l'année 1522, et ne comprennent qu'un espace de 25 ans : elle parut d'abord en latin; mais Bembo en avait fait une version italienne qui fut ensuite publiée. Le mérite de cette Histoire est plutôt dans le style que dans la manière dont les faits sont exposés et jugés. — Le plus célèbre historien de Venise est Paul Paruta. Sa profonde connaissance des affaires publiques et les relations extérieures de son pays donnent à son *Histoire* une grande autorité et un puissant intérêt. — Paruta fut imité par J.-B. Nani. — Paul Sarpi, génie encyclopédique, traita un sujet dont l'actualité faisait une bonne partie de l'intérêt : il écrivit l'*Histoire du Concile de Trente*. — Le cardinal Pallavicini traita le même sujet; mais s'il surpasse Sarpi par la correction du style, il est loin d'avoir sa manière originale d'exposer et de juger les faits. — Catarino Davila, tout Italien qu'il était, publia une *Histoire des guerres civiles de France*, aussi correcte que sincère et précise. — Le cardinal Guido Bentivoglio composa aussi une *Histoire des guerres de Flandre*, très-supérieure par ses vues politiques à celle que publia en latin sur le même sujet le P. Strada, jésuite. Au xvi⁰ siècle, où les lumières de l'Italie surpassaient de beaucoup celles des autres nations, les Italiens se faisaient les historiographes des peuples étrangers. Appelé en France par Louis XII, Paul Émile récompensa l'hospitalité du roi en écrivant une *Histoire de France* qui excita l'envie et l'admiration des savants français. Polydore Virgile écrivit aussi l'*Histoire d'Angleterre*, Davanzati Bostichi l'*Histoire du schisme d'Angleterre*, et Lucio Marineo l'*Histoire d'Espagne*.

Dans le genre de la *Nouvelle*, nous retrouvons encore Machiavel, dont le *Belphégor* est une satire des femmes en général, et de la sienne, dit-on, en particulier. Comme toutes ses œuvres, elle est écrite d'un style vif et brillant, et avec une élégance qui l'a fait mettre au nombre des textes de la langue. — Firenzuola et le Lasca écrivirent aussi des Contes charmants, remarquables par l'originalité de l'invention et la pureté du style. — Les nombreuses Nouvelles de Straparola eurent plus de vogue, quoique avec moins d'élégance; la licence et la bizarrerie leur tiennent souvent lieu de mérite. — On en peut dire autant de quelques Nouvelles de l'Arétin. — Cinthio Giraldi et Sébastien Erizzo cherchèrent à modérer par leur exemple la licence de la plupart de ces conteurs; mais ils eurent peu de succès au milieu de la corruption générale. Les seules Nouvelles qui fussent exemptes de cette tache étaient celles du genre tragique. De ce nombre est *Roméo et Juliette* de Luigi da Porta, imitée et développée depuis par Bandello, et immortalisée par Shakspeare. Bandello a écrit un très-grand nombre de Nouvelles, dans lesquelles, à défaut de pureté et d'élégance, on retrouve les usages, les mœurs et les aventures du temps, ainsi que les caractères des personnages qui y florissaient. Il faut ajouter à la louange de cet auteur que, s'il est souvent libre et grossier, il n'est jamais immoral, et prend toujours le parti de la vertu et de la religion.

Les *Romans*, qui sont en quelque sorte des nouvelles très-étendues, furent aussi rares qu'auparavant. On remarque à peine durant cette période la *Finela* de Nicolas Franco. — On peut également citer les inventions fantastiques de quelques auteurs, moins élégants que bizarres: tels sont les *Discours des Animaux* (*Discorsi degli Animali*) de Firenzuola, les *Caprices du Tonnelier*, et la *Circé* de J.-B. Gelli.

Presque tous les ouvrages didactiques de ce siècle furent écrits en forme de dialogue; tels sont les *Asolani* de Bembo, et l'*Ercolano* de Varchi, sur la langue vulgaire; mais plus célèbres encore furent les *Dialogues* de Sperone Speroni, et *le Courtisan* de Castiglione. On doit à l'Arétin le premier recueil de *Lettres;* il en publia sur les sujets les plus divers, qu'il traita avec sa licence accoutumée. Son exemple fut bientôt suivi, et l'Italie se vit inondée d'épîtres. Les plus fameux recueils sont les *Lettres* de Caro, de Tolomei, de Fracastor, et surtout de Bonfadio.

Quatrième période. — Avec le xviie siècle, la décadence est sensible. Dans la poésie lyrique, on doit mentionner d'abord Gabriel Chiabrera, qui, abandonnant les traces de Pétrarque, entreprit d'imiter les Grecs, et surtout Pindare et Anacréon. Il le fit quelquefois avec bonheur et toujours avec grâce. Cependant on reproche à son style un peu trop d'art et de recherche. — J.-B. Marini, le grand corrupteur de la poésie italienne, acquit une immense réputation, non-seulement en France, mais dans toute l'Europe, où il répandit son déplorable système poétique. Doué de talents réels et d'une facilité merveilleuse, il mit une versification heureuse, un style vif et pittoresque au service d'une imagination sans frein ; et les contemporains finirent par croire après lui que plus on s'éloignait du naturel, plus on était poëte. Les *concetti* de Marini eurent surtout des admirateurs en France, où la langue était à peine formée, parce que rien ne séduit plus les peuples qui sortent de la barbarie que la recherche et l'abus de l'esprit. Outre un grand nombre de madrigaux et de sonnets, Marini écrivit l'*Adone,* qui lui valut la plus grande part de sa célébrité, et qui est un résumé des qualités et des défauts de l'auteur. — Le succès de Marini suscita un grand nombre d'imitateurs. Quelques poëtes, tels que Fulvio Testi, Benoît Menzini, François Redi, conservèrent cependant les traditions du bon goût et de la simplicité. Mais la poésie lyrique fut portée au plus haut degré d'élévation par Vincent Filicaja, le plus noble, le plus moral et le plus patriotique des poëtes italiens. Beaucoup de ses pièces ont pour sujet l'Italie déchue de son ancienne splendeur. Il fit plusieurs canzones pour célébrer les victoires des chrétiens sur les Turcs qui avaient assiégé Vienne : on admire principalement celle qu'il composa pour Jean Sobieski, roi de Pologne. — Guidi déploya encore plus de liberté et de hardiesse que Filicaja, et, sans imiter Pindare, dont il ignorait le langage, il s'éleva à la même hauteur dans ses odes, où, dédaignant toute règle, il tire de cette liberté de grandes richesses d'harmonie et d'invention. — On doit à Marchetti, outre la traduction de Lucrèce et d'Anacréon, des sonnets d'un caractère grave.

Dans la poésie didactique, Baldi, savant mathématicien, auteur de quelques églogues imitées de Virgile, composa en vers *sciolti* un poëme de *la Navigation,* semé d'épisodes intéressants; le style en est vif et coloré. — On peut placer ici la *Séréide* d'Alexandre Tesauro, poëme sur les vers à soie; le poëme latin de Benoît Rogacci, où, sous le titre d'*Euthymie,* il traite de la philosophie morale; mais surtout l'*Art poétique* de Menzini, écrit en *terza rima,* et où l'auteur traite principalement de la langue et de la versification italiennes.

A la fin du xvie siècle, Caporali avait donné l'exemple du style satirique dans son *Voyage au Parnasse.* Il fut imité par Chiabrera dans ses *Sermoni,* où l'auteur se propose Horace pour modèle. Ludovico Adimari exploita le sujet toujours si fécond de la critique des femmes. Enfin Salvator Rosa, peintre et poëte, composa des satires devenues populaires, où il fronde avec grande liberté les vices de son temps.

Dans la comédie, J.-B. Porta, Napolitain, disciple de Plaute et de Térence, joignit à une grande richesse d'invention un style noble, pathétique ou plaisant, suivant les situations où il place les personnages. Ses principales comédies sont l'*Emportée,* la *Cinthia,* les *Frères rivaux,* la *Sœur,* et le *Maure.* — Buonarotti le jeune, neveu du grand Michel-Ange, tenta la singularité de donner cinq comédies de suite sur le même plan. Cet ouvrage porte pour titre *la Foire,* dure cinq jours, et chaque journée comprend cinq actes. Le mérite principal de cette pièce consiste dans la pureté du langage. Mais la comédie qui fit le plus d'honneur au jeune Buonarotti est la *Temia,* écrite en *ottava rima,* dans la langue des paysans de Toscane. Cet essai d'introduire les dialectes italiens au théâtre eut plusieurs imitateurs. — Les *Troubles du Parnasse* de Scipion Ericeo consistent surtout en un cadre ingénieux où l'auteur a placé la critique souvent juste et piquante des premiers poëtes de son temps.

C'est du commencement du xviie siècle que date l'invention du drame en musique nommé opéra. Le pre-

mier, *Daphné,* fut représenté en 1594, à Florence. Rinuccini améliora ce nouveau genre, et fit représenter, à Florence aussi, l'*Eurydice,* à Mantoue l'*Ariane.* L'introduction de l'opéra contribua à exiler du théâtre italien la vraie tragédie. La vogue des *Comédies de l'art,* espèce d'impromptu sur lequel chaque acteur brodait à son gré, et qui fut une importation de l'Espagne, acheva d'éloigner les auteurs des compositions sérieuses. C'est à ce genre faux que nous sommes redevables de Polichinelle.

Au xviie siècle appartiennent, dans le genre historique, l'*Histoire de Naples,* par Capecelatro, et les nombreux, mais peu solides ouvrages de Gregorio Leti.

La littérature italienne avait eu une grande influence en France au xviie siècle; ce fut, au contraire, l'influence française qui prédomina en Italie au xviiie, et y introduisit les idées philosophiques, qui alors occupaient tous les esprits. Déjà les Italiens avaient cherché à réagir contre l'école de Marini, et à ramener la langue à une élégante simplicité; dans ce but, on avait fondé à Rome l'*Académie des Arcades (V. ce mot),* qui recruta bientôt des membres dans toute l'Italie. Les chefs de cette Académie furent Gravina et Crescembeni. Les Arcadiens prirent pour modèles Théocrite, Virgile et Sannazar, et inondèrent l'Italie de sonnets pastoraux. Mais leurs principaux titres de gloire sont les travaux de critique qu'ils firent sur la langue italienne. Gravina écrivit *La raison poétique* et un *Traité de la tragédie;* Crescimbeni, un *Traité sur la beauté de la poésie italienne.* La *Bibliothèque de l'éloquence italienne,* de Msr Fontanini, les divers écrits d'Apostolo Zeno et du marquis Maffei, la *Parfaite poésie* de Muratori, sont des guides d'une grande utilité pour l'étude de la littérature italienne.

L'influence de l'école philosophique se fit sentir non-seulement dans les idées, mais encore dans le style; les auteurs italiens prirent à l'école de Voltaire l'élégante précision, ce tour vif et heureux de l'école du xviiie siècle, et cette imitation alla jusqu'au néologisme. Joseph Baretti, qui avait longtemps voyagé en France, et surtout en Angleterre, fut un des premiers propagateurs des idées nouvelles. Vico fonda en Italie la philosophie de l'histoire. L'abbé Genovesi, qui suivit et éclaircit à la fois les théories de Vico, tâcha de mettre sa nation au niveau de celles qui venaient de la précéder dans la carrière scientifique : il publia des *Méditations philosophiques* imitées de celles de Descartes, et des *Leçons de commerce* justement estimées. — César Beccaria, célèbre surtout par les services qu'il rendit à la législation criminelle, entreprit d'exposer la théorie philosophique du style. — Le jésuite Xavier Bettinelli se fit le disciple ardent de Voltaire. — Melchiore Cesarotti rendit un grand service aux lettres en publiant un *Essai sur la philosophie des langues.* — Enfin François d'Alberti mérite d'être cité pour l'immense entreprise du *Dictionnaire universel, critique, encyclopédique.*

Les idées philosophiques firent aussi leur révolution dans l'histoire, et y introduisirent un esprit de critique plus sévère. Pierre Giannone, dans une *Histoire du royaume de Naples,* ouvrage plus savant qu'élégant, se fit remarquer par la hardiesse de ses recherches et de ses vues. — Louis-Antoine Muratori, avec un style plus simple et plus correct, rédigea les *Annales d'Italie,* où il a fondu les résultats de ses nombreuses recherches critiques. — Charles Denina fit, dans un style noble et correct, le *Tableau des révolutions d'Italie,* suivi du *Tableau des révolutions d'Allemagne.* — Enfin Pierre Verri composa une instructive *Histoire de Milan,* sa patrie.

Les Italiens ont toujours plus brillé dans l'histoire littéraire que dans l'histoire civile, au xviiie siècle. Le P. Benoît Bacchini, Apostolo Zeno, et le marquis Maffei, donnèrent l'exemple des premiers journaux littéraires : on consulte et on cite encore le *Journal des hommes de lettres de l'Italie,* et les *Observations littéraires.* L'Histoire littéraire d'Italie est vraiment redevable de ses progrès à trois écrivains, Bettinelli, Denina, et Tiraboschi ; ce dernier embrassa toute l'histoire de la littérature italienne, et son ouvrage fait autorité.

Les essais malheureux, tentés depuis l'Arioste et le Tasse dans le genre épique, ne découragèrent pas les Italiens. Antonio Caraccio publia un poëme épique sous le titre de l'*Empire vengé,* où il célèbre les princes d'Occident qui s'allièrent pour relever l'Empire d'Orient; il se montre faible imitateur du Tasse. Les traducteurs furent plus heureux : la traduction de l'*Enéide* de Beverini est supérieure à celle d'Annibal Caro; Cornélius Bentivoglio publia la traduction de la *Thébaïde* de Stace, et l'abbé Cesarotti donna une version des poëmes attribués à Ossian, généralement regardée comme un chef-d'œuvre, et une traduction moins heureuse de l'*Iliade*. L'épopée héroï-comique fit quelque progrès pendant cette période : le *Ricciardetto* de Nicolas Forteguerra est une plaisante parodie de l'Arioste.

L'opéra, composé de drame et de musique, était par cela même sujet à dégénérer. En effet, au commencement du XVIII° siècle, la musique avait tellement dominé, que la partie littéraire était complètement sacrifiée ; Apostolo Zeno entreprit une réforme devenue nécessaire. Admirateur des Grecs et de la tragédie française, il traita des sujets grecs d'après la méthode classique de nos grands tragiques. Le résultat fut que le libretto reprit tellement le dessus dans l'opéra, que la musique fut sacrifiée à son tour. Cependant la réforme de Zeno profita au théâtre, et à Métastase, qui devait le plus illustrer ce genre de composition. Disciple de Zeno, il évita les défauts de son maître ; tout en restant fidèle aux traditions françaises et aux sujets tirés de l'histoire grecque, il mit plus de goût et de sentiment musical dans ses compositions. C'est ce qui explique ses défauts et ses qualités. En effet, les mélodrames de Métastase sont écrits dans un style coulant, harmonieux ; le rhythme des vers est varié et propre à faire éclater tous les ressorts de la mélodie ; mais les caractères manquent de profondeur, les situations de développements : malgré cela, l'*Artaxerce*, l'*Olympiade*, le *Démophoon*, etc., produisirent une immense sensation en Italie, et y sont encore justement appréciés.

La tragédie, abandonnée pour l'opéra, fit de courageux efforts pour se relever. Les premiers écrivains qui reprirent cette route abandonnée furent Delfino Martelli, et le marquis Maffei, dont la *Mérope* causa une révolution dans l'art dramatique. L'auteur entreprit dans cette pièce d'intéresser ses compatriotes par une nouvelle tragédie qui réunît à la fois le naturel et le pathétique des Grecs, le mouvement et la régularité des Français, sans autre mobile d'intérêt que l'amour maternel. Le succès de *Mérope* fut immense en Italie, et même en France, où Voltaire, après l'avoir critiquée, lui rendit justice en l'imitant. — Entre Maffei et Alfieri, il y eut quelques essais tragiques : les tragédies chrétiennes d'Annibal Marchese et du P. Bianchi ; celles assez remarquables que Xavier Pansuti tira de l'histoire romaine (*Brutus*, *Virginie*, *Sophonisbe*) ; enfin les pièces d'Antoine Conti, écrites dans un style sévère et avec un vrai sentiment de l'antiquité. Gigli et Fagiuoli firent aussi tous leurs efforts pour inspirer aux Italiens le goût de la simplicité et de la régularité des pièces françaises.

Vittorio Alfieri entra dans la carrière littéraire avec un plan de réforme bien arrêté : son dessein fut de réagir contre ce qu'il appelait la corruption du théâtre italien et la mollesse de Métastase. Son système poétique n'avait pas seulement pour but de relever le goût littéraire des Italiens, mais encore de leur rendre le sentiment de la liberté. C'est dans cet esprit qu'il composa principalement *Virginie*, la *Conjuration des Pazzi*, le *Timoléon*, les deux *Brutus*, *Agis*, *Don Carlos*, etc. Alfieri, écrivant pour la réforme morale et poétique de son siècle, avait dû se faire tout un système dramatique ; il ramena, autant que possible, son style à la simplicité énergique de Dante, et, dans ses efforts vers le grand, ne sut pas toujours éviter la rudesse. Il se créa une versification nette et forte, simplifia l'action tragique, et développa les caractères aux dépens des événements. Mais, tout en admirant la noblesse des sentiments qu'il exprime, on peut lui reprocher d'avoir trop chargé les ombres de ses tableaux, et représenté ses traîtres trop complètement mauvais, ce qui est une faute au point de vue de l'art et de la connaissance du cœur humain. — L'entreprise d'Alfieri, d'abord critiquée comme toute réforme, finit par obtenir l'approbation générale, et toute une génération de poètes se forma à son école. Le comte Alexandre Pepoli, frappé des beautés de ses premières tragédies d'Alfieri, eut le mérite rare de se réformer à son exemple. Il refit les tragédies qu'il avait déjà publiées, et en composa de nouvelles. Dans quelques-unes il reproduisit les mêmes sujets qu'Alfieri avait déjà traités ; tels sont l'*Agamemnon* et le *Don Carlos*. Jean Pindemonte fut encore plus le disciple des poètes tragiques français que d'Alfieri. Il sacrifiait souvent la profondeur des pensées à l'éclat de la scène. Ses principales pièces sont les *Bacchanales*, le *Saut de Leucade*, *Agrippine*, les *Colons de Candie*, *Geneviève d'Écosse*, etc.

La comédie avait été négligée au XVII° siècle pour l'opéra, et tous les littérateurs du commencement du XVIII° comprenaient la nécessité de la relever et de la régulariser. Dans ce but Jérôme Gigli traduisit le *Tartufe* de Molière, les *Plaideurs* de Racine, et donna ainsi le premier aux Italiens l'idée de ce que devait être la bonne comédie. — Le marquis Maffei publia les *Cérémonies* et le *Raquet ;* dans la dernière de ces pièces, il tâchait de tourner en dérision les Italiens qui dénaturaient leur langage, en y introduisant des locutions françaises. Ces comédies auraient eu plus de succès, si l'auteur ne les avait écrites en vers. — Jules-César Becelli attaqua les pédants de son temps dans les *Faux savants*, l'*Avocat*, les *Poëtes comiques*, etc. — Riccoboni essaya de faire revivre l'ancienne comédie nationale ; mais il échoua pour avoir voulu changer trop brusquement le goût de son temps. — Les efforts du marquis de Liveri portèrent surtout sur les effets scéniques : il rendit la scène plus animée, disposa les personnages par groupes, et les fit habilement concourir à l'effet général. — Toutes ces réformes partielles préparaient la voie à Goldoni. Doué d'un esprit vif et original, d'une grande facilité, il composa 150 pièces où l'on rencontre une étonnante variété d'intrigues, de caractères, et de situations. S'il n'a pas un style très-correct, et si ses ouvrages sentent quelquefois la précipitation, on ne peut lui refuser une verve singulière et une grande connaissance du caractère italien. Ce mérite est surtout appréciable dans son pays ; car les étrangers sont souvent frappés du peu d'élévation des caractères qu'il peint avec tant de naturel. Ses principales comédies sont l'*Honnête fille*, la *Bonne femme*, le *Café*, le *Chevalier et la Dame*, la *Paméla*, l'*Amant militaire*, l'*Avocat vénitien*, et le *Bourru bienfaisant*, cette dernière pièce faite pour le Théâtre-Français. — Charles Gozzi vint ravir à Goldoni une partie de sa popularité. Plus habile écrivain que son rival, avec une imagination extravagante, il se plut à composer les pièces les plus romanesques et les plus absurdes; les titres de quelques-unes donneront une idée de sa folle entreprise ; ce sont : l'*Amour des trois oranges*, le *Roi cerf*, la *Dame serpent*, le *Monstre bleu turquin*, le *Petit oiseau d'un beau vert*, etc. Avec de pareils ouvrages, il trouva néanmoins le moyen de plaire, tant il est vrai que l'important est d'avoir de l'esprit et de la verve comique.

Le sonnet, genre cher à l'Italie, fut cultivé au XVIII° siècle par J.-B. Cotta, Julien Camani, et Onofrio Minzoni, qui s'appliquèrent à perfectionner ce petit poëme. — Frugoni écrivit non-seulement des sonnets, mais encore des odes, des églogues, des épîtres, des satires, etc. Dans ces divers genres, il montra une imagination très-riche, jointe à une grande hardiesse d'expression. Ange Mazza fut le dernier poëte lyrique ; il fit parler à sa muse le langage de la philosophie. — J.-Charles Passeroni et Laurent Pignotti s'essayèrent dans l'apologue ; le jésuite Roberti y déploya quelque invention ; Bertola surpassa quelquefois ses devanciers par la simplicité et la grâce. — P. Rolli, outre de nombreuses traductions, composa des cantates estimées. — On doit à Spolverini un poëme didactique sur la *Culture du riz*. — Mentionnons enfin, parmi les poëtes satiriques, G. Casti, l'auteur des *Animaux parlants*.

Les Italiens, si riches en *Nouvelles* versifiées, et qui, au XVIII° siècle, comptent encore celles de Batacchi et de Costa, eurent de tout temps fort peu de romans en prose ; la seule production de ce genre qui se fasse remarquer est le *Congrès de Cythère* du comte Algarotti, espèce de satire contre les femmes. Le comte Alexandre Verri, érudit très-versé dans l'histoire ancienne, publia une *Vie d'Érostrate* qu'il disait avoir découverte dans un ancien manuscrit, et les *Aventures de Sapho*, où il s'attache à imiter la simplicité élégante des Grecs. Mais l'ouvrage auquel cet écrivain dut principalement sa réputation est celui des *Nuits Romaines* : ce sont divers entretiens qu'il suppose avoir eus avec les ombres des anciens Romains les plus illustres, et surtout avec celle de Cicéron ; il tire de ce sujet des comparaisons ingénieuses entre les institutions de l'ancienne Rome et celles de l'Italie moderne. Ce qu'il faut surtout remarquer dans cet écrivain, c'est la grâce et le naturel de son style formé à l'école des premiers prosateurs italiens.

Cinquième période. — Les bouleversements que la Révolution française produisit en Italie, l'esprit militaire et les idées de liberté qu'elle réveilla, les aspirations à l'unité politique qui en ont été la suite, eurent leur contre-coup jusque dans la littérature. Dans la langue, le parti des *Puristes* eut une tendance prononcée à s'affranchir des locutions françaises, à remonter à la source nationale de Dante et des autres écrivains anciens. Dans la poésie, une lutte s'engagea entre les *classiques*, qui restaient fidèles à la tradition mythologique, et les *romantiques*, à qui la connaissance des littératures anglaise et allemande avaient ouvert des horizons nouveaux. Les puristes ont triomphé, mais les états successifs d'oppression et de révolte, de découragement et de surexcitation politique par lesquels l'Italie a passé jusqu'à nos jours, n'ont point laissé aux esprits assez de calme pour s'attacher fortement aux questions littéraires, et la querelle des classiques et des romantiques n'est pas encore décidée.

A la tête des Puristes s'est placé Antonio Cesari, qui a poussé jusqu'à l'affectation sa prédilection pour la langue du xive siècle, et dont le système exclusif a été exagéré encore par Pellegrino Farini. Vincenzo Monti a été puriste et classique, mais avec plus de goût et d'esprit, ainsi que son gendre Giulio Perticari, profondément versé dans la connaissance des antiquités italiennes. Sans se mêler aux luttes politiques comme ces divers écrivains, Giuseppe Parini ne fit, dans ses poésies, un style énergique et original. Ugo Foscolo écrivit des tragédies imitées de celles d'Alfieri; elles ont moins contribué à sa réputation que ses *Ultime Lettere di Jacopo Ortis*, imitation du *Werther* de Gœthe, et ses travaux sur Dante, Pétrarque et Boccace. Les œuvres dramatiques de Silvio Pellico, connu par le livre intitulé *Mes prisons*, celles de Maroncelli, de Luigi Scevola, de Cesare della Valle, de Francesco della Valle, de Cosenza, sont assez faibles. Niccolini s'est, au contraire, placé au premier rang des classiques; après avoir emprunté ses sujets à la mythologie et à l'antiquité, il puisa plus tard, avec un égal bonheur, dans l'histoire du moyen âge. — Du côté des romantiques, il faut placer d'abord Alexandre Manzoni, qui, dans deux tragédies, *Il conte di Carmagnola*, et *Adelchi*, ouvrit des voies nouvelles à l'art dramatique italien. Il eut pour imitateurs assez faibles Tebaldo Fores, Cristoforis, Rosini, Carlo Marenco, qui mirent à la scène les grands événements arrivés au moyen âge dans leur patrie. D'autres poëtes donnèrent modestement le nom de *drames* à leurs tragédies : tels sont Giuseppe Revere, Antonio Gigliani, Felice Turatti, Giacinto Battaglia, etc. Les *Drames historiques* de Giov. Sabbatini sont moins des œuvres dramatiques que des scènes historiques. Dans la comédie, Gherardo del Testa s'est fait une place honorable; Gher. de'Rossi est estimé par son style satirique et mordant; Albergati moralise d'après Voltaire et Goldoni; Avelloni s'est inspiré de Beaumarchais, comme Federici des Allemands; Alberto Nota excellait par le dessin des caractères, et le comte Giraud par la sensibilité. Aujourd'hui les traductions des pièces françaises, spécialement de celles de Scribe, ont à peu près tout envahi. Felice Romani a eu des succès dans l'opéra.

On ne trouve plus d'*épopées*, dans le sens antique attaché à ce mot, mais un assez grand nombre de récits épiques. Le plus important est celui de Tommaso Grossi, *I Lombardi alla prima crociata*, en 15 chants. Florio et Arici sont auteurs d'une sorte d'épopée romantique, *la Destruction de Jérusalem*. Silvio Pellico a publié des poésies sous le titre d'*Antiche*, Costa un poëme sur la découverte de l'Amérique, Domenico Biorci *la Pace d'Adrianopoli*, Giovanni de Martino *la Grecia rigenerata*, ces deux derniers poëmes inspirés par l'affranchissement de la Grèce. — Au nombre des poëtes lyriques figurent Clem. Bondi, G. Fantoni, A. Paradisi, Gher. de' Rossi. G. Meli, Monti, Silvio Pellico, Manzoni, le comte Leopardi, Luigi Carrer, Giovanni Berchet, Agostino Cagnoli, Giov. Prati, Giuseppe Giusti, Brofferio, Giov. Marchetti, etc. — Un Florentin, Angelo d'Elci, a mérité par ses satires le surnom de *Juvénal italien*.

Le *roman* a pris une extension considérable. Ici encore, Manzoni donna l'impulsion par ses *Promessi sposi* (*les Fiancés*), tableau brillant des mœurs et de l'histoire du xviie siècle dans le nord de l'Italie. Vinrent ensuite *la Monaca di Monza* et *Luisa Strozzi* par Rosini, l'*Ettore Fieramosca*, et le *Niccolo de' Lappi* par Massimo d'Azeglio, le *Marco Visconti* de Grossi. Varese, Bazzoni, Falconetti, Lanzetti, Guerazzi, Sacchi, Marocco, Zorzi, Vigna, le prince de Santa-Rosa, Battaglia, Ranieri, etc., sont aussi des romanciers distingués.

L'*histoire* est cultivée au xixe siècle avec autant de soin que de succès. Parmi les recherches savantes, on doit mentionner en première ligne celles de Micali, *l'Italie avant la domination romaine*, et de Garzetti. Le plus remarquable ouvrage a été sans contredit l'*Histoire universelle* de Cesare Cantù, à qui l'on doit encore une *Histoire des Italiens*. Cesare Balbo, Luigi Parti, Giuseppe

Compagnoni et Ant. Coppi se sont également occupés de l'histoire générale de l'Italie. L'histoire spéciale des provinces et des villes a été aussi l'objet de nombreux travaux : nous citerons l'*Histoire de Naples* par Pagano, les *Vêpres Siciliennes* d'Amari, les *Tables chronologiques de l'histoire de Florence* par Reumont, l'*Histoire de Toscane* par Lorenzo Pignotti, l'*Histoire de Milan* par Pietro Custodi, l'*Histoire de Pise* par Bonaini, l'*Histoire de Gênes* par Carlo Varese et par Girolamo Serra, l'*Histoire de la Sicile* par Giuseppe Alessi, l'*Histoire de la révolution de Naples* par Cuoco, l'*Histoire moderne de Naples* par Colletta, l'*Histoire de la Sicile* par Pietro Lanza, prince de Scordia, l'*Histoire d'Italie* par Carlo Botta, auteur également d'une *Histoire de la guerre de l'indépendance des États-Unis d'Amérique*. Le comte Pompeo Litta a publié les *Familles célèbres d'Italie*. L'histoire des beaux-arts a occupé Lanzi, Cicognara, Giuseppe Bossi, Fumigalli, Ferrario, Inghirami, Rosini et Visconti.

V. Alacci, *Poeti antiche*, Naples, 1661; Crescimbeni, *Storia della vclgar poesia*, 1698; Muratori, *Della perfetta potesia italiana*, Modène, 1726, 2 vol. in-4°; Quadrio, *Storia e regione d'ogni poesia*, Bologne, 1739; Gimma, *Idea della storia dell' Italia letterata*, Naples, 1723, 2 vol. in-4°; Mazzuchelli, *Gli scrittori d'Italia*, Brescia, 1753; Tiraboschi, *Storia della letteratura italiana fino all' anno 1700*, Modène, 1772-81, 14 vol. in-4°; Corniani, *I secoli della letteratura italiana*, Brescia, 1818, 9 vol. in-8°, avec une continuation par Ticozi, Milan, 1832-33, 2 vol. in-8°; G. Maffei, *Storia della letteratura italiana fino al secolo xix*, Milan, 1834, 4 vol. in-8°; Ugoni, *Della letteratura italiana nella seconda meta del secolo xviii*, Brescia, 1820-21, 3 vol. in-8°; Ambrosoli, *Manuale della letteratura italiana*, Milan, 1831-33, 4 vol. in-8°; Levati, *Saggio sulla storia della letteratura italiana dei primi 25 anni del secolo xix*, Milan, 1831; Ginguené, *Histoire de la littérature italienne*, continuée par Salfi, Paris, 1811 à 1835, 13 vol. in-8°; Salfi, *Résumé de l'histoire de la littérature italienne*, Paris, 1826, 2 vol. in-18; Sismondi, *De la littérature du midi de l'Europe*, Paris, 1829, 4 vol. in-8°; Ruth, *Histoire de la poésie italienne*, en allem., Leipzig, 1844; Riccoboni, *Histoire du théâtre italien*, Paris, 1727, 2 vol. in-8°; Rannucci, *Manuale della letteratura del primo secolo*, Florence, 1837; Cimorelli, *Origine e progressi delle belle lettere italiane*, Milan, 1845; Giudici, *Compendio della storia della letteratura italiana*, Florence, 1851; Rathery, *Influence de l'Italie sur les lettres françaises*, Paris, 1853, in-8°.   E. B.

ITALIENNE (*Versification*). Elle est fondée sur l'accent prosodique, et sur le nombre déterminé des syllabes. La rime, simple accessoire d'harmonie, n'est nullement nécessaire; d'excellents poëmes, en particulier toutes les poésies dramatiques, sont écrits en vers blancs ou non rimés (*versi sciolti*). La rime en italien porte sur la dernière syllabe accentuée; dès lors ce n'est pas toujours la dernière syllabe qui la constitue. — On distingue chaque espèce de vers par le nombre de syllabes dont il est composé. Il y a élision lorsqu'une voyelle finale se rencontre avec une voyelle initiale : dans ce cas, ces voyelles ne comptent que pour une seule syllabe. Ainsi, tel vers dont les mots donnent seize syllabes se réduit par l'élision à onze. Il faut éviter de faire rencontrer, dans l'élision, des voyelles accentuées, comme *potrò io*. C'est aussi un défaut de compter l'élision pour deux syllabes dans la mesure du vers. — On appelle *versi tronchi* les vers qui sont terminés par un mot *tronco* (*tronqué*, dont l'accent est sur la dernière syllabe); *versi piani*, ceux qui sont terminés par un mot *piano* (*doux*, dont l'accent est sur la pénultième); *versi sdruccioli*, ceux qui sont terminés par un mot *sdrucciolo* (*glissant*, dont l'accent est sur l'antépénultième). Les vers de la langue italienne sont considérés généralement comme *piani*; les autres vers se rapportent tous à cette classe. Donc, le vers *tronco*, par rapport au vers *piano*, doit avoir une syllabe de moins, parce que la dernière syllabe d'un mot, quand elle est accentuée, est égale à deux syllabes brèves, ou à une brève et à un repos; les vers *sdruccioli*, par rapport aux vers *piani*, doivent avoir une syllabe de plus, parce que deux syllabes brèves après une syllabe accentuée doivent se prononcer avec la même vitesse qu'une seule syllabe brève.

La langue italienne compte 8 espèces de vers, de onze à quatre syllabes. Le plus long ou italien *endécasyllabe* est en même temps le plus harmonieux, le plus majestueux, et le seul qu'on emploie dans les grandes compositions poétiques. Il peut avoir trois, quatre, et même cinq syllabes accentuées, dans différentes positions, ce qui donne lieu à une infinité de combinaisons, dont chacune offre une harmonie variée, selon le sentiment que le poëte veut exprimer. Après les endécasyllabes, les vers de sept syllabes sont les plus harmonieux et les plus usités. Les vers de six syllabes ne sont employés que rarement, à cause de leur harmonie trop uniforme.

Parmi les différentes combinaisons de vers, nous distinguerons : 1° l'*ottava rima* ou strophe de huit vers, de l'invention de Boccace; c'est le mètre de la *Jérusalem délivrée*. Cette heureuse division, qui offre à l'esprit d'agréables repos, a été empruntée aux Italiens par les Espagnols, les Portugais, les Allemands et les Anglais ; 2° la *sestina* ou strophe de six vers, également de création italienne. C'est le mètre dans lequel s'expriment l'épigramme, la satire, l'ironie, sous l'apparence de la gravité et du sérieux ; par exemple la *Secchia rapita* de Tassoni ; 3° la *terza rima*, couplet de trois vers endécasyllabes, avec des rimes croisées qui s'enchaînent d'un tercet à l'autre. C'est le mètre de la *Divine comédie*. Il est ordinairement affecté à la poésie satirique, bien que quelques poëtes aient écrit en *terze rime* des élégies, des églogues, des épîtres et même des odes, non sans quelque succès. — La *canzone* ou ode, les poésies dites anacréontiques, renferment des strophes de toute mesure et de toute espèce de vers, selon le goût et l'invention du poëte. — Vient enfin le *sonnet*, rhythme essentiellement italien, qui a fait le tour de l'Europe avec un succès prodigieux. On croit que les Italiens l'ont emprunté aux Troubadours. Ce genre de poésie est inséparable du nom de Pétrarque. Burchiello et Berni ont inventé le sonnet burlesque ou épigrammatique, et l'ont allongé d'une queue plus ou moins longue, selon la dose de plaisanterie qu'ils avaient à exprimer : ces sonnets s'appellent *sonetti colla coda*. E. B.

ITALIENNE (Numismatique). Après la chute de l'Empire romain d'Occident en 476, l'Italie fut occupée par les Hérules. On ne connaît aucune monnaie de cette peuplade germanique : celles qu'on a voulu attribuer à son chef Odoacre sont fausses ou ont été mal interprétées. Théodoric le Grand, Ier roi des Ostrogoths en Italie, a fait frapper des monnaies de tous métaux. Sa monnaie d'or est calquée sur l'*aureus* romain, et elle ne se distingue du sou impérial d'Anastase que par le monogramme du roi, caché à la fin de la légende ; sur les *quinaires*, on voit, au droit, la tête de l'empereur, et, au revers, le monogramme de Théodoric ; le nom et l'effigie de ce prince figurent sur le bronze. Les autres rois ostrogoths n'ont pas laissé de pièces d'or ; leurs quinaires portent ordinairement leur monogramme, et, quelquefois leur nom en toutes lettres ; leurs monnaies de bronze, quand elles ont été frappées à Rome, portent, outre l'effigie royale, la louve et l'aigle romaine, la Victoire et un guerrier, avec la légende VICTORIA PRINCIPVM, et, quand elles sortent de l'atelier de Ravenne, l'image de cette ville et la légende RAVENNA FELIX. — La monnaie des Lombards est mal connue. Il est certain que le système romain continua d'être en vigueur chez eux : le revers des pièces porta l'ancien type de la Victoire ; au droit on inscrivit le nom de l'empereur jusqu'à la fin du VIe siècle, puis celui des rois lombards.

Quand Charlemagne eut soumis l'Italie septentrionale, on y adopta le système monétaire des Francs. Toutefois, on frappa encore à Lucques quelques *triens* d'or, avec l'ancienne légende FLAVIA LVCA. Charlemagne ayant accordé au pape le droit de battre monnaie, les souverains pontifes frappèrent depuis cette époque des deniers du système franc, portant d'un côté leur nom ou le buste de St Pierre, de l'autre le monogramme de l'empereur. Les ducs de Bénévent frappèrent des espèces d'or et d'argent sur lesquelles ils inscrivirent, avec leur nom, celui de Charlemagne ; mais, après la mort de ce prince, ils firent disparaître cette marque de soumission. Quant au midi de l'Italie, qui restait en la possession des Grecs, on y maintint le monnayage byzantin, et, quand les Sarrasins vinrent prendre pied dans le pays, ils y apportèrent leurs espèces à légendes arabes. Les Normands, maîtres de la Sicile et de l'Italie méridionale depuis la fin du XIe siècle, eurent un monnayage bizarre : le même prince frappait des pièces dont les types étaient empruntés aux empreintes accréditées chez les Grecs, les Latins et les Arabes, et dont les légendes appartenaient à leurs trois langues.

Dès le XIIe siècle, la fabrication monétaire était moins barbare en Italie que partout ailleurs : Roger, *duc de* Salerne, fit alors frapper des *aureus*, qui de son titre

prirent le nom de *ducats*. Au XIIIe, les *aureus* de Frédéric II, connus sous le nom d'*augustales*, sont des chefs-d'œuvre de gravure. Les républiques italiennes, fières de leurs libertés, inscrivaient alors sur leurs monnaies leurs titres de gloire : Bologne rappelait, par la légende BONONIA DOCET, sa célèbre Université; Mantoue mettait sur ses deniers le nom de Virgile. Les *florins* de Florence et les *ducats* de Venise étaient imités dans toute l'Europe; à Chypre et en Morée on copiait les types de Gênes. A Naples, la maison d'Anjou introduisit un système moitié français, moitié italien; on trouve le nom du roi Charles le Boiteux, qui eut le titre de sénateur à Rome, sur des pièces purement romaines et qui portent la vieille légende ROMA CAPVT MVNDI. — Au XIVe siècle, quand les papes résidèrent à Avignon, ils y eurent un atelier monétaire fort actif, où furent frappées des espèces d'or et d'argent. Au XVe, les types monétaires de la France ou de l'Espagne prévalurent dans le royaume de Naples, suivant que la maison d'Anjou ou la maison d'Aragon l'emporta. Charles VIII, pendant son expédition en Italie, fit frapper à Aquila, en Calabre, des espèces avec cette légende CITÉ DE L'AIGLE, tandis que le duc d'Orléans, maître d'Asti, répandait des monnaies à titre de duc de Milan. Le système français était adopté, à la même époque, par les ducs de Savoie, et les Génois, selon la domination qu'ils subissaient, associaient sur leurs pièces au nom de Conrad II, qui leur avait jadis accordé le droit de monnayer, ceux de Galéas Sforza, de Ludovic le More, de Louis XII, ou de François Ier.

Au XVIe siècle, l'Italie, tout en perdant son indépendance, influait sur le reste de l'Europe par la supériorité de ses arts. Jamais la fabrication monétaire n'y atteignit une plus grande perfection. On peut citer comme exemples les monnaies d'or et d'argent frappées par les ducs de Savoie, celles de Florence, de Venise, de Ferrare et de Rome, enfin les magnifiques *testons* fabriqués à Milan, et qui portent d'un côté l'effigie de Charles-Quint ou de Philippe II, de l'autre l'image de St Ambroise. — Avec le XVIIe siècle la décadence de l'art monétaire commence. Si les ducs de Savoie continuent de frapper de belles et bonnes monnaies, une foule de petits souverains, comme ceux de Monaco, de Mantoue, de Piombino, de Massa et de Carrare, sont faux-monnayeurs. La Corse offre, pendant le XVIIIe siècle, un fait monétaire curieux : c'est la fabrication des espèces au nom de son roi charlatan, Théodore. Depuis la Révolution française de 1789, c'est surtout au système français que l'Italie a fait des emprunts : non-seulement on a pris presque partout pour base le système décimal, mais les ateliers de France ont souvent fabriqué pour les princes italiens les pièces métalliques, aussi bien que les billets de banque. V. Carli-Rubbi, *Delle monete e dell' istituzione delle zecche d'Italia*, 1754-60, 3 vol. in-8; Argellati, *De monetis Italiæ variorum illustrium virorum dissertationes*, Milan, 1750-59, 6 vol. in-4° ; Zanetti, *Raccolta delle monete e zecche d'Italia*, Bologne, 1775-1789, 5 vol. in-fol.; Promis, *Monete de reali di Savoia*, Turin, 1841, 2 vol. in-8°.

ITALIENNE (Philosophie). S'il fallait faire remonter la philosophie italienne jusqu'à l'époque où l'on vit paraître des philosophes en Italie, on devrait partir de Pythagore et descendre jusqu'à l'époque romaine inclusivement; mais toutes ces diverses périodes appartiennent à la philosophie grecque. C'est à peine si au moyen âge l'Italie occupe une place un peu marquée dans la scolastique. Les efforts de quelques hommes depuis Cassiodore et Boèce jusqu'à Gerbert n'avaient pas été infructueux; le monastère de Bobbio était devenu l'asile des lettres dans l'Italie septentrionale, mais tout se bornait à sauver quelques débris du passé. Au XIe siècle, il y avait à Milan divers endroits où l'on enseignait la philosophie; on cite Anselme le péripatéticien et Drogon son maître : cependant il n'y avait aucune école de renom ; c'était à Paris qu'Anselme d'Aoste, Lanfranc de Pavie, Lotulfe de Lombardie, Anselme de Baggio, et tant d'autres, parmi lesquels brillèrent au premier rang St Thomas et St Bonaventure, venaient s'instruire et briller. Malgré Brunetto Latini, Guido Cavalcanti, et leurs disciples Dante et Pétrarque, ce ne fut qu'à partir de la Renaissance que l'Italie vit naître quelques écoles dignes d'être citées. Gémiste Pléthon et le cardinal Bessarion y font connaître Platon quelques années avant la chute de Constantinople. Après cet événement, l'étude de l'antiquité philosophique donna naissance, en Italie, à deux écoles, l'une platonicienne, et l'autre péripatéticienne. La première eut pour chef Marsile Ficin, qui traduisit Platon, Plotin, une partie des écrits de Porphyre, de Jamblique, de Proclus, et qui laissa une *Théologie platonicienne*. On cite Jean Pic et François de la Mirandole, Francesco Patrizzi, qui tenta une conciliation entre Platon et Aristote, et Jordano Bruno, le plus célèbre de cette école idéaliste. Jordano Bruno reproduisit la doctrine des nombres de Pythagore, ce qui le conduisit à soutenir le système de Copernic. — L'école péripatéticienne comprend deux branches : l'une, dite *alexandriste*, du nom d'Alexandre d'Aphrodise qu'elle prit pour guide, est sensualiste pure; l'autre, dite *averroïste*, d'Averroès, qu'elle avait pris pour maître, avait adopté un sensualisme qui conduisit au panthéisme. Dans la première, qui fleurit surtout à Bologne, on remarque P. Pomponace, Zarabella, F. Piccolomini, et Cremonini; dans la seconde, Alexandre Achillini, qui commence à suivre Averroès, Zimara, Césalpini d'Arezzo, et Jules-César Vanini, qui fut brûlé à Toulouse comme J. Bruno l'avait été à Venise. La philosophie en Italie (XVIe siècle) cherche, avec Telesio et Campanella, à secouer le joug de l'antiquité, mais sans y parvenir : Telesio rappelle Démocrite et Parménide, il en appelle à l'expérience; Campanella voulut entreprendre une réforme de toutes les parties de la philosophie; en réalité il est sensualiste comme le précédent. Au XVIIe siècle la philosophie jette peu d'éclat en Italie; la révolution opérée par Descartes y trouve à peine quelques représentants, Th. Cornelio et Ch. Majillo ; Descartes y trouva un adversaire illustre, Vico, si connu par sa théorie de la philosophie de l'histoire, théorie qu'il développa dans la *Science nouvelle;* en outre il prétendit donner la solution du problème de la certitude en plaçant le *criterium* de la vérité dans l'assentiment unanime du genre humain; c'était le fond de son opposition au cartésianisme. Malebranche trouva un sectateur zélé dans Fardella, professeur à Padoue; mais cet idéalisme ne réussit pas en Italie, surtout au XVIIIe siècle. L'Économie politique fut cultivée avec succès, ainsi que le Droit de la nature et des gens par Filangieri, Mario Pagano, Beccaria et Verri; la Morale fut représentée par Muratori et Stellini. Dans le siècle actuel, Rosmini et Gioberti se sont distingués comme métaphysiciens; mais, en général, le procédé éclectique semble dominer entièrement, avec une tendance au spiritualisme, comme on le voit chez Galuppi et Mamiani, Tedeschi et Mancini. Ce qui a toujours manqué à la philosophie en Italie, c'est un caractère d'originalité et d'indépendance, que les circonstances ne lui ont pas permis de prendre jusqu'à présent. R.

ITALIOTES (Médailles), nom que l'on donne aux médailles frappées par les peuples de l'ancienne Italie autres que les Romains, spécialement par les Grecs de la partie méridionale. Les plus anciennes sont incuses (*V. ce mot*), et paraissent remonter jusqu'à l'an 620 av. J.-C. Une particularité qui ne se rencontre nulle autre part, c'est que le revers des pièces de Populonia est lisse. Chez les Grecs, la monnaie véritable était l'argent; ils regardaient l'or comme une marchandise, et le bronze comme un appoint: chez les Italiotes, au contraire, le bronze servit d'étalon à la monnaie. On mettait d'ordinaire pour type l'image de la divinité principale honorée dans la ville où la pièce était frappée: ainsi, à Tarente, c'était Taras, fondateur de la ville; à Cumes, l'amazone Cymé, fondatrice de Cyme en Éolide, dont cette ville était une colonie; à Posidonia, Neptune (en grec *Poséidôn*). — Une classe particulière de monnaies italiotes se compose de celles qui furent frappées pendant la Guerre sociale (90-88 av. J.-C.). On y trouve les noms de plusieurs des chefs qui s'y distinguèrent. Les types représentent la tête de l'Italie personnifiée, un groupe de guerriers faisant alliance, l'image de la Victoire ou de Mars, le taureau italique terrassant le loup romain, etc. *V.* Marchi et Tessieri, *L'as grave del museo Kircheriano, ovvero le monete primitive de' popoli dell' Italia media ordinate e descritte*, Rome, 1830, in-4º et atlas; Millingen, *Considérations sur la numismatique de l'ancienne Italie*, Florence, 1841, in-8º; Avellino, *Italiæ veteris numismata*, Naples, 1808, 2 vol. in-4º; un travail de Raoul Rochette sur la Numismatique tarentine, dans le XIV siècle des *Mémoires de l'Institut*, 1840; un travail de M. Mérimée dans la *Revue numismatique* de 1845.

ITALIQUE (Droit). *V.* notre *Dictionnaire de Biographie et d'Histoire*.

ITALIQUE (École). *V.* PYTHAGORICIENNE.

ITALIQUE (Ordre). *V.* ORDRE DE BATAILLE.

ITALIQUES (Caractères). *V.* CARACTÈRES D'IMPRIMERIE.

ITALIQUES (Langues), nom sous lequel on comprend les langues parlées en Italie avant la conquête romaine, telles que l'*étrusque*, l'*ombrien*, l'*osque*, etc.

ITÉRATIF, mot employé par quelques grammairiens latins et modernes pour *fréquentatif* (*V. ce mot*). En grec, l'optatif dans les propositions dépendantes, et la particule ἄν avec l'imparfait, l'aoriste et le plus-que-parfait de l'indicatif, dans une proposition principale, ont souvent une valeur itérative. Un sens itératif est également attaché à la terminaison σκον et σασκον des imparfaits et aoristes de la langue homérique et du dialecte ionien. L'infinitif dit *de narration* s'emploie de même en latin, toutes les fois que le sens indique l'ellipse du verbe *soleo* (j'ai coutume) ou tout autre verbe analogue. P.

ITHOS (du grec *éthos*, mœurs, prononcé *ithos* par les Grecs modernes), nom que l'on donnait jadis dans les écoles à la partie de la Rhétorique qui traite des *mœurs* de l'orateur. On l'opposait à *pathos*, employé comme synonyme de *pathétique* ou de *passions*. Molière, se servant de ces termes, a dit dans les *Femmes savantes* (III, 5) :

> Vous avez le tour libre et le beau choix des mots,
> — On voit partout chez vous l'*ithos* et le *pathos*.

ITHYPHALLIQUE, vers grec. C'est le dimètre trochaïque brachycatalectique, c.-à-d. de 2 pieds et demi. Il sert de clausule dans les morceaux lyriques du théâtre, et d'épode chez les lyriques proprement dits. Comme substitutions, il admet le tribraque aux deux premiers pieds, le spondée au 3e. L'ithyphallique, qui n'est pas très-usité isolément, forme la dernière partie du grand archiloquien, du phalécien et du saturnien. P.

ITINÉRAIRE (du latin *iter*, gén. *itineris*, chemin), nom donné à des ouvrages où l'on décrit, soit certaines routes, soit toutes les routes d'un pays ou d'un État. Ces sortes de livres sont précieux pour les géographes, surtout s'ils se rapportent à l'antiquité. Il est vraisemblable que, dans l'empire des Perses, où les routes militaires et le service postal étaient l'objet d'une attention toute particulière, le gouvernement possédait des documents sur la direction et la longueur des routes, les localités qu'elles traversaient, les distances qui séparaient les stations les unes des autres. Ces documents ont dû être connus d'Hérodote. Nous avons quelques fragments d'Itinéraires rédigés par des Grecs, tels que les *Stathmes* (stations) *d'Asie* par Amyntas, écrivain d'une époque inconnue, les *Stathmes de l'expédition d'Alexandre* par Béton et Diognète, et les *Stathmes parthiques* rédigés au temps d'Auguste par Isidore de Charax.

Les Romains eurent deux sortes d'Itinéraires : les *Itineraria picta* ou cartes routières, et les *Itineraria scripta* ou *annotata*, itinéraires écrits, donnant différents genres de renseignements. Agrippa avait consigné dans ses *Commentaires* les résultats des opérations géodésiques décrétées par tout l'empire romain au temps de J. César; d'après cet ouvrage de son ami, Auguste fit représenter, par la peinture ou en mosaïque, sur les murs du Portique que Pola Vipsania, sœur d'Agrippa, avait élevé dans le Champ-de-Mars, un *Orbis terrarum* que Pline l'Ancien a certainement consulté. On croit qu'une révision de cet *Orbis* fut faite au temps d'Alexandre Sévère, et qu'il servit ensuite pour l'exécution de la *Table* dite *de Peutinger* qui nous est parvenue (*V.* PEUTINGER, dans notre *Dictionnaire de Biographie et d'Histoire*). Parmi les Itinéraires écrits, le plus important est l'*Itinéraire d'Antonin*, divisé en deux parties, l'*Itinéraire des provinces* et l'*Itinéraire maritime*. Henri Estienne, qui le publia en 1512, l'attribuait à Antonin le Pieux ou à Marc-Aurèle, opinion qui n'est pas adoptée. Quelques savants ont prétendu qu'il fut fait au temps de J. César par trois géographes ou ingénieurs, et reçut sa forme d'Antonin : mais il y a des noms de villes qui n'ont pu être donnés que plus tard, comme Dioclétianopolis, et d'ailleurs les routes de la Gaule et de la Grande-Bretagne s'y trouvent. D'autres supposent que l'*Itinéraire d'Antonin* est l'ouvrage d'un géographe du IIIe ou du IVe siècle, qui emprunta le nom de cet empereur pour lui donner crédit, ou qu'il fut composé longtemps après, en exécution d'un projet conçu par lui. Ce qu'on peut tenir pour certain, c'est que le premier fond de l'*Itinéraire* a été enrichi par des additions successives. — Certains Itinéraires latins ne donnent qu'un seul routier : tels sont les trois Itinéraires de Cadix à Rome, gravés sur trois vases d'argent qu'on a découverts en 1852 à Vicareilo (près du lac de Bracciano), et l'*Itinerarium burdigalense* ou *hierosolymitanum*, qu'un pèlerin composa en 333 pour l'usage des voyageurs qui voudraient se rendre de Bordeaux à Jérusalem. Angelo

Maï a publié à Milan, en 1817, sous le titre d'*Itinera-rium Alexandri*, une courte description de l'expédition d'Alexandre le Grand en Perse, ouvrage dédié par un inconnu à l'empereur Constance lorsqu'il entreprit, en l'an 345, sa seconde expédition contre les Perses.

Les *Itinéraires poétiques* pourraient bien ne pas figurer avec grand fruit dans les collections utiles à la géographie. Sans parler de certains voyages chantés par Lucilius, par Horace et par Ovide, on sait que J. César avait raconté en vers son voyage de Rome dans l'Espagne Ultérieure; que Perse composa dans sa jeunesse des *odoiporica;* que Lactance décrivit également en vers son voyage d'Afrique à Nicomédie. Nous avons l'Itinéraire de Rome en Gaule par Rutilius Numatianus (en 416), et le voyage que fit à Limoges Théodulfe, évèque d'Orléans sous Charlemagne.

Certains voyages à la Terre Sainte, écrits au moyen âge, portent le nom d'Itinéraires; tels sont : *Itinerarium B. Antonini martyris,* vers l'an 600; *S. Willibaldi vita seu Hodœporicon,* 722; *Bernardi monachi Sapientis Itinerarium ad loca sancta,* 870; *Itineraire de Benjamin de Tudèle,* 1160; *Gerardi Friderici I in Ægyptum et Syriam ad Saladinum legati Itinerarium,* 1175; *Magistri Thetmari iter ad Terram Sanctam,* 1217, publié par T. Tobler, Berne, 1851. — Les modernes ont quelquefois donné le nom d'Itinéraires à de purs récits de voyage; tel est l'*Itinéraire de Paris à Jérusalem,* par Chateaubriand.

IVOIRE. L'ivoire a été employé pour les objets de luxe dès les temps les plus reculés. Certains meubles du palais de David et le trône de Salomon étaient en ivoire. Homère parle de poignées et de fourreaux d'épée, de lits et autres objets faits en cette même matière. Phidias sculptait les plus grandes statues (*V.* CHRYSÉLÉPHANTINE — Sculpture) en or et en ivoire. L'ivoire servit à faire des incrustations : on en orna les clefs des maisons, les brides des chevaux, les meubles. La chaise curule des Romains, les lyres, des tables même, étaient en ivoire. Les éléphants étaient beaucoup plus nombreux dans l'antiquité et même au moyen âge que de nos jours, et, par conséquent, l'ivoire plus abondant. Les musées possèdent de nombreux diptyques, triptyques, et autres objets en ivoire exécutés au moyen âge. On cite comme un habile sculpteur Jean Lebraellier, qui vivait sous Charles V. La Renaissance fit-aussi un grand usage de l'ivoire pour fabriquer des coupes, des hanaps, des cornes, des poudrières, etc., qui sont de véritables chefs-d'œuvre de sculpture. Au XVIIIe siècle, Rosset de St-Claude s'illustra comme sculpteur en ivoire. De nos jours, l'ivoire devient de plus en plus rare et cher; on ne l'emploie guère que pour des objets de petite dimension, tels que statuettes, manches de couteaux, cassolettes, pommes de canne, bracelets, broches, étuis, etc. L'ivoirerie est depuis longtemps une spécialité de la ville de Dieppe. *V.* Eug. Piot, *Histoire de la sculpture et des sculpteurs en ivoire,* dans le *Cabinet de l'amateur et de l'antiquaire,* février 1842.

IZESCHNÉ. *V.* YAÇNA.

J

J ## JAC

J, 10e lettre et 7e consonne de l'alphabet français. On l'a définie, tantôt une consonne linguale, sifflante et faible, tantôt une palatale sifflante, ou encore une chuintante. Elle a le son de notre *g* doux. L'articulation qu'elle représente existe en portugais comme en français. Elle paraît avoir été inconnue aux Celtes, à en juger par le dialecte bas breton, où le *j* ne figure que dans des mots d'importation moderne; on ne la trouve pas davantage dans le basque et l'allemand, et, quand le *j* se rencontre dans une langue étrangère, les Allemands ont peine à le rendre autrement que par *ch* (*che ne chuche chamais,* pour *je ne juge jamais*). L'articulation *j* existe dans certains mots anglais, où elle est représentée graphiquement par une *s* (*treasure, measure*); en polonais et en bohème, où on l'écrit par un *z* accentué, en russe, en serbe, en arménien, en persan, où l'on a également des caractères spéciaux pour l'exprimer. Le défaut d'articulation que nous appelons *zézeyement,* consiste à donner au *j* le son du *z,* ce que font d'ailleurs beaucoup d'Italiens quand ils prononcent nos mots commençant par *j.* On pense généralement que la valeur phonétique donnée par le français au *j* n'était pas connue des Romains : si cela était, dans les mots latins que nous commençons par un *j,* l'*i* qui tenait la place de cette lettre (dans *jam, Jovis,* etc.) se serait élidé en poésie, et cependant on ne voit pas qu'il en ait été ainsi. — Il est des langues où l'articulation *j* se rencontre comme second élément d'une consonne double, dont le premier élément est l'articulation *d.* C'est ainsi que les Italiens prononcent leur *g* (*gia, gelo*), et les Anglais leur *j* (*joy*), quelquefois leur *g* (*gentle*). Le même fait se remarque pour le *dja* sanscrit et pour le *djim* arabe.

Le caractère *j* est d'invention relativement récente. On croit qu'il fut en usage chez les Romains avant la chute de l'Empire, et qu'ils lui donnaient la valeur phonétique de notre *l* mouillée, comme le font les Allemands, les Danois, les Hollandais et les Flamands. En français, l'articulation *j* fut longtemps représentée par la lettre *i,* nommée en ce cas *i consonne* : Jacques Pelletier et Ramus furent les premiers, au XVIe siècle à réclamer l'emploi du *j* pour l'une des deux valeurs assumées jusqu'alors par l'*i,* et ce n'est même qu'à la fin du XVIIIe qu'on sépara définitivement dans les Dictionnaires les mots commençant par un *i* et ceux commençant par un *j.* Les Hollandais employèrent les premiers le *j* dans la typographie, et pour cette raison on l'appela longtemps *i de Hollande.*

Les Italiens donnent au *j* le nom d'*i longo,* et ne l'emploient qu'à la fin des mots comme équivalent de deux *i* brefs. Dans l'alphabet espagnol, le *j* se nomme *jota,* et représente une articulation gutturale aspirée, analogue au *ch* allemand.

Le J sert quelquefois d'abréviation, pour *Jean, Jacques, Joseph, Jules* ; J.-J. veut dire *Jean-Jacques,* J.-B. *Jean-Baptiste,* J.-C. *Jésus-Christ.* On explique J. H. S., monogramme de Jésus-Christ, par *Jesus hominum salvator* (Jésus sauveur des hommes), ou comme étant les trois premières lettres du nom de Jésus en grec, IHΣOΣ. — Quelques auteurs ont fait du J le signe numéral de 100.

JABOT, bande de mousseline ou de dentelle empesée, plissée ou tuyautée, qu'on attachait comme ornement à l'ouverture de la chemise, au devant de l'estomac, et qui faisait souvent saillie au delà de l'habit, comme l'espèce de poche que les oiseaux ont sous la gorge. La mode en vint à la fin du XVIIe siècle, et s'est perdue quelques années après le commencement du XIXe.

JACENT (du latin *jacens,* étendu à terre, abandonné), se dit, en Droit, d'un bien qui n'a aucun propriétaire, d'un héritage auquel personne ne peut prétendre.

JACOBITE (Poésie), nom que l'on donna en Angleterre, au XVIIIe siècle, aux chants composés contre la dynastie de Brunswick par les partisans de la postérité de Jacques II, et qui eurent cours principalement en Écosse, où ils étaient comme une réclamation dernière en faveur de la nationalité. Gilchrist, James Hogg et Allan Cunningham ont recueilli et publié un assez grand nombre de ces chants.

JACOTOT (Méthode). *V.* ENSEIGNEMENT.

JACQUE. *V.* notre *Dict. de Biogr. et d'Histoire.*

JACQUELINES. *V.* au *Supplément.*

JACQUEMART, grosse figure de fer, de plomb ou de fonte, qui représente un homme armé, et qu'on plaçait sur une tour pour frapper les heures avec un marteau sur la cloche de l'horloge. Il y en a en Belgique, dans le nord de la France, à Dijon, à Moulins, etc. *Jacquemart,* ou mieux *Jacquemard,* vient de *jacque,* casaque de paysan, nom qu'on a donné ensuite à ceux qui la portaient, et de la terminaison *ard,* exprimant l'excès, l'étrangeté, et que l'on fait précéder de *m* euphonique. *Jacquemart* signifie donc *gros Jacque.*

JACQUES DE COMPOSTELLE (SAINT-). *V.* SANTIAGO.

JACQUES-LA-BOUCHERIE (Tour de St-), à Paris. *V.* notre *Dictionnaire de Biographie et d'Histoire.*

JACQUET, terme du jeu de trictrac. *V.* TRICTRAC.

JACULATOIRE (Oraison). *V.* ORAISON.

JAEN (Cathédrale de), en Espagne. Cet édifice, qui n'a été achevé qu'en 1801, occupe l'emplacement d'une mosquée arabe, que St Ferdinand, au XIIIᵉ siècle, avait transformée en église. La façade principale, percée de trois portes, a 19 mèt. de hauteur, et 32 mèt. de largeur, non compris les tours qui la flanquent, et qui, larges de 11ᵐ 50ᶜ à la base, s'élèvent en quatre étages jusqu'à une hauteur de 62ᵐ; la corniche de cette façade est surmontée d'une balustrade partagée par des piédestaux supportant les statues de St Ferdinand, des Évangélistes, et des Docteurs de la loi. Le plan de la cathédrale est une croix latine. L'intérieur, divisé en trois nefs, a la forme d'un parallélogramme rectangle de 80ᵐ de longueur sur 44 de largeur au transept. La nef du milieu est pavée en marbre; les chapelles des collatéraux sont ornées de tableaux et de sculptures estimables; l'une d'elles contient une précieuse relique, la Stᵉ Face, imprimée sur le mouchoir de Stᵉ Véronique, et que l'on prétend posséder aussi à Alicante. Le chœur est décoré avec beaucoup de richesse, et le sanctuaire, surélevé de près d'un mètre; le maître-autel, en jaspe rouge, est surmonté d'un beau tabernacle, et couvert d'une nappe exécutée en bronze.

JALOUSIE, sentiment pénible qu'excite en nous la supériorité d'autrui, et qui s'aggrave en raison de notre vanité. L'*Encyclopédie* établit entre l'envie et la jalousie la distinction suivante : « *Envieux* et plus que *jaloux*. Le premier marque une disposition habituelle du caractère, l'autre peut désigner un sentiment passager; le premier désigne un sentiment actuel plus fort que le second. On peut être quelquefois jaloux sans être naturellement envieux. La jalousie, surtout au premier mouvement, est un sentiment dont on a quelquefois peine à se défendre; l'envie est un sentiment bas, qui ronge et tourmente celui qui en est pénétré. » La jalousie et l'envie ne diffèrent pas seulement par le degré, mais aussi par leur nature : « La jalousie, dit La Rochefoucauld, est, en quelque manière, juste et raisonnable, puisqu'elle ne tend qu'à conserver un bien qui nous appartient ou que nous croyons nous appartenir; au lieu que l'envie est une fureur qui ne peut souffrir le bien des autres. » Il n'y a guère que la jalousie amoureuse qui ait été traitée dans les œuvres dramatiques : Molière a consacré toute une pièce à la peindre, *Don Garcie de Navarre*; elle est aussi le ressort principal de l'*Othello* de Shakspeare.

JALOUSIE, espèce de contre-vent formé de planchettes de bois ou de fer assemblées parallèlement, qu'on incline plus ou moins, qu'on remonte et qu'on baisse à volonté au moyen de poulies et de cordons. On peut voir, sans être vu, par les interstices des planchettes. Le nom de cette espèce de fermeture indique le motif qui probablement l'a fait inventer chez les nations où l'on tient les femmes enfermées. Les jalousies servent aussi à garantir contre le soleil ou une lumière trop vive.

JAMBAGE, en termes de Construction, montant latéral d'une baie quelconque ou d'une cheminée. Les jambages des portes et des fenêtres sont susceptibles de recevoir une riche ornementation et des formes très-diverses, suivant le style et le caractère de l'édifice.

JAMBES DE FORCE, grosses pièces de bois au nombre de deux, qui, posées sur les extrémités de la poutre du dernier étage d'un bâtiment, vont se joindre dans le poinçon pour former le comble.

JAMBIÈRES, la même chose que les *Grèves* (*V. ce mot*).

JAN. *V.* TRICTRAC.

JANGADA, radeau léger du Brésil, long de 7 à 8 mèt., large de 2ᵐ60, formé de cinq ou six pièces de bois pointues aux extrémités, et réunies par quelques attaches et des chevilles. Des piquets plantés sur les madriers extérieurs supportent trois bancs transversaux : celui de l'avant est percé d'un trou pour le passage du mât, celui du milieu sert de siége, et l'on pose sur celui de l'arrière la voile quand elle est serrée. L'embarcation est gouvernée au moyen d'un grand aviron attaché au milieu de l'arrière.

JANISSAIRES.

JANSÉNISME. } *V.* ces mots dans notre *Dictionnaire de Biographie et d'Histoire.*

JANUS.

JAPON (Porcelaine du). Elle dérive de la porcelaine de Chine. D'après les chroniques du Japon, la suite d'un prince de Corée vint s'établir dans ce pays, vers l'an 27 avant notre ère, et y fonda la fabrication de la porcelaine. Cette branche d'industrie se répandit avec lenteur, et ne se perfectionna guère. En l'an 1211, un fabricant japonais, Katosiro Ouye-Mon, se rendit en Chine pour étudier à fond les secrets de son art, et les ouvrages qu'il fabriqua après son retour furent très-recherchés. Toutefois la porcelaine de Chine conserva sa supériorité; car, vers la fin du XVIIIᵉ siècle, des ouvriers chinois furent encore appelés de la Corée.

JAPONAISES (Langue, Écriture et Littérature). La prétention qu'ont les Japonais d'avoir eu les mêmes ancêtres que les Chinois est démentie par la nature de leur langue : le chinois, en effet, est monosyllabique, tandis que le japonais est polysyllabique et susceptible de flexions. Il forme, avec le coréen, un des groupes des langues ouralo-altaïques (*V. ce mot*). En japonais, on trouve une variété extraordinaire de termes : ainsi, les noms des objets dépendent souvent de la position personnelle de celui qui parle, et diffèrent dans la bouche d'un homme et dans celle d'une femme; les particules postpositives à l'aide desquelles se fait la déclinaison sont multiples pour chaque cas, chacune s'employant d'après des règles relatives à la condition sociale des interlocuteurs ou à la nature du sujet du discours; les noms de nombre diffèrent selon les objets que l'on énumère; il y a plusieurs pronoms pour chaque personne. La distinction des genres grammaticaux n'existe pas en japonais; mais les genres naturels, les sexes, sont indiqués, dans les êtres qui en sont susceptibles, le masculin par la particule *vo*, le féminin par la particule *me*. Il n'y a pas d'article. Le verbe *arou* (être), en se joignant à un nom, forme un grand nombre de verbes composés. Les temps et les modes sont différenciés par des désinences. La construction est généralement inverse. La prononciation du japonais est harmonieuse, la plupart des mots finissant par des voyelles; les consonnes s'articulent mollement. Il faut distinguer la langue écrite et la langue parlée : la première, plus ancienne, s'appelle le *jamato*; elle a des terminaisons, des particules et des constructions inconnues à la seconde, et néanmoins tout le monde la comprend : elle se divise en deux dialectes, le *naïden*, employé pour les ouvrages religieux, et le *gheden*, dont on fait usage dans les compositions profanes. La langue parlée ou vulgaire est fortement mélangée de mots chinois. *V.* Rodriguez, *Arte da lingoa de Japam*, Nagasaki, 1604, in-4º, dont un Abrégé, traduit du portugais par Landresse, a été publié à Paris sous le titre d'*Éléments de la grammaire japonaise*, 1825; Didaco Collado, *Ars grammatica japonicæ linguæ*, Rome, 1632, in-4º, et *Dictionarium sive Thesauri linguæ japonicæ compendium*, Rome, 1638, in-4º; Oyanguren, *Arte de la lengua japona*, Mexico, 1738, in-4º; Thunberg, *Observationes in linguam japonicam*, dans les *Mémoires de la Société d'Upsal*, 1792; Siebold, *Epitome linguæ japonicæ*, dans les *Transactions de la Société des arts et des sciences de Batavia*, 1826; Medhurst, *Dictionnaire anglo-japonais et japono-anglais*, Batavia, 1830; Léon de Rosny, *Introduction à l'étude de la langue japonaise*, Paris, 1856, in-4º, et *Dictionnaire japonais-français-anglais*, 1856, in-4º.

Avant le IIIᵉ siècle de notre ère, les Japonais ne connaissaient pas l'écriture : ils l'empruntèrent aux Chinois vers l'an 285. Mais leur système ne se rencontre chez aucun autre peuple. En effet, ils ont, non des signes diversement altérés, comme les Chinois, non des lettres, un *alphabet*, comme presque tous les peuples, mais des caractères syllabiques, un *syllabaire*. Ces caractères syllabiques ne naquirent pas de la réunion de telles ou telles lettres, et n'étaient pas décomposables en caractères alphabétiques; ils étaient syllabaires *à priori*, d'original et d'emblée, chacun d'eux ayant été appliqué à un son. De ces signes chinois on tira, au IXᵉ siècle, par diverses altérations, deux autres syllabaires, composés chacun de 47 signes ou syllabes, dont plusieurs ont une double valeur selon l'accent ou la prononciation : l'un appelé *kata-kana*, comprend les signes dont on se sert pour les inscriptions et les titres d'ouvrages; l'autre, le *firo-kana*, est composé des caractères courants, qui sont le plus en usage. Il y a, entre ces deux syllabaires, à peu près le même rapport qui existait en égyptien entre les signes proprement hiéroglyphiques et l'écriture démotique. On distingue encore le syllabaire *man-yo-kana*, composé de caractères chinois entiers, mais auxquels on ne conserve qu'une valeur purement phonétique, et le *ya-mato-kana*, formé de caractères chinois extrêmement simplifiés. Les Japonais écrivent en lignes perpendiculaires, qui procèdent de haut en bas et se succèdent de droite à gauche : l'usage où ils sont de mêler ensemble les caractères de plusieurs syllabaires, et de les lier par des traits qui leur sont étrangers, en rend la lecture très-difficile. *V.* Klaproth, *Mémoire sur l'introduction et l'usage des carac-*

tères chinois au Japon, et sur l'origine des différents syllabaires japonais, Paris, 1829.

La littérature japonaise est, dit-on, fort riche, mais on en connaît peu de chose en Europe. La poésie se sert de deux mètres principaux, l'un de cinq syllabes, l'autre de sept; elle a un grand nombre de vers différents, et deux espèces de poëmes, les uns composés d'une suite de distiques, les autres partagés en chants de 100 ou de 1,000 vers. Il y a, dans les grandes villes, des représentations théâtrales avec accompagnement de musique; les drames, soit héroïques, soit gais, n'admettent jamais que deux personnages à la fois sur la scène, mais les danses et les pantomimes s'exécutent à beaucoup de personnages et avec magnificence. Les Japonais paraissent s'être occupés spécialement d'histoire et de géographie: il existe à Jeddo une Académie, chargée de rédiger les Annales de l'Empire et l'Almanach impérial; d'autres savants dressent des cartes géographiques. Tout en fermant leur pays aux étrangers, ils se sont procuré, par l'intermédiaire des Hollandais, une foule de livres, de revues, de journaux, et ils connaissent ce qui se passe en Europe et dans les autres parties du monde. Klaproth a traduit en français, en 1832, sous le titre d'*Aperçu général des trois royaumes*, un de leurs traités historiques et géographiques; deux ans après, il a publié une *Histoire des empereurs du Japon*, traduite par le Hollandais Isaac Titsing. Abel Rémusat a donné, dans le t. IX de ses *Notices et Extraits*, la table des matières de l'Encyclopédie chinoise et japonaise. Un roman japonais, *les Six paravents représentant le passé*, a été traduit en allemand par Pfitzmayer, Vienne, 1847. Enfin le *Catalogue des livres et manuscrits japonais recueillis par Siebold* a été publié par Hoffmann, Leyde, 1845, in-fol.

JAPOURIA (Dialecte). *V.* ALBANAIS.

JAQUE, JAQUEMART. *V.* JACQUE, JACQUEMART.

JAQUETTE, vêtement de dessus, descendant jusqu'aux genoux ou plus bas, et qui était autrefois à l'usage des paysans et du bas peuple.

JARDINIÈRE, meuble d'ornement qui supporte une caisse dans laquelle on met des fleurs.

JARDINS (Art des). Nous avons peu de renseignements pour l'histoire des jardins antérieurs à l'époque romaine. Les Orientaux ont de tout temps recherché l'ombre et l'eau, et tout lieu qui en était abondamment pourvu s'appelait *paradis* chez les Perses. Les Anciens plaçaient au nombre des sept merveilles du monde les *Jardins suspendus* de Babylone (*V.* notre *Dictionnaire de Biographie et d'Histoire*). Chez les Grecs, les descriptions des jardins des Hespérides, d'Alcinoüs, de Calypso, de Midas, sont nées dans l'imagination des poëtes; mais on vanta les jardins d'Académus, de Cimon, d'Épicure, de la courtisane Phryné. On cite aussi le jardin de Chanon en Médie, visité par Alexandre le Grand, les jardins des bords de l'Oronte, dits de Daphné, près d'Antioche, décrits par Strabon, et les jardins de Cléopâtre. — On peut se faire des idées un peu plus arrêtées sur ce que furent les jardins romains. Dans l'âge primitif de Rome, Tarquin, au témoignage de Tite-Live, posséda des jardins. Lucullus, Pompée, César, et d'autres riches Romains, eurent de splendides jardins dans les faubourgs de Rome. À l'époque d'Auguste, un certain Matius introduisit l'usage de tailler les arbres. Nous avons une description complète d'un jardin romain dans la lettre que Pline le Jeune consacre à sa villa de Toscane, et dont les détails sont confirmés par les peintures murales de Pompéi: les parterres, les plates-bandes, les longues allées d'arbres, les massifs, les ifs et buis taillés en figures selon les règles de *l'ars topiara*, les serres, le potager, les promenades couvertes, les sentiers coupant en tous sens une place circulaire, tout cela montre que les jardins romains servirent de modèle aux jardins réguliers créés plus tard par les Français (*V.* Dezobry, *Rome au siècle d'Auguste*, lett. 33). Il se peut, toutefois, que les jardins de Néron, d'Adrien et des empereurs ultérieurs se soient rapprochés davantage des paysages naturels; on en verrait volontiers la preuve dans la fameuse villa qu'Adrien créa aux portes de Tibur.

La chute de l'Empire romain entraîna la décadence de l'horticulture, qui paraît ne s'être relevée qu'à partir du XIIIe siècle. Boccace décrit des jardins qui ressemblent fort à des parcs. Au XVe et au XVIe siècle, du temps des Médicis, le goût des grands et beaux jardins devint très-répandu: ceux de Boboli au palais Pitti, de Pratolino, de Tivoli, des palais Borghèse et Aldobrandini, d'Isola-Bella, etc., sont demeurés jusqu'à nous comme les spécimens de l'art décoratif des jardins pendant la Renais-

sance en Italie. C'est ce même style épanoui, fleuri, ingénieux, riche et délicat, qui avait triomphé dans les autres arts: une profusion de terrasses, de temples, de statues, de bustes, de vases, de fontaines, de rochers artificiels, d'étangs creusés géométriquement, d'allées droites et régulières, de charmilles artificiellement contenues. En un mot, l'architecture et la sculpture dominaient; la verdure et les arbres n'étaient presque que les accessoires. Le style italien fut adopté dans les autres États: aux XVIe et XVIIe siècles, en Allemagne, pour les jardins des banquiers Fugger et de Wallenstein; en France, pour ceux de St-Germain et de Fontainebleau, plus tard encore pour les Tuileries, le Luxembourg, et St-Cloud, dont Claude Mollet dessina les parterres; en Angleterre, pour ceux de Hampton-Court. La direction que l'on suivait était tellement contraire à la nature, que le chancelier Bacon l'attaqua avec vigueur (1620). Néanmoins, ce fut seulement un demi-siècle après que Le Nôtre créa dans les jardins de Versailles un style un peu différent du style italien: des plantations régulières d'arbres, des plans obliques au lieu de terrasses, une grande quantité d'ornements architectoniques, des ouvrages hydrauliques, des haies et des arbres bizarrement taillés, des statues et des orangeries, tels furent les caractères du *style français*. Appliqué aux anciens jardins de Meudon, de Vaux, de Chantilly, de Rueil, de Marly, ce système eut à son tour les honneurs de l'imitation: vers la fin du XVIIe siècle, Le Nôtre le porta à Londres, où il dessina le parc de Saint-James; vers le même temps, et au XVIIIe siècle, on l'adopta pour les jardins de Schœnbrunn près de Vienne, de Sans-Souci près de Berlin, de Nymphenburg près de Munich, de la Favorite près de Stuttgard, etc. Mais nulle part on ne le porta aussi loin qu'en Hollande, où les jardins furent le type de la symétrie, de l'ordre, de la régularité la plus minutieuse et la plus puérile, où l'on en vint à avoir des jardins de pierres et de coquillages, garnis de gros vases contenant des fleurs en porcelaine.

Une réaction s'opéra au commencement du XVIIIe siècle en Angleterre: Wise, lord Bathurst, Pope et Addison attaquèrent le style des jardins français, et un nouvel art fut créé, vers 1720, par William Kent dans les parcs de Carlton-House, de Claremont, d'Essex et de Rousham. Les *jardins* dits *anglais*, reposant sur le même principe que la peinture de paysage, furent une habile imitation de la nature. Les procédés de l'école anglaise, perfectionnés par Browne à Blenheim, enseignés par Shenstone, Mason, Repton, Whateley, Alison, Hilpin, H. Walpole, Uvedale Price, furent promptement acceptés en Allemagne; on en fit usage particulièrement à Wilhelmshœhe près de Cassel, à Charlottenbourg près de Berlin, etc.; et Hirschfeld, professeur d'esthétique à Kiel, jugea utile de les protéger par de nombreux écrits contre la corruption du goût. Aux jardins anglais, introduits en France après 1763, on essaya de substituer les *jardins chinois*, remarquables surtout par la sinuosité des allées et par le caprice des détails. Girardin, Morel et J.-J. Rousseau combattirent cette tendance, tant en théorie qu'en pratique, par la création des jardins d'Ermenonville. Le *hameau* de Chantilly, le charmant jardin anglais du Petit-Trianon, à Versailles, sont de ce temps, ainsi que plusieurs beaux parcs paysagistes, tels que Casant, près de l'Isle-Adam (Oise), Méréville, aux environs de Corbeil, Morfontaine, près de Senlis. Dans Paris même, la Folie-Beaujon, aux Champs-Élysées, le jardin Boutin, dans la rue de Clichy, et le parc de Monceaux, au faubourg du Roule, eurent et méritèrent leur célébrité, comme jardins de médiocre étendue, mais disposés avec art et avec goût. Monceaux, aujourd'hui jardin public, et très-diminué, n'est plus guère que l'ombre de ce qu'il fut. C'était alors la mode des jardins imitant la nature, et c'est à cette époque, en 1782, que Delille composa son poëme *les Jardins*. — L'art des jardins acquit quelque chose de plus libre, de plus sérieux, de plus élevé, après la nouvelle réforme opérée par Sckell en Allemagne: les jardins qu'il fit à Munich et à Monbijou, ceux du prince de Puckler-Muskau à Muskau et à Branitz, ceux qui ont été tracés par A. de Hake à Hanovre, Weyhe à Dusseldorf, Lenné à Berlin, Siebeck à Leipzig, sont de véritables modèles, qui ont inspiré Thouin, Hardy, Viart et Lalos en France, Nash et Paxton en Angleterre. Ces habiles dessinateurs ont cherché à produire des effets naturels, des embellissements pittoresques bien entendus, à grouper avec grâce, et à composer des ensembles harmonieux. Cet art a été appliqué de nos jours aux bois de Boulogne et de Vincennes, à la porte de Paris, convertis l'un et l'autre en magnifiques parcs paysagistes (*V.* Boulogne — Bois de). *V.* Bacon, *Essai sur les jardins*, en anglais, Londres, 1620; Jacques Boyleau, *Traité du jardinage selon les principes de la nature et de l'art*, Paris, 1638, in-fol. ; Mason, *Essai sur le dessin des jardins*, ibid., 1768; Whateley, *Observations sur les jardins modernes*, ibid., 1770; Price, *Essais sur le pittoresque dans les jardins*, ibid., 1780; Hirschfeld, *Théorie des jardins*, en allem., Leipzig, 1775-80, 5 vol.; Morel, *l'Art de distribuer les jardins suivant l'usage des Chinois*, Paris, 1757, et *Théorie des jardins*, 1776; Watelet, *Essai sur les jardins*, 1774; Girardin, *De la composition des paysages*, Paris, 1777; Silva, *Art des jardins anglais*, en ital., Florence, 1803; Thouin, *Plans raisonnés de toutes les espèces de jardins*, 3e édit., Paris, 1828, in-fol.; De Laborde, *Description des nouveaux jardins de la France*, Paris, 1808-1814; Viart, *Le Jardiniste moderne*, 1827; Vergnaud, *L'art de créer les jardins*, 1839; le comte de Choulot, *l'Art des jardins*, Paris, 1857.   B.

Jardins botaniques, établissements dans lesquels on cultive des plantes de tous les pays et de tous les climats, pour servir aux progrès de l'instruction et de la science. Le premier fut établi à Salerne par Matthieu Silvaticus au commencement du XIVᵉ siècle. En 1333, Venise créa un jardin médicinal public. Vinrent ensuite les jardins botaniques de Ferrare, de Padoue (1533), de Pise (1543), et de Bologne (1568). Celui de l'Université de Leyde date de 1577. Le plus ancien de France est celui de Montpellier (1597), et on en établit un à Paris en 1635 (*V.* Jardin des Plantes, dans notre *Dictionnaire de Biographie et d'Histoire*). L'Angleterre et l'Allemagne n'ont créé de jardins botaniques que depuis la fin du XVIᵉ siècle : Leipzig en 1580, Kœnigsberg en 1591, Breslau en 1587, Heidelberg en 1593, Geissen en 1605, Ratisbonne, Iéna et Ulm en 1629, Gœttingue en 1727; Oxford en 1640, Chelsea en 1752, Kew en 1700. Celui qu'Olaüs Rudbeck fonda à Upsal en Suède, en 1657, est le plus important après celui de Paris. Aujourd'hui il n'est pas de grande ville qui n'en possède.

Jargon, mot d'une étymologie incertaine, qu'on applique à tout langage corrompu, factice, plus ou moins inintelligible. Le jargon est particulier à telles ou telles personnes; en cela il se distingue du *patois*, qui a ses règles et est propre à tous les gens d'un même pays, et de l'*argot*, qui est toujours un langage de convention.

Jarre (de l'espagnol *yaro*, pot), vase en terre cuite, à deux anses et à gros ventre, et qui sert à renfermer des liquides.

Jarretière, objet d'habillement, qui fut autrefois un ornement de toilette. Sous Louis XIV et Louis XV, les bas de soie, roulés par dessus la culotte, étaient retenus au-dessus du genou avec une jarretière de galon d'or à boucle de diamant. Les dames de grande maison faisaient broder leurs armoiries sur leurs jarretières.

Jaserand, nom qui fut donné quelquefois à la cotte de mailles.

Jaspe, sorte d'agate employée dans la Symbolique chrétienne pour représenter la foi. Son opacité est l'image de l'impénétrabilité des mystères; sa dureté exprime la fermeté de la foi. Le jaspe figure aussi la tribu de Gad, qui précédait les autres dans la marche et au combat, et aussi St Pierre, sur qui Jésus a fondé son Église.

Jaufre (Roman de), poëme de 11,160 vers de 8 syllabes, écrit en langue provençale au XIIᵉ siècle, et se rattachant au cycle d'Arthur. Le jeune écuyer Jaufre se rend à la cour du roi Arthur : pendant un repas, un vassal de ce prince, Taulat de Rugimon, redouté pour sa force et sa cruauté, vient frapper mortellement un chevalier. Personne n'osant le poursuivre, Jaufre se propose, et obtient d'être armé chevalier sur-le-champ. Après une série d'aventures merveilleuses et de glorieuses prouesses, il arrive au pied d'une tour où gémit la belle Brunissende, dont le père est retenu depuis sept ans prisonnier par le même Taulat. Victorieux de ce félon, il emmène Brunissende, qu'il doit épouser : sur la route, attiré par les cris d'une dame qui se noie, il se plonge au milieu des eaux, et se trouve dans une contrée délicieuse ; cette dame est une fée, qui réclame son secours contre un oppresseur. Il la délivre, remonte sur terre, et conduit Brunissende, qui le croyait perdu, à la cour d'Arthur. Leur mariage est célébré avec une grande pompe et au milieu de nouveaux enchantements. — Le roman de *Jaufre* offre des tableaux intéressants de la société féodale, avec ses fictions chevaleresques et ses féeries; on y reconnaît l'influence des idées arabes, qui s'étaient répandues de l'Espagne dans le midi de la France, et Cer-

vantès paraît lui avoir emprunté plus tard quelques-unes de ses inspirations. Ce roman fut commencé par un Troubadour qui en avait entendu raconter le sujet à la cour d'Aragon, et fut achevé par un autre poëte, assez modeste pour cacher son nom et celui de son prédécesseur. Il en existe deux manuscrits à la Bibliothèque nationale de Paris.   B.

Jaugeurs, officiers publics chargés de déterminer la capacité des navires, et de délivrer, dans les formes prescrites par les règlements, le certificat de jauge dont tout bâtiment français doit être muni. *V.* un arrêté consulaire du 7 brumaire an IX (30 oct. 1800) et une loi du 29 floréal an X (19 mai 1802).

Javanaise (Langue), une des langues malaises, dérivée du *kawi* (*V. ce mot*). Elle se compose de trois dialectes, ou plutôt de trois formes de langage, dont deux ont une nomenclature tout à fait à part, mais qui ne constituent dans leur ensemble qu'un seul et même idiome. L'usage de ces trois formes de langage, qui se mêlent dans les ouvrages de littérature aussi bien que dans la conversation, est déterminé par la supériorité, l'égalité ou l'infériorité de rang social ou d'âge dans laquelle se trouve la personne qui parle relativement à celle à qui elle s'adresse; c'est une règle d'étiquette. Ainsi, en parlant à un souverain, à un grand, à un vieillard, on emploie le *kromo*, haut javanais ou langue de cour, qui exprime la déférence et le respect; entre égaux, on se sert du *madhjo*, sorte de langage intermédiaire; en parlant à un inférieur, on fait usage du *nyoko* ou dialecte populaire. Outre la difficulté qui résulte de cette triple forme, il en est une autre provenant de ce que les radicaux, en se groupant pour former des mots composés, en se combinant avec les préfixes et les suffixes qui remplacent nos terminaisons, subissent, par l'effet de permutations de lettres, une transformation orthographique qui les rend méconnaissables. Le javanais n'a ni article ni genres, et seulement deux nombres. La conjugaison ne distingue ni les nombres ni les personnes, et, comme dans tous les idiomes malais, le même mot peut être verbe et substantif. On distingue quelquefois dans la langue javanaise le dialecte de l'intérieur, *basa-dalam*, et le dialecte des côtes, *basa-luar*. Dans les montagnes de l'ouest, on parle le *soenda*, idiome indépendant du javanais. L'alphabet javanais compte 27 lettres, dont 5 voyelles. — Les Javanais aiment passionnément le théâtre, la danse et la musique. Tout *dâlang* ou directeur de troupe est poëte, et compose ; il a le privilége de parler dans les représentations; les autres acteurs, tous masqués, ne font que la pantomime. La déclamation du *dâlang* est une sorte de mélopée, que la musique accompagne. Les pièces, appelées *topeng*, sont tirées de la mythologie et de l'histoire héroïque du pays. Entre des pièces, des bouffons grotesquement costumés jouent des espèces d'intermèdes, où ils imitent les idiots, quelquefois même des animaux, surtout les chiens et les singes. Les Javanais ont aussi des spectacles de *wayang* ou ombres chinoises, et des *wayang beber*, exhibitions de papiers peints à personnages, que l'on déroule tandis que le *dâlang* en donne l'explication. *V.* Gottlob Bruckner, *Introduction à la grammaire javanaise*, en hollandais, Serampour, 1830, in-8°; Gericke, *Premiers éléments de la langue javanaise*, en hollandais, Batavia, 1831 ; Cornets de Groot, *Grammaire javanaise*, en hollandais, Batavia, 1833, in-8°; Roorda, *Dictionnaire néerlandais et javanais*, Kampen, 1834; A. de Wilde, *Dictionnaire néerlandais*, *malais et soenda*, Amsterdam, 1841 ; Dulaurier, *Mémoire, Lettres et Rapports relatifs au cours de langues malaise et javanaise*, Paris, 1843, in-8°.

Javelot.   { *V.* ces mots dans notre *Dictionnaire de Biogr. et d'Histoire*.
Jean (Feu de la Sᵗ-).   }

Jean-de-Latran (Église Saint-), à Rome. Elle est regardée comme la première église patriarcale de toute la chrétienté, et c'est dans cette basilique que le Pape prend solennellement possession de sa dignité épiscopale. L'empereur Constantin fonda Sᵗ-Jean-de-Latran vers 324, sur le mont Cœlius, près d'un palais qui avait appartenu à un païen du nom de Plautius Lateranus (d'où vient le nom de *Latran*), et la donna à Silvestre Iᵉʳ, qui la dédia au *Christ Sauveur*, parce que l'image du Sauveur apparut, dit-on, sur les murs pendant qu'il en faisait la dédicace. On l'appela aussi *Basilique Constantinienne*. En 1114, Luce II ayant attaché à cette église le culte particulier de St Jean-Baptiste et de St Jean l'Évangéliste, elle prit le nom de Sᵗ-Jean. L'édifice de Constantin subsista près de mille ans, au moyen de restaurations successives. Deux incendies le détruisirent presque entièrement, en 1308 et en 1361.

Quand on l'eut rétabli, Sixte-Quint fit ajouter sur la façade septentrionale, construite sous Pie IV, un double portique, œuvre de D. Fontana ; puis Clément VIII chargea, en 1600, Giacomo della Porta de reconstruire toute la nef transversale. Sous Innocent X, Borromini consolida la grande nef en enveloppant de forts piliers de granit les anciennes colonnes. Enfin, Clément XII fit élever, en 1734, par Galilei la façade actuelle. C'est une ordonnance de cinq longues arcades, embrassant toute la hauteur de l'édifice, et dont les pieds-droits sont ornés de pilastres composites, à l'exception de l'arcade du centre, qui est cantonnée de 4 colonnes adossées, surmontées d'un fronton. Un balcon rentrant règne, à moitié de la hauteur des arcades environ, dans toute la largeur de la façade ; l'arcade centrale forme une loge, d'où le Pape, à certains jours, donne sa bénédiction au peuple. Les statues colossales des 12 Apôtres couronnent l'édifice ; au centre, le Christ, tenant sa croix, domine toutes les autres. La galerie inférieure, sous le balcon, est appelée *atrium* ; là sont cinq portes qui donnent entrée dans cinq nefs, composant l'intérieur de l'église. La porte centrale, en bronze, vient, dit-on, de l'ancienne basilique Æmilia, sur le Forum. La dernière porte, à droite, est la *porte sainte :* elle demeure murée, et n'est ouverte qu'aux époques du Jubilé. — L'intérieur de l'église, long de 119m,50, large de 53m,75, offre une magnifique perspective : la nef centrale est composée de 5 grandes arcades, à larges piliers, ornés chacun de 2 pilastres corinthiens cannelés. Dans leurs intervalles sont 12 niches en architecture, contenant les statues colossales des Apôtres. Un riche plafond soffite, sculpté et rehaussé de dorures, couvre cette longue nef. Le maître autel ou autel papal est placé dans le milieu de la nef transversale ; il a un tabernacle d'architecture sarrasine, où l'on conserve les têtes de St Pierre et de St Paul, retrouvées en 1367 ; le pape seul peut officier à cet autel, à moins qu'il n'en donne la permission à quelque haut personnage, et seulement pour une fois. Parmi les richesses de la basilique, il faut mentionner la brillante chapelle Corsini, que Clément XII fit ériger par Galilei. On y remarque un sarcophage de porphyre pris au Panthéon d'Agrippa, et l'autel du St-Sacrement, élevé sur les dessins de P. Olivieri. On montre aussi la table où Jésus fit la cène, celle où St Pierre et les Apôtres prenaient leurs repas, la colonne du temple de Jérusalem qui se brisa à la mort du Sauveur, la pierre sur laquelle on joua ses vêtements, les colonnes qu'Auguste fit mouler avec le bronze des rostres arrachés aux vaisseaux pris à la bataille d'Actium. On peut signaler dans l'église de St-Jean-de-Latran beaucoup de détails de mauvais goût, tels que des frises et des architraves interrompues, des croisées mesquines et incorrectes, des niches à frontons anguleux, arrondis et déversés, ou bien des statues colossales des Apôtres dans la grande nef. — Le Baptistère, de forme octogone, contient les fonts baptismaux, grand bassin de porphyre antique avec couvercle en bronze ; sa coupole a été peinte par A. Sacchi, et ses murs par Gemignani, Camassei et C. Maratta. Dans un cloître du XIIIe siècle, contigu à la basilique, se trouve la chaise de porphyre sur laquelle chaque pape s'assied devant la porte quand il vient prendre possession de sa dignité. Au milieu de la place de St-Jean-de-Latran s'élève le plus grand obélisque de Rome, apporté d'Héliopolis en Égypte au temps de Constance pour être placé au Cirque Maxime, et qui, retrouvé sous terre en 1587, fut redressé par D. Fontana ; il est en granit rouge, orné d'hiéroglyphes, et atteint une hauteur de 33 mèt., sans la base et le piédestal. A droite de la basilique est un palais pontifical qu'édifia D. Fontana, et que Grégoire XVI a converti en musée d'antiquités, et un édifice qui contient le *saint escalier* (*scala santa*), formé de 28 marches en marbre blanc provenant, dit-on, du palais de Ponce-Pilate à Jérusalem, et qu'on ne monte qu'à genoux. B.

JEDBURGH (Abbaye de) en Écosse, dans le comté de Roxburgh. Cette abbaye, dotée par le roi David Ier, souvent assiégée, saccagée et brûlée pendant les guerres civiles, détruite enfin par le comte de Hertford lors de la Réformation, est considérée comme le plus parfait et le plus curieux monument de l'architecture saxonne et normande en Écosse. Les parties qui en restent encore debout sont la nef, presque tout le chœur, l'aile méridionale, la tour du centre, et le transept du nord, qui a longtemps servi de cimetière particulier à la famille des marquis de Lothian. Malheureusement on a établi au milieu de ces belles ruines une église paroissiale.

JEHAN DE LANSON, chanson de geste sur le siège d'un château par Charlemagne et les douze pairs. Jehan de Lanson (Lanciano, dans l'Abruzze citérieure), neveu des traîtres Ganelon et Hardré, donne asile aux ennemis de l'empereur, et refuse de lui faire hommage de ses terres. Il est fait prisonnier, et meurt dans un monastère de France. — Cette chanson est à la Bibliothèque nationale de Paris dans un manuscrit du XIIIe siècle, et à la bibliothèque de l'Arsenal dans un manuscrit du XVe.

JEHAN DE PARIS. V. le *Supplément*.

JÉRUSALEM (Monuments de). V. TEMPLE, dans notre *Dictionnaire de Biographie et d'Histoire*, et, dans le présent ouvrage, SÉPULCRE (Église du SAINT-).

JÉRUSALEM (Assises de). V. ASSISES, dans notre *Dictionnaire de Biographie et d'Histoire*.

JÉRUSALEM, 2e branche du *Chevalier au Cygne*. C'est le récit des combats que les Croisés soutinrent sous les murs de la ville sainte avant de l'enlever aux Turcs. Ce poème, comme les autres parties de la même chanson, a été arrangé par Graindor. Il est conservé dans six manuscrits, dont cinq à la Bibliothèque nationale et un à la bibliothèque de l'Arsenal, à Paris. V. *Histoire littéraire de la France*, t. XXII. H. D.

JÉRUSALEM (La Destruction de), poème du XIIIe siècle sur la ruine de Jérusalem par les Romains. Vespasien, affligé de la lèpre, est guéri par l'application d'un voile qui conservait l'empreinte des traits de Jésus-Christ. Pour reconnaître ce bienfait, il permet au pape de prêcher la religion nouvelle, et fait serment de venger la mort du Sauveur. Il détruit donc Jérusalem, et envoie Ponce-Pilate dans la prison de Vienne. La prison s'écroule, et le gouverneur de la Judée est englouti dans un abîme. — La tradition de l'emprisonnement et de la mort de Pilate à Vienne est encore populaire dans le Dauphiné. Il existe deux manuscrits du poème à la Bibliothèque nationale de Paris. V. *Histoire littér. de la France*, t. XXII. H. D.

JÉRUSALEM CÉLESTE, en Architecture, représentation plus ou moins grossière de la ville de Jérusalem par un groupe de petits monuments formant dais au-dessus d'une niche qui contient un saint. — Ce couronnement symbolique, particulier à l'époque romane, indique la Jérusalem céleste, où le saint doit jouir d'un bonheur éternel.

JÉRUSALEM DÉLIVRÉE (La), poème épique du Tasse, dont le sujet est la conquête de Jérusalem par l'armée des Croisés, sous la conduite de Godefroy de Bouillon.

L'ange Gabriel porte à Godefroy, élu chef de l'armée chrétienne, les ordres du Très-Haut. Godefroy harangue ses troupes, dont le poëte nous fait un dénombrement imité d'Homère. Aladin, tyran de Jérusalem ou Solyme, instruit de l'approche des chrétiens, s'apprête à les repousser. Par les conseils de l'enchanteur Ismen, il fait enlever une image de la Vierge particulièrement chère aux chrétiens ; mais le simulacre sacré disparaît de la mosquée où il a été transporté. Pour sauver le peuple de Jérusalem des conséquences du courroux d'Aladin, une vierge chrétienne, Sophronie, se déclare coupable du larcin : elle va expirer dans les flammes, à côté d'Olinde, son amant, lorsque arrive au secours du tyran la guerrière Clorinde, qui obtient la grâce du couple infortuné. Cet épisode, où le Tasse a déployé tout son talent dans l'art d'intéresser et d'attendrir, ne tient en aucune façon au reste du poëme. — Cependant les chrétiens s'approchent de Jérusalem : le combat s'engage avec les Sarrasins : Tancrède se mesure avec Clorinde sans la connaître ; Herminie, assise au haut d'une tour, près d'Aladin, nomme à ce monarque les principaux chefs des Croisés. Irrité des progrès des chrétiens, Satan assemble les démons, et les excite contre eux par ses discours. Sous l'influence de l'Enfer, Hidraot, roi de Damas, envoie sa nièce, la magicienne Armide, au camp de Godefroy, pour tâcher de séduire les chefs de son armée : par ses artifices et ses séductions, Armide obtient le secours de dix guerriers chrétiens, destinés à la rétablir sur le trône de son père. Un défi entre Gernaud et Renaud amène la mort du premier. Godefroy, irrité, censure vivement ces querelles fratricides : sur le conseil de Tancrède, Renaud quitte le camp des Croisés ; mais bientôt des chrétiens apportent son armure ensanglantée. Argillan, inspiré par l'Enfer, accuse Godefroy d'avoir fait périr ce jeune guerrier, l'Achille des chrétiens, et cette calomnie allume une sédition, que Godefroy apaise par sa fermeté. Alors Belphégor, sous les traits d'Araspe, va trouver Soliman, le chef des Arabes, et réveille sa fureur. Le sultan, dans l'ombre de la nuit, attaque les chrétiens. Le Très-Haut ordonne à Michel de précipiter dans les Enfers les esprits infernaux qui tourmentent ses guerriers ; ceux-ci reprennent l'avantage, grâce à l'arrivée des chevaliers chrétiens que la perfide Armide retenait prisonniers, et qu'a délivrés l'épée de Renaud. Alors le siége de Jérusalem se resserre. Argant et Clorinde prennent la résolution d'aller embraser la tour que les chrétiens ont élevée pour donner l'assaut. Ils sont découverts et poursuivis. Argant rentre dans Solyme, mais Clorinde reste seule au milieu des ennemis. Tandis qu'à la faveur de la nuit elle cherche à se perdre dans la foule, Tancrède l'aperçoit, et lui propose le combat. Clorinde succombe, et reçoit le baptème des mains du héros. — La mort de la guerrière répand l'alarme dans Jérusalem. Ismen enchante la forêt d'où les chrétiens tirent le bois pour leurs ouvrages. Vainement Godefroy de Bouillon y envoie les principaux guerriers : Tancrède lui-même est contraint à fuir, dupe des artifices des démons. Dans cette extrémité, Hugues apparaît à Godefroy, et lui persuade de rappeler Renaud : deux guerriers, Guelfe et Ubalde, sont chargés de cette entreprise ; ils partent, rencontrent un vieillard sur les bords du fleuve qui baigne Ascalon, et apprennent de lui le sort du jeune Renaud, et l'amour subit qu'Armide avait conçu pour lui. Sous la conduite d'une femme inconnue, ils abordent aux Iles Fortunées, séjour de l'enchanteresse, triomphent de mille obstacles, et arrivent dans le palais d'Armide. Ubalde présente aux regards de Renaud le bouclier de diamant : à cet aspect, le courage du héros se réveille, et il quitte le palais. Armide, furieuse, jure la perte de Renaud, fait détruire par les démons son magique palais, et s'envole sur son char à Gaza, où s'assemble l'armée que le sultan d'Égypte envoie au secours de Jérusalem. Renaud rentre dans le camp, et témoigne à Bouillon son amer repentir ; seul et couvert de ses armes, il va dans la forêt enchantée. En vain le fantôme d'Armide se présente à ses yeux ; en vain l'Enfer lui oppose mille obstacles, il en triomphe, et tranche le cyprès funeste auquel le charme était attaché. On reconstruit alors de nouvelles machines, et Bouillon ordonne l'assaut. Renaud le premier escalade les remparts ; les infidèles fuient, et les chrétiens pénètrent dans Solyme.

Le sujet de la *Jérusalem délivrée* est un des plus grand qu'on ait choisi, et le Tasse l'a traité avec autant d'intérêt que de grandeur : l'ouvrage est bien conduit ; presque tout y est lié avec art, et des contrastes habiles y entretiennent l'intérêt. Il est écrit en *ottava rima* (strophe de 8 vers) ; le style, sauf quelques *concetti*, est presque partout clair et élégant, et, lorsque le sujet demande de l'élévation, on est étonné de voir la *mollesse* de la langue italienne prendre un nouveau caractère sous la main du poëte, et se changer en majesté et en force. L'épisode d'Armide est un chef-d'œuvre, et celui d'Herminie chez les bergers une pastorale charmante, destinée à soulager le lecteur de la description des combats. Un génie admirable éclate dans la variété des caractères, la manière dont ils sont annoncés, et l'art savant avec lequel ils sont soutenus. La *Jérusalem délivrée*, depuis longtemps chantée en Italie, doit être placée à côté des œuvres de Virgile et d'Homère, malgré ses fautes et malgré la critique de Boileau.   E. B.

JESSÉ (Arbre de). V. ARBRE GÉNÉALOGIQUE.

JÉSUS (Images de). V. CHRIST (Images du), BON PASTEUR, CRUCIFIX, CRUCIFIEMENT.

JÉSUS (Papier), papier employé pour les ouvrages d'un grand format et pour l'impression des gravures. Son nom lui vient de ce qu'autrefois il portait pour marque I. H. S., premières lettres du nom de Jésus en grec.

JET D'EAU, ornement des bassins et des fontaines, principalement depuis le temps de Louis XIV. Tantôt le jet est isolé, comme dans les Tuileries ; tantôt il forme des gerbes, comme au Palais-Royal ; il entre encore dans la composition des scènes qui animent les pièces d'eau, ainsi qu'on le voit à Versailles. Les Anciens connaissaient les jets d'eau, puisqu'on en a trouvé une représentation dans les peintures de Pompéi ; d'ailleurs, il y en avait souvent un dans l'*impluvium* des maisons romaines.

JETÉ, JETÉ BATTU. V. PAS.

JETÉE, construction élevée en maçonnerie à l'entrée d'un port pour protéger l'entrée et la sortie des navires, briser les fortes lames qui arrivent de la haute mer, et arrêter l'invasion des galets ou du sable. Par conséquent, le système des jetées doit être combiné avec la direction des courants et la force de la mer. On les construit sur deux lignes parallèles, dont l'intervalle se trouve la voie du port. Il y en a de très-belles aux Sables d'Olonne, à Calais, et à Dunkerque. Les jetées sont ordinairement élevées par les ingénieurs du gouvernement, et, si elles se trou-

vent à l'entrée d'un port de guerre, elles entrent dans le système des fortifications. — Les anciens Romains avaient inventé et appliqué un système de jetées pour protéger un port, tout à la fois contre les agitations de la mer et contre les ensablements : c'étaient des jetées en arcades, comme des ponts, mais avec des piles plus fortes. La partie supérieure de l'arcade était fermée par des portes trempant un peu dans l'eau, et laissant toute la partie inférieure ouverte. La vague, poussée sur la digue, entrait dans le port par le bas des arcades ; mais, ne pénétrant qu'à une certaine profondeur sous le niveau de l'eau intérieure, elle l'agitait fort peu ; ensuite, par son mouvement naturel de reflux, elle ramenait avec elle le sable qu'elle pouvait avoir charrié, de sorte qu'il ne pouvait jamais y avoir d'accumulation dans le port. Il existe au cap Misène et à Pouzzoles, auprès de Naples, des ruines antiques de jetées de ce genre. Celles de Pouzzoles sont appelées vulgairement le *pont de Caligula*. V. de Fazjo, *Interno al miglior sistema di costruzione de' porti*, Naples, 1828, in-4°.   C. D—Y.

JETON, pièce de métal, d'ivoire, de nacre, d'os, de bois, etc., plate et généralement ronde, dont on se servait autrefois pour calculer, et qu'on emploie encore, en lui donnant une valeur de convention, pour compter et payer au jeu. Suivant Hérodote, les Égyptiens comptaient avec de petites pierres plates, polies et arrondies. Les Romains, qui en firent également usage, les nommèrent *calculs* (*calculi*). Des jetons en pierre blancs ou noirs servaient à marquer les jours fastes ou néfastes. On en avait d'autres en bois mince, polis et frottés de cire, pour voter dans les assemblées. Depuis le xive siècle, les rois, les seigneurs, les villes, les compagnies firent frapper des jetons à leur nom, comme bons de payement pour une somme réelle. De grandes cités en eurent de comptant honoraires, qui fournissent aujourd'hui d'utiles renseignements sur l'histoire municipale des villes, leurs magistrats, et particulièrement leurs maires. La Bibliothèque impériale de Paris conserve de belles séries de ces médailles, entre autres des maires de Tours et de ceux de Nantes. Elles sont frappées en argent, et quelquefois en cuivre. — On appelle *jeton de présence* un jeton donné dans les Académies et autres Sociétés à chaque membre présent à une séance : il a une valeur réelle, et s'échange contre de l'argent monnayé. Les *méreaux* (V. ce mot) étaient des jetons de cette nature. Ce fut en 1701 que la munificence royale accorda des jetons de présence à l'Académie française. De nos jours, certaines corporations et les grandes compagnies industrielles distribuent aussi des jetons de présence pour les réunions périodiques ou extraordinaires de leurs conseils d'administration. Ils sont en argent, et de forme hexagonale plus souvent que circulaire.

JEU (du latin *jocus*), amusement quelconque. Il y a des jeux où le corps principalement est en exercice, et qui développent la vigueur, l'agilité et l'adresse : tels étaient, chez les Anciens, les *Jeux publics* (V. ce mot dans notre *Dictionnaire de Biographie et d'Histoire*), consistant en lutte, pugilat, saut, course, etc. ; au moyen âge, les *joûtes* et les *tournois* ; chez les modernes, les *carrousels*, les jeux de *balle*, de *paume*, de *barres*, etc. Il en est d'autres qui sont purement jeux d'adresse, comme ceux de *boules*, de *quilles*, de *bagues*, de *billard*, de *bilboquet*, etc. On nomme *Jeux d'esprit* ceux qui supposent quelque chose à trouver ou à deviner, tels que l'*énigme*, la *charade*, le *logogriphe*, le *rébus*, l'*acrostiche*, l'*anagramme*, les *bouts-rimés*. Les *Jeux de calcul* ou de *combinaison*, comme les *dames* et les *échecs*, exigent une tension plus grande de l'intelligence. Les *Jeux de hasard* sont le *pair ou non*, le *creps*, les *dés*, la *roulette*, le *loto*, les *loteries*, et, parmi les jeux de cartes, le *biribi*, le *lansquenet*, le *baccarat*, le *pharaon*, etc. Dans certains jeux de hasard, le talent du joueur peut aider ou corriger la fortune : tels sont les *dominos*, le *trictrac*, l'*écarté*, le *piquet*, l'*impériale*, le *whist*, la *bouillotte*, le *boston*, etc. Les *petits jeux* ou *jeux innocents* sont les amusements de société qui varient selon les pays et les temps.

Dans les jeux de hasard principalement, les joueurs engagent quelque argent. Les entraînements de la passion du jeu ont rendu nécessaire l'intervention des pouvoirs publics. Les lois romaines défendaient de jouer de l'argent : non-seulement elles refusaient toute action judiciaire pour payement des dettes de jeu, mais elles accordaient au perdant le droit de réclamer ce qu'il avait payé. Justinien décida que, pour les jeux qui étaient permis, on ne pourrait engager plus d'un écu d'or par partie, et que, pour les jeux prohibés, si le perdant négligeait de réclamer ce qu'il avait perdu, les officiers municipaux pourraient en poursuivre la répétition, et *appliquer la somme à des ouvrages d'utilité publique.* Charlemagne, dans ses Capitulaires, défend les jeux de hasard, à peine d'être privé de la communion des fidèles. Louis IX condamna à une amende les gens qui jouaient aux échecs. Charles V, par une ordonnance de 1309, interdit la boule, la paume, les quilles, le palet, et tous les autres jeux qui ne contribuent pas à apprendre le métier des armes. Mais d'autres rois donnèrent eux-mêmes l'exemple de la passion du jeu : Louis XI, Charles VIII, Henri III et Henri IV étaient joueurs. Les courtisans ne se firent pas faute d'imiter le maître ; la ville imita la cour, et il s'ouvrit un grand nombre de tripots publics, décorés du nom d'*Académies de jeu.* Suivant L'Estoile, Paris, au temps d'Henri IV, ne comptait pas moins de 47 maisons autorisées, dont les principaux magistrats retiraient chacun une pistole par jour. Ces maisons furent fermées au commencement du règne de Louis XIII. Une déclaration, datée du 30 mai 1611, accorda à celui qui aurait perdu au jeu une action en justice contre le propriétaire ou le locataire de la maison où le jeu se serait tenu, pour se faire restituer par lui le montant de sa perte. La fureur du jeu fit de nouveaux ravages pendant la minorité et la jeunesse de Louis XIV, et les femmes elles-mêmes s'y laissèrent entraîner : plus tard, le roi publia plus de vingt ordonnances et déclarations pour y remédier. Au mépris des édits, la noblesse se livra au jeu avec fureur : on jouait à la promenade, en voiture, à la porte des théâtres. Mme de Montespan perdit en une soirée 4 millions. Parmi les tripots qui eurent de la célébrité au XVIIIe siècle, on remarque le salon de Mme de Sainte-Amarante, dont la fille épousa M. de Sartines. Après la Révolution de 1789, des maisons de jeu à l'usage de la bourgeoisie s'organisèrent de tous côtés ; le mal prit des proportions effrayantes sous le Directoire. Le gouvernement consulaire réduisit à 9 le nombre des maisons de jeu, et astreignit les entrepreneurs à payer à l'autorité une redevance. La ferme des jeux à Paris appartint successivement aux frères Perrin (de Lyon), à Boursault-Malherbe, aux frères Chalabre, et à Benazet : les comtes de Chalabre versaient annuellement 5 millions dans les caisses de la ville de Paris. La loi du 18 juillet 1836 supprima cette ignoble institution ; les maisons de jeu étaient alors au nombre de sept : quatre au Palais-Royal, sous les n°s 30, 113, 127, et 154 ; une sur le boulevard des Italiens, au coin de la rue Favart ; deux dans la rue de Richelieu, sous les noms de *Frascati* (où les femmes étaient admises), et de *Cercle des étrangers.* Ces maisons ouvraient à midi, et fermaient à minuit. Notre législation actuelle n'admet d'action judiciaire pour *dettes de jeu,* que s'il s'agit de jeux qui tiennent à l'exercice du corps, comme les courses, le jeu de paume, etc. ; mais les tribunaux restent maîtres de rejeter la demande, quand la somme leur paraît excessive. Le *Code pénal* prononce une amende de 100 fr. à 6,000 fr. et un emprisonnement de 2 à 6 mois contre quiconque aura tenu une maison de jeu ; l'interdiction de certains droits civiques, civils et de famille, peut aussi être prononcée pour 5 ans au moins et 10 ans au plus ; les fonds et effets destinés au jeu, les meubles et instruments employés, sont confisqués ; le simple joueur n'est pas puni. Une amende de 6 à 10 fr. est infligée à quiconque a établi des jeux de hasard dans les rues, chemins et places publiques ; ses engins sont aussi confisqués ; pour la récidive, la peine est une amende de 16 à 200 fr., et un emprisonnement de 6 jours à 1 mois. — Les maisons de jeu ont été supprimées en Angleterre à partir du 1er déc. 1853. Mais, en Allemagne, principalement sur les bords du Rhin, les États s'en sont fait un monopole lucratif, qu'ils adjugent à des fermiers. *V.* Dussaulx, *De la passion du jeu depuis les temps anciens jusqu'à nos jours,* Paris, 1779, in-8°. B.

JEU, nom donné pendant le moyen âge à de petites compositions dramatiques. Matthieu Pâris mentionne un certain Godefroy, mort en 1146, qui fit représenter au monastère de St-Alban un *jeu* intitulé *la Vie de Ste Catherine.* Un manuscrit de la Bibliothèque impériale de Paris (fonds de La Vallière, n° 2736) contient plusieurs pièces de ce genre, entre autres le *Jeu du Pèlerin,* le *Jeu de Robin et de Marion,* le *Jeu du mariage,* le *Jeu de St-Nicolas.*

JEU, nom donné dans l'orgue à une série de tuyaux de la même espèce, accordés entre eux par leur tonalité, l'intensité et le timbre de leurs sons, et formant une suite chromatique plus ou moins étendue. Les jeux complets ont actuellement 54 notes ; les incomplets ont trois ou deux octaves. Les jeux d'orgue se divisent en deux grandes classes, les *jeux à bouche* et les *jeux d'anch* (*V. ces mots*). F. C.

JEU (GRAND-), nom donné dans l'orgue à la réunion des jeux d'anche, auxquels on ajoute quelques autres jeux, tels que les prestants. Pour obtenir le grand jeu, on met les claviers ensemble, et on se sert des cornets, des prestants, des trompettes, des clairons et des cromornes dans le grand orgue et dans le positif ; quelquefois on fait jouer le récit et l'écho. On emploie les mêmes pédales qu'au *plein-jeu.* F. C.

JEU (PLEIN-), nom donné dans l'orgue au mélange des montres, des huit-pieds ouverts, des bourdons, des prestants, des doublettes, des fournitures et des cymbales dans le grand orgue et dans le positif. Pour le plein-jeu, on met les claviers ensemble, et on se sert des pédales de trompette, de clairon et de bombarde ; quelquefois on remplace les pédales de trompette et de clairon par des pédales de flûte, ce qui se fait lorsqu'il y a des seize-pieds. — On désigne aussi par le nom de *plein-jeu* le registre sur lequel sont réunies la fourniture et la cymbale. Ce mélange sert à accompagner le plain-chant, et est un précieux reste de l'harmonie telle qu'on la comprenait pendant le moyen âge. F. C.

JEU DE MOTS, espèce d'équivoque fondée sur l'emploi de deux mots qui s'accordent pour le son, mais qui diffèrent de sens. Telle est cette réponse du marquis de Bièvre à la reine Marie-Antoinette, qui avait des pantoufles vertes, et qui lui demandait de faire un calembour sur sa personne : « Madame, l'uni-vert (l'univers) est à vos pieds. » On fit souvent usage des jeux de mots dans les devises des armoiries, dans les madrigaux, les épigrammes, les impromptus, etc. Alors c'est à peu près une énigme, comme dans cette devise de Henri II, gravée sur le Louvre à côté du chiffre de Diane de Poitiers, et si son croissant emblématique : *Donec totus impleat orbem,* « Jusqu'à ce qu'il ait rempli l'univers, ou son plein. » C. D—Y.

JEU-PARTI, genre de composition poétique emprunté aux troubadours par les trouvères, et nommé quelquefois *parture* (*V.* TENSON). Les principaux trouvères dont on connaît les *jeux-partis* sont : maistre Richart et Gautier de Dargies ; Guillaume le Viniers et Frère ; Andrieu ; maistre Adam de Givenci, etc. *V. Altfranzösische Lieder,* par Édouard Mätzner, Berlin, 1853, in-8°. E. B.

JEU SATYRIQUE, nom qu'on donnait, au XVIe siècle, à une petite pièce du genre de la farce, qui servait à lever le rideau avant une tragédie ou une comédie. Les Jeux satyriques s'appelaient aussi *les Veaux,* on ne sait trop pourquoi. Peut-être était-ce le nom de quelque confrérie joyeuse ; ou bien, des veaux avaient figuré de leur personne ou de leur nom dans quelque bouffonnerie fameuse.

JEUNE. *V.* ce mot dans notre *Dictionnaire de Biographie et d'Histoire.*

JEUNE PREMIER. *V.* AMOUREUX.

JEUNES DE LANGUES (École des). *V.* ÉCOLE DES JEUNES DE LANGUES, dans notre *Dictionnaire de Biographie et d'Histoire,* page 878, col. 1.

JEUNES AVEUGLES. *V.* AVEUGLES.

JEUNES DÉTENUS. *V.* DÉTENUS.

JEUX. *V.* JEU.

JOAILLERIE, art de monter les pierres précieuses sur des ornements en or ou en argent. Le montage à jour est surtout en usage pour le diamant et pour les objets composés, comme les parures, qui prennent la forme de guirlandes, de bouquets, etc. : on se sert du montage plein pour les pierres de couleur et pour les objets simples. L'opération par laquelle la pierre est fixée au métal s'appelle *sertissage.* Pour les bagues, les pierres sont fixées dans un *chaton,* que l'on soude ensuite à l'anneau. L'argent dont se sert le joaillier est au titre de 980 millièmes, et l'or, pour les doublures, à celui de 500 millièmes. *V.* BIJOUTERIE, ORFÉVRERIE.

JOANESE, monnaie d'or portugaise, valant 45 fr. 05 c.

JOB (Livre de), un des livres canoniques de l'Ancien Testament, écrit on ne sait précisément ni dans quel temps ni dans quel lieu. Les commentateurs juifs ou chrétiens, ainsi que la plupart des savants modernes, acceptent Job comme un personnage réel, et le font vivre, les uns au XIVe siècle, les autres au VIIIe av. J.-C. Quant au poëme qui porte son nom, et dont l'auteur est demeuré inconnu, non-seulement il est indépendant des autres livres de la Bible, mais il en diffère par le style, par l'originalité des tours et des expressions. Il contient tous les genres de beauté ; c'est un des plus admirables monuments littéraires et philosophiques, le plus éloquent traité de la douleur et de la Providence qu'il ait été donné à un génie humain de composer. La conclusion naturelle de cette œuvre sublime et pleine d'enseignements, c'est que l'homme ne pouvant rien savoir sur sa propre destinée, ni sur le gouvernement de l'univers, la vraie sagesse consiste à s'incliner devant la volonté divine, à en accepter les décrets avec une pieuse résignation. V. *Essai philosophique sur le poëme de Job*, par Cahen; *Cours familier de littérature* par M. de Lamartine, 11e et 12e *Entretiens*, Paris, 1856; *le Livre de Job*, traduit de l'hébreu par Ernest Renan, *Étude sur l'âge et le caractère du poëme*, Paris, 1858. P—s.

JOBBERS, agioteurs de la Bourse de Londres, dont le nom, pris généralement en mauvaise part, est presque synonyme de *voleurs*. Ils font des achats et des ventes à terme, sans posséder ni argent ni titres, et, quand vient l'époque fixée, règlent leurs marchés par des *différences* (V. BOURSE). Ils ont beaucoup d'analogie avec les *courtiers-marrons* de la Bourse de Paris.

JOBELINS. V. URANISTES.

JOCKEY, mot anglais, passé aujourd'hui dans la plupart des langues de l'Europe, et qui désigne le valet d'écurie chargé de soigner et d'exercer les chevaux, de les monter dans les courses. Par extension, on l'applique à tous ceux qui font courir ou qui courent eux-mêmes.

JOCKEY (Jeu du). V. TRICTRAC.

JOCKEY-CLUB, c.-à-d. *club des jockeys*, société d'amateurs de chevaux, formée en Angleterre par des membres de l'aristocratie qui se proposent l'amélioration de l'espèce chevaline. Un *Jockey-club* s'est constitué par imitation à Paris; chacun de ses membres paye une cotisation annuelle de 500 fr.

JONCHETS ou HONCHETS, petits bâtons d'os, d'ivoire ou de bois, fort menus, dont quelques-uns sont sculptés en roi, en reine, etc., et que l'on jette confusément les uns sur les autres, pour jouer à qui en retirera le plus avec un crochet, sans en faire remuer d'autres que celui qu'on veut dégager. On s'est primitivement servi de brins de jonc, d'où est venu le nom de *jonchets*. Ce jeu est très-ancien : il en est fait mention dans Ovide.

JONES (Tom). V. TOM JONES.

JONGLEURS. V. ce mot dans notre *Dictionnaire de Biographie et d'Histoire*.

JONQUE (du portugais *junco*), nom que les Européens donnent aux grands navires de la Chine, appelés *tchouen* par les habitants de ce pays. La coque, jusqu'à la ligne de flottaison, est en bois ordinaire, mais toutes les hautes œuvres sont en teck. On emploie les chevilles de fer pour lier les couples et les bordages. Les coutures sont très-bien calfatées avec une étoupe tirée du bambou, et le fond avec une espèce de résine d'une grande adhérence. L'avant et l'arrière sont plats; mais le premier est plus petit, sans quille et sans taille-mer; l'arrière renferme une chambre immense, où le gouvernail est à l'abri des coups de mer. Les jonques ont de deux à quatre mâts, sans aucune proportion entre eux. Un carré de bambou fendu et étendu sur une vergue ou canne tient lieu de voile. Il n'y a qu'un seul pont; l'intérieur est divisé en cabines ou compartiments pour les marchandises et les passagers. Une jonque offre à l'œil quelque chose de bizarre : le pont a la forme d'un croissant; les extrémités sont si hautes et si pesantes, que l'on croirait qu'au premier coup de vent le bâtiment doit sombrer. Il n'en est rien cependant : quelque défectueuses qu'elles nous paraissent au point de vue de l'art européen, les jonques sont très-solides à la mer ; mais, à moins que le vent ne soit très-favorable, elles marchent mal, et la manœuvre en est très-difficile. Quatre hommes pour 100 tonneaux gouvernent facilement un vaisseau marchand d'Europe, mais une jonque en exige cinq fois plus. On en a vu des plus grandes avoir une vingtaine et plus de matelots à la barre seulement. Leur capacité varie entre 60 et 500 tonneaux : quelques-unes atteignent une longueur de 35 mèt., et une largeur de 8 mèt. Le premier navire chinois qui soit venu en Europe arriva en Angleterre en mars 1848 : il avait 20 mèt. de long sur 11 de large. B.

JOUÉE, partie d'un pied-droit, qui comprend le tableau, la feuillure et l'ébrasement.

JOUELLE, vieux mot synonyme de *joyau*.

JOUISSANCE, en termes de Droit, un des attributs de la propriété, consistant à en recueillir les fruits, à en percevoir les revenus. La jouissance et la propriété sont souvent séparées l'une de l'autre, et établies sur des personnes différentes, par exemple dans le cas d'*usufruit* (V. ce mot).

JOUISSANCE (Action de) V. ACTION.

JOUQUE, nom qu'on donnait quelquefois à la cotte de mailles.

JOURDAIN DE BLAIVES, poëme de chevalerie, qui fait suite à celui d'*Amis et Amyle*. Jourdain de Blaives ou Blaye était petit-fils d'Amis et de Belissent. Son père Girart a été assassiné par le traître Fromont, neveu du traître Hardré; il est sauvé par le dévouement de son parrain Renier, qui livre son propre fils à la vengeance de Fromont. Devenu grand, Jourdain délivre le royaume de Marcasille attaqué par les Sarrasins, et épouse Oriabel, fille du roi Marcon. Il marie sa fille à l'empereur de Constantinople, et revient en Gascogne pour tuer Fromont; enfin il succède à son beau-père Marcon. — Cette chanson est conservée à la Bibliothèque nationale de Paris dans un seul manuscrit. La Bibliothèque de Tournai possède sur le même sujet un long poëme, traînant, insipide et mal rimé, qui fut écrit par Druel Vignon vers 1461. V. *Histoire littéraire de la France*, t. XXII. H. D.

JOURNAL. V. ce mot dans notre *Dictionnaire de Biographie et d'Histoire*, et, dans le présent ouvrage, l'article PRESSE.

JOURNAL, livre de commerce. V. COMPTABILITÉ COMMERCIALE.

JOUTE. V. ce mot dans notre *Dictionnaire de Biographie et d'Histoire*.

JOUY (Aqueduc de), ou *de Metz*, aqueduc romain, construit et voûté en maçonnerie, et qui amenait à Metz les eaux de sources situées au village de Gorze, à plus de 22 kilom. au N.-O. de la ville. Au vallon de Jouy, l'aqueduc était en élévation dans une longueur de 1092 mèt., et passait sur des arcades, dont quelques-unes avaient une hauteur considérable. On en voit encore 17, dont plusieurs sont entières et les autres plus ou moins dégradées. Les plus élevées ont environ 19 mèt., et ne forment pas toute la hauteur des collines; leur épaisseur est de $3^m,52^c$, sur 5 mèt. d'ouverture. Les gens du pays nomment cet aqueduc, construit en petits matériaux, *le Pont du Diable*. On conjecture qu'il fut établi avant l'an 70 de J.-C. C. D—y.

JOYAU, ornement d'or, d'argent et de pierreries, qui sert à la parure des femmes. Il implique une matière plus riche et plus précieuse que le mot *bijou*.

JUAN (Don), personnage mythique, dont la littérature s'est souvent emparée, et dont elle a fait l'idéal du matérialisme, de la débauche et de l'impiété. Il est, comme Faust (V. ce mot), un symbole de l'éternel problème de la vie : après avoir suivi une voie différente, il arrive au même but, il se rencontre avec lui dans une même idée de doute, dans le même sarcasme contre le monde et contre Dieu. La légende de Don Juan est d'origine espagnole. On racontait qu'à Séville, sous le règne de Pierre le Cruel selon les uns, au temps de Charles-Quint selon les autres, un certain Don Juan, de l'illustre famille Tenorio, s'était proposé d'enlever la fille du gouverneur ou commandeur de la ville, pour la sacrifier à ses passions; qu'après avoir tué en duel le père de sa victime, il descendit dans son caveau sépulcral du couvent de St-François, et, s'adressant avec raillerie à la statue de pierre placée sur le tombeau, l'invita à être son hôte ; que la statue, exacte au rendez-vous, le contraignit de la suivre, et le livra aux puissances de l'Enfer. Tel est le thème que développa la poésie. On y mêla l'histoire d'un autre débauché, Don Juan de Maraña, qui s'était, dit-on, donné au Diable, mais qui finit par se convertir et mourut en odeur de sainteté. Gabriel Tellez (Tirso de Molina) traita, le premier, la légende de Don Juan, dans son *El Burlador de Sevilla y convidado de piedra* : dans ce drame, Don Juan, type du sensualisme raffiné, est un personnage hardi, entreprenant, qui court de la pays à l'autre, d'un duel à un rendez-vous, de la grande dame à la simple servante, et chez qui l'impiété la plus téméraire naît d'une manière très-puissante de l'égoïsme et de la dépravation. Le même sujet fut transporté sur la scène française par De Villiers, en 1659, sous le titre de : *Le Festin de pierre ou le Fils criminel*. Vint ensuite *Don Juan ou le Festin de pierre*, de Molière (1665) : mais ici Don Juan n'est qu'un mauvais sujet qui nous amuse, sans nous étonner; Sganarelle est simplement un drôle de la famille des Scapin; la statue du commandeur n'inspire aucun effroi, car on est trop disposé à rire pour se prêter à cette demi-sorcellerie. En 1669 parut un *Festin de pierre ou l'Athée foudroyé*, par Dumesnil, dit Rosimon. Puis, Thomas Corneille mit en vers la pièce de Molière, et, en 1677, Sadwell adapta ce sujet à la scène anglaise, dans son *Libertine*. Vers la fin du XVIIᵉ siècle, l'œuvre originale de Gabriel Tellez fut modifiée et remise à la scène espagnole par Antonio de Zamora. Quelques années plus tard, Goldoni fit jouer en Italie un *Giovanni Tenorio, ossia il dissoluto punito*, où les situations sont invraisemblables, les caractères roides et guindés, et qui fait de Don Juan un être misérable, n'inspirant aucune pitié, aucune sympathie. Vers 1765, Gluck en fit le sujet d'un ballet. Le premier compositeur qui en ait fait un opéra fut Righini, sous le titre d'*Il Convilato di pietra, ossia il dissoluto* (1777). Le *Don Juan* de Mozart, dont le libretto fut écrit par Lorenzo da Ponte (1787), a le plus popularisé la légende en Europe : si jamais elle fut bien comprise et bien rendue, c'est dans cette musique profonde et passionnée, dans cette joie farouche et ces chansons moqueuses qui courent d'un bout de la pièce à l'autre. Le *Don Juan* de lord Byron est un beau poëme : mais nous n'y retrouvons plus le personnage espagnol, nature ardente, inquiète, toujours avide de changements et de nouvelles émotions, qui cherche les occasions et domine les circonstances pour satisfaire ses passions ; le Don Juan de Byron est un être fictif, par la bouche duquel le poëte exprime ses propres doutes et prononce tous ses paradoxes. Nous avons vu paraître encore un *Don Juan de Marana, ou la Chute d'un ange*, drame par M. Alexandre Dumas, 1836 ; *Les Ames du Purgatoire, ou les deux Don Juan*, nouvelle par M. Mérimée, 1834 ; *Mémoires de Don Juan*, par M. Mallefille, 1858. En Espagne, Zorilla a donné trois ouvrages, *Don Juan Tenorio* (1844), *El Desafio del diablo* et *Un Testigo de Bronce* (1845). En Allemagne, Grabbe, Braunthal, Wiese, Hauch, Lenau et Holtei ont aussi, de nos jours, traité des sujets analogues. Grabbe surtout a trouvé une belle idée dans son drame de *Don Juan et Faust* : c'était de mettre en présence ces deux caractères, l'âme et les sens, l'idéalisme du savant et le matérialisme de l'homme du monde ; il y avait là un vaste champ pour l'imagination d'un poëte, trop vaste pour Grabbe, qui n'a fait de son Faust qu'une pâle copie de celui de Gœthe, et créé un Don Juan trop rêveur et trop métaphysicien.   B.

JUBAL, jeu de flûte douce de huit pieds et de quatre pieds. Il se trouve aux pédales dans l'orgue de Gœrlitz, où il semble tenir la place d'un jeu d'octave. Un jubal de huit pieds, avec double lèvre, se trouve au clavier supérieur dans l'orgue de Francfort-sur-le-Mein.

JUBÉ, construction plus ou moins riche, élevée à l'entrée du chœur de quelques églises, et formant une galerie ou tribune qui le sépare de la nef. Il a remplacé l'*ambon* (*V. ce mot*). Autrefois on y chantait, dans les fêtes solennelles, les leçons des matines, l'épître et l'évangile de la messe. Les jubés furent ainsi nommés du premier mot que prononce le diacre en demandant la bénédiction de l'officiant avant de commencer la lecture de l'évangile : *Jube, domine, benedicere* (veuillez, seigneur, me bénir). Ils ne datent guère que du XIVᵉ siècle. Les calvinistes en ont détruit un grand nombre pendant les guerres de religion, et on en a abattu d'autres pendant le XVIIIᵉ siècle pour de prétendues raisons artistiques. Les dessins de quelques-uns ont été conservés, comme celui de Notre-Dame de Paris (au Cabinet des estampes) et celui de Sᵗ-Ouen de Rouen (dans l'histoire de cette abbaye par La Pommeraye). Le jubé de Chartres s'appelait *la légende*, parce qu'on y *lisait* les leçons des Matines. Parmi ceux qui subsistent en France, les plus célèbres sont ceux des cathédrales d'Albi et de Rodez, de l'église Sᵗᵉ-Madeleine à Troyes, et de Sᵗ-Étienne-du-Mont à Paris. Il y en a même dans de petites églises, comme celui de Folgoat en Bretagne, et celui en bois richement sculpté de Villemaure (Aube). La cathédrale de Limoges (*V. ce mot*) contient un jubé qui n'occupe pas la place ordinaire. Celui de l'église de la Chaise-Dieu, en Auvergne, est à l'entrée de la nef. Il en existe de beaucoup plus modernes, et d'un goût détestable, dans certaines églises, par exemple, à la cathédrale de Rouen ; celui de Bayeux a été récemment abattu. En Belgique, on admire le jubé de l'église Sᵗ-Pierre à Louvain, reproduit dans l'église de Brou à Bourg-en-Bresse, ceux des églises d'Aerschot, de Tessenderloo, de Sᵗ-Gomaire à Lierre, de l'église paroissiale de Dixmude, et de la cathédrale de Tournai. On voit aussi un assez grand nombre de jubés en Allemagne et en Angleterre. Souvent on y a placé des buffets d'orgue, qu'ils n'étaient nullement destinés à supporter ; il en est ainsi à Tolède.   B.

JUBILÉ. *V.* ce mot dans notre *Dictionnaire de Biographie et d'Histoire.*

JUBILUS, mot qui signifia d'abord *chant joyeux*. Il

désigna ensuite un chant de guerre, espèce de cri et d'acclamation militaire en signe de joie et de triomphe. Enfin, certains liturgistes donnèrent le nom de *jubilus* à ce que d'autres ont appelé *neume* (*V. ce mot*).

JUDAISME, dénomination sous laquelle on comprend la croyance, les lois et les idées religieuses des Juifs. *V.* Juifs et Moïse, dans notre *Dictionnaire de Biographie et d'Histoire.*

JUDICIAIRE (Combat). *V.* Combat judiciaire, dans notre *Dictionnaire de Biographie et d'Histoire.*

JUDICIAIRE (Conseil), Conseil donné au prodigue qui dissipe ses biens. Le Droit romain et notre ancien Droit mettaient le prodigue en état d'interdiction ; ce fut seulement lors de la présentation du projet de *Code civil* au Tribunat, et sur les observations de Treilhard et de Portalis, que l'on crut suffisant d'employer ce terme moyen entre l'interdiction et la liberté. La cause qui peut en modifier l'application, c'est la prodigalité : mais quant à l'appréciation des circonstances qui la constituent, elle est réservée aux tribunaux, qui ont, à cet égard, un pouvoir discrétionnaire. La nomination du Conseil peut être provoquée par tous ceux qui ont droit de demander l'interdiction ; elle est jugée de la même manière ; le choix est réservé au tribunal ; et la même publicité est donnée au jugement qu'à celui qui ordonne l'interdiction. La conséquence de cette nomination est d'empêcher le prodigue de plaider, transiger, emprunter, recevoir un capital mobilier, en donner décharge, aliéner, hypothéquer sans l'assistance de son conseil (*Code Napol.*, art. 513 et 514) ; mais l'administration de ses biens reste toujours entre ses mains, et, dans les autres actes, il figure toujours d'ailleurs en son propre nom. Le Conseil n'est, du reste, ni comptable, ni responsable. Les actes postérieurs à la nomination du Conseil, et souscrits sans son assistance, sont nuls, sauf pour ce dont aurait profité le prodigue ; les actes antérieurs sont valables, sauf les cas de dol et de fraude. La défense de procéder sans l'assistance d'un Conseil ne peut être levée qu'à l'aide des formalités au moyen desquelles elle a été posée.   R. D'E.

JUDICIAIRE (Éloquence) ou DU BARREAU, titre sous lequel on range non-seulement les plaidoyers et tous les discours prononcés par les avocats et les magistrats dans l'exercice de leurs fonctions, ou sur les matières de leur état, mais tout discours adressé directement ou indirectement à une assemblée faisant office de tribunal. Ainsi, d'un côté les *plaidoyers* offensifs ou défensifs, les *mercuriales*, les *harangues* d'installation, d'ouverture ou de clôture ; de l'autre, les *consultations, mémoires, factums*, appartiennent à l'éloquence judiciaire. En France, au temps des parlements, il y avait aussi les *remontrances* adressées au roi : elles demeuraient, suivant la nature du sujet, purement judiciaires, ou prenaient un caractère administratif et politique. *V.* Delamalle, *Essai d'Institutions oratoires à l'usage de ceux qui se destinent au barreau*, 2ᵉ édit., 1822, 2 vol. in-8° ; Lacretelle, *Éloquence judiciaire et philosophie législative*, 1823, 3 vol. in-8° ; Pinard, *Le Barreau*, 1843, in-8° ; Paignon, *Éloquence et improvisation, art de la parole oratoire*, 1854, in-8°.

L'éloquence judiciaire fut nulle chez les Chaldéens et les Égyptiens : leurs tribunaux étaient silencieux, leur procédure sommaire. Les parties comparaissaient, exposaient leurs raisons, souvent par écrit ; à défaut de leurs propres lumières, elles pouvaient s'aider de celles des *sages ;* les témoins étaient entendus : le tribunal délibérait et prononçait. Telle est encore aujourd'hui la justice asiatique. L'Aréopage, ce tribunal muet d'Athènes, était une importation égyptienne.

L'éloquence à Athènes. — Mais, dans toute la Grèce et dans Athènes, surtout en dehors de l'Aréopage, la parole fut libre, et, de bonne heure, il y eut une éloquence judiciaire. Dans Homère, la description du bouclier d'Achille présente les scènes oratoires des tribunaux et des places publiques. Chez le peuple d'Athènes, plaideur et discoureur entre tous, l'éloquence judiciaire devait se développer ; les institutions démocratiques y aidèrent puissamment ; les discussions politiques devenaient aisément des querelles personnelles ; les adversaires prenaient le rôle d'accusateur et d'accusé, et la lutte commencée devant les citoyens se terminait devant les juges. Certaines dispositions des lois étaient de véritables appels à la dénonciation. La passion de plaider et de juger devint un trait distinctif du caractère national. D'un autre côté, l'éloquence, étudiée par des hommes habiles, devenait un art : à Athènes, Solon fonda une école d'éloquence ; après lui, Mnésiphile, Sophile, Antiphon, développèrent la théorie oratoire; leur travail, repris par les rhéteurs siciliens (Corax, Tisias, etc.), et par les sophistes de la première époque (Protagoras, Hippias, etc.), fut achevé plus tard par les maîtres du temps de Philippe et d'Alexandre (Isée, Isocrate, Aristote, etc.). L'éloquence put donc se déployer dans toute sa liberté, avec toutes ses ressources, devant les tribunaux d'Athènes. Là, d'ailleurs, aussi bien que sur la place publique, elle n'était le privilége de personne : chacun pouvait être orateur, ou du moins avait droit de l'être. Au temps de Démosthène, l'éloquence politique avait reçu une sorte d'organisation; il y avait des orateurs du peuple, investis d'une espèce de ministère public : il n'en était pas de même dans les tribunaux; on pouvait parler soi-même, ou se faire représenter par un autre; on lisait son discours, on le débitait; on le composait soi-même, ou on le donnait à composer à quelque habile. Ces habiles étaient le plus souvent des professeurs d'éloquence, sophistes ou rhéteurs, des orateurs publics, ou tout simplement des hommes versés dans les lois et les affaires, capables de parler ou d'écrire. Cette liberté pourtant eut quelques limites : il y avait des lois contre les calomniateurs; une peine atteignait tout accusateur qui ne gagnait pas à sa cause un certain nombre de suffrages. On réglementa aussi le geste et l'action des orateurs; on détermina la durée des plaidoiries. Enfin, on interdit l'accès des tribunaux aux gens flétris par les lois et par l'opinion publique.

Dans l'histoire de l'éloquence judiciaire chez les Grecs, il ne faut point parler des Sophistes : l'*Éloge d'Hélène* et l'*Apologie de Palamède*, fussent-ils même authentiques, n'appartiennent pas au genre judiciaire, non plus que le *Plaidoyer d'Ulysse*. Mais les hommes politiques ont laissé des souvenirs de leur éloquence : Périclès eut à défendre Damon, Anaxagore, Aspasie; Critias fit condamner Théramène. Cléon, Hyperbolus, Cléophon, Aristophon, sont assez connus par le rôle qu'ils jouèrent à la tête de la faction démagogique; pour montrer quel usage ils faisaient de l'éloquence judiciaire, il suffit de rappeler qu'Aristophon fut accusé 75 fois devant le peuple, et qu'il se rendit à son tour l'accusateur d'Iphicrate, de Timothée et de tous les meilleurs citoyens. On a d'Andocide un discours contre Alcibiade, une apologie pour lui-même à son retour de l'exil, et un discours sur les mystères, en réponse à Lysias qui s'était porté son accusateur. On a aussi le discours de Lysias, et six plaidoyers du même orateur, reconnus pour authentiques; beaucoup d'autres lui sont attribués. Cette première période est celle des Attiques purs, remarquables par la simplicité et l'élégance.

Un autre âge commence avec Antiphon, fils de Sophile, le premier qui se fit payer par ses clients et qui vendit des discours : on peut le considérer par là comme ayant jusqu'à un certain point créé la profession d'avocat. Après lui, vint Isocrate. Ne pouvant vaincre la timidité qui l'écartait de la place publique et des tribunaux, il écrivit, pour d'autres, des plaidoyers dont quelques-uns nous sont parvenus. Par ses leçons comme par ses écrits, il exerça une grande influence, perfectionna la composition et le style, et introduisit dans les discours politiques et judiciaires, en même temps qu'une harmonie plus raffinée et plus savante, la grâce des détails et l'usage des idées générales et des développements moraux. Isée, Hypéride, Céphisodote, Léodamas, Démosthène, et bien d'autres, étudièrent sous sa direction. — Isée se distingua au barreau et dans l'école; onze plaidoyers nous restent de lui. Denys d'Halicarnasse trouvait en Lysias plus de variété, de délicatesse et de grâce, en Isée plus de force et de gravité. — Signalons en passant Polycrate, qui composa, dit-on, pour Anytus le discours de dénonciation contre Socrate. — Lycurgue avait écrit quinze discours, tous d'accusation : on a encore cela contre Léocrate, et on y retrouve la simplicité un peu rude, la véhémence et l'honnêteté qui distinguaient son caractère et son éloquence. — Eubule, ennemi de Démosthène, s'efforça de l'impliquer dans une affaire capitale avec Aristarque, et défendit contre lui d'abord Midias, puis Eschine dans l'affaire de l'ambassade. Le seul avantage qu'il eût procuré à la ville, disait-on, c'est qu'on pouvait désormais s'avouer publiquement mauvais citoyen. — Pythéas, après la mort de Lycurgue, attaqua ses enfants en justice, les fit condamner à une amende et mettre en prison; il se constitua un des adversaires de Démosthène dans l'affaire d'Harpalus. — Hypéride composait des plaidoyers à l'usage d'autrui; c'est lui qui défendit Phryné accusée d'impiété, et lui que les Athéniens chargèrent de poursuivre Démosthène accusé de s'être laissé corrompre par Harpalus. Les Anciens admet

taient comme authentiques 52 discours parmi 77 qu'on lui attribuait. Nous en avons quelques fragments; l'un semble appartenir à un plaidoyer en faveur des enfants de Lycurgue. — Dinarque s'enrichit à vendre des discours à ceux qui en avaient besoin. On lui en attribuait plus de 160; trois sont restés : contre Démosthène, contre Aristogiton, contre Philoclès; un 4ᵉ, contre Théocrine, a été aussi attribué à Démosthène. — Eschine, illustre surtout par sa lutte contre Démosthène, était aussi un des habiles orateurs de son temps. Nous avons de lui trois discours, que les Anciens appelaient *les trois Grâces* : sa défense contre Démosthène au sujet de l'ambassade; son plaidoyer contre Timarque, son discours contre Ctésiphon. — Les discours judiciaires qui nous restent de Démosthène sont assez nombreux : à 18 ans il plaida contre ses tuteurs (contre Aphobus, trois discours; contre Onétor, deux); plus tard, il composa pour Diodore un discours d'accusation contre Androtion; viennent ensuite l'accusation contre Aristocratès, le procès contre Eschine au sujet de l'ambassade, une série de plaidoyers civils ou politiques contre Nééra, Stéphanus, Eubulide, etc. Victorieux dans le procès qu'Eschine lui intenta, à lui et à Ctésiphon; Démosthène fut moins heureux quand on l'accusa d'avoir reçu de l'or d'Harpalus; nous n'avons plus ni le discours qu'il avait prononcé pour sa défense, ni beaucoup d'autres, dont on voit la liste générale dans la *Bibliothèque* de Fabricius; mais il en reste assez pour nous donner une idée complète de son éloquence judiciaire, civile et politique. Le *Discours sur la Couronne* est le chef-d'œuvre de l'éloquence humaine : inspirations généreuses, récits entraînants, mouvements passionnés, diatribes véhémentes, sentiments religieux, tactique habile, toutes les forces, toutes les ressources du génie et de l'art sont concentrées dans cette protestation suprême de la Grèce vaincue par la fortune macédonienne; c'est le cri d'un peuple qui tombe en attestant son droit. Les autres plaidoyers n'offrent point ce grand spectacle; mais ils portent presque tous quelque empreinte du génie de leur auteur, et ils sont en outre, pour la connaissance des mœurs, des lois et des institutions de la Grèce et d'Athènes, comme pour l'histoire politique de ces temps, des sources abondantes et précieuses.

Après que l'influence ou la domination macédonienne se fut établie sur toute la Grèce, Athènes continua d'être la ville des beaux discours, des disputes et des plaidoiries. Mais il semble que l'éloquence judiciaire tirât tout son éclat des inspirations et des passions politiques : depuis Démétrius de Phalère jusqu'à la fin de l'Empire romain, elle n'a pas produit, ou il ne nous est pas resté un seul monument. Beaucoup de noms ont survécu; beaucoup d'orateurs ont eu de leur temps une grande renommée; la plupart étaient des rhéteurs qui brillaient à la fois dans l'école et au barreau. Ce qui reste de leurs déclamations ne fait guère regretter la perte de leurs plaidoyers. Nicétas de Smyrne, Polémon de Laodicée, Théodote, Antiochus, Lucien (de Samosate), Damien, Cyrinus, plaidèrent avec éclat : mais c'était le temps des déclamateurs, leur mauvais goût envahissait tout. Ils ne se contentèrent pas de gâter l'éloquence judiciaire, ils en créèrent une nouvelle espèce. On reprit les discours prononcés par les anciens ou les questions traitées par eux; on refaisait ainsi le discours d'Eschine ou celui de Démosthène, on défendait Léocrate contre Lycurgue, Aristogiton contre Dinarque. Dans les écoles, on plaidait des causes imaginaires, on s'ingéniait, sur des données romanesques, à bâtir des argumentations surprenantes; et l'éloquence qu'on y déployait dans ces exercices répondait à la puérilité de la matière. On ne trouve donc point chez les Grecs de l'époque romaine les traces de l'éloquence judiciaire, et le meilleur titre des déclamateurs de divers genres dont la Grèce pullula dès le commencement de sa décadence, c'est qu'ils contribuèrent à former les premiers orateurs de Rome.

L'éloquence à Rome. — Les Romains, ce peuple orateur et légiste, étaient dignes d'être les élèves des Grecs : ils n'attendirent même pas leurs leçons et, avant que Carnéade, Critolaüs et Diogène eussent fait admirer dans Rome les merveilles de leur parole, on y comptait de nombreuses générations d'orateurs. L'éloquence judiciaire néanmoins ne trouva pas d'abord, dans les institutions de l'État, des conditions aussi favorables que l'éloquence politique. Les patriciens seuls connaissaient les lois et la procédure; tout était en formules, et il y avait peu de place à la faconde. L'établissement de la république, le droit d'appel au peuple, les révélations du greffier Flavius, qui divulgua les formules, jusqu'alors secrètes, des jurisconsultes, l'usage des consultations publiques, introduit par Tibérius Coruncanius, le premier plébéien qui fut grand pontife, l'influence croissante des classes plébéiennes, les luttes toujours plus vives des intérêts, des idées et des partis, et l'agrandissement même de l'empire, développèrent rapidement l'éloquence, et multiplièrent les causes et les orateurs. Corn. Scipion, Appius Claudius Cæcus, Q. Fabius Maximus, Cornélius Céthégus, s'étaient fait une réputation d'éloquence. Après eux était venu Caton, dont la parole vive, abrupte, énergique et pittoresque, se forma dans les luttes journalières de la tribune, et dans 90 procès où il avait figuré comme accusé ou comme accusateur. Les Grecs arrivèrent alors, et l'éloquence prit un essor nouveau. Pour citer tous les orateurs de la République, il faudrait nommer presque tous ceux qui jouèrent un grand rôle, depuis le premier Africain jusqu'à César. La défense des clients devant les tribunaux était la charge la plus lourde, la plus honorable aussi, du patronat; elle donnait le renom, la popularité et les honneurs. Les esprits hardis ou agressifs, pour mieux se signaler d'abord, s'en prenaient à quelques grands personnages, et se faisaient pour ainsi dire accusateurs publics. Les magistrats, les gouverneurs de provinces, les chefs d'armées, les candidats aux grandes élections populaires, passaient tour à tour devant les tribunaux, et il se trouvait toujours quelqu'un pour leur demander compte légalement de leurs brigues, de leurs fautes, de leurs péculats et de leurs prévarications. Dans ces grands procès où les matières criminelles, civiles, administratives et politiques étaient le plus souvent mêlées, l'éloquence avait large carrière; la puissance des parties, la force des cabales, l'importance des questions et des intérêts débattus, surexcitaient les orateurs, avivaient leurs passions et enflammaient leur parole. Ainsi, sans parler des Gracques, s'illustrèrent Galba, Catulus, Sulpitius, Crassus, Antonius, Cotta, et Hortensius enfin, le prédécesseur immédiat, le contemporain et le rival de Cicéron. Cicéron avait entendu les uns, et lisait les ouvrages des autres : nous n'avons plus que leur souvenir, et nous ne pouvons les juger que par les brillants éloges que Cicéron leur accorde. L'œuvre judiciaire de Cicéron lui-même n'a pas tout entière survécu; le temps nous a épargné de grandes parties, et, dans la collection de ses plaidoyers, on peut étudier l'art admirable du plus parfait des orateurs qui aient jamais plaidé devant un tribunal. Si on excepte, en effet, le discours de Démosthène sur la Couronne, il n'y a rien dans les fastes judiciaires que l'on puisse comparer aux plaidoyers de Cicéron. Après avoir suivi les tribunaux et le Forum, après avoir reçu les leçons de maîtres latins, puis de maîtres grecs, il avait débuté par la défense de Quinctius et celle de Roscius d'Amérie. Il voyagea alors, entendit les professeurs et les orateurs les plus illustres de la Grèce et de l'Asie, et reparut au barreau de Rome pour défendre Roscius le comédien. Rappelons les plaidoyers qu'il prononça contre Verrès, pour Cluentius, Rabirius, Muréna, Milon, Marcellus, Ligarius, et tant d'autres où l'on retrouve l'abondance, la grâce, l'habileté de discussion, la persuasion tantôt pathétique et tantôt captieuse, les mille ressources du génie le plus souple, de l'imagination la plus féconde, de la langue la plus opulente.

Après Cicéron, l'éloquence déchut à Rome. Le peuple ne disposait plus des charges publiques; la popularité des orateurs ne leur valait plus les honneurs; la tribune étant supprimée, l'éloquence judiciaire ne pouvait plus se retremper dans l'éloquence politique; les avocats n'étaient plus en même temps des hommes d'État. Réduit à lui-même, le barreau fut amoindri. D'un autre côté, l'art, le faux art des déclamateurs, étendait sur Rome sa pernicieuse influence. Dès le commencement de l'Empire, les Sénèques apportèrent le goût espagnol, l'amour de l'emphase et le culte de l'antithèse. Les traditions et les instincts du génie romain ne résistèrent pas longtemps. Les monuments de cette éloquence nouvelle ont péri, et nous ne pouvons juger du barreau impérial que par les témoignages qu'en ont rendus les auteurs contemporains et d'après les caractères généraux de la littérature. Plusieurs y gagnaient encore une brillante renommée; et quelques-uns sans doute la méritèrent en déployant des qualités brillantes en même temps qu'ils échappaient en partie aux défauts de leur temps. Les premiers qui vinrent après Cicéron, Messala, Pollion, Cassius Severus, Montanus, avaient évidemment retenu quelque chose du grand siècle. Plus tard, Domitius Afer, Éprius Marcellus et Maternus sous Néron et Domitien Tacite et Pline le

Jeune sous Trajan, Régulus même et quelques autres encore, durent montrer au barreau un incontestable talent ou quelque chose au moins de leur génie. D'ailleurs, il y eut toujours deux écoles : si l'une préconisait l'esprit nouveau, l'autre rappelait l'art antique, et cette résistance des *anciens* ralentissait du moins l'entraînement des *modernes*. L'éloquence judiciaire et ses traces s'effacent à mesure que la société grecque et romaine avance vers sa fin. Il nous est parvenu quelques œuvres des sophistes et des rhéteurs latins et grecs des derniers siècles; plusieurs d'entre eux ont plaidé : pourquoi ne demeure-t-il rien de leurs discours judiciaires? Ne les écrivait-on plus? Ou avaient-ils si peu de mérite, qu'on n'ait pas cru devoir les conserver, quand on admirait, quand on transmettait d'ailleurs des ouvrages souvent si médiocres?

Ce que le barreau avait perdu en éloquence, il l'avait gagné en organisation. Dès le temps de Domitien, les avocats eurent un nom et formèrent une classe : on les appelait *causidici*, comme qui dirait plaideurs de causes. Autour d'eux se groupaient d'autres gens de métier, prenant part aux plaids : les *leguleii* s'appliquaient à connaître tous les textes des innombrables lois romaines; les *formularii* et les *cognitores* étudiaient la chicane et se chargeaient de veiller à la procédure; l'avocat, quand il parlait, avait auprès de lui le *monitor*, avocat subsidiaire qui improvisait les répliques, et derrière lui un autre *monitor* prêt à venir en aide à son imagination et à sa mémoire; un *morator*, enfin, autre auxiliaire qui se chargeait de tenir le tribunal et la partie en haleine, si l'avocat avait besoin de se reposer. Au temps d'Ulpien, les avocats constituaient une corporation honorée. Valentinien et Valens établirent que les plus hauts dignitaires pourraient être avocats sans déroger : aux avocats émérites Anastase accorda le titre de *clarissimes*. Les édits impériaux ne leur rendirent point l'antique éloquence. Un des noms sous lesquels on désigna le plus souvent les avocats dans les premiers siècles du moyen âge est celui de *clamatores* : les Barbares n'y mettaient point sans doute une intention maligne; mais on peut croire qu'on pariait nom avait sa raison d'être. V. Grellet-Dumazeau, *Le Barreau romain*, 1858, in-8°.

L'éloquence en Gaule et en France. — La Gaule sous la domination romaine n'avait point manqué d'avocats, ni ses avocats manqué d'éloquence; les écoles d'Autun, de Lyon, d'Arles, de Marseille, de Bordeaux, jusque dans les derniers temps, étaient fameuses : on y venait de l'étranger, même de l'Italie. Sous les Barbares, tout, plus ou moins rapidement, disparut, et on ne doit plus chercher l'éloquence judiciaire en France qu'à l'origine de la magistrature elle-même, sous Philippe le Bel. Il y eut foule bientôt pour entendre Raoul de Presle, Pierre de Cugnières, Jean et Guillaume de Dormans, Jean Desmarets. On avait perdu depuis longtemps l'habitude de dire et d'entendre de beaux et surtout de longs discours; pour la retrouver, il fallut un peu de temps aux nouveaux orateurs, plus encore au public. « Quand les avocats content leurs plaids, dit Beaumanoir, beau métier est qu'ils comprennent leur fait en le moins de paroles qu'ils pourront. » Mais une fois que l'éloquence eut pris son cours, elle ne s'arrêta plus : dès le XIVe siècle on essaya de la modérer par des règlements, par des amendes; les lois n'y réussirent pas mieux que les conseils, et, pendant bien longtemps, la surabondance demeura le défaut le plus commun des orateurs du barreau. Cependant, au XVe siècle, l'abbé de St-Fiacre et surtout Gerson trouvèrent un langage et des mouvements oratoires. Philippe de Morvilliers, Hallé, Bréban, Nicole Bataille, de La Vacquerie, eurent aussi quelque talent. Le barreau aussi pourrait accuser peut-être la Renaissance de l'avoir troublé dans les progrès naturels de son éloquence : elle lui apporta, en effet, l'érudition, qui devint, avec la prolixité, le second fléau de l'art. Celui qui y échappa le plus souvent et le plus heureusement fut Étienne Pasquier, dans quelques-uns de ses plaidoyers, et dans son fameux discours pour l'Université contre les Jésuites, où son style est net, ferme, rapide, avec une certaine force et beaucoup de passion. Dès ce temps aussi, dans quelques pages de Julien Péleus, se manifestait le tour agréable et piquant de l'esprit français.

Au commencement du XVIIe siècle, Expilly, Servin et Gautier étaient les coryphées de l'éloquence judiciaire; le premier et le troisième ont quelques belles pages. On s'attendrait à trouver dans leurs successeurs une éloquence au moins comparable à celle que Bossuet, Bourdaloue et Fénelon faisaient briller dans les chaires chrétiennes : il n'en est pas ainsi, et les hommes du barreau semblent s'être dérobés longtemps à ces heureuses influences qui agissaient alors si puissamment sur tous les travaux de l'esprit. Le plus souvent, la plupart d'entre eux gardèrent, en plein siècle de Louis XIV, le fatras, le désordre, l'érudition et l'emphase de l'âge précédent. Cependant, on rencontre, dans les discours de Rouillard et d'Omer Talon, des pages d'un goût pur et d'une noble éloquence ; Charles de Févret a de beaux plaidoyers ; Antoine Le Maistre, qui plaida trop peu longtemps, se montrait, par les fortes qualités de sa parole correcte, élégante et chaleureuse, digne d'appartenir à cette maison de Port-Royal où il se retira en sortant du Palais. Patru, comme Le Maistre, mérite sa renommée : on trouve dans ses plaidoyers, notamment dans ceux pour les religieux de la Ste-Trinité, pour un gradué de l'Université, pour maître Galichon, etc., un style pur et soutenu, de belles peintures, de nobles pensées, et quelquefois sa plaidoirie tout entière emprunte à la vivacité de ses sentiments honnêtes une véritable éloquence. Le plaidoyer de Fourcroy pour le sieur de St-Aignan est plein de choses bien pensées, bien dites, ingénieuses ou spirituelles. Érard a quelquefois des mouvements d'une éloquence saisissante et des développements du plus beau langage. Gillet se recommande par l'élégante pureté de son style. Mais les trois discours supplicatifs de Pellisson, adressés à Louis XIV en faveur de Fouquet, du fond de la Bastille, où l'avocat lui-même était retenu, sont le principal monument que nous ait laissé l'éloquence judiciaire du XVIIe siècle. Ces discours furent à la fois une belle action et une belle œuvre. « Si les amis de la franche et noble interprétation des sentiments, dit M. Berryer, blâment l'air agenouillé de ces admirables discours, qu'ils se rappellent dans quel état désespéré ils furent composés, et à quel orgueilleux monarque ils s'adressaient. » Nous ajouterons : qu'ils considèrent encore que Pellisson parlait pour un autre ; c'est là sans doute la meilleure justification. Le barreau du XVIIe siècle n'est pas à dédaigner autant que beaucoup le croient peut-être. Deux traits communs à tous les avocats les recommandent et les caractérisent : tous écrivent avec soin, et, là où ils sont bons, ils sont excellents ; tous sont honnêtes et chrétiens, et ils ont dû à leur vertu, à leur foi une partie de leur mérite, et leurs plus belles inspirations.

Daguesseau et Cochin, deux noms fort inégaux d'ailleurs, forment la transition du XVIIe au XVIIIe siècle. Daguesseau est, avec L'Hôpital, le plus grand honneur de la magistrature française. Écrivain, poète, jurisconsulte, administrateur et législateur, honnête homme, chrétien et philosophe, grand par son caractère comme par son esprit, il ne fit pas seulement des plaidoyers où la force de la pensée et l'éclat de l'imagination s'unissent à l'élégance du langage, des mercuriales où l'éloquence de la parole est égale à la noblesse des pensées : il dota la France d'une foule de lois, d'édits et de règlements, qui furent pour le pays entier ou pour diverses classes de citoyens autant de bienfaits. Cochin fut le plus brillant des avocats de son temps; ses improvisations étaient, dit-on, pleines d'éclat et entraînantes; dans ses discours écrits on ne retrouve point les grandes qualités oratoires, mais le style en est soigné et plein de goût. Par son talent comme par son caractère, il se rattache à la tradition littéraire et chrétienne du siècle passé. Il ne participe ni à l'élégance du langage, des mercuriales ni au mauvais goût, ni aux travers philosophiques de la plupart de ses contemporains. Mannory est un plaisant plutôt encore qu'un avocat; Loyseau de Mauléon est un sentimental, et fait du plaidoyer un roman ; Servan est un déclamateur. Dupaty, dans un Mémoire justificatif pour trois hommes condamnés à mort, a des morceaux vigoureux et pathétiques. Linguet, esprit souple, étendu, fécond, actif, mais passionné, querelleur et méchant, s'était distingué dans le barreau avant d'en être chassé; son Mémoire pour le comte de Morangiès est excellent. Gerbier n'a laissé aucune œuvre saillante : pourtant, du Parlement de Bretagne, où il plaidait, sa renommée s'étendit par toute la France. Citons encore Monclar, Élie de Beaumont, Target, Tronchet, Bergasse. Les chefs-d'œuvre de l'éloquence judiciaire à la fin du XVIIIe siècle sont les Mémoires : ceux de La Chalotais, de Lally, et de Beaumarchais. Leurs mérites sont singulièrement divers : ce qu'on trouve dans le Compte-rendu sur les Constitutions des Jésuites et dans les Mémoires justificatifs écrits des prisons du mont St-Michel, c'est une parole ferme, nerveuse, simple, un peu âpre; dans les Mémoires de Lally pour la réhabilitation de son père, c'est une éloquence châtiée, élégante et noble, quelque peu académique; quant à ceux de Beaumarchais, l'auteur s'y

est mis tout entier, et c'est assurément son chef-d'œuvre, plus dramatique que ses drames, plus comique que ses comédies ; il s'y élève par accident jusqu'à l'éloquence philosophique, et presque à l'éloquence religieuse.

Beaumarchais et Linguet nous amènent à la Révolution. Mentionnons le procès de Mme de Marignane, où Portalis et Mirabeau tinrent la parole ; citons les noms vénérés de de Sèze et de Malesherbes, de Thouret, Mounier, Chapelier, Barnave, Lanjuinais, Vergniaud, Delamalle, et Tronçon du Coudray. Nous arrivons au XIXe siècle. Beaucoup de noms y brillent, bientôt obscurcis : les avocats sont orateurs quelquefois, presque jamais écrivains; c'est là le mal de leur gloire, ou le défaut de leur talent. Sous la Restauration, nous trouvons Bonnet, Billecoq, Guichard, Bellart, Marchangy, Berville; et, après eux, nos contemporains, MM. Dupin, Marie, Berryer, Paillet. Teste, Delangle, Chaix-d'Est-Ange, Dufaure, Odilon Barrot, Crémieux, Jules Favre, Léon Duval, Bethmont, Liouville, etc., pléiade nombreuse et brillante. V. Falconnet, Le Barreau français moderne, ou Choix de plaidoyers des plus célèbres avocats, 1806, 2 vol. in-4°; Clair et Clapier, Barreau français, ou Collection de chefs-d'œuvre de l'éloquence judiciaire en France, 1821, 16 vol. in-8°; Annales du Barreau français,... depuis Le Maistre et Patru jusqu'à nos jours, 1833-47, 20 vol. in-8°; Berryer, Leçons et Modèles d'éloquence, du XIVe au XIXe siècle, 1838, in-4°; Boinvilliers, Principes et morceaux choisis d'éloquence judiciaire, 1826, in-8°; Phelippes de Tronjolly, Essais historiques et philosophiques sur l'éloquence judiciaire, 1829, 2 vol. in-8°; Oscar de Vallée, De l'éloquence judiciaire au XVIIe siècle, 1856, in-8°; Sapey, Études biographiques pour servir à l'étude de l'ancienne magistrature française, 1858, in-8°. T. DE B.

JUDICIAIRE (Organisation). V. FRANCE, dans notre Dictionnaire de Biographie et d'Histoire, page 1084, col. 2.

JUDICIAIRE (Pouvoir). V. POUVOIR.

JUGE, mot qui, après avoir reçu diverses acceptions (V. notre Dictionnaire de Biographie et d'Histoire), ne désigne plus qu'un magistrat chargé par l'autorité publique de rendre la justice aux particuliers. Il sert à qualifier spécialement les juges de paix, les membres des tribunaux de commerce et ceux des tribunaux de 1re instance. Les magistrats des Cours d'appel et de la Cour de cassation ont titre de conseillers.

JUGE COMMISSAIRE, juge commis par un tribunal pour une opération quelconque.

JUGE DE PAIX. V. ce mot dans notre Dictionnaire de Biographie et d'Histoire.

JUGE D'INSTRUCTION, magistrat qui, dans chaque arrondissement, est investi de la mission d'instruire, c.-à-d. de recueillir tous renseignements, entendre tous témoins et faire toutes constatations relativement aux crimes et délits. Aux termes du Code d'instruction criminelle (art. 55), il devait être choisi parmi les membres du tribunal civil pour trois ans, et conservait séance au jugement des affaires civiles, suivant le rang de la réception. Un décret du 1er mars 1852 permet de confier les fonctions de l'instruction aux juges suppléants. V. Delamorte-Félines, Manuel du juge d'instruction, 1836, in-8°; Duverger, Manuel du juge d'instruction, 2e édit., 1844, 3 vol. in-8°; Cassassoles, Guide pratique du juge d'instruction, 1855, in-8°.

JUGEMENT. En Psychologie, le jugement est un fait par lequel on affirme qu'une chose est ou n'est pas, ou bien qu'elle est d'une façon et non d'une autre. On a donné aussi le nom de jugement à la faculté qui produit le fait et au résultat du fait; mais la faculté n'est autre chose que l'intelligence elle-même, et le résultat, la croyance qui en est l'effet. Le caractère essentiel du jugement est l'affirmation ; le mot qui donne la vie à la proposition est le verbe. Tout jugement renferme trois notions : celle de l'antécédent, substance ou cause, être modifié ou agissant, le sujet; celle du conséquent, mode ou acte, effet souffert ou produit, l'attribut; celle du rapport, exprimée par le verbe, lorsque le jugement est énoncé par des mots. Le jugement entraîne irrésistiblement à croire que ce qui a été jugé est ou existe, et à se l'affirmer. C'est cette affirmation mentale que le moi porte au dehors à l'aide des signes, sous la forme de proposition ; elle conduit à la certitude. — On distingue dans le jugement la matière et la forme. La matière varie, parce qu'elle peut provenir d'une notion concrète et individuelle, ou abstraite, générale, universelle; ce qui donne lieu à autant d'espèces de jugements. La forme ne varie jamais, elle contient toujours l'affirmation. Relativement à la forme, les jugements doivent être considérés sous quatre points de vue; le dernier toutefois n'est pas exclusivement formel : 1° par rapport à l'*extension*, selon le nombre des objets compris dans l'idée; c'est le point de vue de la *quantité;* il donne lieu aux jugements *généraux, particuliers, individuels;* 2° par rapport à la *compréhension*, selon que les idées peuvent être ou ne peuvent pas être unies; c'est le point de vue de la *qualité;* les jugements sont alors *affirmatifs, négatifs, indéterminés;* 3° par rapport à la *relation,* d'après le rapport entre les objets que le jugement rapproche ou sépare; si l'on affirme purement et simplement, le jugement est *catégorique;* si l'on affirme avec condition, il est *hypothétique;* si l'on affirme la nécessité de choisir par voie d'élimination entre deux attributs qui s'excluent, il est *disjonctif;* 4° sous le point de vue de la *modalité;* celle-ci désigne le rapport du jugement à l'esprit, ou la manière dont celui-ci conçoit l'existence des choses, ce qui donne lieu aux jugements *problématiques, assertoires, apodictiques.* — On distingue encore les jugements en : 1° *analytiques*, quand l'attribut est nécessairement contenu dans le sujet; 2° *synthétiques*, quand il n'y a pas identité entre le sujet et l'attribut. Ils sont *substantifs*, quand ils affirment simplement l'existence; *attributifs*, quand ils affirment la convenance ou la disconvenance d'un sujet par rapport à une qualité; *primitifs* ou *spontanés, réfléchis* ou *secondaires.* — Le sens philosophique du mot *jugement* explique certaines locutions, comme : c'est un homme *de bon*, *de grand jugement*, ou *dénué de jugement*, c.-à-d. qui saisit bien ou mal les rapports des choses.

En Droit, un *jugement* (du latin *jus*, droit, et *dicere*, dire) est une décision émanée de l'autorité judiciaire ; c'est le nom donné à toute décision des tribunaux inférieurs, celles de la Cour de cassation et des Cours impériales sont des *arrêts.* A la suite d'une enquête, la décision d'un seul juge est une *ordonnance.* Les jugements en 1ʳᵉ instance ne peuvent être rendus par moins de trois juges, à peine de nullité. Les jugements émanent de la juridiction criminelle ou de la juridiction civile; dans le 1ᵉʳ cas, ils sont ou *de simple police* ou *correctionnels;* dans le 2ᵉ, on les distingue en jugements *contradictoires, par défaut,* et, au criminel, *par contumace, provisoires, préparatoires, interlocutoires, définitifs.* On distingue aussi les jugements *sur requête,* ceux *d'expédients,* et ceux *d'homologation.* Ils sont *en premier* ou *en dernier ressort.* Le jugement doit contenir les noms des juges, du procureur impérial ou de son substitut, s'il a été entendu, ainsi que des avoués; les noms, professions et demeures des parties, leurs conclusions, l'exposition sommaire des points de fait et de droit, les motifs et le dispositif (*Code de Procédure*, 141). Les jugements ont pour effet de lier les parties entre lesquelles ils sont rendus (*Code Napol.*, 1350 et 1351). *V.* Poncet, *Traité des jugements,* 1822, 2 vol. in-8°.   R.

JUGEMENT D'AMOUR (Le), poëme allégorique et satirique du XIIIᵉ siècle. Deux demoiselles se querellent pour le mérite de leurs amis. Blancheflor aime un clerc, et Florance un chevalier. Elles portent leur différend devant le tribunal du Dieu d'amour. Bien des oiseaux parlent tour à tour, les uns pour les clercs, les autres pour les chevaliers. Enfin le roi décide que la querelle se videra par un combat singulier entre le rossignol, défenseur des clercs, et le papegaux (perroquet), défenseur des chevaliers. Le papegaux rend son épée, et la cour décide que les clercs ont plus de vaillance et de courtoisie que les chevaliers. Florance en meurt de chagrin. — Le même sujet a été traité par deux autres auteurs sous les titres de *Florance et Blancheflor* et de *Hueline et Églantine. V. Histoire littéraire de la France,* t. XIX.   H. D.

JUGEMENT DERNIER, jugement solennel et général que Jésus-Christ, suivant la doctrine catholique, doit faire des vivants et des morts, au dernier jour, à la consommation des siècles. — Parmi les œuvres d'art qui ont pour sujet le Jugement dernier, on peut citer un bas-relief du portail de Notre-Dame de la Couture, au Mans; d'autres au grand portail de Notre-Dame de Paris, de la cathédrale d'Autun, de l'église St-Jean à Nuremberg; les peintures d'Orcagna au Campo-Santo de Pise; le tableau de Jean Cousin au Musée du Louvre, et, à Rome, la fresque de Michel-Ange dans la chapelle Sixtine, dont il y a une belle copie, par Sigalon, au Palais des Beaux-Arts, à Paris. — Le Jugement dernier est un sujet trop sublime et trop terrible pour la peinture; aussi les plus grands artistes, sans en excepter Michel-Ange, y ont

échoué. Une scène du Calvaire excitera la plus douloureuse émotion, et il n'est pas très-rare que des artistes éminents y aient réussi; mais devant ces tableaux dits du Jugement dernier, on n'est frappé que de l'imagination du peintre : le cœur et l'esprit restent froids, au lieu d'être consternés de respect et de terreur. C. D—Y.

JUGEMENT DE DIEU. *V.* EPREUVES JUDICIAIRES, dans notre *Dictionnaire de Biographie et d'Histoire.*

JUIFS (Langue et Littérature des). *V.* HÉBRAIQUE.

JUIFS (Religion des). *V.* JUIFS et MOISE, dans notre *Dictionnaire de Biographie et d'Histoire.*

JUILLET (Colonne de). *V.* COLONNES MONUMENTALES, dans notre *Dictionnaire de Biographie et d'Histoire.*

JULES, monnaie d'argent des États romains, ainsi appelée du pape Jules II, et valant environ 30 centimes.

JUMELÉ, en termes de Blason, se dit d'un sautoir, d'un chevron ou de toute pièce formée de deux jumelles.

JUMELLE, terme de Marine. *V.* GABURON.

JUMELLES, en termes de Blason, se dit de deux petites fasces, bandes, barres, etc., parallèles, qui n'ont que le tiers de la largeur ordinaire.

JUMIÉGES (Abbaye de), à 27 kilom. O. de Rouen, près de la Seine. A l'époque où St Philibert fonda un monastère en cet endroit, en 655, on y voyait deux églises contiguës, consacrées l'une à la Stᵉ Vierge, l'autre à St Pierre. En 851, les pirates normands saccagèrent et brûlèrent le monastère, ainsi que l'église Notre-Dame. Guillaume Longue-Épée fit reconstruire le couvent et réparer l'église, en 940. Sur l'emplacement de celle-ci, on bâtit plus tard un autre édifice, qui fut consacré en 1067, et où se trouvent quelques portions conservées de l'ancien. La nouvelle église Notre-Dame est celle dont on admire aujourd'hui les ruines : une partie considérable en fut abattue à la Révolution, avec tout le couvent, dont il ne subsiste que la maison du portier, convertie en maison d'habitation; mais les portions qui restent sont heureusement les plus anciennes, et en même temps les plus remarquables; les constructions en ogive sont en ruines, mais les tours normandes ont échappé à la destruction. L'église abbatiale, qui avait 87 mèt. de longueur sur 21 mèt. de largeur, est un bel exemple de la simplicité du style architectural des anciens Normands, ses fondateurs : les ornements y sont très-rares. C'est dans les magnifiques arcades placées sous la tour centrale, dans la nef si longue, si large et si haute, dans l'élévation de la façade occidentale, qu'il faut chercher le secret de l'effet imposant produit par l'édifice. La façade, complétement unie, a le caractère roman; son arcade circulaire, dépourvue de toute espèce de moulures, repose sur deux colonnes. Aux angles de cette façade sont deux tours de forme octogonale, qui avaient 51 mèt. de hauteur, et entre lesquelles existent de légères différences. La tour centrale est en partie ruinée. Le toit de l'église a entièrement disparu. Les arcades de la nef reposent sur des piliers auxquels sont attachées des demi-colonnes ; tous les chapiteaux sont unis; quelques-uns ont conservé des traces de peintures imitant grossièrement des feuilles. On voit de larges galeries à la partie supérieure des collatéraux. Quant à l'église de St-Pierre, ses proportions étaient beaucoup moins vastes que celles de Notre-Dame, parce que, lors de sa reconstruction, on n'en avait conservé que la partie du haut : elle n'avait plus d'issue au dehors, et l'on y entrait par l'autre église, au moyen d'un corridor voûté, de 5 à 6 mèt. de longueur. Les deux églises de Jumiéges renfermaient plusieurs tombeaux qui ont été détruits, entre autres celui des *Enervés* (*V.* JUMIÉGES, dans notre *Dictionnaire de Biographie et d'Histoire*), rapporté sans raison au VIIIᵉ siècle, et qui ne remontait certainement pas au delà du XIIIᵉ. Le cloître, bâti en 1530, renfermait la salle des gardes de Charles VII, longue de 33 mèt. et large de 11 mèt., seul reste des appartements que ce roi avait occupés pendant son séjour à Jumiéges, où mourut sa maîtresse Agnès Sorel. *V.* Deshays, *Histoire de l'abbaye royale de Jumiéges,* Rouen, 1829, in-8°; Langlois, *Essai sur les Enervés de Jumiéges,* 1838, in-8°.

JUNIUS (Lettres de). *V.* notre *Dictionnaire de Biographie et d'Histoire.*

JUNON. Les monuments antiques représentent cette déesse sous les formes les plus nobles. Son visage a les traits de la jeunesse avec la maturité de la beauté; il est doucement arrondi sans être trop plein, et commande le respect sans avoir rien de rude : le front est entouré de cheveux qui sont arrêtés obliquement par derrière; les yeux regardent droit en avant. Junon est couronnée de la *stéphané* ou diadème; les coiffures qu'on y ajoute,

le *polos*, le *calathos*, le *modios*, ne font que mieux ressortir son caractère de divinité du Ciel et de la Nature.
L'*himation* ou voile qui l'enveloppe, le *chiton* dont elle
est vêtue et qui ne découvre que le cou et les bras, impriment à son maintien, par la sévérité de leurs draperies, un caractère de réserve et de pudeur qui sied à
l'épouse et à la matrone. Polyclète passait pour avoir
fixé ce type : il avait fait une statue colossale en or et en
ivoire pour le temple érigé à Junon entre Argos et Mycènes ; la déesse tenait d'une main une grenade, symbole de la Nature, et de l'autre un sceptre, à l'extrémité
duquel était perché le paon. Le paon fut aussi un
attribut de Junon. Plusieurs impératrices romaines affectèrent de se faire représenter sous les traits de l'épouse
de Jupiter : aussi, la plupart des statues de Junon que
nous possédons sont des statues d'impératrices.   B.

JUNTE. *V.* notre *Dictionn. de Biog. et d'Histoire.*

JUPITER. L'art antique nous représente ce Dieu, tantôt debout et nu, tantôt assis sur son trône, et la partie
inférieure du corps vêtue. Le Jupiter d'Olympie, œuvre
de Phidias, était couronné d'olivier sauvage, tandis que
celui de Dodone avait une couronne de chêne. L'attribut
ordinaire de Jupiter était la foudre, qu'il tenait à la main
ou faisait porter par un aigle placé à ses côtés. Il est
reconnaissable en outre à une patère ou coquille, au
sceptre, ou à la déesse de la victoire qu'il tient à la main.
Ses cheveux, relevés sur le front, retombent en ondes
serrées sur les côtés, et ont quelque ressemblance avec la
crinière du lion. Les plus célèbres temples de Jupiter
étaient ceux d'Olympie, d'Agrigente, et de Rome (*V.* Capitole, Olympie, dans notre *Dictionnaire de Biographie
et d'Histoire*, et, dans le présent ouvrage, l'art. Agrigente). Au temps des Romains, on fit plusieurs statues
colossales de ce dieu : tels furent le *Jupiter Toscan*, élevé
par Sp. Curvilius, l'an 482 de Rome, avec l'airain enlevé
aux Samnites, et le Jupiter que l'empereur Adrien fit
ériger à Athènes. Les amours de Jupiter ont fourni aux
artistes le sujet d'un grand nombre de compositions.
V. Wælcker, *Sur le temple et la statue de Jupiter à
Olympie*, en allemand, Leipzig, 1794; Seebenkees, *Sur
le temple et la statue de Jupiter à Olympie*, en allemand,
Nuremberg, 1795; Hans, *Essai sur le temple et la statue
de Jupiter à Olympie*, en ital., Palerme, 1814; Klenze,
Sur le temple de Jupiter Olympien à Agrigente, en allemand, Stuttgard, 1821, in-4°; Émeric David, *Jupiter,
recherches sur ce Dieu, sur son culte et sur les monuments qui le représentent*, Paris, 1833, 2 vol. in-8°.   B.

JURANDE. *V.* ce mot dans notre *Dictionnaire de Biographie et d'Histoire.*

JURASSIEN ou BRESSAN (Patois), dialecte parlé dans
les campagnes au midi de la Bourgogne, dans les anciens pays de Bresse, de Bugey, de Val-Romey et de
Dombes (département de l'Ain, et partie de ceux de
Saône-et-Loire et du Jura). Il participe du celtique, de
l'allemand, du latin, du français, et aussi de l'idiome
bourguignon ; certains indices révèlent l'arabisme dans
le patois des Burrins, habitants du village de Boz au
bord de la Saône, et que la tradition fait descendre d'une
colonie de Sarrasins. Voici un exemple de cet amalgame,
emprunté à un noël bugiste (de Nantua) :

> Venian dou ciar, o sare bin étranzo
> Venant du ciel, il serait bien étrange
> Qu'i voluisse no gascona.
> Qu'il voulût nous tromper.

Venian s'éloigne peu du latin *veniens*; *qu'i voluisse* a
bien de l'analogie avec *quod voluisset*; *ciar* est pur bourguignon ; *étrànzo* est provençal. Un des caractères distinctifs de ce patois est le retour fréquent de la terminaison *o* prononcé grave et très-allongé ; cette terminaison
se change en *a* long et ouvert dans le patois du Bugey.
Le paysan jurassien parle un langage peu figuré; il ne
connaît pas les métaphores, et se contente de dire simplement sa pensée. L'habitant de la plaine prononce
avec une volubilité qui contraste avec la lenteur de son
geste ; le montagnard, au contraire, a des manières vives
et une parole pesante. La littérature du patois bressan
n'est pas riche : cependant Jacques Brossard de Montaney, conseiller au présidial de Bourg, qui vivait au
XVIIe siècle, a laissé des chansons, une comédie, *l'Enrôlement de Tivan*, et des noëls qui, avec ceux de Borjon,
forment un recueil assez intéressant. Des *Noëls bressans*
ont été publiés en 1845.   P—s.

JURAT. *V.* ce mot dans notre *Dictionnaire de Biographie et d'Histoire.*

JURATOIRE (Caution), serment que fait quelqu'un en

justice de représenter sa personne ou de rapporter une
chose dont il est chargé.

JURÉ. *V.* ce mot dans notre *Dictionnaire de Biographie et d'Histoire.*

JURIDICTION. *V.* Compétence.

JURISCONSULTE (du latin *jus*, gén. *juris*, droit, et
consultus, savant, expert, qui a médité), celui qui est
versé dans la science du Droit et des lois, et qui fait
profession de donner des conseils et avis sur cette matière. Dans l'ancienne Rome, les jurisconsultes étaient
distincts des avocats plaidants, et leurs décisions faisaient autorité : ainsi, Valentinien III et Théodose le
Jeune décidèrent que les ouvrages de Papinien , de
Gaïus, de Paul, d'Ulpien et de Modestus auraient force
de loi. Le *Digeste* n'est qu'un recueil d'avis de jurisconsultes. L'action des jurisconsultes a été moins puissante en France, quoique considérable encore : sous
l'ancienne monarchie, Cujas, Domat, Pothier, Dumou-
lin, Loyseau, Laurière, furent les plus célèbres. Le *Code
Napoléon* est sorti des travaux de quelques jurescon-
sultes , et ce sont encore aujourd'hui des savants en
Droit qui expliquent les lois, qui en recherchent l'esprit,
et préparent ainsi les décisions de la justice.

JURISPRUDENCE, mot qui s'entend de la science du
Droit, mais plus exactement de l'art d'appliquer à la
pratique la connaissance des principes. A un autre point
de vue, la Jurisprudence est l'uniformité non interrompue de plusieurs arrêts sur des questions semblables : c'est en ce sens qu'on dit la *jurisprudence des tribunaux*, la *jurisprudence* est fixée sur tel ou tel point.
Le soin de fixer et de maintenir la jurisprudence en
France appartient à la Cour de cassation.

JURISTE , celui qui écrit sur les matières de Droit.

JURY.

JUSSION (Lettres de).

V. ces mots dans notre *Dictionnaire de Biographie et
d'Histoire.*

JUSTAUCORPS (pour *juste au corps*), vêtement étroit,
à manches, qui serre le buste et descend jusqu'aux genoux. Ce mot était en usage surtout au XVIIe siècle.

JUSTE (du latin *jus*, droit). C'est le caractère de ce
qui est conforme aux règles éternelles de la raison : être
juste, c'est respecter tous les droits, et en particulier
ceux de la nature humaine; être injuste, c'est les violer.
Le Juste, en Morale, donne l'idée de l'absolu ; il est dans
la conscience de chacun, fixe, invariable et indépendant ;
il trouve son application dans la *justice*.   R.

JUSTE, vieux mot désignant un vase ou flacon de table,
en forme d'aiguière, avec un couvercle et des anses. On
faisait de ces vases en or, en argent, et surtout en étain.
Une petite juste s'appelait une *justelette*.

JUSTICE. Elle consiste à traiter chacun selon son
droit, *Justitia in suo cuique tribuendo* (Cic.) La justice
est ordinairement regardée comme le droit écrit, et dont
l'exécution peut être exigée par la contrainte; ce qui
la distingue de l'*équité*, qui comprend tel ou tel
droit qui peut n'être pas inscrit dans le Code, mais qui
est reconnu par la conscience, au-dessus de toute convention. Cette distinction vient de ce que la loi *positive*
peut n'être pas exempte d'erreur ; mais, au fond, la justice et l'équité sont identiques dans leur essence. La *justice* se distingue aussi de la *charité* ou *amour*, en ce que
celle-ci a des degrés et que la justice n'en a pas. La
charité peut conduire à l'*injustice*; mais, si elles diffèrent, elles doivent s'unir pour éviter la faiblesse d'un
côté et la tyrannie de l'autre. Elles se complètent par
ces deux préceptes qui formulent la loi du *juste* dans
toute son étendue : *Ne fais pas à autrui ce que tu ne
penses pas qu'un autre ait le droit de te faire ; fais pour
les autres ce que tu désirerais que les autres fissent pour
toi.* — A l'idée de justice se lie nécessairement celle de
mérite et de démérite, qui annonce une sanction (*V.* Mérite). Il appartient aussi à la justice de réaliser cette sanction ; c'est ce que fait la *justice distributive*. La société ne
peut y satisfaire que d'une manière très-limitée, et la *justice distributive*, se confondant nécessairement avec la
sagesse et la miséricorde de Dieu, devient la *justice divine*. Mais dans ce monde il y a la *justice humaine*, qui se
règle, autant que le permet à notre nature, sur la première. La *justice humaine* règle les rapports des hommes
entre eux, et assure la conformité de leur conduite réciproque avec l'ordre civil et les lois positives : elle est
distributive et *commutative*. Toute justice s'administre
au nom du souverain, quelle que soit la forme de la
souveraineté. La justice distributive a pour but de protéger et de récompenser chaque membre de la société ,
suivant sa position sociale et son mérite ; de punir, sui-

vant la gravité du délit. La justice commutative règle les rapports des citoyens entre eux, suivant les droits de chacun. Le pouvoir de rendre la justice étant nécessairement délégué par le souverain, la justice prend quelquefois le nom de *juridiction*, et, selon la nature du pouvoir attribué au magistrat, on dit : *Justice civile, Justice criminelle, Justice consulaire*, etc. R.

JUSTICE, déesse. } *V.* notre *Dictionnaire de Bio-*
JUSTICE (Chambre de). } *graphie et d'Histoire.*

JUSTICE (Déni de). *V.* DÉNI DE JUSTICE.

JUSTICE (Droit de). *V.* notre *Dictionnaire de Biographie et d'Histoire.*

JUSTICE (Haute Cour de). *V.* HAUTE COUR.

JUSTICE (Lit de). *V.* LIT DE JUSTICE, dans notre *Dictionnaire de Biographie et d'Histoire.*

JUSTICE (Main de). *V.* BATON A SIGNER.

JUSTICE (Ministère de la). *V.* MINISTÈRE, dans notre *Dictionnaire de Biographie et d'Histoire*, page 1803, col. 2.

JUSTICE (Palais de). *V.* PALAIS DE JUSTICE.

JUSTICE DE CABINET. *V.* CABINET.

JUSTICE DE PAIX. *V.* JUGE DE PAIX.

JUSTICE MARITIME, MILITAIRE. *V.* MARITIME, MILITAIRE.

JUSTIFICATION, en termes de Théologie, passage de l'état de péché à l'état de justice. La Justification est l'effet des sacrements de Baptême et de Pénitence, et de l'infusion de la Grâce. Les protestants la fondent sur la foi seule, les catholiques sur les bonnes œuvres jointes à la foi.

JUSTIFICATION, en terme de Typographie, longueur des lignes; elle est fixée, pendant toute la durée d'un ou-

vrage, par la dimension du composteur (*V. ce mot*). — Les fondeurs en caractères donnent le nom de *justification* à l'opération qui donne la même longueur à toutes les lettres fondues, et qui s'exécute au moyen d'un instrument appelé *coupoir*.

JUSTINE, en italien *Giustina*, monnaie d'argent de Venise, valant 5 fr. 91 c.

JUSTINIEN (Code). *V.* CODE et JUSTINIEN, dans notre *Dictionnaire de Biographie et d'Histoire.*

JUXTAPOSITION, terme de Grammaire appliqué aux mots composés dont les éléments ne se sont pas fondus intimement les uns avec les autres et conservent plus ou moins intacte la forme qu'ils auraient s'ils étaient détachés. C'est ce qui a lieu presque sans exception en français; ainsi, les mots *petit-lait, petit-maître, blanc-seing, chef-lieu, chef-d'œuvre, chou-fleur, hors-d'œuvre, après-dînés, partout, pourtant, cependant, vis-à-vis, presqu'île, porte-croix, porte-drapeau, tire-bourre, pomme de terre, dorénavant*, etc., sont formés par juxtaposition. Les langues anciennes offrent aussi de nombreux exemples de ce procédé; par exemple, en latin : *præterea, quandoquidem, namque, etenim, agricultura, legislator, paterfamilias*, etc. Les verbes dans la composition desquels entre une préposition n'ont réellement que des éléments juxtaposés. Enfin, doivent être considérés comme formés par juxtaposition de leurs divers éléments les mots composés dont les parties composantes, si elles étaient détachées, seraient jointes les unes aux autres par une conjonction copulative, par exemple : *tragi-comique*, c.-à-d. tragique *et* comique; *anglo-français*, c.-à-d. anglais *et* français, ou *formé à la fois* d'anglais *et* de français, etc. P.

K

K, onzième lettre et 8ᵉ consonne de l'alphabet français. C'est une gutturale dérivée du *x* (*kappa*) des Grecs, et que nous n'employons guère que pour des mots tirés de langues étrangères. Les Romains paraissent ne s'en être servis qu'à partir du dernier siècle de leur République, et l'on prétend qu'elle fut introduite par Salluste : bien qu'on la trouve dans certains mots (*Kalendæ, Kalumnia, Kaput, Kaïus, Kæso*), Quintilien se refuse à l'admettre comme lettre latine. Priscien voulait qu'on ne l'employât que dans les mots dérivés du grec. Les calomniateurs étaient marqués au front d'un fer rouge portant un K. Sur les médailles antiques, K est pour *César, Claude, Campanie, Carthage*, etc. — Quelques auteurs ont fait de cette lettre un caractère numéral, valant 250, et, en le surmontant d'un trait horizontal (K̄), 250,000. Chez les Grecs, x' valait 20, et ,x 20,000. — Au moyen âge, Charlemagne signait K pour *Karl*. Dans les chartes et diplômes, on trouve souvent les abréviations suivantes : K R, *chorus*; K R. C, *cara civitas*; K RM., *carmen*; K S, *chaos*; K. T., *capite tonsus*, etc. Le K a été employé pour C dans *Kalendrier, Karolus*, etc. Au temps de Pasquier, il remplaçait *qu*. Il a été la marque des monnaies frappées à Bordeaux.

Dans les langues germaniques, le K s'emploie à la place du C, surtout lorsque, par l'effet de la voyelle qui suit immédiatement, cette dernière lettre ne pourrait conserver son caractère de gutturale et deviendrait sifflante. Le K initial peut ne pas appartenir à la racine du mot, et ne représenter qu'une simple aspiration : ainsi, en anglais, il est muet dans les mots où la consonne N le suit (*knap, knife, knit, knoll*, etc.). Chez les Serbes et les Russes, qui donnent au C la valeur de notre S, le K a naturellement un fréquent emploi. B.

KAABA (La). } *V.* CABA, CABALE, dans notre *Diction-*
KABBALE (La). } *naire de Biographie et d'Histoire.*

KABYLE (Langue). *V.* BERBÈRE.

KACHEMYR (Langue du pays de). *V.* CACHEMIRE.

KACHIQUEL (Idiome). *V.* MEXIQUE (Langue du).

KAFTAN. *V.* CAFETAN.

KAIMAKAN. *V.* CAÏMACAN.

KAKATOES. *V.* CACATOIS.

KALÉIDOSCOPE (du grec *kalos*, beau, *eidos*, image, et *skopéin*, regarder), jouet d'enfant inventé en 1817 par

l'Écossais Brewster. C'est un tube de carton ou de métal, fermé à une extrémité par un obturateur, dont le centre est percé d'une petite ouverture servant d'oculaire; l'autre extrémité présente une capacité fermée à l'intérieur par une lame de verre transparente, à l'extérieur par une lame de verre dépoli, et contenant divers petits objets, comme des fragments de verre colorés, des feuilles, des morceaux de dentelle, etc. Le tube est garni intérieurement de lames de verre plus ou moins inclinées les unes à l'égard des autres, et dans lesquelles ces objets peuvent se réfléchir. Quand on place l'instrument dans une direction horizontale et qu'on regarde par l'oculaire, on aperçoit des images variées, qui changent sans cesse si l'on déplace les objets renfermés dans la caisse vitrée ou imprimant au tube un mouvement de rotation. Les dessinateurs en broderies et en toiles imprimées se servent du kaléidoscope comme producteur de dessins modèles, qu'ils peuvent varier à l'infini. — L'idée première du Kaléidoscope n'appartient pas à Brewster : on la trouve dans la *Magie naturelle* de Porta (Naples, 1558), dans l'*Ars magna lucis et umbræ* du P. Kircher (Rome, 1646), et dans la *Magia universalis naturæ et artis* du P. Schott (Wurzbourg 1657).

KALEWALA, épopée nationale des Finnois, qui a pour sujet les habitants du pays de Kalewa (Finlande) et des Pohjolas (Lapons). Des fragments en avaient été recueillis et publiés au siècle dernier et au commencement de celui-ci : Lönnrot en a fait une nouvelle collection, et les a publiés en 1835 sous le titre de *Kalewala* (pays de Kalewa); l'édition de 1849 contient 22,800 vers, partagés en 50 *runes* ou chants. Une autre édition en a été donnée par Schiefner, à Helsingfors, 1852. L'opinion générale fait remonter jusqu'au xiᵉ siècle l'origine de ce poëme demi-païen, demi-chrétien. Nous en avons une traduction française dans l'ouvrage de M. Léouzon-Leduc, *la Finlande, son histoire primitive, sa mythologie, sa poésie épique*, etc., Paris, 1845, 2 vol. in-8°.

KALILA et DIMNA. *V.* CALILA.

KALMOUKS (Langue des), une des langues tartares. Bien qu'elle renferme un grand nombre d'expressions étrangères au mongol, les mots qui forment le fond des deux idiomes ont une dérivation commune. Leur système grammatical est à peu près le même : seulement le kalmouk a des formes plus simples pour la déclinaison des substantifs, et une conjugaison plus savante. Son alphabet ne diffère aussi du mongol que par l'addition d'un petit nombre de lettres. — Les Kalmouks ont une littérature. Parmi les ouvrages qu'elle comprend, on cite : le *Yertunchi tooli* (Miroir du monde), sorte de cosmographie abrégée, où les idées des Hindous sur la constitution de l'univers sont fidèlement reproduites ; le *Bogdo Gessurkhan*, ouvrage moral, prenant son titre d'un personnage fabuleux qui y joue le principal rôle ; l'*Ouchandar-khan*, ouvrage mythologique ; *Goh-tchikitu*, roman mythologique. *V.* Bergmann, *Voyage chez les Kalmouks*, trad. de l'allem. par Moris, Châtillon-sur-Seine, 1825, in-8°.

KANARA (Idiome). *V. KARNATIQUE.*

KANOURI (Langue), une des langues africaines, parlée dans le Bornou. La déclinaison a cinq cas. Il y a habituellement absence d'indication des genres. L'article se confond avec le pronom démonstratif. Les voix des verbes sont nombreuses ; on remarque un mode négatif, comme en copte. *V.* notre *Dictionnaire de Biographie et d'Histoire.*

KANTISME, philosophie de Kant. *V. ALLEMANDE (Philosophie).*

KARLI (Temple de), près de Bombay. Il est consacré à Bouddha, et formé par une suite de grottes distribuées autour d'un sanctuaire principal. Ce sanctuaire a 39 mèt. de profondeur, 20^m,80 de largeur, et la voûte en est soutenue par des colonnes reposant sur des éléphants, lesquels portent en outre divers personnages. De tous côtés sont des bas-reliefs représentant des scènes de la vie de Bouddha, et des inscriptions accompagnent ces figures. Un péristyle sculpté donne entrée dans le temple. Les grottes contiennent un grand nombre de pièces destinées à l'habitation des prêtres et des gens de service.

KARNAC (Ruines de). *V. THÈBES.*

KARNATIQUE (Idiome), un des dialectes indiens, de la famille dravidienne (*V. ce mot*). On dit aussi *Karnataca* et *Kanara*. Il se parle dans le centre du Dekkan, et s'écrit avec le caractère télinga ou le caractère malabar. *V.* Thomas Estevans, *Arte da lingua canarina*, Goa, 1640, in-8° ; W. Carey, *A Grammar of the kurnata language*, Serampour, 1817, in-8° ; J. Mackerell, *A Grammar of the carnataca language*, Madras, 1820, in-4°. Il existe un Dictionnaire de cette langue par Reeve, Madras, 1824-32, 4 vol.

KAROUBAHL, monnaie d'Alger. 80 valent 2 fr. 70 c.

KAS, sorte de tambourin des habitants du pays d'Angola, fait d'un bloc de palmier creusé, et recouvert d'une planche qu'on frappe avec une baguette.

KASSUTO, instrument de musique des habitants du Congo. C'est une pièce de bois longue d'un mètre et demi environ, creusée, et recouverte d'une planchette qui présente, de distance en distance, de petites tranches sur lesquelles on racle avec un bâton.

KAWI (Idiome), ancien idiome de l'île de Java, où il est la langue littéraire et sacrée. C'est une corruption du sanscrit, dans laquelle celui-ci est privé de ses inflexions et a pris en échange les prépositions et les verbes auxiliaires du javanais vulgaire. Le kawi, qu'on parlait également à Madura et à Bali, cessa d'être en usage au XIVe siècle de notre ère : sanscrit par sa nomenclature, il a généralement la grammaire du javanais et des autres langues malaises. Sa littérature est riche, mais elle est en grande partie une imitation de celle de l'Inde ; au nombre des ouvrages qu'elle comprend, on cite : le *Kanda*, poëme dont l'original paraît être perdu, mais dont il reste une traduction en javanais, et qui représente la lutte des divinités indiennes avec les divinités indigènes ; le *Brata Youdha* (la Guerre sainte, ou la Guerre du malheur), poëme de 719 stances de diverses rimes, composé au VIIIe ou au XIIe siècle par Pouseda, qui en emprunta le sujet à l'épopée indienne du *Mahabharata* ; le *Manek-Maya* (l'Homme), poëme où est exposée la cosmogonie des Javanais, d'après le dogme bouddhique ; le *Nitisastra*, traité de morale du XIIe ou XIIIe siècle. *V.* Guillaume de Humboldt, *Sur la langue kawi*, en allemand, Berlin, 1836-40, 3 vol. in-4°.

KAZNEH, nom donné en Égypte à la somme représentée par 1,000 bourses de 500 piastres, environ 125,000 fr.

KEEPSAKE, mot anglais désignant ces livres élégamment imprimés, illustrés et reliés, qui se donnent en cadeau. Il signifie qu'il faut *garder* (keep) avec *affection* (sake).

KEES ou KIS, nom donné en Égypte à une bourse de 500 piastres, environ 125 fr.

KEMANGEH, instrument à archet des Arabes. On en distingue plusieurs sortes. La *Kemângeh-roumy*, de la taille d'un violon ou d'un alto, est montée de 6 cordes en boyau et de 6 cordes en laiton : l'archet ne sert que pour les cordes en boyau, qui sont montées par quartes, à l'exception de la 3e et de la 4e qui sont à la tierce l'une de l'autre ; les cordes en laiton sont passées sous le manche, et résonnent à vide harmoniquement. La *Kemângeh-a'gous* n'a que deux cordes : son manche est cylindrique de leur côté ; la table d'harmonie, au lieu d'être en bois, consiste en une peau de requin collée sur les bords d'une noix de coco, qui forme le corps de l'instrument ; les cordes sont accordées à la quarte. La *Kemângeh-farkh* ne diffère de la précédente que par son accord, qui est d'une quarte plus élevé. — Les Turcs ont trois instruments du même genre, qu'ils appellent *Keman, Ajakli-keman* et *Sine-keman*.

KENILWORTH (Château de), en Angleterre, dans le comté de Warwick. Ce château, immortalisé par le roman de Walter Scott, remontait au roi Henri Ier, et fut donné par la reine Élisabeth au comte de Leicester. Cromwell le fit démanteler, mais les ruines en sont toujours magnifiques. Le donjon, vulgairement appelé *Tour de César*, et dont les murailles ont en certains points jusqu'à 5 mèt. d'épaisseur, présente encore la salle baronale, longue de 28 mèt., sur 15 de large.

KENSINGTON (Palais de), palais situé à l'extrémité occidentale de Londres, dans le quartier de l'aristocratie. Son architecture est irrégulière, et il n'a d'imposant que ses proportions. Guillaume III l'acheta au lord chancelier Finch, et, après lui, les reines Marie et Anne aimèrent à y habiter. Les appartements sont ornés de portraits et de tableaux de prix ; Kent a peint le grand escalier et les plafonds de plusieurs salles. Mais ce qui a fait surtout la réputation de Kensington, ce sont ses jardins, dessinés sous la direction de la reine Caroline, femme de George II. Six portes, dont quatre ouvrent sur Hyde-Park, donnent au public accès dans cette promenade.

KÉPI, sorte de casquette légère, en drap, un peu conique, et avec une visière de cuir verni. Il fut d'abord adopté par quelques corps des troupes françaises en Afrique, après la conquête d'Alger, puis se répandit dans le reste de l'armée. On le porte en petite tenue pour remplacer le shako.

KÉRATION, monnaie. *V.* notre *Dictionnaire de Biographie et d'Histoire.*

KÉRAULOPHONE, jeu d'orgue qu'on appelle aussi *Flûte à entailles.* Il appartient à la catégorie des jeux ouverts à bouche. Son intonation est celle du huit-pieds ; mais le procédé des entailles peut s'appliquer à tous les jeux à tuyaux ouverts, quelle que soit leur intonation. Le timbre distinctif de ce jeu, qui rappelle dans ses notes graves celui du cor, est produit par un trou rond ou carré convenablement disposé dans la partie supérieure du tuyau.   F. C.

KERMESSE. *V.* ce mot dans notre *Dictionnaire de Biographie et d'Histoire.*

KETCH, navire anglais de 50 à 200 tonneaux, à poupe carrée, portant un grand mât et un mât d'artimon, gréant ses voiles sur des cornes, et portant deux grands focs sur son beaupré, qui est peu relevé.

KHAN, nom que les Orientaux donnent à tout caravansérai situé dans l'intérieur d'une ville.

KHARI BOLI. *V. INDIENNES* (Langues).

KHILAT, nom commun à tous les dons que font les sultans de l'Orient, comme témoignage d'honneur ; ce sont des pelisses, des châles, des turbans, des pièces de brocart, des armes, des chevaux, des éléphants, etc.

KHOTBAH, prière musulmane pour le prince.

KIBITKA, voiture russe, munie à l'arrière d'une capote en tresse, qui garantit contre l'intempérie des saisons.

KIN, instrument de musique. *V. CHINE* (Musique en).

KING (Les). *V. CHINOISE* (Littérature).

KINNOR, instrument à cordes des Hébreux. Il avait, selon Josèphe, 10 cordes, qu'on touchait avec un *plectrum ;* cependant la Bible dit positivement que David jouait du kinnor avec la main. Quant à la forme de cet instrument, les uns croient qu'elle était celle de notre harpe ; les autres inclinent pour la guitare. St Jérôme lui attribue la figure du *delta* grec (Δ) et 24 cordes. Il paraît qu'il y avait une espèce particulière de kinnor à 8 cordes, appelé *Scheminith.*   B.

KIOSQUE, mot d'origine turque, désignant un petit pavillon ouvert de tous côtés, placé sur une terrasse ou à l'extrémité d'un jardin, et consacré à prendre du repos pendant les chaudes heures du jour. On a imité chez nous ces constructions, en leur donnant le plus souvent des toits à la chinoise; mais notre climat exige qu'elles soient presque toujours fermées. Vers 1855, des kiosques ont été placés dans les jardins publics et sur les boulevards de Paris, pour servir d'abri à des marchands de jouets d'enfants ou de journaux.

KITAB EL-AGHANI, c.-à-d. *Livre des poésies*, recueil très-important de morceaux de la littérature arabe, dont il existe un manuscrit à la Bibliothèque impériale de Paris et un autre à celle de l'Académie des Sciences de S¹-Pétersbourg. L'auteur de ce recueil est El-Isfahani. Sylvestre de Sacy et Kosegarten en ont publié des extraits.

KLIPPER. *V.* CLIPPER.

KLOSTERNEUBURG (Abbaye de), près de Vienne en Autriche. Cette abbaye d'Augustins, l'une des plus riches de l'Empire autrichien, fut fondée au commencement du xıı⁰ siècle par le margrave Léopold le Saint. Les bâtiments actuels du couvent ont été pour la plupart construits en 1730 et agrandis en 1834 : ils contiennent une importante bibliothèque, un cabinet d'objets d'art et d'histoire naturelle, une galerie de tableaux, et des caves immenses. L'église, rebâtie à la suite d'un incendie en 1318, a conservé quelques débris des anciennes constructions. L'une de ses tours date de 1584, l'autre de 1637. A l'intérieur de l'édifice, on remarque les stalles du chœur, la chaire en marbre, une châsse émaillée qui contient les restes de S¹ Léopold, un autel à volets, exécuté en 1181 par Nicolas de Verdun, et recouvert de 51 plaques de métal où sont niellés divers épisodes de la Bible, enfin la couronne archiducale de Maximilien, fils de l'empereur Maximilien II, reproduite exactement dans la couronne colossale en cuivre qui surmonte l'une des tours de l'église. Le cloître, de 1285, renferme une croix de bois sculpté, véritable chef-d'œuvre.

KNOUT. } *V.* ces mots dans notre *Diction-*
KNOW-NOTHING. } *naire de Biogr. et d'Histoire.*

KOBANG, monnaie d'or du Japon. Le vieux kobang vaut 63 fr. 75 c., le nouveau 30 fr.

KOBIZE, instrument de musique des Kirghizes. C'est une espèce de violon ouvert à la partie antérieure, concave à l'intérieur, et monté ordinairement de trois grosses cordes en crin de cheval. Pour en jouer, on le tient entre les genoux : les sons n'en sont ni agréables ni purs. Quelques Kirghizes savent imiter avec cet instrument le chant de plusieurs oiseaux.

KOBSA, instrument de musique en usage chez les Moldo-Valaques. C'est une espèce de mandoline à cordes de métal, qui sert de basse au violon et à la flûte de Pan.

KOGS, nom donné en Danemark aux terrains que l'on gagne sur la mer en les entourant de digues.

KOLBACK, coiffure. *V.* COLBACK.

KOLENDA, nom que l'on donne, en Pologne et dans les provinces roumaines, à des cantiques ou chansons populaires, chantés par des troupes d'enfants devant les fenêtres des maisons seigneuriales, la veille de Noël et du nouvel an. Ce sont les *Noëls* de notre moyen âge.

KOLOUCHE (Langue), langue parlée sur la côte N.-O. de l'Amérique septentrionale. Plusieurs mots y commencent et d'autres finissent par *tl*, comme en mexicain; dans aucun on ne trouve l'*r*. Le nombre et le genre ne sont pas indiqués par des terminaisons différentes. Plutôt que d'emprunter des mots aux étrangers, les Kolouches créent des mots nouveaux chaque fois qu'ils ont à désigner des objets précédemment inconnus.

KOPEK, monnaie russe, en cuivre, valant 4 centimes de notre monnaie.

KOPFSTUCK, c.-à-d. *pièce à tête*, monnaie d'argent autrichienne, valant 20 kreuzer ou 86 centimes et demi.

KOPPA, ancienne lettre grecque, en usage surtout chez les Doriens, et dont les Romains firent le Q. On ne l'employa ensuite chez les Grecs que comme lettre numérale, valant 90.

KORAN. *V.* CORAN, dans notre *Dictionnaire de Biographie et d'Histoire.*

KORÉISCH ou **KORÉISCHITE** (Dialecte), ancien dialecte de l'Arabie, parlé à la Mecque et dans le Nord. Il fut, dit-on, primitivement composé d'hébreu mêlé à la langue des Joramites, tribu avec laquelle Ismaël fit alliance après son arrivée dans le désert. Par suite de l'affluence des pèlerins de diverses tribus qui venaient à la Mecque visiter la Càba, il s'appropria les expressions les plus heureuses du dialecte de chacune, et acquit ainsi

une grande abondance, sans perdre son homogénéité. Au temps de Mahomet, il devint le fond même de la langue arabe.

KOUAN, monnaie de compte de l'Empire d'Annam, valant en moyenne 1 fr. 10 c.

KOUAN-HOA (Langue). *V.* CHINOISE (Langue).

KOUFIQUE (Écriture). *V.* COUFIQUE.

KOURDE ou **KURDE** (Idiome), idiome de la même famille que le persan moderne. Il s'est, plus que lui encore, éloigné du zend. Il n'a point de flexions pour indiquer les nombres et les cas, et manque également du verbe substantif. Comme en hébreu, le sujet et l'attribut s'énoncent sans l'intermédiaire d'une copule verbale. La conjugaison n'a que deux temps, dont l'un n'est que l'infinitif précédé du pronom personnel, et l'autre répond à l'aoriste persan. On trouve dans le kourde un certain nombre de termes arabes, turcs, araméens et grecs, apportés par les révolutions religieuses ou politiques, mais qui ne peuvent se confondre avec le fonds de la langue. *V.* Garzoni, *Grammatica e vocabulario della lingua kurda*, Rome, 1786, in-8°; Rodiger et Post, *Études kourdes*, dans le *Journal asiatique allemand*, Bonn, 1840.

KOURGANES, élévations coniques en terre que l'on rencontre au N. de la mer Noire et de la mer d'Azow. Recouvertes de gazon, elles offrent une analogie frappante avec les *tumulus*, les *barrows*, et les *galgals*; il est rare que leur hauteur soit moindre de 3 mèt. et dépasse 8 à 10 mèt. On croit que les Kourganes servirent de lieux de sépulture. Peut-être les érigea-t-on dans les endroits de campement des tribus nomades, ou pour faire reconnaître la route à suivre au milieu des steppes.

KOURILIEN (Idiome), idiome parlé non-seulement dans l'archipel des Kouriles, mais dans l'île Tarrakaï, et sur le continent asiatique, vers l'embouchure de l'Amour. Dans les îles, on le nomme encore *aïno*. Il offre plusieurs racines communes aux idiomes sibériens, et spécialement au samoyède.

KOURNA (Palais de). *V.* THÈBES.

KOU-WEN (Langue). *V.* CHINOISE (Langue).

KRABS, jeu. *V.* CREPS.

KREMLIN. *V.* MOSCOU.

KREUZER, monnaie allemande, dont la valeur varie suivant les États, et dont le nom dérive de la croix (en allemand *kreuz*) dont elle porte l'empreinte. On comptait ordinairement 60 kreuzer au florin, et 90 au thaler : c'est environ 3 centimes 6/10 par kreuzer. En Autriche, le kreuzer est une monnaie réelle, en cuivre, valant 4 pfennings, c.-à-d. à peu près 4 centimes, et on frappe des 1/2 et des 1/4 de kreuzer : il y a aussi des pièces d'argent de 3, de 5, de 10 et de 20 kreuzer.

KRONENTHALER, monnaie d'argent allemande, dont la valeur varie entre 5 fr. 65 c. et 5 fr. 72 c.

KRUMHORN. *V.* CROMORNE.

KUFIQUE (Écriture). *V.* COUFIQUE.

KURDE. *V.* KOURDE.

KURTKA, sorte d'habit-veste d'origine polonaise, adopté, sous le premier Empire français, pour les lanciers de la garde impériale et les lanciers polonais.

KUSSIR, instrument de musique des Turcs, composé de 5 cordes tendues sur une peau qui couvre une espèce d'assiette de bois.

KWETZ, instrument de musique. *V.* AGADA.

KYMRIQUES (Langues). *V.* CELTIQUES.

KYRIE ELEISON, mots grecs qui signifient *Seigneur, ayez pitié*. C'est une invocation qui fait partie de la Messe, et qui se place entre l'*Introït* et le *Gloria in excelsis*. On répète trois fois *Kyrie eleison*, puis trois fois *Christe eleison*; et encore trois fois *Kyrie eleison*, pour adorer successivement et également les trois personnes de la sainte Trinité. On récite aussi le *Kyrie* au commencement des Litanies. Le *Kyrie* est en usage dans l'Église depuis le iv⁰ siècle ; ce fut le pape Sylvestre Iᵉʳ qui l'introduisit en Occident. Pendant plusieurs siècles encore, le chant des hymnes et des psaumes resta confié aux prêtres : les fidèles, qui n'y comprenaient rien et qui avaient de la peine à prononcer les paroles latines, ne chantèrent que des suites de *Kyrie eleison*, ou, comme on a dit, des *Kyrielles*. Le *Kyrie* fut aussi employé comme refrain de chants de guerre écrits en langue vulgaire. **B.**

L

L, 12e lettre et 9e consonne de notre alphabet. Elle est une des consonnes qualifiées de *liquides* et de *linguales* (*V.* ces mots). Nous distinguons l'*l* ordinaire, dans *malade, céleste, chaleur,* etc., et l'*l* mouillée, dont le son est tout différent, dans *famille, brillant, sommeil, rouille, deuil,* etc. La consonne *l* n'est jamais mouillée au commencement des mots; à toute autre place, il n'y a pas de règle, c'est l'usage qui en décide. Le son de notre *l* mouillée est donné en espagnol aux deux *l* qui commencent un mot (*llevar, llamar,* etc.), et en portugais au groupe *lh* (*lhano, mulher*), comme en français dans *gentilhomme.* A la fin de certains mots, *l* est muette : *outil, fusil, pouls.* Souvent aussi en anglais on ne la prononce pas, comme dans *would, could, half, salmon.* Dans le passage d'une langue à une autre, *l* permute souvent avec *r* : ainsi, les Latins formèrent *balathro* du grec *barathron;* nous avons fait *pèlerin,* du latin *peregrinus,* et, par une substitution inverse, *orme,* de *ulmus.* Les Chinois, qui ne peuvent prononcer la lettre *r,* lui substituent *l,* ce que font quelquefois chez nous les enfants, qui disent, par exemple, *blas* pour *bras, glos* pour *gros.* En passant du latin en français, la syllabe *al* est souvent devenue *au* : ainsi *alba* a fait *aube.* Une substitution de ce dernier genre s'est faite de *coutel, scel, col, sol,* à *couteau, sceau, cou, sou,* et se fait encore en formant le pluriel des noms en *al* (*mal, maux; cheval, chevaux,* etc.) — Comme abréviation, les Latins employaient L pour *Lælius, Lucius, Lares, legio, legatus, lex, libra, libens, libertus,* etc.; LLS pour *sestertius* (*libra semis*). Dans les diplômes du moyen âge, LS signifie *locus sigilli;* dans beaucoup de livres modernes, *l. c. l. d.* veulent dire *loco citato, loco laudato* (passage cité). En français, L s'emploie pour *Louis, Lucien;* LL. AA. pour *Leurs Altesses;* LL. MM. pour *Leurs Majestés; l* signifie *lieue* ou *livre; l. c., lieue carrée;* l. st., *livre sterling.* Les Anglais se servent de L pour *lord,* L. L. pour *lo^rd-lieutenant,* LL. D. pour *docteur ès lois civiles et ès lois ecclésiastiques.* — Chez les Grecs, le *lambda* (λ), employé comme signe numéral, valait, selon la place de l'accent, 30 (λ') ou 30,000 (,λ). Chez les Romains, L représentait 50, et L 50,000. — Autrefois, L était le signe de la monnaie frappée à Bayonne.　　　B.

LA, note de musique, la 6e de notre gamme d'*ut.* Autrefois on la nommait A. — *La* est aussi le nom de la 2e corde du violon, et de la chanterelle ou 1re corde de l'alto, du violoncelle et de la contre-basse. C'est sur cette note que s'accordent les instruments et qu'est réglé le diapason (*V. ce mot*); de là les expressions *donner* et *prendre le la.*　　　B.

LAACH (Abbaye de), dans la Prusse rhénane. Cette abbaye, fondée en 1093 par Henri de Laach, comte palatin du Rhin, fut une des plus riches de l'Allemagne. Le monastère comptait plus de 200 chambres : une aile était réservée aux étrangers de passage, une autre aux invalides et aux pauvres de la contrée; il y avait aussi une bibliothèque et une galerie de tableaux. Sécularisée en 1802, l'abbaye de Laach fut vendue et transformée en ferme et en auberge. L'église seule est restée la propriété de l'État, qui l'entretient : c'est un des échantillons les plus complets qui existent du style roman. On y entre par un beau cloître.

LABARUM. *V.* ce mot dans notre *Dictionnaire de Biographie et d'Histoire.*

LABDACISME, mot formé de *lábda* ou *lámbda,* nom de la 11e lettre de l'alphabet grec. Il désignait la prononciation vicieuse et trop pleine du λ, ou la répétition fréquente de cette lettre dans une phrase ou dans plusieurs mots de suite. Les Romains désignaient par le même mot la répétition multipliée de *l,* comme dans cette phrase : *sol et luna luce lucent albâ, levi, lacted;* ou la prononciation trop forte de cette lettre dans les mots où elle devait se prononcer légèrement (comme *ille, allium, lana, lego*), trop faible dans ceux où on devait la marquer davantage (comme *albus, alga*). L'emploi de l'*l* par attraction pourrait être aussi désigné de même : *illustrat* pour *inlustrat, colloquium* pour *conloquium,* etc.　　　P.

LABIALES (Consonnes), du latin *labia* (lèvres); consonnes qui se prononcent par le mouvement des lèvres ou plutôt à la prononciation desquelles le mouvement des lèvres contribue principalement. Telles sont *v, f, b, p, m;* cette dernière est demi-labiale et demi-nasale. Les labiales ont entre elles une telle affinité, que, dans la composition et dans la dérivation, elles se prennent les unes pour les autres : ainsi les mots latins *novus* et *novem* sont devenus *neuf* en français; *bœuf* a formé *bouvier;* le latin *vervex* a formé *berbix* et *brebis, souvent* est le même mot que le latin *subinde; episcopus* est devenu *vescovo* en italien, *bischoff* en allemand, *bishop* en anglais; *marmor* est devenu *marbre.* Le grec a trois labiales, β, π, φ.　　　P.

LABOURDIN (Dialecte). *V.* BASQUE.

LABRUM, vase ou bassin dont les Romains se servaient pour leurs ablutions dans les bains et dans les temples.

LABYRINTHE. Ce mot, appliqué à plusieurs monuments de l'antiquité (*V.* notre *Dictionnaire de Biographie et d'Histoire*), rappelle aussi une disposition particulière du pavage des églises au moyen âge. L'arrangement, la coupe et la couleur des pavés formaient, par leurs combinaisons, des lignes sinueuses conduisant par de nombreux détours à différentes stations, et finalement à un Calvaire figuré. Les fidèles qui ne pouvaient accomplir le pèlerinage de la Terre Sainte venaient parcourir ces labyrinthes mystiques, pieds nus ou à genoux, s'arrêtant aux diverses stations, jusqu'à ce qu'ils fussent arrivés au pied du Calvaire. Quelques abus sortirent de cette coutume religieuse; les enfants en faisaient un amusement. Peu à peu l'habitude de ce pèlerinage en miniature disparut avec celle des pèlerinages lointains, et le clergé fit enlever en beaucoup d'endroits les labyrinthes comme inutiles et gênants. Le labyrinthe de Sens, détruit en 1768, et celui d'Amiens, détruit en 1825, avaient 1,000 pas de longueur; celui de Chartres, qui subsiste encore, et qu'on a surnommé la *lieue,* en a 768. On en voit aussi à la collégiale de St-Quentin (*V. la figure ci-dessous*) et dans la salle capitulaire de la cathédrale de

Labyrinthe de Saint-Quentin.

Bayeux. Dans le labyrinthe de Reims, appelée *Chemin de Jérusalem,* et détruit en 1779, on déchiffrait le nom des quatre architectes de l'église. Le dessin du labyrinthe de l'ancienne église St-Bertin à St-Omer nous a été conservé.　　　E. L.

LABYRINTHE, nom donné à des allées concentriques établies pour l'ornement des parcs et des jardins. On en a un modèle au Jardin des Plantes de Paris, au monticule remarquable par un vieux cèdre du Liban. Ce labyrinthe est terminé par un joli kiosque à jour, tout en bronze, et d'où l'on jouit d'une assez belle vue sur une partie de Paris.

LAC, amas d'eau entourée de tous côtés par la terre et n'ayant avec la mer aucune communication, au moins *immédiate*. Parmi les *lacs sans écoulement*, les uns, comme celui d'Albano près de Rome, sont d'anciens cratères de volcan remplis d'eau, ne reçoivent aucune eau courante, et sont alimentés par des sources souterraines; les autres, situés sur des plateaux élevés ou au milieu de dépressions profondes, reçoivent souvent des fleuves considérables sans que leur niveau s'élève, parce que la quantité d'eau qui s'en évapore est égale à celle qui s'y verse, ou bien parce que le fond de ces lacs est de nature poreuse et absorbe une partie de leurs eaux : tels sont le Balaton et le Neusiedel en Europe, la Caspienne, l'Aral, les lacs Balkasch, Dzaïsang, Issikoul, Van et Ourmiah en Asie, le Tchad, le N'gami, le Nyassi, l'Ukerewe, et l'Ujiji, en Afrique, etc. En Amérique, les lacs sans écoulement sont réunis entre eux par des rivières, qui sont de véritables déversoirs appelés par les Espagnols *Desaguaderos;* par exemple, le Titicaca et le Pansa, le Salé et l'Utah. Dans l'Australie, les lacs-Torrents Gairdner, Grégory, généralement peu profonds, varient étrangement d'étendue, suivant l'époque de la saison sèche et pluvieuse. Le caractère général des lacs sans écoulement est leur salure extrême, souvent plus prononcée que celle de l'Océan, et qui augmente sans cesse, les matières salines apportées par les eaux se déposant au fond des lacs jamais être emportées par les courants. — Les *lacs à écoulement* sont aussi de deux sortes : ceux qui, placés souvent à de grandes hauteurs, nourris par de petits filets d'eau presque invisibles ou par des canaux souterrains, servent de sources à de grands fleuves, comme l'Itasca au Mississipi; et ceux qui reçoivent et émettent des eaux courantes qui les traversent. Ces derniers se rencontrent surtout au sortir des contrées montagneuses, à l'endroit où les fleuves, dont ils ne sont proprement que des dilatations, rencontrent une vallée, s'y précipitent, et la remplissent jusqu'à ce que leurs eaux soient arrivées au niveau du bord opposé et le dépassent. Ainsi se sont formés les lacs de la Suède, ceux de Constance, de Genève, de Garde, de Côme, le lac Majeur, le Baïkal en Asie, le Dembéa en Abyssinie. Les lacs à écoulement reçoivent et absorbent les matières terreuses que les fleuves charrient : ainsi, le Rhône, très-trouble à son entrée dans le lac Léman, en sort clair et limpide à Genève. Seulement cet apport d'alluvions rétrécit sans cesse l'étendue des lacs et augmente d'autant la vallée solide des fleuves. Le caractère le plus remarquable de ces lacs, et qui leur a fait donner le nom de *lacs régulateurs*, c'est d'établir une sorte de système de compensation entre les saisons. Quand la masse d'eau qui descend des montagnes est très-considérable, le lac la reçoit sans que son niveau augmente brusquement, et par conséquent sans que l'affluent qui déverse le surplus des eaux grossisse subitement en dévastant les campagnes; de même, quand les ruisseaux qui alimentent le lac se dessèchent ou diminuent, le niveau du lac baisse très-lentement à cause de la vaste étendue de sa surface, et le fleuve auquel il donne issue n'est point sensiblement amoindri ; les lacs régulateurs gardent les eaux de l'inondation pour les jours de sécheresse. Dans les pays pourvus de ces lacs, comme la Lombardie, les inondations sont régulières, maîtrisées à volonté, et les eaux, réparties dans d'innombrables canaux, servent à la défense ou à la fécondation du sol, comme dans les fertiles plaines et les rizières de la Lombardie. Dans les autres, elles sont des fléaux dévastateurs : il en est ainsi dans le bassin inférieur du Rhône, parce que ce fleuve, grossi par la Saône, l'Ardèche, l'Isère, la Durance, n'a plus, comme au milieu de la Suisse, de grand lac qui retienne le surplus de ses eaux. Aussi songe-t-on aujourd'hui à combattre et à prévenir même les inondations, non plus par des levées sans cesse emportées, et qui ne servent qu'à exhausser le lit des fleuves en arrêtant les alluvions, et conséquemment en augmentant le péril, mais par des barrages et des lacs artificiels qui joueraient le rôle de lacs régulateurs. Les Anciens en ont donné l'exemple, quand les rois d'Égypte et de Babylone firent creuser ou agrandir les lacs Mœris et Pallacopas pour servir de régulateurs aux inondations du Nil et de l'Euphrate. — Quelquefois, au lieu d'un seul lac régulateur, il y a plusieurs bassins superposés et comme des étages successifs de lacs : ainsi, en Suisse, l'Aar parcourt l'un après l'autre les lacs de Brienz et de Thun, la Thièle ceux de Neufchâtel et de Bienne; en Russie, le lac Lagoda reçoit par la Svir les eaux du lac Onéga, par le Wolchow celles du lac Ilmen, et les dé-

verse par la Néva dans le golfe de Finlande; en Amérique, cinq lacs, qui semblent des mers d'eau douce, les lacs Supérieur, Michigan, Huron, Érié, et Ontario, se déversent l'un dans l'autre, les deux derniers par le Niagara, et arrivent enfin à la mer par l'estuaire du St-Laurent.   C. P.

LAC, bassin de fontaine chez les anciens Romains. *V.* notre *Dictionnaire de Biographie et d'Histoire*.

LACS ET ÉTANGS. Chacun peut faire des lacs et étangs sur sa propriété, pourvu qu'ils ne nuisent pas aux droits d'autrui, et que les propriétés voisines soient garanties de tout dommage. Les propriétés inférieures doivent recevoir les eaux quand on met ces lacs et étangs à sec pour pêcher : c'est une servitude imposée par la situation naturelle des lieux. La suppression des lacs et étangs peut être ordonnée par le préfet, et sans indemnité, s'ils sont reconnus cause d'inondations ou d'insalubrité.

LACS, mot employé autrefois, en termes d'Architecture et de Passementerie, comme synonyme d'*entre-lacs* (*V.* ce mot).

LACERNA, vêtement romain.   ) *V.* ces mots dans
LA CHAISE (Cimetière du Père). } notre *Dictionn. de*
LACINIENNE (Table).   ) *Biogr. et d'Hist.*

LACK, expression monétaire usitée dans l'Inde, et désignant une somme de 100,000 *roupies* (240,000 fr.).

LACONICUM. V. BAINS.

LACONISME, langage bref et succinct, particulier aux anciens Lacédémoniens ou Laconiens. Aux sommations de Xerxès qui lui demandait de rendre ses armes, Léonidas répondit : *Viens les prendre. — Ne voulez-vous pas me recevoir dans votre ville?* faisait demander un jour le roi Philippe de Macédoine aux magistrats de Sparte : *Non*, répondirent-ils. Le même prince insultait à leur abaissement depuis les rudes coups qu'ils avaient reçus d'Épaminondas : *Denys à Corinthe* fut leur réponse, qui faisait allusion à la disgrâce du roi de Syracuse, réduit à se faire maître d'école. La dépêche qui annonçait à Sparte la victoire de Platées (479 av. J.-C.) contenait ces seuls mots : (*Les*) *Perses* (*sont*) *humiliés*. Après la chute d'Athènes à la fin de la guerre du Péloponèse, le vainqueur écrivit à Lacédémone : *Athènes* (*est*) *prise*. Le *Veni, vidi, vici* de César est un laconisme. — Par extension, le mot *Laconisme* désigna souvent, chez les Anciens comme dans les temps modernes, l'affectation du style bref et sentencieux, l'union de la sécheresse à un excès de brièveté. Le laconisme ne doit donc pas être confondu avec la *concision* : il en diffère en ce qu'il dit les choses avec le moins de mots possible, et qu'il emploie à peine les mots nécessaires, tandis que le laconisme consiste à n'employer que les paroles nécessaires à l'intelligence de la pensée. La concision n'exclut pas l'idée de certains développements : ainsi, Tacite et Montesquieu sont des écrivains concis ; mais leur style ni leurs ouvrages n'ont rien de laconique. Homère est concis lorsqu'il prête à Ajax, enveloppé dans une soudaine obscurité, cette exclamation adressée à Jupiter : *Lumière, même au prix de la vie!* Un Spartiate y eût trouvé de la redondance. Le mot d'Athalie dans Racine : *J'ai voulu voir, j'ai vu*, est concis, mais non point laconique. L'éclat, la grâce, peuvent se concilier avec la concision, mais sont incompatibles avec le laconisme. En un mot, le laconisme ne saurait être une qualité littéraire; mais il convient merveilleusement aux dépêches télégraphiques. Voici un exemple du laconisme porté à ses dernières limites : deux amis, joutant à qui ferait la lettre la plus courte, le premier, afin d'atteindre plus aisément son but, emprunta la langue latine, et écrivit : *eo rus* (je vais à la campagne); l'autre répondit : *i* (va).   P.

LACRYMATOIRE. V. ce mot dans notre *Dictionnaire de Biographie et d'Histoire*.

LACTAIRE (Colonne). V. COLONNES MONUMENTALES, dans notre *Dictionnaire de Biographie et d'Histoire*, page 634, col. 1.

LACUNAR, expression qu'on trouve dans les écrivains ecclésiastiques pour désigner un plafond en bois, plus ou moins orné, par opposition à *camera*, qui signifie voûte.

LADÈRES, nom des menhirs dans le pays chartrain.

LACUSTRES (Habitations). V. au *Supplément*.

LADRERIE.) V. ces mots dans notre *Dictionnaire de*
LADY.   } *Biographie et d'Histoire.*

LAEKEN (Palais royal de), dans le faubourg de ce nom, au N. de Bruxelles. Ce palais, destiné à la résidence d'été des gouverneurs autrichiens des Pays-Bas, fut bâti, de 1781 à 1784, sur les plans de l'archiduc Albert de Saxe-Teschen, par les architectes Montoyer et Payen. En 1792, après la bataille de Jemmapes, les archiducs, obligés de l'abandonner, en enlevèrent une grande quantité d'objets précieux. Le chirurgien Brahamon, qui l'acheta quelques années après, commençait à lui faire subir d'étranges mutilations, lorsque Bonaparte, 1er consul, s'en rendit acquéreur en 1802, et le fit remeubler. Le palais a reçu de notables accroissements depuis 1814. La façade d'entrée, élégante et spacieuse, est précédée d'une cour d'honneur. Elle est ornée d'un portique de quatre colonnes ioniques qui soutiennent un bel entablement où Godecharles a représenté en bas-reliefs le Temps présidant aux heures, les quatre époques du jour, et les Saisons. Les ailes sont formées de pavillons ornés de pilastres qui embrassent le premier et le second étage. Vu du parc, ce bâtiment présente une façade en forme de rotonde, avec des pilastres qui soutiennent l'entablement et l'attique surmontés d'une coupole, et ornés aussi de bas-reliefs par le même Godecharles; les ailes sont également décorées de pilastres. De ce côté, une belle pelouse, encadrée de massifs d'arbres, descend vers la Senne. Des parterres, des fleurs, des serres, une orangerie, une grande cascade, un temple du Soleil, contribuent à l'embellissement de ce parc.

LÆNA, vêtement romain. V. notre Dictionnaire de Biographie et d'Histoire.

LÆTARE, nom du 4e dimanche de Carême. Il est tiré de ce que l'introit de la messe de ce jour commence par les mots Lœtare, Jerusalem (réjouis-toi, Jérusalem).

LAGARES (Vers), c.-à-d. en grec vers éreintés, nom donné par quelques grammairiens anciens à certains vers d'Homère au milieu desquels on trouve un trochée au lieu d'un spondée.

LAGUNES, amas d'eau peu profonds qui se forment sur les parties basses des rivages, principalement entre les bras des fleuves à deltas ou dans leur voisinage, et sont séparés de la mer par des flèches ou cordons littoraux, qu'interrompent de fréquentes ouvertures. On les rencontre aussi sur des rivages où ne débouche aucun fleuve, mais dont le sol est très-abaissé et baigné par des mers peu profondes et limoneuses : la principale de ces lagunes est la mer Putride, formée par la mer d'Azow entre la côte orientale de Crimée et la flèche d'Arabath, et qui présente une étendue de plus de 2,000 kilomètres carrés. Les lagunes sont redoutées pour les fièvres dangereuses et les maladies pestilentielles auxquelles elles donnent naissance. — On nomme aussi Lagunes des réunions d'îlots nombreux et bas, que côtoie la mer maritime. La Hollande en a beaucoup, et Venise entière est bâtie sur des lagunes de ce genre, formant une série de petites baies que des barrages naturels appelés lido (rivage) séparent de la mer. C. P.

LAI, c.-à-d. chant, pièce de poésie fort en vogue chez nos anciens poëtes. Le mot était à peu près synonyme de fabliau (V. ce mot). Le lai était primitivement un récit de grands et nobles faits; puis il devint un conte, une nouvelle quelconque, où le merveilleux se mêlait presque toujours aux événements historiques. On le chantait en s'accompagnant de la harpe ou de la rote. Il n'avait pas, à la vérité, la forme lyrique favorable à la musique, et n'était point divisé en stances; mais le chant n'était probablement qu'une sorte de déclamation rhythmée. L'abbé de La Rue donnait aux lais une origine armoricaine; M. Ampère les rapporte plutôt à la Germanie, soit à cause des allusions aux croyances scandinaves qu'ils renferment, soit pour la ressemblance du mot lai avec les mots leoth en saxon et lied en allemand. Quoi qu'il en soit, les lais bretons, qui ont inspiré bon nombre de romans de la Table ronde, ne nous sont point parvenus généralement dans la langue originale; des traductions ont sauvé de l'oubli (V. Bitson, Ancient english metrical romances; Ellis, Specimen of the english poets). Un des plus anciens lais français est le Lai du prisonnier ou d'Ignaurès, par Renaud, lequel remonte au moins à l'an 1200; il a été publié par Monmerqué et Francisque Michel (Paris, 1832, in-8°). Parmi les Trouvères qui ont écrit des lais, nous citerons Marie de France, Christine de Pisan, Froissart, Guillaume de Machau, Eustache Deschamps. Beaucoup de compositions de ce genre sont anonymes. Les écrivains des âges suivants y ont souvent puisé : ainsi, le Lai du Frêne est le premier type de la nouvelle que Boccace a composée sous le titre de Grisélidis; Marmontel, dans son conte du Philosophe, a imité le Lai d'Aristote d'Henri d'Andeli. V. Lais inédits des XIIe et XIIIe siècles, publiés par Francisque Michel, Paris, 1836, in-12; F. Wolf, Sur les Lais, en allemand, Heidelberg, 1841, in-8°.

L'ancien lai était une suite de vers de 8 pieds; mais,

le chant appelant la forme lyrique, il devint une sorte de romance, et fut alors partagé en stances. Au XIVe siècle, il se composait ordinairement de 24 stances, ayant chacune 4, 6, 8 ou 12 vers, tout deux rimes au plus. Souvent ces vers étaient coupés de deux en deux par un vers plus court. En voici un exemple :

Sur l'appui du monde
Que faut-il qu'on fonde
D'espoir ?
Cette mer profonde,
En débris féconde,
Fait voir
Calme au matin l'onde,
Et l'orage y gronde
Le soir.

Quand, après la 1re stance, on faisait virer (tourner) les grands vers en petits, et les petits en longs, la pièce devenait un Virelai. Au XVIe siècle, ces modifications avaient enlevé au lai son caractère primitif; ce n'était plus qu'une forme poétique, à laquelle on renonça bientôt. M. Victor Hugo, dans son drame de Cromwell, a écrit la ballade du fou sur le rhythme d'un lai. B.

LAI (Frère). } V. ces mots dans notre Diction-
LAIC ou LAIQUE. } naire de Biographie et d'His-
LAIRD. } toire.

LAIS, terrains que la mer et les rivières forment par alluvion. On nomme relais les terrains qu'elles abandonnent en se retirant. Les lais et relais de la mer font partie du domaine public, et le gouvernement peut les concéder aux conditions qu'il juge convenable; ceux des rivières appartiennent aux propriétaires riverains.

LAKISTES. V. ce mot dans notre Dictionnaire de Biographie et d'Histoire.

LALLATION, vice de prononciation qui consiste à substituer la lettre l à la lettre r : Malie pour Marie. Le grasseyement d'Alcibiade disant Théodole pour Théodore était une lallation.

LAMA. V. ce mot dans notre Dictionnaire de Biographie et d'Histoire.

LAMANEUR. V. Pilote.

LAMBEL, en termes de Blason, barre horizontale, garnie de trois pendants en forme de trapèze, et placée à la partie supérieure de l'écu, toutefois sans toucher les bords; sa barre doit être la 9e partie du chef. V. la fig. ci-contre. Le lambel servit d'abord à distinguer les enfants du père, parce que ceux-là seuls qui n'étaient pas mariés en portaient; puis on en fit la brisure des premiers cadets.

LAMBOURDE, nom donné aux pièces de bois de sciage qu'on couche et qu'on scelle sur un plancher pour y clouer le parquet.

LAMBREQUINS, étoffes découpées en festons et flottantes, dont on couvrait autrefois le casque et qui descendaient sur la cuirasse, qu'elles protégeaient contre la pluie et la poussière. On donna le même nom à des bandes fixées au bas de la cuirasse, ainsi qu'à des rubans qui arrêtaient le chaperon sur le casque et qu'on entortillait autour du cimier. Ces ornements, appelés aussi volets, parce qu'ils voltigeaient au gré du vent, passèrent des armures dans les armoiries, et, en termes de Blason, les lambrequins furent des festons couronnant et embrassant l'écu, avec la même couleur que les émaux. — Les tapissiers nomment lambrequins des découpures d'étoffe, de bois ou de tôle couronnant un pavillon, une tente, un store, etc.

LAMBRIS, boiserie dont revêt les parois d'un mur. On nomme lambris de revêtement celui qui règne du haut en bas; lambris d'appui, celui qui n'existe qu'à la partie inférieure, sur une hauteur de 70 à 120 centimètres.

LAME, mot qui, dans les vieux auteurs français et dans les inscriptions, est synonyme de tombeau, de pierre sépulcrale.

LAMENTATIONS, nom donné aux chapitres des cantiques de Jérémie que l'on chante aux Matines le mercredi, le jeudi, et le vendredi de la Semaine Sainte dans l'Église catholique.

LAMPADAIRE, porte-lampe chez les Anciens. C'était un pied, plus ou moins élégant, haut de 20 ou 25 centimètres, et que l'on posait sur une table pour recevoir une lampe, afin de lui faire projeter sa lumière plus loin. Il y avait des lampadaires en forme d'arbres chargés de fruits, dont chacun était une lampe; d'autres, en forme de tronc d'arbre desséché, avec 4 ou 5 branches seulement, d'où pendaient des lampes accrochées avec des chaînettes. La figure ci-dessous représente un lampadaire de ce genre, en airain, trouvé dans les ruines d'Herculanum.

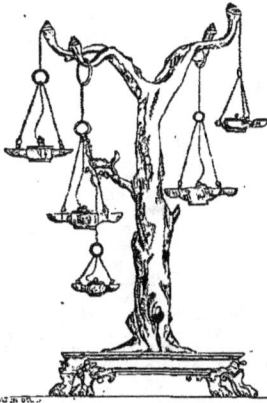

Lampadaire antique.

Nous appellerons aussi lampadaires d'élégantes consoles à jour, en fer forgé, avec des ornements en fer fondu, figurant des rinceaux, et dont on se sert dans les grandes villes pour porter les lanternes à gaz de l'éclairage public dans les rues étroites. La figure ci-dessous représente un lampadaire de ce genre. C'est le modèle de ceux adoptés pour la ville de Paris, dont ils portent l'écusson d'armes au grand enroulement du rinceau. Ces lampadaires ont de 1 mèt. à 1 mèt. 50 de longueur, et sont scellés, en encorbellement, dans le mur de face des maisons, à 4 mèt. environ du sol.   C. D.—Y.

Lampadaire des petites rues de Paris.

LAMPE (du grec *lampas*, flambeau). C'est, dans toute sa simplicité, un petit vase dans lequel brûle une mèche dont la flamme est alimentée par de l'huile. On en attribue l'invention aux Égyptiens, auxquels les Grecs l'auraient empruntée. On fit des lampes en terre cuite, en bronze, en argent, et même en or ; les collections en renferment de formes très-variées, et quelquefois d'un dessin aussi pur que gracieux : tantôt c'est une chauve-souris, symbole de la nuit, qui a prêté ses formes au vase suspendu ; tantôt un hibou, tantôt des figures humaines, des enfants, des esclaves, servent de support à la lampe, qu'ils semblent entretenir d'huile. Les lampes servaient à tous les usages domestiques ; on en plaçait dans les temples, soit pour les éclairer pendant les cérémonies nocturnes, soit pour honorer les dieux devant les statues desquels elles brûlaient : on en suspendait aussi dans les tombeaux. Il n'y a guère qu'une soixantaine d'années que les lampes sont perfectionnées : jusqu'alors elles avaient brûlé à air libre, comme dans l'antiquité ; les chandelles moulées et les bougies en cire les avaient fait bannir des riches demeures. Quinquet, pharmacien à Paris, fut le

premier qui entra dans la voie des améliorations en plaçant au-dessus de la flamme des lampes un tuyau de tirage qu'il appela *tuyau-cheminée*. En 1783, Argand, physicien et médecin de Genève, plaça la mèche dans un double cylindre creux, où l'air passait, et donna à la flamme de la puissance et de la netteté. En 1800, Carcel plaça le réservoir dans le pied de la lampe, et fit monter l'huile au moyen d'un *mouvement d'horlogerie*. Vinrent ensuite les lampes hydrostatiques des frères Girard en 1803, puis les lampes à modérateur de Franchot, 1836, où le mouvement d'horlogerie est remplacé par un ressort d'acier en spirale, dont l'expansion sert de force motrice. V. Liceti, *De lucernis antiquorum reconditis*, Venise, 1621.   E. L!

LAMPES D'ÉGLISE. C'est une prescription très-ancienne que de placer, devant l'autel où est déposée l'Eucharistie, au moins une lampe allumée, pour montrer à tous les yeux que Jésus-Christ est la lumière du monde. La lampe a toujours été, d'ailleurs, considérée comme une marque d'honneur : les empereurs du Bas-Empire en faisaient porter deux devant eux en signe de distinction. Les lampes allumées devant les tombeaux des saints signifient la gloire dont ils jouissent dans le ciel. Autrefois les églises possédèrent assez communément des lampes d'or ou d'argent ; maintenant ces vases sont d'ordinaire en cuivre argenté ou doré. On en suspend souvent trois devant le maître-autel, en mémoire, dit-on, de la Ste Trinité. Le vase qui contient l'huile est supporté par trois chaînettes attachées aux chaînes de la lampe.

LAMPIER, synonyme de *Fanal de cimetière* (*V. ce mot.*)

LAMPION, godet en terre cuite, en fer-blanc, ou en verre, dans lequel on met du suif ou de l'huile avec une mèche, et dont on se sert surtout pour les illuminations. On a renoncé, dans les grandes villes, depuis l'invention du gaz, à illuminer avec des lampions.

LANCE, arme. V. notre *Dictionnaire de Biographie et d'Histoire*.

LANCE A FEU, fusée emmanchée, servant à mettre le feu à des pièces d'artillerie ou d'artifice.

LANCELOT (Le Roman de), 3e partie du cycle du *Saint-Graal* ou de la *Table ronde* (*V.* GRAAL, et MERLIN), écrite par Gautier Map, chapelain du roi Henri II d'Angleterre. Les États du roi armorican Ban de Benoic, descendant de Nascien, sont envahis par les soldats du roi Claudas de la Déserte ; son fils au berceau va périr dans une forteresse qui leur est livrée, lorsqu'une jeune femme l'emporte dans ses bras et s'enfuit. C'est la fée Viviane, l'élève, l'amante et la geôlière de l'enchanteur Merlin. Les soldats la poursuivent ; ils vont l'atteindre, quand elle se précipite dans un lac avec son fardeau. Ce lac n'était qu'une illusion trompeuse, et sa surface recouvrait de magiques palais, où le royal orphelin est élevé sous le nom de *l'ancelot* (le jeune garçon), dont on fit plus tard *Lancelot du Lac*. Parvenu à la jeunesse, Lancelot est conduit par Viviane à la cour du roi Arthur. La série de ses aventures amoureuses et guerrières se déroule dans cinq romans, *Gallehot, la Charrette, Agravain, la Quête du Graal* et *la Mort d'Arthur*. Les deux premiers ne sont qu'une longue digression à la légende du Saint-Graal, sans aucune trace de l'inspiration mystique qui a enfanté cette légende, et qui fait place ici à l'amour chevaleresque, ardent, délicat et raffiné. Gallehot, *roi des lointaines îles*, est un personnage qui introduit Lancelot, sous le nom du *Chevalier aux armes noires*, auprès de la reine Genièvre, et qui sert son amour avec beaucoup de zèle. L'épisode de la *Charrette* nous montre Lancelot à la recherche de Genièvre enlevée par le fils du roi de Gorre, et encourant momentanément ses dédains pour être monté sur une charrette, véhicule indigne d'un chevalier.

C'est dans la 3e partie du roman de Lancelot, désignée ordinairement sous le nom d'*Agravain*, un des chevaliers d'Arthur, que la légende du Saint-Graal reparaît. Jusque-là les chevaliers de la Table ronde ont bien fait quelques courses à la recherche du vase sacré, mais, trop distraits de leur but par des préoccupations frivoles, ils ont échoué dans leur entreprise. Le roman d'*Agravain* nous raconte l'arrivée des premiers chevaliers dans la *Terre foraine* : mais ni Gauvain, neveu d'Arthur, ni Lancelot, protégé de Merlin, n'obtiendront la divine relique ; pour la conquérir, il faut pratiquer des vertus plus austères. Le roman met en scène les trois chevaliers en qui se réalisera l'idéal nécessaire, Galaad, fils de Lancelot, Perceval, neveu du roi qui a la garde du saint Graal, et Boor, fils du roi de Gannes. La *Quête du saint Graal* nous montre Galaad prenant place au siége réservé de la Table ronde, et donnant le signal de la croisade mystique et guerrière. Les miracles, les prophéties, les visions succèdent aux passes d'armes mondaines; Arthur, Gauvain, Lancelot, ne jouent plus qu'un rôle secondaire et sacrifié. Galaad, Perceval et Boor, après une longue suite d'aventures merveilleuses, parviennent au château de Corbenic; dix autres chevaliers, également dignes de la souveraine récompense, arrivent en même temps de Gaule, d'Irlande et des autres contrées de l'Europe. Tous treize sont admis à la contemplation du saint Graal, et communient de la main de l'évêque Josèphe, descendu du ciel. Puis, comme les peuples d'Occident, livrés aux passions terrestres, ne méritent plus de posséder parmi eux le vase divin, le Seigneur ordonne à Galaad, Perceval et Boor de le reporter en Orient. Les trois chevaliers s'embarquent sur la nef de Salomon, qui les attend au rivage de la mer, abordent en Asie, non loin de l'antique cité de Sarras, et déposent le Graal au Palais Spirituel, sa première résidence. Après avoir régné un an sur Sarras, Galaad meurt dans une des extases que procurait l'adoration du Graal, et son âme, accompagnée par l'évêque Josèphe, monte au ciel. Une main dont le corps est invisible s'empare du vase, que personne ne doit plus voir; Perceval se retire dans un ermitage, et Boor retourne à la cour d'Arthur pour raconter ces événements suprêmes.

Ici finit la légende. Mais les chevaliers de la Table ronde demeuraient, et trop d'intérêt s'était attaché à leurs aventures pour qu'il ne fût pas nécessaire de raconter leur fin : tel est le but d'une cinquième œuvre, la Mort d'Arthur. Arthur est instruit des amours de sa femme Genièvre avec Lancelot du Lac, et la guerre éclate : tandis que le roi combattent Gauvain, Kex, Yon, Karadoc, et tous les chevaliers d'origine bretonne; du côté de Lancelot sont les descendants de Nascien, Boor, Lionel, Bliomberis, etc., qui ont leurs domaines dans la Petite-Bretagne. Arthur traverse l'Océan, et assiège la cité de Gannes : sur la nouvelle que Mordred a envahi ses États, il ramène bientôt ses troupes, tue l'usurpateur dans une bataille près de Salisbury, mais voit périr tous ses chevaliers et est lui-même blessé mortellement. Lancelot et les siens accourent pour le venger, et massacrent les fils de Mordred à Winchester : tout finit par une retraite volontaire de Lancelot et de Genièvre dans un couvent. B.

LANCÉOLÉ, qui a la forme d'un fer de lance. On dit un *arc lancéolé;* les divisions des roses gothiques sont quelquefois lancéolées.

LANCETTE (Style à). *V.* OGIVALE (Architecture.)

LANCHE, embarcation en usage sur les côtes du Brésil. Elle a un mât droit à l'avant, un autre mât plus grand et très-couché sur l'arrière, et n'a qu'un faible tirant d'eau.

LANCIERS, corps de cavalerie de ligne, dont nous avons donné l'historique dans notre *Dictionnaire de Biographie et d'Histoire.* L'uniforme est : habit bleu; collet, retroussis, parements et passe-poils de couleur variable selon les régiments; brides d'épaulettes garance, avec passe-poil bleu; boutons blancs à numéro; épaulettes garance, avec franges et torsades blanches; pantalon garance, à deux bandes bleues sur les côtés; czapska garance, avec soutache et galon bleu, cordon en fil blanc, avec nœuds et coulants en laine garance; plumet en crin noir tombant; ceinture en tissu à 5 bandes, dont 3 bleues et 2 garance; buffleterie blanche. Les officiers portent l'épaulette d'argent. Les armes sont la lance garnie d'une banderole tricolore, le pistolet et quelquefois le mousqueton.

LANCIS, mode de réparation d'un mur qui consiste à enfoncer des moellons ou des pierres dans les parties dégradées. — On donne le même nom aux deux pierres plus longues que le pied-droit dans les jambages d'une porte ou d'une croisée.

LANDAMMAN.
LANDES. *V.* ces mots dans notre *Dictionnaire*
LANDGRAVE. *de Biographie et d'Histoire.*
LANDIERS. *V.* CHENETS.

LANDIT. *V.* ce mot dans notre *Dictionnaire de Biographie et d'Histoire.*

LANDLER, espèce de valses en usage en Autriche et dans quelques autres parties de l'Allemagne. Leur mélodie, d'une gaieté sautillante, s'exécute dans un mouvement modéré, en mesure à 2/4.

LAND-TAX, nom de l'impôt foncier en Angleterre.

LANDWEHR. *V.* ce mot dans notre *Dictionnaire de Biographie et d'Histoire.*

LANGAGE. La pensée est un fait intérieur, qui a besoin, pour se manifester, des secours de l'organisme, au moyen duquel se produit le *langage.* Celui-ci est donc tout mouvement organique, spontané ou volontaire, qui a pour but d'exprimer un phénomène interne. D'où il suit qu'il y a autant de sortes de *langages* qu'il y a de sortes de signes propres à manifester la pensée. Parmi eux, les uns sont *naturels*, et les autres *artificiels* : les premiers résultent de l'organisation naturelle de l'être qui les produit, ils sont passagers, tels que les gestes, les cris, la parole; les seconds, pris hors de nous et au moyen de modifications matérielles qui ne sont pas données par la nature, sont plus ou moins durables, tels que le dessin, la sculpture, les emblèmes, l'écriture, etc. Le *langage naturel* est encore, 1° *absolu*, parce que de lui-même, et indépendamment de toute convention, il est compris par tout le monde, quelquefois même par les animaux, comme les gestes, les cris dus à la colère, ou les accents de la bienveillance et de l'amitié; 2° *conventionnel*, parce que ce langage, indépendamment des éléments fournis à l'homme par sa nature, a une valeur de convention; tels sont les mots dont l'ensemble forme une *langue*, et dont le sens a été fixé arbitrairement. Il en est de même pour les *langages artificiels*, qui sont *absolus* quand les signes ont un caractère de fixité, comme le dessin, et *conventionnels*, quand les signes sont arbitraires, comme les emblèmes, les signes télégraphiques. En outre, le langage est *synthétique* ou *analytique.* Le langage synthétique exprime le sentiment, l'émotion, la pensée dans leur ensemble, sans distinguer leurs éléments, sans les décomposer; c'est expressif, c'est celui de la passion, mais il ne suffit pas toujours, l'homme a besoin du langage analytique. Celui-ci décompose le fait de conscience; il donne un signe particulier et propre à chacune de ses parties, un pour le sujet, un pour l'attribut, un troisième pour le verbe; au lieu de pousser un cri pour marquer sa joie, l'homme peut dire : *je suis heureux.* Parmi les langages analytiques, il n'en est pas de plus beau, de plus parfait que la *parole;* nul n'exprime si exactement, ni si complètement la pensée (V. ce mot). Après la parole, le langage analytique le plus employé est l'*écriture* (V. ce mot). — Les signes en général et le langage parlé en particulier forment un lien social entre les hommes. Les signes instinctifs et naturels manifestent les sentiments les plus naturels qui attirent les hommes les uns vers les autres; la parole et l'écriture transmettent les idées soit dans le présent, soit dans l'avenir, et augmentent ainsi d'âge en âge la somme de nos connaissances. Il ne faudrait pas en conclure, comme cela est arrivé, que la pensée dépend des signes : l'homme pense sans avoir besoin de signes, et, s'il parle, il parle sans qu'il pense; mais, d'un autre côté, le langage parlé aide infiniment à la formation et au développement des idées (V. PAROLE.) Si le langage rend à l'homme d'immenses services, il a aussi ses inconvénients, au point qu'on a prétendu qu'il était la source de toutes nos erreurs, ce qui est exagéré; mais il est certain, d'une part, que les signes ne sont pas toujours la représentation exacte des objets ou des idées; d'autre part, que l'esprit s'attache parfois tellement aux signes, qu'il s'habitue à se payer de mots.

Au point de vue historique, l'*origine du langage* tient à celle du genre humain; en théorie, cette question consiste à examiner si l'homme, doué des facultés qu'il possède, pouvait arriver à se former un moyen de communiquer ses idées. Les signes naturels absolus constituent un langage primitif qui a son origine dans la constitution de l'homme; mais déjà chez celui-ci l'attention s'attache au fait primitif pour reproduire la même impression par le même signe. On est conduit par là à rechercher l'origine du langage parlé; on a cherché à résoudre cette question de trois manières différentes. Selon les uns, la parole et les langues primitives sont de pure convention et se composent de signes arbitraires. On voit dans le *Cratyle* de Platon, où Hermogène soutient cette opinion qu'elle existait déjà dans l'antiquité; chez les modernes on la trouve dans l'école qui se rattache à Condillac. Ce philosophe admettait en fait la révélation de la parole à Adam et Ève; mais, en théorie, il n'en voit l'origine que dans certains cris, certains mouvements de la langue auxquels on finit par attacher un certain sens; c'était ramener l'origine du langage au hasard et à l'arbitraire. Un autre système, qui fut développé par M. de Bonald, attribue à la parole et même à l'écriture une origine entièrement divine; les gestes eux-mêmes viendraient aussi d'une source surnaturelle, et ne seraient qu'une imitation de ce que l'homme aurait vu. De plus, selon la même hypothèse, l'homme pense sa parole avant de parler sa pensée ; c'était retomber dans l'écueil de Condillac et de M. de Tracy. Le principal défaut de cette théorie consiste à méconnaître la part d'activité réfléchie et d'intelligence que l'homme apporte nécessairement dans l'usage et dans la formation des signes, et particulièrement de ceux du langage parlé. Rousseau avait émis une opinion à peu près semblable dans son *Discours sur l'origine et les fondements de l'inégalité parmi les hommes* ; mais, dans son *Essai sur l'origine des langues*, il cherche à établir que « la parole, étant la première institution sociale, ne doit sa forme qu'à des causes naturelles. » Il rentrait ainsi dans la troisième explication, qui pose en principe que la parole est une faculté naturelle, qui s'est développée graduellement comme la pensée, et que les signes dont elle fait usage ont des rapports avec les choses. Déjà indiquée dans le *Cratyle*, où Socrate réfute Hermogène, elle fut développée par le président de Brosses et par Court de Gébelin. En résumé, pour trouver la solution du problème psychologique de l'origine du langage, il ne faut pas oublier que nous tenons de la nature les signes naturels absolus, un organe vocal propre à émettre des sons articulés, la faculté d'analyser la pensée et d'abstraire, enfin la raison et la volonté, au moyen desquelles nous pouvons attacher un sens aux signes que nous employons.

Tout langage repose sur le rapport qui s'établit, soit naturellement, soit artificiellement et par convention, entre une idée et un signe, et sur la puissance qu'a ce rapport de provoquer en nous la conception de l'idée à la simple perception du signe. Une langue ne peut donc nous faire concevoir fidèlement la pensée d'autrui qu'à la triple condition que chacun des signes qui la composent soit attaché à une seule idée, corresponde toujours à la même, et ne devienne jamais le signe d'une autre ; que si cette idée vient à être modifiée, il le soit d'une manière analogue ; enfin que si d'autres idées proviennent de celles-là, par filiation ou par composition, du signe primitif sortent de même d'autres signes qui soient avec lui dans le même rapport. De là trois *caractères essentiels d'une langue bien faite* : 1° la *précision*, qui est le rapport exact du signe à la chose signifiée ; à la rigueur, elle exige autant de mots que d'idées et pas plus d'idées que de mots ; la langue seule des mathématiques atteint à cet idéal ; il est impossible pour celles des autres sciences et des arts, et pour le langage vulgaire ; — 2° l'*analogie*, qui consiste à faire passer dans les termes tous les rapports de ressemblance ou d'opposition qui se trouvent entre les idées. L'analogie suppose une analyse suffisante de la pensée humaine ; cependant, les langues primitives, et celles qui ont pu se former d'elles-mêmes et en suivant le mouvement naturel et spontané de l'esprit humain, la possèdent à un certain degré ; — 3° la *clarté*, qui résulte en partie des caractères précédents, et en partie de l'ordre et de l'arrangement des mots, de manière à éviter l'ambiguïté et les sens équivoques. Les langues qui admet l'inversion sont plus exposées à tomber dans ce défaut que celles qui suivent l'ordre logique ; celui-ci est l'ordre même de la réalité et de la science. Toute langue qui s'y soumet a l'avantage marqué dans la pratique et les travaux scientifiques. La langue française, qui admet à peine l'inversion en poésie, a cet avantage sur la plupart des autres langues : ce qu'elle perd en vivacité et en éclat, elle le regagne en ce qui fait la qualité essentielle et fondamentale de toute expression de la pensée, la clarté. A ces caractères, une langue parfaite joindrait une facilité de construction qui se prêterait également à l'esprit, à l'imagination, au sentiment et à l'oreille, c.-à-d. qui serait propre à satisfaire l'intelligence et la sensibilité.

L'idée d'une *langue universelle* préoccupa les esprits les plus éminents du XVIIe siècle, surtout ceux qui se livraient à l'étude des sciences, Bacon, Descartes, Pascal, Leibniz. Ce dernier surtout s'en occupa sérieusement ; à la même époque, Wilkins, évêque de Chester, et Dalgarno y travaillaient de leur côté ; mais Leibniz, n'espérant rien de leurs travaux, se proposa de construire une espèce d'*alphabet des pensées humaines*. Cet alphabet devait se composer d'un certain nombre de caractères correspondant à toutes les idées simples et les plus élémentaires, ou plutôt aux éléments de nos idées. Les combinaisons diverses de ces caractères devaient servir à exprimer les caractères, et les diverses opérations de la pensée. C'était sur cette donnée que reposait la recherche de la *Caractéristique universelle* (*V.* ce mot).

Appliquer une espèce d'algèbre au langage parlé était une tentative probablement impossible, parce qu'il faudrait que les hommes n'eussent jamais que des idées à exprimer, et que chez tous elles pussent avoir le même degré de clarté. D'ailleurs, en supposant trouvé cet alphabet des pensées humaines, « il faudrait encore, dit Fontenelle, trouver l'art de persuader aux différents peuples de s'en servir. » De nos jours, on a prétendu arriver à une langue universelle par l'étude comparée de tous les dialectes primitifs, et en cherchant à engendrer, par la combinaison d'un nombre limité d'idées simples, l'infinité des idées qu'enfante l'esprit humain. Il est permis de mettre en doute le succès d'une telle entreprise. *V.* Langue.

V. De Brosses, *Traité de la formation mécanique des langues*, Paris, 1765, 2 vol. in-12 ; Herder, *Sur l'origine des langues*, Berlin, 1772 ; Copineau, *Essai synthétique sur l'origine et la formation des langues*, Paris, 1774, in-8° ; Court de Gébelin, *Histoire naturelle de la parole, ou Précis de l'origine du langage et de la grammaire* ; lord Monboddo, *Sur l'origine et les progrès du langage*, en anglais, 1774-92, 6 vol. in-8° ; W. Beatie, *Sur la théorie du langage*, en anglais, Aberdeen, 1783 ; Hervas, *Origine, formation, mécanisme et harmonie des langues*, en ital., Césène, 1784, in-4° ; Cesarotti, *Essai sur la philosophie des langues*, dans ses Œuvres complètes, Pise, 1805-13 ; Reid, *Recherches sur l'entendement humain*, t. II, ch. 4 ; Adam Smith, *Considérations sur la formation du langage*, à la suite de sa *Théorie des sentiments moraux* ; de Gérando, *Des signes et de l'art de penser considérés dans leurs rapports mutuels* ; Charma, *Essai sur le langage*, 2e édit., 1846, in-8° ; Sotos Ochando, *Projet d'une langue universelle*, traduit de l'espagnol par Touzé, Paris, 1855, in-8°. **R.**

LANGAGE DES FLEURS. *V.* FLEURS.

LANGRES (Arc de), monument romain, enclavé aujourd'hui dans la muraille de la ville qui regarde le N.-E., entre les portes du Marché et de St-Dizier. Il terminait la voie qui conduisait de Langres au camp de Ste-Germaine, près de Bar-sur-Aube. Cet arc, large de 19m,95 à la base, haut de 13m,70, est à peu près complet sur la face extérieure, à l'exception de l'attique, qui n'existe plus. La décoration se compose de 5 pilastres corinthiens, dont 2 à chaque extrémité ; le 5e, au centre, sépare deux arcades qui ont 4m,25 de largeur dans œuvre et 7m,30 de hauteur sous clef. Des cinq chapiteaux, trois sont bien conservés. Quelques parties de l'architrave ont été détruites pour pratiquer des meurtrières et des embrasures. La frise était ornée d'armures sculptées en demi-relief. La corniche est très-mutilée. Tout l'appareil est d'une grande beauté. Les blocs sont liés entre eux par des crampons de métal. On ne saurait préciser l'époque de la construction de l'arc de Langres : les uns penchent pour le commencement du IVe siècle ; les autres s'attachent au règne de Marc-Aurèle ; d'autres enfin croient qu'il fut érigé, vers l'an 240, en l'honneur des deux Gordiens, les deux arcades égales signifiant l'union des deux empereurs, qui triomphèrent le même jour.

LANGRES (Cathédrale de). Cette église, placée sous l'invocation de St Mammès, est un des monuments les plus curieux de l'école bourguignonne du XIIe siècle, et représente l'âge de transition entre le style romano-byzantin et le style ogival. Le plan est en forme de croix latine, avec collatéraux et nefs déambulatoires. Le triforium s'ouvre dans les combles couvrant les bas côtés. Le plein cintre se montre aux portes, aux fenêtres et au triforium, tandis que l'ogive apparaît presque constamment dans les arcades inférieures et dans les voûtes. On a prétendu que la cathédrale de Langres avait été bâtie sur l'emplacement d'un temple antique consacré à Jupiter Ammon, et que l'on voyait dans l'abside quelques traces de la construction païenne : mais les têtes de béliers et les chapiteaux corinthiens qu'on allègue en faveur de cette opinion sont de simples imitations décoratives de l'arc de triomphe romain qui est dans la ville. Les fenêtres de l'extrémité de l'abside ont été refaites au XIIIe siècle. Pendant le XIVe, le XVe et le XVIe, on bâtit les chapelles de l'abside et des bas côtés. Les piliers de la nef sont carrés, avec pilastres corinthiens et chapiteaux corinthiens ; ceux de l'abside sont cylindriques, également à chapiteaux corinthiens. Des pilastres corinthiens séparent les arcades du triforium ; à l'extrémité du chevet, ils alternent avec des colonnes géminées, ce qui est encore une imitation de l'arc de triomphe. Comme à la cathédrale d'Autun, le chœur commence par une travée semblable à celles de la nef. Le chevet n'a qu'une chapelle ; celles qu'on a ajutées au XIVe siècle le long du bas côté qui tourne autour du sanctuaire n'appartiennent pas au plan primitif. Le portail primitif de la cathédrale de Langres a été remplacé, de 1761 à 1768, par une construction en style du XVIIIe siècle. On remarque, à l'intérieur de l'édifice, un jubé qui date de 1555, une chaire épiscopale en marbre rouge, et le devant du maître-autel, qui est en argent, et où l'on a représenté l'histoire de St Mammès et de St Jean l'Evangéliste.　　　　　　　　　　　　　　　B.

LANGUE, nom sous lequel on désigne la totalité des usages propres à une nation pour exprimer les pensées par la parole ou par l'écriture. Dans toute langue, on distingue les *mots* considérés isolément, et les mots assemblés dans un certain ordre qui constitue la *phrase*. La nomenclature et l'étude des mots isolés font l'objet de la *lexicologie* et de la *lexicographie*. L'ordre des mots entre eux et des phrases entre elles est réglé par les lois de la *construction* et de la *syntaxe*, lesquelles constituent la *phraséologie*. Les langues des diverses nations, avec de nombreux rapports généraux qui tiennent à la conformité naturelle de toutes les pensées dans l'espèce humaine, ont aussi, dans le détail, des différences remarquables qui tiennent à des circonstances particulières de temps, de lieu, de civilisation, de religion, à une tournure propre de l'esprit national, etc. Ce sont ces différences qui constituent le *génie* des langues. Toutefois, il y a certaines classes de mots qui doivent offrir dans presque toutes les langues, sinon une ressemblance complète, du moins une très-grande analogie ; tels sont les interjections proprement dites, les premiers mots enfantins, et ceux qui sont formés par onomatopée, procédé qui a dû être employé, à peu près exclusivement, à l'origine de toute langue, pour former les appellations des choses physiques, et que l'on retrouve dans beaucoup d'idiomes de l'Océanie.

On a pu classer jusqu'ici environ 2,000 langues ; mais ce classement présente, dans son ensemble comme dans ses détails, de grandes difficultés, parce que nos connaissances en linguistique, quelques progrès qu'elles aient faits aujourd'hui, sont encore bien imparfaites. Cependant, on peut adopter deux systèmes : l'un, consistant à les énumérer selon l'ordre des continents, en commençant par celui qui a été le plus anciennement connu, et à les grouper selon leur degré d'affinité ; l'autre, à les distribuer d'après leur plus ou moins de simplicité, en commençant par celles qui nous paraissent se rapprocher davantage du caractère que l'on suppose avoir été propre aux langues primitives. D'après le premier système, la distribution géographique, à son point de départ, se fera ainsi : Langues *asiatiques*, langues *européennes*, langues *africaines*, langues *américaines*, langues *océaniennes* (*V. ces mots*) ; puis, les langues partielles de chacun de ces continents se classeront par ordre chronologique ou par groupes de familles. D'après le deuxième système, on les classera en trois groupes généraux : langues *monosyllabiques*, langues d'*agglutination*, langues *flexionnelles* (*V. ces mots*). Cet ordre peut être suivi conjointement avec la distribution par continents ; ainsi, dans la région asiatique, on classera les langues monosyllabiques, puis les langues d'agglutination, puis les langues de flexion. Les idiomes s'élèvent-ils par degrés de l'état monosyllabique à l'état d'agglutination, pour aboutir enfin à l'état de flexion ? Non : par exemple, le latin est plus riche en formes que les idiomes romans qui en proviennent ; les langues modernes de l'Inde qui dérivent du sanscrit sont dégénérées ; le chinois est aujourd'hui aussi monosyllabique qu'autrefois. Il est donc difficile de constater, dans la croissance des langues, une marche ascendante et régulière.

Une langue est dite *ancienne* ou *morte*, quand elle n'est plus parlée et n'existe que dans les monuments littéraires ; telles sont aujourd'hui les langues sanscrite, hébraïque, grecque et latine. Une *langue mère* est celle qui est censée n'avoir été formée d'aucune autre, mais de laquelle, au contraire, plusieurs autres sont *dérivées* : tel est le latin, souche commune de l'italien, du français, de l'espagnol et du portugais. Une langue est dite *classique*, lorsqu'elle a produit des œuvres propres à former le goût, à servir de modèles aux âges futurs et de base à une éducation libérale : telles sont, en France, la langue grecque ancienne (depuis Homère jusqu'à Théocrite), la langue latine (depuis Plaute jusqu'à Tacite), la langue française (depuis Malherbe jusqu'à J.-J. Rousseau). Une langue *vivante* ou *vulgaire* est celle qui est actuellement parlée par toute une nation. Dans une langue vivante on distingue la langue *familière* et la langue *écrite :* l'une a plus d'abandon, et comporte certaines négligences, que l'autre, plus soignée, plus sévère, s'interdit habituellement, tout en s'efforçant de concilier l'art avec le naturel. L'une est à l'usage de tout le monde ; l'autre exige, pour être parfaitement comprise, une certaine culture intellectuelle. — Une langue est dite *littérale*, par opposition à une langue vulgaire qui en est l'altération plus ou moins profonde : ce terme s'applique spécialement : 1° au grec tel qu'on le trouve dans les écrits du moyen âge et qui différait beaucoup du grec populaire, lequel arrivait de degrés en degrés au grec moderne ; 2° au latin ecclésiastique des temps barbares de l'Occident, qui se rapprochait beaucoup plus du latin classique que celui du peuple ou roman rustique ; 3° à l'arabe du Koran et du moyen âge, par opposition avec l'arabe moderne ou vulgaire. *V.* LANGAGE.

V. Bibliander (Buchman), *De ratione communi linguarum*, Bâle, 1548, in-4° ; Conrad Gesner, *Mithridates, De differentiis linguarum*, Zurich, 1555, in-8° ; Claude Duret, *Trésor de l'histoire des langues de cet univers*, 1613, in-4° ; Algarotti, *Essai sur les langues*, dans le 3e vol. de ses Œuvres complètes, Venise, 1791-94, 17 vol. in-8° ; Adelung, *Mithridate*, ou *Science générale des langues*, Berlin, 1806-17, 4 vol. ; Vater, *Tableaux comparatifs des grammaires des langues de l'Europe et de l'Asie*, Halle, 1822 ; De Mérian, *Principes de l'étude comparative des langues*, Paris, 1818, in-8° ; Eichhoff, *Parallèle des langues de l'Europe et de l'Inde*, Paris, 1836, in-4° ; G. de Humboldt, *Science des langues* (Berlin, 1848), *Classification des langues* (1850), et *Origine des langues* (1851) ; Benlœw, *Aperçu général de la science comparative des langues*, in-8° ; Breulier, *De la formation et de l'étude des langues*, 1858, in-8°.　　　　P.

LANGUE (Écoles de). *V.* ÉCOLES DE LANGUE, dans notre *Dictionnaire de Biographie et d'Histoire*, p. 878, col. 1.

LANGUE DE SERPENT, petit ornement architectural qui sépare ordinairement deux oves, et qui a la forme d'une tête de flèche à pointe triangulaire.

LANGUE D'OC, une des langues néolatines (*V. ce mot*), appelée quelquefois *langue provençale*. C'est l'idiome originairement parlé du Sud de la Loire aux Pyrénées. On le distingue de la *langue d'oïl* ou *roman du nord*, et de l'espagnol, de l'italien et du portugais, désignés sous le nom de *langues de si*, distinction tirée des particules *oc*, *oïl* (oui), *si*, par lesquelles les Français du nord et du midi, les Espagnols, les Italiens et les Portugais font une réponse affirmative. La particule *oc* est le neutre de l'adjectif latin *hic*, *hœc*, *hoc*, qui signifie « cela, » comme le *si* des Espagnols et des Italiens est l'adverbe latin *sic*, qui signifie « ainsi. » La langue d'oc est quelquefois exclusivement désignée par le nom de *romane* ; c'est, en effet, le terme par lequel les troubadours nomment toujours leur propre langue. Il est certain que les pays de langue d'oc furent ceux qui perdirent les derniers les traditions romaines ; d'où vient que la renaissance de la poésie eut lieu dans leurs limites. Toutefois, cette expression est mal faite ; car le dialecte du nord, qui, en se polissant, est devenu le français, est une langue tout aussi romane, c.-à-d. tout aussi formée du latin, langue des Romains, que le dialecte du midi. — Bien des écrivains prétendent que la langue d'oc provint de la corruption du latin amenée par la conquête germanique : c'est une erreur. Elle est bien un latin décomposé ; mais cette décomposition remonte jusqu'au temps de la conquête de J. César, où le latin fut introduit dans la Gaule. Les peuples de cette contrée, amenés par la politique de Rome à adopter le latin, y transportèrent le génie de la langue celtique, parlèrent et écrivirent la nouvelle langue selon leur génie, et selon la conformation particulière de leurs organes. Les gens instruits, les habitants des villes, purent parler un latin correct ; mais la masse du peuple, particulièrement dans les campagnes, dut insensiblement créer un idiome qui, dans le midi de la Gaule, ne devait pas beaucoup différer de la langue d'oc. — La langue d'oc a gardé des traces des idiomes divers parlés en Gaule au moment de la conquête romaine. Outre le latin, qui devint la principale langue, on y parlait, au Ve siècle, le celte, le grec et l'ibérien, qui n'est autre que le basque. On retrouve dans la langue d'oc des échantillons nombreux de ces langues, auxquels s'ajoutent, mais en petit nombre, certains vocables teutoniques introduits par les Germains. — Quoique plus analytique que le latin, puisqu'elle possède l'article et les verbes auxiliaires, la langue d'oc présente moins de caractère que le français, et se rapproche beaucoup plus, en général, de sa mère ainsi, elle supprime le pronom dans la conjugaison, et désigne les personnes par des flexions particulières. Ses locutions sont, en général, moins chargées de mots, plus concises que celles du français; ce qui explique la volubilité qu'apportent les méridionaux dans la prononciation de la langue française. — La langue d'oc comprend, comme dialectes importants, le *languedocien*, l'*agénais*, l'*auvergnat*, le *limousin*, le *catalan*, le *provençal*, et des sous-variétés telles que le *béarnais*, le *poitevin*, le *saintongeois*, le *périgourdin*. V. Honnorat, *Dictionnaire provençal-français, ou Dictionnaire de la langue d'oc ancienne et moderne*, 1846-50, 4 vol. in-4°; Mary-Lafon, *Tableau historique et littéraire de la langue parlée dans le midi de la France*, 1842, in-18. E. B.

LANGUEDOCIEN, un des grands dialectes issus de la *langue d'oc*. Il se distingue par ses terminaisons en *a* et en *el*. Il a supprimé l'*r* final des deux premières conjugaisons, et dit, par exemple, *ama*, *fini*, tandis qu'en provençal on dit *amar*, *finir*.

LANGUE D'OIL, nom donné à la langue romane parlée au moyen âge dans le N. de la France, depuis la Loire jusqu'au Rhin. On y distingue trois dialectes principaux, le *bourguignon*, le *picard*, et le *normand*, dont les autres, tels que le *franc-comtois*, le *champenois*, le *lorrain*, le *wallon*, ne sont que des variétés. La *langue d'oil* dans tous ces dialectes, identique au fond, et n'offre de différences que pour les détails. Le fond, c'est le langage des vieilles populations gallo-romaines, combiné avec le dialecte de haut allemand que parlaient les Franks. Les mots d'origine allemande y sont en petit nombre, comparativement aux mots latins; l'influence germanique a été un peu plus grande, sans l'être beaucoup encore, sur les formes grammaticales : mais l'action du langage francique a été considérable sur la prononciation et sur les formes que celle-ci imprime aux mots; c'est elle qui a dénaturé le latin. Les différences des dialectes qui composent la *langue d'oil* existent principalement dans la prononciation et dans les formes des mots, car les règles grammaticales étaient les mêmes pour tous, c'était la même grammaire. La langue française est née du mélange et de la fusion de ces dialectes; elle les a peu à peu fait déchoir du rang de langues écrits, et les a relégués au rang de patois : les circonstances qui établirent entre eux des communications dans un centre commun, le domaine des rois Capétiens, ont fait naître et dégagé d'eux tous une langue commune, plus parfaite qu'aucun d'eux, plus ample dans ses ressources. V. Burguy, *Grammaire de la langue d'oil, suivie d'un glossaire...* 1853-56, 3 vol. in-8°.

LANGUES ORIENTALES (École des). V. notre *Dictionnaire de Biographie et d'Histoire*, p. 878, col. 1.

LANISTE. V. ce mot dans notre *Dictionnaire de Biographie et d'Histoire*.

LANLEFF (Temple de), à 8 kilom. de Paimpol (Côtesdu-Nord). Ce monument, servant de vestibule ou de porche à l'église du village, est circulaire, et se compose de deux enceintes concentriques en pierre, dont l'une est en partie détruite. L'enceinte intérieure, de 10 mèt. de diamètre, et de 8 mèt. de hauteur, est percée de 12 arcades voûtées en plein cintre, et ayant un peu moins de 2 mèt. d'ouverture. Douze colonnes de hauteur inégale (3 à 5 mèt.), dont plusieurs paraissent avoir soutenu une voûte qui n'existe plus, sont adossées à la muraille, une entre chaque arcade; les chapiteaux en sont complètement dégradés. L'enceinte extérieure, un peu moins élevée que l'enceinte intérieure, en est séparée par un espace de 3 mèt., et lui était unie par un toit : elle est percée de 16 arcades, hautes d'un peu plus de 2 mèt., et dont le cintre est surélevé. Son pourtour est de 55 mèt. environ. Elle offre, vers le milieu de sa hauteur, un cordon uni, et, à son sommet, une espèce de corniche saillante. Le monument, tout en granit du pays, avait une seule porte d'entrée, située à l'O. Les uns voient dans le temple de Lanleff une construction romaine, les autres un Baptistère des chrétiens primitifs, ceux-ci un hôpital pour les pèlerins revenant de la Terre Sainte, ceux-là une église de Templiers : selon l'opinion la plus vraisemblable, c'était un temple celtique, consacré au Soleil. En effet, la figure du soleil y est sculptée, et les 12 arcades paraissent représenter les mois de l'année ou les signes du zodiaque.

LANSQUENET (Jeu du). V. notre *Dictionnaire de Biographie et d'Histoire*, p. 1437, col. 1.

LANTERNE, enveloppe d'une forme quelconque, dans laquelle on place une lumière que les courants d'air ne peuvent éteindre. Les lanternes les plus communes sont en fer-blanc, avec une petite porte en verre ou en corne transparente. On les nomme *lanternes sourdes*, quand elles ont une sorte de volet qu'on peut amener sur le verre pour cacher la lumière. On fait aussi des lanternes en papier, en toile, en gaze. Celles dites *vénitiennes*, en papier de diverses couleurs, servent aux illuminations. Les Chinois fabriquent d'élégantes lanternes avec des châssis sculptés et des verres peints. — Les Anciens ont connu l'usage des lanternes, qu'ils faisaient en bois, en terre cuite, et plus souvent en bronze. Empédocle d'Agrigente et le poète comique Théopompe sont les premiers auteurs qui en aient parlé. Les mots grecs *phanos* (d'où est venu probablement *fanal*) et *lychnoukhos*, le mot latin *laterna*, désignaient la lanterne. Bien que l'on connût le verre, il ne paraît pas qu'on en ait fait usage pour laisser passer la lumière ; on se servait de corne, de vessie ou de toute autre membrane transparente, et même de toile humectée d'huile. Plutarque dit que les Augures avaient des lanternes pour leurs fonctions. Les Anciens les employèrent fréquemment dans les camps : les troupes, quand elles marchaient de nuit, en portaient qui, fixées au haut d'une pique, n'éclairaient qu'en arrière. Il y en avait aussi sur les navires. Les rondes nocturnes militaires se faisaient avec des lanternes; on en plaçait auprès des sentinelles sur les murs des villes de guerre. Dans des siècles où les villes ne possédaient pas d'éclairage public, les particuliers s'aidaient de lanternes le soir pour regagner leur demeure : les riches se faisaient précéder par un esclave porte-lanterne, *laternarius*. Ce ne fut que vers le XIIᵉ siècle qu'on substitua le verre à la corne dans l'un des côtés des lanternes. C'est l'usage dans l'Église catholique de porter une ou plusieurs lanternes devant le Sᵗ Sacrement dans les processions, et devant le prêtre qui va administrer le viatique à un moribond. B.

LANTERNE, tourelle élevée au-dessus d'un dôme ou d'une coupole, dont elle forme l'amortissement, comme au Panthéon et aux Invalides de Paris. — Au moyen âge, pendant la période romane, on appela *lanterne* la tour ou le clocher qui s'élève au-dessus de la croisée des églises, et dont on voit l'intérieur quand on se place au milieu du transept. Dans le Midi et dans l'Est de la France, ces lanternes présentent à l'intérieur une coupole sur pendentifs, et, dans l'Ouest, très-souvent une voûte d'arête. A l'époque ogivale, les lanternes furent fermées à l'intérieur par des voûtes ogivales aux fines et élégantes nervures, et elles se couronnèrent en dehors d'une flèche gracieuse et élancée. Les jours de fête, on illuminait ces lanternes. Une des plus remarquables est celle de la cathédrale de Coutances, qui existe encore. On en voit également aux cathédrales d'Évreux, de Lisieux, de Laon, etc. Celle qu'on doit regretter le plus s'élevait au-dessus de la cathédrale de Beauvais. E. L.

LANTERNE DE DÉMOSTHÈNE. V. CHORAGIQUES (Monuments).

LANTERNE DE DIOGÈNE. V. CLOUD (SAINT-).

LANTERNE DES MORTS. V. FANAL DE CIMETIÈRE.

LANTERNISTES, société littéraire qui se forma au commencement du XVIIIᵉ siècle à Toulouse, et dont les membres, ne se réunissant que le soir pour n'être pas troublés, évitaient de se faire conduire avec des flambeaux et prenaient seulement une petite lanterne. Ils acceptèrent le sobriquet que quelques plaisants leur avaient donné, et prirent pour devise une étoile avec ces mots : *Lucerna in nocte*. Ils distribuèrent chaque année une médaille à l'auteur du meilleur sonnet composé en l'honneur du roi sur des bouts-rimés proposés par la compagnie.

LANTERNON, petite tourelle à toit conique, placée audessus d'un escalier de tour ou de clocher, pour le protéger contre la pluie.

LAOCOON (Groupe du). V. notre *Dictionnaire de Biographie et d'Histoire*.

LAON (Église NOTRE-DAME DE). Cette ancienne église cathédrale, dont on fait remonter la première fondation à l'évêque Sᵗ Remi, fut incendiée en 1112, pendant les luttes qui signalèrent l'établissement de la commune de Laon. Deux ans après, on commença l'édifice actuel, qui ne fut terminé qu'à la fin du XIIᵉ siècle ou dans les premières années du XIIIᵉ. Les dimensions en sont vastes : longueur, 107 mèt.; largeur du transept, 40 mèt. ; largeur de la nef, y compris les collatéraux, 25 mèt.; hauteur sous voûte, 30 mèt.; hauteur de la lanterne, 40 mèt. On remarque, entre autres particularités de la construction, que l'abside est carrée, ainsi que les bras de la croix, qui ont seulement, du côté du chœur, une chapelle circulaire. La cathédrale de Laon devait avoir sept tours, deux au portail principal, quatre aux angles des croisillons, et une à la croisée : on n'en a élevé que quatre, dont deux au grand portail, et deux aux extrémités des transepts. Rien n'égale la hardiesse, la légèreté et, pour ainsi dire, la transparence de ces tours; l'action des vents, qui sont très-violents sur la montagne où l'édifice est élevé, n'aurait pas tardé à détruire des masses plus compactes. Toutefois, comme la construction fut faite trop rapidement, il y eut, à la façade, des tassements et des déchirements, qui ont nécessité de nos jours une importante restauration. Les tours étaient autrefois surmontées de flèches; elles sont aujourd'hui terminées par des beffrois octogones, flanqués, sur les faces parallèles aux diagonales du carré, de pinacles à deux étages ajourés, où sont des figures colossales de bœufs. L'intérieur de l'église présente une disposition architecturale remarquable. Les chapiteaux des piliers monocylindriques sont tous d'une sculpture différente : sur ces chapiteaux s'appuient des colonnettes qui s'élancent jusqu'à la voûte pour en recevoir les nervures, et qui sont partagées par cinq annelets. Quatre des piliers de la grande nef sont formés d'une colonne centrale et de six colonnettes séparées et isolées dans toute la longueur de leur fût. Un pilier du transept, à la travée centrale, est composé de quatre colonnes groupées. La lanterne de la croisée est d'une grande élégance. La galerie s'étend sur toute l'étendue des collatéraux, comme à Notre-Dame de Paris, à St-Étienne de Caen, à Notre-Dame de Châlons-sur-Marne et à Noyon. Au-dessus se trouvent des arcades à plein cintre qui simulent un triforium, et des fenêtres ogivales. Dans le chœur, on trouve également des arcades ogivales appuyées sur des colonnes monocylindriques, une galerie aussi profonde que sur les bas côtés, une seconde galerie aveugle, et des fenêtres ogivales de dimension médiocre. Les chapelles qui entourent la cathédrale de Laon sont fort petites et plus récentes que le corps de l'édifice; elles ont été pratiquées entre les contre-forts extérieurs, au xve et au xvie siècle, et sont fermées du côté des collatéraux par d'élégantes clôtures en pierre dans le style de la Renaissance. Parmi les richesses du monument, on peut encore citer le buffet d'orgues, les rosaces, ornées de beaux vitraux, et les pierres tombales dont il est entièrement pavé. Le long du flanc méridional de la nef, il existe un cloître voûté en arcs d'ogive. V. J. Marion, *Essai historique et archéologique sur l'église cathédrale de Notre-Dame de Laon*, 1842, in-8°.　B.

LAPA, grande trompette des Tartares, faite d'un tube de cuivre long de 2 à 3 mètres.

LAPIDAIRE (du latin *lapis*, pierre), ouvrier qui taille et polit les pierres précieuses, artiste qui y grave ou sculpte des figures. Les lapidaires, formés autrefois en corporation, avaient pour patron St Louis.

LAPIDAIRE (Style), style employé dans les inscriptions, qui sont le plus souvent gravées sur la pierre. L'étude en est assez difficile à cause des signes conventionnels, des abréviations nombreuses et des particularités propres au texte ordinaire des inscriptions. Ces particularités, pour les inscriptions grecques et latines, sont désignées sous le nom de *figures*, telles que, par exemple, l'*anacoluthe* ou manque d'accord entre le verbe et le sujet, le *protoustère* ou expression qui n'est pas à sa place, et l'*antiptose* ou cas mis pour un autre. A ces difficultés se joignent celles qui résultent de la différence des dialectes, des expressions locales, et des fautes qui ont pu être commises par l'ignorance du graveur. Le plus souvent, les inscriptions grecques et latines sont en prose; on en trouve pourtant un certain nombre écrites en vers, et qui sont appelées *métriques;* d'autres enfin offrent un mélange de vers et de prose, et parfois même de grec et de latin, comme on le voit sur le cippe funéraire trouvé il y a quelques années à Lyon. Dans le style lapidaire, les mots sont le plus souvent séparés par des points, aussi bien les mots écrits en toutes lettres que ceux écrits en abrégé ou indiqués seulement par l'initiale.　B.

LAPIDAIRES (Signes), marques variées et nombreuses qu'on trouve sur les pierres des édifices du moyen âge. Les maîtres tailleurs de pierre et même les ouvriers avaient l'habitude d'appliquer sur les pierres qu'ils taillaient une espèce de monogramme, chiffre ou signe, surmonté généralement d'une croix. On trouve aussi, à côté de ces signatures symboliques, des marques repères de taille également croisetées. Des rapprochements ont été faits pour trouver quelque analogie entre les marques des pierres des édifices de différents pays, ce qui eût expliqué les rapports maçonniques des grandes compagnies ou-

vrières du moyen âge; mais l'immense multiplicité de ces signes a dérouté tous les calculs. Ainsi les murs d'enceinte d'Aigues-Mortes seuls ont donné 237 variétés de signes, la cathédrale de Strasbourg en a offert près de 350, le château de Nuremberg 157, etc.　E. L.

LAPIDATION, action de tuer quelqu'un à coups de pierres. Ce fut un genre de supplice usité chez les Hébreux pour l'idolâtrie, le blasphème, l'adultère, l'inceste, la violation du sabbat, etc. C'étaient les témoins qui jetaient la première pierre au coupable.

LAPITHES (Danse des), danse exécutée chez les anciens Grecs au son de la flûte à la fin des festins, pour célébrer quelque grande victoire. Elle avait été inventée, dit-on, par Pirithoüs, en mémoire du combat des Centaures contre les Lapithes.

LAPON (Idiome), un des idiomes finnois (*V. ce mot*), différencié des autres du même groupe par l'emploi du nombre duel dans les pronoms et dans les verbes. C'est avec le hongrois qu'il a le plus d'affinité. On y reconnaît trois dialectes, que distinguent entre eux des éléments suédois, norvégiens et russes. Le lapon contient beaucoup d'onomatopées; il n'a pas de mots exprimant des idées abstraites. Il y a huit cas, et deux déclinaisons entre lesquelles se partagent les substantifs et les adjectifs, selon que leur nominatif se termine par une voyelle ou par une consonne. Il existe également pour les verbes deux conjugaisons, que détermine la terminaison de la 3e personne du présent de l'indicatif. Le pluriel se forme dans les noms, tantôt en affaiblissant ou en retranchant, tantôt en renforçant ou redoublant les consonnes radicales. L'emploi de flexions particulières dans les verbes permet de rendre par un seul mot ce qui exige des périphrases dans la plupart des langues. V. Fiellström, *Grammaire suédoise-lapone*, et *Dictionnaire suédois-lapon*, Stockholm, 1738, in-8°; Ganander, *Grammaire laponne* (pour le dialecte suédois), 1743, in-8°: Knud Leem, *Grammaire laponne*, Copenhague, 1748; le même, *De Lapponibus Finmarchiœ eorumque linguâ*, 1767, in-4°; le même, *Lexicon lapponico-danico-latinum* (pour le dialecte norvégien), 1768; Lindahl et OEhrling, *Lexicon lapponicum*, Stockholm, 1780, in-4°; Rask, *Grammaire laponne*, Copenhague, 1832, in-8°; Possart, *Grammaire laponne*, Stuttgart, 1840; Sainovicz, *Demonstratio idioma Hungarorum et Lapponum idem esse*, Copenhague, 1770; 1re OEhr, *De convenientiâ linguâ lapponicœ cum hungaricâ*, Upsal, 1777; J. Hager, *Nouvelles preuves de la parenté du hongrois avec le lapon*, en allem., Vienne, 1734, in-8°.

LAPSUS, mot emprunté au latin pour désigner une erreur, une faute échappée par mégarde dans le discours (*lapsus linguæ*) ou dans l'écriture (*lapsus calami*).

LAQUE, sève de deux arbres de la Chine et du Japon, l'*augia sinensis* et le *thus vernix*. C'est une gomme-résine d'autant plus fine et noircissant d'autant plus vite à l'air, qu'au soleil café au lait tire plus sur le rouge. On s'en sert pour vernir des meubles, fabriqués le plus ordinairement en cyprès. Les opérations de vernissage sont longues et minutieuses. Le bois reçoit d'abord une couche de fiel de buffle et de grès rouge pulvérisé : ce premier fond est poli avec un brunissoir de grès, puis gommé ou ciré, et l'on étend par-dessus, avec un pinceau plat fait en cheveux, une couche de vernis, composé de 605 grammes de laque fine étendus dans 1,210 grammes d'eau avec addition de 38 grammes d'huile de *camellia sesanqua*, d'un fiel de porc, et de 10 grammes de vinaigre de riz. Quand le bois ainsi préparé est resté quelque temps dans un séchoir humide, on le plane à l'eau avec un schiste d'un grain très-fin ; on donne une deuxième couche de laque, puis un deuxième poli, et ces deux opérations se succèdent jusqu'à ce que la surface soit parfaitement unie et brillante. Il n'y a jamais moins de 3 couches, ni plus de 18. L'artiste qui veut orner de dessins cette surface polie fait d'abord une esquisse avec un pinceau blanchi d'un peu de céruse : s'il est satisfait de son croquis, il le burine, et trace les mille petits détails du sujet, puis il le peint avec la laque du Kouang-si camphrée, qui sert de mordant, et enfin il dore au tampon et au pinceau. On frotte alors ces reliefs avec une ou deux couches de *hoa-kinn-tsi*, et l'on enjolive ces miniatures dorées avec la laque du Fo-Kien. Les laques de Sou-tchou et de Nan-King sont remarquables par la pureté et l'éclat du vernis, la finesse merveilleuse du décor, et la correction du travail d'ébénisterie. La fabrication des meubles en laque est encore supérieure dans le Japon : on y incruste des fragments d'haliotide et d'avicule, diversement découpés et colorés. Ce fut vers 1675 que les missionnaires apportèrent en France les premiers laques de Chine. On les imite aujourd'hui en France et en Angleterre. On commence par poser sur le bois (ordinairement du tilleul, du hêtre, du frêne ou du merisier) un fond de noir de fumée et un apprêt à l'ocre ou à la céruse; puis on polit au papier verré, on passe deux couches de noir mat, on donne deux ponçages, on applique une couche de noir d'ivoire broyé avec de l'huile et de l'essence, et l'on termine par deux glacis et un frottis au vernis teinté. Le brillant est dû principalement au vernis, tandis qu'en Chine on l'obtient avec le poli. En Angleterre, surtout à Birmingham, on laque toutes sortes d'ouvrages de tabletterie en papier mâché et en carton verni, et ces ouvrages peuvent être livrés à bas prix.

LARAIRE. *V.* ce mot dans notre *Dictionnaire de Biographie et d'Histoire.*

LARGO, mot italien qui signifie *largement*, et qui, placé au commencement d'un morceau de musique, indique un mouvement plus lent que l'*adagio*, et le plus lent de tous. Il faut qu'un pareil morceau ne soit pas long pour ne point devenir ennuyeux. — *Larghetto*, diminutif de *largo*, indique un mouvement un peu moins lent, très-approchant de l'*andantino*.

LARGUE, terme de Marine qui signifie lâche, non tendu. *Larguer*, c'est élargir, relâcher, détendre. *Largue* désigne encore l'allure d'un bâtiment, celle où il reçoit le vent dans une direction oblique par rapport à la quille. Les voiles sont alors peu ouvertes. Le vent est *largue*, quand il souffle dans cette direction.

LARIDON, nom que l'on donnait jadis à la *basse de flûte.*

LARIGOT (Jeu de). *V.* NASARD.

LARIN, monnaie de la Perse, qui fut primitivement propre à la ville de Lar, et valant 1 fr. 21 cent. C'est un fil d'argent plié en deux, et sur lequel on voit le nom du souverain.

LARMIER, partie d'une corniche qui est le plus en saillie. Il présente en dessous un plafond, qui reçoit une ornementation en rapport avec l'ordonnance architecturale; dans tous les cas, ce plafond doit porter vers le bord extérieur un canal appelé *mouchette*, qui arrête les gouttes d'eau pluviale et les fait tomber verticalement, en *larmes*, sans baver le long de la corniche. La saillie du larmier varie suivant les ordres : elle est d'un module pour le toscan, de 1,72 pour le dorique et l'ionique, de 2,374 pour le corinthien et le composite. Dans l'ordre dorique, le plafond du larmier est incliné en avant, pour offrir un obstacle de plus à la goutte d'eau qui aurait franchi la mouchette. Le larmier lui-même s'orne quelquefois de canaux. A l'époque romane, le larmier a perdu sa forme classique ; ce n'est plus qu'une forte moulure inclinée, et ornée parfois de modillons et de corbeaux. Le larmier gothique se modifie encore dans sa forme; il prend un peu plus d'importance, et se compose d'un plan incliné supérieur, très-saillant, et d'une face étroite, ornée en dessous d'une gorge et d'un listel. La Renaissance a ramené les larmiers classiques.   E. L.

LARMOYANTE (Comédie). *V.* COMÉDIE.

LARUETTE. *V.* ce mot dans notre *Dictionnaire de Biographie et d'Histoire.*

LASCARS, nom donné aux matelots indiens, particulièrement à ceux qui servent sur les bâtiments européens. Ils sont tirés de la classe des Parias.

LASSO, forte lanière de cuir, longue de 15 à 20 mèt., garnie de plomb à ses extrémités, et que les indigènes de l'Amérique du Sud jettent avec une étonnante adresse pour enlacer et prendre les chevaux et les bœufs sauvages.

LASTRICA, aire avec laquelle les Napolitains font leurs planchers intérieurs et les terrasses qui couvrent leurs bâtiments. Elle est composée de *deux parties* pouzzolane, une partie tuile, et *deux parties* chaux vive.

LATICLAVE. *V.* ce mot dans notre *Dictionnaire de Biographie et d'Histoire.*

LATIN (Style). *V.* ARCHITECTURE.

LATINE (Croix). *V.* CROIX.

LATINE (Église). *V.* ÉGLISE CATHOLIQUE, dans notre *Dictionnaire de Biographie et d'Histoire.*

LATINE (Langue). *Ses caractères spéciaux.* « La langue latine, dit un éminent philologue, appartient à la famille des langues *synthétiques*, c.-à-d. qui tendent à exprimer plusieurs idées à la fois par un seul mot, et qui abondent en formes et en flexions grammaticales. » (*Éléments de grammaire comparée*, par M. Egger, ch. XXII.) En effet, on y rencontre tout d'abord une grande variété dans les déclinaisons, soit qu'on en admette cinq, suivant la divi-

sion vulgaire, soit qu'une grammaire plus rigoureuse les réduise à trois, toujours aussi fertiles en désinences. Trois genres dans les noms et les adjectifs, comme en grec et en allemand (le français n'a pas de genre neutre); deux nombres, comme en français (le grec en avait un troisième, le duel, qui, sans être nécessaire, ajoutait à la facilité et à l'élégance du langage); point d'articles, et, par conséquent, moins de clarté que dans la phrase grecque ou française, plus d'ambiguités et d'équivoques à craindre; dans les verbes, quatre conjugaisons, réductibles, si l'on veut, à une seule, mais riche en terminaisons variées, sonores, et par conséquent significatives; une forme passive analogue à celle des Grecs, et qui n'exige pas, comme en français, une proposition tout entière : tels sont les premiers éléments et les conditions constitutives de la langue latine. — Le français, qui n'a pas de déclinaisons, dont les rares désinences ne s'adressent guère qu'aux yeux, exprime les rapports des idées et des mots par l'emploi des prépositions ou par la place qu'ils occupent dans la phrase; le latin fait servir toutes ses désinences à exprimer ces mêmes rapports, et multiplie les régimes immédiats des substantifs et des verbes. « Les règles d'*accord* et de *dépendance*, dit encore le même savant, dominent dans la syntaxe latine; les règles de *position* y sont plus rares et moins rigoureuses. Dans notre syntaxe, les règles de *position*, quoique simples et moins nombreuses, l'emportent sur les règles d'*accord* et de *dépendance*. » (*Ibid.*) — Aussi le latin est-il, comme le grec, une langue essentiellement inversive. Les mots s'y rangent dans l'ordre de leur valeur et de leur importance, d'après la force et la progression des idées, ou bien encore selon les lois de l'harmonie, et donnent naturellement à la phrase, en prose comme en vers, un tour expressif et musical. Grâce à cet heureux privilége, les langues grecque et latine méritent par excellence l'estime que Boileau professait pour les mots *mis en leur place*. On a justement remarqué que l'inversion, si favorable à l'effet et à l'élégance du style, convenait à merveille au génie artiste des Grecs, même des Latins, quoique moins heureusement doués, et lentement parvenus au sentiment et à la culture des arts; tandis que la constitution essentiellement méthodique de notre langue et l'ordre successif de notre phrase, en les rendant plus claires et plus rigoureuses, semblent les destiner à l'expression des vérités scientifiques et des conceptions de la raison. Ajoutons encore ces qualités conviennent aux discussions et aux conventions diplomatiques, où les Romains, lorsqu'ils traitaient avec les vaincus, ne se faisaient pas toujours scrupule d'employer des équivoques plus politiques qu'honorables. Un juge singulièrement sensible aux qualités expressives des idiomes anciens, Fénelon, a caractérisé l'inversion avec la délicatesse habituelle de son goût et quelque peu d'injustice pour sa langue nationale, qu'il avait pourtant maniée si admirablement. « Les Anciens, dit-il, facilitoient par des inversions fréquentes les belles cadences, la variété et les expressions passionnées. Les inversions se tournoient en grandes figures, et tenoient l'esprit suspendu dans l'attente du merveilleux... Notre langue n'ose jamais procéder que suivant la méthode la plus scrupuleuse et la plus uniforme de la grammaire. On voit toujours venir d'abord un nominatif substantif qui mène son adjectif comme par la main; son verbe ne manque pas de marcher derrière, suivi d'un adverbe qui ne souffre rien entre eux deux, et le régime appelle aussitôt un accusatif qui ne peut jamais se déplacer. C'est ce qui exclut toute suspension de l'esprit, toute attention, toute surprise, toute variété, et souvent toute magnifique cadence. » (*Lettre sur les occupations de l'Académie*, v.) — A ces caractères essentiels, il faut ajouter la facilité de former les mots, moins par composition que par dérivation, facilité que Fénelon enviait encore aux langues mortes, et qu'il désirait voir passer en français, malgré l'exemple décourageant de Ronsard. Les éléments des mots composés se multiplient pas indéfiniment en latin comme en allemand. En général, ils se réduisent à deux termes; l'expression y gagne en facilité, sans être surchargée d'une stérile et confuse abondance. Au reste, le latin ne se prêta jamais avec autant de facilité que le grec à la combinaison des mots composés. Les longs mots forgés plaisamment par Plaute à l'imitation d'Aristophane ne sortaient pas du style comique. Les Romains n'avaient pas la flexibilité de *cette bouche harmonieusement arrondie, dont la Muse*, dit Horace, *avait doué les fils privilégiés de la Grèce.* Mais la langue romaine, destinée à s'imposer au monde avait d'autres qualités, d'autres avantages; elle les posséda sans doute avant même de se polir au contact d'un idiome étranger. Un peuple formé dans les assemblées publiques et les tribunaux à la pratique des affaires et des lois, partagé entre la guerre et les luttes du Forum, acquérait naturellement à cette double école la précision, la force et la grandeur avec la brièveté du commandement. Lorsque les relations avec la Grèce eurent apporté à l'idiome des vieux Latins un peu de la politesse et de l'abondance qui lui manquaient, il prit cette solidité et cette ampleur oratoires qui devaient faire son originalité, sa puissance et sa durée. Cette belle forme de la *période*, que les Romains appelaient le *circuit*, le *cadre* de la parole, ou plutôt le *tour* par où la parole se développe (*circuitus, ambitus, comprehensio verborum*), semble presque leur appartenir en propre, bien qu'ils en eussent trouvé le modèle dans la phrase admirablement nette, précise et abondante de Démosthène. Cicéron nous donne presque la date précise de l'apparition de la période, avec l'élégance grecque; il en fait honneur à M. Emilius Lépidus, surnommé Porcina, créateur de ce qu'il appelle d'un terme tout moderne le *style artiste, artifex* (an de Rome 617, av. J.-C. 137). Dès lors, la gravité des assemblées publiques et l'autorité que donnait la parole auprès du Sénat et du peuple, conduisirent naturellement la langue oratoire à l'harmonieuse majesté de Crassus et de Cicéron, comme à la mâle énergie de Brutus. « Rien n'égale la dignité de la langue latine. Elle fut parlée par le *peuple-roi* qui lui imprima ce caractère de grandeur unique dans l'histoire du langage humain, et que les langues, même les plus parfaites, n'ont jamais pu saisir. Le terme de *majesté* appartient au latin. La Grèce l'ignore, et c'est par la *majesté* seule qu'elle demeurera au-dessous de Rome, dans les lettres comme dans les camps. Née pour commander, cette langue commande encore dans les livres de ceux qui la parlèrent. » (J. de Maistre, *du Pape*, I, XX.) — Un autre caractère propre à la langue latine est de se prêter merveilleusement au style lapidaire (*V. ce mot*). Brève et concise, elle réduit les termes et ménage l'espace au profit des idées; libre dans ses constructions, elle peut placer les mots dans l'ordre le plus avantageux et le plus éloquent. Ces qualités ont fait préférer longtemps le latin aux langues modernes pour les monuments et les médailles, et le font quelquefois adopter, même de nos jours, quoique nous ne pensions pas toujours à rechercher dans nos inscriptions modernes la vigueur ni l'élégance. « Le signe européen, dit encore de Maistre, avec sa verve éloquente, c'est la langue latine... Les médailles, les monnaies, les trophées, les tombeaux, les annales primitives, les lois, les canons, tous les monuments parlent latin : faut-il donc les effacer, ou ne plus les entendre?... Au lieu de ce noble laconique, vous lirez des histoires en langue vulgaire. Le marbre, condamné à bavarder, pleure la langue dont il tenait ce beau style qui avait un nom entre tous les autres styles, et qui, de la pierre où il s'était établi, s'élançait dans la mémoire de tous les hommes. » (*Ib.*)

Origines et histoire sommaire de la langue latine. — Les origines du latin sont très-obscures et très-difficiles à déterminer. Les grands maîtres de la prose historique chez les Romains, plus soucieux d'éloquence que d'érudition, ne nous ont rien appris de leur histoire et de leur langue. Varron, dans les six livres incomplets qui nous restent de son traité *Sur la langue latine*, Festus, dans son livre de la *Signification des mots*, quelques débris de l'ancien langage, recueillis çà et là par une critique ingénieuse dans la poussière des monuments mutilés ou dans les grammairiens (*V.* Egger, *Latini sermonis reliquiæ*), voilà où il faut puiser les éléments d'une histoire de la langue latine dans les premiers siècles de Rome. « Notre langue, dit Varron, n'est pas tirée toute des termes nationaux » (liv. IV, init.). Il est établi, du moins, que le latin des vieux âges avait une origine commune avec le grec. Les immigrations de peuplades helléniques avaient apporté sur le sol italien une langue d'origine indienne, issue du sanscrit, et destinée à se perpétuer en Italie comme en Grèce, mais avec des fortunes bien différentes. Une vie agricole et guerrière, point de sentiment des arts, c'étaient là des conditions faites pour maintenir le langage à l'état rudimentaire, et réduire le *rustique Latium*, comme l'appelle dédaigneusement Horace, *à la dégoûtante âpreté du grossier mètre saturnien* (*grave virus*). Dans quelle proportion les populations italiques, les Osques, les Sabins, les Étrusques, modifièrent-ils ces éléments primitifs? Il est impossible de le dire. La langue latine dut vieillir dans une enfance de cinq siècles,

jusqu'au moment où le progrès des armes romaines la mit en présence de la langue grecque, et fit subir aux rudes fils de Romulus l'ascendant d'une civilisation encore inconnue. Les deux idiomes, bien que sortis d'une même souche, avaient singulièrement changé pour se reconnaître après une séparation si profonde. Toutefois, on put retrouver peu à peu les traces de la commune origine, un air de famille, et adopter les mots grecs avec d'autant plus de facilité. C'est depuis ce moment, c. à.-d. depuis la guerre de Pyrrhus, que le latin se forme et se polit. Il suit alors un progrès constant, du moins à nos yeux, jusqu'au siècle de Cicéron et d'Auguste, jusqu'à la perfection de la langue oratoire et de la langue poétique. Remarquons cependant que Cicéron, meilleur juge que les modernes, cherche la vraie pureté de la langue dans les âges qui l'avaient précédé, et en fait honneur au siècle de Caton, d'Ennius et de Térence. Comment s'expliquer cette infériorité de langage dont Cicéron semble accuser son siècle? Sans doute, il veut dire que la langue, à cette époque, était essentiellement latine, peu mêlée de grec et d'idiomes étrangers, tandis que, de son temps, les poëtes de Cordoue même apportaient à Rome, avec leur langue, l'enflure particulière à leur pays. On le voit d'ailleurs insister, lorsqu'il raconte dans le *Brutus* l'histoire de l'éloquence, sur le mérite des orateurs qui parlaient bien le latin, et en faire une partie de la gloire d'Antoine (*Brutus*, XXXII). — Du reste, si le latin s'altérait déjà, ce n'était point par la recherche des archaïsmes. Au temps de César, Salluste lui-même, malgré son goût affecté pour l'antiquité, ne s'inquiétait guère plus des vieilles sources de l'histoire et du langage que de la précision géographique. Varron écrivait, il est vrai : « Mieux « vaut approuver celui qui donne facilement beaucoup « d'explications sur les origines des mots que de critiquer « celui qui ne peut pas les donner toutes; d'autant plus « qu'en matière d'étymologie on ne peut pas rendre rai- « son de tout » (liv. VI). Mais les écrivains supérieurs aimaient mieux mépriser, comme Horace, *les poudreuses annales des pontifes*, et déclarer *inintelligibles les hymnes saliens de Numa*, que les étudier, ou tout au moins les sauver de la destruction. Ainsi sont perdus, avec ces hymnes saliens, le chant des frères Arvals, le texte complet et original des lois des Douze Tables, les Grandes Annales, une foule enfin de documents où la philologie moderne retrouverait certainement, à force de patience et de sagacité, les éléments du latin. — La langue du Droit avait dû se former, et la langue oratoire avait pu se préparer chez les Romains avant le commerce des Grecs; mais celles de la philosophie et de la poésie furent une conquête de Rome sur la Grèce, ou plutôt encore de la Grèce sur Rome. Après le laborieux enfantement d'Ennius, ce sont Lucrèce et Catulle qui assouplissent l'instrument poétique dont Virgile et Horace feront un si merveilleux usage. Après les efforts de Lucrèce pour rompre aux sujets philosophiques l'idiome rebelle de son pays, dont il accuse si fréquemment l'indigence, c'est Cicéron qui, dans ses grands traités, donne à ses lecteurs et à son pays la langue de la philosophie, en même temps que celle de la critique littéraire. — Déjà, cependant, le latin subissait une modification nouvelle par un effet de cette loi inévitable qu'Horace exprime en termes si poétiques quand il compare *les mots qui s'en vont aux feuilles qui tombent*. Lui-même, avec tout son génie, contribuait à cette altération par l'emploi trop fréquent et trop heureux des hellénismes. Le temps n'était pas très-éloigné où les mots grecs viendraient reprendre, dans les vers de Juvénal lui-même, la place qu'ils avaient eue jadis dans ceux de Lucilius. A côté de la langue poétique, les formes de la prose changeaient également : Sénèque coupe et brise la période; Tacite introduit dans la langue historique les termes, les tours, les hardiesses propres à la poésie. Les règles de la grammaire commencent à s'oublier, ou, du moins, le grand écrivain se permet des licences comme Horace s'en était permis. Bientôt l'élément barbare arrive à la suite de l'élément grec. Les guerres lointaines, les rapports perpétuels et inévitables avec des vaincus tout près de devenir vainqueurs, corrompent le latin, surtout en Gaule et même en Italie. Vienne le règne de Théodose, et la langue, déjà réduite à la stérile élégance de Claudien, s'abaissera encore dans les vers d'Ausone, pour descendre aux poëmes de Sidoine Apollinaire et de Fortunat, et à la prose de Grégoire de Tours. La transformation s'opère à travers les révolutions de l'Europe, et la corruption de la langue mère forme les langues néolatines, telles que le français, l'italien et l'espagnol. On pourrait fixer sans doute au serment des fils de Louis le Débonnaire, en 843, la disparition du latin comme langue politique en France, de même que l'ordonnance de Villers-Cotterets, en 1539, le bannit de la langue judiciaire et des arrêts du Parlement. Il demeure encore comme au moyen âge, la langue de la théologie, du Droit, de la philosophie scolastique, de l'érudition, même des sciences naturelles ; car, au XVIIᵉ siècle, Descartes écrit encore ses traités de physique en français et en latin. Il est également, jusqu'à la Révolution, la langue de l'Université ; le prince de Conti félicitait Rollin de *parler le français comme si c'eût été sa langue naturelle;* et l'Université, en mémoire de ces vieilles traditions, l'a conservé dans ses distributions du concours général. Enfin, il est la langue de l'Église catholique, et doit à cette consécration, dans les sociétés modernes, cet usage universel et ces immortelles destinées dont l'orgueil des Romains mesurait autrefois à la durée du Capitole et de ses *rochers* inébranlables.

Bibliographie. — La bibliographie de la langue latine fournirait une nomenclature très-longue; nous n'en pouvons indiquer que quelques ouvrages importants : parmi les Anciens, Varron, Festus, et les grammairiens de second ordre, tels que Macrobe et Aulu-Gelle; parmi les modernes, Laurent Valla, *De latinæ linguæ elegantiâ libri VI*, Rome, 1471, in-fol. ; le cardinal Adrien, *De sermone latino et de modis latine loquendi*, 1515, in-fol. ; Ét. Dolet, *Commentariorum linguæ latinæ tomi II*, Lyon, 1536, in-fol. ; J. Camerarius, *Commentaire des langues grecque et latine*, Bâle, 1551, in-fol. ; Funccius, *De origine et pueritia latinæ linguæ...*, *De adolescentia, virili ætate, imminente senectute linguæ latinæ...*, *De vegeta senectute*, etc.... *De inerti ac decrepita senectute*, etc., Marbourg, 1723-50, in-8°; Walch, *Historia critica linguæ latinæ*, Leipzig, 1761, in-4° ; Popma, *Fragments de Varron, des anciens historiens latins, etc.*, 1589, in-8°; Fabricius, *Bibliothèque latine*, Hamb., 1721, Leipzig, 1773, 3 vol. in-8°; Nahmmacher, *Introduction à la connaissance de la langue latine*, Leipzig, 1778, en allem.; Reisig, *Cours de langue latine;* Grysar, *Théorie du style latin;* Bopp, *Grammaire comparée des langues indo-germaniques*, 1833, in-8°; Raynouard, *Lexique roman,.... Grammaire comparative des langues de l'Europe latine*, Paris, 1838-44, 6 vol. in-8°; Alde Manuce, *Rudimenta grammatica linguæ latinæ*, Venise, 1501, in-4°; Jean Despautère, *Commentarii grammatici*, Paris, 1537, in-fol., et Lyon, 1563, in-4°; D. Thomas (le cardinal Wolsey), *Rudimenta grammatices et docendi methodus*, 1637; J.-C. Scaliger, *De causis linguæ latinæ libri XII*, Paris, 1540, in-8°; Melanchthon, *Grammatica latina*, Nuremberg, 1547, in-8°; Sanctius, *Minerva, seu de causis linguæ latinæ*, Salamanque, 1587, ouvrage réédité par Bauer, Leipzig, 1793-1801, 2 vol. in-8°; Scioppius, *Grammatica philosophica*, Milan, 1628, in-8°; G. Vossius, *Grammatica latina*, Amst., 1635, 2 vol. in-4°; Lancelot, *Nouvelle méthode pour apprendre la langue latine*, dite *Grammaire latine de Port-Royal*, Paris, 1655, in-8° ; Ruddimann, *Grammaticæ latinæ institutiones*, Edimbourg, 1725-31, 2 vol. in-8°, ouvrage réédité par Stalbaum, Leipzig, 1823, 2 vol. in-8°; P. C. Gueroult, *Nouvelle Méthode pour étudier la langue latine*, Paris, 1798, in-8°; Lemare, *Cours théorique et pratique de la langue latine*, Paris, 1804, 3 vol. in-8°; Burnouf, *Méthode pour étudier la langue latine*, 1841, in-8°; Guérard et Moncourt, *Grammaire latine*, 3ᵉ édit., Paris, 1861, in-12; les Grammaires écrites pour les Allemands par G. Schlegel, Brœder, Grotefend, Schneider, Zumpt, Madvig, etc.; le *Thesaurus linguæ latinæ* de Robert Estienne; les anciens dictionnaires de Calepin, Boudot, Danet; les dictionnaires de Facciolati, Forcellini, Freund, etc. **A. D.**

LATINE (Littérature.) *Caractères et divisions.* — La littérature latine, originale dans certains genres, tels que la satire, l'épître, et peut-être encore l'éloquence, a imité la Grèce dans la poésie, la philosophie et la science, mais en élevant l'imitation à la beauté des modèles (*V.* IMITATION). Dramatique et positive comme le génie tout politique des Romains, elle donne peu à l'imagination et à la fantaisie, beaucoup à la raison sérieuse, aux applications de la conduite et de la vie. Peu spiritualiste, elle s'attache à l'action, à la politique, aux affaires, à la morale pratique : les facultés de l'âme et les problèmes de la destinée humaine n'y tiennent guère de place. Ce que la philosophie romaine a dit de ces grands sujets n'est qu'un reflet de la Grèce; ce qu'en disent les Pères de l'Église n'appartient plus à la littérature classique; c'est un autre monde. Là est le défaut des lettres latines, défaut

plus sensible encore si l'on se reporte aux puissants et admirables efforts du génie grec sur ces questions mystérieuses et infinies. Malgré des affinités certaines d'origine et de climat, la race latine n'avait pas cette richesse inépuisable d'imagination qui, pendant les beaux siècles de la Grèce, se répandit dans tous les genres de la poésie, inspirant un nombre prodigieux de chefs-d'œuvre lyriques ou dramatiques dont il nous reste à peine la moindre partie. Rome, autrement douée, laborieuse et guerrière, prit d'abord et garda les habitudes impérieuses de l'autorité militaire, de la gravité patricienne et sacerdotale, et les goûts positifs d'épargne et d'avidité que donnent la vie des champs et la pauvreté. Le mérite et l'originalité de la littérature latine est d'avoir égalé la précision et la vigueur de son langage à la solidité et à l'énergie du peuple-roi, à ces qualités sévères, que Cicéron énumère avec orgueil dans la préface des *Tusculanes*, « gravité, grandeur d'âme, probité, bonne foi, toutes les vertus qui mettaient ses ancêtres au-dessus de toute comparaison. » (*Tusc.* I, 1). On sait en quels termes magnifiques Bossuet a résumé ce qu'il appelle *le fonds du peuple romain*, « le plus fier et le plus hardi de tous les peuples du monde, mais tout ensemble le plus réglé dans ses conseils, le plus constant dans ses maximes, le plus avisé, le plus laborieux, et enfin le plus patient. » (*Histoire universelle*, III, 6). La gloire de la littérature latine est d'exprimer dignement ces caractères plus solides que brillants. Non pas cependant qu'elle soit toujours solennelle, ni majestueuse jusqu'à la monotonie ; quelquefois déclamatoire, plus souvent grossière et même triviale, non-seulement dans les comiques, mais parfois même chez les orateurs et les poëtes sérieux, elle se ressentira, jusque dans ses plus beaux jours, de la rudesse naturelle à une nation de laboureurs et de soldats; on peut en croire le témoignage d'Horace. Mais, dans la crudité même du langage, elle conserve encore un certain air de grandeur, un sentiment de la valeur et de la puissance personnelle : c'est toujours l'expression de la pensée d'un peuple conquérant, légiste, organisateur, qui a dominé le monde pendant des siècles

Par les lois, par les *mœurs*, et surtout par la guerre.

Au premier coup d'œil, l'histoire de la littérature latine se divise en deux grandes périodes : la première, qui s'étend jusqu'à l'Empire, est remplie par le progrès politique et la pratique des grandes affaires au dedans et au dehors. L'action domine ; la pensée n'en est, pour ainsi dire, que l'instrument. Dans cette vie pénible et sans loisirs, toutes les intelligences sont occupées à soumettre, à constituer, à gouverner. Les genres cultivés de préférence se rapportent à la vie publique, et, malgré la puissante influence des Grecs, l'esprit romain n'a guère changé de Caton à Cicéron.

La seconde période, qui commence à l'avénement d'Auguste, est celle où l'action s'affaiblit et disparait, pour laisser la place aux loisirs. La vie politique a cessé; la force et l'intérêt se retirent de l'éloquence, qui expire dans l'enceinte étroite des basiliques, ou dans la stérilité des écoles. Alors les esprits supérieurs se replient sur eux-mêmes, et cherchent leur voie dans la poésie, la philosophie, et l'histoire. Les lettres sont cultivées par plaisir et par dédommagement de la vie politique à jamais disparue, jusqu'au moment où elles se perdent dans le naufrage de la société.

La première période se subdivise naturellement en deux époques, la littérature avant et après les guerres Puniques. La première époque, qui embrasse les cinq premiers siècles de Rome, est inféconde, et présente à peine des germes littéraires : Rome est tout occupée à combattre pour son existence et sa conservation. La seconde, qui s'étend des guerres Puniques à l'Empire, est celle où Rome combat pour la conquête et la domination. Mise en rapport avec la Grèce, elle l'imite, à regret d'abord, et en se défendant contre cet ascendant irrésistible du génie et de l'élégance; mais elle cède à mesure, et puise dans cette défaite pacifique les moyens de lutter avantageusement contre la Grèce au siècle de Cicéron. — La seconde période se partage également en deux époques, la littérature avant et après les Antonins. Dans la première, après la splendeur littéraire du règne d'Auguste, Rome conserve encore une partie de ses grandes qualités. Pendant qu'elle résiste aux Barbares, sans en être ébranlée, elle accueille avec une faveur marquée tout ce que lui donne la Grèce, les vices comme les arts. L'esprit grec s'identifie avec le caractère romain. La littérature latine a cessé d'être aussi pratique, aussi forte qu'autrefois; cependant, elle cache son déclin sous des apparences imposantes. Dans la seconde époque, celle des Antonins et de leurs successeurs, la décadence se précipite : les conditions politiques, la dégradation des mœurs, l'entrée des Barbares dans l'Empire et dans la société, ont enlevé au caractère romain le peu qui lui restait de ses vieilles qualités. Nous avons indiqué comment la langue latine (*V. ce mot*) s'altère et se corrompt, surtout après Théodose. Les restes de la littérature comme de la langue dureront jusqu'au siècle de Charlemagne, c.-à-d. jusqu'à la naissance des idiomes modernes, puis deviendront lettre morte, sinon dans la science et dans la religion.

Première période : Première époque. Littérature latine avant les guerres Puniques. — On a vu qu'il ne faut pas chercher à Rome, pendant les cinq premiers siècles de son existence, les hautes inspirations religieuses et morales de ces *interprètes sacrés des dieux*, comme Horace les appelle, qui civilisaient par leurs chants les peuples de la Grèce, et les initiaient au monde supérieur des dieux et des génies (*V.* Grecque—Littérature). Rome est plus occupée de vivre, de labourer, de combattre, d'obéir, que de rechercher les origines et les lois de la nature, ou de célébrer l'aspect éblouissant de la terre et des cieux. Elle ne chante pas non plus ses héros ni ses légendes: elle n'a ni Orphée, ni Homère, ni même Hérodote; le chant des frères Arvals, invocation aux dieux Pénates et au dieu Mars, les hymnes des prêtres Saliens, où Vénus n'était pas nommée, puisque, au témoignage de Varron, cette déesse n'avait même pas de nom en latin au temps des rois, des oracles en vers, objet des railleries d'Horace, qui les déclare inintelligibles, les prédictions transcrites par Tite-Live sous le nom du devin Marcius, contemporain de la première guerre Punique, voilà les premiers essais poétiques « de ces vieux laboureurs, courageux et riches de peu, qui ne connaissaient de repos et de fête qu'après la moisson rentrée ». (Hor., *Ép.* II, 1,139.) Ajoutons-y les vers *fescennins*, satires dialoguées écrites dans le mètre saturnien, qui n'était guère que de la prose rhythmée, et connues surtout par quelques vers d'Horace. Ce qu'on en sait de plus clair, c'est que, nées de l'esprit grossièrement railleur des paysans, elles tournèrent en satires personnelles et sanglantes, et que la loi des XII Tables les fit taire, en réduisant les moqueurs menacés du bâton « au seul plaisir de bien dire et d'amuser. » Cette interdiction fut-elle toujours observée? On vit Octave composer des vers fescennins contre son ami Pollion, lequel n'avait garde « d'écrire contre un plaisant qui pouvait proscrire ». Mais, populaire ou non, la satire fescennine ne paraît pas avoir jamais compté, même à Rome, pour un titre poétique. — Quant à la prose, une religion positive et superstitieuse, qui relevait du patriciat, et fut, jusqu'aux derniers jours, une partie de l'autorité et de l'empire, donna aux Romains les premiers germes de l'*histoire;* c'étaient les *Grandes annales* et les *Livres des pontifes*, où se consignaient tous les événements importants, mauvais présages, etc. L'histoire, chez les Grecs, était née de la poésie ; à Rome, elle sortit du calendrier. — La *jurisprudence* ne peut prendre de place dans la littérature ; cependant, les jurisconsultes romains s'y rattachent par l'histoire de la langue (c'est dans le Droit comme dans la religion qu'elle varie le moins), par le caractère national, dont la législation est une expression vivante, par les documents politiques et judiciaires, indispensables à l'intelligence des historiens, des orateurs, et même des poëtes comiques. Il suffit d'indiquer ici la forme impériale et militaire de ces lois, la concision de leurs formules, en ajoutant qu'elles furent d'abord la propriété exclusive, et, plus tard, le privilége des patriciens. La science du Droit, au siècle de César, devait affecter pour un temps une forme littéraire, dans le *Dialogue* perdu de *Brutus*, et le *Traité de César* de Cicéron, imité de Platon. — *L'agriculture* n'est ni politique, ni éloquente; mais elle a, chez les Romains, une physionomie à part, et mérite une place dans l'histoire littéraire. On n'en rencontre pas de monuments avant *Caton;* mais le livre du fameux censeur, qui fut à fois agriculteur, soldat, historien et orateur, est un monument curieux de la langue, des mœurs et du caractère romains, dont Caton est l'expression la plus vigoureuse.—Nous pouvons, pour terminer immédiatement ce qui regarde cette matière vraiment romaine de l'agriculture, citer *Varron* et *Columelle*, qui la maintiennent en honneur dans la littérature, jusqu'à l'époque où les immenses parcs des riches absorbent au profit du luxe le sol de l'Italie. Varron,

contemporain de Cicéron, a composé, dans la forme à la mode d'alors, des *Dialogues sur la vie rustique*, très-savants, mais pesamment écrits, avec un mélange de bonhomie et de pédantisme. Columelle, contemporain de Tibère, philosophe et moraliste selon le goût de son époque, écrit avec une élégance où se fait sentir l'influence des déclamateurs, professe une grande admiration pour Virgile, et pense plus aux gens de lettres qu'aux cultivateurs, jusque-là qu'un livre de son *Agriculture* est écrit en vers. — Nous venons d'anticiper sur les temps, pour esquisser brièvement ce qui regarde ces deux genres très-inférieurs, qui ne tiennent à la littérature que par les côtés accessoires. Reste le genre par excellence, celui qui convenait le mieux aux goûts d'un peuple laboureur, politique, légiste et soldat, l'*éloquence*. Populaire dès les premiers temps, au témoignage de Cicéron, elle dut, comme il le pense, séduire d'abord tous les jeunes gens ambitieux de gloire, et provoquer des efforts que paralysait le défaut de méthode et d'exercice. Les guerres Puniques, en faisant connaître les modèles et les maitres grecs, portèrent plus haut point cette ardeur oratoire, désormais plus intelligente, et entretenue par la grandeur des causes et la magnificence des récompenses. Mais, sur les origines de l'éloquence romaine, il ne reste que les hypothèses de Cicéron. Les luttes politiques supposent, il est vrai, l'usage et la puissance de la parole ; et Virgile même introduit des orateurs dans les récits de l'épopée, où Homère n'avait placé que des aèdes. Cependant, ni l'éloquence militaire, ni l'éloquence sénatoriale, ni même l'éloquence tribunitienne n'ont laissé de monuments. Les admirables discours de Tite-Live sont, comme on le sait, un exercice de son imagination dramatique aussi bien qu'un complément de son Histoire. Sans doute, même ces premiers orateurs n'ont eu que les qualités auxquelles Buffon réduit dédaigneusement l'éloquence populaire : « Un ton véhément et pathétique, des gestes expressifs et fréquents, des paroles rapides et sonnantes. » En fallait-il plus avec des auditeurs qui n'avaient aucune idée de l'art, et ne comprenaient que l'activité, l'intérêt positif et l'obéissance? A l'éloquence suppléait une certaine habitude de la parole, et comme une tactique des combats du Forum, dont l'expérience et le goût formèrent cette langue oratoire que Caton devait illustrer le premier, et que parlait sans doute avant lui l'harmonieux Cornélius Céthégus, l'orateur « à la bouche moelleuse et persuasive », célébré par Ennius.

Première période : Deuxième époque. 1° Les guerres Puniques; influence des Grecs ; littérature latine jusqu'au siècle de Cicéron. — Les noms de Caton et d'Ennius marquent dans les lettres latines une époque nouvelle ; c'est l'éveil du sens littéraire, devant l'éclatante révélation du génie grec; et l'on peut croire, sans taxer d'exagération l'orgueil national des écrivains romains, qu'ils eurent bientôt des monuments dignes d'une telle école. Les discours de *Caton*, dont Cicéron fait un si magnifique éloge, et dont il reste des fragments précieux, présentent le plus haut degré de puissance où s'élève l'éloquence primitive, formée par la pratique des affaires, sans les qualités littéraires que donne l'étude. Caton ne devait qu'à lui-même cette grandeur morale qui lui inspira le fameux mot adressé à son fils Marcus : « L'orateur est l'honnête homme qui sait bien parler »; et il y joignait la verve, la finesse, l'âpreté moqueuse, la véhémence. Vigoureux ennemi des rhéteurs et des sophistes grecs, qui commençaient à enseigner à Rome l'art de plaider également le pour et le contre, il fit fermer leurs écoles; et cependant il apprit le grec dans sa vieillesse, pour lire Thucydide et Démosthène ; et ce fut une des conquêtes les plus précieuses de l'esprit grec, d'avoir enfin subjugué ce rude adversaire.

Une autre victoire non moins considérable, ce fut l'importation et les succès de l'art dramatique, introduit à Rome par Livius Andronicus, six ans avant la naissance de Caton. Déjà le Sénat, par un singulier mélange du sentiment religieux et de la pensée politique, avait appelé de l'Étrurie les acteurs et les jeux scéniques, pour apaiser la colère des dieux pendant une épidémie, et pour amuser les esprits épouvantés par la crainte de la contagion (an de R. 390, avant J.-C. 363). Rome eut d'abord des dialogues dramatiques, accompagnés de gestes et de danses à la mode toscane, puis des *satires*, c.-à-d. un mélange de prose et de vers, accompagné par la flûte, joué par les *histrions*. Enfin, le Tarentin *Livius Andronicus* ose le premier substituer aux chants informes une véritable intrigue sur un sujet dramatique, imité sans doute des Grecs. Il laisse aux Romains, aux

Jeunes gens de condition libre, le monopole de leurs *satires*, devenues les *exodes* et les *atellanes*, espèce de parades peut-être improvisées, que le goût ombrageux des citoyens se réserve, et qu'il interdit aux histrions, désormais notés d'infamie. A ces essais de comédies ou de tragédies, Livius ajoute une traduction de l'*Odyssée* en vers, et voilà le drame et l'épopée admis parmi les divertissements des rustiques « Céthégus à la robe relevée », ainsi qu'Horace l'appelle. — Un contemporain de Caton, le Campanien Névius, suit, non sans talent, la voie ouverte par Livius, compose un poëme épique sur la guerre Punique, et essaye de transporter la liberté grecque au théâtre. Mais il avait méconnu le caractère de son public : l'esprit d'obéissance dominait à Rome, avec un profond mépris pour les acteurs, qui étaient esclaves. Comment permettre aux histrions d'attaquer les magistrats, les patriciens, les consulaires ? Comment endurer qu'un Névius osât dire à l'Africain et aux Métellus de mordantes vérités ? Le pauvre poëte y gagna la prison, puis l'exil après récidive, sans exciter même la pitié de ses confrères les poëtes comiques, exposés cependant au même danger. Au moins laissait-il des œuvres très-estimées, et une réputation d'écrivain assez bien établie pour résister même à la perfection du siècle d'Auguste et à la mauvaise humeur d'Horace, qui n'aimait pas le vieux latin, et gardait aux vers de Névius une rancune d'écolier. — Mais le plus grand nom poétique parmi les contemporains de Caton est celui d'Ennius, qui se prétendait l'héritier direct du génie d'Homère, par la loi de la métempsycose, et avait fait accepter la suprématie exclusive de sa gloire aux Romains qu'il avait chantés. Ami des nobles et protégé de Caton, il consacre dans Rome les deux genres déjà naturalisés par ses devanciers, la tragédie et l'épopée. Énergique, élevé, pathétique, malgré la dureté et la sécheresse inévitables de son époque, il fut admiré de Lucrèce et de Cicéron, et contesté d'Horace et de Virgile, qui cependant n'a pas dédaigné de lui faire des emprunts ; car il avait déjà, dans ses *Annales romaines*, quelque chose de l'accent et de la grandeur épiques ; et il avait, le premier, employé en latin l'admirable forme de l'hexamètre. — Viennent après lui son neveu *Pacuvius*, « le docte vieillard », selon l'expression un peu ironique d'Horace ; *Accius*, « le vieillard profond », rival de Pacuvius, et que Cicéron put connaître, lequel, s'écartant des routes obligées, traite des sujets romains (presque toujours les poëtes tragiques traduisaient les modèles grecs), et crée la tragédie *prétexte*, où les personnages étaient latins comme la langue. Horace a reconnu le mérite de cette tentative, s'il n'en fait pas directement honneur à Accius. Enfin, après Accius, viendront les compositions tragiques des contemporains d'Auguste, *Varius, Pollion, Ovide*, qui témoignent, sinon de la popularité acquise à des chefs-d'œuvre, au moins de la haute estime des meilleurs esprits de Rome tenaient la tragédie, puisque Horace écrit en grande partie sur cette matière son épître aux Pisons *Sur l'Art poétique*.

Pour compléter cette histoire sommaire de la poésie latine pendant la première période, et avant le siècle de César, il nous reste à parler de deux genres, la *comédie* et la *satire*, tous deux considérables à des titres divers ; le premier, par le génie des Grecs, le second par sa conformité parfaite avec le caractère et les goûts des Romains. Dans la comédie, deux grands écrivains s'immortalisent entre beaucoup d'autres ; ce sont *Plaute* et *Térence*, imitateurs et traducteurs des comiques grecs l'un comme l'autre, mais avec des qualités bien différentes. Nous n'hésitons pas à donner de beaucoup la supériorité à Plaute, le seul de tous les poëtes comiques dont la verve originale et entraînante, le dialogue joyeux et mordant rappellent le génie de Molière. Trop de bouffonnerie et l'exquise élégance de son successeur lui ont fait tort auprès de tous les modernes ; mais, malgré la faveur accordée par Bossuet à Térence, l'élégance ne supplée pas à la gaieté, et nous adoptons sans réserve le jugement de César, qui se connaissait en matière de goût, et regrettait, dans de fort jolis vers, de ne pas trouver chez ce *demi-Ménandre* la puissance comique unie au talent de l'écrivain. — Citons encore, parmi les auteurs de comédies, *Cécilius*, le protecteur de Térence, recommandé au souvenir de l'histoire par l'admiration des Romains, et n'oublions pas, en voyant la poésie dramatique, et principalement la comédie, cultivées par des gens d'humble condition, des esclaves, des affranchis, des étrangers, que les citoyens auraient dérogé à se permettre publiquement la culture des lettres ; ils les proté-

geaient par amusement, par orgueil aristocratique, et aussi par une supériorité naturelle de l'intelligence et du goût, comme les Scipions ; mais ils n'avaient garde de s'exposer au surnom de *méchant Grec* (*Græculus*). La vie politique les absorbait tout entiers ; ils laissaient aux vaincus et aux affranchis la satisfaction d'écrire pour le plaisir et pour la gloire de leurs maîtres. Aussi la tragédie *prétexte* et la comédie *à toge*, c.-à-d. à sujets romains, ne furent-elles que des essais passagers et promptement abandonnés. Les Romains ne tenaient pas à s'attendrir sur leur histoire, ni à laisser les poëtes comiques les railler de leurs travers. Ils aimaient mieux (ceux du moins qui goûtaient les œuvres dramatiques : car le petit peuple préférait volontiers des combats d'ours et de gladiateurs), ils aimaient mieux pleurer sur les infortunes de Télèphe et de Pélée, et dépayser leurs ridicules et leurs vices, en se transportant, avec Plaute, en Épire ou en Étolie. — Ils goûtaient cependant ce genre de plaisanterie satirique ; ils lui ont donné même sa forme propre, celle de la *satire didactique*, que l'ont adoptée les modernes ; et les Grecs ne les avaient pas devancés là comme dans toutes les créations littéraires. Les immortels moqueurs de Paros et d'Athènes, Archiloque, Aristophane, toute l'*ancienne comédie* enfin, avaient épanché leur impitoyable malignité dans la poésie lyrique et sur le théâtre. Un chevalier romain, Lucilius, a l'idée de se mettre à leur école ; il change le mètre, le rhythme, les conditions dramatiques qu'il trouvait dans ses modèles (il en coûtait cher pour railler au théâtre) : il reprend la vieille forme latine de la *satire* (*satura lanx*, pot-pourri), et attaque hardiment les vices, à l'abri de sa naissance et de ses hautes relations. Ainsi comprise, la satire tenait encore de la vie publique. Morale et générale sans être personnelle, du moins au même degré que la comédie grecque, elle gardait quelque chose du grand air des magistratures romaines, de la censure, par exemple. Nous n'avons de « Lucile, appuyé de Lélie, » que des fragments très-courts, ainsi que de presque tous les poëtes de cette époque. Mais, quand on voit l'esprit satirique, inné chez les races mobiles et moqueuses de l'Italie, si commun à Rome, si approprié aux habitudes rustiques, militaires, politiques, oratoires, on comprend comment Quintilien a pu dire, avec un orgueil justifié : « La satire est toute à nous. »

Lucilius était, dit-on, l'oncle du grand Pompée. La date de sa mort (105 av. J.-C.) nous amène presque au siècle de Cicéron et de César. Mais, en suivant le développement de la poésie durant cette première période, nous avons laissé derrière nous et nous devons reprendre des orateurs et les historiens, depuis Caton et les guerres Puniques. Cicéron nous a transmis, dans le *Brutus*, une magnifique histoire de l'éloquence latine. On y voit le progrès rapide des orateurs importants et célèbres qui se succédèrent à Rome : Galba, abondant, pathétique à la tribune, flasque et mou la plume à la main ; Scipion Émilien et Lélius, représentants de l'éloquence patricienne et aristocratique ; Carbon, plus harmonieux que fort, mais le meilleur avocat de son temps ; les Gracques, orateurs populaires élevés par des maîtres grecs, mais dont le second seul a l'honneur d'être caractérisé en détail par Cicéron, qui loue son éloquence, la vigueur et l'abondance de son style, auquel, dit-il, a manqué la dernière main ; enfin, parmi beaucoup de noms secondaires, les deux glorieux précurseurs de Cicéron, Crassus et Antoine, le premier plein d'abondance, de force, de sel, concis et orné tout ensemble, pathétique et sublime, écrivain distingué, le plus parfait de tous les orateurs, au jugement de Cicéron, qui se plaît, dans ses *Dialogues*, à le substituer à sa propre place, et à le prendre pour interprète de ses opinions et de ses principes ; le second, improvisateur admirable, inférieur pour la langue, incomparable dans l'action oratoire, qui était contagieuse sur une si grande partie de l'éloquence sur le vaste théâtre du Forum et avec la vivacité des impressions populaires. Tous deux malheureusement ne sont connus que par les belles analyses de Cicéron et les allusions perpétuelles qu'il fait à leurs discours ; car ceux de Crassus sont perdus, et Antoine n'écrivait pas les siens, pour éviter la responsabilité gênante des contradictions si ordinaires dans la profession d'avocat. Crassus mourut à la veille des guerres civiles ; Antoine fut une des plus déplorables victimes de Marius ; c'est dire que le siècle de Cicéron était commencé.

Un autre genre de la prose, qui convenait également à l'esprit positif et à la gravité des Romains, c'est l'histoire ; et cependant, de Caton à Salluste, elle présente peu d'intérêt. On en a vu plus haut les sources et la forme première, dans les *Annales des Pontifes*. Il n'est pas sûr que Fabius Pictor, le premier, historien dont le nom se soit conservé, ait écrit en latin ; et il est certain que Cincius Alimentus écrivit en grec l'histoire de Rome jusqu'à son époque, fait assez singulier, qui se reproduit chez le fils du premier Africain et chez beaucoup d'autres. Les *Origines* de *Caton*, que nous n'avons pas, étaient au moins une histoire latine, d'autant plus précieuse qu'elle contenait les origines de toutes les villes d'Italie. De nombreux historiens, à peu près inconnus, se livrèrent après lui à ce genre de composition, depuis Calpurnius Pison « l'homme de bien » (*frugi*), jusqu'à Lutatius Catulus, le collègue et la victime de Marius. Les hommes célèbres commençaient aussi à écrire leurs Mémoires, pour se reposer de la vie et des fonctions publiques, et donnaient un exemple qui fut suivi pendant toute la durée de l'Empire. Mais ici encore, nous ne rencontrons guère que des regrets et des pertes irréparables, Mémoires de Sylla, Mémoires de Cicéron, Mémoires de la seconde Agrippine, Mémoires d'Adrien. Les *Commentaires* de *César* nous apprennent comment les Romains parlaient d'eux-mêmes et de leurs actions.

Première période : deuxième époque. 2° Siècle de Cicéron et de César jusqu'au règne d'Auguste. — Le rhéteur Apollonius Molon disait à un jeune homme qui écoutait ses leçons à Rhodes : « Je te loue et t'admire ; mais je plains le sort de la Grèce, en voyant que la seule supériorité qui nous reste, celle du savoir et de l'éloquence, va par toi passer du côté des Romains. » Ce jeune homme était Cicéron, qui, après une victoire sur Hortensius et une cause gagnée malgré Sylla, parcourait la Grèce et l'Asie pour compléter son éducation : il avait alors vingt-huit ans, et César en avait vingt-deux. Nous n'avons pas à raconter sa vie ; à peine même pouvons-nous esquisser les plus grands traits de cette histoire de son génie, qui est celle de l'éloquence et de la philosophie romaines. Compatriote de Marius, il n'appartenait pas à ces familles patriciennes où les jeunes gens s'élevaient au milieu des affaires, et se formaient, presque à leur insu, par l'habitude des conversations politiques. Il n'aborda la tribune qu'à près de quarante ans, et ses discours politiques datent de son consulat, qu'il obtint peu de temps après (l'an 690 de Rome, 63 av. J.-C.). Mais il avait déjà plaidé, parmi bien d'autres causes, le grand procès contre Verrès, où il revendiquait hardiment sa qualité d'homme nouveau, comme un titre à la faveur populaire, et traçait, dans les pages immortelles des *Verrines*, ces peintures tour à tour plaisantes ou pathétiques des rapines et des cruautés d'un préteur. Le discours *pour la loi Manilia* n'était encore qu'une sorte de harangue d'apparat, à la louange de Pompée, plus harmonieuse ou du moins plus intéressante que les panégyriques d'Isocrate. Le consulat lui fournit l'occasion des quatre discours *sur la loi agraire*, où il tourna si habilement les volontés du peuple contre elles-mêmes, et des *Catilinaires*, qui sont demeurées, avec les *Philippiques* de Démosthène, le type presque proverbial de l'éloquence agressive et militante. Bientôt, en plaidant *pour le poëte Archias*, il donne un modèle exquis du genre *démonstratif*, où il excellait. Exilé par l'influence de Clodius, et ramené à Rome sur les bras de l'Italie tout entière, il marque un nouveau point de sa carrière d'avocat par la célèbre *Milonienne ;* un autre par la *défense de Ligarius*, sous la dictature de César, et atteint, dans le remerciement *pour le rappel de Marcellus*, la perfection de l'éloquence tempérée. Rappelé à la tribune par les guerres civiles, il prononce ou publie quatorze *Philippiques* contre Antoine, et paye de sa tête son dévouement à la liberté expirante et sa haine contre le triumvirat. — Cette grande vie avait encore été occupée de compositions poétiques estimées, telles que le poëme de *Marius* et la traduction des *Phénomènes* d'Aratus ; d'une immense *Correspondance*, dont nous n'avons que la moindre *partie*, environ neuf cents lettres, infiniment précieuses pour l'histoire politique et intérieur de la société d'alors. On y fait connaissance avec des hommes supérieurs, le spirituel et prudent Atticus, Caton d'Utique, Brutus, le vif et mordant Célius, Q. Cicéron, le frère de l'orateur ; plusieurs de leurs lettres se soutiennent dignement à côté de celles de Cicéron. Enfin, l'illustre consulaire, l'avocat par excellence, avait encore trouvé le temps d'écrire quantité d'ouvrages de rhétorique et de philosophie, dont un seul suffit à son immortalité. Citons, parmi les premiers, les trois Dialogues, *De l'Orateur*, le *Brutus* ou *Dialogue sur les orateurs célèbres*, et l'*Orateur*, et disons en un mot que Cicéron

apporta, dans la critique et l'histoire de l'art qui faisait sa gloire, une éloquence peut-être égale à celle de ses plus beaux discours ; c'étaient en quelque sorte les confidences de l'âme et du génie. — Amoureux de la gloire pour sa patrie autant que pour lui-même, Cicéron veut lui donner une philosophie, et enlever à la Grèce le monopole de cette science. Les philosophes enseignaient depuis longtemps à Rome, cachés sous le nom de rhéteurs, méprisés comme Grecs, mal vus depuis Carnéade, qui avait payé du bannissement sa popularité de mauvais aloi. Et cependant, épicuriens et stoïciens, avec leur philosophie positive et pratique, avaient trouvé des partisans : le stoïcisme avait même fait des disciples parmi les Scipions. Nous retrouverons Épicure chez les poëtes, dans les vers de Lucrèce. Cicéron, stoïcien tempéré en morale, admirateur de Platon et élève de la nouvelle Académie, consacra à ces grandes doctrines les loisirs que lui avaient faits les révolutions, et, dans la *République*, les *Lois*, les *Tusculanes*, la *Nature des dieux*, les *Devoirs*, les traités de l'*Amitié* et de la *Vieillesse*, il enseigna aux Romains la seule science qui pût un jour consoler les âmes élevées de la liberté perdue. Lui-même avait dû à ces nobles efforts le plus précieux délassement des chagrins politiques et un rang des plus élevés, sinon parmi les inventeurs, au moins parmi les écrivains philosophiques, dernier trait d'une vie si complète, qu'avait remplie tout entière la double passion des lettres et de la gloire.

Si le nom de Cicéron est, comme le dit Quintilien, le nom même de l'éloquence, l'histoire du genre se réduit singulièrement après lui. Hortensius, qui l'avait précédé dans la carrière, et mourut sept ans avant lui, n'a laissé qu'une grande réputation, éclipsée d'ailleurs dans la seconde moitié de sa vie, et un de ces nombreux exemples du talent qui se survit à lui-même. Son heureux rival, qui le font connaître dans le *Brutus*, caractérise en lui une des écoles oratoires de son temps. Rome avait vu déjà des orateurs *antiques*, par goût d'archaïsme ; des orateurs *stoïciens*, c.-à-d. logiciens vigoureux, et trop secs pour être populaires : Caton d'Utique en était un ; des *épicuriens*, peu élégants, mais très-habiles à discuter nettement les intérêts positifs. A ces diverses catégories, il faut ajouter les deux grandes écoles *asiatique* et *attique*, l'une abondante jusqu'à la diffusion, et souvent déclamatoire : Hortensius en était le représentant le plus accrédité ; l'autre, élégante et pure dans l'expression, mais sèche, froide, maussade par système, outrant la simplicité de Lysias, et accusant Démosthène d'affectation ; le stoïcien Brutus n'était pas éloigné de comprendre ainsi l'atticisme. Mais ces différentes écoles, à l'avénement d'Auguste, allaient inévitablement s'éteindre dans le silence qu'imposait le nouveau régime. L'éloquence, bannie de la vie publique, était condamnée à s'altérer et à se corrompre dans l'ombre des écoles, au stérile exercice des *déclamations*.

Pendant que l'éloquence politique et judiciaire jetait un si grand éclat, l'histoire s'élevait aux qualités littéraires qui devaient en faire prochainement un dédommagement de la tribune muette. On a vu qu'elle avait été préparée à Rome par une étude grave et approfondie ; seulement, elle s'attachait au point de vue romain, et s'occupait uniquement des guerres et de la politique romaines ; encore celle-ci lui échappait-elle souvent ; les historiens ne regardaient guère que l'extérieur des affaires au Forum, et n'étudiaient pas ces grandes traditions du Sénat dont Bossuet et Montesquieu ont si éloquemment expliqué le secret. Nous pouvons croire le progrès littéraire accompli dans l'histoire, au moins en partie, vers le temps de Cicéron, malgré ses plaintes sur l'insuffisance des auteurs. Ne faut-il pas supposer une certaine valeur à Cornélius Sisenna, à Cœlius et à bien d'autres, parmi lesquels Luccéius, auquel est adressée la fameuse lettre de Cicéron sur son consulat ? Tous les genres historiques existaient, histoire religieuse et politique, mémoires, biographie ; enfin, trois écrivains supérieurs en donnèrent les modèles ; — Salluste, moins original qu'imitateur, car son goût affecté pour l'archaïsme n'est tout au plus qu'une singularité, a tout à fait le caractère romain ; il ne voit les choses qu'au point de vue national. La vie publique était tout alors ; aussi ne trouve-t-on chez lui que les choses de la vie publique ; par exemple, les événements politiques et militaires de la guerre de Jugurtha, qui intéressaient le Forum, la topographie des combats, mais presque rien sur les mœurs et la géographie d'un pays si curieux, qu'il avait cependant gouverné. Il ne fait pas comprendre l'influence, ni connaître la politique de

Catilina; il accueille facilement toutes les imputations odieuses qui plaisent à ses préventions d'homme de parti. Mais il se montre grand écrivain : ses portraits, empruntés au genre oratoire, sont traités supérieurement; son style est plein, rapide, concis, avec quelque gêne et quelque obscurité; enfin, il a porté dans l'histoire deux qualités de premier ordre, l'intelligence politique et le talent littéraire. — César, grand écrivain, grand orateur, poëte élégant, ami des lettres et des arts, a trouvé, dans cette vie si pleine et si agitée, le temps d'écrire beaucoup : des harangues, des lettres, des vers, des traductions, un traité de grammaire, un libelle contre Caton, titre fâcheux à la renommée; les *Commentaires sur la guerre des Gaules et la guerre civile*, écrits, a-t-on dit justement, avec le même esprit qui les avait conduites. Netteté, précision, simplicité, absence de toute préoccupation personnelle, élégance et pureté de style hautement louées par le meilleur juge du temps, c.-à-d. par Cicéron, toutes ces qualités font admirer César comme « un excellent maître pour faire de grandes choses et pour les écrire » (Bossuet, *Lettre au pape Innocent XI sur l'éducation du Dauphin*). — Salluste avait écrit l'histoire générale de son temps, César ses Mémoires, Cornélius Népos composa des biographies. Un copiste nous a rendu le fâcheux service de les abréger presque toutes; au moins savons-nous que Cornélius avait porté la pureté et l'élégance de César. Tous deux pourraient former comme une école attique parmi les historiens latins; il était réservé à Tite-Live de réaliser la manière dont Cicéron avait conçu l'histoire dans son traité *des Lois*.

Reste, pour compléter le tableau de la prose au temps de César et de Cicéron, un genre bien secondaire, mais qui doit s'introduire de plus en plus dans les goûts et les habitudes des Romains, comme dans toute littérature, à mesure que s'useront, dans les genres supérieurs, l'inspiration et l'originalité; nous voulons parler des grammairiens. C'était le nom que les Anciens donnaient aux commentateurs, aux critiques, aux gens de lettres. Leurs études, introduites de bonne heure à Rome, plaisaient aux meilleurs esprits et aux plus grands personnages; César écrivit un traité sur l'*Analogie*, et l'on sait que Tibère et Claude se mêlaient de régler le langage. Un homme très-savant, que Cicéron appela « le plus grand des polygraphes, » admirable d'activité et de patience, Varron, se distingua dans ce genre. Nous avons déjà rencontré son nom parmi les écrivains de *la vie rustique*. Ses *Satires Ménippées* furent probablement un mélange de philosophie, d'observation de mœurs, et de plaisanteries; son traité *de la Langue latine*, plus utile que facile à lire, à cause de la pesanteur du style et de la bizarrerie des expressions, ouvre pour la grammaire une époque de prospérité éclatante.

Poésie. — L'histoire de la poésie latine ne se borne pas, heureusement pour nous, aux essais de Cicéron et de César, assez grands tous deux pour se passer de la gloire des vers. Ces divines régions de l'imagination et de l'idéal, où les Grecs dominaient en maîtres, n'étaient plus fermées au génie romain. Déjà, « depuis les guerres puniques il avait cherché à quoi pouvaient servir Thespis, Eschyle et Sophocle. » L'épopée et la poésie didactique, c.-à-d. l'histoire et la science en vers, ne devaient pas trouver moins de faveur. Le vieil Ennius est encore le père de la poésie didactique chez les Romains. Cependant, elle semble languir après lui. Rome, au fond, n'encourageait guère que ce qui se rattachait à la vie politique, l'épopée qui célébrait ses triomphes, le théâtre qui l'amusait, et, d'ailleurs, offrait un puissant moyen de candidature, la satire, qui était en quelque sorte œuvre de censeur. Pour mettre en lumière ce genre didactique où les Grecs avaient si bien réussi, il fallait un homme de génie, Lucrèce, contemporain de Sylla, mort par un suicide le jour peut-être de la naissance de Virgile. Encore fut-il peu lu, peu goûté de ses contemporains. Cicéron lui trouvait beaucoup d'art, un génie médiocre; mais l'admiration d'Ovide et de Virgile a vengé de cette injustice. Physicien et naturaliste comme on pouvait l'être de son temps, philosophe matérialiste, sinon athée, parce qu'il soutient le système d'Épicure, il est poëte, et poëte de premier ordre, par le sentiment admirable des grandes choses, de la science, de l'humanité et de ses misères, par la peinture immortelle des sociétés et des révolutions. Il a le style didactique serré jusqu'à la roideur et la sécheresse, mais d'une excellente précision, le style descriptif et le style oratoire poétiques et sublimes au plus haut degré. Il est original par la conviction, par l'impression de son caractère personnel, si fortement

marquée dans son poëme; pour le reste, il est Grec; il aime Athènes de passion; il chante la paix et invoque Vénus au milieu d'hommes qui adoraient le dieu Mars, et lui offraient les affreuses hécatombes des guerres civiles. Atteint peut-être de folie, il a laissé un poëme inachevé, et une langue philosophique, œuvre laborieuse et forte, qui suffit à l'expression du sublime, mais n'est pas encore assouplie jusqu'à l'intérêt et à la grâce aux détails arides et techniques, dernier terme de l'art où Virgile excellera. La poésie didactique, la poésie légère, l'épigramme florissaient à l'époque de Lucrèce, avec Hortensius, Cicéron, César, Calvus, Varron d'Atax; les personnages illustres formés par les grammairiens se divertissaient à ce genre d'exercice: mais Catulle est le seul qui soit parvenu à la postérité et qui ait mérité la gloire. Spirituel et brillant, facile et gracieux dans sa poésie comme dans sa conduite, il a surtout le sentiment exquis d'un artiste, dans la poésie érotique ainsi que dans l'épigramme. Il essaye de la poésie lyrique, adresse à César de mordantes épigrammes, porte dans l'élégie plus d'esprit que de sentiment; il est peintre par excellence, dans des vers pleins d'élégance et de précision, de laisser-aller et d'harmonie. — Catulle et Lucrèce, César et Cicéron nous ont conduits jusqu'au second triumvirat, et à l'établissement du pouvoir monarchique, où s'arrête la première période de l'histoire de la littérature latine. A ce moment nous voyons l'éloquence, arrivée à la perfection, et condamnée fatalement à la décadence; la philosophie, développée par Cicéron, et appelée à exercer une puissante influence sur quelques âmes d'élite; l'histoire, élevée, grâce à lui, au rang de composition littéraire; la poésie, enfin, œuvre d'art plutôt que d'inspiration, mais préparée aux matières sérieuses et sublimes aussi bien qu'aux sujets légers, et à la veille d'enfanter des chefs-d'œuvre.

Deuxième période : Littérature latine avant et après les Antonins; caractères généraux. — L'établissement du pouvoir monarchique vient transformer la vie des Romains, et les enlever à la politique. La littérature cesse de se rapporter tout entière à l'éloquence, et d'être, pour les citoyens considérables, un délassement des charges et des fonctions publiques; elle est plus estimée, parce que les loisirs se multiplient. Cicéron ne se croirait plus obligé de s'excuser du temps qu'il donne à la poésie; les vers ont profité de tout ce qu'a perdu l'éloquence. A quoi, du reste, serviraient les harangues? Il n'y a plus de tribune, plus de comices; le barreau même déchoit, il est banni du Forum, et les causes importantes sont devenues plus rares. Toutefois, les habitudes oratoires se retrouvent dans l'histoire, l'épopée, la satire. Sous le règne de Tibère, la parole est aux délateurs; le Sénat n'entend que leur éloquence *toute de lucre et de sang*, comme l'appelle Tacite; l'histoire elle-même se tait. On la verra renaître, en même temps qu'un fantôme d'éloquence, sous Nerva et Trajan. Mais alors la déclamation et la mauvaise rhétorique ont envahi les écoles; et elles se sont emparées de la poésie, qu'elles dénaturent en la réduisant aux succès frivoles des lectures publiques : on ne rencontre partout que rhéteurs et grammairiens. Quant à la philosophie, comme la réflexion et la vie personnelle ont remplacé l'action et la vie publique, l'Empire fait des moralistes, tandis que la République, avant Cicéron, n'avait connu d'autre philosophie que le Droit. L'Épicuréisme est la doctrine du grand nombre, le Stoïcisme celle des caractères d'élite qui cherchent dans sa morale énergique un soutien et une consolation. Enfin les sciences, faute d'observations bien faites et d'applications industrielles, tournent aisément à la déclamation, par exemple chez Sénèque et chez Pline. — Il n'y a point là d'ailleurs d'invention originale; les Grecs avaient précédé les Romains dans tous ces différents genres; c'est pourquoi la littérature se fatigue et s'épuise de jour en jour. Au commencement de cette période, dans la ferveur des illusions causées par l'avénement d'Auguste et la satisfaction d'une paix d'autant plus ardemment désirée qu'elle avait été payée cher, l'inspiration produisit des chefs-d'œuvre. Les idées d'ordre et de grandeur régulière et pacifique, mêlées aux restes de l'ancienne indépendance, la fierté romaine, la foi aux destinées de l'Empire, et, d'autre part, l'imitation habile et originale des Grecs, l'érudition des grammairiens, et le solide bon sens du prince et de ses amis, qui empêchaient la politesse et l'élégance de tourner à l'affectation, furent les caractères du siècle d'Auguste et les causes de sa splendeur. Mais lorsque Tibère eut inauguré le despotisme inquiet, sanguinaire et dépravé, d'où devaient sortir les guerres civiles, la vie intellectuelle et morale se réduisaient aux doctrines d'Épicure et de Zénon, l'une enseignant l'indifférence, l'autre faussant l'esprit par ses exagérations. Le naturel était rare et sans vigueur; l'intérêt provoquait la flatterie et les bassesses. Nerva et ses successeurs ramenèrent pour un temps, dans les affaires et dans les idées, une vérité, une liberté dont on avait perdu l'habitude. Dans ce retour à la source unique du beau, la littérature latine retrouva, comme l'Empire, une prospérité passagère; il se forma des historiens, des satiriques, des moralistes, des littérateurs. Mais cet éclat n'était pas durable. Il s'éteignit avec les vertus des princes, et la dernière période des lettres latines reproduisit avec une fatale et déplorable fidélité la décadence et la décrépitude du monde romain.

Siècle d'Auguste : Poésie. — Les noms de Virgile et d'Horace n'ont pas besoin d'une longue histoire. Le premier appartient à la famille des génies privilégiés qui ont réalisé dans les arts l'idéal de la beauté toujours égale, toujours pure et irréprochable; c'est la famille de Racine, de Raphaël et de Mozart. Original par l'élévation sublime de son génie et l'exquise sensibilité de son âme, il est imitateur, comme tous les Romains, dans le choix des sujets et même dans les détails. Il emprunte à Théocrite le genre pastoral, et, malgré la grâce mélodieuse des *Bucoliques*, n'arrive pas à la vérité dramatique et saisissante de son modèle. Le fond des *Géorgiques* était à tout le monde, depuis Hésiode; mais c'était un fond tout romain, où Virgile porta l'amour de la campagne, des antiques vertus, de la paix et de la grandeur nationale, exprimé avec une perfection de langage et de poésie que sans lui les Romains n'eussent peut-être jamais connue. Peintre incomparable de la nature et de la réalité, il avait élevé la poésie didactique (*V. ce mot*) à un degré de perfection désespérante, et consacra, dans l'*Énéide*, la maturité de son génie aux origines de Rome, de sa religion et de sa gloire. Il y montra Auguste derrière Énée, et les splendeurs de la ville éternelle derrière l'humble royaume d'Évandre, avec une admiration sincère pour le génie qui fonde et pacifie, et sans idolâtrie du succès et de la puissance. Il mourut sans avoir achevé son œuvre, sans avoir atteint à la sublimité d'Homère, mais en laissant derrière lui tous les imitateurs de l'avenir, condamnés à le reconnaître, comme le Dante, pour *leur guide, leur seigneur et leur maître.* « Aussi, dit un homme de goût qui aime Virgile comme on doit l'aimer, aux époques si tristes du moyen âge est-il révéré comme un saint; il est un oracle qui, dans les *sortes Virgilianæ*, survit au paganisme. Ces pauvres habitants de l'Italie étaient encore émus aux accents de cette voix divine : ils retrouvaient dans quelques-unes de ses églogues le tableau de leur misère présente, et dans son poème national le sentiment de leur grandeur passée. » (*Notes sur la versification et la composition latines,* par M. Chardin, Paris, 1861.)

Horace, son ami, et peut-être son égal dans un autre genre, présente une physionomie à part, et l'une des plus originales de la littérature latine. Promptement désabusé de la politique, où son rôle n'avait pas été brillant, il avait obtenu par son talent, et surtout grâce aux bons offices de Varius et de Virgile, l'amitié de Mécène et d'Auguste. Il fut toute sa vie épicurien, ami de son indépendance et grand poète. Il commence par les *Satires*, œuvre de bon sens, de bonhomie piquante, de raillerie sans méchanceté, véritables *conversations* morales dont les stoïciens font quelquefois les frais. Dans les *Odes*, il revient à l'imitation des lyriques grecs; il emploie leurs formes et leur métrique avec une facilité et une élégance merveilleuses. Sa vraie inspiration, c'est la grandeur de Rome et d'Auguste, ou bien la fragilité des plaisirs; hors de là, c'est un artiste excellent qui applique aux détails du style la studieuse et brillante flexibilité de son génie. Enfin les *Épîtres* le ramènent au genre didactique : il y raconte sa vie et son caractère, les mœurs et les idées de son temps, sans prétendre aux grands effets, mais avec une raison et une finesse inimitables. La dernière, adressée aux Pisons, est demeurée pour le fond, sinon pour l'ordre et la méthode, le type de toutes les Poétiques modernes, et, sans quitter le caractère familier de la causerie, le manuel du bon sens, du goût, et de l'art d'écrire en vers, surtout pour le théâtre. N'oublions pas non plus, dans les titres d'Horace, celui de maître et de modèle de Boileau.

La gloire des poètes *élégiaques*, sans être du même ordre, est une des richesses du siècle d'Auguste. Déjà facile, précise et brillante dans les vers de Catulle, l'élégie convenait aux mœurs comme au goût littéraire

de l'Empire. Gallus, mieux connu par la belle églogue de Virgile que par des pièces apocryphes; Tibulle, écrivain gracieux, ami de la paresse, épicurien dont la sensibilité féminine ne ressemble guère au sang-froid philosophique d'Horace, et nous montre où l'esprit romain s'abaissait par la haine de la guerre et le goût des plaisirs; Properce, imitateur de Callimaque et de Philétas, moins naturel et moins passionné que Tibulle, mais plus nerveux, et quelquefois même élevé et noble, vécurent pendant la première moitié du règne d'Auguste, et moururent jeunes. Ovide, pour son malheur, prolongea jusque sous Tibère une vie empoisonnée par la disgrâce; mais il appartenait à la grande époque, à l'*âge d'or de la littérature latine*, comme on l'appelle quelquefois; il en est, sinon par la sûreté d'un goût irréprochable, au moins par l'élégance et la pureté de la langue, la facilité et l'agrément du style. Son tort le plus grave, aux yeux de la critique, est d'avoir eu trop d'esprit. Au point de vue de la morale, il est bien plus coupable; mais tous les élégiaques et tous les poètes latins, sauf Virgile et Lucain, méritent les mêmes reproches, et de plus graves encore; c'était la faute de la civilisation, des mœurs et du temps. Ovide, ingénieux et léger dans la poésie érotique, peu digne dans les *Tristes*, inégal, mais intéressant dans les *Fastes*, qui sont encore une imitation de Callimaque, mérite vraiment le titre d'écrivain supérieur dans les *Métamorphoses*, où la variété infinie des sujets lui fournissait tour à tour des descriptions brillantes, des analyses délicates, des peintures gracieuses et même touchantes : son poème est l'histoire de la mythologie grecque et latine, le cycle des dieux et des héros. Compromis dans une obscure intrigue de palais, Ovide avait brûlé son ouvrage avant de quitter Rome; heureusement pour le poète et pour les lettrés, ses amis en avaient gardé copie. De sa tragédie de *Médée*, il ne reste qu'un souvenir. Jusqu'à Phèdre et Lucain, la poésie n'offre guère que des noms : celui de Pollion, loué d'Horace pour son talent épique; celui de Varius, dont le *Thyeste* partageait l'admiration du public avec la *Médée* d'Ovide. Si la tragédie fut alors le travail de prédilection, le délassement préféré des gens d'esprit, comme on peut le conclure de l'épître d'Horace sur l'*Art poétique*, elle n'a pas laissé de monuments. — Les poèmes de Gratius Faliscus sur la *Chasse*, de Manilius sur l'*Astronomie*, méritent peu d'attention après Virgile, Horace, et même Ovide; le génie poétique des Romains semble fatigué de sa gloire : il se repose ou se tait.

Prose, Histoire. — L'esprit politique et l'éloquence s'étaient retirés dans l'histoire. Là se trouvait le refuge naturel des citoyens élevés pour la carrière oratoire, à qui la monarchie avait fait des loisirs, en leur laissant d'ailleurs la connaissance des affaires publiques, au moins dans le passé, et même quelques restes de liberté. Tacite fait dater de la bataille d'Actium le silence des hommes de génie; il serait plus juste de le reporter au règne de Tibère; Auguste avait voulu amortir plus encore qu'étouffer le vieil esprit républicain, et appelait Tite-Live un *Pompéien*. Lui-même avait laissé des *Mémoires;* son lieutenant et son ministre avaient écrit l'histoire de leur temps; les biographies, les compositions historiques abondaient. De tous ces livres, il ne reste, à proprement parler, que l'ouvrage mutilé mais admirable de Tite-Live. Trop orateur et trop poète pour nos goûts et nos idées modernes, il donne trop sans doute à l'imagination, au goût de l'éloquence, à la passion de la gloire nationale; quand il trouve un guide sûr comme Polybe, il ne lui est pas toujours fidèle : mais il a tant de vérité dramatique et morale, tant de chaleur et de vie, il parle une langue si belle, que nous n'avons pas le courage de lui reprocher ses défauts. Sommes-nous donc si à plaindre d'avoir à le rapprocher d'Hérodote, comme a fait Quintilien, et peut-être même d'Homère et de Virgile? « On voudrait croire, dit un excellent juge, que Virgile et Tite-Live se sont connus et aimés, que, dans ce palais d'Auguste qui leur était si hospitalier, ils se sont entretenus de Rome, de sa gloire passée, de ses grands hommes, et que, sans médire d'Auguste, ils se sont quelquefois attendris pour Pompée et exaltés pour Caton. » (M. D. Nisard, *Étude sur Tite-Live.*)

Après Tite-Live, il faut citer Trogue Pompée pour l'estime qu'en faisaient les Romains, car nous n'avons que l'abrégé de son histoire, fait par Justin; il y racontait le plus grand empire avant l'Empire romain, celui d'Alexandre, jusqu'à la conquête de la Macédoine, et gardait, comme tous ses prédécesseurs, la religion de la grandeur romaine.

Eloquence, Déclamation, Grammaire. — C'est un fait remarquable que l'Empire ait frappé de mort l'éloquence latine, malgré toutes les raisons secondaires de succès et de popularité qui subsistaient toujours. Le genre oratoire était en honneur; il faisait le fond de l'éducation libérale; il avait les mêmes encouragements, menait à la gloire et à la richesse, multipliait les rhéteurs et les écoliers, mais restait frappé d'impuissance, parce que l'orateur ne parlait plus au peuple, qu'il trouvait, au Sénat, les décisions prises dans le conseil du prince, et, au barreau, la crainte des délateurs, de leur brutale énergie et de leurs armes redoutables. Réduite à l'ombre des écoles, l'intelligence s'épuisait dans le déplorable jeu des causes romanesques et imaginaires, combinait des extravagances, pour avoir le plaisir de soutenir le pour et le contre, et faisait grand bruit des modèles qu'elle imitait mal ou qu'elle attaquait. Le père de Sénèque, qui avait pu entendre Cicéron, et qui publia ses *Souvenirs* sous Tibère, nous a laissé un recueil curieux de ces tristes compositions, où l'on ne rencontre que pirates, parricides, tyrannicides, inventions impossibles ou absurdes. — Les grammairiens valaient mieux, sans que les noms d'Hygin ou de Verrius Flaccus soient bien intéressants, et les arts produisaient au moins un livre utile, sinon élégamment écrit, celui de Vitruve sur l'*Architecture*.

Siècle de Tibère. Philosophie. — L'héritage de l'éloquence devait passer de l'histoire à la philosophie. Après les dernières et sombres années d'Auguste, le défaut absolu de liberté sous Tibère arrête et réduit au silence quiconque n'exalte pas les idées du jour par dévouement ou par flatterie. L'esprit revient alors sur lui-même, il a besoin de savoir les moyens de se conduire sous un régime de délation et de tyrannie; on étudie le devoir et les conciliations du devoir avec les ménagements obligés. Peu de métaphysique, beaucoup de morale, une grandeur véritable et quelquefois sublime dans l'application des préceptes, tels sont les caractères de la philosophie sous l'Empire. Elle ne compte pas beaucoup d'écrivains : Quintilien donne peu de noms après Cicéron. On rencontre parmi les philosophes quelques délateurs, et un grand nombre de maîtres grecs, à demi grammairiens, car la philosophie se rapproche de la philologie. Ces maîtres habitent souvent les grandes maisons : on en voit un, sous Caligula, accompagner Canus Julius à la mort, comme une sorte de confesseur. La foule les harcèle et les tourne en ridicule, et le pouvoir ne les aime pas; les empereurs les persécutent souvent, jusqu'au jour où Domitien chasse de Rome les *professeurs de la sagesse*, suivant l'expression de Tacite. Cependant, les grands noms et les grands caractères se rattachent tous plus ou moins étroitement à la philosophie. — Sénèque, aussi célèbre des fortunes de cour, de l'abus de l'esprit, et des inconséquences de caractère, partage avec Cicéron le premier rang parmi les philosophes romains. L'*Apocolokyntose*, espèce de Ménippée dont Claude est le triste héros, ne fait pas honneur à la dignité du précepteur de Néron; mais les traités de morale *Sur la Colère, la Clémence, les Bienfaits*, etc., suffiraient à lui assurer un rang très-honorable dans la littérature latine, et ses *Lettres à Lucilius*, par la grandeur des idées et la pureté toute nouvelle de la morale, ont mérité au philosophe l'honneur d'être considéré comme un précurseur du christianisme. N'oublions pas les *Questions naturelles*, ouvrage de philosophie plus que de science, où l'on trouve peu de physique générale et beaucoup de détails et d'anecdotes. Homme d'esprit et de cour, Sénèque était parfaitement placé pour l'observation et l'analyse; c'est un de ses grands mérites. Sa doctrine est élevée; mais la subtilité, l'exagération, les habitudes de rhéteur en atténuent l'effet. L'application des idées morales à la vie publique lui inspire des pages touchantes, sur les esclaves, par exemple. Son style, coupé, spirituel, semé de traits piquants et d'antithèses que l'auteur multiplie à plaisir, a été sévèrement jugé par Rollin et bien d'autres critiques; et, en effet, il a pu contribuer à la corruption du goût; mais il ne faut pas oublier que cette altération n'est pas l'ouvrage de Sénèque; elle avait commencé avant lui; et, pour être populaire, il se trouvait forcé d'être de son temps. — Il est moins excusable d'avoir suivi la mode dans les tragédies qui portent son nom, et que l'on est très-fondé à lui attribuer (la dixième, *Octavie*, est l'œuvre d'un imitateur inconnu). Ces tragédies n'ont pas la forme du drame; ce sont des déclamations dialoguées, pleines d'antithèses et de descriptions érudites et prétentieuses, où des Stoïciens, suivant la remarque de M. Nisard, discutent par aphorismes avec toute l'enflure et l'affectation des plus mauvais jours de la décadence. N'oublions pas cependant que Racine a fait des emprunts à l'*Hippolyte*, et qu'il n'en a rien dit.

Sciences. — Le nom de Sénèque appartient à la science comme à la poésie, par des œuvres secondaires. On a vu, depuis Cicéron jusqu'à Vitruve, ce que pouvaient être les sciences spéculatives et appliquées chez un peuple dédaigneux de la science proprement dite, qui confondait l'astronomie et l'astrologie, et avait pris, dans l'origine, les médecins pour des bourreaux. La guerre lui convenait mieux, et plusieurs hommes du métier en avaient écrit; le plus important des traités de ce genre est celui des *Stratagèmes* de Frontin, qui appartient à l'époque de Tacite et de Trajan. La médecine, pratiquée par Caton pour les bestiaux plus que pour les hommes, et longtemps abandonnée aux Grecs, offrit enfin un nom latin considérable, celui de Celse le Gaulois, philosophe et polygraphe du temps de Claude, qui écrivait avec pureté et élégance. Nous avons parlé déjà de Columelle et de sa *Vie rustique*. Mais le grand nom de la science chez les Romains est celui de Pline l'Ancien, cet homme d'une érudition et d'une activité prodigieuses, qui avait écrit sur tous les sujets, y compris le *maniement de la javeline*, avait rempli de grandes fonctions, trouvé le temps de faire, outre ses ouvrages, cent soixante volumes de notes et d'extraits, et mourut, comme un soldat au champ de bataille, en étudiant la grande éruption du Vésuve. Il reste, de cette vie si occupée, les trente-sept livres de l'*Histoire naturelle*. « Il avait, dit Buffon, cette facilité de penser en grand qui multiplie la science... Son ouvrage est, si l'on veut, une compilation de tout ce qui a été fait d'excellent et d'utile à savoir; mais cette copie a de si grands traits, cette compilation contient des choses rassemblées d'une manière si neuve, qu'elle est préférable à la plupart des ouvrages originaux qui traitent des mêmes matières. » Il faut cependant réduire ce bel éloge, et remarquer que Pline est un homme politique et actif, qu'il prend les faits sur parole, et qu'il manque souvent de critique et même de jugement. Cuvier, de même, a trop loué l'écrivain dans Pline; il aurait dû faire la part du mauvais goût et de l'obscurité prétentieuse où il se laisse aller fréquemment.

Poésie. — Tibère et Néron faisaient des vers, mais ce n'étaient pas eux qui pouvaient arrêter la décadence inévitable de la poésie latine. Le règne du premier compta plus de poètes que de prosateurs; toutefois, si l'épopée était en honneur, le genre lyrique et le genre didactique se mouraient lentement. Le premier vrai poète de ce temps écrit dans un genre nouveau : c'est le fabuliste Phèdre, affranchi d'Auguste, persécuté par Séjan, et mort probablement sous Claude. Dédaigné pendant sa vie, dépossédé de la propriété de ses fables jusqu'à nos jours, il n'en est pas moins, dans sa simplicité et sa concision élégante, l'un des meilleurs écrivains de son siècle, surtout dans les fables toutes romaines où l'allusion a remplacé l'imitation. — Le règne de Néron produisit un homme de grand talent, capable sans doute d'aller plus loin que le point où la mort l'arrêta, Lucain, qui rendit à l'épopée dégénérée une vie au moins passagère; malheureusement, les conditions du genre et du sujet n'étaient pas favorables, et la mode des lectures publiques avait mis en faveur universelle l'enflure, les antithèses, la recherche du trait, tous les moyens enfin d'enlever les applaudissements dans une séance à grand effet et à grand étalage. Lucain, stoïcien de cour et déclamateur, ami de Néron jusqu'aux persécutions littéraires du prince, n'apportait guère de conviction et de foi à ce terrible sujet des guerres civiles, qui d'ailleurs convenait mal à l'épopée (*V. ce mot*). Membre de la brillante famille des Annéus et neveu de Sénèque, Espagnol par le goût aussi bien que par la naissance, *plus orateur que poète* dans le génie et même dans le style, il exagère et fausse l'histoire, dont il ne peut pas se s'écarter, fait de Caton un caractère grandiose, mais force, de César une sorte de capitan dont la grandeur éclate encore, en dépit du poète; il ne connaît ni vertu ni grandeur en dehors de l'exagération stoïcienne : ses vers, vigoureux et quelquefois sublimes, fatiguent par la monotonie des procédés, et Fénelon pensait peut-être à lui quand il a dit : « Un auteur qui a trop d'esprit lasse et fatigue le mien... Il me tient trop tendu; la lecture de ses vers me devient une étude. » Et cependant Lucain, mort à vingt-six ans, avec l'orgueil du stoïcien et du poète, qui ne l'avait pas préservé d'une lâcheté odieuse et inutile, peut justifier le goût de l'auteur des *Essais*, « qui aime Lucain et le pratique volontiers, non pas tant pour son style que pour la valeur de ses opinions et jugements ». — Après lui, il faut citer Pétrone et son médiocre essai de *Guerre civile*; et, pour ne pas revenir à ce personnage peu honorable, qu'il soit ou non l'*arbitre du goût* dont parle Tacite, il faut mentionner immédiatement le *Satyricon*, mélange bizarre et mutilé de vers et de prose, espèce de roman où l'on trouve des pages piquantes, et surtout des récits immondes, avec quelques observations littéraires, empreintes du mauvais goût même que condamne l'auteur. — Ce sont des hommes d'un autre caractère, et d'un talent plus sérieux que Stace et Silius Italicus, les derniers poëtes épiques de Rome, avec Valérius Flaccus. Celui-ci, contemporain de Pline l'Ancien, n'a fait qu'amplifier, avec plus de prétention que d'esprit, les *Argonautiques* d'Apollonius de Rhodes. Stace et Silius étaient contemporains tous deux des Flaviens; le premier, très-populaire dans les lectures publiques, recherché, mais brillant et quelquefois même touchant dans la *Thébaïde*, curieux et spirituel dans les *Silves*, où il met élégamment en vers les événements du jour, *adorateur* de Virgile et *élève* d'Ovide, selon la remarque ingénieuse et solide de M. Nisard; le second, bien inférieur, érudit sérieux qui versifie l'histoire de la *Guerre Punique*, déclamateur qui prétend imiter Virgile, et ne laisse pas d'avoir quelques vers heureux. — Restent, pour terminer l'histoire de la poésie latine, la satire et l'épigramme; car nous ne tenons pas pour œuvre poétique la *Métrique* de Terentianus Maurus, qui n'est que de la grammaire ou de la prosodie versifiée. L'esprit satirique n'avait pas sommeillé sous l'Empire; la dépravation et la servitude n'avaient fait que l'animer, malgré les rigueurs du pouvoir. Il éclatait dans les pamphlets, les testaments, les libelles posthumes, comme les *adieux* de Pétrone à Néron; il perçait même dans les déclamations et dans la philosophie; on le retrouve dans Sénèque et dans Pline. Laissons de côté les *Imprécations* de Valérius Caton, ouvrage assez insignifiant et de caractère indécis, et parlons tout de suite de l'élève d'Horace, Perse le stoïcien, homme indépendant et honnête, écrivain pénible et obscur, mal préparé peut-être à la satire par une vie trop retirée, mais poëte original, énergique, remarquable surtout pour les idées, car il a contribué pour sa part à l'altération de la langue et du style. — Plaçons à côté de lui Sulpicia, pour ses vers estimables sur l'expulsion des philosophes par Domitien, sans oublier qu'elle avait composé des vers amoureux par milliers, et arrivons à Juvénal, qui est aussi supérieur à Perse par le génie qu'il en est loin par l'honnêteté. On peut adopter le jugement que Boileau a porté sur sa « mordante hyperbole et ses beautés sublimes. » « Son livre, dit l'éloquent historien des *Poëtes latins de la décadence*, est un admirable complément de celui de Tacite; c'est la chronique privée d'une époque dont Tacite a écrit l'histoire publique... Il semble que la langue latine ait fait un dernier effort pour se prêter au rude génie de son dernier poëte. » Est-il toujours de bonne foi dans ses invectives contre le vice? Des juges sérieux en ont douté pour de bonnes raisons; mais on a eu raison de leur répondre « qu'il n'aurait pas exprimé ces affreuses vérités avec tant d'éloquence, s'il ne les eût bien senties ». (Pierron, *Hist. de la Litt. rom.*) — L'épigramme, si populaire à Rome, mais cultivée jusqu'alors par des hommes qui écrivaient en d'autres genres, eut son poëte particulier dans Martial, Espagnol comme Sénèque et Lucain; car, depuis le siècle d'Auguste, les écrivains latins se recrutaient volontiers hors de l'Italie. Martial diffère de Catulle, en ce qu'il vise au trait final, devenu depuis une règle du genre. Facile, spirituel et fin, libre souvent jusqu'à l'extrême licence, il est encore de la bonne école pour le style et le langage, mais il en est le dernier poëte, et meurt à la fin du Ier siècle de l'ère chrétienne.

Éloquence avant les Antonins. — On a, dans cette histoire de la poésie, rencontré à chaque pas les rhéteurs, les déclamations, les lectures publiques; on en conclura facilement ce que pouvait être l'éloquence avec de tels maîtres et de tels objets. La rhétorique cependant revint aux grandes leçons de Cicéron grâce à Quintilien, Espagnol comme tant d'autres, et naturalisé Romain par le goût et le style. Son *Institution oratoire* prend l'enfant au berceau, et ne l'abandonne qu'après en avoir fait un orateur conforme à l'idéal ancien. Mais Quintilien, consciencieux et froid, n'était qu'un bon maître et un bon écrivain. Quand il aurait eu le génie de Cicéron, il eût été impuissant à remonter le cours de la décadence. Il n'avait, d'ailleurs, pour combattre les défauts séduisants de Sénèque, qu'une méthode solide et un style pur, correct et abondant qui n'était pas toujours exempt d'ennui. —

Un monument très-important de l'éloquence du temps est le *Dialogue des Orateurs*, faussement attribué à Quintilien et à Pline le Jeune, et probablement composé par Tacite dans sa jeunesse, comme l'indiquent les manuscrits. A quel autre écrivain attribuer ces magnifiques éloges de l'éloquence et de la poésie, ces discussions brillantes sur les Anciens et sur les Modernes, toutes ces belles idées rendues avec tant de raison et de chaleur, dans un style si latin et si beau? — Quintilien eut pour élève Pline le Jeune, à qui son fameux *Panégyrique de Trajan* fit une grande réputation oratoire, bien affaiblie aujourd'hui. Pourquoi Pline, en effet, réduisait-il les grandes qualités de l'empereur à des riens ingénieux, à des traits heureux qui n'étaient guère que des madrigaux pleins de grâce et d'esprit? Ces jolies qualités étaient mieux à leur place dans une Correspondance : aussi les *Lettres* de Pline sont-elles le titre le plus intéressant et le plus précieux de leur auteur, qui s'y montre honnête homme, honorablement occupé, trop vaniteux sans doute, mais toujours estimable et toujours spirituel. Il n'y a plus là d'éloquence; mais nous avons dit adieu depuis longtemps au grand style oratoire, dont le *Dialogue des Orateurs* est le dernier écho, et ce n'est pas dans le misérable recueil des *Panégyriques* imités de Pline qu'il faudrait aller le chercher

Histoire avant les Antonins. — Ce style se conservait encore dans l'histoire. Velléius Paterculus, officier de Tibère, et trop favorable à son ancien général, dont il ne vit pas du reste les années les plus odieuses, avait résumé l'histoire de son pays avec exactitude, netteté et intérêt; il avait du trait, de l'éloquence, et le style de la bonne époque. Valère Maxime, plus souvent cité que Velléius, mais bien inférieur pour le talent, et avili devant Tibère sans avoir les mêmes excuses, n'était au fond qu'un rhéteur, et faisait, sous le nom d'histoire, un recueil d'anecdotes et de morale en action, où il louait la cruauté et insultait les vaincus; il représente le plus mauvais esprit du règne de Tibère. Après ce redoutable prince, l'histoire, moins dangereuse, fut bien plus cultivée; mais elle ne nous présente guère que des noms ou des incertitudes. Où placer Quinte-Curce et Florus? Quinte-Curce semble un contemporain de Quintilien. Il a, dans son histoire d'Alexandre, la suite, la facilité, la poétique élégance de cette époque; il décrit et fait des romans à la manière des déclamateurs, il tient peu de compte de la critique, de la géographie, de la chronologie, et sacrifie à peu près tout à la rhétorique. Il revient à l'école de Tite-Live, mais par les petites choses, et n'a pas le génie du maître. Florus est encore un déclamateur, qui résume l'histoire du peuple romain, de son enfance à sa virilité, avec une vivacité brillante et poétique, qui se ressent de l'Espagne (peut-être était-il de la famille des Sénèques). Suétone, écrivain bien plus faible, mais d'une grande autorité historique, « a écrit, dit St Jérôme, la vie des douze Césars avec une liberté égale à celle de leur vie. » C'est Tacite, son contemporain, qui est un des maîtres du genre par la profondeur de son génie et l'admirable énergie de son style. Salluste avait écrit l'histoire en politique, Tite-Live en Romain passionné pour la gloire nationale, Quinte-Curce en romancier; Tacite l'écrit en moraliste. Passionné peut-être, quoiqu'il s'en défende, et parfois exagéré, comme l'ont remarqué de bons juges, il n'a certainement calomnié personne; il aime à croire au bien, et il porte dans le style une dignité perpétuelle, et par · noblesse exempt d'enflure; il est positif et grand, plein de raison et de poésie, profond sans être rêveur. On peut reprocher à sa diction si forte et si colorée l'abus des tours poétiques, le goût du trait, et une concision quelquefois obscure; mais il est, en somme, bien difficile d'être sévère avec un si grand et si honnête homme, qui a mérité d'être appelé par Racine « le premier peintre du monde. »

Deuxième époque : Littérature après les Antonins. — Nous en avons fini malheureusement avec les grands écrivains et les époques intéressantes. On ne trouve, dans le second et le troisième siècle de l'ère chrétienne, qu'une stérile nomenclature, et les vertus des Antonins ne défendirent pas la littérature latine d'une défaillance désormais sans retour. Frontou, précepteur de Marc-Aurèle, n'est qu'un rhéteur puéril et ennuyeux; Marc-Aurèle écrit ses *Mémoires* ou ses *Pensées* en grec; Aulu-Gelle est un grammairien érudit; il a laissé dans ses *Nuits attiques*, qui seraient mieux appelées *Veillées*, une compilation précieuse. Apulée est un Africain, nul en philosophie, mais très-amusant, malgré l'étrangeté de sa langue, dans son roman de l'*Ane d'or*, imité de Lucien.

— Au siècle suivant, les poëmes didactiques de Némésien et les *Églogues* de Calpurnius, contemporains l'un et l'autre des tristes empereurs Carus, Carin et Numériens n'offrent qu'un mince intérêt ; à plus forte raison le, grammairiens Festus, Nonius, Marcellus, Censorinus. Les écrivains mêmes de l'*Histoire Auguste*, contemporains de Dioclétien, ne jettent pas plus de lustre sur le ive siècle, malgré les tristes emprunts que Chateaubriand leur a faits dans ses *Études historiques*. Le titre d'historien ne sied guère à Aurélius Victor ni à Eutrope, simples, clairs et faibles ; il conviendrait mieux à Ammien Marcellin, qui écrivit l'histoire de l'Empire, depuis les Flaviens jusqu'au règne de Valens, avec bon sens et vigueur, quoique dans un style à demi barbare. Symmaque, apologiste intéressant des beaux souvenirs de Rome païenne et de l'autel de la Victoire, vivait sous le règne de Théodose, et composait avec esprit des *Lettres* agréables et des *Discours* que ses contemporains comparaient à ceux de Cicéron. Son ami Macrobe compilait, dans ses *Saturnales*, beaucoup de documents précieux, comme avait fait Aulu-Gelle, les noyait dans des commentaires illisibles, mais conservait, sans le savoir, pour la postérité, un beau prologue de Labérius et le *Songe de Scipion*. Triste matière pour l'histoire de la prose latine ! Quant à la poésie, Ausone nous apporte les descriptions maniérées et obscures de son poëme de la *Moselle;* Rutilius, la grâce prolixe de son *Itinéraire*, où l'on trouve au moins un peu d'âme et de sentiment. Claudien seul, dans les satires contre *Rufin* et *Eutrope*, dans l'*Éloge de Stilicon*, surtout dans l'*Enlèvement de Proserpine*, arrive, par une versification habile et sonore, à cet éclat apparent, à cette pompe facile et vulgaire qui abuse le public des époques de décadence, jusqu'à faire évoquer, en l'honneur de l'écrivain, l'âme de Virgile et la muse d'Homère. La poésie de Claudien s'est abîmée dans la grande catastrophe de l'Empire romain ; mais elle n'avait pas besoin de l'invasion des Barbares pour être plongée dans l'oubli. — Et cependant c'est la dernière lueur de la vraie langue latine ; car Sidoine Apollinaire, Fortunat et Grégoire de Tours, qui appartiennent à l'histoire de l'invasion germanique, ne peuvent plus compter même parmi les derniers débris des classiques ; ils s'éteignent avec la société romaine dans la barbarie. — Quant aux Pères de l'Église, ce sont des écrivains d'un ordre et d'un caractère tout nouveaux, qui n'appartiennent plus à la littérature classique, mais à la littérature sacrée. Le vieux monde latin a trouvé, à la mort de Claudien, le dernier terme de sa décrépitude, après avoir épuisé tout ce que pouvaient enfanter, soit à l'école des Grecs, soit par eux-mêmes, un génie puissant et une grande civilisation. *V.* au *Supplém.*

V. J.-N. Funck ou Funccius, *De Origine linguæ latinæ*, Giessen et Francfort, 1720, in-4° ; *De pueritia, de adolescentia, de virili ælate, de imminenti senectute, de vegeta senectute, de inerti ac decrepita senectute*, Marbourg, 1720-1744, in-4°, et Lemgo, 1750 ; Fabricius, *Bibl. lat.*, Hambourg, 1721, édit. Ernesti, Leipzig, 1773 ; G. E. Müller, *Introduction historique et critique à la connaissance des écrivains latins*, Dresde, 1747-51 (en allem.); T.-C. Harles, *Brevior notitia Litt. Rom.*, avec les *Suppléments* de Klugling, Leipzig, 1799-1817, 3 vol. in-8°; F. A. Wolf, *Histoire de la littérature romaine*, Halle, 1787 (en allem.); *Cours d'histoire de la littérature romaine*, publié par Gürtler, Leipzig, 1832 (en allem.); J.-T. Bergmann, *Comment. de Litter. conditione apud Romanos inde a bello punico primo usque ad Vespasianum*, Leyde, 1818; F. Schœll, *Histoire de la littérature romaine*, Paris, 1815, 4 vol. in-8°; Dunlop, *Histoire de la littérature romaine au siècle d'Auguste*, Londres, 1823-1828 (en anglais); Cavriani, *Delle scienze, léttere ed arti dei Romani dalla fondazione di Roma fino ad Augusto*, Mantoue, 1822, 2 vol. in-8°; Charpentier, *Études morales et historiques sur la littérature romaine depuis son origine jusqu'à nos jours*, Paris, 1829, in-8°; Bernhardy, *Esquisse de la littérature romaine*, Halle, 1830 (en allem.); Bæhr, *Histoire de la littérature romaine*, (en allem.), 3e édit., Carlsruhe, 1844-45, 2 vol. in-8° : un abrégé en a été fait en français et publié à Louvain par Roulez; Krause, *Histoire de la littérature romaine*, Berlin, 1835 (en allem.); D. Nisard, *Études de mœurs et de critique sur les poëtes latins de la décadence*, Paris, 1834, 2 vol. in-8°, 2e édition, Paris, 1849, 2 vol. in-8°; A. Pierron, *Histoire de la littérature romaine*, Paris, 1852, in-12. · A. D.

LATINES (Féries). *V.* FÉRIES, dans notre *Dictionnaire de Biographie et d'Histoire*.

LATINES (Voiles). *V.* VOILES.

LATINISME, expression ou tour de phrase particulier à la langue latine ; — locution imitée du latin, qu'elle soit ou non conforme à la construction grammaticale et logique. Il y a un latinisme dans le vers ci-dessous de La Fontaine (I, 22, *Le Chêne et le Roseau*) :

Celui de qui la tête *au* ciel était voisine.

LATITUDE.) *V.* ces mots dans notre *Dictionnaire de Biographie et d'His-*
LATIUM (Droit de).) *naire de Biographie et d'His-*
LATOMIES.) *toire.*

LATRAN (Palais et Basilique de). *V.* JEAN-DE-LATRAN (SAINT-).

LATRIE. *V.* CULTE.

LATRUNCULI. *V.* ce mot dans notre *Dictionnaire de Biographie et d'Histoire.*

LATVÉGE. *V.* LETTON (Idiome).

LAUDATIF (Genre). *V.* DÉMONSTRATIF.

LAUDES. *V.* ce mot dans notre *Dictionnaire de Biographie et d'Histoire.*

LAUDI SPIRITUALI, nom qu'on donne en Italie aux cantiques religieux. Ils furent surtout à la mode au xve et au xvie siècle. Ange Politien, le Bembo, Laurent de Médicis, le Pulci, Filicaja, etc., en firent les paroles : le chant fut d'abord pour une seule voix, puis à 3, 4 et 5 parties.

LAURE (du grec *laura* ou *labra*, chemin creux, ruelle), réunion de cellules ou petites demeures habitées par des moines, qui vivent indépendamment les uns des autres, quoique soumis à la juridiction d'un abbé. Les laures ont précédé les couvents : on pense que la première fut établie près de Jérusalem par St Euthyme, au ve siècle.

LAURÉAT (Poëte). *V.* notre *Dictionnaire de Biographie et d'Histoire.*

LAURET, monnaie d'argent frappée en Angleterre sous Jacques Ier, et ainsi nommée du laurier dont la tête de ce prince y était couronnée.

LAURIER, arbre consacré à Apollon, soit parce que Daphné, qu'il avait aimée, fut changée en laurier, soit parce que les feuilles de cet arbre servaient à tirer des présages. Le trépied d'Apollon était primitivement fait de bois de laurier, ou c'était près du laurier tenant au sol par trois racines qu'on rendait les oracles. La Pythie, les devins de toute sorte, ceux qui consultaient les dieux sur l'avenir ou qui faisaient des expiations, portaient du laurier. On en brûlait dans les temps où l'encens n'était pas encore connu. On se servait du laurier dans les enchantements, et de ses feuilles on composait des guirlandes pour orner la tête des victimes. Non-seulement Apollon, mais Esculape, Vulcain, Hercule, Vesta, Janus, les dieux Pénates furent représentés couronnés de laurier. Lorsque le feu des Vestales était éteint, on le rallumait en frottant vivement deux morceaux de bois de laurier l'un contre l'autre. Dans presque toutes les solennités publiques, les Romains décoraient leurs portes de lauriers. On mettait du laurier la nuit sous l'oreiller, pour avoir des rêves heureux. Souvent les soldats en prenaient pour marcher au combat, ou les paraient leurs armes dans les cérémonies du triomphe, et il devint un symbole de victoire : de là l'expression de *littera laureatæ* (lettres laurées) pour désigner des lettres qui annonçaient de bonnes nouvelles. Enfin les poëtes se couronnaient souvent de laurier pour réciter leurs vers, et le laurier était aussi le prix qu'on leur donnait, ainsi qu'aux autres vainqueurs dans les jeux publics. B.

LAUSANNE (Cathédrale de). Cette église, une des plus belles de la Suisse, présente un mélange de diverses architectures. Fondée vers l'an 1000, elle ne fut sérieusement entreprise qu'au xiiie siècle, et le pape Grégoire X en fit la dédicace en 1275. Plus tard, on la reconstruisit en partie, et elle fut encore réparée en 1500. Elle a la forme d'une croix latine : sa longueur est de 93 mèt. Le grand portail, construit dans les premières années du xvie siècle, est flanqué de deux tours : celle du Midi , seule achevée, contient dans sa partie inférieure les archives du canton de Vaud, et dans sa partie supérieure le beffroi ; la terrasse qui recouvre le beffroi est à 47 mèt. au-dessus du sol ; une flèche à main s'en élève à une hauteur de 13 mèt. Le chœur est surmonté d'une lanterne, d'abord rectangulaire, puis octogone, haute de 40 mèt., et qui se termine par une aiguille en charpente. Le portail du midi, nommé *Porte des Apôtres*, se compose de 72 colonnes et d'ogives surmontées d'un fronton aigu ; au-dessus de la porte sont figurées la mort et la résurrection de la Ste Vierge. L'intérieur de l'église est éclairé par 70 fenêtres ; on remarque principalement la rose, garnie de vitraux qui représentent des sujets de l'histoire sacrée. On voit dans le chœur plusieurs tombeaux intéressants.

LAVABO, mot latin qui signifie *je laverai*, et qui désigne un acte liturgique du rite catholique. Autrefois, après l'offertoire de la messe, le prêtre se lavait les mains : il y avait pour cet usage, dans un des murs latéraux du sanctuaire, un *lavatorium* ou piscine. Depuis longtemps le prêtre se contente de présenter au-dessus d'un bassin ses doigts, sur lesquels le servant verse quelques gouttes d'eau. Cette cérémonie, suivant St Cyrille, est destinée à rappeler symboliquement la pureté du prêtre célébrant les saints mystères. On donne aussi le nom de *lavabo* au linge avec lequel le prêtre s'essuie les doigts, et au canon d'autel qui, placé du côté de l'épître, contient les versets du psaume 25 qui doivent être récités à ce moment. — En termes d'ébénisterie, un *lavabo* est un meuble de toilette garni des ustensiles nécessaires pour se laver, pot à eau, cuvette, verres, brosses, flacons, etc.

LAVATORIUM. *V.* Cloître.

LAVEMENT DES PIEDS. *V.* notre *Dictionnaire de Biographie et d'Histoire.*

LAVIS, genre de peinture dans lequel on emploie sur le papier, avec l'eau pure et des pinceaux, l'encre de Chine et les couleurs gommées. Si l'on se sert de papier blanc, on opère avec du bistre, de la sanguine, de l'encre de Chine, de l'indigo, de l'outremer, ou de la sépia ; si l'on prend du papier coloré en teinte, dit *papier de pâte*, on opère avec les mêmes couleurs rehaussées par le blanc et la gouache. Une seule couleur suffit au lavis ; les ombres et les clairs sont déterminés par des teintes plus ou moins fortes. On a des lavis de Van Ostade, Rugendas, Paul Bril, Ruysdael, Both et Winants. Raphaël, Lesueur, Mignard et Lebrun, avant d'exécuter leurs fresques, en faisaient des esquisses au lavis. Le lavis a aujourd'hui cédé la place à l'aquarelle : il n'est plus guère en usage que pour les dessins sans conséquence ou des croquis. Les ingénieurs et les architectes s'en servent pour leurs plans.

LAVIS (Gravure au). *V.* Gravure.

LAVOIR, emplacement disposé sur le bord d'un étang, d'une source ou d'une rivière, pour qu'on puisse y laver commodément. Les lavoirs complets doivent se composer de stalles, de pierres plates pour presser le linge, de buanderies, sécheries, salles à repasser, etc. On crée aujourd'hui dans certaines villes des lavoirs publics, établissements précieux pour les classes populaires. A Paris, le droit d'entrée dans un lavoir public est de 10 centimes par jour.

LAXEMBOURG (Château de), dans la basse Autriche, à 10 kilom. de Vienne. Ce château, appelé aussi la *Maison bleue*, sert, alternativement avec Schœnbrunn, de résidence d'été à la famille impériale. Composé d'un vieux château bâti de 1378 à 1380 par le duc Albert III, sur l'emplacement d'un autre château détruit par un incendie en 1377, et d'un château neuf qui ne date que de Marie-Thérèse, il n'est remarquable ni par l'ampleur de ses proportions, ni par son architecture. On y voit un manège, une salle de spectacle qui peut contenir 1,200 spectateurs, une bibliothèque avec 6 beaux tableaux du Canaletto, un tableau de Van Dyck sur l'autel de la chapelle. Le parc, composé de 17 îles formées par la Schwechat, est un des plus magnifiques jardins anglais qu'il y ait en Europe : au milieu d'un lac se trouve le Franzensburg, reproduction minutieusement exacte d'un château gothique bâti par Maximilien Ier dans le Tyrol, et qui contient une collection d'antiquités tirées de divers couvents et châteaux d'Autriche.

LAYETIERS-EMBALLEURS, ouvriers qui fabriquent des caisses, malles, boîtes (autrefois *layettes*; de *laie*, *laye*, bois), et qui emballent les objets fragiles destinés à être transportés. Ils furent érigés en corps de métier, au commencement du règne de Louis XIV, et prirent St Fiacre pour patron.

LAZARET. *V.* ce mot dans notre *Dictionnaire de Biographie et d'Histoire.*

LAZZARI (Théâtre), nom que prit, en 1792, un théâtre ouvert en 1779 sur le boulevard du Temple à Paris, vis-à-vis de la rue Charlot, sous le titre de *Salle des élèves de l'Opéra*, puis connu sous celui de *Lycée dramatique*. Lazzari était un mime italien, qui joua des arlequinades avec un grand succès. Son théâtre fut incendié en 1798, remplacé par un café-chantant, et, de 1821 à 1823, par le *Panorama dramatique*, où Bouffé fit ses débuts. Cette nouvelle salle fut démolie ; un autre théâtre, dont Bo-

bèche illustrait les tréteaux, prit alors le nom de Petit-Lazzari.

LAZZARONI. *V.* ce mot dans notre *Dictionnaire de Biographie et d'Histoire.*

LAZZI. Ce mot italien, qui est le pluriel de *lazzo* (plaisanterie ; badinage), désigne les jeux de scène comiques, les grimaces, contorsions, gestes burlesques par lesquels les comédiens cherchent à faire rire. En passant dans la langue française, il a pris un sens figuré, et signifie les saillies bouffonnes, les plaisanteries qui se débitent dans les parades.

LEADER, c.-à-d. en anglais *conducteur*, homme politique autour duquel se groupent, dans le Parlement anglais, ceux qui partagent la même opinion et tendent au même but. Il discipline le parti, et lui donne le mot d'ordre.

LÉCHÉ, en termes de Peinture, se dit d'un ouvrage où le fini est poussé à l'excès. C'est un mot qui se prend en mauvaise part.

LEÇON, mot formé du latin *lectio* (lecture), et désignant une instruction donnée, surtout du haut d'une chaire, par le moyen d'une lecture, ou d'un discours improvisé. — Chez les jurisconsultes latins, ce mot désignait le *texte* d'un article de loi, c.-à-d. la manière dont il était *écrit* et par conséquent dont *on le lisait*. De là le sens moderne introduit par les critiques paléographes : *Manière particulière de lire un mot ou une phrase* dans les anciens manuscrits. Certaines éditions étalent tout au long, au bas des pages ou à la fin du volume, les diverses leçons (*lectiones variæ*) données par les manuscrits ou adoptées par des éditeurs antérieurs. La discussion des leçons exige de la part du critique une grande sagacité unie à une érudition aussi sûre qu'étendue ; c'est un genre d'études dans lequel les Allemands réussissent d'une manière remarquable.   P.

LEÇON, en termes de Liturgie, *lecture* qui se fait, à chaque Nocturne des Matines, de quelques extraits de la Bible, des Pères, ou de la légende du Saint du jour. Il y a trois *leçons* à chaque Nocturne. On ne les chante pas, on fait seulement une inflexion sur la dernière syllabe de chaque phrase.

LECTEUR. *V.* ce mot dans notre *Dictionnaire de Biographie et d'Histoire.*

LECTICAIRES, mot de même sens que *Cliniques* (*V. ce mot*).

LECTIONNAIRE, mot synonyme d'*Épistolier* (*V. ce mot*).

LECTISTERNE. *V.* ce mot dans notre *Dictionnaire de Biographie et d'Histoire.*

LECTRIN, vieux mot synonyme de *jubé* et de *pupitre*.

LECTRUM, vieux mot signifiant *prie-Dieu.*

LECTURE, art d'assembler par la pensée et par la parole les lettres d'abord, puis les syllabes, les mots et les phrases. On distingue plusieurs méthodes pour enseigner à lire. La *Méthode analytique*, dite aussi *Méthode mécanique*, consiste à faire apprendre d'abord les mots entiers aux enfants, pour descendre ensuite des mots aux syllabes et des syllabes aux lettres : on met sous leurs yeux les mots qui leur sont le plus familiers, et on les leur fait retrouver, soit complets, soit par parties, dans d'autres mots plus étendus, de manière à découvrir les syllabes élémentaires, puis les lettres. Cette méthode, exposée en 1790 dans un livre intitulé la *Vraie manière d'apprendre une langue*, et perfectionnée par Lemare, fut celle qu'employa Jacotot ; elle a été reprise de nos jours par Laffore sous le nom de *Statilégie*. On lui reproche avec raison d'être trop mécanique, et de ne s'appliquer que très-difficilement à un enseignement collectif. — La *Méthode syllabique*, en usage dans un grand nombre d'écoles d'enseignement mutuel, procède, non par mots entiers, mais par syllabes, que l'enfant prononce d'un seul jet, sans les décomposer. — D'après la *Méthode synthétique* ou *Méthode d'épellation*, qui a été constamment employée depuis la plus haute antiquité, on va des éléments aux composés, c.-à-d. que l'enfant apprend d'abord le nom et la valeur des lettres, puis les réunit pour former des syllabes, et arrive enfin aux mots. Quelques doutes furent émis vers la fin du XVIe siècle sur l'efficacité de cette méthode : mais la seule modification qui ait été utilement apportée au mode d'épellation nous vient de la *Grammaire raisonnée* de Port-Royal ; elle consiste à désigner les consonnes par les sons qu'elles rendent dans la pratique, à leur donner à toutes une terminaison uniforme, celle de l'*e* muet, sans autre règle que celle de l'élision de l's. Ainsi, l'enfant épellera plus aisément quand on lui aura dit que les lettres *f, l, m, r, s, x*, se nomment *fe, le, me, re, se, xe*, que s'il lui faut commencer par les appeler *effe, elle, emme, erre, esse, ix*, pour supprimer aussitôt, dans le son syllabique, la première intonation et ne conserver que l'intonation radicale. Quant à ces procédés plus ou moins ingénieux à l'aide desquels on a prétendu rendre la lecture agréable et facile, tels que les *dés*, les *dominos* et les *fiches* couverts de lettres, ou bien les *abécédaires* et *syllabaires* à images, ils peuvent assurément plaire aux enfants ; mais on s'en est exagéré l'importance, et ils sont généralement trop compliqués pour supplanter la méthode ordinaire. On voit dans Quintilien (*Instit. orat.*, I, 2) que déjà les Romains avaient fait un jeu de l'enseignement de la lecture, en mettant, comme des hochets, aux mains des enfants des lettres en ivoire ou en bois.

LECTURE A HAUTE VOIX. C'est l'*art de bien lire*, qui consiste à donner aux mots et aux phrases la valeur qu'ils doivent avoir. Il exige : 1° de l'*intelligence*, car il faut avoir bien compris pour bien exprimer ; 2° de la *voix*, car elle est l'instrument de l'intelligence, et, pour s'en passer, il faudrait avoir tout l'esprit, toute l'habileté d'Andrieux, qui sut se faire entendre au Collége de France à force de se faire écouter ; 3° une bonne *prononciation*, sans aucun de ces vices qui viennent de la nature ou des habitudes d'enfance ; 4° de l'*intonation*, dont la justesse est la conséquence de l'intelligence du lecteur et l'effet presque constant d'une inspiration soudaine. On a quelquefois érigé en règle la lenteur du débit ; elle contribue sans doute à la netteté de la prononciation ; mais la diction n'a réellement d'autre règle que celle de suivre la pensée de l'écrivain et le mouvement de sa phrase. L'art de bien lire a toujours été un rare privilége, et les bons lecteurs sont plus rares que les bons écrivains.

On a défini la lecture « une conversation que l'on a avec les plus beaux génies et les plus rares esprits de tous les siècles ». Cette pensée n'est juste qu'en tant qu'elle s'applique à la lecture des modèles ; lire des ouvrages mauvais ou médiocres, en effet, c'est pour l'esprit ce que la mauvaise compagnie est pour les manières et la conversation. Lire, ce n'est point parcourir rapidement des livres, pour charmer ses loisirs ou satisfaire une curiosité frivole, mais, comme l'indique le mot latin *legere*, choisir ce qu'il y a de bon et de beau dans les pensées, dans les sentiments des écrivains, et se l'approprier ensuite par la mémoire et la réflexion. La lecture ainsi entendue est un puissant moyen de se former à l'art d'écrire. Si l'on n'écarte pas les ouvrages qui portent atteinte à la religion et aux bonnes mœurs, on perd bien vite cette noblesse et cette générosité de nature sans lesquelles il est impossible de bien penser, de bien vouloir et de bien agir. Quiconque veut cultiver son esprit, doit s'attacher aux chefs-d'œuvre des plus beaux siècles, et se garder des auteurs médiocres, au commerce desquels le goût s'altère et se corrompt. Enfin, selon la remarque de Pline le Jeune, ce n'est pas en lisant beaucoup de livres que l'on s'instruit, mais en lisant beaucoup un même livre : rien n'est plus propre à détendre les ressorts de l'intelligence, à engendrer la confusion, que les lectures trop variées et décousues, et l'on doit se garder de cette passion de lire qui est une sorte d'intempérance, fort dangereuse pour l'esprit. François de Neufchâteau a écrit, sur l'*art de lire les vers*, une jolie épître. Delille possédait ce talent à un rare degré. B.

LECTURE (Cabinet de). *V.* CABINET.

LECTURES PUBLIQUES. *V.* RÉCITATION.

LÉGALISATION, déclaration par laquelle un fonctionnaire public qui en a le pouvoir affirme une signature apposée à un acte et la qualité de la personne dont elle émane. Ainsi, le maire *légalise* la signature du citoyen de sa commune ; le préfet, le sous-préfet ou le président du tribunal civil légalise celle du maire, etc. Les greffiers des tribunaux perçoivent, pour la légalisation, un droit de 25 centimes. En général, la signature des fonctionnaires est légalisée par leur supérieur immédiat. La légalisation n'est qu'une forme extrinsèque de l'acte, et elle n'en préjuge en rien le contenu : elle a seulement pour effet d'étendre l'authenticité de l'acte d'un lieu à un autre. Les actes passés en pays étranger et dont on veut se servir en France, ceux passés en France et dont on veut faire usage à l'étranger, doivent être légalisés par les agents diplomatiques des puissances respectives.

LÉGALITÉ, conformité d'un fait avec la prescription de la loi.

LÉGAT. *V.* ce mot dans notre *Dictionnaire de Biographie et d'Histoire.*

LÉGATAIRE. *V.* LEGS.

LÉGATION, en Diplomatie, s'entend de tout le personnel d'une ambassade.

LEGATO, adjectif italien qui signifie *lié*, et qui, placé en tête d'un morceau de musique, indique qu'il faut en lier les notes. Il a aussi le sens d'*obligé*, de *contraint* par certaines règles : un *canone legato*, une *fuga legata*, c'est un canon, une fugue qui doivent se renfermer dans telles bornes prescrites.

LÉGENDE (du latin *legendum*, à lire, qui doit être lu), nom donné d'abord aux versets que l'on récitait dans les leçons des Matines, puis aux Vies des saints et des martyrs, qu'on lisait dans les réfectoires des couvents. En ce dernier sens, les légendes sont comme la mythologie du christianisme, et forment une partie importante de la littérature du moyen âge, principalement au VIIe et au VIIIe siècle. Elles ont toutes certaines parties communes, la prophétie qui annonce les destinées du Saint, la vision qui lui révèle son avenir, les miracles qu'il opère, le songe qui l'avertit de sa fin, et les merveilles qui s'accomplissent sur son tombeau ou dans la translation de ses reliques. L'Ancien et le Nouveau Testament étaient des choses sacrées, que la fantaisie ne pouvait modifier : l'imagination des peuples s'en prit à la vie des saints. L'enthousiasme de la foi dans le narrateur, la crédulité naïve et l'amour du merveilleux chez les premiers fidèles, le désir de convaincre par des prodiges les Barbares de la Germanie qu'il s'agissait de convertir, l'émulation des dévotions locales cherchant à illustrer leurs patrons, tout conspira pour développer et propager les légendes. Le premier *légendaire* ou collecteur de légendes fut Siméon , dit *Métaphraste* (glossateur, traducteur), qui écrivit en grec au commencement du Xe siècle. D'autres auteurs grecs, tels que Psellus et Nicéphore Calliste, s'exercèrent ensuite à ces pieux récits. Flodoard, chanoine de Reims, contemporain de Louis d'Outre-Mer, rédigea en latin les Vies des saints pour chaque mois de l'année. A la fin du XIe siècle, Gosselin, moine de l'abbaye de St-Bertin à Saint-Omer, fut appelé en Angleterre par St Anselme de Cantorbéry, qui lui fit écrire un grand nombre de Vies de saints. Au commencement du XIIIe, Césaire, de l'ordre de Cîteaux, composa en dialogues 12 livres de miracles et d'histoires merveilleuses. Jacques de Varase ou de *Varagio*, appelé aussi Jacques *de Voragine* (du gouffre) parce qu'il fut un gouffre de science, est auteur de la *Légende dorée*, qui eut un prodigieux succès pendant plusieurs siècles. Pierre Calo, Bernard Guidonis ou de Guy, Pierre Natal ou *de Natalibus*, ont recueilli aussi des légendes moins connues. A la fin du XVIe siècle, le P. Ribadeneira publia la *Fleur des Saints*. La collection des Bollandistes (*V.* ACTES DES SAINTS) naquit du désir de réunir toutes les légendes et d'y appliquer un peu d'esprit critique. *V.* Alfred Maury, *Essai sur les légendes pieuses au moyen âge*, Paris, 1843, in-8°. B.

LÉGENDE, en termes de Numismatique, se dit de toute inscription placée sur les monnaies, médailles, jetons, etc. Les légendes peuvent se trouver sur l'une et l'autre face de la pièce, ou encore sur la tranche. Sur les faces, elles peuvent être disposées circulairement, ou en ligne droite, ou en sens divers ; quelquefois on les place sur une partie du type, comme sur un bouclier, un crâne, un autel, etc. Depuis longtemps la face proprement dite offre une légende circulaire, donnant les nom et titres du personnage représenté ; sur le revers, la légende est rectiligne, et indique la valeur de la pièce, l'année, le lieu, l'événement, etc. Beaucoup des indications sont en abrégé ou symboliques. — Dans les premiers temps du monnayage, les légendes furent très-courtes, et se bornèrent à l'indication du peuple ou de la ville. Puis elles renfermèrent les noms des divinités locales, des magistrats, des rois, la valeur nominale de la monnaie, etc. Les pièces consulaires romaines offrent des légendes intéressantes sur les principales familles de Rome, sur les hauts faits qui ont fait leur gloire ou illustrées, sur leur origine. Au temps de l'Empire, les légendes contiennent invariablement des formules adulatrices, et n'ont plus rien d'intéressant que les faits et les dates. Au moyen âge, les légendes sont presque toujours en latin. En France, sous les Mérovingiens, celles qu'on n'offrent que le nom de la ville et celui du monétaire, très-rarement le nom du roi. Sous les Carlovingiens, il n'y a plus que le nom du roi, avec la formule *Gratia Dei* ou *Misericordia Dei*. Au XIIe siècle apparaît sur les monnaies d'or la légende XPC (Christus) *vincit*, XPC *regnat*, XPC *imperat*, qui s'y maintient jusqu'en 1789. De Louis XI date la légende *Sit nomen Do-*

mini benedictum, qui devint presque européenne et qui subsista jusqu'à la Révolution française. Les agnels et les moutons d'or portèrent ces mots : *Agnus Dei, qui tollis peccata mundi, miserere nobis.* Les monnaies des barons et des prélats reçurent des légendes très-variées. En 1685, on commença de mettre sur la tranche de la monnaie royale les mots *Domine salvum fac regem.* En 1790, l'Assemblée Constituante rétablit dans la légende de la face le titre de *Roi des Français,* qui datait de Charlemagne, et qu'Henri III avait remplacé par celui de *Roi de France ;* on lut au revers *Règne de la loi,* et, sur la tranche, *La nation, la loi,* et *le Roi.* En 1793, le nom du roi fit place aux mots *République française,* et, sur les pièces de cuivre, on mit : *Liberté, égalité. Les hommes sont égaux devant la loi.* — Au temps de Napoléon Ier, on lut, d'un côté de la monnaie, *Napoléon empereur,* de l'autre *République française,* et plus tard, à dater de 1809 seulement, *Empire français,* et, sur la tranche, avant et depuis cette époque, *Dieu protège la France.* La Restauration fit reparaître les titres de *Roi de France et de Navarre* et *Domine salvum fac regem.* Louis-Philippe reprit le titre de *Roi des Français,* avec la phrase de la tranche *Dieu protège la France,* qui a toujours été conservée depuis. Après la Révolution de 1848, on rétablit les légendes *République française,* et on ajouta : *Liberté, égalité, fraternité.* Après le coup d'État de 1851, les monnaies portèrent *Napoléon Bonaparte* d'un côté, *République française* de l'autre ; depuis 1852, les légendes sont *Napoléon III, empereur,* et *Empire français.* — Beaucoup de jetons du xve et du xvie siècle portent des légendes baroques, dont on ne peut déterminer ni le sens ni le but. Au xviie, les légendes des jetons sont ou bibliques, ou mythologiques, ou historiques; au xviiie, on y trouve généralement le caractère galant. B.

LÉGILE (du latin *legilis,* qui sert à lire), pièce d'étoffe dont on couvre le pupitre sur lequel on chante l'épître et l'évangile aux messes solennelles.

LÉGION. *V.* ce mot dans notre *Dictionnaire de Biographie et d'Histoire.*

LÉGION D'HONNEUR. } *V.* notre *Dictionnaire de*
LÉGION D'HONNEUR (Maisons } *Biographie et d'His-*
d'éducation de la). } *toire.*

LÉGION ÉTRANGÈRE, corps de troupes formé en 1831 avec des réfugiés et des volontaires de divers pays étrangers, et employé par la France en Algérie. Ce corps fut cédé à l'Espagne en 1835. Mais on en constitua presque aussitôt un nouveau, qui s'est composé de 2 régiments à 4 bataillons chacun, et qui, en décembre 1861, a été réduit à un seul régiment.

LÉGISLATIF (Corps). *V.* CORPS LÉGISLATIF et PALAIS, dans notre *Dictionnaire de Biographie et d'Histoire.*

LÉGISLATIF (Pouvoir). *V.* POUVOIR.

LÉGISLATION (du latin *lex, legis,* loi, et *latio,* action de porter), se dit de l'acte de faire des lois, et plus généralement du corps des lois d'un pays.

LÉGISLATURE, mot qui désigne, soit les pouvoirs collectifs qui, dans un État, font les lois, soit le temps légal d'existence d'une Chambre ou d'une Assemblée législative élue.

LÉGITIMATION, acte par lequel un enfant *naturel* est admis à tous les avantages d'un enfant *légitime.* Le Droit romain reconnaissait six moyens différents de légitimation : *per oblationem curiæ,* lorsque le père faisait entrer son fils naturel au nombre des décurions d'une cité; *par adoption; par testament,* si le père avait de justes motifs pour ne pas épouser la mère de l'enfant; *par reconnaissance,* lorsque le père avait nommé son fils dans un acte sans ajouter la mention qu'il était enfant naturel; *par mariage subséquent;* enfin, *par lettres du prince.* Ces deux derniers moyens furent en usage dans notre ancienne législation; les bâtards légitimés avaient le droit de porter le nom et les armes de leur père, mais devaient mettre dans leurs armes une barre qui les distinguait des enfants légitimes. Notre législation actuelle n'admet plus que la légitimation par mariage subséquent. Pour que des époux dont l'union aurait été stérile ne puissent se avoir une postérité légitime par consentement mutuel, et aussi pour empêcher que l'un d'eux n'amène l'autre à reconnaître un enfant qui lui serait étranger, il faut que l'enfant soit légalement reconnu avant le mariage, ou tout au moins dans l'acte même de célébration. La légitimation peut avoir lieu même en faveur des enfants décédés qui ont laissé des descendants, et alors elle profite à ces derniers. Les droits acquis par l'enfant légitimé ne datent que de l'époque de la légitimation; il ne peut, au préjudice des

tiers, élever de prétention à des droits qui auraient pris naissance antérieurement. La légitimation, assimilée en cela à la survenance d'un enfant, a pour effet d'annuler toute donation entre-vifs. La loi n'accorde pas aux enfants incestueux et adultérins le bénéfice de la légitimation. — Il a paru en France que la légitimation par mariage subséquent était propre à favoriser le repentir et le retour aux bonnes mœurs. En Angleterre, au contraire, où on la juge immorale et favorable à la licence, elle n'existe en aucun cas.

LÉGITIME, portion d'hérédité que notre ancien Droit assurait aux héritiers du sang, indépendamment de la volonté du défunt. La légitime se nomme aujourd'hui *Réserve légale (V. ce mot).*

LÉGITIME (Enfant). *V.* ENFANT et LÉGITIMITÉ.

LÉGITIME DÉFENSE. *V.* DÉFENSE (Légitime).

LÉGITIMITÉ, état de l'enfant conçu dans le mariage. Aux termes du *Code Napoléon* (art. 312 et suiv.), l'enfant né après le 180e jour du mariage, ou moins de 300 jours après la dissolution du mariage, est réputé légitime. La légitimité ne résulte que d'un mariage valable: si le mariage est nul, les enfants qui en naissent sont naturels, mais il produit néanmoins à leur égard ses effets civils, s'il a été contracté de bonne foi, ne fût-ce que par l'un des époux. Qu'un homme mort civilement se marie avec une femme qui l'ignore, les enfants nés de ce mariage seront légitimes. La légitimité peut être prouvée de trois manières (*V.* FILIATION). Bien que le mariage opère une présomption légale de légitimité, cette présomption peut être détruite en certains cas par le *désaveu de paternité (V. ce mot).*

LÉGITIMITÉ, en termes de Politique, caractère de tout pouvoir institué conformément au Droit constitutionnel, que ce pouvoir découle de l'hérédité ou de l'élection. En France, le mot *légitimité,* avec un sens plus restreint, et dans le langage des partis, signifie le droit d'hérédité par ordre de primogéniture, spécialement dans la famille des Bourbons, et l'on donne le nom de *légitimistes* aux partisans de la légitimité ainsi entendue.

LEGS, toute disposition de biens faite par testament. On nomme *légataire* la personne au profit de laquelle un legs a été fait. Le mot vient de *lex* (loi), parce que la volonté dernière du testateur est comme une loi qu'il impose, ou de *legare* (lier), parce que cette volonté enchaîne ceux qui survivent. On distingue trois sortes de legs. Le *legs universel* est la disposition testamentaire par laquelle le testateur donne à une personne, ou à plusieurs conjointement, l'universalité des biens qu'il laissera à son décès. S'il y a des héritiers réservataires, c.-à-d. au profit desquels la loi rend indisponible une quote-part des biens laissés, ces héritiers seuls sont saisis de plein droit de la totalité de la succession, et le légataire universel est tenu de leur demander la *délivrance* des biens légués (*Code Napol.,* art. 913, 915, 1004). S'il n'y a pas d'héritiers à réserve, le légataire est saisi de droit, par la mort même du testateur; toutefois, s'il est institué par un testament olographe ou mystique (*V.* TESTAMENT), il doit se faire envoyer en possession par une ordonnance du président du tribunal civil (*Code Napol.,* art. 1007-1008). Le légataire universel, s'il y a un ou plusieurs héritiers à réserve, est tenu, personnellement pour sa part, et hypothécairement pour le tout, des dettes et charges de la succession; à défaut d'héritiers réservataires, les dettes et charges lui deviennent, par le fait de l'acceptation, propres et personnelles. Le légataire universel est tenu d'acquitter les legs particuliers; si les legs dépassaient la quotité disponible, on les réduit au marc le franc. — Le *legs à titre universel* est celui par lequel le testateur lègue une quote-part des biens dont la loi lui permet de disposer, telle qu'une moitié, un tiers, ou tous ses immeubles, ou tout son mobilier, ou une quotité fixe de tous les immeubles ou de tout son mobilier. Jamais le légataire à ce titre n'est saisi de droit de la propriété de la chose léguée; il faut toujours qu'il en demande la délivrance aux héritiers. Il est tenu des dettes et charges de la succession, personnellement pour sa part, et hypothécairement pour le tout; il doit aussi acquitter les legs particuliers par contribution avec les héritiers naturels (art. 1010-1013). — Toute disposition testamentaire qui n'est ni de l'universalité des biens ou de la portion disponible de ces biens, ni d'une quote-part de ces biens ou de la portion disponible, est un *legs particulier.* Le légataire à titre particulier est obligé de demander la délivrance de son legs; il n'est pas tenu des dettes de la succession. Si la chose léguée est grevée d'un usufruit ou hypothéquée, 'héritier n'est pas tenu de la dégager. — Un legs est *caduc* en plusieurs cas (*V.* CADUC).

LEKHIQUE (Langue). *V.* POLONAISE.

LEMME (du grec *lémma*, proposition admise), proposition préliminaire que l'on établit pour servir à la démonstration d'un autre proposition.

LEMNISQUE. *V.* ce mot, dans notre *Dictionnaire de Biographie et d'Histoire.*

LÉMOSINE (Langue). *V.* LIMOUSINE.

LENNI-LENAPE (Idiome). *V.* DELAWARE.

LENTURLU, jeu de cartes, le même que la Mouche (*V. ce mot*).

LÉON (Cathédrale de), magnifique église de style ogival, la plus belle qui existe en Espagne. Suivant un vieux dicton, la cathédrale de Séville est grande, celle de Tolède est riche, celle de Santiago est solide, mais celle de Léon les surpasse. Bâtie au XIIIe siècle, elle est digne de sa célébrité par la légèreté et la hardiesse de sa structure. Le grand portail, tourné vers l'Occident, offre cinq arcs en ogive, dont trois donnent entrée dans les nefs de l'église : les piliers de ces arcs forment un portique surmonté d'un balcon tout à jour, que dominent deux tourelles hexagonales. On compte plus de 40 statues, un peu plus grandes que nature, autour des piliers et entre les portes. Des deux côtés du portail s'élancent deux tours, belles sans doute, mais moins aériennes et moins délicates que celles de Burgos, moins sévères et moins majestueuses que celles de Palma. Tout l'extérieur du monument présente une étonnante profusion de statues et de sculptures. L'admiration redouble quand on pénètre à l'intérieur : les arcs qui supportent les arcs des voûtes sont d'une finesse extrême; les murs du contour, qu'aucune chapelle ne couvre, ont été tellement fouillés par les sculpteurs, qu'en quelques endroits ils n'ont pas plus de 30 centimètres d'épaisseur, et l'on a peine à comprendre qu'ils puissent se soutenir ; une galerie qui fait le tour du vaisseau est d'un merveilleux travail; des groupes de quatre statues séparent les fenêtres, et celles-ci, finement découpées, sont garnies de vitraux de couleurs; d'immenses rosaces se développent à l'entrée de la grande nef et aux extrémités du transept. Les collatéraux de l'abside ont des chapelles fermées par de belles grilles en fer, et quelques-unes possèdent de précieux rétables. Le chœur, séparé de la nef par un mur orné de figures en demi-relief peintes et dorées, est entouré de stalles sculptées en bois, et renferme les orgues, ainsi qu'une tribune haute pour les musiciens et les chanteurs; son pourtour et celui du sanctuaire sont clos par une grille en fer rehaussée d'ornements en bronze. L'une des chapelles donne accès dans un cloître carré, qui a sur chaque côté six arcs gothiques, décorés avec moins de goût que la cathédrale elle-même.

LÉONIN (Contrat), contrat dans lequel une des parties s'est fait *la part du lion*, par exemple, quand elle s'est mise à l'abri de toute perte en stipulant une part dans les bénéfices, ou quand les chances de perte ne sont pas en rapport direct avec les chances de bénéfice. La loi condamne ce genre de contrat (*Code Napol.*, art. 1855).

LÉONINS (Vers), vers latins qui offrent une même consonnance à l'hémistiche et à la fin ; tel est celui-ci de Virgile (*Georg.* I, 497) :

Grandiaque effossis mirabitur ossa sepulcris,

« Il contemplera avec effroi, dans les tombeaux entr'ouverts, la grandeur des ossements. »

Des curieux ont eu la patience puérile et stérile de rechercher combien il y a de vers léonins dans les 12,900 vers que contiennent les œuvres du prince des poètes latins, et ils en ont trouvé 924. Cela ne prouve pas que les poètes de la bonne latinité aient recherché comme un ornement ce genre de consonnances qui est une véritable rime. Le fait s'explique par l'habitude où étaient les Latins de placer après la césure du 3e pied un mot qui se rapportait grammaticalement au mot terminant le vers. — Ce qui n'était qu'un accident dans la versification antique devint une règle au moyen âge, surtout pour la composition des proses et des hymnes de l'Église. La qualification de *léonins* vient, dit-on, de Léonius, chanoine de Notre-Dame de Paris, puis religieux de St-Victor au XIIe siècle : on attribue à cet auteur une *Histoire de l'Ancien et du Nouveau Testament*, conservée en manuscrit à la Bibliothèque impériale de Paris, et dont tous les vers riment à chaque hémistiche. Hildebert, évêque du Mans, a laissé un grand nombre de pièces en vers de cette espèce.

On a quelquefois donné le nom de vers léonins à ceux qui sont entremêlés de français et de latin ; tel est le couplet suivant du chansonnier Panard :

Bacchus, cher Grégoire,
Nobis imperat [1];
Chantons tous sa gloire,
Et quisque bibat [2].
Hâtons-nous de faire
Quod desiderat [3];
Il aime un bon frère
Qui sæpe bibat [4].

1. Nous commande. — 2. Et que chacun boive. — 3. Ce qu'il désire. — 4. Qui boive souvent.

LEOPOLDINO, monnaie d'argent de Toscane, valant 2 florins (2 fr. 80 c.). Le *leopoldone* a une valeur double.

LEPSIS, terme de la musique grecque. *V.* ANABASE.

LEPTON, monnaie des anciens Grecs, le 7e du chalcus (*V. ce mot*). Chez les Grecs modernes, le lepton est une monnaie de cuivre, valant à peu près un centime.

LESCHÉ.   }   *V.* ces mots dans notre *Dictionnaire de Biographie et d'Histoire.*
LÈSE-MAJESTÉ.   }

LESGHIZE (Langue), une des langues caucasiennes (*V. ce mot*), parlée dans le Daghestan avec des dialectes tellement dissemblables, qu'il faut la plus grande attention pour distinguer les ressemblances qui les rapprochent. Les principaux de ces dialectes sont l'*aware* et l'*akuscha*.

LÉSION, en termes de Droit, dommage souffert par suite d'une convention, et qui autorise à demander la *rescision* (*V. ce mot*). Ce dommage doit être d'une telle importance relativement à la valeur totale, qu'il soit évident que la partie lésée a été victime d'une fraude.

LEST (de l'allemand *last*, charge), réunion de tous les poids embarqués à bord d'un navire en sus de son chargement, pour le maintenir sur l'eau dans la position la plus favorable à sa marche et à la sécurité de la navigation. Il y a le *lest dormant*, placé à fond de cale, et le *lest volant*, qu'on transfère au besoin. La marine militaire n'emploie guère pour lest que des *gueuses* en fonte de fer; dans les bâtiments marchands, le lest se compose de pierres, de briques, de sable, etc. Dans le commerce, *naviguer sur lest*, c'est naviguer sans cargaison. Le *lestage* est l'action de lester ; le *délestage* est l'opération contraire. Il est défendu de jeter le lest dans les ports, bassins et rades, sous peine de 500 fr. d'amende pour la première fois, et de saisie du bâtiment pour les récidives.

LETTIQUES (Langues), branche des langues *slaves* (*V. ce mot*), formée du *borussien* ou *vieux prussien*, du *lithuanien* et du *letton* (*V. ces mots*).

LETTON ou **LIVONIEN** (Idiome), idiome slave de la branche lettique, appelé aussi *latvége* et *letwa*. On le parle dans la portion de la Livonie désignée quelquefois sous le nom de Letland ou Lettonie, et dans l'ancienne Semigalle (Courlande). La moitié de ses racines est slave; l'autre moitié peut être attribuée par portions à peu près égales au gothique, à l'allemand et au finnois : quelques mots russes s'y sont également introduits. Ce mélange d'éléments étrangers le rend moins original que le lithuanien (*V. ce mot*), mais donne à sa construction plus de variété, à sa syntaxe une flexibilité plus grande. Les deux idiomes ont, en général, les mêmes traits grammaticaux. Le letton est au lithuanien comme l'italien est au latin : il possède, par exemple, l'article, qui est étranger au lithuanien. Il n'a que deux genres. Les cas de la déclinaison sont au nombre de six. La prononciation est hérissée de sifflantes. Le letton s'écrit avec l'alphabet allemand, dont il a même adopté l'*h* pour marquer la longueur de la voyelle précédente. Certains sons particuliers s'expriment par des signes diacritiques, ajoutés aux lettres allemandes. L'orthographe a une bizarrerie qui rend difficile l'étude de la langue.

Le Letton a été d'assez bonne heure une langue littéraire. Ses plus anciens monuments écrits sont des documents officiels qui remontent au XIIIe siècle. Vers 1530, Ramm traduisit les *Psaumes* en letton. Un siècle après, Einhorn composa en latin une *Histoire des Lettes*. Manzel fixa l'orthographe et les règles de la langue lettone par sa traduction des *Épitres*, par ses *Cantiques*, et par la composition d'un Vocabulaire. La *Bible* entière parut en 1089, traduite par Fischer et Glück. Au XVIIIe siècle, Graven composa d'excellents *Cantiques*. Mais le plus grand écrivain letton est Stender, à qui l'on doit des *Récits épiques*, des *Fables*, des *Chants nationaux*, une *Grammaire lettone* (Brunswick, 1761), et un *Dictionnaire letton-allemand* (Mittau, 1789). Après lui on doit citer Baumbach, poète lyrique; Stobbe, rédacteur d'un journal littéraire où se trouvent réunies les poesies contemporaines ; Elverfeld, auteur de gracieuses pastorales ; Indrick, chansonnier populaire ; Bergmann, éditeur d'ouvrages d'instruction ; Rosenberger, auteur d'une *Grammaire lettone*, 1830 ; et Zimmermann, qui a écrit une *Histoire littéraire*.

LETTRE, nom donné aux signes ou caractères inventés pour figurer par l'écriture les émissions de la parole, et dont se composent les alphabets (*V.* ALPHABET, ÉCRITURE). Les lettres se divisent en deux classes, les *voyelles* et les *consonnes* (*V.* ces mots). Certaines combinaisons de voyelles forment des *diphthongues* (*V. ce mot*). Les lettres servent à former des *syllabes*, les syllabes des *mots*, et les mots des *phrases*. Avant l'invention des chiffres arabes, on employa les lettres pour marquer les nombres : dans ce cas, elles sont dites *lettres numérales*.

LETTRE (La) et l'ESPRIT. *V.* ESPRIT.

LETTRE (Avant la). *V.* ÉPREUVE.

LETTRE OU LETTRE MISSIVE, écrit destiné à être envoyé à une personne absente, ou publié sous la forme épistolaire sans être adressé à un correspondant réel. *V.* ÉPISTOLAIRE (Genre). — L'administration des Postes transporte les lettres des particuliers moyennant l'acquittement d'une taxe (*V.* TAXE). Les *lettres chargées*, c.-à-d. dont l'expéditeur fait constater le dépôt dans un bureau de poste, par un reçu qu'on lui donne, doivent toujours être affranchies, et payent une surtaxe de 20 centimes : une indemnité de 50 fr. est accordée pour la perte de toute lettre chargée, mais dont la valeur n'a pas été déclarée au moment de l'affranchissement. Dans le cas de déclaration, la quotité de la somme incluse dans la lettre doit être écrite d'avance, par l'expéditeur lui-même, sur l'adresse, sans rature ni surcharge ; alors l'administration est responsable de l'intégralité de la somme, si la lettre est perdue, sans cas de force majeure. Une lettre ne peut contenir plus de 2,000 fr. ; l'administration ne répond que de cette somme pour une seule lettre. Il est interdit aux messagers, voituriers, conducteurs de diligence, et à tout voyageur de porter des lettres, soit à découvert, soit dans des paquets ou ballots fermés, sous peine d'une amende de 150 à 300 fr. : on excepte les lettres qu'un particulier adresse à un autre par son domestique ou par un exprès. On ne doit insérer dans les lettres confiées à la poste ni effets au porteur, ni espèces monnayées, ni matières d'or ou d'argent, ni autres objets précieux : l'administration ne répond pas de la perte de ces objets. Pour retirer une lettre jetée dans une boîte de bureau, il faut signer une déclaration qu'on est l'auteur de cette lettre, garantir la responsabilité des effets de sa suppression ou de son retard, être connu du directeur, ou se présenter accompagné de deux témoins domiciliés et connus ; la lettre est ouverte en leur présence pour constater l'identité de la signature de la lettre et de celle du réclamant. Pour pouvoir retirer une lettre adressée poste restante, il faut justifier de son identité, soit par la production d'un passe-port ou d'autres lettres adressées au même destinataire, soit par des témoins connus et domiciliés. Il est interdit aux employés des postes de chercher à pénétrer le contenu des lettres, et même de chercher à connaître et de divulguer que tel expédie ou reçoit des lettres (Lois des 10, 14 et 26 août 1790). Toute suppression, toute ouverture de lettres, commise ou facilitée par un fonctionnaire, est punie d'une amende de 16 fr. à 300 fr., et de l'interdiction de toute fonction ou emploi public pendant 5 ans au moins et 10 ans au plus. L'employé des postes qui a supprimé ou soustrait une lettre, pour s'emparer des valeurs qu'elle contenait, subit la peine des travaux forcés à temps ; s'il n'est pas constaté que la lettre renfermait des valeurs, il encourt la peine de la reclusion (*Code pénal*, art. 173, 187, 386). Les lettres adressées à un négociant constitué en état de faillite sont remises aux agents ou aux syndics constitués par le tribunal pour gérer la faillite ; celles adressées à des individus en état de prévention ou d'accusation peuvent être saisies en vertu d'une réquisition du procureur impérial. Les lettres adressées à une personne décédée sont portées au domicile désigné, aussi longtemps qu'elles y sont reçues, à moins que le directeur de la poste n'ait été autorisé par un acte légal à les remettre soit à un exécuteur testamentaire, soit à un tuteur, soit à un héritier ou à toute autre personne. Les lettres refusées, ou dont les adresses sont erronées ou illisibles, sont renvoyées à l'administration, qui les retourne à leurs auteurs, ou qui, faute de renseignements suffisants, les laisse au bureau des rebuts, puis les détruit après un temps déterminé. — En Droit, les lettres missives, écrites et signées par ceux dont elles émanent,

forment des actes sous seing privé qui peuvent établir des conventions, des engagements, des décharges. Mais on ne pourrait produire comme preuve d'une convention une lettre qu'une des parties aurait adressée à un tiers ; de plus, une lettre ne peut être produite en justice sans le consentement de la personne qui l'a reçue, et elle ne doit jamais l'être si elle avait un caractère confidentiel, indiqué dans la suscription ou l'adresse. Avant d'être produites en justice, les lettres missives doivent être visées pour timbre, sous peine de 5 fr. d'amende : elles payent un droit fixe de 2 fr. si elles ne contiennent ni obligation, ni quittance, ni convention ; celles-là seules sont soumises au droit proportionnel, qui servent de titre au créancier pour l'obligation, ou au débiteur pour sa libération.

LETTRE (CONTRE-). *V.* CONTRE-LETTRE.

LETTRE CLOSE, lettre du chef de l'État, scellée de son sceau.

LETTRE DE CACHET, nom donné, avant la Révolution, à une lettre signée du Roi de France, scellée de son sceau privé, et adressée à une autorité pour lui signifier la volonté de S. M. C'était pour convoquer à quelque grande assemblée, pour commander une cérémonie publique, telle qu'un *Te Deum*, par exemple ; mais le plus souvent, c'était un ordre arbitraire et personnel contre la liberté d'une personne, ordre d'exil ou d'incarcération. C'est dans ce dernier sens que les lettres de cachet sont surtout célèbres. Sous Louis XIV, la Régence, et Louis XV, on en fit abus pour envoyer dans les prisons d'État des gens de toute condition, qui n'avaient d'autre tort que d'avoir déplu à la Cour, aux ministres, ou à leurs protégés. La lettre de cachet était imprimée : il n'y avait à remplir que les noms du prétendu criminel d'État, celui du château fort où il fallait l'incarcérer, et la date du jour. La lettre était signée d'avance (du moins sous Louis XV) par une griffe de la signature du Roi, confiée à un estampilleur chargé de cet office. Il existe à la bibliothèque impériale de St-Pétersbourg, au département des manuscrits, beaucoup d'exemplaires authentiques de ces imprimés ; voici leur libellé uniforme :

« Mons....., je vous fais cette lettre pour vous dire de
« recevoir M... dans mon château de ...., et de l'y re-
« tenir jusqu'à nouvel ordre de ma part.
« Sur ce, je prie Dieu qu'il vous ait, Mons....., en sa
« sainte garde.
« Écrit à.......   LOUIS. »

Pour peu que l'on eût de crédit auprès des ministres ou du lieutenant-général de police, on obtenait aisément de ces imprimés, dont ils avaient provision. Les châteaux de S. M. étaient la Bastille et Vincennes, et, quand ils étaient encombrés, Belle-Isle et Charenton.

La lettre était envoyée à un huissier, qui se mettait en quête de la victime, venait l'arrêter à son domicile, et la conduisait au lieu désigné. Sur le vu de ce passe-port banal d'incarcération, le gouverneur recevait le prisonnier qu'on lui amenait, et le gardait jusqu'à *nouvel ordre*.

Le nouvel ordre était aussi une lettre de cachet, avec un court, mais très-grave changement dans la rédaction. En voici un spécimen provenant de la même source que plus haut :

« Mons....., je vous fais cette lettre pour vous dire de
« mettre en liberté M....... que vous détenez par mes
« ordres, dans mon château de.........
« Sur ce, je prie Dieu qu'il vous ait, Mons. . . . . , en sa
« sainte garde.
« Écrit à. . . . . .
                          « LOUIS. »

Vers la fin du règne de Louis XV, les prisons d'État regorgeaient de victimes des lettres de cachet ; des malheureux y languissaient depuis de longues années, pour des causes où il n'y avait de grave que la haine ou la dureté des gens puissants qui les y maintenaient ; mais, hors ces cas exceptionnels, la détention ordinaire variait de 8 à 15 jours. Sous Louis XVI, en 1788, les prisons étaient presque vides.

Les autorités et les grands seigneurs puissants faisaient détenir les prisonniers *aux frais du Roi*, comme on disait, c.-à-d. de l'État ; mais la lettre de cachet était si bien passée en habitude, qu'on en donnait aussi aux chefs de familles qui la sollicitaient, contre leurs enfants, leurs femmes, leurs descendants : dans ce cas, ils payaient l'entretien des prisonniers. Cette lettre de cachet privée était ainsi conçue :

« De par le Roi, il est ordonné à . . . . . d'arrêter et de
« conduire à . . . . . . le nommé . . . . aux dépends
« de. . . . . . (son père, son grand-père ou sa grand'
- mère, etc.)
« Fait à Versailles, le . . . . . . »

Pour citer un exemple, entre mille, de cette tyrannie domestique, nous rappellerons que le marquis de Mirabeau, qui s'appelait lui-même l'ami des hommes, le père du grand orateur de la Révolution, avait sollicité et obtenu 54 lettres de cachet, tant contre son fils que contre sa femme! Il en fit, plusieurs fois, un moyen de se débarrasser de procès en réclamations de biens qu'il eut à soutenir contre eux. Les lettres de cachet tombèrent avec la Bastille, le 14 juillet 1789. **C. D—Y.**

LETTRE DE CHANGE. Le contrat de change (*V.* Change) consiste à livrer dans un lieu une valeur fournie dans un autre lieu. La lettre de change constate ce contrat. Elle ressemble sous certains rapports au mandat; mais elle doit être *acceptée* (le refus d'acceptation est constaté par un acte qu'on nomme *Protêt faute d'acceptation*), et entraîne des conséquences plus graves en cas de non-payement. La lettre de change, dit le *Code de Commerce* (art. 110), doit être tirée d'un lieu à un autre. Elle est datée. Elle énonce : 1° la somme à payer; 2° le nom de celui qui doit payer; 3° l'époque et le lieu où le payement doit être effectué; 4° la valeur fournie en espèces, en marchandises, en compte ou de toute autre manière. Elle est à l'ordre d'un tiers ou à l'ordre du tireur lui-même, suivant le libellé ci-dessous :

Paris, ce 1er *mars* 1862.   B. P. F. 1000.

A quarante jours de date, payez par cette première de change, à l'ordre de M. Paul, la somme de MILLE FRANCS, valeur reçue en espèces que vous passerez sans autre avis (ou suivant avis du...... 1862).

M. JACQUES,   PIERRE.
Négociant à Besançon.

Quand on fait plusieurs exemplaires d'une même lettre de change, dans la crainte que l'un d'eux ne soit perdu dans le voyage, on le mentionne, en disant :

« A quarante jours de date, payez par cette deuxième de change, la première ne l'étant pas (ou la 2e, ou la 3e, etc.), à l'ordre de. . . . . . »

On appelle *tireur* celui qui tire la lettre de change, c'est ici Pierre; et *tiré*, celui sur qui on la tire, c'est ici Jacques. Quand le tiré a une fois pris l'engagement, toujours nécessaire pour la validité du titre, de payer la lettre, il devient *accepteur*. Le *bénéficiaire* est celui qui la reçoit; le *premier bénéficiaire* est toujours celui à l'ordre de qui elle est tirée, c'est ici Paul. Le *porteur* est celui qui l'a en sa possession au moment de l'échéance. Il faut avoir le soin de mettre en tête, d'un côté, la date et le lieu auxquels la lettre est tirée, de l'autre B. P. F., c.-à-d. *Bon pour francs*, et, à la suite, la somme en chiffres. Dans le corps du billet, la somme doit être écrite en toutes lettres et en gros caractères. Si la somme était payable en livres sterling, on mettrait en tête : B. P. L. st.; car une lettre de change doit toujours désigner la monnaie dans laquelle elle doit être payée. On peut exprimer l'époque de l'échéance en jours ou en mois. Au lieu de *par cette première*, ou *seconde*, ou *troisième de change*, on peut mettre : *par cette seule de change*, ou *par cette lettre de change*, si on ne fait qu'un seul exemplaire. On désigne toujours la nature de la valeur fournie : *valeur en espèces* ou *valeur comptant* signifie que le tiré a reçu de l'argent; *valeur en fournitures* ou *valeur en marchandises*, qu'il a reçu des marchandises; *valeur en compte*, qu'il y a un compte-courant entre le tireur et le tiré. *Que vous passerez* veut dire : « Que vous passerez sur vos livres au débit de mon compte. » On peut tirer une lettre de change sur un débiteur sans le prévenir, surtout quand on a de fréquentes relations avec lui et qu'on est dans l'usage d'agir ainsi; c'est dans ce cas qu'on écrit : *sans autre avis*. Mais il est bien plus sage de le prévenir, puisque la lettre de change suppose acceptation de la part du tiré; dans ce cas on écrit : *suivant avis du...*, avec la date du jour où on l'a fait prévenir par une lettre d'avis. Au-dessous du nom du tiré, il ne faut pas oublier de mettre l'adresse : c'est le seul moyen, 1° de prouver qu'il y a bien contrat de change, c.-à-d. transport d'un lieu dans un autre; 2° de faire savoir à celui

qui sera porteur de la lettre au moment de l'échéance en quel lieu il devra être payé. Pour qu'une lettre de change soit valable, il faut qu'elle ait été réellement tirée d'un lieu sur un autre, et que le tiré soit dans un lieu différent. La loi s'est montrée très-sévère à cet égard. « Sont réputées simples promesses toutes lettres de change contenant supposition soit de nom, soit de qualité, soit de domicile, soit des lieux où elles sont tirées ou dans lesquels elles sont payables (art. 112 du *Code de Commerce*). » Cette sévérité a pour but d'empêcher les simples créances ordinaires de particuliers de revêtir la forme du contrat de change, entraînant après lui la poursuite devant les tribunaux de commerce et la contrainte par corps. Cependant il arrive tous les jours que la loi est violée malgré ces précautions. La lettre de change peut se transporter par voie d'endossement (*V. ce mot*). La loi a fixé les termes d'échéance suivants : la lettre *à vue* est payable à sa présentation; la lettre *après délai*, à l'échéance fixée par la date de l'acceptation; la lettre *à usance* est de 30 jours; la lettre *payable en foire* est échue la veille du jour de la clôture de la foire. *V.* Schiebé, *Traité théorique et pratique des lettres de change*, 1819, in-8°; Fœlix, *Des Lettres de change et billets d'Angleterre*, 1835, in-8°; Persil, *Traité de la lettre de change*, 1837, in-8°; Pardessus, *Traité du contrat et des lettres de change*, 1809, 2 vol. in-8°; Vèche, *Traité de la lettre de change*, 1846, in-8°; Nouguier, *Des lettres de change et des effets de commerce en général*, 2e édit., 1851, 2 vol. in-8°. — *V.* aussi LETTRE DE CHANGE, dans notre *Dictionnaire de Biographie et d'Histoire*. **L.**

LETTRE DE CRÉANCE. *V.* CRÉANCE.

LETTRE DE CRÉDIT. *V.* CRÉDIT.

LETTRE DE GAGE, nom donné aux titres de crédit ou obligations qu'une Société de crédit foncier émet, et qui ont pour garantie le fonds social et l'ensemble des propriétés sur lesquelles la Société a hypothèque. Les lettres de gage sont nominatives ou au porteur, et portent intérêt. Il est procédé chaque année à leur remboursement au prorata des sommes affectées à l'amortissement des emprunts.

LETTRE DE MARQUE, autorisation donnée par un État à ses nationaux, et pour un temps déterminé, d'armer des bâtiments en guerre, et de faire la course sur les vaisseaux ennemis (*V.* COURSE). On fait dériver l'expression de l'ancien mot *mark* (frontière), parce que c'est comme une autorisation de franchir les frontières du pays avec lequel on est en guerre. En France, les lettres de marque étaient délivrées par le ministre de la marine; dans les colonies, par les gouverneurs (*V.* la Loi des 31 janvier-1er février 1793, et l'arrêté du 2 prairial an XI, — 22 mai 1803).

LETTRE DE MER, en termes de Marine, est synonyme de *congé* (*V. ce mot*).

LETTRE DE NATURALISATION. *V.* NATURALISATION.

LETTRE DE RAPPEL, notification adressée à un ambassadeur pour mettre fin à sa mission et le rappeler dans son pays.

LETTRE DE RECRÉANCE, lettre qu'un souverain envoie à son ambassadeur pour la présenter au prince d'auprès duquel il le rappelle. On donne le même nom à la lettre qu'un prince remet à un ambassadeur qui prend congé de lui pour le prince qui a notifié le rappel.

LETTRE DE RELIEF. *V.* DÉROGEANCE.

LETTRE DE SERVICE, lettre ministérielle par laquelle un officier en disponibilité est appelé à remplir les fonctions de son grade.

LETTRE DE VOITURE, feuille ouverte, adressée à toute personne à qui l'on envoie des marchandises par voitures ou bateaux. Elle doit être datée, exprimer la nature et le poids ou la contenance des objets à transporter, le délai dans lequel devra se faire le transport, le nom et domicile du commissionnaire par l'entremise duquel ce transport s'opère s'il y en a un, le domicile du voiturier, le nom du destinataire, le prix du transport, et l'indemnité due pour cause de retard. Elle est assujettie à un timbre fixe de 35 centimes, et signée par l'expéditeur ou le commissionnaire. Le commissionnaire est tenu d'en avoir la copie sur un registre coté et paraphé sans intervalles.

LETTRE DOMINICALE. } *V.* ces mots dans notre *Dictionnaire de Biogr. et d'Histoire.*
LETTRE PASTORALE. }

LETTRES, mot qu'on emploie souvent pour désigner l'ensemble des connaissances qui concourent à l'ornement de l'esprit. On appelle spécialement *Belles-Lettres* la grammaire, l'éloquence et la poésie, ce que les Romains désignaient sous le beau nom de *humaniores litteræ*, les lettres les plus humaines.

LETTRES (Facultés des), corps de professeurs chargés

de l'enseignement supérieur des Lettres dans l'Université de France. On en compte 16, siégeant à Aix, Besançon, Bordeaux, Caen, Clermont-Ferrand, Dijon, Douai, Grenoble, Lyon, Montpellier, Nancy, Paris, Poitiers, Rennes, Strasbourg et Toulouse. Les Facultés ont des chaires de littérature ancienne, de littérature française, de littérature étrangère, de philosophie, et d'histoire. A la Faculté de Paris, ces divers enseignements sont morcelés : ainsi, il y a des chaires pour la littérature grecque, l'éloquence latine, la poésie latine, l'éloquence française, la poésie française, la philosophie, l'histoire de la philosophie, l'histoire ancienne, l'histoire moderne, la géographie, etc. Toutes les Facultés confèrent les trois grades universitaires, baccalauréat, licence et doctorat. Le traitement des professeurs se composa de deux éléments, l'un fixe et l'autre éventuel : le traitement fixe fut de 7,500 fr. à Paris, et de 5,000 fr. dans les départements. Le traitement éventuel fut le droit de présence aux examens : ce droit fut de 7 fr.; un décret du 26 déc. 1854 fixa, à Paris, un maximum de produit éventuel, qui fut de 5,000 fr. pour les professeurs et le secrétaire, de 2,500 fr. pour les agrégés. (V. AGRÉGATION.) Un arrêté du 7 mars 1853 a réglé la distribution des matières de chaque enseignement. V. le Supplément.

LETTRES (Hommes de). V. GENS DE LETTRES.

LETTRINE (diminutif de *lettre*), nom que l'on donne, en Typographie, 1° aux petites lettres placées au-dessus ou à côté d'un mot pour renvoyer le lecteur à des notes placées à la marge ou au bas de la page; 2° aux majuscules placées au haut des pages ou des colonnes d'un dictionnaire pour indiquer les initiales des mots qui s'y trouvent.

LETTRISÉS (Vers), nom donné aux vers dont les mots commencent par la même lettre. V. ALLITÉRATION.

LEU D'ESSERENT (Église de SAINT-), dans le département de l'Oise, à 6 kilom. S.-O. de Creil. C'est un remarquable monument de la transition entre l'architecture romane et l'architecture ogivale. Le portail consiste en une grande arcade romane ornée de trois rangs de zigzags et reposant sur de courtes colonnes à chapiteaux rustiques. A droite, le clocher, haut de 50 mèt., présente deux étages de légères arcades romanes, surmontés d'une flèche octogone à écailles de poisson dont chaque angle est garni d'un clocheton élégant. Derrière le portail, un porche, aussi large que l'église, et profond de 6 mèt., supporte une vaste salle voûtée, reposant sur des piliers à chapiteaux fantastiquement historiés, et éclairée par des fenêtres romanes. L'église, longue de 71 mèt., large de 21 mèt., haute de 27 mèt. sous voûte, est dépourvue de transept, et se termine en hémicycle à l'orient. Les bas côtés, qui tournent autour du chœur et du sanctuaire, sont séparés de la nef par de larges arcades à ogives surbaissées, portant sur 24 gros piliers romans à chapiteaux ornés de feuillages. De minces colonnes, adossées à une partie des ces piliers, s'élancent jusqu'à la naissance des voûtes, tandis qu'aux autres les colonnettes s'élèvent seulement à partir des chapiteaux. Au-dessus des arcades règne une galerie, qui s'ouvre sur l'église par de petites ogives géminées très-simples, et qui était éclairée extérieurement par de petites fenêtres romanes, aujourd'hui bouchées, et alternant avec des rosaces. La galerie est surmontée de 42 larges et hautes fenêtres à ogive. Le chœur et le sanctuaire ont presque la même longueur que la nef. Sur chaque bas côté, parallèlement au sanctuaire, s'élève une tour romane sans flèche. L'abside est garnie de cinq chapelles.

LEVAGE, en termes de Construction, pose, sur un bâtiment, des différentes parties d'une charpente taillée au chantier.

LEVÉ, en termes de Musique, se dit du temps de la mesure où l'on lève la main ou le pied. C'est toujours un temps faible.

LEVÉE, élévation de terre ou de maçonnerie en forme de digue pour retenir les eaux d'un canal, d'une rivière, ou pour servir de chemin à travers un marais. La plus belle levée qu'il y ait en France est celle des bords de la Loire, depuis Orléans jusqu'à Nantes.

LEVÉE MILITAIRE. V. notre *Dictionnaire de Biographie et d'Histoire.*

LEVÉES (Pierres). V. CELTIQUES (Monuments).

LEVER-DIEU, moment de la Messe où le prêtre élève l'hostie consacrée.

LEVIER PNEUMATIQUE. Cet appareil, qu'on appelle aussi *mécanisme Barker*, du nom de son inventeur, est appliqué au mécanisme ordinaire des claviers de l'orgue, et a pour objet de rendre l'abaissement des touches aussi

facile que sur le piano, et de donner une légèreté parfaite au toucher, même dans le cas où plusieurs claviers se trouvent réunis sur un seul. Cet appareil se compose : 1° d'une série de petits soufflets, dont un pour chaque touche du clavier principal; 2° d'une série de soupapes à double effet attenantes auxdits soufflets, et destinées à être mises en jeu par l'action des touches; elles ont pour objet de laisser pénétrer de l'air comprimé dans les soufflets, de manière à les gonfler lors de la dépression des touches, et de les dégonfler quand ces dernières se relèvent, afin d'établir une succession de mouvements identiques avec ceux des touches, et qui, transmis par le mécanisme ordinaire jusqu'aux soupapes propres de l'orgue, admettent le vent aux tuyaux sans qu'il y ait aucune résistance sensible sous les doigts de l'organiste; 3° d'une série de pédales qui ont pour effet de porter l'action du levier pneumatique sur tel ou tel clavier, de constituer des accouplements de toute nature, soit à l'unisson, soit à l'octave grave ou aiguë, d'augmenter ainsi presque indéfiniment la puissance et la variété des effets. Le levier pneumatique, appliqué généralement aujourd'hui à toutes les grandes orgues, est le plus ingénieux et le plus utile perfectionnement qu'on ait introduit dans la facture des orgues.   F. C.

LÉVIRAT.   ⎫
LÉVITES.   ⎪ V. ces mots dans notre *Dictionnaire*
LÉVITIQUE.   ⎬ *de Biographie et d'Histoire.*
LEXIARQUES.   ⎭

LEXICOGRAPHIE, ensemble des règles qui concernent la composition des Lexiques, Vocabulaires ou Dictionnaires de mots d'une langue. Quelques grammairiens ont donné le même nom à la partie de la grammaire qui traite des mots considérés isolément et en eux-mêmes, sans tenir compte des rapports qu'ils ont les uns avec les autres, lesquels font l'objet de la *Syntaxe*. D'autres disent *Lexicologie*, d'autres *Lexigraphie*.   P.

LEXIQUE (du grec *lexicon*, livre de mots). Chez les anciens Grecs, ce mot correspondait à ce que nous appelons *Dictionnaire* ou *Vocabulaire*. Les Lexiques n'étaient pas chez eux des recueils simplement destinés à donner l'orthographe et l'accent de chaque mot de la langue, mais des recueils tout à la fois orthographiques, philologiques, littéraires, critiques, interprétatifs, comme nous pouvons en juger par les monuments, fort incomplets d'ailleurs, qui nous sont parvenus en ce genre. Quelques-uns de ces Lexiques sont de véritables commentaires : par exemple, celui d'Harpocration, qui contient le catalogue et l'explication de tous les termes judiciaires, législatifs, administratifs, politiques, employés par les dix orateurs athéniens qui avaient laissé des ouvrages; celui de Suidas, à la fois biographique, historique, géographique et littéraire, et rempli de citations. L'*Etymologicum magnum*, l'*Onomasticon*, etc., ne sont que des variétés de ce genre de recueils. — La littérature latine a été beaucoup moins riche en Lexiques que celle des Grecs. Il ne nous en est parvenu aucun monument complet; le plus important qui nous en reste est l'abrégé de seconde main du Dictionnaire de Verrius Flaccus. — Chez les Modernes, le mot *Lexique* ne s'est guère appliqué qu'aux recueils de mots des langues mortes. Tels sont les *Lexica græco-latina* de Craston (xve siècle), de Constantin (xvie siècle), de Scapula et de Schrevelius (xviie siècle), etc. Les Lexiques les plus importants datent du xviiie siècle; ce sont : *Lexicon totius latinitatis* de Facciolati; *Lexicon technologiæ græcorum rhetoricæ*, et *Lexicon technologiæ latinorum rhetorum*, d'Ernesti. On a sous le nom de l'abbé Prévost (1755) un *Manuel-Lexique* pour la langue française, qui n'offre rien de remarquable. En général, pour les langues modernes, on se sert du terme *Vocabulaire* (V. ce mot). Certains Lexiques relatifs aux langues mortes portent le nom de *Thesaurus* (V. ce mot). Les Lexiques renfermant les mots propres à certains dialectes ou patois, soit du moyen âge, soit des temps modernes, s'appellent *Glossaires* (V. ce mot).   P.

LÉZARDE, fente qui se produit dans un mur à la suite d'un tassement ou de quelque rupture ou écrasement. Lorsqu'un bâtiment se lézarde, on doit l'inspector et se rendre compte de la marche de la détérioration par celle des lézardes : pour cela on place, en travers des lézardes et par-dessus, de petits tasseaux en plâtre, qui se fendent au plus petit mouvement de l'édifice, et indiquent sûrement les progrès plus ou moins rapides du mal; ou simplement on colle du papier dessus.   E. L.

LIAISON, en termes de lecture et de débit, désigne l'union qui se fait dans la prononciation entre une consonne finale habituellement muette et la voyelle initiale du mot suivant afin d'éviter un hiatus, pourvu toutefois que les deux mots voisins se lient naturellement entre eux par la force du sens. S et ses analogues X et Z, T et son analogue D, sont les consonnes qui se lient le plus volontiers au mot suivant. La liaison de s et x se fait toujours avec le son de z :

> Les vastes appétits d'un faiseur de conquêtes...
> Si le ciel à ces maux avait borné ma peine...
> Feuilletez à loisir tous les siècles passés.

D sonne comme T :

> Quelle était en secret ma honte et mes chagrins!
> Et tout ce grand éclat de leur gloire ternie...

L'usage, réglé sur l'euphonie, supprime certaines de ces liaisons, par exemple dans les mots chaud, froid, pied, fond, goût, etc. On dit toutefois, avec la liaison : « De pied en cap, de fond en comble. » D ou T final, précédé de r, est toujours muet : dépar(t) imprévu; il sor(t) en courant; le sor(t) en est jeté; il cour(t) à bride abattue; il dor(t) à l'ombre; un regar(d) effroyable; un bor(d) escarpé; Malherbe ser(t) encore de modèle. Au pluriel, ces mots font sonner leur s : « des bords escarpés; des efforts indomptables. » Pour le mot remords, qui s'écrit au singulier comme au pluriel, quelques personnes prétendent qu'il faut supprimer la liaison au singulier, et dire un remor(ds) importun, mais la rétablir au pluriel et dire alors des remor(d)s importuns. Cette règle nous paraît subtile; car, en raison surtout de l'étymologie (remorsus), s doit sonner dans l'un et l'autre cas, comme cela a lieu pour le mot cours et ses dérivés concours, recours, secours, etc., du moins dans le débit soutenu.

Dans les mots terminés en ct, t est fort souvent muet, particulièrement dans les mots respect, aspect, instinct; la liaison avec le mot suivant se fait par le c : respec(t) humain, aspec(t) affreux, instinc(t) impérieux. » Il y a incertitude et désaccord pour les mots suspect, circonspect. Dans le mot abject, on fait sonner toujours le t. Il faut avouer qu'à cet égard les règles ne sont ni sans confusion ni sans bizarrerie. Aussi, dans le langage familier, supprime-t-on avec beaucoup de raison, même devant les voyelles, la prononciation du c et du t, que l'instinct populaire a toujours laissés muets. Au pluriel, liaison par l's seule.

Après les consonnes s, x, z, t, d, la lettre qui est le plus communément susceptible de liaison est r, mais seulement aux infinitifs :

> Aucun traité peut-il
> Forcer un chat à la reconnaissance?

L'e qui précède a toujours en ce cas un son plutôt ouvert que fermé. Partout ailleurs la liaison ne peut avoir lieu sans une bizarrerie inintelligible ou ridicule : ainsi, on ne peut jamais modifier la prononciation de la finale de berger, panier, dîner, cuisinier, etc.

> Je prendrai mon dîner dans le panier au pain.
> Et ce beau cuisinier armé d'un grand couteau.

En prose et dans le langage familier, l'infinitif en er ne laisse pas sonner r, dès qu'il y a une légère pause exigée par le sens; mais, en vers, cette liaison est généralement obligatoire, comme dans ce vers de La Fontaine, où elle forme même une sorte d'onomatopée :

> Et mon chat de crier, et le rat d'accourir.

Les autres consonnes, telles que c, g, l, n, p, ne se lient qu'accidentellement à la voyelle initiale du mot suivant. C sonne dans les mots estomac, tabac, franc, croc, etc. : « mon estomac est plein ; le tabac est divin ; courir à franc étrier, donner un croc en jambes, etc. » G se lie avec le son k : « un rang élevé ; sang artériel ; long entretien ; ce long amas d'aïeux, etc. L se lie avec le son mouillé : « gentil homme, gentil enfant. » N n'est susceptible de liaison que dans la préposition en et dans l'adverbe de même son; dans le nom indéfini on (sauf les inversions) ; dans les adjectifs mon, ton, son; et dans les adjectifs en en, ein, ain (ancien, plein, certain, vilain, vain) ; dans l'adverbe bien, lorsqu'il est proclitique (cela est bien aimable), ou lorsqu'il forme locution avec les mots suivants (il fallait bien et beau) ; enfin dans le nom indéfini rien. Mais aucune liaison ne saurait avoir lieu dans les mots terminés en in, on, un; il n'y a d'exception que pour le mot un et son dérivé aucun. P se lie très-rarement, comme dans les mots trop, coup : « un coup inat-

tendu (mais seulement en vers); il est trop honnête homme. » L'adverbe beaucoup admet aussi la liaison, mais non pas les locutions pour le coup, tout à coup, sur le coup, après lesquelles l'usage a consacré l'hiatus. En vers, pour éviter un hiatus désagréable, on ménage en ce cas dans le débit un léger intervalle, comme dans ces vers de La Fontaine :

> Dans un champ — à l'écart — voit du blé répandu.
> Seigneur loup — étrangla le baudet sans remède.

Les liaisons ne sont de règle que dans la lecture et dans le débit soutenu, surtout en vers, lorsque la mesure et l'harmonie en font une loi impérieuse. Dans la conversation familière, il est de bon goût de supprimer toutes celles que l'on ne peuvent pour ainsi dire passer inaperçues : ainsi, généralement, on néglige de prononcer r de l'infinitif à la 1re conjugaison, s ou z ou x, signes du pluriel; on dit plutôt : « les Françai(s) ont été vainqueurs que les Françai-z-ont été..., plutôt trois heure(s) et demie que trois heure-z-et demie, qui a quelque chose d'affecté. Certaines liaisons se sont établies d'une manière tout à fait arbitraire dans le langage familier, et cela depuis un temps presque immémorial; telles sont les modifications que la raison et l'étymologie n'autorisent guère. Tel est l'usage de faire entendre s à la 1re personne des verbes de la 2e, 3e et 4e conjugaison : je finis-à l'instant, je crois-en Dieu, j'attends-encore. Primitivement on écrivait je fini, je croi, j'attend, conformément à l'analogie du latin finio, credo, attendo. De même, l'imparfait n'avait pas s, mais e muet à la 1re personne ; s ne paraissait qu'à la 2e personne, comme t à la troisième, ainsi que dans la conjugaison latine. Ce n'est que dans la prononciation que cette s intercalaire s'est fait entendre d'abord ; mais, dès le xvie siècle, elle s'introduit peu à peu dans l'écriture, où elle est aujourd'hui consacrée. La même observation s'applique aux mots certes, jusques, guères, dont la double orthographe, encore autorisée, s'étendait autrefois aux mots mêmes et même, presques et presque, ore et ores, encore et encores, avecque et avecques, oncque et oncques, etc. Réciproquement, le t final, exigé par l'étymologie, a disparu de la 3e pers. du sing. de l'indicatif présent et passé défini, à la 1re conjugaison, et dans les verbes il a, il va : il ne s'est maintenu que dans la tournure inversive aime-t-il, va-t-il, a-t-il, dansa-t-il? Il a également disparu au futur : il viendra à trois heures; mais il reparaît dans le tour interrogatif viendra-t-il? (V. Cuir.) Sur les liaisons, on trouve des développements dans le chap. 2 de la Grammaire des Grammaires de Girault-Duvivier, p. 33-78, de l'édition de M.-A. Lemaire.　　　　　　　　　　　　　　　　　　　　　　　P.

LIAISON, en termes de Construction, manière de disposer les pierres ou les briques par enchaînement les unes aux autres, de sorte que les joints verticaux se croisent, et ne tombent pas, pour deux assises consécutives, les uns sur les autres. La liaison est dite à sec, quand les pierres sont posées sans mortier. Quand on se sert de mortier ou de plâtre détrempé pour joindre les pierres ou les briques entre elles, on fait une liaison de joint.

LIAISON, en Calligraphie, trait délié qui joint une lettre à une autre ou les parties d'une même lettre. — En Musique, trait recourbé qui joint les notes liées, c.-à-d. destinées à être exécutées du même coup d'archet, ou du même souffle, ou du même coup de gosier. C'est là ce qu'on nomme liaison de chant. Il y a liaison d'harmonie, lorsqu'une note d'un accord demeure dans l'accord suivant, par exemple dans les accords de la tonique et de la sousdominante, où le même son sert de quinte à l'une et d'octave à l'autre. Dans le plain-chant, on nomme liaison une suite de notes passées sur la même syllabe.

LIARD. V. ce mot dans notre Dictionnaire de Biographie et d'Histoire.

LIBAGES (du latin libare, effleurer), en termes d'Architecture, quartiers de pierres dures qu'on emploie presque brutes dans les fondations, où elles servent de plateforme pour asseoir la maçonnerie de pierres de taille ou de moellons.

LIBATION. } V. ces mots dans notre Dictionnaire de
LIBELLA. 　} Biographie et d'Histoire.

LIBELLE (du latin libellus, petit livre). Ce mot n'emportait pas originairement une idée défavorable; il avait, dans la langue du Droit, le sens d'acte judiciaire. Ainsi, le libelle de divorce était l'acte par lequel un mari notifiait à sa femme qu'il la répudiait ; le libelle de proclamation, l'action intentée en justice pour obtenir la réparation d'un dommage; le libelle d'accusation, l'acte dans lequel un accusateur s'engageait à subir la peine portée par la loi, s'il succombait dans son accusation. Aujourd'hui on dit encore *libeller* un réquisitoire, une sentence. Mais le mot *libelle* a pris depuis longtemps le sens d'écrit diffamatoire, et la qualification de *libelliste* est devenue méprisante pour un auteur. Une distinction, que l'on ne fait pas toujours, existe entre le *libelle* et le *pamphlet* : le premier, dénonciation haineuse, souvent anonyme, contre des particuliers, ne survit guère à l'intérêt qui l'a inspiré ; le second, attaque passionnée, mais courageuse contre le pouvoir, peut vivre longtemps, s'il a été l'expression d'une vérité générale et la revendication d'un droit. Voltaire a fait avec raison la remarque suivante : « Tous les honnêtes gens qui pensent sont critiques, les malins sont satiriques, les pervers font des libelles. » Le libelle a existé de tout temps, parce qu'il y a toujours eu des passions et des querelles. La loi des Douze-Tables défendit, sous peine de mort, les chansons dirigées contre les citoyens. L'*Anti-Caton* de César était un libelle. Sous l'Empire romain, les libelles contre le prince tombèrent sous l'application de la loi de lèse-majesté. Julien, raillé par les habitants d'Antioche, ne fit point usage de la puissance impériale ; il se contenta de répondre par le *Misopogon*. Le Code de Justinien déclare inhabiles à tester ceux qui auront été condamnés pour les libelles. Dans l'ancienne France, les libelles contre les souverains et les personnes puissantes étaient rigoureusement punis : la peine, laissée à l'arbitraire des juges, fut souvent la mort pour l'auteur, quelquefois même pour l'imprimeur ; les simples détenteurs n'étaient pas à l'abri des poursuites. Il y a eu, dans les deux derniers siècles, des libellistes fameux, Garasse, Nonotte, Fréron, La Beaumelle, Linguet, etc. Ce dernier a composé contre les libellistes une *Théorie du libelle, ou l'Art de calomnier avec fruit*, 1775, in-12. De nos jours, le libelle s'est souvent incorporé au journal, ou a pris la forme de biographies scandaleuses. Il est réprimé par la loi sur la diffamation (*V. ce mot*). B.

LIBÉRAL, mot du langage politique depuis la Révolution, et s'appliquant à tout homme dévoué à la défense de la liberté et des autres droits conquis par cette Révolution. Le *libéralisme* est la doctrine professée par les *libéraux*. Ces mots furent surtout en usage du temps de la Restauration.

LIBÉRALITÉS, terme de Droit. V. DONATION.

LIBÉRATION, action de se libérer d'une dette, d'une obligation envers un particulier, et du service militaire envers l'État. Dans le premier cas, la libération s'opère par le payement, par la novation (*V. ce mot*), et par la remise volontaire du titre. Dans le second, elle a lieu, soit quand le Conseil de révision a reconnu des droits légitimes à l'exemption du service, soit par l'exonération et le remplacement (*V. ces mots*), soit pour infirmités contractées au service, soit après parfait accomplissement du temps de service.

LIBÉRAUX (Arts). V. ARTS LIBÉRAUX.

LIBÉRÉS, reclusionnaires et forçats qui ont subi leur peine, et qui sont sous la surveillance de la haute police. Le décret du 1er janv. 1807 mettait les forçats libérés à la disposition du ministre de la police générale ; le *Code pénal* (art. 44) donnait seulement à l'administration le droit de déterminer les lieux où il était interdit aux libérés de paraître. Le décret du 16 avril 1852 et la loi du 30 mai 1854 décident que les forçats libérés dont la peine était inférieure à 8 ans de travaux doivent résider à la Guyane française pendant un temps égal à la durée de leur condamnation ; que, si la peine était de 8 ans et au delà, ils sont tenus de résider dans la colonie pendant toute leur vie ; qu'en cas de grâce ils ne peuvent être dispensés de la résidence que par une disposition spéciale ; que le gouverneur peut les autoriser à quitter momentanément la colonie, mais jamais pour se rendre en France ; que les concessions provisoires ou définitives de terrains peuvent leur être faites ; que tout libéré qui sort de la colonie sans autorisation est envoyé aux travaux forcés pendant une durée de 1 à 3 ans ; que les infractions, crimes et délits des libérés sont jugés par le Conseil de guerre de la colonie, auquel sont adjoints deux officiers du commissariat de la marine. V. Bernéol, *Essai sur les condamnés libérés*, 1854, in-8°.

LIBERTÉ. La liberté, considérée comme fait interne, prend le nom de *liberté morale*, et consiste dans le pouvoir de se déterminer ; la détermination supposant ordinairement un choix, la liberté est aussi appelée *libre arbitre* (du latin *libra*, balance). Rigoureusement, la liberté ne se *démontre* pas ; elle se *montre* par des actes qui se répètent à chaque heure de la vie et que la con-

science proclame. Mais, pour ceux qui veulent des preuves, il y a de deux sortes, les *preuves psychologiques* et les *preuves morales*. Les premières sont : 1° le sentiment immédiat que l'homme a de sa liberté ; « un homme qui n'a pas l'esprit gâté, dit Bossuet, n'a pas besoin qu'on lui prouve son franc arbitre, car il le sent, et ne sent pas plus clairement qu'il voit et qu'il raisonne ; » — 2° la notion du devoir ; car il n'y a de devoir que pour l'être qui est libre de se conformer à la loi ou de la violer ; — 3° certains faits qui précèdent ou suivent les actes libres, tels que les engagements, les promesses, la délibération, le choix, la satisfaction morale, les remords ; « la notion si claire que nous avons de nos fautes, dit encore Bossuet, est une marque certaine de la liberté que nous avons eue de les commettre. » Les *preuves morales* consistent dans l'universalité de l'idée de liberté, constatée dans toutes les langues par un mot qui l'exprime ; dans l'universalité de certains faits moraux qui seraient impossibles si l'homme n'était pas libre, comme les lois, les traités, les contrats, le mépris, l'admiration, etc. Une dernière considération se joint à ces preuves. Il y a des cas où l'homme n'est pas libre ; ainsi, dans le sommeil, l'ivresse, la folie, l'extase, etc. : tout le monde sait la différence qu'il y a entre ces divers états et celui de liberté ; la justice en tient compte, ce qui n'aurait pas lieu si l'homme n'avait jamais la liberté morale ou s'il l'avait toujours. Aucune objection ne peut la détruire : celle tirée du *motif déterminant* (V. MOTIF) repose sur une fausse analogie entre les motifs et les poids d'une balance ; une autre, s'appuyant sur la nature divine, sacrifierait la bonté et la justice de Dieu pour sauver sa prescience (*V. ce mot*), ce qui conduirait à une absurdité révoltante. — La liberté, si évidente en fait, a donné lieu à de longues controverses dans la spéculation. Le fatalisme (*V. ce mot*), professé par l'École du Portique, faisait en quelque sorte partie de la religion dans l'antiquité ; Oreste et OEdipe en sont la preuve ; il dominait dans l'Asie. La doctrine de la *grâce* (*V. ce mot*) n'était autre qu'une lutte entre le fatalisme et la liberté, lutte soutenue, à des degrés divers, par St Augustin contre Pélage, par Gomar contre Arminius, par Port-Royal contre les Molinistes.

Si la liberté est contestée en théorie, elle ne l'est pas dans la pratique ; elle est, au contraire, reconnue dans toutes les sphères de l'activité humaine. En l'envisageant donc dans ses manifestations, il y a lieu de distinguer ; la *liberté naturelle*, droit qu'a l'homme d'user de ses facultés en vue de son bien ; l'état social met nécessairement, dans l'intérêt commun, des limites à cette liberté ; la *liberté civile*, droit de faire ce qui n'est pas défendu par la loi, et de s'abstenir de ce qu'elle n'ordonne pas ; la *liberté politique*, jouissance de certains droits politiques réglés et accordés par la Constitution ; la *liberté de penser*, droit de faire connaître son opinion avec une entière indépendance sur toutes matières, religion, philosophie, politique, etc. ; la *liberté de conscience*, droit qu'a tout homme de choisir et de préférer les croyances religieuses qui lui paraissent le plus conformes à la vérité, sans pouvoir être inquiété ; la *liberté des cultes*, droit qu'a chacun de manifester par des actes extérieurs son hommage à la divinité, selon les rits de la religion qu'il professe, et de manière à ne pas troubler l'ordre public (*V. CULTES*) ; la *liberté de la presse*, droit de manifester sa pensée par des écrits, et en particulier par les journaux (*V. PRESSE*) ; la *liberté de l'industrie et du travail*, droit d'exercer sa profession sans être soumis à aucune entrave ; la *liberté du commerce*, droit de vendre et d'acheter, à l'intérieur ou au dehors, sans être soumis à des règlements prohibitifs ou restrictifs (*V. LIBRE ÉCHANGE*) ; la *liberté des mers*, droit commun à tous les peuples de naviguer sur toutes les mers. R.

LIBERTÉ, divinité allégorique du paganisme. On la disait fille de Jupiter et de Junon. Elle était représentée sous la figure d'une femme vêtue de blanc, tenant un sceptre à la main, quelquefois une lance, et coiffée du bonnet phrygien, par allusion à la coutume des Romains d'en remettre un à l'esclave qu'ils voulaient affranchir. A ses pieds était un chat, animal ennemi de toute contrainte. Pendant la Révolution, on vit, sur les places publiques, des statues de la Liberté à la place de celles des rois, et, dans certaines solennités publiques, des femmes représentèrent la Liberté, ainsi que la déesse Raison. R.

LIBERTÉ (Arbres de la). V. notre *Dictionnaire de Biographie et d'Histoire*.

LIBERTÉ D'ENSEIGNEMENT. V. ENSEIGNEMENT.

LIBERTÉ PROVISOIRE (Mise en). Elle peut être accordée sous caution ou sans caution. Au premier cas, elle n'est ordonnée qu'en matière correctionnelle, par décision de la Chambre du conseil, et sous condition que le prévenu donnera, en argent ou en immeubles, une caution qui n'est jamais moindre de 500 fr. On ne l'accorde pas aux repris de justice. Rectifiant l'art. 94 du *Code d'Instruction criminelle*, une loi du de 1855 porte que, dans le cours de l'instruction, le juge peut, sur les conclusions conformes du procureur impérial, donner mainlevée de tout mandat de dépôt, à la charge par le prévenu de se présenter à tous les actes de la procédure et pour l'exécution du jugement aussitôt qu'il en sera requis. V. au *Suppl.*

LIBERTÉS DE L'ÉGLISE GALLICANE. **V.** EGLISE GALLICANE, dans notre *Dictionnaire de Biographie et d'Histoire.*

LIBERUM VETO. } V. ces mots dans notre *Diction-*
LIBITINAIRE. } *naire de Biographie et d'His-*
LIBITINE. } *toire.*

LIBRAIRE, marchand de livres. S'il achète des manuscrits pour les publier, il est dit *éditeur-libraire* (V. ce mot), et il arrive, moins souvent aujourd'hui qu'autrefois, qu'il imprime ses ouvrages lui-même. Celui qui ne fait que placer et expédier, moyennant certaines remises, les livres édités par d'autres, s'appelle *libraire-commissionnaire* ou *d'assortiment.* Le commerce des livres d'occasion est le fait du *bouquiniste* (V. Bouquin). — Un passage de l'*Anabase* (VII, 5) de Xénophon paraît être la plus ancienne mention du commerce des livres. Diogène Laërce (*Vie de Zénon*, VII, 3) parle de libraires athéniens. Nous avons indiqué, dans notre *Dictionnaire de Biographie et d'Histoire*, les différents personnages auxquels les anciens Romains donnaient le nom de *libraires*. En latin, *librarius* ne signifiait que copiste, et le marchand de livres s'appelait *bibliopola;* les deux professions furent, au reste, souvent confondues, et s'ajoutèrent même parfois à celle d'auteur. On voit par Pline le Jeune que la ville de Lyon avait des libraires dès le 1er siècle de notre ère. C'était sans doute l'usage, comme chez les Modernes, de placer le nom du libraire sur les livres qu'il mettait en vente; d'où il résulte que l'on a pu prendre, sur d'anciens manuscrits, le libraire pour l'auteur : Eckard pense, par exemple, que l'*Æmilius Probus*, à qui l'on a attribué l'œuvre de Cornélius Népos, était un libraire du temps de Théodose. Pendant les premiers siècles du moyen âge, les moines furent les seuls à s'occuper de copier et d'échanger les livres. Au XIIIe siècle, l'Université de Paris s'adjoignit des *clercs libraires jurés* chargés de débiter les livres sous sa surveillance : on les appelait quelquefois en latin *stationarii;* en anglais, *stationer* est encore le mot qui veut dire libraire. Les libraires, formés en communauté, étaient obligés par leurs statuts de soumettre aux Facultés les copies des manuscrits originaux; ils ne pouvaient les mettre en vente que lorsqu'elles avaient été revues et approuvées. L'invention de l'imprimerie donna une forte impulsion au commerce des livres; mais, à partir de Henri II, les libraires furent assujettis à des règlements sévères. Ainsi, d'après une ordonnance du 27 juin 1552, ils ne pouvaient faire venir des livres des pays non catholiques, et l'autorité ecclésiastique devait assister à l'ouverture des ballots de provenance étrangère. Une ordonnance du 27 juin 1553 leur interdit de vendre d'autres livres que ceux qui étaient inscrits sur leur catalogue. La publication d'une simple gravure sans l'autorisation du roi, la vente ou distribution de livres sans permission spéciale, étaient punies de mort. L'ordonnance de Moulins en 1566 modifia les pénalités, mais on abandonna l'application à l'arbitraire des juges. Henri IV apporta quelques adoucissements à la législation. En 1615, un arrêt du Parlement fixa à 4 années la durée de l'apprentissage, que l'on réduisit plus tard à 3 ans, et nul individu marié ne pouvait être reçu apprenti. Le nombre légal des membres de la corporation des libraires était alors de 24. En 1618, une *Chambre syndicale de la librairie et de l'imprimerie* fut instituée (V. Chambre). La vente des livres ne se faisait pas seulement par les libraires en titre, mais aussi par des marchands ambulants et par des bouquinistes ou étalagistes : les libraires obtinrent en 1649 la suppression de cette concurrence. En vertu d'un édit de 1626, la peine de mort fut rétablie contre les auteurs ou distributeurs d'ouvrages attaquant la religion et le gouvernement. Ce même édit exigeait que les livres fussent imprimés « en beaux caractères, sur de bon papier, et bien corrects, » que tout imprimeur ou libraire fût « congru en langue latine » et sût lire le grec. La résidence dans le quartier de l'Université était obligatoire; les infractions à ce règlement furent si réitérées, qu'un édit du 1er avril 1620 menaça de mort les délinquants, et que d'autres édits de

1686 et 1725 portèrent contre eux les peines « de confiscation des livres, presses, caractères et ustensiles servant à l'imprimerie, de privation de la maîtrise, et de punition corporelle en cas de récidive. » L'édit de 1725 soumit aussi à des examens sévères les candidats qui se destinaient à la profession d'imprimeur-libraire. Bien que les Parlements eussent refusé de l'enregistrer, un arrêt du Conseil de 1744 en étendit l'application à tout le commerce de la librairie en France. De leur côté, les Parlements publièrent des arrêts de règlement *sur le fait de* la librairie; mais ces arrêts différaient entre eux dans leurs principales dispositions, et la législation offrait sur ce point un incroyable pêle-mêle. En 1777, divers arrêts du Conseil organisèrent la librairie sur de nouvelles bases. Le nombre des libraires fut illimité : la maîtrise de libraire coûta 1,000 livres, et celle d'imprimeur 500. Pour être reçu libraire, il fallut être de la religion catholique, de bonne vie et mœurs, et avoir subi un examen en présence des syndics, adjoints et autres préposés. Le recteur de l'Université, entre les mains duquel les libraires et les imprimeurs prêtaient serment, faisait expédier les lettres, qui étaient soumises au lieutenant général de police et au garde des sceaux avant l'arrêt du Conseil. La durée du droit de propriété des libraires sur les livres fut restreinte à la vie des auteurs. A la Révolution, l'exercice de la profession de libraire fut déclaré libre, et sans autre condition qu'une patente. Le décret impérial du 5e février 1810, les art. 283, 487 et 477, du *Code pénal*, les diverses lois sur la presse des 21 octobre 1814, 17 et 26 mai 1819, 9 septembre 1835, et le décret du 24 mars 1852, forment aujourd'hui le code de la librairie. Nul ne peut exercer la profession de libraire sans un brevet délivré par l'autorité, et que l'on obtient en adressant au ministre de l'intérieur pour Paris, aux préfets pour les départements, une demande accompagnée de l'acte de naissance du demandeur, d'un certificat de moralité délivré par le maire du lieu où il réside, et d'un certificat de capacité signé par 4 imprimeurs ou libraires. Ce brevet, accordé gratuitement, est personnel et local; il doit être enregistré au tribunal de 1re instance. Le libraire prête en même temps serment de ne vendre, débiter ou distribuer aucun ouvrage contraire aux devoirs envers le souverain et à l'intérêt de l'État. L'exercice de la librairie sans brevet entraîne un emprisonnement de 1 mois à 2 ans, et une amende de 100 fr. à 2,000 fr., indépendamment de la fermeture de l'établissement. La patente de libraire-éditeur est de 100 fr. à Paris; elle n'est que de 80 fr. et au-dessous, dans les départements, selon l'importance de la localité; celle du simple libraire et du bouquiniste en boutique est de 50 fr. à Paris. Les libraires-éditeurs sont tenus au *dépôt légal* (V. ce mot); chaque livre qu'ils éditent doit porter leur vrai nom, à peine de 6 jours à 6 mois d'emprisonnement. La vente ou distribution d'ouvrages contraires aux bonnes mœurs est punie d'un emprisonnement d'un mois à un an, d'une amende de 16 fr. à 500 fr., et ces ouvrages sont confisqués et mis au pilon. Le débit d'ouvrages contrefaits entraîne une amende dont la quotité varie selon les cas. La vente ou distribution d'un ouvrage sans nom d'imprimeur est punie d'une amende de 2,000 fr., qui est réduite à 1,000 fr. si l'on fait connaître le nom de l'imprimeur. — Une *Direction de la librairie et de l'imprimerie* a été créée en 1810 pour veiller à l'exécution des lois et règlements qui concernent ces deux industries : annexée d'abord au ministère de l'intérieur, elle a été placée en 1852 dans les attributions du ministre de la police générale; dès l'année suivante, elle a rendue au ministère de l'intérieur. V. Fritsch, *Tractatus de typographis, bibliopolis, etc.,* Iéna, 1675, in-4°; Battaglini, *Dissertazione academica sul commercio degli antichi e moderni libraj,* Rome, 1787, in-8°; Peignot, *Essai historique et archéologique... sur l'état de la librairie chez les Anciens,* Dijon, 1834, in-8°; Géraud, *Essai sur les livres dans l'antiquité,* Paris, 1840, in-8°. B.

LIBRAIRIE, boutique de livres. Elle s'appelait, chez les anciens Romains, *apotheca* (du grec *apothêkê*, magasin), ou *taberna libraria*, ou simplement *libraria.* Les librairies se trouvaient pour la plupart dans la rue *Argiletum* et dans le *Vicus scandalarius;* il y en avait aussi près des temples de Vertumne et de Janus. Les devantures étaient couvertes d'inscriptions et d'affiches indiquant les ouvrages en vente : à l'intérieur, la forme de rouleaux étant la plus usitée pour les livres, les murs étaient garnis de cases assez semblables à celles que présentent les colombiers, et appelées *nids (nidi)* par Martial. Les librairies étaient un lieu de réunion pour les

oisifs et les gens de lettres; Aulu-Gelle (XIII, 30) nous a laissé un curieux tableau de ce qui s'y passait. Rome eut aussi des étalages de livres sous les portiques et dans d'autres lieux publics. — En France, jusqu'au XVIIᵉ siècle, le mot *Librairie* désigna une bibliothèque : la tour de l'ancien Louvre où étaient renfermés les livres du roi se nommait *Tour de la librairie*.
B.

LIBRE ARBITRE. V. LIBERTÉ.

LIBRE ÉCHANGE (Système du), opinion d'après laquelle le commerce entre les nations doit être libre, c.-à-d. exempt de taxes, ou ne supporter que des droits établis avec précaution dans l'intérêt exclusif du fisc, comme en France les droits de douane perçus sur le coton et sur le café. Un droit établi sur le fer, la houille ou toute autre matière que notre pays produit, permet aux producteurs de fer, de houille, etc., de vendre à un prix très-supérieur à celui qu'ils eussent pu demander si ces matières eussent été admises en franchise : en supposant que cette hausse artificielle soit de 100 fr. seulement par tonne ou 1,000 kilogr., si la France consomme annuellement 400,000 tonnes de fer, de houille, etc., fabriqués ou extraits à l'intérieur, c'est une redevance de 40 millions payée aux maîtres de forge ou aux propriétaires de mines de houille, etc., contre un droit de douane perçus au profit de l'État à raison du fer ou de la houille qui aura été importé. Le système de libre échange s'applique aux cas de cette nature.

Échanger est un droit naturel : chaque producteur doit pouvoir se procurer les matières premières aux conditions qu'il juge être les plus avantageuses, sans qu'un tiers vienne s'interposer dans le débat, au risque et en vue même de fausser l'équivalence qui doit présider à tout échange. Chaque consommateur a également le droit de vivre au meilleur marché possible, c.-à-d. de ne payer les choses que ce qu'elles valent naturellement : toute surtaxe imposée par une autorité supérieure, le condamnant à payer un produit au delà du prix tel qu'il résulte de l'état de l'offre et de la demande, et par conséquent l'obligeant à donner plus qu'il ne reçoit ou qu'il ne recevrait si l'échange était libre, porte atteinte à la liberté naturelle du consommateur, à son intérêt légitime, à la sincérité des transactions. Toute mesure qui place le consommateur dans une infériorité forcée devant le producteur, telle que celle qui met celui-ci à l'abri de la concurrence pour la vente des produits similaires, lui livrant ainsi totalement ou en partie le marché national, est injuste.

Les raisons économiques qui poussent les peuples à se livrer à de mutuels échanges sont très-puissantes. Il n'est point de nation capable de se suffire à elle-même. La diversité des propriétés naturelles de la terre donne lieu à l'échange des différents produits naturels qu'elle fournit. Chaque pays donne certains produits ou plus parfaits ou exclusivement à toute autre contrée. Toute l'Europe produit du lin, mais celui de la Russie Blanche et de Bologne est le meilleur; plusieurs pays abondent en cuivre, mais celui de la Suède et du Japon est d'une qualité supérieure; les vins renommés, le sucre, le café, les épices, ne viennent que dans certains climats où se rencontrent rarement avec abondance la houille et le fer. Surabondance d'une part, indigence de l'autre, d'où naît la nécessité pour chaque nation d'écouler le trop-plein de certains produits, et de s'approvisionner de ceux dont elle manque : sinon, la civilisation resterait stationnaire; pour certains peuples la vie serait fort limitée, pour les autres elle deviendrait presque impossible. De même que les productions réparties entre les territoires, les aptitudes des hommes sont diverses. Telle population excelle dans telle ou telle catégorie de production, et alors il s'établit une sorte de division du travail entre les nations, comme il s'en établit une entre les membres d'un même État. Les avantages de cette division sont l'économie dans les frais de production, l'abondance des produits, la perfection plus grande de ces produits, obtenue avec moins de sacrifices, de capital et de travail. Un autre grand avantage du libre échange, c'est la paix universelle. En effet, lorsque, faute de communications, les nations vivaient isolées, deux peuples pouvaient dévorer leur activité et leurs finances dans des guerres interminables, sans que les autres eussent rien à perdre ou à gagner; aussi restaient-ils spectateurs indifférents en pareille circonstance. Aujourd'hui que les chemins de fer, les bateaux à vapeur ont demi-liberté commerciale ont établi des relations d'intérêt entre les pays les plus éloignés, il ne peut se tirer nulle part un coup de canon sans qu'il en résulte un dommage pour tout le monde. Quoique toute l'Europe ne prenne pas part à une guerre,

cependant les Bourses des pays neutres suivent les oscillations des Bourses des pays engagés dans la lutte, et les titres de propriété se déprécient dans toutes les mains. Cette solidarité d'intérêts, qui arrête déjà les guerres à leur début, développée par la multiplicité des échanges et poussée jusqu'aux pays les plus reculés, en rendra le retour presque impossible par l'intervention des puissances qui, sans y prendre part, auraient néanmoins à en souffrir.

Malgré les entraves qui résultent, pour le développement des échanges, de l'établissement des droits fiscaux, ces droits ne peuvent soulever aucune objection de principe. S'ils restreignent la sphère des échanges, c'est par un accident inévitable; mais ils n'ont pas pour but de la restreindre. Il en est tout autrement des droits protecteurs ou prohibitifs (V. PROHIBITION), qui sont directement établis en vue de limiter le rayon des échanges.

La théorie du libre échange n'est pas nouvelle : au XVIᵉ siècle, Bodin, dans son ouvrage sur la *République*, réclamait déjà, non-seulement l'abolition des douanes intérieures, mais l'entrée libre de la plupart des marchandises étrangères. Au commencement du siècle suivant, Barthélemy de Laffemas, dans un opuscule intitulé : *Les moyens de chasser la gueuserye*, etc., soutint à son tour les bienfaits du libre échange. Plus tard, Vauban, et Boisguillebert attaquèrent le *système mercantile* (V. ce mot), et furent imités, sous Louis XV, par François Quesnay et ses disciples : la fameuse maxime des physiocrates : « Laissez faire, laissez passer, » s'applique aussi bien aux rapports internationaux qu'aux conditions économiques sur lesquelles repose l'ordre à l'intérieur, et Mercier de La Rivière s'est surtout attaché à ce côté de la doctrine physiocratique. Adam Smith, qui publia en 1776 ses célèbres *Recherches sur la nature et les causes de la richesse des nations*, 2 vol. in-4°, n'est donc pas, ainsi qu'on le croit assez communément, le premier qui ait formulé et développé la théorie du libre échange. Les idées de cet économiste anglais ont été, de nos jours, vulgarisées en France par J.-B. Say. Le véritable métaphysicien du libre échange est Frédéric Bastiat, qui dans son livre *les Sophismes économiques*, Paris, 1846, in-16, a battu en brèche le système prohibitif; après lui, le mouvement purement théorique est épuisé : on n'a plus fait que répéter et ressasser ses arguments.

Parmi les gouvernements qui ont mis plus ou moins en pratique le principe de la liberté commerciale, il faut citer celui du grand-duc Léopold II, en Toscane, qui établissait dès 1766 la liberté du commerce des grains et de la boulangerie; celui de France sous le ministère de Turgot, du 20 juillet 1774 au 12 mai 1776, relativement libre-échangiste, sous l'inspiration des économistes physiocrates; celui de l'Assemblée constituante de 1789; celui d'Angleterre en 1825, sous le ministère d'Huskisson, et depuis 1842, époque où tout commença, par l'initiative de Robert Peel et sous l'impulsion de l'Association de Manchester, les réformes libérales qui ont contribué à la prospérité actuelle de l'Angleterre; la Suisse, qui n'a pour ainsi dire que des douanes presque nominales depuis la chute du système continental, puisque tout peut entrer en payant des droits minimes; enfin la France, qui, sous le règne de Napoléon III, depuis 1861, est entrée dans la voie du libre échange par un traité de commerce avec l'Angleterre, et des traités de même nature avec quelques autres nations européennes. V. Mengotti, *Du Colbertisme ou de la liberté du commerce des produits du sol*, en italien, Milan, 1802, 2 vol.; Rodet, *Questions commerciales*, Paris, 1828, in-8°; Billet, *Du commerce, des douanes, et du système des prohibitions*, Paris, 1828, in-8°; Gastaldi, *De la liberté commerciale, du crédit et des banques*, Turin, 1840, in-8°; Goldenberg, *Libre échange et Protection*, Paris, 1847, in-4°; Rœderer, *Études sur les deux systèmes opposés du libre échange et de la protection*, Paris, 1851, in-8°; Ch. Gouraud, *Essai sur la liberté du commerce des nations*, 1853, in-8°; Émile de Laveye, *Études historiques et critiques sur les principes et les conséquences de la liberté du commerce international*, 1857, in-18.
A. L.

LIBRE EXAMEN. C'est la liberté humaine considérée au point de vue de l'exercice de la raison; en d'autres termes, c'est le droit que nous avons de chercher, au moyen de notre raison, le redressement ou la confirmation de nos opinions et de nos croyances.

LIBRES (Vers), en termes de Poésie, vers de différentes mesures dans une même pièce, et qui ne sont pas soumis au retour d'un rhythme régulier. Les *Fables* de La Fontaine, par exemple, sont en vers libres.

LIBRETTO. V. OPÉRA.

LIBRIPENS. } V. ces mots dans notre *Dictionnaire de*
LIBURNE. }   *Biographie et d'Histoire.*
LIBYENNE (Langue). V. Berbère.

LICE (du latin *liciæ*, clôtures), enceinte préparée pour
un combat, un tournoi ou une course. On appela *lices*
au moyen âge l'espace laissé entre l'enceinte d'une place
et une muraille extérieure ou une palissade de bois que
l'on établissait en dehors, et qui formait une sorte de
chemin couvert : presque toujours un fossé peu profond
protégeait les lices, et quelquefois un second fossé se
trouvait entre elles et les murs.

LICE, terme de Tapisserie. V. Lisse.

LICENCE (du latin *licentia*, permission), autorisation
accordée par l'administration : 1° pour importer ou exporter exceptionnellement certaines denrées et marchandises prohibées; 2° pour trafiquer avec une nation
étrangère, quand la guerre a interrompu les relations
commerciales avec elle ; 3° pour exercer certaines industries (entrepreneur de voitures publiques, 5 fr. par voiture à quatre roues, 2 fr. par voiture à deux roues ; fabricant de salpêtre, 20 fr. par an; — de cartes, de sucre
indigène, 50 fr.; — etc.), ou vendre certains objets (principalement les boissons ; de 6 fr. à 50 fr., selon la population de la commune). Dans ce dernier cas, l'État perçoit un *Droit de licence.*

LICENCE, grade universitaire, intermédiaire entre le
baccalauréat et le *doctorat* (V. ces mots). Il existe dans
toutes les Facultés, sauf-celle de médecine. Son nom
vient de ce que jadis il conférait la permission (*licentia*)
de pratiquer l'enseignement public. Il y a la *licence ès
lettres*, et la *licence ès sciences*. On les obtient à la suite
d'un examen passé devant une Faculté. A la licence ès
lettres, l'examen consiste en épreuves orales et épreuves
écrites sur le grec, le latin, et le français. — Il y a trois
sortes de licences ès sciences : celle des sciences mathématiques, celle des sciences physiques, et celle des
sciences naturelles. L'examen se compose d'épreuves
écrites, d'épreuves pratiques, et d'épreuves orales. Tout
candidat à la licence doit produire un diplôme, obtenu
depuis un an, de bachelier ès lettres, ou ès sciences, suivant la nature de la licence à laquelle il aspire, et avoir
pris quatre inscriptions aux cours de la Faculté devant
laquelle il se présente. Des dispenses d'assiduité sont
ordinairement accordées aux candidats engagés dans
l'enseignement public, et qui n'ont pu suivre les cours
de la Faculté. Les droits des inscriptions, de l'examen,
du certificat d'aptitude, et du diplôme, sont de 140 fr.
Chaque Faculté tient annuellement deux sessions d'examen pour la licence. Le grade de licencié est indispensable pour se présenter au doctorat et à l'agrégation, et
il est exigé dans l'Université pour certaines fonctions administratives, telles que celles de proviseur d'un lycée,
ou de principal. — Les avocats, les avoués, les juges des
divers tribunaux, doivent d'abord être licenciés en Droit.
Les inscriptions, les droits d'examen et de diplôme s'élèvent à 560 fr., non compris 40 fr. pour inscriptions à la
Faculté des lettres. — Pour la licence en théologie, les
droits des inscriptions, des examens et du diplôme sont
de 45 fr.

LICENCE, en termes de Poétique, liberté que se donne le
poëte de violer une règle généralement adoptée, soit pour
sa propre commodité, soit pour prêter à l'expression de
sa pensée un tour plus original, plus harmonieux, plus
énergique. On distingue les licences d'orthographe, les
licences de construction, les licences de grammaire, et
les licences de versification. Les premières consistent
dans le retranchement ou l'addition arbitraire d'une ou
de plusieurs lettres dans un mot : ainsi, *guères*, *na-
guères* pour *guère*, *naguère* ; *Athène*, *Londre*, *Versaille*,
Charle, pour *Athènes*, *Londres*, *Versailles*, *Charles* ;
encor pour *encore*; *je vai*, *je croi*, *je sai*, pour *je vais*, *je
crois*, *je sais*. Les licences de construction et de grammaire ne sont guère que des figures de grammaire, telles
que l'Inversion, l'Ellipse, le Pléonasme, la Syllepse
(V. ces mots). Les licences de versification sont très-
rares en français; elles consistent surtout dans l'emploi
de l'Enjambement (V. ce mot), et de certaines coupes
(V. ce mot) des vers autres que la césure proprement
dite, dans des rimes forcément inexactes, telles que
Vénus et *venus* ou *tenus*, etc. L'emploi judicieux de
l'archaïsme (V. ce mot), la création de mots conformes à
l'analogie de la langue (comme *invaincu*, *exorable*, *etc.*),
sont des licences autorisées ; l'emploi demi-neutre, demi-
passif, du participe *expiré*, dans cet hémistiche de Racine (*Phèdre*) : « A ces mots, ce héros *expiré*... », est une
des plus heureuses licences de notre langue poétique.

Au reste, c'est plutôt là une *hardiesse* de style qu'une
véritable licence.

La versification des langues anciennes est bien plus
féconde que la nôtre en *licences*, grâce à la plus grande
souplesse du latin et surtout du grec. Toutefois, comme
nous ne connaissons des langues anciennes que la langue
poétique et oratoire, comme la langue familière
et courante est absolument morte pour nous, bien des
formes de mots ou de phrases, qui passent à nos yeux
pour des licences ou des étrangetés, pouvaient paraître
très-naturelles aux Anciens. Ainsi, une des licences dont
les Modernes ont été le plus frappés dans la versification
latine, la suppression de *s* dans les terminaisons en *us*
et en *is* bref des noms et adjectifs (*fini malorum, œdibu'
nostris*), n'était, au témoignage de Cicéron, que la reproduction exacte de l'ancienne prononciation de ces
finales, où *s* disparaissait en effet dans le langage familier. Nous prêtons aussi maintes licences de versification
à Homère, sur lesquelles l'étude de la prose d'Hérodote
nous éclaire.   P.

LICENCIEMENT, mot jadis synonyme de *congé absolu*, et qui s'appliquait aux militaires considérés individuellement. Maintenant il ne se dit plus que de la
dislocation d'un corps de troupes, mais sans qu'il y ait
toujours libération, car des corps licenciés peuvent être
versés ou amalgamés dans d'autres cadres. Le licenciement peut s'accomplir par punition.

LICES. V. Lice.

LICHAKA, sorte de flûte des Cafres. C'est un roseau
accordé au moyen d'un petit tampon mobile placé à la
partie inférieure, et ayant au bout supérieur une ouverture coupée transversalement. On n'en tire qu'un seul
son, comme du *cor russe* (V. ce mot), et il faut autant
d'instruments qu'il y a de notes dans l'échelle musicale.

LICHAVEN. V. Celtiques (Monuments).

LICHFIELD (Cathédrale de), en Angleterre, dans le
comté de Stafford. Cette église, bâtie pendant le XIIIe et le
XIVe siècle, restaurée au temps de Charles II, n'est point
une des plus grandes du royaume, et cependant elle
offre un grand intérêt. C'est la seule qui ait trois flèches,
et qui soit parfaitement isolée. Son plan est en forme de
croix, mais le transept est plus rapproché du portail
occidental que de l'abside : aussi la chapelle de la Ste-
Vierge, qui est derrière le chœur, se compose-t-elle de 9
travées. La forme polygonale de l'abside se rencontre
rarement en Angleterre, tandis qu'elle est fort commune
en France. Le grand portail a de belles et harmonieuses
proportions, quoique moins développé que dans la plupart des cathédrales de France. A la partie inférieure,
trois portes en ogive donnent accès aux trois nefs intérieures ; la porte centrale a une voussure profonde ; les
deux autres sont trop resserrées. Au-dessus des portes
règne une galerie composée d'arcs trilobés, avec des statuettes, et surmontée elle-même d'une large lanterne
placée en retraite. La partie supérieure de la façade est
un fronton plein, orné d'un réseau de nervures délicates,
et couronné par une statue de la Ste Vierge. Les tours
carrées qui flanquent le portail sont percées d'une fenêtre à deux divisions : à l'endroit où commence la
flèche octogonale, elles ont aux quatre angles un clocheton élégant ; de distance en distance, le corps de la flèche
est entouré d'un anneau qui le partage en sections, dont
les quatre premières présentent une fenêtre très-ornée.
Ces clochers atteignent une hauteur de 60 mèt. La tour
qui s'élève à l'entre-croisement des transepts s'élève, avec
sa flèche, à 115 mèt. A l'intérieur, l'édifice a les dimensions suivantes : longueur, 120 mèt. ; largeur de la nef,
y compris les collatéraux, 32 mèt. ; largeur au transept,
50 mèt. ; hauteur des voûtes, 20 mèt. Entre autres objets
intéressants, on remarque les vitraux de la chapelle de
la Vierge, provenant de l'abbaye ruinée de Belgium, les
tombeaux de Garrick, de Samuel Johnson, de lady Mon-
tague.   B.

LICITATION (du latin *licitari*, enchérir), acte par lequel les copropriétaires par indivis d'une chose qui ne
peut être partagée commodément ou sans dépréciation,
la font mettre aux enchères pour être adjugée et appartenir au dernier et plus fort enchérisseur, à la charge
par celui-ci de payer à chacun des copropriétaires une
part du prix proportionnelle à la portion indivise qu'il
avait dans la chose. La licitation a donc pour objet de
diviser le prix d'une propriété commune, quand le partage direct et en nature de cette propriété est impossible.
Elle peut être demandée par tout copropriétaire, en vertu
de ce principe que nul ne peut être contraint à demeurer
dans l'indivision. On la dit *volontaire* ou *à l'amiable*, si

tous les copropriétaires sont majeurs, maîtres de leurs droits, présents ou dûment représentés, et d'accord entre eux ; *judiciaire*, lorsque ces conditions ne sont pas'toutes réunies. La licitation volontaire peut se faire sans publicité, si c'est l'un des intéressés qui prend la propriété entière ; mais l'admission des étrangers est de droit, du moment qu'un des colicitants la demande, et alors la publicité est obligatoirc. Le juge est tenu d'ordonner la licitation, quand il y a demande formelle de l'un des copropriétaires, et quand l'impossibilité du partage est bien constatée. Dans la licitation judiciaire, les étrangers sont toujours admis à enchérir. La licitation ne se fait jamais par acte sous seing privé. V. le *Code de Procédure*, 2e partie, liv. II, tit. 7.

LICIUM, ceinture à plusieurs tours des Victimaires romains.

LICORNE, animal fabuleux, qu'on disait avoir les formes du cheval, le poil roux ou blanc, et le front armé d'une longue corne aiguë. La licorne a été un symbole de force et de stabilité, parce que sa corne n'était point caduque. Dans le Blason, elle sert tantôt de pièce principale, tantôt de cimier.·

LICTEUR. V. ce mot dans notre *Dictionnaire de Biographie et d'Histoire*.

LIÉ, terme de Musique. V. LEGATO et LIAISON.

LIED, mot allemand qui correspond au mot français *chanson* et au mot italien *canzone*. Les principaux auteurs de *lieder* sont Gœthe, Gleim, Voss, Hœlty, Burger, Arndt, Kœrner, Heine, etc.

LIÉGE (Église St-PAUL, à)._ Cette église, érigée en cathédrale en 1793, à la place de celle de St-Lambert, dont les derniers vestiges ont disparu en 1828, fut fondée au xe siècle, et rebâtie dans le xIIIe ; mais il ne reste de cette époque que l'arrière-chœur. Chaque siècle suivant est venu ajouter quelque chose à son architecture : la nef, avec ses fenêtres en style flamboyant, appartient, ainsi que ses collatéraux, au commencement du xvIe siècle ; les chapelles de ces collatéraux datent de 1528 ; la tour, demeurée inachevée, a été décorée d'une flèche en bois en 1813. L'aspect de la cathédrale de Liége à l'extérieur est froid et mesquin ; elle n'a que deux entrées latérales, où le gothique se mêle avec peu de bonheur au style de la Renaissance. Mais l'intérieur produit, par ses vastes proportions, un effet saisissant : la hauteur a 74 mèt. de longueur, et le chœur 28 mèt. La voûte est couverte d'arabesques peintes, qui s'harmonisent mal avec le caractère de l'architecture. On remarque, outre plusieurs bons tableaux, 1° une chaire en bois sculpté, du style ogival le plus luxuriant, ornée de statues de marbre, et surmontée d'un abat-voix en forme de flèche qui s'élève à une hauteur de près de 20 mèt. ; c'est l'un ouvrage de Guillaume Geefs; 2° dans une chapelle latérale, un Christ au tombeau, en marbre blanc, par Delcourt, à qui l'on doit aussi le Christ en bronze de la grande porte; 3° la grille qui sépare le chœur de la nef, beau travail de serrurerie ; 4° dans le Trésor de l'église, un buste de St Lambert, pièce d'orfévrerie exécutée en 1513 par Henri Zutman. Un cloître du xvIe siècle est adossé à la cathédrale.

LIÉGE (Église St-JACQUES, à). Ce monument, à l'exception de la tour, qui est de la fin du xIIe siècle et le seul reste d'une église antérieure, est un des types les plus parfaits qui existent du style ogival tertiaire parvenu à son apogée, et déployant toute la richesse, peut-être excessive, de son ornementation si variée. Le portail, construit au commencement du xvIe siècle sur les dessins d'un architecte liégeois nommé Lombard ou Lambert, est un hors-d'œuvre dans le style de la Renaissance, appliqué à un édifice gothique. L'intérieur de l'église est vaste, majestueux et léger tout à la fois. La voûte semble cachée sous un réseau de fines arêtes, qui s'entre-croisent avec symétrie, et encadrent des médaillons ornés de têtes peintes ; mais ces arêtes enluminées en jaune, avec des bracelets bruns, blancs ou rouges, des·fonds bleus qui remplissent les vides de la voûte, ne satisfont pas un goût délicat. On est émerveillé de l'immensité des fenêtres, de la légèreté des galeries ogivales, des broderies de pierre qui festonnent les arcades de la nef. Au-dessus des piliers, entre les têtes des arcades, on a représenté en médaillons, et accompagné de versets en caractères gothiques, les portraits des principaux personnages de l'Écriture. Le buffet d'orgues, d'une richesse extraordinaire, déploie à ses deux côtés de riches panneaux dorés, chargés d'anges et de saints, et se termine par le bas, presque à portée de main d'homme, en forme de cul-de-lampe garni de cinq statues. On remarque aussi l'escalier double d'une petite tribune d'où l'on a vue sur le chœur,

et les stalles du chœur, sculptées avec une délicatessc merveilleuse. V. Delsaux, *Église St-Jacques à Liége*, 1 vol. in-fol.

LIEN, en termes de Construction, pièce de charpente qui relie deux maîtresses pièces ensemble, telles qu'un faltage avec le poinçon, un arbalétrier avec l'entrait, un poteau avec son chapeau, etc.

LIEN, en termes de Droit, est synonyme de *parenté*. Le lien est *simple*, entre frères et sœurs qui ont un père ou une mère différents; *double*, entre personnes issues d'un même père et d'une même mère.

LIERNES, nervures des voûtes ogivales. Elles partent des tiercerons, et viennent se réunir à la clef; elles forment une croix dont la clef est le centre. On ne les voit paraître que vers le milieu du xve siècle. — Dans l'art du charpentier, on donne le nom de *liernes* à des pièces de bois horizontales qui relient.deux poinçons, ou qui, formant des courbes horizontales et concentriques, relient à différentes hauteurs les maîtresses pièces d'un dôme ou d'une coupole.
E. L.

LIERRE, arbuste consacré à Bacchus. Toujours vert, il symbolisait l'éternelle jeunesse de ce dieu ; et on se rappelait, d'ailleurs, que ses baies paraissent en automne au temps des vendanges. Plusieurs princes de Syrie et d'Égypte, surtout ceux qui prirent le surnom de Dionysos, sont représentés sur les médailles avec une couronne de lierre comme Bacchus. On couronnait les poëtes de lierre, parce que Bacchus est un compagnon de. Muses. Les Anciens aimaient à employer les feuilles de lierre pour les bordures de vêtements, pour celles des vases, et pour les ornements des frises d'architecture. Les vases ornés de feuilles de lierre étaient dits *hederata*, et ceux décorés de ses fruits, *corymbiata*.

LIEUTENANT (du latin *locum tenens*, tenant lieu, suppléant), second officier d'une compagnie ou d'un escadron. Il aide, comme son nom l'indique, le capitaine dans ses fonctions, et le remplace en cas d'absence. Il porte l'épaulette d'or ou d'argent (selon le corps) à gauche, et la contre-épaulette à droite. V. LIEUTENANT, notre *Dictionnaire de Biographie et d'Histoire*.

LIEUTENANT (SOUS-), 3e officier d'une compagnie ou d'un escadron. Il porte l'épaulette d'or ou d'argent (selon le corps) à droite, et la contre-épaulette à gauche. Le porte-drapeau et le porte-étendard sont toujours sous-lieutenants. Le grade de sous-lieutenant fut créé vers 1585.

LIEUTENANT-COLONEL. } V. ces mots dans notre *Dictionnaire de Biogr. et d'Histoire*.
LIEUTENANT-GÉNÉRAL. }

LIEUTENANT DE VAISSEAU, grade de la marine militaire, assimilé à celui de capitaine dans l'armée de terre. Il est au-dessus de celui d'enseigne de vaisseau, et au-dessous de celui de capitaine de frégate. Il y a des lieutenants de vaisseau de deux classes. Ils font exécuter les ordres du capitaine, président aux manœuvres, et commandent aux quarts à bord des vaisseaux ; à terre, ils commandent les compagnies des équipages de ligne, et sont attachés à l'état-major ou à la direction des ports. Ils portent deux épaulettes en or mat, à petites torsades et à corps uni, sur lequel est une ancre en or et couronnée.

LIEUX D'AISANCES. V. FOSSE D'AISANCES.

LIEUX COMMUNS, nom que les anciens rhéteurs ont donné aux divers aspects généraux sous lesquels il est possible d'envisager un sujet donné, aux idées générales qui lui sont applicables, à des espèces de répertoires où l'on trouve des preuves pour un sujet quelconque. Ils en traitaient dans la partie de la Rhétorique qu'on nomme l'Invention. Quand les lieux communs appartiennent au fond même du sujet, ils sont dits *intrinsèques*; quand ils sont pris hors du sujet, on les appelle *extrinsèques*. Les lieux intrinsèques sont : la *définition*, l'*énumération des parties*, le *genre* et l'*espèce*, la *comparaison*, les *contraires*, les *répugnants*, les *antécédents* et les *conséquents*, les *circonstances*, la *cause* et l'*effet*. Les lieux extrinsèques sont : la *loi*, les *titres*, la *renommée*. le *serment*, les *témoins*, la *question* (V. ces mots). — Les Anciens attachaient une grande importance aux lieux communs. Aristote et Cicéron composèrent des traités sur cette matière, sous le nom de *Topiques*. Les rhéteurs attribuaient à l'étude approfondie des lieux communs le succès des plus grands orateurs ; c'était faire trop d'honneur à cette méthode banale d'invention. Mais il est vrai de dire que, si les lieux communs ne font pas trouver les idées, ils aident à les mettre en œuvre. C'est une espèce de mécanisme que l'habitude nous rend familier, et que nous mettons en mouvement sans nous en apercevoir. Les exercices de l'école, les déclamations, accoutument l'esprit à saisir vivement certains aspects d'un sujet, et à les exprimer immédiatement sans obscurité et sans embarras : plus tard, quand l'écolier est devenu un homme, il profite de la souplesse qu'il a donnée à son esprit, mais il oublie les procédés au moyen desquels il l'a acquise. Poète, philosophe, historien, orateur, il développe les lieux communs sans le savoir, pour ainsi dire, et entraîné par l'inspiration du moment. Cicéron (*De Oratore*, II, 30) fait connaître clairement l'utilité des lieux communs. Ce sont, dit-il, des principes généraux d'où se tirent les raisonnements pour tous les genres de cause et de discours. Chaque fois que nous avons un mot à tracer, il n'est pas nécessaire que nous portions successivement notre pensée sur toutes les lettres qui le composent ; à chaque affaire qu'il nous faudra plaider, nous n'avons pas besoin de passer en revue tous les arguments qui peuvent s'y rapporter, il suffit d'avoir en réserve certains lieux, qui viendront aussitôt se présenter à nous. Mais l'orateur ne peut tirer parti de ces lieux s'il ne s'est formé, soit par l'expérience, que l'âge donne à la longue, soit à force d'écouter et de réfléchir, car le travail et l'étude devancent les années. *V.* Thionville, *De la théorie des lieux communs dans les Topiques d'Aristote*, 1856, in-8°.   H. D.

LIEUX PUBLICS, dénomination sous laquelle on comprend les endroits que l'autorité est chargée de surveiller, tels que foires, marchés, spectacles, cafés, cabarets, maisons de jeux, etc., et où les agents de la police administrative ont toujours le droit de pénétrer. Par rapport à la publicité en matière de diffamation et d'injures, sont réputés lieux publics : une place, une rue, une auberge, une école, une salle de spectacle, les bureaux d'une administration publique, etc.

LIÈVE, en termes de Jurisprudence ancienne, extrait d'un *terrier* (*V. ce mot*), que l'on remettait au receveur, pour qu'il fît payer le cens, les rentes et les droits seigneuriaux.

LIÈVRE, animal qui, dans les hiéroglyphes égyptiens, était un symbole de franchise. Il fut consacré, chez les Grecs, à la déesse Vénus et à Bacchus.

LIGATURE, terme de Musique, synonyme de *Liaison* (*V. ce mot*).

LIGATURE, en termes d'Écriture et de Typographie, se dit de plusieurs lettres liées ensemble, comme *fi, ff*. C'est une invention des copistes de livres, avant l'imprimerie, afin d'abréger l'écriture : la typographie l'adopta dès l'origine, et l'on s'en servait encore au XVIIe siècle pour les livres grecs. On y a renoncé depuis. Les ligatures, très-multipliées, surtout en grec, rendaient les livres moins lisibles, mais initiaient à la lecture des vieux manuscrits.

LIGNAGE, mot qui a vieilli et qui était synonyme de *race*, de *famille*. L'adjectif *lignager* se disait des personnes du même lignage. *V.* RETRAIT.

LIGNE, terme d'Art militaire, qui s'emploie avec plusieurs significations : il veut dire la direction générale de la position des troupes, soit pour combattre, soit pour s'exercer aux manœuvres. *Se porter sur la ligne*, c'est se diriger vers le point qu'on doit y occuper ; *entrer en ligne*, c'est s'y placer ; *rompre la ligne*, c'est s'y tenir trop en avant (*forcer la ligne*) ou trop en arrière (*refuser la ligne*). La *ligne de direction* est celle qu'un corps doit suivre pour se porter d'un lieu à un autre ; la *ligne d'opération*, celle qu'une armée doit rallier sans cesse pour concourir à une grande opération. La *ligne pleine* est celle où la droite d'un corps s'appuie à la gauche d'un autre corps ; la *ligne par intervalles* laisse un espace vide entre la gauche d'un corps et la droite d'un autre. *Marcher en ligne*, c'est conserver en marchant l'alignement général. Au commandement de *par pelotons* ou *par sections en ligne*, une troupe en marche par le flanc se divise et s'échelonne en pelotons ou en sections. La *troupe de ligne*, ou simplement la *ligne*, se compose des corps qui forment la *ligne de bataille*, par opposition à la *troupe légère*, et c'est en ce sens qu'on dit *infanterie, cavalerie, régiment de ligne*. — Dans la Fortification, *ligne* est synonyme de *retranchement*, et on distingue les *lignes continues* et les *lignes à intervalles*, selon qu'il y a ou non interruption entre les ouvrages qui les composent (*V.* CIRCONVALLATION). — Dans la Marine, on nomme *vaisseaux de ligne* les plus forts bâtiments de guerre, destinés à combattre en ligne de bataille.

LIGNE, en termes de Généalogie, chaîne ou série de parents qui remontent à un même chef. On distingue la *ligne directe*, suite de parents qui descendent les uns des autres, comme le père, le fils, le petit-fils ; et la *ligne collatérale*, dont les membres, sans descendre les uns des

autres, ont pourtant un auteur commun, ainsi que : frères ou sœurs, cousins ou cousines, oncles, neveux ou nièces. Les degrés de parenté ne se calculent pas de la même manière pour les deux lignes. *V.* PARENTÉ.

LIGNE, en termes de Géographie, est synonyme d'*équateur*. *V.* BAPTÊME DE LA LIGNE.

LIGNE DE DÉFENSE. *V.* DÉFENSE.

LIGNE DE DOUANES, suite de postes et de bureaux de douanes placés le long d'une frontière pour percevoir les droits et empêcher la contrebande.

LIGNE DE FLOTTAISON. *V.* FLOTTAISON.

LIGNE DE PARTAGE DES EAUX, suite de montagnes qui séparent les bassins hydrographiques d'un pays, et dont les pentes déterminent la direction des cours d'eau. On dit aussi *Arête hydrographique* et *Arête dorsale*.

LIGNES DE MUSIQUE. *V.* PORTÉE.

LIGUE (du bas latin *liga*, fait de *ligare*, lier), union de princes ou d'États pour attaquer un ennemi commun ou pour s'en défendre. Elle se distingue de l'*alliance*, en ce qu'elle suppose moins de durée et que son but est prochain.

LIGURIUS, pierre précieuse que St Jérôme croit être la même que l'hyacinthe, et dont les Anciens vantent la nuance d'un violet tendre et brillant. Dans la Symbolique, le ligurius a représenté Aser et l'apôtre Simon.

LILLEBONNE (Antiquités de). Cette ville, située à 32 kilom. E. du Havre, à peu de distance de la Seine, eut au temps des Romains, sous le nom de *Juliobona*, une grande importance. Elle était le point de départ de quatre voies romaines au moins, dirigées sur Rouen, Pont-Audemer, Harfleur, et Fécamp. On a trouvé dans son territoire un grand nombre de médailles, des urnes sépulcrales, des vases lacrymatoires, des tombeaux. En 1812, on a découvert à Lillebonne un amphithéâtre, qui est maintenant presque entièrement déblayé, ainsi que des bains antiques, qui furent ornés avec un certain luxe, et où l'on a recueilli deux belles statues en marbre, divers ustensiles et des médailles. Lillebonne a aussi un château du moyen âge, appelé le château d'Harcourt. Il est flanqué, à l'E., d'une tour ronde fort élevée, de 17 mètres de diamètre, construite en cailloux, et à laquelle on arrive par un pont-levis de 11 mèt., jeté sur le fossé profond qui l'environne. L'intérieur du château n'offre plus qu'une vaste cour entourée de plusieurs salles en ruine, tapissées de ronces et de lierre, et les débris d'une tour hexagonale, dont quelques fenêtres, semblables à celles des églises gothiques, pourraient faire penser qu'elle contenait une chapelle.

LIMAÇON. *V.* ESCALIER.

LIMBÈS. } *V.* ces mots dans notre *Dictionnaire*
LIMÉNARQUE. } *de Biographie et d'Histoire.*

LIMMA, signe d'altération dont les anciens Grecs se servaient, dit-on, dans la mélodie, pour faire l'office de notre dièse ou de notre bécarre.

LIMOGES (Église St-Étienne, à). Cette église cathédrale fut commencée en 1270, continuée durant tout le XIVe siècle, abandonnée pendant la plus grande partie du XVe, reprise à la fin de ce même siècle, et laissée, vers 1537, dans l'état où elle se trouve aujourd'hui. Le chœur et l'abside sont des œuvres pures et grandioses du style ogival primitif et secondaire ; le transept et trois travées de la nef appartiennent au style flamboyant ; trois autres travées, élevées seulement à la hauteur de 3 mèt., semblent attendre leur achèvement. Toute la construction, en granit compact et fin, s'est parfaitement conservée. L'édifice a la forme d'une croix latine, avec chevet semi-circulaire, et est divisé en trois nefs. Le chœur, le transept et les nefs déambulatoires offrent une grande richesse de style et une ordonnance pleine de majesté. Les larges fenêtres sont garnies de vitraux assez bien conservés. Le jubé, exécuté en 1533, se distingue par la profusion des ornements, la délicatesse et le fini des sculptures, et serait comparable à celui de Ste-Madeleine de Troyes, si quelques dégradations n'en avaient pas altéré la beauté : on est étonné de trouver là des bas-reliefs représentant les travaux d'Hercule. La partie qui sert de tribune, et qui fait saillie en encorbellement, est soutenue par quatre colonnes, dont les intervalles sont occupés par six niches, aujourd'hui vides de leurs statues. Ce jubé se trouvait autrefois à sa place naturelle, entre le chœur et la nef ; il a été transporté en 1789 au devant de la porte principale. Trois tombeaux, dignes d'attention, renferment les restes de deux évêques de Limoges et d'un doyen du chapitre : celui de l'évêque Regnault de La Porte, en face de la sacristie, construit en pierre calcaire dans le style du XIIIe et du XIVe siècle, est particulièrement remarquable. Le portail septentrional est une des parties les plus brillantes de l'église : la rosace semble formée d'une dentelle de pierre. Le clocher de la cathédrale de Limoges forme un massif indépendant, placé en dehors de l'axe de la nef, et d'un style tout différent : il est de forme octogonale, et présente au spectateur placé en face de la nef, non l'un de ses côtés, mais l'un de ses angles ; il penche visiblement du côté de l'évêché. Élevé, dit-on, en 1190 ou 1191, frappé de la foudre en 1483, 1484 et 1571, il se compose de quatre étages, dont chacun est percé de deux ou trois ouvertures assez étroites et surmontées d'ogives très-peu aiguës : la base repose sur une voûte en pendentif, soutenue par quatre piliers ; le sommet n'indique plus que la naissance de la pyramide qui le couronnait. B.

LIMOGES (Émailleurs de). Dès le XIIᵉ siècle, Limoges avait une grande célébrité pour la fabrication des émaux, que l'on appelait *opus de Limogiâ, labor Limogiœ, opus Lemoviticum.* Ces émaux étaient incrustés sur des crosses d'évêques, des calices, des ciboires, des croix, des reliquaires, des châsses, des tombeaux, des vases de toute sorte, des colliers, des candélabres, des coupes, des fermoirs, des agrafes, des plats, des assiettes, des bahuts, des casques, des poignées d'épées, des manches de couteaux, etc. Au XIVᵉ siècle, les artistes de Limoges eurent des rivaux dans les orfèvres de Montpellier. Leur art, interrompu par les malheurs de la guerre de Cent Ans, reprit un nouvel éclat au XVIᵉ siècle, et ce fut sans doute alors seulement qu'on adopta le procédé italien, consistant à peindre en émail avec des couleurs étendues sur le métal et non plus encaissées dans des creux. Léonard fut nommé directeur de la manufacture rétablie par François Iᵉʳ ; parmi les morceaux admirables qu'il a laissés, on peut citer les médaillons du tombeau de Diane de Poitiers, et les portraits de Philippe de Chabot et de François de Guise, conservés au Louvre. Au XVIᵉ siècle appartiennent les émailleurs Jean Courtois, de Court ou Corteys, Pierre Courtois, Susanne Courtois, Jean de Limoges, Pierre Raymond ou Rexmann, et Pénicant. Pendant le XVIIᵉ siècle, les Laudin soutinrent la gloire de l'école limousine : la cathédrale de Limoges possède trois magnifiques émaux de Nicolas Laudin, l'aîné de cette famille. A côté de Joseph Laudin et de Valérie Laudin, on mentionne Étienne Mersier et Poncet. Au XVIIIᵉ siècle, l'art de l'émailleur ne fut plus soutenu que par les Nouailhier (Bernard, Jean-Baptiste, Joseph et Pierre), dont les œuvres marquent une grande décadence dans le dessin et la couleur. La peinture en émail disparut vers 1766, et fut remplacée par la peinture sur porcelaine.

LIMON. *V.* ESCALIER.

LIMOSINAGE, maçonnerie grossière, faite de moellons, de blocage ou de libages noyés dans un bain de mortier, et dont on fait les fondations d'un bâtiment.

LIMOUSINE ou LÉMOSINE (Langue), un des dialectes de la *Langue d'Oc* (*V. ce mot*), parlé dans la province du Limousin. Il a eu, dans le moyen âge, une certaine importance, et les linguistes lui trouvent une grande analogie avec le *catalan* (*V. ce mot*). On sait, en effet, qu'en 1212, plus de 400 Limousins, moines, prélats et chevaliers, allèrent s'établir dans la Catalogne ; le Code que Jacques Iᵉʳ, roi d'Aragon, donna, en 1238, aux habitants du royaume de Valence, était, nous dit-on, écrit une langue « *limousine* ou *catalane* ; » Gaspard Escolano intitule un des chapitres de son Histoire de Valence : *De la lengua lemosina y valenciana.* Les critiques italiens, espagnols, portugais, se servent souvent de l'expression *lémosine* pour désigner la langue *romane* du midi. — Ce qu'on nomme aujourd'hui le *Patois limousin* est la Langue d'Oc très-corrompue ; on y rencontre des phrases entières de basse latinité. Les verbes auxiliaires et les articles y sont employés avec des terminaisons méridionales. L'absence de *l'e muet,* si commun dans la langue française, les voyelles qui terminent presque tous les mots, rendent ce patois sonore et harmonieux. Il a de la grâce, de la naïveté, se prête facilement à un dialogue caustique et spirituel, et brille avec originalité 'es détails burlesques ; mais il manque de noblesse. Il existe un *Dictionnaire du patois limousin* par Beronie, augmenté par Vialle, Tulle, in-4º.

LIMOUSINE, manteau de grosse laine commune, jaunâtre ou grisâtre, froncé dans sa partie supérieure, et sans autre façon. Il n'y a plus guère que les voituriers qui le portent.

LIMUS. *V.* ce mot dans notre *Dictionnaire de Biographie et d'Histoire.*

LINCEUL, mot qui signifiait autrefois toute espèce de linge, et qui ne s'applique plus qu'au drap dont on enveloppe les morts avant de les mettre au cercueil.

LINÇOIR, en termes de Construction, forte pièce de bois qui, dans un plancher, recouvre un vide et reçoit l'extrémité des solives.

LINCOLN (Église NOTRE-DAME, à), en Angleterre, dans le comté de Lincoln. Cette église cathédrale, bâtie sur une éminence, fut commencée après 1075 par l'un des compagnons de Guillaume le Conquérant, Remi, d'abord abbé de Fécamp, puis promu à l'épiscopat. On la dédia en 1092. C'était un monument de style romano-byzantin. De graves dommages, causés par un incendie en 1124, furent promptement réparés. En 1186, à la suite d'un tremblement de terre qui avait renversé les voûtes et lézardé tous les murs, on procéda à la reconstruction totale de l'édifice, sur un plan nouveau, et dans le style ogival : les travaux, retardés par la chute de la tour centrale en 1235, ne furent achevés qu'au XIVᵉ siècle. Par la grandeur des dimensions, la beauté de l'ordonnance, la régularité de l'ensemble et l'élégance des détails, la cathédrale de Lincoln est une des plus remarquables, non-seulement de l'Angleterre, mais de toute l'Europe. Son plan est en forme de croix archiépiscopale ou à double transept : la longueur hors œuvre est de 170 mèt. ; la largeur de la nef, y compris les collatéraux, de 25 mèt.; la longueur du grand transept, de 70 mètres. La région absidale se termine carrément. La façade occidentale, ornée d'une infinité de petites arcatures à ogives, se distingue plus par la multiplicité des détails que par la grandeur des lignes : au centre et en retraite est la porte principale, surmontée d'une vaste fenêtre, puis d'une rose, et, de chaque côté, on voit plusieurs arceaux de style romano-byzantin, ce qui fait supposer qu'une partie de l'église de l'évêque Remi a été conservée dans la construction nouvelle. Les extrémités de cette façade offrent chacune une tourelle dont le clocheton seul dépasse la hauteur de toute la construction : mais, au-dessus du portail, de chaque côté du fronton, s'élève une tour carrée, haute de 60 mèt., percée de fenêtres à ogives, avec couronnement formé de moulures et de feuillages, et dont les angles sont tout à la fois soutenus et décorés par des contre-forts surmontés de clochetons. Plus belle encore est la tour centrale, construite à l'intersection des transepts, et haute de 100 mèt.; elle ne le cède qu'à la tour de l'église Sᵗ-Ouen de Rouen. Elle porte les statues de onze rois normands, de grandeur naturelle, et renferme une énorme cloche, dite *le gros Thomas.* La perspective intérieure de la cathédrale de Lincoln est très-pittoresque, et l'effet général ne laisserait rien à désirer si les voûtes étaient plus hautes. Les fenêtres manquent aussi un peu d'élévation, parce qu'elles sont comprises entièrement dans la hauteur de la retombée latérale de la voûte. Il y a une salle capitulaire remarquable : c'est un décagone de 20 mèt. de diamètre et de 14 mèt. de hauteur, voûté en pierre ; au centre est un pilier en pierre, accoté de 10 colonnettes en marbre, qui lui sont attachées par un annelet circulaire vers le milieu du fût. Les arceaux de la voûte s'appuient d'un côté sur ce pilier central, et de l'autre sur des colonnettes groupées à chaque angle du décagone. A l'extérieur, des contre-forts et des arcs-boutants soutiennent les angles de cette construction, et les fenêtres sont surmontées de frontons aigus. *V.* Wild, *An illustration of architecture and sculpture of the cathedral church of Lincoln,* Londres, 1819, in-4º. B.

LINÉAIRE (Dessin). *V.* DESSIN INDUSTRIEL.

LINGE DE TABLE. *V.* NAPPE, SERVIETTE.

LINGOT, en termes d'Imprimerie, nom donné aux morceaux de fonte qui servent, soit à remplir les blancs des pages, soit à maintenir le haut et le bas d'une page divisée en colonnes.

LINGUALES, consonnes dont l'articulation exige certains mouvements de la langue. Ce sont les dentales *d* et *t,* les palatales *l* et *r,* et la nasale *n.*

LINGUISTIQUE (du latin *lingua,* langue), recherche des principes universels du langage, de son origine, de son caractère, mais surtout de ses matériaux, de ses procédés, de ses formes, des rapports qui rattachent les divers idiomes entre eux malgré leur diversité (méthode se confond avec la Philologie comparée), des méthodes les plus logiques pour arriver à établir nettement leur classification et leur filiation, ou leur distribution, soit chronologique, soit ethnographique, soit d'après le système grammatical (*V.* LANGUE). Les progrès de l'ethnographie ont déjà contribué à jeter une vive lumière sur ce genre de recherches, dont les premiers essais importants ne remontent guère au delà de la fin du xviiie siècle. Antérieurement à cette époque, tous les travaux ne pouvaient aboutir. Les Grecs et les Romains traitaient de *barbares* les peuples et les langues du reste du monde : des idiomes de l'antique Europe, à peine leurs écrivains nous ont-ils fait connaître quelques noms propres plus ou moins défigurés, et un petit nombre de mots techniques aussi infidèlement transcrits; le traité de Varron, *De linguâ latinâ*, ne donne pas une bien haute idée de ses connaissances étymologiques, puisqu'il s'évertue à expliquer par le vieux latin une foule de mots qui dérivaient du grec. Chez les modernes, la Linguistique, outre qu'elle manquait de matériaux suffisants, s'engagea dans une voie fausse : elle voulut découvrir la langue mère de toutes les autres; l'hébreu rallia le plus grand nombre de partisans, et son droit de primogéniture fut proclamé et admis presque comme un article de foi; cependant, Pezron, Pelloutier, La Tour d'Auvergne prirent le parti du bas breton; plus d'un savant s'escrima en faveur du basque; Van der Beken et Van Schrieck plaidèrent la cause du flamand, etc. On entrevoyait confusément quelque ressemblance entre deux langues, et on en concluait que l'une était la mère et l'autre la fille; on ne soupçonnait même pas la descendance collatérale. Au lieu de prendre pour termes de comparaison les mots qui expriment les objets naturels, les idées simples et les premiers besoins de l'homme, et qui touchent nécessairement au berceau du langage, on prenait au hasard des mots d'une civilisation plus avancée, des termes d'art ou de science, que les peuples peuvent se communiquer par leurs relations subséquentes. On se contentait le plus souvent d'une ressemblance fortuite de lettres ou de syllabes, au lieu de rechercher la ressemblance du sens. Ce fut seulement depuis Leibniz que les travaux devinrent plus sérieux : ce savant avait recommandé l'étude des idiomes avant de bâtir des systèmes, et on se mit à recueillir les matériaux. On n'avait encore obtenu que des résultats partiels, et il leur manquait un lien, lorsque les conquêtes des Anglais dans l'Inde attirèrent l'attention sur le sanscrit. On découvrit qu'il était la souche des grandes branches du langage européen, et la descendance collatérale des langues fut désormais une vérité évidente. On étudia d'après ce principe les autres langues connues, et l'on est arrivé à réduire à cinq ou six le nombre des langues mères ou indépendantes. Préexista-t-il une langue unique, type perdu, dont les autres idiomes reproduisent quelques traits? C'est ce que ne démontre aucune preuve concluante. Parmi les travaux les plus importants sur la Linguistique, sont : le *Vocabulaire polyglotte* d'Hervas, 1787; le *Mithridate* d'Adelung, 1817; l'*Index alphabétique des langues de tout l'univers* par Vater, 1815; l'*Alphabet européen appliqué aux langues asiatiques*, par Volney, 1819; l'*Asie polyglotte*, de Klaproth, 1823; l'*Atlas ethnographique du globe*, par Adr. Balbi, 1826; la *Grammaire comparative des langues indo-germaniques*, par Fr. Bopp, 1833-53; les *Observations* d'Eugène Burnouf sur cette *Grammaire*, 1833; les *Notions de linguistique* de Charles Nodier, 1834 (ouvrage souvent très-paradoxal); le *Parallèle des langues de l'Europe et de l'Inde*, par Eichhoff, 1836; l'excellente *Dissertation* de Guill. de Humboldt *sur le Kawi* (ancienne langue de Java), 1836-1839; le *Mémoire* de Jacques Grimm *Sur l'origine du langage* (dans les *Mémoires* de l'Académie des sciences de Berlin), 1852; l'*Histoire générale et systèmes comparés des langues sémitiques*, par M. Renan, 1855; le *Dictionnaire de linguistique*, par M. Jehan (*Encyclopédie théologique* de l'abbé Migne).

LINGULA. *V.* notre *Dictionn. de Biogr. et d'Histoire.*

LINOS, nom d'une très-ancienne chanson grecque, tiré de Linos, fils d'Apollon et d'Uranie (?). Homère en fait mention au 18e chant de l'*Iliade*, dans la description des vendanges représentées par Vulcain sur le bouclier d'Achille; et un fragment d'Hésiode, cité par Eustathe dans son commentaire sur Homère, nous apprend qu'on chantait le Linos dans les festins et les chœurs de danse. C'était un chant lugubre. On l'appelait aussi *Ælinos*. *V.* l'*Ajax furieux* de Sophocle (v. 625) et l'*Élégie* de Moschus sur la mort de Bion. P.

LINTEAU, pièce de charpente ou de fer placée en travers et sur les jambages d'une baie de petite porte ou de fenêtre pour en former la fermeture. Si le linteau doit rester apparent, on le décore de sculptures.

LION. Cet animal a été considéré de tout temps comme le symbole de la force et de la majesté. Les anciens Perses, Venise, la Belgique, plusieurs ordres de cheva-

lerie, l'ont pris pour emblème. Chez les Grecs, il était spécialement consacré à Cybèle. En Égypte, il fut le symbole de la vigilance, et quelquefois du Nil. Au moyen âge, le lion fut un animal héraldique : il est dit *naissant*, quand il ne paraît qu'à moitié sur le champ de l'écu; *morne*, s'il n'a ni dents ni langue; *affamé*, sans queue; *issant*, lorsque étant sur un chef ou une fasce il ne montre que la tête, le bout de ses pattes de devant et l'extrémité de sa queue; *léopardé*, quand il semble marcher; *lampassé*, quand sa langue et ses griffes sont d'un autre émail que son corps. — La figure du lion a toujours été employée pour orner les trônes et les entrées de sanctuaires et de palais. Quand le sculpteur ne pouvait placer l'animal entier, il en rappelait l'idée, en ornant de griffes les appuis de différents meubles. On vit assez fréquemment des effigies de lions décorer les portails des églises du moyen âge : ces lions étaient l'image de la juridiction ecclésiastique, qui s'exerçait à la porte des églises, et, comme le disent certaines chartes, *inter leones*. Il y en a au porche méridional de la cathédrale du Mans, aux entrées de beaucoup d'églises italiennes, notamment à Reggio, Bologne, Foligno, Plaisance, etc. Quelquefois un lion soutient la chaire épiscopale et le cierge pascal. Le lion est un attribut du prophète Daniel, de St Marc, de St Venant, de Ste Thècle, etc. B.

LION D'OR, monnaie. *V.* notre *Dict. de Biogr.*

LION DE BOURGES. *V.* le *Supplément.*

LIOUBE, terme de Construction; la même chose que la *gueule de loup* (*V. ce mot*).

LIPOGRAMMATIQUE (Ouvrage), mot formé du grec *leipô*, je laisse, et *gramma*, lettre, et signifiant *où il n'entre pas certaines lettres*. Pindare avait fait, dit-on, une ode où n'entrait pas la lettre ξ, et Lasos d'Hermione une ode et une hymne sans ς. On citait, au iiie siècle de notre ère, une *Iliade* de Nestor de Laranda, dont le Ier livre était sans α, le IIe sans ϐ, etc. Une *Odyssée* lipogrammatique fut également composée par Tryphiodore. Un certain Gordianus Fulgentius composa *Sur les âges du monde et de l'homme* un ouvrage latin en 23 chapitres, où manquait successivement une lettre de l'alphabet : il nous en reste 14 chapitres. Dans un recueil de pièces espagnoles publié en 1709 par Isidore de Roblès, les cinq premières rejettent chacune à leur tour une des cinq voyelles. Orazio Fidele a publié à Turin, en 1633, *L'R sbandito sopra la potenza d'amore*, poème de 1,600 vers, où la lettre r ne se trouve pas une seule fois. On peut rapprocher de cette misérable frivolité le soin minutieux et ridicule qu'a prêté à Isocrate de ne laisser échapper aucun hiatus dans un de ses plus longs ouvrages, et la gêne inutile que s'est donnée Cœffeteau pour éviter l'emploi de *car* dans toute l'étendue d'un assez gros volume. Gomberville se vantait puérilement de n'avoir pas employé une seule fois cette conjonction dans son roman de *Polexandre*, où elle s'était néanmoins, à son insu, glissée en trois endroits. P

LIQUIDATION, en termes de Commerce, apurement de tous les comptes d'une maison de commerce ou d'une société quelconque, dépouillement de toutes les dettes actives et passives, et payement intégral ou proportionnel des unes et des autres. La liquidation peut se faire dans quatre circonstances différentes : 1° *par suite de la simple retraite d'un commerçant*, qui cède ses affaires à un autre; avant de se retirer, il fait un inventaire général de sa situation, opère le recouvrement de toutes les sommes qui lui sont dues, et vend à son successeur son fonds et son actif, déduction faite du passif; rien de plus simple que ce genre de liquidation, qui se confond presque avec l'inventaire (*V. ce mot*); — 2° *par suite du décès du commerçant*. Si la mort a un successeur, la liquidation se fait absolument comme dans le cas précédent, et la personne du négociant décédé est représentée par les héritiers. Si le mort n'a pas de successeur, on commence par faire l'inventaire, on vend les marchandises et effets, on solde les dettes, on recouvre les créances, et le partage des biens n'a lieu définitivement que quand la liquidation est terminée et qu'on a pu déterminer exactement le chiffre de la fortune du mort; — 3° *par suite de dissolution de société*. Si c'est une société anonyme, la liquidation est faite par une personne élue par les actionnaires; si c'est une société en nom collectif, elle a lieu par un ou plusieurs associés; si c'est une société mixte, la liquidation a lieu par un ou plusieurs des sociétaires en nom collectif et solidairement responsables. En tout cas, le liquidateur est responsable, non-seulement envers les associés auxquels il est substitué, mais encore envers les personnes qui ont eu des relations avec la Société; —

4° *par suite de mauvaises affaires.* La liquidation, dans ce cas, a pour but de conserver aux créanciers les débris de la fortune du commerçant, et de leur partager proportionnellement à leurs créances les valeurs actives de la maison en déconfiture. Ce dernier genre de liquidation se rapproche de la faillite (V. *ce mot*). En résumé, voici les principes de la liquidation : le liquidateur monétise toutes les valeurs de la Société ou de la maison de commerce ; dans les bonnes affaires, il paye toutes les dettes, remplit tous les *engagements*, satisfait à toutes les obligations, et, quand la Société ne doit plus rien, il partage entre les associés ce qui reste au prorata de leurs droits ; dans les mauvaises, il réunit en bloc ce qu'il peut réaliser, et le distribue au marc le franc par contribution d'abord entre les créanciers jusqu'à extinction de leurs créances, et ensuite entre les associés : c'est alors une faillite déguisée, et le liquidateur plutôt un syndic.

Les successions, les dissolutions de communauté entre époux, nécessitent aussi des *liquidations.* V. Michaux, *Traité pratique des liquidations,* 1860, in-8°.

En matière judiciaire, on reconnaît aussi la *liquidation des dommages-intérêts* et la *liquidation des frais et dépens,* faites par le jugement même qui les adjuge.

En termes de Bourse, la *liquidation* des rentes est le règlement des négociations pour fin courant, lequel se fait généralement à la 4° bourse du mois suivant. Les opérations sur les chemins de fer se liquident deux fois par mois, le 15 et le 30. L.

LIQUIDE, en termes de Finances, est synonyme de *net, clair,* qui ne peut donner lieu à contestation, et se dit surtout d'une dette, d'une créance.

LIQUIDES (Consonnes). Ce sont les 4 lettres L, M, N, R, qui, étant employées à la suite d'une autre consonne dans une même syllabe, sont coulantes et se prononcent aisément. Ce terme est adopté dans l'enseignement de la langue grecque ; mais il n'est guère d'usage dans celui des autres langues. Il nous vient des grammairiens latins, qui appelaient spécialement ainsi L et R ; chez les Grecs seulement, le nom de *Liquides* s'appliquait aussi à M et N. Certains grammairiens placent le μ parmi les labiales, λ, ν, ρ parmi les linguales, et cette distribution est adoptée aussi par plusieurs grammairiens français pour nos 4 lettres correspondantes. P.

LIRAZZA, ancienne monnaie d'argent de Venise, valant environ 63 centimes.

LIRE, monnaie. V. notre *Dict. de Biogr. et d'Histoire.*

LIS (Fleurs de) V. FLEURS DE LIS, dans notre *Dictionnaire de Biographie et d'Histoire.*

LISBONNINE, monnaie de Portugal, ainsi nommée de la ville de Lisbonne. On l'appelle aussi *moeda d'ouro* (monnaie d'or) ; elle vaut 4,800 reis ou 33 fr. 96 c. Il y a des *demi-lisbonnines* ou *meia moeda* (16 fr. 98 c.) et des *quarts de lisbonnine* ou *quartinhos* (8 fr. 49 c.).

LISIEUX (Église S*ᵗ*-PIERRE-ET-S*ᵗ*-PAUL, à). Cette ancienne église cathédrale, fondée vers l'an 1022, a subi tant de reconstructions et de réparations, que le style roman primitif a fait place partout aux formes ogivales. La façade, précédée d'un parvis auquel on accède par une quinzaine de marches, est simple et sévère : la partie principale est surmontée d'une longue croisée à meneaux fleuris ; les deux petites portes sont pratiquées sous deux tours, dont une seule, celle du Midi, est surmontée d'une flèche. Toute cette construction, moins la flèche érigée en 1579 à la place d'une autre qui s'était abattue en 1553, est du xɪɪ° et du xɪɪɪ° siècle, ainsi que la plus grande partie de la nef. L'édifice est en forme de croix latine : son vaisseau, qui manque de largeur, a néanmoins de l'élégance et de la hardiesse. La voûte est soutenue par des colonnes monocylindriques à bases garnies d'empâtements. Les collatéraux font tout le tour de l'église, et sont garnis de chapelles. Le transept est couronné d'une tour, en forme de lanterne. La chapelle de la S*ᵗᵉ*-Vierge, érigée au xv° siècle par Pierre Cauchon, en expiation de sa conduite perverse et cruelle envers Jeanne d'Arc, a reçu de nos jours un bel autel gothique, ouvrage de Blouet. L'église de Lisieux est presque complétement dépourvue d'œuvres d'art : tout a été saccagé par les calvinistes en 1562 et par les révolutionnaires de 1793. C'est à la Révolution que l'on détruisit un jubé de menuiserie, qui avait pris, en 1689, la place d'un jubé en pierre.

LISSE ou LICE (du latin *licium,* trame), nom donné aux cordelettes tendues sur le métier à tapisserie et au moyen desquelles l'ouvrier ramène la laine de l'avant en arrière. Dans le métier *à haute lisse,* ces cordelettes sont tendues verticalement, tandis que dans le métier *à basse lisse* elles sont tendues horizontalement.

LISSES, en termes de Marine, longues pièces de bois qu'on met sur le bout des membres des côtés d'un navire. Les *lisses de vibord* ou de *plat-bord* sont une ceinture qui enveloppe le bâtiment dans sa partie supérieure ; les *lisses d'appui* sont les garde-corps.

LISTE CIVILE. V. ce mot dans notre *Dictionnaire de Biographie et d'Histoire.*

LISTE ÉLECTORALE, liste des électeurs, dressée par le maire dans chaque commune. Le tableau des additions et des retranchements est déposé au secrétariat le 15 janvier au plus tard, et on en est averti par voie d'affiches : pendant 10 jours, tout citoyen omis peut présenter sa réclamation, et tout citoyen inscrit peut réclamer l'inscription ou la radiation d'une personne omise ou indûment inscrite. Les réclamations sont jugées par une commission composée, à Paris, du maire et de deux adjoints, et, partout ailleurs, du maire et de deux conseillers municipaux désignés par le Conseil : la décision doit être rendue dans les 5 jours, puis communiquée dans le délai de 3 jours aux intéressés. On peut en appeler, dans les 5 jours de la notification, devant le juge de paix du canton, qui statue dans les 10 jours. Si la demande impliquait la solution préalable d'une question d'état civil ou politique, cette question devrait avoir été vidée par les juges compétents, avant la décision du juge de paix. Cette décision peut être enfin déférée à la Cour de cassation dans les 10 jours de la notification. Tous les actes judiciaires en matière électorale sont dispensés du timbre et enregistrés gratis. Au 31 mars, le maire clôt définitivement la liste, qui reste déposée au secrétariat, où toute personne peut en requérir la communication, et elle reste en cet état jusqu'à l'année suivante.

LISTEL. V. FILET.

LIT, meuble destiné au coucher. Les premiers lits durent être des litières de paille ou d'herbe, des amas de joncs ou de roseaux jetés sur le sol, puis de simples planches, exhaussées sur des piliers pour éviter l'humidité du sol, et recouvertes de peaux de bêtes, d'herbes sèches ou de laine. Peu à peu le luxe embellit la forme des lits, et la mollesse, arrivant à la suite des richesses et des progrès de la civilisation, inspira l'idée de les garnir de coussins ou de matelas souples et moelleux, et de les couvrir de somptueuses étoffes. Les Égyptiens donnaient fréquemment à leurs lits la forme d'animaux, dont la tête, plus élevée, formait le coussin. Les Romains eurent différentes espèces de lits (V. LIT, dans notre *Dictionnaire de Biographie et d'Histoire*). Pendant le moyen âge et dans les temps modernes, la forme des lits n'a guère varié que dans les piliers qui les soutiennent et les baldaquins qui les couvrent. Longtemps on les a faits très-hauts, au point qu'il fallait des gradins pour y monter ; on les élevait, d'ailleurs, sur une estrade, et une balustrade les entourait, au moins de trois côtés. De la base de ces grands lits on pouvait souvent faire sortir un tiroir à roulettes, qui était lui-même un autre lit, une couchette pour un serviteur.

LIT, en parlant des pierres, surface sur laquelle elles reposaient dans la carrière. On doit, dans la construction des édifices, faire attention au lit des pierres, afin de les placer dans le même sens pour les assises horizontales ; autrement la pierre, dite alors *posée en délit,* perd une grande partie de sa force, et résiste moins à l'écrasement. Lorsque la pierre forme les claveaux d'un arc, d'une voûte ou d'une plate-bande, les lits doivent suivre les joints normaux, parce que c'est par là que la pierre prend charge.

LIT DE CAMP, couche en bois placée à demeure dans les corps de garde. Elle se compose de planches inclinées, sur lesquelles on jette des paillasses ou des matelas, ou quelquefois qui restent nues.

LIT DE JUSTICE.) V. ces mots dans notre *Dictionnaire*
LITANIES.   ) *de Biographie et d'Histoire.*

LITEWKA. V. LITHUANIEN.

LITHOCHROMIE (du grec *lithos,* pierre, et *chrôma,* couleur), procédé de coloriage des estampes, ainsi appelé parce qu'on l'appliqua d'abord aux lithographies. On étend derrière l'estampe, qu'on a rendue transparente en l'imprégnant d'un vernis gras, des couleurs à l'huile par couches égales et épaisses ; on n'emploie jamais qu'un seul ton pour chacune des parties qui sont à peindre. L'image étant transparente, les lumières et les ombres qui s'y trouvent modifient le ton uniforme de la couleur, et lui donnent les demi-tons nécessaires pour le modelé. On colle l'estampe sur une toile à peindre au moyen d'une couche de blanc de céruse, et on passe un vernis sur la surface extérieure. De cette façon on obtient presque mécaniquement des tableaux agréables et imitant les tableaux à l'huile. -

LITHOGRAPHES. Ils sont soumis, au point de vue de la législation, aux mêmes règlements que les imprimeurs en typographie.

LITHOGRAPHIE (du grec *lithos*, pierre, et *graphô*, j'écris), art de tracer des caractères et des dessins sur une pierre calcaire, dite *pierre lithographique*, et de les reproduire sur le papier par l'impression. Pour qu'une pierre soit bonne, il faut qu'elle soit sans tache, d'un grain très-fin, d'un ton uniforme, pesante et spongieuse. Les deux faces opposées sont parfaitement planes ; l'une des deux surfaces est brute, l'autre a été bien polie au moyen de la pierre ponce. On écrit ou on dessine sur cette surface unie, avec une plume d'acier trempée dans une encre dite lithographique ou avec un crayon gras : puis on fixe l'écriture ou le dessin en lavant la pierre avec une eau de laquelle est mêlé un peu d'acide nitrique ou chlorhydrique. Ce lavage rend le dessin insoluble, pénètre la portion non dessinée de la pierre, et la rend incapable de recevoir et de retenir les corps gras, mais susceptible de retenir l'eau. Pour imprimer, on place la pierre dans un *chariot*, espèce de caisse où elle est maintenue solidement à l'aide de vis en fer ou de coins en bois : on la mouille avec de l'eau propre, puis on enlève les dessins ou les écritures avec de l'essence de térébenthine. On humecte de nouveau et très-légèrement toute la pierre avec une éponge fine ; on étend aussitôt, avec un rouleau élastique, l'encre d'imprimerie, qui se fixe seulement sur le dessin. On place alors une feuille de papier blanc un peu humide sur la pierre, on la recouvre d'une seconde, dite *maculature*, et on abat dessus un châssis de fer garni d'un cuir fort et bien tendu. On soumet le tout à la pression d'un rouleau ou d'un râteau en bois, qui agit perpendiculairement sur la surface. — La lithographie fut découverte en 1796 par un Bavarois nommé Senefelder, à qui le célèbre musicien Weber disputa cette invention ; introduite en France, dès 1802, par Frédéric André, l'un de ses associés, elle ne commença d'y prospérer qu'à partir de 1814, grâce aux efforts du comte de Lasteyrie, à Paris, et d'Engelmann à Mulhouse. Motte, Bry, Lemercier, Chevalier, Langlumé, Jobard, la perfectionnèrent ensuite, et elle atteignit rapidement son apogée avec les dessins de Charlet, de Carle et d'Horace Vernet, d'Ach. Devéria, de Fragonard, de Picot, de Daguerre, d'Isabey, de Villeneuve, de Gosse, de Bourgeois, de Michalon, de Léon Noël, de Maurin, de Gavarni, de Grévedon, de Mouilleron, de Nanteuil, de Daumier, etc. V. Senefelder, *l'Art de la lithographie*, Paris, 1819 ; Chevalier et Langlumé, *Manuel du lithographe*, 1838 ; Thénot, *Cours complet de lithographie*, 1836 ; Engelmann, *Traité théorique et pratique de lithographie*, 1839 ; Brégeaut, Knecht et Desportes, *Manuel complet de l'Imprimeur lithographe*, 1850.

On donne le nom de *chromo-lithographie* à la lithographie en couleur. On fait d'abord le trait sur la pierre, puis on fait autant d'épreuves qu'on a besoin d'employer de couleurs. On transporte chaque épreuve de trait sur une pierre différente, puis on modèle chaque couleur de manière à produire les effets désirés, en combinant les couleurs de manière qu'elles tombent les unes sur les autres. C'est un procédé long et minutieux, surtout quand les couleurs et les teintes sont nombreuses, et on n'y a bien réussi que depuis Engelmann. En Angleterre, Daty, Hogarth, et Rowney ont publié des *fac-simile* d'aquarelles, qui ont eu un très-grand succès. En France, la chromolithographie a été employée pour les planches d'ouvrages importants, tels que la *Monographie des vitraux de la cathédrale de Bourges*, le *Moyen âge et la Renaissance*, l'*Imitation de J.-C.*, le *Livre d'Heures d'Anne de Bretagne*, etc. Elle permet de reproduire avec une perfection étonnante non-seulement les miniatures des manuscrits, mais encore les tableaux des grands maîtres : c'est ainsi qu'on a publié le *Couronnement de la Vierge* d'après Giovanni da Fiesole et la *Vierge* du Pérugin.

LITHO-PHOTOGRAPHIE, photographie sur pierre. Les premiers essais pour transformer les plaques daguerriennes en planches gravées ont été faits par MM. Fiseau et Lemaître ; mais, la morsure à l'acide étant trop faible, on ne put obtenir qu'une vingtaine d'épreuves. Plus tard, MM. Lemercier, Bareswill et Lerebours prirent un brevet pour un nouveau mode d'application de la photographie à la lithographie. Leur procédé a servi pour la publication du *Sérapéum de Memphis* par M. Mariette, pour le *Musée d'artillerie de Paris* par M. Penguilly l'Haridon, etc.

LITHOSTROTOS. *V.* Mosaïque.

LITHO-TYPOGRAPHIE, procédé à l'aide duquel on fait des *fac-simile* d'impressions typographiques. On décalque sur pierre, à l'aide d'une préparation chimique, les pages de livres ou les gravures dont on veut obtenir de nouvelles épreuves, et on en fait le tirage par les moyens ordinaires de la lithographie. On peut de la sorte renouveler des éditions rares et précieuses. Les premiers essais furent faits par MM. Boyer et Massias, qui donnèrent à leur procédé le nom d'*homœographie*. MM. Aug. et Paul Dupont, imprimeurs à Paris, ont obtenu des résultats plus satisfaisants.

LITHUANIEN (Idiome), idiome slave, de la branche lettique, appelé *litewka* par ceux qui le parlent. Il a été remplacé, dans les classes élevées de la population par l'allemand, le polonais ou le russe, selon la domination que subit l'ancienne Lithuanie ; mais les classes inférieures, et principalement les habitants des campagnes, en font toujours usage. On y reconnaît trois dialectes : le *lithuanien* proprement dit, parlé à l'Est, dans les palatinats de Wilna et de Troki ; le *samogitien* ou *polaco-lithuanien*, au Nord ; et le *prusso-lithuanien*, dans les pays de Tilsitt, d'Insterburg, de Gumbinnen et de Memel. Le lithuanien est généralement regardé comme l'ancienne langue des Hérules et des Wendes, et passe pour être le plus pur des idiomes slaves, le plus rapproché de la source indienne. Il joue vis-à-vis des langues slaves le même rôle que le gothique vis-à-vis des langues germaniques. Les racines y existent plus simples et plus mélodieuses, et les mots y ont des finales douces et sonores. Il a conservé en grande partie les formes grammaticales et la variété d'intonations qui distinguent le sanscrit : il en a les sept cas de déclinaison, le nombre duel, et les désinences. En lithuanien, le substantif ne marque pas le genre neutre. On ne distingue pas les 3es personnes du singulier, du duel et du pluriel. Le passif s'exprime à l'aide de l'auxiliaire *être*. Il existe une voix moyenne ou réflective, qui se forme par un suffixe et un préfixe. Les coïncidences que le lithuanien offre avec le grec et avec le gothique ne sont probablement fondées que sur la communauté d'origine. On se sert, pour l'écrire, de l'alphabet allemand ou de l'alphabet polonais. — La littérature lithuanienne n'est pas riche. Une traduction de la Bible à l'usage des paysans fut commencée en 1580 par Bredke, mais ne put être achevée que longtemps après par une réunion de pasteurs, parmi lesquels on cite Schwab, Schimmel, etc. La plupart des livres lithuaniens appartiennent à la littérature religieuse. La production la plus importante dans le genre profane est un poème sur les *Saisons*, composé au XVIIIe siècle par Donaleitis. Un recueil de *Daïnos* (*V. ce mot*) a été publié par Rhesa à Kœnigsberg en 1818. On doit à Ostermeyer une *Histoire littéraire*, et à Hassenstein une *Histoire de la Réformation*. *V.* Klein, *Grammatica lithuanica*, Kœnigsberg, 1653, in-8°, et *Compendium lithuanico-germanicum, ou Courte Introduction à la langue lithuanienne*, 1673, in-8° ; Szyrwid, *Dictionnaire polonais, latin et lithuanien*, Wilna, 1677, in-8° ; Haack, *Vocabulaire lithuanien-allemand*, Halle, 1730, in-8° ; Mielcke, *Grammaire lithuanienne*, et *Dictionnaire lithuanien et allemand*, 1800, ouvrages composés antérieurement par les deux Ruhig ; Pott, *De borusso-lithuanico in slavicis letticisque linguis principatu*, Halle, 1837, in-4° ; Von Bohlen, *Sur les rapports de la langue indienne avec le lithuanien*, en allem., Kœnigsberg, 1830, in-8° ; Bopp, *Grammaire comparée du sanscrit, du zend, du grec, du latin, du lithuanien, du gothique et de l'allemand*, en allem., Berlin, 1830-42, 4 parties in-8°.

LITIÈRE. *V.* ce mot dans notre *Dictionnaire de Biographie et d'Histoire*.

LITIGE (du latin *lis, litis*, procès). Une chose est en *litige*, quand elle est l'objet d'une contestation, d'un procès. On appelle *litigant* celui qui conteste en justice, et *litigieux*, ce qui peut faire l'objet d'un débat.

LITISPENDANCE (du latin *lis, litis*, procès, et *pendere*, être pendant) ; se dit, 1° du temps consacré à l'instruction d'une cause ; 2° de la durée d'un procès ; 3° d'une instance qui n'a pas encore été terminée par jugement ou par un arrêt souverain ; 4° de l'existence simultanée de deux actions entre les mêmes parties pour le même objet, mais portées devant deux tribunaux différents.

LITOTE (du grec *litotès*, petitesse, exiguïté), figure de Rhétorique qui consiste à se servir par modestie, par égard, par ironie, d'une expression qui dit le moins pour faire entendre le plus : *Ce n'est pas un savant*, pour dire *c'est un ignorant — Ils ne s'aiment pas*, pour *ils se haïssent*; — *Cet enfant n'est pas sot*, c.-à-d. *est intelligent*. Va, je ne te hais point, dit Chimène à Rodrigue : ce mot est une déclaration d'amour faite avec la délicatesse que réclame la situation des deux personnages. Lorsque Corydon, dans Virgile, dit à Alexis : *Nec sum adeo informis, nuper me in littore vidi* (je ne suis pas si difforme, je me suis vu dernièrement dans la mer), il veut, sous cette forme modeste, donner à son jeune ami une haute idée de sa beauté et de ses grâces. Polyphème en dit autant de lui-même dans la 6ᵉ idylle de Théocrite (v. 34) et dans la 11ᵉ (v. 79). P.

LITRE. *V.* Ceinture funèbre.

LITTÉRALE (Langue). *V.* Langue.

LITTÉRATURE. *V.* le *Supplément.*

LITURGIE, en grec *leitourgia* (de *leitos*, adjectif ionien de *laos*, peuple; et de *ergon*, œuvre), en général, chez les anciens Grecs organisés démocratiquement, de tout service public, et, dans un sens restreint, de certaines *prestations* imposées aux citoyens qui remplissaient les conditions de fortune déterminées par la loi. Ces prestations, distinctes de l'impôt sur les biens, servaient de supplément aux revenus publics. A Athènes, il y en avait de deux sortes : les liturgies *encycliques* ou ordinaires, qui revenaient tous les ans et dans un ordre déterminé; et les liturgies extraordinaires, qui n'avaient lieu qu'en temps de guerre. On distinguait quatre liturgies encycliques principales : 1º la *Chorégie* (*V.* Chorège); 2º la *Gymnasiarchie* (*V.* Gymnasiarque, dans notre *Dict. de Biographie et d'Histoire*); 3º l'*Hestiasis*, banquet donné pendant les fêtes des tribus, et dont les frais étaient supportés par un citoyen choisi dans chaque tribu; 4º l'*Archithéorie*, consistant à conduire les *théories* ou députations sacrées, qui se rendaient à Délos et dans d'autres lieux sacrés, et qui assistaient aux grands jeux de la Grèce. Les liturgies extraordinaires étaient au nombre de deux : la *triérarchie*, consistant dans l'équipement et l'entretien des navires de guerre, et l'*Avance de l'impôt* pour le compte d'autres contribuables.

LITURGIE, formule de prières. *V.* notre *Dictionnaire de Biographie et d'Histoire.*

LITUUS. | *V.* ces mots dans notre *Dictionnaire de*
LIVAH. | *Biographie et d'Histoire.*

LIVARDE (Voile). *V.* Voiles.

LIVONIEN (Idiome). *V.* Letton.

LIVRAISON, en termes de Commerce, remise ou délivrance que le débiteur d'une marchandise, d'une chose quelconque, en fait au créancier. Après une vente, si le *lieu* de la livraison n'a pas été indiqué par la convention, il faut examiner si l'obligation est de livrer un corps certain ou des choses indéterminées : dans le premier cas, la livraison doit se faire au lieu même où se trouvait la chose au moment du contrat; dans le second, si l'interprétation de la convention, l'usage local ou les circonstances laissent subsister l'incertitude, le lieu de la livraison est la demeure du débiteur. Relativement au *temps*, la livraison est due au terme convenu, et, si aucun terme n'a été fixé, aussitôt que le prix a été payé.

LIVRAISON, en termes de Librairie, portion détachée d'un livre, qui se publie ainsi pour en rendre l'acquisition plus facile au public. Ce mode de publication, commun aujourd'hui pour les ouvrages de longue haleine ou très-populaires, n'est pas nouveau : au lieu de *livraison*, on disait autrefois *cahier* ou *fascicule*.

LIVRE, monnaie. *V.* notre *Dictionnaire de Biographie et d'Histoire.*

LIVRE, assemblage de feuilles manuscrites ou imprimées que l'on destine à la publicité. Nous avons indiqué, dans notre *Dictionnaire de Biographie et d'Histoire*, ce que fut le livre chez les Anciens et jusqu'à la découverte du papier et de l'imprimerie. On conçoit que les livres, écrits à la main, sur des matières d'un prix élevé, n'aient point été communs, surtout au moyen âge, et aient été payés des sommes énormes. Daunou affirme (*Hist. litt. de la France*, t. XVI) qu'au XIIIᵉ siècle un in-folio valait quatre à cinq cents francs d'aujourd'hui. En 1279, on copiait, à Bologne, une Bible pour 80 livres. (435 fr.). Vers 1400, une copie du *Roman de la Rose* se vendit, à Paris, à raison de 833 fr. Au XVᵉ siècle même, le Pogge avait à vendre un Tite-Live pour 120 écus d'or. Au reste, ces prix ne sont peut-être pas très-précis, attendu qu'ils devaient être souvent accrus par la dorure et l'enluminure. L'imprimerie fit baisser le prix des livres : si l'on voit encore, en 1470, un évêque d'Angers payer 40 écus d'or la Bible de Mayence, imprimée en 1462, bientôt les catalogues de Colines et de Robert Estienne attirèrent les acheteurs par

la modération de leurs prix. *V.* Arnett, *Recherches sur la nature et la forme des livres.* Londres, 1837; Edmond Werdet, *Histoire du livre en France jusqu'en 1789*, Paris, 1861, 2 vol. gr. in-18. *V.* Calligraphie, Écriture. B.

LIVRE DE BORD, registre coté et paraphé que doit tenir tout capitaine de navire marchand, et sur lequel il inscrit toutes les circonstances qui concernent ses fonctions.

LIVRE DOR. |
LIVRE DE LA DETTE PUBLIQUE. | *V.* ces mots dans notre
LIVRE ROUGE. | *Dictionnaire de Bio-*
LIVRÉES. | *graphie et d'Histoire*

LIVRES (Tenue des). |
LIVRES DE COMMERCE. | *V.* Comptabilité.

LIVRES D'ÉGLISE. *V.* Église.

LIVRET, petit livre dont devait être muni tout ouvrier qui avait terminé son temps d'apprentissage et qui était libre de tout engagement. Il était délivré, moyennant un prix fixe de 25 centimes, par le préfet de police à Paris, par le préfet du Rhône à Lyon, et par le maire dans toute autre commune. En tête du livret se trouvaient les lois et les ordonnances concernant la matière. Le livret contenait les nom et prénoms de l'ouvrier, son âge, le lieu de sa naissance, son signalement, la désignation de sa profession, et le nom du maître chez lequel il devait travailler quand le livret lui était accordé. Chaque fois qu'il changeait de maître, il devait faire inscrire sur son livret sa sortie et son entrée par son ancien et son nouveau maître; il devait de plus y faire écrire qu'il était libre de tout engagement; chaque mutation nécessitait un visa qui était gratuit. Le maître inscrivait sur le livret les avances dont l'ouvrier pouvait rester débiteur envers lui; mais il ne pouvait y faire aucune annotation favorable ou défavorable. Tout ouvrier qui voyageait devait être muni de son livret.—Les lettres patentes du 12 septembre 1749 avaient déjà exigé que tout ouvrier, quittant son patron, fût muni d'un *congé d'acquit*. La loi du 12 septembre 1781 ordonna que tout ouvrier eût son livret; elle fut confirmée par la loi du 29 germinal an XI et par l'arrêté consulaire du 9 frimaire an XII (1ᵉʳ déc. 1803). Les lois du 14 mai 1851 et du 22 juin 1854 ont complété et fixé la législation en cette matière. Les contraventions aux règlements sur les livrets se poursuivaient devant le tribunal de simple police : la pénalité consistait le plus souvent en une amende de 1 à 15 fr., et pouvait, suivant les circonstances, s'aggraver d'un emprisonnement de 1 à 15 jours. Le livret est supprimé dep. 1869.

Le livret a été imposé en 1853 aux domestiques (*V. ce mot*). Chaque soldat en reçoit un également : ce livret, qui commence par le Code pénal militaire, contient les nom, prénoms, âge, profession ancienne, domicile, lieu de naissance et signalement du soldat, la désignation du corps auquel il appartient, la note des effets d'équipement et d'habillement qu'il a reçus, ainsi que les retenues à lui faites pour la masse, etc.

Les déposants aux caisses d'épargne reçoivent un livret numéroté, portant leurs nom et prénoms, âge, profession et demeure, et destiné à l'inscription des sommes qui seront successivement versées ou retirées pour leur compte.

LIVRET, poème d'opéra. *V.* Opéra.

LLOYD. *V.* ce mot au *Supplément* à la fin de l'ouvrage.

LO (Église Notre-Dame, à Saint-). Cette église, qui s'élève au sommet de la ville, a été commencée dans les premières années du XIIIᵉ siècle. Le portail occidental présente trois portes assez exiguës, surmontées chacune d'une grande fenêtre à meneaux : des deux tours, celle du nord est la plus ancienne, celle du midi appartient au XVᵉ siècle. Ce fut seulement au XVIIᵉ siècle qu'on les couronna de flèches polygonales élancées, percées de distance en distance par de petites roses. Une des particularités curieuses de l'édifice est une grande chaire en pierre, adossée extérieurement à la muraille de l'un des côtés. — Saint-Lô possède une autre église, celle de *Sainte-Croix*, fondée en 805, et l'une des plus anciennes que l'on connaisse. On y remarque des sculptures intéressantes, deux hommes tenant un animal enchaîné au-dessus du portail, les chapiteaux bizarres des colonnes du chœur, les représentations de la vie de Sᵗ Éloi et de Sᵗ Hubert, le Pèsement des âmes, etc.

LOANGO (Idiome). Bien que plusieurs articles et un grand nombre de racines semblent indiquer que cet idiome et celui du Congo ont une même origine, ces idiomes sont réellement distincts. Presque tous les mots du loango sont monosyllabiques ou bisyllabiques. Les lettres *a* et *o* y sont très-fréquemment employées, et terminent beaucoup de syllabes. L'*h* aspirée et l'*r* n'existent pas, et sont remplacés par *ch* et *l*. Il n'y a ni genres, ni nombres, ni cas. Pour exprimer la différence des genres dans les objets animés, on ajoute les mots qui signifient *mâle* et *femelle*. Les cas sont indiqués par des prépositions. On compte sept espèces d'articles, pour le singulier, et six pour le pluriel. Il existe des pronoms personnels du verbe, lorsqu'on parle d'hommes ou de femmes; ils se rendent par les articles propres des noms, lorsqu'on parle de bêtes ou de choses inanimées. Les verbes ont tous les temps de la langue française, et d'autres encore pour exprimer différentes nuances du passé. Les conjonctions manquent presque entièrement.

LOBE, terme d'Archéologie qui désigne les fragments de cercle qui entrent dans la formation des roses et rosaces ogivales ou des divers ornements taillés dans la pierre, tels que les trèfles, les quatre-feuilles, les quinte-feuilles. On dit d'une rose, d'une feuille, d'un ornement, qu'ils sont *trilobés, multilobés, polylobés*, etc. Lorsque les lobes sont découpés en creux, au lieu d'être saillants, on les nomme *contre-lobes*.   E. L.

LOCATAIRE (du latin *locare*, louer), celui qui prend à loyer une maison ou un appartement. Pour ses obligations, V. BAIL.

LOCATIF (Cas), terminaison des noms de la langue sanscrite pour marquer le lieu : elle est en *i* au singulier, on *su* au pluriel. On suppose que l'ancienne langue grecque eut un cas de ce genre, et que les terminaisons adverbiales θι, θε, δε, σα, ξε, en sont des traces. Il faut y rattacher les adverbes en οι, qui marquent un lieu où l'on est, et la terminaison θα, analogue aux terminaisons θι et θε. La trace du cas locatif se retrouve encore dans la langue latine, où il a la désinence *i* pour caractéristique, comme en grec et en sanscrit. C'est ainsi que s'explique la forme particulière des deux adverbes de lieu *ibi* et *ubi*, et des composés *alibi, inibi, utrobi*; celle des mots *rus, domus*, et des noms de ville à la question *ubi*. *ruri, domi, Lugduni, Romæ* (anciennement *Romai*); enfin le mot *tempori* pour dire *en temps et lieu*, et l'adverbe *heri*. A la question *quo*, le locatif est marqué par la désinence *o : eo, illo, alio, quo, aliquo, intro, ultro*; à la question *qua*, par *a : ea,-illa, qua, eadem* ; à la question *unde*, par *de : inde, exinde, deinde, unde*.   P.

LOCATION, se dit de l'action de donner à loyer, et du contrat de louage. V. BAIL, LOUAGE.

LOCH, instrument servant à mesurer le *sillage* ou la vitesse des navires. Il se compose d'un *bateau de loch*, planchette triangulaire, lestée à sa base de manière à être presque entièrement immergée et à se tenir verticalement une pointe en haut, et d'une *ligne de loch*, corde de très-petite grosseur, attachée par une extrémité au bateau de loch, enroulée par l'autre sur un tour de la navire, et divisée en parties égales par des nœuds formés à des distances de 15 mèt. Quand le navire est en marche, on jette à la mer le bateau de loch, et on laisse la ligne se dévider : si le navire s'écarte, en une minute, de, 2, 3, 4 nœuds de son bateau de loch, on dit qu'il *file* 2, 3, 4 nœuds à la minute. Cette manière de mesurer le chemin est assez peu exacte. La *table de loch* est une ardoise ou un tableau noir, sur lequel on marque les heures où le loch a été jeté, ainsi que les nœuds qui y correspondent.

LOCHES (Château de). Construit sur un vaste plateau dominant la ville, parallèlement au cours de l'Indre et à 20 mèt. de hauteur à pic au-dessus de cette rivière, il a une enceinte de murailles, de tours et de fossés, qui a près de 2 kilomèt. de développement. Le donjon, qu'on a fait remonter aux Xᵉ et XIᵉ siècles, serait à l'époque romaine, mais que M. de Caumont ne croit pas antérieur au XIIᵉ siècle, a la forme d'un carré long, dont deux façades ont 25 mèt. environ, et les deux autres 14 mèt., et s'élève encore à une hauteur de 40 mèt. Les façades du nord et du midi sont garnies de quatre piliers butants, la façade de l'est n'a que trois piliers, et celle de l'ouest trois. Les murs ont 4 mèt. d'épaisseur à leur base, et 2 mèt. seulement vers le sommet; un escalier en pierre, pratiqué dans leur intérieur, communiquait à chaque étage, et conduisait à la plate-forme, ruinée depuis longtemps. Il n'y avait de fenêtres que dans la partie inférieure de la tour, où elles étaient protégées par le mur d'enceinte; on les a murées : plus haut, on remarque des trous ronds ou carrés de différentes grandeurs, alignés horizontalement, et dont l'usage n'est pas connu, et enfin un certain nombre de petites embrasures. Au nord du donjon s'élève une autre tour qui lui est contiguë, et qui paraît avoir été bâtie peu de temps après : encore plus ruinée, elle a la même forme, mais sur de moindres proportions

(12 mèt. sur 7), et est moins élevée ; ses murs ont 2ᵐ,66 d'épaisseur, et on remarque encore au second étage quelques peintures à fresque. Les deux tours servent aujourd'hui de prison. A l'angle N.-O. de l'enceinte, Louis XI fit élever une troisième tour, dite *tour ronde, tour neuve* ou *tour des prisonniers*, pour y tenir sous sa main les prisonniers d'État. On la voit encore maintenant telle qu'elle était, moins un corps de bâtiment attribué aux prisonniers de marque, lequel s'est écroulé en 1815 : les salles y sont vastes, les cheminées immenses, les plafonds démesurément hauts. Dans les fondations se trouve une salle circulaire voûtée, où l'air et le jour ne pénètrent que par des meurtrières insuffisantes, percées à travers un soubassement qui n'a guère moins de 4 mètres d'épaisseur : on y descend par un escalier de 84 marches qu'interrompent plusieurs portes, et c'est là qu'étaient les fameuses cages où furent enfermés La Balue et Comines, et qu'on a détruites à la Révolution. Toutefois, les vrais cachots de Loches ne sont pas dans la tour neuve, mais dans la fondation d'une autre tour aujourd'hui détruite, et dont il ne reste qu'une salle des gardes : il ne faut pas descendre moins de 98 marches pour arriver au cachot de Ludovic le More, où l'on aperçoit encore quelques traces d'inscriptions et de peintures faites par ce prince, et à une oubliette dont les parois sont encore teintes de sang. — L'ancienne église collégiale de Notre-Dame de Loches, comprise dans le château, est, depuis le Concordat, consacrée à Sᵗ Ours, patron de la ville. Elle offre deux styles différents : la partie la plus ancienne est de la fin du Xᵉ siècle, le reste date du XIIᵉ. Deux flèches gothiques et deux campaniles moins élevés la surmontent. Près de la collégiale, un palais construit par Charles VII et Louis XII sert d'hôtel de la sous-préfecture : on y montre l'oratoire d'Anne de Bretagne et le tombeau d'Agnès Sorel.

LOCO, c.-à-d. en italien *à la place*, mot qui, mis après un passage de musique exécuté à l'octave supérieure, indique qu'il faut prendre les notes suivantes telles qu'elles sont écrites et sans transposition.

LOCUTION, se dit d'une construction de mots, et d'une manière de s'énoncer. Une *locution prépositive* est une préposition qui s'exprime par plusieurs mots, comme *auprès de, au travers de, loin de*, etc.

LOCUTOIRE, endroit des monastères où l'on se réunissait autrefois pour parler pendant les récréations.

LODS ET VENTE. V. notre *Dictionnaire de Biographie et d'Histoire*.

LOF (de l'anglais *loof* ou *luff*), en termes de Marine, bord d'un navire opposé au vent. Pour dire au timonier de venir au vent, on lui crie : *au lof*, ou simplement *lof. Loffer*, c'est venir au vent. *Virer lof pour lof*, c'est faire tourner le bâtiment, et prendre le vent à l'autre bord. On appelle *éloffée* ou *auloffée* le mouvement pour entrer dans le vent.

LOGAÉDIQUE (du grec *logos*, parole, et *aoidé*, chant), c.-à-d. *qui tient de la prose et des vers, du parlé et du chanté*; nom donné par les anciens auteurs de Métriques à certains vers lyriques commençant par un, deux; ou plusieurs dactyles, suivis de 2 ou de 3 trochées. On le donnait encore : 1º au vers archébulique composé de 4 anapestes et d'un bacchius; 2º au trimètre anapestique accru d'un bacchius; 3º au dimètre anapestique dont le 4ᵉ pied est un pyrrhique ou un iambe; 4º au monomètre hypercatalectique terminé de même façon. On rattache à ce genre certains vers des tragiques, sur la nature desquels les érudits ne sont pas d'accord, et qui sont composés d'un iambe, d'un anapeste, puis d'un iambe suivi d'un bacchius final, ou d'un amphibraque, équivalent du bacchius à la fin d'une phrase.   P.

LOGE (de l'italien *loggia*), petite salle, tribune, ou balcon couvert, ouvert par devant, et plus ou moins richement décoré de colonnes et d'arcades. Le pape a sa loge placée au-dessus du portique de l'église de Sᵗ-Pierre, et d'où, le jour de Pâques, il donne la bénédiction *Urbi et Orbi*, « à la ville et au monde ». Dans d'autres parties d'Italie, des loges analogues servent pour des sermons adressés à la foule, ou, pour des chants exécutés devant elle. Les Italiens donnent aussi le nom de *loge* à une galerie, à une suite de portiques : les *loges* du Vatican ont été peintes par les plus grands maîtres. Certains compartiments clos et réservés dans les théâtres, pour un petit nombre de spectateurs, ont reçu le nom de *loges*. On l'a ensuite appliqué aux boutiques en planches où se donnent les spectacles forains, aux cellules d'aliénés, aux habitations des portiers, etc.

LOGE, nom donné, dans la Franc-Maçonnerie à un

groupe de Frères réunis sous un même *vénérable* ou président, ainsi qu'au local où ils se réunissent.

LOGEMENT, local destiné à l'habitation. La loi du 13 avril 1850, complétée par les décrets des 22 janv. 1852 et 27 mars 1854, a donné aux autorités municipales des grandes villes les moyens d'assainir les logements insalubres. Le propriétaire peut être mis en demeure d'exécuter, dans un délai déterminé, les travaux d'assainissement jugés nécessaires, sous peine d'une amende de 16 à 100 fr. ; l'amende peut être portée à une valeur égale ou même double de celle des travaux à exécuter, s'ils n'ont pas été faits dans l'année qui a suivi la condamnation, et si le logement insalubre a continué à être occupé. Si l'assainissement est jugé impossible, l'autorité municipale peut interdire provisoirement la location du logement; mais l'interdiction absolue ne peut être prononcée que par le Conseil de préfecture, sauf recours au Conseil d'État. Les locataires ainsi expulsés ne peuvent réclamer aucune indemnité.

LOGEMENT, en termes d'Art militaire, ouvrage de campagne à la fois offensif et défensif. Lorsqu'une armée assiège une ville, elle doit, à mesure qu'elle approche des murs au moyen des cheminements, ménager, de place en place, des endroits d'une étendue suffisante, pour y loger, soit les batteries, soit les troupes protectrices des travaux et des colonnes d'attaque. Ces logements, surtout pour les batteries de brèche, doivent être solidement établis à l'abri des feux de l'ennemi, par des blindages et tous les autres moyens dont dispose le génie militaire. De la solidité des logements dépend souvent la réussite de l'attaque. — Dans l'Administration militaire, on entend encore par *Logement* le lieu d'habitation ou de gîte, que ce lieu soit de résidence, de passage, ou de route, et la troupe qui part à l'avance pour le préparer. Dans les armées de Rome et de Byzance, les fonctionnaires chargés des logements militaires s'appelaient *menseurs, métateurs, comtes du logement*. Jadis en France la direction en cette partie dépendit du grand sénéchal, puis du connétable, du grand maître des arbalétriers, du grand prévôt, etc. Aujourd'hui, le soin des logements appartient aux officiers de l'intendance, aux maréchaux des logis, aux fourriers, et même aux autorités civiles. En Angleterre, ce service est l'objet d'une sorte de Ministère, dirigé par le *quartier-maître général*.

LOGEMENT (Billet de), billet que reçoivent, dans les communes où ils s'arrêtent, les soldats en congé ou en marche, pour être logés chez les bourgeois. L'origine de ces logements remonte à Louis XII, comme il paraît par une ordonnance du 20 février 1514.

LOGEUR. V. AUBERGISTE.

LOGIQUE (du grec *logos*, raison, raisonnement). La Logique est la *science du vrai en général;* elle ne s'occupe pas de la matière des connaissances, mais seulement des conditions générales sans lesquelles nos connaissances ne peuvent être vraies. Elle a donc pour *objet* l'intelligence, et pour *but* de la guider dans la recherche du vrai. Comme connaissance des lois qui régissent les opérations de l'intelligence, la Logique est une *science;* lorsqu'elle traduit ces lois en règles, et que de la théorie elle passe à la pratique, elle devient un *art*. Les auteurs de la *Logique de Port-Royal* ont défini la Logique l'*Art de penser*, et l'ont divisé en quatre parties, d'après les quatre opérations principales de la pensée : *concevoir, juger, raisonner, ordonner;* ce qui donne lieu à traiter des *idées*, du *jugement*, du *raisonnement* et de la *méthode*. Cette division est insuffisante, surtout si on considère la Logique au double point de vue de la théorie et de la pratique. Elle comprend alors : 1° la *Méthode*, qui nous donne le moyen d'arriver au vrai ; 2° la *Certitude*, qui nous enseigne les conditions sans lesquelles nous ne pouvons tenir une connaissance pour vraie ; 3° la *théorie du raisonnement*, qui nous donne les conditions nécessaires pour qu'une conclusion soit vraie; à quoi il faut joindre l'*Analogie* et l'*Induction*, au moyen desquelles nous pouvons étendre nos connaissances expérimentales; 4° la *critique du témoignage humain*, qui nous donne des règles pour nous assurer de la valeur des moyens d'arriver à la vérité par autrui; 5° le *Langage*, comme manifestation de la pensée, et la tendance qu'il nous donne vers la vérité ou vers l'erreur; 6° nos *Erreurs et leurs causes*, pour nous mettre en garde contre elles, pour nous empêcher de nous écarter du vrai, ou pour nous y ramener. Cette énumération suffirait pour montrer l'importance de la Logique. Même à ne voir en elle que la *science de raisonner*, sa nécessité serait encore évidente, parce que seule elle peut comprendre les lois de

la démonstration et en tracer la théorie nécessaire. Dans l'enseignement, la Logique fit toujours partie du cours de philosophie; sa place est naturellement après la psychologie, parce qu'ayant pour objet de diriger l'exercice des facultés intellectuelles, elle ne fait que continuer le travail de la psychologie, qui les a fait connaître. Depuis 1852, elle a pris, au moins nominalement, plus d'importance, en donnant son nom au cours de philosophie qui termine les études classiques; mais elle ne peut en être qu'une partie.

On a fait remonter la *Logique*, comme procédé scientifique, jusqu'à Zénon d'Élée (v° siècle av. J.-C.); mais il ne faut pas la confondre avec la *Dialectique*, qui était alors le procédé suivi. On la retrouve non-seulement chez Zénon, mais chez les sophistes, dans l'école de Mégare, chez Socrate, et chez Platon dans ses Dialogues. La dialectique s'attache à *réfuter;* la logique *démontre*, elle procède dogmatiquement et par déduction. C'est ce qu'on voit chez Aristote, environ 4 siècles av. J.-C., dans un ensemble d'écrits auquel on a donné le nom d'*Organon*, et qu'on nomme ordinairement la *Logique* d'Aristote. Cet ensemble comprend : 1° le traité des *Catégories* 2° celui de l'*Interprétation;* 3° les *Premiers Analytiques*, ou traité du syllogisme; 4° les *Derniers Analytiques*, ou traité de la démonstration ; 5° les *Topiques;* 6° le traité des *Sophismes*. A ces écrits on joint ordinairement l'*Introduction aux Catégories*, de Porphyre, mort 304 ans après J.-C. Ainsi, la Logique du Stagyrite va des catégories à la théorie de la proposition, de celle-ci au syllogisme, et de ce dernier à la forme parfaite du raisonnement, qui est la démonstration; les deux derniers traités sont consacrés à l'application. Après Aristote, deux de ses disciples, Théophraste et Eudème, continuèrent ses travaux, sans rien y ajouter, mais non sans quelques critiques de détail. Cette controverse nous a été transmise par Alexandre d'Aphrodise, dans ses *Commentaires*. Du Lycée, la Logique passa à l'école du Portique. Les stoïciens lui donnèrent la première place dans leur philosophie; il est à remarquer qu'ils essayèrent d'y comprendre une psychologie et une méthode ; malheureusement leurs travaux sur cette partie de leur doctrine ne sont pas arrivés jusqu'à nous. Épicure, en donnant à sa Logique le nom de *Canonique*, ne lui laissa qu'un rôle tout à fait insuffisant; il en fit une partie de la physique, comme l'y contraignait son sensualisme étroit. Galien (n° siècle) avait fait sur la Logique d'immenses travaux, qui tous ont péri ; on lui attribue, mais à tort, l'invention de la 4° figure du syllogisme. De siècle en siècle on vit se succéder une foule de commentateurs de la *Logique* d'Aristote. Les études sur l'*Organon* commencèrent sous le règne des Ptolémées, pour ne plus cesser : outre Galien et Alexandre d'Aphrodise, on vit Porphyre, Thémistius, Simplicius, et Jean Philopon. Pendant les derniers siècles du Bas-Empire, on compte un David, qui traita des *Catégories* d'Aristote et des *Prédicables* de Porphyre, un Nicéphore Blemmide, un Georges Pachymère, etc. — A Rome, la philosophie ne compta pas un seul logicien proprement dit, malgré l'écrit de Cicéron intitulé *Topiques*, qui a fort peu d'analogie avec celui d'Aristote. Au v° siècle, Boèce traduisit ou commenta les traités qui composent l'*Organon ;* il commenta aussi l'*Isagoge* de Porphyre, et par là il exerça une grande influence sur les siècles suivants. Le moyen âge vit régner la Logique despotiquement, au nom d'Aristote. Avec Abélard elle avait pris une importance capitale, en inclinant quelque peu vers la dialectique de Platon; mais, vers la fin du xii° siècle, les travaux des Arabes, en répandant la connaissance des écrits d'Aristote, assurèrent à sa *Logique* un empire longtemps incontesté. Au xv° siècle elle fut attaquée par Laurent Valla (*De dialectica contra Aristotelicos*), un siècle plus tard par un grand nombre et surtout par Ramus (*Aristotelicæ animadversiones*), et enfin par François Bacon. Ce dernier opposa, en 1620, son *Novum Organum* à l'*Organon* d'Aristote. C'était une méthode nouvelle, qui ramenait la philosophie à l'observation et à l'expérience. Bacon croyait détruire la Logique d'Aristote; il ne faisait que la compléter, en montrant la nécessité de joindre l'induction au procédé déductif. Descartes fit plus encore dans son *Discours de la Méthode* (1637), en proclamant l'indépendance absolue de la raison dans l'ordre des choses humaines, en rappelant l'homme à l'observation et à l'analyse des faits de la vie spirituelle, et en substituant les quatre règles de sa méthode aux préceptes si nombreux et souvent si obscurs de la Logique scolastique. Cependant la vieille Logique, attaquée de toutes parts en haine des abus qu'elle avait engendrés, fut soutenue avec impartialité par Leibniz, notamment dans son *Discours touchant la méthode de la certitude et l'art d'inventer*, et par son disciple Wolff (*Philosophia rationalis, sive Logica methodo scientificâ pertractata*, 1728). L'école de Locke et de Condillac négligea la Logique, qui se trouva réduite aux étroites proportions de l'*Idéologie*; l'école écossaise n'en tint pas non plus grand compte ; mais la Logique trouva en Allemagne, dans la personne de Kant, un homme qui lui donna dans la philosophie une place nouvelle. Kant, dans sa *Critique de la raison pure*, entreprit de dégager de tout élément empirique et de considérer dans toute leur pureté les principes *à priori* qui se rapportent à la connaissance de certains objets. De là deux sortes de lois qui constituent la vérité : l'une *subjective* et rationnelle, l'autre *objective* et matérielle. Avec Hegel, la Logique se dénature, et devient une ontologie qui conduit à l'idéalisme le plus exagéré. Aujourd'hui la Logique semble revenir en Allemagne à un esprit plus raisonnable, et reprendre en Écosse et en France quelque faveur : en Écosse ont paru, depuis une trentaine d'années, des écrits d'une valeur médiocre, mais qui ont donné lieu à une polémique bien augure, et qui a fait connaître M. W. Hamilton, l'auteur d'une *Nouvelle Analytique;* en France, M. Barthélemy Saint-Hilaire a publié une traduction complète de la *Logique* d'Aristote.

Dans l'Inde, la Logique, aussi ancienne, comme science, que dans la Grèce, a son code et ses lois dans le *Nyâya*, qui fut suivi par les brahmanes et les bouddhistes, au nord et au midi de la presqu'île ; aujourd'hui toutes les écoles de l'Inde n'ont pas d'autre *Organon* que le *Nyâya*, qui probablement ne doit rien à Aristote. — Outre les ouvrages originaux déjà cités, on peut consulter : Gassendi, *De origine et varietate Logicæ*, dans le *Syntagma philosophicum*, Lyon, 1658; G.-J. Vossius, *De natura et constitutione Logicæ*; Buhle, *Recherches sur l'état de la Logique chez les Grecs avant Aristote*, dans les *Mémoires de la Société de Gœttingue*, t. X; Dugald Stewart, *Considérations sur la Logique d'Aristote;* Fulleborn, *Histoire de la Logique chez les Grecs;* Barthélemy Saint-Hilaire, *De la Logique d'Aristote*, 1838, 2 vol. in-8°; Franck, *Esquisse d'une histoire de la Logique*, 1838; la *Logique de Bossuet;* celles de Crousaz et du P. Buffier; l'*Art de penser et de raisonner*, de Condillac; la *Logique* de Destutt de Tracy, partie de son *Idéologie;* Damiron, *Traité de Logique*, 1836; Charma, *Leçons de Logique*, 1840; Duval-Jouve, *Traité de Logique*, 1843; Waddington-Kastus, *Essais de Logique*, in 8°; Bénard, *La Logique enseignée par les auteurs*, 1858; Cournot, *Essai sur les fondements des connaissances*, etc. On cite en Angleterre les *Éléments de Logique* de Richard Whately, Londres, 1829, et un *Traité de Logique d'après les principes d'Aldrich*, par John Huyshe, Oxford, 1833; mais ces deux écrits ne sont pas à la hauteur de la science. **R.**

LOGIQUE (Analyse, Sujet). V. ANALYSE, SUJET.

LOGOGRAPHES, terme de Littérature grecque. *V.* notre *Dictionnaire de Biographie et d'Histoire.*

LOGOGRAPHIE (du grec *logos*, parole, et *graphô*, j'écris), nom donné en 1790 à un procédé qu'on imagina pour recueillir, sans signes abréviatifs, les débats de l'Assemblée constituante. Douze ou quatorze scribes se rangeaient autour d'une table ronde. Chacun avait devant soi une provision de bandes longues et étroites de papier, divisées par compartiments, et portant chacune un numéro d'ordre. Quelques mots de la première phrase du discours prononcé étaient saisis par l'écrivain n° 1, qui, par un coup de coude ou tout autre signal, avertissait le n° 2 de recueillir les mots suivants; celui-ci faisait de même pour le n° 3, et ainsi de suite. Après le dernier écrivain, le premier recommençait, et toujours ainsi. On passait les bandes à des copistes, qui les mettaient au net pour les livrer à l'impression. La logographie fut abandonnée après le 10 août 1792, et l'on ne tarda pas à adopter la Sténographie (*V. ce mot*).

LOGOGRIPHE (du grec *logos*, parole, et *griphos*, piège, filet), sorte d'énigme qui donne à deviner un mot par l'analyse de ce mot lui-même, en le décomposant en d'autres mots, en indiquant les différentes significations qu'il prend suivant qu'on en retranche une ou plusieurs lettres. En voici un exemple, tiré du *Mercure de France* (janvier 1758) :

Rien n'est plus vieux, rien n'est si beau que moi.
Des lettres de mon nom efface la troisième;
Vieux ou jeune, je suis d'une laideur extrême.

Retranche la seconde : à chaque instant chez toi
J'augmente en dépit de toi-même.
Ton embarras me fait pitié.
Tu ne m'as jamais vu, tu ne peux me connaître,
Mais reconnais au moins ma première moitié :
Tu l'as vu mourir et renaître.

On trouve chez les Anciens quelques exemples de logogriphes. Les Arabes en faisaient, dit-on, un de leurs divertissements, à une époque très-reculée. On fait remonter le logogriphe en France au temps de Charlemagne : mais il ne fut véritablement en vogue qu'au commencement du XVIIIe siècle. C'est en 1727 que le *Mercure* inséra ses premiers modèles; le succès en fut tel, que le logogriphe fut dès lors régulièrement admis dans cette feuille au même titre que l'énigme et la charade. Une véritable poétique du logogriphe, attribuée à La Condamine, y fut insérée en 1758. L'Angleterre nous avait devancés dans ces jeux d'esprit; la reine Élisabeth s'y livrait avec passion. — Disons aux personnes qui n'auraient pas voulu exercer la sagacité de leur esprit sur le logogriphe ci-dessus, qu'il est bâti sur le mot *ange*, où l'on trouve *âne, âge*, et *an.*

LOGOMACHIE (du grec *logos*, parole, et *makhê*, combat), dispute de mots qui provient de ce que les deux adversaires prennent en des sens différents le mot sur lequel roule la discussion, ou n'envisagent pas la même face de la question. Le remède aux logomachies est dans de bonnes définitions.

LOGOS, mot grec qui signifie la *parole*, et en même temps l'*intelligence*, la *raison*, que la parole manifeste au dehors. Dans la philosophie de Platon, le *Logos* était Dieu même, considéré comme la source des *idées*. St Jean l'Évangéliste s'est servi du mot *Logos* pour désigner la seconde personne de la Trinité, et, pour la traduire en latin, St Jérôme ne trouva d'autre terme que *Verbum*, dont nous avons fait le *Verbe.*

LOGOTHÈTE. *V.* notre *Dictionnaire de Biographie et d'Histoire.*

LOHENGRIN, poëme allemand de la fin du XIIIe siècle, composé en strophes de 10 vers par deux auteurs demeurés inconnus, et qui tire son nom de son principal héros. Il se rattache à la guerre de la Wartburg, et Wolfram d'Eschenbach, qui y figure contre Klinsor, est censé le narrateur du récit. On y retrouve la légende des chevaliers du Cygne, mêlée à celle du St Graal et aux exploits fabuleux du roi Henri Ier, et se termine par un aperçu des événements arrivés depuis ce prince jusqu'à Henri II.

LOHÉRAINS (Chanson des), une des plus vieilles chansons de gestes de notre littérature. Elle comprend *Hervis de Metz, Garin le Lohérain, Girbert* (*V. ces mots*), et enfin *Anséis.* Dans ce dernier roman, Ludie, après le meurtre de Fromondin, se sépare de son mari Hernaut, et pousse ses fils Louis et Manessier à venger la mort de leur oncle. Ils assassinent, en effet, Girbert; mais ils tombent entre les mains de leur père, et sont pendus par son ordre. — La chanson des Lohérains paraît être plus ancienne que tous les autres romans des douze Pairs. **H. D.**

LOI (du latin *lex*, qui vient de *legere*, parce que, suivant Varron, on avait coutume de lire la loi au peuple). L'idée la plus simple qu'on puisse se faire d'une *loi* est celle de certaines conditions générales et permanentes, nécessaires pour la production de tous les faits de même espèce. Dans un sens plus général et plus élevé, les lois sont, selon Montesquieu, « les rapports nécessaires qui dérivent de la nature des choses. » D'où il suit que tout a ses lois. On distingue : 1° les *lois physiques*, qui régissent le monde matériel : ainsi , la série des points où se trouve successivement un corps à des instants déterminés, devient la loi de son mouvement ; les sciences physiques et naturelles ont pour but de déterminer les lois d'après lesquelles se produisent les faits étudiés par l'observation et l'expérimentation ; 2° les *lois psychologiques;* en étudiant notre nature, à la fois sensible, intelligente et libre, nous trouvons encore des lois dans la succession invariable, dans la nécessité de certaines conditions; 3° la *loi morale* ou *divine*, qui émane de Dieu, qui lui est coéternelle, puisqu'elle subsiste en lui. Elle préexiste aux *lois humaines*, et les Codes ne sont légitimes que par elle et de par elle : elle s'adresse à des êtres libres, qu'elle oblige sans les contraindre ; elle est souveraine, universelle, immuable. Dans l'individu, c'est la *loi naturelle*, ou l'ensemble des principes qui doivent régler la conduite de l'homme, et qui résultent de sa nature d'être intelligent et libre : l'amour pour ses parents, la reconnaissance envers son bienfaiteur, l'obligation de ne pas faire à autrui ce que nous ne voulons pas qu'on nous fasse, et d'être à son égard ce que nous voulons qu'il soit au nôtre, sont des préceptes de la loi naturelle, qui est ainsi la base du *Droit naturel*; c'est l'objet de la *science morale*. Dans les sociétés, la *loi morale* est le principe de toute *loi sociale*, la condition de tout devoir, et, dans ses applications, elle donne l'autorité aux *lois humaines* ou *positives*. Celles-ci sont variables, parce qu'elles subissent l'influence du temps et de la civilisation; elles prennent différents noms suivant la nature des devoirs et des droits qu'elles énoncent : il y a les *lois organiques, civiles, criminelles, pénales, fiscales, religieuses, politiques, commerciales, militaires, etc.*, autant de catégories qu'il y a d'espèces de Droits (*V. ce mot*). Le pouvoir législatif appartient au souverain, représenté par le chef de l'État dans les gouvernements despotiques, par le chef de l'État et les pouvoirs représentatifs dans les gouvernements constitutionnels. Pour qu'une loi soit obligatoire, il faut qu'elle ait été promulguée (*V.* Promulgation), et qu'elle ait une sanction (*V. ce mot*); elle n'a jamais d'effets rétroactifs (*V.* Rétroactivité). Une loi promulguée est exécutoire dans toute l'étendue du territoire, après l'expiration d'un délai déterminé (*V.* Distance légale). La loi est censée connue de tout le monde; nul ne peut alléguer, en cas de crime, délit ou contravention, qu'il l'ignorait. Les lois cessent de produire leur effet par abrogation ou par désuétude. *V.* Goguet, *De l'origine des lois, des arts et des sciences*, 6e édit., 1820, 3 vol. in-8°; Montesquieu, *Esprit des lois*; Matter, *De l'influence des lois sur les mœurs*, in-8°; l'abbé Bautain, *Philosophie des lois*, 1860, in-8°.   R.

LOI (Homme de), *V.* Homme de loi.
LOI COMMUNE. ⎫
LOI MARTIALE. ⎬ *V.* ces mots dans notre *Dictionnaire*
LOI ROYALE. ⎭ *de Biographie et d'Histoire*.
LOI D'EXCEPTION. *V.* Exception.
LOI DE GRACE, DE NATURE, DE RIGUEUR. *V.* Alliance.
LOIS (Bulletin des). *V.* Bulletin.
LOIS AGRAIRES, SOMPTUAIRES. *V.* Agraires, Somptuaires, dans notre *Dictionnaire de Biographie et d'Histoire*.

LOMBARD, nom donné à une maison de prêt ouverte à Paris vers la fin du XIIe siècle par des banquiers venus de la Lombardie, et qu'on a appliqué depuis à toutes les maisons de prêts sur gages. Ces établissements, tolérés en Angleterre, sont maintenant prohibés en France, en Belgique et dans d'autres pays, et remplacés par les Monts-de-Piété (*V. ce mot*).

LOMBARD ou MILANAIS (Dialecte), un des dialectes italiens. On y retrouve sans doute les traces des peuples qui ont tour à tour occupé la haute Italie. Les origines celtiques se manifestent dans la rudesse des sons, et les origines romaines dans le vocabulaire. Les Ostrogoths et les Lombards ont dû y laisser une empreinte plus profonde. Ce dialecte supprime les voyelles finales et souvent même les médianes; il a en commun avec le piémontais et le génois les sons *eu, u, an, in, on, un*, ainsi que la consonne *j*, toutes valeurs phonétiques françaises. Il a une littérature assez abondante : Maggi, Tansi, Balestrieri, Parini, Bossi, Carlo Porta, Grossi, etc., l'ont employé avec succès.

LOMBARD (Style). *V.* notre *Dictionnaire de Biographie et d'Histoire*.

LOMBARDE (École), une des grandes écoles italiennes de peinture. Lanzi ne reconnaît pas, dans les peintres qu'on y range d'ordinaire, le caractère d'unité qui distingue les autres écoles : pour cette raison, il établit plusieurs groupes, les écoles *milanaise, bolonaise, génoise, piémontaise*, et celles de *Crémone*, de *Ferrare* et de *Parme* (*V. ces mots*).

LOMBARDE (Écriture), nom donné, en Paléographie, à l'écriture usitée en Italie du temps des Lombards. Ses lettres majuscules s'éloignent peu des majuscules romaines; celles qui sont historiées offrent des compartiments à la façon des mosaïques, et admettent, dans leur composition, des figures d'hommes et d'animaux de toutes sortes. Comme cursive, l'écriture lombarde ne manque pas d'élégance; elle est à peu près aussi large que haute, et les contours en sont arrondis : elle fut employée dans les chartes et dans les bulles pontificales, concurremment avec la française, jusqu'au XIIIe siècle. Le *t* avec traverse recourbée caractérise surtout la minuscule, et l'*a* en forme d'*ω* la cursive.

LOMBARDS (Lois des). Elles furent écrites en 643 par le roi Rotharis, et approuvées dans une assemblée générale à Pavie. Ce n'était point un code complet; Rotharis ne fit que réunir et corriger les édits de ses prédécesseurs, qui ne s'étaient conservés que par tradition. Ses

successeurs en publièrent plusieurs autres. *V.* Cantù, *Histoire des Italiens*, t. IV de la traduction française, 1860.

LOMBARDS (Monnaies des). *V.* Italienne (Numismatique).

LONDRES (Monuments de). *V.* Bourse, Kensington (Palais de), Guildhall, Paul (Église Saint-), Tour de Londres, Westminster, Whitehall, et, dans notre *Dictionnaire de Biographie et d'Histoire*, Colonnes monumentales, page 635, col. 1, et Tunnel.

LONGCHAMPS. *V.* notre *Dictionnaire de Biographie et d'Histoire*.

LONG COURS. *V.* Navigation, Capitaine.

LONGITUDE. *V.* ce mot dans notre *Dictionnaire de Biographie et d'Histoire*.

LONGITUDES (Bureau des). *V.* Bureau, dans notre *Dictionnaire de Biographie et d'Histoire*.

LONGPONT (Abbaye de), abbaye jadis célèbre, fondée vers 1130 par Raoul, comte de Crespy, à une extrémité de la forêt de Villers-Cotterets, à 18 kilom. S.-O. de Soissons. L'église, dédiée en 1227, ruinée en 1793, et dont il reste encore des ruines assez imposantes, avait 108 mèt. de longueur, 39 de largeur, et 38 de hauteur sous voûtes; la croisée, dont le chœur occupait la plus grande partie, était longue de 50 mèt. Au-dessus des arcades de la nef régnait une galerie faisant tout le tour de l'édifice. Les roses du grand portail et des transepts étaient renommées pour leur beauté.

LONGS MURS, épaisses murailles qui s'étendaient d'Athènes au Pirée. Le rempart du Nord, construit par Périclès, avait une longueur de 40 stades; celui du Sud, dû aux soins de Thémistocle, et composé de larges pierres carrées, liées entre elles avec du fer et du plomb, avait 35 stades de longueur et 40 coudées de hauteur. Sur tous deux s'élevaient de nombreuses tours, qui furent converties en habitations particulières lorsque la ville ne suffit plus pour loger les citoyens.

LONGUE (Syllabe), syllabe dont la prononciation est égale à deux temps, c.-à-d. à deux brèves (*V. ce mot*). Ainsi, en français, *lâche* exige un temps de plus que *vache*, *mâle* un temps de plus que *malle*. Le signe convenu pour marquer la longue en latin est un petit trait horizontal au-dessus de la voyelle : *tōtăs*. En français, elle s'annonce assez souvent dans l'usage par l'accent circonflexe. Sont longues en français : 1° les syllabes finales masculines des substantifs pluriels : *des sâcs, des sêls, des pôts*; 2° les syllabes finales masculines des substantifs singuliers ayant à ce nombre une terminaison plurielle : *un vèrs, le temps, le nêz, une fois*; 3° les syllabes nasales suivies d'une consonne autre que *m* ou *n* : *jàmbe, râmpe, sômbre, tèndre, fèindre, hûmble*; 4° les syllabes suivies de deux *r*, dont un seul se prononce : *bârre, bizârre, cârré, tèrre, vèrre, tonnèrre*. Cependant *ărranger* et *ărriver* ont la 1re brève; 5° les pénultièmes suivies de *se, ze* : *vâse, diocèse, sottîse, franchîse, seîze, rôse, mûse, doûze, bloûse*; 6° les pénultièmes terminées par une voyelle suivie d'un *e* muet : *boûe, rûe, joîe, pensée, armée*. — Ces règles subissent de nombreuses exceptions dans le langage familier, et on s'en écarte quelquefois dans le débit oratoire et dans la récitation déclamée, s'il doit en résulter quelque heureux effet. A cet égard, le goût et le sentiment de l'harmonie sont à peu près les seuls guides.   P.

LONGUE, figure de note, qui, dans l'ancienne notation, était le signe d'une durée double de la *brève* ou *ronde*. Dans la mesure ternaire, elle valait trois brèves. Elle était de forme carrée, avec une queue sur la droite.

LOQUIFER (Bataille de), 15e branche de la chanson de *Guillaume au court nez*. Les Infidèles ont envahi la France : leur chef Desramé remet le sort de l'expédition à un combat singulier entre Rainouart et le géant Loquifer. Rainouart est vainqueur; mais son fils Maillefers est enlevé par les Sarrasins, et emporté dans la ville d'Odierne. Il se met à la recherche de son enfant; il est transporté dans le royaume des fées, et revient enfin dans sa ville de Portpaillart sans avoir retrouvé Maillefers. — Cette chanson est conservée dans six manuscrits, dont un à la bibliothèque de l'Arsenal, à Paris. M. Leroux de Lincy a publié une partie dans son *Livre des Légendes*. Paris, 1836, in-8°. *V. Histoire littéraire de la France*. tome XXII.   H. D.

LORD. *V.* ce mot dans notre *Dictionnaire de Biographie et d'Histoire*.

LORD-MAIRE, titre que portent à Londres et à Dublin les chefs du corps municipal, élus chaque année par les habitants, et, à Londres, par les seuls habitants de la

Cité. Tout candidat à la charge de lord-maire de Londres doit être membre libre de l'une des 12 corporations principales de la Cité, avoir rempli les fonctions de shérif, et, au temps des élections, fait l'office d'alderman dans l'un des quartiers. L'élection a lieu à Guildhall (*V. ce mot*). Le jour de la St-Michel, les corporations s'y rassemblent, sous la présidence des shérifs : tous les aldermen qui ont passé par le shérifat sont proposés successivement à la candidature par ordre d'ancienneté; les deux qui réunissent le plus grand nombre de suffrages sont signalés dans un rapport à la Cour des aldermen, laquelle décide du choix à faire. Ce choix est soumis à l'approbation du souverain, qui n'est guère qu'une formalité. Le 8 novembre, l'élu prononce à Guildhall, en présence des citoyens, le serment de bonne et fidèle administration, et est installé le lendemain à Westminster par les barons de l'Échiquier. Le lord-maire est dit *très-honorable lord.* A titre de gouverneur civil de Londres, il est le premier juge de toutes les cours et commissions de la cité, président de l'élection des aldermen, conservateur de la Tamise ; sous le rapport militaire, il a les mêmes pouvoirs que les lords-lieutenants des comtés. Comme insignes habituels de sa charge, il porte constamment au cou une double chaîne d'or ou un riche collier de pierreries; dans les circonstances solennelles, il est vêtu d'une robe de velours cramoisi ; son costume ordinaire est, en hiver, une robe de drap écarlate à capuchon de velours, et, en été, une robe de soie bleue doublée de fourrure. Dans les processions où sa présence est officiellement requise, on porte devant lui l'épée et la masse d'armes, soit en or, soit en argent : s'il est à pied, un page soutient la queue de sa robe ; s'il va en voiture, c'est dans un carrosse splendide à quatre chevaux. Il réside à Mansion-House, au bout du pont de Londres. Jadis la personne du lord-maire était sacrée et inviolable, et l'outrager était un crime puni de mort; il avait, comme le roi, son poëte lauréat et son bouffon.   B.

LORETTE (Église de), dans les États romains. Cette église, dite de la Madone, fut commencée en 1464, et achevée en 1513, sous la direction de Bramante, à l'exception de la coupole, ajoutée sous Clément VII et Paul III, et de la façade, construite sous Sixte-Quint, en 1587, dans le goût de la décadence. On l'a encore réparée depuis cette époque. Située sur une place que décorent deux portiques, une fontaine et la statue de Sixte-Quint, elle offre de belles portes à bas-reliefs en bronze, un grand nombre de fresques et de mosaïques. Mais ce qui excite surtout l'intérêt, c'est la *Santa Casa* placée sous la coupole, maisonnette en bois d'ébène et en briques, habitée autrefois, selon la légende, par la Ste Vierge, et emportée de Nazareth en Dalmatie, puis à Lorette, par les anges, à la fin du XIIIe siècle. Elle a 10m,60 de long, 4m,90 de large, et 6m,66 de haut. Un revêtement en marbre, dont le dessin est de Bramante, lui a été appliqué, et est couvert de bas-reliefs splendides, exécutés par Sansovino, Lombardo, Bandinelli, Tribolo, Jean de Bologne et autres bons maîtres. On y entre par une porte avec grille en argent. L'intérieur est dépourvu d'ornements : mais sur l'autel s'élève une statue de la Vierge en bois de cèdre, sculptée, dit-on, par St Luc, et couverte de très-riches ornements ; près de là on montre des vases en terre qu'on prétend avoir servi à la Sainte Famille, et la fenêtre par laquelle serait entré l'ange Gabriel lors de l'Annonciation. *V.* l'abbé Caillau, *Histoire critique et religieuse de l'église Notre-Dame-de-Lorette*, Paris, 1843, in-12 ; Martorelli, *Teatro istorico della Santa Casa*, Rome, 2 vol. in-fol.   B.

LORICA. *V.* CUIRASSE.

LORMIERS, ancienne corporation d'ouvriers qui fabriquaient des mors pour les chevaux. Leurs statuts se trouvent dans le *Livre des métiers* d'Étienne Boileau. Plus tard, il y eut des *lormiers-éperonniers*, des *lormiers-selliers*, et des *lormiers-bourreliers*.

LORRAIN ou AUSTRASIEN (Patois), un des patois qui dérivent de la Langue d'oïl (*V. ce mot*), et dont le *Messin* est une variété. Au XIIIe siècle, il avait ses plus grandes analogies avec le champenois, et s'il étant ; comme lui, identique pour le fond avec le bourguignon : mais il a emprunté, en plus grand nombre que le champenois, différentes formes du dialecte picard. *V.* dom J. François, *Vocabulaire austrasien*, Metz, 1773; Oberlin, *Essai sur le patois lorrain des environs du Ban de la Roche*, Strasbourg, 1775.

LORRAINE (Croix de). *V.* CROIX.

LOSANGES, ornements particuliers à l'architecture romano-byzantine. Ils sont simples ou enchaînés, en creux ou en saillie, et disposés sur les moulures plates des architraves et des corniches.

LOTERIE. *V.* ce mot dans notre *Dictionnaire de Biographie et d'Histoire*.

LOTERIE, jeu de cartes. On prend au hasard un certain nombre de cartes d'un jeu complet, et on les couvre d'enjeux. Des cartes d'un autre jeu ayant été distribuées aux joueurs, celui qui a une carte correspondant à l'une de celles qu'on a tirées d'abord, gagne ce dont celle-ci est chargée.

LOTO (du mot *lot*), jeu de hasard, pour lequel on emploie 24 cartons contenant chacun trois rangées transversales de 10 compartiments, dont 5 colorés et 5 à fond blanc. Sur ces derniers sont inscrits les numéros 1 à 90, sans autre ordre que de mettre ceux de 1 à 10 dans la 1re colonne, ceux de 10 à 20 dans la 2e, et ainsi de suite. Chaque carton présente 15 numéros, et chacun des nombres se reproduit quatre fois sur la totalité. Les joueurs prennent chacun 2, 3 ou 4 cartons, et, quand ils ont fait une poule d'un taux convenu, l'un d'eux tire successivement, d'un sac ou d'une boîte, des boules portant un numéro, qu'il appelle. Celui qui trouve le numéro sur ses cartons le marque avec un jeton. Un seul numéro sur la même ligne horizontale fait un *extrait*, deux font un *ambe*, trois un *terne*, quatre un *quaterne*; la poule appartient au premier qui arrive au *quine*, ou 5e numéro. — Dans le mode particulier de jouer le loto qu'on nomme *tombola*, chaque joueur ne prend qu'un carton, et la poule appartient, non au premier qui a le *quine*, mais à celui qui a entendu appeler les 15 numéros de son carton.

LOTUS. Cette plante était, pour les anciens Égyptiens, un symbole de la fécondation et de la vie. Le dieu Horus, personnification du soleil levant, était représenté sur un lotus dont le bouton s'élance du sein des eaux, et avec un collier de fleurs et de boutons de lotus. On trouve d'autres divinités encore avec une tige de lotus à la main. Trois tiges de lotus, s'échappant d'un bassin, étaient le symbole de la haute Égypte.

LOUAGE (Contrat de), contrat par lequel une des parties s'oblige à faire jouir l'autre d'une chose ou du fruit de son travail pendant un temps déterminé et moyennant un certain prix. De là la distinction du *louage de choses* et du *louage d'industrie* ou *d'ouvrage.* Le louage des choses prend différents noms, selon les objets auxquels il s'applique ; *bail à loyer*, s'il s'agit de maisons ou de meubles ; *bail à ferme*, pour les héritages ruraux; *bail à cheptel*, s'il s'agit d'animaux dont le profit se partage entre le propriétaire et le locataire (*V.* BAIL, CHEPTEL). Le louage des services embrasse : 1° le louage des gens de travail, ouvriers ou domestiques, qui s'engagent au service de quelqu'un; 2° celui des voituriers par terre ou par eau, qui se chargent du transport des personnes ou des marchandises ; 3° celui des entrepreneurs d'ouvrages par suite de devis ou marchés. *V.* Duvergier, *Traité de louage*, 2 vol. in-8°; Troplong, *Explication des titres du Louage et de l'Échange*, 1852, 2 vol. in-8°; Vanhuffel, *Traité du contrat de louage et de dépôt appliqué aux voituriers*, etc., 1841, in-8°.

LOUGRE (de l'anglais *lugger*), petit navire très-léger, souvent armé, employé surtout comme éclaireur dans la guerre maritime, et dont les pirates ont souvent fait usage. Il a un grand mât et un mât de misaine, porteurs de deux grandes voiles trapézoïdales, et, au besoin, des huniers et de perroquets volants ; parfois, il en dresse un troisième, dit *tape-cul*, sur l'arrière ; son beaupré est très-court. Un lougre peut porter jusqu'à 18 pièces de canon.

LOUIS, monnaie. *V.* notre *Dict. de Biogr.*

LOUIS (Chant de). *V.* le *Supplément.*

LOUIS (Code). *V.* CODE, dans notre *Dictionnaire de Biographie et d'Histoire.*

LOUIS (Institut, Ordre de St-). *V.* notre *Dictionnaire de Biographie et d'Histoire.*

LOUIS XIV (Le siècle de), qualification que l'on donne à la plus brillante période de la littérature française, celle qui s'étend de la mort de Henri IV à celle de Louis XIV ; non que ce dernier prince ait formé les génies qui ont illustré son règne, mais parce qu'il a su généralement les encourager, les mettre en lumière, les faire concourir à sa propre grandeur. — Voltaire a donné le nom de *Siècle de Louis XIV* à l'un de ses grands ouvrages historiques. Il était, pour l'écrire, au point de vue le plus favorable : sa première jeunesse s'était écoulée durant les dernières années de Louis XIV, et il avait fréquenté plusieurs des personnages qui avaient approché ce monarque ou siégé dans ses Conseils; en pleine maturité de l'âge et du talent, il n'était plus exposé à céder à l'enthousiasme qu'avaient excité les prospérités du roi ou au dénigrement produit par ses malheurs, et il l'a jugé tout à la fois avec admiration et impartialité, vantant ses belles qualités et ses grandes actions, sans dissimuler ses fautes. Ce qui fit l'originalité du *Siècle de Louis XIV*, ce fut l'heureuse idée de ne pas borner l'histoire d'une époque à celle des batailles et des faits et gestes des princes, mais de représenter le mécanisme de l'administration, les vicissitudes des finances, les relations des gouvernements et des peuples, les développements du commerce et de l'industrie, le mouvement des lettres, des sciences et des arts. Voltaire a su réunir l'exactitude scrupuleuse à l'art de peindre, la critique éclairée à la vivacité du sentiment et de l'imagination, mêler des réflexions au récit sans le suspendre ni le ralentir. Ce livre de Voltaire est admis comme classique dans nos écoles.

LOUIS XV (Place), à Paris. *V.* notre *Dictionnaire de Biographie et d'Histoire.*

LOUP, animal adoré à Lycopolis, dans l'ancienne Égypte. Il figurait parmi les hiéroglyphes comme le signe du voleur. Les Grecs consacrèrent le loup à Apollon ; les Romains, à Mars, parce qu'une louve avait nourri Romulus et Rémus, fils de ce dieu. Chez les Scandinaves, Loki, le Satan du Nord, avait pour fils le loup Fenris. Les légendes chrétiennes font du loup un emblème du démon. — Les Anciens donnaient le nom de *loup* à une enseigne et à une machine de guerre. *V.* ENSEIGNE et HARPAGON, dans notre *Dictionnaire de Biographie et d'Histoire.*

LOUP, sorte de demi-masque en velours noir, que les dames du xvᵉ et du xviᵉ siècle, et aussi certains courtisans, portaient presque constamment, de peur de hâler leur teint. Cet usage s'est perpétué à peu près jusqu'à nos jours chez les dames Espagnoles.

LOUQSOR (Temple de). *V.* THÈBES (Ruines de).

LOURE, danse grave dont l'air était assez lent et ordinairement marqué à six-quatre. Cet air commençait en levant, et se composait de deux reprises de 8, 12 ou 16 mesures. Quand chaque temps porte trois notes, on pointe la première, et l'on fait brève celle du milieu. *Lourer*, c'est marquer la première note de chaque temps plus sensiblement que la deuxième, quoique de même valeur, et en nourrir le son avec douceur : ce mode d'exécution est particulièrement en usage pour les compositions d'un caractère rustique. — On a encore appelé *loure* un instrument assez semblable à la musette.

LOUSTIC (de l'allemand *lustig*, joyeux), nom donné jadis, dans les régiments suisses que soudoyait la France, à des bouffons chargés de les égayer, et de prévenir ou dissiper dans les soldats le mal du pays. Il y en avait un par compagnie.

LOUVAIN (Église de Sᵗ-PIERRE, à). Cette église collégiale, bâtie sur l'emplacement d'un édifice antérieur, qui fut incendié en 1130 et en 1373, date du xvᵉ siècle, et a été faite d'un seul jet : de toutes les églises de Belgique, il n'y a que celle de Sᵗᵉ-Waudru à Mons qui puisse lui être comparée pour la pureté et l'harmonie de l'ensemble. L'extérieur n'annonce pas cependant une construction de premier ordre : les arcs-boutants qui soutiennent la grande nef et le chœur sont extrêmement lourds; on a laissé, au xviiᵉ siècle, des maisons et des boutiques s'implanter entre les contre-forts; le portail devait avoir trois tours surmontées de flèches à jour, dont on prétend avoir le modèle à l'hôtel de ville, et l'on ne fit qu'une flèche en bois, détruite par les flammes en 1604. L'intérieur est bien autrement satisfaisant : il est en forme de croix latine, avec trois nefs, et à 100 mèt. de longueur sur 25 de largeur. La grande nef étonne par la hardiesse et l'élégance de son architecture. Au-dessus des grands arcs ogivaux règne un triforium découpé en quatre-feuilles et à arcades trilobées, et, au-dessus de celui-ci, de grandes fenêtres ogivales éclairent l'édifice. Toutefois, on regrette l'absence de vitraux de couleur, et le badigeon nuit au caractère sévère de l'ensemble. Un jubé, beau modèle de style flamboyant, sculpté et fouillé avec une grande recherche, sépare le chœur de la nef : il est surmonté d'un immense crucifix qui s'élève jusqu'à la voûte; quelques-unes des parties de ce jubé sont dorées, et l'une des chapelles qui sont au pied contient un Christ noir comme de l'ébène et vêtu d'une longue robe rouge. Vis-à-vis est un lustre en fer, que l'on a attribué à Quentin Matsys. La chaire, sculptée en bois par Berger pour l'église de Ninove en 1742, et apportée à Louvain en 1807, a la forme d'un rocher, d'où s'élèvent deux palmiers à une hauteur d'environ 10 mèt. : d'un côté, l'artiste a représenté Sᵗ Pierre, de grandeur naturelle, au moment où il renie le Sauveur, et, de l'autre, Sᵗ Paul renversé de cheval en poursuivant les chrétiens vers Damas. Les orgues ont été construites par Golphus, en 1634. Les portes de fer, exécutées en 1811 par Goemans, passent pour un chef-d'œuvre. A droite du maître-autel est un tabernacle doré, dont la flèche, haute de 12 mèt., est sculptée avec la légèreté d'une dentelle, et qu'on rapporte à l'année 1435. Un lutrin gigantesque, où l'on voit à la base Sᵗ Paul et son cheval renversés, tandis que des anges voltigent autour des rameaux qui forment le couronnement, est une des plus belles sculptures en bois qui soient venues jusqu'à nous. L'église Sᵗ-Pierre possède quelques tableaux remarquables de Hemling, de Matsys, de Van der Weyden, de Crayer, et de Van Dyck. B.

LOUVAIN (Hôtel de Ville de), le plus bel édifice civil d'architecture ogivale que possède la Belgique. Il fut bâti de 1448 à 1463 par Mathieu de Layens, et on l'a restauré de nos jours. C'est un quadrilatère, isolé sur trois de ses faces, et dont la façade, un peu plus large que haute, a 34 mèt. Il se compose d'un rez-de-chaussée assez élevé et de deux étages. Les archivoltes des fenêtres ogivales sont ornées de feuillages. Les entre-deux de fenêtres présentent des saillies qui s'élancent depuis le rez-de-chaussée jusqu'au toit, et qui sont décorées de feuillages, de niches, de dais, de reliefs de toutes sortes. Une balustrade découpée, surmontée de pinacles, borde le toit, qui est très-élevé et porte trois rangées de lucarnes. Aux quatre angles de l'édifice sont des tourelles octogones, garnies, à différentes hauteurs, de balcons en forme de corbeilles, et terminées en flèches pyramidales. Aux deux extrémités du toit, deux tourelles semblables, partant seulement du balustrade, dominent les quatre autres flèches. Tout cet ensemble est extrêmement élégant et gracieux, et l'ornementation est d'une délicatesse extraordinaire. B.

LOUVETERIE, institution destinée à favoriser la destruction des loups, renards et autres animaux nuisibles. Un grand nombre de dispositions de la loi des Bourguignons et des Capitulaires ont trait à la destruction des loups, et offrent des récompenses à ceux qui en prendront. Charlemagne établit des *louvetiers* dans chacun des gouvernements de son empire : il leur était attribué 2 deniers par loup et 3 deniers par louve, payables par chaque feu du village à deux lieues à la ronde de l'endroit où l'animal avait été pris. Plus tard, le nombre des louvetiers fut multiplié. François Iᵉʳ les créa en titre d'office, et plaça au-dessus d'eux, en 1520, le *grand louvetier* dont la charge paraît remonter jusqu'au xvᵉ siècle. Néanmoins, les loups se multipliaient d'une manière effrayante. Henri III, par une ordonnance de janvier 1583, enjoignit aux officiers des eaux et forêts de requérir, trois fois l'an, un homme par feu de chaque paroisse, avec armes et chiens pour la chasse. Une ordonnance de 1601 imposa aux seigneurs l'obligation d'exiger de leurs tenanciers ce même service. Il ne paraît pas qu'on soit arrivé à des résultats bien sérieux; car, au xviiiᵉ siècle, les intendants des provinces payaient jusqu'à 30 livres par tête de loup. Aujourd'hui, d'après le décret du 25 mars 1852, la louveterie fait partie des attributions du *grand veneur*. Les préfets, sur l'avis du conservateur des forêts, nomment tous les ans des *lieutenants de louveterie*, dont la commission est honorifique, et qui doivent : 1° entretenir à leurs frais un équipage de chasse, composé au moins d'un piqueur, deux valets de limiers, un valet de chiens, dix chiens courants et deux limiers; 2° de procurer, dans la proportion des besoins, les pièges nécessaires pour la destruction des animaux nuisibles. En retour de ces obligations, les lieutenants de louveterie ont le droit de chasser au loup, sans permis; d'employer, pour la destruction des bêtes nuisibles, certains pièges interdits par la loi de 1844 sur la chasse ; de chasser à courre le sanglier, deux fois par mois, dans les forêts de l'État, et même de le tirer, quand il résiste aux chiens. Ils ont un uniforme permis, mais non obligatoire. Les *battues* ne peuvent avoir lieu qu'en vertu d'arrêtés des préfets, qui en fixent les jours et déterminent les lieux et le nombre d'hommes. Ces battues sont sous la surveillance des agents forestiers, afin que les louvetiers ne profitent pas de l'autorisation de faire une battue pour se livrer au plaisir de la chasse. Les animaux nuisibles qui ont été tués dans une battue sont la propriété du concessionnaire de la chasse. Toute personne est autorisée à tuer les loups et autres bêtes malfaisantes *sur sa propriété*. La prime allouée pour la destruction des loups est de 6 fr. par louveteau, 12 fr.

par loup, 15 francs par louve non pleine, et 18 fr. par louve pleine. Ces dépenses figurent au budget des départements. **B.**

LOUVIERS (Église de). Cet édifice, dont les parties les plus anciennes sont du XIIIᵉ siècle, a été agrandi au XVᵉ, sans doute à cause de l'accroissement de la population du pays. Il est à cinq nefs, qui s'arrêtent carrément au chœur, dont on ne fait pas le tour : la nef majeure et les bas côtés qui y sont attenants appartiennent, avec le chœur, à la construction primitive; les deux autres collatéraux sont postérieurs. On remarque, au haut du deuxième collatéral du sud, la statue et le cénotaphe du sire d'Esternay, personnage qui prit part à la Ligue du bien public, et qui fut noyé par ordre de Louis XI; dans un collatéral du nord, une mise au tombeau et un Christ couronné d'épines. De grandes statues ont été placées, dans le XVᵉ siècle, au-dessus des chapiteaux de la nef principale. Les vitraux sont du XVᵉ et du XVIᵉ siècle, mais fort délabrés. Extérieurement, l'église de Louviers forme une masse lourde et disgracieuse, parce qu'aucune pyramide élancée ne la surmonte : la tour carrée qui s'élève à l'entrée du chœur est fort basse, décorée seulement de quelques statues du temps de la Renaissance, et se termine en plate-forme, depuis que son aiguille de bois et de plomb, construite en 1379, et haute de 50 mèt., a été renversée par le vent en 1705. Une autre grosse tour, dite des Cloches, fut commencée, vers la fin du XIVᵉ siècle, au coin de la façade occidentale et du collatéral septentrional, qui, pour ce motif, est plus court que les autres; elle est inachevée. Mais ce qui recommande l'église de Louviers, c'est un porche appliqué, vers la fin du XVᵉ siècle, sur son flanc méridional, et restauré de nos jours sous la direction de M. Bourguignon : on retrouve, dans ses découpures et ses pendentifs, toute la finesse et toute la richesse exubérante qui annonçaient alors la décadence du style ogival.

LOUVOIS (Théâtre). Ce théâtre parisien fut bâti de 1791 à 1793, sur l'un des côtés de la rue dont il portait le nom. Il resta peu de temps ouvert, à cause de la déconfiture des entrepreneurs. Picard l'occupa, avec la troupe de l'Odéon, de 1801 à 1808, et, sous la Restauration, on y plaça l'Opéra italien. En 1827, il a été changé en maison particulière.

LOUVOYER, en termes de Marine, remonter le lit du vent en courant des bordées, c.-à-d. en faisant des routes alternativement inclinées à droite et à gauche, d'une certaine quantité sur la direction du vent.

LOUVRE (Le). *V.* notre *Dictionnaire de Biographie et d'Histoire.*

LOUVRE (Musée du). L'origine des collections rassemblées au Louvre remonte à François Iᵉʳ, qui fit recueillir et acheter partout, et principalement en Italie, de nombreux objets d'art, antiquités, médailles, bijoux, tableaux, statues, etc. Ces objets précieux furent placés d'abord au château de Fontainebleau. Le nombre en fut peu augmenté jusqu'au règne de Louis XIV, sous lequel Colbert fit l'acquisition du cabinet de Mazarin, enrichi des dépouilles de celui de Charles Iᵉʳ, roi d'Angleterre : puis, sous la direction de Lebrun, on se procura de nouveaux chefs-d'œuvre, empruntés à tous les pays, à toutes les écoles, à tous les genres, et qui servirent d'ameublement au palais de Versailles. Au temps de Louis XV, en 1743, le gouvernement profita encore de la vente des tableaux du prince de Carignan. En 1750, une partie des trésors que l'on possédait fut transportée au Luxembourg, afin que le public et les artistes pussent en jouir; mais vers 1785, le Luxembourg ayant été donné par Louis XVI à son frère le comte de Provence, les tableaux retournèrent à Versailles. Un décret de l'Assemblée constituante (26 mai 1791) ordonna que le Louvre recevrait le dépôt des monuments des sciences et des arts, mais ne fut exécuté qu'après une nouvelle décision de la Convention, en date du 27 juillet 1793. On réunit de tous côtés les tableaux que les rois avaient achetés ou fait exécuter, et ceux qui provenaient soit des couvents, soit des hôtels seigneuriaux, et la collection, rendue publique le 8 novembre 1793, sous le nom de *Musée national*, *Muséum français*, puis *Musée central des arts*, compta 537 tableaux, tant français qu'étrangers. Les conquêtes de la République et du premier Empire augmentèrent considérablement ce premier dépôt; la collection Borghèse fut achetée par Napoléon Iᵉʳ, et, en 1814, le Musée ne contenait pas moins de 1,200 tableaux. En 1815, les Bourbons cédèrent aux alliés une portion des richesses. Depuis cette époque jusqu'à la Révolution de 1848, le Musée, placé dans les attributions de la liste civile, a peu à peu

réparé ses pertes. Napoléon III le plaça sous la direction du ministre d'État, et il fut partagé en 12 collections :

1° *Musée de peinture.* Situé au premier étage du Louvre, et composé de plus de 1,800 tableaux, il est divisé en plusieurs parties, dans lesquelles on a, autant que possible, classé les tableaux par écoles. Dans l'école française, qui compte près de 700 toiles, il n'est pas de maître qui ne figure au moins pour un ou deux tableaux. On y admire la fameuse *Histoire de Sᵗ-Bruno* par Lesueur (22 tableaux); 16 paysages de Claude Lorrain; 26 tableaux de Le Brun, parmi lesquels les 5 grandes toiles dites *Batailles d'Alexandre*; 49 tableaux de Poussin; la *Pêche miraculeuse* de Jouvenet; la *Vierge à la grappe*, *Sᵗ Luc peignant la Vierge*, et la *Sᵗᵉ Cécile* de Mignard; 27 toiles de Joseph Vernet; les *Sabines*, *Léonidas aux Thermopyles*, et le portrait de *Pie VII* par David; *Une scène du Déluge*, *Endymion*, la *Révolte du Caire*, et *Atala au tombeau* par Girodet; *Psyché et l'Amour*, par Gérard; *Marcus Sextus*, par Guérin; le *Naufrage de la Méduse* par Géricault, etc. — Les écoles flamande, hollandaise et allemande sont représentées par plus de 600 tableaux, au nombre desquels on peut citer le portrait de *Thomas Morus* par Holbein; la *Femme hydropique* de Gérard Dow; le portrait de *Charles Iᵉʳ* par Van Dyck; le *Coup de vent* de Backuisen; la *Kermesse* et la *Vierge aux anges* de Rubens; le *Rémouleur* de Téniers. — Les diverses écoles d'Italie comptent près de 550 tableaux. Parmi les plus remarquables figurent la *Sainte Famille*, *Sᵗ-Michel terrassant le démon*, le *Sommeil de Jésus*, la *Belle Jardinière*, par Raphaël; la *Joconde* de Léonard de Vinci; *Circé* et la *Décollation de Sᵗ Jean* par le Guerchin; la *Sᵗᵉ Famille du Dominiquin*; les *Noces de Cana* et les *Pèlerins d'Emmaüs* par Paul Véronèse; la *Naissance de la Vierge*, la *Prédication de Sᵗ Jean-Baptiste*, la *Madeleine* et le *Sᵗ Sébastien d'Annibal Carrache*; le *Mariage mystique de Sᵗᵉ Catherine*, le *Sommeil d'Antiope* par le Corrège. — L'École d'Espagne est représentée par l'*Adoration des bergers*, de Ribéra; quelques beaux portraits de Velasquez; et surtout par 7 toiles de Murillo, parmi lesquelles la *Conception immaculée de la Vierge*, chef-d'œuvre acheté 615,000 fr. en 1852, à la vente de la galerie Soult.

2° *Musée des dessins et des pastels.* Il contient des esquisses, au crayon ou à la plume, de la plupart des maîtres dont le musée principal possède des tableaux, et aussi des dessins de quelques-uns qui n'y sont point représentés, Michel-Ange entre autres. On compte environ 700 dessins des écoles d'Italie, 200 des écoles flamande, allemande, et hollandaise, 400 de l'école française. Latour, Vivien, Chardin sont les auteurs des plus remarquables pastels. Dans le même musée sont exposés 59 émaux de Petitot, représentant des personnages célèbres de la cour de Louis XIV.

3° *Musée des gravures.* Il renferme les œuvres d'Edelinck, des Audran, de Baudet, de Tardieu, de Duchange, de Rousselet, de Picard le Romain, de Desnoyers, etc.

4° *Musée de la sculpture antique.* Cette collection est distribuée dans les belles salles du rez-de-chaussée du Louvre, entre autres la célèbre *Salle des Caryatides*, ouvrage de Pierre Lescot, de Paul Ponce, et de Jean Goujon. On y rencontre des produits de toutes sortes de l'art antique, candélabres, sièges, trépieds, cippes, urnes, sarcophages, vases en marbre et en bronze, etc. Parmi des œuvres de la statuaire, on distingue la *Vénus de Milo*, la *Vénus d'Arles*, la *Diane chasseresse*, le *Gladiateur combattant*, l'*Antinoüs*, deux *Hermaphrodites*, le *Marsyas attaché*, le *Faune à l'enfant*, l'*Enfant à l'oie*, deux *Faunes dansant*, une *Melpomène* colossale, un *Centaure avec l'Amour en croupe*, une *Polymnie*, un *Achille*, un *Pollux*, l'*Apollon au lézard*, des *Minerve*, des *Bacchus*, des *Hercule*, plusieurs *statues d'empereurs romains*, etc.

5° *Musée de la sculpture moderne.* On y voit des œuvres de Michel-Ange; Jean de Bologne, Benvenuto Cellini, Jean Cousin, Jean Goujon, etc., les *Grâces* de Germain Pilon, le groupe de l'*Amour et Psyché* par Canova, le *Milon de Crotone* de Puget, etc.

6° *Musée assyrien.* Cette collection, commencée seulement en 1847, renferme des monuments précieux de l'antique civilisation de Ninive et de Babylone. Ces monuments sont exposés dans deux salles, et se divisent en sujets religieux, représentations civiles ou historiques, inscriptions, émaux, petits objets de terre, de bronze, de sardoine et autres pierres. Aux fragments originaux s'ajoutent des empreintes de plâtre. Les murailles de la première salle sont revêtues d'encadrements en maçonnerie dans lesquels on a placé des bas-reliefs. On remarque dans la seconde deux énormes taureaux à face humaine, flanqués de gigantesques statues.

7° *Musée égyptien.* Placé dans une galerie du rez-de-chaussée, du côté de l'église St-Germain-l'Auxerrois, ce musée contient de grandes et lourdes pièces de sculpture tenant au culte et aux monuments publics, statues, bustes, sarcophages, sphinx, lions, etc. Une autre collection d'antiquités égyptiennes, enrichie par le cabinet de Clot-Bey, est renfermée dans des vitrines : ce sont de petits objets se rapportant aux mœurs domestiques, tels que figurines, amulettes, vases, ustensiles, armes, anneaux, morceaux d'étoffes, boîtes de momies, etc.

8° *Musée de l'art américain.* Il se compose de fétiches, d'ustensiles et de divers ornements enlevés aux temples du Mexique et aux palais du Pérou.

9° *Musée étrusque.* On comprend sous ce nom quelques productions de l'art italique, et de beaux vases étrusques des différentes époques.

10° *Musée algérien.* Il ne contient encore qu'un petit nombre d'antiquités.

11° *Musée de marine.* Cette collection, ordonnée en 1827, et ouverte au public depuis 1837, renferme une série de petits modèles de bâtiments français et étrangers de toutes les époques, depuis le tronc d'arbre creusé jusqu'au vaisseau à trois ponts et au bateau à vapeur ; les plans en relief et les vues générales, à l'échelle de 1 1/2 ou 2 millimètres par mètre, de nos ports militaires ; les armes et engins de toute espèce affectés au corps de la marine ; les débris provenant du naufrage de La Peyrouse ; un grand nombre d'objets provenant des îles de la mer du Sud, flèches empoisonnées, casse-tête, instruments de musique, pirogues, vêtements, parures, etc.

12° *Musée des Souverains.* Ce musée, qui ne fut composé qu'en 1852, fut dissous après Napoléon III. On y avait tiré de plusieurs établissements religieux ou civils divers objets qui ont authentiquement appartenu à des souverains français, tels que le fauteuil de Dagobert, la cuve baptismale de Louis IX, la chapelle de l'ordre du St-Esprit sous Henri II ; diverses armures et panoplies ; la redingote grise, le petit chapeau, le trône, le lit de campagne et les vêtements de cour de Napoléon Ier, le berceau du roi de Rome.

LOVELACE. V. CLARISSE HARLOWE.

LOYER, prix payé par le locataire pour prix de la chose qui lui est louée. On peut louer toutes sortes de biens meubles ou immeubles.

LOYOLA (Monastère de). Ce monastère, élevé en 1683 par l'architecte italien Fontana, sur l'ordre de Marie-Anne d'Autriche, veuve de Philippe IV, roi d'Espagne, est très-voisin de la ville d'Azpeitia (Guipuzcoa). Il a la figure d'un aigle prêt à prendre son vol : le corps est formé par l'église, la tête par le portail, les ailes par la *sainte maison* où naquit St Ignace de Loyola et par le collège des Jésuites, la queue par divers bâtiments secondaires. Un magnifique perron à trois corps flanqués de balustrades de pierre et de lions de marbre donne accès au portail, qui est lourd et peu digne de l'ensemble, bien que construit en marbres précieux. L'église est une rotonde de 36 mèt. de diamètre, au centre de laquelle s'élèvent 8 grandes colonnes supportant la coupole ; celle-ci, qui est toute en pierre, a 21 mèt. de diamètre, est éclairée par 8 fenêtres, et sa lanterne atteint à 56 mèt. au-dessus du sol. Dans le collège, l'escalier est une œuvre remarquable. La *sainte maison* n'est qu'une tour de l'ancien manoir de Loyola, construite en pierres brutes et en briques formant des dessins : elle est à trois étages, et c'est au troisième que se trouve la chambre du saint, transformée en chapelle.

LUC (Académie de St-), Académie fondée à Rome, à la place d'une confrérie de même nom qui existait de temps immémorial, dans le but de relever les beaux-arts. Girolamo Muziano, peintre, graveur et mosaïste, surintendant des travaux du Vatican, en avait eu idée le premier, et le pape Grégoire XIII publia un bref à cet effet, le 15 sept. 1577. Toutefois, l'entreprise ne fut réalisée que par le peintre F. Zuccaro, en 1593, en vertu d'une bulle de Sixte-Quint. L'Académie de St-Luc existe encore aujourd'hui. Deux classes la composent : l'une, qui est la véritable Académie, compte dans son sein les artistes habiles ; l'autre, à laquelle est resté le nom de confrérie, admet des artistes médiocres, et même les ouvriers dont la profession relève des beaux-arts. Parmi les peintres français qui en ont fait partie, on remarque Poussin, Lebrun, et Joseph Vernet. — Une *Société de St-Luc* existait à Florence dès l'année 1350. Les peintres de Paris formèrent aussi une *Académie de St-Luc* en 1391. Charles VII, en confirmant leurs statuts en 1430, les exempta de toutes tailles, sub-

sides, guet, gardes, etc. En 1613, la communauté des sculpteurs se joignit à eux. On admit plus tard les graveurs et les marbriers. En 1705, l'Académie de St-Luc obtint l'autorisation de tenir une école publique de dessin et de distribuer des prix.   B.

LUCARNE (du latin *lux*, lumière, ou *lucerna*, flambeau), ouverture de 1 mèt. à 1 mèt. 30 de large, pratiquée au toit d'un bâtiment pour éclairer et aérer l'espace qui est sous le comble. On distingue : la *lucarne carrée*, la *lucarne ronde* ou *bombée*, fermée en haut par un arc de cercle ; la *lucarne flamande*, en maçonnerie, couronnée d'un fronton et portant un entablement ; la *lucarne capucine*, couverte en croupe de comble ; la *lucarne demoiselle*, en charpente, portée par des chevrons et couverte en triangle. — Dans les monuments civils de la seconde moitié du xve siècle, les fenêtres en lucarnes sont ordinairement les plus importantes par leurs dimensions et surtout par la richesse de leur ornementation. Ces fenêtres, placées à la naissance du toit, sont souvent reliées les unes aux autres par une balustrade élégante, derrière laquelle est ménagé un espace qui sert de balcon. Telles sont, à Rouen, celles du Palais de Justice et de l'hôtel du Bourgtheroulde.

LUCERNAIRE (du latin *lucerna*, flambeau), nom employé quelquefois dans l'Église latine comme synonyme de *Vêpres*, parce que cette partie de l'office ne se chantait jadis que le soir et aux lumières. On l'a aussi appliqué simplement au répons qui précède l'hymne des vêpres.

LUETTE (Jeu de la), jeu en usage dans le bas Poitou. Ce n'est point, comme l'ont pensé certains commentateurs de Rabelais, le palet ou la fossette, mais un jeu de cartes. On se sert de cartes venues d'Espagne, et représentant de tout autres figures que les cartes françaises. Le jeu comporte une foule de signes et de grimaces.

LUMIÈRE, en Peinture, s'entend de la lumière elle-même, et de la manière dont on la représente sur un tableau. La lumière est dite *principale* ou *souveraine*, quand elle vient du haut et tombe d'aplomb sur la partie éminente de l'objet ; *glissante*, si elle ne fait que couler sur les objets ; *diminuée* ou *perdue*, lorsque, s'éloignant du principe qui la produit, elle diminue d'éclat et finit par se confondre avec la masse de l'air ; *réfléchie*, si elle rejaillit d'un corps qui l'avoisine. L'étude de la décroissance de la lumière suivant les plans qu'elle éclaire, et des modifications qu'elle éprouve en se reflétant ou en traversant les corps transparents qui se trouvent sur son passage, constitue la science du *clair-obscur* et de la *perspective aérienne* (V. ces mots).

LUMINAIRE, prestation usitée au moyen âge, et qui consistait à abandonner aux églises les cierges allumés autour du cercueil des morts, ceux que portaient les fidèles en assistant aux enterrements, ceux des femmes qui faisaient leurs relevailles, etc. — En Auvergne, les marguilliers étaient appelés *luminiers*, parce qu'ils prenaient soin de l'entretien du luminaire de l'église, c.-à-d. des cierges, bougies, lampes, etc.

LUNE (Demi-). V. DEMI-LUNE.

LUNETTE, en termes de Construction, baie cintrée qui traverse les reins d'une voûte en berceau, et par conséquent beaucoup moins profonde à sa partie inférieure qu'à sa partie supérieure. Les voûtes d'arête sont ordinairement formées par quatre lunettes. — On nomme encore *lunette* une petite ouverture ménagée dans la flèche d'un clocher pour donner de l'air à la charpente.

LUNETTE, en termes de Fortification, ouvrage avancé, formé de deux faces présentant en dehors un angle saillant, et construit généralement auprès des glacis, vis-à-vis les angles rentrants du chemin couvert. Il est armé de canons et défendu par des fossés. On donne encore le nom de *lunettes* à des places d'armes retranchées, attenantes à un bastion ou à tout autre ouvrage.

LUNETTES. V. au Supplément.

LUNULE, mot qui, outre l'acception qu'il avait chez les Romains (V. notre *Dictionnaire de Biographie et d'Histoire*), désigne l'espèce de boîte ronde, en or ou en vermeil, qui renferme l'hostie, et qu'on place dans le centre de l'ostensoir.

LUSACIEN (Idiome). V. WENDE.

LUSIADES (Les), poème épique portugais, dont Luiz de Camoëns est l'auteur. Le sujet est la découverte de l'Inde par Vasco de Gama. Le poème s'ouvre par une peinture de la flotte portugaise, naviguant le long des côtes d'Éthiopie. Les dieux s'assemblent dans l'Olympe : car le succès de l'entreprise portugaise va décider du sort du monde oriental. Jupiter déclare que les Portugais réussiront : les ordres du Destin leur promettent un nouvel empire. Bacchus combat la résolution du maître des dieux; mais il a contre lui Vénus et Mars, qui exhortent Jupiter à assurer l'exécution des décrets de la destinée. Mercure est envoyé pour servir de guide aux Portugais vers l'île de Mozambique, peuplée de Musulmans. Prenant les traits d'un vieillard, Bacchus soulève le fanatisme de ces peuples. Une bataille s'engage : les païens sont battus, et la flotte victorieuse continue sa route sous la direction d'un pilote more, qui conseille aux Portugais d'aborder à Quiloa. Tout y est préparé pour leur ruine ; mais, par la protection de Vénus, ils évitent le piège, déjouent de nouveaux complots qui les attendent à Monbaza, et arrivent enfin à Mélinde, où ils sont reçus par le roi du pays avec toutes les marques de l'hospitalité. L'admiration excitée dans l'âme du chef arabe par le courage audacieux de ses hôtes prépare ingénieusement le lecteur au long épisode qui suit. L'histoire du Portugal que Gama raconte au roi de Mélinde n'est pas seulement nécessaire pour donner à ce nouvel allié une haute idée de la valeur des Portugais; elle se lie naturellement à l'entreprise même de Gama, et en expose le motif. Dans ce récit, qui occupe les deux tiers du poème, se trouve le célèbre et touchant épisode d'Inès de Castro. On rencontre là aussi le morceau regardé par quelques-uns comme le plus beau des Lusiades, l'apparition du géant Adamastor, au moment où Gama s'apprête à doubler le cap de Bonne-Espérance.

Plein d'admiration pour la nation portugaise, le roi de Mélinde donne à Gama un pilote fidèle, qui dirige ses vaisseaux à travers l'Océan Indien. Pendant la nuit, pour charmer les loisirs du voyage, les Portugais se racontent les gestes des anciens preux. Un jeune guerrier, Velloso, rappelle l'histoire de ces 12 Portugais qui allèrent venger dans Londres l'injure faite à la beauté : par sa teinte chevaleresque, ce récit est l'un des plus caractéristiques du temps et de l'ouvrage. Mais de funestes présages font prévoir une tempête; l'orage éclate : il est décrit avec une vigueur digne de Virgile. Protégé par Vénus, Gama échappe aux fureurs des flots, et arrive enfin aux bords désirés de l'Inde, dans l'empire de Calicut. Après avoir fait alliance avec le zamorin, qui essaye vainement de le retenir, Gama met à la voile pour revenir en Europe. C'est alors que, pour récompenser le courage des héros portugais, Vénus s'apprête à les recevoir dans une île délicieuse qui s'élève tout à coup du sein des mers. Rien de plus gracieux que ce charmant épisode. Thétis, prenant Gama par la main, le conduit au sommet d'une montagne dans un palais d'or et de cristal, où l'avenir de sa patrie lui est révélé. De là, les Portugais rentrent à Lisbonne, et le poème est fini.

Les Lusiades sont en 10 chants, et en stances de 8 vers de onze syllabes, dont les 6 premiers à rimes croisées. Le poème fut imprimé à Lisbonne, en 1572. Son titre signifie les enfants de Lusus, qui passait pour le père des Lusitaniens, anciens habitants du Portugal.

Tout en blâmant Camoëns d'avoir introduit les divinités mythologiques dans un sujet chrétien, on ne peut nier qu'il n'y ait de grandes beautés dans les Lusiades. Voltaire, qui ne savait pas le portugais, a fait de ce poème beaucoup de critiques très-mauvaises. Ce qu'on pourrait reprocher au poëte, c'est qu'il se montre trop souvent historien; qu'il n'attache pas assez par l'action principale, et manque quelquefois de goût; mais en même temps, il ne faut pas oublier qu'il fut le premier épique moderne.
E. B.

LUSTRATION. V. ce mot et Eau lustrale dans notre Dictionnaire de Biographie et d'Histoire.

LUSTRE, luminaire à plusieurs branches, destiné à recevoir des lampes ou des bougies, et qu'on suspend à un plafond ou à une voûte. Il est souvent orné de cristaux taillés qui reflètent la lumière. On se sert de lustres dans les grands salons, les églises et les théâtres. Certains lustres d'église portent le nom de couronnes de lumière (V. ce mot). Aujourd'hui les lustres de théâtre sont généralement éclairés au gaz hydrogène, et suivant par des bougies simulées, dont un petit jet de gaz représente la flamme.

LUTH, en latin leutus, lutana, ancien instrument de musique à cordes en boyau, qui fut à la mode jusqu'au milieu du XVIIIe siècle, et lui vint des Arabes (V. Eoud) par l'intermédiaire des Mores d'Espagne. Il était composé de quatre parties : la table, en sapin ou en cèdre; le corps, arrondi en dessous, formé de neuf ou dix éclisses qui avaient l'aspect de côtes de melon, et appelé aussi le ventre ou la donte; le manche, garni de touches ou divisions comme celui de la guitare; la tête

où crosse, un peu renversée, et sur laquelle étaient des chevilles qu'on tournait pour monter les cordes. Il y avait, comme à la guitare, une rose au milieu de la table, par où sortait le son, et un chevalet, où étaient attachées les cordes. Les cordes, d'abord au nombre de 6, furent portées à 10, 12, et même 24. Pour jouer du luth, on pinçait les cordes de la main droite, en appuyant de la gauche sur les touches. Les luths de Bologne et de Padoue étaient les plus estimés pour la qualité du bois, qui produisait les plus beaux sons. Le plus ancien fabricant de luths dont on ait gardé le souvenir est Jean Ott, de Nuremberg, qui vivait au milieu du XVIe siècle. Les exécutants étaient dits luthériens, et parmi eux on distingua Jacques Mauduit, Jacques et Charles Hedington, Bérard, Julien Perrichon, Hémon, Blancrocher, les deux Gauthier. Il existe une Méthode de luth par Basset, insérée dans le Traité des instruments à cordes, du P. Mersenne, et un Traité théorique, historique et pratique du luth par Baron, Nuremberg, 1727. — La pandore, la mandore, la mandoline, le calascione, le téorbe, l'archiluth (V. ces mots), étaient des instruments de l'espèce du luth. De cet instrument on n'a retenu que le nom, qui figure toujours dans la poésie.
B.

LUTHÉRANISME. V. Luther, Luthériens, Confession d'Augsbourg, dans notre Dictionnaire de Biographie et d'Histoire.

LUTHIERS, fabricants de luths, et, par extension, d'instruments à cordes en général. Il y eut autrefois deux écoles célèbres de lutherie : celle de Crémone, qui a produit Maggini, Amati, Stradivarius, Guarnerius, Guadagnini, etc.; et l'école allemande, représentée par Steiner, Clotz père et fils, etc. L'école française ne date que du XVIIIe siècle, et compte Pic, Lupot, Koliker, Thibout, Gand, Feinte, Villaume, Chanot, Boquet, Bassot, etc.

LUTRIN, anciennement lectrin (du bas latin lectrinum, dérivé de legere, lire), meuble de chœur d'une église, dont la forme la plus générale est celle d'un globe soutenant un aigle aux ailes déployées (V. Aigle), et qui sert à soutenir, soit le livre des Épîtres, soit le Graduel et l'Antiphonaire notés. Le lutrin de l'église de Hal, près de Bruxelles, date du XVe siècle; il est formé d'un pied-droit hexagonal, flanqué de trois contre-forts doubles soutenus par des lions et surmonté de statuettes d'anges. On cite encore les lutrins des cathédrales d'Albi et d'Amiens, de Tirlemont, de Louvain, de Norwich. Le lutrin fut quelquefois appelé roue, et en latin pluteus versatilis, parce qu'il tourne sur lui-même.

LUTRIN (Le), poëme héroï-comique de Boileau, en six chants, dont les quatre premiers parurent de 1671 à 1674, et les deux autres en 1683. L'auteur le composa pour répondre au défi d'un grave magistrat, M. de Lamoignon, et sur une querelle qui venait de diviser les chanoines de la Ste-Chapelle de Paris. A une époque où la poésie burlesque dégradait les héros et avilissait de grands sujets par des formes triviales, il voulut ennoblir une action commune, et mettre en jeu, au milieu des solennelles fictions de l'épopée, des personnages vulgaires et ridicules. Plus poëte et plus artiste que dans aucune autre de ses œuvres, il a produit une fantaisie tout à la fois brillante et correcte, où le mouvement et la couleur s'unissent toujours à la rigoureuse perfection du travail. Grâce à une profonde connaissance des modèles antiques, Boileau a pu faire un heureux emploi du merveilleux et des machines de l'épopée; la Discorde et la Renommée ne sont pas, dans son spirituel badinage, de froides allégories, mais des personnages agissants, et la Mollesse, plus encore la Chicane, sont des créations véritablement poétiques. Partout les caractères sont tracés et soutenus de main de maître, et les mœurs observées avec une fidélité qui ne se dément jamais. Toutefois, le 5e chant, tout en plaisant encore par l'élégance du style, est plein de détails peu variés et trop épisodiques; le perruquier et sa femme, qui tiennent tant de place dans les commencements du poème, disparaissent tout à coup vers la fin; le dénoûment enfin est annoncé sous forme de prétérition, et l'on voit paraître au 6e chant plusieurs personnages d'une gravité disparate (la Piété, Irnémis, Ariste), destinés sans doute à montrer les véritables sentiments du poëte, et à réprimer le zèle des gens qui eussent volontiers transformé en grossière inconvenance ou en outrage impie un ingénieux délassement de l'esprit.

LUTTE. } V. ce mot dans notre Dictionnaire de
LUTTEUR. } Biographie et d'Histoire.

LUXE, toute dépense excessive et superflue. Où commencent l'excès et la superfluité? Évidemment il y a autant de degrés dans l'appréciation qu'il y en a entre les différentes civilisations et entre les conditions diverses des personnes dans une même société. Un sauvage qui donne une partie de sa chasse, destinée à sa nourriture, pour avoir un petit miroir qu'il suspendra dans sa hutte, fait une dépense de luxe : un homme civilisé qui, même dans une très-modeste fortune, a plusieurs glaces dans son appartement, n'est pas accusé pour cela de rechercher le luxe. Porter un chapeau est pour une paysanne un luxe, et souvent un luxe prétentieux et ridicule : une femme de la ville a plusieurs chapeaux sans que personne trouve sa dépense excessive. La plupart des objets qui font maintenant partie de notre ameublement, ou qui sont entrés dans les habitudes journalières de la vie, ont commencé par être regardés comme un luxe quand ils ont été inventés ou mis en usage : il fut un temps où c'était un luxe que de porter une chemise ; l'usage de la bougie et plus anciennement de la chandelle était un luxe. Il n'y a donc rien de fixe à cet égard ; et, quand on se plaint des progrès du luxe, il faut distinguer nettement ce qu'on pourrait appeler le *luxe légitime* du *luxe ruineux*.

Le luxe légitime consiste dans les progrès du bien-être, dans l'amélioration des conditions de la vie matérielle et même de la vie intellectuelle. Ce genre de luxe est un bien. Si les simples ouvriers vivent aujourd'hui, sous certains rapports, d'une manière plus *confortable* que les seigneurs ne vivaient il y a cinq cents ans, s'ils portent sur le corps des étoffes plus moelleuses et mieux tissues, s'ils achètent des vêtements neufs plus souvent qu'un chevalier du moyen âge, s'ils ont de la porcelaine, des lampes à double courant d'air, et mille autres petites commodités qui sont aujourd'hui d'un usage ordinaire et qui étaient, il y a quelques centaines d'années, des merveilles inconnues au luxe le plus raffiné, tant mieux ; c'est une preuve que l'industrie a fait des progrès, et que la société entière en a profité. Tant qu'on se *contente* de dépenser son revenu pour se procurer des jouissances honnêtes, quelque modeste ou quelque élevé que soit ce revenu, on fait de son argent un usage légitime.

Le luxe ruineux est celui qui consomme non-seulement les revenus, mais les capitaux : un particulier qui, par ostentation, aliène une partie de son fonds pour satisfaire à ses plaisirs ou à sa vanité, a un luxe ruineux ; un jour doit venir, s'il continue à mener le même train de vie, où sa fortune tout entière sera dissipée ; c'est un grand dommage pour lui, c'en est un aussi pour la société. On s'imagine que l'argent passant d'une main à une autre, il y a simplement déplacement de richesse, sans perte réelle, et que l'homme ruiné a seul le droit de se plaindre ; c'est une erreur : s'il consomme un million, ce million faisait partie du *capital social* ; qu'est-il devenu ? il a été réparti entre une foule de personnes qui, recevant cet argent comme un revenu, l'ont consommé en grande partie improductivement, c.-à-d. en dépenses qui ne laissent rien après elles, au lieu de le conserver à l'état de capital ; et, du million qui enrichissait la société, il ne reste plus, après la ruine du prodigue, que 200,000 ou 300,000 francs qui, placés d'une manière reproductive, constituent encore une richesse applicable à l'industrie et produisant intérêt. Les États peuvent, aussi bien que les particuliers, se rendre coupables de ce genre de luxe, qui est funeste parce qu'il appauvrit la société. *V.* J. Pinto, *Essai sur le luxe*, Amsterdam, 1762, in-12 ; Saint-Lambert, *Essai sur le luxe*, 1764, in-12 ; Butel-Dumont, *Théorie du luxe*, 1771, 2 vol. in-8° ; Butini, *Traité sur le luxe*, Genève, 1774, in-12 ; l'abbé Pluquet, *Traité philosophique et politique sur le luxe*, 1786, 2 vol. in-12.   L.

LUXEMBOURG (Palais du). ⎱ *V.* notre *Dictionnaire de*
LUXEMBOURG (Petit). ⎰   *Biogr. et d'Histoire.*

LUXEMBOURG (Musée du), situé à Paris, dans le palais de ce nom. Il y occupe une partie des ailes du nord et du sud, et les deux pavillons extrêmes de la façade de l'est, sur la rue de Tournon. Ce musée, originairement composé des tableaux de Rubens représentant l'histoire de Henri IV et de Marie de Médicis, de la *Vie de S*ᵗ *Bruno* par Lesueur, et la suite des ports de France par Joseph Vernet et Hue, qui ont été réunis au musée du Louvre en 1818, est destiné à recevoir les chefs-d'œuvre des peintres et des sculpteurs vivants. Il contient environ 160 tableaux, 40 œuvres de sculpture, 9 cartons de dessins, quelques gravures et lithographies. Ces œuvres doivent rester au Luxembourg dix ans encore après la mort de leurs auteurs, en attendant qu'on fasse un choix parmi elles pour en doter le Louvre.

LYCÉE, un des gymnases de l'ancienne Athènes, sur les bords de l'Ilissus, aussi fréquenté que le Cynosarge et l'Académie. Il tirait son nom de Lycus, fils de Pandion, et était consacré à Apollon, qui en reçut le surnom de Lycien. On y trouvait des cours entourées de portiques, des salles où les philosophes et les rhéteurs réunissaient leurs disciples, des pièces réservées pour les bains, des terrains préparés pour la lutte, un stade pour la course, des jardins et de beaux ombrages de platanes. C'est là qu'Aristote enseigna sa philosophie, appelée pour cette raison *péripatéticienne* (c.-à-d. qu'on explique *en se promenant*). Les murs du Lycée étaient enrichis de peintures.

LYCÉE, nom donné en France aux établissements publics d'instruction secondaire qui appartiennent à l'État, par opposition aux *Collèges*, qui sont entretenus aux frais des villes. De 1815 à 1848, on les appela *Collèges royaux*, pour les distinguer des *Collèges communaux*. Avant 1848, on distinguait trois classes de Collèges royaux, dans lesquelles les traitements des membres du personnel différaient : aujourd'hui les Lycées sont tous du même ordre, à l'exception des Lycées de Paris (Louis-le-Grand, Charlemagne, St-Louis, Napoléon, et Bonaparte) et du Lycée de Versailles ; on ne les distingue que par le prix de la pension et de l'externat, et les membres du personnel, distribués en trois classes pour le traitement, peuvent franchir sur place tous les degrés. L'État entretient dans chaque Lycée un certain nombre de boursiers, et pourvoit, si cela est nécessaire, à l'insuffisance du revenu par le moyen d'une subvention : les départements et les villes fournissent aussi quelques bourses. La direction d'un Lycée est confiée à un *proviseur*, assisté d'un *censeur des études*, d'un *aumônier* et d'un *économe*, logés dans l'établissement ; l'enseignement est donné par des *professeurs* en titre, par des *chargés de cours*, et par des *maîtres* (maîtres élémentaires, maîtres de dessin, d'écriture, etc.) ; en dehors des classes faites par ces fonctionnaires, les élèves internes sont surveillés et dirigés par des *maîtres répétiteurs* et des *aspirants répétiteurs* (précédemment appelés *maîtres d'études*), au-dessus desquels est un *surveillant général*, tous logés et nourris au Lycée. Les divers fonctionnaires sont nommés par le ministre de l'instruction publique, et révocables par lui : avant 1848, les professeurs titulaires étaient inamovibles, à moins d'un jugement du Conseil royal de l'Instruction publique. L'enseignement des Lycées comprend : 1° une division élémentaire, formée des classes de huitième et de septième, et presque toujours précédé d'une classe préparatoire ; 2° une division de grammaire, formée des années ou classes de sixième, de cinquième, de quatrième, après lesquelles les élèves subissent un examen qui décide s'ils sont admis à poursuivre leurs études ; 3° une division supérieure, formée des classes de troisième, de seconde, de rhétorique, et de philosophie pour les élèves qui se destinent au baccalauréat ès lettres, et deux années de mathématiques pour ceux qui tendent au baccalauréat ès sciences ou qui se dirigent vers les écoles du gouvernement (école navale, école forestière, école centrale des arts et manufactures, école Saint-Cyr). Les plus importants Lycées ont une autre année d'enseignement scientifique, la classe de mathématiques spéciales ou supérieures, destinée à la préparation aux Écoles Normale, Polytechnique, etc. A côté de cet *Enseignement classique*, il existe un *Enseignement spécial*, divisé en quatre années, et dans lequel les élèves, ne faisant ni grec ni latin, étudient le français, la littérature, la morale, les éléments de l'économie politique et du droit, les sciences mathématiques, physiques et naturelles. L'enseignement classique est donné par les professeurs qui ont subi les épreuves de l'une des agrégations des lycées, ou par ceux qui ont tout au moins le titre de licencié ès lettres ou de licencié ès sciences. L'enseignement spécial a ses professeurs agrégés spéciaux ; à leur défaut, il est donné par des maîtres de l'enseignement classique. Enfin, chaque division des Lycées reçoit un enseignement religieux, dont le programme est approuvé par l'évêque diocésain ; pour cet enseignement, les élèves protestants relèvent de leur pasteur.   B.

LYCIENNES (Antiquités). Les voyageurs du XIXᵉ siècle ont découvert, dans l'ancienne Lycie (Asie Mineure), un certain nombre de constructions tumulaires, que les uns ont regardées comme des œuvres indigènes, les autres comme l'ouvrage de colons étrangers. Ce sont des monuments taillés dans le roc : le style des sculptures et le caractère des sujets représentés sur les parois rappellent l'école des artistes de la Perse, légèrement modifiée peut-être par l'influence de l'art grec. Ces monuments ont surtout excité l'attention à cause des inscriptions qui y sont gravées. Un anglais, Cockerell, fut le premier qui en copia plusieurs, mais d'une manière imparfaite. Plus tard, David Ross, Charles Fellows, Daniell, Forbes et Spratt, voyageurs de la même nation, en relevèrent d'autres à Antiphellus, à Xanthe, à Limyra, à Myra, etc. Quelques inscriptions sont bilingues, et présentent des caractères phéniciens, grecs ou latins, juxtaposés aux caractères d'une autre langue dont il n'y a de traces nulle part ailleurs : la comparaison des textes est souvent sans utilité, parce qu'ils ne correspondent pas toujours les uns aux autres ; les différents peuples qui occupèrent la Lycie se seront servis, pour la sépulture de leurs morts ou pour d'autres usages, des monuments taillés par ceux auxquels ils avaient succédé, et auront laissé subsister les inscriptions primitives, qui ne leur étaient peut-être pas intelligibles, à côté de celles qu'ils traçaient eux-mêmes. Outre les monuments funéraires, on a trouvé des médailles en Lycie : les unes, qui ont pour emblème ordinaire une lyre, et dont les légendes sont grecques, appartiennent à l'époque des Séleucides ; les autres, plus anciennes, reproduisent les caractères lyciens des inscriptions lapidaires, et portent presque toutes un emblème appelé par les antiquaires *triquetra*, et dans lequel on a voulu voir, tantôt un trépied, tantôt un crochet ou grappin, ou encore quelque chose d'analogue aux trois jambes d'hommes figurées sur certaines médailles de Selge en Pisidie.

Quelle est donc cette langue lycienne révélée au monde savant par les inscriptions et les médailles? Dans l'état actuel des études, les linguistes la rattachent généralement à la famille des langues indo-européennes (*V. ce mot*). Ainsi, Spratt et Forbes pensent que la Lycie fut dépeuplée par l'invasion des Perses, et que l'idiome lycien parvenu jusqu'à nous fut employé, non par les anciens indigènes, mais par les conquérants : si l'alphabet employé pour écrire cet idiome ne présente pas le type persan, c'est qu'aucun des alphabets persans dont nous avons connaissance ne remonte à cette époque, et que les Perses, voulant écrire en Lycie les sons de leur langue, recoururent, en le modifiant, au système graphique des hommes avec lesquels ils se trouvaient mis nouvellement en rapport. Grotefend a été amené aussi, par la comparaison de plusieurs inscriptions, à juger que la langue dans laquelle elles étaient écrites, devait, en raison surtout du nombre et de la nature des voyelles, appartenir à la famille indo-européenne. Sharpe a remarqué que ces voyelles correspondent presque exactement à celles de l'ancien persan; que la langue à laquelle appartiennent les noms inscrits sur les tombes lyciennes ressemble plus qu'aucune autre au zend; qu'elle a même des mots plus voisins encore du sanscrit que du zend; que sa structure, et en particulier la déclinaison des noms et des pronoms, est essentiellement indo-européenne ; que non-seulement l'alphabet lycien a pour base la plupart des lettres de l'alphabet grec primitif, mais aussi que la conjugaison offre les particularités de l'augment et du redoublement, ainsi que les flexions de temps qui caractérisent le grec; qu'enfin il existe une ressemblance particulière entre l'écriture lycienne et l'étrusque. Quant aux racines sémitiques qui se trouvent dans le lycien, outre qu'elles sont revêtu des flexions étrangères à leur nature, et qu'elles sont sans comparaison beaucoup moins nombreuses que dans le pehlvi qui est une langue indo-européenne, leur présence s'explique par le voisinage de la Syrie. V. Saint-Martin, *Observations sur les inscriptions lyciennes découvertes par M. Cockerell* (dans le *Journal des Savants*, avril 1821); Fellows, *Excursions en Asie-Mineure*, en anglais, Londres, 18..; le même, *Essais de découvertes en Lycie*, 1840, et *Voyages et Recherches en Asie-Mineure*, 1852; Texier, *Description de l'Asie-Mineure*, 1838 ; Grotefend, *Sur l'écriture et la langue lyciennes*, en allem., dans le *Journal des études orientales*, Bonn, 1842, in-8°; Spratt et Forbes, *Voyages en Lycie*, Londres, 1847, 2 vol. in-8°, en anglais.

LYDIEN (Art). Les débuts des peuples de l'Asie Mineure dans l'art de l'architecture, avant l'arrivée des colonies grecques, ne nous sont connus que par des monuments funéraires, notamment par ceux qui furent érigés à la mémoire des rois lydiens. Ils consistaient en *tumuli* d'une grande hauteur, soutenus à leur base par une maçonnerie grossière de pierres irrégulières : ou bien c'étaient des grottes taillées dans le roc, et offrant en façade une porte assez régulière. Des inscriptions en langue lydienne qu'on y a trouvées ne sont pas assez nombreuses pour qu'on ait pu essayer avec succès de les déchiffrer. Si les peuples de l'Asie Mineure paraissent avoir été peu avancés dans l'art architectural, en revanche ils semblent avoir eu de l'habileté dans celui de travailler les métaux, de teindre les étoffes; Aristote, nous dit Pline, rapportait la découverte de la fonte et de l'alliage do l'airain à Scythès le Lydien ; Platon parle d'un cheval de bronze trouvé par Gygès dans les entrailles de la terre; les Lydiens, selon Hérodote, furent les premiers qui frappèrent de la monnaie d'or et d'argent. On connaît le goût des Lydiens pour la musique, et les découvertes qu'ils firent dans cet art. Ils passaient notamment pour les inventeurs de la *magade* et de la *pectis* (*V. ces mots*); Étienne de Byzance leur attribue aussi la cithare à trois cordes.

LYDIEN (Mode), un des modes de la musique des anciens Grecs, placé entre l'éolien et l'hyperdorien. On l'appelait quelquefois *mode barbare*, parce qu'il portait le nom d'un peuple asiatique.

LYON (Église S¹-Jean, à). Cette église métropolitaine, située sur la rive droite de la Saône, au pied du coteau de Fourvières, et sur l'emplacement d'un ancien baptistère, réunit plusieurs styles architectoniques. La grande nef, remarquable par la pureté et l'élégance des lignes, appartient à l'architecture ogivale du xiv° et du xv° siècle. Le chœur, plus ancien, réunit, dans ses arcades et dans les ouvertures de la partie supérieure, les pleins cintres et les ogives, ce qui est le caractère du xii° siècle, âge de transition. Le plan général de l'édifice s'incline vers la gauche (*V. Axe*). La cathédrale de Lyon a 79 mèt. de longueur, 26ᵐ,60 de largeur, et 33ᵐ,30 de hauteur sous voûtes. Quatre tours, dont deux à la façade et deux sur les bras des transepts, la surmontent : anciennes par la base, leur sommet ne date que de la fin du xv° siècle ; elles n'ont pas reçu toute l'élévation projetée, et se terminent brusquement en plate-forme. L'art du xv° siècle a répandu le luxe de sa décoration savante sur les trois portes de la façade, que surmontent des frontons aigus, évidés à jour : au-dessus de ces portes, dont une galerie les sépare, se développe une magnifique rose, entre deux fenêtres simulées, et le tout est dominé par un fronton central. A l'intérieur, le monument offre un genre de décoration qui ne se retrouve qu'à l'ancienne cathédrale de St-Maurice, à Vienne : ce sont trois frises en marbre incrusté de ciment rouge, qui, à différentes hauteurs, ceignent le chœur. On voit dans le sanctuaire de très-belles boiseries sculptées, provenant de l'abbaye de Cluny. Parmi les chapelles latérales, on distingue celle que firent construire le cardinal de Bourbon et son frère Pierre de Bourbon, gendre de Louis XI; elle est en style Renaissance, et a une charmante balustrade, où l'on voit le nom de son fondateur combiné avec des feuillages. Quelques-uns des vitraux peints sont bien conservés. La cathédrale de Lyon contient une horloge astronomique, construite en 1598 par Nic. Lippius de Bâle, rétablie et augmentée en 1660 par Guill. Nourrisson, et en 1780 par Charny.

LYON (Église S¹-Martin-d'Ainay, à), monument de style romano-byzantin, l'un des plus complets des x° et xi° siècles, mais souvent remanié et agrandi. Cette église occupe l'emplacement d'un temple que 60 nations des Gaules dédièrent à la déesse Rome et à l'empereur Auguste. La façade a un cordon de losanges incrustés en couleur rouge. Les deux premiers étages du clocher sont percés de fenêtres en plein cintre, toutes d'un style différent; le 3°, de construction postérieure, se compose d'une pyramide que flanquent quatre cornes sépulcrales d'un assez mauvais goût. Un élégant vestibule, placé au centre de la façade, et ouvrant sur le parvis par une porte ogivale du xiii° siècle, donne entrée dans l'église. L'extérieur de l'abside présente un appareil varié, composé de pierres taillées en losanges, en carrés, etc., dont la forme se dessine au moyen d'incrustations semblables à celles de la façade. L'intérieur de l'église d'Ainay, que des archéologues pensent avoir été primitivement en forme de croix latine, offre aujourd'hui l'aspect d'une basilique. Quatre colonnes de granit, qui supportent la coupole, remontent à l'époque romaine; elles avaient des chapiteaux antiques de bronze, qui ont été remplacés au moyen âge par de mauvaises copies en pierre calcaire. Les trois chapelles absidales sont ornées de peintures sur fond d'or par M. Flandrin. On remarque dans la chapelle

75

de la Vierge un confessionnal en style byzantin, chef-d'œuvre de menuiserie et de sculpture. Le parvis et le marchepied du maître-autel sont formés par de belles mosaïques, ouvrage de MM. Morat frères.

LYON (Église Sᵗ-Nizier, à). Cette église, de style ogival, construite au-dessus d'une crypte où Sᵗ Pothin célébrait les mystères, appartient à la première moitié du xvᵉ siècle. Un portail en style Renaissance fut ajouté, de 1536 à 1540, par Philibert Delorme; de nos jours on en a transformé le fronton en pignon aigu, et le milieu a reçu une statue de la Vierge par M. Bonnassieux, des statues de Sᵗᵉ Anne, de Sᵗ Joachim, et de Sᵗ Nizier par M. Fabisch. On a aussi terminé récemment le côté méridional de la façade, en élevant une tour surmontée d'une flèche gothique. L'intérieur de l'église, en forme de croix latine, mesure 74 mèt. de longueur, 28 de largeur et 29 de hauteur. La nef centrale est séparée des collatéraux par six piliers de chaque côté, avec chapiteaux à feuillages entremêlés d'animaux. Une belle galerie règne au-dessus des arcades et fait le tour de l'édifice. La grande voûte est remarquable par la hardiesse de son trait surbaissé et par le capricieux entrelacement de ses nervures : des écussons coloriés lui donnent une grande richesse. Le maître-autel, en marbre blanc de Carrare, et en style gothique, a été sculpté par Blandin, d'après les dessins de l'architecte Pollet. La chapelle de la Vierge contient une statue par Antoine Coysevox.

LYON (Hôtel de Ville de). Ce monument, construit de 1646 à 1655, par Simon Maupin, architecte lyonnais, dévasté par un incendie en 1674, réparé en 1702 par Mansard, qui le gâta en voulant l'embellir, a été récemment restauré par M. Desjardins. Isolé de tous côtés, il a une façade principale sur la place des Terreaux, une seconde façade sur la place de la Comédie, et deux ailes. La cour est plus élevée que le sol des rues adjacentes. La façade principale a 40 mètres de largeur : elle se compose de deux pavillons flanquant un bâtiment en arrière-corps. Ce bâtiment présente un grand balcon au niveau du premier étage; le milieu, où se trouve l'entrée, est accusé par des chaînes de pierre en bossages, et présente, à la hauteur du deuxième étage, un tympan orné d'une statue équestre d'Henri IV par Legendre-Hérald, et surmonté des armes de la ville. Au-dessus de ce second étage est une balustrade en pierre, supportant la statue d'Hercule par M. Fabisch, et celle de Pallas par M. Bonnet. Les pavillons d'angle se terminent par un fronton et par un dôme à quatre pans. Derrière la façade s'élève la tour de l'horloge ou beffroi, haute de plus de 50 mèt. et finissant en petite coupole. On monte à la grande porte de l'Hôtel de Ville par un perron de 14 marches. Dans le vestibule, dont la voûte en arc surbaissé est d'une grande hardiesse, on voit les groupes en bronze de la Saône et du Rhône par les frères Coustou. La façade de la place de la Comédie a été totalement reconstruite en 1858 : elle est formée de plusieurs arcades que surmonte une galerie avec balustrade en pierre; on a placé dans le milieu un petit jet d'eau jaillissant d'une coquille. Les administrations départementale et municipale sont installées à l'Hôtel de Ville : les salons de réception et les appartements du préfet du Rhône occupent l'étage d'honneur dans l'aile méridionale; les appartements de l'Empereur et de l'Impératrice sont situés au même étage dans l'aile septentrionale. La salle des Archives contient, outre les archives, un musée historique. Dans la salle de la commission administrative on a placé les portraits de Jacquard et de l'abbé Rozier. Les fresques du plafond du grand escalier, où Blanchet avait représenté l'incendie de Lugdunum au temps de Néron, ont été restaurées de nos jours par M. Odier.

LYRE, instrument de musique à cordes, dont les Égyptiens attribuaient l'invention au dieu Hermès Trismégiste, et les Grecs à Apollon, ou à certains mortels favorisés des dieux, Orphée, Amphion, Linus, etc. La lyre se composait d'un magas, sorte de boîte oblongue rectangulaire, en bois, plus rarement en métal, en ivoire ou en écaille, où s'attachaient les cordes par une extrémité, et qui était destinée à augmenter leur sonorité; d'une table, qui fermait cette caisse résonnante, et qui souvent ne fut qu'une peau sèche tendue; de deux montants, adaptés à la caisse vers ses extrémités; d'un joug, traverse placée au sommet des montants, et garnie de chevilles où s'enroulaient les cordes par l'autre extrémité. Ces parties essentielles de l'instrument ont pu recevoir toutes sortes de formes, plus ou moins élégantes. Le magas fut sans doute originairement une écaille de tortue, et de là vint le nom de chélys (en latin testudo), donné

par les Grecs à la lyre. Le monocorde ou lyre à une seule corde ne fut, selon toute vraisemblance, qu'une échelle des tons, que le musicien, à l'aide d'un chevalet glissant le long de la corde, faisait résonner, et qui lui servait à prendre le ton. La lyre à trois cordes était la plus simple; elle suffisait aux besoins du chant, qui ne fut pendant longtemps qu'une récitation rhythmée, qu'une déclamation plus ou moins musicale. La lyre fut qualifiée de tétracorde, pentacorde, hexacorde, selon qu'elle eut 4, 5 ou 6 cordes; vint ensuite l'heptacorde de Terpandre, création pour laquelle ce poëte-musicien fut, dit-on, banni de Sparte. Simonide ajouta à son tour une 8ᵉ corde, Théophraste une [9ᵉ, et Timothée se servit d'une lyre à 12 cordes. Les cordes étaient presque toujours en boyau; on en fit cependant avec du laiton et un mélange d'or et d'argent. On jouait de la lyre soit avec un plectrum (V. ce mot), soit en pinçant les cordes avec les doigts. C'était un instrument fort borné, puisqu'il n'avait pas de manche pour que les doigts pussent y modifier les intonations; une lyre ne rendait qu'un nombre de sons égal à celui des cordes, et le musicien ne pouvait changer de mode sans changer de lyre. Chez les Grecs, on se passait la lyre de main en main dans les festins, et chaque convive chantait à son tour en s'accompagnant. La lyre, en grand honneur dans l'antiquité, se perdit au moyen âge chez les Occidentaux, et fit place à d'autres instruments. V. CITHARE, BARBITOS, PHORMINX, AMPHICHORDUM.

LYRIQUE (Poésie). On ne peut guère, à chercher aujourd'hui dans Boileau les caractères et les règles de la poésie lyrique, malgré les vers qu'il lui a consacrés dans son Art poétique, ch. II :

> L'ode, avec plus d'éclat et non moins d'énergie,
> Élevant jusqu'au ciel son vol ambitieux,
> Entretient dans ses vers commerce avec les dieux, etc.

Il ne faut pas cependant mépriser ce jugement, parce qu'il est sage et mesuré, et qu'il exprime avec calme la nature et les lois du genre le plus hardi et le plus passionné de tous. Mais nous trouverons en effet plus d'âme et de chaleur dans quelques lignes du Discours sur l'histoire universelle. « Il se faisait, dit Bossuet, des cantiques que les pères apprenaient à leurs enfants, cantiques qui, se chantant dans les fêtes et dans les assemblées, y perpétuaient la mémoire des actions les plus éclatantes des siècles passés. De là est née la poésie, changée dans la suite en plusieurs formes, dont la plus ancienne se conserve encore dans les odes et dans les cantiques employés par tous les anciens à louer la Divinité et les grands hommes. Le style de ces cantiques, hardi, extraordinaire, naturel toutefois, en ce qu'il est propre à représenter la nature dans ses transports, qui marche pour cette raison par de vives et impétueuses saillies, affranchi des liaisons ordinaires que recherche le discours uni, renfermé d'ailleurs dans des cadences nombreuses qui en augmentent la force, surprend l'oreille, saisit l'imagination, émeut le cœur, et s'imprime plus aisément dans la mémoire » (IIᵉ partie, ch. III). La poésie lyrique est là tout entière, enthousiasme religieux et guerrier, admiration de la grandeur sous toutes ses formes, éblouissements et retours de l'imagination, harmonie éclatante et musicale, puissance populaire et patriotique, tout ce qui fait l'incomparable beauté des Psaumes et des Prophètes, des Odes de Pindare et de l'éloquence de Bossuet. Il manque seulement à ce tableau un trait que le prêtre aurait jugé « peu sérieux et peu digne », mais d'où le génie des anciens et des modernes a tiré ses plus vives et ses plus gracieuses inspirations; la passion qu'Horace appelle le « souci de la jeunesse », l'amour avec ses emportements, ses joies et ses douleurs. Ces nuances infinies de la passion, le poëte lyrique les exprime en son propre nom. Il n'est plus, comme dans l'épopée, un témoin qui raconte et peint la vie humaine en se dérobant derrière ses héros; il ne prend pas, comme dans le drame, les personnages que l'histoire ou l'imagination lui fournissent pour interprètes de sa pensée. Sa poésie est toute personnelle; son âme s'ouvre et s'adresse directement à ses auditeurs, sans intermédiaire ni déguisement; de là cette liberté de mouvements, cette variété poétique, ces contrastes saisissants, ces brusques passages, où l'art nous paraît étranger, selon la remarque de Boileau, mais que l'art réduit à lui-même n'enseigne jamais; car ils naissent de la passion, avec ses inconséquences, ses contradictions et sa logique secrète. — La critique est tombée dans une grave erreur, quand, sous le nom de « désordre pindarique », elle a imputé au plus grand des lyriques grecs les froides exclamations dont la tradition fit longtemps une règle du genre : « Que vois-je? où vais-je? où suis-je? »

> Quelle docte et sainte ivresse,
> Aujourd'hui me fait la loi !

Pindare n'est pas responsable de ces figures ambitieuses, non plus que de l'*Ode sur la prise de Namur*, dont nous venons de citer le début, et la sereine majesté de sa poésie ne connaît pas ce fracas puéril. Si l'ode est impétueuse, c'est qu'elle est une effusion de l'âme fortement émue

> D'où sort la strophe, ouvrant ses ailes dans les cieux.
> V. HUGO.

C'est l'expression la plus éclatante et la plus harmonieuse de la foi, du patriotisme, de l'amour, de l'espérance, de la crainte, de la douleur ; à elle appartiennent tous les sentiments, toutes les passions qui enlèvent l'homme à lui-même et le transportent dans les sublimes régions de l'idéal,

> *Sur* ces ailes de feu qui ravissent une âme
> Au céleste séjour.
> J.-B. ROUSSEAU.

La poésie lyrique est peut-être à la pensée ce que le chant est à la parole ; et, par l'ampleur, la variété et l'éclat du rhythme et des sons, elle tient de près à la musique, cette traduction enivrante et sensuelle de la passion et de la rêverie. Les deux arts ne faisaient qu'un chez les Hébreux et chez les Grecs. La harpe et la lyre n'étaient pas des emblèmes, comme chez les modernes ; c'était une partie de la poésie elle-même. Quatre mille chanteurs, appartenant à la tribu de Lévi, attachés au service du temple et divisés en vingt-quatre classes, faisaient retentir les cantiques sacrés dans Jérusalem ; et les poésies de Pindare, comme les chœurs de la tragédie grecque, étaient accompagnés par les instruments, et quelquefois même figurées par la danse. La civilisation moderne a changé ces conditions, en multipliant à l'infini le nombre et les ressources de ces instruments, qui se réduisaient dans l'origine aux « notes rares et sévères » dont parle Horace. Elle a fait de la musique un art savant et compliqué, qui a ses effets comme ses limites, et atteint parfois à un degré de puissance extraordinaire, surtout lorsqu'il emprunte un sens à la parole humaine, et qu'il en seconde et développe les intentions et les idées. Mais la poésie tout entière, et surtout la poésie lyrique, fidèle à son origine, a gardé son caractère musical, la richesse et la variété des rhythmes, la séduction du nombre et de la mélodie ; c'est par là, comme par la sublimité des inspirations, qu'elle a mérité le nom de « langage des dieux ».

La poésie lyrique apparaît aux premiers jours des sociétés, et elle a le privilège de convenir à toutes les époques de leur existence, à leur vieillesse même, lorsqu'elles ont conservé un peu de génie et du style, car la poésie lyrique est l'homme même. Née au milieu des dogmes et des croyances de l'Orient, nous l'avons vue, de nos jours, remuer profondément les générations modernes que le doute dévore, et puiser des inspirations jusque dans ce douloureux état moral, qui semble la négation de la poésie, puisqu'il est celle de la croyance. — Nous ne pouvons rien dire de la poésie lyrique des Indiens, malgré l'importance qu'ils ont prise aux yeux de la critique, et peut-être de la mode. Il semble seulement que les hymnes des Védas, enfantées dans une brûlante et sensuelle atmosphère, ne contiennent que le culte de la matière, de la puissance et de la fécondité, et que l'activité de l'âme s'endorme dans leur immobilité mystique et leur splendeur monotone. C'est dans les Psaumes de David et dans les Prophètes qu'il faut chercher les magnifiques images de la divinité, la piété ardente, les cris douloureux de la misère humaine, le sentiment profond des prospérités et des malheurs de la patrie, et jusqu'aux douces peintures de la paix et du bonheur. Au XVIIe siècle, on n'osait pas parler du sublime des livres saints à propos de « choses si profanes » que la littérature ; et Rollin s'excusait d'analyser les beautés de ces cantiques où s'était si souvent inspiré Bossuet. Après les méchantes plaisanteries de Voltaire et de son école, fort insensibles d'ailleurs à la poésie lyrique, même profane, fidèle à son génie plus hardie, et a cessé de craindre que sa pureté ne s'altérât à louer les sublimes accents de David et d'Isaïe. — Pendant qu'un petit peuple, séparé du reste du monde par sa religion et ses lois, de-

vait à une inspiration divine des chants destinés à devenir la langue sacrée de toute civilisation chrétienne, une autre race, merveilleusement douée des Muses, comme elle le disait elle-même dans ses riantes fictions, recevait la poésie lyrique des mêmes régions d'où elle avait tiré l'épopée. Entre la légende immortelle d'Orphée et les Odes de Pindare, la Grèce compte bien des poëtes lyriques dont nous pouvons à peine entrevoir le génie dans quelques vers mutilés, conservés par hasard chez les grammairiens. Mais qu'elle était merveilleuse et puissante, cette imagination qui créait dans le même temps, et pour la même inspiration, deux formes également belles, la poésie *mélique* ou *éolienne*, et la poésie *chorique* ou *dorienne*, inventait, pour servir la variété infinie du sentiment, des rhythmes variés presque à l'infini, remplissait l'esprit et l'oreille charmés d'hymnes religieux et patriotiques, de chants de gloire ou d'amour, et souvent unissait l'amour et la religion dans l'histoire et l'éloge des dieux ! Des innombrables monuments de cette poésie, il ne nous reste guère que des ruines, des parcelles ; et cependant, telle est la vie attachée à cette poétique poussière, « reste des ans et des barbares », que les noms d'Alcée, de Sapho, d'Anacréon, sont demeurés immortels, et que nous pouvons répéter, après Horace, leur élève glorieux : « L'amour respire encore, avec les ardeurs confiées à la lyre de la jeune éolienne. » — La grande renommée de Pindare, admiré des anciens et contesté de quelques modernes, a été dignement appréciée dans l'éloquente et poétique étude que lui a consacrée l'un des maîtres de la critique contemporaine (M. Villemain, *Étude sur le génie de Pindare*). Quand on se représente ces mobiles et ingénieuses populations de la Grèce, et leur passion pour les palmes de la lutte et de la course des chars, on rit des impertinences de Voltaire contre Pindare, qu'il appelle « un chantre des combats à coups de poing », et l'on retrouve sans peine dans les strophes harmonieuses des *Olympiques*, des *Néméennes*, des *Pythiques*, le profond sentiment de la gloire, de la grandeur et de la vertu. Encore les quatre livres qui nous restent de lui ne sont-ils que la moindre partie de ses ouvrages, comme il arrive si souvent avec ces grands maîtres de l'antiquité. — Le génie lyrique des Grecs jette également un éclat incomparable dans les chœurs de la tragédie, qui avait pris son origine dans le dithyrambe et le culte mystérieux de Bacchus. Horace, dans son *Art poétique*, ne présente le chœur que comme un personnage du drame. Pour en donner l'idée complète, il aurait dû le montrer tour à tour pathétique, splendide, effrayant dans Eschyle, plein de fraîcheur, de majesté, de richesse dans Sophocle et dans Euripide, idéal et brillant même dans Aristophane, quand il laisse apparaître la beauté pure et sérieuse au milieu des satires et des bouffonneries. Toute cette poésie « bouillonne comme celle d'Horace, et s'échappe à grands flots de ces bouches profondes, » pour emprunter le magnifique langage d'Horace. — Et cependant, c'étaient, sur le sol de la Grèce, les derniers accents de la grande inspiration lyrique : au siècle d'Alexandre, l'hymne succède à l'ode, et la gravité du philosophe à l'enthousiasme du poëte, dans l'hommage sublime que Cléanthe adresse au dieu souverain. — Il faut se transporter à Rome pour retrouver le génie hellénique dans les exquises imitations d'Horace. Trop épicurien pour ressentir profondément la passion et la foi du poëte lyrique, le spirituel ami d'Auguste et de Virgile est, dans la forme et le style, un artiste merveilleux ; de plus, il est pour nous le miroir inestimable de la poésie grecque, qui lui a servi de modèle. Au reste, quoiqu'il se dérobe à l'émotion et ramène volontiers l'enthousiasme au ton du badinage, il est toujours sincère et sublime, quand il chante la grandeur de Rome ou la vanité des joies humaines, et jamais le plaisir et « la liberté du vin » n'ont trouvé un *interprète* plus charmant.

Le christianisme proscrivit les chants profanes de la Grèce et de Rome ; il avait les cantiques des Hébreux et les hymnes de l'Église. St Grégoire de Nazianze et Synésius enseignèrent à la muse dorienne une langue nouvelle, celle du dogme et des vérités abstraites et métaphysiques, mêlées aux épanchements d'une foi ardente et à ces images gracieuses dont la poésie grecque ne pouvait se priver tout à fait. — La barbarie marchait plus vite en Occident qu'à Constantinople et à Ptolémaïs. La langue latine, destinée à devenir la langue de l'Église, passa des hymnes de Prudence, et de ses vers si touchants sur les innocentes victimes d'Hérode, aux *proses* rimées du moyen âge, naïve et puissante expression d'une foi profonde, servie par un idiome altéré. Les langues modernes, dans le travail de leur formation, s'essayaient à la poésie lyrique dans les chants des troubadours, dans les *Canzoni* de Dante et de Pétrarque, œuvres souvent plus savantes et plus ingénieuses qu'enthousiastes. Au xvi⁰ siècle, l'Espagne admire dans Louis de Léon la piété passionnée de Sᵗᵉ Thérèse, et la France applaudit dans Ronsard une froide et pénible imitation de l'antiquité, dont quelques vers gracieux ne rachètent pas l'invincible ennui. Le vrai sentiment, la vraie révélation lyrique appartiennent au génie lent et laborieux de Malherbe. Sans doute, l'inspiration, dans ses vers, est inégale, rude, un peu sèche; mais, où elle est réelle, elle est irrésistible. La langue et les formes du genre sont fixées, et le poëte peut dire avec fierté :

Ce que Malherbe écrit dure éternellement.

Notre xviiᵉ siècle ne chercha pas d'autre gloire lyrique. Les sages emportements de Malherbe suffisaient à son goût pratique et solide. Il semble avoir tenu en médiocre estime les vers des opéras de Quinault qui ne manquaient cependant ni l'éclat, ni l'harmonie, ni la grandeur et la richesse des images. Un mot de Boileau, plus sévère que juste,

Sur tous ces lieux communs de morale lubrique,

avait été reçu comme un arrêt irrévocable. Voltaire et La Harpe furent plus équitables, et rendirent à Quinault une place honorable parmi les bons écrivains, et même un rang, modeste il est vrai, parmi les poëtes lyriques. Mais la véritable et puissante inspiration lyrique du siècle de Louis XIV n'était pas là : il eût fallu la chercher dans la prose sublime de Bossuet, dans l'incomparable mélodie des vers de Racine : les *Élévations à Dieu sur les mystères*, les *Oraisons funèbres*, sont pleines de beautés égales à celles des Psaumes ou de Pindare; et le seul rôle de *Phèdre* témoigne, aussi bien que les chœurs d'*Esther* et d'*Athalie*, ou les admirables *cantiques* écrits pour Saint-Cyr, que Racine aurait été le premier poëte lyrique de notre langue, si son génie et sa vocation n'en avaient fait le rival de Corneille. Le malheureux essai de Boileau, qui ne compte que pour mémoire, témoigne que l'on attachait alors plus d'importance à la forme qu'au fond de la poésie lyrique. Nous en avons une preuve meilleure dans la gloire traditionnelle de J.-B. Rousseau, qui composait des odes sacrées et des odes pindariques sans y porter d'autre sentiment que la complaisance d'un habile écrivain pour son talent. Une critique mieux éclairée a replacé l'auteur de l'*Ode au comte du Luc* et de l'*Ode à la Fortune* parmi les auteurs de réputation moyenne qui n'excitent plus ni sympathie ni colère. L'époque où il a vécu n'était pas favorable à la poésie lyrique; la société philosophique et littéraire se moquait des lueurs trop rares échappées à Gilbert ou à Le Franc de Pompignan. Il a fallu les enseignements terribles des révolutions pour ramener l'esprit français aux idées fortes et sérieuses, aux problèmes de la destinée humaine et des sociétés, matière inépuisable des réflexions du philosophe et des émotions du poëte. Non que la mélancolie et la douleur ne soient pas des sentiments communs aux écrivains de tous les temps, aussi bien que l'enthousiasme de la patrie et de la gloire. Mais le monde moderne, « remué de toutes parts, devenu incapable de consistance, et plus agité que les mers, » pour emprunter les grandes images de Bossuet, était appelé particulièrement à rendre en vers éloquents et pathétiques l'impression de tant de secousses. Au commencement du xixᵉ siècle, l'Allemagne répétait les inspirations tour à tour mélancoliques ou brillantes de Gœthe, de Schiller, de Schlegel, de Bürger; elle s'enivrait des chants guerriers d'Arndt et de Kœrner, où éclatait l'indignation et l'ardeur de la liberté. Nous n'avions encore, en France, après la redoutable chanson de Rouget de l'Isle, après les hymnes patriotiques de Chénier, où la parole était restée au-dessous de la musique ou de l'intention du poëte, que quelques essais inégaux de Le Brun, mélange singulier d'idées fortes et de grandes images avec les formes, les tours convenus, et la mythologie consacrée de l'école de J.-B. Rousseau. Ce fut au lendemain de la grande ruine du premier Empire que la France entendit avec ivresse la voix nouvelle des poëtes lyriques. Le premier dans l'ordre des temps, Béranger a eu le privilége d'une popularité presque universelle. Écrivain supérieur, mais plus habile qu'inspiré, il a dû sa gloire de circonstance à la satire, son originalité la plus complète et sa gloire la plus

durable à la chanson plaisante, joviale, entraînante, où le ton bourgeois remplace trop souvent la grâce idéale de l'antiquité. Toutefois, il y a dans ses œuvres quelques compositions vraiment élevées et touchantes, dont l'éclat s'est répandu sur l'homme et sur le poëte. A la même époque, un écrivain trop dédaigné de nos jours, Casimir Delavigne, touchait vivement les âmes en chantant « les gloires et les malheurs de son pays ». Mais l'auteur des *Messéniennes* avait le goût du théâtre, plus que de l'ode ou de l'élégie; et la grande poésie lyrique devait trouver ses interprètes les plus complets, les plus sérieux, les plus dignes, dans MM. de Lamartine et Victor Hugo. Le charme exquis des *Méditations* et des *Harmonies poétiques* vivra autant que notre langue; et, quelques réserves que le goût fasse contre les abus et les étrangetés où se complaît le talent qui a dicté les *Orientales* et les *Contemplations*, il serait puéril de lui dénier la hardiesse, l'éclat, la vigueur, l'abondance, la sonorité, toutes les qualités, surtout extérieures, du génie lyrique, portées au plus haut degré. Le prestige des belles choses et de la nouveauté, si puissant sur la jeunesse, et celui même des bizarreries, ont donné aux deux poëtes un grand nombre d'admirateurs et d'imitateurs; l'école lyrique moderne a compté des réputations brillantes, et multiplié malheureusement les vocations avortées et *incomprises*. Les vers, et la composition elle-même, ont livré à tout le monde leurs secrets et leurs procédés, devenus une sorte de mécanisme : mais l'originalité des maîtres ne doit pas souffrir des erreurs ou des sottises qui se sont autorisées de leur nom, et la postérité se chargera de régler les parts. — Quel sera maintenant l'avenir de la poésie lyrique, dans une société qu'épuisent les agitations politiques, et que dévore ce qu'Horace nommait à Rome « la rouille des soucis d'*argent* »? L'auteur des *Méditations*, emporté dans le tourbillon de la vie publique, à laquelle il a tant sacrifié, a cherché « les destinées de la poésie », et il a interdit l'avenir à la muse. Il l'a condamnée au silence et à la mort. Mais il est permis d'en appeler d'une sentence si rigoureuse, et de croire que le poëte, ingrat pour sa gloire première, a perdu ce don de prophétie que l'antiquité attribuait à ses pareils. Née avec l'homme, la poésie lyrique doit durer autant que lui, à moins que, destitué de conscience et incapable d'émotions, il ne se réduise à l'intelligente régularité des machines dont le bruit l'assourdit et dont la fumée l'aveugle. Jusque-là, nous pourrons adresser aux chantres inspirés de la passion, aux hommes que la tradition mythologique aurait appelés autrefois les fils de Calliope, ces vers du plus mélodieux de tous :

Mais les siècles auront passé sur ta poussière,
Poëte, et tu vivras toujours.

Lamartine
A. D.

LYRIQUES (Vers), nom donné, chez les anciens Grecs, aux vers employés dans les poëmes qui se chantaient au son de la lyre. Peut-être tous les vers furent-ils d'abord chantés sur la lyre; mais, à partir du viiᵉ siècle av. J.-C., le nom de *vers lyriques* ne s'applique plus qu'aux vers des odes d'Alcée, de Sappho, d'Alcman, d'Arion, d'Anacréon, de Corinne, de Pindare, etc., et à ceux des chœurs dramatiques d'Eschyle, de Sophocle, d'Euripide, d'Aristophane. Ils étaient de différentes longueurs. Les principaux étaient le *trochaïque*, l'*ithyphallique*, le *crétique*, le *dochmiaque*, le *dactylique*, le *choriambique*, l'*asclépiade*, l'*ionique*, l'*anacréontique*, le *galliambique*, le *péonique*, le *glyconique*, le *phérécratien*, le *priapéen*, l'*adonique*, le *saphique*, etc. (*V. ces mots*). Les vers des odes de Pindare et des chœurs de la tragédie et de la comédie présentent souvent aux Modernes de très-grandes difficultés : ils paraissent avoir été plutôt des phrases cadencées selon certaines mesures (dont le secret nous échappe, qui étaient en rapport avec le système musical des Grecs, et auxquelles le chant et la musique donnaient une valeur qu'elles perdaient à la lecture), que des vers proprement dits; aussi les poëtes romains, qui ont reproduit, en les modifiant conformément au génie de la langue latine, tous les mètres lyriques inventés par les Grecs, n'ont-ils jamais reproduit ce genre de vers, soit dans leurs œuvres dramatiques, soit dans leurs pièces lyriques proprement dites; et c'est en partie dans ce sens qu'il faut entendre ce que dit Horace, lorsqu'il compare à la témérité du fils de Dédale l'ambitieux qui prétend imiter les tons nouveaux où Pindare élevait souvent sa voix, en affranchissant son rhythme de toute loi consacrée. Les vers lyriques des Grecs ont été réellement chantés au son de la lyre, parce que, pendant plusieurs siècles, tout poëte était musicien; en a-t-il été de même à Rome? Cela est au moins fort douteux : les poëtes lyriques, comme Catulle et Horace, sont plutôt écrivains que musiciens.

Chez les peuples modernes, où la lyre n'a jamais été en usage, le nom de vers lyriques a été également appliqué aux vers adoptés pour les odes et pour toute composition poétique qui procède par stances, strophes ou couplets. En français, ils sont généralement courts : cependant le vers de 10 syllabes se rencontre assez souvent, même dans toute l'étendue d'une pièce; plus habituellement il est entremêlé à d'autres mesures; et parfois, surtout de notre temps, le vers de 12 syllabes est employé soit seul, soit concurremment avec des vers plus petits (V. les Messéniennes ,de C. Delavigne, les poésies de Victor Hugo et de Lamartine, etc.). Dans le 1er chœur d'Athalie, le vers de 12 syllabes domine avec le vers de 8 syllabes; on y trouve aussi quelques vers de 10 syllabes, et un seul vers de 6. Le second chœur offre les mêmes mesures avec un certain nombre de vers de 7 syllabes; le 3e a deux vers de 4 syllabes. Le vers de 5 syllabes est fréquent chez Quinault, et Racine termine par cette mesure une de ses plus belles strophes (Cieux, abaissez-vous). J.-B. Rousseau a employé le vers de 5 syllabes dans sa cantate de Circé. Les vers de 8 syllabes sont fréquemment employés seuls : on trouve ce système dans les chansons de geste, les odes, les stances, les chansons. Dans une chanson de Malherbe (IV), en 10 couplets, les vers de 9 syllabes alternent deux par deux avec des vers de 10. On trouve des couplets entiers de 9 syllabes dans les opéras-comiques de Sedaine et dans les chansons de Béranger. V. Stance, Strophe, Vers.　P.

LYSICRATE (Monument de). V. Choragiques (Monuments).

LYTIERSE. V. Chanson.

M

MAB

M, 13e lettre et 10e consonne de l'alphabet latin et des alphabets qui en dérivent. Elle fait partie des liquides (V. ce mot), et l'articulation qu'elle représente est à la fois labiale et nasale (V. ces mots). Le son que nous donnons à la lettre M, quand elle est placée au commencement d'une syllabe, est le même dans la plupart des langues européennes : mais, si elle termine la syllabe à laquelle elle appartient, et si la syllabe suivante commence par une autre labiale, elle ne fait qu'indiquer la nasalité de la voyelle précédente et jouer le rôle de l'N, comme dans lampe, assembler, emploi, imbu, combler, combiner, compagnie, tomber, humble, tympan, etc. Il en est de même quand elle termine certains mots, nom, renom, faim, parfum, thym; mais elle conserve sa valeur ordinaire à la fin des noms propres étrangers, Mathusalem, Jérusalem, Abraham, Cham, Sem, Ibrahim, Stockholm, Amsterdam, etc.; il faut en excepter Adam. Suivie d'une N, elle doit conserver sa prononciation ordinaire (amnistie, indemnité, Agamemnon, Mnémosyne), excepté dans damner et ses dérivés. Placée à la fin d'une syllabe et devant une autre M, tantôt elle se prononce comme N (comme dans emmener), tantôt elle a sa valeur normale de consonne (comme dans immense, commuer, mammifère). Dans certains mots où elle est suivie de P, elle est encore un signe de nasalité, et le P ne se prononce pas : coup, champ, exempt, prompt, dompter. En latin, l'M à la fin des mots était la caractéristique habituelle de l'accusatif singulier. Dans la poésie, elle n'empêchait pas l'élision de la voyelle qui la précédait, lorsque le mot suivant commençait par une voyelle ou par un h; elle rendait alors, au dire des grammairiens latins, un son sourd (obscurum), et donnait sans doute, comme en français, le caractère de nasalité à la voyelle précédente. — Comme abréviation dans les inscriptions lapidaires et sur les médailles, M tient la place du prénom Marcus; des noms de lieu ou de pays Macedonia, Massilia, Mediolanum, Mamertini, etc.; des noms communs mater, magister, miles, monumentum, municipium, manibus, memoriæ, etc.; des épithètes magnus, militaris, memor, missus; de l'adverbe merito, etc. Avec une apostrophe, M' est pour le prénom Manius. Chez es Modernes, M. A. a signifié magister artium (maître ès arts); en français, M. veut dire monsieur, MM. messieurs, S. M. Sa Majesté. En écossais, M' joint à un nom veut dire Mac (fils). Sur les anciennes monnaies françaises, M était la marque de Toulouse. — Signe numéral, le mu (M, μ) chez les Grecs valait 40. Chez les Romains, M valait 1,000; surmontée d'un trait horizontal, elle valait 1,000,000.　B.

MABINOGI. V. ce mot dans notre Dictionnaire de Biographie et d'Histoire.

MABRIAN, un des romans Carlovingiens (V. ce mot). On y rappelle les exploits de Renaud de Montauban et de son cousin Maugis. Ce dernier, voulant rentrer dans la bonne voie, se retire dans l'hôpital de Rome, y fait des sermons en style cicéronien, et devient cardinal, puis

MAC

pape à la mort de Léon III. Par un mélange singulier des fables carlovingiennes avec celles du cycle d'Arthur, Mabrian est représenté comme petit-fils de Renaud, et sa naissance est protégée par la fée Morgane. Après une longue suite d'aventures, il devient roi de Jérusalem, puis de l'Inde, où il établit le christianisme. V. Bibliothèque des romans, juillet 1778.

MACABRE. V. Danse des morts.

MACADAMISAGE, système pour la construction des routes. Il consiste en un empierrement de cailloux concassés, de la grosseur de 4 à 6 centimètres cubes environ, entassés en couche de 0m,25, fortement comprimée par un grand rouleau de fer fondu, pesant de 6,000 à 8,000 kilog. La bonne confection du macadamisage exige que les cailloux ne contiennent point de parties terreuses ou argileuses, ce que l'on obtient souvent par un lavage préalable. Les routes macadamisées n'exigent ni fondation, ni accotement; elles sont imperméables à l'eau; leur entretien n'exige qu'un balayage facile, et le remplissage, par du caillou fin, des parties dégradées. Pour opérer le nettoyage des routes, les ponts et chaussées ont fait construire des voitures basses, dont les roues font tourner un système de râteaux ou de balais munis de pelles, qui enlèvent les boues et les déposent dans la voiture. Du reste, les cantonniers avec des balais suffisent à ce nettoyage. — On a, depuis plus de 30 ans, adopté en Angleterre, et, depuis 1849, en France, le système du macadamisage pour les principales rues des villes; mais la grande circulation des voitures maintient dans ces rues une poussière ou une boue permanente qui font regretter aux piétons l'ancien pavage. L'entretien en est en outre très-dispendieux. — Le macadam est ainsi nommé de l'ingénieur anglais Mac-Adam, qui commença de l'appliquer avec succès en 1816 aux environs de Bristol; cependant il n'en est pas l'inventeur, car un ingénieur français nommé Trésaguet construisit, dans le Limousin, vers 1761, des routes en cailloux concassés. V. Ch. Dupin, Voyages dans la Grande-Bretagne, 3e partie, c. 4.　E. L.

MACAIRE, roman du cycle carlovingien. Macaire s'est introduit à la cour de Charlemagne, et, n'ayant pu séduire la reine, s'entend avec le nain favori du roi pour la déshonorer aux yeux de tous. Sur de trompeuses apparences, on croit la reine coupable d'adultère. Condamnée, sur l'avis de Macaire, à être brûlée vive, elle demande un confesseur : l'abbé de St-Denis, après l'avoir entendue, demeure convaincu de son innocence, et fait tant par ses prières, que la peine du feu est changée en celle de l'exil. Albaris (Aubry) est chargé d'escorter la reine; Macaire lui dresse une embuscade; Albaris est tué, la reine se cache dans un bois. Macaire revient à la cour; mais, pendant le dîner de Charlemagne, le chien d'Albaris pénètre dans la salle et saute à la gorge du traître; trois jours après, cette scène se renouvelle. Les soupçons s'éveillent, on suit le chien, on trouve le corps d'Albaris. Charlemagne ordonne un combat singulier entre le chien et Macaire; celui-ci, vaincu, avoue son double crime, et est

brûlé vif. Cependant, la reine s'est mise sous la protection d'un bûcheron nommé Baroche, qui la conduit à Constantinople, où sont ses parents. En traversant la Hongrie, elle donne le jour à un fils, qui reçoit le nom de Louis. La guerre éclate entre l'empereur de Constantinople et Charlemagne; ce dernier est vaincu, mais il est heureux d'apprendre que sa femme vit encore et qu'elle lui a donné un fils; il les emmène à Paris, où la réconciliation est célébrée par de grandes réjouissances.
— Ce roman est évidemment la source de la légende populaire du chien de Montargis, et Macaire est resté le type du coquin effronté. Le roman existe à la bibliothèque de St-Marc, à Venise, dans un manuscrit français du XIVᵉ siècle, qui figure au Catalogue sous le titre faux de *Doon de Mayence*, et où sont racontées en plus de 18,000 vers les aventures de Beuve d'Antone, de Pépin et de Berthe aux grands pieds, et de Charlemagne. Il a été publié par M. Guessard, Paris, 1866. **H. D.**

MACAO (Jeu de). *V.* Vingt-et-un.

MACARON, en termes de Marine, court morceau de bois placé debout, de distance en distance, pour soutenir les fargues d'une embarcation.

MACARONIQUES (Vers), vers où sont mélangées plusieurs langues, où l'on emploie ce qu'on appelle vulgairement le *latin de cuisine*, c.-à-d. des terminaisons latines appliquées à des mots d'un idiome moderne, comme dans l'exemple suivant pris de *Michel Morin*, petit poëme de ce genre : *De branca in brancam degringolat, atque facit pouf!* Le nom de macaroniques vient d'un certain rapport qu'on a trouvé entre les bouffonneries de haut goût que ces vers expriment et le mets italien appelé *macaroni*, dans lequel entrent divers ingrédients. On appelle *macaronée* un poëme en vers macaroniques. Un moine italien du XVIᵉ siècle, Théophile Folengo de Mantoue, plus connu sous le nom de *Merlin Coccaie* (*Merlinus coquus*, Merlin le cuisinier), qu'il adopta pour publier une sorte d'épopée burlesque (*Aventures de Baldus*), est regardé comme l'inventeur de la poésie macaronique. Il a été imité en France par Antoine de La Sable (*Antonius de Arena*), dont on a un récit burlesque de l'expédition de Charles-Quint en Provence, et par Remi Belleau, qui écrivit contre les huguenots. C'est le style macaronique qui fut employé par Rabelais dans *Pantagruel*, lorsqu'il voulut railler, au moyen des doctes discours de l'écolier parisien, le pédantisme universitaire, et par Molière dans [a cérémonie du *Malade imaginaire*, où il tourna en ridicule la latinité peu savante des médecins de son temps. *V.* A. Cunningham, *Delectus macaronicorum carminum*, Édimbourg, 1801; Nodier, *Du langage factice appelé macaronique*, Paris, 1834. **B.**

MACASSAR (Idiome). *V.* Célébiens (Idiomes).

MACCHABÉES (Livre des). *V.* notre *Dictionnaire de Biographie et d'Histoire.*

MACCHUS, personnage des *Atellanes* (*V.* ce mot). Ce n'est point notre Polichinelle avec sa double bosse, mais le *pulcinella* napolitain, paysan gourmand et sot, qui charme encore aujourd'hui les lazzaroni par ses saillies et sa poltronnerie, et dont la figure, sous le nom de *civis Atellanus*, a été trouvée dans les peintures d'Herculanum.

MACÉDOINE, se dit, en Littérature, d'un ouvrage où se trouvent réunis des morceaux de tous les genres, en prose ou en vers, sur différents sujets. Nous ignorons l'origine de ce mot. — En termes de Jeu, une Macédoine est une suite de parties dans laquelle chacun des joueurs, tenant les cartes, prescrit l'espèce de jeu qu'on va jouer sous sa main.

MACÉDONIEN (Dialecte), une des variétés de l'ancienne langue grecque. Ce dialecte fut d'abord appelé, suivant Dicéarque, *hellénique*, et peut-être fut-il commun, dans l'origine, à la Macédoine méridionale et à la Thessalie, où habitèrent longtemps les Hellènes proprement dits : peut-être aussi est-ce dans ce dialecte antique que les poésies religieuses·de Musée et d'Orphée se répandirent parmi les peuples. Le dialecte macédonien dut subir dans la suite des modifications importantes, en particulier vers le VIIIᵉ siècle av. J.-C., lorsque Caranus vint en Macédoine avec une colonie argienne, et à partir du Vᵉ, grâce à la culture intellectuelle que le roi Archélaüs s'efforça de propager, mais surtout sous le règne de Philippe et d'Alexandre, tous deux amis des lettres et des beaux-arts. Ce qui rendit au dialecte macédonien son importance et sa célébrité, ce fut la conquête de l'Orient par Alexandre; il exerça aussi quelque influence sur les Grecs eux-mêmes, et finit par modifier jusqu'au dialecte athénien : telle fut la source de ce que les critiques appelèrent *langue commune* ou *hellénique*. Mais il subit

lui-même en Égypte et en Asie, particulièrement en Syrie, des modifications considérables, d'où provinrent plusieurs dialectes nouveaux, dont le plus important fut le dialecte *alexandrin*. On n'a, sur le dialecte macédonien, que des données assez vagues : comme particularités, on cite l'emploi de la lettre B à la place de l'aspirée Φ; ainsi, *Bérénice* est un mot de forme macédonienne, au lieu de *Phérénice* usité dans les autres dialectes. Les *Phrygiens* s'appelaient aussi chez eux *Brygiens*, et la ville macédonienne de *Béræa* eût été appelée ailleurs *Phéræa*. Quant aux reproches de *macédonisme* adressés par les grammairiens aux écrivains postérieurs au IVᵉ siècle avant J.-C., ils portent principalement sur des néologismes, ou plutôt sur les modifications que les écrivains de cette époque faisaient subir au sens de certains mots; ainsi, ils reprochent à Polybe d'employer le ρυμή (élan, impétuosité, mouvement accéléré) dans le sens de *rue*, inconnu aux Attiques, et παρεμβολή le sens de *camp*, lorsque ce mot avait toujours signifié jusque-là *intercalation*, ou, en termes militaires, *attaque par le flanc*. *V.* Saumaise, *De Linguâ hellenisticâ, an sit, an fuerit*, 1643; Sturz, *De Dialecto macedonicâ et alexandrinâ*, 1808. **P.**

MACELLUM. *V.* Boucherie.

MACÉRATION (du latin *macerare*, amaigrir), se dit des austérités de tout genre (jeûne, discipline, etc.) qu'on exerce sur son corps par esprit de pénitence.

MACERIA. *V.* Appareil.

MACHECOULIS ou **MACHICOULIS**, ouvertures pratiquées dans la partie inférieure des galeries saillantes au sommet d'une tour ou d'un rempart, de telle sorte que, tout en étant abrité par les parois de la construction en saillie, on pouvait jeter des pierres, des traits, de l'huile bouillante, du plomb fondu, etc., sur la tête des assaillants qui attaquaient le pied des murailles. On fait venir ce mot, soit de *masse* et de *couler*, parce que les ouvertures servaient à faire couler des masses sur les assaillants, soit du latin *mactare collum*, briser le cou. Les mâchicoulis faisaient partie du système des fortifications au moyen âge; l'emploi n'en devint général qu'au XIVᵉ siècle. Ils disparurent avec les vieux châteaux. On en peut voir au palais des papes à Avignon, aux châteaux de Sens, de Mehun, etc. **B.**

MACHIAVÉLISME, système de Politique développé par Machiavel dans son livre du *Prince* (*V.* ce mot).

MACHICOTAGE, sorte d'ornement dont on chargeait autrefois le plain-chant, surtout dans le rit parisien. C'était une addition de notes qui remplissaient par une marche diatonique les intervalles de tierce et autres. Le machicotage, dont on ne s'abstenait qu'à l'office des Morts, était exécuté par les *machicots*, ecclésiastiques inférieurs aux bénéficiers et supérieurs aux chantres à gages. L'étymologie du mot est incertaine.

MACHINES. Les machines sont, pour l'industrie, des moyens de tirer un parti plus avantageux des forces de la nature. La puissance musculaire de l'homme, toujours prête à fonctionner avec intelligence sans appareil intermédiaire, a été pendant longtemps la seule utilisée : mais elle est la plus coûteuse de toutes les forces motrices. La force musculaire des animaux est·d'un prix inférieur à celle de l'homme; réservée, quant à présent, à l'industrie des transports et à faire mouvoir quelques mécaniques, elle a déjà trouvé une concurrence redoutable dans les locomotives et les locomobiles. Après les chutes d'eaux naturelles, la vapeur est la puissance motrice la plus répandue aujourd'hui, surtout dans les localités où abondent les matières premières et où le combustible est à bas prix. — Quand la valeur vénale ou prix-courant des produits des machines reste la même malgré cette plus abondante production, c'est le producteur qui profite de l'utilité produite; quand le prix-courant baisse, c'est le consommateur qui en profite. — L'introduction d'une nouvelle machine occasionne une diminution dans la somme des revenus gagnés par les ouvriers, jusqu'au moment où ils parviennent à occuper leurs facultés à une autre partie de la masse de toute autre production. Le revenu des entrepreneurs ou capitalistes, au contraire, en est augmenté. Cet effet est momentané; et, pour l'ordinaire, après peu de temps, les producteurs pouvant baisser leurs prix sans y perdre, le revenu du consommateur se trouve augmenté, sans que ce soit aux dépens de personne, et la demande du travail des manouvriers n'est pas moindre qu'auparavant. — L'invention des machines a exercé l'influence la plus énergique sur le développement industriel du XIXᵉ siècle. Ce qui distingue surtout les machines parmi les moteurs divers qu'offre la nature, c'est de pouvoir être employées partout, en toute saison, dans toutes les branches de l'industrie, et à tous les degrés de force réclamés par les exigences de la production. C'est avec leurs secours qu'ont été organisées les plus grandes manufactures (*V. ce mot*). Enfin, appliquées à la navigation, elles permettent de réaliser des vitesses de 24 kilom. à l'heure.

Quelques faits suffiront pour faire comprendre l'importance des machines : il fallait, au temps d'Homère, le travail d'une personne pour moudre le blé nécessaire à 25 autres. Le moulin à eau le plus simple peut moudre en un jour autant de blé que 150 hommes ; la dépense 10 fr. par jour, tandis que les hommes coûteraient 300 fr., et l'économie de 200 fr., répartie sur une quantité de 36 hectolitres de grain, constitue la moitié du prix du blé lui-même. Le moulin de Saint-Maur, près Paris, se compose de 40 meules surveillées par 20 ouvriers, et qui, en 24 heures, réduisent en farine 720 hectolitres, suffisant à alimenter 72,000 personnes : ainsi, 280 ouvriers, répartis dans 14 moulins semblables à celui de Saint-Maur, pourraient moudre pour un million de personnes. — Un ouvrier fileur de coton confectionne aujourd'hui 320 fois plus de fil qu'il n'en faisait en 1774. Dans la filature du lin, qui ne date guère que de 1820, un ouvrier suffit à soigner 120 broches, lesquelles produisent autant et de plus beaux fils que 240 fileuses. Un cheval-vapeur peut faire marcher 500 broches de filature avec les machines accessoires, ou 12 métiers à tisser : or, un cheval-vapeur correspond à 3 chevaux de trait ou 21 hommes de peine. **A. L.**

MACHINES DE GUERRE, instruments à l'aide desquels les Anciens lançaient des projectiles ou battaient les murailles des places fortes. Les Latins donnaient aux machines de jet le nom commun de *tormenta* (de *torquere*, tordre), parce que le jet des projectiles était produit par la détente de crins, de cordes ou de fibres végétales torduеs et tendues fortement ; les principales étaient la *baliste*, la *catapulte*, l'*hélépole*, le *scorpion* ou *onagre*. Les machines de brèche peuvent se ramener toutes au *bélier*. Quand une armée s'avançait en bataille, les machines étaient placées sur les derrières, et tiraient par-dessus les rangs. Il y avait encore des machines pour couvrir les troupes qui s'approchaient des murailles ; c'étaient la *tortue*, le *mantelet*, la *vigne*, les *tours roulantes*. Sur mer, on employait le *dauphin*, le *corbeau*, etc. Toutes les machines des Anciens disparurent après l'invention de l'artillerie. V. Végèce, *De re militari*; Biton, *De constructione bellicarum machinarum*, et Héron d'Alexandrie, *De constructione et mensurâ manubalistœ*, dans les *Mathematici veteres*, Paris, 1693, in-fol. ; Juste-Lipse, *Poliorceticôn, sive de machinis, tormentis, telis libri V*; Baraccio, *De machinis bellicis*, Venise, 1572, in-4° : Maiseroy, *Traité sur l'art des sièges et sur les machines des Anciens*, Paris, 1778, in-8° ; Dureau de La Malle, *Poliorcétique des Anciens*, Paris, 1819, in-8°, et atlas in-4°.

MACHINES DE THÉÂTRE, machines à l'aide desquelles on opère sur la scène les changements de décors, les transformations à vue, et tout ce qui sert à l'illusion du spectacle. La descente des nuages, le vol des personnages qui s'élèvent dans les airs, les mouvements des flots, la manœuvre des trappes, l'animation des animaux en carton ou en étoffe, le tonnerre, les éclairs, etc., sont du ressort du machiniste. Les Anciens ont obtenu, par des moyens qui nous sont inconnus, des résultats presque merveilleux. Ils imitaient la foudre, l'incendie ou l'écroulement des maisons, et faisaient descendre les Dieux dans des chars ailés, sur des griffons et autres montures fantastiques ; il y avait des trappes placées sous la scène pour l'apparition des Ombres, des Furies et des Divinités infernales (V. ANAPIESMA). Dans le *Prométhée enchaîné* d'Eschyle, le chœur tout entier arrivait *par la voie des oiseaux*, et le vieil Océan sur un dragon ailé. Les comédies d'Aristophane supposent toutes sortes d'inventions ingénieuses, puisqu'on y voit des personnages déguisés en guêpes, en grenouilles, en oiseaux, en nuées. — L'art du machiniste n'exista réellement pas au moyen âge : ce fut seulement aux derniers temps de la représentation des Mystères qu'on put réaliser quelques effets de mise en scène nécessaires à ces pièces, tels que l'éclipse, le tremblement de terre, le brisement des pierres de la Passion, etc. Au XVIᵉ siècle, Léonard de Vinci prépara pour le *Paradiso*, pastorale jouée en l'honneur de la duchesse de Milan, des machines qui mettaient en mouvement les sept planètes sous les yeux des spectateurs. Un prospectus lancé par les comédiens du Marais, en 1648, pour annoncer l'*Ulysse dans l'île de Çircé*, pièce de l'abbé Boyer, an-

nonce, entre autres prodiges, une mer figurant l'agitation des flots, un char traîné par deux dragons et s'envolant chargé de trois personnes, un Jupiter porté sur son aigle et lançant la foudre. Dans l'*Andromède* de Corneille (1682), véritable pièce à machines, le Pégase monté par Persée était un coursier qui agitait ses ailes. Ce fut l'Italien Toricelli qui *machina* les spectacles des fêtes de Mazarin et les ballets de Louis XIV. Au XVIIIᵉ siècle, à l'Opéra de Paris, on imitait le tonnerre au moyen d'une ou deux roues dentelées qu'on faisait mouvoir sur des planches derrière la scène, ou à l'aide d'un gros tambour, que manœuvrait un soldat aux gardes. En 1713, on vit manœuvrer, dans le ballet des *Amours déguisés*, un navire équipé et *tout chargé de monde*. Servandoni porta l'art à une perfection qui semble n'avoir point été dépassée depuis : il représentait des lunes et des soleils, des incendies, des flots agités, des lacs glacés et couverts de neige, des forêts enchantées, etc. De nos jours on a imité en machines l'écroulement et l'incendie d'un palais (au 5ᵉ acte de l'opéra le *Prophète*, de Scribe et Meyerbeer) ; on figure des inondations qui envahissent toute la scène. — Autrefois l'Opéra de Paris était renommé pour ses machines ; tous les changements de décorations d'une même pièce s'y faisaient toujours à vue. Cette magnificence artistique a été supprimée depuis 1830, par économie, lorsque l'Opéra fut abandonné à une entreprise privée. **B.**

MACLE (du latin *macula*, marque), en termes de Blason, losange formé d'un simple trait sur le fond de l'écu. — On donna aussi le nom de *macles* aux mailles de haubert, faites en losange, ainsi qu'aux *pierres de croix* (*lapides cruciferi*) qui se trouvent dans les ardoises et auxquelles la superstition attacha une origine et des propriétés merveilleuses. Ces pierres sont des prismes triangulaires, présentant sur leur tranche une croix en relief de couleur bleue, enfermée dans un losange.

MAÇONNERIE, mot qui exprime à la fois l'ouvrage du maçon et l'art de maçonner. Il s'applique spécialement aux constructions faites de matériaux de petites dimensions (moellon, meulière, brique), ou avec ces matériaux mélangés avec la pierre de taille, par opposition à la construction toute en pierre de taille, appelée proprement *appareil* (*V. ce mot*). Les Modernes sont restés longtemps inférieurs aux Anciens pour les travaux de maçonnerie, non qu'ils possèdent des matériaux moins bons, mais parce qu'ils ont apporté un soin moins minutieux à les choisir et à les assembler. Les murs des Anciens consistent généralement en deux parements de moellons ou de briques, qui formaient les surfaces, l'intérieur étant garni en blocage ou béton ; le cube du mortier y excède souvent celui des fragments de pierre qu'il enveloppe. La bonté de la construction dépend non-seulement du choix et de l'assemblage des matériaux, mais encore et surtout, quand la construction est en petits matériaux, de la qualité du mortier (*V. ce mot*). La maçonnerie de pierres de taille se fait par assises horizontales, en observant d'assembler les pierres aussi bien que possible, d'en garnir avec soin les joints avec du mortier coulé ou fiché, et d'alterner les joints verticaux. Dans la maçonnerie de moellon, on s'attache moins à ce que les assises aient une horizontalité parfaite : l'essentiel est que les moellons ne soient pas inégaux, qu'ils soient débarrassés des parties terreuses, convenablement ajustés les uns contre les autres, placés autant que possible sur leur face la plus large, parfaitement assis sur le mortier, et tassés par quelques coups de marteau. Quand les pierres d'appareil entrent dans les parements, il faut, pour qu'elles se lient bien avec la maçonnerie de moellon, leur donner une longueur inégale dans le sens de l'épaisseur du mur, les placer, comme on dit, alternativement en besace et en boutisse. Pour la maçonnerie qui ne doit pas supporter un poids ou une poussée considérable, on emploie, au lieu de mortier, le plâtre, qui sèche plus vite ; si les constructions sont exposées à être mouillées, on se sert de ciment romain. On fait aussi de la maçonnerie où la terre remplace le mortier, et même de la maçonnerie en pierres sèches : elles ont beaucoup moins de solidité. Outre la grosse maçonnerie, dite *limousinage*, et faite par les ouvriers appelés *Limousins*, parce que la plupart viennent de la province de ce nom, il y a la maçonnerie légère, que font les *compagnons*, et qui comprend les ouvrages en plâtre, crépi, enduit, cloisons, plafonds, corniches, etc.

MAÇONNERIE (Chambre de la). V. CHAMBRE.

MAÇONNERIE (FRANC-). V. FRANCS-MAÇONS, dans notre *Dictionnaire de Biographie et d'Histoire*.

MAÇONS, ancienne corporation, qui se réunit en 1476 à celle des charpentiers, sous l'invocation de St Blaise. L'apprentissage durait 6 ans.

MACROCOSME. V. Microcosme.

MACUTAS, monnaie d'argent des possessions portugaises d'Afrique. Dix valent 2 fr. 85 c.

MADAME. V. ce mot dans notre *Dictionnaire de Biographie et d'Histoire*.

MADÉCASSE ou **MALGACHE** (Langue), langue des habitants de Madagascar, nommée par quelques auteurs *malécasse* ou *malacassa*. Malgré l'opinion contraire de Balbi, on s'accorde généralement à penser que cette langue est parlée dans l'île entière, bien que la population appartienne à deux races distinctes, l'une africaine, l'autre malaise, et que des montagnes inaccessibles et des forêts impénétrables les séparent presque complétement. Entre les diverses parties du littoral, entre le littoral et l'intérieur, il n'existe, pour le langage, que des différences d'accentuation et quelques permutations de consonnes ; les habitants de toutes les régions de Madagascar se comprennent parfaitement. Le madécasse, que Balbi appelle *malais africain*, offre des rapports incontestables de signification et de prononciation avec le malais de l'Océanie. Il y a de part et d'autre un grand nombre de racines identiques, et même de mots semblables, sauf certains changements de consonnes, comme ceux du *b* malais en *v*, du *p* en *f*, du *k* en *h*, du *d* en *r*, etc. : tels sont les noms des objets naturels les plus marquants, les noms de nombre, les noms des jours de la semaine. Guillaume de Humboldt a signalé dans le madécasse un certain nombre de mots sanscrits, et Dumont-d'Urville beaucoup de mots de la langue polynésienne ; on y trouve aussi quelques racines sémitiques, dont l'introduction, due à des rapports avec les Arabes, est relativement récente ; enfin Malte-Brun a reconnu plusieurs mots se rapprochant des idiomes cafres, notamment du betjouana. L'idiome madécasse est remarquable sous le double rapport de l'harmonie et de la richesse : il offre une grande abondance de voyelles sonores, de mots composés et d'expressions qui rendent toutes les nuances de la pensée. Il n'y a dans les noms ni nombres, ni genres, ni cas ; ce sont des particules qui remplissent le rôle des flexions de la déclinaison. Le nombre des adjectifs qualificatifs est très-restreint ; et cela se comprend dans une langue où la nomenclature est infiniment variée, où l'on a, par exemple, pour exprimer les cornes d'un bœuf, des mots qui diffèrent selon la forme, le volume, la direction, etc., de cette partie de l'animal. Les dix premiers noms de nombre, les nombres 100 et 1,000, sont seuls exprimés par des mots simples ; pour 11, on dit *dix un*, pour 20, *deux dix*, etc. Toute la conjugaison se fait au moyen de particules préfixes ; c'est par elles que l'on distingue les temps, les modes, les voix, et que l'on peut former, avec le verbe simple, des verbes passifs, réfléchis, réciproques, potentiels, causatifs, etc. Les Madécasses se servent de l'alphabet arabe assez profondément altéré. Ils possèdent une certaine littérature, composée surtout de chansons, de proverbes, de légendes, de traités sur l'astrologie et la médecine. Un recueil de leurs chansons fut publié à Paris par M. de Porny en 1787. V. Houtman, *Dictionnaire malais et madécasse*, Amst., 1603 ; Megiser, *Description de l'île de Madagascar*, en allem., Altenbourg, 1609, in-4° ; Arthusius, *Colloquia latino-maleyica et madagascarica*, Francfort, 1613, in-4° ; De Flacourt, *Relation de l'île de Madagascar*, et *Dictionnaire de la langue de Madagascar*, Paris, 1658 ; Drury, *Madagascar*, Londres, 1729, in-8° ; Challand, *Vocabulaire français-malgache et malgache-français*, 1773, in-8° ; Rochon, *Voyage à Madagascar*, 1791-1802, 3 vol. ; Lesson, *Annales maritimes*, année 1827 ; Jacquet, *Vocabulaire arabe-malacassa*, dans le *Journal asiatique*, 2e série, t. XI ; Freeman et Johns, *Dictionnaire anglais-malgache et malgache-anglais* ; W. Ellis, *Histoire de Madagascar*, en anglais, Londres, 1838, in-8° ; Dumont-d'Urville, *Voyage de l'Astrolabe*, Paris, 1830, in-8° ; Eug. de Froberville, *Aperçu sur la langue malgache*, dans le *Bulletin de la Société de géographie*, XIe vol., 2e série, 1839.

MADELEINE (Église de la), à Paris. V. notre *Dictionnaire de Biographie et d'Histoire*.

MADELINIERS. V. Madre.

MADEMOISELLE. V. ce mot dans notre *Dictionnaire de Biographie et d'Histoire*.

MADERIN. V. Madre.

MADONE (de l'italien *Madonna*, contraction de *mia donna*, ma dame), nom que les Italiens donnent à la Ste Vierge, et que nous avons traduit par *Notre-Dame*.

MADRAGUE, nom des parcs établis dans la Méditerranée pour la pêche du thon. Un arrêté du 9 thermidor an IX (28 juillet 1801) a réglementé la pêche à la madrague.

MADRE, vase à boire au moyen âge. On l'appelait aussi *madelin*, *maderin*, *mazelin*. Selon les uns, le *madre* serait un bois d'érable, et, selon les autres, une sorte d'agate. Les fabricants de madres étaient dits *madeliniers* ou *mazeliniers*.

MADRID (Palais royal de), en Espagne. Situé dans la partie la plus occidentale de la ville, il occupe l'emplacement où s'élevèrent successivement une Alcazar ou forteresse du moyen âge et un château construit sous Charles-Quint et Philippe II. Philippe V avait demandé des plans à Juvara ; mais les conceptions de cet architecte furent jugées trop grandioses et d'une exécution trop coûteuse : on adopta les plans de son élève J.-B. Sachetti, de Turin. On se mit à l'œuvre en 1737, et le palais, dont la dépense s'éleva, dit-on, à 80 millions, fut inauguré sous Charles III, en 1764. L'édifice forme un carré de 132 mèt. de côté, dont les angles sont flanqués de corps saillants qui forment pavillon et rompent la ligne horizontale. Les quatre façades, à peu près semblables dans leur architecture, diffèrent par l'élévation : celles du S. et de l'E. ont environ 30 mèt. de hauteur, et les deux autres presque le double, par suite de la déclivité du sol. Le rez-de-chaussée, en pierres à bossages, est simple et sévère, tandis que le corps qu'il supporte est léger et gracieux. Les parties en retrait sont ornées de pilastres à chapiteaux, doriques ; celles qui font saillie, de colonnes ioniques. Les espaces compris entre les colonnes ou les pilastres sont percés, au rez-de-chaussée, de fenêtres surmontées d'auvents ; au premier étage, toutes les ouvertures sont ornées de riches balcons et de frontons alternativement triangulaires ou circulaires, tandis que celles des deux étages supérieurs sont oblongues et sans ornement. Une large corniche cache la toiture de plomb, et supporte une balustrade en pierre, ornée jadis des statues d'une multitude de rois et de princes, garnie seulement aujourd'hui de grandes urnes. La corniche, les colonnes, les pilastres, les jambages et les frontons des fenêtres, en un mot, tout ce qui est en relief et sculpté est en pierre blanche ; tout le reste des constructions est en granit rougeâtre. Les portes et les fenêtres sont pour la plupart en acajou. Les trois portes de la façade principale, au S., conduisent à un vestibule circulaire, d'où l'on passe, par un large portique où se trouve l'escalier, dans la cour intérieure. Cette cour est carrée, et entourée d'un portique que surmontent deux galeries, l'une vitrée, au 1er étage, l'autre découverte et garnie d'une balustrade de pierre : sous les arceaux sont les statues assez médiocrement exécutées des empereurs romains nés en Espagne. L'escalier, tout en marbre noir et blanc, est magnifique : à partir d'un palier orné de deux lions de marbre blanc, il se divise en deux branches parallèles qui conduisent à la Salle des Gardes. La cage de cet escalier est décorée de 12 colonnes d'ordre composite, dont les chapiteaux sont formés de châteaux, de lions et de colliers de la Toison d'or. Sur la voûte, Conrad Giacinto a peint à fresque la Monarchie espagnole rendant hommage à la religion. Tout l'intérieur du palais de Madrid est décoré avec une magnificence extraordinaire : on doit mentionner surtout la Salle des Ambassadeurs et la chapelle ; mais partout la matière l'emporte de beaucoup sur l'art, et les distributions ont été faites avec un goût équivoque. Les tableaux précieux qui se trouvaient dans les divers appartements ont été transportés au Musée public ; il n'y a plus de véritablement admirable qu'une collection de tapisseries flamandes. Un grand bâtiment renferme de somptueuses voitures de gala, qui servent au cortège royal dans les cérémonies extraordinaires. En définitive, le palais de Madrid est, à l'extérieur, d'un aspect imposant ; c'est une énorme masse qui ne manque pas de majesté, mais sans jardins, sans eaux ; une forteresse où plane la tristesse.

MADRID (Château de), château de plaisance, situé vers l'angle N.-O. et joignant le Bois de Boulogne, près Paris. Il fut bâti par un architecte inconnu (on a supposé gratuitement que c'était le Primatice), sur l'ordre de François Ier, qui venait y passer librement quelques-unes de ses journées, loin de sa cour et au milieu d'un groupe intime de savants et d'artistes. On le nommait *Château de Boulogne* ; les seigneurs, qui en étaient exclus, l'appelèrent *Madrid*, par allusion épigrammatique à l'impossibilité où s'était trouvé le roi de franchir les limites de sa prison en Espagne. Le château de Madrid, qui fut vendu pendant la Révolution à un entrepreneur, moyennant 648,205 livres en assignats, et détruit en grande partie, s'élevait au centre d'un plateau rectangulaire, sur un soubassement contenant des offices et des cuisines voûtées. C'était un bâtiment entouré de fossés, plus long que large, et à 4 étages, dont les deux premiers avec portiques en arcades ornés de colonnes engagées. L'entrée principale était au N.; la façade postérieure au S. Quatre petits pavillons saillants divisaient chacune des façades en trois parties; sur chacun des pignons on avait pratiqué des escaliers en vis, dans une tourelle ronde et saillante. Ce qui faisait du château de Madrid un type unique parmi les constructions françaises de la Renaissance, c'était le système de décoration en terre cuite et émaillée qu'on avait adopté pour les façades, et même pour les tuyaux extérieurs des cheminées. Cette ornementation était l'œuvre de Girolamo della Robbia, que François Ier avait mandé de Florence, et le peuple donnait au château de Madrid le nom de *château de faïence*. La décoration intérieure offrait, comme dans les autres monuments de la même époque, un mélange capricieux de mythologie et de sujets sacrés : ainsi on avait représenté dans la salle principale plusieurs scènes de la *Bible* et des *Métamorphoses* d'Ovide. Les restes du château de Madrid furent démolis sous le règne de Louis XVIII.

MADRID (LE BUEN RETIRO, à). *V.* BUEN RETIRO.

MADRIERS (de l'espagnol *madeira*, bois, planche), pièces de bois de 8 à 16 centimèt. d'épaisseur sur 27 à 43 centimèt. de largeur, dont on se sert pour faire des pilotis, asseoir les fondations des murs dans des terrains inconsistants, soutenir les terres dans les tranchées, les fouilles et les mines, et former les plates-formes des batteries d'artillerie.

MADRIGAL, petite pièce de poésie, ingénieuse et galante, qui consiste seulement en quelques pensées tendres exprimées avec délicatesse et précision.

On ne sait d'où vraiment est venu ce genre de poésie, et l'étymologie du mot est même incertaine; d'après le cardinal Bembo, il dériverait de *mandra*, bergerie, d'où les Italiens auraient tiré *mandriale*, berger; *madriale* ou *madrigale* signifierait alors chant à l'usage des bergers, poésie pastorale. Selon Ferrari, le mot serait d'origine espagnole, et viendrait de *madrugar*, se lever matin : *madrigal* voudrait dire chant du matin, comme *sérénade*, chant du soir. Huet pense que le madrigal pourrait bien nous venir des *Martegaux*, montagnards provençaux, auxquels on attribue une espèce de poésie appelée de leur nom. *martegal*, comme la danse appelée *gavotte* nous est venue des *Gavots*, montagnards du pays de Gap. Selon Ménage enfin, il ne serait pas impossible que le madrigal vînt d'une ville d'Espagne ainsi nommée, comme notre *Vaudeville* a pris le sien du *Val de Vire*, qui fut son berceau. Le madrigal n'est soumis à aucune règle particulière, quant au rhythme et à l'ordonnance; ce qui le distingue, c'est le naturel et la facilité; et le talent consiste à rendre une seule idée le mieux et le plus brièvement possible. Marot en offre de nombreux modèles, très-connus; en voici un qui l'est moins, adressé à une jeune femme :

Ce ruisseau sous tes pas cache au sein de la terre
Son cours silencieux et ses flots oubliés :
Que ma vie inconnue, obscure et solitaire
Ainsi passe à tes pieds !
Aux portes du couchant le ciel se décolore,
Le jour n'éclaire plus notre aimable entretien ;
Mais est-il un sourire aux lèvres de l'Aurore
Plus charmant que le tien?

CHATEAUBRIAND.

Du reste, notre littérature excelle dans ce genre, et, parmi les poëtes qui s'y sont le plus distingués, tels que Mellin de Saint-Gelais, le marquis de la Sablière, Fontenelle, La Monnoye, Dorat, Boufflers, etc., Voltaire est sans contredit celui qui tient le premier rang. Il faut éviter que le madrigal ne tourne à la fadeur et à l'affèterie : c'est le défaut qu'on reproche à Demoustier dans ses *Lettres à Émilie sur la mythologie*. Dorat et son école voulurent imposer au XVIIIe siècle leurs madrigaux prétentieux et musqués ; mais le goût public en fit promptement justice. G.

MADRIGAL, composition musicale fort à la mode en Italie aux XVIe et XVIIe siècles, et ainsi nommée parce qu'elle était faite sur un madrigal poétique. Les madrigaux, où les compositeurs s'appliquaient à rattacher l'expression de la musique au sens des paroles, étaient écrits le plus souvent à 4, 5 ou 6 voix, dans un style fugué assez sévère, dit style *madrigalesque*, et étaient exécutés dans les réunions d'amateurs. On en a réclamé l'invention pour Arcadelt, qui en publia un recueil en 1512 ; mais ils étaient connus antérieurement. Les musiciens qui ont le mieux réussi dans ce genre de composition sont Luca Marenzio, Palestrina, Pomponio Nenna, Monteverde, Gesualdo, prince de Venouse, Tommaso Pecci, Mazzochi, et Scarlatti. Le madrigal se rapproche de la musique de chambre par la cantate (*V. ce mot*) ; ou bien, comme Lotti, Marcello, Durante, Steffani, on fit des madrigaux accompagnés, qui comportent plus de liberté, mais qui exigent plus d'expression. On a appelé *madrigaux spirituels* ceux qui étaient composés sur des paroles pieuses : les *Psaumes* de Marcello sont de ce genre. B.

MÆNIA (Colonne). *V.* COLONNES MONUMENTALES, dans notre *Dictionnaire de Biographie et d'Histoire.*

MÆNIANUM, nom que les anciens Romains donnaient, 1° à une sorte de balcon ou de portique faisant saillie d'une maison sur la rue; 2° à une portion de gradins d'amphithéâtre comprise entre deux précinctions.

MAESTRO, c.-à-d. en italien *maître*, nom que l'on donne aux compositeurs de musique.

MAFRA (Palais de), immense édifice situé à 26 kilom. N.-O. de Lisbonne, et qui est à la fois église, palais et couvent. Un Allemand, Jean-Frédéric Ludovici, en fut l'architecte, sous le règne de Jean V ; on y employa, pendant 13 ans, de 1717 à 1730, de vingt à vingt-cinq mille ouvriers. Le monument forme un carré régulier, de 245 mèt. sur chaque face. La façade principale, qui est à l'O., est divisée en trois corps distincts de bâtiments : la partie centrale, ou l'église ; la partie méridionale, résidence de la reine, et la partie septentrionale, résidence du roi. Du pavé à la plate-bande des terrasses, l'élévation est de 30 mèt. Les gros pavillons carrés qui sont aux angles de la façade ont près de 30 mèt. de côté, et dépassent de 25 mèt. le bord des terrasses ; leur soubassement en talus plonge dans un fossé profond. Les deux palais ont trois rangs de fenêtres, distingués par des architraves d'un ordre différent. Dans le palais du roi, on remarque : la salle du baiscmain, décorée de belles fresques; la salle à manger, meublée de dressoirs des XIVe, XVe et XVIe siècles, provenant de couvents supprimés; un salon garni de tableaux de peintres portugais modernes; la chapelle privée, ornée avec une extrême richesse. Les appartements de la reine sont de tous points magnifiques, soit comme ameublement, soit comme ornementation. L'entrée de l'église est un portique d'ordre ionique à fronton, flanqué de deux tours qui s'élèvent à 68 mèt.; les cloches que renferment ces tours, y compris celles du carillon, fabriquées à Liége, sont au nombre de 115. Le dôme qui se dresse au milieu de l'église est une imitation heureuse de celui de St-Pierre de Rome; l'énorme pierre qui en ferme la voûte au centre est percée de 8 lucarnes, et supporte une croix de bronze pesant, avec l'appareil qui la consolide, 5,000 kilogr. L'intérieur de l'église est d'un luxe effréné ; il y a une profusion incroyable de colonnes, de niches, de statues, de bas-relifs, de mosaïques et de dorures. La sacristie, tapissée de marbres précieux, contient des ornements sacerdotaux d'une magnificence sans égale. Quant aux bâtiments du couvent, on y compte 870 pièces, 300 cellules, 5,200 portes et fenêtres. En 1808, un corps de 12,000 Français put y loger à l'aise, et aujourd'hui l'École militaire de Portugal y est installée. Il faut y signaler : la chapelle particulière des moines, très-richement décorée ; une autre église, dite des Morts; l'infirmerie, longue salle voûtée, dont le fond est occupé par un autel, et où chaque cellule présente deux tableaux en faïence qui représentent le Christ et la Vierge; la bibliothèque, salle d'une beauté rare, dallée en marbre, couverte d'une voûte à compartiments et d'une coupole, avec galeries de bois sculpté et tribunes soutenues par des consoles d'une admirable exécution.

MAGADE, instrument de musique à cordes des Anciens, inventé, dit Athénée, par les Lydiens. C'était une sorte de harpe. Euphorion, dans son livre *Sur les jeux Isthmiques*, nous apprend que, par la suite, elle changea de forme et prit le nom de *sambuque* (*V. ce mot*).

MAGADHA (Alphabet), le plus ancien système d'écriture qu'on ait trouvé jusqu'à présent dans l'Inde. Tel que le présentent les inscriptions qui se rencontrent dans le Bihar, il a 36 lettres. Il est employé pour le *magadhi*, qui est un des dialectes du *pracrit* (*V. ce mot*).

MAGAS. *V.* CITHARE et LYRE.

MAGASIN (de l'arabe *makhsen*, trésor), local dans lequel on renferme des marchandises. Dans un sens plus restreint, *magasin* a remplacé le mot *boutique*, qui est jugé moins élégant, et dont s'offenserait aujourd'hui l'amour-propre des marchands.

MAGASIN, mot qui s'est introduit au siècle dernier dans la littérature, pour désigner divers recueils, et qui fut importé d'Angleterre. Toutes les sciences, tous les arts furent mis en *magasins*, et beaucoup de ces *magasins* sont vides ou assez mal remplis. Mme Leprince de Beaumont seule a laissé une collection estimable, le *Magasin des Enfants*. Un recueil sérieux et estimé parut au commencement de notre siècle sous le nom de *Magasin Encyclopédique*; nous avons eu, en 1859-60, sous le nom de *Magasin de librairie*, une publication périodique, qui s'est depuis transformée en *Revue nationale*. L'ouvrage le plus utile pour les connaissances pratiques qu'il répand est le *Magasin pittoresque*, dont le début remonte à 1833.   B.

MAGASINAGE, ce que les marchands, négociants et commissionnaires passent en compte à leurs correspondants, pour l'occupation momentanée par des marchandises qui leur appartenaient. — Les propriétaires des marchandises qui ont été déposées dans les magasins des Douanes payent un *droit de magasinage* de 1 p. 100 de la valeur. Le droit n'est que de 1/2 p. 100 sur les objets déchargés par suite d'une relâche forcée et rechargés faute de vente. Le droit de 1 p. 100 est dû, après 3 mois d'entrepôt, sur les marchandises provenant de confiscation.

MAGASINS GÉNÉRAUX, créés par décret du 21 mars 1848, afin de pourvoir aux nécessités d'une crise commerciale, et de procurer d'urgence au commerce les ressources de crédit dont il avait besoin. Aux termes de la loi du 28 mai 1858, ils peuvent recevoir les matières premières, les marchandises et les objets fabriqués que les négociants et les industriels veulent y déposer. A chaque récépissé est annexé un *warrant* ou bulletin de gage; l'un et l'autre peuvent être transférés par voie d'endossement (*V.* WARRANT). La même loi autorise la vente volontaire, aux enchères et en gros, de certains produits par le ministère des courtiers, sans l'intervention du Tribunal de commerce.

MAGDEBOURG (Cathédrale de). C'est un monument du passage de la période byzantine à la période ogivale. L'église fondée par Othon le Grand ayant péri en 1208, on édifia l'église actuelle, qui ne fut consacrée qu'en 1363. Elle a 116^m,06 de longueur; le toit de la nef atteint une hauteur de 37 mèt.; la tour du nord, achevée en 1530, s'élève à 110 mèt. au-dessus du sol. On trouve trois âges successifs de construction dans les arcades du chœur, dans celles de la nef, et dans les fenêtres de l'étage supérieur. Les arcades du chœur ont des ogives très-aiguës; celles de la nef, destinées à être cintrées, et réduites après coup en ogives, présentent des écartements excessifs; les fenêtres seules sont construites d'après les règles de l'architecture ogivale, qui semblent n'avoir pénétré qu'assez tard dans la Saxe. Le chœur mérite une attention toute particulière: il présente quatre étages superposés; les ogives aiguës, qui forment le plus bas, se perdent dans un second étage, dont les compartiments sont séparés par quatre colonnes corinthiennes en granit gris, en porphyre rouge, en vert antique, et en porphyre rose, supportées par des consoles que forment des faisceaux de colonnettes, et encadrant de petites tribunes carrées; le 3e étage se compose de grandes tribunes, entre lesquelles apparaissent des statues byzantines; le 4e est rempli par de larges fenêtres. Dans le pourtour du chœur sont pratiquées des chapelles qui, rondes à leur base, deviennent polygonales en s'élevant. Le jubé, construit au commencement du xvie siècle, offre les formes les plus complexes du style flamboyant. La chaire, de style Renaissance, a été sculptée par Sébastien Ertler. On remarque, à l'extrémité occidentale de l'édifice, un beau tombeau en bronze, de Peter Vischer.

MAGDEBOURG (Centuries de). *V.* CENTURIES, dans notre *Dictionnaire de Biographie et d'Histoire.*

MAGHOL. *V.* le *Supplément.*

MAGISME ou MAZDEISME, religion de Zoroastre. *V.* ZEND-AVESTA.

MAGISTER, mot latin qui veut dire *maître*, et dont on faisait, dans les anciennes Universités, un titre pour les docteurs en théologie. Il ne s'emploie plus que par ironie, en parlant d'un maître d'école de village.

MAGISTRAT, nom qui convient, en un sens général, à tout officier ou fonctionnaire exerçant quelque portion de la puissance publique, dans l'ordre administratif ou dans l'ordre judiciaire. Dans le langage ordinaire, il a un sens restreint, et s'applique seulement aux membres de l'ordre judiciaire. Ceux-ci, sauf les juges de paix et les officiers du ministère public, sont inamovibles: toutefois, un décret du 1er mars 1852 a fixé l'âge où ils sont mis de plein droit à la retraite (75 ans pour les membres de la Cour de cassation, 70 ans pour ceux des Cours impériales et des tribunaux de 1re instance).

MAGISTRATURE, se dit tantôt de l'ordre des magistrats, tantôt de la dignité et des fonctions du magistrat. Dans l'organisation judiciaire, on distingue la *magistrature assise*, composée des conseillers et juges, et la *magistrature debout*, qui forme le *Parquet* (*V. ce mot*).

MAGNANERIE (du languedocien *magnan*, mangeur, qualification par laquelle on désigne le ver à soie), bâtiment où l'on élève des vers à soie. Il doit être sur un plateau bien aéré, avec fenêtres au levant et au couchant. Il se compose d'un rez-de-chaussée et d'un premier étage. Cet étage, où sont les vers à soie, se nomme l'*atelier*: une étendue de 14 mèt. de long sur 5 de large suffit à 400,000 vers. On pose ces animaux sur des claies espacées à distances égales; il faut une hauteur de 4 mèt. pour établir 7 étages de claies. Au milieu de l'atelier est ménagée une petite chambre carrée, qui communique avec le rez-de-chaussée au moyen d'une trappe; c'est par là qu'on monte les feuilles de mûrier destinées à la nourriture des vers, et qu'on descend celles qui leur ont servi de litière. Au rez-de-chaussée se trouve une *chambre à air*, contenant un calorifère et des caisses en cuivre ou en zinc où l'on met de l'eau bouillante ou de la glace, selon que l'on veut donner de l'humidité à l'air de l'atelier ou le refroidir: cette chambre communique avec le premier étage par des tuyaux et par une cheminée commune, au haut de laquelle est un ventilateur qui renouvelle l'air de l'atelier. Le thermomètre de l'atelier doit marquer 26° Réaumur pendant les cinq premiers jours de l'éducation des vers à soie, et 20° pendant les 19 autres jours; l'hygromètre destiné à régler l'emploi du ventilateur doit toujours marquer de 70° à 85°. Au rez-de-chaussée est une étuve où l'on fait éclore les œufs.

MAGNÉTISME ANIMAL. On donne ce nom à un ensemble de phénomènes produits dans le système nerveux, et, par suite, dans la sensibilité, l'intelligence, l'activité, l'action musculaire et même toutes les fonctions de l'économie animale d'un individu, par les gestes, la volonté exprimée ou secrète d'un autre individu. On a cru pouvoir attribuer les effets du magnétisme animal à un fluide particulier, transmis d'un corps à un autre, sous certaines conditions. L'existence de ce fluide n'est pas démontrée; cependant, certains effets qui lui sont attribués sont tant d'analogie avec d'autres dont les causes sont bien connues, tels que ceux qui résultent du système nerveux, de la transmission de certaines maladies, et même, à quelques égards, de la force vitale, de l'électricité galvanique, etc., qu'on est porté à croire à l'existence de ce fluide. D'autres ont attribué les effets du magnétisme animal à la crédulité, à l'imagination, à l'empire que prennent de prétendus magnétiseurs sur des esprits faibles; à la le charlatanisme et le décri souvent mérité du magnétisme animal.

On trouve quelque idée de ce magnétisme dans le xvie siècle, chez le médecin Paracelse, chez J. Roberti, et naturellement chez les illuminés Van Helmont, Robert Flud, chez le jésuite Kircher et d'autres encore; mais ce fut le médecin Mesmer qui vint en France attirer sur cet agent une attention toute particulière, en 1778. Tous les êtres, selon Mesmer, sont plongés dans un océan de fluide au moyen duquel ils agissent les uns sur les autres. L'homme peut concentrer ce fluide et le diriger sur ses semblables; c'est un moyen de guérir immédiatement les maux de nerfs et médiatement les autres maux. Par analogie avec les attractions de l'aimant ou du magnétisme minéral, Mesmer qualifia cette influence de *magnétisme animal*. L'Académie de médecine voulut s'opposer à l'emploi d'un moyen d'une efficacité si douteuse, et une commission fut nommée, composée de médecins et de membres de l'Académie des sciences; le rapport, rédigé par Bailly, fut contraire au magnétisme. Seul, M. de Jussieu déclara, dans un écrit particulier, qu'il regardait comme réels les effets du magnétisme, et qu'il pouvait être utilement employé comme moyen de guérison. En faisant largement la part du charlatanisme, on ne peut nier certains effets dont la cause est jusqu'à présent restée inexpliquée, et, si le magnétisme animal est encore un mystère, il ne s'ensuit pas qu'il faille le uler absolument. **On** a cherché à expliquer par le magnétisme animal certains phénomènes frappants de l'antiquité et des temps modernes, comme le *démon* de Socrate, la divination, la sibylle, la pythie, les prophètes et les voyants, les augurs dans les antres de Trophonius et d'Esculape, les convulsionnaires des Cévennes et de S¹-Médard ; cette explication n'est pas de nature à lever tous les doutes. Deux des disciples de Mesmer, les frères Puy-Ségur, établirent à son exemple un *baquet magnétique ;* mais, au lieu d'exciter des crises nerveuses, ce qui arrivait fréquemment avec Mesmer, ils déterminaient un sommeil durant lequel le magnétisé a la vue intérieure de son corps et de celui de la personne avec laquelle il est en rapport ; quelquefois même cette vue dépasse la portée des sens. C'est par cette porte, qui tient de près au mysticisme, que le magnétisme animal est entré dans le domaine du charlatanisme. De nos jours, il semble reprendre quelque crédit sous le nom d'*hypnotisme,* ou sommeil nerveux, d'après des expériences faites à l'hôpital Necker par MM. Azaur et Broca, expériences qui furent l'objet d'un rapport du docteur Velpeau à l'Académie des sciences.

On a écrit de nombreux volumes sur le magnétisme animal dans presque toutes les langues de l'Europe. *V.* entre autres : les *Mémoires et propositions* de Mesmer, les écrits du marquis Puy-Ségur, les *Annales du magnétisme,* la *Bibliothèque du magnétisme,* l'*Hermès,* les *Annales* de la Société de Strasbourg et de Metz ; le *Dictionnaire de médecine* de Nysten, revu par MM. Littré et Ch. Robin ; *Du magnétisme animal, suivi de Considérations sur l'extase,* par le docteur Bertrand ; *Observations particulières de vision magnétique,* rapport à l'Académie de médecine par le docteur Gerdy, dans sa *Physiologie philosophique des sensations et de l'intelligence.* R.

MAGNIFICAT, cantique de la Sᵗᵉ Vierge, qui nous a été conservé dans l'Évangile de Sᵗ Luc, et que l'on chante aux vêpres. Marie, étant allée visiter sa cousine Élisabeth quelque temps après la Conception, répondit à ses félicitations par le cantique *Magnificat anima mea Dominum* (Mon âme glorifie le Seigneur), dans lequel elle remerciait Dieu de l'avoir choisie pour être la mère du Sauveur.

MAGOT, nom donné à des figures grotesques en porcelaine ou en talc, qui nous viennent de la Chine.

MAGREBIN (Dialecte), nom qu'on donne à l'arabe des États barbaresques, mélangé de mots berbères et européens.

MAGUELONNE (Église de). Cette église, autrefois cathédrale, est en ruine. Elle fut bâtie de 1048 à 1178, en forme de croix latine. La façade occidentale, terminée en fronton, présente une fenêtre romane à colonnettes, dont l'archivolte est formée de pierres noires et blanches, et une porte ogivale, dont le linteau est orné de rinceaux élégants. Les pieds-droits de la porte sont flanqués de deux bas-reliefs grossiers, représentant Sᵗ Pierre et Sᵗ Paul ; la sculpture du tympan représente le Christ sur un trône, entouré des attributs des Évangélistes. Du côté septentrional, une tour dite du Sᵗ Sépulcre s'élève encore au-dessus du comble de l'édifice. Le toit, auquel on arrive par un escalier appuyé contre le mur de la nef, est couvert en larges dalles. L'intérieur de l'église ne présente qu'une nef, avec deux chapelles dans les transepts, et une troisième pratiquée dans le mur méridional et sous une tour ruinée. Les voûtes, d'une forme ogivale peu prononcée, sont soutenues par des arcs-doubleaux qui reposent sur de hautes colonnes engagées. Une large tribune, destinée autrefois aux chanoines, occupe la plus grande partie de la nef. Le chœur, terminé par une voûte en abside, est orné de trois fenêtres romanes. On remarque enfin dans cette église quatre autels quadrangulaires à table de marbre, un sarcophage qu'on croit être du vᵉ ou du vⁱᵉ siècle, et deux tombeaux ogivaux du xⁱvᵉ et du xvᵉ.

MAGYARE (Langue). *V.* Hongroise.

MAHABHARATA, c.-à-d. *le Grand bardit* (ce mot moderne traduit assez exactement le mot sanscrit, et le nom de *bhârata* était donné, dès les temps les plus anciens de l'Inde, aux poëtes qui composaient des vers et des récits héroïques, aux *bardes),* poëme épique des Indiens, qui n'est connu dans son entier en Europe que depuis 1839, par l'édition qui en fut alors publiée à Calcutta (4 vol. in 4º) ; on en connaissait plus tôt le sommaire, et plusieurs fragments avaient été imprimés avec leur traduction soit en latin, soit dans quelqu'une des langues modernes, par exemple, la *Bhâguat Geeta* (*Bhagavad-Gîtâ*) de Wilkins (1785), le *Nalus* (*Nala*) de Bopp (1819), et le *Déluge* avec divers épisodes (1829). Ce poëme, dans sa totalité, ne renferme pas moins de 250,000 vers, généralement partagés en distiques ou *çlôkas* de 32 syllabes chacun : ces 32 syllabes forment deux vers de 16, partagés eux-mêmes en deux hémistiches de 8. C'est là le vers épique de la poésie sanscrite ou classique des Indiens. Mais parfois aussi, quand le mouvement de la pensée l'exige, le vers s'allonge ou se raccourcit, et prend une allure plus ou moins lyrique ; c'est ce que l'on remarque surtout dans les parties du poëme que l'on considère comme relativement modernes. Tout l'ensemble de l'épopée se partage en 18 chants ou *Parvas,* et renferme comme complément le poëme appelé *Harivansa* (*V. ce mot*). Si l'on retranche les additions évidentes et que l'on s'en tienne à l'édition imprimée, le *Mahâbhârata* renferme encore 214,778 vers ; mais comme elle contient le *Harivansa,* dont l'étendue est de 32,748 vers, le grand poëme se trouve réduit à 182,030 vers, proportion qui doit être elle-même considérablement amoindrie par la critique.

Le sujet fondamental du poëme est la guerre des Courous et des Pàndous en Pantchâlas au sujet de la suprématie royale de l'Inde. Les adversaires sont les fils de deux frères, *Pàndou* et *Dhritarâshtra,* descendants du dieu de la Lune. Dhritarâshtra avait cent fils, dont l'aîné, *Duryôdhana,* était le plus animé contre ses cousins ; ceux-ci étaient au nombre de cinq, dont les trois aînés avaient pour mère *Prithâ* ou *Kuntî,* et étaient des incarnations divines, *Yudhisthira* de Dharma ou la Justice, *Bhîmâ* de Vâyu ou le Vent, *Arjuna* d'Indra, dieu du Ciel ; les deux derniers, *Nakula* et *Sahadéva,* étaient les incarnations des deux cavaliers célestes nommés *Açwins,* qui sont les Dioscures du panthéon brâhmanique, et avaient pour mère Mâdrî, fille du roi de Madra. Dhritarâshtra régnait à Hastinâpura (Delhi) ; quoique son frère Pâandou (le pâle) fût l'aîné, la couleur de son visage l'avait fait exclure du trône ; il s'était retiré dans l'Himâlaya, et il y était mort. Demeurés seuls, ses enfants furent amenés auprès de leur oncle, qui les éleva comme ses fils.

Le 1ᵉʳ chant raconte l'origine, la naissance, l'éducation et les premières aventures des fils de Pàndou, l'inimitié naissante de leurs cousins, et les complots de ceux-ci contre la vie des cinq frères ; l'incendie du palais où ils demeuraient avec leur mère ; leur fuite, et le bruit répandu qu'ils avaient péri ; leur vie au désert ; leur retour à l'occasion du mariage de Draupadî, qui devint leur épouse. — Au 2ᵉ chant, Dhritarâshtra partage la souveraineté entre ses fils et ses neveux qui représentaient les droits légitimes de la branche aînée. Yudhisthira et ses frères sont établis à Indraprastha, et gouvernent la vallée de la Yamunâ (Jumna) ; Duryôdhana, avec ses frères, règne à Hastinâpura sur le Gange. D'après les usages de l'Inde antique, la suprématie devait appartenir au plus âgé de tous ces princes, qui était Yudhisthira. Le sacrifice solennel où les autres princes doivent lui rendre hommage et reconnaître sa suzeraineté, est une puissante cause d'envie et de haine pour ses cousins. — Pendant les fêtes du *Râjasùya,* les cousins jaloux entraînent Yudhishthira dans une partie de dés, où il perd contre Duryôdhana son palais, sa fortune, son royaume, sa femme, ses frères, et lui-même ; ainsi dépouillé, il est réintégré par son vieil oncle ; mais, tenté de nouveau, il convient que, s'il perd, il passera douze ans au désert avec ses frères, qu'il demeurera inconnu la 13ᵉ année, et que, s'il reparaît, il recommencera son exil. Battu, il part pour la forêt avec sa femme et ses frères. La vie qu'ils y mènent forme l'objet de l'épisode de *Nala,* le sujet du 3ᵉ chant. — Au 4ᵉ, les cinq frères ont fini leur exil, et entrent, inconnus, au service du roi Virâta, qui, à la fin de la 13ᵉ année, les reconnaît, et leur promet son alliance. Préparatifs de la guerre ; énumération des chefs qui se rangent à l'un ou à l'autre parti ; alternative proposée par Krishna, en qui est incarné Vishnu, à Duryôdhana de choisir entre sa seule alliance ou une grande armée ; imprudence de Duryòdhana, qui prend ce dernier parti ; départ de Krishna, qui devient l'allié des fils de Pàndou et l'écuyer d'Arjuna. — Les armées des Courous sont commandées tour à tour par Bhîshma, grand-oncle de Duryòdhana, par Drôna, son précepteur, par Karna, roi des Angas, par Salya, roi de Madra ; les exploits guerriers de chacun de ces chefs font la matière d'autant de chants, dans lesquels les dieux jouent un rôle important. Chacun des chefs ayant été tué, Duryòdhana lui-même est tué par Bhîma dans un combat singulier. — Le 10ᵉ chant renferme le récit d'une attaque nocturne dirigée par les chefs qui survivent contre le camp des fils de Pàndou ; cette attaque est repoussée, grâce à l'intervention de Krishna. — Les lamentations des femmes qui viennent sur le champ de bataille retrouver les cadavres des leurs, le désespoir du vieux Dhritaràshtra, les regrets de Yudhisthira lui-même, forment la matière du 11ᵉ chant. Le 12ᵉ est une exposition bràhmanique des devoirs de la royauté, des avantages de la générosité, et des moyens de parvenir à la délivrance finale. Le 13ᵉ traite des devoirs de société exposés à Yudhishthira par Bhîshma mourant. Le 14ᵉ donne la description de l'antique sacrifice du cheval, célébré par le vainqueur, en témoignage de sa suzeraineté. Le 15ᵉ raconte la retraite de Dhritaràshtra au désert, où il obtient la délivrance finale ; le 16ᵉ, la destruction de la race des Yàdavas, dont Krishna lui-même faisait partie, et la submersion de la ville de Dwàraka, sa capitale. Le 17ᵉ est le récit du *Grand départ*, c.-à-d. de l'abdication de Yudhishthira, et de son départ pour l'Himàlaya et la montagne sainte, le Mèrou. Dans ce voyage, le héros perd tour à tour sa femme et ses frères ; demeuré seul avec son chien, il refuse d'entrer sans lui au ciel d'Indra : Indra cède sur ce point. Au chant 18ᵉ, le héros entre au ciel, où il trouve heureux ses ennemis, et cherche en vain sa femme, ses amis et ses frères. Un messager divin les lui fait voir dans les tourments. La grandeur d'âme du héros éclate à ce dernier moment ; les dieux arrivent, et le spectacle disparaît. Yudhisthira, transfiguré, reprend sa place avec ses frères au milieu des divinités dont la personne s'était incarnée en eux pour combattre le mal personnifié dans leurs ennemis.

Dans ce vaste développement d'idées et de faits, la critique moderne distingue des parties anciennes et d'autres plus modernes. Parmi ces dernières, on peut compter le 12ᵉ et le 13ᵉ chant, et probablement aussi le 16ᵉ. On a lieu de penser également que les deux derniers chants ont été ajoutés au poème primitif à une époque où la doctrine morale des bràhmanes avait atteint une grande élévation théorique, époque qui ne peut guère avoir été celle des temps héroïques de l'Inde. On doit retrancher également, comme intercalés dans le texte, un certain nombre d'épisodes, qui ne s'y rattachent que fort indirectement, et dont plusieurs témoignent de doctrines postérieures à l'établissement du bouddhisme : telle est la *Bhagavad-gîtâ*, dans laquelle les faits de la guerre ne sont qu'une occasion de discourir, et ne servent qu'à la mise en scène du dialogue. D'après les Indiens eux-mêmes, le poème primitif ne comprenait que le 5ᵉ de l'étendue qu'il a aujourd'hui. Ce qui fait le fond du poème, c'est la guerre des Courous et des Pantchâlas ; c'est là le noyau primitif donné par la légende et développé par les poètes, et les trois quarts au moins de l'œuvre totale n'ont aucun rapport avec ce sujet. On peut donc admettre, en général, que le *Mahâbhàrata*, tel que nous l'avons, s'est formé peu à peu de pièces rajustées, et que le poème primitif n'a été qu'un centre autour duquel les bràhmanes ont groupé tout ce qui pouvait se trouver chez eux de traditions épiques ou d'idées pouvant servir à l'instruction des rois. Il est hors de toute vraisemblance que le poème soit une œuvre moderne, c.-à-d. postérieure à l'expulsion du bouddhisme ou du moins à sa propagation dans l'Inde ; et c'est ce qu'il faudrait admettre, si l'on se refusait à en opérer le démembrement, et à reconnaître dans ses diverses parties des œuvres d'époques et de styles différents, plus ou moins habilement rattachées à l'épopée antique. Plusieurs de ces parties, qui sont de véritables traités, n'ont nullement le caractère épique et sont évidemment bien postérieures à l'âge de l'épopée. On a tout lieu de croire que le *Mahâbhàrata* primordial ne dépassait pas le triomphe final des Pandous, et comprenait tout au plus le sacrifice du cheval et la réintégration du roi légitime sur son trône ; encore, dans les quatorze premiers chants, doit-on faire un choix entre les passages, supprimer beaucoup d'épisodes et d'interpolations, pour arriver à la dimension primitive indiquée par les bràhmanes.

Réduit à ces proportions, le *Mahâbhàrata* présente, avec les épopées des autres nations, et surtout avec l'*Iliade*, des rapports de ressemblance évidents. Le récit des batailles y occupe une place importante et y est traité avec une vérité frappante, même là où les dieux semblent substituer leur action à celle des héros. La description des combats singuliers est tout à fait homérique. On ne saurait concevoir un tableau rendu avec plus de vérité pittoresque et de sentiment, que celui du 11ᵉ chant, où l'auteur amène sur le champ de bataille de Kuruxètra les veuves, les mères, les sœurs des guerriers, cherchant à reconnaître les leurs parmi ces cadavres que se disputent déjà les bêtes sauvages, les insectes et les oiseaux. L'attaque nocturne du camp, avec les circonstances mystérieuses qui l'accompagnent ou la précèdent, a un intérêt poétique saisissant. Les préparatifs de la bataille sont plus grandioses que la partie correspondante du poème grec. Le 3ᵉ chant offre cette scène du jeu, trait de mœurs propre aux Orientaux, et sur lequel les écrivains de l'Inde reviennent volontiers, pour le rendre dans toute sa vivacité et en tirer un enseignement sévère. Nous ne pouvons citer ici toutes les scènes poétiques, grandioses ou gracieuses, terribles ou touchantes, que renferme la grande épopée. On peut croire que, le jour où la critique européenne aura dégagé le *Mahâbhàrata* des additions qui le rendent souvent diffus, des interpolations déplacées, des épisodes, quelque intéressants qu'ils soient, qui brisent sa marche et retardent les événements, ce poème se montrera comme une des épopées les plus parfaitement poétiques que nous connaissions. Du reste, parmi ces additions, il en est qui ne s'éloignent point du caractère assigné par le poète à ses héros : tels sont les deux derniers chants, l'une des compositions les plus sublimes qu'un poète ait jamais conçues. Or, cette haute pensée morale, exprimée si magnifiquement à la fin du poème, domine toute l'épopée indienne. Les héros du *Mahâbhàrata* ne sont pas seulement des guerriers, comme chez les Grecs, plus ou moins maîtres d'eux-mêmes ; ce sont des hommes pieux, pratiquant la justice, fidèles à leur parole jusqu'à l'abnégation et au sacrifice de leur personne, luttant contre les forces de la nature avec une patience infatigable et une douceur que soutient le désir de la justification et de la délivrance finale.

Quant à la date de l'épopée primitive, il est bien difficile de la fixer même approximativement. On peut penser qu'elle est antérieure au *Râmâyana* (V. ce mot), comme les faits eux-mêmes qui sont la matière de l'un et de l'autre poème. Les Aryas ont, selon toute apparence, mis un temps assez long à s'étendre de la vallée supérieure du Gange à l'île de Ceylan. Or, il n'est guère croyable que, si la grande expédition du Sud eût été terminée à l'époque du *Mahâbhàrata*, il n'y eût été fait dans celui-ci aucune allusion. On conclurait donc de cette remarque que le premier poème a été fait dans l'intervalle des deux expéditions. Cette période de temps est comprise dans le moyen âge bràhmanique, pendant lequel s'est développée la littérature des commentaires, à côté du sanscrit, qui était la langue littéraire, représentée alors par les chants épiques. Ces chants étaient nombreux, et plusieurs sont parvenus jusqu'à nous sous le nom d'*Itihâsas* ; le premier *Mahâbhàrata* semble n'avoir pas été autre chose ; et lorsqu'il fut fixé par l'écriture et attribué à Vyâsa Pàràçarya, tout porte à croire qu'il existait depuis longtemps dans les traditions populaires par fragments isolés, comme cela eut lieu pour les chants des aèdes de la Grèce. La période des Itihâsas, qui concourt avec celle des commentaires du *Vèda*, a suivi de près l'entrée des Aryas dans les vallées du Gange ; mais elle a dû se prolonger elle-même un certain nombre de siècles, si l'on en juge d'après l'étendue et la succession encore reconnaissable des ouvrages scolastiques qu'elle a produits. A quel point de cette période placer l'origine du *Mahâbhàrata* ? Il est croyable que l'épopée, ayant pris naissance à une certaine distance des événements, n'apparut guère avant le milieu de l'âge dont les guerres elles-mêmes remplirent les commencements. Or, si l'on songe que l'ère du Bouddha date du milieu du vıᵉ siècle avant J.-C., et que la prédication de ce sage suppose une civilisation et une moralité publiques en décadence, on est conduit à placer plusieurs siècles auparavant la fin du moyen âge bràhmanique, et à penser que l'épopée primitive des Indiens n'est pas postérieure à celle d'Homère, et qu'elle lui est probablement antérieure de quelque temps. Le témoignage de navigateurs grecs (chez le rhéteur Chrysostome), rapportant que les Indiens avaient traduit Homère, n'a aucune valeur, puisque les Grecs et les Romains ramenaient à leurs idées et à leurs noms tout ce qu'ils trouvaient d'analogue chez les peuples étrangers : il prouve seulement qu'il existait alors dans l'Inde une grande épopée. Le silence de Mégasthène ne saurait être non plus une preuve négative, ou bien il faudrait l'appliquer de même à tous les grands ouvrages qu'il ne nomme pas ; ce qu'il est impossible d'admettre. Les livres bouddhiques du nord citent les Pàndous comme une tribu dévastatrice habitant les montagnes : mais sont-ce les Pàndous du *Mahâbhàrata* ? Et, si c'est la même famille, on en conclurait tout au plus que les Pàndous, chassés du trône et réfugiés sur les hauteurs, étaient devenus tels au temps où furent écrits ces livres bouddhiques. Le nom de Vyâsa ne se rencontre pas dans ceux des *Brâhmanas* qui ont été lus jusqu'à ce jour; mais les *Brâhmanas* sont des livres de scolastique, où le nom d'un chant épique pourrait paraître déplacé s'il s'y rencontrait : ne voyons-nous pas un fait semblable aux chants épiques de notre moyen âge, composés dans une période d'études scolastiques? De ces considérations il résulte que la question de date n'est pas complétement résolue pour le *Mahâbhârata*.

Toutes les parties du poëme ont pour nous un intérêt historique majeur. Les passages évidemment les plus antiques nous offrent le récit de grands événements accomplis dans le N.-O. de l'Inde, à une époque qui ne dut pas être postérieure de beaucoup de siècles à l'établissement des Aryas de l'Indus sur les rives du Gange et de ses affluents. Au milieu de cette grande lutte où trouvent place les Aryas et leurs alliés indigènes, s'agitent des questions de constitution politique et sociale d'une haute importance pour l'histoire indienne des temps postérieurs. Les nombreux renseignements que nous donne le poëme à cet égard, rapprochés des faits analogues de l'histoire grecque et des plus anciens temps des peuples du Nord, jettent sur eux un jour tout nouveau. Les chants 12e et 13e, composés certainement longtemps après l'épopée primitive, n'en sont pas moins une exposition instructive à tous égards : ils nous font connaître, avec plus de détails que les lois de Manou, l'idée que, dans la division de la société en castes, on se faisait des devoirs des rois envers leurs sujets, soit envers la caste privilégiée des prêtres. On y voit aussi le but suprême de la vie que la religion brâhmanique proposait aux hommes et particulièrement à ceux des classes les plus élevées. Les détails dans lesquels sont entrés les auteurs de ces chants nous font pénétrer dans l'esprit de la société indienne, qui, dès l'origine du brâhmanisme, à travers tous les changements politiques et les transformations du culte, est demeuré le même jusqu'à nos jours, c.-à-d. profondément empreint du caractère religieux, et subordonnant toutes les actions, les pensées et les discours à certains principes de philosophie théologique énoncés dans la loi et acceptés par les mœurs.

Le *Mahâbhârata*, pris dans sa totalité, renferme aussi une multitude de légendes, les unes d'un caractère historique et se rapportant aux plus anciens temps des Aryas, les autres évidemment symboliques et servant de complément ou d'explication à celles qui se trouvaient déjà mentionnées dans le *Véda*. Ces dernières peuvent souvent être rapprochées des traditions mythologiques des peuples gréco-latins et des peuples du Nord; celles-ci, qui ne nous sont pas parvenues avec le grand et poétique développement des fables de la Grèce, peuvent s'éclairer vivement des récits du *Mahâbhârata;* il en est souvent de même des symboles helléniques, presque tous originaires de l'Asie, mais transformés par le génie poétique des Grecs, et localisés par eux dans leur propre pays. Ces symboles, qui souvent ont perdu en Grèce la clarté de leur signification, se retrouvent dans le poëme indien avec leur valeur, et, rapportés ensuite au *Véda*, d'où ils émanent, peuvent recevoir une interprétation vraisemblable et souvent même évidente. L'étude approfondie de l'épopée indienne est donc d'une grande utilité pour la symbolique, et en est même devenue l'un des fondements. Elle a pour complément celle des *Purânas* (*V. ce mot*), des *Itihâsas*, du *Râmâyana*, du *Harivansa*, et généralement de tous les ouvrages connus dans l'Inde sous le nom de *Kavyas*, c.-à-d. poëmes épiques.

Un ensemble ou, pour mieux dire, une succession de doctrines philosophiques peut être extraite du *Mahâbhârata*. Les diverses parties du poëme en contiennent une proportion d'autant plus considérable qu'elles semblent elles-mêmes plus modernes; leur comparaison, faite à ce point de vue, aura ce double résultat, d'en fixer les dates relatives, et de donner, pour leur part, des renseignements utiles sur le développement de la philosophie indienne. Les brâhmanes des temps postérieurs ont, en effet, pris l'épopée primitive comme un cadre indéfini, dans lequel ils pouvaient insérer leurs propres idées, comme ils y intercalaient leurs fragments poétiques. Or, ces passages de philosophie théologique, produits à différentes époques, et parfois même à des siècles d'intervalle, répondent à des états divers de la science. Rapprochés des écrits philosophiques proprement dits, ils peuvent beaucoup servir au démembrement du poëme actuel, et aider les critiques à le ramener à ses justes et vraies

proportions. C'est ainsi que l'on doit retrancher à première vue, du grand poëme, le chant connu, sous le nom de *Bhagavad-gîtâ* (*V. ce mot*), traité complet, dogmatique et didactique, du *Yôga* (*V. INDIENNE — Philosophie*), doctrine qui n'a pu arriver à cet état de perfection qu'après un long développement de l'esprit philosophique.

V. Fr. Johnson, *Selections from the Mahâbhârata*, Londres, 1842, in-8°; *Fragments du Mahâbhârata*, traduits par Th. Pavie, Paris, 1844, in-8°: *Sâvitri*, épisode du *Mahâbhârata*, traduit par Pauthier, in-8°, 1841; *Nala*, épisode du *Mahâbhârata*, traduit par l'auteur de cet article, Nancy, 1856, in-8°; A. Sadous, *Fragments du Mahâbhârata traduits en français*, Paris, 1858, in-12; Holtzmann, *Indravijaya*, Carlsruhe, 1841; la *Bhagavad-gîtâ*, texte en caractères français et traduction française, par l'auteur de cet article, 1861.   Em. B.

MAHMOUDI, monnaie d'argent de Perse, valant environ 70 centimes; — pièce d'argent du sultan Mahmoud Ier, valant 5 piastres (4 fr. 14 c.).

MAHMOUDIÉ, pièce d'or turque, valant environ 24 fr.

MAHOITRES ou **MAHEUTRES**, carcasses qu'on plaçait au xve siècle sous les manches du pourpoint, afin de faire paraître les épaules plus larges et plus hautes. Les mahoîtres différaient des *gigots* portés par les femmes parisiennes et autres, vers 1830, en ce qu'ils bouffaient dans la direction verticale, et semblaient faire monter jusqu'à la hauteur du menton l'articulation de l'humérus.

MAHOMÉTISME. *V.* Coran, Chiytes, Sunnites, dans notre *Dictionnaire de Biographie et d'Histoire*.

MAHONE. *V.* ce mot dans notre *Dictionnaire de Biographie et d'Histoire*.

MAHRATTE (Idiome), un des idiomes de l'Inde, parlé entre les fleuves Nerbuddah et Krischna, c.-à-d. dans le Concan, le Gundwana, et une partie des provinces de Malwah, de Kandeisch, d'Aureng-Abad, de Bedjapour, de Goudjerate et de Bérar. Adelung l'apparentait aux idiomes malabars; Balbi et Lassen le rattachent avec plus de raison au prâcrit. En effet, sous le rapport de la lexicographie et de la grammaire, le mahratte n'est qu'une mutilation du sanscrit, et peut être regardé comme frère du bengali (*V. ce mot*). On y trouve un certain nombre de substantifs persans, amenés par la conquête musulmane; mais les adjectifs et les verbes sont sanscrits. Comme dans l'hindoui, les flexions grammaticales ont à peu près disparu, pour faire place au système analytique des particules et des auxiliaires. La construction ressemble à celle de l'hindoustani; mais le mahratte est plus logique que cette langue par la composition et la dérivation des mots. Il a plusieurs dialectes, tels que le *basopouri* et le *ouadi*, qui règnent dans le Malwah; le *desh*, parlé au N.-E. de Pounah; le *kokouni*, en usage dans le Kokunt, etc. La prononciation est sourde et traînante. Les Mahrattes emploient deux alphabets différents : pour les sujets religieux ou d'un caractère relevé, le *balbodh* ou *balabandi*, qui n'est autre que le dèvanagari des livres sanscrits; pour les relations ordinaires, la correspondance et les affaires, le *mod* ou *modi*, qui se compose de 44 lettres, difficiles à lire sous leur forme cursive. Ils ont des chroniques, des compositions morales, et des chants de guerre. La base de la versification est tantôt la mesure des syllabes, tantôt la rime. Nous avons des *Grammaires de la langue mahratte*, écrites en anglais, par W. Carey (Serampour, 1808, in-8°), Drumond (Bombay, 1808, in-fol.), Ballantyne (Édimbourg, 1839, in-4°), et J. Stevenson (Bombay, 2e édit., 1843); des *Dictionnaires mahrattes-anglais*, par Carey (Bombay, 1810, in-8°), par Molesworth (ibid., 1831, in-8°), et par Kennedy (ibid., 1834, in-fol.).

MAHRI (Idiome). *V.* Ékhrili.

MAI, nom que l'on donnait autrefois au tableau offert chaque année, au 1er jour de mai, par la corporation des orfévres de Paris à l'église Notre-Dame. Le sujet en était tiré des *Actes des Apôtres*. Cette coutume dura de 1608 à 1708. Antérieurement à 1608, le don consistait en un petit morceau d'architecture en forme de tabernacle, qu'on suspendait à la voûte de l'église.

MAI (Arbre de). *V.* notre *Dictionnaire de Biographie et d'Histoire*.

MAIL (Jeu de), jeu qui consiste à pousser sur une route ou sur de longues allées, en les frappant d'un coup avec une petite massue appelée *mail*, des boules de bois, de manière à parcourir le plus grand espace possible, et à toucher finalement un but marqué.

MAILLE (en bas latin *mallia*, pour *medallia*, médaille), petite monnaie de cuivre qui eut cours en France sous les premiers rois de la 3ᵉ race, et qui valait la moitié d'un denier. Il y eut des *mailles parisis*, des *mailles tournois*, et des *demi-mailles* de ces deux espèces de monnaie. La maille de Poitou s'appelait *pite*. En 1303, Philippe le Bel fit frapper des *mailles blanches*, c.-à-d. d'argent. Au commencement du xvıᵉ siècle, la *maille de Lorraine*, en or, portant d'un côté une croix, de l'autre l'effigie d'un duc de Lorraine, valait 33 sous 6 deniers. — Le mot *maille* est entré dans plusieurs locutions : La Fontaine appelle un avare un *pince-maille* ; *n'avoir ni sou ni maille*, c'est ne posséder rien ; *avoir maille à partir* (à partager) avec quelqu'un, c'est être en différend avec lui pour peu de chose.   B.

MAILLE, en termes de Blason, boucle ronde sans ardillon.

MAILLETAGE. *V.* Doublage.

MAILLOT, vêtement collant, en laine tricotée, que revêtent souvent les saltimbanques. On donne le même nom à l'espèce de caleçon ou de pantalon que portent les danseuses sur la scène. Un nommé Maillot l'inventa.

MAIN. Elle figure fréquemment dans les sculptures chrétiennes, comme emblème de la puissance divine. — Une main droite au sommet d'un bois de lance, était l'enseigne du manipule, dans les légions romaines. Les Anciens déposaient dans leurs temples des *mains votives* en bronze, appelées quelquefois *mains panthées*, parce qu'elles étaient couvertes de symboles se rapportant à toutes sortes de divinités.

MAIN CHAUDE, jeu d'enfants, où un, parmi plusieurs, se courbe sur les genoux d'un autre et les yeux fermés, reçoit des coups dans une main qu'il tient derrière lui, et doit deviner qui l'a touché. Celui qui a été deviné prend la place du patient.

MAIN COURANTE, livre de commerce sur lequel on inscrit à leur date les ventes, achats, payements, recettes, en un mot, toutes les affaires, en même temps qu'on les conclut. On l'appelle aussi *Brouillard* et *Brouillon*.

MAIN DE JUSTICE. *V.* Baton a signer.

MAIN-D'ŒUVRE, travail manuel appliqué à la création d'un produit. La cherté des vivres, la concurrence, les crises politiques, l'invention des machines, sont des causes accidentelles qui influent sur le prix de la main-d'œuvre.

MAINET, titre d'un roman poétique sur l'enfance et la jeunesse de Charlemagne, qui s'y trouve désigné sous le nom de Charles *le Mainet*, c.-à-d. le Petit. Brouillé avec son père Pépin, Charlemagne va se mettre, avec un grand nombre de guerriers, au service d'un roi sarrasin de Tolède, Galafre, dont la fille, Galiane, lui inspire une vive passion. Mais il lui faut disputer cette princesse à Bramant, autre roi de l'Espagne musulmane : il le met en déroute, enlève Galiane, l'emmène en France, la fait baptiser et l'épouse. — Ce roman, dont la composition remonte au xıⁱᵉ siècle, a été développé en prose italienne dans le 6ᵉ livre du recueil de fictions chevaleresques intitulé *Dei Reali di Francia*. On en trouve un extrait moins détaillé et plus libre, en prose castillane, dans la *Chronique générale d'Espagne* composée sous Alphonse X.

MAIN-FERME. *V.* ce mot dans notre *Dictionnaire de Biographie et d'Histoire*.

MAIN-FORTE. *V.* Force publique.

MAIN HARMONIQUE, nom donné par Gui d'Arezzo à la gamme de son invention, parce qu'il la représentait au moyen d'une main sur les doigts de laquelle étaient marqués tous les tons.

MAINLEVÉE, en termes de Droit, acte qui fait cesser l'empêchement résultant d'une saisie, d'une opposition, ou d'une inscription hypothécaire. Elle est *volontaire*, quand le saisissant, l'opposant ou le créancier y consent (ce qui doit se faire néanmoins par acte authentique) ; *judiciaire*, quand elle est prononcée par jugement ; *administrative*, quand elle résulte d'un arrêté préfectoral. La demande en mainlevée judiciaire doit être portée devant le tribunal du domicile de la partie saisie (*Code de Procéd.*, art. 567).

MAINMISE, ancien terme de Droit, synonyme de *saisie*.

MAINMORTE. *V.* ce mot dans notre *Dictionnaire de Biographie et d'Histoire*.

MAINTENON (Château de), dans le département d'Eure-et-Loir. Bâti à l'extrémité de la ville pour Jean Cottereau, trésorier des finances sous Charles VII et Louis XI, il fut acheté, en 1674, par la veuve Scarron, que Louis XIV créa marquise de Maintenon. Il forme une double potence dont les bras sont tournés vers le parc :

l'un des bras est terminé par une jolie tour ronde, l'autre par une tour carrée, dont le dôme domine le reste de l'édifice. Les bâtiments sont peu élevés, de style plus élégant que magnifique, et bien distribués. L'intérieur a été décoré à la moderne par le duc de Noailles, propriétaire actuel du château. Le corps de logis principal était l'appartement de la marquise ; on voit encore, dans la chambre à coucher, son portrait par Mignard. L'appartement du roi y existe aussi. La chapelle, où il n'y a d'ıntéressant que les vitraux, est fort simple, et a été soigneusement conservée : on croit généralement, mais à tort, que le mariage de Louis XIV avec la veuve Scarron y a été célébré. L'Eure et la Voise baignent les murs du château, et parcourent le parc et les jardins dans de nombreux canaux.   B.

MAINTENON (Aqueduc de). Il fut conçu en 1680 par Lahire et Vauban pour amener à Versailles les eaux de la rivière d'Eure, depuis le bourg de Pont-Gouin jusqu'à l'étang de La Tour, à 20 kil. de Versailles, et déjà l'un de ses réservoirs. Les travaux furent commencés en 1683 ; on ouvrit, de Pont-Gouin jusqu'à Bergères-le-Mangot, un canal de 5 mèt. de large sur plat-fond, 3 mèt. de profondeur, et 48 kilom. de longueur, en partie coupé dans les collines, supporté dans les vallées par de hautes levées et par 30 ponts. Il devait traverser la vallée de Maintenon sur une construction en maçonnerie longue de 45 kilom. environ, et toute en arcades au plus profond de la vallée. Cette dernière partie dut être à 3 rangs d'arcades superposées ayant les proportions suivantes : le rang inférieur, 47 arcades de 13 mèt. d'ouverture sur 23ᵐ,50 de hauteur, et d'une longueur totale de 974ᵐ,50 ; le 2ᵉ rang, 195 arcades embrassant une longueur de 2,234ᵐ,50, ayant aussi 13 mèt. d'ouverture, et 22 seulement de hauteur ; enfin le 3ᵉ rang, 390 arcades, même longueur que le précédent, et 11 mèt. de hauteur. L'élévation totale devait mesurer 71 mèt. Les parements des arcs, les angles de leurs pieds-droits, ceux d'un contre-fort qui les appuie, sont en pierres de taille d'un grand appareil, et les parties intermédiaires en forts moellons. Mais après 4 années de travaux et une dépense de 8,613,000 livres, et quoiqu'on eût employé pendant plusieurs années 30,000 hommes de troupes aux travaux de terrassement, l'entreprise fut abandonnée. Le rang des arcades inférieures de l'aqueduc de Maintenon était seul exécuté. L'exécution de ce projet fut une des plus grandes entreprises du règne de Louis XIV, et aurait égalé tout ce que les Romains ont fait de plus grand en ce genre. Sous Louis XV, on vint prendre à cet aqueduc les matériaux nécessaires pour rebâtir le château de Mᵐᵉ de Pompadour à Crécy ; néanmoins, en 1780, il restait encore assez de parties de cet immense travail pour que l'achèvement en fût possible ; mais depuis, l'aqueduc de Maintenon fut encore fortement attaqué, et il n'en reste plus aujourd'hui que 11 arcades entières.   C. D—y.

MAIRE. *V.* ce mot dans notre *Dictionnaire de Biographie et d'Histoire*.

MAIRE (Lord-). *V.* Lord-Maire.

MAIRIE, mot qui désignait autrefois les fonctions de maire, et qui ne s'applique plus qu'à l'édifice où siége l'administration municipale de chaque commune. C'est dans la mairie que sont conservés les registres de l'état civil, et qu'aux termes de la loi, doivent être célébrés les mariages.

MAISON (du latin *mansio*, demeure). Après s'être abrités dans les grottes et les cavernes naturelles, les hommes dressèrent des tentes et des cabanes, puis employèrent divers matériaux pour la construction de leurs habitations. D'après l'Écriture Sainte, les constructions élevées après le déluge étaient en briques séchées au soleil et cimentées de bitume. Tosorthrus, fils de Ménès, premier roi d'Égypte, inventa, dit-on, l'art de tailler la pierre pour bâtir. Les maisons ont naturellement varié selon les temps, les climats, et les progrès de la civilisation. — Chez les *Hébreux*, elles étaient bâties en argile, en briques, ou en pierres ; pour les palais et les maisons des grands, on employait les pierres de taille, quelquefois même le marbre. Comme ciment on utilisait l'asphalte, mais plus souvent la chaux et le plâtre, qui servaient aussi d'enduit. Les murs des grandes maisons étaient badigeonnés en couleur rouge. Le bois de construction le plus ordinaire était le sycomore ; on prit aussi pour les riches le cyprès, l'acacia, l'olivier et le cèdre ; le bois de sandal, qui probablement venait de l'Inde, n'était employé que pour les boiseries de luxe. Quant à la disposition, les grandes maisons formaient ordinairement un carré, avec une cour au milieu, dans laquelle se trouvait un puits ou une citerne, ainsi qu'un bassin servant quelquefois de bain. Autour de l'édifice il y avait ordinairement une avant-cour, formée par un mur d'enceinte. L'édifice était divisé en plusieurs étages. Les toits étaient plats, tels qu'on les voit généralement chez les Orientaux, et seulement un peu élevés vers le milieu, pour que l'eau de pluie s'écoulât dans des gouttières : on le couvrait de briques, ou, comme dans la Syrie moderne, d'une composition de pierres, de chaux, de sable et de cendre. On s'y promenait pour prendre le frais, on y couchait même dans la belle saison, on y dressait des tentes pour la fête des Tabernacles. Le toit du pauvre n'était couvert que d'une couche de terre, sur laquelle poussait souvent quelque verdure. On n'arrivait aux appartements du rez-de-chaussée que par la cour intérieure ; à l'un des côtés de l'édifice, un escalier conduisait directement de l'avant-cour ou cour extérieure aux étages supérieurs et au toit. Les appartements étaient lambrissés et parquetés, les murs couverts d'ornements en ivoire et peut-être d'or ; on les chauffait en hiver au moyen d'un réchaud ou brasier placé au milieu. Les verrous, les serrures, les clefs étaient ordinairement en bois, comme on en voit encore maintenant chez les Orientaux. Au-dessus des portes, il y avait des inscriptions d'un caractère religieux. Les fenêtres étaient distribuées avec symétrie, et garnies de treillis ou de jalousies ; contrairement à ce qui se pratique presque toujours dans l'Orient moderne, où les fenêtres ne donnent que sur la cour intérieure, il y en avait qui ouvraient aussi sur la rue. — Vitruve nous apprend que les peuples de la Colchide et du Pont construisaient des habitations en bois de grume horizontalement superposés : cette disposition, adoptée par les Daces, les Sarmates et les Scythes, s'est perpétuée jusqu'à nos jours dans les régions correspondantes, à l'exception de la forme de la toiture, qui était pyramidale. — Les Phrygiens, qui manquaient de bois, creusaient circulairement des tertres naturels, et plantaient, autour de l'orifice, des perches qu'ils courbaient vers le centre et liaient ensemble de manière à former une espèce de coupole : ils recouvraient le tout avec des roseaux et une couche d'argile. On pénétrait dans ces habitations au moyen d'une galerie pratiquée dans le flanc du tertre. — Nous avons parlé, dans notre Dictionnaire de Biographie et d'Histoire (p. 1089, col. 2), des maisons égyptiennes, grecques et romaines.

Les habitations des Gaulois étaient de forme circulaire, et bâties, soit en pierre, soit en bois et en terre, c.-à-d. avec des poteaux soutenant de doubles claies d'osier, entre lesquelles des couches de paille hachée, pétrie avec de l'argile, formaient une muraille solide. Le toit, en branchages légers, était couvert de chaume ou de bardeaux. Les briques et les tuiles ne furent connues que sous la domination romaine : on fit alors des maisons sur le modèle de celles des vainqueurs, c.-à-d. des bâtiments rectangulaires, à un ou plusieurs étages. Les invasions des Barbares au ve siècle firent disparaître ces constructions, et il ne reste plus rien aujourd'hui des habitations appartenant aux premiers siècles du moyen âge. On n'en trouve pas qui soient antérieures au xiie siècle : celles qu'on voit dans quelques villes du Midi, en Champagne et dans l'Orléanais, ont des façades percées de fenêtres en plein cintre, peu élevées, et d'un style sévère. Perpignan et Reims possèdent quelques maisons en pierre du xiiie siècle ; celles de Metz, à la même époque, sont surmontées de créneaux. Aux demeures des familles nobles, des armoiries étaient sculptées au-dessus des rares fenêtres percées sur les façades. Dans les villes qui jouissaient de la liberté politique, les bourgeois aimaient à garnir de tours leurs maisons : ainsi, au xive siècle, Avignon ne comptait pas moins de 300 maisons de ce genre. Le xive siècle nous a légué peu de maisons en pierre : les fenêtres et les portes y sont ordinairement en ogive, avec des tympans et des corniches plus ou moins ornés ; souvent les arcades supérieures portent à faux sur celles du rez-de-chaussée. Les maisons en bois sont plus nombreuses, et on les trouve principalement dans nos provinces septentrionales. Elles se terminent par un pignon aigu, dont la saillie, supportée par deux pièces de bois formant ogive, abrite les étages inférieurs. Les pièces de bois de la charpente apparente sont l'unique décoration de la maison ; ordinairement, pour assurer leur conservation, on les recouvrait d'ardoises, où l'on imagina de sculpter des figures. Le rez-de-chaussée était occupé par une étroite entrée et par une boutique non close pendant le jour. C'est surtout au xve siècle que s'établirent les étages en encorbellement,

surplombant les uns sur les autres : alors aussi, on voit la brique concourir à la décoration, en formant les remplissages de la charpente ; quelquefois elle est remplacée par des carreaux de faïence colorée. Par sentiment de défiance, les fenêtres du rez-de-chaussée sont petites, élevées, garnies de grilles, et plusieurs portes donnent sur les rues différentes. Les ouvertures des étages supérieurs sont grandes ou petites, selon les climats, pour laisser entrer ou pour arrêter la lumière et la chaleur. C'était un signe de richesse et de puissance que d'avoir, aux angles ou sur le milieu du mur extérieur, des tourelles saillantes, rondes ou polygonales ; d'autres tourelles étaient bâties à l'intérieur des cours pour contenir les escaliers. La distribution intérieure des maisons était fort simple et peu commode ; pour toute décoration, il n'y avait que des lambris divisés en compartiments, enrichis de peintures ou de sculptures, ainsi qu'un carrelage de faïence colorée, et encore était-ce un ornement d'une grande recherche. Au xvie siècle, la Renaissance introduisit dans les habitations des modifications de toute espèce : la brique et la pierre furent simultanément employées ; les arcs en anse de panier remplacèrent l'ogive ; les arabesques furent mêlées aux détails gothiques dans l'ornementation. Cependant on continua, surtout pendant les guerres de religion, de donner aux maisons ces tourelles, ces murailles à meurtrières, ces saillies qui les rendaient propres à la défense. Au goût italien succéda le goût flamand : du temps de Henri IV et de Louis XIII, les constructions eurent pour caractères les toits aigus, les hautes cheminées et les briques rouges. Avec Louis XIV, l'architecture revint à la copie servile de l'antique, à l'entablement, à la nudité. Depuis cette époque, l'uniformité la plus monotone s'est peu à peu établie. Autrefois, chaque habitation avait sa physionomie, et présentait un pignon diversement orné ; pas une porte, pas un balcon, pas un toit qui n'eût son style, qui ne portât sa date ; la pierre, la brique, le bois peint ou sculpté s'entremêlaient de maisons en maisons, et offraient une continuelle variété de tons et de nuances : aujourd'hui, dans les constructions qu'on appelle belles, pas une corniche, pas une cheminée qui dépasse ses voisines ; même taille, même patron, même couleur pour toutes les façades. En général, les maisons sont construites en maçonnerie de moellons et de mortier de chaux depuis le fond des fondations jusqu'à la surface du sol, et en maçonnerie de moellons et de plâtre depuis le sol jusqu'au faîte ; toutefois les angles et le parement de la devanture sont souvent faits en pierre de taille. Les murs diminuent d'épaisseur en s'élevant, en sorte qu'au dernier étage ils ne sont guère plus épais que les cloisons intérieures qui séparent les chambres les unes des autres. Ils sont enduits, après coup, d'une couche de plâtre, qui permet de les couvrir d'ornements. Les étages diminuent de hauteur en montant (V. BATIMENTS — Police des).

En Angleterre, toute famille qui jouit d'une fortune même médiocre seule dans son habitation, tandis qu'en France plusieurs logements distincts sont presque toujours ménagés dans une même maison. Dans une maison anglaise, le rez-de-chaussée est élevé d'environ 1 mèt. au-dessus de la rue, dont il est séparé par un fossé ou une cour basse de 1 à 2 mèt. de largeur sur 2 mèt. de profondeur ; sur son parapet est une grille en fer. C'est par le moyen de ce fossé qu'est éclairée la cuisine, qui est souterraine, la cave lui est contiguë. Un palier en pierre sert de pont pour traverser le fossé, et, au moyen de quelques marches, pour arriver à la porte de la maison. Dans le sol du trottoir qui borde la rue est une petite grille ouvrante, par laquelle on jette le charbon de terre dans un caveau pratiqué au-dessous et qui a une issue dans la cour basse. Chaque étage de la maison est composé de deux ou trois pièces au plus. Au rez-de-chaussée sont un parloir, un cabinet et l'escalier ; au 1er étage, la salle à manger et ses dépendances ; au 2e, les chambres à coucher ; au 3e, les logements des domestiques. Les appartements sont généralement peints à l'huile.　　　　　　　　　B.

MAISON CARRÉE, nom vulgaire, mais impropre, d'un temple romain de la ville de Nîmes. On ne sait qui en fut l'architecte ; d'après les indications que laissent les débris d'une inscription de la frise, il paraît avoir été dédié aux enfants d'Agrippa, petits-fils de l'empereur Auguste. Longtemps enseveli sous les ruines des édifices voisins, ce temple reparut, mutilé et délabré, pour changer souvent de maîtres, subir de nouvelles mutilations, et même des réparations ignobles. Mieux apprécié de nos jours, il a repris sa forme et presque sa splendeur premières : il renferme un musée de tableaux et d'antiques. C'est un temple *pseudo-périptère*, parce qu'il a sur les côtés des colonnes engagées ; *prostyle*, parce qu'il n'a de portique que sur une face ; *hexastyle*, parce qu'il a 6 colonnes sur la façade. Son ordonnance est corinthienne. Il y a 11 colonnes sur les côtés, en y comprenant celles des coins. Le plan de l'édifice est un parallélogramme rectangle de 25^m,13 sur 12^m,27. La construction pose sur un stylobate haut de 3^m,30. On monte au péristyle par un escalier de 15 marches. Les colonnes cannelées, ornées de chapiteaux d'un travail admirable, supportent l'entablement, auquel on ne reproche que trop de richesse; mais dans tout l'édifice un goût exquis accompagne cette profusion d'ornements. Les modillons offrent une particularité qui ne se voit nulle part ailleurs : ils sont sculptés dans le sens inverse de ceux qui décorent tous les entablements antiques, c.-à-d. que leur partie la plus saillante, au lieu de s'appuyer contre la corniche pour former une console, est voisine du larmier. Quand on restaura la *Maison carrée* en 1822, on pratiqua des fouilles qui permirent de voir de longues murailles parallèles au monument, une suite de bases de colonnes, des fûts renversés et des débris de chapiteaux ; il en résulte que le temple était entouré d'une enceinte sacrée : il a été démontré même que cette colonnade s'étendait assez loin, de manière à circonscrire un forum. Barthélemy appelait la *Maison carrée* le chef-d'œuvre de l'architecture antique et le désespoir de l'architecture moderne; Colbert aurait voulu l'emporter pierre à pierre pour embellir les jardins de Versailles, et le cardinal Alberoni disait qu'il la faudrait envelopper d'or.   B.

MAISON D'ARRÊT. *V.* ARRÊT.

MAISON DE CORRECTION, — DE DÉTENTION, — DE FORCE. *V.* PRISONS.

MAISON DE JEU. *V.* JEU.

MAISON DE L'EMPEREUR (Ministère de la), Ministère qui, de 1852 à la fin de 1860, était réuni au Ministère d'État (*V. ce mot*). Il avait pour attributions les bâtiments et la dotation mobilière de la couronne, l'administration de ses domaines et forêts, les pensions sur la liste civile, etc.

MAISON DE PRÊT. *V.* MONT-DE-PIÉTÉ.

MAISON DE SANTÉ, établissement privé, destiné à recevoir à demeure des malades, qui payent une pension, plus ou moins importante selon le logement qu'ils occupent, et la nature des soins qu'exige leur état. Une maison de santé est sous la direction d'un médecin, dont elle est souvent la propriété qu'il administre et gère à ses risques et périls. Certaines de ces maisons sont spéciales pour le traitement des aliénés. *V.* ALIÉNÉS.

MAISON D'OR OU DORÉE de Néron. Elle était située à Rome, dans la vallée entre les monts Palatin, Esquilin et Célius, et en partie sur ces deux dernières collines, avec d'immenses jardins. Le tout occupait une superficie de 18,000 mèt. carrés, ou 120 hectares, le cinquième du Bois de Boulogne de Paris. On n'a sur cette demeure que des données un peu vagues. Devant la maison était un vaste vestibule flanqué de portiques de mille pas (1,481 mèt.) à triple rang de colonnes, au milieu duquel on voyait une statue colossale de Néron, haute de 120 pieds (35^m,55). A l'intérieur, tout resplendissait d'or, de pierreries, de nacre et d'ivoire. Les plafonds des salles de festin étaient plaqués d'ivoire, et disposés mécaniquement de manière à s'ouvrir pour laisser tomber une pluie de fleurs ou asperger les convives d'eaux de senteur. La principale de ces salles était ronde, et tournait jour et nuit pour imiter le mouvement diurne du monde. Il y avait des bains d'eau de mer, et d'autres d'eau sulfureuse, amenée des environs de Tibur. Cette maison, pour l'ornement de laquelle on enleva à la Grèce plus de 500 statues, était d'une telle somptuosité, qu'elle reçut de Néron même le surnom de *maison d'or ou dorée*. Les jardins renfermaient des champs labourés, des prés, des vignobles, des bois peuplés de toutes sortes d'animaux, des solitudes, des plaines, avec de magnifiques points de vue; dans le fond de la vallée il y avait un lac si grand, qu'on l'appelait une mer : en outre, il était entouré de bâtiments, comme une place publique de ville. Les architectes de cette maison d'une somptuosité inouïe, furent Sévérus et Céler. — Néron créa sa Maison dorée sur les ruines d'une partie de Rome, à la suite de l'incendie qui dévora les deux tiers de la ville, l'an 816 de Rome, 64 de J.-C. Il épuisa l'Empire pour cette création, qu'il laissa imparfaite. Vespasien et Titus la démembrèrent pour en consacrer les diverses parties à des services publics : le Temple de la Paix, les Thermes de Titus, sortirent de cette transformation, et, sur l'emplacement du lac dit la

mer, Vespasien éleva le prodigieux amphithéâtre Flavien, aujourd'hui le Colisée.   C. D—Y.

MAISONS GARNIES. Ceux qui tiennent ces maisons sont obligés, sous peine d'une amende de 6 à 10 fr., d'inscrire sur un registre spécial l'entrée et la sortie de toute personne qui a logé chez eux, ne fût-ce que pour une nuit, et de présenter ce registre aux autorités de police (*V.* AUBERGISTE). Le personnel qui, sans être aubergistes, hôteliers, logeurs de profession, louent habituellement un appartement garni, doivent en avoir fait la déclaration à la préfecture de Police pour Paris, à la mairie pour les départements, et faire connaître au commissaire de police du quartier les noms, prénoms, âge, qualité ou profession des personnes logées, dans les 24 heures de leur arrivée, ainsi que leur sortie, le tout à peine d'une amende de 6 à 10 fr., et, en cas de récidive, d'un emprisonnement de 1 à 5 jours (ordonn. du 20 déc. 1734, du 8 nov. 1780, du 24 août 1790, et du 22 juillet 1791 ; *Code pénal*, art. 475-478).

MAISONS IMPÉRIALES NAPOLÉON. *V.* LÉGION D'HONNEUR, dans notre *Dictionnaire de Biographie et d'Histoire.*

MAISTRANCE, mot par lequel on désigne, dans la Marine, le corps des *maîtres* de différentes spécialités attachés à un port ou embarqués sur un navire de l'État. La maistrance se compose des *premiers maîtres de manœuvre*, ou *maîtres d'équipage*, *de canonnage et de timonerie*, des *maîtres charpentiers, calfats et voiliers*, et des *seconds maîtres* ou *contre-maîtres* de ces différentes catégories. Il existait à Brest, à Rochefort et à Toulon des *Écoles de maistrance*, établies en 1819 pour l'instruction d'un certain nombre d'ouvriers destinés à la maistrance : depuis 1868, il y a 5 *écoles préparatoires de maistrance*, à Brest, Cherbourg, Lorient, Rochefort, Toulon, et 2 *écoles secondaires de maistrance*, à Brest et Toulon.

MAITRE, en termes de Marine, nom des sous-officiers (*V.* ÉQUIPAGE — Maître d', CONTRE-MAÎTRE, QUARTIER-MAÎTRE). On appelle *Maîtres entretenus* des marins chargés de surveiller les ouvriers des arsenaux et établissements maritimes : un décret du 10 mars 1850 les a divisés en trois classes, dont le traitement est fixé à 2,000, 1,800 et 1,500 fr. Le *Maître de port* est un sous-officier chargé, dans les ports de l'État, de faire exécuter les ordres que lui donne pour les opérations maritimes le capitaine du port, et qui dirige tous les appareils de force qu'exigent ces opérations. Il y a aussi, dans les ports de commerce, des maîtres de port chargés de la police maritime : ils sont de quatre classes ; un décret du 15 juillet 1854 a pourvu à leur organisation et défini leurs fonctions.

MAITRE DE CHAPELLE. *V.* CHAPELLE et COMPOSITEUR.

MAITRE D'ÉTUDES. *V.* RÉPÉTITEUR.

MAITRE DE PENSION. *V.* INSTITUTION (Chef d').

MAITRE DE POSTE. *V.* POSTE.

MAITRE DES COMPTES. *V.* COMPTES (Cour des).

MAITRE DES REQUÊTES. *V.* ÉTAT (Conseil d').

MAITRE ÈS ARTS. *V.* ARTS.

MAITRISE, terme d'Arts et Métiers. *V.* notre *Dictionnaire de Biographie et d'Histoire.*

MAITRISE, école dans laquelle les enfants de chœur d'une église reçoivent leur éducation musicale. Avant la Révolution, on comptait en France plus de 400 maîtrises, réunissant quatre à cinq mille enfants, et d'où sortaient presque tous les compositeurs, les organistes et les chanteurs. Il n'en existe plus aujourd'hui de petit nombre.

MAJESTÉ. *V.* ce mot dans notre *Dictionnaire de Biographie et d'Histoire.*

MAJEUR (du latin *major*), qui a l'âge de majorité (*V. ce mot*).

MAJEUR, terme de musique. *V.* INTERVALLE, MODE.

MAJEURE, l'une des prémisses du syllogisme, ainsi nommée parce qu'elle contient l'énonciation du rapport du grand terme (*major terminus*) avec le moyen terme (*V.* PRÉMISSES, SYLLOGISME, TERME). La Majeure s'énonce ordinairement avant la Mineure; mais cela n'a lieu ni toujours ni nécessairement, et ce serait un moyen peu sûr de les distinguer que de se fier à leur ordre matériel.   B—E.

MAJEURE, dans certains jeux de cartes, se dit de la tierce, de la quarte et de la quinte où se trouve l'as.

MAJOLIQUE, nom que les Italiens du xve siècle donnèrent aux vases de faïence, parce que les premiers qu'ils virent provenaient de Majorque. On le conserve aux faïences qu'ils fabriquèrent à cette époque. *V.* CÉRAMIQUE.

MAJOR. *V.* ce mot dans notre *Dictionnaire de Biographie et d'Histoire.*

MAJOR (Adjudant-). *V.* ADJUDANT.

MAJOR (Chirurgien-). *V.* CHIRURGIENS.

MAJOR (Ronde, Sergent, Tambour). *V.* RONDE, SERGENT, TAMBOUR.

MAJOR DE BRIGADE. } *V.* notre *Dictionnaire de Biogra-*
MAJOR DE MARINE. } *phie et d'Histoire.*

MAJOR DE PLACE, officier supérieur chargé du détail et de la surveillance du service d'une place de guerre. Il a spécialement dans ses attributions les gardes, les rondes de nuit et de jour, la police de la garnison, la rédaction des rapports journaliers, les écritures de bureau. Son rang est immédiatement après le commandant de place. Quand il n'y a pas de major titulaire, c'est l'adjudant de place le plus ancien qui en remplit les fonctions.

MAJOR GÉNÉRAL. } *V.* notre *Dictionnaire de Biographie*
MAJORDAT. } *et d'Histoire.*

MAJORDOME (du latin *major domus* « maître de la maison »), le premier de ceux de la maison, le chef des cuisines et de l'office, le grand ordonnateur des festins. Ce fut le titre, 1° des maires du palais sous les rois Mérovingiens; 2° du maître de l'hôtel ou grand maître de la maison des princes; 3° du premier ministre dans certaines petites cours.

MAJORITÉ, âge auquel on est supposé avoir atteint la maturité d'esprit et de jugement dont on a besoin pour diriger ses affaires soi-même. A Rome, où la puissance paternelle était si forte, la majorité était fixée à 25 ans; chez les Germains, à 15 ans, âge auquel on pouvait porter les armes. Dans l'ancienne France, il n'y eut pas de règle fixe : là où dominait le Droit romain, la majorité fut généralement ramenée à 25 ans; ailleurs, ce fut 14, 15 ou 20 ans. D'après le *Code Napoléon* (art. 488), la majorité est fixée à 21 ans pour les deux sexes : il n'y a d'exception qu'en matière de mariage et d'adoption (*V.* ces mots). — La majorité politique est la même que la majorité civile (*V.* ÉLECTEUR). En matière d'élections, la majorité est la pluralité des votants : elle est *absolue* ou *relative,* suivant qu'elle est formée de la moitié des voix plus une, ou qu'elle dépend simplement de la supériorité du nombre de voix obtenues par un concurrent.

MAJORITÉ DES SOUVERAINS. Les régences, en matière de gouvernement, amenant souvent à leur suite des inconvénients graves, on s'est accordé, à peu près dans tous les pays, à fixer l'âge de majorité des souverains beaucoup plus tôt que pour les citoyens. Cette mesure put se justifier, non-seulement par une sorte de nécessité politique, mais aussi par la situation tout exceptionnelle des personnes en faveur de qui fut proposé le privilége. En effet, l'héritier présomptif d'une couronne reçoit une éducation toute particulière, et vit dans un milieu qui hâte le développement de son intelligence; il acquiert une aptitude précoce pour les affaires, une sorte d'expérience de bon sens et de jugement que se choisir des conseillers habiles, dont il se fait, dans son for intérieur, comme une espèce de tutelle, jusqu'au jour où il peut porter, sans trop de crainte ni de faiblesse, la responsabilité qui pèse sur tout chef de nation. — En France, le désir d'abréger les régences fut peut-être d'abord porté un peu loin : Philippe le Hardi fixa, par une ordonnance du 2 octobre 1270, à 14 ans accomplis la majorité de son héritier présomptif : on regarde cette ordonnance comme le premier texte connu sur la matière. Sous la 1re race, il y eut des rois qui prirent leur majorité à 15 ans. Charles V enchérit un peu sur Philippe le Hardi, en abaissant à 14 ans commencés la majorité de l'héritier de la couronne (édit de Vincennes, du mois d'août 1374). Charles VI confirma cet édit par une ordonnance de 1392, qui a régi la matière jusqu'à la Constitution de 1791, qui éleva à 18 ans accomplis l'âge de majorité du souverain. Le roi était déclaré majeur dans un lit de justice tenu à cet effet. — Le 1er Empire français suivit cette règle (sénatus-consulte organique du 28 floréal an XII, ou 18 mai 1804); — la Royauté de 1830 l'adopta aussi par sa loi du 30 août 1842 sur la Régence; — enfin le 2e Empire l'a consacrée de nouveau dans le sénatus-consulte du 17 juillet 1856.

Voici maintenant, en 1862, quel est l'âge de majorité des souverains dans les principaux États de l'Europe, et dans le grand empire du Brésil.

Angleterre. — D'après la loi, le roi est censé n'être jamais mineur; néanmoins, par mesure de simple prudence, si c'est un prince qui monte sur le trône, le Parlement nomme un régent ou un conseil de tuteurs jusqu'à ce qu'il ait atteint sa 18e année; et si c'est une princesse, jusqu'à ce qu'elle ait 16 ans. Néanmoins, le consentement du mineur ou de la mineure royale est nécessaire pour cela, et même ce conseil ne peut entraver la volonté du souverain-enfant, car ce que ferait le souverain sans lui ou sans le régent serait légalement valable. Ordinairement, en cas de prévision de minorité, une loi en règle d'avance les dispositions.

Dans les autres États, l'âge de 18 ans a prévalu presque partout, peut-être à l'exemple de la France, ou plutôt par acte de prudence; on le trouve adopté dans les royaumes ou empires ci-dessous : Autriche, — Bavière, — Belgique, — Brésil, — Danemark, — Espagne, — Hanovre, — Italie, — Pays-Bas, — Portugal, — Prusse, — Saxe, — Suède et Norvége, — et Wurtemberg.

Dans les *États de l'Église,* le souverain étant électif, il n'y a jamais de mineur. — Dans *Russie,* on est majeur à 16 ans; s'il est mineur de 16 ans, il y a un conseil de régence. — En *Turquie* et en *Égypte,* la succession au trône a lieu par ordre de primogéniture parmi les fils ou les frères du souverain; le plus âgé succède. Si le plus âgé, dans l'une des catégories, est enfant, le grand vizir gouverne, mais au nom seul du sultan. C. D—y.

MAJUSCULES (Lettres), du latin *majusculus* (un peu plus grand); nom donné à certaines lettres plus grandes que les autres et qui ont presque toutes une figure différente de celles-ci : A, a; B, b, etc. Chez les Grecs et les Romains, l'écriture parait d'abord avoir été toute en majuscules : plus tard l'usage en est resté dans les inscriptions, comme il a lieu encore chez nous. Quant à leur emploi dans l'écriture cursive concurremment avec les minuscules, il a peut-être été inconnu dans l'antiquité. Ce n'est guère qu'à l'époque de l'invention de l'imprimerie que cet usage s'est établi ou du moins a été consacré. Le premier mot d'un discours quelconque, de toute phrase nouvelle qui commence après un point ou un alinéa, doit être distingué des autres par une lettre initiale majuscule. Il en est de même d'un discours direct que l'on cite, quand même la phrase précédente n'en serait séparée que par deux points ou une virgule. Les noms propres de divinités, d'hommes, d'êtres abstraits personnifiés, de lieux géographiques, les noms appellatifs des tribunaux, des compagnies, des corps, les adjectifs servant de surnom caractéristique, prennent une initiale majuscule. En adressant la parole à une personne ou cet être, fût-il appellatif, doit commencer par une grande lettre : *O Ciel! ô Terre! Monseigneur, Mesdames, Majesté, Altesse.* Les adjectifs qui précèdent les noms de dignités éminentes prennent la majuscule : « J'ai vu Son Altesse. » Le principe étant que tout nom propre s'écrit par une majuscule, tous les substantifs, quelle que soit leur nature, qui ont, dans une phrase, la valeur d'un nom propre, doivent s'écrire par une majuscule. Depuis l'invention de l'imprimerie il fut d'usage de donner une majuscule au nominatif de chaque phrase, et quelquefois même à chaque substantif; cet usage durait encore au XVIIe et au XVIIIe siècle. Par un reste très-mitigé de cet usage, quand un mot a plusieurs sens plus ou moins différents, on emploie quelquefois la majuscule pour indiquer le sens le plus considérable; ainsi, « la Noblesse d'Angleterre, » c.-à-d. le corps des nobles, tandis qu'on écrit : « La vertu est la vraie noblesse. » On écrit : « Il se rendit au sénat, » c.-à-d. à la salle où se réunissent les sénateurs; mais « Il fut blâmé par le Sénat, » c.-à-d. par le corps des sénateurs. Dans la poésie, il est reçu, pour mieux assurer la distinction des vers, de mettre une initiale majuscule à chaque vers. P.

MAKAMAT, mot arabe qui veut dire *séances,* et désigne, par extension, des réunions littéraires où les auditeurs improvisent des récits improvisés. Il a été appliqué par Hamadâni à un recueil de 400 récits en forme de Nouvelles. Hariri l'a pris aussi pour ses contes.

MAL. L'idée du mal est essentiellement négative. Toutes les créatures étant appelées à aller à leur fin, le mal, pour elles, consiste à ne pas y aller; il résulte donc d'un désaccord entre leur nature et leur fin, c'est une imperfection. Le *mal réel* devient *physique* en raison de la sensibilité, *moral* en raison de la liberté, *métaphysique* en raison de la nature de tout être contingent. Le *mal physique* consiste dans les désordres qui se manifestent dans le monde matériel et chez les êtres organisés. Chez l'homme, ce n'est qu'une des formes du mal sensible, c'est la douleur qui se localise dans les organes; il est relatif, le point que ce qui est un mal pour les uns est quelquefois un bien pour les autres. Le *mal moral* a sa source dans la liberté humaine, celle-ci étant, entre autres choses, le pouvoir de mal faire. Mais cette liberté n'entraine que la possibilité du mal moral, et non sa réalisation nécessaire; ôter cette possibilité, c'est ôter celle du bien moral, c'est changer la nature et la fin de l'homme. Le *mal métaphysique* résulte de cette nature. Dieu seul existant par lui-même, et ayant seul la plénitude de l'être, est parfait; toute créature est nécessairement imparfaite, et par suite exposée au mal et susceptible d'y tomber. On s'est appuyé sur l'existence,du mal pour nier la Providence; mais la réflexion montre que le, mal physique d'une part, et le mal moral de l'autre, loin d'être en contradiction avec la sagesse, la bonté et la toute-puissance de Dieu, entrent comme éléments nécessaires dans le plan de la création. C'est en partant de cette vérité, et en se rappelant la nécessité du mal métaphysique, cause des deux autres, qu'on peut expliquer l'origine du mal. Comme réponse à cette question d'origine, on vit naître, dès la plus haute antiquité, la doctrine des deux principes : les Égyptiens la adoraient sous les noms d'Osiris et de Typhon, les Mèdes et les Perses sous ceux d'Ormuzd et d'Arimáhn; au IIIᵉ siècle de notre ère, on la vit renaître dans le Manichéisme. Chez les Grecs, les Stoïciens attribuaient le mal à la fatalité, les Épicuriens au hasard, Platon aux Dieux subalternes chargés de régir le monde; les Gnostiques donnèrent aussi leur explication (*V.* Gnosticisme). Les Prédestinatiens attribuaient tout à la puissance arbitraire de Dieu. C'était méconnaître sa bonté et sa justice, auxquelles il faut s'en rapporter pour tout ce qui est au-dessus de l'intelligence humaine. *V.* Douleur, Dualisme, Optimisme.

R.

MALABAR (Idiome), terme générique par lequel certains linguistes désignent les divers idiomes indiens qui ne se rattachent pas à la souche sanscrite, tels que le *tamoul*, le *télinga*, le *karnatique* (*V.* Dravidiennes — Langues). Les missionnaires anciens ne l'appliquent qu'au *tamoul*, et plusieurs modernes qu'au *malayâla*. Le malabar domine sur la côte de Malabar, à Travancore, à Cochin, à Cananor, à Calicut, à Mahé, etc. Il a huit cas, trois genres, et, dans les substantifs, trois nombres. Les adjectifs sont invariables. La conjugaison n'a que trois temps; des affixes suppléent à l'absence des modes autres que l'indicatif. Du reste, la plupart des verbes sont défectifs. La prononciation du malabar est douce et harmonieuse. Il s'écrit avec un alphabet particulier, dont quelques caractères lui sont communs avec le tamoul : selon Adelung, il manque des valeurs correspondant à nos lettres *f, g, y, x* et *z. V.* Clément Peani, *Alphabetum grandonico-malabaricum sive samscrudonicum,* Rome, 1772, in-8º; Grammatica de Jesu, *Grammatica malabare,* Rome, 1774, in-8º; R. Drummond, *Malabar grammar,* Bombay, 1799.

MALADRERIE. *V.* Lépreux, dans notre *Dictionnaire de Biographie et d'Histoire.*

MALAGA (Cathédrale de), en Espagne. Cette église, dont on attribue la construction à Diégo de Siloé ou à Juan Bautista, appartient au style de la Renaissance : commencée en 1528, elle était déjà fort avancée en 1558, puisqu'on y trouve en quelques endroits les armes de Philippe II et de sa femme Marie d'Angleterre. Elle est vaste et d'une masse imposante. La façade principale a deux corps d'architecture, présentant chacun huit belles colonnes de marbre : elle est flanquée de deux tours rondes, dont une seule, celle du Nord, fort élégante, et haute de 52 mèt., est achevée. L'intérieur est à trois nefs, avec transept : ces nefs sont dans le style de Bramante jusqu'au sommet des colonnes ; mais, sur les voûtes, les ornements, sans être de style purement ogival, ont quelque chose qui rappelle ce genre d'architecture. La longueur de l'édifice est de 115 mèt., la largeur de 75 mèt., et la hauteur sous voûtes, de 40 mèt. On remarque : le maître-autel ; les deux orgues, pour leur construction, leur ornementation et la puissance de leurs sons; un retable de style gothique, dans la chapelle de Santa Barbara; un retable en pierre et en marbre dessiné par Juan de Villanueva, dans celle de l'Incarnation; plusieurs bons tableaux. La cathédrale de Malaga est pavée en marbres de couleurs variées, formant des mosaïques. B.

MALAISE (Langue). Parlée en plusieurs dialectes dans les divers archipels de la Malaisie et dans la presqu'île de Malacca, comprise même dans toutes les réfions de l'Océanie, cette langue se rattacherait, selon Bopp, au sanscrit : mais cette opinion est fort sujette à controverse. Tout ce qu'on peut admettre, c'est que l'antique idiom s brâhmanique a exercé une certaine influence sur le malais, qui lui doit, par exemple, la plupart de ses expressions ayant rapport aux idées morales ou métaphysiques. Suivant Crawford (*Histoire de l'Archipel in-*

dien), sur 100 mots malais, 50 appartiennent au fonds général océanien, 27 sont particuliers à la Malaisie, 16 sont sanscrits, 5 sont arabes, et 2 sont empruntés soit au télinga ou au persan, soit aux langues des Européens (Portugais, Anglais, Hollandais) qui ont fréquenté ces parages. Adelung pensait que le malais appartint, dans le principe, à la classe des langues monosyllabiques (les mots les plus anciens peuvent être, en effet, ramenés à la forme monosyllabique), mais qu'ensuite il se modifia par suite des rapports multipliés du peuple qui le parlait avec les étrangers; selon lui, on devrait le placer, avec le mongol et le mandchou, comme langue de transition, en tête des langues polysyllabiques. — L'articulation douce et facile des consonnes, qui sont séparées entre elles par des voyelles nombreuses et sonores, et l'usage où sont les Malais de placer, dans les mots de plusieurs syllabes, l'accent sur la pénultième, donnent à leur langue de la cadence et de l'harmonie. Quant au vocabulaire, il est riche, en ce sens qu'il offre une grande abondance de mots pour l'expression des nuances dans les idées familières; mais il est pauvre en termes abstraits et généraux, et on a dû les emprunter aux langues de l'Inde. Le malais a une grande simplicité de formes grammaticales, et une grande clarté de syntaxe. La forme des pronoms personnels varie suivant le rang de la personne qui parle ou de celle à qui l'on parle. Les rapports des noms sont exprimés par des particules prépositives. Le verbe n'a pas de formes particulières pour les personnes, les nombres, les temps ni les modes : les personnes et les nombres sont indiqués par les pronoms, les temps et les modes par des particules adverbiales. Une préfixe particulière donne au verbe le sens passif. On distingue en malais plusieurs styles : le *bhasa-dalam* ou style de cour, employé dans la rédaction des actes officiels et des lettres des souverains, et caractérisé par une sorte de recherche élégante et de purisme; le *bhasa-dagang,* style des relations familières et commerciales, où l'on admet quelques mots étrangers; et le *bhasa-javi,* langue des livres ou malais littéral. Les Malais ont adopté l'alphabet arabe, tout impropre qu'est pour une langue riche en voyelles un alphabet qui ne transcrit que les articulations : n'ayant ni gutturales ni consonnes emphatiques, ils n'ont pris que 14 lettres aux Arabes, et ont formé 6 caractères nouveaux par une modification particulière des points diacritiques. Il est vraisemblable qu'antérieurement à l'introduction de l'Islamisme chez eux, ils possédaient un alphabet particulier. *V.* Arthusius, *Colloquia latino-malaica ,* Francfort, 1613, in-fol. ; Lorber, *Grammatica malaica,* Weimar, 1688, in-8º; Werndley, *Grammaire malaise,* Amst., 1730, in-8º; James Howison, *Grammaire de la langue malaise,* en tête de son *Dictionnaire,* Londres, 1801, in-4º; W. Marsden, *Grammaire de la langue malaise,* ibid., 1812, in-4º; De Hollander, *Grammaire malaise,* Breda, 1845, in-8º; Wildens, *Dictionnaire hollandais et malais,* La Haye, 1623, in-4º; Haex, *Dictionnaire malais et latin,* Rome, 1631, in-4º; Gueynier, *Vocabulaire néerlandais et malais,* Batavia, 1677, in-4º; Bowrey, *Dictionnaire anglais et malais,* Londres, 1701, in-4º, avec une *Grammaire et des Dialogues;* Leyden, *Vocabulaire comparé du birman, du malais et du siamois,* Serampour, 1810, in-8º; Marsden, *Dictionnaire malais et anglais,* Londres, 1812, in-4º, Thomasen, *Vocabulaire anglais et malais,* Malacca, 1820, in-12 ; Roorda van Eysinga, *Dictionnaire néerlandais et malais,* Batavia, 1824, 2 vol. in-8º; Boze, *Dictionnaire français-malais, avec des Dialogues,* Paris, 1826, in-16 ; Elont, *Dictionnaire hollandais et malais,* suivi d'un *Dictionnaire français et malais,* Harlem, 1826, 2 vol. in-4º; Leydekker, *Dictionnaire malais-néerlandais,* Batavia, 7 vol. in-fol.; Marsden, *Sur les traces de la langue et de la littérature de l'Inde chez les Malais,* dans le t. IV des *Recherches Asiatiques,* publiées à Calcutta; Leyden, *Sur la langue et la littérature des nations de l'Indo-Chine,* dans le t. X du même recueil; F. Bopp, *Sur les rapports des langues malaises-polynésiennes avec les langues indo-européennes,* en allem., Berlin, 1841, in-4º; E. Jacquet, *Mélanges malais, javanais et polynésiens,* dans les t. VIII à XI de la 2ᵉ série du *Journal de la Société asiatique de Paris:* Dulaurier, *Mémoires, Lettres et Rapports relatifs au cours de langues malaye et japonaise,* Paris, 1843, in-8º, et *Chrestomathie malaye,* 1845, in-8º.

MALAISE (Littérature). Les Malais possèdent une littérature riche et variée. Leurs vers sont rimés. Parmi les divers genres de poëmes, on remarque : 1º des romans formés d'une suite de *slokas* ou stances de 4 vers terminés par une rime commune ; 2° les *pantouns*, composés de stances à rimes croisées, et servant aux luttes poétiques des improvisateurs ; 3° quelques romans d'une grande étendue, tels que ceux qui ont pour titres la *Couronne des sultans* par Bokarry de Djohor, *Bida-Sari, Keni-Tambouhan , Salimbari, Sri-Râma* (V. une étude de M. Dozon sur ce dernier ouvrage, dans le *Journal asiatique* de mai 1846). La littérature malaise comprend des ouvrages historiques, entre autres le *S*^r *hedjaret Malayou,* chronique rédigée au commencement du xvii° siècle à Malacca, et qui s'étend du 1er siècle de notre ère jusqu'à l'arrivée des Portugais en 1511 ; l'*Hirakat-Malakka,* où sont racontées les circonstances de l'établissement des Malais dans la presqu'ile qui porte leur nom ; la *Chaîne des rois de Java,* qui comprend une durée de 17 à 18 siècles ; la *Chronique des rois de Pasay* (dans l'île Sumatra), publiée en France par M. Dulaurier. Les Malais ont des recueils de lois, pour lesquels ils ont puisé dans les travaux des Hindous et des Arabes. Ils connaissent par des traductions presque tous les bons ouvrages qui existent dans les autres littératures de l'Orient. Une riche collection de manuscrits malais, formée par Thomas Raffles, est devenue la propriété de la Société asiatique de Londres : le catalogue raisonné en a été publié par M. Dulaurier dans le t. X de la 3° série du *Journal de la Société asiatique de Paris.*

MALAYALA (Idiome), idiome parlé sur la côte de Malabar depuis le cap Comorin jusqu'à Dilli, et appelé aussi *grantham* ou *grandonicum.* Il appartient à la classe des langues dravidiennes (*V. ce mot*). On en a des Grammaires par Spring (Madras, 1839) et par Peet (1841), ainsi qu'un Dictionnaire par Bailey (1804).

MALCHUS, nom donné dans le principe aux confessionnaux qui n'avaient qu'une stalle pour les pénitents. On disait alors qu'ils n'avaient qu'une oreille, comme Malchus blessé par St Pierre.

MALÉDICTION. *V.* Imprécation.

MALGACHE (Idiome). *V.* Madécasse.

MALINES (Cathédrale de), Cette église métropolitaine, dédiée à St Rombaud, est entièrement d'un gothique très-pur, et doit être rangée au nombre des monuments les plus remarquables du style ogival, non-seulement en Belgique, mais dans tout le Nord de l'Europe. Construite sur l'emplacement d'une autre église incendiée en 1342, elle date de la seconde moitié du xiv° siècle. Les nefs, les transepts et les murs latéraux du chœur appartiennent au style ogival secondaire ; l'intérieur et le chevet du chœur, les chapelles au collatéral gauche de la grande nef, sont de style ogival tertiaire, et datent, par conséquent, du xv° siècle ; la voûte du chœur fut achevée en 1431 ; plusieurs chapelles ne remontent pas au delà du xvi° siècle. Les fenêtres de la nef sont rayonnantes, tandis que celles du chœur sont flamboyantes ; il y en a même plusieurs au fond du chœur qui, dans le réseau d'amortissement, présentent la forme toute française de la fleur de lis. Ces différences de style n'empêchent pas l'église d'avoir un aspect général d'unité. Le portail principal n'a presque pas d'ornements. Il est surmonté d'une tour carrée et massive, soutenue sur chaque face par quatre contre-forts ornés de clochetons en application, et dont la base forme l'ogive de la grande porte d'entrée. Cette tour, commencée en 1452, était arrivée en 1513 à l'état où elle est aujourd'hui ; haute de 97 mètres, sa plate-forme devait servir de base à une flèche découpée à jour. Quatre cadrans de 10 mèt. de diamètre sont attachés à ses quatre faces, et elle contient un carillon complet. A l'intérieur, la cathédrale de Malines a été badigeonnée : les vitraux ayant été brisés en 1580 par les protestants, on ne voit plus que des verres blancs aux fenêtres latérales, et des verrières modernes au chœur. Des statues des Apôtres sont placées devant les piliers de la nef. La chaire sculptée en bois représente la conversion de St Paul. On remarque aussi les belles et larges fenêtres placées au fond de chaque branche du transept, plusieurs groupes sculptés par Fayd'herbe, divers monuments funéraires, et, entre autres tableaux, un *Crucifiement* par Van Dyck. B.

MALLE (de l'allemand *mall*), coffre en bois ou en cuir, propre à transporter les effets d'un voyageur. — On a donné le même nom à la valise ou caisse dans laquelle les courriers de la poste portent les lettres, et, par extension, on a appelé *malle-poste* la voiture même qui transporte les dépêches. Depuis l'établissement des chemins de fer, il n'y a plus guère de malles-poste.

MALLÉOLUS, projectile de guerre des anciens Romains. C'était une tige de bois, terminée par une cage en fil de fer, de la forme d'un fuseau et pleine de matières inflammables, et qu'on lançait contre les travaux ou les navires de l'ennemi, où elle s'enfonçait par une tête de flèche.

MALLUM. *V.* notre *Dictionnaire de Biographie et d'Histoire.*

MALTAIS (Idiome). On ne sait si les peuples qui occupèrent successivement l'île de Malte, Phéniciens, Grecs, Carthaginois, Romains, Vandales, Goths, Arabes, y trouvèrent une population aborigène, parlant une langue particulière. Le dialecte maltais actuel a une origine évidemment sémitique. Jusqu'au xix° siècle, on crut que c'était du punique pur ; de nos jours, Gésénius et de Slane ont démontré que le génie de ce dialecte, comme sa grammaire et la plus grande partie de son vocabulaire, est arabe. Le maltais présente les 28 sons de la langue arabe, auxquels il ajoute les articulations *tch, gu* et *p* de l'italien. Par rapport à la syntaxe, on remarque un mélange des règles de l'arabe ancien et de celles de l'arabe moderne : ce sont les mêmes principes de formation des diminutifs, la même mode de déterminer le genre dans les noms, la même déclinaison double pour le masculin et le féminin, les mêmes pronoms possessifs affixes, la même distinction des verbes en trilittères et quadrilittères. La plupart des particules, prépositions, adverbes et conjonctions, sont littéralement arabes ou dérivées de l'arabe. Les mots qui ne se rattachent point à des racines arabes proviennent du grec, du latin ou de l'italien : quelques-uns, que ces langues n'expliquent pas, appartiennent peut-être à la langue primitive des habitants de l'île ou au phénicien. Les Maltais se servent de l'alphabet latin, en faisant subir quelques modifications à la valeur et à la forme des caractères. Ils possèdent des chansons en forme de quatrains rimés, des moralités et des proverbes, une version des *Évangiles* et des *Actes des Apôtres. V.* J.-H. Mai, *Specimen linguæ punicæ in hodiernâ Melitensium superstite,* Marbourg, 1718, in-8° ; Agius de Soldanis, *Della lingua punica, presentamente usitata dai Maltesi,* Rome, 1750, in-8° ; Vassalli, *Grammatica della lingua Maltese,* Malte, 1827, in-8°, et *Lessicon maltese,* 1796 ; Gésénius, *Essai sur la langue maltaise,* en allem., Leipzig, 1810, in-8° ; Pazavecchia, *Grammaire de la langue maltaise,* Malte, 1845, in-8° ; de Slane, *Note sur la langue maltaise,* dans le *Journal asiatique* de mai 1846.

MALTHA, genre de mortier des anciens Romains, qui servait à enduire l'intérieur des aqueducs. Il était composé de chaux vive, réduite en poudre, trempée dans du vin, et broyée ensuite avec du saindoux et des figues. Selon Festus, on employait encore de la poix et de la cire. Les parties sur lesquelles on voulait étendre le *maltha* étaient préalablement frottées d'huile.

MALTOTE. *V.* ce mot dans notre *Dictionnaire de Biographie et d'Histoire.*

MALVERSATION, mot qui, dans son acception générale, comprend toute faute grave et punissable commise par les fonctionnaires publics dans l'exercice de leur charge ou par les officiers ministériels dans l'exercice de leur emploi. Il s'applique spécialement aux délits de *corruption, d'exaction* et de *concussion* (*V. ces mots*). Les magistrats et autres fonctionnaires se rendent coupables de malversation, lorsque, par intérêt, haine ou vengeance, ils font quelque injustice ou mettent obstacle à des choses justes. Il y a malversation pour l'avocat qui engage ses clients dans des procès injustes, trahit la cause qui lui est confiée, révèle les secrets dont il est dépositaire, etc., cas auxquels il est passible de dommages-intérêts envers la partie lésée, et même de privation d'emploi. Il y a malversation de la part d'un huissier qui arrête quelqu'un sans une ordonnance du juge ou favorise une évasion, qui s'empare des meubles d'un saisi, qui commet des excès et violences en procédant aux saisies et aux exécutions; de la part d'un geôlier qui maltraite ses prisonniers ou les fait évader, qui aggrave la peine dont ils ont été frappés, etc.

MANCANZA, monnaie d'or des pays napolitains, valant 4 ducats (environ 16 fr. 25 c.)

MANCHE (en latin *manica,* dérivé de *manus,* main), partie du vêtement qui recouvre le bras. On a porté pendant plusieurs siècles, des *manches à l'ange,* qui traînaient presque jusqu'à terre ou qui voltigeaient comme des ailes. — Au jeu on appelle *manche* chaque division d'une partie qu'on fait en deux fractions; celui qui gagne les deux manches gagne la partie.

manche, mot employé en France, au commencement du xviii° siècle, dans l'Art militaire, comme synonyme de *division*. Ainsi l'on disait qu'un corps rompait en 8 ou 10 *manches.*

MANCHE, partie des instruments de musique à cordes, par laquelle on les saisit, et où l'on pose les doigts de la main gauche sur les cordes pour former les différents tons. C'est à l'extrémité du manche que se trouvent les chevilles qui servent à accorder l'instrument.

MANCHE, en termes de Marine, tuyau de toile ou de cuir servant de conduit à l'eau ou à tout autre liquide. Il y a des *manches* à ouverture très-vaste qu'on tourne du côté du vent; elles servent de ventilateurs à bord des navires, pour aérer fortement l'intérieur du bâtiment.

MANCHETTES DES LIVRES. On nomme ainsi, en Typographie, des notes, et plus souvent de brefs sommaires imprimés à la marge d'un livre, en petits caractères, et embrassant les matières traitées dans un ou plusieurs paragraphes. Cette disposition, pour des notes, rapproche immédiatement de l'œil du lecteur ce qu'il peut avoir besoin de lire en suivant sa lecture principale; pour des sommaires, elle montre l'ordre de la composition, aide à en suivre toutes les parties, et, quand on veut faire une recherche dans un certain nombre de pages, la rend plus facile et plus prompte. Cette méthode date au moins du IVe siècle, car elle fut pratiquée par Optation, dans son panégyrique au siége de Constantin, et, vers la fin du même siècle, St Jérome l'employa aussi dans la traduction d'une lettre de St Épiphane. Au XVIIe et au XVIIIe siècle, la plupart des ouvrages sérieux s'imprimaient avec des manchettes; mais depuis le commencement du XIXe siècle cette bonne coutume est devenue une exception, soit pour donner aux livres un meilleur aspect en laissant toutes leurs marges intactes, soit parce que cela épargne un peu de soin et de travail de la part de l'ouvrier, et procure une petite économie. Néanmoins l'usage des manchettes n'est pas abandonné, et ne le sera sans doute jamais entièrement. C. D—Y.

MANCHON, fourrure qu'on porte en hiver pour se garantir les mains des atteintes du froid. Au XVIe siècle, les manchons s'appelèrent des *contenances*, puis des *bonnes grâces.* Ce n'est plus aujourd'hui qu'un article de la toilette des femmes; mais, au XVIIIe siècle, les hommes, et, au commencement du XIXe, quelques vieillards portèrent aussi des manchons.

MANCIPATION.) *V.* ce mot dans notre *Dictionnaire*
MANDARIN.) *de Biographie et d'Histoire.*

MANDAT (du latin *mandatum,* confié), acte par lequel une personne, dite *mandant,* donne à une autre, appelée *mandataire,* pouvoir ou procuration de faire quelque chose en son nom. Le *fondé de pouvoir* prend aussi le nom de *mandataire,* quelquefois celui de *procureur fondé,* ou simplement *procureur.* Le mandat est *spécial,* c.-à-d. donné pour une affaire ou pour certaines affaires déterminées, ou *général,* c.-à-d. pour toutes les affaires du mandant. Le mandat conçu en termes généraux n'embrasse que les actes d'administration; s'il s'agit d'aliéner, d'hypothéquer, de faire acte de propriété, de saisir immobilièrement, d'incarcérer pour dettes, de donner mainlevée d'une inscription, il doit être spécial. Le mandat se donne, soit par acte public, soit par écrit sous seing privé, soit verbalement; mais, dans ce dernier cas, la preuve testimoniale n'est reçue que lorsqu'il y a commencement de preuve par écrit, ou que lorsque la valeur de l'objet pour lequel il est donné est inférieure à 150 fr. Le mandat est gratuit, s'il n'y a pas convention contraire. Le contrat est formé du moment qu'il y a acceptation de la part du mandataire, et l'exécution du mandat est considérée comme une acceptation tacite, quand il n'y en a pas eu d'autre. Le mandat finit par sa révocation, par la renonciation du mandataire au mandat, par la mort naturelle ou civile, l'interdiction, la déconfiture du mandant ou du mandataire. Le *mandant* est tenu de remplir les engagements contractés en son nom par le mandataire conformément aux pouvoirs qu'il lui a donnés, de lui rembourser les avances et frais faits pour l'exécution du mandat, ainsi que ses salaires, lors même que l'affaire n'aurait pas réussi; il doit l'indemniser des pertes qu'il a éprouvées, sans qu'une imprudence lui soit imputable, à l'occasion de sa gestion. S'il y a eu révocation du mandat et qu'elle n'ait été notifiée qu'au mandataire, le mandant ne peut l'opposer aux tiers qui auraient traité dans l'ignorance de cette révocation, et il ne lui reste alors que son recours contre le mandataire pour les affaires commencées avant la révocation. Le *mandataire* est responsable de l'inexécution du mandat, des dommages-intérêts qui peuvent en résulter, du dol

et des fautes qu'il commet dans sa gestion, et de la personne qu'il se serait substituée dans l'exécution du mandat, si le mandat lui confère le droit de substituer. Il doit, en cas de mort du mandant, achever la chose commencée, s'il y a péril dans la demeure. Il ne peut rien faire au delà de ce qui est porté dans le mandat : mais il n'aurait aucune responsabilité envers la partie avec laquelle il aurait indûment contracté, s'il lui avait donné connaissance du mandat. S'il renonce au mandat sans y être obligé par un préjudice considérable que lui causerait la continuation de son office, il doit indemniser le mandant du préjudice qu'il lui cause par cette renonciation. Les engagements qu'il aurait pris avec des tiers de bonne foi, dans l'ignorance de la révocation du mandat ou de la mort du mandant, sont valables et doivent être remplis. En cas de mort du mandataire, ses héritiers sont tenus d'en avertir le mandant, et de pourvoir, en attendant, à ce que les intérêts de celui-ci exigent. Les femmes et les mineurs émancipés peuvent être pris pour mandataires. Un titre tout entier du *Code Napoléon* (art. 1984-2010) est consacré au mandat : il a été commenté par M. Troplong, 1841, 2 vol. in-8°.

MANDAT, ligne de conduite, obligations que des électeurs imposent à leurs députés. Autrefois, les cahiers des bailliages étaient de véritables mandats pour les députés aux États Généraux. Depuis 1789, on n'a jamais admis en France les mandats de ce genre, dits *mandats impératifs.*

MANDAT, acte émané d'un magistrat ayant pouvoir de le décerner, et dont signification est faite par huissier ou par un agent de la force publique. On distingue : 1° le *Mandat de comparution,* assignation donnée, au nom du magistrat instructeur, à la personne inculpée, lorsque celle-ci est domiciliée, et que le fait est de nature à ne donner lieu qu'à une peine correctionnelle; 2° le *Mandat d'amener,* décerné, soit contre l'inculpé qui n'a pu être l'objet d'une poursuite correctionnelle, et qui n'a point obéi au mandat de comparution, soit contre tout inculpé d'un délit emportant peine afflictive et infamante, soit contre des témoins qui refusent de comparaître; on doit les interroger dans les 24 heures; 3° le *Mandat de dépôt,* en vertu duquel l'inculpé mis en état de prévention est envoyé provisoirement dans une maison d'arrêt, et dont mainlevée peut ensuite être donnée par le juge d'instruction, sur l'avis conforme du ministère public; 4° le *Mandat d'arrêt,* en vertu duquel le prévenu d'un fait emportant emprisonnement correctionnel, ou peine afflictive ou infamante, est mis en état d'arrestation, après avoir été entendu, par le procureur impérial. Ces divers mandats sont exécutoires dans tout l'Empire : ils doivent être signés de celui qui les décerne, et munis de son sceau. Le mandat d'arrêt doit, de plus, contenir l'énonciation du fait pour lequel il est décerné, et la citation de la loi qui déclare que ce fait est un délit ou un crime. Tout mandat doit être exhibé au prévenu, et copie lui en être donnée. L'inobservation de ces formalités entraîne une amende de 50 fr. contre le greffier.

MANDAT, rescrit apostolique accordé autrefois par les souverains pontifes, et en vertu duquel les collateurs étaient tenus de conférer à la personne qui en était pourvue le premier bénéfice vacant.

MANDAT, autorisation ou ordre donné de payer à un tiers et dans un autre lieu pour le compte de celui qui donne le mandat. Pour qu'il y aie à un mandat, il faut donc l'intervention de trois personnes, un créancier, un débiteur, et un intermédiaire qui touche sur l'ordre donné par le créancier la somme due par le débiteur; il faut de plus que le créancier et le débiteur ne demeurent pas dans la même ville. Ces conditions distinguent nettement le mandat des billets. Voici le modèle d'un mandat :

Paris, le 1er mars 1862. B. P. F. 1000.

A présentation je vous prie de payer par le présent *mandat,* à l'ordre de M. Paul, la *somme* de MILLE FRANCS, valeur en compte, sans autre avis (ou suivant avis).

A M. JACQUES, PIERRE.
négociant à Besançon.

Le mandat est un véritable contrat de change, d'un usage journalier dans le commerce. Il est transmissible par endossement, comme l'indique la formule : *A l'ordre de...* Il diffère cependant de la lettre de change en ce qu'il n'est pas accepté par le débiteur, et que quelquefois même on y joint la formule : *Non soumis à l'acceptation.* C'est donc un papier qu'un négociant peut émettre très-librement dans certains cas où la lettre de change ne serait pas de mise. Un négociant de Paris, par exemple, envoie sa marchandise à Marseille : il a besoin d'argent, et ne peut attendre jusqu'au jour où l'acheteur de Marseille aura reçu cette marchandise et lui aura écrit qu'il en accepte livraison : dans ce cas, il tire sur lui un mandat. Le mandat est par là même d'un usage très-fréquent ; mais une loi de 1834, en rendant le timbre presque nécessaire pour les mandats, qui, par suite, sont susceptibles d'acceptation (une traite sur papier libre ne peut être acceptée), les a presque confondus avec la lettre de change. L.

MANDATS TERRITORIAUX, nom donné à un papier-monnaie créé sous le Directoire, en vertu de la loi du 28 ventôse an IV (18 mars 1796). On en émit pour 2 milliards 400 millions. Ces mandats, qui avaient cours forcé, et qui devaient être reçus au prix des valeurs métalliques, étaient destinés, non-seulement au payement des dépenses publiques, mais au remboursement des assignats sur le pied de 30 capitaux pour un. Le jour de leur première émission, ils ne furent cotés qu'à 18 fr. pour 100 fr. Une loi décida alors qu'on ne les recevrait qu'au cours du jour de la part de ceux qui achèteraient des domaines nationaux, et seulement pour un quart du prix d'acquisition. La dépréciation fut si rapide, qu'au mois de septembre le cours des mandats était tombé à 5 fr. pour 100. fr., et on n'avait échangé que pour 350 millions d'assignats. Une loi du 16 pluviôse (4 février 1797) décida que les mandats cesseraient d'avoir cours forcé, et ne seraient plus admis qu'en payement des contributions arriérées, et seulement jusqu'au 1er germinal suivant.

MANDCHOUE (Langue). L'origine et la composition de cette langue ont donné lieu à bien des opinions diverses. De Siebold, dans son *Mémoire sur l'origine des Japonais*, trouve une assez grande analogie entre le japonais et le mandchou ; un écrivain mongol, Abougasi, ne voit dans le mandchou qu'un mélange de mongol et de chinois ; les missionnaires, au contraire, en font une langue mère, sans rapports avec aucune autre ; quelques linguistes enfin y trouvent des analogies avec le grec, le latin, le hongrois, l'allemand, etc., lesquelles sont rien moins que prouvées, quand on a fait la part naturelle aux fortuits et celle de ces cas douteux. Ce qui paraît hors de contestation, c'est que le mandchou, qui est aujourd'hui une langue polysyllabique, a été originairement, comme le malais (*V. ce mot*), une langue monosyllabique : en effet, les mots d'une seule syllabe, qu'il contient encore en grand nombre, ont chacun plusieurs acceptions différentes, comme cela a lieu dans les langues qui ont conservé le monosyllabisme. D'après Abel Rémusat, il y a trois catégories étymologiques de mots dans le mandchou. La première comprend les mots qui lui sont communs avec les autres idiomes toungouses : ils constituent le fond de la langue. On y trouve beaucoup d'onomatopées, peu de termes génériques, mais des termes spécifiques exprimant une foule de nuances d'idées : les animaux, par exemple, sont désignés par des noms différents, selon leur couleur, leur taille, leur âge, leurs qualités bonnes ou mauvaises ; il y a, pour nommer le cheval, autant de substantifs qu'il peut prendre d'allures, etc. La nomenclature des adjectifs et des adverbes est d'autant plus restreinte que celle des substantifs et des verbes est plus étendue. La seconde catégorie de mots comprend ceux qui ont été empruntés au mongol, depuis deux siècles au plus ; ils se rapportent pour la plupart à des objets d'une importance secondaire. La troisième se compose de mots tirés du chinois, et se rapportant surtout à des objets scientifiques. Quelques termes sont venus de l'Inde, et expriment des objets relatifs au culte de Bouddha. Les mots étrangers au mandchou forment à peu près la cinquième partie du vocabulaire de cette langue. L'empereur Kien-Long, voulant le ramener à sa pureté primitive, fit composer, pour remplacer les mots d'origine étrangère, des mots nouveaux formés de racines mandchoues : on en créa ainsi 5,000, dont les employés du gouvernement furent tenus de se servir. — Bien que la dynastie qui règne aujourd'hui sur la Chine soit venue de la Mandchourie, le mandchou n'est nulle part, pas même en Mandchourie, la langue dominante ; il subsiste seulement à côté du chinois dans toutes les parties du Céleste-Empire. Il ne connaît ni l'article défini, ni les genres grammaticaux ; mais il a des signes pour distinguer les nombres, et désigne les cas à l'aide de particules affixes ou isolées. Dans les verbes, l'impératif est le thème ou radical à l'état pur : des affixes syllabiques, placés à la suite de ce thème, servent à marquer les temps, les

modes et les voix. Il y a des voix active, passive, négative, réciproque, inchoative, fréquentative, etc. Au lieu de prépositions, le mandchou a des postpositions. L'ordre inverse domine dans la construction : le sujet de la proposition s'exprime en premier lieu, l'adjectif précède le substantif, le complément direct ne vient qu'après le complément indirect, et le verbe termine la phrase. Cet ordre est rigoureusement suivi. La prononciation du mandchou est, en général, douce et harmonieuse. Jusqu'au XVIIe siècle de notre ère, les Mandchoux ne possédèrent pas d'écriture, et, par conséquent, pas de livres : un savant de leur nation, Takhaï, composa, par ordre de l'empereur Taï-Tsoung, une écriture imitée de celle des Mongols, et dont les groupes syllabiques, fort nombreux, se réduisent à 24 caractères primitifs, dont 6 voyelles et 18 consonnes. C'est avec cette écriture que l'on a traduit en mandchou la plupart des livres chinois. *V.* le P. Amyot, *Grammaire tartare-mandchoue* (dans le t. XIII des *Mémoires concernant l'histoire, les sciences et les arts des Chinois*), qui n'est qu'une traduction des *Elementa linguæ tartaricæ* du P. Gerbillon ; le même, *Dictionnaire tartare-mandchou-français*, publié par Langlès, Paris, 1789, 3 vol. in-8° ; Langlès, *Alphabet mandchou*, 1787, in-8° ; Larionowitch Leontiew, *Lettre sur la littérature mandchoue*, traduite du russe, Paris, 1815, in-8° ; Klaproth, *Chrestomathie mandchoue*, Paris, 1828, in-8° ; A. Rémusat, *Recherches sur les langues tartares*, Paris, 1820, in-4° ; Schott, *Essai sur les langues tartares*, en allem., Berlin, 1836, in-4° ; Conon de La Gabelentz, *Éléments de la grammaire mandchoue*, Altenbourg, 1832, in-8° ; Kaulen, *Linguæ mandshuricæ institutiones*, Ratisbonne, 1855, in-8°.

MANDÉ, nom donné, dès les temps carlovingiens, à une cérémonie qui consistait à laver, tous les jours de carême, les pieds des pauvres.

MANDÉEN, variété d'écriture syriaque, particulière à la secte des Sabéens. Elle a cela de particulier, qu'on y fait entrer les voyelles dans le corps de l'écriture, et que les lettres y sont jointes les unes aux autres par une barre qui les traverse. L'alphabet mandéen fut porté au XIIe siècle par quelques prêtres nestoriens chez les Turcs Oïgours, et, au siècle suivant, les Mongols en formèrent un sur le même modèle.

MANDEMENT (du verbe *mander*), formule exécutoire qui termine les lois, les actes authentiques, les jugements, et qui contient ordre aux différents fonctionnaires d'en procurer l'exécution.

MANDEMENT, écrit adressé par un évêque à ses diocésains, et qui se termine par quelque prescription ou ordonnance, relative, par exemple, à des jeûnes, à des prières, à des jubilés, ou aux mesures de discipline. Les évêques écrivent des Mandements en prenant possession de leur siége, et tous les ans au commencement du Carême ; on les lit au Prône. Bossuet et Fénelon nous en ont laissé d'admirables.

MANDILLE, manteau de laquais au XVIIe siècle. Il était composé de trois pièces, dont l'une pendait sur le dos, et les deux autres sur les épaules.

MANDINGUE (Idiome), idiome parlé en plusieurs dialectes dans la Nigritie, et qui domine de la Gambie au Niger. Il est rempli de sons gutturaux.

MANDOLINE, instrument de musique, qui n'est guère répandu qu'en Espagne et en Italie. Il est composé d'une caisse sonore ovoïde ou en forme de moitié de poire, comme celle du luth (*V. ce mot*), et d'un manche assez semblable à celui de la guitare, et sur lequel sont tendues 4 cordes de laiton disposées et accordées comme celles du violon. En Italie, il y a des mandolines à 3 cordes, d'autres à 5, dont l'accord varie selon le caprice des maîtres. La mandoline se tient de la main gauche, et on en tire des sons en attaquant les cordes avec un petit morceau de plume, d'écaille, ou d'écorce de cerisier, taillé en cure-dent plat, qu'on tient avec l'extrémité du pouce et de l'index. Le son, frêle et nasillard, ne manque ni de piquant, ni d'originalité. Mozart, dans le second acte de son *Don Juan*, a fait un heureux usage de la mandoline. Denys a composé une Méthode pour cet instrument. B.

MANDORE, instrument de musique de l'espèce du luth, depuis longtemps abandonné. Long de 50 centimèt. environ, il était monté de 4 cordes, accordées de quinte en quarte, c.-à-d. que la 4e était à la quinte de la 3e, la 3e à la quarte de la 2e, et la 2e à la quinte de la chanterelle. On abaissait quelquefois la chanterelle d'un ton, afin qu'elle fît la quarte avec la 3e corde : c'est ce qu'on appelait accorder *à corde avalée*. Souvent aussi on abaissait la chanterelle et la 3ᵉ corde d'une tierce majeure pour faire l'accord en tierce. La chanterelle de la mandore à 4 cordes servait à jouer le sujet; on la pinçait avec l'index, au bout duquel était fixé un petit morceau de plume; les trois autres cordes formaient une octave remplie de sa quinte, et le pouce les frappait l'une après l'autre. Le nombre des cordes fut quelquefois élevé jusqu'à 16; les mandores qui avaient plus de 4 cordes s'appelaient *mandores luthées.* B.

MANDUCUS. V. ce mot dans notre ·*Dictionnaire de Biographie et d'Histoire.*

MANÉCANTERIE ou MANICANTERIE (du latin *mansio cantorum?*), nom donné autrefois, dans certains diocèses, à l'école où l'on instruisait les enfants de chœur. C'est ce qu'on nomme plus communément *maîtrise* (*V. ce mot*).

MANÉGE (du latin *manu agere*, conduire à la main), art de dompter, de discipliner, d'instruire les chevaux, et d'exercer les cavaliers à les conduire. V. ÉQUITATION.

ᴍᴀɴᴇ́ɢᴇ, espace circulaire ou rectangulaire, entouré d'une clôture et souvent couvert, destiné aux leçons d'équitation ou au dressage des chevaux. Les manéges civils ont en moyenne 40 mèt. de long sur 13 mèt. de large; mais on en fait de beaucoup plus grands pour la cavalerie. Le terrain doit être soigneusement nivelé, et recouvert d'une couche de sable mêlé de tan ou de sciure de bois, repiqué dès qu'il tend à se durcir, et arrosé souvent, sans le rendre trop humide. Les manéges complets doivent contenir des galeries ou tribunes pour les personnes qui veulent assister aux leçons, des écuries pour les chevaux, ainsi que diverses pièces accessoires, telles que vestiaire, sellerie, logement du gardien, salle du directeur, etc. Les cirques servent souvent de manége pour les leçons d'équitation dans les villes de second ordre.

MANGONNEAU. V. ce mot dans notre *Dictionnaire de Biographie et d'Histoire.*

MANICANTERIE. V. Mᴀɴᴇ́ᴄᴀɴᴛᴇʀɪᴇ.

MANICHORDION. V. Cʟᴀᴠɪᴄᴏʀᴅᴇ.

MANICLE, vieux mot qui signifiait *bracelet.*

MANIÈRE, se dit, en Peinture, de la méthode suivie par un artiste ou par une école dans l'exécution de leurs compositions. Le même mot s'emploie, en Littérature comme dans les Beaux-Arts, dans le sens d'*affectation,* de *recherche exagérée.*

ᴍᴀɴɪᴇ̀ʀᴇ ɴᴏɪʀᴇ (Gravure à la). V. Gʀᴀᴠᴜʀᴇ.

MANIFESTE, sorte de proclamation adressée par une puissance, non-seulement à une autre puissance avec laquelle elle est en contestation, mais au monde entier, que l'on prend en quelque sorte pour juge. Les manifestes contiennent d'ordinaire des déclarations de principes, l'exposé des griefs dont on se plaint, le but qu'on se propose en prenant les armes, et quelquefois aussi les moyens qu'on veut employer. Le nom de *manifeste* vient de ce que les pièces de ce genre commençaient jadis par les deux mots latins *manifestum est* (il est manifeste). Un des plus fameux manifestes de l'histoire contemporaine est celui que lança le duc de Brunswick, commandant des armées prussienne et autrichienne coalisées qui allaient envahir la France. Cette déclaration, datée de Coblentz, le 25 juillet 1792, fut l'ouvrage des émigrés français. Elle était, d'un bout à l'autre, une menace contre la France révolutionnaire: une injonction à tout le monde de revenir à l'ancienne fidélité au roi, une défense aux villes et aux habitants de résister à l'armée coalisée, sous peine de toutes les rigueurs de la guerre. Ce manifeste, dont on attendait beaucoup, n'eut d'autre effet que de rendre la Révolution plus terrible, et d'augmenter les dangers de Louis XVI et de sa famille.

MANILLE, jeu de cartes. On y joue de 2 à 5 personnes avec un jeu complet, dont les cartes sont distribuées 3 par 3, ou 4 par 4, jusqu'à la fin. Le premier en cartes joue de manière à se débarrasser du plus grand nombre possible de cartes qui se suivent; quand il y a interruption, le joueur qui peut continuer fait de même, jusqu'à ce qu'il ait à son tour une lacune dans son jeu, et ainsi de suite. Quand personne ne peut continuer après celui qui s'interrompt, tous payent à celui-ci un jeton. Un joueur qui arrive à une lacune peut la combler avec le neuf de carreau, dit *manille,* s'il le possède, et alors il reçoit un jeton de tout le monde; on peut donner à cette carte telle valeur qu'on juge à propos. Tout joueur qui place un roi reçoit un jeton des autres joueurs. Celui qui s'est défait le plus tôt de toutes ses cartes gagne les enjeux, et les autres joueurs lui payent autant de jetons qu'il leur reste de cartes dans la main. Si la manille est au nombre de ces cartes, le joueur qui ne l'a pas placée

donne un jeton à chacun; on paye également un jeton pour chaque roi.

MANIPULE, en latin *mappula*, *sudarium*, ornement ecclésiastique en forme de petite étole, large de 10 centimètres environ, et qui se porte sur l'avant-bras gauche. On le nomme aussi *fanon.* Ce n'était dans le principe qu'un mouchoir qu'on tenait à la main ou sur le bras pendant les offices, parce que l'aube n'avait pas d'autre ouverture que celle d'en haut pour passer la tête: cette pièce d'étoffe fut d'abord ornée d'une frange et de broderies; en s'écartant de son but primitif, elle devint de plus en plus riche, et finit par être exclusivement un ornement. Le clergé romain voulut s'en réserver le privilége, comme le prouve une lettre de Sᵗ Grégoire à Jean, archevêque de Ravenne; mais l'usage du manipule devint général. Il se porta longtemps à la main, aussi bien que sur le bras. Les Grecs et les Maronites en mettent deux, un à chaque bras. Le prêtre officiant prend le manipule après l'étole, et en disant une prière spéciale, *Ad manipulum.* Le diacre et le sous-diacre ont aussi un manipule.

ᴍᴀɴɪᴘᴜʟᴇ, terme d'antiquité militaire. V. notre *Dictionnaire de Biographie et d'Histoire.*

MANKS (Dialecte), dialecte gaélique, parlé dans l'île de Man. Il en existe une *Grammaire* par Kelly, Londres, 1803, et un *Dictionnaire* par Cregeen, Douglas, 1835.

MANNAJA (Supplice de la). V. Gᴜɪʟʟᴏᴛɪɴᴇ.

MANNEQUIN (de l'allemand *männchen*, petit homme, ou de l'anglais *mankind*, en forme d'homme), figure ayant la forme du corps humain, dont tous les membres, à jointures brisées, imitent le jeu des articulations, et sur laquelle les peintres et les sculpteurs disposent des draperies après lui avoir donné l'attitude qu'ils veulent représenter. Le premier qui en fit usage fut, dit-on, Baccio della Porta.

MANOEUVRE (de *main* et *œuvre*), tout homme qui travaille de ses bras, et, dans un sens plus restreint, apprenti qui sert les maçons et les couvreurs.

ᴍᴀɴœᴜᴠʀᴇ, terme d'Art militaire, qui s'applique aux mouvements tactiques des troupes, ainsi qu'aux mouvements stratégiques des armées. On distingue les *manœuvres de détail* (école de peloton, école de bataillon ou d'escadron), les *manœuvres d'ensemble* ou *de ligne* (une brigade ou une division), et les *manœuvres d'armée* ou *grandes manœuvres.* Les manœuvres de détail doivent être uniformes et invariables, afin de conserver dans la totalité de l'armée l'unité d'action; elles constituent la partie purement mécanique de la guerre. Les grandes manœuvres ne peuvent pas admettre un mode d'exécution uniforme et invariable pour toutes les parties de l'armée, parce que l'étendue du terrain qu'elles embrassent et les dispositions de l'adversaire imposent nécessairement des modifications aux mouvements; elles constituent la partie intellectuelle de la guerre, où l'on a besoin de réflexion, de perspicacité, d'inspiration. Les manœuvres de ligne sont nécessairement mixtes.

ᴍᴀɴœᴜᴠʀᴇ, en termes de Marine, partie de la tactique navale qui enseigne à gouverner un vaisseau, à régler tous ses mouvements, et à lui faire faire toutes les évolutions de route et de combat. V. Bréart, *Traité du gréement et de la manœuvre,* Paris, 1861, 1 vol. gr. in-8º. —*Manœuvre* est encore synonyme de *corde* : les *manœuvres courantes,* attachées aux objets mobiles, servent à la transmission des forces; les *manœuvres dormantes* lient entre eux les points fixes. Les manœuvres passées de l'arrière à l'avant sont dites *passées à contre;* celles passées de l'avant à l'arrière, *passées à tours.*

MANOIR (du latin *manere,* demeurer), château du seigneur au moyen âge. Par extension, ce nom fut appliqué à toute habitation de quelque importance entourée de terres.

MANOU (Lois de), *Mânava-dharma-çâstra,* ouvrage en 12 livres, comprenant 5,370 vers dans l'édition publiée à Paris en 1830, et dans lequel sont exposés, comme un enseignement révélé, les préceptes de la Loi. Manou est le nom d'un être supérieur fréquemment cité dans la littérature indienne, et dont la première mention se trouve dans le *Véda,* où il est appelé *le père commun des hommes;* c'est à lui particulièrement que les poëtes rapportent l'institution du sacrifice. Les Aryas de l'Indus le considéraient comme leur premier législateur, avant d'être descendus vers le S.-E. dans les vallées de la Yamunâ et du Gange : ce n'est pas un personnage exclusivement indien, car les traditions védiques le faisaient remonter au temps où leur race *vivait dans son unité* primordiale le long des rives de l'Oxus. On doit donc considérer le Manou indien comme un personnage symbolique. Le code des Lois de Manou, dans sa rédaction présente, est attribué à Bhrigou par les brâhmanes : or, Bhrigou, dans le *Véda*, est un *rishi*, c.-à-d. un saint personnage d'un ordre supérieur et même surhumain, dont le rôle tout entier fait partie de la mythologie symbolique des Aryas de l'Indus, et qui, de beaucoup antérieur à tous les hymnes du recueil, remonte aux temps primitifs de la race. Nous ignorons l'auteur véritable du livre de la Loi ; il y a même lieu de croire que ce livre est l'œuvre commune de plusieurs brâhmanes, auxquels leur science a donné l'autorité nécessaire pour le faire prévaloir et l'attribuer à Manou et à Bhrigou. Quant à l'époque où il fut composé, il est impossible de la fixer aujourd'hui avec précision. Si l'on considère le fond des doctrines et des lois mêmes, il est certainement fort antique ; mais la rédaction qui est entre nos mains peut remonter à une époque moins reculée. Toutefois, il n'est fait, dans le code de Manou, aucune allusion à la réforme bouddhique, ce qui aurait lieu de nous étonner dans un livre de cette nature, si cette réforme radicale lui eût été antérieure. Si l'on compare l'état des doctrines et des mœurs dans le code de Manou et dans les plus anciennes prédications bouddhiques, le code brâhmanique dénote une époque beaucoup plus ancienne que celle du bouddha, mort vers l'année 543 av. J.-C. Les *Purânas* (*V. ce mot*) devant être considérés comme postérieurs au Bouddhisme, il en résulte que le code de Manou, dans sa rédaction actuelle, semble appartenir à la période des épopées. C'est, du reste, le même langage, la même manière de penser, le même état de civilisation politique et religieuse que dans ces grands poèmes. Les lois de Manou sont souvent citées dans le *Mahâbhârata*, et cela dans les termes mêmes du code que nous possédons. Il existe dans l'Inde au moins 56 codes du même genre : loin qu'ils puissent rivaliser d'ancienneté avec les lois de Manou, celles-ci leur ont servi de type et de fondement, et présentent entre leurs diverses parties une proportion qui ne paraît pas se retrouver au même degré dans les autres. Selon la tradition indienne, un antique code de Manou fut écrit par Manou lui-même en 200,000 vers ; le sage divin Nârada l'abrégea en 12,000 vers ; un fils de Bhrigou, Soumati, le réduisit à 4,000 : notre rédaction n'est donc pas celle de Soumati, et cette traduction prouve uniquement que les Indiens ont eu, avant la nôtre, plusieurs rédactions de leurs lois.

La législation de Manou est fondée sur le *Véda*, dont les doctrines s'y retrouvent, fort développées, mais essentiellement les mêmes : le code passe même aux yeux des Indiens pour contenir, sous la forme de préceptes et de règles, le *Véda* dans son entier. C'est assez dire qu'il est orthodoxe. On ne peut donc le considérer comme issu d'une des écoles de la philosophie indienne : au contraire, les différents commentaires sanscrits des lois de Manou appartiennent à des écoles particulières, et donnent souvent de ses préceptes ou de ses énonciations théologiques une interprétation inadmissible. Il est donc nécessaire, pour bien comprendre ce livre, de se tenir en dehors de toute doctrine préconçue autre que celle du *Véda*, et de se défier des commentateurs. Prise en elle-même, la doctrine de Manou porte non-seulement sur les lois civiles et politiques, mais aussi sur la religion, la morale, la métaphysique et la cosmogonie ; elle est, en un mot, à la fois théorique et pratique, et ne néglige aucune des bases sur lesquelles repose la société brâhmanique ; elle en est l'expression la plus complète qu'aucun ouvrage indien nous présente. — Le polythéisme est la forme extérieure et visible de la religion dans Manou ; il est symbolique dans son ensemble comme dans ses moindres parties : mais, tandis que les symboles védiques représentent, dans les hymnes, presque exclusivement la nature extérieure et matérielle, un caractère métaphysique et moral très-évident se remarque en eux dans Manou. Ces symboles, qui, dans le *Véda*, sont presque indépendants les uns des autres, sont ici coordonnés et rapportés à un principe commun qui les réunit et les anime : le panthéon védique se trouve ainsi conservé conformément à la tradition des Aryas, mais relégué au second rang, le rang supérieur dans la hiérarchie des êtres étant occupé par le principe absolu et indivisible. Non-seulement les dieux du ciel, Indra et les autres, sont devenus des génies d'un ordre secondaire ; mais Brahmâ lui-même, dont le nom n'existe pas dans le *Véda*, est dépassé par la notion métaphysique de l'absolu neutre et indiscernable qui porte le nom de *Brahme*. Le panthéisme est ainsi constitué d'une manière complète et définitive, développant le *Véda* sans

le contredire, et demeurant orthodoxe. Le 1er livre expose la formation du monde, laquelle n'est pas une création substantielle, mais une simple production des formes ; l'origine des *Védas;* la création du brâhmane, du xatriya, du vaiçya et du çoudra, c.-à-d. des quatre castes fondamentales de la société brâhmanique ; la naissance des Manous, des dieux, des astres, des hommes, des animaux et des plantes ; les productions et les destructions successives des univers ; la division du temps ; le jour et la nuit de Brahmâ ; la théorie des âges ; l'origine et les fondements de la Loi. Ce 1er livre est donc une véritable Genèse indienne. — Le 2e livre, revenant sur les bases de la Loi, qui sont la tradition et la révélation, établit le privilège des brâhmanes, et fixe les limites de la contrée brâhmanique. Le jeune brâhmane, né dans le Brahmâ-varta, reçoit une sorte de baptême et un nom ; ce 2e livre décrit les cérémonies par lesquelles il doit passer pour arriver au rang de novice, la ceinture, le cordon, le bâton ; il expose les devoirs de l'ablution, de la purification spirituelle, les égards dus par le novice à ses supérieurs, à ses parents, à son maître spirituel. — Le 3e livre fixe la durée du noviciat, à la suite duquel le jeune brâhmane se marie ; choix de la femme ; divers modes de mariage ; manière dont on doit honorer les femmes ; cérémonies imposées au chef de famille ; devoirs d'hospitalité ; souvenir des morts et repas funèbres, composition de l'assemblée du festin, prière aux morts. — Les règles concernant l'alimentation ont une grande importance dans la religion indienne ; le 4e et le 5e livre roulent en grande partie sur ce sujet ; les détails où entre le code de Manou s'expliquent par le besoin qu'éprouvaient les législateurs âryas de ne pas laisser leur race se mêler avec les races indigènes, noires ou jaunes, dont l'infériorité morale et intellectuelle était évidente ; beaucoup de préceptes moraux contenus dans ces livres et dans les autres n'ont pas d'autre but, et s'adressent principalement aux castes supérieures. — Le terme de la vie approchant, le chef de famille, auquel est né un petit-fils, se retire dans le désert pour s'y livrer à l'austérité et à la méditation ; il devient *vânaprastha* ou anachorète. Les devoirs de l'anachorète sont exposés dans le 6e livre. — La seconde moitié du livre de Manou diffère notablement de la première par son contenu : celle-ci énonce des préceptes généraux qui s'adressent à tout le monde, mais surtout aux brâhmanes. Les livres suivants ont pour objet des détails de loi relatifs à l'organisation de la société politique, civile et militaire, et aux devoirs des castes. La création d'un roi, son autorité, ses devoirs ; le choix des ministres ; la paix, la forteresse ; les impôts ; le butin de guerre ; les questions relatives au droit des gens, aux droits de la guerre et de la victoire ; tels sont les principaux sujets du 7e livre. — Le 8e et le 9e traitent des lois civiles et criminelles, de la composition des tribunaux, de la procédure ; des dettes et contrats ; des témoins et des témoignages ; de la conscience morale, du serment, de l'épreuve ; de l'intérêt, des cautions, des amendes ; des lois pénales ; du mariage civil, des enfants, des successions ; de la subordination des castes par rapport aux brâhmanes. — Une importance considérable est attachée aux devoirs des castes dans les temps de disette ; la division de l'Inde en un grand nombre de petits États rendait ces fléaux irrésistibles, et portait dans l'accomplissement des devoirs légaux des désordres que les législateurs se sont efforcés de prévenir en suspendant l'exercice même de la loi dans des conditions déterminées. Ce cas et les règles qui s'y rapportent forment l'objet principal du livre 10e. — Les deux derniers roulent sur des sujets moraux et religieux, et sont comme le couronnement de la législation de Manou. Le crime et le délit ne blessent pas seulement la société, mais ils souillent l'âme ; de sorte que la punition du coupable n'est efficace que si elle est accompagnée du suivie de pénitence et d'expiation ; le péché doit donc être effacé, comme la force doit rester à la loi ; sans cette double condition, la société ne devient pas meilleure. Quand le repentir a effacé la faute, même secrète, alors on peut aspirer à la béatitude finale, qui est l'objet de toute la législation brâhmanique, et dont les conditions sont renfermées au 12e livre de Manou. La distinction de l'âme et du corps est le fondement de la loi comme de ses conséquences finales qu'elle entraîne : ces conséquences sont diverses suivant l'état de purification où l'âme et le corps de l'homme sont parvenus au jour de la mort. Le criminel non purifié tombe aux enfers, où il souffre, dans son corps et dans son âme, des tourments variés ; et, au renouvellement de l'univers, le principe vivant qui l'animait renait dans une condition inférieure et dans une misère proportionnée à son état antérieur. Le juste, qui a accompli les actes exigés par la loi ou indiqués par une raison supérieure, parvient à la béatitude finale, qui consiste dans la contemplation de l'Être suprème, et dans l'absorption de l'individualité dans la grande àme du monde; s'il est parfait, il ne renait pas au jour du renouvellement du monde, et échappe de la sorte aux vicissitudes de la vie et de la mort.

L'esprit général qui anime les lois de Manou peut se résumer en deux mots, pureté physique et morale, subordination des hommes entre eux. Les éléments qui composent cette législation sont si compacts, en quelque sorte, qu'il est difficile de dire si les castes ont été créées pour conserver l'esprit religieux des Aryas, ou si la doctrine religieuse a été conçue en vue de la conservation des castes. On ne peut retrancher ni modifier aucune des parties essentielles de cette législation, sans qu'elle s'écroule tout entière. La loi de Manou n'a jamais été changée que dans quelques détails de pratique d'une valeur tout à fait secondaire; elle sert encore aujourd'hui de base à la société bràhmanique de l'Inde; tout ce qui, du dehors ou du dedans, a paru lui être hostile a été repoussé par les bràhmanes avec une persistance qui ne s'est point lassée. Les musulmans n'ont pu conquérir l'Inde, mais n'ont pu détruire ni l'institution des castes, ni la religion des Aryas; la race bràhmanique ne s'est mêlée à la leur que dans une proportion minime. Longtemps auparavant, la réforme bouddhique, qui, née dans l'Inde, préchait l'égalité et attaquait le principe des castes, n'a pu se maintenir, malgré les progrès qu'elle avait faits dans le peuple. Plus tard, le christianisme, préché dans l'Inde par un ordre célèbre, ne parvenait à faire quelques progrès qu'en faisant lui-mème des concessions. Ce système ayant été désapprouvé, la loi de Manou a repris tout son empire, et constitue encore, aujourd'hui mème, la plus grande force morale contre laquelle les Européens aient à lutter en Orient.

V. *Manava-Dherma-Sastra, or the institutes of Menu*, publié par Chamney Haughton, Londres, 1825, 2 vol. in-4°; *Menu Sanhita, with a commentary of Kulluka Bhatta*, Calcutta, 1830, 2 vol. in-8°; *The laws of Menu*, en sanscrit, en bengali, et en anglais, Calcutta, 1832; *Lois de Manou*, texte et traduction française, par Loiseleur-Deslongchamps, 1830-1833, 2 vol. in-8°. Em. B.

MANS (Cathédrale du). Cette église, placée sous l'invocation de St Julien, offre deux styles bien distincts : la grande nef et les bas côtés appartiennent à la période romano-byzantine; le transept, le chœur et ses chapelles, ainsi que toute la partie supérieure de l'église, à la période ogivale. Malgré cette absence d'unité, c'est un monument, dont l'ensemble possède de la noblesse et de la grandeur. Il se distingue à l'extérieur plutôt par la sévérité des lignes architecturales que par la richesse de l'ornementation; le chevet, soutenu par de grands et légers contre-forts qui supportent trois rangs d'arcs-boutants superposés, et entouré de chapelles qui forment de petites absides rayonnantes autour de l'abside principale, donne une perspective très-pittoresque. Rien n'est plus simple que le grand portail. Trois portes à plein cintre, surmontées de chevrons brisés, de billettes et autres ornements de style romano-byzantin; au-dessus, une grande fenêtre entre deux autres de moindre dimension, toutes trois à plein cintre; deux contre-forts, sur lesquels sont fixées deux énormes bêtes; enfin, au sommet, un grand pignon en maçonnerie maillée, soutenue par des pierres de taille de moyen appareil : voilà toute la décoration de ce portail. Le portail latéral du midi, construit dans le style de transition du XIIe siècle, a plus de richesse : l'ogive qui donne entrée dans une espèce de narthex ou vestibule, est encore indécise, et ornée de moulures romano-byzantines; la porte, surmontée d'un tympan où l'on voit le Sauveur et les figures symboliques des quatre Évangélistes, à une voussure chargée de petites statuettes, et des pieds-droits garnis de huit grandes statues, toutes maltraitées par le temps et par les hommes. Ce portail est surmonté d'une tour qui a 66 mèt. de hauteur, et qui renferme une fort belle horloge. A l'intérieur, on est frappé de la beauté de la nef, avec ses fenêtres et ses galeries à plein cintre, aux travées d'une exécution surprenante et d'une grandeur d'effet extraordinaire : elle a été bàtie au XIe siècle, ainsi que les bas côtés, dont les murs sont soutenus par des colonnes engagées, à chapiteaux historiés de figures fantastiques, harpies, griffons, chimères, serpents entrelacés, etc. Les arcades qui séparent la nef et les ailes

étaient à plein cintre, soutenues par des colonnes cylindriques; mais, dans la suite, de deux en deux on renferma une des colonnes dans un pilastre carré, et les arcades, rétrécies par ce grossissement alternatif des supports, furent transformées en ogives obtuses. La partie ogivale de l'édifice se rapporte au commencement du XIIIe siècle, sauf la remarquable rose du côté gauche du transept, qui est du XVe. Le chœur, avec ses colonnes et ses arcades d'une élégance parfaite, avec sa galerie découpée entièrement à jour, avec ses éblouissants vitraux, n'a rien à envier aux plus célèbres monuments gothiques. La cathédrale du Mans renferme quelques monuments funéraires d'un grand mérite : le tombeau de la reine Bérengère, apporté de l'abbaye de l'Épau en 1821 ; dans la chapelle des fonts baptismaux, le sarcophage et la statue en marbre blanc de Charles d'Anjou, comte du Maine (mort en 1472), et le mausolée de Guillaume du Bellay, ouvrage de Germain Pilon, placé autrefois dans la chapelle de Notre-Dame-du-Chevet. Quant aux dimensions de l'édifice, qui occupe une superficie d'environ 5,000 mèt., il a 150 mèt. de longueur dans œuvre; la nef a 58 mèt. de longueur, et 24 de largeur y compris les collatéraux; la longueur transversale de la croisée est de 59 mèt., et sa largeur de 10; le chœur, avec ses latéraux fort habilement divisés, par un rang circulaire de colonnes, en deux allées de hauteur inégale, est large de 32 mèt., long de 44, et sa hauteur sous voûte, beaucoup plus considérable que celle de la nef, est de 34 mèt.; chacune des onze chapelles du pourtour a 11 mèt. de profondeur, celle de l'abside 18 mèt., sur 5 mèt. de largeur. Cette disposition de chapelles profondes, dont l'une, celle du centre, a plus de profondeur encore, se trouve également à la cathédrale de Séez. V. Richelet, *Le Mans ancien et moderne*, 1830; E. Huchor, *Calques des vitraux peints de la cathédrale du Mans*, 1855 et suiv. B.

MANS (NOTRE-DAME-DE-LA-COUTURE, au). Cette église, autrefois abbatiale, faisait partie du couvent dont les bâtiments servent aujourd'hui d'hôtel de la préfecture. Elle appartient aux XIe, XIIe et XIIIe siècles. Sa longueur hors œuvre est de 95 mèt., et sa largeur aux transepts, de 43 mèt. La façade occidentale, large de 35 mèt., est ornée de statues et de sculptures fort curieuses. Autour de l'ouverture extérieure du porche, on voit des espèces de crochets végétaux, terminés par des tètes de moines et des figures bizarres. La voussure de la porte offre trois rangs de statuettes : au 1er rang, au milieu des anges, Moïse, Aaron et trois autres vieillards; le 2e rang est formé de martyrs, et le 3e de vierges. Le tympan représente le Jugement dernier et le Pèsement des àmes; six grandes statues garnissent les côtés de la porte. A l'intérieur de l'église, on remarque 70 stalles exécutées en chène au commencement du XVIe siècle. Il y a une crypte, longue de 14m,30, et large de 7 mèt., dans laquelle se trouvent cinq colonnes monolithes en marbre étranger au pays et peut-être antique. B.

MANSARDE, nom donné à une fenêtre droite dans un comble brisé, parce qu'on en attribue l'invention à Mansard, architecte de Louis XIV. On faisait de ces fenêtres dès le XIIIe siècle, et tous les bàtiments civils de la Renaissance en sont pourvus. Par extension, on a donné le nom de *mansardes* aux chambres à plafond incliné placées sous les toits et éclairées par des fenêtres à lucarnes. B.

MANSE. } V. ces mots dans notre *Dictionnaire de* MANSION. } *Biographie et d'Histoire.*

MANTE (du latin *mantellum*, nappe, voile), nom donné d'abord à un grand voile noir, trainant jusqu'à terre, que les dames de la cour portaient dans les cérémonies et surtout dans le deuil; puis, à un vètement de femme, ample et sans manches, quelquefois à capuchon, se portant dans les temps froids par-dessus les autres vètements. On a encore appelé *mante* la chape de laine à capuchon que revêt quelquefois le pape, l'habit de certaines religieuses, le balandran ou la cape des voyageurs, ou enfin une couverture de lit. B.

MANTEAU, autrefois *Mantel* (du latin *mantellum*, voile), vètement sans manches, long et ample, destiné à se placer par-dessus les autres et à envelopper le corps. Ce n'est pas seulement chez les peuples dont le climat est froid qu'il fait partie du costume; il est aussi en usage dans les pays chauds, principalement en Espagne. Les Anciens ont eu bien des espèces de manteaux : les philosophes et les soldats romains hors de Rome portèrent l'*abolla* de toile mise en double, attaché par une broche sous le cou ou au haut de l'épaule; les gens de basse condition eurent l'*alicula*, manteau plus court, attaché aussi sur le devant par une agrafe, et que le ven faisait flotter comme de petites ailes sur les épaules. La *chlamyde*, la *chlène*, la *palla*, le *peplum*, le *pallium*, le *sagum*, le *paludamentum*, la *pœnula*, la *lœna*, etc. (*V. ces mots*), étaient aussi des formes du manteau. En France, le manteau n'était guère porté autrefois que par les gens à cheval. Après avoir été adopté par les femmes aussi bien que par les hommes, il est aujourd'hui presque complétement remplacé par des vêtements de même destination, mais de formes et de noms très-variables. On a donné le de petits manteaux courts le nom de *crispin* (*V. ce mot*). — *Le manteau de cour* est une espèce de robe sans corsage, attachée au bas de la taille, ouverte par devant, et à queue traînante, que les dames d'une cour portent les jours de présentation et de cercle. B.

MANTEAU (Rôles à), en langage de Théâtre, rôles des personnages graves et âgés, des tuteurs, des notaires, etc.

MANTEAU, en termes de Blason, fourrure herminée sur laquelle est posé l'écu. Il n'appartient qu'aux souverains, aux princes et aux ducs.

MANTEAU. *V.* CHEMINÉE.

MANTELET, petit manteau violet que les évêques jettent sur leur rochet quand ils sont en présence du pape ou d'un légat, pour témoigner que leur autorité lui est subordonnée.

MANTELET, pièce de cuir qui s'abat sur le devant et sur les côtés d'une calèche, pour défendre les voyageurs contre la pluie ou le vent.

MANTELET, en termes de Blason, espèce de lambrequin large et court, dont les anciens chevaliers couvraient leur casque et leur écu ; — courtine du pavillon des armoiries, quand elle n'était pas recouverte de son chapeau.

MANTELET, engin de guerre des Anciens, destiné à protéger les travailleurs dans l'attaque des places. C'était tantôt un grand rideau formé d'un tissu épais de cordes tressées, suspendu à des espèces de potences, et flottant, que les traits et les pierres des assiégés ne pouvaient traverser ; tantôt un parapet portatif et roulant, en bois recouvert de claies en osier, et revêtu en dehors de cuir mouillé, pour éviter le feu.

MANTELET, en termes de Marine, volet qui ferme un sabord.

MANTES (Église Notre-Dame, à). Cette église était autrefois une collégiale que Philippe-Auguste donna au chapitre de St-Denis, et dont le roi était abbé titulaire. Bâtie à la fin du XIIe siècle, dans le même style ogival et peut-être par les mêmes architectes que Notre-Dame de Paris, elle est surmontée de deux tours, qui dominent une partie du cours de la Seine. La porte principale est séparée en deux baies par un trumeau qui porte une statue de la Vierge, et accompagnée de 8 grandes statues de rois et de patriarches ; les funérailles et l'Assomption de la mère de Dieu sont sculptées dans le tympan ; dans les voussures, un quadruple rang de 50 figures représente David et les rois de Juda. La résurrection du Christ fait le sujet du tympan de la porte latérale de gauche. La porte de droite, refaite au XIVe siècle, offre des médaillons où sont figurées des scènes de martyrs, une double voussure contenant les 12 apôtres et 12 martyrs, enfin un tympan divisé en 3 zones, dont l'une représente l'Annonciation, la Visitation, la Nativité, et l'Adoration des Mages, l'autre la résurrection des morts et leur séparation en enfin si réprouvés, la 3e des groupes de personnages qui semblent glorifier Dieu. L'église de Mantes a perdu ses vitraux et ses mosaïques ; le cœur de Philippe-Auguste repose encore dans un caveau sous le sanctuaire. Les six piliers qui entourent le chœur sont d'une délicatesse et d'une légèreté admirables. L'édifice n'eut aucune chapelle jusqu'au XIVe siècle : à cette époque, on en éleva une fort remarquable contre le bas côté méridional du chœur. Trois autres, dont une au sud et deux au nord, ont été pratiquées plus tard, mais avec beaucoup moins d'habileté. Une particularité de l'église Notre-Dame de Mantes, c'est sa toiture en tuiles vernissées et émaillées. *V.* A. Moutié, *Mantes, histoire, monuments, environs*, 1852, in-8°. B.

MANTILLE, espèce de grand fichu à trois pointes, dont celle de derrière arrondie, fait en velours ou en drap écarlate rehaussé d'un galon ou d'une broderie d'or, et que les femmes adoptèrent vers 1725, pour se garantir le cou et les épaules contre le froid. — En Espagne, la mantille est une longue et large écharpe noire, qui se porte ordinairement sur la tête et se croise sous le menton, de manière à ne laisser voir distinctement que les yeux.

MANTOUE (École de), une des écoles italiennes de peinture que l'on comprend sous la dénomination générale *d'école lombarde*. Elle fut fondée par André Mantegna, et, outre Louis et François, fils de ce peintre, on y comprend Lorenzo Costa, G.-F. Carotto, et Fr. Monsignori. Une vigoureuse impulsion lui fut donnée par Jules Romain, que les Gonzague appelèrent à Mantoue. Ce grand artiste construisit dans cette ville le Palais ducal et le palais du T, qu'il orna aussi de peintures, et donna les dessins pour la reconstruction intérieure du Dôme. Outre le Primatice, qui fut plutôt son aide que son élève, on vit se former sous sa direction Benedetto Pagni, Fermo Guisoni, Rinaldo, Teodoro Ghigi, Ippolita Andreasi, etc. Depuis Jules Romain, l'école de Mantoue n'a produit aucun maître ; mais les Gonzague appelèrent plus volontiers les peintres étrangers, le Titien, le Corrège, le Tintoret, l'Albane, Domenico Feti, etc.

MANUBALISTE. *V.* ce mot dans notre *Dictionnaire de Biographie et d'Histoire*.

MANUEL (du latin *manuale*, qui se tient à la main), livre portatif, présentant sous un petit format la substance d'ouvrages étendus. Les Anciens ont connu les manuels ; mais c'étaient chez eux des recueils de maximes philosophiques, comme le *Manuel d'Épictète*. Chez les modernes, que les in-quarto et les in-folio n'ont point effrayés pendant bien des siècles, il ne paraît pas avoir existé de manuels avant le règne de Louis XIV, où deux Oratoriens publièrent un *Manuel des Pêcheurs*. Au siècle suivant, les livres s'étant multipliés et les lecteurs devenant plus occupés ou moins patients, chaque science, chaque art, chaque métier eut son manuel. Cette multiplication des petits livres s'est encore accrue de notre temps, où le libraire Roret a publié une collection de *Manuels* qui portent son nom. B.

MANUFACTURES. C'est l'industrie qui donne, par un changement de forme, de la valeur à une matière brute, ou bien ajoute de la valeur à une matière déjà manufacturée. Les objets d'un usage général présentent seuls des avantages de perfection et d'économie à être produits par grandes masses ; et, parmi ces objets, au premier rang, sont les étoffes qui servent à nous vêtir ; aussi les premières manufactures furent celles de draps, de toiles, de soie, de coton, etc. La protection qu'il convient le mieux à un gouvernement éclairé de donner aux manufactures se réduit à écarter les obstacles qui sont de nature à rendre la production moins économique et moins perfectionnée ; à faciliter l'achat et l'arrivée des matières premières tirées de l'étranger ; à les affranchir de droits, ou ne leur en faire supporter que de très-faibles ; à favoriser les ouvriers en leur faisant supporter peu d'impôts. La densité de la population est une des causes principales qui favorisent le développement des manufactures. De tous les pays d'Europe, l'Angleterre est le plus manufacturier, parce que, eu égard à l'étendue de son territoire, il est le plus peuplé. Après l'Angleterre, viennent la France et la Belgique, puis quelques États de l'Allemagne et la Suisse ; les contrées presque désertes de la Russie et celles de l'Amérique méridionale sont au dernier rang. Dans un même pays, on remarque même, à cet égard, d'une province à l'autre, des différences notables, selon que les populations y sont plus ou moins pressées : le Lancashire, si riche et si peuplé, l'emporte de beaucoup, sous le rapport du développement manufacturier, sur tous les autres comtés de la Grande-Bretagne ; en France, les départements de la Seine, du Nord, de la Seine-Inférieure et du Haut-Rhin, l'emportent, par la même raison, sur les autres ; dans l'Amérique du Nord, les États de l'Est, les plus anciennement occupés et les plus peuplés, sont aussi les seuls où les arts manufacturiers ont acquis quelque puissance, tandis que les États de l'Ouest, plus jeunes, y sont encore presque totalement étrangers. D'une autre part, si la densité de la population influe sur le développement manufacturier, l'accroissement de cette industrie, favorisé par certaines circonstances locales, influe à son tour sur l'accroissement de la population.

L'invention des machines et leur mise en action dans les manufactures ont fait gagner l'ouvrier sous le rapport de l'*intensité* du travail, mais l'ont fait perdre sous celui de la *durée* ; les chefs d'industrie exigèrent des hommes un labeur moins pénible, mais mais prolongé, et, comme la douceur du travail s'accommodait assez à la faiblesse de la femme et des enfants, ils imposèrent bientôt à ces derniers la présence dans l'atelier pendant le jour et quelquefois pendant la nuit. Ces excès, déjà nuisibles à la santé de l'homme mûr, étaient plus funestes encore à l'existence des adolescents, et des enfants surtout. De là la nécessité d'une intervention de la loi (*V.* ENFANTS DANS LES MANUFACTURES).

L'élévation du prix des produits des manufactures françaises comparé à celui des produits similaires anglais tient à plusieurs causes; mais il en est une qui dérivait de notre système douanier, et qui sera certainement affaiblie par suite de la concurrence qu'amènera le traité de commerce du 23 janvier 1860. Elbeuf, par exemple, ne manufacture pas en grand; il n'entreprend qu'à la façon: il est mal outillé, mal organisé; le travail est éparpillé, sans avoir rien de commun avec la division du travail. Chaque opération s'y fait chez un entrepreneur distinct, :cinture, filature, tissage, apprêt, etc. Cependant cette ville produit pour plus de 70 millions de draperie par an, .à l'aide d'un crédit dont jouissent la plupart des producteurs, dont le chiffre d'affaires ne dépasse pas pour chacun 100 à 150,000 fr.; on compte seulement trente manufacturiers qui produisent ensemble pour la somme de 20 à 25 millions. Dans ces conditions de production et ·d'outillage industriel très-imparfait, les frais de main-d'œuvre, quoique le prix de la journée soit moins élevé -qu'en Angleterre, sont cependant plus considérables. Les manufacturiers d'Elbeuf, protégés par un système prohibitif, pouvant retirer de très-beaux profits malgré un matériel incomplet, ne songeaient point à l'améliorer; ainsi, tandis que l'Angleterre comptait, en 1855, plus de 15,000 métiers mécaniques à tisser les étoffes de laine, Elbeuf n'en possédait pas un seul. En 1857, il en avait cinq. Cependant, avec un métier de ce genre, telle pièce de drap dont le tissage à bras coûtait 25 à 30 fr., se fait mécaniquement au prix de 9 à 10 fr. Avec les anciens pro-·cédés, l'ouvrier tissait de 6 à 7 mèt. par jour; maintenant il peut en tisser de 18 à 20 mèt. Quoique le tissage mécanique soit beaucoup plus répandu dans l'industrie du coton que dans celle de la laine, on cite Amiens, où se fabriquent les velours de coton, comme ne connaissant pas encore l'usage du tissage mécanique: une pièce de velours, qui coûte dans cette ville 2 fr. 50 c., se fait à Manchester et à Brünn en Allemagne pour 70 c. L'industrie du coton a adopté dès l'origine, pour sa fabrication, la spécialité des tissus fins, laissant le tissu commun à l'Angleterre, qui a toujours eu pour but principal de produire le plus économiquement possible, et a pu réaliser sous ce rapport des résultats remarquables, dus au bas prix de ses combustibles et à l'emploi presque exclusif du travail mécanique. Le prix de ses tissus, par suite de -leur finesse et de leur élégance, est supérieur à celui des tissus de nos voisins d'outre-Manche; mais le rapport de ces prix est resté presque le même, preuve des progrès de notre part analogues à ceux des manufacturiers anglais. On estime que les 34 millions de kilogr. de tissus fabriqués en 1834 coûtaient à peu près aussi cher que les 64 millions de kilogr. produits en 1853.

Les manufactures françaises durent à Colbert une existence assurée par un édit de 1664, qui réduisit en un seul tous les droits de traites intérieures; par celui de 1667, sur l'entrée et la sortie des matières premières et des marchandises fabriquées, etc. A propos de ces édits, Roland de La Plâtrière disait que si la multiplicité des règlements concourait aux progrès des manufactures, celles de France devraient être les plus florissantes du monde entier. Des manufacturiers habiles, attirés de tous côtés par de grands avantages, fondèrent, sous le règne de Louis XIV, de vastes établissements; des ouvriers initiés aux secrets de la fabrication étrangère étaient partout recrutés. C'est ainsi que les manufactures se trouvèrent augmentées et perfectionnées (V. INDUSTRIE). Cependant une lutte s'établit bientôt entre l'industrie et le commerce, qui demandaient la liberté, et l'administration, qui prétendait les garder en tutelle; dans ces combats entre les règles et la liberté, le commerce et les manufactures furent constamment inquiétés. Vers la fin du XVIIᵉ siècle, l'Angleterre s'empara de la prépondérance. manufacturière de la France, en s'enrichissant du personnel et de l'outillage des ateliers français et flamands, en attirant à elle, par la liberté civile et religieuse, l'élite des artisans de ces deux pays, qui s'en exilaient par suite de la révocation de l'édit de Nantes. L'Allemagne protestante a dû à la même cause le développement de ses manufactures, et, dans le même temps, l'Espagne, en laissant dépérir ses fabriques, par ses persécutions contre les races juive et arabe, entrait dans la voie de décadence où elle a eu tant de peine à s'arrêter de nos jours.

Les corporations d'arts et de métiers (V. ARTS ET MÉTIERS), après avoir été la cause des progrès accomplis s'ans l'industrie, furent plus tard un obstacle à l'application des découvertes de la science. Ainsi, l'art de vernir et d'emboutir la tôle fut découvert en 1761; mais, comme il exigeait l'emploi d'ouvriers et d'outils de professions différentes, l'inventeur, trop pauvre pour payer les droits de maîtrise de chacune de ces corporations, fut obligé de transporter son industrie à l'étranger, d'où elle n'est revenue en France qu'en 1793, après l'abolition des corporations. Quelquefois les obstacles furent levés par l'intervention du pouvoir, qui dégageait des entraves des règlements sur les maîtrises les inventeurs d'un procédé ou d'un art nouveau ou perfectionné, en donnant à leur fabrique le titre de *manufacture royale*. Il en fut ainsi pour Lenoir, fabricant d'instruments de musique; Ami-Argand, l'inventeur de la lampe à double courant d'air; Réveillon, célèbre fabricant de papiers peints, etc. — On donna aussi le nom de *manufactures royales, nationales* ou *impériales* à des établissements entretenus et administrés par l'État, telles que la manufacture de porcelaine de Sèvres, celle des Gobelins, etc. Privées de bras pendant les guerres de la République et de l'Empire, les manufactures françaises se soutinrent cependant, grâce aux énormes besoins qu'elles avaient à satisfaire et au privilège dont elles jouissaient par suite du fameux blocus continental (V. PROHIBITION); elles ne commencèrent à reprendre un nouvel essor qu'en 1816, au rétablissement de la paix générale. A. L.

MANUFACTURES (Conseil général des), Conseil institué près du Ministère de l'agriculture, du commerce et des travaux publics, en vue d'éclairer le gouvernement sur les questions d'intérêt industriel. D'après les décrets des 1ᵉʳ février et 9 avril 1851, il est composé de 8 membres nommés par le ministre, et d'un industriel nommé par chaque Chambre consultative des arts et manufactures parmi ceux qui exercent ou qui ont exercé pendant 5 ans au moins une industrie. Les fonctions de ce membres sont gratuites. Le Conseil ne se réunit que quand il est convoqué; il est présidé par le ministre, mais choisit dans son sein un vice-président; les fonctions de secrétaire sont remplies par un employé du ministère, et des commissaires du Gouvernement exposent les questions. Le Conseil délibère, soit séparément, soit avec le Conseil général du commerce; mais, même dans ce dernier cas, son vote reste distinct. V. ARTS ET MANUFACTURES.

MANUMISSION. V. ce mot dans notre *Dictionnaire de Biographie et d'Histoire*.

MANUSCRIT, ouvrage écrit à la main. Les Anciens avaient deux sortes de manuscrits : les uns étaient disposés en rouleaux, et appelés par cette raison *volumina* (de *volvere*, rouler); les autres, pliés en feuillets, et formant des livres reliés ou brochés, se nommaient *codices*. Ils employaient généralement, pour les copier, des esclaves ou des affranchis (*scribæ, librarii*); au moyen âge, les moines se chargèrent de ce travail (V. COPISTES). L'étude des écritures des manuscrits, dans le but de constater l'authenticité et l'âge de ces ouvrages, fait l'objet de la *Paléographie* (V. ce mot); l'examen des chartes et autres titres du moyen âge est l'objet de la *Diplomatique* (V. ce mot). Les manuscrits du moyen âge attirent l'attention non-seulement par l'écriture, mais par les lettres ornées et les enluminures dont les artistes calligraphes se sont enrichis (V. ÉCRITURE, CALLIGRAPHIE, MINIATURE). V. A. Pfeiffer, *Sur les manuscrits en général*, en allem., Erlangen, 1810; Ébert, *Sur la connaissance des manuscrits*, en allem., Leipzig, 1825.

MANUTENTION (du latin *manu tenere*, tenir en main), mot qui a le sens général d'*administration*, de *gestion*, de *conservation*. Dans un sens spécial, on nomme *Manutention des vivres* l'établissement où se fabrique et se conserve le pain pour les troupes. C'est une question fort controversée de savoir s'il faut établir des manutentions pour le service des villes, ou si l'on doit laisser les troupes s'approvisionner librement. Il y a aussi des manutentions de la Marine, dont le personnel est placé sous l'autorité des officiers du commissariat chargés du service des subsistances : on distingue des chefs de manutention généraux, des chefs et des sous-chefs de manutention, ayant rang de commissaires-adjoints, de sous-commissaires et d'aides-commissaires, avec 3,500, 2,500 et 1,800 f. de traitement.

MAPPA. V. ce mot dans notre *Dictionnaire de Biographie et d'Histoire*.

MAPPEMONDE (de *mappa*, carte géographique, et *mundus*, monde), carte qui représente tout le globe terrestre. Supposant qu'on a scié le globe en deux suivant le plan de l'un de ses méridiens, on représente les deux hémisphères côte à côte. V. CARTES GÉOGRAPHIQUES, GÉOGRAPHIE.

MAQUETTE ou **MARQUETTE**, modèle en petit d'un ouvrage en ronde-bosse, fait en terre molle ou en cire.

MAQUIGNON, nom donné jadis à tous les marchands de chevaux indistinctement, et qui, ne se prenant plus guère aujourd'hui qu'en mauvaise part, désigne ceux de ces marchands qui cherchent à tromper les acheteurs.

MARABOTIN. | V. ces mots dans notre *Dictionnaire*
MARABOUT. | *de Biographie et d'Histoire.*

MARAIS, amas d'eaux stagnantes, très-peu profondes, et même sujettes quelquefois à se dessécher. Les marais sont formés, quoique souvent dans le voisinage de la mer, par des infiltrations souterraines d'eau douce, ou par la stagnation, dans des terrains d'un niveau inférieur aux collines voisines et au rivage de la mer, de rivières trop peu considérables pour former des lacs ou franchir le littoral. Tels sont les marais répandus sur les côtes méridionales de la Baltique, ceux de la Hongrie et de la Russie, les Marais Pontins et les Maremmes en Italie. Dans le bassin des fleuves sujets à des débordements périodiques et considérables, on rencontre des marais qui, dans le temps de la crue, sont des bras du fleuve, et, dans la saison sèche, des réservoirs isolés ou quelquefois même se dessèchent tout à fait et forment de riches pâturages. Tels sont les *Marigots* du Sénégal, les *Bayous* du Mississipi et les *Olbouies* des fleuves de la Sibérie méridionale. Les plus vastes marais du globe sont à l'E. de l'Himalaya et à l'E. des Andes du Chili, dans l'Inde septentrionale et dans la République Argentine, où les torrents précipités des glaciers dans les plaines croupissent longtemps avant de rencontrer la pente qui les verse dans les affluents du Gange et de la Plata, et forment ainsi, sur plus de 1,200 kilomètres de longueur et sur une largeur de 300 à 400 kilomètres, des terrains perfides où l'homme ne pénètre qu'en tremblant. Quelques marais présentent le curieux spectacle des *îles flottantes :* ce sont des terrains de nature tourbeuse, mais très-légers, qui, minés par les eaux, se détachent du sol avec les arbres qu'ils portent; on voit de ces îles sur le lac de Kolk (province d'Osnabruck), et sur celui de Gerdau en Perse.

Dans le Droit féodal, les marais appartenaient aux seigneurs, à moins que l'État, les communes ou les particuliers n'eussent des titres à faire valoir. L'ordonnance de 1670 sur les eaux et forêts leur accordait même, sous le nom de *triage*, le droit de revendiquer le tiers des marais appartenant aux communes, lorsque celles-ci les tenaient d'eux à titre gratuit, et que les deux autres tiers suffisaient à l'usage des habitants. Les lois des 15 mars 1790, 28 août 1792 et 10 juin 1793, qui abolirent la législation antérieure, déclarèrent que les communes étaient de droit propriétaires de tous les marais, à la condition de les revendiquer dans les cinq ans. V. DESSÈCHEMENT.
C. P.

MARAIS (Théâtre du). V. notre *Dictionnaire de Biographie et d'Histoire.*

MARAIS SALANTS, parties basses du littoral, analogues aux lagunes par leur origine et leur *constitution physique*, mais qui en diffèrent en ce que l'industrie les a perfectionnés pour ainsi dire et a su en faire une source de richesses. Les marais salants se rencontrent surtout dans les terrains inondés à l'embouchure des fleuves à *deltas*, ou des rivières peu considérables qui se perdent sur une côte basse : telles sont les lagunes de Comacchio, au S. du delta du Pô; celles de Languedoc et de Provence, appelées improprement *étangs* de Leucate, de Sigean, de Thau, de Maguelonne, de Mauguio, de Valcarès, de Berre; et surtout les marais salants proprement dits des côtes de la Saintonge, de l'Aunis, du Poitou, et d'une partie de la Bretagne. Toute cette partie du sol est coupée par des *étiers* ou canaux de 4 mèt. de largeur et de 2 de profondeur, qui reçoivent les eaux de la mer à la marée haute; des écluses permettent de les retenir, et de largds digues ou *bossis*, assez élevées pour être livrées au labourage ou servir de chaussées, circonscrivent les aires salines où les eaux déposent le sel qu'elles contiennent. Les marais salants de l'Océan fournissent à la consommation de l'Ouest et du Nord de la France.
C. P.

MARACA, instrument qui sert pour guider les danses guerrières des tribus indigènes du Brésil. C'est une calebasse ovale, ornée de plumes d'ara, garnie d'un manche, et contenant des graines qui résonnent quand on l'agite. Selon quelques auteurs, il rappelle symboliquement le grondement du tonnerre, que ces tribus adorent.

MARANISCH, nom de l'arabe parlé dans l'Espagne musulmane. Il était encore en usage à la fin du XVIIe siècle dans les montagnes des provinces d'Andalousie, de Valence et d'Aragon; des voyageurs prétendent qu'il existe toujours dans un patois de la Sierra Morena.

MARAUDE ou **MARAUDAGE**, vol commis par un ou plusieurs soldats écartés de l'armée. Avant 1789, le maraudeur pris en flagrant délit par le prévôt de l'armée était pendu sur-le-champ. D'après la loi du 18 brumaire an V, la maraude simple fut punie de la prison et de l'exposition; la maraude avec récidive, de 5 ans de fers; la maraude à main armée, de 8 ans de la même peine. — En dehors de l'armée, on appelle *maraudage* l'acte de dérober, dans les champs, des productions non encore détachées du sol; il est puni d'une amende de 5 à 10 fr. Il en est de même du fait de cueillir et manger sur place les fruits appartenant à autrui ; la peine est de 1 à 5 fr.

MARAVÉDI, ancienne monnaie espagnole, dont la plus ancienne mention remonte au commencement du XIIIe siècle. Les premiers maravédis furent des monnaies d'or et d'argent; ce fut en 1474 qu'on frappa pour la première fois des maravédis de cuivre, dits *maravédis de vellon*. C'est la 34e partie du *réal*, c.-à-d. moins d'un centime; le *maravédi de plata*, double du maravédi de vellon, vaut un centime et demi.

MARBOURG (Église de Ste-ÉLISABETH, à), dans la Hesse électorale. Bâtie de 1235 à 1283, et remarquablement bien conservée, elle est du style ogival le plus pur. Deux tours carrées flanquent le portail occidental, dont les sculptures méritent aussi l'attention. Les fenêtres du chœur sont garnies de beaux vitraux. Dans un bras du transept, on admire la riche chapelle de Ste-Élisabeth, fille d'André II, roi de Hongrie, épouse du landgrave Louis de Thuringe, et patronne de l'église. Le transept opposé contient les mausolées en pierre de quelques landgraves de Hesse, avec des bas-reliefs en bronze. On conserve dans la sacristie la châsse de Ste Élisabeth; elle est en chêne, couverte de lames de cuivre doré, et ornée de bas-reliefs en argent massif et doré.

MARBRE. Le mot latin *marmor*, dérivé du grec *mármaros* (blanc), s'appliquait particulièrement, dans l'origine, au seul marbre statuaire. Le premier marbre, et le plus célèbre qui ait été employé par les Anciens, était tiré de l'île de Paros; la *Vénus de Médicis* et la *Diane chasseresse* du musée du Louvre en sont faites. Le marbre du Pentélique, en Attique, plus fin et plus serré, mais d'une teinte moins unie, se reconnaît dans plusieurs statues antiques du même musée. Dans la suite, les statuaires grecs adoptèrent le marbre de Luni (près de Carrare), dont est fait l'*Apollon du Belvédère*. Ce sont aussi les marbres de Carrare que préfèrent les Modernes, à cause de leur finesse et de leur netteté.

Les marbres d'ornement sont nombreux et variés. Les Anciens en employaient de plusieurs sortes, dont les carrières sont perdues pour nous, et qu'on ne trouve plus que dans les ruines. Ce sont : le *noir antique*, surnommé *marbre de Lucullus*, parce que le Romain le fit connaître en Italie, et tiré de Milet et d'Alabanda en Carie; le *rouge antique* ou d'*Égypte*, devenu plus rare encore que le précédent; le *vert antique*, exploité dans la Thessalie, et dont on voit quatre belles colonnes dans la salle de Pallas au Louvre; le *bleu antique*, d'un blanc rosé avec taches d'un bleu ardoise, en zigzags interrompus; le *bleu turquin antique*, dont les carrières se trouvaient en Mauritanie; le *petit antique*, d'un grain très-fin, veiné de blanc et de gris d'ardoise, tiré de Staremma en Étrurie; le *jaune antique*, exploité en Macédoine, et dont est faite la grecque qui entoure les deux tables de lapis-lazuli de la galerie d'Apollon au Louvre; le *grand antique*, composé de fragments et de linéaments d'un noir foncé, mélangés de fragments du plus beau blanc; le *cipolin antique*, dans lequel le talc forme des veines, et qu'on croit avoir été tiré de l'île d'Elbe; la *brèche violette antique*, appelée on ne sait pourquoi *brèche d'Alep* (elle s'exploitait dans les environs de Carrare), offrant des couleurs très-variées, le plus souvent des fragments anguleux de couleur lilas sur un fond d'un brun violâtre; la *brèche africaine antique*, aux fragments rouges, gris, violets, etc., sur un fond noir; la *brèche rose antique*, composée de petits fragments rosâtres sur un fond rouge clair; la *brèche jaune antique*, d'un jaune clair, avec des taches plus foncées; la *brèche arlequine*, présentant des taches rondes de diverses couleurs; la *brèche rouge et blanche*, dans laquelle ces deux couleurs dominent; la *brèche vierge*, composée de fragments anguleux blancs, bruns, rouges et jaunâtres; la *brèche fleur de pêcher*, qui offre de grandes taches violettes ou lie de vin sur un fond blanc, etc.

Les Modernes possèdent aussi beaucoup d'espèces de marbres. Parmi les marbres noirs, nous citerons : le *noir antique* ou *drap mortuaire*, dont la couleur est uniforme, et qu'on emploie surtout dans les monuments funèbres; le *petit granit*, dont le fond noir est parsemé régulièrement de parties claires, et dont les ébénistes se servent fréquemment pour les dessus de meubles; le *marbre Ste-Anne*, à veines blanches se croisant en tous sens, et dont sont faits les dessus de tables dans la plupart des cafés de Paris; le *petit antique*, offrant un mélange de taches noires et blanches, à peu près égales, et anguleuses; le *portor* (*porte-or*), présentant des veines d'un jaune doré. Les marbres rouges les plus connus sont : le *marbre griotte*, dont le fond, d'un rouge brun, est régulièrement parsemé de taches d'un rouge plus clair; le *marbre de Sarancolin* (Pyrénées), d'un rouge foncé, mêlé de gris et de jaune, avec des parties transparentes; le *marbre incarnat* ou *du Languedoc*, d'un rouge assez clair, irrégulièrement mêlé de parties plus claires. Notre département de l'Aude fournit des marbres rouges et blancs, dont on peut prendre une idée par les colonnes de l'arc du Carrousel, à Paris. Il y a un, dans le Pas-de-Calais, qui ont la couleur café au lait veinée d'un peu de blanc : on l'appelle *marbre Napoléon*, parce que la colonne de Boulogne en est faite tout entière. On en voit plusieurs dessus de tables dans les deux Trianons; le piédestal de la statue de Louis XIV à Caen en est également fait. Les *marbres jaunes* de Sienne et de Vérone sont d'une belle teinte rouge, sur laquelle se détachent des ammonites. Florence, Prato, Bergame et Suze ont leur *marbre vert*, plus ou moins tacheté de blanc ou de gris. On trouve aussi à Florence le *marbre ruiniforme*, présentant des dessins d'un brun jaunâtre sur un fond gris, qui simulent l'apparence de ruines. On appelle *lumachelles* (de l'italien *lumacha*, limaçon) les marbres qui contiennent des coquilles fossiles dans leur intérieur : les lumachelles les plus estimées sont celles dites *d'Astrakhan*, à reflets jaunes sur fond brun, et la *lumachelle opaline*, à reflets de couleur rouge ou orangée, rouge de feu et gorge de pigeon. Les marbres tirent leurs couleurs des différents oxydes, surtout des oxydes de fer, qui sont mêlés au calcaire. Il en est qui se décolorent sous l'action alternative de la pluie et des rayons solaires; ce sont ceux principalement qui renferment des parties d'argile, du schiste, de la magnésie ou des matières talcqueuses : on doit ne les employer que dans les intérieurs. Tels sont les marbres de Campan (Pyrénées), tantôt rouges, tantôt verts, ou rose tendre, qui ont servi à la décoration des châteaux de Versailles et de Trianon.

MARBRE (Table de). *V.* notre *Dictionnaire de Biographie et d'Histoire*.

MARBRES D'ARUNDEL ou DE PAROS. *V.* Paros, dans notre *Dictionnaire de Biographie et d'Histoire*.

MARBRES CAPITOLINS. *V.* Fastes, dans notre *Dictionnaire de Biographie et d'Histoire*.

MARBRES D'ELGIN. *V.* Elgin, dans notre *Dictionnaire de Biographie et d'Histoire*.

MARC, monnaie de divers pays. Le *marc danois* de 1770 vaut 0 fr. 94 c.; le *marc lubs* ou *de Lubeck*, et le *marc courant* de Hambourg, 1 fr. 53 c. Le *marc banco* n'est qu'une monnaie de compte, de 1 fr. 88 c.

MARC (Église de Saint-), à Venise, sur l'un des côtés de la place du même nom. L'art chrétien n'a rien produit d'aussi original : c'est un mélange des styles byzantin, roman et ogival, un musée de dépouilles apportées de la Grèce, de Constantinople, de Syrie, d'Espagne, tous les pays où Venise vit flotter son pavillon, et une magnifique galerie de peintures nationales. L'édifice fut commencé en 977, sur l'emplacement d'une première église bâtie en 828 et détruite par le feu; on n'en fit la consécration solennelle qu'en 1111. Il n'est devenu église cathédrale qu'en 1817, et fut considéré jusque-là comme la simple chapelle des doges, destinée aux cérémonies qui avaient un caractère national. Le doge nommait le primicier et les 26 chanoines du chapitre. Les architectes de St-Marc, nourris des principes de l'école byzantine, donnèrent à leur plan la forme d'une croix grecque, longue de 76m,50, en y ajoutant un portique large de 60 mèt., qui rappelle aussi le narthex des églises d'Orient. Ils placèrent au centre de la croix une coupole de 14 mèt. de diamètre, et, sur les branches, quatre autres coupoles un peu plus petites, copies réduites de celle de la Ste-Sophie à Constantinople, la-quelle est exhaussée sur quatre piliers et quatre grands arcs, auxquels elle se rattaché par des pendentifs, et entourée d'une ceinture de fenêtres. Ces coupoles, qui sont des moitiés de sphère, reçurent au xve siècle la forme renflée et bulbeuse de l'architecture arabe, par l'addition de charpentes revêtues de feuilles de plomb.

Comme elles sont juxtaposées, deux des piliers et un des grands arcs de chaque petite coupole se confondent avec les piliers et les arcs de la coupole centrale : pour agrandir leur plan, les architectes donnèrent aux grands arcs de coupoles et aux piliers qui les soutiennent un développement excessif, tout à fait inutile à leur solidité; chaque pilier eut près de 7 mèt. sur chaque face, et chaque grand arc, devenu une large voûte en berceau, fut, à l'exception de ceux de la coupole centrale, fermé du côté de l'extérieur par un mur très-mince, que l'on perça de fenêtres; les piliers, rétrécissant de toute leur masse à l'intérieur, furent évidés et percés d'ouvertures Les voûtes, dans la construction desquelles les artiste: grecs étaient expérimentés, ont été préférées, pour le reste de l'édifice, aux plafonds de bois des basiliques latines. L'église à un clocher séparé, tour carrée de 102 mèt. de hauteur, surmontée d'un ange d'or servant de girouette : on monte jusqu'au sommet par une rampe douce, sans marches et en forme de limaçon.

Le portique ou vestibule qui sert de façade à l'église St-Marc est percé de cinq grands arcs, soutenus par deux ordres de petites colonnes superposés, et de deux arcs plus petits : au-dessus de ces arcs, une galerie règne sur trois côtés de l'église; elle est ornée d'une colonnade de marbre à hauteur d'appui. Au milieu de cette galerie, au-dessus de la principale porte, sont quatre chevaux antiques en bronze doré qu'on attribue à Lysippe, et qui, apportés, dit-on, d'Alexandrie à Rome par Auguste, placés successivement sur les arcs de Néron et de Trajan, transportés par Constantin dans l'hippodrome de Constantinople, furent enlevés de cette ville par les Vénitiens après la 4e croisade, en 1204. De la galerie s'élève un second ordre de cinq grands arcs, soutenus par des colonnes de porphyre, et dont les renfoncements sont remplis de mosaïques, de figures, de guirlandes, etc. Ces arcs sont surmontés de grandes statues de marbre; celui du milieu, plus élevé que les autres, supporte un St Marc foulant aux pieds un lion de bronze doré. Entre les arcs et leurs statues s'élèvent de petits clochetons à jour. Au centre du portique on aperçoit dans le pavé un losange en marbre rougeâtre, marquant l'endroit où l'empereur Frédéric Ier Barberousse s'humilia devant le pape Alexandre III, en 1177. Les grandes mosaïques des voûtes inférieures représentent l'Enlèvement du corps de St Marc, le Jugement dernier, les Honneurs rendus à St Marc, une Vue de l'ancienne église de St-Marc, et ont pour auteurs Pierre Vecchia, Pierre Spagna, et Léopold del Pozzo. Celles des voûtes supérieures, représentent la Descente de croix, l'Apparition aux limbes, la Résurrection et l'Ascension de Jésus-Christ, sont de Louis Gaëtano. Du portique on entre dans l'église par trois portes de bronze, marquetées d'argent : les vantaux de celle de droite ont été enlevés de Ste-Sophie de Constantinople; une autre, ainsi que l'indique une inscription, fut l'œuvre d'un artiste vénitien, nommé Bertuccio, en 1300.

L'effet intérieur de l'église de St-Marc est des plus pittoresques : ses voûtes d'or, ses dallages des marbres les plus choisis et les plus variés, ses riches mosaïques, ses colonnes de bronze, de marbre, de porphyre, d'albâtre, de vert antique, de serpentine, dont le nombre s'élève à plus de 500, et dont les chapiteaux sont composés d'élégants feuillages, peu saillants, mais taillés avec beaucoup de finesse, tout cela produit un ensemble merveilleux. Les colonnes et les arcs en plein cintre qui séparent la nef des ailes supportent une galerie qui fait le tour de l'édifice, et qui est réservée aux femmes, selon les usages de l'Orient. Le chœur est séparé de la nef par un soubassement de marbre, surmonté de huit colonnes : sur l'architrave, 14 statues de marbre, sculptées en 1303 par les frères Dalle Massegne, représentent la Ste Vierge, St Marc et les Apôtres; au milieu est une croix d'argent massif. Sur les côtés de l'entrée du chœur, il y a deux chaires de marbre, et deux petits autels dont la sculpture très-délicate est attribuée à P. Lombardo (xve siècle). Le maître-autel, au-dessus duquel règne un baldaquin soutenu par quatre colonnes de marbre couvertes de bas-reliefs, a deux *icones* ou tableaux, dont l'un recouvre l'autre : le premier, dans le goût byzantin, a été peint à l'huile sur planche, en 14 compartiments, par maître Paul et ses fils Luc et Jean de Venise, l'an 1344; le second, appelé la *palla d'oro*, est peint en émail sur lame d'argent et d'or ornée de ciselures, guillochis, perles, camées, pierres précieuses, etc., a été exécuté à Constantinople à la fin du xe siècle, mais plusieurs fois restauré. Le tabernacle est formé de lames d'or avec des bas-reliefs, dont les figures sont dans des espèces de niches entourées de diamants, de *rubis*, d'émeraudes, etc. L'autel est accompagné de huit **statues** en bronze : les quatre Évangélistes, par Sansovino, et les quatre docteurs, par G. Caliari. Derrière ce grand autel on en voit un autre où repose le Saint Sacrement : il est orné de bas-reliefs en marbre et en bronze doré, par Sansovino, et entouré de colonnes, dont deux, en albâtre oriental transparent comme le cristal, proviennent, dit-on, du temple de Jérusalem ; la balustrade est en porphyre. Le chœur contient encore des siéges ornés d'ouvrages très-fins en marqueterie du XVIe siècle, et, au-dessus de ces siéges, deux tribunes avec bas-reliefs en bronze, où Sansovino a représenté la vie de St Marc.

Dans l'aile gauche de l'église, on remarque : 1° la chapelle de Notre-Dame-des-Mâles, ainsi appelée parce qu'elle appartint à une confrérie religieuse qui excluait les femmes, et où se trouvent un autel en marbre de très-belle sculpture et des mosaïques de Giambono (fin du XVe siècle) représentant l'histoire de la Vierge ; 2° la chapelle de St Isidore, où la vie de ce saint est figurée en mosaïques du XIVe siècle, et dont la porte est surmontée d'un arbre de Jessé, exécuté par V. Bianchini, sur les cartons de Salviati ; 3° l'oratoire de la Croix, où se trouve une colonne de porphyre noir et blanc, qui passe pour un échantillon unique ; 4° la sacristie, ornée d'admirables mosaïques et d'ouvrages en marqueterie du XVIe siècle, et dont la porte en bronze, magnifique ouvrage de Sansovino, représente la mort et la résurrection de J.-C. — Du côté droit se trouvent : 1° un bénitier de porphyre, dont la base est un *autel antique* ; 2° le Baptistère, *contenant des* mosaïques très-anciennes, le tombeau du doge André Dandolo, et un grand bassin de marbre avec couvercle en bronze orné de bas-reliefs, exécuté par Tizianino de Padoue et Desiderio de Florence ; 3° le Trésor, dépouillé d'un grand nombre d'objets précieux en 1797, et où l'on conserve encore des reliques et quelques curiosités.
V. Meschinello, *La chiesa ducale di San Marco*, 1853-1854, in-8°. B.

MARC-AURÈLE (Colonne de). *V.* COLONNES MONUMENTALES, dans notre *Dictionnaire de Biog. et d'Histoire*.

MARCELLUS (Théâtre de), le second théâtre de pierre qui fut élevé dans l'ancienne Rome. L'empereur Auguste le fit construire en l'honneur de Marcellus, fils de sa sœur Octavie. Le style de ce monument était si parfait, que les architectes modernes l'ont adopté pour modèle, soit des ordres ionique et dorique, soit de la proportion la plus convenable à observer entre ces ordres lorsqu'ils sont superposés. Le théâtre de Marcellus pouvait contenir 30,000 spectateurs. Transformé en forteresse au moyen âge, le milieu se remplit de décombres ; plus tard, la famille Massimi y fit construire un palais, sur les dessins de Balthazar Peruzzi. On voit encore quelques ruines encastrées dans les constructions modernes, du côté de la place Montanara. — Près du théâtre était le superbe *Portique d'Octavie*, destiné à servir de refuge au peuple surpris par la pluie. Servant d'encadrement à des temples de Jupiter et de Junon, il avait la forme d'un vaste parallélogramme à double rang de colonnes de marbre, au nombre de 270 environ, et était décoré de statues et de peintures. Il n'en reste plus que 4 colonnes et 3 pilastres devant l'église San Angelo in Peschiera. C'est parmi ses ruines qu'on a découvert la Vénus dite de Médicis qui se trouve à Florence.

MARCHAGE, société que formaient autrefois les habitants de plusieurs paroisses pour avoir droit de faire paître leurs troupeaux sur leurs terres respectives.

MARCHAND. *V.* COMMERÇANT.

MARCHANDAGE, traité passé entre un adjudicataire de travaux pour la confection de telle ou telle partie de ces travaux. Ainsi, l'entrepreneur de la menuiserie d'un bâtiment, lorsqu'il s'arrange avec un ouvrier ou un sous-entrepreneur pour la confection des portes ou des croisées, avec un autre pour les boiseries, etc., fait du marchandage. Cette opération est pour les ouvriers laborieux une épreuve de leur capacité personnelle, un acheminement vers leur propre établissement comme entrepreneurs. Cependant elle a été l'objet de plaintes très-vives de la part des ouvriers, parce qu'un entrepreneur général gagne toujours sur les sous-entrepreneurs, et que les simples travailleurs se trouvent ainsi exploités au profit de plusieurs dans une seule et même entreprise. Le Gouvernement provisoire de 1848, par décret en date du 21 mars, interdit le marchandage, et le frappa d'une amende de 50 à 100 fr. pour la première fois, de 100 à 200 fr. pour la récidive, et enfin, en cas de nouveau délit, d'un emprisonnement d'un à six mois. Ce décret n'est pas abrogé.

MARCHANDISE, tout ce qui peut faire l'objet d'un commerce, en productions de la nature ou de l'industrie humaine. Les produits à vendre se rangent en trois classes : les *denrées*, c.-à-d. les objets destinés à une consommation directe, et comprenant essentiellement tout ce qui se rapporte à l'alimentation ; les *matières premières*, c.-à-d. les produits destinés à devenir l'objet d'un travail manufacturier ; enfin les *produits manufacturés*.

La demande d'une marchandise s'étend avec le bon marché ; et comme il faut la payer avec une autre marchandise, la production de celle-ci s'accroît par la raison que la première est accrue : son prix courant est déterminé par le rapport qui s'établit entre l'offre et la demande. Le tact du négociant est de savoir se rendre compte, pour chacun des articles de son commerce, de l'importance probable de la production et de la consommation ordinaire, afin d'établir la comparaison entre ces deux termes. En ce qui concerne les articles essentiels à la vie, il suffit souvent d'un très-faible déficit dans l'approvisionnement annuel pour occasionner une hausse rapide sur les prix, tandis que le moindre excès dans la production, surtout pour les objets d'une conservation difficile ou dispendieuse, amène l'avilissement du cours.

L'importance de la production, pour les marchandises dont le commerce est concentré sur certains points, est en général établie et discutée publiquement. Ainsi, Liverpool et le Havre, les deux grands marchés d'Europe pour le coton en laine, publient tous les huit jours une feuille commerciale, indiquant quel était, au jour correspondant de la semaine précédente, le nombre de balles existant dans les entrepôts ; on y ajoute ce qui a été importé depuis lors ; on en déduit le nombre de balles vendues, et l'on constate par cette opération, au moment de la publication, l'importance de l'approvisionnement désigné sous le nom anglais de *stock*. Il faut enfin y ajouter les renseignements venus des États-Unis du Sud, le grand pays producteur de cette marchandise, sur l'importance présumée de la récolte, ainsi que sur le nombre des balles déjà parvenues dans les ports d'embarquement de la Nouvelle-Orléans, de Mobile, de Charleston, etc. A l'aide de ces avis, les oscillations sont moins grandes dans les prix.

De même que les rentes sur l'État, les marchandises sont aussi une matière d'agiotage (*V. ce mot*).

Quelquefois on fixe ou taxe le prix des denrées, et l'administration empêche, autant qu'elle peut, qu'elles ne soient vendues au-dessus ou au-dessous de ce prix. Ce règlement ne fait pas que le prix de la taxe soit la valeur réelle de la marchandise : il en arrive seulement que le consommateur paye cette marchandise un prix au-dessous ou au-dessus de sa valeur vraie, et duquel il résulte une perte abusive ou un gain abusif pour les producteurs. C'est un déplacement de richesse causé par un excès d'autorité. Depuis le commencement du XIXe siècle, la corporation privilégiée des boulangers de Paris, dans les années où le blé était cher, a été contrainte de donner pour 70 centimes les 2 kilogr. un pain qui coûtait 80, et pour 80 centimes un qui revenait à 90 ; les boulangers se soumettaient à cette condition, parce qu'ils étaient indemnisés par l'administration. D'autres fois, l'administration leur taxait, par manière de dédommagement, à 60 centimes un pain qui leur revenait qu'à 50 cent. Les taxes que l'on appelle *maximum* (*V. ce mot*), et qui fixent le prix des choses au-dessous de leurs frais de production, outre qu'elles attentent à la propriété, nuisent à la production et à la consommation de l'objet taxé.

On a appelé, à une certaine époque, *marchandises de traite*, les objets que nos armateurs envoyaient en Afrique pour être échangés avec certains produits des habitants de ce pays. A. L.

MARCHANDISES NEUVES. Une loi du 25 juin 1841, destinée à protéger le commerce sédentaire contre la perturbation que lui causaient les marchands forains, interdit les ventes en détail de marchandises neuves, à cri public, soit aux enchères, soit au rabais, soit à prix fixe proclamé, avec ou sans assistance d'officiers ministériels. La contravention est punie de la confiscation des marchandises, et d'une amende de 50 fr. à 3,000 fr. prononcée correctionnellement contre le vendeur et l'officier qui l'aura assisté, sans préjudice des dommages-intérêts. Cette loi n'est pas partout rigoureusement appliquée.

MARCHE, en termes de Tactique, mouvement qu'exécute un corps de troupes pour se porter d'un lieu dans un autre. *V.* COLONNE (Ordre en), ORDRE DE MARCHE.

MARCHE, pièce de musique composée pour des instruments à vent et de percussion, et destinée à régler la *marche* ou le pas d'une troupe militaire, d'un cortège, d'une procession, etc. Les *marches militaires*, dont l'usage date de la guerre de Trente Ans, sont ordinairement à deux reprises, avec un alternatif ou trio ; quelquefois elles forment un seul morceau, qui se joue de suite, mais qui doit être assez étendu et rappeler plusieurs fois le motif principal. Elles sont à 4 temps, ce qui les distingue du *Pas redoublé*, écrit à 2 temps, et d'ailleurs plus vif. Il y a en elles un mouvement modéré, quelque chose de cérémonieux et de solennel. Ce caractère est surtout frappant dans les *marches religieuses* et dans les *marches funèbres* : nous citerons, parmi les premières, la *Marche de la communion*, que Cherubini a écrite pour sa Messe du Sacre ; la *Marche des pèlerins* de la symphonie d'*Harold* par Berlioz ; et, parmi les seconds, la marche de la *Symphonie héroïque* de Beethoven. Certains opéras contiennent des marches : telles sont celles d'*Alceste* (Gluck), de *la Flûte enchantée* (Mozart), de *Lodoïska* (Kreutzer), de *la Juive* et de *la Reine de Chypre* (Halévy), de *Dom Sébastien* (Donizetti), du *Prophète* (Meyerbeer). La marche se réunit souvent aux chœurs, et beaucoup de chœurs sont dessinés en marche. B.

MARCHE, mot employé en Musique comme synonyme de *progression* (*V. ce mot*), et de *touche* dans l'orgue et la vielle.

MARCHE, en termes de Construction, est synonyme de *degré*. Dans les marches d'escalier, la surface horizontale sur laquelle le pied pose se nomme *giron ;* la partie qui forme le devant est la *contre-marche*.

·MARCHE DE NUIT. *V.* notre *Dictionnaire de Biographie et d'Histoire*.

MARCHÉ, traité d'achat, de vente ou d'échange. Il peut être fait, soit verbalement, en donnant des arrhes (*V. ce mot*), soit par écrit, sous seing privé ou par-devant notaire. On distingue encore le *Marché à terme*, dont l'exécution est ajournée à un délai fixé ; le *Marché à livrer*, qui consiste à fixer le prix d'une chose et à la vendre, mais à ne la livrer qu'ultérieurement et d'après les conventions arrêtées d'avance ; le *Marché à forfait* ou à *devis* (*V.* FORFAIT, DEVIS), et le *Marché à prime* (*V.* BOURSE).

MARCHÉ, lieu où l'on se rassemble pour vendre et acheter, et, par extension, lieu quelconque où il se présente des acheteurs.

La quantité et la qualité des marchandises offertes influent sur les *conditions* du marché ; toutefois, ces conditions rentrent dans la volonté des parties, puisque, avec l'abondance des marchandises, les besoins pouvant être facilement satisfaits, le consommateur devient plus exigeant sur la qualité et sur le prix (*V.* PRIX) ; si, au contraire, il y a rareté de marchandises, l'acheteur augmente son offre. Quant au vendeur, ses prétentions, restreintes d'abord par la concurrence, s'élèvent aussitôt que celle-ci disparaît.

L'*étendue* du marché résulte, pour chaque produit : 1° des qualités qui le rendent propre à satisfaire certains besoins des consommateurs ; 2° de l'intensité de ces besoins ; 3° de son prix de revient, et des frais nécessaires pour l'amener sur le marché.

Il y a plusieurs causes d'encombrements partiels et de stagnations temporaires sur le marché : 1° l'ignorance des besoins du marché, c.-à-d. de l'étendue, de l'énergie, de la durée des besoins, et des moyens d'échange que possèdent ceux qui les éprouvent ; 2° un accroissement irréfléchi de la population ; 3° l'introduction soudaine de machines nouvelles et puissantes, qui prennent la place des travailleurs et augmentent la masse des produits ; 4° le passage soudain d'un état politique à un autre, de la paix à la guerre, et *vice versâ*, changements qui amènent des interruptions brusques dans les rapports des peuples commerçants, et qui jettent violemment les capitalistes et les travailleurs, les manufacturiers et les agriculteurs, hors des routes ordinaires. A. L.

MARCHÉ (Bris de). *V.* BRIS DE MARCHÉ.

MARCHÉ, lieu, soit construit, soit en plein air, affecté à la vente des denrées et autres objets nécessaires à la vie. L'habitude de la vie extérieure, aussi bien que l'absence de ces boutiques ouvertes en si grand nombre dans nos villes, devait donner chez les Anciens une grande importance aux marchés : les Grecs leur donnaient le nom d'*Agora* (*V. ce mot*), et les Romains celui de *Forum* [*V. ce mot* dans notre *Dictionnaire de Biographie et d'Histoire*]. Au moyen âge, il y eut peu de marchés construits ; les ventes se faisaient en plein air sur la place publique, et cette coutume s'est perpétuée jusqu'à nos

jours dans un certain nombre de localités. Depuis le XVIᵉ siècle on a construit de fort beaux marchés. Tels sont, en Italie : le *Mercato nuovo* (Marché-Neuf) de Florence, bâti par Cosme Iᵉʳ de Médicis en 1548, vaste loge de forme rectangulaire, plus élégante que commode, ouverte de tous côtés, divisée par des colonnes corinthiennes qui supportent les retombées des voûtes et des arcades, et flanquée aux angles de quatre massifs ou contre-forts ; le *Mercato vecchio* (Vieux Marché) de la même ville, bâti aussi par Cosme Iᵉʳ, sur les dessins de Vasari ; le *Portique des Marchands*, à Arezzo, œuvre du même architecte ; le marché de Naples, près de la rue de Tolède, construit au XIXᵉ siècle, vaste cour rectangulaire de trois côtés et circulaire de l'autre, entourée d'un portique dorique sous lequel sont placés les étaux des bouchers, les autres denrées se vendant en plein air dans l'intérieur de l'enceinte. On peut encore citer les marchés de Bologne, de Bergame, de Turin, de Milan, de Padoue, de Mantoue, de Rimini, etc. — Londres a de vastes marchés ; il en a trois très-remarquables par leur construction monumentale, *Farington*, *Covent-Garden* et *Hungerford*. Le 1ᵉʳ, construit en 1829 par W. Montagne, est un rectangle de 78 mèt. sur 50, bâti en briques et éclairé par des lunettes ; un double rang de boutiques existe sur toute la longueur de trois côtés. Le 2ᵉ, construit en 1830 par Flower, se compose de trois rangs de galeries s'étendant de l'E. à l'O. ; la façade de chacune au N. et au S. est ornée de colonnes de granit, hautes de 4 mèt., formant une promenade couverte ; la façade à l'E. offre un triple rang de colonnes surmontées d'une belle terrasse, large d'environ 9 mèt. — En Hollande, on mentionne les marchés de Breda, de Delft et de Rotterdam. — En France, Paris offre naturellement les plus belles constructions de ce genre (*V.* HALLES, MARCHÉS, dans notre *Dictionnaire de Biographie et d'Histoire*). Dans les départements, les marchés de Strasbourg, Saint-Dizier, Troyes, Caen, Napoléon-Vendée, Sᵗ-Jean-d'Angély, Montpellier, Marseille, etc., méritent une attention particulière.

L'autorité municipale a la surveillance des marchés. Ses arrêtés fixent les heures d'ouverture et de fermeture, les vérifications préalables de certaines denrées, l'emplacement des marchands, les mesures d'ordre et de salubrité. Les contraventions sont constatées par les commissaires ou les agents de police, et punies d'amende par le tribunal de police. Le défaut ou le refus de payement des taxes, et les contestations qui en résultent donnent lieu à un procès devant les tribunaux civils. B.

MARCHÉ A TERME. On nomme ainsi la vente à prix ferme d'une marchandise dont le vendeur n'est pas en possession, mais qu'il s'engage à livrer à son acheteur à un terme plus ou moins éloigné. Le blé, les denrées, les métaux, etc., les rentes sur l'État, les actions industrielles, de banques, de chemins de fer, etc., peuvent être objets de marchés à terme. On en fait surtout sur ces dernières valeurs depuis l'époque de la Régence, et la plupart ne sont, en réalité, que des paris sur leur hausse ou leur baisse à une époque à bref délai. L'affaire se résout par le simple payement d'une différence en plus ou en moins entre le prix au moment de la vente et celui au jour où l'on est censé devoir faire ou prendre livraison. Ces opérations sans capital conduisirent bien des spéculateurs malavisés à de sérieuses catastrophes, qui amenèrent des contestations sur la légalité de ces sortes d'affaires ; un arrêt du Conseil, du 24 sept. 1724, déclara que les effets publics ne pouvaient être vendus par marchés à terme. Néanmoins, le jeu continua comme par le passé, et de temps en temps des désastres attirèrent l'attention publique. L'administration, se voyant impuissante contre les joueurs, pensa couper le mal dans sa racine en enlevant aux spéculateurs aléatoires les garanties légales ordinaires ; trois arrêts du Conseil du 7 août, du 12 octobre 1785 et du 22 septembre 1786, décidèrent que désormais la loi ne reconnaîtrait plus les marchés à terme sur les effets publics, déclarant ainsi que spéculateur malheureux et peu scrupuleux qu'il pourrait désormais se dispenser de payer.

Napoléon, parvenu au pouvoir comme 1ᵉʳ consul, porta aussi son attention sur les jeux de bourse ; son sens moral, si profond, était révolté des fortunes subites et des catastrophes qui en résultaient, et il voulut aussi interdire les marchés à terme. En 1799, consultant sur ce point Mollien, alors directeur de la Caisse d'amortissement, et qui fut depuis ministre du Trésor, il le trouva d'un avis contraire. Mollien prétendait que, s'il y avait des abus dans les marchés à terme, on devait en accuser surtout la jurisprudence qui les mettait hors du domaine de la loi ; qu'un homme libre ayant pris des engagements téméraires devait trouver dans leur exécution la peine de son imprudence ou de sa mauvaise foi ; que l'efficacité de la peine étant dans l'exemple qu'elle laisse, ce n'était pas un bon exemple donné par la jurisprudence, que l'annulation du corps du délit au profit du plus coupable ; que les marchés de Bourse ayant ce caractère particulier, que les deux contractants s'obligent l'un envers l'autre par la médiation d'un agent de change, qui est l'homme de la loi, et cet agent étant responsable devant la loi de tous ses actes, il n'en devait être aucun qu'elle refusât de juger ; que l'objection commune contre les marchés à terme faits à la Bourse, que nul n'a droit de vendre ce qu'il ne possède pas, et que la loi ne peut reconnaître un marché qui n'aurait pas dû être fait, n'était au fond qu'une pétition de principe ; qu'enfin la loi ne devait pas défendre ce qu'elle ne pouvait pas p nir, et bien moins encore ce qu'elle était réduite à tolérer, le mal dont on se plaignait prouvant par sa persistance l'inutilité des arrêts qui avaient été rendus. — Napoléon fut frappé de cette dernière considération, qui touchait au respect dû à l'autorité publique, et ne prononça pas l'interdiction qu'il méditait ; mais il garda sa conviction sur le reste, car, onze ans après, il inscrivit dans le Code pénal (art. 422) des dispositions contre les marchés à terme sur les effets publics ; il abrogea la législation antérieure, d'après laquelle les tribunaux ont toujours jugé depuis les questions de ce genre, sans vouloir distinguer les marchés conclus par l'entremise d'agents de change de ceux faits hors de la Bourse, ne regardant ni les uns ni les autres comme sérieux ou valables. V. BOURSE.   C. B—Y.

MARCHÉ RÉGULATEUR. V. CÉRÉALES.

MARCHÉPIED, servitude établie pour l'utilité publique, et consistant dans le passage qui doit être laissé le long des rivières navigables ou flottables.

MARDELLES, MARGELLES ou MARGES, excavations qu'on trouve dans certaines parties du Berry, en Suisse et en Écosse. Elles sont en forme de cônes tronqués renversés, de dimensions variables (150 mèt. de large sur 6 à 8 de profondeur quelquefois), le plus souvent réunies en assez grand nombre. On les fait remonter jusqu'au temps des Celtes, et l'on y a vu soit des habitations, soit des silos. V. De La Villeglie, Notice sur les mardelles, dans les Mémoires de la Société des Antiquaires de France, nouvelle série, t. IV.

MARÉCHAL. } V. ces mots dans notre Diction-
MARÉCHAUSSÉE. } naire de Biogr. et d'Histoire.

MARÉCHAUX FERRANTS, ancienne corporation dont les statuts, rédigés au XIIIe siècle, furent complétés par une ordonnance du prévôt de Paris en 1473, et homologués au Châtelet en 1651. L'apprentissage était de 3 ans ; le brevet coûtait 120 livres, et la maîtrise 600. Le patron de la corporation était St Éloi.

MARÉCHINE (La), danse en usage dans le Bas Poitou parmi les habitants des marécages. Elle est à deux personnes, guidées par un branle chanté, ou plutôt fredonné. Les mouvements de jambes y sont peu de chose ; les pas sont courts et sans glissade.

MARÉE, mouvement journalier et régulier d'oscillation par lequel la masse de l'Océan se soulève et s'abaisse alternativement, de sorte que les eaux couvrent et abandonnent alternativement une partie du littoral. Ce phénomène est produit par l'action attractive du soleil et de la lune. Les eaux montent pendant 6 heures environ, en inondant les rivages et en se précipitant dans l'intérieur des fleuves jusqu'à de grandes distances de leurs embouchures ; c'est le flux ou la marée montante : après s'être maintenues quelques instants à leur plus grande élévation (ce qu'on appelle pleine mer ou marée haute), elles descendent aussi pendant 6 heures ; c'est le reflux ou la marée descendante; le temps que 'es eaux restent au plus bas se nomme basse mer ou marée basse. La durée de chaque oscillation est d'un peu plus de 12 heures : la durée moyenne de deux oscillations est d'un jour et 50 minutes, temps moyen qui s'écoule entre le passage de la lune au méridien d'un lieu et son retour à ce même méridien ; par conséquent, d'un jour à l'autre, la marée retarde de 50 minutes. Ce n'est pas au moment où le soleil et la lune exercent leur action que l'effet s'observe; les marées, dans. nos ports, suivent en général d'un jour et demi l'instant des phases. Dans chaque mois, c'est à l'époque des syzygies, c.-à-d. vers le temps de la nouvelle et de la pleine lune, que l'élévation de la mer est la plus considérable; son intumescence est la plus

faible à l'époque du premier et du dernier quartier. Les marées syzygies qui arrivent lors de l'équinoxe sont généralement plus fortes que celles du reste de l'année. La marée ne se fait pas sentir au même instant dans tous les lieux, bien que la distance qui les sépare soit assez peu considérable. L'élévation verticale des eaux par la marée montante n'est pas non plus la même partout : elle est, par exemple, de 7 mèt. environ à Ouessant, Brest, Cherbourg, le Havre, Douvres; de 12 mèt. à Guernesey, de 15 mèt. entre Jersey et Saint-M..lo, de 15 à 17 mèt. près de Bristol, de 20 à 23 mèt. dans la baie de Fundy ; aux petites îles de l'océan Pacifique, la marée ne monte que de 0m,05; aux îles africaines de l'Atlantique, elle varie de 1 à 3 mèt.; au N. de l'Europe, elle est de 1m,50; au N. de l'Amérique, elle n'est quelquefois que de 0m,9, jamais de plus de 0m,55. On a dit que la Méditerranée n'était pas sujette au flux et au reflux : cependant la marée y existe; elle est de moins d'un mètre, et a été constatée dans les ports de Toulon, de Venise, de Naples et d'Alger. Bien que les marées les plus fortes se remarquent d'ordinaire dans les golfes, il y a aussi de hautes marées sur des côtes peu découpées : ainsi, on en a observé de 13 mèt. dans la Guyane, au mouillage de la Callebasse. Les causes des différences dans l'heure et dans l'élévation des marées sont : les distances plus ou moins considérables du soleil et de la lune à la terre, la position respective de ces deux astres et leur déclinaison, l'étendue et la profondeur des mers ,. le gisement des côtes et la disposition des anfractuosités qu'elles présentent, la direction des courants, la puissance des vents, etc. Certaines mers resserrées ou d'une faible étendue, comme la Baltique, la mer Noire et la Caspienne, n'ont pas de marées, du moins appréciables : cela vient de ce que la force attractive des astres n'embrasse point un espace assez considérable pour que l'élévation des eaux soit sensible. — Le phénomène des marées avait été observé par les Anciens. Hérodote et Diodore parlent de l'élévation et de l'abaissement journalier des eaux de la mer Rouge. Aristote ne connut le flux et le reflux que par ouï-dire, et les soldats d'Alexandre éprouvèrent une admiration mêlée de frayeur, lorsqu'aux bouches de l'Indus l'océan Indien leur offrit un spectacle dont la Méditerranée n'avait pu leur donner une idée. Les Stoïciens attribuèrent les marées aux aspirations et expirations de l'Ame du monde. Mais Pythéas de Marseille, qui visita l'Atlantique, eut une connaissance plus claire des oscillations de la mer, et remarqua qu'elles étaient en rapport avec les révolutions de la lune. On voit dans Strabon que Posidonius, ami de Cicéron et de Pompée, était également instruit de cette coïncidence. C'est dans Pline (Hist. nat., II, 97) que les marées ont été les moins imparfaitement expliquées, jusqu'au jour où Newton les rattacha scientifiquement à la loi de la gravitation universelle.   B.

MARELLE ou MÉRELLE, nom de deux jeux d'enfants. Dans l'un, on se sert d'un carton sur lequel sont tracés trois carrés renfermés l'un dans l'autre et unis entre eux par 8 lignes transversales, dont quatre aux quatre coins et quatre aux quatre milieux. Un petit rond est tracé à la jonction de toutes les lignes, ce qui fait que les quatre côtés des trois carrés portent chacun trois petits ronds. Les deux joueurs ont chacun 9 pions de couleur différente. L'habileté consiste à placer de front une rangée de 3 pions de même couleur, et, de l'autre, à y faire obstacle en plaçant un pion entre les deux ou à la suite des deux de l'adversaire. Celui qui réussit à faire une rangée de trois de ses pions a le droit d'enlever à son choix un des pions de l'adversaire. Les pions ne marchent qu'en ligne droite. La partie est finie lorsque l'un des joueurs n'a plus que 2 pions. — Pour l'autre jeu de Marelle, on trace sur le sol un carré long, divisé en 6 parties par des lignes transversales, ce qui forme 6 rectangles, dont les quatre premiers sont désignés par les nos 1, 2, 3 et 4, le 5e est appelé enfer, et le 6e reposoir. Sur le prolongement du grand carré long, on figure un carré, divisé par deux lignes diagonales en quatre triangles appelés culottes et désignés aussi par des numéros. Enfin , plus loin encore, on trace un demi-cercle qui ferme la marelle et se nomme paradis. Le jeu consiste à jeter un palet dans tous les compartiments successivement, à aller le chercher à cloche-pied, et à le faire sortir de la marelle sans qu'il s'arrête sur aucune ligne et sans y toucher soi-même. On se repose, c.-à-d. qu'on peut mettre les deux pieds à terre, dans le reposoir et dans le paradis. Le palet et le sauteur doivent toujours franchir l'enfer sans y entrer.

MARENNE, espèce de ponton composé de six navires joints ensemble, et supportant une tour de bois. Les Croisés s'en servirent en 1217 pour attaquer la ville de Damiette.

MARFORIO. *V.* ce mot dans notre *Dictionnaire de Biographie et d'Histoire.*

MARGELLES ou **MARGES.** *V.* MARDELLES.

MARGEUR, en termes d'Imprimerie, ouvrier chargé de placer les feuilles de papier pour que des cordons, au moyen du mouvement de rotation donné à la presse mécanique, les fassent arriver sous les cylindres passant sur les formes qui doivent les imprimer.

MARGITÈS, poëme satirique grec, ainsi appelé du nom du personnage qu'on y tournait en ridicule. Il en reste très-peu de chose. On a attribué ce poëme à Homère, opinion que rend inadmissible la présence des vers ïambiques mêlés aux hexamètres. Ce n'en était pas moins une œuvre ancienne ; Aristote pensait que le *Margitès* avait été à la comédie ce qu'étaient à la tragédie l'*Iliade* et l'*Odyssée*, c.-à-d. le prototype des caractères comiques.

MARGRAVE. *V.* ces mots dans notre *Dictionnaire*
MARGUILLIER. *de Biographie et d'Histoire.*

MARIAGE, union légitime de l'homme et de la femme, ayant pour but la naissance d'une famille. On distingue le *mariage civil*, contracté devant l'autorité civile, et le *mariage religieux*, contracté devant un ministre du culte. La faculté de se marier étant un droit naturel et civil, la loi civile n'a point à proclamer ce droit : elle se borne à indiquer les restrictions ou empêchements qu'il peut recevoir. Ces *empêchements* sont ou *absolus*, comme l'existence d'un premier mariage non dissous, la qualité de prêtre catholique, l'erreur quant à la personne ; ou *conditionnels*, c.-à-d. susceptibles d'être levés par des *dispenses*, comme le défaut d'âge. L'âge légal au mariage est de 18 ans révolus pour l'homme, 15 ans pour la femme : le chef de l'État peut accorder une dispense d'une année. On peut aussi diviser les empêchements en empêchements *généraux*, qui interdisent le mariage avec toute personne, comme un premier mariage non dissous, ou un défaut d'âge dont on n'aurait pas été relevé ; et en empêchements *spéciaux*, c.-à-d. relatifs au mariage entre certaines personnes, comme la parenté à un degré déterminé par la loi. Le mariage est prohibé, en ligne directe, entre tous les ascendants ou descendants, naturels ou adoptifs, et les alliés dans la même ligne ; en ligne collatérale, entre frère et sœur, beau-père et belle-mère, beau-fils et belle-fille, gendre et bru. Il ne peut avoir lieu entre l'oncle et la nièce, la tante et le neveu, les beaux-frères et belles-sœurs, sans une dispense du chef de l'État. Le défaut de consentement des père et mère (en cas de dissentiment, celui du père suffit), ou, à leur défaut, des autres ascendants, est encore un empêchement au mariage des fils et des filles qui ont atteint l'âge légal : mais cet empêchement n'est que *temporaire*, et se résout en délais et en formalités respectueuses. Après l'âge de 25 ans pour le fils et de 21 pour la fille, ils peuvent, en cas de refus de consentement, adresser trois fois à leurs parents, de mois en mois, un *acte respectueux* ou *sommation respectueuse ;* après 30 ans, un seul acte suffit. Puis on peut passer outre à la célébration du mariage. C'est également un empêchement temporaire qui ne permet pas aux fils et filles privés d'ascendants de se marier avant l'âge de 21 ans, sans le consentement du Conseil de famille. Les militaires et les marins doivent, pour se marier, justifier d'une permission de leurs chefs ; les officiers, en passant outre, encourraient la destitution, et la perte de leurs droits à toute pension ou récompense. Les officiers doivent justifier que leur femme aura une dot de 1,200 fr. au moins en fortune personnelle. Tout officier de l'état civil qui célèbre sciemment le mariage d'un militaire non autorisé est destitué de ses fonctions.

Pour assurer l'exécution des prescriptions relatives aux empêchements au mariage, la loi fournit trois moyens : 1° l'obligation de faire précéder le mariage de certaines publications (*V.* BAN DE MARIAGE) ; 2° la voie d'*opposition*, ouverte à ceux qui ont un intérêt *né* et *actuel* à s'opposer ; 3° l'*action en nullité*, possible même après la célébration du mariage, si les formalités légales ont été négligées ou mal remplies, ou si le mariage célébré recèle en lui-même des vices radicaux propres à l'annuler. S'il y a bigamie ou inceste, la poursuite en nullité n'est pas seulement accordée à ceux qui ont un intérêt personnel, mais le ministère public agit d'office. Si la demande en nullité n'est fondée que sur le défaut d'âge

des contractants lors de la célébration du mariage, et que l'âge légal ait été atteint avant cette réclamation, on la repousse par une fin de non-recevoir, parce qu'il est de règle d'admettre la légalité du mariage, toutes les fois qu'il est possible de le faire d'une manière plausible. Il en est de même si le vice allégué est l'absence de consentement, et que cette absence ait été couverte depuis par quelque adhésion, même tacite.

Le mariage légal est fait par l'officier de l'état civil, en présence de 4 témoins. Après avoir donné lecture aux futurs époux des art. du *Code Napoléon* relatifs aux obligations du mariage et aux droits respectifs des époux, il reçoit d'eux la déclaration qu'ils veulent se prendre pour mari et femme ; il prononce, au nom de la Loi, qu'ils sont unis par le mariage, et en dresse acte sur-le-champ.

Certaines obligations naissent du mariage légalement contracté. Ainsi, les deux époux ont l'obligation commune de nourrir et d'élever leurs enfants. La femme est obligée d'habiter avec le mari, et celui-ci est obligé de la recevoir. Les époux se doivent mutuellement fidélité, secours, assistance ; le mari doit protection à sa femme, la femme obéissance à son mari. Du mariage résultent aussi divers droits respectifs des époux en ce qui concerne leurs biens (*V.* FEMME, COMMUNAUTÉ, DOT, DOTAL — Régime).

Nul homme ne peut avoir en même temps plusieurs épouses, ni aucune femme plusieurs maris (*V.* BIGAMIE, POLYGAMIE) : cette règle fondamentale et absolue est seule propre à honorer le mariage. C'est encore un principe reconnu, que le mariage n'est point une union temporaire, mais qu'il ne peut se former que dans des vues de perpétuité. Certains peuples ont admis le divorce ou la dissolution de l'union pour des cas plus ou moins graves (*V.* DIVORCE, dans notre *Dictionnaire de Biographie et d'Histoire*). Aujourd'hui, en France, le mariage ne se dissout que par la mort de l'un des époux ; les peines entraînant autrefois mort civile peuvent seulement donner lieu à demande en séparation de corps. *V.* le *Code Napoléon*, art. 144-228 ; Bernardi, *Commentaire sur la loi du 24 ventôse an XI concernant le mariage*, 1803, in-8° ; Nougarède, *Jurisprudence du mariage*, 1817, in-8° ; Daubenton, *Traité complet des droits des époux l'un envers l'autre et à l'égard de leurs enfants*, 1818, in-8° ; Baston, *Concordance des lois civiles touchant le mariage*, 1824, in-12 ; Vazeille, *Traité du mariage*, 1825, 2 vol. in-8 ; Pezzani, *Traité des empêchements du mariage*, 1838, in-8° ; Allemand, *Traité du mariage et de ses effets*, 1847, 2 vol. in-8° ; Rupert, *Les Lois civiles concernant le mariage des chrétiens*, 1853, in-12 ; Tiercelin, *Du mariage civil et du mariage religieux*, 1854, in-8° ; Demolombe, *Traité du mariage et de la séparation de corps*, 1860, in-8°. *V.* aussi MARIAGE, dans notre *Dictionnaire de Biographie et d'Histoire.*

MARIAGE (Acte de), un des actes de l'État civil (*V.* ce mot), formant le titre légal des époux, et suffisant pour faire preuve complète du mariage. Il contient les noms, prénoms, professions, âges, lieux de naissance et domiciles des époux, s'ils sont majeurs ou mineurs ; les prénoms, noms, professions et domiciles des pères et mères, le consentement des pères et mères, aïeuls et aïeules, et celui de la famille, dans les cas où ils sont requis ; les actes respectueux, s'il en a été fait ; les publications dans les divers domiciles, les oppositions s'il y en a eu, leur mainlevée, ou la mention qu'il n'y a pas eu d'opposition ; la déclaration des contractants de se prendre pour époux, et le prononcé de leur union par l'officier public ; les prénoms, noms, âge, professions et domiciles des témoins, et leur déclaration, s'ils sont parents ou alliés des parties, de quel côté et à quel degré.

MARIAGE (Contrat de), contrat qui régit l'association conjugale et fixe les droits des époux quant à leurs biens. Il est entièrement abandonné au libre arbitre des contractants : toutefois, ils ne pourraient faire aucune convention dérogeant soit aux droits que la puissance maritale confère à l'époux sur la personne de l'épouse ou des enfants, soit à ceux qui découlent, pour l'un ou l'autre des conjoints, de la puissance paternelle ou de la tutelle légitime. Ainsi, pour les biens du mari, une clause qui soumettrait le mari à demander à sa femme ou à la justice la permission de les administrer et d'en disposer, serait nulle ; i. en serait de même, pour les biens de la femme non mariée sous le régime de la séparation de biens, si une clause en réservait l'administration à la femme et la seule jouissance au mari ; serait nulle aussi la clause qui attribuerait à la femme le droit d'aliéner ses biens sans autorisation. La loi déclare également nulles : les conventions qui dérogeraient à l'ordre légal des successions; les stipulations interdites par quelque prohibition du Code; celles qui, sans être prévues par un texte spécial, seraient contraires aux bonnes mœurs ou à l'ordre public. Il y a cinq régimes différents de conventions matrimoniales, que les futurs époux peuvent choisir, et dont ils ont même la faculté de former un mélange : la *communauté légale*, la *communauté conventionnelle*, l'*exclusion simple de communauté*, la *séparation de biens*, et le *régime dotal* (*V. ces mots*). Lorsque les époux se marient sans faire de contrat, ils sont soumis au régime de la communauté légale. Les conventions matrimoniales doivent être arrêtées avant la célébration du mariage, par acte passé devant notaire et avec minute; tant que la célébration n'a pas eu lieu, on peut y faire des changements, mais toujours par acte passé devant le notaire en minute, et avec le concours de tous ceux qui ont été parties au contrat (c.-à-d. les époux, ceux des signataires qui leur ont fait des libéralités, ceux dont le consentement est nécessaire à leur mariage, et ceux même dont ils sont tenus de requérir conseil). Tout changement apporté au contrat après la célébration est nul. Bien que le futur époux qui a encore quelque ascendant ne soit majeur pour le mariage qu'à l'âge de 25 ans révolus, il est majeur à 21 ans pour le contrat de mariage comme pour les autres contrats pécuniaires; de plus, la loi déclare valables les conventions faites par un mineur avec l'assistance de ceux dont le consentement suffit à son mariage. Le contrat fait par un mineur ou un prodigue sans l'assistance voulue, ou par un mineur avant l'âge exigé pour le mariage et sans avoir obtenu dispense, devient valable par une exécution volontairement faite au moment où l'on serait devenu capable. Lorsque les époux ou l'un d'eux sont commerçants, leur contrat doit être transmis par extrait, dans le mois de sa date, aux greffes des tribunaux de commerce du domicile du mari, pour être exposé pendant un an dans leur auditoire, et aux chambres des notaires et des avoués; s'il n'y a pas de tribunal, cette exposition est faite dans la principale salle de la mairie. La loi a voulu par là que ceux qui seraient en relations d'affaires commerciales avec les époux pussent connaître le plus ou moins de sûreté que le contrat leur donne. Le notaire qui négligerait de faire la transmission serait passible d'une amende de 100 fr., et même de destitution et de responsabilité envers les créanciers, s'il était prouvé que l'omission était volontaire. L'époux séparé de biens ou marié sous le régime dotal doit, s'il se fait commerçant après son mariage, faire aussi la remise de son contrat, sous peine, en cas de faillite, d'être condamné comme banqueroutier. *V. le Code Napoléon*, art. 1387-1581; Bernardi, *Commentaire sur la loi du 20 pluviôse an XII, relative au contrat de mariage*, 1804, in-8°; Carrier, *Traité du contrat de mariage*, 1818, in-8°; Biret, *Traité du contrat de mariage*, 1825, in-8°; Bellot des Minières, *Traité du contrat de mariage*, 1826, 4 vol. in-8°, et *Le contrat de mariage considéré en lui-même*, 1860, 1 vol. in-8°; Odier, *Traité du contrat de mariage*, 1846, 3 vol. in-8°; Pont et Rodière, *Traité du contrat de mariage*, 1850, 2 vol. in-8°; Troplong, *Commentaire du contrat de mariage*, 1850, 4 vol. in-8°.

MARIAGE RELIGIEUX. « Je ne vois pas, dit l'abbé Fleury, que les mariages des Israélites fussent revêtus d'aucune cérémonie de religion, si ce n'est des prières du père de famille et des assistants pour attirer la bénédiction de Dieu. Nous en avons des exemples dans le mariage de Rebecca avec Isaac, de Ruth avec Booz, de Sara avec Tobie. Je ne vois point qu'on offrît de sacrifice à ce sujet, qu'on allât au temple, ou qu'on fît venir de prêtres. Cela se passait entre les parents et les amis. Aussi ce n'était encore qu'un contrat civil. » Chez les Grecs, le mariage était accompagné de sacrifices à Jupiter, à Junon, à Diane, au Destin. A Rome, il n'y eut de cérémonie religieuse que dans le mariage *par confarréation*.

La loi chrétienne a élevé le mariage à la dignité du Sacrement (*V. ce mot*). St Cyrille, St Épiphane, St Augustin disent que ce fut Jésus-Christ qui, par sa présence aux noces de Cana, institua ce Sacrement comme signe de son union avec l'Église. Cette doctrine ne fut point un dogme universellement admis, puisque St Thomas et St Bonaventure élevèrent des doutes à ce sujet. Mais le concile de Trente a décidé la question. Le caractère du Sacrement de mariage est de sanctifier l'alliance de l'homme et de la femme, en leur donnant la grâce de vivre ensemble chrétiennement. C'est le prêtre qui est le ministre du Sacrement. L'Église catholique enseigne qu'un mariage entre des infidèles ou des hérétiques peut être valide comme contrat naturel et contrat civil, mais qu'il ne peut être élevé à la dignité de Sacrement, quand même les contractants abjureraient ensuite leurs erreurs. Il y eut, dans les premiers temps du christianisme, des sectes qui soutinrent que le mariage était un crime; d'autres prétendirent, contrairement au sentiment des Apôtres, que la virginité n'était pas un état plus parfait que le mariage. Beaucoup de Pères de l'Église blâmèrent les secondes noces. Aujourd'hui, la loi canonique détermine un certain nombre d'empêchements au mariage. Les uns, dits *prohibitifs*, rendent le mariage illicite, sans l'annuler; les autres, appelés *dirimants*, le rendent nul. Pour les premiers, ce sont : l'omission de la publication des bans, la célébration du mariage dans un temps prohibé par l'Église (depuis l'Avent jusqu'à l'Épiphanie, et depuis le mercredi des Cendres jusqu'au dimanche de l'octave de Pâques), le vœu de chasteté ou d'entrée en religion. Les seconds sont, outre ceux que précise notre loi civile : la profession religieuse, l'affinité spirituelle, le meurtre pour arriver au mariage, l'adultère, le rapt, la violence, la clandestinité, la folie, etc. Quant aux *mariages mixtes*, c.-à-d. entre personnes de religions ou de communions différentes, l'Église se refuse généralement à les bénir, à moins que les époux ne s'engagent à faire élever leurs enfants dans la religion catholique. Les évêques peuvent donner des dispenses pour marier dans les temps prohibés ou sans que tous les bans aient été publiés; mais le pape seul lève quelques-unes des empêchements plus graves. En France, avant la Révolution de 1789, le ministère du prêtre accomplissait à la fois le mariage civil et le mariage religieux : depuis cette époque, le mariage civil suffit pour valider un mariage matrimoniale aux yeux de la société, et le *Code pénal* (art. 199, 200) porte même des peines contre tout ministre du culte qui procéderait au mariage religieux avant le mariage civil. Ces principes ont été admis dans le royaume d'Italie. Mais l'Église n'accorde le caractère de légitimité qu'au mariage civil a été sanctionné par la religion; en sorte que les enfants nés avant la bénédiction nuptiale, même après le mariage civil, sont illégitimes aux yeux des catholiques, tandis qu'ils le seraient d'après la loi française, si le mariage religieux seul eût été célébré.

L'Église grecque, comme l'Église catholique, fait du mariage un Sacrement. Pour les Protestants, au contraire, le mariage est un contrat purement civil, et la bénédiction nuptiale n'est qu'une simple cérémonie, ne produisant pas plus d'effet qu'une prière ordinaire. Les catholiques n'admettent aucune cause qui puisse autoriser le divorce, les protestants le permettent dans plusieurs cas.

MARIAGE (Jeu du) ou de BRISQUE, jeu de cartes dans lequel chacun des deux joueurs reçoit 5 cartes; la 11e sert d'atout, et le donneur qui la retourne peut la changer contre le sept d'atout, s'il le possède en main. Après chaque levée, on prend une carte au talon. Le roi et la dame de la même couleur constituent le *mariage*, et se comptent pour 20; le valet y ajoute 10; le mariage d'atout compte double. L'as et le dix, cartes privilégiées qui l'emportent sur les figures, sont appelées *brisques*. On les compte chacune pour 10, lorsque les joueurs cherchent à la fin celles qu'ils ont dans leurs levées.

MARIÉE (Jeu de la) ou de GUIMBARDE, jeu de cartes pour lequel on prend un jeu de piquet s'il n'y a que cinq joueurs, un jeu complet s'il y en a plus, jusqu'à 9. Il y a trois cartes privilégiées, dans l'ordre suivant : la *guimbarde* ou dame de cœur, le *roi* de cœur, et le *fou* ou valet de carreau. Les chances qui viennent ensuite sont le *point*, ou 3, 4 et 5 cartes de même couleur, et le *mariage*, formé d'un roi et d'une dame de même couleur. Cinq corbeilles affectées à ces cinq chances reçoivent de chaque joueur un jeton, pour celui qui aura l'une ou l'autre dans son jeu. Les joueurs ayant reçu chacun 5 cartes, on déclare successivement le point, les mariages, le fou, le roi, et la guimbarde. Puis, tous ayant mis de nouveau un jeton dans la corbeille du point, on joue à faire des levées pour gagner cette mise. Le joueur qui renonce, ou qui joue avant son tour, ou qui, pouvant forcer ou couper, ne le fait pas, paye un jeton à tous les autres. Tout mariage qui se fait en jouant vaut à celui qui a mis le un jeton de chaque mariage; le mariage du roi et de la dame de cœur en vaut deux; le fou qui fait la levée gagne aussi un jeton, mais il paye s'il est pris.

MARIE-MAJEURE (Basilique de SAINTE-), à Rome, ainsi nommée parce qu'elle est la principale des églises consacrées à la Vierge. Elle est la quatrième des basiliques patriarcales, et s'élève sur le mont Esquilin, à l'emplacement d'un temple de Junon Lucine, et près d'une esplanade irrégulière, où Paul V a fait ériger sur un piédestal une superbe colonne corinthienne, haute de 20 mèt., en marbre blanc, tirée de la basilique de Constantin, et surmontée d'une statue de la Vierge, en bronze doré. Ste-Marie-Majeure, fondée en 352, sous le pontificat de St Libère (d'où lui vint le nom de-*Basilique Libérienne*), fut d'abord appelée *Ste-Marie-aux-Neiges*, en mémoire d'une neige épaisse qui était miraculeusement tombée du ciel au mois d'août pendant une sécheresse dévorante. Sixte III l'agrandit en 432, et elle reçut alors le plan général qu'elle a conservé jusqu'à nos jours, et que nous allons décrire. La façade se compose de deux portiques superposés, ornés de colonnes. Celui d'en bas a cinq ouvertures, dont trois sont surmontées de frontons, triangulaires pour les baies des extrémités, circulaires pour celles du centre. Les colonnes, au nombre de huit, la porte centrale en ayant deux rentrantes, sont d'ordre ionique et en granit. Sous ce portique on trouve cinq portes, dont une, la porte Sainte, reste murée, excepté dans le temps de jubilé. Le portique supérieur n'est qu'à trois arcades, avec colonnes corinthiennes ; l'arcade du milieu, plus haute que ses collatérales, forme une loge d'où le pape donne la bénédiction au peuple les jours de grande solennité. L'ensemble est surmonté d'une balustrade ornée de cinq statues. Deux bâtiments d'une architecture de palais, et dont les lignes architecturales se profilent sur cette façade, l'encadrent, se joignent au portique inférieur en demeurant détachés du portique supérieur, et servent d'habitation aux chanoines de la basilique. Vers le fond de l'église s'élève un campanile quadrangulaire, le plus haut de Rome. Cette façade, qui a de la majesté et de la grandeur, est l'œuvre de F. Fuga, qui l'éleva par ordre de Benoît XIV, en 1743, et pour laquelle on démolit l'ancienne façade qui avait été construite par Eugène III, en 1145. Les bâtiments réservés aux chanoines datent de Paul V, et le campanile de Grégoire XI. — L'intérieur rappelle tout à fait la disposition d'une basilique de l'ancienne Rome. Il est divisé en 3 nefs par deux files de 36 colonnes ioniques, 18 de chaque côté, en marbre blanc veiné, supportant un entablement continu, interrompu aux deux tiers de la nef par deux grandes arcades ouvertes sur deux chapelles latérales. Sur cet entablement s'élève une sorte d'attique orné de pilastres composites à l'aplomb de chaque colonne, de niches dans leurs intervalles, et de grands carrés de mosaïque datant, dit-on, du viiie siècle. La nef est couverte par un plafond à 5 files de caissons dorés, ouvrage de San-Gallo. Au fond de l'abside brille une grande mosaïque d'un bel effet, où le couronnement de la Vierge est représenté sur fond d'or. On admire aussi les mosaïques du milieu, en appareil alexandrin. En entrant, on voit deux tombeaux : à droite, celui de Clément IX, avec des statues de ce pape par Guidi, de la Foi par Fancelli, de la Charité par Hercule Ferrata ; à gauche, celui de Nicolas IV, dessiné par Dom. Fontana, avec statues par Léonard de Sarzane. Le maître-autel de la basilique, placé au droit des deux grandes arcades, est isolé : formé par une grande urne de porphyre, que recouvre une table de marbre blanc et noir soutenue par 4 petits anges en bronze doré, il a un riche baldaquin composé par Fuga, porté par quatre grandes colonnes corinthiennes de porphyre entourées de palmes dorées ; en haut sont 6 anges de marbre sculptés par P. Bracci. Du côté droit de l'édifice est la *chapelle du St-Sacrement* ou *de la Crèche*, commandée à Fontana par Sixte-Quint, et qui serait à elle seule une église complète, puisqu'elle a sa coupole, ses chapelles latérales et sa sacristie. Elle est en croix grecque ; au milieu s'élève l'autel du St-Sacrement, dont le tabernacle est soutenu par quatre anges de bronze doré, et, au-dessous, un autre autel consacré à la Nativité de J.-C. ; à droite, le tombeau de Sixte-Quint, dessiné par Fontana, avec statue par Valsoldo, s'élevant au milieu de quatre colonnes de vert antique, et entre les statues de St François par Flaminio Vacca et de St Antoine par P. Olivieri ; à gauche, le tombeau de Pie V, dont le corps est conservé dans une urne de vert antique ornée de bas-reliefs, et dont la statue est de Léonard de Sarzane. De l'autre côté de la nef, en parallèle de la chapelle du St-Sacrement, est celle, plus riche encore, de la Ste-Vierge, dite *chapelle Borghèse*, construite en 1611 aux frais du pape Paul V par Flaminio Ponzio, et en croix grecque aussi avec une coupole. Les murs en sont revêtus de marbre ; une image de la Vierge, attribuée à St Luc, est placée sur un fond de lapis-lazuli et entourée de pierres précieuses ; l'autel a quatre colonnes canne-

lées en jaspe oriental, avec bases et chapiteaux de bronze doré, et l'entablement est en agate ; beaucoup d'artistes ont couvert de fresques les arcades et la coupole, entre autres le Guide, Lanfranc, Maderno, Cigoli, le chevalier d'Arpino. A droite de la chapelle s'élève le tombeau de Clément VIII, avec quelques bas-reliefs du Bernin ; à gauche, celui de Paul V, dont les bas-reliefs sont aussi du plus grand mérite. — Le baptistère, comparable pour la magnificence aux œuvres plus anciennes, appartient au pontificat de Léon XII. V. Paulus de Angelis, *Descriptio et delineatio basilicæ Sanctæ Mariæ Majoris*, Rome, 1621, in-fol. B.

MARIENGROSCHEN, monnaie de compte et monnaie de billon du Hanovre et du Brunswick, valant un peu plus de 10 centimes.

MARIENGULDEN, monnaie d'argent du Brunswick, valant 2 fr. 16 c.

MARIE-SALOPE, ou *gabare à vase*, grande barque où l'on place la vase, le sable et autres immondices qu'on recueille en curant les ports, et où l'on sert à les jeter au large. Elle a, de chaque côté du mât, une ouverture par laquelle on la décharge.

MARIGOT, se dit, sur la côte occidentale de l'Afrique, des canaux remplis d'eau presque dormante qui se forment dans les deltas des fleuves.

MARILLAC (Code). *V. Code*, dans notre *Dictionnaire de Biographie et d'Histoire*.

MARIMBA, sorte de luth des habitants du Congo. La table est un parchemin très-mince. Les cordes sont attachées à des anneaux auxquels pendent de petites plaques de métal. On frappe les cordes avec le poil d'une queue d'éléphant ou un morceau d'écorce de palmier, et les plaques, mises en mouvement, produisent un certain bruit harmonieux. — Les Cafres ont aussi un instrument appelé *Marimba*: c'est une petite caisse en bois, garnie, à une extrémité, d'un chevalet, sur lequel passent sept ou neuf lames de fer. L'exécutant met ces lames en vibration avec ses doigts, et en tire des sons d'un grand volume. — On connaît enfin sous le nom de *Marimba* un instrument des Nègres, formé de 16 calebasses de différentes grandeurs, rangées entre deux planches, et dont on tire des sons en frappant avec deux petites baguettes les tranches d'un bois sonore qui recouvrent leur embouchure.

MARINE (du latin *mare*, mer), mot qui désigne tout à la fois une science et l'ensemble des bâtiments d'un État. La science de la Marine comprend les *constructions navales* et la *navigation* (*V. ces mots*). Comme ensemble des navires qui sont pour le service maritime, on distingue la *Marine marchande*, dont les bâtiments, construits, équipés, frétés par des particuliers, transportent des passagers ou des marchandises ; et la *Marine militaire* ou *Marine de l'État*, composée de bâtiments de guerre. Une Marine militaire sert à protéger le commerce national, à défendre les colonies, à favoriser, selon l'occasion, les entreprises de terre ou de mer, et à faire échouer celles que les ennemis pourraient tenter. Tyr, Carthage, Athènes dans l'antiquité, ont dû leur puissance à leur situation maritime, et au soin qu'elles avaient mis à profiter de leurs ressources navales. De même, au moyen âge, Gênes, Venise et les villes maritimes de la Ligue Hanséatique trouvèrent dans la navigation une source de richesses et d'influence, et c'est aussi à la navigation que de faibles États modernes, le Portugal et la Hollande, durent la conquête de vastes empires dans l'Inde. Pour le tableau des forces maritimes des divers États, nous renvoyons aux articles consacrés à ces États dans notre *Dictionnaire de Biographie et d'Histoire*. V. aussi De Montferrier, *Dictionnaire universel et raisonné de marine* ; Bonnefoux et Pâris, *Dictionnaire de marine*, 1850, 2 vol. gr. in-8° ; De Boismélé et de Richebourg, *Histoire générale de la marine*, Paris, 1744-58, 3 vol. in-4° ; Bouvet de Cressé, *Histoire de la marine de tous les peuples*, Paris, 1824, 2 vol. in-8° ; Chasseriau, *Précis historique de la marine française*, 1847, 2 vol. in-8°.

MARINE (Code de la). La législation maritime de la France est éparse dans de nombreuses lois et ordonnances. Avant 1789, le premier et le plus considérable des règlements fut l'ordonnance du 15 avril 1680, préparée par Colbert, et rendue sur le rapport de son fils Seignelay. Vinrent ensuite le règlement du 1er août 1731, les ordonnances du 27 sept. 1776 et du 25 mars 1785. Par une loi du 21-22 août 1790, l'Assemblée constituante abrogea toutes les dispositions antérieures, comme incompatibles avec les principes d'une Constitution libre ; un décret, qui reçut le nom de *Code des vais-*

seaux ou *Code pénal de la Marine*, régla, mais d'une manière imparfaite, la procédure à suivre pour les fautes et délits commis dans l'armée navale et dans les ports, et la pénalité qu'on devrait appliquer. Pour compléter son œuvre, l'Assemblée, par une loi du 12 octobre 1791, étendit aux troupes de la marine les lois des 21-23 octobre 1790 et 20 septembre 1791 sur la discipline militaire. Vinrent ensuite : la loi du 3 brumaire an IV sur l'Inscription maritime; l'arrêté du 5 germinal an XII sur les Conseils de guerre maritimes ; les décrets du 22 juillet 1806 sur l'organisation des Conseils de marine et l'exercice de la police et de la justice à bord des vaisseaux, du 12 novembre 1806 relativement à la création et à l'organisation des tribunaux maritimes, du 4 mai 1812 sur la recherche et la punition des déserteurs de la marine; l'ordonnance du 21 février 1816; les lois des 18 avril et 11 mai 1831 sur les pensions de l'armée de mer, des 20-28 avril 1832 sur l'avancement dans l'armée navale; le décret des 12-14 mars 1848, portant abolition des peines de la bouline, de la cale et des coups de corde; ceux des 26 mars et 16 avril 1852 sur le régime de la justice maritime, applicables, sous le point de vue disciplinaire et pénal, à la marine marchande comme à la marine militaire. En 1858, un nouveau Code pour la marine militaire a été établi. *V.* Valin, *Commentaire sur l'Ordonnance de la marine, du mois d'août 1681*, Paris, 1834, 1 vol. in-4° ou 2 vol. in-8° ; Blanchard, *Répertoire chronologique, par ordre des matières, des principales lois relatives à la marine*, in-8° ; Desaint, *Recueil des lois relatives à la marine et aux colonies*, 1799-1809, 18 vol. in-8° ; Bajot et Poirré, *Annales maritimes et coloniales, ou recueil des lois et ordonnances, règlements et décisions ministérielles, mémoires, observations, etc.*, 1816-47, 104 vol. in-8° ; Hautefeuille, *Législation criminelle maritime*, 1839, in-8° ; Beaussant, *Code maritime composé des lois de la marine marchande, réunies, coordonnées et expliquées*, 1840, 2 vol, in-8° ; Rimbaud, *Études sur la législation et l'administration maritime*, 1851, in-8° ; Prugnaud, *Législation et administration de la marine*, Rochefort, 1851-52, 2 vol. in-8° ; Gardat, *Marine marchande*, 1854, in-8° ; Hautefeuille, *Guide des juges marins, Code de la justice militaire pour l'armée de mer*, 1860, in-8°.

MARINE (Commissaires de), officiers de l'administration maritime, chargés des approvisionnements, des revues des employés au service, du payement des soldes, et de tous les détails de comptabilité. Ils se divisent en *Commissaires généraux*, *Commissaires*, *Commissaires-adjoints*, *Sous-Commissaires* (deux classes de chaque sorte), et *Aides-Commissaires*.

MARINE (Conseil des travaux de la), Conseil créé en 1831, pour donner son avis sur les mémoires, rapports, plans, devis estimatifs, tarifs de main-d'œuvre et autres relatifs aux constructions navales, au matériel de l'artillerie, aux travaux des ports et arsenaux maritimes; pour préparer les règlements nécessaires à l'exécution des travaux de tout genre, rédiger les programmes des concours, examiner les systèmes nouveaux proposés par des inventeurs, etc. Il est présidé par un vice-amiral, et comprend trois officiers généraux ou supérieurs de la marine, l'inspecteur général du génie maritime, un inspecteur général des travaux hydrauliques, le directeur et deux officiers supérieurs des constructions navales, un inspecteur et un officier de l'artillerie de marine, un inspecteur divisionnaire ou un ingénieur des travaux hydrauliques.

MARINE (Dépôt de la). *V.* DÉPÔT DE LA MARINE, dans notre *Dictionnaire de Biographie et d'Histoire*.

MARINE (École de). *V.* ÉCOLE NAVALE, dans notre *Dictionnaire de Biographie et d'Histoire*, page 879, col. 1.

MARINE (Invalides de la). *V.* INVALIDES, dans notre *Dictionnaire de Biographie et d'Histoire*.

MARINE (Mécaniciens de la). *V.* MÉCANICIENS.

MARINE (Ministère de la). *V.* MINISTÈRE, dans notre *Dictionnaire de Biographie et d'Histoire*, p. 1804.

MARINE (Musée de la). *V.* LOUVRE (Musée du).

MARINES, dessins et peintures qui représentent des objets et des scènes maritimes. Les plus habiles peintres de marine ont été : en Flandre, Paul Bril et les Willaert ; en Hollande, les Van den Velde, Backhuysen, Van der Heyden, Wlieger, Cuyp, Ruysdaël, Van Everdingen ; en Italie, Salvator Rosa et Canaletto; en Angleterre, Wilson, Thomas Jones, Andries Both, Turner, Stanfield, Callow, Bonington, Harding, Calcott et Newton Fielding; en France, Claude Lorrain, Joseph Vernet, Gudin, Garneray, Isabey, Roqueplan, Morel-Fatio, Mozin, Aug: Delacroix, Lepoittevin.

MARIOLE, mot qui signifiait, au moyen âge, une image de la Vierge Marie.

MARIONNETTES, poupées de bois ou de carton représentant toutes sortes de personnages, et que l'on fait mouvoir sur un théâtre à l'aide de fils ou de ressorts. Leur nom vient, dit-on, d'un Italien nommé Marion, qui les introduisit en France sous Charles IX. Les anciens Grecs connurent les marionnettes sous le nom de *neurospasta* (objets mis en mouvement par des fils), et les Romains sous ceux d'*imagunculæ, simulacra, oscilla*. On leur trouverait peut-être une origine hiératique : car, les idoles des dieux, après avoir été grossièrement taillées dans des troncs d'arbres, furent faites de pièces assemblées, et articulées pour mieux imiter la vie. Telle était, au dire de Diodore (liv. XVII), la statue de Jupiter Ammon, qui indiquait d'un mouvement de la tête à ses prêtres la route qu'elle voulait suivre ; ou celle de l'Apollon d'Héliopolis, qui rendait ses oracles en poussant ses porteurs, ou qui s'élevait toute seule sous la voûte de son temple. On sait aussi que, dans les banquets, les Égyptiens se passaient de main en main des figurines en bois peint représentant des momies, et les tombeaux de leurs enfants contiennent souvent des statuettes à membres mobiles. Ce que les Grecs appelaient la *vie dédalique* dans une statue était peut-être une allusion aux statues de Dédale, qui auraient eu des membres articulés. Aristote (*De animâ*, I, 3) parle, en effet, d'une Vénus de bois, attribuée à Dédale, et qui était douée de mouvement. On fit aussi des poupées en terre cuite, avec jambes et bras articulés; car on en a trouvé un grand nombre dans les ruines de Camarine. La statuaire mobile, descendue du temple aux amusements de l'enfance, finit par être admise sur le théâtre. Nous voyons dans Athénée (*Deipn.*, XVI) qu'un joueur de marionnettes fut autorisé à faire monter ses acteurs de bois sur le théâtre de Bacchus à Athènes. — Les mêmes faits se sont produits chez les Romains. La statue de la Fortune, à Antium, s'agitait avant de rendre ses oracles. Les tombeaux d'enfants découverts en Italie contenaient des pantins d'os, d'ivoire, de bois ou de terre cuite. Horace, Aulu-Gelle, Marc-Aurèle, les Pères et les Apologistes de l'Église font allusion aux marionnettes théâtrales, et Apulée (*De mundo*) donne une idée de la perfection avec laquelle elles étaient construites. Dans le souper de Trimalcion, Pétrone fait paraître devant les invités une larve d'argent parfaitement articulée et qui exécute une danse.

Sans parler de la statuaire mobile, qui fut souvent employée dans les églises, dans les processions et dans les fêtes, il est certain que les marionnettes théâtrales ne furent pas oubliées pendant le moyen âge. On en a figuré, par exemple, dans une miniature du XIIe siècle de l'*Hortus deliciarum* composé par Herrade de Landsberg et conservé à la bibliothèque de Strasbourg. — Parmi les Modernes, ce sont les Italiens qui ont le plus goûté les marionnettes : ils les nomment *burattini, fantoccini, puppi, puppazzi*, et leur font jouer des pièces de tout genre, soit dans des loges en plein air, soit dans des salles couvertes et plus élégantes. Le héros de la scène est *Cassandrino* à Rome, *Girolamo* à Milan, *Giranduja* à Turin, *Pulcinello* et *Scaramuccia* à Naples. — L'Espagne a emprunté les marionnettes (*titeres*) à l'Italie. Les statuettes de saints à jointures mobiles et les madones à ressorts y étaient depuis longtemps en usage, lorsque Giov. Torriani, habile mécanicien amené par Charles-Quint, appliqua son art au perfectionnement des marionnettes. Tantôt, comme au temps de l'Empire romain, on donnait, sur le devant du théâtre, l'explication de leur pantomime; tantôt, celui qui les faisait mouvoir, caché derrière le fond, parlait pour elles. Le répertoire des marionnettes espagnoles est profondément empreint de l'esprit national : les héros sont des Mores, des chevaliers, des géants, des magiciens, des conquérants de l'Inde, des personnages de l'Ancien Testament, des saints et des ermites. — En Angleterre, avant le schisme de Henri VIII, on représenta, aux fêtes de Noël, de Pâques et de l'Ascension, des espèces de Mystères dans les églises à l'aide de grandes poupées ou mannequins (*miracleplays*); ces engins, employés dans les processions populaires, portaient le nom de *pageants*. Depuis l'établissement du protestantisme, il n'y eut plus que des marionnettes théâtrales, auxquelles on donne les noms divers de *puppet, mammet, motion, drollery*. Outre l'ancien répertoire religieux (*Jonas et la Baleine, Sodome et Gomorrhe, Adam et Ève*, etc.), ces marionnettes représentèrent des *chronicle-plays* (*Jules César, le Duc de Guise, la Conspiration des Poudres*, etc.). Interdites par le rigorisme puritain au moment de la Révolution d'Angleterre, elles reprirent faveur après la restauration des Stuarts, et ce *fut alors qu'on* vit paraître le fameux *Punch*, dont le nom est l'abrégé de *Pulcinello*, écrit quelquefois *Punchinello*. Ce sont les aventures de ce libertin tapageur, mari peu fidèle et père brutal, souvent frondeur en politique, qui ont, depuis cette époque, fourni le fond des pièces à marionnettes. Toutefois, le répertoire religieux n'a pas complétement disparu, même de nos jours, et l'on joue encore l'*Arche de Noé*, l'*Enfant prodigue*, la *Passion de J.-C.*, à côté d'imitations de pièces de Shakspeare.—L'Allemagne avait, dès le xıı^e siècle, ses jeux de marionnettes (*tokkenspil*, *hampelmann*). Ses acteurs de bois ne tardèrent à représenter des légendes romanesques et populaires, *Geneviève de Brabant*, les *Quatre fils Aymon*, *Blanche comme neige*, la *Dame de Roussillon*, la *Belle Maguelonne*, etc., sujets entremêlés de magie et d'apparitions diaboliques, et qui trouvèrent comme leur complément et leur dernier écho dans le *Docteur Faust*. Parmi les pièces religieuses on distinguait *David et Goliath*, *Judith et Holopherne*, la *Naissance de Jésus*, le *Massacre des Innocents*. Au milieu de ces drames pieux, et malgré la gravité du sujet, les Allemands ont placé le bouffon obligé de tout théâtre de marionnettes : ils le nomment *Hanswurst* ou *Jean Boudin*, et en font un personnage moins mauvais sujet que Punch, mais plus lourd et plus glouton. Hanswurst a été détrôné en Hollande par *Hans Pickelhäring*, puis par *Jan Klaassen*, en Autriche par le joyeux paysan *Casperle*.

En France, comme dans les autres pays, les marionnettes commencèrent par être quelque chose de sérieux. Il se peut même qu'on les ait ainsi appelées de la Vierge *Marie*, nom dont *Marion* et *Marionnette* sont des diminutifs : car des statues animées de Marie parurent souvent dans les cérémonies religieuses. Après avoir joué des Mystères, les marionnettes devinrent des acteurs profanes. Le xvı^e siècle vit naître deux types vraiment français, *Polichinelle* et la *Mère Gigogne*. Polichinelle dérive du *Macchus* des Atellanes antiques, en passant par le *Pulcinello* napolitain : il rappelle, par son caractère enjoué, railleur et batailleur, par son costume, la physionomie traditionnelle, sinon du roi Henri IV, au moins de l'officier béarnais. La mère Gigogne, modèle de la fécondité maternelle, est une parente des conceptions rabelaisiennes de *Grandgousier* et de *Gargamelle* ; elle parut sur les grands théâtres, à l'hôtel de Bourgogne, dans les ballets du Louvre, avant de tomber dans le domaine du théâtre populaire. Sous Louis XIV, Jean Brioché, dont le singe Fagotin est resté classique, établit à Paris, au bas du Pont-Neuf, près de l'hôtel de Nesle, un théâtre de marionnettes, qui eut un grand succès. On essaya vainement de lui faire concurrence au Marais, où fut élevé un théâtre dit *des Pygmées* ou *des Bamboches*. Au xvııı^e siècle, les marionnettes eurent leur véritable patrie à la foire de St-Germain, sur l'emplacement du marché actuel, et à la foire St-Laurent, entre les rues actuelles du faubourg St-Denis et du faubourg St-Martin. Les pièces que l'on composa pour elles forment une volumineuse collection : on y parodia un grand nombre d'ouvrages, le *Médecin malgré lui* de Molière, le *Romulus* de La Motte (*Pierrot-Romulus ou le Ravisseur poli*), la *Mérope* (*Javotte*) et l'*Alzire* de Voltaire, la *Fille obéissante*), l'*Atys* et l'*Amadis* de Quinault, la *Didon* de Lefranc de Pompignan (la *Descente d'Enée aux Enfers*), etc., et plusieurs écrivains en renom ne dédaignèrent pas d'enrichir ce répertoire, tels que Piron, Fuzelier, Lesage. Les princes et les riches particuliers voulurent avoir leurs théâtres de marionnettes : il y en eut à Sceaux chez le duc du Maine, à Cirey chez Voltaire. Aux approches de la Révolution, des entreprises de marionnettes furent dirigées avec un certain éclat sur le boulevard du Temple par Nicolet et par Audinot; mais le théâtre fondé en 1784 au Palais-Royal par Séraphin éclipsa tous les autres : il s'y est maintenu jusqu'en 1861, époque où il a émigré sur les boulevards. Il faut convenir que la malice, la verve et la satire ont considérablement baissé aujourd'hui dans le répertoire des marionnettes. Sur les scènes un peu aristocratiques, on compose des spectacles pour les yeux : les marionnettes du Pré-Catelan, au bois de Boulogne, déploient la richesse de leurs costumes et la perfection de leur mécanisme. Mais la marionnette populaire est bien près de se perdre : à Paris, elle n'a d'autre refuge que de petits théâtres en plein vent. *Guignol* aux Champs-Élysées, *Guignolet* au Luxembourg; dans les départements, de malheureux industriels promènent de foire en foire leurs acteurs mal appareillés et

défraîchis, auxquels ils font jouer sans esprit et sans art *Geneviève de Brabant*, le *Malade imaginaire*, la *Tour de Nesle*, et surtout, bien que l'auditoire soit médiocrement croyant et recueilli, *Joseph vendu par ses frères*, l'*Enfant prodigue*, la *Passion de J.-C.*, et la *Tentation de St Antoine*. V. Magnin, *Histoire des Marionnettes en Europe depuis l'antiquité jusqu'à nos jours*, Paris, 1852, 1 vol. in-8°.   B.

MARITIME (Droit, Génie, Inscription). V. Droit, Génie, Inscription.

MARITIME (Justice). D'après l'ordonnance de 1689, tous les délits commis à bord des navires étaient jugés par les commandants : pour les crimes, ils étaient jugés à terre par un Conseil de guerre, composé de l'amiral, du vice-amiral, des lieutenants généraux, intendants, chefs d'escadre, capitaines de marine et autres officiers; toutefois, en présence de l'ennemi ou dans un danger pressant, le commandant pouvait, après avoir pris l'avis de ses officiers, punir d'urgence les crimes. Les peines, à terre comme à bord, étaient la mort, les galères, les fers, le pain et l'eau, la barre de justice, la bouline, la cale. Le règlement du 1er août 1731 donna aux intendants de justice, police et finances des galères la connaissance de tous crimes et délits commis dans les ports, arsenaux, bagnes et magasins de la marine; mais l'ordonnance du 27 septembre 1776 ne leur laissa que la connaissance des vols, les autres crimes et délits étant renvoyés au jugement du Conseil de guerre. Cette même ordonnance institua un Conseil de marine pour juger les commandants de bâtiments qui auraient manqué à leurs devoirs. L'ordonnance du 25 mars 1765 envoya devant un Conseil de guerre les capitaines qui avaient perdu le navire qu'ils commandaient. L'ordonnance du 25 mars 1785 étendit l'action du Conseil de guerre aux troupes de la marine. La loi du 21 août 1790 introduisit intempestivement dans la justice maritime le jugement par jury, et distingua les peines disciplinaires et les peines afflictives : les premières étaient le retranchement du vin pendant trois jours au plus, les fers, la mise à cheval sur une barre du cabestan, et la peine d'être attaché au grand mât pendant trois jours au plus; et, pour les officiers, les arrêts, la prison, la suspension pendant un mois au plus, avec ou sans privation de solde; les secondes étaient les coups de corde, la prison ou les fers sur le pont pendant plus de trois jours, la réduction de grade ou de solde, la cale, la bouline, les galères, la mort. Une *législation analogue* fut donnée aux arsenaux, le 12 oct. 1791. La loi du 16 nivôse an II supprima l'adjonction du jury dans la plupart des cas. Le décret du 22 juillet 1806, qui resta pendant cinquante ans la loi de la Marine, créa des Conseils de justice et des Conseils de guerre; les premiers, composés de 5 juges, pour connaître des délits commis à bord, emportant la peine de la cale ou de la bouline; les seconds, formés de 8 officiers généraux ou supérieurs, pour juger les autres crimes et délits emportant une peine plus grave. Il maintint aux commandants des bâtiments les pouvoirs d'urgence que leur conférait l'ordonnance de 1689, et confirma l'existence des Conseils de guerre spéciaux que la loi de 1790 avait institués pour juger les déserteurs. Le décret du 12 nov. 1806 créa, pour les arsenaux et les ports, les tribunaux maritimes (V. plus loin). L'ordonnance du 21 février 1816 supprima les tribunaux institués pour juger la désertion, et attribua la connaissance de ce crime aux Conseils de guerre ordinaires. Le gouvernement provisoire de 1848 abolit les châtiments corporels, sauf l'emprisonnement de quatre jours à un mois au plus, avec les fers. Un décret du 26 mars 1852 apporta de nouvelles modifications à la pénalité. Le nouveau Code, adopté le 4 juin 1858, est divisé en quatre livres, comprenant : 1° l'organisation des tribunaux de la marine; 2° la compétence de ces tribunaux; 3° la procédure; 4° les crimes, les délits et les peines. Les juridictions qu'il conserve sont : les Conseils de guerre, les Conseils de justice, et les Tribunaux maritimes. Un décret du 21 juin a déterminé le ressort des Conseils de guerre et des Tribunaux maritimes des arrondissements maritimes; un autre décret du même jour a étendu aux colonies le nouveau Code de justice maritime. Les peines prononcées sont : en matière de crime, la mort, les travaux forcés à perpétuité, la déportation, les travaux forcés à temps, la détention, la reclusion, le bannissement, et la dégradation militaire; en matière de délit, la destitution, les travaux publics, l'emprisonnement, la privation de commandement, l'inaptitude à l'avancement, la réduction de grade ou de classe, le cachot ou double boucle, et l'amende.

MARITIME (Législation). *V.* MARINE (Code de la).

MARITIMES (Tribunaux), tribunaux qu'il ne faut pas confondre avec les Conseils de guerre maritimes (*V.* GUERRE — Conseil de), et qui furent établis en 1800 pour juger les crimes, délits ou contraventions commis par les marins et autres personnes dans les ports et arsenaux, contre leur police et leur sûreté, ou contre le service maritime. Ils n'étaient pas originairement permanents, et se dissolvaient après le jugement de la cause pour laquelle ils avaient été convoqués. Ils étaient d'abord composés de huit juges, dont six pris parmi les officiers de marine, à la désignation du préfet maritime, et deux parmi les juges du tribunal civil, et présidés par l'officier le plus élevé en grade présent dans le port. Depuis le Code de 1858, qui a rendu ces tribunaux permanents, ils se composent d'un capitaine de vaisseau ou de frégate, d'un juge du tribunal de 1re instance, d'un juge-suppléant (ou d'un avocat, ou d'un avoué), d'un commissaire-adjoint ou d'un sous-commissaire de marine, de 2 lieutenants de vaisseau, et d'un sous-ingénieur. — Il y a eu des tribunaux maritimes spéciaux pour juger les contraventions aux règlements de police dans les chiourmes, les bagnes, et les colonies pénitentiaires : aujourd'hui les tribunaux maritimes d'arrondissement les remplacent. — Les décrets des 24 mars et 16 avril 1852 sur la marine marchande ont organisé des tribunaux maritimes commerciaux, qui connaissent des délits énumérés dans ces décrets, et dont les décisions ne peuvent être attaquées par aucun recours ni en révision ni en cassation.

MARIVAUDAGE, nom donné par dénigrement au style et au genre d'esprit de Marivaux. On entend par là ce mélange bizarre de métaphysique subtile et de sentiments alambiqués, en même temps que ces formes gracieusement maniérées, ce cliquetis de mots ingénieux, cette finesse étudiée, qui caractérisent l'auteur des *Fausses confidences.* En voici un court exemple dans le *Jeu de l'amour et du hasard* (I, 6) :

SILVIA, sous le nom de *Lisette.*
Moi je veux que Bourguignon m'aime.

DORANTE, sous le nom de *Bourguignon.*
Tu te fais tort de dire je veux, belle Lisette, tu n'as pas besoin d'ordonner pour être servie.

MARIO, *frère de Silvia.*
Monsieur Bourguignon, vous avez pillé cette galanterie-là quelque part.

DORANTE.
Vous avez raison, monsieur; c'est dans ses yeux que je l'ai prise.

MARIO.
Tais-toi, c'est encore pis; je te défends d'avoir tant d'esprit.

SILVIA.
Il ne l'a pas à vos dépens, et s'il en trouve dans mes yeux, il n'a qu'à prendre.

MARLY (Château de), château de plaisance construit par Mansard pour Louis XIV, et que ce prince habita pendant sa vieillesse. On y arrivait par une magnifique avenue : 12 pavillons, distribués à droite et à gauche d'une vaste pièce d'eau, et communiquant entre eux par des berceaux en fer garnis de feuillages, formaient une belle perspective, terminée par un gros pavillon carré et isolé. Ces divers bâtiments étaient extérieurement décorés à fresque, sur les dessins de Lebrun, et figuraient le temple du Soleil (Louis XIV) au milieu des signes du Zodiaque. Le parc, attenant à celui de Versailles, était planté par Durué, et non, comme on l'a dit, par Mansard : on y trouvait des fontaines jaillissantes au milieu des bosquets, des théâtres de verdure, de longues perspectives peuplées de statues, d'immenses chutes d'eau, etc. Ce fut une faveur très-enviée que d'être appelé à Marly : les voyages y étaient de trois jours, depuis le mercredi jusqu'au samedi. Le château de Marly a été vendu, vers 1808, comme bien national, et démoli. On en cite plusieurs statues qui décorent aujourd'hui le jardin des Tuileries.   B.

MARLY (Machine de), machine hydraulique, placée au bas de Louveciennes, et que Louis XIV fit établir pour envoyer au château de Marly, et plus tard à celui de Versailles, des eaux de la Seine. Elle consistait en 14 roues à palettes, de 12 mètres de diamètre, installées en 3 rangs, les uns devant les autres, sur un barrage en pilotis fermant tout un bras de la Seine, dans une longueur de 10,150 mèt.; les roues agissaient sur 221 corps de pompes, 64 aspirantes et foulantes, sur la rivière, et 157 foulantes, installées à deux hauteurs différentes sur la côte, et poussant l'eau sur un aqueduc de pierre, à 154 mèt. au-dessus du niveau du fleuve, et à une dis-

tance horizontale de 1,236 mèt. La machine de Marly fut construite de 1676 à 1683, sur les plans du baron de Ville secondé par un charpentier liégeois, nommé Rennequin Sualem, et coûta environ 4 millions de livres. L'appareil formidable des 14 roues, leurs supports, qui semblaient une forêt de charpente; la transmission, sur la montagne, des mouvements par d'immenses tirants de fer articulés, longs de 670 mèt. environ, tout cela avait un air de complication et un aspect gigantesque qui provoqua l'admiration générale : ce n'était cependant, sous tous les rapports, qu'une conception de l'enfance de l'art. Son maximum d'effet, lorsque la rivière était très-forte, produisait 5,760 mèt. cubes d'eau, et moitié en temps ordinaire. Elle tomba à 1,150 mèt. par l'usure de la machine, puis, en 1789, à 614 mèt., enfin, en 1803, à 230 mèt. — L'année suivante, Brunet, ingénieur charpentier, remplaça l'ancienne machine par une nouvelle, qui, composée d'une seule roue hydraulique et de 4 corps de pompe, montait d'un seul jet l'eau sur l'aqueduc de Marly, et en donnait une quantité double de ce que l'on obtenait en dernier lieu. — Cependant cette machine, très-peu dispendieuse, fut remplacée, en 1826, par une pompe à feu, établie sur la rive gauche de la Seine, et qui, avec une force de 62 chevaux, élevait environ 1,700 mèt. cubes en 24 heures. Mais elle brûlait pour 300 fr. de charbon par jour de travail, et dès l'abord on ne l'employa que comme auxiliaire des roues, lorsqu'elles étaient noyées, puis on revint tout à fait à la force hydraulique : le vieux barrage fut remplacé, de 1855 à 1859, par une digue en maçonnerie où 3 roues à palettes, de 12 mèt. de diamètre sur 4m,50 de large, en fer forgé, ont été placées; elles font monter, d'un seul jet, l'eau sur l'aqueduc, au moyen de 12 corps de pompes aspirantes et foulantes, placées horizontalement. Ces roues marchent jour et nuit, et élèvent, en 24 heures, de 7,000 à 8,000 mèt. cubes. Cette machine, très-économique, a été construite par M. l'ingénieur Dufrayer, et fait le service depuis 1859. L'emplacement de 3 autres roues a été réservé dans la digue, pour utiliser, au besoin, toute la force d'eau, qui, avec une chute de 2m, 50, en moyenne, est évaluée à 1,200 chevaux-vapeur.   C. D—v.

MARMOUSETS. *V.* ce mot dans notre *Dictionnaire de Biographie et d'Histoire.*

MARONITE, qualification que l'on donne quelquefois à l'alphabet syriaque.

MARONNETTES. *V.* CROTALES.

MAROTTE (pour *mérotte,* petite mère), tête bizarre placée au bout d'un bâton et accompagnée de grelots. C'est le sceptre à sot Momus. On représente à sot Momus avec une marotte; cet attribut ne lui est donné sur aucun monument ancien, et ne date que du moyen âge.

MAROUFLER, en termes de Peinture, coller la toile d'un tableau sur une autre toile pour la renforcer, ou sur un panneau de bois, sur une muraille, pour la fixer. La plupart des plafonds peints à l'huile sont sur toile marouflée.

MARQUE, tout signe servant à distinguer ou à classer des objets semblables ou analogues, à rendre chacun d'eux remarquable parmi les autres. En matière fiscale, la *marque* a pour but principal de constater le payement des taxes imposées, et quelquefois de garantir en même temps aux acheteurs la qualité de certaines marchandises. L'estampille du gouvernement donne à la marque le caractère d'une garantie publique. Un édit du 14 octobre 1564 punissait à l'égal des faux monnayeurs ceux qui étaient convaincus d'avoir falsifié ou contrefait les marques mises sur les pièces de drap d'or, d'argent et de soie. L'ordonnance de juillet 1681 et la déclaration d'octobre 1720 punissaient des galères et d'une amende ceux qui auraient contrefait ou faussement apposé des marques et cachets. La marque des fers fut établie en 1626, pour arrêter les abus de la fabrication et du commerce de cette marchandise; les commissaires établis par Henri IV pour le rétablissement des manufactures avaient représenté, dès 1608, que la fabrication des fers, très-négligée pendant les guerres civiles, continuait à dépérir; qu'on ne cessait de se plaindre de la substitution du fer aigre au fer doux, et que la France, qui fournissait précédemment la quincaillerie aux étrangers, était réduite à celle qu'ils apportaient. Cette marque fut supprimée par la loi du 17 mars 1791, avec tous les impôts indirects de l'ancien régime.

La *marque des objets d'or et d'argent* eut d'abord pour objet de prévenir la dissipation des matières précieuses, puis de venir en aide aux lois somptuaires, qui limitaient à un poids déterminé la fabrication et l'usage de la vaisselle d'argent et de l'orfévrerie, en assurant l'exécution de ces lois, et même en augmentant par la perception d'un droit le prix de ces ouvrages. On lui donna le nom de *droit de remède*, sous le prétexte que ce droit devait rendre à l'or et à l'argent la valeur que leur ôtait l'alliage ajouté par les orfévres. Aujourd'hui, cette marque, connue sous les noms de *contrôle* et de *garantie* (*V. ces mots*), a pour effet de certifier au public le titre ou degré de pureté des objets d'or, d'argent, et de plaqué.

Une *marque*, appelée *timbre*, est empreinte sur le parchemin ou le papier destinés aux actes publics ou de commerce (*V.* TIMBRE).

Les *marques de vérification* ont pour but principal la sécurité publique, soit au point de vue des transactions, soit à celui de la salubrité.

Parmi les marques se rattachant à des intérêts particuliers, les plus importantes sont les *marques de fabrique*, signes emblématiques destinés à faire reconnaître l'origine ou la nature des marchandises. Elles étaient obligatoires par la plupart des statuts des corporations ; l'absence de marque ou l'apposition d'une fausse marque entraînait la confiscation de la marchandise, sa destruction, des amendes et diverses peines corporelles. Des droits de marque et de visite, ainsi qu'une quote-part dans le produit des amendes, stimulaient le zèle des agents chargés de la vérification. La marque, qui avait l'avantage de garantir la matière première et le mode de son emploi, était d'une autre part une entrave à tout perfectionnement, puisqu'elle était refusée à ce qui n'était pas selon l'usage établi. La loi du 18 germinal an XI (8 avril 1803) reconnut la marque comme un droit pour chaque manufacturier ou artisan, et punit l'usurpation ou la contrefaçon des mêmes peines que le faux en écriture privée. Parmi les décrets qui avaient attribué des marques spéciales à quelques industries, celui du 25 juillet 1810, concernant la coutellerie et la quincaillerie, est le seul qui soit resté en vigueur jusqu'à ce jour. La loi du 28 juillet 1824 a substitué des peines correctionnelles aux peines appliquées au faussaire. L'usurpation des marques de fabrique peut aussi donner ouverture à l'action civile. — Dans les usages du commerce, le signe ou la figure apposée sur les produits fabriqués, pour en garantir l'identité, est souvent, au lieu d'une marque arbitrairement choisie, le *nom* même du fabricant ; on l'appelle alors *marque nominale*. Sans doute la législation de 1824 fournissait aux fabricants un moyen de créer et de fonder la réputation de leur industrie ; mais les noms ne sauraient offrir les mêmes résultats que les marques proprement dites : s'ils présentent l'avantage d'exister et de se conserver indépendamment de toute formalité à remplir, ils prêtent beaucoup plus aux attaques de la concurrence déloyale. Avec la *marque emblématique*, au contraire, le droit exclusif et absolu du premier occupant est reconnu et consacré : aussi la loi du 23 juin 1857, qui a pour objet unique la marque emblématique librement apposée par le fabricant ou le commerçant, pour constater l'origine de ses produits et leur imprimer aux yeux du public le caractère de sa personnalité, deviendra de jour en jour le droit commun en ces matières. Elle a pour but d'assurer une protection réelle, qui était auparavant insuffisante, à la marque de fabrique et de commerce ; d'intéresser, par l'efficacité de la protection qui la couvrira désormais, celui qui la possède à lui donner de la valeur et à s'en faire une source de fortune par la loyauté de ses produits, et d'arriver par ce moyen indirect à sauvegarder les intérêts du consommateur lui-même. D'après la loi de 1857, la marque de fabrique est facultative : toutefois des décrets peuvent exceptionnellement la déclarer obligatoire pour les produits qu'ils déterminent. Sont considérés comme marques de fabrique et de commerce : les noms sous une forme distinctive, les dénominations, emblèmes, empreintes, timbres, cachets, vignettes, reliefs, lettres, chiffres, enveloppes et tous autres signes servant à distinguer les produits d'une fabrique ou les objets d'un commerce. Un décret du 26 juillet 1858 porte règlement d'administration publique touchant l'exécution de cette loi. Pour acquérir la propriété exclusive d'une marque, il faut déposer deux exemplaires du modèle au greffe du tribunal de commerce. Sont punis d'une amende de 300 à 3,000 fr. et d'un emprisonnement de 3 mois à 3 ans, ou de l'une de ces peines seulement : ceux qui ont contrefait une marque, ou fait usage d'une marque contrefaite ; ceux qui ont apposé sur leurs produits une marque appartenant à autrui ; ceux qui ont sciemment vendu des produits à marque contrefaite ou frauduleusement apposée. L'amende est de 200 à 2,000 fr.,

et l'emprisonnement d'un mois à un an, si les indications d'une marque sont propres à tromper l'acheteur sur la nature du produit. L'amende est de 100 à 1,000 fr., l'emprisonnement de 15 jours à 6 mois, pour le fait de n'avoir point apposé sur des produits une marque déclarée obligatoire, ou de les avoir ainsi mis en vente. Il y a confiscation des produits qui ont donné lieu à la poursuite, ainsi que des instruments et ustensiles ayant servi à commettre le délit. Les peines peuvent être doublées en cas de récidive.

Il existe donc législativement deux sortes de marques de fabrique : les unes sont *obligatoires*, et prescrites principalement dans un intérêt public et fiscal ; les autres sont *facultatives*, et instituées dans l'intérêt du fabricant qui veut garantir la qualité et assurer la réputation de ses produits. Quoique essentiellement protectrices du travail privé, elles ne sont pas étrangères à l'intérêt national ; car, d'une part, accordées à certaines villes, elles conservent la renommée industrielle de toute une population locale ; d'autre part, elles soutiennent le droit des loyaux produits de notre industrie à la confiance des nations étrangères. Les marques de fabrique, imposées jadis comme une garantie forcée ou concédées à titre de privilége, ont repris dans la législation moderne leur véritable caractère de propriété libre, et de la plus inviolable de toutes, celle qui est le résultat du travail. Le principe de la propriété des marques est la conséquence directe du droit de propriété existant sur les objets que l'on fabrique ou que l'on vend. L'industriel a le droit d'employer un signe quelconque pour faire connaître les marchandises provenant de ses ateliers ; si sa fabrication a quelque supériorité, il doit jouir exclusivement du bénéfice de sa réputation ; il a droit d'empêcher qu'un tiers ne l'en dépouille. La propriété des marques est de droit perpétuel ; elle se transmet par héritage, et ne tombe dans le domaine public que lorsqu'il résulte des circonstances qu'elle peut être réputée abandonnée. Pour produire ses effets légaux, la marque doit : 1° être adhérente aux produits ; 2° se distinguer nettement de toute autre marque précédemment adoptée. S'il importe au manufacturier de garantir, par sa marque, la bonne confection de ses produits, et de leur assurer ainsi un débit proportionné à leur mérite, la marque offre au négociant intermédiaire entre le producteur et le consommateur un moyen précieux de gagner et de conserver la confiance du public. En imprimant un signe distinctif aux objets qu'il achète pour les revendre, il s'oblige lui-même à en faire un choix intelligent et consciencieux, à les livrer purs de toutes les altérations que le commerce de détail fait souvent subir aux marchandises anonymes. L'extension de la marque de commerce peut-être le moyen le plus efficace de prévenir les falsifications opérées dans la transmission de certains objets, qui, livrés en bon état par le fabricant, parviennent dénaturés au consommateur. — La loi de 1857 maintient au profit des étrangers qui exercent leur industrie en France les garanties résultant du Droit commun ; mais elle ne protège les marques étrangères que lorsque des traités diplomatiques ont établi la réciprocité pour les marques françaises. Ne peut-on dire à cet égard que l'intérêt de notre propre industrie et les principes du droit réclament le respect absolu et universel des marques, même étrangères, puisque c'est là en même temps une propriété du droit des gens? Ces usurpations frauduleuses, qui ne profitent qu'à un petit nombre, trompent le public, déconsidèrent l'industrie et le commerce, et constituent une concurrence aussi fâcheuse que déloyale pour les industriels honnêtes. Il aurait donc mieux valu peut-être que la garantie des marques fût accordée sans condition de réciprocité, au lieu de perpétuer un système de représailles. Les conventions intervenues jusqu'à ce jour pour la protection mutuelle des marques de fabrique sont : 1° celle du 12 avril 1851, entre la France et le Portugal, 2° celle du 10 mai 1856, entre la France et le grand-duché de Bade 3° celle du 2 juillet 1857, entre la France et le royaume de Saxe ; 4° le traité de commerce et de navigation du 14 juin 1857 (articles 22 et 24) entre la France et la Russie. *V.* Calmels, *Des noms de marques de fabrique*, 1858, in-8°; Ambr. Rendu, *Traité des marques de fabrique*, 1858, in-8°. A. L.

MARQUE, châtiment. *V.* ce mot dans notre *Dictionnaire de Biographie et d'Histoire*.

MARQUE, dans le Blason, objet qui sert à la connaissance de la personne et de la famille. Les marques sont l'écu décoré d'une ou de plusieurs figures, la cotte d'armes ou livrée, le cimier ou timbre du casque, et le gonfanon.

MARQUE (Lettre de). V. LETTRE DE MARQUE.

MARQUE, signe qu'un artiste met sur ses ouvrages pour les distinguer de ceux d'autrui. Certains maîtres ne sont connus que par leur marque : on dit *le Maître à l'étoile*, *le Maître à l'écrevisse*, *le Maître à l'oiseau*, *le Maître à la licorne*.

MARQUÉSANE (Langue), langue parlée aux îles Marquises. Elle n'est ni flexive, comme nos langues d'Occident, ni purement agglutinative, comme les langues de l'Indo-Chine et de l'Amérique, mais *agglutinative à relations*, c.-à-d. que non-seulement il y a addition successive de divers mots ou suffixes, mais que chacun des mots, n'étant en lui-même ni substantif, ni adjectif, ni verbe, ni conjonction, peut devenir l'un ou l'autre selon le mot dont il l'a précédé ou suivi, et celui-ci à son tour doit à ce nouveau rapprochement sa signification particulière. V. Buschmann, *La langue des îles Marquises*, en allemand.

MARQUETERIE, ouvrage fait avec différents bois précieux qui, par leurs nuances variées, forment des dessins, et auxquels on joint même des filets et des plaques d'or, d'argent, d'ivoire ou d'écaille. Les bois ne sont le plus souvent que des feuilles minces appliquées sur de la menuiserie. Dès le XVe siècle, les Italiens excellaient dans l'art de la marqueterie. V. ÉBÉNISTERIE.

MARQUETTE. V. MAQUETTE.

MARQUISE, tente ou auvent d'une coupe élégante, servant à garantir de la pluie. Elle est habituellement en menuiserie peinte et dorée, imitant des toiles et des cordons de tenture.

MARREAU ou MÉREAU. V. ce mot dans notre *Dictionnaire de Biographie et d'Histoire*.

MARRON, pièce de cuivre ou petit morceau de métal que les rondes et les patrouilles déposent à chaque poste dans une boîte spéciale, pour constater que le service s'est fait avec exactitude.

MARRON, qualification donnée dans les colonies européennes au nègre qui s'est enfui de l'habitation de son maître. — Par extension, on appelle *marron* celui qui exerce une profession sans commission ou sans titre ; tels sont les *courtiers marrons*.

MARS, dieu de la guerre. C'était une conception trop abstraite pour qu'il devînt en Grèce l'un des principaux sujets de l'art ; il n'y avait pas de ville où on l'adorât comme dieu tutélaire. Alcamène et Scopas firent les statues les plus remarquables de Mars, et elles servirent de modèles à toutes les autres : on donnait à ce dieu un cou charnu et vigoureux, des muscles fortement accusés, un front plus bas que celui des autres fils de Jupiter, des cheveux formant de petites boucles en désordre, des yeux petits et ouverts. Tantôt il est nu, tantôt il porte une chlamyde. Sur les reliefs d'ancien style, il est revêtu d'une armure complète ; sur ceux qui ont été sculptés plus tard, il n'a qu'un casque. Le plus ordinairement il se tient debout. Scopas sculpta un Mars assis. Sur les monnaies romaines, une marche accélérée indique le Mars *Gradivus ;* l'aigle des légions et autres signes, le Mars *Stator* ou *Ultor ;* des Victoires, une branche d'olivier, le Mars *Victor* ou *Pacifer*. Les Romains représentèrent encore Mars avec Ilia ou Rhéa Sylvia.

MARS (École de). V. ÉCOLE DE MARS, dans notre *Dictionnaire de Biographie et d'Histoire*, page 878, col. 1.

MARSEILLAISE (La). V. notre *Dict. de Biogr.*

MARSEILLE (Faïences de). V. au *Supplément*.

MARTEAU, heurtoir mobile, fixé sur une porte d'entrée de maison, pour frapper et par là prévenir le portier d'ouvrir la porte. Les marteaux sont en fer fondu ou ciselé, quelquefois en cuivre. Depuis les commencements du XIXe siècle, on a commencé de substituer des cordons ou des tirages de sonnettes aux marteaux, que l'on ne voit plus guère qu'aux anciennes maisons. Du temps de Louis XIV, on appelait *graisser le marteau*, donner un pourboire au portier d'un juge que l'on visitait comme plaideur.

MARTEAUX. V. CHEVELURE.

MARTELAGE, en termes d'Administration forestière, application de l'empreinte du *marteau* sur les arbres que l'État réserve pour son service dans les triages destinés à être vendus. Le marteau porte une ancre surmontée du sceau de l'État : autrefois, l'officier préposé à la garde de ce marteau était appelé *garde-marteau*. Les contrefacteurs ou falsificateurs de marteau sont punis des travaux forcés à temps.

MARTELLOS, nom donné aux tours rondes et voûtées que l'on construisit, au temps de Charles-Quint, sur les côtes de la Sardaigne et de la Corse, pour les protéger contre les pirates.

MARTIALE (Cour, Loi). V. COUR, LOI, dans notre *Dictionnaire de Biographie et d'Histoire*.

MARTIN (Les), emploi de théâtre dans l'opéra-comique. Il exige une voix de baryton étendue et agile, comme était celle du chanteur Martin, contemporain et rival du ténor Elleviou. Au répertoire des Martin appartiennent, par exemple, les rôles de Frontin dans les opéras de Boïeldieu, celui du *Maître de chapelle*, de Paër, etc.

MARTINETS, nom qu'on donnait, dans l'ancienne Université de France, aux écoliers qui allaient de collége en collége.

MARTINGALE, coup de jeu qui consiste à doubler la mise qu'on a perdue, afin de rentrer, quand on gagne, dans tout son argent. — On donne le même nom à diverses manières de jouer que certains joueurs ont imaginées et qu'ils poursuivent avec opiniâtreté, dans l'idée que le gain est certain.

MARTYR (du grec *martur*, témoin), celui qui a souffert des supplices et même la mort en témoignage des croyances qu'il professe. Le mot se dit surtout en parlant de la religion chrétienne.

MARTYRAIRE, nom donné autrefois au prêtre préposé à une église placée sous l'invocation d'un martyr, ainsi qu'à un gardien chargé du soin des reliques.

MARTYRIUM. V. AUTEL.

MARTYROLOGE, liste ou catalogue des martyrs. Le pape St Clément, qui vécut immédiatement après les Apôtres, introduisit, dit-on, l'usage de recueillir les noms et les actes des martyrs. Le martyrologe d'Eusèbe de Césarée, traduit en latin par St Jérôme, fut célèbre dans les premiers siècles de l'Église ; il n'en reste plus que quelques fragments. Parmi ceux que nous possédons en entier, on remarque ceux de Bède, continué par Florus, de Raban Maur, d'Adon, de Wandelbert, d'Usuard, de Nevelon, de Notker, de Bellin, de Maurolycus, de Molanus (Van der Meulen). — Les Protestants ont aussi leurs martyrologes : les plus importants sont ceux de Fox, de Bray, et de Clarke.

MARTYRS (Actes des). V. ACTES DES MARTYRS.

MARTYRS (Les), épopée en prose française, et en 24 livres, composée par Chateaubriand, et publiée en 1809, en vue de prouver que le merveilleux de la religion chrétienne peut lutter contre celui du paganisme. Il choisit l'époque de la persécution de Dioclétien, vers la fin du IIIe siècle, et imagina la fable suivante : — Cymodocée, fille de Démodocus, prêtre d'Homère, s'est égarée dans les bois du Taygète. Elle y rencontre Eudore, jeune guerrier, neveu de Constantin, et retiré de la cour : il la ramène auprès de sa demeure, la remet à sa nourrice, et s'éloigne. Démodocus part avec Cymodocée pour aller remercier celui qui lui a rendu sa fille, et les deux familles se lient par l'hospitalité. Eudore raconte sa vie, et Cymodocée s'éprend pour lui d'un chaste amour qu'Eudore partage aussitôt. Bien que prêtresse d'Homère, Cymodocée veut se faire chrétienne pour épouser Eudore. Démodocus combat la résolution de sa fille, cède enfin à ses vœux, et la fiance à Eudore. Cependant, une persécution vient d'être ordonnée contre les chrétiens par Hiéroclès, ministre de Galérius. Hiéroclès aimait depuis longtemps Cymodocée ; furieux d'avoir un rival, il la fait enlever, conduire à Rome, où elle est plongée dans les prisons, en qualité de chrétienne. Eudore, arrêté comme confesseur du Christ, va être livré aux bêtes dans l'amphithéâtre Flavien. Cymodocée, qu'un ami a sauvée de sa prison, l'apprend, quitte sa retraite, vole à l'amphithéâtre, et, se jetant dans les bras de son fiancé, périt martyre avec lui. Au même instant, une croix de lumière apparaît dans le ciel, la foudre gronde, et une voix mystérieuse fait retentir ces mots : « Les dieux s'en vont. » — Ce sujet est très-heureusement choisi pour le but que se proposait Chateaubriand, car il renferme dans un même cadre le tableau de deux religions, la morale, les sacrifices, les pompes de deux cultes. Néanmoins, le livre fut très-vivement critiqué, et ce ne fut pas seulement le langage de la passion qu'un écrivain du temps lui reprocha, en disant : « Lorsqu'au milieu d'un peuple dont toutes les croyances ont été ébranlées ou renversées, une imagination plus poétique que religieuse met en jeu les mystères de la foi et fait agir les puissances célestes, dans une œuvre en prose, d'un caractère indécis entre le roman et l'épopée, il est impossible que ce spectacle ne perde pas de sa grandeur. Le Ciel et l'Enfer de M. de Chateaubriand, l'Éternel représenté au milieu des gloires célestes, ne sont que de belles études. » Malgré les critiques, l'ouvrage obtint un grand succès dû à la magie d'un langage coloré, souple, harmonieux ; à des peintures fraîches et vivantes; à beaucoup de tableaux pleins de vérité et de poésie, tels que les catacombes de Rome (liv. V), les mœurs des Francs (livre VII), Velléda (liv. IX et X), les retraites de la Thébaïde (liv. XI), etc. Enfin les *Martyrs* eurent un retentissement qui fit presque époque dans la littérature.

MASCARADE. *V.* CARNAVAL et MASQUE, dans notre *Dictionnaire de Biographie et d'Histoire.*

MASCARET. *V.* BARRE.

MASCARILLE, personnage comique emprunté par notre théâtre à celui des Italiens. C'est un valet peureux, voleur, gourmand, complice des amours de son maître.

MASCARON, tête d'homme ou d'animal, souvent imaginaire, grotesque ou fantastique, sculptée en ronde bosse ou en bas-relief sur une clef d'arc ou de voûte, sur un chapiteau, sous un entablement ou un balcon, etc. On emploie aussi ce genre de décoration aux extrémités des gouttières et aux orifices des fontaines; alors la figure doit avoir la bouche ouverte, et on y place le conduit de l'eau. Les sculpteurs de la période romane et ceux des XVIIe et XVIIIe siècles ont fort abusé des mascarons.

MASCHEROLÉ, en langage du moyen âge, garni de mâchicoulis.

MASQUE. *V.* ce mot dans notre *Dictionnaire de Biographie et d'Histoire.*

MASSACHUSETT (Idiome), un des idiomes algonquins. Il est très-riche en formes grammaticales. Il n'a pas de verbe substantif, et manque de moyens pour distinguer les genres et les cas; mais il en possède pour marquer les différents nombres, les degrés de comparaison et une foule de rapports entre le sujet et l'attribut par des modifications qu'il donne aux verbes. Il forme le mode interrogatif par des affixes; il intercale le verbe, et place les prépositions après leurs régimes. Elliot a publié, en 1666, une grammaire du massachusett, et traduit la Bible dans cet idiome.

MASSE, en termes d'Administration militaire, somme formée des retenues faites sur la solde de chaque soldat à pied et à cheval, et allouée par abonnement pour une dépense spéciale. Il y a la *masse* d'habillement, de chaussure, d'équipement, etc.

MASSE, bâton de cérémonie. *V.* notre *Dictionnaire de Biographie et d'Histoire.*

MASSE, ancienne monnaie, la même que la *chaise d'or* (*V.* ce mot dans notre *Dictionnaire de Biographie et d'Histoire*).

MASSE D'ARMES, en latin *clava*, arme de fer du moyen âge, fort pesante d'un bout, longue comme le bras, et avec laquelle on assommait. Le gros bout se terminait quelquefois en boule hérissée de grosses pointes, ou par quatre ou cinq ailerons dentelés : la masse servait alors à briser les casques et les cuirasses. L'extrémité opposée portait un gros anneau, où l'on attachait un fort cordon, pour que l'arme ne s'échappât point de la main. B.

MASSOLA (La), nom d'un supplice autrefois usité en Italie. Quand le patient avait les yeux bandés, les mains, les pieds et les genoux attachés, le bourreau le frappait d'une massue de bois entre l'oreille et l'œil; après l'avoir ainsi étourdi et mis sur le côté, il lui perçait la gorge avec un long couteau, et lui ouvrait toute la poitrine.

MASSORA. *V.* HÉBRAÏQUE (Littérature).

MASSUE, la plus ancienne des armes offensives. Ce fut primitivement un bâton noueux, beaucoup plus gros par un bout que par l'autre, et puis tout une masse de métal. La massue est un attribut d'Hercule. Elle figure, dans Homère, entre les mains de plusieurs guerriers. Xénophon mentionne un corps de porteurs de massue qui servaient dans l'armée thébaine à la bataille de Leuctres. Il y eut aussi, chez les Romains, des combattants dont les massues étaient garnies de clous. Au moyen âge, la massue prit le nom de *masse d'armes* (*V.* ce mot). Elle est encore aujourd'hui entre les mains de tous les sauvages, sous les noms de *casse-tête*, de *tomahawk*, etc.

MASTIC, en termes d'Architecture, désigne toute espèce de mortier factice, autre que les mortiers de chaux et de plâtre. La composition de quelques mastics en usage dans l'antiquité nous a été conservée par les auteurs; ils étaient formés des divers mélanges suivants : 1º poix, cire blanche, brique pilée, chaux pulvérisée, goudron; 2º dissolution d'ammoniac, soufre et poix; avec ces deux mélanges, on jointoyait la maçonnerie exposée à la chaleur; 3º sang de bœuf, chaux de coquille et. poix; 4º suif, cendre fine, pierre ponce, chaux en poudre, et huile; ces deux derniers mélanges étaient bons pour arrêter les infiltrations de l'eau. — Un des meilleurs mastics modernes, connu sous le nom de *Dihl*,

qui l'inventa en 1809, se fait avec neuf parties de brique ou de terre de gazette, et une de litharge, le tout mis en pâte avec de l'huile de lin; il sert à couvrir les terrasses, souder les briques et les pierres, et peut recevoir des peintures à l'huile, comme on le voit dans la chapelle expiatoire de l'église de St-Denis. Le mastic de marbrier se fait avec du plâtre fin, du marbre blanc et de la térébenthine. — Le mastic de limaille, fait avec de la limaille de fer oxydé dans du vinaigre, de l'urine et de l'ail, ou bien avec de la limaille de fer, un peu d'ammoniac et de fleur de soufre, s'emploie dans les endroits humides : mais c'est un mauvais mastic, parce que l'oxyde de fer s'augmente toujours, et qu'alors ou le joint ou la pierre se casse; on s'en sert avec avantage pour bourrer des joints des machines à vapeur. — La mine orange ou le minium, pétri avec du blanc de plomb broyé à l'huile, fait un très-bon mastic pour luter, mais sous une forte compression, les conduites de vapeur ou de gaz. — Le mastic de mouleur, qui sert à faire les pièces les plus difficiles du moulage, est un composé de cire, de ciment fin tamisé, et de résine. — Le mastic de Corbel pour maçonnerie comprend 16 parties de ciment fin, 3 de litharge, 2 de céruse, 3 d'huile grasse, le tout mis en pâte avec de l'huile de lin. E. L.

MAT, pièce de bois destinée à supporter la voilure d'un navire. Les mâts sont en pin, sapin, mélèze, cèdre, etc., parce que ces bois réunissent la longueur, la flexibilité, l'élasticité, et la légèreté. On les fait ronds, pour qu'ils présentent la même résistance à l'action du vent de tous les côtés. Leur partie inférieure est fixée dans la quille des navires; ils sont maintenus à leur partie supérieure par des *étais*, cordages qui, partant de l'avant, servent à les garantir contre les effets du tangage, et par des *haubans*, qui, partant des deux bords, les aident à résister au roulis, ainsi qu'à l'action du vent de l'arrière et de côté. Les mâts des navires de commerce et des petits bâtiments de guerre sont ordinairement faits d'un seul mât; mais, pour ceux des vaisseaux de premier rang, on assemble jusqu'à 10 et 15 pièces à l'aide de cercles de fer, qu'on place à chaud pour qu'ils serrent davantage; le grand mât d'un vaisseau de 130 canons a 40 mèt. de longueur, 3 mèt. de circonférence moyenne, et pèse plus de 40,000 kilogr. Un mât se compose de 2 ou de 3 parties, selon la grandeur des navires; la 1re partie en montant est le *bas mât*, la 2e le *mât de hune*, la 3e le *mât de perroquet*. Cette manière de composer les mâts rend plus facile l'opération du montage, ainsi que la réparation des accidents, au moyen de pièces de rechange; un mât d'une seule partie serait, d'ailleurs, trop flexible et trop cassant, et on ne pourrait ni descendre la mâture haut quand on est au mouillage, ni la sacrifier au salut du navire dans les tempêtes. Les plus petits bâtiments, comme le cutter et le sloop, n'ont qu'un mât vertical; la goëlette, le chasse-marée, le lougre et le brick en ont deux; les navires de commerce destinés à faire de longues traversées, les corvettes, les frégates, les vaisseaux de ligne, en ont trois. Le 1er mât à partir de l'avant est le *mât de misaine;* le 2e, toujours le plus élevé, est le *grand mât* ou *mât de maître;* le 3e, qui est le moins haut, est le *mât d'artimon.* Quelques bâtiments ont encore à l'arrière un autre mât, dit *tape-cul.* Les navires à 1, 2 et 3 mâts verticaux ont tous à l'avant un mât incliné, appelé *beaupré.*

MAT DE COCAGNE, mât qu'on dresse sur une place dans les fêtes publiques, et au sommet duquel sont placés divers objets de plus ou moins de valeur. Il faut aller prendre ces objets en grimpant au mât, dont l'ascension a été rendue plus difficile à l'aide de savon ou d'autres corps gras. Ce jeu existait dès le XVe siècle.

MATADOR (du latin *mactator*, tueur), nom qu'on donne en Espagne au plus important des toréadors, à celui qui, dans l'arène, met à mort le taureau. Richement vêtu d'or et de soie, il s'élance au signal des tambours, tient de la main gauche la *muleta*, pièce d'étoffe écarlate dont la vue irrite l'animal, et la droite une longue épée, dont il doit le frapper à l'endroit de la réunion de la nuque avec le dos. En France, le mot *matador* est appliqué quelquefois à des personnages d'importance, sans doute par réminiscence du rôle que joue en Espagne celui qui porte le dernier coup.

MATAMORE, mot espagnol qui veut dire *dompteur de Mores*, et par lequel on a désigné, au théâtre d'abord, puis dans le monde, les bravaches et les fanfarons. La fanfaronnade étant de tous les temps et de tous les pays, le fanfaron a eu son nom dans chaque langue. La comédie de Plaute intitulée : *Miles gloriosus* (le Soldat fanfaron), nous montre un Pyrgopolinice (*vainqueur des tours et des villes*), guerrier invincible et homme à bonnes fortunes, type emprunté à la Grèce, où des aventuriers qui avaient servi en Asie racontaient avec emphase leurs exploits lointains. Dans l'*Eunuque* de Térence figure un personnage du même genre, Thrason, emprunté, nous dit l'auteur, à Ménandre, et qui se distingue des caricatures triviales de la fatuité militaire par une certaine prétention au bon goût et au bel esprit. Voilà les premiers modèles du *Spavento* milanais et de notre capitaine *Fracasse*, officiers vantards qui ont été fort à la mode dans les lettres au XVIᵉ siècle et au commencement du XVIIᵉ, et que l'on rencontre encore dans le *Brave* de Baïf, dans le *Pédant joué* de Cyrano de Bergerac, dans l'*Agésilan de Colchos* de Rotrou, dans le *Jodelet duelliste* de Scarron. Mais c'est surtout du *Matamore* castillan que notre vieux théâtre s'est emparé : ce personnage figure avec son nom étranger dans l'*Illusion comique* de P. Corneille (1636), et il fut outré encore dans l'Artabaze des *Visionnaires* de Desmarest de Saint-Sorlin (1639). Le soldat fanfaron s'est maintenu sur la scène jusqu'à nos jours : on le retrouve dans le Don Annibal de l'*Aventurière*, comédie par M. Émile Augier, jouée en 1848. Il a passé le Rhin, et a été adopté en Allemagne ; là, André Gryph ou Greif l'a appelé *Horribilicribrifax*, et en a fait la personnification des officiers rentrés dans la vie civile après la guerre de Trente Ans.   B.

MATAMORE, nom qu'on donnait, dans les États Barbaresques, à un cachot souterrain dans lequel on enfermait les esclaves toutes les nuits, et où l'air et la lumière ne pénétraient que par une lucarne.

MATASSINS (Ballet des), sorte de danse, imitée de la danse armée des Anciens, et qui était encore en usage au XVIIIᵉ siècle. Elle était ordinairement exécutée par 24 soldats, qui s'escrimaient l'épée à la main. Il en est parlé dans l'entrée de ballet du 1ᵉʳ acte du *de Pourceaugnac* de Molière. La danse et son nom sont espagnols.

MATELOT. *V.* ce mot dans notre *Dictionnaire de Biographie et d'Histoire.*

MATÉRIALISME, système philosophique qui n'admet pas d'autre substance que la matière. Le matérialisme complet ne veut pas reconnaître Dieu, cause du monde, ni l'âme dans l'homme ; ne nier que l'un ou l'autre seulement, c'est être inconséquent. Le matérialisme attaque donc les deux points les plus essentiels à l'homme, la croyance en Dieu et à une âme spirituelle et immortelle. Mais, en refusant de reconnaître l'univers un être supérieur à la matière, une cause infiniment puissante et intelligente, il est forcé d'attribuer au hasard l'ordre admirable qui règne dans la nature, la coordination harmonique des êtres organisés. Dans l'homme, il doit rapporter au corps, à la matière, toutes les opérations de l'intelligence, les vérités premières données par la raison, et la loi morale qui, dans certains cas, nous ordonne le sacrifice des intérêts matériels, et qui donne naissance à une lutte entre la passion et le devoir. De là les objections auxquelles le matérialisme n'a jamais répondu, tandis que les démentis qu'il donne au sens commun, à la conscience et à la raison suffiraient pour le réfuter. Les matérialistes les plus célèbres n'ont produit que des doctrines jugées depuis longtemps : chez les Anciens, Leucippe, Démocrite, Épicure, Straton et Diagoras ; chez les Modernes, Hobbes, le baron d'Holbach, Helvétius, Lamettrie, Cabanis, Broussais. Le panthéisme, en absorbant Dieu dans le monde, peut être regardé comme un système matérialiste. Tous les adeptes de cette triste doctrine se fondent sur l'impossibilité d'expliquer comment deux substances essentiellement différentes agissent l'une sur l'autre. Ils oublient qu'on n'explique pas mieux comment les corps agissent sur les corps, comment deux molécules de matière s'attirent ou se repoussent. Faut-il nier tout ce qu'on ne peut expliquer ?   R.

MATÉRIAUX, nom sous lequel on comprend tout ce qui entre dans la construction d'un bâtiment, pierres, briques, moellons, tuiles, sable, chaux, bois, fer, etc. *V.* au *Supplément.*

MATÉRIEL, nom sous lequel on comprend tout ce qui est employé à un service, à une industrie, à une exploitation. Le matériel d'un corps de troupes est l'ensemble des caissons et fourgons nécessaires au service des vivres, des hôpitaux et ambulances, des postes militaires, au transport des papiers, etc. Un matériel d'artillerie se compose d'un nombre déterminé de bouches à feu avec leurs munitions, d'obus, de grenades, d'artifices, de forges, etc. Les caissons et chariots chargés de porter les outils nécessaires aux travaux de siège, les fascines et gabions préparés à l'avance, les équipages de pont pour le passage des rivières, composent le matériel du génie. Sous le nom de matériel de siège, on embrasse à peu près tous les objets dont il vient d'être parlé, avec cette différence qu'on y emploie des bouches à feu d'un plus fort calibre.

MATERNITÉ (Hospice de la), à Paris, rue de Port-Royal (autrefois de la Bourbe), dans les bâtiments de l'abbaye de Port-Royal. Il existe dans cette maison un pensionnat et une école d'accouchement pour l'instruction des élèves sages-femmes qui viennent des départements. La pension annuelle est de 600 fr.

MATIÈRE, mot qui, dans le sens le plus étendu, désigne la substance universelle, le principe dont toutes choses sont faites ; la *matière* ce sens est l'opposé de la *forme* ou de l'*essence* (*V. ces mots*). Dans un sens plus restreint, c'est seulement la substance des choses corporelles, et alors la *matière* est l'opposé de l'*esprit*. La philosophie ancienne a presque toujours entendu la matière dans la première de ces acceptions, et les opinions des philosophes, très-variables en ce qui concerne la nature propre de la *matière*, se sont en général accordées sur ce point, qu'elle est un principe indépendant, incréé, coéternel à Dieu, qui n'a fait que la mettre en ordre. C'est le christianisme qui a vulgarisé et fait passer dans la philosophie la notion de Dieu créateur. Grâce à ce progrès, les questions relatives à la matière ont pu se circonscrire et se préciser. D'abord le nom de *matière* a cessé d'être donné à la substance spirituelle, et c'est aux sciences physiques qu'est revenue la description des propriétés des corps, en tant que ces propriétés tombent sous les sens. Que reste-t-il à savoir, après cela, de la matière ? Sa nature intime, son existence *même*, et la valeur réelle des idées que nous en avons. C'est de ce que les sens nous en montrent que nous pouvons inférer ce qu'elle est et le fait même de son existence, le tout à la lumière de ce principe conçu *a priori*, que « toute qualité suppose nécessairement une substance. » C'est ainsi que, percevant la couleur, l'étendue, le chaud, le froid, nous croyons qu'il y a une substance colorée, étendue, chaude, froide, et cette substance est ce que nous nommons *corps* ou *matière*. Maintenant, qu'est en elle-même cette matière ? Comme nous n'en percevons que les propriétés, nous l'ignorons, et nous ne l'ignorerions pas moins, quand même l'analyse chimique ramènerait à l'unité les *éléments* de la physique moderne, en mettant à nu, dans les corps considérés aujourd'hui comme tels, un principe unique et universel ; car ce principe, cet absolu, ne nous serait encore perceptible que par certaines qualités agissant sur les sens. Donc, de quelque nom qu'on appelle la *matière*, substance corporelle, corps en général, *substratum* ou sujet d'inhérence des qualités, on n'a a qu'une idée vague quant à l'essence et à la définition, quoiqu'on ait une idée nette quant à l'existence.

Certains systèmes philosophiques s'écartent plus ou moins de cette manière de voir. Ainsi la doctrine du Cartésianisme sur la matière peut se résumer dans les propositions suivantes : 1° nous ne connaissons les corps que par leurs qualités, et celles-ci que par les idées que nous en avons ; 2° l'existence des corps étant admise, il faut de toute nécessité admettre l'existence de la matière ; 3° la matière consiste essentiellement dans l'étendue. Deux reproches peuvent être adressés à cette doctrine. D'abord, elle subordonne à une hypothèse l'existence de la matière : elle existe si les corps existent. Mais qui nous garantit qu'ils existent, si nous n'en percevons pas même directement les qualités ? Dieu, suivant Descartes, Dieu, qui ne saurait nous tromper, et qui a mis dans notre esprit un irrésistible penchant à croire à la réalité des corps. Mais ce recours à la véracité divine n'est qu'un des expédients de l'idéalisme pour relever d'une main ce qu'il détruit de l'autre (*V.* IDÉALISME). Encore cela ne suffit-il pas à Malebranche, qui, pour affirmer l'existence des corps, veut qu'à la révélation naturelle du sentiment intérieur se joigne la révélation surnaturelle proposée à la foi religieuse. En second lieu, faire de l'étendue l'essence des corps, c'est résoudre la matière dans un de ses attributs, le plus important, sans doute, et celui que même par l'abstraction on peut le moins en concevoir séparé, mais cependant rien de plus qu'un attribut ; et Descartes prépare ainsi la singulière assertion de Locke et de Condillac, que la matière est la collection des qualités, un assemblage (dont le comment est inexplicable) de grandeur, de figure, de solidité, etc. C'est ce que Leibniz a voulu éviter en supposant les corps essentiellement formés de substances simples (*V.* MONADES), qui sont en même temps des forces. Sur le terrain commun de l'Idéalisme, où l'existence de la matière est si compromise, Berkeley et Hume se rencontrent avec Descartes. Tandis que les Cartésiens cherchent les moyens de la raffermir, Berkeley et Hume la nient résolûment, le premier au profit du spiritualisme, le second au profit du scepticisme. C'est encore le scepticisme qui trouve son compte dans le système de Kant. Selon Kant, nous ne connaissons la matière qu'à titre de *phénomène*: nous ignorons ce qu'elle est en soi. Mais, quelle que soit son essence, comme elle ne nous est donnée que sous la condition de l'espace, et que l'espace, toujours selon Kant, n'est qu'une forme *subjective* de la sensibilité, dont rien absolument ne nous garantit la réalité *objective* (V. *ces mots*), nous ne savons en définitive rien de certain de la matière, pas même son existence, ou plutôt son existence moins que tout le reste. C'est au malaise que l'esprit ressent à se trouver ainsi renfermé en lui-même, qu'il faut attribuer d'un côté les efforts pour ressaisir le réel et l'extérieur que dénotent les systèmes de Fichte, de Schelling, de Hegel; et, d'un autre côté, le retour aux notions communes préconisé et mis en pratique dans les écrits de Reid et de Stewart. V. PERCEPTION, QUALITÉS PREMIÈRES et QUALITÉS SECONDES.

Kant a encore entendu dans un sens tout particulier le mot *matière*, en opposant la *matière* de la connaissance, c.-à-d. l'ensemble des éléments variables et accidentels qu'elle embrasse, à la *forme*, qui est l'élément général et logique. V. FORME. B—E.

MATIÈRES D'OR ET D'ARGENT. V. BIJOUTERIE, CONTRÔLE, GARANTIE, MARQUE.

MATIÈRES SOMMAIRES, affaires de peu d'importance ou urgentes qui peuvent et doivent être instruites et jugées promptement et avec peu de frais. Ce sont : les appels des juges de paix; les demandes pures personnelles, quand il y a titre non contesté; les actions personnelles et mobilières qui n'excèdent pas 1,500 fr.; les actions immobilières qui n'excèdent pas 60 fr. de revenu ; les demandes provisoires ou qui requièrent célérité; les demandes en payement de loyers et arrérages de rentes; les demandes en expropriation pour cause d'utilité publique; les affaires relatives aux domaines et rentes cédées aux hospices par l'État; les oppositions aux états dressés par les maires relativement aux recettes municipales ; les actions civiles relatives aux chemins vicinaux ; les demandes en nullité de vente d'animaux domestiques pour vices rédhibitoires.

MATIÈRES PREMIÈRES. V. au Supplément.

MATINES. V. notre *Dictionn. de Biogr. et d'Histoire.*

MATLAZINGUE (Idiome). V. MEXIQUE (Langues du).

MATRACA, énorme crécelle en usage en Espagne, et surtout au Mexique, pour remplacer les cloches pendant les trois derniers jours de la semaine sainte. La roue ou noyau n'a pas moins de 2 mèt. de diamètre.

MATRICULE, registre sur lequel on écrit le nom des personnes qui entrent dans certains corps, dans certaines sociétés ou compagnies. Chaque soldat qui arrive à son corps est *immatriculé* sur un grand livre, avec son numéro d'ordre, le lieu et la date de sa naissance, son signalement; on y porte ensuite les changements de corps, les services, les blessures, les actions d'éclat, les punitions, les désertions, etc. Les registres matricules de l'armée sont en double expédition : la 1re, tenue au corps par le trésorier, sous la surveillance du major; la 2e, tenue dans les bureaux du ministère de la guerre. Ils servent à vérifier les services, à constater les droits à l'avancement ou à la retraite. Dans les régiments de cavalerie, il y a, en outre, un registre matricule des chevaux.

MATRONEUM, partie des anciennes basiliques réservée aux femmes.

MATURE. V. MAT.

MATUTINAL, ancien livre d'église, qui contenait l'office des Matines.

MAUGÈRE, en termes de Marine, conduit de cuir ou de toile goudronnée par où l'eau s'écoule d'un navire dans la mer; — morceau de cuir cloué au-dessus des dalots et destiné à en fermer l'ouverture.

MAUGIS D'AIGREMONT, une des branches de la Geste des *Quatre fils Aymon*. Maugis est le cousin de Renaud de Montauban. Élevé par la fée Oriande, c'est lui qui fait la conquête du cheval Bayard et de l'épée Froberge ou Flamberge, qu'il céda plus tard à Renaud. — La chanson de Maugis est une suite insipide d'aventures merveilleuses; elle est beaucoup plus ancienne que celle des quatre fils Aymon. La Bibliothèque nationale de Paris n'en possède qu'un seul manuscrit, qui est du xive siècle.

Cette chanson a été quelquefois imprimée avec celle des quatre fils Aymon. La plus ancienne édition française est du xvie siècle, Paris, chez Lotrian, in-4° sans date. V. l'*Histoire littéraire de la France*, t. XXII. H. D.

MAURESQUE ou MORESQUE (Architecture). V. ARABE.

MAUSOLÉE, magnifique et splendide tombeau, élevé par Artémise II à Mausole, son mari, roi de Carie. Le monument était si beau, que les Anciens le comptèrent parmi les sept merveilles du monde, et que, depuis, les plus belles sépultures royales furent appelées *Mausolées*. Il fut érigé l'an v de la 106e olympiade, 353 av. J.-C., en vue de la plus belle place d'Halicarnasse et de la mer, à mi-côte d'une colline en demi-cercle, où l'on fit une esplanade carrée de 103 mèt. de côté. Le Mausolée était en marbre blanc. Sur un soubassement de 30 mèt. de face de l'E. à l'O., et 33 de côté du N. au S., s'élevait une sorte de temple quadrangulaire, entouré de 36 colonnes ioniques, ayant dans leurs entre-colonnements 36 statues alternativement de héros et de lions, les premières en partie colossales, les secondes en partie de grande nature. Les lions figuraient là comme gardiens du tombeau, suivant une conception bien connue de l'art antique. Sur ce péristyle, haut de 25 coudées (11m,57), s'élevait une pyramide de même hauteur, en 24 gradins, et portant un quadrige colossal de marbre ; le char contenait les statues de Mausole et d'Artémise, debout et de 3 mèt. de proportion. Les chevaux avaient des harnais d'airain. La hauteur totale du monument, y compris le quadrige, mesurait 140 pieds (43m,20); mais du côté de la mer il paraissait beaucoup plus grand, parce qu'on arrivait à son esplanade par une suite de rampes et de terrasses qui ajoutaient encore à sa majesté. La sépulture royale était dans un caveau creusé sous l'esplanade du monument.

Les architectes Satyros et Pythis construisirent le Mausolée, et les sculpteurs les plus célèbres de la Grèce s'en partagèrent l'ornementation : Bryaxis fit le nord, Scopas l'est, Timothée le sud, et Léocharès l'ouest. Pythis, qui était sculpteur en même temps qu'architecte, exécuta le quadrige. — Ce superbe tombeau subsista, au moins en grande partie, jusqu'en 1522; alors les chevaliers de Jérusalem achevèrent sa ruine pour en tirer les matériaux dont ils construisirent, à Boudroum, un château fort appelé la Tour-St-Pierre. En 1857, M. Ch. Newton, vice-consul anglais à Mytilène, a retrouvé l'emplacement du Mausolée, et recueilli beaucoup de parties de ses sculptures, qui sont, ainsi que l'architecture, du plus beau temps de l'art grec. Il les envoya au British-Museum de Londres, où elles sont conservées. La forme générale du tombeau de Mausole fut empruntée aux grands bûchers que l'on construisait pour les funérailles des rois ou des personnages illustres; tel fut celui de Denys l'Ancien, tyran de Syracuse, érigé l'an 1er de la 103e olympiade, 368 av. J.-C., et 15 ans avant le Mausolée. V. Vitruve, II, 8; VII, préf.; Pline, XXXVI, 4; *Acad. des Inscript.*, t. XXVI; Newton, *On the sculptures from the Mausoleum of Halicarnasse*, dans le *Classical Museum*, XVI ; *Papers respecting the excavations at Budrum, etc.*, Londres, 1858, in-fol.; *Further papers respecting the excavations at Budrum and Cnidees, etc.*, Londres, 1860, in-fol., avec plans topographiques, et une restauration du Mausolée; *Bulletino dell' Instituto archeologico*, 1860, p. 39; *Monumenti dell' Instit. archeolog.*, vol. 5. C. D—Y.

MAUSOLÉE D'AUGUSTE. } V. notre *Dictionnaire*
MAUSOLÉE D'ADRIEN. } *de Biogr. et d'His-*
MAUSOLÉE CHEZ LES MODERNES. } *toire.*

MAX (Abréviation de *Maximilien*), monnaie d'or de Bavière, valant 17 fr. 24 c. Il y a des doubles max, des demi-max et des quarts de max.

MAXIME, règle de conduite qui dirige dans leurs actions les États et les particuliers (du latin *maxima*, très-grande, à cause de son importance). Montesquieu vante les *maximes* du Sénat romain, et Bossuet nous apprend que la *maxime* du prince de Condé était que, dans les grandes actions, il faut uniquement songer à bien faire, et laisser venir la gloire après la vertu. — Dans un sens plus littéraire, on a appelé *Maximes* les réflexions sur la nature humaine, présentées communément sous une forme sentencieuse. Parmi les *Maximes* célèbres de notre littérature, brillent au premier rang celles de La Rochefoucauld. Ce recueil, dont la 1re édition parut en 1662, méritait à double titre son succès. D'abord il contribuait pour sa part à fixer la langue française : personne, pas même Pascal, dont les *Pensées* ne furent publiées qu'en 1670, n'avait jusque-là, du moins dans un sujet analogue, doté notre idiome de toutes les qualités qui rendaient le nouveau livre si séduisant; c'était la première fois que, pour peindre les faiblesses et les vices du cœur humain, un écrivain unissait tant d'éclat et de relief à tant de précision, dans un style savant dont les termes et les tours ne devaient plus périr. Pour atteindre à cette beauté, La Rochefoucauld avait poli et repoli sans cesse son œuvre, appelant à l'aide de son propre esprit et de son art le goût délicat, l'imagination, le savoir et l'esprit des plus aimables collaboratrices, dans ce salon de Mme de Sablé qui fut son hôtel de Rambouillet. L'ouvrage avait un autre attrait : Descartes avait porté la philosophie dans les sphères de la métaphysique; Port-Royal, plus pratique, mais inspiré par l'esprit chrétien, se plaçait, pour étudier l'homme et lui dicter des règles de conduite, au point de vue de sa destinée religieuse. La Rochefoucauld prit pour lui le domaine encore inexploré de l'observation morale. Psychologue à sa façon, il se donna pour tâche, après ses déboires politiques et les désenchantements de sa liaison avec Mme de Longueville, de descendre au fond des cœurs, d'y surprendre nos instincts les plus secrets, et de dévoiler sans pitié les motifs cachés des actions humaines. Malheureusement il observait les hommes dans un moment peu favorable : la Fronde ayant comme jeté tous les partis hors de leur vrai caractère, les mauvais penchants de la nature humaine, l'esprit de révolte, l'ambition, l'égoïsme et la vanité, refoulaient au fond des âmes les bons instincts. Prévenu par ses propres mécomptes, La Rochefoucauld, au lieu de pénétrer jusque-là, eut le tort de s'arrêter à la surface, qui lui représentait les hommes tels que son ressentiment voulait les voir et les peindre; de là ce triste aphorisme qui résume toute sa doctrine : « Les vertus se perdent dans l'intérêt, comme les fleuves dans la mer. » On s'est donné le facile plaisir de réfuter La Rochefoucauld ; on lui a victorieusement démontré que les actions humaines ont d'autres mobiles que l'intérêt ou l'amour-propre; on a réclamé la part du devoir et des passions généreuses ; en quoi on avait raison ; mais on a eu tort de juger de l'homme par le système. On devait se rappeler que La Rochefoucauld, avec la frivolité d'esprit et l'égoïsme qu'on veut bien dire, n'eût pas inspiré à des femmes telles que Mme de Sablé, Mme de Sévigné, surtout Mme de La Fayette, l'admiration et l'attachement passionné dont elles l'entourèrent jusqu'à la fin. Il fallait songer que, s'il se montra infidèle à Mme de Longueville et à la Fronde, il eut peut-être le droit de se croire dupe lui-même, et qu'un noble cœur déçu risque de s'aigrir en proportion même de ses illusions détruites. Faut-il le dire enfin, s'il a calomnié les hommes, il ne s'est trompé guère que du plus au moins. Qu'on lise souvent quand il écrit toujours, qu'on entende quelquefois quand il dit souvent, et ses Maximes ainsi modifiées offriront à qui veut se connaître un miroir assez sincère. Consultez à propos La Fontaine, il vous répondra par sa fable l'Homme et son image (liv. I, f. 11). V. MORALISTES (Écrivains), CARACTÈRES, PENSÉES, PROVERBES. A. H.

MAXIME, ancienne note de Musique, en forme de carré long horizontal, terminé à droite par une queue verticale. Elle valait 8 mesures à 2 temps, c.-à-d. 2 longues, et quelquefois 3, selon le mode. Elle n'est plus en usage depuis qu'on sépare les mesures par des barres, et qu'on marque avec des liaisons les tenues ou continuités des sons.

MAXIMILIENNES (Tours). V. TOURS.

MAXIMUM, limite supérieure de prix imposée par la loi à la vente d'une marchandise. Ainsi, il y a en France, pour le pain, un maximum que des tableaux affichés font connaître aux consommateurs. On a essayé de taxer aussi la viande de boucherie, mais ce système a été bientôt abandonné. La loi qui fixe à 5 ou 6 p. 100 le taux du prêt de l'argent (V. INTÉRÊT) est une loi de maximum. Il en est de même des lois qui règlent les honoraires des officiers ministériels, des agents de change, des courtiers de commerce, les prix de transport sur les chemins de fer. Une loi qui établirait un minimum des salaires serait par le fait une loi de maximum, puisqu'elle fixerait la plus grande somme de travail que l'ouvrier devrait exécuter pour un prix déterminé. Il y eut, pendant la Révolution, en 1793, une application fameuse du maximum à la vente des denrées (V. MAXIMUM, dans notre Dictionnaire de Biographie et d'Histoire).

MAYA ou YUCATÈQUE (Langue). V. MEXIQUE (Langues du).

MAYENCE (Cathédrale de). L'église primitive dédiée à St Martin, et dont St Boniface fut archevêque, était bâtie probablement en bois, puisque l'histoire annonce avec une certaine emphase qu'en 978 l'archevêque Willigis entreprit de la rebâtir en pierres. Le jour même de sa dédicace, ce nouvel édifice fut incendié : on en reprit la construction en 1009, et il fut achevé en 1037 par l'archevêque Bardon. La cathédrale de Mayence eut encore à souffrir de deux incendies, en 1081 et en 1191 ; des travaux importants furent nécessaires, et l'on dut faire une nouvelle consécration en 1239. Les murs de la nef et l'abside orientale appartiennent évidemment au XIe siècle, et sont dus sans doute à Bardon. On reconnaît dans la masse des autres constructions l'ouvrage du XIIe siècle ; le transept et l'abside de l'ouest, postérieurs à l'incendie de 1191, sont de style ogival ; les chapelles ont été ajoutées vers la fin du XIIIe siècle et dans le cours du XIVe; autour de l'église sont des cloîtres du XVe. Depuis cette époque, le monument n'a pas reçu de changements notables ; on a dû seulement le réparer après les guerres de la République française. Il est du plus haut intérêt, à cause de ses dispositions architecturales : deux absides romanes en terminent les extrémités, l'une servant au chapitre, l'autre à la paroisse, et chacune a son transept ; il est surmonté de deux belles coupoles et de quatre tourelles élancées. L'une des portes a des panneaux de bronze provenant d'une église de Notre-Dame, aujourd'hui détruite. Tout l'édifice, en pierres d'un rouge plus ou moins clair, à 126m,75 de longueur, et 47m de largeur en y comprenant les chapelles latérales ; la largeur de la nef est de 34m,50. A l'intérieur, il n'y a point de vitraux, et un badigeon blanc a été étendu partout. Mais on remarque une magnifique cuve baptismale en bronze fondue en 1325, une chaire de la fin du XVe siècle, et les tombeaux des archevêques-électeurs, adossés aux piliers et aux murs, ou formant des autels. Il faut y ajouter le monument en grès rouge élevé à St Boniface, la pierre tumulaire de Fastrade, l'une des femmes de Charlemagne, et le mausolée du minnesænger Frauenlob, ouvrage de Schwanthaler. B.

MAYEUX, un des types les plus cyniques de la caricature française. Aussi bossu et plus libertin que Polichinelle, laid, méchant, éhonté, il fut créé aussitôt après la Révolution de 1830 : enfant des barricades, puis garde national, il court ensuite une série d'aventures qui provoquèrent le rire aux dépens surtout de la bourgeoisie et du gouvernement de Juillet. Son règne n'a duré que deux ans environ.

MAYPURE (Idiome), idiome américain, parlé dans la vallée supérieure de l'Orénoque. Il est clair, précis, riche d'expressions, exempt de sons gutturaux. Les noms de nombre reçoivent des terminaisons différentes, selon qu'ils se rapportent à des hommes, des animaux ou d'autres objets. Les prépositions sont toujours placées après leurs compléments, et les conjonctions, dont il y a un très-petit nombre, à la fin de la phrase. Le Cavere, parlé dans le bas Orénoque, n'est qu'un dialecte du maypure.

MAZARINADES, nom donné aux pamphlets, libelles, satires, en vers et en prose, que l'on publia, durant la Fronde, contre le cardinal Mazarin. Ce nom vient de la pièce la plus célèbre du genre, la Mazarinade, datée du 11 mars 1651. On l'attribue aux écrits publiés en faveur du cardinal. Le nombre des Mazarinades est évalué à 4,000 environ. Elles n'ont ni l'originalité, ni l'âcreté, ni la verve des libelles de la Ligue, parce que les intérêts étaient moins sérieux, les passions moins profondes et moins terribles : le burlesque en est le caractère général, et il en est un certain nombre qui sont pleines de gaieté. Les hardiesses politiques que l'on y trouve s'expliquent par l'absence d'une autorité répressive ; cependant des poursuites furent exercées contre les imprimeurs, qui datèrent de Bruxelles ou d'Anvers beaucoup de morceaux sortis de leurs presses. Les amateurs recherchent surtout les pièces suivantes : la Pure vérité cachée, la Custode de la reine, la Famine, le Gouvernement présent ou Éloge de son Éminence, la Milliade ou Éloge burlesque de Mazarin, la Mazarinade, le Testament amphibologique, la Bouteille cassée, Mascurat, les Barricades, l'Envoi de Mazarin au mont Gibet, Vi relay sur les vertus de Sa Faquinance, Lettre de Polichinelle à Jules Mazarin, etc. Parmi les écrivains qui se firent remarquer dans cette guerre de plume, nous citerons le cardinal de Retz, Joly, Sarrazin, Patru, les deux Laffemas, Guy Patin, Naudé, Marigny, Loret, Portal, Caumartin. Produites avec une grande rapidité, les Mazarinades sont, au point de vue de la typographie, extrêmement incorrectes; quelques-unes ont des gravures. Comme on les imprima presque toutes sur une même sorte de papier, plié petit in-4°, on a pu, dès leur apparition, en former des volumes. La Bibliothèque impériale, la Bibliothèque Mazarine, les bibliothèques du Louvre, de Ste-Geneviève et du Corps législatif, à Paris, possèdent d'abondantes collections. V. Moreau, *Bibliographie des Mazarinades*. Paris, 1850-55, 3 vol. in-8°, et *Choix de Mazarinades*, 2 vol. gr. in-8°. B.

MAZARINE (Bibliothèque). Dès 1644, la Bibliothèque du cardinal Mazarin, dans son palais, rue de Richelieu, était publique. En 1688, plusieurs années après la mort de son fondateur, elle fut transférée au Collège Mazarin, sur le quai Conti, où elle est encore. Composée, à l'origine, des 6,000 volumes de la collection acquise d'un savant chanoine de Limoges, Jean Descordes, elle s'accrut de livres achetés par Gabriel Naudé, son premier bibliothécaire, à Paris, en Hollande, en Italie, en Allemagne et en Angleterre, et de la collection du cardinal de Tournon. Elle demeura sous l'administration de la maison de Sorbonne depuis le 14 avril 1688 jusqu'au 7 mai 1791, date de la remise des clefs de la Bibliothèque par Luce-Joseph Hooke, qui avait refusé de prêter serment à la Constitution civile du clergé. Depuis, cette bibliothèque fut réunie, ainsi que la Bibliothèque royale, la Bibliothèque de l'Arsenal et la Bibliothèque Ste-Geneviève, aux attributions du ministre de l'Intérieur. Elle renferme aujourd'hui 200,000 vol. et 4,000 mss. Un des plus curieux objets qu'elle contienne est le projet d'une campagne de découvertes proposé au roi par La Pérouse, accompagné de notes écrites de la main de Louis XVI. On y remarque aussi le globe terrestre de ce malheureux prince. Petit-Radel a donné, à la suite de ses *Recherches sur les bibliothèques anciennes et modernes*, une notice historique sur la Bibliothèque Mazarine. Cet établissement lui doit 80 modèles exécutés en relief représentant des monuments pélasgiques de l'Italie, de la Grèce et de l'Asie-Mineure. C. de B.

MAZDÉISME (du zend *mazda*, loi suprême), nom donné à la religion des anciens Perses, contenue dans le *Zend-Avesta* (V. ce mot).

MAZELIN. V. MADRE.

MAZOVIEN (Dialecte). V. POLONAISE (Langue).

MAZOURKA, MAZURKA ou MAZUREK, air de danse de la Mazovie (Pologne), dont la première partie est toujours mineure, et la seconde majeure. Cet air s'écrit à 3 temps, comme la polonaise (V. ce mot), mais d'un mouvement plus vif. Il possède un rhythme particulier qui consiste à marquer souvent le 2e temps de la mesure; la période se termine sur le 2e temps. La danse de la mazourka tient à la fois de la valse et de la polka.

MÉANDRE. V. FRETTE.

MEAUX (Église St-ÉTIENNE, à). Cette église cathédrale, qui reconnaît aussi la Ste Vierge pour patronne, offre plusieurs styles, mais appartenant tous à la période ogivale. Les six arcades inférieures du chœur, les bases et les chapiteaux de quelques colonnes de la nef, paraissent remonter à la fin du xiie siècle; les parties de la nef voisines du transept offrent, dans les arcades de la galerie et les grandes verrières, les formes simples du xiiie; les parties supérieures du chœur, le sanctuaire et les chapelles absidales sont de la fin de ce même siècle; le xive et le xve ont vu s'élever le transept avec ses deux portails, et une partie de la façade occidentale; une partie de la nef, au moins en ce qui concerne l'ornementation, le bas côté septentrional, et les parties supérieures de la tour datent du commencement du xvie. A l'extérieur, la cathédrale de Meaux est d'un style sévère, dont l'austérité n'est dissimulée par aucun artifice de décoration, et, si l'on en excepte les portails, on trouve à peine quelques traces de sculptures sur les murailles. C'est une masse nue et sans vie, dont les matériaux sont, en outre, de mauvais choix. Le pourtour du chœur et de l'abside a un aspect moins triste : les contre-forts, qui soutiennent deux rangs superposés d'arcs-boutants, sont terminés par de petites pyramides, ornées, sur leurs angles, de feuilles ou de fleurons. Point de ces galeries découpées, qui forment ceinture autour des combles des autres cathédrales; elles sont remplacées par une simple rampe de fer. La couverture, en tuiles grossières, contribue encore à donner de la lourdeur à l'édifice. La grande façade, commencée sur un plan vaste et imposant, n'a jamais été achevée; les voussures des trois portes, qui avaient été travaillées avec soin, ont été mutilées par les calvinistes en 1561; la rose centrale, à compartiments rayonnants, est la plus belle partie de ce frontispice. Des deux tours qui flanquent la façade, celle du nord, haute de 68 mèt., est seule terminée; le sommet de celle

du sud est recouvert d'ardoises. L'intérieur de l'église a un tout autre mérite que le dehors, et peut rivaliser, pour l'élégance et la hardiesse, avec les cathédrales plus importantes : il ne manque à la grande nef que longueur plus considérable. Le chœur et le sanctuaire sont surtout remarquables pour l'élancement des colonnes qui les soutiennent : ces colonnes, hautes de 13m,30, couronnées de gracieux chapiteaux, sont cantonnées d'une grêle colonnette qui monte d'un seul jet jusqu'à la naissance de la voûte. Les fenêtres, aujourd'hui privées de verrières, semblent un peu courtes, parce que la galerie qu'elles surmontent n'est pas éclairée. Les cinq chapelles absidales forment un rayonnement symétrique d'un effet imposant; contre la coutume, celle de la Ste-Vierge n'a pas de plus grandes dimensions que les autres. L'une d'elles contient le tombeau en marbre de Bossuet. Les quatre chapelles bâties en sous-œuvre entre les massifs des contre-forts de la nef forment une disparate fâcheuse. Le riche jubé qui existait autrefois à l'entrée du chœur a été abattu au xviiie siècle; il fut remplacé par de massifs autels, qu'on a heureusement fait disparaître de nos jours. La nef n'a que cinq travées, y compris celle que remplit la tribune des orgues; les piliers y sont en faisceau. La partie inférieure des murailles est ornée d'une fausse galerie en relief. Les dimensions de la cathédrale de Meaux à l'intérieur sont : longueur dans œuvre, 84m,35; largeur du transept, 35m; hauteur de la voûte du chœur, 29m; hauteur de la voûte au milieu du transept, 31m. V. Mgr Allou, *Notice sur la cathédrale de Meaux*, in-8°.

MÉCANICIENS DE LA MARINE. On distingue : les mécaniciens en chef, assimilés aux capitaines de corvette, et adjoints aux commandants supérieurs des bâtiments à vapeur dans les ports désignés par le ministre de la marine; les mécaniciens principaux de 1re classe, qui ont rang de lieutenants de vaisseau, et qu'on emploie à terre selon les besoins du service; les mécaniciens principaux de 2e classe, assimilés aux enseignes de vaisseau, et employés à la mer et à terre; enfin, les maîtres mécaniciens.

MÉCANIQUE (Philosophie), doctrine qui ne fait résulter les qualités des corps que du rapprochement d'un certain nombre d'éléments ou de principes sans qualités propres, et de leur manière de se grouper. Le système d'Anaximandre est déjà un commencement de philosophie mécanique; mais c'est dans Straton de Lampsaque qu'on la trouve complète et sans mélange. D'après son système, le monde n'est pas animé; ses principes existant d'eux-mêmes, le mouvement et les effets qui en résultent sont dus à la nécessité. Ce système différait de celui de Démocrite et d'Épicure en ce qu'il n'admettait pas les atomes ni le vide; il expliquait toute chose à l'aide de certains mouvements; il est inutile d'ajouter qu'il repoussait toute croyance à la divinité. La philosophie mécanique n'est qu'une forme de la physique chez les Anciens, et du matérialisme chez les Modernes. Descartes s'est rapproché de cette doctrine, en voulant expliquer les phénomènes physiques par la matière et le mouvement, mais avec cette différence capitale, qu'il a recours à Dieu pour imprimer le mouvement. R.

MÉCANIQUES (Arts). V. ARTS ET MÉTIERS.

MÉCHOUAR, nom que les Arabes donnent à la citadelle de quelques-unes de leurs villes.

MÉDAILLE. C'est, proprement, une pièce métallique et commémorative, destinée à conserver et à transmettre le souvenir soit d'un événement, soit d'un homme. Chez les Anciens, la médaille n'était pas distincte de la monnaie, parce que la monnaie portait le plus souvent le témoignage du temps où elle était frappée, ou même parce qu'elle était émise à l'occasion d'un fait important, comme le serait une médaille aujourd'hui. Une monnaie antique a donc généralement eu un double caractère : moyen d'échange, elle a circulé avec une valeur déterminée; monument historique, elle a conservé sa signification commémorative, nous apportant les noms des magistrats, la mention des événements, l'image des temples, statues, édifices publics ou sacrés qu'elle devait faire connaître. De là sa double dénomination de monnaie et de médaille; de là aussi les secours qu'elle apporte à l'histoire, les lumières qu'elle lui fournit dans l'absence de tout autre témoignage. Cependant, il paraît impossible de rattacher à un système monétaire quelconque quelques-unes des pièces que nous a transmises l'antiquité : dans ce nombre, nous signalerons les grandes pièces d'argent de Syracuse à la tête de Cérès ou de Proserpine (V. la *fig.* ci-dessous), et les médaillons de bronze de l'Empire romain. La rareté de ces pièces, qu'on a trouvées quelquefois montées comme des bijoux, porte à croire qu'elles ont été émises à petit nombre, pour être distribuées à des fonctionnaires, et non livrées au commerce. *Les auteurs anciens ne nous fournissent à cet égard aucun renseignement.*

Médaillon de Syracuse (face).

Médaillon de Syracuse (revers).

Au moyen âge, la monnaie a perdu le caractère essentiellement mobile, actuel, commémoratif, qu'elle avait eu dans l'antiquité ; les types ont tendu à l'immutabilité ; le nom du souverain a seul changé. Aussi le retour à l'étude de l'antiquité a-t-il fait inventer la médaille. En France, les plus anciennes médailles sont des très-grandes pièces en or, d'une extrême rareté, frappées par le roi Charles VII ; elles sont couvertes de longues légendes où l'on célèbre la défaite des Anglais et la délivrance du sol français par le roi Charles VII. — En Italie, l'art joue un plus grand rôle dans la médaille ; il s'y manifeste, du premier coup, avec une puissance et une originalité très-remarquables : mais, dans les imitations des Anciens, on employa pendant longtemps les moyens matériels que ceux-ci avaient mis en œuvre, c.-à-d. le moule qui donne des épreuves souvent inégales, *remplies de soufflures*, les artistes étaient obligés de les retoucher eux-mêmes, ou de les faire ciseler par leurs élèves. Au commencement du xvie siècle, Victor Camelo inventa l'art d'enfoncer les coins dans l'acier, et on commença à préférer les épreuves dues à ce procédé aux épreuves fondues. Cependant, tandis qu'en Italie on abandonnait le moulage, en France, il continua d'être en usage sous Dupré et sous Varin, et l'Allemagne, qui le conserva, produisit également de très-belles pièces. — L'invention du balancier ou du moulin, au milieu du xvie siècle, permit d'obtenir des épreuves parfaitement nettes de médailles d'une grande dimension, et dispensa l'artiste de les retoucher. Aujourd'hui encore, après l'invention de la machine Thonnelier, qui frappe les monnaies sans le secours de la main de l'homme, on se sert du balancier pour frapper les médailles : c'est le seul engin dont on puisse obtenir la force nécessaire, en lui faisant donner autant de coups qu'il est besoin.

Les graveurs en médailles dont les œuvres sont le plus recherchées sont : à l'étranger, Victor Pisanello, le grand artiste du xve siècle, fondateur de l'école de Vérone, qui compte Mathieu de Pasti, Jules Terra, Torre et tant d'autres ; en France, Dupré, le plus habile graveur français, contemporain de Henri IV et de la régente Marie de Médicis ; Varin, graveur des principales médailles de Louis XIV ; Duvivier, contemporain de Louis XV, etc. — Aujourd'hui la gravure en médailles en décadence : il est vrai que cet art était autrefois l'objet d'une protection spéciale ; les rois faisaient frapper des médailles à l'oc-

casion de tous les événements de leur règne. Le nombre en fut assez considérable pour fournir la matière de grandes publications, telles que l'*Histoire du règne de Louis XIV* par les médailles, l'*Histoire du règne de Louis XV*, etc. Ces pièces forment de belles suites d'un module uniforme, et dont on peut voir les exemplaires en or, destinés au roi, dans les collections du Cabinet de la Bibliothèque impériale de Paris. D'autres ouvrages, faits sur le plan des précédents, ont pris les monuments monétaires comme témoignages de l'histoire, ainsi l'*Histoire métallique de la Révolution* par M. Hennin, l'*Histoire métallique de Napoléon le Grand* par Millingen, etc. Le plus récent de ces sortes d'ouvrages est l'*Histoire métallique de la Révolution de 1848*, publiée par M. F. de Saulcy. Nous dirons au mot *Monnaie* tout ce que l'on a rapporté improprement au mot *Médaille*, en établissant entre ces dénominations une synonymie qui n'a jamais existé ; car une médaille n'est pas une monnaie, et les monnaies, quoique antiques, ne sauraient, sans inconvénient, être confondues avec les médailles.　D.

MÉDAILLES (Cabinet des) et antiques de la Bibliothèque nationale de Paris. Il est situé à l'extrémité N. du bâtiment de la bibliothèque sur la rue de Richelieu, au 1er étage. C'était un salon de l'ancien hôtel de la marquise de Lambert, et remarquable parmi les beaux salons du xviiie siècle. On y voit 4 dessus de porte peints par Boucher, et, sur les trumeaux, 3 tableaux de Carle Vanloo, et 3 de Natoire ; tous peuvent compter parmi les bons ouvrages de ces artistes. Dans un des tableaux de Vanloo représentant les trois protecteurs des Muses, Apollon, Mercure, et Hercule Mussagète, Apollon est représenté sous les traits de Louis XV. — En effet, c'est à ce prince que la Bibliothèque doit son cabinet actuel des médailles, et c'est lui qui en a fait faire la décoration. François Ier est le premier roi de France qui collectionna des médailles et des pierres gravées ; il les plaça à Fontainebleau. Henri II y ajouta une collection apportée en France par Catherine de Médicis. Charles IX déposa cette collection au Louvre, et créa une place de conservateur des médailles. Le Cabinet fut presque entièrement perdu pendant les troubles de la Ligue ; Henri IV commença à le reformer, et Louis XIII abandonna le projet de son père. Louis XIV eut le goût des médailles ; il réunit au Louvre toutes celles des maisons royales, en composa ce qu'on appelait le *Cabinet des antiques*, qu'il augmenta, en 1660, de la collection de Gaston d'Orléans. En 1666, le conservateur des médailles ayant été assassiné au Louvre, l'année suivante Colbert transféra le Cabinet à la Bibliothèque royale, rue Vivienne. Il y resta jusqu'en 1684 : alors Louis XIV, qui, depuis deux ans, faisait sa résidence habituelle au château de Versailles, y fit installer le Cabinet des Antiques, encore beaucoup accru, particulièrement par les médailles de Séguyn, 1669, et les pierres gravées de Lauthier, 1670. En outre, le roi avait fait voyager dans l'Asie, en Sicile, en Grèce, en Algérie, en Égypte et en Perse, pour y acheter des médailles et des camées ; tous ces soins rendirent sa collection la plus importante de l'Europe.

Louis XV, qui n'avait pas les nobles instincts de son aïeul, abandonna les collections de Louis XIV, et, en 1741, en ordonna la translation à la Bibliothèque royale de Paris. Dans la décoration de ce superbe Cabinet, on plaça, aux deux extrémités, les portraits en pied de Louis XIV, copie faite d'après Rigaud, et de Louis XV. Ils en furent retirés pendant la Révolution. A la Restauration, on rétablit celui de Louis XIV, et, à la place de celui de Louis XV, on mit le portrait de Louis XVIII, peint par Ary Scheffer. — Les richesses du Cabinet des médailles et antiques sont renfermées dans une suite de 9 corps d'armoires bas, en menuiserie sculptée, posés sur de grands guéridons, en bois sculpté aussi, à dessus de marbre chantournés, et que l'on croit avoir été apportés du cabinet de Louis XIV à Versailles. Chaque armoire contient une quadruple rangée de tiroirs percés de trous où sont placées les médailles. Au milieu de la salle, une armoire vitrée, posée sur une large table à dessus de marbre de plus de 4 mèt. de long, expose aux regards une foule d'objets d'art antiques ou anciens, la plupart extrêmement curieux. Sur les armoires sont des bustes antiques, formant une série iconographique du plus grand intérêt, et, parmi, quelques vases antiques aussi. — Le Cabinet contient 200,000 médailles environ, et plus de 3,500 camées et pierres gravées ; nul autre, excepté peut-être celui de Vienne, n'a, en pierres gravées, autant de morceaux de premier ordre, tels que : l'*Apothéose d'Auguste*, celui *de Germanicus*, la *Lutte de Neptune et de*

Minerve pour donner le nom à la ville de Cécrops, Achille Citharède, le Cachet de Michel-Ange, le Vase de l'abbaye de St-Denis, le Portrait d'Élisabeth d'Angleterre. Comme ensemble, c'est le plus riche Cabinet du monde. Il ne fut ouvert au public qu'en 1737. — Les principaux objets d'art du Cabinet des médailles et des antiques ont été gravés dans Montfaucon, *Monuments de la monarchie française*, et *l'Antiquité expliquée*; dans Millin, *Monuments antiques inédits;* dans Caylus, *Recueil d'antiquités;* et surtout dans le *Trésor de numismatique et de glyptique.* C. D—Y.

MÉDAILLES (Gravure en). Les graveurs en médailles commencent par exécuter en relief, comme un camée, mais à l'extrémité d'un cylindre d'acier, le sujet dont ils doivent obtenir des empreintes; ce cylindre, durci par la trempe, s'appelle *poinçon.* On prépare en forme de cône à base très-large le morceau d'acier qui doit devenir le creux de la médaille; on fait correspondre la pointe ou sommet de ce cône avec le milieu du sujet gravé sur le poinçon, et en frappant sur le poinçon, on écrase la pointe du cône rougie à blanc, et on fait pénétrer dans les molécules du métal amolli le relief dont on veut obtenir un creux. Ce procédé permet de reproduire avec le même poinçon les creux ou coins lorsqu'ils viennent à se briser. — Parmi les graveurs en médailles, nous citerons en France, au XVIIe siècle, Dupré, Varin, Molard, Mauger, Bernard, Roussel, Clerion, Breton, Dollin, Dufour, Chéron ; au XVIIIe, Duvivier, Roettiers, Leblanc, Léonard, Dassier, Fontaine, Droz, Aug. Dupré, Gatteaux; au XIXe, Andrieu, Dumarest, Galle, Brenet, Gayrard, Tiolier, Depaulis, Michaut, Caqué, Caunois, Bovy, Domard, Barre, Oudiné, Merley, etc. D.

MÉDAILLE MILITAIRE, médaille instituée par Napoléon III, en vertu de décrets du 22 janvier et du 29 février 1852, en faveur des sous-officiers et soldats des armées de terre et de mer. Une pension annuelle de 100 fr. est attachée à cette décoration. La médaille est d'argent, suspendue à un ruban jaune orange, liséré de vert, et est surmontée d'une aigle en métal jaune.

MÉDAILLIER, collection de médailles; — meuble à tiroirs où les médailles sont rangées dans un ordre méthodique; — salle où se trouvent placées les armoires qui contiennent ces médailles. V. MÉDAILLES (Cabinet des).

MÉDAILLON, en termes de Numismatique, pièce métallique d'un poids supérieur à celui des médailles ordinaires. Les médaillons grecs, assez semblables aux monnaies contemporaines, paraissent avoir eu le même usage; les médaillons romains, beaucoup plus grands, ont sans doute servi, soit à des présents, soit à la conservation des souvenirs d'un haut intérêt; ceux qu'on plaçait aux enseignes militaires représentaient les effigies des dieux ou des empereurs, et portaient une bordure formée de plusieurs cercles. D'autres servaient de parure, se portaient au cou, et étaient montés en filigrane d'or et d'argent, avec bélières. Quelques-uns sont formés de deux alliages différents; le milieu est rouge ou or, et le bord en bronze : les alliages ont été soudés avant la frappe. Les *contorniates* (*V. ce mot*) sont des médaillons. Il est des médaillons byzantins, dits *concaves* à cause de leur forme, et où le sujet est gravé en creux.

MÉDAILLON, en termes d'Architecture, ornement en forme de médaille ronde ou ovale, dans lequel on place un sujet sculpté ou une rosace. L'art ogival n'employa guère les médaillons que dans la peinture sur verre, et ne leur conserva pas toujours la forme circulaire, en fit de carrés, de losangés, etc. La Renaissance, au contraire, en fit un très-fréquent usage, et les médaillons, toujours heureusement et habilement employés, sont devenus un des caractères dominants de l'architecture à cette époque. E. L.

MÉDE ou MÉDIQUE (Langue), langue des anciens Mèdes, l'une de celles qui nous sont connues par les inscriptions cunéiformes (*V. ce mot*). On donne le même nom à l'idiome *pehlvi* (*V. ce mot*).

MÉDECIN (du latin *medicus*). Chez les plus anciens peuples, l'art médical fut un des priviléges des corps sacerdotaux. Comme on croyait que les maladies étaient infligées par les dieux irrités, on se borna longtemps à apaiser ces dieux par des sacrifices ou par des pratiques superstitieuses. Il ne paraît pas que les prêtres de l'Égypte en aient profondément étudié les secrets : la croyance où ils étaient que toute incision sur les cadavres était un sacrilége dut faire obstacle aux développements de l'anatomie et de la chirurgie; divisant, d'ailleurs, le corps humain en parties isolées, comme le corps social était divisé en castes, ils se partagèrent en médecins des

yeux, des bras, des jambes, etc. Chez les Chaldéens, si renommés pour leur science, la guérison des maladies n'était pas le fait de l'habileté humaine, mais d'une intervention divine ou du hasard : car on exposait les malades dans les rues, et ceux qui passaient indiquaient les remèdes dont ils avaient usé ou entendu parler. En Grèce, bien que ne faisant plus partie des prêtres, les médecins formèrent une sorte de corporation sainte, qui se donna des lois à elle-même; l'exercice de leur art fut complétement libre, si ce n'est qu'à Athènes celui qui voulait s'y consacrer était tenu de se déclarer dans un discours public où il comment il avait étudié. Rome fut longtemps exploitée par des médecins étrangers, esclaves grecs pour la plupart : puis J. César fit accorder le droit de cité aux étrangers qui seraient en état d'enseigner la médecine, et Auguste exempta les médecins de tout impôt, de toute charge publique. Au IVe siècle de l'ère chrétienne, on institua des médecins de la cour (*archiatri sancti palatii*) et des médecins des pauvres (*archiatri populares*) : mais du moment où la médecine pouvait être une fonction publique, on établit des conditions d'admission, et on décida que les archiâtres, formés en collége, se recruteraient par voie d'élection après examen des candidats. Les médecins qui n'étaient pas fonctionnaires continuèrent d'échapper à toute espèce de contrôle.

Après la chute de l'Empire romain, l'art de guérir fut exercé par le clergé, surtout par les moines; les Juifs et des Mahométans s'y livrèrent également. C'est seulement vers la fin du moyen âge qu'il se forma un corps médical, composé de *maîtres ès sciences physiques et médicales* reçus par les Universités. La profession de médecin est aujourd'hui régie en France par la loi du 19 ventôse an XI (11 mars 1803). Nul ne peut exercer la médecine sans avoir été examiné et reçu dans la forme prescrite. On distingue les *docteurs en médecine* ou *en chirurgie*, reçus par les Facultés de médecine, et que leur diplôme autorise à pratiquer leur art dans toute la France, et les *officiers de santé*, qui ne peuvent s'établir que dans le département où ils ont été reçus par un jury médical (*V.* DOCTEUR, OFFICIER DE SANTÉ). Quiconque exerce la médecine sans diplôme est passible d'une amende au profit des hospices, et, en cas de récidive, peut être condamné à un emprisonnement de 6 mois au plus (Loi du 19 ventôse an XII–29 fév. 1804). Le *Code Napoléon* (art. 909) décide que les médecins qui ont traité une personne pendant la maladie dont elle meurt ne peuvent profiter des dispositions testamentaires faites en leur faveur. D'après le *Code pénal* (art. 160), tout médecin qui, pour favoriser quelqu'un, certifie faussement des maladies ou infirmités propres à dispenser d'un service public, est puni d'un emprisonnement de 2 à 5 ans ; s'il a été mû par dons et promesses, il est puni du bannissement, et les corrupteurs sont punis de la même peine. Les médecins ont un privilége sur les meubles des défunts, pour le payement des soins donnés à ceux-ci pendant leur dernière maladie. Au bout d'un an, on peut leur opposer la prescription. Ils sont soumis à une patente du 15e de la valeur locative.

En Angleterre, la profession médicale, y compris l'enseignement, est abandonnée sans réserve à l'exploitation des particuliers. Il est vrai qu'une charte d'Henri VIII a reconnu les priviléges d'un collége ou corporation des médecins de Londres, qui ont seuls le droit d'exercer leur art dans cette ville et dans un rayon de sept milles, et que, pour pratiquer la médecine en Angleterre, il faut, à moins d'être gradué des Universités d'Oxford et de Cambridge, avoir été reçu par ce collége, et être muni de lettres délivrées par le président et par trois de ses membres. Il existe aussi à Londres un collége de chirurgiens établi sur les bases analogues par deux statuts d'Henri VIII et de George II. Mais l'Angleterre n'a pas d'écoles de médecine. Tout médecin a ses élèves, et leur donne l'instruction médicale comme il lui plaît. B.

MÉDECINE (Académie de). Cette société savante de Paris, créée par Louis XVIII le 28 décembre 1820, remplaça la *Société royale de Médecine* et l'*Académie royale de chirurgie* qui existaient avant 1789. Elle fut divisée originairement en trois sections, médecine, chirurgie, pharmacie, et comprit cinq sortes de membres : honoraires, titulaires, associés, adjoints résidants, et adjoints correspondants. Le 1er médecin du roi fut président d'honneur. Une ordonnance du 27 décembre 1820 nomma pour les trois sections 80 membres et associés résidants (45 titulaires), et 32 associés non résidants; une autre ordonnance, du 6 février 1821, ratifia l'élection de 40 tituiaires faite par ceux de la première fondation ; en tout, 152 membres. Une place de secrétaire perpétuel fut instituée en 1822. Par ordonnance du 18 octobre 1829, Charles X décida que l'Académie ne ferait désormais qu'une élection par trois extinctions jusqu'à réduction de ses membres à 100, qu'elle serait partagée en 11 sections, et supprima les désignations d'associés résidants et honoraires. Une ordonnance de Louis-Philippe (20 janvier 1835) assimila aux titulaires les adjoints et les associés, en sorte que tous les membres de l'Académie furent égaux. Cependant, depuis 1830, le nombre des membres résidants ou titulaires s'était élevé à 252 : réduit à 197 en 1836, à 124 en 1848, il n'est plus que de 94, sans compter 7 associés libres, 8 associés nationaux, 20 associés étrangers, 100 correspondants nationaux et 50 correspondants étrangers. L'Académie de médecine, avec son budget et les dons qui lui ont été faits, avec une subvention annuelle du ministère de l'Instruction publique, donne des jetons de présence à ses membres, et distribue chaque année des prix et des récompenses. Elle a des archives importantes, une bibliothèque, un laboratoire de chimie, et publie, outre un *Bulletin* de quinzaine, des *Mémoires* annuels. Le Gouvernement la consulte sur tout ce qui intéresse la santé publique, principalement sur les épidémies, les épizooties, les différents cas de médecine, les remèdes nouveaux et les remèdes secrets, les eaux minérales naturelles ou factices.　　B.

MÉDECINE (École de), un des monuments de Paris. *V.* notre *Dictionnaire de Biographie et d'Histoire.*

MÉDECINE (Écoles de). *V.* ÉCOLES DE MÉDECINE, dans notre *Dictionnaire de Biographie et d'Histoire,* p. 878.

MÉDECINE (Facultés de), établissements d'enseignement supérieur, à Paris, Montpellier, Nancy, Lyon, Bordeaux, où l'on enseigne l'anatomie, la physiologie, la pharmacie, la matière médicale et thérapeutique, l'hygiène, la pathologie interne et externe, la médecine opératoire, les accouchements, la chimie, la physique et l'histoire naturelle médicale. Il y a des professeurs titulaires et des agrégés, ceux-ci nommés au concours. La Faculté de Paris a 26 professeurs titulaires et 24 agrégés ou suppléants ; il y a 17 chaires dans les autres facultés. Les traitements des professeurs sont de 13,000 fr. à Paris, de 6,000 fr. à 11,000 fr. dans les départements.

MÉDECINE (Écoles préparatoires ou secondaires de). On en compte 19 dans les villes d'Amiens, Angers, Arras, Besançon, Caen, Clermont-Ferrand, Dijon, Grenoble, Lille, Limoges, Lyon, Marseille, Nantes, Poitiers, Reims, Rennes, Rouen, Toulouse et Tours. Ces écoles ne peuvent conférer de grades : les études qui y sont faites valent auprès des Facultés, mais pour un temps moindre que le temps passé dans une Faculté. Huit inscriptions ont toute leur valeur ; les autres ne comptent que pour un tiers. Les officiers de santé peuvent exercer après 4 ans d'études dans une école secondaire. Ces écoles ont été organisées par ordonnances des 18 mai 1820, 13 octobre 1840 et 12 mars 1841. Le traitement minimum est de 1,500 fr. pour les professeurs, 1,000 fr. pour les adjoints.

MÉDECINE ET PHARMACIE MILITAIRES (École de). *V.* ÉCOLE, dans notre *Dictionnaire de Biographie et d'Histoire,* page 878, col. 2.

MÉDECINE LÉGALE, branche des sciences médicales qui s'occupe des rapports de la médecine avec la Justice. L'avis du médecin est demandé par les magistrats lorsqu'il s'agit de prononcer sur l'état de démence des individus, sur les cas de viol, d'avortement, d'infanticide, de suicide, d'assassinat ou d'empoisonnement, sur la distinction des cas de mort réelle et de mort apparente, etc. *V.* Bayard, *Manuel pratique de médecine légale*, 1843, in-18° ; Briand et Chaudé, *Manuel complet de médecine légale,* 6ᵉ édit., 1857, in-8° ; Devergie, *Médecine légale, théorique et pratique,* 3ᵉ édit., 1852, 3 vol. in-8° ; Orfila, *Traité de médecine légale,* 4ᵉ édit., 1847, 4 vol. in-8°.

MÉDECINS DU ROI. *V.* notre *Dictionnaire de Biographie et d'Histoire.*

MÉDECINS CANTONAUX ET COMMUNAUX, médecins chargés de soigner gratuitement les pauvres des communes rurales, de vacciner quand il n'y a pas un service spécial organisé, de surveiller les enfants, les infirmes et les vieillards placés au compte du département chez les particuliers, et d'inspecter l'hygiène publique. Leur service est réglé par des arrêtés préfectoraux. La dépense est supportée par les départements avec le concours des communes. L'institution des médecins cantonaux n'existe encore que dans quelques départements.

MÉDECINS MILITAIRES, un des corps du service de santé.

Le cadre est fixé ainsi qu'il suit : 7 *médecins inspecteurs,* 80 *médecins principaux,* dont moitié de 1ʳᵉ classe et moitié de 2ᵉ ; 390 *médecins majors,* dont 130 de 1ʳᵉ classe et 260 de 2ᵉ ; 800 *médecins aides-majors,* dont moitié de 1ʳᵉ classe et moitié de 2ᵉ. Les aides-majors de 2ᵉ classe sont recrutés pour les 3/4 parmi les élèves qui ont fait leur stage à l'École de médecine militaire du Val-de-Grâce ; les autres emplois sont réservés aux médecins civils commissionnés par le ministre de la guerre. Pour devenir aide-major de 1ʳᵉ classe, puis médecin major de 2ᵉ classe, il faut 2 ans de service au moins dans le grade inférieur : 2/3 des emplois vacants sont donnés à l'ancienneté, l'autre tiers au choix. On ne devient médecin major de 1ʳᵉ classe qu'après 4 ans de grade inférieur ; les emplois sont donnés moitié à l'ancienneté, moitié au choix. L'avancement aux grades supérieurs est toujours au choix.

MÉDIANOCHE, repas qui se fait au milieu de la nuit. Le mot et la chose sont d'origine espagnole, et furent introduits en France au xviiᵉ siècle, par la reine Anne d'Autriche, femme de Louis XIII.

MÉDIANTE (du latin *medians,* qui est au milieu), nom donné en musique à la tierce de la tonique, parce que, dans l'accord parfait, elle tient le milieu entre cette tonique et sa quinte. C'est par la médiante que l'on reconnaît si le ton est majeur ou mineur.

MÉDIATEUR PLASTIQUE. *V.* ÂME, page 108, c. 2.

MÉDIATION, acte par lequel, lorsque deux États sont en contestation ou en guerre, un troisième interpose ses bons offices pour amener un accord ou rétablir la paix. On peut accepter une médiation, et néanmoins refuser la solution proposée ; c'est ce qui distingue la médiation de l'*arbitrage,* dont les décisions sont obligatoires.

MÉDIATION, nom donné dans le plain-chant à une inflexion de la voix ou à une suite de sons qui s'opère vers le milieu du verset d'un psaume, avant l'astérisque qui le divise en deux parties. Cette médiation est la même à tous les versets, à moins qu'il ne se rencontre un mot hébreu ou un monosyllabe : dans ce cas, on lui fait subir un léger changement.　　F. C.

MÉDIATISATION. *V.* ce mot, et MÉDIATISÉ, dans notre *Dictionnaire de Biographie et d'Histoire.*

MÉDINET-ABOU (Temple de). *V.* THÈBES.

MÉDIUM, portion moyenne de l'étendue d'une voix ou d'un instrument.

MEETING. *V.* notre *Dict. de Biogr. et d'Histoire.*

MÉGALITHIQUES (Monuments). *V.* au *Supplément.*

MÉGALOGRAPHIE (du grec *megale,* grande, et *graphô,* je peins), nom que les Anciens donnaient à la peinture noble, représentant les actions des dieux ou des héros.

MÉGARE (École de), école de philosophie grecque qui tire son nom de la patrie de son fondateur, Euclide, disciple de Socrate. Elle dura environ un siècle ; son dernier représentant fut Diodore Cronus ; les autres philosophes de l'école furent Ichthyas, Pasiclès, Thrasymaque, Clinomaque, Eubulide, Stilpon, Apollonius Cronus, Euphante, Bryson et Alexinus. L'école mégarique s'occupa surtout de Logique et de Métaphysique, et, dans la Logique, elle donna la préférence à la Dialectique, ce qui fit donner aux Mégariques le surnom d'*éristiques* (disputeurs), parce qu'ils faisaient dégénérer en dispute la science du raisonnement. Ils se rattachaient, par suite, aux Sophistes et aux Éléates. Ainsi que ceux-ci, ils repoussaient la certitude des sens, les regardant comme trompeurs, et ne voulant s'en rapporter qu'à la raison. Ce principe logique conduisait nécessairement à la négation du mouvement, du changement, de la pluralité, et à l'affirmation de l'immutabilité. C'est ce que firent les Mégariques. Un principe qui leur appartient en propre est l'identification de l'*être* et du *bien,* principe adopté plus tard par l'école d'Alexandrie. La morale tint peu de place dans l'école de Mégare ; cependant les Stoïciens lui empruntèrent quelques maximes, entre autres celle-ci de Stilpon : « Le bien consiste dans l'impassibilité. » *V.* Gunther, *Dissertatio de methodo disputandi megaricâ,* Iéna, 1707, in-4° ; G.-L. Spalding, *Vindiciæ philosophorum megaricorum,* Berlin, 1793, in-8° ; Deycks, *De Megaricorum doctrinâ, ejusque apud Platonem et Aristotelem vestigiis,* Bonn, 1827, in-8° ; Ritter, *Remarques sur la philosophie de l'École de Mégare,* Paris, 1843, in-8° ; l'*École mégarique,* dans le *Musée du Rhin,* Bonn, 1828 ; C. Mallet, Henne, *Histoire de l'école de Mégare et des écoles d'Élis et d'Érétrie,* Paris, 1845, in-8°.

MÉGASCOPE. *V.* le *Supplément.*

MÉGISSIERS, apprêteurs de peaux. Ils reçurent des statuts en 1270. L'apprentissage était de six ans ; le brevet coûtait 20 livres, et la maîtrise 600. On les réunit, en 1776, avec les tanneurs, les corroyeurs, les peaussiers et les parcheminiers en une seule et même corporation, dont Ste Madeleine était la patronne.

MEIL, tunique de dessus du grand prêtre des Hébreux. Elle était de couleur violette, fermée de tous les côtés, avec des ouvertures pour passer les bras et la tête, et garnie, par le bas, d'une bordure où l'on voyait des grenades de différentes couleurs, et de petites clochettes d'or.

MEILLANT (Château de), dans le département du Cher. Un vaste logis flanqué de tours carrées, et bâti au temps de Louis XI par Pierre d'Amboise, constitue la masse des constructions encore existantes. Il fut en partie réédifié par Charles Chaumont d'Amboise, gouverneur du Milanais sous Louis XII ; on refit partout les balustrades, les fenêtres et les lucarnes ; une chapelle d'un travail délicat s'éleva extérieurement, à quelques pas de l'édifice. La partie la plus remarquable de l'œuvre nouvelle est une tour hexagone contenant l'escalier qui conduit aux grands appartements : elle présente trois étages de fenêtres rampantes qui alternent, sur plusieurs de ses faces, avec des pans ciselés d'un très-riche dessin, et est couronnée d'un campanile élégant qu'environne une balustrade à jour. Les portes qui donnent entrée dans les appartements sont surmontées de médaillons sculptés représentant des empereurs romains. Dans la *Salle des Cerfs*, ainsi appelée parce qu'on y voit trois grands cerfs sculptés, se trouve une belle galerie à jour qui forme ceinture autour du manteau de la cheminée. A l'intérieur de la chapelle on voit une charmante tribune en boiserie, sur les panneaux de laquelle sont peintes trois scènes de la Passion.

MEISTERSÆNGERS, c.-à-d. en allemand *maîtres chanteurs*, poëtes d'origine bourgeoise, qui, à partir des premières années du xıve siècle, continuèrent l'école lyrique des *Minnesingers* (*V. ce mot*). Leurs associations furent appelées *Meisterorden* (ordres de maîtres) et *Singschulen* (écoles de chant) ; il y en eut à Mayence, Strasbourg, Ulm, Memmingen, Heilbronn, Nuremberg. En 1378, l'empereur Charles IV leur accorda des lettres de franchise et des armoiries particulières. Henri de Misnie passe pour le plus ancien des Meistersængers ; on cite encore Henri de Mugeln au xıve siècle, Muscatblut et Michel Behaim au xve, Hans Sachs au xvıe. A partir du xvııe siècle, l'éclat des associations de maîtres chanteurs s'évanouit.

MÉLANGE, terme de Droit. *V.* Accession.

MÉLANGES, en termes de Littérature, nom donné à des recueils de petits ouvrages en prose ou en vers sur différents sujets.

MELGORIENNE (Monnaie), nom que porta au moyen âge la monnaie des évêques de Maguelonne, parce qu'elle était frappée au château de Melgueil.

MÉLIADUS DE LÉONNOIS, un des romans de la Table ronde. On y trouve d'amples renseignements sur tout ce qui se rattache à l'histoire fabuleuse de cette institution. Méliadus est un descendant, en ligne collatérale, de Joseph d'Arimathie, et le père du fameux Tristan (*V. ce mot*). Le roman auquel on a donné son nom a eu plusieurs éditions à Paris, en 1528, en 1532 et en 1535. On en trouve un extrait dans la *Bibliothèque des romans*, de février 1776. Les amours de Méliadus et de la reine d'Écosse, qui forment une partie importante de l'ouvrage, sont une imitation évidente de celles de Lancelot et de Genièvre.

MÉLISMATIQUE (du grec *mélisma*, groupe harmonieux), se dit d'un chant orné dans lequel une syllabe porte plusieurs notes, par opposition au chant *syllabique*, dans lequel une note unique correspond à chaque syllabe du texte.

MELLUSINE ou MERLUSINE, en termes de Blason, figure échevelée, demi-femme et demi-serpent, qui se mire et se baigne dans une cuve. On ne se sert de ce terme que pour les cimiers.

MÉLODICA, instrument à clavier, en forme de clavecin, avec un jeu de flûte. La mélodica fut inventée, dans la seconde moitié du xvıııe siècle, par J.-A. Stein, d'Augsbourg.

MÉLODICON, instrument à clavier dans lequel le son était produit par le frottement de pointes métalliques sur un cylindre d'acier. Il fut inventé par Rieffelsen, de Copenhague.

MÉLODIE (du grec *mélos*, vers, mesure, et *ôdè*, chant), succession de sons différents, articulés diatoniquement chromatiquement, par degrés conjoints ou par degrés disjoints, et formant, à l'aide du *rhythme* (*V. ce mot*), un sens musical. Une succession de sons, dépourvue des moyens qui servent à préciser la durée de chacun de ces sons, serait encore une mélodie ; mais elle n'aurait rien d'agréable ni d'expressif : c'est le rhythme qui permet de coordonner les sons par l'emploi varié de leurs signes représentatifs, de les classer dans les cadres appelés *mesures*, de les faire entendre sur les *temps* divers de ces mesures, et d'établir un ordre quelconque entre les membres de phrase, les phrases et les périodes du discours musical. Une mélodie non rhythmée n'est qu'une chose inerte, un corps inanimé, auquel le rhythme donne le mouvement et la vie. La mélodie et le rhythme sont, avec l'*harmonie* (*V. ce mot*), les parties constitutives de l'art musical. Toutefois, il n'est pas nécessaire d'avoir fait des études d'harmonie pour composer de bonnes mélodies : quelques-unes des mélodies de la *Flûte enchantée* ont été fournies à Mozart par son poëte, fort mauvais musicien. La musique est si bien, dans son essence, une chose de sentiment, que les ignorants ont pu souvent trouver des chants mélodieux ; une foule d'airs ont été composés instinctivement dans le midi de la France, en Allemagne, en Italie, même avec les rhythmes les mieux appropriés aux sentiments que ces airs expriment, et il n'est pas rare que plusieurs voix les exécutent, non pas à l'unisson, mais en harmonie, avec une certaine convenance. La mélodie est le produit de l'imagination ; elle résulte d'une inspiration heureuse, et non des calculs de la science : c'est elle seule qui, dans une composition musicale, frappe le plus grand nombre des auditeurs. Toutefois, cette faculté de créer ne s'étend pas au delà de limites assez étroites ; elle ne s'applique, par exemple, qu'à un petit air, à une romance : celui qui ne compose que d'instinct est incapable de développer un sujet à l'aide de la modulation, et d'ajuster ses motifs sur une harmonie régulière. *V.* Doni, *Sur la perfection de la mélodie*, dans le 2e volume de ses Œuvres musicales ; Riepel, *Éléments de la composition musicale*, en allem. ; Ratisbonne, 1752 et 1754, in-fol. ; Koch, *Essai d'une introduction à la composition*, en allem. ; Reicha, *Traité de mélodie*, 2e édit., 1832, 2 vol. in-4° ; Choron et A. de Lafage, *Manuel de musique*, Paris, 1838.   B.

MÉLODION, instrument en forme de petit piano, inventé par Diez en 1811. Il est muni de pédales qui servent à faire mouvoir une roue. Les sons se produisent par le frottement de petits bâtons en métal, que les touches font mouvoir sur le cylindre. Le mélodion imite bien la flûte, la clarinette, le cor de basset et le basson. Il peut exprimer les diverses nuances d'intensité des sons.

MÉLODIUM. *V.* Orgue expressif.

MÉLODRAME (du grec *mélos*, air, chant, et *drama*, action, drame). Ce mot, qui, d'après l'étymologie, signifie *drame en musique*, servit primitivement, en effet, à désigner l'opéra. Mais, au xvıııe siècle, il prit une tout autre acception : par suite de l'interdiction qui fut faite aux théâtres secondaires d'exploiter les genres de pièces qu'on représentait à l'Académie royale de Musique et à la Comédie-Française, les auteurs imaginèrent un genre bâtard, où ils amalgamèrent la tragédie, le drame bourgeois, la comédie, la danse et la musique : tel fut le mélodrame, même après la Révolution eut donné aux entreprises théâtrales une liberté sans limites. L'action était toujours à peu près la même, et se passait entre quatre personnages principaux : un tyran souillé de vices, animé de toutes les mauvaises passions, souvent prince, quelquefois chef de brigands ; une héroïne, bourgeoise ou princesse, douée de toutes les vertus, et persécutée par le tyran ; un amant de cette victime infortunée, la délivrant au moment du péril et tirant de son ennemi une vengeance exemplaire ; enfin un niais, souvent poltron, quelquefois gourmand, qui paraissait simultanément ces divers caractères, afin d'égayer un aussi sombre spectacle. La pièce était généralement en 3 actes, le 1er consacré à l'amour, le 2e au malheur et à l'effroi, le 3e à la punition du crime et au triomphe de la vertu. Les intrigues étaient toujours ténébreuses, les situations inattendues, les émotions violentes, le style tour à tour emphatique et trivial. Un ballet ou divertissement était intercalé tant bien que mal dans la pièce. C'était d'ordinaire par une scène d'escrime, dite *combat des quatre coups*, et dans laquelle plusieurs personnages, quelquefois la princesse elle-même, échangeaient en mesure des coups d'estoc réglés d'avance, que le nœud de la pièce était tranché avec la vie du traître. Quant à la musique, elle avait pour emploi d'ouvrir et de préparer l'âme des spectateurs aux sentiments qu'on allait développer devant eux, et d'augmenter l'effet des émotions produites : ainsi, une mélodie vive et animée annonçait l'arrivée du comique, une symphonie lugubre précédait l'entrée du tyran, et des sons lamentables accompagnaient les pas de la princesse. Ce fut le théâtre de la Gaité qui exploita le genre du mélodrame avec le plus de succès, grâce surtout aux pièces de Victor Ducange et de Guilbert de Pixérécourt. Depuis 1830 environ, ce genre, tout en conservant une certaine faveur sur quelques scènes, n'a plus d'existence avouée ; il a fait place au *drame* (*V. ce mot*), et le mot *mélodrame*, toujours pris en mauvaise part, est appliqué comme qualification méprisante aux œuvres indignes d'un autre nom.   B.

MÉLOPÉE (du grec *mélos*, chant, et *poïèin*, faire), nom que les anciens Grecs donnaient à l'art de composer des chants, des mélodies. Une règle fondamentale de cet art était de limiter toute mélodie à un certain ton, de la faire commencer et terminer par ce ton ; on pouvait toutefois commencer par la quinte du ton. On employait ordinairement le genre diatonique. En ce qui concerne la progression des intervalles, Aristoxène recommande de ne pas pratiquer plus de deux demi-tons et de deux quarts de tons successifs, et de ne point mettre deux tierces majeures de suite. Euclide distingue quatre successions de sons, qu'il appelle : *agôgé*, par degrés ; *ploké*, par degrés disjoints ou par saut ; *petteia*, fréquente répétition du même son ; *toné*, prolongation du son. Aristide Quintilien distingue trois parties dans la mélopée : la *lêpsis* (choix), apprenant quelle espèce de voix ou d'instrument doit exécuter une mélodie, quel rhythme, quel genre et quel mode conviennent le mieux au caractère du nome qu'on veut faire ; la *mixis* (mélange), contenant la doctrine de la modulation ; la *chrêsis* (usage), qui renferme les trois premières espèces de successions des tons indiquées par Euclide. Par rapport au style, il la divise en trois modes différents : le *tragique*, où le chant régnait seulement sur les sons graves ; le *nomique*, sur les sons moyens ; le *bachique* ou *dithyrambique*, sur les sons aigus. De la distinction de ces trois styles on est peut-être en droit de conclure que les voix de femme étaient exclues du mode tragique, et que les voix de basse n'étaient pas employées pour l'expression des sentiments oyeux.   B.

MÉLOPHARE, fanal à plusieurs petites fenêtres qu'on garnit de feuilles de musique en guise de verres. Ces feuilles, écrites d'un seul côté et humectées d'huile, laissent passer la lumière placée au milieu du fanal. L'instrument est monté sur un pied, comme un pupitre ; on s'en sert pour donner des concerts nocturnes.

MÉLOPHONE. *V. le Supplément*

MÉLOPLASTE, tableau composé des cinq lignes de la portée, avec quelques lignes additionnelles au-dessus et au-dessous. Ce tableau, sur lequel le professeur de musique promène une baguette terminée par une petite boule, sert à représenter, par une notation mobile, les chants qui sont chantés par les élèves au fur et à mesure que la baguette leur indique de nouveaux sons, ce qui les dispense d'apprendre à lire les signes ordinaires de la musique, de connaître les clefs et tous les accessoires de la musique écrite. Cette méthode a été inventée, vers 1817, par *Pierre Galin*, de Bordeaux.

MELPOMÈNE. *V. ce mot* dans notre *Dictionnaire de Biographie et d'Histoire*.

MELROSE (Abbaye de), en Écosse, dans le comté de Roxburgh. Cette abbaye, fondée en 1136 par David Ier, et achevée en 1146, fut détruite par les Anglais en 1322, et bientôt réédifiée. Elle eut encore à souffrir les dévastations des Anglais en 1385, et des protestants au XVIe siècle. Les ruines de l'église subsistent seules pour attester la magnificence du monastère. Le chœur, le transept, une partie de la nef et de l'aile septentrionale, presque toute l'aile méridionale, sont encore debout ; le côté occidental de la tour carrée qui s'élevait au centre de l'édifice a également survécu aux ravages des hommes. Ces belles ruines appartiennent au style gothique fleuri. Le portail méridional offre une magnifique fenêtre de 7^m,30 de hauteur et de 5 mèt. de largeur, surmontée de niches, vides aujourd'hui de leurs statues, et une riche décoration où se mêlent les rosaces, les fleurs de lis, les têtes de Chérubins et de Sirènes, et les figures les plus grotesques. Du même côté, le mur de l'église est percé de 8 fenêtres ornées latéralement de têtes de moines ou de religieuses, et surmontées de pinacles qui sont de véritables chefs-d'œuvre de sculpture. Une partie des voûtes à disparu. Du côté du nord est une porte admirablement

sculptée, qui conduisait à des cloîtres. L'abbaye de Melrose a été décrite par W. Scott dans son roman du *Monastère*, sous le nom de Kennaquhair.

MEMBRE, en termes d'Architecture, se dit de toute grande partie du système selon lequel un édifice est construit, par exemple, une frise, d'une corniche. Il se dit aussi des parties plus petites dont les plus grandes se composent : ainsi, la frise est un *membre* de l'entablement, le larmier est un *membre* de la corniche.

MEMBRE. *V. PÉRIODE*.

MEMBRURE, en termes de Construction navale, assemblage des pièces de bois qui forment les côtés d'un bâtiment ; — en termes de Charpenterie et de Menuiserie, grosse pièce de bois servant de point d'appui, soit à une charpente, soit à un assemblage de pièces ajustées.

MEMENTO, mot latin qui veut dire *souviens-toi*, et par lequel on désigne, tantôt un carnet de poche destiné à contenir des notes, tantôt un livre présentant l'abrégé de quelque science. — En termes de Liturgie, on désigne par *Memento* la partie du canon de la messe où l'on fait la commémoration des vivants et des morts ; le *memento* des vivants est avant la consécration, celui des morts se dit après.

MEMNON (Statue vocale de). } *V. THÈBES.*
MEMNONIUM. }

MÉMOIRE, faculté que nous possédons de conserver les notions acquises. Le fait de la Mémoire est le *souvenir*. Le souvenir d'une perception ou d'une sensation, en présence de cette même perception ou sensation renouvelée, est proprement la *reconnaissance*. Comme toutes les autres facultés, la Mémoire se manifeste spontanément ; en outre, le plus grand nombre de nos souvenirs se présentent d'eux-mêmes, et quelquefois malgré nous. Il y en a qui semblent exiger un acte de volonté et même un effort ; mais la volonté et l'effort n'ont pas pour but que d'éclaircir par l'attention une notion qui revient obscure et confuse : ce qu'on a appelé *souvenir volontaire* n'est qu'un souvenir instinctif suivi d'un acte d'attention réfléchie. Pour que la Mémoire entre en exercice et produise le souvenir, il faut : l'*identité du moi*, car se souvenir c'est se retrouver tel qu'on était dans un moment du passé ; la *durée du moi* et la *succession* de ses modes ; enfin, un fait antérieur dont le souvenir n'est que la reproduction. La Mémoire donne pour résultat la certitude de la *durée du moi*, et, avec elle, les notions d'*identité*, de *durée*, d'*avant* et d'*après*, de *temps*. Il faut ajouter que la Mémoire est pour nous la condition de l'expérience et du progrès : l'intelligence humaine serait réduite à rien, s'il ne lui était pas donné de conserver les connaissances qu'elle acquiert ; une notion à peine obtenue disparaîtrait à jamais ; tout le travail qu'elle aurait coûté serait sans cesse à recommencer, et tout perfectionnement intellectuel serait impossible. Le fait de la Mémoire se présente sous trois formes différentes : 1° le *souvenir complet*, quand la notion reparaît dans l'esprit avec toutes les circonstances de la perception où elle a pris naissance ; 2° la *réminiscence*, lorsque la notion se présente encore comme celle d'un objet réel, antérieurement perçu, mais d'une manière si vague, que nous ne pouvons dire ni quand, ni où, ni comment ; 3° la *conception*, quand il ne reste que la simple notion, sans que nous sachions comment elle est venue dans notre pensée. Dans ces deux derniers cas, la Volonté peut souvent pour aider la Mémoire. C'est de but ou à quelquefois recours à des moyens artificiels, dont l'ensemble constitue la *Mnémotechnie*, ou l'art d'aider et de fortifier la Mémoire (*V. ce mot*). — La Mémoire varie naturellement d'individu à individu, et avec le temps dans la même personne, et la manière dont l'exerce et la façonne le pouvoir personnel accroît ou modifie ses variations. Telle mémoire est prompte et facile, et semble reproduire de préférence les idées acquises par les sens avec les signes qui les expriment ; c'est la *mémoire physique*, et celle des mots : telle autre est plutôt tenace et fidèle, s'attachant aux idées et aux rapports qui les lient ; c'est la *mémoire rationnelle*, mémoire des pensées et des choses. La première, qui est aussi celle de l'enfance, est, chez les poètes et les orateurs, fortifiée par l'exercice ; la seconde appartient plutôt à l'âge mûr, au logicien, au savant. Ces variétés ne s'expliquent pas plus que le fait de la conservation ou de la durée en nous des notions qui y reparaissent identiques à elles-mêmes. Que deviennent-elles quand elles ne se montrent pas ? L'école d'Aristote prétendait expliquer le phénomène de la Mémoire par des impressions, des traces ou des images laissées dans le cerveau. Récemment, M. Damiron a émis l'opinion que les notions restent dans le *moi*, voilées et non pas éteintes, latentes et obscures, mais réelles, et prêtes à se réveiller et à reparaître au premier signal. Nous ne disons rien de la théorie de la *Réminiscence* de Platon, qui ne s'appliquait qu'aux *Idées*. Aucune de ces explications n'est satisfaisante, ce qui n'empêche pas le fait du souvenir d'être incontestable. *V.* les écrits de Reid et de Dugald Stewart, et l'opuscule d'Aristote, *De la Mémoire et de la Réminiscence*, traduit par M. Barthélemy Saint-Hilaire. R.

MÉMOIRE, terme de Liturgie. *V.* COMMÉMORATION.

MÉMOIRE, en termes de Comptabilité, état de ce qui est dû, présenté par les fournisseurs à leurs débiteurs. Les apothicaires ont eu une réputation proverbiale pour l'art avec lequel ils enflaient leurs Mémoires.

MÉMOIRE, nom qu'on donne à toute dissertation sur un sujet littéraire ou scientifique, destinée à être lue devant un corps savant. Beaucoup d'Académies et de Sociétés publient des recueils de Mémoires de ce genre : le style doit en être simple, concis, nourri de faits, et propre à convaincre la raison. Les Mémoires de notre *Académie des Inscriptions et belles-lettres* offrent beaucoup d'excellents modèles de ce genre, surtout dans la nouvelle série.

MÉMOIRE, en termes de Pratique, écrit sur une affaire litigieuse, composé par un avocat, et distribué aux juges et même au public. C'est l'exposition et le détail des faits, avec les principales preuves qu'apporte une partie, et aussi avec les pièces à l'appui. Par là on sollicite au tribunal de l'opinion un jugement présomptif, ou on en appelle devant lui d'une condamnation juridique. La publicité des Mémoires judiciaires a été surtout importante dans le temps où il n'y avait que des procédures écrites, et il est de ces Mémoires qui figurent parmi les monuments de l'éloquence judiciaire, par exemple, ceux de Pellisson, de Servan, de Lally-Tollendal, de Beaumarchais, et de Mirabeau. Les avocats et les officiers ministériels qui auraient signé des Mémoires outrageants peuvent être, de la part des juges, l'objet de mesures disciplinaires.

MÉMOIRES, composition du genre historique, qui a pour marque distinctive de raconter des événements contemporains, dont l'auteur a été témoin ou acteur. Les autres ouvrages d'histoire, composés par des écrivains désintéressés, peuvent offrir un choix plus sévère des faits, plus de mesure et de gravité dans le récit ; mais les Mémoires nous saisissent et nous attachent plus fortement, car ils sont une œuvre plus vivante. On rédige ses Mémoires pour satisfaire ce désir irrésistible qui sollicite tout écrivain à mettre le public dans la confidence de sa pensée. La vanité n'y est pas étrangère non plus : elle s'appelle tantôt le droit imprescriptible de protester contre l'injustice de l'opinion ; tantôt le désir, propre aux grandes âmes, de se survivre ; souvent aussi l'orgueil très-légitime d'éclairer son siècle et les âges qui suivront, et de prévenir les erreurs de l'histoire. L'utilité des Mémoires est manifeste, mais il faut mesurer la créance qu'on leur accorde, et les contrôler par d'autres Mémoires. — La France est plus riche que nul autre peuple en ouvrages de ce genre ; aucune des conditions qu'ils exigent ne manque à notre pays, car nous sommes un peuple d'imagination, communicatif et conteur par nature. Ajoutons que, du jour où commença de se former la France, des événements se sont succédé chez nous dont la grandeur ou l'importance ne saurait s'exagérer, puisqu'ils sont l'histoire de la civilisation même : les Croisades, revanche et réaction de l'Europe chrétienne sur les conquêtes de l'Islamisme ; la lutte séculaire de l'Angleterre et de la France ; le règne de Louis XI, qui prépara, par la destruction violente de la féodalité apanagée, le despotisme des rois ; les guerres d'Italie, où la France sauva l'indépendance universelle de l'ambition autrichienne ; la Réformation, qui embrasa l'Europe ; le règne de Henri IV et l'administration de Richelieu et de Mazarin, dignes précurseurs de Louis XIV ; le XVIIIe siècle, les lettres françaises firent l'opinion, qui fut alors la reine de l'Europe ; enfin la Révolution, qui travaille encore aujourd'hui tous les peuples ; tel est l'ensemble imposant des faits qui constituent notre histoire. Le haut intérêt dont ils sont l'objet universel rejaillit sur les particularités mêmes qui servent à en représenter la véritable physionomie. Les auteurs n'ont pas non plus fait défaut aux sujets, et beaucoup se trouvèrent placés dans une situation très-favorable pour bien voir, ou du moins voir beaucoup : qui pouvait savoir et comprendre mieux que Joinville la vie de St Louis, mieux que Comines celle de

Louis XI ? De même, il appartenait éminemment à Saint-Simon de pénétrer l'âme de Louis XIV, à Mme Rolland d'apprécier les personnages célèbres de la Révolution. Enfin Il s'est rencontré chez nous des plumes féminines, légères et délicates, mesurées et discrètes dans la familiarité de leurs anecdotes touchantes ou malicieuses. Ainsi donc toutes les circonstances les plus propres à faire naître et fleurir les Mémoires, intérêt particulier des événements, dispositions morales, talent littéraire, rôle et situation sociale ou politique des écrivains, se sont heureusement rencontrées aux divers périodes de notre histoire. Quoi d'étonnant si, en ce genre, notre Littérature éclipse toutes les autres, même l'antiquité ?

Les Anciens, en effet, ont connu les Mémoires : chez les Grecs, l'*Anabase* de Xénophon, récit de l'expédition du jeune Cyrus contre Artaxerxès II, et de la célèbre retraite des Dix mille, dont il fut le chef élu, est de ce genre ; elle en a les qualités et les défauts, des peintures un peu longues de mœurs asiatiques ou grecques, beaucoup d'anecdotes, et des épisodes disposés et racontés avec art. Les Mémoires furent très-communs chez les Romains, qui les appelaient *Commentaires* (*V. ce mot*) : à dater du dernier siècle de la République, époque où la culture des lettres devint générale, beaucoup d'entre les grands citoyens, appelés à manier de grandes affaires, à conduire d'importantes guerres lointaines, rentrés dans la retraite, consignèrent les souvenirs de leur vie publique dans des Mémoires. Sylla, Lucullus, César et bien d'autres, parmi lesquels plusieurs membres de la famille Porcia, avaient écrit des Commentaires ; ceux de Sylla avaient 22 livres, et il les finit la veille de sa mort. Ces documents précieux sont perdus, à l'exception des Commentaires de César. On pourrait presque dire que nous avons ceux de Cicéron, dont les nombreuses *Lettres* sont si remplies de ses jugements, de ses expériences, de ses désespoirs touchant les affaires de son temps et la part qu'il y prit. La lecture de Tacite, de Valère-Maxime, de Suétone, de Plutarque, de Dion Cassius, d'Appien, surtout dans ses *Guerres civiles*, prouve clairement, par certains détails, qu'il existait un grand nombre de Mémoires sur les événements du dernier siècle de la république et de l'ère des empereurs. Auguste, notamment, avait aussi laissé des *Commentaires*. Plus tard, l'*Histoire secrète de Justinien*, par Procope, a tous les caractères de Mémoires satiriques inspirés par la vengeance.

Il serait difficile de compter tous les Mémoires que les lettres françaises ont produits de siècle en siècle. *Villehardoin*, dès le commencement du XIIIe siècle, dans une prose sérieuse et ferme, où le sens des affaires s'allie à l'expression répétée d'une profonde confiance en la protection de Dieu, raconta sur un ton élevé, épique parfois, la 4e Croisade qu'il avait suivie. *Joinville*, moins d'un siècle après, animé d'une foi déjà moins vive, mais aussi d'une tendresse touchante pour son roi, peignit, avec art et naïveté tout ensemble, les incidents tragiques de la 7e Croisade et les vertus de Louis IX. — Il est permis peut-être d'assimiler à des Mémoires la Chronique universelle de J. Froissart, cet Hérodote français, voyageur infatigable, qui, dans sa passion de tout voir, de tout savoir et de tout conter, visita tous les pays, et, chemin faisant, accumula, sans réflexions comme sans confusion, les aventures sérieuses et les anecdotes familières, peintre aussi remarquable par l'énergie des traits que par l'inépuisable variété des couleurs. — *Comines* a laissé sur Louis XI des Mémoires précieux. Moraliste et politique autant que narrateur, comparable à Tacite, s'il en avait eu les colères et le chagrin, il exprime leurs devoirs d'un ton qui fait songer à Bossuet, et professe cette croyance que Dieu distribue les succès et les revers aux hommes, selon qu'ils se montrent ici-bas, non-seulement bons ou pervers, mais encore clairvoyants ou aveugles, circonspects ou téméraires, prudents ou malavisés. — Les guerres d'Italie eurent aussi leurs Mémoires ; les vertus chevaleresques de la noblesse française y brillèrent de leur suprême éclat, personnifiées par Bayard. De là l'intérêt historique et moral, sinon littéraire, qui s'attache à la *Chronique du Chevalier sans peur et sans reproche, par son loyal serviteur*.

Les luttes religieuses suivirent ces expéditions, d'où les Français avaient du moins rapporté le goût des lettres et des arts. La cour et la noblesse gardèrent en même temps la tradition de cette galanterie qui prit naissance, et dégénéra bien vite en corruption, à la cour de Louis XII et de François Ier. La guerre civile et les aventures amoureuses remplirent donc les Mémoires de la fin du XVIe siècle. La docte *Marguerite de Valois*, par un style qui réunit ta force et le naturel, la rapidité et l'émotion ; le farouche *Montluc*, par ses Commentaires, œuvre d'un soldat insatiable de combats et d'un catholique impitoyable et forcené ; le vaniteux *Brantôme*, par ses Chroniques trop gasconnes et ses récits trop gaulois sur les dames galantes ; enfin le rude et intraitable *Agrippa d'Aubigné*, par l'âpreté sarcastique de ses écrits, brillèrent parmi les Tavannes, les Lanoue, les Vieilleville et les Coligny.

Au XVIIe siècle, après l'apaisement des guerres religieuses, les nobles tournèrent leur humeur indocile contre les premiers ministres, Concini, Richelieu, Mazarin ; puis s'éleva Louis XIV, qui, par l'appât des grâces royales' assouplit les résistances, transforma en courtisans les fiers héros de la Fronde, et subordonna leur fortune à son intérêt et à ses plaisirs. Tel est le spectacle instructif et varié que nous présentent les Mémoires de ce siècle ; car tandis que la littérature officielle reflétait la gloire et les pompes du temps, des Mémoires, plus vrais parce qu'ils vont au delà de l'apparence et déchirent tous les voiles, en peignaient non-seulement l'éclat éblouissant, mais aussi les misères, les scandales, les turpitudes et les douleurs, et, par leurs détails vifs et nus, donnaient le moyen de mesurer un jour chacun à sa véritable taille. Pour retrouver la physionomie de cette époque, avec ses violents contrastes de grandeur et de petitesse, de hauteur et de servilité, de mœurs relâchées et de dévotion, les Mémoires s'offrent en foule : le duc *de Rohan, Richelieu, Bassompierre, Tallemant des Réaux*, le cardinal *de Retz, La Rochefoucauld, Turenne, Bussy-Rabutin, Dangeau, Hamilton* et le duc *de Grammont*, Mme *de Motteville*, Mme *de Caylus*, Mlle *de Montpensier*, Mme *de La Fayette, Louis XIV* lui-même, et, par-dessus tous, *Saint-Simon*, dont les critiques célèbrent à l'envi le style fougueux et pittoresque, la verve étincelante, la pénétration, la profondeur et le coloris, furent, entre beaucoup d'autres, les peintres immortels d'eux-mêmes et de leur temps.

Au XVIIIe siècle, où les lettres éclipsèrent la politique, et où l'édition d'un livre émeut autant l'opinion que l'inique partage de la Pologne, le trait commun des Mémoires, et leur caractère original, est de peindre au vif les mœurs et le mouvement intellectuel d'une société, déréglée dans les idées comme dans sa conduite. C'est alors que *Rousseau* publia ses *Confessions* (V. *ce mot*), que *Duclos, d'Alembert, Diderot, Marmontel*, composèrent leurs Mémoires, œuvres secondaires et médiocres ; et que *Voltaire* répandit les siens dans sa vaste et volumineuse *Correspondance*, que l'on peut regarder comme ses Mémoires.

Le goût pour la vérité historique, qui distingue le XIXe siècle, fait lire avec avidité tous les Mémoires, et en a fait publier beaucoup d'apocryphes. Il en a été donné un grand nombre d'authentiques sur la Révolution française, sur le 1er Empire, sur la Restauration, tels que les *Mémoires de Mirabeau*, composés de documents laissés par lui ; *de La Fayette*, composés de même ; *de Châteaubriand*, du roi *Joseph Bonaparte*, du duc *de Raguse*, du *Prince Eugène* (Beauharnais), *de Béranger*, etc. Parmi tous ces Mémoires, aucuns n'égalent en importance, en intérêt, même en talent, les *Mémoires de Napoléon Ier* : ils sont l'œuvre non-seulement d'un des plus grands génies et des plus grands souverains qui aient jamais existé, mais aussi d'un écrivain précis, exact, nerveux, plein de chaleur et d'imagination. Ces Mémoires l'emportent de beaucoup, à tous les points de vue, sur les *Commentaires* de César.

On a eu, de nos jours, l'heureuse idée de réunir les Mémoires de quelque importance, publiés à toutes les époques de notre histoire, en une sorte de bibliothèque ou de section de bibliothèque, naturellement un peu volumineuse. Mais, par là, on a mis ces livres intéressants à la portée de plus de monde. Les principaux recueils de ce genre sont : *Collection des Mémoires relatifs à l'histoire de France, depuis la fondation de la monarchie française jusqu'au XIIIe siècle*, publiée avec des notices et des notes par M. Guizot, Paris, 1823-27, 29 vol. in-8° : ce ne sont que des Chroniques très-peu personnelles en général, et traduites du latin ; — *Collection des chroniques nationales françaises écrites en langue vulgaire, du XIe au XVIe siècle*, 1824-29, 47 vol. in-8°, publiée par Buchon, qui en reproduisit la plus grande partie dans le *Panthéon littéraire* ; — *Collection des Mémoires relatifs à l'histoire de France, depuis le règne de Philippe-Auguste jusqu'à la paix de Paris conclue en 1763*, par Petitot et Monmerqué, Paris, 1819-27, 132 vol. in-8° ; — *Nouvelle collection de Mémoires relatifs à l'histoire de France depuis le XIIIe siècle jusqu'à la fin du XVIIIe*, par Michaud et

Poujoulat, Paris, 1836 et suiv., 32 vol. gr. in-8° ; — *Choix de Mémoires du XVIIIe siècle*, par Barrière, Paris, 1846-1849, 12 vol. in-12 ; — *Mémoires relatifs à la Révolution française*, par Berville et Barrière, Paris, 1820-26, 56 vol. in-8°. Les diverses collections reproduisent beaucoup de Mémoires semblables ; mais aucune d'elles ne dispense complètement des autres. — M. Guizot a publié une *Collection de Mémoires relatifs à la Révolution d'Angleterre*, 25 vol. in-8°. En Allemagne, Schiller a édité une collection de *Mémoires historiques*, du XIIe siècle jusqu'à lui, Iéna, 1790-1806, 33 vol. in-8°.   A. H. ET C. D—Y.

MEMORANDUM, mot latin qui signifie *dont il faut se souvenir*, et qu'on emploie en Diplomatie pour désigner une note signée par laquelle un gouvernement entend établir le véritable état d'une question et justifier l'attitude ou les mesures qu'il a prises pour maintenir son droit. C'est une sorte de plaidoirie, de mémoire d'avocat, qui n'a pas le caractère d'une simple communication de cabinet à cabinet, mais qu'on destine à la publicité et qui s'adresse à l'opinion.

MÉMORIAL, mot employé, soit comme synonyme de *Mémoires*, comme quand on dit le *Mémorial de Sainte-Hélène*, titre de l'ouvrage de Las Cases sur la captivité de Napoléon Ier à l'île Ste-Hélène ; soit pour désigner, à Rome et en Espagne, un placet, un mémoire servant à l'instruction d'une affaire. Il désigne encore le livre-journal où les commerçants et les banquiers inscrivent leurs affaires quotidiennes, au fur et à mesure qu'elles sont conclues ; ou bien il sert de titre à certains journaux. Autrefois on donna aussi le nom de *Mémoriaux* aux actes notariés, et aux registres des Chambres des comptes.

MEMPHITIQUE (Dialecte). V. COPTE (Langue).

MENACES. Elles constituent un délit ou un crime, selon les circonstances dont elles sont accompagnées. La menace, par écrit anonyme ou signé, d'assassinat, d'empoisonnement, d'incendie, est punie des travaux forcés à temps, si elle a été faite avec ordre de déposer une somme dans un lieu déterminé ou de remplir toute autre condition ; s'il n'y a eu ni ordre ni condition, la peine est un emprisonnement de 2 à 5 ans, et une amende de 100 à 600 fr. La menace verbale, avec ordre ou sous condition, est punie d'un emprisonnement de 6 mois à 2 ans, et d'une amende de 25 à 300 fr. (*Code pénal*, art. 305-307). Dans les deux cas, le coupable peut en outre être mis sous la surveillance de la haute police pour 5 ans au moins et 10 ans au plus. La menace verbale, sans ordre ou sans condition, n'est pas punie. Dans certains cas, la menace est considérée comme *outrage* (V. *ce mot*). Le délit de *mendicité* (V. *ce mot*) est aggravé par la menace.

MÉNAGIER, nom qu'on donnait jadis à tout traité de morale et d'économie domestique.

MENAI (Pont de). V. MENAI et BRITANNIA, dans notre *Dictionnaire de Biographie et d'Histoire*.

MENDE (Église NOTRE-DAME, à). Cette église cathédrale, monument de style ogival très-rare dans cette contrée de la France, fut commencée en 1368 sous la direction d'Urbain V, pape d'Avignon, et achevée par ses successeurs. Les protestants la dévastèrent en 1580, mais les dégâts furent bientôt réparés. Ce qu'elle offre de plus remarquable, ce sont ses deux flèches, appuyées sur deux tours carrées ; la plus élevée est un chef-d'œuvre d'art et de délicatesse.

MENDICITÉ, état de l'indigent qui demande l'aumône habituellement. Depuis bien des siècles, l'autorité publique est intervenue pour réprimer ou empêcher la mendicité. En 806, Charlemagne ordonna de secourir les mendiants dans leurs paroisses, et défendit de leur faire l'aumône partout ailleurs. Une ordonnance de 1320 prescrit « que tout fainéant qui, n'ayant rien et ne gagnant rien, fréquente les tavernes, soit arrêté, interrogé sur ses facultés, et banni de la ville, s'il est surpris en mensonge ou convaincu de mauvaise vie. » En 1351, Jean le Bon enjoignit aux mendiants, « sains de corps et oiseux, » de sortir de Paris sous trois jours ou de renoncer au vagabondage ; ceux qui n'obéiraient pas devaient être mis en prison au pain et à l'eau pendant quatre jours, punis du pilori en cas de récidive, et, pour une troisième faute, marqués au front d'un fer chaud et bannis. Les archers chargés de les poursuivre portaient le nom d'*archers de l'écuelle*. L'ordonnance de police de 1413 voulait qu'on forçat les mendiants valides à aller labourer. Sous François Ier, une ordonnance de 1545 prescrivit d'ouvrir des ateliers de travail, où ils devraient se rendre, sous peine du fouet, des verges, et du bannissement à temps ou à perpétuité ; les invalides seraient enfermés dans les hôpitaux o. entretenus par les paroisses. Les mendiants et les vagabonds s'étant multipliés pendant les guerres de religion, le Parlement, par arrêt des 29 août et 24 octobre 1506, les chassa de Paris, sous peine d'être pendus sans forme de procès ; disposition qui fut reproduite dans un arrêt du Parlement de Normandie, du 16 novembre 1622. Un édit fut encore rendu contre la mendicité le 27 août 1612. En 1627 on força les mendiants à prendre du service dans les compagnies de commerce ou dans la marine, et à s'embarquer pour les Indes. En 1638, on expulsa les mendiants de Paris, avec menace des galères. Citons aussi les édits d'avril 1656, d'août 1661, de juin 1662, du 12 octobre 1686, du 21 décembre 1700, du 23 mars 1720, du 18 juillet 1724, du 5 février 1731, du 20 octobre 1750. Malgré les mesures les plus sévères, les mendiants ne cessaient pas de pulluler. En 1764, on conçut un nouveau système, celui des *maisons de correction*, appelées depuis *dépôts de mendicité*; des ordonnances de 1767 et 1776 le mirent en application. Le mal fut un peu atténué. Un décret de l'Assemblée constituante (30 mai 1790), dont la plupart des dispositions sont encore en vigueur aujourd'hui, ordonna l'ouverture d'ateliers pour les mendiants valides. Le décret du 24 vendémiaire an II (15 oct. 1793) supprima les dépôts de mendicité, pour les remplacer par des *maisons de répression*, où devaient être envoyés les mendiants et les vagabonds, et prononça la peine de la transportation contre ceux qui seraient en état de récidive. Il fut abrogé par le décret du 5 juillet 1808, qui ordonna de créer un dépôt de mendicité dans chaque département. Les établissements de ce genre n'ont pas été toujours soutenus par les gouvernements ultérieurs ; il n'en existe plus maintenant que 20, dont 16 départementaux et 4 communaux ; quelques dépôts départementaux servent pour plusieurs départements. Le salaire du travail que le mendiant y exécute est partagé par moitié entre le dépôt et lui. Toute personne trouvée mendiant dans un lieu pour lequel il existe un dépôt de mendicité est punie de 3 à 6 mois d'emprisonnement, et conduite au dépôt après l'expiration de sa peine (*Code pénal*, art. 274) : le séjour au dépôt n'est pas une peine, mais une mesure de police, que l'administration peut faire cesser sans le concours des tribunaux. Dans les lieux où il n'y a point de dépôts de mendicité, les mendiants d'habitude valides sont punis de 1 mois à 3 mois d'emprisonnement s'ils sont arrêtés dans le canton de leur résidence, et de 6 mois à 2 ans s'ils sont arrêtés hors de ce canton (art. 275). Cette dernière peine frappe aussi les mendiants, même invalides, qui usent de menaces, qui entrent sans permission dans une habitation, qui feignent des plaies ou des infirmités, et qui mendient en réunion, à moins que ce ne soit le mari et la femme, le père ou la mère et les jeunes enfants, l'aveugle et son conducteur. Tout mendiant qui voyage muni d'un passe-port reçoit un secours de 30 centimes par myriamètre, payable de 5 en 5 myriamètres par les municipalités placées sur la route que le passe-port indique. *V.* Paupérisme.

MÉNEAUX, montants de pierre, de forme variable, qui divisent une fenêtre en plusieurs parties. Pendant toute la période ogivale, ils occupent une place importante dans le système architectural, et servent à déterminer les époques des constructions. Au temps de la transition, le meneau est lourd et souvent disgracieux ; mais avec le XIIIᵉ siècle, il s'allégit, se compose d'un tore élégant, divise la fenêtre en deux ou trois parties, monte droit jusqu'à la naissance de l'arcade, et se courbe ensuite gracieusement en fer de lance qu'il couronne d'une rose polylobée : c'est l'époque du style lancéolé. Au XIVᵉ siècle, l'architecture devient rayonnante, les fenêtres s'élargissent, les meneaux se multiplient en s'allégissant encore, et forment des compartiments plus nombreux, mais à simple courbure. Enfin, à la troisième période ogivale, les meneaux s'enlacent et se tordent comme les anneaux d'un serpent, ou flamboient comme une flamme folle et ardente, suivant le caprice de l'architecte. En Angleterre, les meneaux montent droits à travers l'amortissement de la fenêtre, et forment une particularité qu'on nomme style perpendiculaire. — On donne encore le nom de *meneau* à la moulure plus ou moins compliquée qui forme par ses enroulements la décoration à jour d'un gable, d'une balustrade ou d'un fronton. E. L.

MÉNEPHTHEUM. *V.* Thèbes (Ruines de).

MÉNESTRELS ou MÉNÉTRIERS (du bas latin *ministerialis*, homme au service d'un autre), nom qui paraît avoir remplacé celui de *Bardes* vers le VIIIᵉ siècle de notre ère. On a prétendu même le faire dériver d'un certain Ménestrel ou Minstrel, maître de chapelle de Pépin

le Bref. Les ménestrels marchaient, comme les anciens chantres gaulois, à la tête des armées, et donnaient le signal en entonnant un chant guerrier. Ainsi faisait encore Taillefer au premier rang de l'armée de Guillaume le Conquérant avant la bataille d'Hastings, en 1066. Berdic, qui hérita de son talent, reçut de Guillaume trois paroisses dans le comté de Glocester. Plus tard, on appela *Ménestrels* les musiciens qui composèrent des chants pour les poésies des Troubadours et des Trouvères, ou qui accompagnaient de quelque instrument tandis que le poëte chantait. Il y en eut, tels que Rutebeuf, qui furent à la fois poëtes et musiciens, et alors on leur donnait plutôt le nom de *chanterres*. Parmi les ménestrels, Jean Bretel et Jean Bodel, tous deux d'Arras, acquirent une grande célébrité au XIIIᵉ siècle ; Vynot le Bourguignon composa de gais refrains, qui se chantaient dans les rues et sur les places publiques. Les musiciens ambulants se mêlèrent aussi de représenter des *miracles* (*V.* ce mot). En 1330, il se forma à Paris, sous le nom de *Ménestrandie*, une corporation qui prit pour patrons Sᵗ Julien et Sᵗ Genest, et dont le chef reçut le titre de *roi des Ménétriers*. Cette corporation fonda, dès l'année 1331, un hôpital pour les musiciens pauvres. Elle comprenait des chanteurs, des joueurs d'instruments, et même les baladins et les faiseurs de tours. En 1397, les musiciens, se séparant de ces derniers, se reconstituèrent, et leurs nouveaux règlements furent approuvés par Charles VI, le 24 avril 1407 : ils répudièrent le nom de *ménétriers*, destiné à ne plus désigner dans la suite que les pauvres joueurs de violon qui font danser les villageois, et prirent celui de *joueurs d'instruments*, tant hauts comme bas ; leur chef fut appelé *roi des violons*. En octobre 1658, Louis XIV décida qu'on ne pourrait être admis à la maîtrise qu'après quatre années d'apprentissage ; que les élèves qui prétendraient à la maîtrise payeraient 60 livres au roi des violons, et 10 livres aux maîtres de la confrérie de Sᵗ-Julien ; que les maîtres seraient soumis à une redevance annuelle de 30 sous envers la confrérie, et à l'obligation de payer un droit pour chacun de leurs élèves au roi des violons ; que les maîtres seuls auraient le droit « de jouer aux cabarets, chambres garnies et autres lieux. » Une sentence de police, du 16 juin 1693, obligea les organistes et les maîtres de clavecin à payer un droit au roi des violons : mais ils en appelèrent, et le Parlement leur donna gain de cause, par arrêt du 7 mai 1695. La confrérie de Sᵗ-Julien paya 22,000 livres, en 1707, pour obtenir des lettres patentes du roi qui soumettraient à sa juridiction les maîtres de clavecin, de viole, de théorbe, de luth, de guitare et de flûte ; mais ces lettres furent révoquées la même année. En 1747, la querelle avec les organistes se ralluma ; un arrêt définitif du Parlement, en date du 30 mai 1750, débouta de ses prétentions le roi des violons. Guignon abdiqua cette charge en 1773, et elle fut supprimée par édit royal. La confrérie subsista encore jusqu'en 1789. Bernhard, *Recherches sur l'histoire de la corporation des Ménétriers*, dans la *Bibliothèque de l'École des Chartes*, 1842 et 1843, in-8º. B.

MÉNEUM, livre d'hymnes et de prières chorales, divisé en 12 parties pour les 12 mois de l'année. Il est en usage dans l'Église grecque.

MENHIR. *V.* Celtiques (Monuments).

MENIANA. *V.* Balcon.

MENIN. *V.* ce mot dans notre *Dictionnaire de Biographie et d'Histoire*.

MÉNIPPÉE (Satire), ouvrage fameux de la fin du XVIᵉ siècle ainsi appelé par imitation de l'auteur latin Varron, qui avait donné le nom de *Ménippées* à des satires où il avait entremêlé la prose et les vers ; non que Ménippe, disciple de Diogène, eût composé ni vers ni satires, mais parce qu'il s'était fait une réputation par son humeur moqueuse et par l'indépendance cynique de son langage. Deux siècles après Varron, Lucien employa encore le personnage de Ménippe comme type du railleur. A l'époque de la Renaissance, les débris des *Ménippées* de Varron, épars dans les auteurs anciens, furent recueillis par Robert Estienne, et publiés dans sa collection des *Fragments des vieux poëtes latins* (Paris, 1564) ; il est probable que cette publication ne fut pas sans influence sur les auteurs de notre *Ménippée*. La *Ménippée* est un pamphlet politique dirigé contre la Ligue, et une œuvre littéraire d'une grande valeur. Au milieu des passions religieuses et des graves intérêts qui poussaient les partis aux moyens extrêmes, y compris l'assassinat, elle fit entendre la voix de la raison et du bon sens, et contribua beaucoup à l'apaisement général, en ramenant au sentiment du vrai les esprits qu'aveuglaient l'intolérance et l'ambition. Elle parut à un moment bien choisi, après les États Généraux de la Ligue, où il avait été impossible de s'entendre sur l'élection d'un roi, et ses traits acérés adièrent au triomphe des Politiques, partisans de Henri IV. Ce fut en 1593, et quelques mois avant l'entrée du roi dans Paris, que fut imprimée à Tours une brochure de 15 feuillets, intitulée *la Vertu du Catholicon d'Espagne;* l'année suivante, après la soumission de Paris, on ajouta à cette brochure un *Abrégé des Estats de la Ligue,* et le tout reçut le nom de *Satire Ménippée.*

La défense de la religion catholique était le prétexte sous lequel s'abritait la Ligue pour entretenir la guerre civile et empêcher Henri IV de régner. La *Vertu du Catholicon d'Espagne* développe cette idée, qu'une fois entré dans l'association à titre de catholique, quelque vicieux et déshonoré qu'on fût d'ailleurs, on devenait pur et sans tache. Elle nous montre, pendant qu'on fait au Louvre des préparatifs pour la tenue prochaine des États, deux charlatans, l'un Espagnol, l'autre Lorrain, vantant à l'envi, dans la cour du palais, la vertu de leur drogue, qui est le *Catholicon.* Ce morceau, d'un ton vigoureux, sert comme de prologue à l'*Abrégé des Estats de la Ligue,* qui est beaucoup plus étendu. Cette seconde partie de la *Ménippée* débute par la description comique d'une procession des députés ligueurs marquant l'ouverture des États; puis vient l'énumération des sujets que sont censées représenter les tapisseries dont la salle des États est tendue : ces sujets imaginaires, les uns contenant des allégories ironiques, les autres représentant des portraits chargés ou des faits récents, tels que la bataille d'Ivry, sont une satire mordante de la conduite de la plupart des membres de l'assemblée. Le chapitre suivant, qui traite de l'*Ordre tenu pour les séances,* est assaisonné d'allusions malignes, de plaisanteries parfois peu décentes. Les orateurs y parlent avec une naïveté tantôt bouffonne, tantôt sérieuse, qui découvre le secret des sourdes intrigues de chacun. On voit clairement que tous n'ont aucun souci de la religion, et ne tendent qu'à se faire une part dans les dépouilles de la France. Mais pour que leurs espérances se réalisent, il faut à tout prix continuer la guerre; le mot même de *paix* leur est odieux, et les massiers, chargés de la police de l'assemblée, réclament le silence en ces termes : *Qu'on se taise!* n'osant dire : *Paix là!* Toutes les harangues sont des chefs-d'œuvre de parodie; chaque trait y frappe juste, et la verve comique ne tarit pas. Le morceau capital, celui qui couronne l'ouvrage, c'est la harangue prononcée par d'Aubray au nom du tiers état : l'histoire de la Ligue y est esquissée en traits rapides, énergiques et pittoresques, inspirés par un ardent patriotisme uni à une haute raison. L'orateur, avec une logique puissante et une indignation sincère, fait justice des prétentions du roi d'Espagne et de la maison de Lorraine, passe en revue les maux qui désolent le pays et ceux surtout que Paris a soufferts, exalte le courage, la clémence d'Henri IV, et conclut en proposant qu'on aille lui demander la paix.

Les auteurs de la *Ménippée* étaient des hommes honnêtes et convaincus, des optimistes sincères, et en même temps des écrivains de premier ordre. Ils n'écoutèrent que la voix de leur conscience et leur amour du bien public; le sentiment du devoir leur donna le courage de dire la vérité. Pierre Le Roy, chanoine de Rouen et aumônier du jeune cardinal de Bourbon, conçut l'idée première de la *Ménippée,* en donna le plan, et écrivit la *Vertu du Catholicon.* Ses collaborateurs furent : Jacques Gillot, conseiller au Parlement; Florent Chrestien, ancien précepteur d'Henri IV; Nicolas Rapin, grand prévôt de la connétablie; Passerat, professeur de philosophie au Collège de France; et Pierre Pithou, jurisconsulte éminent, qui défendit les libertés de l'Église gallicane. Passerat et Rapin passent pour avoir composé les vers latins et français qui sont à la suite de l'ouvrage; mais la plus grande part revient au premier. La *Satire Ménippée* a eu d'innombrables éditions; les meilleures sont celles de Ch. Nodier, 1824, 2 vol. in-8°, et de Ch. Labitte, 1842 et 1857, in-12.   P—s.

MÉNISQUE. *V.* ce mot dans notre *Dictionnaire de Biographie et d'Histoire.*

MÉNOLOGE (du grec *mén,* mois, et *logos,* discours), c.-à-d. *discours pour chaque mois;* terme qui répond, dans l'Église grecque, à ce qu'on entend dans l'Église romaine par *martyrologe.*

MENSAIRES. *V.* notre *Dictionnaire de Biographie et d'Histoire.*

MENSAO. *V.* CELTIQUES (Monuments).

MENSE. *V.* notre *Dictionnaire de Biographie et d'Histoire.*

MENSOLE (de l'italien *mensola*), nom donné quelquefois à la *clef de voûte.*

MENUET, ancienne danse que l'on croit originaire du Poitou, et qui tirait son nom de ce qu'on la dansait *à pas menuets* (à petits pas). Le menuet, tout à la fois grave et élégant, se dansait à deux, et commençait ordinairement le bal : il se composait essentiellement de quatre pas exécutés en forme de Z, avec un repos de quatre en quatre mesures, et deux reprises du même motif. Il fut à la mode pendant les règnes de Louis XIV, de Louis XV et de Louis XVI, à la cour, dans la haute société, et sur le théâtre. Les airs en étaient à 3 temps, d'un mouvement modéré : ceux d'Exaudet, de Fischer, et de Grétry eurent une grande réputation. Mozart a placé un menuet dans le 1er finale de *Don Juan,* Meyerbeer dans le 5e acte des *Huguenots,* et Verdi au début du premier acte de *Rigoletto.* — Les compositeurs de musique instrumentale introduisirent des menuets dans leurs symphonies, leurs quatuors, leurs sonates, après l'*andante,* et en firent un morceau d'école, d'une harmonie difficile. Ces menuets se composent d'une première partie, qui comprend trois reprises, et d'une seconde, qui n'en a le plus souvent que deux, et qu'on nomme *trio* dans les quatuors parce que le violoncelle n'y concourt point; toutes ces reprises se répètent la première fois, et, au *da capo,* on va de suite jusqu'à la fin de la 1re partie, que l'on reprend toujours après le trio. Certains menuets ont une queue (*coda*), que l'on exécute pour finir. Les plus anciens durent avoir le mouvement du menuet dansé, ainsi qu'on le voit dans les œuvres de Boccherini; mais les Allemands, Haydn, Mozart, Beethoven, ont donné beaucoup plus de rapidité et de vigueur à ce genre de composition. Aujourd'hui le *scherzo* (*V.* ce mot) a remplacé le menuet.   B.

MENUIERIE, nom par lequel on désignait autrefois les petites pièces d'orfévrerie, tabatières, boîtes à portraits, boîtes de senteur, bonbonnières, cassolettes, etc.

MENUISERIE, art intermédiaire entre la charpenterie et l'ébénisterie, et auquel appartient le travail du menu bois pour l'établissement des portes, fenêtres, parquets, lambris, escaliers, cloisons, alcôves, volets, persiennes, jalousies, meubles communs (tables, couchettes, bancs, armoires, bibliothèques).

MENUISIERS, ancienne corporation, dont les statuts remontaient à l'année 1396, et dont la fête se célébrait à la Ste-Anne, anniversaire du jour où ces statuts avaient été donnés. Un édit du mois d'août 1776 les réunit aux ébénistes, aux tourneurs en bois, et aux layetiers. L'apprentissage durait 6 ans; le brevet coûtait 24 livres, et la maîtrise 600.

MENUS PLAISIRS DU ROI, nom donné, avant 1789, à l'administration des fêtes de la cour, siégeant dans un hôtel de la rue du faubourg Poissonnière à Paris, et aujourd'hui démoli. De cette administration relevaient les théâtres, en ce qui concernait les subventions qu'ils pouvaient recevoir ou les représentations que leurs acteurs donnaient devant le roi. Le nom de *Menus Plaisirs du roi* fut rétabli par la Restauration de 1814; mais cette administration faisant le service des pompes et cérémonies funèbres pour la famille royale, on plaisanta de ces singuliers menus plaisirs du roi; alors la dénomination fut changée en celle de *Matériel des fêtes et cérémonies de la couronne.*

MENU-VAIR. *V.* VAIR.

MENZILS, nom qu'on donne en Orient aux maisons de ceux qui reçoivent les voyageurs dans les lieux où il n'y a ni khans ni caravansérais.

MÉPLAT, pour *mi-plat* ou *à demi-plat,* terme de la langue des beaux-arts. Une succession de lignes droites ou de parties plates donne un dessin et des formes roides; les parties rondes et les lignes circulaires font un dessin mou et des formes lourdes. Les méplats établissent le passage d'un plan à un autre dans l'objet en relief. En Gravure, on donne la qualification de méplates à des tailles tranchées et sans adoucissement, dont l'usage est de fortifier les ombres et d'arrêter les contours.

MER ou **OCÉAN,** ensemble des eaux salées répandues à la surface du globe terrestre, dont elles couvrent plus des deux tiers, et dont elles entourent la partie solide ou la terre. C'est dans l'hémisphère austral que se trouve la masse d'eau la plus grande, et dans l'hémisphère boréal la plus grande masse de terre. La salure de la mer n'est pas la même partout : l'océan Atlantique est plus salé que le Grand Océan, et la Méditerranée plus que l'Atlantique; la salure diminue en approchant des régions polaires, ce qui peut provenir de la fonte d'une partie des glaces; elle est généralement moindre dans les mers intérieures, ainsi que près des côtes et à l'embouchure des grands fleuves; elle peut être modifiée, soit par des saisons plus ou moins pluvieuses, soit par des sources d'eau douce qui se trouvent dans la mer même. L'eau paraît être moins salée à la surface qu'à une certaine profondeur. — La température de la mer s'abaisse de l'équateur aux régions polaires; il en est de même, sous le même parallèle, près des îles et des continents, et au-dessus des bancs de sable. En pleine mer, la température s'abaisse en raison des profondeurs, excepté dans les mers boréales, où le contraire a lieu. Dans le voisinage des deux pôles, l'eau de la mer gèle; mais les glaces fixes s'étendent plus loin autour du pôle austral qu'autour du pôle boréal, puisqu'on a pu naviguer au N. jusqu'à 83°, et au S. jusqu'à 74 degrés seulement. — Prise en petite quantité, l'eau de la mer est incolore, et généralement transparente : au rapport des plongeurs, la lumière pénètre à 20 mèt. au moins au-dessous de la surface; on a pu quelquefois apercevoir le fond à 60 mèt., et le capitaine Wood raconte qu'en 1676, aux environs de la Nouvelle-Zemble, il y voyait les coquillages à 160 mèt. Vue en masse, l'eau paraît d'un bleu azuré, plus ou moins intense. Près des côtes, et dans les mers du Nord, cette couleur se rapproche de l'aigue-marine. Les nuages peuvent changer l'aspect de la mer, qui, dans les gros temps, devient grisâtre. Quelquefois la présence d'animaux microscopiques ou de certaines algues dans l'eau lui donnent une teinte rougeâtre ou verdâtre. Là où l'eau est peu profonde, la couleur peut en être modifiée par celle du fond, qui se compose de sables ou de vases jaunes, rouges, etc. Une autre propriété remarquable de l'eau de la mer est sa phosphorescence, principalement dans la zone intertropicale : ce phénomène est dû à la présence d'animaux microscopiques très-nombreux, qui sécrètent une matière phosphorescente. — La mer a plusieurs mouvements : les uns, superficiels et accidentels, comme les *vagues*, les autres réguliers, comme les *marées* (*V. ce mot*). La masse des eaux subit aussi l'action de puissants *courants* (*V. ce mot*). — Laplace, démontrant que la profondeur moyenne de la mer ne pouvait être qu'une fraction de la différence qui existe entre les deux axes de la terre, pensait qu'elle ne pouvait excéder 8,000 mèt. Dans la baie d'Hudson, Ellis toucha le fond à 1,782 mèt.; le capitaine Ross, dans la baie de Baffin, à 2,100 mèt.; Scoresby, entre le Spitzberg et le Groënland, à 2,400 mèt. James Ross, par 15° 3' de lat. S., et 23° 14' de long. O., n'a trouvé le fond qu'à une profondeur de 9,200 mèt.; Henri Mangles Denham, par 36° 39' de lat. S., et 36° 7' de long. O., qu'à 15,412 mèt.; mais leurs sondes n'étaient-elles pas entraînées par des courants sous-marins, au lieu de tomber verticalement? La profondeur varie beaucoup le long des côtes : plus celles-ci sont hautes et escarpées, plus les eaux qui les baignent sont profondes. — L'analogie fait présumer que le fond de la mer présente les mêmes inégalités que la surface des continents. Les îles, rochers, récifs et écueils sont les sommets de montagnes sous-marines, qui forment en plusieurs endroits la continuation de celles des continents, et entre lesquelles s'étendent de longues et profondes vallées. Le fond de la mer, partout où la sonde peut atteindre, participe de la nature des côtes voisines : il est ou vaseux, ou sablonneux, ou pierreux, ou rocailleux, et souvent mêlé de coquilles; dans le Grand Océan, il est fréquemment formé par des coraux. Du reste, il doit éprouver des changements, soit par les chocs continuels de l'eau, qui dégrade les points élevés; soit par l'arrivée des matières que charrient les fleuves ou que les vagues enlèvent aux rivages et qui remplissent les cavités, soit enfin par les explosions des volcans sous-marins. — La mer est un grand réservoir d'où s'élèvent sans cesse des vapeurs humides, qui, portées par les vents sur les terres, s'y condensent, s'y convertissent en pluies, et alimentent les sources des rivières et des fleuves. C'est du niveau que l'on calcule les hauteurs de la terre. Ce niveau est plus élevé dans quelques parages que dans d'autres; mais la différence n'est due qu'à des circonstances locales, puisque la mer, comme tous les liquides, doit prendre à sa surface une horizontalité parfaite. Cependant, le niveau des mers intérieures est généralement plus élevé que celui des autres mers : cela tient à ce qu'elles reçoivent une masse d'eau proportionnellement plus grande, et dont elles ne peuvent se débarrasser promptement,

resserrées qu'elles sont par la terre ferme, et ne communiquant avec le reste de l'Océan que par d'étroits canaux. Des faits nombreux prouvent que la mer s'est retirée de certains lieux qu'elle couvrait et baignait jadis, et, réciproquement, que des lieux autrefois situés à quelque distance du littoral sont aujourd'hui recouverts par les eaux : on ne l'expliquerait pas tous en disant que la mer se retire d'un côté et avance de l'autre; mais on peut encore admettre, tantôt un exhaussement ou gonflement partiel des terres, produit par quelque révolution souterraine ou par des dépôts d'alluvion, tantôt un affaissement du sol près de la mer.

La mer fournit aux contrées les plus éloignées les unes des autres le moyen de communiquer ensemble, et il est à remarquer que, dans les continents où elle forme le plus grand nombre d'enfoncements ou golfes, les relations sont plus faciles et plus fréquentes entre les habitants. La forme compacte de l'Afrique doit figurer parmi les causes qui ont retardé la civilisation dans ce continent. — La mer, source et réservoir de toutes les eaux du globe, est essentiellement destinée à rester commune à tous les hommes : elle ne peut devenir l'objet d'une propriété exclusive (*V.* DROIT MARITIME). Néanmoins, suivant les principes du Droit des gens, tout État qui touche à la mer est considéré comme étendant son empire jusqu'à la plus grande portée du canon au delà de la terre; cet espace, qu'on nomme la *mer territoriale* de cet État, lui est un asile inviolable pour toute puissance avec laquelle l'État n'est point en guerre. Le littoral de la mer est une dépendance du domaine public : les limites de ce domaine sont fixées par l'étendue du sol vers lequel s'élèvent les plus hautes marées. B.

MER (Consulat de la). *V.* CONSULAT DE LA MER, dans notre *Dictionnaire de Biographie et d'Histoire*.

MER D'AIRAIN. *V.* TEMPLE (le), dans notre *Dictionnaire de Biographie et d'Histoire*.

MERCANTILE (Système), nom donné au système de commerce appliqué par Colbert lors de l'établissement régulier des douanes, et dont les principes, basés sur l'idée de la balance du commerce (*V.* BALANCE), étaient de considérer le numéraire comme la mesure véritable de la richesse, et d'aider par tous les moyens à ce que le pays exportât le plus et importât le moins possible.

MERCIERS, le 3e des six corps de marchands de Paris avant 1789. On y distinguait 20 sections : 1° les marchands grossiers, vendant en gros sous balle et sous corde toute espèce de marchandises, sauf les étoffes de laine; 2° les marchands de drap d'argent et de soie; 3° les marchands de dorure, qui vendaient que des galons et autres tissus d'or et d'argent sur soie, ainsi que des dentelles; 4° les commerçants en camelot, étamines, etc.; 5° les joailliers; 6° les marchands de toile et linge de table; 7° les marchands de points en dentelle de fil, batistes, linons, mousselines, toiles de Hollande; 8° les marchands de soie en bottes; 9° les marchands de peausserie; 10° les marchands de tapis, tapisseries, courtes-pointes; 11° les marchands de fer, acier, étain, plomb, cuivre, charbon de terre; 12° les quincailliers; 13° les marchands de tableaux, estampes, candélabres, curiosités pour les appartements; 14° les marchands de miroirs, glaces, sacs, carreaux, coussins; 15° les rubaniers et les marchands de gaze et taffetas; 16° les papetiers et fournisseurs de bureaux; 17° les chaudronniers; 18° les marchands de parapluies et parasols; 19° les marchands de menue mercerie; 20° les petits merciers, marchands de peignes, chapelets, etc. Les marchands merciers reçurent ses premiers statuts de Charles VI en 1407 et 1412; statuts confirmés ou augmentés par Henri II en 1548, 1557 et 1558; par Charles IX en 1567 et 1570; Louis XIII en 1613; et par Louis XIV en 1645. Il était assez nombreux pour qu'en 1557, dans une revue de la milice parisienne, il eût 3,000 hommes sous les armes. Pour être reçu corps de corps, il fallait avoir fait un apprentissage de 3 ans, et servi un maître pendant 3 autres années. Les maîtres ne pouvaient avoir plus d'un apprenti, non marié ni étranger; il leur était défendu de prêter leur nom, d'avoir un associé non marchand, d'être courtiers ni commissionnaires, et de tenir plus d'une boutique. Un noble pouvait être mercier sans déroger. Jusqu'en 1597, la mercerie n'eut qu'un seul chef, dit *Roi des merciers*, dont l'autorité s'étendait à toute la France, et qui avait des lieutenants dans les principales villes : à lui seul appartenait le droit de conférer, moyennant finances, les brevets de maîtrise. Cette charge, qui était une véritable surintendance du commerce, fut supprimée par Henri IV, en 1597, en punition du zèle que les merciers avaient montré pour la Ligue, et ses attributions passèrent au grand-chancelier, qui avait déjà l'inspection des arts et des manufactures. Depuis cette époque, le corps des merciers fut administré par 7 maîtres et gardes électifs, chargés de la police du corps et de la conservation de ses privilèges ; ces gardes-merciers portèrent la robe consulaire dans les cérémonies publiques. L'écusson des merciers était un champ d'argent, chargé de trois vaisseaux, dont deux en chef et un en pointe ; ces vaisseaux étaient mâtés d'or sur une mer de sinople, le tout surmonté d'un soleil d'or avec cette devise : *Te toto orbe sequemur* (Nous te suivrons par toute la terre). Il fallait, pour arriver à la maîtrise, avoir fait un apprentissage de 3 ans; servi les maîtres pendant un temps égal, et payer 1,000 livres. Le patron de la corporation était S¹ Louis.   B.

MERCURE, dieu que les artistes ont représenté sous différentes formes, selon la manière dont ils comprenaient son rôle. À l'origine, et particulièrement en Arcadie, Mercure, ou plutôt Hermès, fut rangé parmi les divinités chthoniennes, qui, du fond de l'abîme, dispensent des fruits et des bénédictions; dieu de la fécondation, on le plaça sur les chemins sous la forme d'un poteau pourvu d'une tête et d'un phallus (*V.* Hermès). Il n'était pas sans analogie avec Pluton, qui présidait aussi aux richesses du sol et régnait sur les morts, et c'est pour ce motif qu'on le représenta armé d'une baguette et introduis nt les âmes aux Enfers : de là vint plus tard son rôle de *psycho-pompe*, de ministre subalterne des dieux. Dès le temps d'Homère, une transformation s'est opérée ; le poëte nous montre Hermès en messager divin, armé d'une verge d'or, adoré surtout par les hérauts : avec ce caractère, l'art le représente sous la forme d'un homme vigoureux, avec une barbe pointue, de longs cheveux bouclés, une chlamyde rejetée en arrière, un bonnet de voyage, des ailes aux pieds, et le caducée à la main. Hermès a été aussi, spécialement en Béotie, le dieu des exercices gymnastiques, dont il disputait l'invention à Hercule : en cette qualité, les artistes donnèrent à son image les attributs de la jeunesse ; il a les cheveux courts et peu bouclés, les formes de la souplesse et de la vigueur, et porte la chlamyde rejetée en arrière. C'est le dieu latin Mercure, identifié par les Romains avec Hermès, qui est surtout représenté comme dieu du lucre et du commerce ; une bourse figure alors au nombre de ses attributs. Il n'y a qu'un très-petit nombre d'œuvres où on l'ait représenté comme protecteur des troupeaux ou inventeur de la lyre. Parmi les plus célèbres figures de Mercure, il faut citer celle qu'on nomme improprement l'Antinoüs du Belvédère, et le bronze découvert à Herculanum. Un Mercure colossal fut exécuté, sous le règne de Néron, par le Grec Zénodore pour la cité des Arvernes dans la Gaule.   B.

MERCURE DE FRANCE, **MERCURE GALANT**. *V.* **Journal**, dans notre *Dictionnaire de Biographie et d'Histoire*.

MERCURIALE, nom qu'on donna d'abord dans les écoles aux réunions du mercredi (*Mercurii dies*, jour de Mercure), dans lesquelles les notes de la semaine étaient lues aux élèves; on l'appliqua aussi aux allocutions où l'on distribuait la louange ou le blâme, qui se passa ensuite au Barreau (*V.* Mercuriales, dans notre *Dictionnaire de Biographie et d'Histoire*). On s'en servit enfin pour désigner des assemblées de gens de lettres, tenues le mercredi chez quelque savant : il y avait, par exemple, des *mercuriales* chez Ménage. — Aujourd'hui, le nom de *Mercuriale* n'est plus donné qu'aux prix-courants des grains et farines, fixés par l'autorité municipale à l'issue de chaque marché, pour servir de base à la taxe du pain, ainsi qu'à l'importation et à l'exportation des grains et farines. Cet usage, qui date de 1667, n'existe qu'en France.

MÈRE. La loi a déterminé les droits de la mère sur ses enfants. Dans l'état de mariage, ces droits se confondent avec ceux du père. Après la mort naturelle ou civile de celui-ci, et pendant le temps de sa disparition, la mère a la surveillance des enfants, le soin de leur éducation, l'administration et la jouissance de leurs biens jusqu'à ce qu'ils aient atteint l'âge de 18 ans; elle a le droit de tutelle sur les mineurs et le droit de les émanciper; elle peut s'opposer à leur mariage (*Code Napol.*, art. 141, 173, 384, 390, 477).

MÉREAUX, jetons de présence distribués jadis aux chanoines pour récompenser leur exactitude à l'office, aux maires des villes pour honorer leur présence au pouvoir, et aux ouvriers comme des bons remboursables plus tard. On les faisait en cuivre ; il en existe cependant quelques-uns en argent. Les plus anciens datent

de Philippe VI , et l'on s'en servait encore en 1789. Les types des méreaux sont très-variables : tantôt ce sont des copies des espèces courantes, tantôt ils portent des figures et des légendes particulières. *V.* Rouyer, *Notes pour servir à l'étude des méreaux*, dans la *Revue de Numismatique* de 1849.

MÉRELLE. *V.* **Marelle.**

MÉRIDIEN, nom donné à tous les grands cercles verticaux de la sphère, c.-à-d. qui passent par les deux pôles, et qui servent, concurremment avec l'équateur et les parallèles, à fixer la position des lieux par la détermination de leur *longitude*, c.-à-d. de leur distance à un *premier méridien*. Tous les méridiens étant de grands cercles, la forme du globe terrestre ne fournit aucun motif pour en choisir un préférablement à tout autre, comme on fait pour l'équateur, le seul cercle que l'on puisse tracer à égale distance des deux pôles : le premier méridien, auquel se rapportent tous les autres, est donc arbitraire. Ptolémée a placé le sien aux îles Fortunées (Canaries), parce que c'était la limite la plus occidentale des pays alors connus ; les Hollandais, au pic de Ténériffe, l'une de ces îles; Mercator, géographe du xvi° siècle, à l'île Corvo, l'une des Açores, parce que de son temps c'était la ligne sur laquelle l'aiguille aimantée n'éprouvait aucune variation ; les Portugais, à Tercère, une autre des Açores; les Espagnols, à Tolède. Louis XIII, en 1634, ordonna que l'on se servirait en France, comme premier méridien, de celui qui passe par l'île de Fer, la plus occidentale des Canaries, et le géographe Guill. Delisle fixa la longitude de Paris à 20 degrés à l'E. de ce méridien. Depuis, des observations plus exactes ont fait connaître que la différence de longitude entre Paris et le bourg principal de l'île de Fer était de 20°5'50''; il fallut donc avancer le premier méridien de 5'50'' à l'orient de ce point ; en sorte qu'il n'est plus aujourd'hui qu'un cercle de convention, qui ne passe par aucun lieu remarquable. Depuis cette époque, des observatoires ayant été établis dans les capitales des principaux États, les géographes des grandes nations maritimes ou savantes ont adopté chacun le méridien qui passe par son observatoire. Aujourd'hui les méridiens les plus employés sont au nombre de cinq : 1° en France, celui de Paris; 2° en Angleterre, celui de Greenwich, près de Londres, à 2°20' O. de Paris ; 3° aux États-Unis d'Amérique, celui qui passe par le Capitole de Washington, à 79°22'24'' O. de Paris ; 4° en Russie, celui de l'observatoire de Poulkowa, à St-Pétersbourg, à 27°57'58'' E. de Paris ; 5° le méridien rectifié de l'île de Fer, employé concurremment avec celui de Paris par les Allemands, qui n'ont pu s'entendre, à cause de la division politique de leur pays, pour placer leur méridien dans une de leurs 35 capitales. — Les anciens géographes, et pendant longtemps les modernes, comptèrent les longitudes en commençant par le côté oriental du premier méridien, et en poursuivant dans le même sens sur toute la circonférence de l'équateur, jusqu'à ce qu'ils fussent revenus au côté occidental. De cette manière on comptait 360 degrés de longitude sur la sphère, et les calculs de réduction que nécessitait la diversité des méridiens se bornaient à une opération unique, addition ou soustraction. Ainsi, St-Pétersbourg étant à 27°57'58'' du méridien de Paris, pour savoir à quelle distance il est de celui de Greenwich, il suffit d'ajouter la différence des deux méridiens anglais et français, 2°20', et l'on obtient 30'17'58'' ; ou bien, Paris étant à 20° du méridien de l'île de Fer, pour savoir à quelle distance il est du méridien hollandais de Ténériffe, situé à un degré à l'E. du précédent, on retranche 1 de la longitude donnée, et l'on a 19. Les calculs sont devenus plus compliqués, depuis que les longitudes n'embrassent plus que la demi-circonférence de la sphère, c.-à-d. 180° de chaque côté, et que le globe est partagé en deux hémisphères par rapport au premier méridien; dans l'hémisphère situé à l'ouest, sont les *longitudes occidentales* ; dans l'autre, les *longitudes orientales*. Toutes les cartes sont aujourd'hui graduées d'après ce système. Pour les réductions, il faut bien observer de quel côté du méridien auquel on veut rapporter les longitudes est placé par rapport à l'autre, pour retrancher leur différence de toutes les longitudes de même nom que ce côté, et l'ajouter à toutes celles de nom contraire. Ainsi, le cap de Bonne-Espérance, étant à 18°23' E. de Greenwich, n'est qu'à 16°3' E. de Paris, parce que le méridien de Paris est de 2°20' à l'est de celui de Greenwich ; au contraire, le cap Horn, placé par les Anglais à 67°21' O. de leur observatoire, se trouve à 69°41' O. du nôtre. Si les points à réduire tombent entre les deux méridiens, le lieu qui est oriental par rapport à l'un devient occidental par rapport à l'autre. Par exemple, Douvres est à 1°18' de longitude *orientale* de Greenwich; en retranchant cette longitude de la différence des méridiens, 2°20', il restera 1°2' pour la longitude *occidentale* de Douvres par rapport au méridien de Paris. — Les degrés de longitude se comptent et se numérotent à chaque méridien; mais, en réalité, ils se mesurent sur l'étendue de l'équateur et des parallèles, que l'on nomme pour cela *cercles de longitude;* et comme ceux-ci deviennent de plus en plus petits à mesure qu'on s'avance vers les pôles, les degrés de longitude vont aussi en diminuant vers ces deux points; à l'équateur, le degré de longitude compte 111,277 mètres; sous le parallèle de Paris (48°50'14''), 73,140 mèt.; sous celui de St-Pétersbourg (59°56'31''), 55,775 mèt.; il est nul au pôle. C. P.

MÉRITE, DÉMÉRITE. L'homme est libre et intelligent; par suite, la loi du devoir l'oblige à faire le bien et à éviter le mal. Lorsqu'il obéit à cette loi, il conçoit qu'il a *mérité*, et qu'il a *démérité* dans le cas contraire. A côté de la première loi, il en conçoit donc une seconde, qui est celle du *mérite* et du *démérite.* Celle-ci a toute l'universalité de la première. A la vue de l'homme de bien se résignant, au nom du devoir, à supporter le malheur pour rester pur, il n'est personne qui ne déclare qu'il est digne d'une récompense proportionnée à son *mérite;* on appelle, au contraire, sur le coupable le châtiment qu'il a *mérité.* Cette loi est donnée par la raison, car elle parle pour l'avenir surtout, et l'expérience n'atteint que le présent. Il en résulte que la loi du mérite est le complément nécessaire de celle du devoir, et qu'elle en est inséparable; mais le *devoir* et le *mérite* diffèrent en ce que le premier n'a pas de degrés et qu'il y en a dans le second, attendu qu'il est plus ou moins difficile d'accomplir son devoir. Cette différence nous montre la justice de Dieu, qui récompense chacun selon son mérite, et qui punit chacun selon ses fautes. La loi humaine est déjà l'application de ce principe de justice. Aussi la loi du mérite et du démérite a pour conséquence de donner une sanction à la Morale. Une fois son devoir accompli, l'homme a droit au bonheur dû à la vertu; l'homme de bien est un créancier de la justice divine, de même que le coupable est son débiteur; et, soit en ce monde, soit dans l'autre, la Morale est satisfaite. De tout temps l'humanité a rapporté à Dieu la dispensation de la justice. R.

MERLETTE, terme de Blason. V. CANETTE.

MERLIN (Le roman de), 2ᵉ partie de la légende du *Saint Graal* ou de la *Table Ronde* (V. GRAAL). Trois cents ans se sont écoulés depuis que le *graal* a été apporté en Grande-Bretagne; nul ne sait ce qu'il est devenu, et le souvenir en est presque effacé parmi les hommes. Alors naquit l'enchanteur Merlin, fils du démon et d'une recluse abusée. Son père, qui le destinait à ruiner sur la terre l'œuvre de la rédemption, lui a donné son pouvoir surnaturel, la connaissance des choses cachées; mais, sa mère l'ayant fait baptiser, il a reçu de Dieu, pour compenser le don du Satan, la science des choses futures, que ce dernier ne possède pas. Merlin est donc un être mixte, partagé entre deux influences, entre le Ciel et l'Enfer, et qui, tout en favorisant l'accomplissement des desseins providentiels, montrera beaucoup de complaisance pour les passions des hommes. Le roman de Merlin nous transporte au royaume des Bretons Logriens, sous les règnes successifs de Wortigern, d'Uter et d'Arthur. Il nous retrace la naissance de ce dernier (V. ARTHUR — Légende d'), les aventures de sa jeunesse, ses courses errantes, son mariage avec Genièvre, et toujours Merlin apparaît sous diverses formes dans les moments critiques, pour veiller sur son protégé et lui aplanir les voies. Puis, Merlin conseille au roi Uter d'établir la Table Ronde, figure de l'ordre de la chevalerie : tous ceux qui prendront place à cette table s'engageront à consacrer leur vie à la recherche, à la conquête du saint *graal;* ils auront plus tard un chef suprême, chevalier accompli, élu de Dieu, plus proche des anges que des hommes, une sorte de vicaire du Christ, pour lequel on conserve un siège plus élevé que les autres. Après avoir inspiré l'institution de la Table Ronde, Merlin se retire au fond des bois, où il s'éprend d'amour pour la fée Viviane, qu'il instruit dans les secrets de la magie. Un jour qu'ils sont ensemble dans la forêt de Brocéliande, Viviane veut savoir comment on peut emprisonner un homme sans murailles, sans bois ni fer, sans liens d'aucune sorte. A peine a-t-elle appris le moyen de construire cette prison magique, qu'elle s'en sert contre Merlin lui-même, pendant qu'il se livre au sommeil. *Depuis ce moment,* nul n'a plus vu l'enchanteur : un seul des chevaliers d'Arthur, Gauvain, passant

dans la forêt de Brocéliande, entendit la voix du captif le charger d'aller raconter au roi ce qu'il était devenu. — Le roman de *Merlin,* écrit en un français remarquable par sa simplicité, est attribué à Robert de Borron. On voit dans la forêt de Paimpont (ancienne Brocéliande) un cromlech qui n'est autre chose, selon la tradition que le cercle magique où Merlin fut retenu prisonnier. V. Fréd. de Schlegel, *Histoire de l'enchanteur Merlin,* Leipzig, 1804 ; Hersart de La Villemarqué, *Contes populaires des anciens Bretons,* Paris, 1842.

MERLINE, orgue mécanique qui sert à siffler les merles. Il est plus fort que la serinette.

MERLON, partie pleine d'une muraille entre deux créneaux, ou d'un épaulement de batterie entre deux embrasures.

MERULA, ancien jeu d'orgue, le même que l'*Avicinium* (V. ce mot).

MERVEILLES DU MONDE (Les sept). } V. notre *Dict.*
MERVEILLEUSES (Les). } de *Biog. et d'Histoire.*

MERVEILLEUX, mot qui s'applique, en Littérature, aux incidents surnaturels dont l'imagination des poëtes entremêle les événements ordinaires de la vie. Dans les poëmes épiques de l'antiquité, les rapports perpétuels des dieux avec les hommes; au moyen âge, les scènes magiques qui remplissent les épopées italiennes; enfin, dans les épopées modernes, les luttes de l'Enfer avec le Ciel, sont autant de formes distinctes du merveilleux. La place du merveilleux, sauf de très-rares exceptions, n'est ni dans la poésie légère, ni même dans l'ode, où les dieux ne seraient que des fictions mythologiques, des abstractions personnifiées et décorées d'attributs de convention ; elle est dans la poésie dramatique, et surtout dans l'épopée, où la présence des dieux mêle en quelque sorte le ciel à la terre, et donne à ces deux poëmes une grandeur et un éclat parfois incomparables. Nous oublions volontairement ici la poésie comique, où la fantaisie d'un Aristophane, dépassant toutes les bornes de la licence, a bafoué les Immortels, Hercule et Bacchus surtout, dans des scènes du burlesque le plus délirant.

Mystérieux et terrible comme les légendes de la vieille religion grecque, le merveilleux d'Eschyle, plus propre peut-être à étonner l'imagination qu'à émouvoir les âmes, nous jette dans un monde étranger au nôtre et presque fantastique. Témoin cette pièce étrange du *Prométhée* dont la critique discute encore le sens aujourd'hui, ou encore la ronde infernale qu'autour d'Oreste parricide dansent et chantent les Furies, vengeresses de Clytemnestre. — Sophocle, rapprochant l'Olympe de la terre, et faisant de ses dieux des êtres qui ne demeurent plus, comme les personnages mythologiques de son devancier, en dehors de l'humanité, leur a donné un rôle plus moral et plus humain : tel est le double caractère de l'exposition de l'*Ajax,* où Minerve, après avoir frappé d'une folie soudaine le héros, prend plaisir à provoquer ses saillies insensées, ses menaces de mort contre Ulysse qui l'entend, et qui, sans songer au péril dont l'a sauvé la démence de son ennemi mortel, ne trouve plus que des paroles de pitié pour la faiblesse humaine. — Euripide a gâté ce dont ses prédécesseurs avaient tiré de dramatiques effets; son merveilleux, quelquefois plein de grâce et d'originalité pathétique, comme le dernier entretien de Diane avec Hippolyte, n'est plus, en général, qu'un merveilleux dégénéré; sorte d'expédient propre à tirer le poëte d'embarras quand il a tout dit et qu'il ne sait comment quitter la scène. — Les conditions du théâtre moderne semblent rendre difficile aux auteurs dramatiques l'emploi du merveilleux. L'esprit du temps expliquerait assurément les sorcières et les fantômes de Shakspeare; mais n'y aurait-il pas à faire des réserves sur le Méphistophélès de Gœthe, quelles que soient d'ailleurs les beautés de son singulier drame ?

Plus essentiel encore à l'épopée, car il la soustrait au péril de n'être qu'un genre faux d'histoire mensongère et fastidieuse, le merveilleux a partagé les destinées de la poésie épique. Chez les Anciens, il est presque exclusivement mythologique. Depuis Homère jusqu'à Quintus de Smyrne, depuis Virgile jusqu'à Stace, et même jusqu'à Claudien, la mythologie, transformée selon le caractère particulier des époques et le caprice du poëte, tantôt seule, tantôt mêlée de nécromancie, comme dans Lucain, constitue le merveilleux de toute épopée grecque et romaine. Seulement, il convient de signaler entre Homère et ses imitateurs une différence radicale : les assemblées, les querelles des dieux, leurs apparitions sur la terre, ne sont, pour ces derniers et pour leurs lecteurs qu'une machine épique; ils se permettent ces fictions au nom des droits qu'on est convenu de reconnaître à ce genre de poésie, et n'ont d'autre prétention que de relever ainsi, par l'emploi du surnaturel, les différents épisodes de leur œuvre. Homère ignore quels priviléges lui donne ou lui refuse l'épopée : ce qu'il chante, il le croit; la foi naïve des âges antiques et la candeur du poète convertissent ses fictions en réalité, et c'est le mérite et la profonde originalité du merveilleux homérique que de n'être pas, pour ainsi dire, merveilleux.

Le moyen âge et la Renaissance, les croyances religieuses et le culte passionné des lettres païennes, produisirent un mélange bizarre de la Fable avec les fictions dont la religion chrétienne était la source. Dante passa l'Achéron pour aborder son Enfer, et le Léthé avant de monter au Ciel; le Tasse nomma Pluton dans sa *Jérusalem;* Camoëns alla jusqu'à rendre les Néréides amoureuses des Portugais, jusqu'à jeter Amphitrite dans les bras de Vasco de Gama; le lendemain, il est vrai, Amphitrite explique au héros qu'elle n'existe, elle, les Néréides, et tous les dieux de l'Olympe, que dans l'imagination des poëtes. En même temps, le renom dont la superstition populaire honorait alors les astrologues et les magiciens inspirait au Tasse les célèbres épisodes des jardins d'Armide et de la forêt enchantée; de sorte que le merveilleux participait à la fois du paganisme, du christianisme et de la sorcellerie. — Dans les temps modernes, l'élément chrétien a fait disparaître ou, du moins, a éclipsé la mythologie; Milton conserve encore aux fleuves infernaux leurs dénominations grecques; mais la Fable n'a point obtenu place dans les épopées suivantes, et Desmarets de Saint-Sorlin, Chapelain, Voltaire, Klopstock et Chateaubriand ne lui ont rien emprunté, sinon peut-être quelques allégories. Cette transformation provoqua, dès le XVIIᵉ siècle, une discussion qui s'est prolongée jusqu'à nos jours. Boileau, qui ne connaissait pas le Satan de Milton, enseigna que la religion chrétienne ne devait ni ne pouvait être substituée, dans le poëme épique, à la mythologie; Marmontel, le cardinal de Polignac et M. de Fontanes, pour des raisons analogues, empruntées à la nature du christianisme, soutinrent la même thèse. Desmarets répondit à Boileau ce que Chateaubriand répliqua plus tard à de Fontanes : que le christianisme est la religion qui se prête le plus à la poésie, et, pour le démontrer, l'un composa *Clovis,* et l'autre *les Martyrs.* Il est permis de croire, en dépit de l'argumentation spécieuse des deux auteurs et de leurs poëmes, qu'ils avaient contre eux la vérité : le *Paradis perdu* est une de ces rares exceptions par lesquelles le génie semble vouloir prouver à la critique la plus sage qu'il est au-dessus de ses règles et de ses lois. Les deux partis ne discutaient que du merveilleux qui convient le mieux à la poésie épique; il nous faut craindre, aujourd'hui, que l'esprit moderne, c.-à-d. l'esprit d'examen, le goût de la critique historique, et le crédit toujours croissant des sciences, n'ait à jamais tué l'un et l'autre. A. H.

MÉSAIL. *V.* MEZAIL.

MESAULON, nom donné par les anciens Grecs à une cour ménagée entre plusieurs corps de bâtiment, pour donner des jours et des dégagements aux intérieurs.

MESCAL, instrument de musique des Turcs, sorte de flûte de Pan, à 23 tuyaux, qui donnent trois sons différents selon la manière de les insuffler.

MÉSOCHORES. *V.* ce mot dans notre *Dictionnaire de Biographie et d'Histoire.*

MESODUS, terme de l'ancienne Musique, s'appliquant aux chanteurs des parties intermédiaires entre le dessus et la basse. Le *mesodus acutior* était le contralto, et le *mesodus gravior* le ténor.

MÉSO-GOTHIQUE, nom donné quelquefois à la langue des Goths, parce que ce peuple se fixa au IIIᵉ siècle dans la Mésie. *V.* ALLEMANDE (Langue).

MESS, table militaire des officiers. Le mot a été pris de l'anglais, à l'époque de la guerre de Crimée, en 1854, et du siége de Sébastopol par une armée franco-anglaise.

MESSAGE (du latin *missio,* envoi), en Politique, toute communication officielle adressée par le pouvoir exécutif au pouvoir législatif, ou par l'une des deux chambres à l'autre. Le terme, en usage particulièrement aux États-Unis, a été adopté en France depuis 1848.

MESSAGERS, MESSAGERIE. Ce furent les Universités qui, les premières, firent usage des messagers. A une époque où il n'y avait aucun commerce régulier, aucune correspondance suivie entre la France et les autres nations, ni même entre les provinces de la France, elles établirent un service de *messagers,* qui, avec de lourdes

charrettes où l'on plaçait à la fois les hommes et les bagages, allaient chercher les jeunes étudiants et les ramenaient à leurs familles. En considération des services que rendaient ces messagers, le gouvernement leur accorda divers priviléges. Philippe le Bel, par lettres du 27 février 1297, enjoignit à ses officiers de justice et autres de les défendre contre toutes injures et violences, et d'autres lettres de Louis X, en date du 2 juillet 1315, déclarèrent qu'ils devaient être libres de vaquer à leurs fonctions sans aucun empêchement. A cause des droits et des faveurs qui s'y trouvaient attachés, le titre de messager d'une Université fut recherché avidement : au XVᵉ siècle, des bourgeois importants, qui ne firent aucun service de transports, mais qui se bornèrent à fournir de l'argent aux écoliers et à remplacer près d'eux leurs familles, obtinrent le titre de *grands messagers,* qui les exemptait des droits d'entrée sur le vin, du service du guet, de la garde des portes, et autres servitudes. Les autres bourgeois d Paris, dont on augmentait les charges, réclamèrent, et, en 1478, le nombre des messagers fut sensiblement diminué : ceux que l'on conserva formèrent, dans l'église des Mathurins, une confrérie sous le patronage de la Sᵗᵉ Vierge et de Charlemagne. En 1488, Charles VIII décida qu'il n'y aurait plus qu'un seul grand messager pour chaque diocèse de France, et un pour chaque diocèse étranger dont il se trouverait des écoliers étudiant en l'Université. Les grands messagers, qui n'avaient nul besoin de voyager, se faisaient recevoir à la Cour des aides; les petits messagers, toujours chargés des transports, faisaient enregistrer leurs provisions au Châtelet et quelquefois au Parlement.

A l'exemple des Universités, la Cour des comptes eut 18 *messagers,* ayant pour mission de porter et de transmettre les rôles, mandements et commissions qui émanaient d'elle : un édit du 12 mars 1514 donna à ces messagers le droit de faire les exploits, et, vers 1540, ils prirent le nom d'*huissiers.* — Les Parlements eurent également leurs *messagers jurés,* pour porter les sacs des procès.

Les particuliers songèrent naturellement à employer les messagers des Universités, à leur confier des lettres et des paquets, au lieu d'attendre comme autrefois le départ ou le passage de quelque marchand. Puis on imagina de créer des services réguliers de transports. Des lettres patentes de Henri III, en date du 10 octobre 1575, concédèrent le premier privilège pour la conduite des *coches,* dont il y eut deux sortes : les *coches d'eau,* qui devaient toujours conserver ce nom, et les *coches de terre,* qu'on désigna ensuite par les noms génériques de *carrosses,* de *voitures,* ou par les noms spécifiques de *diligences,* de *messageries.* En novembre 1576, un édit créa, pour le transport des bagages et des personnes, des *messagers royaux,* auxquels furent accordés les mêmes priviléges qu'aux messagers de l'Université. Les premières lignes établies furent celles de Paris à Orléans, Rouen, Troyes, Amiens et Beauvais; elles étaient si mal desservies, que, pour exercer une surveillance, Henri IV créa, en avril 1594, un *commissaire général et surintendant des coches et carrosses publics :* le Parlement, en enregistrant l'édit de cette création, fixa le prix des places, et exigea que le commissaire fît deux fois par mois un rapport à la police sur les abus qui auraient été commis. Un arrêt du Conseil, du 13 avril 1601, établit les coches de Châlons, de Vitry et de Château-Thierry. Le 22 juillet 1610, la régente Marie de Médicis révoqua l'édit de 1576, et, en mars 1613, une dame De Fontaine fut reconnue propriétaire des *coches de France :* mais les messagers royaux furent rétablis par un édit du mois de février 1620. En août 1634, Louis XIII créa en titre d'office héréditaire trois *conseillers, intendants et contrôleurs généraux des messagers, voituriers et rouliers* du royaume. En 1641, l'Université de Paris afferma ses messageries particulières, et consacra le produit à l'entretien de la Faculté des Arts. En 1644, les prêtres de la congrégation de la Mission obtinrent le privilège d'établir des coches et carrosses de Paris à Rennes, en desservant toutes les villes placées sur la route, et l'étendirent ensuite à toutes les parties de la Bretagne. En 1652, Louis XIV accorda à sa nourrice Perrette Dufour un privilége semblable pour Nancy et pour Strasbourg.

Les services de transports se multipliaient, mais sans améliorations bien sensibles. La lenteur des coches était proverbiale : en 1761, la voiture qui faisait le service public de Paris à Strasbourg n'arrivait que le 7ᵉ jour à Bar-le-Duc, le 8ᵉ à Nancy, et le 12ᵉ à Strasbourg. Turgot réunit toutes les entreprises particulières de messageries, pour former, sous la direction de l'État, une entreprise générale; le nom de *turgotines* fut alors donné aux voitures publiques. La loi du 9 vendémiaire an VI (30 sept. 1797) supprima ce monopole de l'État: des entreprises privées purent se former, toutefois avec l'autorisation du gouvernement, et sous condition de payer au Trésor un dixième du prix des places. La *Compagnie des messageries impériales* (plus tard *royales*) se forma en 1805, et eut le monopole des transports publics jusqu'en 1826, époque où furent établies les *Messageries nationales*. Les entreprises de messagerie ont vu décroître rapidement leur importance, la plupart même des plus considérables ont cessé leur service, depuis l'établissement des chemins de fer, qui leur enlèvent chaque année de nouvelles lignes. *V.* VOITURES PUBLIQUES. B.

MESSE, nom donné, dans l'Église catholique, au sacrifice mystique offert à Dieu par le prêtre, sous les apparences du pain et du vin, en mémoire de la dernière Cène et de la mort de J.-C. Dans les premiers siècles, le sacrifice de l'autel s'appelait la *liturgie*, c.-à-d. l'œuvre publique, l'œuvre du culte par excellence, nom que l'Église orientale a toujours conservé. Le mot *messe*, qu'on voit employé au IVe siècle, vient du latin *missa*, forme ancienne de *missio* (renvoi), parce qu'avant l'oblation du pain et du vin, on faisait sortir les catéchumènes et les pénitents. De là l'antique division de la messe en deux parties, dites *messe des catéchumènes* et *messe des fidèles*. La messe consiste essentiellement dans la consécration des espèces, et dans la distribution du corps et du sang de J.-C. aux fidèles: les prières et cérémonies qui les précèdent ont été établies pour la préparation du sacrifice; celles qui les suivent, pour l'action de grâces. Pour dire la messe, le prêtre est revêtu d'habits spéciaux, qui sont l'*amict*, l'*aube*, la *ceinture*, le *manipule*, l'*étole* et la *chasuble* (*V. ces mots*). On distingue d'ordinaire six parties dans la messe: 1° la *Préparation*, composée de l'antienne *Introïbo*, du psaume *Judica me, Deus*, et du *Confiteor*, que le prêtre placé au bas de l'autel et les assistants récitent alternativement, puis de deux courtes prières récitées à voix basse par le prêtre à l'autel; 2° l'*Instruction*, comprenant l'*Introït*, le *Kyrie eleison*, la *Gloria in excelsis*, la *Collecte*, l'*Épître*, le *Graduel*, l'*Alleluia* ou un *Trait*, quelquefois une *Prose*, puis l'*Évangile* (qui peut être suivi d'un *Prône*), et le *Credo*: 3° l'*Oblation* du pain et du vin, accompagnée de prières, dont une seule, l'*Offertoire*, peut être chantée; 4° le *Sacrifice*, qu'inaugurent la *Préface* et le *Sanctus*, et dont les prières sont dites *Canon de la messe*; c'est le moment de la Consécration et de l'Élévation; 5° la *Communion*, qui commence par une courte Préface, le *Pater* et l'*Agnus Dei*; 6° l'*Action de grâces*, composée de deux courtes prières, appelées *communion* et *post-communion*, et après lesquelles le prêtre congédie les fidèles en prononçant l'*Ite, missa est*. Il ajoute, depuis quelques siècles seulement, une bénédiction, et récite le commencement de l'Évangile de St Jean sur l'Incarnation du Verbe. Le Canon et la Communion, qui forment la messe proprement dite, ont des formules invariables, tandis que les autres parties sont composées de prières qui varient selon les solennités. St Basile en Orient, St Ambroise, puis le pape St Grégoire en Occident, ont fixé l'ordinaire de la messe.

Une messe dont quelques parties sont chantées se dit *grand'messe* ou *messe haute*; le prêtre qui la célèbre est ordinairement assisté d'un diacre et d'un sous-diacre. Une messe non chantée s'appelle *petite messe* ou *basse messe*. Une *Messe de Requiem* est celle qu'on dit à l'intention des morts, et dont l'introït commence par les mots *Requiem æternam*. On appelle *Messe de minuit*, celle qui se célèbre au milieu de la nuit de Noël; *Messe des présanctifiés*, celle du Vendredi Saint, dans laquelle il n'y a pas de consécration; *Messe sèche*, celle dans laquelle le prêtre, ayant déjà communié, ne consacre pas; *Messe conventuelle*, la grand'messe où tous les membres d'un chapitre ou d'un monastère assistent et chantent ensemble. Une *Messe du St-Esprit* est celle qu'on célèbre à l'ouverture annuelle des tribunaux, ou à la rentrée des classes dans les lycées et les collèges: avant la Révolution de 1789, la messe du St-Esprit au Parlement de Paris s'appelait *Messe rouge*, parce que les conseillers y assistaient en robe rouge. Une *Messe votive* est celle d'un Saint ou d'un mystère dont on ne fait ni l'office ni la fête, comme celles de la Ste Vierge et du St-Esprit. — Jadis on nommait *Messe du scrutin* celle qui se disait pour les catéchumènes le mercredi et le samedi de la 4e semaine de Carême, lorsqu'on examinait s'ils étaient suffisamment préparés au baptême; *Messe du jugement*, celle qu'on cé-

lébrait pour un accusé qui voulait se justifier par les preuves établies.

Les luthériens et les calvinistes n'ont pas de messe, parce qu'ils ne reconnaissent pas, les premiers la transsubstantiation, les seconds la présence réelle.

En Musique, on appelle *Messe* une œuvre écrite sur les paroles de certaines prières de la messe. Elle comprend d'ordinaire le *Kyrie*, le *Gloria in excelsis*, le *Credo*, le *Sanctus* et l'*Agnus*; les Italiens se bornent quelquefois au *Kyrie* et au *Gloria*. On ajoute parfois un *O salutaris hostia* et un *Domine salvum fac*. Dans une *Messe des morts*, les parties sont: l'introït *Requiem æternam*, s'enchaînant avec le *Kyrie*; la prose *Dies iræ*; l'offertoire *Domine, Jesu Christe*; le *Sanctus*, quelquefois suivi d'un *Pie Jesu*; l'*Agnus Dei*; l'antienne *Lux æterna*. Les messes en musique sont *brèves* ou *solennelles*: dans le premier cas, les paroles ne sont presque point répétées, et chaque morceau est de peu de durée; dans le second, tout a un développement considérable. Les messes sont devenues plus longues à mesure qu'on a voulu rendre plus dramatique la musique d'église. *V.* ÉGLISE (Musique d'). B.

MESSÉNIENNES, titre que C. Delavigne a donné à un recueil d'élégies nationales, sur les désastres de la France, après la guerre de 1815, par souvenir des élégies que composa le poète grec Tyrtée pendant les guerres de Sparte contre la Messénie. Ce n'était pas une bonne idée d'appliquer un nom étranger à une chose toute française; aussi l'expression n'a-t-elle été adoptée par personne pour des ouvrages de ce genre.

MESSIADE (La), ou plutôt LE MESSIE, poëme allemand en 20 chants, en vers hexamètres, composé par Klopstock, et mis ordinairement au nombre des épopées. Le sujet en est la vie du Messie, rédempteur du genre humain, à partir du moment où ses ennemis demandent sa mort; le dénoûment est la victoire du Dieu de miséricorde, et la réconciliation de l'espèce humaine avec son créateur. Bien que Klopstock n'ait pas divisé son œuvre en deux parties, cependant les 10 premiers chants forment un poëme complet qui finit à la mort du divin Sauveur; les 10 derniers, remplis par des hymnes qui se chantent dans les cieux, sont une espèce d'*Oratorio*, consacré à la résurrection du Christ. Le manque d'action, le défaut de péripétie, est le vice radical de *la Messiade*, et ce qui empêche les bons critiques de la considérer comme une épopée. Ils reprochent encore au poëte d'avoir altéré la simplicité évangélique, et même le dogme. Le poëme finit par une ode d'action de grâces au Sauveur. Tout le talent de Klopstock, essentiellement lyrique et descriptif, brille dans l'exécution. On y remarque les portraits des douze apôtres et de leurs anges gardiens (ch. 3), et beaucoup de très-beaux chants; les épisodes de l'ange rebelle Abdiel-Abbadona, repentant et cherchant à faire du bien aux hommes (ch. 2 et 9); de Cidli et Sémida, ressuscités par Jésus, et qui s'aiment d'une affection pure et céleste (ch. 4 et 15); de Porcia, que Marie implore pour son fils (ch. 7); la mort de Marie-Madeleine (ch. 12); la vision d'Adam, à qui le Messie découvre une partie du jugement dernier (ch. 18, 19), etc. — *La Messiade* parut en plusieurs fois: Klopstock donna les trois premiers chants en 1748, le 4e et le 5e en 1751, les 5 suivants en 1755; puis après un intervalle de 13 ans, il publia les chants 11 à 15, en 1768; et, cinq ans plus tard, en 1773, les chants 16 à 20. Son poëme eut un immense succès: on n'en vit que les beautés, et la grande tendance que Klopstock avouait hautement, celle de créer une poésie nationale allemande. Ce but il l'atteignit, et le mouvement qu'il imprima à son siècle eut un succès; car aujourd'hui le Messie est un poëme que les Allemands admirent beaucoup et lisent peu, à cause du vice de la composition: on en lit volontiers des fragments, et peu à la fois, tant la monotonie de l'ouvrage dompte l'admiration du lecteur. Néanmoins, il est toujours compté, avec raison, parmi les monuments de la littérature germanique. C'est ce poëme qui a naturalisé dans la poésie allemande le vers hexamètre qu'on y connaissait à peine. Mme de Carlowitz a donné une traduction française; en prose, de *la Messiade*, Paris, 1859, gr. in-18.

MESSIE.
MESSIER. } *V. ces mots dans notre Dictionnaire de Biographie et d'Histoire.*
MESSIRE.
MESTRE-DE-CAMP.

MESURE, en Versification, espace contenant un ou plusieurs temps. L'étendue du temps est d'une fixation arbitraire: ainsi --, -̆̆̆, etc., forment autant de mesures, ayant les unes 2 les autres 3 les autres 4 temps. Ces mesures sont très-souvent appelées *pieds* : c'est d'elles que se forment les vers. Ainsi :

Phasclus ille quem videtis hospites

forme un vers de six mesures iambiques (◡ –) ;

Nesciaque humanis precibus mansuescere corda

forme un vers de 6 mesures, dont la 1re, la 3e et la 5e sont dactyliques, la 2e et la 4e constituent un spondée, et la 6e un trochée. Dans les vers latins et dans les vers grecs, la mesure repose sur la *quantité* des syllabes ; dans la vers français, elle repose sur la *quotité* des syllabes ; dans les vers italiens, allemands, anglais, l'accent joue un grand rôle dans la détermination de la mesure. *V.* MÈTRE, PIED, VERS. P.

MESURE, en Musique, division de la durée en un certain nombre de parties égales qu'on appelle *temps*, et que l'on marque par des mouvements du pied ou de la main. Les mesures se séparent sur la portée par des lignes verticales, appelées *barres* (*V. ce mot*). On distingue les *mesures simples* et les *mesures composées*. Les premières sont les mesures *à 4 temps, à 3 temps*, et *à 2 temps*. Les temps se divisent en *forts* et en *faibles ;* les forts sont *frappés*, et les faibles *levés*. La *mesure à 4 temps* se bat en frappant le 1er temps, portant la main à gauche pour le 2e, à droite pour le 3e, et en levant pour le 4e, ou, selon la mode italienne, en frappant les deux premiers temps et en marquant les autres par un mouvement de la main en l'air ; elle se marque à la clef par un 4 ou par un C. La *mesure à 2 temps* se bat en frappant le 1er temps et en levant la main au 2e ; on la marque par un 2 ou par un C barré. La *mesure à 3 temps* se bat en frappant le 1er temps, portant la main à droite pour le 2e, et levant pour le 3e. L'unité de valeur est *une ronde* ou *quatre noires* pour la mesure à 4 temps, *une blanche* ou *deux noires* pour la mesure à 2 temps, *une blanche pointée* ou *trois noires* pour la mesure à 3 temps. Les mesures composées ne sont que des fractions des mesures simples. On les exprime par deux chiffres. La ronde étant l'unité comparative à laquelle se rapportent toutes les divisions, le chiffre supérieur désigne le nombre de notes que doit contenir chaque mesure, ou leur équivalent, et le chiffre inférieur indique le nombre de ces notes qui forme la durée d'une ronde ; ainsi, l'indication 2/4 signifie que la mesure sera remplie par deux noires ou quarts de ronde ; 6/8, qu'elle le sera par six croches ou huitièmes de ronde. Les mesures composées qu'on emploie le plus ordinairement sont : à 4 temps, 12/8 et 12/4 ; à 2 temps, 2/4, 6/4 et 6/8 ; à 3 temps, 3/2, 9/8, 9/4, 3/4 et 3/8. — Toute mesure qui peut se partager en deux temps égaux est dite *binaire* (du latin *binus*, double) ; toute mesure qui se partage en 3 temps égaux est dite *ternaire* (de *ternus*, triple). On ignore comment les musiciens ont été conduits à reconnaître la nécessité de ces deux sortes de mesures. Suivant les vieilles traditions qui faisaient considérer le nombre 3 comme le plus parfait, la mesure ternaire était, il y a plusieurs siècles, dite *parfaite*, et la mesure binaire *imparfaite*. Sur 100 morceaux écrits au xve ou au xvie siècle, plus de 80 sont en mesures à 3 temps. — On se sert quelquefois d'une *mesure à 5 temps*, composée alternativement d'une 3 et d'une à 2 temps. Elle est difficile à suivre, mais elle peut être favorable à l'invention de chants neufs et originaux. — Il n'y a pas de mesure à un temps ; mais, comme, dans le *presto* à 3 temps, on ne peut en marquer qu'un, la mesure ne se bat réellement qu'à un temps, quoiqu'elle en ait 3.

Le degré de vitesse ou de lenteur qu'on donne à la mesure dépend : 1° du caractère du morceau, qui en fait sentir le véritable mouvement ; 2° de la valeur des notes qui composent la mesure ; 3° du mouvement indiqué par un mot placé en tête du morceau, comme *Andante, Allegro, etc.*

On ne comprend pas bien comment les Anciens conciliaient la mesure musicale avec le mètre de la poésie. On trouve chez quelques auteurs grecs deux mots , *arsis* et *thésis*, qui indiquent l'élévation et l'abaissement de la main pour marquer les temps de la mesure : mais ces mots peuvent aussi n'avo r signifié autre chose que des *accents* différents de la v01x (*V.* ARSIS). C'était avec le pied qu'on battait la mesure (*V.* CRUPEZIA ; de là le nom de *pedarii* donné par les Romains à ceux qui en étaient chargés. On ne voit pas que le plain-chant, qui recueillit l'héritage de la musique des Anciens, ait jamais été mesuré jusqu'au xie siècle, époque où Francon de Cologne

distingue pour la première fois la *musique plane* (*musica plana*) et la *musique mesurée* (*musica mensura*). *V.* Aug. Pisa, *Battuta della musica dichiarata*, Rome, 1611, in-4°; Sacchi, *Della divisione del tempo nella Musica, nel Ballo e nella Poesia*, Milan, 1770, in-8°; Bonesi, *Traité de la mesure, ou de la division du temps dans la Musique et dans la Poésie.* B.

MESURE (Bâton de). *V.* BATON DE MESURE.
MESURES. *V.* POIDS ET MESURES.
META. *V.* ce mot dans notre *Dictionnaire de Biographie et d'Histoire.*

MÉTABASE (en grec *métabasis*, action de passer outre, omission), en termes de Rhétorique, artifice de langage qui consiste, soit à revenir au sujet après s'en être inopinément écarté, soit à passer brusquement à quelque idée nouvelle. — Dans le langage philosophique, la Métabase est une digression, ou une introduction inopportune d'idées contraires ou étrangères à l'objet en discussion.

MÉTABOLE (d'un mot grec qui veut dire *changement*), en termes de Grammaire, transposition de lettres qui a lieu dans quelques mots pour les besoins de l'euphonie, ou à cause des exigences de la mesure dans les vers. — En termes de Rhétorique, c'est une Figure consistant à répéter sous des termes différents une même idée, ou un rapprochement d'antithèses présentées en ordre inverse.

MÉTACHRONISME (du grec *méta*, après, et *chronos*, temps), sorte d'anachronisme (*V. ce mot*) par lequel on donne à un fait une date postérieure à celle où il s'est passé.

MÉTAL, en termes de Blason, se dit de l'or et de l'argent formant le champ de l'écu. En couleur, on représente l'or par le jaune, et l'argent par le blanc; en gravure, l'or par une foule de petits points, l'argent par une surface unie. Quand l'écu porte *métal sur métal*, c.-à-d. or sur argent, on dit que les armes sont fausses ou *à enquerre* (à enquérir, à vérifier).

MÉTALEPSE (du grec *métalépsis*, transposition), figure de Rhétorique par laquelle on explique ce qui suit, pour faire entendre ce qui précède, comme quand on dit : *Nous le pleurons*, pour *Il est mort;* ou ce qui précède pour faire entendre ce qui suit, comme dans ce vers de Raynouard au sujet de la mort des Templiers (acte v, sc. 4) :

Mais il n'était plus temps, les chants avaient cessé.

C'est l'expression d'une même idée, mais adoucie dans la forme. La Métalepse est quelquefois encore une manière indirecte et détournée d'exprimer un sentiment secret ou caché; telle est cette exclamation de la Phèdre de Racine (acte I, sc. 3) :

Dieux! Que ne suis-je assise à l'ombre des forêts!
Quand pourrai-je, au travers d'une noble poussière
Suivre de l'œil un char fuyant dans la carrière !

La Métalepse a beaucoup de rapport avec la Métonymie et la Synecdoche (*V. ces mots*). G.

MÉTALLIQUE (Histoire), nom qu'on donne à l'histoire d'un règne ou d'une époque constatée par une suite de médailles.

MÉTALLIQUES, billets qu'un État rembourse et dont il paye les intérêts en espèces sonnantes, non en papier-monnaie.

MÉTAMORPHOSE (du grec *métamorphôsis*, changement de forme), mot qui ne s'employait guère qu'au propre, dans l'antiquité païenne, pour exprimer un genre de prodiges opérés par les dieux, comme Narcisse changé en fontaine, Progné en hirondelle, Philomèle en rossignol, Daphné en laurier, Io en génisse, Actéon en cerf, etc. Les dieux se métamorphosaient eux-mêmes : ainsi, Jupiter prit la forme d'un cygne pour s'approcher de Léda. C'est le titre de *Métamorphoses*, Ovide nous a laissé un poëme en 15 chants, qui contient 246 fables de ce genre. C'est là surtout qu'il s'est placé parmi les grands poëtes. Le nom de *Métamorphoses* appartient aussi au roman d'Apulée intitulé *l'Ane d'or* (*V. ce mot*).

MÉTANÉES, ancien nom des formes ou stalles des églises.

MÉTAPHORE (en grec *métaphora*, action de transporter), le plus beau, le plus riche et le plus fréquemment employé des tropes (*V. ce mot*). C'est une figure par laquelle on transporte la signification propre d'un mot à une autre signification qui ne lui convient qu'en vertu d'une comparaison sous-entendue. La *lumière* de l'esprit, la *fleur* de l'âge, l'*ivresse* du plaisir, le *feu* des passions, la *tendresse* du cœur, les *ailes* du temps, le *printemps* de la vie, le *poids* des ans, la *chaleur* du combat, la *pénétration* de l'esprit, la *rapidité* de la pensée, les *mouvements* de l'âme, *bouillant* de colère, *saisi* d'épouvante, *sonder* les cœurs, *voler* à l'ennemi, répondre *sèchement*, recevoir *froidement*, énoncer *clairement*, etc., sont des métaphores. Les noms, les adjectifs, les participes, les verbes, les adverbes, peuvent donc s'employer métaphoriquement. La poésie et l'éloquence ne sauraient exister sans ce langage auxiliaire de l'imagination, qui donne du corps aux pensées, les embellit et les colore, et dont le propre est de frapper par des images, comme la peinture. Les exemples de métaphore abondent dans les grands écrivains :

> Le Dieu qui met un *frein* à la *fureur* des flots
> Sait aussi des méchants *arrêter* les complots.
>
> RACINE, *Athalie*, 1, 1.

> *Brillante* sur ma *tige* et l'honneur du jardin,
> Je n'ai vu luire encor que les *feux* du matin;
> Je veux achever ma *journée*.
>
> ANDRÉ CHÉNIER, *la Jeune Captive.*

> Au *banquet* de la vie, infortuné *convive*,
> J'apparus un jour, et je meurs !
>
> GILBERT, *Ode imitée de plusieurs Psaumes.*

> Le chagrin *monte en croupe et galope* avec lui.
>
> BOILEAU, *Ép. 5.*

> Le flot qui l'apporta recule *épouvanté.*
>
> RACINE, *Phèdre*, V, 4.

La métaphore doit être appropriée au ton, au caractère général du discours : on conçoit que telle métaphore, bien placée dans le style poétique, devienne ridicule dans le style familier, et réciproquement ; que telle autre, qui sied à une harangue, produise un mauvais effet dans une histoire ou dans une dissertation philosophique. Il faut éviter d'emprunter des métaphores à des objets bas ou à des circonstances triviales, comme fit Tertullien quand il appela le déluge la *lessive* du genre humain. Une métaphore est défectueuse, quand elle est forcée, prise de trop loin, et que le rapport n'est pas assez naturel et assez sensible. L'excès de hardiesse peut être aussi un défaut, comme dans ces vers de J.-B. Rousseau (III, *Ode au comte de Zinzindorf*) :

> Et les jeunes zéphirs de leurs chaudes haleines
> Ont *fondu* l'écorce des eaux....

Il doit y avoir dans les termes métaphoriques une espèce d'unité et de concordance, et la métaphore est vicieuse si elle n'est pas *suivie*, si les mots qui la constituent éveillent des idées incohérentes, comme dans ces vers de Malherbe (*Ode au roi Louis XIII*) :

> Prends *ta foudre*, Louis, et va, comme *un lion*
> Porter le dernier coup à la *dernière tête*
> De la rébellion.

Voici un bel exemple de métaphore suivie, que nous empruntons à un grand orateur sacré. Il s'agit de l'effet produit par la nouvelle des désastres de l'armée française et de son chef à la suite de la fameuse campagne de Moscou, en 1812, et du dénoûment qui termina cette guerre en 1814 : « Tout à coup, au sein même de la patrie, un cri prodigieux s'élève : le descendant de Cyrus et de César, le maître du monde, avait fui devant ses ennemis ; les aigles de l'Empire, ramenées à plein vol des bords sanglants du Dniéper et de la Vistule, se repliaient sur leur terre natale pour la défendre, et s'étonnaient de ne plus ramasser dans leurs serres puissantes que des victoires blessées à mort. Dieu, mais Dieu seul avait vaincu la France, commandée jusqu'à la fin par le génie, et triomphante encore au quart d'heure même qui signalait sa chute. » (Le P. LACORDAIRE, *Oraison funèbre de M. de Forbin-Janson*).

Chaque langue a ses métaphores propres et tellement consacrées par l'usage, qu'il est souvent impossible d'en changer les termes, même par des équivalents. *Entrailles*, dans sa signification métaphorique, exprime la tendresse paternelle ; Racine a dit (*Phèdre*, IV, 3) :

> Je t'aimais, et je sens que, malgré ton offense,
> Mes *entrailles* pour toi se troublent par avance.

Mais à ce mot on ne pourrait pas substituer un synonyme ; et c'est pourquoi, dans les traductions, il est souvent impossible de faire passer littéralement une expression métaphorique d'une langue dans une autre : le latin, par exemple, dit *sinistrum cornu* (la corne gauche) en parlant d'une armée, tandis que nous disons l'*aile gauche*. B.

MÉTAPHRASE (du grec *metaphrasis*, interprétation), traduction littéralement fidèle. Nous avons sous ce titre plusieurs versions faites du grec en latin, telles que celles d'Eutrope par Pœanius et de César par Planude, ou des traductions en prose d'Ésope et de Phèdre.

MÉTAPHYSIQUE. Aristote, après avoir écrit ses traités de Physique, s'occupa de *Philosophie première*, et les écrits qu'il lui consacra reçurent de l'un de ses successeurs le titre de τὰ μετὰ τὰ φυσικά, *ce qui doit être lu après la physique*, ou bien *ce qui est au-dessus des choses sensibles*. Telle est l'origine du mot *Métaphysique*. Quant à la science, Aristote n'en est pas l'inventeur : Thalès et Pythagore, l'école d'Élée, Platon, l'avaient traitée à leur manière ; mais Aristote y mit plus de méthode en la constituant régulièrement. Dans son sens le plus élevé, la Métaphysique a pour objet l'être en tant qu'être, c.-à-d. l'essence des choses ; elle est le point le plus élevé de la Philosophie : de là vient que cette dernière, prise pour la Métaphysique, est appelée la *science des premiers principes et des causes*. La Métaphysique comprend l'*Ontologie*, la *Théologie*, la *Cosmologie* et la *Psychologie rationnelle* (*V. ces mots*) ; leur ensemble forme ce qu'on appelle les *Sciences métaphysiques*. La question essentielle, en Métaphysique, est de savoir si l'esprit humain a le droit d'affirmer si ce qu'il conçoit nécessairement existe, et s'il existe comme il le conçoit, par exemple, la substance, la cause, le temps, l'infini, etc. De la réponse faite à cette question capitale sont nés les grands systèmes et aussi les grandes erreurs en Philosophie ; le Spiritualisme, l'Idéalisme, le Panthéisme, etc., ce qui montre l'extrême importance de la Métaphysique. Les réponses souvent si opposées viennent de la différence des procédés employés à les chercher. La vraie méthode consiste à substituer la conscience à des abstractions, à un procédé tout géométrique, comme chez Spinoza, ou à la prétention de s'identifier *a priori* avec l'infini, comme l'ont fait plusieurs philosophes allemands, ou à celle, non moins aventureuse, de s'élever à la vérité suprême par l'enthousiasme et l'amour, en dédaignant les secours de la raison et de la science. La vraie Métaphysique, en s'appuyant sur les croyances universelles et nécessaires données par la raison, et sur l'union de cette dernière avec le sentiment, conduit à faire concevoir à l'homme, et à offrir à son adoration l'Être divin et absolu en qui sont toutes les perfections.

L'antiquité accorda de tout temps une grande attention à la Métaphysique. Aristote, dans la partie ontologique, distingue quatre principes : la *qualité*, par laquelle une chose est ce qu'elle est ; la *matière* ; le *principe du mouvement* ; le *principe de la fin* ou du *bien*. Les commentateurs les plus connus de cette partie de ses œuvres sont, chez les Anciens, Alexandre d'Aphrodise, Thémistius, J. Philopon ; chez les Arabes, Avicenne, Averroës. Dans le moyen âge, St Anselme de Cantorbéry se distingue par son indépendance, en cherchant à asseoir le dogme sur des arguments métaphysiques. Les maîtres les plus célèbres qui cherchèrent à établir la Métaphysique d'Aristote dans les écoles en l'interprétant, furent Alexandre de Hales, Albert le Grand, St Thomas d'Aquin, Duns Scot. La philosophie moderne, ayant surtout en vue la méthode, s'occupa plus du sujet que de l'objet, et, par suite, sembla accorder moins d'importance à la Métaphysique. Bacon en fait une partie de la Physique, sans cependant la méconnaître, puisqu'il admet une *théologie naturelle* fondée sur la raison seule. Pour Descartes, « toute la philosophie est comme un arbre dont les racines sont la Métaphysique. » Malebranche, le plus grand métaphysicien de l'école française, voit dans la même science les vérités qui peuvent servir de principes aux sciences particulières ; il est plus près de Platon que d'Aristote ; Leibniz se place entre les deux pour les concilier. Après lui, la Métaphysique perd de ses droits et de son importance dans l'histoire de la philosophie avec Locke, Condillac, et l'école idéologique ; en faisant dériver de la sensation toute la connaissance, ils méconnaissaient les conceptions de la raison et les premiers principes. Avec Kant, la Métaphysique reprend la place qui lui appartient, mais avec un caractère essentiellement subjectif : le philosophe allemand ne voit en elle que la liste des notions données par la raison. Avec Schelling et Hegel, elle fut entraînée à dépasser ses limites légitimes. En France, l'Éclectisme prit en Métaphysique le caractère dualiste et cartésien du XVIIe siècle. *V.* Aristote, *La Métaphysique*, trad. en français par Pierron et Zévort, 1841; Plotin, les *Enneades*, traduites par M. Bouillet; le Pseudo-Denys, *Des Noms divins, De la Hiérarchie céleste;* Scot-Erigène, *De la division de la Nature;* Avicebron (Salomon ben Gabirol), *Fons vitæ;* Malebranche, *Entretiens sur la Métaphysique et la Religion;* 1687; 'Sgravesande, *Introduction à la philosophie*, 1736-1756; Para du Phanjas, *Cours de Métaphysique*, ou *Théorie des Êtres insensibles*, 1779; les écrits philosophiques de Fénelon et de Bossuet; l'analyse de la *Métaphysique d'Aristote*, par M. Michelet, de Berlin; l'*Essai sur la Métaphysique d'Aristote*, par M. Ravaisson, 1836-46; M. Vacherot, *De la Métaphysique et de la Science.* R.

MÉTAPLASME (en grec *métaplasmos*, transformation), terme de Grammaire qui s'applique à toutes les altérations que peuvent éprouver les lettres ou les syllabes des mots. La *prosthèse*, l'*épenthèse*, la *paragoge*, la *diérèse*, la *crase*, l'*aphérèse*, la *syncope*, l'*apocope*, la *synérèse*, l'*élision*, la *métathèse* (*V. ces mots*), sont des métaplasmes

MÉTATHÈSE, terme de Grammaire et de Rhétorique, dérive du grec, et signifiant *transposition*, spécialement d'une lettre dans le corps d'un mot. C'est l'*r* qui joue le principal rôle dans cette figure, dont il y a des exemples très-fréquents en grec, en latin et en français. Ainsi, le latin *vervex* a formé en français *berbis*, remplacé définitivement par *brebis;* *formica* a formé *fourmi*, et *fremi*, qui ne se dit plus que dans les campagnes; *provideo* a formé *pourvoir; protrahere, portraire.* On disait autrefois *pourmener*, on dit depuis longtemps *promener;* le mot *propos* a passé en anglais sous la forme *purpose.* Quelquefois c'est une syllabe entière qui s'est transposée: ainsi le grec *morphè* est devenu le latin *forma.* — On a donné aussi le nom de Métathèse à la répétition des mêmes mots dans deux phrases, lorsque l'ordre est inverse dans l'une et dans l'autre, comme *Eripis ut perdas, perdis ut eripias.* — Chez les Grecs, la Métathèse prenait encore les noms d'*Hyperthèse* et d'*Enallaxe.* P.

MÉTATOME. *V.* Denticules.

MÉTAYAGE. *V.* Fermage.

MÉTEMPSYCHOSE, et, par altération, Métempsycose, (du grec *meta*, marquant changement, et *psukhè*, âme), transmigration des âmes. La métempsycose est une des premières formes que prit le dogme de l'immortalité de l'âme. Les Égyptiens croyaient que l'âme, aussitôt après la mort, entrait successivement dans les corps de tous les animaux qui vivent sur notre globe, et qu'elle revenait au bout de trois mille ans dans le corps d'un homme, et cela éternellement. Cette forme grossière fut remplacée par la croyance à un empire des morts appelé *Amenthès* (qui donne et qui reçoit), et sur lequel régnait Osiris, sous le nom de Sérapis. Chez les Indiens, la métempsycose prit un *caractère plus métaphysique*, et qui se rattachait à la doctrine des émanations; le cercle des transmigrations embrassait la nature organisée, depuis la plante jusqu'à l'homme, et la fin de l'âme était d'aller s'absorber en Dieu. Chez les Perses, la métempsycose devint la croyance à la résurrection de l'âme dans le corps qu'elle avait occupé; cette doctrine, enseignée par Zoroastre, annonçait un jugement dernier. On trouve encore la métempsycose enseignée en Grèce, dans les Mystères, au nom d'Orphée. Après lui, Pythagore lui donna une forme plus précise, en posant comme condition une certaine harmonie entre les facultés de l'âme et l'organisation du corps qu'elle doit habiter. Platon prit de la métempsycose ce qu'elle avait de plus spiritualiste, en cherchant, dans son *Phédon*, à l'élever à la hauteur d'une doctrine philosophique. Porphyre essaya de la faire entrer dans la philosophie alexandrine, sans faire descendre l'âme jusqu'à l'échelle animale. A cette forme nouvelle se rattache celle qu'on rencontre dans la Kabbale des Juifs; des deux côtés, on voit la métempsycose renfermée dans la vie humaine. — De nos jours, on a vu cette vieille doctrine dans un livre de M. Pierre Leroux, *De l'Humanité*, avec ce caractère nouveau qu'au lieu d'être une déchéance pour l'homme, c'est un progrès, et dans le système de Charles Fourier, père de l'école phalanstérienne, qui admet une série d'existences dans ce monde ou *intra-mondaines*, et dans les sphères supérieures ou *extra-mondaines* (*V.* sa *Théorie de l'unité universelle*). R.

MÉTHODE (du grec *méthodos*, recherche, perquisition). On nomme communément *méthodes* les divers procédés par lesquels l'esprit arrive à découvrir ou à démontrer une vérité, les différentes séries d'opérations qui y mènent, l'ordre qu'il faut suivre soit dans la recherche de cette vérité, soit dans son enseignement. Ces procédés varient suivant la nature des objets à connaître; mais leur différence tient à ce qu'ils sont plus ou moins conformes a celui qu'il est dans la nature de notre esprit de suivre, et qui atteint le mieux le but de la *méthode*, qui est de substituer une idée claire, exacte et complète, à une notion confuse, superficielle et incomplète. Cette méthode, dite *naturelle*, se compose de deux parties: l'*analyse* et la *synthèse* (*V. ces mots*). Dans la première, l'esprit perçoit volontairement l'objet, s'y applique, le distingue de tous ceux qui l'entourent, et le décompose; dans la seconde, il le recompose. En examinant ces faits et les rapports qu'ils ont entre eux, on reconnaît que l'ordre dans lequel ils se présentent est invariable, qu'aucun d'eux ne pourrait être déplacé. Cette succession constante des faits, qui amènent la connaissance réfléchie, en constitue la *loi*, et cette loi n'est autre chose que la *méthode naturelle*. L'analyse ou décomposition, et la synthèse ou recomposition, ne sont pas deux méthodes, mais les deux parties nécessaires et inséparables de toute méthode, et, de plus, la synthèse ne vaut que ce que vaut l'analyse, puisqu'elle donne une connaissance de l'ensemble dont l'analyse doit lui fournir toutes les parties. — Une *méthode particulière* .'est que la méthode naturelle appliquée à un objet spécial et dans un but déterminé. Si le but est la découverte d'une vérité, la méthode, tout en se modifiant suivant la nature des objets que cette vérité concerne, reste *méthode de recherche* ou *d'invention:* ainsi, dans les sciences *expérimentales*, la méthode part de faits particuliers pour conduire aux faits généraux et aux lois qui les régissent; cette méthode particulière est dite *expérimentale, a posteriori,* et encore *méthode d'induction;* au contraire, la *méthode synthétique* ou *de déduction* fait sortir de certaines vérités générales les conséquences qu'elles renferment, comme cela arrive dans les *sciences de raisonnement.* Si le but est simplement d'exposer des vérités connues ou de les communiquer, la méthode n'est plus qu'un moyen d'enseignement ou *ordre méthodique*, appelé aussi *analytique* ou *synthétique*, selon que domine la synthèse ou l'analyse, mais sans que l'une ou l'autre soit exclue. La méthode d'induction, dit Laplace, quoique excellente pour découvrir des vérités générales, ne dispense pas de les démontrer. Les classifications sont encore des méthodes; elles sont *artificielles*, quand elles déterminent des espèces ou des genres d'après quelques caractères secondaires; *naturelles*, quand elles ont recours à la constitution entière et complète des êtres.

La nécessité de la méthode se montre par la marche des sciences et leurs progrès à travers les siècles. Socrate l'indique, et fait sentir l'utilité de l'induction. Sur ses traces marchent Platon et Aristote; ce dernier applique la méthode à l'histoire naturelle, et lui fait faire un grand pas. Si le moyen âge reste en arrière sous le rapport des sciences, c'est que l'analyse lui manque, ainsi que l'observation et l'expérimentation. Avec Bacon et Descartes, l'esprit humain entre dans une voie nouvelle. Bacon recommande une méthode qu'il donne comme un nouvel instrument pour former les sciences et la philosophie, *Novum organum scientiarum*, comme un moyen de les replacer sur leurs véritables bases, *Instauratio magna*, capable de leur faire prendre de nouveaux accroissements, *De augmentis scientiarum.* Cette méthode, c'est l'analyse suivie de la synthèse, car l'observation et l'induction ne sont pas autre chose. C'est par elle qu'il explique comment il faut, non pas se contenter d'*observer* les faits que le hasard nous offre, mais faire naître les occasions, reproduire ces faits avec des circonstances plus favorables à l'examen, c.-à-d. *expérimenter*, pour s'attacher à l'invariable, aux lois. Pendant que Bacon préconisait en Angleterre la *méthode expérimentale*, Descartes la produisait en France avec plus de précision dans son *Discours de la méthode.* Il la réduit à quatre règles, qui recommandent: de ne s'attacher qu'à l'évidence; de décomposer les objets ou l'analyser; d'épuiser l'analyse par des subdivisions successives et des dénombrements entiers; enfin d'opérer une synthèse en allant du simple au composé et en classant au moyen des rapports. C'était prescrire exactement les procédés de la *méthode naturelle.* En l'appliquant aux faits intérieurs et à la pensée, Descartes créa en quelque sorte la psychologie, et mérita le nom de Père de la philosophie moderne. Grâce à lui et à Bacon, la méthode, appliquée à toutes les parties de la science, les plaça sur leurs bases véritables, les fit marcher et grandir, et montra ce que pouvait l'homme muni de ses secours. R.

méthode, nom donné à certains livres élémentaires, particulièrement à ceux qui concernent l'étude d'une langue, ou du chant, ou d'un instrument de musique En

Musique, on appelle aussi *Méthode* la manière de chanter ou d'exécuter, le style propre de chaque artiste.

MÉTIERS. *V.* ARTS ET MÉTIERS.

MÉTIS (de l'espagnol *mestizo*, mélangé), celui qui est né d'un Européen avec une Américaine, ou d'un Américain avec une Européenne.

MÉTONOMASIE (du grec *méta*, préposition qui marque changement, et *onoma*, nom), changement de nom propre par voie de traduction. Ce fut un usage assez répandu parmi les savants du xviᵉ siècle. Ainsi, *Schwarzerd* prit le nom de *Mélanchthon*, qui, comme lui, signifie *terre noire; La Ramée* se fit appeler *Ramus;* le médecin *Dubois* prit le nom de *Sylvius;* le poëte italien *Trapassi* traduisit son nom en grec, et s'appela *Métastase*, etc.

MÉTONYMIE (du grec *méta*, préposition qui marque changement, et *onoma*, nom), figure de mots de la classe des tropes (*V. ce mot*). Elle consiste à employer : 1º la cause pour l'effet. On dit, par exemple, *Mars* pour la guerre, *Bacchus* pour le vin, *Cérès* pour le pain, *Neptune* pour la mer, *Vénus* pour la beauté, *Vulcain* pour le feu; *vivre de son travail*, c.-à-d. vivre de ce qu'on gagne en travaillant; *lire Bossuet*, c.-à-d. lire les ouvrages de Bossuet; *La Cid*, c.-à-d. les tragédies dont ces personnages sont le sujet; un *Elzevir*, un *Barbou*, pour un livre édité par Elzevir, par Barbou; *j'ai un Rembrandt*, c.-à-d. un tableau de Rembrandt; une *belle main*, c.-à-d. bien écrire; un *habile pinceau*, pour un *habile peintre;* une *bonne lame*, pour un *homme fort à l'escrime;* une *plume distinguée*, pour un *écrivain distingué; je suis reconnaissant de vos bontés*, pour des *effets de votre bonté;* — 2º l'effet pour la cause, comme dans ces mots : la *triste vieillesse*, la *pâle mort*, l'*orgueilleuse richesse; boire la mort*, c.-à-d. boire la donne; *Pélion n'a plus d'ombres*, c.-à-d. n'a plus d'arbres; — 3º le contenant pour le contenu : *boire une bouteille; avaler une coupe empoisonnée; l'univers*, pour les peuples qui l'habitent; une *bonne table*, pour le bon repas dont elle est couverte; — 4º le signe pour la chose signifiée : le *sceptre* ou la *couronne* pour la *royauté*, la *robe* pour la *magistrature*, l'*épée* pour l'*état militaire*, l'*olivier* pour la *paix*, le *laurier* pour la *victoire*, le *léopard* pour l'*Angleterre* dont il est l'emblème, le *croissant* pour le *mahométisme*, le *cothurne* pour la *tragédie*, les *brodequins* pour la *comédie*; — 5º le lieu où une chose se fait, pour la chose elle-même : on dit un *sedan*, un *elbeuf*, pour un drap qui a été fabriqué à Sedan, à Elbeuf; un *panama*, pour un chapeau de Panama; un *manille*, pour un cigare de Manille; un *damas*, un *madras*, du *bordeaux*, du *champagne*, un *cachemire;* Boileau a dit un *caudebec*, pour un chapeau fabriqué à Caudebec; le *Lycée*, le *Portique*, se disent pour la philosophie qu'on y enseignait; — 6º le physique pour le moral, ou le siége d'une faculté ou d'un sentiment pour la faculté ou le sentiment lui-même : *avoir du cœur*, c.-à-d. du courage; *femme de tête*, c.-à-d. qui a de la fermeté; une *méchante langue*, c.-à-d. une personne médisante; *homme sans cervelle*, c.-à-d. irréfléchi; *homme sans entrailles*, c.-à-d. dur; — 7º l'abstrait pour le concret : *ma demande*, pour la chose que je demande; *mon espérance*, pour ce que j'espère :

> Les vainqueurs ont parlé : l'*esclavage* en silence
> Obéit à leur voix dans cette ville immense.

> VOLTAIRE. *L'Orphelin de la Chine*, acte I, sc. 3.

— 8º le maître ou le patron, pour la chose qui lui appartient : *Sᵗ-Pierre de Rome, Notre-Dame de Paris*, pour les églises placées sous le patronage de Sᵗ Pierre et de la Sᵗᵉ Vierge; les *Pénates*, pour la *demeure;* — 9º le nom du souverain, pour la monnaie qui porte son effigie : un *louis*, un *napoléon;* — 10º le possesseur pour la chose possédée : on dit d'un homme qu'il a été *incendié*, pour signifier que sa maison a été brûlée. B.

MÉTOPE (du grec *méta*, entre, et *opê*, trou), intervalle carré qui, dans la frise dorique, sépare les triglyphes. Dans l'origine de l'architecture grecque, les métopes étaient les espaces laissés sur la face entre les extrémités des poutres formant le plafond; elles durent même, dans le principe, rester vides et servir à éclairer l'intérieur des édifices : elles furent closes, et présentèrent à la sculpture un champ dont celle-ci sut profiter. Tantôt on y représentait des têtes de victimes ou des boucliers, tantôt on y sculptait les scènes des luttes héroïques; quelquefois même on y plaçait des ornements en métal.

MÈTRE, pied déterminé par la quantité des syllabes : ainsi, le spondée (--), le dactyle (⁻ ˇ ˇ), l'anapeste

(ˇ ˇ ⁻), l'iambe (ˇ ⁻), sont des mètres. Un vers composé de 6 pieds s'appelle *hexamètre;* un vers de 5 pieds, *pentamètre*. Cependant l'*hexamètre ïambique* (*senarius*) recevait souvent le nom de *trimètre;* c'est qu'au lieu de compter par *pied*, on comptait par *système de pieds* pour le scander; ainsi une *dipodie* formait un mètre. Le mot *mètre* est peu employé et peu convenable pour les langues modernes, la française surtout : on y donne quelquefois ce nom à la réunion de deux syllabes; ainsi nous disons *hexamètre* au lieu d'*alexandrin, pentamètre* au lieu de *vers de dix syllabes*, etc. P.

MÉTRIQUE, mot qui désigne surtout la connaissance de la quantité et des différents mètres de la versification ancienne. Diomède et Terentianus Maurus ont laissé des *Métriques* latines qui nous sont très-précieuses. *V.* PROSODIE, VERSIFICATION. P.

MÉTROMÈTRE. *V.* CHRONOMÈTRE.

MÉTRONOME (du grec *métron*, mesure, et *nomos*, loi, règle), instrument employé pour indiquer les divers degrés de vitesse du mouvement musical. Il se compose d'un balancier enfermé dans une petite boîte pyramidale, et dont les oscillations, sensibles à l'oreille, marquent les temps de la mesure. Ces oscillations peuvent être accélérées ou ralenties, en déplaçant un poids mobile porté sur une tige adaptée au balancier. Les numéros d'une échelle placée derrière le balancier indiquent le nombre des oscillations qu'il exécute dans une minute. Le métronome donne 28 degrés de mouvement. Beaucoup de morceaux de musique portent aujourd'hui le numéro de cet instrument qui correspond au mouvement que l'auteur a voulu donner à son œuvre. Le métronome a été inventé ou plutôt perfectionné en 1815 par Maelzel. B.

MÉTROPOLE. *V.* ce mot dans notre *Dictionnaire de Biographie et d'Histoire*.

METTEUR EN PAGES. *V.* IMPOSITION.

METZ (Église Sᵗ-ÉTIENNE, à). Cette église cathédrale, fondée en 1014, s'éleva avec une extrême lenteur; elle ne fut entièrement achevée qu'en 1546. Située sur l'un des côtés d'une place, en face de l'hôtel de ville, elle domine toute la cité, et présente de loin un aspect imposant. Les contre-forts sont couronnés de clochetons aigus en pyramides octogones, et les arcs-boutants décorés de festons. L'une des tours, surmontée d'une flèche à jour, a 85 mèt. de hauteur, et renferme une cloche nommée *Mutte*, qui pèse 13,000 kilogr.; l'autre n'a point été achevée; au lieu d'être élevées sur la façade, ces tours sont posées sur les troisièmes travées des collatéraux de la nef. Le portail principal, que l'on rebâtit sous Louis XV, en mémoire de la guérison de ce prince à Metz, est une construction d'ordre dorique, lourde sous des ornements sans nombre, triste avec des airs de coquetterie comme tout le *style Pompadour*, et qui, accolée à un monument gothique, est singulièrement choquante. Dans cette façade moderne est incrustée l'ancienne rose, dont l'élégance est encore rehaussée par le contraste des formes qui l'avoisinent. Il est regrettable que des échoppes et des maisons encombrent l'extérieur de l'édifice. Le plan général de la cathédrale de Metz est une croix latine, mais dont les bras, comme à Reims et à Châlons-sur-Marne, sont plus rapprochés du sanctuaire que dans les autres cathédrales; il en résulte que le chœur empiète de toute l'étendue de la croisée sur le reste de l'édifice; l'harmonie souffre de cette modification au plan universellement adopté. La nef, à sa partie inférieure, appartient au style gothique primitif, et, à sa partie supérieure, au style secondaire; le transept, le chœur et l'abside sont du style tertiaire; Les dimensions générales sont : longueur totale, 124ᵐ,35; largeur de la nef, 16 mèt.; largeur des collatéraux, 14ᵐ,65; hauteur de la nef sous voûte, 44ᵐ,33; hauteur de la voûte des collatéraux, 13 mèt. On admire la beauté de la grande nef, qui est la plus haute de France, l'espacement hardi des piliers, le développement et la richesse des fenêtres ornées de précieuses verrières, et dont les meneaux sont diversement façonnés selon le style de la construction. La plupart des piliers sont cylindriques, et les chapiteaux à feuillages sont traités avec grâce et délicatesse; au-dessus des arcades ogivales règne une autre série d'arcades à plein cintre s'appuyant sur des modillons à figures bizarres, réminiscence bizarre et surprenante du style roman. Les piliers de l'entre-croisement de la nef et des transepts sont accompagnés de colonnettes à demi engagées, qui s'élancent jusqu'à la naissance de la voûte pour en supporter les nervures et servir d'appui aux arcs-doubleaux. Les fenêtres ouvertes aux extrémités du transept se distinguent par la grandeur de leurs proportions et par leur exécution large et savante. Les chapelles absidales et les grandes ouvertures du rond-point offrent une ordonnance symétrique et une perspective pittoresque. Les vitraux du chœur ont été exécutés de 1521 à 1526 par Antoine Bousch, peintre-verrier de Strasbourg. On doit déplorer que l'aire du chœur ait été considérablement exhaussée au siècle dernier, et qu'en établissant les degrés par lesquels on y monte on leur ait donné une saillie semi-circulaire sur la nef. Il n'y a pas plus de goût dans la décoration des chapelles. V. Bégin, *Histoire et description de la cathédrale de Metz*, Metz, 1842, in-8°.

B.

METZ (École de). V. ÉCOLE D'ARTILLERIE, dans notre *Dictionnaire de Biographie et d'Histoire*.

MEUBLE, mot qui s'est appliqué d'abord à tout ce qui est mobile, facile à remuer, et qui a désigné ensuite tout objet garnissant un appartement ou servant à divers usages de la vie, comme les lits, tables, commodes, secrétaires, armoires, chaises, fauteuils, canapés, etc. La fabrication des meubles forme une partie importante de l'ébénisterie (*V. ce mot*).

MEUBLES, en termes de Droit, toutes les choses mobilières. Sont *meubles par leur nature* : les corps qui peuvent être transportés d'un lieu à un autre, soit par l'effet d'une force étrangère, comme les choses inanimées, soit par leur propre mouvement, comme les animaux ; les bateaux, bacs et navires, les bains sur bateaux, les moulins, et généralement toutes usines non fixées par des piliers ; les objets ajoutés à un immeuble comme décoration par un locataire ; les matériaux destinés à la construction d'un immeuble, et ceux à retirer ou provenant de démolitions ; les coupes ordinaires de bois taillis ou de futaies, qu'elles soient faites ou simplement vendues sur pied ; les fruits détachés de la terre. Sont meubles *par détermination de la loi* ou *par fiction* : les obligations et actions qui ont pour objets des sommes exigibles ou des effets mobiliers ; les actions ou intérêts dans les compagnies de finance, de commerce ou d'industrie ; les rentes perpétuelles ou viagères, soit sur l'État, soit sur de simples particuliers. On nomme *meubles incorporels*, par opposition aux *meubles corporels*, les droits mobiliers qui ne se rapportent pas à un corps certain. On entend par *meubles meublants* ceux destinés à l'usage et à l'ornement des appartements, comme tapisseries, lits, siéges, glaces, pendules, tables, porcelaines et autres objets de cette nature : les tableaux, les statues, les porcelaines n'en font pas partie, du moment que ce sont des galeries ou des collections particulières. Le mot *meuble*, employé dans les dispositions de la loi ou des particuliers, sans addition ou désignation, ne comprend pas l'argent comptant, les pierreries, les livres, les médailles, les instruments des sciences, arts et métiers, le linge de corps, les armes, les équipages, les vins, grains, foins et autres denrées, les dettes actives, enfin tout ce qui fait l'objet d'un commerce, bien que ces divers objets soient rangés parmi les *biens mobiliers*. Le propriétaire d'une maison a le droit de se faire payer ses loyers sur les meubles du locataire. Les saisies qu'un créancier peut pratiquer sur les meubles de son débiteur varient selon l'objet auquel elles s'appliquent (*V. SAISIE*). Certains créanciers ont un privilége sur les meubles (*V. PRIVILÉGE*). V. Chavot, *Traité de la propriété mobilière suivant le Code civil*, 1839, 2 vol. in-8°.

MEUBLES, en termes de Blason, toutes figures qui entrent dans l'écu, figures humaines, parties du corps humain, arbres, fleurs, fruits, etc.

MEURTRE, homicide provenant de coups donnés volontairement, mais sans préméditation. Il est puni des travaux forcés à perpétuité, sauf le cas de légitime défense (*V. ce mot*), et celui d'adultère (*V. ce mot*) : en toute autre circonstance où le fait d'excuse est prouvé, la peine du meurtre est réduite à un emprisonnement de 1 à 5 ans. Indépendamment de l'action publique, les parents du défunt ont une action en dommages-intérêts contre le meurtrier.

MEURTRIÈRES, ouvertures longues et étroites à l'extérieur, larges et évasées à l'intérieur, percées dans les murs des forteresses, et permettant aux défenseurs de tirer avec avantage sur les assaillants. Il en existait dès les temps les plus reculés et elles sont encore en usage de nos jours. Elles s'appelaient, au moyen âge, *archières* et *arbalétrières*, suivant qu'elles servaient aux archers ou aux arbalétriers.

MEURVIN, un des romans carlovingiens (*V. ce mot*). Meurvin est le fils d'Ogier le Danois et de la fée Morgane. Il ignore son baptême ; poussé par les circonstances

au milieu des païens, il sort enfin de sa basse condition à force de courage, et se mesure avec les chevaliers chrétiens, Huon de Bordeaux, Galien Rhétore, Ogier, etc. Charlemagne, étant venu en Palestine pour visiter le tombeau du Christ, est fait prisonnier par Meurvin : mais celui-ci, au moyen d'un avertissement céleste, est instruit de sa naissance et de la religion dans laquelle il est né ; il donne une protection respectueuse à son illustre captif. V. la *Bibliothèque des romans*, de février 1778.

MEXICAIN (Art). I. *Architecture*. — Le Mexique est un des pays où l'on trouve en plus grand nombre les monuments de l'art primitif américain (*V. ce mot*) : le plateau d'Anahuac en offre qui sont antérieurs à l'arrivée des Aztèques dans le pays. Ce sont surtout des pyramides, dites *téocallis*, et qui ont une destination religieuse. Il y en a deux d'inégale grandeur dans la vallée de Mexico, à San-Juan de *Teotihuacan* : les indigènes les nomment encore aujourd'hui les *Maisons du Soleil et de la Lune*, à qui elles étaient consacrées. On montait jadis au sommet de chacune d'elles par un grand escalier de larges pierres de taille. Elles étaient surmontées de petits autels, avec des coupoles en bois, et des statues colossales couvertes de feuilles d'or. On y distinguait quatre étages, subdivisés en petits gradins d'un mètre de haut. Les ravages du temps et la végétation des cactus et des agaves en ont dégradé l'extérieur. Selon les traditions indiennes, elles seraient creuses. Autour des deux grandes pyramides, et aboutissant à leurs quatre faces, sont disposées en allées plusieurs centaines de petits téocallis, hauts de 9 à 10 mèt., et dédiés, dit-on, aux étoiles ; on croit qu'ils servirent de sépulture aux chefs de tribu. — Plus à l'E., au milieu d'une forêt voisine du golfe du Mexique, s'élève la pyramide de *Papantla*, découverte vers la fin du siècle dernier. De forme plus élancée que les précédentes, et, comme elles, construite en pierres de taille d'une coupe belle et régulière, elle eut six et peut-être sept étages : elle est toute couverte de sculptures hiéroglyphiques, et présente une suite de petites niches disposées symétriquement, et dont le nombre, selon M. de Humboldt, serait une allusion aux 318 signes du calendrier des Toltèques. Elle a 18 mèt. de hauteur, sur 25 de largeur à la base. Trois escaliers conduisent au sommet. — La pyramide de *Cholula*, dite *Montagne faite de main d'homme*, ressemble de loin à une colline naturelle chargée d'une épaisse végétation. Elle est à quatre étages, et faite de couches de briques alternant avec des couches d'argile ; ses côtés sont exactement orientés d'après les points cardinaux. La base a 450 mèt. de côté ; la hauteur est de 56 mèt., comme à la plus grande des pyramides de Teotihuacan. A l'intérieur existaient des cavités considérables, servant à la sépulture. Sur la plate-forme, qui présente une surface de 4,200 mèt. carrés, s'élevait, au temps des Aztèques, un petit autel dédié au Dieu de l'air : les Espagnols l'ont remplacé par une église sous l'invocation de Notre-Dame de Los Remedios ; elle est entourée de cyprès. — Le monumen de *Xochicalco*, que l'on appelle la *Maison des fleurs*, appartient à l'architecture militaire. C'est une colline isolée, de 117 mèt. d'élévation, qui a reçu des hommes une forme conique assez régulière, et qu'entoure un large fossé. Sa plate-forme, de près de 9,000 mètr. carrés, est défendue par un mur en pierres de taille. On ne peut trop admirer le poli et la coupe de ces pierres, le soin avec lequel elles ont été jointes, sans qu'on ait eu recours au ciment, et l'exécution des figures en relief dont elles sont ornées.

Quant aux Aztèques, on ne peut juger de leur architecture que par les récits des conquérants espagnols : la nature des matériaux qu'ils employèrent expliquerait la ruine de leurs constructions, lors même que les Espagnols n'auraient pas détruit de fond en comble la plupart des villes mexicaines. Les maisons des pauvres étaient faites de roseaux ou de briques non cuites, et couvertes d'une espèce de gazon sur lequel on fixait des feuilles d'aloès taillées en forme de tuiles : elles n'avaient qu'un appartement, où toute la famille vivait pêle-mêle. Dans les villes, chaque maison avait un petit oratoire et une salle de bain. Les habitations des grands étaient construites en pierres rouges, poreuses, friables, légères, réunies par un mortier de chaux ; elles se terminaient par un toit plat et en forme de terrasse. On se servait des mêmes matériaux pour les palais et les temples.

II. *Peinture*. — Les Mexicains ont employé la peinture, tantôt pour représenter les dieux, les rois, les grands hommes, les animaux et les plantes, tantôt dans un but purement topographique ou chorographique, pour donner l'image d'une province, d'un littoral, d'une ville, d'un fleuve, tantôt enfin comme moyen d'exprimer symboliquement la pensée. Partout le dessin est d'une extrême incorrection ; les couleurs sont vives, tranchantes, posées de manière à établir les contrastes les plus prononcés ; les personnages ont généralement le corps large, trapu et très-court, la tête d'une grosseur énorme, les doigts des pieds fort longs. Les têtes sont dessinées de profil, mais l'œil est celui d'une figure de face. C'est l'art dans sa première enfance. S'il y a des peintures moins informes, elles sont postérieures à la conquête espagnole. V. Léon de Rosny, *Collection d'anciennes peintures mexicaines*, Paris, 1855, in-4° et atlas in-folio.

On doit citer comme monuments de l'industrieuse patience des Aztèques ces mosaïques en plumes qui excitèrent l'admiration des Espagnols, et qu'on estimait à un prix fort élevé. Ces plumes recevaient mille formes diverses, et s'unissaient si parfaitement au moyen d'un suc gommeux, que tout le tableau semblait une couche de peinture, vive, brillante, nuancée, et remarquable surtout par la dégradation des teintes. La perfection de cet art étonne, quand on songe que la peinture proprement dite fit si peu de progrès. Il fut encore pratiqué sous la domination espagnole, et il ne s'est perdu qu'au xviii° siècle.

III. *Sculpture.* — La sculpture mexicaine participa de la barbarie de la peinture : c'est le même système de dessin. Les reliefs les moins imparfaits sont ceux qui décorent les pyramides de Papantla et de Xochicalco. Comment se fait-il que l'art soit demeuré si grossier chez un peuple qui semblait s'en occuper avec intérêt, puisqu'il multipliait les idoles, les statues, les pierres sculptées? « Le caractère de la figure humaine, dit M. de Humboldt, disparaissait sous le poids des vêtements, des casques à têtes d'animaux carnassiers, et des serpents qui entortillaient le corps. Un respect religieux pour les signes faisait que chaque idole avait son type individuel, dont il n'était pas permis de s'écarter. C'est ainsi que le culte perpétuait l'incorrection des formes, et que le peuple s'accoutumait à ces réunions de parties monstrueuses que l'on disposait cependant d'après des idées systématiques. L'astrologie, et la manière compliquée de désigner graphiquement les divisions du temps, étaient la principale cause de ces écarts d'imagination. Chaque événement paraissait influencé à la fois par les hiéroglyphes qui présidaient au jour, à la demi-décade, ou à l'année. De là l'idée d'accoupler des signes, et de créer ces êtres purement fantastiques que nous trouvons répétés tant de fois dans les monuments qui sont parvenus jusqu'à nous. » On a rapporté du Mexique un grand nombre de vases en terre cuite, coloriés et vernis, qui ont beaucoup d'analogie avec ceux des anciens Étrusques.

IV. *Musique.* — Malgré le luxe et la civilisation relativement avancée des Mexicains lorsque leur pays fut conquis par les Espagnols, on ne trouva rien parmi eux qui fût digne du nom de musique. Leurs principaux instruments étaient deux tambours, le *huehuetl* et le *teponaztli* (V. ces mots). Ils avaient aussi des trompes, des conques marines, des flûtes qui rendaient un son aigu, et un instrument dont se servaient les danseurs, l'*ajacaztli* (V. ce mot).

V. *Numismatique.* — Les Mexicains se servaient, dans leurs échanges, de sacs de cacao, contenant chacun 24,000 grains, et de petits ballots de toile de coton. Ils donnaient aussi, en guise de monnaie, de la poudre d'or contenue dans des tuyaux de plumes d'oiseaux aquatiques, tuyaux transparents pour qu'on pût reconnaître la grosseur des grains d'or et leur qualité. Dans quelques provinces, la monnaie courante consistait en pièces de cuivre auxquelles on avait donné la forme d'un T. Aux environs de Tasco, on se servait de très-minces pièces d'étain fondues. V. Alex. Lenoir, *Antiquités mexicaines*, Paris, 1836 ; Aglio, *Antiquities of Mexico*, Londres, 1830.

MEXICAINE (Religion). Ce que nous savons de cette religion nous a été transmis par les auteurs espagnols du xvi° siècle, qui écrivaient à une époque où les traces de l'antique civilisation du Mexique n'étaient pas encore complètement effacées. Les Mexicains croyaient à un Dieu suprême, créateur et maître de l'univers, et au-dessous duquel se rangeaient 13 grands dieux et plus de 200 de moindre importance. Les plus vénérés étaient Huitzilopotchli, dieu de la guerre, et Quetzalcoatl, dieu de l'air, qui avait enseigné aux hommes le travail des métaux et l'art de gouverner. De nombreuses légendes sur la vie des dieux rappelaient les métamor-

phoses racontées par les poëtes grecs et latins au sujet des habitants de l'Olympe. D'autres avaient une ressemblance frappante avec les traditions bibliques : ainsi, les Mexicains connaissaient le dogme d'un péché originel, dont on se purifiait par le baptême, et regardaient le genre humain comme jeté par punition sur la terre ; le déluge universel et l'histoire de la tour de Babel leur étaient connus avec des circonstances semblables à celles qu'on trouve dans la Bible. Leurs dogmes et leurs pratiques se rapprochaient même en certains points du christianisme : dans une cérémonie pareille à celle de la Communion, les prêtres distribuaient aux fidèles les fragments d'une image de Dieu, que l'on mangeait comme sa chair même : ils avaient une sorte de Confession et une absolution religieuse ; enfin la croix figurait parmi les objets du culte. Les Mexicains, considérant le séjour de l'homme sur la terre comme une expiation, croyaient que tous les êtres ont besoin d'être rachetés, et que la divinité s'apaise avec le sang : de l'usage des sacrifices humains. Ils concevaient dans la vie future trois états qu'on pourrait comparer au Paradis, au Purgatoire et à l'Enfer des chrétiens : seulement leur Enfer n'avait pas de tortures physiques, et le châtiment des damnés consistait en peines morales, en remords. Ils croyaient que le monde avait éprouvé quatre catastrophes, où tout avait péri : pour conjurer un cinquième cataclysme, ils célébraient, vers la solstice d'hiver, qui concordait avec la fin de leur année, une fête commémorative de la fin et du renouvellement du monde, et se livraient pendant cinq jours à des manifestations de désespoir ; alors on brisait les petites images des dieux qui ornaient les maisons comme les Lares des Romains, et on laissait mourir le feu sacré qui brûlait dans les temples : venaient ensuite 12 jours de fête pour rendre grâce aux dieux de laisser vivre encore l'espèce humaine. — Les prêtres formaient un corps nombreux, riche et puissant, et qui s'était réservé le monopole de l'enseignement ; ils étaient gouvernés par deux grands prêtres électifs, qui marchaient immédiatement après le chef de l'État. Il y avait des prêtresses investies de certaines fonctions, mais qui ne participaient point aux sacrifices. V. Michel Chevalier, *De la civilisation mexicaine avant Fernand Cortez*, dans la *Revue de Deux Mondes* de 1845.

MEXIQUE (Langues du). Ceux des habitants du Mexique qui forment la population blanche descendent des anciens conquérants espagnols, et parlent le castillan, mélangé toutefois de termes empruntés aux langues indigènes. Les mulâtres et les nègres se servent du même idiome, avec certains mots qui, n'étant ni espagnols ni indigènes, ne peuvent provenir que des langues africaines apportées en Amérique par les premiers esclaves. Les Mexicains aborigènes, au dire du jésuite Clavijero, qui vivait au milieu du xviii° siècle, ne parlaient pas moins de 35 idiomes différents ; au commencement de notre siècle, Alex. de Humbold en citait quinze, dont il existe des Grammaires et des Dictionnaires.

La langue indigène la plus répandue est l'*aztèque* ou *mexicain* proprement dit. Cette langue, dont le centre est le plateau d'Anahuac, est répandue non-seulement dans le Mexique, mais encore au milieu des États de l'Amérique centrale jusqu'au lac de Nicaragua : toutefois, son vaste domaine est coupé et divisé par celui d'autres langues. Elle est désignée par le simple qualificatif de *nahuatl* (clair, sonore). Pauvre en éléments phonétiques, elle manque des articulations *b, d, f, g, r, s, j, ll, gn;* en revanche elle en possède qui reviennent à satiété, notamment *t, z, ch, tl, tz;* l'articulation *l* ne se trouve jamais au commencement des mots. La répétition fréquente des syllabes *tli, itl, tla, atl*, donne de la monotonie et de la rudesse à la prononciation. L'accent prosodique tombe sur la pénultième des polysyllabes. Ces polysyllabes, noms propres ou autres, fort longs et fort nombreux, sont formés par la réunion de plusieurs radicaux significatifs, qu'accompagnent quelquefois des particules explétives. Il n'est pas rare d'en trouver de 10 ou 12 syllabes : il parait cependant que de pareils mots ne se trouvent pas dans la langue parlée, et que ce sont des espèces de définitions par lesquelles les Mexicains traduisaient, sur la demande des missionnaires chrétiens, certaines idées pour lesquelles ils n'avaient jamais eu d'expressions particulières. En aztèque, il n'y a pas de genres pour les objets inanimés ; le pluriel des noms d'objets inanimés se forme par l'addition du mot *miec* (beaucoup) ; celui des noms d'êtres animés, ordinairement par la répétition de la syllabe initiale et la terminaison *tin*. Les quatre premiers noms de nombre servent, par leur combinaison avec ceux qui expriment 5, 10 et 15, à former tous les autres. Les augmentatifs et les diminutifs sont très-nombreux. Le comparatif s'exprime à l'aide de particules; il n'y a pas de termes superlatifs. De tout substantif on peut faire un verbe; tout verbe peut à son tour se convertir en substantif au moyen d'une flexion particulière. Les rapports des noms s'expriment, non par des prépositions, mais par des postpositions ou suffixes. Suivant le rang des personnes à qui ou de qui l'on parle, la phrase s'allonge de particules révérencieuses qu'on ajoute aux verbes, aux adverbes et aux noms. — La langue aztèque a subi, depuis la découverte de l'Amérique, des modifications assez importantes. Dès le XVIe siècle, les Mexicains ne comprenaient plus les hymnes antiques dont ils accompagnaient leurs danses sacrées. Leur langue a reçu de l'espagnol les prépositions de l'usage le plus ordinaire. *V.* Andres de Olmos, *Ars et Vocabularium mexicanum,* Mexico, 1555, in-4°; Alonzo de Molina, *Vocabolario mexicano,* 1555, et *Arte de la lengua mexicana,* 1571; Ant. del Rincon, *Arte de la lengua mexicana,* 1595, in-8°; Pedro de Arenas, *Vocabolario de las lenguas castillana y mexicana,* 1611, in-12; Diego de Gualda Guzman, *Grammatica de la lengua mexicana,* 1643, in-8°; Horacio Carochi, *Ars copiosiss ma linguæ mexicanæ,* 1645, in-4°; Aug. de Vetancourt, *Arte de la lengua mexicana,* 1673, in-4°; Ant. Vasquez Gastelu, *Arte de la lengua mexicana,* Puebla, 1689, in-4°; Manual Perez, *Arte de la lengua mexicana,* Mexico, 1713; Fr. de Avila, *Arte de la lengua mexicana,* 1717, in-8°; Carlos de Tapia Zenteno, *Arte novissima de la lengua mexicana,* 1753, in-4°; Aldama y Guevara, *Arte de la lengua mexicana,* 1754, in-12; Ignacio Paredes, *Arte de la lengua mexicana,* 1759; Rafaël Sandoval, *Arte de la lengua mexicana,* 1810.

Si nous passons aux idiomes secondaires que l'on parle au Mexique, nous trouvons d'abord le *huastèque,* en usage au N. de Tezcuco. Il diffère de l'aztèque par les mots et par la grammaire, et ses racines paraissent le rattacher aux langues du Yucatan. Le pluriel des noms s'y forme à l'aide de la terminaison *chic* ou du préfixe *cham* (beaucoup). On peut former des diminutifs en ajoutant aux substantifs la terminaison *it.* Les pronoms s'emploient comme affixes. Il n'y a pas de verbe substantif; les autres verbes ont deux conjugaisons, différenciées entre elles par le prétérit. *V.* Carlos de Tapia Zenteno, *Noticia de la lengua huasteca,* Mexico, 1767, in-4°.

A l'O. de Mexico, dans le Mechoacan, on parle la langue *tarasque,* une plus harmonieuses et des plus sonores de l'Amérique. Elle manque des articulations *f* et *l,* ne commence jamais un mot par les lettres *b, d, g, i, r,* et emploie souvent, dans le corps des mots, une *s* euphonique. Les noms sont susceptibles d'être déclinés, si l'on considère comme désinences les suffixes ou postpositions qui expriment les rapports des mots. Les voix des verbes se forment par l'intercalation de particules dans leur radical. *V.* Angelo Sierra, *Dictionnaire tarasque,* Mexico, 1697; Mathurin Gilbert, *Grammaire de la langue tarasque;* Diego Basalenque, *Grammaire tarasque,* publiée par Nicolas de Quixas, Mexico, 1714.

La langue *core* ou *cora* est en usage dans la Nouvelle-Biscaye, dans les prov. de Zacatecas et de Guadalajara. Certains auteurs ne veulent lui reconnaître, ainsi qu'au tarasque, aucune affinité avec les autres idiomes du Mexique, tandis que d'autres trouvent, dans ses racines et dans ses flexions, des ressemblances avec l'aztèque. On y remarque quatre formes de pronoms personnels, selon les circonstances différentes dans lesquelles ils sont employés. Le régime et le pronom font corps avec le radical du verbe. Les articulations *d, f, g* manquent à cet idiome. *V.* José de Ortega, *Vocabolario en lengua castillana y cora,* Mexico, 1732.

En se rapprochant du golfe de Californie, on rencontre la langue *tarahumara.* Elle a quelques rapports de racines avec l'aztèque, auquel elle a emprunté aussi ses noms de nombre; mais ses désinences lui sont propres. On n'y connaît pour ainsi dire pas d'adjectifs, mais on y fait un fréquent emploi des participes. Les conjonctions se placent après les propositions secondaires, et les prépositions après leurs compléments. *V.* Agost de Roa, *Grammaire tarahumara;* Figueroa, *Grammaire et Dictionnaire tarahumara;* Miguel Tellechoa, *Grammatica taraumara,* Mexico, 1826.

Sur la côte mexicaine du golfe de Californie, dans le pays de Sonora, on se sert de la langue *opata,* dont il existe une Grammaire par Natal Lombardo (Mexico, 1702),

et, plus au N. encore, de la langue *pima.* Celle-ci, qui a de nombreux rapports avec le tarahumara, n'a ni prépositions ni conjonctions; dans la conjugaison, les pronoms seuls indiquent les personnes.

La langue *othomi,* parlée dans le Nouveau-Mexique, est la plus répandue après l'aztèque. Elle manque des articulations *f, l, r, s,* mais possède beaucoup d'aspirations gutturales et nasales qui n'ont pas d'analogues dans nos langues. Les Othomis ont une manière sèche et brusque d'articuler les consonnes *k, p* et *t,* qu'on a comparée au bruit que font les singes en cassant des noix, et qui a fait appeler ces consonnes *détonantes.* Ils prononcent les voyelles avec une variété de tons ou accents qui servent à distinguer une foule de mots autrement homophones. Mais ce qui caractérise surtout l'othomi parmi les langues environnantes, c'est le monosyllabisme de ses mots : le nombre de ceux de deux et principalement de trois syllabes est très-restreint. Il n'y a ni genres grammaticaux ni flexions dans les noms. Un même mot, suivant le sens général de ceux qui l'accompagnent, est substantif ou verbe; il peut aussi avoir à la fois le sens d'adjectif et d'adverbe. Quand cela est nécessaire pour la clarté de la phrase, on fait précéder le nom de la particule *na* pour indiquer le substantif, et de la particule *sa* pour indiquer l'adjectif; on peut encore distinguer le substantif et l'adjectif par la règle qui veut que le qualificatif précède le terme qualifié. La conjugaison se fait au moyen de particules indiquant les idées de personne, de temps et de mode. La distinction des voix est inconnue. *V.* Luis de Neve y Molina, *Reglas de orthographia, diccionario y arte del idioma othomi,* Mexico, 1767, in-8°; Joaquim Lopez Yepes, *Vocabulaire othomi,* à la suite de son *Catéchisme,* ibid., 1826, in-4°; Naxera, *De linguâ Othomitorum,* dans les *Transactions de la Société philosophique américaine,* Philadelphie, 1835, in-8°; Piccolomini, *Grammatica della lingua otomi,* 1841, in-8°.

Au S. de Mexico, dans la vallée de Toluca, on parle le *matlazingue,* essentiellement différent de l'aztèque, et dont nous avons une Grammaire et un Vocabulaire par Andrès de Castro. — Le *tlapanèque* n'est plus en usage que dans l'État de Puebla.

La langue *totonaque* domine sur les côtes du golfe du Mexique, dans l'État de Vera-Cruz. Les consonnes *b, d, f, k* et *v* manquent à cette langue. Les cas y sont exprimés par une sorte d'article; la distinction des genres y est inconnue, et celle des nombres ne se fait que pour les noms d'êtres animés. La conjugaison est très-riche. Les prépositions précèdent leurs compléments. *V.* Andres de Olmos, *Grammatica et Lexicon linguarum mexicanæ, totonacæ et huaxtecæ,* Mexico, 1560, in-4°; Eug. Romero, *Arte para aprender las lenguas mexicana et totonaca;* Zambrano y Bonilla, *Arte de la lengua totonaca,* Puebla, 1752; Diaz de Anaya, *Grammaire et Dictionnaire de la langue totonaca.*

Le *mixtèque* a cours dans les États d'Oaxaca et de Chiapa. Il manque des articulations *b, f, p, r.* Il a un grand nombre de pronoms personnels différents, dont l'emploi dépend de l'âge, du sexe et de la condition des interlocuteurs, ou de ce que l'objet dont on parle est animé, inanimé ou mort. La négation varie suivant les temps du verbe. La conjugaison est riche, mais elle n'a pas de passif par flexion. Le verbe substantif y est tout régulier. Il y a un grand nombre de verbes fréquentatifs. *V.* A. de los Reyes, *Arte de la lengua mixteca,* Mexico, 1593, in-4°; Francisco de Alvarado, *Vocabulario mixteco.* — A la même région appartiennent : le *zapotèque,* dont il existe des Dictionnaires par Juan de Cordova (Mexico, 1578), par Christofor Aquaro, et une Grammaire par Antonio del Pozo; le *mixe,* dont Agostino Quintana a composé la Grammaire et le Dictionnaire; le *popolouque,* dont on a aussi une Grammaire et un Dictionnaire par Toral, et qu'il ne faut pas confondre avec un idiome de même nom, parlé au Guatémala dans l'État de San-Salvador.

Dans la presqu'île du Yucatan domine la langue *maya* ou *yucatèque,* qui fut aussi parlée dans le N. du Guatémala et dans le Honduras, ainsi qu'à Cuba et à Haïti. Cette langue est sans rapports apparents avec l'aztèque, mais elle a des analogies avec le huastèque et l'othomi. Ainsi, elle possède, comme ce dernier idiome, un grand nombre de monosyllabes, et la faculté de donner à un même mot différentes significations en variant le ton ou l'accent. On y trouve certaines consonnes gutturales et très-rudes, que les étrangers prononcent difficilement. Le maya n'a pas de valeurs phonétiques qui corresponcant à nos lettres *d*, *f*, *g*, *j*, *q*, *r*, *s* et *v*. Dans cette langue, le substantif et l'adjectif sont indéclinables. Les genres ne sont employés que pour exprimer le sexe des personnes; ils s'expriment au moyen d'un préfixe, qui n'est autre chose que le pronom de la 3ᵉ personne. C'est en employant de la même manière le pronom du pluriel, ou bien la terminaison *ob*, que l'on indique le nombre pluriel. Le suffixe *il*, employé avec les substantifs, joue le rôle de l'article défini; employé avec les adjectifs, il en forme le *comparatif de supériorité*. On distingue en maya 4 conjugaisons : l'une sert pour les verbes neûtres et les verbes passifs, les 3 trois autres se partagent tous les verbes actifs. Il existe, pour certains temps composés, *un verbe auxiliaire* qui, d'après certaines règles, tantôt précède et tantôt suit le participe. On fait un fréquent usage d'élisions et de syncopes, au milieu desquelles les racines des mots sont souvent difficiles à retrouver. *V.* Gabriel de San-Bonaventura, *Arte del idioma maya*, 1660; Beltran, *Arte del idioma mayo reducido a succinctas reglas*, *y Lexicon yucateco*, 1746; Fr. de Waldeck, *Voyage pittoresque et archéologique dans la province d'Yucatan*, Paris, 1838; Normann, *Rambles in Yucatan*, New-York, 1848, in-8º.

Les indigènes du Guatémala parlent plusieurs idiomes, qui ont plus ou moins de rapports avec ceux du Mexique proprement dit. Tels sont : le *pipil*, en usage sur la côte du Grand Océan, et qu'on regarde comme l'aztèque corrompu par l'introduction de mots étrangers; le *quiche*, qui s'étendait autrefois dans la province mexicaine d'Oaxaca, et limité aujourd'hui à l'État de Guatémala; le *kachiquel*, parlé dans le même État, enseigné à l'Université de Guatémala, et dont nous avons une Grammaire par José Florès (Guatémala, 1753); le *pocoman* ou *poconchi*, en usage depuis la frontière mexicaine au N. jusqu'à l'État de San-Salvador au S., et que l'on regarde, ainsi que le quiche et le kachiquel, comme dérivé du maya; le *mam*, répandu dans l'État de Vera-Paz; le *chorti*, parlé à Zacapa et jusqu'à l'ancienne ville de Copan à l'E.; le *sinca*, parlé le long du Grand Océan, au S. du Nouveau-Guatémala.

MEXIQUE (Littérature du). De tous les peuples du Mexique, les Aztèques sont les seuls qui possédèrent une littérature. Avant la conquête espagnole, et lorsqu'ils ignoraient encore l'écriture, ils conservaient et transmettaient graphiquement leurs connaissances ou le souvenir des événements à l'aide de nœuds faits à des cordons de différentes couleurs. Plus tard, vers le vᵉ ou le viiᵉ siècle de notre ère, ils employèrent des signes hiéroglyphiques, des représentations peintes ou sculptées. Les premiers voyageurs qui ont visité le Mexique depuis l'expédition de Fernand Cortez parlent de livres mexicains très-variés, d'annales historiques, de rituels sacerdotaux, de calendriers, d'écrits astrologiques et géographiques, etc. Le fanatisme espagnol fit de ces monuments d'une civilisation païenne, qui furent presque tous détruits par Juan de Zumarraga, premier archevêque de Mexico. On établit, il est vrai, dans cette ville, en 1553, une chaire pour l'interprétation des hiéroglyphes mexicains; mais, dès le commencement du siècle suivant, cette science avait péri, et les indigènes eux-mêmes étaient hors d'état de comprendre et d'expliquer leurs anciens caractères d'écriture. De nos jours, le déchiffrement des hiéroglyphes mexicains a été repris avec ardeur par Alex. de Humboldt et par Prescott : ces savants pensent que les Aztèques ont surtout fait usage de caractères figuratifs, mais que cependant leurs hiéroglyphes, comme ceux de l'ancienne Égypte (*V.* Hiéroglyphes), sont assez souvent symboliques, et même, s'il s'agit de transcrire des noms de personnes ou de lieux, véritablement phonétiques. Dans ce dernier cas, ils se lisent, en général, de droite à gauche et de bas en haut. Quant aux hiéroglyphes non phonétiques, il n'y a pas de règle fixe; la manière dont sont tournées les figures est le meilleur guide à suivre pour la lecture, car les lignes d'écriture font des circuits très-capricieux. Un des manuscrits mexicains de la Bibliothèque royale de Dresde. et un autre de la Bibliothèque impériale de Paris présentent un type tout différent des autres : les caractères, placés régulièrement à côté les uns des autres, et interrompus seulement d'espace en espace par des sortes de vignettes, sont regardés comme tout à fait conventionnels et phonétiques.

Les grands dépôts bibliographiques de l'Europe, tels que l'Escurial, le Vatican, les bibliothèques de Bologne, de Dresde, d'Oxford, de Paris, possèdent un certain nombre de manuscrits mexicains. On voit, entre autres,

à la Bibliothèque impériale, un rituel, un livre d'astrologie, une histoire du Mexique allant de 1197 à 1561, et, à la Bibliothèque du Corps législatif, un calendrier. La Bibliothèque de l'Université de Mexico est moins riche qu'on ne pourrait le supposer : elle possède moins d'originaux que de copies, et l'authenticité de ces copies ne saurait même être garantie. Les manuscrits mexicains sont en peau de cerf, en tissus de coton, ou en papier fabriqué avec les fibres de l'agave; dans ce dernier cas, ils forment des bandes de 20 à 25 mèt. de longueur, sur une largeur de 25 à 50 centimètres, lesquelles se replient un certain nombre de fois sur elles-mêmes, comme nos feuilles routières et autres cartes géographiques.

L'auteur espagnol Clavijero fait un pompeux éloge des talents oratoires et du génie poétique des Aztèques. On accoutumait de bonne heure les jeunes gens destinés aux ambassades à débiter de longues harangues sur les matières politiques. Comme les procès se jugeaient sommairement et sur pièces, l'art de bien parler était inutile aux plaideurs. Les poëtes chantaient les merveilles des cieux et de la terre, les devoirs des hommes, la gloire des rois et des vainqueurs. Il existait des représentations scéniques du genre le plus grossier, où l'on voyait principalement des aveugles se heurter contre des sourds, des boiteux se traîner sur les mains, des bossus se rendre encore plus contrefaits, des nains marcher sur la pointe des pieds; on voyait des acteurs se travestissaient en animaux de toutes sortes. Ce n'étaient que misérables farces, où le dialogue devait être de la pire espèce.

Le plus ancien livre mexicain dont on fasse mention a pour titre : *Teomoxtli*, et fut rédigé chez les Toltèques, vers l'an 660, par l'astrologue Huematzin : c'est une histoire du ciel et de la terre, avec un récit des premières migrations des peuples. Mais l'auteur le plus célèbre est Nezahualcojotl, roi de Tezcuco au xvᵉ siècle, surnommé par les Espagnols le Solon de l'Amérique : il rédigea des lois, dont on connaît encore la teneur, fonda une sorte d'Académie sous le titre de Conseil de musique, et composa des hymnes religieuses et des élégies, dont le texte primitif paraît ne plus exister, mais dont nous avons une traduction espagnole. Au xviᵉ siècle, après la conquête de Fernand Cortez, on peut mentionner parmi les écrivains mexicains Domingo Chimalpain, Fernando de Alvarado Tezozomoc, Cristoval del Castillo, et Zapala; l'histoire du pays fut alors particulièrement étudiée. Puis, l'activité littéraire s'affaiblit, et l'on a fini par ne plus écrire en aztèque que des livres d'instruction religieuse.

MEZAIL, ancien masque de fer, qu'on ajoutait au casque, et au milieu duquel faisait saillie un appendice conique et percé de trous, lequel servait à loger le nez et à établir le passage de l'air pour la respiration. En face de chaque œil était pratiquée une *vue* ou fente horizontale. Le mezail s'ouvrait soit de côté, soit de bas en haut, au moyen de charnières posées sur les faces latérales du casque; on pouvait aussi le déposer, en ôtant la fiche des charnières sur lesquelles il jouait. B.

MEZZANINE (de l'italien *mezzo*, milieu), en termes d'Architecture, petit étage pratiqué entre deux plus grands. — On nomme *fenêtre en mezzanine* toute fenêtre carrée, ou plus large que haute, pratiquée dans un attique ou dans un entre-sol.

MEZZO-SOPRANO. *V.* Soprano.

MEZZO-TINTE. *V.* Gravure.

MI, note de musique, le 3ᵉ degré de notre gamme naturelle d'*ut* majeur, et le 5ᵉ degré ou la dominante du relatif mineur de cette gamme. *Mi* est aussi le nom de la chanterelle du violon et de la guitare.

MIAMI ou **ILLINOIS** (Idiome), un des idiomes algonquins. Il distingue par inflexion les substantifs pluriels des singuliers. Il n'a pas de verbe substantif, mais possède une conjugaison particulière pour les verbes passifs. On y trouve le son du *jota* espagnol, du *th* anglais, et de l'*h* fortement aspirée des Arabes.

MICA, jeu des anciens Romains. *V.* notre *Dictionnaire de Biographie et d'Histoire*.

MICHAU (Code). *V.* Marillac, dans notre *Dictionnaire de Biographie et d'Histoire*.

MICHEL (Mont-Sᵗ-). *V.* Mont-Saint-Michel.

MICROCOSME, du grec *micros*, petit, et *cosmos*, monde. Selon la plupart des anciennes écoles de philosophie, ce *petit monde* était l'homme, ainsi nommé par opposition au *grand monde* ou *macrocosme* (de *macros*, grand), c.-à-d. à la terre, regardée alors comme un animal composé d'un corps et d'une âme. On trouve cette croyance chez Pythagore, chez Platon dans l'école stoïcienne. Elle tomba ensuite dans une branche du mysticisme qui n'était que de la philosophie hermétique, comme on le voit dans les écrits de Jacob Bœhm, de Robert Fludd, de Van Helmont, etc. A leurs yeux, l'homme était un résumé complet de la création, un *microcosme;* il y avait une corrélation parfaite entre les organes du corps humain et les métaux, entre les métaux et les principales constellations, entre la vie humaine et la vie du monde. Comme conséquence, on crut voir une influence réciproque entre le grand et le petit monde, entre la terre et l'homme. Le premier décidait en quelque sorte de la destinée de chacun, et l'homme à son tour avait un pouvoir surnaturel sur l'univers. Au fond de cette folle doctrine se trouvaient l'astrologie et le panthéisme mystique.   R.

MICROLOGUE (du grec *micros*, petit, et *logos*, discours), nom qu'à l'époque de la Renaissance on donna aux érudits qui, dans l'interprétation grammaticale des anciens auteurs, attachaient une grande importance à de minimes détails.

MIDSHIPMAN (de l'anglais *midship*, milieu d'un vaisseau, et *man*, homme), nom qu'on donne, dans la marine anglaise, aux aspirants employés à bord des navires de guerre, parce que leur place est au milieu du pont du bâtiment. A bord d'un vaisseau de ligne de 120 canons, on compte ordinairement 24 *midshipmen*.

MIGNONNE. *V.* Caractères d'imprimerie.

MIGRATION DES AMES. *V.* Métempsycose.

MILADY, et plus exactement *mylady*, titre qu'on donne, en Angleterre, à la femme d'un lord ou d'un baronnet, en lui parlant ou en parlant d'elle.

MILAN (Dôme de), église cathédrale, située à peu près au centre de la ville, et l'une des plus vastes et des plus somptueuses d'Italie. C'est un composé d'architecture gothique et sarrasine, et de quelques parties d'architecture romaine. La façade présente un grand mur, terminé en forme triangulaire, comme les deux rampants d'un immense toit, et chaperonné de merlons. Six demitours gothiques quadrangulaires la divisent perpendiculairement en 5 parties; chaque tour finit à la hauteur du rampant, et porte une flèche couronnée par une statue colossale. Toutes ces flèches sont d'égale hauteur, de sorte que leurs sommets suivent en l'air la forme tombante de chaque rampant. Une porte d'architecture romaine s'ouvre dans les intervalles des tours. Chacune est surmontée d'une grande fenêtre avec balcon, et au-dessus de cette fenêtre il y a une ou deux niches. Le balcon de la porte du milieu a, sur ses angles, 2 statues colossales de l'Ancien et du Nouveau Testament. La base des tours est ornée de 47 bas-reliefs très-beaux, et 250 statues sont réparties dans toute cette façade. Le monument est flanqué, dans tout son pourtour, de pilastres saillants, servant de contre-forts, et terminés aussi en aiguilles portant des statues : il y a littéralement une forêt d'aiguilles. L'abside passe pour un modèle d'architecture gothique. — Sur le milieu de l'église règne une vaste plate-forme, au centre de laquelle est une lanterne gothique, dont la tour est accotée de 3 petits contre-forts en pilastres qui, à la naissance du toit, se terminent en aiguilles : 4 de ces aiguilles sont couronnées d'une statue d'ange en bronze, et les autres, d'une étoile de même métal. Du comble pointu s'élance, à 29 mètres de la terrasse et à 106 du sol, une aiguille plus forte, qui domine toutes les autres, et supporte la statue de la Sainte Vierge en bronze doré. On peut arriver jusqu'à ses pieds par divers escaliers, qui forment 314 marches à partir du pavé de l'église.

L'intérieur du Dôme de Milan est en croix latine, à 5 nefs, répondant à chacune des 5 portes. Les nefs sont formées par 52 piliers octogones, hauts de 24m,39, de plus de 7 mètres de circonférence, et accotés chacun de colonnettes. Le chapiteau se compose de 8 niches en ogives, avec statues, à l'aplomb des intervalles des colonnes. Ce chapiteau, composé par Filippino de Modène, est unique en son genre ; il mesure près de 6 mèt. de hauteur, et ses statues sont plus grandes que nature. Tout cela est en harmonie avec les proportions de cet intérieur : la nef centrale a 148 mèt. de longueur, sur 46 de hauteur, du pavé à la voûte, et 64 mèt. jusqu'à la lanterne exclusivement. La largeur des 5 nefs réunies égale 52 mèt., et, à la croix, 87 mèt. De nombreuses nervures peintes couvrent les parois de la voûte centrale. On voit dans le pourtour de la lanterne les statues des 4 Docteurs de l'Église, et celles de 60 Saints. — Le pavé est composé de marbres de différentes couleurs incrustés en forme d'arabesques. On y remarque, à quelque distance de la porte centrale,

une méridienne tracée en 1786 par les astronomes de Bréra. Au-dessus de cette porte règne un balcon, reposant sur 2 colonnes colossales de granit rose ; il est orné de 2 grandes statues, celle de St Ambroise par Monti, et celle de St Charles Borromée par Marchesi. A gauche en entrant dans le Dôme sont les fonts baptismaux, composés d'une belle cuve de porphyre, qui provient, dit-on, des thermes de Maximien Hercule. Quelques monuments funéraires méritent aussi d'être remarqués : ceux des cardinaux Marino Caracciolo, Cajétan et Frédéric Borromée, des archevêques Othon et Jean Visconti, et celui de Jean-Jacques de Médicis, frère de Pie IV, dont le dessin a été attribué à Michel-Ange. Deux chaires en bronze doré, couvertes de bas-reliefs, entourent deux des 4 piliers qui, à l'entrée du chœur, portent la lanterne ou coupole : elles reposent sur des cariatides colossales, modelées par Brambilla, coulées en bronze par Busca, et représentant les quatre Évangélistes et les quatre Docteurs de la foi. On doit signaler encore les bas-reliefs, au nombre de 17, de la partie supérieure du mur d'enceinte de la croix, au milieu de la chapelle du bras gauche de la croix, un très-beau candélabre, dit *Arbre de la Vierge*, à sept branches, en bronze doré, formé de rinceaux gothiques entremêlés de statuettes ; fabriqué au XIIIe siècle, il a été posé en 1562 sur un piédestal de marbre de Sienne, couvert de fines sculptures. Derrière le chœur est une statue colossale de St Barthélemi écorché, par Marco Agrati ; quel qu'en soit le mérite comme imitation anatomique, c'est une œuvre qui sied mal en ce lieu. Il y a deux sacristies, une au midi et une au nord : celle du midi renferme le Trésor, contenant entre autres richesses : un calice en ivoire, du XIVe siècle ; deux diptyques byzantins ; un évangéliaire du XIe siècle, avec une couverture en métal ornée d'émaux ; deux statues en argent de St Ambroise et de St Charles, données par la ville en 1698, et pesant, l'une 2,000 onces, l'autre 1760 ; une statue du *Christ à la colonne*, par Solari, dit le Gobbo ; une *paix* en or, d'une ciselure exquise ; un devant d'autel en argent, donné en 1835 par le comte Taverna. — En face de chaque sacristie est une grille de fer, conduisant au *Scurolo*, chapelle souterraine éclairée par une ouverture carrée, ménagée dans la voûte, en avant du chœur. Là repose, dans une châsse de vermeil enrichie de pierreries, le corps de St Charles Borromée, revêtu de ses habits pontificaux, et qu'on peut apercevoir à travers de riches panneaux transparents en cristal. La voûte est ornée de bas-reliefs d'argent.

Le Dôme de Milan est tout en marbre, sans une seule pièce de bois. C'est un monument qui, malgré toutes ses magnificences, est néanmoins plus extraordinaire que beau. Le plan est une masse qui ressemble assez à St-Pierre de Rome, bien que beaucoup moins grand ; le mélange de parties d'architecture romaine avec d'autres styles, et surtout le gothique, n'est pas heureux ; le gothique manque de naïveté, et est à la fois recherché et vague. On compte 1923 statues dans toutes les parties de l'édifice, et il en reste encore 559 à faire. — La première pierre de ce magnifique monument fut posée par le duc Jean-Galéas Visconti, le 15 mars 1386 ; les carrières de Candoglia, sur la route du Simplon, au delà du lac Majeur, fournirent tous les matériaux ; c'est un marbre blanc très-fin, auquel le temps a donné une couleur légèrement jaunâtre. Le duc avait fait venir, dit-on, un architecte allemand, Henri Arler, de Gmünd, appelé par les Italiens *Gamodia*, pour élever l'édifice d'après les principes de l'art ogival, peu connus et peu goûtés en Italie ; quelques artistes non attribué, au contraire, les premiers travaux à Marc de Campiglione, près de Lugano, à Bonino de Campione, à Simon d'Orsenigo, à Guarnerio de Sirtori, à Ambroise Ponzone. Des artistes français arrivèrent bientôt, Philippe Bonaventure de Paris en 1389, Jean de Champmousseux et Jean Mignot, tous deux de Normandie, en 1399. Beaucoup d'Allemands prirent part à cette grande œuvre : Jean de Fernach, Jean de Furimbourg, Pierre de Franz, Hanz Marchestein, Ulric Fusingen ou Einsingen d'Ulm. En 1486 le duc Jean-Galéas Sforza envoya chercher Hammerer, *maître maçon* de la cathédrale de Strasbourg, pour l'érection de la tour centrale de Milan. Les travaux avancèrent lentement, faute de ressources. On ne sait si les premiers architectes avaient dressé un plan pour la façade principale ; mais, en 1560, l'archevêque St Charles Borromée chargea Pellegrini, dit Tibaldi, de donner les dessins nécessaires pour ériger cette façade. La composition de Pellegrini, conçue dans le goût de la Renaissance, est en désaccord avec le reste du monument ; d'ailleurs, l'artiste ayant été appelé en Espagne pour peindre l'Escurial, l'achèvement de la façade fut confié à des mains inhabiles. Cerani et Ricchini, exagérant encore la manière de Pellegrini, couvrirent d'ornements superflus tous les membres d'architecture. La façade de la cathédrale de Milan fut vivement critiquée au XVIIe et au XVIIIe siècle, et l'on finit par admettre que le style ogival devait remplacer la décoration moderne : des projets furent présentés par Carlo Buzzi en 1635, puis par François Castelli, mais on ne les exécuta point. Enfin, en 1790, il fut décidé que, tout en conservant les ornements de Pellegrini, on donnerait à la façade un revêtement gothique. Napoléon Ier consacra trois millions et demi aux travaux du Dôme, que l'on ne peut pas encore considérer comme achevés aujourd'hui, après 474 ans de travaux, souvent interrompus. — V. Franchetti, *Storia e Descrizione del Duomo di Milano*, 1821, in-4º ; Rupp et Bramati, *Descrizione storico-critica del Duomo di Milano*, 1823 ; Gioachino d'Adda, *la Metropolitana di Milano*, 1823, in-fol. ; E. Sergent, *le Dôme de Milan*, texte italien et 100 planches. B.

MILAN (Église St-Ambroise, à). Cette église, dont la fondation remonte à l'année 387, et où se fit, pendant un certain temps, le couronnement des rois d'Italie, fut agrandie au IXe siècle et augmentée de l'atrium en briques qui la précède. Elle présente trois nefs d'architecture romane, sur lesquelles des voûtes ogivales furent ajoutées en 1305. On entre par trois portes en bois de cyprès, travail du IXe siècle ; c'est de là que St Ambroise repoussa l'empereur Théodose après le massacre de Thessalonique. Les colonnes de l'intérieur sont revêtues de stuc imitant le marbre blanc. La chaire en marbre, portée par huit arceaux, et assez longue pour que l'orateur puisse y marcher, est un monument du XIIe siècle, composé de fragments plus anciens ; sur la face postérieure on a sculpté une sorte de Cène ou un repas des agapes ; sous cette chaire est un tombeau, regardé à tort comme celui de Stilicon. Le *pallio d'oro* ou devant du maître-autel, tout en or, est un merveilleux travail d'orfévrerie du IXe siècle. On remarque enfin le trône en marbre des premiers évêques de Milan, une antique peinture à fresque dans l'abside, où l'on voit St Ambroise assistant en esprit aux funérailles de St Martin de Tours, et, dans la nef du milieu, une colonne de porphyre portant un serpent de bronze, celui, selon une tradition populaire, que Moïse éleva au milieu du désert.   B.

MILANAIS (Dialecte). V. LOMBARD.

MILANAISE (École), une des écoles italiennes de peinture que l'on range sous le nom commun d'*École lombarde*. Elle dut à l'origine participer de l'école florentine, puisque l'on voit Giotto travailler à Milan en 1335, et que l'on cite parmi les disciples de ce peintre un Jean de Milan et un Pierre de Novare. Toutefois, Vincenzio Foppa, qui florissait dans les premières années du XVe siècle, est généralement considéré comme le fondateur de la première école milanaise. On cite, après lui, Jacques Morazzone. La perspective était alors la qualité distinctive de l'école. Puis, Bramante, l'architecte-peintre, introduisit à Milan le style de Mantegna. Bramantino, son élève, et Ambroise Borgognone, eurent plus de grâce et d'expression. — Une nouvelle époque commence avec Léonard de Vinci, appelé de Florence, vers la fin du XVe siècle, pour diriger l'Académie de dessin et de peinture à Milan. Au nombre de ses disciples figurent Beltraffio, Cesare da Sesto, Marco d'Oggione, F. Melzi, André Solari, et peut-être Bernardino Luini, qui eut un faire plus facile et un moelleux plus parfait. L'ancienne école, profitant des progrès opérés par la nouvelle, ne se confondit pas avec elle, et lui opposa Gaudenzio Ferrari, coloriste plus habile que ne le sont d'ordinaire les Milanais. — Une autre Académie des beaux-arts ayant été fondée en 1609 par le cardinal Frédéric Borromée, les trois frères Procaccini en prirent la direction, et professèrent des principes évidemment puisés dans les œuvres du Corrège : l'artiste le plus remarquable de cette nouvelle période fut Daniel Crespi, après lequel, comme dans les autres parties de l'Italie, les arts dégénérèrent promptement. Le Milanais n'a plus produit qu'à la fin du siècle dernier un artiste de talent, Appiani.

MILÉSIENNES ou **MILÉSIAQUES** (Fables). V. CONTE.

MILICE. V. ce mot dans notre *Dictionnaire de Biographie et d'Histoire*.

MILITAIRE (Administration). V. INTENDANCE, ADMINISTRATION (Conseil, — Officiers d'), et, dans notre *Dictionnaire de Biographie et d'Histoire*, le mot MINISTÈRES, p. 1803 et suivantes.

MILITAIRE (Architecture), art de fortifier les places de guerre. V. FORTIFICATION, FORT, FORTERESSE, GÉNIE MILITAIRE.

MILITAIRE (Art). Les expressions *art militaire* et *science militaire* sont souvent employées l'une pour l'autre, et c'est à tort : la science est à l'art ce qu'en général la théorie est à la pratique. La science militaire est la connaissance approfondie de tout ce qui se rapporte au métier des armes, histoire militaire des nations anciennes et modernes, organisation, administration, armement, comptabilité, police et discipline des armées. Ébauchée dans les écoles militaires, cette connaissance ne peut se compléter qu'à la guerre, dans l'exercice des grades importants de la hiérarchie. Il ne faut pas, sans doute, séparer de l'art militaire la connaissance du service, celle des manœuvres de toutes les armes, des lois et règlements militaires : mais cet art est, avant tout, une méthode habile de faire avec succès la guerre suivant certaines règles, quelquefois même contre toutes les règles, pourvu que ce ne soit point au hasard. Il implique la connaissance de la *fortification*, de la *tactique* et de la *stratégie* (V. ces mots), et aussi un génie qui a ses inspirations soudaines, une conception instantanée des combinaisons les plus profondes, la simultanéité de la pensée et de l'action. — Parmi les écrivains militaires de l'ancienne Grèce, on a toujours consulté avec fruit Thucydide, Xénophon, Polybe, Arrien et Élien. Les Romains nous ont laissé les *Commentaires* de César, le traité de Modestus *De re militari*, et les *Stratagèmes* de Frontin. Végèce fut le premier qui rédigea un traité dogmatique sur la matière ; son *Epitome institutionum rei militaris* est un extrait de divers auteurs qui avaient écrit sur l'art militaire. Chez les modernes, les ouvrages fondamentaux sont ceux de Feuquière, de Vauban, de Cöhorn, du grand Frédéric, du chevalier de Folard, de Guischardt, de Guibert. V. D'Ecrammerville, *Essai historique sur l'art de la guerre*, 1789-90 ; Carrion-Nisas, *Histoire générale de l'art militaire*, 1823 ; De La Barre du Parcq, *Histoire de l'art de la guerre avant l'usage de la poudre*, 1860, in-8º.

MILITAIRE (Discipline). V. DISCIPLINE.

MILITAIRE (École), monument de Paris. V. notre *Dictionnaire de Biographie et d'Histoire*.

MILITAIRE (Éloquence), titre sous lequel on comprend les harangues et allocutions adressées à des troupes par leurs chefs. L'usage d'adresser la parole aux armées pour exciter ou soutenir leur valeur était très-fréquent chez les Anciens. Tous les discours qu'on trouve dans les historiens n'ont sans doute pas été prononcés, et l'on y reconnaît le talent particulier de chaque auteur : mais on a dû s'attacher à les rendre vraisemblables, c.-à-d. conformes au caractère des personnages dans la bouche desquels ils sont placés. Il n'est pas dans les mœurs modernes de faire avant le combat une harangue ; quelques mots ardents et vifs sont tout ce que l'histoire a recueilli. A Coutras, Henri de Navarre dit au prince de Condé et au comte de Soissons, qui commandaient sous lui : « Je ne vous dirai rien autre chose, sinon que vous êtes de la maison de Bourbon, et, vive Dieu ! je vous montrerai que je suis votre aîné. » A Ivry, il adressait à ses troupes ces paroles mémorables : « Mes compagnons, si vous courez aujourd'hui ma fortune, je cours aussi la vôtre. Je veux vaincre ou mourir avec vous. Gardez bien vos rangs, je vous prie ; si la chaleur du combat vous le fait quitter, pensez aussitôt au ralliement, c'est le gain de la bataille. Et si vous perdez vos enseignes, cornettes et guidons, ne perdez point de vue mon panache blanc, vous le trouverez toujours au chemin de l'honneur et de la victoire. » Le grand Condé ne dit que ces mots avant la bataille de Lens : « Amis, souvenez-vous de Rocroi, de Fribourg et de Nordlingue. » Pendant les guerres de la Révolution, la plupart des chefs d'armée eurent plus de courage que de littérature, et surent mieux vaincre que parler : on ne parlait même pas alors, on chantait, et la *Marseillaise* gagna plus de batailles que les plus beaux discours. L'éloquence militaire ne consiste aujourd'hui qu'en proclamations et en ordres du jour, qu'on répand dans toute l'armée ; mais, sous cette forme, elle a été élevée à une hauteur jusqu'alors inconnue par le général Bonaparte, dont les proclamations, pleines de verve et d'élan, respirent la confiance d'un vainqueur et d'un maître. Le secret de cette éloquence n'est point perdu ; on en trouve le reflet dans la proclamation de Napoléon III à l'armée d'Italie en 1859. V. ORDRE DU JOUR.   B.

MILITAIRE (Exécution). V. EXÉCUTION.

MILITAIRE (Génie). V. GÉNIE.

MILITAIRE (Justice). L'institution d'une justice spéciale pour l'armée n'est pas une idée propre à notre pays et à notre temps; partout et toujours on a reconnu que l'armée devait avoir ses tribunaux particuliers, que les crimes et les délits militaires devaient être soumis à des principes exceptionnels de répression, et que les formes ordinaires de la procédure ne pouvaient leur être appliquées. L'armée .doit avoir ses tribunaux particuliers, parce qu'elle vit sous l'empire de devoirs et de règles à part, et qu'il est naturel que ceux-là qui jugent soient les hommes qui les connaissent et sont intéressés à les défendre, et qu'on appelle à décider des questions de discipline ceux qui font du commandement et de l'obéissance la science et l'habitude de leur vie. Les crimes et les délits militaires doivent être soumis à des principes exceptionnels de répression, parce que la criminalité des actes ne se mesure pas seulement sur l'intention de leur auteur, mais aussi sur les dangers qu'ils font courir à la société, sur l'étendue des devoirs méconnus, sur la gravité des intérêts compromis. Enfin, les formes de la procédure ordinaire ne sauraient être appliquées en des matières où il s'agit souvent de prévenir le mal plus encore que de le réprimer, où l'exemple doit toujours être prompt, où la première condition de la justice doit être la célérité. Voilà pourquoi il y a une législation militaire spéciale et des Conseils de guerre (V. ce mot) pour l'appliquer.

MILITAIRE (Législation). Jusqu'à ces derniers temps, la législation militaire de la France, quoique préférable à celle des autres États, a présenté une grande confusion. Elle se composait de lois édictées dans diverses circonstances auxquelles elles n'auraient pas dû survivre, souvent contradictoires entre elles, partiellement abrogées par des dispositions ultérieures. Tantôt le législateur s'était montré violent et emporté, comme dans la loi du 12 mai 1793, où la peine de mort et celle des fers figurent à presque tous les articles; tantôt il était plein de sagesse et de modération, comme dans les lois des 13 et 21 brumaire an v, des 18 vendémiaire et 17 fructidor an vi. La législation militaire ne comprenait pas moins de 91 lois, décrets, ordonnances, avis, etc. La confusion et les incertitudes ont enfin disparu par la promulgation d'un Code de justice militaire pour l'armée de terre (4 août 1857), lequel n'a pas tardé à être appliqué aussi à la marine. Ce Code embrasse tout à la fois l'organisation, la compétence et la procédure des juridictions militaires, ainsi que les crimes et les délits qu'il entend plus spécialement réprimer. En ajoutant différentes lois antérieurement publiées sur les pensions militaires, le recrutement, l'avancement, la dotation de l'armée, etc. (V. ces mots), on a un Droit militaire qui ne se trouve, chez aucune autre nation, à un aussi haut degré d'unité et de centralisation. V. Durat-Lasalle, Droit et législation des armées de terre et de mer, Recueil méthodique complet des lois, décrets, etc., 1844-1853, 10 vol. in-8°; Legrand, Études sur la législation militaire et la jurisprudence des Conseils de guerre et de révision, 1835, in-8°; Broutta, Cours de Droit militaire, 1842, in-8°; Ch. Duez, Code pénal militaire, 1847, in-8°; Dumesgnil, Dictionnaire de la justice militaire, 1847, in-8°; Gonvot, Manuel de législation militaire, 1847, in-8°; Chénier, Guide des tribunaux militaires, 2e édit., 1853, 3 vol. in-8°; Gérard, Code de Justice et de discipline militaires, 1852, in-18; Alla, Le Praticien des tribunaux militaires, 2e édit., 1853, 2 vol. in-8°; Victor Foucher, Commentaire sur le Code de justice militaire, 1858, in-8°; Tripier, Code de la Justice militaire, 1857, gr. in-8°.

MILITAIRE (Musique). De tout temps les armées ont marché au combat aux sons d'une musique guerrière; mais il serait impossible de déterminer comment les corps de musique étaient composés avant l'âge moderne. Les peuples de l'antiquité avaient des tambours, des trompettes, des clairons, des buccines, des cors, des cornets, des flûtes, et les voix se joignaient même aux instruments, puisque l'on exécutait des chants en l'honneur de Mars, de Castor et de Pollux. Nous savons que les tambours ne laissent d'être placés en tête des corps, se trouvaient par derrière. — La même incertitude existe au sujet des musiques militaires du moyen âge. A partir du xvie siècle, les généraux en France ont entretenu pour leurs armées un certain nombre de musiciens. Dans la musique du grand Condé se trouvaient des violons, et l'on en vit 24 accompagner le régiment de Champagne pour ouvrir les travaux de tranchée au siége de Lérida : les violons avaient longtemps leur rôle, puisqu'il en existait encore dans quelques régiments pendant les premières années de la République. Mais, en général, c'étaient les tambours qui marquaient la marche et bat-

taient la charge, avec accompagnemern de fifres et de hautbois. Le hautbois fut admis dans les régiments français à la fin du règne de Louis XIII; les timbales parurent sous Louis XIV, en 1692, dans les musiques de cavalerie; l'introduction du basson, du cor et de la clarinette date des premières années du xviiie siècle, et celle des instruments de cuivre à clefs, de 1770 environ. Puis vinrent successivement les trombones, les ophicléides, les cornets à pistons, et enfin, de nos jours, les sax-horn et les saxophones.

Aujourd'hui, chaque régiment de cavalerie et d'artillerie en France a une fanfare de trompettes (sa musique a été supprimée en 1867); chaque régiment d'infanterie, ses tambours, sa fanfare, et sa musique; chaque bataillon de chasseurs à pied, ses clairons et sa fanfare. L'organisation des corps de musique a été l'objet de nombreux règlements. Sous Louis XIV, chaque compagnie de gardes du corps avait sept trompettes et un timbalier; mais le nombre des musiciens de régiment dépendait des colonels, qui en avaient l'entretien à leur charge. Au temps de Napoléon Ier, une musique régimentaire comptait de 22 à 24 musiciens : 8 grandes clarinettes, 1 petite, 1 petite flûte, 2 cors, 2 bassons, 3 trombones, 2 serpents, 1 grosse caisse, 1 chapeau chinois, 1 cymbalier, 1 caisse roulante. Une ordonnance de 1827 décida que les musiciens seraient désormais entretenus et soldés aux frais de l'État, et en fixa le nombre à 27 par régiment. Ce règlement ne fut pas longtemps observé, et l'on en vint dans plusieurs corps à doubler presque le nombre déterminé. En 1860, un décret, conservant aux musiques des régiments de gendarmerie et des guides de la garde impériale, ainsi qu'à celle de la garde de Paris, leur organisation exceptionnelle, régla ainsi qu'il suit la composition des musiques régimentaires :

MUSIQUE DE TROUPE A PIED.

Flûtes.	2
Petites clarinettes.	2
Grandes clarinettes.	4
Hautbois.	2
Saxophones sopranos.	2
Saxophones altos.	2
Saxophones ténors.	2
Saxophones barytons.	2
Cornets à pistons.	2
Trompettes à cylindres.	2
Trombones.	3
Sax-horns si bémol contraltos.	3
Saxotrombas altos mi bémol.	3
Sax-horns barytons si bémol.	3
Sax-horns basses si bémol à quatre cylindres.	3
Sax-horn contre-basse mi bémol.	1
Sax-horn contre-basse grave si bémol.	1
Caisse claire ou roulante.	1
Grosse caisse.	1
Cymbales (paire de).	1
	40

MUSIQUE DE TROUPE A CHEVAL.

Petit sax-horn aigu si bémol.	1
Petit sax-horn soprano si bémol.	1
Sax-horns contraltos si bémol.	4
Sax-horn alto la bémol.	1
Saxotrombas altos mi bémol.	3
Saxotrombas barytons si bémol.	2
Sax-horns basses si bémol à quatre cylindres.	4
Sax-horn contre-basse mi bémol.	1
Sax-horn contre-basse grave si bémol.	1
Cornets à pistons.	2
Trompettes à cylindres.	4
Trombones.	3
	27

MILITAIRE (Organisation). V. notre Dictionnaire de Biographie et d'Histoire, p. 1079, col. 2.

MILITAIRE (Paye ou Solde). V. SOLDE.

MILITAIRE (Service). V. SERVICE.

MILITAIRES (Colonies, Écoles). V. COLONIES, ÉCOLES, dans notre Dictionnaire de Biographie et d'Histoire.

MILITAIRES (Honneurs), démonstrations extérieures de respect auxquelles tout militaire est tenu à l'égard de ses supérieurs. Elles se réduisent presque partout aujourd'hui au salut, qui consiste à porter la main à la tête. Un soldat en faction porte l'arme à tout officier jusqu'au grade de capitaine inclusivement, ainsi qu'à tout civil qui a la croix de la Légion d'honneur (non le simple ruban); il présente l'arme aux officiers supérieurs. Un poste ne prend les armes que pour l'officier de ronde. Dans les parades et les revues, les officiers saluent de leur sabre en passant devant le drapeau. Des honneurs particuliers sont rendus dans les places fortes aux princes et aux grands personnages qui viennent les visiter; le nombre des coups de canon qu'on doit tirer en pareilles occasions est déterminé par des règlements. En mer, les vaisseaux se saluent réciproquement; ils saluent également, par un certain nombre de coups de canon, les forts devant lesquels ils passent ou jettent l'ancre.

MILITAIRES (Hôpitaux). *V.* HÔPITAL. MILITAIRE, dans notre *Dictionnaire de Biographie et d'Histoire.*

MILITAIRES (Chirurgiens, Médecins, Pharmaciens). *V.* CHIRURGIENS, MÉDECINS, PHARMACIENS.

MILITAIRES (Ouvriers, Prisons). *V.* OUVRIERS, PRISONS.

MILLE. ⎫ *V.* ces mots dans notre *Dictionnaire de*
MILLE D'OR. ⎬ *Biographie et d'Histoire.*

MILLE ET UNE NUITS (Les), recueil de contes orientaux, publié pour la première fois en Europe par Galland, qui l'attribuait à un auteur arabe inconnu. Caussin de Perceval a enrichi de nouveaux contes l'édition qu'il en donna en 1806 : comme le style dans lequel ces contes sont écrits est vulgaire et nécessairement assez moderne, il ne leur donnait pas plus de trois ou quatre siècles d'antiquité. Langlès et M. de Hammer ont pensé, au contraire, que *les Mille et une Nuits* avaient une haute antiquité, et qu'on pouvait en attribuer la première rédaction à l'Inde, ou du moins à la Perse, avant la conquête de ce pays par les Arabes. Pour enlever aux Arabes l'honneur d'avoir inventé cette espèce de cycle romanesque, on allègue un passage de l'historien arabe Masoudi, qui écrivait vers l'an 947 de J.-C. ; à propos de récits relatifs à certains personnages antérieurs à Mahomet, cet historien les traite de fables, « semblables, dit-il , à celles qu'on nous a traduites des langues persane, indienne et grecque, tels que le livre intitulé *les Mille contes;* » et on remarque, à l'appui de ce passage, que, sous les califes Haroun-al-Raschid, Amin et Al-Mamoun, la littérature arabe s'enrichit, en effet, de la traduction d'un grand nombre d'ouvrages étrangers. Sylvestre de Sacy, dans un Mémoire lu à l'Académie des Inscriptions et Belles-Lettres, pense que la seule conclusion à tirer légitimement de la phrase de Masoudi, c'est qu'il aura existé, sous le nom de *Mille contes*, un livre originairement persan ou indien, puis traduit en arabe, et duquel l'auteur des *Mille et une Nuits* aura tiré certains sujets et peut-être même les noms de ses personnages. Les raisons qui ne lui semblent pas permettre de donner aux *Mille et une Nuits* une origine indienne ou persane sont les suivantes : ce recueil présente à chaque page le tableau de la religion, des coutumes, des lois, des mœurs, du luxe, de l'étiquette des cours de Bagdad ou du Caire; presque tous les acteurs des contes sont des musulmans; la scène des événements est le plus souvent sur les bords du Tigre, de l'Euphrate ou du Nil; les sciences réelles ou fantastiques dont il y est question, sont celles dont les Arabes se font honneur; les Génies qui y figurent n'indiquent pas, comme on le prétend, une source indienne, mais sont ceux de la mythologie arabe, modifiés par les préjugés musulmans, et toujours tremblants au seul nom de Salomon; les religions dont il est parlé ne sont jamais autres que l'islamisme, le christianisme, le judaïsme et le magisme; on y parle de Moïse, de David et autres personnages inconnus à l'Inde et à la Perse avant l'introduction du mahométisme dans ces contrées ; les opérations magiques se font au moyen de pratiques et d'instruments empruntés aux Juifs. Si l'auteur a introduit dans ces contes des personnages et des noms persans ou tartares, s'il a quelquefois placé la scène en Chine, dans les Indes, à Kaschgar ou à Samarkand, c'est pour dépayser ses lecteurs en les transportant loin des régions qui leur sont connues, et pour se donner ainsi plus de liberté de feindre et d'inventer. Enfin, il serait étrange qu'un recueil de contes qui, à la plus brillante époque de la littérature arabe, aurait été jugé digne d'être traduit de l'indien ou du persan, soit devenu, sous la forme actuelle des *Mille et une Nuits*, un assemblage de morceaux appartenant à diverses époques et de différents styles; que le fond primitif ne constitue plus qu'une faible partie de ce recueil, par suite de l'intercalation et de la substitution de Nouvelles arabes; que les contes indiens ou persans, éliminés par les écrivains arabes, ne se retrouvent nulle part ailleurs. Sylvestre de Sacy résume en ces termes ce qu'il y a de

plus vraisemblable sur l'histoire du recueil des *Mille et une Nuits* :

« Il me paraît qu'il a été écrit originairement en Syrie, et dans le langage vulgaire; qu'il n'a jamais été achevé par son auteur; que, dans la suite, les copistes ont cherché à le compléter, soit en y insérant des nouvelles déjà connues, mais qui n'appartenaient pas à ce recueil, comme les *Voyages de Sindbad le marin* et le *Livre des sept vizirs*, soit en composant eux-mêmes avec plus ou moins de talent, et que de là naît la variété qu'on a observée entre les manuscrits du recueil; que telle est aussi la raison pour laquelle les manuscrits ne sont point d'accord sur le dénoûment, dont il existe deux récits très-différents; que les contes ajoutés l'ont été à différentes époques et peut-être en diverses contrées, mais surtout en Égypte; qu'enfin le recueil n'est pas fort ancien, comme la preuve le langage dans lequel il est écrit, et qu'on peut en reporter la composition vers le milieu du IXᵉ siècle de l'hégire, c.-à-d. qu'il compterait environ 400 ans d'existence. »

La fable des *Mille et une Nuits* est celle d'un souverain qui croit avoir d'excellentes raisons pour faire mourir sa femme, la sultane Schéhérazade, et qui, durant trois ans, diffère, jour par jour, l'exécution de son dessein, pour avoir le plaisir d'entendre le lendemain la continuation ou la fin d'une histoire qu'elle a commencée. Le livre manque de philosophie, de but vraiment moral; il contient beaucoup de folies : mais il est fécond et varié; il amuse et intéresse ; par l'emploi du merveilleux, il flatte le penchant que nous avons à nous laisser abuser, et nous rapproche de l'enfance et de l'âge des illusions. On y trouve une peinture fidèle du caractère et des mœurs des peuples orientaux ; sous les yeux du lecteur se déroulent tour à tour les artifices des femmes corrompues par la servitude, l'hypocrisie des derviches, la corruption des gens de loi, la friponnerie des esclaves, etc. Les *Mille et une Nuits* sont la seule production littéraire de l'Orient qui soit populaire en Europe. B.

MILLÉSIME (du latin *millesimus*, millième), chiffre qui, sur les monnaies, médailles, jetons, etc., indique l'année de la fabrication. Il n'a commencé d'être en usage qu'au XVᵉ siècle : dans l'antiquité et au moyen âge, on avait indiqué l'époque de l'émission des monnaies par les noms des magistrats, par l'effigie des souverains, par les consulats ou tribunats des empereurs ou par l'année de leur règne. La plus ancienne pièce qui porte un millésime est une monnaie d'argent de Jean de Heinsberg, évêque de Liège, en 1428; en France, la première est un écu d'Anne de Bretagne, en 1498. On a un écu de François Iᵉʳ avec le millésime de 1532. Les chiffres romains furent d'abord employés à cette marque : mais, en 1549, Henri II ordonna qu'on prît les chiffres arabes.

MILLIAIRES (Pierres ou Colonnes). *V.* notre *Dictionnaire de Biographie et d'Histoire.*

MILVINE, nom que les Anciens donnaient à une sorte de flûte, soit parce qu'elle était faite d'un os de milan (en latin *milvus*), soit parce que le son, qui en était fort aigu, ressemblait au cri de cet oiseau.

MIMANSA. *V.* INDIENNE (Philosophie).

MIME (du grec *miméomai*, imiter, mimer), nom qu'on donna, chez les Anciens, à une sorte de composition dramatique, et aux acteurs qui la représentaient. Sophron et Xénarque étaient cités parmi les Grecs comme *mimographes* ou auteurs de mimes : mais ces écrits étaient faits pour la lecture ou la récitation, non pour la scène. Selon le témoignage des écrivains latins, les mimes de Sophron, bien qu'appartenant au genre de la farce, respectaient la décence, et faisaient éprouver aux honnêtes gens les mêmes émotions que les pièces de Plaute et de Térence. Il en fut tout autrement des mimes d'origine romaine, qui jouirent d'une grande faveur après les Atellanes (*V.* ce mot): en s'y proposant de divertir la bas peuple par de grosses plaisanteries et même par des obscénités. Ces compositions grossières étaient en vers, tandis que celles de Sophron étaient en prose; elles eurent beaucoup de vogue à l'époque de J. César : l'estime que des écrivains sérieux avaient pour les mimes de Labérius, de P. Syrus et de Cn. Matius, permet cependant de penser que ces auteurs ne descendirent point aussi bas. Quant aux mimes-acteurs, c'étaient des bouffons à tête rasée, sans chaussure, aux vêtements formés de diverses couleurs, *planipedes*, *excalceati*, *panniculi sanniones capreæ*. *V.* Calliachus, *De ludis scenicis mimorum et pantomimorum syntagma*, Padoue, 1713, in-4°; Ziegler, *De mimis Romanorum*, Gœttingue, 1788.

MIMÉSE (du grec *mimèsis*, imitation), sorte d'Ironie

qui, venant de la haine, du mépris ou de la colère, parodie le ton, les gestes et les paroles d'une personne, afin de lui donner un ridicule. On en trouve un exemple dans la scène du *Misanthrope* de Molière, entre Arsinoé et Célimène.

MIMIQUE (du grec *mimos*, imitateur), art de parler aux yeux sans le secours de la parole et de l'écriture, par les attitudes, les mouvements des mains et du corps, les jeux de la physionomie, assujettis à certaines lois ou devenus signes de convention. C'est un langage à l'usage des personnes qui ne parlent pas la même langue, ou qui sont privées de l'organe de la parole. La Mimique sert aussi, dans les pièces de théâtre appelées pantomimes et ballets, à remplacer la parole par l'expression des idées et des sentiments. Enfin, associée à la parole, soit chez l'orateur, soit sur la scène, elle ajoute à sa puissance. V. Action, Dramatique (Art), Geste.

MIMODRAME, œuvre scénique dans laquelle les acteurs ne parlent pas, mais se bornent à mimer leur rôle. Ce genre prit naissance, lorsque l'autorité, dans le but de protéger les théâtres royaux contre une concurrence dangereuse, interdit tout empiètement sur leur domaine aux théâtres secondaires. Tantôt le nombre des personnages qui pouvaient occuper simultanément la scène fut limité, tantôt on ne permit la parole qu'à un seul, tantôt tous les personnages durent rester muets et se contenter du geste, pendant qu'on déclamait l'ouvrage derrière la toile de fond ou dans les coulisses. Quelquefois même ils portèrent des écriteaux, indiquant aux spectateurs ce que le geste seul n'aurait pu leur faire comprendre. Le mimodrame chercha des moyens de séduction dans la beauté des décors, la richesse des costumes, le nombre et les manœuvres des comparses, et l'on est ce qu'on appelle encore aujourd'hui des *pièces à spectacles*. Il a eu son plus beau théâtre au Cirque Olympique de Paris.

MIMOGRAPHE. V. Mime.

MINARDE (Ordonnance). V. Minard, dans notre *Dictionnaire de Biographie et d'Histoire*.

MINARET (de l'arabe *minarèh*, lieu de lumière), tour haute et svelte annexée aux mosquées. Elle est divisée en étages et ceinte de balcons en saillie, d'où le muezzin annonce aux Musulmans les cinq heures de la prière. V. Arabe (Architecture), la fig. p. 185, 2e colonne.

MINE, monnaie de compte des anciens Grecs, valant 100 drachmes, ou la 60e partie du talent attique. La mine ptolémaïque ou alexandrine ne fut que les 4/5 de la mine attique.

MINE, en termes d'Art militaire, chemin souterrain pratiqué par un assiégeant pour arriver sous un ouvrage de la place, et le détruire (V. Mine, dans le *Supplément*). Une mine se compose d'une *galerie* et d'un *fourneau* (V. ces mots). L'usage de charger les mines avec de la poudre date de 1487; l'invention appartient aux Génois, qui assiégeaient Sarzanella. Mais l'Espagnol Pedro de Navarre fut le premier à qui ce moyen réussit, en attaquant le château de l'Œuf, à Naples, en 1503. V. Bousmard, *Essai général de fortification*, Paris, an XII; Gillot, *Traité de fortification souterraine*, 1805.

MINE (CONTRE-). V. Contre-Mine.

MINÉRALES (Eaux). V. Eaux minérales.

MINERVAL. V. ce mot dans notre *Dictionnaire de Biographie et d'Histoire*.

MINERVE, divinité latine que les Romains assimilèrent à la déesse grecque *Athéné*. Celle-ci représenta primitivement l'air pur, l'atmosphère, puis devint une déesse des eaux, dite Tritogénie ou Tritonie (*née des eaux*, d'après l'étymologie sanscrite), parce qu'on regarda l'atmosphère comme la source de l'humidité et des eaux. De là l'épithète de *glaukôpis* (aux yeux glauques) qu'elle reçoit dans Homère; de là aussi les rapports que la Fable établit entre elle et Poséidon ou Neptune, que plusieurs traditions lui donnèrent même pour père. Personnification de l'air pur, Athéné fut considérée comme vierge, et veilla sur la chasteté des femmes; par suite, elle présida aux travaux des femmes, à l'aiguille, à la navette, au fuseau; elle devint le type des plus hautes vertus, de la pureté et de la sagesse suprêmes, et, comme ces vertus émanent de Jupiter, on la fit naître du cerveau de ce Dieu, mythe que quelques-uns rattachent au surnom de Tritonia, dérivé de tritô (*tête*), en dialecte béotien). C'est encore comme divinité de l'air pur qu'Athéné fut une déesse médicale, une divinité de la santé, confondue avec Hygie : elle eut, ainsi qu'Esculape, le serpent pour emblème. Parce qu'elle créa l'olivier, les Athéniens la prirent pour protectrice : le serpent étant la figure sous laquelle les Hellènes représentaient le gé-

nie local, on s'explique encore par là qu'il soit devenu l'un de ses attributs. Protectrice d'une importante cité, Athéné prit les caractères d'une divinité guerrière : on la dit sortie tout armée de la tête de Jupiter; on lui attribua l'art de dompter et de conduire les chevaux, ainsi que l'invention des chars et des trompettes de guerre. Quand Athéné fut confondue en Italie avec la déesse étrusque Mnerfa, devenue la Minerve des Latins, celle-ci reçut les traits de la divinité athénienne. Athéné fut encore la patronne des laboureurs; à ce titre, elle fut appelée *boudeia*, *boarmia* (qui attelle les bœufs au joug), et fut représentée avec des couronnes et des fruits sur la tête. — On donnait à Minerve une beauté simple et modeste, un air grave, noble, plein de force et de majesté, et on la représentait coiffée d'un casque, vêtue d'une tunique longue, sans manches, sans coutures aux côtés, avec l'égide sur la poitrine, et armée de la lance, que parfois elle brandit : on a expliqué ainsi son nom de Pallas (de *pallô*, agiter, brandir), qui, selon d'autres, signifierait jeune fille (*pallax*). Son temple le plus magnifique, le *Parthénon* d'Athènes, était par excellence le sanctuaire de la divinité vierge. Là se trouvait son image la plus achevée, la statue chryséléphantine exécutée par Phidias : elle représentait la déesse debout, et était haute de 11 mèt. environ. Elle était creuse; les lames d'ivoire et l'or qui servaient pour le casque, l'égide et le péplos de la déesse, étaient appliqués sur une carcasse en bois soutenue par une armature. Cette Minerve, restituée, dans de médiocres proportions, par M. le duc de Luynes, a été exécutée par le sculpteur Simart. Une statuette de Minerve, vue par Lenormant à Athènes en 1860, et qui, bien que d'un travail vulgaire, paraît être une imitation de l'œuvre de Phidias, peut servir à rectifier quelques erreurs des archéologues qui ont restitué cette œuvre. Le combat des Géants figuré sur le bouclier qui est aux pieds de la déesse, le serpent qui se dresse en levant la tête sous la protection de l'égide, les dieux assistant à la naissance de Pandore sur le piédestal, tous les accessoires de cette statuette, sont conformes aux descriptions que les Anciens nous ont laissées de la fameuse Minerve; mais la forme et les ornements du casque diffèrent, ainsi que la place et l'attitude du serpent; la représentation du combat des Géants, au lieu d'être le sujet d'une frise, est ciselée dans le champ du bouclier, dans la partie convexe, et non dans la concavité; c'est de la main droite, et non de la gauche, que la déesse porte la statue de la Victoire, la gauche tenant la lance. Indépendamment de la Minerve du Parthénon, Phidias fit la Minerve Poliade de l'Acropole, et la Minerve de Platée, en bois doré et en marbre pentélique, toutes deux de proportions colossales. Minerve eut des temples célèbres à Lindos, à Mantinée, à Tégée; dans cette dernière ville, la statue de la déesse, toute en ivoire, avait été faite par le sculpteur Endœos; Auguste la fit transporter à Rome. Les plus anciens sanctuaires de Minerve chez les Romains s'élevaient sur les monts Capitolin, Aventin et Cœlius; l'empereur Domitien en fit élever plusieurs, entre autres celui d'où est restée à une partie de Rome moderne le nom de *Minerva*. C'est là qu'a été découverte la Pallas Giustiniani. En 1797, on a trouvé à Velletri une Pallas colossale en marbre de Paros, qui est aujourd'hui au Musée du Louvre. Cet établissement possède une Minerve d'un seul morceau d'albâtre oriental : la déesse est représentée tenant dans la main gauche une chouette, sa poitrine est couverte de l'égide bordée de serpents et où est figurée la tête de Méduse sur un fond d'écailles.   B.

MINERVE (Chant de), en latin *Canticum* ou *Nomus Minerva*, chant grec, composé par Olympe, qui vivait sous le règne de Midas. Il fut conservé, avec sa musique, pendant plusieurs siècles.

MINES, masses de substances minérales ou fossiles renfermées dans le sein de la terre, et qui contiennent de l'or, de l'argent, du platine, du mercure, du plomb, du fer, du cuivre, de l'étain, du zinc, de la calamine, du bismuth, du cobalt, de l'arsenic, du manganèse, de l'antimoine, du molybdène, de la plombagine, du soufre, de la houille, de l'alun, des sulfates à base métallique, etc. On appelle *Minières* les minerais de fer dits d'alluvion, les terres pyriteuses propres à être converties en sulfate de fer, les terres alumineuses et les tourbes. L'exploitation des mines est, dans presque tous les pays, un des objets de la sollicitude du gouvernement, une source de revenus, de prospérité et de force. L'attribution de la propriété des mines au propriétaire du sol est favorable à la recherche des mines, mais non à leur exploitation; l'attribution à l'inventeur n'est pas plus favorable à l'exploitation, mais elle l'est beaucoup plus à la découverte. Il paraîtrait donc utile, au premier abord, d'attribuer la propriété de la mine à l'inventeur plutôt qu'au propriétaire. Toutefois, ce principe ne saurait être appliqué aux mines dont l'existence est connue depuis longtemps ; ensuite, quelles limites assigner à la concession fondée sur ce principe? S'il est juste que l'inventeur soit récompensé proportionnellement à l'importance de sa découverte, il serait extravagant d'attribuer des richesses minérales immenses à l'auteur d'une découverte due le plus souvent au hasard. A l'égard du propriétaire du sol, si les mines étaient abandonnées au premier occupant, les matières les plus précieuses seraient bientôt perdues par le gaspillage. Aussi, sur presque tout notre continent, la propriété des mines fait partie du domaine public, et ne peut devenir propriété particulière qu'en vertu d'une concession de l'État. Ce principe paraît plus conforme au Droit que celui qui est adopté en Angleterre, car le propriétaire de la surface n'a fait aucun travail de nature à lui faire attribuer la valeur de la mine. En outre, l'exploitation de cette propriété intéresse trop vivement la prospérité publique pour être abandonnée à l'arbitraire du concessionnaire, dont l'incurie aurait les résultats les plus funestes. Une exploitation mal dirigée, soit par le défaut de connaissances nécessaires, soit par suite de l'intérêt du moment, qui pousse toujours les parties les plus riches sans s'inquiéter de l'avenir, peut rendre impossible l'exploitation d'une valeur bien plus considérable que celle que l'on a déjà retirée.

Chez les Athéniens, l'État était seul propriétaire des mines ; mais il les affermait moyennant une somme une fois payée et une redevance perpétuelle du 24e du produit brut. Les mines d'argent du Laurium et les mines d'or de l'île de Thasos et de Scapte-Hyle étaient seules exploitées directement au compte de l'État. — Chez les Romains, le droit régalien ne s'appliquait d'abord qu'aux mines d'or et d'argent. Sous la République, le domaine ne possédait qu'un petit nombre de mines, et les exploitait en régie ; les autres appartenaient aux particuliers, qui payaient à l'État une redevance affermée pour une époque déterminée. Des officiers spéciaux autorisaient l'exploitation des mines et en surveillaient les travaux. Dans les derniers temps de l'Empire, les mines devinrent presque toutes la propriété du fisc. — Sous le régime féodal, le domaine des mines passa dans les mains des seigneurs. Puis, lorsque la centralisation eut à peu ébranlé ou effacé les souverainetés locales, ce domaine devint régalien. — En Allemagne, Charlemagne, remettant en vigueur dans cette partie de son Empire les principes du droit régalien, réclama au profit de l'État la propriété de toutes les mines, tant découvertes qu'à découvrir. La Bulle d'or de 1350 attribua aux électeurs de l'Empire la propriété des mines de leurs États. Une exploitation régulière fut organisée en 1271 par une ordonnance du duc de Brunswick relative aux mines du Harz, et par le roi de Bohême, en 1275, pour celles situées dans ses États. Le droit régalien était également appliqué en Angleterre, puisque, dès 1231, la houille y est exploitée pour la première fois en vertu d'une concession du roi Henri III aux habitants de Newcastle. Depuis cette époque, ce droit paraît avoir été abandonné. Mais, du reste, en Angleterre, la grande étendue des propriétés superficielles, l'immensité des fortunes particulières, le bas prix des capitaux et la disposition générale à créer des compagnies puissantes pour ce genre d'entreprise, rendent peut-être l'intervention du gouvernement moins nécessaire que dans les autres pays.

Le premier acte réglementaire des mines en France date de Charles VI (30 mai 1415). Il proclame le droit régalien ne le sens que le 10e du produit des mines appartient au roi. Elles formaient une propriété distincte de la superficie, et l'État pouvait les exploiter pour son compte ou les concéder à son gré. Une ordonnance de Louis XI (27 juillet 1471) consacra le principe de la surveillance de l'État, et même, dans certains cas, de l'expropriation des propriétaires. En même temps il créait une charge de maître général, visiteur et gouverneur des mines du royaume. Cette charge fut maintenue, en changeant de nom, jusqu'au règne de Louis XV, où lui succéda, en 1748, une Compagnie investie du privilège d'exploiter toutes les mines du territoire. L'Assemblée constituante, sur la proposition de Mirabeau, déclara, par la loi du 12 juillet 1791, que les mines étaient la propriété de la Nation, qu'elles ne pouvaient être exploitées que de son consentement, et à la charge d'indemniser le propriétaire de la surface : elle reconnaissait en outre au profit du proprié-

taire le droit absolu et inconditionnel d'exploiter sur son fonds jusqu'à cent pieds de profondeur. La concession ne pouvait excéder 50 ans ; le propriétaire du sol l'obtenait de préférence à tout autre. L'indemnité, bornée à la réparation des dommages résultant de l'exploitation, consistait à payer le double de la valeur intrinsèque du sol qui aurait été l'objet des dégâts, ou dont la jouissance aurait été paralysée entre les mains du propriétaire. Si celui-ci voulait exploiter une mine située au-dessous de sa propriété, le gouvernement ne pouvait lui refuser la concession, à moins que sa terre ne fût pas assez étendue pour former une exploitation. Dans les dispositions de cette loi, la limitation dans la durée des concessions était injuste, en ce que les exploitants n'avaient pas le temps d'amortir leur capital. En outre, elle laissait l'exploitation sans contrôle, et ne la contraignait pas même à l'activité ; aussi le dépérissement des mines au milieu du développement de l'industrie générale démontra, après quelques années, la nécessité d'une législation nouvelle. La loi du 21 avril 1810 pose en principe que les masses minérales, considérées comme chose, sont de droit commun, et, qu'étant une dépendance de la surface, elles appartiennent au propriétaire du sol. Toutefois, comme leur exploitation met en mouvement de très-grands intérêts publics et économiques, l'utilité générale doit faire fléchir le droit absolu du propriétaire. Ce dernier ne peut donc user de sa mine, qui demeure inerte entre ses mains ; mais l'État la dépossède pour cause d'utilité publique, et moyennant une indemnité. Les droits de la surface étant purgés, l'État concède la mine à qui bon lui semble ; cette concession crée une propriété nouvelle, qui est à son tour de droit commun, qu'on peut vendre, donner, hypothéquer comme un immeuble quelconque dont on est propriétaire incommutable. L'étendue superficielle d'une concession de mines ne peut dépasser 120 kilom. carrés ; généralement elle est beaucoup moins forte. Les propriétaires de mines payent à l'État une redevance fixe de 10 fr. par kilom. carré, et une redevance proportionnelle aux produits de l'extraction, laquelle ne peut jamais s'élever au-dessus de 5 p. 100 du produit net. Cette dernière est imposée et perçue dans les mêmes formes que la contribution foncière : toutefois, les propriétaires de mines peuvent la convertir en un abonnement, qu'un décret de 1860 a basé sur le produit net de deux années. Le droit attribué aux propriétaires de la surface, lorsqu'ils ne sont pas concessionnaires, est réglé à une somme déterminée. Les concessionnaires sont tenus de payer les indemnités dues au propriétaire de la surface où ils établissent leurs travaux ; si les travaux entrepris ne sont que temporaires, et si le sol qui les a subis peut être mis en culture après un an, comme il l'était auparavant, l'indemnité se règle au double de ce qu'aurait produit net le terrain endommagé. Lorsque l'occupation des terrains pour la recherche ou les travaux des mines prive les propriétaires du sol de la jouissance du revenu au delà d'un an, ou lorsqu'après les travaux les terrains ne sont plus propres à la culture, on peut exiger l'acquisition de ces terrains ; si le propriétaire de la surface le requiert, les pièces de terre trop endommagées ou dégradées sur une trop grande partie de leur surface doivent être achetées en totalité. Le terrain à acquérir est toujours estimé au double de la valeur qu'il avait avant l'exploitation de la mine. — Une mine ne peut être vendue par lots ou partagée sans une autorisation préalable du gouvernement. Les mines sont immeubles, ainsi que les bâtiments, machines, puits, galeries et autres travaux établis à demeure. Sont réputés meubles les actions ou intérêts dans une société ou entreprise pour l'exploitation des mines, les matières extraites, les approvisionnements et autres objets mobiliers, sauf les chevaux, agrès, outils et instruments servant à l'exploitation même. L'exploitation des mines n'est pas considérée comme un commerce, et les sociétés qui sont formées pour cette exploitation dépendent de la juridiction civile.

La loi de 1810 a reçu divers compléments spéciaux et réglementaires par le décret du 3 janvier 1813, les lois du 27 avril 1838, du 17 juin 1840, et le décret du 23 octobre 1852. Une disposition de la loi de 1838 porte que, lorsque plusieurs mines situées dans des concessions différentes sont atteintes ou menacées d'une inondation commune, de nature à compromettre leur existence, la sûreté publique ou les besoins des consommateurs, le gouvernement peut obliger les concessionnaires à exécuter en commun les travaux nécessaires, soit pour assécher tout ou partie des mines inondées, soit pour arrêter les progrès de l'inondation. Le décret du 3 oct. 1852 défend à tout concessionnaire de mines de réunir une ou plusieurs concessions d'autres de même nature, sans autorisation, afin d'empêcher la concentration entre quelques mains, et d'arrêter ainsi la formation d'un monopole. — La Belgique a gardé la loi française de 1810, mais en la modifiant dans l'intérêt des propriétaires de la surface, par une loi du 2 mai 1837, qui établit que l'indemnité attribuée par la loi de 1810 doit être déterminée au moyen d'une redevance fixe qui n'est jamais moindre de 25 centimes par hectare de superficie, et d'une redevance proportionnelle fixée de 1 à 3 p. 100 du produit net de la mine arbitré annuellement par un comité d'évaluation, soit sur les renseignements fournis par les exploitants, soit par forme d'imposition ou d'abonnement. — En Prusse, dont la législation a servi de modèle au reste de l'Allemagne, toutes les mines font partie du domaine public, et ne peuvent être exploitées qu'en vertu d'une concession. Les exploitants sont soumis à la surveillance des agents spéciaux de l'autorité, à l'acquittement de certains droits en argent, et à une redevance annuelle du dixième du produit brut. L'État se réserve toujours un droit de préemption des produits de l'exploitation des mines d'or et d'argent. Les carrières, quand l'extraction peut avoir lieu à ciel ouvert, appartiennent au propriétaire de la surface, qui peut les exploiter sans autorisation ; si le propriétaire ne les exploite pas, toute autre personne peut prendre sa place, moyennant une indemnité et une part dans les produits de la mine, dès que l'exploitation a été déclarée d'utilité publique. La recherche des gîtes métalliques ou minéraux doit être autorisée par l'agent des mines de la localité, et ne peut avoir lieu qu'à quatre pieds (1^m,25^c) des habitations et des bâtiments d'exploitation. — En Russie, le droit régalien s'exerce d'abord par un prélèvement sur le produit des mines particulières, lequel, depuis 1847, est de 40 p. 100 pour les mines d'or et d'argent, puis par l'obligation généralement imposée aux exploitants de livrer leurs produits au gouvernement, à un taux fixé par lui. — En Espagne, la législation sur les mines est la même que celle de la France.

V. Blavier, *Jurisprudence des mines en Allemagne*, traduit de Cancrin, 1825, 3 vol. in-8°, dont le dernier contient la législation française ; Locré, *Législation sur les mines*, 1828, in-8° ; Barrier, *Code des mines*, 1829, in-8° ; Beaumont, *Coup d'œil sur les mines*, Paris, 1834 ; Héron de Villefosse, *De la richesse minérale*, 1838, 1 vol. et atlas ; Delebecque, *Traité sur la législation des mines et minières en France et en Belgique*, 1836-38, 2 vol. in-8° ; Richard, *Législation française sur les mines*, 1838, 2 vol. in-8° ; Ravinet, *Code des ponts et chaussées et des mines*, 1829-40, 7 vol. in-8° ; Peyret-Lallier, *Traité sur la législation des mines, minières, carrières, tourbières, usines*, 1844, 2 vol. in-8° ; Ét. Dupont, *Traité pratique de la jurisprudence des mines, minières, forges et carrières*, 1853, 2 vol. in-8° ; Lamé-Fleury, *De la législation minérale sous l'ancienne monarchie*, 1857, in-8°, et *Recueil méthodique et chronologique des lois, etc., concernant le service des ingénieurs au corps des mines*, 1857, 2 vol. in-8° ; Dufour, *Les lois des mines*, 1857, in-8° ; Rey, *De la propriété des mines*, 1857, 2 vol. in-8° ; De Fooz, *Points fondamentaux de la législation des mines, minières et carrières*, Tournai, 1858, in-8° ; Bury, *Traité de la législation des mines, des minières, des usines et des carrières en Belgique et en France*, Liége, 1860, 2 vol. in-8°.   A. L.

MINES (Conseil général des). V. CONSEIL GÉNÉRAL DES MINES, dans notre *Dictionnaire de Biographie et d'Histoire*.

MINES (École des). V. ÉCOLE DES MINES, dans notre *Dictionnaire de Biographie et d'Histoire*.

MINES (Gardes-). V. GARDES-MINES.

MINES (Ingénieurs des), corps qui fait partie du Génie civil, et qui est chargé de surveiller l'exploitation des mines quand elle est faite pour le compte des particuliers, de la diriger quand elle a lieu dans l'intérêt du domaine public. Il dépend du Ministère des travaux publics. Charles VI institua, dans chaque bailliage, des commissaires royaux, à la fois administrateurs et magistrats, pour surveiller les exploitations et résoudre les difficultés élevées sur le fait des mines. Plus tard, on créa, pour cette branche de l'administration publique, un grand-maître surintendant des mines, un lieutenant général et un contrôleur, des lieutenants particuliers, et plusieurs conseillers du roi. En 1788, l'administration et le corps des mines se composaient de 1 intendant, de 2 commissaires du roi, de 5 inspecteurs généraux, de 3 sous-inspecteurs, et de 6 ingénieurs. Il existait des fonctionnaires de même nature dans les pays d'États. Le

décret du 18 nov. 1810 réorganisa le corps des mines, et détermina d'une manière précise les fonctions des ingénieurs. Cette organisation nouvelle a été légèrement modifiée par une ordonnance du 27 avril 1832. Le corps des mines comprend : 6 *inspecteurs généraux* de 1re classe et 8 de seconde (12,000 et 10,000 fr. de traitement) ; 12 *ingénieurs en chef* de 1re classe, et 15 de seconde (6,000 fr., 5,000 fr. et 4,500 fr.) ; 19 *ingénieurs ordinaires* de 1re classe (3,000 fr.), 30 de seconde (2,500 fr.), et 12 de troisième (1,800 fr.). Les ingénieurs reçoivent, en outre, des allocations annuelles pour frais et loyer de bureau, et une indemnité de frais de tournées.

Pour le service des mines, le territoire français est divisé en 5 inspections :

Inspections.	Departements.
Nord-Ouest.	Nord, Pas-de-Calais, Somme, Oise, Aisne, Seine-et-Oise, Seine, Seine-et-Marne, Loiret, Eure-et-Loir, Sarthe, Mayenne, Ille-et-Vilaine, Finistère, Morbihan, Côtes-du-Nord, Orne, Manche, Calvados, Eure, Seine-Inférieure.
Nord-Est.	Ardennes, Meuse, Marne, Meurthe-et-Moselle, Vosges, arr. de Belfort, Aube, Yonne, Hte-Marne, Hte-Saône, Doubs, Côte-d'Or, Jura, Saône-et-Loire, Ain.
Centre.	Indre-et-Loire, Maine-et-Loire, Loire-Inférieure, Vendée, Deux-Sèvres, Loir-et-Cher, Vienne, Indre, Cher, Nièvre, Allier, Charente, Charente-Inférieure, Haute-Vienne, Creuse, Corrèze, Cantal, Dordogne, Puy-de-Dôme, Loire, Haute-Loire, Rhône.
Sud-Est.	Isère, Savoie, Haute-Savoie, Lozère, Ardèche, Drôme, Hautes-Alpes, Basses-Alpes, Alpes-Maritimes, Gard, Vaucluse, Bouches-du-Rhône, Var, Hérault, Corse.
Sud-Ouest.	Gironde, Lot-et-Garonne, Lot, Aveyron, Landes, Gers, Tarn-et-Garonne, Tarn, Basses-Pyrénées, Htes-Pyrénées, Hte-Garonne, Ariége, Aude, Pyrénées-Orient.

MINEUR (du latin *minor*, moindre), se dit de toute personne qui n'est pas assez âgée, aux yeux de la loi, pour être présumée capable de gérer ses affaires. Le temps où la *Minorité* finit est celui où la *Majorité* commence (V. MAJORITÉ). Le mineur est soumis à l'autorité paternelle, et, si le père décède ou disparaît, à l'autorité d'un tuteur. Le *Code Napoléon* (art. 1124) range les mineurs parmi les personnes *incapables de contracter ;* par l'*Émancipation* (V. ce mot), ils sont, à certains égards, relevés de cette incapacité. Le domicile d'un mineur non émancipé est celui de ses père, mère ou tuteur (*Code Napoléon*, art. 108). D'après ce principe, que le mineur ne peut détériorer sa condition, mais qu'il peut l'améliorer, un contrat avantageux qu'il aurait fait avec une personne majeure est valable, et celle-ci ne serait pas admise à opposer l'incapacité du contractant (art. 1125) ; si le contrat lèse le mineur, il n'est pas nul de plein droit, mais simplement sujet à rescision, et le mineur peut se faire restituer pour cause de lésion (art. 1305). Il en serait encore ainsi dans l'un et l'autre cas, quand même le mineur contractant se serait déclaré majeur (art. 1307). Toutefois, si la loi garantit le mineur de toute perte, elle n'a pas voulu l'enrichir avec l'argent d'autrui : par conséquent, il est tenu au remboursement des sommes reçues par suite d'une convention, si elles ont servi à dégrever ses fonds d'une ancienne charge (art. 1312). D'autre part, il n'y a pas lieu à rescision, lorsque la lésion n'est résultée que d'un événement casuel et imprévu, ou lorsque les engagements ont été ratifiés en majorité (art. 1300, 1311). Il ne peut y avoir non plus restitution contre les conventions matrimoniales légalement formées, ni contre des ventes d'immeubles ou partages de successions, consommés avec les formalités prescrites relativement aux biens des mineurs, ni contre les obligations résultant d'un délit ou quasi-délit (art. 1309, 1310, 1314). Le mineur commerçant, banquier ou artisan, n'est pas restituable contre les engagements qu'il a pris à raison de son commerce ou de son art (art. 1308) ; mais, pour ses autres affaires, et spécialement pour l'aliénation de ses immeubles, sa situation n'est pas modifiée. La loi maintient enfin les actions hypothécaires des mineurs indépendamment de toute inscription (art. 2135 et suiv.), et déclare que le cours de la prescription est interrompu ou s'arrête contre eux, tant que dure la minorité (art. 2252). A 16 ans, le mineur peut tester jusqu'à concurrence de la moitié de ses biens. La contrainte par corps ne peut pas être exercée contre lui. Il a une hypothèque légale sur les biens de son tuteur, en garantie de la gestion de celui-ci. — L'état de minorité a aussi des conséquences dans le Droit criminel (*V.* DISCERNEMENT). *V.* Desquiron, *Traité de la Minorité, de la Tutelle*, etc., 1810, in-8°; Marchand, *Code de la Minorité et de la Tutelle*, 1830, in-8°; Magnin, *Traité des Minorités*, 1842, 2 vol. in-8°; Fréminville, *Traité de la Minorité et de la Tutelle*, 1846, 2 vol. in-8°; Demolombe, *De la Minorité, de la Tutelle et de l'Émancipation*, etc., 2 vol. in-8°; Arbois de Jubainville, *Recherches sur la Minorité et ses effets en Droit féodal français*, 1852, in-8°.

MINEUR, terme de Musique. *V.* INTERVALLE, MODE.

MINEURE, seconde prémisse du syllogisme, ainsi nommée parce qu'elle contient l'énonciation du rapport du petit terme (*minor terminus*) avec le moyen terme. *V.* MAJEURE, PRÉMISSES, SYLLOGISME, TERME.

MINEURS.

MINEURS (École des). } *V.* notre *Dictionnaire de Biographie et d'Histoire.*
MINEURS (Ordres).

MINIATURE. Ce mot, qui veut dire *peinture au minium* (oxyde de plomb), s'appliqua d'abord aux *rubriques*, c.-à-d. aux lettres de couleur rouge que les calligraphes du moyen âge exécutaient dans les manuscrits au commencement des chapitres, des paragraphes et des alinéas. On l'étendit ensuite aux lettres ornées d'arabesques, d'enroulements, de feuilles de vigne (d'où est venu le nom de *vignettes*), et enfin aux enluminures ou sujets peints qui prirent la place de ces lettres. Ces dernières miniatures, où l'on n'a plus employé une couleur unique, sont faites avec plus ou moins de talent, suivant le goût du siècle et la capacité de l'auteur (*V.* l'art. suiv. et le mot CALLIGRAPHIE). — Depuis la découverte de l'imprimerie, les miniaturistes cessèrent presque complétement d'orner les livres; ils exécutèrent, sur papier, sur vélin, sur bois, sur émail, sur ivoire, avec des couleurs délayées à l'eau de colle ou à l'eau gommée, principalement avec le *minium*, toutes sortes de petits sujets, fleurs, animaux, portraits, etc., que l'on encadra, ou dont on orna des boîtes, des bonbonnières, des éventails, des tabatières. Dans cette nouvelle période de la miniature, on doit mentionner : au XVII° siècle, André de Vito, Isaac Olivier, Jean Cerva, Jacques Ligozio, François et Michel Castello, J.-Guill. Bauer, Laire, Duguernier, Fruitiers, Gerbier, Bisi, Jeanne Garzoni, Jacques Bailly, Aubriet, Sophie Chéron; au XVIII°, Ferrand, Klingstet, Félicité Sartori, Leblond, Félicité Tibaldi, Arlaud, Ismaël Mengs, Rosalba Carriera, Joseph Camerata, Baudouin, Liotard, Kœnig, Kodowiecky, Charlier, Dumont, Guérin; au XIX°, Augustin, Isabey, Aubry, Saint, Millet, Mansion, M™° Jaquotot, M™° de Mirbel, M™° E. Callault, etc. Dans la miniature, les chairs se font par des teintes pointillées et superposées; les draperies et les accessoires s'exécutent à la gouache recouverte de hachures serrées et croisées. *V.* Mayol, *Introduction à la miniature*, Amsterdam, 1771, in-12; Violet, *Traité sur l'art de peindre en miniature*, Paris, 1788, 2 vol.; Bachelier, *École de la miniature*, Paris, 1814, in-12; Ballart, *École de la miniature*, ouvrage revu par Cloquet, 1817; Mansion, *Lettres sur la miniature*, 1823, in-12. B.

MINIATURE DES LIVRES. Ce genre de peinture fut, dans sa splendeur, un art français et surtout parisien. Au XII° siècle, ceux qui s'y livraient, les *enlumineurs*, étaient déjà si fameux, qu'on envoyait à Paris pour y faire faire les plus beaux livres *illuminés* : les miniaturistes d'Italie et de Flandre n'égalaient pas ceux de France, dont la supériorité commença dès le VIII° siècle, au temps de Charlemagne. Il y avait aussi de célèbres écoles ou ateliers de peinture pour l'ornementation des manuscrits à Bourges, à Poitiers, et surtout à Tours. Un livre, et même une miniature un peu importante, était l'œuvre de plusieurs artistes, parmi lesquels il y avait des femmes. L'art de la peinture ne fleurit que dans les livres jusqu'au commencement du XV° siècle; il s'exerçait dans les missels et les livres de lutrin, ainsi que dans les Heures et les Bibles en usage chez les familles opulentes. Ces livres, grands ou petits, offrent toutes les parties constitutives de la peinture, même des plus vastes proportions : art de la composition, ordonnancement habile d'un sujet avec peu ou beaucoup de personnages, expression et grâce des figures, vigueur ou naïveté de l'exécution, éclat et jeu de la couleur, tout s'y trouve. Ces qualités portées à un point plus ou moins élevé firent et

font encore le prix de ces beaux livres manuscrits, établis à grands frais, et que les amateurs payent si cher aujourd'hui. Toutes les grandes bibliothèques publiques, et en France, notamment la Bibliothèque nationale de Paris, ont des collections ou des spécimens de ces splendides manuscrits ornés de miniatures. Le plus beau peut-être fut à la Bibliothèque de la ville de Paris : c'était un Pontifical dit *Missel de Juvénal des Ursins*, exécuté entre 1449 et 1457, pour Jacques Juvénal des Ursins, administrateur de l'évêché de Poitiers, et fils de Jean Juvénal des Ursins, qui fut prévôt des marchands de Paris. Il était grand in-fol., et d'une richesse sans pareille par ses ornements marginaux, où l'on voyait de délicieuses arabesques, par 3,222 lettres historiées, et surtout par 140 grandes miniatures, vrais tableaux d'histoire, peints largement, bien qu'avec une grande finesse. L'ensemble des miniatures formait comme un musée des costumes, des armes, des instruments de toute espèce, des édifices et des meubles de l'époque. On y remarquait quelques vues du vieux Paris, qui ne se trouvent plus guère que là; 138 de ces miniatures avaient pour cadre une grande lettre initiale richement peinte. Ce Missel, acheté 30,000 fr., par Amb. Firmin Didot, dans une vente publique faite à Paris en 1861, avait été cédé par lui, au même prix, à la ville de Paris. Il périt dans l'incendie de l'Hôtel-de-Ville (mai 1871). — Presque tous les miniaturistes sont demeurés inconnus; la plupart vivaient dans les monastères. Nous citerons : au XIII° siècle, Guido de Sienne, Simon Memmi, et François de Bologne; au XIV°, Cibo; au XV°, D. Lorenzo, Fra Bernardo dit Buontalenti, Gherardo, Bartolommeo della Gatta, Agosto Decio, Stefaneschi, Pietro Cesarei; au XVI°, le P. Piaggi, Fouquet, Antoine de Compaigne, Jules Clovio, Jérôme Ficino, Jacques Argenta de Ferrare, Valentin Lomellino, Anne Seghers, Jean Mielich. L'art des miniaturistes commença de se perdre à la fin du XV° siècle, lorsque parurent les premiers essais de l'imprimerie. On fit beaucoup moins de livres manuscrits; les livres imprimés les remplacèrent, et la typographie les orna d'images que l'on coloria pour imiter les miniatures. Il n'y eut plus que les riches qui purent se donner le luxe des beaux livres chefs-d'œuvre de calligraphie et de peinture. Alors la miniature disparut peu à peu de France; elle se soutint encore en Italie jusqu'au XVI° siècle, mais au siècle suivant, elle tomba partout en oubli. *V.* Amb. Firmin Didot, *Missel de Jacques Juvénal des Ursins*, Paris, 1861, br. in-8°. C. D—y.

MINIHIS ou MENEHIS (du celtique *menech-ti*, maison de moine, ou *manach-li*, canton de terre affranchi), nom qu'on donnait autrefois en Bretagne à des lieux d'asile consacrés par la demeure ou par la pénitence de quelque saint.

MINIME, ancienne note de musique, appelée ensuite *Blanche*. Le premier emploi de cette note est dû à Philippe de Vitry (XIV° siècle). La *semi-minime* apparaît à la fin du même siècle.

MINISTÈRE. *V.* ce mot dans notre *Dictionnaire de Biographie et d'Histoire.*

MINISTÈRE PUBLIC, magistrature amovible qui a pour mission de surveiller et de poursuivre devant les tribunaux la répression des crimes et délits, et d'assurer l'action de la justice et des lois. Le mode d'accusation (*V.* ACCUSATION) qui était en usage chez les anciens Romains, le système de la compensation pécuniaire adopté par les Barbares après la chute de l'Empire, l'usage du duel judiciaire dans les temps féodaux, étaient incompatibles avec une institution de ce genre. Le Ministère public ne prit naissance en France qu'après la constitution du Parlement : les officiers qui le composèrent furent appelés *gens du roi*; c'était le *procureur général* et les *avocats du roi* (*V.* PROCUREUR, AVOCAT GÉNÉRAL). Leurs attributions furent très-étendues dès l'origine : outre le droit de poursuite qui leur appartenait au criminel, ils apportaient les ordres du prince au Parlement, étaient souvent consultés sur les lois proposées, en requéraient l'enregistrement, requéraient aussi tout ce qui était utile au maintien de l'ordre public et au bien de l'État, et veillaient à la conservation de l'autorité royale, des prérogatives de la couronne, des droits du domaine, des lois fondamentales de la monarchie, des libertés de la nation, et surtout des libertés de l'Église de France. Persuadés que, pour bien servir le roi, il fallait savoir résister à sa volonté, et que, comme le disait l'avocat général Omer Talon au XVII° siècle, s'ils étaient les *gens du roi*, ils étaient aussi les *gens de la nation*, on les vit protester plusieurs fois (11 juin 1470, 13 mars 1477, 14 janv. 1555, etc.) contre les aliénations de diverses parties du domaine de l'État. De même, en 1590, le procureur général de La Guesle s'opposa à l'enregistrement des lettres patentes de Henri IV, portant désunion de son domaine particulier d'avec le domaine de la couronne. La Révolution de 1789 fit rentrer le Ministère public dans les limites de l'autorité judiciaire : il est exercé aujourd'hui par les *procureurs généraux* près la Cour de cassation et la Cour des comptes, et par leurs *avocats généraux;* par les *procureurs généraux* près les Cours impériales, et par leurs *avocats généraux* et leurs *substituts;* par les *procureurs impériaux* près les tribunaux de 1re instance et par leurs *substituts.*

En matière civile, le Ministère public agit, soit *par voie de réquisition,* soit *d'office* ou *par voie d'action.* Il agit par voie de réquisition et obligatoirement dans les causes que détermine l'art. 83 du *Code de procédure civile :* 1º celles qui concernent l'ordre public, l'État, le domaine, les communes, les établissements publics, les dons et legs au profit des pauvres ; 2º celles qui concernent l'état des personnes et les tutelles ; 3º les déclinatoires sur incompétence ; 4º les règlements de juges, les récusations et renvois pour parenté et alliance ; 5º les prises à partie ; 6º les causes des femmes non autorisées par leurs maris, ou même autorisées, lorsqu'il s'agit de leur dot et qu'elles sont mariées sous le régime dotal, et généralement toutes les causes où l'une des parties est défendue par un curateur ; 7º les causes concernant ou intéressant les personnes présumées absentes. Il peut prendre communication des autres causes dans lesquelles il croit son action nécessaire, et le tribunal peut aussi ordonner cette communication. Le Ministère public ne peut agir d'office que dans les cas suivants : 1º pour poursuivre l'annulation d'un mariage non valablement contracté ; 2º pour faire prononcer l'interdiction d'un individu frappé d'imbécillité, de démence ou de fureur, s'il est sans parents ; 3º pour suppléer à la négligence des maris tuteurs ou subrogés tuteurs, en prenant les inscriptions d'hypothèques légales ; 4º pour faire des actes conservatoires dans l'intérêt des personnes absentes ; 5º pour appeler les décisions rendues par le *Conseil de discipline de l'ordre des avocats,* dans les cas prévus par les art. 14 et 15 de l'ordonnance du 20 novembre 1822.

En matière criminelle, le Ministère public recherche e' poursuit, devant les Cours d'appel, les Cours d'assises et les tribunaux correctionnels, toutes les infractions à l'ordre public réputées *crimes* ou *délits* aux termes des lois pénales. Pour les *contraventions,* l'action publique s'exerce, devant les tribunaux de simple police, par les commissaires de police, par les maires ou leurs adjoints. Devant les tribunaux militaires, les fonctions du Ministère public sont remplies par les capitaines rapporteurs et les commissaires du gouvernement. Quand le Ministère public fait des réquisitions au nom de la loi, les Cours et tribunaux sont tenus de lui en donner acte et d'en délibérer. Il doit être entendu dans toutes les causes, et n'est pas récusable. Il ne peut être admonesté ni censuré par la Cour ou le tribunal devant lequel il porte la parole. Il fait exécuter les jugements et arrêts, et requiert à cet effet l'assistance de la force publique.

Une autre attribution du Ministère public est la surveillance et l'action disciplinaire qu'il exerce à l'égard des officiers ministériels de l'ordre judiciaire, du notariat, du barreau, des juges de paix, etc. Il a encore la surveillance des registres de l'état civil. *V.* Schenck, *Traité sur le Ministère public,* 1843, 2 vol. in-8º; Delpon, *Essai sur l'histoire de l'Action publique et du Ministère public,* 1830, 2 vol. in-8º; Ortolan et Ledeau, *Le Ministère public en France,* 1830, 2 vol. in-8º; De Molènes, *Traité pratique des fonctions du Ministère public,* 1843, 2 vol. in-8º ; Massabiau, *Manuel du Ministère public,* 3º édit., 1858, 3 vol. in-8º.

MINISTERIUM, nom par lequel les anciens écrivains ecclésiastiques désignent d'une manière générale tous les ornements et autres objets servant à l'autel.

MINISTRE (du latin *minister*), haut fonctionnaire chargé, dans un État, de l'une des branches de l'administration publique, dite *Ministère.* Un *Ministre à portefeuille* est celui qui a un Ministère ; un *Ministre sans portefeuille,* celui qui n'est appelé que pour le conseil. Les pouvoirs et attributions des Ministres à portefeuille, en France, sont : le contre-seing des décrets impériaux relatifs aux attributions de leurs Ministères respectifs, «d'où leur vient le titre de *Secrétaires d'État;* l'ordon-

nancement des dépenses publiques; la mise à exécution des lois et décrets par des règlements, des instructions, des interprétations ; la nomination d'un grand nombre de leurs subordonnés et agents ; le contrôle des actes des autorités inférieures, qu'ils peuvent confirmer ou réformer ; la direction des services publics qui leur sont confiés, et la préparation des mesures, décisions et règlements nécessaires. Sous la monarchie constitutionnelle, ils étaient responsables devant les Chambres ; la Constitution de 1852 déclare qu'ils ne peuvent être membres du Corps législatif, qu'ils dépendent uniquement de l'Empereur, et que le Sénat seul peut les mettre en accusation. Des Ministres sans portefeuille ont été institués à la fin de 1860, pour porter la parole au nom du Gouvernement devant le Sénat et le Corps législatif (*V.* le *Supplément*). — Les agents diplomatiques qui viennent après les ambassadeurs (*V. ce mot*) sont appelés *Ministres* ou *Envoyés plénipotentiaires,* quand ils sont chargés d'une mission spéciale et temporaire, et *Ministres résidents,* quand ils sont à poste fixe. B.

MINNESINGERS. *V.* ce mot dans notre *Dictionnaire de Biographie et d'Histoire.*

MINORITÉ. *V.* Mineur.

MINUSCULES (du latin *minusculus,* un peu plus petit), se dit, par opposition à *majuscules,* des petites lettres employées dans l'écriture cursive ou imprimée.

MINUTE, en termes de Pratique, signifie l'original, la première rédaction des pièces judiciaires ou des actes civils. Les minutes restent déposées chez les notaires, les juges de paix, les greffiers des tribunaux. Les notaires doivent garder la minute de tous les actes qu'ils reçoivent (Loi du 25 ventôse an XI) ; ils ne peuvent s'en dessaisir que dans les cas prévus par la loi et en vertu d'un jugement, et alors ils en dressent une copie figurée, que le président et le procureur impérial certifient, et qui est substituée à la minute jusqu'à la réintégration de celle-ci. Le *Code pénal* (art. 439) édicte des peines contre celui qui aurait brûlé ou détruit des minutes.

minute, la 12e partie du *module* dans les ordres toscan et ionique, la 18e dans les ordres ionique et corinthien.

MIR, sorte de trompette faite d'écorce de bouleau, quelquefois longue de plus d'un mètre, et qui rend un son fort et perçant. Les bergers suédois s'en servent pour éloigner les bêtes féroces.

MIRACLE, en latin *miraculum* (de *mirari,* admirer, être surpris), événement contraire aux lois constantes de la nature. Telle est la transformation de l'eau en vin par la parole de J.-C., ou la résurrection d'un mort. J.-J. Rousseau a dit : « Dieu peut-il faire des miracles? Cette question serait impie, si elle n'était absurde. Ce serait faire trop d'honneur à celui qui la résoudrait négativement que de le punir, il suffirait de l'enfermer. »

miracles, nom qu'on donna aux premiers essais de l'art théâtral en France, où l'on représentait les merveilles de la vie des Saints.

MIROIR (de *mirari,* regarder fixement), surface polie qui reproduit par réflexion l'image des objets placés au devant. Les Anciens se servirent de miroirs en métal. On voit dans l'*Exode* (ch. XXXVIII, v. 8) que Moïse fit un bassin d'airain avec les miroirs des femmes. Généralement on se servit d'un alliage d'étain et de cuivre, puis d'argent; on voit, au musée de Naples, deux miroirs d'or provenant des fouilles d'Herculanum. Pline le Naturaliste mentionne aussi des miroirs en pierre obsidienne, comme ceux que les Espagnols trouvèrent chez les habitants du Pérou. Néron avait, dit-on, un miroir d'émeraude. Selon Suétone, Domitien fit garnir une galerie de pierres réfléchissant les objets et qu'il appelle *phengites;* on ne sait ce qu'il faut entendre par là. Les miroirs faits à Corinthe et à Brindes étaient les plus estimés. On fabriquait à Sidon des miroirs avec des plaques de verre garnies par derrière d'une feuille de métal; mais il ne parait pas qu'ils soient devenus d'un usage général, et ils ne sont jamais mentionnés parmi les meubles précieux. Les miroirs en alliage de métaux se ternissent promptement, et doivent être constamment nettoyés et polis : aussi on y attachait une éponge et une pierre ponce. Ceux que l'on conserve dans les musées modernes sont ronds ou ovales, et ont un manche ou une poignée. L'usage de décorer les appartements avec des miroirs de grandes dimensions ne fut pas inconnu, ainsi que le prouve la description de la chambre de Vénus par le poëte Claudien; Sénèque (*Ep.* 86) parle aussi de ce raffinement de luxe. Les Modernes font leurs miroirs en glaces de verre très-uni et étamé. Cette invention était connue au XIIIe siècle, car John Peckham, moine franciscain anglais, en fait mention dans un Traité d'optique qu'il écrivit en 1272. Les miroirs ont joué, à certaines époques, un rôle important dans la toilette : un chroniqueur dit qu'au temps de Charlemagne les religieux de l'ordre de St-Martin-de-la-Tour en portaient sur leurs souliers; au XVIIe siècle, les dames en avaient d'incrustés dans leurs éventails, ou en suspendaient à leur ceinture.　　　　　　　　　　　　　　　　　B.

MIROIR, en termes de Marine, cartouche de menuiserie où se mettent le nom du vaisseau, quelquefois les armes du pays ou de l'armateur, le tout entouré fréquemment de sculptures.

MIROIR DE SAXE, en allemand *Sachsen-spiegel*, Code contenant l'ancien Droit de la Saxe, et compilé vers l'an 1215 ou 1218. Il se compose de coutumes populaires et de sentences juridiques d'échevins, auxquelles le rédacteur, Ekkard de Repkow, a ajouté des suppléments tirés du Droit romain et du Droit canon. Une édition en a paru à Berlin en 1827.

MIROIR DE SOUABE, en allemand *Schwaben-spiegel*, Code contenant l'ancien Droit de la Souabe ou des Alémans, et compilé en 1268 ou 1282. Il jouissait d'une autorité plus grande que le *Miroir de Saxe*. Le rédacteur a ajouté des suppléments tirés des Capitulaires, des lois de l'Empire, du Droit romain et du Droit canon, quelquefois même de la Bible.

MIROIR DU SALUT (Le), en latin *Speculum humanæ salvationis*, titre d'un ouvrage populaire qui, comme la *Bible des pauvres* (V. ce mot), après avoir couru en manuscrit pendant les derniers siècles du moyen âge, fut un des premiers dont l'imprimerie s'empara. Il contenait un certain nombre d'images ou tableaux, avec de courtes explications en latin, et servait de texte aux prédications des Ordres mendiants. Les artistes en tirèrent beaucoup de sujets de sculpture et de peinture.

MIROITIERS, autrefois *Miroiriers*, ancienne corporation dont les statuts dataient de 1581, et qui fut bientôt augmentée par l'adjonction de celles des bimbelotiers et des doreurs sur cuir. L'apprentissage était de 5 ans; le brevet coûtait 50 livres, et la maîtrise 500.

MIROLOGUE (du grec *moïra*, destin, mort, et *logos*, discours), nom qu'on donne, chez les Grecs modernes, à un chant funèbre par lequel on déplore la mort d'un parent. Ce sont les femmes qui composent et chantent les mirologues. Ce genre d'élégie est une tradition de l'antiquité: dans l'*Iliade* d'Homère, la famille de Priam exprime ses lamentations sur le corps d'Hector; le monologue que Sophocle prête à Électre, pleurant sur l'urne qu'elle croit renfermer les cendres d'Oreste, est un véritable mirologue.

MIRZA (de *mir* ou *émir*, seigneur, prince, et de *za*, abréviation de *zadeh*, fils de), nom que portent généralement les ministres en Perse.

MISAINE, de l'italien *mezzano*, placé au milieu. Le *mât de misaine* est celui qui est placé à l'avant d'un navire, entre le beaupré et le grand mât. La vergue et la hune de ce mât s'appellent *vergue de misaine* et *hune de misaine;* sa voile, qu'on nomme simplement la *misaine*, sert par tous les temps, et ne se supprime que devant une tempête irrésistible.

MISANTHROPIE, en grec *misanthrópia*, haine contre les hommes. Ce sentiment est le dernier degré du mécontentement qu'un homme peut ressentir contre le genre humain; c'est la déclaration de guerre d'un seul contre tous. Il naît de l'ingratitude des hommes, de grandes infortunes non méritées, de l'inflexibilité d'un caractère incapable de transiger avec les faiblesses et les vices de la société, d'une humeur frondeuse et d'une fierté égoïste, et parfois de l'amertume d'un amour non partagé. La misanthropie vraie, morale, philosophique, est celle qui naît au spectacle des vices et des faiblesses du monde, dans une âme vivement éprise de l'amour et de la vertu. Le misanthrope réel est le fameux Timon d'Athènes, que Plutarque a dépeint dans ses *Vies d'Antoine et d'Alcibiade.* Lucien lui a consacré un dialogue sous le titre de *Timon ou le Misanthrope;* mais il en a singulièrement altéré le caractère : Timon est devenu sceptique et railleur, en se voyant, au sein de la pauvreté, abandonné de ceux qui le courtisaient dans l'opulence. Libanius en a fait l'objet d'une de ses *Déclamations*, expression amère du découragement de l'homme en face des maux de la vie, et de la haine que lui inspirent l'hypocrisie de ses contemporains et l'amour qu'il ressent pour Alcibiade; car, par une contradiction familière au cœur humain, l'ennemi de tous les hommes est invinciblement attiré vers l'un d'eux, comme l'Alceste de Molière l'est vers Célimène. Pendant le moyen âge, on ne mit point en scène

la misanthropie, sentiment propre aux sociétés déjà vieillies; mais elle revint avec le *Timon d'Athènes* de Shakspeare : c'est une sorte de grand seigneur généreux et dupe, auquel la trahison de prétendus amis inspire bientôt une misanthropie qui s'exhale en imprécations sanglantes, pour aboutir à des accès de fureur d'une sauvage énergie. A côté de Timon, misanthrope d'occasion, se trouve son ami Apémante, qui l'est par principe, plein de haine et de mépris pour les trahisons et les faussetés de l'espèce humaine. Cette double étude de la misanthropie est plus vivante et plus forte que ses devancières, dont elle reproduit d'ailleurs les principaux traits.—Vint ensuite le *Misanthrope* de Molière. Alceste est un homme qui se sent mal à l'aise dans un monde corrompu; il réagit fortement contre les vices du temps, mais donne lui-même à sa misanthropie le plus éclatant démenti par son amour pour une coquette qu'il veut épouser. Ce philosophe guidé par la notion abstraite du juste, ce cœur droit foulant aux pieds les banales et hypocrites convenances du monde, et cédant à son amour pour Célimène, plus fort que sa misanthropie, offre la leçon morale la plus frappante et la plus touchante de toute la pièce. Satire particulière du siècle de Louis XIV, ce caractère d'Alceste a encore le mérite d'être une satire générale de l'humanité.

L'expression de la misanthropie était tellement haute dans Molière, qu'elle ne pouvait plus que déchoir en changeant de caractère dans les imitations qui en ont été faites. Le *Plain Dealer* (l'homme franc) de Wicherley ne présente plus qu'un certain Manly, capitaine de vaisseau, brutal et impoli, qui finit par abjurer sa misanthropie. Fénelon, dans son XVIIe *Dialogue des Morts*, où il met en scène Socrate, Alcibiade et Timon, fait consister le caractère de misanthrope en une sorte de juste-milieu. Marmontel a fait un conte moral, le *Misanthrope corrigé*, où Alceste, retiré à la campagne, prend l'amour de l'humanité, en devenant témoin des vertus domestiques que lui offre son nouvel entourage ; c'est une œuvre inspirée par cette chimère tant caressée au XVIIIe siècle, le bonheur aux champs. Dans ce siècle, la misanthropie prit un autre caractère : au lieu de s'attaquer aux vices des individus, le théâtre en met en cause la constitution même de la société, à l'exemple des publicistes et des philosophes. Un certain F. Delisle donna *Timon le Misanthrope*, comédie remplie d'attaques contre l'ordre social, devançant ainsi les diatribes si gaies des contes et des romans de Voltaire, les amères récriminations des discours de Rousseau, et les épigrammes badines des *Lettres persanes* de Montesquieu. J.-J. Rousseau, dans sa *Lettre sur les spectacles*, ayant attaqué l'Alceste de Molière, avec lequel il avait plus d'un lien de parenté, et prétendu qu'Alceste avait été plein de sensibilité pour les malheurs publics et d'indifférence pour tout ce qui le touche personnellement, Fabre d'Églantine donna *le Philinte de Molière*, où Alceste, type de perfection idéale et surhumaine, est un modèle accompli de générosité et de philanthropie, un redresseur de tous les torts. En Allemagne, la misanthropie, jointe à une sorte de sentimentalité mélancolique, donna naissance aux drames du *Misanthrope* par Schiller, et de *Misanthropie et Repentir* par Kotzebüe. Mais de tous les écrivains qui ont traité de la misanthropie ou l'ont produite sur la scène, Molière est le seul qui l'a saisie dans ce qu'elle a de vrai, de profond, d'universel, et en a élevé le caractère au plus haut point où l'on puisse atteindre. V. A. Widal, *Des divers caractères du Misanthrope chez les écrivains anciens et modernes*, Paris, 1851, in-8°.　　　　　　　　　　　F. B.

MISCHNA. V. TALMUD, dans notre *Dictionnaire de Biographie et d'Histoire.*

MISE AU POINT, en termes de Sculpture, travail de copie d'une statue par un ouvrier intelligent nommé *praticien.* La mise au point se fait ordinairement pour l'exécution en marbre ou en pierre d'une statue modelée en terre grasse par le sculpteur; c'est une manière de calque sur relief, exécuté ainsi : on assujettit au-dessus du modèle à copier un cadre un peu plus grand que la masse générale de ce modèle, et on y attache des fils à plomb en divers endroits. On place un cadre exactement semblable au-dessus du bloc de marbre ou de pierre dans lequel on doit tailler la copie à faire. Le praticien, avec un compas à branches un peu recourbées en dedans, mesure, sur le modèle, la distance en largeur et en hauteur de tel point au fil à plomb qu'il a jeté devant, la reporte pour la hauteur sur le bloc, puis avec un trépan y perce un petit trou jusqu'à une profondeur un peu moindre que la largeur relevée. Il procède ainsi un grand nombre de fois, en perçant des points dont il calcule la place, et qu'il *multiplie de manière à cerner*, pour ainsi dire, les parties du marbre ou de la pierre destinées à tomber sous le ciseau pour dépouiller le bloc des masses inutiles voilant la statue qui doit en sortir. Le praticien se sert aussi, dans le cours de cette opération, d'un compas à trois branches, qui lui permet de relever à la fois trois distances différentes. C'est après la mise au point qu'il commence à dégrossir le bloc; et c'est après ce dégrossissement que le statuaire lui-même met la dernière main à son œuvre. C. D—y.

MISE DE VOIX, en termes de Musique, art de poser le son, d'en coordonner l'émission avec les mouvements de la respiration, de l'enfler progressivement autant que le comportent le timbre et la puissance de l'organe, et de le diminuer jusqu'à l'émission la plus douce. Dans les anciennes écoles de chant de l'Italie, la mise de voix était une étude de plusieurs années.

MISE EN DEMEURE. V. DEMEURE.

MISE EN SCÈNE, en termes d'Art dramatique, travail par lequel on règle dans tous ses détails et dans son ensemble la manière dont les acteurs doivent représenter une pièce. C'est le fruit des *répétitions*, et c'est à force d'études, d'essais, de calculs, joints à une grande entente, acquise ou naturelle, que l'on arrive à une bonne mise en scène. On peut l'appeler le complément de la pensée de l'auteur, et en beaucoup de points sa traduction matérielle, son expression extérieure. Elle met l'harmonie dans l'art de représenter un drame.

MISÈRE, une des formes du mal physique (V. MAL), celle qui frappe plus particulièrement les classes ouvrières. La Rochefoucauld-Liancourt disait à la tribune de l'Assemblée constituante : « La misère publique est un tort des gouvernements. » C'est là une *opinion fausse*, qui contient en germe toutes ces théories socialistes, vides et infécondes, qui, par les promesses trompeuses qu'elles prodiguent aux classes souffrantes, sont périlleuses pour la société. Qu'un gouvernement, par son incurie, sa rapacité, son ignorance, ses prodigalités, contribue à plonger dans la détresse une population nombreuse, cela n'est pas douteux; mais il ne fait qu'ajouter un surcroît à des maux qui ont des causes plus profondes. L'histoire de la misère est aussi vieille que le monde, parce que la misère est une loi constante de la société humaine, un fait primordial, universel, qui s'est produit et se produira invariablement dans tous les temps et chez tous les peuples. « Il y aura toujours des pauvres parmi vous, » a dit la Sagesse inspirée; et, en effet, l'inégalité entre les individus, inégalité que présente l'être physique comme l'être moral, existe nécessairement parce que l'homme est une créature intelligente et libre, qui fait de ses forces et de ses facultés tel emploi qu'il lui plaît. On ne doit donc pas faire remonter l'origine de la misère à l'organisation politique et civile, et à l'action des pouvoirs publics chargés de maintenir cette organisation : la misère est due, tantôt aux vices, aux passions, aux désordres de ceux qui la subissent, tantôt à des causes qui leur sont étrangères, telles que l'élévation du prix des objets de première nécessité, l'abaissement de la valeur du travail, l'accroissement des charges de la famille, toutes choses qui diminuent, suspendent ou détruisent les ressources sur lesquelles repose la vie journalière. Pour supprimer la misère, il faudrait supprimer les maladies, la baisse des salaires, les chômages, l'inconduite, l'imprévoyance et la paresse. Tout ce que peuvent les particuliers et les gouvernements, sous l'empire de la morale naturelle et des religions positives, c'est de combattre la misère, c'est de lui apporter des adoucissements. V. ASSISTANCE PUBLIQUE, PAUPÉRISME.

MISÉRICORDE. V. DAGUE et STALLE.

MISLA, nom que donnent les Lithuaniens à des poésies énigmatiques dans la forme d'interrogation.

MISOLOGIE (du grec *misos*, haine, et *logos*, raison), disposition où sont certaines personnes à répudier la raison en certaines matières, notamment dans les questions religieuses.

MISSEL, en latin *missale* (de *missa*, messe), livre qui contient le texte des messes propres aux différents jours et aux fêtes de l'année. Le pape Gélase rassembla les prières dont on se servait avant lui pour le sacrifice et qui passaient pour venir directement des Apôtres, les mit en ordre, et y ajouta sans doute de nouveaux offices pour les Saints dont le culte était plus récent. Son recueil, intitulé *Sacramentaire*, fut plus tard corrigé par le pape Grégoire le Grand, qui en retrancha certaines prières et en ajouta d'autres, mais sans toucher au Canon.

Autrefois il y avait trois sortes de Missels : dans les uns on ne trouvait que les Collectes, les Préfaces et le Canon; d'autres contenaient en outre tout ce qui se chante dans le chœur, l'Introït, le Graduel, l'Alleluia, le Trait, l'Offertoire, le Sanctus et la Communion; les *Missels pléniers* renfermaient avec tout cela les Leçons, les Épîtres et les Évangiles. Depuis la Renaissance, plusieurs évêques ont fait rédiger des Missels particuliers : là même où la liturgie romaine a été ensuite rétablie, les Missels contiennent toujours certains offices et certaines prières spéciales. Chaque Ordre religieux a aussi son Missel, avec l'office de ses Saints. B.

MISSI DOMINICI. ⎫ V. notre *Dictionnaire de Biogra-*
MISSIONNAIRES. ⎬ *phie et d'Histoire.*
MISSIONS. ⎭

MISSIVE (du latin *missio*, envoi), lettre de circonstance concernant des affaires particulières, et destinée à être envoyée sans délai.

MISTÈQUE (Idiome). V. MEXIQUE (Langues du).

MISTRAL. V. ce mot dans notre *Dictionnaire de Biographie et d'Histoire.*

MITHRAS, dieu des anciens Perses. Dans les bas-reliefs antiques, il est presque toujours représenté sous la figure d'un jeune homme, coiffé du bonnet phrygien, vêtu de la *candys* ou manteau flottant, du *sadèrè* ou tunique courte, et de l'espèce de pantalon appelé par les Grecs *anaxyris*. Il presse du genou un taureau abattu, lui tient le mufle de la main gauche, et lui plonge de la main un poignard dans le cou. Cette scène rappelle soit l'homme-démon frappé par Mithras d'après le *Zend-Avesta*, soit le sacrifice offert par Mithras à Ormuzd pour la rédemption du péché du premier homme, ou bien le soleil toujours jeune entrant dans le signe du Taureau. Ailleurs, Mithras, roi du ciel mobile, est reconnaissable au symbole solaire de sa tête de lion, à deux ailes descendantes qui indiquent son origine divine et ses fonctions célestes, à deux autres ailes qui s'abaissent vers la terre, dont il a aussi le gouvernement, enfin aux deux clefs qu'il tient à la main, et qui ouvrent les portes du soleil et de la lune; quelquefois il ne tient qu'une clef, et l'autre main porte un sceptre; le serpent enroulé autour de lui est l'image de la route tortueuse que le soleil, selon l'opinion des Anciens, suivait dans l'écliptique.

MITOYEN, MITOYENNETÉ. En Droit, *mitoyen* se dit d'un mur, d'un fossé, d'une haie, d'un puits, etc., placés sur la limite commune de deux propriétés. La ligne séparative se trouve au milieu; mais les deux parties des objets mitoyens étant inséparables et ne formant qu'un seul corps, ces objets sont censés communs entre les deux voisins. Le *Code Napoléon* (art. 651-676) a réglé tout ce qui concerne la mitoyenneté. Tout mur servant de séparation entre bâtiments jusqu'à l'*héberge* (point où l'un des deux bâtiments de hauteur inégale cesse de profiter du mur commun), ou entre cours et jardins, et même entre enclos dans les champs, est présumé mitoyen, s'il n'y a titre ou marque du contraire. Il y a marque de non-mitoyenneté, lorsque la sommité du mur est droite et à plomb de son parement d'un côté, et présente de l'autre un plan incliné, ou lorsqu'il n'y a que d'un côté ou un chaperon ou des filets et corbeaux de pierre qui y auraient été mis en bâtissant le mur. Dans ces cas, le mur est censé appartenir exclusivement au propriétaire du côté duquel sont l'égout ou les corbeaux et filets de pierre. La réparation et la reconstruction du mur mitoyen sont à la charge de tous ceux qui y ont droit, et proportionnellement au droit de chacun : cependant tout copropriétaire peut se dispenser d'y contribuer en renonçant à la mitoyenneté. Tout copropriétaire peut faire bâtir contre un mur mitoyen, et faire placer des poutres ou solives dans toute l'épaisseur de ce mur, à 54 millimètres près. Tout copropriétaire peut faire exhausser le mur mitoyen; mais il doit payer seul la dépense de l'exhaussement, les réparations d'entretien au-dessus de la hauteur de la clôture commune et, en outre, l'indemnité de la charge en raison de l'exhaussement et suivant la valeur : le voisin qui n'a pas contribué à l'exhaussement peut en acquérir la mitoyenneté, en payant la moitié de la dépense qu'il a coûté, et la valeur de la moitié du sol fourni pour l'excédant d'épaisseur, s'il y en a. Tout propriétaire joignant un mur a la faculté de le rendre mitoyen, en remboursant au maître du mur la moitié de sa valeur. Il est interdit d'établir dans un mur mitoyen aucune ouverture ou fenêtre, même à verre dormant. — Tous fossés qui séparent les héritages sont présumés mitoyens, s'il n'y a titre ou marque du contraire : ils doivent être entretenus à frais communs (V. FOSSÉ).

Toute haie qui sépare des héritages, est réputée mitoyenne, à moins qu'il n'y ait qu'un seul de ces héritages en état de clôture, ou s'il n'y a titre ou possession suffisante au contraire (V. Haie).

MITRAILLE, balles et autres petits projectiles lancés par les bouches à feu. On fait de la mitraille avec des débris de poterie, des cailloux, des morceaux de ferraille, qu'on met dans des gargousses en fer-blanc, pour ne point endommager l'âme des pièces. Elle ne sert que contre les masses, parce qu'elle s'écarte comme le petit plomb, et il faut être à une faible distance de l'ennemi, car elle ne porte guère à plus de 500 mèt. L'emploi de la mitraille est presque contemporain de l'emploi de l'artillerie ; il en est fait mention à propos de la bataille de Marignan, en 1515.

MITRE, nom qui s'appliqua, dans le principe, en Grèce, à une espèce de ruban ou de bandeau tissé qu'on roulait autour de la tête en façon de diadème. Il désigna aussi la tiare (V. ce mot) des rois assyriens, et, en général, toute coiffure pyramidale en usage chez les Asiatiques. La mitre était surtout en usage en Phrygie, chez les prêtres de Cybèle, et dans la Syrie, d'où elle fut apportée à Rome par des courtisanes. De là le discrédit dont elle fut frappée au temps de l'Empire romain. Par un revirement d'opinion, elle fut, au ive siècle en Afrique, au viiie en Espagne, adoptée par les vierges consacrées à Dieu. Dans certaines contrées d'Asie et d'Afrique, les femmes juives portent encore aujourd'hui une sorte de mitre. — Le nom de mitre désigne, chez les peuples catholiques, un bonnet pointu, fendu par le haut, garni de fanons pendants sur le dos, et que portent les évêques dans les cérémonies religieuses. Les fanons ont été empruntés à la tiare royale des Assyriens. La mitre n'eut d'abord que 10 centimèt. environ de hauteur ; elle s'éleva à 20 centimèt. au xive siècle à 30 au xve ; c'est au xviie qu'elle a pris l'élévation qu'on lui voit encore aujourd'hui. La mitre épiscopale fut adoptée de bonne heure dans l'église d'Orient ; en Occident, il n'en est pas parlé dans les anciens Sacramentaires et les premiers livres de liturgie, et elle ne devint d'un usage général pour les hauts dignitaires qu'à dater du xie siècle. Une des plus anciennes mitres que l'on conserve est celle de St Thomas de Cantorbéry, qui est à la cathédrale de Sens. Une lettre du pape Calixte II prouve que, pour porter la mitre, les évêques avaient besoin d'une permission du souverain pontife. A partir du concile de Lyon, en 1245, les cardinaux abandonnèrent la mitre pour le chapeau. Certains abbés obtinrent du Saint-Siège le privilège de la porter : Hugues, abbé de Cluny, en est le premier exemple, en 1088. Le pape Léon IX accorda, en 1053, aux chanoines de Bamberg le droit de porter la mitre. Alexandre II le donna aussi à Wratislaw, duc de Bohême. Les chanoines de Lyon et de Besançon, le prieur et le chantre de la collégiale de Loches le reçurent également. Un règlement de Clément IV porta que, dans les conciles et les synodes, les abbés pourraient avoir une mitre garnie d'orfroi, mais non de lames d'or ou d'argent, ni de pierres précieuses. De simples ecclésiastiques reçurent l'autorisation de porter une mitre en soie. Le pape, comme évêque de Rome, prend la mitre dans les consistoires. Sur les armoiries, les évêques portent la mitre de face en guise de heaume ; les abbés la placent de profil. — Autrefois une mitre de papier fut un signe d'infamie imposé à quelques condamnés. On en coiffa, par exemple, Jeanne d'Arc marchant au supplice.   B.

mitre, en termes de Construction, couronnement de terre cuite qu'on place sur les cheminées pour les empêcher de fumer et de recevoir les eaux pluviales.

mitre (Arc en). V. Arc angulaire.

MIURUS (Vers), c.-à-d. en grec qui a une queue moindre, espèce d'hexamètre, dont le dernier pied, au lieu du spondée légitime, offrait un iambe ou un pyrrhique :

Luctum habet | œtern|um ob li|tes fe|cunda Ni|öbê.

MIXE (Idiome). V. Mexique (Langues du).

MIXIS. V. Mélopée.

MIXO-LYDIEN (Mode). V. Hyper-dorien.

MIXTE ou CONNEXE (Ton). C'est, dans le Plainchant, un ton qui emprunte plusieurs notes à son authentique, s'il est plagal (V. ces mots) ou son plagal, s'il est authentique. Ainsi, l'authentique qui descend de plus d'un ton au-dessous de sa finale est mixte ; et le plagal qui monte plus d'une sixte au-dessus de sa finale est également mixte. Quand les tons mixtes atteignent au grave et à l'aigu les limites de la double échelle diatonique de l'authentique et du plagal qui les composent, on les nomme communs parfaits.   F. C.

mixte (Le), en latin mixtum, coup à boire qu'on donnait, dans les monastères Bénédictins, aux lecteurs de table, aux serviteurs de cuisine, et à ceux qui, pour une raison quelconque, étaient obligés de prévenir l'heure du repas. On y ajoutait un peu de pain.

MIXTURE (Jeux de), nom dont on se sert quelquefois pour désigner le Plein-jeu de l'orgue (V. Jeu — Plein).

MNÉMONIQUE ou MNÉMOTECHNIE (du grec mnémé, mémoire, et tekhné, art), art d'aider et de fortifier la mémoire, de créer une mémoire artificielle. Toute Mnémotechnie repose sur l'Association des idées (V. ce mot), et consiste à rappeler des faits compliqués et d'un souvenir difficile, au moyen de combinaisons plus simples et plus faciles, ou à lier entre eux des noms, des dates, des faits qui se présentent isolés. C'est sur les rapports de lieu, de ressemblance ou d'analogie, qu'on s'appuie principalement. On emploie aussi le rhythme et la rime, et l'on exprime en vers techniques les connaissances difficiles à retenir, comme a fait Lancelot dans son Jardin des racines grecques. — Les Anciens connaissaient la Mnémotechnie, et en attribuaient l'invention au poëte Simonide. Cicéron (De Oratore, II, 86) décrit les procédés de la Topologie ou mémoire locale ; Quintilien (XI, 2) et Pline le naturaliste (VII, 24) mentionnent également cet art. Raymond Lulle en mit à profit les procédés dans son Ars magna. A partir du xve siècle, on vit se produire de nombreuses théories de Mnémonique, entre autres celles de Publicius (1482), de Romberch (1533), de Grataroli (1554), de Jordano Bruno (1558), de Maraforti (Ars memoriæ, 1602), de B. Porta (Ars reminiscendi, 1602), de Lambert Schenckel (Gazophylacium, 1610), d'Assigny (Art de la mémoire, 1697), de Buffier (Pratique de la mémoire artificielle, 1719-20), de Grey (Memoria technica, 1730), de Lowe (Mnémonique, 1737). Dans notre siècle, les procédés de la Mnémotechnie ont été étudiés avec une nouvelle ardeur, par Kaestner (Mnémonique), Kluber (Compendium de Mnémonique, 1804), le baron d'Arétin (Art de la mémoire pratique, 1810), Fenaigle (Nouvel Art de la mémoire, Londres, 1812), Aimé Pâris (Principes et applications diverses de la Mnémotechnie, 7e édition, Paris, 1833), les frères Félicien et Alexandre de Castilho (Traité de Mnémotechnique, 5e édition, Bordeaux, 1835).

MNÉMOSYNE, déesse grecque, mère des Muses. La statuaire la représente ordinairement enveloppée d'un grand manteau, sous lequel elle élève sa main droite vers le menton dans l'attitude du recueillement ; ou bien assise, la tête penchée, une main cachée dans son sein, et un pied sur un escabeau.

MOALLAKATS. V. ce mot dans notre Dictionnaire de Biographie et d'Histoire.

MOBILE, en termes de Philosophie, principe ou cause de résolution et d'action. Bien que le langage ordinaire embrouille et confonde les mots, on peut dire que, sous le nom de Principes des actions humaines, se rangent les Motifs, qui sont raisonnés, et les Mobiles, qui ne le sont pas.

MOBILIER, expression qui, en Droit, a la même signification que Meuble (V. ce mot).

mobilier (Crédit). V. Crédit.

MOBILIÈRE (Contribution), une des Contributions directes en France. Elle est répartie par le Conseil général de chaque département et par les Conseils d'arrondissement entre tous les habitants, français et étrangers de tout sexe, jouissant de leurs droits, et non réputés indigents, proportionnellement à la valeur locative des habitations, mais seulement pour les parties de bâtiment servant à l'habitation personnelle : ainsi, la boutique, les magasins d'un négociant, les classes, réfectoires et dortoirs d'un maître de pension, en sont exempts. Les personnes logeant dans des chambres ou dans des appartements garnis sont soumises comme les autres à cette contribution. La taxe mobilière peut se payer en plusieurs lieux, si le contribuable a plusieurs domiciles. Le prix du loyer ne détermine pas toujours la valeur locative ; cette valeur est estimée par les répartiteurs, mais le contribuable se croit lésé peut réclamer au Conseil de préfecture, en s'appuyant sur l'exemple de deux personnes supportant, dans un lieu égal ou supérieur, une taxe moindre que la sienne. A Paris, en 1862, les logements d'habitation de 1,500 fr. et au-dessus sont taxés, pour la contribution mobilière, à 9 pour 100 ; ceux de 1,499 fr. à 1,000 fr., à 7 p. 100 ; ceux de 999 fr. à 500 fr., à 5 p. 100; ceux de 499 fr. à 250 fr., à 3 p. 100; ceux d'une valeur locative inférieure à 250 fr. sont affranchis de toute contribution, à l'exception de ceux des patentés, lesquels sont passibles, sur toute la partie affectée à l'habitation, d'une contribution établie à raison de 3 p. 100. Lorsque, par suite de changement de domicile, un contribuable est imposé dans deux communes, il doit la contribution que dans sa nouvelle résidence. Le mari doit l'impôt mobilier de l'habitation particulière de sa femme séparée de biens, mais non de corps. Les personnes logées gratuitement dans des bâtiments publics doivent la contribution mobilière sur la valeur des logements qui leur sont accordés. Les locaux destinés à des réunions d'intérêt général ne sont pas imposables; il en est autrement des locaux affectés aux cercles, aux sociétés littéraires et autres. Les propriétaires ou principaux locataires sont responsables de la contribution des personnes logées chez eux; ils doivent, à défaut de présentation de la quittance, prévenir le percepteur avant les déménagements. L.

MOBILIER DE LA COURONNE, partie de la dotation de la couronne qui comprend les meubles meublants contenus dans l'hôtel du garde-meuble et dans les divers palais et établissements nationaux. Ce mobilier est inaliénable et imprescriptible; il ne peut être donné, vendu, engagé, ni grevé d'hypothèques. Les objets susceptibles de détérioration par l'usage sont inventoriés avec estimation, et peuvent être aliénés moyennant remplacement.

MOBILISATION, ensemble des mesures prises pour faire passer une armée du pied de paix au pied de guerre.

MOCOBI (Idiome). V. PÉRUVIENNES (Langues).

MODALES (Propositions). Les logiciens appellent ainsi, par opposition aux propositions absolues ou catégoriques, dans lesquelles l'attribution est simplement énoncée, celles dont l'attribut est modifié par une des quatre conditions suivantes : possibilité, impossibilité, contingence, nécessité. La théorie des propositions modales, de leurs oppositions, de leurs conversions, et des syllogismes qui en sont formés, au point de vue de l'influence qu'exerce sur la conclusion la modalité des prémisses, a été développée par Aristote dans son traité de l'Interprétation et dans les chapitres 8-22 du 1er livre des Premiers Analytiques. V. Rondelet, Théorie logique des propositions modales, 1861. B—E.

MODALITÉ, terme de Philosophie scolastique, signifiant le mode ou la manière dont une chose ou un fait existe. En considérant nos jugements par rapport à la modalité, Kant les divisait en jugements problématiques, se rapportant au possible; jugements assertoriques, se rapportant au réel; et jugements apodictiques, se rapportant au nécessaire.

MODE, terme de Logique, dont on fait le synonyme d'Attribut. S'il y a quelque nuance dans la signification de ces deux mots, il nous paraît que Mode désigne la qualité prise dans les choses mêmes, et Attribut la qualité envisagée au point de vue logique, l'idée de cette qualité dans un rapport de convenance avec un sujet déterminé. B—E.

MODES DU SYLLOGISME, dispositions particulières qui résultent, dans le syllogisme, de l'emploi et des différentes combinaisons des quatre espèces de propositions à titre de prémisses (V. PRÉMISSES). Les combinaisons possibles sont au nombre de 16 dans chaque figure (V. FIGURE); mais toutes ne concluent pas de conclusions, et, soit en vertu des règles générales du syllogisme, par exemple, lorsqu'il s'agit de deux propositions particulières ou de deux négatives dont on sait que le rapprochement ne conduit à aucune conclusion (V. SYLLOGISME), soit en vertu de convenances propres à chacune des figures, le nombre total des modes concluants, les seuls dont on s'occupe, n'est que de 19, savoir : 4 dans la 1re figure, 4 dans la 2e, 6 dans la 3e, et 5 dans la 4e. Ce sont ces modes que l'on désigne par les notations mnémoniques Barbara, Celarent, etc. (V. BARBARA). V. la Logique de Port-Royal, 3e partie, ch. 4-8, et Euler, Lettres à une princesse d'Allemagne, 2e partie, lettres 38 et 39. B—E.

MODE, en termes de Grammaire, désigne les inflexions particulières du verbe marquant les diverses manières dont le verbe présente l'action ou l'état qu'il exprime. On distingue les modes personnels et les modes impersonnels. Les modes personnels sont ceux dans lesquels la forme du verbe varie selon les personnes; les modes impersonnels, ceux dont l'action n'est pas attribuée à une personne plutôt qu'à une autre. Le français a quatre modes personnels : l'indicatif, le conditionnel, l'impéra-

tif, le subjonctif, et deux modes impersonnels, l'infiniti, et le participe. Le latin a trois modes personnels, l'indicatif, l'impératif, le subjonctif; deux modes impersonnels, l'infinitif, auquel il faut rattacher les formes verbales appelées gérondif et supin, et le participe. Le grec a quatre modes personnels, l'indicatif, l'impératif, le subjonctif, l'optatif, et deux modes impersonnels, l'infiniti, et le participe; à celui-ci se rattachent les adjectifs verbaux en τέος (marquant obligation), et en τός (marquant possibilité ou résultat accompli). Le conditionnel est donc propre au français, le gérondif et le supin au latin, l'optatif et les adjectifs verbaux au grec. Le latin et le grec ont des moyens de suppléer à notre conditionnel (V. ce mot). Le gérondif, qui est proprement la déclinaison de l'infinitif employé comme complément indirect d'un nom, d'un adjectif ou d'un verbe, est représenté en français par l'infinitif précédé des diverses prépositions; en grec de même, si ce n'est que les prépositions doivent toujours, dans cette langue, être suivies de l'article. V. OPTATIF, VERBAL. P.

MODE (du latin modus), nom que l'on donne, dans la Musique moderne, à un certain caractère qui se manifeste dans la mélodie et l'harmonie d'un morceau, et qui résulte de tels ou tels sons, de tels ou tels accords. Le mode n'existe pas par lui-même, il n'est qu'une manière d'être du ton. Le ton est déterminé par un certain son pris dans l'échelle musicale, et qui sert de point de départ à la gamme du morceau; il est la base du chant et le point où il se repose forcément. Le mode du ton se détermine par la tierce au-dessus de la note tonique; il est majeur ou mineur, selon que cette tierce est majeure ou mineure. Le mode majeur est naturellement donné par les résonnances harmoniques d'une corde grave mise en vibration ou d'un gros tuyau d'orgue : le mode mineur, bien qu'il ne soit pas donné par ses résonnances, n'en est pas moins naturel; il a été employé de toute antiquité, comme l'autre, et même la musique primitive et populaire semble l'affectionner. La quarte et la quinte sont toujours majeures dans les deux modes; mais la tierce, la sixte et la septième, majeures dans le mode majeur, sont mineures dans le mode mineur. Seulement, comme la septième ou note sensible doit, pour que le ton soit bien caractérisé, rester à intervalle de demi-ton vis-à-vis de la tonique, elle est quelquefois majeure dans le mode mineur, et même, quand la mélodie monte, elle entraîne souvent la sixte à être majeure aussi. Le mode majeur et son mode relatif mineur sont indiqués à la clef par les mêmes signes. V. BÉMOL, DIÈSE.

Dans la musique des Anciens, le mot Mode avait une autre acception (V. GRECQUE — Musique), qui s'est en partie reproduite dans le plain-chant. Le chant ecclésiastique, en effet, on appelle mode ou ton l'octave qui constitue le ton dans lequel une mélodie est composée. Les sept notes employées dans le plain-chant, et qui sont désignées par les lettres A, B, C, D, E, F, G, servent de base chacune à une octave toujours formée de cinq tons et de deux demi-tons. Chaque octave se divise de deux manières : la première division se fait en montant de la note la plus basse de l'octave à la quinte au-dessus, et de cette quinte à la quarte au-dessus, qui est la répétition de la première note de l'octave; la seconde division se fait en montant de la note la plus grave à la quarte au-dessus, et de cette quarte à la quinte au-dessus, qui est la répétition à l'aigu de la première note de l'octave. Une octave forme donc deux modes ou tons. L'octave qui a la quinte en bas et la quarte au-dessus constitue un ton appelé authentique (V. ce mot) ou principal; l'octave qui a la quarte en bas et la quinte au-dessus constitue un ton nommé plagal (V. ce mot) ou inférieur. Les modes ou tons du plain-chant, qui étaient dans l'origine au nombre de douze, ont été réduits à huit. Cette réduction a eu pour cause le bémol accidentel employé dans le 1er, 2e, 5e et 6e tons, et qui rendait dans ce cas ces tons semblables au 9e, 10e, 11e et 12e tons. L'usage accidentel de ce bémol est devenu presque continuel dans ces tons, par suite de la tendance naturelle aux chanteurs à toutes les époques d'adoucir les intervalles un peu rudes et d'une intonation difficile. La suppression des anciens modes et leur réduction à huit a considérablement multiplié le nombre des bémols dans les 1er, 2e, 5e et 6e tons, par suite de la nécessité où l'on s'est trouvé de rendre les échelles de ré, de la, de fa et d'ut semblables à celles de la, de mi, d'ut et de fa. Le moine Alcuin, précepteur de Charlemagne, avait déjà adopté le système des huit modes ou tons, ainsi qu'il le déclare dans son Traité de musique. On peut même faire remonter l'adoption des huit modes ou tons à St Grégoire le Grand, qui ajouta, d'après la tradition, les quatre tons plagaux aux quatre tons authentiques construits sur les notes *ré, mi, fa, sol*, et qui paraissent avoir servi de base au travail de St Ambroise. Les modes ou tons du plain-chant se divisent en *parfaits, imparfaits, surabondants, mixtes, commixtes, réguliers, irréguliers* (*V. ces mots*). On reconnaît les modes ou tons d'un morceau de plain-chant : 1° à sa finale ; 2° à sa dominante; 3° à la nature de la quinte et de la quarte de *son échelle diatonique.*

Le 1er ton, de *ré* à *ré*, est le dorien.

Le 2e, de *la* à *la*, est l'hypodorien.

Le 3e, de *mi* à *mi*, est le phrygien.

Le 4e, de *si* à *si*, est l'hypophrygien.

Le 5e, de *fa* à *fa*, est le lydien.

Le 6e, d'*ut* à *ut*, est l'hypolydien.

Le 7e, de *sol* à *sol*, est le mixolydien.

Le 8e, de *ré* à *ré*, est l'hypomixolydien.

Ces modes ont reçu des qualifications qui en indiquent le caractère, et dont on peut juger la justesse par certains exemples : le 1er est *grave* (les proses *Victimæ paschali laudes, Veni sancte Spiritus*); le 2e *triste* (la *Préface de la messe*, les O de Noël; le *Dies iræ*); le 3e *mystique* (les hymnes *Pange lingua, A solis ortu cardine*); le 4e *harmonique* (le *Gloria in excelsis* des fêtes simples, l'hymne *Urbs Jerusalem beata*); le 5e *joyeux* (le *Regina cœli*); le 6e *dévotieux* (l'*Ave regina*); le 7e *angélique* (la prose *Lauda Sion*, l'antienne funèbre *In Paradisum*); le 8e *parfait* (les hymnes *Verbum supernum prodiens* et *Veni creator*).

Il y eut encore un autre sens du mot *Mode* au moyen âge : il désigna une manière de marquer la *mesure*, c.-à-d. la valeur proportionnelle des notes entre elles, au moyen de barres, ou de cercles et demi-cercles, figurés en travers de la portée au commencement du morceau, après la clef.

MODE, partie mobile et capricieuse des mœurs, celle qui exerce son empire sur les parures, les costumes, les ameublements, les équipages, etc. Le mot signifie proprement *la manière*, c.-à-d. la manière qui est la bonne par excellence, et qui ne doit plus se raisonner. Cependant la mode, usage passager, prend sa source dans les fantaisies d'un goût souvent corrompu, qui cherche à satisfaire la vanité et varier les jouissances des grands, des riches et des oisifs; à peu près inconnue aux classes inférieures, elle alimente cependant une foule d'ouvriers laborieux. Les Asiatiques ont des passions plutôt que des goûts, des volontés et peu de caprices; les institutions, les idées et les mœurs ont chez eux un caractère de stabilité presque inaltérable. La mode, qu'ils ne connaissent pas, est, au contraire, toute-puissante dans l'Europe civilisée, particulièrement en France, où se succèdent les impressions rapides et légères. Elle a, dans ce dernier pays, presque toujours un cachet de bon goût, d'élégance réelle et de grâce, qui fait rechercher ses produits, surtout ceux à l'usage des femmes, dans le reste de l'Europe. *V.* Costume.

MODELAGE, opération par laquelle le sculpteur fait en argile, en plâtre ou en cire, le *modèle* d'après lequel il travaillera ensuite la pierre, le marbre ou le bronze. Il pétrit la matière qu'il a choisie, ajuste les formes avec les doigts, surtout avec le pouce, et avec un *ébauchoir*, petite spatule de bois ou d'ivoire. — On nomme encore *Modelage* le travail qui consiste à faire, avec de la cire blanche ou rose, de petits bas-reliefs, des fleurs, des médaillons, sur fonds d'ardoise ou d'ébène. *V.* F. Goupil, *Manuel général du modelage*, Paris, 1860, in-8°.

MODÈLE (du latin *modulus*, mesure), en termes de Beaux-Arts, image, objet ou personne que l'artiste veut représenter. Les sculpteurs appellent aussi *Modèle* la figure qu'ils ont *modelée* (*V.* Modelage). En Architecture, un *Modèle* est une réduction de monument : c'est ainsi que, pour la basilique de St-Pierre à Rome, divers modèles furent faits par Bramante, Raphaël, San-Gallo et Michel-Ange; on conserve à Paris, dans les caveaux de de l'église Ste-Geneviève, le modèle qui fut fait de ce vaste édifice par Soufflot.

MODELÉ, en termes de Peinture, façon de rendre, au moyen des lignes et des ombres, le relief des figures, les méplats et les détails du système musculaire. Le modelé dépend du dessin et de la couleur.

MODÉNATURE (de l'italien *modanatura*), proportion, assemblage et galbe des membres d'une corniche. Elle détermine le caractère des divers ordres d'architecture.

MODÈNE (École de), une des écoles italiennes de peinture que l'on comprend sous le nom commun d'*École*

lombarde. Elle remonte au xive siècle, où elle eut pour représentants un nommé Thomas, dont il existe un tableau à Vienne et un autre à Trévise, Barnabé, et Serafino. Vers 1500 florissait Nicoletto, qui grava lui-même plusieurs de ses compositions. Plus tard, l'école produisit Nicolo dell' Abbate, Hugo da Carpi, Louis Lana, et François Stringa.

MODÈNE (Monuments de). Le *Dôme* ou cathédrale, placé sous l'invocation de San-Geminiano, fut commencé en 1099 par la célèbre comtesse Mathilde, et consacré en 1184. On l'a réparé en 1822. On y remarque : un tableau de Serafino (xive siècle), un des plus anciens spécimens de l'art modénais; la chaire en marbre, faite en 1322 par Tomasone di Campione; les stalles du chœur, exécutées en 1465; un groupe de la Nativité de J.-C., en terre cuite, par Begarelli. Le campanile, connu sous le nom de *Ghirlandina*, à cause d'une guirlande de bronze qui entoure la girouette, est isolé, de forme carrée, tout en marbre blanc, et l'un des plus élevés de l'Italie : on y conserve le vieux seau de bois que les Modénais enlevèrent aux Bolonais en 1325, après une lutte que Tassoni a chantée dans son poème héroï-comique *la Secchia rapita*. — Le *Palais ducal*, vaste édifice commencé au xviie siècle et agrandi de nos jours, a sa façade au S. sur une grande place, et encadre de ses deux ailes au N. le corso del Naviglio. La cour est environnée de colonnades. L'escalier, le salon principal et les appartements sont ornés avec une grande magnificence. Ce palais contenait autrefois une fameuse galerie de tableaux, qui fut achetée en 1746 par l'électeur de Saxe et qui se trouve à Dresde; il a cependant encore quelques bons tableaux.

MODILLON (de l'italien *modiglione*), ornement en forme de console renversée, qui semble soutenir le larmier de la corniche corinthienne. Il figure l'extrémité des chevrons du comble primitif; son axe doit correspondre avec celui de la colonne inférieure. Le modillon change de forme et de nom dans les autres ordres d'architecture : il devient *mutule* et même le *denticule*; dans les styles roman et ogival, il s'appelle *corbeau*.   E. L.

MODINHAS, nom que les Portugais donnent à des chansonnettes qui s'exécutent à une ou deux voix, avec accompagnement de guitare ou de piano. .

MODIUS, sorte de boisseau qu'on voit sur la tête de plusieurs divinités de l'antiquité, entre autres Diane d'Éphèse, Sérapis, Isis, etc. C'est un symbole d'abondance.

MODULATION (du latin *modus*, mode), mot qui a deux acceptions en Musique. Dans le sens le plus étroit, il signifie la manière de traiter convenablement le *mode* (entendu comme chez les Anciens ou dans le plain-chant), en faisant entendre souvent les notes essentielles qui lui sont propres, et en évitant toute altération par dièse, bémol ou bécarre, qui rappellerait un mode étranger. Dans une acception moins restreinte, et plus usitée aujourd'hui, la Modulation est le passage d'un ton à un autre, conformément à des règles établies, dans le cours d'un même morceau. Pour opérer un changement de ton, on fait entendre les altérations qu'il nécessite dans les sons du ton que l'on quitte, afin de les rendre propres à celui dans lequel on veut aller. Pour qu'une modulation soit agréable et régulière, il suffit qu'elle ait lieu du ton principal à l'un de ses analogues, c.-à-d. qu'elle introduise dans la mélodie un son ou un bémol de plus, ou qu'elle en retranche un. Ainsi, quand on est en ton de *ré* majeur, dans lequel il y a deux dièses, on peut moduler soit en *si* mineur, où il y a le même nombre de dièses, soit en *la* majeur ou en *fa* dièse mineur, où il y a un dièse de plus, soit en *sol* majeur, où il y a un dièse de moins. Rossini a souvent modulé d'un ton majeur à un ton mineur avec un dièse de plus, comme de *ré* majeur à *fa* dièse mineur. Il faut revenir, pour finir, au ton où l'on était en commençant; ce ton est dit *principal*, et ceux qu'on y a entremêlés sont appelés *relatifs*. La modulation est aussi nécessaire à la musique que la différence des teintes l'est à la peinture; sans elle la musique, ne sortant pas des cordes d'un ton donné, serait fatigante par son uniformité. Cependant il faut se garder d'en abuser, car la marche de la mélodie serait entravée mal à propos, et l'oreille, surprise à chaque instant, suivrait difficilement le ton.   B.

MODULE (du latin *modulus*), mesure conventionnelle, prise sur le fût de la colonne, pour établir les rapports mutuels de toutes les parties d'une ordonnance architecturale. De même que les peintres et les sculpteurs rapportèrent les proportions des différentes parties du corps de l'homme à celle de la tête, de même les architectes grecs cherchèrent à établir les rapports des Ordres d'après une mesure inhérente à eux-mêmes. Ces rapports sont nécessairement susceptibles d'une légère variation ; voici ceux qui ont été adoptés : le module est la moitié du fût de la colonne à sa base ; la colonne toscane n'a que de 12 à 14 modules, la dorique de 13 à 14, l'ionique de 15 à 17, la corinthienne de 16 à 18. Le module se divise ordinairement en 12 parties ou *minutes* pour le toscan et le dorique, en 18 pour les autres Ordres ; quelques architectes ont même porté les divisions jusqu'à 30. Les styles ogivaux du moyen âge n'ont pas de modules.   E. L.

module, en Numismatique, diamètre des médailles. On distingue, pour les médailles de bronze, trois modules, désignés sous les noms de *grand bronze, moyen bronze*, et *petit bronze*. V. Bronze.

MOELCK (Abbaye de), en Autriche. Cette abbaye, bâtie sur un rocher haut de 60 mèt., et au pied duquel coule le Danube, ressemble plus au palais d'un puissant souverain qu'à un couvent de cénobites. Elle est occupée par 60 Bénédictins environ, dont les uns vont enseigner dans différentes villes de l'Empire, tandis que les autres se livrent à l'étude. L'église, consacrée à St Pierre et à St Paul, est surmontée de deux tours et d'une coupole couvertes en cuivre ; devant le portail sont les statues colossales de St Léopold et de St Coloman ; on remarque, à l'intérieur, le plafond peint à fresque par Scanzoni et Rottmayr, divers tableaux de G. Bachmann et de Paul Troger, un orgue justement estimé, plusieurs tombeaux, et un Trésor qui contient des reliques et des curiosités de toute sorte. Les bâtiments de l'abbaye renferment une riche bibliothèque, une galerie de tableaux de l'ancienne école allemande, une collection de médailles et un cabinet d'histoire naturelle. Les caves, assez vastes pour qu'on y circule en voiture, ont fourni à l'armée française, en 1809, 200,000 pintes de vin, sans que la provision fût diminuée de moitié.

MOELLON (du latin *mollis*, tendre), pierre de petite dimension et de forme irrégulière, qu'on emploie en Construction, en la recouvrant de mortier ou de plâtre. Les moellons sont des débris de pierres de taille, quelquefois de pierres à plâtre et de pierres siliceuses. Ils sont dits *moellons de plat*, quand on les pose horizontalement sur leur lit ; *moellons d'appareil*, quand on les a équarris pour s'en servir en parement ; *moellons de coupe*, quand on les pose sur champ dans la construction des voûtes ; *moellons piqués*, lorsque, après avoir été équarris, ils sont piqués jusqu'au vif par la pointe du marteau ; *moellons bloqués*, quand ils sont de trop mauvaise qualité pour être équarris.

MOERIS (Lac). V. notre *Dictionnaire de Biographie et d'Histoire*.

MŒURS (du latin *mos, moris*, habitude, manière de vivre), qualités et inclinations de l'âme qui se manifestent dans les habitudes de la vie et produisent des actions bonnes ou mauvaises. Les *mœurs* sont *privées* ou *publiques*. Les *mœurs privées* consistent dans la pratique constante des vertus ou dans-le dérèglement ordinaire de la conduite : elles sont uniquement du ressort de la Morale. Le mot *mœurs*, employé sans épithète, se prend en bonne part : avoir des mœurs, c'est régler sa conduite sur la notion du devoir. On entend par *mœurs publiques* les habitudes, les coutumes, les usages et les préjugés qui tiennent à la manière de penser, de sentir et d'agir des diverses nations. Elles dépendent de l'éducation, de la religion, du gouvernement, du climat, et rentrent dans la Politique. Les mœurs des peuples chasseurs sont sauvages et cruelles ; celles des peuples pasteurs, douces et voluptueuses ; celles des peuples laboureurs, pures et sévères ; celles des peuples commerçants, plus promptement civilisées, mais avares et perfides ; celles des peuples navigateurs, indulgentes, faciles, audacieuses et corrompues. Les mœurs, nées de l'habitude, et exerçant leur *empire* sur tout le monde, *sont plus puissantes que les lois*, qui, basées sur la raison, et n'exerçant pas sans opposition leur autorité, peuvent être renversées par la force : toute société a des mœurs avant d'avoir des lois ; l'utilité et la stabilité de celles-ci se fondent sur la pureté de celles-là. C'est la tyrannie des mœurs qui jette une femme indienne sur le bûcher de son époux ; qui a fait des églises, dans certains temps, l'asile inviolable des assassins ; qui autorise en Angleterre la vénalité des suffrages dans les élections ; qui force un homme d'honneur en France à risquer sa vie en place d'une légère insulte. Les mœurs publiques ne sont pas toujours la conséquence immédiate des mœurs privées, et sont même

quelquefois en contradiction avec elles : ainsi, les Anglais, qui ont le sentiment très-vif de toutes les libertés, oppriment les catholiques de l'Irlande. Les mœurs ne sont pas et ne peuvent pas être immuables ; elles se transforment avec les siècles. Un attachement trop superstitieux aux anciennes mœurs est aussi contraire à l'ordre public que la fureur des innovations précoces. On trouve d'intéressantes peintures des mœurs privées et publiques aux différents âges de l'histoire dans les écrivains moralistes (V. Moralistes).

Appliqué aux œuvres littéraires du genre dramatique, le mot *Mœurs* a pris une signification différente de celle qu'on lui donne dans le langage commun : on entend par *mœurs dramatiques* l'observation exacte, la peinture fidèle des caractères et des mœurs selon le temps, le pays et l'état social auxquels appartiennent les personnages mis en scène.

En un autre sens encore, les *Mœurs* sont la partie de la Rhétorique qui traite des *mœurs* ou qualités que l'orateur doit posséder, ou du moins qu'il doit produire au dehors, et des égards qu'il doit témoigner pour ses auditeurs, suivant leur âge, leur condition, leur intelligence, afin de se concilier leur bienveillance. On distingue les *mœurs réelles* des *mœurs oratoires*. Tous les moralistes s'accordent à dire que l'orateur doit être vertueux, et que sa conduite doit être conforme aux principes de morale, de justice et d'équité qu'il invoque dans ses discours. Aussi, les Anciens définissaient-ils l'orateur « un homme de bien qui sait manier la parole ». Mais, malgré les efforts des moralistes pour démontrer que l'homme de bien seul est véritablement éloquent, l'histoire prouve que le don de la parole peut se trouver dans l'homme le plus corrompu. Les vertus que l'orateur doit avoir, ou plutôt qu'il doit paraître, sont : la *probité*, la *modestie*, la *bienveillance*, la *prudence*. La probité oratoire consiste à faire voir aux auditeurs qu'on n'a pas l'intention de les tromper, qu'on ne cherche pas son propre intérêt, mais la vérité, et qu'on a fait une étude sérieuse de la cause ; la modestie, à éviter les formes de langage, les gestes qui pourraient faire croire à l'auditeur qu'on le méprise, et à ne jamais parler de soi sans y être contraint par une nécessité impérieuse ; la bienveillance, à faire voir à l'auditeur qu'on cherche à lui être utile ; la prudence, à se tenir toujours loin des opinions extrêmes, de manière à ne point passer pour un homme de parti. On voit que les mœurs oratoires ne sont autre chose que l'observation des *bienséances* et des *convenances*.

MOFADDALIAT (El), Anthologie arabe faite par El-Mofaddal Ibn Mohammed, le Dabbite, lecteur à Coufa, vers l'an 776 de notre ère, pour l'usage du khalife abbasside Al-Mahdi. Elle comprenait 30 poèmes qui, lus en présence du philologue Al-Asmaï, furent portés par lui à 120. M. de Slane, dans son édition des poèmes d'Imroulkaïs (Paris, 1837, p. 117), établit qu'il y a 128 pièces. La bibliothèque royale de Berlin possède un très-ancien manuscrit qui en contient 109. On y trouve un nombre considérable de *Caçidas* ou odes, et beaucoup de morceaux de plus petite dimension. Aucun ordre certain ne semble avoir été observé dans le classement. Marzouki a commenté cette anthologie aux points de vue lexicographique et grammatical, avec étendue dans la première partie du manuscrit, et avec brièveté pour le reste. Les poèmes mentionnent rarement des faits historiques : ils roulent sur les expéditions guerrières dans le désert, sur la générosité, la bravoure, l'amour ; il y aussi des éloges funèbres, des satires et des louanges. V. la préface de l'ouvrage de M. Kosegarten, *The Hudsalian poems*, Londres, 1854.   G. D.

MOGIALOUA (Langue). V. Abonda.

MOHATRA, nom d'un contrat de vente usuraire en usage au XVIe siècle, et qui consistait, dans le cas de besoin d'argent, à recevoir d'un prêteur, et à crédit, telle ou telle marchandise dont on s'obligeait à payer le prix dans un temps déterminé, puis à la lui revendre immédiatement argent comptant, mais avec un grand rabais. C'était un moyen détourné imaginé pour échapper aux lois sur l'usure.

MOHAWK (Idiome), un des idiomes iroquois, le plus perfectionné de tous. C'est lui qui possède le vocabulaire le plus étendu et la grammaire la plus savante. Les articulations labiales p et m lui sont inconnues. On a traduit en mohawk la Bible, toutes les prières du service divin, et quelques livres ascétiques.

MOHICAN ou **MOHEGAN** (Idiome), un des idiomes algonquins. La déclinaison distingue le genre, mais pas le nombre. On emploie les participes au lieu des adjectifs, qui manquent presque entièrement, et les verbes neutres pour exprimer le verbe substantif, qui fait aussi défaut. Bien que les trois temps présent, passé et futur existent, on se sert presque toujours du présent. Les prépositions sont en très-petit nombre. V. Jonathan Edwards, *Observaıons sur la langue des Mohicans*, en anglais, 1788.

MOHTÉSIB, nom qu'on donne, chez les peuples musulmans, au juge des marchés, à l'intendant de la police.

MOHUR, monnaie d'or en usage dans les Indes. Le mohur de la Compagnie des Indes vaut 36 fr. 84 c., celui do Calcutta 41 fr. 90 c., et celui du Grand-Mogol 42 fr. 29.

MOI, NON-MOI. L'*âme* et le *moi* ne font qu'un seul et même être; cependant il y a entre eux une grande différence. Le *moi*, c'est l'âme qui a conscience d'elle-même, qui se sent, qui se connaît, qui veut, et qui sait tout cela. C'est donc l'âme à l'état réfléchi de développement, mais ce n'est pas l'âme tout entière. Il y a des moments tels que le vice où l'âme ne se connaît pas, des états dont elle n'a pas conscience ; l'enfant qui vient de naître a une âme, mais en lui le *moi* n'est pas encore né. Celui-ci n'est réellement que par la conscience et la volonté. L'école allemande, depuis Kant, a limité ou élargi l'idée du *moi* : Kant ne l'a vu que dans la conscience, en distinguant un *moi pur* et un *moi empirique ;* celui-ci est la conscience appliquée aux faits sensibles; Fichte fait du *moi* l'être absolu ; pour Schelling et Hégel, il y a une des manifestations de l'être absolu. De telles interprétations sont loin de la vérité. En s'élevant à l'état du *moi*, l'âme se distingue de tout ce qui n'est pas elle ; de son corps, qui est à elle sans être elle-même, de toute la nature extérieure, et de certains modes internes qui changent, tandis que l'âme reste identique ; toute cette opposition, substance ou mode, forme le *non-moi.* R.

MOINEAUX. V. le *Supplément.*

MOINES. V. notre *Dict. de Biogr. et d'Histoire.*

MOIODOR, monnaie d'or portugaise, la même que la Lisbonnine (V. ce mot).

MOISE, assemblage de pièces de charpente plates que l'on boulonne ensemble.

MOISSAC (Église St-Pierre, à). Cette église, autrefois abbatiale, a été construite longtemps après le porche ou péristyle qui la précède, et ne présente de remarquable que les restes d'un pavage en mosaïque. L'entrée du porche est un arc ogive, flanqué de deux colonnes engagées que surmontent les statues de St Pierre et de St Paul. L'intérieur de ce porche est formé de deux faces latérales et d'un portail qui donne accès dans l'église : sur la face droite on a figuré en bas-reliefs de pierre et de marbre l'Annonciation, l'Adoration des Mages, la Fuite en Égypte, et, sur la gauche, la Luxure, l'Avarice, le mauvais riche, le bon pauvre ou Lazare; les sculptures du portail, dont on a donné diverses interprétations, paraissent représenter Dieu, les emblèmes des Évangélistes, et les 24 vieillards de l'Apocalypse. — Un cloître, bâti en 1100, est attenant à l'église. On y reconnaît des fragments d'une construction encore plus ancienne. Les colonnes du pourtour sont en marbre du pays; leurs chapiteaux, représentant des scènes de la Bible, supportent des arcades ogives peu prononcées. On remarque, sur les piliers qui sont disposés aux angles et interrompent l'arcature de distance en distance, des figures en bas-relief d'assez grande dimension, sculptées sur des plaques de marbre : ce sont celles de onze Apôtres ; la 12e représente l'abbé Durand, qui fit la dédicace de l'église en 1063, et qui tient ici la place de l'apôtre Simon. Ce cloître est couvert en charpente, et non voûté.

MOLDAVE (Langue). V. Roumane (Langue).

MOLE (du latin *moles*, masse énorme), sorte de jetée en pierre qui s'avance dans la mer à l'entrée d'un port pour rompre l'impétuosité des vagues et mettre les navires dans un sûreté. Le mot est surtout employé sur les bords de la Méditerranée, à Gênes, Naples, Alger, Barcelone, etc. V. Jetée.

MOLE D'ADRIEN. V. Mausolée, dans notre *Dictionnaire de Biographie et d'Histoire.*

MOLINISME. V. Grace.

MOLLAH. V. ce mot dans notre *Dictionnaire de Biographie et d'Histoire.*

MOLOSSE, pied de la versification grecque et latine, composé de 3 longues : trādentēs. Les uns attribuaient ce nom à l'usage fréquent que faisaient de cette mesure les Molosses dans leurs chants guerriers ; d'autres prétendaient que ce pied avait été inventé par un poëte du nom de Molosse. Il est admis quelquefois par les poëtes comiques comme substitution du choriambe, dont il est l'équivalent (‒ ◡ ◡ ‒). On le trouve aussi à la fin de certains dochmiaques hypermètres. Le molosse sert assez souvent de rejet dans les vers héroïques, et annonce une action moins vive ou un sentiment plus calme que le rejet du dactyle.
P.

MOMIES. V. ce mot dans notre *Dictionnaire de Biographie et d'Histoire.*

MOMON, vieux mot qui signifiait *mascarade* et *ballet*

MONADE (du grec *monas*, unité). Dans l'antiquité, Pythagore, en disant que les nombres étaient les principes des choses, avait ramené en même temps les nombres eux-mêmes à leur principe, l'unité. Chez les modernes, Leibniz, en partant de l'idée de force, créa le *monadisme* ou la théorie des monades. Les monades sont des substances simples, des atomes incorporels. Elles datent de la création ; elles peuvent être anéanties, mais elles ne peuvent subir aucune altération, aucune modification par un changement interne. Le monde est à leur égard dépourvu d'action, et, suivant les expressions de Leibniz, en elles n'existent ni portes ni fenêtres qui puissent leur donner accès. Elles n'ont ni étendue ni figure, et ne peuvent occuper d'espace ou se trouver dans un lieu. Par la même raison elles sont privées de mouvement. Elles diffèrent entre elles par certaines propriétés ou qualités qui leur sont inhérentes ; ainsi, parmi les monades créées, il en est dans lesquelles la perception est plus distincte et révélée par la conscience ; ce sont les âmes proprement dites. Les âmes humaines se distinguent de celles des animaux par la connaissance des vérités nécessaires, qui constituent la raison. Cette théorie conduit, 1° à l'*idéalisme*, car une agrégation de monades ne peut pas avoir des qualités qui ne sont pas dans ses éléments ; les monades n'ayant ni figure, ni étendue, ni mouvement, les corps ne sont que des phénomènes ; 2° à l'*optimisme*, parce que les monades sont disposées les unes à l'égard des autres de manière à produire le meilleur des mondes possibles ; 3° au *fatalisme*, par l'*harmonie préétablie*. (V. ces mots).
R.

MONARCHIE (du grec *monos*, seul, et *arkhéin*, commander), gouvernement d'un peuple par un seul homme, qui porte ordinairement le titre de *roi* ou d'*empereur*. Ce gouvernement est *absolu*, quand la souveraine puissance appartient au monarque sans aucune restriction (V. Absolutisme); *constitutionnel*, *tempéré* ou *représentatif*, quand le pouvoir est partagé entre le chef de l'État et les représentants de la nation, et réglé dans son exercice par une Constitution (V. ce mot). Une monarchie peut être ou *héréditaire* ou *élective*. Son écueil est le *despotisme* (V. ce mot). On a dit que la monarchie était sortie de la famille, et que le père avait été le type du roi ; mais la vie patriarcale conduit bien plutôt à l'oligarchie ; car, après la mort du père, qui a régné sur toutes les générations de son vivant, l'unité du pouvoir est brisée, les fils deviennent les chefs de nouvelles familles, et la puissance tend à se morceler de plus en plus. D'ailleurs, il résulte de l'expérience que le pouvoir royal et le pouvoir paternel sont loin d'être identiques ; que l'égalité entre les membres de la famille politique, l'amélioration de leur bien-être et de leur intelligence, n'ont guère été le souci des souverains, dont un très-petit nombre ont mérité d'être appelés les pères des peuples ; que souvent même ils affectèrent de n'être pas de même race que les sujets, et affichèrent une origine supérieure, sinon divine (V. Droit divin). Sans attacher trop d'importance à ce vers de Voltaire (*Mérope*, I, 3) :

Le premier qui fut roi fut un soldat heureux,

on peut admettre que la force a été fréquemment le principe du pouvoir. On ne trouverait guère de dynasties qui n'aient débuté par une usurpation, et c'est seulement à la suite d'une possession plus ou moins longue de l'autorité, ou par l'ascendant de services rendus, qu'elles ont été définitivement acceptées. Si la monarchie a été chez la plupart des peuples une institution primordiale, il est remarquable qu'elle a été partout en lutte avec les sujets, dont les efforts ont tendu à limiter, à amoindrir son autorité. V. Royauté.

MONASTÈRE. V. Abbaye.

MONAULE. V. Flute.

MONCADES. V. Moquette.

MONDE (Ame du). V. Ame du monde.

MONÉRIS, galère des Anciens, à un rang de rames.

MONÉTAIRE. V. ce mot dans notre *Dictionnaire de Biographie et d'Histoire.*

MONÉTAIRE (Musée), collection formée à la Monnaie de Paris, et comprenant tous les coins et poinçons des monnaies, médailles, pièces de plaisir et jetons qui ont été frappés en France depuis Charles VIII jusqu'à nos jours. On y voit aussi en dépôt une grande quantité de coins et poinçons appartenant à divers graveurs et éditeurs.

MONFÉRINE, danse de la Lombardie et du Piémont. La musique en est gaie, d'un mouvement très-vif, et mesurée à 6/8. Elle se divise en deux reprises composées chacune de 8 mesures, et de ces reprises on répète seulement la dernière.

MONGOLE (Langue), une des langues tartares, celle qui paraît le mieux avoir une origine monosyllabique. Ses radicaux, en effet, sont fort courts, et composés le plus souvent de trois lettres seulement. Il est vrai qu'ils sont susceptibles de flexions, tant de déclinaison que de conjugaison. Abel Rémusat a signalé les analogies qui existent entre le mongol et le thibétain : c'est des deux côtés la même pauvreté de termes de rapport et de connexion, la même marche dans la syntaxe et la construction. Le mongol a encore des coïncidences avec le turc, dans les mots comme dans les formes grammaticales, et son vocabulaire contient aussi un certain nombre de termes sanscrits. On ne trouve en mongol ni distinction des genres, ni article; les pronoms sont d'un usage assez rare : au lieu de remplacer par eux le substantif, on répète celui-ci. Le verbe n'a pas de subjonctif, et l'indicatif tient lieu de ce mode; la conjugaison n'a ni personnes ni nombres. Il n'y a pas de prépositions, mais des postpositions. L'absence de dures associations de consonnes et une riche distribution de voyelles rendent la prononciation harmonieuse et sonore. L'alphabet mongol se compose de 6 voyelles et 17 consonnes, qui, par leurs combinaisons, fournissent une centaine de signes. On écrit en colonnes verticales de haut en bas, et de gauche à droite. — Les Mongols ont une littérature composée de poèmes, de romans, d'ouvrages historiques, et surtout de livres de théologie bouddhique : beaucoup de ces livres sont traduits du thibétain. V. Thévenot, *Voyages*, contenant une Grammaire mongole traduite d'un manuscrit arabe, 1663-72; Bayer, *Orthographia mongolica*, dans les *Acta eruditorum* de 1731; le même, *Elementa litteraturæ mongolicæ*; Abel Rémusat, *Recherches sur les langues tartares*, Paris, 1820, in-4°; W. Schott, *Essai sur les langues tartares*, en allemand; J.-J. Schmidt, *Grammaire de la langue mongole*, en allem., St-Pétersbourg, 1831, in-4°, et *Dictionnaire mongol-allemand-russe*, 1835; Kowalewski, *Grammaire abrégée de la langue savante des Mongols*, 1835, *Chrestomathie mongole*, 1836, et *Dictionnaire mongol-russe-français*, Kazan, 1844, in-4°.

MONIAL, ancien mot synonyme de *moine* ou *religieux*.

MONITEUR. *V.* Enseignement.

MONITEUR UNIVERSEL. *V.* Journal, dans notre *Dictionnaire de Biographie et d'Histoire*.

MONITION. | *V.* ces mots dans notre *Dictionnaire*
MONITOIRE. | *de Biographie et d'Histoire*.

MONNAIE (en latin *moneta*; de *monere*, avertir, parce que le type ou la marque légale dont elle est empreinte avertit qu'il n'y a pas eu de fraude dans la fabrication), mot qui s'entend généralement des espèces métalliques frappées par une autorité souveraine, marquées au coin d'un prince ou d'un État, et servant au commerce. Les Économistes la définissent, dans une acception plus vaste, « un instrument d'échange, qui, en même temps qu'il sert de mesure pour la valeur des objets échangés, est par lui-même un équivalent ». La monnaie est une partie très-importante du capital circulant d'une nation, bien qu'elle soit loin d'être la plus considérable. Une monnaie n'est pas autre chose qu'une marchandise qui sert d'intermédiaire dans l'échange des autres marchandises. Si j'ai besoin de pain et que je sois chapelier, donnerai-je un chapeau au boulanger? Quel rapport y a-t-il entre un chapeau et une livre de pain? D'ailleurs, ai-je besoin d'une quantité de pain exactement égale à la valeur du chapeau? Et le boulanger a-t-il besoin d'un chapeau, pour accepter celui que je lui offre en échange de son pain? Il est évident qu'il faut un intermédiaire, qui ait une valeur assez déterminée pour déterminer lui-même la valeur des autres marchandises et servir de mesure de comparaison, qui soit accepté également par tous et facilement divisible. Pour qu'une marchandise devienne monnaie, il faut : 1° qu'elle ait une valeur réelle, c.-à-d. une valeur sérieuse et non de pure convention; autrement dit, qu'elle soit le produit d'un travail; 2° qu'elle ait une valeur stable, c.-à-d. qu'elle ne puisse s'altérer, se corrompre, se volatiliser, ni être exposée à des mouvements

trop subits de hausse et de baisse; 3° qu'elle soit divisible aisément, de manière que la somme des parties ait une valeur égale au tout, et qu'une partie à poids égal n'ait pas plus ou moins de valeur qu'une autre; 4° qu'elle soit facile à transporter, d'un volume peu considérable; 5° que sa valeur soit facile à constater, c.-à-d. qu'on ne puisse pas aisément la falsifier ou la confondre avec une autre. L'or et l'argent réunissent au plus haut degré ces diverses qualités, et c'est pour cette raison qu'ils servent presque universellement de monnaie. On a essayé en Russie, de 1828 à 1845, de faire des monnaies de platine; mais la valeur de ce métal n'est pas assez constante. Quelques peuples ont employé ou emploient encore pour monnaie dans les menus échanges certaines autres marchandises, à Terre-Neuve les morues, au Mexique les grains de cacao, en Abyssinie le sel, aux Maldives certains coquillages, en Russie jusqu'à Pierre Ier, le cuir. — Combien faut-il de monnaie à un peuple pour suffire à ses échanges? environ un dixième des valeurs qui sont dans la circulation : mais cette évaluation ne repose sur aucune donnée certaine. La quantité de monnaie n'est pas seulement déterminée par la quantité des marchandises, mais par l'état du crédit; s'il est vrai que plus il y a de marchandises en circulation, plus il y a besoin de monnaie, il faut ajouter que plus il y a de crédit, moins il faut de monnaie. Le crédit supplée en grande partie à la monnaie, grâce aux effets de commerce et aux banques (*V.* Crédit, Effets de commerce, Banque). Le papier-monnaie remplace quelquefois en partie la monnaie; mais c'est toujours une anomalie de courte durée (*V.* Papier-monnaie).

On appelle *monnaies réelles* ou *effectives* celles qui circulent avec une valeur déterminée; *monnaies de compte* ou *imaginaires*, celles auxquelles ne correspond aucune pièce de monnaie réelle, qui n'ont d'existence que sur le papier, et qu'on emploie par habitude, ou pour faciliter les comptes en les établissant sur une base certaine et invariable, comme les *livres sterling* en Angleterre, les *réaux de veillon* en Espagne, les *reis* en Portugal, la *livre de banque* en Prusse, le *rouble de compte* en Russie, et autrefois la *pistole* en France. Les monnaies réelles ont une *valeur intrinsèque*, celle de la matière dont elles sont formées, et une *valeur nominale*, celle que l'autorité publique leur attribue : les étrangers ne reconnaissent aux monnaies d'un pays que leur valeur réelle, tandis que les indigènes les donnent et les reçoivent pour leur valeur nominale. Le *titre* d'une monnaie est la quantité pure qu'elle contient du métal dont elle porte le nom: ainsi, en France, les pièces d'or et la pièce de 5 fr. en argent sont au titre de 9 dixièmes, c.-à-d. qu'elles contiennent 9 dixièmes d'or ou d'argent fin et un dixième de cuivre; il y a une tolérance de 2 millièmes au-dessus et au-dessous pour l'or, et de 3 millièmes pour l'argent; les pièces d'argent de 2 fr., 1 fr. et 0,50 cent., sont au titre de 0,835; les pièces de 1, 2, 5 et 10 centimes sont de bronze, composé de 95 centièmes de cuivre, 4 d'étain et 1 de zinc. On nomme *frai* la diminution de poids qu'éprouvent les monnaies par l'effet de la circulation.

Dans toute pièce de monnaie, on remarque : l'*avers*, droit ou face, le *revers*, la *légende*, l'*exergue*, le *cordon*, et le *millésime* (*V.* ces mots).

Fabrication de la monnaie. — Quand on songe que l'art de la gravure en relief et en creux sur les métaux atteignit de bonne heure la perfection, on est étonné de la lenteur avec laquelle se sont développés les procédés de la fabrication des monnaies. Autrefois les monnaies étaient frappées par le marteau, tantôt à froid, tantôt à chaud, et il en a été ainsi jusqu'à la seconde moitié du XVIe siècle. Après avoir fait subir aux matières d'or et d'argent l'alliage légal, on les fondait et on les coulait en lames, qui étaient ensuite recuites pour être étendues sur l'enclume. Quand les lames avaient à peu près l'épaisseur des espèces à fabriquer, on les coupait en morceaux à peu près de la grandeur des espèces, ce qu'on appelait *couper quarreaux*. Les quarreaux réduits au volume des espèces prenaient le nom de *flaons*. Pour marquer l'empreinte légale sur les deux côtés du flaon, on se servait de deux poinçons appelés *coins* ou *quarrés* (*V.* Coin). L'un était la *pile* : c'est celui sur lequel était gravé l'écusson ; l'autre, qui portait la croix ou l'effigie du roi, s'appelait le *trousseau*. Le flaon étant posé sur la pile, on mettait le trousseau sur le flaon : d'une main on pressait la pièce et le trousseau, et de l'autre on donnait trois ou quatre coups de maillet de fer sur le trousseau, et ainsi le flaon se trouvait monnayé des deux côtés. Ce terme de *pile* venait de ce que la pile est frappée, *pilée* sous le trousseau, et celui de *trousseau*, de ce qu'on tenait et *troussait* ce coin de la main. — Les incorvénients de ce mode de fabrication étaient nombreux : il faut compter, parmi les plus graves, l'irrégularité de l'empreinte en une foule de cas, l'encouragement donné par là au faux monnayage, et la facilité que l'on avait de rogner les espèces. En 1547, Henri II décida que son effigie serait empreinte sur les monnaies à la place de la croix, qui était trop facile à falsifier, et défendit de fabriquer des coins autres que ceux qui auraient été gravés par le *tailleur, sculpteur et graveur général* de France. Le graveur qui fit les nouveaux coins fut Marc Béchot. Bientot on vint proposer au roi une machine à *forger* les monnaies : cette machine, dont l'invention est attribuée par les uns à un Allemand nommé Antoine Bruchor, et par les autres à un certain Aubin Olivier, fut appelée *balancier* ou *moulin*, parce qu'elle agissait par un mouvement circulaire. Elle fut installée en 1553 dans le palais du Louvre, au bout du jardin des étuves, à l'endroit où sont aujourd'hui les galeries. Vers le même temps on eut l'idée de mettre une légende sur la tranche des espèces, pour empêcher qu'elles fussent rognées. La fabrication par le marteau et celle par le balancier se firent concurremment. En 1587, Henri III défendit cette dernière, si ce n'est pour médailles, pièces de plaisir et jetons, et il n'y eut plus que le marteau pour la monnaie. Le monnayage au moulin ne fut cependant pas universellement abandonné : il avait été installé à Pau, en 1564, par Jeanne d'Albret, reine de Navarre. En 1617, Nicolas Briot, tailleur général des monnaies, proposa de nouvelles machines : on les repoussa, malgré ses essais concluants, et, en 1629, Briot alla porter son invention en Angleterre, où l'on en tira profit. Enfin, des édits de décembre 1639, de mars 1640 et 1645, rétablirent la fabrication exclusive par le balancier : ce triomphe définitif de la machine sur la main d'œuvre est dû aux conseils et à l'influence de Varin. Vers 1685, on adopta, pour marquer les espèces sur la tranche, une machine inventée par l'ingénieur Castaing. Avec la *presse monétaire* inventée par Thonnelier en 1829, on fabrique en 10 heures 20,000 pièces de 5 fr. L'hôtel des monnaies de Paris possède 16 de ces presses mues par deux machines à vapeur. Le monnayage comprend les opérations suivantes : 1° la fonte des métaux; 2° l'essai de l'alliage, pour vérifier s'il est au titre convenable; 3° le laminage des lingots obtenus par la fonte; 4° le découpage des flans à l'aide d'un emporte-pièce mécanique; 5° le frappage des pièces à l'aide des coins et du balancier. Le cordonnage des flans s'est fait d'abord au moyen d'une machine particulière; depuis l'invention de Thonnelier, le cordonnage se fait en même temps que l'impression des surfaces, et d'un même coup de balancier. Les médailles d'or et d'argent sont terminées après le frappage; celles de cuivre reçoivent leur couleur brune dans un mélange d'acétate de cuivre et de matières organiques.

Le procédé moderne de fabrication donne plus de pureté aux lignes, plus de régularité aux pièces, et une complète uniformité entre elles; mais celui des Anciens, qui moulaient leurs monnaies, permettait de faire en bronze les pièces de faible valeur, qu'on est obligé maintenant de faire en cuivre, parce que le bronze est trop dur pour le procédé actuel. Or, à cause de la dureté du bronze, les monnaies anciennes s'usaient moins que les nôtres, et étaient aussi moins sujettes à s'oxyder.

La fabrication des monnaies en France est faite dans des hôtels appartenant à l'État, mais par des entrepreneurs portant le titre de *directeurs* de la fabrication et qui sont ious la surveillance et le contrôle d'agents nommés par le ministre des finances. L'État alloue aux entrepreneurs, pour frais de confection des monnaies, 1 fr. 50 par kil. d'argent, et 6 fr. 70 c. par kil. d'or. Les directeurs des monnaies doivent fournir, en pièces fractionnaires de celles de 5 fr., un vingtième de la fabrication de la monnaie d'argent, soit par million 50,000 fr. ainsi divisés : en pièces de 2 fr., 10,000 fr.; de 1 fr., 25,000 fr.; de 50 centimes, 12,500 fr.; de 20 centimes, 2,500 fr. Pour la monnaie d'or, ils fournissent, par million : en pièces de 100 fr., 5,000 fr.; de 50 fr., 20 fr.; de 20 fr., 740,000 fr.; de 10 fr., 190,000 fr.; de 5 fr., 55,000 fr. Le prix de fabrication de la monnaie de cuivre est, par kilogramme, de 92 cent. pour la pièce de 10 c.; 1 fr. 32 c. pour celle de 5 c.; 2 fr. 24 c. pour celle de 2 c.; 3 fr. pour celle de 1 c. Chaque hôtel des monnaies (il n'y en a que 2) a une *marque* ou *point secret*, qui fait reconnaître l'origine des pièces, et une *lettre*, qui les distingue également (Paris, A; Bordeaux, K).

Du faux monnayage. — Le faux monnayage a existé de tout temps, mais principalement à l'époque où la fabrication publique était imparfaite. Il consiste, soit à couler des pièces de monnaie dans des moules, ce qui ne donne que des copies défectueuses et faciles à reconnaître, soit à en fabriquer à l'aide des procédés mêmes que l'on emploie dans les hôtels des monnaies, en leur donnant, par excès d'alliage ou par manque de poids, une valeur inférieure. On a fait aussi des monnaies fausses dont le corps est une matière quelconque recouverte d'une pellicule d'or ou d'argent. En général, on distingue beaucoup de monnaies fausses au son qu'elles rendent. Aux yeux de la loi, on contrefait encore la monnaie, quand on la couvre d'un enduit pour lui donner une valeur supérieure, quand on la rogne pour la mettre ensuite en circulation avec son ancienne valeur. Un des plus anciens édits royaux contre les faux monnayeurs est celui de Childéric III, en 744, infligeant la perte du poing au coupable, une amende de 60 sous à ses complices s'ils sont libres, et 60 coups s'ils sont esclaves. Louis le Débonnaire en 819 et Charles le Chauve en 864 prononcèrent les mêmes peines. D'après plusieurs ordonnances de Louis IX, les faux monnayeurs devaient être pendus; la peine portée par les *Établissements* de ce prince est la perte des yeux. Les *Coutumes* de Bretagne et de Normandie portaient qu'ils seraient bouillis vivants, puis pendus. Philippe le Bel, qui altérait si bien les monnaies, obtint du pape Clément V, en 1309, une bulle d'excommunication contre les coupables, sentence renouvelée sous Charles le Bel en 1320, sous Philippe VI de Valois en 1349, et sous Henri III en 1583. Louis XI déclara, par lettres du 2 nov. 1475, que le crime de fausse monnaie était un de ceux dont les rois faisaient le serment de ne jamais accorder le pardon. La terreur n'arrêtait pas les faussaires, et les nobles n'étaient pas moins coutumiers du fait que les roturiers; des provinces entières avaient un fort mauvais renom sous ce rapport. En 1631, le cardinal de Richelieu établit une Chambre de justice pour la recherche et la répression du crime de fausse monnaie, et cette Chambre prononça de nombreuses et sévères condamnations. Dans l'Ordonnance de 1670, la fausse monnaie continua d'être considérée comme crime de lèse-majesté. Un édit du 20 février 1725 sanctionna toutes les dispositions pénales antérieures. Le *Code pénal* de 1791 maintint la peine de mort pour ceux qui contreferaient les papiers nationaux, mais ne punit que de 15 années de fers les faux monnaies. A ces peines la loi du 1er brumaire an II (22 oct. 1793) ajouta la confiscation des biens, et celle du 23 floréal an X (13 mai 1802) la marque ou flétrissure. Une loi du 2 frimaire an II (22 novembre 1793) punit de 6 ans de fers la fabrication de fausse monnaie étrangère, ainsi que celle des effets de commerce. La loi du 14 germinal an XI (4 mai 1803) rétablit la peine capitale contre les auteurs et les complices de la contrefaçon ou altération de la monnaie nationale. Cette peine fut conservée dans le *Code pénal* de 1810. Depuis 1832, le crime de fausse monnaie est puni des travaux forcés à perpétuité, quand la contrefaçon ou l'émission s'est attaquée aux espèces d'or et d'argent, et seulement des travaux forcés à temps, s'il s'agit de monnaies de cuivre ou de billon. La falsification ou contrefaçon, ainsi que l'emploi, d'effets émis par le Trésor public avec son timbre, ou des billets des banques autorisées par la loi, entraînent les travaux forcés à perpétuité. En ce qui concerne les monnaies étrangères altérées, contrefaites, et émises en France, la peine est celle des travaux forcés à temps. Ceux qui, ayant reçu des fausses pièces pour bonnes, les remettent sciemment en circulation, sont punis d'une amende triple au moins et sextuple au plus de la somme qu'elles représentent, sans que cette amende puisse être en aucun cas inférieure à 16 fr. La révélation du crime de fausse monnaie avant ou même après poursuites, s'il s'ensuit l'arrestation des coupables, exempte de la peine celui qui aurait participé à la fabrication ou à l'émission; mais il peut être mis, à temps ou pour sa vie, sous la surveillance de la haute police. — L'achat et la vente des monnaies au-dessus du cours légal, pour en faire commerce et les exporter à l'étranger, sont punis d'une amende qui peut s'élever jusqu'à 3,000 fr. Il en est de même de la fonte des monnaies qui aurait pour but de profiter d'un excédant de poids.

V. l'art. MONNAIE dans notre *Dictionnaire de Biographie et d'Histoire*, et, dans le présent ouvrage, les articles consacrés à la *Numismatique* des principaux pays; les *Traités des monnaies* par Boizard (1699, 2e édit.,

4711), Poullain (1621; 2e édit., 1709), Dupré de Saint-Maur (1746), et Abbot de Bazinghen (1764); Galiani, *Della moneta*, 2e édit., 1780; Rochon, *Essai sur les monnaies anciennes et modernes*, 1792; Bonneville, *Traité des monnaies d'or et d'argent chez les différents peuples* (1806), refondu sous le titre d'*Encyclopédie des monnaies* (1850); Juvigny, *Traité théorique et pratique sur les monnaies*, 3e édit., 1834; Nelkenbrecher, *Nouveau Manuel des monnaies*, traduit de l'allemand par Deschamps, 1844; Michel Chevalier, *La Monnaie*, 1850, in-8°. *V.* pour les monnaies anciennes, NUMISMATIQUE. B.

MONNAIE DE BILLON. Le billon ne mérite pas, en réalité, le nom de monnaie, car il n'a qu'une valeur fictive, c.-à-d. qui n'est ni la mesure, ni l'équivalent de la chose pour laquelle on le reçoit ou on le donne; néanmoins le nom a prévalu. En France, la monnaie de billon ne valut jamais intrinsèquement que la moitié de sa valeur légale. Un des grands inconvénients de cette surélévation était de provoquer le faux monnayage; en 1726, il existait en Angleterre et en Allemagne des ateliers particuliers qui fabriquaient d'énormes quantités de billon, dont ils inondaient la France. Pendant la Révolution, avec une livre de cuivre rouge qui valait un franc, on fabriquait 45 sous, valant, légalement, 2 fr. 25 c. Les sous de cloche, avec la même valeur légale, ne contenaient que pour 60 centimes de matière. Il s'en fabriqua alors une quantité tellement disproportionnée avec les besoins du commerce, qu'ils étaient comme une plaie dans les transactions, parce que l'on faisait des payements importants tout en sous. En 1796, un arrêté du Directoire, pour réprimer cet abus, autorisa dans les payements faits en monnaie réelle, l'emploi d'un 40e seulement en monnaie de cuivre ou de billon, c.-à-d. 25 fr. sur un payement de 1000 fr. Ce 40e, qui doublait à peu près le poids de la somme en argent, était si gênant, que des spéculateurs imaginèrent d'établir à Paris et à Rouen deux espèces de banques dites *factoreries des sous*, qui, pour éviter l'embarras du transport de cette lourde monnaie, émettaient des billets au porteur payables en sous, lesquels circulaient comme aujourd'hui des billets de banque: cela imité dans d'autres villes, ce qui multiplia, représentativement, la monnaie de cuivre dans une proportion énorme. En 1810, l'abus était dans toute son extension: l'État ne trouvait jamais à écouler tous les sous qu'il recevait: sur une recette de 850 millions de francs environ, il y avait pour 40 millions de sous! La régie des postes, qui ne recevait alors qu'un peu plus de 10 millions de francs, versait au Trésor 9 millions de sous! Enfin un décret du 13 août 1810 déclara que la monnaie de billon ne serait plus reçue dans les payements que pour appoint au-dessous de 5 fr.; ce décret est encore en vigueur.

En 1852, le gouvernement s'occupa de remédier radicalement au mal, en refondant toute la monnaie de billon, et en la remplaçant par des pièces plus légères, bien frappées, d'un bronze très-riche en cuivre, mais toujours d'une valeur légale bien supérieure à la valeur intrinsèque. On en frappa pour la somme totale de 48,500,000 fr., ainsi représentée et en partant du décime, dont le poids fut fixé à 10 grammes:

Pièce de 10 centimes, ou décime.		25,965,839 fr.	70 c.
—	5	—	20,702,905	15
—	2	—	1,162,665	64
—	1	—	668,589	51
		Total.	48,500,000 fr.	00 c.

Cette opération, la plus vaste qu'on ait encore faite en ce genre, s'accomplit de 1852 à 1858, et les frais de fabrication furent de 7,762,077 fr. Toutes les pièces portèrent l'effigie de Napoléon III. En 1860, les besoins du commerce exigèrent une fabrication supplémentaire de 10 millions, ce qui a porté à 58,500,000 fr. toute la monnaie de billon actuelle. L'ancienne a été démonétisée, et a produit 9,039,202 kilog. pesant.   C. D—Y.

MONNAIES (Commission des), Commission chargée: 1° de vérifier le titre et le poids des espèces fabriquées, et de surveiller, dans toute l'étendue de la France, l'exécution des lois monétaires et la fabrication des monnaies; 2° de délivrer, conformément aux lois, aux essayeurs du commerce et aux essayeurs des bureaux de garantie, les certificats de capacité leur permettant d'entrer en fonction; 3° de statuer sur les difficultés relatives au titre et à la marque des lingots et ouvrages d'or et d'argent, dans toute l'étendue de la France. Elle rédige les tableaux servant à déterminer le titre et le poids d'après lesquels les espèces et matières d'or et d'argent sont échangées dans les hôtels des monnaies. Elle fait procéder, toutes les fois qu'elle le juge convenable, à la vérification du titre des espèces étrangères nouvellement fabriquées. Elle fait aussi procéder, lorsqu'elle en est requise soit par les tribunaux, soit par les autorités administratives, à la vérification des espèces monnayées, légalement fabriquées ou arguées de faux, sous le rapport du titre, du poids et des empreintes; à la vérification du titre des lingots du commerce, et à celle des poinçons de l'État, apposé sur les ouvrages d'or et d'argent. Elle surveille les opérations de tous les fonctionnaires des ateliers monétaires. Elle doit également surveiller la fabrication des médailles d'or, d'argent et de bronze, en faire constater le titre, et n'en autoriser la délivrance ou mise en vente qu'après avoir observé les mêmes formalités que celles prescrites pour le jugement des espèces monnayées. Elle est chargée enfin de contrôler la confection des planches et l'impression des timbres-poste, billets de banque, etc.

MONNAIES (Cour des). ⎫ *V.* notre *Dictionnaire de Bio-*
MONNAIES (Hôtel des). ⎭ *graphie et d'Histoire.*
MONNAIES AUTONOMES.
— CONSULAIRES. ⎫ *V.* AUTONOMES, CONSULAIRES,
— DE FAMILLE. ⎬ FAMILLE, OBSIDIONALES.
— OBSIDIONALES. ⎭

MONOCHROME (du grec *monos*, seul, et *khrôma*, couleur), qui est d'une seule couleur. Le camaïeu, la grisaille, la sépia, sont des peintures monochromes. Ce genre de travail a été connu des Anciens, et même la peinture n'eut primitivement qu'une seule couleur. La plupart des vases étrusques étaient monochromes. On voit au musée de Naples une peinture antique en cinabre rouge de l'Inde, qui représente Thésée tuant le Minotaure.

MONOCORDE (du grec *monos*, seul, et *khordê*, corde), instrument dont les Anciens attribuaient l'invention à Pythagore, et qui servait à déterminer les rapports numériques des sons. Cet instrument, qu'on nommait aussi *canon harmonique*, se composait d'une règle, divisée en plusieurs parties, et d'une corde de boyau ou de métal, tendue sur cette règle entre deux chevalets fixes. En promenant sous la corde un chevalet mobile contre les différents degrés marqués sur la règle, on trouvait les rapports des sons avec les longueurs des cordes qui les rendaient. Au moyen âge, on employa le monocorde à l'enseignement de la musique, pour faciliter aux commençants la justesse des intonations.

MONOCULE, se disait autrefois du collateur qui n'avait qu'un seul bénéfice à conférer, et de ce bénéfice même.

MONODIE (du grec *monos*, seul, et *ôdê*, chant), nom que les Anciens donnaient au chant à une voix seule.

MONOGRAMME (du grec *monos*, seul, et *gramma*, lettre), caractère d'écriture composé de plusieurs lettres réunies, de façon que le même jambage ou la même panse serve à deux ou trois lettres différentes. C'est en cela qu'il se distingue du *chiffre*, formé de lettres entrelacées, mais dont on peut suivre distinctement toutes les parties: cependant on appelle *monogramme du Christ* le chiffre composé de lettres grecques par lequel on désigne le Christ (IHS). Il y a des monogrammes sur un grand nombre de monnaies grecques et romaines; mais la plupart sont indéchiffrables pour nous. On en trouve aussi dans les inscriptions lapidaires, où l'on avait besoin de ménager l'espace. Le plus ancien monogramme qui figure sur un acte public est celui de Théodoric, roi des Ostrogoths. Eginhard dit que Charlemagne se servait d'un monogramme pour signature: les successeurs de ce prince l'imitèrent jusqu'à Philippe le Hardi, et le droit de signature en monogramme fut longtemps considéré comme un privilège des souverains. Les papes n'en ont guère usé que dans le IXe siècle. Les monogrammes ne sont tombés en désuétude en Allemagne qu'au milieu du XVe. — On a appelé *Monogrammes* les chiffres ou signes dont les artistes ont marqué leurs tableaux ou leurs gravures, principalement aux XVe et XVIe siècles; il en est resté beaucoup d'inexpliqués. *V.* J.-F. Christius, *Dictionnaire des monogrammes*, traduit en français, Paris, 1759, in-8°; Brulliot, *Table générale des monogrammes*, Munich, 2e édit., 1834, 2 vol. in-4°.   B.

MONOGRAMME, mot par lequel les Anciens désignaient un dessin au simple trait.

MONOGRAPHIE (du grec *monos*, seul, et *graphein*, décrire), écrit qui traite spécialement d'un point particulier de la science. Le mot, usité surtout pour les descriptions des genres ou des espèces dans l'Histoire nturelle, s'applique également à la description d'un édifice

MONOLITHE (du grec *monos*, seul, et *lithos*, pierre), colonne, stèle, ou tout autre ouvrage exécuté d'une seule pierre. Les obélisques égyptiens sont monolithes; tel est celui de Louqsor, qu'on a transporté à Paris, et celui que Sixte-Quint fit ériger à Rome sur la place du Vatican. Hérodote parle d'un roc placé à Saïs et qui, creusé intérieurement, offrait une chambre de 18 coudées de long sur 12 de large et 5 de haut (8ᵐ,10; 5ᵐ,40; 2ᵐ,25). Le Sphinx (*V.* ce mot dans notre *Dictionnaire de Biographie et d'Histoire*), ainsi que le zodiaque de Dendérah, qui est à Paris, sont des monolithes. Les fûts de colonnes de marbre ou de granit des monuments romains de l'époque impériale étaient souvent monolithes; la Renaissance en fit de même un certain nombre. On voit sur la principale place d'Arles un monolithe de granit découvert en 1339, et érigé seulement pendant le règne de Charles X; il a 16 mèt. 26 c. de hauteur sans compter le piédestal, haut de 4ᵐ,54ᶜ. La colonne d'Alexandre, à St-Pétersbourg, est le plus grand monolithe du monde. Au nombre des monolithes célèbres, on place le dôme du tombeau de Théodoric à Ravenne, et les deux grandes pierres dont Perrault a couvert les côtés du fronton de la colonnade du Louvre. *V.* BLOC.

MONOLOGUE (du grec *monos*, seul, et *logos*, discours), scène dans laquelle un personnage, resté seul sur le théâtre, s'entretient avec lui-même. Dans la vie réelle, il est très-rare qu'un homme formule ses pensées en paroles, s'il n'a un interlocuteur : il faut qu'il soit livré à une grande préoccupation, dominé par quelque passion forte, et encore ses idées et ses sentiments ne s'échapperont qu'en interjections, en mots isolés et sans suite. Le monologue dramatique est donc essentiellement une faute contre la vérité. Cependant, les conditions matérielles des représentations scéniques l'ont rendu nécessaire : d'une part, le spectateur ne peut se contenter d'exclamations qui n'auraient pour lui aucun sens, et veut être initié aux plus secrètes pensées des personnages, afin de connaître les causes intimes des événements qu'on déroule devant lui ; d'autre part, la scène ne devant jamais demeurer vide, il faut bien admettre conventionnellement qu'elle est de temps à autre, entre les entrées et les sorties de divers personnages, occupée par un seul acteur, lequel ne peut rester muet. C'est à l'écrivain dramatique de donner aux monologues le plus de vraisemblance possible; il ne devra ni les multiplier, ni en trop prolonger la durée, et il aura soin de les placer dans des situations telles, que le personnage, en divers sens par des sentiments opposés, ou en proie à la violence d'une passion, ait une sorte de prétexte et d'excuse en parlant seul à voix haute. Parmi les beaux monologues de notre théâtre classique, nous citerons, dans le *Cinna* de Corneille, celui d'Auguste balançant entre la vengeance et la clémence; les stances du *Cid* et celles de *Polyeucte;* le monologue de Phèdre dans la pièce de Racine; celui d'Harpagon dans l'*Avare* de Molière, quand on lui a enlevé sa cassette; celui de l'*Amphitryon* du même auteur, où Sosie s'exerce devant sa harangue à l'entretien qu'il doit avoir avec Alcmène. Mentionnons encore le monologue d'*Hamlet* méditant sur le suicide, celui de la *Jeanne d'Arc* de Schiller, celui de l'*Hernani* de V. Hugo, où Charles-Quint, élu empereur, interroge la cendre de Charlemagne. Le mélodrame moderne a fait du monologue un abus qui n'a pas peu contribué à le rendre ridicule. Dans le vaudeville de nos jours, on trouve souvent des monologues qui servent d'exposition, et dans lesquels un acteur raconte tout au long ses aventures, entremêlées même de communications et d'interrogations qui prennent la forme d'un dialogue avec les spectateurs.   B.

MONOMÈTRE (du grec *monos*, seul, et *métron*, mesure). En termes de Versification grecque et latine, ce mot désigne tantôt un vers qui n'a qu'un pied, tantôt un vers qui n'a qu'une dipodie. Les monomètres dactyliques, crétiques, péoniques, ioniques (majeurs et mineurs), choriambiques, antispastiques, dochmiaques, ont un pied: les monomètres anapestiques, trochaïques, iambiques, en ont deux. On ne composait pas de pièces en monomètres; mais ces petits vers s'entremêlaient à des vers plus grands, et leur servaient de clausule.   P.

MONOPÉDICULÉ, qualification que l'on donne aux cuves baptismales du moyen âge qui ne sont soutenues que par un seul pédicule.

MONOPOLE (du grec *monos*, seul, et *pôlein*, vendre), vente par un seul de marchandises ou de denrées dont la vente devrait ou pourrait être libre. Il y a deux ca-

tégories de monopoles légaux : ceux qui s'exploitent pour le compte de l'État, et ceux établis au profit d'individus ou de classes d'individus. Parmi les monopoles de l'État, il en est qui ne sont qu'une forme de perception des impôts, tel que celui de la fabrication et de la vente du tabac ; d'autres ont le double but de procurer des ressources au Trésor et la sécurité publique, tels que ceux de la poste aux lettres, de la fabrication et de la vente de la poudre de guerre, et de la fabrication des monnaies ; d'autres enfin, nullement fiscaux, et même quelquefois onéreux pour l'État, sont motivés sur des considérations d'intérêt public, tels que le monopole de l'enseignement et celui des travaux publics. Les monopoles légaux établis au profit d'individus ou de classes d'individus consistent soit dans la concession, sans adjudication, de certaines exploitations dépendant par leur nature du domaine national, les mines par exemple, que l'on peut appeler *monopole foncier;* soit dans l'interdiction d'exercer certaines professions sans autorisation préalable, comme les offices ministériels, et dans la limitation du nombre des individus appelés à les exercer; soit dans la prohibition ou la restriction de la concurrence étrangère sur le marché du pays pour certaines marchandises. En 1539, François Iᵉʳ, ayant besoin d'argent, déclara par un édit que « le droit de travailler était un droit royal que le prince pouvait vendre et que les sujets devaient acheter.» L'organisation industrielle devenant ainsi une propriété taillable et corvéable à volonté, fit naître les corporations, qui exploitaient exclusivement une industrie grevée de charges. En état de même pour le commerce extérieur : la Compagnie des Indes avait chèrement acheté le privilège d'introduire dans le royaume les denrées d'outre-mer, et, par conséquent, d'en fixer arbitrairement les prix. Louis XVI, en 1776, et une loi du 17 mars 1791, supprimèrent successivement toutes les corporations, offices et privilèges industriels, quelle que fût leur dénomination, « afin, disait l'exposé des « motifs, que les pauvres ne fussent plus obligés de su-« bir la loi des riches. » La *Déclaration des droits*, mise en tête de la Constitution du 24 juin 1793, porta, art. 17 : « Aucun genre de travail, de culture, de commerce, ne « peut être interdit à l'industrie des citoyens. » On a vu de nos jours, vers 1822, Méhémet-Ali, pacha vice-roi d'Égypte, et son fils Ibrahim-Pacha, possesseurs effectifs de toutes les terres, les faire cultiver pour leur compte, s'en attribuer exclusivement tous les produits, et les vendre à leurs sujets au prix qu'ils avaient eux-mêmes fixé. En France, où les mines de métaux et de combustibles fossiles ne se rencontrent qu'en petit nombre tout en ayant à satisfaire à des besoins très-étendus, les concessions de mines abondantes et faciles à exploiter représentent d'immenses valeurs. En Angleterre, l'exploitation de la mine est attribuée au propriétaire de la surface : sur tout le continent européen, la propriété des mines, qui est considérée comme une partie du domaine public, ne peut devenir propriété particulière qu'en vertu d'une concession de l'État. Le mode le plus légitime d'appropriation des mines paraît consister dans des concessions de l'État, au moyen d'adjudications publiques, accessibles à tous. — Pour ce qui concerne les monopoles légaux résultant des restrictions apportées à la concurrence étrangère, *V.* PROHIBITION.   A. L.

MONOPTÈRE, nom donné aux temples circulaires de l'antiquité qui n'avaient qu'un seul rang de colonnes supportant une coupole.

MONORIME (du grec *monos*, seul, et de *rime*), se dit d'un poëme dont tous les vers finissent par la même rime. Les Arabes ont les premiers composé des œuvres de ce genre. Nos anciens romans de chevalerie étaient écrits en stances monorimes. Les *Commandements de Dieu et de l'Église* sont monorimes. Une suite de pareils vers ne peut avoir que le mérite de la difficulté vaincue; la monotonie qui en résulte pour l'oreille les a fait complétement abandonner.

MONOSYLLABE (du grec *monos*, seul), mot composé d'une seule syllabe, quelquefois d'une seule lettre : *a, ô, y, an, jeu, pour, prends, courts, etc.* Assez rares dans les langues européennes, si l'on excepte les langues germaniques, ils abondent dans la langue anglaise, qui n'a guère de polysyllabes que ceux qui lui ont été fournis par le latin et le français. Dans la composition des phrases, le grec, le latin, le français et les autres langues néo-latines évitent la rencontre trop fréquente des monosyllabes, qui donnent au style quelque chose de sautillant. Quelquefois cependant une phrase composée de monosyllabes ne laisse pas que d'être harmonieuse, comme on le voit par ce vers de Racine (*Phèdre*, IV, 2) :

Le jour n'est pas plus pur que le fond de mon cœur.

Il n'en est pas de même de celui-ci de Corneille (*le Cid*, III, 4) :

J'ai fait ce que j'ai dû, je fais ce que je dois.

Un vers grec ou latin composé de monosyllabes serait intolérable ; il est déjà très-dur lorsque plusieurs s'y rencontrent de suite, à moins qu'un ou deux ne soient enclitiques, ou qu'ils ne s'enchaînent tellement les uns aux autres par le sens, qu'ils semblent n'en plus former qu'un seul. On évitait également de finir par un seul monosyllabe, à moins qu'il ne fût enclitique ; car la dernière syllabe d'un vers (nous ne considérons ici que les vers dactyliques, et surtout l'hexamètre) ne doit pas être accentuée ; on ne s'écartait de cette règle que s'il résultait de la violation même un effet poétique. La césure d'un vers ne devait pas non plus porter sur un monosyllabe qui ne s'appuyât sur le mot précédent et ne fit pour ainsi dire corps avec lui :

Duc age, duc *ad nos ; fas illi limina divum*
Tangere.
Virg., *Georg.*, IV, 358.

Nympha *sub hoc ego sum Cereri gratissima ligno.*
Ov., *Metam.*, VIII, 771.

Ces vers ont une cadence parfaite ; celui-ci d'Horace (*Art poét.*, 19) est défectueux à cet égard :

Sed nunc | non erat | his locus ; | et fortasse cupressum...
P.

MONOSYLLABIQUES (Langues), langues dont tous les mots se composent exclusivement d'une seule syllabe et sont restés à l'état de *racine.* Cette syllabe est immuable, et n'exprime que l'idée absolue et abstraite, comme ferait *ac* ou *form* en latin et en français ; aussi sert-elle à la fois comme nom et comme verbe. Le sens relatif et concret ne peut être indiqué dans ces langues que par la manière dont le monosyllabe est mis en rapport avec d'autres mots, et par certaines intonations qui sont plus ou moins variées, plus ou moins nombreuses dans les différents dialectes. La langue monosyllabique par excellence est l'ancien chinois : viennent ensuite les dialectes nombreux qui s'y rattachent, le chinois moderne, l'annamite, le cambodgien, le siamois, le barman, le thibétain, etc. Le domaine des idiomes monosyllabiques comprend donc les pays situés au N. du Gange, et au delà de l'Himalaya, la Chine proprement dite et la presqu'île S.-E. de l'Asie.
P.

MONOTHÉISME (du grec *monos*, seul, et *théos*, dieu), doctrine qui n'admet qu'un seul Dieu. L'opposé du monothéisme est le Polythéisme (*V. ce mot*). Dans l'antiquité, les Hébreux connurent et conservèrent toujours le dogme de l'unité de Dieu. Même parmi les nations polythéistes, il se rencontra des sages dont la doctrine fut monothéiste, par exemple Socrate et Platon chez les Grecs.

MONOTRIGLYPHE, entre-colonnement dont la largeur ne permet l'emploi que d'un seul triglyphe entre deux colonnes doriques, comme l'a pratiqué Mansard au portail de l'église des Invalides, à Paris. Le triglyphe porte tour à tour sur le plein d'une colonne et sur le plein de l'entre-colonnement.

MONREALE (Église et couvent de), en Sicile. L'église, fondée en 1174 par le roi Guillaume II le Bon, et dédiée à la Ste Vierge, est le chef-d'œuvre de l'architecture sarrasine-normande. Extérieurement elle est peu imposante : le portail, orné d'arabesques et de mosaïques, a des portes en bronze, dont les bas-reliefs sont attribués à Bonanno de Pise (1186). L'édifice a la forme d'une croix grecque. A l'intérieur, les murailles sont couvertes d'or et de mosaïques, dont les personnages ont presque partout le costume grec. La grande nef est ornée de 22 colonnes de granit oriental, qui s'appuient sur une base en marbre blanc et sur un socle carré en marbre noir ; les chapiteaux sont en marbre blanc, et quelques-uns de style antique. Sur le fronton de l'arc qui sépare la nef du chœur, on remarque la Sagesse de Dieu, adorée par les archanges Michel et Gabriel. Au fond, dans la demi-coupole qui termine la grande nef, est une figure colossale du Christ. Les plafonds en bois sculpté, qui étaient d'une grande magnificence, furent en partie détruits en 1811 par un incendie ; on en a placé de nouveaux. Les tombeaux de Guillaume le Bon et de Guillaume le Mauvais, dans le transept de droite, ne sont

plus que des ruines. Le maître-autel, en argent doré, a été élevé au siècle dernier. L'église de Monreale renferme une partie des restes de Louis IX, roi de France. — Le couvent, occupé par des Bénédictins, a été, à cause de sa magnificence et du goût de ses ornements, quelquefois appelé l'*Alhambra de la Sicile.* Pour promenade, les moines ont un cloître dont le milieu est un jardin rempli de fleurs et arrosé par des jets d'eau, et dont la colonnade est d'un fini et d'une élégance incomparables : les 216 colonnes de marbre blanc qui la composent sont à torsades ou couvertes de mosaïques, jumellées pour la plupart, avec des chapiteaux richement décorés de feuillages ou d'animaux bizarres. Dans un escalier grandiose du couvent, on admire deux tableaux de Velasquez et de Pietro Novelli. V. dom Michele del Giudice, *Descrizione del real tempio e monasterio di Santa-Maria-Nuova di Morreale*, Palerme, 1702 ; Hittorf et Zanth, *Architecture moderne de la Sicile*, Paris, 1835 ; Serra di Falco, *Del duomo di Monreale*, Palerme, 1838, in-fol.
B.

MONS (Église de Ste-Waudru, à), un des plus beaux édifices de style ogival que possède la Belgique. Construite à l'emplacement d'une autre église, que des incendies dévorèrent en 1093, en 1113 et en 1169, elle fut commencée en 1449, sous la direction d'un architecte inconnu, bientôt remplacé par Jean de Thuin. Plus d'un siècle s'écoula avant l'achèvement des travaux : elle fut consacrée en 1582, et finie seulement en 1589. L'élévation de l'édifice, sous clef, est de 24m,56 ; la longueur du vaisseau de 108m,60, et sa largeur de 35m,75. Le chœur, qui est la partie la plus ancienne, et dont les fenêtres resplendissent de vitraux magnifiques, a 13m,71 de longueur sur 10m,60 de largeur. Tout le vaisseau est un chef-d'œuvre de hardiesse, d'élégance et de légèreté : des faisceaux de nervures, partant du sol, s'élancent jusqu'à la voûte sans interruption, et vont y former des ogives multipliées, ou se perdre dans des culs-de-lampe et dans la galerie qui règne autour de la nef et du chœur. La couleur foncée que le temps a donnée à la pierre de calcaire bleu dont revêt l'intérieur, communique à l'église un aspect sombre et mystérieux. On remarque un autel gothique en pierre, sculpté à jour comme de la dentelle, plusieurs bons tableaux, et divers bas-reliefs. Il y avait autrefois un beau jubé en marbre noir et blanc, orné de statues ; il a été détruit, mais les statues ont été conservées. Une tour de 160 mèt. d'élévation, dont on possède le plan, devait surmonter l'église de Ste-Waudru : mais le projet fut abandonné faute d'argent en 1630, et la tour n'atteint que la hauteur des nefs. Le portail est aussi resté inachevé ; le perron en pierres bleues qu'on y remarque a été construit en 1839.
B.

MONS (Hôtel de Ville de), monument de style ogival, mais un peu lourd, construit de 1440 à 1458. Sa façade, percée d'un double rang de fenêtres en accolade, ne manque pas d'élégance. Les niches existant entre les fenêtres ont été dépouillées de leurs statues à la fin du xviiie siècle, et les dais qui les surmontent ont été supprimés lors de la restauration de l'édifice en 1823. Le balcon placé au-dessus de la porte a remplacé, en 1777, une ancienne tribune ogivale. La toiture est surmontée d'un campanile dont l'exécution date de 1718.
B.

MONSEIGNEUR. } V. ces mots dans notre *Dictionnaire de Biog. et d'Histoire.*
MONSIEUR. }
MONSTRANCE. V. Ostensoir.

MONTAGNES, nom que donnent les Géographes aux élévations de terrain considérables, plus importantes que les *collines* et les *éminences.* Leurs sommets ont reçu, d'après leur configuration, les noms de *plateaux, aiguilles, pics* ou *puys, cornes, dents, dômes,* ou *ballons.* Une suite de montagnes forme une *chaîne ;* plusieurs chaînes réunies, un *groupe ;* plusieurs groupes, un '*système.* Les pentes d'une montagne s'appellent *flancs :* celles d'une chaîne, *versants.* Les chaînes secondaires qui se détachent d'une chaîne principale en sont les *ramifications* ou les *contre-forts.* On traverse les chaînes de montagnes par des passages que leurs formes et leurs aspects variés font appeler *cols, défilés, gorges,* etc. En ce qui concerne la formation des montagnes, les géologues sont partagés : les uns, dits *Vulcaniens,* pensent qu'elles ont été soulevées par les feux souterrains, par les forces qui ébranlent l'intérieur de la terre ; les autres, dits *Neptuniens,* les expliquent par l'affaissement des eaux terrestres.

MONTAGNES RUSSES, plans inclinés en bois d'où on lançait des chars à roulettes, retenus par des rainures ; ces chars, où deux personnes se plaçaient assises, arrivés au bas de la rampe, étaient remontés au moyen d'une chaîne mue par un manège. Ce jeu amusant, mais dangereux, fut emprunté par les Parisiens aux Russes, qui se laissent glisser en hiver sur des traîneaux du haut de véritables collines ; on le vit, dès 1816, dans un jardin public des Ternes : plus tard, on l'installa aux Champs-Élysées, à la Folie-Beaujon. Depuis longtemps ces montagnes ont disparu. B.

MONTANSIER (Théâtre de la). V. PALAIS-ROYAL.

MONT-CASSIN (Monastère du). V. CASSIN.

MONT-DE-PIÉTÉ, nom donné à des établissements privilégiés de prêts sur gages, institués dans un but philanthropique, et que l'administration française range aujourd'hui à tort au nombre des établissements de bienfaisance. L'Église ayant pendant longtemps condamné le prêt à intérêt, l'usure des Juifs et des Lombards avait produit de grands maux en Europe. Le premier mont-de-piété date du XIIe siècle, et fut établi à Freisingen en Bavière, sous la direction d'une association charitable approuvée par le pape Innocent III. Le mont-de-piété de Pérouse, inauguré en 1450, fut créé à l'aide du produit d'une quête due à l'initiative du P. Barnabé de Terni, et sous la dénomination de *Monte di Pieta* ou *Banque de charité*, francisée plutôt que traduite par *Mont-de-piété*. Des établissements du même genre s'ouvrirent à Viterbe en 1471, Bologne en 1473, Savone en 1479, Mantoue et Parme en 1488, Césène en 1489, Milan en 1496. Ces banques de prêt n'exigeaient des emprunteurs que le remboursement de leurs frais de service. Bientôt, le pape Léon X ayant, sur l'avis du concile de Latran, permis aux prêteurs, par une bulle de 1515, de retirer un intérêt de leur argent, Turin en 1519, Rome en 1539, Vicence en 1534, Naples vers la même époque, organisèrent de semblables institutions, qui prêtaient à 5 p. 100 ; aujourd'hui il en existe 55 en Italie. Le Piémont possède même des espèces de monts-de-piété agricoles (*Monts granatiques*), tels que ceux de Zème et d'Ottabiano, qui prêtent chaque année, au mois de mars, des grains pour semences, et on les leur rend en septembre suivant. A Rome, le mont-de-piété a un capital de 230,000 écus romains ; il prête gratuitement sur les nantissements d'une valeur inférieure à un écu, et perçoit 5 p. 100 sur les prêts supérieurs à cette somme. — L'introducteur des monts-de-piété en Hollande fut Wenceslas Cœberger, peintre, architecte et économiste, au temps de l'archiduc Albert et d'Isabelle. Il y en a 74 affermés à des entrepreneurs, et 34 dirigés par l'État, les communes ou les établissements de bienfaisance ; mais la plupart ne sont que des banques de produit au profit des villes. La plus considérable est celle d'Amsterdam, fondée en 1578 sous le nom de *lombard* par un particulier qui abusa de son privilège, au point que le gouvernement la prit pour son compte en 1614. Elle possède le droit exclusif de prêter sur gages ; mais elle n'use pas elle-même de ce droit ; elle le délègue à des banques de petits prêts, au nombre de 60 à Amsterdam. Les établissements de Hollande sont surtout remarquables par la modicité des frais d'administration, qui ne dépassent pas 3 p. 100 des sommes prêtées. L'intérêt est exorbitant, de 50 à 60 p. 100. Une loi de 1840 a fixé le *minimum* du prêt à 30 centimes, et le maximum à 1 florin 40 cents, et toujours par progression de 10 cents. — La Belgique possède 22 monts-de-piété, qui prêtent aux taux de 6 à 24 p. 100. Le plus important est celui de Bruxelles, fondé en 1618. Une loi du 30 avril 1848 a supprimé les commissionnaires auprès de ces établissements, mais les résultats de cette suppression restent encore ignorés. — On cite en Allemagne les monts-de-piété de Nuremberg (1498), d'Ulm, d'Augsbourg, de Hambourg, de Weimar, de Dresde, de Berlin, de Gotha, de Baireuth, de Cologne, d'Elberfeld, etc., qui prennent de 8 à 12 p. 100 d'intérêt. — Deux monts-de-piété ont été fondés en 1791 à St-Pétersbourg et à Moscou, qui prêtent à 5 p. 100. A St-Pétersbourg le nombre annuel des prêts est de 70,000 environ, représentant une valeur de 10 millions de fr.; à Moscou, il n'est que de 3,000, équivalant à plus de 3 millions de fr. — Les deux principaux monts-de-piété de l'Espagne sont ceux de Madrid et de Barcelone. — L'Irlande possède depuis peu de temps des monts-de-piété. — L'Angleterre seule n'a point d'établissements publics de prêts sur nantissement ; le prêt sur gages y est autorisé. Une loi du 28 juillet 1800 (*Paw-broker's act*) fixe le tarif de l'intérêt à 1 denier sterling pour 5 schellings, et proportionnellement jusqu'à 4 deniers pour une livre, soit 20 p. 100 par an. Au-dessus de 10 livres, on ajoute 3 deniers par mois pour chaque livre en sus. — A New-York, le mont-de-piété prête à 7 p. 100 sur les sommes inférieures à 25 dollars (133 fr.), et à 25 p. 100 sur les sommes qui dépassent cette limite.

Le premier mont-de-piété en France fut fondé à Avignon en 1577; on en établit d'autres à Beaucaire en 1583, à Carpentras en 1612. Ceux qui s'ouvrirent à Nancy, à Sedan et à Arras, en 1615, furent confirmés par Louis XIII. Vinrent ensuite les monts-de-piété d'Apt en 1674, de l'Isle (Vaucluse) en 1675, de Tarascon en 1676, de Brignoles en 1677, d'Angers et de Montpellier en 1684, de Marseille en 1696. Celui de Paris fut fondé par lettres patentes du 9 décembre 1777, et ouvert le 1er janvier 1778, avec l'autorisation, en date du 7 août de la même année et du 25 mars 1779, d'emprunter sur l'hypothèque des droits et revenus de l'hôpital général. Le taux du prêt fut fixé à 10 p. 100 par an. Renversé par la Révolution en 1792, il fut réorganisé par un décret du 16 juillet 1804, suivi d'un règlement du 27 juillet 1805. C'est à partir de la même époque que furent institués ou réorganisés les monts-de-piété de Bordeaux (1806), Marseille (1807), Nantes et Metz (1813), Toulon (1821), Dijon et Reims (1822), Besançon et Boulogne-sur-Mer (1823), Brest et Strasbourg (1826), Nîmes (1828), Calais et St-Germain-en-Laye (1822), St-Quentin (1833), Lunéville et Le Havre (1835), Lyon (1836), Limoges et Arles (1841), Arras et Versailles (1845). La réorganisation du mont-de-piété de Paris eut lieu sur l'ancien pied, qui admettait des actionnaires commanditaires ; une ordonnance du 12 janvier 1831 remplaça les actionnaires par un Conseil d'administration présidé par le préfet de la Seine, et soumit la comptabilité du mont-de-piété à la Cour des comptes. Il est régi pour le compte des hospices de Paris. Des prêts faits comme placement, et pris au cours de l'intérêt du jour contre un simple mandat remboursable à échéance fixe ; le profit sur les ventes d'objets engagés, dont il va être parlé plus bas, composent son capital roulant. Il a constamment en magasin pour 12 à 13 millions d'effets, représentés par 600 à 650,000 objets. Le prêt s'y fait sur l'engagement d'effets mobiliers estimés par des commissaires-priseurs attachés à l'institution, et dont le droit de prisée est fixé à 1/2 p. 100. Une *reconnaissance* de l'objet mis en gage est délivrée à l'emprunteur; elle est faite au porteur. La durée du prêt est d'un an; mais l'emprunteur peut s'acquitter auparavant par des remboursements successifs, dont le moindre peut être d'un franc; s'il ne renouvelle pas son engagement, le nantissement est vendu dans le 13e mois. Le *boni*, c.-à-d. l'excédant du produit de la vente sur ce qui est dû au mont-de-piété en capital, intérêts et frais, reste pendant trois ans à la disposition de l'emprunteur; passé ce délai, la propriété en est prescrite au profit des hospices, qui bénéficient de cette manière de 75 à 80,000 fr. environ par an. Les déposants vendent souvent leurs reconnaissances, pour se procurer une partie de la plus-value constatée par leurs titres : la loi du 24 juin 1851 a eu pour but de prévenir ces ventes, en autorisant les déposants à requérir, après un délai de trois mois, la vente de leur nantissement. Le prêt est des 4/5 de la valeur sur la vaisselle et les bijoux d'or et d'argent, et des 2/3 pour les autres effets. Tous les six mois, les droits et autres frais, calculés par quinzaine, sont réglés par l'administration. Le taux de l'intérêt est de 3/4 p. 100 par mois ou 9 p. 100 par an, dont une partie représente l'intérêt des avances, et le reste est applicable aux frais d'administration. Une ordonnance ministérielle du 25 fév. 1854 a fixé à 4 1/2 p. 100 le taux des emprunts du mont-de-piété, avec faculté d'élever ce taux à 5 p. 100, si la réserve déposée au Trésor venait à descendre au-dessous de 1,200,000 fr. Il existe à Paris deux bureaux auxiliaires, et 21 commissionnaires près les monts-de-piété ; ces derniers prélèvent annuellement 500,000 fr. environ sur les emprunteurs. Leurs droits sont complexes : 2 p. 100 de la somme prêtée; 2 p. 100 pour le renouvellement ; 1 p. 100 pour les dégagements; 1 p. 100 des *bonis*. Les commissionnaires sont nommés par l'administration sur la présentation de leurs cédants : opérant à leurs risques et périls, ils reçoivent les gages, en donnent un récépissé provisoire, font une appréciation qui n'est pas obligatoire pour l'administration, et se mettent en avance de leurs propres deniers. Ils sont tenus de porter, le jour même, les gages au *mont-de-piété*, où l'engagement définitif a lieu. — Le nombre des monts-de-piété en France est de 44; mais le prêt sur gages interlope suppléé à l'absence ou à l'insuffisance trop fréquente de ces établissements. Celui de Paris fait à lui seul plus d'opérations que tous les autres ensemble. Après lui viennent ceux de Lille, de Marseille, de Lyon. Ils peuvent disposer d'un fonds de roulement de 35,103,648 fr., ainsi composé: fonds appartenant aux monts-de-piété, 2,859,135 fr.; aux hospices, 4,460,615 fr.; emprunts à des particuliers,

22,641,356 fr.; cautionnement des commissionnaires, 4,120,554 fr.; fonds pupillaires, *bonis* non réclamés, 1,075,987 fr. Quatre monts-de-piété prêtent gratuitement; 24 capitalisent leurs bénéfices pour augmenter leurs fonds de roulement ou leur dotation; 13 versent leurs bénéfices dans les caisses des hospices ou des bureaux de bienfaisance; 3 les partagent avec les administrations charitables. Si les monts-de-piété qui prêtent sans intérêt font moins d'affaires que les autres, cela tient à ce qu'ils accordent moins de facilités que les autres aux emprunteurs. A Grenoble, à Toulouse, à Montpellier, et à Angers, le prêt est gratuit; à Avignon et à Brignoles, le taux est de 4 pour 100; à Toulon, de 7 pour 100; à Bordeaux et à Paris, de 9 pour 100; à Besançon, Boulogne, Brest, Cambrai, Douai, etc., de 12 pour 100. La moitié des prêts sont de 1 à 5 fr.; plus des deux tiers n'atteignent pas 10 fr. Il y a eu à Paris un prêt de 200,000 fr. en 1813, et un de 60,000 fr. postérieurement. La moyenne générale des prêts est de 16 fr. 80 c. Dans les villes de fabrique et de passage, la durée des prêts est très-courte; dans celles où l'on prête gratuitement ou à un taux faible, la durée est très-longue. L'immense majorité des engagements servent à soulager des misères ou des gênes réelles. Les monts-de-piété sont placés sous l'autorité du ministre de l'Intérieur et des préfets, et administrés par des commissions gratuites de 5 à 8 membres, pris généralement parmi les membres des commissions administratives des hospices, et auxquels sont adjoints un ou deux conseillers municipaux ou un notable commerçant.

V. Cerretti, *Histoire des Monts-de-Piété*, Padoue, 1752; Melin, *Considérations sur les Monts-de-Piété*, Paris, an XII; A. Beugnot, *Des banques publiques de prêt sur gages, et de leurs inconvénients*. Paris, 1829; Arnould, *Avantages et inconvénients des banques de prêt connues sous le nom de Monts-de-Piété*, Namur, 1831; Ballin, *Essai historique sur les Monts-de-Piété*, Rouen; 1843; A. de Watteville, *Rapport sur l'administration des Monts-de-Piété*, 1850; Decker, *Études historiques sur les Monts-de-Piété en Belgique*, Bruxelles, 1844; Blaize, *Des Monts-de-Piété et des banques de prêts sur gage, en France et dans les divers États de l'Europe*, 1856, 2 vol. in-8°. A. L.

MONTIER, MONSTIER ou MOUTIER, vieux mot qui signifiait *monastère*. On donnait quelquefois ce nom particulièrement à la cellule du moine, et, surtout en Allemagne, aux églises desservies par des moines.

MONTJOIE. V. ce mot dans notre *Dictionnaire de Biographie et d'Histoire*.

MONTPELLIER (Aqueduc de), aqueduc en pierres de taille, qui amène à Montpellier les eaux des villages de St Clément et de Boulidou. Sa longueur est de 13,904 mèt., dont 4,252 mèt. hors du sol; sur une longueur de 850 mèt., depuis le réservoir dit des Arcades jusqu'à la place du Peyrou, il est supporté par 53 arcades de 8 mèt. d'ouverture, surmontées de 183 arcades plus petites. La construction de cet aqueduc fut commencée, à la fin du règne de Louis XIV, par l'ingénieur Pitot. Les eaux arrivent à la place du Peyrou, où l'architecte Donat a élevé un château d'eau : c'est une rotonde hexagonale, dont chaque face est ouverte en arcades; l'intérieur, rond et voûté en coupole, renferme un bassin, d'où l'eau coule en nappe et tombe en cascades sur des rochers qui la versent dans un bassin extérieur. B.

MONTRE, ce que les marchands exposent au-devant ou derrière les vitres de leurs boutiques ou magasins, pour faire connaître aux passants les objets qu'ils vendent. Dans les grandes villes, les montres sont une curiosité qui mérite l'attention. Celles des marchands de nouveautés exigent beaucoup d'expérience et de goût, et c'est à Paris qu'elles sont surtout remarquables.

MONTRE, ancien mot du langage militaire, signifiant *revue*. Il se disait aussi de la *paye*.

MONTRE, nom qu'on donna d'abord au cadran d'une horloge, puis à une petite horloge de poche. On croit que les premières montres furent faites à Nuremberg, vers l'an 1500, par Pierre Hele, et on les appela, à cause de leur forme, *œufs de Nuremberg*. De bonne heure on en fabriqua de très-petites : au temps de François Ier, Mirmécide fit, dit-on, des montres ayant la grosseur d'une amande; il excellait à en faire en forme de croix. En 1542, une montre à sonnerie, contenue dans une bague, fut offerte au duc d'Urbin. A l'époque de Charles IX, la boîte était souvent en cristal de roche : la collection du prince Soltykoff, à Paris, contenait deux montres en forme de tulipe, l'une de l'horloger Cl. Jolly, l'autre de Rugend, horloger d'Auch. La princesse Anne de Danemark, qui épousa Jacques Ier, portait une bague ornée d'une montre en guise de pierre; un marteau indiquait les heures en frappant de petits coups sur le doigt. On fit pour Louis XIV une montre qui jouait à chaque heure un air d'opéra. Les Anglais Barlow, Tompion, et Quare furent, en 1676, les inventeurs des montres à répétition.

MONTRE (Jeux de), jeux placés en avant de l'orgue et qui en garnissent la façade; tels sont le *trente-deux pieds*, le *seize-pieds ouvert* et le *huit-pieds ouvert*. Les jeux de montre tiennent beaucoup des jeux de flûte, et en ont l'harmonie douce et pénétrante. Les tuyaux de montre formant les tourelles et les plates-faces des buffets d'orgue, sont alimentés séparément par des porte-vent, et ce moyen de transmission de l'air s'appelle *postage*. F. C.

MONTRÉAL. V. MONRÉALE.

MONT-SAINT-MICHEL (Abbaye du). Cette antique abbaye bénédictine, devenue, depuis la Révolution, maison centrale de détention et prison d'État, fut fondée en 708 selon les uns, en 996 selon les autres, et reconstruite à partir de 1022. Elle est aussi curieuse pour son style que pour sa situation au sommet d'un rocher, à 45 mèt. au-dessus du niveau de la mer, à 2 kilom. environ de la côte de Normandie, au milieu d'une grève que couvre la marée haute. La porte d'entrée, dont l'embrasure de voûte s'ouvre entre deux tourelles encorbellées en culs-de-lampe, est d'un aspect sombre et terrible. L'ancien *grand réfectoire* des religieux, un des plus beaux vaisseaux gothiques qui existent en France, a été transformé d'abord en atelier de toiles à voiles, puis en caserne; les *dortoirs* sont devenus des ateliers, tandis que le *réfectoire d'en haut* sert de dortoir aux détenus. La *salle des Chevaliers*, admirable morceau d'architecture du XIIe siècle, à voûtes surbaissées, à piliers énormes, est maintenant un atelier de tisseranderie et de filature; ce fut là que Louis XI institua l'ordre de St-Michel, en 1469. Le *cloître* est entouré d'une galerie quadrangulaire, soutenue par deux rangs de colonnettes disposées en herse; la cour de ce cloître, dont le sol est en plomb, recueille les eaux pluviales, et les conduit dans une citerne où elles sont conservées pour l'approvisionnement de la maison. L'*église* est de style roman, sauf l'abside, qui appartient au XVe siècle; on n'en a respecté que le chœur et le transsept, la nef a été changée en atelier; la haute flèche, que surmontait une statue dorée de St-Michel, tournant au vent comme une girouette, a été remplacée par un télégraphe aérien. Dans le *souterrain des gros piliers*, on voit un groupe central d'énormes piliers de granit qui supporte toute la masse de l'église. De belles écuries sont sous la salle des Chevaliers; une longue *galerie du promenoir* conduit au cachot de la cage de fer de Louis XI, laquelle fut remplacée plus tard par une cage de bois. — V. des Thuilleries, *Description du Mont-Saint-Michel*, dans le *Mercure* de 1727; Blondel, *Notice historique du Mont-Saint-Michel*, 1813; Raoul, *Histoire pittoresque du Mont-Saint-Michel*, 1833-34, 2 vol. in-8°; Boudent-Godelinière, *Notice historique sur le Mont-Saint-Michel*, 2e édit., 1843, in-8°; Fulgence Girard, *Histoire du Mont-Saint-Michel*, 1843, in-8°; Le Héricher et Bouet, *Histoire et description du Mont-Saint-Michel*, Caen, 1848, in-fol. B.

MONUMENT (Le), à Londres. V. COLONNES MONUMENTALES, dans notre *Dictionnaire de Biographie et d'Histoire*.

MONUMENTS HISTORIQUES (Commission des), commission instituée près le ministère de l'Inst. publ., composée de 18 membres nommés par l'État, et chargée de dresser la liste des monumts histor., de répartir les sommes accordées par l'État pour l'entretien ou la reconstruction de ces monumts, et de proposer les architectes auxquels sont confiés les travaux. Il y a des correspondants départementaux accrédités auprès des préfets, et un inspecteur général des travaux en cours d'exécution.

MOORS (Dialecte). V. INDIENNES (Langues).

MOQUETTE ou MOUQUETTE, tapis de pied de laine, ras, dont la fabrication fut faite à Tournay, pour la première fois, vers la fin du XVIe siècle. On appela d'abord ces tapis *Moncades*, puis *Moucades*, et, par altération de la prononciation, *Mouquettes* et *Moquettes*. On commença d'en fabriquer en France, à Abbeville, en 1627.

MORAILLES, en termes de Blason, meuble représentant des tenailles, dentchées intérieurement. Quand il y en a plusieurs dans l'écu, elles sont superposées.

MORALE. Ce mot exprime deux choses qu'il ne faut pas confondre : la Morale en elle-même, et la Morale considérée comme une science. La première peut exister sans la seconde, parce que tout homme a par nature les deux conditions de toute moralité : la notion de la loi du devoir, que nous portons en nous, et la liberté de s'y conformer volontairement. Il a une règle pour juger du bien et du mal dans les actions, c'est la conscience ; en sorte que la science de la Morale est plus ou moins bonne, selon qu'elle interprète plus ou moins fidèlement la conscience. Cette science est nécessaire, parce que l'homme a besoin de règles pour se conduire. La Morale, ainsi considérée, est la science des devoirs de l'homme ; elle est toute rationnelle, et ne traite que de ce qui doit être ; elle ne s'occupe pas de la peinture des mœurs, mais des devoirs de l'homme dans toutes les positions que la vie peut lui créer. Ces devoirs sont nombreux et variés ; de là une division de la Morale en *Morale personnelle*, qui traite des devoirs de l'homme envers lui-même ; *Morale sociale*, qui comprend les devoirs de l'homme comme membre de l'humanité, d'une société civile et d'une famille ; et *Morale religieuse*, qui a pour objet les devoirs de l'homme envers Dieu. Les devoirs de l'homme envers lui-même comprennent l'homme tout entier, c.-à-d. le corps et l'âme. Au sein de l'humanité, il doit obéir à la loi d'équité et de justice, qui lui impose des devoirs *négatifs*, et à la loi de bienveillance et d'amour, qui lui impose des devoirs *positifs*. La famille impose à l'homme des devoirs envers les enfants et les serviteurs, et réciproquement. La société civile exige de chacun de ses membres : amour à la patrie, respect au souverain, obéissance aux lois. Les devoirs envers Dieu consistent à chercher à le connaître, à l'aimer, et à l'adorer. Quelques moralistes ont admis une quatrième division de la Morale, qui comprend les devoirs de l'homme envers tous les êtres qui lui sont inférieurs. Considérée d'une manière plus générale, la Morale se compose de deux grandes parties : l'une, qui s'occupe des principes, qui les détermine et les classe, qui pose les règles de conduite sur les idées de bien et de mal, de mérite et de démérite, de devoir et de droit, de la loi morale et de sa sanction ; l'autre, qui considère les principes dans leur application. La première est la plus importante ; elle prend, dans quelques auteurs, le nom de *Métaphysique des mœurs*. Elle s'occupe du devoir en général, tandis que l'autre détermine quelles sont les différentes espèces de devoirs.

La Morale, ayant pour base des conditions qui sont inhérentes à la nature humaine, se montra dès que l'homme sentit s'éveiller la conscience en lui, mais obscure et faible. Aussi les premiers préceptes n'ont pour objet que les premiers besoins de la vie. Elle parla d'abord dans la *Sagesse* et les *Proverbes* de Salomon, dans les *Maximes* des sept Sages de la Grèce, dans les vers des *Gnomiques*, dans les *Vers dorés* de Pythagore, dans les fables et les allégories, dans les *Maximes* de Confucius. A ces époques, elle reste mêlée aux autres parties de la science. Socrate, en séparant la philosophie des autres branches de la connaissance, prépara la formation de la science de la Morale ; Aristote en fut le véritable fondateur, comme la Logique. A partir de ce moment, on peut étudier l'histoire de la Morale dans les systèmes auxquels elle a donné lieu : ces systèmes résultent de l'idée que leurs auteurs s'étaient faite du bien et du principe de nos actions. Les uns, pensant trouver ce principe soit dans le motif égoïste, soit dans une des tendances primitives de notre nature, érigèrent en motif unique ce qui n'est qu'un des motifs ou des mobiles de l'activité. Tels furent, d'une part, les *Systèmes égoïstes*, comme la Morale d'Épicure chez les Anciens, celle d'Helvétius et de Lamettrie en France, de Hobbes et de Bentham en Angleterre ; d'autre part, les *Systèmes instinctifs*, basés sur le principe d'expansion : au premier rang se trouve le *Système sentimental* qu'Adam Smith a développé dans sa *Théorie des sentiments moraux*. A ce système se rattachent ceux de Shaftesbury, Butler, Hutcheson, Hume, J.-J. Rousseau, et Jacobi. Aucun d'eux, pas plus que le système égoïste, ne pouvait donner le caractère obligatoire, indispensable à la Morale ; ils n'avaient en vue que le *bien sensible*. D'autres systèmes considérèrent le *bien en soi*, qui est absolu, et le *bien moral*, qui est relatif : ces deux idées pouvaient être confondues ; c'est ce qu'ont fait, dans leurs *Systèmes rationnels*, les Stoïciens chez les Grecs, et, chez les modernes, Price, Thomas Reid, Dugald Stewart, Kant. Les systèmes rationnels qui ne confondent pas les deux idées, mais qui ne s'accordent pas toujours dans l'ensemble de leurs théories, sont ceux de Wollaston, de Clarke et de Montesquieu, de Leibniz, de Wolff, de Puffendorf, de Malebranche, etc. Quels que soient les systèmes, il est facile de se faire une idée exacte de la Morale, en se rappelant sa liaison intime avec la Religion. La Morale est la science des devoirs, en tant que devoirs ; la Religion est la connaissance de ces mêmes devoirs dans leur harmonie nécessaire avec le bonheur mérité par leur accomplissement ; ce sont deux vues différentes d'une seule et même chose, la destinée humaine.

Les ouvrages de Morale les plus remarquables sont : l'*Éthique à Eudème*, l'*Éthique à Nicomaque*, la *Grande Éthique* d'Aristote, écrits qui, joints à son *Traité des vertus et des vices*, forment un cours complet de Morale ; le Traité *des Devoirs* de Cicéron ; les Traités moraux de Sénèque ; le *Manuel d'Épictète*, écrit par Arrien ; les *Pensées* de Marc-Aurèle ; les OEuvres morales de Plutarque ; la *Morale* de Confucius ; le traité *Des Devoirs*, par St Ambroise ; la Morale tirée des quatre Évangiles ; — chez les modernes, *Traité de la sagesse*, de Charron ; *Essais de Morale*. par Nicole ; *Essai moral, économique et politique* de Bacon ; *Éléments de la Morale universelle*, par d'Holbach ; *Traité de Morale* de Malebranche ; *Institution de la science morale*, par F. Hutcheson ; *Éléments de science morale*, par Beattie ; *Philosophie des facultés morales*, de Dugald Stewart ; *Principes de philosophie morale*, de W. Paley ; *Critique de la Raison pratique*, de Kant ; *Déontologie*, de Bentham ; *Morale sociale*, de M. A. Garnier, in-8° ; *Le Devoir*, par M. J. Simon, in-8°.

Pour l'histoire de la science, on peut consulter : Gottlieb Stolle, *Histoire de la morale païenne*, en allem., Iéna, 1714, in-4° ; Grundling, *Historia philosophiæ moralis*, Halle, 1706, in-4° ; England, *Inquiry into the moral of Ancient*, Londres, 1735, in-8° ; *Histoire abrégée des sciences métaphysiques, morales et politiques, depuis la Renaissance des lettres*, par Dugald Stewart (traduite par J.-A. Buchon) ; *Histoire de la philosophie morale*, de Mackintosh (traduite par M. Poret), Paris, 1834, in-8° ; *Histoire critique générale de la Morale chez les Anciens et les modernes*, de Meiners, Gœttingue, 1800-1801, 2 vol. in-8°, en allem. ; *Revue des principes les plus importants de la Morale, depuis Aristote jusqu'à nos jours*, de Garve, en allem., Breslau, 1708, in-8° ; Stœudlin, *Histoire de la philosophie morale*, en allem., Hanovre, 1818, in-8° ; *Histoire des doctrines morales et politiques des trois derniers siècles*, par Matter, Paris, 1837-38, 3 vol. in-8° ; *Cours de droit naturel*, de Jouffroy, Paris, 1843, 3e édit., 3 vol. in-8° ; *Théories et idées morales dans l'antiquité*, par M. J. Denis. R.

MORALISTES, écrivains philosophes dont le mérite propre est d'être accessibles au vulgaire, et de donner à quiconque recherche leur commerce quelques sensibles et salutaires enseignements. La Métaphysique, comme science des premiers principes, est le fondement même de toutes les autres sciences : mais le caractère abstrait et spéculatif de ses recherches, l'aridité, au moins apparente, ou la profondeur de ses formules, le retour des mêmes problèmes toujours résolus et toujours discutés, la spécialité assez ardue du vocabulaire, déconcertent les profanes et les éloignent. Les Moralistes ne discutent point de l'être, ni de l'absolu, ni des rapports du nécessaire avec le contingent, et autres questions ardues ; ils nous parlent de nous-mêmes, et piquent ainsi à la fois notre amour-propre et notre curiosité ; ils analysent nos préjugés, nos erreurs ; ils nous instruisent du vrai prix de chaque chose, et nous font estimer la vie même à sa juste valeur ; ils nous disent nos habitudes, nous font toucher du doigt les plus secrètes de notre âme, comme ils nous en découvrent les nobles penchants et les instincts divins ; peintres et précepteurs de l'homme, ils l'éclairent sur son origine, sur sa nature et sur sa destinée. La vie et l'infinie multiplicité des soins qui la remplissent, le cœur et ses inclinations, plus dissemblables que les visages, selon le mot de Bossuet, et plus nombreuses que les vagues mêmes de l'Océan quand il est agité par la tempête, tel est donc le vaste et inépuisable sujet qui occupe les Moralistes.

Leurs œuvres ne présentent pas moins de variété : l'un rédige des *Sentences*, des *Pensées*, des *Maximes*, l'autre dessine des *Caractères* et des *Portraits* ; celui-ci prétend redire les causeries familières d'un *Banquet*, celui-là prête aux morts des *Dialogues* à l'adresse des vivants ; tel nommera *Essais* ses épanchements et ses confidences au lecteur, et tel nous soumettra pour notre bien ses *Considérations sur les Mœurs* de son siècle ; celui-ci s'est proposé de composer un *Traité* dogmatique, celui-là nous guide par des *Lettres* qui sont adressées à la postérité plus encore qu'à son correspondant ; les uns enfin demandent à la prose une précision sévère, les autres empruntent à la poésie la parure et les ornements de son langage. Mais la variété des œuvres ne détruit pas l'unité de la matière : ces livres à cent formes diverses ont pour sujet identique l'homme et sa nature, mystérieux mélange de vices et de vertus, de petitesse et de grandeur.

Il faut chercher l'origine de ce genre littéraire, avant tout, dans cette curiosité instinctive d'où sortit jadis la philosophie, et qui porte l'homme à s'étudier lui-même et le monde qui l'entoure. L'antique maxime gravée sur le frontispice du temple de Delphes, « Connais-toi toi-même », est non-seulement un conseil, mais aussi l'heureuse expression d'un penchant naturel à notre esprit. C'est à ce penchant d'abord que cèdent les Moralistes, lorsqu'ils observent l'âme humaine et la peignent. Supposez maintenant soit une philosophie, soit une religion qui prescrive à ses adeptes de veiller sur eux-mêmes, de sonder leurs cœurs pour en arracher toutes les inclinations mauvaises, de se demander compte chaque jour de leur avancement dans le bien, de méditer enfin sur leur destinée, une telle doctrine n'est-elle pas propre à produire les habitudes d'observation et de réflexion qui font les Moralistes? Telle a été, en effet, l'influence du stoïcisme et du christianisme. — Si l'objet des Moralistes est la peinture de l'homme et de la vie humaine, un pareil spectacle a pour avantage de chasser un instant de notre esprit les préoccupations des intérêts et des affaires, de nous faire rentrer en nous-mêmes pour y voir le tableau de nos misères et de nos imperfections, et de nous rendre indulgents aux défauts d'autrui par la conscience de nos propres faiblesses ; de provoquer au fond de nos cœurs des mouvements de honte salutaire, de bonnes et généreuses résolutions, et des aspirations vers le bien ; parfois même d'éveiller nos instincts les plus élevés, et , en s'adressant à la partie divine de notre être, de reporter nos pensées de crainte ou de reconnaissance vers notre créateur. Mme de Sévigné avait sans doute éprouvé quelqu'un de ces effets, quand elle disait qu'elle voudrait faire de tel *Essai* de Nicole « un bouillon pour l'avaler. »

Hésiode fut le père des Moralistes, en donnant, dans son poëme sévèrement didactique, les *OEuvres et Jours*, l'exemple de ces maximes qui formèrent le genre gnomique ou sentencieux. Les sept Sages, les poëtes gnomiques Solon, Phocylide de Milet, Théognis de Mégare, sont ses plus célèbres héritiers: Solon, qui sut être à la fois un grand législateur, le plus bienveillant des hommes et le plus aimable des poëtes ; Phocylide, véritable créateur du genre, qui composa des maximes pour elles-mêmes, tandis que Solon faisait servir la poésie à la politique ; Théognis, que des troubles civils chassèrent de son pays, et qui mit parfois dans ses réflexions morales autant d'élévation et de force que d'âpreté dans ses invectives politiques. Si l'on ajoute à ces sentences, fréquentes d'ailleurs dans toutes les œuvres lyriques de ces temps-là, les maximes à demi énigmatiques des pythagoriciens, on aura la première forme que revêtit en Grèce l'œuvre si compliquée des moralistes. Aristote et Théophraste, par leurs portraits ou caractères, lui donnèrent la seconde; et une autre enfin lui vint de Xénophon, de Plutarque et de Lucien. Aristote, faisant, à l'exemple de Platon, de la rhétorique une partie de la science de l'homme, et lui donnant comme principe fondamental la connaissance de l'âme humaine, consacra tout un livre de son ouvrage sur l'art oratoire à décrire, avec une exactitude et une finesse admirables, les passions et les mœurs ; de là notamment ce portrait des jeunes gens, des vieillards et des hommes faits, incomplètement retracé par Horace et par Boileau, ses imitateurs. Théophraste, qui faisait sans doute pour la comédie ce que son maître avait fait pour l'éloquence, et qui voulait dessiner des modèles à l'usage des poëtes dramatiques, pénétra plus avant dans l'analyse des ridicules et des vices, les décrivit en plus grand nombre, avec des détails piquants , jusque dans leurs nuances les plus fines et les plus délicates. Xénophon, Plutarque et Lucien durent leur nom de Moralistes, non plus à des maximes ni à des portraits, mais à des compositions de plus longue haleine, dont le but était de servir les hommes en éclairant leur inexpérience, en persiflant leurs travers, en guérissant leurs faiblesses, en dissipant leur ignorance. Cette intention d'écrire des choses utiles, qui fait d'eux des écrivains éminemment pratiques, est le fond commun de leurs œuvres morales et leur seule unité. Les plus renommées de Xénophon sont : l'*Économique*, charmant dialogue sur l'administration du ménage et l'agriculture ; le *Banquet*, dialogue entremêlé de scènes où Socrate est le principal acteur, conversation vive et variée, mais d'un tour légèrement vulgaire, avec des traits d'une couleur parfois trop antique ; l'*Hiéron*, dialogue entre Hiéron de Syracuse et le poëte Simonide, parallèle du tyran et du simple citoyen, rempli d'observations judicieuses sur l'art de gouverner les hommes. Plutarque, le plus infatigable causeur de l'antiquité, en fut aussi le Moraliste le plus fécond et le plus attrayant. Ses écrits vulgairement appelés *Morales* atteignent le chiffre de quatre-vingts ; il est vrai que tous les genres y sont représentés, et sous les formes les plus variées : traité dogmatique sur l'éducation des enfants ; préceptes sur la vie conjugale ; conseils aux enfants sur la lecture des poëtes ; dissertations sur l'utilité des ennemis, sur la fortune, sur l'exil, sur le destin ; souper des sept Sages ; considérations sur le bavardage, sur la curiosité, sur la mauvaise honte ; dialogue sur les délais de la justice divine ; propos de banquet en neuf livres ; histoires d'amour ; apophthegmes ; questions naturelles ; recherches sur la décadence des oracles ; consolation à sa femme sur la mort de sa fille ; tout y est, la religion, la philosophie, la littérature, les sciences et les arts, autant que la morale, et partout l'on sent une âme sincèrement amie du bien et du beau, même au milieu d'étranges erreurs, un cœur simple, un esprit curieux et juste, éloigné de tout excès, un homme de bonne foi et de bon sens. Lucien fut sceptique et moqueur comme Plutarque était croyant et bon, et il consacra sa vie et son esprit tantôt à bafouer toute croyance religieuse ou philosophique qui dépasse l'étroit horizon de nos sens, même le scepticisme spéculatif ; tantôt à persiffler, avec une verve intarissable et digne d'Aristophane, les travers, les ridicules, les vices de ses contemporains et des hommes de tous les temps. Ses *Dialogues des Morts* sont immortels. Esprit élégant et distingué, un jour qu'il voulut être sérieux, il écrivit sur l'amitié, ce sujet aimé des Moralistes, quelques pages originales, qui conservent encore leur agrément et leur prix, même après Cicéron, même après Montaigne.

A Rome, il convient de donner un souvenir au livre de Cicéron *Sur l'Amitié*, à son traité plus original encore et plus attrayant *Sur la Vieillesse*, ainsi qu'à Horace pour ses *Épîtres*. Mais les vrais moralistes furent les Stoïciens. Sénèque, particulièrement dans ses *Lettres à Lucilius*, Épictète dans le *Manuel* de ses leçons qu'Arrien nous a transmises, Juvénal et Perse dans quelques-unes de leurs brûlantes *Satires*, Marc-Aurèle dans ses *Pensées*, portèrent une analyse pénétrante jusque dans les replis les plus cachés de l'âme, ou enseignèrent d'exemple cette humilité, ce renoncement à soi-même, cette tendresse expansive et cet amour du prochain que la religion chrétienne, avec une force d'enthousiasme irrésistible et au prix du sang des martyrs, allait répandre bientôt par tout l'univers. Tous les Pères de l'Église, en effet, Grecs ou Latins, apologistes ou dogmatiques, les évêques ou prédicateurs leurs héritiers du moyen âge et des temps modernes, tous les représentants illustres du christianisme, précédés dans cette voie par l'auteur sacré des *Proverbes* (V. ce mot) et du livre de l'*Ecclésiaste*, depuis St Paul jusqu'à Ste Thérèse, et depuis St Bernard jusqu'à Fénelon, se montrèrent d'admirables moralistes, sans en avoir le titre, en peignant dans leurs œuvres les maladies cachées du cœur humain, comme aussi ses aspirations les plus sublimes.

Il est juste de nommer, dans la littérature française, Boileau, Voltaire, et Gilbert, l'un pour plusieurs de ses *Épîtres* et de ses *Satires*, l'autre pour ses *Discours* en vers *sur l'homme*, pour ses *Épîtres à la calomnie*, à *Horace*, *aux Délices*, etc., le 3e pour sa satire *le Dix-Huitième siècle*. Mais les vrais moralistes furent ceux des prosateurs, qui mêlèrent souvent, nouvelle originalité dans un genre déjà si complexe, aux pensées morales des maximes littéraires. Montaigne en ouvre glorieusement la liste dès le XVIe siècle par ses *Essais*. Éclairé, sinon profondément attristé par les querelles religieuses, à l'entêtement, à la présomption opiniâtre qui poussait ses concitoyens à s'entr'égorger, il opposa le doute systématique, et fit le procès à la raison humaine, détruisant toutes les affirmations des sages les unes par les autres. Il avait raison de protester contre les égarements de la raison de son siècle ; mais pourquoi faut-il que de parti pris il ne conduise l'âme à la paix que par l'indifférence, à la sérénité que par une peinture quelque peu épicurienne de la vertu? Aussi ce fut avec une grande force d'éloquence que Pascal (*Dialogue sur Épictète et Montaigne*) battit en brèche et renversa cette doctrine trop dangereusement commode. A côté de Montaigne, Charron, sans avoir autant de verve, d'esprit et de finesse, se recommande du moins par un grand sens, et par des opinions à la fois fermes et modérées, qui ne démentent pas le titre de son livre, *De la sagesse*. Le XVIIe siècle cite avec orgueil les *Maximes* de La Rochefoucauld ; les *Pen-*

sées de Pascal ; les *Essais* où Nicole, au lieu de troubler les âmes, leur donne le calme, et doucement les réconforte contre les passions ; les *Caractères* de La Bruyère ; enfin, à un degré inférieur, les *Réflexions* de Saint-Évremond sur l'usage de la vie, ses *Discours* sur les Belles-Lettres, et d'autres Réflexions sur la tragédie et la comédie. A ces noms illustres, le xviiie siècle, sans parler de J.-J. Rousseau et de Bernardin de Saint-Pierre qui ne se rattachent qu'indirectement à ce groupe d'écrivains, oppose Vauvenargues avec ses *Réflexions et Maximes*, Duclos avec ses *Considérations sur les Mœurs de ce siècle*, observations fines et judicieuses, mêlées à des sentiments qui sont d'un honnête homme et d'un bon citoyen ; enfin Montesquieu, avec quelques pensées morales et littéraires, où il sut être encore, après ses prédécesseurs, original et piquant. Joubert (*Pensées, Essais et Maximes*, 2e édit., Paris, 1849, 2 vol. in-8o) couronnerait la série, s'il fallait croire que notre xixe siècle a dit son dernier mot ; mais on a publié les œuvres de Mme Swetchine (*Mme Swetchine, sa vie, ses œuvres*, par M. de Falloux, Paris, 1861, 2 vol. gr. in-18), et cette dame aura peut-être des successeurs. *V.* CARACTÈRES, MAXIMES, PENSÉES, RÉFLEXIONS.
A. H.

MOR 'LITÉ, conformité des résolutions et des actions humaines à la loi du devoir. Elle suppose le discernement et la liberté. On appelle encore *Moralité* le sens moral ou la vérité que l'on peut tirer d'une fable, d'une composition allégorique, etc.

MORALITÉ (Certificat de), ou *de bonne vie et mœurs*, certificat délivré par les officiers municipaux, et dont la production est souvent exigée de ceux qui demandent un emploi ou qui veulent exercer certaines professions. Il est nécessaire, par exemple, à quiconque veut entrer dans les Douanes, à l'étudiant en Droit pour prendre sa première inscription, à la personne qui désire diriger un établissement d'aliénés, aux engagés volontaires, aux nourrices et autres personnes qui veulent se charger des enfants trouvés dans les hospices, à ceux qui aspirent aux fonctions d'instituteur primaire. Les Chambres de discipline des notaires, avoués, huissiers, délivrent des certificats de moralité et de capacité à ceux qui prétendent devenir officiers ministériels.

MORALITÉS, nom donné, dans l'histoire de la littérature française, à des poëmes composés généralement par des prêtres ou des moines pendant le xiie et le xiiie siècle, dans un but religieux et moral, pour les opposer aux Fabliaux (*V. ce mot*), trop enclins à l'incrédulité ou au libertinage. Tels sont les *Moralités des philosophes* par Atars de Cambrai, les *Enseignements d'Aristote* par Pierre de Vernon, le *Débat du corps de l'âme* (*V. Ancien Théâtre-Français*, Paris, t. III), le *Dialogue de Pierre de la Broche, qui dispute à la Fortune par devant Reson* (*V. Théâtre-Français au moyen âge* par Monmerqué et Francisque Michel, 1839). Dans ces compositions, le dialogue se mêla de bonne heure au récit, et, lorsqu'au xive siècle le goût de l'allégorie devint général, on eut naturellement l'idée de transformer en personnages de théâtre les passions, les vertus et les vices. Les Moralités devinrent alors des œuvres scéniques, conservant ce trait de leur ancien caractère, qu'elles étaient fort courtes (1000 à 1200 vers), et simples par le sujet comme par le nombre des acteurs. La représentation des Mystères (*V. ce mot*) étant le privilége exclusif des Confrères de la Passion, les clercs de la Basoche (*V. ce mot* dans notre *Dictionnaire de Biographie et d'Histoire*) se mirent à jouer les Moralités. Ces pièces exprimèrent d'abord des idées religieuses à l'aide de personnages abstraits et allégoriques, et eurent pour fonds commun le tableau des épreuves de l'âme et de son acheminement vers le salut ou vers sa perte ; puis, tout en conservant l'usage de la leçon morale, on alla prendre des personnages réels dans les paraboles de l'Évangile, et l'on représenta, par exemple, la parabole de l'Enfant prodigue, ou l'histoire du Mauvais Riche. En faisant un pas de plus, on emprunta des noms et des sujets à l'Ancien et au Nouveau Testament, et la Moralité se rapprocha du Mystère. Enfin, on prit dans la vie réelle l'action qu'on avait jusque-là demandée surtout à la tradition religieuse ; la Moralité fut de plus en plus humaine et profane, et l'élément comique s'y mêla souvent à la pensée sérieuse. Au milieu de ces transformations, les pièces reçurent des développements plus considérables et exigèrent un plus grand nombre d'acteurs. Les Moralités restèrent en faveur jusqu'au temps de François Ier ; alors la censure mit un juste frein à leurs hardiesses satiriques, et la Renaissance acheva de les faire tomber.
B.

MORATOIRES (du latin *mora*, retard, délai), se dit des intérêts qui sont dus à raison du retard apporté au payement d'une créance exigible.

MORBIDESSE, en italien *morbidezza* (de l'italien *morbido*, délicat, souple au toucher), se dit en, Peinture et en Sculpture, de l'imitation de cette douceur qui caractérise les chairs dans les natures délicates, telles que celles des femmes et des enfants.

MORDANT, ancien ornement de chant, qu'il est assez difficile de définir, et qui semble avoir eu du rapport avec deux petites notes d'agrément précédant une note quelconque.

MORDANT, pièce de métal qu'on appliquait autrefois à l'extrémité pendante des ceintures.

MORDVINE (Dialecte), dialecte parlé par la tribu finnoise des Mordvines, qui habite sur les bords du Volga, dans les gouvernements de Saratow et de Pensa. On ne le connaît que par la traduction des Évangiles faite par Van der Gabelentz, et imprimée avec des lettres russes.

MORESQUE (Architecture). *V.* ARABE.

MORGANATIQUE (Mariage). *V.* notre *Dictionnaire de Biographie et d'Histoire*, au Supplément.

MORGANTE LE GRAND, poëme héroï-comique, composé en italien par Pulci, à la sollicitation de Laurent de Médicis. Quelques critiques, trompés par la fausse naïveté de certaines apostrophes pieuses, ont vu dans cet ouvrage une œuvre sérieuse ; mais c'est bien mal connaître le temps où vivait Pulci, son caractère, et celui de la société pour laquelle il écrivait : son poëme n'est qu'une sorte de parodie des romans poétiques, et le *Don Quichotte* pour les romans de chevalerie. *Morgante le Grand* est un des géants vaincus par Roland, et qui se fait le compagnon de ses combats. Mais il n'est qu'un personnage secondaire : au premier rang figurent Renaud, Astolphe, les fils Aymon, etc., le tout entremêlé d'enchanteurs et de magiciens. Pulci abandonne son style burlesque quand il s'agit de raconter la mort de Roland : malgré la trempe ironique de son génie, et le dessein qu'il avait d'amuser Laurent de Médicis, il est souvent pathétique, parce qu'il est poëte, et que son sujet le domine et l'émeut. Le *Morgante le Grand* a 28 chants, écrits en rimes octaves. La 1re édition en fut donnée à Venise en 1481. Cet ouvrage est particulièrement estimé des Toscans, qui y retrouvent l'idiome primitif florentin.
E. B.

MORGENGABE. *V.* ce mot dans notre *Dictionnaire de Biographie et d'Histoire*.

MORGUE (d'un vieux mot qui veut dire *visage*), second guichet d'une prison, dans lequel on retient quelque temps les gens que l'on écroue ; les gardiens les y examinent à loisir pour les reconnaître au besoin ; — lieu public où l'on expose les corps des personnes trouvées mortes hors de leur domicile, et que l'on ne connaît pas, afin qu'on puisse venir les reconnaître.

MORION. *V.* ces mots dans notre *Dictionnaire de*
MORMONS. *Biographie et d'Histoire*.

MORNÉ, en termes de Blason, se dit du lion et autres animaux sans dents, bec, langue, griffes ou queue.

MORS ou FREIN, pièce de fer ou de bois qui se place dans la bouche du cheval pour le gouverner. Pline en attribue l'invention à un certain Pelethronius, et Virgile aux Lapithes, qu'il appelle *pelethronii*, du nom d'une montagne de Thessalie, le Pelethronius, où l'on commença à dompter les chevaux. — Autrefois on appelait *Mors* (de *mordre*) l'agrafe qui retient sur la poitrine les bords de la chape.

MORT (Images de la). Les premiers hommes, ne pouvant s'expliquer la cessation de la vie, attribuèrent ce phénomène à une puissance invisible, à une divinité cachée qui se vengeait d'une offense, et qui frappait soudain et ostensiblement dans les combats et mystérieusement dans les maladies ; c'était Typhon chez les Égyptiens, Ahriman chez les Perses. Souvent la Bible nous montre Dieu envoyant son Ange exterminateur pour punir les coupables, et, dans son langage poétique, elle fait de la Mort un chasseur armé de flèches et de filets, un ravisseur, un guetteur qui se cache sous le manteau de la nuit et l'apparence d'une contagion. Chez les Grecs, la Mort porta plusieurs noms, comme celui de *Moira*, lesquels indiquent l'idée de *partage* ; elle était censée apporter à chacun son lot, sa part. C'était la *Parque*, à qui ils attribuaient l'emploi de filer les jours des mortels. Plus tard on distingua trois Parques, à cause du passé, du présent et de l'avenir : tantôt elles enlevaient elles-mêmes ceux dont elles avaient rendu l'arrêt fatal, tantôt elles confiaient ce soin à des divinités inférieures appelées *Kères*, qui étaient toujours du sexe du mourant, particularité qu'on retrouve dans les croyances du moyen âge (*V.* Danse des morts). Ces Kères, d'après les poëtes et les artistes, étaient noires; elles avaient des ongles en forme de griffes, des dents aiguës, et des ailes aux pieds et au dos : pour donner la mort aux hommes et les conduire au Tartare, elles étaient aidées par *Até, Némésis* et *Dicé* (le Malheur, le Destin vengeur et la Justice), les *Pœnæ* et les *Alastores* (divinités de la punition), les *Erynnies*, les *Harpies* et les *Sirènes* (de *surein*, attirer), qui chantaient à la fois pour adoucir les horreurs de la mort et pour attirer les morts, qu'elles livraient à l'Enfer (*Hadès*). Les Sirènes et les Harpies étaient représentées sous la forme de femmes ailées ou d'oiseaux à tête de femme. Avec le siècle de Périclès, la croyance à toutes ces divinités léthifères disparut peu à peu; alors la Mort, personnifiée, prit place parmi les divinités infernales, et fut souvent confondue avec Hadès ou Pluton. Les Grecs se la figurèrent *noire*, avec des ailes de la même couleur, la barbe et les cheveux hérissés. — Les Étrusques donnaient au dieu de la Mort l'aspect d'un vieillard portant les ailes et une longue barbe, et tenant un marteau pour frapper ceux qui devaient mourir. Leurs *Furies*, chargées de conduire les âmes aux Enfers, ont une physionomie plus farouche que les Kères : c'étaient des femmes ailées, aux bras entourés de serpents, aux doigts crochus, et d'un aspect tout à fait horrible. Les Étrusques appelaient aussi la Mort *Athrpa, Muira*, altérations évidentes des noms grecs *Atropos* et *Moira;* la forme italique de ce dernier mot, étant *Morta, Morsa*, a fait naître le substantif latin *Mors.*

. Chez les Latins, la Mort était désignée par les mots *Necessitas, Fors, Fatum, Fortuna;* on lui donnait aussi le nom d'*Orcus* comme divinité infernale. La répugnance qu'avaient les Grecs et les Latins pour toute idée lugubre, pour tout emblème hideux, nous explique pourquoi leurs sculpteurs ne créèrent, pour la décoration des tombeaux, que des images dont l'aspect ne pouvait blesser la délicatesse : ils représentaient la Mort sous les traits juvéniles d'un génie ailé, dormant appuyé sur un flambeau renversé, dont il presse la flamme contre le sol pour annoncer qu'il éteint la vie; un masque est placé parfois à ses pieds ou dans sa main, pour indiquer que le rôle est achevé. On rencontre aussi sur des tombeaux des têtes de Méduse, belles et sans contorsions, et pourtant ingénieuses et parfaites images de l'immobilité, de la froideur et de l'exanimation du cadavre. Ailleurs ce sont, comme emblèmes de destruction, soit des oiseaux dévorant des serpents et des lézards ou becquetant des fruits, soit des chèvres broutant des vignes, soit des coqs combattant, etc. La figure du sphinx était aussi employée pour désigner de l'autre vie à place d'énigmatique et de mystérieux. Souvent l'immortalité de l'âme et la fuite rapide de la vie étaient exprimées par la figure d'un papillon sortant de la bouche du défunt ou voltigeant au-dessus de sa tombe. Des couronnes ou des guirlandes de cyprès et de pin décoraient aussi les sépultures antiques; le premier de ces arbres était consacré à Pluton, le second à Proserpine. Parfois ces divinités elles-mêmes ou les Parques étaient représentées sur les tombeaux des riches et des grands. On y voyait enfin des sacrifices, des combats, des chasses, et jusqu'à des scènes domestiques. C'était alors une espèce de monstruosité que d'allier à ces images les têtes de morts et les squelettes, si généralement employés au moyen âge.

Il en fut de même chez les premiers chrétiens, qui ne figurèrent sur les murs des catacombes et sur les sarcophages que des emblèmes religieux, tels que le *labarum*, la colombe de l'arche de Noé, l'agneau mystique, etc., ou certains sujets tirés des livres saints, comme Adam et Ève, Moïse frappant le rocher, Jésus en croix, la résurrection du fils de la veuve de Naïm ou celle de Lazare, et Jonas englouti et vomi par la baleine, témoignages évidents, quant aux trois derniers sujets, d'une espérance consolatrice, la résurrection de la chair. Dans les inscriptions tumulaires, on excluait également tout ce qui pouvait rappeler la putridité du tombeau. Cependant les Anciens ont dérogé quelquefois à la pureté de goût qui caractérisait leurs conceptions, en représentant des squelettes et des têtes décharnées. Gori, dans son *Musœum florentinum*, décrit une sardoine antique sur laquelle un squelette danse devant un vieux pâtre assis et jouant de la double flûte, et, dans son *Musœum etruscum*, en mentionne une autre qui représente une tête de mort et un trépied couvert de mets, avec cette inscription : « Bois, mange, et couronne-toi de fleurs; c'est ainsi que nous serons bientôt. » Sur l'un des petits côtés d'un sar-

cophage reproduit dans le tome V de l'*Antiquité expliquée* de Montfaucon, on voit un crâne placé au-dessus de la tête d'un vieillard qui représente le fleuve infernal. En 1809, on a trouvé près de Cumes, dans des chambres sépulcrales, trois bas-reliefs en stuc, dont l'un représente trois squelettes (*V.* le *Magasin encyclopédique* de janvier 1813). On peut encore citer l'usage suivi, dès la plus haute antiquité, de promener à la ronde, sous les yeux des convives, des images de squelettes et des squelettes même : Pétrone parle du petit squelette d'argent dont un esclave faisait mouvoir les ressorts au festin de Trimalcion. La figure du squelette ne représentait alors que l'état final où la mort réduit l'homme, mais non la Mort elle-même, et n'avait que le but tout matérialiste d'inviter l'homme à jouir le plus possible des plaisirs de la vie.

Chez les Anciens, malgré le genre du mot *Mors*, la Mort ne paraît pas comme femme : les Scandinaves et les Slaves lui ont donné le sexe féminin, tandis que les Finnois et les Lithuaniens lui attribuent indifféremment les deux sexes. Les Scandinaves se représentaient la Mort, sous le nom de *Halya* ou *Hel*, comme une déesse noire, ne tuant pas, mais saisissant les morts, à l'exception des guerriers tombés sur le champ de bataille. Les âmes de ceux-ci, recueillies par les Walkyries, messagères du dieu Odin, étaient conduites au Walhalla, séjour de toute félicité, et non dans l'Enfer. D'autres divinités que celles du monde souterrain s'emparaient également des âmes : ainsi, *Rân*, déesse de la Mer, attirait à elle avec un filet les corps de ceux qui s'étaient noyés dans ses eaux.

Chez les Chrétiens, pour frapper l'imagination des peuples et augmenter l'horreur du péché, dont la mort est le fruit et la conséquence, on imagina de prendre, comme représentation de la Mort, l'image réelle d'un cadavre dans le tombeau. Pendant plusieurs siècles, la Mort fut un cadavre desséché, livide, à l'œil creux, aux chairs pendantes. C'est seulement aux approches de la Renaissance qu'elle se présente sous la forme d'un squelette, lorsque, par la perfection des études, les artistes purent connaître l'anatomie humaine. Les poëtes du moyen âge en font un ennemi toujours vainqueur de l'homme, tantôt l'attaquant par surprise, tantôt accourant à la voix des malheureux qui l'appellent : elle est souvent montée à cheval; ici elle tient un arc et des flèches, une lance ou une hache; là elle frappe d'un fouet à quatre lanières, ou porte un filet pour enlacer les humains; ou bien elle tient la faux qui tranche leur existence, et elle enrôle les morts sous sa bannière pour en faire les soldats de sa grande armée. On la compare aussi à un garde forestier, qui doit avoir l'œil sur les arbres du bois destinés à mourir. Non-seulement elle se bat les armes à la main contre l'homme, mais elle le cite devant un tribunal juridique; c'est probablement dans ce sens qu'il faut entendre ce proverbe : « Contre la mort n'a point d'appel. » Les artistes traduisirent les idées des poëtes, et se plurent en outre, soit à multiplier, dans la décoration des tombeaux, les cadavres rongés de vers et les squelettes; soit, dans leurs peintures et leurs sculptures, à représenter la Mort avec des attitudes et des attributs encore plus variés (*V.* Danse des morts). Au XVIe siècle, le goût s'épura un instant, se rapprocha de celui des Anciens; mais les formes repoussantes ne tardèrent pas à reparaître et à *dominer* : la Mort, quand on ne la confondit pas avec le Temps, fut toujours peinte sous la forme nue d'un squelette.

V. Lessing, *Comment les Anciens ont représenté la Mort*, traduit en français par Jansen dans le *Recueil de pièces intéressantes concernant les antiquités*, Paris, 1786; Jacob Grimm, *Mythologie allemande*, 2e édition, Gœttingue, 1844, in-8°; F. Naumann, *la Mort sous tous les points de vue* (en allem.), Dresde, 1844, in-12; Alfred Maury, *Sur le personnage de la Mort*, dans la *Revue archéologique*, Paris, 1847-48; E.-H. Langlois, *Essai historique, philosophique et pittoresque sur les Danses des morts*, complété et publié par MM. Pottier et Baudry, Rouen, 1851, 2 vol. gr. in-8°.   P—s.

MORT (Peine de). *V.* Peine capitale.

MORT CIVILE, état de l'individu qui, par suite d'une condamnation judiciaire, a perdu tous les droits civils et se trouve comme retranché de la société. La mort civile a été supprimée par la loi du 31 mai 1854. Ce n'était pas une peine, mais la suite ou l'effet de la condamnation à la mort naturelle, aux travaux forcés à perpétuité, et à la déportation. Par la mort civile, le condamné perdait la propriété de ses biens, qui étaient dévolus à ses héritiers comme s'il était mort naturellement et sans testament;

il ne pouvait plus ni transmettre, par donation entre vifs ou par testament, ce qu'il aurait acquis depuis sa condamnation, ni rien recevoir au même titre, si ce n'est pour cause d'aliments; les biens acquis après la condamnation passaient à l'État par voie de déshérence au moment de la mort naturelle. Le condamné ne pouvait encore ni exercer une tutelle; ni être témoin dans un acte authentique, ou en justice; ni demander ou défendre devant un tribunal, si ce n'est sous le nom et par le ministère d'un curateur que nommait ce tribunal; ni contracter un mariage produisant des effets civils, et, s'il était marié antérieurement, ce mariage était dissous quant à ses effets civils. La mort civile était encourue à dater de l'exécution de la condamnation, s'il y avait eu débat contradictoire, et seulement au bout de 5 ans, si la condamnation avait été prononcée par contumace : dans ce dernier cas, les biens du condamné étaient administrés et ses droits exercés, pendant les 5 années, de la même manière que ceux d'un absent. Si le contumace se présentait ou était saisi après le délai de grâce, et qu'il fût absous ou condamné à une peine n'emportant pas la mort civile, il rentrait dans la plénitude de ses droits civils pour l'avenir, mais le premier jugement conservait, pour l'intervalle écoulé entre les cinq ans et la comparution en justice, les effets que la mort civile avait produits. Si le contumace mourait pendant le délai de grâce, il était réputé mort dans l'intégrité de ses droits. En aucun cas la prescription de la peine ne réintégrait le condamné dans ses droits civils pour l'avenir. V. Desquiron, *Traité de la mort civile en France*, 1821, in-8°.

MORTAILLABLES. V. ce mot dans notre *Dictionnaire de Biographie et d'Histoire*.

MORTAISE, cavité ou entaille pratiquée dans l'épaisseur d'une pièce de bois ou de métal pour recevoir le tenon d'une autre pièce, de manière à former un assemblage.

MORTALITÉ, mot désignant, soit la condition invariable des êtres animés, qui est de mourir, soit la mort d'une quantité plus ou moins considérable d'hommes ou d'animaux emportés en peu de temps par la même maladie, soit enfin la quantité d'individus de l'espèce humaine qui, sur un certain nombre de vivants, meurent dans le cours d'une année. Dans cette dernière acception, la *mortalité* suggère un certain nombre de remarques d'Économie politique. La mortalité s'apprécie généralement par le rapport des décès à la population, et, bien que le nombre des habitants et celui des morts ne soit pas constaté dans tous les pays de manière à donner des résultats certains, on croit que les chiffres suivants, relatifs à l'Europe, sont assez près de la vérité : dans le Nord, 1 décès pour 41 habitants; dans le centre, 1 pour 40; dans le Midi, 1 pour 34. Toutefois, des climats trop rigoureux donnent, aussi bien que les climats très-chauds, une proportion défavorable : pendant une période de 6 années, on a constaté en Islande 1 décès par 30 habitants. La mortalité est aujourd'hui de 1 pour 45 habitants en France et en Angleterre, de 1 pour 38 en Prusse, de 1 pour 33 en Autriche. Les populations des villes payent à la mort un tribut plus élevé que les populations rurales : il a été constaté, en Belgique, que le rapport était de 1 mort sur 37 habitants dans les villes, et de 1 sur 47 dans les campagnes. Les chiffres recueillis par les statisticiens tendent à établir qu'il existe un rapport direct entre la fécondité et la mortalité, c.-à-d. que le nombre des naissances est réglé par celui des décès; d'où l'on conclut que la population tend toujours à prendre un certain niveau, déterminé par la quantité des produits. On a également remarqué que les morts-nés du sexe masculin sont notablement plus nombreux que ceux du sexe féminin; que la mortalité des mâles est aussi plus grande pendant les premiers mois qui suivent la naissance, et qu'elle devient à peu près la même pour les deux sexes après la période de l'allaitement; que la mortalité des femmes augmente dans une forte proportion de 14 à 18 ans; que de 21 à 26 ans la mortalité des hommes l'emporte de nouveau, et que de 26 à 30 l'égalité tend à se rétablir. Quoique la vie moyenne des femmes soit un peu plus longue que celle des hommes, on a cru reconnaître qu'il y a plus de centenaires chez ceux-ci que chez celles-là. La durée moyenne de la vie en France a été en augmentant depuis un siècle : elle n'était guère que de 33 ans au XVIIIe siècle, elle est aujourd'hui de 40 ans 10 mois 17 jours, d'après les calculs de Bouvard. Mais elle varie singulièrement selon les départements, sans qu'on ait une explication nette de cette différence : ainsi, elle atteint 54 ans 8 mois 20 jours dans les Hautes-Pyrénées,

53 ans 8 mois 16 jours dans l'Orne, tandis qu'elle n'est que de 31 ans 1 mois 28 jours dans les Bouches-du-Rhône, et de 31 ans 8 mois 5 jours dans la Seine. Les Basses-Pyrénées, l'Ariége, la Vienne, les Deux-Sèvres, le Cantal, les Ardennes, la Moselle et la Haute-Marne sont des départements placés dans des conditions favorables à la longévité; le Var, Vaucluse, les Basses-Alpes, le Cher, le Morbihan, le Finistère, l'Ille-et-Vilaine, sont dans la plus mauvaise catégorie. En recherchant d'après le nombre des naissances et la longévité la période nécessaire pour le doublement de la population, on a trouvé que ce doublement s'effectuerait en 70 ans dans la Moselle, tandis qu'il demanderait dans l'Eure 17 siècles et demi.

On appelle *Tables de mortalité*, des tableaux qui présentent une série décroissante de nombres exprimant la loi en vertu de laquelle un groupe d'individus d'âge égal, arrivent successivement à la mort. La table la plus ancienne que l'on connaisse a été dressée par Halley; elle exprime la loi de la mortalité dans la ville de Breslau, d'après les observations faites de 1687 à 1691. Des tables de ce genre furent bientôt disposées par Smart pour la ville de Londres, par Dupré de Saint-Maur pour Paris, par Sussmilch pour Vienne en Autriche, par Muret pour les campagnes de la Suisse, etc. En 1746, Deparcieux publia son *Essai sur les probabilités de la vie humaine*, ouvrage qui fit autorité pendant près d'un siècle, et qui jouit encore d'une grande estime, bien que des recherches nouvelles l'aient rectifié sur quelques point. En 1783, Price donna une nouvelle table, devenue classique en Angleterre, bien qu'elle assignât à la vie humaine une trop grande rapidité; cette table a été refaite à diverses époques par Finlayson, par Farr et Milne. En 1806, Duvillard publia en France une autre table, qui, faite à une époque où diverses causes abrégeaient la vie humaine, donne une mortalité trop rapide : on la trouve, ainsi que celle de Deparcieux, dans l'*Annuaire du Bureau des Longitudes*. Nous avons enfin des tables de mortalité disposées par M. de Montferrand en 1838, et par M. Quételet en 1845. Celle de M. de Montferrand, calculé sur 11,793,289 naissances, donne, pour 10,000 naissances, le nombre de survivants depuis 1 an jusqu'à 104 ans :

AGES.	SURVIVANTS sur 10,000.	AGES.	SURVIVANTS sur 10,000.	AGES.	SURVIVANTS sur 10,000.	AGES.	SURVIVANTS sur 10,000.	AGES.	SURVIVANTS sur 10,000.	AGES.	SURVIVANTS sur 10,000.
0	10,000	21	6,739	42	5,601	63	3,825	84	523		
1	8,471	22	6,672	43	5,548	64	3,688	85	427		
2	8,059	23	6,604	44	5,473	65	3,540	86	354		
3	7,808	24	6,526	45	5,416	66	3,389	87	280		
4	7,643	25	6,451	46	5,326	67	3,236	88	225		
5	7,524	26	6,383	47	5,278	68	3,080	89	179		
6	7,432	27	6,287	48	5,204	69	2,925	90	139		
7	7,352	28	6,253	49	5,151	70	2,770	91	109		
8	7,285	29	6,207	50	5,086	71	2,602	92	92		
9	7,229	30	6,152	51	5,017	72	2,423	93	64		
10	7,182	31	6,106	52	4,943	73	2,224	94	48		
11	7,141	32	6,061	53	4,862	74	2,017	95	36		
12	7,109	33	6,017	54	4,780	75	1,811	96	25		
13	7,078	34	5,972	55	4,693	76	1,616	97	18		
14	7,043	35	5,926	56	4,605	77	1,431	98	12		
15	7,006	36	5,881	57	4,513	78	1,275	99	9		
16	6,965	37	5,835	58	4,416	79	1,125	100	5		
17	6,925	38	5,788	59	4,317	80	995	101	»		
18	6,881	39	5,743	60	4,215	81	872	102	3		
19	6,833	40	5,698	61	4,104	82	751	103	2		
20	6,785	41	5,657	62	3,976	83	632	104	1		

Pour les opérations d'assurances sur la vie ou de placement viager, il faut connaître les probabilités de la vie humaine, c.-à-d. les chances que la personne assurée ou sur la tête de laquelle on place un capital peut avoir, eu égard à son âge, de vivre encore. Mais les tables de mortalité sont toutes plus ou moins inexactes, parce que les recensements de population n'ont pas une exactitude rigoureuse, et que, d'ailleurs, les éléments de la population se modifient avec les circonstances et avec le temps. Il en résulte que les Compagnies d'assurances emploient, dit-on, selon leur intérêt, ou les tables à mortalité lente, ou les tables à mortalité rapide. Ainsi, elles se servent de la table de Duvillard pour les sommes payables au décès des assurés; mais, pour les assurances payables du vivant des assurés, elles font usage de la table de Deparcieux. **B.**

MORTES-PAYES. *V.* ce mot dans notre *Dictionnaire de Biographie et d'Histoire.*

MORT-GAGE. *V.* ANTICHRÈSE.

MORTIER, mélange de chaux et de sable ou de pouzzolane, qui sert à lier entre elles les pierres des maçonneries. Le mortier, quand il a résisté à l'action des influences auxquelles il est surtout sensible dans les commencements de son emploi, durcit de plus en plus en vieillissant : c'est à cette loi, plutôt qu'à l'excellence des mortiers, qu'il faut attribuer la conservation des constructions monumentales des Romains, faites d'ailleurs avec tout le soin possible et sans souci de la dépense. Aujourd'hui on construit, avec les mortiers fabriqués d'après les procédés de l'ingénieur Vicat, des maçonneries qui ont, après deux ans seulement d'existence, plus de dureté que celles des Romains : la qualité de la chaux est le point essentiel. Si l'on ne suit pas rigoureusement les régles prescrites à cet égard, c'est que la résistance absolue des maçonneries n'est pas toujours ce qui préoccupe le plus le constructeur, et qu'on donne une plus grande importance à la célérité du travail et au prix de revient. Les proportions des matières qui entrent dans la composition des mortiers varient selon l'emploi qu'on en veut faire et selon la nature de ces matières. Le moyen le plus ordinaire pour fabriquer le mortier consiste à mélanger la chaux avec le sable ou la pouzzolane au moyen de *rabots,* longues perches terminées par un morceau de bois méplat et manœuvrées par des hommes : mais, quand on a besoin d'une très-grande quantité de mortier, on emploie, pour opérer le mélange, le *manège à roue* ou le *tonneau à mortier,* mus par des chevaux, ou par de petites machines à vapeur, mobiles; ce sont des roues dans l'un, des rateaux tournoyants dans l'autre, qui écrasent et mélangent les matières. *V.* Hassenfratz, *Traité de l'art de calciner la pierre calcaire, et de fabriquer toutes sortes de mortiers, ciments, bétons, etc.,* Paris, 1825, in-4°; Vicat, *Résumé des connaissances actuelles sur les qualités, le choix et la convenance des matériaux propres à la fabrication des mortiers et ciments calcaires,* Paris, 1828, in-4°.

MORTIER, vase à fond hémisphérique, évasé dans sa partie supérieure, fait de fer ou de bronze fondus, de marbre, de pierre, de verre, ou de bois, et dont on se sert, surtout en Pharmacie, pour y réduire en poudre avec un pilon certaines substances.

MORTIER, bouche à feu, faite à peu près comme un mortier à piler, et dont on se sert pour lancer des bombes, ou des carcasses pleines de pierres ou de matières inflammables. L'âme de la pièce a de longueur à peu près une fois et demie son calibre. Il est parlé de mortiers au siége de Naples par Charles VIII ; les Turcs en firent usage au siége de Rhodes en 1522. Les mortiers sont de bronze et quelquefois de fer fondus.

MORTIER, coiffure. *V.* notre *Dictionnaire de Biographie et d'Histoire.*

MORTIFICATION, mot qui désigne les austérités et les jeûnes qui servent à dompter les appétits déréglés du corps.

MOSAIQUE, assemblage de petits cubes réguliers de marbre, de pierre, de matières vitrifiées, qui, réunis à l'aide de mortier, de stuc, ou d'un mastic formé de chaux et de poudre de marbre, ou de résine et de plâtre, forment des dessins, des ornements, des figures même. Le mot vient, dit-on, de *Musia* ou *Musiva,* parce qu'on attribuait aux Muses ce genre de travail, ou parce qu'elles avaient été représentées en mosaïque. Les œuvres de cet art furent appelées en latin *opus tessellatum,* à cause des petits cubes dont elles étaient formées, et *opus sectile,* quand elles étaient faites de feuilles minces de marbre, taillées suivant le dessin qu'on voulait exécuter. On appelait aussi la mosaïque en général *opus musivum.* La mosaïque est une ingénieuse application de la peinture, que l'on tenta dès les temps anciens. Chez les Perses, on employa d'abord des cubes ou dés de deux couleurs seulement, disposés de diverses façons; puis on varia les dessins et les nuances au point d'imiter les lignes et les couleurs des étoffes; enfin les marbres les plus recherchés furent appelés à remplacer la brique et les autres matériaux communs employés primitivement à la composition de ces ouvrages. La Bible nous apprend que le pavé du palais d'Assuérus, composé de porphyre et de marbre blanc, était embelli de plusieurs figures d'une admirable variété. Chez les Grecs, à la *mosaïque à compartiments* (*lithostrôtos*), composée de pièces de rapport de diverses couleurs et d'égales dimensions, et destinée principalement à paver les édifices, on substitua par la

suite la *marqueterie en pierre,* que Pline appelait *genus pavimenti græcanici.* Ce genre d'ouvrage, encore en faveur chez les Italiens de nos jours sous le nom de *lavoro a composto,* diffère du précédent en ce que les diverses pièces dont il se compose n'ont de grandeurs et de formes déterminées que par les exigences du sujet qu'il s'agit de représenter. On imagina ensuite une autre mosaïque appelée *opus vermiculatum,* parce qu'elle était formée de fragments de marbre irréguliers et extrêmement petits, disposés en zones que l'on compara à des vers pressés les uns contre les autres : on mêlait à ces fragments une sorte de stuc, et l'on formait ainsi une pâte qu'on appliquait sur des dessins en relief ou qu'on disposait sur un plancher de la même manière que les cubes. Cette mosaïque était d'autant plus recherchée, qu'elle permettait aux artistes d'y représenter des figures géométriques et des dessins, des animaux et des personnages, et jusqu'à des sujets entiers de la mythologie et de l'histoire. Ces sortes d'ouvrages avaient acquis une grande importance quand la Grèce passa sous la domination romaine : car l'immense navire que fit construire Hiéron II, roi de Syracuse, contenait un pavage en mosaïque représentant toute l'*Iliade.*

Ce fut sous Sylla que l'usage des mosaïques s'introduisit à Rome : cet art y atteignit une perfection remarquable. Il n'y a pas de maison, à Herculanum et à Pompéi, qui n'ait au moins son atrium pavé en mosaïques de dessins infiniment variés ; à plus forte raison Rome a-t-elle fourni, dans ses monuments en ruines, une énorme quantité de ces sortes d'ouvrages : dans tous les pays où les Romains ont étendu leurs conquêtes, on a également trouvé beaucoup de mosaïques. Les plus belles que l'on conserve à Rome sont : au musée Pio-Clémentin, dans la salle circulaire, la mosaïque d'Otricoli, représentant une tête de Méduse, avec une bordure où sont figurés des combats de Centaures et des groupes de Tritons et de Néréides, de grandeur naturelle; — au musée Capitolin, une mosaïque faite au IIIᵉ siècle avant notre ère par Sosus pour Attale, roi de Pergame, trouvée à la villa d'Adrien, près de Tivoli, et qui rèprésente une coupe dans laquelle boivent des colombes (*V.* ASAROTUM); c'est un des plus parfaits ouvrages de ce genre; — au palais Barberini, une mosaïque provenant de Palestrina (ancienne Préneste), et dont le sujet est l'enlèvement d'Europe; — au palais Borghèse, un Orphée entouré d'animaux. On voit encore à la villa Albani une mosaïque trouvée dans le pays d'Urbin, et qui représente une école de philosophes, et à Palestrina, sur l'emplacement qu'occupait le temple de la Fortune, une superbe mosaïque représentant des rivages égyptiens, et que Pline dit avoir été exécutée au temps de Sylla. En 1831, on a trouvé à Pompéi, dans la maison de Pan ou du Faune, une mosaïque de 5 mèt. de long sur 2 mèt. et demi de hauteur, représentant une bataille entre les Grecs et les Perses. Dès 1762, dans la villa de Cicéron de la même ville, on avait découvert une mosaïque en verre, œuvre de Dioscoride de Samos, représentant une scène, dans une autre on voit une répétition théâtrale. En Espagne, la mosaïque d'Italica représente des jeux du cirque, et, alentour, les bustes des Muses dans des médaillons circulaires. En France, les fouilles opérées à la Maison Carrée de Nîmes ont mis au jour des mosaïques fort intéressantes ; on en a également découvert à Orange, Riez, Fréjus, Aix, Vienne, Lyon, Autun, Bordeaux ; le musée d'antiquités de Rouen en possède une qui était enfouie dans la forêt de Brotonne. D'autres ont été recueillies en Saxe, dans le Wurtemberg, et jusqu'en Angleterre. C'est au temps de l'Empire romain que fut inventé le genre de mosaïque appelé *opus alexandrinum* (*V.* ALEXANDRIN — Appareil).

Les mosaïstes romains, frappés du défaut de vivacité des couleurs dans la mosaïque à compartiments des Grecs, recoururent aux pierres précieuses, aux émeraudes, aux turquoises, aux onyx, aux agates, aux cornalines, aux sardoines, etc. Mais bientôt la cherté de ces matériaux les força à chercher des substances moins coûteuses et comparativement aussi brillantes. Ce fut ainsi qu'on eut l'idée d'employer des *pâtes de verre.* Les ouvrages qu'on obtint avec cette matière nouvelle se distinguèrent surtout par la vivacité du coloris, par la netteté et le fini du dessin ; et dès lors les mosaïques de verre furent adoptées non-seulement pour les pavés et les voûtes des édifices, mais encore pour le revêtement des murailles, des colonnes, et même des meubles. La pâte de verre, dans les travaux de mosaïque, devint d'un usage général dès le règne de Constantin. Ce genre de travail, honoré au point que Théodose exempta des services publics ceux qui s'y livraient, finit, sous le Bas-Empire, par remplacer la peinture. Les mosaïstes byzantins apportèrent à leur art de grands perfectionnements : ainsi ils imaginèrent de recouvrir de petits cubes de marbre avec une couche de verre, sous laquelle ils introduisaient des feuilles d'or ou d'argent : telle fut l'origine de la *peinture en émail*. L'église de Ste-Sophie à Constantinople, les basiliques romaines de Ste-Agnès, de St-Côme et St-Damien, de St-Pierre et St-Paul hors les murs, les églises de St-Vital et de St-Apollinaire à Ravenne, de St-Marc à Venise, fournissent des exemples remarquables de la richesse avec laquelle les artistes décoraient les édifices. Aux XIIe et XIIIe siècles, il y eut d'habiles mosaïstes en Italie, Jacopo et Mino de Torrita, Jacopo de Camerino, André Tafi, Gaddo Gaddi, etc.

La mosaïque en pâtes de verre se répandit ailleurs qu'en Orient et en Italie pendant le moyen âge. Il existe à l'abbaye de St-Denis deux fragments de ce genre, provenant des chapelles du rond-point du chœur; on les rapporte au XIIe siècle, au temps de l'abbé Suger.

Ce fut la mosaïque de pavage qui fut surtout en usage. Au Xe siècle déjà, le pavé des églises était formé de pierres de diverses couleurs représentant des sujets historiques. Au XIe appartiennent le pavé de l'église de Reims, exécuté par Guyon Widon avec de petites pierres de jaspe, de porphyre, de marbre, peintes et émaillées, représentant dans plusieurs cartouches les Apôtres, les quatre Saisons, les sept Arts libéraux et les douze Mois, et le pavé de l'église St-Philippe de Tournus, qui représente, entre autres choses, les signes du zodiaque. Un pavé de l'église d'Ainay, à Lyon, représentant le pape Pascal II, est aussi du XIe siècle.

Un genre particulier de mosaïque est celui de la pierre tombale de Frédégonde, qui était autrefois à l'église St-Germain-des-Prés, à Paris, et qu'on a transportée à l'abbaye de St-Denis. Les contours des vêtements et des ornements sont dessinés par des lames de cuivre; les espaces sont remplis par une matière composée de chaux, de porphyre et de marbre blanc concassés irrégulièrement.

Aux XVe et XVIe siècles, la mosaïque de pavage et la mosaïque de tableaux et de revêtement reprit une grande activité en Italie. De ce temps datent les fabriques de mosaïques de Venise pour pavements, dites *pavés vénitiens*. Les plus belles mosaïques modernes sont celles dont le pape Clément VIII fit décorer, au commencement du XVIIe siècle, la coupole de St-Pierre de Rome; elles sont l'œuvre de F. Zucchi et de P. Rosetti; les pendentifs de la coupole sont de J.-B. Calandro. Au commencement du XVIIIe siècle, Christophoris fonda à Rome une école qui fournit un certain nombre de mosaïstes distingués, Brughlo, Conti, Coccei, Fattori, Gossone, Ottaviano. Ce fut dans cette école que l'on exécuta en mosaïque tous les immenses tableaux d'autel de la basilique de St-Pierre, copiés d'originaux des meilleurs peintres.

La mosaïque n'a guère été pratiquée toujours de nos jours en dehors de l'Italie. Les matières qu'elle emploie, le marbre, l'albâtre, la serpentine, le jaspe, le porphyre, l'agate, l'aventurine, la calcédoine, la malachite, etc., ne se trouvent point partout, et il en coûte des sommes considérables aux mosaïstes pour obtenir une variété de couleurs et de nuances qui permette de représenter toutes sortes de sujets. Il faut 5,000 petits cubes par mètre carré. On peut voir au château de St-Cloud un dessus de table qui fut exécuté par des artistes des Gobelins au temps de Louis XIV. Sous Napoléon Ier, en 1808, le gouvernement fonda à Paris une école de mosaïque, dirigée par Belloni, de Florence. C'est de cet établissement qu'est sortie la belle mosaïque qui orne le pavé de la salle de Melpomène au musée de sculpture du Louvre. L'école fut supprimée en 1823. Une manufacture de mosaïques fut encore créée en 1829 par Ciuli, de Rome; elle a fait quelques travaux pour l'église de St-Denis en 1834, mais elle n'existe plus. On a trouvé récemment près d'Orange (Vaucluse) une ocre argileuse de couleurs variées, qui, détrempée dans l'eau, puis convenablement séchée, est susceptible d'acquérir, par la cuisson à un degré déterminé, les qualités de la pierre la plus dure, et qui peut aussi, au moyen de certains principes colorants, prendre toutes les nuances imaginables. Les matériaux économiques une fois trouvés, une usine a été créée pour les soumettre à la taille, partie du travail qui était précédemment fort longue et augmentait considérablement le prix de revient de la mosaïque : les machines et la vapeur y remplacent le ciseau manié par l'homme. Pendant que l'ocre argi-

leuse est encore molle et malléable, on la soumet à l'opération du moulage par la presse et au moyen de moules, et l'on obtient à chaque pression une quantité considérable de cubes, d'une égalité parfaite de grosseur et de forme; puis ces cubes subissent l'opération qui leur donne la dureté de la pierre. Après la cuisson, on fait le triage des cubes, on choisit et on classe les nuances. Le mètre carré de ces cubes ne revient qu'à 30 fr. C'est une précieuse découverte pour le pavage en mosaïque.

La mosaïque n'a point été inconnue aux indigènes de l'Amérique : on a trouvé au milieu des ruines de Mitla dans la province mexicaine d'Oaxaca, des arabesques des labyrinthes, des méandres formés avec de petites pierres carrées enfoncées dans une masse d'argile.

V. Ciampini, *Sur les mosaïques des édifices sacrés et profanes*, en latin, Rome, 1690-99, 2 vol. in-fol.; Furietti, *De musivis vel picturæ mosaicæ artis origine*, Rome, 1752, in-4°; Le Vieil, *Essai sur la peinture en mosaïque*, Paris, 1768, in-12; Fougeroux, *Traité sur la fabrication des mosaïques*, 1769, in-8°; de Caylus, *Essai sur la manière de peindre en marbre*, dans le t. XXIX des *Mém. de l'Académ. des Inscriptions*; Spreti, *Compendio storico dell' arte di comporre i musaici*, Ravenne, 1804, in-4°; Gurlitt, *Dissertation sur l'art de la mosaïque*, en allem., Hambourg, 1806; J.-F. Artaud, *Histoire abrégée de la peinture en mosaïque*, Lyon, 1835, in-8°; Barbet de Jouy, *Les mosaïques chrétiennes des basiliques et des églises de Rome*, Paris, 1857, in-8°.　　　B.

MOSAISME (de *Moïse*), nom donné quelquefois à l'ensemble des doctrines religieuses et morales des Hébreux.

MOSETTE. V. CAMAIL.

MOSCA (Idiome), idiome parlé, avant la conquête espagnole, sur le plateau de Bogota, en Colombie, par la tribu des Moscas, et qui est aujourd'hui éteint. Il manquait des articulations *d*, *l*, *z*. On y distinguait les genres et les nombres par l'addition de suffixes aux substantifs. La négation, à certains temps du verbe, s'incorporait dans la racine. Vers la fin du XVIIIe siècle, on a découvert un monument graphique de cette langue : c'est un calendrier lunaire, écrit en hiéroglyphes du genre de ceux des Mexicains. V. Bern. de Lugo, *Grammatica en la lengua del nuevo regno llamada Mosca*, Madrid, 1619, in-8°.

MOSCOU (Le KREML ou KREMLIN, à). Les Russes donnent le nom de *Kreml* à une forteresse, ou encore à un quartier, le plus souvent situé au milieu d'une ville, et entouré d'un rempart et d'un mur. Le Kreml de Moscou s'élève sur un mamelon dont la Moskowa baigne le pied, et est environné, dans une étendue de 3,900 mèt., d'un mur épais en briques vertes et rouges, flanqué d'un grand nombre de vieilles tours rondes. On y pénètre par une arcade nommée *la Porte sainte*, et que l'on ne peut traverser que tête nue. Les édifices qu'enferme l'enceinte sont surmontés d'une foule de coupoles, de dômes bulbeux, et de flèches, aussi variés dans leur style que dans leurs formes et leurs couleurs, et qui forment un ensemble des plus pittoresques. La cathédrale de l'*Assomption* ou *du Couronnement*, la première église en pierre qui ait été bâtie à Moscou (1475), d'après les plans d'un architecte bolonais, est celle où les czars sont sacrés; on y remarque beaucoup de reliques, et une image de la Ste Vierge, enrichie de pierreries et attribuée à St Luc. L'église St-Michel ou *des Sépultures*, ornée de fresques curieuses, renferme les tombeaux de tous les grands princes et czars jusqu'à Pierre le Grand. L'*Ivan véliki*, c.-à-d. le grand Ivan, est un clocher isolé près de l'église St-Nicolas, haut de 90 mèt., terminé par une coupole en cuivre doré et une croix colossale en lames du même métal, et contenant une énorme cloche enlevée par Iwan III à la ville de Novogorod. Près de là se trouve aussi la fameuse cloche fondue par Monterine (V. CLOCHE). Le Kreml contient également : l'ancien palais des patriarches de Moscou, où s'assemble aujourd'hui la section du Saint-Synode ou son siège dans cette ville; l'ancien palais des czars, dit *Palais anguleux*, à cause de son revêtement extérieur qui est à facettes; le nouveau château impérial, construit en 1840; l'arsenal, fondé par Pierre le Grand, reconstruit en 1818, et où se trouve une collection d'armes précieuses; le *Trésor*, où sont les joyaux de la couronne, les portraits de tous les czars et czarines, plusieurs trônes, les vêtements que portait Pierre le Grand dans les chantiers de Saardam, etc.

MOSQUÉE, temple des peuples Musulmans. Le mot vient de l'arabe *mesdjid*, en égyptien *mesguid*, par l'intermédiaire de l'espagnol *mezquita*. La *mesdjid* est la mosquée simple, le lieu où l'on se prosterne; on nomme *djâmi* (qui réunit) celle où les croyants s'assemblent pour la prière publique du vendredi, et *zaouia* celle où sont inhumés les restes de quelque saint personnage, et où l'on instruit les enfants. Toute mosquée a la forme carrée, comme la *Càba*, type des constructions religieuses, et pour que le *mihrab*, point de direction sur la Mecque, soit établi au milieu d'une des faces du carré. Elle est surmontée de tours ou *minarets*, que domine le croissant, et qu'entoure une galerie, où le muezzin peut se tourner vers tous les points de l'horizon en appelant les fidèles à la prière. L'intérieur rappelle, par la disposition des colonnes et des nefs, celui des églises romanes. Il offre certaines dispositions toujours identiques : la *kiblah*, niche pratiquée au *mihrab*, et vers laquelle on se tourne en priant; à droite, le siége du cheikh, et, à gauche, la tribune des muezzins; un peu plus en dedans de la nef, le *member*, chaire à escalier droit, où se tient debout le *khatib* ou prédicateur. Le sol est couvert de nattes et de tapis, sur lesquels on ne doit marcher qu'après avoir quitté sa chaussure. Des cierges brûlent près du *mihrab*, des lampes sont suspendues aux voûtes; les murs portent ordinairement des inscriptions tirées du Koran et encadrées dans des arabesques. Il n'y a ni autels, ni tableaux, ni statues, ni siéges pour les croyants. Au dehors on a gravé des inscriptions commémoratives de fondation ou de restauration. Autour de la mosquée sont des fontaines et des piscines pour les ablutions, et une *maksoura* ou salle de lecture. Autrefois on y voyait aussi un asile pour les malades ; ces sortes d'hospices ont presque tous disparu. Le génie arabe a déployé toute sa richesse dans l'ornementation des mosquées : peinture, sculpture, métaux précieux, verres colorés, mosaïques, tout s'y trouve à profusion.

MOT, toute syllabe ou réunion de syllabes qui exprime une idée distincte, se prononce à part et s'écrit à part. Quand le mot n'a qu'une seule syllabe, il est dit *monosyllabe*; s'il en a deux, *dissyllabe*; s'il en a trois, *trissyllabe*; au delà, tous les mots s'appellent *polysyllabes*. On distingue les mots *variables* ou *déclinables* et les mots *invariables* ou *indéclinables* : le terme *variable* s'applique généralement aux langues néolatines et à l'anglais; et *déclinable*, au grec, au latin, à l'allemand. Les mots variables sont ceux dont la terminaison est susceptible de s'infléchir, comme les noms (adjectif et substantif), les articles, les pronoms, les verbes ; les invariables sont ceux qui se présentent toujours sous la même forme, comme les adverbes, les prépositions, les conjonctions, les interjections. L'article anglais fait partie des mots invariables. V. DISCOURS. P.

MOT (Bon). V. BON MOT.

MOT D'ORDRE, — DE RALLIEMENT. Dans le langage militaire, on appelle *mot d'ordre* un mot donné pour se reconnaître dans les patrouilles, dans les rondes de nuit, dans une expédition. Il se donne tous les soirs à l'armée et en garnison. La série des mots d'ordre est faite au ministère de la guerre et envoyée par quinzaine aux généraux qui commandent les divisions militaires. A Paris, le chef de l'État donne le mot d'ordre aux Tuileries. Tout général le donne dans l'armée qu'il commande. Le mot est communiqué aux chefs de poste et aux officiers de ronde. A la suite du mot d'ordre on donne chaque jour un *mot de ralliement*, communiqué à chaque sentinelle, et qu'elle exige de toute ronde ou patrouille qui passe. Un poste qui reconnaît une patrouille en reçoit le mot d'ordre et lui donne celui de ralliement : au contraire, on doit donner le mot d'ordre aux rondes d'officier supérieur, et elles rendent le mot de ralliement. En temps de guerre, la divulgation du mot d'ordre est punie de mort. Les mots d'ordre et de *ralliement* sont n'importe quels mots : Louis XVIII mourant en fit un jour une sorte de jeu de mots, en donnant deux noms de villes : *Saint-Denis, Givet* (J'y vais).

MOTET, autrefois *mottet* ou *motes*, en latin *mottetus*, *motulus*, *motellus*, nom qu'on donna pendant le moyen âge à des morceaux de chant demi-sacrés et demi-profanes, composés sans règles précises, en prose ou en vers, en latin ou en français, et qui faisaient partie, comme les *Noëls*, les *Epîtres farcies* et certaines *Proses*, de ces pièces de fantaisie que le clergé laissa pénétrer dans les églises à côté du plain-chant traditionnel. On les appelait *mottets* (petits mots), parce qu'ils étaient faits sur une période très-courte, ou, selon d'autres, des mots *motus* (mouvement), parce que la mélodie en était plus mouvementée que le plain-chant. Le *motet* fut ensuite une chanson purement profane, du genre des lais, des madrigaux et des rondeaux (V. *ces mots*). Dans la parti-

tion chorale, la voix de haute-contre reçut aussi le nom de *mottetus*, parce que, chargée de fleurir le chant, elle avait plus de *mouvement* que les autres voix. Enfin, chez les modernes, le *motet* est une pièce de musique destinée à l'Église et composée sur des paroles latines prises en dehors de l'office, comme un psaume, une hymne, une antienne, un répons, ou quelque verset de l'Écriture. B.

MOTIF (du latin *motivus*, propre à mouvoir), en termes de Philosophie, influence exercée soit sur notre intelligence, soit sur notre volonté. Delà la distinction des *motifs de jugement* et des *motifs d'action*. Tout jugement prononcé avec certitude a pour motif l'évidence, manifestée par l'un quelconque de nos moyens de connaître; tout jugement conjectural n'a pour motif que la probabilité. En ce qui concerne nos résolutions et nos actions, un motif est un principe raisonné qui les détermine (V. PRINCIPE). On s'est armé de l'influence des motifs sur la volonté, pour nier la liberté humaine : mais la liberté ne serait contrainte que si nous n'avions pas la conscience, tout en cédant aux motifs, de pouvoir leur résister, et il arrive souvent que nous nous déterminons sciemment dans un sens contraire aux motifs les meilleurs et les plus puissants.

MOTIF, idée principale et dominante d'une pièce de musique. C'est, pour ainsi dire, l'âme de la mélodie (V. *ce mot*), le fil qui en détermine le dessin, qui relie entre eux les sons et en fait autre chose qu'une série insignifiante. C'est dans les *motifs* que se révèle le génie propre du compositeur; c'est dans la manière de les amener, de les développer, de les abandonner, de les reprendre, qu'on reconnaît son habileté.

MOTION, dans le langage parlementaire, proposition faite de son propre mouvement par un membre d'une assemblée. Une *motion d'ordre* est celle par laquelle on demande la parole sur l'ordre qu'on doit suivre dans une délibération, quand plusieurs propositions se trouvent à la fois en discussion.

MOTU PROPRIO. V. notre *Dictionnaire de Biographie et d'Histoire*.

MOUCADES. V. MOQUETTE.

MOUCHARABY, mot dérivé de l'arabe, et par lequel on désigne une sorte de balcon fermé, percé de mâchecoulis (V. *ce mot*) à sa partie inférieure, et ordinairement placé au-dessus d'une porte pour en défendre l'entrée. On le nommait aussi *Assommoir*.

MOUCHE, nom donné, dans la Marine, à tout petit navire de guerre, brick, goëlette ou cutter, de marche et d'évolutions faciles, qui est employé à épier les manœuvres de l'ennemi et à transmettre des ordres.

MOUCHE, petit morceau de taffetas noir gommé, de la grandeur d'une aile de mouche, que les dames se mettaient autrefois sur le visage, pour cacher quelque défaut ou pour faire ressortir la blancheur de leur teint. Au XVIIe siècle, nulle ne sortait sans sa boîte à mouches, dont le couvercle, doublé d'un miroir à l'intérieur, permettait de rajuster les mouches qui s'étaient dérangées par accident. Les mouches rondes s'appelaient des *assassines*; celle placée au milieu du front était la *majestueuse*; au coin de l'œil, la *passionnée*; sur le nez, l'*effrontée*; sur les lèvres, la *coquette*; celle qui cachait un bouton, la *recéleuse*. Au temps de Louis XV, certains hommes du beau monde portèrent aussi des mouches. Aujourd'hui, on n'en fait plus guère usage que dans les bals costumés. — Le nom de *mouche* a été donné aussi au petit bouquet de barbe qu'on laisse croître sous la lèvre inférieure, et qu'on a également appelé, selon les temps, *impériale* et *royale*.

MOUCHE (La), ou la *Bête*, jeu de cartes qui se joue, soit à deux avec un jeu de piquet, soit à quatre, cinq ou six personnes avec un jeu entier. Les cartes ont le même rang qu'au piquet, sauf l'as, qui ne vient qu'après le valet. On en donne cinq à chaque joueur. Chacun peut passer, si son jeu est trop mauvais; celui qui *voit le jeu* peut prendre au talon autant de cartes qu'il en veut écarter. Après quoi, si un joueur a une *mouche*, c.-à-d. toutes cartes de même couleur, il gagne ce que tous ont mis à la corbeille, et ceux qui ont vu le jeu *prennent la mouche*, c.-à-d. mettent à la corbeille autant qu'elle contenait. S'il y a plusieurs mouches, celle d'atout, désignée par la retourne, l'emporte; à son défaut, le gagnant est le joueur dont le point est le plus élevé. Si personne n'a de mouche, on joue, chaque joueur devant fournir, forcer et même surcouper; chaque levée gagne le 5e de l'enjeu; celui qui ne fait pas de levée prend la mouche.

MOUCHERON (Le) (*Culex*, en latin), petit poëme

de 413 vers, qui nous est parvenu sous le nom de Virgile, et dont voici le sujet : un berger s'endort en gardant son troupeau ; un serpent va lui donner la mort, lorsqu'un moucheron l'éveille en le piquant au visage ; mais l'insecte est tué par celui même qui lui doit la vie. Le berger échappe par la fuite au reptile, revient sur lui avec un fort bâton de chêne, et le frappe à la tête d'un coup mortel. La nuit suivante, tandis qu'il sommeille, l'ombre du moucheron lui apparaît et lui reproche son ingratitude. Touché de repentir, il lui élève un petit mausolée. Stace et Suétone ont fait allusion dans leurs écrits au *Moucheron de Virgile* ; mais il est douteux que celui que nous possédons soit l'œuvre du célèbre poëte, car la composition et le style en sont d'une grande faiblesse.

MOUCHETTE. *V.* LARMIER.

MOUCHOIR, linge qu'on porte dans sa poche pour se moucher et s'essuyer. Les mouchoirs que les Anciens portaient n'ont guère servi à cet usage, du moins en public ; c'étaient le plus souvent des tissus somptueux, imprégnés d'odeurs. La siccité du nez donnait du prix à la beauté. Le *sudarium* et l'*orarium* des Romains étaient destinés à essuyer la sueur du visage et la bouche. Quand on était à la tribune, au théâtre ou dans un temple, on devait sécher la sueur de son front avec sa robe. Chez les Modernes, on a généralement abandonné les mouchoirs de coton, qui excitent des cuissons et des rougeurs à la peau, pour ne prendre que des tissus de lin et de chanvre ; les mouchoirs de soie appelés *foulards* sont même devenus très-communs. Les mouchoirs de tissus fins et brodés, ornés de dentelles, sont des objets de parure et de luxe, et non d'utilité. — Les mouchoirs de cou, nommés *fichus*, se font en matières très-diverses, depuis l'indienne et la soie, jusqu'à la gaze, la blonde, et la dentelle.

MOUFLARD. *V.* CHANFREIN.

MOUILLAGE (du latin *mullare*, lâcher, laisser aller, s. ent. l'ancre), en termes de Marine, endroit de la mer propre à jeter l'ancre.

MOUKHTAÇAR, précis de la législation musulmane selon le rite malékite, qui est celui des Arabes de l'Algérie. Il a été écrit par Sidi-Khalil, jurisconsulte du VIIIe siècle de l'hégire, et se divise en deux parties : l'une comprenant la jurisprudence religieuse, et l'autre la jurisprudence civile. Sidi-Khalil ne touche pas au dogme, qu'il suppose connu ; car ce n'est pas un traité de théologie qu'il prétend écrire, c'est un rituel, un formulaire. Ses prescriptions sont toutes relatives au culte, et contiennent les pratiques légales pour les purifications, la prière, les cérémonies, l'aumône, le jeûne, et le pèlerinage de la Mecque. Après deux chapitres sur l'usage de la chair des animaux et sur les serments, l'auteur expose sans beaucoup d'ordre les matières civiles, la guerre et le droit de conquête, la constitution de la famille, l'esclavage, la propriété, les successions, la législation industrielle et commerciale, les peines à infliger aux crimes et délits, la procédure, etc. Le *Moukhtaçar* a été traduit en français par M. Perron, et publié par ordre du gouvernement en 1857.   B.

MOULAGE, opération qui consiste à prendre la copie d'une figure, d'un bas-relief, d'un ornement quelconque, au moyen d'un *moule* en plâtre formé sur l'objet lui-même. Quand le plâtre a été cuit au four, pulvérisé, et passé au tamis de soie, on le délaye plus ou moins dans de l'eau, selon la fluidité qu'on veut lui donner. Si on veut faire seulement le moule d'une médaille ou d'un ornement de bas-relief, on imbibe d'huile ces objets au moyen d'un pinceau, afin d'empêcher l'adhérence, puis on les couvre de plâtre. S'il s'agit de mouler une figure de ronde bosse, le moule est formé nécessairement de plusieurs pièces, qui, étant toutes réunies, donnent un creux dont les proportions sont exactement les mêmes que celles de l'original : pour s'en servir, on imbibe d'huile ces diverses parties, on coule du plâtre assez fluide pour s'introduire dans toutes les sinuosités du moule, et, quand ce plâtre est bien sec, on enlève successivement les parties du revêtement, et on découvre la figure moulée. On nomme *balèvres* les coutures qui s'aperçoivent sur cette œuvre, et qui ont été produites par les jointures des parties. Le même moule peut servir à faire plusieurs copies. M. Stahl a découvert que, pour obtenir des épreuves d'une grande pureté, il suffit d'enduire de chlorure de zinc les objets à mouler. Dans l'industrie de la fonte, on se sert de moules de terre, destinés à recevoir le cuivre, le bronze et la fonte liquéfiés ; pour empêcher l'adhérence, on saupoudre d'ordinaire l'intérieur des moules avec une poussière très-fine de

charbon de bois. Cette substance, nuisible à la santé des ouvriers, commence à être avantageusement remplacée par la fécule de pomme de terre : l'idée de cette substitution appartient à M. Rouy. Le moulage à la gélatine, qu'on doit à M. Hippolyte Vincent, vers 1844, est une découverte précieuse pour l'art plastique : avec la gélatine on forme des moules d'une seule pièce, capables de reproduire avec une exactitude mathématique les sujets de haut-relief les plus compliqués, et cela sans balèvres ni réparage, sans retouche aux épreuves sorties du moule, et avec une rapidité incomparablement plus grande que celle des anciens procédés.

On ne saurait nier que les Anciens connurent le moulage ; il existe des bas-reliefs antiques en terre cuite, rehaussés de peintures polychromes, qui, par leur identité avec des sujets connus et souvent décrits, montrent qu'ils ne sont pas des ouvrages modelés et originaux, mais habilement moulés. C'est au moulage que nous devons un grand nombre de figurines, de vases et d'ornements. André Verrochio, artiste italien du XIVe siècle, a eu la première idée de façonner des moules en plâtre sur le visage des personnes vivantes ou mortes ; dans ces moules on fond des masques de cire. Vers le milieu du XVIIIe siècle, cette invention fut perfectionnée par le peintre Benoist ; les masques de cet artiste étaient animés par des couleurs si naturelles et par des yeux d'émail imités avec tant d'art, que souvent on les confondait avec les modèles.

MOULINS (Église NOTRE-DAME, à). Cette église, ancienne chapelle du château des ducs de Bourbon, érigée en cathédrale en 1817, appartient tout entière au style ogival tertiaire. Très-remarquable comme chapelle seigneuriale, elle n'a pas, comme église épiscopale, la grandeur et la dignité nécessaires. L'édifice n'a jamais été achevé, bien que la façade occidentale soit décorée d'une rose : composé seulement de 11 travées, il offre une nef de 23 mèt. de long sur 7m,50c de large, avec des collatéraux larges de 4m,25c, et des chapelles d'une profondeur de 2m,50c. La construction est de granit et du calcaire le plus compacte. Les piliers qui soutiennent les voûtes sont hardiment espacés, et entourés de colonnettes fortement engagées ; des tores disposés avec goût y tiennent lieu de chapiteaux. Il n'y a pas de triforium, et les travées supportent immédiatement les fenêtres. Le chevet est terminé de la manière la plus heureuse par des pans en polygone. En plusieurs endroits on admire des vitraux peints du commencement du XVIe siècle. Derrière l'autel est un ensevelissement du Christ, dont les personnages portent les costumes du temps de François Ier. Dans un des murs de l'église est encastrée une pierre tombale, sur laquelle on a sculpté en demi-relief, avec une effrayante vérité, un cadavre rongé par les vers.

MOULURE, ornement d'architecture ou de sculpture placé sur le nu d'un mur, exécuté en pierre, en stuc, en plâtre, en bois, sur les façades et à l'intérieur des édifices, ou encore en bronze et en métaux précieux sur les flancs d'un vase et les parois d'un meuble. Parmi les moulures, les unes sont en saillie, les autres en retrait ou en creux, celles-ci plates, celles-là arrondies. Le *filet* ou *listel*, le *larmier*, la *fasce* ou *plate-bande*, la *plinthe*, sont des moulures plates en saillie ; l'*ove* ou *quart de rond*, la *baguette*, le *tore* ou *boudin*, sont des moulures rondes en saillie ; la *scotie*, la *gorge*, le *trochile*, le *glyphe*, le *cavet*, le *congé*, sont des moulures creuses. Il y a des moulures qui ont tout ensemble de la saillie et du creux, comme le *talon* et la *doucine*. Les moulures sont susceptibles d'une certaine ornementation, comme des billettes, des denticules, des feuillages, etc.

MOUQUETTE. *V.* MOQUETTE.

MOURRE, jeu italien. *V.* MICA, dans notre *Dictionnaire de Biographie et d'Histoire.*

MOUSQUET.   *V.* ces mots dans notre *Dictionnaire de Biog. et d'Histoire.*
MOUSQUETAIRES.

MOUSQUETON, c.-à-d. *petit mousquet*, nom qu'on donne à une arme à feu plus courte et plus légère que le fusil, à moitié montée sur bois, et dont on se sert dans la grosse cavalerie, dans les hussards et dans la gendarmerie.

MOUSSE. *V.* ce mot dans notre *Dictionnaire de Biographie et d'Histoire.*

MOUSTACHE (du grec *mustax*, forme dorienne pour *mastax*, lèvre supérieure), partie de la barbe qu'on laisse croître au-dessus de la lèvre supérieure. Les Grecs et les Romains la portèrent et l'abandonnèrent tour à tour. Beaucoup de peuples de l'Orient, principalement les Chinois, ont toujours eu des moustaches, bien que se rasant le reste de la barbe. Les Francs en portèrent jusqu'au IXe siècle ; alors les moustaches disparurent jusqu'au temps des Croisades. On y renonça encore depuis la fin du XIVe siècle jusqu'au XVIe. Depuis François Ier et Henri II, les hommes de toute condition sociale reprirent la moustache : elle cessa d'être de mode sous Louis XIV, et ne servit plus qu'à distinguer certains corps d'élite de l'armée, les grenadiers et les hussards. En 1805, l'usage de la moustache fut concédé à toute la cavalerie, les dragons exceptés ; on l'accorda aux officiers de toutes armes en 1821, et à tous les militaires en 1832. Dans le civil, la moustache a repris faveur après 1830.

MOUSTIERS (Faïences de). V. au *Supplément*.

MOUSTIQUAIRE, rideau de gaze ou de mousseline très-claire dont on entoure les lits, pour les fermer hermétiquement, dans certains pays chauds, tels que l'Égypte, où l'on est exposé aux moustiques.

MOUTIER. V. MONTIER.

MOUTON, machine de guerre. V. BÉLIER.

MOUTON, machine employée dans la Construction. V. SONNETTE.

MOUTON D'OR. V. AGNEL.

MOUTONNES. V. PERRUQUES, dans notre *Dictionnaire de Biographie et d'Histoire*.

MOUVEMENT, changement de situation des corps, déplacement de leurs rapports. Nous le percevons par la vue et par le toucher. Tout mouvement a lieu dans l'espace ; il détermine l'espace lui-même, qui est une conception rationnelle, et nous sert à mesurer l'étendue. Tout mouvement a lieu aussi dans le temps, il est lui-même une succession ; c'est par les divisions des mouvements que nous marquons les divisions du temps. Non-seulement le mouvement est le signe et la mesure de l'espace et du temps, mais encore il est le lien de ces deux idées dans notre esprit. Le problème du mouvement a donné lieu à beaucoup de théories métaphysiques. Pour Héraclite, tout était dans un mouvement ou un changement perpétuel ; ce philosophe refusait aux choses toute permanence, toute existence perpétuelle. L'école d'Élée, au contraire, nia la réalité et la possibilité du mouvement, doctrine que reproduisirent les philosophes mégariens : pour toute réponse à leurs sophismes, Diogène le Cynique se mit à marcher devant Zénon. Pour Aristote, le mouvement est le fait caractéristique de la nature ; ses deux éléments constitutifs sont la *puissance*, capacité qu'ont les objets de devenir tels ou tels, et l'*acte* ou la possession réelle d'une qualité que ces objets n'avaient qu'en puissance ; le mouvement est la puissance qui devient acte, il est le rapport, le terme moyen de la puissance et de l'acte. L'ancienne école atomistique faisait du mouvement une propriété inhérente aux atomes : Descartes refuse aux éléments de la matière toute capacité de produire en eux-mêmes le mouvement, et leur fait imprimer le mouvement par un premier moteur qui le leur conserve par une action continue ; selon Leibniz, les éléments, après avoir reçu un premier mouvement, retiennent la capacité de se mouvoir et ont en eux le principe de leurs modifications.

MOUVEMENT, en termes de Musique, degré de vitesse ou de lenteur que l'on donne à la mesure, suivant le caractère de l'air qu'on exécute. Le mouvement détermine la valeur réelle du temps. On l'indiqua d'abord par les noms de certains airs de danse connus, en appelant, par exemple, *allemande, gigue, sarabande*, les morceaux dont le mouvement devait être analogue à ceux de ces danses. Puis, on adopta des mots particuliers, empruntés à l'italien, pour indiquer les mouvements *lents, modérés*, ou *vifs*, avec leurs différentes nuances : pour les mouvements lents, *grave, largo, larghetto* ; pour les mouvements modérés, *adagio, andante, andantino* ; pour les mouvements vifs, *allegretto, allegro, presto, vivace*. Enfin l'invention des divers *chronomètres* et du *métronome* (V. ces mots) a permis de donner une mesure du temps musical plus rationnelle et plus positive. — On donne encore le nom de *mouvement* à la marche que suivent les parties concertantes d'un morceau ; il est *semblable* ou *direct, oblique, contraire*, selon que les parties montent ou descendent ensemble, ou que l'une reste au même degré tandis que l'autre se meut, ou enfin qu'elles vont en sens inverse.   B.

MOUZON (Église de), ancienne église abbatiale, la plus importante du département des Ardennes. Œuvre du XIIIe ou du XIVe siècle, elle se distingue par la régularité de sa construction, par son ornementation sculpturale et ses vitraux historiés. Autrefois elle avait trois clochers ; il n'en reste plus que deux, qui flanquent le

portail occidental. Ils se composent de trois étages percés d'ouvertures géminées, et se terminent en pyramide élancée. La porte, surmontée d'une large fenêtre à meneaux et d'un fronton aigu, est coupée par un trumeau auquel est adossée une statue de la Vierge et de l'enfant Jésus ; un cordon de 12 anges remplit la voussure ; le tympan offre, sur trois compartiments superposés, des scènes empruntées à la vie de la Ste Vierge et de St Victor.

MOXO (Idiome). V. PÉRUVIENNES (Langues).

MOYEN ou VOIX MOYENNE, forme particulière de la conjugaison grecque, intermédiaire entre la voix active et la voix passive, se rapprochant de la 1re par le sens, mais presque identique à la 2e par la forme. En effet, le présent et l'imparfait, aussi bien que le parfait et le plus-que-parfait, ne diffèrent jamais au moyen et au passif. Le futur est ordinairement terminé en σομαι à la voix moyenne, l'aoriste 1er est en σάμην, l'aoriste 2e en ὁμην, tandis que le passif est ordinairement θήσομαι au futur, θην à l'aoriste 1er, ην à l'aoriste 2e. Beaucoup d'aoristes en θην et en ην s'employaient néanmoins comme moyens ; et réciproquement, les exemples de σομαι avec le sens passif sont très-nombreux. L'aoriste 1er en σάμην (ψάμην, ἀμην, etc.) est seul vraiment propre à la voix moyenne ; seul aussi il a invariablement la signification particulière au moyen. Cette signification est *réfléchie* (V. ce mot). Très-souvent la conjugaison moyenne, par rapport à la syntaxe, répond à ceux de nos verbes pronominaux qui, formés de verbes actifs, sont suivis d'un complément direct et ont pour complément indirect le pronom qui les précède immédiatement. De là on employait le moyen lorsque l'objet souffrant l'action était quelque chose appartenant au sujet du verbe. Le moyen rend fort souvent aussi ce qu'exprime le français *faire faire*. Un certain nombre de verbes latins, en revêtant la forme passive, et de verbes français, en revêtant la forme réfléchie, se rapprochent en partie de la nuance délicate exprimée par le moyen grec. Ainsi, *accingor* signifie, non pas *on m'arme*, mais *je m'arme* ; *misceor, je me mêle ; moveor, je me mets en mouvement*.   P.

MOYENNES (Consonnes). V. FORTES.

MOZARABE (Rit), Liturgie catholique particulière à l'Espagne durant le moyen âge. Elle fut faite par St Léandre, archevêque de Séville, perfectionnée par St Isidore, son frère et son successeur ; un concile tenu à Tolède en 633 lui donna sa sanction. Le rit Romain s'étant établi peu à peu en Espagne, le rit Mozarabe fut confiné par le cardinal Ximénès dans une chapelle de Tolède, où il est resté en usage jusqu'à nos jours. Les historiens ecclésiastiques lui ont donné aussi le nom de *rituel Tolédan*, de *bréviaire de St Isidore*, de *rit Gothique*.

MOZCA (Idiome). V. MOSCA.

MOZETTE. V. CAMAIL.

MOZOUNAH, ancienne monnaie d'Alger, valant peu plus de 6 centimes.

MUANCE ou MUTATION, c.-à-d. *changement* (du latin *mutare*, changer), terme de la Musique ancienne, exprimant tout passage d'un ordre ou d'un sujet de chant à un autre. Les Grecs distinguaient cinq espèces de mutations, qu'ils appelaient *métaboles* : 1° la *métabole de genre*, lorsque le chant passait, par exemple, du diatonique au chromatique ou à l'enharmonique, et réciproquement ; 2° la *métabole de système*, lorsque la modulation unissait deux tétracordes disjoints ou en séparait deux conjoints, ou qui revient au passage du bécarre au bémol, et réciproquement ; 3° la *métabole de mode*, quand on passait, par exemple, du dorien au phrygien ou au lydien, etc. ; 4° la *métabole de rhythme*, quand on passait d'un mouvement à un autre, du lent au vite, etc. ; 5° la *métabole de mélopée*, quand on interrompait par un chant gai un chant triste, etc.

Au moyen âge, on appela *muances* les diverses manières d'appliquer aux notes les syllabes *ut, ré, mi, fa, sol, la*, selon les diverses positions des deux demi-tons de l'octave et les différentes façons d'y arriver. Gui d'Arezzo n'ayant inventé que six de ces syllabes, comme il y a sept notes à nommer dans une octave, il fallait nécessairement répéter le nom de quelque note. On nomma toujours *mi fa* en montant, et *fa la* en descendant, les deux notes entre lesquelles se trouvait un demi-ton ; ces noms déterminèrent en même temps ceux des notes les plus voisines, soit en montant, soit en descendant. Un tel système de notation était très-difficile : au XVIIe siècle, on eut l'idée en France d'ajouter la syllabe *si* aux six anciennes ; la 7e note de l'échelle se trouvant nommée, les muances devinrent inutiles. Cependant on les conserva longtemps encore dans les autres pays.

MUCHE, nom vulgaire de quelques anciens souterrains.

MUE DE LA VOIX. *V.* Voix.

MUETS. *V.* ce mot dans notre *Dictionnaire de Biographie et d'Histoire.*

MUETTE, nom qu'on donnait autrefois à une petite maison où l'on gardait les *mues* de cerfs, ou les oiseaux de fauconnerie au *temps de la mue,* ou les *meutes* de chiens. On l'appliqua ensuite à des pavillons et autres édifices servant de rendez-vous de chasse. Telles étaient les *muettes* de St-Germain-en-Laye, de Fontainebleau, etc.

MUETTES (Consonnes), nom donné par les grammairiens grecs aux consonnes β, γ, δ, π, κ, τ, φ, χ, θ, parce qu'elles ne pouvaient se prononcer sans le secours des voyelles. Ils les divisaient en *ténues,* π, κ, τ; en *aspirées,* φ, χ, θ; en *moyennes,* β, γ, δ. Dans l'enseignement élémentaire, en France, les *moyennes* reçoivent le nom de *douces,* les *ténues* celui de *fortes.* Chez les Anciens, les aspirées comptaient quelquefois parmi les demi-voyelles. Ces classifications reposaient sur la prononciation, restée mystérieuse pour nous, de ces 9 consonnes. Pour les Latins, les muettes étaient au nombre de 8 : *b, p, d, t, c, k, q, g.* Cette division des consonnes n'est pas d'usage dans les langues modernes. *V.* Semi-Voyelles.

MUETTES (Lettres), nom donné en français aux lettres, consonnes ou voyelles, qui s'écrivent sans se prononcer : tel est le *p* dans *dompter, compter;* l'o dans *paon, faon, Laon;* diverses consonnes doublées, *abbé, accueillir, attentif, affaire, innocent, Hippolyte, assez, arriver; e* final; comme dans *libre, esclave, espère;* diverses consonnes finales, tu *aimes,* les saisons, *poids, choix; venait,* viennent, *faisaient,* etc. *E* muet final se prononce légèrement dans les vers lorsqu'il n'est pas élidé; et généralement, toutes les fois que le sens le permet, les consonnes muettes finales sonnent, en vers et dans le style soutenu, devant les mots commençant par une voyelle (*V.* Liaison). La conversation familière admet encore certaines muettes qui se font sentir davantage dans le débit soutenu, particulièrement *e* : ainsi, *j'arriverai* se prononce vulgairement *j'arriv'rai;* nous le ferons, *nous l' f'rons; je viendrai si je peux, j' viendrai si j' peux; cependant, s' pendant; setier, demi-setier, s' tier, demi-s'tier,* etc. Chez les Romains, jusque vers l'an 50 av. J.-C., *s* finale était souvent muette devant les mots commençant par une consonne, et on prononçait *optumu' parens, tanto dignu' munere, ex omnibu' partibus.* De là ces fins de vers dans Ennius : *rēbŭs gĕrŭndis, lāssŭs dĭēī, cŏmmŏdŭs vĕrbŭm;* et, chez le même poëte, au commencement d'autres vers : *Hæccĕ lŏcŭtŭs vŏcāt; Scītŭs, secŭndŭ lŏquĕns; Pāndĭtĕ sŭltŭ gĕnās* (Pandite, si vultis); de là ce vers de Lucilius : *Sublatus pudor ŏmnĭs, lĭcentia fēnŭs rĕfertur.* Tantôt cette finale muette était retranchée dans l'écriture, tantôt on la laissait subsister. *St* était souvent muet devant une consonne; ainsi, Quintilien témoigne que les Anciens écrivaient et prononçaient *po' meridiem* pour *post;* et il semble faire entendre qu'on prononçait *ar' studiorum,* et non pas *ars studiorum,* pour éviter le heurt de deux sifflantes entre deux autres consonnes. S, ST, ont été de même muets en français au milieu ou à la fin d'un grand nombre de mots; ces lettres sont aujourd'hui supprimées, excepté dans beaucoup de noms propres. On écrivait *asne, aspre, pasture, pasque, estrenne, esponge, espée, monstrer,* il est *prest,* elle est *preste (præsto est), protest,* etc. RS étaient muets dans *gars,* mot depuis longtemps vieilli. Dans la prononciation latine, *m* finale était à peine prononcée et comme éteinte; elle ne servait guère que de trait entre deux voyelles, dit Quintilien, pour empêcher qu'elles ne se confondissent. De là son élision dans les vers, surtout depuis le siècle d'Auguste. Un grand rhéteur nous apprend que, du temps de Caton, on écrivait, pour figurer la prononciation, *die* ou *diee hanc* (diem hanc), et il blâme ceux qui corrigeaient cette orthographe dans les manuscrits. *H* en latin, comme en français, était muette au commencement des mots et après les lettres *c, r, t* : la prononciation aspirée qu'on lui donnait souvent ne faisait rien à cet égard. En français, le nom *d'aspirée,* appliqué à l'*h,* est véritablement impropre; dans *le héros, ma haine,* on fait un hiatus, mais il n'y a point d'aspiration, et *h* est absolument muette.　　　　　　　　　　　　　　　P.

MUEZZIN. } *V.* ces mots dans notre *Dictionnaire de*
MUFTI. 　} 　*Biographie et d'Histoire.*

MUGLIAS, matière employée, au moyen âge, à faire des patenôtres odoriférants, et qu'on brûlait en fumigations. On suppose que c'était le musc. Il y avait un tissu du même nom.

MULE (du latin *mulleus*), nom qu'on donnait autrefois à des pantoufles sans quartier, généralement à talon élevé et en cuir rouge. Il n'est plus usité que lorsqu'il s'agit de la pantoufle du pape, sur laquelle il y a une croix qu'on est admis à baiser.

MULLEUS. } *V.* ces mots dans notre *Dictionnaire de*
MULSUM. 　} 　*Biographie et d'Histoire.*

MUNICH (Églises de). L'église métropolitaine de *Notre-Dame* a été construite de 1468 à 1494 par Iorg Gankoffen de Halspach. Sa longueur est de 112 mèt., sa largeur de 42, sa hauteur de 38. La façade est flanquée de deux tours, hautes de 110 mèt., et couronnées par une coupole qui annonce le voisinage de l'architecture byzantine. Cette cathédrale est le monument religieux le plus intéressant parmi les anciens qui se trouvent à Munich. — Les églises modernes sont des pastiches plus ou moins réussis. La plus belle est *Notre-Dame-de-Bon-Secours*, bâtie de 1831 à 1839, au faubourg d'Au, dans le style ogival le plus pur, par Ohlmüller et Ziebland. Construite moitié en briques, moitié en grès, elle a 70m,50 de longueur, 24m,30 de largeur, et 28m,50 de hauteur. Le milieu de sa façade est surmonté d'une grosse tour, d'abord carrée, puis octogone, et terminée par une pyramide à jour qui s'élève à 84 mèt. au-dessus du sol. Les portails latéraux sont également surmontés de pyramides plus petites. Le toit de l'édifice est en tuiles émaillées, formant des dessins. L'intérieur est divisé en trois nefs par 16 colonnes élancées qui supportent la voûte; le chœur s'élève de quelques degrés au-dessus des nefs, et est décoré de statues des Apôtres; les autels, ainsi que les murs des collatéraux, sont ornés de sculptures en bois; les 19 fenêtres, hautes de 16 mèt., larges de 4, ont des vitraux magnifiques, comparables aux plus beaux de l'art ancien. — L'église St-Louis, dont Gernert a été l'architecte, paraît avoir été inspirée par quelques édifices religieux de l'école florentine. On reconnaît particulièrement l'imitation de cette école dans la forme des fenêtres, dans la disposition des voûtes et des colonnes qui les supportent, et dans le plan même, où les saillies de la croix sont légères. On retrouve aussi l'influence du style byzantin dans certains détails du porche. Enfin toute la partie postérieure du monument est une combinaison des formes chrétiennes employées avant le xiiie siècle : les arcs-boutants des flancs et les contre-forts forment un jeu de lignes qui ne manque pas de grandeur. L'église St-Louis a été bâtie pour recevoir le tableau du *Jugement dernier* dont Cornélius avait fait un carton à Rome. Elle offre d'autres fresques encore par C. Hermann, Stürmer, Kranzberger, Hellweger, Schabet, Heiler, etc. — L'église de *Tous les Saints* ou *Nouvelle Chapelle de la cour* a été élevée de 1826 à 1837 par L. de Klenze, dans le style byzantin du xie siècle, mais sans coupole extérieure. Elle a 50 mèt. de longueur, 30 de largeur, 24 de hauteur. La façade, tournée vers l'Orient, est divisée, par deux pilastres en saillie, en trois parties qui correspondent aux trois nefs : 8 colonnes de marbre et 4 forts piliers séparent la grande nef de ses collatéraux, et cette nef est couverte par deux coupoles basses, sans jour et sans percée extérieure. On remarque les fresques exécutées sur fond d'or par Hess, Schraudolph, Kock et Müller. — La *Basilique* ou église St-Boniface a été élevée de 1825 à 1850 par Ziebland, d'après le modèle d'une basilique romaine. La façade se compose d'un péristyle ouvert, formé de neuf arcades supportées par des colonnes de calcaire blanc; les trois portes sont ornées de reliefs en bois. L'intérieur a 78 mèt. de longueur, 37 de largeur, et est divisé en cinq nefs par quatre rangs de 16 colonnes chacun : la nef du milieu a 25 mèt. de hauteur, et les autres 13 seulement; les colonnes sont des monolithes de marbre gris poli. Les fresques sont l'ouvrage des mêmes artistes qui ont peint l'église de Tous-les-Saints.

MUNICH (Palais royal de). Ce palais se divise en trois parties distinctes, l'*Ancienne Résidence*, la *Nouvelle Résidence*, et le *Palais des fêtes* ou *des salles.* L'Ancienne Résidence, bâtie de 1600 à 1616, sur les plans de Pierre Candide, n'offre pour façade qu'une grande muraille grise, longue de 165 mèt., percée de deux rangs de grandes fenêtres sans encadrements, ornée des figures en bronze de la Sagesse, de la Justice, de la Valeur et de la Modération, de 4 lions de bronze portant les armes de la Bavière et de la Lorraine, d'une niche de marbre rouge contenant une statue en bronze de la Vierge, enfin de deux portails de marbre rouge, entre lesquels est un corps de garde. Elle renferme 4 cours dites de l'*Empereur, de la Cuisine, de la Chapelle* et *de la Fontaine,* et contient dans sa masse de bâtiments : 1° l'*Antiquarium* ou collection d'antiquités; 2° la *Chambre du Trésor;* 3° la *Chapelle riche*, dont le plafond est en lapis-lazuli, le pavé en marbre et en vert antique, les murailles en mosaïque de Florence, l'autel en argent; 4° les *Appartements de Charles VII*, où sont entassés les ornements les plus riches dans le goût du XVIIIe siècle. — La Nouvelle Résidence a été bâtie de 1826 à 1835 par L. de Klenze. Sa façade, imitation du palais Pitti de Florence, a 130 mèt. de longueur; il y a trois étages au milieu, deux seulement aux ailes. Trois portes donnent accès dans un vestibule supporté par 16 colonnes de marbre. Outre les appartements du roi et de la reine de Bavière, fermés au public, cette partie du palais contient cinq salles dites *des Niebelungen*, parce que les fresques dont Schnorr les a décorées ont pour sujets des scènes de cette épopée allemande. — Le Palais des Fêtes, bâti de 1832 à 1842 dans le style de Palladio, d'après les dessins de L. de Klenze, a une façade de 240 mèt. Le milieu forme un triple portail avec un portique, qui supporte un balcon dominé par 2 lions assis et les 8 statues colossales des cercles de la Bavière, œuvres de Schwanthaler. On voit au rez-de-chaussée six salles ornées de peintures représentant les principales scènes de l'*Odyssée* et qui ont été exécutées par Hiltensperger sur les dessins de Schwanthaler. Au 1er étage sont les salles dites *du Bal, des Beautés, des Batailles* ou *des Banquets, de Charlemagne, de Frédéric Barberousse, de Rodolphe de Habsbourg,* et *du Trône,* toutes ornées, moins la dernière, de fresques et de tableaux.

MUNICH (La Glyptothèque de), monument bâti par L. de Klenze, de 1816 à 1830, pour servir de musée de sculpture. Il est carré, orné dans tout son pourtour à la manière antique, et sans autre ouverture dans les murs extérieurs que la porte de la façade. Cette façade est en marbre blanc, et présente six niches, renfermant les statues de Vulcain, de Phidias, de Prométhée, de Périclès, d'Adrien et de Démosthène : au milieu s'avance un péristyle de 8 colonnes ioniques, qui supportent un vaste fronton sculpté. C'est de la cour intérieure, par des fenêtres immenses, que les salles, au nombre de 12, reçoivent la lumière. Deux de ces salles, dites *des Fêtes* ou *salle des Dieux* et *salle Troyenne,* et destinées au repos, ont été entièrement peintes à fresque par Cornélius, Hess, Zimmermann et quelques autres artistes. Les salles consacrées à la sculpture sont : 1° la *salle Égyptienne;* 2° la *salle des Incunables,* où sont réunis les plus anciens essais de l'art grec, originaux ou copiés, alors qu'il imitait encore le style de l'Égypte ou celui de la Phénicie; 3° la *salle des marbres d'Égine;* 4° la *salle d'Apollon,* ainsi nommée d'un Apollon Citharède, en marbre pentélique et de proportions colossales; 5° la *salle de Bacchus,* où l'on a placé des statues et des bas-reliefs se rapportant presque exclusivement au culte de ce dieu; 6° la *salle des Niobides,* ainsi appelée parce qu'elle renferme, entre autres œuvres, une répétition du Niobide mourant de Florence et un Niobide agenouillé; 7° la *salle des Héros;* 8° la *salle des Romains,* la plus vaste de toutes, longue de 40 mèt. sur 14 de large; 9° la *salle des Sculptures coloriées et dorées;* 10° la *salle des Modernes,* où les œuvres ne remontent pas plus haut que Canova.

MUNICH (La Pinacothèque de). Cet édifice, construit de 1826 à 1836, sur les plans de Klenze, est un bâtiment du style des palais romains, long de 150 mèt., large et haut de 27 mèt., terminé à chaque bout par deux ailes. Sa façade principale est décorée de 25 statues de peintres célèbres, par Schwanthaler. Il ne contient pas seulement, comme son nom le ferait supposer, un musée de peinture, mais des collections de gravures, de dessins, de vases, etc. La galerie de tableaux, placée au 1er étage, est une des plus belles de l'Europe : elle compte plus de 1,300 tableaux, répartis en 9 salles et 23 cabinets. Parmi les plus intéressants, on remarque ceux de l'ancienne école d'Allemagne, et 95 ouvrages de Rubens. La galerie de Munich a été formée avec celles de Dusseldorf, de Deux-Ponts, de Mannheim, de Schleissheim, et enrichie encore par l'acquisition de la collection des frères Boisserée. Le cabinet des estampes (300,000 pièces), celui des dessins et études (12,000), et celui des vases grecs et étrusques, occupent tout le rez-de-chaussée. — Au nord et à peu de distance de la Pinacothèque, on a élevé, de 1840 à 1853, sur les dessins de Voit, une Nouvelle Pinacothèque, qui contient, au rez-de-chaussée, une collection de peintures sur porcelaine, et, à l'étage, 300 tableaux environ.

MUNICH (Théâtre de). Construit par Fischer en 1825, restauré en 1853, il a 60 mèt. de longueur et 45 mèt. de hauteur. Un escalier en marbre conduit à son portique, formé par 8 colonnes corinthiennes. Il a deux frontons ornés de fresques par Hiltensperger et Nilson; les frises, les chapiteaux, les corniches sont décorés de peintures polychromes. Trois portes donnent accès dans un vestibule, offrant en face l'entrée du parterre, à droite et à gauche deux escaliers de marbre garnis de statues d'auteurs dramatiques. La salle, une des plus grandes de l'Allemagne, peut contenir 2,500 spectateurs, sans compter les 60 places de la loge royale et les 100 places de l'orchestre. Elle est éclairée par un lustre de 400 becs de gaz.

MUNICIPAL (Conseil). V. COMMUNE, dans notre *Dictionnaire de Biographie et d'Histoire*.

MUNICIPAL (Droit), ensemble des lois concernant les municipalités. Il comprend tout ce qui concerne les attributions du corps municipal (maire, adjoints, conseil municipal), les propriétés communales, les contrats et procès des communes, leurs dépenses et recettes, leur comptabilité. On peut consulter, au point de vue historique ou pratique, les auteurs suivants : Delapoix-Freminville, *Traité général du gouvernement des biens et affaires des communautés d'habitants, de villes, bourgs, etc.,* Paris, 1768, in-4°; Boileau, *Recueil des règlements et recherches concernant la municipalité,* 1785, 5 vol. in-12; Fabvier, *Recherches historiques sur les municipalités,* 1789, in-8°; Guichard, *Jurisprudence communale et municipale,* 1820; le baron Dupin, *Précis historique de l'administration et de la comptabilité des revenus communaux,* 1820, in-8°; Dupin, *Lois des communes,* 1823, 2 vol. in-8°; Rondonneau, *les Lois administratives et municipales de la France,* 1825-32, 6 vol. in-8°; Leber, *Histoire critique du pouvoir municipal, de la condition des cités, des villes et des bourgs, et de l'administration comparée des communes,* 1828, in-8°; Raynouard, *Histoire du droit municipal en France,* 1829, 2 vol. in-8°; le baron Dupin, *Histoire de l'administration locale,* ou *Revue historique des divers changements survenus dans l'organisation administrative des villes et communes, des provinces et départements,* 1829, in-8°; Girardon et Nabon-Devaux, *Questions de Droit municipal,* 1833, 4 vol. in-8°; Duquenel, *Lois municipales, rurales, administratives et de police,* 2e édit., 1833, 2 vol. in-8°; Henrion de Pansey, *Du pouvoir municipal et de la police intérieure des communes,* 3e édit., 1833, in-8°; Gillon et Sturm, *Code des municipalités,* 1834, in-12; De Cormenin, *Loi sur l'organisation municipale,* 1838, in-8°; Leber et de Puibusque, *Code municipal annoté,* 1838, 1 vol. in-8°; Bost, *Traité de l'organisation et des attributions des corps municipaux,* 2e édit., 1840, 2 vol. in-8°; Renard, *Recueil des lois municipales,* 1841, in-8°; Boyard, *Nouveau Manuel municipal,* 3e édition, 1843, 2 vol. in-8°; Davenne, *Régime administratif et financier des communes,* 4e édit., 1843, 1 vol. in-8°; de Puibusque, *Dictionnaire municipal,* 3e édit., 1843, in-8°; Miroir et Jourdan, *Formulaire municipal,* 2e édit., 1844-46, 6 vol. in-8°; De Champagny, *Traité de la police municipale,* 1844-47, 3 vol. in-8°; Fauchet, *Code des municipalités,* Grenoble, 1846, 2 vol. in-8°; Paul Cère, *Code de la mairie,* Paris, 1852, in-18; Dupont, *Dictionnaire des formules,* 1858, 2 vol. in-8°.

MUNICIPALITÉ, mot qui s'entend des officiers municipaux, du territoire administré par eux, ou de l'édifice où ils tiennent leurs séances et leurs bureaux.

MUNICIPE. V. ce mot dans notre *Dictionnaire de Biographie et d'Histoire.*

MUNITIONNAIRES ou FOURNISSEURS, ceux qui ont l'entreprise et la fourniture des vivres et fourrages nécessaires aux troupes. La fourniture des grains est mise chaque année en adjudication avec publicité et concurrence. Le service des fourrages est fait au moyen de marchés à prix fermé passés en adjudication publique. Les munitionnaires qui fraudent sur la nature des vivres, ou qui apportent de la négligence à les livrer, sont punis d'un emprisonnement de 6 mois à 5 ans, et de dommages-intérêts; s'ils abandonnent leurs fonctions, ils sont condamnés à une amende de 500 fr. au moins, aux dommages-intérêts et à la reclusion (*Code pénal,* art. 420-433). V. MUNITIONNAIRES, dans notre *Dictionnaire de Biographie et d'Histoire.*

MUNITIONS (du latin *munire,* munir, approvisionner), mot qui désigne tout ce qui constitue l'approvisionnement des armées, des places fortes et des lieux de garnison. Les *munitions de guerre* comprennent les poudres, cartouches, gargousses, projectiles, armes portatives, outils de l'artillerie et du génie, et en général tout le matériel d'une armée ou d'une place; les *munitions de bouche* sont les vivres de toute nature, pain, biscuit, fourrages.

Le *fusil de munition* est celui de l'infanterie de ligne. Le *pain de munition* est celui qui est fabriqué pour les troupes dans les manutentions de l'État. La détention de munitions de guerre par des particuliers est punie (*V.* Détention). — On nomme *munitions navales* tous les objets de guerre ou d'approvisionnement embarqués sur les bâtiments de l'État ou emmagasinés dans les arsenaux.

MUNLENI. *V.* Roumane (Langue).

MUPHTI. *V.* Mufti, dans notre *Dictionnaire de Biographie et d'Histoire.*

MUR, partie importante de toute construction architecturale. Les *murs de maison*, qui ont une faible épaisseur relativement à leur hauteur, exigent un grand soin par rapport au choix des matériaux et à la main d'œuvre. On les fait ordinairement en moellons ou en briques, souvent avec chaînes ou piles en pierres de taille, qu'on place de préférence aux angles et près des portes et des fenêtres. Les *parements*, c.-à-d. les deux surfaces des murs en moellons, doivent être reliés par de longs moellons appelés *parpaings*, qui traversent toute l'épaisseur. En élévation, et hors de l'humidité, le plâtre s'emploie de préférence au mortier, parce qu'il sèche plus vite et qu'il est plus propre pour les enduits. L'épaisseur des murs va naturellement en diminuant du bas au haut de l'édifice, parce que la charge à supporter est moindre. A Paris, les murs de maison se font habituellement en pierre de taille de 0ᵐ,50 pour les façades extérieures ; en briques de 0ᵐ,35, et plus souvent en pans de bois hourdés en plâtre de 0ᵐ,16 à 0ᵐ,18 pour les murs de refends ou les façades des cours. — Les *murs de soutènement des terres* se construisent aussi en moellons ou en briques, avec ou sans chaînes en pierres de taille de distance en distance ; mais on ne se sert que de mortier de chaux, à cause de l'humidité, qui, à la longue, décompose le plâtre. On doit donner à ces murs une certaine inclinaison en dedans, ou *fruit*, qui varie du 10ᵉ au 20ᵉ ; s'ils soutiennent des terres remblayées, leur épaisseur à la base est ordinairement du tiers de leur hauteur ; elle est moindre, si les terres sont vierges. — Les *murs de clôture*, qui n'ont point de charge à supporter, se font en moellons, en briques, ou en pisé (*V. ce mot*). Ceux en moellons ou en briques, maçonnés avec du mortier ou du plâtre, ont une épaisseur de 30 à 40 centimèt. pour une hauteur de 2 à 3 mèt. ; on emploie quelquefois la terre comme mortier. Tout mur de clôture bien construit est surmonté d'un *chaperon* (*V. ce mot*).

MUR DE CHUTE. *V.* Chute.

MURAILLES CÉLÈBRES. *V.* notre *Dictionnaire de Biographie et d'Histoire.*

MURÈNE. *V.* Collier.

MUREX. *V.* Chausse-trape.

MURGEIS. *V.* Tumulus.

MURRHINS (Vases). ⎫
MUSCADINS. ⎬ *V.* notre *Dictionnaire de Biographie et d'Histoire.*
MUSCULUS. ⎭

MUSE, nom donné à la musette pendant le moyen âge. — La *muse de blé* était un simple chalumeau.

MUSEAU, accoudoir de stalle, ainsi nommé parce que les sculpteurs lui donnaient habituellement la forme d'un museau ou mufle d'animal.

MUSÉE, en grec *mouséion*, nom que les Anciens donnèrent à tout temple des Muses, puis à tout endroit qui leur était consacré et où l'on s'occupait de lettres, de sciences ou d'arts. Tel était le célèbre *Musée* d'Alexandrie en Égypte (*V.* Musée, dans notre *Dictionnaire de Biographie et d'Histoire*). Le Musée d'Athènes, colline voisine de la citadelle, tira son nom du poète Musée, qui venait y réciter ses vers. Les modernes ont donné le nom de *Musée* aux collections publiques d'œuvres d'art et d'objets rares ou curieux, tels que tableaux, statues, sculptures, mosaïques, dessins, estampes, médailles, pierres gravées, meubles et ustensiles antiques, etc. Les Anciens n'avaient pas de collections de ce genre, et c'était exclusivement dans les temples et autres édifices publics qu'on pouvait admirer les ouvrages des artistes : on ne s'est mis à en former qu'à partir du xvᵉ siècle de notre ère. A part les considérations tirées de l'espace dont on ne peut disposer, il est certains principes d'organisation dont on ne doit pas s'écarter dans la distribution des richesses d'un musée, particulièrement d'une galerie de tableaux : c'est, par exemple, de les ranger par écoles, et en suivant, dans chacune d'elles, l'ordre chronologique. On peut toutefois se proposer, comme dans le grand salon carré du Louvre, de produire une impression d'ensemble par le grandiose et la magnificence de l'exposition, et réunir les chefs-d'œuvre qui font le plus d'honneur à l'art humain. Il est important d'obtenir dans les galeries un jour juste et plein d'effet : autrefois, on faisait venir le jour du plafond, système auquel nos architectes reviennent aujourd'hui.

Les plus célèbres musées d'Italie sont ceux de Rome (*V.* Vatican), de Naples, de Florence, de Venise, de Turin. En Allemagne, où ils sont très-nombreux, on remarque ceux de Munich (*V. ce mot*), de Dresde, de Vienne, de Berlin, de Gotha, de Weimar, de Darmstadt, de Prague, le *Musée allemand* de Nuremberg, etc. Nous citerons encore le *Musée de l'Ermitage* à St-Pétersbourg, le *Musée Thorwaldsen* à Copenhague, le musée d'Oxford, et le *Musée britannique* à Londres (*V.* plus loin).

La France, sous le rapport des collections artistiques, ne le cède à aucun pays du monde. Paris possède les musées du Louvre, du Luxembourg, de Cluny, et de l'École des Beaux-Arts (*V.* Louvre, Luxembourg). Dans les départements, les musées les plus importants sont ceux de Lyon, de Versailles, d'Orléans, de Rouen, de Dijon, de Besançon, de Grenoble, d'Aix, d'Angers, de Bordeaux, de Montpellier, de Caen, du Mans, de Marseille, de Nancy, de Nantes, de Nîmes, de Reims, de Rennes, d'Alençon, etc.

MUSÉE D'ARTILLERIE. *V.* Artillerie.

MUSÉE BRITANNIQUE, en anglais *British Museum*, vaste édifice de Londres, où sont déposées de très-riches collections, et qui est à lui seul pour les Anglais ce que sont à Paris la Bibliothèque impériale, le Louvre et le Muséum d'histoire naturelle. Cet immense amas de livres, d'objets d'art et de sciences, fut créé en 1755, et doit son origine à la réunion de trois collections de Hans Sloane, de Robert Cotton et de W. Harley. Ces collections furent déposées dans les appartements de Montaigu-House. Des legs considérables et des acquisitions nombreuses les augmentèrent avec rapidité. Quand l'État eut acheté les marbres recueillis par lord Hamilton pendant son ambassade à Naples, puis la *collection Townley* en 1805, il fallut ajouter des constructions nouvelles au corps principal de l'hôtel. Une autre annexe s'éleva pour les marbres du temple d'Apollon à Phigalie, et une autre encore en 1816, pour recevoir les statues et les bas-reliefs du Parthénon, rapportés d'Athènes par lord Elgin. Lorsqu'en 1823, la bibliothèque de George III accrut encore d'une manière notable le fonds primitif, il fallut renoncer au système d'extension successive des bâtiments, et le Parlement décida la construction de l'édifice actuel. Cet édifice, achevé seulement en 1851, et construit sur les dessins de Robert Smirke, devait être suffisant pour contenir ce que l'on possédait déjà et ce que l'avenir devait apporter. On a recueilli, en effet, depuis cette époque, la bibliothèque de Thomas Grenville, les collections égyptiennes de Salt, de Halliburton, d'Anastasi, de Belmore et d'Andrew, les monuments lyciens rapportés par Fellows, les antiquités assyriennes découvertes par Layard, etc. Le British Museum est divisé en 8 collections ou départements : au rez-de-chaussée sont les manuscrits (plus de 30,000), les livres (500,000), et les collections archéologiques, comprenant des monuments de la Grèce, de l'Égypte, de l'Asie Mineure, etc.; dans les étages supérieurs on a placé les collections d'histoire naturelle. La salle de lecture, de forme circulaire, et éclairée par le centre de la coupole, devrait servir de modèle à toutes les salles de bibliothèques publiques : plus de 300 lecteurs y trouvent à la fois toutes les ressources d'une vaste bibliothèque et toutes les commodités du cabinet de travail le mieux pourvu. Dans les salles consacrées aux médailles, aux bronzes, aux vases, aux émaux, aux faïences, aux ivoires, aux terres cuites, aux peintures, aux dessins, aux estampes, dont les collections sont très-riches, tout est rangé avec beaucoup de goût, de luxe même, et de la façon la plus avantageuse pour l'étude. Enfin, l'établissement reçoit chaque année du Parlement une riche subvention. B.

MUSETTE, instrument de musique d'un caractère champêtre, confondu généralement avec la cornemuse (*V. ce mot*), mais qui est d'une construction plus délicate et plus soignée, et dont les sons ont plus de justesse et de douceur. L'outre de la musette reçoit le vent d'un soufflet placé sous le bras gauche, tandis que la cornemuse est insufflée avec la bouche ; de plus, le bourdon de la musette est percé de plusieurs trous, bouchés par des chevilles de bois ou d'ivoire appelées *layettes*, et dont on ouvre un ou deux pour avoir la tonique et la dominante du son qu'on veut jouer. La musette, peu près abandonnée aujourd'hui, eut autrefois une grande vogue : Lulli s'en servit à l'orchestre de l'Académie royale de musique, et elle figura également dans la musique du roi; au xviiie siècle surtout, une femme du monde devait jouer de la musette, aussi bien que de la mandoline, du clavecin et de la viole d'amour, et la marquise de Pompadour en donna l'exemple. *Musette* est un diminutif de *muse;* quelques-uns font venir le mot d'un certain Colin Muset, qui aurait mis l'instrument en vogue au xiiie siècle. V. Borjon, *Traité de la musette,* Lyon, 1672, in-4°. — Par extension, on appela *Musettes* certains morceaux d'un caractère agreste et naïf, d'une mesure assez lente, à deux ou à trois temps, avec une basse en pédale soutenue. Celles de la *Callirhoé* de Destouches et des *Talents lyriques* de Rameau ont été célèbres. L'effet de la musette est bien imité dans l'orchestre par le hautbois tenant la mélodie et accompagné par la flûte, la clarinette, le cor anglais et le basson : c'est ainsi qu'est composée la musette de la *Nina* de Dalayrac, et celle par laquelle Nicolo a commencé l'ouverture de son *Joconde;* l'introduction du *Richard Cœur-de-Lion* de Grétry est une musette. Pendant longtemps il fut de tradition chez les organistes, dans les *Te Deum* solennels, de jouer une musette sur le verset *Judex crederis esse venturus;* ils en plaçaient une également à la Messe, pendant la Communion.   B.

MUSETTE, jeu d'anche de certaines orgues, en étain fin, et en forme de cône renversé. On lui donne toute l'étendue du clavier, soit du positif, soit du grand orgue. Il sonne huit pieds, quoiqu'il n'ait que celui du cromorne. Le son en est un peu plus faible que celui du cromorne, et imite assez bien la vraie musette.

MUSÉUM D'HISTOIRE NATURELLE. V. JARDIN DES PLANTES, dans notre *Dictionnaire de Biographie et d'Histoire.*

MUSICO. V. CASTRAT.

MUSICOGRAPHIE. V. le *Supplément* et PANTOPHONE.

MUSIQUE, art de combiner, de produire des sons de manière à flatter l'oreille et à toucher le cœur. Son but est d'émouvoir. Comme l'émotion est ici un phénomène qui ne peut se produire que par l'intermédiaire de l'organisme, l'action de la musique est nécessairement très-diverse sur les êtres organisés, en raison des différences qui existent dans leur système nerveux : tel homme est agréablement touché à l'audition d'un morceau, tel autre demeure indifférent ou n'éprouve que de la fatigue, parfois même de la souffrance. Parmi les individus sensibles aux plaisirs de la musique, les uns aiment telles ou telles combinaisons de sons, qui déplaisent à d'autres ou les laissent impassibles; ceux-ci recherchent un genre d'exécution qui ne plaît point à ceux-là; une pièce de musique qui ne nous a pas émus dans un moment excite en un autre temps notre enthousiasme. Si le goût de la musique est donné à l'homme par la nature, il faut ajouter que l'éducation le complète, et qu'elle peut même le faire naître dans celui qui ne l'avait point eu tout d'abord, soit par imperfection native, soit par défaut d'exercice de la sensibilité. La musique, surtout avec la puissance et la richesse auxquelles elle est parvenue aujourd'hui, n'est donc pas faite pour tout le monde, de même que tout le monde n'est pas fait pour elle; il faut qu'elle s'adresse à des hommes intelligents et doués d'une organisation spéciale (*V.* SENS MUSICAL). Ses moyens d'action sont la *mélodie,* formée par les combinaisons successives des sons, l'*harmonie,* résultant des combinaisons simultanées, le *rhythme,* et l'*accent* ou l'*expression* (*V. ces mots*).

La vérité est le principe de la musique, comme de tous les arts. Mais la vérité en général ne s'adresse pas à l'oreille; l'esprit seul en jouit : par conséquent, toute vérité n'est pas susceptible d'être exprimée par des sons musicaux, et la musique n'est point une langue analogue à toute autre. La vérité pour elle consiste essentiellement à rendre et à transmettre les affections de l'âme; la musique n'exprime qu'autant qu'elle émeut. Elle a pu imiter avec plus ou moins de succès certains effets de la nature, tels que la tempête, le balancement des vagues, le ramage des oiseaux : mais elle est impuissante à traduire des idées sans le secours de la parole, et sa faculté d'imiter et de décrire est, sinon contestable dans tous points, au moins très-limitée (*V.* DESCRIPTIVE — Musique). Il en résulte que, quand on unit aux sons les paroles articulées, ce n'est pas l'expression minutieuse de ces paroles qui est l'objet principal de la musique, mais l'expression du sentiment ou de la passion que les paroles et les sons concourent à faire passer dans l'âme des auditeurs; et l'on a tort de reprocher quelquefois aux musiciens la répétition fréquente des mêmes paroles dans un morceau, car ces répétitions ont pour but de donner

à la musique le temps de passer par tous les degrés de la passion, ce qui est son véritable rôle. Mettre de l'esprit dans les sons, les employer à faire ressortir un mot, à produire une inflexion comique, sacrifier la période musicale à la rapidité du langage, ce n'est pas de la musique. J. César avait raison de dire à un professeur de déclamation qui voulait faire servir la musique à seconder la parole : « Tu parles trop pour un homme qui chante, tu chantes trop pour un homme qui parle. » Dans les morceaux du genre dramatique où l'articulation précipitée des paroles produit un bon effet, ce n'est plus l'idée musicale ou la mélodie, mais le rhythme qui est important, et d'ailleurs l'accent bouffon de l'acteur est pour beaucoup dans l'effet de ces morceaux. Quand les paroles dominent la musique, ce ne peut être que dans un but de repos et de variété, parce qu'il est impossible d'être continuellement ému.

La musique se compose de deux grandes parties, la *composition* et l'*exécution* (*V. ces mots*). Elle est à la fois un sentiment et une science : elle exige, en effet, de la part de celui qui la cultive, exécutant ou compositeur, une inspiration naturelle, et des connaissances qui ne s'acquièrent que par de longues études. La réunion du savoir et de l'inspiration constitue l'art. Des hommes étrangers à la science ont pu produire d'instinct des airs gracieux et même sublimes, témoin Rouget de Lisle et sa *Marseillaise;* d'autres, qui ont étudié patiemment la théorie, écrivent des morceaux conformes aux règles et qui satisfont l'oreille, sans rien dire au cœur ni à l'imagination. Mais les uns et les autres ne sont que des artistes incomplets, si tant est qu'ils méritent le nom d'artistes.

Eu égard à la nature des sons qu'elle emploie, la musique se divise en *musique vocale* et *musique instrumentale.* La musique vocale peut être écrite pour une ou plusieurs voix, et la musique instrumentale pour un ou plusieurs instruments, ou pour des masses d'instruments. La première se divise en *musique sacrée, religieuse ou d'église, musique dramatique ou opéra, musique de chambre,* et *airs populaires* (*V.* ÉGLISE, OPÉRA, CHAMBRE, AIR); la 2e, en *musique d'orchestre* et *musique de chambre,* comprenant les ouvertures, les symphonies, quatuors, quintettes, sextuors, etc., les sonates, les concertos, les pièces d'orgue, etc.

L'histoire raconte toutes sortes de merveilles sur la puissance de la musique. Parmi les effets de cet art, les uns sont purement physiques, et les autres moraux. La musique agit sur les organes non-seulement de l'homme, mais des animaux. Le chien, doué d'une excessive sensibilité à cet égard, pousse des cris et des hurlements qui paraissent être une expression de douleur, et, s'il est libre, il s'enfuit dès qu'il entend un instrument. Des expériences nombreuses ont prouvé que le bœuf, les oiseaux, les chevaux, les cerfs, les castors, les rats, les éléphants, les lézards, les araignées, entendent de la musique avec plaisir (*V.* Fétis, *Curiosités historiques de la musique,* ch. xi). On s'explique dès lors que la musique ait pu être employée comme moyen curatif dans certaines affections qui ont pour principe soit une douleur profonde, soit une aberration de l'esprit : l'émotion de l'âme répond alors à l'ébranlement des sens. Sans aller aussi loin qu'Homère, Plutarque, Théophraste et Galien, qui étaient persuadés que la musique guérissait de la peste, des rhumatismes et des piqûres de reptiles, ou que Diemerbroeck, Bonnet, Baglivi, Kircher, Haffenreffer et Desault, qui lui attribuaient la guérison de la phthisie, de la goutte, de l'hydrophobie, et de la morsure des animaux venimeux, il est certain qu'elle agit sur les maladies dépendantes du système nerveux. La harpe de David calma les accès de démence de Saül; le roi d'Espagne Ferdinand VI fut guéri de l'aliénation mentale par les chants de Farinelli. — Les Anciens ont souvent parlé de l'influence de la musique sur la civilisation et les bonnes mœurs. Homère place un musicien auprès de Clytemnestre pendant l'absence d'Agamemnon, pour gardien de sa chasteté, et Égisthe fut sans puissance sur l'esprit de la reine tant qu'elle entendit les chants qui lui présentaient les images de la vertu. Polybe attribue à la culture de la musique la pureté de mœurs des Arcadiens. Selon Plutarque, Terpandre, par le secours de son art, apaisa une sédition à Lacédémone. Empédocle passait pour avoir prévenu un meurtre par le son de sa lyre. Antigénide et Timothée, après avoir excité jusqu'à la démence l'ardeur belliqueuse d'Alexandre le Grand, rendaient le calme à son âme en changeant seulement de mode. Si l'on ne doit voir qu'une image dans les tigres et les lions apprivoisés par Orphée, des assassins·ont été bien réellement désarmés par les accents de Stradella.

Histoire. — La musique est un des arts les plus anciens, parce que son moyen d'expression, le son, a été donné à tous les hommes, et que tout sentiment vif cherche à se manifester par des sons. Tous les essais que les Hébreux, les Chinois, les Indiens et autres peuples primitifs ont pu faire n'ont rien de commun avec l'art actuel. Chez les Grecs, la musique fut en quelque sorte partie intégrante de la religion par les hymnes de toute sorte consacrées à tous les dieux et à toutes les fêtes, par les airs que les instruments exécutaient pendant les processions et les sacrifices. Elle fut aussi de toutes les cérémonies publiques. Les Argiens allaient au combat au son des flûtes, les Crétois au son de la cithare, presque tous en entonnant le Péan ou tout autre chant de guerre. Quand Épaminondas fit construire Messène, des musiciens, au dire de Pausanias, excitèrent l'ardeur des travailleurs en exécutant des airs de Pronomos. Dans les jeux publics, il y avait des luttes de chant et d'instruments, et la musique s'associait à la poésie pour célébrer les vainqueurs. Il y avait, pour les œuvres scéniques, une sorte de déclamation musicale, et la voix de l'acteur était doublée et soutenue par la flûte; ces œuvres étaient entremêlées de chœurs. Les oracles, les lois mêmes furent primitivement chantées en public. Ne pas savoir chanter était une honte. La musique avait si bien pénétré dans les habitudes et les mœurs, qu'il existait des *nomes*, c.-à-d. de certains genres consacrés de chansons, pour toutes les professions et toutes les circonstances de la vie (*V.* Chanson). Liée aux mathématiques par les proportions de ses consonnances, à la métrique, à la danse et à la mimique par le rhythme, elle était un élément nécessaire de l'éducation, à laquelle elle donnait son nom même, μουσική. Ce mot indiquait toutes les attributions des Muses. Suivant Platon, le nombre et l'harmonie, s'insinuant de bonne heure dans l'âme, y font entrer en même temps la grâce et le beau, et Aristide Quintilien dit que la musique donne à l'âme les mœurs par l'harmonie, au corps l'élégance par le rhythme. Amphion élevant les murs de Thèbes aux sons de sa lyre et Orphée adoucissant les bêtes féroces étaient l'image du pouvoir de la musique sur la Grèce encore barbare; quand Platon déclarait que la musique était nécessaire à quiconque voulait gouverner l'État, il pensait à la puissance de cet art pour le maintien des mœurs publiques dans la Grèce civilisée. — Malheureusement nous ne pouvons nous faire une idée de la musique grecque que par les écrivains théoriciens (*V.* Grecque; Musique); et il est assez difficile de comprendre ces écrivains, si l'on n'oublie pas le sens attaché par les modernes à un certain nombre de mots, tels que *mode, ton, harmonie, diatonique, chromatique, enharmonique* (*V. ces mots*), entendus tout autrement par les Anciens. Les fragments de chants qui ont été recueillis sont peu nombreux, très-courts, et à peu près insignifiants. Ils ont été publiés par Bottrigari et Galilei en 1581, puis dans l'édition d'Aratus, qui parut à Oxford en 1672, enfin par Burette dans les *Mém. de l'Acad. des Inscript. et Belles-Lettres*, 1ʳᵉ série, t. V. Le christianisme a pris pour ses chants quelques-unes des mélodies païennes, qu'il est aujourd'hui impossible de distinguer; tout le reste a péri avec les sociétés antiques. Le vieux système musical et la notation ayant été changés au moyen âge, les manuscrits de la musique ancienne parurent n'avoir plus aucun sens; on les laissa se perdre, ou bien les copistes les grattèrent pour employer le même parchemin à la transcription d'autres œuvres.

La musique instrumentale était moins en faveur que le chant. Aristote déclarait le jeu des instruments, et surtout des flûtes, indigne de l'homme libre; il ne voulait cependant parler que de la profession, et, en effet, presque tous les instrumentistes furent des esclaves ou des étrangers. Les préventions contre la flûte venaient de ce qu'elle était d'origine *barbare* ou asiatique, défigurait les traits de l'exécutant, et ne pouvait servir à s'accompagner en chantant. Longtemps le jeu isolé des instruments fut inconnu, et on ne les employa que pour prendre le ton et soutenir la voix. Les airs de danse, qui semblent réservés aux instruments, étaient souvent chantés, ou bien l'on se contentait de marquer le rhythme à l'aide du tympanon ou des crotales.

Les Romains n'ont point été un peuple artiste. Longtemps ils ne connurent de la musique que ce qui leur avait été enseigné par les Étrusques, et l'on ne peut supposer une grande valeur au chant des frères Arvals, ou à celui des prêtres Saliens qui dansaient en frappant sur des boucliers. *Servius Tullius* créa deux centuries de joueurs de cor et de trompette. On employa les flûtes dans les cérémonies funèbres, puisque les Douze-Tables en fixent le nombre à huit. De bonne heure les musiciens grecs et asiatiques affluèrent à Rome, mais lorsque déjà la musique grecque était en décadence : ils figurèrent par bandes considérables dans les spectacles publics. Ainsi, à la première naumachie, qui eut lieu sur le lac Fucin, J. César produisit 11,000 chanteurs et instrumentistes. A la suite d'un meurtre commis au théâtre, Tibère chassa de Rome tous les musiciens; mais ils furent rappelés par Caligula. Néron eut 5000 musiciens attachés à sa maison. La pompe des exécutions musicales pouvait être grandiose et la sonorité puissante, mais il est douteux que l'art y trouvât son compte.

L'enfantement de la musique moderne a été laborieux et long. Au vıᵉ siècle, le pape Sᵗ Grégoire le Grand forme de l'ancienne mélopée des Grecs le plain-chant ou chant ecclésiastique (*V.* Plain-Chant). Puis, l'harmonie commence à naître : elle se manifeste d'abord dans de faible essais appelés *Déchant* (*V. ce mot*), et, s'améliorant peu à peu, elle arrive au *contre-point* (*V. ce mot*). Les premières combinaisons d'harmonie ne suffirent pas longtemps pour rompre l'uniformité de la musique, qui en était toujours à l'ordre unitonique. En établissant l'échelle musicale diatonique, Gui d'Arezzo opéra une nouvelle révolution, et bientôt, par l'adoption de la mesure, on distingua la musique *plane* et la musique *mesurée*. Au xvıᵉ siècle, Monteverde fit l'essai des intervalles dissonants, et, à côté de la tonalité dérivant des Grecs, s'éleva la tonalité moderne avec ses modes majeur et mineur (*V.* Tonalité), découverte qui développa si prodigieusement l'élément passionné dans la musique. En même temps l'invention de la *basse continue* (*V. ce mot*), en rendant la basse indépendante de la partie chantée, fut le germe d'un vaste et brillant système d'instrumentation. Jusque-là aussi, la musique n'avait eu qu'un but, l'expression des sentiments religieux ; qu'un temple, l'église; qu'un style, qu'une forme, qu'un genre : de ce tronc plein de sève vont sortir désormais deux branches distinctes et vigoureuses, l'une formée du concours des voix et des instruments, l'autre purement instrumentale. Corelli crée la sonate ; Carissimi pose dans l'oratorio les éléments de la cantate, de l'opéra, de toute la musique dramatique. Le quatuor d'instruments à cordes, tenté par Allegri, se perfectionne constamment jusqu'à Boccherini et Haydn, qui lui donnent un caractère fixe; il en est de même pour la symphonie, depuis Stamitz jusqu'à Beethoven. Le drame lyrique marche d'essais en essais, de Peri jusqu'à Mozart et Rossini. Mozart opère un nouveau progrès en imaginant la substitution d'un ton à un autre par le moyen de l'*enharmonie* (*V. ce mot*). Enfin l'invention de nouveaux instruments ou le perfectionnement des anciens donnent chaque jour de nouveaux effets de sonorité, et les pratiques des maîtres sont réduites en principes par d'illustres théoriciens, qui se succèdent depuis Zarlino jusqu'à Catel, Reicha et Fétis. Nous renvoyons, pour une histoire plus complète de la musique dans les temps modernes, aux articles de ce *Dictionnaire* qui traitent de la musique en Italie, en Allemagne, en France, en Angleterre, en Espagne et dans les autres pays.

Bibliographie. — Plusieurs écrits de l'antiquité sur la musique nous sont parvenus, tels que ceux d'Aristoxène, d'Euclide, de Nicomaque, d'Alypius, de Gaudentius, de Bacchius, et d'Aristide Quintilien. Meibom les a réunis sous le titre de *Antiquæ musicæ auctores septem*, grec-latin, Amsterdam, 1652, avec celui de Martianus Capella en appendice. Une autre collection, publiée par J. Willis, contient les *Harmoniques* de Ptolémée, le Commentaire de Porphyre sur cet ouvrage, et les *Harmoniques* de Manuel Bryenne. Plusieurs chapitres d'Aristote, d'Élien et d'Athénée, les ouvrages de Plutarque, de Sᵗ Augustin, de Boèce, et de Michel Psellus sur la musique doivent aussi être consultés. Les principaux théoriciens du moyen âge ont été recueillis par Gerbert, 1784, 3 vol. in-4º. De tout temps on a publié en Allemagne des *Dictionnaires de Musique;* nous citerons ceux de Walter (Leipzig, 1732) ; de Wolf (Halle, 1787); de J.-H. Knecht (Ulm, 1795); de Burkhard (Ulm, 1832) ; de Hæuser (2ᵉ édit., Meissen, 1833). En France, on connaît surtout ceux de Brossard, de J.-J. Rousseau (1768) ; de Castil-Blaze (1821 et 1825), et de MM. Escudier (1853) ; ou la traduction de celui de Lichtenthal (1839). — Parmi les ouvrages modernes citons ceux qui ont été·indiqués aux art. Composition , Contre-point, Harmonie, on peut mentionner le *Traité spéculatif, pratique et philosophique de musique* par Alex.

Malcolm (Édimbourg, 1721, in-8°), les *Principes élémentaires de musique* par les membres du Conservatoire; *la Musique mise à la portée de tout le monde*, par Fétis; les *Idées sur l'esthétique de la musique* par Schubert (en allem., 1806); l'*Essai d'une esthétique de la musique* par G.-C. Müller (en allem., Leipzig, 1830), 2 vol. in-8°. — Les principaux écrivains qui se sont occupés de l'histoire de la musique sont : Galilei, *Dialogo della musica antica e moderna*, Florence, 1581 et 1602, in-fol.; Bontempi, *Historia musica*, Pérouse, 1695, in-fol.; Kircher, *Musurgia universalis*, 1650, 2 vol. in-fol.; Bonnet, *Histoire de la musique et de ses effets*, Paris, 1715, in-8°, où il n'est guère question du compositeur Lulli; Marpurg, *Introduction critique à l'histoire de la musique*, en allem., Berlin, 1754; Blainville, *Histoire générale, critique et philologique de la musique*, Paris, 1767, in-4°, ouvrage plein de faits erronés et d'une érudition factice; le P. Martini, *Storia della musica*, Bologne, 1757-81, 3 vol. in-4°, livre très-savant, mais malheureusement inachevé; Laborde, *Essai sur la musique ancienne et moderne*, Paris, 1780, 4 vol. in-4°, amas indigeste de matériaux recueillis sans discernement et sans goût; Hawkins, *Histoire générale de la musique*, en anglais, Londres, 1776, 5 vol. in-4°; Burney, *Histoire générale de la musique*, en anglais, Londres, 1776-89, 4 vol. in-8°; Forkel, *Histoire générale de la musique*, en allem., Leipzig, 1788-1801, 3 vol. in-8°, excellent ouvrage, inachevé; Kalkbrenner, *Histoire de la musique*, Paris, 1802, 2 vol. in-8°, où il n'est guère question que de la musique des Hébreux et des Grecs; Busby, *Histoire générale de la musique*, en anglais, Londres, 1819, 2 vol. in-8°, extraite de Burney et de Hawkins; Fétis, *Curiosités historiques de la musique*, Paris, 1830, in-8°; Cooke Stafford, *Histoire de la musique*, traduite de l'anglais par Mme Fétis, Paris, 1832, in-12; Fink, *Histoire primordiale de l'art musical*, en allem., Essen, 1831, in-12; Kleinsmidt et Buschendorf, *Histoire abrégée de la musique*, en allem., Leipzig, 1832; Kiesewetter, *Histoire de la musique de l'Europe occidentale*, en allem., Leipzig, 1834, in-8°; Adrien de Lafage, *Histoire de la musique*, Paris, 1844, 2 vol. in-8°; Labat, *Études philosophiques et morales sur l'histoire de la musique*, Paris, 1852, 2 vol. in-8°; Félix Clément, *Histoire générale de la musique religieuse*, Paris, 1860, gr. in-8°; Fétis, *Biographie universelle des musiciens*, 2e édit., 1860 et suiv. B.

MUSIQUE (Académie impériale de). *V.* OPÉRA, dans notre *Dictionnaire de Biographie et d'Histoire*.

MUSIQUE (Chef de), celui qui dirige un corps de musiciens dans l'armée ou dans la garde nationale. Il fait partie de l'état-major, et a le rang de sergent-major.

MUSIQUE (Conservatoires de), établissements destinés à conserver et à propager les connaissances musicales. Ils ont pris naissance en Italie : le premier fut fondé à Naples en 1537, sous le nom de *Santa-Maria di Loreto*, et, en 1576, on en institua un second dans la même ville sous celui de *Sant' Onofrio*. Leur succès fit ériger, en 1607, un 3e établissement, celui *della Pietà* ou *de' Turchini*, dont le Conservatoire de *Sant' Onofrio* devint une simple succursale. Un 4e, appelé *de' Poveri Jesu Christi*, qui datait de 1580, finit par n'être qu'une dépendance du séminaire diocésain. Le Conservatoire de *Santa-Maria di Loreto* fut supprimé en 1790, et les deux autres furent réunis en 1806 sous le nom de *Collége royal de musique*. Après les Conservatoires de Naples, entièrement consacrés aux hommes, et où l'on pouvait rester depuis l'âge de 8 ans jusqu'à 20, les plus célèbres furent ceux de Venise, réservés aux femmes : il y en avait quatre, l'*Ospedale della Pietà*, le *Mendicanti*, le *Incurabili*, et l'*Ospedaletto di san Giovanni e Paolo*. Le 1er et le 3e subsistèrent jusqu'aux dernières années du xviiie siècle; le 2e disparut avec la République; celui *della Pietà* subsiste seul aujourd'hui. C'était une chose curieuse que d'y voir un orchestre uniquement composé de jeunes filles. Un Conservatoire a été fondé à Milan en 1807, sous la direction d'Asioli, pour 24 élèves seulement, qui étaient entretenus de toutes choses.

En France, les maîtrises des cathédrales et l'école de l'Académie royale de musique avaient suffi pour former les chanteurs dont l'église et le théâtre avaient besoin, lorsque la révolution opérée par Glück rendit nécessaire un nouvel enseignement musical. En 1784, une *École royale de chant* fut fondée, à laquelle l'on ajouta, en 1786, des classes de déclamation qui la firent nommer *École royale de chant et de déclamation*. Cet établissement, dont Gossec fut le directeur, disparut en 1789. Mais alors Sarrette réunit les 45 musiciens des gardes-françaises, pour en former la pépinière qui desservirait les 60 bataillons de la garde nationale parisienne; en mai 1790, la municipalité se chargea de la dépense, porta le nombre des exécutants à 78, et les chargea du service des fêtes publiques. La suppression des compagnies soldées de la garde nationale, en 1792, entraîna celle des musiciens; mais, peu de temps après, Sarrette obtint de la municipalité la création d'une école gratuite, qui fut bientôt en mesure de fournir des orchestres pour les solennités nationales et des corps de musiciens pour les armées de la République. La Convention, par décret du 18 brumaire an II, érigea cette école en *Institut national de musique*, et, le 16 thermidor an III, en *Conservatoire de musique*. L'établissement, placé dans le local des Menus Plaisirs, fut composé de 115 artistes, chargés de donner gratuitement l'instruction à 600 élèves des deux sexes (6 par département) ; un crédit de 240,000 fr. fut ouvert pour les dépenses, et on vota l'établissement d'une bibliothèque musicale, composée de livres et de partitions, ainsi que la création d'une collection d'instruments. Si l'on ne se rappelait que le but principal du Conservatoire était alors le recrutement des corps de musique militaire, on trouverait étrange la composition du personnel enseignant. Il comprenait, en effet : pour le solfége, 14 professeurs; clarinette, 19; flûte, 6; hautbois, 4; basson, 12; cor, 12; trompette, 2; trombone, 1; serpent, 4; buccin, 1; timballes, 1; violon, 8; basse, 4; contre-basse, 1; clavecin, 6; orgue, 1; vocalisation, 3; chant simple, 4; chant déclamé, 2; accompagnement, 3; composition, 7. — En 1802, le crédit du Conservatoire fut réduit à 100,000 fr., le nombre des élèves à 300 (admis après examens), et celui des professeurs à 35, non compris le directeur et 3 inspecteurs de l'enseignement. En 1805, on créa un pensionnat pour 12 hommes et 6 femmes. En 1808, l'organisation du Conservatoire fut encore modifiée; on y créa des cours de déclamation comique et tragique; on porta le nombre des élèves à 400, dont 36 pensionnaires; outre son ancienne destination, l'établissement dut préparer des sujets de tous les genres pour les principaux théâtres; de nombreux concerts furent donnés pour former d'habiles exécutants et des chefs d'orchestre; les professeurs composèrent des méthodes de toute sorte. La Restauration, donnant au Conservatoire le nom d'*École royale de musique*, la plaça sous la direction de l'intendant des menus plaisirs, diminua son budget, congédia Sarrette et supprima les concerts. Tout dépérissait, même sous l'administration de Perne, lorsque Cherubini fut nommé directeur en 1822. Il rendit aux études leur ancien éclat. La *Société des concerts* fut formée en 1828, pour exécuter à grand orchestre, dans plusieurs réunions annuelles, les productions les plus remarquables des diverses écoles. En 1830, le Conservatoire reprit son nom. M. Auber a remplacé Cherubini en 1842. Sous son administration, on a institué une quatrième classe de déclamation dramatique, et une classe d'histoire et de littérature au point de vue de l'art et du théâtre. Aujourd'hui, le pensionnat n'existe plus que pour 10 hommes, admis par voie de concours, et destinés aux études lyriques. Plus de 600 élèves viennent recevoir gratuitement l'éducation musicale et dramatique; on les admet depuis 19 ans jusqu'à 22. L'enseignement est organisé de la manière suivante : classe des chœurs, 2 professeurs; solfége, 14; classe d'ensemble, 1; chant, 7; étude de rôles, 2; opéra sérieux, 2; opéra-comique, 1; déclamation spéciale, 3; maintien théâtral, 1; lecture à haute voix, 1; harmonie et accompagnement, 4; contre-point et fugue, 4; composition, 2; orgue, 1; piano, 4; étude du clavier, 3; harpe, 1; violon, 4; violoncelle, 2; contre-basse, 1; flûte, 2; hautbois, 1; clarinette, 2; basson, 1; cor, 1; cor à pistons, 1; trompette, 1; trombone, 1. Le Conservatoire est particulièrement renommé pour son école instrumentale, la première de l'Europe. Sa bibliothèque contient environ 12,000 partitions, 40,000 parties séparées d'orchestre, une quantité considérable de chœurs, messes, motets, oratorios, méthodes, etc., 6,000 pièces de théâtre, plus de 100 volumes de plain-chant. Plusieurs écoles de musique des départements ont été érigées en succursales du Conservatoire de Paris : ce sont celles de Lille en 1826, de Toulouse en 1840, de Marseille et de Metz en 1841, de Dijon en 1845, de Nantes en 1846. *V.* Lassabathie, *Histoire du Conservatoire de musique et de déclamation*, Paris, 1850.

D'autres pays ont pris exemple sur la France. Des Conservatoires ont été fondés à Prague en 1810, à Vienne et à Varsovie en 1821, à Madrid en 1830, à Berlin, à Leipzig, à Cologne, à Munich, à Londres, à Bruxelles, etc. B.

MUSIQUE (Gravure de la). *V.* GRAVURE.

MUSIVUM (Opus). *V.* Mosaïque.

MUSULMANE (Architecture). *V.* Arabe.

musulmane (Religion). *V.* Coran, *Dictionnaire de Biographie et d'Histoire.*

MUTATION (du latin *mutare*, changer), en termes de Droit, transmission des biens d'une personne à une autre, par vente, échange, donation où succession. A chaque mutation par donation ou par succession, le Trésor public perçoit sur le nouveau propriétaire un droit qui varie selon le degré de parenté. Les lois des 28 avril 1816 et 21 avril 1832, qui réglaient le tarif, ont été considérablement modifiées par celle du 18 mai 1850. Pour les transmissions entre vifs de meubles à titre onéreux, le droit varie de 0 fr. 50 à 10 fr. pour 100 fr.; pour les transmissions entre vifs d'immeubles à titre onéreux, de 1 fr. 50 à 10 fr. pour 100 fr.; pour les transmissions entre vifs à titre gratuit en ligne directe, de 1 à 4 p. 100; pour les transmissions entre vifs, à titre gratuit, entre époux, de 0 fr. 75 à 4 fr. 50 p. 100; pour les transmissions entre vifs à titre gratuit en ligne collatérale, de 2 à 8 p. 100; pour les transmissions entre vifs à titre gratuit entre personnes non parentes, de 4 à 9 p. 100; pour les mutations par décès en ligne directe, meubles, 0 fr. 25, immeubles, 1 fr. p. 100; pour les mutations par décès entre époux, meubles, 1 fr. 50, immeubles, 3 fr. p. 100 fr.; pour les mutations par décès en ligne collatérale, de 3 à 8 p. 100; pour les mutations par décès entre personnes non parentes, meubles, 6, immeubles, 9 p. 100. Les droits de mutation sont perçus par l'administration de l'enregistrement et des domaines. Si la déclaration n'a pas été faite dans les délais prescrits (6 mois pour la France, 8 mois pour les autres pays de l'Europe, 1 an pour l'Amérique, 2 ans pour l'Afrique, et autant pour l'Asie), on est tenu de payer *droit* et *demi-droit*. Les omissions et les évaluations insuffisantes donnent lieu à un *double droit* sur les objets omis ou non suffisamment estimés.

mutation, terme de Musique. *V.* Muance.

mutation (Jeux de), nom donné à une série des jeux à bouche de l'orgue. Ces jeux, formés de plusieurs rangées de tuyaux réunis ensemble et n'ayant qu'un seul et même registre, sonnent à la quinte ou à la tierce des jeux d'octave ou de fonds. Les jeux de mutation sont : le *gros nasard*, la *grosse tierce*, le *nasard*, la *quarte de nasard*, la *tierce*, le *larigot*, la *fourniture*, la *cymbale*, et le *cornet*. F. C.

MUTE (du bas latin *muta*), vieux mot qui signifiait *beffroi*, *tourelle*, et *cloche*.

MUTILATION, peine qui a été fréquemment employée autrefois. Elle était comprise dans la peine du talion, en usage chez les Hébreux. Dans l'ancienne Égypte, on coupait le nez à la femme adultère ; on lui arrachait les yeux chez les Grecs, qui coupaient encore la langue aux traîtres et aux faux-monnayeurs. Au moyen âge, la perte des yeux fut souvent infligée. Malgré les prohibitions des conciles de Mérida (666), de Tolède (675), de Francfort-sur-le-Mein (794), la mutilation se maintint dans les lois. L'ablation du poing a subsisté dans notre *Code pénal* jusqu'en 1832. La mutilation d'un individu par un autre est aujourd'hui punie comme blessure grave (*Code pénal*, art. 303-311). La mutilation pratiquée volontairement pour échapper au service militaire est punie d'emprisonnement (Loi du 21 mars 1832), et, à l'expiration de la peine, le mutilé fait son temps de service dans une compagnie de discipline.

MUTULE (du latin *mutulus*, pierre en saillie), sorte de modillon carré, propre à la corniche de l'ordre ionique; et qui représente au-dessous du larmier l'extrémité des chevrons. Il répond perpendiculairement au triglyphe. Les Romains ont quelquefois employé les mutules dans l'ordre composite.

MYCÈNES (Ruines de). *V.* Grecque (Architecture).

MYCTÉRISME, nom donné par quelques rhéteurs à l'Ironie insultante, parce qu'on lève le nez (en grec *myctér*) pour regarder de haut en bas et avec dédain ceux qu'on veut humilier.

MYRIOBIBLON, mot formé de deux mots grecs signifiant *dix mille volumes*, et qui sert de titre à l'ouvrage de Photius plus connu sous celui de *Bibliothèque*. Cet ouvrage ne passe cependant en revue que 279 écrits de l'antiquité.

MYRIORAMA (du grec *murios*, dix mille, et *orama*, vue), sorte de tableau inventé à Paris par Brès, perfectionné à Londres par Clark, et consistant en pièces mobiles au moyen desquelles on peut représenter une foule de vues, en combinant plusieurs fragments exécutés sur des cartons séparés.

MYSTÈRE (du grec *mustérion*, chose cachée), nom que l'on donne, dans le christianisme, à tout ce que les fidèles doivent accepter comme articles de foi, à tout ce que la raison humaine ne peut comprendre. La Trinité, l'Incarnation, la Rédemption, la Présence réelle de J.-C. dans l'Eucharistie, sont des mystères.

mystères, institution sacrée des Grecs et des Romains, ayant pour objet l'initiation à la connaissance de certaines doctrines religieuses et la célébration de certains rites. Les Mystères n'étaient pas, comme beaucoup d'auteurs l'ont pensé, des espèces d'affiliations ou sociétés secrètes; car ils avaient, du moins pour la plupart, un caractère en quelque sorte public, chacun étant libre de s'y faire admettre, et les prêtres ne constituaient pas une caste à part, dépositaire d'une science inaccessible au vulgaire. Seulement, les principes qu'on enseigna dans les Mystères étaient en progrès sur les croyances communes, et répondaient aux nouveaux besoins intellectuels et moraux que la civilisation développait. Quelques prêtres ont pu entretenir et propager, chez des hommes ignorants ou crédules, certaines superstitions condamnables, certaines pratiques ridicules : mais, en général, les Mystères ont eu quelque chose d'élevé et de saint. Ils consistaient en purifications, expiations, sacrifices, processions, chants et danses, comme dans les cultes ordinaires; mais les rites prenaient le caractère *orgiastique*, c.-à-d. le caractère de l'extase, et même de l'agitation violente et furieuse. C'est par là que les abus se sont introduits; les rites orgiastiques furent la dégénérescence du sentiment que les Anciens appelaient *enthousiasme*, et qu'ils regardaient comme la source des connaissances les plus pures et des actes les plus nobles. La doctrine prit encore dans les Mystères un caractère symbolique : les Dieux ne s'y offrirent plus comme des personnages humains, aux formes nettes et précises; leur naissance, leurs passions, leurs aventures et leur mort ne furent plus qu'une suite d'allégories dans lesquelles se développait la doctrine. Les images des Dieux et leurs attributs devinrent aussi des symboles, les fêtes furent des représentations mimiques de leur histoire. Le silence qu'on devait garder sur les Mystères n'avait pas le caractère qu'on lui prête d'ordinaire : il tenait au respect dont les choses saintes devaient être environnées; les principes augustes ont été profanés en les livrant aux appréciations de la vie commune; si on ne les divulguait pas, ce n'était point pour en dérober la connaissance au vulgaire, mais afin de leur donner du prestige. *V.* Ouwaroff, *Essai sur les Mystères d'Éleusis*, 3e édit., Paris, 1816; Sainte-Croix, *Recherches historiques et critiques sur les Mystères du Paganisme*, Paris, 1817, 2 vol. in-8°; Lobeck, *Aglaophamus*, Kœnigsberg, 1829, 2 volumes in-8°.

mystères, pièces de théâtre représentées pendant le moyen âge, et dont les sujets étaient empruntés à l'Ancien et au Nouveau Testament, ou à la Vie des Saints. Le christianisme, qui voulait s'emparer complètement des âmes, devait donner satisfaction à tous leurs besoins intellectuels : or, la passion pour les jeux scéniques avait été jusqu'à la fin l'une des plus vives du monde païen. Le clergé n'essaya pas de la détruire, mais lui donna une direction nouvelle. On mit en drames les actes de Jésus-Christ et des premiers héros du christianisme; les traditions des tragédies grecques et romaines, conservées dans les monastères, fournirent des cadres pour ces premiers essais. Dès le xe siècle, Hroswitha, religieuse à Gandersheim, composa six tragédies, que jouèrent ses sœurs en religion. De pareilles œuvres, écrites en latin, pour charmer les loisirs du cloître, n'étaient faites que pour les clercs. Les églises servirent à représenter aux yeux des fidèles les mystères célébrés dans les principales fêtes : à Noël, la crèche se peupla des personnages qui avaient figuré à Bethléem, y compris le bœuf et l'âne; à l'Épiphanie, on montra les rois Mages et les bergers; à Pâques, les trois Maries, etc. Ce ne furent d'abord que des figures muettes, en cire, en plâtre ou en bois; peu à peu la scène s'anima : des prêtres ou des fidèles, prenant le rôle des personnages, traduisirent leurs sentiments et leurs pensées à l'aide des gestes et du langage vulgaire. Mais ces jeux scéniques, saints par l'origine, moraux par le but, dégénérèrent assez promptement : la religion ne pouvant se rendre solidaire de toutes les inventions du siècle, le drame dut sortir de l'église. Toutefois il s'installa tout auprès, sur le parvis même des cathédrales, et continua d'être un complément des cérémonies. Le lien qui avait rattaché au culte la représentation des Mystères ne fut pas rompu : il existe, par exemple, à la Bibliothèque impériale de Paris, un manuscrit des premières années du xvᵉ siècle, contenant une cinquantaine de drames en l'honneur de la Vierge ; ils sont presque tous précédés de sermons en prose, qui leur servent de prologue. Très-souvent aussi les Mystères se terminaient par un *Te Deum*, chanté en chœur par les assistants. Jusqu'à la fin du xivᵉ siècle, toutes les classes, prêtres, clercs, étudiants, ouvriers, avaient concouru aux représentations : en 1398, une troupe régulière d'acteurs se constitua à Paris, et se mit à exploiter un théâtre au bourg de Saint Maur ; elle s'intitula *Confrérie de la Passion*, du nom du plus important des Mystères, et, après avoir été autorisée par Charles VI en 1402, vint s'établir à l'hôpital de la Trinité, près de la porte Sᵗ-Denis, où elle prospéra pendant près d'un demi-siècle. Vers 1539, on lui enleva son local, et elle dut se transporter à l'hôtel de Flandre. Une société plus civilisée comprenant mieux le ridicule de *représentations* grossières et souvent peu décentes, le Parlement commença par défendre aux Confrères d'ouvrir leur théâtre à certaines fêtes de l'année. Puis d'autres acteurs, d'un caractère profane, les *Enfants sans souci* et les *Clercs de la Basoche*, firent une rude concurrence aux *Confrères de la Passion*, dont le répertoire s'altérait d'ailleurs par l'invasion des détails malins ou burlesques. Boileau pouvait dire, avec raison (*Art poétique*, ch. III), de ces pièces :

De la foi d'un chrétien les mystères terribles
D'ornements égayés ne sont pas susceptibles.

Les Confrères de la Passion existaient encore dans les premières années du règne de Louis XIII ; ils vendirent alors leur privilége aux comédiens de l'hôtel de Bourgogne, et bientôt les chefs-d'œuvre de notre théâtre classique firent oublier les Mystères. Ces représentations sacrées devaient finir comme elles avaient commencé : on a vu, en effet, jusqu'à nos jours, dans le fond de quelques provinces, des comédiens ambulants donner en spectacle les scènes de la Passion (*V.* MARIONNETTES), et même, dans un certain nombre d'églises, on figure encore, aux fêtes de Noël, la crèche de Bethléem.

Les Mystères ont été fort nombreux. La Bibliothèque impériale de Paris possède un *Mystère des Vierges folles et des Vierges sages*, du xiᵉ siècle, provenant de l'abbaye de Sᵗ Martial de Limoges : il est écrit en trois idiomes ; Jésus parle en latin, les Vierges sages en français, et les Vierges folles en provençal. M. de Monmerqué a publié 10 Mystères tirés d'un manuscrit de Sᵗ-Benoît-sur-Loire, et dont 4 sont du xiᵉ siècle. Au xiiᵉ siècle, on peut citer deux *Mystères sur la Rédemption*, l'un de Guillaume Hermann, poète anglo-normand, l'autre d'Étienne Langton, archevêque de Cantorbéry, et un *Mystère sur la Résurrection*, en vers anglo-normands, publié en 1834 par M. Jubinal. Un *Mystère sur la venue de l'Antéchrist* fut joué devant l'empereur Frédéric Barberousse. Parmi les auteurs de Mystères dont l'histoire a conservé les noms, on remarque Jean Bodel, d'Arras, dont on a un *Jeu de Sᵗ Nicolas*, écrit vers 1260 ; Rutebeuf, auteur présumé d'un *Miracle de Théophile*, qui fut très-populaire ; André de La Vigne, Jean du Prier, et Jean Michel, médecin d'Angers, du xvᵉ siècle ; Pierre Gringoire, contemporain de Louis XII ; Barthélemy Aneau, qui fit jouer un mystère de la *Nativité* en 1539. Le répertoire des Confrères de la Passion comprenait, entre autres ouvrages, le *Mystère de Sᵗ Martin*, le *Mystère de Sᵗ Crépin*, le *Mystère de Sᵗᵉ Barbe*, le *Mystère des Actes des Apôtres*. Mais aucun sujet ne fut plus fréquemment traité que celui de la Passion, trilogie consacrée à la Nativité, à la Passion, et à la Résurrection. Celui que possède la Bibliothèque impériale de Paris dans un manuscrit de 1457, et qui fut composé avant 1452, est d'Arnoul Gresban. Il en existe un autre à la bibliothèque de Valenciennes ; il est divisé en 20 journées, et compte près de 40,000 vers. Un anonyme et Jean Michel l'ont encore amplifié, jusqu'à le faire 67,000 vers. Les Mystères n'étaient que des versions dialoguées de l'Écriture Sainte ou des légendes ; on y suivait le modèle chapitre par chapitre, avec une servilité qui exclut toute espèce d'invention, de plan et d'arrangement : de là les changements de scène continuels, et l'extrême longueur de ces drames. L'exactitude de la traduction n'empêchait pas mille anachronismes de mœurs, de costume et de langage, qui attestent l'ignorance et la simplicité des auteurs et des acteurs. Les moindres défauts du style étaient la platitude et la prolixité. On ne peut donc guère trouver qu'un intérêt de curiosité à parcourir ces premiers monuments de notre littérature dramatique. *V.* Onésime Leroy, *Études sur les Mystères*, Paris, 1837, in-8º ; Berriat-Saint-Prix, *Recherches sur les anciens Mystères*, Paris, 1823, in-8º ; Victor Fournel, *Curiosités théâtrales, anciennes et modernes*, Paris, 1859, in-16. B.

MYSTICISME. Le caractère le plus général du mysticisme est la prétention de s'élever jusqu'à Dieu, et de le voir en quelque sorte face à face, sans le secours de la raison. Les causes qui lui donnent naissance sont nombreuses ; de là différentes sortes de mysticisme ; mais tous, quelle que soit leur origine, ont un principe commun, la faiblesse et l'impuissance de l'homme. S'ils peuvent être distingués, c'est uniquement par les conséquences qu'ils tirent de leur principe fondamental. Les uns, admettant l'incapacité de la raison pour saisir la vérité, et l'impuissance de la volonté pour aimer et pratiquer le bien, ont un caractère essentiellement moral ou religieux, et aboutissent à une religion positive ; les autres, plus philosophiques, après avoir épuisé toutes les forces de la raison pour résoudre le problème de la connaissance, se réfugient, comme par désespoir, dans la doctrine de l'union avec Dieu par l'extase. Le christianisme fournit les plus frappants exemples de la première sorte de mysticisme ; on le trouve exposé dans les livres du Pseudo-Denys l'Aréopagite, *Hiérarchie céleste*, les *Noms divins*, la *Théologie mystique*, où se montre le chrétien et le philosophe alexandrin ; dans les écrits de Hugues de Sᵗ-Victor, et surtout de Richard, son disciple, principalement dans le *Benjamin minor, de gratia contemplationis, occasione accepta ab arca Moysis* ; dans quelques ouvrages de Sᵗ Bonaventure : *Reductio artium ad theologiam, Itinerarium mentis ad Deum*; dans ceux des mystiques allemands du xivᵉ siècle ; dans ceux de Joachim, abbé de Flores, au xiiᵉ ; dans l'*Imitation de Jésus-Christ;* chez Gerson, *Theologia mystica;* chez l'Anglais J. Pordage, *Metaphysica vera et divina, Theologia mystica;* chez les mystiques espagnols, à la tête desquels se placent Sᵗᵉ Thérèse, J. de la Croix, J. de Jesus-Maria ; chez Jacob Bœhme ; dans le *Quiétisme* de Mᵐᵉ Guyon, et une foule d'écrits où le mysticisme est plus ou moins prononcé, tels que chez Fénelon, Malebranche, etc. La seconde sorte de mysticisme trouve sa réalisation la plus complète dans l'école d'Alexandrie. Le procédé est scientifique, la marche est graduelle, et ce n'est qu'après avoir passé par l'*opinion* et la *dialectique*, que l'âme s'élève à Dieu sur les ailes de l'*extase*; c'est ce qu'on voit chez Plotin, Porphyre, Jamblique et leurs successeurs jusqu'à Proclus, mais à des degrés différents. Quelques mystiques mêlèrent la science au sentiment religieux ; tels furent Marsile Ficin et les Pic de La Mirandole, qui se rattachent à l'école d'Alexandrie ; Agrippa, R. Fludd, Jérôme Cardan, Van Helmont et son fils Mercurius Van Helmont, Swedenborg, Martinez-Pasqualis, et Saint-Martin.   R.

MYSTIQUE (Sens), en termes de Théologie, explication allégorique d'un événement, d'un personnage ou d'un texte de l'Écriture sainte.

MYSTIQUE (Testament). *V.* TESTAMENT.

MYTHE (du grec *muthos*, fable), nom qu'on applique aux obscures traditions concernant les dieux et les héros du paganisme et provenant d'époques antéhistoriques, et, par suite, à tous les récits allégoriques et symboliques.

MYTHIAMBES, c.-à-d. *fables iambiques*, titre des fables de Babrius, écrites en vers scazons.

MYTHOGRAPHES, écrivains qui ont exposé et expliqué les traditions poétiques des anciens âges. On les nomme aussi *Mythologues*. Chez les Anciens, le livre de Cornutus *Sur l'essence des dieux* et les *Allégories homériques* d'Héraclide ou Héraclite ramènent aux forces de la nature l'essence de tous les dieux ; l'ouvrage anonyme intitulé *Libri incredibilium* donne aux mythes une interprétation historique ou pragmatique, tandis que l'ouvrage *De Ulixis erroribus* cherche à y trouver un sens moral. Au nombre des ouvrages de mythographie ancienne, on peut citer encore la *Bibliothèque* d'Apollodore, les *Narrations* de Conon, la *Nouvelle Histoire* de Ptolémée, dont il n'existe plus que des fragments dans Photius, les *Narrationes amatoriæ* de Parthénius, les *Transformations* d'Antoninus Liberalis, l'ouvrage de Paléphate *De incredibilibus*, celui de Pedesianus *De Herculis laboribus*, celui de Nicétas intitulé *Deorum cognomina*, les *Fables* d'Hygin, les *Mythologiæ* de Fulgentius Lactantius, le traité de Julius Firmicus *De erroribus profanarum religionum*, celui d'Albricus *De deorum imaginibus*. Une collection des mythographes grecs a été publiée par Westermann, Brunswick, 1843; les mytho-graphes latins ont été publiés par Muncker (Amst., 1681, 2 vol.), et par Van Slaveren (ibid., 1712, 2 vol. in-12). — Chez les Modernes, Samuel Bochart, l'abbé Banier, J. Bryant, Hullmann, Bœttiger, ont donné de tous les mythes une explication historique; Bacon (*De Sapientiâ veterum*) et Noël Conti (*Mythologiœ*), des explications philosophiques, morales ou politiques. G.-J. Vossius et Huet ont prétendu en tirer un enseignement théologique, dérivé du mosaïsme; J. Tollius est allé jusqu'à rapporter à la chimie les fables de l'antiquité. L'abbé Pluche, Dupuis, Volney, Schweigger, crurent y reconnaître l'histoire de la Nature et surtout celle des phéno-mènes astronomiques. Enfin, Heyne, Voss, Ph. Buttmann, Welcker, Ottfried Müller et Fr. Creuzer se sont efforcés de prouver que, dans toutes les religions, les mythes ne sont autre chose que des symboles.

MYTHOLOGIE (du grec *muthos*, fable, et *logos*, discours), mot qui, après avoir signifié simplement l'histoire fabuleuse des dieux et des héros de l'antiquité païenne, a été étendu à la science des traditions religieuses et poétiques des différents peuples sur les dieux et leurs rapports avec les hommes. L'ouvrage le plus complet sur cette matière est la *Biographie mythologique* de V. Parisot, Paris, 1832-33, 3 vol. in-8°, faisant suite à la *Biographie universelle* de Michaud.

N

N

N, 14e lettre et 11e consonne de notre alphabet. [...]

NAI

encore N. B. pour *nota bene*, N° pour *numéro*, N/C pour *notre compte*, N.-D. pour *Notre-Dame*, N. S. pour *Notre Seigneur*. [...]

NABAB. V. ce mot dans notre *Dictionnaire de Biographie* et d'Histoire.

NABATHÉEN (Idiome). [...]

NABLA, NABLON, NABLUM ou NEBEL, instrument de musique à cordes des anciens Orientaux. [...]   B.

NACAIRES ou NAQUAIRES (de l'arabe *naqârah*, timbale), instrument de musique du moyen âge. [...]

NACELLE (du latin *navicella*, pour *navicula*), petit bateau. [...]

NACELLE, nom donné quelquefois, en Architecture, aux moulures creuses. V. MOULURE.

NAFA, instrument de musique en usage dans les îles Tonga (Océanie). [...]

NAHUALT. V. MEXIQUE (Langues du).

NAIADES (du grec *naéin*, couler), nymphes des rivières et des sources. [...]

NAIN JAUNE, jeu de cartes. [...]

sept de carreau tenu par un nain jaune, et, alentour, la dame de pique, le roi de cœur, le dix de carreau et le valet de trèfle. On se sert d'un jeu complet, et il peut y avoir de 3 à 8 joueurs : à trois, chacun reçoit 15 cartes ; à quatre, 12 ; à cinq, 9 ; à six, 8 ; à sept, 7 ; à huit, 6. Chaque joueur met 5 jetons sur le nain jaune, 4 sur le roi de cœur, 3 sur la dame de pique, 2 sur le valet de trèfle ; 1 sur le dix de carreau. Le premier à la droite de celui qui donne les cartes commence à jouer, en suivant l'ordre ascendant des cartes, l'as, le deux, le trois, et ainsi de suite, sans distinction des couleurs ; il s'arrête dès qu'il y a une lacune dans son jeu ; le second joueur continue, et les autres de même. Si la carte qui manque à celui qui joue est restée au talon, il poursuit. Quand un joueur a placé sa dernière carte, ceux qui ont restant abattent, et payent un jeton par carte ou par point, selon les conventions. A mesure que quelqu'un peut jouer une carte semblable à l'une de celles du tableau, il prend les jetons que porte celle-ci ; si l'on n'a pu jouer quelque carte du tableau, on doit doubler la somme dont elle est chargée.

NAINS. Ce fut une mode, parmi les rois, les princes et les riches de l'antiquité, d'entretenir, pour leur amusement, des nains plus ou moins difformes, et elle a toujours subsisté chez les Orientaux. L'empereur Domitien fit combattre des nains dans l'amphithéâtre contre des femmes. Au moyen âge, on leur a prêté un rôle important dans le domaine du merveilleux : ils étaient les gardiens des trésors cachés, et accomplissaient toutes sortes de prodiges dans les épopées chevaleresques, où des êtres surnaturels prenaient leurs formes monstrueuses. Dans la vie réelle, les nains servirent de pages aux châtelaines et de messagers aux chevaliers. La manie d'avoir des nains s'est perpétuée dans les cours jusqu'à des temps assez rapprochés de nous : il y en eut auprès de Charles-Quint et de François Ier ; celui qu'on appelait *Grand Jean*, par antiphrase, se faisait porter dans une cage, comme un perroquet. Ce fut Louis XIV qui supprima la charge de *nain du roi*. Un nain anglais, Jeffery Hudson, fut présenté dans un pâté, en 1627, par la duchesse de Buckingham, à la reine Henriette, femme de Charles Ier. Stanislas Leczinski eut à Nancy un nain appelé Nicolas Ferry, mais plus célèbre sous le nom de Bébé. Depuis qu'il n'y a plus de nains royaux, les nains ne sont qu'un objet de curiosité : on a vu, de nos jours, *Tom Pouce*, *Tromp*, le prince et la princesse *Colibri*. B.

NAISSANCE. Les déclarations de naissance, dit le *Code Napoléon* (art. 55 et suiv.), doivent être faites dans les trois jours par le père, ou, à son défaut, par le médecin ou la sage-femme, et par deux témoins, à l'officier de l'état civil du lieu, lequel en dresse *acte* immédiatement. Si la mère s'accouche pas à son domicile, la personne chez qui la naissance a eu lieu doit faire la déclaration. Passé le délai légal, la déclaration ne peut plus être reçue qu'en vertu d'un jugement du tribunal civil. Le défaut de déclaration dans le délai est puni d'un emprisonnement de 6 jours à 6 mois, et d'une amende de 16 fr. à 300 fr. Toute personne qui trouve un nouveau-né est tenue de le remettre à l'officier de l'état civil, ainsi que les vêtements et autres effets trouvés avec l'enfant, sous peine des mêmes condamnations. L'acte de naissance d'un enfant à la mer doit être dressé dans les 24 heures, et l'armée dans les 10 jours. Il est dressé par l'officier d'administration de la marine sur les bâtiments de l'État, par le capitaine, maître ou patron sur les navires de commerce, par un quartier-maître ou un capitaine dans les troupes ; plus tard on en fait une expédition à l'état civil du domicile des parents. — En France, on tire 101 coups de canon pour la naissance d'un prince, 21 pour une princesse.

NAISSANCE, en termes de Construction, point où commence une voûte ou un arc. Lorsque plusieurs voûtes doivent se contre-buter, il faut avoir soin de placer leurs naissances au même niveau. Les voûtes doivent porter une plus grande épaisseur à la naissance qu'à la clef.

NAÏVETÉ, qualité du style voisine du naturel, mais qui en diffère en ce qu'elle n'admet ni réflexion ni étude. La naïveté naît du sujet même : c'est l'expression spontanée que le sentiment inspire aux bons esprits, et qui paraît toujours trouvée plutôt que choisie. La naïveté ne repousse pas les ornements du style, pourvu qu'ils aient la simplicité et pour ainsi dire la négligence de la nature. Le charme de la naïveté est si grand, que nous nous intéressons aux choses les plus communes quand elles sont dites naïvement. C'est par la naïveté que les fables de La Fontaine plaisent aux lecteurs de tout âge. On est

naïf, mais on ne le devient pas. « Une des choses qui nous plaisent le plus, dit Montesquieu, c'est le naïf ; mais c'est aussi le style le plus difficile à attraper : la raison est qu'il est précisément entre le noble et le bas ; il est si près du bas, qu'il est très-difficile de le côtoyer toujours sans y tomber. » Aussi ceux qui, comme Lamotte, ont voulu imiter La Fontaine, n'ont réussi qu'à être froids et bizarres : ils peuvent avoir de l'esprit, ils n'ont point de naïveté. Le mérite de la naïveté est de s'ignorer soi-même, et d'exister en quelque sorte sans s'en douter. C'est ce qui faisait dire à Diderot : « On est naïvement héros, naïvement scélérat, naïvement dévot, naïvement beau, naïvement orateur, naïvement philosophe ; sans naïveté, point de beauté ; on est un arbre, une fleur, une plante, un animal naïvement ; je dirais presque que de l'eau est naïvement de l'eau, sans quoi elle visera à de l'acier poli et au cristal. La naïveté est une grande ressemblance de l'imitation avec la chose : c'est de l'eau prise dans le ruisseau, et jetée sur la toile. » H. D.

NAMAZ. V. ce mot dans notre *Dictionnaire de Biographie et d'Histoire*.

NANCY (Église NOTRE-DAME, à). Cette église cathédrale est de construction moderne. La façade, large de 50 mètres, est formée d'un avant-corps, de deux arrière-corps et de deux tours, et décorée de deux ordres, le corinthien dans le soubassement, le composite au-dessus. L'avant-corps, où est la porte principale, se compose de colonnes accouplées et de pilastres en arrière, avec un entablement qui règne le long de la façade, et est surmonté de deux Anges prosternés devant une croix. Les arrière-corps sont à pilastres, et une porte en occupe la partie médiane. Les tours, également décorées de colonnes et de pilastres, ont une fenêtre à plein cintre sur chaque côté, et se terminent, à une élévation de 80 mèt., par un dôme et une lanterne. L'intérieur de l'église paraît lourd : la nef a 14 mèt. de largeur, et les collatéraux 8 mèt.; près du sanctuaire, l'édifice est couronné d'un dôme de 16 mèt. de diamètre, dont la voûte, peinte par Jacquart, représente le ciel ouvert. Une galerie avec balustres règne autour de l'église ; les bas-côtés sont ornés de pilastres, entre lesquels se trouvent trois chapelles de chaque côté.

NANCY (Tapisserie de). V. TAPISSERIE.

NANKIN (Tour de porcelaine de). Cette tour octogonale dépend d'un temple de la Reconnaissance, bâti au XIVe siècle. Elle est construite en briques et revêtue de porcelaine. Chacune de ses faces a 13 mèt. de largeur. Le mur a 12 mèt. d'épaisseur au rez-de-chaussée, et 3 mèt. au sommet, qui s'élève à 80 mèt. Chacun de ses neuf étages dont la tour se compose est entouré d'une galerie ornée de statues d'idoles ; la a 8 fenêtres qui vont en se rétrécissant comme l'édifice, et un toit relevé aux angles, lesquels se terminent en têtes de dragons où sont suspendues de petites cloches. On entre dans la tour par 24 portes, 3 sur chaque face, et un escalier très-étroit conduit aux divers étages jusqu'au sommet, où s'élève un mât entouré d'ornements en forme de disques et que surmonte un énorme globe doré : huit bandes de fer tournées en volutes s'attachent par une extrémité aux angles du toit, et par l'autre sous le globe.

NANTES (Cathédrale de). Cette église, qui a St Pierre pour patron, n'offre pas un aspect imposant, bien qu'elle soit placée dans une partie élevée de la ville. Il faut l'attribuer aux imperfections de la construction, qui appartient à différents styles et est demeurée inachevée. Quelques parties extérieures de l'abside remontent à la première période romane, c.-à-d. au xe siècle ; l'intérieur de l'abside et le chœur, avec leurs fenêtres à plein cintre et leurs nervures toriques, sont en style romano-byzantin du xie et du xiie ; la nef, les bas-côtés, le portail et les tours ne datent que du xve. Les flancs de l'édifice sont nus, et sans perspective pittoresque. Le portail, composé de trois entrées, se recommande par un grand nombre de figurines en pierre, distribuées en petits groupes, et sculptées en hauts reliefs : ces morceaux, d'une pureté de dessin remarquable, ont été soit mutilés par le temps, soit amaigris par des regrattages. Au-dessus du linteau de la porte principale, une rose à compartiments saillants remplit presque tout le tympan ; la voussure offre une magnifique guirlande de statuettes entremêlées de dais. Les deux autres portes sont également ornées avec goût. Les tours qui les surmontent ont 63 mèt. de hauteur, et paraissent lourdes et tristes. Les portes de bronze qui fermaient autrefois les entrées ont été portées à l'atelier monétaire pendant la Révolution. A l'intérieur, la cathédrale de Nantes a 40 mèt. seulement de longueur, 26 de largeur, 37ᵐ,30 de hauteur. L'impression produite par la grande nef, qui est une des plus belles de France, et que supportent 10 piliers, est bientôt détruite par le défaut d'harmonie et d'unité de l'ensemble. Cette nef paraît d'autant plus élevée qu'elle a peu de longueur : au-dessus des arcades ogivales, la galerie du triforium est très-riche et très-élégante, et il ne lui manque que d'être transparente et éclairée par des vitraux peints. Les collatéraux ont des chapelles, dans deux desquelles se trouvent des autels modernes de style gothique. Les piliers qui soutiennent la voûte du buffet d'orgues sont ornés de beaux bas-reliefs. Nulle verrière peinte ne tempère l'éclat du jour dans toute l'église. Entre la nef et le chœur, on a élevé, de 1622 à 1659, un grand jubé de style grec : remarquable en lui-même, il rompt d'une façon désagréable l'harmonie monumentale. Le chœur, bas et étroit, sans collatéraux, produit aussi une disparate choquante avec la nef. Dans le transept à la droite du chœur, on voit une œuvre admirable de la sculpture du xvɪᵉ siècle, qui ornait jadis une église des Carmes, démolie à la Révolution : c'est le tombeau qu'Anne de Bretagne, femme de Louis XII, fit élever en 1507 à son père, le duc François II, et qui fut exécuté par Michel Colomb, artiste de Tours. Il est en marbre blanc, avec des assortiments en marbres de diverses couleurs, et a 3ᵐ,3 de longueur, 1ᵐ,41 de largeur, et 1ᵐ,62 de hauteur. Il repose sur un socle haut de 4 centimètres, et orné d'F et d'hermines. Sur la table en marbre noir sont couchées deux statues en marbre blanc, un peu plus grandes que nature, celles de François II et de Marguerite de Foix, sa seconde femme, ayant une couronne et le manteau ducal. Des carreaux soutenus par trois anges supportent leur tête, et, à leurs pieds, un lion et un lévrier, symboles du courage et de la fidélité, tiennent entre leurs pattes les armes de Bretagne et de Foix. Aux quatre angles, quatre statues de hauteur naturelle représentent avec leurs attributs les vertus cardinales, la Justice, la Sagesse, la Prudence et la Force. Dans la statue emblématique de la Justice on a figuré Anne de Bretagne, sous le costume et les attributs de reine et de duchesse, avec la couronne fleurdelisée et fleuronnée sur la tête. La tête de la Sagesse est double : d'un côté, c'est la figure d'une jeune femme; de l'autre, celle d'un vieillard à longue barbe. Aux deux côtés du mausolée sont les douze Apôtres en marbre blanc, dans des niches de marbre rouge; à la tête, St François d'Assise et Ste Marguerite, patrons du duc et de la duchesse; aux pieds, Charlemagne et St Louis. La base est ornée de 16 petites figures représentant des pleureuses, dont le visage et les mains sont en marbre blanc, et le reste du corps en marbre vert. — On a entrepris l'achèvement de la cathédrale de Nantes sur le plan de la grande nef; quand elle sera terminée, elle aura 102 mèt. de longueur.   B.

NANTES (Château de), monument dont on fait remonter la fondation au xᵉ et même au ɪxᵉ siècle, mais qui, dans sa forme actuelle, date de la fin du xvᵉ. Une partie des bâtiments fut reconstruite après un incendie en 1670. Le duc de Bretagne François II avait flanqué de quatre grosses tours le château de Nantes : il n'en reste plus que trois; la quatrième, où l'on avait établi une poudrière, a sauté en 1800. L'extérieur du château offre peu d'intérêt; mais, quand on pénètre dans la cour intérieure, on admire, à droite, un vaste bâtiment dit le grand logis, spécimen du style de la Renaissance, récemment restauré par M. Ménard. On peut encore visiter les salles d'armes établies par la direction d'artillerie, et un grand puits que surmonte une fermeture remarquable. La chapelle est à deux étages; l'explosion de 1800 l'a fort endommagée.

NANTISSEMENT (du latin nans, caution), contrat par lequel un débiteur remet une chose à son créancier, pour sûreté du payement. Le nantissement d'une chose mobilière s'appelle gage; celui d'une chose immobilière, antichrèse (V. ces mots). Le dessaisissement effectif du débiteur est une condition essentielle du contrat. Dans le langage ordinaire, on appelle aussi nantissement la chose mobilière qui est l'objet du contrat. Si le créancier n'est pas payé à l'échéance convenue, il peut s'adresser à la justice, soit pour faire ordonner l'objet mobilier lui demeurera en payement après estimation, soit pour obtenir le droit de le vendre aux enchères, et de toucher par privilége sur lui ce prix; si l'objet est un immeuble, il peut en poursuivre l'expropriation dans les formes légales. Pour une somme excédant 150 fr., il n'y a privilége que s'il existe un acte public ou un acte sous seing privé enregistré, contenant la déclaration de la

somme due, la nature et l'espèce des choses données en nantissement. Toutefois, le commissionnaire qui a fait des avances sur consignation à un négociant pour marchandises expédiées d'une autre place, n'a pas besoin d'un acte rédigé, pour exercer son privilége. V. Troplong, Du nantissement, du gage et de l'antichrèse, 1841, in-8°.

NANTOUILLET (Château de), château construit au temps de François Iᵉʳ, près de Dammartin (Seine-et-Marne), pour le chancelier Duprat. Il était dans le style des belles villas de Toscane et de Lombardie, et s'élevait au milieu d'une enceinte quadrangulaire, flanquée de tours rondes en briques. L'enceinte est aujourd'hui en partie détruite, et il ne reste plus qu'un corps de bâtiment consacré à une exploitation rurale, et deux ailes à moitié ruinées. L'entrée du château, la partie la mieux conservée, est de ce style semi-gothique qui fut à la mode au commencement du xvɪᵉ siècle. Elle se compose d'une grande arcade à plein cintre, et d'une plus petite donnant passage aux gens de pied. Au-dessus de la grande arcade est une statue mutilée de Jupiter, dans une niche que surmonte un couronnement sculpté, et que flanquent d'autres niches vides de statues. A droite et à gauche de cette entrée on voit les restes des fossés qui entouraient le château; on avait accès dans l'habitation, non par la chaussée actuelle, mais par un pont levis, ainsi que l'indiquent les longues ouvertures destinées à le manœuvrer. Le bâtiment situé au fond de la cour d'entrée contient au rez-de-chaussée une salle des gardes, avec une grande cheminée où subsistent quelques vestiges de peintures mythologiques, et, au premier étage, une chapelle ou oratoire de style ogival, pratiquée dans une tourelle que supportent, du côté du jardin, des colonnes à pans d'une délicatesse extrême.

NAOS, mot grec ayant, pour l'Antiquité, le même sens que cella (V. ce mot). Dans l'archéologie chrétienne, il désigne la nef d'une église.

NAPLES (Églises de). Ces édifices, très-nombreux, sont généralement peu remarquables par leur architecture, et, si leur partie décorative est riche, souvent même surchargée, le goût en est trop équivoque. L'église cathédrale de Sᵗ-Janvier, fondée vers la fin du xɪɪɪᵉ siècle, sur l'emplacement, dit-on, de deux temples d'Apollon et de Neptune, fut construite sur les dessins de Masuccio; un tremblement de terre la renversa en 1456, et il n'en reste plus que les deux hautes tours. Le nouvel édifice, que fit élever Alphonse le Magnanime, eut encore sa façade renouvelée en 1788, et l'intérieur a été restauré depuis 1837. Au-dessus de la porte principale on voit les tombeaux de Charles Iᵉʳ d'Anjou, de Charles Martel, roi de Hongrie, et de sa femme Clémence, érigés par le vice-roi Olivarès en 1599. A l'intérieur, les voûtes sont supportées par de nombreuses colonnes antiques de granit, de marbre africain, et de cipolin, et décorées de peintures, ainsi que la partie des murailles située au-dessus des arcs des nefs. Les fonts baptismaux consistent en un vase antique de basalte d'Égypte, soutenu par un pied de porphyre orné des attributs de Bacchus. Parmi les chapelles que renferme l'édifice, on remarque : 1° la chapelle des Minutoli, où se trouvent des statues du Christ, de la Vierge et de St Jean, par Masuccio; 2° la chapelle des Caraccioli, qui offre un grand crucifix de bois, attribué au même artiste; 3° la chapelle de Sᵗ-Janvier, dite le Trésor, contenant 7 autels, 42 colonnes de brocatelle, 19 statues colossales en bronze, d'admirables peintures de Ribera, du Dominiquin, et de Lanfranc, et où s'opère trois fois l'an (1ᵉʳ samedi de mai, 19 septembre, 16 décembre) la liquéfaction du sang de St Janvier. Au-dessous du maître-autel, une crypte, pratiquée de 1492 à 1508, soutenue par 8 colonnes ioniques, et incrustée de marbre à arabesques d'un travail délicat, renferme le corps du même saint. On voit, dans diverses parties de l'église, les tombeaux du roi André de Hongrie, des papes Innocent IV et Innocent XII, du savant Mazocchi, et, dans la sacristie, un crucifix en or du xvɪᵉ siècle, et un candélabre d'argent qu'on dit provenir du temple de Jérusalem. — L'ancienne basilique de Sᵗᵉ-Restitute, réunie à la cathédrale de Sᵗ-Janvier, en forme comme une grande chapelle. On y trouve une mosaïque ancienne, représentant la Vierge dite del Principio, parce qu'elle fut la première adorée à Naples.

L'église de Sᵗᵉ-Claire (Santa Chiara), commencée en 1310, avait été décorée de fresques par Giotto : mais ces peintures disparurent en 1752 sous le badigeon ou le stuc, à l'exception d'une Vierge. Le principal intérêt de l'église consiste dans les tombeaux de la famille royale, entre autres, celui de Robert le Sage.

L'église St-Dominique, construite en 1285 par Masuccio, est un bel édifice gothique, malgré les altérations qu'il a subies. Les chapelles en sont ornées de peintures par le Calabrais, Lanfranc, le Caravage, Zingaro, etc. La sacristie est, à elle seule, un des premiers monuments de Naples, moins par ses stucs dorés, son pavé de marbres précieux, ses armoires en racine, sa longue fresque de Solimène, que par 12 tombeaux de princes aragonais, auxquels on a ajouté celui du marquis de Pescaire et quelques autres. C'est dans le superbe monastère attenant à l'église que St Thomas d'Aquin vécut et enseigna.

L'église St-Philippe de Néri, dite aussi des Gerolomini, fut fondée en 1592. Sa façade en marbre est de bon goût. La coupole a été récemment reconstruite. L'intérieur de l'édifice, décoré avec magnificence, renferme des tableaux de Luca Giordano, du Guide, de Solimène. Le philosophe Vico y est enterré. Dans la sacristie sont de nombreuses peintures du Guide, d'André Sabbatini, du Dominiquin, du Tintoret, de Ribera, de Baroccio, etc.

La chapelle de San-Severo est la propriété des princes de ce nom. On l'appelait autrefois Santa Maria della Pieta. Construite en 1590, elle fut enrichie plus tard de statues et de sculptures. Outre les tombeaux de la famille Sangri, et un bas-relief du maître-autel où Francesco Celebrano a représenté la Crucifixion, on remarque trois statues allégoriques de l'école du Bernin, qui témoignent à la fois d'une grande perfection technique et d'un goût dépravé : l'Homme cherchant à sortir du filet des tentations qui l'enveloppe, par le Guccirolo ; la Pudeur, figure dont un léger voile de marbre laisse deviner les formes, par Corradini ; un Christ enveloppé de son linceul, œuvre de Giuseppe Sammartino sur les dessins de Corradini.

NAPLES (Le Musée Bourbon, ou Musée des études à), la plus riche collection d'antiques qui existe en Europe. Elle est installée dans un bâtiment construit en 1587 par le duc d'Ossuna à l'usage d'écuries, puis livré successivement à l'Université, aux tribunaux et aux troupes, et approprié à sa destination actuelle par l'architecte Schiantarelli. Ce musée, formé primitivement pour les statues et autres œuvres que les rois de Naples tirèrent de leur palais Farnèse à Rome, de Portici, et de Capo di Monte, réunit tour à tour les objets trouvés à Herculanum, à Pompéi, et dans les autres localités des Deux-Siciles, ainsi que les collections du duc Carafa di Noja, du cardinal Borgia, et de Vivenzio. Il comprend, au rez-de-chaussée : 1° environ 1,600 peintures murales et un grand nombre de mosaïques antiques ; 2° plus de 1,500 statues, bustes, et bas-reliefs antiques en marbre, entre autres, le Gladiateur Farnèse, un Apollon citharède, la Junon Farnèse, la Minerve Farnèse, les deux statues équestres de Balbus père et fils, les bustes de César, d'Adrien, d'Antonin le Pieux, d'Eschine, une statue d'Agrippine, une Flore colossale, le Torse Farnèse, le Torse de Psyché, la Vénus callipyge, etc. ; dans cette partie du musée se trouve aussi la célèbre mosaïque de la maison du Faune à Pompéi ; 3° une collection de près de 1,600 inscriptions sur marbre, avec le Taureau Farnèse et l'Hercule Farnèse ; 4° des antiquités égyptiennes et osques ; 5° une galerie des statues et des bustes en bronze ; 6° environ 1,200 monuments de l'art au moyen âge, plus de 4,000 verreries antiques et plus de 5,000 terres cuites. A l'étage supérieur, on a placé : une collection de petits bronzes antiques, au nombre de 13,000 ; une collection de 3,300 vases italogrecs ; la salle des papyrus, contenant près de 3,000 rouleaux ; un-cabinet de plus de 2,000 gemmes et objets d'or et d'argent ; un cabinet de médailles, comptant 70,000 pièces environ ; une galerie de 900 tableaux appartenant aux diverses écoles italiennes ; un cabinet réservé ou musée secret, renfermant les œuvres d'un art licencieux ; une bibliothèque de 200,000 volumes et 3,000 manuscrits.

NAPLES (Palais de). Le Palais Royal, que le vice-roi comte de Lemos fit construire en 1600 par Dominique Fontana, ne conserve plus de sa forme première que la façade, décorée de trois rangs superposés de pilastres d'ordres différents, et couronnée par une corniche garnie alternativement de pyramides et de vases ; le reste a été modifié à diverses reprises, surtout après un incendie en 1837. Ce palais, enveloppé de constructions militaires, contient, outre les salles d'apparat et les appartements privés, un certain nombre de beaux tableaux, une bibliothèque et une collection d'estampes. — Le Palais de Capo di Monte, commencé en 1738 par le roi Charles III, plusieurs fois interrompu, embelli en 1834, et embelli d'un parc en 1830, contenait autrefois une galerie de tableaux, qui ont été transportés au Musée Bourbon. — Parmi les palais des particuliers, tous ornés d'œuvres d'art, on remarque les palais d'Angri, construit par Vanvitelli; Baguara ou San Antimo, par Carlo Fontana (1660); Caramanica, par Fuga; Avalos, où sont de précieuses tapisseries; Gravina, un des bons ouvrages d'architecture du xve siècle; San Angelo, riche en tableaux, vases, bronzes, camées, médailles, etc.

NAPOLÉON, pièce d'or française à l'effigie de l'empereur. Sous Napoléon Ier, il y en eut de 20 fr. et de 40 fr. Napoléon III en a fait-frapper de 5, de 10, de 20, de 50 et de 100 fr.

NAPOLÉON (Code), ou CODE CIVIL. Le nom de Code civil était donné, avant la Révolution de 1789, à l'ordonnance de 1667 sur la Procédure civile, ordonnance examinée par les plus célèbres avocats du temps, revisée par le parlement, et due en grande partie à Pussort, qui fut chargé avec Auzanet d'en dresser définitivement les articles. Aujourd'hui il s'applique uniquement à la réunion de nos lois civiles en un seul corps, décrétée par la loi du 30 ventôse an XII. Une seconde édition du Code civil fut décrétée par la loi du 3 septembre 1807, qui substitua le titre de Code Napoléon à celui de Code civil des Français, par le motif que ce dernier titre ne pouvait convenir à un code déjà regardé comme le droit commun de l'Europe. Elle remplaça les dénominations républicaines par des dénominations plus en harmonie avec le gouvernement impérial. Une 3e édition, préparée par la Restauration en 1816, restitua à ce recueil le titre de Code civil, et fit dans le sens de la royauté les changements antérieurement faits dans le sens de l'Empire. Sous la République de 1848, aucun changement n'eut lieu. Le décret des 29-30 mars 1852 fit revivre la dénomination de Code Napoléon.

Le projet de Code civil fut préparé en moins de sept mois par quatre jurisconsultes éminents, Tronchet, Portalis, Bigot de Préameneu, et Maleville, puis soumis à l'examen des divers tribunaux, et enfin discuté dans le Conseil d'État, le Tribunat et le Corps législatif. Ce Code se compose d'un titre préliminaire sur le Droit et les lois en général, et de trois livres qui traitent Des personnes, Des biens et des différentes modifications de la propriété, et Des différentes manières dont on acquiert la propriété.

Le 1er livre embrasse la jouissance et la privation des droits civils, les actes de l'état civil, le domicile, l'absence, le mariage, le divorce, la paternité et la filiation, l'adoption et la tutelle officieuse, la puissance paternelle, la minorité, la tutelle et l'émancipation, la majorité, l'interdiction et le conseil judiciaire. — Le 2e contient la distinction des biens, la propriété, l'usufruit, l'usage et l'habitation, les servitudes ou services fonciers. — Le 3e statue sur les successions, les donations entre vifs et les testaments, les contrats ou obligations conventuelles en général, les engagements sans convention, le contrat de mariage et les droits respectifs des époux, la vente, l'échange, le contrat de louage, le contrat de société, le prêt, le dépôt et le séquestre, les contrats aléatoires, le mandat, le cautionnement, les transactions, la contrainte par corps en matière civile, le nantissement, les privilèges et hypothèques, l'expropriation forcée et les ordres entre créanciers, la prescription.

Un certain nombre de lois rendues à diverses époques ont rompu l'unité législative établie par le Code civil. Telles sont celles du 24 mars 1806 sur le transfert des inscriptions de rentes appartenant à des mineurs et à des interdits; du 3 sept. 1807, qui régla le taux de l'intérêt de l'argent; du 14 novembre 1808, sur la saisie immobilière; du 28 mai 1816, qui abolit le divorce; du 14 juillet 1819, qui supprima le droit d'aubaine; du 17 mai 1826 et 12 mai 1835, qui autorisèrent les substitutions dans certaines limites, et modifièrent l'existence des majorats; du 17 avril 1832, sur la contrainte par corps; du 20 mai 1838, sur les vices rédhibitoires dans les ventes et échanges d'animaux domestiques; du 30 juin 1838, sur les aliénés, etc.

Les principaux ouvrages à consulter sur le Code civil sont : Cussaire, Analyse des observations des tribunaux d'appel et du tribunal de cassation sur le projet de Code civil, 1802, in-4°; Jouanneau et Solon, Discussion du Code civil dans le Conseil d'État, 1803, 3 vol. in-4°; Locré, Procès-verbaux du Conseil d'État, contenant la Discussion du projet du Code, Paris, 1803-1804, 5 vol. in-4°; Fenet, Recueil complet des travaux préparatoires ou motifs du Code civil, 1836, 15 vol. in-8°; Duranton, Cours de Droit français, 4e édit., 1844, 22 vol. in-8°; Toullier, Droit civil, 1846-1848, 15 vol. in-8°; Teulet d'Auvillers et Sulpicy, *Codes français annotés*, 2 vol. in-4°; Daubenton, *Dictionnaire du Code civil*, 1806, in-8°; Dufour, *Code civil des Français avec les sources, suivi de la différence et des rapports des lois romaines avec les lois françaises*, 1806, 4 vol. in-8°; Bousquet, *Explication du Code civil*, 1804-1806, 5 vol. in-4°; Cotelle, *Cours de Droit français, ou le Code Napoléon approfondi*, 1813, 2 vol. in-8°; Pigeau, *Cours élémentaire sur le Code civil*, 1818, 2 vol. in-8°; De Maleville, *Analyse raisonnée de la discussion du Code civil*, 3ᵉ édit., 1821, 4 vol. in-8°; Favard de Langlade, *Conférence du Code civil, avec la discussion du Conseil d'État et du Tribunat*, 1805, 8 vol. in-8°; Dard, *Conférence du Code civil avec les lois anciennes*, 3ᵉ édit., 1827, in-8°; Delvincourt, *Cours de Code civil*, 5ᵉ édit., 1834, 3 vol. in-4°; Portalis, *Discours, rapports et travaux inédits sur le Code civil*, 1844, in-8°; Lahaye et Waldeck-Rousseau, *Code civil annoté*, 2ᵉ éd., 1844, in-4°; Gousset, *Code civil commenté dans ses rapports avec la Théologie morale*, 5ᵉ édit., 1834, in-8°; Du Caurroy, Bonnier et Roustain, *Commentaire du Code civil*, 1851, 2 vol. in-8°; Zachariæ, *Cours de Droit civil français*, trad. de l'allemand par Aubry et Rau, 3ᵉ édit., 1858 et suiv., 6 vol. in-8°; Marcadé et Paul Pont, *Explication théorique et pratique du Code Napoléon*, 5ᵉ édit., 1859, 11 vol. in-8°; Duvergier, *Continuation de Toullier*, 1830-39, 8 vol. in-8°; Oudot, *Conscience et science du devoir, introduction à une nouvelle explication du Code Napoléon*, 1856, 2 vol. in-8°; Anthoine de Saint-Joseph, *Concordance entre les Codes civils étrangers et le Code Napoléon*, 2ᵉ édit., 1856, 4 vol. gr. in-8°; Berriat Saint-Prix, *Notes théoriques sur le Code civil*, 1856, 3 vol. in-8°; Demante, *Cours analytique de Code civil*, 1849 et suiv., 4 vol. in-8°; Delsol, *le Code Napoléon expliqué*, 1854, 3 vol. in-8°; Demolombe, *Cours de Code Napoléon*, 1845-59, 15 vol. in-8°; Rogron, *Code civil expliqué*, 1853, 2 vol. in-8°; Troplong, *le Droit civil expliqué suivant l'ordre des articles du Code*, 27 vol. in-8°; Mourlon, *Répétitions écrites sur le Code Napoléon*, 5ᵉ édit., 1859, 3 vol. in-8°; Proudhon, *Traité sur l'état des personnes et sur le titre préliminaire du Code civil*, édit. de Valette, 3 vol. in-8°; Boileux, *Commentaire sur le Code Napoléon*, 6ᵉ édit., 1857 et suiv., 7 vol. in-8°; Vuillaume, *Commentaire analytique du Code Napoléon*, 1856, in-8°, etc.

NAPOLÉON (Maisons impériales). *V.* LÉGION D'HONNEUR, dans notre *Dictionnaire de Biographie et d'Histoire*.

NAPOLÉON (Tombeau de). *V.* MAUSOLÉE, dans notre *Dictionnaire de Biographie et d'Histoire*.

NAPOLITAIN (Dialecte), un des dialectes italiens. Il tronque les syllabes, et élide l'*i* au commencement des mots : *nziemme*, pour *insieme*, *nzoleto* pour *insolito*. Il aime à redoubler les consonnes au milieu des mots : *ammore*, *femmena*. L'élision de l'*in* se combinant avec une contraction euphonique rend quelquefois les mots méconnaissables : *mmano* pour *in vano*, *mmestere* pour *investire*. On redouble même l'*n* au commencement des mots, ou on l'emploie comme une sorte d'esprit : *Nnapole*, Naples, *e mbè* pour *e bene*. L'*e* final s'élide généralement, ou se prononce à peine, comme l'*e* muet en français. Cet *e* s'ajoute parfois à des mots terminés par *i* : *majé* pour *mai*, *guajé* pour *guai*. Il y a permutation fréquente du *b* et du *v* : on dit également, par exemple, *viene* et *biene*. La lettre *l*, suivie d'un *d*, d'un *t* ou d'un *z*, se change souvent en *u* (*auto* pour *alto*, *caudara* pour *caldaja*) ou en *r* (*concrudere* pour *concludere*). Le *p* se change aussi en *ch* : *chiù* pour *più*, *chiagnere* pour *piangere*. L's remplace l'*f*, et s'emploie aussi comme préfixe : *sciato* pour *fiato*, *sgobbo* pour *gobbo*. La double *ll* ou *ls* se change en *z* : *voze* pour *volle*, *sceuze* pour *scelze*. L'*l* de l'article s'élide souvent : *o* pour *lo*, *a* pour *la*. *V.* l'abbé Galiani, *Del dialetto napoletano*, 1779. — Le dialecte napolitain a une littérature, dont le Cortese est le principal représentant. Les auteurs qui s'en sont servis après lui ont affectionné presque tous le genre burlesque; nous citerons : J.-B. Basile, dont on a un *Pentaméron*, inspiré par le *Décaméron* de Boccace ; Valentino, qui a raillé, dans son poëme *la Mezza Canna*, le luxe, la vanité et la sottise de ses compatriotes ; Balzano di Scafati, qui se cacha sous le pseudonyme de Sgruttendio pour adresser des sonnets pétrarquistes, mais dérisoires, à toutes sortes de femmes de basse condition et affligées de défauts corporels, ou pour célébrer le mets national, le macaroni ; un autre Valentino, auteur d'un poëme de 15,000 vers environ, intitulé *les Ciseaux*, divisé en deux lames et une paire de manches, et tout farci de grec, de latin, et même d'hébreu. Parmi les écrivains sérieux,

Nunziante Pagano a retracé dans un poëme, *La Mortella d'Orzoloni*, une histoire touchante et pathétique ; Peruccio a célébré la catastrophe de la ville d'Agnano, dont un lac prit la place ; Fusano a traduit la *Jérusalem délivrée*, Nic. Valletta les *Odes* d'Horace, le baron Zezza *le Malade imaginaire* de Molière ; Deux collections de poésies en dialecte napolitain ont été publiées, l'une de 1783 à 1788 en 28 vol. in-12 par Porcelli, l'autre en 1826, en 3 vol. in-8°.

NAPOLITAINE (École), une des écoles italiennes de peinture. Quelques auteurs la considèrent comme la plus ancienne, et pensent même qu'elle a existé sans interruption depuis l'âge byzantin : ils parlent de madones faites dans le xiᵉ siècle, tandis que, dans les autres parties de l'Italie, les arts étaient presque entièrement oubliés. Ce qui est plus certain, c'est que l'école de Naples, à toutes les époques, n'a eu qu'un éclat d'emprunt : on n'y trouve pas un style original, un ensemble de principes imposés par un homme de génie et suivis par des disciples, mais toutes sortes d'influences exercées par des étrangers et souvent opposées les unes aux autres. Dès le commencement du xivᵉ siècle, Giotto, appelé à Naples, y exécuta des fresques à la Santa-Chiara et à l'Incoronata : Simone est le plus connu des peintres qui imitèrent ses exemples. Il ne paraît pas que l'art ait beaucoup progressé dans l'espace d'un siècle, puisqu'on a pu attribuer à Simone quelques ouvrages de Colantonio del Fiore, mort en 1444. Une impulsion plus marquée fut donnée à la peinture par le gendre de Colantonio, Antoine Solario, plus connu sous le nom de Zingaro, et les œuvres faites après lui furent qualifiées de *zingaresques*. Au nombre de ses disciples, on remarque les frères Donzelli, puis Bernard Tesauro, qui montra plus d'invention et de naturel. Notons aussi Antonello de Messine, qui apprit du peintre flamand Van Eyck la manière de peindre à l'huile, et qui la propagea en Italie.

Au xviᵉ siècle, lorsque la peinture prit tant de développement à Rome, à Florence, à Venise, à Parme, à Mantoue, etc., l'école de Naples ne fit que reproduire les principales qualités des autres écoles ; si elle eut le feu de l'invention, la fougue du pinceau et la rapidité de l'exécution, elle pécha toujours par le dessin, et, attachée à l'imitation directe de la nature, ne poursuivit pas le beau idéal. André Sabbatini, de Salerne, le premier peintre de cette nouvelle période, étudia sous Raphaël, dont il rapporta les principes. Le sac de Rome par les Allemands, en 1527, en contraignant les artistes de fuir à Naples, fortifia dans cette ville l'influence de l'école romaine : Polydore de Caravage, Penni, dit *il Fattore*, et Perino del Vaga, y laissèrent quelques modèles. En même temps, les principes de Michel-Ange eurent pour représentants dans l'école napolitaine Vasari et Marco de Sienne, tandis que d'autres artistes s'attachaient au Titien, au Tintoret et aux autres maîtres de Venise.

La première moitié du xviiᵉ siècle fut l'âge brillant de la peinture napolitaine, et elle dut cet éclat à la présence de maîtres étrangers. Ce fut aussi un temps d'intrigues, de haines, de persécutions, de crimes même parmi les artistes. Michel-Ange de Caravage, chassé de Rome pour homicide, apporta aux artistes napolitains, avec son style énergique et rude, la violence de ses mœurs. L'espagnol Ribera, son élève, le grec Corenzio, qui avait étudié sous le Tintoret, et le napolitain Caracciolo, imitateur d'Annibal Carrache, formèrent un triumvirat redoutable aux étrangers : Annibal Carrache, le chevalier d'Arpino, Guido Reni et son élève Gessi, le Dominiquin, Lanfranc, furent calomniés, menacés de mort, obligés de fuir, et la condamnation à mort de Francanzani, l'un des élèves et agents de Ribera, n'arrêta point ses ignobles cabales. Ribera alla jusqu'à mêler des substances corrosives à l'eau qu'employait Massimo Stanzioni, pour faire périr ses œuvres. A cette période appartiennent encore Preti, dit *il Calabrese*, imitateur du Guerchin, Aniello Falcone, peintre de batailles, et son élève Salvator Rosa, l'un des maîtres les plus originaux de l'Italie.

L'école napolitaine a fini avec deux peintres distingués, Luca Giordano, dont le surnom de *Fa presto* a été justifié par une prodigieuse rapidité d'exécution, et François Solimène, qui peignit jusqu'à 90 ans et remplit de sa réputation toute l'Europe.

B.

NAPPE. L'usage des nappes sur les tables ne remonte pas au delà du xᵉ siècle. Alain Chartier attribue à Du Guesclin l'introduction de la coutume de faire *trancher la nappe* devant ceux qui avaient forfait à l'honneur. — A l'église, où elle est plus ancienne, la *nappe* est la linge dont on couvre l'autel (*V.* Couverture d'autel) ; on appelle *nappe de communion* le linge placé devant les communiants.

NAQUAIRES. *V.* Nacaires.

NAQUET, nom donné autrefois aux valets qui marquaient les points au jeu de paume.

NARBONNE (Église St-Just, à). Cette église, autrefois cathédrale, fut fondée en 1272. Le chœur, les 13 chapelles absidales et les deux tours étaient achevés en 1332 ; mais l'édifice ne fut point continué, et l'on fit au xviiie siècle quelques essais infructueux pour reprendre les travaux. On s'est remis à l'œuvre en 1840, sans faire encore autre chose qu'une partie du transept. La portion ancienne de l'œuvre est donc un vaste chœur de style ogival, presque aussi élevé que ceux de Beauvais et de Cologne (40 mèt.), et remarquable par la hardiesse des contre-forts et des arcs-boutants, la légèreté et la grâce des piliers. Une double ceinture de créneaux remplace les balustrades sur les chapelles, et réunit les culées des arcs-boutants terminées en forme de tourelles. La construction est d'une simplicité grandiose, et l'on y remarque l'absence de ces moulures dont les cathédrales du nord de la France sont si riches. Les fenêtres n'ont pour vitraux que des grisailles avec entre-lacs de couleur et écussons armoriés. Le maître-autel, à colonnes et à baldaquin, n'est point en rapport avec le style du monument. La boiserie des stalles et celle de l'orgue ne sont pas sans mérite. Le sanctuaire a une clôture formée de tombeaux d'évêques. Au flanc méridional du chœur est un cloître du xve siècle, et une stalle capitulaire d'un bon style.

NARRAGANSETT (Idiome), un des idiomes algonquins (*V. ce mot*). On en trouve une Grammaire dans l'ouvrage de Roger Williams intitulé *A Key to the language of America*, 1643, in-4°.

NARRATIF (Cas), cas particulier à la déclinaison arménienne, et qui exprime la qualité de l'être ou de la chose sur laquelle on discourt.

NARRATION (du latin *narrare*, raconter), récit d'un fait. Il y a trois espèces de narrations. La *Narration historique* est le récit exact, fidèle et complet. « La pensée de l'historien, dit Lucien, est semblable à un miroir brillant, sans tache, et d'un centre parfait. Qu'il reproduise les formes des objets telles qu'il les a reçues; sans les renverser, sans leur prêter des couleurs ou des figures étrangères. » Cependant cette fidélité rigoureuse n'exclut pas les agréments du style, les réflexions intéressantes, qui donnent de la vie et du mouvement au récit. Tacite et Tite-Live sont des modèles de narration parfaite dans le genre historique. — La *Narration poétique* est laissée presque tout entière à l'imagination du poète ; il peut inventer, embellir, changer les événements à sa guise; on ne lui demande que d'être intéressant et vraisemblable. Fénelon dans le *Télémaque*, Corneille, Racine et Molière dans leurs pièces, offrent une multitude de narrations poétiques, aussi parfaites qu'attrayantes. — Il y a enfin la *Narration oratoire*. En Rhétorique, la Narration est la troisième partie du discours. C'est le récit du fait qui constitue la cause. L'orateur ne peut, comme le poète, créer les faits ; mais il n'est pas obligé, comme l'historien, de les présenter avec une scrupuleuse fidélité. Sans les altérer, il lui est permis de les adoucir, d'atténuer ce qu'ils renferment d'odieux ou de blessant, et de faire valoir, au contraire, les circonstances favorables à sa cause. La narration oratoire doit avoir trois qualités : la brièveté, la clarté, la vraisemblance. La brièveté consiste à prendre le récit au point juste, sans remonter plus haut ; à ne point donner de détails, quand il suffit d'indiquer sommairement le fait ; à ne faire ni digressions ni redites. La clarté consiste à observer l'ordre des temps et des faits, en racontant les choses comme elles se sont passées, ou comme il est vraisemblable qu'elles ont pu se passer, et à n'employer que des expressions simples et à la portée de tout le monde. Enfin, pour donner à la narration de la vraisemblance, il faut la revêtir de tous les caractères de la vérité, observer les convenances de personnes, montrer la cause de chaque fait, et mettre le récit en rapport parfait avec le caractère des parties, les habitudes du public et les sentiments de l'auditoire. Toutes ces qualités se trouvent réunies dans la Narration de Cicéron *Pro Milone*. Nous avons dit que la narration est la 3e partie du discours ; cependant il arrive souvent, surtout au barreau, qu'elle devient la 1re : supprimant l'exorde, l'orateur raconte le fait en question, puis fait connaître la division de son discours. La Proposition vient alors après la Narration. H. D.

NARTHEX, nom donné, dans les basiliques chrétiennes, au *pronaos*, c.-à-d. à la partie précédant la nef ; mais comme les anciennes basiliques étaient précédées de cours, d'atrium, et de portiques, on ne sait à laquelle de ces divisions le mot *narthex* s'appliquait particulièrement. Aujourd'hui les archéologues désignent par ce mot le porche ou la galerie voûtée qui précédait la nef et qui y communiquait par une ou plusieurs portes, semblables à celles de la façade extérieure ; c'est là que se tenaient les catéchumènes et les pénitents pendant le saint sacrifice de la messe. Il existe un narthex remarquable à l'église de Vézelay. Lorsque le narthex est divisé en deux parties dans le sens de la largeur, comme à Ste-Sophie de Constantinople, on nomme *exonarthex* la partie située vers l'extérieur, et *esonarthex* la partie placée vers l'intérieur. E. L.

NASAL. *V.* Chanfrein.

NASALES (Consonnes), consonnes dont l'articulation produit un son nasal. Ce sont *m* et *n*.

nasales (Voyelles), nom donné à la combinaison des voyelles avec les consonnes *m* et *n* finales, comme *an, am, en, em, in, im, ain, aim, ein, on, om, un, um*, dans *paysan, ambassade, entrer, empereur, coquin, imbécile, étain, essaim, sein, passion, Riom, alun, parfum*. Dans ces exemples, la nasale forme une syllabe ou finale ou suivie d'une autre syllabe commençant par une consonne. Si la syllabe qui la suit commence par une voyelle, la nasalité disparaît : *inattaquable, bonheur, nonobstant, vinaigre, aimable, unique*, etc. On excepte *enivrer, enorgueillir*. Lorsque la nasale finale rencontre un mot commençant par une voyelle, elle ne doit sonner, ou, comme l'on dit vulgairement, on ne doit faire la liaison que lorsque le sens ne permet pas une légère pause entre les deux mots ; ainsi, on fera sonner l'*n* finale dans *un ancien ami*, mais non pas dans *cet ancien a dit*, etc. — Pour les mots *hymen, Éden*, le plus grand nombre prétendent qu'il faut prononcer *hymène, Edène*, les autres comme on prononce *ancien, païen*, etc. Tout le monde est d'accord sur les mots *Amen* et *abdomen*. *Examen*, mot entièrement latin, a été longtemps prononcé *examène* ; mais ce mot, étant devenu d'un usage tout à fait vulgaire et s'étant francisé, doit se prononcer comme *chemin, maintien*, etc. P.

NASARD (Jeux de), nom donné à trois jeux à bouche de l'orgue. Ce sont des jeux de mutation, de grosse taille, ouverts, faits en étoffe, et ayant toute l'étendue du clavier. Le *nasard proprement dit* sonne à la quinte du prestant, et peut être placé à tous les claviers ; le *gros nasard* parle à la quinte de la flûte de huit pieds, et s'emploie au grand orgue ; la *quarte de nasard* est à l'unisson de la doublette, et peut être placée aux trois claviers. On met quelquefois à la pédale un nasard de douze pieds, accordé à la quinte au-dessus du seizepieds. On appelle *petit nasard* ou *larigot* le jeu accordé à la quinte au-dessus de la doublette : c'est le plus aigu de l'orgue, et il est toujours placé dans le positif. F. C.

NASSE (du latin *nassa*), engin de pêche qu'on place au fond de l'eau, en le chargeant de pierres. C'est une espèce de panier d'osier très-conique, ou un assemblage de cônes d'osier emboîtés les uns dans les autres, de manière à ce que le poisson, attiré jusqu'au fond par l'appât, ne puisse plus sortir. D'après l'ordonnance du 15 nov. 1830, l'écartement des brins d'osier doit être de 30 millimèt. pour la pêche des poissons ordinaires, et de 15 pour les petits poissons. L'ordonnance du 28 fév. 1842 permet de réduire l'écartement à 8 millimèt. pour la pêche des ablettes.

NATAL (du latin *natalis*, et en sous-entendant *dies*, jour), désignait autrefois, dans l'Église, le jour de Noël ou de la Nativité de J.-C., et, par extension, une fête quelconque. Les fêtes de Noël, de Pâques, de la Pentecôte et de la Toussaint étaient appelées spécialement *les quatre Nataux.*

NATCHEZ (Idiome des), un des idiomes indigènes de l'Amérique du Nord. Il paraît qu'il se parlait en deux dialectes, l'un à l'usage des familles puissantes, l'autre à l'usage du reste de la tribu ; dans le premier dialecte, la déclinaison se faisait comme en latin, sans le secours de l'article. Les femmes donnaient une terminaison et une prononciation différentes aux mots, lorsqu'elles parlaient aux hommes.

NATION, agrégation considérable d'hommes vivant ensemble sous les mêmes lois, en communauté de mœurs et de langage, dans une certaine circonscription territoriale. Le mot *nation* implique, mieux que *peuple*, une origine commune. Chaque nation a un caractère particulier qui la distingue : l'Athénien dans l'Antiquité et le Français parmi les modernes ont eu la réputation d'esprit et de légèreté; on attribue la gravité à l'Espagnol, la fourberie au Grec, une nature jalouse et vindicative à l'Italien, etc. Les droits qui appartiennent à une nation sont : le droit de se gouverner comme il lui plaît; le droit de conservation, en vertu duquel elle repousse par la force toute agression injuste; le droit de développer et de perfectionner librement toutes ses facultés, sans autre restriction que le devoir de ne pas nuire aux autres nations.

NATION, mot qui désignait autrefois, dans l'Université de Paris, une société de maîtres et d'étudiants du même pays, vivant sous les mêmes règles et les mêmes chefs. Il y avait quatre nations, celles de France, de Picardie, de Normandie, et d'Allemagne.

NATIONS (Collège des QUATRE-). V. notre *Dictionnaire de Biographie et d'Histoire.*

NATIONALITÉ. Lorsqu'il existe, au milieu d'une nombreuse agrégation d'hommes vivant sous les mêmes lois, certaines tendances générales dans les idées, un but d'activité commun nettement défini, des intérêts matériels et moraux presque identiques, la *nationalité* est constituée. Lorsque la communauté des idées a cessé, que les intérêts divergent et se fractionnent, et qu'on ne s'entend plus sur le but à poursuivre, la nationalité s'affaisse, languit et meurt. Le commencement de presque toutes les nationalités a été marqué par une tendance prononcée à l'envahissement des territoires voisins et à l'oppression des peuples qui les occupent; mais, depuis le temps où une sorte d'équilibre s'est établie entre les puissances, l'antagonisme est loin d'avoir cessé, parce que l'esprit de nationalité engendre l'égoïsme, et tend à sacrifier à un intérêt privé les intérêts généraux de l'humanité. L'effet extérieur de la nationalité est l'*influence*, c.-à-d. une certaine action sur les autres agrégations d'hommes. Néanmoins, il n'appartient pas à toutes les nationalités d'agir nécessairement au dehors : il en est, telle que la nationalité suisse, qui se concentrent en elles-mêmes, se contentent d'elles-mêmes, vivent sur des souvenirs communs d'origine et de race; il en est d'autres, telles que les nationalités hongroise et polonaise, qui, sans cesse entravées par les vices de leur Constitution, ne peuvent devenir influentes, par la raison qu'il existe, au sein même de la nation, une anomalie complète, une division profonde entre les classes. Pour qu'une nation soit puissante au dehors, il faut qu'elle soit une au dedans, qu'elle s'entoure d'un certain prestige qui flatte l'amour-propre et la vanité commune, et qu'elle n'exclue ni lieux ni personnes. La nationalité française, qui réunit le mieux ces conditions diverses, possède le droit le plus certain à servir d'exemple aux autres, à exercer une influence réelle et légitime. En France, l'esprit national n'est point en opposition avec l'esprit libéral, parce que la base de la nationalité est le sentiment du droit de tous à une même loi, à une même liberté, et la reconnaissance du principe de l'égalité, qui a pénétré dans les mœurs.

NATTES, ornement architectural de certaines églises romano-byzantines. On en voit à la cathédrale de Bayeux.

NATURALISATION, acte par lequel un étranger est admis dans un corps politique dont il n'était pas membre par sa naissance, et qui lui confère les mêmes droits et les mêmes privilèges qu'aux *naturels* du pays. Dans l'ancienne monarchie française, on vit souvent des étrangers exercer des emplois civils ou politiques, et posséder des bénéfices ecclésiastiques : le roi leur conférait cet effet des *lettres de naturalisation.* Charles V, Charles VI, Charles VII et Louis XII rendirent, pour écarter les étrangers, plusieurs ordonnances, que réclamait l'opinion publique; mais on ne les observa guère, et une nouvelle ordonnance, publiée en 1579 à la suite des plaintes formulées par les états généraux de Blois, exclut des dignités ecclésiastiques quiconque ne serait pas d'origine française. On voyait alors certains princes étrangers prendre à ferme les impôts de la France, abus que Sully s'empressa de faire disparaître. En 1617, à propos de l'administration de Concini, le parlement de Paris, en présence de plusieurs pairs du royaume, rendit un arrêt de règlement pour qu'à l'avenir aucun étranger ne devint ministre. Une ordonnance royale de 1629 déclara les étrangers incapables de commander une place française. L'élévation du cardinal Mazarin au poste de premier ministre excita le plus vif mécontentement, et une déclaration du 18 avril 1651 porta qu'à l'avenir aucun étranger, quoique naturalisé, n'aurait entrée aux conseils du roi et

ne serait admis à la participation de ses affaires. La Constitution de 1791 reconnut la qualité de citoyen français à ceux qui, nés en France d'un père étranger, y auraient fixé leur résidence. Elle accorda également à ceux qui, nés hors du royaume et de parents étrangers, auraient 5 ans de domicile continu en France, mais à la condition soit d'y posséder des immeubles, soit d'avoir épousé une Française, soit d'avoir formé un établissement d'agriculture ou de commerce, et à celle de prêter le serment civique. Elle autorisa enfin le Corps législatif à accorder à un étranger, pour motifs importants, un acte de naturalisation, sans autres conditions que de fixer son domicile en France et de prêter le serment civique. La Constitution de 1793 simplifia encore les conditions de la naturalisation : elle admit à l'exercice des droits de citoyen tout étranger qui, âgé de 21 ans accomplis, domicilié en France depuis une année, y vivait de son travail, ou avait soit acquis une propriété, soit épousé une Française, soit adopté un enfant, ou nourrissait un vieillard; tout étranger que le Corps législatif jugeait avoir bien mérité de l'humanité. La Constitution de 1795, moins libérale, exigea comme conditions de la naturalisation l'âge de 21 ans, une résidence de 7 années consécutives en France, le payement d'une contribution directe, et, en outre, soit la possession d'une propriété foncière, soit un établissement d'agriculture ou de commerce, soit le mariage avec une Française. La Constitution de l'an VIII, plus restrictive encore, exigea de l'étranger qu'après avoir atteint l'âge de 21 ans accompli et déclaré l'intention de se fixer en France, il y eût résidé pendant 10 années consécutives. Une ordonnance du 4 juin 1814 exige en outre des *lettres de grande naturalisation* vérifiées par les Chambres législatives, pour habiliter les étrangers à faire partie de ces Chambres. Un avis du Conseil d'État, du 17 mai 1823, établit une distinction entre les *lettres de naturalisation,* constitutives d'un droit nouveau, et les *lettres de naturalité,* constatant un droit précédemment acquis. Un décret du Gouvernement provisoire de 1848, en date du 28 mars, autorisa provisoirement le ministre de la justice à accorder la naturalisation aux étrangers qui la demanderaient, qui justifieraient d'une résidence de 5 ans en France, et qui produiraient l'attestation de l'autorité départementale qu'ils sont dignes d'exercer les droits de citoyen. La loi du 21 nov. 1849 a rétabli la législation antérieure, mais en réduisant à 1 an le délai de 10 ans pour les étrangers ayant rendu des services importants à l'État. La naturalisation d'une étrangère s'opère de plein droit par son mariage avec un Français (*Code Napol.,* art. 12); le Français naturalisé à l'étranger perd sa qualité de Français (art. 17), et, de plus, la propriété de ses biens ne peut à succéder, à moins que sa naturalisation à l'étranger n'ait été autorisée par le chef de l'État (Décret du 26 août 1811). Une loi de 1851 déclare Français le fils de l'étranger né et domicilié en France, à moins que, dans l'année qui suit sa majorité, il ne se soit prévalu de son extranéité. V. le *Supplément.*

NATURALISME, religion de la Nature; c'est une des formes du Polythéisme. Il peut consister dans le fétichisme, ou dans le culte des éléments. On appelle encore *Naturalisme* une opinion philosophique d'après laquelle l'homme arriverait à la connaissance de la vérité, et surtout de la vérité religieuse, par le développement naturel des forces de son esprit, et ne devrait admettre comme fondés que les principes acceptés par sa raison. Par conséquent, le Naturalisme nie toute révélation, à la différence du Rationalisme (V. ce mot), qui se réserve l'examen des doctrines révélées. D'un autre sens, le Naturalisme est un système qui méconnaît une intelligence régulatrice dans le monde ou la Nature, dont il attribue les changements à une force intime ou au hasard : il aboutit au panthéisme ou à l'athéisme (V. ces mots). — Dans la langue des Beaux-Arts, le *Naturalisme* est la reproduction aussi exacte que possible des objets naturels, sans préoccupation de la beauté idéale, ce que l'on nomme de nos jours le Réalisme (V. ce mot).

NATURE, ensemble de l'Univers ou des êtres créés. On a aussi donné le même nom à l'ensemble des forces et des lois établies pour l'ordre perpétuel et les révolutions successives des choses, par exemple, pour le mouvement de la terre et des astres, pour le cours des saisons, pour la reproduction des êtres vivants. Des philosophes ont fait de la *Nature* la puissance créatrice de l'univers; ce n'est alors qu'un mot synonyme plus ou moins vague de Dieu. D'autres ont appelé *Nature* une force nécessaire, mais aveugle, qui produit tout ce qui existe : cette doctrine, exposée dans le *Système de la Nature* du baron d'Holbach, et dans la *Philosophie de la Nature* de Delisle de Sales, n'est au fond que la négation d'un Dieu créateur et de la Providence, qu'elle remplace par le hasard (*V. ce mot*); ou bien elle attribue aux éléments de la matière une force propre de |mouvement, comme le pensait l'école atomistique (*V. ce mot*). De nos jours, en Allemagne, on nomme *Philosophie de la Nature* toute recherche qui a pour but de tout expliquer par un principe unique, d'où l'on déduirait *à priori* les lois et les phénomènes du monde; on a même imaginé un être prototype qui, en se développant, en se multipliant, obtient successivement, par ses innombrables variétés et espèces, toutes les créations du globe, jusqu'à l'homme lui-même, fleur dernière du grand arbre de la vie, et c'est la *Nature*. Évidemment, il y a là un Panthéisme déguisé. — On entend encore par *Nature* d'un être l'ensemble des propriétés qu'il tient de sa naissance et de son organisation, par opposition à celles qu'il peut devoir, soit à des causes accidentelles, soit à l'art. En ce sens on dira, en Médecine par exemple, que la *nature* vient en aide à la science pour la guérison des maladies, et, en Morale, qu'il faut vivre *conformément à la nature* ou selon la *loi de la nature*. Cette loi, qui n'est autre chose pour l'homme que la conformité de ses actes à ses besoins et à ses instincts bons ou mauvais, est souvent en contradiction avec les lois de la religion, de la vraie morale, et de la société. — Dans les Beaux-Arts, le mot *Nature* désigne tout modèle donné immédiatement par la nature, un être vivant ou un objet, d'après lequel on peut peindre, dessiner ou modeler, au lieu de prendre un dessin, un tableau, une statue.

NATURE (Le Poëme de la), poëme didactique latin, dans lequel Lucrèce a embelli des grâces et des magnificences de la poésie la plus ingrate et la plus triste des doctrines, l'Épicuréisme. Le poëme *De la Na***ture** (*De Naturâ rerum*) est en six livres. Au 1er, Lucrèce établit le principe fondamental de l'Épicuréisme, que rien ne naît de rien, et que les vrais éléments des êtres sont les atomes, éternellement agités dans l'infini du vide, sans que l'univers ait un centre commun. Au 2e, il explique la formation des corps par le mouvement et l'union des molécules invisibles, et professe l'opinion que les atomes roulant dans un infini sans limite, s'agrégeant et se désagrégeant sans interruption, les mondes sont à la fois innombrables et destructibles; il annonce même la fin du nôtre. Au 3e chant, le poëte étudie d'abord l'âme humaine, qu'il partage, pour ainsi dire, en deux moitiés: l'âme sensitive, éparse dans toute l'étendue du corps, et l'âme intellectuelle, qui réside dans le cœur; toutes deux par leur union forment le principe vital. Cette distinction établie, Lucrèce s'épuise en efforts stériles pour démontrer que l'âme, matérielle comme le corps, meurt avec lui, ou plutôt retourne se perdre, à leur séparation, parmi les atomes; il n'y a donc pas de vie future, selon lui, et les mortels ont tort de craindre un Enfer qui n'existe que dans le cœur des méchants. Le 4e livre est une étude sur les sens et sur la pensée, à laquelle se rattachent, assez naturellement dans ce système, la théorie des songes et celle de l'amour. L'auteur n'a traité que de l'amour des corps, en médecin autant qu'en poëte. Le 5e livre, le plus beau de l'ouvrage, malgré les erreurs qu'il renferme, présente, dans un magnifique langage, d'abord l'origine du monde, puis la marche de l'univers, la naissance des êtres animés produits par la terre, enfin l'histoire primitive de l'homme et de la civilisation. Jamais poëte n'a rendu plus éclatant hommage à l'esprit humain; on s'étonne qu'un philosophe matérialiste ait pu ressentir un pareil enthousiasme, en affirmant que l'intelligence de l'homme n'est qu'un mouvement de molécules aveugles et brutales. Au 6e livre, Lucrèce expose la physique épicurienne, la théorie des phénomènes météorologiques et terrestres. Ce sujet l'amène à peindre la peste d'Athènes, dont la peinture termine l'ouvrage. — Ce qui manque dans l'ensemble de ce poëme, c'est l'élégance, le respect et l'observation scrupuleuse des règles de l'art, et l'harmonie; mais les descriptions, notamment celles du 5e livre, où le poëte peint dans un style enchanteur la rudesse et la grossièreté des premiers hommes, offrent une grâce sauvage qui plaît infiniment. Ses raisonnements didactiques fatiguent et rebutent par leur sécheresse; néanmoins on y rencontre fréquemment des expressions pleines de vie, qui couvrent l'argumentation de fleurs inattendues, dit M. Villemain, des images fortes et gracieuses, une sensibilité touchante et expressive. N'oublions pas que Lucrèce avait à créer sa langue, et qu'il n'est pas moins glorieux pour lui d'avoir triomphé de la

pénurie de son idiome que de la stérilité d'une doctrine qui n'eût pas manqué de dessécher une imagination moins féconde et une sensibilité moins riche que la sienne: un art plus délicat, une langue plus souple dans ses formes, et plus harmonieuse dans ses tours, l'eussent rendu l'égal de Virgile. A. H.

NATURE MORTE (Tableaux de), nom qu'on donne en Peinture aux tableaux dont la partie principale se compose d'animaux tués ou morts, tels qu'oiseaux, gibier, poissons, etc., ou de végétaux cueillis ou arrachés.

NATUREL, qualité du style qui consiste à rendre les pensées et les sentiments avec aisance, sans effort et sans apprêt. Le naturel est le rapport parfait des sentiments et des mots avec la réalité. L'expression la plus belle perd tout son mérite, dès que le travail s'y laisse voir; car elle nous fait penser à l'auteur plus qu'au sujet dont il nous entretient, et la prétention qu'il semble avoir de se faire admirer nous fâche et nous porte à le juger plus sévèrement. « Au contraire, dit Pascal, nous sommes étonnés, ravis, enchantés, lorsque nous voyons un style naturel; c'est que nous nous attendions de voir un auteur, et nous trouvons un homme. » Comme le naturel n'est autre chose que la vérité, il est le caractère propre des grands génies. Les jeux de mots, les antithèses, les ornements travaillés, les inventions bizarres, sont la marque d'un esprit médiocre, faible ou faux. « On gagne beaucoup, dit Fénelon, en perdant tous les ornements superflus, pour se borner aux beautés simples, faciles, claires, et négligées en apparence. Pour l'éloquence et la poésie, comme pour l'architecture, il faut que tous les morceaux nécessaires se tournent en ornements naturels; mais tout ornement qui n'est qu'ornement, est de trop: retranchez-le, il ne manque rien; il n'y a que la vanité qui en souffre. Je veux un sublime si familier et si simple, que chacun soit d'abord tenté de croire qu'il l'aurait trouvé sans peine, quoique peu d'hommes soient capables de le trouver. Je préfère l'aimable au surprenant et au merveilleux. Je veux un homme qui me fasse oublier qu'il est auteur; je veux qu'il me mette devant les yeux un laboureur qui craint pour ses moissons, un berger qui ne connaît que son village et son troupeau, une nourrice attendrir pour son petit enfant. Je veux qu'il me fasse penser, non à lui et à son bel esprit, mais à ceux qu'il fait parler. » Le naturel cependant n'est pas ennemi de l'art, c.-à-d. de la méditation qui règle les inspirations de la nature. Les plus grands poètes, Virgile, Racine, travaillaient lentement, et corrigeaient souvent leurs écrits pour arriver à l'expression naturelle des sentiments qu'ils voulaient rendre. Le naturel peut s'acquérir par l'étude; c'est lui qui produit la facilité du style : mais il faut que le travail reste caché. Enfin celui qui veut être naturel ne saurait trop méditer cette maxime de Fénelon : « Que nos expressions soient les images de nos pensées, et nos pensées les images de la vérité. » H. D.

NATUREL, en Musique, se dit d'un ton ou mode qui n'emploie ni dièse ni bémol.

NATUREL (Droit). V. DROIT NATUREL.

NATUREL (Enfant). V. ENFANT.

NAUFRAGE (du latin *navis fracta*, navire brisé), perte d'un navire à la mer. Le capitaine d'un bâtiment marchand qui a fait naufrage est tenu de se présenter devant le juge du lieu où il a été jeté, d'y faire son rapport, de le faire vérifier par ceux de son équipage qui se seraient sauvés avec lui, et d'en lever expédition (*Code de Comm.*, art. 202). Tout capitaine de la marine de l'État qui a fait naufrage est appelé à rendre compte de sa conduite devant un Conseil de guerre. Il est passible de la peine de mort, si, quand il y a eu lieu d'abandonner le navire, il n'en est pas sorti le dernier. *V.* Lebeau, *Code des bris, naufrages*, etc., 1844, in-8°.

NAULAGE, mot de même sens que *Nolis*.

NAUMACHIE. *V.* ce mot dans notre *Dictionnaire de Biographie et d'Histoire.*

NAUTILE. *V.* BATEAU PLONGEUR.

NAUTIQUE (Art), science théorique et pratique de la navigation, comprenant la *manœuvre* et le *pilotage* (*V. ces mots*).

NAUTIQUE (Légion), corps qui fut formé, dans la campagne française d'Égypte, avec les matelots de la flotte.

NAUTIQUE (Théâtre), théâtre essayé installé à la salle Ventadour, et qui eut une très-courte existence. Il tirait son nom d'un bassin rempli d'eau qui occupait le dessous de la scène, et sur lequel, les planches ayant été enlevées, on voyait flotter une gondole.

NAVALE (École). *V.* ÉCOLE NAVALE, dans notre *Dictionnaire de Biographie et d'Histoire.*

NAVALES (Constructions). L'histoire de l'architecture navale commence aux temps très-reculés où l'homme, ayant vu un tronc d'arbre flotter sur les eaux sans être submergé, imagina d'en réunir plusieurs ensemble et d'en faire un radeau pour traverser ou descendre une rivière; mais il n'a pas fallu moins de quatre mille ans pour aller de la pirogue grossière du sauvage au magnifique vaisseau à trois ponts des Modernes. La nécessité de diriger sur les eaux les premiers assemblages de bois où l'homme osa monter, a fait inventer les rames, les voiles, le gouvernail; celle de s'abriter contre les intempéries de l'air fit ensuite ponter les navires. Les origines et les premiers développements des constructions navales sont assez peu connus. On ne peut rien tirer de certain des traditions relatives, soit à l'Arche de Noé (V. ARCHE), soit au navire Argo des Grecs. Les premières traces de l'art des constructions se trouvent chez les Phéniciens : les ingénieurs de Tyr firent école; ce sont eux qui apprirent aux Assyriens à faire des navires, et qui construisirent les flottes de Salomon sur la mer Rouge. Selon les Égyptiens, le dieu Osiris osa le premier construire des navires. Sésostris en fit faire un de bois de cèdre, long de 140 mèt., et qui avait pour doublage à l'extérieur, au lieu de cuivre comme aujourd'hui, des feuilles d'argent; ce navire avait trois mâts, trois tours où l'on plaçait des hommes armés d'arcs et de flèches pour tirer sur l'ennemi.

Les Grecs eurent des bâtiments de transport et des navires de guerre. Les Modernes ont donné à ces derniers le nom de galères, à peu près inconnu des Anciens, et qui, dérivé, suivant Ovide, du casque (galea) qui servait quelquefois d'ornement à la proue, fut fréquemment employé par les Grecs du Bas-Empire et par les historiens latins des Croisades. Les premières galères furent de simples bateaux découverts, portant, à la proue et à la poupe, des planchers où se plaçaient les soldats pour combattre; les plus petites avaient de chaque côté 10 rames, et les plus grandes 50. Leur fond était plat, leur carène peu renflée, leurs côtés en ligne droite, effilés et élancés à l'avant et à l'arrière. La longueur était de 7 ou 8 fois la largeur. La mâture, élevée, portait de longues voiles à antennes, qu'on surmontait d'une voile légère quand la brise soufflait doucement. On ne combattait jamais sous voiles, mais seulement à l'aviron, et, pour que les galères fussent plus légères, plus maniables, on les construisait en pin et en sapin. La force de ces navires consistait dans un éperon ou bec boitu en bois ferré qui armait la proue, et qu'on appuyait de deux épotides ou avant-becs en grosses poutres. Quelques-uns avaient deux gouvernails, l'un à l'avant, l'autre à l'arrière. Les vides qui se trouvaient entre chaque bordage étaient remplis d'une espèce de jonc marin, et l'on y faisait couler de la cire fondue avec quelques matières résineuses. Les hauts étaient garnis de claies d'osier entrelacées les unes dans les autres et recouvertes de peaux. Une ceinture renforçant la muraille du navire servait au point d'appui aux bancs des rameurs; ces bancs étaient leur lit pour la nuit, et les rames leur abri. — Telle fut la galère primitive. Les habitants de Thasos, les premiers, la couvrirent d'un pont ou plancher, qui mit les rameurs à couvert, et où l'on put combattre de pied ferme. Sur ce pont on disposa un nouveau rang de rames, et l'on eut la birème; puis on plaça sur ce même pont, sur des bancs un peu plus hauts, un 3e rang de rames, ce qui donna la trirème ou trière, le vaisseau de guerre par excellence chez les Grecs et les Romains. Les galères de ce dernier peuple eurent les extrémités pointues, dans la partie extérieure comme dans la partie plongée : elles se terminaient par une pièce de bois arquée où venaient aboutir les bordages, et cette pièce portait, comme de nos jours, une figure, un symbole. C'était ordinairement une tête d'oie qu'ils mettaient à la proue, peut-être en souvenir du Capitole sauvé. Sur le gaillard d'avant était une petite guérite, où se plaçait le second maître de l'équipage.

La trirème peut être considérée comme le type le plus parfait des constructions navales dans l'antiquité, et l'empereur Napoléon III en a fait exécuter à Paris, en 1860, un grand modèle, qui a navigué et fait voir, en pratique, la solution du problème : il a 40 mètres de longueur à la ligne de flottaison, 5m,50 de largeur, et porte 130 rames mues chacune par un seul homme. Dans la trirème antique, immédiatement au-dessus de la plate-forme qui servait de base à toute la construction, était la sentine ou cale, dans laquelle s'entassaient les vivres, les munitions, les cordages et les voiles de rechange : toute cette partie

plongeant dans la mer, l'eau qui s'y infiltrait était chassée avec des pompes. Le 1er étage de rameurs était à quelques pieds au-dessus de la ligne de flottaison : comme il était fort bas, les matelots étaient contraints de s'y tenir qu'assis, et, lorsqu'ils se levaient, dans une position inclinée, d'où leur vint le nom de thalamos (lit), et aux rameurs qui l'occupaient celui de thalamistes; on les appelait aussi coloboï (rames tronquées), parce qu'ils avaient les rames les plus courtes. Afin d'empêcher l'eau de pénétrer par les dalots ou ouvertures pratiquées dans la muraille pour le passage des basses rames, un manchon en cuir était cloué autour de chaque rame et contre le bord. Le second étage, appelé zygos, était occupé par les zygites, armés de rames plus longues, qui ne pouvaient gêner la chiourme inférieure : quand on naviguait à la voile, ces rameurs allaient aider à la manœuvre des antennes et des cordages du pont supérieur ou thranos. Ici étaient les thranites, marins d'élite, à la fois matelots, rameurs et soldats : s'il fallait faire voguer la trirème, ils maniaient les plus longs avirons; si l'on déployait les voiles, ils grimpaient le long des antennes; dès que le combat s'engageait, ils prenaient le casque, le bouclier et la pique pour repousser les assaillants, ou abordaient le navire ennemi, la hache à la main. Les trois rangs de rames de chaque côté du navire étaient disposés obliquement l'un au-dessus de l'autre. Sur le pont, vers l'arrière, il y avait une espèce de dunette (catastrômma), où logeaient les officiers et, par-dessus, un trône pour le capitaine et le pilote; sur la proue s'élevait une guérite pour protéger le contre-maître chargé de la manœuvre de l'avant, et où se tenait aussi le matelot en vigie. La proue était armée de l'éperon ferré et d'un bec d'airain à trois pointes : presque dans le prolongement de l'étrave, les Romains placèrent un mât perpendiculaire, portant le corbeau, espèce de pont-levis dont une extrémité tournait au pied du mât comme sur un axe, tandis que l'autre, attachée à la tête par une corde qu'on lâchait à volonté, pouvait s'abattre sur le navire ennemi et le clouer d'une énorme broche de fer dont elle était garnie. Au bout des antennes pendaient des grappins destinés aussi à accrocher l'ennemi, et des masses de plomb pour défoncer ses ponts; au sommet des mâts étaient des plates-formes d'où l'on faisait pleuvoir des pierres. Sur le pont de la trirème on installait des tours mobiles pour les archers, des catapultes, des balistes et autres engins de guerre. Afin qu'un seul coup d'éperon ne l'exposât pas à couler, la carène était partagée en plusieurs cases presque hermétiquement fermées; de cette manière, l'irruption de l'eau dans la cale ne pouvait être que locale. La manœuvre exigeait au moins 50 rameurs par étage; il fallait un long exercice pour obtenir un mouvement simultané des rameurs : une voix, un cri donnait la mesure, et souvent les notes d'une flûte marquaient la cadence.

Les écrivains de l'antiquité parlent de navires plus considérables que la trirème : la quadrirème, à 4 rangs de rames de chaque côté; la quinquérème ou pentère, à 5 rangs; la sextirème ou hexeris, à 6 rangs. Il y eut même l'octère de Memnon, la galère à 16 rangs de Démétrius Poliorcète, celle d'Hiéron à 20 rangs, et le palais flottant de Ptolémée Philopator, à 40 rangs de rames. Relativement aux rangs de rames, plusieurs représentations antiques qui sont parvenues jusqu'à nous ne permettent pas de douter qu'il y en eut jusqu'à cinq superposés : mais, au delà de ce chiffre, on ne peut plus croire que la disposition ait été la même. En effet, une rame maniée à une plus grande hauteur au-dessus de la surface de l'eau devrait être tellement inclinée pour toucher l'eau, que le manche ne serait plus à portée du rameur; ou bien, si elle était faite d'une longueur suffisante pour obvier à cet inconvénient, comme il faut de toute nécessité qu'elle soit fixée sur le touret à un tiers de sa longueur, la partie qui serait à bord irait fort avant et rendrait tout mouvement impossible. Il est donc naturel de penser que, quand les navires avaient plus de 5 rangs de rames, ces rangs étaient comptés, non dans une direction ascendante de la surface de l'eau au plat-bord, mais en long, par le nombre d'ouvertures à rames de l'avant à l'arrière.

Pour le moyen âge, les renseignements relatifs aux constructions navales ne sont ni nombreux ni suivis. On sait que Charlemagne avait des flottes pour s'opposer aux descentes des Barbares sur les côtes de son Empire; mais elles ne se composaient guère que de barques. Les hommes du Nord qui vinrent après lui se servaient de bateaux recouverts de peaux de bêtes. Le drakar (dragon) scandinave offrait au sommet de sa proue une figure sculptée en dragon, et avait dans sa forme quelque chose qui rappelait le serpent ; il était à fond plat, et tirait peu d'eau ; ses flancs étaient larges, et sa croupe vaste, de façon à prendre sur l'eau une assiette solide. Le *sekkar* différait peu du *drakar*; il était seulement moins long, moins haut et moins large. Les navires scandinaves n'avaient qu'un mât, avec girouette et quatre ou cinq haubans; les plus grands étaient pontés, et portaient sur la poupe un *château* (*V. ce mot*). Quand Alfred le Grand, roi des Anglo-Saxons, repoussa l'invasion des Danois, la construction navale prit plus de force et de grandeur : ses navires, très-longs, étroits et peu profonds, avaient le fond plat, peu de tirant, un seul mât, qu'on plaçait ou enlevait à volonté, 38 bancs de 4 rameurs à chaque bord, et un pont très-élevé, d'où l'on pouvait accabler l'ennemi. Sur la Méditerranée, la trirème romaine fit place à la *galère* (*V. ce mot* dans notre *Dictionnaire de Biographie et d'Histoire*), qui devint, entre les mains des Vénitiens, le navire de guerre par excellence. La *galiote*, la *galéace*, le *galion*, le *dromon*, la *chélande* (*V. ces mots*), furent des variétés de la galère, et l'on se servit encore pour le commerce, quelquefois aussi pour la guerre, des *caravelles* et des *carraques* (*V. ces mots*). Pendant les Croisades, on eut des carraques capables de porter jusqu'à 1,500 hommes d'armes avec leurs bagages. Mais l'emménagement était imparfait : sur le navire qui porta Louis IX en Égypte, les deux tiers des hommes étaient entassés dans les entre-ponts, et l'on couchait à deux dans l'emplacement destiné à un seul, l'un à la tête, l'autre aux pieds. Les chevaux étaient suspendus avec des sangles, et on les fouettait de temps en temps pour dégourdir leurs membres.

Même après l'invention de l'artillerie, les galères furent encore longtemps en usage dans la Méditerranée. Mais, depuis la découverte de l'Amérique, les navires propres à longer les côtes ne suffirent plus, et l'on se mit à construire des bâtiments qui pussent affronter et traverser l'Océan. Cette construction eut aussi son enfance et ses progrès. Primitivement, les navires de guerre n'eurent qu'un pont, sur lequel on plaçait des canons qui tiraient par-dessus le bord. Au XVIe siècle, on donna des embrasures aux canons en créant les sabords. On eut ensuite l'idée de recouvrir les batteries d'un plancher, pour mettre les canonniers à l'abri de la mousqueterie. Les navires grandirent peu à peu : une seconde batterie s'éleva sur la première, et enfin on arriva, sous Louis XIV, à faire des vaisseaux à trois ponts. Le premier fut construit en 1657 près de la Roche-Bernard en Bretagne, par un Dieppois, nommé Morin, et fut appelé *la Couronne*. Alors l'esprit humain s'arrêta, et, jusqu'au XIXe siècle, les découvertes se bornèrent à quelques améliorations : les vaisseaux prirent des formes plus élégantes, la carène s'amincit pour fendre l'eau avec plus de vitesse, le gréement s'allégea, la mâture s'éleva plus haut, les voiles présentèrent aux vents une surface mieux disposée. Vers la fin du XVIIIe siècle, le doublage en cuivre augmenta la promptitude et la sûreté de la navigation. Quand on eut la sécurité, on songea au confortable : on fit aux emménagements tout ce qui pouvait rendre le séjour des bâtiments plus agréable et plus sain.

Aujourd'hui, pour construire un navire, on commence par la *quille*, sur laquelle repose tout l'édifice, et qui est au bâtiment ce que l'épine dorsale est dans la charpente du corps humain. Puis, suivant des directions plus ou moins inclinées au bâtiment, on établit l'*étrave* et l'*arcasse*, c.-à-d. les pièces extrêmes de l'avant et de l'arrière. Ensuite on élève, dans des plans verticaux et perpendiculaires à la quille, les *couples* intermédiaires, qui sont comme les côtes, et l'on a la carcasse du navire. On la recouvre avec des planches plus ou moins épaisses, dites *bordages;* on lie les couples entre eux par de fortes pièces de bois nommées *baus;* on dispose les ponts en étages, on calfate les bordages avec de l'étoupe et du brai sec, on cloue des plaques de cuivre sur la partie qui reste immergée. Quand on lance le navire, on n'a plus qu'à lui donner ses mâts et ses agrès. — Les Modernes construisent leurs bâtiments tout en bois de chêne, à l'exception des ponts. Mais une des découvertes du XIXe siècle a été la substitution du fer au bois pour la coque : on remplace ainsi une matière végétale, dont la croissance demande de nombreuses années, dont la détérioration est rapide, et qu'il est de plus en plus difficile de se procurer, par une autre matière qu'on peut produire promptement et en masses considérables. V. le *Supplément*.

Le XIXe siècle a encore ouvert à la construction navale une voie nouvelle par l'application de la force élastique de la vapeur à la navigation (*V.* BATEAU A VAPEUR). L'énorme quantité de combustible consommée par la machine à vapeur s'opposant aux longs voyages, on a eu l'idée des vaisseaux mixtes, qui marchent ou tour à tour, ou simultanément à la voile et à la vapeur. La vapeur, employée d'abord à faire mouvoir des roues, puis des palettes, a été ensuite appliquée à un autre propulseur, l'hélice. Employée dès 1699 et 1743 par Duguet et Dubort pour mettre en mouvement des moulins, puis recommandée pour la navigation par le mathématicien Paucton en 1768, l'hélice n'a reçu que le dernier emploi que depuis 1823, époque où Delisle, capitaine du génie, proposa la vis évidée qui porte son nom. En 1832, Sauvage inventa l'hélice pleine, qui, modifiée en certains détails, est adoptée aujourd'hui. L'Anglais Smith en 1835 et le Suédois Éricsson en 1836 firent des essais heureux de navigation par l'hélice. Le premier vaisseau de guerre à hélice, le *Napoléon*, fut lancé au Havre en 1842. Ce propulseur a de grands avantages : la machine peut être entièrement placée au-dessous de la ligne de flottaison, et la vis est à l'abri soit des boulets, soit des avaries d'abordage; des batteries peuvent être établies dans toute la longueur du bâtiment; les navires à hélice, moins larges que les navires à roues, peuvent entrer dans des bassins qui ne recevraient point ces derniers; la vis, toujours immergée, fonctionne avec régularité, tandis que les roues, au milieu des mouvements de roulis et de tangage, s'agitent souvent dans le vide. *V.* BLINDAGE, au *Supplément*.

L'Antiquité avait fait des essais de constructions gigantesques, puisque le navire de Ptolémée Philopator, qui toutefois ne navigua jamais, avait 280 coudées de longueur, 480 de hauteur, 38 de largeur, et portait, dit-on, 4,000 rameurs, 4,000 matelots et 3,000 soldats. Les Modernes ont opéré des prodiges plus réels. De 1854 à 1857, les Anglais ont construit un immense bâtiment, appelé d'abord *Great Eastern*, puis *Léviathan*, et qui n'a pu effectuer le voyage d'Amérique qu'en 1860; au retour, il a subi d'effroyables avaries, qui dégoûteront peut-être d'une nouvelle tentative. Le *Léviathan*, long de 207 mèt., large de 25, a 18 mèt. de creux; il est divisé, par de fortes cloisons de tôle, en compartiments étanches de 18 mèt. de long. La coque, pour laquelle on a employé 7,110 tonnes de fer, est formée de deux bordages en tôle, l'un intérieur et l'autre extérieur aux membres, et séparés par un petit intervalle : c'est comme une coque plus petite, logée dans une coque plus grande d'un mètre, avec une infinité de cloisons transversales installées entre deux. Les roues à aubes et l'hélice reçoivent des moteurs, d'une puissance collective de 2,800 chevaux. Le diamètre des roues est de 17 mèt., celui de l'hélice de 6m,22. Six chaudières à vapeur sont destinées à la machine motrice de l'hélice, et quatre autres pour les roues à aubes. L'hélice pèse plus de 40 tonnes. Il y a 6 mâts, qui permettent de développer 5,184 mèt. carrés de toile. Le *Léviathan* a été emménagé pour recevoir 4,500 passagers, et pour porter 3,000 tonneaux de marchandises. Son poids, avec les machines, la provision de charbon, l'équipement et la cargaison, dépasse 26,000 tonnes métriques. Les plans du navire ont été donnés par Brunel fils, et la construction a été faite dans les chantiers de M. Scott-Russell à Millwal, sur la rive gauche de la Tamise, à la porte de Londres. *V.* David Le Roy, *La Marine des anciens peuples expliquée*, Paris, 1777, in-8c ; Jal, *Archéologie navale*, Paris, 1839, 2 vol. gr. in-8c ; *Glossaire nautique*, Paris, 1850, 2 vol. gr. in-8c ; *la Flotte de César*, Paris, 1861, gr. in-18; *Essai sur la construction navale des peuples extra-européens*, *collection de navires et pirogues, etc.* Paris, 1841 et suiv., in-fol. ; et *Traité de l'hélice propulsive*, 1855, gr. in-8c. B.

NAVARRE (Château de), à 2 kilomèt. d'Évreux. Construit en 1332 pour Jeanne de France, reine de Navarre et comtesse d'Évreux, remplacé en 1686 par un château moderne, que Mansard dessina pour le duc de Bouillon, habité pendant deux ans par l'impératrice Joséphine, il a été détruit en 1836. C'était un bâtiment carré à faces symétriques, décoré de perrons et de vestibules à colonnes, couronné d'un vaste dôme, et entouré d'un canal d'eau vive. Un parc superbe, des jardins charmants l'environnaient, et offraient avec profusion de belles eaux, des masses de verdure, des fleurs de toute espèce : l'*Ile d'Amour* et le *Jardin d'Hébé* étaient surtout agréables.

NAVARRE (Collège de). *V.* notre *Dictionnaire de Biographie et d'Histoire*.

NAVETTE (diminutif du latin *navis*), en latin eccléslastique *Incensorium* ou *Acerra*, petit vase de métal, ordinairement en forme de nacelle, où l'on met l'encens broyé pour le service de l'encensoir.

NAVIGATION (du latin *navis*, vaisseau), action de naviguer, de conduire un bâtiment. La science de la navigation se nomme *Art nautique* (*V. ce mot*). Eu égard aux moteurs qui font marcher le navire, on distingue la *Navigation à la rame*, la *Navigation à la voile*, et la *Navigation à vapeur*; c'est par abus de mots qu'on donne le nom de *Navigation aérienne* à l'art de diriger les aérostats. La navigation est un puissant moyen de transport, un agent actif et considérable des relations commerciales. Selon les parages où elle s'exerce, elle se divise en *Navigation intérieure*, sur les fleuves, les rivières, les lacs et les canaux, et *Navigation maritime* : celle-ci comprend la *Navigation côtière* ou *cabotage* (*V. ce mot*) et la *Navigation hauturière* ou *de long cours*, qui se fait en pleine mer. *V.* CAPITAINE AU LONG COURS. Pendant bien des siècles, les progrès dans la navigation furent lents. Les Grecs n'avaient pour se diriger que l'étoile polaire; souvent ils embarquaient avec eux des oiseaux, puis les lâchaient, pour servir de guides vers des îles ou un continent; c'est ainsi que les Argonautes avaient emmené dans leur expédition une colombe. On côtoyait les rivages; chaque baie, chaque crique était un port contre la tempête. Les voyages des Phéniciens dans l'Océan n'étaient que des circumnavigations de plusieurs années. L'invention et les perfectionnements de la boussole à la fin du moyen âge permirent aux marins de s'éloigner des côtes, et il devint facile alors de diriger les navires à travers l'Océan. *V.* Bouguer, *Traité du navire*, 1746, in-4°; — *de la navigation*, 1753, in-4°; — *de la manœuvre*, 1757, in-4°; Bezout, *Traité de navigation*, dans son *Cours de mathématiques*, 1781-82, 6. vol. in-8°; Romme, *l'Art de la marine*, 1787, in-4°; Bonnefoux, *Séances nautiques*, 1824, in-4°; Bourdé de Villehuet, *le Manœuvrier*, 3e édit., 1814, in-8°; Poterat, *Théorie du navire*, 1820, in-4°; Gilbert, *l'Art de la navigation par la vapeur*, 1820, in-4°; Ravinet, *Dictionnaire de la navigation*, 1824, 2 vol. in-8°; Dutens, *Histoire de la navigation intérieure de la France*, 1829, 2 vol. in-4°; Maiseau, *Répertoire universel du commerce et de la navigation*, 1837, in-8°; *Dictionnaire universel du commerce et de la navigation*, publié par Guillaumin, 1861-62, 2 vol. gr. in-8°.

NAVIGATION (Acte de). *V.* ACTE DE NAVIGATION, dans notre *Dictionnaire de Biographie et d'Histoire*.

NAVIGATION (Droit de), droit perçu par l'État sur la partie navigable et flottable des fleuves et rivières, pour subvenir aux frais de leur entretien. Chaque bateau, préalablement jaugé, est imposé par chaque myriamètre parcouru, en raison de sa charge réelle en tonneaux de mer (1,000 kilogr.). Tout batelier ne peut naviguer, s'il n'est muni de la copie du procès-verbal de jaugeage, et d'un laisser-passer si le droit est acquitté au départ, ou d'un acquit-à-caution si la taxe n'est perçue qu'au moment de l'arrivée. On peut souscrire des abonnements pour le droit de navigation. Chaque grand bassin de la France est divisé en *arrondissements de navigation*, dans chacun desquels il existe des bureaux de perception. Les contestations relativement au payement des droits sont jugés par les Conseils de préfecture. — Les droits perçus sur la navigation maritime sont, outre ceux de *francisation* et de *tonnage* (*V. ces mots*) : le droit d'*expédition*, dû par le seul fait de l'entrée dans un port de France (pour les navires français, 2 fr. jusqu'à 150 tonneaux, 5 fr. jusqu'à 300, 15 fr. au-dessus; étrangers, 18 fr. jusqu'à 200 tonneaux, 36 fr. au-dessus); le droit d'*acquit* (0 fr. 50 c. pour les navires français, 1 fr. pour les étrangers); le droit de *congé* (1 fr. pour les navires non pontés de 30 tonneaux au plus, 3 fr. pour les navires pontés de même tonnage, 6 fr. pour les navires qui ont plus de 30 tonneaux); le droit de *passe-port* (1 fr.); le droit de *permis*, à chaque embarquement et débarquement de marchandises (0 fr. 50 c. pour les bâtiments français, 1 fr. pour les étrangers); le droit de *certificat* (même taux), pour tout certificat destiné à être produit en justice. — Les bateaux qui transportent des voyageurs sont soumis au droit de dixième. *V.* Lalou, *Manuel réglementaire et pratique de la navigation intérieure*, 1858, in-8°; Grangez, *Traité de la perception des droits de navigation*, 2e édit., 1854, in-8°.

NAVIRE (du latin *navis*), tout bâtiment propre à naviguer, quels qu'en soient le volume, la forme et les usages. Les navires de la marine militaire, à voiles ou à vapeur, se divisent, suivant leur force, en diverses classes : *vaisseaux de ligne*, *frégates*, *corvettes*, *avisos*, *bricks*, *flûtes*,

goëlettes, *bombardes*, *canonnières*, *cutters*, *lougres*, *sloops*, *batteries flottantes*, etc. (*V. ces mots*). Dans la marine marchande, quelques navires portent les mêmes noms que dans la marine de l'État, comme les *bricks*, les *goëlettes*, etc.; on y emploie, en outre, les dénominations de *paquebots*, *steamers*, *steamboats* (*V. ces mots*). Les navires servant à la navigation fluviale n'ont pas de quille, mais un fond plat, afin de ne pas avoir un trop fort tirant d'eau; il leur faut un gouvernail très-large, car, en raison de leur faible tirant d'eau, un gouvernail ordinaire serait impuissant à les gouverner; lorsqu'ils sont pontés, ils portent un mât dont la voile ne sert que le vent arrière. Les navires destinés à la mer sont pourvus d'une quille fine et solide qui leur permet de fendre l'onde, d'un gouvernail étroit, mais long, et doué d'une action sûre, enfin de plusieurs mâts, dont la voilure constitue leur appellation générique. *V.* NAVALES (Constructions).

Le *Code de commerce* (art. 190) range les navires dans la classe des meubles, et cependant les affecte au payement de certaines créances privilégiées (art. 191). Les navires sont soumis à une inscription spéciale : quiconque en fait construire doit faire sa déclaration au bureau de la douane du port où sont les chantiers, puis la renouveler à la fin des travaux, non-seulement au même bureau, mais au commissariat de la marine, et indiquer le port auquel il désire attacher sa nouvelle propriété. On peut plus tard changer le port d'attache, mais en faisant une nouvelle soumission. Le propriétaire doit déclarer le nom qu'il donne à son bâtiment, et ce nom ne peut être changé à l'avenir (Loi du 5 juillet 1836). Au-dessous de 30 tonneaux, les navires doivent porter à la poupe, sur fond noir et en caractères blancs, un numéro et les marques du port auquel ils appartiennent : au-dessus de 30 tonneaux, ils portent leur nom et celui de leur port en lettres de 10 centimèt. de hauteur, et un décret de vendémiaire an XII (sept. 1803) porte une amende de 3,000 fr., si le nom est effacé, couvert ou changé. Le jaugeage du bâtiment est gravé sur les faces arrière et avant du maître-bau, pour servir de base à la perception des droits. On ne peut naviguer sans avoir pris un acte de francisation (*V. ce mot*). Un navire perd sa nationalité, quand il devient la propriété d'un étranger pour plus de la moitié de sa valeur. Tout navire, chaque fois qu'il prend charge, est soumis à une visite d'experts, dont le procès-verbal est déposé au tribunal de commerce, ou, à son défaut, au greffe de la justice de paix, et le capitaine doit avoir une expédition de ce procès-verbal.

NAYADES. *V.* NAÏADES.

NEBEL, instrument de musique. *V.* NABLA.

NÉBULES, ornement architectural de l'époque romane et de transition, formé par des festons pendants, ondulés et arrondis. Il décore les larmiers des corniches, et quelquefois des moulures d'archivoltes.

NÉCESSITÉ (La), déesse allégorique. *V.* notre *Dictionnaire de Biographie et d'Histoire*.

NÉCESSITÉ, terme de Philosophie qui s'applique aux idées et aux faits. Dans les idées, le *nécessaire* est le contraire du *contingent* (*V. ce mot*). Dans les faits, la *nécessité* est le contraire de la *liberté*; elle consiste dans l'impossibilité, pour ce qui arrive, de ne pas arriver, ou d'arriver d'une manière différente.

NÉCESSITÉ (Pièces de), nom donné, en Numismatique, aux monnaies frappées lorsqu'il y a manque de métaux précieux, et faites, soit en objets sans valeur, soit en un métal auquel on donne une valeur nominale bien au-dessus de sa valeur réelle. Leur émission repose uniquement sur le crédit de celui qui les met en circulation. — Parmi les pièces de nécessité il faut ranger en première ligne la *Monnaie obsidionale* : c'est une monnaie de cuivre ou de nickel, que le commandant d'une place soutenant un long siége fait fabriquer pour le besoin de la garnison, et à laquelle il donne un cours forcé. Elle ne se compose que de billon, et la valeur, tout arbitraire, que le commandant lui assigne, est très-supérieure à sa valeur intrinsèque. Cette monnaie n'a qu'un cours provisoire, dont la durée est celle du siége; alors elle doit être retirée de la circulation, et remboursée en monnaie légale courante du pays. *V.* Duby, *Recueil général des pièces obsidionales et de nécessité*, Paris, 1786; Reider, *Essai de description des pièces de nécessité frappées depuis plusieurs siècles*, Halle, 1806.

NÉCROLOGE (du grec *nékros*, mort, et *logos*, discours), livre-registre sur lequel on inscrit les noms des morts. Dès les premiers temps du christianisme, chaque église inscrivit dans son *Nécrologe* ou *Obituaire* (du latin *obitus*,

décès) le nom, la date de naissance et de décès des évêques, des chanoines, des prêtres, des bienfaiteurs du
clergé; les couvents d'hommes et de femmes adoptèrent
à leur tour cette coutume pour les abbés, les prieurs, les
religieux, etc. Primitivement on donnait lecture du Nécrologe pendant la messe, pour rappeler les personnages
en faveur desquels des prières étaient adressées à Dieu :
il en est encore ainsi maintenant dans quelques églises
coptes et syriaques. Mais, en Occident, la longueur des
énumérations fit que le diacre ou le sous-diacre les lut
rapidement et à voix basse, et, finalement, qu'on les remplaça par le simple *Memento* des vivants et des morts.
Dans les monastères, la lecture du Nécrologe fut renvoyée à l'office de Prime. — Chez les Modernes, les publications destinées à faire connaître, au moment de leur
mort, les personnages dont le nom mérite d'être conservé, ont reçu le nom de *Nécrologes*. Tels furent : le
Nécrologe des hommes célèbres de France, de 1764 à 1789,
17 vol., publié par Palissot, Lalande, François de Neufchâteau, etc.; l'*Annuaire nécrologique*, de Mahul; le
Nécrologe allemand de Schlichtegroll, commencé en
1790; le *Nécrologe*, entrepris en 1853 par Breton, Acq-
uin et Combes. Dans les derniers jours de décembre,
certains journaux donnent, sous le titre de *Nécrologie*,
la liste des personnes notables qui sont mortes dans
l'année.   B.

NÉCROPOLE. V. ce mot dans notre *Dictionnaire de
Biographie et d'Histoire*.

NÉERLANDAIS (Idiome). Cet idiome, parlé au moyen
âge en Flandre, en Hollande et dans le Brabant, n'est,
selon Grimm, que le bas allemand, mais cultivé de bonne
heure, et enrichi par l'influence du commerce. Il a donné
naissance au *flamand* et au *hollandais*, qui n'étaient pas
d'abord distincts, et auxquels on donnait le nom commun de *duitsch* (teuton); c'est encore le nom que les
Brabançons donnent à leur langue, et par lequel les Anglais désignent le hollandais.

NEF (du latin *navis*), mot usuel au moyen âge pour
désigner le navire. — On l'a aussi appliqué, dans le
même temps, à un surtout d'orfèvrerie qu'on plaçait sur
la table des rois et des grands seigneurs, et qui contenait
les épices, certains vases à boire, les cuillers, les couteaux à découper.

NEF, partie des églises qui s'étend depuis le chœur jusqu'à la porte principale, et qui offre assez d'analogie avec
la coque renversée d'un navire. On distingue la *nef majeure* ou *grande nef*, qui est celle du milieu, et les *nefs
mineures*, qui sont de chaque côté, et qu'on nomme aussi
collatéraux ou *bas côtés*. La division primitive et naturelle des églises est en trois nefs : quand les chrétiens
adoptèrent les basiliques antiques pour les consacrer au
culte divin, ils les trouvèrent généralement partagées en
trois longues galeries, dont ils conservèrent la disposition. D'autres galeries régnaient au-dessus de celles-là :
quelques églises, comme les cathédrales de Paris et de
Tournai, les églises de Noyon, de Laon, de St-Remi à
Reims, de St-Étienne à Caen, en offrent de semblables. Les
hommes, primitivement séparés d'avec les femmes, occupaient la grande nef et le collatéral de droite du rez-de-
chaussée, qui, pour cette cause, fut souvent, à l'époque du
Bas-Empire, construit plus large que celui de gauche, réservé aux femmes. Les galeries du premier étage étaient
destinées aux vierges et aux veuves. Au XIIIᵉ siècle on les
supprima pour donner plus d'élévation aux collatéraux. Les
nefs communiquent entre elles par de larges arcades, que
soutiennent des piliers ou des colonnes de formes variées,
et les voûtes que ceux-ci supportent sont souvent d'une
hardiesse étonnante. Lorsque l'édifice se termine absida-
lement par un mur plat, des autels font souvent face aux
nefs latérales; mais souvent aussi celles-ci se terminent
en *déambulatoire* tournant autour du chœur et donnant
entrée dans de nombreuses chapelles absidales. Les murailles sont, à l'époque romane, percées de fenêtres
étroites qui laissent de larges parois à la peinture murale. Vers le XIIIᵉ siècle les fenêtres s'allongent, sans
s'élargir encore beaucoup. La nef centrale, toujours plus
élevée que les collatéraux, porte un rang supérieur de
hautes fenêtres, que viennent garnir les vitraux à grands
personnages, tandis que les vitres légendaires sont réservées pour les nefs mineures. Au XIVᵉ siècle, on commence à percer les murs latéraux des basses nefs pour y
loger des chapelles, et, au XVᵉ et XVIᵉ, ces chapelles forment un cordon continu tout autour de l'église. Bien plus,
tandis que, dans les premiers temps, le nombre des nefs
était fixé à trois, et que souvent même, pour des églises
d'assez grande importance, comme la cathédrale d'Angers,

on se contentait d'une seule nef, on porta le nombre des
nefs à cinq, comme aux cathédrales de Paris et de Bourges; on alla même jusqu'à sept, notamment à la cathédrale d'Anvers. — Les basses nefs n'étaient pas nécessairement ouvertes par des porches; le nombre de ces
entrées était laissé au gré de l'architecte, qui les propor-
tionnait soit au nombre des fidèles, soit aux dispositions
intérieures de l'église. En l'absence de porches, on terminait les collatéraux en façade par des fenêtres qui présentaient une gracieuse perspective. — Les églises des
Ordres mendiants offraient cette particularité qu'elles
n'avaient pas de nef majeure et une nef mineure, pour
montrer leur pauvreté ressortant même de leur église incomplète. Quelques paroisses réellement pauvres avaient
la même disposition. — Les nefs latérales ont reçu quelquefois une ou plusieurs entrées sur leurs flancs; mais
il n'y a pas de règles à ce sujet. Une pareille disposition
dut dépendre des exigences du service. Les grandes nefs
restèrent longtemps sans être voûtées, laissant apercevoir
la charpente de la couverture, ou bien elles reçurent une
voûte en bois; vers le XIIIᵉ siècle on commença à leur
donner une voûte de pierre.   E. L.

NEF (AVANT-), partie des anciennes églises chez les Grecs,
située à l'entrée, avant la nef, et appelée dans les auteurs
prior porticus (premier portique), *pronaos*, et *narthex*.
Sans parler de l'antique abbatiale de Cluny, il existe une
disposition semblable dans les églises de Vézelay, de
St-Père, de Notre-Dame de Dijon.

NEFYR, sorte de trompette des Arabes. On en tire des
sons aigus et criards.

NÉGATION, en Grammaire, mot qui sert à nier. Tels
sont, en français, *non*, *ne*, *ni*. *Non* s'emploie dans les
réponses : « Est-il venu? — *Non;* » ou bien au commencement des phrases renfermant une négation sur laquelle
on veut insister avec force : « *Non*, l'homme n'est pas
aussi pervers que vous le supposez. » Il s'emploie encore
devant un adjectif, un participe, un adverbe, un substantif, auxquels on veut donner une valeur négative :
« Livres *non* réédités, *non* loin d'ici, etc. » Il entre comme
particule négative dans la composition d'un petit nombre
de mots, comme *nonchalant*, *non pareil*, *non-activité*,
nonobstant. — *Ne* s'emploie seulement avec les verbes :
« Je n'ose, je ne puis, il n'y a... », et après beaucoup de
verbes ou de locutions qui expriment une idée négative,
ou obstacle, empêchement, crainte, restriction, etc. :
« La pluie empêchait qu'on *ne* se promenât. — Je crains
qu'il *ne* pleuve. — Prenez garde qu'il *ne* sorte. — Peu
s'en fallut qu'il n'interrompît Mentor. — Mais il s'en faut
bien qu'il *ne* le fasse. »

La locution française *ne... que* est le résultat d'une ellipse facile à suppléer : « Je n'ai trouvé *que* ces deux
livres, » c.-à-d. « Je n'ai trouvé autre chose ou d'autres
livres que ces deux livres. » Il équivaut donc à l'adverbe
seulement. Dans l'ancienne langue, on ajoutait quelquefois *pas* ou *point;* les exemples en sont nombreux dans
Amyot, et l'on en trouve encore dans Corneille :

Ils *ne* l'auront *point* vue obéir *qu*'à son prince.

c.-à-d. « Ils ne l'auront point vue obéir à d'autres qu'à son
prince. » Cette locution, qui n'est plus usitée depuis deux
siècles, est fort logique. Aujourd'hui on dit et même on
imprime des phrases telles que celle-ci : « Il n'y a *pas
que* lui qui pense ainsi; » cela veut dire : « Il n'y a *pas
d'autre homme* que lui qui pense ainsi; » mais on prend
cette locution dans un sens tout contraire, pour dire :
« Il n'y a *pas seulement* lui, il n'est pas *le seul* qui pense
ainsi. » C'est faire une lourde faute; car le mot *que* tout
seul ne peut signifier *seulement*, sans qu'il réside dans
les deux mots réunis *ne que;* de plus le mot *pas* ne saurait
faire une double négation avec *ne; ne pas* équivaut absolument à *ne* : « Je *ne* puis le faire, je *ne* peux *pas* le
faire. »   P.

NÉGOCIANT, celui qui fait le commerce en gros, qui
traite les grandes affaires, sans avoir ni boutique ouverte,
ni étalage, ni enseigne, et généralement celui qui a des
relations étendues avec les pays lointains. V. COMMER-
ÇANT, COMMERCE.

NÉGOCIATION, en termes de Banque, commerce des
billets et lettres de change. La loi du 20 vendémiaire
an IV (11 oct. 1795) défend toutes négociations en blanc
de lettres de change et autres effets de commerce à ordre;
mais elle est tombée en désuétude. Les agents de change
ont seuls le droit de négocier les effets publics et autres
susceptibles d'être cotés à la Bourse.

NÈGRES (Traite des). V. ESCLAVAGE, dans notre *Dictionnaire de Biographie et d'Histoire*. — Dans les États

noirs, libres, tels que Haïti, par exemple, *nègre* est une injure : il faut dire d'un citoyen : il est *noir*.

NÉGRIER, bâtiment qui fait la traite des nègres sur la côte d'Afrique. L'entre-pont est dégagé, pour qu'on puisse y entasser beaucoup d'esclaves, et percé de meurtrières dans sa partie supérieure, pour tirer sur eux en cas de révolte.

NEI, flûte faite de roseau, en usage chez les Turcs.

NEIGES. *V.* GLACES ET NEIGES.

NEITH, divinité de l'ancienne Égypte. On la représentait coiffée du *klaft*, partie inférieure du *pschent* ou tiare royale et emblème de la basse Égypte. Elle tenait un sceptre à fleur de lotus.

NÉMÉENNES (Les), recueil d'odes composées par le poëte grec Pindare en l'honneur de ceux qui avaient remporté des prix dans les Jeux Néméens (*V.* ce mot dans notre *Dictionnaire de Biographie et d'Histoire*).

NÉMÉSIS, déesse du châtiment chez les anciens Grecs. Elle était l'expression du système de rémunération établi pour les actes humains : de là l'air grave et sérieux de ses simulacres ; de là aussi la mesure (la coudée) placée entre ses mains, ainsi que le frein et le joug qui lui servent d'attributs. Certaines médailles de Smyrne la montrent avec les attributs de la vertu, ayant quelquefois le bras gauche levé et un doigt sur sa bouche. L'épée et le fouet placés dans ses mains font allusion aux vengeances dont elle était l'instrument. On l'a aussi représentée avec des ailes et sur une roue, comme la Fortune.

NÉMÉSIS, titre donné par le poëte Barthélemy à un recueil des satires politiques en vers, et très-violentes, qu'il publia hebdomadairement à Paris en 1831 et 1832. On en fit 1 vol. in-8°, Paris, 1833.

NÉNIES, poëme funèbre à la louange d'un mort, chanté dans l'atrium de sa maison au son des flûtes et de la lyre, par une chanteuse et pleureuse à gages appelée *præfica*. Ce mot s'est appliqué aussi à des chants tristes quelconques ; ainsi, Horace désigne les élégies de Simonide de Céos par les mots *Cea nenia*. L'ode du poëte latin sur la mort de Quintilius,

Quis desiderio sit pudor aut modus.
* HOR., Od. I, 24.

est une très-belle nénie. Comme les nénies étaient presque toujours médiocres, on en donna le nom aux cantilènes populaires, et même aux rondes d'enfants. P.

NÉOGRAPHE (du grec *néos*, nouveau, et *graphein*, écrire), partisan ou promoteur d'une nouvelle manière d'écrire les mots, ou de nouveaux signes pour marquer avec précision les nuances de prononciation communes à une même lettre. Le premier qui songea en France à établir un système orthographique fut Geoffroy Tory, en 1529, dans son *Art et science de la due et vraie prononciation des lettres proportionnées selon le visage et le corps humain*. En 1530, Palsgrave inventa l'accent aigu. Vers le même temps, Florimond introduisit l'usage de l'apostrophe. Jacques Dubois, se fit le réformateur de l'alphabet, imagina des marques de lettres, des accents, des tirets, le tout pour rendre l'écriture conforme à la prononciation. Meigret, de Lyon, imagina la cédille, et publia en 1545 son *Tretté de la Grammere françoëse*, premier essai systématique d'une réforme de l'orthographe : parmi bon nombre de bizarreries, quelques détails sont judicieux. La voie était ouverte, et de siècle en siècle on vit se succéder une foule de néographes proposant des systèmes tout aussi bizarres, et à peu près tout aussi puérils et stériles que ceux de Geoffroy Tory, Palsgrave, etc., et poursuivant la chimère de faire de l'orthographe l'image de la prononciation ; nous nommerons Jacques Pelletier, en 1550, qui donna un *Dialogue de l'ortografe e prononciacion françoëse* : Ramus, *Gramere fransoese*, 1562 ; Expilly, *L'orthographe françoise selon la prononciation de notre langue*, Lyon, 1618 ; Lesclache, *Véritables règles de l'ortografe franceze, ou l'art d'aprandre an peu de tems à écrire côrectement* : c'était un Auvergnat, on le voit de reste. En 1675, un certain Bérain proposa d'écrire *ai* au lieu de *oi*, partout où cette syllabe devait sonner comme *ai* : il échoua, et cette réforme ne commença de se répandre qu'au XVIIIᵉ siècle, quand Voltaire l'eut adoptée. L'Académie française continua de la repousser, et ne l'a admise qu'en 1835, dans la 6ᵉ édition de son Dictionnaire. L'abbé de Saint-Pierre, l'abbé Dangeau, Du Mas, auraient voulu qu'on eût dans l'écriture autant de figures que de sons et d'articulations ; que les lettres, employées à d'autres fonctions que celles qu'elles ont ordinairement, reçussent une marque distinctive, etc.; c'était proposer de ravaler la langue française jusqu'à la langue chinoise. Enfin presque tous les réformateurs de l'orthographe furent plus ou moins atteints d'extravagance, et parmi eux on a le regret de compter Beauzée et Duclos. *V. le mot suivant.* P.

NÉOGRAPHIE et NÉOGRAPHISME, innovation dans la manière d'écrire les mots. Il n'y a pas de langue dont l'orthographe n'éprouve des révolutions, souvent amenées par le changement de la prononciation, d'autres fois nécessitées par le besoin de mettre l'orthographe en harmonie soit avec l'étymologie, soit avec la physionomie générale de la langue à certaines époques de son développement. Au XIIᵉ siècle, alors que le français commence à prendre une physionomie bien déterminée et assez différente de celle qu'avait eue la langue dite *romane* (VIIIᵉ-XIᵉ siècle), la manière d'orthographier les mots, quelle qu'ait pu être leur prononciation, doit avoir eu de grands rapports avec l'orthographe latine, comme on le voit par les mots *paor, paour* (*pavor*), *i* (*ibi*), *u* (*ubi*), *com* (*cum* ou *quomodo*), etc. Il se prononçaît sans doute encore comme dans le latin et dans les langues méridionales : de là le mot *tut*, aujourd'hui *tout*, *u* aujourd'hui *ou*. On trouve au singulier, dès cette époque reculée, des consonnes, caractéristiques de l'étymologie, supprimées à titre de muettes : *li cors, set homs* (les corps, *corpus*, sept hommes, *septem*, etc.). Jusqu'au XVᵉ siècle, il n'y eut pas plus d'unité dans l'orthographe qu'il n'y en avait dans la prononciation et dans l'organisation politique. L'invention de l'imprimerie sembla devoir amener plus d'ordre et de fixité ; mais l'étude à peu près exclusive des auteurs anciens introduisit en même temps une confusion d'un autre genre ; les érudits et les grammairiens prétendirent qu'il fallait calquer l'orthographe des mots d'origine latine ou grecque sur celle que l'on trouvait observée dans les manuscrits. C'est à eux que l'on doit ces formes bizarres : *paulpierre* (*palpebra*), *paulme* (*palma*), etc.; ils faisaient un pléonasme de lettres, *u* représentant *l*, et *paume* équivalant à *palme*, etc. Quant à *scavoir*, on lui donnait plus maladroitement encore un *c*, qui ne se trouve pas dans l'original *sapere* : on songeait à *scire*, qui n'a fait que *escient* et *science*. Les écrivains proprement dits et le public voulaient s'en tenir à la tradition de l'usage tel qu'on l'avait eu au XIVᵉ siècle, où l'orthographe fut en général assez raisonnable, et se rapprochait beaucoup de celle qui est adoptée aujourd'hui. Malheureusement cet usage variait de province à province, et suivait plus ou moins l'analogie des prononciations dialectiques ; et cette divergence donnait gain de cause à l'orthographe surchargée des érudits, qui avaient pour eux les imprimeurs, presque tous érudits eux-mêmes. Entre ces deux partis se placèrent de prétendus novateurs qui proposèrent, pour concilier tous les avis, d'introduire une orthographe conforme à la prononciation réelle, toutes les fois que les lettres étymologiques étaient muettes. Leur système, repris en partie au XVIIᵉ siècle par les Précieuses, qui s'inquiétaient peu des étymologies, finit par triompher dans les mots *trésor* au lieu de *thrésor*, *écrire* au lieu de *escrire*, *écriture* au lieu de *escripture*, *etc.* Quant aux lettres doubles, le désordre qui avait toujours existé depuis l'origine de la langue continua, et l'on écrit encore, avec une bizarrerie inexplicable, *honneur* et *honnête* en même temps que *honorer*, *honorable* (*honor*, *honestus*, *honorare*), etc.

La néographie, renfermée dans de justes bornes et introduite avec circonspection, peut donner à notre langue une orthographe plus généralement logique et naturelle, et faire disparaître d'inutiles difficultés souvent rebutantes. Il ne s'agit que d'écarter les réformes absolues et, à ce titre, presque toujours déraisonnables. Il est bon, en général, de tenir compte de l'étymologie, mais mieux encore de la dérivation ; ainsi, il est très-légitime de maintenir *ps* dans *corps*, non pas tant à cause du latin *corpus*, qu'à cause des dérivés *corporel*, *corporation*, d'une part, et *corsage*, *corset*, *corselet* d'autre part, etc. Ce qui a fait échouer les réformateurs excessifs qui ont prétendu mettre l'écriture dans une harmonie absolue avec la prononciation, c'est qu'ils ne tenaient compte ni de l'étymologie, ni de la dérivation, ni par conséquent du sens des mots. Enfin, pour une réforme, même raisonnable, quelle est l'autorité reconnue assez infaillible pour la proposer, et assez puissante pour la faire adopter ? P.

NÉOLATINES (Langues), c.-à-d. *langues latines nouvelles*, nom donné aux idiomes nés de la déformation du latin dans les siècles qui suivirent la chute de l'Empire romain jusque vers le XIIᵉ siècle. Ce sont l'italien, le provençal, le français, l'espagnol, le portugais, le valaque, et le roumanche ou roman-helvétique. Ce qui frappe surtout lorsque l'on compare philologiquement ces langues sœurs à leur mère commune, c'est le grand nombre de syncopes et de contractions subies par les mots, la suppression ou l'altération plus ou moins profonde des désinences de déclinaison et de conjugaison. Ce resserrement de syllabes s'observait déjà dans la langue populaire des anciens Romains et dans la prononciation des provinciaux. Après la dissolution de l'Empire d'Occident, la violation des règles, soit d'accord, soit de régime, devint habituelle; et lorsque toute étude littéraire sérieuse eut peu à peu disparu, la langue populaire, sous toutes ses formes dialectiques et locales, fut la seule qui eut cours, et le petit nombre d'écrivains que l'on compte à partir du milieu du vi⁰ siècle se virent obligés de l'adopter pour être compris du public, comme Grégoire de Tours en fait l'aveu explicite; encore le style de cet écrivain doit-il être relativement élégant. Or, c'est de cette langue de plus en plus irrégulière, confuse et défigurée, qui s'appelait le *romain* ou *roman*, quelquefois *langue rustique*, que sont nées insensiblement les langues néolatines, et non pas de l'ancien latin littéraire, qui ne devait exercer d'influence sur ces langues et sur leur littérature qu'à l'époque de la Renaissance, à la fin du xv⁰ siècle et au xvi⁰. Les caractères distinctifs des langues néolatines, comparées à l'ancien latin, sont : l'existence de l'article, inconnu à celui-ci; l'emploi fréquent des verbes auxiliaires pour marquer les temps passés de l'actif autres que l'imparfait et le parfait défini; l'absence de toute conjugaison passive; la construction plus directe, plus uniforme, moins périodique et moins savante, des phrases; l'emploi à peu près constant, surtout en français, des pronoms sujets devant les verbes; la multiplicité des prépositions; l'emploi bien moins fréquent des particules de liaison entre les phrases et les membres de phrase; un souci moins grand du rhythme proprement dit que de la netteté des idées, du style, et de l'expression. **P.**

NÉOLOGIE (du grec *néos*, nouveau, et *logos*, parole), invention et usage de termes *nouveaux*, ou emploi des termes anciens dans un sens inusité jusque-là. La néologie n'est légitime que lorsqu'un terme nouveau est exigé par le développement et le renouvellement des idées, et qu'il épargne une périphrase. L'histoire littéraire de tous les peuples nous montre la tendance à la néologie d'autant plus marquée que la décadence du goût fait plus de progrès; aux époques où il règne encore, cette stérile abondance trahit un génie médiocre, une imagination déréglée, une connaissance imparfaite du génie de la langue. La néologie du xvi⁰ siècle a un caractère particulier qui s'est maintenu depuis : les mots empruntés au latin conservent la physionomie qu'ils ont dans cette langue à la lecture, au lieu que les mots du moyen âge, formés primitivement du latin parlé, s'écartent davantage des formes latines littéraires. Amyot, par sa traduction de Plutarque, introduisit dans l'usage un grand nombre de mots et de locutions qu'il dut créer, pour exprimer les usages de l'antiquité, ou reproduire plus fidèlement une image brillante, une phrase expressive de son original. On dut aussi à Rabelais et à Montaigne quantité de locutions heureuses qui sont restées. Mais une bonne partie de ces acquisitions se trouva perdue dès le commencement du xvii⁰ siècle, et Vaugelas en exprime son regret. Toutefois un assez grand nombre d'expressions et de locutions nouvelles s'introduisirent alors; tels sont les mots *féliciter*, *doué*, *insulter*, *indicieux*, *sécurité*, *transfuge*, *pudeur*, *bravoure*, *prosateur*, *souveraineté*, *vénération*, *ronflement*, *inaction*, *effervescence*, *impolitesse*, *exactitude*, *plaisanterie*, *connaisseur*, *désintéressement*, *intrépide*, *férocité*, *disculper*, *insoutenable*, *insurmontable*, *esprit juste*, *raillerie délicate*, *tourner en ridicule*, *embarquer une affaire*, *prendre un parti*, *sacrifier* et *sacrifice* (dans le sens figuré), *en user*, *contre-temps*, *bénéficier* (verbe), *luxuriant*. *Bienfaisance* fut créé par l'abbé de Saint-Pierre, *verbeux* par Fénelon, *démagogue* par Bossuet. Au siècle suivant, Voltaire consacra par son patronage *vagissement* et *tragédien*; J.-J. Rousseau, *investigation*, *regrettable*, *endolori*, *exubérance*. Tous ces mots ont une physionomie naturelle, un sens précis, et sont conformes à l'analogie de notre langue. **P.**

NÉOLOGISME, abus de la néologie, manie d'introduire des mots inutiles, c.-à-d. destinés à exprimer des idées clairement rendues déjà par d'autres mots que l'usage a consacrés. De ce genre sont les mots *omnipotent* et *surgir*, vainement empruntés au latin, lorsque *tout-puissant* et *s'élever* ou *paraître* disent la même chose depuis tant de siècles ; *baser*, lorsque la langue possède depuis longtemps *fonder*, *établir*, *appuyer*; se *suicider*, qui dit fort mal ce qu'expriment fort bien se *tuer*, *se détruire*, *se donner la mort*. Il n'en est pas de même du substantif *suicide*, très-bien formé, qui longtemps manqua à la langue, et qu'on ne peut remplacer que par des périphrases. *Démoraliser* est encore un mot mal fait ; car il est tout à fait contraire à l'analogie et n'a aucun rapport avec le positif *moraliser*, qui signifie *faire le moraliste*, tandis que *démoraliser* est pris par les néologues dans le sens de *déconcerter les facultés de l'âme*, *porter le découragement*, *l'abattement dans l'âme*. Quant au sens de *rendre moral*, *amener à la pratique du devoir et de la vertu*, que l'on donne aujourd'hui au verbe *moraliser*, c'est également un néologisme; mais ce mot peut être adopté, parce qu'il est aussi *conforme à l'analogie* que le mot *égaliser*, formé de l'adjectif *égal*, et qu'on a fini par admettre, pour éviter l'équivoque souvent produite par le mot *égaler*. A quoi sert le mot *distancer*? Et que dit-il de plus que *dépasser*, *surpasser*? On fait aussi abus du mot *incommensurable*, improprement employé pour *immense*; car ce mot, emprunté à la géométrie, a dans cette science un sens tout différent et conforme à son étymologie. *Motion*, dans le sens politique, quoique adopté par l'Académie, est un mot obscur. *Confortable* est barbare : l'analogie ne saurait en autoriser l'emploi que dans le sens de *susceptible d'être fortifié* ou *consolé*; le radical seul de cet adjectif est français. Le tour affecté des phrases, les alliances de mots téméraires, la bizarrerie des figures, doivent être comptés aussi parmi les abus de la néologie. C'est surtout parmi les talents de second et de troisième ordre que l'on a à signaler ces défauts littéraires, vrais fléaux des langues, et qui finissent par corrompre le goût public et par influer sur les grands talents eux-mêmes. **P.**

NÉOPHYTE. *V.* ce mot dans notre *Dictionnaire de Biographie et d'Histoire.*

NÉO-PLATONISME. *V.* ALEXANDRIE (École d').

NÉORAMA, par corruption de *Naorama* (du grec *naos*, temple, habitation, et *orama*, vue), représentation de l'intérieur d'un édifice animé par des personnages, et où le spectateur, placé dans un point central du tableau même, aperçoit avec des effets de lumière changeants. Le Néorama est un spectacle de jour. L'invention en est due à J.-P. Alaux, qui exposa à Paris, en 1827, dans un local construit à cet effet, une vue de l'intérieur de la *basilique de St-Pierre* de Rome, et, plus tard, celle de l'*Abbaye de Westminster*. Ces peintures furent assez médiocrement réussies, et le succès n'en fut pas durable.

NÉO-ZÉLANDAIS (Idiome), idiome parlé par les habitants de la Nouvelle-Zélande. Il appartient au groupe des langues malaises polynésiennes. On y trouve nos cinq voyelles, et seulement neuf consonnes, *g*, *h*, *k*, *m*, *n*, *p*, *r*, *t*, *v*. Point de déclinaisons, ni conjugaisons, ni adjectifs, ni verbes, ni adverbes. Les genres sont marqués par l'addition de mots signifiant *mâle* et *femelle*. L'article et le pronom prennent seuls la marque des nombres. Les Néo-Zélandais ont des chants d'amour, de guerre, de mort, et des chants satiriques; ils recueillent aussi les traditions des aïeux, et possèdent des espèces de généalogies en vers.

NÉPOTISME (du latin *nepos*, neveu, petit-fils), mot créé au xv⁰ siècle en Italie pour exprimer la faveur que certains papes accordèrent à leurs neveux, l'autorité qu'ils leur abandonnèrent dans l'administration publique. Par extension, on l'applique aux actes des hommes haut placés qui distribuent à leurs parents les emplois et les honneurs.

NEPTUNE, Dieu italique de la mer et de la navigation, analogue au Nérée et au Poséidon des Grecs. Il eut un temple à Rome dans le Cirque Flaminius; plus tard, Cn. Domitius en fit bâtir un second, où l'on plaça un groupe de Poséidon, de Thétis et d'Achille, dû au ciseau de Scopas. Nous possédons fort peu de simulacres antiques de Neptune. Les poëtes lui donnent un air farouche, des traits exprimant la force et la virilité, une chevelure ruisselante d'eau de mer, et l'arment d'un trident, instrument de pêche, dont il frappait aussi les flots pour les soulever. Neptune avait pour attributs le dauphin, le cheval, qu'il avait fait naître, selon la Fable, dans sa lutte contre Minerve, et on lui consacrait le pin, qui croit sur les rivages. **B.**

NÉRÉE, dieu des eaux chez les Pélasges, absorbé plus

tard par le Poséidòn des Hellènes, et réduit alors à la condition de héros. Il était surtout la personnification des flots écumeux, et, pour ce motif, on le représentait comme un vieillard à cheveux blancs. Sa chevelure et sa barbe formées de plantes marines prouvent qu'il n'était pas un dieu des eaux en général, mais le dieu des vagues de la mer. B.

NÉRÉIDES, filles de Nérée. L'Antiquité les a dépeintes folâtrant à la surface des mers; leurs cheveux blonds symbolisent les reflets du soleil sur les flots. Sur un sarcophage en marbre pentélique provenant du Capitole et que possède le Musée du Louvre, elles sont couronnées de lierre et portées sur des Tritons. Des médailles et des pierres gravées romaines les montrent parfois avec un corps terminé en queue de poisson. Quelquefois elles tiennent une branche de corail, ont des perles dans les cheveux, et une draperie voltigeant sur les épaules.

NÉRET, diminutif de noir, au moyen âge, désignait, non une monnaie particulière, mais toute monnaie de billon.

NERVURES, côtes ou arêtes saillantes des voûtes ogivales, dont elles tracent les contours et les compartiments. Les nervures sont comme la carcasse ou la charpente des voûtes; elles en forment les rudiments, en divisent et en répartissent la charge sur les points d'appui; elles simplifient en outre les moyens de construction, car lorsqu'elles sont taillées et mises en place, le reste de la voûte n'est plus qu'un remplissage. Les nervures ne commencent à paraître qu'au temps de la transition. Elles affectent d'abord la forme simple d'un gros tore, puis elles se profilent aux différentes époques suivant le goût changeant des styles. Vers le xvᵉ siècle, les tores se changent en guirlandes de feuillages. Puis, les nervures, après avoir été un élément gracieux de construction, deviennent un ornement aux formes les plus diverses, forment des dessins et des réseaux compliqués, et se combinent en outre avec les clefs pendantes. C'est dans les églises du Nord, notamment en Belgique, qu'on remarque les plus belles voûtes ornées de nervures croisées. — On donne encore le nom de *Nervures* aux moulures placées sur des parties lisses ou des angles, aux côtés des cannelures, et aux côtes élevées qui, dans les feuilles d'ornement, représentent les tiges des plantes naturelles. E. L.

NESKHI (Alphabet), c.-à-d. *écriture des copies*, alphabet dont les Arabes se servent aujourd'hui pour écrire leur langue, et qui, avec l'addition de quelques signes, est devenu commun aux Turcs et à presque toutes les populations musulmanes de l'Asie. C'est une écriture plus cursive à la fois et plus complète que le *coufique*, dont elle dérive, sans lui être cependant postérieure de beaucoup. Les Persans ont une manière élégante de la tracer, à laquelle ils donnent le nom de *talik* (suspendue). L'invention du *neskhi* est généralement attribuée au vizir Ibn-Moklah, dans la première moitié du xᵉ siècle; mais il est employé sur des médailles plus anciennes.

NESLE (Tour de). V. notre *Dictionnaire de Biographie et d'Histoire*.

NESLE, monnaie de billon qui eut cours en France au xviiᵉ siècle, et qui tira son nom de la tour de Nesle où elle avait été fabriquée. Elle valait 15 deniers.

NESTORIEN (Alphabet). V. SYRIAQUE.

NEUFME ou NEUME, droit du *neuvième* que les curés prenaient autrefois sur les biens meubles des personnes décédées.

NEUMES, signes que l'on substitua aux caractères grecs et aux lettres de l'alphabet latin servant à indiquer la durée relative des notes de musique. Les neumes, dont le dessin représentait la succession, l'élévation et l'abaissement des notes, et formait même des groupes de notes, étaient souvent accompagnées des lettres elles-mêmes. Cette notation se composait de signes représentant des sons isolés, sous la forme de points, de virgules, de traits horizontaux ou penchés, et des groupes de sons, sous la forme de crochets et de traits contournés et liés de diverses manières. Les caractères neumatiques, quoique représentant des sons, ne constituaient pas un système complet de notation; car, sans les lettres, ils n'offraient pas au lecteur les indications suffisantes pour acquérir l'intelligence positive et claire de chacun d'eux. Chaque signe neumatique avait un nom particulier indiquant sa valeur et son emploi. Voici les noms des principaux neumes que l'on rencontre dans les anciens manuscrits : *virgule, point, clivus, podatus, scandicus, climacus, oriscus, gnomo, porrectus, franculus, quilisma, etc.*

On appelle aussi *Neume* la suite de sons qui forme la terminaison d'un verset de psaume, probablement parce que, dans certains tons, on chante plusieurs sons sur la même syllabe. Cette qualification est impropre; car le *neume*, du mot grec *pneuma* (souffle), est une vocalisation assez développée, qui a un sens symbolique et exprime, selon St Augustin, le transport de l'âme, dont l'enthousiasme, ne trouvant pas d'expressions suffisantes, se manifeste par des sons inarticulés (les Latins l'ont aussi appelé *Jubilum*). Les neumes n'ont guère lieu que sur les lettres *e* et *a*, comme dans *Kyrie* et dans *Alleluia*. Le moyen âge, qui aimait à donner un sens symbolique à tous les actes de l'art religieux, attribuait cette coutume à la joie apportée au monde par les mots de la Salutation angélique : *Ave, Maria*. Le mot *neume* est masculin ou féminin à volonté, selon qu'on le rapporte au mot grec, ou à son dérivé latin *neuma, œ* (suite de sons). V. Tardif, *Essai sur les neumes*, 1853, in-8°. F. C.

NEUTRALITÉ, situation d'un État qui reste en paix relativement à plusieurs puissances belligérantes et ne prend aucune part à leurs hostilités. La neutralité est dite *armée*, quand l'État qui reste neutre tient sur pied des forces suffisantes pour faire respecter son territoire ou ses droits. La manière d'agir des puissances belligérantes à l'égard des neutres a varié selon le degré d'acharnement qu'elles portaient dans la guerre, et selon les progrès de la moralité. Une convention conclue à Paris, le 16 avril 1856, entre la France, l'Autriche, l'Angleterre, la Prusse, la Russie, le Piémont, l'Espagne et la Turquie, a reconnu la neutralité des mers, aboli les lettres de marque et les armements en course, et n'a admis de blocus que le blocus *effectif*; elle a proclamé que le pavillon couvre la marchandise ennemie, à l'exception de la contrebande de guerre, et que la marchandise neutre, à l'exception de cette même contrebande, n'est pas saisissable sous pavillon ennemi. Par conséquent, la liberté du commerce maritime existe pendant la guerre, et la navigation peut se faire d'un port neutre à un port ennemi; tout ce qui n'est pas l'instrument direct et armé des gouvernements en état de guerre est neutralisé. Les États-Unis d'Amérique, dans la guerre des États du Nord contre ceux du Sud, ont aussi reconnu ce principe en 1861. — Certains États sont, d'un consentement général, neutres en toutes circonstances : les puissances belligérantes ne peuvent traverser leur territoire, y lever des recrues, des subsides, etc. On peut encore neutraliser, c.-à-d. mettre en dehors des opérations militaires un canton, une ville, un territoire quelconque, pour qu'ils puissent, par exemple, servir de rendez-vous à des négociateurs. V. Hautefeuille, *Des droits et des devoirs des nations neutres en temps de guerre maritime*, 2ᵉ édit., 1858, 3 vol. in-8°. B.

NEUTRE, mot d'origine latine, qui signifie : ni l'un ni l'autre; il s'applique en Grammaire aux déclinaisons et aux conjugaisons. Dans les noms substantifs et adjectifs, les Grecs, les Latins, les Allemands, les Anglais, ont un genre neutre. Quelle que soit la terminaison du nominatif, il y a toujours, tant au singulier qu'au pluriel, trois cas semblables, le nominatif, le vocatif et l'accusatif; au pluriel, ces trois cas sont terminés en *a* dans les langues grecque et latine. En anglais sont neutres tous les noms d'animaux et de choses. — Dans la conjugaison, on appelle *Neutre* un verbe qui exprime un simple état absolu, comme *languir;* ou une action qui reste tout entière dans le sujet sans avoir besoin d'en sortir, comme *demeurer, marcher, courir, haltre, mourir*, etc. Ces deux classes de verbes neutres sont appelées *verbes neutres intransitifs ;* ceux qui ont besoin d'un complément indirect ou circonstanciel, comme *aller, venir, nuire*, sont les *verbes neutres transitifs* (V. TRANSITIF, INTRANSITIF). Dans la pratique, on reconnaît mécaniquement un verbe neutre en ce qu'il ne peut prendre la forme passive, ou en ce qu'il ne peut être suivi d'un complément direct en français, en italien, en espagnol, en anglais; de l'accusatif en grec, en latin, en allemand. Néanmoins, certains verbes neutres deviennent actifs dans quelques cas; tels sont en français *valoir, coûter, passer, parler*, employés figurément pour *procurer, occasionner, nécessiter, franchir, omettre, employer* (en parlant). Réciproquement, beaucoup de verbes actifs deviennent neutres en vertu d'une ellipse : ainsi, *changer, tourner, retourner, repousser, tenir*, etc. Il y a encore des verbes neutres qui se construisent comme des verbes passifs en vertu d'une syllepse, comme *périr*. Une particularité des verbes neutres latins et allemands est de pouvoir s'employer passivement et impersonnellement à la troisième personne du singulier, par exemple *saltatur*. P.

NEUTRES. *V.* Neutralité.

NEUVAINE, espace de neuf jours consécutifs pendant lesquels on fait, en l'honneur de Dieu, de la Sᵗᵉ Vierge, ou de quelque Saint dont on implore le secours, certains actes de dévotion, tels que prières particulières, oblations, aumônes, assistance à des messes, stations, pèlerinages, etc. Il y a tous les ans à Paris, du 3 au 12 janvier, dans l'église Sᵗ-Étienne-du-Mont, une neuvaine célèbre en l'honneur de Sᵗᵉ-Geneviève, patronne de la ville. C'est pendant la neuvaine qui suit l'anniversaire de la fête de Sᵗ-Janvier que doit s'accomplir, à Naples, la liquéfaction du sang de ce Saint. — Les Anciens attribuaient aussi à certaines cérémonies répétées pendant neuf jours consécutifs une vertu particulière : ils croyaient pouvoir détourner, par des sacrifices offerts durant ce nombre de jours (*novendiales feriæ*), les malheurs dont les menaçaient les prodiges. C'était au 9ᵉ jour après la mort d'une personne, qu'on déposait ses cendres dans une urne, et on offrait un sacrifice appelé *novendiale sacrificium*. B.

NEUVIÈME, en termes de Musique, intervalle dissonant de 9 degrés. La neuvième est la réplique de l'intervalle de seconde. On appelle *accord de neuvième* celui où la neuvième est unie à la tierce et à la quinte, comme *sol si ré la*. La neuvième de cet accord peut être mineure, majeure, ou augmentée, la tierce majeure ou mineure, et la quinte juste, diminuée, ou augmentée. Cette neuvième est aussi toujours préparée, et se résout en descendant d'un degré. La neuvième augmentée, qui ne se présente que sur le 6ᵉ degré du mode mineur, se résout, au contraire, en montant d'un degré. L'accord de neuvième se marque, dans la basse chiffrée, par un 9. — L'accord de neuvième et septième diffère du précédent en ce que la septième y tient la place de la quinte, quelquefois même de la tierce. La septième doit y être préparée et résolue, mais la résolution ne se fait pas toujours en même temps que celle de la neuvième. B.

NEVERS (Église Sᵗ-Cyr, à). Cette cathédrale s'élève sur l'emplacement d'une autre construite au IXᵉ siècle, et qui avait elle-même succédé à une basilique consacrée à Sᵗ Gervais et à Sᵗ Protais. On a soutenu, sans beaucoup de vraisemblance, que deux piliers ronds situés au bas de la nef, et quelques pans de muraille de la chapelle Sᵗᵉ-Julitte, mère de Sᵗ Cyr, de Tarse, sont des vestiges de l'ancienne construction. La grande nef appartient au style ogival primitif, le chœur et trois chapelles absidales au style secondaire, les chapelles latérales et la tour, au style tertiaire. La cathédrale de Nevers est bâtie sur un plan qui n'a guère d'analogue en France : elle présente à ses deux extrémités deux grandes absides, dont l'une, celle de l'O., forme le chœur, et l'autre, celle de l'E., est consacrée à Sᵗᵉ Julitte; par suite, les portes d'entrée sont rejetées sur les flancs de l'édifice. Le transept, qui est de la période romano-byzantine, n'est pas, comme dans nos autres monuments, entre le chœur et la nef, mais au bas de celle-ci, ainsi qu'on le voit encore à l'église des SS.-Apôtres, à Cologne. A l'extérieur, le monument présente un aspect grave et sévère. De deux tours qui avaient été élevées d'abord à l'occident, l'une a été brûlée; l'autre, construite de 1509 à 1528, et restaurée de nos jours, a une élévation de 52 mèt., depuis le sol jusqu'à l'appui de la balustrade découpée à jour. Elle est divisée sur sa hauteur en trois parties par des galeries à jour portant sur des corniches en encorbellement ; les quatre angles en sont flanqués de tourelles, octogones en commençant et hexagonales à leur sommet. La partie la plus rapprochée du sol est simplement recreusée de nervures; les faces de la partie intermédiaire offrent de grandes figures en demi-ronde bosse, recouvertes de riches dais; la partie supérieure est décorée de statues et de sculptures délicatement travaillées. L'intérieur de l'église, long de 110 mèt., se divise en 9 travées, dont 5 pour le chœur et 4 pour la nef. La perspective en est imposante ; mais une partie des vitraux a péri, et une lumière trop abondante fatigue la vue. On remarque, entre les ogives du triforium, des Anges figurés en relief. Les chapiteaux des colonnes montrent une étonnante variété de détails, empruntés au règne végétal. La comtesse Marie d'Albret et les dames de sa cour avaient fait, pour l'ornement du chœur, des tapisseries de haute lisse représentant le martyre de Sᵗ Cyr; elles sont dans l'état le plus déplorable. B.

NEVERS (Faïences de). *V.* au *Supplément.*

NEVEU, NIÈCE, fils ou fille du frère ou de la sœur, qui par contre sont dits *oncle et tante*. On appelle *petit-neveu* le fils d'un neveu ; *neveu à la mode de Bretagne*, le fils du cousin germain ou de la cousine germaine (la Coutume de ce pays regardait les cousins germains et les cousines germaines comme frères et sœurs). Les neveux et nièces sont parents au 3ᵉ degré avec leurs oncles et tantes. Il ne leur est permis de se marier avec eux qu'autant qu'ils ont obtenu, pour motifs graves, mainlevée de la prohibition prononcée par la loi (*Code Napol.*, art. 163, 164). La représentation est admise en leur faveur dans les successions. Il est permis aux oncles et tantes de faire substituer leurs biens en faveur de leurs neveux et nièces.

NIBELUNGEN. *V.* Niebelungen.

NICHE (de l'italien *nichio*, coquille), enfoncement de forme variable, pratiqué dans l'intérieur d'un mur, et destiné à recevoir une statue, un groupe, un buste, un vase ou tout autre objet d'ornement. La niche antique, réglée dans ses dimensions, a ordinairement en hauteur deux fois sa largeur. Les grandes niches formées par des murailles entières s'appellent *culs-de-four* : les Romains en ont fait un fréquent usage, et ils ont couvertes de voûtes élégantes et gracieuses. Le sanctuaire absidal des basiliques fut ainsi une niche en cul-de-four, et cette forme se conserva longtemps dans les édifices chrétiens. Le style romano-byzantin adopta des séries de niches serrées les unes contre les autres, dans lesquelles on plaçait les statues des Saints ; souvent ces niches n'étaient que des arcades à jour. Le style ogival préféra aux niches, pour les statues, des culs-de-lampe saillants couronnés de dais : cependant, vers la 3ᵉ période ogivale, on vit les pinacles et les clochetons se couronner de niches à jour. La Renaissance reprit les niches antiques, mais les encadra de la manière la plus heureuse : on peut citer comme exemple les charmantes niches qui décorent la façade de l'hôtel de ville de Paris. Au XVIIIᵉ siècle, on trouva, pour des niches d'église, une nouvelle disposition, blâmée par les puristes, mais qui donne un effet heureux de lumière : une niche, placée derrière l'autel absidal, est pratiquée en dehors du mur, et reçoit directement la lumière par sa coupole à jour; elle forme comme une espèce de petit théâtre représentant le globe terrestre, sur lequel rampe le serpent que la Vierge écrase de son talon ; la chapelle, peu éclairée, sert de repoussoir à la niche et au sujet religieux qu'elle contient, et qui sont vivement éclairés par la lumière tombant de la coupole. On voit de ces niches modernes à Paris, dans les églises Sᵗ-Roch et Sᵗ-Sulpice. — On nomme *niches à cru* celles qui prennent naissance immédiatement au rez-de-chaussée, ne s'élèvent sur aucun corps ou massif, et reposent sans plinthe sur l'appui continu d'une façade (telles sont les deux grandes niches du portique de l'église Saint-Sulpice, à Paris) : ces niches reçoivent ordinairement un piédestal; *niches rustiques*, celles dont les bandeaux sont décorés de refends et de bossages; *niches en tour ronde*, celles creusées dans le parement extérieur d'un mur circulaire, et *niches en tour creuse*, celles creusées dans le parement intérieur; *niches feintes*, celles qui n'ont que très-peu de profondeur, et dont les figures sont peintes ou en bas-relief. — La *niche d'exposition* est une espèce de petit trône ou de tabernacle fait en bois doré et sculpté, ou orné d'une riche étoffe, avec un dais surmonté de panaches : c'est la place sur l'autel pour y exposer le Sᵗ-Sacrement pendant certains offices. E. L.

NICOLO, ancien instrument de musique. *V.* Bombarde.

NIEBELUNGEN (Les), poëme épique allemand du moyen âge. Il se divise en deux parties : la première est consacrée au récit des aventures et de la mort de Siegfried. Ce héros, fils de Siegmond, roi des Pays-Bas, se rend à Worms, où réside Gunther, roi des Bourguignons. Grâce à la force et au don d'invisibilité que lui donne un manteau magique, il aide ce prince à vaincre la belle Brunhilde, reine guerrière d'Islande, qui avait juré de n'épouser que son vainqueur. Gunther accorde sa sœur. Chrimhilde à Siegfried. Brunhilde, devenue la femme du roi des Bourguignons, apprend, dans une querelle avec Chrimhilde, que ce n'est pas Gunther, mais Siegfried qui l'a vaincue : elle charge de ses vengeances Hagen de Troneck, qui assassine Siegfried au milieu d'une partie de chasse et jette dans le Rhin le trésor que ce héros a enlevé jadis aux Niebelungen, princes résidant au loin dans le Nord. Dans la seconde partie du poëme, Chrimhilde épouse Etzel (Attila), roi des Huns, et venge cruellement la mort de son premier mari : elle invite les Bourguignons, que le poëte appelle ici Niebelungen, à une fête où elle les fait massacrer, et avec lesquels périssent sès frères Gunther, Gernot et Giselherr; elle tue de sa propre main Hagen, qui emporte en mourant le secret du trésor, mais est frappée elle-même par Hildebrand, vassal de Dietrich de Berne, qui a succombé dans la lutte.

Cette épopée, que des critiques allemands n'ont pas craint de placer à côté et même au-dessus de l'*Iliade*, est un assemblage de chants nationaux, d'une antiquité reculée, auxquels un auteur inconnu a donné, vers l'an 1210, la forme sous laquelle on les trouve dans un manuscrit de la bibliothèque de Munich. Deux manuscrits de Saint-Gall et de Hohenems nous donnent le même poëme remanié. On a attribué les *Niebelungen* à Conrad de Wurzbourg, à Klingsœr, à Wolfram d'Eschenbach, à Henri d'Ofterdingen. Il y a, dans ces chants épiques, un mélange de faits historiques, tels que la ruine de la maison de Bourgogne et les exploits d'Attila, avec des traditions de l'*Edda* islandaise. Le nom même des *Niebelungen* ou *Niflungen* rappelle le *Niflheim*, ce lieu froid et sombre dont la mythologie scandinave faisait un Enfer. On le fait venir généralement de *Nebel jung*, enfant du nuage. Chaque vers du poëme des Niebelungen compte six longues; au milieu est une césure, de sorte que chaque moitié de vers a trois longues. Le nombre des brèves qui se joignent aux six longues est indéterminé, et varie de quatre à dix. Il en résulte que les vers sont tantôt iambiques, tantôt trochaïques, ou bien anapestiques et dactyliques. Quatre vers forment une strophe. Les rimes sont tantôt masculines, tantôt féminines. A la suite des *Niebelungen* se trouve un poëme qui paraît avoir été composé vers la fin du XIIᵉ siècle : il est intitulé *Klage* (la Plainte); la rime y arrive toujours après trois longues, au lieu de ne venir qu'après la sixième. On y voit les funérailles des héros morts du côté d'Attila, le message envoyé dans leur pays pour y porter la nouvelle de leur mort, et les honneurs accordés à Dietrich de Berne. — La meilleure édition des *Niebelungen* a été donnée en 1826 par Lachmann, d'après le manuscrit de Munich; le baron de Lassberg a publié le manuscrit d'Hohenems; il existe encore d'autres éditions par Christophe Müller (1782), Von der Hagen (1810), Zeune (1815), Vollmer, Schœnhuth, et Leyser. La meilleure traduction en allemand moderne est celle de Simrock, bien préférable à celles de Von der Hagen, de Büsching, de Rebenstock, et de Hinsberg. Nous avons aussi une traduction française par Mᵐᵉ Moreau de La Mellière, publiée par Riaux, 1839, 2 vol. in-8º. V. Göttling, *Sur ce qu'il y a d'historique dans les Niebelungen*, en allem., Rudolstadt, 1814; Mohne, *Introduction aux Niebelungen*, en allem., Heidelberg, 1818; Von der Hagen, *Sur les Niebelungen et leur composition*, en allem., Breslau, 1819, et *Examen des Niebelungen*, Francf., 1824; Grimm, *Légendes héroïques allemandes*, en allem., 1829; Lachmann, *Critique des Niebelungen*, dans le *Musée d'art du Rhin* de 1830; le même, *Sur la composition primitive des Niebelungen*, Berlin, 1816; le même, *Examen des Niebelungen et de la Plainte*, ibid., 1836. — Les principales scènes des *Niebelungen* ont fourni des sujets de fresques au peintre Cornélius; elles ont été aussi peintes par Schnorr dans le palais du roi de Bavière à Munich.   B.

NIELLE, en italien *niello*, en vieux français *noelle*, *noele*, *notele*, noms dérivés du latin *nigellus*, noir. On a appelé ainsi l'émail noir dont les orfèvres du XVᵉ siècle couvraient les tailles d'une planche d'argent gravée à la pointe ou au burin, et la planche elle-même ainsi émaillée. On obtient l'émail noir en faisant fondre ensemble 38 parties d'argent, 72 de cuivre, 50 de plomb, 384 de soufre, et 36 de borax, qu'on fait chauffer jusqu'à vitrification : cette composition, une fois refroidie, est pilée, broyée et tamisée en poudre très-fine, qu'on répand avec précaution sur les parties gravées de la planche d'argent. On place la planche près d'un feu clair, dont un soufflet renvoie sur elle la flamme; le nielle, mis de nouveau en fusion, adhère au métal, et, après avoir laissé refroidir, on use la superficie de la planche avec une pierre ponce, puis avec des matières plus douces. — On a trouvé à Rome, en 1793, des chandeliers et des bracelets niellés que l'antiquaire Visconti croit pouvoir faire remonter au vᵉ siècle. La niellure fut pratiquée en France dès le VIIᵉ siècle, surtout par les Marseillais; elle servit à orner des calices, des reliquaires, des poignées d'épée, des manches de couteau, des couvertures de livres, etc. La bibliothèque de l'Arsenal, à Paris, possède un Christ bénissant enchâssé dans une reliure du XIIIᵉ siècle. A par-

tir du XVᵉ, les nielles furent fabriquées presque exclusivement en Italie. Le Musée de Florence possède une *Paix* niellée en 1452 par Maso Finiguerra, pour l'église Sᵗ-Jean de cette ville. Les autres orfèvres nielleurs dont les noms sont parvenus jusqu'à nous sont : à Florence, Amerighi, Michel-Ange Bandinelli, Phil. Brunelleschi; à Bologne, François Furnio, Bartolomeo Gesso, Geminiano Rossi, et le Francia; à Milan, Daniel Arcioni et Caradosso; Ambroise Froppa d'Arezzo, Forzone Spinelli d'Arezzo, Tagliacarne de Gênes, Tencro et Turino de Sienne; enfin, Ant. Danti, Pierre Dini, Gavardino, Léon-J.-B. Alberti, Peregrini de Césène, etc. De nos jours, les Russes ont fan revivre la niellure en l'appliquant à la décoration des tabatières d'argent, improprement appelées *tabatières de platine*. En 1830, un atelier de niellure a été ouvert à Paris par Wagner et Mention. V. Duchesne, *Essai sur les nielles*, Paris, 1826, in-8º.   B.

NIGAUD (Le), jeu de cartes, appelé aussi la *Patience russe*. Il se joue, à un nombre indéterminé de joueurs, avec un jeu complet ou même deux. On fait trois lots des enjeux, un gros, un moyen, et un petit, pour les premiers qui gagneront. Toutes les cartes ayant été distribuées une à une, chaque joueur fait un tas de celles qu'il a reçues, et les retourne. Le premier à jouer prend sa carte de dessus, et s'en débarrasse sur celui dont le tas montre une carte immédiatement inférieure; il continue jusqu'à ce qu'il ne trouve plus à placer de carte de cette manière. Les autres joueurs font de même à leur tour. Il peut se faire qu'un joueur se trouve chargé peu à peu d'une grande quantité de cartes; il fait le *nigaud* ou la *patience* : s'il a occasion de jouer, comme ses cartes se suivent, il se débarrasse promptement, ce qui s'appelle la *débâcle*. Les trois premiers joueurs qui ont écoulé leurs cartes gagnent les enjeux.

NIHILISME (du latin *nihil*, rien), nom par lequel on désigne là doctrine sceptique de Hume. Partant de ce principe admis par Locke, que nous ne connaissons *rien que par l'intermédiaire des idées*, Hume démontrait rigoureusement que nous ne connaissons *rien autre chose que nos idées*, et qu'ainsi tout dans le monde se réduit à une suite d'idées et de sensations purement subjectives, sans qu'il soit besoin de concevoir hors de nous quelque réalité que ce soit.   B—E.

NILOMÈTRE. V. ce mot dans notre *Dictionnaire de Biographie et d'Histoire*.

NIMBE (du latin *nimbus*, nuage), nom par lequel les Anciens donnaient, tantôt au nuage dans lequel un Dieu s'enveloppait pour descendre sur la terre, tantôt à la couronne lumineuse d'une divinité, d'Apollon ou le Soleil par exemple. Le nimbe est aussi un attribut de la sainteté dans l'iconographie chrétienne : comme la *gloire* et l'*auréole*, il entoure la tête des personnes divines, des anges et des saints; on en a mis même quelquefois aux empereurs et aux rois comme marque de leur puissance. Le nimbe est variable de forme. Lorsqu'il est triangulaire, il ne convient qu'à Dieu; il indique la Sᵗᵉ Trinité, sans désigner particulièrement une des trois personnes; si, de plus, il est inscrit dans un cercle, il indique en outre l'éternité. Le nimbe circulaire uni convient aux personnes divines, aux anges et aux saints; quand il se place sur la tête d'une des trois personnes divines, on le marque d'une croix, et il est dit *nimbe crucifère*. Le nimbe est aussi souvent *rayonnant*, c.-à-d. accompagné de rayons : lorsque ceux-ci forment une croix, le nimbe est encore crucifère. Les nimbes portent quelquefois le nom des personnes qu'elles couronnent. Enfin ils prennent différentes désignations suivant leurs ornements; c'est ainsi qu'on dit qu'un nimbe est *polylobé*, *festonné*, *orlé*, etc. La couleur donnée aux nimbes dans les anciennes peintures a été quelquefois symbolique, comme le prouve le nimbe noir, ou nimbe en deuil, attribué au traître Judas; plus souvent elle est purement hiérarchique. Dans un manuscrit de la bibliothèque de Strasbourg, peint, dit-on, par Herrade, abbesse du monastère de Sᵗᵉ-Odile en Alsace, représente tout le Paradis : le Christ, les Vierges, les Apôtres, les Martyrs et les Confesseurs portent le nimbe doré; les Prophètes et les Patriarches, qui n'ont connu la vérité qu'imparfaitement et à travers des métaphores, ont le nimbe en argent; les continents sont nimbés en rouge, les mariés en vert, les pénitents en couleur jaunâtre légèrement nuancée.

NIMES (Arènes, — Maison carrée de). V. ARÈNES, MAISON CARRÉE.

NINIVE (Ruines de). V. ASSYRIEN (Art).

NIOLE (par corruption de *yole*), nom donné, dans les marais du bas Poitou, à une nacelle en planches de chêne, dont les deux extrémités, légèrement relevées au-dessus de l'eau, sont coupées carrément. Le *nioleau* (ou petite niole) est carré à l'avant, et se termine en pointe à l'arrière. Dans les régates, on se sert de nioleaux appelés *périssoires*. Le *nioleur*, qui conduit l'esquif, est placé à l'arrière, et manœuvre une *ningle*, hampe de 2 à 5 mèt. de long, terminée par une dent de fer à double pointe.

NIQUET, monnaie française de peu de valeur, frappée au temps de Charles VI. On pense que *Niquet* est une abréviation de *Nicolas*, nom du monnayeur qui aura été chargé de fabriquer ces espèces.

NIZAM. *V. ce mot dans notre Dictionnaire de Biographie et d'Histoire.*

NOBILIAIRE, livre contenant le catalogue généalogique des familles nobles d'un pays, avec leurs titres et armoiries. *V.* Armorial.

NOBLE, monnaie. } *V. notre Dictionnaire de Biogra-*
NOBLESSE. } *phie et d'Histoire.*

Noblesse (Quartiers de). *V.* Quartier.

Noblesse (Titres de). *V.* Noms et titres.

Noblesse du style, qualité consistant en une certaine élévation de sentiments et de pensées qui fait éviter les objets vils, les expressions basses et triviales. La noblesse ne convient pas seulement à quelques compositions ; les sujets les plus simples, les détails les plus humbles ont une noblesse qui leur est propre et que le goût sait discerner. C'est la pensée de Boileau (*Art poét.*, ch. 1) :

> Quoi que vous écriviez, évitez la bassesse :
> Le style le moins noble a pourtant sa noblesse.

Les grands écrivains n'ont pu s'interdire toujours les mots communs et vulgaires, mais ils ont su les relever par d'heureuses alliances.

NOCES, autrefois *nopces* (du latin *nuptiæ*), mot qui désigne moins le mariage que les réjouissances qui l'accompagnent. On l'emploie avec son sens naturel quand on parle de *secondes noces*. Les dangers de ce second mariage, quand il y a des enfants du premier, ont été signalés de tout temps, et Athénagore allait jusqu'à l'appeler un honnête adultère. Nos lois anciennes prohibaient les secondes noces, lorsqu'il existait des enfants du premier mariage. La législation actuelle décide que l'époux qui se remarie ne peut attribuer à l'autre, par donation contractuelle, qu'une part d'enfant le moins prenant, pourvu encore qu'elle ne dépasse pas le quart de ses biens. L'opinion publique a aussi vu longtemps les secondes noces avec défaveur, et ceux qui y convolaient étaient exposés à un charivari (*V. ce mot*). — En Hollande, on nomme *noces d'argent* la fête que des époux donnent à leurs connaissances après 25 ans de mariage, et *noces d'or* celle que qu'ils donnent après 50 ans. B.

Noces aldobrandines. *V.* Aldobrandines.

NOCTURNE, terme de Liturgie. *V. notre Dictionnaire de Biographie et d'Histoire.*

Nocturne, en termes de Musique, morceau à deux, trois ou quatre voix, d'un caractère généralement tendre et langoureux, propre à être exécuté le soir, en guise de sérénade. Les albums de chant, publiés chaque année, contiennent d'ordinaire un Nocturne. On a étendu ce nom à des pièces de musique écrites dans une expression mélancolique pour deux instruments concertants. B.

NOELS, cantiques spirituels en langue vulgaire, composés en l'honneur de la Nativité de Notre Seigneur, et qu'on chantait au temps de Noël dans les églises, ordinairement sur des airs populaires et rustiques, pour mieux rappeler sans doute que des pasteurs de Bethléem avaient les premiers célébré la venue du Sauveur. C'est de là que leur vint, en Italie, le nom de *Pastourelles* ou cantiques des Pasteurs, et, en Angleterre, celui de *Christmas carols* ou rondes champêtres de Noël. On dit même que, la veille de Noël, ces cantiques se chantaient au milieu des danses, dans le cimetière des églises. — Les premiers Noëls manuscrits sont du XIᵉ siècle. Guillaume de Villeneuve, Trouvère de la fin du XIIIᵉ, cite des collections de Noëls dans un fabliau recueilli par Barbazan et Méon. La bibliothèque La Vallière possédait en ce genre un précieux recueil du XIVᵉ siècle. Le siècle suivant en a laissé un plus grand nombre ; mais les cantiques, prenant une autre forme, ont été mis en action, distribués par personnages, et sont devenus de véritables Mystères de la Nativité. Au XVIᵉ et surtout au XVIIᵉ siècle, les Noëls se multiplient et forment des recueils considérables. Parmi les collections de Noëls écrits en patois, et qui ne sortent pas du genre primitif, nous citerons : *Les Noëls nouveaux en patois de Besançon*, par F. Gauthier, 2 vol. in-12 (1751),

réédités en 1804, chefs-d'œuvre de naïveté au jugement de Charles Nodier ; *Grande Bible de Noëls anciens et nouveaux*, Toul, 1823 ; le recueil des 62 *Noëls provençaux* de Saboly (1669), réédités à Avignon en 1730 et 1820 ; les *Noëls* de Pierre Goudelin (XVIIᵉ siècle), écrits dans le dialecte toulousain ; les *Noëls en patois de Montpellier*, 1825 ; les *Noëls dauphinois* ; les *Noëls limousins*, Tulle ; *Grande Bible de Noëls poitevins vieux et nouveaux*, Poitiers et Niort, 1824 ; les *Noëls d'Auvergne*, recueillis par l'abbé Paturel, Clermont-Ferrand, 1733 et 1739 ; les dix *Noëls en patois du Forez*, qui se trouvent dans les œuvres de Chapelon, St-Étienne, 1779 ; les *Noëls bressans*, qui datent du règne de Louis XIV (ceux de Bourg sont dus à Brossard de Montaney, ceux de Pont-de-Vaux, de Gonevod, de Boz, de Reyssouse, de St-Bénigne, à Borjon), Chambéry, 1787 et 1845.

Les Noëls ne conservèrent pas toujours leur caractère religieux ; le mot fut détourné de son acception primitive, et servit à désigner les chants destinés à glorifier autre chose que la Nativité de Jésus-Christ. C'est ainsi qu'outre le *Noël religieux*, on eut le *Noël royal*, chanté en l'honneur du souverain ; le *Noël politique*, chanté dans le but d'honorer un personnage distingué, soit dans l'État, soit dans l'Église ; enfin le *Noël badin*, qui traitait d'un sujet vulgaire et s'adressait à de simples particuliers. Il y a loin, en effet, des Noëls pieux et édifiants des XVᵉ, XVIᵉ et XVIIᵉ siècles aux *Noëls bourguignons*. Ces Noëls remplirent l'office de gazette pendant tout le XVIIIᵉ siècle : il n'y avait pas d'événement dans la cité de Dijon, pas de ridicule bourgeois, pas d'aventure qui ne leur servît d'aliment. Le succès de ces petites pièces était dû surtout au talent d'Aimé Piron et de Bernard de La Monnoye : les Noëls du premier sont disséminés dans plusieurs recueils, où ils ont paru la plupart sans nom d'auteur ; ceux du second ont été publiés à part, et ont obtenu jusqu'à 21 éditions depuis 1700 jusqu'à 1842. Ils ont vécu par le mérite du fond et de la forme. Les airs sur lesquels ils étaient chantés, et qui sont notés à la suite des paroles, leur donnent un autre genre d'originalité : ces airs, pour la plupart connus de père en fils, et dont il est difficile d'indiquer la source, ont le caractère du plain-chant par leur extrême simplicité et par le peu de modulations qu'on y rencontre ; la cadence plagale s'y reproduit fréquemment, et ils se terminent aussi bien sur la quinte que sur la tonique. Quelques-unes sont empruntés à Lulli ; le plus grand nombre sont des airs de menuets et de gavottes composées, au XVIᵉ siècle, par Pierre Certon, maître des enfants de chœur de la Stᵉ-Chapelle de Paris, par Maillard, Arcadelt, Clément Jannequin, Mornable, les deux Vermont, Fevim, Dubuisson, et Eustache Du Caurroy. Il est assez remarquable que plusieurs de ces airs ont une ressemblance frappante, et qui ne peut être attribuée au hasard, avec des mélodies écossaises que l'on croit, mais à tort, avoir été composées par David Rizzio, favori de Marie Stuart. Le musicien Lesueur a enchâssé dans son *Oratorio de Noël* quelques-uns des airs de Noëls dont la mélodie est la plus franche et la plus populaire.

NŒUD, partie du poëme épique, dramatique, romanesque, etc., où se manifestent, soit des obstacles qui s'opposent à l'accomplissement d'un dessein, soit des difficultés qui jettent un ou plusieurs personnages dans une perplexité qui fait le principal intérêt du poëme. Ainsi, dans l'*Iliade*, le nœud de l'action est formé par l'inflexibilité d'Achille qui, irrité contre Agamemnon, s'étant retiré des combats, résiste aux supplications et aux offres brillantes que l'offenseur, humilié de la défaite des Grecs en l'absence du héros thessalien, lui adresse, par l'intermédiaire d'Ulysse, de Phénix et d'Ajax, pour qu'il reparaisse à la tête de ses soldats et sauve l'armée entière d'un désastre imminent. Le refus d'Achille prolonge les vicissitudes de tous les acteurs du poëme. Dans l'*Odyssée*, le nœud est l'arrivée d'Ulysse à Ithaque après une absence de 20 années, pendant lesquelles il a été éprouvé par les plus cruelles traverses : il trouve ses biens ravagés par ses voisins tout-puissants ; personne ne le reconnaît dans la détresse où il est tombé. Comment, dénué comme il l'est, fera-t-il reconnaître sa personne et ses droits ? Comment vengera-t-il les outrages faits à sa famille et à son autorité ? Le nœud de l'*Énéide* est la ligue excitée et soutenue par la haine de Junon, et qui met Enée, à peine arrivé en Italie, dans le plus grand danger que lui ait encore fait courir la colère de cette déesse. L'action de la *Jerusalem delivrée* se noue au moment où la Croisade est sur le point d'échouer par l'absence de Tancrède, et par celle de Renaud, qui a cédé aux séductions d'Armide, protectrice des ennemis du nom chrétien, renforcés alors même par des secours puissants. — L'arrivée imprévue de Thésée et son entrevue avec Phèdre forment le nœud de la *Phèdre* de Racine; car elles mettent dans le plus grand péril la reine d'abord, et ensuite Hippolyte. Celui d'*Athalie* se resserre plus que jamais lorsque Joas est réclamé par cette reine à Josabeth. — Dans la comédie d'intrigue, le nœud est formé au moment où la complication est la plus forte. Dans la comédie de caractère, c'est lorsque les principaux personnages vont être mis dans la situation qui fera le mieux ressortir les travers, les faiblesses, les bizarreries, les ridicules qui les caractérisent : telle est la fin du 3e acte du *Misanthrope* de Molière.   P.

NŒUD, en termes de Marine. V. LOCH.

NOIR (Code), nom donné à un édit du mois de mars 1685 ayant pour objet principal de régler la condition des nègres dans les colonies françaises de l'Amérique. Il se compose de 60 articles. L'esclave y est qualifié *chose* ou *meuble*; et non personne civile; à ce titre, il ne peut rien posséder par lui-même, et fait partie de la communauté entre époux; son témoignage n'est pas admis en justice contre son maître. Celui qui a frappé son maître ou quelqu'un des siens au visage, avec contusion ou effusion de sang, est puni de mort. Celui qui a été en fuite pendant un mois a les oreilles coupées et est marqué d'une fleur de lis sur l'épaule; pour la récidive, on lui coupe un jarret, et on le marque sur l'autre épaule; pour la 3e fois, il est mis à mort. Il est loisible au maître de faire enchaîner et battre de verges ou de cordes son esclave; mais il ne peut, sous peine de confiscation par l'État, lui faire subir des tortures ou des mutilations; s'il l'a tué de ses propres mains, il peut être poursuivi criminellement. Le *Code noir* recommande de traiter les esclaves en bon père de famille, de donner des soins à ceux qui sont tombés malades ou devenus infirmes; il détermine la quantité de vivres et l'espèce de vêtements qui doivent leur être distribuées; il interdit le concubinage avec une esclave, et, s'il a lieu néanmoins, l'esclave devient libre, ainsi que les enfants qu'elle aurait eus du maître. Tout blanc âgé de 20 ans peut affranchir ses esclaves. Les maîtres sont tenus de faire baptiser et instruire leurs esclaves, de leur permettre d'assister aux exercices religieux, de favoriser les mariages entre eux, mais il ne leur est pas permis de les marier contre leur gré. Les nègres qui décèdent chrétiens doivent être déposés en terre sainte. Le travail est suspendu pendant 24 heures, le samedi à partir de minuit. — Une ordonnance de Louis XVI, en 1784, compléta la législation en matière d'esclavage. Après avoir spécifié les heures de repos accordées aux esclaves les jours de fête et les dimanches, elle alloue à chacun d'eux un petit terrain qu'ils cultiveront dans leurs loisirs, et dont les produits tourneront entièrement à leur aisance personnelle; elle établit des infirmeries convenablement meublées pour les esclaves, défend de laisser ceux-ci coucher par terre, exige qu'on n'assujettisse les femmes enceintes et les nourrices qu'à un travail modéré, limite à 50 le nombre des coups de fouet infligés comme châtiment, et décide que les procureurs ou économes des habitations pourront être, suivant les cas, pour sévices envers les esclaves, révoqués de leurs fonctions, ou condamnés à l'amende, ou même mis à mort.

Le Code noir fut aboli par la loi du 16 pluviôse an II (9 février 1794), qui proscrivait l'esclavage; mais il fut rétabli, sous le Consulat, par la loi du 30 floréal an x. Divers adoucissements avaient été apportés depuis 1815 à la législation, lorsque la Révolution de 1848 entraîna définitivement la suppression de l'esclavage.

NOIRE, note de musique qui vaut le quart d'une ronde ou la moitié d'une blanche : 2 croches, 4 doubles croches, 8 triples croches, 16 quadruples croches, sont des équivalents d'une noire. On distinguait autrefois la noire à queue, la noire carrée, et la noire en losange : le plainchant a conservé ces deux dernières espèces, mais en Musique on ne se sert plus que de la première.

NOIRS (Traite des). V. ESCLAVAGE, dans notre *Dictionnaire de Biographie et d'Histoire*.

NOIX, en termes de Marine, partie d'un mât de hune ou de perroquet qui est plus forte que le mât lui-même, et qu'on laisse en renfort, au-dessous du capelage, pour soutenir les barres; — partie d'un cabestan qui reçoit les barres ou leviers au moyen desquels on le fait tourner.

NOLIS. V. FRET.

NOM, en termes de Grammaire, signifie *l'objet de la pensée*. C'est la *chose*, la *substance* (comme *terre*, so-

leil, eau, bois), ou la *manière d'être*, *l'accident* de la chose, de la substance (comme *rond*, *chaud*, *liquide*, *dur*). Les noms qui signifient les substances ont été appelés *noms substantifs* ou simplement *substantifs;* les noms signifiant les accidents ont été nommés *noms adjectifs* ou simplement *adjectifs* (V. ADJECTIF). Très-souvent on se sert seulement du mot *nom* pour désigner le nom substantif. Il y a deux sortes de noms substantifs : le nom *propre* et le nom *commun*, *général* ou *appellatif*. Le nom propre est le nom particulier soit d'*une* personne, d'*un* animal ou d'*une* chose, comme *Louis*, *Bucéphale*, *Paris*, *Loire*; soit accidentellement de *plusieurs* personnes, de *plusieurs* animaux ou de *plusieurs* choses; car plusieurs personnes peuvent s'appeler *Louis* ou *Pierre*, plusieurs chevaux ou plusieurs chiens peuvent porter le même nom, plusieurs villes peuvent s'appeler *Clermont* ou *Vienne*. Le nom commun est celui qui convient, non pas à plusieurs personnes, à plusieurs animaux, à plusieurs choses, mais à *toutes* les personnes, à *tous* les animaux, à *toutes* les choses semblables de même espèce : *homme*, *cheval*, *maison*, *ville*. Il est dit aussi *appellatif*, parce qu'il exprime *l'appellation commune à tous* les *individus* d'une même espèce. Les noms communs se divisent en noms *collectifs* et en noms *abstraits* (V. COLLECTIFS, ABSTRAITS). Quant aux noms *patronymiques*, V. ce mot. — Les noms sont généralement susceptibles de prendre diverses formes suivant le *genre* des êtres dont on parle et suivant leur *nombre* (V. GENRE, NOMBRE). C'est ce qui arrive dans toutes les langues; mais le grec, le latin, l'allemand, font subir aux noms, suivant le rôle qu'ils remplissent dans la phrase, certaines inflexions qu'on appelle *cas* (V. ce mot), et dont la récitation dans un certain ordre convenu constitue ce qu'on appelle la *déclinaison* (V. ce mot). Lorsqu'un nom manque de certains cas, ou bien lorsqu'il ne s'emploie qu'à l'un des deux nombres, il est dit *défectif* ou *défectueux* (V. ce mot); lorsque la formation des cas ou celle du pluriel n'ont pas lieu en vertu des règles ordinaires, il est dit *irrégulier* (V. ce mot). Dans les langues pourvues de cas, on appelle *hétéroclite* (V. ce mot) le nom qui présente une déclinaison à certains cas, une autre à d'autres; *surabondants* (V. ce mot), ceux qui suivent complètement deux déclinaisons différentes. — Sur le rôle d'*adjectif* joué souvent par le *nom substantif*, V. ADJECTIF.

NOM COLLECTIF (Société en). V. SOCIÉTÉ.

NOM DE BAPTÊME. V. PRÉNOM.

NOM DE GUERRE, nom ou sobriquet que prenaient autrefois les soldats, quand ils s'enrôlaient. Par extension, on qualifie de même les sobriquets qu'on donne à une personne, soit en badinant, soit pour désigner quelque qualité, plutôt mauvaise que bonne. Les comédiens prennent souvent des *noms de guerre*, qu'il serait plus logique d'appeler *noms de théâtre*.

NOM DE NOMBRE. V. NUMÉRAUX (Adjectifs).

NOM DE RELIGION, nom que prennent les religieux et les religieuses de certains Ordres en embrassant la vie monastique, et qui remplace leur nom propre ou de famille. Tels sont, par exemple, frère *Philippe*, sœur *Ste Marie*, etc. Les Frères de la Doctrine chrétienne prennent aussi des noms de religion.

NOM PROPRE OU DE FAMILLE. V. notre *Dictionnaire de Biographie et d'Histoire*, p. 1927, col. 2.

NOM SOCIAL. V. RAISON SOCIALE.

NOMS ET TITRES. Avant la Révolution de 1789, les possesseurs de terres féodales ajoutaient à leur nom de famille celui de la terre dont ils étaient propriétaires ou seigneurs, et souvent même ne portaient que ce dernier; ils prenaient aussi la qualification nobiliaire attachée au domaine, s'il avait titre de duché, de comté, etc. D'autres avaient fait précéder leur nom de la particule *de*, à laquelle on attachait l'idée de noblesse. Les usurpations de titres nobiliaires ont existé de tout temps; elles ont été frappées de diverses peines par l'ordonnance d'Orléans en 1560, l'ordonnance de Blois en 1579, l'édit de 1600, le Code Michau en 1629, l'édit de janvier 1634, les déclarations du 8 février 1661, du 30 mai 1702, du 30 mai 1703, etc. L'Assemblée constituante, jugeant les noms et les titres féodaux contraires à l'égalité, les abolit par décret du 19 juin 1790, et décida qu'un citoyen ne pourrait porter que le vrai nom de sa famille. Une sanction pénale fut donnée à ce décret, le 27 septembre 1791 : tout citoyen qui, dans un acte quelconque, aurait pris une qualification ou un titre supprimé, devait payer une amende égale à six fois la valeur de sa contribution, était rayé du tableau civique, et déclaré incapable d'occuper aucun emploi civil ou militaire. Par décret du 24 brumaire an II (14 novembre 1793), la Convention conféra à tous les citoyens la faculté de changer de nom propre, et de prendre celui qui leur conviendrait, en se conformant aux formalités prescrites par les déclarations de naissance. Après la chute de Robespierre, quelques hommes qui avaient porté des titres de noblesse ou des noms précédés de la particule ayant cru pouvoir les reprendre dans les actes publics, la loi du 6 fructidor an II (23 août 1794) interdit à tout citoyen de porter d'autres noms et prénoms que ceux exprimés dans son acte de naissance, et d'ajouter aucun surnom à un nom propre, à moins qu'il n'eût servi jusque-là à distinguer les membres d'une même famille, sans rappeler les qualifications féodales ou nobiliaires ; les contrevenants, que tout citoyen avait le droit de dénoncer, étaient punis correctionnellement d'un emprisonnement de 6 mois, et d'une amende égale au quart de leurs revenus ; la récidive entraînait la dégradation civique, prononcée par le tribunal criminel. Les fonctionnaires coupables de n'avoir pas observé sur les actes les prescriptions de la loi étaient frappés de destitution, déclarés incapables d'exercer aucun emploi public, et condamnés aussi à une amende égale au quart de leurs revenus. Un arrêté du Directoire, en date du 19 ventôse an VI (9 mars 1798), eut pour but de rappeler à l'observation de la loi du 6 fructidor an II. — Une réaction contre les idées de la Révolution eut lieu sous le premier Empire. Malgré la Constitution de l'an XII, qui interdisait le rétablissement du régime féodal, un décret du 30 mars et un sénatus-consulte du 14 août 1806 créèrent de nouveaux titres, que Napoléon Ier distribua à ses généraux et à ses ministres. Le 1er mars 1808 parurent les statuts qui organisèrent la nouvelle noblesse ; celle-ci put devenir héréditaire par la constitution des majorats et à certaines autres conditions. Toutefois, Napoléon n'entendait pas rétablir l'ancienne noblesse : défense était faite de porter des titres qu'il n'eût pas conférés, et le Code pénal de 1810 infligea un emprisonnement de 6 mois à 2 ans à quiconque en aurait pris indûment. La Restauration rendit à la noblesse ancienne ses titres, et conserva les siens à la nouvelle, mais en spécifiant qu'il ne s'agissait plus de rang et d'honneurs, nullement de l'exemption des charges sociales. Une ordonnance du 17 juillet 1815 étendit aux titres de la noblesse monarchique la protection que le Code pénal avait accordée aux titres impériaux. Après la Révolution de 1830, les distinctions nobiliaires furent dédaigneusement abandonnées au caprice et à la merci de tous ; on les reléguait dans la fantaisie, et on en livrait l'usurpation au ridicule. Néanmoins, le roi Louis-Philippe conféra quelques titres, un plus grand nombre furent usurpés par la vanité, et l'on se para surtout de la particule. Le Gouvernement provisoire de 1848 proscrivit les titres et qualifications de noblesse ; mais son décret fut aboli après le coup d'État de 1851. Il y eut depuis lors une recrudescence de faux nobles, produite par la mauvaise foi, l'intérêt et des calculs coupables, plutôt encore que par la sottise. Aussi une loi du 28 mai 1858 est-elle intervenue : elle frappe d'une amende de 500 fr. à 10,000 fr. quiconque, sans droit et en vue de s'attribuer une distinction honorifique, aura publiquement pris un titre, ou aura changé, altéré, modifié le nom que lui assignent les actes de l'état civil. Une circulaire du ministre de la justice, en date du 19 juin de la même année, explique le sens de cette loi : on n'a point voulu inquiéter les familles qui ont pour elles la bonne foi, l'autorité d'une longue possession, et, en général, ces preuves morales qui tiennent lieu de titres en même temps, mais seulement atteindre les charlatans qui ont eu en vue d'abuser le public. Napoléon III a conféré au maréchal Pélissier en 1856 le titre de duc de Malakoff, au maréchal Mac-Mahon en 1859 celui de duc de Magenta, et au général Cousin-Montauban en 1862 celui de comte de Palikao. Ceux qui obtiennent des titres de noblesse doivent payer certains droits : d'après une ordonnance des 8-14 oct. 1814 et une loi du 28 avril 1816, il y a, pour lettres patentes portant collation du titre de duc, un enregistrement de 3,000 fr. Pour titre héréditaire de marquis et de comte, on paye : au sceau, 6,000 fr. ; au référendaire, 150 fr. ; à l'enregistrement, 1,200 fr. Pour titre de vicomte : au sceau, 4,000 fr. ; au référendaire, 150 fr. ; à l'enregistrement, 800 fr. Pour titre de baron : au sceau, 3,000 fr. ; au référendaire, 150 fr. ; à l'enregistrement, 600 fr. Pour titre de chevalier : au sceau, 60 fr. ; au référendaire, 50 fr. ; à l'enregistrement, 12 fr. Pour lettres de noblesse : au sceau, 600 fr. ; au référendaire, 50 fr. ; à l'enregistrement, 120 fr. — La loi du 11 germinal an XI (1er avril 1803) décide que toute personne

qui a quelque raison de changer de nom doit en adresser la demande motivée au ministre de la justice, après avoir fait insérer au Moniteur et dans deux journaux de son département l'avis du changement qu'elle réclame ; le ministre ne répond qu'au bout de trois mois : d'après une ordonnance du 3 juin 1818, l'arrêté d'autorisation ne doit recevoir son exécution qu'au bout d'une année à dater du jour de son insertion au Bulletin des Lois, délai pendant lequel les oppositions peuvent être présentées. Toute erreur de nom dans un acte de l'état civil ne peut être rectifiée que par un jugement du tribunal civil ; ce tribunal sanctionne aussi les autorisations accordées pour changement de nom.   B.

NOMADE, qui n'a pas d'habitation fixe. C'est une qualification donnée aux tribus peu civilisées qui font paître des troupeaux.

NOMBRE, en Grammaire, manière de signifier les noms communs, selon qu'on les applique à une des personnes, à un des animaux, à une des choses, auxquels ils conviennent, ou à deux, ou à plusieurs. Dans le 1er cas, l'inflexion particulière que reçoit le nom s'appelle nombre singulier ; dans le 2e, nombre duel ; dans le 3e, nombre pluriel. On dit par abréviation singulier, duel, pluriel (V. ces mots). Les noms propres ne sont par eux-mêmes susceptibles que du singulier ; si on les met quelquefois au pluriel, comme quand on dit les Césars, les Alexandres, les Platons, c'est par figure, en comprenant dans le nom propre toutes les personnes qui leur ressemblent. — Le duel est propre au grec et à l'hébreu. — Les adjectifs anglais ne sont point susceptibles de prendre l'inflexion du nombre. — Par extension, le nombre a passé du nom au verbe. Cette inflexion, sensible dans les langues néolatines, l'est surtout dans les langues anciennes.   P.

NOMBRE (Noms de). V. NUMÉRAUX (Substantifs).

NOMBRE, en termes de Poétique, succession régulière de temps et par conséquent de mesures, qui, lorsqu'elle arrive à son terme, se résume pour ainsi dire en un nombre total. Les mesures ou pieds sont les éléments du nombre ; aussi les anciens Latins confondaient souvent, dans le langage littéraire, le nombre et le vers. Le vers hexamètre est un nombre résultant de la succession de 6 mesures qui comprennent chacune 4 temps, c'est-à-dire en tout 24 temps, etc. Si, dans le vers, on considère, non plus la succession totale des temps, mais l'espace même, autrement le nombre des syllabes dont il se compose, sans égard à leur valeur prosodique ; alors ce n'est plus un nombre, c'est un rhythme. Tels sont les hendécasyllabes italiens, et, généralement parlant, les vers modernes (V. RHYTHME). — Le nombre pouvait entrer aussi dans la prose des Anciens ; et ils disaient que le style était nombreux, lorsque certains pieds, certaines mesures s'y rencontraient habilement disposés, ou lorsqu'on savait y combiner savamment et à propos les brèves et les longues, enfin, et surtout, lorsque la chute de la période se faisait d'une manière harmonieuse. Le plus parfait modèle de la prose nombreuse fut chez les Grecs Isocrate, chez les Romains Cicéron. Ce dernier a exposé la théorie des nombres oratoires dans le traité intitulé Orator, § 49 et suiv., et dans le IIIe livre des dialogues De Oratore, § 48 et suiv. V. aussi Quintilien, IX, 4 ; Benoît Varchi, Ercolano, quest. 9. — Le nombre est bien moins marqué dans les langues modernes, et en particulier dans la nôtre. Cependant on dit quelquefois un style nombreux, une phrase, une prose nombreuse ; ce qui signifie qu'on y trouve un heureux assemblage de mots à syllabes pleines et sonores.   P.

NOMBRE D'OR.   } V. ces mots dans notre Dic-
NOMBRES (Livre des).   } tionnaire de Biographie et
NOMBRES SACRÉS.   } d'Histoire.

NOME. Dans la littérature grecque, ce mot désigne un chant ou un air assujetti à une certaine harmonie, à une certaine cadence, comme à une sorte de loi (nomos) qu'il n'était pas permis d'enfreindre en changeant à discrétion le ton de la voix ou celui de l'instrument. Les nomes étaient accompagnés par la lyre ou la flûte, et consacrés à des sujets religieux. Depuis Terpandre, on le divisait généralement en 7 parties ou couplets, dont le 1er s'appelait prélude (éparkhéia), et le dernier épilogue (épilogos). Le musicien Timothée en avait composé un nombre considérable ; mais il n'en est rien resté. Les nomes empruntaient leur dénomination : 1° de certains peuples ; ainsi, il y avait le nome éolien, le nome béotien ; — 2° de la nature du rhythme, comme le nome orthien, air de flûte, à modulation élevée, à rhythme vif ; il était surtout consacré à Pallas ; à l'approche des batailles, il servait à exciter les courages; le nome *trochaïque* était approprié aux marches et aux charges militaires, ou aux danses courantes et légères; — 3° de leurs inventeurs : nomes *Terpandrien, Hiéracien, Cépionien*; ou manque de renseignements sur ceux de cette catégorie; — 4° de leurs sujets : le nome *pythique* (consacré aux fêtes d'Apollon), avait cinq parties, représentant les cinq circonstances du combat d'Apollon contre le serpent Python : dans la 1re, qui n'était qu'un prélude (*peira*), le Dieu reconnaissait le terrain; la 2e exprimait la provocation (*katakeleusmos*); la 3e (*iambicon*), où l'on imitait d'abord le son de la trompette, se terminait sur un ton aigu, pour exprimer le grincement de dents du monstre percé par le dieu; la 4e (*spondeion*), d'un ton plus grave, exprimait la victoire; la 5e (*calachoreusis*) figurait la danse du dieu en réjouissance de son triomphe. Le nome *harmatique* fut inventé sans doute à une époque où on combattait encore sur des chars (*harmata*); on désignait aussi sous ce nom un chant relatif à Hector traîné autour du tombeau de Patrocle, les pieds liés au char d'Achille; le nome *polymnestien* roulait sur les demandes en mariage (*mnêsteia*) : il y en avait un pour chaque sexe; ces nomes paraissent avoir été peu décents et mal famés; le nome *Cradias* était un air de flûte joué dans les fêtes appelées *Cradéphories*, parce qu'on y portait des branches de figuier (*cradê*); — 5° de leur mode : nome *aigu*, nome *grave*; — 6° de leur composition : nome *trimèle, tétraède* (à 3 mélodies, à 4 chants), etc. V. le commentaire de Burette sur le *Traité de la musique* de Plutarque, dans le tome X des *Mémoires de l'Académie des Inscriptions et Belles-Lettres*, les *Observations* de Clavier, à la fin du tome XXII de son édition du Plutarque d'Amyot, Paris, 1820, 25 vol. in-8°, où il a reproduit ce commentaire avec quelques additions. P.

NOMENCLATEUR. V. ce mot dans notre *Dictionnaire de Biographie et d'Histoire.*

NOMENCLATURE (du latin *nomen*, nom, et de *clavis*, clef), liste de noms, et, par extension, ensemble des mots qui composent le dictionnaire d'une langue, ou de ceux qui désignent les divers objets dont s'occupe une science ou un art.

NOMINALISME. V. Scolastique.

NOMINATIF, le premier des cas dans les langues dont les noms et les pronoms se déclinent. Ce n'est pas proprement un cas, mais la matière d'où se forment les cas par les diverses inflexions que subit cette première terminaison du nom. Son principal usage est d'entrer dans le discours avant tous les verbes, pour être le sujet de la proposition. En grec, on rencontre quelquefois un nominatif sans qu'il soit suivi d'un verbe : c'est un *nominatif absolu*; le latin aussi en offre quelques exemples. V. Anacoluthe.

NOMOCANON (du grec *nomos*, loi, et *canón*, règle), recueil de canons apostoliques, de canons des conciles, et de lois impériales relatives aux matières ecclésiastiques. Le plus ancien de ces recueils est celui de Fulgentius Ferrandus, diacre de l'église de Carthage au vie siècle; le plus complet, qui va jusqu'à l'an 787, est celui de Photius, auquel Balsamon, garde des archives canoniques de Constantinople au xiiie siècle, fit des additions, et que Justel a publié dans sa *Bibliotheca juris canonici*, Paris, 1661. En Russie, le plus ancien nomocanon est attribué à St Vladimir (996).

NOMOTHÈTES (du grec *nomos*, loi, et *tithémi*, je pose , j'établis); nom donné chez les anciens Grecs aux législateurs. Les Athéniens l'appliquèrent aussi aux membres d'un comité de législation nommés chaque année pour examiner les changements qu'on proposait de faire aux lois de Solon.

NON-ACTIVITÉ. V. Activité de service.

NONCE.
NONE. } V. ces mots dans notre *Dictionnaire de Biographie et d'Histoire.*
NONES.

NON-INTERVENTION (Système de). V. Intervention, 2e alinéa.

NON-LIEU (Déclaration de), déclaration par laquelle la Chambre du conseil d'un tribunal prononce qu'il n'y a pas de motif suffisant pour poursuivre.

NON-MOI. V. Moi.

NONNE, mot dérivé du latin barbare *nonna* ou *nonnana*, employé dans le sens de *pénitente*, puis de *religieuse*. L'étymologie de *non nupta*, « non mariée, » est fausse.

NONOBSTANCES, clauses par lesquelles les actes émanés de la chancellerie romaine dérogent aux règles établies par les papes ou par les conciles. Leur nom vient de ce qu'elles commencent par les mots latins *non obstantibus*.

NONPAREILLE. V. Caractères d'imprimerie.

NOOLOGIQUES (Sciences), nom par lequel on a quelquefois désigné les sciences qui traitent de l'esprit humain (du grec *noos*, esprit, et *logos*, discours).

NOQUET, lame de plomb de la dimension d'une ardoise, qui se place, pliée en deux, le long des joints des lucarnes et des cheminées, et sous les crochets de service.

NORAGHES. V. ce mot dans notre *Dictionnaire de Biographie et d'Histoire.*

NORMALE (École). V. École normale, dans notre *Dictionnaire de Biographie et d'Histoire.*

NORMAND (Idiome). Lorsque les Normands se fixèrent dans la partie de la Neustrie où a gardé leur nom, la *Langue d'oïl* (V. ce mot) était née, et, quoique informe encore, possédait déjà ses éléments constitutifs. Elle ne tarda pas à absorber, dans la haute Normandie, l'idiome scandinave ou *normannique* importé par les pirates et devenu bientôt insuffisant pour leurs besoins : sous le successeur de Rollon, elle était presque seule usitée à Rouen. Mais à Bayeux se maintint plus longtemps une langue qui avait beaucoup de conformité avec le *normannique* ; c'était le saxon, apporté par quelques aventuriers dans le Bessin à la fin du iiie siècle. Ces deux langues, si voisines, et parlées par des peuples qu'unissait une législation commune, finirent par se corrompre l'une l'autre, et quand se fondit en un nouvel idiome où les formes et l'esprit du latin prévalurent, le *franco-normand* ou *romano-normand*. Cet idiome fut en usage partout où les Normands imposèrent leurs lois, en Angleterre et en Sicile, comme dans les provinces de France qui relevaient de leurs ducs (Normandie, Maine, Perche); du côté du Nord, il subit l'influence du dialecte picard, avec lequel il se mélangeait dans les environs d'Abbeville; dès le commencement du xiiie siècle, il s'avança vers l'Est jusqu'au cœur de l'Ile-de-France; il s'étendit aussi au Sud dans la Bretagne (la basse Bretagne exceptée), dans une partie de l'Anjou, et jusqu'au delà de la Loire, dans la Vendée.

Il est impossible aujourd'hui de déterminer la part d'influence du scandinave dans la formation du franco-normand : cette influence n'a laissé de traces certaines que dans les noms d'hommes et de lieux. Les noms terminés en *ville* (du latin *villa*), très-communs dans la Seine-Inférieure, renferment pour la plupart un nom étranger, qui paraît avoir été le nom propre ou le surnom d'un Normand qui habitait la terre ou possédait le village; tels sont : *Beuzeville, Bierville, Houppeville, Sierville, Bacqueville, Tancarville, Valliquerville.* D'autres noms sont terminés en *tot*, comme *Yvetot, Criquetot, Houdetot, Sassetot*, etc., terminaison qui, en saxon, signifie cour, masure, enclos. La terminaison *bec* vient également du scandinave et du saxon *beke*, qui veut dire ruisseau : *Bolbec*, le *Bec, Caudebec, Briquebec, Robec*, etc. Les noms en *eu* et en *eur*, tels que *Eu, Canteleu, Harfleur, Barfleur, Vittefleur*, etc., fréquents dans la Normandie, maritime, dérivent, soit d'un mot islandais qui désigne un lieu baigné par l'eau, soit du scandinave *fliot* ou du saxon *flod* (rivière, courant). Les mots en *beuf* (*Paimbeuf, Marbeuf, Belbeuf, Criquebeuf, Quillebeuf, Elbeuf*, etc.) contiennent la même terminaison que les mots danois en *boe* (demeure); on n'aura ajouté l'*f* final qu'à cause de la ressemblance avec le mot français *bœuf*. Enfin, on peut signaler, parmi les mots importés par les Normands, et qui ont survécu, le mot *acre*, qui désigne une mesure de superficie usitée en Normandie, en Angleterre et dans ses colonies d'Amérique, et généralement inconnue ailleurs.

Porté en Angleterre par Guillaume le Conquérant, le franco-normand y devint la langue dominante, la langue officielle et aristocratique; mais il ne put étouffer l'anglo-saxon, qui avait une constitution régulière et de nombreux monuments littéraires. Il prit le nom d'*anglo-normand*, qui fut aussi appliqué à la langue parlée au xiie siècle dans la Normandie même, et l'on qualifie ordinairement d'*anglo-normands* les Trouvères qui ont rimé des deux côtés de la Manche jusqu'à la conquête de la Normandie par Philippe-Auguste, en 1204. A partir de cette époque, l'anglo-normand est devenu la langue des poëtes en Angleterre, mais déjà dans leurs chants ils se plaignent de le voir dépérir; l'anglo-saxon perd aussi du terrain, son système de déclinaison s'écroule peu à peu avec sa syntaxe, et les radicaux saxons prennent souvent la place des mots d'*importation* romane, tandis que les désinences romanes revêtent les mots saxons. Dans ce travail de fusion qui s'opère aux xiiie et xive siècles, l'idiome normand triomphe du côté des constructions et de la grammaire, et, à ce point de vue, c'est lui qui régit encore l'Angleterre; sa prononciation même survit en beaucoup de points. C'est du saxon ainsi mutilé qu'est sortie lentement la langue anglaise. Toutefois l'anglo-normand ne disparut pas sans laisser de nombreux vestiges, encore faciles à reconnaître aujourd'hui dans le matériel de la langue, dans les devises des nobles familles, dans celle qui entoure les armes royales (*Dieu et mon droyt*), dans la devise de l'ordre de la Jarretière (*Hony. soyt. qi. mal. y. pense*), et surtout dans la langue judiciaire et dans les livres de jurisprudence. Quand la reine d'Angleterre accorde sa sanction aux bills des deux Chambres du Parlement, la formule qui retentit en son nom est en dialecte anglo-normand : *La reyne mercye les loyaulx subjects de leur benevolence, et ainsi le veult;* et quand elle refuse, la déclaration est celle-ci : *La reyne advisera.*

Tandis que le franco-normand se transformait en Angleterre, sur le continent il était cultivé en même temps que la langue latine, et, jusqu'à la fin du moyen âge, il conserva la prééminence littéraire. Il fit tant de progrès et se modifia tellement depuis son origine, que la population qui s'en servait ne put reconnaître au xve siècle, dans les Anglais qui envahirent la Normandie, les héritiers des compagnons de Guillaume. L'occupation anglaise dura assez longtemps pour affecter le langage : l'innovation la plus importante fut l'importation de l'y, que l'anglo-normand avait emprunté à l'anglo-saxon. Cette lettre, qu'on ne remarquait guère au xiiie siècle que dans les mots grecs où l'étymologie demandait sa présence, semble avoir pris au xve siècle presque entièrement la place de l'*i*; on eut alors : le *roy*, la *royne*, je *suys*, *mylieu*, la *nuyct*, *parmy*, *Henry*, *Loys*, etc. C'est à l'influence de l'alphabet anglais qu'il faut attribuer l'usage d'employer l'y en Normandie dans les noms de villes et de paroisses rurales, tels que *Bernay*, *Bayeux*, *Isigny*, *Pavilly*, *Andely*, etc. — Au xvie siècle, lorsque tous les dialectes tendent à se réunir en un seul pour constituer la langue française, le normand, outre son apport considérable dans le vocabulaire général, fait prévaloir sa prononciation, qui consistait, entre autres particularités, à prononcer è ou ai la diphthongue oi. C'est un Normand, Nicolas Bérain, avocat au parlement de Normandie, qui proposa le premier de faire disparaître l'anomalie qui existait entre la prononciation et l'orthographe : dans ses *Nouvelles remarques sur la langue française* (Rouen, 1675), il voulait que l'on écrivît les imparfaits de l'indicatif en ai ou ei; c'est donc à tort que Voltaire passe pour l'inventeur de ce système orthographique. Mais ce qui contribua plus que tout à fixer irrévocablement dans la langue française l'articulation ai, ce fut la pléiade des gens de lettres normands, Duperron, Desportes, Vauquelin des Yveteaux, Malherbe, Boisrobert, Corneille, qui, sous les règnes d'Henri IV et de Louis XIII, devinrent les arbitres du langage. Corneille, en plein xviie siècle, introduisait encore dans le langage de la cour certaines manières de prononcer qu'il avait rapportées de Rouen; c'est depuis lui que in et im, en tant que syllabes initiales, se prononcent semblablement. Mais à mesure que la langue littéraire marcha vers l'unité, les formes nouvelles qu'elle empruntait, soit aux dialectes provinciaux, soit au grec ou au latin, la rendirent inintelligible aux populations des campagnes : une séparation s'opéra entre la manière de parler des hautes classes et celle du peuple; le langage local se corrompit, et tomba à l'état de patois.

Le patois normand peut se diviser en trois variétés principales, qui dérivent des habitudes de ceux qui le parlent : le langage des faubourgs, celui des côtes, et celui des populations rurales. Le type du premier est le *purin* ou *gros normand*, dont la terre classique est à Rouen dans les quartiers St-Vivien et Martainville, mais qui se retrouve également dans les bas quartiers de la plupart des villes manufacturières, notamment à Lisieux. On appelait *purins*, avant l'invention de la filature à la mécanique, les fileurs de laine à la main. Le langage purin, tout cynique et grossier qu'il est, possède une littérature : un bon nombre de pamphlets ont été écrits dans ce patois aux xviie et xviiie siècles. Nous citerons la *Muse normande*, recueil satirique que David Ferrand fit paraître de 1621 à 1655; l'*Inventaire de la Muse normande, ou Recueil de plusieurs ouvrages facétieux en langue purinique*, du même auteur; la *Muse normande* de Louis Pelit, qui fut l'ami intime de P. Corneille et le collabo-

rateur de Ferrand ; la Mazarinade publiée en 1649 sous le titre des *Maltôtiers ou les Pesquieux en eau trouble;* le *Coup d'œil purin, ou Conversation entre quatre personnes du bas peuple de la ville de Rouen*, par Gervais, 1773, satire violente contre les membres du Conseil du Roi qui avaient remplacé les membres du parlement de Normandie chassés par le chancelier Maupeou. Le patois purin est en partie celui du pays de Caux et du Roumois; les campagnes de Louviers ont conservé un grand nombre de mots et de locutions qui lui sont propres. La basse classe de Caen et de Falaise parle un patois très-voisin du purin; c'est aussi du gros normand, où l'on trouve, ajoutée au fond du patois ordinaire, une forte dose d'expressions triviales et d'intonations poissardes. — Le langage des côtes offre d'autres transformations, et se ressent du voisinage de la Picardie. Les pêcheurs du faubourg du Pollet, à Dieppe, ont la prononciation molle; les *j* et les *g* deviennent des *z* dans leur bouche. Leur accent singulier se reproduit chez les pêcheurs et les pilotes de Quillebeuf. Les *terre-neuviens* des côtes de l'Avranchin ont aussi une langue spéciale pour leur industrie. — Le patois des campagnes est infiniment supérieur comme langage à celui des faubourgs et des gens de mer. Il est plus primitif, plus naïf; c'est lui qui est l'héritier de l'ancien dialecte normand. Mais il n'a conservé son originalité que dans les contrées où la population est restée fidèle aux anciennes mœurs, et surtout là où subsistent encore les grandes haies, ces clôtures-fortifications si chères aux Normands. Toutefois ce n'est pas chez les paysans du Bessin et du Cotentin que l'on trouverait la véritable clef de l'ancien dialecte, en ce qui concerne les questions de prononciation; c'est dans les îles de la Manche, notamment à Jersey, où l'on suit encore la Coutume de Normandie, non réformée, et où le dialecte normand du xiie siècle s'est perpétué dans la population rurale.

V. Kelham, *Dictionnary of the norman or old french language*, Londres, 1779; *Essai sur le dialecte normand*, par M. Raymond Bordeaux, ouvrage manuscrit couronné par l'Académie de Rouen; *Dictionnaire du patois normand*, par MM. Édélestand et Alfred Duméril, Caen, 1849, 1 vol. in-8°; *Histoire des expéditions maritimes des Normands*, par Depping, Paris, 1826, 2 vol. in-8°; *Dictionnaire du patois du pays de Bray*, par l'abbé Decorde, Rouen, 1852, in-8°; *Patois de l'arrondissement de Bayeux*, par Pluquet, Bayeux, 1834, 2e édition ; *Glossaire du patois normand*, par Louis Dubois, Caen, 1856, 1 vol. in-8°. P—s.

NORMAND (Style), style roman ou ogival particulier aux édifices de la Normandie et à ceux que les Normands ont bâtis en Angleterre. Il ne diffère du style général que par quelques formes et quelques dispositions de moulures, qu'une connaissance approfondie des styles d'architecture peut seule faire apprécier.

NORMANDE, genre de caractères d'imprimerie inventés de notre temps, et qui ne sont autre chose que du *romain* ou de l'*italique* excessivement gras.

NORMANNIQUE ou NORRÆNA (Langue), nom donné à la langue parlée dans tout le Nord scandinave jusqu'au xive siècle, et dont sont sortis l'islandais, le norvégien, le suédois, et le danois.

NORVÉGIEN (Idiome), un des idiomes issus du langage appelé *norsk* ou *norræna*, lequel a été parlé dans tout le monde scandinave jusqu'au xive siècle et se rattache à la souche germanique. Il n'a de caractères particuliers que comme idiome parlé et populaire; car la langue littéraire de la Norvége est la même que celle du Danemark, soit à cause de l'identité d'origine, soit par l'effet de la longue sujétion des Norvégiens aux Danois. On évalue à plus de 18,000 les mots employés journellement en Norvége et qui ne sont pas dans les Dictionnaires danois : bon nombre de ces mots existent, au contraire, dans la langue islandaise, et les livres écrits en islandais sont souvent compris par les habitants de la Norvége. Holmboe a prouvé que beaucoup de mots norvégiens se retrouvent presque sans altération dans le sanscrit. V. N.-M. Petersen, *Histoire des langues danoise, norvégienne et suédoise*, Copenhague, 1829-30, 2 vol. in-12; Holmboe, *Du sanscrit et de la vieille langue du Nord*, Christiania, 1846, in-4°; le même, *Des rapports de la vieille langue du Nord avec le sanscrit*, ibid., 1848, in-4°.

NORVÉGIENNE (Littérature). Soumise pendant plusieurs siècles au Danemark, la Norvége n'a pu posséder une littérature distincte. Au nombre des écrivains qu'elle produisit sous la domination étrangère, nous citerons, au XVIIᵉ siècle, un évêque de Drontheim, André Arreboe, auteur d'un poëme sur la création, intitulé *Hexameron ou l'Œuvre de la première semaine*, et, au XVIIIᵉ, les poëtes Tullin et Wessel, le célèbre auteur dramatique Holberg, l'historien Strom, l'antiquaire Schœning, le naturaliste Gunnerus. Une Université fut établie à Christiania en 1811, et, bientôt après, se forma une *Société pour la prospérité de la Norvége*, divisée en 7 classes ayant pour attributions spéciales la philosophie, l'histoire des sciences physiques et mathématiques, l'agriculture, la pêche et la chasse, les mines et forêts, l'industrie, et le commerce. Depuis 1814, la Norvége, séparée du Danemark et réunie à la Suède, a vu commencer enfin pour elle une littérature nationale. On cite déjà quelques noms, Biergaard, Schwach, Hansen ; leurs principales productions sont des chansons à boire ou des chants patriotiques. La musique qui accompagne la plupart des ballades populaires est empreinte d'une singulière tristesse, qui est le véritable caractère des hommes du Nord, le fond même de leur âme.

NORWICH (Cathédrale de), en Angleterre, dans le comté de Norfolk. Cette église fut commencée en 1096, et, dans l'espace de 25 ans, on éleva le chœur, le transept, et la tour qui le surmonte ; la plus grande partie du XIIᵉ siècle fut employée à la construction de la grande nef et des collatéraux. La chapelle Notre-Dame date du milieu du XIIIᵉ siècle. Depuis, on n'a fait à l'édifice que des modifications et additions peu importantes. La façade occidentale présente deux styles distincts : la partie centrale, qui est la plus moderne, offre une immense fenêtre ogivale, remplie de meneaux perpendiculaires ; aux parties latérales, qui appartiennent à l'architecture romano-byzantine, les portes, la galerie simulée et les fenêtres qui les surmontent, sont en plein cintre. C'est également le plein cintre qui se montre avec toute sa gravité dans la nef principale. Plusieurs gros piliers sont ornés de cannelures torses qui s'y enroulent ; les chapiteaux ne sont que des masses cubiques, lourdes et disgracieuses. Les archivoltes des arcades offrent des tores rompus et des chevrons brisés. Le chœur est très-remarquable : les deux premiers étages sont formés par des arcs en plein cintre appuyés sur des faisceaux de colonnettes ; les fenêtres de l'étage supérieur et les voûtes sont de style ogival. Le plan de la cathédrale de Norwich est en forme de croix latine : la longueur est de 125 mèt., dont 70 pour la nef ; la largeur de la nef et des collatéraux, de 23 mèt. ; la longueur du transept, de 58 mèt. ; la hauteur des voûtes, de 23 mèt. Sur le centre du transept s'élève une tour carrée, flanquée, aux angles, de contre-forts couronnés de clochetons, et entourée, au sommet, d'une balustrade crénelée, disposition commune en Angleterre : cette tour supporte une aiguille octogone, merveilleusement effilée, et dont les nervures d'angles sont ornées de crochets et de feuilles grimpantes. Cette pyramide, qui atteint une hauteur de 100 mèt. au-dessus du sol, est moins riche d'ornementation, mais d'une construction aussi hardie que celle de Lichfield. Au flanc méridional de la cathédrale de Norwich on voit de beaux cloîtres, formant un carré d'environ 50 mèt. de côté. B.

NOTABLES, nom qu'on donnait, avant 1789 : 1° aux bourgeois appelés avec le maire et les échevins à former le conseil de ville ; 2° aux membres des trois ordres de la nation, que les rois choisissaient pour composer les *Assemblées des notables* (V. ASSEMBLÉE, dans notre *Dictionnaire de Biographie et d'Histoire*). Il s'applique aujourd'hui aux principaux et plus considérables citoyens d'une ville, d'une province, d'un État. Les *notables commerçants* sont ceux dont les préfets dressent annuellement la liste pour chaque arrondissement, et qui élisent les membres des tribunaux de commerce : ils ne peuvent être moins de 25 dans les villes dont la population n'excède pas 15,000 âmes ; au-dessus de ce chiffre, le nombre en est augmenté à raison de 1 pour 1000 âmes de population. Un décret du 30 août 1852 a chargé les notables commerçants d'élire aussi les membres des Chambres de commerce, et ceux des Chambres consultatives des arts et des manufactures.

NOTABLES (Arrêts), nom que l'on donnait autrefois aux arrêts fixant un point de Jurisprudence nouveau ou controversé.

NOTAIRES. V. ce mot dans notre *Dictionnaire de Biographie et d'Histoire*.

NOTATION MUSICALE, art de représenter aux yeux et à l'intelligence les sons et leurs modifications diverses, à l'aide de signes ou caractères particuliers. Ces signes sont de deux sortes, les *signes d'intonation* et les *signes de durée*, et on les place les uns et les autres sur la *portée*, assemblage de cinq lignes tracées horizontalement.

Les signes d'intonation sont les *clefs* et les *notes*. Les *clefs*, placées au commencement des portées, indiquent que ce qui s'y trouve écrit appartient à telle ou telle voix, à tel ou tel instrument ; et comme il y a plusieurs nuances d'élévation ou de gravité parmi les voix et les instruments, on exprime ces nuances en donnant aux clefs différentes positions sur les lignes (V. CLEF). Les *notes* sont des signes particuliers de chaque son. Il n'est pas nécessaire d'avoir un signe d'une forme spéciale pour chacun des sons ; une pareille multiplicité jetterait la confusion dans l'esprit, et fatiguerait la mémoire : ce n'est point la forme de la note, mais sa place sur la portée, qui détermine l'intonation. La note placée sur la même ligne que la clef prend le nom de cette clef, et sert de point de comparaison pour nommer toutes les autres notes de l'échelle : par conséquent, le nom des notes est éventuel, et ne peut se déterminer d'une manière invariable. L'intonation des notes, telle qu'elle résulte de leur position sur la portée et par rapport à la clef, peut être modifiée par une nouvelle espèce de signes qu'on nomme *accidents* et à l'aide desquels on indique des sons intermédiaires : ce sont le *dièse*, le *bémol* et le *bécarre* (V. ces mots).

Les *notes* servent de signes de durée, en même temps que de signes d'intonation : destinées, en effet, à représenter les sons, elles ont dû recevoir des modifications de forme, afin de pouvoir exprimer la longueur variable de ces sons. Ce sont ces formes diverses qui indiquent les valeurs respectives des notes. On a pris pour unité de durée la note appelée *ronde* : la moitié de cette durée a reçu le nom de *blanche;* le quart, celui de *noire;* le huitième, celui de *croche;* le seizième, celui de *double croche;* le trente-deuxième, celui de *triple croche;* le soixante-quatrième, celui de *quadruple croche* (V. CROCHE). — Le *point* est un autre signe de durée. Placé à la suite d'une note, il augmente de moitié la durée de cette note : ainsi, la ronde pointée a la même durée que 3 blanches, ou 6 noires, ou 12 croches, etc. — Le *silence* est un élément de la musique, aussi bien que le son, et, comme lui, il a des variations de durée : on a donc imaginé des signes de silence, correspondant aux notes ou signes de sons, et susceptibles des mêmes divisions. Le silence d'une durée égale à celle de la ronde s'appelle *pause;* la moitié de cette durée, *demi-pause;* le quart, *soupir;* le huitième, *demi-soupir;* le seizième, *quart de soupir*. La ronde pointée se représente par une pause suivie d'une demi-pause; la blanche pointée, par une demi-pause suivie d'un soupir, etc. — Pour que la multitude des signes placés sur la portée ne trouble pas les yeux, on les sépare de distance en distance par des *barres* qui traversent perpendiculairement la portée (V. BARRES DE MESURE) : l'espace compris entre deux de ces barres de séparation s'appelle *mesure;* la somme des durées qui y sont exprimées doit être la même dans toutes les mesures du morceau de musique. On rend encore plus facile la lecture des signes contenus dans la mesure, en divisant celle-ci en parties égales appelées *temps*. Les manières différentes dont cette division peut se faire déterminent les différentes espèces de mesures, qu'indiquent aussi des signes particuliers (V. MESURE, TEMPS): — Les signes de la durée des sons et des silences ne donnent que des quantités relatives, et n'indiquent pas la durée positive qui est dévolue à chaque signe. On fait connaître cette durée positive, en écrivant, en tête des morceaux, certains mots italiens ou français déterminant le degré d'animation ou de vitesse qu'il faut prendre; tels sont : *largo, andante, allegro, presto*, etc. Mais la variété de durée positive produite par ces mots ne change rien à la valeur relative des signes entre eux (V. MOUVEMENT).

Quant à l'*expression* dans l'exécution de la musique, elle est aussi indiquée dans la notation par un certain nombre de signes spéciaux (V. EXPRESSION, ACCENTS, LIAISON, DÉTACHÉ, AGRÉMENTS).

La notation musicale emploie encore les *chiffres*, soit pour marquer la proportion des notes entre eux, comme dans le triolet (V. ce mot), soit pour indiquer le doigté de certains passages qu'exécutent les instruments, soit enfin pour représenter les accords (V. BASSE CHIFFRÉE).

La notation musicale, avant d'en arriver au point où elle se trouve aujourd'hui, a traversé bien des phases. Les Grecs, et, après eux, les Romains, ont possédé un système de signes fort compliqué : ils se servirent des lettres de leur alphabet, en leur donnant toutes sortes de formes et de positions. Burette, d'après Meibom, qu'il interprétait mal, portait à 1620 les signes ainsi obtenus, l'abbé Barthélemy à 990. Perne (*Revue musicale*, t. III) les réduit à 90, dont une moitié était consacrée a la voix, et l'autre aux instruments, et il essaye même de démontrer que 44 caractères suffisaient, dont 22 pour la voix et 22 pour les instruments. M. Vincent, à son tour, ramène toute la double notation des Grecs à 70 paires de signes, et pense que la notation vocale consistait dans les lettres, tandis que la notation instrumentale était empruntée aux signes planétaires, ce que les chimères des Anciens sur l'harmonie céleste rendent assez vraisemblable. Les signes s'écrivaient au-dessus des syllabes à chanter, formant une seule ligne horizontale, et les divers degrés d'acuité et de gravité des sons étaient indiqués par la forme spéciale des signes : si la musique devait être à la fois chantée et jouée sur les instruments, la ligne des signes pour instruments était superposée à la ligne vocale (*V.* SOLMISATION). — Quand une partie des modes musicaux des Anciens fut tombée en désuétude, le nombre des lettres employées à la notation fut considérablement restreint. Puis, le pape Grégoire le Grand, ayant remarqué que les rapports des sons sont exactement les mêmes dans chaque octave, réduisit le nombre des signes aux sept premières lettres de l'alphabet, qui furent placées sur des lignes parallèles de diverses couleurs pour indiquer l'élévation ou l'abaissement de la voix. Si une pièce de chant dépassait les limites de l'octave, on employait, pour la 1re octave, les lettres majuscules, pour la 2e les minuscules, et on les doublait pour la 3e. Puis, on substitua aux lettres sur la portée, à une époque qu'on ne saurait déterminer, certains points de différentes formes, qui ont été l'origine des notes modernes (*V.* NEUMES). Au XIe siècle, le moine Gui d'Arezzo imagina une mnémonique des sons qui consistait à apprendre par cœur une mélodie connue, pour s'en servir comme d'un point de comparaison, en donnant pour nom aux notes de cette mélodie les syllabes placées sous chacune d'elles, afin de conserver ces mêmes sons à toutes les notes semblables. A cet effet, il se servit, dans l'école qu'il dirigeait, du chant de l'hymne de St Jean-Baptiste :

Ut queant laxis Resonare fibris
Mira gestorum Famuli tuorum,
Solve polluti Labii reatum,
Sancte Joannes.

Les élèves chantaient cette strophe, dans laquelle l'intonation de la note, s'élevant d'un degré sur chacune des syllabes *ut, ré, mi, fa, sol, la,* correspondait à une des lettres de l'échelle diatonique. Gui d'Arezzo ne désignait point les notes par ces syllabes ; il n'avait voulu que créer une méthode d'enseignement par analogie et ayant uniquement pour but de graver l'intonation des sons dans la mémoire de ses élèves. Toutefois, les noms *ut, ré, mi, fa, sol, la,* furent bientôt adoptés pour indiquer six notes de la gamme. La septième, B (le *si*), ne se trouvait pas nommée dans ce système ; on imagina, pour y suppléer, le système barbare des *muances* (*V. ce mot*), et ce ne fut que beaucoup plus tard que le nom de *si* fut appliqué à la septième note. Longtemps les notes furent toutes d'une égale valeur sous le rapport de la durée, et ne marquèrent que les différents degrés de la gamme et les modifications de l'intonation ; selon une opinion généralement répandue, ce serait au XIVe siècle que le chanoine Jean de Muris aurait imaginé d'indiquer les rapports de durée que les notes devaient avoir entre elles par des changements dans leur figure, et distingué les *rondes,* les *blanches,* les *noires,* etc. ; du même temps daterait la distinction de la *notation blanche,* c.-à-d. en notes blanches ou vides, et la *notation colorée,* c.-à-d. en notes noires ou rouges ; mais la notation mesurée remonte au moins au XIe siècle. Dans les ouvrages où Gaforio, vers la fin du XVe siècle, a expliqué le système de la notation de son temps, on voit que les signes principaux étaient la *maxime,* la *longue,* la *brève,* la *semibrève* et la *minime* : cependant, dans les compositions du commencement du XVIe siècle, la *noire,* la *croche* et la *double croche* se trouvent employées.

J.-J. Rousseau exposa, en 1743, un système de notation par des chiffres. Ce système a été repris par Pierre Galin, et vigoureusement soutenu de nos jours par MM. Chevé et Aimé Paris. On ne saurait nier qu'il a de la valeur comme moyen tachygraphique, qu'il simplifie l'enseignement de la musique vocale, et que les élèves en

tirent profit pour saisir les rapports de rhythme et d'intonation. Les maîtres qui le préconisent soutiennent que la multiplicité des signes de la notation ordinaire est un grave embarras ; cela est vrai : mais, une fois ces signes classés dans la mémoire, toute difficulté disparaît, car ils donnent par eux-mêmes, et sans aucune complication d'idées, la notion nette et positive de l'intonation et de la durée. Il n'en est pas de même de la notation par chiffres : la similitude des signes pour toutes les octaves et la suppression des clefs en sont les bases ; or, la similitude est un mal, et les clefs sont nécessaires. C'est ce que les partisans de la notation par chiffres ont reconnu malgré eux, puisqu'ils ont été obligés de créer des signes auxiliaires pour distinguer les octaves, et de remplacer les signes usuels, qui sont une figuration des sons, perceptible aux yeux, par des points de reconnaissance qui exigent une opération d'esprit. La notation par chiffres est inapplicable dans la musique instrumentale, dont le diapason est incomparablement plus étendu que celui de la voix. Elle est impuissante à traduire avec clarté les transpositions si souvent nécessaires pour certaines parties d'instruments, et à représenter les groupes de sons simultanés. A plus forte raison ne pourrait-elle donner au piano, comme le fait la notation usuelle, les principaux effets d'une partition écrite sur une vingtaine de portées et où sont employées cinq ou six clefs différentes. *V.* Danjou, *Sur les notations musicales du moyen âge,* dans la *Revue de musique religieuse et classique,* juillet 1845, août 1847 ; Fétis, articles de la *Gazette musicale* des 16 et 23 juin 1844, et, dans la *Revue de Danjou* (1846), *Des origines du Plain-Chant;* Théodore Nisard, *Études sur les anciennes notations musicales de l'Europe,* dans la *Revue archéologique,* t. V, et *De la notation proportionnelle du moyen âge,* 1847.   B.

NOTE (du latin *nota,* marque), en termes de Musique, nom donné aux signes figuratifs des sons. *V.* NOTATION.

NOTE PERLÉE. *V.* APPOGIATURE.

NOTE DE PASSAGE, note qui, dans une mélodie, ne porte pas d'harmonie, mais sert à lier entre elles les notes harmoniques.

NOTE, en termes de Pratique, signifiait autrefois la minute des actes passés chez les notaires. De là le nom de *gardes-notes* donné quelquefois à ces officiers publics.

NOTE, remarque ou explication imprimée à la marge d'un livre, au bas d'une page, ou à la fin d'un volume, pour en faciliter l'intelligence. Les notes, destinées à expliquer un mot, un passage, une allusion, doivent être courtes et précises ; autrement, elles dégénéreraient en Commentaires (*V. ce mot*). — Quelques auteurs ont intitulé *Note* ou *Notes* un opuscule séparé.

NOTE, dans le style des affaires, extrait sommaire, exposé succinct.

NOTE, en Diplomatie, communication confidentielle entre des agents diplomatiques. C'est par un échange de Notes qu'on arrive à la conclusion d'une négociation. On appelle *Notes verbales* les notes au moyen desquelles ceux qui siègent dans une Conférence ou un Congrès communiquent entre eux, lorsqu'elles sont seulement destinées à fixer un point de discussion et ne portent pas de signature.

NOTES SURABONDANTES, nom donné en Musique aux triolets, aux notes marquées 5 pour 4, etc.

NOTES TIRONIENNES. *V.* ABRÉVIATIONS.

NOTICE, traité succinct donnant la connaissance d'une certaine classe d'objets ; — extrait raisonné mis en tête d'un livre pour faire connaître l'auteur, l'époque à laquelle il a écrit, etc. ; — écrit de peu d'étendue contenant les principales circonstances de la vie d'un personnage.

NOTIFICATION, acte fait par ministère d'huissier, et par lequel on donne connaissance de quelque chose dans la forme officielle ou juridique. Le nouveau propriétaire d'un immeuble hypothéqué est tenu de faire notifier son contrat aux créanciers lorsqu'il veut se mettre à l'abri de leurs poursuites (*Code Napol.,* art. 2185). Le ministère public doit faire notifier à chaque accusé la liste du jury, pour le mettre à même d'exercer son droit de récusation ; il en est de même de la liste des témoins, sur lesquels l'accusé peut avoir des renseignements à prendre (*Code d'Instr. crim.,* art. 395). — En Politique, on nomme *Notification* l'acte par lequel une puissance fait connaître officiellement, et de manière qu'on doive y avoir égard, une résolution prise par elle, par exemple un blocus de port ennemi ou une déclaration de guerre.

NOTION, en termes de Philosophie, s'emploie comme synonyme à peu près d'*idée* et de *connaissance.* Dans le langage ordinaire, il désigne plutôt une connaissance élémentaire et souvent imparfaite.

NOTOIRE (Art). *V.* ART NOTOIRE.

NOTORIÉTÉ (Acte de), acte délivré par un notaire ou un juge de paix, et par lequel des témoins attestent un fait comme notoire et constant. Il dispense la partie qui a intérêt à établir ce fait des frais et des lenteurs d'une enquête judiciaire. Ainsi, un acte de notoriété est admis pour établir la qualité d'héritier d'une personne, quand il n'y a pas eu d'inventaire; pour faire connaître les ayants droit à une succession; pour prouver l'identité d'une personne avec celle dont le nom figure dans un acte ou dans une inscription de rente, quoiqu'il existe quelque différence dans les noms ou prénoms. Les témoins doivent être au nombre de quatre; ils peuvent être du sexe féminin, et même étrangers. S'il s'agit de suppléer au défaut de représentation de l'acte de naissance d'un futur époux, l'acte exige la déclaration de 7 témoins, et doit être présenté à l'homologation du tribunal civil, qui peut l'accorder ou le refuser (*Code Napol.*, art. 71-72). En cas d'absence de l'ascendant auquel devrait être notifié un acte respectueux avant de passer outre au mariage, *quatre témoins suffisent, et la formalité de l'homologation n'est pas prescrite* (art. 155). Une loi du 8 juillet 1846 a décrété le visa pour timbre et l'enregistrement gratuit des actes de notoriété nécessaires au mariage des pauvres. Un acte de notoriété est nécessaire à l'enfant naturel reconnu, qui, à défaut de parents au degré successible, réclame la totalité d'une succession. Quand un militaire a disparu de son corps, un acte de notoriété peut être utile pour constater sa disparition. Celui qui veut adopter peut aussi avoir besoin de faire constater qu'il a donné pendant un certain temps des soins à l'adopté. En un mot, les actes de notoriété sont destinés à constater des faits sur lesquels il n'existe pas de preuves écrites. — Dans notre ancien Droit, les actes de notoriété ne se délivraient pas seulement sur des points de *fait*, mais aussi sur des points de *droit*. Par exemple, des officiers de justice, ou plusieurs avocats réunis, donnaient une attestation sur la coutume ou l'usage d'un lieu.

NOTORIÉTÉ PUBLIQUE, opinion formée par une réunion de circonstances ou d'actes connus du public. La faillite d'un commerçant est souvent dénoncée à la connaissance des tribunaux par la notoriété publique. Des juges peuvent décider, par la notoriété publique, que des marchandises placées dans des magasins loués ne sont pas la propriété du locataire. C'est aussi sur la notoriété des actes répréhensibles d'un constructeur que les tribunaux de 1re instance, ayant droit d'en connaître, exercent leur pouvoir censorial.

NOUCHE, vieux mot signifiant un *nœud*, un *fermail*.

NOUE. *V.* COMBLE.

NOUETS. *V.* COULEUR.

NOUMÈNES (du grec *nouménos*, conçu par la raison), nom que Kant donne aux faits tels qu'ils sont absolument et en eux-mêmes, inaccessibles à notre intelligence, inconnus de nous, par opposition aux *phénomènes*, qui sont les choses telles qu'elles nous apparaissent.

NOURRICES (Bureau des), administration établie à Paris pour fournir aux familles qui s'adressent à lui des nourrices dignes de confiance, et garantir à celles-ci le payement de leur salaire. Le Bureau des nourrices fut créé en 1330, en faveur de quatre filles de la nourrice du roi Jean. On les appelait *recommanderesses*, et elles procuraient aussi des servantes. Une ordonnance du roi Jean, en 1350, fixa le salaire d'une nourrice à 100 sous par an, le droit des demanderesses à 2 sous, perçus des deux parties, et condamna la nourrice qui prendrait plus d'un nourrisson la même année à une amende de 60 sous, sans compter l'exposition au pilori; une amende de 10 sous était encourue pour tout complice de ce délit. Louis XIII et Louis XIV, en 1615 et 1655, accordèrent aux recommanderesses le monopole du placement des nourrices, mais avec interdiction de s'occuper à l'avenir du placement des servantes. En 1715, on les plaça sous les ordres du lieutenant général de police; bientôt on en éleva le nombre de deux à quatre. En 1769, il n'y eut plus qu'un bureau de placement, confié à deux demanderesses et à deux directeurs, tous à la nomination du lieutenant de police. La Révolution, en abolissant tous les privilèges de profession, ouvrit la porte à l'industrie des placeurs particuliers. Néanmoins, le bureau général a été conservé par le gouvernement consulaire, et, depuis ce temps, il est dans les *attributions de* l'administration des Hospices : elle a des sous-inspecteurs

à chaque chef-lieu d'arrondissement, dans un rayon de 120 à 160 kil. de Paris, et dans chaque canton un médecin qui visite les enfants, les soigne en cas de maladie, et donne de leurs nouvelles une fois par mois.

NOUTKA (Langue). *V.* WAKASH.

NOUVELLE, composition littéraire qui tient à la fois du conte et du roman; récit d'aventures intéressantes ou amusantes, qui peut être historique ou entièrement imaginaire. Le nom de *Nouvelle* remonte aux premiers Troubadours provençaux : il a été ensuite adopté en Italie, en Espagne et en France. Chez les Italiens, la Nouvelle a reçu sa forme la plus parfaite de Boccace, et les Espagnols, de Cervantes. Boccace a su donner à ce genre, où l'on a trop souvent recherché un badinage licencieux, un caractère touchant et élevé dans *Griselidis* et dans *Titus et Gisippe*. Les *Nouvelles morales* de Cervantes sont pleines d'agrément : l'une des meilleures, le *Curieux impertinent*, a été insérée dans le *Don Quichotte*. Les premiers récits français qui aient porté le titre de *Nouvelles* sont du XIIIe siècle; MM. Moland et d'Héricault les ont recueillis en un volume, ainsi que les Nouvelles du XIVe et du XVe. Les *Cent Nouvelles nouvelles* (*V. ce mot*) sont de la fin du XVe siècle; les Nouvelles de la reine de Navarre, du milieu du XVIe (*V.* HEPTAMÉRON). Au XVIIe siècle, Scarron publia huit *Nouvelles tragi-comiques*, dans le goût espagnol. A la fin du XVIIIe, Florian donna aussi des *Nouvelles* qui obtinrent du succès, grâce à une certaine naïveté, et bien qu'elles fussent assez médiocres. Mme de Genlis publia, en 1802, des *Nouvelles historiques*, souvent intéressantes. Plus tard, Alfred et Paul de Musset ont rajeuni ce genre littéraire par l'originalité avec laquelle ils l'ont traité; Alfred surtout y a montré une grande sensibilité d'âme. Les Nouvelles (en vers) de H. Kleist sont célèbres dans l'Allemagne contemporaine par le talent avec lequel l'auteur a tracé les caractères et dessiné les portraits de ses personnages. *V.* CONTE, FABLIAU, ROMAN. P.

NOUVELLES, annonces verbales, écrites ou imprimées, d'événements publics ou privés, vrais ou faux. Aux termes du décret sur la presse en date du 17-23 février 1852, la publication ou la reproduction de *nouvelles fausses* est punie d'une amende de 50 fr. à 1,000 fr.; si elle a été faite de mauvaise foi, si elle est de nature à troubler la paix publique, la peine est d'un mois à un an d'emprisonnement, et d'une amende de 500 à 1,000 fr.; et le maximum est appliqué quand les deux circonstances aggravantes sont réunies.

NOUVELLES A LA MAIN, nom donné aux gazettes manuscrites, ou clandestinement imprimées, qui précédèrent les journaux, et qu'on a conservées plus tard comme moyen de faire circuler les nouvelles dont la censure ou l'autorité supérieure n'aurait pas permis la publication. Elles ont toujours eu un caractère satirique. Au temps de Louis XIV, on poursuivit sévèrement les auteurs : Pierre Gizilard, dit La Viguerie, Jérémie Brossard, Mathurin Esnault, furent mis à la Bastille en 1660; Marcelin de l'Ange fut condamné, en 1661, à la fustigation et au bannissement, etc. Au XVIIIe siècle, le salon de Mme Doublet fut une officine de Nouvelles à la main, dont on composa la chronique connue sous le nom de *Mémoires de Bachaumont*. Vers la fin du règne de Louis XV, un certain Métra commença une *Correspondance secrète*, qui dura jusqu'à la Révolution. Dans le même temps, une *Gazette ecclésiastique* se joua aussi des poursuites de la police. A la fin du règne de Louis-Philippe, des *Nouvelles à la main* furent publiées en concurrence avec les *Guêpes* d'Alphonse Karr; elles ne purent vivre longtemps, parce qu'elles n'avaient pas l'attrait de la clandestinité, qui est souvent l'unique cause de succès pour ce genre d'écrits.

NOVALES, qualification donnée, dans l'ancien Droit, aux terres nouvellement défrichées (du latin *novalis*, dérivé de *novus*, nouveau). On l'applique, dans quelques pays, aux terres en jachère.

NOVATION (du latin *novare*, renouveler), en termes de Droit, substitution d'une nouvelle obligation à une ancienne. La novation est *parfaite*, si elle détruit tellement la première obligation, qu'elle est regardée comme non avenue; *imparfaite*, si, sans anéantir la première obligation, elle la modifie de diverses manières. On distingue encore la novation *nécessaire*, qui se fait par une condamnation en justice et ne décharge pas les fidéjusseurs, et la novation *volontaire*, qui les décharge (*Code Napol.*, art. 1271-1281). La novation s'opère de trois manières : par substitution d'une autre dette à l'ancienne (par exemple, une rente de 25 fr. à une somme de

500 fr.), par substitution d'un nouveau débiteur, et par substitution d'un nouveau créancier. *V.* Délégation.

NOVELLES. } *V.* ces mots dans notre *Dictionnaire de* NOVICE. } *Biographie et d'Histoire.*

NOVUM ORGANUM, « Nouvel organe », célèbre ouvrage de François Bacon, formant la 2e partie de l'*Instauratio magna scientiarum*, « la grande Restauration des sciences » (*V.* Restauration). C'est proprement une méthode pour étudier les sciences, en aidant à leur progrès et à leur utilité. L'ouvrage a deux livres; dans le 1er, Bacon démontre que les Anciens et les Modernes n'ont point eu, jusqu'à lui, de méthode pour étudier les sciences, et qu'il est arrivé de là qu'elles n'ont point progressé. Dans le 2e livre, il entreprend de tracer cette méthode nécessaire : il veut que l'on commence par recueillir les faits, les digérer, les ordonner, pour en faire l'appui d'une lente et successive généralisation. La recherche doit s'étendre et s'enrichir par l'examen des choses comparables; les expériences doivent être instructives plutôt qu'utiles; avant d'oser interpréter la nature, il faut l'expérience scientifique. Une méthode d'expérimentation est donc un indice soit d'expériences nouvelles, soit de vérités générales, et devient ainsi le *nouvel organe* de la nature, ou l'art d'interpréter. A mesure que l'induction donne naissance à des propositions générales, dit-il, vérifiez si ces propositions dépassent la sphère des faits qui leur servent de base; si elles le dépassent, assurez-vous qu'elles indiquent avec certitude des vérités nouvelles. Souvenez-vous toujours de la règle : ne rien imaginer, ne rien supposer, mais découvrir ou trouver ce que la nature fait ou éprouve. Puis le rôle de la raison commence; c'est proprement le rôle de l'induction. Bacon entre dans des détails très-circonstanciés pour l'application de sa méthode; mais le 2e livre n'ayant pas été terminé, il n'a point donné de méthode sûre pour les procédés d'investigation qu'il indique, et le peu d'usage qu'on a fait de son Nouvel Organe en rend l'utilité fort suspecte. L'ouvrage est écrit en latin, et plusieurs parties ne sont pas exemptes d'obscurité. Malgré ces imperfections, le *Novum Organum* est l'ouvrage le plus important de Bacon, celui où il a montré le plus de génie, celui aussi qu'il préférait à ses autres livres et qu'il a le plus soigné, car il l'a récrit douze fois. Il parut pour la première fois en 1620, et fut réimprimé en Hollande sous le titre de *Novum Organum scientiarum*, Leyde, 1745 et 1750, petit in-12. On le trouve dans les Œuvres de Bacon, Londres, 1825-35, 17 vol. in-8°, et dans la traduction française, revue et corrigée, donnée par M. Riaux, des *Œuvres de Bacon*, Paris, 1843, 2 vol. gr. in-18. Laplace, dans son *Essai sur les probabilités*, semble avoir résumé en termes très-simples le *Nouvel Organe*, en disant : « La méthode la plus sûre qui puisse nous guider dans la recherche de la vérité consiste à s'élever par induction des phénomènes aux lois, et des lois aux forces. Les lois sont les rapports qui lient entre eux les phénomènes particuliers : quand elles ont fait connaître le principe général des forces dont elles dérivent, on le vérifie soit par des expériences directes, lorsque cela est possible, soit en examinant s'il satisfait aux phénomènes connus; et si, par une rigoureuse analyse, on les voit tous découler de ce principe, jusque dans leurs moindres détails, d'ailleurs, ils sont très-variés et très-nombreux, la science alors acquiert le plus haut degré de certitude et de perfection qu'elle puisse atteindre. » *V.* Ch. de Rémusat, *Bacon, sa vie, son temps, sa philosophie et son influence jusqu'à nos jours*, 2e édit., Paris, 1858, gr. in-18.　　　　C. D—Y.

NOYADE, genre de supplice qui a été longtemps en usage. Chez les Romains, le parricide était cousu dans un sac avec un chien, un coq, une vipère et une guenon, et jeté dans un fleuve ou à la mer. Les Burgondes noyaient dans la boue la femme adultère. Autrefois en Angleterre on noyait les voleuses dans un fossé plein d'eau. La noyade a été infligée en France surtout pendant les xive, xve, et xvie siècles.

NOYAU, pièce de bois qui, posée à plomb, reçoit dans des mortaises le tenon des marches d'un escalier de bois, et dans laquelle sont assemblés les limons. *V.* Escalier.

NOYAU. *V.* Ame.

NOYÉS (Secours aux). *V.* Secours.

NOYON (Cathédrale de), dans la ville de ce nom, département de l'Oise. Quoiqu'il soit d'une grandeur moyenne, ce monument est un des plus beaux et des plus curieux de l'époque de transition entre le style roman et le style ogival. Bâti à de longs intervalles depuis le commencement du xie siècle jusqu'au milieu

du xiie, dévasté en 1131 et en 1293 par des incendies qui exigèrent des reconstructions partielles, il dut nécessairement réunir les caractères distinctifs de diverses époques. L'extérieur n'a rien de grandiose, mais il offre néanmoins un aspect gracieux et plein d'harmonie. Le grand portail, imposant et sévère, présente deux énormes tours carrées, de 50 mèt. de hauteur, presque aussi larges au sommet qu'à la base, flanquées de contre-forts épais qui s'élèvent en retraite d'étage en étage, et surmontées d'une toiture en ardoise, haute de 16 à 17 mèt. L'étage inférieur est percé de grandes fenêtres à plein cintre : le 2e étage présente, à la tour méridionale, six arcades soutenues par d'élégantes colonnettes, et, à la tour du nord, quatre ogives géminées; le 3e est formé de grandes ouvertures ogivales. Un porche de 30 mèt. de largeur et de 10 mèt. de profondeur, qui nuit à l'unité de la façade en la coupant et en la masquant en partie, abrite sous son triple berceau de voûtes ogivales trois portes de même style donnant entrée dans l'église : une balustrade en pierre la couronne. Les portes, dont les voussures étaient chargées d'anges et de saints, et le tympan de scènes religieuses, ont été affreusement mutilées en 1793. Au-dessus de la principale, une vaste fenêtre très-simple éclaire la nef, et remplace la rose qu'on voit d'ordinaire en cet endroit. A gauche du porche, un vieux bâtiment, éclairé par cinq grandes ogives richement encadrées et divisées par des moulures d'un profil très-pur, servait de salle capitulaire. En arrière de cette salle, sur le flanc septentrional de la nef, est un cloître en partie ruiné : la galerie qui reste debout est formée d'arcades en ogives surbaissées, dont chacune en renferme deux autres géminées et surmontées d'une rose à six lobes. Au sortir du cloître, on aperçoit la sacristie, percée de quatre grandes ogives. Le corps de l'église a des proportions élancées, un toit aigu avec une crête richement dentelée, et se termine par un chevet composé de deux rangs de terrasses se reliant à l'abside par deux séries d'arcs-boutants superposés, dont quelques-uns ont été remplacés, au xviiie siècle, par des contre-forts concaves et chantournés, surmontés de vases à parfums. Les transepts, au lieu de finir carrément, s'arrondissent en hémicycle comme l'abside du chœur, disposition byzantine qu'on trouve également à la cathédrale de Tournai. Toutes les ouvertures de la nef sont à plein cintre, et, sauf dans les deux étages des transepts, dans quelques parties de l'abside, dans les tours et dans la façade, l'ogive n'apparaît pas sur l'extérieur du monument. Les pleins cintres sont sveltes et élancés; ceux de la partie supérieure de la nef et des transepts sont divisés par une longue colonnette, et un vide assez profond les sépare du corps même de la muraille, combinaison aussi rare qu'ingénieuse et d'un bel effet. Deux portes existent près des transepts : celle du nord, dite de St-Pierre, est précédée d'un porche, et ornée de sculptures qui annoncent un temps de décadence; celle du sud ou de St-Eutrope conserve les traces d'un goût plus sobre.

La cathédrale de Noyon a 92 mèt. de longueur dans œuvre (102 en ajoutant le porche), 20 de largeur, dont 10 pour la nef majeure, et 23 de hauteur. La croisée a 47 mèt. de longueur, sur 10 de largeur. Le sol en est, ainsi que celui du chœur, plus élevé de 0m,66, que le sol de la nef. Le chevet a une légère inclinaison vers la droite (*V.* Axe). Toutes les dimensions sont combinées dans des rapports de parfaite concordance. Quand on pénètre dans l'intérieur de l'édifice, on se croirait, au premier aspect, au milieu d'une construction ogivale : tel est, en effet, le caractère des arcades, des voûtes, des nervures et de l'ensemble de la décoration. Mais ensuite on voit régner le plein cintre aux grandes fenêtres qui éclairent le sommet du vaisseau, à la petite galerie placée sous ces fenêtres, aux trois premières travées du chœur, aux chapelles groupées autour de l'abside. De plus, les arcades de la nef reposent alternativement sur un pilier carré, flanqué de colonnes engagées, et sur une colonne cylindrique isolée; cet emploi alternatif de deux genres de supports se rencontre fréquemment dans les monuments à plein cintre. L'union du roman et du gothique s'est opérée ici d'un seul jet, et sans doute intentionnellement; car l'ogive apparaît près du sol, et le plein cintre couronne l'édifice, ce qui est le contraire dans les autres monuments de styles mélangés. Au-dessus des collatéraux, et sur toute leur largeur, s'étend un magnifique triforium, percé dans la nef, d'arcades ogivales géminées, couronnées d'un trilobe et, au chœur, d'ogives et de pleins cintres alternatifs, tantôt simples, tantôt jumelés. Les chapiteaux dans la nef ne sont ornés que de feuillages; dans le chœur, ils portent des animaux fantastiques. Une chose remarquable, c'est que les colonnes isolées ont ce renflement du fût qui caractérise l'architecture gréco-romaine, et qu'entre le fût et la base, entre le chapiteau et le fût, se trouvent des bourrelets de plomb, indice d'une haute antiquité. Au-dessus de chaque colonne du chœur, trois colonnettes sept fois annelées s'élancent jusqu'à la voûte. Les chapelles absidales sont au nombre de neuf : les quatre premières sont carrées, et éclairées par une seule fenêtre à plein cintre ; les cinq autres, qui rayonnent autour du rond-point, sont circulaires, avec une entrée à plein cintre et deux fenêtres ogivales. Les chapelles de la nef sont postérieures au monument : les six du côté du nord ont été construites au xiiie siècle entre les contre-forts. Il y en a trois au midi, en dehors des contre-forts, et beaucoup plus grandes : la chapelle de Ste-Luce et de Ste-Marguerite contient un sépulcre construit en 1497, à l'imitation du St-Sépulcre de Jérusalem ; celle de Notre-Dame-de-Bon-Secours est un charmant spécimen du style de la Renaissance ; celle de St-Nicolas, bien que bâtie en style ogival, est de la première moitié du xviie siècle. Le chœur de la cathédrale de Noyon renferme un caveau acoustique, aujourd'hui fermé, et qui était destiné à renforcer et à répercuter la voix des chanteurs. Les murs en sont tapissés de vases en terre cuite superposés horizontalement et rangés avec symétrie ; l'orifice de ces vases est placé extérieurement, et une maçonnerie les lie ensemble, de manière à ne laisser voir que leur bouche ; une large ouverture placée au centre de la voûte, et couverte autrefois d'une grille à jour, établissait une communication entre le caveau et le chœur. V. Levasseur, *Annales de l'église cathédrale de Noyon*, 1633, in-4° ; Ramée et Vitet, *Église de Noyon, plan, coupes et détails*, 1842, in-fol.; Dantier, *Description monumentale et historique de l'église Notre-Dame de Noyon*, 1845, in-8°. **B.**

NU (Le), en termes de Sculpture et de Peinture, n'exprime que l'idée du beau et l'étude des formes humaines. En Grèce, la plupart des statues étaient nues ; chez les Romains, elles étaient plus ordinairement vêtues. Les Grecs pensaient que le nu avait une expression plus noble et plus vraie, car sous ce climat chaud, on était à peine vêtu ; les enfants ou les esclaves étaient souvent sans vêtements.

NUANCES, modifications de la voix ou du souffle au moyen desquelles on enfle les sons, on les modifie, on les profère avec force ou douceur, selon l'expression propre au sentiment que l'on veut rendre. Le plainchant, qu'on exécute aujourd'hui d'un ton uniforme, a comporté autrefois des nuances : sans parler des ornements que les anciens auteurs appellent *voces secabiles, tremulœ, vinnulœ, etc.*, on sait qu'on employait sur les morceaux notés les lettres C, M, F, etc., pour indiquer qu'il fallait chanter *cito* (vite), *moderato* (d'un mouvement modéré), *cum fragore* (avec force), etc. — En Peinture, les *nuances* sont les gradations des couleurs, ce qu'on appelle aussi *tons* et *teintes*.

NUE-PROPRIÉTÉ, propriété dont l'acte constitutif en a séparé l'usufruit. Elle est susceptible de transmission comme toute autre propriété : seulement, celui qui l'acquiert fait un contrat aléatoire, basé sur les chances de survie que présente l'âge de l'usufruitier.

NUIT (La), divinité allégorique. V. notre *Dictionnaire de Biographie et d'Histoire*.

NUITS (Les), titre d'une série de Méditations en vers, publiées à partir de 1740 par le poëte anglais Young, frappé de divers malheurs de famille. Ministre d'une religion sévère, dans une secte qui en augmente encore l'austérité, Young développe à 24 reprises ce seul et même thème, qu'il nous faut tous mourir un jour : il fait de la mort, non le terme, mais le but de la vie, et ce but, il veut que nous l'envisagions sans cesse. Les *Nuits*, traduites en prose française par Letourneur, eurent un moment de grande vogue ; Colardeau mit en vers les deux premières, sans beaucoup de succès, et Baour-Lormian, dans ses *Veillées*, en imita un certain nombre. Cette littérature mélancolique, qui s'explique en Angleterre par cette espèce d'hypocondrie qu'on nomme *spleen*, ne pouvait guère réussir en France.

NUITS ATTIQUES (Les), ouvrage latin d'Aulu-Gelle, qui eût été mieux intitulé *Veillées attiques*. C'est, sous forme d'entretiens, une compilation précieuse aux Modernes par beaucoup de faits et de détails qu'on ne trouve plus que là et qui aident à faire connaître l'antiquité. Aulu-Gelle avait des livres et du loisir, et il passa bien du temps à réunir des anecdotes et des extraits de toute espèce, sans autre souci que celui de se distraire. Son livre, qu'il intitula *Nuits attiques*, en souvenir d'Athènes, son séjour favori, est une bizarre mosaïque où l'histoire et la médecine, la grammaire et la morale, les vers et la prose se heurtent à chaque page.

NULLES, *V.* CRYPTOGRAPHIE.

NULLITÉ, vice qui empêche un acte ou un jugement de produire son effet. Il n'y a de nullités que celles établies par la loi, et elles sont *absolues ou relatives*. Les nullités absolues sont celles que peuvent invoquer toutes les personnes ayant un intérêt né et actuel à les faire valoir : ainsi, quand la loi déclare un acte nul pour vice de forme, c'est une nullité absolue. Les nullités relatives ne sont établies que dans l'intérêt des parties, et ne peuvent être invoquées que par elles : telle est la nullité qui résulte du défaut d'autorisation de la femme mariée, car la femme seule, son mari ou leurs héritiers peuvent s'en prévaloir. Parmi les nullités absolues, les unes sont *radicales et perpétuelles*, par exemple la convention qui n'a pas d'objet, qui a une cause illicite, ou qui est contraire soit aux bonnes mœurs, soit à l'ordre public ; les autres, *temporaires*, ne peuvent pas être invoquées par les parties après certains délais : ainsi, un jugement définitif rendu en premier ressort, fût-il nul de plein droit, acquiert l'autorité de la chose jugée, si l'on n'en a point appelé dans le délai utile. Les nullités relatives qui concernent la forme extérieure des actes se nomment *fins de non-procéder ;* celles qui concernent la capacité des parties ou le fond du droit, *fins de non-recevoir* (*V. ce mot*) V. Perrin, *Traité des Nullités en matière civile*, 1816, in-8° ; Biret, *Traité des Nullités de tous genres de droit et de forme admises en matière civile*, 1821, 2 vol. in-8° ; Solon, *Théorie sur la Nullité des actes et des conventions de tout genre, en matière civile*, 1840, 2 vol. in-8°.

NUMÉRAIRE, masse des espèces monnayées qui sont en circulation. On y comprend quelquefois le papier-monnaie et les billets de banque. Le numéraire doit être dans une certaine proportion avec la richesse, l'industrie et le commerce d'un pays, pour ne pas entraver la circulation ou l'échange des produits. La somme du numéraire d'une nation est toujours bien inférieure à celle des *valeurs* en émission chez elle, valeurs qui ont pour but de suppléer à l'insuffisance du numéraire. Le numéraire n'est point le capital (*V. ce mot*), avec lequel on l'a souvent confondu : le capital est un ensemble de valeurs qui rapportent un intérêt ; le numéraire ne produit rien, il ne sert qu'à estimer ce que vaut le capital. Chez les peuples peu avancés dans la civilisation, la fortune pour les individus est un numéraire accumulé, qui, toujours égal à lui-même en valeur, doit le mieux les préserver de périls inconnus, et qu'il est toujours facile de cacher et de sauver. Mais, dans les sociétés mieux organisées, où la propriété est bien garantie, le numéraire accumulé ne peut être qu'une richesse improductive, et on ne le recherche plus que dans les temps de crise. — Suivant les différents auteurs que nous consultons, des monnaies que le plus de numéraire : elle en avait pour 600 millions au commencement du ministère de Colbert en 1661 ; 999 millions en 1693 ; 1 milliard 600 millions selon Law en 1716 ; 1 milliard 600 millions en 1754 : 2 milliards 600 millions suivant Necker, 1789 ; 2 milliards 300 millions à la fin du 1er Empire français, en 1814 ; 2 milliards 715 millions en 1828 ; 3 milliards 583 millions en 1832 ; 4 milliards 600 millions en 1841 ; et aujourd'hui (1875) le numéraire paraît dépasser 6 milliards. Après la France vient l'Angleterre : depuis le règne de Charles II jusqu'en 1838, on a émis dans ce pays pour 3 milliards 835 millions de monnaie ; depuis 1838, le numéraire anglais a dû s'accroître dans une proportion bien plus forte. Relativement aux autres États de l'Europe, nous ne possédons que les renseignements suivants : les Pays-Bas en 1823 avaient 642 millions de numéraire ; l'Espagne en 1782, 450 millions ; le Portugal en 1788, 150 millions ; le royaume de Naples en 1780, 175 millions ; toute l'Italie en 1788, 250 millions ; l'Autriche en 1807, 275 millions ; la Suisse et les États de la Confédération germanique en 1820, 75 millions ; la Prusse en 1805, 218 millions ; la Suède, la Norvége, et le Danemark en 1800, ensemble 225 millions ; la Russie en 1815, 181 millions (alors elle n'exploitait pas ou exploitait mal les mines de l'Oural et de l'Altaï). V. MONNAIE, OR, ARGENT.

NUMÉRALES (Lettres), lettres employées souvent autrefois pour exprimer les nombres. Tels sont les chiffres romains.

NUMÉRAUX (Adjectifs), adjectifs servant à exprimer la quantité ou le rang et l'ordre des personnes et des choses. Il y en a deux sortes : les adjectifs numéraux *cardinaux* et les adjectifs numéraux *ordinaux*. Les premiers marquent la quantité des personnes et des choses, comme *un, deux, trois, dix, vingt, trente, cent, mille*, etc.; les seconds, l'ordre et le rang que les personnes et les choses occupent entre elles, comme *premier, second* ou *deuxième, troisième, dixième, vingtième, trentième, centième, millième*, etc. Après *vingt, trente, quarante, cinquante, soixante, quatre-vingts, cent et mille*, on dit *unième* au lieu de *premier*. Lorsque l'adjectif numéral se compose de deux éléments numéraux ou plus, le dernier seul prend la désinence ordinale : *dix-septième*, etc. Un usage bizarre a voulu qu'on emploie les nombres cardinaux au lieu des nombres ordinaux en parlant des heures, des mois et des années courantes : *Il est six heures*, au lieu de *Il est la sixième heure*; *Le deux mars*, pour *le deuxième de mars*: *L'an mil huit cent soixante*, pour *L'an mil huit cent soixantième*, etc. On dit toujours *le premier janvier*, jamais *le un janvier*. Il en est de même lorsqu'on désigne le numéro d'ordre des souverains, princes, ducs, etc., de même nom : *Louis deux, Charles huit*; mais il faut dire : *Napoléon premier*. *Vingt et cent*, précédés d'un nombre par lequel ils sont multipliés, prennent la marque du pluriel : *quatre-vingts hommes, neuf cents hommes*. Mais si un autre adjectif numéral suit, la marque du pluriel disparaît : *quatre-vingt-un, trois cent quatre*. Si *vingt* et *cent* sont employés abusivement pour *vingtième* et *centième*, ils ne doivent et ne peuvent jamais prendre la marque du pluriel : *l'an mil sept cent quatre-vingt, l'année six cent*. L'usage a consacré *vingt et un, trente et un*, etc.; mais il faut dire *vingt-deux, trente-trois*, etc. On peut dire *soixante-dix* et *soixante et dix*; mais on ne peut dire que *quatre-vingt-dix, cent dix*, etc. On dit *soixante et onze* mieux que *soixante-onze*. *Quatre-vingt-un, quatre-vingt-onze, cent un, mille un*, s'emploient toujours sans la conjonction; on dit cependant les *Mille et une nuits*, les *Cent et un*. — Nos adjectifs numéraux sont tirés directement de ceux de la langue latine. P.

NUMÉRAUX (Adverbes), adverbes qui expriment, soit le nombre de fois, soit une idée de rang et d'ordonnance. La langue française ne possède guère parmi les premiers que les deux mots *doublement* et *triplement*. Les langues anciennes sont plus riches à cet égard. *Mi* en français est une particule numérale inséparable, qui, préposée devant un nom substantif ou adjectif, exprime l'idée de moitié : *mi-parti*. Les adverbes numéraux ordinaux se forment en français par l'addition du suffixe *ment* à l'adjectif numéral ordinal : *premièrement, secondement* ou *deuxièmement, troisièmement*, etc. En latin, on emploie avec le sens adverbial le neutre singulier des adjectifs ordinaux (*primum, tertium, quartum*), a l'ablatif(*primo, tertio, quarto*), cas qui est seul usité pour dire *deuxièmement* (*secundo*). En grec, on emploie le neutre singulier ou pluriel, avec ou sans article. P.

NUMÉRAUX (Substantifs) ou NOMS DE NOMBRE, mots qui expriment des quantités, soit simples, soit multiples, soit collectives, soit partielles. Tels sont *unité, huitaine, dizaine, douzaine, millier, million, milliard, trillion*, le *double*, le *tiers*, le *quart*, la *moitié*, le *triple*, etc.; enfin le mot *fois*, uni à un adjectif numéral cardinal ou ordinal. Les mots *semaine* et *neuvaine*, qui signifient proprement *durée de sept, de neuf jours*, ont perdu, par l'usage, leur caractère primitif de substantifs numéraux, et ne sont considérés que comme des substantifs communs ordinaires. Les langues anciennes comptent aussi un assez grand nombre de substantifs numéraux, surtout pour exprimer une idée collective. P.

NUMÉRAUX (Vers), vers dont les lettres numérales marquent le millésime de quelque événement. V. CHRONOGRAMME.

NUMÉROTAGE DES MAISONS. Autrefois les maisons de Paris n'étaient point numérotées; on désignait leur position dans telle rue par une espèce de circonlocution topographique et, si c'était une maison occupée où il y avait une boutique, par l'enseigne de la boutique. Avant 1775, l'administration municipale essaya de faire numéroter les maisons ; mais les hôtels se trouvèrent humiliés de se voir ainsi confondus dans la foule et comme encanaillés dans la bourgeoisie, et la chose commencée ne fut pas poursuivie. Un M. Kremfeld, attaché à la diplomatie pour l'électeur de Cologne, et qui publia en 1776 et années suivantes, sous le nom d'*Almanach de Paris*, le premier almanach d'adresses des principaux habitants

de la capitale, se fit le champion du numérotage, qui devait être si commode pour son almanach ; néanmoins il obtint si peu de succès, qu'en 1782 on réclamait encore pour l'adoption générale de cette mesure. Ce ne fut que 24 ans plus tard, en 1806, après que la Révolution eut tout nivelé, que l'administration municipale put efficacement ordonner cette mesure, qui fut appliquée avec une méthode, et rendit les recherches plus promptes et plus faciles : toutes les rues furent classées en rues parallèles et en rues perpendiculaires à la Seine, comme elles le sont ou à peu près, le fleuve coupant la ville en deux. Dans les rues parallèles, la série des numéros commence à l'E. et se suit à l'O.; dans les rues perpendiculaires, la série part de l'extrémité la plus rapprochée ou la moins éloignée du fleuve, et va en s'avançant vers l'extrémité de la ville. Enfin, cette marche adoptée, tous les nombres pairs sont à droite et les impairs à gauche. Originairement on peignait les numéros sur les maisons, du côté de la porte d'entrée; la pluie et le soleil les altéraient souvent; vers 1850, on a commencé de les faire peindre sur une plaque de grosse porcelaine de 0ᵐ,15 carrés, à fond bleu, avec le numéro en blanc. Cette peinture étant cuite au four est inaltérable. — Le système de numérotage des maisons, tel qu'il se pratique à Paris, est adopté dans toutes les communes de France. C. D—Y.

NUMISMATIQUE (du grec *numisma*, monnaie). La numismatique a pour objet la science des monuments métalliques, médailles et monnaies, jetons et méreaux, etc. Son utilité pour l'étude de l'histoire a été comprise depuis longtemps, mais surtout depuis l'époque où le grand ouvrage d'Eckel (*Doctrina nummorum*, etc.) a posé les bases, établi les règles de la science. Les portraits des princes, la chronologie de leur règne, les principaux événements de la vie des peuples, sont fournis par les médailles et les monnaies. La valeur du travail artistique de ces pièces indique la mesure de la civilisation des pays où elles ont été frappées, et l'abondance de la monnaie est une indication utile pour l'économiste, qui juge par elle la richesse relative des peuples et le développement de leur commerce extérieur.

Division. — Il y a la numismatique ancienne et la numismatique moderne. La première, portant sur des temps reculés, offre beaucoup plus d'intérêt que la seconde, à laquelle elle est fort supérieure sous le rapport de l'art. C'est d'elle que nous nous occupons ici.

Noms divers portés par les médailles. — Les médailles ou monnaies antiques (V. MÉDAILLES) ont porté chez les Anciens divers noms, les uns relatifs au sujet représenté, les autres à leur forme. On appelait *Tortues* les monnaies d'Égine, frappées au type de la tortue; *Poulains*, celles de Corinthe, comme celle ci-dessous, ayant au droit une tête

Médaille poulain.

de Minerve, et au revers un Pégase ailé; *Gentati Philippi*, les monnaies de la Galatie qui portent des génies avec des ailes; *Sagittaires*, les Dariques où figure l'archer royal, monnaie de Darius, dont nous donnons un type ci-contre;

Darique.

Chouettes, les tétradrachmes d'Athènes, etc. Il y avait aussi les *Victoriati*, les *Biges*, les *Philippes*, les *Cyzicènes*, les *Phocéennes*, les *Homères* de Smyrne, les *Vulcains* de Lipari, etc. — Les modernes distinguent parmi les pièces antiques les *Incuses* (*umbinas*), gravées en creux; les *Serrati*, crénelées sur les bords; les *Fourrées*, pièces fausses couvertes d'une lame d'argent; les *Saucées*, pièces de cuivre trempées dans l'or ou l'argent en fusion; les *Frustes*, pièces usées par le frottement. Indépendamment de ces diverses particularités, il y a encore la *patine*, espèce de vernis que le temps met sur le bronze antique, et qui aide à reconnaître son authenticité. — Les monnaies ont été frappées en cuivre, en argent, en or, en électrum (alliage d'or et d'argent), en potin (alliage de cuivre et d'argent). Elles portent un nombre infini de types, sujets caractéristiques du pays et du temps où elles ont été émises; on y trouve quelquefois des têtes *affrontées*, opposées l'une à l'autre, front contre front,

1. *Médaille affrontée*   **2.** *Médaille conjuguée.*

comme celles de la 1re pièce ci-dessus, représentant les deux fils de Pompée; ou *conjuguées*, dont la 2e pièce offre un exemple dans les têtes de Ptolémée Philadelphe. Il faut y distinguer le *signe monétaire*, particulier à l'atelier et primitif, de la *contre-marque*, empreinte postérieure, par laquelle on a modifié la valeur et la signification de la monnaie. Les inscriptions mises tantôt en *légendes* autour du sujet, tantôt exprimées à l'*exergue* en *monogrammes* ou en *initiales*, sont à étudier avec le plus grand soin. En effet, on trouve sur les monnaies antiques *autonomes*, frappées à l'époque où les villes jouissaient de l'indépendance, les noms des magistrats non titrés, les noms des magistrats avec leur titre d'Archonte, de Préteur, d'Éphore, de Prytane, etc.; sur les monnaies *impériales*, les noms des magistrats titrés et non titrés, les noms des villes avec l'indication, dans le titre qu'elles se donnent, de leur situation politique. Ces inscriptions sont généralement régulières, mais quelquefois les lettres sont placées dans l'ordre inverse; c'est cet ordre où elles se présentent à rebours qu'on a appelé *Boustrophédon*. Il y a à distinguer aussi parmi les médailles celles qu'on désigne sous le nom de médailles *parlantes*, parce que le sujet qui y est représenté se rapporte à la signification de leur nom: telles sont celles de Sélinonte, où figure le persil (en grec *Selinè*); celles de Cardia, un cœur; de Rhodes, une rose de grenade, etc.

Types et symboles. — Les renseignements que fournissent les médailles sur les mœurs, les usages, les croyances des Anciens, sont en quelque sorte innombrables. Il y a les symboles des provinces et des villes: l'*Afrique* est désignée par une tête d'éléphant; l'*Égypte* par un sistre, un ibis, un crocodile; la *Judée* par une robe et un palmier; l'*Espagne* par un lapin ou un soldat armé de deux javelots; l'*Arabie* par un chameau, etc.; les symboles des divinités: *Proserpine* est représentée par une grenade; *Canope* par un pot de terre qui porte la fleur d'Isis; les *Dioscures* par des étoiles, comme on le voit au revers de la médaille ci-dessous de Scyros, où

Les Dioscures.

Castor et Pollux ont une étoile sur la tête, etc. Les attributs n'ont pas moins d'importance: la *haste*, sans fer, ou plutôt l'ancien sceptre, est la marque du commandement suprême; la *patère*, entre les mains des divinités, marque les sacrifices qu'on leur fait; le *caducée* marque le pouvoir; les *serpents* sont le signe de la prudence, les *ailes* celui de la diligence, etc. On voit sur les médailles

romaines l'*enseigne militaire* placée sur un autel pour indiquer une colonie nouvelle; les *boucliers votifs* expriment les vœux publics rendus aux dieux; le *bonnet* surmonté d'une pointe croisée sur le pied autour des pendants (*apex* et *flaminina*) marque la dignité pontificale, lorsqu'il est accompagné des instruments de sacrifices; le *char* traîné par des chevaux ou des lions et des éléphants marque le triomphe ou l'apothéose des princes; le char traîné par des mules, à l'usage des princesses, marque la consécration, ou indique qu'on porte leurs images aux jeux du Cirque. Les *bonnets*, les *couronnes* qui ceignent la tête ont des formes très-diverses. C'est le *diadème*-bandeau dont on s'est servi depuis Constantin: Justinien est le premier qui a pris une espèce de couronne fermée (*camelacenium*). Ce sont les *couronnes radiales*, qu'on place, comme le nimbe, cercle de lumière, autour de la tête du prince devenu Dieu; les *couronnes rostrales*, *murales*; les *civiques*, faites de chêne; les *athlétiques*, formées d'ache, etc. Parmi les bonnets, il y a la *mitre*, sur le front des rois d'Arménie et d'Assyrie; la *tiare*, sur celui des rois Perses et Parthes; le *bonnet Phrygien*, le *Pétase* de Mercure, barrette avec deux ailes; le *bonnet sans bords* de Vulcain, des Cabires et des Cyclopes; le bonnet du Dieu Lunus, recourbé en pointe en forme de croissant, etc. — Très-souvent dans l'antiquité, en Grèce comme en Asie, comme en Gaule, les peuples ou les villes, au lieu d'inscrire leurs noms sur la monnaie, se contentent d'y placer une production particulière au sol du pays; ainsi, Cyrène, dont toutes les pièces sont frappées au type du silphium; ou un animal qui est le symbole de la divinité protectrice. Un nombre considérable d'animaux figurent sur les médailles: le *cheval* est le type ordinaire de Carthage; le *chien*, consacré à Mercure, de Tyr; le *coq* est le symbole de Lunus ou de Mercure; la *corneille*, d'Apollon; l'*hippopotame* est le symbole du Nil ou de l'Égypte; *Pégase ailé*, celui de Corinthe, de Syracuse et d'autres villes de Sicile; le *phénix*, celui de l'éternité de l'Empire romain; le *paon* ou l'*aigle* marque la consécration des princesses; le *pigeon*, le culte de Vénus; le *poisson* caractérise les villes maritimes; la *vigne*, les pays de vignobles; la *sirène*, Cumes; l'*épi* de blé, Métaponte, etc.

Nous n'en finirions pas si nous voulions déterminer la signification de toutes les représentations symboliques qui abondent sur les monnaies antiques.

Représentation sur les médailles des œuvres d'art les plus célèbres de l'antiquité. — Un des meilleurs partis qu'on tire de la numismatique ancienne, c'est pour l'interprétation et la restauration des monuments, surtout des statues antiques. Entre les ouvrages d'art de premier ordre, par le sujet ou par le talent de leurs auteurs, qui se trouvent sur les médailles, citons: la *Junon* de Samos, ouvrage de Smilis, type monétaire de cette ville; la *Vénus* de Paphos; la *Diane* d'*Éphèse*; *Apollon Philésius*, réduction d'une statue célèbre de Canachus, l'ancien chef de l'école de Sicyone, sur les monnaies de Milet, etc. Sans ces médailles, nous n'aurions aucune idée de ces chefs-d'œuvre fameux dans l'antiquité, et dont il n'existe pas d'autre reproduction. — Il faut encore recourir à la numismatique ancienne pour trouver une image de ces chefs-d'œuvre de maîtres célèbres qui ont disparu: d'*Agéladas*, le maître de Phidias, nous trouvons la représentation du Jupiter Ithomate sur un médaillon de Messénie, que nous donnons ci-dessous, où l'on voit

Jupiter Ithomat

Jupiter nu et debout, avec l'aigle sur le bras gauche étendu, et la foudre qu'il brandit de la main droite; — de *Phidias*, trois de ses principaux ouvrages, le *Jupiter* d'Olympie; la *Minerve* du Parthénon, la *Minerve* de l'Acropole, ont fourni le type de plusieurs médailles grecques. On a, en outre, la tête de Minerve sur les tétradrachmes d'Athènes, et la tête de Jupiter sur les médaillons des Arcadiens; — de *Praxitèle*, la *Vénus* de Cnide au revers des têtes de Caracalla et de Plautille, le groupe de Latone et de Chloris sur une médaille d'Argos, le Faune sur une médaille de Cæsarea de Panéas de la Trachonitide ; — de *Lysippe*, l'Hercule à table, sur les médailles de Crotone. — Les médailles grecques renferment en outre la réminiscence ou la copie d'une foule de groupes et de statues des maîtres des premières écoles.

Numismatique grecque. — Elle comprend plusieurs époques, déterminées chacune par la forme des médailles, celle des lettres, et le style du dessin. — *Première époque.* Elle commence avec l'art lui-même. Mais où la monnaie a-t-elle été inventée? Si l'on en croit Hérodote, c'est en Ionie. Voici une monnaie frappée en Asie Mineure,

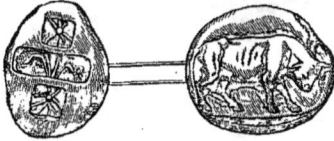

Monnaie primitive.

et qu'à sa forme globuleuse, à la grossièreté du dessin, on peut placer aux premiers temps du monnayage. Strabon et la plupart des écrivains grecs font honneur de l'invention de la monnaie à Phédon, roi d'Ar-

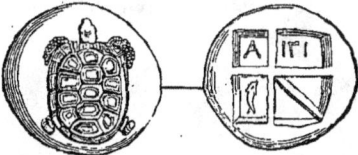

Monnaie d'Égine.

gos, qui mourut dans le IXe siècle av. notre ère. La plus ancienne fut frappée à Égine au type de la *tortue*. Quoi qu'il en soit de l'origine de la fabrication monétaire, il est certain qu'elle fut bientôt portée chez les Grecs à une sorte de perfection. Dans cette première période, les pièces sont rondes, épaisses ; il n'y a de représentation figurée que d'un côté. — La *seconde époque* commence à Alexandre Ier et finit au commencement du règne de Philippe II (450 à 354 av. J.-C.) ; c'est l'époque de Phidias. La pièce est moins épaisse, la fabrication meilleure, l'art plus parfait. Voici, n° 1 ci-dessous, comme spécimen de l'art monétaire à cette époque, une superbe monnaie frappée à Alexandre Ier, en argent, et n° 2 une médaille de Gela de Sicile, qui font partie des collections de la Bibliothèque impériale de Paris.

1. Monnaie d'argent d Alexandre Ier.

2. Monnaie de Gela.

La *troisième période* de la numismatique grecque commence à Philippe II et finit avec l'indépendance de la Grèce, ou plutôt ne finit qu'avec ses conquérants, car

Rome, l'Asie, les provinces dont la civilisation s'est formée ou développée au contact de la Grèce, continuent à frapper des monnaies grecques. Un Empire qui parle la langue grecque survit à l'Empire romain, et la monnaie grecque ne disparaîtra entièrement qu'avec lui au milieu du XVe siècle. L'époque qui commence avec Philippe II, et se prolonge pendant trois siècles, est la plus brillante de l'histoire de l'art monétaire. Pour donner une idée de sa perfection, on n'a que l'embarras du choix. Les médaillons de Syracuse sont d'incomparables chefs-d'œuvre. Voici deux revers de monnaies grecques,· une tête de Jupiter de Dodone (n° 1), une tête de Méduse (n° 2), qui permettront d'apprécier l'excellence du détail et l'élévation du style.

1. Jupiter de Dodone. *2. Méduse.*

Des monnaies grecques. — C'étaient le *talent* et la *mine*, monnaies de compte; le *statère*, la *drachme* et l'*obole*, monnaies effectives. Le talent attique valait 60 mines, la mine 100 drachmes, le statère d'or 8 drachmes, le statère d'argent 4 drachmes. On évalue la drachme à environ 80 centimes de notre monnaie ; l'obole, sixième partie de la drachme attique, à 15 centimes. Il y avait des multiples de toutes les monnaies : des *didrachmes*, des *tridrachmes*, des *tétradrachmes*, des *doubles statères*, des *dioboles*, des *trioboles*, des *tétroboles*. Les divisions de l'obole, les *semi-oboles*, les *quarts d'oboles*, les *chalcous* (8e de l'obole) étaient, comme l'obole, des monnaies de cuivre.

Numismatique romaine. — Elle se divise en deux périodes, embrassant, comme l'histoire même de Rome, la République et l'Empire. A la première se rapportent les *monnaies consulaires* ou de famille ; à la seconde les *monnaies frappées à l'effigie des empereurs*, soit à Rome, soit dans les provinces. Les plus anciennes monnaies furent d'airain. On voit dans les cabinets de l'*as*, *as liberalis* (parce qu'ils pesaient effectivement 12 onces de l'*as*, poids dont on fait remonter l'origine aux rois). Ce sont de lourds et massifs carrés d'airain marqués à l'empreinte du bœuf ou du trident, et d'une exécution qui ne manque ni de largeur ni de style. Le poids de l'*as* fut successivement réduit, à partir de l'époque où on commença à monnayer l'argent, c.-à-d. de l'année 269 av. J.-C. Il y eut trois monnaies d'argent : le *denier*, valant 10 *as*, ainsi nommé à cause de sa valeur même, de *denis assibus* ou *dena œris*; le *quinaire*, valant cinq *as*; le *sesterce*, valant deux *as* et demi. Bientôt on ne compta plus par as, mais par sesterces, et le *sesterce* devint l'unité monétaire. L'or fut d'abord rare ; les conquêtes l'ayant rendu plus commun à Rome, on frappa des *deniers* d'or valant 25 deniers d'argent, et des *quinaires* valant la moitié du denier d'or. A cette époque (l'an 207 av. J.-C.), le rapport de l'or à l'argent était comme 1 est à 17 ; en Grèce, où l'or était plus abondant, le rapport de l'or à l'argent ne paraît avoir été le plus souvent que de 1 à 10 ou à 13. Les monnaies romaines portent ordinairement le signe de leur valeur : le denier, un X, ou V, ou XVI, indiquant qu'il a valu X, et plus tard XVI as ; le quinaire, Q (initiale de *quinaire*) ou V; le sesterce, IIS ou HS, indiquant sa valeur primitive, deux as, plus un semi ou demi-as. Rome ne donna jamais le droit de battre monnaie à un particulier; et jusqu'à César, jamais on n'osa mettre sur la monnaie l'effigie d'un homme vivant. Les souvenirs historiques, auxquels les médailles font fréquemment allusion, sont invoqués par les triumvirs monétaires, III. VIR. A. A. A. FF., *triumviri auro, argento, œre, flando, feriundo*, c.-à-d. triumvirs, magistrats chargés de faire mouler, frapper l'or, l'argent, l'airain. Ces fonctions étaient dévolues à des familles consulaires : de là le nom de *monnaies consulaires* donné par les numismatistes aux monnaies de la République. Le droit de frapper monnaie est un des attributs de l'autonomie; cependant il arriva souvent que Rome, après s'être rendue maîtresse d'un pays, laissa l'exercice de ce droit aux peuples soumis; aussi voyons-nous l'image des empereurs sur les monnaies d'une infinité de villes. Quant aux colonies, elles ne purent en frapper qu'à la condition de stipuler qu'elles y étaient autorisées : PERM. PROC. (*permisit proconsul*), « par la permission du proconsul, » et plus tard : PERM. AVG. (*permisit Augustus*), « par la permission de l'empereur ». — Les monnaies consulaires ont un véritable intérêt comme œuvres d'art, et un plus grand encore sous le rapport historique. Les faits qui y sont relatés présentent un caractère de véracité qui manque souvent aux monnaies impériales, où l'adulation prodiguait les mensonges pour plaire aux maîtres du monde. Tantôt ce sont des portraits traditionnels, comme ceux de Romulus et de Numa, qu'on trouve sur les monnaies des familles *Memmia* et *Calpurnia* (voir ci-dessous nᵒˢ 1 et 2); tantôt des faits

1. Romulus.   *2. Numa.*

purement légendaires, comme sur un denier de la famille *Pompeia*, la louve et les jumeaux Romulus et Rémus (voir nᵒ 3 ci-dessous); ou l'apparition des jumeaux divins,

3. Louve.   *4. Dioscures.*

Castor et Pollux, à la bataille du lac Régille, sur un denier de la *gens Postumia* (voir nᵒ 4). Le plus souvent la monnaie donne le portrait authentique d'un homme illustre, celui de Brutus (*gens Junia*), d'Ahala (*gens Servilia*), de Marcellus, nᵒ 5 (*gens Claudia*); de Scipion l'Africain,

5. Marcellus.   *6. Scipion l'Africain.*

nᵒ 6 (*gens Cornelia*); ceux de Pompée (nᵒ 7) et de César (nᵒ 8), dans les monnaies frappées par des triumvirs monétaires, appartenant aux familles *Pompeia* et *Julia;*

7. Pompée.   *8. César.*

ou encore elle rappelle des événements glorieux pour la République et pour le monétaire qui évoque les exploits

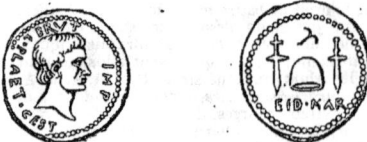

9. D. Brutus.

militaires et les services publics de ses ancêtres. Après César, et à son exemple, les généraux mettent hardi-

ment leur effigie et leur nom sur la monnaie. En voici une émise par Brutus, qui rappelle les Ides de Mars, le meurtre de César, et qui donne l'image du libérateur de la République (nᵒ 9). — Les triumvirs Marc-Antoine et Octave en font autant. Sur une belle pièce d'Antoine, frappée en Asie, figure d'un côté le triumvir, et de l'autre, au-dessus d'un *cistophore*, sa femme Octavie (voir ci-dessous).

Antoine.   *Octavie.*

Numismatique impériale. — Les médailles impériales, depuis Auguste jusqu'à l'époque des Sévère, représentent la plus belle période de l'art. C'est surtout dans les *médaillons*, qu'on rencontre souvent encastrés dans une bordure et qui ne paraissent point avoir été mis en circulation avec une valeur légale, qu'on admire la finesse du travail, la perfection de la composition et de l'exécution. On peut en juger par le médaillon ci-dessous d'Antonin. Le revers représente la fable légendaire de l'arrivée d'Énée et d'Ascagne en Italie. Les *grands bronzes*,

Médaillon d'Antonin.

Revers du médaillon d'Antonin.

moins rares, sont d'une exécution aussi soignée. Ils relatent l'histoire officielle des empereurs, les circon-

Grand bronze de Galba.

stances, les jeux ou fêtes publiques qui ont marqué leur avénement; de ce genre est le grand bronze de *Galba*,

ci-dessus, dont le revers nous montre cet empereur ha-
ranguant les soldats après son élection au trône;

Revers du grand bronze de Galba.

et cet autre de Vitellius, dont le revers fait voir une
naumachie dans le Cirque donnée à l'occasion de son

Grand bronze de Vitellius.

Revers du grand bronze de Vitellius.

avénement. Mais le plus souvent la monnaie célèbre les
victoires remportées, les pays conquis, l'Empire fortifié,
ou embelli par des monuments, édifices publics et religieux, ponts, temples, statues, palais. C'est une mine
inépuisable de documents et de renseignements.

Il existe des monnaies impériales en argent, en or et en
bronze. Le titre de la monnaie d'argent fut altéré depuis
le règne de Septime Sévère jusqu'à Dioclétien, qui rétablit la monnaie d'argent fin. La monnaie d'or antique est
généralement d'une grande pureté. A Rome seulement on
émettait des espèces dans ces deux métaux; la province
ne pouvait frapper que de la monnaie de bronze. Depuis
Gallien, il n'y a plus de médailles d'empereurs frappées
dans les villes grecques et dans les colonies, et le droit
monétaire avait été enlevé bien plus tôt à certaines provinces : par exemple à l'Espagne par Caligula. La suite
complète des grands bronzes ne va pas au delà de Postume. Celle des *petits bronzes* est la plus aisée à former :
elle conduit jusqu'aux Paléologues. La suite du petit
bronze, facile à réunir dans le Bas-Empire depuis Postume jusqu'à Théodose, difficile depuis Jules-César jusqu'à Postume, est impossible depuis Théodose jusqu'aux
Paléologues. La décadence de l'art commence à Postume;
elle produit, de Constantin à Théodose, des médailles
sans relief; après Théodose elle est absolue. Dans le Haut-
Empire, le nom des villes est souvent en légendes et en
inscriptions; dans le Bas-Empire, principalement depuis
Constantin, il se trouve toujours dans l'exergue : ainsi,
CONOB (*Constantinopoli obsignata*), S. M. A. (*Signata
moneta Antiochæ*), P. T. (*Percussa Treveris*). Ce n'est
que dans le Bas-Empire qu'on a marqué les années du
règne sur le revers des médailles. Mais on s'est servi de
la langue latine, même sur les médailles frappées à Constantinople, jusqu'à Michel Rhangabé. Michel est le pre-

mier qui a repris la légende grecque, et qui s'est donné
le nom de ΒΑΣΙΛΕΥΣ (*Basileus*), équivalant à *Auguste*,
comme *despotès* (en grec) équivalait à *César*. A partir de
cet empereur, la langue s'altère, et n'est plus qu'un
mélange de grec et de latin.

V. Spanheim, *De præstantiâ et usu Numismatum*,
Londres, 1706, 2 vol. in-fol.; Vaillant, *Nummi antiqui
familiarum romanarum*, Amst., 1703, 3 vol. in-fol.; le
même, *Numismata imperatorum romanorum à J. Cæ-
sare ad Posthumum*, édit. de Baldini, Rome, 1743, 3 vol.
in-4°; le même, *Numismata imperatorum... in coloniis,
municipiis et urbibus jure latino donatis*, Paris, 2e édit.,
1607, in-fol.; le même, *Numismata imperatorum à po-
pulis græcè loquentibus percussa*, 2e édit., Amst., 1701,
in-fol.; Banduri, *Numismata imperatorum romanorum
à Trajano ad Palæologos*, Paris, 1718, 2 vol. in-fol., avec
Supplément par Tannini, Rome, 1791, in-fol.; Eckhel,
Doctrina nummorum veterum, Vienne, 1792-98 et 1830,
9 vol. in-4°; Rasche, *Lexicon universæ rei nummariæ
veterum, et præcipuè Græcorum ac Romanorum, cum
observationibus antiquariis, geographicis, chronologicis,
historicis, criticis, etc.*, Leipzig, 1785-94, 6 tomes en
12 vol. in-8°; Morel, *Thesaurus morellianus, sive familiarum romanarum numismata omnia*, Amsterdam,
1734, 2 vol. in-fol., dont le 2e contient un commentaire
par Havercamp; le P. Jobert, *la Science des médailles*,
Paris, 1739, 2 vol. in-12, nouvelle édition revue par Bi-
mard de La Bastie, 2 vol. in-12; Mionnet, *Description des
médailles antiques grecques et romaines, avec leur degré
de rareté*, Paris, 1806-13, 6 vol. in-8°; édit. avec *Supplément*, Paris, 1819-37, 9 vol. in-8°; Visconti et Mongez,
Iconographie romaine, 1811-29, 2 vol. in-fol.; Millingen,
Recueil de médailles grecques inédites, Paris, 1812,
in-4°; Jacob, *Traité élémentaire de Numismatique*, 1825,
2 vol. in-8°; Cadalvene, *Recueil de médailles grecques
inédites*, Paris, 1839, in-4°; De Luynes, *Choix de médailles grecques*, Paris, 1840, in-fol.; Lenormant, *Trésor
de Numismatique et de Glyptique*, 1834-50, in-fol.; Hennin, *Manuel de Numismatique ancienne, contenant les
éléments de cette science et les nomenclatures*, Paris,
1830, 2 vol. in-8°; J.-B. Barthélemy, *Manuel de numismatique ancienne*, Paris, 1851, in-18; H. Cohen, *Description générale des monnaies de la République romaine*,
Paris, 1857, in-4°; le même, *Description des monnaies
impériales*, Paris, 1862, 5 vol. in-4°.   D.

NUMMUS. *V.* ce mot dans notre *Dictionnaire de Biographie et d'Histoire.*

NUNCUPATION. *V.* TESTAMENT.

NUNDINES. *V.* ce mot dans notre *Dictionnaire de Biographie et d'Histoire.*

NUNNATIONS, nom que les Arabisants donnent à
certains signes de l'écriture arabe, tracés sous une forme
analogue à celle des voyelles, et renfermant, outre une
voyelle, un son articulé, celui de l'N. Silvestre de Sacy le
traduit par *voyelles nasales*, en avertissant que cette
expression n'est pas rigoureusement exacte.

NUNNIE. *V.* CHANSON.

NURAGHES. *V.* NORAGHES, dans notre *Dictionnaire de
Biographie et d'Histoire.*

NUREMBERG (Église St-Laurent, à). Cette église fut
commencée en 1140 sur l'emplacement d'une chapelle du
St-Sépulcre. Son grand portail est flanqué de deux tours
carrées à 7 étages, percées d'une seule fenêtre sur chaque
face à chaque étage, décorées à leur sommet d'une sorte de
treillage de pierre, et achevées, par une pyramide, l'une
en 1403, l'autre en 1498. Il n'y a qu'une porte, large de
8 mèt., haute de 13m,30, et coupée par un pilier accolé
d'une statue de la Vierge et de l'enfant Jésus; on a entassé sous la grande ogive qui la domine une foule de
sculptures représentant la naissance du Christ, l'adoration des Mages, la Présentation au Temple, la Fuite en
Égypte, la Passion, la Résurrection, le Jugement dernier, etc. La rose qui est au-dessus de la porte a 10 mèt.
de diamètre. A l'intérieur de l'édifice, les deux ailes sont
moitié moins hautes et moitié moins larges que la grande
nef; le chœur, construit de 1459 à 1477, sur les plans de
Conrad Roritzer, est un peu plus élevé que la nef. Dans
la nef principale, comme aux arcs à plein cintre des
portes latérales, on reconnaît les traces du style byzantin.
L'église St-Laurent forme un carré oblong, qui a 105 mèt.
sur 35. On remarque les deux magnifiques roses de la
croisée, ouvrage du vitrier Wolkamer, les vitraux des
onze fenêtres du chœur restaurées par Kellner, et surtout, adossé à un pilier du chœur, un tabernacle sculpté
par Adam Kraft de 1496 à 1500 : c'est une véritable bijouterie de pierre, qui représente l'histoire de la Passion.

Le crucifix du maître-autel, en bois doré, a été exécuté, ainsi que la chaire, par Rotermundt, d'après les dessins de Heideloff. — Au centre de la place qui précède le grand portail de l'église St-Laurent, se trouve la *Fontaine des Vierges*, construite en 1589 par Bénédict Wurzelbauer : du milieu d'un bassin en pierre s'élève une colonne, autour de laquelle sont groupées en deux séries 12 figures de fonte, dont 6 enfants nus supportant les armes de la ville, et 6 vierges qui sont des emblèmes de vertus ; au sommet est la Justice, avec sa balance, et, près d'elle, une grue, symbole de la vigilance.

NUREMBERG (Église NOTRE-DAME, à), monument. plus élégant que grandiose, élevé de 1355 à 1361, à l'époque la plus brillante de l'architecture ogivale, par les architectes Georges et Frédéric Ruprecht, et le sculpteur Sebald Schonhofer. Il a la forme carrée des premières églises que les Grecs construisirent sur le modèle des temples païens. A la fin du XVe siècle, on y adapta l'ogive ; c'est aussi à cette époque que fut élevée la gracieuse petite tour qui surmonte son portail occidental. Ce portail est précédé d'un porche où la sculpture a prodigué toutes ses richesses, et au-dessus duquel Adam Kraft a ajouté une chapelle : là se trouve une horloge mécanique, fabriquée en 1509 par Georges Heuss, mais ne fonctionnant plus aujourd'hui, et dans laquelle, quand les heures sonnaient, on voyait les électeurs d'Allemagne passer devant l'empereur. L'église Notre-Dame a été rendue au culte catholique en 1816, mais dépouillée des chefs-d'œuvre de peinture et de sculpture qui l'ornaient autrefois : on fit alors subir à l'intérieur une restauration trop complète, on la surchargea de nouvelles peintures et de dorures. — Près de l'église, et comme elle sur la place du Marché, s'élève la *Belle Fontaine*, œuvre des mêmes artistes. C'est une élégante construction à trois étages, qui vont en se rétrécissant, et que surmonte une pyramide couverte de boutons de fleurs et couronnée par deux lis. L'étage inférieur est de forme octogone ; ses 8 piliers sont accotés de 16 figures de 1m,30 de hauteur, qui représentent les sept princes électeurs, Godefroy de Bouillon, Clovis, Charlemagne, Machabée, Josué, David, J. César, Alexandre et Hector. L'étage du milieu est orné des statues de Moïse et des sept Prophètes. Cette fontaine, qui était autrefois peinte et dorée, a nécessairement souffert des outrages du temps ; de 1447 à 1586, on la restaura 5 fois ; elle a été remise à neuf, de 1822 à 1824, sous la direction de Reindel ; la grille de fer qui l'entoure, exécutée par Paul Kœhn, date de 1586.

NUREMBERG (Église St-SÉBALD, à). On peut suivre sur ce monument les progrès de l'architecture allemande depuis son origine byzantine jusqu'au XIVe siècle, où elle acquit son plus grand développement. La partie antérieure, qui se trouve comprise entre les deux tours, et qu'on appelle *Löffelsholz* ou la chapelle de St-Pierre, est la plus ancienne, et date du Xe siècle. La tour méridionale fut commencée en 1300, celle du nord en 1345. La population de la ville s'étant considérablement accrue, on démolit le chœur de l'église, et, de 1361 à 1377, on en construisit un autre plus vaste, qui offre l'élégance et la délicatesse des œuvres de la fin du XIVe siècle. Malheureusement les arcs-boutants qui soutenaient les murs de ce chœur durent être démolis comme menaçant ruine, en 1561 ; on les remplaça par une toiture d'un aspect lourd et disgracieux, qui a fait disparaître aussi les frontons dont les fenêtres étaient surmontées. C'est en 1482 et 1483 que les deux tours, d'une forme simple et élancée, reçurent leurs aiguilles, et atteignirent ainsi une élévation de 88 mèt. Entre ces deux tours et de la fenêtre centrale de la chapelle de St-Pierre, on voit pendre un crucifix colossal en bronze, coulé en 1482 par les frères Stark. Au portail latéral du nord, dit *Porte des Fiancés*, on a sculpté les Vierges sages et les Vierges folles ; à celui du sud, se trouve un beau Jugement dernier, sculpté en 1485 par Adam Kraft. L'intérieur de l'église présente un bel aspect : il est éclairé par 95 fenêtres, garnies pour la plupart de vitraux de couleur. La chapelle de St-Pierre contient trois beaux tableaux peints sur or, plusieurs bas-reliefs de Kraft, et d'admirables fonts baptismaux en cuivre. Mais la merveille de cette église est le tombeau de St-Sébald, exécuté en bronze par Pierre Vischer, de 1506 à 1519, et qui est resté au milieu du chœur, bien que l'édifice soit consacré au culte protestant. Ce tombeau a 5 mèt. de haut, 2m,85 de long et 1m,55 de large. C'est une sorte de cage, dont les minces et brunes colonnes font valoir la châsse du saint, toute couverte de lames d'or et d'argent ; sa base repose sur d'énormes escargots ; les colonnes qui la joignent au faîte forment trois arcades ogivales sur chacune des faces latérales, et une à chaque extrémité ; des figures ornent la base de ces colonnes, et d'autres se dressent sur le sommet ; les statues des Apôtres sont adossées encore aux colonnes, vers les deux tiers de leur hauteur ; enfin, aux quatre angles, des sirènes soutiennent des candélabres. Le faîte du tombeau est formé de constructions architectoniques et de clochetons byzantins. Ce travail de Vischer n'a pas d'égal dans la sculpture allemande : la pureté du dessin, la variété des poses, l'expression des têtes, la largeur des draperies, le mettent sur le même rang que les bronzes les plus célèbres des maîtres italiens.

NUREMBERG (Hôtel de Ville de), monument construit de 1332 à 1340, agrandi jusqu'en 1522, et rebâti presque entièrement de 1616 à 1619 par Holzschuher, dans le style des grands palais italiens. Sa façade a 92m,66 de développement, 36 fenêtres de front, et 2 étages d'élévation. La grande salle du Conseil, au premier étage, a 27 mèt. de long sur 10 de large, et appartient au XVe siècle ; les vitraux des fenêtres sont de Veit Hirschvogel (1521), et le plafond en bois de Vehaim (1613) ; tout le mur septentrional de cette salle est orné de peintures d'Albert Dürer, représentant le triomphe de l'empereur Maximilien Ier, mais endommagées par le temps et mal restaurées ; en face, les fresques sont de G. Weyer, ont aussi également subi une restauration. Les corridors du 1er étage ont un plafond où Abraham Grass a représenté en 1610, avec figures en stuc de grandeur naturelle, un tournoi de l'an 1446. Au 2e étage est une petite salle du Conseil, dont le plafond a été richement peint par Paul Juvenel. Sous l'hôtel de ville sont creusés des souterrains immenses, dont quelques-uns ont servi de prisons.

NYAYA (Philosophie). *V.* INDIENNE (Philosophie).

NYMPHÉE, nom donné par les Anciens à des berceaux de feuillage, à de simples grottes, à des édicules élevés dans les bois ou sur les montagnes, et consacrés aux Nymphes. On y faisait des cérémonies nuptiales et des festins. Quelques auteurs pensent qu'on appelait *Nymphées*, soit des bains, dont le nom aurait été corrompu de celui de *lymphée*, soit des lieux d'agrément où l'on amenait des eaux vives et fraîches. On a découvert en Attique un *Nymphæum* orné intérieurement de bas-reliefs, de statues, de médaillons et d'inscriptions. Il existe encore près de Rome une grotte qu'on dit être celle de la nymphe Égérie, et où l'on voit certains ouvrages ruinés et des fragments de sculpture. Deux petits monuments situés sur le bord du lac Albano portent le même caractère et les mêmes traces. Les premiers chrétiens appelèrent *Nymphée* la fontaine placée sur le parvis des basiliques, et où les fidèles se lavaient avant d'entrer.

O

O, la 15e lettre de notre alphabet et la 4e des voyelles. C'est un caractère qui répond à deux voyelles distinctes, l'une se prononçant fort ouverte, comme dans *botte*, l'autre peu ouverte, comme dans *côte*. Cette distinction de l'o bref et de l'o long existait aussi chez les Grecs, qui les appelaient *omicron* et *oméga*, et leur donnaient des figures différentes (O, o ; Ω, ω). Notre o long est le plus souvent surmonté de l'accent circonflexe ; il a la même valeur phonétique sans accent, s'il termine un mot (*numéro*, *zéro*), ou s'il n'est pas suivi que de consonne qui ne se prononcent pas (*lot*, *broc*). En général, l'accent tient la place d'une *s* qui a été supprimée dans l'orthographe moderne : *hôte, hôtel, hôpital, côte, rôti,* s'écrivaient *hoste, hostel, hospital, coste, rosti.* Il rappelle alors l'étymologie : toutefois, malgré une étymologie commune, la prononciation diffère pour *notre* et *le nôtre, votre* et *le vôtre.* Suivi de *m* ou de *n,* selon les cas, l'o est la transcription d'une voyelle nasale (*onde, ombre*). Suivi d'un *i,* il forme une diphthongue, *oi,* qui se prononce *oua* (*moi, toi, soi, loi, poire*); par conséquent, les éléments écrits de cette diphthongue ne représentent pas ses éléments prononcés. Le groupe *oê* se prononce également *oua* (*poêle*). Depuis le temps de Voltaire, le groupe *oi* a été remplacé par *ai* dans un assez grand nombre de terminaisons : *Français,* il *aimait,* je *ferais,* ils *disaient,* etc., au lieu de : *François,* il *aimoit,* je *ferois,* ils *disoient,* etc. Dans la diphthongue nasale *oin,* l'o a le son de *ou* (*loin, (oin, soin*). Le groupe *ou* est l'expression complexe d'une voyelle simple, qui est identique avec l'*u* des Italiens, des Espagnols et des Allemands, et que les Anglais représentent généralement par *oo.* Dans un monosyllabe français, où il est précédé de *a* et suivi de *n,* l'o ne se prononce pas : *faon, paon, Laon* se prononcent *fan, pan, Lan.* La lettre composée œ représente étymologiquement la diphthongue grecque *oι,* et a le son de l'*é* (*OEdipe, œsophage*); mais elle n'a que la valeur de l'*e* dans *œil,* valeur qui est aussi celle du groupe *œu* dans *bœuf, œuf, sœur, mœurs,* etc. — La variété des valeurs phonétiques de l'o explique certaines permutations qui s'opèrent d'une langue à l'autre ou dans le sein d'une même langue. Ainsi, la terminaison *os* des noms grecs est devenu *us* en latin (prononcé *ous*); le latin offre *colo* (je cultive) et *cultus* (cultivé), *lavo* (je lave) et *lotus* (lavé), *homo* (homme) et *humanus* (humain). Dans le passage du latin au français, *mola* est devenu *meule; populus, peuple; cor, cœur; soror, sœur; corium, cuir; coctus, cuit; novem, neuf; tumulus, tombeau; numerus, nombre; culmen, comble; movere, mouvoir; mori, mourir.* L'italien a fait *molto* du latin *multum, facoltà* de *facultas, popolo* de *populus,* etc. En espagnol, l'o latin s'est transformé en *ue* (*oué*) : *bueno* vient de *bonus, muerte* de *mors, prueba* de *probatio.* En allemand, les voyelles *a, o, ü* (*eu*) permutent souvent dans les dialectes : *rath* se transforme en *roth, strasse* en *stross,* etc.; *vogel* (oiseau) fait au pluriel *vögel;* le comparatif de *gross* (grand) est *grösser.* — Dans les langues slaves, l'o est souvent prononcé *a.* En suédois et dans quelques autres idiomes du Nord, il remplit le rôle de l'α privatif des Grecs : *trogen* (fidèle), *otrogen* (infidèle).

Dans les inscriptions latines, O est employé par abréviation pour *olla, ossa, omnis, optimus, officium, optio, ordo,* etc. O. M. veut dire *optimus maximus,* et O. P. *optimus princeps.* Dans l'écriture commerciale, °/₀ signifie *compte ouvert.* Dans l'ancienne musique, O fut la marque de la mesure à 3 temps; quelquefois on mettait un point au milieu, ou on le barrait verticalement; une moitié d'O ou un C marque la mesure à 2 temps. Signe d'abréviation géographique, O. signifie *ouest;* pour les Allemands il représente l'*est,* parce que, dans leur langue, ce point cardinal s'appelle *ost.* Chez les Irlandais, O' précédant un nom propre signifie *fils de,* comme le *Mac* des Écossais et le *Ben* des Arabes; ce n'est pas, comme on l'a dit, une contraction de la préposition anglaise *of* (de), ayant le même rôle que notre particule nobiliaire *de,* ou que les particules analogues *von* en allemand et *van* en hollandais. — Autrefois, la lettre O était la marque monétaire de la ville de Riom (Auvergne). — Comme lettre numérale, l'*omicron* des Grecs valait, selon la position de l'accent, 70 (o´) ou 70,000 (,o), et leur *oméga,* 800. L'O des Latins valait 11, et, surmonté d'une barre horizontale (ō), 11,000.

O (Le château d'), près de Séez (Orne). Il est composé d'une façade et de deux ailes, et occupe trois côtés d'un carré que baigne une petite rivière. Irrégulier dans son ensemble, c'est un monument remarquable dans quelques-unes de ses parties. L'aile septentrionale, la plus ancienne aujourd'hui, appartient aux dernières années du XVᵉ siècle et aux premières du XVIᵉ : elle se compose de deux tourelles inégales en largeur et en hauteur, encadrant une porte; d'un corps principal, et d'une charmante tourelle en encorbellement, où l'on voit, unis aux formes du style ogival flamboyant, les ornements qui caractérisent la transition du gothique à la pure Renaissance. La porte est encadrée par une arcade ogivale festonnée, et surmontée de deux riches baldaquins. L'aile méridionale, d'une construction bien postérieure, à l'exception d'une petite tour crénelée qui en forme l'extrémité. La façade, unie et surmontée d'une balustrade,

est une construction de 1770 ; mais, à l'intérieur, on admire un promenoir de la Renaissance, soutenu par des piliers octogones, aux fûts chargés d'enroulements et d'arabesques, aux chapiteaux délicatement sculptés.

O DE NOEL, nom donné, dans la Liturgie catholique, à 9 antiennes qui commencent par l'interjection O, et qui se chantent avant le *Magnificat* des neuf jours de l'Avent qui précèdent la fête de la Nativité. Dans le rit romain, il n'y en a que sept. L'usage des O de Noël est venu d'Espagne, où il fut établi par le concile de Tolède en 656.

OBBA, nom que les Romains donnaient à une coupe se terminant en pointe à sa partie inférieure. L'épithète d'*obbatus* s'appliquait aux bonnets de Castor et de Pollux, dont le haut était en pointe.

OBÉDIENCE (Pays, Lettre d'). V. notre *Dictionnaire de Biographie et d'Histoire.*

OBÉISSANCE, soumission aux volontés d'autrui. L'obéissance aux lois est un devoir et une vertu. La femme, d'après notre Code, doit obéissance à son mari. L'armée doit obéissance absolue, *obéissance passive,* à ses chefs, pour tout ce qui concerne le service militaire; cette obéissance est la base de la discipline. L'obéissance est un des vœux solennels que font les membres des ordres religieux.

OBÈLE (du grec *obélos,* broche), signe imaginé par les éditeurs critiques d'Alexandrie, pour indiquer soit une répétition, soit une surabondance de mots (-); soit un doute sur l'authenticité d'un passage (÷); soit une transposition de mots ou de phrases (⸗); soit un déplacement, surtout de vers (-ˣ).　　　　　P.

OBÉLISQUE. V. notre *Dict. de Biogr. et d'Histoire.*

OBÉRON, épopée romantique de Wieland, en douze chants et en *ottave rime.* La fable est tirée d'un vieux roman de chevalerie, intitulé *Huon de Bordeaux* (V. ce mot), dont Tressan a donné un abrégé, en 1778, dans sa *Bibliothèque universelle des romans.* Mais l'Obéron qui dans ce dernier ouvrage joue un rôle surnaturel, et l'Obéron de Wieland, sont deux personnages bien distincts : celui du roman est fils de Jules César et d'une fée, être fantastique tenant le milieu entre l'homme et le farfadet; celui de l'épopée est identique avec l'Obéron de Shakspeare dans *le Songe d'une nuit d'été.* — L'Obéron de Wieland renferme trois actions principales : 1º les aventures du chevalier Huon, chargé par Charlemagne de lui rapporter une touffe de la barbe et deux dents mâchelières du calife de Bagdad; 2º les amours de Huon et de Rézia, fille de ce sultan; 3º la brouille et la réconciliation de Titania avec son époux Obéron, roi des Elfes. Cependant ces trois actions sont si habilement combinées et conduites, qu'elles ne forment qu'un seul tout. En effet, sans le secours d'Obéron, Huon n'aurait pu réussir dans sa mission auprès du calife; sans son amour pour Rézia, et sans l'espoir d'une réconciliation qu'Obéron fondait sur la fidélité et la constance des deux amants, le roi des Elfes ne se serait pas intéressé à leurs amours. Cet enchaînement d'intérêts divers, ce besoin indispensable que les différents personnages de l'épopée ont les uns des autres pour réussir dans leur entreprise, donnent au poème une sorte d'unité assez originale et nouvelle. *Obéron* fut publié en 1780, et il fait encore aujourd'hui les délices des Allemands. « Tant que l'on gardera le sentiment de la poésie, dit Goethe, *Obéron* sera aimé et admiré comme un chef-d'œuvre d'art poétique. »

OBIT (du latin *obitus,* décès), en termes de Liturgie catholique, service funèbre pour le repos de l'âme d'un mort, et qui doit être célébré chaque année à l'anniversaire du décès.

OBITUAIRE, terme synonyme de *Nécrologe* (V. ce mot), et qui désigne aussi le registre des *obits* tenu dans une église. — A la cour de Rome, en termes de Daterie, un *Obituaire* est l'homme pourvu d'un bénéfice vacant par mort (*per obitum*).

OBJECTIF, SUBJECTIF. Toute pensée, toute connaissance implique nécessairement deux termes, et ces deux termes, d'une part, l'esprit avec les facultés dont il est doué, de l'autre, les phénomènes et les vérités qui lui sont présentes, s'appellent, dans le langage de la philosophie moderne, le premier, sujet, le second, objet (*objectum, quod objicitur*) de la connaissance. Ainsi, quand je pense à un triangle, ou quand je juge que tous les angles droits sont égaux entre eux, le triangle, l'égalité réelle et effective de deux quantités sont les objets de ma pensée. D'objet et de sujet on a tiré *objectif* et *subjectif,* et même objectivité et subjectivité, qui s'emploient dans un sens analogue. Ainsi on dit : élément subjectif, élément objectif de la connaissance, et plus généralement phénomène subjectif, réalité, vérité objective, pour désigner, dans le premier cas, tout ce qui, dans le développement si complexe et si varié de l'entendement, se rapporte au sujet, à l'esprit ; et, dans le second, à l'objet, aux choses mêmes. La sensation, l'idée elle-même (en tant qu'acte de l'esprit qui pense), sont des phénomènes subjectifs ; les corps, les propriétés des corps que l'on perçoit, les vérités mathématiques, métaphysiques (Dieu, l'espace, le temps) sont des réalités objectives. — Faire sûrement et équitablement la part de l'Objectif et du Subjectif dans la formation de nos connaissances est un des problèmes les plus délicats de la haute psychologie ; et si l'on avait à faire ici l'histoire des solutions philosophiques de ce problème, il faudrait exposer et critiquer les systèmes idéalistes qui, en attribuant à l'idée une existence propre et indépendante de l'esprit (V. Idéalisme), ne font pour ainsi dire qu'objectiver le subjectif, et par cela même s'interdire la perception de l'objet véritable ; et ceux qui, comme le Kantisme, sans se méprendre au caractère subjectif des phénomènes psychologiques, s'en tiennent de propos délibéré au doute, en ce qui concerne la réalité des objets qui correspondent à ces phénomènes, affirmant, par exemple, la sensation, mais non l'objet senti, les concepts du temps et de l'espace, ou tel autre concept, comme formes de la sensibilité ou de l'entendement, mais non le temps ni l'espace eux-mêmes. V. ces mots, et Allemande — Philosophie.   B—E.

OBJECTION, ce qu'on oppose à une allégation, à une opinion quelconque.

OBJETS PERDUS, TROUVÉS. Les paquets abandonnés dans les bureaux d'une entreprise de transports, et qui n'ont pas été réclamés après un intervalle de deux ans, appartiennent à l'État. Les effets non réclamés dans les greffes criminels sont vendus, et le produit de la vente est attribué au domaine, s'il n'a pas été réclamé dans le délai d'un an. L'argent déposé à la poste et non réclamé appartient à l'État au bout de 8 ans. Les objets trouvés doivent être déclarés soit à un bureau de police, soit au greffe du tribunal ou de la justice de paix ; s'ils ne sont pas réclamés dans les 3 ans, ils appartiennent à celui qui les a trouvés. Le propriétaire d'une chose perdue peut, dans ce même délai, la revendiquer contre celui dans les mains duquel il la trouve ; mais si la chose a été achetée, il ne peut se la faire rendre qu'en remboursant au possesseur le prix qu'elle lui a coûté (Code Napol., art. 2279, 2280).

OBLAT. V. ce mot dans notre Dictionnaire de Biographie et d'Histoire.

OBLATION (du latin oblatio, offrande), terme consacré en religion pour désigner toute offrande faite à Dieu. Dans un sens liturgique, il a été appliqué anciennement au sacrifice même de la Messe ; aujourd'hui on n'entend plus par Oblation que la partie de la Messe qui suit l'Évangile et le Credo, celle dans laquelle le prêtre offre à Dieu le pain destiné au sacrifice, et le vin qu'il a mêlé d'un peu d'eau dans le calice.

OBLATIONARIUM. V. Prothèse.

OBLIGATION, lien de droit dont résulte la nécessité de faire ou donner quelque chose, et, par extension, acte qui contient la preuve du fait obligatoire. Les obligations sont légales ou conventionnelles : les premières résultent de l'autorité seule de la loi ; de ce genre sont les engagements involontaires entre propriétaires voisins (V. Servitude), et ceux des tuteurs et autres administrateurs qui ne peuvent refuser la fonction qui leur est déférée ; les secondes naissent d'un contrat (V. ce mot). Tout ce qui concerne les obligations conventionnelles a été réglé par le Code Napoléon (art. 1101-1369). Eu égard à leurs effets, il y a une grande différence entre l'obligation de donner et l'obligation de faire ou de ne pas faire. L'obligation de donner emporte celle de livrer la chose et de la conserver jusqu'à livraison, à peine de dommages-intérêts ; elle rend le créancier propriétaire, avec cette particularité toutefois, que, s'il s'agit d'effets mobiliers à d livrer successivement à deux personnes, celle qui a été mise en possession réelle, son titre fût-il même postérieur en date, demeure propriétaire, pourvu que la possession soit de bonne foi. L'obligation de faire ou de ne pas faire produit toujours, en cas d'inexécution, une action en dommages-intérêts : cependant le créancier a le droit de demander que ce qui aurait été fait par contravention à l'engagement soit détruit ; il peut même se faire autoriser à le détruire aux dépens du débiteur, sans préjudice des dommages-intérêts. Il peut aussi, en cas d'inexécution, être autorisé à faire exécuter l'obligation aux dépens du débiteur. Les dommages-intérêts ne sont dus, quand il

s'agit d'une obligation de faire, que si le débiteur a été mis en demeure d'accomplir son obligation. — L'obligation, soit de donner, soit de faire ou de ne pas faire, n'est pas toujours pure et simple ; elle est quelquefois conditionnelle. Si la condition est suspensive, l'obligation n'est pas encore formée, il y a seulement espérance qu'elle se formera ; mais comme cette espérance est fondée sur un contrat, elle constitue un droit acquis, en ce sens que le créancier conditionnel ne peut en être privé malgré lui, et voilà pourquoi il est autorisé à exercer, avant l'accomplissement de la condition, tous les actes conservatoires de son droit. Si la condition est résolutoire, elle ne suspend point l'exécution de l'obligation, mais elle oblige le créancier à restituer ce qu'il a reçu, dans le cas où arrive l'événement prévu par la condition. — L'obligation à terme diffère de l'obligation conditionnelle, en ce que le terme qui y est apposé ne la suspend pas, et de l'obligation pure et simple, en ce que l'exécution n'en peut être demandée qu'à l'expiration du terme. Ce qui prouve qu'elle existe avant l'expiration du terme tout aussi bien que l'obligation pure et simple, c'est que ce qui a été payé d'avance ne peut être répété. — On appelle obligations réelles celles qui n'engagent pas seulement les personnes qui les ont contractées, mais dont les effets s'étendent aux héritiers et successeurs de toutes les parties contractantes ; elles sont choses figurant à l'actif et au passif des successions, et ont d'ordinaire pour garantie un immeuble, sur lequel elles doivent être exécutées. — L'obligation alternative et facultative est celle par laquelle le débiteur s'engage à fournir l'une de deux ou plusieurs choses ; le choix appartient au débiteur, à moins que le contraire n'ait été formellement stipulé. — L'obligation est divisible, quand elle a pour objet une chose qui dans sa livraison, ou un fait qui dans l'exécution est susceptible de division ; dans le cas contraire, elle est indivisible. — L'obligation est solidaire, quand il y a solidarité soit entre les créanciers, soit entre les débiteurs.

L'existence des obligations s'établit par actes authentiques ou privés, par témoignage, présomption, aveu de la partie, ou serment. Toute obligation s'éteint par le payement, la cession de biens, la novation, la remise volontaire de la dette, la compensation, la confusion des qualités de débiteur et de créancier, la perte fortuite de la chose due (quand cette chose consiste en un corps certain et déterminé), la nullité ou la rescision, par l'effet de la condition résolutoire, enfin par la prescription. V. Pothier, Traité des obligations, Paris, 1768, 2 vol. in-12 ; Carrier, Traité des obligations, 1818, in-8° ; H. Blondeau, Esquisse d'un traité sur les Obligations solidaires, 1819, in-8° ; Duranton, Traité des contrats et obligations, 1819, 4 vol. in-8° ; J. Bousquet, Dictionnaire des contrats et obligations en matières civile et commerciale, 1840, 2 vol. in-8° ; Bournon de Layre, Traité sur les obligations divisibles et indivisibles, 1845, in-8° ; Poujol, Traité des obligations, 1846, 3 vol. in-8° ; Molitor, Traité des obligations en Droit romain, 1850, 3 vol. in-8° ; La Rombière, Théorie et pratique des obligations, 1857-58, 5 vol. in-8° ; Maynz, Traité des obligations d'après le Droit romain, Bruxelles, 1860, in-8°.

OBLIGATION, phénomène spécial impliqué dans tous les jugements moraux, soit que ceux-ci aient pour objet la distinction générale et théorique du bien et du mal, soit qu'il s'y agisse de l'appréciation du vice, et de l'influence que cette appréciation peut exercer sur nos déterminations particulières et individuelles. L'obligation consiste en ce que, concevant le bien, nous croyons que nous sommes tenus en conscience de conformer notre conduite à l'idée que nous en avons. Rien de plus opposé que l'obligation et la contrainte ; rien de plus différent aussi que l'obligation attachée aux conceptions morales et l'attrait qui nous porte vers le plaisir, ou la disposition réfléchie que nous éprouvons à faire ce que nous jugeons utile à nos intérêts. L'obligation, qui suppose la liberté est, avec l'universalité, un des caractères essentiels de la loi morale. Les devoirs ne sont autre chose que l'obligation répartie sur les diverses applications de la loi morale, et subsistant tout entière dans chacune d'elles (V. Devoir). Il n'est guère de moraliste qui n'ait traité de l'obligation ; V. surtout à ce sujet : Kant, Critique de la raison pratique, in-8°, et Jules Simon, le Devoir, 1857, gr. in-18.   B—E.

OBLIGATIONS, en termes de Finances, valeurs émises par les États, les villes, les départements, les compagnies de chemins de fer, les sociétés de crédit, pour couvrir des emprunts dont l'intérêt ne dépasse pas 4 p. 100, et qui sont remboursables par des tirages successifs, avec primes attachées à certains numéros que désigne un tirage au sort.

OBLIQUE, en termes de Tactique, se dit d'une manœuvre, d'une marche, d'un alignement, exécutés à droite ou à gauche d'une ligne de bataille.

OBLIQUES (Cas). *V.* CAS.

OBNOXIATION. } *V.* ces mots dans notre *Dictionnaire*
OBOLE. } *de Biographie et d'Histoire.*

OBREPTION (du latin *obripere*, obtenir par surprise), fraude qu'on a commise dans l'obtention d'une grâce, d'un titre, d'une concession, en cachant quelque chose. La *subreption* est la fraude par allégation d'un fait faux.

OBROGATION. *V.* ce mot dans notre *Dictionnaire de Biographie et d'Histoire.*

OBROK, impôt foncier annuel que payent, depuis 1765, les paysans des domaines de la couronne de Russie. Il varie de 1/2 rouble à 2 roubles d'argent (2 fr. à 8 fr.).

OBSCURANTISME (du latin *obscurare*, obscurcir), nom créé au temps de la Restauration, et appliqué par les libéraux à tout système politique ou religieux qui combattait l'esprit de progrès et de liberté.

OBSCURITÉ, défaut du style, contraire à la clarté (*V. ce mot*), et provenant, soit des pensées qui ne présentent pas un sens raisonnable ou un ordre régulier, soit d'une affectation de finesse et de profondeur. L'impropriété des termes, *leur* ambiguïté, les mauvaises constructions, les inversions forcées, les incorrections grammaticales, l'excessive longueur des périodes, sont autant de causes d'obscurité. *V.* CLARTÉ.

OBSÉCRATION. *V.* DÉPRÉCATION.

OBSÈQUES (du latin *obsequium*, devoir), mot qui signifia autrefois l'office ecclésiastique, le service qu'on dit pour les morts. Il est aujourd'hui synonyme de *funérailles.*

OBSERVANCE, mot qui désigne : 1° l'action d'observer une règle, une loi, une cérémonie; 2° la règle même, la loi, le statut, l'ordonnance qu'on observe; 3° le corps ou la communauté religieuse qui observe certaines règles. Quelques conciles ont donné le nom d'*Observants* aux clercs qui desservent une église.

OBSERVATION. Des objets de nos connaissances, les uns sont des phénomènes individuels, des vérités particulières et contingentes; les autres, des réalités absolues, des vérités universelles et nécessaires. Celles-ci sont conçues par la raison; ceux-là sont du ressort de la conscience et des sens. L'observation, c'est l'application d'abord spontanée, puis réfléchie et méthodique de ces dernières facultés aux objets auxquels elles sont naturellement propres. N'oublions pas qu'il s'agit de faits; il n'y a pas d'autre manière de les connaître que de les observer; il s'agit de faits différents : il faut les observer avec des facultés différentes, chacun d'eux avec la faculté que la nature nous a donnée pour cela : les couleurs avec la vue, les grandeurs et les formes avec le toucher, les idées et les passions avec la conscience. Ce sont là des principes évidents, que plus ou moins exactement, mais partout et toujours, on a instinctivement mis en pratique. Aussi toutes les sciences de faits ont-elles leur origine dans l'observation, et leurs progrès ont été d'autant plus rapides, leurs conquêtes d'autant plus étendues, qu'elles y sont restées plus fidèles, et que l'observation a été plus scrupuleuse et plus exacte. Pourquoi, en histoire naturelle, l'autorité d'Aristote, au témoignage des maîtres les plus compétents, est-elle restée presque intacte? Parce qu'il a été un observateur exact de la nature, de la conformation et des mœurs des animaux qu'il a décrits. Pourquoi, au contraire, sa Physique a-t-elle fini par tomber dans le mépris? Pourquoi, plus près de nous, en est-il de même de celle de Descartes? Parce qu'Aristote et Descartes ont traité par d'autres méthodes des questions qui ne pouvaient être résolues que par l'observation des faits. Aussi la méthode des sciences n'a-t-elle été assurée que du jour où Bacon, sans rien inventer cependant, a constaté de la manière la plus précise, dans le *Novum Organum*, la nécessité d'observer les faits, et tracé en termes peut-être trop pédantesques et trop poétiques, mais au fond avec beaucoup de sûreté et d'exactitude, les règles de l'observation, et celles de l'expérimentation et de l'induction qui en sont le complément (*V.* NOVUM ORGANUM). Après avoir répété que l'observation doit être appropriée à la nature de l'objet observé, nous nous bornerons à ajouter qu'elle doit être attentive, prolongée, réitérée à plusieurs reprises, tant en raison de l'inégale aptitude que l'esprit peut présenter d'un moment, d'un jour à un autre, pour bien saisir la nature des choses, qu'en raison des modifications que celles-ci peuvent subir; enfin impartiale, c.-à-d. tenue en garde contre les différentes causes d'erreur que l'expérience nous signale comme capables de fausser non-seulement nos jugements et nos appréciations, mais jusqu'à nos observations elles-mêmes. *V.* aussi EXPÉRIENCE. MÉTHODE. B—E.

OBSERVATION (Corps d'), corps d'armée chargé d'observer l'ennemi tandis qu'on attaque une de ses places, et de s'opposer aux efforts qu'il tenterait pour la dégager. On donne le même nom aux troupes placées près d'une frontière pour surveiller les mouvements d'une puissance voisine qu'on suspecte.

OBSERVATOIRE DE PARIS. *V.* ce mot dans notre *Dictionnaire de Biographie et d'Histoire.*

OBSESSION. *V.* POSSESSION.

OBSIDIENNE (Pierre). } *V.* notre *Dictionnaire de*
OBSIDIONALE (Couronne). } *Biogr. et d'Histoire.*

OBSIDIONALES (Monnaies). *V.* NÉCESSITÉ (Pièces de).

OBUS, projectile creux, qui diffère de la bombe en ce qu'il a un diamètre plus petit, en ce qu'il est sans anse et sans culot. Il est plus épais dans le fond, et l'épaisseur diminue insensiblement jusqu'à l'*œil*, par lequel on introduit la poudre, et où l'on enfonce la fusée destinée à le faire éclater. La fusée pouvant s'éteindre facilement, Simienowicz avait proposé, dès 1649, un appareil pour la remplacer. De nos jours on a inventé les *obus percutants*, dont l'œil est muni d'un mécanisme à percussion qui enflamme la charge aussitôt qu'ils touchent le but. L'obus a moins de portée qu'un boulet de même calibre. Un obus de 10 centimètres donne 17 éclats, dont 14 pèsent plus de 100 grammes; un obus de 16 centimètres donne 21 éclats. Le matériel d'artillerie en France admettait, il y a quelques années, trois dimensions d'obus : celui de 6 pouces (16 à 17 centimètres de diamètre), celui de 4 pouces et demi, dit de 24 (12 à 13 centimètres), et celui des batteries de montagne, dit de 12. Aujourd'hui, le canon-obusier de 12, qui a remplacé à la fois la pièce de 8 et l'ancien obusier, lance indistinctement le boulet et l'obus. Outre l'obus ordinaire, on se sert d'*obus à balles*, ou *obus à la spartelle*, remplis de balles en fer qui ajoutent leur effet à celui des éclats, et d'*obus tête de mort*, percés de plusieurs trous par où ils vomissent des matières d'artifice enflammées. — L'obus date du XVIIe siècle. On en connaît un florentin, coulé en 1643, et qui pesait 881 kilogr.; huit obusiers anglo-hollandais furent pris par le maréchal de Luxembourg à la bataille de Nerwinde en 1693. Le premier emploi de l'obus par les Français fut à la bataille de Fontenoy, en 1745. Depuis 1754, l'obus a été appliqué avec avantage aux fusées à la Congrève.

OBUSIER, bouche à feu qui sert à lancer l'obus. C'est une pièce placée sur un affût à roues comme les canons, et qui a un tir analogue; sa semelle mobile permet toutefois de la pointer à 60 degrés. On peut aussi lancer avec l'obusier des cartouches à balles, vulgairement appelées mitrailles. L'âme de l'obusier, cylindrique comme celle des canons, a de 3 à 10 calibres de longueur, non compris la chambre. Les batteries de campagne comptent 2 obusiers pour 4 canons. Aujourd'hui l'artillerie française ne fait usage que du nouveau canon-obusier de 12. L'obusier a dans la guerre maritime une efficacité particulière : un seul de ces projectiles creux, logé, arrêté dans la muraille d'un bâtiment, peut, par son explosion, produire un déchirement suffisant pour le faire couler à fond.

OC (Langue d'). *V.* LANGUE D'OC.

OCCABUS, sorte de collier des Anciens.

OCCASIONNELLES (Causes). *V.* CAUSES OCCASIONNELLES.

OCCENTORES, ancien terme de Musique qui désignait les ténors.

OCCITANIEN (Patois), nom donné quelquefois au patois agenais ou toulousain, parce que le Languedoc fut appelé Occitanie au moyen âge.

OCCUPATION (du latin *occupare*, s'emparer de), acte par lequel on s'empare d'une chose dans le dessein de se l'approprier. C'est un des moyens d'acquérir la propriété. Dans l'état de nature et avant l'établissement des sociétés, l'occupation était le signe et le titre unique de la propriété; mais il ne pouvait plus en être ainsi dans l'état social, et la législation n'a reconnu le droit du premier occupant que dans certains cas. Ainsi, il faut que la chose soit sans maître, sans propriétaire. De plus, l'occupation ne peut porter que sur certaines choses mobilières, les animaux sauvages et les poissons, les trésors, les épaves, les plantes et les herbages qui croissent sur les rivages de la mer, les objets perdus et dont le maître ne se représente pas, les objets abandonnés volontairement. On peut acquérir aussi par l'occupation le droit de jouir des choses qui n'appartiennent à personne, et dont l'usage est commun à tous. Enfin les découvertes industrielles, les procédés nouveaux, deviennent des propriétés par l'occupation. — D'après le Droit des gens, toute nation qui prend possession d'une terre vacante, et y envoie des colons, acquiert la propriété de cette terre.

OCCUPATION (Armée d'), ensemble des troupes mises en garnison dans les places fortes d'un pays conquis, jusqu'à conclusion de la paix, et même jusqu'à exécution des conditions. On donne le même nom à l'armée qui, agissant dans l'intérêt d'un État ami ou allié, occupe son territoire pour le garantir d'une attaque.

OCÉAN. V. MER.

OCEANA, titre d'un ouvrage publié en Angleterre en 1656 par James Harrington, et dont Olivier Cromwell accepta la dédicace. C'est une des utopies célèbres, un plan de république idéale. Selon Harrington, le gouvernement le plus parfait est celui où la liberté existe dans une telle mesure qu'aucun homme ne puisse espérer en obtenir davantage par suite d'une révolution, et où cependant, s'il se trouvait par hasard un tel homme, les lois soient assez puissantes pour s'opposer à la réalisation de ses projets. Il réfute la doctrine de Hobbes sur la monarchie absolue, et, pensant que l'aristocratie héréditaire et l'inégalité de fortune sont la cause de toutes les révolutions, il établit dans sa république un maximum de propriété immobilière (équivalent de 200 à 500 fr. de revenu), la souveraineté du peuple, le suffrage universel, un Sénat de 300 membres, une Chambre de 1,000 députés, un Conseil exécutif de 7 membres, tous électifs et temporaires; il supprime toute hérédité, et donne à tous une éducation commune. Une telle république ne devait pas périr, disait-il, puisque la dissension ne pouvait éclater dans son sein, et que l'histoire n'offre aucun exemple d'une république conquise par les armes, sans que des fractions intestines aient aidé l'ennemi.

OCÉANIENNES (Langues). Les langues de l'Océanie forment deux groupes : 1° les langues *polynésiennes* (V. ce mot); 2° les langues *malaises*, comprenant le *malais* proprement dit, le *javanais*, les idiomes *célébiens*, la langue *tagale*, le *madécasse* ou *malgache* (V. ces mots).

OCHAVO, monnaie de compte espagnole, valant à peu près un centime et demi.

OCHLOCRATIE (du grec *okhlos*, populace, et *cratos*, pouvoir), gouvernement du bas peuple. C'est une corruption du gouvernement démocratique : une vile multitude substitue ses caprices et ses fureurs au règne des lois, et ce n'est plus la population intelligente et morale qui exerce le pouvoir. L'ochlocratie perdit la république d'Athènes, et rendit possible en France le règne de la Terreur.

OCRE, monnaie de Suède, qui est la 8e partie du marc d'argent et la 24e du marc de cuivre.

OCREA. V. ce mot dans notre *Dictionnaire de Biographie et d'Histoire*.

OCTACORDE, en termes de Musique, système composé de huit sons ou de sept degrés; — Instrument à 8 cordes.

OCTAVA, nom donné dans quelques pays aux jeux de l'orgue appelés en France flûte de seize, flûte de huit, flûte de quatre. Les Allemands nomment *octava* le principal de huit pieds, et *superoctava* ou *disdiapason* le principal de quatre pieds, c.-à-d. le jeu à la double octave du seize pieds. Le mot *octava*, qui est appliqué le plus ordinairement au principal ouvert, est quelquefois employé pour désigner les jeux ouverts qui sonnent l'octave au-dessus d'un autre jeu bouché.   F. C.

OCTAVE (du latin *octavus*, huitième), en termes de Musique, intervalle de sept degrés avec réplique au grave ou à l'aigu de celui qu'on a pris pour point de départ. En parcourant diatoniquement la distance comprise entre les deux notes extrêmes de cet intervalle, on fait entendre *huit* sons différents, et l'on trouve 5 tons et 2 demi-tons. L'octave est la plus parfaite des consonnances. On la confond souvent dans la pratique avec l'*unisson* : elle en diffère cependant : l'unisson est formé de deux sons identiques réunis sur le même degré, tandis que l'octave, composée de deux sons distincts et distants l'un de l'autre, est réellement un *intervalle*; de plus, l'octave, en raison de l'éloignement de ses deux notes, produit quelque harmonie, tandis que l'unisson en est dépourvu,

quelle que soit même la différence du timbre des sons qui le composent. Toutes les cordes de notre système musical sont renfermées dans l'octave : pour établir une suite de sons dont l'étendue dépasse les limites de l'octave, on répète nécessairement, au grave ou à l'aigu, quelques-unes des notes qu'on a déjà entendues dans cet intervalle, et l'ensemble des sons appréciables à l'oreille n'est qu'une série d'octaves qui se reproduisent avec les mêmes dispositions relatives. L'octave est l'intervalle générateur de tous les autres, qui n'en sont que des divisions : ainsi, la moitié de l'octave donne d'une part la quarte, et de l'autre la quinte qui en est le renversement; le tiers donne la tierce mineure, et son renversement la sixte majeure, etc. Une propriété remarquable de l'octave, c'est de pouvoir être ajoutée à elle-même autant de fois qu'on voudra, sans cesser d'être octave et consonnance; il n'en est pas de même des autres intervalles. C'est ainsi qu'on imagina la *division harmonique* et la *division arithmétique* de l'octave (V. ARITHMÉTIQUE). — En Harmonie, on évite de faire deux octaves de suite entre plusieurs parties qui marchent par mouvement semblable.   B.

OCTAVE (Jeux d'). V. FONDS (Jeux de).

OCTAVE (Règle de l'), nom improprement donné à une ancienne formule d'accompagnement qui consistait à prendre des sixtes sur chaque degré de la gamme, à l'exception du 1er et du 5e, auxquels on faisait porter l'accord parfait. C'était un moyen d'un assez faible secours : car, pour s'en servir, il fallait que la basse marchât diatoniquement par gamme ascendante ou descendante, et que la mélodie ne sortît pas des cordes essentielles du ton. La règle de l'octave fut publiée en 1700 par un certain Delaire; l'invention lui en a été disputée par deux membres de l'Académie royale de musique de Paris, Maltot et Campion.   B.

OCTAVE, en termes de Liturgie catholique, intervalle de 8 jours consacré au service et à la commémoration d'un saint ou de quelque fête solennelle. Durant cet intervalle, on répète certaines parties du premier office, telles qu'antiennes, hymnes, versets, leçons, etc. Le 8e jour, spécialement nommé Octave, est plus solennel que les jours précédents.

OCTAVE, nom qu'on donnait autrefois à une collection de 8 sermons prêchés dans la semaine du St Sacrement.

OCTAVE, stance de 8 vers, en usage dans les poésies italienne, espagnole et portugaise. Les vers sont hendécasyllabes, c.-à-d. de 11 syllabes, dont la dernière est muette; ils répondent par conséquent à nos vers de 10 syllabes. La *Jérusalem délivrée* du Tasse est tout entière écrite en octaves. — Un étranger, le capitaine prussien Boaton, a essayé, au xviiie siècle, d'introduire l'octave dans la poésie française, en lui donnant 3 rimes masculines, 3 féminines, et un distique en rimes alternativement masculines et féminines. Sa tentative est assez heureuse. En voici un exemple, pris d'une traduction de l'*Obéron* de Wieland :

> L'obscurité règne dans la nature,
> Et le hibou, s'élevant dans les airs,
> Pousse des cris de fort mauvais augure.
> Mourant de faim, mille monstres divers
> Hurlent au loin, cherchant leur nourriture.
> Quel chevalier, errant dans ces déserts,
> Mouillé, recru, ne trouvant nul passage,
> N'aurait frémi, n'aurait perdu courage?

> Dans cette nuit, le héros étranger
> S'étonne, tremble (avouons-la sans feinte),
> Quoique jamais, à l'aspect du danger,
> De la frayeur il n'eût senti l'atteinte;
> Mais le projet qui le fait voyager
> S'offre à ses yeux et dissipe sa crainte;
> La bride haute et l'épée à la main,
> Le long du roc il poursuit son chemin.

Du reste, on trouve déjà l'octave dans les poésies de Thibaut, comte de Champagne, et aussi chez les Arabes. C'est donc à tort que les Italiens en ont attribué l'invention à Boccace.

OCTAVIER, en termes de Musique, donner un son à l'octave. C'est ce qui arrive quand on force le vent dans un instrument. Un tuyau d'orgue octavie, quand il prend trop de vent. Il en est de même d'une corde de violoncelle, si le coup d'archet est trop brusque ou trop voisin du chevalet.

OCTAVIN. V. FLUTE (Petite).

OCTAVIN, nom donné par quelques facteurs à un jeu de l'orgue. C'est une petite flûte à l'intonation de deux pieds, qu'on emploie généralement dans la partie de l'orgue appelée *Récit*, afin de donner plus de mordant aux jeux qui la composent. Placé sur les autres claviers, l'octavin peut tenir lieu de doublette. F. C.

OCTAVINE, ancien petit clavecin qui n'avait qu'une octave d'étendue.

OCTAVO (IN-). *V.* FORMAT.

OCTO-BASSE, instrument à archet, de dimensions colossales, récemment inventé par M. Vuillaume. C'est l'octave grave du violoncelle. Il n'a que trois cordes, accordées en quinte et quarte, *ut, sol, ut*. Les doigts n'étant ni assez longs ni assez forts pour agir convenablement sur les cordes, l'instrument est muni de touches mobiles, mues par des leviers que la main et le pied gauches de l'exécutant tirent de haut en bas derrière le manche; ces touches pressent énergiquement les cordes sur des sillets placés sur le manche pour produire les demi-tons. C'est dire assez que l'octo-basse ne peut exécuter aucune succession rapide. Son étendue est d'une octave et d'une quinte. Il a des sons d'une puissance et d'une beauté remarquables. B.

OCTOÈQUE (du grec *octóèkhos*, les huit tons), nom donné, dans l'Église grecque, à un livre qui contient tout ce qu'on chante pendant les offices, selon les huit tons du Plain-Chant.

OCTONAIRE, iambique tétramètre acatalectique, très-usité dans le théâtre latin. Chez les poëtes grecs, il avait une césure brève au 4e pied, lequel était un iambe; chez les Latins, l'iambe est souvent remplacé par un spondée, un dactyle, un anapeste, et même un procéleusmatique, et le vers, à cet endroit, est asynartète, comme dans cet exemple de Plaute :

Ille navem salvam nun|tiat — aut| irati adventum senis.

On trouve quelques octonaires hypermètres. P.

OCTOSTYLE, en termes d'Architecture, ordonnance composée de huit colonnes.

OCTROI, taxe de consommation que les communes, tous l'ancienne monarchie française, s'imposaient, avec l'autorisation du roi, en cas d'insuffisance des revenus ordinaires, pour subvenir aux dépenses locales. Il y avait sur les octrois un prélèvement, qui fut d'abord d'une moitié, puis d'un dixième, au profit du trésor royal. L'Assemblée constituante de 1789 supprima les octrois par une loi des 19-25 février 1791. Le Directoire, par des lois du 11 frimaire an VII, du 27 frimaire et du 5 ventose an VIII (1er décembre 1798, 18 décembre et 26 février 1799) les rétablit sous le nom de *Contributions indirectes et locales*, et autorisa en même temps le remplacement facultatif de tout ou partie du montant de la cote mobilière par des droits additionnels à l'octroi : encore aujourd'hui, Granville rejette sur cet impôt la totalité, et Cherbourg, Bordeaux, Lyon, Marseille, Paris, etc., une partie de leur contingent mobilier.

L'administration directe des octrois appartient aux maires. Tout décret d'établissement d'une taxe est délibéré et demandé par le Conseil municipal, puis discuté en assemblée générale du Conseil. L'initiative appartient donc à l'autorité locale; le gouvernement a seulement le droit de restreindre ou de rejeter tout article d'un tarif d'octroi proposé par un Conseil municipal. Les délibérations de ce dernier corps sont adressées par le maire au sous-préfet, qui y joint ses observations et les envoie au préfet. Celui-ci les transmet, également avec son avis, au ministre de l'intérieur, qui autorise, s'il y a lieu, le Conseil municipal à délibérer sur les tarifs et règlements de la taxe projetée. Les arrêtés du Conseil passent ensuite par les mains du préfet et du directeur général des contributions indirectes, et arrivent au ministre des finances. Il est d'usage de n'autoriser la création d'un octroi que dans les communes ayant au moins 4,000 habitants. Une commune veut-elle remplacer son octroi par un autre mode de perception, le maire avertit le préfet, qui sollicite du ministre de l'intérieur l'autorisation de faire délibérer le Conseil municipal à ce sujet. Les mesures convenables d'exécution sont prescrites, en dernier lieu, par d. ministre des finances.

Tous les objets de consommation locale sont susceptibles d'être imposés : boissons et liquides, comestibles, combustibles, fourrages, matériaux, etc. Sont exempts des droits d'octroi : les bois destinés aux constructions inobiles de l'artillerie ; les matières servant à la fabrication des poudres ; les consommations faites à bord des bâtiments de l'État; les papiers imprimés du gouvernement; les médicaments; les morues. Le sel ne paye

qu'à l'entrée de Paris ; le papier est taxé à Bordeaux ; le papier peint, à Alais et à Uzès. Les matières soumises à des droits de douane, comme les sucres et les cafés, ne sont guère atteints qu'exceptionnellement par les tarifs d'octroi : cependant, il y a deux cents localités au moins, dans le centre, l'ouest, et surtout le midi de la France, où les sucres sont taxés. Les bestiaux payent un droit au poids, ou par tête pour les octrois où la taxe sur les bœufs n'excède pas 8 fr. Si une ville s'annexe sa banlieue, les marchandises qui se trouvent à ce moment dans le périmètre nouveau, et qui étaient destinées à la consommation dans l'ancien rayon de l'octroi, ne peuvent profiter des avantages commerciaux résultant de l'annexion, qu'à la condition de payer l'impôt municipal dont elles eussent été redevables avant le décret qui a reculé l'octroi primitif. — Les objets assujettis à l'octroi doivent entrer par certaines barrières où se trouvent des *bureaux d'octroi*. Tout porteur ou conducteur des susdits objets est tenu, sous peine de saisie de ces objets, d'en faire une déclaration, dont les préposés à l'octroi vérifient l'exactitude par des perquisitions. Tout voyageur à pied ou à cheval est soumis aux mêmes visites. — Depuis l'établissement des chemins de fer, dont le point d'arrivée se trouve le plus souvent dans l'intérieur des villes, un poste d'employés de l'octroi procède aux perquisitions dans le débarcadère même du chemin de fer. — Certains objets soumis à l'octroi ne font souvent que traverser un lieu, en y séjournant moins de 24 heures : en ce cas, le conducteur de ces objets doit prendre un *passe-debout*, sorte de permis délivré sur la consignation des droits versés en cautionnement et dont le montant lui est restitué au bureau de sortie.

La loi de l'an VII frappait le fraudeur d'une amende double de la taxe; un décret de l'année suivante le condamna à verser une somme égale à la valeur de l'objet soumis au droit. Pour les voitures particulières suspendues, l'amende, d'abord de 1,000 fr., a été réduite à 100 ou 200 fr. Pour l'escalade, l'introduction par souterrain ou à main armée, il y a, outre l'amende et la confiscation, une peine correctionnelle de six mois de prison. — Les contraventions en matière d'octroi sont de la compétence exclusive des tribunaux de police correctionnelle; les contestations civiles qui peuvent s'élever pour l'application du tarif ou la quotité des droits exigés sont portées devant le juge de paix.

L'administration des octrois est aujourd'hui réglée par la loi du 28 avril 1816, qui laisse aux Conseils municipaux la liberté de choisir entre trois modes de perception : la *régie simple*, la *régie intéressée*, le *bail à ferme*, ou l'*abonnement avec l'administration des Contributions indirectes*. — La *régie simple* est l'octroi perçu sous l'administration immédiate des maires. — La *régie intéressée* est la perception par un régisseur, qui doit rendre un prix fixe, et abandonner une part déterminée dans les produits excédant le prix principal et la somme versée pour les frais, laquelle ne doit pas, autant que possible, dépasser 12 p. 100 du prix fixe du bail : il y a partage des bénéfices à la fin de chaque année, et, à l'expiration du bail, répartition définitive suivant l'année moyenne. — La ferme est l'adjudication pure et simple des produits d'un octroi, moyennant un prix invariable, tous les frais de perception restant à la charge du fermier. — Quel que soit le mode de perception, on n'admet comme adjudicataires que les personnes reconnues solvables, d'une moralité et d'une capacité constatées par le maire. Aucun fermier de l'octroi ne doit être attaché à l'administration des contributions indirectes, ni aux administrations civiles ou aux tribunaux ayant une surveillance ou juridiction quelconque sur l'octroi. Le prix du bail doit être payé de mois en mois, et d'avance ; l'adjudicataire choisit lui-même ses préposés. Si le Conseil municipal a décidé que le mode de perception sera l'*abonnement* avec la régie des Contributions indirectes, cette perception est remise entre les mains des employés ordinaires de ces Contributions, et les receveurs versent le montant de leurs recettes, pour le compte de l'octroi, dans la caisse municipale, sous la déduction des frais de perception convenus par le traité. — Tout préposé de l'octroi doit être âgé de 21 ans au moins, fournir un cautionnement, être toujours porteur de sa commission, et la présenter toutes les fois qu'il en est requis; nul ne peut faire le commerce des objets compris au tarif. — La régie des Contributions indirectes a, sous l'autorité du ministre des finances, la haute surveillance sur la perception et l'administration des octrois.

En 1830, le produit total des octrois, établis alors dans

508 communes ayant ensemble une population de 6,500,000 âmes, était de 67 millions; la taxe par tête ressortait de 1 fr. 50 jusqu'à 30 fr. En 1841, 1420 communes perçurent 75 millions; en 1847, 88,612,209 fr., dont 36 millions pour les boissons, et 24 pour la viande. En 1850, 1436 octrois perçurent 95,176,602 fr. 43, dont 42 millions à peu près pour les boissons. Avant l'annexion à Paris de sa banlieue, en 1860, l'octroi de cette ville était pour les 4/5 du revenu local, et les octrois constituaient le tiers environ des recettes ordinaires des communes de France. Les frais de perception absorbent, en général, un dixième du produit brut. — Dans le Finistère et quelques autres départements, on trouve un certain nombre d'octrois dits *ruraux*, dont les produits, frappant seulement les liquides, sont perçus par les agents des Contributions indirectes dans leurs tournées.

Est-il juste que des citoyens réunis en agglomérations urbaines, dans leur intérêt commercial, agricole et industriel, payent les objets de consommation plus cher que ceux qui sont rassemblés en un moindre nombre? Oui, parce que cette agglomération est la cause d'avantages sociaux très-réels, qui peuvent motiver des charges correspondantes; elle produit des besoins spéciaux, communs à tous les habitants d'une même ville prise à part. C'est donc à cette ville, et non à la nation, à en porter le fardeau. D'ailleurs, l'impôt indirect, impôt de consommation, n'étant payé que par celui qui peut consommer, ne doit pas paraître plus onéreux que toute autre taxe. La Révolution de 1830 et celle de 1848 ont attaqué en vain les octrois. Si l'on supprimait ces taxes, qui satisfont aux dépenses considérables que les villes supportent pour leur entretien, leur embellissement, leur assainissement, l'État en serait réduit à céder aux communes, pour les soutenir, une certaine portion de ses revenus, qu'il lui faudrait récupérer d'une autre façon. C'est ce qui vient d'avoir lieu en Belgique : il y avait dans ce pays 78 communes à octrois; un décret de juin 1860 a aboli ce système d'impôts ; mais, pour suppléer aux fonds dont cette suppression a privé les villes, l'État leur alloue annuellement 12 millions portés au budget, et résultant de la poste et de l'accise augmentées.

L'impôt municipal de consommation existe dans la moitié des communes de Hollande ; dans quelques localités même, les droits d'octroi excèdent les sommes levées par l'État sur les mêmes matières. La loi communale de 1851 a cependant restreint la tolérance à cet égard. — L'Allemagne est, après la Hollande, un des pays qui comptent le plus d'accises municipales. On y remarque néanmoins une tendance assez générale à remplacer les droits de consommation par les impôts directs sur le revenu; c'est ce qui existe dans certaines villes de Prusse, et l'on sait que Frédéric II avait organisé le premier sur cette base (contribution de nature directe) le système financier de la Silésie. — En Autriche, les octrois constituent la plus grande partie des revenus municipaux. — Parmi les villes libres, Hambourg perçoit des accises qui montent à environ un million sept cent mille francs (la douane non comprise). Enfin les villes importantes de la Grande-Bretagne supportent de même des taxes de consommation : le charbon, par exemple, paye à Londres un droit considérable; mais, en général, en Angleterre, les taxes locales affectent plutôt leur ensemble le caractère d'impôt direct. — *V.* Biret, *Manuel des octrois et autres contributions directes*, 1837, in-18; Allouard, *Traité général des droits d'entrée et d'octroi de la ville de Paris*, 2ᵉ édit., 1834, in-8°; Dareste, *Code des octrois municipaux*, 1840, in-8°; Girard, *Tableaux des contraventions et des peines en matière de contributions indirectes, de tabacs, d'octrois, etc.*, revus par Fromage, 6ᵉ édit., 1841, in-8°, et *Manuel des Contributions indirectes et des Octrois*, refondu par Dareste, 1857, in-8°; *Manuel de l'employé de l'Octroi*, 1853, 2 vol. in-8°; *Annales des Octrois*, complément du *Manuel de l'employé de l'Octroi*, 1853, 2 vol. in-8°; Charpillet, *De l'administration des octrois municipaux*, 1855, in-8°; Braff, *Des Octrois municipaux, résumé des lois, décrets, ordonnances, etc.*, 1857, in-8°. *V.* PROPYLÉES DE PARIS.   J. G.

OCULAIRE (Clavecin). *V.* CLAVECIN.

OCULI, nom qu'on donne, dans la Liturgie catholique, au 3ᵉ dimanche du Carême. C'est le premier mot de l'introït de la messe de ce jour.

ODALISQUE. *V.* notre *Dict. de Biogr. et d'Histoire*.

ODE (du grec *ôdè*, chant), nom que les anciens Grecs donnaient à toute pièce de vers qu'on chantait en s'accompagnant de la lyre, et en y joignant même la danse. Le mot était donc synonyme de *poésie lyrique*. L'Ode

était généralement composée de trois parties, la *strophe*, l'*antistrophe*, et l'*épode* (*V. ces mots*). — Pour les Modernes, comme pour les Romains, l'Ode n'a plus rien de commun avec la musique : c'est une forme lyrique, une pièce partagée d'ordinaire en strophes ou stances égales, et à laquelle on donne, suivant le caractère que le poète lui a imprimé, les qualifications de *sacrée* ou *religieuse*, *héroïque* ou *pindarique*, *badine* ou *anacréontique*, *philosophique* ou *morale*, etc. Ronsard a le premier employé le mot *Ode* en français. *V.* GRECQUE (Littérature), LYRIQUE (Poésie).

ODÉON (du grec *ôdeion*, dérivé de *ôdè*, chant), édifice où les poëtes et les musiciens, chez les anciens Grecs, soumettaient leurs ouvrages au jugement du public. L'Odéon que Périclès fit construire à Athènes était dans le Céramique; il fut élevé, dit-on, sur le modèle de la tente de Xerxès, et on présume qu'il était d'ordre dorique. D'abord à ciel ouvert, on le couvrit ensuite d'un toit fait avec les mâts et les vergues des navires pris aux Perses. Au temps de Pausanias, on y voyait les statues de la plupart des rois d'Égypte de la famille des Lagides. Il y avait encore deux autres Odéons dans la même ville. Pausanias mentionne ceux de Corinthe et de Patras. Celui de Smyrne, en Asie Mineure, contenait un tableau d'Apelle. Les voyageurs Pococke et Chandler ont cru reconnaître à Éphèse et à Laodicée les débris de monuments de ce genre. Rome eut aussi ses Odéons : l'un fut construit par Domiton, l'autre par Apollodore. On en a trouvé un également à Pompéi.   B.

ODÉON, l'un des théâtres de Paris, construit pour la Comédie-Française, sur les plans de De Wailly et de Peyre, près du palais du Luxembourg, et ouvert en 1782, sous le nom de *Théâtre-Français*. Les comédiens français y jouèrent jusqu'au 4 sept. 1793, et c'est là que furent donnés le *Charles IX* de M.-J. Chénier, *les Victimes cloîtrées* de Monvel, *l'Ami des lois* de Laya, et *Paméla* de François de Neufchâteau. Fermé à cause de cette dernière pièce, l'Odéon rouvrit après le 9 thermidor, sous la direction de la Dᵉˡˡᵉ Montansier, et avec le nom de *Théâtre de l'Égalité;* mais les artistes de la Comédie-Française se dispersèrent bientôt, et l'entreprise échoua. La salle servit, en 1796, à des bals, qu'on appela *thiases* (d'un nom grec signifiant chœur de danses), et reçut elle-même le nom grec d'*Odéon*. On y donna ensuite des banquets, et l'on y tint des réunions politiques. Le Conseil des Cinq-Cents y siégeait, lorsqu'il fit le coup d'État du 18 fructidor. Reconstitué en théâtre à la fin de 1798, il fut, quelques mois après, ruiné par un incendie. Quand il rouvrit en 1808 sous la dénomination de *Théâtre de l'Impératrice*, on y joua principalement les pièces d'Alexandre Duval et de Picard ; les acteurs français jouaient quatre fois la semaine, et une troupe italienne les autres jours. En 1816, l'Odéon, qui avait pris le nom de *Second Théâtre Français*, était tombé en une telle décadence, qu'on n'y donnait plus que des ballets; une petite subvention l'aidait à renaître, lorsqu'il fut encore incendié en 1818. Dès l'année suivante on put en reprendre possession, et C. Delavigne y remporta ses premiers succès dramatiques. En 1825, permission fut accordée de joindre l'opéra au répertoire ordinaire, et l'Odéon eut une fortune passagère avec le *Freyschütz* de Weber, arrangé par Castil-Blaze pour la scène française sous le nom de *Robin des bois*. Fermé en 1828, rouvert en 1829, il servit à diverses exploitations, puis la Comédie-Française et l'Opéra-Comique y donnèrent alternativement des représentations jusqu'en 1834. La première joua encore deux fois par semaine, de 1836 à 1838, et enfin il n'y eut plus que de loin en loin des représentations à bénéfice. Les Italiens se réfugièrent quelque temps à l'Odéon après l'incendie de la salle Favart. Depuis 1841, l'Odéon a sa compagnie dramatique particulière, et, à part quelques déconfitures momentanées, il n'a cessé d'être ouvert. Il figure au nombre des théâtres nationaux, et reçoit une subvention annuelle de 100,000 fr. C'est à l'Odéon que l'on fit les premiers essais de l'éclairage à l'huile en 1784, et de l'éclairage au gaz en 1822.   B.

ODÉOPHONE, instrument de musique inventé à Londres par Vanderburg, de Vienne en Autriche. Ce n'était qu'une modification du clavi-cylindre de Chladni : le son se tirait de petits morceaux de métal, au moyen d'un clavier et d'un cylindre.

ODJAK. *V.* ce mot dans notre *Dictionnaire de Biographie et d'Histoire*.

ODJI (Idiome), un des idiomes de la Guinée. Presque tous les changements destinés à marquer les modes, les temps, les nombres, les voix, les déclinaisons, s'opèrent à l'aide de préfixes. Les voix des verbes sont nombreuses. L'emploi des mots répétés avec un sens fréquentatif est assez ordinaire. Une Grammaire de cet idiome a été publiée par Riis.

ODYSSÉE, l'un des deux grands poëmes attribués à Homère (V. ILIADE). C'est le récit, en 24 chants, des aventures d'Ulysse (en grec Odysseus) après la ruine de Troie. Tous les chefs grecs étaient rentrés dans leurs États ; Ulysse, en butte à la colère de Neptune, errait depuis 10 ans sur les mers, sans pouvoir atteindre son royaume d'Ithaque. Cependant d'injustes ravisseurs dissipaient ses biens, et, affirmant qu'il était mort, voulaient contraindre Pénélope, sa femme, à se choisir un nouvel époux parmi eux. C'est à ce moment que commence le poëme. Sur l'avis de Minerve, Télémaque, fils d'Ulysse, part à la recherche de son père, chez les princes qui avaient pris part au siége de Troie (ch. 2, 3, 4). Pendant ce voyage, Ulysse, retenu dans l'île de Calypso, obtient d'en partir, se rembarque sur un radeau qu'il construit lui-même, et, poursuivi par la colère de Neptune, essuie une tempête qui le jette sur le rivage de Skhérie, île des Phéaciens (ch. 5, 6, 7, 8). Ceux-ci lui donnent un navire qui le transporte à Ithaque (ch. 13), où il débarque chez le vieil Eumée, le gardien de ses troupeaux (ch. 14). Là survient Télémaque, de retour de son voyage ; Ulysse se fait reconnaître de lui, et ils se concertent pour chasser les prétendants (ch. 17, 18). Ceux-ci célèbrent un grand festin dans le palais d'Ulysse, qui vient se placer à la porte comme un mendiant. Un des convives lui jette un escabeau au visage. Pénélope fait appeler le mendiant, qu'elle ne reconnaît pas, et qui lui dit que son époux est encore vivant. Le lendemain, les prétendants étant réunis dans la salle du festin, Pénélope, inspirée par Minerve, promet sa main à celui qui pourra tendre l'arc d'Ulysse. Tous y échouent. Alors, Télémaque ordonne de présenter l'arc à son père, toujours déguisé en mendiant. Ulysse tend l'arc sans effort, montre son adresse à lancer une flèche, puis, se dépouillant de ses haillons, se tourne vers les prétendants, et les tue l'un après l'autre (ch. 21, 22). Alors il se fait reconnaître à Pénélope, à son vieux père Laërte ; il s'apprêtait à résister aux parents des prétendants, accourus pour les venger, lorsque Minerve, sous les traits de Mentor, intervient et rétablit la concorde. — L'Odyssée ne dure que 40 jours, car l'action du poëme ne remplit que les derniers chants ; les autres se composent d'épisodes où le poëte a fait entrer le récit des aventures du héros depuis le départ de Troie. C'est Ulysse lui-même qui fait ce récit aux Phéaciens, lorsqu'il est jeté dans leur île, où il fut accueilli par Nausicaa ou Nausicaé, fille du roi Alcinoüs (ch. 6) : il raconte son aventure dangereuse chez les Cyclopes (ch. 9), son arrivée chez les Lestrygons anthropophages et chez la magicienne Circé (ch. 10), son voyage dans les pays ténébreux où il va consulter les morts (ch. 11), le chant des Sirènes, le naufrage entre Charybde et Scylla (ch. 12), etc.

Le lieu où l'Odyssée fut composée n'est indiqué d'une manière certaine par aucun témoignage de l'antiquité ; on ne peut le connaître que d'après le poëme lui-même. La langue employée par le poëte est un idiome mêlé, indiquant une population voyageuse et commerçante, en contact avec les différentes tribus helléniques ; cependant la prédominance évidente des formes ioniennes nous porte à penser que l'Odyssée est une épopée des Ioniens, race éminemment mobile, et qui, fixée principalement sur les côtes d'Asie, couvrait de ses marins la Méditerranée. La nature des événements racontés dans le poëme s'accorde avec cette opinion, puisque l'Odyssée pourrait être définie l'épopée de la mer. Lorsque l'on compare à ces deux points de vue l'Odyssée avec l'Iliade, où sont principalement retracés les faits de la guerre de Troie, et où le dialecte éolien domine constamment, on est conduit à admettre que les deux ouvrages sont de deux pays et de deux époques différentes. Cette opinion se confirme quand on étudie, dans l'un et l'autre, l'état des esprits, les croyances religieuses, les idées métaphysiques, les institutions sociales et les mœurs, toutes choses qui marquent dans l'Odyssée une civilisation qui a marché pendant un ou deux siècles peut-être.

Le sujet de l'Odyssée paraît n'être qu'un fragment d'un poëme immense, car le 23e chant annonce une suite de longue haleine. Ce poëme a-t-il existé ? Non sans doute, au moins avec une unité poétique comparable à celle de l'Odyssée ou de l'Iliade ; mais la période des aèdes ayant duré plusieurs siècles, et ces chantres prenant leurs sujets dans le cycle troyen, il est très-vraisemblable que ce cycle tout entier avait été chanté dans ces fragments séparés, et qu'une main a manqué pour en constituer le récit dans son ensemble. Quoi qu'il en soit, il n'est guère douteux aujourd'hui que l'Odyssée n'ait été composée de cette manière, à une époque où l'écriture n'existait pas encore, et où la mémoire d'un seul homme pouvait difficilement retenir tout un grand poëme. Quelle fut l'œuvre de l'Homère qui composa l'épopée d'Ulysse ? On peut croire qu'elle consista principalement à rassembler les fragments épars du cycle héroïque, relatifs au retour de ce héros dans son île. Nous ferons observer à ce sujet que l'unité des épopées antiques n'a rien de rigoureux ; que l'Odyssée, telle que nous la possédons, c.-à-d. remaniée et épurée à diverses reprises par les Anciens, offre encore un tissu si élastique, qu'elle pourrait recevoir un grand nombre d'épisodes sans paraître rien perdre de son ensemble, de même qu'on en pourrait retrancher beaucoup de récits, sans nuire à la clarté ou à la marche du poëme. Homère est-il l'auteur de ces épisodes, par exemple, de celui de Nausicaa, de l'évocation des morts, etc.? Ou bien y a-t-il eu une Odyssée primitive plus courte que la nôtre, et qui aurait été le cadre premier dans lequel des récits variés sont venus tour à tour se ranger ? Cette question a été résolue par l'école allemande de Wolf, de manière à ôter à Homère, pièce à pièce, l'Odyssée tout entière, et à présenter ce poëme comme l'œuvre commune d'une génération. D'autres critiques et presque toute l'antiquité ont adopté une solution entièrement opposée. Nous pensons que la vérité est entre ces deux excès. Qu'un premier aède n'ait pas composé une Odyssée, c'est ce que prouvent les exemples cités par l'Odyssée même, où paraissent plusieurs aèdes donnant des preuves de ce qu'ils savaient faire. Que, d'autre part, après l'époque où l'on place généralement la composition de l'Odyssée, il y ait eu de nouveaux chants épiques sur des sujets analogues et pouvant la grossir, c'est ce que prouve l'état actuel de cette épopée, où, de l'aveu de tous les critiques, il y a plusieurs interpolations : tel est le 24e chant à la moitié du 23e ; tel est le 11e, où est renfermée l'évocation des morts ; tel est peut-être l'épisode des Phéaciens tout entier. Les Homérides (V. ce mot dans notre Dictionnaire de Biographie et d'Histoire) ne se faisaient donc point scrupule de ranger leurs propres poésies sous le nom du maître. Ces résultats de la critique, généralement admis il y a trente ans, ont été fortement confirmés par la connaissance des épopées indiennes, composées dans des conditions analogues à celles des Grecs, et dont l'histoire générale est aujourd'hui bien éclaircie (V. MAHABHARATA). Lorsque Solon recueillit l'Odyssée avec l'Iliade, il ne fit vraisemblablement qu'éditer par écrit ces épopées qui n'existaient encore que dans la mémoire des rapsodes de l'Ionie et du peuple. Les diascévastes de Pisistrate complétèrent l'œuvre de Solon. Des éditions diverses en furent faites dans la suite, et lorsqu'elles vinrent entre les mains des savants d'Alexandrie, l'Odyssée et l'Iliade étaient encore surchargées d'interpolations que ces derniers s'appliquèrent à faire disparaître, au 2e siècle avant notre ère. Leur édition, revue et modifiée dans certains détails, constitua une Vulgate, arrêtée au ve siècle après J.-C., et qui n'est autre que l'Odyssée classique de nos jours.

C'est dans Homère que l'on doit chercher la vraie figure d'Ulysse ; et ici elle est d'autant plus vraie, que, tout en conservant la dignité de son caractère, le fils de Laërte n'en est pas moins accessible aux sentiments de la nature et sujet à ses faiblesses. — Après Ulysse, la plus grande figure de l'Odyssée est celle de Pénélope : en elle se personnifie l'épouse et la mère, telle que les Hellènes de ces temps se la figuraient. Fidélité conjugale, amour constant et prudent, modestie, pudeur, vie retirée, soumission à la volonté de son fils, devenu, en l'absence de son père, le maître de la maison, telles sont les grandes qualités qui ont fait de Pénélope un type encore vivant aujourd'hui. Télémaque, Nausicaé et les autres personnages secondaires de l'Odyssée, composent une sorte de galerie de portraits, pleins de variété et de vie.

L'Odyssée repose-t-elle sur un fond réel et historique? Quelle que soit la part du poëte et du merveilleux traditionnel dans les épopées antiques, on ne saurait raisonnablement contester que les Grecs aient fait une grande et longue expédition sur les rivages de l'Asie, ni prétendre que la parfaite coïncidence des récits de l'Iliade avec l'aspect des lieux tel qu'il peut être constaté aujourd'hui même ne soit qu'un effet du hasard. Mais il est plus difficile de prouver qu'un guerrier nommé Ulysse ait eu réellement même une seule des aventures racontées dans l'*Odyssée*. Toutefois, qu'il y ait eu jadis un établissement princier, une vieille cité héroïque dans l'île d'Ithaque, c'est ce que prouvent d'une manière évidente les ruines encore existantes, et dont ni le caractère, ni l'époque, ni l'origine ne sauraient être méconnues. On doit observer en outre que l'histoire d'Ulysse s'est toujours présentée aux yeux des anciens Grecs comme une tradition, et non comme une pure invention poétique; or, une tradition repose toujours sur un fondement réel; elle est d'autant moins transformée qu'elle est plus voisine de sa source. On peut donc admettre qu'un ensemble de faits réels a donné lieu primitivement à la légende d'Ulysse, comme à celles des autres héros troyens.

V. l'*Odyssée*, de Nitzsch, dans la *Bibliotheca græca* de Jacobs et Rost; *Historia Homeri*, de Nitzsch, Gotha, in-4°; *Histoire de la littérature grecque*, de Schœll, Paris, 2 vol., 1813; *Ulysse-Homère*, de Constantin Koliades (Lechevalier), Paris, 1829; Schreiber, *Ithaca*, Leipzig, 1829; Gandar, *De Ulyssis Ithaca*, Paris, 1854; Dugas-Montbel a donné une traduction estimable, en prose, de l'*Odyssée*, Paris, nouv. édit., 1861, in-12. Em. B.

ŒCUMÉNIQUE. *V.* Concile, } dans notre *Diction.* de
ŒCUS. *V.* Maison romaine, } *Biogr. et d'Histoire.*

ŒIL, terme de Typographie. *V.* Caractères d'imprimerie.

œil, en d'Architecture, ouverture ronde ou ovale, pratiquée dans un comble, un dôme, un attique, un entre-colonnement, un dessus de porte, un tympan de fronton, ou dans les reins d'une voûte. Les Anciens n'ont employé les baies de ce genre qu'avec discernement et bon goût; un certain nombre de leurs édifices recevaient le jour par des œils placés à leur sommet, comme on le voit encore au Panthéon de Rome, et les Modernes les ont souvent imités en ce point. On peut citer, par exemple, la Halle aux blés de Paris, la grande salle du palais du Corps législatif, beaucoup de chapelles, etc. A l'époque de la Renaissance, on prodigua les œils dans les attiques et même dans les parties inférieures des façades, comme motifs à ornements, et on en fit un plus grand abus encore au XVIII° siècle. On appelle *œil-de-bœuf* ordinairement ce genre de fenêtre, très-souvent ovale. — L'œil placé au centre des dômes, et qui a quelquefois de grandes dimensions, est recouvert le plus souvent d'une lanterne. Des œils sont pratiqués au-dessus des piles de certains ponts (par exemple, aux ponts Fabricius et Cestius à Rome, à celui de Bordeaux, au Pont-Neuf de Toulouse), pour faciliter l'écoulement des eaux pendant les grandes crues. On donne aussi le nom d'*œils* aux petites lucarnes d'un dôme, comme on en voit à l'Institut, à la Sorbonne, aux Invalides, au Val-de-Grâce, ou encore au dôme de St-Pierre de Rome, qui en compte 48 disposées en 3 étages. — On appelle *œil de volute* le petit cercle décrit au milieu de la volute du chapiteau ionique, servant à déterminer les centres par le moyen desquels on trace ses circonvolutions. L'*œil de tailloir* est la petite rose sculptée sur chaque côté de l'abaque. B.

ŒIL-DE-BOEUF. *V.* Œil.

ŒUFS DE PAQUES. *V.* notre *Dictionnaire de Biographie et d'Histoire.*

ŒUVRE, terme d'Architecture, se prend, dans certaines expressions, pour *construction*, *bâtiment*. Ainsi, *mettre en œuvre*, c'est employer une matière quelconque, lui donner la forme et la place qu'elle doit avoir. Les mots *dans œuvre* et *hors œuvre* s'appliquent aux mesures prises de l'intérieur ou de l'extérieur d'un édifice. *Reprendre en sous-œuvre*, c'est bâtir, sous la partie supérieure d'une construction, une construction nouvelle, opération qui se fait au moyen de forts étais placés de manière à supporter la construction supérieure sans qu'elle éprouve ni tassement ni dérangement. Amener des matériaux *à pied d'œuvre*, c'est les placer à proximité du bâtiment que l'on construit. Au moyen âge, un *maître de l'œuvre* était un architecte, et il y avait toujours, à côté des grands édifices religieux, une *maison de l'œuvre*, où logeaient l'architecte et les maîtres ouvriers, chargés, de père en fils, de la continuation des travaux. Par suite, *œuvre* a signifié la *fabrique* d'une église, la partie affectée à l'entretien des bâtiments et aux frais du service divin.

œuvre, en termes de Joaillerie, chaton sur lequel une pierre est enchâssée.

œuvre, au masculin, se dit des ouvrages d'un compositeur de musique: le *premier*, le *second œuvre*, etc. Il signifie aussi le recueil des estampes d'un graveur.

ŒUVRE (Banc d'). *V.* Banc d'œuvre.

ŒUVRE (Chef d'). *V.* Chef-d'œuvre.

œuvre (Hors d'). *V.* Hors d'œuvre.

œuvre (Main d'). *V.* Main d'œuvre.

OEUVRES, terme de Marine. On nomme *œuvres vives*, toute la partie de la carène d'un bâtiment qui est submergée; *œuvres mortes*, celle qui est hors de l'eau; *grosses œuvres*, les cabestans, les roues de gouvernail, etc.; *œuvres de marée*, le travail de radoub ou de carénage auquel on se livre quand la mer est basse.

OEUVRES ET LES JOURS (Les), titre d'un antique poëme grec, unanimement reconnu comme l'œuvre d'Hésiode. Il se compose de 826 vers, partagés en quatre parties, qui n'ont presque pas de lien entre elles et ont été rangées dans un ordre arbitraire dès les temps les plus anciens. Après une courte invocation, dont l'authenticité est douteuse, et sans doute ajoutée par quelque rapsode en l'honneur d'un dieu dans la fête duquel il devait chanter, le poëte trace le parallèle des deux *Discordes*, l'une est la *Jalousie*, qui souffle partout la guerre, et l'autre l'*Émulation*, qui excite l'homme indolent au travail. Il remonte ensuite à l'origine du mal sur la terre, et l'explique d'une façon dramatique par les fables de Prométhée et de Pandore. Comme développement à ces mythes, il trace le tableau de la dégradation successive de la race humaine; ce qu'il dit de l'*âge d'or*, de l'*âge d'argent* et de l'*âge d'airain* est conforme aux descriptions des autres poëtes; mais il imagine un *âge héroïque*, dans lequel Jupiter, essayant de régénérer le monde, crée les héros ou demi-dieux, qui ont péri devant Thèbes ou sous les murs de Troie. Cette séve nouvelle fut bientôt épuisée, et l'on est arrivé dans l'*âge de fer*, dans lequel Hésiode se plaint d'avoir reçu la vie. Quoique ce tableau des diverses générations de l'humanité ne soit qu'une ébauche poétique, on ne peut y méconnaitre une tentative hardie, inspirée par le génie de l'histoire, et qui en présage déjà le développement chez les Grecs. — La corruption de l'âge de fer amène, de la part d'Hésiode, une série de conseils ou de reproches, qui semblent inspirés quelquefois par les circonstances de sa vie. Le souvenir d'un procès dans lequel son frère Persès l'a emporté sur lui contre toute justice, lui dicte ses préceptes sur les devoirs des juges, et c'est peut-être aussi le ressentiment qu'il en a conservé qui lui suggère la fable de l'Épervier et du Rossignol. En général, on sent partout dans le poëme les impressions personnelles qui se mêlent aux préceptes généraux. — Dans une 3° partie, Hésiode donne une sorte de manuel des travaux des champs, et descend aux plus minutieux détails de l'agriculture. Il y a un charme infini dans ces tableaux qui répondent au titre du poëme, dans la peinture de ce que Fénelon a si bien appelé l'aimable simplicité du monde naissant. La vie de famille de ces temps reculés nous est décrite dans ses secrets les plus intimes; les préceptes sur le mariage et sur toutes les convenances domestiques semblent être le fruit d'une expérience consommée. — La dernière partie de l'ouvrage d'Hésiode est une sorte de calendrier rustique, un almanach des superstitions champêtres. B.

OFFENSE, mot employé dans le langage vulgaire comme synonyme d'*injure* et d'*outrage* (*V.* ces mots), et qui s'applique en un sens spécial à l'injure publique envers la personne de l'Empereur. Cette injure est punie d'un emprisonnement de 6 mois à 5 ans, et d'une amende de 500 fr. à 10,000 fr.; le coupable peut en outre être interdit de certains droits civiques, civils et de famille, pendant un temps égal à celui de l'emprisonnement auquel il a été condamné. L'injure envers un membre de la famille impériale est punie d'un emprisonnement d'un mois à 5 ans, et d'une amende de 100 fr. à 5,000 fr.

OFFERTOIRE, partie de la Messe. *V.* notre *Dictionnaire de Biographie et d'Histoire.*

offertoire, nom qu'on donnait autrefois au linge ou autre morceau d'étoffe dans lequel les diacres recevaient les offrandes des fidèles.

OFFICE (du latin *officium*), terme qui implique l'idée de service à rendre, et qui est synonyme de *devoir* (*V.* ce mot). C'est en ce sens que l'on doit entendre le *Traité des Offices* de Cicéron.

office, charge ou fonction. *V.* notre *Dictionnaire de Biographie et d'Histoire.*

office, terme de Palais. Un *juge d'office* est celui qui informe sans en être requis et par le seul devoir de sa charge. L'*avocat d'office* est celui qu'une Cour ou un tribunal désigne pour la défense d'un accusé qui n'a pas fait choix d'un défenseur. Autrefois on appelait *procureur d'office* le magistrat qui remplissait les fonctions du ministère public.

OFFICE, mot par lequel on désigne, dans les palais et les grands hôtels, l'ensemble des pièces qui forment le *département de la bouche*, telles que les cuisines, le garde-manger, les salles du commun. Chez les particuliers, l'office est une pièce voisine de la salle à manger et où l'on renferme tout ce qui dépend du service de la table.

OFFICE, en termes de Droit canonique, bénéfice sans juridiction. Il était dit *claustral*, s'il était donné à un religieux pour avoir soin de l'infirmerie, de la sacristie, de la panneterie, du cellier, des aumônes, etc.

OFFICE DIVIN, nom qu'on donne aux prières publiques de l'Église, à celles que les fidèles font en commun. Le mode de célébration est déterminé par la Liturgie (*V. ce mot*). La distribution de l'Office en *Heures* a été partout à peu près la même. Selon le degré de solennité du dimanche, de la fête, du mystère ou du saint, les Offices se distinguent en *solennels majeurs, solennels mineurs, doubles, semi-doubles*, et *simples*. Il y a des Offices *propres* à une fête ou à un saint, et des Offices *communs* à plusieurs.

OFFICE (SAINT-). V. INQUISITION dans notre *Dictionnaire de Biographie et d'Histoire*.

OFFICES EN FRANCE (Vénalité des). Jusqu'à Louis XII, tous les emplois avaient été accordés gratuitement et à vie; dans un moment de détresse, en 1512, ce prince les fit vendre : mais son projet était de les racheter plus tard. François Ier trafiqua de tous les emplois, et cet abus ne fit qu'augmenter sous ses successeurs. Bientôt les emplois de finances furent confiés à deux et même trois agents, dits : l'*ordinaire*, l'*alternatif*, et le *triennal*. Ils étaient tour à tour en charge, et, sous Henri II, tous trois payés à la fois ; ainsi, le trésorier de l'épargne en fonctions recevait 20,000 livres par an, et son substitut en expectative, l'*alternatif*, 10,000 livres. En 1574, le gouvernement déclara, pour la deuxième fois, que tous les officiers publics qui auraient payé le tiers de la valeur de leurs charges (dont le prix total avait déjà été acquitté) auraient droit de désigner leur successeur. Sur la réclamation de l'assemblée des notables de 1596, se plaignant vivement du désordre causé par l'hérédité des charges, Henri II ordonna, le 30 juin 1598, que toutes les survivances seraient révoquées successivement. Mais en 1604, Sully fit rendre un édit, dont il borna la durée à 9 ans, et en vertu duquel les titulaires des offices pourraient les assurer à leurs veuves ou héritiers en payant un droit annuel du 60e denier de la finance à laquelle ces offices avaient été évalués. Comme il est impossible de borner un abus, celui-ci traversa tout le règne de Louis XIII, et il florissait encore si bien à l'époque de la minorité de Louis XIV, que le surintendant Émery ayant manifesté l'intention de l'abolir, on lui en avait le droit, puisque sa durée légale était expirée depuis longtemps, les réclamations violentes des officiers publics auprès de la régente Anne d'Autriche le firent renvoyer. Bien longtemps encore après, sous la Régence, Law ayant fait rendre un édit pour rembourser la valeur de toutes les charges de présidents et de conseillers des parlements, il y eut une telle explosion de mécontentement, que le fameux financier vit ses jours menacés. De tels abus, et bien d'autres encore, sont de nature à excuser les plus violentes tempêtes de la Révolution ; seules elles ont pu préparer la régénération sociale et administrative dont la France avait tant besoin : la force des rois et celle des ministres y eussent été toujours impuissantes. C. D—Y.

OFFICIALITÉ. V. ce mot dans notre *Dictionnaire de Biographie et d'Histoire*.

OFFICIANT, prêtre qui préside à une cérémonie religieuse. Il ne faut pas le confondre avec le *célébrant*, qui dit la messe : tout célébrant officie, mais tout officiant ne célèbre pas. — Dans les couvents de femmes, on nomme *Officiante* la religieuse qui est de semaine au chœur.

OFFICIEL, se dit de tout ce qui est déclaré expressément par une autorité reconnue, de tout ce qui émane d'un souverain ou du chef d'une administration publique.

OFFICIER, celui qui possède un office, une charge, ou exerce une fonction. On distingue les *Officiers civils* et les *Officiers militaires*. Font partie des officiers civils : 1° les *officiers de l'état civil* ; ce sont les maires et les adjoints ; 2° les *officiers municipaux*, c.-à-d. les membres des municipalités ; 3° les *officiers de police judiciaire*, comprenant les juges d'instruction, les juges de paix, les procureurs impériaux et leurs substituts, les maires et les adjoints, les officiers de gendarmerie, les commissaires de police, les gardes champêtres, les gardes forestiers, etc.; 4° les *officiers ministériels*, notaires,

avoués, greffiers, huissiers, commissaires-priseurs, agents de change, courtiers. — Dans l'Administration militaire, on donne le nom générique d'*Officiers* aux militaires qui sont commissionnés par le souverain, depuis le grade de sous-lieutenant jusqu'à celui de maréchal de France, et celui de *sous-officiers* aux militaires qui tiennent leur titre du chef de corps. Les premiers se divisent en *officiers généraux* (général de division , général de brigade), *officiers supérieurs* (colonel, lieutenant-colonel, chef de bataillon ou d'escadron, major), et *officiers proprement dits* (capitaine, lieutenant, sous-lieutenant). Les seconds comprennent les adjudants-sous-officiers, les sergents-majors, les sergents, les maréchaux des logis, les fourriers, les tambours-majors et les trompettes-majors. Dans la Marine, on nomme *officiers mariniers* les maîtres, les contre-maîtres et les quartiers-maîtres ; *officiers de port*, les capitaines et les lieutenants qui font la police des ports et des rades. Sous le nom d'*Officiers d'administration* on comprend les membres de l'Intendance militaire, du commissariat de marine, de l'administration des subsistances militaires.

OFFICIER DE FORTUNE, nom que l'on donnait avant 1789, quand les gentilshommes avaient seuls les emplois d'officiers, à un petit nombre de sous-officiers sans naissance qu'on élevait jusqu'au grade de capitaine.

OFFICIER DE PAIX, nom de certains employés de la police parisienne subordonnés aux commissaires. Leur surveillance s'étend sur toutes les branches de la police administrative, mais ils ne sont pas officiers de police judiciaire. Leurs procès-verbaux ne valent que comme rapport, et ne font pas foi jusqu'à inscription de faux.

OFFICIER DE SANTÉ, nom que l'on donne, dans l'Armée, aux médecins, chirurgiens et pharmaciens (*V.* MÉDECINS MILITAIRES). Au civil, ce sont ceux qui peuvent, après avoir rempli certaines conditions d'étude, exercer la médecine et la chirurgie, quoique n'étant pas pourvus du diplôme de docteur : l'exercice de leur ministère est limité au département où ils ont reçu leur grade universitaire ; il est certaines opérations qu'ils ne peuvent pratiquer hors la présence d'un docteur en médecine ou en chirurgie.

OFFICIER D'ORDONNANCE. V. ORDONNANCE.

OFFRANDE (du latin *offerenda*), présent offert à la Divinité. L'usage des offrandes est aussi ancien que la religion ; elles ont consisté, chez la plupart des peuples, en fruits de la terre, pain, vin, huile, sel, etc. Dans l'Église chrétienne, la partie de l'office divin qui porte le nom d'*Offrande* ou *Offertoire* a été consacrée pour recevoir les dons. L'*oblation* (*V. ce mot*), qui est un sacrifice et se fait à Dieu seul, ne doit pas être confondue avec l'offrande, qui n'est point un sacrifice, et qui se fait aux saints, aux ministres du culte, aussi bien qu'à Dieu. Les prêtres ont primitivement vécu des offrandes. C'est à l'Offrande qu'on présente le *pain bénit* (*V. ce mot*).

OFFRE ET DEMANDE, mots par lesquels on désigne le rapport qui existe sur le marché entre les marchandises offertes, c.-à-d. celles que les producteurs offrent de vendre, et la demande de ces marchandises, c.-à-d. celles que les consommateurs désirent acheter. L'offre et la demande exercent une action déterminante sur le prix des produits, la demande étant l'expression de l'utilité qu'y attache l'acheteur, l'offre celle de l'utilité qu'y attache le vendeur ou de l'abondance des produits sur le marché. Par suite, la valeur est en raison directe de la demande et en raison inverse de l'offre, c.-à-d. qu'un produit se vend d'autant plus cher qu'il est plus demandé, d'autant moins cher qu'il est plus offert. L'offre est la loi du travail et la règle du salaire.

OFFRE RÉELLE, en termes de Pratique, offre faite de la somme ou de la chose due par le débiteur à son créancier. Elle met le créancier en demeure de recevoir, et libère le débiteur si elle est suivie de consignation. S'il s'agit d'une somme d'argent, l'offre n'est valable que si elle comporte la totalité de la dette. Toute offre réelle doit être faite par ministère d'huissier. V. le Code Napoléon, art. 1246-47, 1257-63, et le *Code de Procédure civile*, art. 812-828.

OGIER LE DANOIS, poëme en douze chants composé par Raimbert de Paris, et qui fait partie du cycle carlovingien. Beaudouin, fils d'Ogier, est tué après une partie d'échecs par Charlot, fils de l'empereur. Ogier jure de tuer lui-même le meurtrier. Il se retire chez Didier, roi des Lombards ; trahi par ce prince, il s'enferme dans le château de Castelfort sur le Rhône, où il soutient un siège de sept ans. Enfin, seul, sans nourriture, il s'échappe de la place, et traverse le camp de l'empereur ; mais il est fait prisonnier par Turpin pendant son sommeil. Bientôt Charles, attaqué par les païens, est réduit à implorer l'aide d'Ogier. Celui-ci exige qu'on lui livre d'abord Charlot. Le fils de l'empereur est sauvé par l'intervention de St Michel, au moment où Ogier va lui trancher la tête. Le Danois bat tous les ennemis de Charles; ensuite il épouse la fille d'Angart (Edgard), roi d'Angleterre, et reçoit de l'empereur le comté de Hainaut et le duché de Brabant. Ogier fut enterré dans l'église de St-Faron à Meaux, où l'on a conservé longtemps une grande épée et un lourd épieu qui, suivant la tradition, auraient été les armes d'Ogier. *La chevalerie Ogier de Danmarche*, par Raimbert de Paris, a été publiée par M. J. Barrois, Paris, 1842; l'éditeur pense qu'il faut dire Ogier d'Ardenmarche ou de l'Ardennois. *Les Enfances Ogier* n'ont été tirées par Adenès. V. *Histoire littéraire de la France*, t. XXII. **H. D.**

OGIVALE (Architecture), style d'architecture caractérisé principalement par l'emploi systématique de l'ogive (V. *ce mot*), non-seulement comme procédé de construction, mais encore comme ornementation, et qui, succédant au style romano-byzantin, fut en usage depuis la fin du XIIe siècle jusqu'au milieu du XVIe. Palladio et quelques autres architectes italiens de la Renaissance donnèrent à cette architecture, dont ils n'avaient pas l'intelligence complète et le sentiment, les qualifications de *tudesque* et de *gothique*: ce n'était pas qu'ils l'attribuassent aux Allemands ou aux Goths, mais les deux expressions étaient, dans leur pensée, synonymes de *barbare*, et ils regardaient les monuments du style ogival comme le produit de la barbarie dans les arts. Plus tard, le mot *gothique* fut pris à la lettre, et on supposa, par erreur ou ignorance, que l'architecture du moyen âge venait des Goths, sans songer qu'un peuple qui disparut de l'Italie au VIe siècle, de l'Espagne et de la Gaule au VIIIe, ne pouvait avoir exercé d'influence sur une forme architecturale qui a pris naissance seulement au XIIe. Néanmoins, les mots *architecture gothique*, bien que parfaitement impropres, ont reçu de l'usage une espèce de consécration. On a supposé quelquefois que, les Goths ayant été habiles dans l'architecture, le nom de *gothique* avait été appliqué à toute belle construction, et qu'on l'aurait ainsi donné aux monuments de style ogival. Quelques auteurs ont distingué le *vieux gothique* et le *gothique moderne*, entendant par le premier l'architecture postérieure à l'invasion des Barbares et plus convenablement appelée architecture de style latin ou roman, et par le second l'architecture ogivale: mais ce sont là des qualifications vagues et qui ne précisent rien pour l'esprit. On doit également éviter d'appeler *sarrasine* l'architecture ogivale, parce que c'est un mot qui implique l'origine arabe de l'ogive, laquelle est très-contestable.

Les monuments du style gothique, tant ancien que moderne, ont été quelquefois classés par rapport aux races ou aux nations qui les élevèrent. A ce point de vue, on a distingué le *gothique du Nord*, comprenant le *breton* ou *anglais*, le *flamand* et le *normand;* le *gothique germain*, subdivisé en *saxon*, *tudesque* et *lombard;* le *gothique du midi*, avec des espèces fort variées; le *gothique asiatique*, où l'on distingue le *syrien*, l'*arabe*, le *sarrasin* et le *moresque*. Outre qu'elle n'a rien de scientifique, outre qu'elle ne repose pas sur les caractères intrinsèques des monuments, cette classification confond des styles très-divers. — Par rapport à l'exécution artistique, on a imaginé encore les divisions suivantes: le *gothique à trèfle*, qui aurait fleuri du IXe au XIe siècle; le *gothique rosé et fuselé*, dans lequel les vitraux sont disposés en roses ou corolles aplaties, et les piliers composés d'un gros fût principal et de nombreuses colonnettes en fuseaux; le *gothique ondulé et panaché*, chargé de galbes, d'ondulations, de clefs pendantes; le *gothique flamboyant* et le *gothique fleuri*, développement ou exagération du précédent. C'est là encore une classification peu précise, et qui s'appuie trop souvent sur des détails accessoires.

L'architecture ogivale ne resta pas stationnaire: elle subit différentes modifications, formant autant de caractères qui servent à faire reconnaître les monuments et à les classer chronologiquement. La première période de son développement, qui embrasse le XIIe et le XIIIe siècle, offre le *style ogival primitif* ou *à lancette*; la deuxième, comprenant le XIVe siècle, le *style ogival secondaire* ou *rayonnant;* la troisième, embrassant le XVe siècle et la première moitié du XVIe, le *style ogival tertiaire* ou *flamboyant*. Ces styles se distinguent par des différences dans la disposition générale de l'édifice, dans

quelques dispositions partielles, et dans l'ornementation. I. *Style à lancette*. — Le plan général adopté pour la construction des grandes églises de style romano-byzantin reçoit seulement quelques changements dans la première période de l'architecture ogivale: le chœur et les nefs s'agrandissent; les collatéraux, formant déambulatoire, tournent autour du sanctuaire; les chapelles absidales, se multiplient, atteignent quelquefois le nombre de quinze (à Tours), et si l'on trouve d'autres chapelles sur les flancs des nefs mineures (Reims, Chartres, Amiens), on peut affirmer qu'elles ont été ajoutées postérieurement au XIIIe siècle; dans quelques cathédrales (Paris, Bourges), les bas côtés ont été doublés, disposition qui a été aussi pratiquée quelquefois plus tard; plusieurs églises, dépourvues d'absides et de chapelles absidales (Laon, Dol), se terminent par une muraille plane, percée d'une ou de plusieurs fenêtres ogivales; la chapelle de la Ste-Vierge, au fond de l'abside, reçoit parfois de très-grandes dimensions (Coutances, Le Mans, Rouen). — Dans la construction, le petit appareil régulier, ou à losange, ou en arêtes de poisson, a disparu. Le moyen appareil, assez rare, ne peut fournir d'indications chronologiques. On se sert de pierres de grand appareil, communément plus longues que hautes, bien posées par d'épaisses couches de mortier. — Les colonnes se groupent autour des piliers qui soutiennent les voûtes, de manière que les trois quarts de leur fût restent apparents; il en est (à Laon, à Cantorbéry) qui sont complétement détachées du pilier qu'elles accompagnent, et quelquefois garnies d'annelets (V. *ce mot*). Les proportions en hauteur et en diamètre varient suivant les édifices, et aussi selon les intentions particulières de chaque architecte. V. BASE, CHAPITEAU, ABAQUE. — L'ogive règne à peu près exclusivement dans les arcades. Si l'on rencontre encore le plein cintre en quelques endroits, c'est par exception, et il apparaît entouré des moulures et des ornements du style ogival. — Les entablements présentent des dents de scie, comme à la fin de la période romano-byzantine, et aussi des feuillages à crochets. — Des galeries, avec ou sans balustrades, sont pratiquées au-dessus des collatéraux: tantôt elles en ont toute la largeur, tantôt ce ne sont que de simples couloirs de passage (V. GALERIE). — Les fenêtres sont très-allongées, assez étroites, à ébrasement fortement prononcés, avec ou sans ornements; elles ressemblent à un fer de lance, d'où est venue l'expression de *fenêtres à lancette*. Dans les églises d'une grande importance, les lancettes sont souvent *géminées*, c.-à-d. réunies deux à deux et encadrées dans une ogive principale, et une rose habilement découpée les surmonte: le meneau central est taillé en biseau sur ses angles, ou soutient une colonnette placée en application, et une moulure torique suit toutes les circonvolutions des têtes d'ogive. Vers le milieu du XIIIe siècle, les fenêtres prennent de plus grandes proportions, et sont divisées par deux ou trois meneaux; le réseau supérieur est formé de plusieurs trèfles ou quatre-feuilles superposés. Aux façades, on place assez communément un *triplet* (V. *ce mot*). Les compartiments des grandes roses sont en forme d'ogives trilobées, ou bien ce sont des trèfles, des quatre-feuilles et des rosaces entremêlés avec beaucoup d'art. — Les vitraux peints sont d'abord composés de médaillons de différentes formes, disposés symétriquement sur un fond de mosaïque, avec bordures de feuillages; le bleu, le rouge et le vert y dominent. Puis, à partir du milieu du XIIIe siècle, on commence à voir paraître de grands personnages. On se servit également de vitraux en grisaille. — Le pavage des églises fut le plus souvent très-simple: quelques églises, surtout dans la partie du chœur et du sanctuaire, furent pavées en carreaux émaillés, dont on formait des dessins, et l'on a vit ensuite employer les pierres tombales et les dalles historiées. — Les voûtes, traversées par des nervures saillantes qui les soutiennent et les affermissent, n'ont que 15 à 20 centimèt. d'épaisseur; elles sont construites en petites pierres mêlées avec beaucoup de mortier. Comme leurs arceaux se réunissent et reposent sur les massifs qui séparent les fenêtres, des *arcs-boutants* soutenus par des *contre-forts* (V. *ces mots*) appuient à l'extérieur ces mêmes massifs, sur lesquels s'exerce la poussée entière des voûtes. Ces contre-forts, ainsi que ceux qui sont appliqués contre les murs quand il n'y a pas de collatéraux, présentent des pilastres de forme carrée, divisés en étages par des corniches, et diminuant progressivement de la base au sommet. — Dans les portails ou façades, il faut toujours distinguer l'œuvre de l'architecte, qui établit un ensemble de lignes avec la sévérité qui convient à la véritable science de la construction, et l'œuvre des sculpteurs et des statuaires, qui font souvent disparaître les lignes sous la richesse des ornements. Quelques portails sont précédés d'un porche plus ou moins saillant (*V.* Porche). Dans les églises qui ne sont pas très-ornées, les voussures des portes sont garnies seulement de tores, et les parois latérales, de colonnes : ailleurs, on y voit des statues et des bas-reliefs. C'est à partir du xiiie siècle que l'ouverture de la porte principale fut partagée en deux par un pilier qui soutient le tympan (*V. ce mot*). — C'est surtout au xiiie siècle que les architectes réussirent à élever des clochers gigantesques : mais comme ces constructions lassaient la patience et épuisaient les ressources des générations, il n'est pas rare de voir ces tours imparfaites et dépourvues de leurs flèches. On ne s'est pas toujours contenté de deux tours établies sur les flancs du portail principal ; on en a placé aux portails latéraux et au-dessus de l'entre-croisement des transepts (*V.* Clocher). — Parmi les ornements usités durant la première période du style ogival, nous mentionnerons les trèfles, les quatre-feuilles, les fleurons, les rosaces, les guirlandes de feuillages. Les statues, moins allongées, moins roides, mieux drapées que dans le style romano-byzantin, ont aussi plus d'expression et de vie ; elles sont souvent rehaussées de couleurs et de dorures, et accompagnées de dais et de pinacles. Quelques ornements de l'âge précédent sont encore en usage, tels que zigzags, étoiles, billettes, etc. La peinture à fresque fut habituellement employée à la décoration intérieure, et l'on en a retrouvé des traces sous le badigeon des siècles suivants.

II. *Style rayonnant.* — La limite qui sépare le style à lancette du style rayonnant est difficile à déterminer, et la transition s'est opérée de l'un à l'autre d'une manière peu sensible. Toutefois, dans un grand nombre d'édifices, le style rayonnant présente des caractères qui lui sont propres et qu'il a acquis par un développement particulier. Dès le commencement du xive siècle, le plan des grandes églises reçoit une modification grave, par l'addition de chapelles le long des collatéraux depuis les transepts jusqu'au portail occidental. Dans les piliers, le fût des colonnes s'amincit, et les feuilles des chapiteaux sont plus petites et plus nombreuses. Les fenêtres deviennent de plus en plus grandes, avec des meneaux plus nombreux, et leur amortissement est formé de figures rayonnantes, de quatre-feuilles, de quintefeuilles et de rosaces ; extérieurement elles sont souvent, comme les portes, surmontées de frontons aigus. Les roses des portails augmentent leur diamètre et la richesse de leurs compartiments. Les clochetons qui s'élèvent au-dessus des contre-forts extérieurs s'allégissent et s'évident, ou sont remplacés par des aiguilles garnies de crochets. Les clochers sont placés assez arbitrairement dans diverses parties de l'édifice. Les balustrades des galeries abandonnent les arcades trilobées pour les trèfles, les quatre-feuilles et les quintefeuilles encadrés. Quant à l'ornementation, si les sujets ont beaucoup d'analogie avec ceux de l'âge précédent, on remarque des différences notables dans l'exécution et dans les détails : les moulures toriques sont moins prononcées et les profils plus maigres ; la statuaire a plus de finesse et de régularité ; les supports en encorbellement commencent à s'orner de figures bizarres, quadrupèdes, reptiles, etc.

III. *Style flamboyant.* — Il a été ainsi appelé, parce que les meneaux qui forment des compartiments dans les grandes fenêtres se contournent en sens divers, de manière à former des espèces de flammes (*V. les fig.* au mot Arc, p. 195). C'est à ce style qu'on a aussi donné le nom de *Gothique fleuri.* Il n'y a pas de changements à noter dans le plan des édifices : le style flamboyant se caractérise par les modifications apportées aux piliers, aux fenêtres, et à l'ornementation. Les anciennes colonnes cylindriques, isolées ou cantonnées, passent à l'état de colonnettes, de tores, de baguettes, de minces nervures prismatiques : les piliers les plus massifs sont couverts de ces nervures sur toutes leurs faces ; mais si le travail en est compliqué et délicat, l'œil ne peut le percevoir à distance, et l'effet général de la perspective a perdu quelque chose de sa beauté. Souvent les nervures des piliers suivent le contour des arcades, ou s'élèvent le long des murailles jusqu'aux voûtes, qu'elles traversent pour se réunir à la clef. Les chapiteaux ont disparu, et font place à des bouquets de feuilles frisées, à une ou deux guirlandes de feuillages. L'ogive équilatérale est encore en usage au commencement du xve siècle : mais bientôt paraît l'ogive surbaissée, puis, surtout aux portes, l'arcade en accolade

ou en doucine ; au xvie siècle, cette arcade règne partout, aux baies des clochers, aux fenêtres, aux arcatures, etc. Souvent l'arcade des portes est encadrée dans un vaste fronton, dont la surface est ornée de panneaux ou découpée à jour. Les sommets des ogives et des pignons sont couronnés par un bouquet épanoui, et leurs côtés garnis de feuilles et de crochets. Les dais des niches sont surmontés de pinacles dentelés, découpés à jour et ornés de feuillages. Les nervures des voûtes se croisent suivant des dessins très-variés, et à chaque point d'intersection sont appliquées des figures en relief, des emblèmes ou des armoiries ; quelquefois la clef s'allonge en volumineux pendentif. Lorsque les tours du xve siècle sont surmontées de flèches, celles-ci sont bâties avec la plus grande élégance ; mais le plus souvent elles sont carrées, soutenues aux angles par des éperons garnis de niches, et décorés à leur sommet d'une balustrade finement découpée. A la même époque appartiennent la plupart des clochers pyramidaux en charpente, couverts d'ardoise, comme on en trouve un grand nombre dans les églises rurales. Quant à l'ornementation, elle devient de plus en plus riche : ce ne sont que bouquets fleuris, guirlandes de feuillages, dentelures à jour, festons, niches, statues, dais, pinacles, petits sujets assez ordinairement satiriques et grotesques ; en un mot, la science a fait des progrès dans les procédés de l'exécution matérielle, mais on observe partout l'afféterie et l'exubérance, indices d'un art en décadence.

Telles ont été les grandes phases du développement de l'architecture ogivale dans les diverses contrées où elle fut en vigueur. D'où est venu ce style particulier à la seconde moitié du moyen âge ? Quelques-uns pensent qu'il fut importé d'Orient en Europe à l'époque des Croisades : mais les églises gothiques de la Palestine ont été construites au plus tôt par les derniers croisés, c.-à-d. au xiiie siècle, et, quant aux monuments de la Perse où l'on a trouvé des ogives, rien ne prouve qu'ils soient antérieurs au xve. D'autres donnent à l'architecture ogivale une origine arabe, sarrasine ou moresque, en s'appuyant sur la présence de quelques ogives au palais de la Ziza près de Palerme, et dans plusieurs monuments élevée par les Musulmans en Espagne : d'après cette opinion, et style ogival aurait été apporté de Sicile par les Normands au xie ou au xiie siècle, ou serait venu d'Espagne en France. C'est ce que les faits sont loin de confirmer. Le palais de la Ziza, qu'on dit avoir été bâti du ixe au xie siècle par les Sarrasins, ne daterait, d'après les recherches des archéologues, que de l'an 1279, et l'emploi de l'ogive serait, au contraire, une importation des Normands en Sicile. D'un autre côté, les Arabes ont élevé leurs monuments dans le goût byzantin ; il n'y a aucun air de famille entre l'arc en fer à cheval et l'arc ogive, entre la coupole. à minarets et la flèche gothique ; les ogives de la mosquée de Cordoue n'appartiennent pas à la construction primitive, mais à des remaniements ultérieurs, et l'Alhambra de Grenade, qui est bien en ogives, a été bâti à la fin du xiiie siècle, longtemps après que l'ogive eut été adoptée dans toute l'Europe. Si l'ogive était venue d'Espagne en France, on ne comprendrait pas qu'elle n'eût point été employée tout d'abord dans le Sud de ce dernier pays, où, au contraire, elle a paru plus tard que dans le Nord.

Il faut donc admettre que le style ogival est européen. Certains écrivains ont fait naître d'abord en Italie, où il est constant, au contraire, qu'il fut assez mal accueilli, et que les monuments qui s'y rapportent ont été bâtis par des Allemands ou des Français. D'autres attribuent à l'Angleterre le développement primitif de l'architecture ogivale : mais l'étude comparative des monuments prouve que les églises gothiques de France sont plus anciennes que celles de l'Angleterre. L'Allemagne ne peut pas non plus prétendre à la priorité. L'emploi de l'ogive n'y apparaît qu'au milieu du xiie siècle, tandis qu'on la trouve dès le commencement de ce siècle à St-Jacques de Compiègne, à St-Jean-des-Vignes et à la cathédrale de Soissons, à St-Jean de Lyon, à St-Gatien de Tours, etc. D'ailleurs, le baron allemand de Roisin, dans un travail sur la cathédrale de Trèves (1861), reconnaît que les moines de Citeaux ont été les missionnaires de l'art gothique sur le Rhin et au delà, et que l'église ogivale de Trèves, qui a fait école en Allemagne, a eu pour prototype l'église de St-Yved, à Braisne (Soissonnais). La France est, à n'en pas douter, le berceau du style ogival, et c'est au nord de la Loire que ce style a donné ses premiers et ses plus beaux monuments. Le style de transition, c.-à-d. l'architecture de fusion entre le style romano-byzantin qui finit et le style ogival qui commence, n'apparaît dans le Midi et sur les bords du Rhin qu'au XIIIᵉ siècle, et, en Allemagne principalement, quand les architectes se décidèrent à adopter le système ogival, ils le prirent dans l'état où il était déjà parvenu, à sa période rayonnante.

L'architecture ogivale a puisé ses inspirations dans la foi chrétienne ; elle convient essentiellement à l'expression de la pensée religieuse. De tous côtés, dans le plan et dans les détails, elle ne sont que pieux symboles (*V.* SYMBOLISME). Le prodigieux élancement des colonnes, l'élévation vertigineuse des voûtes, l'immensité et la mystérieuse obscurité du sanctuaire, ces forêts de clochetons et de pinacles, ces tours colossales et ces flèches aériennes, tout élève les idées et exalte les sentiments. « Il n'est âme si revêche, dit Montaigne, qui ne se sente touchée de quelque révérence. » *V. Essais sur l'architecture gothique*, par Warton, Bentam, Grose et Milner, en anglais, 1808, in-8° ; Hawkins, *Histoire de l'origine et de l'établissement de l'architecture gothique*, en anglais, 1813, in-8° ; Hall, *Essai sur l'origine, l'histoire et les principes de l'architecture gothique*, en anglais, Édimbourg, 1813, in-8° ; Gunn, *Recherches sur l'origine et l'influence de l'architecture gothique*, en anglais, 1817, in-8° ; A. Lenoir, *Observations sur l'origine et l'emploi de l'ogive dans l'architecture*, Paris, 1819 ; de Caumont, *Hist. sommaire de l'architecture religieuse*, Paris, 1841, in-8° ; Rickman, *Essai sur l'architecture gothique*, en anglais, 1835, in-8°. B.

OGIVE, en latin du moyen âge *augiva*, nom qu'on a donné, jusqu'au XIXᵉ siècle, aux nervures saillantes qui, allant d'un angle de travée à l'autre, se croisent diagonalement dans les voûtes, et y produisent des compartiments angulaires. Cette disposition s'appelait *croisée d'ogives*, parce qu'elle présentait la forme d'une croix. De notre temps, certains littérateurs, prenant ce mot *croisée* pour synonyme de *fenêtre*, ont employé le mot *ogive* comme déterminatif, et, à leur suite, les archéologues et les architectes ont dit une *porte*, une *arcade*, une *fenêtre en ogive*. En ce sens, qui est maintenant accepté généralement, l'ogive est une arcade formée par deux arcs de cercle d'un rayon égal, qui se croisent à leur sommet et forment un angle curviligne ; c'est pour cela que les Anglais désignent le style ogival sous le nom de *style aigu* (*pointed style*). On a fait venir le mot *ogive* du latin *ovum* (œuf), parce que la voûte en ogive ressemble à peu près à la moitié d'un œuf coupé dans sa largeur ; ou de l'allemand *aug* (œil), parce que les arcs de la voûte en ogive forment des angles curvilignes semblables à ceux du coin de l'œil, quoique dans une position différente ; ou enfin du latin *augere* (augmenter), parce que, dans la croisée d'ogive, les voûtes sont augmentées, renforcées par ces nervures saillantes.

On distingue quatre sortes principales d'ogives : 1° le *plein cintre brisé*, ou *ogive obtuse* ou *mousse*, arcade presque circulaire, dont le sommet présente un angle très-ouvert et à peine sensible ; c'est l'espèce la plus anciennement usitée, et on la rencontre dans les monuments de la fin du XIIᵉ siècle ; — 2° l'*ogive en lancette* ou *pointue*, formée par deux arcs qui ont leur centre au delà des points de retombée ; le rayon est plus grand que l'ouverture de l'arcade, *dans laquelle on peut inscrire, par conséquent, un triangle isocèle*. Cette ogive domina à la fin du XIIᵉ siècle et au XIIIᵉ, et on l'employa encore aux âges suivants dans les espaces resserrés, par exemple aux arcades en hémicycle des sanctuaires et dans les portes des forteresses ; — 3° l'*arcade en tiers-point* ou *ogive équilatérale*, formée par deux arcs qui ont leur centre chacun à la naissance de l'arc de cercle qui lui est opposé, et qui sont décrits avec un rayon égal en longueur à l'ouverture que doit avoir l'arcade ; celle-ci peut servir de base à un triangle équilatéral, dont l'angle supérieur aboutit au point d'intersection des deux arcs. Cette ogive, la plus élégante de toutes, a été surtout en usage au XIVᵉ siècle ; — 4° l'*ogive surbaissée*, formée par deux arcs décrits avec un rayon plus court que l'ouverture de l'arcade, et qui a été principalement usitée au XVᵉ siècle. — Ces diverses sortes d'ogives peuvent être *surhaussées*, c.-à-d. que les deux arcs qui les forment peuvent se prolonger inférieurement au-dessous de la ligne de leur centre, suivant deux lignes droites qui deviennent parallèles. — On appelle *ogive lancéolée* celle qui est formée de deux arcs dont la courbure se prolonge au delà de la ligne des centres. L'*ogive arabe* ou *moresque* n'est autre chose que l'arc en fer à cheval brisé.

On a beaucoup discuté sur l'origine de l'ogive, parce qu'on a attaché trop d'importance à des faits isolés. Autre chose est l'emploi accidentel de l'ogive dans quelques vieux monuments, autre chose le système ogival. On a pu signaler la présence de l'ogive à l'ouverture de l'aqueduc de Tusculum, à la porte de Segni, dans les tombeaux helléniques de la Sicile, au *Trésor d'Atrée* à Mycènes, aux murs de Tirynthe, au *Trésor de Minyens* près d'Orchomène, au tombeau de Tantale à Smyrne, dans certaines constructions de l'Égypte, dans les ruines de Ninive, et jusqu'au Mexique : mais ce n'est là qu'un hasard, un accident, une sorte d'irrégularité. L'ogive n'est point une forme qu'on ait inventée à un moment donné ; pour la connaître, il suffisait d'avoir tracé deux cercles qui se coupent, d'avoir vu se briser une baguette ployée circulairement ; elle était une figure géométrique, aussi bien que le cercle, le triangle et le carré. Milizia et Chateaubriand ont remarqué que l'entre-croisement des sapins dans les forêts du Nord ou des palmiers en Orient donne des ogives naturelles ; toutefois on n'est pas une raison de croire avec eux que la contemplation des bois ait suggéré si tardivement aux hommes l'idée de construire des édifices où l'ogive tint la principale place. De la connaissance de ces faits à celle des propriétés de résistance de l'arc en ogive et à l'emploi raisonné de cet arc, il y a un abîme. Nous croyons que cet emploi n'a pas été un fait instantané, mais le résultat de longs tâtonnements. Au moyen âge, en beaucoup de pays de l'Europe, on manquait de matériaux de grande dimension, on avait perdu le secret de la fabrication des mortiers romains, et l'on ne disposait plus d'une grande quantité d'argent et de bras. Il fallut s'ingénier pour tirer parti du peu que l'on possédait. La construction des voûtes fut le problème principal sur lequel s'exercèrent les architectes, et elle engendra une foule d'essais malheureux, de conceptions avortées. On commença par faire des voûtes en berceau, suivant la tradition antique ; mais comme on n'avait plus ces masses inébranlables sur lesquelles les Romains appuyaient leurs arcs, on ne pouvait donner aux voûtes la résistance nécessaire ; delà la nécessité de perfectionner le système même de la construction des arcs. Or, un arc en plein cintre exerce sa poussée sur les murs qui le portent, en raison de son diamètre et de son poids. Le résultat de cette poussée est d'écarter les murs de leur aplomb, de les repousser au dehors, ce qui entraîne la rupture de l'arc. Cette rupture s'opère invariablement en trois points : la *clef*, c.-à-d. le claveau du sommet de l'arc, s'abaisse plus ou moins, et les *reins* de l'arc, c.-à-d. le sommet de chaque quart de cercle à droite et à gauche de la clef, se disjoignent, en sorte que la rupture est plus ouverte à l'extrados qu'à l'intrados. Il était naturel qu'on portât des palliatifs sur ces trois points évidemment trop faibles. Pour empêcher la clef de s'abaisser, les architectes imaginèrent de la surélever ; pour que les deux quarts de cercle ne se brisassent pas aux reins, on redressa la courbe, afin de rendre l'arc plus rigide et de contrarier le mouvement toujours observé à la même place. Qu'arrive-t-il si l'on surélève la clef d'un arc à plein cintre, et si l'on diminue la flèche de ses deux quarts de cercle ? On trace une ogive. Telle a été l'origine de l'emploi systématique de l'ogive comme moyen de construction. En tout pays, on peut observer ces tâtonnements : les plus anciennes ogives ont une forme incertaine, et ressemblent à des pleins cintres redressés ; elles n'ont point été tracées régulièrement au moyen de deux centres, comme on le pratiqua plus tard après de nouveaux progrès. Il est évident, d'ailleurs, que l'ogive n'eut pas tout d'abord une influence très-sensible sur l'architecture : dans les idées des architectes du XIIᵉ siècle, le plein cintre fut encore la forme noble, la seule qui eut place dans la décoration. On n'employa l'ogive que par nécessité, pour les arcs à grande portée : certains édifices, comme l'ancienne cathédrale de Vaison (Vaucluse), offrent des arcs en ogive, sans cesser d'appartenir à l'architecture romane ; et d'autres, qui sont du style ogival, présentent des arcs en plein cintre à côté d'arcs en ogive ; dans ceux où les deux formes se montrent simultanément, l'ogive est réservée pour les portées considérables, tandis que le plein cintre ne paraît que dans les arcatures de médiocre diamètre. Ainsi, l'ogive fut l'expression d'un besoin. Un autre perfectionnement fut ensuite ajouté aux voûtes : les constructeurs du moyen âge, qui connaissaient déjà l'arc doubleau, et qui s'en servaient pour consolider leurs voûtes en berceau, imaginèrent de renforcer ces voûtes autres d'autres arcs se croisant entre les arcs doubleaux ; la voûte se déploya sur les arcs diagonaux, formant des supports permanents, comme la toile d'une tente sur les piquets qui en sont l'armature.

On fut amené de cette façon à la croisée d'ogives, et on eut la solution d'un grand problème, couvrir à peu de frais le plus vaste espace possible. A l'aide du système de nervures qui retombaient sur les piliers, à l'aide des étais fort minces que l'emploi des arcs en ogive permettait de substituer aux lourdes colonnes romanes, on obtint les mêmes effets de solidité que quand on recourait à des corps épais de maçonnerie. Ces innovations étaient indispensables pour des édifices dont l'élévation était exagérée relativement à leur largeur, et elles ont entraîné comme conséquence l'emploi des *contre-forts* et des *arcs-boutants* (*V. ces mots*).

En résumé, l'ogive, ayant été une nécessité de construction, a pu naître en quelque sorte *simultanément* dans les divers pays de l'Europe occidentale et septentrionale, où elle avait une convenance parfaite avec la nature des matériaux et la pauvreté des ressources. D'ailleurs, les premiers constructeurs furent des moines: dès qu'un perfectionnement était trouvé, il était connu et adopté aussitôt à de grandes distances, grâce aux communications que les chefs-lieux d'ordres monastiques avaient avec les maisons de leur obédience. C'est ce qui explique comment on rencontre si souvent en France des monastères étrangers par leur architecture à la province où ils ont été bâtis : ce sont des copies exécutées d'après un modèle transmis par un abbé à son prieur. B.

OIE (Jeu de l'), jeu qui se joue avec deux dés sur un tableau représentant 63 cases et figures, parmi lesquelles des oies sont disposées de 9 en 9. On gagne la partie, lorsqu'on amène, par le chiffre des points, au nº 63, qui est l'*oie royale;* mais il n'est pas si facile qu'on le pense d'atteindre le but, parce que divers accidents hâtent ou retardent la marche. Ainsi, quand on jetant les dés on amène 9 par 4 et 5, il faut aller se placer à la case 54; si c'est par 6 et 3, à la case 26; quand le point amené fait arriver le joueur à l'une des oies placées de 9 en 9, il avance encore d'une quantité égale à ce point; si l'on amène 6, dont la case représente un pont, on paye une amende, et l'on se place à 12; si l'on arrive par les points à 12, qui est une hôtellerie, on paye, et l'on se repose jusqu'à ce que chacun des autres joueurs ait joué deux fois; si l'on arrive à 32, qui est un puits, ou à 52, qui est une prison, on paye, l'on attend, pour pouvoir rejouer, qu'un autre joueur y soit tombé à son tour; on paye encore à la case 40, qui est un labyrinthe, et on retourne à 30; si l'on tombe dans la case où est figurée une tête de mort, il faut recommencer tout le jeu; enfin, si, le point amené, on dépasse 63, on rétrograde du nombre de points que l'on a en trop. — Le jeu de l'oie remonte, dit-on, aux anciens Grecs; il a été fort à la mode au XVIIIe siècle.

OIL (Langue d'). *V.* Langue d'oil.

OIRON (Faïences d'). *V. le Supplément.*

OKAZH. *V.* notre *Dict. de Biogr. et d'Histoire.*

OKEL, nom qu'on donne en Orient à une espèce de portique où les marchands de passage exposent leurs marchandises.

OKYGRAPHIE (du grec *ókhus,* rapide, et *graphéin,* écrire), sorte de sténographie, où l'on n'emploie que trois caractères dont la valeur change suivant leur position sur trois lignes parallèles.

OLÉRON (Rôles d'). } *V. ces mots dans notre Dictionnaire de Biogr. et d'Histoire.*
OLIFANT. }

OLIGARCHIE (du grec *oligos,* qui est en petit nombre, et *arkhè,* pouvoir), gouvernement dans lequel le pouvoir est entre les mains de quelques individus ou de quelques familles. C'est une aristocratie limitée. Le gouvernement des douze Égyptiens que renversa Psammétichus, celui des Trente tyrans à Athènes et des Décemvirs à Rome, celui du Conseil des Dix à Venise, ont été des gouvernements oligarchiques.

OLIK ou OULIK, monnaie d'argent de Turquie, valant 10 aspres, ou environ 25 centimes.

OLIM (Les). *V.* ce mot dans notre *Dictionnaire de Biographie et d'Histoire.*

OLIVE, en termes d'Architecture, ornement en forme de grain oblong, qu'on taille sur les baguettes et les astragales.

OLIVIER, arbre que les anciens Grecs avaient consacré à la déesse Minerve, et dont ils avaient fait le symbole de la sagesse et de la paix. Pendant un temps on n'employa que des vierges et des hommes purs pour le cultiver, et, dans quelques contrées, on exigea un serment de chasteté de ceux qui récoltaient les olives. L'Aréopage nommait des inspecteurs chargés de surveiller les plantations, et jugeait les délits commis contre l'arbre sacré. Chez les Romains, les possesseurs d'oliviers ne pouvaient en disposer pour des usages profanes; celui qui en altérait un pied dans un bois consacré à Minerve était puni d'exil. B.

OLOGRAPHE. *V.* Testament.

OLYMPIADES. *V.* ce mot dans notre *Dictionnaire de Biographie et d'Histoire.*

OLYMPION, temple élevé à Athènes en l'honneur de Jupiter Olympien. C'était, au rapport de Pline, le plus bel édifice de la ville; il avait quatre stades de tour. Sa construction, commencée par Pisistrate, interrompue et reprise à différentes époques, ne fut entièrement terminée que sept siècles après, sous l'empereur Adrien. Rien de plus beau que les ruines de ce temple. Les colonnes, en marbre blanc, ont plus de 2 mèt. de diamètre : la façade en avait 10, et chaque côté 21; sur les côtés elles étaient à double rang. La longueur de l'édifice était de près de 130 mèt.

OLYMPIQUES, titre d'un livre d'odes triomphales écrites par le poète grec Pindare en l'honneur de ceux qui avaient remporté des prix aux Jeux Olympiques.

OLYNTHIENNES, titre sous lequel on comprend trois harangues prononcées par Démosthène pour exhorter les Athéniens à ne pas laisser tomber la ville d'Olynthe au pouvoir de Philippe, roi de Macédoine. Les critiques ne sont pas d'accord relativement à l'ordre dans lequel on doit les ranger.

OMAGUAS (Langue des), une des langues indigènes du Brésil, parlée en plusieurs dialectes. La plupart des mots simples sont monosyllabiques, et le même mot, accentué différemment, a plusieurs significations différentes. La déclinaison manque de genres, mais elle distingue les nombres et les cas. La conjugaison est très-simple. On peut, en ajoutant aux substantifs la particule *ta,* les changer en autant de .verbes qui expriment une action ou un mode d'existence analogue à la signification de ces substantifs. Les verbes réciproques se forment en ajoutant la syllabe *ca* aux verbes ordinaires.

OMBRELLE (du latin *umbella,* diminutif d'*umbra,* ombre), petit parasol en soie ou en taffetas, que portent les dames pour se mettre à l'abri des rayons du soleil.

OMBRES, en termes de Peinture, les endroits les moins éclairés, les plus obscurs d'un tableau, servant à relever l'éclat des autres. *V.* Clair-obscur.

Ombres chinoises, spectacle de fantasmagorie dans lequel on fait agir des figures découpées en carton noir derrière une surface transparente, qui n'est le plus souvent que du papier huilé. Ce spectacle, qui a été de tout temps un plaisir favori des Orientaux, fut imité d'abord en Allemagne sous le nom de *Schattenspiel;* on l'introduisit en France en 1767, mais il ne prit faveur qu'à partir de 1784, époque où Séraphin s'établit à Pâris, dans les galeries nouvellement construites du Palais-Royal.

OMBRIENNE (Langue), une des langues italiques antérieures à la formation du peuple romain. Tout ce qui nous en reste se borne aux *inscriptions des Tables Eugubines* (*V. ce mot*), qui ne suffisent pas pour établir avec certitude un grand nombre de faits. Les Ombriens écrivaient de droite à gauche, comme les Étrusques. Grotefend pense que les valeurs phonétiques représentées par leur système graphique étaient au nombre de 20, tandis qu'Aufrecht et Kirchhoff n'en comptent que 19, dont 4 voyelles. Niebuhr a cru reconnaître dans les textes ombriens quelques expressions latines, et Micali a signalé une grande conformité apparente entre l'étrusque et l'ombrien. De son côté, Lanzi remarqua moins de régularité dans l'ombrien que dans l'étrusque; Grotefend partage cette opinion, et l'appuie sur ce que les Ombriens auraient en toute liberté d'admettre ou de rejeter certaines lettres finales, tant dans la conjugaison que dans la déclinaison. Outre les six cas du latin, il croit en retrouver deux qui rappellent à l'instrumental sanscrit et au narratif arménien. *V.* Lepsius, *De Tabulis Eugubinis,* Berlin, 1833, in-8º, et *Inscriptiones linguæ umbricæ et oscæ,* Leipzig, 1841 ; Ch. Lassen, *Supplément à l'explication des Tables Eugubines,* en allem., Bonn, 1833, in-8º ; Grotefend, *Rudimenta linguæ umbricæ ex inscriptionibus antiquis enodata,* Hanovre, 1835-39, in-4º; Aufrecht et Kirchhoff, *Sur les monuments de la langue ombrienne,* en allem., Berlin, 1849-51, 2 vol. in-4º.

OMER (Église Notre-Dame, à Saint-). Cette église, autrefois cathédrale, est située à l'extrémité occidentale de la ville, sur le plateau de la colline Sithiu, du côté opposé aux ruines de l'abbaye de St-Bertin. De la lenteur de la construction, qui s'est prolongée du XIe au XVIe siècle, il est résulté un mélange de différents styles d'architecture. A l'intersection des transepts s'élevait une flèche, qu'un ouragan a renversée en 1606; il ne reste plus que la tourelle qui la supporte. La grosse tour carrée que l'on voit au portail occidental a été bâtie vers la fin du xv° siècle; elle a 50 mèt. de hauteur : aux angles du sommet il y avait des tourelles, dont une seule subsiste aujourd'hui. Le portail le plus digne d'attention est celui du midi. Élevé sur sept degrés, il est surmonté d'une voûte en ogive, et décoré de colonnes qui reçoivent à leur retombée les nervures de cette voûte, enrichies de fleurons légèrement évidés. Entre les colonnes se trouvent six statues d'Anges tenant des phylactères et couronnées de larges dais d'un travail délicat. Au-dessus, entre les nervures, 50 petites figures, avec leurs dais particuliers, sont malheureusement mutilées. La porte, élevée sur 4 degrés, est divisée par un trumeau en pierre, orné d'une statue de la Vierge : un Jugement dernier est sculpté en grand relief dans le tympan. La galerie massive qui pèse sur ce portail ogival est toute moderne; elle a remplacé une galerie à jour que surmontaient les clochetons dentelés. Au-dessus de la rose est un cadran solaire, qui date de 1610. Le pignon qui termine la façade est décoré de trois niches accolées, dont deux abritent encore des statues mutilées. A l'intérieur de l'église, sous la tour, on voit un groupe de trois figures colossales qui proviennent de l'ancienne église de Thérouanne : la plus grande, près de laquelle les deux autres sont agenouillées, et qui est devenue populaire sous le nom du *grand Dieu de Thérouanne*, a été regardée, soit comme un Jupiter, soit comme une divinité gauloise; mais sa tête couronnée d'épines et ses mains levées en signe de bénédiction montrent évidemment que c'est une image du Christ; les autres statues représentent la Vierge et St Jean; le travail paraît se rapporter au xII° siècle. A l'entrée de la chapelle de St-Jean-l'Évangéliste, contre un pilier, on remarque un ex-voto du doyen Syderack de Lallaing, élevé en 1534 : c'est un monument partie d'albâtre, partie de pierre blanche comme le marbre, composé d'un bas-relief dont le sujet est la scène des trois jeunes hommes dans la fournaise, et d'un encadrement un peu lourd dans le style de la Renaissance. *V.* Wallet, *Description de l'ancienne cathédrale de Saint-Omer*, 1840, in-4°.

OMERTI. *V.* INDIEN (Art).

OMNIBUS DE PARIS, grandes voitures à 4 roues et à 2 chevaux, pour le transport en commun du public dans l'intérieur de la ville. Les voyageurs y sont face à face sur 2 banquettes longitudinales, munies de coussins, et ayant 7 places, dont les 4 du fond sont divisées en manière de stalles par de petits bras de fauteuils. La voiture a 5 vasistas de chaque côté, 3 vitrés, et 2 en panneaux d'ébénisterie. On monte dans l'omnibus par derrière, au moyen d'un grand marchepied fixe; la baie de la portière n'a point de porte, afin de ne pas gêner la circulation des voyageurs entrant ou sortant. Outre les 14 places d'intérieur, la voiture en a encore 10 en plein air, sur l'impériale, et réservées seulement aux hommes. Un double banc de bois, sans coussin, règne dans toute la longueur de la voiture, et au milieu, pour ne pas nuire à son centre de gravité. Les voyageurs y sont assis dos à dos. Un marchepied, échelonné sur le côté de celui des voyageurs d'intérieur, conduit à ces places aériennes, qu'entoure une légère rampe de fer. — Chaque omnibus est affecté au service d'un parcours, toujours le même, et qu'on appelle sa *ligne*. L'indication des deux points extrêmes du son service est écrite en grosses lettres sur un tableau long attaché à la rampe de l'impériale. En outre, sur la ceinture de sa caisse, les principaux points du parcours sont indiqués en lettres très-lisibles. Enfin, pour la nuit, la voiture a 3 lanternes, 2 en tête, et une derrière, munies de verres de couleur servant de fanaux indicateurs, car chaque ligne a sa couleur ou son agencement particulier de couleurs.

Le service de la voiture en circulation est fait par 2 hommes qui ont un costume d'ordonnance : un *cocher*, dont le siége est juché sur l'impériale, et un *conducteur*, constamment debout sur le marchepied de la portière, pour recevoir les voyageurs, recueillir le prix de leurs places, les marquer par un compteur à timbre et à cadran, fixé à l'entrée de la voiture, et; quand quelqu'un veut monter ou descendre, avertir le cocher d'arrêter, en tirant un cordon, et le prévenir de même pour repartir. Au point de départ, à celui d'arrivée, et de place en place sur toute la longueur de la ligne, il y a de petits bureaux où le public peut venir attendre le départ ou le passage de la voiture. Ils sont tenus par un, et

quelquefois deux contrôleurs, qui, à chaque omnibus non complet s'arrêtant à leur bureau, regardent le nombre de voyageurs indiqué par le compteur, et le pointent sur une feuille de route imprimée, qu'ils conduisent a pour toute sa journée. — Dans les faubourgs du Temple, St-Martin, St-Denis, Montmartre, et Poissonnière, au nord; puis, vers le milieu du boulevard de Sébastopol, rive gauche, et vers le haut de la rue St-Jacques, au sud, les voies publiques étant montueuses, parce que là commence le relief de la vallée de la Seine, un 3° cheval est attelé en arbalète à la flèche de la voiture pour franchir ces passages. Le cheval, en station perpétuelle au point marqué, est désigné, de son service, par le nom de *montagnard*, ainsi que son conducteur.

31 lignes d'omnibus desservent Paris dans tous les sens, beaucoup allant d'une barrière à l'autre. La longueur moyenne de chaque ligne est de 5 à 7 kilomètres. Quel que soit le parcours, le prix de la place est toujours le même : 30 cent. pour l'intérieur, et 15 cent. pour l'impériale. En outre, les voyageurs de l'intérieur peuvent demander au conducteur un petit *bulletin* imprimé, dit *correspondance*, qui donne droit de monter gratis dans l'omnibus d'une autre ligne, de sorte que pour 30 cent. on peut faire une course de 13 à 14 kilomètres environ.

Le service est arrangé de manière qu'une voiture, sur chaque ligne, part des bureaux de stationnement toutes les 6 ou 8 minutes. Sur la ligne des boulevards intérieurs du Nord, la plus fréquentée de toutes, les départs ont lieu toutes les 3 minutes.

L'omnibus est une invention française : on l'attribue à Pascal, qui imagina aussi le nom, mot latin signifiant « à tous, » ou « pour tous »; cependant ce ne fut que dix ans après sa mort que l'on tenta l'application de son idée : en 1672, un certain nombre de carrosses de transport en commun roulèrent dans Paris; le prix de la place était de 6 sous. L'entreprise ne dura que peu d'années, et l'idée, sans doute prématurée, ne fut reprise qu'un siècle et demi après : en 1819, un M. Godot demanda au préfet de police l'autorisation d'établir un service d'omnibus sur les boulevards et sur les quais; on la lui refusa : c'eût été, dit-on, pour la voie publique un embarras, que ces voitures s'y arrêtant continuellement. La même autorisation, sollicitée par d'autres entrepreneurs en 1824 et 1826, fut également refusée; enfin en 1828, un nouveau solliciteur, plus heureux, obtint une concession pour les boulevards intérieurs du Nord seulement. Il les divisa en deux parcours : le carrefour de la rue de Lancry et du boulevard, près la Porte St-Martin, fut le point de départ commun; un service allait à la Bastille et l'autre à la Madeleine. Les départs avaient lieu à peu près tous les quarts d'heure; une orgue, placée sous les pieds du cocher, qui la mettait en action par une pédale, donnait le signal en jouant une petite fanfare de trompettes pour appeler les voyageurs. Le prix de la course fut d'abord de 25 centimes, puis, peu après, de 30 cent. Cette entreprise démocratique à l'équipage; aussi une prévention défavorable l'accueillit d'abord. Cependant, la jeune duchesse de Berry ayant fait la gageure de s'y montrer, incognito, il est vrai, ne s'étant à demi révélée qu'en donnant au conducteur un billet de banque de 500 fr. pour sa place, alors que les places étaient encore à 5 sous, cette petite anecdote, qui fut bien vite sue, rendit une foule de gens moins dédaigneux, et le procès des omnibus fut gagné près du public. Bientôt d'autres lignes furent sollicitées, concédées, et desservies.

Chaque ligne était tenue par une compagnie, et prenait un nom pour se faire reconnaître, ainsi qu'une couleur spéciale pour ses voitures. La ligne des boulevards prit et conserva le nom d'*Omnibus*; il y eut ensuite les *Dames blanches*, les *Béarnaises*, les *Tricycles* (ce que les voitures étaient à 3 roues), les *Constantines*, les *Batignollaises*, etc. En 1855, toutes les compagnies se réunirent en une seule; l'administration municipale, qui favorisa cette fusion, accorda à la compagnie générale un privilége de 24 ans, mais en même temps lui imposa diverses charges, entre autres : la prolongation de plusieurs lignes jusqu'à l'enceinte bastionnée de Paris agrandi; l'établissement de places d'impériale sur toutes les voitures, afin de rendre l'omnibus accessible aux plus petites bourses; un tarif exceptionnel de 15 cent., pour toutes places, en faveur des sous-officiers ou soldats en uniforme; enfin, une contribution annuelle de 640,000 fr. à verser dans la caisse municipale. En 1860, ce privilége fut augmenté de 26 ans, pour finir au 31 mai 1910, mais à la charge par la compagnie de porter à un million de francs la contribution annuelle payée à la ville de Paris.

Depuis le 1er janvier 1861, le nombre des lignes d'omnibus a été porté à 31, rayonnant à tous les orients de Paris, et le service journalier ordinaire est fait par 515 voitures, qui *commencent leurs courses* à 8 heures du matin, et les finissent à 11 heures et demie du soir. Il y a 62 bureaux de station, et 120 d'attente ou de correspondance espacés sur les diverses lignes. Un registre est tenu dans ces bureaux pour recevoir les plaintes des *voyageurs*, et *chaque jour* le commissaire de police du quartier et l'administration centrale de l'entreprise prennent connaissance des plaintes. Les omnibus de Paris ont transporté 67 millions 766,935 voyageurs, en 1860, et la recette brute a été de 12 millions 983,000 fr., ou, par *journée de voiture*, 82 fr. 19 cent. L'ensemble du parcours général quotidien équivaut à 59,740 kilomètres. L'effectif des chevaux, pour un service aussi considérable, dépasse 6,000. — Les omnibus sont maintenant un besoin pour toutes les classes de la société, et on ne pourrait plus s'en passer. On a appliqué le service de l'omnibus aux chemins de fer : à Paris, chaque-chemin a ses omnibus stationnant dans divers lieux, recevant les voyageurs et les bagages pour les transporter à la gare de départ, ou les prenant à la gare d'arrivée, et les conduisant à leur porte, en desservant une circonscription dans la ville. C. D—Y.

OMNIUM, terme de Finances. Quand un gouvernement fait un emprunt, il traite pour la totalité avec un petit nombre de banquiers, qui s'engagent à verser le montant, par portions, dans un espace de temps déterminé, contre une certaine quantité d'effets publics, de différentes natures. L'ensemble de ces effets, négocié indivisément, s'appelle *omnium*.

ONAGRE. } *V.* ces mots dans notre *Dictionnaire de*
ONCE. } *Biographie et d'Histoire.*

ONCHETS. *V.* JONCHETS.

ONCIALE (Écriture). *V.* ÉCRITURE.

ONCLE, frère du père ou de la mère par rapport à leur enfant; la *tante* est la sœur du père ou de la mère. L'oncle et la tante sont les plus proches parents, en ligne collatérale, après les frères et sœurs; ils sont, avec leurs neveux et nièces, au 3e degré (*Code Napol.*, art. 738); le Droit canon, différant en cela du Droit civil, les place même au second degré. L'oncle ne peut épouser sa nièce, ni la tante son neveu, sans une dispense du souverain (*Ibid.*, 163-164) et de l'autorité religieuse. A défaut d'héritiers directs ou de frères et de sœurs, les oncles et les tantes sont appelés en première ligne à la succession de leurs neveux et nièces (art. 753). — On nomme *oncle ou tante à la mode de Bretagne* le cousin germain ou la cousine germaine du père ou de la mère.

ONCTION, en termes de Théologie, action *d'oindre*, c.-à-d. d'étendre sur certains endroits de la peau une huile sainte. Le mot *onction* est devenu synonyme de *consécration :* l'huile imprime un caractère sacré aux hommes, aux lieux et aux objets consacrés au culte. Chez les Hébreux, les grands prêtres et les rois recevaient par l'onction sainte la dignité que Dieu leur conférait ; on oignait les vases employés au service divin. L'Église chrétienne a conservé, comme symbole, l'usage des onctions dans ses cérémonies, par exemple, au Baptême, à la Confirmation, à l'Ordination, à l'Extrême-Onction (*V.* ces mots); elle les emploie également pour le sacre des rois.

ONDOIEMENT, baptême sans les cérémonies de l'Église. Lorsqu'un enfant nouveau-né ne peut être porté à l'église, on le fait *ondoyer* par le prêtre ; mais pour que le baptême ainsi administré soit valide, il faut que la matière et la forme soient exactement gardées (*V.* BAPTÊME). Hors le cas de nécessité, on ne doit pas ondoyer sans une permission expresse de l'évêque.

ONÉOS. *V.* CHEVELURE.

ONGLET, bande de papier ou de parchemin, ou repli d'un feuillet, sur lequel les relieurs *collent* dans un livre les estampes, les cartes et les cartons. — Feuillet simple ajouté à un livre, pour remplacer un feuillet que l'on enlève et qui contient soit quelque faute, soit quelque rédaction à changer. On l'appelle onglet, parce que l'ouvrier l'appuie avec l'ongle, en le collant dans le livre.

ONGLETTE, petit burin plat dont se servent les graveurs.

ONOMASTICON, titre d'un recueil de noms (communs) ou de mots chez les anciens Grecs. Ce genre de compilation a dû être l'objet de bon nombre d'ouvrages depuis l'époque alexandrine, c.-à-d. depuis la diffusion de la langue et de la littérature grecque en Asie, en Afrique, et dans les parties de l'Empire romain qui n'étaient pas

d'origine hellénique. Le seul recueil qui *nous soit parvenu* porte le nom de Julius Pollux, contemporain des empereurs Marc-Aurèle et Commode. La disposition de ce travail est bizarre, capricieuse, souvent confuse : le 1er livre traite des dieux, de leurs différentes qualifications, des termes relatifs au culte et aux édifices religieux, puis des mots qui se rapportent à la royauté. Le 2e, consacré à l'homme, énumère les termes qui se rapportent aux parties visibles et invisibles du corps humain, sujet qui se poursuit dans le 3e, où sont compilés tous les mots relatifs à la naissance, à la parenté de tous les degrés, au mariage, au célibat, aux relations entre citoyens ou étrangers, entre amis et ennemis, entre maîtres et esclaves, au patriotisme, etc. Le 4e livre expose tous les termes usités pour exprimer les connaissances matérielles, intellectuelles et morales auxquelles on était alors parvenu. Le 5e est relatif à la chasse, le 6e aux repas, le 7e aux métiers, le 8e aux termes de justice; le 9e énumère les noms donnés aux villes, les termes relatifs à leur fondation, à leur organisation, et ceux par lesquels-on désignait les environs des villes, les bourgades, les villages, les champs, les prairies, les maisons de campagne, etc. Enfin le 10e nous offre une longue liste de tous les ustensiles en usage à l'époque de Pollux, et de tous ceux dont on trouvait le nom ou la description dans les anciens écrivains à partir d'Homère. Une disposition claire ferait de l'*Onomasticon* un excellent manuel pour ceux qui s'occupent de l'antiquité; car il renferme des renseignements extrêmement précieux. Il s'en faut beaucoup que l'auteur manque de critique; il n'admet aucun terme au hasard ; il s'en rapporte d'abord à l'usage, et cite un nombre considérable d'auteurs et de passages à l'appui. — Plusieurs écrivains modernes ont donné à leurs ouvrages le titre d'*Onomasticon*. Ainsi l'on a l'*Onomasticon historiæ romanæ* de Glandorp (Francfort, 1589), catalogue des noms et des familles de l'ancienne Rome; l'*Onomasticon litterarium* de Saxe (1775-1803, 8 vol.), précieux pour l'histoire de la littérature; l'*Onomasticon Tullianum* d'Orelli et de Baiter (Zurich, 1836-38), contenant les noms géographiques et historiques cités par Cicéron, la liste des lois qu'il invoque, celle des expressions grecques qu'il emploie, etc. P.

ONOMATOPÉE (du grec *onoma*, nom, et *poiéin*, faire), formation d'un mot dont le son est imitatif de la chose qu'il signifie. Ces sortes de mots abondent dans toutes les langues, surtout à leur origine : l'instinct du peuple les a formés pour la plupart. Tels sont en français *trictrac*, *tic-tac*, *glouglou*, *coucou*, *cliquetis*, *coq*, *gronder*, *cracher*, *briser*, *applaudir*, *claquer*, *siffler*, *glousser*, *tintamarre*, *brouhaha*, etc. Il existe un *Dictionnaire des onomatopées* par Ch. Nodier, 1808, in-8e. P.

ONTOLOGIE. Ce nom, d'invention toute moderne, malgré sa physionomie et son étymologie grecques, désigne, d'une part, la science de l'être par opposition à la science des phénomènes, et de l'autre la science de la pensée, Philosophie et Logique ; c'est surtout à ce dernier point de vue que l'Ontologie mérite d'attirer l'attention. Tandis que la Psychologie et la Logique s'attachent exclusivement à l'élément subjectif de la connaissance, l'Ontologie considère les objets mêmes de nos idées, et se donne pour but d'en approfondir la nature et d'en mesurer la réalité. Entreprise facile à mener à bien lorsqu'on laisse en dehors de toute contestation le principe de la légitimité de l'entendement; toute chimérique au contraire lorsque l'on part de cette donnée sceptique et négative, que l'idée que nous avons d'une chose n'est jamais une sûre garantie de la réalité objective de cette chose. Si l'idée que j'ai des corps n'entraîne pas d'abord avec elle la conviction que les corps existent réellement, si les concepts du temps et de l'espace ne sont que des formes subjectives de la sensibilité, aucun artifice de raisonnement ne pourra me rendre la croyance au monde extérieur, au temps, à l'espace, et il en sera de même de la loi morale, de Dieu, etc. Tel est l'écueil auquel sont venues se heurter *deux écoles célèbres*, celle de Descartes et celle de Kant; l'une et l'autre, pour avoir non-seulement distingué (ce qui est juste), mais absolument séparé l'*idée* de l'*être*, la Psychologie et l'Ontologie, ont été condamnées ensuite à faire en vain d'incroyables efforts pour revenir de l'*être* à l'*autre* par différents artifices de logique, que ce n'est point ici le lieu d'expliquer. Ajoutons que l'Ontologie, entendue dans le sens le plus raisonnable, n'étant qu'une partie de la Métaphysique (*V.* ce *mot*), et la limite qui sépare les questions ontologiques proprement dites des autres questions métaphysiques étant assez arbitraire et flottante, ni le nom, ni la chose ne nous paraissent appelées à laisser des traces durables dans la philosophie.   B—E.

ONYX, variété d'agate dont on se sert pour les camées. On taille les onyx de manière que la figure soit dessinée dans la partie de la pierre qui est de couleur brillante ; celle dont la teinte est obscure forme le fond. Dans la Symbolique chrétienne, l'onyx figure l'innocence, la candeur ; on l'assigne au patriarche Manassé et à l'apôtre St Philippe.

ONZIÈME, intervalle musical, ainsi appelé parce qu'il faut former onze sons diatoniques pour le parcourir. C'est la réplique ou l'octave de la quarte.

OPATA (Langue). V. MEXIQUE (Langues du).

OPÉRA, genre de composition dramatique, qui serait, comme l'indique son nom, l'œuvre suprême, l'ouvrage par excellence, s'il atteignait à son idéal. Dans sa perfection, l'Opéra, appelé aussi *Drame lyrique* ou *Drame musical*, devrait tout à la fois enchanter l'esprit par les beautés de la poésie, émouvoir le cœur par le charme et la puissance de la musique, éblouir les yeux par le prestige de la décoration ; et la danse peut encore y ajouter ses séductions. Il est de toute évidence que la musique est la partie essentielle d'un opéra, et que les autres éléments sont plus ou moins secondaires. Toutefois, il ne faut pas aller jusqu'à prétendre que le *poème* qui sert de matière au musicien, et que nous appelons *livret* (en italien *libretto*), satisfait à toutes ses conditions quand la structure générale en est bonne et qu'il fournit des situations variées et intéressantes : Apostolo Zeno et Métastase ont fourni de bons poëmes aux compositeurs italiens ; les vers de l'*Armide* de Quinault, qui n'ont jamais passé pour mauvais, n'ont point empêché Glück d'écrire une admirable musique, et l'on a vu d'heureuses inspirations musicales périr par l'insuffisance des poëmes auxquels elles étaient appliquées. Certains compositeurs ont partagé l'opinion qu'on ne peut écrire de bonne musique sur de beaux vers : s'ils n'ont pas produit des œuvres de génie, ce n'est pas qu'ils aient manqué de mauvais poëtes.

Les Italiens distinguent deux sortes d'opéra, le sérieux (*opera seria*) et le gai (*opera buffa*). De cette dernière qualification est venu le nom de *Bouffes* donné aux chanteurs du théâtre italien de Paris. Nous avons aussi deux genres, le *grand opéra*, chanté d'un bout à l'autre, et l'*opéra comique*, où le chant se mêle au dialogue parlé : c'est une désignation peu rigoureuse, car le caractère d'une pièce, et non la manière dont ses parties sont coordonnées, devrait la placer dans l'une ou l'autre catégorie ; et l'on voit des pièces courtes, rien moins qu'héroïques par le sujet, décorées du nom fastueux de grand opéra, tandis que d'autres, avec un caractère sérieux, sont rangées dans l'opéra-comique.

Les premiers essais d'opéra remontent au XVIe siècle (*V.* ITALIE — Musique en). Pendant longtemps la musique ne fut qu'une mélopée languissante, au moyen de laquelle les auteurs prétendaient reproduire le chant des anciens Grecs : on ne songeait guère qu'à combiner des sons, et la mélodie, à laquelle l'harmonie devait s'appliquer, était laissée dans l'oubli ; dans ces premières œuvres, on ne voit pas trace d'idées élevées, d'expression et de passion. On se bornait à des récits, quelquefois mesurés, quelquefois libres de toute mesure, et qui prirent le nom de *récitatifs* (*V. ce mot*). Dans l'*Euridice* de Peri et Caccini (1600), un personnage chante des stances, qu'on peut considérer comme l'origine de l'*air* : une petite ritournelle les précède, et les mouvements de la basse suivent note pour note ceux de la voix, tandis que dans le récitatif la basse faisait souvent des tenues. Les airs se perfectionnèrent peu à peu : dans un drame musical d'Étienne Landi, *Il Santo Alessio* (1634), on en trouve un qui a du rhythme, et qui contient même un trait de vocalisation. Du reste, les airs, coupés en couplets comme ceux de nos vaudevilles ou comme nos romances, avaient alors une grande monotonie, et ils contenaient de fréquents changements de mesure et de temps. On voit encore par les œuvres de Cavalli que les airs étaient placés au commencement des scènes, et non, comme dans les opéras modernes, vers la fin. Les formes de l'air ont été bien souvent modifiées jusqu'à nos jours (*V.* AIR, RONDEAU, CAVATINE). Le *duo* dramatique, le *trio*, le *finale* (*V. ces mots*), ont, comme l'air, une origine italienne ; mais c'est en France que le *chœur* (*V. ce mot*) a produit ses premiers modèles. Dans ce pays, l'opéra, précédé par des ballets où les danses étaient entremêlées de dialogues (*V.* BALLET), ne fit son apparition que pendant la minorité de Louis XIV, grâce au cardinal Mazarin (*V.* FRANCE — Musique en) ; accueil avec fa-

veur par la cour, sifflé par les bourgeois, qui n'y trouvaient que de l'ennui, il se releva quand Lulli eut pris la direction de l'Académie royale de Musique en 1672. Toutefois, les œuvres de ce compositeur sont encore très-monotones, moins peut-être à cause de l'insuffisance de son génie que pour les difficultés qu'opposait l'incapacité des exécutants. Beaucoup de gens aussi étaient de l'avis du maître à chanter de M. Jourdain, « que de tout temps la musique a été *affectée* pour la vraisemblance *aux bergers*, par cette raison qu'il n'est pas naturel que des princes et des bourgeois chantent leurs passions. » C'était donc une opinion générale, que la musique, impropre à exprimer les grands mouvements de l'âme, n'était de proportion qu'avec les paisibles et tendres bergeries dont on avait le goût à cette époque. Des esprits sérieux contestaient les conditions mêmes de la musique dramatique, et repoussaient la convention, aujourd'hui acceptée, sur laquelle elle repose. Ce qui choqua Saint-Évremond, par exemple, c'est que « l'on chante toute la pièce, depuis le commencement jusqu'à la fin, comme si les personnes qu'on représente s'étaient ridiculement ajustées pour traiter en musique et les plus communes et les plus importantes affaires de leur vie. Peut-on s'imaginer, ajoute-t-il, qu'un maître appelle son valet en chantant ; qu'une commission en chantant ; qu'un ami fasse, en chantant, une confidence à son ami ; qu'on délibère, en chantant, dans un conseil ; qu'on exprime avec des chants les ordres qu'on donne, et que mélodieusement on tue les hommes à coups d'épée et de javelot dans un combat (*Au duc de Buckingham, Sur les Opéras*)? » Qu'eût dit cet adversaire du langage musical, s'il eût connu les premiers opéras de l'Allemagne? Ils étaient écrits en deux langues : les airs, les duos, tout ce qui exprimait les sentiments se chantait en italien, et l'on employait l'allemand pour les récitatifs, pour tout ce qui devait aider à débrouiller l'intrigue du drame. L'esprit français ne se passionna pour l'opéra qu'au XVIIIe siècle, à partir de 1733, lorsque Rameau fit une révolution nouvelle. Rameau poursuivait le *beau naturel*, comme on disait alors ; mais il n'entendait point par là le chant ou la mélodie : à ses yeux, tout le charme et toute l'énergie de la musique étaient dans l'harmonie. Il n'en fit pas moins faire un grand pas à l'opéra, par l'emploi d'un grand nombre de moyens nouveaux, dont l'art devait profiter. C'est principalement depuis Glück que la variété d'accents et de mouvements, aussi nécessaire à la musique que la variété des couleurs et des nuances l'est à la peinture, devint une loi du drame musical en France ; cette loi avait été déjà observée en Italie par un grand nombre de compositeurs, entre autres Carissimi, Scarlatti et Pergolèse. — *V.* Ménétrier, *Des représentations en musique*, Paris, 1681, in-12 ; Riccoboni, *Lettres à Mme la marquise de P...* sur *l'opéra*, Paris, 1741, in-12 ; De Chassiron, *Réflexions sur les tragédies-opéra*, Paris, 1751, in-12 ; De Chastellux, *Essai sur l'union de la musique et de la poésie*, 1765 ; Algarotti, *Saggio sopra l'Opera*, Livourne, 1763 ; Planelli, *Dell' opera in musica*, Naples, 1772 ; Sutherland, *Histoire de l'Opéra*, en anglais, 1801, 2 vol. in-8°, et les articles de ce Dictionnaire consacrés à l'histoire de la musique dans chaque pays.

OPÉRA DE PARIS.   ) *V.* notre *Dictionnaire de Biographie et d'Histoire.*
OPÉRA-COMIQUE.   )

OPÉRATION (du latin *opus*, œuvre), se dit, en Philosophie, de tout travail de l'esprit dirigé par la volonté vers un but. — En termes de Stratégie, le mot *opération* désigne les mouvements généraux des armées. Le *plan d'opérations* est l'ordre général des entreprises, arrêté avant l'ouverture de la campagne. On nomme *ligne d'opérations* la ligne que suit une armée pour se porter de sa base vers son objectif ou point décisif qu'elle veut atteindre ; *base d'opérations*, le territoire avec lequel l'armée doit rester en communication pour en tirer ses ressources et ses renforts, ou s'y réfugier en cas de revers.

OPÉRETTE, c.-à-d. *petit opéra*, nom que les Allemands donnèrent au XVIIIe siècle à des espèces de drames à couplets, avec quelques airs et trios, mais plus humbles dans leurs prétentions que les plus légers opéras-comiques. Il est passé en France de nos jours, et a été spécialement appliqué aux drames du répertoire des *Folies-Nouvelles* et des *Bouffes-Parisiens*, à Paris.

OPHICLÉIDE, c.-à-d. *serpent à clefs* (du grec *ophis*, serpent, et *kléis*, clef), instrument de musique, à vent et en cuivre, qui se joue avec un bocal ou embouchure ouverte. Il est d'invention hanovrienne, et ne connaît guère en France que depuis 1815. Introduit en 1820 dans la musique militaire, il y a remplacé le *serpent*

(*V. ce mot*), comme il devait aussi le faire plus tard à l'église. Les facteurs Labbaye, Halary, et Sax l'ont propagé et perfectionné. On distingue l'*ophicléide-ténor*, l'*ophicléide-alto*, et l'*ophicléide-basse*, qui forment une famille avec le cor à clefs; leur étendue est à peu près celle des voix auxquelles ils correspondent. La longueur totale d'un ophicléide-ténor, non compris l'embouchure, est de 3ᵐ,48; le corps de l'instrument a 2ᵐ,14; le tube qui reçoit et modifie le son a 11 millimèt. à son embouchure, et 2 décimèt. quand il arrive au pavillon. Cet ophicléide, dont la partie s'écrit sur la clef de *fa*, peut jouer la partie de basse, puisque son étendue est du *si bémol* au-dessous de la portée de la clef de *fa* jusqu'au *la* et même l'*ut* au-dessus des 2ᵉ et 3ᵉ lignes de la clef de *sol*. Les ophicléides en *si bémol*, dont on se sert dans la musique militaire, sont d'un ton plus bas que le précédent, et ont toujours par conséquent dans l'exécution deux bémols de moins à la clef. L'ophicléide-alto a la même étendue que l'ophicléide-ténor, mais transportée une quarte plus haut; on écrit sa partie sur la clef d'*ut* 3ᵉ ligne ou sur la clef de *sol*. L'ophicléide-basse est à la quinte inférieure de l'ophicléide-ténor, et par conséquent une octave au-dessous de l'ophicléide-alto. L'ophicléide-basse est garni de neuf clefs, dont la première se ferme à volonté au moyen d'une bascule; les autres sont bouchées. Dans l'ophicléide-basse, les clefs sont remplacées par trois pistons, qui en rendent le maniement plus facile. Il existe des Méthodes d'ophicléide par Cornette et par Schiltz. **B.**

OPINION, jugement que porte l'esprit en matière contingente, probable ou douteuse. On oppose l'*opinion* à la *science*.

OPINION PUBLIQUE, puissance invisible, mystérieuse, incertaine, capricieuse, que nul pouvoir ne saurait arrêter ni comprimer; tout au plus un gouvernement peut-il, pendant un temps, en suspendre les effets qu'il redoute. C'est comme une conscience de tous, d'autant plus absolue qu'elle croit toujours bien juger, suivant les principes de la saine morale et de la saine politique. Un sage gouvernement ne méprisera jamais l'opinion, lui résistera quelquefois, cherchera toujours à l'éclairer quand elle s'égare, et même ira au-devant de ses égarements en la dirigeant, autant que possible. Bien que l'opinion soit l'expression du sentiment du grand nombre, cependant elle n'est, d'ordinaire, que l'œuvre d'une minorité plus ou moins grande. Les témoignages de l'histoire, et notamment ceux de nos Révolutions, prouvent que ce n'est presque toujours que la minorité de la population qui se laisse emporter d'abord par les passions sous lesquelles les gouvernements succombent. Les esprits les plus ardents, ceux qui se croient, ou qui ont l'art de se faire passer pour les plus éclairés, se font écouter de la foule, et comme on a toujours raison quand on parle seul, comme il y a toujours plus d'esprits faux ou de pauvres d'esprit que d'esprits justes, ils persuadent avec des raisonnements captieux ou spécieux, et forment ainsi ce qu'on pourrait appeler une fausse opinion publique. Voilà pourquoi il est du devoir des gouvernements de diriger l'opinion; s'ils restent impassibles, la majorité prend leur inertie pour l'embarras d'une mauvaise conscience, et devient pour les séditieux un auxiliaire qui, même inerte, leur fait la partie belle et prive le pouvoir de tout appui. — Cependant, il y a certaines conditions que doit remplir un gouvernement qui veut diriger l'opinion, c'est de se *montrer honnête*, moral, préoccupé des *intérêts* et de la gloire de la nation, ferme et habile; « mais lorsqu'une déplorable faiblesse et une versatilité sans fin se manifestent dans les conseils du pouvoir; lorsque, cédant tour à tour à l'influence des partis contraires, et vivant au jour le jour, sans plan fixe, sans marche assurée, il a donné la mesure de son insuffisance, et que les citoyens les plus modérés sont forcés de convenir que l'État n'est plus gouverné; lorsque enfin à sa nullité au dedans l'administration joint le tort le plus grave qu'elle puisse avoir aux yeux d'un peuple fier, je veux dire l'avilissement au dehors, alors une inquiétude vague se répand dans la société, le besoin de sa conservation l'agite, et, promenant sur elle-même ses regards, elle semble chercher un homme qui puisse la sauver. » Ce tableau, tracé par Napoléon 1ᵉʳ, est celui du gouvernement Directorial de la France vers la fin de 1799, et montre admirablement ce que nous voulons prouver, que l'abandon de l'opinion publique, même inerte, est encore un immense danger pour un gouvernement. Celui qui vient de juger le Directoire, en grand moraliste comme en grand politique, vit, 15 ans plus tard, l'abandon de l'opinion publique devenir une des causes puissantes de la chute du 1ᵉʳ Empire français.

Là encore ce fut la minorité qui fit la loi; la majorité resta passive, parce que son opinion s'était retirée du gouvernement, et l'homme le plus fait pour être souverain put être mis au ban des souverains par des haines et des jalousies royales, parce que l'opinion publique ne le soutenait plus. *V.* POPULARITÉ. **C. D—Y.**

OPISTHODOME, **OPISTHION** ou **OPISTHONAOS**, nom donné par les anciens Grecs à la partie postérieure d'un temple, opposée au *Pronaos*, et où n'entrait pas le public. Les Romains l'appelaient *Posticum*.

OPISTHOGRAPHE (du grec *opisthen*, par derrière, et *graphein*, écrire), nom qu'on donne en Diplomatique à une charte écrite des deux côtés. En général, jusqu'au xivᵉ siècle, les actes n'ont été écrits que sur le recto, et, s'il y a quelque chose au verso, ce sont des notes ajoutées après coup. Les opisthographes sont d'ailleurs très-rares. — Dans le Bas-Empire, on appela *Opisthographe* tout livre où l'on écrivait sur-le-champ, pour revoir et amender plus tard; les corrections et additions se faisaient au verso de chaque feuillet.

OPLITES. *V.* ce mot dans notre *Dictionnaire de Biographie et d'Histoire.*

OPPOSÉES (Têtes), têtes qui, sur des pierres gravées ou des médailles, ont la face tournée à l'opposé l'une de l'autre.

OPPOSITION, en termes de Droit, obstacle mis par quelqu'un à quelque chose. On *forma opposition* aux scellés, à une vente, à un payement, à un mariage. L'opposition ne peut être levée que par le consentement de l'opposant, ou par jugement. — On se sert de l'opposition pour se pourvoir contre les jugements rendus par défaut; elle doit être formée dans la huitaine qui suit la signification faite à l'avoué de la partie condamnée; à défaut d'avoué, elle est recevable jusqu'à l'exécution du jugement (*Code de Procéd.*, art. 155-165). — La *tierce opposition* est celle que forme une personne à un jugement préjudiciable à ses droits, et lors duquel ni elle, ni ceux qu'elle représente, n'ont été appelés. Si l'opposant succombe, il y a amende de 50 fr. au moins, sans préjudice des dommages-intérêts (*Ibid.*, 474-479).

OPPOSITION, en matière de gouvernement, nom que l'on donne, dans les assemblées législatives, aux membres qui désapprouvent systématiquement la marche, les actes, les tendances du gouvernement et de l'administration. Dans les gouvernements parlementaires bien assis, l'opposition est, en réalité, une guerre de personnes ou de partis pour s'arracher le pouvoir; dans ce cas, ceux qui succombent, et qui représentaient le parti gouvernemental, deviennent, le lendemain de leur chute, le parti de l'opposition. — Dans les gouvernements nouveaux, que le temps n'a pas encore consolidés, l'opposition se compose d'ennemis du gouvernement, poursuivant, non pas seulement un changement de ministère, mais une révolution. Si les opposants se voient en minorité, ils se coalisent dans un but commun de renversement, quittes ensuite pour recommencer la lutte entre eux lorsqu'ils auront abattu le gouvernement qui fait obstacle à leur ambition ou à leurs sympathies. Il paraît de principe, dans toutes les oppositions, de ne jamais rien approuver, *même* les meilleures lois et les plus sages mesures, prises par l'administration ou le gouvernement que l'on combat: dans ces cas, la plus grande marque de mansuétude est le silence absolu, quand il n'y a pas moyen de formuler un blâme sans s'exposer à soulever contre soi la conscience publique. Le parti doit aussi se discipliner pour voter toujours avec ses chefs, sans qu'aucun membre se dirige, à l'occasion, suivant ses impressions personnelles. Quoi qu'il en soit, l'opposition, quand elle se tient dans des limites légales, peut éclairer le gouvernement, le stimuler au besoin, bien servir la cause de l'intérêt public en signalant les abus, et même en jugeant les affaires sous leurs côtés les plus défavorables, car il sort toujours quelque chose d'utile des discussions contradictoires. **C. D—Y.**

OPTATIF (du latin *optare*, souhaiter), mode de la conjugaison grecque, ainsi appelé parce que très-souvent il exprime le souhait, le désir, le vœu. Il a pour signe caractéristique, à l'actif des verbes en ω, la terminaison οιμ au présent, au futur, à l'aoriste second et au parfait; αιμ à l'aoriste 1ᵉʳ; — au passif et au moyen, οιμην au présent et au futur; — ειην à l'aoriste 1ᵉʳ et 2ᵉ du passif; αιμην à l'aoriste 1ᵉʳ moyen, οιμην à l'aoriste 2ᵉ. L'optatif manque d'une forme spéciale au parfait passif et moyen. Dans les verbes en μι, le présent et l'aoriste 2ᵉ ont pour caractéristiques à l'actif les terminaisons αιην, ειην, οιην, au moyen αιμην, ειμην, οιμην. La terminaison οιην caractérise assez souvent, surtout dans les verbes contractes, le présent de l'optatif, et, dans toutes les conjugaisons, la terminaison αμι de l'aoriste 1er actif est souvent remplacée par εια (ειας, εια, etc.).

L'optatif, employé isolément, est représenté en français quelquefois par le subjonctif du verbe *pouvoir* conjugué interrogativement et suivi de l'infinitif, et ordinairement par les circonlocutions *plaise au ciel, plût au ciel que,* suivies du subjonctif. — Outre cette signification qui lui a valu son nom, l'optatif exprime en général l'idée de possibilité, de vraisemblance, et, par conséquent, celle d'incertitude. Dans ce cas, il est très-souvent accompagné de la particule ἄν (ou κε en poésie), et répond à notre conditionnel ou à nos diverses formes dubitatives. Il exprime aussi, joint à la même particule, une assertion, mais en la présentant sous forme de conjecture, et par conséquent avec modestie et politesse; ou une conclusion, à laquelle on donne ainsi un ton moins tranchant; une affirmation ayant rapport à l'avenir, mais qui se trouve ainsi adoucie; un impératif, sous forme d'invitation polie. — Un des rôles les plus importants de l'optatif est celui qu'il joue dans les propositions subordonnées, lorsque celles-ci expriment une action appartenant au passé, quel que soit d'ailleurs le temps du verbe principal : « Il lui *ordonna* de se retirer, et de ne point l'irriter, *afin qu'il s'en retournât* sain et sauf chez lui. » Aussi l'optatif s'emploie-t-il souvent après une proposition dont le verbe est au présent historique ou de narration mis pour le passé. Lorsque l'on rapporte ou allègue qu'une personne a dit quelque chose, ou que l'on veut donner à entendre qu'elle a eu telle ou telle pensée, l'optatif est encore employé. On s'en sert enfin après les conjonctifs, lorsque ces mots se trouvent dans une proposition exprimant une action réitérée.

En résumé, l'optatif est une véritable variante du subjonctif, il exprime l'idée de subordination, mais avec une nuance dubitative un peu plus marquée. Ses temps sont secondaires du subjonctif; car tous, même le présent, le futur et le parfait, ont les signes des temps secondaires, tandis qu'au subjonctif l'aoriste même a les formes des temps principaux. Ainsi, dans leurs rapports les plus généraux avec le français, les temps de l'optatif correspondent à l'imparfait et au plus-que-parfait du subjonctif de cette langue. **P.**

OPTATION (du latin *optatio*, vœu), figure de Rhétorique par laquelle on énonce un vœu, un vif désir, mais toujours en bonne part (ce en quoi elle se distingue de l'imprécation). Elle commence habituellement par ces mots : *Fasse le ciel ! Plût à Dieu que !... Puissiez-vous !*

OPTIMISME, mot qui, dans le sens vulgaire, désigne vaguement une certaine disposition à prendre toutes choses par le meilleur côté, à voir tout en beau. L'optimisme philosophique garde sans doute quelque chose de cette disposition, mais il précise et transforme par la réflexion ce qui n'était d'abord que sentiment et intuition confuse. — L'optimisme, théorie métaphysique et morale à la fois, est une des solutions, et, lorsqu'il est bien compris, la meilleure des difficultés que suscite le fait incontestable de l'existence du mal, mis en présence de la croyance si naturelle et si puissante à l'existence d'un être parfait. « Si Dieu existe, d'où vient le mal ? s'il n'existe pas, d'où vient le bien ? » Ce n'est pas résoudre la question ; c'est la supprimer arbitrairement que de nier soit l'existence de Dieu, soit celle du mal. Nous n'avons point à parler ici des systèmes qui font du mal l'expiation des fautes d'une vie antérieure (*V.* MÉTEMPSYCOSE, PLATONISME, PRÉEXISTENCE DES AMES), ni de ceux qui font de l'univers le théâtre d'une lutte éternelle entre deux principes également puissants : le principe du bien et le principe du mal (*V. notre* article DUALISME) ; l'optimisme, dont nous acceptons volontiers la formule, si souvent tournée en ridicule, que « tout est pour le mieux dans le meilleur des mondes possible, » doit être entendu dans ce sens : non pas que tout y est bien, au regard des individus et des espèces, même au regard de la portion limitée de la création qu'il nous est donné de connaître ; mais que l'univers, pris dans son ensemble, présente la plus grande somme de bien possible et la plus petite somme de mal. *A priori*, comment en serait-il autrement ? L'univers n'est-il pas l'œuvre d'un être parfait ? Mais cet être ne pouvait, sans se reproduire lui-même dans son œuvre, communiquer au monde sa perfection absolue. L'imperfection est une condition de toute nature créée. Dès lors, il ne s'agit plus que d'examiner les principales formes du mal physique et du mal moral, sous lesquelles se manifeste cette imperfection de nature,

ou mal métaphysique, et de trouver, si l'on peut, la secrète harmonie qui fait de chacune d'elles un élément de l'ordre de choses le meilleur possible dans son ensemble. On reconnaîtra le plus souvent que ce qui paraît un mal, ce qui, pris en soi-même et isolément, en est un en effet, ne laisse pas de faire partie d'un système d'où il ne pourrait disparaître sans entraîner la perte d'un bien beaucoup plus grand. Tel est notamment le caractère des fautes et des vices des hommes, lesquelles supposent la liberté de se résoudre, condition de toute vertu. Or, un monde où régnerait de toute nécessité une innocence forcée, ne serait-il pas de beaucoup inférieur au monde tel qu'il est? Ajoutons bien vite que quand notre vue bornée ne parviendrait pas à découvrir la raison cachée de tel ou tel mal, ce ne serait pas un motif de renoncer à notre conviction. Ajoutons encore qu'il vaut mieux, en ceci, comme dans la question des causes finales, qui présente avec celle-ci tant de rapports, s'abstenir de toute explication, que de risquer des explications douteuses et peu satisfaisantes que les adversaires de l'optimisme peuvent facilement retourner contre ses partisans. On trouve un certain nombre de ces explications dans Leibniz à côté des idées profondes et ingénieuses qu'il a accumulées sur ce sujet. En effet, si quelques vues optimistes se font jour par-ci par-là chez les philosophes antérieurs, on sait que c'est Leibniz qui, dans sa *Théodicée*, c.-à-d. dans ses *Essais sur la bonté de Dieu, la liberté de l'homme et l'origine du mal*, a formulé et développé l'optimisme en un véritable système philosophique. C'est là qu'il doit être étudié. A côté de ces longues et savantes études, il ne nous paraît pas hors de propos de rappeler une des plus charmantes fables de notre incomparable La Fontaine, *le Gland et la Citrouille*, petit traité d'optimisme en action :

« Dieu fait bien ce qu'il fait. » Sans en chercher la preuve,
En tout cet univers, et l'aller parcourant,
Dans les citrouilles je la treuve.
. . . .
Dieu ne l'a pas voulu : sans doute il eut raison.

B — E.

OPTION (du latin *optio*), en termes de Droit, faculté de choisir entre deux choses, entre deux partis. Le droit d'option se rattache à une foule de contrats, et forme même la condition essentielle des obligations alternatives (*V.* OBLIGATION). En vertu du droit d'option, la femme peut renoncer à la communauté après la dissolution du mariage.

OR, un des métaux précieux, employé comme instrument d'échange sous forme de monnaie, et qui sert aussi de matière aux travaux d'orfévrerie et de bijouterie. L'or a été connu de tout temps : les peuples les plus anciens et les plus sauvages en faisaient usage. Abraham payait avec de l'or le tombeau de sa femme ; les héros d'Homère, comme les Indiens avant la découverte de l'Amérique, portaient des ornements d'or. Dans l'antiquité, l'Asie produisait et possédait une grande quantité d'or : on évalue le trésor amassé par les rois de Perse en lingots d'or à 2 milliards environ de notre monnaie. En Asie, le mont Tmolus et le Pactole, le pays des Chalybes et celui des Soanes, dans le voisinage du Caucase, les monts Émodes dans le voisinage de Caspatyre, l'Inde, la Chersonèse d'or, l'Arabie, principalement dans l'Yémen, et, au delà de ces régions connues des Anciens, le pays des Massagètes et des Scythes, produisaient de l'or. En Grèce et en Macédoine, on trouvait des mines ou des lavages aurifères sur les bords de l'Hèbre, à Crénides, à Daton, à Scapté-Hylé, à Thasos, près des Pangée, dans l'île de Siphnos, au mont Damastius en Illyrie, dans la région des Alpes, chez les Dalmates, chez les Taurisques, chez les Salasses et près de Verceil. En Gaule, les Pyrénées et le pays des Tarbelliens en renfermaient ; en Espagne, qui depuis les Phéniciens jusque vers les derniers temps de l'Empire romain, resta la source la plus productive de métaux précieux, l'or se rencontrait dans les rivières de l'Asturie, de la Gallécie, du canton des Artabres et de la Lusitanie; on exploitait de riches filons dans les montagnes qui forment la vallée supérieure du Bétis, chez les Orétans, les Bastitans, à Cotines. Les mines de Scapté-Hylé produisaient annuellement 80 talents (444,800 fr.), et celles de Thasos 200 à 300 talents (1,112,000 fr. à 1,668,000 fr.). Les Asturies et la Galice rendirent à certaines époques plus de 2,000 kilogr. d'or par an (environ 6,000,000 de fr.). Néanmoins, la production totale du monde ancien était assez peu considérable relativement à la production actuelle.

A l'époque de l'invasion des Barbares, beaucoup de mines furent abandonnées ; la production diminua, et resta assez faible jusqu'au temps de la découverte de l'Amérique. Des calculs, d'ailleurs très-hypothétiques, fixent à 4,100 kilogr. (de 12 à 13 millions de fr.) la production annuelle de l'or en Europe, en Asie et en Afrique au XVe siècle. Les principales mines alors exploitées étaient telles de Siderocapso (Macédoine), de Chemnitz, de Kremnitz et de Facebajer (Hongrie), de Joachimsthal (Bohême), du Hartz et de Schneeberg (Saxe). La production était loin d'être régulière ; par exemple, les mines du Hartz, découvertes dans le cours du Xe siècle, furent abandonnées à la suite d'une famine en 1006 ; reprises en 1116, abandonnées de nouveau de 1180 à 1200, puis en 1353, elles restèrent inactives pendant un siècle.

La découverte de l'Amérique augmenta considérablement la quantité de l'or. Le pillage des trésors du Mexique et du Pérou produisit plus de 7,000 kilogr. (environ 23 millions de fr.). L'exploitation des mines de Parco, d'Oruro, de Pachuca, et la découverte des mines du Potosi, de Zacatecas, de Huancavelina, portèrent la production annuelle à 12,500 kilogr. (environ 36 millions de fr.) pendant le XVIIe et le XVIIIe siècle. D'après les recherches de Tooke, corroborées par Alex. de Humboldt, de Jacobs, de Michel Chevalier, l'ancien monde ne possédait, lors de la découverte du nouveau, que 300 millions d'or : en 1800, l'Europe disposait de 8 milliards 850 millions. — Malgré le ralentissement du travail en Amérique au commencement du XIXe siècle, la production annuelle s'éleva à 18,000 kilogr. (59,400,000 fr.) de 1810 à 1825 ; à 37,500 (79,750,000 fr.) de 1825 à 1828. Les mines de Russie ont contribué en grande partie à cette augmentation ; elles ne sont exploitées que depuis 1704. De 1810 à 1825 elles n'avaient rendu que 10,435 kilogr. (54,235,000 fr.) ; de 1825 à 1848 elles en ont rendu 231,548 kilogr. (764,000,000 fr.). Vers 1848 les mines d'Amérique produisaient en moyenne :

États-Unis,	1,800 kilogr. valant	5,940,000 fr.
Mexique,	3,606 —	12,197,000
N.-Grenade,	4,954 —	15,160,000
Pérou,	750 —	4,475,000
Bolivie,	444 —	1,465,000
Brésil,	2,500 —	8,250,000
Chili,	1,071 —	3,534,000
	15,215 kilogr. valant	51,021,000 fr. environ.

La Sibérie rendait à elle seule 27,000 kilogr., ou environ 80 millions de francs. En y joignant les 3,000 kilogr. des mines de Hongrie, de Transylvanie, des lavages du Piémont, et des exploitations espagnoles, une quantité d'environ 2,000 à 3,000 kilogr. auxquels on peut approximativement évaluer ce que l'Afrique et les îles de la Sonde fournissent au commerce européen, on a un total d'environ 150 millions de francs. La circulation américo-européenne de l'or en 1848 a été évaluée à 14 milliards.

Depuis 1848, il s'est accompli dans la production de l'or une révolution plus grande encore qu'avait produite la découverte de l'Amérique. Deux nouvelles contrées sont venues alimenter le marché de l'or, la Californie et l'Australie. L'or fut découvert en Californie vers la fin de février 1848, sur les bords de l'American-Fork, affluent du Sacramento. Un an après, il y avait déjà 21,000 hommes travaillant dans les placers ou gites aurifères. Voici les chiffres de la production annuelle :

1848	8,100 kilogr. valant	26,730,000 fr.
1849	53,400 —	176,200,000
1850	74,700 —	246,510,000
1851	75,600 —	249,480,000
1852	90,900 —	299,970,000
1853	95,400 —	314,820,000
1854	107,100 —	353,430,000
1855	120,600 —	397,980,000
1856	120,600 —	397,980,000
1857	118,000 —	389,400,000
1858	129,000 —	455,700,000
	989,400 kilog. valant	3,308,200,000 fr. environ.

L'or fut découvert en Australie, en 1851, par un certain Hargraves, qui, ayant travaillé quelque temps en Californie, avait remarqué une grande ressemblance entre la nature des roches dans les deux pays. L'exploitation commença le 3 avril dans le district de Bathurst, et s'étendit le long des rivières Abercrombie et Macquarie.

En août 1851, de nouveaux gites étaient découverts au sud, près de Melbourne, dans le lit de la rivière d'Anderson, et en octobre commençait l'exploitation du mont Alexandre. Au commencement de 1852, il y avait déjà 40,000 travailleurs dans les environs de cette montagne. Voici les chiffres de la production annuelle de l'Australie :

1851	18,000 kilogr. ou	59,400,000 fr.
1852	118,000 —	389,400,000
1853	90,000 —	297,000,000
1854	88,200 —	291,060,000
1855	90,000 —	297,000,000
1856	103,500 —	341,550,000
1857	90,090 —	297,000,000
1858	89,000 —	293,700,000
	686,700 kilogr. ou	2,266,110,000 fr.

L.

OR (Évaluation monétaire de l'). Les économistes évaluent le kilog. d'or converti en notre monnaie à 3.300 fr.

on (Statues en). Il y en eut chez les divers peuples de l'antiquité. Le temple de Bélus à Babylone en contenait plusieurs ; les auteurs anciens mentionnent des statues d'or chez les Phéniciens, en Égypte, en Sicile. Les Hébreux dans le désert adorèrent un veau d'or, et ce furent deux veaux d'or que Jéroboam érigea, quand il eut abandonné le culte du vrai Dieu. Les Grecs employèrent souvent l'or avec l'ivoire (V. CHRYSÉLÉPHANTINE — Statuaire). Lucullus avait à son triomphe une statue de Mithridate, en or, de 2 mèt. de hauteur, et des lits d'or. Au triomphe de Pompée, on vit également des statues, un lit, un trône et des sceptres d'or. Une statue d'or fut élevée en l'honneur d'Agrippine ; Néron en consacra deux, à l'occasion de l'accouchement de Poppée.

on, monnaie de compte de Perse, valant environ 8 fr.

OR, un des deux métaux de l'écu, dans le Blason. Il est figuré par la couleur jaune. On le représente en gravure par une foule de petits points.

OR CORONAIRE. V. notre Dict. de Biogr. et d'Histoire.

ORACLES. V. ORACLES et SIBYLLINS, dans notre Dictionnaire de Biographie et d'Histoire.

ORAISON (du latin oratio, discours). Ce mot a été employé en Grammaire pour désigner l'expression vocale de la pensée, le système des sons articulés, et l'on a donné aux différentes espèces de mots le nom de parties d'oraison ou parties du discours (V. ce mot). Par extension, Oraison a signifié Discours prononcé en public, comme quand on dit les Oraisons de Démosthène, de Cicéron, etc.

ORAISON, en termes de Liturgie, est synonyme de Prière. L'oraison est vocale, quand elle est faite à haute voix ; mentale, quand on la dit intérieurement ; jaculatoire (du latin jaculari, darder, lancer), quand c'est une sorte d'élan, une demande adressée avec ferveur. — Dans un sens spécial, l'Oraison est la prière propre à l'office du jour ou aux commémorations des fêtes et féries ; elle est précédée d'une antienne ou d'un verset, et termine les Laudes, Prime, Tierce, Sexte, None et les Vèpres.

ORAISON DOMINICALE. V. DOMINICALE, dans notre Dictionnaire de Biographie et d'Histoire.

ORAISON FUNÈBRE, discours solennel prononcé pour honorer la mémoire de quelque défunt illustre, soit au milieu de ses obsèques, soit dans une cérémonie funéraire qui suit de près sa mort. Les oraisons funèbres sont l'expression la plus riche et la plus élevée de l'éloquence démonstrative. Elles participent de l'histoire, par l'exposition des faits ; de la politique, par l'appréciation des événements ; de la morale, par la peinture des caractères et les leçons qu'elles donnent aux vivants ; de la religion enfin, au nom de laquelle elles proclament à la fois le néant de l'homme et sa dignité. Une telle grandeur, que la doctrine chrétienne surtout communique à ces œuvres, a naturellement, dans les temps modernes, mis l'éloquence démonstrative, le genre le moins goûté des Anciens, au-dessus du genre délibératif et du genre judiciaire. Bossuet n'est peut-être pas un plus grand orateur que Cicéron ni que Démosthènes ; mais les matières qu'il a traitées sont d'un ordre autrement élevé : son éloquence a sa source au ciel, tandis que celle de ses rivaux de l'Antiquité n'a d'autre aliment que les intérêts et les passions terrestres.

On voit apparaître l'oraison funèbre dès les temps les plus anciens : dans la vieille Égypte, selon Diodore, les prêtres, en présence du peuple assemblé, prononçaient l'éloge des monarques défunts. On la retrouve plus tard dans les cités grecques ; mais là une démocratie orgueilleuse et jalouse la contraignait d'adresser ses louanges moins à la mémoire d'un grand homme en particulier qu'à l'État. L'oraison funèbre des Anciens demeura étrangère à la pensée d'une autre vie, à la perspective consolante d'un bonheur éternel. Sans compter le *Ménéxène* de Platon, qui ne se rapporte à aucune circonstance précise, Périclès loua les premiers Athéniens qui moururent dans la guerre du Péloponèse; Lysias, ceux qui succombèrent pour affranchir la Grèce de la tyrannie spartiate; Démosthène, les glorieux vaincus de Chéronée; Hypéride, les victimes de la guerre Lamiaque. La patrie et la liberté remplissaient ces discours, et suffisaient, à défaut de la religion, pour inspirer encore çà et là aux orateurs les accents de la grande éloquence. Mais il n'en fut pas de même à Rome : si l'on excepte la xive *Philippique*, où Cicéron a célébré la fameuse légion de Mars, décimée, dans la lutte contre Antoine, pour la cause de la liberté expirante, l'oraison funèbre fut exclusivement réservée aux particuliers, à des hommes illustres, à des femmes de grande naissance : on la prononçait sur le Forum, du haut des Rostres. La première oraison funèbre fut celle de *Brutus* par *Valérius Publicola*; plus tard, Appius Claudius Cæcus prononça l'éloge de son père, César celui de sa tante Julie et celui de sa femme Cornélie; Antoine fit l'oraison de César, Tibère celle d'Auguste, Caligula celle de Tibère, Néron celle de Claude; Antonin fut loué par Marc-Aurèle. Rien n'a survécu de ces œuvres, dont l'orgueil de famille faisait souvent tous les frais.

Il appartenait au christianisme de donner à cette éloquence son véritable caractère : l'oraison funèbre, telle que le goût et l'imagination aiment à la concevoir, ne date, en effet, que du jour où l'orateur, au nom de la religion, donne à son auditoire la double leçon de l'autel et du tombeau, ces deux symboles de notre vanité présente et de notre glorieux avenir; elle n'est vraiment digne de son nom qu'à la condition de promettre aux vertus du mort une autre salaire que le souvenir des hommes et cette gloire que les Anciens se proposaient comme la rémunération suprême d'une vie bien remplie. Quel enseignement est plus conforme, mieux assorti au caractère d'un semblable discours, que celui qui, devant cette terrible puissance de la mort, détourne la pensée de la terre et la reporte vers le ciel? En cela consiste, dans le genre démonstratif, la supériorité des Modernes sur les Anciens. « Rappelez dans votre Éloge, disait Cicéron, la noble naissance de votre héros, sa beauté, sa force, ses richesses; si de tels avantages sont par eux-mêmes dignes de louange, c'est un mérite d'en avoir bien usé; vantez ses vertus, et celles qui furent surtout utiles à lui-même, et celles qui tournèrent au profit des autres hommes, les unes parce qu'elles produisent l'admiration, les autres parce qu'elles excitent la reconnaissance; célébrez surtout les belles actions accomplies par le courage sans espoir de récompense; louez même le bonheur comme un don des immortels. » Quelle différence avec le langage de Bossuet ou de Massillon! « Dieu seul est grand, s'écriera Massillon devant la tombe à demi fermée de Louis XIV. — La piété, dira Bossuet, voilà le tout de l'homme ; sans elle, toutes les autres qualités de l'esprit et du cœur, toutes les grâces de la personne, tous les avantages de la naissance et de la fortune ne sont rien, ou même tournent en ruine à ceux qui en sont ornés, puisque enfin il faut mourir. » Ceux-là ont bien raison qui disent que la plus belle oraison funèbre est l'oraison la plus religieuse. St Grégoire de Nazianze, St Grégoire de Nysse et St Ambroise composèrent, dès le ive siècle de notre ère, pour des particuliers ou des princes, des éloges funèbres que Bossuet lui-même n'a pas dédaigné d'imiter. Mais c'est le xviie siècle qui conserva l'honneur d'avoir porté le genre à son plus haut degré de perfection. Alors les chefs-d'œuvre se pressent et se multiplient : Bossuet compose ses oraisons funèbres d'Henriette de France, d'Henriette d'Angleterre, de Marie-Thérèse, d'Anne de Gonzague, de Le Tellier et du grand Condé; Bourdaloue, celle du même prince; Mascaron, celle de Turenne; Fléchier, celles de Turenne, de la Mme de Montausier, de M. de Lamoignon, de Marie-Thérèse, de Le Tellier, et plusieurs autres encore; Massillon, celles du Dauphin et de Louis XIV. Au-dessous d'eux, mais à un rang très-honorable, brillèrent le P. de La Rue et M. de Beauvais. Un siècle où la voix de l'orateur était assurée de trouver un écho dans l'âme de son auditeur, où l'un et l'autre étaient volontiers d'accord, dans la communauté de leurs croyances, pour appeler sur la mort la récompense précise et déterminée que la foi assigne à la vertu, où les assistants tournaient assez docilement en exemple pour eux-mêmes le modèle de piété qu'on pro-

posait autant à leur imitation qu'à leur admiration, un tel siècle devait être l'âge d'or de ce genre d'éloquence.

Depuis le temps de Louis XIV, l'oraison funèbre n'a fait que déchoir : on ne trouve plus à mentionner, au xviiie siècle, que M. de Boismont et l'évêque de Senez; dans notre siècle, le P. Lacordaire a prononcé les éloges funèbres d'O'Connell, du général Drouot, de M. de Forbin-Janson, et l'abbé Cœur, évêque de Troyes, celui de Jérôme Bonaparte. Cette décadence est toute naturelle. D'abord la matière était épuisée; comment revenir sur de semblables sujets, avec une originalité vigoureuse et de bon aloi, après les Massillon, des Bourdaloue, des Mascaron, des Fléchier, des Bossuet? Et quel changement dans les dispositions d'esprit et de cœur de l'auditoire! Le scepticisme a chassé la foi, et l'orateur sacré monte dans la chaire avec cette pensée bien faite pour refroidir et glacer l'éloquence, que ses auditeurs viennent chercher dans son discours, non pas une leçon de piété, mais quelques traces de talent oratoire, et que, si les oreilles et les yeux apprécieront diversement la beauté du débit et de l'expression, les cœurs resteront fermés aux émotions et aux enseignements de la foi. Le doute seul eût suffi pour dessécher la source où l'oraison funèbre puisait ses plus sublimes inspirations; deux causes étrangères à la religion achevèrent ce que le doute avait commencé. Bossuet, dit-on, n'avait point abordé sans répugnance ni scrupule un genre dont les conditions essentielles forçaient l'orateur à s'écarter de la vérité, soit en atténuant les fautes, soit en exagérant les mérites du héros. Toutefois les lumières et les dispositions favorables d'un auditoire, qui, dans un éloge écouté avec bienveillance et plaisir, savait faire la part des nécessités du genre et celle du vrai, avaient eu pour effet, au xviie siècle, de rejeter dans l'ombre ce défaut inhérent à l'oraison funèbre. Il n'en a plus été ainsi depuis : l'esprit philosophique, portant une investigation plus libre et plus hardie dans la vie publique et privée des hommes illustres, a fait succéder aux entraînements d'une admiration complaisante les jugements froids et sévères de la raison, et la mode du dénigrement à celle de l'éloge. Au xviie siècle, les panégyristes de Turenne avaient célébré sa conversion comme un acte de bonne foi généreuse; au xviiie, Voltaire l'attribuait à l'ambition, et n'y voyait que le désir de porter le bâton de maréchal. De telles dispositions sont antipathiques à l'oraison funèbre, qui requiert, presque autant que la poésie lyrique, l'enthousiasme, et, de plus, la foi au désintéressement de la vertu et à l'élévation naturelle de certaines âmes d'élite. Ajoutons que l'esprit de parti, qui, depuis 1789, a divisé la France en factions ennemies, a rendu plus difficile encore et peut-être impossible l'accord des opinions sur le mérite de quelques grands hommes que le siècle a produits. Les droits de l'imprévu réservés, on peut dire que l'oraison funèbre est morte avec Louis XIV. V. Villemain, *Essai sur l'Oraison funèbre*.
A. H.

ORANGE (Arc d'), le plus remarquable des arcs honoraires romains qui existent en France. Bâti en dehors de la ville, il a 21 mèt. de longueur à sa base, 19 mèt. de hauteur, et est percé de trois portes, dont l'arc est à plein cintre : celle du milieu a 9 mèt. sous clef et 5 mèt. d'ouverture; les deux autres ont 7 mèt. sur 3. Tout le monument est en pierre de taille. Quatre colonnes corinthiennes cannelées décoraient chaque face; les deux colonnes qui flanquent l'arc ou la porte sur chacune des faces principales soutiennent un fronton triangulaire, au-dessus duquel règne un attique couronné par une belle corniche. La face septentrionale est la mieux conservée : au-dessus de chacune des portes latérales sont groupées des armes offensives et défensives; des deux côtés du fronton se trouvent des trophées composés d'attributs maritimes; le bas-relief de l'attique représente un combat de fantassins et de cavaliers; les archivoltes, les pieds-droits et les voûtes des trois portes offrent de précieux modèles d'ornementation. La façade méridionale de l'arc a beaucoup souffert : deux des anciennes colonnes ont disparu; il ne reste presque rien des bas-reliefs de l'un des côtés du fronton, ni des trophées militaires dont l'une des petites portes était surmontée. Le bas-relief de l'attique représente aussi un combat. La face orientale de l'arc est décorée de 4 colonnes corinthiennes, supportant une corniche et une frise qui régnaient autrefois autour du monument; au-dessus est un fronton triangulaire, dans le tympan duquel on voit, sous une arcade, le buste rayonnant du Soleil; et, en dehors de l'arcade, deux cornes d'abondance; au-dessus de la corniche du fronton, et des deux côtés, sont des Néréides; dans les trois entre-colonnements il y a trois trophées, et, au pied de chacun de ceux-ci, deux captifs. Ces sculptures sont très-mutilées. La face occidentale de l'arc avait sans doute la même décoration, mais on n'y voit plus que les restes de deux colonnes et de deux trophées. — Des antiquaires ont pensé que l'Arc d'Orange était un souvenir de la victoire de Cn. Domitius Ahenobarbus sur les Allobroges (l'an 122 av. J.-C.), ou de la défaite des Teutons par Marius (l'an 102); d'autres ont cru y reconnaître un monument commémoratif, soit des victoires des Romains dans toute la Gaule Narbonnaise, soit de la conquête de J. César, soit enfin qui l'attribuent à l'empereur Auguste. Des études faites sur ce monument, en 1861, par M. Herbert, professeur au lycée d'Avignon, prêtent de nouvelles forces à cette dernière opinion : il résulterait du déchiffrement de l'inscription de dédicace, fait d'après les crampons qui en retenaient les lettres, arrachées depuis longtemps, que l'arc est de l'an 743 de Rome, 10 ans av. J.-C., et qu'il fut érigé en l'honneur d'Auguste, pour perpétuer le souvenir de l'Égypte et de la Gaule chevelue rendues tributaires par ce prince; les bas-reliefs sont des trophées de la défaite des Gaulois, et des vaincus d'Actium. Les princes d'Orange avaient enfermé l'arc dans un édifice, et bâti une tour sur son sommet; ces constructions ont été démolies en 1721. V. Le Beuf, *L'Arc d'Orange*, dans les *Mém. de l'Acad. des Inscriptions*, t. xxv; Raban, *Les Antiquités de la ville et cité d'Orange*, 1656; de Gasparin, *Hist. de la ville d'Orange*, 1815, in-12; Artaud, *l'Arc d'Orange*, 1840, in-8°; J. Boustet, *Notice historique et archéologique sur Orange*, 1841, in-8°; Caristie, *Monuments antiques d'Orange*, 1856, in-fol.; Herbert, *l'Inscription de l'Arc d'Orange*, Paris, 1862, in-8°.

ORANGE (Théâtre d'), monument improprement appelé *le Cirque*, et par corruption le *Grand Ciré*. Il est situé sur le penchant d'une montagne. La partie demi-circulaire dans laquelle se trouvaient les sièges des spectateurs est taillée dans l'escarpement. Les deux extrémités du demi-cercle se liaient à la scène par des constructions nécessaires au service du théâtre. Le mur qui termine la scène ou en fait le fond est assez bien conservé; il a 35 mèt. de hauteur, et plus du triple de longueur; il est décoré de deux rangées d'arcades et d'un attique. On a fait disparaître de nos jours les habitations dont les princes d'Orange avaient laissé remplir ce théâtre.

ORANGE (La Prise d'), 7ᵉ branche de la chanson de *Guillaume au court Nez*. Guillaume s'ennuie dans sa ville de Nismes. Un chevalier échappé des prisons d'Orange vient lui vanter la beauté de cette ville et les charmes de la belle Orable. Guillaume se rappelle qu'il a eu autrefois l'intention d'épouser la princesse. Il part donc sous un déguisement avec le prisonnier, et pénètre dans Orange; il est reconnu et va périr, quand il est sauvé par Orable, qui livre la ville aux chrétiens. Il fait baptiser sa libératrice et l'épouse. — Ce roman existe à la Bibliothèque nationale de Paris dans cinq manuscrits du xiiiᵉ siècle. V. *Hist. litt. de la France*, t. xxii. H. D.

ORANIENBAUM (Château d'), à 42 kilom. O. de Sᵗ-Pétersbourg, sur le golfe de Finlande, en face de la forteresse de Cronstadt. Ce château, construit par le prince Menschikoff, favori de Pierre le Grand, sur le penchant d'une colline longeant le rivage, se compose de trois corps de bâtiment reliés entre eux par des galeries ornées de colonnades. Il est de tous côtés entouré de jardins, à travers lesquels on a creusé un canal allant jusqu'au golfe. Dans un bois de sapins qui est près de la se trouve le petit château de *Solitude*, qu'on nomme aussi *Ha*, à cause du cri de surprise qu'il arrache à ceux qui le voient pour la première fois.

ORANTES (du latin *orare*, prier), figures symboliques de la prière chrétienne, peintes ou sculptées dans les Catacombes.

ORARIUM. V. ÉTOLE.

ORATEUR, nom qu'on a donné d'abord à quiconque parlait en public, mais que l'on réserve maintenant à ceux dont la parole éloquente sait convaincre, toucher et passionner leurs auditeurs. — En Angleterre, on appelle *Orateur* (*speaker*) le président de la Chambre des communes; élu à la pluralité des voix, c'est lui qui expose les affaires. Dans les cérémonies publiques, on porte devant lui une masse d'or couronnée.

ORATOIRE (du latin *orare*, prier), petite pièce, endroit retiré dans un appartement, où peuvent se faire dans le recueillement les prières particulières. L'oratoire n'a point d'autel, mais un simple prie-Dieu, un Christ, un bénitier, etc. Les canons de l'Église défendent d'y célébrer

la liturgie et d'y baptiser. Les chantreries (V. *ce mot*) ont été quelquefois nommées oratoires, ainsi que les petites chapelles des cimetières et des propriétés privées. V. Gattico, *De Oratoriis domesticis*, Rome, 1746.

ORATOIRE (Accent). V. ACCENT.

ORATOIRE (Art), art d'employer les ressources de l'éloquence. Il résulte de l'observation et de l'expérience, mais il ne saurait se réduire en formules. L'art oratoire, c.-à-d. une certaine manière d'être éloquent, ne doit pas être confondu avec la Rhétorique, qui donne une sorte d'éloquence artificielle à ceux qui n'en ont pas, et qui communique quelque chose de factice à l'éloquence naturelle: dans Démosthène et Bossuet il y a un grand art, il n'y a pas de rhétorique.

ORATOIRE (Genre). V. ÉLOQUENCE.

ORATORIO, pièce de musique religieuse, ainsi appelée parce que les premières œuvres de ce genre furent exécutées au xviᵉ siècle à Rome dans l'église de l'*Oratoire*, sur la demande de Sᵗ Philippe de Néri. Ce fondateur de l'ordre des Oratoriens, voyant les fidèles déserter l'église pour les spectacles mondains, imagina de faire composer, non pas des drames pieux dans le genre des anciens Mystères, pour les jouer sur un théâtre avec costumes et décors, mais des espèces d'intermèdes ou de cantates à plusieurs personnages, dont le sujet était puisé dans l'Écriture sainte, et qui s'exécutaient comme musique de concert, soit à l'église, soit au théâtre. Les Oratorios, qu'on appela aussi *drames fleuris*, prirent dans la suite plus de développement, et acquirent les proportions d'un vrai drame, sauf la pompe théâtrale. On n'en exécute plus aujourd'hui que dans les grandes solennités musicales, ou, par fragments, dans les concerts spirituels. Sans parler des anciens compositeurs italiens, Carissimi, Léo, Jommelli, Caldara, Colonna, Alex. Scarlatti, qui se sont plus ou moins distingués dans l'Oratorio, les plus célèbres compositeurs qui ont illustré ce genre sont Hændel (*le Messie*, *Judas Machabée*, *Athalie*, *Samson*), J.-S. Bach (*la Passion*), Cimarosa (*le Sacrifice d'Abraham*), Haydn (*la Création*, *les Saisons*), Mozart (*David pénitent*), Beethoven (*Jésus au mont des Oliviers*), Mendelssohn (*Élie*, *Paulus*), etc. B.

ORBEVOIE, vieux mot signifiant une fausse arcade ou fenêtre.

ORCHESTIQUE (du grec *orkheisthai*, danser), une des formes de la danse chez les anciens Grecs. C'était la danse noble et régulière, sans gestes exagérés.

ORCHESTRATION, art d'employer les instruments d'orchestre dans un but déterminé. V. INSTRUMENTATION.

ORCHESTRE, partie la plus basse des théâtres dans l'Antiquité, espace vide autour duquel se courbaient les gradins, et qui s'étendait jusqu'à l'avant-scène. Chez les Grecs, l'orchestre devait avoir le demi-diamètre de tout l'édifice, sa largeur était double de sa longueur. Il se divisait en trois parties: la première, où des mimes et danseurs venaient, dans les entr'actes et à la fin des représentations, exécuter leurs exercices, avec des masques *orchestriques*, plus naturels et plus agréables que ceux des acteurs de la scène, portait particulièrement le nom d'*orchestre* (d'*orkheistha i*, danser); la deuxième, où se plaçaient les chœurs, s'appelait *thymélé* (autel, estrade); la troisième, dite *hyposcénion* (sous-scène), était la place des musiciens. Le plancher de tout l'orchestre était de bois, afin de donner de l'élasticité aux pieds des danseurs, et d'ajouter à la sonorité des voix et des instruments. Chez les Romains, l'orchestre n'eut pas la même destination: légèrement incliné vers la scène, pavé de carreaux ou de marbre, il fut garni de sièges pour les sénateurs, les édiles et les Vestales. B.

ORCHESTRE, partie des théâtres modernes où se tiennent les musiciens. On l'établit sur une voûte; la caisse sur laquelle les exécutants sont placés doit être d'un bois léger et résonnant, comme le sapin, de manière à produire des vibrations ainsi que la table d'harmonie des instruments. — L'espace qui s'étend entre l'orchestre et le parterre, et qu'on remplit de sièges où l'on paye un prix assez élevé, s'appelle également *orchestre*. En certaines localités, on le nomme *parquet*. B.

ORCHESTRE, ensemble des musiciens instrumentaux qui exécutent les morceaux symphoniques et qui accompagnent la voix des chanteurs. L'histoire des révolutions de l'orchestre n'est rien moins que celle de la musique instrumentale elle-même. Au xviᵉ siècle, lors de la création du drame musical, les instruments en usage ne pouvaient former que des orchestres très-doux : c'étaient les différentes espèces de violes (V. *ce mot*), le *concert de flûtes* (V. *ce mot*), et accidentellement le clavecin, la

85

guitare, le téorbe et la harpe; le violon était encore peu répandu, et l'orgue tenait lieu d'instruments à vent; certains instruments de cuivre (trompette, bombarde, cor ou cornet à bouquin, saquebute ou trombone) ne servaient que pour exprimer des mouvements guerriers. Le plus ancien monument de la composition d'un orchestre se trouve en tête de la partition de l'*Orfeo* de Monteverde, en 1607 :

Duoi gravi cembali (2 clavecins) ;
Duoi contrabassi da viola (2 contre-basses de viole) ;
Dieci viole da brazzo (10 dessus de viole) ;
Un' arpa doppia (une harpe double) ;
Duoi violini piccoli alla Francese (2 petits violons français) ;
Duoi chitaroni (2 guitares) ;
Duoi organi di legno (2 orgues de bois, c.-à-d. un bourdon) ;
Tre bassi da gamba (3 basses de viole) ; ·
Quatro tromboni (4 trombones) ;
Un regale (un jeu de régale, petit orgue) ;
Duoi cornetti (2 cornets) ;
Un flautino alla vigesima seconda (un flageolet, à la triple octave aiguë du tuyau d'orgue de quatre pieds) ;
Un clarino con tre trombe sordine (un clairon avec 3 trompettes à sourdine).

· Ces instruments ne jouaient pas tous à la fois, mais étaient en quelque sorte affectés à tel ou tel personnage, à l'expression de tel ou tel sentiment. Ainsi, dans ce drame d'*Orfeo*, les clavecins jouent les ritournelles; les contre-basses de viole accompagnent Orphée, et les dessus de viole Eurydice; la harpe double sert à l'accompagnement d'un chœur de Nymphes, les guitares à celui du chant de Caron ; l'Espérance est annoncée par les violons; le chœur des Esprits infernaux est accompagné par les orgues de bois, Proserpine par les basses de viole, Pluton par les trombones, Apollon par la régale, et le chœur final des bergers par le flageolet, les cornets, le clairon et les trompettes à sourdine. L'orchestre de Monteverde osait à peine s'écarter de la voix, et la soutenait humblement par des accords plaqués. Plus tard on réunit les instruments en masses plus imposantes, mais on écarta presque tous les instruments à vent. Le drame d'Étienne Landi, *Il santo Alessio* (1634), offre 3 parties distinctes de violons, de harpes, de luths, de téorbes, de basses de viole, et de clavecins pour la basse continue. L'orchestre de Cavalli, de Carissimi, de Lulli, se compose principalement de violons, de violes de différentes grandeurs, de basses de viole, et de *violoni* ou doubles basses de viole. Lulli ajouta quelques parties de flûtes, de hautbois, de ·bassons, de fagots et de trombes ; on lui doit aussi l'introduction des timbales. L'orchestre était déjà plus varié qu'au temps de Monteverde, mais ne faisait toujours que suivre la voix; les ritournelles seules offraient de plus libres allures. Il en fut ainsi jusqu'au temps de Rameau en France et de Pergolèse en Italie. Leo et Durante, sans augmenter le nombre des instruments, surent les premiers mettre dans l'orchestre un intérêt particulier, et ils furent bientôt surpassés par Majo et Jommelli. L'invention de la clarinette, l'admission de la flûte traversière dans les orchestres, les perfectionnements du cor, fournirent de nouveaux effets aux compositeurs, et l'habileté plus grande des exécutants permit de varier les formes mélodiques des parties instrumentales. Les progrès de l'*opera buffa* en Italie donnèrent naissance aux morceaux dans lesquels le principal intérêt est jeté dans l'orchestre, tandis que sur la scène les acteurs se bornent à une sorte de conversation rythmée; Paisiello, Cimarosa, Guglielmi, trouvèrent des effets charmants en ce genre. Mozart a mis dans son instrumentation un degré d'intérêt dont il n'y avait point eu d'exemple avant lui, et le point où il s'est arrêté semble ne pouvoir être dépassé sans que le chant en souffre et sans qu'il en résulte de la confusion pour l'auditeur. Méhul et Cherubini ont ajouté aux ressources créées par Mozart les perfectionnements de l'instrumentation de cuivre; Rossini a encore augmenté le nombre des parties d'orchestre, et fait un usage à peu près constant de la grosse caisse, des cymbales et du triangle. Mais la multiplication des instruments bruyants a rompu les proportions de l'orchestre.

Il est nécessaire, en effet, que le nombre des instruments à cordes, à vent, et de percussion, soit en rapport convenable avec leur sonorité. Or, deux parties de violon, une ou deux parties d'alto, le violoncelle et la contre-basse, forment aujourd'hui la base de toute musique à grand orchestre ; le système général des instru-

ments à vent, dans une ouverture ou dans un autre grand morceau symphonique ou dramatique , comprend 2 flûtes , 2 hautbois , 2 clarinettes, 2 ou 4 cors , 2 trompettes , 3 trombones , 2 bassons , 2 timbales , et on ajoute quelquefois le bugle ou trompette à clefs , le cornet à pistons, l'ophicléide, la grosse caisse, la caisse roulante, les cymbales , le triangle. Pour tenir tête à cette masse d'instruments à vent, les instruments à archet sont presque partout en nombre insuffisant, et cependant, quoi qu'on fasse, ce sont eux qui peuvent donner les effets les plus vigoureux, les plus brillants et les plus variés : 24 violons , 8 altos, 10 violoncelles et 8 contre-basses sont nécessaires pour faire équilibre aux autres instruments. Les orchestres du Conservatoire de musique et de l'Opéra de Paris sont maintenant les premiers du monde. B.

ORCHESTRINO. *V.* ORPHÉON.

ORCHESTRION, nom de deux instruments à clavier : l'un, construit à Amsterdam en 1789 sur les plans de l'abbé Vogler, était un orgue portatif composé de 4 claviers, chacun de 63 touches, et d'un clavier de pédales de 39 touches, avec un mécanisme d'expression; l'autre, inventé à Prague en 1796 par Thomas-Ant. Kunz, était un piano uni à quelques registres d'orgue.

ORCHESTRIQUE, nom sous lequel les Anciens comprenaient la *Choristique*, la *Cybistique*, et la *Sphéristique* (*V.* ces mots).

ORDINAIRE (L'), en Droit canon, supérieur ecclésiastique qui a juridiction dans une certaine circonscription de territoire. C'est, par exemple, un évêque diocésain.

ORDINAIRE ou ORDO, en termes de Liturgie, livre qui indique pour chaque jour la manière de dire l'office divin (*V.* BREF). — On appelle *Ordinaire de la messe* la partie de la messe qui ne change jamais, quelle que soit la fête qu'on célèbre.

ORDINAIRE, mot qui, dans le langage de l'armée, s'applique à l'alimentation des caporaux et des soldats, chargés de choisir, d'acheter, de préparer eux-mêmes leurs mets, à l'exception du pain de munition, qui leur est fourni par l'État à raison de 750 grammes par homme et par jour. Le pain de soupe, qui est du pain blanc, s'achète des deniers de l'ordinaire : il en est attribué environ 125 grammes par repas à·chaque homme, avec des légumes, un litre de bouillon, et de 140 à 160 grammes de bœuf ou d'autre viande. Une décision ministérielle du 26 avril 1821 autorise le capitaine à fournir aux grands mangeurs le supplément de pain nécessaire, soit en les faisant travailler, soit en leur faisant faire un service extraordinaire qui puisse ajouter à leur solde, soit en imputant la dépense sur les fonds de l'ordinaire, et même en y affectant une partie de l'excédant de masse qui reviendrait, chaque trimestre, à ces soldats. Chaque caporal ou soldat verse à l'ordinaire 18 centimes par jour avec les vivres de campagne; 33 avec le pain en garnison ; 43 avec le pain en marche. Le capitaine charge le sergent-major de donner chaque jour l'argent nécessaire pour les dépenses du lendemain, désigne alternativement l'un des caporaux pour être chef de l'ordinaire, acheter les denrées et surveiller la distribution, provoque la concurrence entre les bouchers, boulangers, épiciers et autres fournisseurs, et empêche toute remise, tout arrangement illicite entre ces fournisseurs et le chef d'ordinaire. Lorsque la compagnie ne forme qu'un ordinaire, le lieutenant en a la direction ; en son absence, ou quand il commande la compagnie, c'est le sous-lieutenant ; si la compagnie forme plusieurs ordinaires, chaque officier dirige les ordinaires de sa section. Il contrôle le *livret d'ordinaire* que tient le caporal, et exige que les fournisseurs soient payés tous les jours. Aucun caporal ou soldat ne peut être dispensé de manger habituellement à l'ordinaire, qu'en vertu d'une permission du capitaine : cette permission ne peut être refusée à l'homme marié, dont la femme a été autorisée à rester au régiment.

ORDINAL, nom que les Anglais donnent à un livre composé sous le règne d'Édouard VI, et qu'ils ont substitué au *Pontifical* romain. Il contient le détail des cérémonies du service divin.

ORDINAND, en latin *ordinandus*, celui qui doit recevoir les *ordres* sacrés. Il subit un examen concernant la foi et la doctrine.

ORDINANT, évêque qui confère les *ordres* sacrés.

ORDINATION, cérémonie par laquelle on confère les *ordres* sacrés. Chez les catholiques, pour *ordonner* un prêtre, l'évêque impose les mains sur la tête de l'ordinand (*V.* IMPOSITION), avec des prières propres à la circonstance ; puis il le revêt des ornements du sacerdoce, lui consacre les mains avec l'huile des catéchumènes, et lui confère le droit d'offrir le saint sacrifice en lui faisant toucher le calice plein de vin et la patène avec le pain. Le nouveau prêtre célèbre après l'évêque ; et, après la communion, l'évêque lui impose de nouveau les mains et lui donne le pouvoir de remettre les péchés. L'ordination des ordres inférieurs se fait sous des formes analogues ; seulement il n'y a d'imposition des mains que sur les diacres. Les Grecs, les Arméniens, les Nestoriens, les Jacobites, pratiquent l'ordination comme les catholiques. L'ordination des évêques s'appelle sacre ou consécration. Le concile de Rome tenu en 744 a prescrit de ne faire les ordinations qu'au 1er, au 4e, au 7e et au 10e mois, c.-à-d. aux Quatre-Temps. Le pape Alexandre II (Épit. 32) a condamné les ordinations per. saltum, c.-à-d. qu'on ne doit pas conférer un ordre à celui qui n'aurait pas reçu les ordres inférieurs. Le concile de Meaux en 845 interdit toute ordination absolue, c.-à-d. celle d'un clerc qui n'avait point de titre ou bénéfice : il fallait autrefois avoir une église pour être ordonné prêtre. — Pour les Protestants, l'ordination n'est pas nécessaire ; c'est une simple cérémonie d'installation, rendant la vocation du pasteur plus authentique. Ils la nomment consécration. B.

ORDINATION (Ban d'). V. Ban.

ORDO. V. Ordinaire.

ORDONNANCE. Sans parler du sens que l'on donnait à ce mot dans l'ancienne monarchie française (V. Ordonnances, dans notre Dictionnaire de Biographie et d'Histoire), il désigne : 1° toute décision du Conseil d'État, quand elle est revêtue de l'approbation du souverain ; 2° toute décision rendue en matière criminelle par les tribunaux de 1re instance réunis en la Chambre du conseil et sur le rapport du juge d'instruction ; 3° l'ordre ou autorisation que donne un juge au bas d'une requête, à la suite d'un procès-verbal, comme pour assigner à bref délai, commettre un rapporteur, autoriser une saisie, homologuer une sentence arbitrale ; 4° l'ordre de mise en liberté d'un accusé déclaré non coupable par le jury.

ordonnance, cavalier placé pendant la durée d'une garde chez un officier général, pour porter ses dépêches. En campagne, les généraux ont à leur quartier plusieurs ordonnances, qui leur servent en même temps d'escorte, et qu'on ne relève qu'après un nombre de jours indéterminé. On nomme officiers d'ordonnance les officiers pris dans l'infanterie et dans la cavalerie pour remplir sous les ordres des généraux les fonctions d'aides de camp, à défaut d'officiers du corps d'état-major. Le roi Louis-Philippe avait attaché à sa personne 12 officiers d'ordonnance ; Napoléon III en eut 14, comme Napoléon Ier.

ORDONNANCEMENT, formalité d'Administration qui consiste à vérifier l'accomplissement des services ou l'exécution des marchés, et à en ordonner le payement. Les ordonnances de payement des divers départements ministériels sont adressées au Ministre des finances, qui fait acquitter toutes les dépenses de l'État.

ORDONNATEURS, fonctionnaires des divers départements ministériels qui font, par délégation des Ministres, les ordonnancements de dépenses. Leur signature est, au moment de leur entrée en fonctions, accréditée auprès des payeurs. Ils inscrivent par ordre de date toutes leurs opérations, puis les reportent sur un sommier ou grand-livre de comptes ouverts par ordre de matières et suivant les divisions du budget ; ils envoient les comptes mensuels à leur Ministère, et, au terme fixé pour la clôture de chaque exercice, un relevé général et définitif.

ORDRE, une des divisions admises dans les classifications. Ainsi, dans l'Histoire naturelle, les classes sont divisées en ordres, qui eux-mêmes se subdivisent en familles.

ordre, intelligente distribution de toutes les parties d'une œuvre, harmonie entre la fin de chaque être et les moyens qu'il possède d'y atteindre. La conception de l'ordre est une conception rationnelle, nécessaire, qui se manifeste dans le monde physique et dans le monde moral à mesure que nous y pénétrons par l'observation ; le principe des causes finales (V. ce mot) trouve dans l'ordre sa satisfaction ; la croyance à l'ordre du monde est le fondement de toute généralisation dans les sciences physiques et naturelles et dans les sciences morales. La réalisation de l'ordre pour un être, c'est l'accomplissement de sa fin.

ordre, le sixième des Sacrements de l'Église catholique, celui qui confère le caractère, le pouvoir, le ministère ecclésiastique. L'Église en voit l'institution divine dans ces paroles de Jésus-Christ à ses Apôtres : « Comme mon Père m'a envoyé, je vous envoie. — Recevez le

St-Esprit ; les péchés seront remis à ceux auxquels vous les remettrez, et seront retenus à ceux auxquels vous les retiendrez. » Les Apôtres communiquèrent à leur tour les dons du St-Esprit, la mission et le pouvoir qu'ils avaient reçus. Les évêques peuvent seuls administrer le Sacrement de l'Ordre : l'imposition des mains est la matière de ce Sacrement, la prière qui l'accompagne en est la forme (V. Ordination). Le caractère que l'Ordre imprime à ceux qui le reçoivent est indélébile.

ordre, association de religieux qui, bien que dispersés souvent dans divers monastères, sont soumis à une même règle. On appelle chef d'ordre le monastère principal, celui où réside le supérieur général de l'ordre.

ordre, mot souvent employé pour désigner les classes d'une nation. Chez les anciens Romains, on disait l'Ordre des patriciens, l'Ordre équestre ou des Chevaliers, l'Ordre des plébéiens. Dans l'ancienne monarchie française, on distinguait aux États généraux trois Ordres, la noblesse, le clergé, et le tiers état. Nous disons encore l'Ordre judiciaire, l'Ordre des avocats.

ordre, en termes de Jurisprudence, détermination du rang suivant lequel chaque créancier hypothécaire ou privilégié doit être payé sur le prix provenant de la vente des biens immobiliers du débiteur commun. C'est une dérogation au principe général qui veut que les biens d'un débiteur soient le gage commun de ses créanciers, et qu'en cas d'insuffisance le prix s'en distribue entre eux par contribution, au marc le franc de leurs créances. V. le Code Napoléon, art. 2,092, 2,093 ; et le Code de Procédure civile, art. 749 et suiv. ; Grosse et Rameau, Commentaire ou application au point de vue pratique de la loi du 21 mai 1858 sur la procédure d'ordre, Paris, 1858, 2 vol. in-8°.

ordre (Billet à). V. Billet.

ordre (Conseil de l'). V. Discipline (Conseil de), dans notre Dictionnaire de Biographie et d'Histoire.

ordre (Mot d'). V. Mot d'ordre.

ordre de bataille, disposition qu'un général donne à ses troupes sur un champ de bataille. Il convient d'y distinguer trois choses : 1° l'ordre dans lequel sont rangées les troupes de chaque arme, en raison du service auquel elles sont destinées ; 2° l'ordre relatif dans lequel les différentes armes doivent être placées, c.-à-d. la place que chacune doit occuper dans l'ordre général ; 3° la figure et la direction du front de bataille. L'ordre dans lequel ont été rangées les troupes légères, l'infanterie et la cavalerie, a varié selon les révolutions de l'art militaire ; mais le même principe proportionnel a toujours existé entre elles, c.-à-d. que la cavalerie a toujours été rangée dans un ordre moins profond que l'infanterie, et les troupes légères dans l'ordre le moins profond. L'ordre profond était celui des Égyptiens et de tous les anciens peuples de l'Asie, on formait de grandes masses destinées à se heurter de front : ainsi, les Perses combattaient en carrés de 100 de profondeur sur 100 de front. L'ordre profond fut aussi adopté par les Grecs, chez lesquels le mot phalange désigna cet ordre en général, bien qu'il y eût quelque différence dans la formation. Ainsi, les Spartiates combattaient sur 8 et sur 12 de hauteur, les Athéniens quelquefois sur 30, les Macédoniens au temps de Philippe et d'Alexandre sur 16. La cavalerie et les troupes légères n'eurent jamais plus de 8 rangs de profondeur. — Chez les Romains, la légion s'établit primitivement sur 3 lignes, de 10 manipules chacune : dans les deux premières lignes, les manipules avaient 12 hommes de front et 10 de profondeur ; dans la troisième, il n'y avait que 6 hommes de front sur 10 aussi de profondeur. La distance entre les lignes était égale à la profondeur d'un manipule, et dans chaque ligne l'intervalle d'un manipule à l'autre était égal au front de ces derniers. La seconde ligne placée de manière que ses pleins correspondaient aux vides des deux autres, et qu'en front elle les dépassait de tout le front d'un manipule. La cavalerie était divisée en turmes de 8 cavaliers de front sur 4 de profondeur. Sous l'Empire, cet ordre fut modifié : l'ordre de bataille fut établi sur deux lignes de cinq cohortes chacune, et leur profondeur varia de 6 à 10 hommes. — L'invasion des Barbares de la Germanie rejeta l'art militaire dans l'enfance. Les Francs, les Goths, les Vandales combattaient en grandes masses. Pendant les temps féodaux, les batailles se livrèrent encore par masses de chevaux portant des hommes couverts de fer, auxquels les fantassins ne pouvaient ni résister, ni servir d'auxiliaires. L'invention de la poudre rendit à l'infanterie son importance ; mais, tant que l'usage des armes à feu fut restreint et mêlé à celui des armes de longueur, son ordonnance resta sur 10 et 8 rangs. Au xviie siècle, la profondeur de l'infanterie fut réduite à 6, puis à 4 rangs, celle de la cavalerie à 4 et à 3. Au xviiie, il n'y eut plus que 3 rangs d'infanterie et 2 de cavalerie. L'*ordre mince* remplaçait donc l'ordre profond, et il est encore adopté aujourd'hui.

Quant au placement relatif des différents corps dans la ligne de bataille, il a subi, comme l'ordonnance de chaque arme, diverses modifications. Tant que dura l'emploi exclusif des armes de main, les batailles ayant lieu par le choc direct des corps et la lutte individuelle des hommes qui les composaient, la cavalerie ne put trouver place entre les masses, et fut placée sur les ailes. Cependant cette disposition théorique pouvait n'être pas constamment observée : Alexandre à Arbelles et César à Pharsale s'écartèrent du principe général. — Dans les temps où la stratégie dirige les opérations, que la tactique se borne à exécuter, et où la victoire n'est plus uniquement le résultat d'un carnage de pied ferme, mais souvent celui de l'occupation de certains points, le mélange des armes est devenu une nécessité. La cavalerie peut avoir à couvrir plusieurs fronts; l'infanterie, l'artillerie peuvent préparer des résultats que complétera la cavalerie, et réciproquement. Tout dépend de l'expérience et des combinaisons du général.

La figure et la direction du front de bataille n'ont pas moins varié. Les Grecs avaient plusieurs combinaisons : dans l'ordre *antistome*, la phalange offrait un double front; dans l'*hétérostome*, elle s'avançait en colonne; dans le *plinthe*, elle formait un carré. Ou bien elle prenait, pour attaquer, la forme d'un *coin* ou *tête de porc*, et, pour se défendre, elle se formait en rond, en triangle, en demi-lune. On trouve dans Végèce (III, 19) sept ordres différents, qui étaient en usage chez les Romains. L'empereur Léon les réduisit à quatre, appelés le *scythique*, l'*atlanique*, l'*africain* et l'*italique*. Par le premier, on forme une ligne pleine dont les ailes s'inclinent en avant pour cerner l'ennemi; dans le second, des parties de toute la ligne s'avancent pour attaquer, laissant des intervalles où elles peuvent rentrer (c'est une marche en échiquier); dans le 3e, le centre demeure immobile, et la manœuvre précédente n'a lieu qu'aux ailes; dans le 4e, l'armée se forme sur deux lignes, ayant les corps séparés pour couvrir ses flancs, et des réserves pour garder ses derrières. — Chez les modernes, les Suisses ont imaginé des ordres en croix, à dents de scie, octogone, en hérisson, etc.; ce sont des ordres de parade plutôt que de guerre. Au xviiie siècle, Chevert excellait à dessiner sur le terrain une fleur de lis, ou à y écrire *Vive le roi*. Toutes ces merveilles n'avaient rien de sérieux. L'ordre sur deux lignes, appuyé d'une réserve, et entrecoupé d'intervalles à canons, est seul efficacement employé de nos jours. La direction de la ligne de bataille, son parallélisme ou son obliquité par rapport à l'ennemi, dépendent de la nature des opérations à exécuter et de la configuration du sol. Ce qu'il y a d'important en tout cas, c'est que la ligne de bataille soit parallèle à la base d'opérations et perpendiculaire aux lignes de communication avec cette base.

Dans la Marine militaire, la formation des *ordres* est tout l'art des évolutions. La ligne qui s'approche le plus du point d'où souffle le vent, et qu'on nomme pour cette raison *ligne du plus près*, est la plus favorable à l'attaque et à la défense : les vaisseaux s'y maintiennent facilement à la suite les uns des autres; l'ennemi ne peut l'aborder qu'avec peine et en s'exposant à tout le feu de ses canons. Cette ligne sert principalement lorsqu'on se bat en courant. Quand les armées navales s'arrêtent pour se combattre à outrance, on se range en bataille suivant la perpendiculaire du vent. B.

ORDRE DE MARCHE, en termes de Marine, position assignée aux bâtiments d'une flotte qui navigue. On reconnaît plusieurs ordres de marche : 1° l'armée sur une ligne du plus près : tous les vaisseaux se maintiennent sur cette ligne les uns par rapport aux autres font des lignes parallèles; 2° l'armée sur la perpendiculaire du vent : les vaisseaux sont tous face au vent; 3° l'armée perpendiculaire à la route ordonnée; 4° les bâtiments sur les deux lignes du plus près, le général au centre et sous le vent; 5° l'armée sur six colonnes parallèles; 6° l'armée sur trois colonnes.

ORDRE DU JOUR, injonction transmise par écrit à une armée ou à un corps de troupes de la part d'une autorité supérieure. Il contient ou une communication d'actes émanés, ou une intimation des devoirs à remplir, ou une explication du genre de service à accomplir, ou un récit succinct d'événements qui intéressent les militaires. Les ordres du jour sont transcrits sur des registres spéciaux. — Quelquefois des généraux en chef font de l'ordre du jour une sorte de proclamation à leur armée, pour ce qui tient à l'honneur militaire ou à la gloire du drapeau. En 1798, le général Beauvais, connu depuis comme écrivain militaire, étant employé à l'armée d'Égypte, donna sa démission à la suite d'une altercation très-vive avec le général en chef Bonaparte. Ce dernier l'accepta, et la mit à l'ordre du jour en l'accompagnant de la réflexion suivante : « Un officier qui, se portant bien, offre sa démission au milieu d'une campagne, ne peut être dans l'intention d'acquérir de la gloire et de concourir au grand but de la paix générale. Il n'est pas digne des soldats que je commande. » — Kléber chargé du commandement de l'armée d'Égypte, se croyant abandonné de son pays, conclut, le 24 janvier 1800, la convention d'El-Arisch, par laquelle il devait ramener son armée en France. Déjà il avait remis aux Turcs plusieurs postes importants, et il s'acheminait pour s'embarquer, quand il reçoit de l'amiral anglais Keith une lettre qui lui déclare que le roi d'Angleterre, allié des Turcs, s'oppose à la convention, et exige que l'armée française se rende prisonnière de guerre. Kléber s'indigne; il met à l'ordre du jour la lettre entière de l'amiral anglais, et la fait suivre de ces simples mots : « Soldats, on ne répond à de telles insolences que par des victoires; préparez-vous à combattre. » Le lendemain il gagna la bataille d'Héliopolis, où, avec 20,000 hommes, il anéantit l'armée du grand vizir, forte de 80,000 hommes.

Dans les Assemblées délibérantes, l'*Ordre du jour* est l'indication des objets de la délibération de chaque jour, dans l'ordre où l'on doit s'en occuper. *Passer à l'ordre du jour*, c'est cesser de s'occuper d'une question pour passer à celle qui vient après dans le programme de la séance. C. D—y.

ORDRE EN COLONNE. *V.* COLONNE.

ORDRES D'ARCHITECTURE, terme par lequel on désigne certaines dispositions données aux parties essentielles d'un édifice, de manière à composer un ensemble harmonieux et régulier. Ainsi, l'ordre d'un monument, en fixant les formes et les proportions qu'il doit recevoir, détermine non-seulement la hauteur et l'ornementation des colonnes, mais encore celles de leur piédestal, et de l'entablement qui les surmonte. On reconnaît cinq ordres classiques en Architecture, dont trois d'origine grecque, le *Dorique*, l'*Ionique*, le *Corinthien*, et deux autres nés en Italie, le *Toscan* et le *Composite* (*V. ces mots*). On a encore distingué l'*ordre Attique*, employé au couronnement des édifices; l'*ordre Caryatide*, dans lequel les caryatides servent de colonnes; l'*ordre composé*, qui désigne toute création architecturale faite en dehors des règles ordinaires. C'est par la forme du chapiteau des colonnes que l'on fait le plus aisément et à première vue la différence des ordres. Le chapiteau dorique est le plus simple : il consiste en un abaque épais et saillant, trois, quatre ou cinq filets, une échine qu'on tailla d'abord en biseau, puis en quart de rond et presque en tore, et un congé ou gorgerin; la hauteur du chapiteau est ordinairement la moitié du diamètre pris en bas du fût de la colonne. Le chapiteau ionique est orné de volutes disposées de façon qu'aux faces antérieure et postérieure on voit leurs circonvolutions, tandis que les deux côtés présentent seulement un rouleau sur lequel sont souvent sculptés quelques feuillages. Le chapiteau corinthien, qui a en hauteur le diamètre de son fût pris au pied de la colonne, a la forme d'une cloche renversée; deux volutes soutiennent chaque angle de l'abaque; deux autres plus petites s'accolent dans chaque milieu; l'intervalle entre l'abaque et l'astragale est garni de deux rangs de feuilles d'acanthe. Le chapiteau toscan diffère peu du dorique : sa hauteur est divisée en trois parties, l'abaque, l'échine, et le gorgerin surmonté d'un astragale. Le chapiteau composite se distingue du corinthien par l'addition de la volute ionique. — Plusieurs ordres sont souvent *assemblés*, c.-à-d. placés l'un sur l'autre, pour orner, par exemple, un portail ou une façade. En ce cas, deux règles sont prescrites : la première veut que l'ordre le plus fort supporte celui dont les formes sont plus délicates; ainsi, l'ionique s'élève sur le dorique, le corinthien sur l'ionique, et Vitruve exige que les axes des colonnes des ordres superposés se trouvent dans le même aplomb. La deuxième règle, c'est que l'ordre supérieur soit moins élevé d'un quart que l'ordre inférieur. Au reste, les circonstances de localité et de destination, les lois de la perspective, le goût de l'architecte, peuvent modifier ces règles, qui n'ont rien d'absolu. *V.* COLONNE, BASE, ENTA-BLEMENT. B.

ORDRES DE CHEVALERIE. *V.* DÉCORATIONS.

ORDRES SACRÉS. *V. notre Dictionnaire de Biographie et d'Histoire.*

OREILLER, coussin de forme et de matière variables, sur lequel on pose la tête pour dormir. Dans les pays très-chauds, on fait des oreillers de bois ou de pierre, hauts de 10 à 15 centimèt., et creusés de façon à recevoir la tête. On en voit en ivoire dans le Musée égyptien du Louvre.

OREMUS, mot latin qui signifie *prions*, et par lequel le prêtre commence une oraison. Par extension, on lui donne le sens d'*oraison*, de *prière* : *Dire des Oremus.*

ORESTIE, titre collectif donné, dès l'Antiquité, à trois tragédies d'Eschyle, *Agamemnon*, *les Choéphores*, et *les Euménides*, où sont exposées les destinées d'Oreste. *V.* Patin, *Études sur les tragiques grecs*, 3 vol. in-8°.

ORFÉVRERIE, art de l'orfévre ou fabricant d'objets en or et en argent, et, par extension, produit de cet art. L'orfévrerie comprend plusieurs spécialités : la *bijouterie*, la *joaillerie* (*V. ces mots*), et l'*orfévrerie* proprement dite ou *grosserie*. Celle-ci consiste dans la fabrication de la vaisselle, des couverts, des coupes, des ornements d'église, et, en général, de tous les ouvrages d'un certain volume qui servent à la décoration ou à l'ameublement des habitations particulières et des édifices publics. — L'origine de l'orfévrerie remonte à des temps très-reculés. Les Hébreux, lors de la sortie d'Égypte, empruntèrent aux Égyptiens une grande quantité de vases d'or et d'argent, et les bijoux qu'ils offrirent à Moïse dans le désert furent convertis en objets nécessaires au service divin. Dans l'*Odyssée* d'Homère, Hélène reçoit en présent une quenouille d'or et une corbeille d'argent aux bords artistement travaillés. La description du bouclier d'Achille dans le même poëte montre qu'on savait déjà mélanger sur les métaux la couleur des différents objets. L'épée d'Agamemnon avait une poignée d'or, le sceptre d'Achille des clous d'or. Les femmes d'Athènes portaient dans leurs cheveux des cigales d'or, pour indiquer qu'elles étaient indigènes en Grèce. L'argenterie de Délos fut célèbre à Rome. Sous l'Empire romain, les vases d'or et d'argent ciselé, les patères, les coupes, devinrent assez communs. Il reste encore, entre autres choses, pour juger le mérite des œuvres antiques, les vases du cardinal Albani représentant l'expiation d'Oreste et les travaux d'Hercule, le plateau connu sous le nom de *bouclier de Scipion* (*V.* BOUCLIER), la patère d'or trouvée à Rennes et représentant un défi entre Hercule et Bacchus, etc. Les œuvres de l'orfévrerie ont pris, dans tous les temps, les caractères des arts contemporains. Ainsi, dans les pièces grecques et romaines qui nous sont parvenues, se retrouvent la simplicité de composition, les lignes nettes et pures de l'art antique. L'orfévrerie byzantine, comme l'architecture, a des formes moins sévères, mais plus de spontanéité, de liberté et d'abandon. Au VIIe siècle, en France, St Éloi se fit un nom par son habileté dans l'orfévrerie. Pendant le moyen âge, on a surtout fabriqué des châsses, des reliquaires, des tabernacles, des ostensoirs, des crucifix, des retables, des chandeliers, etc.; les artistes y ont reproduit les formes architecturales : ainsi, jusqu'au milieu du XIIe siècle, les arcatures et les baies décoratives sont en plein cintre, les figures allongées, les draperies roides et verticales, les costumes couverts de bijoux, tandis que plus tard l'ogive domine, les personnages se raccourcissent, les plis deviennent plus amples, le faire plus large et plus vrai. C'est au XIVe siècle qu'on a repris la fabrication de l'orfévrerie de table. Parmi les œuvres d'orfévrerie du moyen âge qui sont arrivées jusqu'à nous, on peut citer : les couronnes de Guarrazar (*V. ce mot*); la couronne de Charlemagne; le magnifique autel d'or de la basilique St-Ambroise à Milan; la couverture du livre d'Heures de Charles le Chauve; le retable d'or de la cathédrale de Bâle, qui est actuellement au musée de Cluny, à Paris; le calice de l'abbaye de Weingarten en Souabe; la châsse d'Aix-la-Chapelle, donnée par Frédéric Barberousse; l'autel d'or de la chapelle royale à Munich; la châsse des Rois Mages à Cologne; les châsses de St Héribert à Deutz, de St Taurin à Évreux, de St Romain à Rouen, de St Calmine à Mauzac, etc.; une Vierge et l'enfant Jésus, donnée par Jeanne d'Évreux à l'abbaye de St-Denis en 1839, et qui est au musée du Louvre; le bâton cantoral, daté de 1394, qui a longtemps passé pour le sceptre de Charlemagne. Un des plus fameux orfévres fut Raoul, que Philippe III anoblit. — A l'époque de la Renaissance,

l'orfévrerie, de religieuse qu'elle avait été, se fit profane : tout en cherchant à reproduire les formes du style antique, elle y ajouta les rameaux de feuillage, de fruits et de fleurs, et modela le corps humain avec une égale habileté. Dans le même temps, l'art de l'orfévre se partage en plusieurs branches : les procédés de fabrication devenant plus savants, il est nécessaire qu'on s'y consacre exclusivement, et désormais la composition des modèles est le plus souvent l'œuvre d'artistes particuliers. Beaucoup d'artistes italiens s'illustrèrent par des travaux d'orfévrerie, entre autres Donatello, Brunelleschi, Ghiberti, Ant. del Pollajuolo, Maso Finiguerra, Amerighi, Verrochio, Piero Giovanni, Michelagnolo da Pinzidimonte, Romolo del Tavolaccino, Stefano Saltaregli, Zanobi del Lavacchio, Bastiano Cennini, Piero di Nino, Antonio di Salvi, Salvatore Pilli, Lorenzo della Golpaja, etc. Mais ce fut surtout Benvenuto Cellini qui eut la plus grande influence sur l'orfévrerie du XVIe siècle. On doit citer, après lui, Caradosso de Milan et Lautizio de Pérouse. Étienne de Laulne, Jean Cousin (différent du peintre), et François Briot, furent aussi des orfévres distingués de cette époque en France. Au XVIIe siècle, la variété des ornements et la délicatesse de la main-d'œuvre font place à un art qui vise à la majesté : sous l'influence du cavalier Bernin et de Lebrun, l'orfévrerie devient fastueuse; il y a cependant d'heureuses exceptions, entre autres De Launay et les Ballin. Pendant le XVIIIe siècle, réparaissent les libertés et les caprices : les œuvres de l'orfévrerie, quelquefois ravissantes de fantaisie, n'ont plus rien de régulier ; ce sont toutes formes antigéométriques, toutes surfaces ondulées, contournées, indescriptibles. Les Germain produisent des ouvrages délicats, très-étudiés, et d'un grand mérite d'ajustement; ils règlent le goût de l'époque, tout en y cédant. Après la période de la Révolution, l'orfévrerie, un instant arrêtée, reprend sa marche : Auguste, Odiot père, Thomire, Biennais, la représentent sous le règne de Napoléon Ier; pendant la Restauration, Odiot fils (dont on voit de beaux spécimens au musée du Luxembourg) et Cahier restent fidèles aux formes sérieuses, tandis que Fauconnier, Fossin, les frères Marrel, Lenglet, et plus tard Froment-Meurice se composent une sorte d'originalité par des emprunts faits au moyen âge, à la Renaissance et au XVIIIe siècle. C'est un art éclectique qui caractérise l'orfévrerie actuelle, représentée par Vetche, Rudolphi, Wiese, Bapst, Maurice Mayer, les frères Fannière, Rouvenat, Hayet, Mention, Wagner, Morel, Bachelet, Duponchel, Christofle, etc. On pourrait encore citer aujourd'hui Garrard et Hancock en Angleterre ; de Meyer et Salm en Hollande, Friedeberg en Prusse, etc. *V.* Séré et Paul Lacroix, *Histoire de l'Orfévrerie-Joaillerie*, Paris, 1850, in-8°. B.

ORFÉVRE (du latin *auri faber*, ouvrier qui travaille l'or), ancienne corporation, déjà importante au milieu du XIIIe siècle, et formant à Paris le 6e corps des marchands. Le fameux Étienne Marcel, prévôt des marchands sous le règne de Jean le Bon, en était sorti. L'apprentissage était de 8 années, et on ne pouvait le commencer avant l'âge de 9 ans ni après 16. Le compagnonnage durait 3 ans. Pour obtenir la maîtrise, il fallait avoir 20 ans accomplis, savoir lire et écrire, subir un examen, et présenter un chef-d'œuvre; chaque nouveau maître était tenu de faire recevoir à la Cour des monnaies un poinçon à son nom et devise, pour marquer ses ouvrages. Le brevet coûtait 186 livres, et la maîtrise 1,350 livres. La corporation nommait tous les deux ans trois *maîtres et gardes*. Elle était honorée d'armoiries, consistant en une croix d'or dentelée en champ de gueules, accompagnée de deux couronnes et de coupes d'or à la bannière de France en chef. Elle fonda, en 1399, une chapelle et un hôpital pour les ouvriers malades. C'était l'usage que, le 1er mai, elle offrît un tableau à l'église Notre-Dame. *V.* MAI. B.

ORFROI, en italien *orifrigio*, en latin du moyen âge *aurifrisium, aurifrigia, aurifrisia, aurifrasus, aurifrixus*, broderie d'or, d'argent ou de soie, dont on orne les vêtements, et particulièrement les ornements d'église. On croit que cela vient d'*aurum phrygium*, parce que les Phrygiens auraient été les inventeurs de cette broderie, ou d'*aurum fractum*, or brisé.

ORGANISER, terme de l'ancienne Musique. C'était marier, comme dans l'orgue, des voix différentes. On faisait une *organisation simple*, quand on se bornait à introduire la tierce sur la note sensible, à la terminaison du chant; une *organisation double*, quand on accompagnait le chant en quarto ou en quinte. Le *triplum* et le *quadruplum* furent d'autres façons d'organiser. Autrefois, dans quelques églises, on appelait *organistes de* l'*Alleluia* quatre chantres qui organisaient, c.-à-d. chantaient en parties l'*Alleluia*. V. ORGANUM.

ORGANISTE, celui qui touche l'orgue. Il doit réunir une science musicale étendue, l'habitude de la composition, une imagination riche, et du goût. Le premier organiste célèbre dont le nom se soit conservé est Francesco Landino, surnommé *Cieco* (l'Aveugle), qui vivait à Venise au xive siècle ; la Bibliothèque impériale de Paris possède quelques-unes de ses pièces, remarquables pour l'époque où elles furent écrites. On cite ensuite Squarcialupi, organiste à Florence en 1430 ; Francisco Corteccia, Alessandro Striggio, Paul Hofhaimer ou Hoffbaimer, Michel-Ange Tonti, Antonio degli Organi ; le Français Milleville, qui suivit à Ferrare la fille de Louis XII ; Claude Mérulo ; les deux Gabrielli ; Arauxo, organiste de Séville ; Bernard Schmitt, organiste à Venise ; John Bull, organiste de la reine Élisabeth d'Angleterre. Au commencement du xviie siècle, Frescobaldi, organiste de St-Pierre de Rome, excita un enthousiasme général ; ses compositions sont des chefs-d'œuvre de science. Répandues et goûtées en France, elles y suscitèrent des organistes de talent, les Champion, les Couperin, Roberday, d'Anglebert, Lebègue, Nivers, Titelouze, Gigault, Raison. À la même époque, Samuel Scheidt illustrait à Hambourg l'école allemande, qui devait, pendant le xviiie siècle, produire des organistes de premier ordre, Froberger, de Kerl, Buxtehude, Reinken, Pachelbel, la famille des Bach, Handel, Kittel, etc. A ces maîtres, la France ne put opposer que des hommes secondaires, Daquin, Calvière, Balbâtre, Marchand, tous fort au-dessous de la réputation dont ils ont joui. Depuis Rameau jusqu'à Beethoven, presque tous les compositeurs ont étudié l'orgue : Mozart, Haydn, Nicolo, Méhul, Grétry, Boïeldieu, ont été organistes, et l'on pourrait encore mentionner de nos jours Adolphe Adam, Hipp. Monpou, Niedermayer, Fétis, etc. L'orgue a été spécialement cultivé au xixe siècle, en Allemagne, par l'abbé Vogler, Eberlin, Albrechtsberger, Schneider, Rink, Knecht, Neukomm, Hess ; en France, par Beauvarlet-Charpentier, Séjan, Danjou, Miné, Simon, Fessy, Boëly, Benoist, Lefébure-Wély ; en Belgique, par Lemmens.   B.

ORGANISTRUM, instrument de musique du moyen âge, dont on voit la figure parmi les sculptures de l'église St-Georges de Bocherville (Seine-Inférieure). C'était une énorme guitare, percée de deux ouïes, et montée de trois cordes mises en vibration par une roue à manivelle : huit filets mobiles, se relevant et s'abaissant à volonté le long du manche, formaient comme autant de touches destinées à varier les sons. Il est vraisemblable qu'on pouvait produire des sons simultanés. L'organistrum se plaçait sur les genoux de deux musiciens, dont l'un faisait mouvoir les touches ou filets, et l'autre la manivelle. — *Organistrum* s'est dit aussi du lieu de l'église où sont placées les orgues.   B.

ORGANO, mot dont les Italiens se servent pour désigner la basse continue chiffrée, parce qu'ils la jouent ordinairement sur l'orgue.

ORGANO-LYRICON, sorte de piano qui faisait entendre distinctement la flûte, le fifre, le hautbois, le basson, le cor, la trompette et la contre-basse. Il fut inventé à Paris, en 1810, par Saint-Pern.

ORGANON ou ORGANUM (du grec *organon*, instrument). On désigne sous ce nom l'ensemble des traités logiques d'Aristote, comprenant les *Catégories*, l'*Herméneuma ou Traité de l'Interprétation*, les *Premiers Analytiques*, les *Derniers Analytiques*, les *Topiques*, et la *Réfutation des Sophismes*. On ne sait ni quand, ni par qui, ce mot d'*Organon* a été employé précisément dans ces sens ; Aristote le sert bien dans quelques passages, mais sans y attacher d'autre sens que le sens figuré qu'il comporte habituellement : « La science est l'instrument de l'intelligence ; » — « Les moyens (*organa*) de nous procurer des syllogismes sont au nombre de quatre, etc. » Plus tard, on voit les interprètes discuter la question de savoir si la logique est une partie réelle de la philosophie, ou si elle en est seulement l'instrument. Mais il résulterait des recherches érudites auxquelles s'est livré M. Barthélemy Saint-Hilaire, dans un livre *De la Logique d'Aristote*, que c'est du ve au vie siècle que s'est introduit l'usage d'appeler la Logique péripatéticienne l'*Organicon*, et *Organon* la réunion des écrits qui la contiennent. Sans entrer dans les détails et dans l'appréciation de la doctrine, nous ferons remarquer que tel est l'enchaînement des différentes parties de l'Organon, que la pensée de les réunir a dû se présenter tout naturellement aux successeurs d'Aristote, l'Organon,

tel que nous le possédons, embrassant la théorie complète du raisonnement démonstratif, depuis ses éléments, les formes générales de la pensée (*Catégories*), et les mots dans leurs rapports avec la pensée (*Traité de l'Interprétation*), jusqu'à la formation définitive des arguments par l'invention du moyen terme (*Topiques*), et jusqu'à la réfutation des arguments *sophistiques*. Sur l'authenticité de l'*Organon*, son histoire, etc., V. le livre cité plus haut de M. Barthélemy Saint-Hilaire.   B—E.

ORGANUM, mot dont on s'est servi, à partir des ixe et xe siècles, pour désigner une harmonie d'une nature particulière, qui consistait en des successions de quartes, de quintes et d'octaves. Elle fut principalement répandue par Hucbald. Il y avait deux sortes d'*organum* : 1° accompagner un chant par une, deux ou trois parties qui le suivaient par mouvement direct à l'octave, à la quinte ou à la quarte ; 2° accompagner par plusieurs parties suivant toute espèce de mouvement, direct, oblique ou contraire, et offrant d'autres intervalles que ceux de quinte, de quarte et d'octave. Suivant Jean Cotton, écrivain du xie siècle, l'exécution simultanée d'intervalles différents aurait été nommée *organum*, parce que la voix, exprimant d'une manière convenable des sons dissemblables, ressemble à l'instrument de ce nom.   F. C.

ORGANUM (Novum). V. NOVUM ORGANUM.

ORGUE, le plus considérable des instruments de musique, le plus puissant en sonorité, le plus complet par l'étendue de son diapason, puisqu'il embrasse huit octaves et demie. Il est à lui seul un concert d'instruments variés, et résume dans son unité tout un orchestre ; c'est l'instrument par excellence, *organon*. Il se compose : 1° d'un grand nombre de *tuyaux* de différentes grandeurs, dont les uns sont faits en étain fin, d'autres avec un mélange d'étain et de plomb, d'autres en bois, et qui forment un certain nombre de *jeux* (V. ce mot) ; le plus grand tuyau peut avoir 32 pieds d'élévation, le plus petit n'a que quelques centimètres ; on dénomme un orgue par son plus grand tuyau : on dit alors un orgue *de trente-deux-pieds*, un *seize-pieds* (V. TUYAUX D'ORGUE) ; — 2° de deux, trois ou quatre *claviers à main* superposés ; — 3° d'un *clavier de pédales*, dont les touches sont en bois, et que l'organiste fait mouvoir avec les pieds (V. CLAVIER) ; — 4° d'une *soufflerie*, qui fournit le vent (V. SOUFFLERIE) ; — 5° d'une chambre d'air appelée *sommier*, et dans laquelle le vent est contenu (V. SOMMIER) ; — 6° d'un mécanisme nommé *abrégé*, qui met en communication le mouvement des claviers avec les soupapes des sommiers. L'orgue est enfermé dans un grand corps de menuiserie appelé *buffet* (V. ce mot), qui est souvent divisé en deux parties, dont l'une, placée en avant, et de plus petite dimension, a reçu le nom de *positif* (V. ce mot). Pour donner une idée de la composition d'un grand orgue, voici le tableau des jeux que contient celui de la cathédrale de Rouen, construit récemment par Merklin, Schultze et Cie :

Au premier clavier, *positif*, 54 notes de l'*ut* au *fa*

1. Flûte de 8 pieds.	9. Fourniture de cinq rangs
2. Flûte de 8 pieds, 42 notes.	de tuyaux.
	10. Cymbale.
3. Bourdon de 16 pieds.	11. Cornet.
4. Bourdon de 8 pieds.	12. Première trompette.
5. Prestant de 4 pieds.	13. Deuxième trompette.
6. Nasard.	14. Cromorne.
7. Doublette.	15. Euphone de 8 pieds.
8. Kéraulophone.	16. Clairon de 4 pieds.

Au deuxième clavier, *grand orgue*, 54 notes de l'*ut* au *fa* :

1. Montre de 8 pieds.	11. Dessus de flûte, 29
2. Montre de 16 pieds.	tuyaux.
3. Flûte de 8 pieds.	12. Grosse fourniture.
4. Dessus de flûte, 37 tuyaux.	13. Petite fourniture.
	14. Cymbale.
5. Bourdon de 16 pieds.	15. Première trompette.
6. Bourdon de 8 pieds.	16. Deuxième trompette.
7. Prestant de 42 notes.	17. Premier clairon.
8. Gambe de 8 pieds.	18. Deuxième clairon.
9. Nasard.	19. Cornet.
10. Doublette.	

Au troisième clavier, dit *clavier de bombarde*, 54 notes de l'*ut* au *fa* :

1. Trompette de 8 pieds.	3. Clairon de 4 pieds.
2. Bombarde de 16 pieds.	4. Cornet.

Au quatrième clavier, *récit expressif*, 54 notes de l'*ut* au *fa* :

1. Flûte harmonique de 8 pieds.
2. Flûte de 4 pieds.
3. Gambe de 8 pieds.
4. Bourdon de 8 pieds.
5. Prestant de 4 pieds.
6. Trompette harmonique.
7. Trompette de 16 pieds.
8. Cor anglais de 16 pieds.
9. Hautbois, avec suite de basson.
10. Voix humaine.

Clavier de pédales; jeux de fonds et d'anches ; 27 notes de l'*ut* au *ré* :

1. Sous-basse de 32 pieds.
2. Flûte de 16 pieds.
3. Flûte de 8 pieds.
4. Flûte de 4 pieds.
5. Bombarde de 32 pieds.
6. Bombarde de 16 pieds.
7. Première trompette.
8. Deuxième trompette.
9. Clairon.

Pédales d'accouplement et de combinaison

1re pédale : Accouplement du 1er clavier.
2e — Appel des jeux du 2e clavier.
3e — Accouplement du 3r clavier.
4e — Accouplement du 4e clavier.
5e *Levier pneumatique sur le* 3e *clavier*.
6e Appel des jeux d'anches et de mutation sur le 2e clavier.
7e Id. — sur le 3e clavier.
8e Id. — sur le 4e clavier.
9e Pour les fonctions de la boîte expressive.
10e Disposant le clavier de pédales en tirasse sur la basse du 2e clavier.

Cet orgue se compose de 58 jeux formant ensemble 3,823 tuyaux. Il y en a de plus considérables : celui de l'église St-Eustache, à Paris, compte 90 jeux; celui de St-Michel, à Hambourg, 88; celui de Ste-Marie, à Francfort-sur-le-Mein, 84; celui de St-Denis, près de Paris, 71. On cite encore les orgues de Ste-Élisabeth à Breslau, de St-Sulpice à Paris, de St-Paul à Londres, de St-Étienne à Caen, des cathédrales de Beauvais et de Fribourg, du temple protestant de Strasbourg, de Harlem en Hollande, de Birmingham, etc. Depuis le XVIe siècle, les principaux facteurs d'orgues ont été : en Italie, Antegnati, Azzolino della Ciaja, Cristoforo Valvasora, Nanchini, Callido, Joseph Serassi, les Tronci, Biroldi, J.-B. Ramai; en Allemagne, Erard Schmidt, Fréd. Krebs, Nicolas Mullner, Rodolphe Agricola, Scheibe, Silbermann, J.-J. et Michel Wagner, Seuffert, Gabler, Schroeter, Marx, Tauscher, Hildebrand, Aloys Mooser, et Sommer; en France, Moucherel, Soyeuse, Micols, Isnard, Cochu, Thierry, Lépine, Dallery, et Cliquot; en Angleterre, Dallans, Bridge, Schnetzler, Byfield, Green, Harris, Flight, Russel, Lincoln, Gray, Rishop, Bevington, Robson, Schmidt. De nos jours, la facture d'orgues est dignement représentée par Cavaillé-Coll, Daublaine-Callinet, Dallery fils, Ducroquet, Stein, Merklin, Schultze et Barker; par Hill à Londres et Kalker à Louisbourg.

Les Méthodes d'orgue les plus estimées sont celles d'Amerbach, de Türk (Leipzig, 1787), de Knecht, de Vogler, de Kittel, de Martini, de Wermer, de Möller, de Schneider, et de Rink, dont Choron a publié une édition française. On doit au bénédictin Dom Bedos de Celles *l'Art du facteur d'orgues* (1766-78), et à M. Hamel un *Manuel du facteur d'orgues* (Paris, 1849).

Suivant une tradition généralement adoptée, l'invention de l'orgue ne daterait que du VIIIe siècle, et le premier instrument de ce genre aurait été envoyé en 757 à Pépin le Bref par l'empereur grec Constantin Copronyme, et placé dans l'église de St-Corneille à Compiègne. Mais l'orgue existait bien longtemps avant de porter le nom d'*organum*, mot qui fut d'abord employé pour signifier un instrument quelconque. On a pensé que la cornemuse, appelée *tibia utricularis*, avait pu donner l'idée de l'orgue. D'autres veulent plutôt le germe de cette idée dans la flûte de Pan ou syrinx : il ne s'agissait, en effet, que de recueillir l'air dans un récipient, et de l'y conserver avant son introduction dans les tubes; du jour où il fut reconnu qu'on pouvait remplacer le souffle humain par l'air artificiel d'un soufflet, l'orgue fut constitué, et l'on n'eut plus qu'à chercher les moyens d'obtenir des tuyaux produisant des sons différents, non plus seulement au point de vue de la tonalité, mais aussi quant au timbre. Dans la 12e *Pythique* de Pindare (VIe siècle av. J.-C.), il est question d'un instrument grossier dont les perfectionnements successifs ont formé l'orgue : « Pallas, dit le poëte, inventa une flûte qui produisait une multi-

tude de sons... Elle nomma cette flûte l'*instrument à plusieurs têtes*;... ses sons s'échappent à travers un mince airain et des roseaux. » Il s'agit évidemment ici de plusieurs tuyaux, dont quelques-uns étaient en métal. Nonnus (*Dionys.*, XXIII) attribue également à Minerve l'invention d'un instrument composé de plusieurs flûtes assemblées avec ordre. Le scoliaste de Pindare dit qu'un accident survenu pendant que Midas d'Agrigente jouait de cet instrument l'obligea à le renverser, et à jouer avec les seuls tuyaux, à la manière de la syrinx ; ce qui nous montre que la flûte de Pan avait été placée sur une espèce de coffre, où s'adaptait quelque soufflet.

Au temps des Ptolémées, l'orgue, jusque-là appelé *flûte*, prit le nom d'*hydraule* (du grec *udôr*, eau, et *aulos*, flûte, tuyau), parce qu'on produisait les sons au moyen de l'eau, procédé attribué à Ctésibius d'Alexandrie. Vitruve (X, 13) en a essayé une description très-détaillée, qu'il ne nous est pas aisé de comprendre : on ne sait si l'eau produisait directement le son dans les tubes, ou si elle servait uniquement d'agent pour un mouvement mécanique. Quoi qu'il en soit, Pétrone, Tertullien, Claudien, parlent de l'orgue hydraulique de manière à ne laisser aucun doute sur la multitude des tuyaux et la force des sons. On se servait encore de cet instrument en Angleterre au XIIe siècle. Quel avait été l'emploi de l'hydraule chez les Anciens? C'est ce qu'il serait difficile de déterminer. On sait seulement qu'elle était placée dans les grandes enceintes, au Cirque, dans les théâtres; au rapport de Pétrone, les gladiateurs et les athlètes combattaient au son de l'hydraule; Sidoine Apollinaire loue Théodoric, roi des Wisigoths, de n'en avoir pas admis dans son palais.

L'orgue pneumatique, destiné à détrôner l'orgue hydraulique, paraît avoir eu déjà, au IVe siècle de notre ère, une certaine importance. On lit dans une épigramme de l'empereur Julien : « Je vois ici une tout autre espèce de tuyaux; ils ont pris racine dans un sol de bronze; leurs sons bruyants ne sont pas produits par notre souffle, mais le vent, s'élançant d'un antre formé de peaux de taureau, pénètre dans tous les conduits, tandis qu'un artiste promène ses doigts sur les touches qui y correspondent, et produit aussitôt des sons mélodieux. » Une lettre attribuée à St Jérôme dit qu'il y avait à Jérusalem un orgue à 12 soufflets qui s'entendait à mille pas de distance. On reconnaît deux instruments de ce genre parmi les sculptures de l'obélisque érigé à Constantinople sous Théodose le Grand. Théodoret, Cassiodore, St Augustin, Isidore, ont connu l'orgue pneumatique dans des pays différents. L'usage profane de l'orgue empêcha longtemps les chrétiens de l'admettre dans leurs églises. L'évêque de Poitiers, Fortunat, dans une lettre adressée vers la fin du VIe siècle au clergé de Paris, met cet instrument au nombre de ceux dont on se servait pour accompagner les voix; mais son emploi dans les cérémonies du culte ne fut solennellement consacré qu'en 660, par un décret du pape Vitalien. L'orgue envoyé à Pépin le Bref était très-petit et portatif, comme celui qui fut construit par un Arabe nommé Giafar et qui fut envoyé à Charlemagne par le calife de Bagdad. Un prêtre vénitien, nommé George, construisit l'orgue qu'on plaça à Aix-la-Chapelle par les ordres de Louis le Débonnaire. Au Xe siècle, la cathédrale de Winchester possédait un orgue de 400 tuyaux, et les 26 soufflets qui les remplissaient d'air exigeaient les efforts de 70 hommes, tant la structure et la disposition de l'instrument étaient encore imparfaites. Le savant Gerbert, qui devint pape sous le nom de Sylvestre II, imagina des orgues à vapeur : c'est un fait qui semble difficile à croire pour un temps si reculé, et cependant les témoignages de Guillaume de Malmesbury et de Vincent de Beauvais sont positifs. Le premier, qui avait vu un de ces orgues dans l'église de Reims, dit que « le souffle produit par la force de l'eau bouillante remplissait les cavités de l'instrument. » Le second donne, à propos de l'orgue de l'abbaye de St-Bertin en Artois, une description analogue. Le fond de ces témoignages est parfaitement intelligible, si la clarté manque dans le détail : on peut supposer qu'un courant de vapeur était substitué au courant d'air ordinaire, ou bien que Gerbert faisait de la vapeur un moteur de soufflerie. Les orgues du moyen âge furent informes et grossières : les touches avaient 5 ou 6 pouces de largeur, et c'était avec les mains garnies de moufles ou gros gants qu'on les frappait pour les faire parler, tant les soupapes en étaient dures. Ce ne fut guère qu'à partir du XIIIe siècle qu'elles rendirent les demi-tons. Le premier jeu d'orgues de Paris fut dressé dans l'église St-Séverin, sous le règne de Jean le Bon.

L'orgue ne fut composé, pendant bien longtemps, que du seul jeu d'anches appelé *régale*, et l'instrument s'appelait, pour ce motif, *regabellum* ou *rigabellum*. Quand on se mit à *organiser* (*V. ce mot*), l'addition de plusieurs jeux devint nécessaire, et on vit paraître successivement des jeux accordés à l'octave, à la quinte, à la tierce, etc., de sorte que chaque touche fit entendre un accord complet : telle fut l'origine des *jeux de mutation* (*V. ce mot*). A la fin du xive siècle et pendant le xve, l'orgue fit encore de nouveaux progrès. Il existe dans l'église Notre-Dame d'Anvers un orgue construit par Philippe de Lannoy en 1394 pour un couvent d'Augustins de la même ville : bien qu'on l'ait plusieurs fois réparé et complété, il fait encore aujourd'hui la base du clavier de récit. Dans cet orgue, on ne trouve pas d'abrégés (*V. ce mot*), que, du reste, le petit nombre de jeux et le peu d'étendue de l'instrument ne rendaient pas nécessaires; les jeux étaient : l'*openfluit* (flûte ouverte de 4 pieds), le *dulcian* (bourdon de 4 sonnant le huit pieds), l'*octave* (doublette de 2 pieds), le *rerefluit* (flûte de 6 pieds, commençant à *sol*), le *quintadun* (flûte sonnant la quinte), le *sesquialter* (jeu composé de l'octave aiguë du cornet et d'une petite tierce), la *mixture* (plein-jeu de 3 tuyaux), et la *régale* (jeu d'anches avec de courts tuyaux de quelques pouces). En 1470, un Allemand nommé Bernhard, organiste à Venise, inventa, dit-on, le clavier des pédales, mais en réalité ne fit que l'étendre. Ce fut aussi dans le xve siècle qu'on ajouta à l'orgue les jeux de cromorne, de voix humaine, de hautbois, de basson, de trompette, et qu'on établit la mesure des 32, des 16, des 8, des 4 pieds, pour les tuyaux. Les *registres* (*V. ce mot*) furent rendus indépendants les uns des autres, et distingués par des noms particuliers. L'orgue le plus ancien qui existe aujourd'hui en France est celui de Solliès-Ville (Var); il remonte au xve siècle. Celui de Gonesse, près de Paris, porte la date de 1508; mais il ne reste plus que quelques tuyaux de la construction primitive. En 1570, un Allemand, Jean Lobsinger, imagina les *soufflets à éclisses*. C'est au xviie siècle qu'on a commencé à donner aux orgues une grande puissance de son, et à y introduire, non-seulement ces personnages de la décoration extérieure du buffet qui jouaient de divers instruments, mais des jeux imitant la voix des animaux, le chant des oiseaux, le bruit de la grêle, le tonnerre, etc. En 1684, un facteur allemand, Christian Fœrner, inventa la *balance pneumatique* pour régler la force du vent nécessaire à chaque tuyau et donner aux différents registres leur véritable harmonie. L'architecte Claude Perrault songea le premier à rendre l'orgue *expressif*, et exprima son idée dans une note de sa traduction de Vitruve. En 1736, un facteur d'orgues français, Jean Moreau, construisit à Gouda un orgue où l'on pouvait enfler et diminuer le son au moyen de la pression des doigts. Gerber dit que Schrœter à Nordhausen en 1740, et les frères Buron à Angers, en 1769, trouvèrent des procédés pour rendre l'orgue expressif, mais ils ne les ont pas fait connaître. On doit de nouveaux essais à Stein, en 1772. A son tour Sébastien Érard construisit, pour la reine Marie-Antoinette, un *piano organisé*, dans lequel les sons étaient expressifs par la pression du doigt sur la touche. En 1810, Grenié fit un petit orgue de chambre, où l'expression résidait dans la disposition et l'action des soufflets subissant des pressions variables, système perfectionné depuis par Muller, son élève. Érard adopta un autre système d'expression, dans lequel une pédale agissait sur deux claviers, et les doigts sur un troisième; l'orgue auquel il l'appliqua, et qui fut construit par John Abbey pour la chapelle royale de France, fut brisé à la Révolution de 1830. Bien que le goût des orgues expressives (*V. Boîtes d'expression*) se soit répandu depuis, cette innovation est médiocrement heureuse : elle fait perdre à l'orgue le calme, la majesté qui conviennent au style religieux, pour lui communiquer quelque chose de passionné et de mondain; et d'ailleurs l'*expression* ne produit pas l'effet qu'on en attend dans les vastes édifices. *V.* Schott, *De organis hydraulicis*, dans sa *Mechanica hydraulica*, 1657, in-4°; Meister, *De veterum hydrauto*, dans le t. II des *Mém. de la Société scientifique de Gœttingue*; Buttmann, *Essai sur l'orgue hydraulique*, en allem., dans les *Mém.* de l'*Acad. de Berlin*; Antegnati, *Arte organica*, Brescia, 1608; *Musica practica y theoratica di Organo*, par Arauxo, Alcala, 1616, in-fol.; Michel Prætorius, *Organographia*, 1619, in-4°; Kircher, *Musurgia*, 1650; Mersenne, *Traité des instruments*, 1676; Müller, *Mémoires historiques et philosophiques sur les orgues, leur origine et leur usage dans l'Église*,

Dresde, 1748; Mittag, *Traité historique de l'origine et du perfectionnement des orgues*, Lunebourg, 1756, in-4°; Sponsel, *Histoire de l'orgue*, Nuremberg, 1771, in-8°; Martini, *Ecole d'orgue*, Paris, 1805, in-fol.; De Coussemaker, *Essai sur les instruments de musique au moyen âge*; Antony, *Exposition historique de l'origine et des perfectionnements de l'orgue*, en allem., Munster, 1832, in-8°.   F. C. et B.

ORGUE, sorte de herse avec laquelle on ferme une porte de forteresse. Elle diffère de la herse ordinaire, en ce qu'elle est composée de plusieurs grosses pièces de bois détachées l'une de l'autre, et qui tombent d'en haut séparément.

ORGUE (Buffet d'). *V.* BUFFET.

ORGUE (Point d'). *V.* POINT D'ORGUE.

ORGUE A CYLINDRE, instrument de musique composé de tuyaux d'étain ou de bois, d'une soufflerie, et d'un cylindre. On adapte à ce cylindre des pointes disposées dans un certain ordre : en le faisant tourner au moyen d'une manivelle, les pointes lèvent des bascules qui servent de touches et font parler les tuyaux. Le cylindre fait également mouvoir le soufflet. Lorsque les orgues à cylindre sont de petite dimension, on les appelle *serinettes* et *merlines*. L'*orgue de Barbarie* (ainsi nommé par dérision) est une serinette perfectionnée qui se compose de plusieurs jeux. Il renferme un bourdon, un prestant, une quinte, une doublette, et quelquefois une tierce. Dans les *orgues d'Allemagne*, on trouve souvent un ou deux jeux d'anches. On fabrique une grande quantité de ces instruments portatifs dans les Vosges. Le facteur Davrainville a construit des orgues à cylindre qui, au moyen d'un mécanisme très-ingénieux, exécutent seuls des morceaux de musique longs et compliqués. Deux abbés, MM. Cabias et Larroque, ont imaginé d'adapter des cylindres aux orgues d'église.   F. C.

ORGUE DE BOIS, nom qu'on donnait autrefois à un jeu de flûte bouché, ou *bourdon*, tel qu'on le fait dans nos grandes orgues.

ORGUE DE MORT, ancienne arme employée à la défense des brèches d'une place assiégée, et qui consistait en un assemblage de canons de mousquet joints ensemble et dont les lumières se communiquaient. La machine infernale de Fieschi était une orgue.

ORGUE DES SAVEURS. *V.* CLAVECIN DES SAVEURS.

ORGUE EXPRESSIF, orgue sans tuyaux, à clavier et à anches libres, dont les sons peuvent varier d'intensité selon la pression de l'air. Il tire son origine du jeu de *Régale* (*V. ce mot*). Ses dimensions se réduisent, en largeur, à l'étendue du clavier, et, en hauteur, à celles d'une table ordinaire. Il se compose de lames ou languettes métalliques mises en vibration par une soufflerie qu'on fait agir avec les pieds. Le petit instrument appelé *guimbarde* donne une idée exacte de l'action du vent sur l'anche libre. Ce fut vers 1810 que Grenié imagina des jeux d'orgues à anches libres. On en fabriqua aussi en Allemagne sous les noms de *Physharmonica*, *Æolodium*, etc. Cavaillé-Coll y ajouta quelques perfectionnements et en fit le *Poïkilorgue*. D'une autre forme donnée à cet instrument résultèrent l'*Harmonica* et l'*Accordéon*, qui, perfectionnés, devinrent le *Concertina*, l'*Organino*, et enfin l'*Orgue expressif*. On applique à l'orgue expressif le système des registres employé dans les orgues à tuyaux. Ces registres font parler les jeux de timbres différents. Les timbres principaux de l'orgue expressif sont: le bourdon, la clarinette, le basson, le clairon, le fifre, le violoncelle, la flûte, la musette. Ces jeux peuvent être réunis au moyen d'un mécanisme, et former alors une sorte d'orchestre : le vent, faisant vibrer la lame métallique trop lentement pour pouvoir exécuter des morceaux de musique dans un mouvement rapide, M. Martin de Provins introduisit dans cet orgue des marteaux qui, frappant sur les languettes, les font parler instantanément; ce système porte le nom de *percussion*. *Harmonium*, *Mélodium*, sont différents noms sous lesquels on désigne l'orgue expressif. Les facteurs qui ont le plus contribué aux développements de l'orgue à anches libres ou-expressif sont Grenié, Fourneaux, Martin de Provins, Alexandre père et fils, Merklin, et Debain. F. C.

ORGUEIL, l'un des sept péchés capitaux. C'est un amour déréglé de soi-même, une aveugle persuasion de sa propre excellence, qui engendre le désir des louanges, l'ambition, la manie de se louer soi-même, l'obstination en son propre sens.

ORIEL, vieux mot désignant un petit oratoire pratiqué dans l'épaisseur d'un mur.

ORIENTALISTE, celui qui se livre à l'étude des langues orientales, telles que le sanscrit, le chinois, le persan, l'arabe, l'arménien, le turc, etc.

ORIENTATION, disposition du plan des églises de manière que le sanctuaire soit tourné du côté de l'Orient. Les temples païens étaient généralement tournés vers l'Orient : il faut excepter ceux des Doriens. Le christianisme naissant, voulant rompre avec tous les usages des Anciens, disposa les églises à contre-sens, c.-à-d. que l'on plaça le sanctuaire à l'Occident ; mais alors le prêtre officiant, au lieu de tourner comme aujourd'hui le dos aux fidèles, se plaçait de l'autre côté de l'autel, et faisait face aux assistants ainsi qu'à l'Orient. Plus tard, cependant, on reprit l'orientation des églises, à laquelle le moyen âge fut fidèle, et, quoique ce ne soit pas une règle invariable, c'est un usage qu'il est bon de respecter. Dans les temps modernes, on en a peu tenu compte. Le système des absides circulaires est préférable à celui des murs plats, afin que les premiers rayons du soleil viennent toujours éclairer l'autel. Les musulmans ont aussi une orientation (V. Mosquée).　E. L.

ORIFLAMME. V. ce mot dans notre *Dictionnaire de Biographie et d'Histoire.*

ORIGINAL, tout ouvrage qui n'a point eu de modèle, et qui n'est pas une copie (V. ce mot). L'original d'un acte est la minute qui reste en dépôt, et dont on délivre des copies à qui de droit. En Littérature, on dit d'un auteur qu'il est original, lorsque ses écrits ne ressemblent, par les nuances et la forme, à aucun de ceux d'autrui, lorsqu'ils ont un cachet tout particulier, qu'on ne saurait imiter.

ORIGINE (Certificats d'), nom qu'on donne à deux sortes de certificats, qui ont pour objet : l'un, de constater l'origine de la propriété d'une inscription de rente sur l'État ; l'autre, de constater la provenance de marchandises importées en France. Le 1er, délivré par le Trésor sur demande, est nécessaire lorsqu'il s'agit, par exemple, de reconnaître, dans le cas de dissolution de communauté, si une rente est un conquêt ou un bien propre. Le 2e, exigé en matière de commerce maritime et de douanes, émane d'un consul ; il constate que les marchandises ne sont pas prohibées.

ORIGINEL (Péché). V. Péché.

ORILLON, partie de la face d'un bastion, ordinairement arrondie, s'avançant au delà de l'épaule, et destinée à protéger le reste des flancs contre les coups de ricochet. Les orillons, d'invention espagnole, fréquemment employés par Vauban, Cohorn et les ingénieurs militaires du même temps, sont peu usités aujourd'hui.

ORISSA (Dialecte), un des dialectes de l'Inde moderne issus du sanscrit. Sutton en a donné une Grammaire et un Dictionnaire, Kattak, 1841-43, 3 vol.

ORLE (de l'italien *orlo*, ourlet), listel ou filet placé sous l'ove d'un chapiteau. Lorsqu'un orle est dans le haut ou dans le bas du fût de la colonne, on le nomme *ceinture*; dans le premier cas, il s'appelle aussi *colarin.* L'orle de parement de la volute ionique est dit également *ceinture.* — Dans le Blason, *orle* est synonyme de *filière* (V. ce mot).

ORLÉANS (Cathédrale d'). Cette église, placée sous l'invocation de la Ste Croix, est de construction moderne, bien qu'elle présente généralement les caractères de l'architecture ogivale. Elle occupe l'emplacement d'un monument antérieur, commencé en 1287, ruiné par les calvinistes en 1567, et dont il ne reste que quelques parties du chevet. La première pierre en fut posée par Henri IV en 1601 ; mais les constructions, lentement exécutées, n'ont été finies que de nos jours. Les architectes Barbet, Mansart, Decoste, Gabriel, Trouard, Legrand, et Pâris, qui dirigèrent successivement les travaux, ont adopté le style ogival tertiaire. Sans qu'on doive partager l'enthousiasme de quelques historiens d'Orléans et placer leur cathédrale au nombre des plus belles œuvres de l'architecture religieuse, elle occupe une place distinguée parmi les monuments français. Vue de l'extérieur et à distance, elle a de la noblesse et de la grandeur : l'étendue des proportions, la légèreté de la flèche centrale, l'originalité des tours du portail, l'élégance et la multiplicité des galeries, des arcs-boutants, des contre-forts et des clochetons, tout concourt à composer une ordonnance pittoresque. La façade principale est remarquable par son étendue et par la richesse de son ornementation. Elle a 51 mètres de largeur, et est percée de 5 portes donnant accès dans un triple vestibule. Les tours présentent, au-dessus de la grande et belle galerie à claire-voie qui forme toute la partie supérieure du portail, trois étages à quatre faces semblables, superposés pyrami-

dalement. Le premier, décoré de statues et d'une fenêtre, est flanqué aux angles de quatre charmants escaliers en spirale surmontés de campaniles d'une surprenante légèreté. Les deux autres sont ornés d'arcades gracieuses, et couronnés par une galerie découpée en trèfles. Tout au sommet, à une hauteur de 80 mèt., se dressent quatre statues colossales d'Anges. Ce portail occidental, bâti à une époque où l'art était entièrement païen, est une imitation fidèle de l'art du moyen âge : mais, ailleurs, les architectes ont parfois oublié cette tradition salutaire, pour placer des ornements en style de la Renaissance, et même des parties de style grec. Ainsi, le portail méridional offre des colonnes, des chapiteaux et un entablement corinthiens. Celui du Nord, au contraire, est d'une grande pureté de style. — A l'intérieur, la cathédrale d'Orléans a 130 mèt. de longueur, 26m,66 de largeur, 32m,50 de hauteur ; le transept est long de 54m,60. Le plan général est à cinq nefs.　B.

ORNEMANISTE, artiste sculpteur qui fait les ornements destinés à l'architecture, spécialement ceux qui peuvent se fabriquer à part et s'appliquer après coup. V. Goldmann, *Traité sur les ornements d'architecture*, en allem., Augsbourg, 1720, in-fol. ; Krubsach, *Réflexions sur l'origine, les progrès et la décadence des ornements dans les Beaux-Arts*, en allem., Leipzig, 1759 et 1773, in-8° ; Voch, *Sur les ornements d'architecture*, Augsbourg, 1783, in-8° ; Moritz, *Prolégomènes d'une théorie des ornements*, Berlin, 1793, in-8° ; Antonini, *Manuale di vari ornamenti*, Rome, 1777-81, 4 vol. in-4° ; Desflorennes, *Recueil d'ornements*, Paris, 1840-43, in-fol. ; Heideloff, *Ornements du moyen âge*, Nuremberg, 1843, in-4° ; Plantard et Peyre, *Recueil d'ornements*, Paris, 1844, in-fol. Il existe un *Guide de l'Ornemaniste*, par Ch. Normand, 1826.

ORNEMENTS, tout ce qui, sans faire partie intégrante d'un objet, peut y être adapté pour le rendre plus agréable ou plus riche. Ce sont, en Architecture, les feuilles, les oves, les grains, les enroulements, les volutes, les rinceaux, les fleurons et festons, les rudentures, les guirlandes, les rosaces, les palmettes, les consoles, les denticules, les caissons, les cartouches, les bas-reliefs, etc. Des statues et des vases sont des ornements pour un jardin, comme des glaces, des tableaux, des tapis pour les intérieurs. — On nomme *Ornements* les vêtements qui servent à la célébration du service divin, tels que chasubles, tuniques, étoles, manipules, chapes, etc. Les *ornements pontificaux* sont la mitre, la crosse, l'anneau, la croix pectorale. — Les *ornements royaux* sont le manteau, la couronne, le sceptre, l'épée, la main de justice, et le globe. — Dans le Blason, les *Ornements* sont tout ce qui ne fait pas partie intégrante d'une armoirie et se trouve en dehors de l'écu, comme les timbres, les cimiers, les lambrequins, les supports, les colliers, les manteaux.

OROGRAPHIE (du grec *oros*, montagne, et *graphéin*, décrire), partie de la Géographie physique qui s'occupe de l'étude des montagnes, en général, de toutes les parties solides du globe. C'est une étude importante; car la considération de la hauteur et de la direction des montagnes, l'examen comparé de l'étendue des plateaux et des plaines, expliquent le climat d'un pays, la distribution des eaux sur la surface du sol, sa fertilité, et, par suite, sa richesse.　C. P.

ORPHELIN (du grec *orphanos*, orphelin), enfant qui, avant d'avoir atteint l'âge de majorité fixé par la loi, a perdu son père et sa mère. Il était ordonné aux Hébreux de laisser aux orphelins une part des fruits de la terre, de les admettre aux repas des fêtes et des sacrifices, et le trésor des aumônes, gardé dans le Temple, était principalement destiné à leur entretien. A Athènes, les enfants dont les pères avaient péri en combattant pour la patrie étaient élevés dans le Prytanée aux frais de l'État. Sous l'influence du christianisme, de nombreux établissements ont été fondés dans tous les pays pour recueillir les orphelins. En France, la plupart des hospices en reçoivent. Certaines classes d'orphelins ont été l'objet de fondations spéciales : ainsi, sous Louis XIV, la maison de St-Cyr reçut les jeunes filles nobles ; la République établit, pour les fils de militaires, le Prytanée de La Flèche ; sous Napoléon Ier, des bourses furent créées, en faveur des orphelins, dans les lycées et autres établissements, et dans les maisons de la Légion d'honneur pour les orphelines dont les pères avaient été légionnaires; enfin, en 1856, les fonds d'une souscription offerte à l'Impératrice Eugénie et au prince impérial, son fils, accrus d'une forte dotation, et augmentés par des dons particuliers, ont été destinés par Napoléon III à l'entretien d'un certain nombre d'orphelins placés dans des familles d'ouvriers.   B.

ORPHÉON (d'*Orphée*), instrument de musique en forme de petit piano, dont on fait résonner les cordes à boyau, soit par le moyen d'une roue, soit à l'aide d'un clavier. Poulleau, qui fabriqua un de ces instruments à Paris au commencement de notre xıxᵉ siècle, lui donna le nom d'*Orchestrino*.

ORPHÉON, nom qui fut appliqué en 1833 par le musicien Wilhem à la réunion générale des enfants qu'il instruisait par groupes séparés dans les écoles primaires de Paris. Cette réunion avait pour but l'exécution de chants sans accompagnement par des masses considérables. Une méthode et des recueils de morceaux furent composés pour les membres de l'Orphéon, auxquels s'adjoignirent peu à peu des ouvriers et des amateurs. Les *Orphéonistes* ont été dirigés, après Wilhem, par Hubert et Gounod. — Des orphéons se sont formés plus tard dans divers départements.

ORPHÉORÉON, ancien instrument de la famille des luths, armé de 8 cordes en métal.

ORPHICA, instrument à clavier, inventé par Rœllig. Les touches en sont si étroites, qu'il ne peut être joué que par des enfants.

ORPHIQUES, titre sous lequel les Anciens comprenaient une quarantaine de poèmes plus ou moins étendus, dont la composition était attribuée à l'aède-prophète Orphée. Parmi ceux qui nous sont parvenus, les plus importants sont des hymnes, un traité sur les vertus magiques des pierres, une relation des aventures des Argonautes : aucun de ces ouvrages ne porte le caractère d'une haute antiquité, mais on y trouve des traces soit de la langue, soit des idées de l'époque alexandrine. La versification offre des analogies frappantes avec celle de Nonnus et de Quintus de Smyrne. Une preuve plus certaine du peu d'antiquité de ces prétendues poésies orphiques, c'est le ton déclamatoire qui y règne, la profusion des ornements poétiques, un fréquent emploi de l'archaïsme et du néologisme, et même des hébraïsmes. Toutefois, il est certain qu'avant l'époque alexandrine on connaissait en Grèce des poèmes mis sous le nom d'Orphée, dont la composition ne remontait pas jusqu'au siècle éloigné où l'on suppose que vécut cet aède, mais qui pouvaient bien être l'œuvre de poètes contemporains de Solon et de Pisistrate. Platon, Aristote, Diodore, Pline, Plutarque, plusieurs Pères de l'Église font allusion à ces poèmes; trois fragments surtout, relatifs à Jupiter considéré comme principe et maître universel, cités l'un par Aristote, les deux autres par Justin le Martyr, ont un caractère manifeste d'antiquité; cependant encore, les poèmes d'où ces morceaux ont été détachés étaient de beaucoup postérieurs à Orphée. Brontinus, Cercops, Onomacrite, sont les trois principaux poètes du vıᵉ siècle av. J.-C. auxquels on rapportait un certain nombre de poèmes orphiques, qui plus tard furent modifiés, dénaturés, multipliés, surtout à l'époque de la lutte ardente du christianisme et de la philosophie néoplatonicienne.   P.

ORT, monnaie d'argent de Norvége, valant 1 fr. 12 c.

ORTHIEN (Nome). V. Nome.

ORTHODOXIE (du grec *orthos*, droit, et *doxa*, croyance), conformité de la croyance à la règle de la foi, à la doctrine et à l'enseignement de l'Église. On l'oppose à l'*Hétérodoxie* et à l'*Hérésie* (V. ces mots). Les conciles et le souverain pontife, prenant l'avis de la Congrégation de l'Index, prononcent sur l'orthodoxie des écrits et des opinions. — L'Église gréco-russe et l'Église anglicane prétendent, aussi bien que l'Église catholique, être orthodoxes.

ORTHOGRAPHE, partie de la Grammaire qui donne des règles pour *peindre* (en grec *graphéin*) ou *écrire* correctement (*orthôs*) les mots d'une langue, c.-à-d. pour en représenter régulièrement les sons par des caractères. Il suit de là que l'orthographe n'est rigoureusement exacte que si les mots s'écrivent comme ils se prononcent, que s'il y a entre la parole et l'écriture une concordance parfaite, comme dans *curé, amitié, cataracte, caractère, bijouterie*, etc. Or, cette concordance absolue n'existe peut-être dans aucune langue : elle ne paraît pas avoir existé dans les langues anciennes, puisque Quintilien, pour ne parler que du latin, blâme les prétentions de certains puristes de son temps, qui voulaient que tous les mots s'écrivissent comme ils se prononçaient. Toutefois les Italiens sont parvenus à mettre dans leur langue l'écriture à peu près en rapport avec la prononciation. Un principe de la langue allemande, c'est que toute lettre

écrite doit se prononcer. Aussi, la prononciation de l'italien et celle de l'allemand s'apprennent-elles assez vite, et l'orthographe des mots de ces deux langues n'offret-elle point de difficultés sérieuses, soit aux nationaux, soit aux étrangers. Il n'en est pas de même du grec moderne, de l'anglais et du français; ces deux dernières langues offrent, dans leur orthographe comparée à la prononciation, de nombreuses et étranges anomalies. Le principe de la dérivation et de l'étymologie joue et doit jouer, du moins en français, un très-grand rôle dans la représentation des mots par l'écriture; c'est lui qui a maintenu dans notre langue tant de lettres qui, depuis longtemps, ont cessé de se prononcer. L'orthographe ne doit donc pas être définie la peinture exacte de la parole, mais plutôt l'art d'écrire les mots d'une langue correctement, c.-à-d. d'une manière conforme aux règles de l'étymologie, et de plus aux règles établies par l'usage des personnes qui ont le mieux écrit, et consacrées par la Grammaire (V. Néographie).   P.

ORTHOGRAPHIE (du grec *orthos*, droit, et *graphéin*, décrire), dessin ou représentation d'un édifice sur un plan d'une véritable proportion. Les largeurs et les hauteurs y sont proportionnelles aux largeurs et aux hauteurs réelles. C'est ce qu'on nomme aussi une *Élévation géométrale*. — *Orthographie* signifie encore le profil ou la coupe perpendiculaire d'un édifice.

ORTHOSTADE, ample tunique des Anciens, à manches longues, et descendant jusqu'aux pieds. Elle était ainsi appelée à cause de ses plis droits.

ORVIETO (Le Dôme d'), dans les États de l'Église. Cette église cathédrale est une des œuvres les plus intéressantes de l'architecture ogivale en Italie. Commencée en 1290 par Lorenzo Maitani, de Sienne, elle ne fut achevée que trois siècles après : 33 architectes, 152 sculpteurs, 68 peintres, 90 mosaïstes se succédèrent dans les travaux, en sorte que l'édifice offre un résumé des progrès de l'art moderne. La façade est ornée des statues des Apôtres, des sculptures dont les sujets ont été empruntés à l'Ancien Testament, et qui paraissent être de Giovanni de Pise et de ses élèves, enfin de mosaïques qui représentent l'histoire de la Vierge. A l'intérieur de l'église, on remarque : les statues colossales en marbre blanc des Apôtres, dont l'une, Sᵗ Matthieu, a été faite par Jean de Bologne; près du maître-autel, un groupe de l'Annonciation, sculpté par Mocchi; les stalles en marqueterie du chœur, ouvrage de Pietro di Minella; les vitraux, peints au xivᵉ siècle par Andrea Vanni et Fr. di Antonio; les deux autels des transepts, dont l'un, représentant l'Adoration des Mages, a été sculpté par Simone Mosca, et l'autre, qui a pour sujet la Visitation, par son fils Moschino, sur les dessins de San-Micheli; plus loin, œuvre de Scalza; la chapelle de la Madone de Sᵗ Brice, peinte à fresque par Fra Angelico, Benozzo Gozzoli, Luca Signorelli, et où l'on voit un singulier mélange d'idées chrétiennes et de souvenirs païens; un reliquaire en argent massif, qui renferme le saint corporal de Bolsena, et qu'un orfèvre siennois du xivᵉ siècle, Ugolin Vieri, a décoré d'ornements et de peintures en émail. V. Della Valle, *Storia del duomo d'Orvieto*, Rome, 1791, in-4°; *Les bas-reliefs du dôme d'Orvieto*, gravés, avec les dessins de Pontani, par Ascani, Bartoccini, et Gruner, Leipzig, 1858, in-fol.

OSCILLA, espèces de masques consacrés à Bacchus ou à d'autres dieux, et que les Anciens suspendaient aux arbres pour se rendre les dieux favorables. Leur nom vient sans doute de ce qu'ils étaient agités par le vent.

OSELLA, monnaie de Venise; en or, elle vaut 47 fr. 60 c.; en argent, 2 fr.

OSQUE (Langue), une des langues italiques, parlée dans la péninsule avant la fondation de Rome. Le sabin, le vieux latin et le samnite en étaient des dialectes. Malte-Brun donnait à l'osque une origine ibérienne. Selon Niebuhr, il avait avec l'ombrien une grande affinité, et ce dernier était comme le chaînon intermédiaire qui rattachait l'osque à l'étrusque. L'osque se maintint comme langue littéraire dans le Samnium et la Campanie, au temps même des Romains; les Atellanes (V. ce mot) étaient écrites en osque. Les modernes n'ont pu étudier cette langue que sur un petit nombre de monuments, par exemple sur le *Cippus abollanus*, découvert à la fin du xvııᵉ siècle dans les ruines d'Abolla, et sur la *Tabula bantina*, qu'on a trouvée en 1793 dans l'emplacement de Bantia (Apulie). Les murs de Pompéi ont aussi fourni quelques inscriptions. V. Passeri, *Linguæ oscæ specimen singulare*, Rome, 1774, in-fol.; Dœderlein, *Commentatio de vocum aliquot latinarum, sabinarum, umbrica-*

rum, tuscarum cognatione græcâ, Erlangen, 1837 ; Henoch, *De linguâ sabinâ*, Altona, 1837 ; Janelli, *Veterum Oscorum inscriptiones*, Naples, 1841 ; Avellino, *Iscrizioni sannite*, Naples, 1841 ; Lepsius, *Rudimenta linguæ oscæ*, 1841, et *Inscriptiones umbricæ et oscæ*, Leipzig, 1846 ; Mommsen, *Études osques*, en allem., Berlin, 1845, in-8° ; le même, *Inscriptions messapiennes*, en allem., Rome, 1848, et *Dialectes de la basse Italie*, Leipzig, 1850 ; Effuschke, *Monumenti di lingua osca e sabellica*, 1856.

OSSATURE (de l'italien *ossatura*, squelette, carcasse), charpente d'une voûte ou d'un vitrail. Dans une voûte, l'ossature est l'ensemble des nervures, arcs-doubleaux, formerets, croisées d'ogive. Dans les vitraux, c'est la charpente en fer qui se modifie à chaque siècle. Aux XIe et XIIe siècles, les compartiments et médaillons de la fenêtre sont dessinés par l'armature en fer, et les plombs ne viennent que dans les détails. Au XIIIe, l'ossature en fer se simplifie ; elle indique bien encore dans la plupart des cas toutes les grandes divisions de la vitre, mais elle laisse un plus large champ aux plombs, et de grandes barres de fer indépendantes du système de décoration commencent à paraître pour soutenir la fenêtre. Au XIVe, l'ossature du vitrail présente un assemblage de forts barreaux de fer croisés, mais très-écartés, destinés à soutenir la fenêtre indépendamment de sa construction, et un grand cadre en fer plus mince, traçant encore quelques grandes divisions, mais laissant aux plombs tout le soin du dessin. Aux XVe et XVIe, même distribution, si ce n'est que la séparation est complète entre le treillis de fer et les plombs ; la vitre, entièrement formée par les plombs, s'applique et se soude sur le treillis de fer, qui, à son tour, se fixe sur les forts croisillons de fer. Au XVIIe, changement complet, abandon presque général des plombs ; les carreaux de la fenêtre s'assemblent carrément dans un léger treillis en fer, et on peint sur les vitres ainsi unies, comme on le ferait sur une toile ou sur un mur. De nos jours on a compris l'importance des plombs, et on a repris les procédés habiles du moyen âge.   E. L.

OSSEC ou OUSSAS, lieu de la cale d'un navire où les eaux s'assemblent, au bas de la pompe, et d'où on les extrait avec un seau à main.

OSSELETS (Jeu d'). *V.* notre *Dictionnaire de Biographie et d'Histoire*.

OSSÈTE ou IRON (Idiome), idiome parlé par les Ossètes, petite tribu du Caucase. Il est de la famille iranienne, et offre trois dialectes, l'*ossète*, le *digorien*, et le *tagaoure*. On n'y trouve ni genres ni article. La déclinaison se fait par flexion. La conjugaison, assez riche en temps, emploie les verbes auxiliaires ; elle a 4 modes différents de négation, et exprime les rapports des noms à l'aide de prépositions qui les suivent ou les précèdent. En général, la construction suit l'ordre naturel. La prononciation est gutturale et sifflante. *V.* Sjögren, *Grammaire et Dictionnaire ossète*, en allemand, St-Pétersbourg, 1844 ; Rosen, *De la langue ossète*, en allemand, Lemgo et Detmold, 1846.

OSSIAN (Poésies d'). Il a existé et il existe encore dans la bouche des montagnards de l'Écosse certains chants gaéliques qui remontent à des temps anciens, et qu'on attribue à un barde du nom d'Ossian. On n'a pas de raison sérieuse de révoquer en doute l'existence de ce personnage, et l'opinion la plus générale le place au IIIe siècle de notre ère. Mais les poésies ossianiques ont soulevé en Angleterre de plus vives controverses. Celles que Macpherson publia en 1760 ne sont qu'un pastiche ; on comprend difficilement aujourd'hui qu'elles aient excité tant de passion : proclamées authentiques par le Dr Smith, Blair, Gray, et lord Kaimes, elles furent attaquées avec violence par Shaw, et surtout par Samuel Johnson ; Laing, dans son *Histoire d'Écosse*, en combattit aussi l'authenticité. Une commission, spécialement nommée en 1797 pour élucider le débat, conclut, par l'organe d'Henri Mackensie, qu'une partie des poëmes d'Ossian était authentique, mais que la forme sous laquelle Macpherson les avait présentés était son propre ouvrage ; qu'on devait les attribuer, non à un seul barde, mais à plusieurs ; et que jamais ces poëmes n'avaient composé un seul tout, un poëme épique entier. En 1807, la Société écossaise de Londres fit imprimer les textes gaéliques que l'on avait pu recueillir ; on y trouve une vigueur native et fruste, dont Macpherson n'a pas respecté le caractère. Les chants ossianiques sont originaires d'Irlande, on y voit figurer des Saints irlandais, notamment St Patrick ; la forme en est embarrassée et difficile, et l'on y trouve beaucoup d'allitérations et d'assonances. Il est impossible

de les faire remonter plus haut que le VIe siècle, et il se peut qu'ils ne datent même que de quelques siècles plus tard. Ce sont les pastiches de Macpherson que Letourneur a traduits en français, et dont Baour-Lormian a tiré ses imitations en vers. *V.* Mme Robinson, *La Fausseté des poésies d'Ossian, et de l'Ossian de Macpherson en particulier*, Leipzig, 1840.

OSSUAIRE, lieu où l'on range les ossements des morts. On a souvent donné ce nom aux *reliquaires*, aux *charniers* et aux *cimetières* (*V. ces mots*). Il existe dans un couvent de Franciscains, à Madère, une curieuse chapelle dont on a fait un ossuaire. *V.* MORAT, dans notre *Dictionnaire de Biographie et d'Histoire*.

OSTEAU, vieux mot désignant le grand cercle placé dans la partie supérieure d'une fenêtre à meneaux. Il a signifié aussi rosace et médaillon.

OSTENSOIR ou MONSTRANCE (du latin *ostendere*, *monstrare*, montrer), pièce d'orfèvrerie en or, en argent, en vermeil, ou simplement en plaqué, représentant d'ordinaire un soleil rayonnant élevé sur un pied, et au centre duquel est une *lunule*, boîte de cristal qui renferme une hostie consacrée. L'usage de cet ornement d'église ne remonte qu'au XIIe siècle. Au XIVe, on en fit en forme de croix creuse, ou de statuette portant la sainte hostie. Souvent il est enrichi d'émaux et de pierres fines. L'ostensoir se place à certaines fêtes au-dessus du tabernacle, et on le porte aussi dans les processions. Parmi les œuvres de ce genre, on remarque l'ostensoir en vermeil de la cathédrale de Barcelone. On a fait autrefois des ostensoirs en forme de tours et de croix ; il y en a un, du XIIIe siècle, dans le Trésor de la cathédrale de Reims.   B.

OSTIAKS (Idiome des), idiome sibérien. Castrèn l'a fait connaître dans un *Essai sur la langue ostiake*, publié en allemand à St-Pétersbourg, 1850, in-8°.

OSTRACHYNDA, jeu des anciens Grecs, le même que notre jeu de *barres* (*V. ce mot*).

OSTRACISME. *V.* ce mot dans notre *Dictionnaire de Biographie et d'Histoire*.

OSYMANDIAS (Colosse, Tombeau d'). *V.* THÈBES (Ruines de).

OTAGE (du latin barbare *hospitagium*, dérivé d'*hospes*, hôte), personne livrée comme garantie de l'exécution d'une promesse ou d'un traité. Chez les Anciens, un débiteur insolvable s'offrait ainsi à son créancier l'un de ses enfants ou de ses proches jusqu'à libération de la dette. Puis on ne donna plus d'otages que dans les relations politiques. De nos jours encore, il arrive quelquefois qu'après la signature d'un traité, un ou plusieurs officiers restent chez l'ennemi jusqu'à complète exécution de ce qui a été stipulé : en cas d'inexécution des engagements, les otages peuvent être considérés comme prisonniers de guerre. Dans les temps barbares, on les mettait à mort. — Sous le gouvernement du Directoire, on appela *Loi des otages* une loi rendue le 24 messidor an VII (12 juill. 1799), et en vertu de laquelle les parents des émigrés étaient responsables de la fuite, des complots et des actes d'agression de ceux-ci : on pouvait les arrêter, les détenir en prison, et même, en certains cas, les déporter. Cette loi odieuse fut abolie le 22 brumaire (13 nov.) de la même année.   B.

OTELLE, nom d'une espèce de lance au moyen âge. — Dans le Blason, c'était un des meubles de l'écu, consistant en une petite figure ovale et *pointue*, que quelques-uns croient être une amande, et non une lance.

OTINEL, chanson de geste qui appartient au cycle des romans carlovingiens (*V. ce mot*), et l'une des dernières productions de notre poésie héroïque du moyen âge. Elle paraît avoir été écrite dans la seconde moitié du XIIIe siècle. L'auteur, qui nous est inconnu, suppose que Charlemagne, de retour en France après la prise de Pampelune, se disposait à retourner en Espagne, quand arriva à sa cour un neveu de Ferragus, Otinel, chargé par le Sarrasin Garsile ou Marsile, conquérant de Rome et de la Lombardie, de le sommer de rendre hommage et d'abjurer la foi chrétienne. Par un miracle soudain, c'est Otinel qui renie la loi de Mahomet ; filleul de Charlemagne, qui le fiance à sa fille Belisent, et rangé parmi les douze Pairs, il marche avec eux contre Garsile, et, après avoir contribué à sa défaite, reçoit la couronne de Lombardie. — Otinel ne figure nulle part ailleurs dans le cycle carlovingien, tandis que les autres personnages de la Chanson sont parfaitement connus. Cette Chanson n'a guère plus de 2,100 vers. Il en existe *deux* traductions libres ou imitations en vers anglais, sous le titre de *Sir Otuel* ; elles sont analysées par Ellis dans ses *Specimens of early english metrical romances* (édit. de Halliwel, Londres, 1848), et l'une d'elles a été publiée par Nicholson à Édimbourg, en 1836. La Chanson d'Otinel est entrée, sous la même forme *Otuel*, dans le recueil islandais qui a pour titre *Saga Karla Magnusar og Kappa Hans*. Un petit poëme populaire italien, *Istoria di Ottinello e Giulia*, n'a aucun rapport avec le nôtre. On ne connaît que deux manuscrits de la Chanson d'Otinel, en dialectes différents, conservés, l'un à Rome, dans la bibliothèque du Vatican (il provient de notre abbaye bénédictine de Fleury), l'autre à Middlehill, dans la bibliothèque de sir Thomas Phillips ; ils ont servi à la publication qu'en ont faite MM. Guessard et Miche-lant dans la collection des *Anciens poëtes de la France*, Paris, 1859, in-16.   B.

OTOMI (Langue). *V.* MEXIQUE (Langues du).

OTTAVA RIMA. *V.* ITALIENNE (Versification).

OTTOMANE, sorte de divan ou de sofa, ainsi nommé des Ottomans ou Turcs qui en font grand usage.

OUBLIES;   } *V.* ces mots dans notre *Dictionnaire*
OUBLIETTES. } *de Biographie et d'Histoire*.

OUDÉNARDE ou AUDENARDE (Hôtel de Ville d'). Ce monument, de petites dimensions, est un des plus cé-lèbres de la Belgique. Bâti, de 1527 à 1530, par Henri van Peede, il offre certains points de ressemblance avec les hôtels de ville de Bruxelles, de Louvain, et de Courtrai. Il a la forme d'un trapèze, isolé sur trois de ses côtés : la façade a 25 mèt. de développement, le côté gauche 21 mèt., le côté droit 12 mèt.; la partie postérieure est adossée à une ancienne halle, transformée en salle de spectacle. L'intérieur est d'une simplicité qui contraste avec la riche décoration du dehors : on y remarque ce-pendant l'entrée de la salle des échevins, chef-d'œuvre de sculpture en bois exécuté en 1531 par Paul Van der Schelden, et la cheminée de cette salle, sculptée par le même artiste.

OUGAB, instrument de musique à vent des anciens Hébreux. La forme en est inconnue. Les uns y ont vu une espèce de cornemuse, composée d'une peau enflée et de deux flûtes; les autres, une flûte de Pan, formée de 7 tuyaux de longueur différente et proportionnelle.

OUGRO-JAPONAISES, OUGRO-TARTARES (Langues). *V.* OURALO-ALTAÏQUES.

OUIES, nom donné quelquefois aux grandes baies à abat-vent ou abat-son des tours d'églises.

OUKASE, OULÉMAS. *V.* UKASE, ULÉMAS, dans notre *Dictionnaire de Biographie et d'Histoire*.

OULIK, monnaie. *V.* OLIK.

OUOLOF (Idiome). *V.* WOLOF.

OUPANISHADS. *V.* UPANISHADS.

OURALO-ALTAÏQUES (Langues), dites aussi *Ougro-japonaises*, *Ougro-tartares*, *Finno-tartares*, ou simple-ment *Tartares*, grande famille de langues, composée de quatre groupes : 1° le *groupe ougrien*, comprenant l'*os-tiake*, le *samoyède*, le *vogoul*, etc.; 2° le *groupe tartare*, dont font partie le *mongol*, le *mandchou*, le *turc*; 3° le *groupe japonais*, comprenant le *japonais* et le *coréen*; 4° le *groupe finnois* ou *tchoude*, auquel appartiennent le *suomi* ou *finlandais*, le *lapon*, l'*esthonien*; 5° le *magyare* ou *hongrois*. Il est aisé, dit Kellgrèn, de découvrir entre tous ces idiomes une affinité primitive dans une multitude de racines communes ; peut-être même serait-il possible de ramener à un seul et même thème primitif la plupart des suffixes grammaticaux d'un emploi analogue. Dans toutes ces langues, consonnes et voyelles res-tant en regard l'une de l'autre dans la syllabe avec une même importance, et les voyelles ne pouvant être absor-bées par les consonnes, la rencontre de plusieurs con-sonnes dans une syllabe est un fait anormal. Dans toutes, la racine est invariable et immuable, et, dans la fusion d'un suffixe avec la racine, c'est le premier qui s'harmo-nise et au besoin se modifie ; le radical, toujours placé devant, gouverne les autres parties composantes du mot. Aucune de ces langues n'admet de préfixes, et, dans la plupart d'entre elles, l'accent déterminant du mot repose invariablement sur la première syllabe, c.-à-d. sur le radical; les syllabes qui viennent ensuite perdent leur propre accent, et se soumettent au radical qui domine le mot. Dans toutes aussi, règne la loi de l'*harmonie vocale*, c.-à-d. que le mot devient un tout, un ensemble dont toutes les parties se fondent dans un seul ton, et que les voyelles rudes et les douces ne doivent jamais se trouver réunies dans le même mot. Toute signification détournée du radical, tout rapport nouveau du mot constitutif est indiqué par l'adjonction d'un nouveau suffixe ; ces suffixes se rangent régulièrement l'un après l'autre, chacun à sa place déterminée, et se fondent selon les lois des sons. Jamais le sens du mot n'est modifié d'une façon emblé-

matique par un changement dans le radical. Les sub-stantifs n'y ont pas de genre. Ces langues n'ont toutes qu'un très-petit nombre de particules, défaut compensé par une grande richesse de formes dérivatives du verbe, de participes, de gérondifs et de formes infinitives. Mêmes lois dans la formation des périodes : les propositions ne s'y enchevêtrent pas les unes dans les autres, comme cela a lieu dans les langues indo-européennes ; mais chaque proposition se joint, en quelque sorte à la manière d'un suffixe, à celle dont elle forme le complément immédiat, ce qui produit une chaîne continue de membres de phrases s'engrenant les uns dans les autres et se succé-dant dans l'ordre naturel de la pensée. Enfin, Castrén, comparant les vieux chants de peuples si distants les uns des autres, y trouve une inspiration identique. *V.* Abé Rémusat, *Recherches sur les langues tartares*; Schott, *Essai sur les langues tartares*, en allem., Berlin, 1836, et *Mémoire sur les langues altaïques* ou *finno-tartares*, analysé dans les *Nouvelles Annales des Voyages*, 5e série, t. XVI; Castrén, *De affixis personalibus linguarum altai-carum*, Helsingfors, 1831 ; Kellgrèn, *Les Finnois et la race ouralo-altaïque*, ouvrage traduit dans les *Nouvelles An-nales des Voyages*, 5e série, t. XV.

OURANIA (du grec *ouranos*, ciel), jeu de balle des an-ciens Grecs. Un des joueurs jetait une balle vers le ciel, et les autres cherchaient à la saisir avant qu'elle eût tou-ché la terre. C'est à peu près la *soule* de Bretagne.

OURCEL, ORCEL ou ORCEAU, vieux mot signifiant *bénitier*.

OURDOU (Dialecte). *V.* INDIENNES (Langues).

OURNI ou URNI. *V.* INDIEN (Art).

OUSSAS. *V.* OSSEC.

OUTRAGE (du latin *agere ultra*, passer outre, dépasser le droit), injure ou fait de fait ou de parole contre les grands corps de l'État, les officiers ministériels, les fonctionnaires pu-blics, dans l'exercice ou à l'occasion de leurs fonctions. Il est puni plus ou moins sévèrement, selon la gravité des circonstances. — L'outrage à la morale publique et religieuse, par discours, cris et menaces proférés dans les lieux publics, par des écrits, des imprimés, des dessins, des peintures et emblèmes vendus ou distribués, par des placards ou affiches, est puni d'un emprisonnement d'un mois à un an, et d'une amende de 16 fr. à 500 fr. (*Code pénal*, art. 222-225; loi du 17 mai 1819). L'outrage pu-blic à la pudeur est puni d'un emprisonnement de trois mois à un an, et d'une amende de 16 fr. à 200 fr.

OUVERTURE, symphonie qui sert de début à un opéra ou à un ballet. Elle n'est pas destinée à réunir tous les caractères exprimés dans la pièce, à présenter, comme on le croit souvent, l'assemblage des principaux motifs qu'on entendra plus tard : son but est de disposer le cœur des spectateurs au genre d'intérêt et d'émotion qui domine dans l'œuvre entière. C'est donc par la couleur générale qu'elle doit se conformer au drame. Ainsi, l'ouverture du *Démophon* de Vogel exprime le délire impétueux des passions; il règne une majesté patriarcale dans celle du *Joseph* de Méhul ; le *Don Juan* de Mozart s'ouvre par une symphonie qui a quelque chose de bizarre et de fantas-tique, bien appropriée au drame qu'elle précède; l'ouver-ture de la *Chasse du jeune Henri*, par Méhul, représente toutes les circonstances d'une chasse au cerf; celle de *Jean de Paris*, par Boïeldieu, a une couleur cheva-leresque; dans l'ouverture de *Guillaume Tell*, Rossini a peint le calme de la vie champêtre, troublé par une fan-fare de trompettes qui appelle les paysans suisses à la conquête de la liberté. Parmi les ouvertures célèbres, on peut encore citer celles de l'*Iphigénie en Aulide* et de l'*Iphigénie en Tauride* par Glück; de la *Caravane* et de *Panurge* par Grétry ; du *Mariage secret* par Cimarosa; de la *Clémence de Titus*, des *Noces de Figaro* et de la *Flûte enchantée* par Mozart; de *Montano et Stéphanie* par Berton ; de *Joconda* par Nicolo ; de l'*Hôtellerie portu-gaise* et d'*Anacréon* par Cherubini ; de la *Dame Blanche* par Boïeldieu ; du *Pré aux clercs* et de *Zampa* par Hé-rold ; de *Fidelio*, de *Prométhée*, de *Coriolan*, et d'*Egmont* par Beethoven ; du *Barbier de Séville*, de *Sémiramis*, de *Tancrède*, d'*Otello*, et de la *Gazza ladra* par Rossini; du *Chalet* par Adam, etc. Les compositeurs n'ont que rare-ment réussi à faire de belles ouvertures par une sorte de récapitulation des meilleurs motifs de leurs opéras : il faut pourtant excepter celles du *Freyschütz*, d'*Euriante* et d'*Oberon* par Weber; de la *Muette de Portici* par Au-ber, et en général toutes les ouvertures de ce composi-teur : le *Maçon*, la *Sirène*, les *Diamants de la couronne*, le *Domino noir*, *Fra Diavolo*, etc. La disposition la plus ordinaire d'une ouverture d'opéra sérieux présente d'abord une courte introduction d'un mouvement grave, puis un *allegro* brillant ou passionné : dans l'opéra comique, on débute souvent par l'*allegro*, sans préparation. Beaucoup d'ouvertures sont écrites dans le ton de *ré*, qui est éclatant et propre aux grands effets d'orchestre. De nos jours, il n'est pas rare qu'un opéra soit privé d'ouverture, et débute par une simple Introduction (*V. ce mot*).   B.

OUVRAGE, en termes de Fortification, travail avancé en dehors d'une place. L'*ouvrage à corne*, ou simplement *corne*, placé ordinairement devant une courtine et quelquefois devant un bastion, se compose d'un front de fortification, c.-à-d. d'une courtine et de deux demi-bastions joints à la place par deux longs côtés, dits *ailes* ou *branches*. A des cornes à double flanc, c.-à-d. qu'à partir du demi-bastion les ailes sont à retour, au lieu d'être parallèles entre elles ; elles se dirigent vers le milieu d'une des courtines de la place, et s'y brisent à peu de distance du chemin couvert. Il y a eu des cornes triangulaires qui étaient à bastion entier, au lieu d'être à demi-bastion. Au xviie siècle, on appelait *cornes couronnées* celles qui avaient leur front couvert par une défense en forme de bastion, accompagné de deux petites courtines ; quelquefois aussi elles étaient couvertes par une demi-lune. — L'*ouvrage à couronne* a un front composé d'un bastion auquel s'adjoignent deux courtines, terminées chacune par un demi-bastion ; ses ailes se dirigent jusqu'à leur demi-gorge vers la place dont il dépend. Il y a des ouvrages à couronne double qui se construisent à trois fronts. — Les *ouvrages de campagne*, ordinairement en terre, quelquefois palissadés, sont les redoutes ou blockhaus, les fortins, les flèches, les redans, etc.

OUVRIER (du latin *operarius*), celui qui se livre à un travail manuel pour le compte d'autrui et en vue de gagner un salaire. Il travaille *à façon*, quand on lui fournit les matériaux et qu'il les met en œuvre, soit chez lui, soit dans l'atelier du maître ; *à ses pièces*, s'il est payé en raison du travail qu'il exécute ; *à la journée*, quand il reçoit chaque jour un prix déterminé. Il existe certaines lois spéciales qui régissent les ouvriers (*V.* APPRENTISSAGE, ENFANTS DANS LES MANUFACTURES, ATELIER, LIVRET, COALITION, PRUD'HOMMES). *V.* aussi ARTS ET MÉTIERS, SALAIRE, ASSOCIATION, COMPAGNONNAGE, SOCIALISME, TRAVAIL.

OUVRIERS D'ADMINISTRATION. *V.* ADMINISTRATION.

OUVRIERS MARITIMES, nom sous lequel on comprend les charpentiers de navires, les perceurs, les calfats, les voiliers, les poulieurs, les tonneliers, les cordiers, et les scieurs de long. Les individus exerçant une de ces professions dans les ports de mer ou autres lieux maritimes, sont portés au rôle de l'Inscription maritime, et, en cas de guerre ou préparatifs de guerre, peuvent être appelés dans les arsenaux de la marine impériale. Ils sont exempts de toute autre réquisition, et notamment du service militaire. La loi du 3 brumaire an iv (25 octobre 1795) et une ordonnance du 3 mai 1839 ont réglé leur situation.

OUVRIERS MILITAIRES, ouvriers chargés, dans les armées, de l'exécution matérielle des détails relatifs aux services des subsistances et de l'habillement et campement.

OUVROIR, salle où, pendant le moyen âge, quelques ouvrières se réunissaient pour travailler. Les couvents de femmes avaient tous une salle de ce genre pour les travaux de couture ou de broderie. Plusieurs communautés établirent des ouvroirs publics pour les ouvrières sans travail. De nos jours, les ouvroirs créés par des sociétés charitables n'ont pas réussi pour les femmes, mais ont été utiles aux jeunes filles. Ils ont l'inconvénient de faire une concurrence ruineuse aux ouvrières de profession.

OVATION. *V.* ce mot dans notre *Dictionnaire de Biographie et d'Histoire.*

OVATION DES AUTEURS DRAMATIQUES, droit que le public s'arroge d'appeler sur la scène, à la suite d'un grand succès, un poëte dramatique dont il vient d'applaudir l'ouvrage. En 1718, Voltaire, après la 1re représentation de son *OEdipe*, appelé à grands cris par les spectateurs, avait été obligé de se montrer dans une loge. Trente ans plus tard, en 1748, la *Mérope*, du même poëte, excita tant d'enthousiasme à la 1re représentation, qu'il fut encore obligé de se montrer au public, et parut dans la loge du roi, pleine de personnes de sa connaissance. Plus tard

cet appel dégénéra en coutume, et ce fut sur la scène même que l'auteur dut venir recevoir les applaudissements du public. Vers le milieu du xviiie siècle, la coutume était en pleine vigueur ; Laharpe, Ducis, et quelques autres, reçurent cette ovation, même plusieurs fois : Laharpe, pour ses tragédies de *Warwick*, en 1763, et de *Coriolan*, en 1784. A cette dernière occasion, il a fait, dans sa *Correspondance littéraire*, la réflexion suivante, pleine de justesse : « J'ai cédé aux instances des comédiens [pour répondre à l'appel du public,] quoique j'aie toujours pensé qu'il n'était pas convenable qu'un auteur parût sur le théâtre, si ce n'est à un premier ouvrage, quand le public semble adopter sa jeunesse, et lui donner pour ainsi dire la robe virile. » Aujourd'hui, la coutume des ovations de ce genre subsiste encore, mais elles sont rares, le public ayant le bon goût de ne les pas prodiguer aux poëtes dramatiques.   C. D—Y.

OVE (du latin *ovum*, œuf), nom donné, en Architecture : 1° à la moulure convexe formée d'un quart de cercle, et qu'on appelle aussi *quart de rond* ; 2° à l'échine du chapiteau dorique ; 3° à un ornement en forme d'œuf, sculpté sur une moulure ronde, et entouré de nervures gracieuses.

OVIEDO (Cathédrale d'). Cette église, construite de 1380 à 1523, est une des plus belles de l'Espagne. Le portail se compose de trois grandes arcades, qui correspondent aux nefs de l'intérieur ; elles sont richement ornées de fleurons et de guirlandes, mais on n'y voit pas une statue : seulement, au-dessus de la porte principale, on a placé les 6 personnages de la Transfiguration, et les bustes des rois Froila et Alphonse le Chaste. Une tour, assise sur les quatre piliers de l'arcade de droite, s'élève à une hauteur de 80 mèt., et se détache de l'édifice dès son 2e corps : ce corps et le 3e, que couronne un riche balcon à ornements gothiques, sont percés d'une fenêtre ogivale sur chaque face ; un 4e corps laisse apercevoir le style de la Renaissance dans ses fenêtres, et au 5e reparaît l'art gothique ; le tout se termine par une pyramide octogone, creuse, hérissée de feuillages sur ses arêtes. Des faisceaux de sculptures enveloppent de bas en haut les angles de cette magnifique construction. L'intérieur de l'église n'a que 67 mèt. de longueur et 22 mèt. de largeur ; mais les proportions en sont parfaites. Au-dessus des arcades règne une galerie, dont les croisées en ogive sont placées deux à deux entre chaque pilier ; puis, d'immenses fenêtres, divisées en six compartiments par des meneaux, s'élèvent jusqu'à la voûte. Dans le bras septentrional du transept, la *Chapelle* dite d'*Alphonse le Chaste* contient neuf urnes où sont les cendres de neuf rois des Asturies ; dans le bras méridional, la *Chapelle sainte* renferme un grand nombre de reliques. On voit dans le chœur des stalles habilement sculptées, où des sujets très-profanes se mêlent aux scènes de l'Ancien Testament. La *Grande chapelle* occupe l'abside : elle a un très-beau retable doré, dont les figures en relief représentent la Vie et la Passion de J.-C. Sur le flanc méridional de l'église se trouve un cloître de petites dimensions, mais d'une riche architecture : chaque côté est percé de quatre grandes fenêtres ogivales ; les chapiteaux des piliers ont une curieuse ornementation de feuillages, d'arabesques, et de scènes historiques.

OXFORD (Cathédrale d'). Ce monument, qui date du xiie siècle, mais dont plusieurs parties indiquent des additions ou des restaurations postérieures, est construit sur un plan très-irrégulier. La nef, composée seulement de quatre travées, est accompagnée de collatéraux ; le chœur a une nef collatérale d'un côté, il en a deux de l'autre, ayant à leur suite une autre nef assez large, qu'on appelle la *Chapelle latine*. Ce qu'il y a de plus remarquable, c'est les voûtes en bois, d'une construction hardie et élégante, et dont les nombreuses nervures retombent sur de gracieux pendentifs. La longueur de l'édifice est de 50 mèt., qui se partagent presque également entre la nef et le chœur ; le transept a 33 mèt. de longueur, et la nef 17 mèt. de largeur, y compris les collatéraux. La vue extérieure offre peu d'intérêt ; la tour centrale, surmontée d'une flèche, n'est ni riche ni élevée. La cathédrale d'Oxford a une belle salle capitulaire, de style ogival primitif, voûtée en pierre, et soutenue sur des faisceaux de colonnettes dont les chapiteaux sont délicatement ouvragés.   B.

P

P, la 16e lettre de notre alphabet, et la 12e de nos consonnes. C'est une labiale, dont l'articulation manque dans certains idiomes, par exemple en arabe, en japonais, en suédois; les mots commençant par un P dans cette dernière langue sont d'origine étrangère. Beaucoup d'Allemands ont quelque peine à employer le P, et le remplacent par le B. En hébreu et en syriaque, le son qu'on lui donne est souvent celui de l'F. En français, l'articulation du P est toujours la même; il est certains mots où on ne le prononce pas, comme *baptême, coup, beaucoup, drap, camp, champ, exempt, loup, sept, temps, dompter,* etc. Il existe quelque affinité entre le *p* et le *v* : ainsi, *loup* fait au féminin *louve; rave* dérive du latin *rapa; père* se dit en latin *pater* et en allemand *vater.* Notre groupe PH n'est une lettre composée que par rapport à sa forme, car il représente l'articulation simple F. — Dans les inscriptions latines, P est une abréviation pour *Publius, Paulus, proconsul, pontifex, plebs, patronus, pius, perpetuus, posuit, pondus, ponendum, post,* etc. PP signifie *pater patriæ, proprætor, præpositus, primipilus;* P. C., *patres conscripti;* P. K., *pridie kalendas;* S. P. Q. R., *senatus populusque romanus.* Aujourd'hui, P devant les noms propres signifie *Pierre* ou *Paul:* Ph., *Philippe.* Devant un nom de religieux, P. signifie *Père.* Au bas d'une lettre, P. S. veut dire *postscriptum.* Dans le commerce, P est pour *protesté;* p. °/₀ signifie *pour cent.* Sur une partie de musique, *p* est pour *piano* (doux), et *pp* pour *pianissimo.* Sur les sceaux du pape, S. P. S. P. sont les initiales des noms de Sᵗ Pierre et Sᵗ Paul. — Autrefois, P était la marque monétaire de la ville de Dijon. — Chez les Grecs, le *pi* (Π), employé comme lettre numérale, valut d'abord 5, parce qu'il était l'initiale de *penté* (cinq); plus tard, π′ représenta 80, et ͵π 80,000. Chez les Latins, P valut 7 selon les uns, 100 selon les autres; quelques-uns lui ont donné la valeur de 400, et, en le surmontant d'un trait horizontal (P̄), celle de 4,000, de 40,000 ou de 400,000.

PACAGE (Droit de). *V.* Parcours.

PACHA. *V.* ce mot dans notre *Dictionnaire de Biographie et d'Histoire.*

PACOTILLE, autrefois *Paquotille* (de *paquet*), certaine quantité de marchandises assorties, qu'on emporte dans un pays lointain, afin d'en faire le commerce. Par dénigrement, le mot s'applique aux marchandises de qualité inférieure.

PACTA CONVENTA. *V.* ce mot dans notre *Dictionnaire de Biographie et d'Histoire.*

PACTE (du latin *pactum,* convenu), terme aujourd'hui synonyme de *contrat,* de *convention.*

PACTE COMMISSOIRE. *V.* Commissoire.

PACTE DE RACHAT. *V.* Rachat.

PADICHAH. *V.* ce mot dans notre *Dictionnaire de Biographie et d'Histoire.*

PADOGGS. *V.* Baguettes.

PADOUAN (Dialecte), un des dialectes italiens, intermédiaire entre le vénitien et le lombard. Il supprime nombre de voyelles, et change fréquemment les consonnes. C'est peut-être des dialectes de l'Italie le plus difficile à comprendre.

PADOUANES, nom donné à certaines médailles qui ont été parfaitement contrefaites d'après l'antique par Louis Léon, Jean Cavino et Alexandre Baniano, graveurs de Padoue. Leurs coins, que possédaient autrefois les chanoines de Sᵗᵉ-Geneviève, sont aujourd'hui au Cabinet des médailles de la Bibliothèque impériale de Paris. Des *padouans* ont été faits aussi par Michel Dervieu, de Florence, dit *le Parmesan,* par Carteron, de Hollande, et par Cogonnier, de Lyon.

PADOUE (Église Sᵗ-Antoine, à). Cette église, une des plus belles de l'Italie, a été construite sous l'influence des idées byzantines. Commencée en 1255 par Nicolas de Pise, elle fut achevée en 1307; toutefois, ses huit coupoles et clochers furent ajoutés dans le xvᵉ siècle. Au-dessus de la grande porte d'entrée sont deux célèbres figures de Sᵗ Bernardin et de Sᵗ Antoine, peintes par Mantegna, mais gâtées par des retouches. L'intérieur de l'édifice, dont beaucoup de parties ont été refaites à la suite de divers incendies, est riche en œuvres d'art; du côté gauche, on remarque : une Madone peinte sur un pilier, et attribuée à Stefano de Ferrare (xivᵉ siècle); le monument d'Alexandre Contarini, exécuté sur les dessins de San-Micheli; la chapelle de Sᵗ-Antoine, dont l'architecture est de Sansovino, et qui est entièrement revêtue de bas-reliefs en marbre blanc, représentant la vie du saint. Du côté droit se trouve la chapelle de Sᵗ-Félix, couverte de fresques du xivᵉ siècle, et la chapelle du Sᵗ-Sacrement, dont l'autel a été sculpté par Donatello. Le chœur, entouré de 12 bas-reliefs de bronze, où Donatello a représenté des faits de l'Ancien Testament, contient un magnifique crucifix de bronze par le même artiste, et un grand candélabre pour le cierge pascal, admirablement travaillé par André Riccio. Dans une vaste chapelle située derrière le chœur, on conserve de nombreuses reliques : les armoires qui les contiennent sont surmontées d'une statue de Sᵗ Antoine dans une gloire, groupe énorme taillé dans un seul morceau de marbre.

PADOUE (Église Sᵗᵉ-Justine, à). Cette église fut élevée, dit-on, sur l'emplacement d'un temple de la Concorde, et plusieurs fois détruite : on prétend que les deux griffons du porche actuel proviennent de l'édifice primitif. Le monument actuel fut commencé en 1521 par André Riccio, et achevé en 1549 par Morone. Il est remarquable par la grandeur de la nef, la simplicité et la hardiesse des proportions; l'aspect en est malheureusement gâté par le badigeon : les murs sont blancs, les chapiteaux des colonnes sont gris, les arcs-doubleaux et les caissons des voûtes jaunes. L'autel du maître-autel, représentant le martyre de Sᵗᵉ Justine, est un des chefs-d'œuvre de Paul Véronèse. Dans une chapelle, on conserve un cercueil de bois, qu'on dit avoir renfermé les restes de Sᵗ Luc.

PADOUE (Palais de Justice de). Ce monument fut commencé en 1172 par Pierre Cozzo. Quand les fondations furent sorties de terre, on abandonna le travail jusqu'en 1209. Il fut voûté en 1219; on le recouvrit en plomb en 1306. Un incendie consuma la voûte en 1420; le Sénat de Venise la fit reconstruire. Alors on démolit deux murs intérieurs, et on l'on obtint cette immense salle d'audience dite *Salone,* qui est la plus vaste de l'Europe : elle a 100 mèt. de longueur, sur une largeur et une hauteur de 33 mèt., sans autre soutien que les murailles. Celles-ci sont couvertes de peintures. On conserve dans la salle le prétendu tombeau de Tite-Live.

PÆAN. *V.* Péan, dans notre *Dictionnaire de Biographie et d'Histoire.*

PÆNULA, manteau romain. *V.* notre *Dictionnaire de Biographie et d'Histoire.*

PÆSTUM (Monuments antiques de), à 40 kilom. S.-E. de Naples. Ces monuments en ruines, que l'on considère comme les plus parfaits que les Grecs aient laissés en Italie, sont au nombre de trois, et construits tout en pierre : celui du milieu, ancien temple périptère de Neptune, forme un carré long et présente 6 colonnes doriques cannelées sur chacune de ses façades, 14 de chaque côté. Les colonnes qui formaient le portique supportent encore le fronton; celles de l'enceinte sont seulement réunies par une corniche. Les deux autres édifices sont : un temple de Cérès, hexastyle et périptère, avec 13 colonnes de côté; et une basilique, dont il reste 9 colonnes de face et 18 sur chacun des flancs. On voit encore à Pæstum des restes d'une enceinte carrée, faite de gros blocs taillés et posés sans ciment, et coupée à distances égales par 8 tours, plus récentes que les murs : des quatre portes dont elle était percée, il n'y a plus de traces que de celle de l'Est. On a retrouvé enfin quelques vestiges d'un aqueduc, d'une fontaine, d'un théâtre, d'un amphithéâtre, d'un logement de soldats, etc.

PAGAIE (de l'indien *pagaï*), petit aviron court, avec lequel les sauvages font marcher leurs pirogues.

PAGANICA. *V.* BALLE (Jeux de), dans notre *Dictionnaire de Biographie et d'Histoire.*

PAGE (du latin *pagina*), en termes de Typographie, l'un des côtés d'un feuillet, et l'impression qui y est contenue.

PAGES (Mise en). *V.* COMPOSITION.

PAGINATION, série des nombres ou numéros qui se trouvent en tête des pages d'un livre, pour marquer l'ordre relatif de celles-ci. *Paginer*, c'est numéroter les feuillets. Les préfaces, les introductions se paginent ordinairement en chiffres romains, parce que ces parties forment une espèce de hors-d'œuvre, et ne s'impriment que quand l'ouvrage est fini et paginé en chiffres arabes; on prend alors alors des chiffres romains pour éviter la confusion. Dans les premiers temps de l'imprimerie, on paginait à la main après l'impression; le *Tacite* de Jean de Spire, publié à Venise en 1469, est le premier livre dans lequel les chiffres des pages aient été imprimés. *V.* Magné de Marolles, *Recherches sur l'origine et le premier usage des registres, des signatures, des réclames et des chiffres de pages dans les livres imprimés*, Paris, 1782, in-8°.

PAGNE (du latin *pannus*), morceau d'étoffe dont les nègres et les Indiens qui vont nus s'enveloppent le corps depuis la ceinture jusqu'aux genoux.

PAGODE (du persan *pout*, idole, et *gheda*, maison? ou de l'hindou *bhagavati*, maison sainte), nom donné par les Européens aux temples construits en plein air par les Hindous et autres peuples de l'Asie méridionale. Ces monuments sont en brique ou en pierre, avec des incrustations de marbre, de porcelaine, etc., et quelquefois en bois peint. Ils sont généralement surmontés d'une construction pyramidale, dont la forme est très-tourmentée. Les idoles du sanctuaire, auxquelles on donne aussi le nom de *pagodes*, sont pour la plupart en terre brunie, de formes grossières et bizarres, mais richement ornées. C'est par comparaison avec ces idoles qu'on a appelé *pagodes*, au siècle dernier, les magots ou figures grotesques dont on ornait les cheminées et les consoles. *V.* INDIEN (Art).

PAGODE, monnaie d'or des Indes. La *pagode au croissant* vaut 9 fr. 46 c.; la *pagode à l'étoile*, 9 fr. 35 c.; la *pagode de Pondichéry*, 8 fr. 32 c.

PAIE, PAIEMENT, *V.* PAYE. PAYEMENT.

PAILE, vieux mot qui signifiait *manteau, dais, pavillon*, et qui désignait aussi une étoffe de soie rayée provenant d'Alexandrie en Égypte.

PAILLASSE (de l'italien *pagliaccio*, homme de paille), bouffon populaire, ainsi appelé parce qu'il est habillé de cette toile à carreaux dont on recouvre les paillasses de lit. C'est l'acteur principal des parades jouées sur des tréteaux en plein vent, le comique des spectacles d'acrobates, dont il parodie grotesquement les sauts et les gambades.

PAILLETTES, petits disques d'or, d'argent ou d'acier, percés au centre, et que l'on coud sur une étoffe pour l'orner. On en voit sur certains vêtements sacerdotaux et sur des costumes d'acteurs.

PAILLON, petite feuille de cuivre battu, très-mince et colorée d'un côté, que les joailliers mettent au fond des chatons des pierres précieuses pour en augmenter l'éclat.

PAIN. Le pain étant un aliment de première nécessité, les gouvernements en ont souvent surveillé la fabrication et le prix. Au moyen âge, le pain de première qualité s'appelait *pain de Chailly*, le pain commun, *pain de brode*. Les règlements ne prescrivaient rien sur le poids du pain, que l'usage seul déterminait; mais ils fixaient les prix, et défendaient de vendre des pains de plus de deux deniers ou de moins d'une obole. Les pains mal faits ou rongés par les rats ne pouvaient être ni mis en étalage dans la boutique ni portés le samedi à la halle; ils devaient être vendus au rabais sur un marché particulier, qui, à Paris, se tenait le dimanche entre le parvis Notre-Dame et l'église St-Christophe. Les prud'hommes faisaient la visite chez les boulangers pour s'assurer si les pains étaient bons : les mauvais étaient saisis, et le grand-panetier condamnait le délinquant à une amende (6 deniers au XIIIe siècle). Au mois de juillet 1372, on décida, après plusieurs cuissons d'essai, que le *pain de Chailly* d'un denier pèserait tout neuf onces un quart (à quinze onces la livre), le *pain bourgeois* ou de seconde qualité douze onces, le *pain de brode* ou pain bis vingt-quatre onces. Les pains de deux deniers pesaient le double. Le froment de première qualité valait alors douze sous à Paris; à chaque augmentation de trois sous sur le marché, les pains devaient diminuer de poids, celui de Chailly

d'une demi-once, les deux autres d'une once; à chaque diminution de trois sous, ils devaient augmenter d'un poids équivalent. L'échelle de proportion fut modifiée la même année après la moisson; mais le principe resta le même. Ce système pouvait produire de dangereuses illusions pour la foule, qui ne s'apercevait pas tout d'abord des changements qui survenaient dans les conditions de son existence parce que le prix du pain ne changeait pas. Au XVe siècle (1439), on changea de système, et le poids du pain resta invariable. C'est ce qui a lieu de nos jours. Jusqu'en 1817, on n'a fixé que le prix du pain de première qualité; jusqu'en 1823, la taxe était faite à des époques indéterminées; jusqu'en 1840 (16 nov.), on taxait le pain de 2 kilogrammes, et on était obligé d'accorder une tolérance de poids à la fabrication. Aujourd'hui la taxe donne régulièrement toutes les quinzaines le prix du kilogramme de première et de seconde qualité : on admet en principe, que le sac de farine pesant net 157 kilogr. doit produire 204 kil. de pain, et que la fabrication coûte 11 francs. **L.**

PAIN A CHANTER, PAIN D'AUTEL, OU PAIN SACRAMENTEL, pain azyme ou sans levain, réduit en feuille mince, coupé en grands ronds sur lesquels se trouve empreinte la figure de J.-C., et dont on fait des *hosties* pour la consécration. Le nom de *pain à chanter* vient de ce que ce pain sert à chanter la messe.

PAIN-ASSIETTE, pain d'une pâte épaisse et solide, fabriqué aux XIIIe et XIVe siècles, et dont on faisait des assiettes. On en servait une à chaque convive, qui y découpait ses morceaux, et qui la mangeait quand elle était imprégnée de sauce et du jus des viandes. Le pain-assiette se nommait aussi *tranchoir.*

PAIN BÉNIT. Le jour du Sabbat, les Hébreux offraient à Dieu dans le Temple 12 pains sans levain, dits *pains de proposition* ou *d'offrande*, et que les prêtres seuls pouvaient manger. Ces pains étaient une allusion aux 12 tribus d'Israël. Chez les premiers chrétiens, du pain bénit était offert aux catéchumènes avant leur baptême, à la place du pain de l'Eucharistie, auquel ils n'étaient pas encore jugés dignes de participer. Plus tard, un pain du même genre fut distribué à tous les fidèles, comme un gage de leur mutuelle affection. On dit que l'usage de cette distribution fut établi par un concile de Nantes, en 655. Aujourd'hui, le pain bénit est offert tour à tour par les fidèles de chaque paroisse, le dimanche, à la grand'messe, pendant l'Offertoire; celui qui va à l'offrande porte un cierge allumé, qu'il donne à l'officiant, sans doute pour indiquer que les fidèles doivent pourvoir à l'entretien du luminaire, et le prêtre lui fait baiser la patène. **B.**

PAIR, en termes de Commerce, égalité de change qui résulte de la comparaison du prix d'une monnaie dans un pays avec celui qu'elle a dans un autre. Le change est au pair, quand pour une somme qu'on donne en un lieu on reçoit la même somme en un autre lieu sans aucune remise. — A la Bourse, une valeur est au pair, quand elle se vend et s'achète au prix de sa création.

PAIR ET IMPAIR, jeu qui se joue avec trois dés comme le passe-dix (*V. ce mot*).

PAIR OU NON, jeu dans lequel on donne à deviner si un nombre d'objets qu'on tient sont pair ou impair.

PAIRLE, en termes de Blason, une des pièces honorables de l'écu. Sa forme est celle de l'Y; c'est un composé du chevron renversé et du pal abaissé. Le mot vient du latin *parilis*, parce que le pairle est formé de trois branches de longueur égale.

PAIRS, PAIRIE. *V.* notre *Dictionnaire de Biographie et d'Histoire.*

PAIRS ET IMPAIRS (Modes), qualifications données, dans le Plain-Chant, aux modes *plagaux* et *authentiques* (*V. ces mots*).

PAISSON, mot synonyme de *Panage* (*V. ce mot*).

PAIX (du latin *pax*), se dit de l'état d'une nation qui n'a pas d'ennemis à combattre, et du traité qui met fin à une guerre (*V.* TRAITÉ). L'idée de faire régner à jamais la paix entre les hommes a germé plusieurs fois dans quelques têtes : au commencement du XVIIIe siècle, l'abbé de Saint-Pierre rêva la *Paix perpétuelle* : une société pour former à New-York, en 1815, dans le but d'établir cette paix, et une autre en 1816; les *Congrès de la paix* se sont tenus à Londres en 1843, à Bruxelles en 1848, à Paris en 1849, à Londres encore en 1851.

PAIX, déesse allégorique. *V.* notre *Dictionnaire de Biographie et d'Histoire.*

PAIX, en latin *osculatorium*, petite plaque de métal ciselée, émaillée ou niellée, sur laquelle on a représenté a crucifixion, la sainte face, la Vierge avec l'enfant Jésus, ou l'Agneau, et dont on fait usage dans l'Église catholique à la grand'messe. Le célébrant l'ayant baisée à l'*Agnus Dei*, un acolyte va la présenter à tous ceux qui assistent dans le chœur à l'office divin, et, en la leur faisant baiser, prononce ces mots : *Pax tecum* (La paix soit avec vous). Cet usage remonte au pontificat d'Innocent Ier, dans le ve siècle : il rappelle le *baiser de paix* que les fidèles des temps précédents se donnaient mutuellement avant d'aller recevoir la communion.

PAIX (Juge de). V. JUGE DE PAIX, dans notre *Dictionnaire de Biographie et d'Histoire*.

PAIX (Pierre de la), nom qu'on donnait autrefois, dans les églises, à un siége de pierre, placé ordinairement près de l'autel, et qui servait de LIEU D'ASILE.

PAL (du latin *palum*), pieu aiguisé par un bout. L'*empalement* ou supplice du pal, usité presque tous les peuples de l'antiquité, et encore en usage chez les Turcs, les Persans et les Siamois, consiste à enfoncer le pieu dans le corps du condamné, qu'on laisse mourir dans cet état. L'empalement a existé en Russie ; ce fut la tzarine Élisabeth qui le supprima au siècle dernier.

PAL, en termes de Blason, une des pièces honorables de l'écu. Il en occupe perpendiculairement le milieu. Quand il y a plus de trois pals, ils prennent le nom de *vergettes*. Le pal, effilé à sa partie supérieure, est dit *aiguisé* ; à sa partie inférieure, il est *fiché* ; si l'effilement est onduleux en haut, le pal est *flamboyant* ; si c'est en bas, il est *comété*. On rencontre, mais rarement, des pals-bandes, des pals-barres, des pals-fasces et des pals-chevrons.

PALADIN. V. notre *Dictionnaire de Biographie et d'Histoire*.

PALAIKA. V. BALAÏKA.

PALAIS, du latin *palatium*, signifiant maison sur le mont Palatin, à Rome, et, par suite, demeure des empereurs romains. On a plus tard appelé *Palais* la demeure vaste et somptueuse des souverains ; tels sont, à Paris, les palais des Tuileries et du Louvre. Le même nom a été appliqué à des édifices où s'exercent les grandes fonctions de l'administration publique, comme le Palais du Sénat, le Palais du Corps Législatif, etc. A l'étranger, et particulièrement en Italie, le nom de Palais est donné aux maisons des grands personnages ; en France, par un sentiment de convenance délicate, on nomme *Hôtels* les palais des grands personnages.

PALAIS DE JUSTICE, lieux où siégent les tribunaux. On appelle *jours de Palais* les jours d'audience, ceux où l'on plaide les Palais. Les juges, avocats, avoués, huissiers, etc., se nomment *gens de Palais*. Les formules et les termes dont on se sert dans les actes judiciaires ou dans les plaidoiries constituent le *style du Palais*.

PALAIS DE JUSTICE DE PARIS. } V. ces mots dans notre *Dic-*
PALAIS-ROYAL. } *tion. de Biog. et d'Histoire*.

PALAIS-ROYAL (Théâtre du), théâtre qui fut occupé jusqu'en 1789 par des enfants qu'on appelait les petits comédiens de M. le comte de Beaujolais. Une actrice, la Montansier, s'y établit à la Révolution avec une troupe dramatique, dont faisaient partie Brunet et Tiercelin. Quand elle alla occuper une autre salle sur la place Louvois en 1793, le théâtre du Palais-Royal, qu'on avait appelé *Théâtre de la Montagne*, fut abandonné aux acrobates Furioso et Ravel, puis, sous le nom de *Théâtre des jeux forains*, à des marionnettes, et enfin à des chiens savants. On le transforma encore en *Café de la Paix*, avec autorisation de faire chanter des ariettes et jouer de petites scènes devant les consommateurs. En 1831, le Théâtre du Palais-Royal fut rétabli, et il s'est consacré depuis cette époque au genre comique et grivois. Il a compté dans sa troupe Samson, Régnier, Philippe, Lepeintre aîné, Achard, Levassor, Alcide Tousez, Sainville, Leménil, Grassot, Ravel, Hyacinthe, Arnal, Mlles Déjazet, Fargueil, etc. De 1848 à 1852, on lui donna le nom de *Théâtre Montansier*. B.

PALAN, en termes de Marine, assemblage de poulies, de moufles et de cordages, dont on se sert sur les bâtiments pour enlever des fardeaux ou exécuter des manœuvres. Un petit palan se nomme *palanquin*.

PALANCHE ou PALACHE, ancienne arme tenant de la lance et de l'épée, que les hussards portaient à leur selle.

PALANÇONS, en termes de Maçonnerie, morceaux de bois qui retiennent les torchis.

PALANQUIN (en hindou *palky*), sorte de chaise ou de litière, ordinairement découverte et surmontée d'un dais, dont on se sert en Chine, dans l'Inde, dans les parties les

plus chaudes de l'Amérique, etc. Quatre porteurs soutiennent le palanquin sur leurs épaules.

PALATALES (du latin *palatum*, palais), consonnes produites par les mouvements de la langue, qui va toucher le palais. Ce sont *d, t, l, n, r*.

PALATIN. V. ce mot dans notre *Dictionnaire de Biographie et d'Histoire*.

PALATINE, fourrure. V. notre *Dictionnaire de Biographie et d'Histoire*, au Supplément.

PALATINE (École). V. ÉCOLE DU PALAIS, dans notre *Dictionnaire de Biographie et d'Histoire*.

PALE (du latin *pala*, pelle), carton carré, garni en dessous de toile blanche, en dessus de divers ornements, et qui sert à couvrir le calice pendant la messe.

PALE, petite vanne qui sert à ouvrir et à fermer la chaussée d'un étang, le biez d'un moulin, ou à faire arriver l'eau sur la roue du moulin ou à la retenir.

PALÉ, en termes de Blason, se dit d'un écu divisé en six pals égaux par cinq lignes perpendiculaires, dont trois pals d'un émail, trois d'un autre ; un de métal, l'autre de couleur alternativement. Il y a aussi des écus palés de huit pièces. Un écu est *contrepalé*, lorsqu'il est coupé, et que les demi-pals du chef, quoique d'émaux semblables à ceux de la pointe, sont néanmoins différents à leur rencontre, de sorte que si le premier du chef est de métal, celui qui lui répond au-dessous est de couleur. Un écu est *palissé*, quand il y a des pals aiguisés.

PALÉE (de *pal*, pieu), rangée de pieux boulonnés de chevilles de fer et enfoncés avec le mouton pour former une digue, soutenir des terres, porter quelque fardeau de maçonnerie ou les travées d'un pont de bois.

PALEFROI. V. ce mot dans notre *Dictionnaire de Biographie et d'Histoire*.

PALENCA (Dialecte). V. CARAÏBE (Langue).

PALENQUÉ (Ruines de). V. AMÉRICAIN (Art).

PALÉOGRAPHIE (du grec *palaios*, ancien, et *graphê*, écriture), science des écritures anciennes. Tandis que la Diplomatique (V. ce mot) étudie les caractères intrinsèques des manuscrits et des chartes, elle en envisage les caractères extrinsèques, qui sont : la substance ou la matière sur laquelle on a écrit (pierre, brique, métaux, ivoire, bois, peaux, feuilles et écorce des arbres, papyrus, étoffes, cire, parchemin, papier, etc.); la composition, la forme et la reliure des livres ; les instruments dont on s'est servi pour écrire (pinceaux, styles, calames ou roseaux, plumes, encres, etc.); les différents genres d'écriture, avec les signes de ponctuation et de correction, les abréviations, les monogrammes, les lettres conjointes, etc. V. CALLIGRAPHIE, ÉCRITURE, ABRÉVIATIONS, DIPLÔME, CHARTE, INSCRIPTIONS.

PALERME (Cathédrale de). Cette église, commencée en 1106 sur les ruines d'une ancienne cathédrale dont les Sarrasins avaient fait une mosquée, fut consacrée en 1185. Depuis, elle a subi des changements considérables, et il ne reste plus que de faibles portions de l'édifice du xiie siècle. La façade, établie sur le flanc méridional, a été construit de 1426 à 1450; elle offre un mélange de style normand et d'ornementation moresque, et un long feston qui lui sert de couronnement découpe ses dentelures sur le ciel. Des coupoles s'élèvent au-dessus de la nef et des bas côtés. L'intérieur, restauré à la moderne par Fernando Fuga, n'est remarquable que par l'ornementation. Un grand nombre de colonnes de granit supportent les voûtes. Le chœur, pavé de mosaïques de porphyre et de vert antique, est décoré de statues en marbre blanc d'Antonio Gagini, et de fresques par Mariano Rossi. Le transept de gauche contient des peintures de Velasquez et de Pietro Novelli, et une table de marbre sur laquelle est gravée en caractères romains une lettre que, suivant la tradition populaire, la Ste Vierge aurait adressée aux habitants de Messine. Dans la chapelle de Ste-Rosalie est un autel d'argent massif, ainsi que le sarcophage de la sainte, également en argent. La cathédrale de Palerme renferme enfin les tombeaux du roi Roger II, des empereurs Henri VI et Frédéric II, du roi d'Aragon Pierre II, etc. — Le beffroi est joint à la cathédrale par une arcade colossale. Le palais archiépiscopal, situé près de la porte occidentale, appartient au milieu du xve siècle. V. Fr. Daniele, *I regali sepolcri del duomo di Palermo*, Naples, 1784, in-fol.

PALERME (Église de SANTA-MARIA DI MARTORANA, à), église fondée en 1143 par Georges d'Antioche, amiral du roi Roger. Le plan en est grec. Une ancienne tour s'élève en avant de la grande nef, au-dessus d'une galerie autrefois détachée de l'église, et qu'on a reliée à celle-ci pour l'agrandir. Les arceaux des trois nefs de la Martorana reposent sur des colonnes de granit oriental à chapiteaux dorés. Les murs et les plafonds sont couverts de peintures et de mosaïques très-curieuses, parmi lesquelles on trouve la représentation du roi Roger couronné par le Christ. Un monastère a été ajouté à l'église en 1694 par Geoffroy Martorana.

PALERME (Le Palais-Royal, à). Ce monument passe pour avoir été élevé sur les ruines d'une forteresse sarrasine. C'est une réunion d'édifices de différents styles; la partie centrale, qui est la plus régulière, date de 1616. À l'intérieur, des galeries, disposées à chaque étage, donnent sur une grande cour carrée. La chapelle, bâtie en 1129 dans le style ogival, est toute revêtue de marbre blanc, de porphyre, de mosaïques; les arceaux retombent sur des colonnes de granit à chapiteaux dorés. Dans les appartements du palais, on remarque les portraits des vicerois, une salle décorée de mosaïques, un observatoire construit en 1791 par Joseph Piazzi, et deux béliers antiques en bronze d'un très-beau travail.

PALESTINE. V. CARACTÈRES D'IMPRIMERIE.

PALESTRE. V. GYMNASE, dans notre *Dictionnaire de Biographie et d'Histoire.*

PALET (Jeu du). On le nommait, chez les Anciens, le jeu du *disque* (V. ce mot dans notre *Dictionnaire de Biographie et d'Histoire*). Nos enfants s'y livrent encore, mais avec des palets de pierre de bien moindre dimension. Une variété de ce jeu est le *Jeu du bouchon*, dans lequel on place sur un bouchon de liége les mises des joueurs, qui cherchent tour à tour à l'abattre en lançant un décime ou une pièce de 5 fr., et qui recueillent l'argent tombé le plus près de leur pièce.

PALET, terme de Blason. V. BESANT.

PALETOT (du latin *palla*, manteau, et du breton *toc*, chapeau?), nom donné jadis à une espèce de casaque à capuchon, qui fut tour à tour un surtout militaire, un habillement de laquais, un costume de marin ou de pêcheur. On en a fait le mot *paletoquet*, appliqué en signe de mépris. Aujourd'hui le paletot est entré dans la mode, sans capuchon, et moins flottant qu'autrefois.

PALETTE, planchette en bois, en ivoire ou en porcelaine, de forme ovale et fort mince, percée, vers le bord, d'un trou qui sert à y passer le pouce de la main gauche pour la tenir, et sur laquelle les peintres placent et mélangent leurs couleurs. On dit qu'un tableau est fait d'une seule palette, quand on n'y aperçoit pas les reprises du travail; qu'il sent la palette, quand les couleurs en sont crues et sans accord. Un peintre a une palette brillante, une riche palette, quand il est bon coloriste.

PALETTE. V. BOUGEOIR.

PALI ou BALI (Idiome), ancien idiome de l'Inde, tombé à l'état de langue morte, mais qui subsiste à Ceylan et dans l'Indo-Chine comme langue de la religion et de la science, et qui sert de lien entre des peuples bouddhistes dont les idiomes vulgaires sont souvent très-différents les uns des autres. Burnouf et Lassen pensent qu'il prit naissance dans l'Hindoustan, d'où il fut classé avec les doctrines bouddhiques dont il était l'interprète; qu'issu du sanscrit, il offre le degré de déformation que cette langue avait atteint au vᵉ siècle de notre ère; que ses altérations à lui-même donnèrent naissance au prâcrit (V. ce mot); et que les modifications successives du sanscrit résultent d'un travail intérieur, non de l'influence d'aucun idiome étranger. Le pali abrège les voyelles longues du sanscrit, et tend, par une sorte de compensation, à redoubler les consonnes. Il opère aussi de fréquentes contractions. Il conserve les cas du sanscrit, et n'altère les terminaisons de la déclinaison et de la conjugaison que quand elles offrent des alliances de lettres qu'une prononciation affaiblie ne fait plus articuler. Il a rejeté le nombre duel, mais gardé les trois genres, ainsi que le système à peu près complet des pronoms. L'emploi de la voix passive est devenu rare, la voix moyenne a disparu, et aussi les modes précatif et conditionnel. Il existe, pour écrire le pali, plusieurs alphabets : les Birmans se servent d'un caractère carré; les Siamois ont le caractère *khohmen*, formé de petites lignes disposées entre elles angulairement, et un autre alphabet plus cursif. Ces diverses écritures paraissent dériver d'un ancien alphabet bouddhique, formé sur le modèle du *dévanâgari* brahmanique, et dont quelques éléments ont disparu, tandis que d'autres lettres ont été chargées d'accents pour représenter les nuances de la prononciation usitée dans l'Indo-Chine. — Il existe beaucoup de livres bouddhiques en pali. Les Européens ont lu et expliqué plus ou moins complètement divers poëmes désignés sous le nom de *Tcheritas*; le *Rasavahini*, re-

cueil de légendes; une Chronique intitulée *Mahdvansa*, composée par Mahanama et continuée par Dhammakitti; le *Boromat*, traité de théologie et de philosophie; le *Divapansa* et le *Dhaladhatuvansa*, ouvrages historiques en vers; le *Kammouva*, code des cérémonies à observer pour élever un prêtre de Bouddha aux ordres supérieurs; le *Kammawakya*, rituel du culte bouddhique, publié par Spiegel, Bonn, 1841; le *Phatimukkha*, corps des règles à suivre pour arriver au salut. V. Clough, *Pali grammar, with a copious vocabulary*, Colombo, 1824, in-8°; Eug. Burnouf et Lassen, *Essai sur le Pali*, Paris, 1826, in-8°; E. Burnouf, *Observations grammaticales sur quelques passages de l'Essai sur le Pali*, 1826, in-8°; Spiegel, *Anecdota Palica*, Leipzig, 1845.

PALICARES. V. ce mot dans notre *Dictionnaire de Biographie et d'Histoire.*

PALIER. V. ESCALIER.

PALIMBACCHIUS. V. ANTIBACCHIUS.

PALIMPSESTE. V. ce mot dans notre *Dictionnaire de Biographie et d'Histoire.*

PALINDROME (du grec *palin*, de nouveau, à rebours, et *dromos*, course, parcours), nom donné à des vers qui présentent toujours le même sens, qu'on les lise de droite à gauche ou de gauche à droite. Tel est cet hexamètre qu'on a mis dans la bouche du Diable :

Signa te, signa, temeré me tangis et angis,

qui signifie, de quelque côté qu'on le lise : « Signe-toi, signe-toi, c'est en vain que tu me touches et que tu me tourmentes. » Le vers palindrome est une variété de l'anacyclique (V. ce mot).

PALINGÉNÉSIE (du grec *palin*, de nouveau, et *génésis*, naissance), régénération ou renaissance des êtres. D'après les livres sacrés des Indiens, les mondes se forment, se détruisent, se reforment; leur commencement et leur fin se succèdent sans interruption. La métempsycose (V. ce mot) est une palingénésie d'une espèce particulière. Les Stoïciens admettaient une palingénésie universelle. Les Gaulois croyaient que l'univers devait périr par le feu, puis renaître de ses cendres. C'est sans doute une opinion de ce genre qui était allégoriquement figurée par la fable du phénix. La résurrection, qui est un dogme dans un grand nombre de religions, peut être appelée une palingénésie. — Au XVIIIᵉ siècle, Ch. Bonnet, de Genève, a formulé un nouveau système palingénésique. Suivant lui , le germe d'une espèce, une fois créé, contient les germes de tous les individus qui forment le développement successif de l'espèce; notre globe a déjà subi des révolutions successives, à mesure que les espèces qui y sont placées ont eu elles-mêmes leur développement, qui consiste dans un plus grand nombre de sens et de facultés; l'homme, transporté plus tard dans un séjour mieux approprié à ses facultés nouvelles, laissera cette terre au singe et à l'éléphant arrivés à une autre période de leur développement, et les autres êtres s'élèveront à leur tour, par une suite de révolutions, dans la hiérarchie générale de la nature organisée. — Sous le nom de *Palingénésie sociale*, Ballanche a imaginé un système d'après lequel les mêmes formes sociales doivent se reproduire indéfiniment dans un ordre donné. B.

PALINOD. V. ce mot dans notre *Dictionnaire de Biographie et d'Histoire.*

PALINODIE (du grec ôdè *palin*, chant en arrière, en sens contraire). Selon la Fable, Stésichore, ayant dit du mal d'Hélène au début d'un poëme, l'eut à peine achevé, qu'il fut frappé de cécité par les Dioscures, frères de cette princesse; mais il n'eut pas plutôt compris la cause de son malheur, qu'il remplaça les vers injurieux par des paroles élogieuses, et Hélène, satisfaite, lui fit rendre la vue. Ce chant fut depuis célèbre sous le nom de *Palinodie*. L'ode d'Horace à Tyndaris (*Odes*, I, 16) est une charmante palinodie. *Chanter la palinodie* est devenu une expression proverbiale pour exprimer l'action de dire le contraire de ce qu'on avait dit d'abord, de se rétracter complétement. P.

PALISSADE (du latin *palum*, pieu), en termes de Fortification, assemblage de pièces de bois triangulaires, enfoncées en terre, terminées en pointe par le haut, et garnissant certains ouvrages de défense. La *fraise* et l'*abatis* (V. ces mots) sont des espèces particulières de palissades. — Dans le Jardinage, on nomme *palissades*, des arbres touffus et feuillus par le pied, taillés en forme de mur le long des allées ou contre les murailles d'un jardin.

PALLA. — PALLADIUM. — PALLIUM. V. notre *Dict. de Biographie et d'Histoire.*

PALISSY (Faïences de). V. au *Supplément*.

PALMA (La Bourse de), dans l'île Majorque. Cet édifice, qu'on nomme en espagnol *la Lonja*, servait autrefois aux réunions de marchands; on y donne aujourd'hui des fêtes. A part ses créneaux, qui sont arabes, il offre un des modèles les plus purs du style ogival appliqué à l'architecture civile. Bâti de 1426 à 1448, il a la forme d'un carré long. Sa disposition intérieure consiste en une salle unique d'une grande étendue, dont la voûte surbaissée est soutenue par 6 légères colonnes cannelées en spirale.

PALMA (Cathédrale de), belle église de style ogival, commencée sous Jaime le Conquérant, et terminée en 1601. Sa façade principale est à l'O.; mais l'entrée méridionale, bien qu'inachevée, est beaucoup plus remarquable. Le clocher placé à gauche de la façade est appelé la *Torre del Angel*. L'intérieur de la cathédrale est divisé en 3 nefs, dont les voûtes sont soutenues par deux rangs de 7 colonnes extrêmement légères. Derrière le maître-autel, la *Chapelle royale*, longue de 24 mèt., fut destinée à la sépulture des rois de Majorque : on y remarque surtout le sarcophage de Jaime II. Du maître-autel au grand portail il y a une distance de 75 mèt.; la largeur de l'église, y compris les chapelles, est de 40 mèt.

PALME, branche du palmier. Chez les Égyptiens, elle désignait la fécondité, parce que le palmier vit longtemps et fructifie jusqu'à la mort. Symbole de victoire, elle orne ordinairement la main des triomphateurs et des martyrs. Dans les pays où l'on n'a pas de buis, ce sont des palmes qu'on fait bénir au jour des Rameaux, qui prend de là le nom de *Dimanche des Palmes*. La sculpture s'est emparée de la palme comme ornement; on fait aussi des palmes en vignettes, en broderies, et l'on en trouve sur des médailles.

PALMIER (Colonne du). *V.* COLONNES MONUMENTALES, dans notre *Dictionnaire de Biographie et d'Histoire*.

PALMYRE (Ruines de). *V.* notre *Dictionnaire de Biographie et d'Histoire*.

PALMYRIEN, un des dialectes du syriaque, parlé autrefois à Palmyre.

PALONNIER, pièce du train d'un carrosse qui est jointe au train de devant ou à la volée, et sur laquelle les traits des chevaux sont attachés. Il est fait ordinairement en bois de frêne; depuis quelques années, on en fait aussi en fer forgé.

PALUDAMENTUM.) *V.* ces mots dans notre *Dictionnaire de Biogr. et d'Histoire.*
PAMPAS.)

PAMPELUNE (Cathédrale de). Cette église, dédiée à la Ste Vierge sous le nom de *Notre-Dame du Sanctuaire*, fut bâtie au xve siècle, sur les ruines d'un édifice du xiie qui s'était écroulé. La façade actuelle ne date que de la fin du xviiie, et son style grec contraste péniblement avec le style ogival qui règne partout ailleurs. Un portique corinthien, surmonté d'un fronton, occupe le centre de cette façade; le tympan a pour ornement un écu d'armes, et aux extrémités se dressent quatre statues de saints. Deux tours, de 50 mèt. d'élévation, flanquent le portique : d'abord carrées, elles deviennent octogones au 3e étage; elles se terminent par 8 colonnes corinthiennes qui soutiennent une coupole, et que surmonte une corniche supportant 8 urnes. La cathédrale de Pampelune est en forme de croix latine et à 5 nefs. Le chœur est fermé par une grille, chef-d'œuvre de serrurerie exécuté en 1507, par Guill. Croenat, et, à l'entrée, on voit le tombeau de Charles III de Navarre et de sa femme Léonore de Castille. Cent stalles, sur deux rangs, ont été sculptées en chêne d'Angleterre, par Michel Anchetea, en 1530. Le maître-autel, en bois doré, est de style gréco-romain. On conserve, dans la sacristie, une mitre brodée sur laquelle la tradition dit que la Ste Vierge a posé le pied, et, dans la salle capitulaire, une image de la Vierge, dont on fait remonter l'existence aux temps apostoliques. Par le croisillon méridional, une très-belle porte donne accès dans un cloître magnifique. Là se trouvent : une Adoration des Mages, due au ciseau de Jacques Pérut; les tombeaux du général Mina et du comte de Gages; la chapelle *Barbazana* (du nom de l'évêque Barbazano), contenant de précieuses reliques; la *Salle précieuse*, ainsi nommée de ce que les chanoines, en s'y rendant pour tenir chapitre, chantaient le cantique *Pretiosa in conspectu tuo*, et qui servait autrefois à la réunion des Cortès du royaume de Navarre; la chapelle de la Ste-Croix, où l'on voit une grille formée de fragments des chaînes de fer par lesquelles les Arabes s'étaient liés les uns aux autres à la bataille de Las Navas de Tolosa (1212).

PAMPHILE, jeu de cartes qui a beaucoup de rapport avec celui de la Mouche (*V. ce mot*); le valet de trèfle, sous le nom de *Pamphile*, est le principal atout.

PAMPHLET, mot d'origine assez moderne, dérivé soit du grec *pamphlectos* (qui brûle tout), soit du hollandais *pamphier* (papier), et qui désigne une brochure satirique plus ou moins violente. L'esprit de parti qu'on trouve presque toujours a fait attacher au mot *pamphlétaire* une idée défavorable. Les querelles religieuses et politiques du xvie siècle firent éclore un grand nombre de pamphlets : il n'en est pas de plus célèbre que la *Satire Ménippée* (*V. ce mot*). Au xviie siècle, le Jansénisme et la Fronde, au xviiie les différends des Parlements et des Encyclopédistes, puis les luttes de la Révolution française, ne furent pas des sources moins fécondes, et, dans des temps plus rapprochés de nous, sous le gouvernement de la Restauration, on remarqua encore les pamphlets de P.-L. Courier et de M. de Cormenin. Un des journaux démagogiques de 1848 s'était intitulé *le Pamphlet*. *V.* LIBELLE.

PAN, face d'un ouvrage de maçonnerie. Ainsi l'on dit : une tour à 6 ou 8 pans. On nomme *pan coupé* la surface qui remplace l'angle à la rencontre de deux pans de mur : on fait des salons à pans coupés; un pan coupé à l'encoignure d'une rue facilite le tournant des voitures. Les côtés de la couverture d'un comble s'appellent *pans de comble*.

PAN (Flûte de). *V.* FLUTE DE PAN.

PANABAT, monnaie. *V.* BANABAT.

PANACHE, touffe de plumes flottantes qu'on portait autrefois sur les casques et les chapeaux. Le panache a été généralement remplacé dans les troupes par le plumet, l'aigrette, ou le pompon. On le voit encore sur la coiffure des tambours-majors. Sur les chapeaux de femmes, ce sont les plumes d'autruche qui servent à faire les panaches. Enfin il y a des panaches d'ornement sur les dais, sur certaines voitures de gala, sur les chars mortuaires, et sur la tête des chevaux qui les traînent.

PANACHE, partie inférieure d'une lampe d'église.

PANACHE, terme d'Architecture. *V.* PENDENTIF.

PANAGE (Droit de), du latin *panagium*; droit de mener des porcs dans les bois et forêts de l'État, pour s'y nourrir de glands et de faînes. Il est mis en adjudication, pour un nombre déterminé d'animaux; les adjudicataires ne peuvent abattre ou emporter des glands et des faînes, sous peine d'amende (*Code forest.*, art. 54-57).

PANAULON, flûte traversière qui descend jusqu'au *sol* grave du violon. Elle a été inventée à Vienne, par Trexler, vers 1820. Une partie du tube est recourbée, et elle a 17 clefs, ce qui en rend le maniement difficile; les sons les plus bas, sourds et même rauques, ont peu de rapport avec les sons plus élevés.

PANCIÈRE, nom donné, dans le moyen âge, au pectoral ou partie antérieure de la cuirasse.

PANCRACE.) *V.* ces mots dans notre *Dictionnaire*
PANDECTES.) *de Biographie et d'Histoire.*

PANDÉMONIUM (du grec *pan*, tout, et *daimôn*, démon), mot créé par Milton dans son *Paradis perdu* pour désigner le palais où Satan appelle en conseil toutes les puissances infernales. On l'emploie pour désigner un lieu où règnent les mauvaises passions et le désordre.

PANDORE ou PANDURE (du latin *pandura*), instrument de musique à cordes, de la famille du luth, mais dont les cordes étaient de laiton, les touches en cuivre, le chevalet oblique, et le dos plat.

PANDORION, ancien instrument de musique à vent, dont la nature n'est pas bien connue. Les uns croient que c'était une trompette, les autres une flûte.

PANDOURS. *V.* ce mot dans notre *Dictionnaire de Biographie et d'Histoire.*

PANDROSION. *V.* ACROPOLE.

PANDURE. *V.* PANDORE.

PANÉGYRIQUE, mot qui signifia, chez les Grecs, une assemblée du peuple entier, et aussi tout discours prononcé devant elle dans le but d'exalter la gloire nationale ou de faire ressortir les avantages de quelque entreprise. Ainsi, dans son *Panégyrique d'Athènes*, prononcé vers l'an 386 avant notre ère, Isocrate s'est proposé de persuader aux différents peuples de la Grèce de se réconcilier pour tourner contre les Perses, leur ennemi commun, leurs forces réunies : seulement, comme Lacédémone prétendait conserver le droit exclusif de commander les Grecs, il entreprend de prouver qu'Athènes, par toute son histoire, est mieux fondée à réclamer l'hégémonie. Le sujet avait de la grandeur; malheureusement Isocrate se préoccupa beaucoup plus du style que des pensées, et passa dix ou quinze années à ajuster ses périodes; c'était beaucoup plus de temps qu'il n'en eût fallu à la Perse pour asservir les Grecs, si elle-même n'eût pas été plus malade encore que ses adversaires. — En Grèce, on louait la République : à Rome, le Panégyrique, réservé d'abord pour les morts illustres, devint bientôt l'éloge du prince vivant. Les premiers Césars se virent et s'entendirent presque tous décerner l'apothéose, soit dans des Panégyriques proprement dits, soit par incident, au milieu d'ouvrages où leur personnage et leur nom n'avaient que faire; louanges odieuses et révoltantes, quand elles s'adressent à un Tibère, à un Néron, à un Domitien. Le *Panégyrique de Trajan* fut du moins composé par un écrivain honnête homme pour un prince honnête homme. « Mon premier dessein, dit Pline le Jeune (*Lett.*; III, 18), a été de faire aimer à l'empereur ses propres vertus par les charmes d'une louange naïve. J'ai voulu en même temps tracer à ses successeurs, par son exemple mieux que par aucun précepte, la route qu'ils devaient suivre pour arriver à la même gloire. » Il était sincère quand il tenait ce langage, et son héros n'en était pas indigne. Ce n'est pas que la déclamation, les subtilités et le ridicule ne tiennent leur place dans cette œuvre d'un élégant rhéteur, qui passa pour un véritable Panégyrique de Trajan. Puis un Grec de Mœsie, Aristide, loua Marc-Aurèle, qui eut peut-être à subir aussi le même honneur de la part de son précepteur Fronton. Sous Dioclétien, ce furent des rhéteurs gaulois qui eurent le triste privilège de se distinguer dans ce genre oratoire : parmi eux brillèrent Eumène d'Autun, qui composa le Panégyrique de Constance Chlore, Nazaire de Bordeaux, un premier Mamertin, qui eut l'effronterie de louer le vieux Maximien. Constantin le Grand fut accablé de Panégyriques, dont le principal est celui d'Eusèbe, évêque de Césarée. Julien l'Apostat, qui se piquait d'éloquence, loua l'impératrice Eusébie, sa bienfaitrice, et Constance, son persécuteur, qu'il compare à Achille pour la vaillance, à Ulysse pour la sagesse, à Nestor pour le talent oratoire. A son tour il fut loué par Libanius d'Antioche, par un second Mamertin, enfin par Thémiste de Constantinople : celui-ci, parmi ses émules, mérite une place à part; Thomas, dans son *Essai sur les Éloges*, lui rend la justice de n'avoir adressé la parole aux princes que pour leur rappeler de nobles vérités. Il a consacré vingt Panégyriques à la louange de Constance, de Julien, de Valens, de Valentinien, de Gratien et de Théodose. Loués en grec par Thémiste, Gratien et Théodose le furent encore en latin, le premier par Ausone de Bordeaux, le second par Pacatus Drepanius, autre rhéteur bordelais, par St Paulin, évêque de Nole, et par Symmaque, l'illustre préfet de Rome. L'invasion des Barbares ne put fermer la bouche aux panégyristes. Claudien, le spirituel et raffiné poëte d'Alexandrie, et Sidoine Apollinaire, de Lyon, composèrent des Éloges en vers, parmi lesquels on cite de préférence celui de Stilicon, par Claudien. Enfin Ennodius, évêque de Pavie, mais originaire des Gaules, prononça, en 510, le Panégyrique de Théodoric, roi des Ostrogoths, comme si les derniers mots du latin, avant de tomber dans la barbarie du moyen âge, devaient être une flatterie en l'honneur des destructeurs de l'Empire romain, de ses institutions et de sa langue.

On voit le Panégyrique renaître au xve siècle avec les lettres latines et grecques, et fleurir, presque sans interruption, jusqu'à notre temps. François Ier, Henri II, Charles IX, Henri III, furent loués de leur vivant, et, suivant Thomas, on compterait plus de 500 Panégyriques en l'honneur d'Henri IV, en vers comme en prose, pendant sa vie et après sa mort. Ils ne manquèrent pas non plus à Louis XIII, à Richelieu, à Mazarin, et on les prodigua à Louis XIV durant tout son règne : tandis que les grands écrivains saisissaient ou faisaient naître l'occasion de l'exalter dans leurs œuvres, le clergé célébra en chaire, dans des Panégyriques proprement dits, la gloire et les vertus du grand roi. Pellisson lui-même, l'ancien ami de

Fouquet, mêla sa voix au concert de louanges dont on saluait de toutes parts la grandeur de Louis, et écrivit son Panégyrique. Voltaire enfin, tandis qu'il écrivait l'Oraison funèbre des officiers français morts dans la guerre de la succession d'Autriche, y joignit, à propos des mêmes événements, le Panégyrique de Louis XV.

Il appartenait à la religion chrétienne de transformer et de sanctifier, en quelque sorte, le Panégyrique comme l'Oraison funèbre, par les hauts enseignements que l'orateur en fait sortir. De bonne heure, les Pères de l'Église mêlèrent un genre à l'autre. C'est ainsi que St Jean Chrysostôme inséra dans la plupart de ses œuvres le Panégyrique de St Pierre et de St Paul. On loua les Saints le jour anniversaire de leur fête; mais ce fut moins pour les louer eux-mêmes que pour inviter tous les chrétiens à imiter leurs vertus, et pour célébrer les heureux effets de la religion sur les âmes. Les grands prédicateurs du xviie et du xviiie siècle se distinguèrent dans le Panégyrique presque autant que dans l'Oraison funèbre, et y déployèrent les qualités respectives de leur génie. On compte 16 Panégyriques de Bourdaloue; Bossuet composa ceux de St François de Sales, de St François de Paule, de St Bernard, de Ste Thérèse, etc.; Fénelon, ceux de St Charles Borromée; de Ste Catherine de Bologne, et, sous le nom de *Sermons*, ceux de Ste Thérèse et de St Bernard; Fléchier et Massillon, ceux de St Bernard et de St Louis; l'abbé Maury, ceux de St Augustin, de St Vincent de Paul, de Fénelon et de St Louis, que louèrent aussi l'abbé Couturier, Msr de Beauvais, Cambacérès, l'abbé Poulle, etc. **A. H.**

PANETIER (du latin *panis*, pain), mot qui fut autrefois synonyme de *boulanger*. Il n'est plus appliqué qu'à celui qui, dans les communautés, les hospices, les collèges, etc., est chargé de la garde et de la distribution du pain.

PANETIER (GRAND-). V. notre *Dictionnaire de Biographie et d'Histoire*.

PANGUAYS, grandes embarcations des naturels des îles Comores. Elles sont relevées des deux côtés avec des roseaux ou des branches d'arbres fortement liés ensemble et enduits de bitume pour empêcher l'eau de pénétrer. Le mât est muni d'une voile ou de deux, en feuilles de cocotier.

PANHARMONICON (du grec *pan*, tout, et *harmonicos*, harmonique), c.-à-d. *qui produit l'harmonie universelle;* espèce d'orgue à cylindre qui imite divers instruments, la flûte, la clarinette, la trompette, le cor, le basson, le serpent, et même la voix humaine. Il fut inventé par Maelzel.

PANIER (Anse de). V. ARC.

PANIERS, jupons garnis d'osier, de baleine ou de fer, que les femmes portaient au xviiie siècle pour relever et étendre démesurément leurs robes. On les nommait aussi *vertugadins* (de l'espagnol *vertugado*, gardien de vertu). Il y en eut de toutes sortes de formes, qu'on appela la *gourgandine*, le *boute-en-train*, la *culbute*, etc. Rien n'était plus incommode pour tout le monde, particulièrement à table, en voiture, au théâtre, dans la foule. Mlle Clairon fit tomber cette mode en osant la première paraître sur la scène sans paniers. On vit plus tard reparaître les paniers sous le nom de *bétises*, mais pour peu de temps. De nos jours, en 1856, on a imaginé les *crinolines*, ridicule du même genre.

PANIONIUM. V. ce mot dans notre *Dictionnaire de Biographie et d'Histoire*.

PANMÉLODICON, instrument inventé à Vienne, en 1810, par Leppich. Il consiste en un cylindre conique mû par une roue, qui met en vibration de petits morceaux de métal courbés à angle droit, lesquels sont touchés légèrement au moyen d'un clavier.

PANNE, terme de Charpenterie. V. COMBLE.

PANNE, en termes de Marine, temps d'arrêt produit sur un navire en marche par une disposition particulière donnée à ses voiles, les unes tendant à le faire avancer, les autres à le faire reculer. On *met en panne*, soit pour attendre un canot ou un bâtiment, soit pour sauver un homme tombé à la mer, soit pour sonder, soit pour combattre.

PANNE, nom donné anciennement, dans les églises, à une poutre qui traversait, d'une colonne à l'autre, l'entrée du sanctuaire, et où l'on plantait des cierges dans les fêtes solennelles.

PANNEAU, partie d'un ouvrage d'architecture, de menuiserie, d'orfévrerie, etc., qui offre un champ, c.-à-d. une surface enfermée dans une bordure ou ornée de moulures. — On donne le même nom à chacune des faces d'une pierre taillée, ainsi qu'à de grands polygones irréguliers de pierre meulière destinés à composer des meules de moulins à blé.

PANNEAU, piége ou filet à prendre les lièvres, les lapins et autres animaux de petite taille.

PANNETON, partie saillante sur le corps d'une espagnolette, et qui sert à fermer ou à ouvrir les volets d'une fenêtre; — partie d'une clef qui entre dans la serrure.

PANNICULUS, personnage des Atellanes (*V. ce mot*), habillé de pièces et de morceaux comme notre Arlequin.

PANONCEAU (du latin *pannus*, drap, étoffe), enseigne des seigneurs qui n'avaient pas droit de porter pennon ou bannière; — girouette armoriée dont les seigneurs ornaient le faîte de leurs tours; — écusson d'armoiries qu'on mettait sur une affiche pour lui donner plus d'autorité, ou sur un poteau comme marque de juridiction. On nomme aujourd'hui *panonceaux* les écussons dorés aux armes de France placés comme insignes à la porte des notaires, et les plaques dorées mises aussi à la porte ou aux fenêtres des huissiers, etc.

PANOPLIE (du grec *pan*, tout, et *oplon*, arme), nom donné jadis à l'armure complète d'un chevalier, et aujourd'hui à un trophée d'armes qu'on suspend aux murs d'un arsenal ou d'un musée. — L'empereur Alexis a fait composer, sous le nom de *Panoplie dogmatique*, une exposition et une réfutation de toutes les hérésies.

PANORAMA (du grec *pan*, tout, et *orama*, vue, spectacle), vaste tableau circulaire, développé sur la paroi intérieure d'une rotonde couverte d'un comble en coupole ou en cône; il imite tout à fait l'aspect général d'une ville ou d'un site, vu à tous les orients, et jusqu'aux profondeurs des lointains où l'œil cesse de rien distinguer. Les Panoramas sont des spectacles de jour, éclairés par en haut, au moyen d'une grande zone de vitres dépolies, ménagée dans la partie inférieure du comble, et versant sa lumière spécialement sur le tableau. Le spectateur est placé au centre de la rotonde, sur une tribune ou galerie circulaire, qui est censée une tour, une colline ou une éminence, et dont la hauteur est calculée de manière que l'œil du spectateur debout se trouve de niveau avec l'horizon du tableau. Un vaste parasol, suspendu au comble, à 3 mètres environ au-dessus de la tribune, la couvre entièrement et la déborde de son demi-diamètre, de façon à ne point laisser voir d'où vient la lumière, et à tenir le spectateur un peu dans une pénombre. On arrive à cette tribune par des corridors peu éclairés, afin de faire trouver plus brillante la lumière répandue sur la peinture. Dans le même but, le parasol est d'un ton gris foncé, qui contraste avec les tons lumineux du ciel. Le parasol cache la lisière supérieure du tableau, et le diamètre de la tribune cache la lisière inférieure, ce qui laisse dans l'imagination du spectateur l'idée d'une profondeur immense. Divers avant-corps en relief ou demi-relief relient, par l'effet de la perspective, le plateau de la tribune aux premiers plans de la composition. Les Panoramas sont peints à l'huile, sur une toile à tableau, préparée à trois couches. Un fort cercle de bois retient cette toile par en haut; elle s'enroule par en bas sur une immense bague de fer, d'où pendent des poids qui rendent sa tension constante. Un panneau de cette volée prenant toujours vers son milieu une courbure convexe prononcée, la bague a un peu moins de diamètre que le cercle; cela ramène un peu en avant la partie inférieure de la toile, et diminue l'effet d'ombre qui s'y produit, le jour tombant d'en haut.

Le Panorama est une invention étrangère; mais les principaux perfectionnements qui l'ont élevé au rang de grande peinture d'art sont d'origine française. Robert Barker, peintre de portraits à Édimbourg, inventa la chose et le nom, et s'en assura la propriété par un brevet pris à Londres en 1796. Néanmoins ce ne fut que 3 ou 4 ans après qu'il exposa son premier panorama, qui représentait la *Ville de Londres*. Depuis il donna la *Vue de la ville et du port de Portsmouth*, celles de plusieurs autres villes d'Angleterre, des marines, des actions navales, etc. — L'Américain Fulton, depuis si célèbre comme ingénieur-mécanicien, et qui était peintre, importa en France le panorama, et prit, à cette occasion, un brevet d'invention et de perfectionnement, daté du 6 floréal an VII (26 avril 1799). On lui construisit une rotonde de 14 mèt. de diamètre, sur le boulevard Montmartre, à côté du passage qui garde encore le nom des Panoramas, parce que, peu après, une 2e rotonde fut élevée en parallèle, puis une 3e. Là, Fulton exposa son 1er panorama, qui était une *Vue de Paris*, prise de la plate-forme supérieure du pavillon central des Tuileries. Cette exposition obtint un très-grand succès. Fulton dirigea l'exécution, qui fut

l'œuvre des peintres Fontaine, Prévost, et Constant Bourgeois. Le 2e Panorama fut la *Vue de Toulon*, prise du haut du fort Lamalgue, en 1793, au moment où les Anglais étaient obligés d'abandonner cette place, en incendiant la flotte et le port. Prévost et Bourgeois peignirent ce Panorama, qui fut jugé supérieur à celui de Paris. Prévost peignit ensuite les Panoramas du *Camp de Boulogne*, de *Tilsitt*, de la *bataille de Wagram*, de *Rome*, d'*Amsterdam*, de *Naples*; ces derniers et le *Camp de Boulogne* demeurèrent exposés à la fois jusqu'en 1814, dans les rotondes du boulevard Montmartre, et les Panoramas de *Rome* et de *Naples*, jusqu'en 1831, époque où on les démolit. Vers 1810, Prévost, pour augmenter l'effet du Panorama, fit bâtir une rotonde de 31 mètres de diamètre et 16 d'élévation, sur le boulevard des Capucines, près la rue de la Paix, et y exposa, au mois de mai 1812, *la ville, le port, et les chantiers d'Anvers*; ensuite il y montra, en 1821, *Jérusalem*; en 1824, *Athènes*, etc. Ces deux derniers surtout obtinrent un immense succès.

L'année même où disparaissaient les petits Panoramas du boulevard Montmartre, le colonel Langlois, peintre de batailles, en entreprit un plus grand même que le dernier de Prévost, et choisit le sujet de la *Bataille de Navarin*. Il l'exécuta dans une rotonde de 38 mètres de diamètre et 15 de hauteur, bâtie à Paris, rue des Marais-St-Martin. L'exposition eut lieu en 1831, et il eut l'idée très-neuve, très-heureuse et très-hardie, de placer les spectateurs dans l'action même du tableau : la tribune fut la dunette d'un vaisseau de haut bord, et l'on pouvait s'avancer jusqu'au mât d'artimon; de là, divers objets en relief, demi-relief, ou peints en trompe-l'œil, reliaient, de degré en degré, l'extrémité du navire au tableau développé tout autour. M. Langlois a continué de pratiquer ce système dans toutes ses autres vues panoramiques. Il exposa, dans la même rotonde, les Panoramas d'*Alger*, en 1833, et de la *Bataille de la Moskowa*, en 1835; puis, dans une nouvelle rotonde élevée près du ci-devant grand carré des Champs-Élysées, et un peu plus grande encore que la précédente (40 mèt. sur 15), il fit voir, en 1839, l'*Incendie de Moscou* pendant l'occupation française en 1812, tableau d'un effet saisissant; en 1843, la *Bataille d'Eylau*, et, en 1853, la *Bataille des Pyramides*, où l'on admirait la vérité de l'action et celle du site. Cette rotonde ayant été prise pour l'exposition universelle de l'industrie, en 1855, et démolie ensuite, M. Langlois en a fait élever une 3e de mêmes dimensions, en 1860, près et à l'Ouest du Palais de l'Industrie, aux Champs-Élysées, dans lequel il a peint, avec sa vérité habituelle, *la Bataille et la Prise de Sébastopol*, en 1855, par une armée anglo-française.

Les premiers Panoramas étaient exécutés d'une manière un peu mécanique, et plusieurs de leurs effets les plus surprenants s'obtenaient, en partie, par des moyens étrangers à l'art du peintre. On peut croire avec toute vraisemblance, bien qu'on ne puisse pas l'affirmer, que les procédés employés pour le primitif Panorama de Paris, et probablement pour celui de Londres, furent les mêmes que Fulton dut indiquer à Prévost, et qui sont ceux-ci : sur une toile de canevas, on collait du papier qui, après un léger ponçage, recevait la peinture. Les tons du tableau se faisaient par une soixantaine de gammes de couleur, appliquées par bandes horizontales, à la manière des impressions du papier de tenture, puis la brosse fondait les deux nuances posées bord à bord. Les effets de jour, les accidents de lumière, les veloutés ou les tons chauds d'atmosphère s'obtenaient en couvrant la zone vitrée, en verres non dépolis, de couches plus ou moins transparentes de blanc, sur les points où cela semblait nécessaire. Mais afin que le contraste de cette lumière factice ne pût être remarqué du spectateur, il n'arrivait dans le Panorama que par de longs couloirs entièrement privés de jour, où la lueur crépusculaire de quelques petites lampes éclairait un peu les ténèbres. Aussi, pour voir ces Panoramas, il fallait un ciel très-clair; et lorsque le temps devenait sombre ou qu'il y avait du brouillard, on fermait ou on n'ouvrait pas l'exposition. —Ensuite les Panoramas Fulton-Prévost étaient toujours des vues prises à vol d'oiseau, qui dispensait des premiers plans, grande difficulté des Panoramas perfectionnés par M. Langlois, qui sont éclairés par la lumière naturelle uniformément tamisée à travers une vitre dépolie. —. Enfin, la convexité de la toile, que le Panorama actuel dissimule avec les seules ressources du pinceau, était un avantage dans les anciens Panoramas, parce que la courbure leur donnait des fuyants naturels, et des tons dégradés qui aidaient à la perspective, prise de si haut.

Le tableau en Panorama est la plus grande peinture, et , par sa facilité à être comprise, la plus populaire que l'on ait jamais imaginée. Napoléon Ier étant venu voir le Panorama de Tilsitt, vers 1810 ou 1811, jugea aussitôt que de pareils tableaux pourraient servir à populariser sa gloire : il commanda qu'un projet lui fût présenté pour élever, dans le grand carré des Champs-Élysées , sept Panoramas, dont les sujets auraient représenté les grands faits de son règne. Le gouvernement devait se réserver le droit d'acquérir chaque tableau au prix de 45,000 fr., pour en faire répéter l'exposition dans les principales villes de l'Empire. L'architecte Célérier dressa le projet demandé par l'empereur ; mais vinrent les désastres de 1812 et années suivantes, et rien ne fut exécuté. — L'invention des Panoramas surpasse de beaucoup tout ce que les Anciens ont rapporté de leur grande peinture murale. Un tableau de 120 mèt. de développement, sur 14 ou 15 de hauteur, comme ceux du colonel Langlois, exigerait 36 ans de la vie d'un artiste, s'il voulait l'exécuter seul ; lorsqu'il a fait son étude et ses esquisses, il lui faut environ 14 mois, avec des auxiliaires, pour peindre le tableau à sa grandeur d'exécution. Quant à l'effet général , dû à une profonde entente de la perspective linéaire et aérienne, à un sentiment parfait de la couleur dans ses milliers de tons, il est d'une telle puissance, que plus on regarde un Panorama, plus l'illusion augmente, plus on s'imagine avoir la réalité devant soi. C. D—y.

PANORAMA , nom donné à l'édifice même dans lequel on expose un tableau en panorama. C'est une rotonde, avec une tribune au centre pour les spectateurs, ainsi qu'il vient d'être dit dans l'article précédent. Les plus grandes et les plus belles rotondes de Panoramas ont été faites à Paris, aux Champs-Élysées, par MM. Hittorff, membre de l'Institut , et Daviout, architecte de la ville de Paris. M. Hittorff, dans le Panorama de 1828, démoli en 1855, et qui avait 40 mèt. de diamètre, introduisit , à la demande de M. Langlois, pour qui il construisait ce Panorama, une grande innovation : il supprima un pilier de fond, que l'on mettait toujours au centre de la tribune pour soutenir la charpente du comble, et supporta cette charpente sur des câbles de fil de fer retenus à 12 contreforts, sortant d'une galerie extérieure, large de 5 mèt. , qui enveloppait son Panorama. Ce procédé très-ingénieux, imité des ponts de chaînes, fut appliqué avec une science si sûre, et une expérience si habile, qu'il en résulta pour l'ouvrage une solidité à toute épreuve. — Le Panorama actuel, œuvre de M. Daviout, fut construit en 1860. Il n'a qu'une rotonde, sans galerie extérieure ; ses dimensions sont celles du Panorama de M. Hittorff : il est couvert par une coupole en charpente, posant tout d'une volée sur les murs extérieurs, et sans point d'appui central. Cette charpente a été exécutée par M. Bellu. C. D—y.

PANOROGRAPHE, instrument inventé en 1824 par Puissant, ingénieur-géographe, pour obtenir immédiatement, sur une surface plane, le développement de la vue perspective des objets qui entourent l'horizon du spectateur, et qui seraient représentés à la manière des panoramas. V. le Bulletin de la Société de Géographie, t. IV.

PANSLAVISME, mot d'origine récente et qui s'est introduit dans le langage de la Politique pour désigner l'aspiration qu'on remarque dans les diverses populations slaves à former un seul corps de nation. La Russie favorise, dit-on, cette tendance, dans l'espoir de réunir un jour sous son sceptre tous les Slaves.

PANTALÉON, instrument auquel Louis XIV a donné le nom de l'artiste qui le fit entendre à sa cour en 1705, Pantaléon Hebenstreit. Il paraît qu'un certain Freislich en jouait encore à Dresde vers le milieu du XVIIIe siècle. C'était un instrument à cordes du genre du tympanon , ayant l'étendue du clavecin, et monté de deux rangs de cordes, les unes en métal, les autres en boyau.

PANTALON, personnage de la comédie italienne, qui partageait avec le Docteur l'emploi des pères. Tandis que celui-ci était toujours immolé à la risée publique, Pantalon, vieillard amoureux et dupé, avare, père fantasque, était parfois un bon père de famille, un honnête commerçant, un homme de sens et de raison. Le Docteur était Bolonais, et Pantalon Vénitien, et ils parlaient le dialecte de leur pays. Pantalon portait une longue culotte tenant les bas, un habit à larges boutons, qui avait été primitivement rouge, mais noir en signe de deuil depuis la perte de Négrepont, et une longue robe de dessus appelée zimare. Quand des acteurs italiens vinrent jouer la comédie à Paris, Pantalon parla français comme les autres personnages, mais conserva son costume na-

tional. Alborchetti, Véronèse et Colalto se distinguèrent dans ce rôle. B.

PANTALON, partie de l'habillement masculin, dérivée du costume de l'acteur Pantalon, et qui, depuis la Révolution, a remplacé la culotte courte.

PANTALONNADE, mot appliqué d'abord aux farces dans lesquelles figurait l'acteur Pantalon, et qui a désigné ensuite toute chose burlesque.

PANTCHA-TANTRA. V. INDIENNE (Littérature) et HITOPADEÇA.

PANTÈNE, sorte de filet dont on se sert pour pêcher l'anguille.

PANTENNE (Être en), se dit , en termes de Marine, d'un bâtiment où toutes les parties du gréement sont en désordre, mal orientées, brisées par le vent ou par un combat. Quand un capitaine meurt, on met, en signe de deuil, les vergues de son navire en pantenne.

PANTHÉES, nom donné en Archéologie à des statues ou des figures qui portent des signes, des symboles de plusieurs divinités réunies.

PANTHÉISME (du grec pan, tout, et théos, dieu), système métaphysique, qui, au point de vue le plus général, peut se résumer dans les termes suivants : « Dieu est tout..» Précisons le sens de cette formule, en remontant aux origines du Panthéisme. L'idée de l'infini est si naturelle à. l'esprit humain, que, dès la plus haute antiquité, elle se fit jour, non-seulement dans les religions positives, mais aussi dans les systèmes philosophiques dès qu'ils apparurent. Cette idée une fois posée, de quelque nom qu'on l'appelât, l'Infini, Dieu, Être ou Substance, une question devait se présenter, et se présenta en effet, assez clairement et assez impérieusement pour provoquer les efforts les plus marqués de l'esprit philosophique : c'était celle des rapports du Fini et de l'Infini. Comment le Fini coexiste-t-il avec l'Infini? Réponse : Le Fini dépendant de l'Infini, en d'autres termes , les phénomènes dépendant de l'Être, les Substances contingentes de la Substance absolue; le Monde et la Nature dépendant de Dieu, comme l'effet dépend de sa cause, en vertu de la toute-puissance qui les a créés, et qui les conserve, on s'explique parfaitement que le Fini coexiste avec l'Infini, et en reste distinct sans le limiter en quoi que ce soit. Mais. cette solution restait cachée dans les livres sacrés du petit peuple auquel il avait été dit : « Au commencement, Dieu créa le Ciel et la Terre. » Nulle part ailleurs, ni dans les systèmes théologiques, ni dans les systèmes philosophiques, l'esprit de l'antiquité ne s'éleva jusqu'à l'idée de la Création proprement dite. De là tant de systèmes où les rapports du Fini et de l'Infini sont présentés de la manière la plus étrange ; ici la matière coéternelle avec Dieu ; ici la nature divinisée ; là enfin l'existence du Fini ou niée absolument, ou absorbée dans l'Infini. C'est en cela que consiste proprement le Panthéisme. Nous ne croyons pas que ce nom convienne aux. doctrines qui , pour céder à une nécessité de la raison , et accorder une place quelconque à l'idée religieuse, consentent, en s'enfermant dans la contemplation de la nature, à la considérer comme divine, et ne reconnaissent d'autre Dieu que le Grand Tout; au contraire le véritable Panthéisme part exclusivement de l'idée de l'Infini , de l'Être absolu, de Dieu, et rencontrant à peu près inévitablement sur son chemin l'idée du Fini, des phénomènes, du monde, il absorbe et engloutit pour ainsi dire celle-ci dans celle-là, soit qu'il traite le Fini de simples apparences sans réalité (Panthéisme éléatique), soit qu'il fasse du monde le développement fatal du principe qui l'anime, l'âme, l'éther primitif (Panthéisme stoïcien); soit qu'il le considère comme le résultat d'une émanation ou d'une suite d'émanations successives (Panthéisme alexandrin), ou comme la forme nécessaire sous laquelle se manifestent les modes infinis de l'Étendue et de la Pensée, prises elles-mêmes pour deux des attributs infinis de Dieu : la nature naturée, identique au fond à la nature naturante (Spinozisme) ; soit enfin qu'en vertu d'un principe, qui demanderait à lui seul de longues explications, il pose l'identité absolue de l'Être et de l'Idée comprenant à la fois Dieu, la nature et l'homme (système de l'identité absolue de Hégel). Dans une étude approfondie du Panthéisme et de son histoire, il ne serait pas difficile de le montrer se glissant là où on le soupçonnerait le moins. C'est qu'en effet il a un air de grandeur et de simplicité, bien fait pour séduire au premier abord les âmes élevées, nous dirions presque les âmes religieuses. Mais examiné de plus près, il ne soutient cet examen ni dans ses principes , ni dans sa méthode, ni dans ses déductions, ni dans ses conséquences, surtout dans ses conséquences morales, qui sont l'abdication la plus complète de la personnalité et le fatalisme le plus absolu. B — E.

PANTHÉON. V. ce mot dans notre *Dictionnaire de Biographie et d'Histoire.*

PANTHÈRE. Cet animal était un attribut de Bacchus, et indiquait l'origine indienne de ce Dieu. On en fit aussi un symbole de Pan.

PANTIÈRE (du grec *panthérion*, qui prend toutes sortes de bêtes), filet qu'on tend verticalement pour prendre les oiseaux qui volent par troupes : — sac à mailles où les chasseurs mettent leurs provisions de bouche et leur gibier.

PANTIN (d'*enfantin*, ou de l'italien *fantoccino*, poupée), petite figure en carton, découpée et coloriée, dont on fait mouvoir les membres à l'aide d'un fil. Les pantins eurent une grande vogue dans la haute société en 1725 et en 1746 ; le peintre Boucher en peignit qui se vendirent fort cher. Chacun avait son pantin dans sa poche, et l'on s'en amusait dans les salons, dans les spectacles, dans les promenades.

PANTOGRAPHE (du grec *pan*, tout, et *graphéin*, écrire), instrument qui sert à copier mécaniquement les dessins, et même à en faire des réductions ou des amplifications. On fixe sur une table le modèle, avec la feuille de papier qui doit recevoir la copie ; puis on place le pantographe dessus, et on suit avec un calquoir ou pointe mobile les traits du dessin qu'on veut reproduire. Par la disposition des pièces de l'instrument, les mouvements imprimés au calquoir se transmettent à un crayon, soit en les laissant tels qu'ils sont, soit en les diminuant ou en les accroissant dans un rapport donné. Le crayon laisse sur le papier des traces qui forment une figure exactement semblable au modèle. Le pantographe était connu dès le XVIIe siècle ; on en trouve la description dans un livre intitulé : *Pantographia, seu ars delineandi res quas libet*, Rome, 1631. En 1743, l'Académie des Sciences de Paris approuva un nouveau pantographe présenté par le mécanicien Canivet. L'instrument fut encore perfectionné par Langlois, puis par Lafond en 1816. Le Diagraphe (*V. ce mot*) de Gavard est une forme du pantographe.

PANTOMÈTRE, instrument à l'aide duquel on grave d'après nature des portraits de profil. Il fut présenté à l'Académie des Sciences de Paris, en 1752, par un abbé Louvrier. Le *Mémorial de l'Europe* parle d'un autre pantomètre imaginé en 1787 par un musicien de Versailles.

PANTOMIME. V. ce mot dans notre *Dictionnaire de Biographie et d'Histoire.*

PANTOPHONE (du grec *pan*, tout, et *phônè*, voix), instrument inventé en Italie par Joseph Masera, et à l'aide duquel on rend exactement toute la musique qu'on peut exécuter sur un piano, à la différence des instruments qui ne jouent qu'un certain nombre d'airs dépendant des dimensions de leur cylindre. Le même artiste a imaginé le *Musicographe*, qui sert à écrire la musique tandis qu'on l'exécute, et qui conserve les mesures, la valeur des notes, les accidents, les silences, avec tant de précision qu'en appliquant l'instrument au Pantophone, celui-ci reproduit parfaitement le morceau.

PANTOUFLE (de l'italien *pantufola*, ou de l'allemand *pantoffel*), chaussure de chambre, dont la forme et la matière ont varié selon les temps et les lieux. On en fait en cuir, en bois, en liège, en feuilles de palmier ou de papyrus, en écorce de tilleul, en paille d'Italie, en paille de riz, en cordes de chanvre, en tapisserie, etc. En Turquie, on laisse ses pantoufles à la porte des mosquées, à l'entrée des appartements où l'on a étendu une natte ou un tapis ; une femme mande son mari en lui envoyant sa pantoufle. La plus grande injure qu'on puisse faire à un Musulman est de lever sur lui une pantoufle.

PAOLO, monnaie d'argent des États de l'Église et de Toscane, équivalant à 10 *baïoques* ou à un dixième de *scudo*. Le paolo a varié de valeur, entre 54 et 60 centimes de notre monnaie. Son nom dérive de celui de plusieurs papes, qui s'appelèrent Paul. Il y a des pièces de 2, 3, 6 et 10 paoli.

PAON, oiseau consacré par les Anciens à Junon. En grande estime au moyen âge, il était la nourriture des preux, et l'on faisait sur lui des vœux et des serments solennels. — Sur les monuments romains, le paon est l'emblème de l'apothéose des impératrices.

PAPA.
PAPE.   } V. ces mots dans notre *Dictionnaire de*
PAPEGAI.   } *Biographie et d'Histoire.*

PAPELONNÉ, en terme de Blason, se dit de l'écu où l'on a représenté des écailles ou des demi-cercles comme plusieurs rangées de tuiles sur un toit.

PAPETIERS, corporation dont les statuts remontent au mois d'avril 1599, et furent revisés en 1659 et en 1723. Leur patron était St Jean Porte-Latine.

PAPETTO, c.-à-d. *petit pape*, monnaie d'argent des États de l'Église, le 5e de l'écu ou 20 baïoques (1 fr. 8 c.).

PAPIER. Les Anciens, qui ont écrit sur toutes sortes de substances (pierre, brique, marbre, métaux, écorces d'arbres, bois, feuilles, intestins et peaux d'animaux, étoffes, etc.), ne connurent que le *papier de papyrus* ou *papier d'Égypte*. On en fabriqua dès la plus haute antiquité : le musée de Turin en possède un fragment trouvé par Champollion et qui a 3600 ans d'existence. On partageait la tige du papyrus (*cyperus esculentus*) en rubans très-minces, mais aussi larges que possible (*philura*) ; on couvrait une table humectée d'eau de bandes de papyrus, disposées longitudinalement, et mises les unes à côté des autres alternativement par les bases et par les sommets ; sur ces bandes longitudinales (*philuræ adlitæ*), dont la réunion s'appelait *scheda*, on en superposait d'autres transversalement, ce qui formait une seconde *scheda*; la réunion de ces deux *schedæ* composait une feuille, *plagula*; 20 *plagulæ*, assemblées et roulées, formaient une main de papier, *scœpus*. On les mettait alors en presse, on les faisait sécher au soleil, et, après avoir collé ce papier, on l'amincissait avec le maillet, on le collait de nouveau, on en déridait les parties crispées, on le polissait avec la pierre ponce. Après ces diverses opérations, le papier était aussi fin que la batiste. Les Anciens distinguaient plusieurs espèces de papier : 1° le *papier Auguste* ou *royal* (*charta Augusta* ou *regia*), tellement fin qu'on ne pouvait écrire que d'un côté ; 2° le *papier Livien* ou de *Livie* (*charta Liviana* ou *Liviæ*), ainsi nommé de Livie, femme d'Auguste, et qui avait, comme le précédent, une largeur de treize doigts (0m,251) ; 3° le *papier hiératique* (*charta hieratica*), réservé pour la composition des livres sacrés, et large de onze doigts (0m,212) ; l'adulation, nous dit Pline, lui a donné le nom d'Auguste, et sa dénomination ne s'applique plus qu'au papier de troisième qualité ; 4° le *papier Claudien* (*charta Claudiana*), qui dépassa à son tour le papier Auguste ; 5° le *papier Fannien* (*charta Fanni*), large de dix doigts (0m,193), ainsi nommé d'un Fannius qui en fabriqua ; 6° le *papier amphithéâtrique* (*charta amphitheatrica*), large de neuf doigts (0m,174), et qu'on fabriquait à Alexandrie dans le quartier de l'amphithéâtre ; 7° le *papier de Saïs* (*charta Saïtica*) ; 8° le *papier ténéotique* ou de Tanis (*charta teneotica*), ainsi nommé d'un quartier d'Alexandrie où on le fabriquait ; 9° le *papier Cornélien* (*charta Corneliana*) ; 10° le *papier emporétique* ou marchand (*charta emporetica*), large de six doigts (0m,116), et qui était le papier du commerce. Il résulte d'un travail de M. Egger *Sur le prix du papier dans l'antiquité*, qu'une feuille coûtait alors aussi cher qu'un beau volume de nos jours, c.-à-d. de 4. fr. 50 à 5 fr. Il en existait pourtant de grandes fabriques. Le papier de papyrus devint rare à partir du IVe siècle, ainsi que l'attestent St Augustin et Grégoire de Tours; au VIIe, il n'était pour ainsi dire plus en usage, et, après le Xe, on n'en trouve plus de trace.

Il paraît que, dès la fin du Ier siècle de notre ère ou le commencement du IIe, les Chinois connaissaient l'art de réduire des écorces d'arbres, de vieux chiffons de soie, de chanvre ou de coton, en une sorte de bouillie ou de pâte liquide, pour en former des feuilles de papier. La Bibliothèque impériale de Paris possède un manuscrit en 5 feuillets, provenant de l'abbaye de St-Germain-des-Prés, et que l'on dit être en papier d'écorce; mais ces feuillets pourraient bien être, comme plusieurs vieux diplômes des Archives impériales, formés de débris de papyrus collés ensemble. Le papier de coton, connu sous les noms de *charta bombycina*, *bambacina*, *cuttunea*, *damascena*, fut connu des Arabes après la conquête de la Boukharie, au commencement du VIIIe siècle, et l'usage en devint bientôt général parmi eux : vers la fin du Xe, ils l'importèrent en Espagne, et établirent des manufactures à Septa (Ceuta), à Xativa (San-Felipe) et à Tolède. Les Grecs, que le commerce mettait en relation avec les Arabes, puisèrent chez eux la connaissance de la fabrication; les Vénitiens l'apportèrent à leur tour en Italie. Les princes normands de Naples et de Sicile firent un fréquent usage du papier de coton pour leurs diplômes; on a employé la même substance en France pour certains manuscrits du XIe siècle, et pour des registres de minutes notariées. Vers la même époque, on trouva les moyens de fabriquer du papier de lin. En 1189, Raymond-

Guillaume, évêque de Lodève, permit, moyennant un cens annuel, de construire sur l'Hérault plusieurs moulins à papier. Des papeteries de chiffons furent établies en Allemagne en 1312, à Padoue en 1360, à Darsford en Angleterre (Kent) en 1388, à Nuremberg en 1390, à Bâle en 1470. Le document le plus ancien que nous possédions sur le nouveau papier, c'est une lettre de Joinville à Louis X en 1315; on cite ensuite le testament d'Othon, comte de Boulogne, en 1402. Les papeteries de Troyes et d'Essonne étaient déjà célèbres au xive siècle. Charles IX, par lettres patentes du 14 août 1565, exempta le papier de tous droits et impôts, libéralité que Henri IV devait renouveler le 15 nov. 1595. L'exemption ne fut sans doute pas maintenue, puisqu'un arrêt du Conseil, en date du 6 mars 1630, la renouvela. On revint encore sur cette décision, car la *Correspondance administrative sous le règne de Louis XIV* contient une requête des propriétaires de moulins à papier de la Normandie, qui demandent, en 1670, une diminution des droits dont leur industrie est frappée. Sur la demande de Colbert, un arrêt du Conseil, en date du 3 août 1671, modéra les droits de marque et de contrôle des papiers qui seraient façonnés dans l'Angoumois. En 1654, on avait, à l'imitation de l'Espagne et de la Hollande, établi un droit de marque sur le papier et le parchemin employés pour les actes de justice et de commerce : en 1674, des nécessités de finances poussèrent le gouvernement à imposer tout le papier et tout le parchemin sortant des fabriques; mais, sur les réclamations de la librairie et de l'imprimerie, on révoqua l'édit quelques mois après. En 1725, de nouveaux droits furent établis sur le papier. Vers le milieu du xviiie siècle, on ne se contenta plus du papier de linge et de coton, on fit des essais pour employer le chanvre, l'ortie, les feuilles d'arbres et la paille. Les premiers papiers vélins ont été fabriqués en Angleterre par Baskerville vers 1750, et en France par Montgolfier, à Annonay, en 1785. En 1799, un employé de la papeterie d'Essonne, Louis Robert, imagina la machine à papier continu, qui ne fut cependant rendue tout à fait pratique que depuis 1816 : trois hommes, travaillant à la main, pouvaient à peine fabriquer par jour 4,000 petites feuilles de papier; maintenant ils peuvent en produire 60,000. *V.* Guilandini, *Papyrus, hoc est Commentarius in tria C. Plinii majoris de papyro capita*, Venise, 1572, in-4°; Lindner, *Dissertatio de charta*, Leipzig, 1647; Kirchmayer, *Dissertatio philologica de papyro veterum*, Wittemberg, 1666, in-4°; Montfaucon, *Dissertation sur la plante appelée papyrus, sur le papier d'Égypte, sur le papier de coton, et sur celui dont on se sert aujourd'hui*, dans le t. VI des *Mém. de l'Acad. des Inscript. et Belles-Lettres;* Caylus, *Mémoire sur le papyrus et sa fabrication*, dans le tome XXIII de la même collection.- B.

PAPIER-MONNAIE, papier créé par un gouvernement pour faire office de monnaie. Il ne faut pas le confondre avec la *monnaie de papier :* celle-ci naît des contrats, elle est librement acceptée ou refusée dans les payements, et échangeable contre espèces à la demande du porteur ; le papier-monnaie émane du pouvoir politique, a cours forcé, et ne représente pas des valeurs équivalentes qu'on puisse réaliser à volonté. Un papier-monnaie prendrait peut-être, dans l'intérieur d'un État, la place de la monnaie métallique, si le gouvernement inspirait assez de confiance, et si la contrefaçon des billets n'était pas trop facile : mais, au dehors, il perd son cours forcé. Les gouvernements, qui emploient ce papier comme expédient dans les circonstances critiques, sont enclins à en exagérer l'émission : dans ce cas, l'inquiétude se produit, le papier se déprécie d'une manière effrayante. — Connu en Chine dès la fin du xe siècle, le papier-monnaie n'a guère été usité en Europe que depuis Louis XIV. On y a eu recours en France au temps de Law et pendant la Révolution (*V.* ASSIGNATS, MANDATS TERRITORIAUX). L'Angleterre en 1797, et, dans des temps plus rapprochés de nous, la Russie et l'Autriche, ont suivi cet exemple. Les effets toujours désastreux de semblables expériences paraissent en avoir dégoûté les États, au point même que la fabrication et la mise en circulation de la monnaie de papier ont été réservées plus ou moins exclusivement dans chaque pays, si ce n'est en Allemagne, à un seul et même établissement, à une Banque privilégiée.

PAPIERS DE BORD, actes écrits qui constatent la nationalité d'un navire et l'exécution des conditions imposées aux armateurs et aux capitaines pour jouir des avantages attachés à cette nationalité. En France, les papiers de bord sont : l'acte de propriété, l'acte de fran-

cisation, le rôle d'équipage, et le congé de navigation On y joint d'ordinaire le certificat de visite du navire, et la patente de santé.

PAPIER PEINT ou DE TENTURE. Il paraît que, dès un temps très-reculé, les Chinois ont fabriqué des papiers imitant les indiennes. Mais l'idée de les substituer aux étoffes ou aux tapisseries pour recouvrir les murs intérieurs des appartements ne date pour les Européens que du xviie siècle. Les Anglais, qui revendiquent la priorité de la fabrication des papiers peints, allèguent une patente délivrée en 1634 par Charles Ier pour l'exercice de cette industrie à Londres. Mais ces essais avaient été déjà faits à Rouen en 1620 par un certain François. Une manufacture fut établie à Paris par Jean Papillon, en 1688. Toutefois, l'industrie du papier peint ne s'y constitua que vers 1780, époque où une maison fut fondée par Arthur et Robert. L'établissement de Réveillon, dans le faubourg St-Antoine, porta cette industrie à une grande perfection. La fabrication commença en 1790 en Alsace, où les maisons Zuber et Mader acquirent beaucoup de célébrité.

PAPILLON, la voile la plus élevée de la tête des mâts dans un bâtiment de haut bord.

PAPILLON, animal qui était, pour les Anciens, le symbole de l'âme. Posé sur une tête de mort, il exprimait l'immortalité.

PAPILLOTAGE, en termes d'Imprimerie, s'emploie pour indiquer que le caractère a marqué double, ou laissé des taches noires aux extrémités des pages et des lignes.

PAPILLOTES, nom qu'on donnait autrefois aux paillettes d'or et d'argent dont on relevait les habits en broderie, et qui désigne aujourd'hui, soit les morceaux de papier dont les femmes enveloppent leurs cheveux mis en boucles quand elles veulent faire friser, soit les boucles elles-mêmes qui tombent sur le front ou le long des joues.

PAPIRIEN (Code). *V.* CODE, dans notre *Dictionnaire de Biographie et d'Histoire.*

PAPPOSILÈNES, c.-à-d. *vieux Silènes*, personnages barbus et entièrement velus qui jouaient un rôle dans le drame satyrique des Anciens.

PAPPUS, personnage des Atellanes (*V. ce mot*). C'est un vieillard ambitieux, trompé par tout le monde, le type du Cassandre moderne.

PAPYRUS. *V.* PAPIER.

PAQUE (La). *V.* notre *Dictionnaire de Biographie et d'Histoire.*

PAQUEBOT (de l'anglais *packet*, paquet, et *boat*, bateau), bâtiment léger et fin voilier, destiné au service de la poste et au transport des voyageurs. Ce fut en 1836 qu'un paquebot anglais, le *Great Western*, fit pour la première fois la traversée de l'Atlantique, de Liverpool à New-York, en employant la vapeur, ce qui réduisit notablement la durée du parcours.

PARA, monnaie de cuivre de Turquie et d'Égypte, valant 4 centimes.

PARABASE, intermède de la *Vieille Comédie* grecque, dans lequel le chœur, resté seul sur la scène, se tournait vers les spectateurs, et, s'adressant à eux, faisait l'apologie du poëte, attaquait ou même livrait au ridicule ses rivaux, proposait, sous forme badine ou sérieuse, des mesures politiques, prenait la défense d'une classe de la société, etc. La parabase, comme l'indique son nom, était une *digression*, qui contenait des observations étrangères, il est vrai, au sujet de la comédie, mais non aux circonstances qui avaient pu en inspirer la pensée au poëte. Elle était souvent pleine de hardiesses : aussi était-elle considérée comme le morceau capital de la pièce par le public, dont elle était attendue avec impatience (*V.* un Mémoire de Lebeau, dans les *Mém. de l'Acad. des Inscriptions et Belles-Lettres*). Elle comprenait 7 parties : 1° le *Kommation* (*parcelle;* de *koptô*, couper), petit fragment qui annonce la Parabase; 2° la *Parabase* proprement dite; 3° le *Makron* (long), composé de dimètres anapestiques qui se débitaient d'une seule haleine; 4° la *Strophe*, morceau lyrique chanté par un demi-chœur; 5° l'*Épirrhème* (paroles supplémentaires), couplet de tétramètres trochaïques récités par le coryphée; 6° l'*Antistrophe*, 7° l'*Antépirrhème*. Ces 7 parties ne se trouvent pas toujours intégralement. D'autres fois, au contraire, les Parabases sont doubles, par exemple dans la *Paix* et dans les *Nuées* d'Aristophane. Deux comédies du même poëte, les *Oiseaux* et *Lysistrate*, présentent ce qu'on peut appeler de *fausses parabases*, c.-à-d. des Parabases dont la disposition est toute différente, et qui de plus sont mêlées au dialogue et à l'action. — De même que le nom de Parabase s'étendait à l'intermède entier, de même on le désignait souvent par le nom d'*Anapestes*, parce que ce mètre y dominait. Le nom d'*Anapestes* lui était donné lors même qu'il n'aurait renfermé aucun vers de cette espèce. Deux pièces d'Aristophane n'offrent aucune trace de Parabase : ce sont l'*Assemblée publique des femmes* et *Plutus;* ce qui prouve que ces deux pièces, telles du moins qu'elles nous sont parvenues, sont postérieures au décret qui supprima cet intermède, c.-à-d. à l'année 404 av. J.-C. La *Comédie Nouvelle* n'offre rien qui rappelle les Parabases de la *Vieille Comédie*. P.

PARABATES. V. ce mot dans notre *Dictionnaire de Biographie et d'Histoire*.

PARABOLE (en grec *parabolè*, comparaison), allégorie qui renferme quelque vérité importante. Le mot ne s'emploie guère qu'en parlant de l'Écriture sainte, où l'on trouve beaucoup de ces instructions détournées, de ces sentences morales sous forme de comparaison, c'est-à-dire enveloppées de figures et d'emblèmes. Les paraboles, n'étant pour l'ordinaire que la traduction symbolique de vérités déjà promulguées, servaient à les graver plus profondément dans la mémoire, à les communiquer et à les répandre plus aisément. Les ignorants n'entendent rien à une doctrine abstraite, tandis qu'il n'est personne qui ne comprenne la parabole du *Bon Pasteur* et celle de l'*Enfant prodigue*. Le génie des Hébreux, comme de tous les peuples de l'Orient, se prêtait d'ailleurs à cette expression figurée de la pensée morale. — Parmi les modernes, les Allemands ont seuls réussi à écrire des paraboles, particulièrement Andreæ, Lessing, Herder, Krummacher. G.

PARACHRONISME. V. ANACHRONISME.

PARADE, scène burlesque qu'on joue en plein air sur les tréteaux des spectacles forains, pour attirer les badauds et leur annoncer ensuite les détails de la représentation. Les parades eurent leurs siéges principaux, à Paris, sur le Pont-Neuf, aux foires St-Germain et St-Laurent, puis aux théâtres de Nicolet et de l'Ambigu-Comique. Le père Rousseau, Bobèche et Galimafré ont été *les paradistes* fameux. Certains écrivains ont composé des *Parades*, qu'on a réunies en 3 vol. sous le titre de *Théâtre des parades*, avec un 4e vol. ajouté plus tard : on y remarque la *Vérité dans le vin* par Collé, *Isabelle* par Fagan, la *Petite saillie de gaieté* par La Chaussée, et *Gilles, garçon pointu*, par Poinsinet.

PARADE, dans le Langage militaire, réunion des troupes qui doivent monter la garde du jour et relever celles de la veille. Les officiers et les soldats doivent y être en grande tenue.

PARADIASTOLE (du grec *para*, *entre*, et *diastolè*, distinction), nom que donnent certains rhéteurs à une Figure de pensée qui consiste à distinguer l'une de l'autre des idées analogues et voisines, à les déterminer d'une manière précise, et à prévenir la confusion que pourrait occasionner leur ressemblance.

PARADIGME (du grec *paradeigma*, modèle), terme de Grammaire qui désigne les modèles de déclinaison et de conjugaison pour toute une classe de noms et de verbes. Ce mot s'applique surtout aux langues anciennes. Ainsi, *Dominus* est le paradigme des noms masc. et fém. de la 2e déclinaison latine; *amare*, des verbes actifs de la 1re conjugaison. *Aimer*, *finir*, *recevoir*, *rendre*, sont en français les paradigmes des verbes réguliers dont la terminaison à l'infinitif est semblable à celle de ces verbes.

PARADIS (du grec *paradeisos*, jardin, lieu de délices), nom que l'on donne, chez les peuples chrétiens, au séjour où les âmes des justes jouissent de la béatitude éternelle. Selon l'Église catholique, ce séjour leur est ouvert aussitôt après la mort; Luther, Calvin, et plusieurs schismatiques grecs et arméniens, prétendent qu'elles n'y entreront qu'après le Jugement dernier. L'idée du Paradis est fondée sur la croyance à l'immortalité de l'âme et à la justice divine : elle se retrouve dans toutes les religions. Les Indiens comptent jusqu'à 27 lieux de délices, placés les uns au-dessus des autres, et où les âmes sont unies à Dieu. Les Hébreux, peuple à tête dure (*duræ cervicis*), comme l'appelle Moïse, étaient surtout frappés par la promesse des biens terrestres, par la menace des malheurs de ce monde, et, si l'Ancien Testament leur parle de la vie future, il n'en décrit pas la nature : c'est seulement dans le Talmud qu'on trouve la peinture du Paradis, plutôt encore que celle des félicités que l'on y goûte. Les tribus aborigènes de l'Amérique, les populations celtiques, certains Germains, se faisaient du Paradis une idée subordonnée au degré de développement de leur intelligence : c'était une région délicieuse où l'homme retrouvait tout ce qui avait fait sa joie ici-bas (V. WAL-HALLA, dans notre *Dictionnaire de Biogr. et d'Histoire*).

Les peintures de la vieille Égypte nous offrent les âmes des justes errant en société avec les Dieux. La mythologie grecque a aussi ses séjours enchantés, les îles Fortunées et les champs Élysées, où sont transportés après la mort les hommes vertueux. Mahomet, qui s'adressait à des hommes de sensualité, leur a promis un Paradis où les sens reçoivent des plaisirs infinis. Dans le christianisme même, la vie future a été longtemps conçue avec tout un cortége d'idées et d'images terrestres : le Paradis était comme une forteresse située à l'Orient, avec trois portes que défendaient les Anges et dont St Pierre gardait l'entrée; les élus, placés sur des trônes d'or et de pierreries, revêtus de robes d'une éclatante blancheur, mêlaient leur voix à celle des Chérubins et des Séraphins pour chanter les louanges de Dieu, s'accompagnaient de divers instruments, étaient admis à la table divine, etc. Toutes ces figures de langage prenaient un corps dans les bas-reliefs et dans les peintures des églises. V. CIEL, et, dans notre *Dictionnaire de Biographie et d'Histoire*, l'art. PARADIS TERRESTRE. B.

PARADIS PERDU (Le), poëme épique anglais, en douze chants et en vers blancs, composé par Milton. Le sujet est la déchéance du premier homme. Satan, chassé du ciel, précipité dans les enfers avec les Anges compagnons de sa révolte, se réveille au milieu du lac de feu. Dans un conseil des légions rebelles, il rappelle qu'un ancien oracle annonçait la naissance d'un monde nouveau et la création d'une race nouvelle. Un Pandémonium ou palais de Satan est construit, où l'on délibère : il y a partage sur la question de savoir si l'on doit livrer une autre bataille contre le Ciel; mais la proposition de Satan d'aller à la recherche de ce monde annoncé, de le détruire ou de le corrompre, est acceptée. Il part, rencontre la Mort et le Péché, se fait ouvrir les portes de l'abîme, et traverse le Chaos, qui lui indique la route vers le lieu qu'il cherche. Dieu voit Satan, et prédit la faute et la rédemption de l'homme à son Fils qui s'offre comme victime expiatoire. Satan découvre la création, et passe dans l'orbe du soleil, où Uriel lui désigne l'endroit habité par l'homme. Arrivé sur la terre, il voit nos premiers parents dans l'Éden, et est touché de leur beauté et de leur innocence; en épiant leurs discours, il connaît la défense concernant le fruit de l'arbre de la science. Cependant Uriel avertit Gabriel, chargé de la garde de l'Éden, que Satan y a pénétré; deux Anges sont envoyés, qui surprennent Satan occupé à tenter Ève dans un songe; ils veulent l'amener à Gabriel, mais il disparaît. Dieu envoie Raphaël pour maintenir nos premiers parents dans l'obéissance; le messager raconte à Adam la révolte des mauvais Anges, fruit de la jalousie qu'ils ont conçue de l'annonce faite par le Père qu'il avait engendré son Fils et lui remettait tout pouvoir; il décrit les combats livrés dans le ciel entre Satan et les anges Gabriel et Michel, jusqu'à ce que Dieu envoie son Fils, qui précipite ses adversaires dans l'abîme. A la prière d'Adam, Raphaël lui retrace l'œuvre de la Création, lui en indique le but, et lui annonce l'envoi du Fils pour l'accomplir. Adam lui fait à son tour l'histoire de sa propre création et de celle de sa compagne. Raphaël retourne au ciel. Ève se laisse séduire par le serpent, et goûte au fruit défendu; Adam lui en adresse des reproches, puis imite sa faute afin de mourir avec elle. Les Anges chargés de la garde du Paradis remontent au ciel pour justifier leur vigilance. Le Fils de Dieu prononce le jugement des coupables; lo Péché et la Mort se rendent sur la terre. Satan raconte à ses compagnons, dans le Pandémonium, le succès de sa ruse. Adam pleure amèrement, Ève le console, et tous les deux forment le projet d'apaiser la divinité. Le Fils intercède pour eux; Dieu se laisse fléchir, mais à la condition qu'ils seront chassés du Paradis, sentence que l'archange Michel leur signifie; dans une vision, Adam découvre tout ce qui doit arriver jusqu'au déluge. Un récit du même Ange expose les suites de la faute d'Adam et les événements qui s'accompliront jusqu'à l'incarnation du Fils, dont la mort doit racheter tous les hommes. Adam et Ève sont expulsés du Paradis, dont les légions de Chérubins gardent les avenues.

Milton conçut ce sujet en 1665; il eut d'abord l'idée de le traiter dans une tragédie : ses manuscrits, déposés au collège de la Trinité, donnent le nom des personnages et la distribution de la pièce, en cinq actes, avec un chœur, et une foule de personnages muets et allégoriques. Disgracié comme républicain lors de la Restauration des Stuarts en 1660, il se retira à Bunhill-Row, où, quoique aveugle, il s'occupa activement de son *Paradis perdu,* sa femme et ses filles écrivaient sous sa dictée. Le poëme, qui lui fut payé 10 liv. sterl., parut en 1667, et n'eut point d'abord de succès : le patronage du comte de Dorset, une édition in-folio que lord Sommers fit paraître en 1688, des articles d'Addison dans le *Spectateur* au commencement du xviiie siècle, assurèrent enfin la fortune de l'œuvre. — Ici le merveilleux est le sujet, et non la machine du poëme; Milton a donné un démenti à Boileau, qui trouvait que les mystères du christianisme étaient impropres au merveilleux épique. Pour la première fois aussi, une épopée finit par le malheur du principal personnage, sans que l'œuvre soit moins belle, à cause des beautés supérieures qu'elle emprunte à la religion. Parmi les plus beaux passages, on peut citer ceux où Satan apostrophe le Soleil (ch. iv), où Adam s'éveille à la vie, où Ève lui est donnée pour compagne (ch. viii), où ils mangent le fruit défendu (ch. ix), où ils s'endorment après leur faute (ch. xi), où ils sont visités par le Fils et implorent la miséricorde de Dieu (ch. x). Les caractères sont admirables : Adam est simple et sublime; rien de plus auguste que cette étude du cœur de l'homme à sa naissance, dont le premier sentiment est de chanter l'Être suprême, et le premier besoin de s'adresser à lui. Ève a une séduction inexprimable; elle respire à la fois l'innocence et le plaisir. Dieu le Père est obscurément tracé : il semble que le poëte ait craint de lui prêter une parole mortelle, tant il a soin de ne mettre dans sa bouche que des discours consacrés par le texte des livres saints. Le caractère du Fils est une œuvre parfaite : il y a en lui un mélange de l'homme et de Dieu; sa tendresse ineffable ne se dément jamais; quand il prononce l'arrêt rendu par son père, c'est sans reproches et avec douceur; il sert d'intercesseur pour présenter à son Père les prières des coupables. Parmi les Anges, Raphaël est l'ange ami de l'homme; Michel, chef des milices du ciel, a la forme humaine et l'habillement d'un guerrier, comme il est représenté dans les tableaux des grands peintres. Satan est une création incomparable; ses monologues le peignent en traits ineffaçables. Les personnages allégoriques, la Mort et le Péché, sont devenus deux êtres réels et formidables. — Outre les beautés du fond, il y a dans le *Paradis perdu* une foule de beautés de détail, qui tiennent au mérite de l'expression; Milton y est souvent créateur, ou devient original en s'appropriant les richesses des Anciens, de l'Écriture sainte et des Pères de l'Église. Toutefois, Milton offre des obscurités grammaticales sans nombre; il traite sa langue en tyran, sans respect pour les règles. Il abuse de l'ellipse et des changements de construction; il forge une foule de mots; il est rempli d'hébraïsmes, d'hellénismes et de latinismes; il affecte l'emploi des vieux mots, et prolonge les périodes outre mesure. Les Anglais eux-mêmes ne sont pas toujours d'accord sur le texte et sur le sens, comme le prouvent leurs commentaires. La cécité du poëte a dû nuire à la correction de son œuvre? le premier jet de ses vers, transcrits la nuit par sa famille, quand parlait l'inspiration, est resté à peu près tel qu'il est sorti de son esprit; ces phrases inachevées, ces sens incomplets, ces verbes sans régime, ces noms et ces pronoms relatifs multipliés, qu'on trouve dans tout l'ouvrage.

Le sujet adopté par Milton n'était pas nouveau : dès les premiers temps du christianisme, la création du monde, le Paradis terrestre, la chute d'Adam et d'Ève, furent célébrés par les poëtes. Au ve siècle, l'Espagnol Dracontius écrivit un *Hexaméron*, ou Œuvre des six jours, en vers latins. Au vi^e, St Avit, évêque de Vienne en Dauphiné, composa en latin des petits poëmes détachés sur *la Création*, le *Péché originel*, le *Jugement de Dieu* ou *l'Expulsion du Paradis*; Cædmon, moine saxon, donna dans sa langue nationale un grand poëme sur la création, resté dans l'oubli jusqu'en 1655, où Junius le fit imprimer à Amsterdam. Un Mystère français, la *Conception*, offre des situations analogues à celles du *Paradis perdu*. L'Italien Folengo (Merlin Coccaïe) publia en 1533 un poëme sur l'*Humanité du Christ*. En 1590, Érasme de Valvasone fit paraître à Venise l'*Angéléide*, épopée en trois chants sur le combat des bons et des mauvais Anges, et où figure la malheureuse idée, reproduite par Milton, de l'emploi de l'artillerie dans la bataille céleste. Le poëme latin de Zarotti, le *Combat des Anges* (Venise, 1642), et les drames de *Lucifer* et d'*Adam* par le Hollandais Vondel (1654), ont encore traité des sujets voisins de celui de Milton, qui a pu y puiser des idées, sans les copier servilement. Lui-même enfin, dans un voyage en Italie en 1638, assista à une représentation de l'*Adam* d'Andréini, mystère en cinq actes et en vers libres, mêlé de chœurs et de chants, où les principaux interlocuteurs sont à peu

près tous ceux du *Paradis perdu*, et où se trouve un monologue de Lucifer à la vue du jour, qui rappelle l'apostrophe de Satan au Soleil. On pourrait encore ajouter à cette liste l'*Enfer* du Dante, la *Jérusalem délivrée* du Tasse, la *Semaine* de Dubartas, paraphrase des récits de la création, la *Christiade* de Vida en vers latins. Mais la gloire de Milton ne doit point en souffrir.

Le *Paradis perdu* a été traduit en vers français par Leroy, curé de St-Herbland, de Rouen, au xviiie siècle, et par Delille, en 1805; en prose, par Dupré de Saint-Maur en 1729, Louis Racine en 1755, Salgues, Chateaubriand en 1837. V. dans le *Spectateur*, dix-huit articles d'Addison; *Observations sur la Sarcothée*, en tête de la réimpression de la *Sarcotis*, poëme latin de Jacques Masen, que le critique G. Lauder prétendait avoir été pillé par Milton, Paris, 1771; Voltaire, *Essai sur la poésie épique*, article Milton; Blair, *Cours de Rhétorique et de Belles-Lettres*, t. III; Villemain, *Essai historique sur Milton;* Chateaubriand, *Génie du christianisme*, 2e partie, chap. III, *Paradis perdu*, et *Essai sur la littérature anglaise*, en tête de sa traduction; Delille, *Remarques*, à la suite de sa traduction; Sainte-Beuve, *Points de contact entre Milton et Jansénius*, dans son *Port-Royal*, t. III.   F. B.

PARADIS, mot employé au moyen âge dans le sens de *chambre de parade*.

PARADIS, nom donné dans nos théâtres aux loges des combles, en raison de leur hauteur. C'était un nom ironique; on les a appelées avec plus de justesse le *poulailler*.

PARADOXE (du grec *para*, contre, et *doxa*, opinion), proposition contraire à l'opinion commune, qu'elle soit ou ne soit pas vraie. C'est, par exemple, un paradoxe de dire que la pauvreté est préférable aux richesses. Certaines idées aujourd'hui admises, à savoir : que la terre tourne, qu'elle est ronde, qu'il y a des antipodes, ont été longtemps regardées comme paradoxales. Quand les Éléates niaient la diversité des êtres et le mouvement, quand Pyrrhon prétendait qu'on devait douter de tout, ils soutenaient des paradoxes. Cicéron a développé dans ses *Paradoxa* certaines opinions des Stoïciens, comme : « Le sage est seul libre, seul riche, seul beau, etc. » J.-J. Rousseau a été un esprit souvent paradoxal. Laromiguière nous a laissé un écrit sur les *Paradoxes de Condillac*. Il y a eu même des paradoxes en géométrie : on les trouve réunis dans l'*Apiarium* de Mario Bettino.

PARADOXISME, figure de pensée qui consiste à réunir, sur le même sujet, des attributs qui, au premier coup d'œil, semblent inconciliables et contradictoires. C'est une imitation du paradoxe. Ainsi, Thomas a dit de Sully : « Il se *vengea* de ses ennemis, car il ne perdit aucune occasion de leur *faire du bien*. » Boileau a dit d'un noble ruiné, qui se mésallie pour redevenir riche, qu'il rétablit son *honneur* à force d'*infamie*.

PARAFE ou **PARAPHE** (du grec *paragraphè*, suscription ou signature), marque faite d'un ou de plusieurs traits de plume et qui accompagne la signature, dont elle peut aussi tenir lieu. Au Palais, quand on dépose au greffe une pièce arguée de faux, le déposant, le magistrat et le greffier y mettent leurs parafes, pour constater l'identité de cette pièce, *ne varietur* (qu'elle ne puisse être changée). Les registres de l'état civil et les actes notariés doivent être parafés sur chaque feuillet, pour qu'on ne puisse substituer une feuille à une autre et supposer des actes qui n'auraient pas été écrits à leur date. C'est à l'aide de parafes qu'on approuve les ratures, les renvois et les intercalations dans tous les contrats et les actes judiciaires sur papier timbré. Dans les inventaires, on parafe par *première* ou *dernière*. Les fonctionnaires dont la signature est sujette à légalisation remettent, avant d'entrer en fonction, leur signature et leur parafe aux magistrats supérieurs chargés de les légaliser.

PARAGE. V. ce mot dans notre *Dictionnaire de Biographie et d'Histoire*.

PARAGOGE (du grec *paragôgê*, allongement), métaplasme ou figure de Grammaire consistant à allonger un radical ou un mot déjà formé. Ainsi, en latin, *egomet* pour *ego*, *memet* pour *me*, *ipsemet* pour *ipse*, *hicce* pour *hic*, *amarier*, *invertier*, pour *amari*, *inverti*, *potestur* pour *potest*. En français, *ci*, *là*, *da*, dans *celui-ci*, *celui-là*, *oui-da*, sont des paragoges. Il en est de même de l's dans *guères*, *jusques*. Les grammairiens grecs se servaient aussi du mot *Prosparalepse*, qui avait le même sens que *Paragoge*.   P.

PARAGRAPHE (du grec *para*, proche, et *graphô*, j'écris), nom que les anciens Grecs donnaient aux barres marginales par lesquelles ils distinguaient certaines parties de parabase ou de chœur qui correspondaient entre elles. Il désigne aujourd'hui une petite division, une section de chapitre. En Typographie, on le figure par ce signe : §.

PARALIENNE (Galère). | V. notre *Dictionnaire de*
PARALIPOMÈNES. | *Biographie et d'Histoire.*

PARALIPSE. V. Prétérition.

PARALLÈLE, rapprochement qu'établit un écrivain entre deux personnages importants, pour faire ressortir leurs qualités semblables ou opposées. L'écueil de ces sortes de comparaisons est l'abus de l'antithèse. On peut citer comme modèles de parallèles ceux de Turenne et de Condé par Bossuet (*Oraison funèbre du prince de Condé*, 3ᵉ partie), de Corneille et de Racine par La Bruyère (*Caractères*, ch. ι, *des Ouvrages de l'esprit*), de Richelieu et de Mazarin, par Voltaire (dans *la Henriade*, ch. vii), de Sully et de Colbert par Thomas (*Éloge de Sully*, 3ᵉ part.), de Bossuet et de Fénelon par La Harpe (*Éloge de Fénelon*, 2ᵉ part.), de Linné et de Buffon par Cuvier (*Éloge de Buffon*). Le nom de *Parallèles* a été aussi appliqué à des notices biographiques comparées : telles sont les *Vies parallèles* de Plutarque et celles de Cornélius Népos.

PARALLÈLES, en termes de Fortification, lignes de fossés creusées par des assiégeants, et presque parallèles aux ouvrages qu'ils attaquent. Un siège en forme demande généralement trois parallèles. Ce moyen d'attaque fut employé par les Turcs à Candie en 1668; mais Vauban est le premier qui en ait fait un bon emploi au siège de Maëstricht en 1673. V. Demi-Parallèles.

parallèles, en termes de Géographie, petits cercles de la sphère terrestre parallèles à l'équateur.

PARALLÉLISME. V. Hébraïque (Versification).

PARALOGISME (du grec *para*, contre, mal, et *logizein*, raisonner), raisonnement faux, argument vicieux, conclusion mal tirée ou contraire aux règles. Le paralogisme, aussi bien que le sophisme, induit en erreur; mais ils diffèrent l'un de l'autre par leur origine; le sophisme suppose la mauvaise foi chez celui qui l'emploie, c'est un artifice destiné à tromper; le paralogisme naît de la faiblesse naturelle de l'esprit. L'homme qui fait un paralogisme trompe les autres; mais il le fait de bonne foi, car en même temps il se trompe lui-même. Les principaux paralogismes sont : l'erreur sur la *cause*, l'erreur de *l'accident*, le *dénombrement imparfait*, l'*ignorance du sujet*, la *pétition de principe*, le *cercle vicieux*. H. D.

PARAMOS, mot qui veut dire *campagnes incultes*, et par lequel on désigne, dans l'Amérique méridionale, certains districts montagneux, couverts d'arbres rabougris, exposés aux vents, presque toujours enveloppés de brouillards, et où règne sans cesse un froid humide.

PARANGON. V. Caractères d'imprimerie.

PARANGONNER, en termes d'Imprimerie, faire qu'un caractère différant d'épaisseur de corps s'aligne bien avec celui dont on se sert, en y ajoutant des espaces, des cadrats, des interlignes.

PARANOMASIE, nom que les rhéteurs latins donnaient à la consonnance résultant du jeu des mots par la différence de quelques lettres. Il y en a une dans cette phrase de l'*Andrienne* de Térence : *Inceptio est amentium, haud amantium.*

PARANYMPHE. V. ce mot dans notre *Dictionnaire de Biographie et d'Histoire.*

PARAPEGMA, mot grec qui signifie *affiche, tableau.* On l'appliquait spécialement aux tables sur lesquelles on inscrivait les lois, les ordonnances, et tout ce qui intéressait le public.

PARAPET (de l'italien *parapetto*, pare-poitrine), en termes de Fortification, partie supérieure d'un rempart, destinée à protéger ceux qui le défendent. C'est une élévation en terre, en forme de glacis, haute de 2 mèt. du côté de la place, et de 1ᵐ et 1/2 seulement du côté de la campagne; elle permet, par conséquent, de tirer de haut en bas dans le fossé ou sur la contrescarpe. Pour cela, la hauteur du parapet est divisée en deux par un degré nommé *banquette*, sur lequel monte le soldat. Il a aussi des embrasures, pour qu'on puisse tirer le canon. — On donne encore le nom de *Parapet* à toute muraille ou balustrade élevée à hauteur d'appui le long d'une terrasse, d'un quai, d'un pont, etc., pour servir de garde-corps ou garde-fou. B.

PARAPHE. V. Parafe.

PARAPHERNAUX (du grec *para*, au delà, et *phernè*, dot), en termes de Droit, se dit des biens de la femme mariée sous le régime dotal qui ne font point partie de sa dot, soit qu'elle les ait réservés en se mariant, soit qu'ils lui arrivent durant le mariage, par succession, donation ou autres voies. Ces biens appartiennent exclusivement à la femme. Le mari ne peut les aliéner, sans son concours ou son consentement, même pour lui procurer la libération de ses dettes; mais elle ne peut non plus les aliéner, ou paraître en justice à raison d'eux, sans avoir obtenu l'autorisation de son mari ou celle de la justice. Dans le cas où tous les biens de la femme seraient paraphernaux, elle serait tenue, même en l'absence de clause à cet effet dans le contrat, de contribuer aux charges du mariage jusqu'à concurrence du tiers de ses revenus. Le mari peut administrer les biens paraphernaux avec procuration de sa femme, mais à la charge de rendre compte des fruits; et, s'il y a stipulation expresse, il est tenu vis-à-vis d'elle comme un mandataire à l'égard de son mandant, et responsable des fautes qu'il a pu commettre. S'il jouit des biens paraphernaux, sans mandat exprès, mais simplement parce que la femme n'y fait pas opposition (droit qu'elle peut toujours exercer), il n'est tenu, lors de la dissolution du mariage ou à la première demande de sa femme, qu'à la représentation des fruits existants; ceux qui ont été consommés sont censés avoir été employés dans les dépenses du ménage. Le mari est responsable du défaut d'emploi du prix de l'immeuble paraphernal qu'il a autorisé sa femme à aliéner. Pour sûreté des reprises qu'elle peut avoir à exercer relativement à ses biens paraphernaux, la femme a sur tous les biens de son mari une hypothèque légale, indépendante de toute inscription. V. Benoît, *Traité des biens paraphernaux*, 1846, in-8º.

PARAPHONIE, nom que les Anciens donnaient aux consonnances musicales de quinte et de quarte, par opposition à l'*antiphonie*, qui était la réplique des mêmes sons, et à l'*homophonie*, qui était l'unisson.

PARAPHRASE (du grec *paraphrasis*, interprétation), explication plus ou moins étendue d'un texte qui a besoin d'être éclairci. Elle s'attache à rendre le sens de l'auteur, et non ses paroles; ce qui la distingue de la *glose*, qui explique mot à mot, et du *commentaire*, qui donne des renseignements et des détails complémentaires sur l'intention de l'écrivain, plutôt qu'il ne cherche à le reproduire. — On a donné spécialement le nom de *Paraphrases* à certaines interprétations de l'Écriture sainte : nous citerons, par exemple, le *Targum*, ancienne version de la Bible en langue chaldéenne, la *Paraphrase* d'Érasme sur le *Nouveau Testament*, les *Paraphrases* de Massillon sur les Psaumes.

PARAPLUIE (de *parer à*, et de *pluie*). Les premiers parapluies furent faits de cuir, de taffetas, de bouracan, de toile cirée. Les Chinois en ont, depuis bien des siècles, en papier huilé et verni; ils ont même de feuilles d'arbres. Le parapluie n'a été employé que fort tard en Europe; il en est fait mention pour la première fois en France dans les Œuvres de Tabarin, en 1622. Longtemps les femmes seules s'en servirent.

PARASANGE. | V. ces mots dans notre *Dictionnaire*
PARASITE. | *de Biographie et d'Histoire.*

PARASOL (de *parer à*, et de *soleil*). Chez les Orientaux, le parasol a toujours été une marque de dignité, à laquelle on reconnaît la puissance humaine ou divine. Sur plusieurs bas-reliefs de Persépolis, le roi et quelques grands personnages sont représentés sous des parasols tenus par des jeunes filles. Dans l'ancienne Grèce, aux fêtes de Bacchus, de Cérès, et de Minerve, on portait des parasols comme insignes de ces divinités, et on célébrait au commencement du printemps, sous le nom de *Scirophorion*, une fête des parasols. Chez les peuples chrétiens, le dais a remplacé le parasol comme marque d'honneur. De nos jours encore, l'empereur du Maroc a seul le droit dans ses États de se servir du parasol; on l'étend sur sa tête quand il donne des audiences et dans tous les actes solennels. Chez nous, le parasol n'est plus qu'un instrument d'utilité commune, dont les femmes font usage sous le nom d'*ombrelle*. B.

PARASTATE, terme d'Architecture. V. Ante.

PARATIQUE. V. notre *Dictionnaire de Biographie et d'Histoire.*

PARATITLES (du grec *para*, à côté, et du latin *titulus*, titre), nom qu'on a donné à certains abrégés ou sommaires de Jurisprudence, indiquant avec précision les titres et les décisions. On met souvent des paratitles dans les volumineux recueils de droit ancien; il y en a, par exemple, dans le Code Théodosien édité par Jacques Godefroi.

PARATORIUM. V. Prothèse.

PARAVENT (de *parer à*, et de *vent*), meuble composé de plusieurs châssis en bois léger, recouverts de papier, de tapisserie ou d'étoffe, assemblés par des charnières, pouvant se replier les uns sur les autres ou se déployer, et dont on se sert dans les appartements pour se garantir du vent. On fait des paravents dont les châssis sont garnis de glaces sans tain, pour ne pas priver de jour l'espace qu'ils enveloppent. Les paravents paraissent être originaires de la Chine, où on les fait ordinairement en laque.

PARAY-LE-MONIAL (Église de), dans le département de Saône-et-Loire. Cette église, autrefois abbatiale, et dédiée à la Sᵗᵉ Vierge et à Sᵗ Jean-Baptiste, fut construite au commencement du XIᵉ siècle, mais rebâtie au XIIᵉ dans de plus vastes proportions et sur le modèle de celle de Cluny. Elle est en forme de croix latine ; mais les bras du transept sont si développés, que l'édifice ressemble presque à une croix grecque. Comme les autres églises des Bénédictins en Bourgogne, celle de Paray-le-Monial est précédée d'un narthex ou porche fermé, à deux étages, où l'on entre par une petite porte bâtarde, et qu'accompagnent deux tours carrées, dont la partie supérieure est décorée d'arcatures et de fenêtres cintrées. Le milieu du transept est surmonté d'une autre tour à huit pans, dont l'étage supérieur est percé d'arcades ogivales. La porte qui ouvre du narthex dans la nef principale est rehaussée de sculptures byzantines d'un beau travail. La longueur de l'église à l'intérieur est de 49ᵐ,30, et la hauteur sous voûte de 27ᵐ ; la largeur de la grande nef est de 7ᵐ,33. Plusieurs parties sont du style de transition, et présentent, comme la cathédrale d'Autun, des piliers ornés de pilastres cannelés. La voûte du sanctuaire s'appuie sur des colonnes rondes très-élancées, ce qui donne à cette partie du monument une grande légèreté. Le collatéral qui entoure le sanctuaire renferme trois chapelles rayonnantes. On remarque, dans la chapelle de la Sᵗᵉ-Vierge, le tombeau des barons de Digoine, bienfaiteurs de l'abbaye.

PARAZONIUM, arme. V. notre *Dictionnaire de Biographie et d'Histoire*.

PARC, vaste étendue de terrain entourée de murs ou de palissades, planté de bois en totalité ou en grande partie, et qui sert à la promenade ou aux plaisirs de la chasse. C'est l'accompagnement ordinaire des demeures royales, des châteaux, des grandes propriétés. On peut citer parmi les plus beaux parcs, en France : ceux de Versailles, de Fontainebleau, de Sᵗ-Cloud, de Chantilly, d'Ermenonville, de Compiègne, d'Eu, du Bois de Boulogne (depuis qu'on en a changé l'ancien caractère), etc.; en Angleterre, Hyde Park et St-James-Park à Londres, les parcs de Greenwich et de Windsor; en Allemagne, ceux de Wœrlitz et de Schwetzingen; en Belgique, le parc de Bruxelles, entre le palais du roi et celui des États-Généraux.

PARC, terme d'Art militaire. Un *parc d'artillerie* est la réunion des bouches à feu, des fourgons ou caissons chargés de projectiles, des voitures, des chevaux, et de toutes les munitions présumées nécessaires pendant une campagne à une armée ou à un corps d'armée. Il y a aussi des *parcs de siège*, des *parcs de ponts* ou *pontons*, des *parcs de vivres et fourrages*, des *parcs du génie*. Un *parc de réserve*, placé à proximité des mouvements stratégiques, est chargé d'alimenter les autres parcs.

PARCAGE (Droit de), redevance que le seigneur féodal prélevait sur les vassaux qui clôturaient des bestiaux dans un parc.

PARCHEMIN, corruption de *Pergamin* en latin *charta Pergamena*, papier de la peau de mouton ou de chèvre convenablement préparée, polie avec la pierre ponce, et destinée à recevoir l'écriture. Les rois d'Égypte ayant interdit l'exportation du papyrus, Eumène II, roi de Pergame, imagina, dit-on, le parchemin, vers l'an 160 av. J.-C. Les anciens distinguaient deux sortes de parchemin : l'un, destiné aux rouleaux (*volumina*), et sur lequel on n'écrivait que d'un côté; l'autre, destiné aux livres carrés (*codices*), sur lequel on écrivait des deux côtés, et qu'on appelait pour cette raison *opisthographe*. Le parchemin de Pergame était jaunâtre, et on le recherchait à cause de cette teinte favorable à la vue; celui des Romains eut une blancheur éclatante. Lors de l'invasion des Barbares, le parchemin devint fort rare, et, pour remédier à cette disette, on gratta les anciennes écritures, afin de transcrire sur les manuscrits des légendes ou des prières. C'est à cette usage qu'il faut attribuer la perte de tant d'ouvrages de l'antiquité. Au VIᵉ siècle, le parchemin, réservé jusque-là pour les

livres, commença à être employé pour les chartes et les diplômes. Après l'invention du papier de chiffon, il servit encore pour les expéditions des actes et pour les manuscrits de quelque importance.   B.

PARCHEMINIERS, ancienne corporation qui fabriquait le parchemin. Elle avait pour patron Sᵗ Jean l'Évangéliste. Un statut de l'Université, en 1291, exigeait des parcheminiers le serment d'agir *sans fraude ni malice*. Des lettres patentes de Charles V, en date du 5 nov. 1368, nous apprennent qu'il y avait alors 18 parcheminiers jurés, chargés de visiter, d'admettre ou de rebuter le parchemin qui arrivait à Paris, et qu'ils étaient exempts du guet et de la garde des portes. En 1488, on les réduisit à huit. L'Université avait un droit rectoral sur le parchemin, dont on se pourvoyait surtout aux foires du Lendit et de Sᵗ-Lazare.   B.

PARCIVAL. V. PERCEVAL.

PARCLOSE. V. STALLE.

PARCOURS ET ENTRECOURS (Droit de), nom donné dans les temps féodaux à un droit résultant de traités faits entre seigneurs voisins, et en vertu duquel leurs vassaux libres pouvaient passer d'une seigneurie dans une autre sans craindre d'être asservis. En vertu du même droit, les gens de seigneuries différentes pouvaient contracter entre eux des mariages valables.

PARCOURS ET VAINE PÂTURE. On appelle *parcours* la faculté que possèdent deux ou plusieurs communes voisines d'envoyer réciproquement leurs troupeaux sur leurs territoires respectifs ; et *vaine pâture*, la faculté appartenant à tous les habitants d'une même commune d'envoyer leurs troupeaux en pâturage sur les terres vaines et vagues, et, après l'enlèvement des récoltes, sur les champs cultivés. On dit aussi, pour l'un et l'autre cas, *droit de pacage*. Le droit de parcours, qui avait son origine dans les âges féodaux, était, bien avant 1789, condamné comme contraire au droit commun. Mais le droit de vaine pâture semblait tellement respectable, que personne ne pouvait clore ses héritages, et que cette faculté ne fut accordée que par un édit de 1669. Le *Code rural* de 1791 maintint le parcours, lorsque cette servitude se fondait sur un titre ou sur une possession autorisée par les coutumes et usages locaux; il conserva également le droit de vaine pâture. L'un et l'autre droit subsistent encore aujourd'hui dans un certain nombre de localités. Dans aucun cas et dans aucun temps ils ne peuvent s'exercer sur les prairies artificielles ou sur une terre ensemencée.

PARDAO monnaie d'argent en usage dans la Barbarie, et valant 1 fr. 55 c. environ.

PARDO (Château du), résidence royale, située à 12 kilomètres de Madrid, sur le Manzanarès. *Pardo* signifie pré en espagnol. Ce château, ancien rendez-vous de chasse bâti par Henri III, réédifié par Charles-Quint, et embelli sous ses successeurs, est un grand bâtiment carré, flanqué de quatre tours, et composé de quatre corps de logis qui communiquent par des galeries extérieures. L'intérieur offre beaucoup de fresques exécutées par Gaspard Becerra, et des tapisseries fabriquées à Madrid d'après des dessins originaux de Goya ou des copies de David Teniers. La chapelle contient quelques belles peintures de Morales et de Lucas Giordano. Le château est précédé d'un jardin planté d'arbres fruitiers, et au delà s'étendent des bois entourés d'un mur en maçonnerie qui a près de 80 kilomèt. de développement. Dans cette vaste enceinte, à 4 kilomèt. du château, s'élève la *Zarzuela*, jolie habitation à un seul étage, où l'on a joué les premiers opéras-comiques espagnols, appelés pour cette raison *zarzuelas*.

PARDON. V. ce mot dans notre *Dictionnaire de Biographie et d'Histoire*.

PARÉCHÈSE, nom que les rhéteurs de l'ancienne Grèce donnaient à une Figure de diction consistant dans la répétition fréquente d'une même syllabe ou d'une même articulation.

PAREMENT, nom donné autrefois à des morceaux d'étoffe riches et voyants, qui servaient à *parer* les manches des habits d'homme et le devant des robes de femme. Aujourd'hui ce n'est plus que le retroussis du bout des manches, lequel est souvent, chez les militaires, d'une couleur différente de celle de l'habit, et sert à distinguer les corps. — On nomme *Parement d'autel* ce que les auteurs liturgiques appellent *Devant* ou *Couverture d'autel*.

PAREMENT, côté d'une pierre ou d'un mur qui paraît au dehors. En Fortification, le mot s'emploie comme synonyme de *rempart* et de *parapet*.

PARÉMIAQUE (Vers), vers des Grecs et des Latins, ainsi nommé du grec *paroimia* (proverbe), parce qu'apparemment beaucoup de proverbes avaient reçu cette forme chez les Grecs. C'est un anapestique dimètre catalectique. Il sert habituellement de clausule aux systèmes anapestiques dimètres, purs ou mêlés. Lorsqu'il sert de clausule à une série de procéleusmatiques, c'est un signe que ceux-ci ne sont que des solutions d'anapestes, les longues étant changées en deux brèves. Quelquefois le parémiaque commence la série d'anapestes, surtout lorsqu'ils sont mêlés à d'autres mètres; on en trouve aussi deux, ou même plusieurs de suite.

Le vers parémiaque ne se trouve nulle part employé en *système* dans ce qui nous reste de la poésie grecque; mais nous savons par le grammairien Héphestion que Cratinus, contemporain d'Aristophane, l'avait employé ainsi. Le grammairien latin Diomède cite deux vers que l'on regarde comme un fragment d'un poëte du temps de la République. Ausone et Boëce, poëtes de la décadence, ont laissé des pièces composées de parémiaques; mais les anciens tragiques latins en avaient fait le même usage que leurs modèles grecs. Plaute a usé plusieurs fois du parémiaque; mais il ne le manie pas avec beaucoup de délicatesse; les spondées y sont trop multipliés. **P.**

PARÉMIOGRAPHIE ou **PARÉMIOLOGIE** (du grec *paroimia*, proverbe), étude ou explication des proverbes (*V. ce mot*).

PARÉNÉTIQUE (du grec *parainésis*, exhortation), partie de l'éloquence de la chaire qui touche à la morale. Elle comprend les sermons, les homélies et les prônes.

PARENTÉ (du latin *parere*, engendrer), rapport qui existe entre les personnes unies par les liens du sang. Outre la *parenté naturelle*, on distingue : la *parenté légale*, produite par l'adoption; la *parenté civile* ou *affinité*, contractée par mariage; la *parenté spirituelle*, qui résulte du parrainage. Les parents sont ou *ascendants* (le père et la mère, et tous les auteurs plus éloignés), ou *descendants* (les enfants, les petits-enfants, etc.), ou *collatéraux* (frères et sœurs, oncles et tantes, neveux et nièces, cousins et cousines); ces derniers sont divisés en *agnats*, collatéraux du côté paternel, et *cognats*, collatéraux du côté maternel. La proximité de parenté s'établit par le nombre des générations; chaque génération s'appelle un *degré*; la suite des degrés forme la *ligne de parenté*. La ligne est *directe*, quand elle est la suite des degrés entre des personnes qui descendent l'une de l'autre; elle est *collatérale*, quand elle est la suite des degrés entre des personnes qui ne descendent pas l'une de l'autre, mais qui ont une souche commune. En ligne directe, on compte autant de degrés qu'il y a de générations entre les personnes : ainsi, le fils est à l'égard du père au 1er degré, le petit-fils au 2e, l'arrière-petit-fils au 3e. En ligne collatérale, les degrés se comptent aussi par générations, depuis l'un des parents jusques et non compris l'auteur commun, et depuis celui-ci jusqu'à l'autre parent : ainsi, deux frères sont au 2e degré, l'oncle et le neveu au 3e, les cousins germains au 4e. Il n'y a donc point de 1er degré dans la ligne collatérale. En Droit canon, au lieu de compter en ligne collatérale les générations des deux parents, on compte seulement les degrés de l'un des parents jusqu'à la souche commune : d'après ce système, deux frères sont au 1er degré, parce qu'il n'y a qu'une génération depuis l'un des frères jusqu'au père, qui est la souche commune. — Dans notre législation, suivant nos codes, la parenté produit tantôt des droits, tantôt des obligations, tantôt des prohibitions. *V.* SUCCESSION, FAMILLE (Conseil de), ALIMENTS, MARIAGE.

PARENTHÈSE, c.-à-d. en grec *interposition*, mot qui signifie tout à la fois une proposition ou pensée isolée qu'on insère dans une phrase dont il suspend la marche, et les signes ( ) par lesquels on indique cette intercalation. On ne doit produire en forme de parenthèse que des idées dignes de fixer l'attention, et qu'on ne saurait différer d'exprimer. Toute parenthèse doit être courte et vive, autrement le style devient embarrassé et traînant.

PARÈRE (d'un mot italien signifiant *opinion, ce qui paraît*), certificat donné par des négociants notables et instruits pour des questions de commerce débattues en justice, afin d'établir l'usage quand la loi est muette, obscure ou insuffisante.

PARÉS (Actes), actes qui contiennent le même préambule que les lois, et qui sont terminés par un mandement du souverain aux officiers de justice. Le terme vient de ce qu'autrefois les actes de cette nature portaient le mot latin *pareatis* (obéissez).

PARESSE, l'un des sept péchés capitaux, qui a pour origines le plaisir de l'oisiveté, pour conséquences le dégoût du travail, la mendicité, le vol, etc.

PARFAIT, inflexion particulière des verbes pour exprimer une des nuances du temps passé. Ce temps, dans les langues modernes, a une forme composée : *J'ai lu*, etc., en latin également, mais seulement dans les verbes déponents et semi-déponents : *imitatus sum, ausus sum*. A la voix active, il est terminé en *avi, evi, ivi, ovi, uvi, ui, si, i*, etc. : *amavi, flevi, audivi, cognovi, adjuvi, monui, repsi, legi*, etc. Le parfait latin correspond au parfait des langues modernes, souvent aussi au passé défini français, et à l'imparfait des langues germaniques employé comme temps historique, et il exprime simplement une action accomplie ou un état entièrement passé. Il n'en est pas de même du parfait grec. Ce temps, caractérisé à la 1re personne de l'indicatif par les terminaisons α, κα, φα, χα à l'actif, μαι au passif et au moyen, exprime bien une action accomplie, mais dont le résultat se prolonge dans le temps présent. Il sert souvent, par suite, à exprimer vivement une action future, dont le résultat, subordonné à une autre action future, est regardé comme infaillible, si celle-ci s'accomplit. **P.**

PARFAIT (Accord). *V.* ACCORD.

PARFAIT (Cadence, Consonnance). *V.* CADENCE, CONSONNANCE.

PARFAITS (Tons ou Modes), tons ou modes du Plain-Chant qui atteignent, dans le morceau de chant qui les constitue, les deux notes extrêmes de leur échelle diatonique. Ainsi, une pièce du 1er ton sera dite parfaite, si elle offre un *ré* grave et un *ré* aigu, ou, en d'autres termes, si elle monte jusqu'à l'octave de sa note finale. Une pièce du 2e ton sera parfaite, si elle a une octave d'étendue à partir de la quarte au-dessous de sa finale. Chaque ton peut monter d'un degré au-dessus des limites de son échelle diatonique et descendre d'un degré au-dessous, sans cesser d'être parfait; mais, dans ce cas, il est à la fois parfait et *surabondant* (*V. ce mot*). **F. C.**

PARFUM (du latin *per*, par, et *fumus*, fumée, émanation), odeur aromatique, agréable, plus ou moins forte, qui se détache d'une substance naturelle ou artificielle. L'usage des parfums remonte à la plus haute antiquité. Moïse donna la composition de celui qu'on offrait à Dieu, et de celui qui servait à oindre le grand prêtre et ses fils, le tabernacle et les vases sacrés. Ézéchias conservait des parfums exquis dans ses trésors. Judith en employa pour captiver Holopherne. Les Égyptiens se servaient de parfums, surtout pour embaumer les morts. Les Arabes, les Babyloniens, et, en général, tous les Orientaux, aimèrent à en porter. Les Grecs et les Romains regardèrent les parfums non-seulement comme un hommage dû aux dieux, mais encore comme un signe de leur présence : chez les poëtes, les divinités annoncent leur apparition en répandant autour d'elles une odeur d'ambroisie. A Lacédémone, le luxe des parfums ne parvint pas à s'établir : les parfumeurs furent chassés, comme gâcheurs d'huile. Il en fut autrement à Athènes, bien que Solon eût interdit les parfums, et, pour les contenir, on fabriqua toutes sortes de boîtes, de flacons et de vases précieux. Chaque partie du corps avait une essence ou une huile qui lui était propre : la menthe était recommandée pour les bras, l'huile de palmier pour la bouche et la poitrine; on graissait les sourcils et les cheveux avec un onguent extrait de la marjolaine, les genoux avec l'essence du lierre terrestre, etc. On attribuait, d'ailleurs, aux parfums des propriétés singulières : l'odeur de ceux que les convives se faisaient verser sur la tête combattait victorieusement, croyait-on, celle des vins et des mets, et permettait de boire sans redouter l'ivresse; le parfum des feuilles de vigne donnait de la lucidité à l'esprit; celui des violettes blanches favorisait la digestion, etc. Les riches ne furent pas les seuls à se servir de parfums, puisque Socrate, blâmant ceux qui se parfumaient, disait : « Un esclave et un citoyen parfumés ont la même odeur. » L'abus engendra des conséquences funestes; Aristote prétend que la quantité de chevelures grises qu'on voyait de son temps provenait de l'influence brûlante des épices contenues dans les onguents. A Rome, la vente des parfums fut d'abord défendue sévèrement; puis on en fit un usage extravagant. Avant et après les combats, on parfumait les aigles; on brûlait des parfums sur les tombeaux; l'Arabie ne produisit pas en une année autant d'encens que Néron voulut en mettre au bûcher funéraire de Poppée. La principale rue de Capoue n'était occupée que par des parfumeurs. Cependant, les hommes qui se parfumaient finirent par être jugés avec sévérité; on disait : *Malè olet qui benè olet, benè olet qui nihil olet*. — Chez les Modernes, la passion des parfums a beaucoup diminué. Elle a été néanmoins fort vive au xvi° siècle, et les Italiens excellèrent à la satisfaire. Aujourd'hui, il n'y a plus guère que les femmes qui se parfument.   B.

PARI ou GAGEURE, promesse réciproque par laquelle deux ou plusieurs personnes soutenant des avis contraires s'engagent à payer une certaine somme à celui qui se trouvera avoir raison. Les anciens jurisconsultes regardaient les gageures comme permises ou défendues, selon que leur objet était bon ou mauvais, leur cause honnête ou illicite; de plus, en France, on exigeait qu'elles fussent suivies de consignations. Notre Code actuel n'accorde aucune action pour le payement d'un pari. Toute action est aussi refusée pour un marché à terme à la Bourse. *V.* Marché a terme.

PARIAGOTO (Dialecte). *V.* Caraïbe.

PARIS CLOACAL. C'est le Paris souterrain, aussi merveilleux dans son genre que le Paris épanoui au soleil, qui lui doit son assainissement, sa propreté constante, une partie de sa splendeur. Dès les premiers siècles, les Parisiens entretenaient des rigoles à ciel ouvert, pour écouler les eaux usagères et pluviales vers la Seine, vers un ruisseau dit de Ménil-Montant, au N. de la ville, et qu'on a, longtemps après, appelé *Grand égout de ceinture;* enfin, dans la Bièvre, petite rivière qui traverse un coin de la partie S. Au ix° siècle, lorsque les Parisiens fortifièrent leur ville, les fossés extérieurs, creusés au pied des murailles, servirent aussi de réceptacles aux eaux de toutes sortes. Des rigoles, des ruisseaux, des fossés sont partout les égouts rudimentaires, mais en même temps des causes d'infection sous l'action de l'air ou du soleil. Au xvi° siècle, la demeure des rois de France, l'hôtel des Tournelles, situé sur une partie de l'emplacement actuel de la Place-Royale, était souvent incommodé par les exhalaisons fétides des égouts environnants.

Le premier égout voûté fut construit vers 1374, dans le quartier Montmartre. On avait trouvé le remède au mal; mais on l'appliqua avec une telle lenteur, qu'en 1663 Paris n'avait encore que 1,207 toises (2,352 mèt.) d'égouts couverts. Cependant on cheminait, car au commencement du xix° siècle la ville en comptait 23,530 mèt., et, à la fin de 1836, environ 81,000 mèt., non compris les égouts découverts à rives et à radier maçonnés ou non; le dernier de ces fossés infects n'a disparu qu'en 1853. La longueur totale des égouts équivalait alors à 163 kilomètres.

L'ensevelissement général des égouts était un très-grand résultat; mais, depuis le xiv° siècle, tant d'administrations différentes mirent la main à la vaste entreprise des cloaques, on la conduisit avec tant de lenteur, qu'il ne fut guère possible de concevoir un plan d'ensemble. En 1852, l'administration municipale reconnut que la canalisation souterraine de Paris avait besoin d'être systématisée et considérablement améliorée. Les ingénieurs proposèrent un plan général pour écouler rapidement, et sans inondation possible des rues, comme cela arrivait assez souvent dans plusieurs quartiers, toutes les eaux ménagères, industrielles ou pluviales de Paris. Le grand *Égout de ceinture* était alors la principale cloaque : il avait été voûté vers 1740, passait au pied des coteaux qui se développent dans les faubourgs St-E., au N. et au N.-O., en partant de la rue des Coutures St-Gervais, et aboutissait à la Seine, en tête du quai de Billy. Son parcours était de 6,800 mèt. environ, et il recueillait toutes les eaux des quartiers supérieurs et une partie de celles des quartiers bas. Quoique mal appliquée à cause de la trop faible section de cette galerie, l'idée était heureuse. Le sol de Paris fut divisé, suivant les inégalités de son relief, en cinq bassins, à l'instar des bassins géographiques; la rive droite en eut trois : l'un, bassin de Charonne, de Belleville, de Montmartre, embrassa le N.-E. et le N.; — le second, tout à fait central, comprit les quartiers St-Antoine, du Temple, St-Martin et St-Denis, à l'E. et au N., et ceux du Palais-Royal et des Tuileries, à l'O.; — le troisième se composa des coteaux de Chaillot, à l'extrême Ouest; — le quatrième et le cinquième, sur la rive gauche, eurent, au S.-E., le bassin de la Bièvre, et, au S.-O., celui du Luxembourg, de St-Germain-des-Prés et du Gros-Caillou.

Ces divisions adoptées, le projet de canalisation, auquel on se mit avec activité, considéra le sol de Paris comme un champ qu'il fallait dessécher par un drainage, dont les drains seraient des galeries cloacales. Un décret du 26 mars 1852 arrêta qu'aucunes eaux ménagères, usagères ou d'égout des maisons ne devaient se répandre sur la voix publique, et que chaque rue aurait son égout souterrain où les maisons riveraines conduiraient leurs eaux, quelle qu'en fût l'origine. L'administration voulut, en outre, poursuivre l'insalubrité jusque dans la Seine même, où tous les égouts se déversaient : elle imagina de les faire aboutir dans six grandes galeries principales, coupant la ville à peu près en quatre parties, et ayant pour affluents 12 ou 15 autres galeries secondaires, recevant elles-mêmes les eaux d'une foule d'autres galeries moins grandes, creusées dans toutes les directions. Trois des maîtresses galeries furent construites pour les quartiers de la rive droite : la 1re part de l'extrémité S. du bassin de la Bastille, suit les quais jusqu'à la place de la Concorde : longueur, 4,000 mèt.; — la 2e descend le boulevard de Sébastopol, depuis sa naissance, et rejoint le précédent au pont au Change : longueur, 1,850 mèt.; — la 3e vient de la place de la Bastille, suit la rue St-Antoine, puis la rue de Rivoli jusqu'à la place de la Concorde : longueur, 3,800 mèt.

Des trois maîtresses galeries de la rive gauche, la 1re prend la ligne des quais, depuis le pont d'Austerlitz jusqu'au pont d'Iéna : longueur, 6,400 mèt.; — la 2e descend le boulevard de Sébastopol, à partir de sa rencontre avec le boulevard du Mont-Parnasse, et rejoint la précédente au pont St-Michel : longueur, 1,700 mèt.; — enfin la 3e, sous le boulevard St-Germain, commence à l'extrémité E. de ce boulevard, près l'Entrepôt des vins, et se jette dans l'égout de Sébastopol, au point d'intersection de ces deux boulevards : longueur, 1,100 mèt.; puis, se prolonge au delà, jusqu'à la rue des Saints-Pères, dans une longueur de plus de 1,000 mèt.

Un point très-important consistait à donner aux égouts des proportions en rapport avec l'étendue des quartiers auxquels ils devaient servir d'exutoires : on partit de ce principe, fondé sur l'observation, que pour 100 hectares de superficie il faut un égout de 2 à 3 mèt. carrés de section mouillée, c.-à-d. pouvant recevoir une petite rivière passant dans une ouverture de 2 à 3 mèt. carrés. Dans cette vue, on choisit 12 types d'égouts, dont le plus petit a 2m,15 de hauteur sur 1m,15 de largeur; et le plus grand, 4m,40 de hauteur sur 5m,60 de largeur. — Le petit égout est de forme ovoïde, avec sa grande section par en haut, ce qui permet à un ouvrier de s'y mouvoir sans peine pour procéder au curage, ainsi que le fait voir la fig. ci-dessous.

Petit égout simple.

Les maîtresses branches de ce vaste système ont reçu, de leur destination spéciale, le nom d'*Égouts collecteurs :* tel est le nom administratif des trois grands égouts des quartiers de la rive droite de la Seine, et des trois de la rive gauche, décrits plus haut, 1er et 2e alinéa. Ces égouts ont un caractère de magnificence qui nous a inspiré le nom de *Paris cloacal*, parce qu'ils rappellent la célèbre *Cloaque Maxime* de Rome ancienne, en pensée néanmoins plus qu'en réalité; car par leur importance, leurs proportions, leur étendue, leur aménagement de service et de nettoyage, ils la surpassent infiniment, et rien n'empêche de conjecturer que leur durée égalera celle du célèbre ouvrage des Tarquins. — Nous allons entrer maintenant dans quelques descriptions plus précises sur leurs proportions et leur construction.

Le *Collecteur du boulevard de Sébastopol* (rive droite) est à plein cintre; il mesure 4m,27 de hauteur, 5m,20 de largeur; sa cunette, large de 1m,20, profonde de 0m,62, est bordée de deux banquettes de 0m,80 chacune. La fig. ci-dessous le représente en coupe et en perspective tout à la fois. Au-dessus de ses banquettes, et portées par des colonnes de fonte terminées en croissant, courent deux conduites d'eau de fontaine, l'une à droite, de 1m,10 de diamètre, l'autre à gauche, de 0m,80. Ce collecteur peut absorber, en temps d'averse la plus abondante, les eaux de la moitié des quartiers de la rive droite, et, en cas d'engorgement, déverser son trop-plein dans la Seine, sans jamais laisser refluer le torrent cloacal même dans les rues où sont les bouches d'absorption.

Le *Collecteur des quais*, tantôt à plein cintre, tantôt ellipsoïde, suivant l'état et les exigences de niveau de la voie publique, forme une galerie de 3m,75 ou 3m,20 de hauteur, sur un diamètre de 4 mètres. Sa cunette a 2m,20 de largeur, 1 mètre de profondeur, entre deux banquettes de 0m,70 chacune. La figure ci-dessous le représente avec un petit wagon de curage roulant sur des rails scellés dans le fond même de la cunette : nous parlerons plus bas de ce curage. A droite, on voit, sur des encorbellements de fer, une conduite d'eau de fontaine, de 0m,60 de diamètre.

Collecteur du boulevard de Sébastopol.
(Rive droite.)

Collecteur des quais de la Seine.
(Rive droite.)

Le *Collecteur du boulevard de Sébastopol* (rive gauche) a deux sections : l'une du Sud, l'autre du Nord; celle du Sud, qui finit au boulevard St-Germain, est de forme ovoïdale, haute de 3m,15, large de 2m,50, avec une cunette large de 0m,79, profonde de 0m,40, flanquée de banquettes de 0m,40 d'un côté, et de 0m,90 de l'autre : cette dernière supporte, sur de petites colonnes de fonte, une conduite d'eau de fontaine de 1m,10 de diamètre. — La section du Nord commence à la rencontre du boulevard St-Germain, et aboutit au pont St-Michel; ici, la galerie est également ovoïdale, et mesure 3m,70 en hauteur et en largeur. Sa cunette, de 1m,20 de largeur, 0m,80 de profondeur, est cantonnée de 2 banquettes de 1 mèt., dont celle de droite porte une conduite d'eau de fontaine de 1m,10 de diamètre.

Tous les quartiers au bas des coteaux de la rive droite, entre les faubourgs St-Denis et St-Antoine, sont desservis par un Collecteur semblable à celui de la partie Sud, décrite ci-dessus.

L'*Égout de la rue de Rivoli*, de forme légèrement ovoïdale, a 3m,45 de hauteur, 2m,40 de largeur, à la naissance de la voûte, avec une cunette ou canal d'eau de 1m,20 de largeur, sur 0m,80 de profondeur, entre deux banquettes, larges de 0m,40 chacune. Il doit être aussi compté parmi les grands collecteurs, en raison de la forte section de sa cunette; en effet, il reçoit dans son long parcours une multitude d'embranchements, plus ou moins considérables, qui lui versent une notable partie des eaux fournies par les quartiers de la rive droite de la Seine.

Les égouts intérieurs de premier ordre, et la plupart des égouts secondaires, renferment une ou deux conduites d'eau de fontaine, dont les moindres diamètres sont de 0m,30. En outre, toute galerie flanquée de deux banquettes a les arêtes supérieures de sa cunette munies de rails pour la circulation d'un wagon de curage.

Tous les égouts, grands ou petits, sont construits en pierre meulière et chaux hydraulique, avec enduits intérieurs en ciment romain. Les voûtes, à la fois solides et légères, n'ont que 30 ou 40 centim. d'épaisseur pour les petites ou les moyennes galeries, et 45 ou 50 pour les plus grandes. La plupart des anciens égouts, mal établis, ont été successivement refaits.

Les égouts collecteurs aboutissent à la place de la Concorde, où ils se déversent dans un *Collecteur général*, dont nous parlerons tout à l'heure. Une grande difficulté se présentait pour le Collecteur des quais de la rive gauche, celui qui, peut-être, reçoit le plus d'eaux sales, infectes, corrompues, et le plus constamment; car depuis 1862 on y a fait entrer la rivière de Bièvre, qui, auparavant, tombait dans la Seine, au pied et en amont du pont d'Austerlitz. Or ce petit cours d'eau dessert toutes les mégisseries, teintureries, tanneries, etc., du faubourg St-Marcel, de sorte qu'il n'est plus, en réalité, qu'un véritable égout des plus immondes. Si l'on avait fait dégorger dans la Seine le Collecteur des quais de ce côté de la ville, on n'aurait débarrassé le fleuve de tant d'impuretés en un point que pour les reverser un peu plus bas sur un autre. Il fallait éviter ce grave inconvénient, et pour cela faire déboucher ce Collecteur au même point que les autres. Alors on conçut l'idée hardie de le lancer à travers la Seine, dans un aqueduc passant sous le lit même du fleuve. Cet aqueduc est un immense tuyau-siphon, en fer battu, ayant 1 mèt. de diamètre à l'intérieur, et près de 200 mèt. de longueur. Il est immergé à 2 mèt. au-dessous des basses eaux, un peu en amont du pont de la Concorde.

Mais la plus belle, la plus magistrale de ces grandes cloaques est le *Collecteur général*, qui, partant de la place de la Concorde, chemine dans la direction du N.-N.-O., et vient tomber dans la Seine à une centaine de mètres en aval du pont d'Asnières. On a été chercher aussi loin le dégorgement de cette cloaque, afin de pouvoir lui donner plus de profondeur, et, par suite, à tous les autres égouts; parce que, dans l'ancien système, l'inondation de certains quartiers venait du manque de profondeur des égouts, dont le niveau le plus bas se trouvait au débouché du grand égout de ceinture dans la Seine, à 250 mèt. en aval du pont de l'Alma. Par ce changement, on a pu gagner 80 centim. de profondeur de plus; car de là jusqu'au pont d'Asnières, le fleuve, en fuyant, se replie en un vaste ruban long de 20 kilomètres.

Le *Collecteur général* est une sorte de tunnel, voûté en arc surbaissé dit en anse de panier; il a 5 mètres de hauteur sur 5^m,60 de largeur à son axe; sa cunette mesure 3^m,50 de largeur, sur 1^m,35 de profondeur, entre deux banquettes de 0^m,90 chacune. La longueur de ce canal est de 5 kilomètres et demi environ, en une ligne presque droite, sauf un coude près du départ, sous la place de l'église de la Madeleine. La figure ci-dessous en représente une vue, prise à plusieurs centaines de mètres avant son embouchure dans la Seine.

Tous les grands égouts sont construits en pierre meulière, soigneusement équarrie; par-dessus la voûte est une maçonnerie de blocage, puis, enfin, une chape en ciment romain qui la recouvre tout entière et la protége contre les infiltrations du dehors. Beaucoup de petits égouts ont leur voûte en béton moulé sur place.

Collecteur général des égouts de Paris.

Le *Collecteur général* se cure de la manière suivante: sur ses eaux noires, vaseuses et grasses, que les Anciens auraient comparées à l'Achéron, est un bateau, maintenu à flot en tout temps au moyen de vannes mobiles, hermétiques, espacées dans toute sa longueur, et pouvant former écluses. L'avant du bateau porte une vanne, manœuvrée par un engrenage, et qui, abaissée, remplit toute la section mouillée de la cunette; on descend cette vanne jusqu'à 0^m,15 du fond; le flot s'accumule, et, dès qu'il atteint 0^m,60 de surélévation en amont, le poids de l'eau sur la vanne produit une chasse si puissante, que la vase, les sables, les pierres même, sont roulés et lancés à 100 mèt. de distance, où le bateau va les reprendre jusqu'à ce qu'il les ait conduits à l'embouchure de l'émissaire. Il faut 16 jours pour curer ainsi le canal d'un bout à l'autre. Quatre bateaux font ce service. L'émissaire est ventilé de place en place par des regards, dont les murs sont munis d'échelles de fer, par où les ouvriers peuvent toujours remonter. Des lampes à huile, appliquées sur un côté, éclairent la cloaque. En temps ordinaire, le Collecteur général débite 3,600 mèt. cubes d'eau à l'heure, soit 86,000 en 24 heures; en temps d'orage, il peut en écouler cinq ou six fois autant.

Dans les Collecteurs secondaires, le wagon à rails tient lieu du bateau, qui ne pourrait flotter sur la cunette, ordinairement trop peu fournie d'eau: à cet effet, l'avant du wagon porte une vanne qui s'abaisse jusque dans la cunette, dont elle remplit toute la section mouillée; les hommes, aidés un peu par le courant de l'égout, poussent le wagon en aval, et la vanne chasse ainsi toute la vase devant elle.

Que l'on compare maintenant la fameuse *Cloaque Maxime* de Rome ancienne, dont il existe encore un quart environ, avec ce *Collecteur général*, et l'on reconnaîtra combien l'ouvrage moderne surpasse l'ancien. La Cloaque romaine est construite en pierres de taille; elle a 10 mèt. environ de hauteur, à partir du fond, mais sa largeur n'est que de 4^m,47, et l'on conjecture que sa plus grande longueur n'a pas pu dépasser 800 à 900 mèt., c.-à-d. 7 à 8 fois moins que notre cloaque, et plus de 0 fois moins que nos 7 collecteurs ensemble! L'intérieur de la Cloaque Maxime est complétement baigné par l'eau : nulle banquette pour y pénétrer, nulle uniformité dans la voûte, tantôt haute, tantôt très-basse ; nulle disposition pour y faire passer des conduites d'eau de fontaine ; aucun moyen de curage facile ; aussi la laissait-on s'envaser, et, quand elle était entièrement obstruée, on

dépensait des sommes énormes pour la curer. Elle fut donc construite sans aucuns calculs préalables, ni pour le niveau de son radier, ni pour les services qu'elle devait rendre, puisque sa section d'écoulement pouvait être obstruée, sans beaucoup d'inconvénient, jusqu'à la naissance de sa voûte. — Les fig. ci-dessous représentent la vue extérieure de la bouche de la Cloaque Maxime dans le Tibre, et celle du Collecteur général dans la Seine. l'une et l'autre dessinées à la même échelle.

Bouche du Collecteur général des égouts de Paris à Asnières.

Bouche de la Cloaque Maxime dans le Tibre, à Rome.

Les Cloaques de Paris, depuis le système d'ensemble appliqué à leur construction, sont calculées pour absorber toujours les plus abondantes pluies d'orage qui peuvent tomber sur la ville, et la quantité en est quelquefois très-considérable ; ainsi, le 8 juin 1849, un orage qui n'a duré qu'une heure a jeté, sur les quartiers où il a été le plus fort, 450 mèt. cubes d'eau par hectare. Dans les égouts antérieurs à notre temps, on n'avait considéré que les moyennes, et encore empiriquement ; de là des inondations, l'absorption ne se faisant pas toujours assez vite ; tandis que les ingénieurs de nos jours ont calculé les maxima, constatés par l'observation scientifique.

En résumé, Paris cloacal offrit, dès l'année 1862, un parcours de 180 kilomètres ; dans peu d'années, il se composera d'autant de canaux que la ville compte de rues. Alors ces deux Paris superposés offriront chacun un parcours de 400 kilom., et, suivant les probabilités touchant l'accroissement de la viabilité de la ville, cette proportion ira un jour à 540 kilomèt., qui auront coûté environ 50 millions de francs! Tout le système actuel de Paris cloacal a été étudié, tracé et exécuté par M. Belgrand, ingénieur en chef du service municipal de la ville de Paris, ou sous sa direction, et pendant l'administration de M. Haussmann, préfet de la Seine.

Rien n'approche d'une pareille entreprise, ni dans l'antiquité, ni chez aucune des plus puissantes nations modernes ; on n'a jamais vu, et on ne voit encore aucune construction de ce genre qui soit aussi bien entendue dans son ensemble, aussi sagement et savamment ordonnée dans ses détails, aussi monumentale dans son exécution, aussi grandiose dans son aspect. Et ce gigantesque travail aura été exécuté et complété en moins d'un demi-

siècle! V. Premier et second mémoire sur les eaux de Paris, présentés par le préfet de la Seine au Conseil municipal, Paris, 1858-59, 2 vol. in-4°, dont un de planches. AD. M. et C. D—Y.

PARIS (Monuments publics de) au point de vue administratif. — L'antiquité, si souvent prise pour modèle dans nos monuments publics, ne nous a rien appris de sa propre histoire touchant le point analogue à celui dont nous allons parler. On trouve dans Vitruve quelques brefs détails sur les règlements relatifs aux édifices privés, mais rien sur les monuments publics, pris au sens moderne ; nous faisons cette distinction parce que tous les monuments anciens que nous connaissons soit par leurs ruines, soit seulement par leur nom, étaient des œuvres individuelles, et gardaient toujours ce caractère ; leur appellation le disait ; par exemple, à Rome, la Basilique de Paulus, le Théâtre de Pompée, le Cirque Flaminius, le Portique d'Octavie, l'Amphithéâtre de Statilius Taurus, l'Amphithéâtre Flavien, etc., grandes constructions qui, chez les Modernes, se seraient appelées des monuments publics. A Rome, elles n'avaient de public que le terrain où elles s'élevaient, et leur destination, consacrée au service ou aux plaisirs du peuple. Les Temples mêmes étaient presque aussi connus par le nom des édificateurs que par celui de leur divinité, tels que : le Capitole d'Horatius Pulvillus, puis de Sylla, puis de Vespasien, puis de Domitien, le temple de la Concorde, de Camille, puis de Tibère ; le Panthéon d'Agrippa, les Septa Julia, les Septa Agrippiana, etc. Ces monuments étaient si bien considérés comme des édifices privés, toujours la propriété de ceux qui les avaient élevés ou de leurs descendants, que si ces derniers ne les entretenaient pas, on les laissait se dégrader jusqu'à devenir ruines tout à fait, à moins qu'une main généreuse ne les restaurât,

Dans nos États modernes, et particulièrement en France, la science de l'administration, très-imparfaitement connue des Anciens, a établi, au profit de l'art et au profit de tous, une tradition tout à fait différente; d'abord les monuments publics sont distincts des monuments privés : on qualifie monuments publics les édifices élevés pour la gloire de la nation, le service, la jouissance ou l'agrément de tous les citoyens en général, en un mot du *public*, qui est littéralement chez nous ce que le *peuple* était dans les sociétés antiques, et notamment dans la société romaine, à toutes ses époques. Ce qui distingue encore les monuments publics, c'est qu'ils sont érigés aux dépens du public, c.-à-d. sur des fonds provenant des impôts généraux ou spéciaux payés par tous les citoyens.

Au point de vue de l'édification, de la dépense, de la conservation, de l'entretien, de la perpétuité des monuments, l'organisation moderne dépasse de beaucoup l'espèce de libre arbitre, l'initiative isolée et toute personnelle des Anciens. Nous avons déjà parlé, dans notre *Dictionnaire de Biographie et d'Histoire*, du Conseil des bâtiments civils, siégeant à Paris, et chargé d'examiner les projets et les devis concernant les constructions de tous les bâtiments civils de l'Empire; un corps d'architectes les exécute, et l'administration attache toujours un et souvent deux de ces artistes à chaque édifice en construction, ou même ancien. Paris, petit État dans l'État, peut servir de modèle en ce point : il a, pour ses monuments publics, un *Service des travaux d'architecture du département de la Seine et de la ville de Paris*, réorganisé par arrêté préfectoral du 31 mars 1860, et ainsi composé : un architecte directeur, centralisant toutes les parties; quatre architectes en chef, de 1re et de 2e classe, pour les édifices communaux ou départementaux; un contrôleur en chef; deux architectes ordinaires, chargés, sous les ordres immédiats de l'architecte directeur, l'un des travaux de l'Hôtel de Ville de Paris, l'autre de tout ce qui se rapporte aux beaux-arts; dix architectes ordinaires attachés à des sections territoriales déterminées, et chargés, sous l'autorité des architectes en chef, de tout ce qui concerne les édifices communaux ou départementaux situés dans leurs sections respectives; enfin des inspecteurs, des contrôleurs, des sous-inspecteurs, des contrôleurs-adjoints, des conducteurs, etc.; l'ensemble du service forme un effectif de 40 personnes, non compris un service extraordinaire à peu près aussi considérable.

Tout ce service reçoit des appointements fixes. Les architectes ne peuvent faire ou faire faire aucun travail en dehors de leurs attributions sans une autorisation spéciale et par écrit du Préfet de la Seine. Leurs honoraires, augmentés quelquefois d'allocations éventuelles, sont ainsi fixés : l'architecte directeur, de 12,000 à 15,000 fr.; les architectes en chef de 1er et de 2e classe, de 10,000 à 12,000 fr., et de 8,000 à 10,000 fr.; le contrôleur en chef, de 8,000 à 10,000 fr.; les architectes ordinaires, de 5,000 à 7,000 fr.; les inspecteurs, de 3,000 à 4,500 fr., etc. En outre, des frais de bureaux sont alloués : à l'architecte directeur, 6,000 fr.; à chacun des architectes en chef et au contrôleur en chef, 3,000 fr.; à chacun des architectes ordinaires, 2,000 fr.

Les monuments de la France sont placés sous deux sortes d'autorités : celle du gouvernement et celle de la commune. Le gouvernement a dans ses attributions directes les palais nationaux, les musées, les hôtels des ministres, des grandes administrations, les églises et les édifices diocésains, les arcs de triomphe, les colonnes monumentales, les statues, etc.; la seconde catégorie embrasse les monuments qui n'intéressent que les villes. A Paris, les édifices diocésains, parmi lesquels sont rangés l'église métropolitaine de Notre-Dame, la basilique Ste-Geneviève, la Ste-Chapelle du Palais, l'archevêché et les séminaires, font partie du domaine de l'État.

Le Conseil des bâtiments civils exerce son contrôle sur tous les édifices de Paris, et sur ceux du reste de la France, mais seulement lorsque ce contrôle est demandé par le préfet. Certains monuments, remarquables par les souvenirs qui s'y rattachent, ou qui sont des œuvres d'art, sont placés sous la surveillance d'une *Commission des monuments historiques*, créée vers 1830, et chargée de rechercher les antiquités et de veiller à la conservation des monuments qui, après examen, sont déclarés *historiques*; alors, en principe, leur restauration, et tous les travaux qu'on y fait, sont à la charge de l'État, en

quelque lieu de la France que soient situés ces monuments; mais ce principe souffre bien des exceptions, par exemple, quand les villes et les communes peuvent supporter les frais à faire, et Paris est toujours rangé dans cette catégorie. Un inspecteur général seconde et dirige les travaux de la commission, composée d'architectes, d'antiquaires, d'administrateurs, et présidée par le Ministre des Beaux-Arts.

L'administration, si bien entendue, si bien organisée pour l'édification, l'entretien ou la restauration des monuments de Paris en particulier, et de la France en général, doit en prolonger la durée pendant bien des siècles; c'est comme une lutte incessamment victorieuse contre un climat naturellement peu conservateur, et par suite un véritable service rendu à l'art et à la civilisation. C. D—Y.

MONUMENTS DE PARIS.

I. *Églises.*

V. CLOTILDE (Ste-).	V. AUGUSTIN (St-)
NOTRE-DAME.	CHAPELLE (La Ste-).
NOTRE-DAME-DE-LORETTE.	EUSTACHE (St-).
MADELEINE (La).	ÉTIENNE-DU-MONT (St-).
PANTHÉON.	GERMAIN-DES-PRÉS (St-).
SORBONNE.	GERMAIN-L'AUXERROIS (St-).
SULPICE (Saint-).	GERVAIS (St-).
VINCENT-DE-PAUL (Saint-).	ROCH (St-).
	TRINITÉ (La).

Dans notre Dictionnaire de Biographie et d'Histoire. — *Dans le présent Dict.*

II. *Palais.*

V. ÉLYSÉE.	V. PALAIS DU CORPS LÉGISLATIF.
INDUSTRIE (Palais de l').	PALAIS DE JUSTICE.
INSTITUT (Palais de l').	PALAIS DE LA LÉGION D'HONNEUR.
LOUVRE.	PALAIS-ROYAL.
LUXEMBOURG.	TUILERIES.
PALAIS DU CONSEIL D'ÉTAT.	

Dans notre Dictionnaire de Biographie et d'Histoire. — *Dans notre Dictionnaire de Biographie et d'Histoire.*

V. BEAUX-ARTS (Palais des).
BOURSE (Palais de la). } *Dans le présent ouvrage.*

III. *Monuments civils.*

V. ABATTOIRS.	V. MONNAIES (Hôtel des).
CARNAVALET (Hôtel).	NESLE (Tour de).
CATACOMBES.	OBSERVATOIRE.
COLONNES MONUMENTALES.	OPÉRA.
GRENIERS DE RÉSERVE.	OPÉRA-COMIQUE.
GRENELLE (Puits de).	THERMES.
HALLES.	VINS (Entrepôt des).
HÔTEL-DE-VILLE.	VAL-DE-GRACE.
INVALIDES.	
JACQUES-LA-BOUCHERIE (Tour de St-).	V. BASTILLE.
LA-CHAISE (Cimetière du P.-).	CARROUSEL (Arc du).
MARCHÉS.	ÉTOILE (Arc de l').
MÉDECINE (École de).	FONTAINES.
MILITAIRE (École).	PORTE St-ANTOINE.
	PORTE St-BERNARD.
	PORTE St-DENIS.
	PORTE St-MARTIN.
	PROPYLÉES.

Dans notre Dictionnaire de Biographie et d'Histoire. — *Dans notre Dict. de Biogr. et d'Hist.* — *Dans le présent Dictionnaire.*

IV. *Musées.*

V. ARTILLERIE, LOUVRE, LUXEMBOURG.

V. *Promenades.*

V. BOULOGNE (Bois de), dans le *présent Dictionnaire*, et, CHAMPS-ÉLYSÉES, JARDIN DES PLANTES, dans notre *Dictionnaire de Biographie et d'Histoire*.

VI. *Places.*

V. LOUIS XV, ROYALE, VENDÔME, VICTOIRES, dans notre *Dictionnaire de Biographie et d'Histoire*.

PARISE LA DUCHESSE, chanson de geste qui s'annonce dans les premiers vers comme un poème carlovingien (*V. ce mot*), quoiqu'il n'est question ni de Charlemagne, ni de ses pairs, ni de ses conquêtes. La donnée est la même que celle des romans de *Berte aux grans piés* et de *la Violette* : c'est une femme innocente et persécutée, dont la vertu finit par triompher. Raymond, duc de Saint-Gilles, a épousé Parise, fille de Garnier de Nanteuil, qui a été assassiné par des chevaliers félons. Ceux-ci, craignant la vengeance de Parise, cherchent à l'empoisonner, et, par un sort fatal, Beuve, frère de Raymond, ayant été leur victime, ils accusent la duchesse de ce crime. Chassée par son époux, Parise s'éloigne avec dix chevaliers qui se dévouent à son service, et, arrivée dans une forêt de la Hongrie, met au monde un enfant que des brigands lui enlèvent et portent au roi du pays. Elle est réduite à devenir nourrice dans la maison du comte de Cologne, où elle demeure pendant 15 ans. Son fils Hugues, élevé à la cour du roi de Hongrie, tue quatre barons jaloux de sa fortune et qui voulaient le faire périr : l'effroi que lui cause sa victoire et le désir de retrouver ses parents le poussent à partir furtivement. Après avoir rencontré sa mère à Cologne, il lui rend son époux et son duché, puis accepte lui-même la fille et le royaume du roi de Hongrie. — Ce roman, dont l'auteur est inconnu, paraît remonter aux dernières années du xııe siècle. Il est un de ceux qui marquent la transition entre le premier et le second âge de notre littérature romanesque : par le choix des personnages, et surtout par la forme, qui est la tirade monorime et le vers alexandrin, il tient à la catégorie des Chansons de geste, des récits épiques puisés à la source nationale ; par le fond et par les mœurs, par une foule d'épisodes et d'incidents variés, il se rapproche des poëmes d'aventures. Le style en est inculte et rude ; mais la simplicité, qui ne lui manque jamais, le rend néanmoins agréable. Il y a peu d'art dans la composition, mais les sentiments sont nobles, élevés, délicats. On remarque certains emprunts faits aux romans d'*Ogier le Danois* et de *Gaydon*. Il n'existe qu'un seul manuscrit de *Parise la duchesse ;* il est à la Bibliothèque nationale de Paris (fonds Colbert), et contient 3,107 vers. Il a été publié par De Martonne, Paris, 1836, in-8°, et par Guessard et Larchey dans la collection des *Anciens poëtes de la France*, Paris, 1860, in-16. **H. D.**

PARISIENNE (La), chant populaire, presque improvisé par C. Delavigne, immédiatement après la Révolution de juillet 1830. La pièce est en sept strophes avec un refrain, et, sans être d'un ordre bien élevé, a une sorte de chaleur qui, répondant à la passion du jour, lui donna une petite vogue éphémère. Elle fut écrite sur un chant musical qui existait dans l'œuvre du compositeur Auber, et qui devint dès lors comme la Marseillaise officielle et habituelle des fanfares de la royauté de Juillet.

PARISIENNE. *V.* CARACTÈRES D'IMPRIMERIE.

PARISIS. *V.* ce mot dans notre *Dictionnaire de Biographie et d'Histoire.*

PARISYLLABIQUE, se dit, en grec et en latin, des noms qui n'ont pas plus de syllabes au génitif et aux cas qui s'en forment qu'au nominatif. *V.* IMPARISYLLABIQUE.

PARJURE, se dit du faux serment et de l'homme qui le commet. Chez les Hébreux, l'homme parjure devait offrir en expiation de son crime une brebis, ou une chèvre, ou deux tourterelles, ou une certaine mesure de farine. Les lois romaines édictaient diverses peines contre le parjure, telles que le fouet, le bannissement, l'infamie. D'après les Capitulaires de Charlemagne et de Louis le Débonnaire, la peine devait être la perte de la main droite. Plus tard, la jurisprudence fut très-variable, et la peine du parjure dépendit des circonstances : on trouve des condamnations au bannissement, à l'amende honorable, au payement d'une aumône déterminée, etc.; le coupable ne pouvait plus être admis en témoignage ; une ordonnance rendue par Louis IX en 1254 lui refusait, en matière civile, le bénéfice de l'appel. Toutefois, on ne pouvait, bien qu'on prétextât le parjure, faire rétracter le jugement rendu sur le serment déféré aux parties. Notre *Code pénal* dispose que celui qui aura fait un faux serment en matière civile sera puni de la dégradation civique ; que, si la dégradation est prononcée comme peine principale, elle peut être accompagnée d'un emprisonnement dont la durée n'excédera pas cinq ans ; que, si le coupable est un étranger ou un Français ayant perdu la qualité de citoyen, la peine de l'emprisonnement doit toujours être prononcée (art. 35, 366, 466). Ces dispositions ne sont applicables qu'aux parties qui sont en contestation entre elles. Quant aux tiers qui seraient appelés à déposer dans un procès civil ou criminel, ils sont passibles des peines du *faux témoignage* (*V. ce mot*).

PARLANTES (Armes). *V.* BLASON, dans notre *Dictionnaire de Biographie et d'Histoire.*

PARLANTES (Monnaies), monnaies qui ont pour type un objet dont le nom a du rapport avec celui de la ville où elles sont frappées. Ainsi, une rose est sur les médailles de Rhodes, un cœur sur celles de Cardia, etc.

PARLEMENT. *V.* ce mot dans notre *Dictionnaire de Biographie et d'Histoire.*

PARLEMENTAIRE, individu qu'un général charge de dépêches ou de missions verbales auprès d'un général ennemi. Il part avec un tambour ou un trompette; arrivé aux avant-postes ou sur les glacis d'une place, il fait battre ou sonner pour qu'on le reconnaisse; après quoi on lui bande les yeux, et il est conduit auprès de l'ennemi. Il est ramené de la même manière. La personne d'un parlementaire est inviolable doit être sacrée, à moins qu'il n'abuse de sa mission pour faire l'office d'espion.

PARLEMENTAIRE (Langage), type de l'urbanité politique. Il nous vient de l'Angleterre avec le parlementarisme, et repose sur un sous-entendu éminemment social, que tout homme bien élevé doit admettre en venant siéger dans un parlement : c'est qu'il n'y peut rencontrer que d'honnêtes gens, pleins de conscience, sans parti pris d'avance pour ou contre telle opinion ou telle affaire, sans autre ambition que de bien servir le pays, enfin plein d'*honorabilité*, beau barbarisme créé pour l'usage spécial des parlements. Le langage parlementaire n'admet ni la franchise trop franche, ni les vérités trop crues, ni les antipathies trop prononcées. Si, dans la chaleur des discussions, quelque membre oublie ces prescriptions tacites, son langage n'est pas parlementaire ; et s'il y manque trop ouvertement, et ne retire pas immédiatement ses paroles, comme on dit, bien qu'il ne soit guère possible de rattraper des paroles envolées, alors le président de l'assemblée le rappelle à l'ordre. Enfin le langage parlementaire est à la politique ce que le langage académique est à la littérature, un euphémisme utile, et peut-être plus nécessaire, dans une société très-civilisée, que ne le croient certains esprits misanthropiques. **C. D—Y.**

PARLOIR AUX BOURGEOIS, nom qu'on donna d'abord aux hôtels de ville, parce qu'ils se réduisaient à une grande pièce avec quelques dépendances où les bourgeois venaient causer de leurs affaires et de celles de la commune.

PARMA. *V.* BOUCLIER.

PARME (École de), une des écoles italiennes de peinture que l'on comprend sous la dénomination générale d'*École lombarde*. Elle ne remonte guère plus haut que l'année 1462, où l'on trouve deux tableaux attribués à Barthélemy et à Jacques Loschi, son gendre. C'est le Corrége qui lui a donné toute sa célébrité au xvıe siècle : il forma son fils Pomponio Allegri, F. Capelli, Ant. Bernieri, Rondani, Anselmi, Bernardo Gatti, Gandini, Mazzuoli dit le *Parmesan*, etc. Dans le siècle suivant, l'école tomba en décadence, et l'on ne trouve alors à mentionner que Lanfranc et Badalocchi.

PARODIE (c.-à-d. *contre-chant;* du grec *para*, contre, et *ôdè*, chant), imitation burlesque d'un ouvrage sérieux. La parodie nous vient des Grecs ; des érudits en ont attribué l'invention au poëte Archiloque, ou à Hipponax; mais la *Batrachomyomachie* attribuée à Homère était déjà une parodie de l'*Iliade*. Le *Cyclope* d'Euripide parodiait le 9e chant de l'*Odyssée*. Les *Silles* (*V. ce mot*) appartiennent au même genre de plaisanterie. Chez les Modernes, Berthelot parodia quelques belles strophes de Malherbe; Scarron travestit l'*Énéide*. — La parodie des ouvrages dramatiques remonte, dit-on, à Hégémon de Thasos, et celle-là surtout a prospéré : les comédies d'Aristophane sont remplies de traits où la parodie Eschyle et surtout Euripide. Mais les Anciens n'eurent pas de pièces parodiant d'autres pièces d'un bout à l'autre; ce genre de composition appartient aux Modernes. Si l'intention de la parodie peut être innocente, et même servir les intérêts de l'art en éclairant le public sur les défauts d'un ouvrage, elle a aussi des résultats regrettables : travestir, par exemple, une œuvre dramatique, c'est lui enlever presque infailliblement le prestige qui tient aux illusions de la scène; on n'entend plus avec la même disposition d'esprit un langage dégradé par la parodie, on ne s'abandonne plus aux effets de situations dénaturées par le burlesque. Si la parodie n'est qu'une forme adoptée par la médiocrité envieuse pour avilir les productions du génie ou du talent, ou si elle s'attaque aux personnes, elle ne mérite que le mépris. Dans tous les cas, si elle a quelque esprit, on lui fait généralement accueil, parce qu'il est dans la nature ou dans le rôle de beaucoup de gens de ne rien admirer, et de n'être pas fâchés qu'on livre à leur risée tout ce qui leur est supérieur. Au xvııe siècle, Subligny donna, sous le nom de *la Folle querelle*, une parodie de l'*Andromaque* de Racine. Au xvıııe, le Théâtre de la Foire et la Comédie-Italienne parodièrent la tragédie et l'opéra; Fuzelier, Dorneval, Favart, Lesage, Dominique, Romagnesi, se sont particulièrement distingués dans ce genre. On citera toujours comme modèles l'*Agnès de Chaillot*, parodie de l'*Inès de Castro* de Lamotte; le *Mauvais ménage*, parodie de la *Marianne* de Voltaire; *la Petite Iphigénie ou les Rêveries renouvelées des Grecs*, parodie d'*Iphigénie en Tauride* de Guimond de La Touche; les *Petites Danaïdes* de Désaugiers, parodie de l'opéra des *Danaïdes*; le *Roi Là* de Parisot, parodie du *Roi Lear* de Ducis. On peut ridiculiser, au lieu d'un ouvrage spécial, un genre tout entier; c'est ainsi qu'on a parodié le mélodrame dans *le Retour du Croisé, ou la Femme innocente, malheureuse et persécutée*.

La parodie n'a pas toujours l'importance d'un ouvrage complet : elle se borne souvent à employer dans un cadre différent les mêmes moyens dont on s'est servi pour arracher des larmes, à changer en bouffonnerie une pensée, un sentiment, une expression sérieuse. Ainsi, Racine, jouant sur un mot, a parodié un vers de Corneille, quand il appliquait à un huissier dans ses *Plaideurs* (I, 5) ce qu'on dit, dans le *Cid* (I, 1), du vieux père de Rodrigue :

Ses rides sur son front ont gravé ses *exploits*.

Racine et Boileau ont parodié quelques scènes du *Cid* dans leur *Chapelain décoiffé*. V. BURLESQUE, HÉROÏ-CO-MIQUE.

La parodie s'est aussi exprimée en chansons, sur le ton burlesque et même grivois; Désaugiers a presque créé ce genre dans sa parodie de l'opéra *la Vestale*. La parodie est un genre assez facile. À la renaissance de l'esprit de société en France, au commencement du XIXᵉ siècle, on usa et l'on abusa de la parodie : au XVIIIᵉ siècle, on ne parodiait que les ouvrages sérieux, telles que les tragédies; sous le 1ᵉʳ Empire français, les parodistes s'en prirent même aux comédies; ainsi la comédie *les Deux Gendres*, par Étienne, fut parodiée dans un vaudeville intitulé *Cadet Roussel beau-père*. De notre temps, la liberté de l'esprit critique a fait tort à la parodie : elle paraît moins piquante, et l'on en use plus sobrement; elle ne se montre plus guère que dans certaines pièces en vaudevilles, jouées sur les théâtres secondaires au renouvellement de l'année, et dites *Revues*, parce qu'on y passe en revue certains événements, les modes, et surtout les principaux ouvrages dramatiques représentés sur les théâtres de Paris pendant le cours de l'an écoulé. Chacun a sa petite part dans cette parodie en bloc : c'est une espèce de carnaval littéraire, qui amuse quand il est spirituel, mais sans tirer à conséquence, car ses meilleures critiques et ses gaietés les mieux venues n'ont jamais fait tort à un ouvrage de quelque valeur.

PARODIE, en Musique, air de chant sur lequel on a fait de nouvelles paroles. Au XVIIIᵉ siècle on appelait *Parodies* les vaudevilles faits sur les airs d'opéra de Lulli et de Rameau. Parodier, c'est encore adapter des paroles à une musique instrumentale, ou transcrire pour instrument un air de chant.

PAROISSE (du grec *paroïkia*, réunion d'habitations voisines,) mot qui désigna, jusqu'au Vᵉ siècle de notre ère, l'ensemble des communautés chrétiennes placées sous l'autorité d'un évêque. Il était, par conséquent, synonyme de *diocèse*. Puis il fut restreint au territoire desservi par un prêtre particulier. Aujourd'hui les paroisses sont *cures* ou *succursales*. V. ces mots.

PAROISSE (La), nom que prit la société littéraire formée au XVIIIᵉ siècle par Mᵐᵉ Doublet, et dont faisaient partie Piron, les frères Lacurne de Sᵗᵉ-Palaye, Mirabaud, Mairan, d'Argental, Falconet, Voisenon, etc.

PAROLE, langage des sons articulés, particulièrement destiné à l'expression de la pensée, comme les gestes sont l'expression particulière de la volonté, et les sons naturels celle de la sensibilité. Ce n'est pas que la parole ne puisse exprimer aussi un acte de volonté ou un fait de sensibilité; mais, pour cela, elle les revêt d'une forme intellectuelle, elle les convertit en jugements, qui peuvent être traduits par des propositions. Tous les éléments de la pensée doivent se réfléchir dans la parole, qui est son instrument spécial. Or, la forme la plus générale de la pensée étant le jugement, et le jugement se composant de trois idées, celles d'une substance, d'une qualité ou d'un phénomène, et d'un rapport qui lie entre elles la qualité et la substance, il est facile de reconnaître la même composition dans la parole : le jugement est traduit par la *proposition*, dans laquelle le *substantif* exprime l'idée de substance, l'*adjectif* celle de qualité, et le *verbe* celle du rapport qui les lie. Le rapport que l'es-

prit établit entre une substance et une autre substance, entre une qualité et une autre qualité, est représenté dans le langage par la *préposition;* le rapport d'un jugement avec un autre jugement, par la *conjonction*. D'autres éléments de la pensée s'expriment par les *nombres*, les *genres*, les *temps*, les *modes*, etc. La *construction naturelle* de la phrase représente la marche ordinaire des idées, le développement régulier de l'intelligence; la *construction inversive* est accommodée au mouvement varié des passions. V. LANGAGE.

PAROLI, terme de jeu qui s'employa d'abord au Pharaon, pour indiquer une manière de jouer sur parole : après le gain du premier coup, le joueur faisait à sa carte une, deux, trois ou quatre cornes, pour annoncer qu'il risquait le double, le triple, le quadruple ou le quintuple de l'enjeu. Aux jeux du Trente et Quarante et de la Roulette, le paroli consiste à doubler son gain jusqu'à ce qu'on juge à propos de s'arrêter; c'est le contraire de la martingale, où l'on double la perte jusqu'à ce qu'on rencontre une chance heureuse.

PAROMOLOGIE (du grec *para* et *omologéin*, avouer), nom donné par certains rhéteurs à la Concession. V. ce mot.

PARONOMASE (du grec *para*, près, et *onoma*, nom), c.-à-d. *proximité* ou *ressemblance de nom*, figure de diction qu'on appelle aussi *Annomination (V. ce mot)*, et par laquelle on se sert à dessein de mots dont le son est à peu près le même, mais dont le sens est différent. On en trouve des exemples dans certains proverbes : *Qui vivra verra; Qui se ressemble s'assemble*. Dans le vers suivant du *Cid* de Corneille (II, 2), la paronomase contient une figure de pensées :

Ton bras est *invaincu*, mais non pas *invincible*.

PARONOMASIE, ressemblance entre les mots de différentes langues qui peut marquer une origine commune. Telle est celle qui existe entre le français *balle, ballon*, et le grec *balleïn* (lancer).

PARONYMES (du grec *para*, près, et *onoma*, nom), mots qui ont une commune étymologie : ainsi, *anonyme*, *homonyme*, *pseudonyme* et *synonyme; diorama* et *panorama*.

PAROS (Marbres de). V. notre *Dictionnaire de Biographie et d'Histoire*.

PAROXYTONS (Verbes), verbes grecs qui portaient un *accent aigu* (*oxutonia*) sur l'avant-dernière syllabe. On les appelait aussi *Barytons* (V. ce mot). Les verbes contractes ou périspomènes n'étaient autres que des verbes paroxytons dont la pénultième s'était fondue avec l'ultième. Les futurs seconds, périspomènes chez les Attiques, étaient paroxytons chez les Ioniens. P.

PARPAING. V. MUR.

PARQUET (de *parc*, enclos, clôture), espace compris entre les siéges des juges et le banc des avocats, et dans lequel les témoins font leurs dépositions. Autrefois les membres du Ministère public y siégeaient; de là le nom d'officiers *du parquet* ou simplement *parquet*, employé pour désigner ce corps. Par extension, on a appelé *parquet* le lieu où se tiennent, hors des audiences, les membres du Ministère public pour recevoir les communications et vaquer aux soins de l'administration qui leur est confiée (*parquet du procureur général, parquet du procureur impérial*). — L'enceinte où se réunissent les agents de change pour constater le cours de la Bourse se nomme aussi *parquet*.

PARQUET, partie d'une salle de spectacle qui est comprise entre l'orchestre des musiciens et le parterre, et où se place un certain nombre de spectateurs. Le nom d'*orchestre* est plus usité aujourd'hui.

PARQUET, assemblage à compartiments de feuilles de bois minces, clouées sur des lambourdes, et formant un plancher. La parqueterie était encore inconnue au XVIᵉ siècle. *Parquet* se dit aussi de l'assemblage de bois sur lequel les glaces sont appliquées ou fixées au moyen d'une bordure d'encadrement. Ce nom vient de ce que les assemblages de cette menuiserie sont croisés, à la manière de la clôture d'un parc.

PARQUET, en termes de Marine, compartiment pratiqué dans la cale ou sur les côtés d'un navire pour contenir les grains, le lest, etc.

PARQUET (Jeu du), petite table garnie d'un rebord et contenant 64 ou 100 petits carrés mi-partis, avec lesquels on forme toutes sortes de combinaisons. On peut consulter sur ces combinaisons un Mémoire du P. Truchet (dans les *Mémoires de l'Académie des Sciences*, 1704), et la *Méthode pour faire une infinité de dessins différents avec des carreaux mi-partis*, par le P. Douat, 1722.

PARRAIN (du latin *pararius*, caution, répondant), celui qui tient un enfant ou un nouveau converti sur les fonts de baptême, et qui répond pour lui devant Dieu à ce moment solennel. Dans les premiers temps du christianisme, les néophytes ayant l'âge de raison et comprenant l'engagement qu'ils allaient prendre, les parrains n'étaient que les témoins du baptême; ils s'engageaient à servir de guides et de soutiens au nouvel élu. Plus tard, dans le but de soustraire les enfants au danger de mourir sans être entrés dans la communion chrétienne, on leur conféra le baptême après leur naissance : le parrain ne fut plus que le père spirituel de l'enfant baptisé, et, pour que cette parenté fictive eût plus d'analogie avec la parenté naturelle, on exigea une *Marraine*, qui servit de seconde mère à l'enfant. Les deux paternités ne durent pas se confondre : il ne fut pas permis au père d'être le parrain de son enfant, ni à la mère d'être sa marraine. L'alliance spirituelle que la tenue d'un enfant sur les fonts baptismaux établit entre le parrain et la marraine fut longtemps un empêchement au mariage. Le parrain et la marraine s'appellent vulgairement, l'un par rapport à l'autre, *compère* et *commère*. Les religieux ou religieuses, les excommuniés, les hérétiques, ne peuvent servir de parrains ou de marraines. Il ne convient pas que l'évêque dans son diocèse et le curé dans sa paroisse fassent les fonctions de parrain. L'assistance du parrain et de la marraine n'est point nécessaire; il suffit rigoureusement de l'un d'eux. Ils doivent avoir l'âge de raison, et même, en général, avoir fait leur première communion et reçu la confirmation : le frère ou la sœur de l'enfant baptisé peuvent être admis plus jeunes. Autrefois, en France, on prenait communément deux parrains et une marraine pour les garçons, deux marraines et un parrain pour les filles. Dans l'Église d'Orient, il y a un parrain et une marraine pour les garçons, mais on prend seulement une marraine pour les filles. — Autrefois la présence d'un parrain et d'une marraine était requise pour le sacrement de Confirmation. Cette condition subsiste encore pour la bénédiction des cloches. Les prélats qui assistent un évêque au moment de sa consécration sont appelés *parrains*. B.

PARRAINS D'ARMES, ceux qui, dans les ordres militaires, assistent un chevalier pour la cérémonie de sa réception.

PARRAINS DU DUEL, ceux qui, dans les anciens combats singuliers, réglaient les conditions de la lutte et en restaient les témoins, pour que tout se passât loyalement.

PARRHÉSIE, terme de l'ancienne musique qui désignait l'art d'éviter les relations non harmoniques.

PARRICIDE, meurtre des père ou mère légitimes, naturels ou adoptifs, ou de tout autre ascendant légitime. On appelle également *parricide* celui qui commet ce crime. Notre Code met sur la même ligne l'attentat contre la vie ou la personne du souverain. Le coupable est puni de mort : on le conduit sur le lieu de l'exécution pieds nus, en chemise, et un voile noir sur la tête, et, du haut de l'échafaud, un huissier fait lecture de l'arrêt au peuple; jusqu'en 1832, l'ablation du poignet droit précéda l'exécution. — Les anciens Égyptiens enfonçaient des roseaux pointus dans toutes les parties du corps du parricide, puis le jetaient sur un monceau d'épines, auquel on mettait le feu. A Athènes, Solon ne fit pas de loi contre le parricide, parce qu'il croyait ce crime impossible. A Rome, où l'on donnait également le nom de parricide au meurtre commis par les père et mère sur leurs enfants, par le mari sur sa femme, par le frère sur son frère, le coupable était fouetté jusqu'au sang, puis enfermé dans un sac de cuir avec un chien, un singe, un coq, et une vipère, et jeté à l'eau. Plus tard, on le brûla vif, ou on l'exposa aux bêtes. Dans l'ancienne France, le parricide était, après une amende honorable, rompu vif sur la roue; puis on brûlait son corps, et l'on en jetait les cendres au vent. B.

PARSI (Idiome). *V.* FARSI.

PARSISME, culte des sectateurs de Zoroastre, pratiqué par les Parsis de l'Inde.

PART (du latin *partus*), en termes de Droit, signifie enfant nouveau-né. *V.* SUBSTITUTION, SUPPOSITION, SUPPRESSION.

PARTAGE, division ou distribution d'une chose, d'un bien, entre plusieurs cohéritiers ou copropriétaires. Nul ne peut être contraint à demeurer dans l'indivision (*V. ce mot*). On peut convenir de suspendre un partage pendant 5 ans. Lorsque les parties sont majeures, le partage peut se faire à l'amiable; pour être valide, l'acte doit être notarié. S'il y a des mineurs, le partage doit avoir lieu en justice. L'action en partage à l'égard des mineurs ou des interdits peut être exercée par leurs tuteurs, avec l'autorisation du Conseil de famille. Un mari peut, sans le concours de sa femme, provoquer le partage des biens à elle échus qui tombent dans la communauté; pour ceux qui ne tombent pas en communauté, le concours est nécessaire. L'action en partage, et les contestations qui s'élèvent dans le cours des opérations, sont portées devant le tribunal du lieu où la succession est ouverte. Si la chose commune ne peut être partagée commodément et sans perte, la vente s'en fait aux enchères, et le prix est partagé (*V.* LICITATION). Toute personne, même parente du défunt, qui n'est pas son successible, et à laquelle un cohéritier aurait cédé son droit, peut être écartée du partage, en lui remboursant le prix de la cession. Les copartageants sont garants, les uns envers les autres, des troubles et évictions qui proviendraient d'une cause antérieure au partage. La rescision du partage peut être demandée pour cause de dol, d'erreur de droit, ou de lésion de plus d'un quart. — Les mêmes règles s'appliquent aux partages entre associés. *V.* PARTAGE D'ASCENDANTS, SUCCESSION.

PARTAGE DES EAUX. *V.* LIGNE.

PARTANCE, en termes de Marine, est synonyme de *départ*, et signifie le moment où un navire prêt à partir cesse toute communication avec la terre. Le *coup de partance* est le coup de canon qu'on tire pour appeler les retardataires; le *pavillon de partance* est celui qu'on met à la poupe pour avertir l'équipage qui est à terre.

PARTÉNOPEUS ou PARTÉNOPÈX DE BLOIS, roman de chevalerie du XIIIe siècle. Partenopeus est neveu de Clovis, roi des Francs. Mélior, reine de Constantinople, s'éprend de lui sur le simple récit de sa merveilleuse beauté. Comme elle est magicienne, elle l'attire facilement de la forêt des Ardennes à Constantinople, se fait connaître à lui sans permettre qu'il la voie, et lui dit qu'elle le choisira pour époux, si pendant deux ans il ne cède pas à la curiosité. Cependant Partenopeus revient dans sa patrie; pressé de questions par sa mère, il lui apprend tout, et, armé d'une lanterne enchantée qu'elle lui donne, retourne à Constantinople, où il peut contempler l'incomparable beauté de Mélior. Mais cette imprudence a détruit le pouvoir magique de la reine; Partenopeus, chassé, se retire dans la forêt des Ardennes. Un jour qu'il exhalait sa douleur au bord de la mer, ses plaintes sont entendues d'un navire qui longeait le rivage; une femme en descend; c'est Urraque, sœur de Mélior, qui l'emmène à Constantinople; et là, sans se faire connaître, il triomphe dans un tournoi dont Mélior est le prix. Alors son bonheur est complet. — Ce roman, qui est une heureuse imitation de la fable de Psyché, se distingue des ouvrages du même siècle par la délicatesse du sentiment et de l'expression : c'est l'œuvre de Denys Piram, qui vivait à la cour de Henri III, roi d'Angleterre. Il fut traduit dès le XIIIe siècle en espagnol, en catalan, en allemand et en danois. M. Stewart-Rose en a publié une version abrégée en vers anglais, Londres, 1810. La Bibliothèque nationale de Paris possède plusieurs manuscrits du roman de *Partenopeus*; la bibliothèque de l'Arsenal n'en possède qu'un, mais c'est le plus exact, bien qu'il soit incomplet. Aucun de ces manuscrits ne porte le nom de l'auteur; c'est dans une bibliothèque de Londres que M. Francisque Michel a trouvé le nom de Denys Piram en tête d'une légende en vers sur la vie de St Edmond par le même auteur. *Partenopeus* a été publié par Crapelet, Paris, 1824, 2 vol. in-8°. *V. l'Histoire littéraire de la France*, t. XIX; Roquefort, *Notice historique et critique du roman de Partenopeus de Blois*, Paris, 1811. H. D.

PARTERRE, partie d'un jardin spécialement consacrée à la culture des fleurs et des plantes d'agrément. Son dessin varie selon l'étendue et la disposition du sol, et selon le goût du possesseur : tantôt ce sont des figures taillées dans des buis nains, des rinceaux, des fleurons entourés de plates-bandes; tantôt des *parterres à broderie*, dont la mode est passée; tantôt des *pièces coupées* ou *compartiments* plus ou moins symétriques, garnies d'arbustes, de plantes, de vases, de bassins, etc. Ou bien, et ce sont des *parterres à l'anglaise*, tapis de gazon peu découpés, entourés d'une plate-bande de fleurs.

PARTERRE, partie d'une salle de spectacle située en face et au-dessous du niveau de la scène, entre les places d'orchestre ou de parquet et le pourtour des baignoires ou loges du rez-de-chaussée. Les places y sont d'un prix peu élevé. Longtemps les spectateurs du parterre furent debout; cet usage, aboli à Paris avant la fin du XVIIIᵉ siècle, puis dans la plupart des villes de province, s'est maintenu dans quelques villes, notamment à Rouen. C'est au parterre qu'on place la claque.

PARTHÉNON. *V.* ce mot dans notre *Dictionnaire de Biographie et d'Histoire*, et, dans le présent ouvrage, le mot ACROPOLE.

PARTI (du latin *partitus*, divisé), en termes de Blason, se dit de l'écu, divisé perpendiculairement en deux parties égales : *parti d'or et d'argent*. Un écu *parti en sautoir* est un écu tranché et taillé; *parti et coupé de six pièces*, il a trois pièces en chef et trois en pointe; *parti de l'un en l'autre*, il offre un meuble qui, à moitié, change réciproquement d'émail avec le champ.

PARTICIPATION (Sociétés en). *V.* SOCIÉTÉS COMMERCIALES.

PARTICIPE, un des modes impersonnels des verbes, qui tire son nom de ce qu'*il participe* à la fois *du verbe*, comme étant susceptible d'inflexions temporelles et gouvernant le même régime que le verbe auquel il appartient, *et de l'adjectif*, en ce qu'il s'accorde en genre et en nombre, et dans certaines langues en cas, avec le nom ou pronom auquel il se rapporte. Plusieurs grammairiens en ont fait une partie spéciale du discours, ce qui nous paraît une superfétation. Le participe a deux temps en français : le *présent*, terminé en *ant* (*aimant, tombant*), et le *passé* (*ayant aimé, ayant tombé*). Quant au passif, *aimé, étant aimé, ayant été aimé*, la signification de ces formes, sauf la dernière, qui se rapporte toujours au passé, est par elle-même si peu précise, qu'il est difficile d'en déterminer le temps. Les autres langues modernes ont également un participe présent et un participe passé. Dans toutes, le futur se forme par circonlocution; en français on a recours au verbe *devoir : devant aimer, devant tomber*. — Les langues anciennes sont beaucoup plus riches et beaucoup plus précises, surtout la grecque, qui possède à toutes les voix un participe présent, un participe futur, un participe aoriste, et un participe parfait. En latin, le participe a le présent et le futur à l'actif; au passif, il n'a que le passé, car la forme verbale en *andus* ou *endus*, qu'on appelle ordinairement *futur de l'infinitif*, exprime moins le futur que l'idée d'obligation, de devoir, de nécessité. Les verbes déponents ont cela de remarquable, qu'ils ont à la fois le participe présent, le participe futur et le participe passé, et que, dans un certain nombre, le participe passé a tout à la fois le sens actif et le sens passif.

Le participe présent français employé comme épithète, c.-à-d. comme adjectif verbal, suit la règle d'accord de tous les adjectifs : « Un homme *charmant*, des femmes *charmantes*; » mais, employé comme verbe, il est toujours invariable. Il n'en était pas encore ainsi il y a deux siècles; car La Fontaine a écrit : « Les petits, vole*tants*, se culbu*tants*. » Employé seul, ou avec le verbe *être* à la conjugaison passive, ou avec le même auxiliaire dans les temps composés de certains verbes neutres, le participe passé est considéré comme adjectif, et suit toutes les règles de l'adjectif. Mais lorsqu'il est accompagné du verbe *avoir* dans les verbes actifs, et dans ceux des verbes neutres qui prennent cet auxiliaire, ou du verbe *être* dans les verbes pronominaux, voici les principes qu'il faut suivre : 1° le sujet n'influe en rien sur le genre ni le nombre que doit prendre le participe; 2° le participe ne peut s'accorder en nombre et en genre qu'avec son complément direct, pourvu que celui-ci le précède; 3° dans les verbes pronominaux, il faut suivre avec soin s'il est considérer le verbe *être* comme équivalant au verbe *avoir*. Ainsi : « Nous avons acheté *une maison, des livres*; la maison *que nous avons* achetée n'est pas chère; les livres *que nous avons* achetés sont bien imprimés; les livres *que vous vous êtes* procurés; vous êtes-vous procuré des *livres*? Nous nous sommes laissé prendre. Ils les ont laissés fuir, etc. » P.

PARTICULE, petite partie du discours qui est invariable et ordinairement d'une seule syllabe : telles sont la plupart des prépositions, conjonctions et interjections. *A, de, pour, par, sans, sur, et, ou, ni, mais, donc, si, quand, que, ah! ô! fi!* etc., sont des particules. La langue grecque a plus qu'aucune autre langue un grand nombre de particules adverbiales et conjonctives exprimant des nuances fines et délicates, qui ne peuvent se rendre dans les autres langues que par des périphrases traînantes, et qu'il faut, pour cette raison, la plupart du temps sacrifier dans la traduction. Les plus remarquables et les plus

caractéristiques sont μέν et δέ, γε, δή, τε, ἤ, μήν, τοι, ἄρα, ἄν.

Le nom de *Particule* s'applique plus exactement à des petits mots qui ne peuvent point être employés seuls, et qui s'unissent à un radical pour le modifier et former un seul mot avec lui, comme en français *très* (*très-bon*); *dé, dés* (*défaire, désobéir*); *mé, més* (*méprise, mésintelligence, médire, mésuser*); *in*, dont la finale se modifie suivant la lettre initiale du mot auquel on la prépose (*immobile, impossible, illisible, inintelligible, irrationnel, incompréhensible, inconsolable, insupportable, intolérable, indicible, ineffable, inattaquable, infortuné*, etc.); *ci, là* (*ceci, cela, celui-ci, celui-là, voici, voilà, ces hommes-là, ce temps-ci*); *ex* (*ex-député*); *extra* (*extralégal, extraordinaire*, etc.); — en latin : *am, an* (*amplector, anquiro*); *dis, di* (*disjungo, dilatus, differo*); *rě* (*repello, redeo, reddo*); *sě* (*sepono, seduco*); *sus* (*sustineo*); *vě* (*vecors, vesanus*); *in* et *ně* négatifs (*injustus, improbus, ignarus, nescio, nequeo, nefas, nullus* pour *ne-ullus, nemo* pour *ne-homo, nolo* pour *ne-volo*); — en grec, α ou αν privatif, δυς, νε ou νη négatifs, αρι, ερι, βου, βρι, δα ou ζα, qui augmentent la force du simple. P.

PARTICULE NOBILIAIRE, syllabe que les nobles placent devant leur nom comme marque distinctive. C'est *de* en français, *von* en allemand, *van* en hollandais et en flamand, *mac* en écossais, *O'* en irlandais, *don* en espagnol. — Originairement, la particule *de* indiquait un seigneur terrien, un maître de place ou de province. Sous Louis XIV on voit la particule nobiliaire toujours appliquée ainsi : Le marquis de Seignelay, M. de Malesherbes, etc.; on disait : M. Colbert, M. Fouquet, etc.

PARTIDAS (Les SIETE). *V.* notre *Dictionnaire de Biographie et d'Histoire*.

PARTIE, en termes de Palais, celui qui plaide contre quelqu'un, soit en demandant, soit en défendant. On nomme *Partie publique*, le magistrat chargé du ministère public, et qui seul a le pouvoir de prendre des conclusions pour la punition des crimes; *Partie civile*, l'individu qui agit en son propre nom contre l'accusé pour obtenir une réparation pécuniaire. La partie civile est toujours tenue du payement des frais, sauf son recours contre les condamnés.

PARTIE (Prise à). *V.* PRISE A PARTIE.

PARTIE, en termes de Musique, chacune des mélodies dont la réunion forme l'harmonie ou le concert. On nomme *partie récitante*, celle qui exécute le sujet principal, dont les autres sont l'accompagnement; *parties concertantes*, celles qui s'exécutent chacune par plusieurs musiciens. — *Partie* se dit aussi du cahier ou du papier sur lequel est écrit ou gravé ce que l'on exécute.

PARTIE, en termes de Jeu, totalité de ce qu'il faut faire pour que les joueurs ait gagné. On joue *en parties liées*, quand on est obligé de gagner deux parties de suite, ou au moins deux parties sur trois; lorsque chacun des joueurs a gagné une partie et qu'on joue la 3ᵉ, celle-ci se nomme la *belle*.

PARTIES DU DISCOURS. *V.* DISCOURS.

PARTIMEN. *V.* TENSON.

PARTIMENTI, nom que donnent les Italiens aux exercices de la basse chiffrée (*V.* ce mot). Fenaroli et Sala en ont écrit qui sont célèbres.

PARTISANS, nom que l'on donna sous Henri III aux gens de finance, parce qu'ils avançaient une *partie* de l'impôt pour avoir la ferme du tout, ou qu'ils soumissionnaient la perception de telle ou telle partie des impôts. Sous le règne de Louis XIV, La Bruyère les a désignés mystérieusement par les lettres P. T. S.

PARTITIF, nom donné aux substantifs collectifs qui n'expriment qu'une partie des individus compris dans une réunion. Ils expriment souvent une quantité vague et indéterminée, et sont ordinairement précédés de *un* ou de *une* en français, comme dans ces phrases : « *Une foule* de soldats, *une quantité* de volumes. » *La plupart, la minorité, la majorité, la pluralité, la moitié, le tiers, le quart, assez de, peu de, trop de*, etc., sont encore des partitifs. Lorsqu'un substantif collectif partitif est suivi d'un complément pluriel, l'adjectif, le pronom, le participe et le verbe qui peuvent suivre s'accordent avec ce complément, excepté lorsque le partitif est le mot le plus important et renferme l'idée dominante : « *Une nuée de traits obscurcit l'air; une nuée de critiques s'est élevée contre cet écrivain; une partie du camp était déjà prise.* » *V.* COLLECTIF. P.

PARTITION, réunion synoptique de toutes les parties concertantes d'un morceau de musique, notées, sur autant de portées distinctes, avec la clef qui convient à chacune, et disposées les unes au-dessus des autres de façon que l'œil en puisse saisir l'ensemble d'un seul coup. Dans ces parties diverses les mesures se correspondent, au moyen de lignes qui les séparent du haut en bas dés pages. Lorsqu'il s'agit de voix ou d'instruments de même nature, la manière la plus naturelle de disposer les parties est de placer les voix ou les instruments les plus aigus en haut de la page, et de descendre, portée par portée, jusqu'à la basse, qui doit être toujours au-dessous de tout. Mais, quand la partition comprend des instruments de diverses espèces, et surtout un orchestre complet, on fait trois masses séparées, dans chacune desquelles on commence toujours par les parties les plus aiguës pour finir par les plus graves : l'*harmonie* ou la masse des instruments à vent occupe le haut ; en place au milieu le *chant* ou la masse des voix ; le bas est occupé par le *quatuor* ou la masse des instruments à cordes. Quelquefois on a divisé les instruments à cordes, en plaçant les violons au-dessus de l'harmonie, les altos au-dessus du chant, et les basses au-dessous, ce qui n'est ni clair ni rationnel. Certaines partitions portent au bas une réduction au piano. — Le mot *Partition* se prend aussi pour l'œuvre même du compositeur. B.

PARTITION, règle pour accorder l'orgue et le piano par tempérament. Elle consiste à ajuster tous les tuyaux ou toutes les cordes comprises dans l'étendue d'une octave ou d'une douzième, qu'on prend vers le milieu du clavier, et sur laquelle on accorde les autres notes de l'instrument. La partition est bien faite lorsque la douzième, *sol* dièse ou *la* bémol, fait une quinte à peu près juste avec le *mi* bémol résultant de l'accord par quintes d'une autre douzième prise au grave de la première. Il existe des partitions toutes faites, composées de diapasons ajustés d'après le système tempéré, et au moyen desquelles il est facile d'accorder soi-même.

PARTITIONS, en termes de Blason, manières dont l'écu est coupé en deux parties égales. Il y en a quatre : le *parti*, le *coupé*, le *tranché*, et le *taillé* (*V.* ces mots).

PARTITIONS ORATOIRES, titre d'un ouvrage de Cicéron qui traite de la Rhétorique. Il est écrit par demandes et par réponses ; ces fréquentes coupures lui ont valu son nom. La *Rhétorique* à Hérennius, le traité de l'*Invention* et les *Topiques*, ouvrages du même orateur, s'y résument.

PARTURE. *V.* JEU-PARTI.

PARVIS (du latin *pervius*, ouvert aux passants), place devant la grande porte d'une église, principalement d'une cathédrale. Le mot *Parvis* vient, selon quelques-uns, du latin *paradisus*, parce que le parvis était une image du Paradis terrestre, par lequel il faut passer pour arriver au Paradis céleste, figuré par l'église. *V.* AITRE.

PAS, en termes de Danse, diverses manières de marcher, de sauter, de pirouetter. On distingue : le *Pas droit*, qui se fait en ligne droite ; le *Pas grave* ou *ouvert*, qui se fait en s'écartant un pied de l'autre en demi-cercle ; le *Pas battu*, qui se fait en tournant une des jambes pardessus l'autre ou par-dessous avant de poser le pied à terre, et qu'on nomme *jeté-battu* s'il est accompagné de *jetés* ; le *Pas tourné*, qu'on fait en décrivant un cercle avec le pied ; le *Pas avec mouvement*, qu'on fait avec plis des genoux ; le *Pas relevé*, qui se fait lorsque, après avoir plié les genoux au milieu du pas, on se relève en le finissant ; le *Pas coupé*, qu'on fait après un pas de mouvement et qui est plus lent ; le *Pas balancé*, qui se fait lorsqu'on se jette à droite sur la pointe du pied pour faire ensuite un coupé ; le *Pas dérobé*, où les deux pieds se meuvent en même temps dans un sens opposé ; le *Pas chassé*, où l'on plie avant de mouvoir le pied ; le *Pas tombé*, où l'on ne plie qu'après avoir posé le pied qu'on a fait mouvoir. — Le nom de *Pas* se donne aussi à certaines danses particulières : *Pas de bourrée, Pas de basque, Pas de menuet, Pas de gavotte*, etc.

PAS, dans l'Art militaire, diverses manières de marcher qui ont été réglées pour les troupes. On distingue le *Pas ordinaire*, le *Pas accéléré*, le *Pas de route*, le *Pas de charge*, le *Pas gymnastique*. Marquer le pas, c'est le simuler, c'est observer la cadence, mais sans avancer. Le tambour, le clairon, ou la musique, accompagnent souvent le pas. Avec l'accompagnement du tambour, on part du pied gauche.

PAS D'ARMES. *V.* notre *Dictionnaire de Biographie et d'Histoire*.

PAS DE SOURIS, en termes de Fortification, désigne les degrés qui descendent au fond des fossés secs.

PAS REDOUBLÉ, morceau de musique dont la mesure à 2/4 ou à 6/8 est appropriée au pas des troupes. Le mouvement en est rapide. On peut citer comme exemple

le Pas redoublé qui est dans l'opéra-comique les *Deux Journées*, de Cherubini.

PASIGRAPHIE (du grec *pas*, tout, et *graphein*, décrire), écriture universelle. Le mot peut s'entendre soit d'un alphabet possédant assez de signes pour exprimer tous les sons possibles, soit d'un art d'écrire de façon à être lu et compris par tous les peuples. En ce dernier sens, la Pasigraphie est une chimère aussi bien que la *langue universelle* (*V.* LANGAGE). Parmi ceux qui s'en sont occupés, nous citerons : Vater, *Pasigraphie*, Weissenfels, 1795 ; le major de Maimieux, *Pasigraphie, ou Éléments d'un nouvel art-science*, Paris, 1797 ; Wolke, *Possibilité de la Pasigraphie*, Leipzig, 1797 ; Schmidt, *Essai de Pasigraphie*, Vienne, 1815.

PASQUIN. *V.* ce mot dans notre *Dictionnaire de Biographie et d'Histoire*.

PASQUINADES, nom donné d'abord aux placards satiriques qu'on trouvait attachés à la statue de Pasquin, et qui s'est étendu à toute raillerie lancée contre le public ou contre les puissances.

PASSACAILLE, espèce de chaconne d'un caractère un peu mélancolique et d'un mouvement modéré à 3 temps, commençant d'ordinaire en levant. Elle était en vogue au XVIIᵉ siècle. Sa mélodie, composée de 8 mesures sans reprises, était variée dans ses répétitions. Le mot vient de l'espagnol *passacalle* (passe-rue), parce que cet air, devenu fort commun, courait les rues.

PASSADOUX. *V.* FLÈCHE.

PASSAGE, galerie couverte unissant deux rues l'une à l'autre et où ne circulent que des piétons.

PASSAGE (Droit de). Le droit de passage sur une propriété voisine est une servitude qui ne peut exister que par un titre (*Code Napol.*, art. 691) ; il s'éteint par le non-usage pendant un laps de 30 ans.

PASSAGE (Note de). *V.* NOTE.

PASSAVANT ou PASSE-AVANT, passage établi sur le pont de chaque côté d'un grand navire de guerre, pour servir de communication entre les deux gaillards.

PASSAVANT, en termes de Douanes, acte qui autorise à transporter d'un lieu dans un autre une denrée qui a déjà payé le droit ou qui en est exempte. Il doit être visé à tous les bureaux de passage en être présenté à toute réquisition. Le passavant est timbré à 5 centimes.

PASSE, en termes de Finances, appoint en petite monnaie qui complète une somme payée en billets de banque, ou en or, ou en pièces de 5 fr. Autrefois on entendait également par *Passe* l'appoint avec lequel on ramenait à sa valeur nominale une pièce de monnaie que le gouvernement avait réduite à sa valeur intrinsèque : ainsi, quand l'écu de 6 livres ne valut que 5 fr. 80 c., on ajoutait 20 centimes pour la passe. On appelle *Passe du sac* ce qu'on paye pour le prix du sac et est renfermée une somme qu'on reçoit : cette passe fut longtemps de 15 centimes ; elle n'est plus que de 10 depuis 1853.

PASSE, terme employé dans plusieurs jeux. Au billard et au mail, la *passe* est une petite arcade en fer sous laquelle doit passer la bille dans des conditions déterminées ; dans les jeux de cartes, c'est la mise courante ou l'enjeu de chaque joueur. A certains jeux, *tirer sa passe*, c'est faire le vole. A la bouillotte, *voler la passe*, c'est faire gros jeu pour intimider les adversaires et les faire passer, tout en ayant de mauvaises cartes. A la roulette, *passe* est l'opposé de *manque* ; on désigne par *manque* tous les numéros jusqu'à 18, et par *passe* tous les autres à partir de 19.

PASSE (Mains de), mains de papier qu'on délivre à l'ouvrier imprimeur en sus de chaque rame, pour servir à la mise en train, et pour suppléer aux feuilles qui seraient gâtées ou qui manqueraient dans la rame. On compte ordinairement 2 mains de passe par rame. Les éditeurs n'en payent pas le tirage, et bénéficient ainsi de quelques exemplaires de plus.

PASSÉ, un des trois temps de la conjugaison des verbes. Dans la langue française, il offre à l'indicatif 6 modifications, qui prennent les noms d'*Imparfait*, de *Passé défini*, de *Passé indéfini*, de *Passé antérieur*, de *Plus-que-parfait*, et de *Futur passé* ou *Futur antérieur*. Le conditionnel, l'infinitif et le participe ont aussi un temps passé ; le subjonctif en a trois, *imparfait*, *parfait* ou *prétérit*, et *plus-que-parfait*. L'allemand, l'anglais, le latin ont l'imparfait, le parfait, le plus-que-parfait, le futur antérieur de l'indicatif : pour les autres modes, il y a peu de différence avec le français. La langue grecque est la plus riche en inflexions exprimant le passé : elle a l'imparfait, l'aoriste, le parfait, le plus-que-parfait, le futur antérieur, à l'indicatif de ses trois voix ; l'aoriste et le parfait à l'impératif, au subjonctif; l'aoriste, le parfait et le futur antérieur, à l'optatif, à l'infinitif et au participe. V. Prétérit. P.

PASSE-AVANT. V. Passavant.

PASSE-DEBOUT, en termes de Contributions indirectes, permis de passage délivré aux marchands et aux voituriers pour les boissons et autres objets de consommation qui, ne faisant que traverser un territoire sujet aux droits d'entrée, n'y doivent pas payer de droits.

PASSE-DIX, jeu de dés. Le banquier agite 3 dés dans un cornet, puis les lance : si le point amené dépasse 10, il ramasse les enjeux, et continue à tenir les dés; si le point est 10 ou au-dessous, il double l'enjeu de chacun, et passe les dés à son voisin de droite.

PASSEMENTIERS, ancienne corporation qui embrassait aussi celles du boutonnier, du plumassier, du fleuriste, de l'éventailliste, du fabricant de masques, etc. St Louis en était le patron.

PASSE-PARTOUT, planche de bois ou de cuivre sur laquelle on a gravé quelque ornement en forme de bordure, et dont le milieu est vide, pour recevoir une autre planche à laquelle elle sert de cadre; — cadre avec glace, dont le fond s'ouvre à volonté, pour recevoir tel dessin qu'on veut y placer.

PASSE-PIED, ancien air de danse à 3 temps, d'un mouvement fort vif, à deux reprises de 8 mesures chacune, jadis employé dans les ballets et les opéras.

PASSE-PORT, mandement délivré par l'autorité pour recommander aux autorités de laisser circuler librement la personne qui en est munie. Dans les temps féodaux, les seigneurs empêchaient les habitants de leur domaine d'aller demeurer ailleurs, et pouvaient les réclamer en quelque lieu qu'ils fussent : ce droit n'était plus exercé longtemps avant la Révolution de 1789 ; cependant c'est dans la Constitution de 1791 qu'on trouve pour la première fois consacrée pour tout homme la liberté d'aller et de venir, sauf certaines conditions en vue de l'ordre et de la sûreté sociale. Les passe-ports sont détachés de registres à souche, auxquels ils sont conformes; ce sont des feuilles timbrées, que fournit l'administration de l'Enregistrement. Ils ne sont valables pour un an, à partir de leur délivrance. On distingue les passe-ports à l'intérieur, les passe-ports pour les colonies, et les passe-ports à l'étranger. La loi du 28 mars 1792, dont la plupart des dispositions sont aujourd'hui tombées en désuétude, mais qui n'est pas abrogée, décide que tout citoyen qui veut voyager en France hors du canton de son domicile est tenu de se munir d'un passe-port, dont le coût est de 2 fr.; que les passe-ports sont donnés exclusivement par les officiers municipaux, et doivent contenir le nom des voyageurs, leur âge, leur profession, le lieu de leur domicile, et leur signalement; que ceux auxquels on les délivre doivent les signer, et que, dans le cas où ils ne sauraient le faire, mention en est faite sur le passe-port et sur le registre ; que, s'ils ne sont pas connus personnellement de l'officier municipal, ils doivent être accompagnés de deux personnes connues ; que, s'ils veulent changer en route le but de leur voyage, consigné sur le passe-port, il leur faut se présenter à l'administration municipale du lieu où ils se trouvent, pour faire donner à leur feuille un nouveau visa, qui est gratuit. Le passe-port est individuel ; toutefois, un même passe-port peut servir au mari, à la femme, et aux enfants au-dessous de 15 ans. Un mineur au-dessus de cet âge et une femme mariée ne peuvent obtenir un passe-port sans le consentement, l'un de ses parents ou de son tuteur, l'autre de son mari. Un soldat de la réserve a besoin d'une autorisation de l'autorité militaire. Les étrangers ne sont admis à voyager et séjourner en France qu'en vertu d'une autorisation du ministre de l'Intérieur (Instruction du 20 août 1816), délivrée après dépôt de leur passe-port à la municipalité de la première commune où ils se sont présentés. Si rien n'a fait obstacle à cette autorisation, le maire délivre une passe provisoire, qui est échangée contre un passe-port au lieu d'arrivée. Sont exceptés de ces mesures les courriers extraordinaires et les chargés de mission auprès du gouvernement. La loi du 23 messidor an III (11 juillet 1795) permet de donner des autorisations provisoires aux négociants des pays alliés ou neutres, à charge d'en informer immédiatement le ministre. Nul ne peut obtenir des chevaux de poste au premier relais par lequel il commence sa route, s'il n'a pas un passe-port délivré huit jours au plus par l'autorité du lieu. Si, à l'entrée des villes de guerre ou des villes de la frontière, on exige que les voyageurs remettent leurs passe-ports, il leur est délivré une carte de dépôt, indiquant l'autorité auprès de laquelle ils devront les réclamer : partout ailleurs, on ne peut les obliger de s'en dessaisir. — Les passe-ports délivrés pour passer dans les colonies n'ont d'effet qu'après avoir été visés par le ministre de la Marine (Arrêté du 19 vendémiaire an VIII — 11 oct. 1799). — Les passe-ports à l'étranger sont délivrés par les préfets, sur l'avis motivé des maires; l'instruction de 1816 exigeait une autorisation préalable du ministre de l'Intérieur, mais cette formalité n'est plus en usage. En 1858, les sous-préfets de certains départements frontières ou maritimes ont été autorisés à délivrer des passe-ports pour l'étranger. Le prix de ces passe-ports est de 10 fr. (Décret du 18 sept. 1809). Ceux qui en sont porteurs sont autorisés à réclamer en pays étranger la protection de l'agent qui représente la nation à laquelle ils appartiennent. Un avis du Conseil d'État, du 12 déc. 1811, permet de délivrer des passe-ports gratuits aux indigents; mais, s'il y a des secours de route, cette délivrance appartient exclusivement aux préfets (Circulaires du 22 nov. 1825 et du 24 oct. 1833). Les faux commis dans les passe-ports sont punis d'un emprisonnement de 1 à 5 ans (Code pénal, art. 153). Celui qui prend un passe-port sous un nom supposé est puni d'un emprisonnement de 3 mois à 1 an, ainsi que les témoins qui s'y sont prêtés. L'officier public qui délivre un passe-port à un inconnu et sans la présence de témoins est passible d'un emprisonnement de 1 à 6 mois. S'il le délivre sciemment sous un nom supposé, il encourt le bannissement. — Les passe-ports ont été supprimés, en 1860, entre la France et la Belgique, et, en 1861, entre la France et l'Angleterre. En Allemagne, le visa qu'il faut obtenir presque à chaque ville donne lieu à une foule d'exactions. B.

PASSE-VOLANT, nom qu'on donnait autrefois à celui qui, sans être enrôlé, venait se présenter dans une revue pour grossir une compagnie, et toucher la paye au profit du capitaine. Ce nom s'applique encore dans la Marine à quiconque est porté en fraude sur le rôle d'un équipage.

PASSIF, nom donné au verbe qui a l'inflexion par laquelle on marque la passion, c.-à-d, l'action soufferte. Cette inflexion, qui est μαι en grec, or en latin, n'existe pas dans les langues modernes de l'Europe : elles se servent d'un participe, fait du verbe actif qui se prend en sens passif, avec le verbe auxiliaire je suis : comme je suis aimé, etc. Souvent un verbe a le sens passif et n'en a pas la forme : ainsi, périr, succomber, changer, tourner; de même en latin, perire, succumbere, mutare, vertere. C'est encore ainsi que nous disons : « une couleur voyante, une rue passante. » Réciproquement, beaucoup de verbes, dans les langues anciennes, avec la forme passive, ont le sens actif (V. Déponent, Pronominaux).

La syntaxe des verbes passifs est très-simple en français et dans les autres langues modernes : leur complément se marque par la préposition par ou la préposition de. — En latin, le régime se met à l'ablatif, lorsqu'il est marqué par un nom de chose inanimée; à l'ablatif avec a, ab, abs, lorsque c'est un nom d'être animé. On trouve aussi quelquefois le datif. En grec, on emploie pour régime du verbe passif soit le datif sans préposition, soit le génitif avec l'une des prépositions ὑπό, παρά, πρός, ἐκ, quelquefois διά, ἀπό. Cette syntaxe s'étend aux verbes qui, sans être passifs par la forme, le sont par le sens. Ainsi, Casimir Delavigne a dit : « Ceux par qui vous souffrez. » De même en latin chez Ovide : Perire ab hoste, Perire a discipulo suo.

Les noms et les adjectifs sont, comme les verbes, susceptibles d'une signification passive. Ainsi, en grec, tous les noms neutres en μα sont des noms passifs; car ils expriment toujours un résultat obtenu, et semblent d'ailleurs se rattacher par leur forme à la 1re personne du parfait passif. En français, bénéfice, maladie, résultat, sont des noms passifs; inutile, stérile, inerte, épineux, sont des adjectifs passifs. Quelquefois le même mot est susceptible des deux sens. Ainsi, dans : L'amour de Dieu est nécessaire au salut, amour de Dieu a un sens passif; mais si l'on dit : L'amour de Dieu n'a pas de bornes et s'étend sur toute créature, amour de Dieu est actif. Ce double sens de certains mots se retrouve dans toutes les langues. Quant à l'expression la crainte de Dieu, elle est toujours passive, puisqu'il ne peut être question que de la crainte éprouvée par les hommes. P.

passif, en termes de Commerce, ensemble des frais, des charges et des dettes d'un négociant, d'une société, d'une succession, d'une faillite. On l'oppose à l'Actif (V. ce mot).

PASSION (du grec paskein, souffrir; en latin pati). Dans

le sens le plus conforme à son étymologie, ce mot désigne la disposition de l'âme opposée à l'*action*, alors qu'elle subit, sans réagir contre elle, l'influence de quelque force extérieure. Mais on entend plus ordinairement, par Passion, une autre disposition complexe, et fort mêlée d'activité, dont les phénomènes de la sensibilité sont le point de départ, et restent l'élément principal. Le plaisir et la souffrance éveillent en nous naturellement des sympathies et des répugnances si fortes, que l'intelligence est portée d'abord à se mettre en quête des causes qui les provoquent, et des objets dont l'action a produit sur nous de tels effets. Ces objets une fois connus, nous ressentons à leur égard des affections, des goûts positifs ou négatifs, qui, de leur nom le plus général, peuvent être appelés Amour ou Haine. L'Amour et la Haine, c.-à-d. la connaissance, jointe à l'expérience de la sensation, des objets propres à nous apporter un plaisir et une souffrance, tels sont les premiers degrés de la passion. L'Amour et la Haine sont suivis du Désir « qui nous pousse à rechercher ce que nous aimons, » et de l'Aversion qui nous pousse « à empêcher ce que nous haïssons de nous approcher » (BOSSUET, *De la Connaissance de Dieu et de soi-même*, I, 6), et ces passions fondamentales, opposées et parallèles, compliquées de circonstances accessoires, engendrent à leur tour la Franchise, l'Espérance, la Colère, etc... Il serait superflu d'essayer de donner la liste exacte des Passions; mais il faut s'attacher à cette remarque, que toutes sont pour principe la sensibilité. Bossuet montre fort bien (*loc. cit.*) que toutes les Passions se rapportent à l'amour : « Otez l'amour, il n'y a plus de Passions, et posez l'amour, vous les faites naître toutes. » Mais comme l'amour lui-même a pour origine le Plaisir (nous aimons les choses parce qu'elles nous plaisent, nous les haïssons parce qu'elles nous déplaisent), c'est bien effectivement la sensibilité, c.-à-d. la faculté d'éprouver le plaisir et la souffrance, qui donne naissance aux Passions. Une loi générale des Passions, c'est qu'elles s'affaiblissent à mesure qu'on s'éloigne du moment où l'on a ressenti le plaisir ou la souffrance qui en ont été l'origine. Certains moralistes, les Stoïciens entre autres, ont prétendu que nous devons nous efforcer d'anéantir en nous les Passions, à cause de leurs dangers : c'est une erreur ; nous devons faire en sorte d'en rester toujours maîtres, et de les subordonner à la Raison pour les tourner vers le bien ; ainsi dirigées, loin d'entraver le développement de la vie morale, elles lui donnent plus d'activité, et forment une des parties de cette belle harmonie de toutes les facultés humaines que Platon (*République*, liv. IV) représente sous le nom comme l'idéal de la perfection humaine. L'étude des Passions est une mine inépuisable, qu'ont exploitée, chacun à leur manière, les écrivains les plus différents : moralistes, poëtes, et romanciers. Parmi les écrits où ce sujet est traité, au point de vue purement spéculatif et philosophique, nous citerons seulement : Aristote, *Traité de l'âme*; Descartes, *Des Passions;* Bossuet, *De la Connaissance de Dieu et de soi-même*. V. aussi, ne fût-ce qu'à titre de curiosité, la *Théorie des passions*, dans les écrits de Ch. Fourrier. B—E.

PASSION DE N.-S. J.-C. (La). V. notre *Dictionnaire de Biographie et d'Histoire*.

PASSION (Confrères de la). V. MYSTÈRES.

PASSIONS, en termes de Rhétorique, émotions diverses que l'orateur reçoit de son sujet et qu'il communique aux autres par le discours. Il les emploie pour toucher ses auditeurs. L'art d'exciter les passions se nomme le *Pathétique* (du grec *pathos*, passion). Aristote blâme l'usage des passions dans l'éloquence ; il voudrait que l'orateur du barreau, par exemple, laissât les juges se prononcer avec une entière liberté d'esprit, et ne fît pas en quelque sorte violence à leur suffrage en s'adressant à leur cœur. C'est là une sévérité exagérée : il ne peut être interdit à l'orateur, convaincu d'une vérité, épris de l'amour du bien, d'inspirer à ceux qui l'écoutent les sentiments qu'il éprouve lui-même, quand bien même il arriverait à d'autres d'abuser de la parole pour exciter des passions mauvaises. Toutes les passions oratoires peuvent se ramener à deux, l'amour et la haine : on excite l'amour, en donnant à l'objet des couleurs agréables; la haine, en le représentant sous des traits repoussants. Mais pour faire naître ces sentiments dans l'âme de l'auditeur, il faut en être ému soi-même ; c'est donc son propre cœur que l'orateur doit étudier les passions et les moyens de les éveiller. Il a besoin, pour cette étude, de l'imagination, de la sensibilité, et du discernement. Par l'imagination, il se met à la place de ceux qu'il fait par-

ler ; par la sensibilité, il retrouve en lui-même les sentiments. dont ils ont été agités; par le discernement, il apprend dans quelle mesure et de quelle manière il doit user des passions, et quelles convenances il doit observer. L'orateur dénué de sensibilité ne saurait être éloquent; tout son rôle se borne à convaincre. Sans discernement, il est exposé à faire un emploi ridicule ou malséant du Pathétique. On distingue le *Pathétique direct* et le *Pathétique indirect* ou *réfléchi* : le pathétique direct est celui par lequel l'orateur communique aux autres les passions dont il est animé; le pathétique est indirect, quand l'orateur présente des tableaux ou des objets propres à exciter les passions, de sorte que l'auditeur s'émeuve de lui-même. Lorsqu'on est parvenu à exciter les passions, il faut prendre garde de fatiguer en insistant trop longtemps; Cicéron l'a dit : *Nihil lacryma citius arescit*, Rien ne sèche plus vite que les larmes. H. D.

PASSIONNEL, nom que l'on donnait, dans les premiers siècles de l'Église, à un livre contenant les *passions* des martyrs.

PASSIVITÉ, en termes de Philosophie, état de l'âme subissant les phénomènes de la sensibilité et de l'entendement. Quand l'âme souffre, jouit ou connaît sa peine, son plaisir, sa connaissance résulte d'une cause qui n'est pas elle; en ce sens elle est *passive*. V. ACTIVITÉ.

PASSOIRE, instrument concave, percé de petits trous au fond, et à l'aide duquel, dans le saint sacrifice de la messe, on versait autrefois le vin et l'eau des burettes dans le calice, afin que rien d'impur n'y fût mélangé. On en trouve l'existence en France dès le commencement du viie siècle, et il en est question encore au xve. Quelques monastères, entre autres celui de St-Denis, conservèrent l'usage de la passoire jusqu'au xviiie siècle.

PAST (Droit de). V. notre *Dictionnaire de Biographie et d'Histoire*.

PASTEL (de *paste*, pour pâte), crayon fait avec de la terre de pipe réduite en poudre extrêmement fine, mélangée intimement avec des substances colorantes, et mise en pâte avec une eau de gomme. On nomme *Peinture au pastel* un genre de dessin exécuté au moyen de crayons en pastel. Ces crayons remplissent en partie l'office de pinceaux ou d'estompe; mais c'est avec le bout des doigts principalement que l'on étend les couleurs : après les frottis, on donne les dernières touches, les finesses, les rehauts, en se servant du pastel comme du crayon ordinaire. La peinture au pastel a cela de commode qu'on peut la quitter, la reprendre et la retoucher à volonté, puisque la couleur est sèche; elle donne aussi un coloris plein de vivacité, de fraîcheur et d'éclat, qui ne jaunit ni ne noircit comme la peinture à l'huile, et son velouté rend parfaitement la nature. Mais la poussière colorante du pastel se détache facilement du fond de papier, de vélin, de parchemin ou de taffetas, sur lequel les couleurs ont été étendues. Si, pour les fixer, on applique derrière le dessin une eau gommée ou collée, la légèreté et le velouté de l'œuvre disparaissent. Un moyen de conserver le pastel, c'est de le recouvrir d'un verre. — Le dessin au pastel ne paraît pas remonter au delà de 1685; on attribue l'invention à Thiele, d'Erfurt, ou à Mlle Heid, de Dantzig. Ce genre a été fort à la mode au xviiie siècle, surtout pour les portraits de femmes. On a de très-beaux pastels par La Tour, Liotard dit *le Peintre turc*, Russel, Rosalba Carriera, Natier, Vigée, Tocqué, Mengs, Benedetto Luti. De nos jours, on a fait application du pastel au paysage, aux oiseaux, aux fruits, etc.; parmi les artistes qui se sont livrés à ce genre, on remarque Flers, Michel Bouquet, Eug. Giraud, Eug. Tourneux, Antonin Moine, Cordouan, Vidal, Maréchal (de Metz), Riesener, Brochard, etc. B.

PASTEUR, en latin *Pastor* (de *pasci*, faire paître), se dit, au figuré, de celui qui exerce une autorité paternelle sur une réunion d'hommes. Homère appelait les rois les *pasteurs des peuples*. Chez les peuples chrétiens, *Pasteur* veut dire gardien des âmes; en ce sens, Jésus-Christ est appelé le *Bon Pasteur*. — Les Protestants nomment *Pasteur* le ministre qui a charge d'âmes. Il faut, dans l'Église calviniste, trois degrés pour arriver à cette charge. L'étudiant en théologie ayant atteint la 3e année de ses études se nomme *proposant*, et peut occuper la chaire, avec l'agrément du consistoire. Quand il a terminé ses études, subi ses examens et soutenu sa thèse de bachelier en théologie, il reçoit de la Faculté protestante dont il a suivi les cours un certificat d'aptitude; il peut alors se présenter devant une réunion de pasteurs pour recevoir la consécration qui lui donne le droit d'administrer les sacrements; il devient ainsi *mi-*

nistre. Le synode de Paris en 1559 avait décidé que la présence de deux ou trois pasteurs était nécessaire pour une consécration ; celui de Saint-Maixent, en 1609, en exigeait sept : aujourd'hui Ʀ est reçu que le concours de trois pasteurs valide la consécration. Autrefois il était obligatoire de signer la Confession de foi calviniste ; cet usage a été abandonné comme dérogatoire à la liberté d'examen, et l'on se contente maintenant du serment de prêcher la parole de Dieu telle qu'elle est contenue dans les livres révélés de l'Ancien et du Nouveau Testament. Un ministre n'est dénommé *pasteur* que quand il a une église à desservir.   B.

PASTEUR (Le Bᴏɴ). V. Bᴏɴ Pᴀsᴛᴇᴜʀ.

PASTICHE (de l'italien *pasticcio*, pâté), se dit, en Littérature, de l'imitation affectée du style d'un écrivain, moulé, pour ainsi dire, comme une pâte sur un modèle. Il y a des pastiches sérieux, qui sont les mauvais, et des pastiches faits par jeu d'esprit, qui sont les bons dans ce dernier genre. On peut citer deux Lettres de Boileau, parmi ses OEuvres diverses, où il a imité le style de Balzac et celui de Voiture. — En Peinture, le mot *Pastiche* s'applique à un tableau peint dans la manière d'un grand maître ; soit qu'on s'attache à faire une copie exacte, en contrefaisant l'ordonnance, le coloris et l'expression du maître, jusqu'à tromper les connaisseurs ; soit qu'on veuille, dans un tableau de composition nouvelle, rappeler la manière de tel ou tel maître dont les ouvrages sont devenus classiques. Jordaens, Boullongne, Bourdon, ont été habiles dans le pastiche. Teniers imitait, à s'y tromper, les tableaux des Bassan. — En Musique, un *Pastiche* est un opéra, un oratorio ou tout autre ouvrage composé de morceaux de différents maîtres, ou empruntés à plusieurs œuvres du même auteur. V. Cᴇɴᴛᴏɴ.   G.

PASTILLARIA, nom donné, dans l'ancienne Université de Paris, à la thèse qu'un licencié soutenait pour être reçu docteur en médecine, parce qu'il donnait primitivement aux anciens docteurs un déjeuner consistant en petits pâtés.

PASTOPHORIA, nom latin des deux petites absides qui flanquaient souvent l'abside principale des basiliques, et où l'on renfermait les restes du pain consacré.

PASTORALE (Poésie), poésie qui peint les mœurs pastorales. On lui a donné aussi le nom de *Poésie bucolique*, parce que les personnages qu'elle a mis en scène, au moins dans ses origines, étaient des bouviers (en grec *boukolos*), des bergers, des chevriers. Elle retrace les douceurs de la vie champêtre, telle surtout que se la représentent les habitants des grandes cités, qui aiment à transporter au sein des paisibles campagnes, des prairies émaillées, et sous l'ombre des bois touffus et frais, l'idéal de la tranquillité incompatible avec le tourbillon du monde, le tumulte des affaires et les embarras de la ville. Quelle que soit la forme qu'on adopte, *idylle*, *églogue* ou *drame*, ce qui sied avant tout aux compositions de cette espèce, c'est la simplicité et la grâce. Les sentiments des personnages doivent être naïfs, et leur langage aussi éloigné du ton fastueux que de la trivialité, ce qui ne l'empêche pas, si la nature du sentiment le permet, de s'élever jusqu'à la noblesse.

Il ne faut pas confondre la poésie pastorale, genre distinct de Littérature, où l'on peint la vie des champs sous sa forme la plus attrayante et dans son heureuse simplicité, avec toute description de la Nature, dont le sentiment peut se trouver, à des degrés divers, dans les autres genres littéraires. La Nature occupe trop de place dans l'histoire de l'homme, pour être, à chaque époque, oubliée des poètes. Ainsi, l'Inde a son *Gîta-Govinda* (V. ce mot), la Judée son livre de *Ruth* et son *Cantique des cantiques*, l'Arabie ses *Moallakats* ; l'*Odyssée* d'Homère et les *OEuvres et Jours* d'Hésiode abondent en descriptions champêtres ; le drame satyrique des Grecs, avec ses Faunes, ses Satyres, ses Silènes, offrait fréquemment la peinture de la vie des champs, et il en fut vraisemblablement de même d'un grand nombre de comédies dont nous n'avons plus que les titres, *les Bouviers* de Cratinus, *le Paysan* de Ménandre, etc. ; *la Paix* d'Aristophane est écrite avec un sentiment bien vif du calme de la campagne ; Platon lui-même cherche souvent à encadrer les plus belles de ses discussions philosophiques dans les plus splendides scènes de la Nature. Le sentiment de la Nature est de tous les temps ; mais il n'en est point ainsi de la poésie pastorale proprement dite, née du contraste de la vie des champs avec les raffinements de la civilisation, et du besoin que les âmes éprouvent de se retremper dans quelque vallée solitaire,

loin du bruit et de l'agitation, sous un beau ciel, devant la belle et simple Nature.

Il n'est peut-être pas, en effet, de genre littéraire qui suive une loi plus constante : en parcourant l'histoire de ce genre, depuis Théocrite, qui en est généralement regardé comme l'inventeur, jusqu'à nos jours, on voit la poésie pastorale s'épanouir uniformément dans la vieillesse des civilisations. Quand elle se montre, tout a été moissonné dans le champ de l'imagination. Les esprits conservent cependant de la vigueur ; les besoins littéraires subsistent. Pour distraire ces civilisations ennuyées, apparaît la poésie pastorale. Afin de détourner l'homme de la contemplation de lui-même, elle lui offre le spectacle de la nature. A des âmes blasées par l'expérience, saturées d'analyse et de réflexion, elle présente avec industrie le tableau de mœurs innocentes et primitives ; elle rafraîchit, en quelque sorte, les imaginations fatiguées au parfum des bois et des champs.

Lamotte, Fontenelle, Marmontel, Heyne, croient devoir rapporter la naissance du genre pastoral à un âge d'or fabuleux, qui n'a jamais existé que dans leur imagination. Si l'on veut parler d'une sorte de poésie simple et grossière, qu'on appellerait la *Pastorale naturelle*, on peut admettre, sur la foi d'antiques traditions, que les vallées heureuses de l'Arcadie ou de la Sicile ont produit ce genre de poésie, et croire à la création spontanée de ces rudiments de poésie pastorale, que traduisit sans doute Théocrite, en les ornant, sans les altérer, de toutes les grâces de son esprit et de son goût. Il y eut peut-être un Daphnis, sorte d'Homère pastoral, entouré, comme ce dernier, de grandeur et de mystère. La *Pastorale littéraire* serait donc sortie de thèmes grossiers et primitifs, comme la satire romaine du dialogue fescennin, comme la tragédie et la comédie grecque des chants improvisés aux fêtes de Bacchus et de Cérès. Mais, l'histoire et la critique littéraire le prouvent, la poésie n'arrive à la pastorale que par un long détour, et après avoir successivement passé par les genres héroïques, par l'ode, le drame et l'épopée. C'est au milieu de la cour savante d'Alexandrie, au sein d'une société qui a tout connu, tout usé, que Théocrite a eu l'heureuse idée d'introduire les chants populaires de sa patrie, les rustiques chansons recueillies dans les campagnes d'Enna, non loin des bords de l'Aréthuse. Ainsi l'on vit, au milieu des disputes du xvııı° siècle, l'Anglais Macpherson donner, sous le nom d'un barde d'Écosse, les vieux chants gaéliques des montagnes de Morven. Le succès fut le même, préparé qu'il était par les mêmes causes. Il rendait, pour ainsi dire, un échantillon de la nature à des hommes qui depuis longtemps ne la regardaient plus. Bion et Moschus, contemporains et successeurs de Théocrite, répondirent au même besoin, tout en s'éloignant un peu de la simplicité de leur maître. — Quand parurent à Rome les *Bucoliques* de Virgile, une vieillesse prématurée avait atteint la société romaine. On conçoit avec quel bonheur elle dut se reposer sur ces peintures de la vie champêtre, qui l'arrachaient au sentiment de ses douleurs par la poétique image d'une ignorance heureuse et d'un repos dont elle avait tant besoin. Virgile fit subir à la poésie pastorale une grave altération : par lui l'églogue commença à devenir ce qu'elle n'a cessé d'être depuis, un cadre commun, une forme allégorique, destinée à recevoir et à exprimer des choses souvent étrangères aux champs, aux mœurs et à la vie des bergers. C'est le commencement de la décadence d'un genre par lui-même assez borné. Virgile s'y met presque toujours en scène avec ses sentiments particuliers, ses amours et ses répugnances ; il y introduit ses rivaux et ses amis, et, à propos d'églogue, nous entretient des grands intérêts qui s'agitent dans Rome, de l'astre des Jules, et des présages de la grandeur de celui qui doit bientôt tout gouverner.

Peu de genres ont eu plus de fortune que la Pastorale ; sous prétexte que les bergers sont agréables, disait Fontenelle, on en a quelquefois abusé. Lui-même aurait pu commencer par s'appliquer cette observation. Nous ne rappellerons que pour mémoire les églogues de Calpurnius et de Némésien, et les idylles d'Ausone ; nous ne nommerons Pontanus, le Mantouan, Sannazar, Vida, que pour montrer jusqu'où peut être porté l'abus de ce genre, dans ce qu'on a appelé le second âge de la Pastorale latine. Au xıvᵉ et au xvᵉ siècle, la Pastorale n'est plus qu'un déguisement de fantaisie pour habiller toute espèce d'idées, pour donner un air et un tour villageois à des traits satiriques, littéraires, politiques, et même religieux. Fontenelle a rappelé cette pièce où le Mantouan imagine de faire soutenir à des bergers, qui sont aussi des moines augustins, une dispute théologique devant un cardinal, qui, par précaution, les engage à déposer préalablement leurs houlettes, de peur qu'ils ne se battent.

A l'époque où la Pastorale tomba dans les langues modernes, ce genre subit une nouvelle transformation : dans Virgile, dans Théocrite même, mais plus sobrement, des limites resserrées l'avaient contraint à s'allier souvent à d'autres formes ; à l'élégie, dans l'*Alexis*, la *Pharmaceutria*, *Gallus*; à l'épopée et au genre didactique, dans *Silène* et *Pollion*; presque partout, au drame. Il devient maintenant le drame pur, et ensuite le roman, ce dont Longus avait toutefois donné un exemple dans *Daphnis et Chloé* (*V. ce mot*). Les troubles religieux et politiques qui remplirent le xve et le xvie siècle expliquent d'ailleurs le succès prodigieux qu'obtinrent, parmi bien d'autres productions du même genre, l'*Aminte* (*V. ce mot*) du Tasse, le *Pastor fido* (*V. ce mot*) de Guarini, lesquels, avec l'*Astrée* (*V. ce mot*) d'Honoré d'Urfé, servirent de modèle aux pastorales de Segrais, aux poésies de Racan et de Mme Deshoulières. Sous prétexte de bergeries, nos Français expriment des sentiments quelquefois délicats et vrais; mais le faux règne dans les mœurs et dans tout le reste. Les bergers héroïques de d'Urfé, de Segrais, de Racan, de Fontenelle, de Florian, n'ont jamais existé dans aucun pays, et sont particulièrement inconnus à l'Antiquité. C'est pour la forme qu'ils possèdent un chien et des moutons, et ils ne portent guère la houlette que par contenance. André Chénier a pu donner seul à ses idylles un coloris et un parfum empruntés aux poètes de l'ancienne Grèce.

S'il était possible de concevoir la Pastorale indépendamment de la versification, il semble que le roman de *Paul et Virginie*, de Bernardin de St-Pierre, devrait seul mériter ce nom parmi nous. Aux deux extrémités de l'histoire de ce genre se reproduisent des circonstances tellement analogues, qu'il est impossible de n'en être point frappé : en 1788, la France, comme la Grèce des Ptolémées, n'a-t-elle pas épuisé tous les genres de gloire littéraire? Dogmes religieux et croyances politiques sont également affaiblis. Une analyse ardente, audacieuse, a montré le côté vulnérable des institutions humaines; un siècle s'est écoulé tout rempli par le raisonnement : c'est dans cette lassitude générale qu'apparaît l'histoire simple, pathétique, de *Paul et Virginie*, si propre à distraire de leur ennui des esprits fatigués de tragédies héroïques, rassasiés des jouissances de la civilisation. — De nos jours, on a vu renaître, avec Mme Sand et d'autres écrivains beaucoup moins célèbres, sinon la poésie pastorale, au moins le goût des tableaux champêtres. Ce ne sont que scènes bretonnes ou provençales, scènes du Languedoc ou du Jura, de la Normandie ou du Bocage, formant un contraste piquant avec les idées outrées du siècle. Ne serait-ce pas aussi qu'après les ouragans de passions déchaînées depuis si longtemps dans la littérature, surtout dans le roman, on a besoin de paysages tranquilles et d'émotions honnêtes?

Les autres pays, comme la France, ont eu des écrivains du genre pastoral. Sans parler des ouvrages déjà cités plus haut, l'Italie peut mentionner la *Favola di Orfeo* de Politien, drame pastoral joué dès 1484, l'églogue de *Tirsis* par Castiglione, divers ouvrages de Tansillo, de Beccari, de Lollio, la *Filli di Sciro* de Bonarelli, l'*Alceo* d'Ongaro, et, au xixe siècle, les églogues de Meli, écrites dans le dialecte sicilien. — En Espagne, Boscan et Manuel de Villega naturalisèrent l'idylle ; Montemayor publia une *Diane*, et Cervantes une *Galatée*. Au commencement de notre siècle, Melendez Valdez a laissé des églogues et des romances pastorales qui le placent au-dessus de ses devanciers. — Le Portugal compte parmi les poètes bucoliques Saa de Miranda, Bernardino Ribeira, Christoval Falçam, Antonio Ferreira, Rodrigo Lobo, Diego Bernardez, Andrade Caminha, Alvarès do Oriente. — En général, l'Angleterre n'a point brillé dans le genre pastoral. Le *Calendrier* de Spencer contient des églogues pour tous les mois; Milton fit une pastorale, *Lycidas*; on a une *Arcadie* de Philippe Sidney, quelques morceaux bucoliques de Pope, de Collins, de Gregory, etc. — En Allemagne, Gessner a voulu étendre les limites naturelles du genre, en lui donnant un intérêt plus moral ; il a écrit en prose. On place après lui Voss et Kleist. — Les Hollandais parlent avec éloge des idylles de Tollens.

PASTORALE, en termes de Musique, air qui rappelle la nature champêtre. On a de délicieuses pastorales dans le *Don Juan* de Mozart et le *Joconde* de Nicolo. Certains morceaux d'orgue et de musique d'église, exécutés particulièrement à la fête de Noël, portent le nom de Pas-

torales. Beethoven a composé une célèbre et très-belle *Symphonie pastorale.*

PASTOR FIDO (IL), c.-à-d. *le Berger fidèle*, œuvre du genre pastoral, composée par Guarini à l'imitation de l'*Aminte* du Tasse. Le poète voulut fondre divers genres en un seul, et donna à son poëme le nom de *Tragi-comédie pastorale*. Il devait résulter de cet assemblage une grande irrégularité dans le plan, et de l'invraisemblance dans les détails. L'ouvrage est divisé en 5 actes, qui se passent dans l'Arcadie. Une peste désole le pays, et l'oracle consulté répond que les maux de l'Arcadie finiront par le dévouement d'un berger fidèle. Pour obéir à cet oracle, le poète a imaginé une intrigue trop complexe pour être expliquée ici. Le péril de mort où se trouve l'innocente Amaryllis; le généreux dévouement de Mirtil, qui s'offre à mourir à sa place, quoique les apparences lui fassent croire infidèle; les préparatifs de ce sacrifice; les éclaircissements imprévus qui font reconnaître dans la victime le fils du sacrificateur; les interprétations prophétiques qui rétablissent le vrai sens de l'oracle et délivrent Mirtil; l'insensible chasseur Silvio qui blesse sans le vouloir d'un de ses traits la tendre Dorine, et est amené par la pitié à lui accorder un amour qu'il n'avait pu jusqu'alors sentir pour elle, tous ces ressorts appartiennent à la tragédie. Le sujet n'appartient à la comédie que par quelques accessoires qui pourraient en être retranchés, et à la pastorale que par la qualité des personnages, dont il serait d'autant plus facile de relever la condition qu'elle se trouve le plus souvent au-dessous de leurs sentiments et de leur langage. — Outre les imitations de l'*Aminte*, on trouve dans le *Pastor fido* de nombreux souvenirs du théâtre grec : Guarini a introduit dans son ouvrage le chœur antique, chanté avec accompagnement d'instruments. Le *Pastor fido* fut composé vers 1584, et imprimé en 1590, in-4o. Il obtint un prodigieux succès. Malgré le manque de naturel de quelques-uns des incidents et la recherche du style, il renferme plusieurs morceaux d'une rare beauté : on y remarque une grande richesse d'imagination, surtout dans les descriptions. On lui reproche la subtilité, les sentiments alambiqués, de l'affectation dans le style, et la licence de beaucoup de passages. Le *Pastor fido* a été traduit dans toutes les langues de l'Europe; il en existe, entre autres traductions françaises, une de Pecquet, avec le texte italien, Paris, 1733-1759, 2 vol. in-12. E. B.

PASTOURAUX, nom donné quelquefois aux pierres cubiques qui forment le petit appareil dans les monuments antérieurs au xie siècle.

PASTOURELLES, espèces de poésies pastorales d'églogues dialoguées entre un troubadour et un berger ou une bergère. On les nommait aussi *Vaqueyras* (Vachères). Les plus remarquables sont celles de Giraud Riquier, de Jean Estève de Béziers, et de Paulet de Marseille. Plusieurs pastourelles du moyen âge roulent sur *Robin* et *Marion*, type des amours de village.

PAT (de l'italien *pattare*, faire quitte), terme du jeu d'échecs, se dit lorsqu'un des deux joueurs, n'ayant pas son roi en échec, ne peut plus jouer sans se mettre en prise. Quand on est *pat*, la partie devient nulle.

PATACHE (de l'italien *patascia*), sorte de voiture publique à deux roues et non suspendue, qui est encore en usage dans quelques localités. Certaines pataches sont appelées *patachons*, nom qu'on donne également au conducteur. On en voit où les voyageurs, au nombre de 4 ou de 6, sont assis dos à dos, la voiture se trouvant ouverte des deux côtés, et ils ont les jambes placées dans des espèces de paniers ballants.

PATACHE, bâtiment léger, autrefois employé au service des grands navires pour aller à la découverte ou porter des nouvelles. Le mot est resté pour désigner, soit un vieux navire approprié pour la police d'un arsenal, soit ces bâtiments de la douane ou de l'octroi ancrés dans les ports ou dans les rivières pour percevoir les droits de sortie ou d'entrée sur les marchandises et empêcher la fraude.

PATAGIATA, nom qu'on donnait chez les Romains à une tunique parsemée de fleurs d'or et de pourpre, et ornée de riches franges.

PATAGON (Idiome). Il est guttural, difficile à prononcer, et plein de sons que nos lettres ne sauraient exprimer. Il est plus riche en noms de nombre que beaucoup d'autres langues de l'Amérique.

PATAGON, PATAQUE, PATAR, monnaies. *V.* notre *Dictionnaire de Biographie et d'Histoire*.

PATANI (Dialecte). *V.* AFGHANS (Langue des).

PATAVINITÉ (de *Patavium*, nom latin de Padoue),

défaut dont les Romains faisaient reproche à Tite-Live, mais sur la nature duquel on n'est pas d'accord : selon les uns, c'était une orthographe vicieuse; selon les autres, une prononciation, un accent de province; ou bien, certaines tournures de phrases particulières aux Padouans. On a même imaginé que le mot *Patavinité* était une allusion aux opinions politiques de Tite-Live, qui, comme Padouan, aurait été partisan de Pompée. *V.* Morhof, *De Patavinitate Liviana*, Leyde, 1685.

PATE, ensemble des couleurs d'un tableau. *Peindre dans la pâte*, c'est charger la toile de masses épaisses de couleurs, qu'on fond ensuite les unes dans les autres, au lieu de couvrir le trait d'une ébauche légère, puis de touches successives. Cette pratique est celle de beaucoup de coloristes; mais elle ne convient pas aux peintres dessinateurs, parce qu'elle empêche de suivre les lignes du trait et d'arrêter les contours.

PATELIN ou PATHELIN (Maître Pierre), farce célèbre, le meilleur et l'un des plus anciens monuments du génie comique de la France. Ni l'auteur, ni la date de cette pièce ne sont connus. On l'a attribuée à Pierre Blanchet et à Antoine de La Sale, l'auteur de la *Chronique du petit Jehan de Saintré*. La 1ʳᵉ édition imprimée date de 1474. Un avocat décrié et mis au pilori s'entretenant avec Guillemette, sa digne épouse, des moyens de mettre à neuf leurs habits usés; l'avocat leurrant de belles paroles le drapier, son voisin, pour se faire donner du drap à crédit, puis employant un grossier artifice pour ne pas le payer; le drapier se félicitant d'avoir trompé Patelin en lui vendant 24 sous ce qui n'en vaut que 20; le berger Thibaud Agnelet volant le drapier, son patron, et trouvant Patelin prêt à plaider pour lui; le berger enfin trompant l'avocat qui lui a fait gagner une mauvaise cause, tournant contre lui la ruse qu'il lui a enseignée contre sa partie, et ne répondant à sa demande d'honoraires que par le cri de ses bêtes à laine ; tel est l'ensemble de la pièce. Sans compter beaucoup d'expressions qui sont demeurées proverbiales, le nom de Patelin est devenu dans notre langue le synonyme de flatteur et de fourbe. La farce de l'avocat Patelin a été mise en vers latins par Alexandre Connibert en 1543, et rajeunie par Brueys et Palaprat, qui en firent une comédie en 3 actes en prose, jouée, en 1706, au Théâtre-Français, où elle obtint encore un succès nouveau. On l'a mise de nos jours en opéra-comique (musique de Bazin). La meilleure édition de l'œuvre originale est celle qu'a donnée Génin, sous ce titre : *Maître P. Patelin*, avec une introduction et des notes, Paris, 1854, in-8°. B.

PATELLE. *V.* ce mot dans notre *Dictionnaire de Biographie et d'Histoire.*

PATÈNE, vase sacré en or ou en argent, en forme de petit plat rond, qui sert, pendant la messe, à recouvrir le calice et à recevoir les parcelles de l'hostie. Tout unie à l'intérieur, pour que rien ne s'oppose à la purification que le prêtre doit en faire en certaines circonstances, la patène porte le monogramme de J.-C. gravé à l'extérieur. Cependant, on en connaît une marquée par un artiste allemand des initiales gothiques E. S., avec la date de 1466 : elle représente au milieu Sᵗ Jean-Baptiste assis ; le tour est orné d'enroulements dans lesquels se trouvent 8 médaillons renfermant quatre Pères de l'Église et les animaux symboliques des quatre Évangélistes. L'officiant fait baiser la patène aux personnes qui vont à l'offrande. Primitivement, la patène était plus grande qu'aujourd'hui, parce qu'on s'en servait pour donner la communion aux fidèles; le ciboire ne fut employé à cet usage que vers le xᵉ siècle. *V.* Barraud, *Notice sur les calices et les patènes*, Caen, 1842.

PATENOTRES (du latin *Pater noster*), nom que l'on donna d'abord à l'Oraison dominicale, et qui s'ensuite étendu à toutes sortes de prières , puis au chapelet et aux grains qui le composent. — En termes de Blason, on appelle *Patenôtres* une dizaine de chapelet ou le chapelet tout entier, dont on entoure les écus. En Architecture, ce sont des ornements en forme de grains ronds ou ovales, qui se mettent au-dessus des oves.

PATENTES (Contribution des), droit que l'on paye pour exercer une industrie ou un commerce : tout habitant de la France, citoyen ou étranger, y est assujetti. Par cette contribution, on a voulu faire participer l'État au bénéfice que le commerce retire des capitaux mobiliers. La patente se compose d'un *droit fixe* et d'un *droit proportionnel*. D'après la loi du 25 avril 1844, le droit fixe est établi, pour la plupart des professions, eu égard à la population et d'après un tarif général qui comprend huit classes; eu égard à la population pour certaines autres professions, mais d'après un tarif exceptionnel; sans avoir égard à la population pour certaines grandes manufactures, telles que les filatures, dont la patente est fixée en raison composée du nombre d'ouvriers, de broches, de machines, etc. Le droit proportionnel est établi d'après la valeur locative de l'établissement et d'après sa nature. La nature de l'établissement détermine six catégories : la 1ʳᵉ paye le quinzième de la valeur locative de la maison d'habitation seulement ; la 2ᵉ, le vingtième sur la maison d'habitation ; la 3ᵉ, la 4ᵉ et la 5ᵉ, le vingtième sur la maison d'habitation et sur diverses parties de la maison de commerce; la 6ᵉ, le quarantième. Plusieurs professions sont exemptes de tout droit proportionnel.

Les patentables qui exercent plusieurs commerces, industries ou professions, même dans des communes différentes, doivent seulement la patente pour l'industrie, le commerce, la profession qui donne lieu au plus fort droit fixe. Sont exempts de tout droit de patente : les fonctionnaires publics, les professeurs et les instituteurs, les écrivains publics, les employés salariés, les artistes, les éditeurs de feuilles périodiques, les laboureurs et cultivateurs, les concessionnaires de mines ou de marais salants, les pêcheurs, les sociétés en commandite, les caisses d'épargne, les assurances mutuelles, certains marchands ambulants. Aucune demande ne doit être faite en justice, aucun acte extra-judiciaire ne doit être signifié, aucune obligation notariée ne doit être souscrite, sans que l'officier public qui en est chargé fasse mention de la patente du commerçant pour lequel il agit, ou sans mentionner qu'il n'en a pas, à peine de 500 fr. d'amende.

La patente, qui a remplacé ce qu'on appelait sous l'ancienne monarchie les *Aides* (*V.* ce mot dans notre *Dictionnaire de Biographie et d'Histoire*) fut instituée par la loi des 2-17 mars 1791. Cette loi n'imposait qu'une contribution proportionnelle au loyer des habitations, boutiques, magasins et ateliers ; il n'y avait aucune distinction de classes eu égard à la population des localités; aucune demande ou défense en justice, aucun acte, traité ou transaction en la forme authentique, aucun enregistrement d'acte sous seing privé, ne pouvaient avoir lieu sans production de la patente; les contrevenants à la loi étaient frappés d'une amende quadruple du prix de la patente, et de la confiscation des marchandises; toute personne patentée pouvait faire saisir les marchandises fabriquées ou vendues par des non-patentés, et la moitié des confiscations ou amendes lui appartenait. Un timbre fut ajouté à la patente par décret des 10-17 juin 1791. Le décret des 17-20 septembre de la même année interdit l'énonciation d'aucune profession sur la patente, dans la crainte que cette mention ne ressemblât à une délimitation indirecte de la liberté d'industrie : il distingua seulement, d'après l'élévation du droit, les *patentes supérieures*, qui donnaient le droit d'exercer tous les états, les *patentes simples*, et les *demi-patentes*, ces dernières appartenant aux boulangers seulement. Un décret de la Convention, des 20-21 mars 1793, supprima les droits de patente; ils furent rétablis, pour le négoce ou commerce seulement, par décret du 4 thermidor an III (22 juillet 1795), et tout marchand ou négociant fut tenu, sous peine de confiscation, d'afficher sur le devant de sa maison la nature de son commerce ; en même temps le droit proportionnel au loyer fut transformé en un droit fixe, variable suivant l'importance de la population. La loi du 6 fructidor an V (23 août 1796) divisa les droits de patente en droit fixe et droit proportionnel ; elle embrassa dans ses dispositions non-seulement ceux qui exerçaient le commerce et l'industrie, mais encore diverses professions désignées dans un tableau annexé, tels que les notaires, les architectes, les officiers de santé, les dentistes, etc. ; elle exempta du droit proportionnel le patenté dont le droit fixe ne s'élevait pas à 40 fr. La loi du 9 frimaire an V (30 nov. 1795) dispensa de la patente les citoyens travaillant chez eux pour le compte d'autrui, n'employant pas d'ouvriers, et n'exposant point en vente les produits de leur industrie. Les lois du 11 germinal an V et du 7 brumaire an VI (31 mars et 28 oct. 1797) eurent pour objet d'écarter et de prévenir les difficultés d'exécution des lois précédentes. Ces lois furent coordonnées par une autre loi du 1ᵉʳ brumaire an VII (22 oct. 1798). L'arrêté du 26 brumaire an X (19 nov. 1801) remit aux percepteurs le recouvrement de l'impôt des patentes, jusque-là confié aux receveurs de l'enregistrement, et accorda aux patentés la faculté de se libérer par douzièmes, mois par mois. La loi du 13 floréal de la même année (4 mai 1802) ajouta 5 centimes par franc à l'impôt précédemment fixé, pour former un fonds de dégrèvement et de non-valeurs. La loi du 25 mars 1817 attribua aux Conseils de préfecture le jugement des réclamations des contribuables, et organisa le droit fixe des fabriques et manufactures, sans égard à la population. Une loi du 20 juillet 1837 ayant affranchi les commerçants de l'impôt du timbre des livres de commerce, on ajouta 3 centimes par franc au principal de la contribution de la patente. La loi des 25 avril et 7 mai 1844 est notre règle aujourd'hui en matière de patentes. Toutefois, la loi du 18 mai 1850 a soumis à la patente certaines professions que la loi de 1844 en avait affranchies : telles sont celles des médecins, des chirurgiens, des vétérinaires, des notaires, avocats, agréés, avoués, huissiers, greffiers, commissaires-priseurs, maîtres de pension, lesquels payent un droit proportionnel, fixé au 15e du loyer. V. Balmelle, *Code des patentes*, 1844; Lanier, *Tarif général des patentes*, 1844; Lainé, *Manuel des patentes*, Paris, 1845, in-8o. **L. ET B.**

PATENTE DE SANTÉ, passe-port et certificat de santé qui se délivre dans les ports de mer aux navires en partance. La patente est *nette*, quand elle atteste que le bâtiment est parti d'un pays non infecté; *brute*, quand elle atteste le contraire; *suspecte*, lorsque le navire a relâché dans un port ou communiqué avec des bâtiments dont l'état sanitaire est douteux. C'est d'après les termes de la patente qu'on motive la libre admission du navire, ou qu'on le met en quarantaine.

PATÈQUES, nom que les Anciens donnaient à des figures de petits nains au corps trapu et au ventre proéminent, images des dieux Cabires. V. Morin, *Sur les Dieux patèques*, dans le t. Ier des *Mémoires de l'Académie des Inscriptions*.

PATÈRE, coupe. V. ce mot dans notre *Dictionnaire de Biographie et d'Histoire*.

PATÈRE, ornement en cuivre doré ou en bois, qui est originairement à peu près de la forme d'une patère antique, et sur lequel on tient écartés et drapés les rideaux d'un lit ou d'une fenêtre.

PATERNELLE (Puissance). V. Père.

PATERNITÉ, état ou qualité de père. On distingue : la *paternité légitime*, qui est la conséquence du mariage; la *paternité naturelle*, résultant de la reconnaissance d'un enfant né d'une femme à laquelle on n'est attaché par aucun lien légal; la *paternité civile*, créée par l'adoption. La *paternité adultérine* ou *incestueuse* existe de fait; mais la loi ne la reconnaît ni ne la nomme. L'Église admet une *paternité spirituelle*, espèce d'alliance qui se contracte entre le parrain et le filleul ou la filleule. Le Droit romain avait dit : *Is pater est quem justæ nuptiæ demonstrant*, « Celui-là est le père, qui est désigné par des noces légales. » Le *Code Napoléon* (art. 312) accepte cette maxime, et lui donne plus de rigueur encore : « L'enfant conçu pendant le mariage a pour père le mari. » Toutefois, la loi admet le *Désaveu de paternité*, si le mari prouve une absence ou une impossibilité pendant un temps suffisant, ou encore lorsqu'à la circonstance d'adultère se joindrait le mystère qu'on lui aurait fait de la naissance de l'enfant, ou enfin si l'enfant naît prématurément dans le mariage, c.-à-d. moins de 180 jours après la célébration. Dans ce dernier cas, l'action en désaveu ne serait pas admise, si le mari avait été averti avant le mariage, ou s'il avait assisté à l'acte de naissance, ou si l'enfant n'est pas déclaré viable. L'exercice du droit de désaveu est circonscrit dans un délai très-court : si le mari est sur le lieu de la naissance de l'enfant, le désaveu doit avoir lieu dans le mois; s'il est absent, le délai est de deux mois après son retour. Si on lui a fait mystère de la naissance de l'enfant, le délai est aussi de deux mois. Dans le cas où le mari mourrait pendant le délai légal, les héritiers ont, pour exercer l'action en désaveu, un délai de deux mois, à partir du jour où l'enfant aurait été mis en possession de l'héritage, ou de celui où il les aurait troublés dans cette possession. Hors du mariage, la recherche de la paternité, permise par notre ancienne législation et par les lois de quelques peuples modernes, est absolument interdite (*Code Napol.*, art. 340). V. Demolombe, *De la Paternité et de la Filiation*, in-8o.

PATHELIN. V. Patelin.

PATHÉTIQUE. V. Passions.

PATHOS (du grec *pathos*, passion), fut employé primitivement par les rhéteurs, en opposition avec *ithos*, qui veut dire *mœurs*, pour désigner les mouvements et les passions qu'on s'efforce d'exciter dans l'âme des auditeurs. L'abus de ce moyen oratoire finit par ridiculiser le mot et le faire prendre en mauvaise part : il n'exprime plus qu'une chaleur affectée, un enthousiasme factice et ridicule. En 1672, quand Molière donna sa comédie les

Femmes savantes, il fit dire, en forme d'éloge, par le pédant Vadius au pédant Trissotin (III, 5) :

On voit partout chez vous l'*ithos* et le *pathos*,

ce qui prouve que le mot avait perdu sa signification sérieuse.

PATIENCE (du latin *pati*, souffrir), vertu qui consiste à supporter sans murmure les incommodités de la vie, la douleur, l'injustice, les adversités de toute sorte. Les Stoïciens ramenaient toute la morale à ce seul précepte : *Sustine* (supporte), et le *Manuel* d'Épictète n'est qu'une longue leçon de patience. Le christianisme a donné à la patience, sous le nom de *résignation*, un caractère plus élevé, en présentant les maux de cette vie comme une épreuve salutaire, comme un mérite auprès de Dieu.

PATIENCE. V. Stalle.

PATIENCE (Jeu de). V. Casse-tête.

PATIENCE, combinaison quelconque d'un jeu de cartes, au moyen de laquelle une personne seule arrive à un résultat qu'elle s'est proposé.

PATIENCE RUSSE. V. Nigaud.

PATIENT, terme de l'ancienne musique. V. Agent.

PATIN (du grec *patéin*, marcher?), nom d'une sorte de soulier dont la semelle était fort épaisse, et que les femmes prenaient pour se grandir : cette mode était du temps de Louis XIV, et c'est sans doute pour cela que Dancourt, dans sa comédie le *Chevalier à la mode*, jouée en 1687, a nommé une bourgeoise ridicule et coquette Mme *Patin*; — chaussure supportée par un cercle de fer et par deux petits montants, et destinée à préserver les pieds de toute humidité; — forte semelle de bois, avec ou sans charnière, et sur laquelle était cloué jusqu'à la moitié un chausson de laine. — On appelle plus particulièrement *Patins* une chaussure dont on se sert pour glisser sur la glace : elle est formée d'une semelle de bois, au milieu et dans toute la longueur de laquelle est fixée une lame d'acier droite au talon et recourbée à la pointe; elle se fixe sous chaque pied à l'aide de courroies et de boucles. C'est par préjugé qu'on a dit que le patin est l'exercice des gens du Nord; dans les régions septentrionales, le sol, encombré de neiges, n'est accessible qu'aux traîneaux : on y patine peu et mal, et le patinage en quelque sorte commercial, qui a pour but de pourvoir aux nécessités de la vie, n'a rien de commun avec l'exercice auquel se livrent les patineurs aux États-Unis, en Angleterre, en Hollande, en Russie, en France, etc. Il en est de même des évolutions auxquelles certains soldats norvégiens se livrent sur la glace, à l'aide de deux planchettes de sapin fixées à leurs pieds, et en s'appuyant sur un long pieu armé de fer. L'art du patin, comme on le pratique par plaisir, a des adeptes fort habiles : on les voit simuler les figures de la danse, tourner avec adresse et rapidité, écrire sur la glace toutes les lettres de l'alphabet, dessiner des oiseaux, des portraits, etc. En 1819, on inventa des patins où la lame d'acier était remplacée par trois roulettes de cuivre; malgré les essais maintes fois sur les boulevards et dans différents jardins de Paris, ce genre d'amusement n'a pas eu une longue faveur. Plus tard, deux artistes chorégraphes, les époux Dumas, se servirent de patins à roulettes sur la scène du théâtre de la Porte-St-Martin. Cette épreuve a été renouvelée en grand à l'Opéra de Paris, dans le ballet des patineurs du *Prophète*, opéra de Meyerbeer. **B.**

PATIN, terme de Charpenterie, pièce de bois posée de niveau sur une assise de pierre et servant de base à la charpente d'un escalier. — Dans l'Architecture hydraulique, on nomme *patins* les pièces de bois que l'on couche sur des pieux dans les fondations où le terrain n'est pas solide, et sur lesquelles on assure des plates-formes pour bâtir dans l'eau.

PATINE. V. Bronze.

PATISSIERS. Les cabaretiers, traiteurs, et rôtisseurs, qui donnaient à manger chez eux, vendirent d'abord la pâtisserie, et Louis IX leur donna des règlements en 1270. Mais, en 1567, les pâtissiers furent mis en communauté particulière, dans laquelle on distingua les *oublayeurs* ou fabricants d'oublies, et les *pâtissiers de pain d'épice*. L'apprentissage fut de 5 ans pour les premiers, de 4 ans pour les seconds. La corporation avait pour patron St Michel. Jusqu'à la fin du XVIIIe siècle, les pâtissiers eurent à leur porte des *lanternes vives*, sortes de falots fermés et transparents, ornés de figures grotesques.

PATOIS, mot d'étymologie inconnue, qui désigne le langage du peuple et des paysans particulier à chaque province de France ou à chaque sous-division des diverses provinces. Les patois principaux dont on retrouve aujourd'hui des traces importantes sont : au nord, le *wallon*, le *lorrain*, le *champenois*, le *picard*, le *normand ;* à l'est, le *franc-comtois* et le *bourguignon ;* ils sont des rameaux de la *langue d'oïl* (*V. ce mot*). Au centre, le *poitevin*, l'*auver-gnat*, le *limousin*, le *périgourdin ;* au midi, le *dauphi-nois*, le *provençal*, le *languedocien*, le *gascon*, le *béar-nais*, sont les principaux débris de l'ancienne *langue d'oc* (*V. ce mot*). Les patois tendent à disparaître, grâce à la facilité toujours croissante des communications entre Paris et les départements. Les progrès lents, mais conti-nuels, de la centralisation sous l'ancienne royauté, l'in-fluence des gouverneurs envoyés dans les provinces, avaient refoulé peu à peu dans le tiers-état les langages locaux, tandis que l'aristocratie et même la partie éclairée de la bourgeoisie adoptaient le langage parisien : l'orga-nisation de la France depuis la Révolution, la suppres-sion des provinces féodales, l'envoi de fonctionnaires essentiellement temporaires dans les nouvelles circon-scriptions administratives, pour l'ordre politique, mili-taire, judiciaire, industriel, ou pour l'enseignement pu-blic ; la concentration à Paris des principales écoles gouvernementales et des examens dans les diverses branches du haut enseignement, enfin l'établissement des chemins de fer, tout cela a porté aux patois des coups décisifs. Ils s'effaceront partout devant l'inévitable domi-nation de la langue française, qui dès aujourd'hui est au moins comprise sur presque tous les points du territoire. Il n'y a plus que dans les campagnes écartées des grands centres de population que les patois se maintiennent encore.

La connaissance des patois est précieuse et souvent in-dispensable pour l'intelligence complète de la langue française, et surtout de ses irrégularités : elle est d'un secours très-puissant pour comprendre les écrivains du moyen âge et ceux du xvi⁰ siècle. Les patois nous donnent aussi la clef d'une foule d'étymologies, qui souvent sans cela demeurent fort obscures. Ainsi , le nom bourguignon *bais* nous explique comment *baisser* existe à côté de l'ad-jectif *bas; greindé* (du latin *grandis*), en picard, nous explique le comparatif *greindre* ou *greignor*, de nos écrivains du moyen âge. Le mot *ramon* du même dialecte (un balai) nous révèle l'étymologie du nom *ra-moneur* et du verbe *ramoner*. La préposition *dins* rap-pelle mieux que *dans* l'étymologie latine *de-in*. Elle *feine* (la femme) est une trace de l'origine de l'article français (*V. Article*), et le second mot nous explique comment *femme* rimait au moyen âge avec *aime*.

V. Champollion-Figeac, *Nouvelles recherches sur les patois ou idiomes vulgaires de la France*, Grenoble, 1809, in-12 ; *Mélanges sur les langues, dialectes et patois*, ex-traits des *Mémoires de la Société des Antiquaires de France*, 1 vol. in-8° ; Bottin, *Recherches sur les patois*, 1833 ; Peignot, *Essai sur l'origine de la langue fran-çaise*, 1835 ; Schnackenburg, *Tableau synoptique et com-paratif des idiomes vulgaires ou patois de la France*, Berlin, 1840 ; Pierquin de Gembloux, *Histoire littéraire et philologique*, *et bibliographie des patois français*, Paris, 1841, in-8° ; Escallier, *Remarques sur le patois*, 1857, Douai, 1 vol. in-8°. P.

PATOLA, instrument de musique des Birmans. C'est une sorte de guitare, qui a la forme bizarre d'un alligator.

PATOUILLE, instrument de musique, le même que le claque-bois (*V. ce mot*).

PATRAT.
PATRIARCHES. } *V.* ces mots dans notre *Dictionnaire*
PATRICES. } *de Biographie et d'Histoire.*
PATRICIENS. }

PATRIE, pays où l'on a vu le jour, où sont les proprié-tés, les traditions, les affections et les espérances de la famille, où se groupent des familles alliées par la com-munauté d'origine, de mœurs, de religion, et des com-munautés unies par les mêmes droits, les mêmes de-voirs, la même législation.

PATRIMES. *V.* ce mot dans notre *Dictionnaire de Biographie et d'Histoire.*

PATRIMOINE (du latin *patrimonium*), ensemble des biens qui viennent de la famille, et spécialement du père ou de la mère. Dans notre ancien Droit, les biens provenant de succession de famille portaient le nom de *Propres* (et l'on disait le *Propre paternel*, le *Propre ma-ternel*) ; ceux qu'on acquérait par son industrie person-nelle s'appelaient *Acquêts*. On nomme aujourd'hui *Sépa-ration des patrimoines* l'opération judiciaire qui a pour objet d'empêcher que les biens composant une succession ne se confondent avec ceux de l'héritier qui l'a recueillie

et que les créanciers personnels de cet héritier ne soient payés sur les biens de la succession au préjudice des créanciers et des légataires du défunt. Cette opération est réglée par le *Code Napoléon* (art. 878-881). *V.* Blondeau, *Traité de la séparation des patrimoines, considérée à l'égard des immeubles*, 1840, in-8° ; Dufresne, *Traité de la séparation des patrimoines, suivant les principes du Droit romain et du Code civil*, 1842, in-8°.

PATRIOTISME, sentiment qui consiste non-seulement dans l'amour de la patrie, du pays et de la nation aux-quels on appartient par sa naissance, mais dans la subor-dination et le sacrifice de l'intérêt particulier à l'intérêt général. Ce sentiment peut être poussé jusqu'à la super-stition, jusqu'au fanatisme. Plus les individus possèdent d'occasions de prendre part aux affaires publiques, plus le patriotisme a d'éléments de développement ; mais il n'est pas vrai qu'il soit exclusivement inhérent à telle ou telle forme de constitution politique.

PATRISTIQUE ou PATROLOGIE, nom donné en Alle-magne, et quelquefois en France, à la connaissance des ouvrages et des doctrines des Pères de l'Église.

PATRON, mot qui, sans parler des acceptions qu'il eut dans l'ancienne Rome et au moyen âge (*V.* Patron, dans notre *Dictionnaire de Biographie et d'Histoire*), s'applique : 1° au saint dont on porte le nom, ou sous la protection duquel on s'est placé ; 2° à tout homme qui remplit envers quelqu'un le rôle de protecteur ; 2° au maître, par rapport à ses ouvriers ; 4° au commandant d'un canot, d'une chaloupe ou d'un très-petit bâtiment ; 5° au modèle d'après lequel travaillent certains artisans, et qui figure les différentes parties de leurs ouvrages.

PATRONAGE (Sociétés de), sociétés de bienfaisance qui enveloppent en quelque façon l'individu pauvre et souffrant, l'accompagnent et le soutiennent parmi les si-tuations les plus diverses, et lui constituent comme une nouvelle famille. Le patronage ne saurait être exercé par l'administration publique, laquelle ne peut remplacer le zèle de la charité privée. Il s'est formé des sociétés de patronage pour les apprentis, les jeunes ouvrières, les orphelins, les jeunes détenus, etc.

PATRONYMIQUES (Noms), (du grec *patér*, père, et *onoma*, nom) ; substantifs propres à la langue grecque, qui désignent, à l'aide d'un suffixe particulier, un fils ou une fille, et qui sont dérivés des noms propres du père et quelquefois de la mère. Ils sont terminés en ἴδης, ἴων, ιάδης, είδης, άδης, ιώνος, pour le masculin ; en ιάς, ίς, ίνη, ώνη, pour le féminin (quelquefois en άς et en ττις). Les noms patronymiques, surtout les masculins, ne s'ap-pliquent pas seulement au fils, mais à toute la descen-dance : ainsi, le nom d'*Éacide* a été souvent donné à Achille, petit-fils d'Éaque, et à Néoptolème ou Pyrrhus, son arrière-petit-fils. Certains noms propres ont la forme patronymique, sans en avoir, du moins en apparence, la valeur réelle : tels sont *Miltiade, Carnéade, Aristide, Eu-ripide, Simonide, Léonidas, Brasidas, Philippide*, etc.; il est toutefois vraisemblable que ces noms ont été patro-nymiques dans l'origine, car il y avait des personnages du nom d'*Aristée, Simon, Léon, Philippe*, etc. La termi-naison ιδεύς, qui s'appliquait aux petits des mâles dont le nom est masculin, et la terminaison ίς aux petits de ceux dont le nom est féminin, peuvent être considérées comme patronymiques ; il y en a d'ailleurs fort peu d'exemples. On peut également rattacher ces mots à la classe des diminutifs, comme l'indiquent les suffixes ίδιον et ιον, qui ont généralement une valeur diminutive. — La langue latine n'a point de noms patronymiques qui lui soient propres : elle s'est approprié presque tous ceux qui sont employés dans les poèmes grecs, et en a formé par imitation quelques-uns qui ne sont que des syno-nymes du nom de famille (*Memmiadès* et *Scipiadès*, pour *Memmius* et *Scipio*), ou même d'un nom de peuple, tels que *Æneadæ* pour *Trojani, Romulidæ* pour *Romani* (proprement *fils d'Énée, de Romulus*), à peu près comme les Hébreux disaient *les fils d'Israël* ou *de Jacob* pour se désigner eux-mêmes, comme nous disons *les fils de Danaüs* pour traduire le mot Δαναοί des poèmes homé-riques. — La langue française est tout à fait impropre à former des noms patronymiques à l'aide d'un suffixe particulier. Nous avons emprunté quelques-uns des noms grecs, comme les *Atrides*, les *Héraclides*, les *Danaïdes*, les *Pélopides*, les *Séleucides*, les *Lagides*, les *Sassa-nides*. Les seules traces de noms patronymiques que l'on trouve chez nous sont les noms de dynasties, comme *Mé-rovingiens* (descendants de *Mérovée*), *Carlovingiens* ou *Carolingiens* (descendants de *Carl* ou *Charles*), *Capé-tiens* (descendants de *Capet*). Au reste, si les noms patronymiques sont rares en latin, et impossibles en français, on peut dire qu'ils y sont en même temps inutiles, puisqu'en France, comme autrefois à Rome, le père transmet son nom de famille à tous ses enfants, ce qui n'avait pas lieu en Grèce, où il était fort naturel qu'Atrée fût surnommé *Pélopide* ou fils de Pélops, Agamemnon et Ménélas *Atrides* ou enfants d'Atrée, etc.　　P.

PATROUILLE (de *patrouiller*, agiter l'eau, marcher dans la boue), marche nocturne exécutée par des hommes de garde, suivant un itinéraire déterminé, dans le but d'observer ce qui se passe, de prévenir ou de réprimer tout désordre. Le nom de *Patrouille* s'applique également au détachement qui fait cette ronde.

PATTÉE, nom donné jadis à la portée de quatre lignes du Plain-Chant, parce qu'avant l'imprimerie on la traçait avec une plume à quatre pieds faite en forme de patte.

PATURE (Vaine). V. PANCOURS.

PAU (Château de). Ce château, dont la physionomie féodale a été profondément altérée par des restaurations, est situé à l'extrémité occidentale de la ville, sur un rocher taillé à pic, et présente une réunion de tours liées par des bâtiments plus modernes. Il fut entièrement reconstruit par Gaston Phœbus en 1350. On y arrive par un pont étroit; après avoir passé sous une longue voûte, on entre dans une cour de forme irrégulière, autour de laquelle sont groupées les différentes parties de l'édifice : à gauche est une tour massive et carrée en briques, dont l'intérieur ne reçoit de jour que par de longues et étroites meurtrières; à droite est un beau puits, de 50 mèt. de profondeur. Au Nord s'élève la tour *Montauzet*, de forme carrée, haute de 30 mèt., et où il n'a existé, durant des siècles, qu'une ouverture sur l'une des faces, à 13 mèt. du sol : on présume que cette tour, dont la partie souterraine renfermait de petites cellules pratiquées dans l'épaisseur des murailles, a dû servir d'oubliettes, et qu'on y descendait les malheureux destinés à périr, à l'aide d'une corde et d'une poulie dont on croit voir le point d'attache sur une poutre transversale. C'est dans l'aile méridionale que naquit Henri IV : cette partie du château est ornée avec tout le luxe de la Renaissance; on admire surtout plusieurs tapisseries des Gobelins, la salle à manger, la chapelle ornée de vitraux, et le grand escalier, dont la voûte, les parois et la rampe sont sculptées en rosaces, losanges, chiffres, entrelacs et médaillons. On montre la carapace de tortue qui servit de berceau à Henri IV.

PAUL (Église de SAINT-), à Londres. Deux églises précédèrent le monument actuel. L'une, élevée par l'ordre d'Éthelbert, roi de Kent, fut incendiée en 1083; l'autre, dont la construction dura de 1086 à 1312, perdit en 1561 par un coup de tonnerre la flèche de 100 mèt. qui la surmontait, et périt tout entière dans l'incendie de 1666. L'église moderne, que les Anglais ont trop ambitieusement comparée à St-Pierre de Rome, à Ste-Marie de Florence, et à Ste-Geneviève de Paris, a été bâtie de 1675 à 1710 par Christophe Wren. Elle est entourée d'un mur à hauteur d'appui, sur lequel est scellée une très-belle grille de fer; l'espace qui existe entre ce mur et l'église, et où l'on voit une statue de la reine Anne par Bird, est appelé le *Cimetière*. Le plan de la cathédrale de St-Paul est en forme de croix latine, dont le grand bras est long de 152 mèt., et le petit de 68. La nef centrale a 33m,50 de hauteur. La grande façade occidentale a un développement de 54m,85. Le portique, auquel on monte par 22 marches de marbre noir, est composé de 12 colonnes corinthiennes accouplées; un second portique, de 8 colonnes composites, s'élève sur le premier. Le fronton contient un bas-relief de Bird, représentant la conversion de St Paul; au sommet se dresse une statue colossale de ce saint, et, sur les côtés, les statues de St Pierre, de St Jacques et des quatre Évangélistes. Deux tours s'élèvent à droite et à gauche du portique; elles sont terminées par de petits dômes surmontés d'une pomme de pin dorée : celle du Sud renferme l'horloge, celle du Nord le beffroi. A chacune des extrémités du transept est un portique demi-circulaire, éclairé par une voûte que soutiennent 6 colonnes d'ordre corinthien, et surmonté de statues représentant les Apôtres. Le fronton latéral du Nord représente les armes d'Angleterre soutenues par des Anges. Les murs latéraux de l'édifice sont ornés de deux rangées de pilastres; ceux du bas sont d'ordre corinthien, et ceux du haut, d'ordre composite : l'intervalle entre les pilastres est occupé par des fenêtres. On blâme généralement l'assemblage des deux ordres corinthien et composite, parce qu'ils ont une égale importance. Il en est de même de la multiplicité des vides, qui rompt les lignes architecturales, détruit l'effet de la perspective, et altère l'unité de l'ordonnance. A l'intersection de la nef et du transept, s'élève jusqu'à une hauteur de 110 mèt. un dôme assez majestueux. Il repose sur un soubassement de 6m,50 de hauteur, et est entouré de 32 colonnes corinthiennes : les entre-colonnes, de quatre en quatre, sont remplis de maçonnerie, pour cacher les arcs-boutants et les pieds-droits de la coupole, et servir de niches d'ornement. L'entablement de la colonnade soutient une galerie entourée d'une balustrade, et sur cette galerie s'appuie un attique orné de pilastres et de fenêtres. Enfin, l'entablement de cet attique donne naissance à la coupole, près du sommet de laquelle règne une autre galerie; du milieu de celle-ci s'élève la lanterne, entourée de colonnes corinthiennes, et surmontée d'une boule de 2 mèt. de diamètre sur laquelle est plantée une croix dorée.

Toute la nef de la cathédrale de St-Paul est pavée de pierres blanches et noires, lesquelles, aux abords du maître-autel, sont entremêlées de porphyre. Autour de cette nef sont suspendus des drapeaux conquis par les armées de terre et de mer. Les peintures de la coupole, représentant des scènes de la vie de St Paul, sont de James Thornhill. Le jubé, en fer ciselé, supporte l'orgue. Dans le chœur on remarque 30 stalles, sculptées par Gibbons. La chaire et le pupitre du clerc sont aussi d'une grande beauté. Un assez grand nombre de statues décorent l'intérieur de St-Paul; les plus dignes d'attention sont celles de John Howard et du Dr Johnson par Bacon, de l'évêque Heber par Chantrey, de Reynolds par Flaxman, qui est aussi l'auteur du monument élevé à la mémoire de Nelson. V. Aikin, *Plans, elevations... of the cathedral church of St-Paul*, Londres, 1813, in-4°.　　B.

PAULETTE. V. ce mot dans notre *Dictionnaire de Biographie et d'Histoire*.

PAUME, jeu de balle dans lequel, en un lieu préparé exprès, les joueurs se renvoient une balle avec la *paume* de la main ou un gantelet, une raquette ou un battoir. La *longue paume* est celle à laquelle on joue dans un long espace de terrain ouvert de tous côtés; la *courte paume* ou *trinquet* est celle à laquelle on joue dans un carré long, fermé de murailles, et souvent couvert. — Le jeu de paume remonte à la plus haute antiquité : les Grecs l'appelaient *Sphéristique*, et les Romains *Pila*. Hérodote en attribuait l'invention aux Lydiens. Il est fait mention de ce jeu dans l'*Odyssée* (ch. VI et VIII). En France, on s'y adonna depuis le XVe siècle, et il n'y eut presque pas de quartier à Paris qui n'eût son jeu de courte paume. On avait joué d'abord avec la main nue, puis avec des gantelets; la raquette parut sous Henri IV. La paume perdit une partie de sa vogue à partir de Louis XIII, tout en se maintenant à la cour et chez les grands; elle est à peu près abandonnée aujourd'hui. Néanmoins, l'Empereur Napoléon III a fait construire pour lui, en 1861, un jeu de paume dans le Jardin des Tuileries, à l'extrémité occidentale de la Terrasse des Feuillants.　　B.

PAUMIERS, ancienne corporation d'artisans qui fabriquaient et vendaient les balles, raquettes et autres instruments servant au jeu de paume. L'apprentissage était de 3 ans; le brevet coûtait 30 livres, et la maîtrise 600. Ste Barbe servait de patronne aux Paumiers.

PAUPÉRISME, mal social qui consiste en ce qu'un certain nombre d'hommes ne peuvent pourvoir à leur nourriture et à leur entretien sans recourir à l'assistance publique. Le mot est d'origine récente, mais la chose est fort ancienne, et ce serait une erreur de croire que le paupérisme est un vice inhérent à l'organisation économique et industrielle des temps modernes. Si l'on en cherche les origines dans l'antiquité, il ne faut pas trop se préoccuper de l'esclavage : car l'esclave, qui était une valeur que le maître avait intérêt à conserver, n'était généralement pas voué à une misère complète. Mais le travail servile faisait une concurrence terrible au travail des hommes libres : ce fut aux besoins de ces derniers que l'État dut pourvoir. A Athènes, où l'on professait ce principe, qu'aucun citoyen ne devait être réduit à la misère, le trésor public, alimenté en grande partie par les alliés et les vaincus, fut employé non-seulement pour les besoins collectifs de la population, mais encore pour les dépenses de chaque particulier : la libéralité dont les citoyens usaient envers eux-mêmes multiplia le nombre des imprévoyants et des oisifs, et, depuis le temps de Périclès, tous ces hommes devinrent autant de rentiers de l'État, que l'épuisement des revenus publics après la guerre du Péloponèse réduisit à la plus profonde misère. Il fallut établir une véritable *taxe des pauvres*. — Le paupérisme prit une extension effrayante dans le monde romain. D'une part, une aristocratie implacable exploitait par l'usure ces pauvres plébéiens, désignés par le nom de *prolétaires*, comme s'ils ne devaient avoir d'autre destinée que de donner des enfants à la patrie, et les mettait dans la nécessité de lui tendre la main; de l'autre, l'habitude de vivre aux dépens des nations vaincues détournait les citoyens des voies régulières du travail. Le système des distributions gratuites de blé, et quelquefois de vin et d'huile, devint permanent, et toute une population se trouva ainsi, pour ses besoins journaliers, à la merci d'un petit nombre de familles opulentes. Un tel système ne pouvait qu'aboutir à un appauvrissement universel : en effet, dans les derniers temps de l'Empire, la misère était devenue effroyable; les pauvres augmentaient à proportion des affranchissements provoqués par l'enseignement chrétien; ils accouraient vers Rome dans les moments de disette, et, repoussés avec dureté, mouraient par milliers alentour. Les sociétés antiques ont donc connu le paupérisme, et l'on peut dire que ce mal y fut plus grave que chez les modernes, parce que la pauvreté n'était pas le fait de circonstances exceptionnelles, mais le résultat de l'organisation sociale elle-même. Ce qui caractérise le paupérisme moderne, c'est la concentration de la misère dans certaines localités et chez certaines catégories sociales; d'où résulte la formation de foyers où la dégénération physique et morale de l'espèce humaine a fait des progrès effrayants. Mais les mesures prises contre la mendicité (*V. ce mot*), concertées avec les pratiques de l'assistance (*V. ce mot*), ont été un frein presque toujours suffisant pour arrêter le débordement du paupérisme. Certaines révolutions économiques, certaines crises industrielles, amènent des perturbations; mais elles sont passagères. Si le paupérisme s'est développé en Angleterre plus que dans les autres pays (*V.* TAXE DES PAUVRES, dans notre *Dictionnaire de Biographie et d'Histoire*), il faut l'attribuer aux institutions politiques, qui concentrent la puissance et les capitaux dans les mains d'une aristocratie; au climat, dont les rigueurs augmentent les besoins des populations; aux habitudes que crée une grande prospérité industrielle, et aux privations qui peuvent résulter pour les travailleurs, soit d'une concurrence nouvelle, soit d'un temps d'arrêt dans la production; mais ces causes sont susceptibles de se modifier avec le progrès des institutions et des mœurs.

Il est très-difficile de déterminer dans une société la limite où commence l'indigence, et, par conséquent, l'étendue du paupérisme : l'indigent de nos villes, avec une dose de bien-être plus grande que l'habitant des campagnes, est en réalité plus misérable, et on peut le regarder comme riche en comparaison du sauvage; la pauvreté de l'ouvrier anglais serait, pour beaucoup d'Irlandais, presque de l'opulence, tandis que l'aisance de l'ouvrier français serait pour beaucoup d'Anglais presque un dénûment. Necker, le premier qui ait donné des renseignements statistiques sur la misère en France, évaluait à 7,000 le nombre des mendiants enfermés dans les dépôts, à 110,000 celui des malheureux recueillis dans les hôpitaux publics et dans les établissements de la charité privée, à 6,000 celui des malades admis dans les hôpitaux militaires; il comptait, en outre, 40,000 enfants trouvés, 40,000 infirmes ou vieillards présumés hors d'état de gagner leur vie, 25,000 malades à domicile. La Rochefoucauld-Liancourt, rapporteur d'un comité que l'Assemblée constituante avait chargé de proposer des mesures pour l'abolition de la mendicité, estima la population souffrante à 3,248,691 individus, ainsi décomposés : infirmes et vieillards, 804,775; pauvres valides, 515,362; enfants de pauvres au-dessous de quatre ans, 1,886,035; malades, 42,519. D'après Barrère, en 1794, la proportion des indigents était de 5 pour 100. Fourcroy la portait, en 1800, à 7 pour 100. En 1840, elle était, selon Laborde, de 2 1/2 p. 100, tandis que De Morogues l'évaluait à 6, De Gérando à 20 dans les villes et à 2 dans les campagnes, Balbi seulement à 3. En 1829, Villeneuve-Bargemont adoptait le chiffre de 5 pour 100, et Schoen celui de 14. Toutes ces divergences attestent les incertitudes de la question. — En 1847, M. de Watteville, dans un *Rapport sur l'administration des bureaux de bienfaisance et sur la situation du paupérisme en France*, a constaté les faits suivants : 1,329,659 individus, formant 483,681 familles, étaient inscrits sur les contrôles des bureaux de bienfaisance, ce qui donnait la proportion de 1 indigent sur 12 habitants, c.-à-d. 8 pour 100. Les départements

du nord comptaient 1 indigent sur 9 habitants; ceux de l'est, 1 sur 14; ceux de l'ouest, 1 sur 11; ceux du sud, 1 sur 18; les départements de la frontière de terre, 1 sur 8; ceux des frontières maritimes, 1 sur 10; les départements manufacturiers, 1 sur 8; les départements agricoles, 1 sur 14. Certains départements étaient favorisés : le Var, par exemple, n'avait que 1 indigent sur 42 habitants; les Landes, 1 sur 38; Seine-et-Marne, 1 sur 37; Tarn-et-Garonne, 1 sur 32; l'Yonne, 1 sur 30, etc. Mais il en était d'autres dans une situation plus sombre : le Nord, 1 sur 5; les Côtes-du-Nord, 1 sur 6; le Pas-de-Calais et l'Ille-et-Vilaine, 1 sur 7; l'Aisne, 1 sur 8; la Somme, l'Orne, la Sarthe, 1 sur 9, etc. Plusieurs communes, telles que Vitré (Ille-et-Vilaine) et Armentières (Nord), avaient 1 indigent sur 2 habitants.

A Paris, on comptait 1 indigent sur 12 habitants, à Lyon 1 sur 10, à Marseille et à Bordeaux 1 sur 7, à Rouen 1 sur 31, à Toulouse 1 sur 26, à Nantes et à Strasbourg 1 sur 8, à Lille 1 sur 3. En prenant pour base les listes des bureaux de bienfaisance, M. de Watteville n'a fait ses calculs que pour la population à laquelle ces institutions s'appliquent; mais le chiffre des indigents doit être moins élevé dans les localités où l'on n'a pas jugé utile de créer des établissements charitables. M. de Watteville porte le nombre des indigents à 337,838, dont 242,967 domiciliés, et 94,871 livrés au vagabondage : la moyenne est de 1 mendiant sur 104 habitants pour 63 départements; 23 départements sont au-dessus. Dans le nord de la France, on compte 11 mendiants sur 62 habitants; dans l'est, 1 sur 181; dans l'ouest, 1 sur 100; dans le centre, 1 sur 122; dans le sud, 1 sur 130. Il n'y a pas de mendiants dans le Doubs et le Loiret; tandis que la Charente en compte 1 sur 1,214 habitants, Indre-et-Loire 1 sur 1,069, les Bouches-du-Rhône 1 sur 917, Seine-et-Oise 1 sur 663; il n'y en a que 1 sur 49 dans la Manche, 1 sur 38 dans le Nord, 1 sur 26 dans la Somme, 1 sur 22 dans le Pas-de-Calais, etc. Dans les départements manufacturiers, il y en a 1 sur 71 habitants; dans les départements agricoles, 1 sur 111. — Paris en compte 1 sur 397, Lyon 1 sur 542, Marseille 1 sur 1,429, Toulouse 1 sur 810, Lille 1 sur 307.

Certains philanthropes ont donné au paupérisme des proportions alarmantes : il semblerait, à les entendre, que la prospérité sociale, le repos du monde et la civilisation elle-même seront en péril dans un avenir plus ou moins prochain. Ils allèguent l'exemple de l'Angleterre, où la taxe des pauvres s'est toujours accrue : mais cet accroissement a été la suite, non pas d'une augmentation dans le nombre réel des nécessiteux, mais la conséquence des erreurs commises dans l'application des lois sur les pauvres; la taxe était devenue, pour ceux qui en profitaient, un supplément au salaire, au lieu d'être un secours dans les besoins urgents. Après la réforme des lois sur les pauvres en 1834, le nombre des indigents prenant part à la taxe diminua de plus de moitié, et l'on obtient toujours de semblables effets en maintenant des restrictions fermes aux secours publics. Le paupérisme ne fait pas d'autres progrès que celui qui résulte naturellement d'une augmentation de la population générale. Le nombre des indigents inscrits aux secours publics a diminué, à Paris, de près de moitié en 50 ans, quoique la population de cette cité ait presque doublé. La mendicité a disparu dans plusieurs États, et elle est fort diminuée dans quelques autres. Les pauvres eux-mêmes sont, en général, mieux vêtus et mieux nourris. Enfin, ce qui établit d'une manière frappante une *réduction progressive de la masse de la misère*, c'est l'abaissement progressif et général de la mortalité, la prolongation de la vie moyenne.

Divers remèdes ont été proposés contre le paupérisme : les utopies socialistes, qui préconisent une organisation fondée sur la négation de la propriété ou de la famille, ou de la liberté du travail, conduiraient à une misère universelle et à la dissolution de la société (*V.* SOCIALISME). L'intervention de l'État est insuffisante et souvent dangereuse (*V.* CHARITÉ LÉGALE). L'idée de faire refluer vers l'agriculture les travailleurs et les capitaux que l'industrie manufacturière en a détournés, séduit beaucoup d'esprits, mais les moyens de la réaliser sont encore à découvrir. Le problème du paupérisme n'est pas résolu : il faudrait peut-être en chercher la solution dans une certaine action à exercer, par la loi ou autrement, sur les dispositions morales et sur les habitudes de la classe ouvrière, et dans une certaine manière de pratiquer la charité envers les indigents. *V.* De Morogues, *Du Paupérisme et de la mendicité*, Paris, 1834; P. Schmidt, *Essais sur la population, les salaires et le paupérisme*, en allem., Leipzig,

1836; Eug. Buret, *De la misère des classes laborieuses en Angleterre et en France*, Paris, 1840, 2 vol. in-8°; Moreau-Christophe, *Du problème de la misère et de sa solution chez les peuples anciens et modernes*, 3 vol. in-8°; Béchard, *Le Paupérisme en France*, 1853; Cherbulliez, *Études sur les causes de la misère et sur les moyens d'y porter remède*, 1853; E. Laurent, *Le Paupérisme et les associations de prévoyance*, 1860, in-8°.

PAUSE (du grec *pausis*, venant de *pauô*, faire cesser), en termes de Musique, signe de silence pendant une mesure. Il est figuré par un trait épais placé horizontalement sous la 4° ligne de la portée. Dans une mesure à quatre temps, la pause est le silence d'une ronde; la *demi-pause*, figurée par un gros trait au-dessus de la 3° ligne de la portée, est le silence d'une blanche, mais ne s'emploie que dans cette mesure. Si le silence doit se prolonger pendant un certain nombre de mesures, on l'indique par un chiffre au-dessus de la pause, ou l'on se sert de grosses barres verticales qui signifient 2 ou 4 pauses et que l'on répète autant de fois qu'il est nécessaire (*V.* Baton). **B.**

PAUVRES (Avocat des). *V.* Avocat.

pauvres (Droit des), droit prélevé en France en faveur des hôpitaux sur les recettes des spectacles, concerts, bals et autres amusements publics. On n'imposa primitivement aux directeurs et entrepreneurs qu'une aumône volontaire; ce fut Louis XIV qui, en 1699, rendit la contribution obligatoire, et la fixa au 6° des recettes. Le droit des pauvres, abandonné dans les premières années de la Révolution, fut rétabli à titre provisoire et pour 6 mois par la loi du 7 frimaire an v (28 nov. 1796), et fixé à un décime par franc du prix de chaque billet, ou au quart de la recette, selon la nature de l'établissement; il subsista par prorogations successives jusqu'au 5 décembre 1809, époque où la perception en fut déclarée indéfinie. L'administration des hospices perçoit son droit sur la recette brute, même quand elle ne couvre pas les frais.

pauvres (Taxe des). *V.* Taxe des pauvres, dans notre *Dictionnaire de Biographie et d'Histoire*.

PAVAGE, revêtement placé sur le sol aux endroits où passent fréquemment les hommes ou les animaux. Pour être bon, il doit: 1° s'opposer aux infiltrations d'eau qui affouilleraient le sol; 2° être formé de matériaux assez durs et assez solides pour résister au poids, aux chocs, et à l'usé; 3° présenter une surface unie quand les hommes seuls doivent y marcher, et, si les chevaux doivent le parcourir, certaines aspérités qui facilitent la traction des voitures. Il y a plusieurs espèces de pavages : le *pavage ordinaire*, fait de cubes de pierre, particulièrement de grès, qui ont de 15 à 25 centimètres de côté, et qu'on pose sur une couche de sable de 15 à 20 centimèt. d'épaisseur; c'est celui des rues dans les villes, des cours d'habitation et de certaines chaussées; — le *cailloutis* ou *empierrement* (*V. ce mot*), employé généralement pour les grandes routes; — le *pavage en briques*, fait avec des briques placées de champ, qui se touchent, et dont les joints sont garnis de mortier; on en voit dans certaines localités où la pierre manque; à Venise et en Hollande, les rues sont pavées en briques; — le *pavage en asphalte* ou *bitume*, reposant sur une fondation de béton : on en a un exemple à Paris dans la rue St-Honoré, devant le Palais-Royal; — le *pavage en bois*, pratiqué depuis quelques années seulement, aux endroits où il est nécessaire d'éviter le bruit des voitures, comme aux abords des églises, des tribunaux, des théâtres, sous les portes cochères de quelques hôtels. Ce pavage a été employé pour la première fois dans les rues à St-Pétersbourg, vers 1834, puis en Angleterre, et on en a fait des essais à Paris en 1842, dans les rues Croix-des-Petits-Champs et de Richelieu, au quai de l'Horloge, etc. Il est en bois de boul, et l'on y pratique des rainures pour empêcher les chevaux de glisser. Son avantage est d'amortir le bruit, de ne pas permettre l'accumulation de la boue ni de la poussière, et de diminuer considérablement le tirage; mais il ne dure pas aussi longtemps que le pavage en grès, et, quand il a besoin d'être relevé, les bois ne peuvent plus servir, tandis qu'on peut retailler les pavés. L'ingénieur Polonceau a proposé d'employer des pavés en terre cuite, au lieu de grès. Les Anglais ont essayé des pièces de fonte, et même du caoutchouc, dans les écuries, les allées et les jardins. On a trouvé en France le moyen d'utiliser les grès de nature tendre et friable, en les saturant, au préalable, de bitume.

Les Carthaginois sont regardés comme les premiers qui pavèrent les rues de leurs villes. Celles de Rome commencèrent à être pavées sous le consulat d'un Appius Claudius, l'an 321 avant J.-C. La première route pavée fut construite sous le consulat d'Aurélius Cotta, l'an 241 av. J.-C. Cordoue fut la première ville moderne qui reçut un pavage régulier, en 850. On ne commença de paver Paris que sous le règne de Philippe-Auguste, en 1185; deux rues seulement furent pavées d'abord, et, comme elles se croisaient au centre de la ville, on les appela *la croisée de Paris*. En 1832, en creusant l'égout de la rue St-Denis, on a retrouvé des restes de ce pavage, qui consistait en larges dalles de pierre calcaire dure.

PAVANE, ancienne danse, dont le nom vient, selon les uns, de l'italien *padovana* (padouane), parce qu'on l'aurait empruntée à la ville de Padoue, et, selon les autres, du latin *pavo* (paon), parce que les danseurs étendaient les bras et les mantes en faisant la roue comme les paons. La pavane était une danse grave et sérieuse, réservée aux gens de qualité; les dames y figuraient en robes longues et traînantes, les hommes avec la cape et l'épée. Elle cessa d'être à la mode au milieu du XVII° siècle.

PAVESADE (de l'italien *pavese*, pavois), étoffe qu'on tendait en dehors et autour des bords d'une galère, le jour du combat, pour cacher à l'ennemi les dispositions que l'on prenait. — *Pavesade* s'employait aussi dans le sens de notre mot *Bastingage* (*V. ce mot*).

PAVEURS, ancienne corporation qui reçut ses premiers statuts en 1501. L'apprentissage était de 3 ans; le brevet coûtait 24 livres, et la maîtrise 500. St Roch était le patron des Paveurs.

PAVIE (La Chartreuse de), le monastère peut-être le plus somptueux du monde, à 6 kilomèt. de Pavie. Jean-Galéas Visconti en fut le fondateur en 1396. Après avoir franchi la porte extérieure et un vestibule orné de deux fresques de B. Luini, on entre dans une cour de 100 mèt. de long, sur laquelle est l'église. On dit que l'architecte de cette église fut Henri de Gmünd, le même qui commença la cathédrale de Milan : mais la façade fut dessinée en 1472 par Ambrogio da Fossano, dit Borgognone, et terminée seulement en 1542; elle ne le cède en richesse qu'à celle de l'église St-Marc à Venise. La partie inférieure de cette façade offre des sculptures d'une merveilleuse délicatesse; la partie supérieure est plus particulièrement un travail de marqueterie en marbre. L'église de la Chartreuse est en forme de croix latine, d'une longueur de 76 mèt. sur 53 mèt. de large; elle est divisée en trois nefs à arcades ogivales, et surmontée d'une coupole. De chaque côté de l'édifice sont sept chapelles fermées par des grilles, mais communiquant entre elles par une porte percée dans chaque mur de séparation : elles sont ornées de sculptures en marbre et en pierre dure, exécutées pendant trois siècles par la famille Sacchi, et de peintures dont quelques-unes appartiennent au Borgognone, au Guerchin, et au Pérugin. Une très-belle grille sépare la nef du transept : on voit, dans la croisillon de gauche, une chapelle peinte par Daniel Crespi, et, dans celui de droite, le tombeau de Jean-Galéas par Pellegrini, lequel rappelle pour le style le mausolée de François I°° à St-Denis. Les stalles du chœur sont un travail remarquable de sculpture et de marqueterie, exécuté en 1485 par Bartolomeo da Pola. Le maître-autel, en albâtre, se distingue par la profusion de ses ornements. La vieille sacristie, qui s'ouvre sur le transept septentrional par une porte de marbre sculptée et garnie de médaillons des ducs et des duchesses de Milan, contient un triptyque en dent d'hippopotame; dans la nouvelle, attenante au transept méridional, se trouvent plusieurs peintures d'Andrea Solari. Du même côté sont situés : le Lavoir des moines, orné d'une charmante fresque de Luini; le petit cloître dit de la Fontaine, couvert de bas-reliefs en stuc, et où sont des fresques de Crespi, gâtées par l'humidité; le grand cloître (125 mèt. sur 101), avec portiques à colonnes de marbre surmontées d'ornements en terre cuite.

PAVILLON (du latin *papilio*, qui signifie à la fois *tente* et *papillon*), anciennement de tout logement portatif, rond ou carré, terminé en pointe par le haut, et qui servait au campement des gens de guerre. Le mot a été ensuite appliqué aux tourelles des châteaux, auxquelles un comble élevé donne de la ressemblance avec des tentes. Il s'est dit enfin des petits bâtiments isolés, couverts d'un seul comble, ainsi que des corps de bâtiment liés à d'autres constructions en retraite.

pavillon, tour de lit, plissé par en haut et suspendu au plancher. On le nomme aussi *Couronne*.

pavillon, étoffe dont on recouvre le tabernacle et le ciboire dans une église.

pavillon, en termes de Blason, ce qui enveloppe les

armoiries des souverains. Le pavillon de France était d'azur, semé de fleurs de lis d'or, fourré d'hermine, et surmonté de la couronne royale.

PAVILLON, en termes de Marine, drapeau qui fait connaître la nation à laquelle appartient un bâtiment. Dans ce cas, il s'arbore à la corne, au mât de l'arrière. Sur les navires de l'État, il reste déployé tant que le soleil est sur l'horizon. Le pavillon sert encore à indiquer le rang de l'officier qui est à bord : il est placé au beaupré pour un capitaine, au mât d'artimon pour un contre-amiral, au mât de misaine pour un vice-amiral; les canots portent pavillon sur poupe, déployé pour le capitaine de vaisseau, relevé à la queue pour le capitaine de frégate, roulé sur le mât pour les grades au-dessous. Des pavillons servent aussi de signaux; dans ce cas, ils sont de fantaisie, à couleurs variées. *Hisser* ou *arborer pavillon*, c'est défier l'ennemi au combat; *assurer son pavillon*, c'est tirer un coup de canon et le hissant. *Baisser* ou *amener pavillon*, c'est se rendre. *Mettre le pavillon en berne* c'est le plier dans sa hauteur de manière qu'il ne fasse qu'un faisceau, pour rappeler ceux de l'équipage qui sont à terre, ou pour demander un pilote; c'est aussi un signe de deuil : appuyé d'un coup de canon, le pavillon en berne est un signal de détresse. — Les bâtiments marchands ne peuvent arborer le pavillon national qu'à la poupe. Ils ont, en outre, depuis 1817, des pavillons qui indiquent les arrondissements maritimes auxquels ils appartiennent : de Dunkerque à Honfleur, cornette à 4 bandes horizontales bleues et blanches; de Honfleur à Granville, pavillon triangulaire à 3 bandes verticales, deux bleues, une rouge au milieu; de Granville à Morlaix, cornette à 4 bandes verticales bleues et jaunes; de Morlaix à Quimper, pavillon triangulaire jaune et bleu; de Quimper à Lorient, cornette à 3 bandes horizontales, deux bleues, une rouge au milieu; de Lorient à Paimbeuf, pavillon triangulaire divisé horizontalement en deux parties, bleue et rouge; de Paimbeuf à Royan, cornette à 3 bandes horizontales, deux bleues, une blanche au milieu; de Royan à la frontière d'Espagne, pavillon triangulaire blanc, avec un losange bleu horizontal; de la frontière d'Espagne à Marseille, cornette à 4 bandes horizontales blanches et rouges; de Marseille à la frontière d'Italie, pavillon triangulaire blanc, avec losange horizontal rouge; colonies occidentales, pavillon quadrangulaire à 4 bandes bleues et jaunes; colonies africaines, asiatiques et océaniennes, pavillon quadrangulaire coupé verticalement en 2 parties, rouge et jaune.

PAVILLON, partie évasée en forme d'entonnoir qui termine une trompette, un cor, une trompe de chasse, un hautbois, une clarinette, un trombone, un porte-voix etc.

PAVILLON CHINOIS. V CHAPEAU CHINOIS.

PAVILLON D'OR, monnaie émise par Philippe VI de Valois en 1339, et ainsi appelée parce que le roi y était représenté assis sous un pavillon. Elle était d'or fin à la taille de 48, et valait 30 sous.

PAVOIS, bouclier. V. notre *Dictionnaire de Biographie et d'Histoire.*

PAVOIS, en termes de Marine, décorations que prend un bâtiment en signe de fête, et particulièrement les pavillons et flammes de toutes sortes qu'on hisse à la tête des mâts et au bout des vergues.

PAYE. V. SOLDE et SALAIRE.

PAYEMENT, acquittement d'une dette ou d'une obligation. Pour être valable en Droit et pleinement libératoire, il exige la capacité dans la partie qui paye et dans la partie qui reçoit; la loi admet toutefois des exceptions. Le créancier ne peut être contraint de recevoir ni une autre chose que celle qui lui est due, la valeur de la chose offerte fût-elle même plus grande, ni une partie seulement de la dette. Le payement doit être effectué dans le lieu désigné par la convention : si cette désignation n'existe pas, il a lieu, en général, au domicile du débiteur. Toutefois, si l'obligation est d'un corps certain et déterminé, le payement doit être fait dans le lieu où était, au temps de l'obligation, la chose qui en est l'objet. Les frais du payement (par exemple, dans le cas d'*offres réelles*) et les frais de quittance notariée sont à la charge du débiteur. Un payement n'est pas valable, s'il est fait au mépris d'une opposition régulière; le débiteur qui veut se libérer en présence d'une opposition peut se faire autoriser par justice à verser ses fonds dans la caisse des Dépôts et consignations, ou à remettre la chose qu'il doit livrer dans les mains d'un séquestre judiciaire. S'il existe plusieurs dettes, il y a lieu à *imputation de payement* (V. IMPUTATION). En matière ci-

vile, le défaut de payement au temps convenu ne donne ouverture aux intérêts de la somme due qu'à partir du jour de la demande, à moins de stipulation contraire (*Code Napol.*, art. 1153 et suiv.); en matière commerciale, quand il s'agit de lettres de change ou de billets à ordre, les intérêts courent à partir du protêt. La cessation de payements d'un simple particulier s'appelle *déconfiture*, et celle d'un commerçant, *faillite* (V. ces mots). Il est arrivé, à la suite de certaines commotions politiques, que le gouvernement, dans un intérêt public, à accordé un sursis aux commerçants contre les poursuites de leurs créanciers. La *novation*, la *compensation* et la *confusion* (V. ces mots) sont des payements dans lesquels il n'y a pas numération d'espèces ou délivrance d'objets déterminés. La preuve du payement se fait, soit par titre ou quittance, soit par témoins.

PAYEMENT (Certificat de), pièce délivrée à un entrepreneur de travaux publics par l'ingénieur en chef, dans le but d'attester qu'il y a lieu de lui payer une certaine somme pour des travaux accomplis. Le mode à suivre pour la délivrance de ces certificats a été réglé par une instruction du directeur général des ponts et chaussées du 30 juillet 1811, et par un règlement annexé à une circulaire ministérielle du 27 août 1833.

PAYEUR, fonctionnaire établi dans chaque département pour y acquitter, en vertu des autorisations légales, les dépenses des services de l'État et les dépenses départementales. Les payeurs, institués par décret du 12 octobre 1791, relevaient du ministre des finances. Ils n'étaient pas des agents purement passifs, appelés à viser les mandats qui leur étaient remis, ou à les viser pour qu'ils fussent soldés par les percepteurs; ils vérifiaient si ces mandats se renfermaient dans les limites des ordonnances de délégation qui autorisaient leur délivrance, et constataient la réalité des services et l'identité des porteurs de mandats. Par conséquent, ils pouvaient refuser de payer, lorsqu'ils reconnaissaient une omission ou une irrégularité matérielle dans les pièces justificatives; dans ce cas, ils remettaient au porteur de l'ordonnance ou du mandat la déclaration écrite et motivée de leur refus. Si, néanmoins, l'ordonnateur requérait, par écrit et sous sa responsabilité, qu'il fût passé outre au payement, le payeur y procédait sans délai, mais en informant immédiatement le ministre des finances. Les fonds nécessaires aux payeurs leur étaient remis, au fur et à mesure du service, par les receveurs généraux ou par le caissier central du Trésor. Les ordonnances et mandats de payement ne pouvaient plus être acquittés par les payeurs après la clôture de l'exercice. Il y avait quatre classes de payeurs départementaux, au traitement de 10,000, 8,000, 7,000 et 6,000 fr. Leurs fonctions ont passé, en 1804, aux receveurs généraux.

PAYSAGE, genre de peinture ou de dessin qui représente quelque aspect de la campagne ou de la nature muette. On distingue le *Paysage historique, héroïque* ou *académique*, qui vise au noble et au grand, emprunte ses sujets à la plus riche nature, préfère les sites ornés de temples, de fontaines, de statues, etc., et les anime même par quelque scène tirée de la Fable ou de l'histoire; le *Paysage poétique* ou *idéal*, où tout est de la composition de l'artiste, qui tend moins à reproduire qu'à interpréter la nature; le *Paysage réaliste*, qui ne cherche que l'aspect vrai et l'accent particulier, qui prend la campagne comme elle s'offre le plus souvent à nous, dans la pauvreté de sa ligne générale, dans la couleur monotone de sa végétation, avec les accidents vulgaires de ses terrains. — Les Anciens n'ont réellement pas pratiqué le paysage : s'ils voulaient représenter une montagne ou une source, ils la personnifiaient dans la figure de quelque Dieu. Les fresques d'Herculanum et de Pompéi ne donnent que des vues d'édifices, où la campagne tient une place tout à fait accessoire. La personnification de la nature au moyen de formes humaines se retrouve encore pendant les premiers siècles du moyen âge : par exemple, au baptême de J.-C., on représentait le Jourdain sous la figure d'un homme tenant une urne. Plus tard, les sujets sacrés eurent un arrière-plan sans perspective, où les maisons, les villes, les torrents, les montagnes s'étageaient comme dans une épaisse tapisserie. Les frères Van Eyck, en Flandre, exécutèrent les premiers le paysage en observant la perspective aérienne; toutefois, jusqu'à la fin du xve siècle, le paysage ne forma pas un genre à part; il resta subordonné et accidentel dans les compositions. Ce furent encore deux Flamands, Joachim Patenier et Henri de Bless, qui osèrent faire des tableaux où le paysage fut le sujet principal. Depuis ce

88

moment une nombreuse école se forma dans les Pays-Bas, à la tête de laquelle figurèrent Pierre Breughel et ses fils, Roland Savri, David Vinckebooms, Hondekœter, Josse de Momper, etc. Elle se partagea au xviiᵉ siècle en deux camps : d'un côté, Paul Bril, Adam Elzheimer, Swanevelt, Both, Pynacker, Zachtleven, Asselyn, Poelenourg, Pierre de Laar, se préoccupèrent surtout de la composition et du style, de la science des lignes et des masses ; de l'autre, Van der Neer, Van Goyen, Waterloo, Berghem, Karel Dujardin, Ruysdaël, Hobbema, Paul Potter, Van Everdingen, Van der Heyden, Wouwermans, Van der Velde, Moucheron, Van Artois, A. Cuyp, Wynants, Huysmans, peignirent avec un sentiment plus juste et dans le sens du naturalisme. Au xviiiᵉ siècle, il y eut décadence : on ne peut plus guère citer que Dietrich, Van Os, et Schweichardt. De nos jours, le réalisme domine en Hollande avec Kœkkœk et Schoter. — Parmi les paysagistes allemands, on remarque, au xviiiᵉ siècle, Wertsch, Hackert et Kobell, qui suivirent une direction réaliste, Tischbein et J. Kock, qui opérèrent une réaction idéaliste. Aujourd'hui l'école allemande est revenue presque au génie du moyen âge pour la simplicité de l'exposition ; elle recherche dans l'ensemble l'expression d'une pensée poétique ou même fantastique : tel est le caractère de Lessing, d'Aschenbach, de Scheuren, de Rottmann. On en peut dire autant des artistes norvégiens Gude, Leu et Dohl. A Genève, Diday et Calame cherchent à rendre les impressions terribles, les scènes désolées et sauvages des régions alpestres. — En Angleterre, Turner, Fielding, Stanfield, Martin, etc., sont des paysagistes très-distingués. — L'Espagne n'a guère fourni que Velasquez de Silva et Francesco Collantes. — En Italie, le paysage commença, comme fond des tableaux, dans les écoles de Florence et de Venise, vers la fin du xvᵉ siècle ; il apparut plus libre dans les œuvres des Bellini et de Léonard de Vinci. Le Titien et Dossi furent les premiers qui traitèrent le paysage indépendamment de toute action. Mais, en général, ce fut un élément secondaire dans la peinture italienne ; les seuls noms importants que l'on puisse mentionner sont : Annibal Carrache, Salvator Rosa, le Dominiquin, le Guaspre, Canaletti, Guardi, Panini et Servandoni. — En France, l'école de paysage s'ouvre au xviiᵉ siècle par deux grands noms : le Poussin, maître incomparable du style héroïque, et Claude Lorrain, qui, par le charme suprême de la lumière et de la couleur, est resté le modèle achevé du style poétique. Le paysage de style fut ensuite cultivé par Laurent de La Hire, Sébastien Bourdon, Allegrain, Patel père et fils, Jacques Courtois et Joseph Parrocel. Au xviiiᵉ siècle, Watteau, Lancret, Fragonard, représentent le goût faux et maniéré de leur temps, dont Lantara, Hubert Robert, Boisseau, Le Barbier et Joseph Vernet surent mieux se préserver. Dans notre siècle, l'école historique a eu pour représentants Bertin, Valenciennes, Taunay, Le Prince, Michallon, Bidault, Flandrin, Aligny, Desgofe, Bénouville ; une école nouvelle, que l'on pouvait prévoir dans les œuvres de Watelet, s'est fait connaître par un sentiment plus naïf, plus original de la nature, et elle a produit Théodore Rousseau, Jules Dupré, Flers, Paul Huet, Français, Diaz, Coignet, Troyon, Hostein, Lapito, Daubigny, Achard, Loubon, Léon Fleury, Blanchard, Ch. Leroux, etc. Quelques artistes sont allés demander à l'Orient un soleil plus éclatant, et, parmi eux, Decamps, Marilhat, Fromentin, Dauzats, Théodore Frère, de Fontenay, Borget, Karl Girardet, etc. On pourrait trouver chez Corot et Cabat une tendance éclectique. V. Lecarpentier, Essai sur le paysage, 1817, in-8° ; Deperthes, Théorie du paysage, 1818, et Histoire de l'art du paysage, 1822.

PAYSANS. V. AGRICOLES (Classes).

PAZEND, nom qu'emploient les auteurs persans dans la désignation des anciennes langues de leurs ancêtres. On ne sait s'il désigne une forme corrompue ou populaire du zend (V. ce mot).

PÉAGE (de payage, pour payement), droit qu'on perçoit pour le passage sur un chemin, une chaussée, un pont, etc. Les péages étaient très-multipliés autrefois, et faisaient partie des droits seigneuriaux. Les rois durent prendre des précautions pour remédier aux abus : la déclaration de Louis XIV du 31 janvier 1663 et l'Ordonnance des eaux et forêts de 1669 déterminèrent les droits à percevoir et le mode de perception ; tout prétendant à la jouissance de ces droits dut produire ses titres, et un tribunal fut institué pour en juger la validité. Un arrêt du Conseil, en date du 15 août 1779, réduisit le nombre et la quotité des droits, et ordonna une nouvelle vérification des titres. L'Assemblée constituante, par une loi

du 15 mars 1790, essaya de réprimer les abus qui existaient encore. Le 17 juillet 1793, la Convention supprima sans indemnité tous les droits. Comme on manqua bientôt de ressources pour entretenir les ponts et les routes, on imagina d'établir partout des barrières, qu'on ne pouvait franchir sans payer. Ce système, beaucoup plus intolérable que le précédent, fut aboli par Napoléon Iᵉʳ, et la création des droits d'octroi pourvut aux dépenses des communes. Aujourd'hui les péages ne sont plus guère que des impôts limités au temps nécessaire pour le recouvrement des sommes employées aux constructions ou aux réparations. Les militaires passant pour cause de service ou avec feuille de route sont exempts des droits de péage, ainsi que les fonctionnaires publics dans l'exercice de leurs fonctions. Les contestations sur l'application des tarifs sont jugées par les Conseils de préfecture, sauf pourvoi devant le Conseil d'État. Le refus de payer le droit est justiciable du tribunal de police, qui peut, outre la condamnation au payement, infliger une amende de la valeur d'une à trois journées de travail, et, en cas de récidive, un emprisonnement d'un à trois jours. S'il y a eu injures, menaces ou voies de fait envers les agents de la perception, le tribunal correctionnel prononce une amende de 1 à 100 fr. et un emprisonnement de 3 mois au plus, sans préjudice des dommages-intérêts. Les préposés qui auraient exigé un droit trop élevé subissent les peines infligées au refus de payement (Lois du 6 frimaire an vii, du 2 vendémiaire, du 27 frimaire et du 28 pluviôse an viii. — 26 nov. 1798, 24 sept., 18 nov. 1799, et 17 fév. 1800).

PÉAN, hymne. V. notre Dictionnaire de Biographie et d'Histoire.

PEAUSSIERS, corporation dont les statuts dataient de 1357, et qui fut réunie en 1776 aux tanneurs-hongroyeurs, corroyeurs, mégissiers et parcheminiers. L'apprentissage était de 5 ans, et le compagnonnage de 2. La maîtrise coûtait 600 livres. Les peaussiers recevaient des chamoiseurs et des mégissiers les peaux préparées, et leur donnaient diverses couleurs. Leur patron était Sᵗ Jean-Baptiste.

PÊCHE, amusement et industrie qui ont existé de temps immémorial. Par rapport aux instruments qu'on y emploie, on distingue la Pêche à la ligne ou à l'hameçon et la Pêche au filet ; pour quelques espèces de poissons, on se sert du harpon, de la flèche, et même de projectiles. Eu égard aux lieux où l'on pêche, on distingue la Pêche fluviale et la Pêche maritime. Celle-ci se subdivise en Grande pêche, qui est celle de la baleine, de la morue, etc., exigeant de grandes expéditions maritimes ; et Petite pêche, qui comprend la Pêche côtière, et la Pêche à pied le long du littoral. Le droit de pêche, que les lois romaines abandonnaient à tout le monde, passa au moyen âge entre les mains des seigneurs féodaux. Il fut réglementé pour la première fois dans des ordonnances royales de 1407, 1515, 1554, 1572 et 1597. En 1669, l'État se réserva le droit de pêche dans les fleuves et les rivières navigables, et le laissa aux seigneurs dans les rivières non navigables. Un décret du 8 frimaire an ii (28 nov. 1793) proclama la liberté absolue de la pêche ; mais cette liberté entraîna de si graves abus, qu'un arrêté du 6 messidor an vi (16 juillet 1798) remit en vigueur quelques articles de l'ordonnance de 1669. La loi du 14 floréal an x (4 mai 1802) a restitué à l'État le droit exclusif de pêche dans les cours d'eau navigables et flottables, sauf la pêche à la ligne, qui est restée libre ; dans tous les autres cours d'eau, ainsi que dans les étangs, la pêche appartient aux propriétaires riverains. La loi du 15 avril 1829, qui est le Code de la pêche, détermine la forme et la dimension des instruments à employer, les lieux et les temps où la pêche est prohibée dans l'intérêt de la conservation et de la reproduction du poisson, la pénalité attachée aux contraventions, etc. La police de la pêche fluviale, qui était dans les attributions de l'administration des Eaux et Forêts, a été donnée aux Ponts et Chaussées par décret du 29 avril 1862. — Les principes généraux en matière de pêche maritime ont été posés par le titre 5 de l'ordonnance de la marine du mois d'août 1681, qui déclare la pêche libre, tant en pleine mer que sur les grèves, et qui trace certaines règles relatives aux filets qu'il est permis d'employer, aux temps, saisons et heures pendant lesquels la pêche est prohibée. Depuis cette époque, les principales lois qui concernent la pêche maritime sont celles du 22 avril 1832, du 25 juin 1841, du 23 juin 1846, du 7 août 1850, du 22 août 1851, du 9 janvier 1852 (complétée par le règlement du 4 juillet 1853), et du 31 mai 1865. V. Duhamel du Monceau, Traité des *pêches*, Paris, 1769, 4 vol. in-fol.; Noël de La Morinière, *Histoire générale des pêches anciennes et modernes*, 1815, in-4°; Baudrillart, *Dictionnaire des pêches fluviales et maritimes*, 1827, in-4° et atlas, et *Code de la pêche fluviale*, 1829, 2 vol. in-12; Brousse, *Code de la pêche fluviale*, 1829, in-8°; Hautefeuille, *Code de la pêche maritime*, 1844, in-8°; Rogron, *Codes forestier, de la Pêche fluviale et de la Chasse, expliqués*, 2° édit., 1856.

PÉCHÉ (de l'hébreu *peschab*, ou du latin *peccatum*), transgression de la loi de Dieu. Les théologiens distinguent le *péché actuel*, qui est une action ou une omission contraire à la loi divine (*péché de commission* et *péché d'omission*), et le *péché habituel* ou *état de péché*, qui est la privation de la grâce sanctifiante par l'effet d'une faute grave. Un péché est *véniel* (du latin *venia*, pardon), quand il affaiblit seulement la grâce sanctifiante; il ne mérite pas une peine éternelle, et est ·susceptible d'être pardonné. Un péché est *mortel*, lorsqu'il donne en quelque sorte la mort à l'âme, en la privant de la grâce sanctifiante. Sept péchés mortels ont reçu le nom de *péchés capitaux*, parce qu'ils sont la source de tous les autres; ce sont l'*orgueil*, la *colère*, l'*envie*, la *luxure*, la *gourmandise*, l'*avarice* et la *paresse*. Les péchés s'effacent par le Sacrement de la Pénitence (*V. ce mot*).

PÉCHÉ ORIGINEL, nom que les théologiens donnent à la tache que tout homme apporte dans le monde en naissant, par suite de la désobéissance d'Adam et d'Ève, et qui est effacée par le Baptême (*V. ce mot*). La nature du péché originel ne consiste ni dans une substance mauvaise créée par le démon, comme le prétendaient les Manichéens, ni dans la concupiscence, comme le pensent généralement les Protestants, ni dans une certaine condition vicieuse du corps et de l'âme; c'est la communication du péché du premier homme et la privation de la justice originelle. Le péché originel a introduit dans le monde une multitude de peines : pour le corps, les maladies, les misères de toute sorte, la mort; pour l'âme, l'ignorance, la malice, la concupiscence. Les enfants qui meurent avec le péché originel, parce qu'ils n'ont pas reçu le baptême, sont privés de la vision béatifique de Dieu; mais il n'est pas certain qu'ils souffrent la peine du sens, et les théologiens, ainsi que les Pères, sont partagés sur ce point.

PÊCHEUR (Anneau du). *V.* ANNEAU.

PÉCILE·ou POECILE (du grec *poikilos*, varié), célèbre portique d'Athènes, situé vers le milieu de l'Agora (*V. ce mot*). Il se composait de 4 murs parallèles, entourés d'une colonnade, probablement d'ordre dorique, comme tous les grands monuments d'Athènes, et formant des portiques, où se tenaient les philosophes, que la foule entourait pour les écouter, et où se rendaient les poëtes pour y réciter leurs poésies au public. Ce fut là que Zénon ouvrit la fameuse école qui prit le nom de Stoïcienne ou du Portique (du grec *stoa*, portique). La paroi des murs était couverte de peintures représentant des sujets nationaux, tels que la guerre de Thésée contre les Amazones, les secours fournis par les Athéniens aux Héraclides, leurs victoires sur les Lacédémoniens à OEnoé, sur les Perses à Marathon, etc. La plupart de ces tableaux furent exécutés par Polygnote, Mycon, Pamphile, et Panœnus, frère de Phidias. On voyait aussi suspendus dans le Pécile les boucliers des Scioniens de la Thrace, et ceux qu'on avait enlevés aux Spartiates dans l'île de Sphactérie. A l'entrée on remarquait une statue de Solon. Les vieilles murailles qui se trouvent près de l'église de *Panagia Fanaromeni* paraissent être les restes du Pécile. *V.* dans la *Revue archéologique*, août 1854, un Mémoire de M. Hanriot sur Athènes. H.

PECTIS, instrument de musique à cordes des Anciens. On en attribuait l'invention aux Lydiens.

PECTORAL. *V.* CANCEL et CUIRASSE.

PECTORAL, partie du costume du grand prêtre des Juifs, qu'on appelait aussi *Rational*. *V.* ce mot dans notre *Dictionnaire de Biographie et d'Histoire*.

PÉCULAT, en termes de jurisprudence criminelle des Romains, vol de deniers publics par ceux qui en avaient la perception, le maniement ou l'administration. Les crimes de péculat devinrent très-nombreux dans les deux derniers siècles de la République, et on vit se succéder plusieurs lois destinées à les réprimer (*De pecuniis repetundis*). La peine, qui consistait d'abord en une simple restitution, dont la honte avait paru être un châtiment suffisant, fut portée ensuite au double, au quadruple; on y attacha aussi l'interdiction de certains droits civiques, comme celui d'être témoin ou juge; l'exil fut même prononcé. *V.* CONCUSSION.

PÉCULE. *V.* ce mot dans notre *Dictionnaire de Biographie et d'Histoire*.

PÉDAGOGIE (du grec *païs, paidos*, enfant, et *agôgê*, conduite), art d'élever les enfants. Le mot n'a été employé en ce sens que par les Modernes, surtout en Allemagne, et il s'applique à la fois à l'éducation physique, à l'éducation intellectuelle, et à l'éducation morale. Les Grecs donnaient le nom de *Pédagogues*, pris seulement dans son sens propre, aux esclaves chargés de *conduire* les enfants de leurs maîtres aux écoles et de les ramener; et ils prenaient d'ordinaire pour cet office, ainsi que nous l'apprend Plutarque dans son traité *De l'Éducation*, les esclaves qu'on avait achetés le moins cher et qu'on ne pouvait employer plus utilement à autre chose. Le hasard seul amenait de bons choix. Chez les Romains, le rôle de l'esclave pédagogue se modifia : cet esclave accompagnait l'enfant, veillait sur ses mœurs, dirigeait sa conduite, se plaçait près de lui dans les théâtres, entremêlait de ses réflexions les pièces qu'on y jouait; mais, dans tous les cas, son influence ne laissait pas d'être dangereuse. Vers la fin du paganisme, le mot *pédadogue* était devenu synonyme d'*instituteur* et de *sophiste*. Au moyen âge, les Pédagogues furent les directeurs des établissements d'instruction; par suite, le nom désigna tout homme qui enseignait, et il a fini par ne plus être pris qu'en dérision, en l'appliquant à un pédant plein de morgue. Mais le mot *Pédagogie* a été créé et s'est conservé pour désigner la science de l'éducation.

On trouverait déjà les éléments de cette science épars dans les législateurs et les philosophes de l'antiquité : Moïse, Manou, Lycurgue, Solon, Pythagore, Platon, en ont posé les principes, nécessairement variables selon les mœurs et les institutions sociales du leur temps. Les écrits de Quintilien et de Plutarque fourniraient aussi de précieux renseignements sur la pédagogie de l'antiquité. Æneas Sylvius au xv° siècle, Érasme et Sadolet au xvi°, Fénelon et Locke au xvii°, Rollin, J.-J. Rousseau, Basedow et Pestalozzi au xviii°, et enfin, de nos jours, Niemeyer en Allemagne, le P. Girard en Suisse, ont été les plus illustres théoriciens en matière d'éducation. Il faut avouer que, malgré leurs efforts, la pédagogie est une science encore peu avancée.

Son but est de donner, par les méthodes les plus avantageuses, l'*instruction* et l'*éducation* (*V. ces mots*). Ces deux parties qui composent son domaine, elle doit en traiter selon qu'elles sont publiques ou privées. Il lui faut montrer le degré qui convient à chacune d'elles pour les diverses conditions et catégories de la société, c.-à-d. l'instruction et l'éducation nécessaires aux garçons et aux filles, aux professions libérales et aux professions manuelles, etc. Les mœurs et les institutions d'un peuple étant données, la Pédagogie déterminera le caractère qui convient à l'éducation nationale, et spécialement à l'éducation populaire. Il y a donc là une science vaste et sérieuse, qui n'a jusqu'à présent fait l'objet d'aucun enseignement public. Après la Révolution de 1848, un cours de Pédagogie fut institué à Paris, à l'École normale supérieure; mais il n'a pas été conservé. *V.* Schwartz, *Pédagogie*, Leipzig, 1829; Fritz, *Essai d'un système complet d'éducation*, et *Histoire de la Pédagogie*, Strasbourg et Paris, 1840-43; le P. Girard, *de l'Enseignement régulier de la langue maternelle, dans les écoles et dans les familles*, Paris, 1844, in-8° et in-12; 3° édit. 1853, in-12.

PÉDALE (du latin *pes, pedis*, pied), en termes de Musique, tenue prolongée à la basse pendant un certain nombre de mesures, et sur laquelle on fait plusieurs accords successifs, étrangers pour la plupart à la note soutenue. Les meilleures pédales sont celles dont la tenue devient alternativement note réelle et note accidentelle des accords sous lesquels elles se prolongent. Ce qu'on nomme improprement *pédale supérieure* et *pédale intermédiaire* n'est autre chose qu'une tenue qui entre dans la combinaison des accords, soit comme note réelle ou note de passage, soit comme suspension. La pédale a lieu sur la tonique ou sur la dominante. Son nom vient de ce que, dans l'origine, elle n'était employée que dans la musique d'église par les organistes, qui la faisaient entendre dans le clavier de pédale. B.

PÉDALE, touche de bois ou de métal qu'on fait mouvoir avec les pieds, soit pour modifier l'intensité du son, comme dans le piano, soit pour hausser ou baisser le ton, comme dans la harpe, soit pour faire parler les grands tuyaux de l'orgue, qui rendent les sons les plus graves.

PÉDALE (Jeux de), jeux d'orgue correspondant au clavier de pédale, et qu'on joue avec les pieds; tels sont : parmi les jeux à bouche, les *bourdons*, les *flûtes*, le *prest* grosse tierce, le *nasard*, très-rarement la *quarte de nasard*, et la *tierce;* parmi les jeux d'anche : la *bombarde*, la *trompette* et le *clairon*.　　　　　　　　F. C.

PÉDANT (de l'italien *pedante*), celui qui fait parade de science, qui entasse à tort et à travers les citations, les critiques et les observations, qui affecte en toute chose l'exactitude et la rigidité.

PÉDAUQUE (La reine). *V.* BERTE AUX GRANS PIÉS.

PÉDICULE, petit pilier qui supporte un objet, comme un bénitier ou des fonts baptismaux; — partie par laquelle se terminent les arcs à talon, et que surmonte un bouquet ou un cul-de-lampe.

PÉDUM, bâton pastoral recourbé par le haut. On le voit entre les mains de Pan, des Faunes, des Satyres, de Pàris, etc. Les acteurs comiques de l'antiquité le portaient, parce que Thalie, muse de la comédie, était aussi la muse de l'agriculture.

PEGMA. *V.* ce mot dans notre *Dictionnaire de Biographie et d'Histoire.*

PEHLVI (Idiome), idiome qui fut longtemps parlé dans une grande partie de l'Empire persan, après que le zend (*V. ce mot*) eut été réduit à l'état de langue sacrée. Abandonné de la cour et des hautes classes sous le règne d'Artaxerxès Longue-Main, il perdit à son tour son importance, et, au vᵉ siècle de notre ère, il avait cessé d'être une langue vulgaire : on l'employa encore dans les livres jusqu'à la conquête arabe. Les Guèbres ou Parsis, sectateurs de Zoroastre, l'ont conservé plus longtemps. Le mot *pehlvi*, selon Anquetil-Duperron, signifie *côté, force;* il désignerait en quelque sorte la langue des forts ou des héros. D'autres le font dériver du nom des Pahlvans, qui habitent le Pahlu, un des cantons de la Perse. Quoi qu'il en soit, E. Quatremère regardait le pehlvi comme la langue nationale des Parthes. D'autres ont pensé que c'était l'idiome des Mèdes, employé dans le second des trois systèmes d'écriture cunéiforme (*V. ce mot*). Le pehlvi se rapproche du zend par son vocabulaire, et des langues sémitiques par sa grammaire. Il est à la fois moins riche en voyelles et plus poli que le zend. Il s'écrit de droite à gauche avec un alphabet de 26 lettres, qui dérivent évidemment de celles du zend; cet alphabet, malgré son analogie avec le syriaque, permet d'écrire les voyelles aussi bien que les consonnes, mais il est défectueux en ce qu'on y fait souvent usage d'un même signe pour représenter plusieurs sons différents. — Le *Boundehech* (*V. ce mot*) est écrit en pehlvi. Cette langue est employée sur les médailles et dans les inscriptions des monuments des Sassanides : Silvestre de Sacy et M. de Longpérier en France, Olshausen à Copenhague, Dorn à Sᵗ-Pétersbourg, se sont occupés de les déchiffrer. Les manuscrits d'Anquetil-Duperron, conservés à la Bibliothèque impériale de Paris, contiennent des fragments d'une Grammaire et d'un Vocabulaire du pehlvi. *V.* Müller, *Essai sur la langue pehlvi*, dans le *Journal Asiatique* d'avril 1839; Eugène Boré, *Considérations sur les inscriptions pehlvies*, ibid., juin 1841.

PEIGNE (du latin *pecten*). Les Anciens avaient des peignes d'ivoire ou de buis comme les nôtres, pour se nettoyer la tête. Les peignes d'ivoire faisaient partie du mobilier de la primitive Église, parce que les prêtres étaient dans l'usage de peigner leurs cheveux avant de s'approcher de l'autel : plusieurs de ces peignes ont été conservés dans les Trésors des églises; ainsi, on possède à Sens le peigne de Sᵗ Loup, orné de pierres précieuses et d'animaux symboliques. — Le peigne est aussi un ornement de la toilette des femmes, servant à retenir et à fixer les cheveux : la forme et la matière en ont beaucoup varié; on en a fait un riche objet d'orfévrerie.

PEIGNOIR, vêtement de toile, de calicot, d'indienne ou de mousseline, dont les femmes se couvrent les épaules lorsqu'elles sont à leur toilette du matin. On en a fait un objet de parure, garni de dentelles. — Le peignoir est encore une sorte de robe à manches dont on s'enveloppe après le bain.

PEINE, châtiment apposé à l'infraction d'une loi. Juridiquement, c'est le mal moral ou physique infligé comme sanction des prescriptions de la loi à celui qui n'a pas fait ce que la loi ordonnait, ou qui a fait ce qu'elle défendait. Tantôt elle consiste dans une souffrance corporelle qui peut quelquefois *aller* jusqu'à la privation de la vie, tantôt dans la privation perpétuelle ou temporaire des facultés naturelles, des droits civils, etc., ou même dans le payement d'une amende ou le dessaisissement de certains biens par la confiscation. Suivant Rossi, le principe sur lequel est fondé le droit de punir implique une idée de supériorité; suivant Beccaria, une convention

primitive. Bentham l'a voulu chercher dans l'utilité sociale, dans la nécessité, principe arbitraire et faux dont les conséquences seraient effrayantes. On a invoqué le droit de légitime défense, qui, lui aussi, suppose un pacte social, ce qui n'est pas vrai : d'ailleurs, au moment où la loi frappe le coupable, il est saisi, désarmé, impuissant; la légitime défense n'existe plus. Ce système conduirait inévitablement à l'exagération des pénalités. Il semble plus naturel de chercher avec Rossi, dans la justice elle-même, dans la loi morale, le fondement du droit de punir. La société est la loi de l'homme : les lois qui maintiennent cet ordre doivent être respectées; elles ne peuvent l'être qu'à l'aide des punitions qui frappent les infractions. Aussi la peine est-elle acceptée comme une nécessité sociale, parce qu'elle satisfait la conscience publique, et sa justice est reconnue par celui-là même qu'elle atteint. Le but de la peine n'est pas seulement d'intimider et de punir, ou de réformer le condamné, mais encore de maintenir l'ordre social , et d'affermir l'idée de justice par le spectacle de l'expiation.

La peine doit remplir certaines conditions : il faut qu'elle soit *proportionnelle, exemplaire, réformatrice, instructive, morale, personnelle, divisible, égale, réparable*. De ces qualités, l'une des plus difficiles à atteindre, c'est la proportionnalité. A cet égard, chaque criminaliste propose son principe; Bentham estime que le mal infligé doit surpasser le profit tiré du délit ou des délits présumés. Il admet une exception au cas où il serait très-nuisible, comme moyen de le prévenir. Ne semble-t-il pas plus rationnel et plus juste de dire, avec Rossi, que la proportionnalité de la peine se trouve établie par l'étude du sentiment intime? Le législateur n'a plus alors qu'à fixer le maximum et le minimum entre lesquels se meut la répression; ce sera à la conscience du juge de chercher dans un examen sérieux ce qu'exigent les nécessités de la répression.

Notre Code pénal divise les peines en *criminelles, correctionnelles* ou de *police*. Les peines criminelles sont dites *afflictives et infamantes*, ou simplement *infamantes*. Les peines afflictives et infamantes sont : la mort, les travaux forcés à perpétuité, la déportation, les travaux forcés à temps, la détention, la réclusion. Les peines infamantes sont le bannissement et la dégradation civique. Les peines correctionnelles sont: l'emprisonnement à temps dans une maison de correction, l'interdiction à temps de certains droits civils, civiques et de famille, l'amende. — Sont communs aux crimes et aux délits, le renvoi sous la surveillance de la haute police, la confiscation du corps du délit, appartenant au condamné, ou des choses produites par le délit ou destinées à le commettre. — Les peines de simple police sont l'emprisonnement de 1 à 5 jours, l'amende, et la confiscation de certains objets saisis.

L'ancien Droit était à cet égard bien autrement fécond : il avait *cinq peines capitales* appliquées suivant la gravité des cas : l'écartèlement, le feu vif, la roue, la potence ou gibet, la décollation; *dix-sept peines corporelles*, la question ou torture, les galères perpétuelles, les galères à temps, le fouet sous la custode (dans la prison) appliqué aux enfants, le fouet ordinaire donné publiquement, la langue coupée ou percée, le poing coupé, l'assistance à la potence, le traînement sur la claie (du corps des suicidés), la suspension sous les aisselles, la promenade par les rues, le carcan, le pilori, l'amende honorable publique, l'amende honorable sèche (en chambre du Conseil). Quant aux peines purement afflictives, il y avait le bannissement à vie ou à temps, l'authentique pour les femmes adultères, la reclusion dans une maison de force remplaçant pour les femmes les galères et le bannissement, enfin la prison perpétuelle. — Les peines infamantes de droit étaient alors la mort civile, la condamnation de la mémoire, le blâme, la dégradation de noblesse, l'interdiction perpétuelle d'office, le plus amplement informé indéfini. Les peines infamantes de fait étaient l'admonition, l'abstention des lieux, l'interdiction à temps, le plus amplement informé à temps, le hors de cour. — On comptait aussi quatre peines pécuniaires : la confiscation, l'amende, l'aumône, et la réparation civile. Le Droit actuel, en simplifiant les peines et laissant moins de liberté à l'appréciation du juge, a réalisé un progrès plus rigoureux de l'application plus égale de l'égalité pénale. *V.* Beccaria, *Traité des délits et des peines*, 1764, 1 vol. in-12; J. Bentham, *Théorie des peines et des récompenses*, Paris, 1818, 2 vol. in-8°, trad. par Dumont; Saint-Edme, *Dictionnaire de la pénalité dans toutes les parties du monde connu*, 1818, 5 vol. in-8°; Rossi, *Traité de Droit pénal*, 1829, 3 vol. in-8°; De Molènes, *De l'hu-*

manité dans les lois criminelles, 1830, in-8°; Alauzet, Essai sur les peines, 1842. R. D'E.

PEINE CAPITALE OU PEINE DE MORT. Sa légitimité a été plus d'une fois mise en doute : suivant les uns, parce que l'homme, n'ayant aucun droit sur sa vie, n'avait pu le céder ; suivant les autres, parce que le droit à l'existence étant inviolable, la société ne peut l'ôter. Ces généralités sont sans valeur ; tous les jours elles reçoivent un éclatant démenti. La légitime défense de soi-même ou d'autrui, de l'honneur de sa femme, la guerre, prouvent que le droit d'ôter la vie à son semblable est parfois justifié. On peut donc admettre qu'il existe en principe, et que son exercice est seulement subordonné à la justice de la cause. La cause est juste quand elle a pour but de protéger l'ordre social, de sauvegarder les droits des innocents. La peine de mort est usitée chez tous les peuples, à tous les degrés de civilisation ; elle ne soulève donc pas la conscience humaine. Le droit à la vie est-il d'ailleurs plus sacré que le droit à la liberté, et ne voit-on pas cependant de combien de restrictions celui-ci est justement passible lorsqu'il s'agit de protéger et de défendre l'ordre social? Sans doute la peine de mort ne prévient pas tous les crimes ; mais est-ce à dire que ce soit un frein impuissant, et l'expérience ne montre-t-elle pas tous les jours que c'est le seul frein capable d'arrêter certaines natures perverties? Elle a d'ailleurs au plus haut point plusieurs des mérites d'une bonne pénalité : exemplaire au premier chef ; réformatrice, au moins quant à la conscience du coupable, que l'approche du dernier jour appelle au repentir ; instructive, morale, personnelle. Ses graves inconvénients sont d'être indivisible, inégale, et surtout irréparable. Montesquieu, Mably, Kant, J.-J. Rousseau, de Maistre, Filangieri, Rossi, Merlin, ont soutenu sa parfaite légalité.

Disons quelques mots des vicissitudes qu'a subies à cet égard la législation. L'article 1er de la loi du 4 brumaire an IV (26 octobre 1795) proclamait l'abolition de la peine de mort « à dater du jour de la publication de la paix générale. » Le Code pénal de 1810 l'appliqua avec plus de rigueur que jamais ; de là une réaction que l'institution du jury rendit plus sensible. Après 1830, la Chambre des députés tout entière votait l'abolition de la peine de mort, sur la proposition d'un de ses membres ; vote sans suite, mais qui, lors de la révision du Code pénal en 1832, la fit retrancher dans un bon nombre de cas, et qui, par l'admission des circonstances atténuantes abandonnée au jury, lui permit d'abaisser la peine à un degré inférieur. Dans tous les cas, elle fut restreinte aux crimes qui compromettaient la vie des personnes, et n'est plus applicable aux crimes de fausse monnaie, de contrefaçon du sceau de l'État, ou des billets de banque, aux vols commis avec la réunion des cinq circonstances aggravantes. — La Constitution de 1848 proclama son abolition en matière politique, où la déportation la remplaça (Loi du 8 juin 1850) ; elle ne fut rétablie, plus tard, que pour réprimer les attentats dirigés contre la vie ou la personne de l'Empereur, et contre la vie des personnes de la famille impériale. Aujourd'hui la peine de mort ne s'exécute que par un seul mode, la décapitation au moyen de la guillotine, et n'est accompagnée d'aucune aggravation de souffrances. La mutilation du poing, infligée au parricide par le Code de 1810, a été supprimée en 1832. V. Bossange, Des crimes et des peines capitales, 1822, in-8°; Lucas, Du système pénal et du système répressif en général, et de la peine de mort en particulier, 1827, in-8°; Ducpétiaux, De la peine de mort, Bruxelles, 1827; Guizot, De la peine de mort en matière politique, 1828, in-8°; Urtis, Nécessité du maintien de la peine de mort, 1831; Silvela, Du maintien de la peine de mort, 1832; Roumieu, Plus d'échafaud ! Abolition de la peine de mort, 1833. R. D'E.

PEINTRE DU ROI (Premier), titre donné sous l'ancienne monarchie française, et jusqu'à l'époque de la Révolution, à un peintre ordinaire distingué. Des fonctions étaient attachées à ce titre : c'étaient celles d'ordonnateur de tous les ouvrages de peinture et de sculpture que le roi commandait ; le premier peintre se trouvait ainsi en position d'être le protecteur des artistes, et d'influer sur la direction du goût. Les peintres du roi depuis Louis XIV ont été : Lebrun, nommé en 1662; Mignard (Pierre), en 1690; Carle Vanloo, en 1695; Boucher, en 1705; Pierre, en 1770. Sous le 1er Empire français, David fut peintre de l'empereur. A la Restauration, Louis XVIII donna le titre de son premier peintre à Gérard. Ce titre n'a plus été accordé à aucun artiste depuis la révolution de 1830. C. D—Y.

PEINTURE, art qui, à l'aide de lignes et de couleurs, reproduit l'infinie variété des objets de la nature, et qui, franchissant même les limites du monde matériel pour s'élever aux plus hautes régions de la pensée et de l'imagination, exprime le beau par des formes visibles. Les connaissances nécessaires au peintre sont le dessin, l'anatomie, la perspective linéaire, la perspective aérienne, et le clair-obscur. Pour réaliser les effets qu'il ambitionne, il lui faut le génie de l'invention, la science de la composition, et une grande pratique, c.-à-d. tout ce qui tient à l'exécution, au travail de la main. On doit encore apporter un grand soin au broiement et à la composition des couleurs, à la préparation de la matière sur laquelle ces couleurs seront appliquées. Quelques peintres préparent sur la palette, avant de peindre, les teintes qui leur sont nécessaires : d'autres les font avec le pinceau au fur et à mesure de leurs besoins, ce qui produit plus de variété dans le coloris. — Au point de vue des procédés matériels, on distingue la Peinture à l'huile, à fresque, à l'encaustique, en détrempe, en miniature, à l'aquarelle, au lavis, à la gouache, au pastel, en camaïeu, en mosaïque (V. ces mots). Par rapport aux matières sur lesquelles on peint, on distingue la Peinture murale, sur bois, sur toile, sur ivoire, sur émail, sur porcelaine, sur verre, etc. Eu égard aux sujets représentés, on distingue la Peinture d'histoire, de batailles, de portraits, de genre, de paysages, de marines, d'animaux, de fleurs, de nature morte, d'arabesques, de grotesques (V. ces mots). — Le peintre Dufresnoy a composé un poëme latin sur la peinture (De arte graphicâ). V. Théophile, Schedula diversarum artium, Paris, 1843, in-8°; L.-B. Alberti, De pictura, Bâle, 1540, in-8°; Robert Fludd, Tractatus de arte picturæ, Francfort, 1624, in-fol.; J. Scheffer, Graphice, id est de arte pingendi, Nuremberg, 1669; A.-F. Doni, Il Disegno, Venise, 1549, in-8°; Lomazzo, Trattato dell' arte della pittura, Milan, 1585, in-4°; Léonard de Vinci, Trattato della pittura, trad. en français par Fréart de Chambray, 1651, 1716 et 1724; Algarotti, Saggio sopra la pittura, traduct. en français par Pingeron, Paris, 1769, in-12; Roger de Piles, Cours de peinture par principes, Paris, 1708 et 1720, in-12; Watelet, l'Art de peindre, 1760, in-4°; Liotard, Traité des principes et des règles de la peinture, Genève, 1781, in-8°; Gérard de Lairesse, Le Grand Livre des peintres, Paris, 1787, 2 vol. in-8°; Richardson, Traité de la peinture, traduct. de l'anglais par Rutgers, Amsterdam, 1728, 3 vol. in-8°; Reynolds, Discours sur la peinture, traduct. de l'anglais par Jansson, 1788 et 1806, 2 vol. in-8°; Hagedorn, Réflexions sur la peinture, traduct. de l'allemand par Huber, Leipzig, 1775, in-8°; l'abbé de Marsy, Dictionnaire abrégé de peinture et d'architecture, Paris, 1746, 2 vol. in-8°; Pernetty, Dictionnaire de peinture, de sculpture et de gravure, Paris, 1757, in-8°; Watelet et Lévesque, Dictionnaire de peinture, de sculpture et de gravure, Paris, 1792, 5 vol. in-8°; Paillot de Montabert, Traité complet de la Peinture, 1828-1851, 9 vol. in-8° et atlas.

Pour l'histoire de la Peinture, nous renvoyons aux articles qui lui ont été consacrés pour chaque pays dans le présent Dictionnaire, et en outre des ouvrages indiqués dans ces articles, aux suivants : Bulenger, De Pictura, plastice et statuaria veterum, Leyde, 1627, in-8°; Bellori, Della Pittura antica, Venise, 1697; Junius, De Picturâ Veterum, traité publié par Grævius, Rotterdam, 1694; Durand, Histoire de la Peinture ancienne, Londres, 1725; Turnbull, Traité sur l'ancienne Peinture, en anglais, Londres, 1740; Requeno, Saggi sul ristabilimento dell' antica arte de' Grecia de' Romani pittori, Parme, 1787, in-4°; Letronne, Lettres d'un antiquaire à un artiste sur l'emploi de la peinture historique murale dans la décoration des temples chez les Grecs et les Romains, Paris, 1836, in-8°; Raoul-Rochette, Peintures antiques inédites, Paris, 1836, in-4°; Vasari, Vite de più eccellenti pittori, Florence, 1550, traduit en français par Jeanron et Léclanché, Paris, 1840, 10 vol. in-8°; Dati, Vite de' pittori antichi, Florence, 1667, in-4°; Dezallier d'Argenville, Abrégé de la vie des plus fameux peintres, Paris, 1762, 4 vol. in-8°; Séroux d'Agincourt, Histoire de l'art par les monuments, 1809-23, 6 vol. in-fol.; Denon, Monuments des arts du dessin chez les peuples anciens et modernes, 1800, 4 vol. in-fol.; Ch. Blanc, Histoire des peintres de toutes les écoles, depuis la Renaissance jusqu'à nos jours, Paris, 1849-62, gr. in-4°.

PEINTURE (Académies de). Sans parler des confréries d'artistes qui se placèrent sous le patronage de St Luc (V. ce mot), la première Académie de peinture fut fondée à Milan vers 1484 par Ludovic le Maure, et placée sous la direction de Léonard de Vinci. Des institutions du même genre furent créées à Florence vers 1561, à Padoue en 1710, à Bologne en 1712, à Parme en 1716, à Mantoue en 1769, à Turin en 1777. — En France, l'*Académie de peinture et de sculpture*, dont l'idée appartient à Lebrun, fut autorisée en 1648, et constituée définitivement en 1655. Le chancelier Séguier et Mazarin en furent les premiers protecteurs; parmi les membres primitifs, on distingue Lebrun, Lesueur, Sébastien Bourdon, La Hyre, Louis Boullongne, Sarrasin, etc. L'Académie avait déjà occupé plusieurs maisons, lorsque Louis XIV lui alloua une pension et un logement au Collége de France. Une organisation nouvelle lui fut donnée par Colbert en 1663, et des modifications y furent encore apportées en 1777; à cette même époque on l'établit au Louvre. Elle avait un corps de dignitaires comprenant un directeur, un chancelier, 4 recteurs, 2 adjoints à recteur, 16 honoraires (dont 8 amateurs et 6 associés libres), 12 professeurs de peinture et de sculpture, 6 adjoints à professeur, un professeur de géométrie pour donner des leçons d'architecture et de perspective, un professeur d'anatomie, 8 conseillers, un trésorier, et un secrétaire perpétuel. Ces titres étaient conférés par l'élection, excepté ceux de professeur de géométrie et d'anatomie, que donnait le directeur général des bâtiments du roi. Quant aux titres des membres, d'où les femmes n'étaient pas exclues, il était illimité, mais il ne s'éleva pas au-dessus de 120 à 130: pour y être admis, il fallait présenter un *morceau de réception*, et obtenir le tiers des suffrages. La direction des Gobelins, celle de la manufacture de Sèvres, la garde des tableaux du roi à Versailles, la conservation des sculptures des maisons royales, étaient confiées à des Académiciens. En 1791, les statuts de l'Académie furent refondus ; mais le décret du 8 août 1793 la supprima avec toutes les autres Académies. La collection complète de ses procès-verbaux depuis 1648 est conservée dans les archives de l'École des Beaux-Arts (*V.* BEAUX-ARTS — Académie des.) *V.* Vitet, *l'Académie royale de peinture et de sculpture, Étude historique*, Paris, 1861, in-8°. — Plusieurs provinces eurent des Académies de peinture aussi bien que Paris : nous citerons celles de Nancy (1711), de Toulouse (1751), de Marseille (1753), de Bordeaux (1763), de Reims, de Dijon (1767), de Pau, de Metz, de Clermont-Ferrand, d'Amiens, etc. — L'Espagne possède une Académie de peinture fondée à Madrid en 1752. On en a créé à Éd bourg en 1754, à Londres en 1768, à Copenhague en 1738, à St-Pétersbourg en 1757. L'Allemagne possède les Académies de Nuremberg (1602), de Berlin (1694), de Dresde (1697), d'Augsbourg (1712), de Vienne (1726), de Mayence et de Manheim (1757), de Stuttgard (1761), de Munich (1770), de Cassel (1775), de Weimar (1777), de Francfort (1781), etc. **B.**

PÉJORATIF. *V.* DIMINUTIF.

PÉLASGIQUE (Religion). *V.* GRECQUE (Religion), et, dans notre *Dictionnaire de Biographie et d'Histoire*, le mot PÉLASGES.

PÉLASGIQUES (Langues). *V.* INDO-EUROPÉENNES.

PÉLASGIQUES (Monuments). *V.* CYCLOPÉENS (Murs) et GRECQUE (Architecture).

PÈLERIN (Le Voyage du). *V.* VOYAGE DU PÈLERIN.

PÈLERINAGE (du latin *peregrinatio*), voyage de dévotion que l'on fait à des lieux saints pour obtenir une grâce ou s'acquitter d'un vœu. Au moyen âge, les signes distinctifs du pèlerin étaient le bourdon, l'escarcelle, le chapeau à larges bords, et le froc de laine souvent orné de quelques coquillages plats, attachés sur la poitrine. Les lieux de pèlerinage les plus célèbres pour les chrétiens sont le Saint Sépulcre à Jérusalem, les tombeaux de St Pierre et de St Paul à Rome, l'église Notre-Dame de Lorette dans les États de l'Église, le tombeau de St Benoît au mont Cassin, St Jacques de Compostelle en Espagne, le tombeau de St Thomas Becket à Cantorbéry, ceux de St Martin de Tours, de Ste Radegonde à Poitiers, et de Ste Geneviève à Paris, le Mont St-Michel, Notre-Dame-de-Bon-Secours près de Rouen, Notre-Dame-de-Liesse (Aisne), Ste-Anne-d'Auray (Morbihan), etc. Les Mahométans ont aussi leur pèlerinage à La Mecque; ils doivent le faire au moins une fois.

PÈLERINE, sorte de grand collet rabattu qui tombe par-dessus la robe des femmes, et couvre la poitrine et les épaules comme le collet des pèlerins. Elle est tantôt en étoffe de laine, tantôt en linge, suivant la saison. A la fin du XVIIIe siècle, les hommes avaient des pèlerines attachées à leurs redingotes, et l'on finit par en mettre aussi aux manteaux.

PÉLICAN. L'image de cet oiseau représente symboliquement la charité, le dévouement de soi-même à l'intérêt des autres, et la *rédemption de l'homme par le sang de J.-C.* On ne sait d'où vient, chez les Anciens, la fable que le pélican s'ouvrait la poitrine avec son bec pour nourrir ses petits de son sang. Le pélican a été employé quelquefois à la place de l'aigle-pupitre dans le chœur des églises d'Angleterre.

PÉLISSE (du latin *pellis*, peau, enveloppe), manteau ou mantelet de femme, ordinairement doublé ou garni de fourrures. On donne le même nom à la veste galonnée et bordée de fourrures, que les hussards en grande tenue laissent pendre sur leurs épaules par-dessus la veste ordinaire d'uniforme. Chez les Turcs, la pelisse s'appelle *cafetan* (*V. ce mot*).

PELLETERIES ou **FOURRURES**. Les peaux de bêtes ont été les premiers vêtements de l'homme ; la *Genèse* nous apprend qu'Adam et Ève s'en couvrirent. Les poètes grecs représentent leurs demi-dieux ou leurs héros enveloppés de peaux de lions, de tigres et de loups; c'était aussi le costume des Amazones. Les peuples du Midi, habitant sous un climat chaud, adoptèrent de préférence les étoffes légères ; mais ceux du Nord portèrent de tout temps des vêtements fourrés. Les Barbares qui envahirent l'Empire romain étaient pour la plupart couverts de peaux d'ours. Pendant le moyen âge, la mode des fourrures fut très-répandue; on en garnissait les manteaux, les cottes, les capes, les chaperons et les robes ; les seigneurs portaient des vêtements fourrés, et l'hermine resta longtemps en Occident ce qu'elle est encore dans quelques pays de l'Orient, un signe de supériorité ou de commandement. Il y eut une telle fureur de porter des pelleteries, que des édits de Philippe le Bel en France et de Henri II en Angleterre eurent pour but de la réprimer; au XIVe siècle, l'usage des fourrures fut interdit aux Anglais qui n'avaient pas 100 liv. sterl. de revenu. Par un anachronisme commun dans ces temps-là, les auteurs des vignettes des manuscrits et les peintres verriers ont représenté avec des fourrures les anciens chefs des Franks et même les personnages de l'antiquité. Les fourrures variaient suivant les conditions sociales : aux nobles appartenaient l'hermine et le vair ; aux bourgeois, la martre, la loutre, l'écureuil et l'agneau ; aux gens de la campagne et aux moines, le lapin, le chat, le blaireau, etc. On faisait même en fourrures les couvertures de lit. Dès le XIIe siècle l'art de les teindre était connu. L'abstinence de pelleteries semblait être une grande mortification : Philippe-Auguste et Richard Cœur-de-Lion, à leur départ pour la Croisade, jurèrent de n'en plus porter; Louis IX fit de même, par motif de piété. Plusieurs termes du Blason, *vair, gueules, hermine, sable, sinople, pourpre*, furent empruntés aux fourrures.

PELLETIERS ou **FOURREURS**, un des six grands corps de métiers de Paris. Aux entrées des rois et des reines, ils portaient le dais royal. Leurs statuts remontaient au XIIIe siècle.

PELOTE (Jeu de la), jeu de paume auquel se livraient, le jour de Pâques, dans la cathédrale d'Auxerre, les chanoines et les magistrats, soutane et robe retroussées. Ce singulier usage fut aboli en 1531.

PELOTON, terme d'Art militaire qui a eu diverses acceptions : au XVIe siècle, quand on mélangeait les armes de pied et de cheval, le *peloton* était un groupe d'une quarantaine d'arquebusiers, répartis entre les escadrons d'hommes d'armes. Au XVIIe, on appela *demi-quart de manche, demi-quart de rang*, une fraction d'infanterie à peu près comparable au peloton actuel. L'ordonnance de 1766 emploie le mot *peloton* pour signifier, tantôt *double division*, tantôt *demi-division*. Depuis 1774, il a une signification précise : le *peloton* est au point de vue de la tactique ce qu'est la *compagnie* au point de vue de l'administration. Un bataillon sur le champ de bataille ou en marche est divisé en pelotons, égaux en force autant que possible, ce qui n'a presque jamais lieu dans la division par compagnies. *Peloton* est un terme de commandement, *compagnie* n'en est jamais un. Le capitaine d'une compagnie commande toujours les mêmes hommes ; celui d'un peloton peut ne pas les avoir tous ou en avoir un plus grand nombre sous ses ordres, si l'équilibre tactique exige que des soldats soient admis ou retranchés momentanément. Dans l'*école de peloton*, on s'exerce à la manœuvre du peloton.

PELTASTES. } *V.* ces mots dans notre *Dictionnaire*
PELTE. } *de Biographie et d'Histoire*.

PÉNAL (Code), celui de nos Codes où sont contenues les dispositions répressives des **crimes**, des **délits** et des contraventions. Il a dissipé l'obscurité de l'ancienne législation, dont les dispositions compliquées et confuses laissaient trop de place à l'arbitraire du juge. L'Assemblée constituante avait posé un principe fécond en décrétant l'égalité de la peine pour tous. Un premier essai de codification fut tenté en 1791, par la Loi des 25 sept. et 6 oct., dont le tort était de n'édicter que des peines fixes, que le juge ne pouvait abaisser. Puis vint le Code du 3 brumaire an IV (25 oct. 1795), sous le titre de *Code des délits et des peines* : une part trop large y était faite à l'instruction criminelle. Sous le Consulat, une commission fut nommée pour jeter les bases d'une codification nouvelle; mais la discussion des articles fut interrompue en l'an XIII (1805) pour ne reprendre qu'en 1808. Le 8 janvier fut présenté au Conseil d'État le nouveau projet, divisé en deux codes distincts, le *Code d'Instruction criminelle* et le *Code pénal*. Ce dernier commença à être discuté le 4 octobre 1808, et l'examen continua jusqu'au 18 janvier 1810. Il fut mis en vigueur à partir du 1er janvier 1811, et comprend IV livres et 484 articles. Le premier livre traite des peines en matière criminelle et correctionnelle, et de leurs effets; le second, des personnes punissables, excusables ou responsables pour crimes et délits; le troisième, des crimes et des délits, et de leur punition; le quatrième, des contraventions de police, et de leur répression. Le Code pénal subit quelques modifications pendant la Restauration; mais les plus importantes sont le résultat de la loi du 28 avril 1832, qui en remania, pour les adoucir, près de 80 articles. V. Bavoux, *Leçons préliminaires sur le Code pénal*, 1821, in-8°; Legraverend, *Traité de la législation criminelle en France*, revu par Duvergier, 1832, 2 vol. in-4°; Carnot, *Commentaire sur le Code pénal*, 2e édit., 1830, 2 vol. in-4°; Brissot-Warville, *Théorie des lois criminelles*, 1836, 2 vol. in-8°; Rauter, *Traité théorique et pratique du Droit criminel français*, 1836, 2 vol. in-8°; Rogron, *Codes d'instruction criminelle et pénal expliqués*, 4e édit., 1849, 2 vol. in-8°; Bonnin, *Commentaire du Code pénal*, 1845, in-8°; Chauveau et Faustin Hélie, *Théorie du Code pénal*, 3e édit., 1853, 6 vol. in-8°; Trébutien, *Cours élémentaire de Droit criminel*, 1854, 2 vol. in-8°; F. Berriat Saint-Prix, *Analyse du Code pénal*, 1855, gr. in-8°; Bertauld, *Cours de Code pénal et Leçons de législation criminelle*, 2e édit., 1859, in-8°; A. Blanche, *Études pratiques sur le Code pénal*, 1861, in-8°.   R. D'E.

PÉNAL (Droit). V. DROIT CRIMINEL.

PÉNALE (Clause). V. CLAUSE.

PÉNALES (Colonies). V. COLONIES, dans notre *Dictionnaire de Biographie et d'Histoire*.

PÉNALITÉ, système de peines établies par les lois. V. PEINE.

PENCE. V. PENNY.

PENCHANTS, inclinations du caractère à telles ou telles actions. Ils sont distincts des *appétits*, ce qu'ils viennent, non du corps, mais du cœur, et appartiennent à la vie morale, non à la vie des sens; puis des *passions*, en ce qu'ils sont primitifs et ne s'allument ni ne s'éteignent au courant de la vie, mais nous font descendre une pente douce et facile. Ils sont inhérents à notre nature, mais ne dépendent pas des organes corporels (V. PHRÉNOLOGIE). Les penchants nous poussent vers un but, mais sans nous déterminer fatalement à des actes nécessaires, comme le fait l'instinct chez les brutes. Pour y résister, nous avons la volonté, l'éducation, quelquefois la crainte d'un mal ou d'un châtiment.

PENDAISON, genre de supplice capital qui était usité en France avant 1789, où l'on condamnés à mort, et qui existe encore en Angleterre, aux États-Unis, et en Espagne.

PENDENTIF, terme d'Architecture. On l'applique : 1° dans une voûte sphérique percée de baies cintrées, aux parties qui se trouvent entre ces baies; 2° dans une voûte d'arête, aux espaces compris dans les angles qu'elle forme à ses points de naissance; 3° dans une tour carrée dans une coupole, aux encorbellements placés dans les angles, et qui sont destinés à soutenir une partie de la coupole. Dans ce dernier cas, le pendentif est formé par un petit arc, ou disposé en trompe; quelquefois c'est un simple plan incliné : on lui donne aussi les noms de *panache* et de *fourche*. On peut citer comme modèles de pendentifs ceux des Invalides de Paris, dont les surfaces sont taillées de sculptures représentant les Évangélistes, et ceux du Panthéon (Ste-Geneviève), peints par Gérard. — Les *pendentifs de moderne* sont les portions triangulaires de voûtes ogivales comprises entre les arcs-doubleaux, les formerets, et les nervures. — Les *pendentifs de Valence* sont ceux en manière de cul-de-four qui couvrent, par exemple, les croisées des églises St-Sulpice et St-Roch à Paris; leur nom vient, dit-on, d'un monument funéraire de Valence en Dauphiné, où l'on en prit le modèle. — Le mot *pendentif* s'emploie aussi comme synonyme de *cul-de-lampe* et de *clef pendante* (V. ces mots).

PENDJABI, dialecte indien dérivé du sanscrit, et parlé dans le Pendjâb. C'est celui dans lequel sont écrits les livres saints des Seykhs. On en a des Grammaires par Carey (Serampour, 1812), et par Leach (Bombay, 1838), et un Dictionnaire par Starkey (Calcutta, 1850).

PENDULE, horloge de chambre ou de salon, qu'on place d'ordinaire sur la cheminée. Son nom lui vient de ce que la marche en est réglée par un pendule. Le mouvement est enveloppé d'une caisse en albâtre, en marbre, en bronze, en cuivre doré, ou en ébénisterie, surmontée de sujets variés. Au XVIIe siècle, et même au XVIIIe, on plaçait souvent les pendules sur un pied ou console fixé au mur de l'appartement.

PÉNICHE (de l'anglais *pinnace*, second canot d'un vaisseau), nom donné à toute embarcation de bâtiment de guerre, généralement fine et légère, plus propre à aller à la voile qu'à la rame. On emploie comme garde-côtes des péniches bordant beaucoup d'avirons, gréées comme un lougre, et munies de pierriers, parfois d'un canon en coursive.

PÉNITENCE (du latin *pœnitentia*, repentir), l'un des Sacrements de l'Église catholique, celui par lequel le prêtre remet les péchés à ceux qui se confessent à lui. Il embrasse la *contrition*, la *confession*, l'*absolution*, la *satisfaction* (V. ces mots). Le *tribunal de la pénitence* est le lieu où le prêtre reçoit la confession du pénitent. On nomme *Psaumes de la pénitence* sept psaumes de David que l'Église a choisis pour servir de prières à ceux qui demandent à Dieu pardon de leurs péchés. — La *Pénitence* est encore la peine expiatoire que le prêtre impose au pénitent pour la satisfaction des fautes dont il l'absout, par exemple, une prière, un jeûne, une aumône, un pèlerinage, etc. Les Juifs faisaient pénitence avec le sac, la cendre et le cilice. L'*interdiction*, l'*excommunication*, l'*amende honorable* (V. ces mots), peuvent être rangées au nombre des pénitences.

PÉNITENCE (Canons de la). V. CANONS.

PÉNITENCERIE, tribunal ecclésiastique de la cour de Rome, dans lequel s'examinent les *cas réservés* au souverain pontife, et se délivrent les bulles, grâces et dispenses concernant la conscience, comme les dispenses de vie religieuse, de certains empêchements au mariage, les absolutions de censures, etc. Il est composé d'un cardinal président, appelé *grand pénitencier*, d'un auditeur de la Rote appelé *régent*, d'un dataire, de 3 procureurs ou secrétaires, de 2 consulteurs, d'un officier qui signe et scelle, d'un correcteur qui revise, et de 3 écrivains. Les pièces qu'il délivre sont gratuites, et portent les mots *pro Deo* (pour Dieu); elles ne sont pas remises à l'impétrant, mais à un prêtre que celui-ci a choisi, et qui les brûle, après l'avoir confessé et absous.

PÉNITENCIER, prêtre auquel l'évêque donne le pouvoir d'absoudre des *cas réservés* dans tout le diocèse.

PÉNITENCIER, prison où sont appliqués les différents systèmes de l'emprisonnement individuel. Le mot n'est appliqué en France qu'aux prisons militaires de cette espèce, créées par ordonnance du 3 déc. 1832, telles que celles de Lyon, de Metz, de Besançon, d'Alger, et autrefois de St-Germain-en-Laye, où l'on envoie les condamnés à plus d'un an de prison. V. au *Supplément*.

PÉNITENT, celui qui a recours au sacrement de la Pénitence, ou qui a quelque exercice de pénitence à accomplir. On donne le même nom aux membres des confréries qui font profession de certaines pénitences, et qui, surtout dans les pays du Midi, vont en procession couverts d'une espèce de sac et d'un capuchon ne laissant voir que les yeux.

PÉNITENTIAIRE (Système), système qui a pour but de prévenir les inconvénients de l'emprisonnement commun et de réformer les coupables. Autrefois l'incarcération des prisonniers n'était qu'un acte de vindicte publique, avec divers degrés de châtiment : aujourd'hui, on veut que l'expiation infligée par la société ait le double but de punir et de moraliser. Le *système d'Auburn*, appliqué en 1810 dans la ville de ce nom aux États-Unis, consiste à isoler les détenus dans des cellules pendant la nuit, à les faire travailler, manger et se promener en commun pendant le jour, en observant le silence le plus rigoureux; toute distraction, toute communication des prisonniers par paroles, par gestes, par regards, sont instantanément punies d'un certain nombre de coups de nerf de bœuf. Ce système a le tort d'exposer le condamné à une tentation continuelle. Il a été appliqué en France aux pénitenciers militaires. Le *système pensylvanien* ou *de Philadelphie*, d'après lequel on enfermait nuit et jour le prisonnier dans une cellule où n'arrivait aucun bruit du dehors, et cela sans travail, sans promenade, sans échange de parole ou de regard avec qui que ce fût, a dû être abandonné : au lieu de punir et de moraliser, il abrutissait, il rendait fou, il tuait. Un système mixte fut introduit dans les maisons centrales de France par arrêté ministériel du 10 mai 1839 : les détenus couchaient séparément dans des dortoirs communs, éclairés et surveillés; pour tout le reste, la discipline était la même que dans les prisons américaines : ce système ne produisit pas les fruits qu'on en attendait. La loi de réforme des prisons, votée en 1844, établit le *système cellulaire*, consistant à renfermer les prisonniers dans des cellules isolées, mais à leur donner la distraction du travail, des promenades individuelles, et d'un contact journalier avec les employés de la maison et avec les personnes honnêtes du dehors admises à les visiter, ainsi qu'une instruction scolaire, morale et religieuse. On n'a appliqué ce système qu'à un petit nombre de prisons, entre autres, celle de la Roquette et de Mazas à Paris. En Angleterre, le système pénitentiaire paraît avoir traversé des vicissitudes, embrasse aujourd'hui trois périodes distinctes : 1° l'*emprisonnement cellulaire*, qui est d'un an au plus, dans les prisons de Pentonville et de Milbank; le calme de cette vie nouvelle, le travail, les lectures choisies, les consolations et les encouragements du chapelain, la régularité des exercices, doivent transformer le condamné; 2° la *vie en commun dans des ateliers de travaux publics*, pendant un temps proportionné à la durée de la peine entière; ces ateliers sont dans la presqu'île de Portland (Dorset); les travaux exigeant une grande dépense de force, les condamnés reçoivent une nourriture substantielle, sont bien vêtus et confortablement couchés; on développe leur instruction morale et religieuse par un enseignement élémentaire, des lectures, des chants en chœur; la nuit, ils sont en cellule; 3° la *transportation* dans une colonie. Les femmes ne sont pas soumises aux travaux publics, et on ne transporte que celles auxquelles leur constitution physique permet de supporter ce genre de peine. Les enfants condamnés à la transportation subissent l'emprisonnement cellulaire et le travail public à Parkhurst, dans l'île de Wight. V. Lucas, *Du système pénitentiaire en Europe et aux États-Unis*, 1828-31, 3 vol. in-8°; Blosseville, *Histoire des colonies pénales de l'Angleterre en Australie*, 1831, in-8°; Ayliès, *Du système pénitentiaire et de ses conditions fondamentales*, 1836, in-8°; Marquet-Vasselot, *Examen historique et critique des diverses théories pénitentiaires*, 1836, 3 vol. in-8°; Bérenger, *Des moyens propres à généraliser en France le système pénitentiaire*, 4e édit., 1837, in-8°, et *De la répression pénale, de ses formes, de ses effets*, 1855, 2 vol. in-8°; Julius, *Du système pénitentiaire américain*, 1837, in-8°; Ducpétiaux, *Du progrès et de l'état actuel de la réforme pénitentiaire et des institutions préventives aux États-Unis, en France, en Suisse*, 1838, 3 vol. in-18; Léon Faucher, *De la réforme des prisons*, 1838, in-8°; Grillet-Wammy, *Manuel des prisons, ou Exposé historique, théorique et pratique du système pénitentiaire*, 1838, in-8°; Alauzet, *Essai sur les peines et le système pénitentiaire*, 1842, in-8°; Allier, *Études sur le système pénitentiaire et les sociétés de patronage*, 1842, in-8°; Beaumont et Tocqueville, *Du système pénitentiaire aux États-Unis, et de son application en France*, 1832, in-8°; Lafarelle, *Coup d'œil sur le régime répressif et pénitentiaire de l'ancien et du nouveau monde*, 1846, in-8°; Lepelletier (de la Sarthe), *Système pénitentiaire*, 1854, gr. in-8°. V. aussi PRISONS.

PÉNITENTIEL, livre qui renferme les *canons de la pénitence*. V. CANONS.

PENNE ou PENNAGE, en termes de Blason, se dit des plumes (en latin *pennæ*) adaptées à un chapeau sur un écu.

PENNE, se disait, au moyen âge, des créneaux d'une muraille de château, et du château même.

PENNE, en termes de Marine, extrémité supérieure d'une vergue à antenne. *Faire la penne*, c'est apiquer l'antenne de manière que la partie inférieure soit appliquée au mât.

PENNILLIONS, pièces de chant des Gallois, improvisées par le chanteur sur les modulations d'un harpiste.

PENNING, monnaie de compte de Hollande, valant le 6e du sou ou un denier.

PENNON. *V.* ce mot dans notre *Dictionnaire de Biographie et d'Histoire*.

PENNY, au pluriel *pence* (de l'allemand *pfennig*), monnaie anglaise, jadis d'argent, aujourd'hui de cuivre, et qui vaut 12 centimes 1/2. Il en entre 12 au schelling, et 240 à la livre sterling. Le *half-penny* est un demi-penny, et le *farthing* un quart de penny.

PÉNOMBRE, en termes de Peinture, point où l'ombre, s'associant à la lumière, établit le passage du clair à l'obscur.

PENON (pour *pennon*), sorte de girouette composée d'un bâton, garni, à sa partie supérieure, de petites tranches de liège, sur lesquelles sont plantées des plumes qui indiquent la direction du vent.

PENORCON, espèce de pandore (*V. ce mot*) qui était en usage au XVIIe siècle. Il avait un large manche garni de 9 cordes.

PENSÉE. C'est tantôt le principe intelligent lui-même (*V.* INTELLIGENCE), tantôt et plus souvent l'acte dans lequel il se manifeste, pris dans le sens le plus général, et sans acception d'objet ni de degré. On veut dire par là que le nom de pensée désignera aussi bien un souvenir qu'une perception présente, un jugement qu'une simple conception. Descartes va plus loin : en donnant pour point de départ à sa philosophie, et pour base à toute certitude, le fait de l'existence personnelle, *je suis*, attesté par la conscience, *je pense*, il est tout disposé à envelopper sous cette désignation commune toutes les formes de l'activité morale, et même à faire de la pensée le fond même de notre être : « Qu'est-ce que je suis? dit-il (*2e Médit.*); une chose qui pense. Qu'est-ce qu'une chose qui pense? C'est une chose qui doute, qui entend, qui conçoit, qui affirme, qui nie, qui veut, qui ne veut pas, qui imagine aussi, et qui sent. » Qu'on dise que c'est le même principe qui sent, pense et veut, à la bonne heure; mais c'est confondre mal à propos les différentes fonctions de ce principe que de les ramener ainsi à un type unique. Toute science vit de distinctions, et les distinctions les meilleures sont celles qui correspondent le plus exactement aux différences que présentent dans la nature les phénomènes ou groupes principaux de phénomènes. Or, quoi de plus différent qu'une sensation, une pensée, une résolution volontaire? La même nécessité d'analyse doit faire distinguer dans la Pensée, suivant la nature des objets auxquels elle s'applique et les conditions dans lesquelles elle s'exerce, les modes secondaires de la Conscience, de la Perception extérieure, de la Mémoire, de la Raison, et les différentes fonctions du Raisonnement; à un autre point de vue, les opérations de plus en plus compliquées de la simple Conception, du Jugement et du Raisonnement (*V. ces mots*). — Attribut essentiel de l'âme humaine, la pensée a été, à juste titre, considéré par les métaphysiciens les plus exacts, comme un de ceux que l'on doit concevoir portés à la perfection dans la nature divine. C'est par une exagération de ce principe, que, dans la théodicée péripatéticienne, on suppose qu'en Dieu la pensée parfaite ne peut penser qu'un objet parfait, c.-à-d. elle-même; et c'est ainsi qu'il faut expliquer cette fameuse et bizarre formule : « La pensée est la pensée de la pensée. » Bornons-nous à croire avec Fénelon que « Dieu, qui nous a faits et qui nous a donné l'être pensant, n'aurait pu nous le donner s'il ne l'avait pas. Il pense donc, et il pense infiniment; puisqu'il a la plénitude de l'être, il faut qu'il ait la plénitude de l'intelligence, qui est une sorte d'être. » (*De l'existence de Dieu*, IIe part. art. 5). B—E.

PENSÉES, nom donné à certains ouvrages composés de réflexions philosophiques ou morales sur des sujets détachés. Outre les recueils qu'on a formés d'extraits de différents auteurs, il existe quatre principaux recueils qui ont le titre de *Pensées*, et que nous ont laissés Marc-Aurèle, Pascal, Montesquieu, et Joubert.

Les *Pensées de Marc-Aurèle* sont des réflexions écrites en grec au jour le jour, par un prince qui, toute sa vie, même au milieu des préoccupations du pouvoir, trouva de la douceur à cultiver la philosophie. Le recueil qu'il intitula : *Pour lui-même* comprend 12 livres : le 1er est une énumération touchante, dictée par la reconnaissance, des leçons que Marc-Aurèle devait aux différents membres de sa famille et de l'être ses maîtres, et des biens que lui avaient accordés les Dieux; les onze autres ressemblent à un journal où cet empereur, dans ses moments de loisir, se plut à déposer, sans beaucoup d'ordre, les pensées que lui suggéraient les événements de son règne et ses méditations assidues. On est saisi de surprise et comme de vénération, lorsqu'on parcourt ces entretiens d'une âme d'élite avec elle-même, et l'on ne sait qui le plus admirer, de l'homme, du philosophe, ou du prince. L'homme se tient en garde contre la haine, la colère, l'impatience même, et se rappelle à la mansuétude envers tous ses semblables, qu'il nomme des amis naturels. Le philosophe parle tour à tour en stoïcien et en chrétien : stoïcien, il se promet de ressembler au promontoire contre lequel se brisent les vagues impuissantes, ou, quand les objets extérieurs l'ont un instant troublé malgré qu'il en eût, de revenir promptement à lui-même et de rétablir l'harmonie dans son âme; en présence des ténèbres, du néant, du flux éternel de la matière et du temps, il se soutient par sa propre vertu, et attend sans impatience le terme marqué à sa vie, car il sait que rien n'arrive qui ne soit dans les convenances de la nature universelle; il se défend du découragement et de la plainte dans les épreuves; il les accueille avec complaisance, parce qu'elles servent au bien général, et que ce qui sert à l'essaim sert aussi à l'abeille. Chrétien à son insu, il veut que l'accomplissement du bien soit désintéressé; pour lui, tout ce qui tient du corps est un fleuve qui s'écoule, tout ce qui tient de l'âme n'est que songe et fumée, la vie est un combat et un exil, et la gloire posthume un oubli; la justice, les actions utiles au genre humain, voilà ce qui a du prix; l'injustice, le mensonge, la recherche des voluptés, la crainte des épreuves, autant d'impiétés. Empereur, il se recommande la modération et la clémence, la persévérance dans les desseins mûrement étudiés, le mépris de la fausse gloire et l'amour du travail, la simplicité de cœur avec ses amis, la haine de la flatterie et des délations, l'équité, le respect du mérite, la modestie et la docilité de quelque part que viennent les bons avis, la pratique des mœurs anciennes sans ostentation ni apparat, l'épargne des deniers publics, le dévouement infatigable à la prospérité de tout l'État.

Les *Pensées* de Pascal sont les fragments ou plutôt les matériaux d'un grand ouvrage que le pieux solitaire de Port-Royal méditait en l'honneur et pour la défense de la religion. Il se proposait de confondre les ennemis communs des Jansénistes et des Jésuites, les esprits forts, les sceptiques et les impies. L'ouvrage eût été didactique; mais, pour ne perdre aucun moyen d'agir sur ses lecteurs, pour prévenir la monotonie inhérente aux écrits de cette sorte, Pascal eût sans doute mis en usage tous les artifices du style : en effet, on trouve çà et là, parmi les *Pensées*, des traits d'histoire ancienne et moderne, des dialogues d'un tour singulièrement vif et original, une prosopopée dont l'accent inspiré rappelle celle de Lucrèce où l'homme qui s'effraye et s'indigne de mourir (art. XII, p. 175); en un mot, toute une riche et saine rhétorique. Quant à l'ordonnance du livre, Pascal l'avait fait connaître lui-même dans un Entretien dont nous possédons l'abrégé; le plan renfermait deux parties : 1º peindre l'homme en présence du monde extérieur, en lui-même, et dans la société, et, par le tableau des contradictions de sa nature, lui inspirer le désir de connaître enfin qui il est, d'où il vient, et où il va; 2º montrer que ni les philosophies ni les religions anciennes ne lui donnent le mot de l'énigme, mais que la religion chrétienne, prouvée par les destinées extraordinaires du peuple juif, par les saintes Écritures, les miracles et les prophéties, par la doctrine et la vie de J.-C., par les apôtres, les martyrs et les saints, peut seule dissiper l'incertitude de son esprit et calmer les angoisses de son âme. — Nous connaissons, par l'*Entretien avec M. de Sacy sur Épictète et Montaigne*, la doctrine de Pascal. Là, après avoir exposé ce qu'il considère comme le côté solide ou le côté faible de l'une et l'autre école, il conclut, en vrai janséniste, que la source de leurs erreurs est « de n'avoir pas su que l'état de l'homme à présent diffère de celui de sa création; de sorte que l'une, remarquant quelques traces de sa première grandeur et ignorant sa corruption, a traité la nature comme saine et sans besoin de réparateur, au lieu que l'autre, éprouvant la misère présente et ignorant la première dignité, traite la nature comme nécessairement infirme et irréparable. La doctrine de l'Évangile accorde seule ces contrariétés : car, tandis que les sages du monde placent les contraires dans un même sujet, la foi apprend à les mettre en des sujets différents, ce qu'il y a d'infirme appartenant à la nature, ce qu'il y a de puissant appartenant à la grâce. » L'argumentation de Pascal tend à prouver que l'homme, condamné à l'erreur par sa nature déchue, ce que n'avaient pas vu les Stoïciens, mais capable aussi de la

vérité par la grâce, ce que n'a pas remarqué Montaigne, doit s'humilier pour obtenir l'assistance divine, et qu'ainsi la foi est l'unique refuge où il puisse trouver une lumière pour son esprit et une règle pour sa conduite. Les *Pensées* ne sont que le développement de ce système. Pascal, mettant l'homme en présence de la nature, entre l'infini et le néant, comme entre deux abîmes, le réduit à n'apercevoir que quelque apparence du milieu des choses, dans un désespoir éternel de connaître ni leur principe ni leur fin. Il est vrai qu'après avoir ainsi jeté l'homme un atome dans l'immensité de la nature, il le proclame supérieur à l'univers par la pensée; mais c'est pour aboutir à cette triste conclusion : s'il se vante, je l'abaisse; s'il s'abaisse, je le vante, et je le contredis toujours, jusqu'à ce qu'il comprenne qu'il est un monstre incompréhensible. Considérez maintenant l'homme en lui-même, avec ses dispositions à l'orgueil et à la vanité; étudiez la puissance de l'imagination sur sa conduite, sur ses jugements et ses opinions; observez ses occupations et ses divertissements; examinez les diverses facultés de son intelligence; enfin, jetez les regards sur la société, et méditez sur les spectacles que vous offrent l'inégalité des conditions, les lois, la justice, la force et le gouvernement; tout, selon Pascal, vous attestera la corruption présente de la nature humaine, et la nécessité de chercher en Dieu, en Dieu seul, la vérité et le bonheur. En vain rend-il hommage à la raison ; en vain dit-il quelque part qu'elle nous commande plus impérieusement qu'un maître, parce qu'en désobéissant à l'un on est malheureux, en désobéissant à l'autre on est un sot; il semble qu'il n'établisse la puissance de la raison que pour lui assurer le droit de se démontrer à elle-même son insuffisance. Et telle est sur ce point la hardiesse de conviction de Pascal, telle est en cela sa ressemblance avec Montaigne, qu'il a pu écrire certaines pensées qui vont jusqu'à blesser le sens commun et la notion naturelle de la justice par une apparence singulière d'audace sophistique, de déraison, et même d'iniquité. Qu'on lise ce qu'il dit des médecins et de leurs bonnets carrés (art. III, p. 34), de l'égalité des biens qu'il proclame juste (art. VI, p. 74), de la justice que fait et défait la mode (art. III, p. 37; V, 73); qu'on le voie mettre sur la même ligne, pour les poursuivre de son persiflage, les soldats de Mahomet, les voleurs, les hérétiques, etc. (art. VI, p. 93), et approuver les erreurs communes qui fixent l'esprit des hommes, sous prétexte qu'il ne leur est pas si mauvais d'être dans l'erreur que dans une curiosité inquiète des choses qui leur échappent (art. VII, p. 107); qu'on l'entende enfin s'écrier que se moquer de la philosophie, c'est vraiment philosopher (*ib.*, p. 115) : et l'on conviendra qu'il est difficile de contredire plus ouvertement les inspirations du bon sens, au moins en un écrit, ou de toucher de plus près du scepticisme universel. Seulement, tandis que Montaigne s'arrête à ce point, et proclame que le doute, ou, comme il dit lui-même, l'ignorance et l'incuriosité sont deux doux oreillers pour une tête bien faite, Pascal suit son chemin pour aller chercher ailleurs le repos et la félicité. La conclusion de Montaigne n'est plus que la prémisse de Pascal : « Que sais-je ? » Voilà le dernier mot des connaissances humaines; tenons-nous-y, dit l'un; demandons à Dieu la vérité, l'autre. Pascal était profondément convaincu de la vérité de sa religion, et si sa confiance en la raison fut quelque peu ébranlée par les arguments de Montaigne, sa foi ne le fut pas. Mais comme il composait son ouvrage pour les incrédules, c'est par la raison, dont il avait battu en brèche l'autorité (art. III, p. 50; VII, p. 104; X, p. 152), qu'il prétendit les confondre, et il crut possible son triomphe. On ne peut le nier, il y a, dans ses preuves, de quoi surprendre et forcer à la méditation, sinon convaincre le sceptique. Et pourtant, chose étrange dans Pascal qui veut faire aimer la religion avant d'en établir le caractère divin, la sienne est plus propre à troubler l'âme et à la terrifier qu'à l'encourager et l'affermir. Y a-t-il donc une grande douceur à penser que la justice envers les réprouvés est moins énorme que la miséricorde envers les élus (art. X, p. 144), et qu'ainsi l'éternité des récompenses est plus incompréhensible que celle des châtiments? Le cœur et la raison ne répugnent-ils pas à croire qu'il faille définir la religion chrétienne « une religion contre nature, contre le sens commun, contre nos plaisirs » (art. XI, p. 170); qu'il faille, pour son salut, fuir la société de ses semblables, et répéter avec le janséniste : « On mourra seul, il faut donc faire comme si on était seul » (art. XIV, p. 188)? Peut-on admettre sans effroi que la grâce, condition nécessaire du salut, est toute gratuite, qu'elle souffle où il lui plaît, et que les impies peuvent être ainsi un peu de temps plus remplis de foi que les croyants, et ceux-ci au contraire tomber dans l'aveuglement où sont les autres? (art. ix, p. 141; cf. 492-93).

Tel est le système de Pascal. Contrairement à Descartes qui sépara nettement la religion de la philosophie, et qui fit bien, Pascal subordonne la philosophie à la religion, ou plutôt à sa religion, au jansénisme: hors de là point de salut, ni de vérité inébranlable. Ce fut sa conviction, mais aussi son tourment. Tandis que Descartes, pour avoir distingué les vérités de la raison des dogmes de la foi, pour s'être enfermé de parti pris dans le domaine de l'intelligence pure, y gagna de pouvoir se livrer, au sein d'une inaltérable quiétude, à ses méditations sur l'âme et sur Dieu, Pascal, pour avoir entrepris de prouver la révélation comme une vérité de raisonnement, vécut au milieu des angoisses: comme si ce n'était pas assez, pour sauver sa vie, de l'incertitude cruelle où le tenaient les doctrines jansénistes sur son propre sort, il prit en quelque façon charge d'âmes; il osa former le dessein de rendre désormais le doute impossible en matière religieuse, et d'assurer à jamais, par la rigueur de sa démonstration, à tous les hommes de bonne volonté la paix et la sécurité dans la foi. De son argumentation allait dépendre peut-être le bonheur ou le malheur éternel de quiconque se fierait à ses lumières. De là les efforts opiniâtres de sa pensée, toujours active et jamais satisfaite. Quoi d'étonnant, si sa vie fut un long martyre, et si son style, qui reflète tous les mouvements de son âme, atteignit une désespérante perfection? Descartes avait introduit dans notre idiome la justesse, la netteté, la lumière; Pascal, outre la force et la rigueur géométrique, lui donna l'éclat et la passion. — Quoique toutes les pensées de Pascal aient rapport à la religion, cependant le plan qu'il s'était tracé n'était pas tellement étroit qu'il n'ait su y jeter des aperçus, souvent d'une originalité ou d'une hardiesse extraordinaire, sur tous les sujets qui intéressent les hommes. Précurseur de Bossuet en histoire, dans trois lignes il résumait d'avance le *Discours sur l'histoire universelle* (art. xix, p. 250). Précurseur de Fénelon en critique, il a donné l'exemple de juger avec une liberté respectueuse les Anciens (*Fragm. d'un traité du vide*, p. 436), et il n'a pas craint de relever les fausses beautés de Cicéron (art. vii, p. 115). A demi précurseur de Racine en ce qui touche les effets de l'amour (car Racine a peint l'amour surtout chez les femmes), il a écrit sur ce sujet des observations dont la grâce égale la finesse ou parfois la profondeur (*Discours sur les passions de l'amour*, p. 505). Précurseur du xviiie siècle en politique, tandis que ses contemporains ont généralement pour règle de s'accommoder à ce qui est établi, il semble prévoir déjà les principes nouveaux que les publicistes de l'âge suivant feront prévaloir (art. vi, p. 95). Dans les incrédules de son temps, sa pénétrante sagacité avait deviné la philosophie sceptique de la génération prochaine, et senti la nécessité de tourner d'avance contre elle tous ses coups (art. xxiv, p. 354).

Entre les *Pensées diverses* de Montesquieu et celles de Pascal, tout diffère: l'intention qui les dicte et l'importance que leur assigne le dessein de l'auteur, l'esprit qui les conçoit et le cœur qui les inspire, la plume qui les écrit, les matières mêmes qui les fournissent. Pascal méditait un grand ouvrage dont ses *Pensées* sont les matériaux; Montesquieu se distrait de ses grands ouvrages en rédigeant chaque soir, par délassement, ses observations de la journée. Pascal veut déterminer le chrétien à laisser là toute affaire pour songer uniquement à son salut; Montesquieu, en dédiant ses *Pensées* à son fils, lui présente plusieurs carrières à parcourir, et lui permet l'ambition, parce que l'ambition, bien dirigée, est un sentiment mis en nous par Dieu, utile à la société, et que la sagesse consiste à régler les sentiments, non à les détruire. Le recueil des *Pensées* de Montesquieu, assez court d'ailleurs, se divise en huit chapitres. Dans le 1er, l'auteur se peint lui-même, et l'on voit que jamais homme n'a vécu dans un pareil contentement de son sort et de soi-même, mais que personne aussi n'a reçu de la nature une humeur mieux faite pour jouir de la paix de l'esprit et du cœur. Chaque matin, il revoit la lumière avec une sorte de ravissement qui lui dure tout le jour; il dort dès qu'il est au lit, et il passe la nuit sans s'éveiller. Assez sensible pour éprouver de la joie, trop peu pour s'affliger, aucun attachement ne lui a coûté à rompre. Une heure de lecture dissipe ses plus forts chagrins; amoureux de l'amitié, il a conservé tous ses amis, sauf un seul, et il a

vécu avec ses enfants comme avec des amis. Il n'a ni haine ni rancune; cela détruirait son contentement: d'ailleurs, à la conscience légitime de sa supériorité se mêle un certain dédain pour les hommes, et l'on ne hait guère qui l'on méprise. Telle est cependant son imperturbable modération de sentiment, que nulle part il ne se fait prendre en flagrant délit de vanité; il avait, au reste, l'âme naturellement grande, et il était sincère quand il se flattait d'avoir de l'amour pour le bien et l'honneur de sa patrie, et de sentir une joie secrète lorsqu'on faisait quelque règlement qui allait au bien commun. — Le 2e chapitre traite des Anciens, et le 3e des Modernes. Grand admirateur de l'antiquité, Montesquieu la goûte en critique et la comprend en publiciste. Il appartenait à l'auteur de l'*Esprit des lois* de dire que, pour avoir une juste idée des mœurs et des lois des Grecs, il faut la chercher, non dans leurs histoires, mais dans la *Rhétorique* d'Aristote et la *République* de Platon. Il a dépassé, dans ses jugements sur les Modernes, ce juste-milieu qu'il tient partout ailleurs: indulgent à l'excès pour Crébillon et La Motte, rivaux de Voltaire en tragédie, il cède aux suggestions de la jalousie ou se montre singulièrement aveugle quand il apprécie Voltaire lui-même. En revanche, il a été *enchanté* et attendri en lisant Rollin, et il l'appelle l'abeille de la France. Vient ensuite un chapitre sur les grands hommes de France; on y reconnaît la plume qui a écrit le livre *De la grandeur et de la décadence des Romains*. De même on retrouve le philosophe du xviiie siècle, mais sans les intempérances de ses successeurs, dans ses réflexions sur la religion, sur la dévotion, sur le pape et sur les jésuites, etc. Diderot niera Dieu: Montesquieu, avant Rousseau, proclame Dieu et l'immortalité de l'âme. Une comparaison des Français et des Anglais, équitable d'ailleurs, rappelle ensuite l'observateur bienveillant et favorablement prévenu de l'Angleterre. Enfin, dans un dernier chapitre, intitulé *Variétés*, parce que les Pensées s'y succèdent sans aucun rapport entre elles, il semble qu'on voie revivre à la fois l'homme avec son caractère, et l'écrivain avec les parties diverses de son riche et beau génie. — Les deux qualités principales de Montesquieu, la profondeur et l'esprit, brillent autant dans ses *Pensées* que dans ses grands ouvrages; malheureusement aussi le raffinement s'y est glissé: il dit quelquefois trop et au delà.

En lisant les *Pensées* de Joubert, on doit se rappeler qu'il ne fut que moraliste; mais il le fut toute sa vie: toujours il s'appliqua et prit plaisir à exprimer en de beaux mots ses réflexions sur les arts et les lettres, sur la politique, la religion, les mœurs des hommes de son siècle et de tous les temps. Un besoin extraordinaire d'exquise perfection l'empêcha de rien achever; mais, quel moyen de construire un monument, lorsqu'on regarde comme le plus beau triomphe de l'art de mettre un livre dans une page, une page dans une phrase, une phrase dans un mot? Joubert a été au xixe siècle un type original de ce qu'on appelle les *délicats;* lui-même annonçait à Fontanes qu'il expirerait quelque jour au milieu d'une belle phrase et d'une belle pensée. Voyez-le décrire son cerveau, et se peindre par ce petit mot expressif: « Mon âme chasse aux papillons, et cette chasse me tuera. » Il porte la même délicatesse dans l'appréciation des beaux-arts. Élève de Diderot, qui lui communiqua sa hardiesse, il corrigea ce qu'il y avait d'intempérant dans le goût de son maître par un vif sentiment de la beauté antique. Il aime et comprend la Grèce autant qu'André Chénier, mais il est bien autrement platonicien et idéaliste. Chateaubriand l'avait surnommé « un Platon à cœur de La Fontaine. » Quoi d'étonnant qu'il ait fait consister la poésie surtout dans la spiritualité des idées; qu'il appelât la lyre un instrument ailé; qu'il voulût que la philosophie ne fût ni quadrupède, ni bipède, mais portée sur des ailes, et chantante? Malheureusement, un homme de tant de goût pèche souvent par affectation: à force de vouloir rendre exquis le sens commun, et commun le sens exquis, Joubert est tombé parfois dans la prétention et la bizarrerie. En sait-on bien long sur Bernardin de Saint-Pierre et Chateaubriand, quand il a dit l'un écrit au clair de lune, et l'autre au soleil? » Au reste, la délicatesse morale égale chez lui la délicatesse de l'esprit: la pudeur, la chasteté, la sainteté sont choses dont il est épris et, lorsqu'il veut en parler, les mots ne lui paraissent jamais assez lumineux, ou, si l'on peut s'exprimer ainsi, assez spiritualistes. Les sarcasmes impies de Voltaire le blessaient, autant que le charmaient ses saillies et ses grâces. De là ces deux mots qui rappellent le *hideux sou-*

rire dont a parlé Alfred de Musset : « Voltaire a, comme
o singe, les mouvements charmants et les traits hideux. »
— « Voltaire avait l'âme d'un singe et l'esprit d'un ange. »
oubert était, en effet, chrétien sincère ; après avoir res-
enti, comme toute sa génération, les atteintes du scep-
icisme, il en était sorti comme d'un état dont souffraient
son intelligence et son cœur. En politique, les excès de
la Révolution ayant donné un douloureux démenti à ses
espérances et à ses rêves, il réclamait avec les sages
l'unité dans le pouvoir, et laissait la multitude aimer la
multitude et la pluralité dans le gouvernement des
hommes. V. MAXIMES.

Les meilleures éditions des ouvrages ci-dessus analysés,
sont, pour les *Pensées de Marc-Aurèle*, celles de Gataker,
Londres, 1707, in-8°; et de Schulz, Sleswig, 1802, in-8°;
il y en a des traductions françaises par Dacier, Paris, 1691,
2 vol. in-12 ; par de Joly, Paris, 1778, in-8° ; par M. A. Pierron, qui a fait mieux que ses devanciers, en profitant de
leurs travaux, Paris, 1843, gr. in-18 ; — *Pensées de Pascal, publiées dans leur texte authentique, précédées d'une
étude littéraire et accompagnées d'une étude suivie*, par
M. E. Havet, Paris, 1852, in-8° ; — *Pensées diverses de
Montesquieu;* elles font partie de ses OEuvres diverses, où
elles occupent de 35 à 40 pages seulement; — *Pensées de
Joubert*, dans le t. Ier de ses *Pensées, Essais, Maximes*, etc., Paris, 1850, 2e édit., 2 vol. in-8°. A. H.

Les Recueils de Pensées sont les macédoines de l'esprit; ils n'exigent aucun travail, aucune réflexion : tout,
ou presque tout, est le résultat d'une improvisation, d'une
inspiration instantanée. Le désordre où naissent les pensées, le pêle-mêle où elles sont enregistrées, excluent
toute idée de composition littéraire; des essais de classification tentés par quelques éditeurs le prouvent de reste,
car ils sont toujours bien imparfaits et indécis, excepté
pour quelques grandes idées générales. C'est que des
Pensées ne sont point un livre, mais seulement des matériaux, indiqués, et pas même ébauchés, d'où l'on pourrait tirer une foule de livres ou de traités. Or, là git la
grande difficulté : on extrait sans trop de peine des pierres
d'une carrière, mais en faire ensuite un palais comme le
Louvre de Pierre Lescot, une statue comme la Vénus de
Médicis, c'est tout autre chose. Les écrivains de Pensées, s'ils montrent la sagacité, l'ingéniosité de leur
esprit, prouvent en même temps leur impuissance à faire
un ouvrage : des aperçus, ils en ont sur tout; mais le
génie qui généralise ou qui applique, qui compose ou
qui écrit ; cette suite dans les idées; cette vue de l'esprit
qui découvre tous les horizons d'un sujet, quelle que soit
sa grandeur ; cette force du talent qui permet de les embrasser, de les déduire l'un après l'autre dans un ordre
logique pour en faire sortir un grand enseignement utile,
tout cela manque aux faiseurs de Pensées. Ils sont les
abeilles de leur propre esprit; ils le butinent de droite
et de gauche, mais ils ne savent pas, comme l'abeille, faire
un gâteau de miel de leur butin. Ces réflexions s'appliquent directement, mais avec quelques restrictions néanmoins, aux recueils de Pensées ci-dessus analysés.
Pascal n'est pas responsable de son recueil de *Pensées* :
c'était un commencement de matériaux pour un grand
ouvrage qu'il méditait, et que Chateaubriand a tenté
d'exécuter en partie dans son *Génie du christianisme*.
Les amis de Pascal, recueillant l'informe amas de notes,
sans suite et sans ordre, entassées pour le grand ouvrage
dont il les avait entretenus, y trouvèrent des choses si
sublimes, qu'ils finirent, en 1670, huit ans après la mort
de Pascal, par en extraire les fragments les plus terminés, et les publièrent sous le titre de *Pensées*. Si Pascal
avait vécu, nous n'aurions pas ce recueil, mais, à la place,
un livre digne de toute la vigueur de son génie.

Les *Pensées* de Montesquieu sont plutôt des espèces
de confidences autopsychologiques, si l'on peut employer
ce terme, et il ne faudrait pas attacher plus d'importance
qu'il n'a voulu en mettre lui-même à ce mince recueil.

Nous appliquons aux *Pensées* de Joubert, quel que soit
leur mérite d'ailleurs, en tant que pensées, ce que nous
disions tout à l'heure : elles dénotent confirment l'impuissance de faire un livre; cela est ici d'autant plus
clair, que ni l'instruction, ni le talent de l'écrivain, ne
manquèrent à Joubert : mais il n'était pas de ces esprits
fermes et courageux qui savent édifier ; son tempérament
et son caractère se contentaient d'aperçus, et il n'a jamais
été au delà. Ses pensées sont des fleurs charmantes, qui
n'ont jamais abouti à un fruit. — En somme, il ne faut
user des recueils de Pensées que pour de courtes lectures : comme elles sont tout essence et toute substance,
l'esprit se fatigue vite dessus; elles font l'effet du miroi-

tage sur la vue : elles éblouissent sans éclairer. C. D — T.

PENSION (du latin *pendere*, payer), somme qu'on
paye, à des intervalles périodiques, pour être logé et
nourri chez autrui. On donne le nom de *Pensions bourgeoises* à des maisons où l'on ne donne même que des
repas communs à heure fixe. — Par extension, le mot
Pension désigne le prix payé pour la nourriture, le logement et l'instruction d'un enfant dans une maison d'éducation ; cette maison, quand elle n'est ni lycée ni collège,
reçoit aussi le nom de *Pension* ou *Pensionnat*, et la personne qui la dirige est dite *maître* ou *maîtresse de pension* (V. INSTITUTION). L'élève qui y reste à demeure est
un *pensionnaire*; l'élève qui y reste la journée seulement
et prend au moins un repas est un *demi-pensionnaire*.
— une *Pension alimentaire* est la somme qu'on paye à
une personne pour assurer son existence (V. ALIMENTS),
ou qu'un créancier est tenu de payer pour la nourriture
du débiteur qu'il a fait incarcérer.

PENSION, somme annuelle que l'État paye à certaines
personnes, soit à titre de don gratuit ou d'encouragement
(écrivains ou artistes), soit à titre de récompense nationale (membres de la Légion d'honneur, grands inventeurs,
veuves de maréchaux, etc.), soit à titre de retraite.
V. RETRAITE (Pensions de). Toute administration qui a
une caisse de retraite sert aussi des pensions à ses employés et à leurs veuves. Les pensions à la charge de
l'État sont incessibles et insaisissables, sauf les cas
déterminés par la loi (Arrêté du 7 thermidor an x, —
26 juillet 1802; Ordonnances des 27 août 1817 et 30 avril
1823).

PENSIONNAIRE.) V. ces mots dans notre *Dict.*
PENSUM.) *de Biogr. et d'Histoire.*
PENTACONTARQUE.
PENTACORDE (du grec *penté*, cinq, et *khordè*, corde),
lyre à cinq cordes. On a donné le même nom à un ordre
ou système de cinq sons ; c'est ce sens que la quinte
a été quelquefois appelée *pentacorde.*
PENTACOSIARQUE.) V. ces mots dans notre
PENTACOSIOMÉDIMNES.) *Dict. de Biogr. et d'Hist.*
PENTACROSTICHE. V. ACROSTICHE.
PENTADRACHME, monnaie d'argent de Grèce, valant
5 drachmes, ou 4 fr. 47 c.
PENTAMÈTRE (Vers), vers de 5 pieds, ou de 5 mesures (du grec *penté*, cinq, et *métron*, mesure). Ce nom
s'applique, chez les Anciens: 1° au vers *élégiaque*; 2° à
certain vers dactylique dit *éolique*; 3° au *grand asclé-
piade*; 4° à certains vers *péoniens* (V. ASCLÉPIADE, ÉLÉ-
GIAQUE, ÉOLIQUE, PÉON). P.
PENTARCHIE (du grec *penté*, cinq, et *arkhé*, gouver-
nement), forme de gouvernement dans laquelle le pou-
voir exécutif est confié à cinq individus. Tel a été, en
France, le Directoire. — On désigne quelquefois par le
nom de *Pentarchie* la prépondérance qu'exercent en Eu-
rope les cinq grandes puissances, Angleterre, Autriche,
France, Prusse et Russie.
PENTATEUQUE.) V. ces mots dans notre *Dictionn.*
PENTATHLE.) *de Biographie et d'Histoire.*
PENTECOTE.
PENTERIS, navire à cinq rangs de rames chez les Anciens.
PENTHÉMIMÈRE, nom d'une césure des anciens Grecs
(V. CÉSURE), appelée par les Latins *semiquinaire*. Les
grammairiens donnent fréquemment au vers *élégiaque*
(V. *ce mot*) le nom de *double penthémimère*, d'où est
venue la manière dont on la scande dans nos écoles. Ils
appellent aussi *penthémimère* le vers *archiloquien*, qui
ressemble à une seconde partie du vers élégiaque. P.
PENTURES, bandes de fer forgé assujetties aux vantaux
d'une porte pour la consolider, et terminées par un œil
dans lequel entre le gond autour duquel tourne la porte.
Les pentures furent un gracieux ornement dans les époques
romano-byzantine et ogivale, où on les couvrit de feuillages, de fleurs et de fruits. Les plus anciennes que l'on
connaisse remontent au xe siècle : on en voit de très-
remarquables aux portes de l'abbaye de St-Denis, de
Notre-Dame de Paris, dans le Musée de Cluny à Paris,
à l'hôpital St-Jean d'Angers, aux cathédrales de Rouen,
de Beauvais, de Chartres, de Laon, à la chapelle de
Windsor, etc. Vers le xve siècle, on se mit à orner les
portes de sculptures en relief, et les pentures furent abandonnées. On en a repris l'usage de nos jours. E. L.
PÉNULE. V. PÆNULA, dans notre *Dictionnaire de
Biographie et d'Histoire.*
PÉON ou PÉAN, pied de 4 syllabes, composé d'une
longue et de trois brèves, la longue pouvant occuper une
place quelconque. On en attribuait l'invention à un poète

du nom de Péon. Lorsque la longue est la 1re syllabe du pied, il est dit *Péon 1er*; *Péon 2e*, si elle est la 2e, etc. Le péon 1er et le péon 4e sont les plus usités. Le péon 1er est l'équivalent du crétique (- ◡ ◡ ◡ = - ◡ -); les péons 2e et 4e, du bacchius (◡ ◡ ◡ ◡ = ◡ - -); le péon 3e, de l'antibacchius (◡ ◡ - = - - ◡). Les tragiques grecs ont composé des *vers péoniens* formés de péons 4es; les comiques employaient de préférence le péon 1er. Les anciens rhéteurs enseignaient les effets d'harmonie que l'emploi judicieux du péon 1er et du péon 4e pouvait produire dans le style, surtout dans le style oratoire. V. l'*Orator* de Cicéron, LXIV, 215-219; son *De oratore*, liv. 3, XLVII, 183; Quintilien, IX, 4.   P.

PÉOTTE, chaloupe vénitienne très-légère.

PEPLOS, PEPLUM ou PEPLUS, sorte de surtout sans manches, d'un tissu fin et léger, que les femmes de l'ancienne Grèce portaient par-dessus leur tunique, et qui, retenu sur les épaules par des agrafes, descendait jusqu'à la ceinture en formant deux pointes par-devant. Il enveloppait l'épaule gauche, et laissait à découvert les mains et l'épaule droite. — On donnait le même nom au voile broché d'or dont on ornait les statues des déesses. Sur celui de Minerve, à Athènes, on avait figuré les actes de cette déesse, de Jupiter, et de plusieurs héros en renom. Les matrones romaines offraient tous les cinq ans un *péplos* à Minerve. Ce nom a été appliqué par Sophocle à la tunique fatale que Déjanire envoya à Hercule, et par Synésius à la robe triomphale des Romains.   B.

PERCEFORÊT, un des romans de la Table Ronde. Après avoir passé en revue les rois de la Grande-Bretagne depuis Brut, prétendu petit-fils d'Énée, jusqu'à un certain Pyr, contemporain d'Alexandre le Grand, l'auteur nous transporte dans l'Inde, où le conquérant macédonien fait une promenade sur mer. Une tempête étant survenue, Alexandre est jeté sur la côte de la Grande-Bretagne; il donne les trônes d'Angleterre et d'Écosse à deux de ses chevaliers, Bétis et Gadifer. Bétis veut bâtir un palais et un temple au vrai Dieu, avec le bois d'une forêt enchantée qu'habite le magicien Darnant: pour accomplir son dessein, il combat et met à mort Darnant; les Bretons lui donnent le nom de *Perceforêt*. Cependant Alexandre, inquiet du sort de Bétis, se met à sa recherche: à la suite de plusieurs rencontres où il montre sa valeur, il est blessé, et recueilli dans le château de la belle Sébile, dite *la Dame du Lac*, à laquelle il inspire et par laquelle il éprouve une vive passion. En eux se mêle le sang macédonien à celui des rois bretons, d'où doit naître un jour Arthur. Alexandre rejoint ensuite Perceforêt, et alors commence une longue série de guerres contre la famille de Darnant, et ceux des Bretons qui n'avaient pas encore fait leur soumission. Quand la pacification de l'île est complète, et avant qu'Alexandre se rende à Babylone, Perceforêt fonde un ordre du *Franc Palais*, et donne un magnifique tournoi. Ici le roman est véritablement achevé; mais il a reçu un appendice mal ajusté. Douze chevaliers de l'ordre nouveau offrent leurs hommages aux douze nièces du vieil ermite Pergamon, qui était venu en Grande-Bretagne avec Brut et les Troyens. Pergamon a encore douze neveux, tous chevaliers, dont les aventures se combinent d'une façon assez bizarre. Dans cette seconde partie du roman, il est question de la conquête de l'Angleterre par J. César. On y voit aussi Gadifer et Perceforêt achever paisiblement leur règne: le dernier arrive à une longue vieillesse (400 ans environ), car il est instruit selon la loi chrétienne, et meurt entre les bras d'un évêque issu de Joseph d'Arimathie.

PERCEPTEUR, agent de l'administration des Finances, qui exige directement du contribuable les sommes par lui dues, et les verse entre les mains du receveur particulier. Il fait parvenir aux contribuables les avertissements de payement. Pour compléter le recouvrement des contributions de chaque exercice, il lui est accordé un délai fixé au 30 novembre de l'année qui suit celle de cet exercice. Il peut être tenu de faire ses versements chez le receveur tous les dix jours. Les percepteurs sont nommés par le Ministre, et fournissent un cautionnement égal au 12e du montant des contributions qu'ils recouvrent; ils ont une remise de 2 centimes par franc. Les communes importantes ont un ou plusieurs percepteurs; dans beaucoup de cas, il n'y a qu'un percepteur pour plusieurs communes. V. Durieu, *Formulaire de la comptabilité des percepteurs et des receveurs*, 1842, in-8°, et *Manuel des percepteurs et des receveurs des communes*, in-12.

PERCEPTION, mode et fonction de l'intelligence; faculté de connaître appliquée aux phénomènes. La Perception, dans le sens le plus étendu de ce mot, embrasse la Perception des faits intellectuels et moraux, *Perception intérieure*, *Conscience* ou *Sens intime* (V. CONSCIENCE), et la Perception des phénomènes physiques ou *Perception extérieure*, dont nous nous occupons ici exclusivement.

La Perception extérieure est un fait complexe dans lequel l'homme physique et l'homme moral sont également intéressés; mais comme nous n'en voulons faire ici que l'histoire philosophique, nous ne parlerons des phénomènes organiques que pour fixer exactement la limite où ils s'arrêtent et font place aux phénomènes intellectuels. La Conscience marque cette limite. Tous les antécédents de la Perception que la science est parvenue à connaître par d'autres moyens, impression faite par les objets sur les appareils organiques qui correspondent aux différents sons, transmission de cette impression par les nerfs au cerveau, sont autant de faits que la Conscience ignore, dans lesquels elle n'a rien à voir, qui sont les conditions de la Perception, mais qui n'en font pas partie intégrante, si, par Perception, l'on entend le phénomène intellectuel. Mais, en vertu des mystérieuses lois de l'union du physique et du moral, une fois que l'impression organique a été portée jusqu'au centre nerveux, cette impression venant à changer de nature, ou, pour mieux dire, donnant lieu à une impression d'une autre nature, l'intelligence se trouve avertie de la présence des objets, et informée d'une manière plus ou moins complète de leur existence et de leurs propriétés. En effet, toutes les qualités des objets (V. QUALITÉS PREMIÈRES et QUALITÉS SECONDES) non-seulement ne produisent, ni sur les organes, ni sur l'esprit, des impressions semblables (V. SENS), mais encore elles ne nous instruisent, ni au même titre, ni au même degré, de leur existence. Tantôt nous sommes simplement affectés d'une modification interne, et cette disposition subjective, perçue par la Conscience, porte le nom de *Sensation* (V. ce mot). Tantôt à la sensation se joint la *Perception* proprement dite, par laquelle nous sommes directement informés de l'existence et de la présence d'un corps différent de nous-mêmes. Il y a Sensation et Perception tout à la fois, et, par suite, connaissance immédiate de l'extérieur et du corporel, lorsque nous touchons; car alors, en même temps que nous éprouvons, au contact du corps, une sensation de résistance plus ou moins forte, de chaleur ou de froid, etc., c'est bien réellement hors de nous que nous percevons son étendue et sa solidité. La Perception proprement dite fait défaut, lorsque nous sentons une odeur ou que nous entendons un son; seulement, la nécessité d'assigner une cause à la modification que nous éprouvons, l'habitude d'exercer à la fois plusieurs sens et d'en associer les données respectives, les relations observées entre les impressions et la présence de certains objets, nous apprennent bien vite à localiser dans les corps en général et dans certains corps en particulier les causes inconnues de nos sensations, et à conclure de ces dernières, par une induction si rapide qu'elle en devient insaisissable, la présence de tel ou tel corps, alors même que nous ne le percevrions pas autrement. Grâce à cette espèce d'éducation mutuelle, les sens peuvent jusqu'à un certain point se substituer les uns aux autres: par le bruit, nous jugeons de la distance, du mouvement, du volume des corps; par l'odeur et la saveur, de leur nature intime; par la vue, de leur solidité, de leur température, etc., et cela nous épargne bien du temps et bien des expériences. On appelle *Perceptions acquises*, par opposition aux *Perceptions naturelles et directes*, ces jugements indirects, opérations complexes, mais rapides et rendues faciles par la pratique. Les perceptions naturelles de la vue ont pour objet l'étendue plane, la grandeur apparente, la figure perspective, la couleur; ses perceptions acquises ont pour objet leur volume et leur. distance, leur grandeur et leur figure réelle, toutes choses qui, directement, relèvent du sens du toucher.

Les perceptions proprement dites nous faisant seules connaître le dehors, confondre la Perception avec la Sensation, réduire celle-ci la Perception tout entière, et, à plus forte raison, toutes les opérations de l'Intelligence, comme l'a fait expressément Condillac, c'est rompre, par un procédé analogue à celui de l'Idéalisme, toute communication entre l'esprit et les objets extérieurs. Le rôle que les uns font jouer à l'idée, les autres le font jouer à la sensation; voilà toute la différence. La sensation est fort différente de l'idée, de nature et d'origine; mais l'une et l'autre s'interposent également entre l'esprit et les objets, et le sensualisme de Condillac, poussé à ses conséquences logiques, nous laisse tout aussi ignorants du monde physique que l'idéalisme cartésien.

On peut analyser la Perception, en décrire les différentes phases, en signaler les éléments variés ; mais on ne l'explique pas, en ce sens qu'on ne montre pas *comment* les corps ou les propriétés des corps agissent sur l'esprit, *comment* un phénomène physique détermine un phénomène intellectuel. Des systèmes qui ont pris à tâche d'apporter cette explication, impossible dans l'état actuel de nos connaissances, les uns, fondés sur des considérations toutes physiques, n'ont pas pénétré jusqu'à la partie intellectuelle du phénomène ; les autres, qui se rattachent à la grande famille de l'idéalisme, en créant sous le nom d'*Idées* différents intermédiaires entre l'esprit et les corps, ont déplacé la difficulté sans la résoudre, et, parfois, l'ont doublée. La Perception, comme la Conscience, la Mémoire et la Raison, est une fonction primitive de l'intelligence, dont nous recueillons le bénéfice sans en pouvoir connaître les plus intimes ressorts. « L'esprit de l'homme, « dit Fénelon, porte en lui de quoi s'étonner et se sur- « passer infiniment lui-même. »

Le nom de Perception, comme celui de la plupart des modes de l'intelligence, s'applique, suivant les circonstances, tantôt à la faculté de percevoir, tantôt à l'opération de cette faculté, tantôt enfin au résultat de cette opération. *V.* Malebranche, *Recherche de la vérité*, l. I, *des Sens;* Locke, *Essais sur l'Entendement*, l. II; Leibniz, *Nouveaux Essais sur l'Entendement*, l. II; Condillac, *Traité des Sensations;* Reid, *Recherches sur l'Entendement humain*, et *Essais sur les Facultés de l'Esprit humain*, Essai II ; Dugald Stewart, *Éléments de la Philosophie de l'Esprit humain*, ch. I, et *Essais philosophiques*, I et II.   B—E.

PERCEPTION, terme qui, dans la philosophie de Leibniz, désigne « l'état passager qui enveloppe et représente une multitude dans l'unité ou dans la substance simple, » c.-à-d. tout changement produit dans les monades par leur activité interne, et en rapport avec le milieu dans lequel elles sont placées. La *Perception* est le fait de toutes les substances simples, corporelles ou spirituelles, et diffère en cela de l'*Aperception*, réservée aux âmes raisonnables, et qui est la conscience qu'elles ont de leurs Perceptions.   B—E.

PERCEPTION, recette ou recouvrement de deniers, de fruits, de revenus, d'impositions ; — emploi de percepteur (*V. ce mot*).

PERCEVAL ou **PARCIVAL LE GALLOIS**, roman du XIIᵉ siècle. Perceval, fils d'un illustre seigneur du pays de Galles, n'avait que deux ans quand il perdit son père et ses frères, tués dans des tournois ; sa mère se retira avec lui dans une forêt, avec le dessein de l'élever dans l'ignorance de la chevalerie. Mais bientôt le jeune Perceval rencontre deux chevaliers, les interroge sur leur manière de vivre, et déclare à sa mère qu'il veut suivre aussi le métier des armes. Il part, et, après quelques exploits, il obtient l'ordre de chevalerie. Il arrive chez le roi Peschéor ou Pêcheur, qui était malade des suites de plusieurs blessures, et qui ne pouvait être guéri que lorsqu'un jeune chevalier lui aurait fait diverses questions au sujet d'une lance, d'un plat et d'un graal qu'il possédait. Perceval voit ces objets, mais s'éloigne sans faire aucune question à son hôte. Dans la suite, ayant appris que le roi Pêcheur est son oncle, il entreprend de retrouver son château ; il n'y arrive qu'après de nombreuses aventures. Le roi Pêcheur est guéri ; mais il était vieux. Perceval lui succède bientôt, règne sagement durant quelques années, et se retire enfin dans un ermitage, emportant le tailloir, la lance et le plat merveilleux qui n'était autre que le saint Graal (*V. ce mot*). Le jour de sa mort, tous ces objets furent enlevés au ciel. — Il existe trois manuscrits de ce poëme, deux à la Bibliothèque nationale de Paris, et le 3ᵉ à la bibliothèque de l'Arsenal. Il n'est pas tout entier de Chrestien de Troyes : Gautiers de Denet, et, après lui, Manessier, le complétèrent ou y ajoutèrent de nouveaux épisodes. On en a fait au XVᵉ siècle une traduction en prose, imprimée à Paris en 1530. Nous avons un poëme épique allemand de *Parcival*, composé de 1205 à 1215 par Wolfram d'Eschenbach. Cet auteur parle du *Parceval* de Chrestien de Troyes comme non terminé ; il dit ne s'en être point servi, parce qu'il en connaissait un autre dont Chrestien avait fait usage librement, et qui avait été composé par Kyot ou Guyot, romancier provençal. *V.* l'*Histoire littéraire de la France*, t. xv ; G.-A. Heinrich, *Le Parcival de Wolfram d'Eschenbach et la légende du Sᵗ Graal*, Paris, 1855, in-8°.   H. D.

PERCHES, ancien nom des colonnettes adossées aux piliers des nefs, et qui, partant du sol, filent jusqu'à la naissance des maîtresses voûtes, et reçoivent, souvent sur un petit chapiteau, la retombée de leurs arcs-doubleaux et de leurs croisées d'ogives.

PERDUELLION. *V.* notre *Dict. de Biogr. et d'Histoire.*

PÈRE, nom que porte l'homme par rapport à l'enfant qu'il a engendré. Celui-ci a pour *grand-père* le père de son père, lequel se nomme aussi *aïeul paternel*, et qui est son parent au 2ᵉ degré dans la ligne ascendante. Dans l'Antiquité, le père possédait sur toute la famille une autorité bien autrement étendue que chez les Modernes. Il eut, en beaucoup de pays, un droit de vie et de mort sur sa femme et ses enfants. La loi de Moïse apporta quelques restrictions à cette puissance paternelle : le père ne devait voir dans sa femme qu'une égale et une compagne ; il lui était interdit de mettre à mort ses enfants, mais il pouvait les vendre, les garçons jusqu'à l'âge de 14 ans, les filles jusqu'à 12 : seulement il fallait qu'il y fût contraint par l'inexorable nécessité de vivre, et il était tenu de consacrer à leur rachat les premiers biens dont il pouvait disposer. A Rome, la puissance du père fut illimitée : il était le maître absolu de sa femme et de ses enfants, tout aussi bien que de ses esclaves ; originairement, et avant les tempéraments que le progrès des mœurs apporta aux antiques usages, il lui était loisible, sans aucune forme légale, sans exprimer ses motifs, de se séparer de sa femme, et d'en épouser une autre ; il pouvait la tuer, si elle avait dérobé les clefs de la maison, ou bu du vin. S'il lui naît un fils, on le dépose à ses pieds : le relever de terre, c'est l'accepter et lui donner la vie ; le laisser à terre, c'est le condamner, et l'enfant, déposé à quelque carrefour, y mourra si la pitié ne le recueille. L'autorité du père ne finissait qu'avec sa vie, ou par la perte du titre de citoyen ; et il l'exerçait, non-seulement sur ses propres enfants, mais sur toute leur descendance. Ni l'âge, ni le mariage, ni les plus hautes fonctions dans l'État, ne pouvaient soustraire le fils à l'autorité paternelle. Le père avait droit de propriété et, par conséquent, de vente sur tous les membres de la famille, sur leur personne comme sur leurs biens. — Tout le titre IX du *Code Napoléon* est relatif à la puissance paternelle. L'enfant doit, à tout âge, honneur et respect à ses père et mère ; mais les droits que confère la puissance paternelle sont plus ou moins étendus, suivant que les enfants sont mineurs, majeurs, ou mineurs émancipés. Sur l'enfant majeur ou mineur émancipé, la puissance paternelle ne s'exerce que par des conseils ; sur l'enfant mineur, elle se manifeste par un droit relatif à la personne ou droit de *correction* (*V. ce mot*), et par un droit relatif aux biens, c.-à-d. le droit de jouissance ou usufruit, sous certaines conditions d'entretien et d'éducation. Les enfants ne peuvent quitter la maison paternelle sans la permission de leur père, si ce n'est à 20 ans, pour enrôlement volontaire. Le consentement des père et mère est nécessaire aux enfants pour contracter mariage (*V.* MARIAGE). La tutelle des enfants mineurs, après la dissolution du mariage, appartient de plein droit au survivant des père et mère ; le père peut nommer à la mère survivante un Conseil, sans l'avis duquel elle ne peut faire aucun acte de tutelle (*V.* TUTELLE). Dans notre ancien Droit, les père et mère avaient le droit de déshériter les enfants : aujourd'hui, les libéralités par actes entre-vifs ou par testament ne sont permises que sous certaines restrictions et réserves, et le père peut seulement avantager tel de ses enfants ou le priver d'une part de sa succession. Le père a droit à des aliments de la part de ses enfants, s'il est dans le besoin (*V.* ALIMENTS). De son côté, il leur doit l'éducation ; mais sous ce mot on ne comprend pour l'établissement par mariage ou autrement, et l'enfant ne peut exercer d'action à cet égard contre ses père et mère. *V.* Chardon, *Traité des trois puissances, paternelle, maritale et tutélaire*, 3 vol. in-8° ; Chrestien de Poly, *Essai sur la puissance paternelle*, 1820, 2 vol. in-8° ; Viaud, *De la puissance maritale*, 1855, in-8°.

PÈRE (Abbaye de SAINT-), à 2 kilom. de Vézelay (Yonne). Cette église est précédée d'un vestibule ou narthex, bâti au XIIIᵉ siècle, et reconstruit en partie au XIVᵉ et au XVᵉ. Trois arcades ogivales occupent la partie inférieure de ce porche : celle du milieu, qui sert d'entrée, a des pieds-droits formés de colonnettes, avec stylobates délicatement sculptés, chapiteaux historiés, voussure et tympan remplis de figurines abritées sous des dais ; les deux autres, moins élevées, sont de fausses portes, en partie murées. Des pilastres surmontés d'aiguilles ou pinacles à crochets séparent ces arcades et se réunissent, à la naissance du toit, par une galerie évidée à jour. Des niches pratiquées dans ces pilastres sont vides de leurs statues. Le porche est éclairé sur chaque flanc par deux grandes fenêtres ogivales. A l'extrémité de son toit, se développe une rose circonscrite dans une vaste arcade gothique, aujourd'hui bouchée, et correspondant à la nef de l'église : elle est surmontée d'un fronton triangulaire, décoré par 10 statues disposées en groupe pyramidal. Au fond et sur la gauche du porche, est un beau clocher, de forme carrée pour les deux premiers étages, octogone au troisième, et terminé par une flèche en ardoise ; il est orné, sur chaque face, de colonnettes annelées et accouplées deux à deux, et percé, dans les entre-colonnements, de longues ogives trilobées, partagées en deux segments par un meneau vertical. L'abbaye de Saint-Père a la forme d'une croix latine : sa longueur dans œuvre, y compris le narthex, est de 46ᵐ,30 ; sa largeur, de 12ᵐ,76. On descend par deux marches des collatéraux dans les transepts ; les collatéraux se prolongent autour du chœur, et le séparent des cinq chapelles absidales. Les arcades de la nef reposent sur des piliers de deux grosseurs différentes alternativement. Le chœur a une voûte plus élevée que celle de la nef, et des arcades plus aiguës.

PÈRE ÉTERNEL (Images du). V. DIEU LE PÈRE.

PÈRE NOBLE, emploi de théâtre, celui des pères dans la tragédie et la haute comédie. Le rôle de Don Diègue dans le *Cid* de Corneille et celui d'Harpagon dans l'*Avare* de Molière appartiennent à cet emploi.

PÈRES DE L'ÉGLISE, docteurs de la primitive Église, qui fleurirent du IIᵉ au VIᵉ siècle, et dont les écrits font règle en matière de foi. Leur histoire est celle de la conquête de l'Empire romain par la doctrine chrétienne. Depuis l'origine du christianisme jusqu'au règne de Constantin, les *Pères apologistes* luttent contre le paganisme ; de Constantin à l'invasion des Barbares, l'Église, victorieuse des croyances païennes, tourne ses efforts contre les sectes dissidentes, et poursuit sa constitution définitive ; c'est l'ouvrage des *Pères dogmatiques*.

Primitivement, comme pour mieux faire éclater la vertu propre de la doctrine chrétienne, l'œuvre de la propagande avait été confiée à des hommes presque tous illettrés : l'enthousiasme et le martyre avaient suppléé à l'éloquence. Mais le christianisme prétendait établir aussi sa domination sur les classes éclairées, et contraindre même les intelligences d'élite à s'humilier devant le mystère de Jésus crucifié ; aussi, dès le IIᵉ siècle, la prédication chrétienne eut ses docteurs et ses philosophes. Héritiers de Sᵗ Luc et de Sᵗ Paul, les Méliton, les Aristide, les Athénagoras, les Théophile, les Justin et leurs premiers successeurs défendirent la religion, non-seulement contre les superstitions, les calomnies, les instincts de cruauté d'une vile multitude, et les persécutions politiques des empereurs, mais encore contre la doctrine rivale d'une école philosophique qui se faisait religieuse pour combattre plus avantageusement avec le nouveau culte. Tel fut le rôle des Pères apologistes. A la plèbe ils disaient : « Non, nous n'immolons point d'enfants dans d'abominables sacrifices ; venez et voyez ; comparez nos mœurs avec les vôtres, et jugez. » Aux empereurs et à leurs représentants ils disaient : « Non, nous ne sommes pas de mauvais citoyens ; nous payons l'impôt, nous battons avec vous les ennemis de l'Empire ; nos avis dans vos Sénats sont ceux de la sagesse. Que vous importe ensuite que nous n'attachions aucun prix aux biens de la terre, et que nous aspirions à la félicité du ciel ? » Et, comme Sᵗ Cyprien, quand un consul leur lisait leur arrêt de mort, ils répondaient : « Dieu soit béni ! » et mouraient sans récrimination ; l'admiration de leurs vertus couronnées par le martyre multipliait leurs sectateurs. Mais la lutte contre les philosophes alexandrins était plus difficile : ceux-ci, unissant dans un imposant éclectisme les doctrines orientales avec les systèmes de la philosophie grecque, présentaient le christianisme comme un rameau, détaché par l'imposture, de la souche primitive où venaient se confondre toutes les religions humaines. Ils opposaient au Christ Orphée, et prétendaient démontrer que le Nazaréen n'était que le plagiaire du prêtre thrace. Enfin, ils cherchaient à convaincre le christianisme de ne rien enseigner, soit en métaphysique, soit en morale, qui ne se trouvât dans le Stoïcisme et dans Platon. C'est contre ces redoutables adversaires que les Pères apologistes, Sᵗ Justin, Arnobe, Sᵗ Clément, Lactance, épuisèrent tous les traits de leur dialectique et de leur éloquence. Et ce fut à leurs risques et périls, puisqu'on voit Origène retranché de la communion catholique pour s'être laissé entraîner involontairement, au milieu des péripéties de la lutte, en dehors de l'orthodoxie, et Sᵗ Cyprien ne rachèter qu'au prix du martyre une hérésie sincèrement professée sur le baptême.

Quand toutes les résistances furent vaincues, l'œuvre des Pères de l'Église prit un autre caractère : les ennemis du dehors réduits à l'impuissance, il restait à triompher des ennemis du dedans, à détruire les hérésies du présent, à prévenir les divisions pour l'avenir, à réaliser enfin l'unité catholique ; ce fut la tâche des Pères dogmatiques et du IVᵉ siècle. Non pas que les hérésies aient attendu, pour éclater, la défaite de l'ennemi commun ; Tertullien, notamment, avait passé avec éclat dans la secte des Montanistes, puis quitté leur camp pour devenir lui-même chef de secte. Mais les plus redoutables sectaires, ceux qui firent courir à la religion nouvelle les périls les plus retentissants et les plus graves, les Ariens, les Donatistes, datent du IVᵉ siècle. Au commencement du Vᵉ, le pélagianisme allait nier la grâce divine au profit de la liberté humaine, comme l'arianisme avait nié la divinité du Christ. Tels furent les objets des discussions de cette époque ; âge d'or de la littérature chrétienne, où l'éloquence des Pères brilla d'une splendeur plus éclatante en raison même de la décadence de tout le reste ; « moment extraordinaire, où les questions les plus abstraites se personnifiaient par la chaleur de la discussion et la vérité du langage, où le merveilleux et l'incompréhensible étaient devenus l'ordre naturel et la réalité. » (Villemain.) — A lire les Pères dogmatiques, et surtout Sᵗ Augustin, on sent que l'Église est sur le point d'atteindre enfin son unité ; en elle s'absorberont bientôt toutes les dissidences, les hérésies comme la philosophie païenne, et dans son organisation entrera la société tout entière. Deux moyens opposés établirent enfin cette unité, la parole et le glaive, les innombrables écrits des docteurs de l'Église et l'appui du pouvoir temporel.

L'Orient et l'Occident eurent chacun leur part du travail et du succès. Ce n'est pas un des moins remarquables triomphes du christianisme, à cette époque de décadence profonde pour les lettres païennes, que d'avoir produit à la fois, de toutes parts, parmi ses défenseurs et ses interprètes, tant de génies divers. En Orient, Césarée, Nazianze, Nysse, Édesse, Antioche, Salamine de Chypre, Bethléem, Alexandrie et Ptolémaïs ; en Occident, Carthage, Madaure, Rome, Milan, Nole, Poitiers, furent autant de foyers puissants d'où rayonnait sur tous les points de l'Empire la nouvelle doctrine. En Orient, où les Pères, épris de la beauté des écrivains profanes, appellent à leur secours jusqu'aux artifices du talent oratoire, et cherchent à reproduire la langue de Platon, on croit voir luire de nouveau le génie grec avec ses grâces et ses délicatesses, altéré toutefois, sinon gâté, par la recherche et le luxe affecté d'une exubérance asiatique. En Occident, les imaginations, naturellement plus sobres, semblent se tenir généralement en garde contre les subtilités, les allégories et la métaphysique raffinée que les Orientaux mêlent volontiers à l'exposition et à la discussion des dogmes. Du reste, la décadence de Rome et de l'Italie, la civilisation récente et toute latine de la Gaule et de l'Espagne, enfin l'éloignement de la cour impériale, que Constantin avait transféré les pompes et les splendeurs à Byzance, étaient peu faits pour encourager l'essor du génie occidental, et le privaient bien plutôt des secours que le mélange des lettres grecques avec les livres saints offrait aux docteurs de l'Orient. Les Pères les plus célèbres en Orient sont, parmi les apologistes : Sᵗ Justin, Sᵗ Clément d'Alexandrie et Origène ; et, parmi les Pères dogmatiques : Sᵗ Athanase, Sᵗ Grégoire de Nazianze, Sᵗ Basile, Sᵗ Grégoire de Nysse, Sᵗ Jean Chrysostome, Sᵗ Éphraïm, Sᵗ Épiphane et Synésius. En Occident, les Pères apologistes les plus renommés furent : Tertullien, Arnobe, Lactance et Sᵗ Cyprien ; et les Pères dogmatiques : Sᵗ Hilaire de Poitiers, Sᵗ Ambroise de Milan, Sᵗ Paulin de Nole, Sᵗ Jérôme et Sᵗ Augustin. V. Fénelon, *Dialogues sur l'éloquence*, 3ᵉ dialogue ; Villemain, *Tableau de l'éloquence chrétienne au IVᵉ siècle*, gr. in-18. A. H.

PÉREMPTION (du latin *perimere*, anéantir, détruire), perte ou anéantissement d'une procédure, d'un jugement ou de certains actes judiciaires, par suite d'une inaction prolongée pendant un temps défini. Dans le premier cas, c'est de la *péremption d'instance* qu'il s'agit : elle est prévue et régie par les art. 397-401 du *Code de procédure civile* ; elle s'acquiert par la discontinuation de poursuites pendant trois ans, qu'il y ait ou non constitution d'avoué. Dans le second, c'est de la *péremption*, 1° *des jugements par défaut*, lorsqu'ils ne sont pas exécutés dans les six mois de leur obtention ; 2° *des commandements*, dans certaines matières prévues par la loi, telles que la contrainte par corps, les ventes judiciaires d'immeubles; 3° *des inscriptions hypothécaires*, si elles ne sont pas renouvelées dans les dix ans. *V.* Reynaud et Daltoz, *Traité de la péremption d'instance en matière civile*, 1837, in-8°. R. d'E.

PÉREMPTOIRE (Exception). *V.* EXCEPTION.

PERFECTIBILITÉ. *V*, PROGRÈS.

PERFECTIONNEMENT (Brevets de). *V.* BREVETS D'INVENTION.

PERGULA, nom que les anciens Romains donnaient: 1° à toute construction ajoutée en appentis sur une face d'édifice; 2° à un balcon superposé aux colonnades d'un Forum; 3° à toute salle où les peintres exposaient leurs œuvres, et qui servait à un enseignement quelconque; 4° à une galerie placée au sommet d'une maison.

PÉRI, terme de Blason. *V.* BATON.

PÉRIACTOS, machine de théâtre des Anciens. C'était un assemblage de trois châssis joints en forme de prisme et portant chacun une décoration différente; il tournait à volonté sur un pivot, quand on voulait changer le lieu de l'action. Il y avait un périactos de chaque côté de la scène. L'emploi de ces machines permet de penser que les poëtes dramatiques n'observaient pas dans leurs pièces l'unité de lieu avec autant d'exactitude qu'on le suppose ordinairement.

PÉRIBOLE, nom que les Anciens donnaient à l'enceinte de leurs temples, séparés par un mur des terrains environnants. Le péribole, où l'on plaçait des statues et des autels, était quelquefois assez vaste pour contenir un bois sacré ou de petits édifices.

PÉRICOPES (du grec *périkopè*, division), passages des livres saints qui sont prescrits pour la lecture à l'autel et comme textes de sermons. Le choix de ces passages, qui était originairement laissé au prêtre, fut, dans le IVe siècle, limité aux livres canoniques de l'Ancien et du Nouveau Testament. Puis, le pape Grégoire le Grand composa un *Lectionnaire*, contenant les évangiles et les épîtres pour chacun des dimanches et des jours fériés de l'année. Luther a maintenu les péricopes de ce pontife, mais les prédicateurs calvinistes sont libres de prendre leurs textes où ils veulent. Dans l'Église catholique, les péricopes lus à l'autel sont restés invariables; la liberté laissée aux sermonnaires dépend des évêques.

PÉRIDROME (du grec *péri*, autour, et *dromos*, course), galerie ou espace couvert, servant de promenade autour d'un édifice.

PÉRIÉGÈSE (du grec *périégèsis*, action de conduire autour), nom que les anciens Grecs donnaient à toute description de pays présentée sous forme de voyage. On l'appliquait aux ouvrages d'Hécatée, de Denys le Périégète, de Pausanias, etc.

PÉRIÉLÈSE (du grec *périeilèsis*, action de rouler autour), terme de Plain-Chant qui désigne une sorte de cadence presque inséparable des intonations. La périélèse se fait de trois manières: *par circonvolution, par intercidence* ou *diaptose, et par duplication*. La circonvolution se fait en ajoutant, avant la note qui termine l'intonation, une note au-dessus et deux notes au-dessous, qui se lient à cette dernière note du mot, ce qui donne un contour formé d'une tierce avant de toucher la finale. La diaptose, qui est beaucoup plus rare, s'emploie quand la dernière syllabe de l'intonation est chargée d'une tierce, d'une quarte ou d'une quinte, intervalle qui exige un élancement de la voix: elle consiste à ajouter, après la note finale ainsi atteinte, une note en dessous, et à répéter la finale. La simple duplication consiste à doubler la note pénultième de l'intonation, et s'emploie lorsque la dernière syllabe est chargée de plusieurs notes par degrés conjoints.

PÉRIGUEUX (Église St-FRONT, à), ancienne abbatiale, qui a remplacé comme église cathédrale celle de St-Étienne. C'est un des monuments les plus anciens et les plus curieux de notre architecture religieuse. Quelques écrivains l'ont regardé *comme* antérieur au xe siècle; mais la ressemblance qu'il présente avec l'église St-Marc de Venise, dont il est une imitation quant au plan et à la construction générale, ne permet pas de le faire remonter au delà de la première moitié du xie siècle; et encore ne s'explique-t-on pas à cette époque la présence de l'ogive dans les grands arcs. La ressemblance de l'église St-Front avec celle de St-Marc ne saisit pas au premier coup d'œil; elle est intime, et ne devient évidente que par l'analyse: la différence d'aspect résulte des adjonctions ou des restaurations successives qui ont altéré le caractère primitif des deux édifices, et de l'abandon que l'architecte de St-Front a fait de l'ornementation byzan-

tine. On retrouve à St-Front les dispositions essentielles de St-Marc, le plan en forme de croix grecque, la toiture en terrasses dallées, les cinq coupoles au centre et aux branches de la croix, le développement excessif des piliers qui supportent les grands arcs des coupoles, et leur évidement intérieur. Mais la hardiesse et l'élégance de la construction vénitienne ont fait place à la lourdeur et à la nudité: les murailles sont planes, et percées de rares fenêtres; tout autour de l'église règne un entablement continu, sur lequel s'appuient 12 frontons couronnant les 12 pans du mur qui forment le développement extérieur de la croix grecque; les 8 piliers qui marquent les extrémités de cette croix se terminent par des pyramides qui encadrent les frontons et accompagnent les coupoles. Les fenêtres de St-Front ont beaucoup plus de développement que celles des monuments byzantins, modification motivée sans doute par la différence des climats, le ciel de l'Occident n'ayant pas l'éclat de celui de l'Orient. Les grandes coupoles byzantines sont éclairées à leur base par une couronne de fenêtres; ici, ces fenêtres sont réduites à quatre. La coupole du centre s'élève à 66m,60. Le système d'ornementation de St-Front n'est point en rapport avec l'idée principale du monument: c'est une décoration antique, analogue à celle des autres édifices contemporains en France. Les églises byzantines n'ont pas de cryptes: l'église St-Front en possède une, mais depuis longtemps obstruée. Cette église a les dimensions suivantes: longueur de la croix, 60 mèt.; hauteur des piliers, 13m,30; hauteur des coupoles, 28m,66; hauteur des grands arcs, 19m,60. B.

PÉRIL EN LA DEMEURE, terme de Droit indiquant que le moindre retard peut occasionner une perte, un dommage. *Quand on pense qu'il y a péril en la demeure*, il faut recourir à l'intervention de la justice, pour qu'elle décide, tout au moins à titre provisoire, les mesures qui doivent être prises pour prévenir le danger. En pareil cas, un tribunal peut, par exemple, permettre d'assigner aux jours et heures interdits en général pour les significations, ordonner soit un séquestre, soit un dépôt ou toute autre mesure conservatoire, autoriser l'exécution d'un jugement par défaut, nonobstant opposition, etc.

PÉRIMÉ. *V.* PÉREMPTION.

PÉRIODE, en termes de Chronologie, espace de temps déterminé par le retour d'un phénomène qui revient à époque fixe (*V.* CALENDRIER, dans notre *Dictionnaire de Biographie et d'Histoire*); — temps compris entre deux *époques* (*V.* ce mot).

PÉRIODE (du grec *periodos*, route autour, chemin de ronde, circuit), suite de phrases qui, sans être parties intégrantes les unes des autres, sont tellement liées ensemble, que les unes supposent nécessairement les autres pour la plénitude du sens; et comme, à la fin du sens, l'esprit se reporte vers la première phrase de toute cette série, on a parcouru véritablement un cercle, on a fait un circuit, et c'est pourquoi les rhéteurs grecs se sont servis du mot de *période*, qui se traduirait bien en français par celui de *contour*. Les phrases partielles qui contient la période s'appellent *membres*. Voici une période à deux membres: « Chrétiens, que la mémoire d'une grande reine, fille, femme, mère de rois si puissants, et souveraine de trois royaumes, appelle de tous côtés à cette triste cérémonie, | ce discours vous fera paraître un de ces exemples redoutables qui étalent aux yeux du monde sa vanité tout entière. » (Bossuet, *Oraison funèbre de Henriette de France*, Exorde.) — La suivante en a trois: « Quand Dieu laisse sortir du puits de l'abîme la fumée qui obscurcit le soleil, selon l'expression de l'Apocalypse, c.-à-d. l'erreur et l'hérésie; | quand, pour punir les scandales, ou pour réveiller les peuples et les pasteurs, il permet à l'esprit de séduction de tromper les âmes hautaines et de répandre partout un chagrin superbe, une indocile curiosité et un esprit de révolte; | il détermine dans sa sagesse profonde les limites qu'il veut donner aux malheureux progrès de l'erreur aux souffrances de son Église. » (Bossuet, *Ibid.*, 1re part.) — Selon les rhéteurs, la période doit contenir de deux à quatre membres: mais il ne faut pas attacher à cette règle une importance excessive et pour ainsi dire superstitieuse. Le nombre des membres n'est pas ce qui constitue la vraie régularité ni la vraie beauté d'une période; il faut y chercher surtout l'art avec lequel l'écrivain a enchaîné les phrases qui la composent, et l'harmonie qu'il a su mettre entre la pensée ou le sentiment et le tour donné à l'ensemble des expressions. Convenons, au reste, que le précepte de ne pas donner plus de quatre membres à une période est plein de sagesse: il est, en effet, dangereux, excepté pour les hommes supérieurs, de dépasser cette limite, au delà de laquelle l'embarras de l'écrivain ou de l'orateur, et la fatigue du lecteur ou de l'auditeur ne manquent pas de se faire sentir bientôt.

La période proprement dite n'appartient qu'au genre oratoire et à la poésie héroïque ; encore celle-ci l'emploie-t-elle plus fréquemment dans les discours que dans les récits, à moins que l'élévation des pensées ou la grandeur des événements racontés par le poète n'exige ou n'autorise une certaine pompe de style et l'ampleur de la forme oratoire. Tel est le début du 3e livre de l'Énéide, qui commence par une période de 3 membres renfermant 7 vers. La période ne convient pas également à toutes les parties d'un discours ni même à tous les genres de discours : elle est surtout bien placée dans les exordes des grandes causes, où il faut éveiller la sollicitude, l'intérêt, la pitié ; dans les lieux communs et dans tous les genres d'amplifications, surtout dans l'Éloge et le Panégyrique. Elle est aussi très-appropriée aux péroraisons ; enfin, selon l'observation de Quintilien, dans les causes judiciaires, lorsque le juge, instruit et persuadé, se livre à l'orateur et ne se souvient plus que du plaisir de l'entendre, c'est alors plus que jamais qu'elle doit étaler toute sa pompe et sa magnificence. P.

PÉRIODE, en termes de Musique, union de plusieurs phrases mélodiques qui forment ensemble un sens complet. A la fin de ce sens il faut une cadence parfaite.

PÉRIODIQUE (Style), genre de style où l'on recherche avant tout le nombre, l'harmonie, et qui offre une suite de périodes travaillées avec art et destinées à captiver l'attention par le charme de l'oreille. C'est l'opposé du style coupé. Le style de Buffon est ordinairement périodique.

PÉRIOECIENS (du grec péri, autour, et oikos, habitation), en termes de Géographie, peuples qui ont la même latitude, mais les longitudes opposées. Placés sous le même parallèle, à même distance de l'équateur et du pôle, ils ont les mêmes saisons, la même longueur des jours et des nuits ; mais les uns ont midi quand les autres ont minuit, parce qu'il y a toujours entre eux une différence de 12 heures à l'E. ou à l'O. En ce sens, ce qui est au couchant pour les uns est au levant pour les autres. Aux équinoxes, le soleil se lève pour les uns quand il se couche pour les autres. B.

PÉRIPATÉTICIENNE (Doctrine) (du grec Peripatein, se promener), nom donné à la doctrine d'Aristote, parce que ce philosophe avait l'habitude d'enseigner en se promenant dans les galeries du Lycée. Pour résumer la philosophie d'Aristote, et la saisir dans ses traits généraux, il faut d'abord bien entendre la théorie qui la domine et qu'il a exposée dans le traité connu sous le nom de Métaphysique. Il est nécessaire à qui veut avoir, de quelque chose que ce soit, une science accomplie, d'en connaître : 1° la substance ou matière première, c.-à-d. ce dont la chose est faite ; 2° la forme ou essence, qui détermine la matière ; 3° la cause par laquelle la chose dont il s'agit a été produite, la cause du mouvement que nous appelons maintenant cause efficiente ; 4° la cause pour laquelle elle a été produite, son but ou sa cause finale. Ainsi, d'une statue, nous savons tout ce que nous en pouvons savoir lorsque nous en connaissons la matière, la forme, l'auteur, la destination. Comme cela est également vrai des plus grands et des plus vastes objets, et du monde entier, toute science en définitive se résout dans la science des principes, et tel est en effet le caractère, telle est la nature de la philosophie première. Elle est la science des premières causes et des premiers principes. Les principes sont au nombre de quatre : la Matière, la Forme, la Cause motrice ou efficiente, la Cause finale. Mais en y regardant de plus près, on voit qu'ils sont susceptibles de simplification ; effectivement, si la matière existe indépendamment de la forme ; si le marbre, avant de devenir, sous la main du sculpteur, Dieu, table ou cuvette (La Fontaine), existait à l'état de bloc informe, la forme que celui-ci lui communique n'est indépendante ni de son travail, ni de la pensée dans laquelle il l'a exécuté. Donc, en réalité, le nombre des principes doit être réduit de quatre à deux : 1° la Matière par elle-même indéterminée ; 2° la Cause, dont l'opération la détermine à devenir ceci ou cela. En raison de cette aptitude à devenir indifféremment tel ou tel objet, Aristote nomme la matière, considérée dans son universalité, la Puissance des contraires, ou simplement la Puissance ; la cause qui lui donne l'être actuel, il le nomme l'Acte. Tout ce qui existe réellement (et, disons-le en passant, ce qui existe réellement, suivant Aristote, et contrairement à

l'opinion de Platon, ce sont les êtres individuels) existe par l'union de l'Acte et de la Puissance. C'est en cela que consiste l'Entéléchie péripatéticienne (V. ce mot). — Ces principes posés, il s'agit d'en saisir les rapports, et d'en suivre les développements dans la nature, dans les animaux, dans l'homme, dans son âme, dans les différentes fonctions de celle-ci. De là une physique, une histoire naturelle, une psychologie, une logique, une morale, une politique, toutes en relation plus ou moins étroite avec la métaphysique : c'est la métaphysique qui fait le lien et l'unité de toute la doctrine péripatéticienne. La physique d'Aristote, trop systématique, trop en dehors de l'observation, a fini par perdre tout crédit. (V. l'art. ARISTOTE dans notre Dictionnaire de Biographie et d'Histoire.) Il n'en est pas de même de la philosophie proprement dite ; le Traité de l'âme et les petits écrits qui s'y rattachent, les écrits logiques réunis sous le nom d'Organon (V. ce mot.), les deux traités de morale dédiés à Eudème et à Nicomaque, la Métaphysique surtout, contiennent des parties acquises à tout jamais à la science philosophique. Telle a été d'ailleurs en durée et en puissance, l'autorité du Péripatétisme, que ses erreurs mêmes sont de celles dont il faut tenir compte. Nous indiquerons ici un petit nombre de résultats positifs, les solutions données par ce système aux questions fondamentales de la philosophie : sur la nature de l'âme, elle est, non-seulement dans l'homme, mais dans tout être vivant, le principe intérieur du mouvement et de la vie, « l'acte d'un corps naturel qui a la vie en puissance ». C'est à elle surtout qu'Aristote applique le nom d'Entéléchie. Distincte du corps sans pouvoir en être séparée, elle préside aux fonctions de la nutrition et de la génération, de la sensibilité, de l'intelligence, sans qu'on puisse affirmer bien décidément (c'est un des côtés les plus faibles de la philosophie d'Aristote) si l'on doit entendre qu'il y a, dans l'homme par exemple, trois âmes différentes : une âme nutritive, une âme sensible, une âme raisonnable ; ou seulement trois fonctions du même principe. Même incertitude en ce qui concerne l'immortalité, qui, en tout cas, ne serait le partage que de l'âme raisonnable. Les parties vraiment expérimentales de la Psychologie péripatéticienne, la description de la sensibilité, des appétits, des passions, de la raison, etc., sont plus satisfaisantes. « Aristote, dit M. H. Martin, a signalé l'entendement et le libre arbitre comme conditions de la Morale. Mais, au lieu de s'asserver à l'entendement et à la conscience, qui lui auraient donné le devoir comme principe de la morale, il a demandé le principe à l'empirisme, et il a cru le trouver dans le désir du bonheur. Suivant lui, le bonheur, et par conséquent le devoir de l'être intelligent, c'est de faire passer autant que possible toutes les facultés de la puissance à l'acte ; c'est de les développer complètement et simultanément. Ce développement des facultés doit résulter, non d'efforts isolés, mais d'une habitude durable, qui est la vertu. Aristote distingue des vertus intellectuelles et des vertus morales. Il fait consister toutes ces dernières dans un juste milieu, entre deux excès contraires, ce qui exclut du nombre des vertus morales le désintéressement absolu et le dévouement sans bornes. Pourtant sa morale se recommande par d'excellentes observations et de profondes analyses. — Sa Politique est fondée de même empiriquement sur le principe de l'utile. Elle est la conclusion de sa morale, où il s'est proposé moins de donner des règles de conduite que de montrer quelles sont les qualités qu'il faut développer dans l'homme. Dans sa Politique, il enseigne, d'une part, comment l'ordre social sort et se développe ; d'autre part, comment l'homme politique doit se conduire sous diverses formes de gouvernement, pour en tirer le meilleur parti possible, et non pour le réformer. Il approuve l'esclavage comme un fait utile et consacré par l'usage ; il semble même le considérer comme un fait fondé sur la nature. Aristote érige ainsi en lois des faits condamnables. » — Comme doctrine philosophique, c'est incontestablement dans la Théodicée qu'Aristote s'est élevé le plus loin et le plus haut ; non pas que sa science soit parfaite et irréprochable de tout point ; nous allons en signaler les principales erreurs : la matière y est indépendante de Dieu pour son existence ; elle est éternelle comme Dieu. Dieu, quoique moteur universel, reste enfermé dans sa pensée solitaire, parce qu'il meut, c.-à-d. gouverne le monde, non comme cause efficiente, par un acte exprès de volonté, mais comme cause finale et comme objet de désir, toutes choses gravitent vers lui comme vers leur fin et leur bien suprême. Mais en réduisant la matière à n'être que la puissance des contraires, c.-à-d. en la rapprochant autant que possible du non-être, en répétant sans cesse que Dieu est le premier moteur, malgré la fausse interprétation que l'on vient de signaler, en affirmant enfin de la manière la plus explicite l'identité de Dieu, du bien et de la cause finale, Aristote a propagé dans la philosophie des idées qui ne devaient plus être dépassées que par la Métaphysique chrétienne qu'elles préparaient sur quelques points ; de là son immense et durable influence ; de là cette tradition qui, après avoir exercé son action sur les autres écoles anciennes, modifié le Platonisme, pénétré chez les Épicuriens, les Stoïciens, les Alexandrins, s'étendit avec tant de force à la scolastique et à la philosophie arabe (*V.* dans notre *Dictionnaire de Biographie et d'Histoire* les articles ARABES, AVERROÈS, etc.), et provoqua, au moment de la Renaissance, des luttes furieuses; qui, enfin, malgré la réaction dont elle devint alors l'objet, loin de s'effacer dans la philosophie moderne, a fait naître encore une foule de savantes et excellentes recherches qui résument, condensent, rectifient, tant au point de vue historique qu'au point de vue dogmatique, tout ce que les générations précédentes ont entassé sur Aristote d'interprétations, de commentaires et de polémiques. *V.*, pour les indications bibliographiques, l'art. ARISTOTE, de M. H. Martin, dans notre *Dictionnaire de Biographie et d'Histoire.*   B - E.

PÉRIPÉTIE , du grec *péripéteïa*, accident inopiné, changement subit, imprévu, d'une fortune bonne ou mauvaise en une autre contraire, éprouvé par un ou plusieurs personnages d'un poëme dramatique, d'une épopée, ou d'un roman. Dans les pièces de théâtre, la péripétie est presque toujours voisine de l'action, et c'est d'elle que doit résulter le dénoûment. Ainsi, dans l'*Athalie* de Racine, la proclamation solennelle du jeune Joas, jusque-là pauvre et méconnu, amène la catastrophe; dans les *Femmes savantes* de Molière, les deux lettres apportées par Ariste , et dont la lecture change tout à coup les sentiments de Trissotin, forment la péripétie, et amènent le triomphe du bon sens sur la sottise des pédantes. Dans l'*Iliade* d'Homère, la péripétie est au 19e chant : la mort de Patrocle semblait mettre le comble aux malheurs des assiégeants ; mais elle a pour effet de déterminer le retour d'Achille sur le champ de bataille; sa colère, en se reportant d'Agamemnon sur Hector, fait retomber sur les Troyens les périls auxquels étaient exposés les Grecs depuis la prise du camp, et prépare la catastrophe du poëme, qui est la mort d'Hector. Toute péripétie, quelque soudaine qu'elle soit, doit être la conséquence naturelle, logique, vraisemblable, des événements antérieurs ou des passions qui animent les personnages. A cet égard, il n'en est pas de plus parfaite que celle de l'*Iliade*. Les péripéties des comédies et des romans sont amenées souvent par une reconnaissance de personnes, de signes ou d'objets; ce moyen est employé quelquefois aussi avec succès par la tragédie et par l'épopée (*V.* RECONNAISSANCE). Chez les Modernes, le mot *Péripétie*, consacré surtout pour les ouvrages de l'antiquité grecque, est souvent remplacé par le mot *Révolution.* P.

PÉRIPHÈRES , ornements en relief autour des vases. *V.* CRUSTÆ.

PÉRIPHRASE (du grec *péri*, autour, et *phrazô*, je parle), figure de rhétorique par laquelle à une expression simple on substitue une définition ou une description qui donne au style plus de noblesse et d'élégance. Telle est cette magnifique périphrase que Bossuet (*Oraison funèbre de Henriette de France*, exorde) emploie au lieu du mot *Dieu* : « Celui qui règne dans les cieux, et de qui relèvent tous les empires, à qui seul appartient la gloire, la majesté et l'indépendance, etc. » La périphrase est souvent nécessaire pour remplacer un terme trivial ou bas ; ainsi , Racine nous montre Junie (*Britannicus* , II , 2)

Dans le simple appareil
D'une beauté qu'on vient d'arracher au sommeil.

L'abus de la périphrase rend le style lourd, prétentieux, bizarre, et même inintelligible. C'est ce qui a fait dire à Pascal (*Pensées*) : « Il y en a qui masquent toute la nature. Il n'y a point de roi parmi eux, mais un auguste monarque; point de Paris, mais une capitale du royaume. Il y a des endroits où il faut appeler Paris Paris, et d'autres où il faut l'appeler capitale du royaume. » Les poëtes descriptifs ont fait souvent abus de la périphrase, qui devient alors une sorte de logographe à deviner par le lecteur. Blair cite les paroles d'un gentilhomme qui, pour ordonner à son laquais de lui ôter ses bottes, lui disait : allons viens ici pour me servir, délivre les colonnes mobiles qui soutiennent mon individu de cette dépouille d'un bœuf mort ». *V.* CIRCONLOCUTION.   H. D.

PÉRIPLE (du grec *péri*, autour, et *pléô*, je navigue), nom que les anciens Grecs donnaient aux voyages de circumnavigation, comme celui que des Phéniciens exécutèrent, dit-on, autour de l'Afrique par ordre de Néchao, roi d'Égypte. On appela également *Périples* les relations de voyages maritimes. Nous possédons celui du Carthaginois Hannon sur les côtes d'Afrique; celui de Scylax, Grec de Carie, sur les côtes de l'Europe et de l'Asie; et les Périples du Pont-Euxin et de la mer Érythrée par Arrien. *V.* les *Geographiæ veteris scriptores Græci* de Dodwell, Oxford, 1703-1712.

PÉRIPTÈRE (du grec *péri*, autour, et *ptéron*, aile), édifice dont le pourtour extérieur présente sur toutes ses faces un rang isolé de colonnes, éloignées du mur d'enceinte à distance d'un entre-colonnement. Le *pseudo-périptère* n'a que des colonnes engagées dans son mur d'enceinte. Le *monoptère* et le *diptère* (*V.* ces mots) sont, en réalité, des périptères ; mais les Anciens ne leur donnaient pas ce nom.   B.

PÉRISCÉLIS , sorte de bracelet que les femmes de l'anc. Grèce portaient au-dessus de la cheville du pied.

PÉRISCIENS. *V.* AMPHISCIENS.

PÉRISPOMÈNE , nom grec de l'accent *circonflexe*. Il s'applique à l'accent et aussi aux mots qui le portent sur la dernière syllabe. Si l'accent circonflexe est sur l'avant-dernière, le mot s'appelle *properispomène.*   P.

PÉRISSOLOGIE (du grec *périssos*, superflu, et *logos*, discours), nom que quelques rhéteurs donnent à la répétition inutile d'une même idée.

PÉRISTÉRIUM , sorte de baldaquin placé au-dessus des tabernacles et des vases servant à conserver l'hostie.

PÉRISTYLE (du grec *péri*, autour, et *stulos*, colonne), mot désignant, chez les anciens Grecs, un édifice environné en son pourtour intérieur d'un rang de colonnes isolées et parallèles aux murs. Les Romains l'appliquèrent à toute galerie en colonnades construite autour d'une cour. Les Modernes ont appelé *péristyle*, tantôt l'édifice qui a un entourage extérieur de colonnes (alors il est synonyme de *périptère*), tantôt l'ensemble de colonnes qui forme le frontispice d'un monument.   B.

PERIVALIUM , mot latin par lequel on désignait autrefois le chœur des chantres, ou les stalles de ce chœur.

PERLES , une des parures les plus recherchées dans tous les temps. On employait les perles dans l'Inde bien longtemps avant que le commerce les eût fait connaître aux Grecs et aux Romains. Ces peuples en ornèrent les agrafes , les chaussures, les colliers, les boucles d'oreilles , et y consacrèrent des sommes considérables. J. César donna à Servilia, sœur de Caton d'Utique, une perle qu'il avait payée 6,000 grands sesterces (environ 12,000 fr.); celle que la reine Cléopâtre avala, dit-on, après l'avoir fait fondre dans du vinaigre, avait coûté 10,000 grands sesterces (20,000 fr.); Lollia Paulina, femme de l'empereur Caligula, portait dans sa parure pour plus de 40 millions de sesterces (8 millions de fr.) en perles et en pierres précieuses. Néron chargea de perles les sceptres, les masques et les lits de ses histrions. La mode des perles a commencé en France sous le règne de Henri III. Il y a parmi les joyaux de la couronne de France une collection de 408 perles, toutes très-belles, et pesant chacune 16 grammes; elle est évaluée 500,000 fr. Les principaux endroits où l'on pêche les huîtres à perles sont la mer Rouge, le golfe Persique, le détroit de Manaar, près de l'île de Ceylan, le golfe du Bengale, celui du Mexique, et la mer Vermeille. Les belles perles sont parfaitement sphériques, blanches, opaques, ou d'une transparence opaline, avec un éclat changeant et diapré que les joailliers appellent l'*orient.* Il y a aussi des perles allongées en forme de poire : elles sont également recherchées quand cette forme est parfaite. Les perles sont sujettes à mourir; on reconnaît cet état quand leur émail est détruit ou endommagé.   B.

PERLES , en Architecture , petits grains ronds taillés dans les moulures.

PERMIS DE CHASSE. *V.* CHASSE.

PERMIS DE SÉJOUR. Aux termes d'un arrêté du 12 messidor an VIII (1er juill. 1800), une permission était nécessaire à tout voyageur qui voulait séjourner plus de trois jours à Paris. Une ordonnance de police du 8 sept. 1851 porte que tout étranger qui arrive dans le département de la Seine avec l'intention d'y résider ou d'y exercer une industrie, doit se présenter, dans les trois jours de son arrivée, à la préfecture de police, pour y obtenir, s'il y a lieu, un permis de séjour, à peine d'expulsion du territoire

PERMISSION, figure de Rhétorique par laquelle on feint de permettre, on demande même avec instance, ce qu'on ne veut pas, ce qu'on sait bien qu'on n'obtiendra pas. Quinte-Curce fait ainsi parler Alexandre à ses soldats (X, 2) : « Que les chemins soient libres pour ceux qui veulent-me quitter; faites-leur place; moi-même, avec les Perses, je protégerai leur retraite. Je ne retiens personne; éloignez-vous de mes yeux, citoyens ingrats; vos pères, vos enfants vous accueilleront avec joie, quand vous reviendrez sans votre roi; ils iront au-devant des déserteurs et des transfuges. » Cette figure tient de l'ironie; mais elle est toujours adaptée à des pensées sérieuses. B.

PERMUTATION, en termes de Grammaire, changement d'une lettre en une autre qui appartient au même organe. — Dans l'armée, on nomme *permutation* le changement d'emploi entre deux officiers de même grade. La permutation doit être autorisée; elle est considérée comme une faveur, et fait généralement retarder la promotion à un grade supérieur.

PÉRORAISON (du latin *peroratio*), dernière partie, conclusion d'un discours. Elle a pour but de rappeler brièvement à l'auditeur la substance du discours, et de l'entraîner par un dernier effort du sentiment. La récapitulation consiste à réunir ensemble toutes les raisons disséminées dans le corps du discours, de manière à les faire embrasser d'un seul regard. Tantôt il faut reprendre les parties de la Division, et rappeler les points qu'on a promis de traiter; tantôt à ses propres raisons on joint celles de l'adversaire et leur réfutation. On rappelle ainsi en quelques mots à l'auditeur la Confirmation et la Réfutation. Une grande variété de style est ici nécessaire pour éviter la sécheresse et l'ennui. La seconde partie de la Péroraison consiste dans l'emploi du pathétique pour achever de produire la persuasion chez l'auditeur. Les Anciens la subdivisaient en deux parties : l'*indignation* et la *plainte*. L'indignation a pour objet d'amasser beaucoup de haine sur un individu, ou de défaveur sur un fait; Cicéron (*De Inventione*, I) expose les règles particulières de ce moyen oratoire, qui se tire, dit-il, de quinze *lieux*. La plainte consiste à émouvoir la compassion du juge; elle doit être amenée par des réflexions graves et tristes sur l'inconstance de la fortune, la faiblesse de l'homme, etc.; elle se tire de seize lieux. La rhétorique moderne n'a pas maintenu toute la doctrine de Cicéron sur l'emploi des lieux dans la Péroraison; mais elle a conservé les règles qui s'appliquent à tous les temps, c'est que la Péroraison doit être brève et animée. La Péroraison n'est pas nécessaire dans tous les discours; elle se rencontre ordinairement dans les plaidoyers étendus, dans l'oraison funèbre, dans le sermon, et dans les discours politiques. Nous en avons de beaux modèles dans les discours de Cicéron pour Milon et pour Ligarius, dans l'oraison funèbre du prince de Condé par Bossuet, dans le 3e discours de Mirabeau sur la banqueroute. H. D.

PÉROU (Arts au). *V.* Péruvien (Art).

pérou (Langues du). *V.* Péruviennes (Langues).

PERPENDICULAIRE (Style). *V.* Angleterre (Architecture en).

PERPIGNAN (Église St-Jean, à). Cette église cathédrale, dont on posa la première pierre en 1324, demeura plus de deux siècles en construction; elle fut élevée uniquement avec le produit des aumônes des fidèles, et, lorsque le concile de Trente eut jugé nécessaire de provoquer de nouvelles libéralités, on ne put encore bâtir la façade qu'avec une extrême simplicité. Le corps de l'édifice est de style ogival secondaire; les voûtes et les détails appartiennent au style tertiaire; le portail est moderne. La tour qui accompagne ce portail est lourde et sans grâce : on l'a placée au-dessus, en 1744, une cage en fer, haute de 15 mèt. environ, d'une disposition hardie, et qui contient les cloches de l'horloge. L'édifice a 78 mèt. de longueur, 19m,50 de largeur, et 27 mèt. de hauteur sous voûte. Il n'offre qu'une seule nef, de proportions nobles et imposantes; la voûte, d'une belle exécution, n'a pour support que des arceaux de pierre appuyés sur les murs de séparation des chapelles. Le transept offre une particularité remarquable : au lieu de se terminer carrément, il a une abside percée d'un écran, et, à la partie supérieure de chacun de ses croisillons, une seconde abside pentagonale qui forme chapelle. La chapelle de droite, consacrée à la Ste Vierge, contient un retable décoré de peintures de la fin du xve siècle. A la clef de voûte du sanctuaire sont sculptées les armes de France. Le maître-autel a un célèbre retable en marbre blanc, dont les bas-reliefs sont séparés les uns des autres par des pilastres chargés de figures. En sortant de l'église par la porte latérale, on trouve une chapelle dite *du Crucifix*, bâtie au xvie siècle pour recevoir un crucifix sculpté en 1525. — A la gauche de l'église St-Jean se trouve une église plus ancienne, appelée *le Vieux St-Jean*, construction romano-byzantine. B.

PERQUISITION (du latin *perquirere*, rechercher), action de rechercher et de saisir au domicile d'un individu prévenu d'un crime ou d'un délit les objets qui peuvent servir à la manifestation de la vérité. Le droit de perquisition appartient, en cas de flagrant délit, au procureur impérial et à ses auxiliaires (juges de paix, officiers de gendarmerie, maires, commissaires de police), et, dans tous les cas, au juge d'instruction, qui peut le déléguer par une ordonnance dite *mandat de perquisition* (*Code d'Instruction criminelle*, art. 36-62). Les perquisitions doivent être faites en présence du prévenu ou de son fondé de pouvoir. Chaque autorité ne peut faire de perquisition que dans son ressort; néanmoins, la loi autorise les présidents de Cour d'assises, les procureurs généraux ou leurs substituts, les juges d'instruction et les juges de paix, à continuer hors de leur ressort les visites nécessaires chez les personnes soupçonnées d'avoir fabriqué, introduit, distribué de faux papiers de l'État, de faux billets de la Banque de France, ou de la fausse monnaie. — Les gardes forestiers et les préposés des douanes peuvent faire des perquisitions pour trouver les objets qui ont été soustraits aux droits dus à l'État. Les employés des Contributions indirectes peuvent faire des perquisitions chez les débitants de liquides. Les voitures de messageries et toutes personnes qui font habituellement des transports sont soumises à des perquisitions dans l'intérêt de l'administration des postes.

PERRON (pour *pierron*, construction en pierre), escalier extérieur et découvert, composé d'un petit nombre de marches, construit sur un massif au-devant de l'entrée d'un étage peu élevé au-dessus du rez-de-chaussée, ou pour arriver à quelque terrasse dans un jardin. Un perron peut être carré, ou cintré, ou à pans; il est *simple*, s'il n'a qu'une rampe, et *double*, s'il en a deux.

PERROQUET, en termes de Marine, voile carrée de toile légère qui surmonte les huniers. La vergue qui porte cette voile s'appelle *vergue de perroquet*. Il y a un *grand perroquet*, qui surmonte le grand hunier; un *petit perroquet*, sur le petit hunier; et un 3e perroquet, dit *perruche*. Ces voiles servent dans les beaux temps. On nomme *Perroquets d'hiver* des perroquets plus petits que ceux qu'on porte dans la belle saison. — Le *mât de perroquet* est le 3e mât en élévation; porté par le mât de hune, il supporte lui-même le mât de cacatois.

PERRUQUES. } *V.* ces mots dans notre *Dictionnaire de Biogr. et d'Histoire.*
PERRUQUIERS. }

PERSE (Arts de la). Les monuments d'architecture des anciens Perses n'avaient point d'analogie, comme le pensait le comte de Caylus, avec ceux de l'Égypte; ils formaient, ainsi que ceux de la Médie, une branche de l'art assyrien (*V.* ce mot). La cause en est que l'Empire assyrien s'étendit sur la plus grande partie de l'Iran. Les constructions antérieures à Cyrus doivent être cherchées dans la Médie : le château d'Ecbatane, bâti sur un hauteur en forme de terrasse, et dont les sept enceintes crénelées, s'élevant les unes au-dessus des autres, étaient revêtues d'un enduit de sept couleurs différentes (probablement de briques coloriées), contenait un palais et un temple dont le toit était formé de tuiles d'argent massif, et dont les colonnes, les poutres, les caissons en bois de cèdre et de cyprès, étaient revêtus de lames d'or et d'argent. Le palais de Suse, que les Grecs nommaient Memnonia, était d'architecture babylonienne, ce que prouvent non-seulement les témoignages de l'Antiquité, mais encore les amas de briques, quelquefois coloriées, qu'on trouve aujourd'hui à Schus. Dans la Perse proprement dite, on pourrait citer, à Pasargade, un palais des Achéménides et le tombeau de Cyrus; mais le seul monument qui subsiste est le palais de Persépolis (*V.* ce mot dans notre *Dictionnaire de Biographie et d'Histoire*). A Persépolis se trouvaient également les monuments funéraires des Achéménides, on suppose qu'un de ceux qui ont été trouvés au mont Rachmed est le tombeau de Darius. Le palais de Persépolis et les bas-reliefs de Bisoutoun (*V.* ce mot dans notre *Dictionnaire de Biographie et d'Histoire*) peuvent aussi donner une idée de la sculpture des Perses. Ce peuple fabriquait des tapis ornés de personnages; mais rien ne prouve que ces figures aient été bien exécutées, et l'on ignore s'il y eut véritablement en Perse un talent quelconque de peinture. Les Perses n'aimaient pas la musique; ils la considéraient comme dangereuse pour l'âme, et l'on n'entendait que rarement des hymnes en l'honneur des dieux ou des rois. La danse leur paraissait également nuisible aux bonnes mœurs. Mais le contact des Mèdes fit disparaître cette barbarie primitive, et la musique devint chez les Perses, non-seulement une auxiliaire de la poésie et de la mimique, mais un art indépendant. *V.* Silvestre de Sacy, *Mémoires sur diverses antiquités de la Perse*, Paris, 1793; Hoeck, *Veteris Mediæ et Persiæ monumenta*, Gœttingue, 1818, in-4°; Maurice, *Observations on the ruins of Babylon and Persepolis*, Londres, 1816-18, 2 vol. in-4°; Buckingham, *Travels in Assyria, Media and Persia*, Londres, 1830, 2 vol. in-8°; Texier, *Description de l'Arménie, de la Perse et de la Mésopotamie*, Paris, 1842, in-fol.; Flandin et Coste, *Voyage en Perse*, Paris, 1850, 2 vol. in-8° et 6 vol. d'atlas in-fol.; Fergusson, *The palaces of Nineveh and Persepolis restored*, Londres, 1851, in-8°.

PERSE (Langues·de la), groupe de langues indo-européennes (*V. ce mot*) parlées entre le Tigre et l'Indus. Ce groupe comprend le *zend*, le *pehlvi*, le *déri*, le *farsi* ou *parsi* (*V. ces mots*), qui ont été ou usage à diverses époques de l'Antiquité dans l'Empire des Perses, et le *persan moderne*, formé par le mélange d'éléments indigènes avec un élément arabe apporté par la conquête musulmane. Adelung regardait le persan primitif (zend, pehlvi, farsi) comme aussi ancien que le sanscrit, et, selon Othman Franck, il lui aurait même donné naissance; mais ces opinions n'ont pas été admises par les linguistes, et l'on s'accorde, avec W. Jones et Fréd. de Schlegel, pour voir dans le persan un dérivé du sanscrit. Le persan moderne a fait subir au zend et au pehlvi des altérations notables : par exemple, il en a contracté les voyelles médiales et supprimé les finales, rejetant ainsi la plupart des longues terminaisons de ces deux langues. Sa constitution grammaticale présente des rapports nombreux avec. celle du sanscrit, malgré certaines simplifications de formes. Les termes arabes qu's'y sont introduits ont fait perdre une partie de la nomenclature primitive, mais sans modifier notablement les règles de la grammaire et de la syntaxe. Ces termes sont d'autant plus nombreux dans les écrivains qu'on se rapproche davantage de notre époque. Les savants de l'Allemagne ont remarqué que le persan ressemble plus qu'aucune autre langue orientale aux langues germaniques : c'est une preuve nouvelle qu'il n'a point été fondamentalement transformé par l'invasion des locutions arabes et de celles qu'il a encore empruntées aux Turcomans. Le persan ne distingue pas de genres dans les substantifs et dans les adjectifs; il manque d'article défini. Comme le turc et les langues sémitiques, il peut remplacer par de simples affixes les adjectifs possessifs. La terminaison *an* est la terminaison ordinaire du pluriel et de l'infinitif, comme *en* en allemand. Un seul temps, le prétérit, est susceptible de prendre des flexions différentes dans des verbes différents; les autres suivent tous une même conjugaison. Dans les temps secondaires de la voix active et dans tous les temps de la voix passive, on emploie un système d'auxiliaires analogue à celui des Allemands et des Anglais. Les modes conditionnel ou optatif et subjonctif manquent; on y supplée par l'indicatif accompagné de particules. Ainsi que le sanscrit, le grec et l'allemand, le persan peut former des composés de toute espèce par la simple juxtaposition des radicaux. Il a aussi un nombre considérable d'idiotismes qui se traduisent littéralement en autant d'idiotismes germaniques. Des 21 à 23,000 mots qu'on trouve dans les meilleurs dictionnaires persans, il y en a 1,500 dans le zend, et environ 4,000, avec plus ou moins de changement, dans le vocabulaire allemand. La prononciation du persan est douce et harmonieuse : l'accent, placé d'ordinaire sur la dernière syllabe des mots, peut s'être suffisamment varié pour ne point engendrer la monotonie. C'est une langue euphonique, pleine de figures et d'images, éminemment propre à la poésie : bien qu'elle ne soit guère en usage aujourd'hui à·la cour, où règne une dynastie turcomane, elle conserve le rang de langue officielle dans les audiences solennelles des princes, dans les cours de justice, dans les actes émanant de l'autorité, et on la parle même dans l'Inde entière parmi.les musulmans de qualité. Les règles de la versification persane ont été empruntées à l'arabe. L'écriture, qu'on appelle *taalik* (suspendue), est une variété légère et hardie de l'écriture arabe : seulement, il est 8 lettres arabes qui ne trouvent pas leur place dans les mots de pure origine persane, et les Persans en ont créé 4 nouvelles, pour représenter des sons particuliers de leur prononciation.

V. Louis de Dieu, *Rudimenta linguæ persicæ*, Leyde, 1629; Gravius, *Elementa linguæ persicæ*, Londres, 1644, in-8°; Burton, *Historia veteris linguæ persicæ*, Londres, 1657; Castelli, *Lexicon persicum*, ibid., 1069, in-fol.; Meninski, *Lexicon arabico-persico-turcicum*, Vienne, 1680, in-8°; Ange de La Brosse de Saint-Joseph, *Gazophylacium linguæ persicæ*, Amst., 1684, in-fol.; Ignatius à Jesu, *Grammatica linguæ persica*, Rome, 1691, in-4°; Anquetil-Duperron, *Recherches sur les anciennes langues de la Perse*, dans les *Mém. de l'Acad. des Inscriptions*, t. XXXI; Reland, *De reliquiis veteris linguæ persicæ*, dans ses *Dissertationes miscellaneæ*, t. II; W. Jones, *Grammar of the Persian language*, Oxford, 1771, trad. en français par Garcin de Tassy; J. Richardson, *Dictionary persian, arabic and english*, Oxford, 1777, 2 vol. in-fol., et, avec augmentations de Johnson, Londres, 1829; Gladwin, *Persian Vocabulary*, 1780; Fr. de Dombay, *Grammatica linguæ persicæ*, Vienne, 1804, in-4°; Wilken, *Institutiones ad fundamenta linguæ persicæ*, Leipzig, 1805, in-8°; O. Franck, *De Persidis lingua et ingenio*, Nuremberg, 1809; Lumsden, *A Grammar of the persian language*, Calcutta, 1810, 2 vol.; *Heft Kulsum, ou les Sept mers*, dictionnaire imprimé par ordre du sultan d'Oude, Lacknau, 1822, 7 vol.; Handjeri, *Dictionnaire français, arabe, persan et turc*, Moscou, 1840-42, 3 vol. in-4°; Wullers, *Institutiones linguæ persicæ cum sanscrita et zendica lingua comparatæ*, Giessen, 1840; Rosen, *Elementa persica*, Berlin, 1843, in-8°; Duncan Forbes, *A Grammar of the persian language*, Londres, 1844; Geitlin, *Principia grammatices neo-persicæ*, Helsingfors, 1845, in-8°; Mirza-Ibrahim, *Grammaire de la langue persane*, traduite en allemand par Fleischer, Leipzig, 1847, in-8°; Wullers, *Lexicon persico-latinum*, Bonn, 1853; Bérésine, *Recherches sur les dialectes persans*, Kazan, 1853, in-8°.

PERSE (Littérature de la). Quand les Arabes firent la conquête de la Perse au VII° siècle de notre ère, ils .détruisirent par l'eau et le feu les livres historiques et la plupart des livres religieux du pays. Tout ce qui nous est resté de l'antique littérature consiste dans les livres zends. Les lettres se ranimèrent au IX° et au X° siècle, sous la dynastie des Samanides. La poésie fut alors inaugurée par Roudégui, traducteur du livre de *Calila et Dimna* (*V. ce mot*), et par Balami, qui écrit une version persane de la Chronique arabe de Tabari, publiée en français par Dubeux (1835). Pendant la domination des Gaznévides, parut Ferdousi, l'auteur du *Schah-Nâmeh* (*V. ce mot*). Vinrent ensuite : Anwari, qui vivait vers 1150, et composa des odes; Nisâmi, auteur d'une *Chamssé* ou collection de cinq grands poèmes romantiques; Chakâni, poète lyrique, qui fleurit vers l'an 1200; Ferid-ed-din Attâr, auteur du *Pend-Nâmeh* (Livre du bon conseil), publié avec traduction française par Sacy en 1819, et du *Mantik Uttaïr* (le Langage des oiseaux), publié par Garcin de Tassy en 1857; Djelâl-ed-din-Rûmi, considéré comme le plus grand des poètes mystiques; Saadi, Hafiz, Djâmi, placés au premier rang 'parmi les poètes de la Perse; Fcisi, qui prit, au XVI° siècle, dans le *Mahâbharata*, l'épisode de Nala pour en faire le sujet d'une épopée. On a fait, dans des temps très-rapprochés de nous, de vastes poëmes historiques, tels que le *Livre des Rois*, qui raconte l'histoire moderne de la Perse, et le *George-Nâmeh*, consacré à la conquête de l'Inde par les Anglais. Il existe enfin une poésie populaire, dont on peut se faire une idée par l'ouvrage d'A. Chodzko, *Specimens of the popular poetry of Persia*, Londres, 1842.

Les Persans sont le seul peuple mahométan qui ait cultivé la poésie dramatique. Les pièces de leur théâtre ne sont pas sans analogie avec nos anciens Mystères. *V.* Chodzko, *Sur la littérature dramatique des Persans*, Paris, 1844, in-8°. Parmi les nouvelles, romans, contes, etc., fort nombreux dans la littérature persane, nous citerons : *Anwari Soheili*, imitation des fables indiennes de Bidpaï; *Behâri-Danisch* (Printemps de la Sagesse), par Inajet-Allah, que Scott a traduit en anglais sous le titre de *Garden of Knowledge* (1799, 3 vol.); le *Tûti-Nâmeh* (Livre du Perroquet), publié en anglais par Hadley, en persan par Iken et Kosegarten (Stuttgard, 1822); *Baktijâr-Nâmeh* (Histoire du prince Baktijar), publié en anglais par Ousely (Paris, 1839).

La littérature historique persane est très-riche; mais on n'en connaît encore en Europe qu'une très-faible partie. Parmi les livres imprimés, on remarque : l'*Histoire des Mongols*, écrite vers l'an 1320 par Raschid-Eddin, et traduite en français par Quatremère (Paris, 1836); l'*Histoire de Timour* (Tamerlan), par Scherif-

Eddin-Jesdi, traduite par Pétis de La Croix, Paris, 1734. D'une grande Histoire universelle de Mirkhond, on a extrait les ouvrages suivants : *Histoire des Samanides*, publiée par Defrémery, Paris, 1845; *Histoire des Gaznévides* et *Histoire des Bouïdes*, par Wilken, Berlin, 1832 et 1835; *Histoire des Sassanides*, que Sacy a traduite en français, Paris, 1793; *Histoire des Ismaélites*, publiée par Jourdain, Paris, 1812; *Histoire des Seldjoucides*, par Wullers, Giessen, 1837; *Histoire de Gengis-Khan*, par Jaubert, Paris, 1841; *Histoire des sultans du Kharism*, par Defrémery, Paris, 1842. Nous ajouterons l'*Histoire de l'Inde* de Ferischta, traduite en anglais par Briggs, Londres, 1829, 4 vol.; les *Institutions de Timour*, publiées en anglais par White, Oxford, 1783; les *Wâkiâti Babûri*, ou la vie de Babour racontée par lui-même, traduct. anglaise d'Erskine, Édimbourg, 1826; la *Description de l'Empire du Mogol dans l'Inde sous Akbar*, publiée en anglais par Gladwin, Calcutta, 1783, 2 vol.; l'*Histoire de Nadir-Schah*, publié en français par Jones, Londres, 1770; l'*Histoire des Afghans* de Neamet-Ullah, trad. en anglais par Dorn, Londres, 1829, 2 vol.; l'*Histoire de l'Inde* de 1705 à 1782, par Gholam-Husaïn-Khan, trad. anglaise, Calcutta, 1789, 3 vol.; le *Measiri Sultanijje*, histoire de la dynastie actuellement régnante, trad. en anglais par Brydges, Londres, 1833; l'*Ulémai Islâm*, publié à Paris par Olshausen, et contenant des renseignements sur l'anc. religion des Perses; le *Dabistân*, exposition de toutes les religions de l'Asie, trad. en anglais par Troyer, Londres, 1843, 3 vol.

PERSE (Faïences de la). V. au *Supplément*.

PERSE (Religion de la). V. ZEND-AVESTA.

PERSES (Monnaies). Les Perses paraissent s'être servis de la monnaie principalement dans leurs relations avec des mercenaires et les peuples maritimes de l'Empire dont on prenait les navires à louage, car il ne paraît point que les Perses aient jamais eu une marine à eux. Ils employaient les métaux précieux pour l'échange à l'intérieur, mais au poids. Dans le trésor de Darius, l'or monnayé était en très-petite quantité. Darius, fils d'Hystaspes, fit frapper les premières monnaies perses qui, de son nom, furent appelées *Dariques*. En voici une dont le droit montre le roi traîné dans un char, et le revers la galère phénicienne portée sur les flots.

D'autres Dariques frappées par Xerxès représentent le roi, tantôt en *sagittaire* avec la tiare sur la tête, le genou en terre, et l'arc, emblème du rang souverain, comme ci-contre; tantôt sur le char. Hérodote nous montre le grand roi porté en litière, mais montant sur un chariot pour traverser les villes et les endroits populeux. Sur certaines Dariques figure, à la proue des navires, le Patèque, divinité phénicienne, mais difforme : elles portent souvent des légendes phéniciennes. On a frappé des Dariques en or et en argent, de simples et de doubles Dariques.

Les *Cyzicènes*, monnaies de Cyzique, le plus grand centre oriental de fabrication monétaire, paraissent s'être substituées peu à peu aux Dariques, qui avaient une grande réputation de pureté. Les plus anciennes Cyzicènes peuvent être attribuées à Crésus : on a cru lire sur plusieurs le nom de Cyrus, qui aurait été substitué à celui de Crésus après la conquête de la Lydie. D.

PERSÉPOLIS (Ruines de). V. notre *Dictionnaire de Biographie et d'Histoire*.

PERSIENNE, sorte de jalousie fixe, dont les lames inclinées sont assemblées dans un châssis. Les persiennes, dont le nom vient sans doute de ce qu'on les suppose originaires de la Perse, sont placées en dehors des fenêtres pour garantir du soleil l'intérieur des appartements; elles s'ouvrent à un ou deux vantaux, se repliant encore quelquefois sur eux-mêmes, au moyen de charnières. Les persiennes se font en bois de chêne ou de sapin. Aux Halles centrales de Paris, les baies des parties hautes de chaque pavillon sont garnies de persiennes fixes en lames de cristal dépoli, pour laisser passer le jour en abritant des rayons solaires. B.

PERSIQUES (Colonnes), nom donné par les anciens Grecs à des colonnes doriques dans lesquelles le fût était remplacé par des figures d'esclaves perses, qui supportaient un entablement.

PERSONNALITÉ, caractère en vertu duquel un être mérite le nom de *personne*. Le sentiment de la personnalité entraîne la *responsabilité*. L'exagération de ce sentiment est l'*égoïsme*. — Dans un autre sens, une *personnalité* est un trait piquant, injurieux et personnel contre quelqu'un.

PERSONNAT, en termes de Droit canonique, bénéfice qui donnait quelque prérogative ou prééminence dans une église, dans un chapitre, mais sans juridiction.

PERSONNE, être qui a conscience de son existence et de son individualité. Le minéral, le végétal, l'animal même sont des *choses*; l'homme est une *personne*. — En Droit, la dénomination de *personne civile* s'applique : 1° à l'État; 2° aux départements, aux communes et à leurs sections, aux lycées, évêchés, cures, temples, établissements publics, en ce sens qu'ils jouissent de certains droits civils, tels que ceux d'acquérir, de posséder, de vendre, etc.; 3° aux sociétés scientifiques ou de bienfaisance déclarées établissements d'utilité publique; 4° aux sociétés en nom collectif ou en commandite; 5° aux sociétés anonymes.

PERSONNE (du latin *persona*, personnage, rôle), personnage, rôle que joue dans le discours le nom ou le pronom. Il y a trois personnes : la 1re est celle qui parle, la 2e celle à qui l'on parle, et la 3e celle de qui l'on parle. La 1re personne se désigne en français par le pronom *je, nous*; la 2e par le pronom *tu, vous*; la 3e, soit par le nom même, soit par le pronom *il, ils* au masculin, *elle, elles* au féminin. Les langues anciennes suppriment habituellement les pronoms personnels employés comme sujets, l'inflexion du verbe déterminant avec une précision suffisante le rôle du sujet; elles ne les expriment que pour donner du relief à l'expression de la pensée, ou dans les situations animées, lorsqu'il y a une opposition, un contraste à faire ressortir. V. PRONOM. P.

PERSONNELLE (Contribution), une des contributions directes. Elle se compose de la valeur de trois journées de travail. Le Conseil général, dans chaque département, doit, sur la proposition du Préfet, déterminer le prix moyen de la journée de travail pour chaque commune, sans pouvoir le fixer au-dessous de 50 centimes, ni au-dessus de 1 fr. 50 c. La taxe personnelle est due dans la commune du domicile réel par tout habitant, Français ou étranger, de tout sexe, jouissant de ses droits et non réputé indigent. Sont considérés comme jouissant de leurs droits : les veuves, et les femmes séparées de leurs maris; les garçons et les filles, majeurs ou mineurs, ayant des moyens particuliers et suffisants d'existence, lors même qu'ils habitent avec leur père, mère, tuteur ou curateur. Les domestiques logés et nourris chez leurs maîtres ne sont pas imposables; mais les précepteurs, les dames de compagnie, les hommes d'affaires, les concierges, les gardes particuliers, les personnes logées comme pensionnaires, supportent la taxe.

PERSONNIFICATION, figure de Rhétorique qui consiste à faire, d'un être inanimé ou d'une pure abstraction, un personnage réel, doué de vie et de sentiment. Ainsi, La Fontaine a dit (VI, fab. 21) :

Sur les ailes du Temps la Tristesse s'envole.

L'Allégorie et la Prosopopée supposent le plus souvent une personnification.

PERSPECTIVE (du latin *perspicere*, voir clairement), art de représenter sur une surface plane ou courbe les corps ou les objets, tels qu'ils paraissent vus à une distance et dans une position données. Elle comprend le *dessin*, c.-à-d. l'ensemble des lignes qui déterminent le contour du tout et des parties, le *clair-obscur*, qui en fait sentir le relief, et le *coloris*, qui en montre la véritable apparence. Bornée au dessin, la perspective est dite *linéaire*, et c'est la géométrie descriptive qui en fournit les règles; quand les ombres ou les couleurs sont jointes au dessin, on la dit *aérienne*, parce qu'elle a pour objet la modification de la lumière et de l'ombre en raison de la masse d'air qui se trouve entre le dessinateur et l'objet qu'il représente. Dans une longue galerie, les lignes de bâtiments, au lieu de demeurer pour l'œil telles qu'elles sont réellement et d'être parallèles, semblent se rapprocher l'une de l'autre à proportion de la distance où elles sont du spectateur. Ces phénomènes sont ceux que la perspective enseigne à reproduire. Elle donne aussi les règles de la reproduction des ombres portées par les objets, des figures réfléchies, des raccourcis, des plafonds et des voûtes, etc. Les tableaux peints en panorama sont la plus saisissante application de la perspective linéaire et aérienne.

La perspective était connue des Anciens. Le poëte Eschyle, au rapport de Vitruve, enseignait au peintre Agatharque à mettre en perspective les décorations destinées à ses tragédies : Agatharque fit même sur ce sujet un traité, que Démocrite et Anaxagore complétèrent; leurs écrits ne nous sont pas parvenus. Les peintures d'Herculanum et de Pompéi, les bas-reliefs, les médailles, prouvent que la perspective était pratiquée chez les Romains. Mais cette science n'a été poussée jusqu'à la perfection que par les Modernes. Pietro del Bozzo, Albert Dürer, Balthazar Peruzzi, Guido Ubaldi, en ont donné les règles. *V. D. Barbaro*, *Prattica della prospettiva*, Venise, 1559, in-fol.; J. Cousin, *Livre de perspective*, Paris, 1560, in-fol.; André Du Cerceau, *Leçons de perspective*, 1576, in-fol.; André Alberti, *Traité de Perspective*, en allemand et en latin, Nuremberg, 1623 et 1670, in-fol.; le P. Nicéron, *Perspective curieuse*, Paris, 1652; Abraham Bosse, *Manière universelle de M. Desargues pour pratiquer la perspective*, 1648, 2 vol.; Ozanam, *Perspective théorique et pratique*, 1711, in-8°; Amato, *Nuova pratica di Prospettiva*, Palerme, 1736, in-fol.; Monge, *Théorie des ombres et de la perspective* (dans sa *Géométrie descriptive*); Valenciennes, *Éléments de perspective pratique*, 2° édit., Paris, 1820, in-4°; Thibault, *Application de la Perspective linéaire aux arts du dessin*, Paris, 1827, in-4°; Ch. Normand, *Parallèle des diverses méthodes de Perspective, d'après les auteurs anciens et modernes*, Paris, 1833, in-4°; les *Traités de Perspective* par Lavit et par J.-B. Cloquet; les *Principes de perspective linéaire* par Bouillon; la *Nouvelle Théorie simplifiée de la Perspective* par Sutter, in-4°.

PERSUASION, adhésion de l'esprit à ce qui lui a été présenté comme vrai. Déterminée le plus souvent par des raisons qui s'adressent au cœur et qui peuvent tromper, elle se distingue en cela de la *Conviction*, fondée sur des preuves d'une évidence irrésistible. La Persuasion peut être plus ou moins forte : la Conviction n'est pas susceptible de degrés; elle est, ou elle n'est pas.

PERTICÆ, nom latin qu'on donnait autrefois à des poutres placées derrière l'autel ou sur les côtés, et qui servaient à suspendre des reliques les jours de grande fête.

PERTUIS (du latin *pertusus*, percé, ouvert), nom donné, en Géographie, 1° à certaines passes de l'Océan sur les côtes occidentales de la France, comme le *Pertuis d'Antioche*, entre les îles de Ré et d'Oléron, et le *Pertuis Breton*, entre l'île de Ré et le continent; 2° à un passage étroit entre des montagnes, comme le *Pertuis Rostan* dans les Alpes, près de Briançon. — On nomme encore *Pertuis* un passage étroit pratiqué dans une rivière, au moyen de deux batardeaux, pour élever le niveau de l'eau et faciliter ainsi la navigation.

PERTUISANE, arme. *V.* ce mot dans notre *Dictionnaire de Biographie et d'Histoire*.

PÉRUVIEN (Art). Les Péruviens, avant l'arrivée des Espagnols, possédaient des monuments d'Architecture. Au milieu des plaines, sous un ciel doux et pur, les habitations pouvaient être légères et mal closes; elles consistaient en huttes rondes, couvertes de branchages et de terre, comme sont maintenant celles des Indiens du pays. Mais, dans la région montagneuse, où les pluies sont fréquentes et le froid assez vif, il fallait des demeures plus solides, et un assez grand nombre de ces maisons se sont conservées jusqu'aux temps modernes. Elles sont ordinairement de forme carrée, hautes de 2 à 3 mèt., faites de briques durcies au soleil, et dépourvues de fenêtres; la porte d'entrée est étroite et basse. — Le talent des architectes péruviens s'est surtout révélé dans la construction des temples et des palais. Les descriptions pompeuses que les écrivains espagnols ont faites de ces édifices pourraient passer pour mensongères ou exagérées, si des ruines parfaitement conservées n'attestaient leur véracité. Les Péruviens, ignorant l'usage de la poulie et des autres moyens mécaniques inventés dans l'ancien monde, et ne pouvant, par conséquent, élever à une grande hauteur les pierres énormes dont ils se servaient, ne donnèrent à aucune muraille plus de 4 mèt. de hauteur, et l'on ne sait même pas comment ils pouvaient élever les pierres jusque-là; car Acosta en a mesuré qui avaient 10 mèt. de long, 6 mèt. de large et 2 mèt. d'épaisseur. Les pierres destinées aux grands bâtiments ne recevaient généralement point de l'ouvrier une forme qui les rendît plus faciles à placer et à consolider; on les employait telles qu'elles tombaient des montagnes ou sortaient des carrières, et il fallait un grand art pour ap-

pareiller des masses carrées, triangulaires, sphériques ou polygonales, de manière à former un ensemble homogène. Cette idée de ne point égaliser les surfaces des blocs s'explique aisément : n'ayant ni ciment ni mortier, les Péruviens pensaient avec raison qu'ils obtiendraient plus de solidité en construisant leurs murs de pierres inégales, mais parfaitement jointes et s'équilibrant les unes avec les autres. Du reste, on ne s'en tint pas toujours à ce mode de construction; car, dans plusieurs monuments de Cuzco, ainsi qu'au palais de Cañar, décrit par La Condamine (*Mém. de l'Acad. de Berlin*, 1746), il y a des assises exactement parallèles et de hauteur égale, si bien unies qu'on en distingue difficilement les joints. On a pensé que les Péruviens s'étaient servis d'argile pour joindre ainsi leurs blocs de pierre. Les grands édifices, pas plus que les maisons particulières, ne paraissent avoir eu de fenêtres; les pièces, ne recevant de jour que par la porte, devaient être fort obscures, à moins qu'elles ne fussent éclairées par le haut, ce dont il n'est pas possible de s'assurer aujourd'hui. Les outils grossiers et tout à fait insuffisants des Péruviens ne permettent pas de croire qu'ils aient été habiles dans la charpenterie; et, comme ils ne connaissaient pas la voûte, on ne saurait dire de quelle façon ils couvraient leurs monuments. — Parmi les restes de l'antique architecture péruvienne, on remarque le temple de Pachacamac, le palais de l'Inca et la forteresse de Cuzco, qui occupaient ensemble une superficie de 3 kilom. de circuit; le temple de Cayambo; les ruines d'une très-grande ville, près de Caxamarca; le portique monolithe d'un temple, à Tiguanaco; un tombeau de chef dans la province de Carangas, et les ruines d'un temple des Incas dans une île du lac Titicaca (Bolivie); le palais ou forteresse de Cañar, muraille en ovale régulier dont le grand axe a 35 mèt. de longueur, et au centre duquel se trouvent les ruines d'une petite maison; enfin, près de Latacunga, sur le versant du Cotopaxi, le *Panecillo* (Pain de sucre), tumulus conique qui a dû servir de sépulture à un grand personnage, et la *Maison de l'Inca*, vaste bâtiment carré où l'on voit encore 4 grandes portes extérieures, 8 chambres, 18 niches distribuées avec symétrie. Les écrivains espagnols ont fait un grand éloge des deux routes que les Incas avaient construites de Cuzco à Quito, sur une longueur de 2,000 kilom., l'une à travers les parties intérieures et montagneuses du Pérou, l'autre dans les plaines qui s'étendent le long de l'Océan. Il est vrai que, dans les autres parties de l'Amérique, même au Mexique, les indigènes n'ont point établi de semblables voies de communication, et, à cet égard, les Péruviens étaient plus civilisés : mais l'exécution même des routes des Incas était imparfaite; elles n'avaient que 5 mèt. de largeur, et étaient si peu solides, qu'on ne peut en beaucoup d'endroits retrouver leur direction; quelques vestiges se retrouvent dans les parties montueuses du pays. Les Péruviens n'ont point eu, pour traverser les rivières, de ponts ou bien en pierre : ils jetaient d'une rive à l'autre 6 gros câbles, faits d'osier et de lianes, et les fixaient solidement à chaque extrémité; puis ils les réunissaient au moyen de cordes plus petites, assez rapprochées pour former une espèce de filet; ils recouvraient le tout de branches d'arbres et ensuite de terre, que l'on battait pour en faire une surface dure et unie. On obtenait ainsi des ponts solides, quoique oscillants, et sur lesquels les mules pouvaient passer toutes chargées.

Les Péruviens n'avaient pas fait de grands progrès dans la sculpture, si l'on en juge par leurs statues, qui toutes ont les membres attachés au corps. Mais ceux de leurs vases qu'on a trouvés dans les ruines ou dans les tombeaux feraient penser le contraire : on y voit des figures qui annoncent l'entente du dessin. Les Péruviens avaient poussé assez loin l'art de fondre, de ciseler les métaux, et de leur donner des formes; car on saît que, dans le butin qui fut partagé entre les premiers conquérants espagnols, se trouvait une splendide image du soleil, arrachée au temple de Cuzco.

La musique avait sa place dans les réjouissances publiques ou privées des Péruviens; mais elle dut être d'une grande monotonie. L'instrument le plus usité était une sorte de flûte de Pan, formée de 4 ou 5 tuyaux de roseau, rendant un son chacun. Il y avait des airs de chanson très-variés, mais qui ne nous sont point parvenus. La danse s'associait à la musique dans les cérémonies; chaque province avait sa danse particulière, avec des pas et un rhythme traditionnels. B.

PÉRUVIENNES (Langues). Il paraît que les Incas, qui

régnaient sur le Pérou avant la conquête espagnole, et qui représentaient, non pas une famille en possession du pouvoir, mais une race originairement distincte de celle sur laquelle ils exerçaient l'autorité, ont eu une langue particulière, inintelligible pour leurs sujets. Aucun Européen n'en a obtenu connaissance. On distingue aujourd'hui dans la population péruvienne indigène quatre races principales, les Quichuas, les Aymaras, les Moxos et les Chiquitos, et par conséquent quatre langues.

Le *quichua*, lien commun de toutes les populations, présente cinq dialectes principaux : le *cuzcucano* ou langage de Cuzco, qui est le plus pur, et que les classes élevées se piquent de parler avec élégance ; le *quitegna*, parlé à Quito, remarquable par sa dureté, par l'altération de ses flexions, et par l'abondance des mots étrangers qui s'y sont introduits ; le *lamano*, usité à Truxillo ; le *chinchaisuyo*, à Lima ; le *calchaqui*, à Tucuman. Le quichua manque de ces articulations *b, d, f, g, l, v;* mais il en a d'autres qui nous sont inconnues, et dont quelques-unes, saccadées, dures, tirées du fond de la gorge, ressemblent à des croassements. La déclinaison a trois cas ; les rapports autres que ceux exprimés par ces flexions se rendent à l'aide de prépositions. La conjugaison est riche en temps, en modes et en voix ; aucun verbe n'est irrégulier, pas même le verbe substantif, qui est, comme dans la plupart des langues européennes, l'auxiliaire de la voix passive. La construction est fixe et très-simple : le verbe se place uniformément à la fin de la proposition. — Les Péruviens ont une littérature : ils composaient des poëmes en l'honneur des grands hommes, des apologues moraux, des chroniques en vers, des œuvres dramatiques, etc. Ces productions se perpétuaient par la tradition orale ; car l'écriture était ignorée, et l'on n'y suppléait que très-imparfaitement par les *quipos* (*V.* ce mot dans notre *Dictionnaire de Biographie et d'Histoire*). V. Domingo de Saint-Thomas, *Grammatica o arte de la lengua generale de los Indios de los reynos del Peru llamada Quichua*, Valladolid, 1560, in-8°, et *Arte y Vocabulario*, Lima, 1586 ; Diego de Torres Rubio, *Grammatica y Vocabulario en la lengua generale del Peru llamada Quichua*, Séville, 1603 ; Diego Gonzalez Holguin, *Grammatica y arte nueva de la lengua Quichua o del Inca*, Lima, 1607, et *Vocabulario*, 1608 ; Alonzo Huerta, *Arte de la lengua Quichua*, Lima, 1616 ; Diego de Olmos, *Grammatica de la lengua general del Peru*, Lima, 1633, in-4°; Mexio y Ocon, *Arte de la lengua quichua*, Lima, 1648; Estevan Malgar, *Arte quichua*, Lima, 1691.

La langue *aymara*, parlée dans le pays de La Paz, a en commun avec le quichua un vingtième de ses mots, quelques formes grammaticales, la richesse des verbes, et la dureté de la prononciation. Les rapports des noms s'y indiquent par des postpositions. V. Bertonio, *Arte y Grammatica de la lengua aymara*, Rome, 1613, in-8° ; Diego de Torres Rubio, *Arte de la lengua aymara*, Lima, 1616.

Le *moxo*, en usage dans une portion de la Bolivie, ne paraît pas se rattacher aux deux langues précédentes, mais plutôt au maypure (*V.* ce mot), parlé dans la vallée de l'Orénoque. Il est doux et harmonieux, ne double jamais les consonnes, et manque des articulations *d, f, l.* On y remarque une grande variété de formes dans la voix passive, qui emploie comme auxiliaires une foule de verbes exprimant des nuances de souffrance ou de contrainte. V. Pedro Marban, *Arte, catecismo y vocabulario mojo*, Lima, 1701.

La langue *chiquito*, parlée en Bolivie, a un certain nombre d'articulations nasales et gutturales, et cependant moins de rudesse que le quichua et l'aymara. Elle manque du verbe substantif; faute de noms de nombre, elle emprunte ceux de l'espagnol. On lui reconnaît une grande richesse d'expressions destinées à rendre les nuances des rapports physiques. Le langage des femmes diffère de celui des hommes par un certain nombre de mots et de formes ; comme les hommes en font usage pour s'adresser à la divinité et à ceux envers qui ils marquent du respect, on peut en conclure que ces mots et ces formes ont simplement un caractère révérencieux, et ne s'expliquent point, comme dans d'autres parties de l'Amérique, par la supposition que les femmes seraient les débris d'une population dont les mâles auraient été exterminés.

Indépendamment des quatre langues précédentes, on trouve encore, dans la région du Chaco, celles des *Abipons* et des *Mocobis*. L'abipon possède l'*ö* des Allemands et l'*ü* des Espagnols ; il est harmonieux, et pauvre en monosyllabes ; plusieurs mots identiques signifient des choses différentes, à l'aide d'accents différents. Dans la construc-

tion, les prépositions précèdent leurs régimes. — Le mocobi manque des articulations *f, ke, ki, ll, r, s, v*. Des particules servent à distinguer les nombres, à former des diminutifs et des augmentatifs. Dans les verbes, le présent seul est fait par flexion; les autres temps se forment à l'aide de particules.

PESCHITO. *V.* Bible.

PESÉE DES AMES. *V.* Psychostasie.

PESETA. *V.* Piécette.

PESO, c.-à-d. *poids*, monnaie de compte de l'Espagne, la même que la *piastre forte*.

PESSIMISME (du latin *pessimus*, le plus mauvais), opinion de ceux qui croient que le mal domine dans le monde : c'est le contraire de l'optimisme (*V. ce mot*). Les pessimistes, à la vue des phénomènes qui semblent troubler l'ordre général, à l'aspect des misères, des vices et des crimes de ce monde, pensent que tout est livré à une puissance aveugle, à la fatalité, au hasard ; ou, du moins, que l'ordonnateur suprême circonscrit sa providence au maintien des lois générales, sans se soucier de la multitude des êtres créés. Dans la société, ils exagèrent les maux dont ils ont été les témoins ou les victimes, ne croient à aucune vertu, ne prévoient que des malheurs ; ce sont des esprits chagrins et mélancoliques. *V.* Misanthropie.

PÉTALISME. *V.* ce mot dans notre *Dictionnaire de Biographie et d'Histoire*.

PÉTARD, machine dont on se servit, après l'invention de la poudre, pour crever et renverser la porte d'une enceinte fortifiée. C'était une sorte de petit canon en bois, en fer ou en bronze, de 30 à 40 centimètres de long et de 20 centimètres d'ouverture, qu'on remplissait de poudre et de terre bourrées et tamponnées, et qu'on fermait solidement par un madrier. On allait clouer ce madrier contre la porte, et on mettait le feu au pétard comme à un canon, mais de plus loin, à cause de l'explosion. Les pétardiers se garantissaient, au moyen de pavois, contre les projectiles des assiégés. Quand ceux-ci eurent creusé des fossés extérieurs pour défendre l'approche des portes, on se servit du *pétard à escale* (*V.* ce mot). On employa le pétard à l'attaque de Dieppe en 1444.

PÉTASE, coiffure. *V.* ce mot dans notre *Dictionnaire de Biographie et d'Histoire*.

PÉTAUDS (du latin *pes*, pied), nom donné au moyen âge à une espèce de fantassins, puis, sans doute par suite de leurs désordres, à des troupes de brigands.

PÉTERHOF, château impérial de Russie, sur les bords du golfe de Kronstadt, à 28 kilom. S.-O. de St-Pétersbourg. Il fut bâti sous Pierre le Grand, vers 1720, sur les dessins de l'architecte Leblond. La façade principale regarde les jardins : elle se compose d'un frontispice à trois étages, dominant un terrassement de 2 ailes à un étage et un peu en arrière de l'alignement, et, à chaque extrémité, d'un grand pavillon en forme de dôme. Devant le château règne une vaste terrasse soutenue par des voûtes d'où s'échappent deux masses d'eau considérables : celles-ci forment plusieurs cascades, et vont se réunir dans un bassin de marbre, pour aller, après avoir alimenté une foule de jets d'eau, se perdre dans la mer. L'édifice est riche en souvenirs de toutes les époques : on y voit, dans son état primitif, la chambre à coucher de Pierre le Grand et les vêtements de ce souverain ; une tapisserie des Gobelins, donnée par Louis XVIII à Alexandre I*er*, et représentant Pierre le Grand assailli par la tempête au milieu du lac Ladoga ; plusieurs tableaux de Hackert représentent la victoire navale des Russes sur les Turcs à Tschesmé. Si Péterhof le cède à Versailles pour la grandeur du style, il l'emporte par l'abondance des eaux. Dans l'enceinte des jardins, on remarque plusieurs dépendances dont le nom rappelle des constructions célèbres, telles que *Marly* et *Monplaisir*, dans ce dernier bâtiment se trouve une belle collection de tableaux. B.

PÉTERSBOURG (Église St-Isaac, à Saint-), église cathédrale, située sur la place de ce nom, est bâtie en granit, en marbre, en bronze et en fer; son plan est en forme de croix grecque; un dôme s'élève au centre, et quatre chapelles carrées, surmontées de campaniles, sont établies aux angles. La longueur totale est de 94 mèt., et la largeur de 31. Les quatre portiques qui s'élèvent aux quatre bras de la croix offrent chacun 12 colonnes monolithes en granit rouge de Finlande, hautes de plus de 18 mèt., et de près de 2 mèt. de diamètre. Chaque portique est couronné d'un fronton, dont les bas-reliefs ont été exécutés par Lemaire et Vitali. Chaque fronton est surmonté de trois figures en bronze : au sommet, un des Évangélistes, et, à chaque coin, un Apôtre. Des Anges agenouillés, également en bronze, sont placés sur des pilastres cannelés, à chaque angle du toit, dont ils terminent la décoration. Le dôme, avec ses fenêtres en arcade, rappelle beaucoup celui de St-Pierre de Rome ; sa base, en marbre gris comme les murs, porte 24 colonnes corinthiennes de granit, au-dessus desquelles règne une galerie ornée d'une balustrade en bronze, que décorent 24 figures d'Anges du même métal; la coupole et la lanterne sont couvertes en cuivre doré, et on y a employé 247 livres d'or pur. La hauteur du dôme au-dessus du sol est de 118 mèt.; son diamètre, de 23 mèt. Les portes de l'église de St-Isaac, tout en bronze, ont une riche ornementation ; celle qui forme la grande entrée, sous le portique occidental, ne mesure pas moins de 16 mèt. de haut sur 1m,30 de large. A l'intérieur de l'édifice, les murs, recouverts de marbre blanc, portent des incrustations de toute espèce et de toute couleur; le sol est en marbre gris, arrangé comme un parquet, et qui se développe sur 4,500 mèt. carrés, pour se réunir au milieu en une magnifique rosace de diverses couleurs. On estime à plus de 350 millions de francs la dépense des constructions et de l'ornementation de St-Isaac. — Pierre le Grand avait conçu le projet d'ériger une église en l'honneur de St Isaac le Dalmate, parce qu'il était né le jour que les Grecs consacrent à la fête de ce saint. Mais ce fut seulement Catherine II qui jeta les fondements de l'édifice, en 1768. Souvent interrompus, les travaux furent repris en 1829, sous la direction de l'architecte français Montferrand, et, dix ans après, la croix fut inaugurée au sommet du dôme. Il fallut ensuite 20 ans pour achever les œuvres d'ornementation.   B.

PÉTERSBOURG (La Bourse de SAINT-). V. BOURSE.

PETITE-OIE, nom que l'on donna, pendant le XVIIe siècle, en France, à tout ornement accessoire de l'habit, surtout aux coques de rubans.

PÉTITION (du latin petitio, demande), demande par écrit formée par d'une autorité. Avant 1789, toute demande de ce genre s'appelait placet ou supplique. Aux termes de la loi du 13 brumaire an VII, rigoureusement remise à exécution depuis 1849, les pétitions doivent être rédigées sur papier timbré, excepté celles qui sont adressées à l'Empereur, au Sénat, ou qui ont pour objet des demandes de congés ou de secours, des réclamations sur les contributions personnelle et mobilière pour une taxe au-dessous de 30 fr. Une loi de 1807 exemptait aussi les pétitions au sujet des résultats de l'expertise cadastrale. — Le Droit de pétition aux assemblées législatives fut reconnu par l'Assemblée constituante de 1789 ; mais comme chaque citoyen pouvait, soit prendre pour intermédiaire quelque représentant du peuple, soit se présenter lui-même à la barre, il y eut bientôt de graves abus ; car l'émeute, sous prétexte de pétition, exerça plusieurs fois une grande pression sur les délibérations. La loi dut défendre la présentation des pétitions à la barre. La Constitution de l'an VIII accorda à toute personne le droit d'adresser des pétitions par écrit aux autorités constituées, et notamment aux Chambres. Ce droit fut consacré par les Chartes de 1814 et de 1830 : une commission nommée par les bureaux, et renouvelée tous les mois, était chargée de leur examen, et on en faisait le rapport à une séance publique de chaque semaine. La Constitution de 1852 a enlevé au Corps législatif le droit de recevoir et d'examiner des pétitions, pour le réserver au Sénat, et la presse ne peut en rendre d'autre compte que celui qui est consigné dans les procès-verbaux de cette assemblée. En Angleterre, le droit de pétition au Parlement est un des plus anciens et des plus respectés; toutes poursuites et toutes accusations à raison de l'exercice de ce droit sont illégales : la première pétition adressée à la Chambre des communes date du règne de Henri VII.

PÉTITION D'HÉRÉDITÉ. V. HÉRÉDITÉ.

PÉTITION DE PRINCIPE. V. PRINCIPE.

PÉTITOIRE (Action), demande faite en justice à l'effet de ressaisir la propriété d'une chose. C'est une action accordée au propriétaire dont le droit a été ignoré, méconnu ou exercé. V. POSSESSOIRE.

PETORRITUM. } V. ces mots dans notre Dictionnaire
PÉTRINAL.   } de Biographie et d'Histoire.

PÉTROVSKOI (Château de), près de Moscou. Ce château impérial, bâti en 1770 par ordre de Catherine II, se compose de deux parties distinctes, un massif principal surmonté d'un large dôme peu élevé dont le pourtour est percé de fenêtres, et un autre massif en fer à cheval qui se développe autour du premier. C'est dans la partie circulaire que se trouve l'entrée du château, décorée de deux tours couvertes de petits dômes. Deux autres tours s'élèvent à l'endroit où finit le fer à cheval : polygonales par la base, circulaires dans la partie supérieure, elles se terminent en terrasses crénelées. Tout l'édifice est bâti en briques, et affecte les formes arabes et byzantines. Les jardins, qui s'étendent en arrière du château, sont fort simplement disposés, et ne contiennent que de grands massifs.

PETTÉIA. V. MÉLOPÉE.

PEULS (Langue des). V. FOULAH (Langue).

PEULVANS. V. CELTIQUES (Monuments).

PEUPLE, mot employé aujourd'hui comme synonyme de Nation (V. ce mot). Chez les Anciens il avait la même valeur. La formule : Le Sénat et le Peuple romain signifiait le corps dirigeant et toute la nation ; ce n'est par une mauvaise intelligence de ce mot, que les modernes ne l'ont attribué qu'aux classes inférieures, et l'ont fait synonyme de plébéien chez les Romains. Cette dénomination admise, peuple, par rapport à la fortune et à l'instruction, a désigné la partie la moins notable de la population, les classes inférieures, la multitude, et, aujourd'hui encore, c'est l'acception assez générale.

PEUTINGER (Carte ou Table de). V. notre Dictionnaire de Biographie et d'Histoire.

PEZZA, monnaie de compte de Toscane, valant 4 fr. 82 c.; — monnaie effective d'or, valant 5 fr. 17 c.

PFENNIG, monnaie de compte d'Allemagne, le quart du kreuzer, c.-à-d. un centime. V. ALBUS.

PFUND, monnaie de compte d'Allemagne, valant 14 fr. 14 c.

PHAÉTON, voiture très-légère, découverte, à deux roues, ainsi nommée par allusion au char que Phaéton, fils du Soleil, conduisit si mal, et aux dangers que courent ceux qui vont si rapidement dans de telles voitures.

PHALÆ.   } V. ces mots dans notre Dictionnaire
PHALANGE.   } de Biographie et d'Histoire.

PHALANSTÈRE, nom donné, dans le Fourriérisme (V. ce mot), à l'édifice qu'habite une phalange ou commune sociétaire. Cet édifice, destiné à contenir de 1,500 à 1,800 individus, contient des logements pour toutes les conditions et tous les goûts ; les ménages habitent séparément, quoique réunis dans l'ensemble. Il y a, en outre, des quartiers pour l'enfance et pour les études, des salles de bains, de banquets, de réceptions, du bals et de concerts, un théâtre, un temple, une Bourse, un jardin, des serres, des promenades couvertes, etc. Les Fourriéristes n'ont pas pu élever un seul phalanstère en Europe ; celui qui a été établi aux États-Unis, dans le New-Jersey, a été bientôt abandonné.

PHALARIQUE. V. FALARIQUE, dans notre Dictionnaire de Biographie et d'Histoire.

PHALÉCIEN ou PHALEUCE (Vers), vers grec ou latin, ainsi appelé d'un poëte nommé Phalæcius. Il est composé d'un trochée ou d'un spondée, d'un choriambe, d'un diiambe et d'une syllabe supplémentaire, qui forment un dochmius. L'iambe et le tribraque au premier pied sont rares. Si on rattache ce vers au système choriambique, il n'a que trois pieds ; si on le rattache au système dactylique, il en a cinq. V. HENDÉCASYLLABE, et LOGAÉDIQUE.   P.

PHALÈRES, collier. V. notre Dictionnaire de Biographie et d'Histoire.

PHALISQUE ou FALISQUE (Vers), vers tétramètre dont les 3 premiers pieds sont dactyles, et le 4e un iambe ou un pyrrhique :

Falcĕ rŭ|bōs stĭ̄|cēmquĕ rĕ|sĕcĕt.
                                    BOÈCE.

Il est ainsi nommé du poëte Phaliscus. Quelquefois le 1er dactyle est remplacé par un spondée.   P.

PHARAON, jeu de cartes qui se joue avec un jeu complet, et qui admet un nombre indéterminé de pontes ou de joueurs, plus un banquier. Chacun ponte (pointe) une carte, c.-à-d. qu'il y met un enjeu. D'un autre jeu le banquier tire 2 cartes, qu'il met l'une à sa droite, l'autre à sa gauche : la 1re lui fait gagner les enjeux des cartes pareilles, tandis qu'il double les sommes aventurées sur la 2e. S'il amène un doublet, c.-à-d. 2 cartes de même rang (2 as, 2 neuf, 2 rois, etc.), il ramasse tout l'argent de la carte de droite, et la moitié des sommes couvrant la carte de gauche. Arrivé à fond de taille, c.-à-d. au 26e coup, il ne double point les enjeux de la dernière carte, et les pontes retirent seulement la mise. — Les jeux de Bassette, de Barbacole, de Hoca, sont des variétés du Pharaon.

PHARE, tour élevée sur un littoral, et portant à son sommet un feu qui sert à guider pendant la nuit la marche des navires, aux approches des côtes, et à les avertir de leur position.

L'usage des feux pour aider à la navigation remonte aux temps les plus reculés : les tours de Sestos et d'Abydos, sur le Bosphore, et celle de l'île de Pharos, dans l'ancienne Égypte, près d'Alexandrie, et dont le nom est resté à toutes les constructions de ce genre (*V.* PHARE, dans notre *Dictionnaire de Biographie et d'Histoire*), étaient de véritables phares. Il y avait, au rapport de Denys de Byzance, un phare célèbre à l'embouchure du Chrysorrhoas, qui débouchait dans le Bosphore de Thrace. Les Romains ont élevé un grand nombre de phares, quelques-uns à l'imitation de celui d'Alexandrie : tel était celui d'Ostie, bâti sous l'empereur Claude. Il y en avait un autre à l'île de Caprée, qu'un tremblement de terre fit écrouler peu de temps avant la mort de Tibère. Pline l'Ancien parle des phares de Ravenne et de Pouzzoles. Ils en avaient aussi construit sur les côtes de la Gaule; par exemple, un à Icius Portus (Boulogne-sur-Mer), qui subsistait encore en 1643 : il se composait d'une tour octogone à 12 étages, avec autant de galeries supportées par des entablements; chaque entablement, porté sur l'épaisseur du mur de dessous, formait un petit promenoir large d'un demi-mètre, et le tout allait se rétrécissant de manière à donner à la tour la forme d'une pyramide. Ce phare s'appelait *Turris ordens* ou *ordensis*, d'où les Boulonnais avaient fait *Tour d'ordre* ou *d'odre* : on croit que ce mot vient du celtique *odr* ou *odre* (limite, rivage) Vis-à-vis de Calais, à Douvres, il y avait un phare, attribué à César, et dont on voit encore les ruines. — A. Capio, en Espagne, à l'embouchure du Guadalquivir, il y eut aussi un fort beau phare.

Phares chez les Modernes. — A l'époque de la Renaissance on construisit des phares remarquables, la *Tour de Cordouan*, à l'embouchure de la Gironde (*V.* notre *Dictionnaire de Biographie et d'Histoire*), et la *Tour de Gênes*, à l'entrée du port de cette ville. Mais les plus beaux travaux de ce genre ont été faits de nos jours par le corps des ingénieurs des ponts et chaussées. Nous citerons le phare de *Barfleur*, sur la pointe de Gatteville (Manche). Bâti de 1829 à 1835 par l'ingénieur Delarue, il est tout en granit, et s'élève en forme de colonne au-dessus d'un soubassement rectangulaire et jusqu'à une hauteur de 70 mèt. Celui du cap La Hague, sur un îlot de rochers presque à fleur d'eau, au N.-E. de Cherbourg, est une tour du même genre, construite de 1835 à 1837 par le même ingénieur. Le phare de *Bréhat*, près de Tréguier (Côtes-du-Nord), fait de 1836 à 1839 par Reynaud; il n'a d'égal en aucun lieu du monde : il se compose d'une tour en maçonnerie pleine, enchâssée dans la roche de porphyre sur laquelle repose l'édifice; cette tour a 13ᵐ,70 de diamètre à sa base, 8ᵐ,60 à son sommet, et son pied est à 1 mèt. au-dessus du niveau des plus hautes mers; elle supporte une autre tour plus légère, dont l'intérieur est divisé en plusieurs étages, et dont le mur a 1ᵐ,30 d'épaisseur dans le bas, 0ᵐ,85 dans le haut; la lanterne est à une hauteur de 50 mèt. Il n'a été employé aucun bloc de granit pesant moins de 1,000 kilogr., sauf dans le centre du massif inférieur, et plusieurs sont du poids de 3,500 k. — En Angleterre, le phare d'*Eddystone*, dans la Manche, vis-à-vis de Plymouth, sur des rochers à fleur d'eau, élevé en 1696, renversé 3 ans après par une tempête, remplacé par une tour en charpente, puis reconstruit de 1757 à 1759, par Smeaton, fut celui longtemps comme une merveille : nos constructions modernes l'ont bien surpassé. Néanmoins, c'est encore un beau travail : il a 30 mèt. d'élévation, et est divisé en quatre étages, au-dessus desquels règne une galerie où le fanal se trouve placé.

On a imaginé, de nos jours, de construire des phares en fonte de fer, plus économiques que ceux en maçonnerie, et en même temps beaucoup plus légers, ce qui permet de les installer partout, même sur de mauvais terrains. Autrefois, on ne plaçait de phares qu'à l'entrée des ports; aujourd'hui, on les élève aux lieux les plus utiles pour la navigation. Il y a des phares en fonte dans l'Amérique et dans les Indes anglaises, à Bahama, à Cuba, aux Bermudes, aux États-Unis, en Turquie dans le Bosphore, etc. Celui des Bermudes, dressé à Gordon, a 35 mèt. de hauteur et revient à 92,000 fr.; celui de Bahama, haut de 41 mèt. et à 7 étages, coûte 200,000 fr.

Jusqu'au XVIIIᵉ siècle, les phares furent éclairés avec des feux de bois ou de charbon : Borda eut le premier l'idée d'employer les lampes à réflecteur; et, pour donner

aux navigateurs un moyen de ne pas confondre la lumière d'un phare avec celle d'une étoile de première grandeur, ou même d'un autre phare, il proposa de faire disparaître la lumière après des intervalles égaux, en employant des feux tournants et à éclipses. En 1784, le Dieppois Lemoyne imagina de faire tourner, non le feu, mais des écrans qui, au moyen d'un mouvement d'horlogerie, s'interposeraient entre lui, et produiraient une suite régulière d'éclipses; et, afin d'obtenir plus de lumière, il employa les lampes d'Argent à double courant d'air. D'autres progrès ont été encore obtenus depuis cette époque : des réflecteurs paraboliques ont été substitués aux miroirs. Mais c'est de 1822 que datent les grands progrès : alors Augustin Fresnel calcula que la réfraction devait être bien plus puissante à travers des lentilles de cristal que la réflexion sur des surfaces polies et métalliques; il imagina la lentille à échelons, qui, faite par l'assemblage d'anneaux concentriques, peut atteindre à toutes les grandeurs de rayons. Pour obtenir un foyer lumineux en rapport avec la puissance des lentilles, il fit de la lampe Carcel un appareil à 3 et 4 mèches concentriques, qui, dans les phares les plus importants, donne un éclat équivalant à celui de 600, et jusqu'à 4,050 becs de lampes Carcel. Désormais ces appareils furent adoptés partout, même à l'étranger, et ce n'est pas un des moindres services que la France ait rendus à l'humanité.

Les phares sont divisés en six catégories : 1° à *feu fixe*, lumière constante; 2° à *éclats*, lumière qui montre alternativement 5 éclats et 5 éclipses dans l'intervalle d'une minute; 3° *fixe à éclats*, lumière fixe qui montre un éclat blanc ou rouge, précédé ou suivi de courtes éclipses et à des intervalles qui varient de 10, 30 ou 60 secondes; 4°-*tournant*, feu dont la lumière augmente d'une manière graduelle, jusqu'à ce qu'elle atteint sa plus grande clarté, et qui décroît ensuite graduellement jusqu'à s'éclipser à des intervalles égaux de 1, 2, 3 minutes, et quelquefois trois fois dans une minute; 5° *intermittent*, c.-à-d. dont la lumière, qui paraît tout à coup, reste visible pendant un certain laps de temps et s'éclipse pendant un court intervalle; 6° *alternatif*, lumière qui paraît rouge et blanche alternativement sans éclipse intermédiaire. — Quant au mode d'éclairage, les phares et fanaux des côtes de France se divisent en deux catégories essentiellement distinctes : la première comprenant les nouveaux établissements éclairés par des *appareils lenticulaires* ou *dioptriques*, et la seconde, les phares et fanaux à *réflecteurs* ou *catoptriques*. Dans l'un et l'autre système, la condition principale à remplir est de diriger vers l'horizon les rayons émanés d'un ou de plusieurs foyers de lumière. Les appareils lenticulaires sont classés en quatre ordres principaux : les trois premiers comprennent les *phares* de 35 à 50 milles marins de portée (65 à 93 kil., environ), et le quatrième ordre, les simples *fanaux*, dont la portée n'excède pas 9 à 12 milles (17 à 22 kil. environ). Quant aux appareils à réverbères, on ne les divise communément qu'en deux ordres, selon qu'ils sont disposés pour l'éclairage des phares proprement dits, ou des simples fanaux d'entrée de port.

Les phares dépendent du ministère de l'agriculture, du commerce et des travaux publics, près duquel est un directeur, secrétaire d'une *Commission des phares*. Dans les départements, les ingénieurs des ponts et chaussées surveillent les phares de leur ressort. L'éclairage et le soin sont confiés à des *gardiens allumeurs*, qui habitent dans les phares mêmes, et dont le nombre est généralement fixé ainsi : 3 ou 4 gardiens pour les phares de 1ᵉʳ ordre; 2 pour ceux de 2ᵉ et de 3ᵉ ordre; 1 pour ceux de 4ᵉ, 5ᵉ et 6ᵉ ordre. Ils sont soumis à des règlements et des instructions que presque tous les pays étrangers ont adoptés. En France, on ne paye pas de droit de phare. Ce service coûte à l'État environ 500,000 fr. Il y a aujourd'hui (1862) 259 phares, y compris ceux d'Algérie; on n'en comptait que 15 en 1825. Ce service est si bien conçu et si bien organisé, que les marins aiment mieux atterrir sur les côtes de France de nuit que de jour. Il existe à Paris un *Atelier central des phares*, placé sous la direction d'un ingénieur de l'administration, et où l'on monte et vérifie les appareils avant de les expédier à destination; on y en fabrique même quelques-uns, surtout lorsqu'il s'agit de mettre à exécution quelque amélioration nouvelle. *V. Annales des ponts et chaussées*, année 1836, mai et juin; Fresnel, *Mémoire sur le nouveau système d'éclairage des phares*, Paris, 1822; Coulier, *Description générale des phares et fanaux, à l'usage des navigateurs*, 12ᵉ édit., Paris, 1855, in-12. *V.* au *Supplément*.

PHARE, nom par lequel les marins désignent quelquefois un mât et tout ce qu'il porte ou qui y tient : le *phare d'avant*, le *phare d'arrière*, c.-à-d. les voiles, mâts, vergues, cordages, du mât de misaine ou grand mât.

PHARE, nom donné, pendant le moyen âge, aux chandeliers d'église qui portaient circulairement plusieurs cierges, et appelés aussi *couronnes de lumière*.

PHARE DE CIMETIÈRE. *V.* **FANAL.**

PHARMACIE (Écoles de). *V.* **ÉCOLES**, dans notre *Dictionnaire de Biographie et d'Histoire*.

PHARMACIENS, ceux qui préparent et vendent les médicaments. Ils ont succédé aux apothicaires (*V. ce mot*). Aux termes d'un décret du 21 août 1854, il y a des pharmaciens de 1re et de 2e classe. Les pharmaciens de 1re classe sont ceux qui ont été reçus par l'une des écoles supérieures de pharmacie de Paris, de Strasbourg ou de Montpellier; ils peuvent exercer leur profession dans toute l'étendue du territoire français. Pour aspirer au titre, il faut avoir fait 3 ans d'études dans une École supérieure et 3 ans de stage dans une pharmacie; une seule année d'études est exigée des candidats qui auraient pris 10 inscriptions dans une École préparatoire de médecine et de pharmacie. En 1844, on exigea de quiconque voulait prendre sa 1re inscription le diplôme de bachelier ès lettres; depuis 1852, on ne demande que le baccalauréat ès sciences. Les droits à payer s'élèvent à 1,390 fr. Les pharmaciens de 2e classe sont ceux qui ont été reçus, jusqu'en 1855, par un jury médical, et depuis cette époque par une école préparatoire de médecine et de pharmacie sous la présidence d'un professeur de l'une des écoles supérieures de pharmacie. Ils ne peuvent exercer que dans le département pour lequel ils ont été reçus. Pour aspirer au titre, il faut justifier de 6 années de stage en pharmacie, de 4 inscriptions dans une école supérieure ou de 6 dans une école préparatoire; 2 ans de stage peuvent être compensés par 4 inscriptions dans une école supérieure ou 6 dans une école préparatoire, mais sans que le stage puisse être réduit à moins de 4 années. Les droits à payer s'élèvent à 460 fr. D'après la loi du 21 germinal an XI et l'ordonnance du 29 octobre 1846, les pharmaciens sont responsables des méprises qui peuvent avoir lieu dans leurs officines; ils ne peuvent vendre certaines drogues que sur ordonnance de médecin, et doivent copier cette ordonnance sur un livre spécial. Chaque pharmacie doit être visitée une fois l'an. *V.* Guibourt, *Manuel légal des Pharmaciens*, 1852; Pellault, *Code des Pharmaciens*, 1858.

PHARMACIENS MILITAIRES, une des trois sections du service de santé dans l'armée française. Il existe des pharmaciens militaires dans les hôpitaux et aux armées depuis 1591. Leroy et Bayen portèrent les premiers le titre de *pharmaciens en chef des camps et armées du roi*. Le service de santé comprend : *1 pharmacien inspecteur, 5 pharmaciens principaux* de 1re classe et 5 de 2e, *18 pharmaciens majors* de 1re classe et 34 de 2e, *50 pharmaciens aides-majors* de 1re classe et 50 de 2e. Pour le service de la marine, il y a *5 premiers pharmaciens en chef, 3 seconds pharmaciens en chef, 3 pharmaciens professeurs*, et *43 pharmaciens* (9 de 1re classe, 14 de 2e, et 20 de 3e).

PHARMACOPÉE. *V.* **CODEX.**

PHARSALE (La), poëme latin de Lucain, dont le sujet est la guerre civile entre César et Pompée, et dont le titre est emprunté de Pharsale, ville de Thessalie, où César triompha de Pompée. Il s'ouvre par une trop célèbre apothéose de Néron; puis, après l'énumération des causes particulières et générales de la guerre civile, le poëte entre dans le récit des faits, qu'il poursuit pendant dix chants; il s'arrête, d'une façon assez inexplicable, au moment où les Égyptiens se soulèvent contre Cléopâtre et César, et sans qu'on sache qui des deux partis l'emportera. On range d'ordinaire la *Pharsale* parmi les poëmes épiques; mais ce n'est qu'une histoire mise en vers. Quelques fictions épiques y sont bien mêlées au récit des faits; cependant, à côté du merveilleux homérique, qu'est-ce que la transformation d'une matrone romaine en Pythonisse (ch. I), la description mystérieuse et sombre de la forêt de Marseille (ch. III), et la résurrection magique d'un cadavre par une sorcière thessalienne (ch. VI)? Si le merveilleux est l'essence même de l'épopée, la *Pharsale*, avec toute sa nécromancie, n'est plus qu'une épopée dégénérée. Quoi qu'il en soit, l'œuvre, considérée en elle-même, a de grandes beautés mêlées à de graves défauts. Le récit, généralement froid, est, de plus, souvent plein de recherche, d'enflure et de déclamation; on rencontre çà et là de beaux traits d'élo-

quence, des tableaux énergiques, des sentiments élevés, enfin l'émotion sincère et communicative d'une âme qu'exaltaient à la fois la doctrine stoïcienne, la haine du despotisme, et l'enthousiasme républicain. Aussi Lucain a-t-il eu ses admirateurs et ses panégyristes : Montaigne le goûtait vivement; Malherbe lui enviait sa force; Corneille le préférait à Virgile, et, pour le plaisir de l'imiter, composa la *Mort de Pompée*; Voltaire prétendait que le Discours de Caton à Labiénus, devant le temple d'Ammon (ch. IX), valait mieux que toute la philosophie de l'antiquité. Aujourd'hui, on est généralement d'accord pour reconnaître que Lucain a de la grandeur, mais sans naturel, sans vérité, et qu'il n'est au premier rang que parmi les auteurs de second ordre et les écrivains de la décadence. A. H.

PHASÈLE, navire des Anciens, ainsi nommé de la ville de Phasélis, où on l'inventa. C'était un bâtiment léger, marchant à voiles et à rames, et tenant le milieu entre les navires marchands (*rotundæ naves*) et les navires de guerre (*longæ naves*).

PHÉAQUES. *V.* **AGRIGENTE** (Ruines d').

PHÉBUS, défaut du style qui consiste dans la prétention et l'obscurité. On y tombe par le néologisme, par l'emploi d'épithètes chatoyantes ou de comparaisons ridiculement poétiques, par ces fourrés de mots et de phrases où ne perce point la pensée. Le mot *phébus* vient, dit-on, d'un ouvrage sur la chasse écrit par Gaston Phébus, comte de Foix, dans un style emphatique et embrouillé.

PHELLOPLASTIQUE (du grec *phellos*, liège, et *plassô*, je forme), art inventé à Rome, vers 1780, par Agostino Rosa, et qui consiste à reproduire en liège, sur une échelle réduite, les monuments de l'architecture. Cet art a été perfectionné par Mey d'Aschaffenbourg et par Stamaty de Marseille. Il y en a quelques beaux spécimens au palais des Beaux-Arts à Paris.

PHÉLONION, vêtement. *V.* **ARCHIMANDRITE.**

PHÉNICIEN (Art). Les temples phéniciens paraissent avoir été bâtis sur de petites dimensions : c'est ce qu'on peut du moins conjecturer d'après celui d'Astarté à Paphos, dans l'île de Chypre, connu par les ruines actuelles et par les figures de pierres précieuses et de monnaies. Quant à l'ordonnance et au plan de ces édifices, ils durent être les mêmes qu'au Temple de Jérusalem, sur la construction duquel l'art phénicien a certainement exercé une grande influence. L'usage de revêtir de lames d'or les cloisons ou les murs était très-répandu chez les peuples sémitiques. Dans la statuaire, les Phéniciens employèrent, de préférence à la pierre, le bois revêtu de lames de métal battues au marteau : l'absence de monuments de ce genre ne permet pas de juger aujourd'hui quel en était le goût artistique; mais les écrivains de l'antiquité nous apprennent que la figure humaine y était souvent associée avec les animaux, et que souvent on symbolisait l'essence merveilleuse de la divinité par des formes monstrueuses. Les Phéniciens exécutèrent des vases élégants et souvent de grandeur colossale.

PHÉNICIENNE (Langue). Peu de monuments de cette langue nous sont parvenus; ce sont des inscriptions et des médailles. Les opinions relatives à la nature et à l'origine du phénicien sont très-variées : St Jérôme, dans son Commentaire sur Isaïe, dit que la langue de Canaan, qu'il assimilait à l'hébreu, tenait le milieu entre l'hébreu et l'égyptien; Bochart donne comme appartenant aux Phéniciens tous les mots hébreux qu'il cite dans sa *Géographie sacrée*; Adelung pense que la langue des Cananéens des bords de la Méditerranée, c.-à-d. celle des Phéniciens, se partageait en deux dialectes, celui de Palestine et celui de Syrie; selon Heeren, les Phéniciens et les Arabes parlaient des dialectes dérivés d'un même idiome, et pouvaient se comprendre mutuellement. Aujourd'hui il est généralement admis qu'en substance le phénicien était de l'hébreu; que les deux idiomes, selon toute vraisemblance, n'en formaient qu'un seul dans l'origine, mais qu'ils s'écartèrent ensuite l'un de l'autre, par l'effet des circonstances diverses dans lesquelles les Phéniciens et les Juifs furent placés; que les trois quarts des mots phéniciens des inscriptions se retrouvent dans l'hébreu; que, si l'on voit dans ces inscriptions une partie seulement des pronoms et des conjugaisons des Hébreux, l'unique cause en est peut-être dans l'insuffisance des monuments phéniciens arrivés jusqu'à nous; que les relations commerciales ont introduit dans le phénicien certains mots syriaques, arabes, coptes, etc., qui ne se trouvent pas dans la Bible, ou qui n'y ont pas le même sens; qu'on y rencontre enfin, non-seulement des mots dérivés, mais encore des racines, qui n'existent plus ou n'ont jamais existé dans l'hébreu, à moins que les livres saints, par lesquels nous connaissons cette dernière langue, ne contiennent pas tous les vocables du peuple qui la parlait. Les navigateurs phéniciens portèrent leur langue dans les divers pays qu'ils visitèrent: en Afrique elle devint la langue carthaginoise (*V. ce mot*), et l'on en a retrouvé aussi les traces à Malte (*V.* Maltais — Idiome) et en Espagne (*V.* Espagne — Langues de l'). — Les traditions de l'Antiquité attribuaient aux Phéniciens l'invention de l'écriture (*V.* Alphabet). Les seize lettres que Cadmus avait portées, disait-on, de Phénicie en Grèce, sont identiques pour le nombre et analogues pour la forme avec celles de l'alphabet hébraïque connu sous le nom de *samaritain*. L'analyse des monuments phéniciens fournit plusieurs alphabets; car chaque lettre offre, selon l'époque et l'emplacement des monuments, des variantes assez notables. *V.* Guill. Postel, *De Phœnicum litteris*, 1552, in-12; May, *Specimen linguæ punicæ*, Marbourg, 1718, in-8°; Barthélemy, *Réflexions sur l'invention des monuments phéniciens, et sur les alphabets qui en résultent*, Paris, 1730, in-8°, et *Sur les rapports des langues égyptienne, phénicienne et grecque*, dans le t. XXXII des *Mém. de l'Acad. des Inscriptions;* Perez Bayer, *Dissertation sur la langue et l'alphabet des Phéniciens*, Madrid, 1772; Fortia d'Urban, *Sur la langue phénicienne*, dans le *Journal asiatique* de juin 1828; Hamaker, *Miscellanea Phœnicia*, Leyde, 1828; Gésénius, *Sur les langues phénicienne et punique*, en allemand, Leipzig, 1815, et *Études paléographiques sur l'écriture phénicienne et punique*, ibid., 1835; le même, *Scripturæ linguæque Phœnicicæ monumenta quotquot supersunt*, 1837; Judas, *Étude démonstrative de la langue phénicienne et de la langue libyque*, Paris, 1847, in-4°; l'abbé Bourgade, *Toison d'or de la langue phénicienne*, 2ᵉ édit., Paris, in-fol.

PHÉNICIENNE (Littérature). Les Phéniciens ont eu de bonne heure une littérature. Sanchoniathon écrivit sur la théogonie et les antiquités de sa nation un ouvrage qui fut traduit en grec par Philon de Byblos, et dont Eusèbe et Porphyre nous ont conservé en cette langue quelques fragments; il fut, selon quelques auteurs, le contemporain de Sémiramis; d'autres le placent seulement au xiiᵉ siècle avant notre ère. Moschus de Sidon fut le premier philosophe qui écrivit sur la formation du monde par les atomes.

PHÉNICIENNES (Monnaies). On trouve des légendes en langue phénicienne, non-seulement sur des monnaies d'argent et de bronze qui proviennent de Tyr, de Sidon, de Béryte, de Laodicée, mais sur des monnaies de Cilicie, de Carthage et des villes de Sicile, de Numidie, et d'Espagne, avec lesquelles les Phéniciens étaient en relations habituelles de négoce. Le développement de l'usage de la monnaie, sa généralisation, est surtout due aux nations maritimes; et il paraît que les rois perses ne frappaient guère de monnaies que pour payer leurs mercenaires, et particulièrement les Phéniciens qui leur fournissaient une marine. Avant que M. Renan rapportât de sa mission en Asie des monuments phéniciens, il n'existait dans nos musées d'autre vestige de cette civilisation qui a joué un si grand rôle dans l'antiquité, que les monnaies phéniciennes. Encore les légendes qu'elles portent sont-elles si imparfaitement déchiffrées, qu'on peut dire que l'écriture des inventeurs de l'écriture est restée une énigme dont les savants cherchent le dernier mot au milieu de divers systèmes d'interprétation.   D.

PHÉNOMÈNE (du grec *phainoménon*, ce qui apparaît clairement), mot qui, dans le langage vulgaire, désigne tout ce qui est insolite et extraordinaire, mais qu'on applique, en Philosophie, à tout fait observable, c.-à-d. perceptible par les sens ou par la conscience. Les phénomènes sont les qualités de la substance (*V. ce mot*).

PHÉRÉCRATIEN (Vers), vers lyrique des Grecs et des Latins. C'est un glyconique catalectique (– ◡ – ◡ ◡ – ⁔): il sert de clausule dans les systèmes glyconiques. Souvent le trochée initial est remplacé par une spondée. Quelquefois la phérécratien commence par un choriambe et finit par un amphibraque. Il a été surnommé *heptasyllabe;* le nombre de 7 syllabes est cependant logique, lorsque l'on résout la première du trochée et celle du choriambe en deux brèves. Le vers phérécratien ajouté au glyconique produit le vers *priapéen* (*V. ce mot*). Le vers phérécratien forme le 3ᵉ vers des Odes d'Horace 14, 21 (Iᵉʳ liv.) et 13 (IIIᵉ liv.), où il est précédé de deux asclépiades et suivi d'un glyconique.   P

PHILANTHROPIE (du grec *philanthrôpia, amour des hommes*). La philanthropie est une vertu moderne, qui a son point de départ dans la fraternité prêchée par le christianisme. La fameuse phrase de Térence : « Je suis homme, et rien de ce qui touche l'homme ne m'est étranger, » était l'expression d'une pensée tout individuelle; pour les Anciens, le cercle des affections humaines s'arrêtait à l'étroite enceinte de la cité, et le nom d'étranger était synonyme d'ennemi. Au fond, la charité et la philanthropie sont une même chose, elles reposent sur un même sentiment : mais la charité est un amour pour les hommes avivé par la foi religieuse, un amour qui s'enflamme à proportion de l'ardeur avec laquelle on se prépare à la vie future; tandis que la philanthropie est une conséquence naturelle de l'instinct de sociabilité, une affection indépendante de tout retour vers le Ciel, puissante néanmoins sur certains hommes, et en quelque sorte raisonnée. A cet égard, il a fallu dix-huit siècles pour faire prévaloir, non pas la pratique, mais la théorie de la philanthropie. Car les philanthropes font de l'amour du prochain une véritable science, une partie de l'Économie politique; ils s'appliquent à l'étude des misères sociales, et en recherchent les remèdes les plus efficaces; ils prétendent échapper aux entraînements d'une charité aveugle, sans bornes et sans discernement. La philanthropie n'est pas un mot inventé pour débaptiser la charité et pour dépouiller de son caractère religieux une vertu essentiellement chrétienne; elle est quelque chose de réel. On a pu abuser de la philanthropie, et patronner des œuvres de bienfaisance pour en retirer un lucre personnel; ce sont les torts de quelques hommes, mais les œuvres subsistent. Ainsi, on doit aux philanthropes l'abolition de la traite des nègres, la propagation de l'instruction primaire, les salles d'asile, les crèches, l'amélioration du sort des aliénés et des prisonniers. Une *Société philanthropique*, fondée à Paris en 1780, et réorganisée en 1799, livre des aliments au plus bas prix aux indigents, donne des consultations gratuites et des médicaments aux malades, encourage certaines sociétés de prévoyance et de secours mutuels, etc.

PHILIPPE, monnaie.   ⎰ *V.* notre *Dictionnaire de Bio-*
PHILIPPIQUES.   ⎱   *graphie et d'Histoire.*

PHILOLOGIE (du grec *philos*, ami, et *logos*, discours, savoir), science qui embrasse diverses parties des belles-lettres, et qui en traite principalement pour ce qui regarde l'érudition, la critique des textes, et la grammaire. Le but général de ces études est d'acquérir la connaissance exacte et précise de la signification des termes, pour arriver à celle des faits et des choses. Dans l'étude de l'Antiquité, dont les ouvrages ne nous sont parvenus qu'à travers une foule de transcriptions, causes d'erreurs de toutes sortes, et même de mutilations, la philologie commence par l'épuration et la restitution des textes; dans les langues vivantes, son but est l'étude de la formation et des variations du langage, de sa signification propre à des âges différents, et de son application aux faits, aux événements, aux choses. Tout cela est si changeant, dans une société en pleine existence, que, si la philologie interrompait son travail, on aurait, en moins d'un siècle, autant de peine à comprendre une foule d'expressions, d'allusions ou d'énonciations, qu'on en a pour interpréter bien des endroits des plus anciens écrivains de l'Antiquité, poëtes ou prosateurs. Au commencement du xviiiᵉ siècle, Fénelon constatait qu'on était obligé d'expliquer le langage de Villehardouin et de Joinville, et demandait que ce travail fût étendu à nos écrivains plus modernes, par l'Académie elle-même. Son conseil a été peu suivi, du moins d'une manière sérieuse; aussi n'avons-nous que quelques rares travaux de ce genre sur un petit nombre de nos grands auteurs du xviiᵉ et du xviiiᵉ siècle; par exemple, sur Corneille, on ne cite guère que le *Commentaire*, bien imparfait, de Voltaire, et, tout récemment, le *Lexique comparé de la langue de Corneille*, par M. Godefroy, Paris, 1862, 2 vol. in-8°, travail vraiment sérieux; sur Racine, on a des *Commentaires* de Laharpe et de Geoffroy; sur Molière, un *Lexique comparé* de Génin, et un travail analogue, couronné par l'Académie française, mais encore inédit, de M. Guessard; sur Pascal, des travaux de M. Cousin, de M. Faugère, et surtout de M. Havet, qui a donné une édition des *Pensées*, avec un commentaire suivi. La plupart des travaux sérieux, mais partiels, ont été faits, en ce genre, par de jeunes professeurs de notre Université : sur les *Oraisons funèbres* de Bossuet, par M. A. Didier; sur les *Dialogues sur l'Éloquence*, la *Lettre à l'Académie*, et le *Télémaque* de Fénelon, par M. Despois pour les premiers ouvrages, et M. Colincamp pour le 3ᵉ; sur La Bruyère (*Caractères*) par M. Hémardinquer; sur *J.-B. Rousseau*, par M. Manuel; sur le *Charles XII* de Voltaire, par M. Geffroy, etc. Il est certain qu'à moins d'études spéciales, ou sans le secours de travaux philologiques de ce genre, bien peu de personnes peuvent se vanter de n'être jamais arrêtées dans la lecture des écrivains moralistes ou peintres de mœurs, y compris les orateurs sacrés. De même que dans l'antiquité, par exemple, Horace est souvent obscur pour nous sans un commentaire spécial, de même, parmi nous, il faut un guide savant pour lire avec fruit nos auteurs des deux derniers siècles. Nous n'étonnerons personne en disant qu'il n'existe pas une seule histoire de notre Révolution qui n'ait déjà besoin d'un commentaire de ce genre; bien plus, Béranger même, si populaire, ne peut guère être compris de la génération actuelle, pour tout ce qui se rapporte aux temps de la Restauration, c.-à-d. un espace de moins de 50 ans. Enfin, indépendamment des variations de la langue et des choses, il se rencontre quelquefois dans les livres des expressions d'un autre langage; ainsi, tout le monde sait qu'il y a le langage des sciences, celui des arts (peinture, architecture, sculpture, etc.), celui du droit, des usages, des modes, etc. Là encore l'intervention du philologue est nécessaire. Sans pousser plus loin ces exemples, on voit l'utilité bien réelle de la philologie; cette utilité fut de tous les temps; aussi comptait-on beaucoup de philologues dans l'Antiquité, qui les confondait assez volontiers avec les *grammairiens*. La liste de leurs noms serait fastidieusement stérile, sans l'indication de leurs travaux, impossible ici, car ils formeraient une bibliothèque considérable; cependant, pour en donner une idée, nous allons en nommer plusieurs, parmi ceux dont les ouvrages sont parvenus jusqu'à nous en totalité ou en partie : dans la langue grecque, Aristarque a laissé des *Scholies sur l'Iliade;* Eustathe, des *Commentaires sur Homère;* Suidas, un *Lexique* historique, biographique et géographique; Pollux, un *Onomasticon*, vocabulaire des mots par séries d'idées analogues, etc. — En latin, nous avons de Verrius Flaccus un *Traité de la signification des mots;* d'Asconius, un *Commentaire* sur quelques *Discours de Cicéron;* d'Aulu-Gelle, sous le titre de *Nuits attiques*, de petites dissertations de grammaire, de critique, d'histoire, de biographie, d'antiquités; de Macrobe, un recueil de même genre, qu'il a intitulé *Saturnales;* de Donat, un *Commentaire sur Térence;* d'Acron, un *Commentaire sur Horace;* de Nonius Marcellus, un recueil *De la propriété des termes;* de Servius, un *Commentaire sur Virgile*, etc. Les philologues modernes des œuvres de l'Antiquité sont presque innombrables : ils n'ont pu guère que répéter ce qu'avaient dit leurs devanciers anciens, quant au fond des choses; mais ils se sont beaucoup exercés sur la langue, et plusieurs avec une témérité tout à fait blâmable et très-peu utile. Leur race commence au xvᵉ siècle, et elle est si considérable, que nous ne pouvons en nommer que quelques sommités : Gasparino, de Bergame, éditeur des *Institutions* de Quintilien et des traités de *Rhétorique* de Cicéron; Le Pogge, qui découvrit plusieurs *Discours de Cicéron;* Columelle, Vitruve, Ammien Marcellin, Végéce, etc.; Laurent Valla, qui écrivit un traité *De l'Élégance latine;* Ange Politien, qui fit un *Commentaire sur les Pandectes*, etc. — Au xviᵉ siècle, les Alde, Érasme, Budé, Scaliger, les Estienne, Lambin, Turnèbe, Muret, J. Lipse, Putsch, Pithou, Casaubon, etc., marchèrent dans la voie tracée par leurs devanciers; au xviiᵉ siècle, on trouve Voss, Saumaise, Heinsius, Gœsius, Gronovius, Jacques Godefroy, Du Cange, Hardouin, Dacier, etc.; au xviiiᵉ siècle, cette race, quelquefois plus patiente que sagace, se continue dans Bentley, Toup, Tyrwhitt, Wesseling, Hemsterhuys, Facciolati, Ernesti, Reiske, Heyne, Schutz, Schneider, Larcher, etc. Au xixᵉ siècle, la philologie a poursuivi sa marche sans beaucoup se préoccuper du mouvement d'idées qui se faisait autour d'elle; l'Allemagne, qui semblait son pays de prédilection, a fourni Brunck, Matthiæ, Jacobs, Bekker, Bœckh, Buttmann, Passow, Bopp, Grimm, Grotefend, Müller, Lindemann, etc.; la Suisse, Orelli; la France, Schweighæuser, Villoison, Coray, Vauvilliers, et, de nos jours, avec plus d'esprit et d'intérêt, par l'art d'écrire et de composer, que le genre ne semblait comporter, Boissonade, Letronne, Raoul Rochette, Nodier, sans parler de quelques vivants. On voit que la philologie est une science réelle, et une grande science, puisqu'elle se lie à l'histoire et à la vie des nations, contribue à les faire connaître, et peut assez souvent en éclairer les parties obscures.   C. D—Y.

PHILOSOPHIE (du grec *philos*, ami, *sophia*, sagesse).

Chez les Grecs, ce fut d'abord la science universelle, ou du moins le tronc auquel se rattachait l'ensemble des connaissances humaines. Plus tard, elles s'en détachèrent quand on eut reconnu que chaque connaissance avait un objet assez spécial pour former une branche distincte de la science universelle. La Philosophie, bien que restreinte par ces ébranchements successifs, n'a péri ni de nom ni de fait. Ce serait même une erreur de croire qu'elle n'a gardé dans ses attributions que ce que les autres sciences ont bien voulu lui laisser. En ceci comme en tout le reste, la marche de l'esprit humain a été déterminée par certaines convenances naturelles, dont il faut se rendre compte, et qui feront comprendre ce que c'est au juste que cette science, sur l'objet et sur les limites de laquelle les philosophes eux-mêmes semblent si peu d'accord. — Le monde physique d'une part, les êtres dont il se compose, les phénomènes développés dans ces êtres, les lois et les forces qui les régissent, sont l'objet d'un certain nombre de sciences, celles que nous appelons *sciences physiques et naturelles;* les propriétés et les rapports des divers ordres de quantités, telles que la raison les conçoit, nombre, étendue, force, etc., donnent naissance aux *mathématiques;* l'histoire raconte le développement extérieur des sociétés humaines. L'homme, être éminemment complexe, appartient déjà par certains côtés à la physique, à l'histoire naturelle, à l'histoire proprement dite. Mais, à quelque opinion qu'on s'arrête sur le principe des phénomènes dont nous allons maintenant parler, on ne peut méconnaître que la vie animale et les actes extérieurs sont si loin d'être l'homme tout entier. Respirer, digérer, se reproduire, aller, venir, ne sont que les conditions ou les conséquences d'autres actes que tout le monde connaît, et que tout le monde nomme *sentir, penser, entendre, vouloir*, etc.... Ne préjugeons donc rien sur les principes de ces phénomènes, dont l'ensemble constitue, à côté de la vie animale, une autre vie que nous avons bien le droit de nommer vie morale, et dont la conscience du *moi*, la libre disposition de nous-même, la conception des vérités éternelles, la notion de Dieu, sont les éléments les plus saillants et les plus considérables : le *moi*, centre et sujet commun de toutes les connaissances; *Dieu*, cause suprême de tout ce qui est; deux termes bien différents, et cependant en relation intime : l'un, principe de toute connaissance, l'autre, principe de toute existence. Or, le connaître ne fait que traduire l'être, et ce dont nous n'aurions aucune idée serait pour nous absolument comme s'il n'était pas. Nous insistons sur ces considérations, parce qu'il ne serait pas possible, sans cela, de comprendre comment une même science peut être à la fois (sans que son unité s'en trouve compromise) la science de l'homme moral, la science de Dieu, et, par cela même, celle des vérités générales ou des principes par lesquels tout le reste s'explique. Or, tel est effectivement le caractère de la Philosophie. « Elle consiste, dit avec raison Bossuet, à rappeler l'esprit à soi-même, pour s'élever ensuite comme par un degré sûr jusqu'à Dieu. » Et encore : « La sagesse consiste à connaître Dieu, et à se connaître soi-même. La connaissance de nous-mêmes nous doit élever à la connaissance de Dieu. » Entre ces deux éléments extrêmes, il y a place, on le comprend sans peine, pour plusieurs grandes questions; disons plus, pour des divisions de la science, qu'on pourrait à la rigueur considérer elles-mêmes comme autant de sciences distinctes : l'analyse de l'esprit humain et de ses différentes fonctions (Psychologie), — la détermination des lois spéciales de l'entendement, et leur application à la recherche de la vérité (Logique), — celle des principes qui doivent déterminer la volonté (Morale), — celle des principes encore plus généraux dont la notion tend de plus en plus à se confondre dans la notion unique de Dieu (Métaphysique ou Théodicée), etc. Il est souvent arrivé que les philosophes, suivant leurs inclinations et la tournure particulière de leur esprit, se sont inégalement préoccupés des divers points de vue sous lesquels la philosophie peut être considérée, et qu'ainsi, les uns en ont fait presque exclusivement une métaphysique, tandis que d'autres l'ont réduite à n'être qu'une sorte d'histoire naturelle expérimentale de l'esprit humain. Mais la Philosophie doit réunir et concilier ces différents caractères : spéciale dans son point de départ, universelle dans ses tendances et dans ses rapports; c'est à ce titre qu'elle conserve une sorte de suprématie sur les autres sciences, et que, sans se confondre avec elles, elle les domine et les éclaire toutes, comme l'attestent ces expressions *Philosophie de l'histoire, Philosophie des sciences*, qui s'appliquent non plus aux recherches spéciales de chacune d'elles, mais à l'exposition des principes généraux qui en coordonnent les différentes parties, et qui les coordonnent elles-mêmes, les unes par rapport aux autres.

En renvoyant, pour les développements, aux nombreux articles que contient ce Dictionnaire sur les différentes parties de la Philosophie (V. surtout Psychologie, Logique, Morale, Métaphysique, Théodicée, Ame, Idées, Pensée, Raison, Méthode, Dieu, Libre arbitre, etc.), nous tenons à bien faire entendre, en quelques lignes, l'intérêt qui s'attache aux études philosophiques. Nous ne le chercherons pas, comme on le fait quelquefois, dans les parties les plus pratiques de la Philosophie, quoique assurément nous ne devions pas rester indifférents aux perfectionnements très-réels que l'étude bien faite de la Logique et de la Morale peut porter dans l'exercice habituel des facultés; mais nous croyons que si le perfectionnement de l'intelligence et du cœur est en effet le but qu'il s'agit d'atteindre, c'est moins par les méthodes et par les règles pratiques que la Philosophie nous y conduit, que par les lumières qu'elle projette sur toutes choses, par les horizons étendus qu'elle ouvre à l'esprit, par l'amour de la vérité qu'elle lui inspire, par les habitudes de réflexion qu'elle lui communique, par la culture désintéressée de la Raison. Aristote a supérieurement exprimé ceci : « Parmi les sciences, dit-il, celle à laquelle on s'applique *pour elle-même*, et *dans le seul but de savoir*, est plus philosophie que celle qu'on étudie à cause de ses résultats... Connaître et savoir, dans le but unique de savoir et de connaître, tel est par son excellence le caractère de la science de ce qu'il y a de plus scientifique » (*Métaphysique*, I, I, 2). — Ajoutons encore que la Philosophie est et doit rester l'œuvre de la libre réflexion, la science la plus haute à laquelle l'homme puisse s'élever par ses propres forces, mais après tout une science humaine comme les autres; science faillible, discutable dans les solutions qu'elle oppose aux problèmes qu'elle agite. C'est de là que lui viennent le mouvement, la vie et le progrès, et si elle se rencontre sur quelques points avec la Théologie, dont les voies sont toutes différentes, il n'en est pas moins vrai qu'elle doit en rester profondément distincte; car elle ne saurait, sans cesser d'être, lui emprunter sa méthode ou s'engager à sa suite dans la recherche des vérités inaccessibles à la seule Raison.   B—e.

PHILOSOPHIE. *V.* Caractères d'imprimerie.

PHILOSOPHIE DE L'HISTOIRE, idée générale ou ensemble de principes sous l'influence desquels un historien conçoit, dispose et exécute son œuvre. Pour qu'une philosophie de l'histoire soit possible, il faut que l'historien puisse embrasser un grand nombre de faits, qu'une longue expérience permette de les juger, et que l'esprit critique ait pris de larges développements.

Longtemps on se contenta de raconter : ainsi, chez les Grecs, Hérodote décrit ce qu'il a vu, observé et appris dans ses voyages, sans beaucoup se préoccuper des causes des événements. Thucydide, doué d'un esprit plus philosophique, s'est attaché à peindre les personnages, à caractériser les gouvernements et les peuples qui prirent part à la guerre du Péloponèse; il a expliqué les causes et les suites des faits par les vertus ou par les vices de ces personnages, de ces gouvernements et de ces peuples. Xénophon est plus remarquable par son style que par sa méthode historique. Polybe crée l'histoire raisonnée; il explique les origines, les circonstances et les résultats des faits, il sème de réflexions son ouvrage, et force ses lecteurs à penser. Toutefois, la philosophie de l'histoire n'existe pas encore : car Thucydide n'ordonne pas les faits sous les idées, et d'ailleurs son livre ne comprend que 21 ans de guerre entre deux peuples; Polybe explique bien la conquête du monde par la faiblesse et les fautes des vaincus, par la force et la sagesse des vainqueurs, mais son histoire ne comprend qu'un siècle et ne contient que des événements politiques. Nul des historiens grecs n'a vu l'humanité derrière la petite république qui l'intéresse.

Les Romains, formés à l'école des Grecs, ne sont pas allés plus loin qu'eux. Les *Commentaires* de César n'offrent que des matériaux pour l'histoire; l'auteur expose les faits, il ne ressent ni n'exprime des émotions. Salluste, plein de l'esprit de parti, faisant des portraits d'apparat, arrangeant les discours, ne saurait avoir rencontré la vraie méthode historique. Tite-Live, doué avant tout du génie de l'éloquence, transforme l'histoire en discours qui résument et expliquent les faits, les révolutions, le gouvernement et les guerres, et où la corruption des

mœurs est présentée comme la loi dominante de l'histoire romaine : mais il n'y a pas là de science régulière, obligé qu'il est, pour les besoins de sa thèse, d'omettre un grand nombre de lois et de cacher les autres sous la forme de motifs oratoires. D'ailleurs, la disposition des faits année par année est un ordre que la science n'admet pas. Tacite fait revivre ses personnages, dont il trace d'admirables portraits en mettant leur cœur à nu, en scrutant leurs motifs les plus secrets : mais cette résurrection du passé, toute saisissante qu'elle est, ne saurait offrir une saine théorie de l'histoire. Chez tous ces historiens, la philosophie consiste à croire que Rome, par sa vertu et par sa destinée divine, a dû gouverner le monde, et que les autres peuples ne sont par rapport à elle que des esclaves ou des barbares. — Remarquons encore que la grande affaire des temps anciens étant la Rhétorique ou l'art de parler, et non pas l'art de composer, l'art d'écrire sur un sujet quelconque, on ne trouve pas davantage une philosophie de l'histoire chez les écrivains qui ont traité incidemment ou spécialement du genre historique : ils se bornent à donner des préceptes sur les qualités morales et littéraires qui conviennent à l'historien; ainsi fait Cicéron dans son dialogue *De l'Orateur* (liv. II, 13), sous la forme d'une digression, par la bouche d'Antoine. Pline le jeune ne va pas au delà dans sa lettre à Capiton (liv. V, 8), n'attachant que très-peu d'importance au style historique. Denys d'Halicarnasse, dans son *Jugement sur Thucydide*, se préoccupe surtout du style et de ses ornements, et fait de la critique littéraire sur Thucydide plutôt qu'un traité en forme. L'opuscule de Lucien, *De la manière d'écrire l'Histoire*, est plutôt une critique des historiens antérieurs, un exposé des défauts à éviter et des qualités littéraires à rechercher, qu'un traité philosophique sur la matière, apportant des vues et des idées autres que celles de ses devanciers. Ainsi, les écrivains didactiques, pas plus que les historiens de l'Antiquité, n'avaient rien donné de sérieux sur les principes de la science historique.

La première idée d'une philosophie de l'histoire est contemporaine des grandes invasions des Barbares dans l'Empire romain. La nouvelle de la prise de Rome par Alaric, en 410, vint trouver St Augustin pendant qu'il prêchait à Carthage; il entreprit alors de répondre aux plaintes du paganisme imputant aux chrétiens les malheurs de l'Empire. Il le fit dans sa Cité de Dieu, livre où l'ancienne société est condamnée au nom de la société naissante, à laquelle la Providence avait depuis longtemps préparé les voies; ce ne sont plus les vices ni les vertus des gouvernements et des hommes, ce n'est plus la faveur de la Fortune ou de Jupiter qui donne l'empire, c'est la Providence universelle qui gouverne les États et les peuples du monde romain, comme elle gouverne le ciel et la terre. La *Cité de Dieu* est le premier monument de la philosophie de l'histoire, c'est-à-dire la première explication sérieuse des événements dont le monde a été le théâtre (*V.* Cité de Dieu). — Pendant le moyen âge, elle resta ensevelie dans l'oubli : les moines, qui compilaient sans choix les traditions populaires, nos premiers chroniqueurs et historiens, pâles copistes de l'Antiquité, ne songeaient nullement à rechercher, pour l'histoire, des lois qu'ils ne trouvaient pas chez leurs devanciers et qu'ils ne soupçonnaient pas eux-mêmes. Il faut traverser même la Renaissance et arriver jusqu'à la fin du xvie siècle pour que François Beaudoin, dans ses *Prolégomènes historiques*, impose aux historiens la nécessité d'être jurisconsulte, à cause de l'importance du Droit dans la vie des nations; jusqu'à ce que Jean Bodin, dans la *Méthode facile pour la connaissance de l'Histoire*, leur recommande d'observer les mœurs et les habitudes des peuples, les constitutions des empires et le caractère des lois, et de tenir compte des révolutions qui les ont modifiées. Mais ce ne sont là que quelques idées jetées en passant, sans développement suivi et sans action immédiate. Il en fut de même des principes posés par Bacon au commencement du xviie siècle : le second livre de sa *Grande Restauration des sciences* proclamait la nécessité de comprendre l'histoire littéraire d'un peuple dans le tableau de ses destinées, sans cela, disait-il, l'histoire ressemblait à Polyphème privé de son œil. Ses idées ne furent pas acceptées par les historiens contemporains.

Chez nous, Bossuet est le premier qui, en théorie et en pratique, ait demandé aux faits ce qu'ils signifient, l'idée qu'ils expriment, le rapport qu'ils soutiennent aux époques au sein de laquelle ils se sont accomplis. Son *Discours sur l'Histoire universelle* (1681) développe la chaîne immense des événements depuis l'origine du monde jusqu'à Charlemagne, et montre les desseins de la Providence sur l'Église, dont les Empires ne servent qu'à assurer le triomphe. C'est la doctrine de St Augustin ; seulement l'originalité de Bossuet est d'avoir insisté sur la recherche des causes qui ont amené le progrès ou la décadence des Empires, et d'avoir généralisé le point de vue de l'évêque d'Hippone en le transportant du monde romain à tous les États de la terre, faisant de la religion le commencement et la fin d'une véritable histoire de l'humanité.

.A côté de la religion, l'Italien Vico vint placer l'État, qui, par les lois, les institutions politiques, le gouvernement, a une influence profonde sur la vie des peuples. Les *Principes d'une science nouvelle relative à la nature commune des nations* (1725) rattachent le mouvement des sociétés humaines à un plan supérieur et invariable, qui fait parcourir à chaque peuple l'*âge divin* ou du prêtre, l'*âge héroïque* ou des guerriers, et l'*âge humain* ou de la civilisation. C'est l'introduction d'un point de vue humain dans l'histoire, pour rapporter ensuite les destinées de l'humanité à la Providence. Mais Vico eut le tort d'emprisonner chaque peuple dans son cercle, ne tenant pas compte des progrès incessants de l'humanité que Pascal avait si bien constatés dans son *Traité sur le vide.*

Montesquieu, par son *Esprit des lois* (1748), eut aussi sa part d'influence dans la manière de concevoir l'histoire, en attribuant une grande action au climat sur les hommes, et sur toutes les institutions, les lois qui les régissent, politiques, civiles, religieuses, militaires. Il y a, selon lui, une certaine harmonie entre la terre et celui qui l'habite, entre l'homme et la nature (*V.* CLIMAT). — Voltaire, dans son *Siècle de Louis XIV* (1751), eut aussi le mérite d'une pensée philosophique : il peint plutôt l'histoire de l'esprit humain que la vie d'un prince, que l'histoire d'un règne. Son principe, c'est qu'il faut s'occuper de nos mœurs, de nos lois, de nos coutumes, de notre esprit ; c'est qu'il faut faire entrer dans le cadre de l'histoire l'état de la religion, du commerce, de l'industrie, le jeu de l'administration et des finances, le mouvement des lettres et des arts, en un mot, la vie entière de la société ou du peuple qui fait la matière de l'histoire. C'est un principe tout nouveau qu'il appliqua en grand dans l'*Essai sur les mœurs et l'esprit des nations* (1757). Si l'exécution de cet ouvrage n'en vaut pas toujours la méthode, il n'en est pas moins le premier modèle de la critique historique s'appuyant sur les deux sources d'information les plus sûres, la vérité par le témoignage des contemporains éclairés, et, à défaut de la vérité, la vraisemblance.

Enfin, la philosophie de l'histoire se compléta par l'œuvre de l'Allemand Herder : *Idées sur la philosophie de l'humanité* (1784). Son principe est de rendre compte de tous les éléments de l'humanité, ainsi que de tous les temps et de toutes les époques de l'histoire. On y trouve la religion et l'État, comme chez Bossuet et Vico ; les arts, la poésie, l'industrie, le commerce, la philosophie, comme le demandaient Bacon et Voltaire. Les races, les langues, les gouvernements n'y sont pas oubliés. Herder a tenu compte du progrès perpétuel de l'humanité en tous sens et dans toutes les directions. Le théâtre de l'histoire a aussi attiré son attention, non moins que l'influence des climats et des lieux, comme chez Montesquieu. Son ouvrage est le plus grand monument élevé à l'histoire de l'humanité depuis les temps les plus anciens jusqu'à nous ; on peut dire qu'avec Herder la philosophie de l'histoire est faite, et qu'on ne fera plus qu'appliquer ses principes, décomposer son œuvre, en approfondissant certaines parties, mais en suivant toujours la route qu'il avait tracée, sans arriver à des découvertes nouvelles.

A côté de ces grands noms, la France vit une foule d'écrivains s'occuper péniblement à tracer les qualités intellectuelles et morales imposées à l'historien ; tels furent La Mothe-Levayer, dans un *Discours*, à propos de la *Vie de Charles-Quint* par Sandoval (1636) ; Cordemoy, *Observations sur Hérodote ;* Saint-Réal, *De l'Usage de l'Histoire* (1671). Le P. Lemoyne (*Traité de l'Histoire*, 1670) veut que l'historien soit poëte, et que la vérité soit sa religion ; le P. Rapin (*Réflexions sur l'Histoire*, 1675) copie les prescriptions des Anciens. Saint-Évremond, dans son *Discours sur les Historiens français*, est novateur éclairé, en demandant d'abord l'exposé des lois, des mœurs, des coutumes d'un pays, et en y répandant quelques idées saines, qui ne font pas corps de doctrine. Fénelon, dans sa *Lettre à l'Académie française* (1716), a donné, au § VIII, un projet de *Traité sur l'Histoire*, qui renferme une excellente méthode de composition, et

quelques principes destinés à faire partie de la philosophie de l'histoire, et dont Fréret, Voltaire et notre siècle ont pu profiter. Rollin parla à peu près de même, en exposant les *Règles et principes pour l'étude de l'Histoire profane* (*Traité des études*, IIIe partie, liv. VI). Dans ses *Réflexions sur l'Histoire* (1761), d'Alembert imposa aux historiens des lois philosophiques qui n'avaient rien de bien nouveau. Le long traité de Mably, *De la manière d'écrire l'histoire* (1782), donne des recettes littéraires qui se réduisent à l'imitation des Anciens, insistant longuement sur les études et les qualités nécessaires à l'historien, sans jamais s'élever à des principes généraux.

Au commencement de notre siècle, Chateaubriand en comprit quelques-uns dans celui des livres du *Génie du Christianisme* qu'il consacre à l'histoire (IIIe partie, liv. 5), mais surtout dans la *Préface* de ses *OEuvres historiques*, où il juge les écoles historiques qui se sont élevées sous l'inspiration de la philosophie de l'histoire, dont il critique les maîtres, Vico et Herder, pour assurer la suprématie à Bossuet. — Pendant que Daunou, de 1819 à 1830, professait au Collège de France son *Cours d'études historiques*, traité complet de la manière d'écrire l'histoire, au point de vue de l'étude des sources, de leur classification, de leur critique, et de leur mise en œuvre par l'exposition des faits, déclarant nettement qu'il n'y avait qu'à choisir dans les méthodes des devanciers pour trouver la vraie méthode historique, Aug. Thierry contribuait à l'établissement de la philosophie de l'histoire par ses *Lettres sur l'Histoire de France* (1820), où il montrait la futilité et le ridicule de nos prétendus historiens. De son côté, M. Guizot, par son enseignement à la Sorbonne, opéra sur les esprits la révolution historique que les promoteurs de la philosophie de l'histoire avaient signalée comme une nécessité, et la consacra dans ses *Essais sur l'Histoire de France* et dans son *Histoire de la civilisation en Europe.* Plus tard, M. Taine, dans un *Essai sur Tite-Live,* couronné par l'Académie française (1855), envisageant l'histoire comme une science et comme un art, a tracé tous les devoirs de l'historien, au point de vue de la critique, de la philosophie, des caractères et du style, en écrivain doué du sens philosophique et s'inspirant à la grande école historique moderne. Enfin M. Thiers, en tête du XIIe vol. de son *Histoire du Consulat et de l'Empire* (1855), a mis un *Avertissement au lecteur,* où il donne une théorie de l'art d'écrire l'histoire. Comme qualité de l'esprit, il ne veut que le don de l'intelligence, qui suffira à tout ce qu'on est en droit d'attendre de l'historien ; comme devoir, il lui impose le seul amour de la vérité : de ces deux sources découleront tous les mérites. F. B.

PHILOSOPHIQUE (Poésie), poésie qui se propose de prêter aux matières de la philosophie, fût-ce les plus abstraites et les plus rebelles, le charme des vers. Ces sortes de tentatives provoquent d'abord l'étonnement, et l'on se demande jusqu'à quel point le langage poétique peut suffire et convenir aux exigences de la vérité philosophique. La poésie, en effet, est tout entière dans les images, les sentiments et les mouvements passionnés ; elle recherche la variété, la souplesse des formes et la vivacité des couleurs ; elle sait s'accommoder même d'un style vague et nuageux, s'il est musical ; c'est un art : la philosophie exige la précision rigoureuse qui convient à l'analyse, à l'abstraction, à la généralisation, et semble requérir plutôt la prose exacte, aride même, du géomètre ; c'est une science. Et pourtant, à l'origine, l'art et la science ont parlé la même langue. Les premiers philosophes de la Grèce ont bégayé leurs systèmes dans l'idiome des poëtes : Xénophane, Parménide, Empédocle, empruntèrent le vers homérique pour exposer leurs idées sur la nature ; Pythagore, ou plutôt quelqu'un de ses disciples, composa les *Vers dorés,* où la morale religieuse domine déjà la métaphysique. Il y a, en effet, dans la philosophie, certaines matières qui semblent appeler d'elles-mêmes toutes les richesses et les magnificences du langage poétique. Comment mieux parler qu'en vers de l'Être qui préside à l'ordre du monde, des mystères de notre destinée, des aspirations, des craintes et des espérances que le sentiment religieux excite dans l'âme humaine? Aussi loin qu'on remonte dans l'histoire de la littérature grecque, même avant Homère, on retrouve des chants de philosophie religieuse, des hymnes que les légendes attribuent aux personnages mystiques et sacrés d'Orphée, de Musée, des Eumolpides. Ces premiers *interprètes des dieux,* comme Horace les appelle, ont pour successeurs les Gnomiques (*V. ce mot*). Au IIIe siècle avant notre ère, l'hymne de Cléanthe à Jupiter est une des sublimes inspirations du Stoïcisme; jamais l'unité de Dieu n'avait été proclamée chez les païens dans un langage à la fois plus précis et plus élevé. A leur tour, les Alexandrins, notamment Proclus, et un chrétien qui ne sépara jamais des doctrines du christianisme les idées platoniciennes, Synésius, évêque de Ptolémaïs, composèrent des chants où la philosophie se confond avec la religion. Ce genre de poésie n'existe pas chez les Latins, où Lucrèce (*V.* NATURE — Poëme de la) représente seul la poésie philosophique. Mais, dans les temps modernes, on peut citer le poëme de *la Religion*, de Louis Racine, et surtout les *Méditations* et les *Harmonies poétiques* de M. de Lamartine, tant admiré de Jouffroy, pour avoir su, le premier peut-être, dans des vers dont le mouvement et l'éclat sont parfois incomparables, discuter les problèmes les plus ardus de la métaphysique. — On peut rattacher également à la poésie philosophique les *Épîtres*, les *Satires*, les *Contes* mêmes où l'auteur se complaît à développer quelque pensée morale. *V.* DIDACTIQUE (Poésie), MORALISTES.   A. H.

PHOCAS (Colonne de). *V.* COLONNES MONUMENTALES, dans notre *Dictionnaire de Biographie et d'Histoire.*

PHOEBUS. *V.* PHÉBUS.

PHOENIX, monnaie d'argent en usage en Grèce dans les premiers temps de l'indépendance. Elle valait environ 0 fr. 83 c.

PHONAGOGUE, mot d'origine grecque signifiant *conducteur du son*, et par lequel on désignait autrefois le thème de la fugue (*V. ce mot*).

PHONASQUE (du grec *phônè*, voix, son), professeur qui, chez les Anciens, développait le volume de la voix, et apprenait à bien prononcer. Il y avait aussi anciennement, dans l'Église, un *phonasque* chargé de régler les intonations des chantres : on ne sait s'il s'aidait d'un instrument pour donner le ton.

PHONÉTIQUE. *V.* ÉCRITURE.

PHONOGRAPHIE (du grec *phônè*, son, et *graphô*, j'écris), mot qui a été employé comme synonyme de *notation musicale. V.* NOTATION.

PHONOMINE, instrument de musique, inventé vers 1834 par un mécanicien de Vienne en Dauphiné. Il a l'apparence d'un piano-orgue : le clavier n'a guère plus d'étendue qu'à l'ancien clavicorde (*V. ce mot*), et l'on obtient les sons à l'aide de tuyaux ; mais, par l'effet d'un mécanisme particulier, ces sons ont une analogie frappante avec la voix de l'homme. Le phonomine a 4 registres, la basse, le baryton, le ténor et le fausset, en sorte qu'on croit entendre un chœur d'hommes.

PHORBÉION, nom que les Grecs donnaient au *capistrum* (*V.* ce mot dans notre *Dictionnaire de Biographie et d'Histoire*).

PHORMINX, instrument de musique des Anciens, qui ne paraît pas avoir différé de la cithare ; car Homère dit *cithariser avec la phorminx* et *phormiser avec la cithare.*

PHOTINX. *V.* FLUTE.

PHOTOGRAPHIE ou HÉLIOGRAPHIE (du grec *phôs, phôtos*, lumière, ou *hélios*, soleil, et de *graphô*, j'écris), art de produire et de fixer les images des objets par l'action de la lumière sur certaines substances. Dans la *Daguerréotypie*, l'image se forme sur une planche mince de cuivre plaqué d'argent, exposée d'abord à la vapeur d'iode et rendue plus sensible à l'aide d'une solution de brome; après sa sortie de la chambre noire, cette image est rendue apparente par les vapeurs mercurielles, et fixée par un lavage dans une solution d'hyposulfite de soude, ou plutôt de chlorure d'or, comme l'a fait M. Fizeau. L'appareil d'optique à l'aide duquel on fixe les images dans la chambre noire se nomme *Daguerréotype*. — Les anciens alchimistes savaient que toute image produite au moyen d'une lentille sur une couche de chlorure d'argent, qu'ils appelaient *argent corné*, s'y fixait en noir pour les parties éclairées, en gris pour les demi-teintes, et en blanc pour les parties que ne frappait aucune lumière. C'est un fait constaté par le livre de Fabricius, *De rebus metallicis*, 1566. Selon Jobard (*Les Nouvelles inventions aux Expositions universelles*, 1857, in-8°), on a récemment trouvé en Russie un livre, traduit de l'allemand depuis 300 ans, et qui contient très-clairement l'explication de la photographie. Dans un livre publié en 1760 sous le titre de *Giphantie*, par un certain Tiphaigne de La Roche, on trouve la description de cet art, reproduisant non-seulement les images, mais même les couleurs. Vers la fin du XVIIIe siècle, le physicien Charles se servait d'un papier recouvert d'un certain enduit, qu'il ne fit pas connaître, pour engendrer des silhouettes à l'aide de l'action de la lumière. En 1802, Wedgwood employa un papier enduit de chlorure ou de

nitrate d'argent, pour la reproduction des vitraux des églises, mais n'obtint que des images qui noircissaient presque aussitôt. Depuis 1813, Niepce, propriétaire aux environs de Châlon-sur-Saône, se livra à de nouvelles recherches; un Mémoire qu'il présenta en 1827 à la Société royale de Londres prouve qu'avant tout le monde il obtint sur métal des reproductions de gravures que n'altérait plus la lumière. En 1829, il s'associa, à Paris, avec Daguerre, qui s'occupait aussi de fixer les images de la chambre noire, et, après dix ans de recherches, le procédé qui sert encore aujourd'hui fut trouvé; on put reproduire sur plaque, non-seulement les gravures, mais les monuments et les tableaux, et exécuter des portraits. Depuis 1839, tous les perfectionnements ont eu pour but d'opérer avec plus de rapidité et de donner aux images plus de netteté et de vigueur; résultats que l'on a obtenus par divers procédés, dus à Claudet de Lyon, Gaudin, Fizeau, Lerebours, Martens, Foucault, etc.

Les images daguerriennes ont l'inconvénient de miroiter. On y a obvié, en remplaçant la plaque métallique par une plaque de verre ou par du papier convenablement préparés. C'est là proprement la photographie. L'image qu'on obtient est *négative*; les teintes y sont renversées, les ombres de l'objet étant représentées par des clairs et réciproquement. Un Anglais, Talbot, a eu l'idée de s'en servir comme d'un type pour obtenir des images *positives*, où les teintes sont ramenées à leur ordre naturel. Les divers procédés de la photographie sur papier ont été successivement trouvés par Bayard, Talbot, et Blanquart-Évrard, de Lille ; ceux de la photographie sur verre, par Niepce de Saint-Victor, neveu du premier inventeur. Chaque jour apporte des perfectionnements à la photographie : ainsi, les frères Meyer et Pierson ont découvert le moyen de fixer les traits d'un tableau ou d'un portrait sur une toile préparée pour la peinture à l'huile, de sorte qu'un artiste n'a que le coloris à donner. E. Becquerel a trouvé une substance impressionnable qui reproduit les couleurs aussi bien que les ombres des objets, mais on n'est pas encore parvenu à les fixer. Beaucoup d'épreuves photographiques s'altèrent sous l'action prolongée des rayons lumineux; on est arrivé à en revivifier les tons, mais non encore à empêcher la décoloration dans un temps plus ou moins long.

En considérant l'inimitable perfection de détails que présentent les dessins photographiques, on serait tenté de placer ces œuvres au rang des plus belles productions des arts : mais l'art ne réside pas dans la stricte imitation de la nature; l'impression provoquée en nous par la peinture ne résulte pas de la vérité avec laquelle les objets sont reproduits sur la toile; les œuvres des maîtres vivent, non par l'exactitude de la reproduction matérielle, mais par la pensée qu'elles expriment, par les sentiments qu'elles éveillent. L'art n'imite pas, dans toute la rigueur du mot, il transforme; pour traduire la nature, il s'en écarte; pour copier, il invente; pour reproduire, il crée. Quand un artiste, par exemple, exécute un portrait, ce qu'il cherche, avant tout, c'est la physionomie, ce je ne sais quoi composé de mille nuances mobiles, changeantes, fuyantes, que ne donnent pas quelques secondes, qu'il ne saisit et ne devine souvent qu'après plusieurs séances où il aura fait poser son modèle moralement, pour ainsi dire, autant que physiquement : or, il faut une âme pour sentir et rendre cela. Et puis, au point de vue de l'effet général, il n'a garde de reproduire avec un soin minutieux tous les plis des vêtements, tous les dessins de la draperie, tous les enjolivements du fond; il éteint les détails inutiles, pour concentrer l'intérêt sur les traits du visage. La photographie n'a aucun de ces artifices salutaires qui sont l'indispensable condition de l'art; elle est inexorable et brutale dans sa vérité; elle accorde une importance égale aux grandes masses et aux plus imperceptibles accidents. Son vice principal est donc un défaut absolu de composition: elle ne compose pas, elle donne une copie, un *fac-simile* de la nature; elle donne l'œuvre d'art vit tout entière par la composition. De là résulte qu'au fond la photographie ne donne même pas de la nature une représentation aussi exacte qu'on se l'imagine. En effet, lorsque nous recevons l'impression d'un paysage, par exemple, tous les détails de la vue extérieure viennent sans doute s'imprimer au fond de notre œil; cependant ces mille sensations particulières ne sont aucunement perçues, et elles sont pour notre âme comme si elles n'existaient pas; nous ressentons, non pas l'impression isolée des divers aspects du paysage, mais seulement l'effet général qui résulte de leur ensemble. Or, la photographie reproduit impitoyablement les plus inutiles détails de la scène extérieure : elle donne donc une traduction inexacte des sensations qu'excite en nous l'aspect de la nature. Une autre imperfection des images photographiques, c'est que les tons de la nature y sont souvent altérés : tel ton vigoureux sur le modèle est peu sensible sur l'épreuve daguerrienne, et, au contraire, une nuance lumineuse d'une faible valeur dans la nature se trouve accusée sur la plaque avec un éclat exagéré ; aussi la plupart des demi-teintes sont-elles forcées, et l'épreuve est habituellement dure. Les épreuves où les rapports naturels des teintes sont conservés avec harmonie se rencontrent rarement ; c'est le fait de quelques circonstances fortuites qu'il est impossible de provoquer et de reproduire à volonté. A quoi tient ce regrettable effet de la photographie ? Sans doute à ce que les différentes couleurs des objets extérieurs ont une action propre et variable sur les substances chimiques qui recouvrent la plaque, action qu'il est aussi impossible de prévoir que de diriger. Il est reconnu, par exemple, que les couleurs verte, jaune, lilas, etc., présentent de grandes difficultés à la reproduction photographique. Une autre remarque à faire, c'est que, si l'on reproduit par le daguerréotype des tableaux à l'huile, les copies n'ont de valeur et de vérité que lorsque les tons du modèle sont peu nombreux et très-voisins les uns des autres : une peinture de tons uniformes et sobres donne sur la plaque une image d'une ressemblance parfaite dans les tons ; mais si elle est riche de couleurs variées et papillotantes, l'épreuve photographique est d'une fausseté criante. Nous ajouterons qu'avec la photographie la perspective linéaire et la perspective aérienne sont sensiblement faussées. L'altération de la perspective linéaire est la conséquence presque inévitable de l'appareil optique qui forme les images : les objets placés à des distances inégales ont, en effet, des foyers lumineux distincts les uns des autres, et, quelle que soit la perfection de l'objectif, il est impossible qu'il fasse converger en un même point les rayons lumineux émanant d'objets fort éloignés entre eux ; par exemple, dans un portrait photographique, si les mains se trouvent placées dans un plan sensiblement antérieur au plan du visage, elles viennent toujours d'une dimension exagérée. L'altération de la perspective aérienne est aussi la conséquence presque forcée du procédé photographique : la substance qui reçoit l'impression de la lumière étant relativement plus sensible que notre œil même, il en résulte que les aspects lointains, les objets situés à l'extrémité de l'horizon, sont reproduits avec plus de netteté qu'ils n'en présentent à nos yeux, contrairement aux effets habituels de la perspective aérienne.

Concluons que, dans son état actuel, la photographie donne des copies admirables, dont la perfection dépasse assurément tout ce que la main de l'homme exécutera jamais ; et pourtant l'unique sentiment que les calques merveilleux puissent exciter en nous est la curiosité : ils parlent aux sens, ils charment l'œil armé de la loupe ; mais l'âme reste froide. Le daguerréotype a été une conquête presque inutile pour l'étude et le perfectionnement des beaux-arts ; les artistes n'en ont rien appris, rien recueilli. Du reste, l'invention d'un instrument capable d'accomplir avec perfection toutes les opérations manuelles de la peinture, d'exécuter tout ce que comporte l'imitation absolue de la réalité, aura été une démonstration sans réplique du spiritualisme de l'art : car ce n'est pas à un tel résultat que s'emploie le génie des maîtres, et la foule elle-même ne peut confondre leurs sublimes créations avec ces produits mécaniques. Il est, toutefois, certaines études auxquelles la photographie apporte de précieuses ressources ; telle est celle de la nature morte et des monuments de l'architecture. La photographie a aussi enfanté plusieurs arts nouveaux, tels que la *gravure héliographique* et la *litho-photographie* (*V. ces mots*). — V. Daguerre, *Historique des procédés du daguerréotype*, 1839 ; Ch. Chevalier, *Nouvelles instructions sur l'usage du daguerréotype*, 1841 ; Gaudin et Lerebours, *Derniers perfectionnements apportés au daguerréotype*, 1842 ; les *Traités de photographie* par Valicourt, Legray, Couppier, Legros, A Belloc, Blanquart-Évrard ; Aubrée, *Traité pratique de photographie sur papier, sur plaque et sur verre*, 1851 ; Barreswill et Davanne, *Chimie photographique*, 1854, in-8° ; Disdéri, *L'Art de la Photographie*, 1862.

PHOTOSCULPTURE. V. *au Supplément*.

PHRASE (du grec *phrasis*, action de s'exprimer), ensemble de mots concourant à exprimer un ensemble d'idées, un sens suivi et complet. Toute phrase est bornée par le sens, c.-à-d. qu'elle commence et finit avec lui ; et, selon qu'il est plus ou moins composé, elle a plus ou moins de parties. La phrase qui ne renferme que les trois termes nécessaires pour l'expression d'un jugement s'appelle *proposition ;* mais il ne faut pas confondre une phrase avec une proposition : la proposition est essentiellement philosophique, et n'a rapport qu'au fond même de la pensée et aux trois termes de tout jugement ; la phrase a surtout rapport à la forme, elle est purement grammaticale et littéraire. Considérée grammaticalement, elle se compose du sujet et de ses dépendances, du verbe et de ses compléments directs, indirects, circonstanciels, et peut renfermer des mots appartenant à toutes les parties du discours ; ces mots sont soumis à certaines règles de construction et de syntaxe. Considérée *littérairement*, la phrase doit être claire, élégante, harmonieuse ; elle pourra prendre dans l'occasion un tour oratoire, une couleur poétique, être lente ou vive, pesante ou légère. La phrase française, et en général la phrase moderne, diffèrent des phrases grecques et latines quant à l'ordre des mots : elles ont moins de liberté (*V.* Construction, Inversion). — On appelle *phrase faite* une façon de parler particulière qui est consacrée par l'usage et à laquelle il n'est pas permis de rien changer. Hors de ces locutions, il est permis à tout écrivain de créer des phrases ; mais ces phrases nouvelles doivent être composées avec les mots déjà connus, dont il ne faut point altérer le sens établi. Telles sont les phrases : *Éclater en reproches, Hair à cœur ouvert*, créées par Racine. — Le mot *phrase* se prend souvent dans un sens défavorable ; on dit, en parlant d'une phrase sonore et vide : *c'est une phrase ;* en parlant d'un homme habitué à se payer de mots vagues sans s'inquiéter du fond des choses : *c'est un faiseur de phrases*. Le mot *phrase* s'emploie dans un sens défavorable pour désigner une phrase embarrassée, chargée de mots et boursouflée.   P.

PHRASE, en Musique, suite de sons dont l'ensemble forme un sens mélodique. Toute phrase est renfermée dans un certain nombre de mesures. Les phrases de deux mesures sont très-rares, et deux mesures ne font ordinairement qu'un membre de phrase. Les phrases complètes de trois mesures sont peu usitées dans les mesures à 2 ou 4 temps ; on n'en fait habituellement usage que dans les mesures à trois temps et pour les romances : le mieux est que la phrase se compose de deux membres formés chacun de trois mesures, parce qu'on arrive au chiffre de six mesures et qu'une phrase doit finir sur un nombre pair. La phrase la plus *commune* est celle de quatre mesures. La phrase de cinq mesures s'emploie rarement, et la phrase de trois ou de cinq qui lui répond, ce qui donne une phrase complète de huit ou de dix mesures. Les phrases de six mesures sont ou complètes par elles-mêmes, ou formées, dans un morceau à 3 temps, de deux membres de trois phrases chacun. On ne fait point de phrases de sept mesures. V. Carrure des phrases.

PHRASÉOLOGIE (du grec *phrasis*, expression, locution, et *logos*, traité), terme qui désignait, chez les Anciens, un recueil de mots, de locutions. Les Modernes en ont modifié le sens, et il signifie : manière de s'exprimer et de construire les mots et les phrases particulière à une langue, ou même à un écrivain. Ainsi, la langue grecque, considérée en elle-même et dans son ensemble, offre des constructions qu'on ne trouve dans aucune autre langue ; et, de plus, elle présente à cet égard des phrases diverses suivant les époques : la phraséologie d'Homère est différente. de celle de Sophocle, et toutes deux de celle de Théocrite ; Hérodote et Plutarque semblent écrire chacun dans une langue différente, tant leurs expressions et leurs tours de phrase se ressemblent peu. De même chez nous, Pascal procède dans ses constructions d'une manière tout à fait différente de Montesquieu ; la phraséologie de l'*Essai sur les mœurs* ne ressemble point à celle du *Discours sur l'Histoire universelle*. Le xvie, le xviie, le xviiie et le xixe siècle nous montrent la langue sous quatre aspects différents, qui se reconnaissent de la manière la plus tranchée dans les œuvres de Montaigne, de Fénelon, de Voltaire, de Chateaubriand. — Appliqué à un écrivain en particulier, le mot *phraséologie* se confond quelquefois avec le mot *style*, mais celui-ci a toujours un sens plus étendu. — Enfin ce terme emporte souvent une idée de dénigrement, et désigne l'enflure, les mots vides de sens, la sonorité des phrases sous lesquelles l'esprit ne découvre aucune idée sérieuse ou originale.   P.

PHRATRIE. V. ce mot dans notre *Dictionnaire de Biographie et d'Histoire*.

PHRÉNOLOGIE (du grec *phrèn*, âme, cœur, esprit, et

logos, science), nom sous lequel on connaît la doctrine que le médecin Gall commença de préconiser en France dès 1807. Cette prétendue science de l'homme. qu'il a voulu fonder, lui et ses disciples, pour remplacer la psychologie et la métaphysique, a fait beaucoup de bruit, surtout dans le monde des salons et même des Académies; sa vogue est passée; l'appui de quelques noms célèbres, comme Broussais, ne lui a pas manqué; mais elle n'a jamais pu trouver crédit auprès des vrais savants ni des vrais philosophes. Aujourd'hui, sauf quelques rares adeptes qui l'altèrent en la modifiant, elle est généralement abandonnée. Les derniers travaux sur l'anatomie du cerveau et le système nerveux l'ont ruinée. Mais à cause de la célébrité qui l'entoure encore, il est bon de l'examiner dans ses *bases*, dans sa *méthode*, et dans ses *résultats*.

I. *Bases de la Phrénologie.* — 1º La phrénologie, se proposant pour but de déterminer la fonction des organes affectés à la vie intellectuelle et morale, part de ce principe qu'il existe en effet une corrélation intime entre les facultés et les organes.. Ce principe est incontestable tant qu'il ne dépasse pas ses limites; mais entre le physique et le moral la dépendance est réciproque; si la dépendance du moral est absolue, c'est le matérialisme. Les phrénologistes, et Gall en particulier, n'ont pas su garder cette mesure. — 2º Les facultés intellectuelles et morales ont pour siége particulier et exclusif le cerveau. Ce principe, fort antérieur à la doctrine de Gall, est encore vrai. Gall a eu le mérite de le préciser et de le démontrer; mais ce qu'il n'a pas vu, et ce qui déjà contredit son système, c'est que le cerveau tout entier n'est pas le siége des facultés morales, et de l'intelligence en particulier, mais seulement la partie des hémisphères cérébraux) : le cervelet et les tubercules quadrijumeaux président à d'autres fonctions (à la locomotion et aux mouvements de la respiration). C'est ce que M. Flourens a établi d'une manière certaine dans ses *Recherches expérimentales sur les propriétés et les fonctions du système nerveux.* — 3º Mais tout cela n'est ni la doctrine propre de Gall, ni le principe sur lequel elle se fonde. Ce principe, le voici : le cerveau n'est pas un organe *unique*, mais *multiple;* il est un *assemblage* d'organes particuliers et distincts, auxquels correspondent autant de facultés, de penchants, d'instincts, ou de forces morales également distinctes les unes des autres. Or, voilà justement ce qu'il n'a pu établir : l'anatomie, la physiologie, la psychologie conspirent pour renverser ce principe. Jamais Gall n'a pu, anatomiquement, rendre visible aucun de ces prétendus organes qui viendraient tous, selon lui, se distribuer à la surface du cerveau. L'anatomie sur ce point est restée muette et stérile. La méthode de déplissement du cerveau inventée par Gall tend plutôt à déposer contre son hypothèse. Il est aujourd'hui prouvé (*V.* Flourens) que la partie la moins importante du cerveau est la portion superficielle où devraient résider les organes, car on peut enlever une portion notable de la matière blanche et de la matière grise qui la composent sans enlever ni altérer les fonctions intellectuelles. — 4º Le cerveau n'étant pas immédiatement observable, Gall et les phrénologistes sont obligés de substituer à l'observation directe l'inspection du crâne, qui en est l'enveloppe, et de ses formes ou *protubérances.* De là la *crânioscopie.* Or, elle suppose : 1º que les organes sont logés à la surface du cerveau, sous la lame interne du crâne; 2º que la lame externe correspond parfaitement à la lame interne; 3º que le tissu spongieux qui sépare les deux lames est le même chez tous les individus; 4º que, nulle part, le parallélisme des lames interne et externe n'est faussé; 5º que le tissu vasculaire d'artères et de veines, et les enveloppes du cerveau, n'altèrent pas les empreintes que celui-ci a déposées sur la surface intérieure du crâne. Aucune de ces conditions n'existe, au moins avec l'exactitude que réclament le système et sa méthode.

La physiologie n'est pas plus favorable que l'anatomie à la doctrine de Gall; pour ne citer qu'un exemple, est-il vrai que le volume de l'organe partout et toujours détermine et mesure l'énergie et le développement de la faculté correspondante? Ce principe, tout matérialiste, fût-il d'accord avec une saine psychologie, la physiologie elle-même le repousse comme absolu : sans cela il faudrait qu'elle admît que la perfection d'un organe ne dépend que de son volume et nullement de sa structure, de la finesse et de la délicatesse de ses fibres, de l'énergie de la force vitale qui l'anime, de sa juste proportion et de son rapport avec d'autres organes. Un système peut

nier ou négliger tout cela, mais la science ne le peut pas. Gall et ses disciples sont obligés d'omettre ou d'atténuer ces conditions au point de les rendre nulles dans la pratique.

Voilà ce que disent l'anatomie et la physiologie des bases de ce système. Si l'on consulte la psychologie ou la métaphysique, les objections ne sont ni moins fortes ni moins graves.

Pour Gall et son école, le cerveau est un assemblage d'organes distincts et séparés; les facultés jouissent de la même existence réelle, individuelle. Mais. comment concilier toutes ces *entités* avec l'*unité du moi*? Comment même les concilier avec l'unité des grandes facultés, telles que l'intelligence, la volonté, la sensibilité, dont les autres facultés ne sont que simples modes? Cette objection capitale renverse tout le système de Gall. Aussi s'est-il acharné à soutenir que l'intelligence, la mémoire, la volonté ne sont pas de vraies facultés, mais seulement les modes des facultés réelles, qui seraient alors les capacités, les instincts, les penchants, appelés par lui *forces fondamentales;* thèse absurde, car il en résulterait que la mémoire, le jugement, etc., étant les modes de ces facultés ou de ces forces, il y a autant d'êtres qui se souviennent, jugent, raisonnent, veulent, ou de personnes, qu'il y a d'organes dans le cerveau; ce qui a fait dire spirituellement que le cerveau était une république démocratique. Or, ce n'est pas un détail, une pièce détachée de l'édifice, c'est l'édifice même ou sa clef de voûte. Comment encore concilier, dans cette doctrine, la liberté morale avec la dépendance absolue où le moi est des organes, et avec la proportion exacte entre la faculté et le volume? Passons à la méthode.

II. *Méthode Phrénologique.* — C'est, d'une part, la *crânioscopie,* de l'autre une psychologie faite d'avance ou purement hypothétique, et qui se crée en même temps qu'on observe le crâne des individus dans les divers états, professions, etc. Rien n'est moins précis ni moins scientifique. Pour qu'une telle méthode fût exacte, il faudrait d'abord que les conditions précédentes fussent remplies. Les protubérances du crâne n'ont de valeur et ne signifient quelque chose qu'autant qu'elles représentent fidèlement les organes cérébraux; mais leur existence même est problématique. Il faudrait, s'ils existent, qu'ils fussent distribués tous à la surface du cerveau, et non enfoncés dans la masse encéphalique; que ces signes, expression exacte des organes cachés à l'intérieur, fussent clairs et distincts; que les facultés attachées aux organes, et que ces signes annoncent, fussent observées avec soin, analysées, distinguées avec précision. Rien de tout cela n'existe ou n'est établi nettement. Pour s'en tenir aux signes crânioscopiques, rien de plus vague, de plus arbitraire, de plus mal délimité. Cette topographie du crâne est artificielle, obscure et problématique. Il en résulte qu'on peut lire tout ce qu'on veut sur le crâne, et quand un fait semble contredire la doctrine, il y a toujours moyen de se tirer d'affaire; rien qui favorise plus l'illusion, l'engouement, la crédulité, et aussi le charlatanisme. C'est ce qui explique la vogue dont a joui la phrénologie, son succès auprès des gens du monde, mais en même temps son peu de crédit auprès des savants, des esprits judicieux et sévères. — Au premier abord, cette méthode a quelque chose d'imposant : elle s'environne d'une foule d'expériences, procède par l'expérimentation sur la plus vaste échelle; elle examine une infinité de sujets pris à tous les degrés de l'espèce humaine et même animale; elle observe dans toutes les classes de la société, compare les individus de tous âges, de tout sexe, de toute condition, etc. Mais qu'on examine de près ses procédés, on verra combien la manière d'observer et d'expérimenter est superficielle et fausse.

La matière de l'expérimentation consiste dans deux ordres de faits qu'il s'agit de comparer pour en saisir le rapport, savoir : d'une part, les formes extérieures de la tête humaine, les protubérances du crâne, qui sont censées représenter les organes du cerveau ; d'autre part, les faits moraux correspondants, qu'il s'agit de reconnaître et de définir avec précision.

Or, on a vu combien le signe crânioscopique est vague, incertain, mal délimité dans sa forme; de plus, par lui-même il est muet. Pour savoir ce qu'il signifie, il faut saisir la faculté correspondante, et cela non vaguement, mais d'une façon précise. Comment s'étudie et se découvre ce second terme, qui est plutôt le premier, l'autre n'étant que son signe? C'est là surtout qu'apparaît le vice de la méthode phrénologique sur ce point capital. Le phrénologiste observe l'homme, ou plutôt les hommes, dans le langage, les actions, les situations diverses de la vie. Il note ce qui est caractéristique dans chaque individu. En observant ainsi les hommes on acquiert une certaine sagacité et du talent pour ce genre d'observation; on obtient plusieurs renseignements précieux sur le caractère et le genre d'esprit des individus; mais qu'on puisse jamais arriver à connaître ainsi les facultés fondamentales de l'homme, les tendances primitives de sa nature, à déterminer exactement leur caractère, leur nombre, leurs fonctions, il faut être naïf pour le croire. Aussi les résultats de cette méthode sont parfaitement d'accord avec ce qu'on doit en attendre. Les voici dans leur généralité.

III. *Résultats.* — Gall dresse une liste de 27 organes et de 27 facultés qui leur correspondent : 1° *instinct de la propagation;* 2° *amour de la progéniture;* 3° *instinct de la défense de soi-même;* 4° *instinct carnassier;* 5° *sentiment de la propriété;* 6° *amitié;* 7° *ruse;* 8° *orgueil;* 9° *vanité;* 10° *circonspection;* 11° *mémoire des choses;* 12° *mémoire des mots;* 13° *sens des localités;* 14° *sens des personnes;* 15° *sens du langage;* 16° *sens du rapport des couleurs;* 17° *sens du rapport des sons;* 18° *sens du rapport des nombres;* 19° *sens de la mécanique;* 20° *sagacité comparative;* 21° *esprit métaphysique;* 22° *esprit caustique;* 23° *talent poétique;* 24° *bienveillance;* 25° *mimique;* 26° *sens de la religion;* 27° *fermeté.* — Spurzheim, le collaborateur de Gall et son continuateur, donne une autre liste, où il cherche à ranger les facultés dans un ordre plus méthodique, et en ajoute de nouvelles qui en portent le nombre à 35. D'autres phrénologistes en ajoutent encore, et l'on voit pulluler les facultés et les organes. M. Vimont, un des phrénologistes postérieurs, en compte jusqu'à 52 sur le crâne d'une oie; cela promettait pour la tête humaine. Aussi la science ne s'arrête plus. Elle s'enrichit tous les jours de nouvelles facultés. Quand on vient à comparer toutes ces listes, on voit que la confusion est partout, ainsi que l'arbitraire. La variété des mots recouvre une bien plus grande divergence d'idées et d'opinions. N'importe, dans sa phase ascendante la Phrénologie se propage avec rapidité dans le Vieux et le Nouveau Monde. Les adeptes se multiplient; des chaires s'élèvent, des sociétés se fondent, des journaux la propagent. L'Angleterre, la France, l'Allemagne, les États-Unis se couvrent de sociétés phrénologiques. Elle pénètre dans les Académies, comme elle envahit les salons. L'École, arrivée à son apogée, décline ensuite peu à peu; les savants l'abandonnent, d'autres lui portent des coups mortels; elle tombe enfin pour ne plus se relever. C'est l'histoire de toutes ces erreurs qui, par leur nouveauté et leur côté spécieux, trompent et séduisent un instant le public, puis passent comme des météores. — Presque tout ce qu'il y a de vrai dans la phrénologie était connu avant elle et lui survit. Le seul service qu'elle ait rendu, c'est, comme pour l'alchimie et l'astrologie, d'avoir provoqué des travaux sérieux sur l'anatomie et la physiologie du cerveau, sur les races et les variétés de l'espèce humaine. Quant à la doctrine phrénologique proprement dite, voici, comme dernière conclusion, le jugement qu'en porte un des plus grands phrénologistes du siècle, Müller : « On ne peut s'empêcher, dit-il, de repousser du sanctuaire de la science ce tissu d'assertions arbitraires qui ne reposent sur aucun fondement réel. » — V. Flourens, *Examen de la Phrénologie,* 2° édit., Paris, 1845, in-12, écrit très-court, mais capital; Lélut, *Qu'est-ce que la Phrénologie?* Paris, 1836, in-8°; *Du poids du cerveau dans ses rapports avec le développement de l'intelligence,* 1837, in-8°; *Examen comparatif de la longueur et de la largeur du crâne chez les voleurs homicides,* dans le *Journal universel de médecine,* 1831; *De l'Organe phrénologique de la destruction chez les animaux,* 1836, in-8°; *De la Phrénologie : son histoire, ses systèmes et sa condamnation,* 1858, in-8°.   B—D.

PHRYGIEN (Mode), un des modes de la musique des anciens Grecs, intermédiaire entre le mode lydien et le mode dorien. Le caractère en était fier et impétueux, et il convenait aux combats. Le satyre Marsyas en fut, dit-on, l'inventeur.

PHYLACTÈRE (du grec *phulassô,* je garde, je conserve), nom donné : 1° aux espèces d'amulettes ou de préservatifs que portaient les Anciens pour se garantir des accidents; 2° aux bandes de peau ou de parchemin sur lesquelles les Hébreux écrivaient des passages du Décalogue, et qu'ils enroulaient à leurs bras ou sur leur tiens; 3° aux châsses dans lesquelles les premiers chrétiens conservaient des reliques; 4° aux banderoles accompagnées d'une inscription que tiennent divers personnages dans certaines peintures ou sculptures du moyen âge.

PHYSHARMONICA, instrument de musique à touches, inventé en 1821 par Ant. Hæckel, de Vienne, et dans lequel les sons sont produits par des languettes de métal que fait vibrer le vent amassé au moyen d'une pédale. Un brevet de perfectionnement et d'importation en France fut pris en 1829 par Grucker et Schott, de Strasbourg.

PHYSICO-THÉOLOGIE. *V.* ÉTHICO-THÉOLOGIE.

PHYSIOCRATES. *V.* ce mot dans notre *Dictionnaire de Biographie et d'Histoire.*

PHYSIOGNOMONIE (du grec *phusis,* nature, caractère, et *gnômôn,* indicateur), art de connaître la nature d'un homme d'après sa *physionomie,* c.-à-d. d'après les traits du visage, l'attitude du corps, la démarche, etc. Aristote est le premier qui ait exprimé quelques vues systématiques sur l'interprétation des traits de la figure : il supposait que les hommes dont la physionomie offrait quelque rapport avec les traits de certains animaux avaient des inclinations et des habitudes analogues à celles de ces animaux. De là est sorti le système physiognomonique de J.-B. Porta, *De humanâ physiognomicâ,* Naples, 1586. Le peintre Lebrun a laissé une série d'esquisses qui montrent aussi le rapport de la figure humaine avec celle de divers animaux. D'autres ont mesuré le degré de l'intelligence par l'ouverture de l'angle facial : c'est, en particulier, le système de Camper. La physiognomonie, trouvant un complément ou un auxiliaire dans la phrénologie, eut une vogue nouvelle à la fin du XVIII° siècle, lorsque Lavater eut publié ses *Essais physiognomoniques,* 1775-1778. L'expression de la figure, les mouvements corporels, le ton de la voix, la texture de la fibre, la coloration du teint, la nature des cheveux, telles sont les bases des jugements physiognomoniques. *V.* CARACTÈRE, PHRÉNOLOGIE.

PHYSIONOTRACE, instrument à l'aide duquel on dessinait mécaniquement des portraits sur nature. Il fut inventé à Paris en 1788 par Chrétien et Quenedey.

PHYSIONOTYPE, instrument inventé à Paris par Sauvage, en 1835, et à l'aide duquel on prend une empreinte. C'est une plaque métallique percée de petits trous très-rapprochés, dans lesquels passent des tiges mobiles et à pointe mousse : quand on l'applique sur un objet, les tiges cèdent à la pression des diverses parties de cet objet, de manière à en offrir le moule en creux. Les tiges ayant été fixées, ce moule transmet l'empreinte au plâtre, au stuc, au carton, à la porcelaine ou au bronze. On essaya de se servir de cet instrument pour faire des portraits sur les personnes vivantes; mais les tiges, pressées par le visage, y produisaient une sorte de petit chatouillement qui le faisait contracter plus ou moins légèrement, et les portraits sortis de ce type n'avaient pas la physionomie naturelle du modèle.

PI, instrument de musique des Siamois. C'est une espèce de chalumeau dont le son est fort aigu.

PIANO, instrument de musique à cordes et à clavier, qui a succédé au clavecin (*V. ce mot*). Ce n'est pas, comme on l'a dit, un clavecin perfectionné; car, dans le clavecin, les cordes étaient pincées par un appareil mécanique, tandis que dans le piano elles sont frappées. Cet instrument est donc plutôt un tympanon perfectionné (*V.* TYMPANON). Le clavier se compose de touches blanches en ivoire pour les tons naturels de l'échelle musicale, et de touches noires en ébène pour les notes dièsées ou bémolisées. L'extrémité de chaque touche met en jeu un marteau de bois garni de peau, qui frappe sur une corde métallique, ou mieux sur deux et trois cordes mises à l'unisson. Les cordes sont fixées à l'aide de chevilles sur un sommier, pièce de bois sur laquelle passent les cordes, et qui lui-même supporte une *table* pour augmenter le volume du son. Afin que les vibrations des cordes ne produisent pas, en se prolongeant, la confusion dans les sons, des *étouffoirs* ou pièces de bois garnies de drap retombent sur les cordes quand les doigts de l'exécutant abandonnent les touches. À l'aide de *pédales,* on peut à volonté augmenter ou diminuer le volume du son. C'est cette facilité de jouer *doucement* ou *fort* (en italien *piano* ou *forte*) qui, dans l'origine, fit donner à l'instrument le nom de *piano-forte* ou *forte-piano.* Tout le mécanisme de l'instrument est enfermé dans une *caisse,* de forme et de dimensions variables. On nomme *Piano carré,* celui dont la caisse est rectangulaire, portée sur quatre pieds, et la table horizontale; *Piano à queue,* celui dont la caisse est en forme de harpe couchée horizontalement, et portée sur trois pieds; *Piano droit,* celui dont les cordes ont la position diagonale. Le piano carré n'a d'autre avantage que sa disposition symétrique, qui lui permet de figurer avantageusement dans un salon. Le piano à queue est celui que l'on doit préférer : les dimensions de la caisse, le volume, la longueur et l'écartement des cordes, permettent d'obtenir des vibrations plus fortes et plus prolongées; les basses acquièrent une puissance exceptionnelle; il est possible d'exécuter des mélodies larges et d'un beau style, tandis que de petits pianos ont moins de son à cause du peu d'étendue de leurs cordes. On est arrivé cependant à fabriquer des pianos droits, qui semblent ne le céder guère aux pianos à queue. L'étendue du piano, qui avait été d'abord de 4 octaves, a été portée jusqu'à 7, et leur clavier a, par conséquent, 86 touches. On accorde les pianos par tempérament (V. ce mot); divers mécanismes ont été inventés pour faciliter cette opération (V. Accordeur, Chromamètre). — Le piano a obtenu de bonne heure un très-grand succès, car il donnait des moyens d'expression de la pensée jusqu'alors inconnus dans les instruments à clavier. Cette vogue s'est maintenue, et l'on ne vend de 25,000 pianos *chaque année* en France seulement. Le piano a pénétré partout, et chez les personnes de toute condition; dans les salons il a l'immense avantage de former à lui seul une harmonie complète; il est pour le compositeur une ressource précieuse, pour le chanteur un incomparable soutien. Enfin le piano est de tous les instruments celui qui a le plus *contribué* à répandre le goût de la musique et à en faciliter l'étude.

On a longtemps attribué l'invention du piano à Godefroi Silbermann, facteur d'orgues à Freyberg (Saxe), qui fabriqua son premier modèle vers 1740. Mais, dès 1716, Marius, facteur à Paris, avait inventé un *clavecin à maillets;* on cite également le *clavecin à marteaux (cembalo martelato)* fabriqué en 1718 par Cristofori de Padoue. Amédée Schrœter, organiste de Nordhausen, fit un instrument du même genre, en 1721; ce fut lui qui imagina de le désigner par le nom de *piano-forte.* Ces divers essais ne paraissent pas avoir été très-heureux, pas plus que ceux de Verbès et de L'Épine, car les clavecinistes n'abandonnèrent pas leur instrument. Un facteur d'Augsbourg, Jean-André Stein, fabriqua les premiers pianos à queue. Sébastien Érard et son frère vinrent de Strasbourg s'établir à Paris, vers 1775, et livrèrent au commerce des pianos carrés à deux cordes à 5 octaves; ils substituèrent des pédales aux registres dont les facteurs précédents s'étaient servis pour modifier la force et la qualité du son. Le mécanisme du piano était alors fort simple : un pilote attaché verticalement à la touche poussait à la corde un marteau court et léger, suspendu par une charnière en peau, et guidé par une tige mince qui passait par son centre. Ce système avait l'inconvénient de tenir le marteau près de la corde quand on appuyait trop fort. Aussi, après que les facteurs anglais et allemands eurent fabriqué, vers 1790, les premiers pianos à trois cordes, Érard, qui adopta cette innovation, s'empressa-t-il de chercher un nouveau mécanisme, au moyen duquel on pût obtenir une plus grande intensité de son. Le pilote, au lieu de pousser *directement* le marteau à la corde, rencontra un faux marteau suspendu par une charnière en peau, et portant un double pilote qui agissait sur le marteau *véritable* à la manière du pilote simple; l'inclinaison du faux marteau étant calculée pour que, sous l'action du pilote de la touche, il pût retomber d'une ligne et demie, laisser le même jeu au marteau *véritable,* et conséquemment donner plus de liberté aux vibrations de la corde. Mais ce résultat, tout avantageux qu'il fût, n'était obtenu qu'au prix de frottements et de ballottements multipliés des marteaux vrais et faux. Stein les évita en imaginant le système d'*échappement simple,* qui a conservé le nom de *mécanisme allemand,* dont on se sert encore beaucoup en Allemagne. Ce système se propagea en Angleterre, où les facteurs Stumpfz et Tomkinson donnèrent aux marteaux une course plus longue, afin d'obtenir plus de force dans la production du son. Désormais les pianistes purent se faire une mélodie plus chantante; Clementi, Cramer et Dussek se mirent à la tête de cette révolution.

De son côté, Érard trouvait un mécanisme à échappement plus compliqué, mais plus précis que celui de Stein, et obtenait encore plus de son. Mais, dans l'un comme dans l'autre, l'enfoncement de la touche avait grandi proportionnellement à la longueur du levier, ce qui exigeait plus d'énergie dans l'attaque du clavier, par suite plus de lourdeur et de lenteur dans le jeu. La France préféra le mécanisme à pilote sans échappement, à cause de la facilité du clavier; l'Angleterre, comme l'Allemagne, adopta

le mécanisme à échappement, et le système d'Érard, appliqué par Broadwood et les autres facteurs, reçut même le nom de *mécanisme anglais.* En 1808, Érard fit le premier piano avec clavier en saillie, qui laissait voir les mains de l'exécutant, au lieu de les enfermer dans une caisse selon l'ancien modèle; tous les facteurs s'approprièrent aussitôt cette forme. Dans le même instrument Érard était parvenu, au moyen d'un levier intermédiaire placé entre la touche et la bascule qui faisait agir le marteau, à éviter un trop grand enfoncement de la touche sans rien perdre de la force du mécanisme à échappement : mais on s'aperçut qu'après avoir servi quelque temps, le mécanisme, par suite d'un certain ballottement, mêlait au son des cordes un bruit désagréable.

Vers 1809, deux facteurs de Paris, Petzold et Pfeiffer, en prolongeant la table d'harmonie sur toute la longueur du piano et en se servant de cordes plus grosses, obtinrent des sons plus intenses. Cette innovation augmenta le tirage des cordes, et l'on s'aperçut que la caisse du piano fléchissait : Érard y remédia par un double barrage en fer en dessus et en dessous. Ce fut encore Érard qui inventa, en 1823, le système d'*échappement double,* une des merveilles de la facture du piano. Dans les anciens systèmes, aussitôt que l'échappement a fait son effet, le marteau retombe, et le doigt ne peut le relever qu'après avoir quitté la touche pour la frapper de nouveau : par le nouveau mécanisme d'Érard, l'abaissement du marteau, après qu'il a frappé la corde, est proportionnel au degré d'enfoncement où le doigt maintient la touche, et, quel que soit cet enfoncement, il est toujours possible de faire frapper de nouveau le marteau sans relever absolument le doigt; de sorte que le pianiste peut donner au son tel degré d'intensité qu'il juge convenable, et répéter la note sans quitter la touche.

De nouveaux progrès dans la fabrication du piano furent encore obtenus par Henri Pape. Jusque-là, dans les pianos carrés et les pianos à queue, les cordes étaient frappées en dessous par les marteaux, et, pour laisser un passage aux marteaux, les facteurs étaient contraints à séparer la table d'harmonie du sommier des chevilles par un intervalle plus ou moins considérable. On ne pouvait douter qu'en frappant les cordes dans le plan de la table au lieu de les soulever de leurs points d'appui par la percussion, on obtiendrait des sons plus purs. Cette idée donna d'abord naissance aux pianos verticaux; puis, Streicher, facteur à Vienne en Autriche, fit profiter de l'avantage qu'on obtenait les pianos à queue, en établissant le mécanisme des marteaux au-dessus des cordes, ce qui permit d'appuyer la table sur le sommier. Seulement son moyen rendit le clavier plus lourd, plus difficile à manier. Pape trouva, pour l'application du même principe, un procédé meilleur, un mécanisme aussi prompt à articuler que l'ancien système d'échappement. Le problème du mécanisme en dessus fut complétement résolu, et les pianos à queue, plus tard les pianos carrés, donnèrent des sons aussi purs et aussi moelleux que ceux des pianos verticaux, sans rien perdre de la force qui manque à ceux-ci. — Un premier succès conduisit Pape à un second : la fatigue occasionnée à l'instrument par le tirage des cordes, et à laquelle on avait obvié par les barrages en fer, résultait de ce que le tirage agissait sur la partie supérieure de la caisse et loin de son point de résistance, qui est auprès du fond : la place nécessaire au mécanisme des marteaux en dessous empêche d'établir ailleurs ce tirage. Avec le mécanisme en dessus, la table d'harmonie put être descendue dans l'intérieur de la caisse autant qu'il le nécessaire pour assurer la solidité; le tirage, étant très-près du fond, put diminué; on put alors supprimer les barrages qui rendaient les instruments fort pesants, et même percer à jour le fond, afin de faciliter la propagation des vibrations au dehors.

Nous avons dit que le mécanisme anglais avait été d'abord repoussé en France, parce qu'il exigeait chez le pianiste une trop grande énergie des doigts; Camille Pleyel entreprit de le mettre en vogue. Il a su, en effet, par le perfectionnement dans l'exécution du mécanisme, donner au clavier toute la sensibilité désirable. Il introduisit aussi le sommier prolongé en fer, qu'il substitua à l'ancienne disposition du sommier ordinaire, comme Clementi l'avait déjà fait à Londres; à l'exemple de Broadwood, il plaça, dans les pianos carrés, les chevilles sur le sommier des étouffoirs; enfin, il imagina de faire en placage les tables d'harmonie. Il a été *moins heureux* en portant l'étendue du piano à 7 octaves; on n'obtient ainsi à l'aigu que des sons maigres, à peine appréciables à l'oreille, et d'un autre timbre que celui de l'instrument.

Le *piano droit* ayant, par sa forme, le plus contribué à populariser l'instrument et à le rendre pour ainsi dire universel, nous allons en donner l'historique. Lorsque le *piano à queue*, qui est le véritable piano, parce qu'il a la forme naturelle de ce genre d'instrument, et le *piano carré* eurent complétement réussi, on reconnut qu'ils étaient toujours plus ou moins encombrants pour une foule de personnes, qui se trouvaient forcées de s'en priver. On eut alors l'idée, en Allemagne et en Angleterre, de fabriquer ce qu'on appela des *pianos verticaux* ou *de cabinet*. C'était le piano carré mis debout, avec un changement dans la position du clavier. Ces hauts pianos ne pouvaient être placés que contre un mur, comme des armoires, de sorte que l'exécutant tournait le dos à son auditoire. Les facteurs cherchèrent à diminuer cet inconvénient un peu maussade en diminuant la hauteur du piano, de manière que celui qui le jouait pût voir pardessus, et alors, tournant son instrument, se trouver face à face avec les auditeurs et les auditrices qu'il charmait de ses mélodies. Mais cette réforme, inspirée par la plus civile des politesses, ne se fit qu'aux dépens de l'harmonie, car en s'abaissant le piano perdit beaucoup de sa sonorité et de son agrément, ses cordes ayant été raccourcies de toute la hauteur retranchée à l'instrument. Néanmoins, les pianos verticaux parurent si commodes, que l'on continua d'en faire, et l'on passait sur leur imperfection obligée.

Cependant un facteur français, M. Roller, pensa que cette imperfection n'était pas incorrigible; il imagina de tendre les cordes diagonalement dans une caisse verticale, et par cette simple combinaison il obtint 21 là où l'on n'avait que 15; en outre, il espaça les cordes beaucoup plus que dans les pianos carrés; au fond plein il substitua un fond en barrage, placé dans la direction des cordes, de sorte que le son trouvait une facile issue; enfin il perfectionna l'ancien mécanisme, et l'exécutant obtint sans peine les effets les plus variés, depuis les tons les plus énergiques jusqu'aux nuances les plus délicates. Ce fut en 1826 que Roller livra au public son premier *piano droit* (nom qu'il lui donna). Cet instrument ne mesurait guère plus de 1 mètre de hauteur, 1ᵐ,50 de longueur et 0ᵐ,45 d'épaisseur, y compris la saillie du clavier. Par la puissance et la qualité des sons, il égalait les meilleurs pianos carrés. Présenté à l'Exposition de l'industrie française de 1827, on l'accueillit froidement; mais admis à l'Exposition de 1834, il y remporta une médaille d'or. Dès ce moment tous les facteurs fabriquèrent des pianos droits, et peu d'années après le piano carré avait disparu non-seulement en France, mais encore à l'étranger. — Le piano Roller a fait aussi une révolution commerciale : approprié à l'exiguïté de la plupart des appartements du Paris moderne, il put trouver sa place partout, ce qui n'avait pas lieu avec le piano carré. V. PIANO, dans le *Supplément*.

Outre les facteurs déjà cités, on peut mentionner : en France, Freudenthaler, Lemme, Dietz, Klepfer, Boisselot, Herz, Kriegelstein ; en Angleterre, Stoddart, Collard ; en Allemagne, Schatz, Brodmann, Zeitter, Wornum, Mathias Muller, Graf, etc.

Les plus célèbres pianistes ont été, dans notre siècle : Moschelès, Ries, Pixis, Czerny, Hummel, Dühler, Listz, Thalberg, Chopin, Pradher, Kalkbrenner, Zimmermann, Prudent, Dreyschock, Goria, Ravina, Herz, Mᵐᵉ Pleyel, Mᵐᵉ Tardieu (de Malleville), Ritter, Diémer, Rubinstein.

Il existe un nombre considérable de méthodes de piano. Les plus importantes sont celles de Ch.-Ph.-Em. Bach (1753), Marpurg, Dussek, Clementi, Steibelt, Cramer, Hummel, Czerny, Adam, Lemoine, Zimmermann, Rieger, Kalkbrenner. Montal a publié l'*Art d'accorder son piano soi-même*, 1836, in-8°.

Des inventions plus ou moins ingénieuses ont eu leur principe dans le succès du piano : dès 1780, un Allemand nommé Beyer fit un piano à cordes de verre, d'une excessive fragilité ; en 1781, Germans construisit un piano qui avait 21 touches par octave (7 pour les sons naturels, 7 pour les dièses et 7 pour les bémols), système qui rendait l'accord et le doigté d'une difficulté énorme. On attribue à Philippe de Girard un *piano trémolophone*, où le trémolo peut être obtenu sans que le doigt fasse autre chose que d'appuyer sur la touche, et un *piano octaviant*, donnant, au moyen d'un mécanisme mû par une pédale, l'octave de la note que l'on touche. Des instruments de ce dernier genre ont été aussi exécutés par Boisselot en 1834, puis par Blondel. Lenz et Houdard ont produit, vers 1856, un *piano scandé*, qui donne simultanément, dans les diverses parties du clavier, les nuances les plus diverses. Roller a imaginé un *piano transpositeur*, dans lequel chaque tour d'une clef de pendule fait avancer ou reculer d'un demi-ton le mécanisme entier du clavier sous les cordes. A plusieurs reprises, mais sans arriver à un résultat satisfaisant, des *pianos mélographes* ont été tentés, dans lesquels les notes se seraient imprimées par l'action même des touches. Un Anglais, nommé Creed, passe pour avoir fait le premier, en 1747, un essai de ce genre; cette priorité lui a été disputée par Ungher, conseiller de justice à Brunswick. Un moine appelé Engramelle exécuta, dit-on, vers 1770, une machine à écrire la musique; la description qu'on en a faite est fort obscure. Un piano mélographe a été présenté en 1827 à l'Institut de France par Carreyre.   B.

PIANO ÉOLIQUE, instrument de musique inventé par Kieselstein et Schwartz, de Nuremberg, et qui ne se distingue du Physharmonica (*V. ce mot*) que parce qu'il a 6 octaves et des sons plus forts.

PIANOTYPE, machine de composition typographique, inventée par Delcambre et Young. Elle se compose d'un clavier et d'autant de réservoirs qu'il y a de caractères dans une casse d'imprimerie ordinaire. Les touches du clavier sont marquées de la lettre ou du signe auquel elles correspondent : quand on les touche, les caractères s'échappent des réservoirs, et glissent sur un plan incliné pour venir se ranger dans un long composteur. Celui-ci aboutit à l'appareil de justification, où la composition produite est arrangée en lignes, puis en pages. A cette machine est annexée une machine à distribuer, dans laquelle les caractères vont se ranger par sortes dans des réservoirs qui, une fois remplis, sont détachés et superposés à ceux du pianotype. Le pianotype fut admis aux Expositions de l'industrie à Paris, en 1844 et 1849. Il abrège le temps, et réduit le prix de la main-d'œuvre; mais la machine est d'un prix élevé, et les frais de correction sont considérablement augmentés.

PIASTRE, monnaie. V. notre *Dictionnaire de Biographie et d'Histoire*.

PIATTI, nom italien des cymbales.

PIBLE, en termes de Marine, mât d'un seul morceau, dans lequel il n'y a, par conséquent, ni hune, ni barre de perroquet, mais seulement des noix carrées, pour arrêter le capelage des haubans.

PIC, terme du jeu de piquet. V. PIQUET.

PICADOR, c.-à-d. en espagnol *piqueur*, cavalier qui attaque avec la pique le taureau après le toréador et avant le matador.

PICAILLON. V. notre *Dictionnaire de Biographie et d'Histoire*.

PICARD (Idiome). La langue celtique en usage, avant la conquête romaine, dans la contrée qu'on appelle Picardie vers le XIIᵉ ou le XIIIᵉ siècle, y reçut l'empreinte de la langue des vainqueurs moins profondément qu'au midi de la Gaule, soit par l'influence du climat, qui rendait l'oreille des habitants moins sensible et leurs organes vocaux moins souples, soit à cause de la permanence des relations commerciales avec les peuples de la Grande-Bretagne. Du mélange des idiomes celtique et latin sortit une langue dite *rustique* (*rustica, ruralis*), où l'élément celtique fut toujours dominant, et où le latin subissait de profondes altérations. Le tudesque, apporté par les Francs au Vᵉ siècle, et parlé auprès de leurs rois de la première race qui avaient fait de Soissons une de leurs capitales, ne put la détrôner : elle lui survécut, non toutefois sans avoir gardé de son contact des traces sensibles. Les incursions des Normands l'obligèrent aussi de s'assimiler beaucoup de mots des langues septentrionales, mais dans une moindre proportion. La langue rustique, modifiée par le temps non moins que par les influences étrangères, donna naissance au *wallon* (V. ce mot) et au *picard*. La marque de ces influences se retrouve plus particulièrement dans les noms de lieux ; ainsi, les noms suivants sont celtiques : *Barly*, de *bar-ly*, bois clos ; *Brouchy*, de *bruch*, marécage ; *Calais*, de *caleh*, hàvre ; *Isques*, de *isc*, lieu bas ; *Upen*, de *upen*, tertre, etc. D'autres sont tudesques, comme : *Bourg*, de *burg*, lieu fortifié ; *Hem* ou *Ham*, de *hem*, habitation, hameau, village ; *Hallu*, de *hall*, buisson ; *Harn*, de *hern*, terre inculte ; *Wingles*, de *winkel*, lieu écarté, etc. Les origines latines sont fort nombreuses : *Abbeville* (*abbatis villa*), *Avesne* (*avesna*), *Castelet* (*castellum*), *Estrées* (*strata*), *Locdieu* (*locus Dei*), *Vic-sur-Aisne* (*vicus*), etc. Quelques noms tels que *Agrona*, *Leuconaus*, *Maya*, ont, dit-on, une origine grecque, souvenir d'une colonie massilienne établie près de l'embouchure de la Somme pour le trafic de l'étain.

Le picard, un des grands dialectes de la *langue d'oïl*

(*V. ce mot*), fut parlé dans l'Amiénois, le Ponthieu, le Boulonais, le Vimeu, le Santerre, le Vermandois, la Thiérache, le Pays-reconquis, le Tournaisis, l'Artois, le Valois, le Laonnais, le pays de Senlis et de Soissons. Dès le XIIe siècle, il se distingue par sa tendance à syncoper les mots, par la permutation du *c* doux en *ch*, et du *ch* français en *k* (*chés kemins*, ces chemins), et par une prononciation pleine, lourde et sonore. Ses formes dominantes sont les diphthongues *eu* et *oi* (prononcé *oè*, *ouai*, comme actuellement); son voisin le normand avait, au contraire, un caractère de sécheresse et de maigreur, parce qu'aux formes mouillées picardes il substituait des voyelles simples, usage qui prévalut définitivement au XVIIe siècle (*V.* NORMAND). Le picard ancien est riche en écrits de tous genres, tels que poëmes, romans, lais, fabliaux, contes, chants guerriers, chansons, coutumiers, cartulaires, etc. On a prétendu que le célèbre roman d'*Amadis* (*V. ce mot*) primitivement publié en espagnol n'était que la traduction libre d'un manuscrit en dialecte picard, que Lacurne de Sainte-Palaye dit exister au Vatican. La Bibliothèque impériale de Paris possède un autre manuscrit intitulé *le Renart futur*, dont l'auteur est Gobelin d'Amiens, une suite du fameux roman du *Renart* (*V. ce mot*). Outre ces productions utiles pour l'étude des mœurs et l'histoire de notre langue, la Picardie a fourni, plus qu'aucune autre province, des proverbes, des dictons historiques, héraldiques et commerciaux, relatifs à chaque localité. Les Picards ont aussi excellé dans les *rébus* (*V. ce mot*). au point qu'on a baptisé de leur nom ce bizarre jeu d'esprit, et qu'on a dit les *rébus de Picardie* : il existe à la Bibliothèque impériale de Paris deux recueils qui portent ce titre, et qui datent de la fin du XVe siècle.

Le picard moderne, c.-à-d. le patois qui représente les débris de l'ancienne langue picarde avec les modifications apportées par le temps, est parlé dans les départements de la Somme et du Pas-de-Calais, et dans une grande partie de l'Oise et de l'Aisne. La prononciation, l'accent, l'emploi des mots, varient souvent d'un village à l'autre, quelquefois, dans une même ville, d'un faubourg à l'autre, comme à Amiens. Ces variétés de langage se dessinent plus fortement en raison de l'éloignement des lieux : ainsi, le vocabulaire du Boulonais n'est pas le même que celui de l'Amiénois; le langage du Ponthieu s'éloigne beaucoup de celui du Vermandois. Les dégradations du picard sont surtout sensibles vers les limites de la province, où il se mêle avec les idiomes voisins : ainsi, l'artésien se combine avec le rouchi et le wallon; la partie orientale du Valois subit l'influence du champenois; le patois de Beauvais et de Senlis transige avec le français de l'Ile-de-France. Souvent, dans un même village, on emploie plusieurs synonymes pour rendre la même idée : dans le département de la Somme, l'action de « battre, » de « donner des coups, » est exprimée par une quarantaine de mots différents, dont quelques-uns, *exterminer*, *giffler*, donner *une giroflée à cinq feuilles*, *une pile*, *une roulée*, ont cours partout depuis longtemps dans le langage populaire. On remarque pour certains mots la même analogie de composition que dans le grec et l'allemand : ainsi le verbe *fiker* (ficher, mettre) compte un grand nombre de composés, entre autres : *affiker* (asséner), *cornifiker* (donner un coup de corne), *infiker* (ficher dans), *surfiker* (ficher sur), etc. Le picard est prodigue de comparaisons. qui pour la plupart ont été adoptées dans le français familier, telles que : *alerte comme ein cat* (alerte comme un chat,), *amer comme d'el suie* (amer comme de la suie), *rouche comme ein co* (rouge comme un coq), etc. Il admet aussi un grand nombre de mots enfantins, qui sont fournis par la répétition d'un monosyllabe, tels que : *mamache* (fromage), *mimine* (chat), *nounou* (genou), *pipique* (épingle), *tutures* (confitures), etc. Il est pauvre, et à ce point de commun avec d'autres patois, quand il s'agit d'exprimer des idées qui sortent de l'ordre matériel : ainsi, il n'a aucun mot spécial pour traduire « fantaisie, fécondité, perfection, tendresse, » etc. Il a du nombre, de l'harmonie, de l'énergie, mais les mots poétiques lui font défaut. Les sujets badins, enjoués, et où la raillerie domine, sont, par conséquent, les seuls qu'il soit propre à traiter; ce sont aussi à peu près les seuls qui composent sa littérature.

Les écrits en pur patois picard depuis la déchéance des dialectes provinciaux sont moins nombreux et moins importants que ceux qui ont contribué à former et à enrichir la langue française pendant le moyen âge : ils consistent en chansons et autres pièces de circonstance, soit imprimées, soit manuscrites, et dont les plus anciennes ne remontent pas au delà de 1640. Les plus remarquables ont été réunies dans un ouvrage intitulé : *Recueil de poésies, sermons et discours picards*, Abbeville, an VI, in-12 ; c'est là que se trouve l'édition la moins rare de la *Satyre d'un curé picard sur les vérités du temps*, par le R. P***, jésuite, publiée pour la première fois en 1750. Un autre recueil : *Pièces récréatives, ou le Patois picard*, 1823, in-18, souvent réimprimé à Amiens et à Beauvais, contient : 1° Dialogue curieux et intéressant entre deux Picards concernant la cathédrale d'Amiens; 2° Sermon de messire Grégoire sur ce texte : *Reddite quæ sunt Cæsaris Cæsari;* 3° Dialogue entre deux patriens et un médecin. Le sermon doit être du XVIIIe siècle, car messire Grégoire se plaint de ce qu'on ne lui paye pas la dîme, et de ce que les femmes vont à l'église avec des masques de velours; mais le texte primitif a dû être altéré, et on y a fait des additions dans les éditions modernes, où figurent les noms de Mirabeau et de La Fayette. A partir de 1830, les éditeurs picards ne se sont plus bornés à des réimpressions ; ils mettent au jour des productions nouvelles, inspirées par les événements contemporains ; ainsi , les *Anciennes et nouvelles Lettres picardes*, par Pierre-Louis Gosseu, paysan de Vermand (St-Quentin, 1847, in-8°), dictées par un esprit incisif et mordant, ont pour sujets principaux la réforme électorale, les lois de dotation, la prison de Ham, les fêtes de Juillet, l'opéra de *la Juive*, la loi sur la chasse, le droit de visite, l'indemnité Pritchard, les élections, etc. Le journal *l'Abbevillois* a publié, après la révolution de Février 1848, une série de *Lettres picardes, par Jacques Croedur et Jean Pronieux*, qui roulent principalement sur les faits politiques accomplis depuis l'établissement de la République : elles se distinguent, comme les précédentes, par leur verve malicieuse. On trouve enfin chaque année, dans les almanachs édités en Picardie, des dialogues et des chansons en patois picard. — *V. Mémoire sur l'origine des patois picards*, par Grég. d'Essigny, Péronne, 1811 ; *Glossaire étymologique et comparatif du patois picard ancien et moderne*, par l'abbé Jules Corblet, Amiens, 1851, in-8°; *Des Variations du langage français depuis le XIIe siècle*, par F. Génin, Paris, 1845, in-8°; *Histoire littéraire et philologique, et bibliographie des patois*, par Pierquin de Gembloux, Paris, 1841, in-8°; *Ancien coutumier inédit de Picardie*, en dialecte picard du XIVe siècle, publié par Marnier, Paris, 1840, in-8°; *Recherches sur les formes grammaticales de la langue française et de ses dialectes au XIIIe siècle*, par G. Fallot, in-8°, Paris, 1849.   P.—s.

PICARESQUE (Genre). *V.* page 832, col. 2.

PICCOLO. *V.* FLUTE (Petite).

PICCOLO, terme du jeu de boston (*V. ce mot*).

PICHIER, vieux mot désignant un pot à eau et à vin.

PICK-POCKET, c.-à-d. en anglais *pique-poche*, nom qu'on donne en Angleterre aux voleurs à la tire.

PICOTEUX, bateau long de 5 mèt. environ, et qui ne peut porter que deux ou trois personnes.

PICTE. *V.* PITE.

PIÈCES, en Procédure, différentes grosses ou actes originaux qui sont les éléments d'un procès. Dans un procès criminel ou correctionnel, on nomme *Pièces de conviction* les objets déposés au greffe et qui sont produits à la charge de l'accusé. La *destruction* volontaire des pièces est punie de la reclusion s'il s'agit d'actes de l'autorité publique, d'effets de commerce ou de banque, et, pour toute autre pièce, d'un emprisonnement de 2 à 5 ans et d'une amende de 100 à 300 fr. (*Code pénal*, art. 439).

PIÈCES, terme de Blason. *V.* BLASON, dans notre *Dictionnaire de Biographie et d'Histoire*.

PIÈCES JUSTIFICATIVES, documents publiés à la fin d'un ouvrage pour appuyer un fait ou une opinion.

PIÈCETTE (diminutif de *pièce*), en espagnol *peseta*, monnaie d'argent d'Espagne, valant 1 fr. 30 c. ; c'est le quart de la piastre. On l'appelle aussi *real de deux*. — A Alger, la piécette est une monnaie de compte valant 0 fr. 47 c.

PIED, dans la versification grecque et latine, désigne la combinaison d'un certain nombre de syllabes de même quantité ou de quantité différente, de manière à former une mesure ; ainsi *sŭb ĕŏs*, *sŭb nŏs*, *hæc nŏvĭ*, *pĕrĭt*, forment autant de pieds. Les pieds les plus usités sont le *dactyle*, le *spondée*, l'*iambe*, le *trochée*, l'*anapeste*, le *tribraque*, le *pyrrhique*, le *procéleusmatique*, etc. (*V. ces mots*). — Dans la versification française, on appelle *Pied* la réunion de deux syllabes; ainsi l'on dit que l'alexandrin a 6 pieds, le décasyllabe 5 pieds, etc.   P.

PIED-DROIT, partie du trumeau, ou du jambage d'une

porte ou d'une fenêtre, qui comprend le bandeau ou chambranle, le tableau, la feuillure, l'embrasure et l'écoinçon.

PIÉDESTAL, base qui supporte une colonne, une statue, un buste, un vase, un candélabre, ou tout autre objet d'art et d'ornement. Un piédestal se compose généralement d'une partie inférieure ou *socle*, ornée de quelques moulures; d'un corps massif qui repose sur le socle et se nomme *dé*; et d'une partie supérieure ou *corniche*, enrichie de moulures saillantes. Le plus souvent on lui donne en hauteur le double de son épaisseur. Le piédestal toscan a pour base une plinthe et un filet, un dé dont la partie inférieure se termine en adoucissement, et pour corniche un talon et un réglet. — Le piédestal dorique a sa base composée d'une plinthe, d'un tore, et d'un filet surmonté d'un cavet; son dé est couronné d'une corniche composée d'un cavet avec son filet au-dessus, d'un larmier surmonté d'un filet, et d'un quart de rond. — Le piédestal ionique a sa base composée d'une plinthe, d'un filet surmonté d'une doucine, au-dessus de laquelle est un autre filet avec son congé; son dé se joint à la corniche par un congé, et un petit filet surmonté d'un astragale, au-dessus duquel est une frise, qui, par un congé, se réunit au filet; celui-ci porte un quart de rond, ensuite un larmier couronné d'un talon avec son filet. — Le piédestal corinthien a une base composée d'une plinthe, d'un tore, d'un filet, d'une gorge et d'un astragale; le dé finit par un adoucissement et un filet; dans la corniche on distingue un astragale, une frise, un filet, puis un autre astragale, un ove, un larmier taillé en demi-creux, et un talon couronné d'un filet. — Le composite est semblable, en proportion, au piédestal corinthien; mais sa corniche est formée d'un filet avec son congé, d'un gros astragale, d'une doucine avec son filet, d'un larmier, et d'un talon avec son filet. — L'architecture chrétienne a donné, comme l'architecture gréco-romaine, des piédestaux aux colonnes; mais ils n'ont pas les mêmes proportions que ceux des ordres classiques. Ils sont souvent formés d'un simple socle à plusieurs pans, et quelquefois de plusieurs dés superposés, réunis les uns aux autres par des glacis. — On nomme, chez les Modernes, *piédestal composé*, celui qui est indifféremment en carré long, en ovale, à pans coupés ou arrondis; *piédestal continu*, celui qui porte une rangée de colonnes sans faire saillie ni retraite; *piédestal double*, celui qui porte deux colonnes accouplées; *piédestal en adoucissement*, celui dont le dé a la forme d'une gorge ou d'une scotie; *piédestal irrégulier*, celui dont les faces ne sont pas d'équerre ou parallèles, et dont les angles ne sont pas droits; *piédestal flanqué*, celui dont les encoignures sont contournées ou ornées de pilastres, de consoles, de figures; *piédestal orné*, celui qui a des moulures taillées d'ornements, et des faces fouillées ou revêtues d'ornements saillants. On distingue aussi les *piédestaux ronds*, *carrés*, *triangulaires*, *en balustre*, *en talus*, etc. V. SOUBASSEMENT, STYLOBATE.
B.

PIÉDOUCHE (de l'italien *peduccio*, petit pied), piédestal de très-petite dimension, qui sert de support à de petits objets. La forme qu'on lui donne le plus ordinairement est celle d'un grand cavet, avec des moulures en haut et en bas; sur une face est un cartel destiné à recevoir une inscription.

PIEDS (Baisement des). V. BAISEMENT.

PIEDS (Lavement des). V. LAVEMENT DES PIEDS, dans notre *Dictionnaire de Biographie et d'Histoire*.

PIÉFORT, étalon monétaire d'un poids quadruple des pièces qu'on doit fabriquer.

PIÉMONTAIS (Dialecte), dialecte mélangé de français et d'italien, avec une prononciation particulière qui contribue à le rendre peu intelligible à quiconque ne connaît que l'italien classique. Dans le vocabulaire, il a de nombreux rapports avec le provençal. Il possède les voyelles *eu* et *u*, les sons *an*, *in*, *on*, *un*, et la consonne *j*, valeurs phonétiques appartenant au français. Il fait un fréquent usage des constractions (*bsogn* pour *bisogno*, etc.).

PIÉMONTAISE (École), école italienne de peinture, qui tient de très-près à celle de Milan. Le plus ancien maître qui la représente est Georges Solari, né à Alexandrie dans le XVIe siècle. On cite ensuite Jacques Rosignoli, Isidore Caracca, Guillaume Caccia, dit le *Moncalvo*, Agnelli, et Tesio.

PIERRE ou **PIERRE CALCAIRE**, nom sous lequel on comprend toutes les variétés de pierres à bâtir, les marbres, le plâtre, etc., qu'on exploite dans des carrières à ciel ouvert ou souterraines. En termes de Construction, on distingue les *pierres de bas* ou *de haut appareil*, suivant qu'elles ont moins ou plus de 0^m,30 d'épaisseur. La pierre dure est celle qui résiste le mieux aux fardeaux et aux injures du temps; il y a cependant de la pierre tendre qui, dégagée de son eau de carrière, devient excellente. La pierre poreuse et coquilleuse ne gèle pas aussi facilement que la pierre pleine, parce qu'elle rejette plus aisément l'humidité dont elle est imprégnée. Les pierres dont la couleur tire sur le noir ou le bleu sont plus dures que les grises, et celles-ci que les blanches ou les rousses. Celles qui ont les couleurs les plus claires sont ordinairement moins fortes et moins pesantes. Les pierres dont le grain est homogène et la texture uniforme sont plus fortes que celles dont le grain est mélangé, quoique ces dernières soient quelquefois plus dures et plus pesantes. Dans les chantiers, on nomme *pierre de taille* toute pierre dure ou tendre qui peut être équarrie ou taillée avec parement, ou même avec architecture, pour la solidité ou la décoration des bâtiments; *pierre fière*, une pierre dure, sèche, difficile à travailler; *pierre franche*, une pierre parfaite en son espèce, qui ne tient ni de la dureté de la roche, ni du tendre du moellon; *pierre gelise verte*, une pierre nouvellement tirée de la carrière et qui n'a pas encore jeté son eau; *pierre pleine*, une pierre dure, qui n'a ni cailloux, ni coquillages, ni trous; *pierre débitée*, celle qui est sciée; *pierre d'échantillon*, un bloc commandé d'une grandeur déterminée aux carrières; *pierre en chantier*, une pierre calée et disposée pour la taille; *pierre essuyée*, une pierre grossièrement équarrie pour être employée dans le garni des gros murs; *pierre faite*, une pierre entièrement taillée et qu'on peut mettre en place. Un ouvrage *à pierre perdue* est celui qu'on élève dans l'eau, en y jetant de gros quartiers de pierre, comme dans les fondations de la plupart des digues. On appelle *pierres sèches* celles qui sont posées l'une sur l'autre, sans être liées par aucun ciment.

PIERRE DE CONSÉCRATION. V. AUTEL.

PIERRE DE LA PAIX. V. PAIX.

PIERRE DE ROME (Église de Saint-). Sous le pontificat de Sylvestre, en 324, une première basilique de Saint-Pierre fut fondée au Vatican par l'empereur Constantin. C'était un vaisseau à 5 nefs, et dont la façade regardait

Ancienne Église de Saint-Pierre de Rome.

l'Orient. Il était précédé d'un cloître appelé *quadriportium*, des 4 portiques qui l'entouraient, et sous lesquels les pénitents et les relaps s'agenouillaient pour implorer les prières des passants. Au milieu de la cour s'élevait un petit temple à jour, sur lequel le pape Symmaque avait fait mettre une pomme de pin colossale, en bronze, provenant du mausolée d'Adrien. En deçà du cloître régnait un grand corps de bâtiment, destiné à l'habitation du chapitre, et surmonté d'un clocher. On arrivait au corps du bâtiment par un vaste perron, coupé en deux par un repos. Sur la place qui le précédait se dressait un grand obélisque antique monolithe (voir la figure ci-dessus). A l'intérieur, l'église était resplendissante de marbres, de nosaïques et de peintures; Anastase le Bibliothécaire s'est complu à énumérer les richesses de toutes sortes qu'on y avait accumulées. L'édifice s'élevait à l'endroit où S¹ Anaclet, 3ᵉ pape, avait établi un modeste oratoire. Il était en forme de croix latine; ses 5 nefs étaient séparées par 96 colonnes de marbre, et il avait 110 mèt. de longueur, 75 de largeur; 74 fenêtres y répandaient la lumière. La porte, au-dessus de laquelle était une statue du Sauveur en argent doré, avait des battants couverts de lames d'argent du poids de 975 livres; un agneau d'argent formait la fontaine des fonts baptismaux; l'un des pupitres du chœur était argent massif; la poutre qui coupait transversalement l'arc triomphal était revêtue de lames d'argent du poids de 1,352 livres. Le maître-autel, précédé de 12 colonnes en marbre blanc qui provenaient, disait-on, du temple de Salomon, était de forme carrée, étincelant d'or, d'argent et de pierreries, et surmonté d'un baldaquin de vermeil, que supportaient 4 colonnes de porphyre. Plus tard, l'empereur Valentinien III y plaça une édicule d'or à 12 portes, rehaussé de bas-reliefs, et S¹ Zacharie un tapis de drap d'or, brodé en perles et en pierreries, et sur lequel on avait représenté la Nativité de Notre-Seigneur. Au-dessous de l'autel était creusée la *confession*, crypte où l'on descendait par un escalier de marbre, et dont de fortes grilles fermaient l'entrée. Elle était éclairée par une ouverture pratiquée dans le pavé du sanctuaire; un autel recouvrait la châsse d'argent de S¹ Pierre, enveloppée elle-même d'une autre châsse en bronze doré, et surmontée d'une croix d'or fin, pesant 150 livres; le pape Léon III l'entoura de grilles d'argent, gardées par des Anges de même métal, fit revêtir de lames d'or tout le pavé, et orna les parois d'une mosaïque représentant Jésus-Christ, S¹ Pierre et S¹ Paul. Ces richesses furent pillées par les Sarrasins sous le pontificat de Sergius II.

La basilique de S¹-Pierre, entretenue et restaurée durant tout le moyen âge, comblée des dons des papes, des souverains et des fidèles, finit par menacer ruine au xvᵉ siècle. La construction d'un nouveau monument fut résolue en 1450 par Nicolas V, et Bernard Rossellini commença les travaux : mais, cinq ans après, tout fut abandonné. Malgré les regrets qu'inspirait la destruction de l'ancien temple, Jules II voulut qu'on se remît à l'œuvre, et, en 1506, on posa la première pierre de la basilique actuelle. Bramante avait conçu la pensée de réunir en un tout l'imitation des grandes voûtes du temple de la Paix (ou mieux Basilique de Constantin) pour les nefs, et du Panthéon d'Agrippa ou sa coupole devant servir de point de centre aux quatre nefs. Les quatre piliers destinés à soutenir la coupole s'élevèrent, et les quatre grands arcs furent cintrés; le plan général était celui d'une croix grecque. Quand Bramante mourut, des tassements et des lézardes se manifestaient. Raphaël, que Léon X chargea de continuer l'œuvre, conçut un plan en croix latine, que Serlio nous a conservé, et qui est bien supérieur à celui que l'on a adopté depuis. Sous la direction de Raphaël, les architectes Giuliano da San-Gallo et Fra Giocondo fortifièrent les piliers, et leur donnèrent une solidité inébranlable. La mort de Raphaël en 1520, les agitations de la Réformation de Luther, les dévastations commises dans Rome par les bandes du connétable de Bourbon, entravèrent les travaux. Puis Balthazar Peruzzi ramena le plan de l'édifice à celui d'une croix grecque. De ses mains, la direction passa dans celles d'Antonio da San-Gallo jusqu'en 1546 : cet architecte reprit le plan de la croix latine, et exécuta un modèle en relief, qui existe encore, complication extrême de clochers, de pyramides, de dispositions architecturales diverses. Vint ensuite Michel-Ange, qui conçut l'idée gigantesque d'élever la coupole à 400 pieds dans les airs. Il ne construisit que le tambour du dôme, et, en mourant (1564), il laissa des plans pour l'achèvement complet de l'édifice en croix grecque. Pirro Ligorio et Vignole lui succédèrent : le pape Pie V dut éloigner le premier, qui voulait changer les plans de Michel-Ange; le second fit les deux coupoles latérales. Jacques della Porta acheva la grande coupole, dont il modifia seulement la courbure extérieure. Michel-Ange, préoccupé de l'unité artistique de son œuvre, avait né-

gligé certaines distributions intérieures réclamées par le service religieux : sous le pontificat de Paul V, on abandonna définitivement la forme de la croix grecque et la façade à colonnes isolées qui devait orner l'entrée de l'édifice, et Carlo Maderno appliqua la façade actuelle à la nef prolongée. Ainsi fut terminé, en 1614, après plus d'un siècle, ce temple immense, que chaque année devait ensuite contribuer à embellir. Suivant le compte fait en 1693 par Charles Fontana, on avait déjà dépensé pour la grosse construction plus de 250 millions de francs. Sans parler des réparations qu'exigèrent bientôt les parties de l'œuvre exécutées par Michel-Ange et Maderno, Vanvitelli dut faire cercler de fer le tambour de la coupole, qu'on avait eu l'imprudence de construire moitié en briques, et moitié en pierre de taille pour la partie extérieure; de là un tassement inégal qui fit craindre un instant que le dôme ne s'écroulât, dont on ne devina pas d'abord la cause, et qui cessa quand il eut été complet, vers le milieu du xviiiᵉ siècle. Enfin, en 1784, Pie VI fit bâtir par Marchioni une vaste sacristie, qui masque une partie du côté sud de l'édifice. Voici les dimensions de la basilique : longueur extérieure, 219 mèt. ; longueur intérieure, 188ᵐ,50; lon-

Église et Place Saint-Pierre de Rome.

gueur du transept, 154ᵐ,60; largeur intérieure de la nef, 27ᵐ,33; hauteur sous voûte, 48 mèt.

La façade de l'église S¹-Pierre s'ouvre à l'Orient sur une très-spacieuse place ovale, toute en colonnades, au milieu de laquelle s'élève un obélisque entre deux belles fontaines en jets d'eau, et qu'enveloppe la colonnade construite en 1666 par le Bernin (*V.* COLONNADE, et la figure ci-dessus). De cette place, par suite du prolongement considérable de la nef d'entrée, le dôme ne produit pas l'effet qu'on en eût reçu si le plan de Michel-Ange avait été respecté, et cet effet devient nul quand on se rapproche de la façade. Le dôme a cependant des proportions colossales; il s'élève à une hauteur de 136 mèt. Imitation hémisphérique de celui de Sᵗᵉ-Marie-des-Fleurs de Florence, qui est octogone, il affecte une forme un peu surhaussée. La division des parties qui le composent est la même : c'est d'abord un soubassement à pans, puis un soubassement circulaire ou tambour avec une corniche d'où s'élève une tour, ornée de 16 contre-forts en forme de pilastres, et de 32 colonnes accouplées par 2 et légèrement engagées; la tour est percée de 16 fenêtres quadrangulaires à frontons alternativement triangulaires et circulaires. Sa circonférence mesure 190 mèt. Cette ordonnance corinthienne est surmontée d'un attique sur lequel porte la coupe convexe du dôme, revêtue de plomb, et offrant la saillie bien prononcée de 16 arêtes. Puis vient une lanterne de 18 mèt. de hauteur, un stylobate de 10 mèt. supportant une boule creuse de 2ᵐ,50 de diamètre, et enfin une croix haute de 5 mèt. — Un escalier en limaçon de 142 degrés en salite (*V. ce mot*) permet de monter sur la plate-forme de l'église par une pente très-douce, que des chevaux peuvent gravir. Là vivent des *San Petrini*, ouvriers organisés en corporation, et chargés de tous les travaux qu'exige la conservation de l'édifice; une fontaine coule perpétuellement au pied du dôme dans un bassin de plomb pour la commodité de ces travaux.

On s'accorde généralement à faire à la façade exécutée par Maderno quelques graves critiques : elle n'a pas le caractère de grandeur qui conviendrait à un tel édifice : par la vulgarité de son ordonnance et la lourdeur de ses proportions , par ses fenêtres multipliées jusque dans l'attique, elle éveille l'idée d'un palais, d'une bourse, plutôt que d'un temple ; elle a aussi le défaut de s'étendre bien au delà de la largeur réelle de l'édifice. On accède à l'entrée par un vaste perron à trois repos, aux angles duquel Pie IX a fait placer deux statues colossales modernes de St Pierre et de St Paul, en remplacement de celles que Mino da Fiesole avait exécutées en 1460, et qu'on a transportées dans la sacristie. La façade a 123 mèt. de largeur et 50 mèt. de hauteur ; elle est formée d'un grand ordre corinthien, dont les colonnes unies ont près de 30 mèt. d'élévation sur 3 mèt. de diamètre, percée de fenêtres, et ornée de statues placées dans des niches ; l'attique est couronné des 13 statues colossales de J.-C. et des Apôtres. Aux extrémités sont deux horloges dessinées par Valadier, et placées sous le pontificat de Pie VI. — On entre par cinq portes dans un magnifique vestibule, régnant dans toute la largeur de la façade ; là sont, à chaque extrémité, les statues équestres de Constantin le Grand par le Bernin, et de Charlemagne par Cornacchini. Au-dessus de la porte du milieu, vis-à-vis de l'entrée principale de la nef, est la Navicella (la nacelle de St Pierre), célèbre mosaïque exécutée en 1298 par Giotto et Cavallini pour l'ancienne basilique, et qui a été refaite en grande partie. Cinq portes communiquent du portique dans l'intérieur de l'église : celle du milieu, en bronze, exécutée sous Eugène IV, en 1440, appartenait à l'ancien édifice ; elle est couverte de bas-reliefs empruntés à l'histoire sainte, avec bordure de sujets mythologiques, et surmontée d'un bas-relief du Bernin. La première porte à droite, dite Porte sainte, ne s'ouvre que dans l'année du jubilé : hors ce temps, elle est murée. Les bénitiers à l'entrée de l'édifice sont deux coquilles de marbre jaune antique, ajustées devant une draperie de marbre bleu turquin, et supportées par des Anges de 2 mèt. de proportion.

Malgré sa perspective grandiose, l'intérieur de St-Pierre de Rome paraît, au premier coup d'œil, moins vaste qu'il ne l'est en réalité : Michel-Ange, ayant affecté partout les proportions les plus colossales, a rempli toute la longueur de la nef, du portique au transept, c.-à-d. plus de 100 mèt., par 3 arcades seulement ; ces 3 arcades, sans contrastes qui saisissent d'abord la vue, rapetissent les espaces. L'effet est encore affaibli par une lumière trop vive pour être religieuse. Il faut un peu de temps pour apprécier l'immensité du vaisseau, qui, dès que l'attention a commencé de le saisir, vous apparaît dans toutes ses énormes proportions, qui n'ont d'égales dans aucun autre temple. La grande nef est séparée des collatéraux par les pieds-droits des arcades ; celles-ci répondent à autant de chapelles. Chaque pied-droit est orné de deux pilastres cannelés d'ordre corinthien, qui ont 2m,66 de largeur et 26 mèt. de hauteur, y compris la base et le chapiteau ; ils soutiennent un entablement de 6 mèt. de hauteur, qui règne tout autour de l'église. Entre les pilastres sont deux rangs de niches, qui renferment les statues de marbre des saints fondateurs d'Ordres, hautes de 5 mèt. Sur l'archivolte des arcades sont deux figures en stuc, de 5 mèt. de haut, représentant des Vertus. Les contre-pilastres qui correspondent sous les arcs sont ornés de deux médaillons, soutenus séparément par deux Anges de marbre blanc, et renfermant les portraits de différents papes ; entre ces médaillons, deux enfants portent les attributs pontificaux : le tout a été sculpté en bas-relief sous la direction du Bernin. En général, les statues colossales des piliers ne sont pas d'un goût pur.—La grande voûte est à plein cintre, et décorée de caissons et de rosaces en stuc doré. Le pavé a été formé de beaux marbres, assemblés sous la direction de Jacques della Porta et du Bernin. Entre ce pavé et celui de l'ancienne basilique conservé, il y a un intervalle de 4 mèt. qui forme souterrain : le Bernin y a dessiné quatre petites chapelles, dont les autels sont ornés de tableaux en mosaïque d'après André Secchi ; on y voit aussi le sarcophage de Junius Bassus, préfet de Rome au IVe siècle, et divers tombeaux, entre autres ceux des papes Adrien IV, Boniface VIII, Nicolas V, Urbain VI, et Pie II, de l'empereur Othon II, du prétendant Charles-Édouard, etc.

La coupole qui s'élève à l'intersection des transepts a 42m,22 de diamètre. Sur les quatre piliers et les grands arcs qui la soutiennent, règne un très-bel entablement, dans la frise duquel sont peintes, en mosaïque, les paroles suivantes du Christ au fondateur de son Église : Tu es Petrus, et super hanc petram œdificabo Ecclesiam meam; et tibi dabo claves regni cœlorum. Dans les pen-

dentifs des arcs, les quatre Évangélistes sont représentés en mosaïque. Le maître-autel, isolé au-dessous de la coupole, est placé sous un énorme baldaquin, exécuté d'après les dessins du Bernin (V. BALDAQUIN), et qui a le défaut de n'être pas en proportion avec le monument, et d'altérer l'unité de la perspective en s'interposant entre la nef et le chœur. Il recouvre l'ancienne Confession de St Pierre, où l'on descend par un double escalier, et qui, décorée par Maderno, entourée d'une balustrade de marbre, constamment éclairée par 121 lampes d'argent renferme, outre le tombeau du premier des Apôtres, celui de Pie VI, avec la statue de ce pontife par Canova. — Au dernier pilier de la grande nef, à droite, on voit une statue en bronze de St Pierre assis, ouvrage du Ve siècle, mais qui n'est pas, comme on l'a dit souvent, une ancienne statue de Jupiter. Au fond de la nef, à 55 mèt. en arrière du maître-autel, se trouve la Tribune : là, sur un autel, est la Chaire de St Pierre, monument de bronze doré soutenu par les statues colossales de St Augustin, St Ambroise, St Athanase, et St Jean Chrysostome, et qui renferme la chaire en bois dont se servirent St Pierre et ses premiers successeurs ; c'est une œuvre du Bernin. Sur les côtés de la Tribune s'élèvent les superbes tombeaux de Paul III et d'Urbain VIII : le premier, exécuté par Guillaume della Porta, offre la statue en bronze du pontife, et les statues en marbre de la Prudence et de la Justice; le second, œuvre du Bernin, présente, avec l'image du pape, les statues de la Justice et de la Charité.

Dans le transept du Sud sont trois autels, avec tableaux en mosaïque, de 8m,50 de haut, sur 5m,25 de large environ, d'après le Guide, Camuccini, et Roncalli. Le transept du Nord contient aussi trois autels, avec tableaux, en mosaïque, d'après Valentin, le Poussin, et Caroselli; on y voit le tombeau de Clément XIII, magnifique ouvrage de Canova. Les bas-côtés ressemblent à des galeries, relativement étroites, séparant la grande nef des chapelles latérales, qui sont, au Sud : 1o la chapelle Clémentine, construite sous Clément VIII, et où se trouve le tombeau de Pie VII par Thorwaldsen ; 2o la chapelle du chœur, où la chapitre célèbre l'office quotidien, et près de laquelle est le tombeau en bronze d'Innocent VIII par Ant. Pollajuolo ; 3o la chapelle de la Présentation, ainsi nommée de son tableau d'autel en mosaïque d'après Fr. Romanelli, et qui contient les tombeaux des Stuarts; 4o la chapelle des Fonts Baptismaux. Au Nord on voit : 1o la chapelle du Crucifix ou de la Pitié, avec un célèbre groupe en marbre de la Vierge tenant le Christ mort sur ses genoux, par Michel-Ange ; 2o la chapelle de St-Sébastien, où sont les tombeaux de Léon XII, de la reine Christine de Suède, d'Innocent XII, et de la grande comtesse Mathilde ; 3o la chapelle du St-Sacrement, contenant un riche tabernacle dessiné par le Bernin, une Trinité peinte à fresque par Pierre de Cortone, une copie en mosaïque de la Descente de croix de Michel-Ange de Caravage, et le tombeau en bronze de Sixte IV par Pollajuolo ; 4o la chapelle de la Vierge ou Grégorienne, bâtie sous Grégoire XIII, et contenant les tombeaux de Benoît XIV et de Grégoire XVI.

En somme, l'église de St-Pierre, malgré ses proportions colossales et sa magnificence , malgré sa riche ornementation, où il entre 748 colonnes, dont 239 de marbres fins, et 389 statues, ne satisfait pas complétement : à sa physionomie vague et indéterminée, à son manque d'unité dans le plan, au mélange de l'art antique et des traditions chrétiennes, on reconnaît qu'elle n'est pas le produit d'une seule pensée directrice. On y sent du désordre et de la contradiction, parce qu'il n'y a pas eu de principe fixe et soutenu dans la construction, pas d'esprit de suite dans les travaux. V. Costaguti, Architettura della basilica di San Petro in Vaticano, Rome, 1674, in-fol. ; Maderni ; dit Lazzari , Architettura della basilica di San Petro in Vaticano, Rome, 1684, in-fol. ; Rossi, Descrizione di Roma antica e moderna, Rome, 1697, 2 vol. in-8° ; Fontana, Recueil des plus belles églises de Rome, 1833, 4 vol. in-fol. ; Valentini, Les quatre principales basiliques de Rome, 1836, in-fol. ; Piranesi , Antiquités romaines, in-fol., etc. B.

PIERREFONDS (Château de), à 16 kilomèt. S.-E. de Compiègne, à l'extrémité orientale de la forêt de ce nom. Construit en 1390 pour Louis d'Orléans, frère de Charles VI, il était à la fois une somptueuse résidence et une forteresse redoutable ; sous Louis XIII, le cardinal de Richelieu le fit démanteler. Les ruines, vendues en 1798 comme propriété nationale pour la somme de 8,000 fr., furent rachetées en 1812, au prix de 5,000 fr., par Napoléon Ier; depuis ce temps, le château appartient à la couronne. Une restauration, *commandée par l'empereur Napoléon III*, a été entreprise de nos jours par M. Viollet-Le-Duc. Le château de Pierrefonds, d'un plan irrégulier, et d'une superfie de 3,276 mèt. carrés, avait 4 faces : la face méridionale était plus étendue que celle du Nord; les trois côtés du Nord, de l'Ouest et de l'Est dominent des escarpements au bas desquels s'étend le bourg de Pierrefonds. Huit tours de 35 mèt. de hauteur le flanquaient, dont une à chaque coin, et une au milieu de chaque côté. L'entrée était au Sud, près de la tour du milieu, dont les murs n'ont pas moins de 4m,60 d'épaisseur. Cette tour se relie au donjon proprement dit, de forme carrée, composé d'un étage de caves, d'un rez-de-chaussée voûté qui devait servir de magasins ou de dépôt de provisions, et de trois étages de salles munies de cheminées. Le donjon lui-même, où habitait le seigneur, avait au N.-E. une tour carrée, qui communiquait par l'un de ses angles avec la tour centrale de l'enceinte orientale, où se trouvait la chapelle. La tour du S.-O. contient des oubliettes. Le corps de bâtiment occidental contenait les salles où se rendait la justice, et sous lesquelles sont pratiquées de vastes caves. Celui du Nord servait au logement de la garnison. V. Viollet-Le-Duc, *Description du château de Pierrefonds*, 2e édit., Paris, 1861, in-8°. B.

PIERRES (Assemblage, — Coupe des). V. Assemblage, Coupe.

Pierres alignées, — branlantes, — couvertes, — debout ou droites, — fichades, fiches, fittes, fixées ou frittes, — lattes, levées. V. Celtiques (Monuments).

Pierres gravées. V. Glyptique.

PIERRIER, mot qui désigna d'abord les canons de fonte à l'aide desquels on lançait des boulets de pierre. On l'applique aujourd'hui : 1° à une espèce de mortier dont on se sert pour la défense des places, et avec lequel on lance des pierres; 2° à un petit canon de bronze, monté sur un pivot à l'avant des navires, et destiné à tirer à mitraille ou à balles.

PIERROT. V. ce mot dans notre *Dictionnaire de Biographie et d'Histoire*.

PIÉTAGE, en termes de Marine, chiffres placés sur l'étambot et sur l'étrave pour connaître le tirant d'eau du navire.

PIÉTÉ, vertu religieuse comprenant tout à la fois le sentiment de respect, de reconnaissance et d'amour qui est dû à la Divinité, les œuvres de repentance et de charité, l'accomplissement des devoirs, et les pratiques extérieures du culte. Les Anciens donnaient aussi le nom de *Piété* à la tendresse des enfants pour leurs parents, aux soins respectueux des enfants envers leurs parents, à l'affection des hommes pour leurs semblables; les Modernes n'ont conservé que l'expression de *piété filiale*.

PIÉTRAILLE, nom de mépris qu'on donnait à l'infanterie pendant le moyen âge.

PIFFERARI, musiciens ambulants d'Italie, ordinairement couverts d'amples manteaux de drap brun, et coiffés d'un chapeau pointu. Ils ont pour instruments des musettes et des *pifferi* (espèces de hautbois). Dans les concerts qu'ils donnent devant les images de la Madone, la musette, secondée d'un grand piffero soufflant la basse, fait une harmonie de deux ou trois notes, sur laquelle un double piffero de moyenne longueur exécute la mélodie; et, au-dessus de tout cela, deux petits pifferi très-courts tremblotent des cadences et brodent des ornements souvent grotesques. Les Pifferari se donnent le nom de *Zampognari* (de *zampognare*, chalumeau). B.

PIFFERO, jeu d'orgue. Ses tuyaux ont le diapason du prestant ; ils sont bouchés au pied, et l'on n'y fait qu'un très-petit trou; sur la même touche, on en place deux qui sont accordés de manière à produire un battement. Ce jeu, qui sert de tremblant et demande à être joué lentement, n'existe que dans les deux octaves supérieures; on le continue plus bas par une flûte douce quand il n'y a qu'un clavier dans l'orgue.

PIGACES, chaussures à pointe recourbée, en usage au moyen âge.

PIGEONNIER. V. Colombier.

PIGEONS. Ces oiseaux doivent être tenus renfermés dans les colombiers aux époques fixées par les coutumes locales; s'ils en sortent, chacun peut les tuer comme gibier, et ceux qui les ont laissés vaguer encourent une amende (*Code pénal*, art. 475, 479). Les pigeons qui, sans avoir été attirés par fraude ou artifice, passent dans un autre colombier, appartiennent au propriétaire de ce dernier.

PIGNÈRE, vieux mot qui désignait un étui renfer-

mant les peignes, rasoirs, ciseaux, miroirs et autres objets de toilette.

PIGNON (du latin *pinna*, sommet), partie supérieure d'un mur qui se termine en pointe, et dont le sommet porte le bout du faîtage d'un comble à deux égouts. Dans certaines villes d'Allemagne et du nord de l'Europe, le pignon des édifices est à redents, c.-à-d. découpé en forme de degrés d'escalier. Le *fronton* et le *gable* (V. ces mots) sont des sortes de pignons. Dans beaucoup de grands édifices du moyen âge, et même quelques-uns de la Renaissance, il y a de beaux pignons sculptés.

pignon, en termes de Blason, fragment de muraille fait en forme de degrés. C'est une figure assez commune en Allemagne.

PIGNORATIF (du latin *pignus*, gage), se disait autrefois d'un contrat qui avait pour objet de cacher la mise en gage d'un immeuble sous la forme d'une vente, et qui transportait du débiteur au créancier la propriété de l'immeuble. Relocation était faite au débiteur par le même acte pour une somme équivalente aux intérêts qu'il avait à payer à son créancier, et on stipulait un délai pendant lequel il pouvait racheter sa propriété en remboursant le capital prêté. C'est à peu près ce que nous appelons une *vente à réméré*.

PIGOU, en termes de Marine, chandelier qu'on fixe, au moyen d'une pointe aiguë et recourbée qui le supporte, sur la muraille d'un navire, sur un montant, etc.

PIGOULIÈRE, bateau maçonné intérieurement, garni de fourneaux pour faire chauffer le brai et le goudron, et qu'on envoie sur rade aux navires qui font des réparations et ne veulent pas entrer dans le port.

PILASTRE (du latin *pila*, pile), en termes d'Architecture, désigne en général tout corps élevé sur une base carrée, et spécialement des colonnes quadrangulaires adossées à un mur, et se rapportant aux divers Ordres par leurs proportions, leurs piédestaux, leurs chapiteaux et leurs ornements. Les constructions d'une haute antiquité et les monuments grecs offrent peu d'exemples de l'emploi des pilastres; ils sont, au contraire, prodigués dans les constructions romaines et dans celles de la Renaissance. Les pilastres, par cela même qu'ils font corps avec le mur d'un édifice, en dégagent peu la masse, et font beaucoup moins d'effet sur une façade qu'une ordonnance de colonnes ; ils réussissent mieux dans un intérieur de petite dimension, où ils occupent moins d'espace que les colonnes, et où ils peuvent servir de décoration. On est convenu de leur donner autant de largeur en haut qu'en bas ; il y a cependant des architectes qui, quand ils en placent derrière des colonnes, les diminuent comme celles-ci par le haut. Appliqués sur les pieds-droits des grandes portes des hôtels du xviiie siècle, les pilastres reçoivent, au lieu de chapiteaux, des consoles destinées à soutenir un balcon. Il y a aussi, dans quelques édifices, des colonnes carrées qu'on peut appeler pilastres. V. Propylées de Paris, — *Barrière Saint-Martin*. B.

PILATE (Actes de). V. Actes.

PILE, massif de maçonnerie qui soutient les arches d'un pont (V. ce mot).

pile, côté d'une monnaie opposé à la face. Selon les antiquaires, *pile* serait un mot gaulois signifiant *navire*, et l'on aurait figuré anciennement un navire sur les monnaies.

pile (du latin *pilum*, dard ou trait), en termes de Blason, pal aiguisé en forme d'obélisque renversé.

pile de cinq-mars. V. Cinq-Mars.

PILENTUM, char romain. } V. notre *Dictionnaire de*
PILEUM, coiffure. } *Biogr. et d'Histoire*.

PILIER (du latin *pila*), corps isolé et massif qui sert de support, dans l'ensemble d'un édifice, à une charge de charpente ou de maçonnerie. Les arcades, les voûtes, les plafonds, sont soutenus par des piliers, auxquels le goût et le caprice des architectes peuvent donner des figures diverses. Les piliers ronds reçoivent le nom de *colonnes*. Ceux dont les constructions ogivales ont des formes très-variées, et se composent de colonnettes groupées autour d'un massif central. On nomme *pilier buttant* tout corps de maçonnerie qui soutient la poussée d'un arc ou d'une voûte. B.

PILLAGE (de l'italien *pigliare*, prendre), un des crimes tendant à troubler l'État. Quiconque, soit pour envahir des domaines ou des deniers publics, des magasins, arsenaux, bâtiments et autres propriétés de l'État, soit pour piller ou partager des biens appartenant à une généralité de citoyens, se met à la tête de bandes armées, doit être puni de mort. Il en est de même de ceux qui auraient dirigé l'association, levé ou organisé les bandes, ou qui leur auraient sciemment et volontairement fourni des armes, des munitions, des vivres, etc. (*Code pénal*, art. 96). Les immeubles des particuliers sont protégés contre l'incendie par les art. 434 et suiv. du même Code, et contre la destruction ou le renversement par l'art. 437. Tout pillage et dégât de propriétés mobilières, commis en bande et à force ouverte, est puni des travaux forcés à temps (art. 440), et d'une amende de 200 à 1,000 fr. pour chacun des coupables ; ceux qui auraient été entraînés par des provocations ou sollicitations peuvent n'être punis que de la reclusion. Si ce sont des denrées alimentaires qu'on a pillées ou détruites, les chefs, instigateurs ou provocateurs, sont condamnés au maximum des travaux forcés à temps et de l'amende. Le citoyen qui aurait refusé ou négligé de prêter le secours dont il aurait été requis en cas de brigandage ou de pillage, encourt certaines peines de police (art. 475, 478). Aux termes de la loi du 10 vendémiaire an IV (2 oct. 1795), la commune entière est responsable envers ceux qui ont souffert le pillage, s'il est prouvé qu'elle aurait pu s'y opposer.

Dans les armées, le mot *pillage* ne fut pas toujours pris en mauvaise part, parce que vivre de la guerre et de ce que l'on prenait était chose reçue. Chez les Romains, le pillage était licite, quand le général en avait fait donner le signal, consistant dans l'exhibition d'une lance sanglante (*hasta cruentata*). Au moyen âge, les villes pouvaient se racheter du pillage à prix d'argent. Par ordonnance du 3 nov. 1590, Henri IV défendit que le pillage des villes prises d'assaut durât plus de 24 heures. En 1791 parurent les premières dispositions légales pour empêcher et punir le pillage. La loi du 21 brumaire an V punit de mort tout militaire convaincu de pillage à main armée. *V.* BUTIN.

PILLAGE (Droit de), droit qui, dans la Coutume de Bretagne, appartenait au fils aîné roturier de prendre sur le lot d'un de ses puînés la principale maison en chacune des successions de ses père et mère.

PILORI. *V.* ce mot dans notre *Dictionnaire de Biographie et d'Histoire*.

PILOTA, nom latin du jeu de la Pelote (*V. ce mot*).

PILOTAGE (du vieux mot *pile*, navire), science du pilote. Cette science embrasse aujourd'hui toutes les connaissances nécessaires pour conduire et diriger un navire, déterminer la latitude et la longitude, mesurer le sillage, faire des relèvements et des sondages, etc.

PILOT-BOAT, embarcation de l'Amérique du Nord, à mâts très-longs et flexibles, gréée à peu près comme la goëlette, mais plus chargée de voiles.

PILOTE, celui qui exerce le pilotage. On distingue en France trois classes de pilotes : 1° les *pilotes des vaisseaux*, officiellement appelés *premiers maitres de timonnerie*, qui doivent posséder à un assez haut degré les connaissances générales du pilotage ; 2° les *pilotes côtiers*, marins qui ont une connaissance spéciale de certaines côtes et de certaines parties de la mer ; 3° les *pilotes lamaneurs*, qui possèdent la connaissance pratique d'une portion de côte, et qui se chargent de diriger les navires dans les limites de cette localité. Pour être reçu pilote-lamaneur, il faut avoir 24 ans, compter 6 ans de navigation, dont deux campagnes au service de l'État, et avoir subi un examen, tant sur la manœuvre que sur la connaissance des marées, courants, bancs, écueils et autres empêchements qui peuvent rendre difficiles l'entrée et la sortie des rivières, ports et havres de la localité où l'on veut exercer. L'insigne du pilote-lamaneur est une petite ancre d'argent à la boutonnière. Son salaire a été réglé par décret du 12 novembre 1800. Il y avait, avant 1791, sur les bâtiments du roi, des *pilotes hauturiers*, chargés de diriger la navigation en haute mer, et qui ne pouvaient devenir officiers, parce qu'ils n'étaient pas de race noble ; leurs fonctions sont aujourd'hui réparties entre les officiers selon leur grade. — Par extension, on a donné le nom de *Pilotes* aux atlas contenant des cartes et plans de côtes, avec des instructions pour servir à diriger les navigateurs.

PILOTES, petites tringles qui, dans l'orgue, transmettent le mouvement des touches du clavier du positif aux soupapes de son sommier. On les emploie aussi dans le mécanisme des pianos.

PILOTIN, nom donné, dans la Marine marchande, aux jeunes gens qui se destinent au grade de capitaine, et qui sont attachés à la timonnerie. Dans la Marine militaire, on les appelle *Novices*. Ils veillent l'horloge, aident à faire des signaux, à jeter le loch, à sonder, etc.

PILOTIS, réunion de *pilots* ou gros pieux enfoncés en terre pour solidifier un sol inconsistant, et destinés à asseoir les fondements d'une construction. Les pilots ont la pointe armée d'un sabot en fer ou en fonte, et la tête garnie d'une *frette* ou cercle de fer qui les empêche d'éclater sous les coups du *mouton* (*V.* SONNETTE). Les ponts, les quais, les digues, sont toujours construits sur pilotis. Des villes entières, comme Amsterdam et Venise, reposent sur pilotis.

PILUM, arme. *V.* notre *Dictionnaire de Biographie et d'Histoire*.

PIMA (Langue). *V.* MEXIQUE (Langues du).

PIN, arbre consacré à Cybèle chez les Anciens. Les extrémités des thyrses des *Corybantes* étaient des pommes de pin. La pomme de pin figurait également dans les sacrifices de Bacchus. Le dieu Sylvain tient quelquefois une branche de pin à la main.

PINACLE (du latin *pinnaculum*, faîte), nom que les Anciens donnaient au comble terminé en pointe dont ils surmontaient leurs temples, pour les distinguer des édifices profanes et des maisons particulières, qui avaient un toit plat. On le donna aussi à la galerie qui régnait autour du toit plat du temple de Jérusalem, et à la tourelle bâtie au-dessus du vestibule. Les Modernes appellent *pinacle* tout amortissement ou couronnement ouvragé, au sommet des toits coniques, des frontons, des clochetons, etc.

PINACOTHÈQUE. *V.* ce mot dans notre *Dictionnaire de Biographie et d'Histoire*.

PINASSE (de *pin*), nom donné autrefois à de grands bâtiments à poupe carrée, fort en usage dans les ports de Hollande surtout, et aujourd'hui à une embarcation de forme allongée et étroite, marchant à voiles et à rames. Chez les Anglais, c'est le canot d'état-major bordant 8 avirons à pointe, et souvent gréé en goëlette.

PINCEAU (du latin *penicillum*), faisceau de poils dont se servent les peintres pour étendre les couleurs. Pour le lavis et la miniature, on emploie des pinceaux de poils fins et doux, comme ceux du petit-gris ; dans la peinture à l'huile, les pinceaux sont faits en poils de porc ou de blaireau.

PINDARIQUE (Dialecte), nom donné au dialecte que Pindare se forma par le mélange du dorisme, de l'éolisme et de la langue épique. La langue épique domine, à cause des sujets traités par le poète ; du dialecte dorien il empruntait ce qui pouvait contribuer à la gravité, à l'éclat, à la commodité des nombres, et du dialecte éolien les mesures vives et rapides. Le dialecte pindarique est aussi appelé *éolo-dorien* ; il serait peut-être plus juste de le nommer *épico-lyrique*. P.

PINGRE, vieux mot signifiant *longue épingle*. Au moyen Age, on accusait les Juifs de crucifier les enfants pendant la nuit du vendredi saint, et de leur enfoncer des pingres dans la chair. De là le nom de *pingres* fut donné aux Juifs, et par suite à tous les usuriers.

PINGRE, navire portant une petite poupe en cul-de-poule, et gréé à trait carré. Il n'a pas de guibre.

PINNOSA, mot que l'on donnait, dans l'ancienne Musique, au signe représentant le *crescendo* et le *decrescendo* : —————. Ce signe parait avoir été à la fois un signe de *nuance* comme pour nous, et un signe de notation tenant la place de deux notes ascendantes.

PINQUE, petit navire à trois antennes à varangues plates. Il tient du chebec, et ne se voit que dans la Méditerranée.

PIO-CLÉMENTIN (Musée). *V.* VATICAN.

PION (pour *piéton*, homme de pied), la plus petite pièce du jeu d'échecs (*V. ce mot*). On donne le même nom aux petits disques dont on se sert au jeu de Dames (*V. ce mot*).

PIONNIER, mot qui, jusqu'à l'époque de François Ier, fut à peu près synonyme de *fantassin*. On l'appliqua aussi à tout mercenaire non combattant, employé à aplanir les chemins, à creuser les tranchées, à remuer et transporter la terre. Les pionniers, dans cette dernière acception, s'appelaient encore *fosseurs*, *fossiers*, *picteurs*, *terrailleurs*, *trancheurs* ; ils dépendirent d'abord du grand maître des arbalétriers, puis du grand maître de l'artillerie. Les grenadiers à cheval de la Maison militaire de Louis XIV, et les dragons armés de pelles, et de haches, étaient de véritables pionniers, comme aujourd'hui nos sapeurs. Les Russes ont des régiments de pionniers à cheval. Mais la dénomination de pionniers n'a pu durer en France, à cause de l'idée défavorable qui s'y attachait ; on l'a même appliquée aux soldats des compagnies de discipline. C'est l'arme du génie qui fait actuellement les travaux des pionniers. B.

PIONNIERS, nom donné en Amérique à ceux qui s'avancent dans des pays nouveaux pour y défricher le terrain. On les appelle aussi *Backwoodsmen* (hommes des bois de derrière), et *Squatters* (de l'anglais *to squat*, s'accroupir, se blottir). Leurs mœurs ont été décrites par le romancier Fenimore Cooper.

PIPEAU (du latin *pipa*), se disait autrefois du chalumeau ou flûte champêtre, mais ne s'emploie plus avec ce sens qu'en poésie.

PIPÉE, chasse dans laquelle, à l'aide d'un pipeau ou avec la voix, on imite le cri d'un oiseau pour attirer les autres oiseaux dans un piège.

PIPIL (Idiome). V. MEXIQUE (Langues du).

PIPPE, vieux mot qui désigne, non pas, comme on l'a dit, le bouton fixé sur le plat d'un livre et auquel s'adapte le fermoir, mais une tige de métal à laquelle s'attachaient les sinets ou signaux.

PIQUE, nom générique de toute lance maniée par une infanterie.

PIQUE, l'une des deux couleurs noires du jeu de cartes. Sa forme rappelle celle d'un fer de pique.

PIQUÉES (Notes), en termes de Musique, notes surmontées de points allongés, et qu'on doit attaquer légèrement et en les détachant avec l'archet.

PIQUET, en termes d'Art militaire, jalon fiché en terre pour prendre un alignement, pour tendre ou retenir les cordages d'une tente. De là sont venues les expressions *planter le piquet* pour *camper*, *lever le piquet* pour *décamper*. — Le *Piquet* a été aussi une punition usitée dans la cavalerie : le patient était attaché par un poignet à un piquet, et posait à nu le pied du côté opposé sur un pieu pointu ; il lui fallait rester dans cet équilibre pendant deux heures. — On appelle enfin *Piquet*, dans le service de garnison, une troupe qui se tient prête à marcher au premier ordre, et, dans le service de campagne, un service expectant.

PIQUET (Jeu de), jeu qui se joue le plus ordinairement à deux, avec un jeu de 32 cartes. L'as est la plus forte carte et vaut 11 points ; les figures valent 10, et les autres cartes, le nombre de points qu'elles portent. La partie se joue en un nombre convenu de points. Chaque joueur reçoit 12 cartes, distribuées par deux ou par trois : sur les 8 qui restent, le premier en cartes peut en prendre 5, et le second 3, en échange de celles qu'il veut écarter ; on est tenu d'en prendre au moins une ; le second en cartes doit prendre d'abord celles que le premier a laissées. S'il en laisse et les regarde, le premier peut aussi les voir après avoir joué sa première carte. L'écart fait, on annonce le *point*, qui se compose de cartes de la même couleur, et le joueur qui l'emporte compte autant de points qu'il a de ces cartes : si les deux joueurs ont le même point, personne ne le compte. On annonce ensuite les *séquences* : la tierce vaut 3 points, la quarte 4, la quinte 15, la seizième 16, etc.; si des séquences semblables sont chez les deux joueurs, elles sont *payées*, et ne se comptent pas ; si elles ne se composent pas des mêmes cartes, celle qui commence par la carte la plus forte est seule comptée. Viennent enfin les *quatorze* (4 as, 4 rois, 4 dames, 4 valets, ou 4 dix), qui comptent chacun pour 14 points ; si chacun des adversaires a un quatorze, celui qui l'a en cartes supérieures l'emporte. Quand on a ainsi tout compté, on joue pour faire des levées ; chaque levée compte 1 point, la dernière en vaut 2. Celui qui a fait plus de six levées compte 10 points, celui qui fait capot en compte 40. Si le premier en cartes arrive en jouant à 30 points, sans que le second ait rien compté, il compte 60 au lieu de 30 ; c'est ce qui s'appelle faire *pic*. S'il arrive à 30 sans jouer, rien qu'en comptant ce qu'il a dans la main, il fait *repic*, et compte 90 au lieu de 30 ; ce que peut faire également le dernier en cartes. Si l'on arrive à 120 en jouant, sans que l'adversaire ait fait une levée, on compte 160. Tout joueur qui a 12 cartes sans figures avant son écart, les montre et compte 10 ; il empêche en outre les coups de 60 et de 90. Le joueur qui a gardé plus de 12 cartes compte *à la muette*, c.-à-d. qu'il ne marque rien pendant le coup, tandis que l'adversaire compte tout ce qu'il a.

Dans le *Piquet à trois* ou *Piquet normand*, chaque joueur reçoit 10 cartes : celui qui a donné peut écarter deux cartes et prendre celles qui restent ; il est tenu d'en prendre au moins une. Tout se passe comme au piquet à deux : seulement, si l'un des joueurs est capot, chacun de ses deux adversaires compte 20 ; si deux sont capots, celui qui fait toutes les levées en compte 40. Celui qui arrive à 20 points en jouant, compte 60 ; celui qui a 20 points dans la main compte 90 : le second ou le troisième joueur

peut arriver aussi à 60, si les premiers n'ont pas joué de cartes marquantes. Quand le joueur qui a le point n'est pas le premier à jouer, celui-ci, après avoir fait les levées qu'il peut ou veut faire, est tenu de jouer dans le point. Si le jeu annoncé permet d'espérer un capot, il est de règle de jouer de façon à le faire.

Dans le *Piquet à quatre* ou *Piquet voleur*, on joue deux contre deux, et chaque joueur a huit cartes. Les points des associés se cumulent. On arrive à 60 et à 90 comme dans le Piquet à trois. Il est de règle que le partenaire qui ne peut pas fournir sur une couleur s'en aille de la couleur opposée à celle qu'il désire.

PIQUEUR, valet à cheval dont la fonction est de suivre et de diriger une meute de chiens ; — domestique à cheval qui précède la voiture d'un souverain ou d'un prince.

PIQUEUR, en latin *punctator*, valet qui, dans les anciens chapitres, était chargé de pointer les chantres qui s'absentaient du chœur.

PIQUEUR, nom d'agents subalternes des ponts et chaussées, chargés de seconder les *conducteurs*. Il y en a de 4 classes, dont le traitement est de 1000, 800, 600 et 400 fr. Ils sont nommés par le préfet, sur la proposition de l'ingénieur en chef. Pour être nommé, il faut avoir plus de 18 ans et moins de 28 ans (les militaires libérés ont jusqu'à 32 ans), et avoir satisfait à un examen.

PIQUIERS. }
PIQUINIS. } V. ces mots dans notre *Dictionnaire de Biographie et d'Histoire*.

PIRATERIE (du grec *peiraô*, attaquer), déprédation commise sur mer, et qu'il ne faut pas confondre avec la course (V. CORSAIRE). On considère comme pirates les individus qui composent l'équipage d'un bâtiment armé et naviguant sans passe-port ni rôle d'équipage ou commission. Ils sont punis de mort ou des travaux forcés, suivant les cas (Loi du 10 avril 1825).

PIROGUE, embarcation longue et plate des peuplades sauvages d'Afrique, d'Amérique et d'Océanie. Elle est faite le plus souvent d'un tronc d'arbre creusé, ou d'écorces cousues, quelquefois recouvertes d'une peau d'animal.

PIROUETTE, en termes de Danse, tour qu'on fait de tout le corps sur la pointe d'un pied. — Autrefois il y avait en Angleterre un genre de châtiment appelé la *Pirouette*, et infligé surtout aux Juifs, aux querelleurs, aux vivandières. On enfermait le patient dans une cage de fer plantée verticalement sur un pivot, et que les passants faisaient tourner à leur gré ; ce mouvement causait des vertiges, des maux d'estomac, et même la mort.

PISCINE (du latin *piscis*, poisson), réservoir où l'on nourrit et conserve du poisson (V. VIVIER). On donnait le même nom, dans l'Antiquité, à tout bassin placé au milieu d'une salle de bain. Chez les Hébreux, la *Piscine probatique* était un réservoir d'eau voisin du parvis du Temple à Jérusalem, et où on lavait les animaux (*probata*) destinés aux sacrifices. Depuis le christianisme, la *Piscine* a été la cuve dans laquelle on immergeait les néophytes, pour leur administrer le baptême, aux premiers siècles de l'Église. On appela encore *Piscine*, dans certains monastères, la fontaine du réfectoire où les religieux se lavaient les mains avant ou après le repas. Le nom en est resté, 1° à l'endroit des sacristies où l'on jette l'eau qui a servi à nettoyer les vases sacrés et les linges servant à l'autel ; 2° à un petit vase plein d'eau, placé d'ordinaire sur l'autel auprès du tabernacle, et dans lequel le prêtre, avant d'avoir touché la communion, trempe les doigts qui ont touché l'hostie consacrée. Primitivement, la piscine était une colonne, un pédicule isolé, placé près de l'autel, et portant une cuvette dont le fond se continuait en un canal conduisant l'eau sous le pavé de l'église ; plus tard elle fut adhérente à une muraille, ou même creusée dans son épaisseur. On voit des piscines du XIIe siècle dans l'église de Surgères (diocèse de Poitiers) et à la cathédrale de Lausanne ; il y en a une du XIIIe siècle à Semur, et une du XIVe à l'église St-Urbain de Troyes, toutes deux remarquablement sculptées. B.

PISE (Baptistère de). V. BAPTISTÈRE.

PISE (Campanile de). V. TOURS PENCHÉES.

PISE (Le CAMPO-SANTO de). V. CAMPO-SANTO.

PISE (Le Dôme de). Commencée en 1064 par l'architecte Buschetto, continuée par Rainaldo, cette église cathédrale fut consacrée en 1118 par le pape Gélase II. Un incendie en dévasta plusieurs parties en 1596. C'est un monument unique pour son époque, et qui resta longtemps sans rival : il remit en honneur les Ordres de l'architecture grecque, et fut le précurseur de la Renaissance ; les bases, les chapiteaux des colonnes, les corniches, etc., sont des fragments antiques employés par l'architecte avec une rare habileté. Le plan de l'édifice est en forme de croix latine et à cinq nefs. Il a 95 mèt. de longueur, 33 mèt. de largeur (72 mèt. au transept), et 28 mèt. de hauteur. Les assises alternatives de marbre blanc et noir à l'extérieur produisent un effet plutôt étrange qu'agréable : c'est une marqueterie qui éblouit le regard, et qui a l'inconvénient de rompre les lignes architecturales. La façade, disposée en cinq ordres superposés, offre 58 colonnes et 4 galeries ouvertes; les portes de bronze ont été exécutées en 1602 par divers artistes sur les dessins de Jean de Bologne, et les mosaïques qui les surmontent sont de Paladini. Sur le faîte de la façade s'élève une statue en marbre de la Vierge avec l'enfant Jésus, ouvrage de Jean de Pise. A l'intérieur de l'église, 24 colonnes corinthiennes en granit rouge et monolithes soutiennent la grande nef; des arcs en plein cintre reposent sur les chapiteaux de ces colonnes, et au-dessus, séparé par une architrave, règne un second rang de colonnes plus nombreuses et plus petites, qui forment une galerie ou triforium. Les bas côtés sont voûtés; mais la grande nef a un plafond en bois, avec de grands caissons dorés. La coupole sur pendentifs bâtie au centre du transept est portée sur quatre piliers massifs et sur quatre arceaux très-ouverts; elle a été restaurée et peinte par Riminaldi, au commencement du xviie siècle. Les objets d'art qui remplissent la cathédrale de Pise font de ce monument un véritable musée chrétien. Une célèbre chaire, que Jean de Pise avait sculptée, fut ruinée par la chute du toit lors de l'incendie de 1596 : quelques statuettes que l'on sauva ornent la chaire actuelle. La tradition veut que les 12 autels aient été dessinés par Michel-Ange; mais la composition n'en est pas assez satisfaisante pour qu'on admette cette opinion, et ce qu'ils offrent particulièrement de remarquable, ce sont les ornements exécutés par Staggi de Pietra-Santa. La marqueterie des stalles du chœur est un admirable travail; les vitraux, dont quelques sujets ont été empruntés aux peintures du Campo-Santo, sont du xive et du xve siècle ; on voit encore dans le chœur plusieurs fresques de Beccafumi, de Ghirlandajo, et d'André del Sarto. Le maître-autel, derrière lequel est un Sacrifice d'Abraham par le Sodoma, est incrusté de pierres précieuses, ainsi que la balustrade en marbre qui le sépare du chœur; les deux statues et le crucifix en bronze sont de Jean de Bologne. En avant du chœur, sur le pilier de droite, est la célèbre Ste Agnès d'André del Sarto. Au-dessus des portes des sacristies et au-dessus des orgues, on voit des bas-reliefs de F.-G. Agnelli, qui appartenaient autrefois à la façade et à une chaire de St-Michel-in-Borgo. Une grande lampe de bronze est suspendue dans la nef : on prétend que ses oscillations mirent Galilée sur la voie de la théorie du pendule. Les bras du transept contiennent deux chapelles : l'une renferme le sarcophage de St Renier par Foggini, et une statue antique de Mars; dans l'autre est un ciboire d'argent d'un travail précieux. B.

PISÉ (du latin pinsere, piler), construction en terre qui consiste, soit à fabriquer sur place, avec de la terre argileuse foulée dans un moule en bois, des espèces de grosses briques qu'on pose par assises et qu'on relie entre elles avec de la même terre délayée en forme de ciment; soit à jeter, dans un encaissement de bois appelé banche, de la terre ou de l'argile naturellement humide, à l'étendre et à la fouler par assises pour lui donner la consistance nécessaire. Quand la construction est sèche, on la recouvre d'un enduit en mortier ou d'un badigeon en lait de chaux. Dans les pays pauvres, le pisé est fréquemment employé pour les murs de clôture, les granges, les étables, et même pour les maisons d'habitation dans les localités où la pierre manque : il est solide et peu coûteux, n'offre aucun danger d'incendie, et ne laisse pénétrer ni l'humidité, ni les animaux nuisibles; s'il se lézarde par suite de vétusté, il ne faut pas songer à le réparer, mais l'abattre et reconstruire. B.

PISTEUR.) V. ces mots dans notre Dictionnaire de
PISTOLE.) Biographie et d'Histoire.

PISTOLET, arme qui, suivant Henri Estienne, tira son nom de la ville de Pistoia, en Italie, où on la fabriquait. C'était d'abord un petit poignard; puis on, en transporta le nom à une petite arme à feu. Les arquebuts furent armés de pistolets dès le temps de Louis XI; dans la seconde moitié du xvie siècle, le pistolet commença de prévaloir sur la lance dans la cavalerie légère; en 1610, il fut donné à la grosse cavalerie, qui l'a toujours conservé depuis. En 1867, en France, on l'a enlevé aux corps armés du fusil.

PISTRINE. V. notre Dict. de Biogr. et d'Histoire.

PITANCE, portion distribuée à chaque membre d'une communauté pour son repas. Autrefois, dans les couvents, la Pitancerie était un service dirigé par le Pitancier. Ces mots viennent du latin pittacium, désignant le bon de vivres que le soldat romain présentait à l'étape.

PITE ou PICTE, en latin Pictavina, petite monnaie de cuivre des anciens comtes de Poitou, valant une demi-maille ou un quart de denier.

PITON, terme de Géographie, employé principalement dans les Antilles pour désigner la pointe élevée d'une montagne.

PITRE, farceur des foires, qui ne diffère pas du Paillasse (V. ce mot). Son nom est celui d'une liqueur forte qui ne convient qu'aux palais émoussés.

PITTORESQUE (de l'italien pittore, peintre), se dit de ce qui fait ou peut faire de l'effet en peinture, et, par analogie, de tout ce qui forme une image, de tout ce qui peint pour l'esprit. De nos jours, on a qualifié de pittoresques certains ouvrages ornés de gravures.

PIZZICATO, c.-à-d. pincé, mot italien qu'on emploie en Musique, afin d'indiquer, dans certains passages écrits pour instruments à cordes, que les notes doivent être pincées avec les doigts, et non attaquées avec l'archet.

PLACAGE, recouvrement des ouvrages d'ébénisterie, fait avec des lames minces de bois durs et précieux. C'est particulièrement l'acajou qu'on emploie à cet usage. Quand le placage est composé de pièces formant des ornements ou des dessins quelconques, on le nomme Marqueterie. V. ÉBÉNISTERIE, MARQUETERIE.

PLACARD, écrit ou imprimé qu'on affiche dans un lieu public (V. AFFICHES); — épreuve de typographie imprimée en colonnes et d'un seul côté de la feuille, et destinée à recevoir les corrections; — ensemble des pièces qui composent le chambranle et l'ornement d'une baie de porte; — boiserie qui forme le devant d'une armoire pratiquée dans l'épaisseur d'un mur.

PLACE (Commandant, — Major de). V. COMMANDANT, MAJOR.

PLACE D'ARMES, nom donné : 1° dans les villes de guerre ou de garnison, à un emplacement central où les troupes se réunissent les jours de grande parade et de revue, ou en cas d'alerte, pour y recevoir des ordres; 2° dans les lieux fortifiés, à tout espace ménagé près des points d'action, pour chacune des troupes qui doivent défendre ces points.

PLACE FORTE. V. FORTERESSE.

PLACEMENT (Bureaux de), bureaux établis dans certaines grandes villes pour s'occuper, moyennant rétribution, du placement des employés et des domestiques. Un décret du 25 mars 1852 interdit d'ouvrir un bureau de placement sans une permission du préfet; un registre, visé par le maire ou par le commissaire de police, doit être tenu dans chaque bureau, pour y recevoir les noms, prénoms, âge, lieu de naissance, domicile et profession des personnes à placer, et le prix de l'inscription ne doit pas dépasser 50 centimes.

PLACET, supplique qu'on adresse au souverain, à un ministre ou à des juges, pour leur demander une grâce, une faveur, ou justice. Autrefois les demandes de ce genre commençaient par le mot latin placeat, qu'il plaise à...

PLACET, meuble du xviie siècle. C'était une sorte de tabouret, un petit siège de femme ou d'enfant, sans bras ni dossier.

PLAFFERT. V. BLAFFERT.

PLAFOND (de fond plat), corps de matériaux, droit ou cintré, qui forme le ciel d'un appartement ou de tout lieu couvert. Pour la forme cintrée, usitée seulement dans les grands édifices, on emploie la brique ou la pierre. Les plafonds droits sont, en général, faits d'un lambris de lattes attachées sur la charpente, et de trois couches de plâtre qui les recouvrent : la dernière est toujours faite en plâtre tamisé. Dans les planchers à solives de fer, du petit carillon de fer, posé en entretoise d'une solive à l'autre, reçoit la couche de plâtre qui forme le noyau du plafond. Il existe des plafonds de pierre dans un très-grand nombre d'édifices antiques; la plupart sont des dalles de pierre, portées par des épistyles, poutres de pierre tenant lieu de poutres de bois, mais de petite portée. On voit, à Paris, des plafonds de ce genre au portique de l'église St-Sulpice, à la colonnade du Louvre, aux galeries du Palais-Royal : mais les épistyles sont en plates-bandes, et, au Palais-Royal, en charpente enduite de plâtre. Quand on veut décorer un plafond, on le divise presque toujours en compartiments symétriques, qu'on appelle caissons, tympans ou voussures (V. ces mots). Les Anciens paraissent n'avoir peint sur

les plafonds que des arabesques, des figures chimériques, des fleurs et des fruits, tandis que les Modernes y ont souvent représenté de vastes sujets historiques : les compositions de ce genre exigent une connaissance approfondie de la perspective et du raccourci, car il s'agit de faire paraître debout et sur des lignes perpendiculaires des personnages qui sont physiquement couchés sur un plan horizontal ou sur une courbe plus ou moins irrégulière. On voit au Louvre de très-beaux plafonds de ce genre. — On nomme *plafond de corniche* la surface de dessous du larmier d'une corniche.
B.

PLAGAL, nom d'un mode ou ton du Plain-Chant, dont le pape St Grégoire le Grand admit l'usage dans la composition des chants sacrés. Tiré du grec *plagios* (oblique, transversal), il a été appliqué aux tons pairs, probablement à cause de la quarte grave qui les distingue et qui est le produit du renversement de l'*Authentique* (*V. ce mot*). Le plagal, appelé aussi *inférieur* ou *collatéral*, a pour note finale la note la plus grave de la quinte; il a, par conséquent, la quinte au-dessus de la finale et la quarte au-dessous. Les tons plagaux, anciennement au nombre de six, ont été réduits à quatre, qui sont le 2e, le 4e, le 6e et le 8e. Le 1er ton plagal était nommé *hypodorien*, le 2e *hypophrygien*, le 3e *hypolydien*, le 4e *hypomixolydien*, ou bien *subjugalis proti*, *subjugalis deuteri*, *subjugalis triti*, et *subjugalis tetrardi*. — Lorsque le ton plagal atteint, dans le morceau de chant qui le constitue, les deux notes extrêmes de son échelle diatonique, il est *parfait;* lorsqu'il ne descend pas à la quarte au-dessous de sa finale, il est *imparfait;* lorsqu'il descend de plus d'une quarte au-dessous de sa finale, il est *surabondant;* lorsqu'il emprunte plusieurs notes à son authentique, par exemple lorsqu'il monte plus d'une sixte au-dessus de sa finale, il est *mixte;* lorsqu'il se termine par sa note finale régulière, il est *régulier;* dans le cas contraire, il est *irrégulier.*
F. C.

PLAGALE (Cadence). *V.* CADENCE.

PLAGE (du latin *plaga*, dérivé du grec *plax*, chose plate et unie), rivage de la mer plat et découvert, formé de galets ou cailloux, de sable ou de vase. On dit aussi *estrade.*

PLAGIAIRE, nom par lequel les anciens Romains désignaient celui qui était condamné au fouet (*ad plagas*) pour avoir vendu des hommes libres comme esclaves. On l'applique, chez les Modernes, à l'écrivain qui s'approprie les pensées d'autrui. S'approprier un ouvrage entier n'est pas un *plagiat*, mais une *contrefaçon* (*V. ce mot*). Les compilateurs ne sont pas des plagiaires, parce qu'ils ne s'attribuent pas le mérite de l'invention de ce qu'ils ont recueilli. Toute rencontre de pensée ne peut pas non plus être qualifiée de plagiat : cette rencontre est inévitable, et, lorsqu'un écrivain fait quelque application neuve d'une pensée déjà exprimée, lorsqu'il lui donne une empreinte plus nette, plus forte, plus durable, il ne fait, comme Molière, que prendre son bien où il le trouve; c'est de l'imitation féconde, et non du plagiat. Le vrai plagiat, c'est composer aux dépens d'autrui, reproduire sans aucune marque personnelle un travail antérieur, quoi qu'il vaille; c'est, selon les expressions de Bayle, enlever les meubles de la maison et les balayures aussi, prendre le grain, la paille, la balle, la poussière en même temps. Il y a des plagiats célèbres : Porphyre, cité par Eusèbe, nous apprend qu'on trouvait dans l'historien Éphore des passages de 3,000 lignes copiées mot pour mot; le poëte Bathylle se déclara l'auteur du distique *Nocte pluit totâ*, etc., composé par Virgile, qui se vengea par son fameux *Sic vos non vobis...* À l'époque de la Renaissance, Leonardo Bruni d'Arezzo publia sous son nom une *Histoire des Goths*, qu'on reconnut plus tard être une simple traduction de Procope. Le P. Barre, dans son *Histoire d'Allemagne*, s'est approprié, en changeant les personnages, une partie de l'*Histoire de Charles XII* par Voltaire. *V.* Ch. Nodier, *Du plagiat; de la supposition d'auteur; des Supercheries qui ont rapport aux livres*, 2e édit., Paris, 1828, in-8°.

PLAGULÆ, bandes d'étoffe richement travaillées et servant d'ornement à la dalmatique dans les premiers siècles.

PLAID, terme judiciaire. *V.* notre *Dictionnaire de Biographie et d'Histoire.*

PLAID, grande écharpe de laine à carreaux de diverses couleurs, particulièrement rouges, gris, et verts, dont les Écossais se couvrent, et qu'ils croisent sur la poitrine.

PLAIDOIRIE, PLAIDOYER. Ces deux mots, auxquels on donne aujourd'hui dans le langage habituel un sens à peu près identique, ont eu autrefois des significations différentes. La *Plaidoirie* était l'art de plaider, et par suite, l'exercice de cet art, la profession; le *Plaidoyer* était le discours prononcé à l'audience. C'est ce discours que nous nommons Plaidoirie, tandis que le Plaidoyer est spécialement la défense écrite, lue devant les juges.

PLAIN-CHANT (du latin *planus cantus*), chant simple, uni, majestueux, qui est en usage dans toutes les églises d'Occident depuis St Grégoire le Grand (*V.* AMBROSIEN, GRÉGORIEN). Les notes employées dans le Plain-Chant, appelé aussi *chant romain* et *chant grégorien*, sont au nombre de sept, que l'on désigne par les lettres A, B, C, D, E, F, G; elles servent de base chacune à une octave formée de cinq tons et de deux demi-tons. Chaque octave s'y divise en *harmonique* et en *arithmétique*, et y constitue deux modes ou tons, l'*authentique* ou *principal*, et le *plagal* ou *inférieur* (*V. ces mots*). Les modes ou tons du chant ecclésiastique, qui étaient autrefois au nombre de douze, ont été réduits à huit, parce que le bémol accidentel employé dans les 1er, 2e, 5e et 6e tons les rendait semblables aux 9e, 10e, 11e et 12e. Le moine Alcuin, précepteur de Charlemagne, avait déjà adopté le système des huit tons, ainsi qu'il le déclare dans son *Traité de musique*. On peut même en faire remonter l'adoption à St Grégoire le Grand, qui, d'après la tradition, ajouta les quatre tons plagaux aux quatre tons authentiques. La notation du Plain-Chant est actuellement composée de gros points carrés et de points ayant la forme d'un losange. On se sert des clefs d'*ut* et de *fa*, et d'une portée de quatre lignes.

On a donné le nom de *Plain-Chant musical* à des compositions sans goût qui ont été introduites depuis le XVIIe siècle au milieu des chants grégoriens, et où la tonalité moderne, avec ses tons majeurs et mineurs, ses modulations, sa phraséologie, ses cadences, a été substituée à la tonalité grave et unitonique des modes du Plain-Chant. « On peut dire, remarque J.-J. Rousseau, qu'il n'y a rien de plus ridicule et de plus plat que ces plains-chants accommodés à la moderne, prétintaillés des ornements de notre musique, et modulés sur les cordes de nos modes; comme si l'on pouvait jamais marier notre système harmonique avec celui des modes anciens, qui est établi sur des principes tout différents. » Le plain-chant musical a eu pour premiers propagateurs, en France, Lulli, dont on chante dans le Midi une messe appelée *la Baptiste*, du prénom de son auteur; Dumont, l'auteur de la fameuse *Messe royale*, et surtout l'organiste Nivers. Vint ensuite La Feillée, dont la *Méthode de plain-chant musical* a donné une vogue déplorable à ses monstruosités. Le Plain-Chant musical a toujours du succès en Italie, et il a commencé plus tôt qu'en France; on y nomme *canto fratto* (chant brisé), pour le distinguer du *canto fermo* ou Plain-Chant proprement dit. Les livres de chœur des ordres religieux contiennent un grand nombre de ces conceptions bâtardes.

Le Plain-Chant est la seule musique que l'Église ait adoptée pour la voix de ses papes, de ses conciles et de ses évêques. Il a une allure grave, comme il convient aux pensées qu'il exprime, et un peu lente, afin que tous puissent suivre et réunir leurs voix; toujours calme, il ne réveille pas les sens, quoiqu'il se serve de leur concours. Il a des accents doux, suaves, onctueux, tristes, humbles, énergiques, pour exprimer tour à tour la prière, l'espérance, l'amour, la compassion, la crainte et l'admiration. *V.* Jean Bona, *De divinâ Psalmodiâ*, Rome, 1653, in-8°; Cionacci, *Dell' origine e progressi del canto ecclesiastico*, 1655, in-8°; Dom Jumilhac, *la Science et la Pratique du Plain-Chant*, Paris, 1672, in-4°; Scheibel, *Histoire de la musique d'église dans les temps anciens et modernes*, en allemand, Breslau, 1738, in-8°; l'abbé Lebœuf, *Traité historique et pratique sur le chant ecclésiastique*, Paris, 1741, in-8°; Poisson, *Traité théorique et pratique du Plain-Chant*, Paris, 1750, in-8°; *Scriptores ecclesiastici de musicâ sacrâ*, 1784, 3 vol. in-4°; Lambillotte, *De cantu et musicâ sacrâ à primâ Ecclesiæ ætate usque ad præsens tempus*, 1774, 2 vol. in-4°, et *Scriptores ecclesiastici de musicâ sacrâ*, 1784, 3 vol. in-4°; Lambillotte, *De l'unité dans le chant liturgique*, 1851; Jouve, *Du chant liturgique*, Avignon, 1854, in-8°; Félix Clément, *Méthode complète de Plain-Chant*, Paris, 1854, in-18; D'Ortigue, *Dictionnaire du Plain-Chant et de la musique d'église*, 1854, 1 vol. gr. in-8°.
F. C.

PLAIN-CHANT (Accompagnement du). *V.* ACCOMPAGNEMENT.

PLAINE, terme de Blason. *V.* CHAMPAGNE.

PLAINTE (du latin *planctus*, lamentation, doléance), déclaration par laquelle on défère à la Justice quelque injure ou dommage qu'on a souffert de la part d'autrui.

Elle doit être reçue par le juge d'instruction, ou par le procureur impérial, ou par l'un des officiers de police qui sont ses auxiliaires. On peut être *plaignant* sans être *partie civile*, mais on ne peut être partie civile sans être plaignant. Le plaignant n'est pas réputé partie civile, s'il ne le déclare formellement, soit par la plainte, soit par acte subséquent. La qualité de plaignant n'entraîne pas le payement des frais envers l'État, tandis que la partie civile est toujours tenue au remboursement de ces frais, sauf son recours contre les condamnés. On peut se désister de la qualité de partie civile, et néanmoins persister dans la plainte. *V.* DÉSISTEMENT.

PLAISANTERIE. « Le *Plaisant* est l'effet de la surprise réjouissante que nous cause un contraste frappant, singulier et nouveau, aperçu entre deux objets, ou entre un objet et l'idée hétéroclite qu'il fait naître. C'est une rencontre imprévue qui, par des rapports inexplicables, excite en nous la douce convulsion du rire. » Cette définition, assez juste, est de Marmontel, et l'on peut en tirer la conclusion, déjà connue, qu'il n'y a pas de précepte à donner pour la plaisanterie. En France, la bonne plaisanterie, et la seule digne de ce nom, puisque c'est la seule qui *plaise* généralement, est toujours spirituelle, juste, décente, et marquée au coin du bon sens. En 1796, un chevalier de Pannat, voyant à Londres la cour des princes français émigrés, où l'on ne rêvait que le pur rétablissement de tout ce que la Révolution venait de détruire, écrivait à un ami : « Personne n'est corrigé, personne n'a su rien oublier, rien apprendre. » Lors de la Restauration de 1814, elle revécut de lui-même, et fut, dès le commencement, le jugement et la condamnation des restaurés. — Cromwell ayant rappelé un débris du Long-Parlement, débris qu'il composa seulement de 70 membres, les royalistes appelèrent cette chambre *Rump-parliament*, c.-à-d. « Parlement croupion, » plaisanterie assez grossière, comme on voit. — Après la journée du 9 thermidor, le public appela les anciens terroristes, regrettant leur chef, « la queue de Robespierre. » L'expression n'était pas bien spirituelle, mais du moins elle était vraie sans être grossière. — Sous la Restauration, pendant le ministère de Villèle, en 1824, un député du centre s'étant écrié, dans une séance de la Chambre, qu'ils étaient 300 dévoués au ministère, on les surnomma aussitôt « les trois cents Spartiates. » — Il y a dans la plaisanterie française un sentiment si naturel de décence en même temps que d'esprit, qu'on en retrouve des traces jusque dans l'argot, cette langue de tout ce qu'il y a de plus bas dans la société ; le *juge* qui interroge, et qui dans ce langage est le *curieux; la pince*, destinée à forcer toutes les portes, et qui est un *monseigneur*, devant lequel les portes s'ouvrent d'elles-mêmes, sont certainement des termes aussi plaisants que justes et décents (*V.* ARGOT). Nous en dirons autant des expressions : *chevaliers d'industrie, chevaliers du lustre*, qui, à force de servir, à cause de leur justesse plaisante, ont passé presque dans le langage sérieux. *Patrouille* et *patrouiller*, mots aujourd'hui de la langue militaire sérieuse, furent dans l'origine une plaisanterie, car faire patrouille signifie proprement : « agiter l'eau, marcher dans la boue. »

La plaisanterie est comme une monnaie qui s'use vite ; elle commence à se démonétiser lorsqu'elle devient trop répandue, et il faut en frapper d'autre : mais il y a toujours en France des monétaires disposés à faire ce travail, qui n'en est pas un pour ces esprits fins, délicats et gais avec urbanité.

Quand on parle de l'esprit français, il serait difficile d'oublier celui du soldat, car il n'en a pas moins que les classes les plus cultivées ; cet esprit a un caractère tout particulier de franchise, de naturel, et surtout de philosophie résignée, gaiement frondeuse, qui est un des fruits de la discipline, à laquelle le militaire se soumet sans peine, en grognant un peu, sans peine aussi. Il puise cette philosophie dans son caractère toujours porté à la gaieté. Pendant la célèbre campagne du général Bonaparte en Égypte, après le désastre naval d'Aboukir, qui bloqua pour ainsi l'armée française dans le pays qu'elle venait conquérir, et y causa un grand découragement moral, la mauvaise humeur des soldats s'exhalait en plaisanteries ; ils en voulaient au général Caffarelli, qui passait pour avoir conseillé l'expédition ; or, comme ce général avait perdu une jambe en faisant la guerre sur le Rhin, ils s'amusaient à dire tout haut quand il passait : « Celui-là se moque de ce qui arrivera, il est toujours bien sûr d'avoir un pied en France. » — Dans des scènes militaires, si bien observées et rendues par le crayon

de Charlet, on trouve une foule de mots qu'il a recueillis et jamais inventés ; en voici quelques-uns. La nuit, par un temps de neige, et en rase campagne, un lancier, posté en vedette, et gelé par la bise, se dit, pour prendre patience : « Chauffé et éclairé par son gouvernement, c'est une grande douceur. » — Un fantassin, de cuisine au bivouac, regarde dans sa marmite suspendue sur le feu, et sans doute plus fournie de légumes que de viande, et fait cette réflexion : « Faudrait un crâne maître d'armes pour crever un œil à mon bouillon. » — Le vieux sous-officier est naturellement goguenard lorsqu'il s'agit de répondre à une observation de son subordonné ; en voici un exemple : deux jeunes fantassins ont été commandés pour la corvée du quartier ; l'un d'eux, sans bonnet de police à la main, et debout devant un sergent à chevrons assis sur un banc, lui adresse respectueusement une réclamation ; voici la réponse qu'il lui fait le grognard : « Au commandement de pas d'observation ! tu renfonces simultanément ton discours, en partant vivement du pied gauche, la pointe du pied basse, le jarret tendu, et les genoux d'aplomb sur les hanches. » C. D—Y.

PLAISIR. Le Plaisir est un de ces phénomènes que tout le monde connaît, et qu'en raison de leur simplicité même on ne saurait définir. Opposé à la douleur, il est, comme elle, le résultat le plus immédiat du développement de notre sensibilité (*V. ce mot*), et sert, dans l'ordre naturel, de signe à la satisfaction des tendances primitives (*V.* INSTINCTS). Les différents plaisirs sont, comme les penchants auxquels ils se rattachent, ou physiques ou moraux, ou des sensations ou des sentiments agréables ; mais, quelle que soit à cet égard leur diversité, quelle que soit, par exemple, la différence que nous remarquons entre le plaisir d'avoir fait une bonne action et celui de goûter un vin exquis, il n'en est pas moins vrai qu'entre ces deux phénomènes il existe un trait de ressemblance essentielle qui nous porte invinciblement à les réunir sous une désignation commune. Le plaisir est un phénomène éminemment relatif ; on veut dire par là que ce qui agrée à l'un peut déplaire à l'autre, et que, suivant la disposition du moment, un même objet peut devenir pour une même personne l'occasion d'un vif plaisir, d'un plaisir moindre, ou même d'une peine. A cet égard, mobilité extrême, et nulle règle possible. Chacun prend son plaisir où il le trouve. C'est une des principales raisons qu'on doit invoquer contre les systèmes de morale qui font du plaisir le but suprême de notre vie, et de la recherche du plaisir la loi de nos déterminations. En effet, outre que ce principe est, à d'autres égards, tout à fait insuffisant, il n'a ni la fixité, ni l'autorité nécessaire pour constituer une loi. Épicure veut que l'homme cherche le plaisir, et il le trouve pour son compte dans la pratique de la vertu, non parce que la vertu est bonne en elle-même, mais parce qu'elle nous préserve des troubles et des agitations qui ne plaisir paisible et durable de l'âme. C'est là, sans doute, une morale bien étroite, mais dans laquelle cependant l'application prévient jusqu'à un certain point les funestes conséquences du principe. Mais que tel disciple d'Épicure, s'emparant de quelques paroles échappées au maître, fasse consister le plaisir non plus même dans cette vertu intéressée que recommandait Épicure, mais dans la satisfaction des appétits les plus grossiers, des penchants les plus déréglés, que dans une école voisine (*V.* ÉCOLE CYRÉNAÏQUE) Aristippe professe ouvertement la supériorité des plaisirs du corps sur les plaisirs de l'esprit, de quel droit contestera-t-on la légitimité de cette doctrine, si l'on n'a posé comme loi morale, bien au-dessus du plaisir, chose mobile, relative, individuelle, l'idée du bien absolu qu'il n'appartient à personne d'interpréter à son gré ? Il faut en dire autant des moralistes modernes, tels que Smith et Hutcheson, qui ont fait du sentiment moral (*V. ce mot*), c.-à-d. des plaisirs qui dérivent de l'exercice de la bienveillance et de la sympathie, la base de leur doctrine. Bien qu'inspirées par un esprit généreux, et moins éloignées, en fait, de la véritable morale que ne le sont les précédentes, ces doctrines manquent cependant d'autorité et de sanction. En un mot, le plaisir, de quelque source qu'il vienne, n'est pas bon par cela seul qu'il est le plaisir ; et si les plaisirs moraux se recommandent plutôt que les plaisirs physiques aux aspirations de l'homme de bien, ce n'est pas parce qu'ils sont plus nobles ou plus délicats, c'est parce qu'ils sont la suite et le signe des devoirs accomplis. B—E.

PLAN, en termes d'Architecture, représentation, sur un plan horizontal, d'un objet qui y serait placé dans sa position naturelle. On y conserve à toutes les parties de l'objet les rapports de grandeur qu'elles ont réellement. En Peinture, le mot *plan* est employé pour signifier le plus ou moins d'éloignement où sont, par rapport au spectateur, les objets ou les figures d'un tableau, éloignement qui est un effet de la perspective. Dans les décorations de théâtre, les *plans* sont les espaces marqués par les séries de coulisses parallèles au rideau de fond.

PLAN, en termes de Littérature, distribution arrêtée d'avance des parties d'un sujet que l'on veut traiter. On trouverait assez d'hommes capables de composer des morceaux satisfaisants et de réussir dans les détails; mais donner à un tout une belle ordonnance, considérer un vaste sujet dans son ensemble, en combiner les parties, c'est le propre d'un esprit élevé et étendu. Un plan est *juste*, s'il embrasse tout le sujet; *net*, si toutes les parties en sont bien distinctes et n'offrent aucune confusion; il a de la *proportion*, quand les parties sont en harmonie et reçoivent les développements que réclame leur importance; il a de l'*unité*, quand toutes les parties concourent au même but. Le Plan est la base indispensable de la composition. *V.* Buffon, *Discours sur le style.*

PLANCHER, assemblage horizontal de planches ou de barres de fer séparant les étages d'une maison. On le recouvre d'un parquet ou d'un carrelage.

PLANÈTE. *V.* CHASUBLE.

PLANISPHÈRE (du latin *planus*, plan, et du grec *sphaïra*, sphère), projection d'une sphère sur un plan. Dans la mappemonde ou planisphère terrestre, on suppose la terre partagée par le méridien en deux hémisphères qu'on projette l'un à côté de l'autre; dans le planisphère céleste, on fait la section de la sphère céleste par le plan de l'équateur.

PLANTON, sous-officier ou soldat de service auprès d'un officier général ou d'un officier supérieur, pour transmettre ses ordres et porter ses dépêches. On met quelquefois des plantons à la porte des casernes, pour en surveiller la police extérieure et empêcher que personne n'y entre ou n'en sorte sans en avoir la permission ou le droit. Le planton à cheval s'appelle *ordonnance* (*V. ce mot*).

PLAQUE, ancienne monnaie d'argent de Flandre et de France. Louis XIV en fit battre à Tournai qui contenaient 68 grains d'argent fin.

PLAQUÉ, produit d'une branche de l'orfévrerie qui s'occupe de fabriquer des objets de luxe avec du cuivre rouge revêtu d'une plaque mince d'un métal précieux. Dans la *dorure* et l'*argenture*, les métaux précieux sont en feuilles excessivement minces, et ne sont placés à la surface des objets qu'après l'entière confection de ceux-ci; dans le *plaqué*, ces métaux sont en plaques d'une épaisseur appréciable, placées sur le cuivre avant toute autre mise en œuvre. Dans le *doublé*, l'or et l'argent sont fixés sur le cuivre au moyen d'une soudure avec un métal fusible; le *plaqué* s'exécute sans aucune fusion, en forçant les métaux à adhérer en les passant au laminoir. On se sert de plaqué de platine pour faire certains vases employés dans les laboratoires de chimie. L'invention du plaquage ne remonte guère plus haut que le milieu du XVIIIᵉ siècle; la première fabrique de plaqué fut fondée à Sheffield en 1742 par Thomas Bolsover, qui fit des boutons et des tabatières; quelques années après, un coutelier de la même ville, Joseph Hancok, fabriqua de la vaisselle plate, des théières et des flambeaux. L'industrie du plaqué fut ensuite transportée à Birmingham, où elle prit des développements considérables; elle s'est introduite en France vers 1785. Aujourd'hui elle est concentrée à Paris. Les fabricants sont tenus de marquer sur leurs articles le titre du plaqué.

PLAQUETTE, ancienne monnaie de Belgique, faite d'un alliage d'argent et de cuivre, et valant 0 fr. 29 c.

PLASTIQUE (du grec *plastikos*, de *plassô*, former), en termes de Philosophie scolastique, ce qui a la puissance de former.

PLASTIQUE (Médiateur). *V.* AME, pag. 108, col. 2.

PLASTIQUES (Arts), arts qui s'occupent de reproduire la forme; ce sont la sculpture, la statuaire, l'art de faire des figures avec des matières molles, telles que l'argile, la cire, le plâtre, etc.

PLASTRON (de l'italien *piastrone*), partie de la cuirasse qui couvre la poitrine; — pièce de cuir rembourrée et matelassée dont les maîtres d'armes se couvrent la poitrine pour amortir les coups de fleuret.

PLATA, monnaie d'argent du Mexique, valant 5 fr. 38 c.

PLAT-BORD. *V.* BORD.

PLATE (de l'espagnol *plata*, argent), s'emploie dans le Blason pour *besant* (*V. ce mot*).

PLATE, en termes de Marine, embarcation de pêche à fond plat, dont on se sert dans la Méditerranée.

PLATEAU, en termes de Géographie, terrain plus ou moins plat et fort étendu, au sommet de la partie montagneuse d'un pays.

PLATE-BANDE, en termes de Jardinage, espace de terre uni et étroit qui borde les compartiments d'un parterre, et qui est ordinairement garni de fleurs ou d'arbustes. — En termes d'Architecture, une plate-bande est une moulure plate et unie, qui a plus de largeur que de saillie; — ou un assemblage horizontal de claveaux formant l'épistyle d'une colonne; cela se pratique ainsi dans tous les monuments modernes. La plate-bande est renforcée à l'intérieur, par une armature en fer, qui retient l'écartement des claveaux.

PLATÉE, crépi de maçonnerie qu'on fait sur toute l'étendue des fondations d'un bâtiment arrasé à fleur du sol. Sur ce crépi on trace la position très-exacte des murs à construire en élévation, afin que les ouvriers maçons ne puissent pas se tromper.

PLATE-FORME, toit plat qui couvre les bâtiments sans comble. — Dans l'Art militaire, c'est un ouvrage en forme de terrasse, destiné à recevoir une batterie. — En termes de Marine, c'est un plancher volant. Dans un vaisseau, on distingue la plate-forme du chirurgien, dressée dans la cale hors de l'atteinte des boulets, et où l'on place les blessés, et les plates-formes de la soute aux poudres, de la cambuse, du magasin général, etc.

PLATES, nom qu'on donna, pendant le XIVᵉ siècle, à de petites plaques de métal qu'on clouait l'une à côté de l'autre sur des carcasses en baleine, assujetties elles-mêmes aux diverses pièces de l'habillement, telles que gants, chausses, justaucorps, etc.

PLATES (Rimes). *V.* RIME.

PLATINE, mot employé autrefois dans le sens de *patène* et de *palette*.

PLATONICIENNE (Philosophie) ou PLATONISME. Platon, disciple de Cratyle, puis de Socrate, initié par le premier à la doctrine d'Héraclite, dont le fond est que tout s'écoule perpétuellement, qu'il n'y a rien de fixe, partant point de science possible, chercha, dans la méthode du second, un correctif à ce scepticisme où la philosophie de l'école ionienne avait fini par se résoudre. Or, en quoi consistait la méthode de Socrate? En ceci principalement, qu'il laissait de côté la contemplation du monde physique, pour s'attacher de préférence à l'étude de l'homme intérieur; et que, dans tout sujet, il s'efforçait de dégager, sous forme de définitions, les idées générales. Du compromis et de la fusion de ces doctrines naquit une philosophie très-détachée des faits et de l'expérience sensible, très-spiritualiste, très-élevée dans ses aspirations souvent chimériques, et ayant pour principal défaut de prendre pour des réalités, bien plus, pour la seule réalité, des conceptions abstraites de l'esprit, les *idées*, base du système, dont il faut, avant tout, tâcher de bien comprendre la nature et le rôle, au sens où Platon les a entendues. — Tout s'écoule, tout change perpétuellement, avait dit Héraclite. Cela est vrai, si l'on considère les êtres et les phénomènes dans leur individualité; mais comparez les individus, vous trouverez dans chacun d'eux des caractères qui lui sont propres, caractères mobiles et transitoires; et puis, à côté de cela, vous trouverez dans tous un certain nombre de caractères communs et immuables: chez les hommes, par exemple, tel est grand, tel autre petit; l'un est en santé, l'autre est malade, Socrate est philosophe, Périclès homme d'État; mais tous ont certains caractères communs qui les font hommes malgré leurs différences individuelles et malgré les transformations que chacun d'eux peut subir. Qu'est-ce que cela suppose? Une essence, une forme commune. Forme se dit en grec *Eidos* ou *Idea*. L'Idée est la forme ou l'essence commune des êtres et des phénomènes de même espèce. Il faut bien remarquer ici qu'il ne s'agit point de la forme en tant qu'elle est dans les individus. Les caractères généraux qui sont dans l'objet ne sont pas encore l'Idée. L'Idée est le principe de ces caractères: si tous les cercles se ressemblent, si tous les hommes se ressemblent, c'est qu'il y a le cercle en soi, l'homme en soi, autrement dit l'Idée du cercle, l'Idée de l'homme, que tous les cercles, que tous les hommes imitent, ou dont ils participent, pour reproduire les expressions de Platon qui, d'ailleurs, s'en tient à cette indication vague sans expliquer nulle part en quoi consiste la participation ou imitation des objets relativement à leurs idées respectives. L'Idée n'est donc pas ce qui est dans les objets ; c'est ce qui est en soi et d'une manière absolue ; c'est l'essence des objets individuels. Ce n'est pas une abstraction de notre esprit, une forme de notre entendement que nous appliquons aux choses ou que nous en tirons par voie d'abstraction : c'est un être, et même c'est l'être par excellence ; tout le reste n'a que l'apparence de l'être. Si l'on pouvait douter, après avoir lu les principaux dialogues dans lesquels Platon s'est expliqué sur le compte des Idées, *Phèdre*, *Théétète*, *Parménide*, quelques parties de la *République*, que tel est le sens qu'il leur donne, le néoplatonisme se chargerait d'en donner la preuve. On y verrait Syrianus et Proclus montrer que les Idées possèdent l'existence substantielle, qu'elles ne sont pas des mots, comme Chrysippe, Archédème et la plupart des Stoïciens l'avaient dit ; ni des universaux (*V. ce mot*) tirés, par l'abstraction, des choses particulières, selon l'opinion de Boéthus le péripatéticien et du stoïcien Cornutus ; ni de simples conceptions de l'âme humaine, comme l'avaient pensé Cléanthe et même Longin, disciple des néoplatoniciens ; ni enfin des notions résidant éternellement dans l'âme universelle. Les Idées ne sont pas seulement les objets éternels de l'Intelligence divine, ni les conceptions qu'elle en a ; elles en forment la substance, elles en constituent l'être (*V.* l'*Essai sur la métaphysique d'Aristote* par M. F. Ravaisson). Telles sont les Idées ; ce sont elles qui sont l'objet de la science, car elles réunissent les conditions que l'objet de la science doit réunir : elles échappent à l'instabilité des faits sensibles et individuels ; et, en même temps, elles sont distinctes les unes des autres, et à ce titre susceptibles de définitions.

A ce dernier point de vue, cependant, il ne faudrait pas trop presser la doctrine de Platon pour en faire sortir le système de l'unité, de l'être absolu, tel que l'avaient compris avant lui les Éléates, et que le reproduisirent les néoplatoniciens de l'école d'Alexandrie (*V.* ÉCOLE ÉLÉATIQUE et NÉOPLATONISME). La *Dialectique*, c.-à-d. la méthode qui consiste à parcourir la série des objets intelligibles, en en recueillant les caractères de plus en plus généraux, aboutit, de généralisation en généralisation, à l'idée de l'être ou de l'un, qui est le véritable Dieu et le Tout de la philosophie platonicienne. Si l'on s'enferme dans ce point de vue, on peut donc adresser à Platon le reproche d'avoir déplacé arbitrairement les conditions de l'existence pour les attribuer à des abstractions, et pour aboutir, en dernière analyse, au panthéisme. Mais Platon, par bonheur, n'est pas un de ces esprits tout d'une pièce, qui se soucient moins de la vérité que de l'enchaînement logique de toutes les parties de leur système. A côté de la métaphysique plus que contestable que nous venons d'esquisser, on trouve çà et là chez lui les éléments d'une théodicée plus en harmonie avec les faits, d'une psychologie souvent fort pénétrante et fort exacte, d'une morale toujours fort pure et fort élevée. Ainsi Dieu n'est pas seulement l'Idée suprême dans laquelle toute existence vient s'absorber et se confondre. C'est encore le Bien, le soleil du monde moral (*République*, liv. VII). Le *Timée* et le Xᵉ livre des *Lois* nous le montrent comme le premier moteur, comme l'artisan (Démiurge) qui arrange et dispose la matière sur le modèle des Idées. La matière est coéternelle à Dieu. On sait que nulle philosophie, au sein du paganisme, n'a pu s'élever jusqu'au dogme complet de la création ; c'est un point sur lequel il faut passer condamnation, et l'insuffisance, à cet égard, de la théodicée de Platon ne doit pas en faire oublier les grandes et belles parties.

En psychologie, Platon a fait deux choses très-importantes : il a établi par des considérations très-diverses et d'une inégale valeur, les unes très-solides, les autres subtiles et tant soit peu sophistiques (*V.* le *Phédon*), la distinction de l'âme et du corps et l'immortalité de l'âme. Il en a énuméré et caractérisé les diverses facultés ; sur la question de l'immortalité, à ne considérer que les résultats, il est bien plus net qu'Aristote (*V.* notre art. PÉRIPATÉTISME). Sa théorie des Facultés, quoique confuse encore en certains points, ne laisse pas d'offrir dans ses grands traits et dans la distinction de l'Intelligence (*nous*), de la Force (*thumos*) et de la Passion (*epithumêticon*), les éléments principaux et faciles à mieux coordonner de la sensibilité, de l'intelligence, et de la volonté. Mentionnons encore, à propos de psychologie, la théorie toute platonicienne de la réminiscence (*V. ce mot*) par laquelle Platon prétend expliquer toutes les conceptions supérieures à l'expérience qui se présentent à notre esprit. Ces conceptions ne seraient, suivant lui, que des réminiscences

d'une vie antérieure où nous aurions eu une vue complète et plus distincte de la vérité (*V.* PRÉEXISTENCE). Ceci n'est qu'une hypothèse ; mais ce qui présente un caractère tout autrement sérieux, et ce qu'il y a de plus durable dans la Philosophie de Platon, ce sont ses vues sur la morale. Ici la théorie des Idées se réduit presque à un symbole. L'âme tend à s'élever vers les Idées, vers la région céleste où elle peut contempler le Beau, le Vrai, le Bien en soi. Telle est la fonction de la Raison. Mais elle est détournée de cette contemplation sereine par les mouvements turbulents des passions. Apaiser ces mouvements, se détacher des objets sensibles, se dégager des ténèbres où la foule des hommes reste plongée, tel est le but des efforts du sage. Plus il s'éclaire, plus il devient vertueux. Ce n'est d'ailleurs que par degrés que l'on s'élève à la science véritable. L'esprit part de la sensation, traverse l'opinion, et ne parvient qu'en dernier lieu à la science ou connaissance rationnelle. C'est alors qu'en présence des Idées du Vrai, de l'Ordre, et du Beau, triple manifestation de l'Essence suprême, de Dieu ou du Bien qui ne sont qu'un, l'âme dédaignant le plaisir prend pour modèles ces Idées et les reproduit en elle au moyen des trois facultés dont elle est douée. Chacune de ces facultés, bien dirigées, peut en effet engendrer une vertu, Sagesse, Courage, et Tempérance. Ou plutôt l'Intelligence est, de sa nature, sagesse, et par conséquent vertu. Mais il n'en est pas de même de la Force, qui peut, selon qu'elle est bien ou mal dirigée, devenir *Courage* ou *Férocité* ; ni de la Passion, qui est vice de sa nature, et qui ne devient vertu qu'autant qu'elle est domptée par le courage mis au service de la Raison. Il y a là une lutte dans laquelle les instincts bas et grossiers l'emportent souvent sur les efforts réunis des autres facultés. C'est, dans le langage figuré de Platon, le cheval noir qui entraîne le char, emblème de l'âme, en dépit du cheval blanc son compagnon et en dépit du cocher, et qu'on ne peut dompter qu'à force de coups et de châtiments.

Outre la Sagesse, le Courage et la Tempérance, Platon parle d'une quatrième vertu qu'il appelle la Justice. La Justice est l'harmonie des autres vertus ; et cela dans l'ordre politique aussi bien que dans l'ordre purement moral. Car, aux yeux de Platon, la morale et la politique ne sont pas deux choses différentes. La politique n'est autre chose que la morale étendue à un sujet plus vaste, c'est à savoir l'État, au lieu de l'individu. C'est, pour nous servir de l'ingénieuse comparaison de Platon, la même inscription en plus gros caractères, par conséquent plus facile à lire. Cela posé, il établit que, dans un État bien constitué, l'on doit trouver la vertu et les diverses parties de la vertu. La sagesse sera l'attribution des magistrats chargés du gouvernement de l'État ; le courage, celle des guerriers. Quant à la tempérance, c'est une manière d'être bien ordonnée, l'empire qu'on exerce sur ses passions ; dans l'État elle sera représentée par le pouvoir que ses gardiens, magistrats et guerriers, exercent sur la multitude. Enfin, comme la justice individuelle consiste dans l'harmonie des autres vertus et de toutes les facultés de l'âme, la justice dans l'État consiste à ce que chaque citoyen n'accomplisse que les fonctions auxquelles il est propre, sans que les rôles soient intervertis, et en vue de l'unité la plus complète possible. Le meilleur gouvernement pour Platon, c'est une aristocratie fondée sur la vertu d'abord, et ensuite sur la naissance, autant qu'elle sert à transmettre les vertus et les talents. Nous ne saurions entrer ici dans l'examen des institutions plus ou moins idéales à l'aide desquelles Platon a cru que cet ordre pouvait être réalisé. C'est l'objet principal des deux grands dialogues de la *République* et des *Lois*.

Nous avons dit que Platon professait très-nettement le dogme de l'immortalité de l'âme ; ajoutons que ce dogme paraît avoir été inséparable, pour lui, de celui d'une rémunération équitable des bonnes et des mauvaises actions. Ce dernier point n'est nulle part précisément l'objet d'une discussion scientifique, mais se trouve très-clairement indiqué dans les récits allégoriques qui terminent le *Gorgias* et la *République*. La vérité y côtoie différentes opinions superstitieuses empruntées, à ce qu'il semble, au Pythagorisme et aux mythologies orientales, sur la préexistence, sur la transmigration des âmes, etc. Ce qui domine néanmoins, c'est un sentiment élevé de la justice divine et de la responsabilité des agents moraux.

La doctrine philosophique de Platon, telle qu'on vient de l'esquisser, bien que fixée dans des écrits dont (sauf quelques dialogues peu importants) on ne conteste pas l'authenticité, ne laissa pas de subir, immédiatement après la mort de son auteur, diverses transformations qui eurent pour résultat de l'amoindrir. L'école platonicienne se partage (*V.* ACADÉMIE) : Speusippe, neveu et successeur immédiat de Platon, lui reste encore assez fidèle ; mais la tradition platonicienne s'affaiblit rapidement avec Xénocrate, Polémon, Cratès, Crantor. Dans la Nouvelle Académie (*V. ce mot*) il n'en reste presque plus rien. Elle ne se ravive que dans le néoplatonisme alexandrin où elle se complique d'éléments nouveaux (*V.* comme complément de cet article et surtout pour les indications bibliographiques relatives à la Philosophie platonicienne l'article PLATON du *Dictionnaire de Biographie et d'Histoire*.) B—E.

PLATONIQUE (Amour). *V.* AMOUR.

PLATRES, en termes de Beaux-Arts, ouvrages moulés en plâtre, particulièrement d'après l'antique ; — légers ouvrages en plâtre d'un bâtiment, tels qu'enduits, lambris, corniches, plinthes, frises, rosaces de plafond, festons, etc.

PLAUSTRUM. } *V.* ces mots dans notre *Diction. de*
PLÉBICISTE. } *Biographie et d'Histoire.*

PLECTRO-EUPHONE, instrument de musique inventé en 1823 par MM. Gama, de Nantes. C'était un instrument à clavier, dans lequel les cordes étaient attaquées par des archets.

PLECTRUM. } *V.* ces mots dans notre *Dictionnaire de*
PLÉIADE. } *Biographie et d'Histoire.*

PLEIGE ou PLÉJURE (du latin barbare *plegium*, dont les Anglais ont fait *pledge*), ancien terme de Pratique, qui signifiait *caution*.

PLEIN, en termes de Blason, se dit de l'écu rempli d'un seul émail. On nomme *armes pleines* les armoiries sans écartelure ni brisure ; ce sont généralement celles de la branche aînée de chaque maison.

PLEIN CINTRE. *V.* ARC, page 194, col. 2.

PLEIN JEU. *V.* JEU.

PLEIN RELIEF. *V.* BAS-RELIEF.

PLÉJURE. *V.* PLEIGE.

PLÉNIÈRE (Cour). *V.* COUR, dans notre *Dictionnaire de Biographie et d'Histoire.*

PLÉNIPOTENTIAIRE, c.-à-d. ayant plein pouvoir. *V.* MINISTRE.

PLÉNUM, mot latin employé en Allemagne pour désigner une assemblée plénière ou générale.

PLÉONASME (du grec *pleonasmos*, abondance), figure de langage qui consiste à employer, pour donner plus de force à la phrase, des mots inutiles au sens et que la Grammaire rejetterait comme superflus. Tel est ce passage de Molière (*Tartufe*, v, 3) :

Je l'ai *vu*, dis-je, *vu*, de mes propres yeux *vu*,
Ce qu'on appelle *vu*. . . . .

Le pléonasme peut n'être qu'une redondance de mots, comme *monter en haut, descendre en bas, car en effet*.

PLÉORAMA (du grec *pléô*, je navigue, et *orama*, vue), spectacle inventé en 1831 par Langhaus, de Breslau. Ce sont des paysages en mouvement ; les points de vue changent à chaque instant, et se meuvent fuyant à peu près comme lorsqu'on s'éloigne dans une barque.

PLEUREUSE. *V.* ce mot dans notre *Dictionnaire de Biographie et d'Histoire.*

PLEXI-CHRONOMÈTRE. *V.* CHRONOMÈTRE.

PLINTHE (du grec *plinthos*, brique), membre d'architecture plus large que haut, qui se met sous les piédestaux des colonnes, des statues ou des vases. Il leur sert comme de chaussure, d'où lui est venu aussi le nom de *socle* (du latin *socculus*, diminutif de *soccus*, brodequin). Une plinthe est dite *ravalée*, quand elle a une petite table refoulée, quelquefois avec des ornements. On nomme *plinthe de mur*, une moulure plate et haute qui, dans les murs de face, indique la ligne des planchers.

PLIQUE, signe de notation musicale ancienne. C'était une queue montante ou descendante accolée à la gauche ou à la droite d'une note, et qui semblait faire à cette note un pli (en latin *plica*). Il ne faut point y voir, comme on l'a dit ; un signe de trille, ou de ligature indiquant quelque retard, mais une sorte d'appogiature qui s'exécutait toujours après la note et un peu aux dépens de sa durée. La note pliquée se divisait donc en deux sons : si elle était à l'unisson de la note suivante, l'appogiature se faisait à une seconde supérieure ou inférieure, suivant que la plique était ascendante ou descendante, si les deux notes réelles étaient à la distance d'une seconde, d'une tierce, d'une quarte, d'une quinte, la petite note de la plique se faisait à l'unisson de la 2ᵉ note ; si l'on montait d'une note à l'autre, et que la plique fût descendante, l'appogiature se faisait à la seconde au-dessous de

la 1ʳᵉ note ; si la plique était descendante, tandis que la deux notes réelles descendaient, la petite note se faisait à une seconde au-dessus de la 1ʳᵉ note réelle.

PLOMBAGE, apposition de sceaux en plomb faite par les employés des Douanes aux frontières sur les marchandises admises en transit ou qui ne doivent être visitées qu'à leur arrivée à destination. On évite ainsi qu'elles soient soustraites ou échangées. Il est payé un droit à la Douane pour cette opération.

PLOTT, monnaie d'argent de Suède, valant 1 fr. 80 c.

PLOUSTRE, vieux mot signifiant *cadenas* et peut-être *serrure*.

PLUMASSIERS, ancienne corporation dont les statuts, octroyés par Henri IV en juillet 1599, furent confirmés par Louis XIII en 1612 et par Louis XIV en 1644. Les charges des jurés de cette corporation furent érigées en titres d'office en 1691. Le patron des plumassiers était St Georges.

PLUMATILE, vêtement des anciens Romains, dont l'étoffe noire était peinte de manière qu'en la regardant sous un certain jour, on croyait voir des plumes d'oiseaux.

PLUME (Avoir la). C'était, sous Louis XIV, savoir contrefaire, à s'y méprendre, l'écriture du roi, et être employé aux écritures que celui-ci ne prenait pas la peine de faire. *V.* notre *Dictionnaire de Biographie et d'Histoire* au mot : SECRÉTAIRES DE LA MAIN.

PLUMES A ÉCRIRE. *V.* notre *Dictionnaire de Biographie et d'Histoire.*

PLUMET, bouquet de plumes qu'on porte au chapeau, soit pour ornement, comme dans la coiffure des femmes, soit pour signe distinctif, comme les plumets militaires. *V.* PANACHE.

PLUMITIF, en termes de Palais, feuille d'audience sur laquelle on écrit, aussitôt qu'ils sont rendus, la minute des arrêts et des jugements. Le *greffier au plumitif* est celui qui tient la plume aux audiences. Le plumitif doit porter en marge les noms des conseillers, des juges, et des membres du ministère public qui ont été présents ; le magistrat qui a présidé, ou, en cas d'impossibilité par accident, le plus ancien des juges, doit vérifier et signer le plumitif à l'issue de l'audience ou dans les 24 heures ; le greffier signe également.

PLURIEL, terme de Grammaire, nombre qui indique la pluralité. Le pluriel des noms français, ordinairement semblable au singulier pour l'oreille, s'en distingue la plupart du temps pour l'œil en ce qu'on ajoute s à la terminaison du singulier ; quelquefois l's est remplacé par *x*. Ces deux règles s'étendent naturellement aux adjectifs. Dans un grand nombre de noms en *al*, l'*l* se change en *u* au pluriel, et c'est toujours l'*x* qu'on emploie (*V.* Girault-Duvivier, *Grammaire des grammaires*, pages 135-170, 171-205, et 236-246 de l'édition revue par Lemaire). Dans les verbes, le pluriel est plus distinct : on le reconnaît à la terminaison *ons* pour la 1ʳᵉ personne, *ez* pour la 2ᵉ, *ent* (muet devant les consonnes) pour la 3ᵉ. Le passé défini a pour caractéristiques *âmes, îmes, ûmes, înmes ; âtes, îtes, ûtes, întes ; èrent, irent, urent, inrent*. Le pluriel est souvent employé pour le singulier. Par exemple, le nom des hommes célèbres prend la marque de ce nombre : les *Hercules*, les *Thésées*, les *Scipions*, les *Césars*. On dit fréquemment *nous* pour *je*. L'usage du pluriel *vous* en s'adressant à une seule personne est particulier aux peuples modernes, chez lesquels il exprime habituellement une déférence respectueuse. Entre personnes habituées à se tutoyer, il est, au contraire un signe de mépris ou de mécontentement passager : dans ce cas, les adjectifs ni les participes ne doivent prendre la marque du pluriel, quoique les verbes la prennent ; il en est de même avec le pronom de la 1ʳᵉ personne en français. Sur l'emploi du pluriel avec les collectifs, *V.* COLLECTIF, PARTITIF, SYLLEPSE. P.

PLUS-QUE-PARFAIT, une des variétés du temps *passé* dans la conjugaison. Dans les langues modernes, il se forme à l'aide d'auxiliaires (*être ou avoir*) mis à l'imparfait et joints au participe passé des différents verbes que l'on veut conjuguer. Il en est de même en latin dans les verbes passifs, déponents et semi-déponents. Mais, dans les verbes de forme active, ce temps a pour caractéristique *eram* à l'indicatif, *issem* au subjonctif, *isse* à l'infinitif. En grec, sa terminaison active est ειν, passive et moyenne μην ; il a de plus pour caractéristique le *redoublement* précédé et suivi de *l'augment* (*V.* ces mots). — Le plus-que-parfait tire son nom de ce qu'il exprime doublement le passé : en effet, par lui-même il a rapport à un fait accompli maintenant, mais qui de plus l'était déjà par rapport à un autre fait également passé. C'est ce qu'exprime très-bien la forme de ce temps en grec : l'idée du fait accompli est exprimée par le redoublement, et celle de l'antériorité de ce fait par rapport à un autre fait passé l'est par l'augment initial. Au point de vue de la syntaxe, ce temps ne s'emploie en grec et généralement en latin que dans le sens rigoureux de sa définition, au lieu qu'en français nous l'employons souvent abusivement pour le passé défini. Aussi notre plus-que-parfait se trouve-t-il correspondre maintes fois à l'aoriste. Le plus-que-parfait grec avec une des formes verbales qui, jointes à la particule ἄν, expriment le conditionnel passé. P.

PLUS-VALUE, somme que vaut une chose au delà de ce qu'on l'a prisée ou achetée. Dans le cas d'éviction, si la chose vendue a augmenté de valeur, le vendeur est tenu de payer à l'acheteur ce qu'elle vaut au-dessus du prix de la vente (Code Napol., art. 1633). Dans les expropriations, lorsque, par suite de l'exécution des travaux d'utilité publique, le restant d'une propriété partiellement expropriée doit augmenter de valeur, cette augmentation est prise en considération par le jury dans l'évaluation de l'indemnité (Loi du 6 mai 1841).

PLUTEUM.) V. ces mots dans notre Dictionnaire de
PLUTEUS.) Biographie et d'Histoire.

PLUTOCRATIE (du grec ploutos, richesse, et cratéia, domination), gouvernement ou état social dans lequel l'influence et le pouvoir appartiennent aux riches.

PLUVIAL. V. Chape.

PNEUMA, mot grec qui veut dire souffle, et par extension esprit. Il désigne, dans la cosmologie des Gnostiques, le germe vital intellectuel dans le monde, provenant du Dieu suprême, éternel et bon, par opposition à la Psyché, germe vital physique, œuvre du Démiurge, et à l'Hylé, qui est la matière, siège du mal. Selon les Gnostiques, les païens étaient sous la domination de l'Hylé, et les juifs sous celle du Démiurge ; les chrétiens seuls avaient le souffle divin, ils étaient pneumatiques.

PNEUMATOLOGIE, c.-à-d. science des esprits, nom donné : 1° à la partie de la Métaphysique qui traite de l'âme humaine et de Dieu, et qui, à raison de ce double objet, se divise en Psychologie et Théologie naturelle ; on y traite aussi quelquefois des Anges et de l'âme des bêtes ; 2° à la science chimérique des Esprits ou des Génies, êtres imaginaires qui, dans certaines religions, forment la liaison entre l'homme et la divinité.

PNYX.) V. ces mots dans notre Dictionnaire
POBLACIONES.) de Biographie et d'Histoire.

POCHADE, peinture faite vivement, pour représenter, par exemple, un sujet qui a plu, une tête d'un certain caractère, etc. C'est comme une saillie ou un impromptu en Peinture, sans recherche ni étude, sans préoccupation de la correction du dessin ou de l'élégance de la touche ; mais il faut que la vérité et l'esprit y soient.

POCHETTE, petit violon de poche dont se servent les maîtres de danse pour donner leurs leçons. Il sonne l'octave aiguë du violon ordinaire.

POCHLINA, genre de timbre employé en Russie pour les papiers sur lesquels on écrit les requêtes, les sentences juridiques, les demandes d'appel, les actes de vente d'immeubles, les passe-ports, etc.

POCHON ou POÇON, vieux mot signifiant écuelle et cuiller à pot.

POCILLATOR. V. ce mot dans notre Dictionnaire de Biographie et d'Histoire.

POCOMAN ou POCONCHI (Idiome). V. Mexique (Langues du).

PODÁTUS, signe de notation neumatique par lequel on exprimait des groupes de sons liés par progression ascendante. C'était un trait calligraphique dont le développement plus ou moins grand indiquait si la ligature était de seconde, de tierce, de quarte, ou de quinte.

PODERA, riche vêtement en lin des femmes de l'ancienne Grèce, découpé en forme de dents de scie.

PODESTAT.) V. ces mots dans notre Dictionnaire de
PODIUM.) Biographie et d'Histoire.
POECILE.)

POÊLE (corruption du latin pallium, manteau?), voile qu'on tend sur la tête des mariés pendant la bénédiction nuptiale, et dont les bouts sont ordinairement tenus par des jeunes gens, parents du marié et de la mariée. Le mot Poêle s'emploie aussi comme synonyme de dais de procession, et de drap mortuaire (V. ces mots).

poêle, appareil de chauffage. C'est un fourneau de terre cuite, de faïence, de tôle ou de fonte, dont la forme est très-variable. Les poêles en métal procurent une chaleur prompte et vive ; mais, quand ils arrivent à un certain degré de température, ils dépouillent l'air de la

pièce où ils sont placés d'une grande partie de son oxygène. C'est ce qui fait préférer les poêles de briques ou de faïence, dont la chaleur est d'ailleurs plus douce et plus égale. Autrefois on appelait Poêle la chambre chauffée par un appareil de ce genre.

POÈME, nom générique de tout ouvrage de Poésie.

POÉSIE, mot difficile à définir, parce qu'on le prend en différents sens, qui se substituent souvent l'un à l'autre dans l'analyse ou dans la discussion. Tantôt il désigne un certain genre d'ouvrages, que l'on distingue des autres productions de l'esprit humain ; on dit, en ce sens, que la Poésie est plus ancienne que l'Histoire et que l'Éloquence. Tantôt on entend par poésie un certain talent d'une espèce particulière, qui se manifeste dans les conceptions et dans le style, comme quand on dit que la Poésie diffère de la Versification, qu'il peut y avoir des vers sans poésie, et de la poésie sans vers. Si l'on parle enfin de la poésie qui se trouve dans les spectacles de la nature, dans les tableaux de Raphaël, dans la musique de Mozart, le mot Poésie éveille l'idée d'une sorte de vertu qu'ont certains objets qui frappent nos sens, pour produire dans notre âme une impression particulière.

La poésie est née de la sensibilité et de l'imagination. Les émotions vives et fortes, les conceptions hardies et originales, quand, pour la première fois, elles trouvèrent leur expression dans le langage, furent des ouvrages de poésie. Le mot grec poïésis, adopté par les Latins, signifie simplement travail, et poïétés (le poète) ne veut dire qu'auteur : le poète était donc l'auteur par excellence, et la poésie l'ouvrage par excellence. De même le mot épos, que nous traduisons par vers, signifiait parole : le vers était la parole par excellence. Les premiers hommes, dominés par les sens et l'imagination, heureux de sentir, de penser et de tout dire, trouvaient tout intéressant, tout précieux : mais, plus tard, on s'aperçut qu'il y avait des objets et des idées propres à la Poésie, lorsqu'à côté d'elle se formèrent d'autres genres. Ainsi, la recherche des vérités abstraites et générales donna naissance à la Philosophie ; le récit véridique des faits accomplis forma l'Histoire ; la discussion passionnée des intérêts publics et privés devint l'Éloquence ; la représentation des objets, des idées et des sentiments trouva des moyens nouveaux, et la Musique, la Sculpture, la Peinture, tous les arts qui s'adressent aux yeux et aux oreilles, restreignirent le domaine de la Poésie, dont il devint nécessaire de fixer les limites. Mais ces limites ne sont pas aussi nettes qu'on pourrait le croire : la philosophie, quand elle cherche à concevoir l'Être suprême, emprunte le secours de l'imagination, et arrive à se confondre avec la poésie ; c'est ainsi que les premiers philosophes de la Grèce, en traitant de la Nature, ont pris le style et la forme des poètes. L'histoire, devenue un récit animé des temps passés, ressemble fort à la poésie ; et lorsque la poésie expose des événements vrais dans leur ensemble, elle se rapproche beaucoup de l'histoire : Homère était pour les Grecs un historien, presque autant qu'un poète ; Hérodote, dans sa véracité historique, a le charme de la poésie. Considère-t-on l'éloquence : ce même Homère était regardé par les rhéteurs de l'Antiquité comme le premier, au moins en date, des orateurs grecs. Parmi nous, on pourrait dire que Corneille est par moments le plus éloquent de nos orateurs. — Du côté des arts proprement dits, la limite peut quelquefois aussi paraître indécise, car Lessing a écrit un important traité sur les limites de la poésie et de la peinture, son Laocoon ; c'est que la poésie a un but commun avec les arts, à savoir, l'expression, ou plutôt la production du beau : mais ce qui marque en quoi la poésie diffère des arts, ce sont les moyens. La musique s'adresse à l'âme par l'oreille et par les sens ; la sculpture, par la vue, au moyen des couleurs et du relief ; la poésie s'adresse à l'âme par le langage, qui est l'expression la plus directe de la pensée, et le plus sûr moyen de communiquer entre deux esprits. Elle est de la nature des arts par la fin qu'elle se propose ; cependant on conteste qu'elle soit un art, parce que, dit-on, le propre d'un art est de présenter un ensemble de préceptes pour arriver à une fin, et que la poésie n'a pas de théorie et ne peut en avoir, puisque tout y dépend de l'inspiration du génie. Dans cette opinion, on prend le mot poésie dans le sens du talent naturel et tout personnel que le poëte déploie ; mais alors on pourrait dire aussi qu'il n'y a pas d'art de la musique, de la peinture, ni de la sculpture, attendu qu'il n'y a pas de préceptes qui puissent donner du génie au musicien, au peintre ou au sculpteur. D'autre part, si les règles trop strictes sont gênantes pour le génie des auteurs, il ne s'ensuit pas qu'il n'y ait pas un ensemble de préceptes que le poëte doit nécessairement pratiquer, et qui l'aident à gouverner son génie. On ne saurait, en effet, citer en aucun pays aucun grand poëte dont les chefs-d'œuvre n'aient été ou le résultat d'une théorie de la poésie, ou le résumé de tentatives faites avant lui par d'autres poëtes qui sont depuis tombés dans l'obscurité. Les préceptes, pour être mis en exemples, n'en sont pas moins des leçons; et les essais infructueux sont aussi une théorie pour le génie qui sait en tirer des enseignements. La Poésie est donc un art; et quant à son but et ses moyens, on peut la définir : « L'art d'émouvoir et de charmer l'esprit au moyen du langage et des vers. »

Quelques tentatives heureuses dans nos littératures modernes nous ont fait voir que les vers ne sont pas absolument essentiels à la poésie; néanmoins ils lui sont propres, et forment un de ses caractères distinctifs. A l'origine il n'y eut pas de poésie sans vers : les prêtres, les initiateurs, parlant comme inspirés, et donnant leurs pensées comme des révélations divines, les ont entourées d'un appareil en quelque sorte surnaturel, c.-à-d. le chant et les vers, étroitement unis entre eux ; adroit calcul, car la singularité même d'une phrase rhythmée communique au langage un caractère solennel, annonçant qu'il ne s'agit point de pensées ordinaires. Pendant bien des siècles, les poëtes ont considéré les vers comme une partie essentielle de la poésie, si bien que la poésie s'est appelée l'*Art des vers*. Les poëmes en prose ne vinrent que très-tard, et peut-être y fut-on préparé par les traductions en prose d'Homère et de Virgile. Le *Télémaque* est le premier ouvrage fameux que la France ait eu en ce genre; il a servi à autoriser la *prose poétique*. Auparavant, on pouvait bien rencontrer de temps en temps, dans l'éloquence et dans l'histoire, quelques inspirations dignes des poëtes; dans les *Oraisons funèbres* de Bossuet, on trouve plus d'un passage que la poésie ne saurait surpasser : mais ce n'étaient que des exceptions, et l'on ne se serait pas avisé d'écrire tout un ouvrage de ce style. L'exemple une fois donné, la prose poétique a obtenu droit de cité dans la littérature. Toutefois, on ne saurait nier que la versification ait sur la prose d'incontestables avantages : elle communique au style un charme analogue à celui de la musique; elle distribue avec art les accents et les silences, et s'efforce de peindre les idées par le son et le mouvement des vers. Elle double l'énergie et la vivacité du style, en obligeant l'auteur à resserrer les tours languissants; elle proscrit toute expression faible, et invite l'écrivain à bien faire, en récompensant son travail, car elle grave ses pensées dans la mémoire bien mieux que la plus belle prose.

Le style de la poésie, fût-il même privé de la versification, a encore des caractères particuliers qui en font comme une seconde langue dans la langue d'un pays; souvent même, le principal mérite d'un ouvrage poétique réside dans le style, si bien que l'on prend quelquefois le mot de *poésie* dans un sens restreint de *style poétique*. Cette poésie du style se compose de trois éléments : les termes poétiques, l'usage poétique des termes, et les tours poétiques. Il n'y a pas de langue qui n'ait des termes réservés à la poésie, et d'autres qui en sont bannis. Ces derniers sont ordinairement ceux qui expriment des objets ou des idées désagréables ou indifférents pour l'imagination : tels sont les termes scientifiques ou techniques, et ceux dont on se sert pour les usages vulgaires de la vie. Au XVIIe siècle, on attribuait volontiers aux mots une noblesse ou une bassesse intrinsèque : il faut cependant reconnaître que ces qualités ne sont pas dans les termes, mais dans les choses qu'ils désignent, et qu'ordinairement, quand le mot ne paraît bas, c'est que la chose elle-même répugne. Il arrive néanmoins quelquefois que c'est le mot que l'on proscrit de la poésie, et non la chose : alors, s'il devient nécessaire de désigner l'objet dans un ouvrage poétique, on l'exprime par un terme différent de celui du langage vulgaire, et qu'on appelle *synonyme poétique*. La langue grecque, l'anglais, l'allemand, sont riches en termes poétiques; la langue française est pauvre : notre poésie fait sa langue par élimination, et rejette la plupart de ceux de la langue commune; elle est à la fois pauvre et dédaigneuse. — A défaut de mots qui lui soient propres, et même lorsqu'elle a un vocabulaire particulier, la poésie s'approprie les mots de la langue ordinaire, en leur donnant une valeur qu'ils n'ont pas par eux-mêmes. Elle les associe entre eux de manière à leur donner des significations nouvelles, à les relever les uns par les autres, à leur prêter une grâce et une énergie accidentelles qui font illusion sur leur valeur accoutumée. C'est ce qu'enseigne la théorie des *figures* (*V. ce mot*), qu'on rattache ordinairement à la Rhétorique, quoiqu'elle soit d'un plus grand usage dans la poésie que dans l'éloquence. En général, la poésie cherche les expressions qui représentent la pensée à l'imagination sous une forme sensible : car, pour s'emparer de l'esprit, il faut lui faire voir et sentir les choses dont on lui parle. — Enfin, la poésie se donne une allure particulière par la hardiesse et la liberté avec laquelle elle s'affranchit de certaines entraves de la grammaire. Cette hardiesse, quoique encore très-restreinte, est plus remarquable en français que dans les autres langues, précisément parce que notre construction ordinaire est assujettie à un ordre presque invariable. La suppression des liaisons et des répétitions, les ellipses hardies, quelques inversions réglées, mais dont on peut tirer un heureux parti avec beaucoup d'art, telles sont les libertés autorisées de notre poésie. De nos jours, quelques écrivains audacieux ont essayé d'en introduire de nouvelles, et le défaut de discrétion a compromis leurs réformes.

On dit souvent que la poésie est une *création*. Qu'est-ce que créer? C'est faire de toutes pièces; c'est produire aussi bien le fond que la forme. En ce sens, l'homme ne crée rien, pas même ses idées : il ne fait qu'arranger et composer différents matériaux d'après les idées que lui suggère l'observation, et qu'il combine de manière à en former de nouvelles. On dit qu'il crée, quand ses combinaisons sont assez neuves pour qu'on n'en puisse rencontrer de semblables ni dans la nature, ni dans les œuvres de l'art. Il est vrai que la plupart des ouvrages poétiques exigent cette espèce de *création;* mais le mot a le défaut d'être vague et équivoque. Si la poésie était d'autant plus haute que la création est plus complètement originale, il s'ensuivrait que la poésie fantastique serait le plus haut degré de la poésie : de sorte que les plus grands de tous les poëtes ne seraient pas les Homère, les Sophocle, les Virgile, les Corneille, mais les Apulée, les Perrault et les Hoffmann. La poésie ne crée qu'en imitant la nature; voilà pourquoi Aristote dit que tous les genres de poésie sont des *imitations*. Ce grand esprit n'a pas été lui-même assez explicite : car, en poussant l'imitation à ses dernières limites, on arrive au *réalisme*, qui est le contraire de la poésie. Le véritable objet de la poésie est l'idéal des sentiments, des actions, des caractères, c.-à-d. la nature dégagée, par l'imagination, de cette complexité des circonstances, et de ce mélange d'éléments divers qui nuit à l'unité de l'impression. Ainsi, quand on veut admirer dans un homme une vertu, on la trouve déparée par une faiblesse; quand on est frappé d'un grand vice, on le voit corrigé par une bonne qualité; un beau visage a des imperfections; une action généreuse en apparence peut avoir des motifs intéressés; et, ainsi, il est rare qu'un esprit attentif n'aperçoive pas à la fois, dans un même objet, des traits qui se nuisent réciproquement. La poésie sépare les traits disparates, de manière à rendre l'impression plus forte en la simplifiant. Voilà comme elle imite, comme elle doit imiter. En même temps elle rassemble dans ses types les traits de différents modèles, de manière à donner à un objet particulier un caractère général, et par cela même idéal. On peut donc dire que la poésie crée en idéalisant la nature, ou que la poésie est la représentation de la nature idéalisée; c'est Apelles empruntant à vingt modèles divers les perfections qu'il devait donner à une image de Vénus.

Les différents genres de poésie correspondent aux différents objets d'imitation ou aux différentes manières d'imiter. La *poésie lyrique* exprime la *situation de l'âme* d'un homme en qui débordent des sentiments passionnés, qu'il manifeste avec toute l'énergie, la hardiesse et le désordre d'une imagination qui ne se possède plus ; l'enthousiasme en est l'essence. — La *poésie épique* ou l'*épopée* peint les actions et les mœurs héroïques, au moyen du récit, auquel se mêlent des discours et des descriptions. — La *poésie dramatique* imite les passions, les mœurs et les aventures des hommes, en faisant paraître des personnages sur un théâtre où leur histoire s'accomplit devant nos yeux, et où ils nous font eux-mêmes confidence de leurs sentiments les plus secrets. — Ce sont là les trois genres principaux de la poésie; ils peuvent se diviser en plusieurs espèces, et l'on y ajoute encore des genres accessoires ou formés du mélange des principaux. Ainsi, à la poésie lyrique se rattache la *poésie élégiaque*, qui en est une variété; la poésie dramatique se divise en *tragédie, comédie*, et *drame*, compositions qui ont elles-mêmes leurs subdivisions et leurs variétés. — La *poésie didactique*, qui ne vaut guère que par la versification et le style, est un enseignement orné des formes de la poésie. — La *poésie légère*, avec la grande variété de ses formes, peut quelquefois, suivant la nature des sujets ou la manière de les traiter, rappeler en petit les différents genres de la poésie ; mais, le plus souvent, ce n'est qu'un amusement, un caprice, soumis seulement aux règles les plus générales et les plus libres du style et de la versification (*V. les articles consacrés à ces genres.*) **C.**

POÉTIQUE, méthode pour conduire les poëtes à la perfection de leur art. Elle ne fait pas de poëtes, mais elle vient en aide à la nature, en réglant l'emploi des dons naturels qui font le poëte. Il faut distinguer la Poétique générale, qui pose certains principes universels, immuables, des Poétiques particulières, applicables à telle ou telle Littérature, et même à tel ou tel genre littéraire. Tous les grands siècles littéraires ont eu leur Poétique : ainsi, Aristote a écrit la Poétique du siècle de Périclès, Horace celle du siècle d'Auguste, Vida celle du siècle de Léon X, Boileau celle du siècle de Louis XIV. Ce n'est pas que les poëtes expliquent jamais d'après quelles idées ils ont créé ; mais des esprits plus calmes recueillent ces idées, et les formulent.

I. *Poétique d'Aristote.*—Aristote traite la poésie comme un objet de science, parce qu'elle naît d'une faculté de notre âme, soumise, ainsi que les autres, à des lois naturelles. Suivant son maître Platon, on n'est pas poëte sans être possédé d'un Dieu et en délire : Aristote soumet le délire poétique à une méthode ; il observe les œuvres qu'a produites la poésie, et cherche par quels caractères distinctifs elles appartiennent à la poésie plutôt qu'à tout autre genre. La poésie une fois définie, il en compte les espèces, divise chacune en ses éléments, qu'il subdivise encore, et, prenant ensuite ces parties une à une, il règle la conduite que doit tenir le poëte. Cette méthode serait excellente, si la nature de l'imagination admettait des catégories aussi limitées que celles de la Logique, et si les études de l'observateur avaient pu s'étendre sur tous les essais des différents pays et des différents temps. Mais Aristote ne connaît que la littérature grecque, et il ne lui vient pas à l'esprit qu'un autre peuple puisse avoir un génie différent du génie grec, ni que, chez la race hellénique elle-même, des circonstances nouvelles puissent faire naître des genres nouveaux. Heureusement le modèle qu'il étudie peut suppléer à beaucoup d'autres : l'esprit philosophique que les Grecs ont porté en toutes choses a communiqué à leur poésie même un caractère de généralité par lequel elle s'accommode aux génies des peuples les plus divers, quoique par le détail elle soit trop grecque pour convenir en tout à d'autres nations. Tous les principaux genres poétiques ont été inventés par le peuple grec, et c'est lui qui leur a imposé les noms qu'ils portent encore aujourd'hui, même après s'être modifiés. Ils sont nés comme spontanément de la religion et des mœurs de la nation ; mais c'est la réflexion philosophique qui les a perfectionnés peu à peu, en démêlant leur essence des conditions accidentelles de leur développement, et en excitant les poëtes à se rapprocher toujours d'un idéal de beauté qu'enseigne la métaphysique de l'art. Et comme aucune race du genre humain n'a été mieux douée pour la métaphysique et la pratique à la fois que la race hellénique, elle a pu atteindre et par la pensée et par l'exécution jusqu'à un idéal au-dessus duquel rien n'a été ni produit ni conçu depuis.

Aristote admet, au moins implicitement, qu'on peut être poëte par la seule puissance de la nature, puisqu'il dit que les hommes qui font ce qui est le propre de la poésie le font les uns par *art* et les autres par *habitude* (ch. I) ; et encore, que « le talent poétique exige un heureux naturel ou un esprit en délire » (ch. XVII). Mais de savoir si la méthode est un bien ou un mal pour la poésie, c'est une question qu'il ne pose même pas. Les Grecs sentaient si bien l'avantage qu'il y a pour le génie à marcher dans une voie tracée, où les forces ne se perdent pas en vaines explorations, qu'ils ont cherché dans tous les arts bien plus à travailler d'après un idéal une fois trouvé, qu'à revendiquer l'indépendance absolue du génie personnel : c'est à cette sagesse que nous devons les œuvres si parfaites qu'ils nous ont laissées. Aristote définit la poésie une *imitation* (dont le modèle est évidemment la nature tant morale que physique), et dit, en parlant de la tragédie et de la comédie, que « l'une imite des personnages meilleurs, et l'autre des personnages pires que ceux qui se voient dans la réalité » (ch. III). Il ajoute que, « puisque la tragédie est l'imitation de personnages meilleurs que la réalité, il nous faut imiter les bons peintres de portraits ; car, en rendant les traits propres du modèle, et en donnant la ressemblance, ils peignent plus beau que nature » (ch. XV) ; et encore, que « le poëte, en imitant des hommes de tel ou tel caractère, doit en faire comme des modèles de ce caractère » (*ibid.*). On peut affirmer qu'Aristote appliquait, dans sa pensée, ces principes à tous les genres de poésie, et que l'imitation, en prenant la nature pour modèle, doit l'embellir sans l'altérer ; ce qu'elle fait en représentant, non les singularités d'une personne, mais les traits généraux des passions, qui sont comme l'idéal des passions particulières. Aristote préfère le faux qui est vraisemblable au vrai qui ne l'est pas (ch. IX, XXV), ce qui complète la théorie de la poésie classique relativement à la manière d'imiter la nature. Par la recherche de l'idéal, elle s'éloigne du réalisme ; par la recherche du général et du vraisemblable, elle est l'opposé du romantisme.

Aristote distingue les différents genres de poésie, c.-à-d. d'imitation, par la nature des *moyens*, de la *matière*, et de la *manière*. Les moyens d'imitation sont : le langage, les vers, la musique ; la matière de l'imitation, ce sont les actions et les caractères des hommes ; la différence de la manière consiste à imiter ou par le récit, ou par la représentation des personnages en action. Ces éléments, combinés de différentes façons, constituent les genres poétiques. Les moyens d'imitation ne suffisent pas pour déterminer le genre de poésie. L'usage s'était établi, chez les Grecs, de désigner certains genres de poésie et de poëtes par le nom du genre de vers dont ceux-ci se servaient : de là ces noms d'*épopée*, d'*élégie*, etc., qui ne désignent rien qu'une certaine espèce de vers, laquelle peut s'appliquer à plus d'un genre de poëme. C'est ce qu'Aristote blâme avec raison, tant son esprit s'appliquait à distinguer l'essence des choses de leurs circonstances accidentelles. Malgré cette hauteur de vues, il lui est arrivé de poser en lois des usages qui n'avaient d'autre fondement que la tradition ; par exemple, il décrit le rôle du chœur, ses parties, etc., avec la même assurance que si le chœur était un élément essentiel de la tragédie (ch. XII), quoiqu'on ait pu faire depuis des tragédies où l'absence de chœurs ne se fait nullement sentir, et que les chœurs soient devenus une partie d'un genre tout différent, l'opéra. Il insiste de même sur les reconnaissances (ch. XVI), comme si l'on ne pouvait faire, sans ce moyen, de tragédie parfaite. — Quelquefois aussi, des observations justes le conduisent à des conséquences trop exclusives ; ainsi, ayant observé que la tragédie agit le plus souvent sur nos âmes par la pitié et par la terreur, il place ces deux sentiments dans la définition de la tragédie (ch. VII), comme si elle ne pouvait trouver d'autres moyens de nous intéresser. Cependant déjà les *Perses* d'Eschyle devaient exciter dans l'âme des Athéniens l'enthousiasme patriotique beaucoup plus que la terreur et la compassion ; chez nous, Corneille a fait de l'admiration le ressort principal de plusieurs tragédies, telles que *Cinna*, *Pompée*, *Nicomède*. — Aristote prétend encore qu'un petit nombre de familles sont seules propres à fournir des sujets de tragédies (ch. XIII) ; d'où il est résulté que les tragiques français sont allés trop souvent chercher leurs sujets dans les familles des Atrides et des Labdacides, qui nous sont étrangères, au lieu de les prendre dans notre histoire. — On a souvent exagéré, surtout en France, la rigueur des principes d'Aristote, et on lui a prêté des doctrines qu'il n'a jamais énoncées ; ainsi, dans la théorie de la tragédie, nos auteurs ont établi, comme une règle absolue, ce qu'on appelle les trois *unités* : cependant Aristote n'a rien dit de l'unité de lieu, n'a dit qu'un mot assez obscur de l'unité de temps, sans l'imposer, et n'a prescrit que l'unité d'action (ch. VIII, XXIV, V), qui est en effet une loi d'art et de bon sens.

Il y aurait donc beaucoup de restrictions à faire sur l'autorité absolue des préceptes d'Aristote ; mais un grand nombre de ses prescriptions n'ont pas vieilli et ne peuvent vieillir, parce qu'elles sont la philosophie même de la poésie. Malheureusement, l'ouvrage que nous possédons sous le titre de *Poétique* n'est qu'une ébauche de la pensée d'Aristote, un recueil de notes écrit vraisemblablement vers la fin de la vie de l'auteur, ou peut-être pour servir de programme à un traité qui est perdu. Le génie d'Aristote s'y montre tout entier dans la profondeur des vues ; mais le talent de l'écrivain ne s'y montre qu'en germe : l'expression est souvent obscure, comme celle d'un homme qui n'écrit que pour lui-même ; l'ordre, indiqué seulement pour l'ensemble, manque souvent dans le détail ; les questions principales ne sont résolues qu'en abrégé ; des questions accessoires, au contraire, reçoivent immédiatement tout le développement dont elles ont besoin. Enfin, de tous les genres poétiques, deux seulement sont traités avec quelque détail, la tragédie et l'épopée : il est vrai qu'Aristote, voyant dans la tragédie comme le résumé et l'essence de tous les genres, a pu, en s'étendant sur celui-là, indiquer ses principales idées sur la poésie en général. Toutefois, il serait injuste de juger un pareil livre comme l'expression complète et définitive de la critique d'Aristote, et de lui reprocher certaines lacunes, comme on le pourrait faire pour un ouvrage auquel l'auteur aurait mis la dernière main. V. Egger, *Essai sur l'histoire de la critique chez les Grecs, suivi de la Poétique d'Aristote*, Paris, 1849, in-8°.

II. *Art poétique d'Horace.* — Entre Aristote et Horace se placeraient un grand nombre de travaux sur les poëtes et sur la poésie dans les écoles philosophiques de la Grèce et les écoles littéraires d'Alexandrie et de Pergame : mais ces travaux ont été perdus ; nous citerons seulement Néoptolème de Parium, en Troade, auteur d'une *Poétique*, où Horace a puisé, au dire d'un de ses commentateurs. Cet auteur n'a donc pas le mérite de l'invention originale. Il n'a pas davantage le mérite de la méthode : elle répugnait à son génie, le plus savant et le plus réfléchi des génies capricieux. N'attendez donc de lui ni définitions, ni déductions, ni divisions philosophiques ; il substitue aux théories abstraites des exemples, et, au lieu de doctrines générales, énonce des préceptes particuliers. Sa Poétique est éminemment pratique ; ses conseils sont ceux d'un poëte de grande expérience, d'une raison infaillible, d'un goût exquis, d'une autorité discrète et tolérante. « Pour moi, dit-il, je ne vois ni ce que peut faire l'étude sans une riche veine poétique, ni ce que peut faire le naturel sans culture. » Il voue au ridicule ces prétendus hommes de génie, qui croient qu'on ne peut être poëte sans avoir l'esprit un peu dérangé, et sans affecter des manières étranges. Quant aux études qu'il recommande aux poëtes, il veut qu'ils s'instruisent à fond dans la philosophie morale. Ses préceptes généraux sont les lois mêmes du bon sens appliqué à la poésie : « La poésie n'admet pas la médiocrité ; — Les poëtes se proposent ou l'utilité ou le plaisir des lecteurs ; on n'obtient les suffrages qu'en mariant l'utile à l'agréable ; — Il faut travailler d'après nature ; — Pour bien écrire, il faut avoir l'esprit nourri de pensées solides ; — L'imagination du poëte a toute liberté, mais à condition de mettre de l'harmonie dans ses conceptions ; — Avant d'entreprendre un ouvrage, il faut bien connaître ses forces ; — Si l'on ne force pas son talent, on ne trouvera pas de difficulté à écrire ; — Le mérite de détail ne rien, sans l'à-propos, la convenance des parties, et la beauté de l'ensemble ; — A chaque genre de poésie convient un certain genre de vers et un certain ton de style, etc. » On pourrait multiplier ces excellents préceptes, dont il existe un admirable commentaire dans le *Projet de Poétique* de Fénelon (*Lettre sur les occupations de l'Académie française*). Quant aux moyens de relever la poésie romaine, ils se bornent à imiter savamment la poésie grecque : Horace ne tient nul compte des traditions romaines ; quelque faible que fût l'art original de ses compatriotes, il méritait une mention ; mais au siècle d'Auguste on l'avait oublié pour suivre l'exemple des Grecs.

Les genres auxquels Horace s'attache de préférence, à l'exemple d'Aristote, sont la tragédie et l'épopée : tous ses exemples sont tirés des tragiques grecs, ou d'Homère, et des poëtes cycliques de la Grèce. Il n'imagine rien hors de ces modèles. Quand il fait l'histoire de la poésie en général, ce n'est que l'histoire de la poésie grecque qu'il raconte : il semble qu'il ne puisse pas y en avoir d'autre. On croirait même qu'on n'y peut rien changer, ni rien en retrancher : le chœur, avec son accompagnement musical, lui paraît si bien de l'essence de la tragédie, qu'il ne lui vient pas à l'esprit de remarquer que, chez les Grecs mêmes, l'importance du chœur a toujours été en diminuant, et que la tragédie, en s'éloignant de son origine, devait finir par se débarrasser entièrement des langes de son enfance. On est plus surpris encore de la longueur des développements sur le drame satyrique, genre exclusivement attique, et qui ne pouvait en aucune façon convenir au génie romain ; mais il faut que toute la littérature grecque passe à Rome. Pour l'invention des sujets, c'est encore à la Grèce qu'il faut emprunter. Il vaut mieux mettre en actes quelque partie de l'*Iliade* que de hasarder sur la scène un sujet nouveau et inconnu ; empruntez à la tragédie grecque quelqu'une de ses fables ; donnez aux personnages le caractère que la tradition

poétique a consacré. Les préceptes sur l'épopée ne sont guère autre chose que l'analyse des mérites d'Homère, et des défauts des poëtes cycliques : Horace enseigne à faire des poëmes sur le modèle de l'*Iliade* et de l'*Odyssée*. Ainsi, non-seulement le sujet, mais le plan même doit être emprunté des Grecs. Il faut leur prendre encore leurs différentes espèces de vers et leur sévérité de versification. Si la langue romaine est trop pauvre, pour l'enrichir on ira puiser à la source de la langue grecque. Ce qui donne seulement un caractère romain à la Poétique d'Horace, ce sont les reproches qu'il adresse à ses concitoyens : il réprimande la négligence des poëtes et l'indulgence ignorante du public ; la grossièreté de certains écrits, notamment des comédies de Plaute, qu'il traite avec une rigueur souverainement injuste ; les prétentions des riches, que leurs flatteurs érigeaient en poëtes ; l'amour du lucre, qui avait toujours été la passion dominante et antipoétique du caractère romain, etc. En un mot, l'œuvre d'Horace est en maint passage une satire. Il n'avait écrit qu'une simple *Épître aux Pisons*, avec cette liberté de plan, cette variété de ton, cette vigueur, cette concision, et ce bonheur d'expression qui lui sont propres. C'était une conversation sur la poésie. Comme elle renfermait une Poétique, on lui en a donné le nom ; mais il n'y faut pas chercher ce qu'il n'a pas voulu y mettre, une forme méthodique et didactique : c'est un modèle de l'urbanité mordante des Romains, et non de la parole grave et compassée d'un maître. V. Feys, *L'Art poétique d'Horace considéré dans son ordonnance*, 1856, in-8°.

III. *Art poétique de Vida.* — Le savant versificateur de Crémone enseigne l'art d'emprunter aux Anciens, et surtout à Virgile, leurs pensées et jusqu'à leurs expressions : il a fait une excellente Poétique de collège, et rien de plus. Il montre aux écoliers de grande espérance à faire passer Virgile et Horace dans leurs vers, non en plagiaires, mais en disciples ingénieux. Les trois livres de son poëme prêchent d'exemple ; ce sont de très-habiles pastiches des maîtres de la poésie latine. Mais de théories nouvelles, il ne lui en faut pas demander. Vida voudrait que la poésie italienne de son temps ne fût autre chose que la poésie du siècle d'Auguste ressuscitée. Poëte du XVIe siècle, prélat chrétien, il ne semble pas se douter de la chute de Jupiter et de l'Olympe antique, tant il invoque de bonne foi *les dieux Indigètes de Rome et Apollon père de Troie*, tant il se persuade aisément que le pape Léon X est le *prêtre des dieux* et même leur *rejeton*. Au moins a-t-il écrit, ou plutôt compilé, en très-bon latin moderne, un traité d'éducation qui pourrait être utile, bien que tout ce qu'il contient de meilleur se retrouve ailleurs, chez des écrivains plus originaux.

Un contemporain de Vida, Jules Scaliger, a composé aussi un *Art poétique* en huit chants, qui n'intéresse que les érudits. Le Tasse a écrit des *Discours* et des *Lettres* sur la Poétique. En France, plusieurs Poétiques parurent au XVIe siècle, entre autres celles de Thomas Sébilet, de Claude Boissière, de Jacques Pelletier, et de Pierre de Loudun ; Vauquelin de la Fresnaye publia son *Art poétique* en 1604. Citons encore la *Poétique* de Jules de La Mesnardière (1640), et l'*Art poétique* de Colletet (1658).

IV. *Art poétique de Boileau.* — Lorsque Boileau entreprit de donner des lois au Parnasse français, le désordre y régnait. Deux hommes de génie avaient, il est vrai, créé la tragédie et la comédie, mais le goût public n'était nullement formé. La littérature d'une nation ne s'affermit dans sa véritable voie que lorsque la théorie se joint aux exemples. On savait encore si peu, dans le second tiers du XVIIe siècle, ce que devait être la poésie française, qu'on applaudissait les imitations italiennes et espagnoles. Boileau marqua la voie du génie français avec une énergie et une précision merveilleuses. L'esprit français aime la méthode et la règle ; il prise plus le bon sens que la fantaisie, et la passion vraie que l'audace de l'imagination : c'est ce que Boileau a vu et enseigné mieux que personne, et nul, plus que lui, n'a contribué à faire de la poésie française une poésie classique, c.-à-d. un type de perfection dans un certain genre. Il commence par écarter du Parnasse une foule de malheureux écrivains qui prennent « pour génie un amour de rimer ». A l'exemple d'Horace, il trouve (ch. Ier) qu'

Il n'est point de degrés du médiocre au pire.

Il faut que l'homme né pour être poëte sache pour quel genre la nature l'a fait, et mesure son ambition à ses forces. — Il se montre dès l'abord (ch. i) le poëte de la raison, et dit :

> Aimez donc la raison : que toujours vos écrits
> Empruntent d'elle *seule* et leur lustre et leur prix.

A prendre ces vers à la lettre, on pourrait dire qu'il bannit de la poésie la poésie elle-même, dont la nature est autre que celle de la raison ; mais Boileau s'adresse aux poëtes qui sacrifient la raison à la rime, et c'est par antithèse qu'il leur parle ainsi. Il sous-entend l'imagination, et s'arrête sur ce qui avait besoin d'être fortement enseigné, le bon sens et le bon goût. Il blâme les faux brillants de l'Italie, la pompe vaine du gongorisme, les pointes des Précieuses, et même les agréments de détail qui nuisent à l'ensemble ; en un mot, tous les abus du bel esprit, symptômes de décadence, et qui venaient chez nous d'un défaut de maturité.

Ce qui ne lui paraît pas moins précieux que le bon sens, c'est la passion vraie. Son poëme est tout rempli de préceptes sur ce sujet ; il ne craint rien tant que la froideur. Il veut (ch. iii) que partout

> La passion émue
> Aille chercher le cœur, l'échauffe et le remue.

Très-sévère sur les qualités morales du poëte, il ne le met pas au-dessus de la société ; il ne lui attribue pas une sorte de royauté de droit divin ; mais, avec plus de modestie, il exige qu'il soit honnête homme, dans tous les sens qu'on donnait alors à ce mot (ch. iv) :

> Que votre âme et vos mœurs, peintes dans vos ouvrages,
> N'offrent jamais de vous que de nobles images...
> Cultivez vos amis, soyez homme de foi :
> C'est peu d'être agréable et charmant dans un livre ;
> Il faut savoir encore et converser et vivre.

Boileau impose au poëte les mêmes études préliminaires qu'Horace, mais il insiste plus que l'auteur romain sur la correction de la langue : c'est que la langue poétique de la France, même après Corneille, n'était pas formée ; elle avait dit d'admirables choses, elle ne savait pas tout dire ; elle travaillait à se fixer, et était encore un peu flottante. Quant aux genres poétiques, personne, avant Boileau, n'en avait fait une revue aussi complète, ne les avait aussi bien caractérisés, n'avait donné sur chacun des préceptes aussi étendus ni aussi pratiques. Il ne se contente pas de transporter en France des genres et des préceptes étrangers : il analyse les genres qui existent dans la nature, sans dédaigner les inventions des modernes, et il en donne les lois, moins d'après l'autorité des Anciens que d'après celle de la raison, qui est de tous les temps. Cependant, il y a d'une erreur à regretter dans cette belle théorie des genres poétiques. On remarque d'abord l'absence de l'apologue, qui méritait bien, au moins depuis La Fontaine, de trouver une place dans une énumération où l'épigramme et le madrigal en tiennent une aussi considérable, et où le sonnet prend une importance démesurée. On trouve un jugement plus que discutable sur Molière (ch. iii), qui

> Peut-être de son art eût remporté le prix,

apparemment s'il se fût enfermé dans la noble discrétion de Térence. Le Tasse est traité avec une sévérité qui n'est pas de la justice. Corneille ne reçoit pas tout l'honneur qu'il mérite ; on sent que Boileau est trop l'ami de Racine. La théorie même de l'art dramatique est faite en partie pour ce dernier, car il le dit de l'amour (ch. iii) :

> De cette passion la sensible peinture
> Est pour aller au cœur la route la plus sûre.

Et le patriotisme fanatique du vieil Horace, et la clémence d'Auguste, et le pieux respect de César pour son ennemi vaincu, et toutes les passions viriles en un mot, n'ont-elles rien qui puisse émouvoir le cœur ? Boileau écrit pour une cour galante, on ne voit pas au delà du goût de son temps. Or, les héros amoureux de Racine ont bien plus pâli que de fiers caractères de Corneille. — Dans sa théorie du poëme épique, Boileau proscrit le merveilleux chrétien, et veut qu'on lui substitue le merveilleux païen, qui ne laisse pas de nous qu'un ornement d'emprunt : mais là encore il a suivi le goût de son temps, qui voulait que dans tous les arts les fictions mythologiques se mélassent aux scènes de la vie réelle.— Il n'est pas non plus seul responsable de la rigueur avec laquelle il a imposé aux poëtes tragiques la règle des *trois unités* ; il a suivi Corneille, qui s'était tourmenté toute sa vie pour établir sur lui-même ce joug plus gênant qu'utile. Personne alors ne songeait à contester ni l'autorité d'Aristote, ni l'utilité de la règle. Si les auteurs se trouvaient à la torture, ils n'en accusaient pas leur peu de génie : heureux temps pour les auteurs de Poétiques ! — On trouve aussi dans l'*Art poétique* des passages dont la faiblesse étonne ; ce sont ceux où l'auteur raconte l'histoire de la poésie française : les erreurs et les faux jugements y fourmillent. Quant à l'histoire de la poésie antique, il l'a presque entièrement traduite d'Horace, dont il a répété les erreurs avec une docilité un peu trop crédule. — On a reproché enfin à Boileau d'avoir omis l'invention poétique : mais a-t-on bien établi qu'il y ait quelque chose à enseigner sur ce sujet ? Le poëte pensait sans doute qu'il n'y a pas de préceptes qui puissent tenir lieu du génie créateur, et que le rôle de la Poétique n'est pas d'apprendre à trouver, mais d'apprendre à faire usage de ce qu'on a trouvé.

Quant à la forme de l'*Art poétique*, on s'accorde généralement à la reconnaître pour excellente. Le plan est large et bien conçu. Dans le Ier chant, l'auteur expose ses idées d'ensemble sur les qualités intellectuelles qu'exige la poésie, et sur les grands principes de composition, de style et de versification qui s'appliquent à tous les genres. Dans les chants II et III, il donne les règles particulières à chaque genre, en commençant par les plus humbles et finissant par les plus élevés. Enfin, dans le IVe chant, il fait en quelque sorte l'éducation morale du poëte. La sévérité des leçons est souvent adoucie par des épisodes ou de narration, ou de description, ou de discussion, qui donnent du mouvement et de l'intérêt à l'ouvrage. Le style est, en général, le modèle du style didactique : justesse profonde des pensées, naturel et brièveté de l'expression ; on ne trouverait nulle part, pas même dans Horace, un plus grand nombre de ces expressions de génie auxquelles on ne pourrait rien changer. On objecte le nombre des imitations ; mais on ne songe pas que l'imitation, d'une langue à une autre, est création quant au style. Horace a eu beaucoup de traducteurs en vers depuis Boileau ; il n'en est pas un dont les vers, comme ceux de notre auteur, soient devenus proverbes. Ce que l'on conteste le plus à l'auteur de l'*Art poétique*, c'est la poésie de l'expression : on veut bien reconnaître que son style est pur, ferme, plein de sens, mais on déclare que c'est de la prose rimée. Si l'on se fait de la poésie dans le style une idée invariable, d'après tel ou tel poëte, Boileau peut n'être pas poëte : la hardiesse chez lui est toujours mesurée, l'éclat de l'expression est tempéré ; l'harmonie de l'ensemble ne souffre pas les beautés ambitieuses. Mais de quelque façon que l'on qualifie le style de Boileau, il faut bien reconnaître qu'il n'a pas de pair dans notre poésie. Son grand malheur, c'est qu'on le sait par cœur dès l'enfance : combien citerait-on d'écrivains qui pussent résister à cette épreuve ? — En résumé, quelles que soient les imperfections de notre *Art poétique*, c'est un livre dont l'autorité, en certaines parties, durera autant que la langue française. On ne peut tenter aucune révolution dans la poésie sans commencer par s'en prendre à lui. Dans le grand débat littéraire de l'époque de 1830, il s'est trouvé, au bout de quelque temps, que les *classiques* et les *romantiques* auraient pu être définis, avec une certaine justesse, les défenseurs et les adversaires de Boileau.

Marmontel a écrit en prose une *Poétique française*, qui est un ouvrage de bon sens, mais pâle et de peu d'autorité. — V. l'abbé Batteux, *les Quatre Poétiques*, Paris, 1771 ; A. Nisard, *Examen des Poétiques d'Aristote, d'Horace et de Boileau*, St-Cloud, 1845.   C.

POIDS ET MESURES. La France conserva jusqu'à la Révolution les poids et mesures qu'avaient autrefois les différents États dont elle s'est formée par voie d'adjonction ou de conquête ; souvent même des termes semblables désignaient des mesures diverses. Un pareil état de choses entravait le commerce, gênait la circulation, favorisait la fraude, et jetait de la confusion dans toutes les relations de vente et d'échange. Il a pourtant fallu dix siècles de préparation, de tâtonnement, pour arriver à l'uniformité des poids et mesures. En 825 déjà, au 4e concile de Paris, on la demandait comme chose urgente ; en 1322, Charles IV le Bel rendit une ordonnance dont le but était de préparer cette unité, rêvée aussi par son prédécesseur Philippe V le Long. Louis XI fit vainement un nouvel effort pour l'établir. L'uniformité des poids et mesures fut encore un vœu des États Généraux

de 1560. On en reprit l'idée sous Louis XVI, et elle fut enfin décrétée par la Convention, le 18 germinal an III (7 avril 1795). Toutefois, on toléra encore la traduction, suivant l'ancien système, des mesure décimales; l'emploi exclusif de ces mesures est devenu obligatoire par la loi du 4 juillet 1837. — L'ancien Droit français punissait généralement comme faussaire quiconque employait ou fabriquait de faux poids et de fausses mesures. Depuis l'établissement du système décimal, on a de même décrété une pénalité contre les possesseurs de poids et de mesures non conformes à la nouvelle fixation. Quiconque, par usage de faux poids, a trompé sur la quantité des choses vendues, est puni d'un emprisonnement de 3 mois à 1 an, et d'une amende de 50 fr. au moins; les détenteurs de faux poids sont punis d'une amende de 11 à 15 fr., et d'un emprisonnement de 5 jours au plus (Code pénal, art. 423 et 479). Les objets du délit sont confisqués et brisés. La loi du 27 mars-1er avril 1851 punit également ceux qui emploient des manœuvres ou procédés tendant à fausser l'opération du pesage et du mesurage. Si le vendeur et l'acheteur ont employé, dans leur marché, d'autres poids et mesures que ceux établis par la loi, l'acheteur est privé de toute action contre le vendeur qui l'a trompé, mais sans préjudice de l'action publique pour la punition de cette fraude et de l'inobservance de la loi. — Bien que tout officier de police ait le droit de constater et de faire punir les contraventions en cette matière, il existe dans chaque arrondissement un fonctionnaire spécial, appelé *vérificateur des poids et mesures* (de 1,200 à 1,500 fr. de traitement), et chargé de faire exécuter la loi d'uniformité et d'exactitude. Quand le service est confié à plusieurs vérificateurs, le préfet leur assigne des résidences, et fixe les circonscriptions où ils exercent leurs fonctions. Le décret de décentralisation de mars 1852 a donné aux préfets la nomination des vérificateurs; mais leur traitement est déterminé par le ministre de l'agriculture, du commerce et des travaux publics. Ces fonctionnaires doivent être âgés de 25 ans au moins et de 40 ans au plus, prêter serment, et subir des examens spéciaux; il leur est défendu d'exercer aucune autre fonction publique ou assujettie à la vérification; agents du gouvernement, ils ne peuvent être poursuivis devant les tribunaux sans l'autorisation du Conseil d'État. Le ministère de l'agriculture donne en dépôt à chaque bureau de vérification un assortiment complet de prototypes préalablement poinçonnés. Une circulaire de 1839 dit encore qu'il doit y avoir dans chaque commune une collection des principaux étalons des poids et mesures décimaux : les maires et autres officiers de police ont ainsi perpétuellement sous la main des instruments de comparaison qui facilitent la surveillance, et, d'autre part, les instituteurs primaires peuvent mettre sous les yeux des élèves auxquels ils enseignent le système métrique l'ensemble des pièces qui le constituent légalement. Chaque vérification nouvelle est constatée par l'apposition d'un poinçon nouveau. Cette loi s'étend aux poids et mesures employés dans les halles, les foires et les marchés, dans les étalages mobiles, les bureaux d'octroi, les bureaux de poids publics, les hospices et hôpitaux, les prisons, les établissements de bienfaisance, et tous les autres établissements publics. Les fabricants et marchands de poids et mesures ne sont assujettis à la vérification périodique que pour ceux dont ils font usage dans leur commerce; les poids, mesures et instruments de pesage et mesurage neufs doivent seulement être marqués du poinçon de la vérification primitive.
J. G.

POIGNARD, arme courte, pointue et tranchante, dont il a existé un grand nombre de variétés. Ce fut une arme de guerre avant l'invention des armes à feu, et on la conserva même en Espagne jusqu'au XVIIe siècle. Les soldats romains, principalement depuis l'Empire, portèrent un poignard qu'on appelait *parazone*, parce qu'il s'attachait à la ceinture (*ad zonam*). Les chevaliers du moyen âge en eurent un aussi à la ceinture, pour égorger les vaincus, et l'appelèrent par antiphrase *miséricorde* ou *merci*. Les armes tranchantes avec lesquelles les coutiliers et les archers achevaient les blessés, étaient des espèces de poignards, aussi bien que la dague des seigneurs. On s'est servi de poignards empoisonnés, non-seulement chez les Asiatiques, mais encore en Italie, où l'on les perçait à jour de mille trous pour loger de l'arsenic amalgamé dans de la graisse. Au XVIe siècle, les seigneurs de France, en habits de cour, portaient des poignards élégamment engainés. Les femmes italiennes et espagnoles en passaient autrefois dans leur jarretière. B.

POIGNARD (SABRE-). *V.* SABRE-POIGNARD.

POIKILORGUE, instrument à clavier et à anches libres, du genre de l'*orgue expressif* (*V.* ce mot), inventé par Cavaillé-Coll.

POINÇON, instrument servant à marquer les objets d'or et d'argent. On distingue le poinçon du *fabricant*, et celui du *titre* et du bureau de *garantie*. Il existe aussi un poinçon pour les ouvrages provenant de l'étranger, un poinçon d'exportation, un poinçon dit *de remarque* pour les chaînes, et un autre, dit *de recense*, que l'autorité publique fait appliquer quand elle craint quelque infidélité relative au titre et aux poinçons. Les lingots affinés sont marqués d'un poinçon particulier. Il y avait enfin autrefois le poinçon des ouvrages de hasard. — Ce fut une ordonnance de Philippe le Bel, en juin 1313, qui astreignit les orfèvres à poinçonner leurs ouvrages. En 1470, Louis XI les autorisa à employer, pour les reliquaires, de l'or et de l'argent à bas titre, en inscrivant dessus : *Non venundetur*, afin de certifier que ces objets n'étaient pas destinés au commerce. Une ordonnance rendue par Louis XII à Blois (novembre 1506) leur enjoignit de faire contre-marquer leurs ouvrages par les maîtres-jurés, gardiens du contre-poinçon de la Maison commune, et ce contre-poinçon devait être changé tous les ans, enregistré à la Cour des monnaies, et empreint sur la table de cuivre où l'on gravait les noms des maîtres au change. La contrefaçon des poinçons est punie par notre *Code pénal* (art. 140). B.

POINÇON, terme de Monnayage. *V.* COIN.

POINÇON, terme de Charpenterie. *V.* COMBLE.

POINT, signe de ponctuation qui marque la fin d'une phrase ou d'une proposition. Il y a le *point final* (.), le *point d'exclamation* (!), le *point d'interrogation* (?). On emploie le *point et virgule* (;) pour indiquer la fin d'une proposition accessoire annexée à la proposition principale, et les *deux points* (:) pour marquer la liaison entre une phrase et celle qui la suit. Le point se place aussi sur l'*i* et le *j* minuscules. *V.* PONCTUATION.

POINT (Faire le), en termes de Marine, c'est calculer la route déjà faite par un bâtiment, et marquer sa position sur la carte par un point. Les déterminations plus ou moins rigoureuses de cette position expliquent les expressions de *point estimé, point observé, point corrigé, point vrai*, etc.

POINT (Mise au). *V.* MISE AU POINT.

POINT, en Musique, indique, quand il est placé après une note, que cette note doit être augmentée de la moitié de sa valeur normale. Une note surmontée d'un point doit être *détachée* dans l'exécution. — Le *point d'orgue* placé sur une note indique un point d'arrêt plus ou moins long, pendant lequel, la mesure étant suspendue, un exécutant brode des ornements que lui suggère son goût ou que le compositeur a écrits. Les points d'orgue sont placés à la terminaison d'une cadence. Leur nom vient de ce qu'à l'origine l'orgue soutenait la note sur laquelle avait lieu le repos. — Le *point d'arrêt* est le signe du point d'orgue placé sur un silence qu'on doit prolonger au delà de sa durée régulière.

POINT, terme de Typographie. *V.* CARACTÈRES D'IMPRIMERIE.

POINT, dans les jeux de cartes, se dit du nombre qu'on attribue à chaque carte. L'as vaut, selon les jeux, un ou onze points; les figures valent dix, et les autres cartes le nombre qu'elles marquent. Au Piquet, on nomme *Point* l'ensemble des points que composent plusieurs cartes de même couleur. On appelle enfin *Points* les nombres qu'on marque après chaque coup de jeu ou chaque partie.

POINT, en termes de Rhétorique, s'entend des divisions d'un sermon.

POINT, en termes de Jurisprudence, est synonyme de *question*, comme quand on dit un *point de Droit*, un *point de fait*.

POINT D'HONNEUR, ce qu'on regarde comme intéressant l'honneur. Louis XIV institua un *Tribunal du point d'honneur*, composé des maréchaux de France, pour décider si telle offense valait ou non la peine de se battre. Un édit du 13 janvier 1771 établit près de chaque sénéchaussée un *Conseil du point d'honneur*, dont les membres s'appelaient *Officiers du point d'honneur*, et jugeaient les différends survenus entre gentilshommes. Ces institutions disparurent à la Révolution.

POINT DE VUE, se dit, en Perspective, du point que le peintre ou le dessinateur choisit pour mettre les objets en perspective.

POINTS, en termes de Blason, divisions carrées de

l'écu, dont les unes sont d'un émail, et les autres d'un autre émail.

POINTS-VOYELLES. *V.* HÉBRAIQUE (Écriture).

POINTAGE, action de diriger une bouche à feu de manière que le projectile atteigne un but déterminé. M. Page a publié une *Théorie du pointage.*

POINTE, instrument d'acier à l'usage des graveurs. Pour graver à l'eau-forte, on dessine avec la pointe sur le vernis dont la planche est enduite, et on découvre ainsi les parties où l'acide doit mordre. On grave à la *pointe sèche*, lorsqu'on forme des traits ou des hachures sans recourir à l'eau-forte : dans ce cas, la pointe ouvre le cuivre sans en rien détacher.

POINTE DE DIAMANT. *V.* DIAMANT.

POINTILLÉ, manière de peindre qui consiste à poser les couleurs par petits points, au moyen d'un pinceau bien appointé. On emploie le pointillé surtout dans la miniature, et pour les chairs. On dessine aussi au pointillé, avec la pierre noire ou l'encre de Chine. Enfin il y a une gravure au pointillé. *V.* GRAVURE.

POINTURES, en termes de Typographie, petites pointes de fer attachées au tympan, lesquelles, perçant, dans les blancs du milieu, la feuille de papier qu'on imprime d'un côté, servent à la poser parfaitement en registre quand on imprime l'autre côté.

POIRE D'ANGOISSE. *V.* ANGOISSE.

POISSON. Il est, dans l'Iconographie, l'emblème de la qualité de chrétien, parce que le mot grec ΙΧΘΥΣ (*ichthus*), qui veut dire *poisson*, renferme les initiales des mots *Jesus Christus Dei filius salvator.* Le poisson, parce qu'il vit dans l'eau, est aussi l'emblème du baptême.

POISSY (Caisse de), caisse qui servait autrefois à payer comptant les achats faits par les bouchers de Paris sur les marchés aux bestiaux de Sceaux et de Poissy. Elle fut instituée par édit du 10 novembre 1733, confirmée en 1743, 1744 et 1755, supprimée en 1776, rétablie en 1779, abolie encore avec toutes les corporations en 1791, et reconstituée par décret du 6 février 1811. Le fonds de la caisse était formé avec les cautionnements des bouchers, s'élevant à 1,500,000 fr. Elle percevait d'abord sur le montant des ventes un droit de 3 1/2 p. 100, mis à la charge des producteurs ; plus tard ce fut un droit fixe par tête de bétail, 10 fr. pour un bœuf, 6 fr. pour une vache, 2 fr. 40 c. pour un veau, 0 fr. 70 c. pour un mouton, droit acquitté par les bouchers. Les prêts de la caisse étaient faits à l'intérêt de 5 p. 100 l'an ; les bouchers souscrivaient des engagements emportant contrainte par corps. La caisse de Poissy a été supprimée en 1858.

POISSY (Église de). Cette église, autrefois collégiale, et qu'il ne faut pas confondre avec une abbaye démolie en 1802, présente un assemblage de constructions de différentes époques, mais qui n'en sont pas moins intéressantes. La nef, le chœur, les chapelles des deux côtés du chœur, une partie du bas côté méridional, la tour centrale et la tour occidentale, sont en style roman du xIe et du xIIe siècle ; le collatéral du nord est en style ogival du xIVe ; les chapelles des collatéraux appartiennent au xVe, et le porche méridional au commencement du xVIe. De nombreuses réparations ont été faites plus tard à tout l'édifice, mais en conservant les anciennes formes : ainsi, au xVIIe siècle, on rebâtit la tour occidentale et les premières travées de la nef, et on refit le grand comble. D'importantes restaurations ont été exécutées de nos jours. L'église de Poissy a 68 mèt. de longueur, et 33 mèt. de largeur, et est dépourvue de transept. On y remarque quelques débris des fonts baptismaux sur lesquels Louis XI a été baptisé, et, dans la chapelle de St-Barthélemy, de belles boiseries du xVIIe siècle. La tour qui s'élève au-dessus de la dernière travée de la nef, à l'entrée du chœur, est une des plus belles et des plus pures du style roman : aux angles de sa base carrée se dressent quatre pinacles massifs ; le beffroi est un octogone irrégulier, percé d'arcades jumelles sur les grands côtés et d'arcades simples sur les petits ; la flèche est en charpente.

POITEVIN (Dialecte), un des dialectes de la *Langue d'oc* (*V.* ce mot). On y distingue deux variétés, le langage du haut Poitou, qui est plus doux, et celui du bas Poitou, qui se ressent du voisinage de la Bretagne. La prononciation du poitevin est lente, monotone, très-accentuée. Parmi les œuvres écrites dans ce dialecte, on remarque le recueil intitulé *La gente poitevine,* dont il existait déjà plusieurs éditions à la fin du xVIe siècle, et *La Mizaille à Tauny* (La Gageure d'Antoine), comédie par Jean Drouet, apothicaire à Saint-Maixent, 1651. Le

langage de la Saintonge, de l'Aunis et de l'Angoumois est une variété du poitevin. Dans la Gavacherie (enclave des arrondissements de Libourne, de la Réole et de Marmande), on parle le saintongeois ; c'est que des colons de la Saintonge y furent appelés aux xVe et xVIe siècles. *V.* De La Fontenelle de Vaudoré, *Recherches sur la langue poitevine.*

POITIERS (Église St-PIERRE, à), église cathédrale commencée en 1162 par Henri II, roi d'Angleterre, sur les instances de sa femme Éléonore d'Aquitaine, à l'emplacement de plusieurs édifices antérieurs, et consacrée seulement en 1379. Dans cet intervalle, l'architecture religieuse modifia plusieurs fois ses principes, et l'on en trouve la preuve dans les diverses parties de l'édifice, qui, entrepris en style romano-byzantin, est arrivé au style ogival secondaire. L'extérieur de la cathédrale de Poitiers est assez lourd : on n'y voit ni ces combles aigus, ni ces frontons pyramidaux qui donnent de l'élancement à l'ensemble, ni ces tours et ces flèches qui dominent les constructions environnantes avec tant d'élégance ou de majesté ; tout paraît écrasé. Le portail, large de 38 mèt., fut construit de 1307 à 1312 : il est percé de trois portes surmontées de frontons peu développés, et dont les voussures sont garnies de statuettes d'Anges et de Saints abritées de dais ; mais les niches latérales n'ont plus leurs statues de princes et d'évêques, qui ont été détruites à la Révolution. Les sculptures des tympans sont bien conservées : au-dessus de la porte centrale on a représenté, en trois compartiments superposés, la Résurrection des morts, la Séparation des justes et des méchants, et Jésus-Christ, entouré d'Anges, prononçant le dernier jugement ; les deux autres tympans sont chargés de sculptures relatives à la Ste Vierge et à St Pierre. Une grande rose centrale, endommagée par un incendie en 1681, et deux fenêtres surmontent les portes. La façade est flanquée de deux tours peu décorées, et dont la partie supérieure porte les caractères de l'art du xVe siècle ; celle de droite a 34 mèt. de hauteur, et celle de gauche 32 mèt. Sur le flanc gauche de l'édifice, près du transept, et abritée sous un auvent disgracieux, est la porte St-Michel, que décorent de belles sculptures. Au-dessus du chœur s'élevait jadis une flèche de plus de 100 mèt. ; endommagée par la foudre en 1713, on la démolit en 1769. — A l'intérieur, où l'on descend par un escalier de 4 marches, la cathédrale de Poitiers a 94m,50 de longueur, 30m,30 de largeur dans la nef, et 56m,50 à la croisée, 29m,50 de hauteur sous la voûte principale, et 24m,20 dans les bas côtés. Pour ajouter à la fuite des lignes et à la profondeur de la perspective, l'architecte a diminué la largeur des nefs et abaissé les voûtes vers le chevet. Les arcades de la grande nef sont en ogive, avec des moulures toriques ; mais les arcatures décoratives des nefs latérales sont à plein cintre. Les piliers qui soutiennent les voûtes sont très-espacés, et l'on n'en compte que six de chaque côté ; ce sont des massifs entourés de colonnettes groupées en faisceaux. Les voûtes, établies sur de belles nervures rondes, sont légèrement surélevées en coupoles, et partagées en *compartiments nombreux.* Parmi les fenêtres, les unes sont romanes, les autres ogivales ; une grande partie des vitraux peints a été détruite par les calvinistes. L'abside est terminée carrément par une muraille droite, percée de trois fenêtres romano-byzantines. L'autel, au lieu d'être au fond de l'église, est placé, depuis 1623, sous la grande voûte du transept. La cathédrale de Poitiers a subi plusieurs fois des restaurations inintelligentes ; on remarque surtout le mauvais goût qui présida, pendant le xVIIe siècle, à l'érection d'une galerie à balustres autour de l'édifice. Les fonts baptismaux, la chaire, le chemin de la croix, un certain nombre de statues, de peintures et d'ornements modernes, choquent également la vue. *V.* l'abbé Auber, *Histoire de la cathédrale de Poitiers,* 2 vol. in-8°.   B.

POITIERS (Église NOTRE-DAME, à), monument intéressant de l'architecture romano-byzantine du xIIe siècle, surtout à cause de son grand portail, dont la décoration couvre tout le mur de face. Le sommet de ce portail se termine en pignon interrompu, et est accompagné de deux tourelles à toit conique et appareillé en écailles de poisson : au milieu du pignon, un cadre creux, en forme d'amande, contient le Christ bénissant, et près de lui les attributs des Évangélistes. Au-dessous est une grande fenêtre, formée d'une ancienne rose, et flanquée de deux rangs de niches. Plus bas se trouve la grande porte en plein cintre, et, à ses côtés, deux fausses portes en ogive obtuse. Les scènes sculptées dans les archivoltes embrassent toute l'histoire sacrée : on y rencontre Adam et Ève, Nabuchodonosor et les quatre grands prophètes, la Visitation, la Nativité, etc. La nef de l'église Notre-Dame est voûtée en berceau, et l'abside en cul-de-four; les piliers sont lourds et trapus; les collatéraux, étroits et à voûte d'arête se prolongent autour du sanctuaire. Pendant le xvie siècle, on a ajouté des chapelles au bas côté gauche, et un portail au midi. L'église a une petite crypte.

POITIERS (Temple de St-JEAN, à), l'un des plus anciens monuments religieux qui existent en France. Après avoir été considéré comme un temple élevé sous l'empereur Auguste, ou au iiie siècle, et même comme un simple tombeau romain, il passe aujourd'hui pour une construction chrétienne, pour un baptistère du vie siècle. C'est un corps de bâtiment en forme de carré long (13 mèt. sur 8), auquel une arcade a été faite pendant le xie ou le xiie siècle, parallèlement au grand côté du carré qui est au S.-O. Les petits côtés du carré sont terminés par un pignon ou gâble à double égout, dont le centre est rempli par trois grandes pierres sculptées. La pierre du milieu, qui est la plus haute, présente un carré encadrant une rosace, et surmonté d'un petit fronton triangulaire dont le centre est orné d'un fleuron; les deux autres pierres sont en forme de triangle, comprenant un fleuron à 6 feuilles formées de briques incrustées. Une corniche supportée par des modillons règne au-dessous du gâble, et plus bas se trouvent plusieurs rangs alternés de briques et de pierres de taille : on a placé dans cette partie du mur, entre deux frontons triangulaires dans le même goût que ceux du gâble, une arcade cintrée, recouvrant une croix grecque. Ces divers ornements reposent sur une autre corniche, soutenue par quatre pilastres courts et peu saillants, et, au pied de ces pilastres, s'ouvrent deux fenêtres. Le bas de la construction est un mur droit pour l'un des petits côtés, et une espèce d'avant-corps semi-circulaire pour l'autre. — A l'intérieur de l'édifice, plusieurs arcades reposent sur des colonnes en marbre, de grosseur et de hauteur inégale, et qui paraissent avoir été arrachées à des monuments plus anciens. Les chapiteaux, très-endommagés, diffèrent presque tous les uns des autres, et s'adaptent assez mal avec les fûts. Sous le centre de l'édifice existe un caveau, qu'on croit avoir servi de piscine.

POITIERS (Les Arènes de), amphithéâtre romain, construit sous les empereurs Adrien et Antonin, et qui était déjà détruit au vie siècle. Il n'en reste aujourd'hui que des ruines. Plus considérable que celui de Nîmes, il avait 155m,80 sur son grand axe; 130m,50 sur le petit, et 27m,64 d'élévation; les constructions avaient 41m,73 d'épaisseur. On a calculé que, sur les 60 gradins, on pouvait placer au moins 50,000 personnes. Il y avait 124 vomitoires pour les sorties.

POITRINAL, arme. V. notre Dictionnaire de Biographie et d'Histoire.

POLA (Amphithéâtre de), en Istrie. Ce monument romain est bâti près de la mer, sur le penchant d'une colline, et la moitié des gradins de l'étage inférieur a été taillée dans le roc. L'élévation de l'amphithéâtre se compose d'un soubassement, percé de baies carrées dans les parties où l'inclinaison du sol l'a permis : au-dessus sont deux étages de galeries, de 72 arcades chacun, entre lesquelles sont des contre-forts ou espèces de pilastres dont les chapiteaux n'appartiennent à aucun ordre; le tout est appareillé en bossages. Un 3e étage, formant attique, est percé de croisées; il y a, dans la partie haute de cet attique, des ouvertures beaucoup plus larges que longues, qui semblent avoir été pratiquées pour éclairer une division de plancher dont on voit encore les scellements. On pense que le 2e étage était couvert d'un portique intérieur, et que tous les gradins étaient en charpente. Le grand diamètre de l'amphithéâtre est de 138 mèt., et le petit, de 108 mèt.; la masse des constructions comprises entre la face extérieure et le podium est de 34 mèt. Une particularité qu'on ne trouve pas dans les autres édifices de ce genre, c'est que le périmètre extérieur est flanqué de 4 avant-corps, percés de deux arcades chacun, et dans lesquels étaient pratiqués les escaliers. V. Stancovich, Dello anfiteatro di Pola, Venise, 1822, in-8o.

POLACCA (Alla). V. POLONAISE.

POLACRE (de l'italien polacra), bâtiment en usage dans la Méditerranée. Il a un éperon comme celui des chebecs, deux mâts à pible, c.-à-d. d'un seul morceau, et un artimon portant une hune et un hunier, avec un bout de beaupré. Il porte ordinairement des voiles carrées, et quelquefois une voile en pointe qu'on nomme

aussi polacre. Une petite polacre s'appelle un polacron.

POLAIRES (Cercles). } V. notre Dictionnaire de Bio-
POLDERS. } graphie et d'Histoire.

POLÉMIQUE (du grec polémos, guerre, combat), s'emploie, comme adjectif, pour qualifier un écrit, un ouvrage de discussion, et, substantivement, pour désigner l'art de discuter, surtout les questions politiques, scientifiques ou littéraires. Les pamphlets, les journaux, etc., sont des écrits polémiques.

POLES. } V. ces mots dans notre Dictionnaire de
POLÈTES. } Biographie et d'Histoire.

POLICE (du grec polis, ville). C'est le gouvernement, la bonne administration de la cité, la mission de protéger, de défendre et de rassurer, la conséquence de la réunion des hommes. Définie par la loi du 3 brumaire an iv (25 oct. 1795), la Police est instituée pour maintenir l'ordre public, la liberté, la propriété, la sûreté individuelle. Elle pourvoit à l'abondance et à la propreté dans l'enceinte des villes, à la poursuite des fraudes sous quelque forme qu'elles se présentent. Son caractère principal est la vigilance; aussi a-t-elle un œil pour écusson. Devant s'exercer par la conciliation, la bienveillance, la persuasion, et au besoin par l'emploi de la force, les perquisitions et les arrestations, elle ne peut porter ombrage aux gens honnêtes. Elle doit se trouver partout sans rester toujours ostensible, protéger les individus dans l'intérêt général, empêcher ce qui peut troubler la paix intérieure, prescrire les mesures pour l'exécution des lois, pour prévenir les crimes et délits, ou pour saisir les coupables. La Police se divise en police administrative et police judiciaire.

La Police administrative, démembrement du pouvoir législatif, se subdivise en police générale et police municipale. Elle est exercée dans la France par le ministre de l'Intérieur pour les mesures générales, et dans chaque département par les préfets, sous-préfets et maires, qui peuvent faire des règlements sur les matières dévolues à l'autorité municipale, en rappelant et interprétant les lois organiques; ils ont, dans les commissaires et agents, des auxiliaires d'exécution. La Police administrative est réglementée par les lois et ordonnances concernant : la viabilité pour les voies de communication; la police rurale pour les campagnes; la police de la presse pour la politique; celle des manufactures, des ateliers insalubres, des poids et mesures, de la garantie des métaux pour l'industrie; la police médicale et la police des mœurs pour les personnes. C'est une institution protectrice, destinée à empêcher, par des règles et des précautions locales, la perpétration des mauvaises actions, à surveiller ceux dont la conduite peut devenir préjudiciable aux autres, à rendre à tous les citoyens une bonne et prompte justice, à contenir certains abus dans les bornes de la nécessité, à cacher ce qu'il vaut mieux ignorer que punir, enfin à éclairer le pouvoir sur l'opinion, les désirs, les craintes et les espérances de la population. La Police générale a pour base l'arrêté du 5 brumaire an ix (27 oct. 1800) et le décret du 25 mars 1811; elle comprend notamment les passe-ports, les ports d'armes, la mendicité et le vagabondage, les prisons, la recherche des déserteurs, les cultes, la librairie et l'imprimerie. Les lois des 16-24 août 1790 et 19-22 juillet 1791 ont déterminé ainsi les attributions de la Police municipale : la petite voirie, la liberté de la voie publique, les voitures, la salubrité, les incendies, inondations et débâcles, les accidents et suicides, la Morgue, les exhumations; la police de la bourse, de la navigation; la sûreté du commerce, les patentes et taxes, les livrets d'ouvriers; les abattoirs; les hôteliers; la surveillance des condamnés libérés, et des établissements ou lieux publics, tels que théâtres, bals, billards, etc.; les approvisionnements; la navigation; la conservation des monuments; les aliénés, les nourrices, et les enfants trouvés; les extraditions; l'affichage et le colportage; les postes militaires, les armes, les poudres, etc. Le service de la police dans les villes dont la population excède 40,000 habitants, a été organisé par la loi du 5 mars 1855 et les décrets des 26 sept. 1855 et 27 nov. 1859.

La Police judiciaire, ayant pour objet l'exécution des lois et l'application des peines légales, s'exerce sous l'autorité des Cours d'appel suivant les dispositions du Code d'Instruction criminelle pour la recherche des crimes, délits et contraventions, pour en rassembler les preuves et en livrer les auteurs aux tribunaux. Les officiers de Police judiciaire sont : les procureurs de la Rép., les juges d'instruction, les juges de paix, les commissaires de police, les maires et les adjoints, les officiers de gendarmerie, les gardes champêtres ou forestiers. V. Delamarre, *Traité de la police*, Paris, 1707-1719, 4 vol. in-fol. : le 4e fut publié en 1738 par Leclerc du Brillet; De La Poix de Fréminville, *Dictionnaire ou Traité de la police des villes, bourgs, paroisses et seigneuries de la campagne*, Paris, 1758, in-4°; Guichard, *Code de police*, 1791 et 1794; Peuchet, *Collection des lois, ordonnances et règlements de police depuis le xiiie siècle jusqu'à l'année 1818*, Paris, 1819, 8 vol. in-8°; Léopold, *Dictionnaire général de police administrative et judiciaire de la France*, 3e édit., 1822, in-8°; Alletz, *Dictionnaire de police moderne pour toute la France*, 2e édit., 1823, 4 vol. in-8°; Boucher d'Argis, *Code de simple police*, 1831, in-8°; Trébuchet, Élouin et Labat, *Nouveau Dictionnaire de police*, 1835, 2 vol. in-8°; De Molènes, *Des fonctions d'officier de police judiciaire*, 1834, in-8°; C. Berriat Saint-Prix, *Manuel de police judiciaire et municipale*, 3e édit., 1856, in-18; Allain, *Code formulaire des officiers de police judiciaire*, 1853, 2 vol. in-12; Truy, *Manuel de police de la France*, 1853, in-18; Joeglé et Mauny, *Manuel de police*, 1853, in-18; Paul Cère, *Manuel du fonctionnaire chargé de la police judiciaire, administrative et municipale*, 1853, in-18; Miroir et Brissot-Warville, *Traité de police municipale et rurale*, 1844, 2 vol. in-8°; De Champagny, *Traité de la police municipale*, 1844-47, 3 vol. in-8°; Frégier, *Histoire de l'administration de la police de Paris depuis Philippe-Auguste*, 1850, 2 vol. in-8°; Bacqua, *Code annoté de la police administrative, judiciaire et municipale*, 1856-57, in-8°; Collet-Meigret, *Code de police administrative, judiciaire et municipale*, 1856, in-8°; Pionin, *Dictionnaire de police*, 1856, in-8°. T—y.

POLICE (Agents de), nom sous lequel on comprend les *sergents de ville, appariteurs, inspecteurs de police, officiers de paix, gardes de ville*, etc.

POLICE (Bonnet de). V. BONNET.

POLICE (Commissaires de), fonctionnaires chargés de veiller à la tranquillité publique, de faire observer les lois urbaines et de sûreté. Leur origine est fort ancienne. Au Châtelet de Paris, leur office était devenu héréditaire; ils étaient alors les premiers juges des contraventions, dont actuellement ils ont seulement la constatation et la poursuite; ils s'occupaient de la police relativement aux mœurs, à la santé, aux vivres, à la voirie, à la sûreté publique, au commerce, aux sciences et arts libéraux, aux domestiques et aux pauvres, recevaient les plaintes, faisaient les informations et interrogatoires. La loi des 21-29 sept. 1791 a prescrit l'institution de commissaires de police dans toutes les villes où on le jugerait nécessaire. De nos jours, la plus grande partie des attributions judiciaires qu'ils ont eues longtemps à titre de *Commissaires-enquêteurs*, est dévolue aux juges d'instruction; mais ils ont conservé, à Paris surtout, l'initiative des informations, en agissant immédiatement comme sentinelles avancées de la justice pour empêcher ou constater les écarts contraires aux bonnes mœurs, à l'ordre et à la probité. Ils procèdent la nuit et le jour, donnant des soins non interrompus aux intérêts sociaux, à la sûreté des personnes et des propriétés, intervenant lors des incendies, des épidémies, des inondations, des suicides et des accidents. Ainsi, dans ces attributions variées, leur caractère est complexe; car, d'une part, d'après la loi du 22 juillet 1791, ils ont, indépendamment de la qualité de fonctionnaires de l'ordre judiciaire, celle de fonctionnaires de l'ordre administratif, comme les préfets et les maires qu'ils représentent, étant les délégués permanents du pouvoir; et, d'autre part, d'après le *Code d'Instruction criminelle*, ils sont magistrats lorsqu'ils procèdent judiciairement, principalement en cas de flagrant délit, comme auxiliaires du procureur de la Rép., ou, au tribunal de police, comme officiers du ministère public. Ils s'occupent : 1° de l'exécution des règlements concernant la liberté de circulation, l'éclairage, le nettoiement des rues; 2° de la solidité des bâtiments; 3° de la salubrité des comestibles, et de la régularité des poids et mesures; 4° de l'usage des passe-ports par les voyageurs, et de leur inscription sur les registres des hôteliers. Ils participent à la saisie des contrefaçons; ils ont une surveillance dans les théâtres et autres lieux publics de réunion; ils assistent les huissiers pour les séquestres quand les portes ou les meubles sont fermés, les gardes champêtres et les employés de la régie ou de la douane quand il s'agit de pénétrer judiciairement dans le domicile des habitants; ils peuvent enfin arrêter les délinquants, décerner des mandats d'amener, et faire des perquisitions.

D'abord élus au scrutin populaire pour deux années aux termes d'une loi du 8 juin 1792 qui leur donnait pour marque distinctive un chaperon aux trois couleurs, ils furent ensuite soumis à la désignation de diverses autorités; aujourd'hui, conformément à la Constitution et au décret du 25 mars 1852, ils sont nommés pour Paris et les villes au-dessus de 6,000 âmes par le chef de l'État sur la présentation du ministre de l'intérieur et la proposition du préfet, et pour les autres localités par le préfet directement. Les commissaires prêtent serment entre les mains des préfets, ils sont officiellement installés, et portent exceptionnellement un costume désigné au décret du 31 août 1852; la ceinture tricolore reste leur signe distinctif dans le service habituel. Leur compétence s'étend dans la commune où ils sont établis, quel que soit leur arrondissement particulier, et comprend souvent un ou plusieurs cantons. Un *commissaire central*, établi dans certaines grandes villes, et subordonné direct du préfet, a une autorité sur les autres commissaires et sur leurs agents. Les commissaires reçoivent les plaintes, recherchent les infractions aux lois pénales, en rassemblent les preuves, et en livrent les auteurs aux tribunaux; leurs procès-verbaux font foi jusqu'à preuve contraire. Le traitement et les frais de bureau des commissaires de police ont été réglés : par le décret du 26 oct. 1859 pour ceux de province, divisés en 5 classes (de 1,500 à 4,800 fr., y compris les frais de bureau); par le décret du 8 déc. 1859 pour ceux de Paris, divisés en 3 classes (6,000, 5,500 et 5,000 fr., et de 1,200 à 1,500 fr. de frais de bureau); et par le décret du 17 déc. 1859 pour ceux des autres communes du département de la Seine, divisés en deux classes. Les commissaires sont les subordonnés des procureurs généraux et des procureurs de la Rép. pour leurs fonctions judiciaires; ils sont, pour leurs fonctions administratives, les subordonnés du préfet de police à Paris, des préfets, sous-préfets, et maires dans les départements, selon l'importance de chaque localité; ils peuvent être suspendus disciplinairement par les préfets, et révoqués par le chef de l'État ou le préfet qui les a nommés. L'outrage par paroles, par écrit ou par gestes, la rébellion, les violences envers un commissaire de police, sont punis par les art. 222 et suiv. du *Code pénal*, d'un emprisonnement plus ou moins long selon que ce magistrat exerçait ses fonctions judiciaires ou administratives. — V. Ancest, *Code des commissaires de police*, 1829, in-8°; Rabasso, *Manuel des commissaires de police*, 1837, in-12; Sorbet, *Dictionnaire-Formulaire du commissaire de police*, 1855, in-8°; Durand de Valley, *Memento du commissaire de police*, 1857, in-8°; Bellanger, *Manuel analytique à l'usage des commissaires de police*, 1858, in-8°. T—y.

POLICE (Lieutenant général de). V. LIEUTENANT, dans notre *Dictionnaire de Biographie et d'Histoire*.

POLICE (Ministère de la). V. MINISTÈRE, dans notre *Dictionnaire de Biographie et d'Histoire*.

POLICE (Préfet de). V. PRÉFET, dans notre *Dictionnaire de Biographie et d'Histoire*.

POLICE (Salle de), local affecté dans une caserne aux hommes punis pour les fautes ordinaires contre la discipline. Ils ne sont dispensés d'aucun service, reprennent leur punition au retour, assistent aux classes ordinaires d'instruction, et sont en outre exercés deux fois par jour, et pendant deux heures, au *peloton de punition*. Les simples soldats sont employés à toutes les corvées du quartier. Les salles de police des sous-officiers sont distinctes de celles des soldats. L'absence à un appel, la désobéissance, quelques mauvais propos, une querelle, l'état d'ivresse, etc., sont des motifs d'envoi à la salle de police.

POLICE (Tribunaux de). Dans tous les cantons de France, un juge de paix présidant, un commissaire de police remplissant les fonctions du ministère public, et un greffier, composent le tribunal de police institué par les Codes pour connaître de toutes les contraventions. Dans les communes non cantonales, les maires connaissent, concurremment avec les juges de paix, de certaines contraventions seulement. Les contraventions sont des manquements aux prescriptions qui ont pour but de prévenir les malheurs, les accidents ou les crimes, de protéger l'intérêt général, la sûreté publique, l'ordre, les convenances même, les personnes et les propriétés, d'entretenir la propreté, la salubrité, la liberté de circulation dans la cité. Ce sont des faits de négligence, d'omission, d'oubli ou d'erreur, punissables par cela même qu'ils ont existé, et les tribunaux de police ne peuvent admettre aucune excuse, pas même l'ignorance et la bonne foi. Le livre IV du *Code pénal* a séparé en trois classes les principales contraventions du ressort des tribunaux de police. La première classe, dont la pénalité est de 1 à 5 fr., comprend les négligences pour l'entretien des cheminées, l'échenillage, le tir de pièces d'artifice, l'éclairage, le nettoiement, l'embarras des rues, la réparation des édifices, le jet d'immondices, l'abandon d'objets dont puissent abuser les malfaiteurs, le maraudage des fruits, les glanages, râtelages ou grappillages prohibés, les injures proférées sans provocation, le passage illicite sur le terrain d'autrui, enfin l'inexécution des prescriptions imposées par les règlements publiés ou notifiés. La seconde classe, ayant pour pénalité 6 à 10 fr. d'amende, atteint ceux qui contreviennent aux bans des vendanges; les hôteliers n'inscrivant pas régulièrement leurs locataires; les conducteurs de voitures qui violent les ordonnances les concernant; les individus qui ont établi publiquement des jeux de hasard; ceux qui laissent divaguer des fous ou des animaux malfaisants, qui jettent des corps durs ou des immondices, qui passent sur les terrains chargés de récoltes, qui refusent de recevoir la monnaie légale, ou de prêter secours lors des accidents, incendies, inondations ou tumultes; enfin ceux qui dérobent les récoltes encore sur pied. La troisième classe punit de 11 à 15 fr. d'amende ceux qui ont causé un dommage aux propriétés mobilières, ou causé la mort ou la blessure d'animaux; les commerçants détenteurs de poids et mesures illégaux; les boulangers et les bouchers qui vendent au delà de la taxe; les auteurs et complices de bruits injurieux ou de tapages nocturnes; ceux qui ont méchamment enlevé les affiches de l'administration; ceux qui mènent des bestiaux sur les terrains garnis de récoltes; enfin ceux qui ont dégradé ou usurpé les chemins. La condamnation aux frais et la confiscation des objets saisis sont la conséquence forcée de la pénalité d'amende; mais l'adjonction de l'emprisonnement pour certaines contraventions (il ne peut dépasser 5 jours) reste facultative, comme celle des dommages-intérêts, dont le chiffre est illimité. Indépendamment des contraventions punies par le Code pénal, les tribunaux de police répriment celles prévues par diverses lois spéciales, notamment sur le travail des enfants dans les manufactures, sur les contrats d'apprentissage et les livrets, sur les mauvais traitements envers les animaux, sur le roulage, l'affichage, etc. Les jugements rendus par les tribunaux de police sont en dernier ressort, quand ils prononcent seulement une amende n'excédant pas 5 fr., et ne peuvent dès lors être attaqués que par un recours en cassation. L'appel des jugements rendus en premier ressort est porté devant les tribunaux correctionnels. La prescription des contraventions s'acquiert après une année de leur date s'il n'est pas intervenu de condamnation définitive, et après deux années lorsqu'il y a eu jugement irrévocable mais non exécuté. — V. Bost et Daussy, Législation et jurisprudence des tribunaux de simple police, 1841, in-8°; Vuatiné, Code annoté et Guide spécial des tribunaux de simple police, 1858, in-12. T—y.

POLICE CORRECTIONNELLE (Tribunal de), Chambre du tribunal civil qui est chargée de la répression des délits entraînant plus de 5 jours d'emprisonnement. Cette Chambre connaît en outre des délits forestiers qui sont poursuivis à la requête de l'administration, et des contraventions en matière de contributions directes et de douanes. Elle juge aussi les appels des tribunaux de simple police. Trois juges suffisent pour prononcer. Pour les délits qui n'entraînent pas la peine de l'emprisonnement, le prévenu peut se faire représenter par un avoué; néanmoins, le tribunal peut ordonner sa comparution en personne. L'instruction est publique, à peine de nullité. Le jugement est prononcé immédiatement, ou au plus tard à l'audience qui suit celle où l'instruction a été terminée. Une loi de 1856 a conféré aux Cours impériales la connaissance des appels des jugements rendus par tous les tribunaux de police correctionnelle de leur ressort.

POLICE D'ARMÉE, police faite au milieu des troupes. En campagne, elle appartient à la gendarmerie. Ce corps est sous les ordres d'un grand prévôt dans une armée, et d'un prévôt dans une division. Il est chargé de la surveillance des délits, de la poursuite et de l'arrestation des coupables, du maintien de l'ordre; il écarte des troupes les femmes de mauvaise vie, surveille l'exécution des règlements relatifs aux prohibitions de chasse et aux jeux de hasard, protège les habitants des pays que l'on traverse, arrête les pillards, fait rejoindre les traînards, etc. La police des places de guerre est sous la responsabilité des commandants de place. La police des corps s'exerce sous la surveillance des colonels.

POLICE, en termes de Droit, est synonyme de contrat. Le mot vient alors du latin pollicitatio (promesse). C'est

ainsi qu'on dit une police d'affrétement, une police d'assurance (V. ces mots), une police de chargement (V. CONNAISSEMENT).

POLICE SANITAIRE. V. PATENTE DE SANTÉ, QUARANTAINE.
POLICEMAN. } V. ces mots dans notre Dictionnaire de Biographie et d'Histoire.
.POLICHINELLE. }

POLITIQUE (du grec polis, cité), science du gouvernement. Elle comprend le Droit politique, le Droit administratif et le Droit international. Sa règle est la justice, et son but l'intérêt des peuples. Mais il n'en a pas toujours été ainsi dans la pratique; certains théoriciens même, comme Hobbes, ont donné pour base à la Politique l'utile ou l'intérêt, et Machiavel a été jusqu'à autoriser chez les gouvernants l'emploi de tous les moyens pour arriver à leur but (V. PRINCE). La Politique a eu trop souvent en vue des intérêts qui ne sont pas ceux des gouvernés. Les Traités de Politique les plus célèbres sont la République et les Lois de Platon, la Politique d'Aristote, la République et les Lois de Cicéron, la République de Bodin, la Politique tirée de l'Écriture sainte de Bossuet, l'Esprit des Lois de Montesquieu, le Contrat social de J.-J. Rousseau, le Cours de Politique constitutionnelle de Benjamin Constant.

POLITIQUE (Droit, — Économie). V. DROIT, ÉCONOMIE.

POLITIQUE (Éloquence), genre d'éloquence qui a pour objet les grands débats financiers, les discussions sur les obligations réciproques de l'État et des citoyens, la défense ou l'attaque, par les partis contraires, des lois en vigueur, les délibérations sur la paix et la guerre, en un mot, toutes les questions intéressant un pays, soit dans sa constitution intérieure, soit dans ses rapports avec les nations étrangères. Elle forme ce que la Rhétorique a nommé le genre délibératif. A ne considérer que les ressources qu'elle offre à l'art oratoire, on comprend que les Anciens lui aient généralement préféré le genre judiciaire, et que la critique moderne, en présence des sermons et des oraisons funèbres du XVIIᵉ siècle, l'ait mise après le genre démonstratif. En effet, dans l'Antiquité, et surtout à Rome, l'éloquence judiciaire se développa dans de tout autres conditions que chez les Modernes. L'importance des causes, souvent compliquées d'éléments politiques: témoin les Verrines, où se débattait, avec la question de droit, celle de savoir si les chevaliers raviraient aux sénateurs le privilège de juger les gouverneurs accusés, et de partager avec eux, une fois absous, le fruit de leurs rapines; — l'importance des personnages qui figuraient au procès comme accusés: il n'était pas rare de voir un intrigant audacieux citer devant le tribunal les chevaliers ou les sénateurs les plus considérables, que venaient défendre, au moins par leur présence, soit les membres de leur ordre, soit les députés des villes et des provinces que des liens de patronage et de clientèle intéressaient à leur fortune; — la liberté sans limites que les lois laissaient, en l'absence d'un président et d'un ministère public, aux violences et aux emportements de l'accusateur ou du défenseur; — enfin le lieu des audiences, qui était la place publique même, le Forum (du moins jusqu'au principat d'Auguste), de sorte que c'était au peuple, autant qu'aux juges, que l'orateur s'adressait : toutes ces circonstances réunies donnaient aux luttes judiciaires, bien plus qu'aux débats politiques, une pompe et un éclat extraordinaires. D'autre part, peut-on concevoir une éloquence plus sublime que celle d'un Massillon faisant descendre Jésus-Christ pour juger ses auditeurs et le prêtre qui leur parle; ou d'un Bossuet nous introduisant aux Cieux pour y admirer, dans son éblouissante beauté, l'unité divine, image et modèle de l'unité de l'Église? En revanche, si, dans la comparaison des trois genres, on envisage moins la richesse et la beauté littéraire des œuvres que leur utilité immédiate et pratique pour un État, ou si l'on aime mieux considérer les avantages et la dignité de la vie présente que l'intérêt beaucoup plus élevé, mais plus lointain, des destinées que la mort nous réserve, on cesse d'être d'accord sur le véritable prix de l'éloquence politique. Elle a eu ses détracteurs, parce que les passions l'ont jetée dans les excès. Le sage et libéral Tacite lui-même, au souvenir du dernier siècle de la République romaine, avouait que la grande éloquence est pareille à la flamme, qu', c'est en brûlant qu'elle jette de l'éclat; qu'elle est fille de la licence, compagne de la sédition, et l'aiguillon des fureurs populaires; — incapable de condescendance, impatiente de tout frein, rebelle, téméraire, arrogante, incompatible enfin avec les constitutions bien ordonnées; que Lacédémone et la Crète, si vantées pour la sagesse de leurs lois et la sévérité de leurs institutions, n'avaient point connu les orateurs ; que l'éloquence des Gracques ne valait pas d'être achetée par leurs lois, et que celle de Cicéron n'avait point été un dédommagement de sa mort. D'autres ont accusé cette même éloquence de dégénérer souvent en un verbiage stérile, sinon nuisible à la marche des affaires publiques. Ses défenseurs répondent que le même feu qui cause les incendies est l'un des plus indispensables auxiliaires de l'industrie humaine, et que la parole, par ses vertus contraires, ressemble à toutes les forces de la nature ; que partout où se résoudra le grand problème des sociétés modernes, la conciliation de l'ordre avec la liberté, l'éloquence politique, interprète de l'opinion, sera sans aucun doute le plus utile instrument et le guide le plus sûr des hommes d'État; que la cause de la vérité et du bon sens finit par triompher tôt ou tard de l'erreur et du mensonge ; que si les peuples ont le droit de discuter la conduite de leurs affaires, les luttes de la parole, dans une assemblée politique, sont le mode le plus retentissant de cette discussion, et le contrôle le plus efficace d'un bon gouvernement; qu'il ne s'agit là, comme en toutes choses, que d'empêcher que l'usage ne dégénère en abus, usage qui doit se régler suivant le tempérament de chaque peuple.

L'Éloquence politique a eu, dans tous les âges, de glorieux représentants. Dans Athènes, depuis la constitution de la République jusqu'à la guerre du Péloponèse, c.-à-d. à l'époque la plus brillante de la démocratie, on voit les premiers citoyens unir le talent oratoire au génie de la guerre et de la politique. C'est le temps où Solon guérissait, par son éloquence autant que par sa poésie et ses lois, les plaies des divisions intestines ; où Pisistrate faisait accepter sa tyrannie; où Miltiade déterminait ses concitoyens à repousser les injonctions insolentes du Grand Roi, et à livrer la bataille de Marathon ; où Thémistocle leur persuadait d'abandonner leurs biens et leurs foyers, pour construire cette flotte qui, à Salamine, sauva la civilisation ; où Aristide rivalisait avec Thémistocle d'influence à la tribune, comme de valeur au combat. Au-dessus d'eux s'élève bientôt Périclès, que les poètes comiques, ses contemporains, comparèrent à Jupiter Olympien lançant des éclairs, roulant son tonnerre, bouleversant la Grèce, et dont l'impartial Thucydide a dit « qu'il contenait la multitude par le simple ascendant de sa pensée... S'il voyait les Athéniens se livrer hors de saison à une audace arrogante, il rabattait leur fougue par ses discours, et les frappait de terreur; tombaient-ils mal à propos dans la crainte, il relevait leur abattement et ranimait leur audace. » Malheureusement, il ne nous reste à peu près rien de ces premiers orateurs politiques. — Après eux, vinrent les Sophistes, qui tinrent école et furent professeurs d'éloquence. Il y eut un art proprement dit; et dès lors on mêla aux inspirations de la nature les artifices des Rhéteurs ; on cultiva en même temps le genre judiciaire et le genre politique ; on parla pour soi-même, on prononça ou l'on écrivit des plaidoyers pour les autres, quelquefois pour les deux parties adverses. Ainsi naquirent les avocats. Antiphon, Andocide, Lysias, inaugurèrent cette période, et en furent les principaux représentants. L'éloquence conserva désormais ce caractère complexe. Enfin, au IVe siècle avant notre ère, il semble que la profession d'orateur reçut une organisation nouvelle ; il y eut, pour ainsi dire, les conseillers attitrés du peuple, à peu près seuls en possession de monter à la tribune; et cela fut le sujet fréquent de plaintes et de récriminations vives de la part de Démosthène. De même que les citoyens avaient cessé de faire campagne et confiaient à des mercenaires l'exécution de leurs décrets, les orateurs avaient cessé d'être des hommes d'État, et, au grand dommage de la République, on distinguait alors les hommes de parole des hommes d'action. Phocion seul unit encore les deux mérites, et fit souvent, et avec succès, les expéditions qu'il avait blâmées sur la place publique. Au reste, jamais les Athéniens n'avaient vu tant de rivaux se disputer leurs suffrages : c'étaient Isocrate, qui écrivit, avec tous les raffinements de l'art, les Discours qu'une invincible timidité l'empêchait de débiter en public; Isée, le maître de Démosthène ; le vertueux Lycurgue; Hypéride, qui paya d'un supplice barbare sa haine de la Macédoine; Dinarque, Alcidamas, Hégésippe, Démade, Eschine, et, par-dessus tous, l'auteur des Olynthiennes, des Philippiques, du Discours pour la Couronne, l'adversaire, opiniâtre jusqu'à la mort, de Philippe, d'Alexandre, et d'Antipater, l'homme avec qui moururent l'éloquence et la liberté de la Grèce, Démosthène, enfin, sur le génie duquel les critiques de tous les temps ont épuisé les formules de la plus vive admiration.

Des causes non moins puissantes et fécondes favorisèrent, à Rome, le développement de l'éloquence politique. On peut en assigner trois principales, qui correspondent aux trois âges de la République : d'abord, la conquête, par les Plébéiens sur les Patriciens, de la triple égalité civile, politique, et religieuse; puis, la succession des guerres qui valurent au peuple romain la domination du monde, et la nécessité de régler, pour le plus grand avantage et la sécurité entière des vainqueurs, le sort des nations vaincues; enfin la lutte de la liberté contre le despotisme militaire, de la République contre l'Empire. Il ne nous est rien parvenu des luttes oratoires où un Voléro, un Térentillus Arsa, un Canuléius, un Licinius Stolon, arrachaient à leurs orgueilleux adversaires leurs priviléges; rien de ces séances du Sénat où, en présence de Cinéas, après deux défaites, Appius Claudius Cæcus rappelait les Pères Conscrits à la fermeté, au respect des anciennes maximes et de la majesté romaine : mais on peut s'en donner le spectacle dans les belles narrations de Tite-Live, où la perfection du langage et les raffinements de l'éloquence, bien qu'étant un anachronisme, n'en font pas moins revivre sous nos yeux ces antiques générations avec leurs passions et leurs colères. L'historien ne reproduit pas avec une moindre vraisemblance ces solennelles délibérations de la Curie où Fabius Maximus et Scipion, devant l'assemblée indécise, délibéraient sur le péril ou la nécessité de passer en Afrique, quand Annibal occupait encore l'Italie. De cette époque, il reste du moins quelques discours mutilés de Caton l'Ancien. A la rigueur, ils suffiraient pour expliquer les éloges que Tite-Live et Cicéron prodiguèrent à son éloquence rude, incisive, attique par le bon sens et la simplicité. Avec les Gracques, dont nous possédons aussi quelques fragments, commence la période des troubles civils, illustrée par le génie des Galba, des Catulus, des Sulpicius, des Crassus, des Antoine, des Hortensius, prédécesseurs ou contemporains de Cicéron, qui, dans son Brutus et son De Oratore, a tracé leurs portraits, en homme qui se sent supérieur à ceux-là même dont il vante le plus complaisamment le talent oratoire. Il les surpassa en effet; car il réunit toutes les perfections que la nature avait distribuées entre ses devanciers, et eut en quelque sorte le droit de se peindre lui-même pour peindre l'orateur idéal. Toutefois, telle était alors la situation de la République, qu'en dépit de son éloquence il ne joua généralement qu'un rôle secondaire, et fut éclipsé par les hommes d'action. Les Gracques avaient combattu pour leur propre cause; Cicéron agit et parla tour à tour pour Pompée et pour César, et ne fut jamais chef de parti. Même dans les Catilinaires, il fut plutôt encore l'interprète de l'opinion, qu'il ne détermina, par son ascendant sa volonté, l'action du Sénat. A la fin pourtant, lorsqu'il fallut lutter contre Antoine, il devint l'âme de cette grande assemblée, et les quatorze discours que sa verte vieillesse écrivit ou prononça contre l'ennemi de la liberté romaine méritaient de porter le nom de Philippiques, comme les harangues de Démosthène contre l'ennemi de la liberté grecque. La liberté mourut avec son courageux défenseur, et l'éloquence avec la liberté. Sous les premiers Césars, il est vrai, un Marcellus se fit une triste célébrité par la violence passionnée de ses accusations contre Thraséas ; sous les Antonins, Pline et Tacite parurent avoir retrouvé, dans des discours judiciaires, quelques accents de l'ancienne éloquence politique; la politique fut aussi quelquefois intéressée dans les œuvres des Pères de l'Église : mais ces exceptions, sur lesquelles encore il faudrait faire des réserves, ne sauraient détruire cette allégation. Comme Démosthène en Grèce, Cicéron fut à Rome le dernier orateur politique (V. JUDICIAIRE. — Éloquence). — Sur les Fragments des orateurs latins, V. H. Meyer, Oratorum romanorum fragmenta, ab Appio inde Cæco usque ad Q. Aurelium Symmachum, édition Dübner, Paris, 1837, in-8°; Egger, Latini sermonis reliquiæ selectæ, Paris, 1843, in-8°.

Il était réservé à l'Angleterre de voir renaître, dans les temps modernes, l'éloquence délibérative, parfois avec son éclat des anciens jours, mais sans les proscriptions et les meurtres qui avaient ensanglanté la place publique et la tribune de Rome ou d'Athènes. Une fois les passions religieuses et politiques calmées, et la race des prétendants éteinte, le tempérament de la nation et son gouvernement la préservèrent généralement des excès, et lui assurèrent la bonne fortune de recueillir les avantages des institutions parlementaires sans en ressentir presque les inconvénients. L'éloquence s'y développa d'abord sous l'influence théologique : Pym, Hampden, Falkland, Cromwell, Sidney, Strafford, représentent cette première période. Puis vint l'époque de Guillaume III, de la reine Anne, et de Georges Ier, où brillèrent Swift, Steele, Bolingbroke, Pulteney, lord Carteret, Windham, et Walpole. A cet âge, l'éloquence anglaise, quoique déjà toute politique, se renferme encore dans des débats intérieurs, et se montre plus puissante par l'habileté que par le talent. Enfin l'âge d'or arrive avec la fin du xviiie siècle. Deux ordres de questions vont alors passionner et ennoblir les discussions du Parlement : les questions de conquête, de domination, et les questions d'humanité, de justice, auxquelles la politique était jusque-là demeurée étrangère. Les écrits philosophiques du xviiie siècle, la guerre de Sept Ans et celle d'Amérique, la Révolution française, et, par contre-coup, les efforts pour l'abolition de la traite des Noirs, pour l'émancipation des catholiques, pour la délivrance des colonies, toutes ces circonstances communiquent aux orateurs anglais une grandeur et une élévation encore inconnues. Alors rivalisent au Parlement les deux Pitt, Wilkes, Burke, Fox, Shéridan, Grattan, et, dans des procès qui touchaient à la politique, Erskine et Mackintosh. L'héritage de ces grands hommes a été recueilli par des élèves et des imitateurs dont quelques-uns vivent encore et se glorifient de perpétuer leurs traditions à la Chambre des Lords et dans celle des Communes : nous mentionnerons Canning, lord Brougham, Robert Peel, lord Russell. Citons à part « le grand agitateur » irlandais, Daniel O'Connell, « le libérateur », qu'un critique français, dans son enthousiasme, représente « debout sur le sol de sa patrie, ayant les cieux pour dôme, la vaste plaine pour tribune, un peuple immense pour auditoire, et pour sujet ce peuple, toujours ce peuple, et pour écho les acclamations universelles de la multitude, pareilles aux frémissements de la tempête ou au roulement des vagues sur les sables et les rivages de l'Océan. »

Les scènes tumultueuses et tragiques, les proscriptions des partis par les partis contraires, les massacres en masse, reparurent autour de la tribune française, et imprimèrent à l'éloquence des mauvais jours de notre Révolution un caractère violent et sanguinaire, que n'a point connu l'éloquence anglaise. Mais aussi, d'un autre côté, les délibérations de l'Assemblée Constituante, et même de l'Assemblée Législative et de la Convention, sous l'influence des théories politiques et sociales des philosophes du xviiie siècle, dans la hardiesse de tant de spéculations même chimériques pour le bonheur de l'humanité, atteignirent à une hauteur où ne s'était jamais élevée l'Antiquité, où ne s'élevèrent jamais les Chambres anglaises. On discuta des principes d'où devait sortir tout un monde nouveau; au lieu que chez nos voisins, même à cette Révolution qui mit Guillaume d'Orange à la place des Stuarts, les débats du Parlement n'eurent d'autre objet que l'établissement d'une dynastie protestante, les privilèges respectifs des deux pouvoirs, et la confirmation de certaines libertés depuis longtemps établies dans le droit commun de l'Angleterre. La personnification la plus complète et la plus extraordinaire de cette éloquence française, jusque-là inconnue, fut Mirabeau, au-dessous de qui brillèrent, à des distances inégales et dans des camps différents, Barnave, Maury, l'abbé Maury, Cazalès, en attendant Vergniaud, Isnard, et tous les Girondins, et Danton, à la parole triviale, hyperbolique, farouche, mais singulièrement énergique, et non moins audacieuse que ses actes et ses motions. — Sous le Directoire, le Consulat et l'Empire, l'éloquence délibérative fut remplacée par l'éloquence militaire dans la personne de Napoléon Ier; mais, sous la Restauration, quand il s'agit de fonder le gouvernement constitutionnel, elle reprit son éclat avec Manuel, Benjamin Constant, de Serre, Camille Jordan, de Villèle, Royer-Collard, Casimir Périer, le général Foy, et de Martignac. Pendant la monarchie de 1830, elle ne brilla pas d'une moins vive lumière dans la parole puissante et animée des Berryer, des Thiers, des Guizot, des Dupin, des Odilon Barrot, des Lamartine, des Montalembert. Ces orateurs ont eu, depuis 1852, au Sénat et au Corps Législatif, des successeurs qui honorent également la tribune française, MM. Billault, Baroche, Rouher, Jules Favre, etc. A. H.

POLITIQUE (Langue), terme qui signifiait, chez les anciens Grecs, la langue civile, usuelle, courante (de *polis*, cité), par opposition à la langue oratoire, poétique, littéraire. Suétone emploie dans le même sens l'expression latine *sermo civilis*, « discours civil ». P.

POLITIQUE (Vers). On appelait ainsi primitivement, chez les Grecs, un vers héroïque qui n'avait rien de poétique, et ne formait qu'une ligne mesurée; tel est le vers d'Homère, qui signifie : *Et cent cinquante cavales blondes*. — Au moyen âge, on appela du même nom des vers composés à l'usage du vulgaire ignorant qui ne comprenait plus l'ancienne versification, et où l'on tenait plus de compte des accents que de la quantité métrique des syllabes. Les pieds du vers politique sont ordinairement des iambes ou des trochées, et le vers n'a jamais plus de 15 syllabes, dont la dernière est toujours grave et l'avant-dernière toujours accentuée. Il y a aussi des vers politiques de 13 syllabes, soumis aux mêmes règles de l'accent, et qui sont une altération de l'ancien iambique scazon, surtout tel qu'on le trouve dans les fables ésopiques de Babrius. Enfin le roman de Nicétas Eugénianus (*Chariclès et Drosilla*) est écrit en trimètres iambiques politiques de 12 syllabes, dont les deux premières sont toujours longues, et la 11e constamment accentuée. P.

POLKA, danse qui tire son nom, selon les uns, de *polacca* (polonaise), et, selon les autres, du bohème *pulka* (moitié), parce que c'est une danse à deux temps. Elle se produisit à Prague vers 1835, à Vienne en 1839, et fit sa première apparition à Paris sur le théâtre de l'Odéon en 1840. Les salons l'adoptèrent avec fureur. Sa forme s'est beaucoup modifiée; on en a fait une espèce de valse à 4 temps, et elle s'est rapprochée de la *mazurka* et de la *schottisch*. On voit par le même que John Davis publia sur la danse, en 1596, qu'une danse du nom de *volte* avait beaucoup d'analogie avec la polka de nos jours. B.

POLL. V. ce mot dans notre *Dictionnaire de Biographie et d'Histoire*.

POLLICITATION (du latin *pollicitatio*, promesse), en termes de Droit, promesse non encore acceptée par celui à qui elle a été faite. D'après le Droit romain, elle opérait un lien juridique; dans notre Droit actuel, elle ne produit pas d'obligation.

POLLINCTEURS. V. ce mot dans notre *Dictionnaire de Biographie et d'Histoire*.

POLOGNE (Arts en). Les arts se sont éveillés en Pologne au xvie siècle, époque où l'on fit venir d'Italie une foule d'artistes distingués. Les édifices religieux et civils furent alors restaurés, embellis par des élèves de Michel-Ange et de Raphaël, tels que Carralius et Bartholo, dont les œuvres ont été malheureusement détruites en partie par le temps et les guerres. Dans le même temps, le roi Sigismond Ier faisait exécuter en Flandre de superbes tapisseries d'après les dessins de Raphaël. Le xviie siècle fut à peu près stérile; mais, au xviiie, on remarque les peintres Simon Czechowicz, François Smugiewicz, Bacciarelli, le sculpteur Jean Lebrun, et l'architecte Albert Gucewicz. — Les monuments de la musique sont plus anciens que ceux des autres arts. On a conservé des chants religieux ou nationaux, tels que l'hymne de St Adalbert à la Vierge (xe siècle), le *Retour du roi Casimir Ier* (1041), la *Mort de la reine Luitgarde* (1283). Au xvie siècle, Nicolas Gomolka mit en musique les psaumes de Kochanowski. Alors les grands seigneurs entretenaient des troupes de chanteurs et d'instrumentistes. Dès 1533, la musique devint l'auxiliaire de l'art dramatique dans les pièces jouées à Cracovie chez les Dominicains et les Jésuites; mais, même dans les représentations profanes, on s'en tint longtemps aux opéras français. Kaminski donna, en 1778, le premier opéra avec une musique nationale, et, deux ans après, un professeur parisien, nommé Ledoux, vint former un corps de ballet. Malgré les efforts de Lessel et de Jean Stefani, l'opéra national ne put rivaliser encore avec le répertoire italien. En 1810, une école de chant et de déclamation fut créée à Varsovie et se transforma, en 1820, en Conservatoire de musique et de déclamation sous la direction d'Elsner. Avec ce compositeur, Charles Kurpinski a relevé l'opéra national. Parmi les artistes qui depuis cette époque se sont fait connaître dans l'Occident, on distingue les pianistes compositeurs Albert Sowinski et Chopin. Les airs caractéristiques nous sont venus de la Pologne, tels que les *polonaises*, les *mazureks*, les *krakoviaks*, etc.

POLONAISE, en polonais *Polacca*, danse nationale de Pologne, dont l'air, à trois temps et plus lent que celui du menuet, consiste en deux répétitions de 6, 8 et 10 mesures. La 2e note du 1er temps est toujours syncopée, et la cadence finale du temps tombe sur le temps faible. Un morceau de musique instrumentale est écrit *alla polacca* (à la polonaise), quand il est dans le rhythme et le mouvement des polonaises. On a aussi donné le nom de *Polonaises* à certains morceaux de chant; il en existe dans le *Faust* de Spohr et dans la *Jérusalem* de Verdi : mais ces morceaux n'ont pas le vrai caractère de la danse, ils sont plus sémillants et plus chargés d'ornements. **B.**

POLONAISE, sorte de redingote courte, ornée de brandebourgs.

POLONAISE (Langue) ou **LEKHIQUE**, une des langues slaves, parlée par dix millions d'hommes environ, depuis l'Oder jusqu'à la Duna et au Dniéper, et depuis la mer Baltique jusqu'aux Karpathes, c.-à-d. dans la Pologne russe, le duché de Posen, la Galicie, une partie de la Silésie, de la Prusse occidentale et de la Poméranie. De nombreuses colonies l'ont encore portée dans diverses parties des Empires autrichien et russe, notamment dans la Bessarabie. Le polonais se distingue des autres langues slaves par l'emploi très-fréquent des chuintantes et des sifflantes, qui s'adoucissent pourtant un peu dans la prononciation. Assez semblable originairement au bohême, qu'il a toujours surpassé en consonnes composées, il s'en est ensuite éloigné pour prendre un développement propre. Riche de mots et de formes, il est essentiellement flexible, il crée à volonté des augmentatifs et des diminutifs, il tire de son propre fonds certaines nomenclatures que d'autres idiomes empruntent aux langues classiques, par exemple celles de l'histoire naturelle et de la chimie. Ce n'est pas qu'on n'y trouve point de vocables étrangers, latins, allemands et russes; mais ils y ont été introduits, les premiers par le clergé depuis la prédication du christianisme en Pologne au xe siècle, les autres par l'effet du voisinage et des rapports politiques.
— L'étude du polonais est difficile, même pour les autres Slaves, à cause de la multiplicité et de la complication de ses flexions. Sa grammaire, toute slave qu'elle est dans son ensemble, a beaucoup de rapports avec la grammaire latine. Il possède trois genres; on a cru reconnaître quelques traces du nombre duel dans les verbes. Les substantifs et les adjectifs se déclinent : on distingue sept cas, parce que l'ablatif latin a été partagé en deux, l'instrumental et le locatif; de plus, à certains cas, la déclinaison varie suivant que le nom exprime un être animé ou une chose inanimée. La déclinaison des substantifs change encore selon que le thème du nom finit par une voyelle ou par une consonne, par une consonne dure ou une consonne molle. A plusieurs cas des adjectifs, il existe, outre les flexions qui distinguent les genres, certaines variantes selon la déclinaison particulière des substantifs auxquels ils se rapportent. Les pronoms ont également plusieurs formes pour chaque cas. Le polonais a trois conjugaisons, qui admettent toutes l'emploi des auxiliaires ; en outre, on classe les verbes en parfaits et imparfaits, selon qu'ils expriment un fait actuel ou un fait habituel. Ce qui augmente encore les difficultés de la langue polonaise, c'est le grand nombre d'exceptions que comportent les déclinaisons et les conjugaisons. La construction est invariable, comme en latin. — Certains auteurs nient qu'il existe des dialectes en polonais; d'autres distinguent le langage de la Grande-Pologne, le *cracovien* ou idiome de la Petite-Pologne, le polonais de la Prusse orientale, et celui de la Silésie. Il n'y a là guère autre chose que des différences de prononciation : ainsi, dans la Grande-Pologne, on traîne les voyelles. Toutefois, on peut citer comme caractère du dialecte de la Petite-Pologne la suppression de la distinction des genres. *Le cassoube*, parlé en Poméranie, est un mélange inculte de polonais et d'allemand. Le *mazovien*, en usage dans la Mazovie et la Podlachie, n'est pas moins corrompu : il adoucit les consonnes sifflantes, et change *sch* en *s*, *tsch* en *ts*, etc.

Le polonais s'écrit avec l'alphabet latin, auquel on a ajouté deux voyelles figurées par les caractères *a* et *e* avec une cédille pour représenter les sons *on* et *in*, le *w* allemand qui a le son de notre *v*, et une *l* barrée pour rendre une articulation particulière aux Polonais. Les règles de l'orthographe sont basées sur la prononciation. Celle-ci est modifiée par des accents, qui affectent les consonnes aussi bien que les voyelles. L'accent sur une consonne la rend mouillée, c.-à-d. qu'il la fait suivre d'un *y* faiblement prononcé. Les vers polonais sont rimés. La règle générale de la prosodie est de placer une longue sur la pénultième des polysyllabes.

V. Roter, *Clef des langues polonaise et allemande*, Breslau, 1616, in-8°; Cnapius (Knapski), *Thesaurus po-*

lono-latino-græcus, Cracovie, 1643; Mesgnien (Meninski), *Institutio polonica, italicæ et gallicæ linguæ*, Dantzig, 1649, in-8°; Malczewski, *Nova et methodica institutio in linguam polonicam*, 1690; le même, *Idée générale de la langue polonaise*, en allem., Riga, 1687; Kopczynski, *Essai de grammaire polonaise, pour les Français*, 1807, in-8°; Bucki, *Méthode pour apprendre la langue polonaise*, Berlin, 1797, 2 vol. in-8°; Trabczynski, *Grammaire raisonnée ou Principes de la langue polonaise*, Varsovie, 1798, in-12; Trotz, *Dictionnaire français-allemand et polonais*, Leipzig, 1799-1803, 4 vol. in-8°, et *Nouveau Dictionnaire polonais-allemand et français*, 4e édit. revue par Moszczenski, Breslau, 1832, 3 vol. in-4°; Hautepierre, *Grammaire française et polonaise*, Varsovie et Breslau, 1806, in-8°; Linde, *Dictionnaire du polonais et des treize dialectes de la langue slavone*, Varsovie, 1807-1814, 6 vol. in-4°; Litwinski, *Vocabulaire polonais-latin-français*, Varsovie, 1815, 2 vol. in-8°; Kaulfuss, *Tableau de l'esprit de la langue polonaise*, Halle, 1804; Mrongovius, *Grammaire polonaise*, Kœnigsberg, 1805, in-8°; le même, *Dictionnaire polonais-allemand*, ibid., 1835, et *Dictionnaire allemand-polonais*, 1847; Bandtkie, *Dictionnaire polonais-allemand*, Breslau, 1806, in-8°, et *Grammaire polonaise*, 1824; Vater, *Grammaire abrégée de la langue polonaise*, Halle, 1807, in-8°; Mrozinski, *Grammaire polonaise*, Varsovie, 1822; Poplinski, *Grammaire polonaise*, Lissa, 1829; Schmidt, *Dictionnaire polonais-russe-allemand*, Breslau, 1834-36, 2 vol. in-8°, et *Nouveau Dictionnaire portatif français-polonais et polonais-français*, Leipzig, in-16; Pohl, *Grammaire théorique et pratique de la langue polonaise*, 3e édit., Breslau, 1839; Bronikowski, *Grammaire polonaise pour les Français*, Paris, 1848; Szeniawa, *Traité des étymologies de la langue polonaise*, en allem., Lemberg, 1848, 2 vol. in-8°.

POLONAISE (Littérature). De tous les peuples slaves, les Polonais sont ceux qui possèdent la littérature la plus riche. Antérieurement à l'introduction du christianisme, il existait des chants et des légendes populaires, dont les fragments ont été recueillis de nos jours avec soin. Le plus ancien monument qui soit arrivé complet jusqu'à nous, c'est l'hymne en vers, *Boga Rodzica*, qu'on attribue à l'évêque St Adalbert (fin du xe siècle), et qui est, sous forme d'invocation à la Vierge, un véritable chant de guerre. — Ces premiers germes de la littérature polonaise furent étouffés par la civilisation latine, qui avait pénétré dans le pays avec l'Évangile. Pendant cinq siècles, ce fut en latin qu'on écrivit tous les ouvrages destinés à l'Europe savante. Au xiie siècle, les lettrés de la Pologne connaissaient à fond la littérature romaine, et lui faisaient de nombreux emprunts; les écoles et les bibliothèques pouvaient rivaliser avec celles des peuples de l'Occident ; la jeunesse allait compléter ses études dans les Universités de France et d'Italie, où l'on vit même plusieurs Polonais professer : Nicolas de Cracovie, Jean Grot de Slupcé, Przeclaw, etc. De nombreuses Chroniques latines furent rédigées durant cette période, entre autres, celles de Martin Gallus (en polonais Kurek, *coq*), de Mathieu Cholewa, de Vincent Kadlubek, de Boguphal, et de Martin Strzepski, dit *Polonus*. Vitelio (Ciolek) devint célèbre comme physicien et mathématicien.

Une ère meilleure pour la littérature nationale commença avec la seconde moitié du xive siècle. En 1347, le roi Casimir III donna un Code de lois connu sous le nom de *Statut de Wislica*, et rédigé en polonais, et fonda en 1364 l'Université de Cracovie, qui toutefois ne fut complétement organisée qu'en 1400 par Ladislas Jagellon, dont la femme, Hedwige, avait naguère obtenu du pape Boniface X l'autorisation d'y adjoindre une Faculté de Théologie. Cette Université, constituée sur le modèle de celle de Paris, soutenue par Jaroslas Skotnicki, archevêque de Gnesne, devint le foyer des sciences et des lettres en Pologne : ses docteurs figurèrent avec éclat au concile de Bâle en 1431 ; féconde aussi en illustres mathématiciens, elle eut la gloire de former Copernic. Mathieu de Cracovie devint recteur des Universités de Prague et de Paris. Grégoire de Sanok se distingua comme philosophe et comme naturaliste. La première imprimerie qu'il y ait eu en Pologne fut établie, en 1485, à Cracovie, par un certain Haller. Parmi ceux qui contribuèrent à l'élan que prit alors la culture des sciences, il faut surtout mentionner Jean Dlugosz, dont on a une *Histoire de Pologne*, en latin, précieuse pour l'histoire de son temps.

Le xvie siècle a été appelé l'âge d'or de la littérature polonaise. La tolérance dont on jouissait dans le royaume y attirait des milliers d'étrangers, poursuivis pour leurs doctrines en Allemagne, en Italie, en Espagne, en Angleterre et en Suède; une égale tolérance était laissée au catholicisme, au protestantisme, au schisme grec et au judaïsme. Le talent pouvait prétendre à tous les emplois : l'historien Kromer, fils d'un paysan, et le poète Dantiscus, fils d'un brasseur, se succédèrent aux sièges de l'évêché de Warmie; Érasme Ciolek, fils naturel d'un musicien ambulant et d'une cabaretière, fut évêque de Płock; Janicki, fils d'un voiturier, reçut du roi la couronne de poète; un cardinal d'origine très-obscure, Stanislas Hosius, fut l'un des présidents du concile de Trente. Il était rare alors de rencontrer un Polonais qui ne parlât pas plusieurs langues. Des imprimeurs célèbres, tels que Scharfenberger, Viétor, Piotrkowczyk, etc., rivalisaient de goût pour se rendre dignes d'un tel siècle : 80 villes polonaises possédaient des imprimeries, et on en comptait 50 à Cracovie seulement. Enfin les luttes de la Réformation religieuse imprimèrent aux esprits une activité salutaire. — Sous l'influence de ces causes diverses, la littérature prit un grand essor. Nicolas Rey, de Naglowicz, peut être considéré comme le père de la poésie polonaise; on lui doit une traduction en vers des Psaumes, des poésies satiriques écrites dans une langue énergique, mais souvent grossière, et un Miroir de tous les États, précieux pour l'histoire des mœurs. Jean Kochanowski composa des odes et des élégies touchantes, des épigrammes, des satires, une drame conçu dans le système des anciens Grecs, et une magnifique traduction des Psaumes; son frère, André, traduisit l'Énéide, son neveu, Pierre, la Jérusalem délivrée et le Roland furieux. Rybinski, Szarzynski et Grochowski se distinguèrent comme poètes lyriques. André Krzycki écrivit en latin des satires, des élégies, et divers traités en prose. Szymonowicz, dit Simonides, mérita par ses odes latines le surnom de Pindare latin, et composa de charmantes idylles polonaises sur le modèle de celles de Théocrite. Zimorowicz suivit ses traces dans la poésie pastorale, tandis que Dambrowski et Miaskowski composaient des hymnes religieux. L'éloquence politique fut cultivée avec succès par Orzechowski, Ianuszowski et Gornicki, l'éloquence sacrée par Skarga et Vuieck. Des Annales furent, comme précédemment, écrites en latin par Miechow, Kromer, Modrzewski, etc.; mais la langue polonaise fut aussi appliquée à l'histoire par Martin Bielski et son fils Joachim, par Gornicki (Histoire de la couronne de Pologne), Stryikowski (Chronique de Lithuanie, Kœnigsberg, 1852), Paprocki, auteur d'ouvrages chronologiques et héraldiques, pour la plupart en vers. Ajoutons aux noms qui précédent ceux de Jean Flachsbinder, Jean Turzo, poètes et prosateurs versés dans la langue latine; Stanislas Zaborowski, grammairien et légiste; Bernard Wapowski, historien et mathématicien; Groicki, Herburt, Warszewicki Grzebski, Spiczynski Siennik, Sendziwoy, célèbres à divers titres scientifiques; Siémionowicz fit paraître sur l'artillerie un ouvrage qu'on traduisit en français et en allemand. Arciszewski alla construire en Amérique les forteresses de Rio-Janeiro, de Pernambouc et de Bahia. Les œuvres de Bernard de Lublin et de Jean de Pilzno sur la jurisprudence offrent une étonnante analogie d'idées avec celles que publièrent au XVIIIe siècle en Italie Beccaria et Filangieri.

A cette période de gloire succède un siècle de décadence, qui coïncide avec la domination des Jésuites. Avec cet ordre religieux, un latin incorrect prévaut dans la littérature et les sciences sur l'idiome national; la langue polonaise perd elle-même sa pureté par l'invasion du mauvais goût, et les mots se chargent de désinences latines, italiennes ou françaises. Les dissertations théologiques et le genre affecté du panégyrique prennent la place des œuvres de l'invention originale. Quatre imprimeries seulement se maintiennent dans toute la Pologne, et la plupart des écoles se ferment. Il faut ajouter à ces calamités les invasions des Suédois, des Russes et des Turcs, qui achèvent de disperser et de détruire les monuments des lettres et des arts. Toutefois, on peut encore mentionner quelques hommes distingués : le jésuite Casimir Sarbiewski, auteur de remarquables poésies latines; Twardowski, poète héroïque; Kochowski, à qui l'on doit des odes estimées; Opalinski, auteur de piquantes satires, écrites malheureusement avec trop de négligence; Chroscynski, traducteur de Lucain; le jésuite Nagurczewski, traducteur de l'Iliade d'Homère et des Églogues de Virgile; Niesiecki, laborieux biographe.

Vers le milieu du XVIIIe siècle, la littérature prit un nouvel essor, grâce à l'influence exercée par la France et ses mœurs, et aux encouragements que les lettres, sous le règne de Stanislas-Auguste, reçurent des Czartoryiski, des Jablonowski et autres seigneurs polonais. Un prêtre piariste, Stanislas Konarski, eut la plus grande part à cette rénovation, par la fondation d'une foule d'écoles, et par la publication d'excellents ouvrages pédagogiques ou littéraires. Il traduisit en polonais diverses pièces dramatiques françaises, et fit établir à Varsovie, en 1765, un théâtre permanent. Il fut secondé dans cette noble tâche par les deux évêques Zaluski, qui parcoururent la Pologne, l'Allemagne et l'Italie, pour rechercher les livres et les manuscrits polonais que les invasions avaient dispersés, et qui parvinrent à former une bibliothèque de 300,000 vol., dont ils firent don à l'État. Une Commission d'éducation nationale fut formée en 1775, pour diriger et perfectionner l'instruction publique. Parmi les écrivains de cette époque, on distingue : Rzewuski, renommé pour son talent poétique; le jésuite Bohomolic, qui traduisit un grand nombre de pièces du théâtre français; le prince Adam Czartoryiski, à qui l'on doit les premiers drames vraiment nationaux; Szymanowski et Trembecki, chantres gracieux d'idylles et d'élégies; Naruszewicz, que ses poésies lyriques, sa traduction de Tacite, et son Histoire de la nation polonaise placent au premier rang; Krasicki, remarquable par sa verve et sa finesse, auteur de la Guerre de Choczim, de plusieurs satires spirituelles, et d'une bonne traduction d'Ossian; Wegierski, poète épigrammatique, qui a imité le Lutrin de Boileau; Kniaznin, célèbre par ses chansons anacréontiques; Ludwik Omski, traducteur de Corneille; Boguslawski, auteur du drame les Cracoviens et les Gorales. Lachowski, prédicateur de la cour, releva l'éloquence de la chaire. La diète de 1788 vit se produire des talents oratoires, entre autres, Ignaco Potocki, promoteur de l'affranchissement des serfs, et son frère Stanislas Potocki, judicieux critique, dont on a un Traité sur le style.

Malheureusement la Pologne, déjà morcelée par les partages de 1772 et de 1793, devint en 1795 la proie de ses voisins; les lettres furent la consolation des bons esprits sous la domination étrangère. Dès 1801, l'historien Thadeusz Czacki, Franciszek Dmochowski et l'évêque Albertrandy fondèrent à Varsovie une Société des Amis des sciences; l'Université de Wilna, restaurée en 1803, et le lycée de Krzeminiecz, fondé en 1805, firent tout ce qui était en leur pouvoir pour maintenir la langue nationale et propager l'instruction. Un habile ministre, Staszic, seconda ce mouvement. L'érudition classique fut représentée avec éclat par Przybylski et Felinski, auteurs d'excellentes traductions en vers. Karpinski écrivit des pastorales renommées et une brillante imitation des Psaumes; Kozmian et Tomaszewski, des poëmes didactiques; Ozinski et Brodzinski, des poésies lyriques; Gurski, des poésies légères; Woronicz, sa Sibylle et sa Lechiade; Venzyk, sa tragédie de Glinski. Niemcewicz, génie universel, se distingua par ses chants historiques et ses drames nationaux, par ses odes et ses élégies, par ses traités d'histoire et de littérature. Kollontay se montra savant publiciste; l'évêque Karpowicz releva l'éloquence de la chaire; Bantkie, Linde, Ossolinski, donnèrent d'utiles travaux sur la philologie et sur l'histoire; Bentkowski composa un Cours de littérature. Puis, une nouvelle école littéraire se forma, nourrie des poëtes anglais et allemands, et hostile au classicisme français. A côté de Mickiewicz, qui en fut le chef, se placent des poëtes que la Révolution de 1831 contraignit pour la plupart de fuir à l'étranger : Malczeski, Zaleski, Padura, Ostrowski; Odysnec, traducteur de la Fiancée d'Abydos, de lord Byron, et de la Dame du lac, de Walter Scott; Korsak, poëte lyrique et élégiaque; Chodzko, traducteur d'un grand nombre de poëmes orientaux; Garczynski, auteur d'un poème épique; Słowacki, le plus fécond des poëtes polonais modernes. En même temps, une direction nouvelle a été imprimée à l'histoire par Lelewel, et sur ses traces ont marché Bandski, Maciejowski, le comte Raczynski, le comte Plater, Mockacki, Karl Hoffmann, Wrotnowski. On a de Narbutt une excellente histoire de la Lithuanie; de Lucaszewicz, le récit de la dernière guerre de l'indépendance, et des matériaux pour l'histoire de la Réformation en Pologne. Michel Czajkowski (Michel-Zadik-Pacha) est l'un des meilleurs romanciers de sa nation; dans le même genre s'est distinguée la princesse Czartoryiska de Wurtemberg, auteur de Malvina.

POLTIN, monnaie d'argent de Russie, valant un demi-rouble ou 2 fr.

POLYAMATYPIE (du grec polus, multiple, ama, ensemble, et *tupos*, caractère), procédé qui consiste à fondre ensemble plusieurs caractères d'imprimerie à la fois, au lieu de les fondre un à un, comme cela se pratique généralement. Henri Didot en est l'inventeur.

POLYANDRION, nom que les anciens Grecs donnaient au tombeau commun d'un certain nombre de guerriers.

POLYCHROMIE (du grec *polus*, multiple, et *khrôma*, couleur), procédé consistant à enluminer de couleurs variées les ouvrages de sculpture et les monuments d'architecture. L'usage de colorier les statues est aussi ancien que la statuaire : les Éthiopiens peignaient leurs divinités avec du minium; les Assyriens les revêtaient d'un vernis coloré; les Phéniciens, les Babyloniens et les Perses les ornaient en outre d'or, d'argent, d'ivoire, de pierreries, de chaînes précieuses, etc. Il en fut de même chez les Grecs, non que l'art fût dans l'enfance, mais pour donner satisfaction à un goût encore peu épuré. Les statues et les bas-reliefs en marbre blanc du célèbre tombeau de Mausole étaient points : le fond des bas-reliefs en azur, et le reste, ainsi que la figure de Mausole, en rouge, ainsi qu'on peut le voir aux ruines qui en ont été apportées au British Museum de Londres. On voit au musée des études à Naples un Apollon en marbre dont les cheveux portent la trace d'une peinture blonde, et dont le bas de la draperie est orné de bandes rouges avec de petites fleurs blanches. Il existe à Munich une statue de Leucothée, où l'on remarque des traces de la dorure des cheveux, et de dessins rouges et verts qui ornaient les draperies. Un buste d'Antinoüs, au Louvre, était enduit d'une légère couche de peinture, et les yeux étaient figurés par des diamants que l'artiste y avait enchâssés. Ce fut seulement depuis le siècle de Périclès que les artistes cessèrent d'employer la couleur pour rehausser la valeur de leurs œuvres. Mais jamais les Grecs ne renoncèrent à peindre les édifices publics ou privés : ils appliquaient les couleurs aux frises et aux moulures en général. Dans l'ordre dorique, on faisait souvent usage des dorures; l'architrave du Parthénon était ornée de boucliers d'or. — La polychromie passa des Grecs aux Romains : à Herculanum et à Pompéi, les colonnes et les murailles extérieures des édifices sont enduites d'une couche de peinture; la colonne Trajane à Rome était renommée pour les brillantes couleurs dont elle était revêtue. Sous les empereurs, ce fut une mode de peindre les façades des édifices de manière à imiter les ornements architectoniques. Les Byzantins et les Arabes ont aussi adopté la polychromie. On l'adopta pour les églises de l'Occident, surtout aux xiie et xiiie siècles, mais on y renonça complètement au xvie. Elle est aujourd'hui fort à la mode pour la décoration des édifices religieux, même de ceux qui ne la comportent guère. V. Hittorff, l'*Architecture polychrôme chez les Grecs*, Paris, 1830, in-8°.

POLYCORDE, instrument de musique à archet, inventé en 1799 par Hilmer, à Leipzig. Il ressemble à la contre-basse, mais est monté de 10 cordes.

POLYGAMIE (du grec *polus*, multiple, et *gamos*, mariage), état d'un homme qui a plusieurs femmes. La polygamie, fondée sur l'inégalité sociale et l'esclavage des femmes, a été en rapport parmi tous les peuples sauvages. Chez les Hébreux, où l'exemple des patriarches l'autorisait, elle ne fut point détruite par la loi de Moïse. En Grèce, la loi athénienne permettait d'avoir deux femmes, et Socrate lui-même en profita. Chez les Romains, le polygame fut noté d'infamie. Les Barbares de la Germanie, au moment de leurs invasions, étaient monogames; mais leurs chefs pouvaient prendre plusieurs femmes comme marque d'honneur. La polygamie a été interdite par la loi chrétienne : néanmoins les Protestants ont cru devoir la tolérer chez les nouveaux chrétiens de l'Inde. Mahomet, cherchant, non à faire disparaître la polygamie, mais à la régler, reconnut à ses sectateurs le droit de prendre quatre femmes légitimes. Les Mormons de nos jours ont adopté la polygamie. Dans notre ancienne jurisprudence, le polygame était puni de mort; aujourd'hui la pluralité des mariages légalement contractés entraîne la peine des travaux forcés. V. BIGAMIE. B.

POLYGLOTTE (du grec *polus*, multiple, et *glôtta*, langue), se dit de toute personne qui sait plusieurs langues, et de tout ouvrage écrit ou imprimé en plusieurs langues. Il existe diverses Bibles polyglottes : les *Hexaples* (V. ce mot) d'Origène; la *Bible de Ximénès*, dite aussi *Bible d'Alcala* ou *Bible Complute* (*Complutum* est le nom latin d'Alcala), imprimée de 1514 à 1517 à Alcala, par ordre du cardinal Ximénès, en hébreu, en chaldéen, en grec et en latin; la *Bible de Justiniani*, 1518, dans les mêmes langues que la précédente, plus l'arabe; la

Bible royale, copie de celle de Ximénès, augmentée du syriaque, imprimée à Anvers en 1572, aux frais de Philippe II, sous la direction d'Arias Montanus; la *Bible de Hutter*, imprimée à Hambourg (1599) en 12 langues, hébreu, chaldéen, grec, latin, allemand, saxon ou bohème, italien, espagnol, anglais, français, danois, polonais ou slavon; la *Bible de Le Jay*, publiée à Paris (1645) en sept langues, hébreu, chaldéen, samaritain, syriaque, arabe, grec et latin; la *Bible de Walton*, imprimée à Londres en 1657, où se trouvent quelques parties en éthiopien et en persan. L'*Oraison dominicale* a été imprimée à Paris, en 1805, dans 90 langues. Calepin est auteur d'un Dictionnaire (1551 et 1681) en sept langues, latin, hébreu, grec, français, italien, allemand, espagnol et anglais. Les traductions polyglottes des auteurs anciens sont assez nombreuses.

POLYGONE (du grec *polus*, multiple, et *gônia*, angle), en termes de Fortification, figure qui détermine la forme générale d'une place de guerre. — On nomme encore *Polygone* le lieu où les artilleurs s'exercent, en temps de paix, au tracé et à la construction des batteries, au tir du canon, au jet des bombes et des obus, etc. Une butte en terre, à plusieurs côtés, sert de point de mire aux projectiles. Il y a un polygone à chaque école d'artillerie.

POLYGRAPHE (du grec *polus*, multiple, et *graphéin*, écrire), auteur qui a écrit sur plusieurs matières. Tels sont, chez les Grecs, Aristote, Platon, Xénophon, Plutarque et Lucien; chez les Romains, Cicéron, Varron, Sénèque; en France, Fontenelle, Voltaire, Montesquieu, J.-J. Rousseau, Diderot, Chateaubriand, etc.; en Allemagne, Leibniz, Wieland, Gœthe.

POLYGRAPHE, machine qui fait mouvoir simultanément plusieurs plumes à écrire. C'est une invention anglaise, transportée en France par Rochette en 1805.

POLYGRAPHIE, art d'écrire de plusieurs manières secrètes, qui, pour être lues, supposent une clef ou la connaissance d'un chiffre convenu. V. CRYPTOGRAPHIE, CHIFFRES.

POLYMNIE (du grec *polus*, multiple, et *umnos*, hymne, ou de *mnéia*, mémoire), une des Muses. Sur des monuments antiques, elle est représentée debout, la main droite élevée, enveloppée dans sa draperie et son menton reposant dessus, dans l'attitude de la méditation. Parfois elle a une simple couronne dans les cheveux, parfois des perles. Elle tient aussi un sceptre de la main gauche. Chez les Latins, on lui donna un volume ou rouleau, sur lequel étaient écrits les noms de Démosthènes et de Cicéron, ou le mot *suadere* (persuader). Quand elle a un masque à ses pieds, elle est la Muse de la pantomime. Le musée du Louvre possède une gracieuse statue de Polymnie, haute de 1m,86.

POLYNÉSIENNES (Langues), groupe de langues de l'Océanie, dont les plus importantes sont le *néozélandais*, le *tonga*, le *taïtien*, le *marquisan*, le *sandwich* (V. ces mots). Ces langues, qui paraissent être nées de l'altération graduelle du malais, sont pauvres de formes; l'onomatopée y est fréquente; les catégories grammaticales sont faiblement accusées; et le même mot appartient souvent à différentes parties du discours. Il arrive que le genre et le nombre ne sont même pas indiqués. La structure des mots est fort simple : la syllabe ne peut être terminée par une consonne, ni en renfermer deux; elle se compose toujours d'une consonne suivie d'une voyelle, ou bien est formée que d'une seule voyelle. Les langues polynésiennes ont fréquemment recours à la répétition d'une même syllabe pour former des mots nouveaux. Elles sont privées de sifflantes, et tendent à faire disparaître les consonnes qui ont une individualité trop prononcée. On y remarque une double forme du pluriel, indiquant si la personne à laquelle on s'adresse est comprise dans le *nous*, ou en est exclue. Il y a de même un double duel.

POLYPLECTRON, instrument à clavier, en forme de piano, dont les sons imitent ceux de plusieurs instruments à archet. Il fut inventé par Dietz, à Paris, en 1828.

POLYPTOTE (du grec *polus*, multiple, et *ptôsis*, chute, désinence), figure de diction qui consiste à employer un même mot, dans la même période, sous plusieurs des formes grammaticales dont il est susceptible. Ex. : « Tout ce que vous avez pu et dû *faire* pour prévenir ou pour pacifier les troubles, vous l'avez *fait* dès le commencement, vous le *faites* encore tous les jours, et l'on ne doute pas que vous ne le *fassiez* jusqu'à la fin. »

POLYPTYQUE. V. ce mot dans notre *Dictionnaire de Biographie et d'Histoire*.

POLYSYLLABE (du grec *polus*, nombreux, et *sullabè*,

syllabe), mot renfermant plus de deux ou trois syllabes, comme *proportion, constitutionnel*, etc. On appelle aussi de ce nom un pied métrique composé de plus de trois syllabes, comme sont les choriambes, les péons, les épitrites, les ioniques, les procéleusmatiques. Considérés par rapport à l'accent tonique, les polysyllabes ne peuvent le recevoir au delà de la 2° avant-dernière dans les langues anciennes, et ils n'en peuvent porter deux que dans certains cas où suit un enclitique. Dans les vers dactyliques grecs, tout polysyllabe peut se placer à la fin ; ainsi certains vers d'Homère se terminent par des mots de 7 syllabes ; la versification latine ne s'accommodait pas de ces longs mots, et ne tolérait généralement, à cette place, que des dissyllabes et des trisyllabes. On ne suivait le système grec que pour les noms propres tirés de cette langue (*Alphesibœus, Tyndaridarum, Alcimedontis*), et dans les vers spondaïques. P.

POLYSYNDÉTON (du grec *polus*, nombreux, et *sundetos*, lié ensemble, conjoint), terme de Rhétorique ancienne ; figure de mots consistant dans la répétition de la même conjonction au commencement de plusieurs incises, ou lorsqu'on veut marquer avec plus de force une énumération. P.

POLYSYNTHÉTIQUES (Langues), c.-à-d. *composées d'éléments multiples*, variété de langues qui procèdent par agglutination (*V. ce mot*). Elles se rencontrent chez la plupart des anciennes peuplades américaines. Ce qui les caractérise, c'est qu'un seul mot, souvent d'une incroyable longueur, y exprime des idées très-complexes. Ainsi, un heptasyllabe, comprenant 18 lettres, rend les 11 mots français suivants : *Lieu où les hommes pleurent parce que l'eau est rouge*; et c'est le nom d'une ancienne ville mexicaine chez les Acolhues : *Achichillachocan* (proprement *Eau-rouge-homme-pleurer*). D'autres fois, un mot très-simple dans nos langues européennes est exprimé par plus de 20 lettres : tel est celui qui, sur les bords de l'Orégon, correspond à *langue*, et celui qui en mexicain signifie *fagot*. Les dialectes mexicains offrent des mots qui ont jusqu'à 14 syllabes, et, par conséquent, une trentaine de lettres au moins. Notre locution *port de lettre* s'y exprime par un mot de 12 syllabes contenant 33 lettres. On en trouve dans le groenlandais qui en a 38 lettres ; un de ces mots équivaut à ces 4 propositions : *Il dit aussi | que tu veux également | aller là bien vite | acheter un beau couteau*. Une autre différence bien profonde entre nos idiomes et ceux de la plupart des peuplades américaines, c'est l'influence exercée sur la forme des verbes, non pas par la personne qui parle, à qui on parle, ou dont on parle, c.-à-d. par le sujet, mais par la nature du régime. Si celui-ci est une personne ou un animal de tel ou tel sexe, ou une chose inanimée de telle ou telle couleur, dans ces différents cas, le verbe prendra une forme particulière : ainsi, *je vois un grand rocher, je vois un homme, je vois une petite fille*, s'expriment par trois formes verbales différentes, quoique le sujet, le temps, le mode, soient les mêmes dans chacune de ces propositions. Le verbe *manger* varie autant de fois qu'il y a de choses comestibles différentes énoncées dans la phrase, c.-à-d. dans le mot. Il y a également trois verbes spéciaux pour exprimer l'idée *se servir de*, selon que la chose dont on se sert est à soi, ou à celui à qui l'on parle ou de qui l'on parle. V. AMÉRICAINES (Langues). P.

POLYTECHNIQUE (École). V. ÉCOLE POLYTECHNIQUE, dans notre *Dictionnaire de Biographie et d'Histoire*.

POLYTHÉISME. V. notre *Dictionnaire de Biographie et d'Histoire*.

POLYTYPAGE (du grec *polus*, multiplie, et *tupos*, type, caractère), nom que l'on donna aux premiers essais de la stéréotypie (*V. ce mot*).

POMÉRANIEN (Idiome). C'est du polonais très-corrompu.

POMME DE PIN, ornement fréquemment employé dans les arts. Sur beaucoup de bas-reliefs antiques, une pomme de pin termine les thyrses qui décorent les frises. On la voit seule dans les angles des plafonds, les corniches doriques et ioniques. Elle couronne les couvercles des vases ; elle forme l'amortissement des édifices circulaires terminés par une couverture voûtée. Une pomme de pin colossale, en bronze, surmontait le mausolée de l'empereur Adrien, à Rome; on la voit aujourd'hui à l'extrémité d'une cour du Vatican.

POMOERIUM. } V. ces mots dans notre *Dictionnaire*
POMONE. } *de Biographie et d'Histoire*.

POMPE, nom donné, dans le cor et la trompette, à un fragment de tuyau en forme de fer à cheval, qui s'emboîte par ses extrémités sur les bouts formés par une section faite vers le milieu du corps de l'instrument ; en enfonçant plus ou moins cette pompe, on élève ou on baisse le ton. La pompe du trombone a les branches très-longues, et c'est par la manière dont on la tire ou l'enfonce qu'on obtient les différents degrés de l'échelle. Dans la flûte, la clarinette, et le basson, la pompe est une emboîture en métal placée entre les principales pièces pour les réunir, et qui sert aussi à allonger l'instrument, ce qui baisse son intonation.

POMPÉE (Colonne de). V. COLONNES MONUMENTALES, dans notre *Dictionnaire de Biographie et d'Histoire*, page 634, col. 1.

POMPÉIA ou POMPÉI (Ruines de). Cette ville, située à 24 kil. S.-E. de Naples, et l'une de celles que l'éruption du Vésuve engloutit, en l'an 79 de J.-C., sous une couche de cendres de plus de 5 à 6 mètres d'épaisseur, fut complètement oubliée jusqu'au milieu du XVIII° siècle. Cependant, en 1592, l'architecte Dominique Fontana, chargé d'amener les eaux du Sarno à Torre dell'Annunziata, fit creuser un canal à travers l'emplacement de Pompéi ; mais l'incurie de l'administration espagnole empêcha toute recherche d'antiquités si précieuses. Un siècle après, Joseph Macrini reconnaissait quelques restes de murs et des maisons entières, sans éveiller davantage la curiosité publique. En 1748, des paysans, creusant un fossé dans le sol garni de vignes qui recouvre encore maintenant une partie de la ville, découvrirent des objets d'art ; en 1755, le roi Charles III fit entreprendre des fouilles, que l'on poursuivit avec plus d'activité sous le gouvernement de Joseph Bonaparte, puis de Murat. Les travaux, continués jusqu'à nos jours avec de fréquentes interruptions, ont mis à découvert à peu près le tiers de la cité romaine. On a ici la vue de l'antiquité dans sa réalité matérielle, bien que tout le faîte des édifices soit détruit ; les objets mobiliers ont tous été transportés au musée de Naples. — Pompéi était défendue par un double mur de 8 à 10 mèt. de hauteur, en assises horizontales de blocs de marbre sans ciment, avec terreplein assez large pour être parcouru par trois chars de front. De distance en distance sont des restes de tours carrées, à plusieurs étages, qui paraissent être de construction plus récente. L'entrée principale dite *Porte d'Herculanum*, consiste en trois arcades bâties en briques et en lave ; les deux latérales, pour les piétons, sont petites et étroites : il y avait une double porte en bois ; celle de l'extérieur se fermait en descendant dans des rainures profondes, encore visibles. Les rues sont généralement droites, irrégulièrement pavées en lave, bordées de trottoirs élevés, et fort étroites, ce qui les rendait moins accessibles au soleil ; on y voit des ornières, traces de la roue des chars, des degrés en pierre pour aider à monter à cheval, et des fontaines d'où l'eau était distribuée par des conduits de plomb dans les maisons particulières et dans les édifices publics. Les habitations privées, encore debout quelquefois jusqu'au premier étage, en avaient deux pour la plupart ; construites toutes sur le même plan, elles ne comprennent que de petites pièces. On y a trouvé du charbon, mais point de traces de cheminées, excepté devant le four d'une boulangerie. Nulle part on n'a reconnu d'écuries ni d'étables ; des squelettes de chevaux gisaient dans les cours. Les maisons portent, au lieu de numéros, les noms des propriétaires ; sur quelques-unes, des inscriptions peintes à la grosse brosse remplacent nos écriteaux de location, ou des peintures servent d'enseigne. Une des plus vastes habitations est la *Villa de Diomède*, exemple rare d'une maison à trois étages, où l'on a recueilli quelques restes de verre des fenêtres, des amphores avec du vin desséché par le temps, des monnaies, des bijoux, un certain nombre de squelettes, etc. Nous citerons encore : la *Villa de Cicéron*, plus belle que la précédente, et qui a été recouverte après qu'on en eut retiré les peintures et les mosaïques ; la *maison des Vestales*, qui contenait des peintures peu conformes à l'idée que cette dénomination éveille; la *maison des Danseuses*, ainsi nommée des charmantes peintures qui en décoraient l'atrium ; la *maison de Narcisse*, d'où provient la fameuse statue d'Apollon en bronze du musée de Naples ; la *maison de Sallustius* ou d'*Actéon*, l'une des plus élégantes, entourée de boutiques et de tavernes ; la *maison de Polybe*, qu'on croit avoir été une hôtellerie ; la vaste *maison de Pansa*, qui forme une île (*insula*) à elle seule ; la *maison du Poëte tragique*, dont les belles peintures et les mosaïques sont au musée de Naples ; la *maison de Méléagre*, dont le jardin conservait encore quelques arbustes au moment de la découverte en 1830 ; la *maison des Néréides*, qui a un péristyle de

24 colonnes, et où l'on a trouvé 14 vases d'argent, dont plusieurs d'un poids considérable; la *maison de Castor et Pollux* ou des *Dioscures*, dont l'ornementation est aussi riche que variée; la *maison du Faune*, d'où l'on a tiré la célèbre bataille en mosaïque qui est au musée de Naples; la *maison du Labyrinthe*, ainsi appelée d'une mosaïque qui représente Thésée tuant le Minotaure; la *maison de Lucretius* ou des *Suonatrici* (musiciennes), où est un petit théâtre de marionnettes, dont les acteurs sont figurés par de petites statuettes, etc. Sur plusieurs routes, aux portes même de la ville, on remarque des tombeaux, entre autres, ceux de Nævoléia Tyché, d'Aricius Scaurus, de Calventius Quietus, enrichis de bas-reliefs moulés en stuc.

L'architecture des édifices publics est une corruption de l'architecture grecque. Le *Temple de la Fortune*, d'ordre corinthien, situé près du Forum, contenait une statue peinte avec un mélange de pourpre et de violet, et qu'on croit être celle de Cicéron. Le *Forum*, pavé de marbre, était décoré de statues, dont plusieurs piédestaux subsistent, et entouré, sur trois côtés, de portiques à colonnes doriques de marbre blanc. Alentour sont rangés les édifices suivants : — Sur un soubassement s'élève le *Temple de Jupiter*, avec portique de 12 colonnes corinthiennes, soutenu à l'intérieur par un double rang de colonnes ioniques. Le *Temple de Vénus*, le plus vaste de tous, était entouré de portiques soutenus par 48 colonnes doriques, changées en corinthiennes au moyen d'un stuc. La *Basilique* était entourée de péristyles formés de 28 colonnes ioniques : celles-ci offrent cette singularité, qu'elles sont composées d'un noyau de briques rondes, entourées de briques pentagonales dont les angles extérieurs forment les arêtes d'autant de cannelures. L'*Édifice d'Eumachia*, consacré à la Concorde et à la Piété, était en forme de basilique, avec péristyle à 4 portiques formé de 48 colonnes en marbre de Paros, et une galerie intérieure de trois côtés. Le *Temple de Mercure* ou de *Quirinus*, construit sur un plan très-irrégulier, sert aujourd'hui de dépôt pour les objets provenant des fouilles. Le *Panthéon* ou *Temple d'Auguste* offrait au milieu d'une cour ouverte un autel entouré de 12 piédestaux qui supportaient sans doute des statues; un des côtés de cette cour est occupé par 12 chambres qu'on suppose être celles des Augustals ou prêtres d'Auguste. Plusieurs *Arcs de triomphe* sont bâtis en briques et en lave, recouvertes de marbre. — Le *Grand Théâtre*, assis sur le tuf même d'une colline qui dominait la ville, avait à l'intérieur 68 mèt. de diamètre : on y accédait par 6 escaliers, divisant les gradins en cinq parties (*cunei*) ; ces gradins, au nombre de 29, étaient partagés en trois étages par deux précinctions, et pouvaient recevoir 5,000 spectateurs. Sur deux des côtés d'un Forum qui précède ce théâtre, il y avait des portiques fermés, de 90 colonnes doriques, où les spectateurs pouvaient se réfugier pendant la pluie. Tout près de là, le *Quartier des soldats* est formé d'un carré long, avec portique à colonnes revêtues de stuc peint en rouge et en jaune; il y a un double étage de chambres, où l'on a trouvé beaucoup d'armes. Un *Petit Théâtre* ou *Odéon* pouvait contenir 1,500 spectateurs. Au milieu d'un atrium entouré de portiques à colonnes, s'élève un petit *Temple d'Isis*, au-dessus d'un soubassement de 7 degrés : on y trouva le squelette d'un prêtre à table, avec des restes de poisson, de poulet et d'œufs. Citons encore l'*Amphithéâtre*, situé assez loin des autres constructions : il est de forme elliptique, et pouvait contenir de 15 à 20,000 spectateurs; au-dessus des 35 rangs de gradins partagés en trois étages, on voit un rang de loges pour les femmes. Enfin on a reconnu dans les débris de Pompéi un grenier public, des thermes, des prisons, une école, etc. V. Hamilton et de Murr, *Descrizione delle nuove scoperte in Pompeja*, 1770, in-4°; E. Hamilton, *Essai sur les découvertes de Pompéi*, en anglais, Londres, 1777, in-4°; Millin, *Description des tombeaux découverts à Pompéi*, Naples, 1813, in-8°; Mazois, *Ruines de Pompéi*, Paris, 1822-38, 4 vol. gr. in-fol., fig.; Geldicutt, *Specimens of ancient decorations from Pompeii*, Londres, 1825, in-8°; Cockburns et Donaldson, *Pompeij illustrated with picturesque views*, Londres, 1827, 9 vol. in-fol.; Bonucci, *Pompéi décrite*, Naples, 1828, in-8°; W. Gell et Gandy, *Pompeiana, or Observations on the topography, edifices and ornaments of Pompeii*, Londres, 1817-32, gr. in-8°; Wilking, *Views of Pompeia*, Londres, 1832; W. Clarke, *Pompéi*, Londres, 1833, in-8°; Raoul Rochette, *Pompéi, Choix d'édifices inédits*, Paris, 1828-30, in-fol., et *Choix des peintures de Pompéi*, 1844-48, in-fol.; Fausto et Felice Niccolini, *Le case i monumenti di Pompei disegnati*

e descritti; Garrucci, *Inscriptions gravées au trait sur les murs de Pompéi*, Paris, 1856, in-4°; E. Breton, *Pompéïa*, Paris, 1854, gr. in-8°; Fiorelli, *Monumenta epigraphica Pompejana ad fidem archetyporum expressa*, Naples, 1854. B.

POMPÉION, vaste monument de l'ancienne Athènes, où l'on conservait les objets sacrés, et où se préparait la pompe des Panégyries. Il était à l'entrée de la vieille ville, du côté de Phalère.

POMPES FUNÈBRES (Administration des), administration privée qui, à Paris et dans les grandes villes, se charge, à l'entreprise et d'après des tarifs approuvés par l'autorité, du service des inhumations et pompes funèbres. Avant 1789, le soin de régler les funérailles appartenait à des officiers appelés *crieurs de corps*, qui avaient en outre la fonction de crier les vins, les légumes et les viandes dans les marchés, les enfants et les chiens perdus dans les rues. Tout se faisait, d'ailleurs, très-simplement : les corps, recueillis à domicile, étaient transportés à bras, ou bien cinq ou six ensemble, dans des voitures communes; les indigents, placés dans des cercueils banaux, étaient jetés nus dans une fosse commune. Il n'était pas rare de voir les porteurs abandonner leur fardeau dans la rue, pour entrer au cabaret. Dans quelques localités, les hospices avaient le droit de placer les tentures aux funérailles. Un décret du 23 prairial an XII (1er juin 1803) transféra aux fabriques des églises et des consistoires le privilège de faire les fournitures funéraires, interdit les transports à bras (sauf pour les corps d'enfants), et imposa l'emploi de chars à deux chevaux, accompagnés d'un ordonnateur et de trois porteurs en costume. Les entrepreneurs de pompes funèbres, qui n'avaient perçu d'abord, pour l'exécution du service commun, que le produit d'une taxe d'inhumation payée par les riches, obtinrent l'autorisation de traiter de gré à gré avec les familles à l'égard des accessoires qu'elles voudraient ajouter pour l'éclat des funérailles. Un arrêté du 11 vendémiaire an XIII (3 oct. 1804) leur assura le droit exclusif de faire les transports et les fournitures, à la charge de faire aux fabriques une remise réglée amiablement; un arrêté du 25 pluviôse de la même année (4 fév. 1805) dressa le tarif des droits à percevoir sur les familles. Un décret du 18 mai 1806, confirmé par un 2e du 18 août 1811, distingua 6 classes de services, ayant chacune leur tarif. Une ordonnance du 25 juin 1832 établit 9 classes pour Paris. Les sept premières ont été divisées en deux sections, l'une à tarif invariable, qu'il faut prendre sans y rien ajouter ni rien retrancher, l'autre à tarif variable. Les indigents sont inhumés gratuitement. B.

POMPIERS (Sapeurs-). V. SAPEURS, dans notre *Dictionnaire de Biographie et d'Histoire*.

PONCHO, c.-à-d. en espagnol *paresseux*, nom d'un vêtement du Chili. C'est un morceau d'étoffe quadrilatère, percé d'une ouverture au centre pour y passer la tête, et sans manches ni boutonnières. Il sert de manteau pendant le jour et de couverture pendant la nuit.

PONCIS, et par corruption *Poncif*, dessin dont tous les traits ont été piqués de trous d'épingles très-rapprochés, et sur lequel on passe, soit un petit sachet appelé *ponce*, rempli de charbon pilé, si l'on opère sur une surface blanche, de craie en poudre ou de plâtre fin si c'est une surface noire, soit une *poncette* formée de morceaux de feutre imprégnés d'une poudre de résine mêlée avec du noir de fumée ou du blanc de céruse. On se sert de poncis pour les décors, pour marquer les dessins sur la faïence, sur les abat-jour de lampes, sur les étoffes qu'on doit broder, etc. — Par extension, on appelle *Poncis* les dessins dans lesquels on remarque un type convenu et routinier, un calque ou une copie trop apparente. B.

PONCTUATION (Signes de), signes accessoires d'écriture, faisant partie de l'orthographe, et destinés à marquer les divisions essentielles d'une phrase et les repos de la voix dans la prononciation. Cet utile auxiliaire de la lecture n'a été imaginé que longtemps après l'invention de l'écriture. Primitivement, les mots n'avaient même aucune séparation; ce qui était une source de nombreuses confusions pour le copiste et pour le lecteur. Enfin, au ne siècle av. J.-C., comme la langue grecque se répandait de plus en plus dans l'Orient, et pénétrait même à Rome, Aristophane de Byzance imagina trois signes pour marquer la division du discours : c'étaient : le *point parfait*, qui se plaçait à la pointe droite de la dernière lettre d'un mot pour marquer l'entier achèvement du sens; le *point moyen*, à mi-hauteur de la dernière lettre, pour indiquer un sens très-légèrement suspendu; le *sous-point*, en bas de la dernière lettre (comme notre point), pour indiquer la suspension d'une phrase non encore complète. Ces signes n'eurent pas toujours cette valeur; et le nombre en varia; ainsi quelques grammairiens en établirent huit. Le signe d'interrogation (¿) semble être du ixᵉ siècle après J.-C. La virgule se trouve aussi au lieu du *point en bas*, et de plus elle servait à distinguer des mots qui, sans ponctuation, auraient pu être divisés autrement, aux dépens du sens; ainsi, *ō, rē* et *ōrē*. Les règles de ponctuation paraissent avoir été peu mises en pratique dans l'Antiquité, malgré le soin avec lequel on les enseignait dans les écoles : on croit que les points n'étaient mis que dans les éditions de luxe et dans les livres destinés aux écoliers. Dans les inscriptions, la ponctuation est ou nulle ou marquée entre chaque mot; ou bien les mots étaient séparés par des signes de forme très-variée, tels qu'un triangle, un carré, un losange, un cercle, un demi-cercle, une rosace, une croisette, un cœur, un feuillage, etc. Souvent les points n'étaient mis qu'après les signes ou mots abrégés; quelquefois on les introduisait dans les mots composés, entre une préposition et un radical. Dans les premiers temps du christianisme, on imagina de revenir à un système qui avait été déjà pratiqué, et, au lieu de ponctuer les manuscrits, d'isoler chaque sens par un *alinéa*, c.-à-d. de faire des *versets*, usage aujourd'hui conservé, même dans les imprimés, pour les Livres saints. D'autres fois on a tenté d'isoler les mots par des blancs. Les Romains n'apportèrent aucune amélioration au système de ponctuation imaginé par les Grecs; ils l'adoptèrent ainsi que le système des versets.

Dans la plus grande partie du Moyen âge, on voit sur ce sujet beaucoup de désordre et d'incertitude : les plus anciens manuscrits en lettres capitales ou onciales sont dépourvus de signes de ponctuation, ainsi que les chartes et les diplômes; vers le temps de Charlemagne, on entreprit d'y en ajouter : on reconnaît ces additions à la différence des encres. Depuis cette époque on ne trouve plus guère de manuscrits qui ne soient ponctués. Enfin, peut-être faut-il attribuer à l'imprimerie une grande influence dans la fixation de notre système moderne, qui a définitivement admis la séparation nette des mots, ainsi que les alinéas, et réglé les signes de ponctuation, qui sont au nombre de dix : le *point* (en bas), la *virgule*, le *point virgule*, les *deux points*, le *point d'interrogation*, le *point d'exclamation*, la *parenthèse*, le *tiret*, les *points suspensifs*, et les *guillemets*. L'usage de ces signes est à peu près uniforme dans les langues néo-latines et germaniques. Pour le grec, on a conservé les signes usités dans les manuscrits du xvᵉ siècle : le point en bas, ayant le même usage que le nôtre; le point en haut, répondant à nos deux points et souvent à notre point et virgule; la virgule, répondant à la nôtre, et quelquefois à notre point virgule; enfin le point et virgule, qui figure l'interrogation. Quant au point exclamatif, les uns l'admettent, les autres le rejettent.

Il semblerait que la ponctuation, étant une inspiration de la logique naturelle, devrait être partout la même chez les peuples lettrés, surtout en Europe : cependant il existe encore des différences de nation à nation. Chez nous, dans notre propre langue, beaucoup d'écrivains, même parmi ceux qui écrivent le plus correctement, se préoccupent peu de la ponctuation, et font un fréquent usage du point final, là où il faudrait deux points ou point et virgule. Il semble que cela ôte de l'ampleur à leur style, et ce point, en coupant les périodes, efface presque les nuances de la pensée; en effet, pour les bien marquer, la ponctuation soignée, c.-à-d. scrupuleusement raisonnée, est toujours un utile auxiliaire. Les grands écrivains des xviiᵉ et xviiiᵉ siècles la regardaient comme le complément d'un bon style; nous citerons, entre autres, Bossuet, et surtout Buffon, dont les ouvrages, en ce genre aussi, pourraient servir de modèles. Mais on dirait que beaucoup de nos écrivains contemporains affectent de ne pas mettre la ponctuation, comme, avant la Révolution, les grands seigneurs affectaient de ne point écrire l'orthographe. P.

PONDÉRATION DES POUVOIRS. *V.* BALANCE DES POUVOIRS.

PONT, ouvrage élevé d'un bord à l'autre d'une rivière ou d'un canal, pour en faciliter le passage. Les ponts, placés au premier rang parmi les travaux d'utilité publique, ne peuvent être établis et conservés que par beaucoup de soins et d'habileté, à cause de leur situation au milieu des eaux, et de l'effort produit sur eux par le courant. On distingue les *ponts fixes* et les *ponts mobiles*. Les ponts fixes comprennent : les *ponts proprement dits*, accessibles aux piétons et aux voitures; les *pas-

serelles*, qui ne servent qu'aux piétons; les *ponts-aqueducs*, destinés à amener les eaux d'un lieu à un autre; les *ponts-canaux*, qui font franchir à un canal soit une rivière, soit une vallée, soit une route quelconque. Sous le nom de ponts mobiles, on range les *ponts de bateaux*, les *ponts-levis*, les *ponts roulants*, et les *ponts tournants*. — Autant que possible, un pont doit être construit perpendiculairement à la rivière; les piles s'affouillent moins que celles d'un pont biais, qui sont d'ailleurs plus coûteuses à cause des difficultés de l'appareil des pierres. La largeur d'un pont est ordinairement la même que celle de la route ou de la rue à laquelle il fait suite; elle varie également en raison de la population plus ou moins grande des localités qu'il s'agit de desservir. Elle doit permettre aux voitures de se croiser, et comprendre, outre la voie, deux trottoirs pour garantir les piétons. Le *débouché*, c.-à-d. le vide qui existe entre les piles, se détermine d'après la vitesse et le volume des grandes eaux. Si le cours d'eau n'est pas navigable, ni sujet à de fortes crues, on préfère les petites arches, parce que la dépense est moins considérable que celle des grandes; dans le cas contraire, il faut de grandes arches, afin que rien ne gêne soit l'écoulement des eaux, soit le passage des corps flottants, soit la navigation, et l'on restreint aussi de cette manière le nombre des piles, dont les fondations sont toujours difficiles et coûteuses.

I. *Ponts en maçonnerie.* — C'est l'espèce de ponts la plus ordinaire, et celle qu'on adopte quand la circulation doit y être importante. Si le pont n'a qu'une seule arche, il se compose d'une voûte, et de deux *culées*, qui résistent à la poussée latérale de cette voûte (*V.* CULÉE); si le pont est à plusieurs *arches*, il se compose, en plus, de *piles* élevées dans le lit de la rivière, entre les arches, pour les porter. On commence par opérer, sur l'emplacement des massifs, un sondage à une assez grande profondeur, afin de reconnaître la nature du sol sur lequel les fondations seront assises. Si le terrain est formé de roches et de tufs assez solides pour supporter immédiatement le poids de l'ouvrage, et si la profondeur de l'eau ne dépasse pas 2 mèt., on drague jusqu'à ce que l'emplacement du massif à élever ait été mis à nu, on l'environne d'un *batardeau* (*V. ce mot*), qu'on épuise au moyen de pompes ou de la vis d'Archimède, et, après avoir arasé ou aplani le sol, on construit comme sur un terrain ordinaire. Lorsque la profondeur de l'eau dépasse 2 mèt., on emploie, au lieu de batardeaux, des *caisses étanches* que l'on fait descendre avec précaution jusqu'au fond, et dans lesquelles on commence la maçonnerie, ou des caisses non étanches qu'on emplit de béton jusqu'à la surface de l'eau. Si le terrain est incompressible, mais affouillable, comme celui qui est formé de sable, de gravier et de certaines argiles, on emploie indifféremment la fondation sur *pilotis* ou la fondation par *encaissement* (*V. ces mots*). Avec un terrain compressible et affouillable, comme la vase et la tourbe, on a recours à deux artifices qui ont pour objet de répartir la pression sur une plus grande surface : on établit un *radier* (*V. ce mot*), ou un *grillage* en fortes pièces de bois, dans les vides desquels on enfonce des pieux aussi profondément que possible, et sur lequel on pose la première assise. — Les culées et les piles se font indistinctement en pierres de taille, en moellons ou en meulières. Les piles ont d'ordinaire à leur base un peu plus de largeur que le pont, afin de former en amont un *avant-bec* et en aval un *arrière-bec*, qui leur donnent plus de solidité et les protègent contre le choc des eaux ou des corps flottants. La forme des arrière-becs est à peu près indifférente. Autrefois on donnait aux avant-becs la forme d'un angle aigu, ce qui produisait un remous et était dangereux pour la navigation : aujourd'hui ils reçoivent la forme circulaire, qui résiste mieux aux glaces et cause peu de perturbation dans le cours de l'eau. Jadis les piles, par leur excessive épaisseur, rétrécissaient trop le débouché de l'eau et gênaient la navigation; on ne leur donne maintenant que l'épaisseur nécessaire pour qu'elles puissent supporter les voûtes ou arches. Les voûtes furent d'abord à *plein cintre*, celle du milieu, dite *arche marinière*, étant plus haute que les autres : il en résultait des pentes roides, comme jadis au Pont-Neuf et au Pont de la Tournelle, de Paris. Ensuite, on adopta l'*arc en anse de panier* (*V. ce mot*), qui présente des difficultés d'appareil, et souvent produit un mauvais effet à la vue. On s'est arrêté enfin à l'arc de cercle, dont on met à la retombée beaucoup au-dessus de la corde de son diamètre; cela permet de donner aux ponts les hauteurs les plus petites possible, mais oblige à avoir des culées d'une très-grande force; les ponts de la Concorde et d'Iéna, à Paris, et le magnifique pont de Neuilly, sont en arcs de cercle. On nomme *têtes* de la voûte les deux faces latérales qui regardent l'amont et l'aval; *tympans*, les parties de maçonnerie qui se trouvent au-dessus des piles entre les arches. Les tympans sont surmontés d'un *bandeau* ou d'une corniche qui règne dans toute la longueur du pont, et qui sert de base au garde-corps ou *parapet*. Quand ces constructions sont achevées, on pose la *chape*, couche de mortier de chaux hydraulique, de 10 à 15 centimètres d'épaisseur, qu'on étend sur toute la partie supérieure des voûtes, et qu'on recouvre quelquefois d'une couche mince de bitume. Enfin on exécute la *chaussée* pavée.

II. *Ponts en maçonnerie et en charpente.* — Ce système mixte convient pour le passage d'une route ordinaire qui n'est pas très-fréquentée, parce que les réparations sont assez rares et par conséquent peu coûteuses; avec une grande circulation, le plancher ou *tablier* en bois s'userait rapidement. L'inconvénient des ponts de charpente est qu'ils peuvent être détruits par le feu, et que les bois peuvent s'échauffer et se détruire. Les piles et les culées sont toujours en maçonnerie, les arches seulement sont en bois. Ces arches, toujours en arcs de cercle, sont faites en pièces épaisses de charpente, et mieux en madriers de 5 à 6 centimèt. d'épaisseur, fortement assemblés. Le tablier se compose de poutres longitudinales, supportées par le sommet de l'arc, par des moises pendantes, et par des consoles fixées dans les piles; de poutres transversales, qui reposent sur les poutres longitudinales; et, par-dessus tout, de madriers cloués. On peut citer comme modèle de ce genre de construction le pont d'Ivry, près de Paris.

III. *Ponts en pierre et en fer.* — Dans les ponts de ce système, qui sont plus solides et d'un entretien moins coûteux que ceux du système précédent, mais dont les frais d'établissement sont un peu plus grands, les piles sont en maçonnerie et les arches en métal. Le plus ancien pont de fer fut construit en 1793 à Sunderland, sur le Wear; mais des projets avaient été présentés en France en 1719 par Garin, et en 1755 par Goissons et Vincent de Montpetit. Le fer fondu a été employé à Paris pour le pont des Arts, et, en 1862, pour le pont de l'Archevêché; le pont d'Arcole, vis-à-vis la place de l'Hôtel de Ville, à Paris, et d'une seule arche sur le grand bras de la Seine, est en fer forgé. On peut encore citer, en Angleterre, comme emploi de fer fondu, les ponts du Vauxhall et de Southwark à Londres, et ceux de Bristol et de Wearmouth. V. Molinos et Pronier, *Traité théorique et pratique de la construction des ponts métalliques*, Paris, 1857, in-4° et atlas.

IV. *Ponts en charpente.* — Ce sont ceux qui ont le moins de solidité et de durée. On n'en construit que dans les pays où le bois est à bas prix, et sur les rivières où l'on n'a point à craindre les grandes crues et les débâcles de glaces. Le plancher s'établit sur des poutres portées par les poteaux qui ont été enfoncés dans l'eau; on y met quelquefois des bandes de fer pour recevoir les roues des voitures. Le pont Morand à Lyon et le pont de Bonpas sur la Durance appartiennent à cette catégorie. On en voit un aussi sur le Rhin, à Schaffhouse, qui a deux travées de 50 mèt. chacune; un autre sur le Kandel, près de Berne, d'une portée de 50ᵐ,70; celui de Vettingen, sur la Limmat, n'a pas moins de 118ᵐ d'ouverture, d'une seule portée.

V. *Ponts suspendus.* — Ces ponts, plus avantageux que tous les autres sous le rapport de l'économie et de la facilité de l'établissement, se composent de chaînes ou de câbles en fer, qu'on tend d'une rive à l'autre, et supportant, au moyen de tiges de suspension, un tablier qui donne passage aux piétons et aux voitures. Les câbles sont formés de fils de fer enroulés en écheveaux autour d'une croupière, et reliés de distance en distance par des ligatures; les fils ont été préalablement trempés dans de l'huile de lin pour empêcher l'oxydation, et, après la pose, on leur applique plusieurs couches de peinture. L'inconvénient du système des câbles est l'impossibilité de tendre également tous les fils, de sorte que l'effort peut être supporté par quelques-uns, ce qui amène leur rupture et peut-être la chute du pont. Les chaînes se composent de barres de fer forgé, reliées entre elles par des boulons : il suffit d'un défaut dans l'une d'elles pour occasionner la chute du pont. Afin d'obvier au danger, on fait soutenir le pont par 2, 3 ou 4 câbles ou chaînes de chaque côté, de sorte que, si l'un vient à manquer, il en reste pour supporter le tablier. Les tiges de suspension

sont en tiges de fer ou en chaînes, selon le système qu'on a adopté. Des traverses, dites *pièces de pont*, soutenues aux deux bouts par les tiges de suspension, et espacées de 1ᵐ,25 à 1ᵐ,50, supportent deux planchers, dont l'un pour la chaussée et l'autre pour les trottoirs, qui sont bordés extérieurement d'un garde-corps. L'effort que les chaînes ont à supporter est d'autant moins considérable qu'elles décrivent une courbure plus grande ; aussi donne-t-on à leurs points d'appui beaucoup d'élévation. Ces points d'appui sont disposés de deux manières ; tantôt il y en a trois, dont deux sur les rives, et le troisième, appelé *pile*, plus élevé que les autres, au milieu de la rivière ; tantôt il n'y a que ceux des rives. Ils consistent en massifs de maçonnerie ou en colonnes de fonte. Les chaînes s'infléchissent au delà des points d'appui des rives, et se prolongent jusque dans le sol, où elles sont solidement fixées dans des culées. On éprouve la solidité des ponts suspendus au moyen d'une surcharge de 200 kilogr. par mètre carré de superficie pendant trois jours. Les ponts suspendus les plus remarquables sont : celui de Fribourg en Suisse, qui n'a qu'une seule travée, de 265 mèt. de longueur, et dont les chaînes sont amarrées dans le roc au-dessus d'une profonde vallée; celui de Cubzac en France (*V.* CUBZAC); celui de Genève, qui présente cette particularité que le tablier est placé au-dessus des chaînes; ceux de Beaucaire sur le Rhône (450 mèt. de longueur), de La Roche-Bernard sur la Vilaine, de Jarnac sur la Charente; celui de l'île Barbe, près de Lyon; celui de Triel, sur la Seine; celui de Rouen, offrant au milieu une arche, où le tablier peut se lever pour laisser passer les navires. — Outre les ponts de chaînes, on comprend dans la catégorie des ponts suspendus les *ponts tubulaires*, formés d'immenses tubes en fer battu, solidement rivés les uns dans les autres, et qui servent notamment au passage des chemins de fer. On cite dans ce genre le *Pont Britannia*, sur le détroit de Menai; le *Pont Victoria*, au Canada, sur le fleuve St-Laurent; le *Pont de la Quarantaine*, à Lyon, réunissant les deux gares des chemins de fer.

VI. *Ponts de bateaux.* — Ces ponts consistent en une suite de bateaux amarrés à une certaine distance l'un de l'autre et liés entre eux par des poutrelles, sur lesquelles sont établis un plancher et des garde-corps. Pour donner passage à la navigation, on fait dériver sur le côté, à l'aide du gouvernail, un ou deux bateaux, qu'on replace ensuite. Il y a là un travail fréquent de manœuvre, incommode pour la circulation. Le tablier montant et descendant avec le niveau de la rivière, le plan incliné qui y donne accès doit être mobile. Le système des ponts de bateaux est abandonné de jour en jour; Rouen possédait un grand pont de ce genre il y a une trentaine d'années, bel ouvrage d'un moine augustin nommé Nicolas; il en existe encore sur le Rhin, à Mayence, et à Cologne.

VII. *Ponts-levis.* — Ils consistent en un tablier, d'une seule volée ou de deux, mobile autour d'un axe horizontal, et qu'on lève, soit avec un contre-poids à l'extrémité d'une chaîne qui passe sur une poulie, soit avec un quart de cercle denté, fixé à la volée, et un cric à engrenage multiple qui le commande. Une volée ne peut avoir plus de 4 à 5 mètres.

VIII. *Ponts roulants.* — Dans ces ponts, qui conviennent principalement sur les canaux, le tablier est retiré en arrière par un mouvement de translation horizontale. Ils ont l'avantage de ne pas gêner les manœuvres de halage, mais l'inconvénient d'occuper beaucoup de place; les rouleaux sur lesquels ils se meuvent exigent aussi un grand entretien.

IX. *Ponts tournants.* — Ils conviennent, comme les précédents, aux canaux, et sont les plus employés des ponts mobiles. Ils pivotent horizontalement sur un axe, de manière à ouvrir le passage en décrivant un quart de cercle. On en voyait un grand nombre sur le canal St-Martin, à Paris, avant qu'il fût voûté, en 1862.

Histoire. — Les premiers ponts dont il soit fait mention dans les auteurs de l'Antiquité sont attribués à Ménès, roi d'Égypte, qui, selon Hérodote, en fit bâtir un sur un des bras du Nil, et à Sémiramis, auteur d'un pont magnifique sur l'Euphrate à Babylone. Ceux que Darius et Xerxès construisirent lors de leurs expéditions contre les Scythes et les Grecs, destinés à un service temporaire, étaient sans doute en bois. Les Grecs paraissent avoir construit des ponts en pierre; mais les Romains donnèrent à ces constructions un caractère monumental, et y employèrent les matériaux les plus solides, les soins les mieux entendus; ils portèrent une telle perfection dans la taille des pierres, que très-souvent leurs ponts sont construits sans ciment. Il existe encore un certain nombre de ponts romains; ce sont, à Rome : 1° le *Pont Janicule*, sur le Tibre, relevé en 1478 par Sixte IV, dont il porte maintenant le nom; il a 3 arches de 25 mèt. d'ouverture, et a 23ᵐ,40 de largeur; 2° le *Pont des Sénateurs*, aujourd'hui *Ponte Rotto*, construit l'an 127 av. J.-C., reconstruit par Grégoire XIII l'an 1575 de notre ère, en grande partie renversé par une crue du Tibre en 1598, et dont il ne reste plus que 3 arches sur 5, parce qu'il n'est point perpendiculaire au cours du fleuve; 3° le *Pont Ælius*, aujourd'hui *Pont Sᵗ-Ange*, construit par l'empereur Adrien, long de 160 mèt., large de 15ᵐ,50; les piles étaient surmontées de colonnes, qui furent détruites pendant les guerres du moyen âge; le pape Clément IX fit rétablir les parapets, en 1668, d'après les dessins du Bernin, qui les orna de piédestaux de marbre blanc supportant 10 statues demi-colossales d'Anges. Il y a encore les ponts de l'île du Tibre, d'autres aux environs de Rome, et dans diverses parties de l'Italie; tous ont des arches en plein cintre. Les Romains en bâtirent aussi en grand nombre dans les provinces : celui que Trajan fit jeter sur le Danube, par Apollodore de Damas, et que détruisit Adrien, était le plus beau de l'Empire; il avait 20 arches de 55 mèt. d'ouverture, et une largeur de 26 mèt.; l'épaisseur des piles était de 19ᵐ,50, et leur hauteur de 50 mèt. On voit encore les restes de deux de ces piles près de Cerneti (Czernetz). En Espagne, le pont de Salamanque, dont il ne reste plus que des ruines, est aussi attribué à Trajan; il avait 26 arches de 23 mèt. de diamètre; l'épaisseur des piles était de 8 mèt., et la largeur du pont de 21 mèt. Il y avait aussi en Portugal, à Alcantara (Norba Cæsarea), un pont construit sous le même prince (V. ALCANTARA). Le pont de Mérida (Emerita Augusta), sur la Guadiana, tout en pierres de taille, avait 858 mèt. de longueur, et se développait sur 64 arches. Parmi les ponts romains qui subsistent encore en France, on peut citer le pont de Sᵗ-Chamas et le pont du Gard (*V. ces mots*).

Les invasions des Barbares ayant renversé la plupart des constructions romaines, on ne franchit plus les rivières qu'à l'aide de bateaux ou de bacs. Les ponts que Charlemagne fit construire sur le Rhin et sur d'autres fleuves étaient en bois. Un pont de pierre, de 22 arches, établi sur la Seine à Pont-de-l'Arche, au temps de Charles le Chauve, a été partiellement emporté par les eaux en 1856, et tout a fait abattu depuis. On voit encore, dans les basses eaux, les fondations de quelques piles d'un pont construit à Rouen par l'impératrice Mathilde, fille de Henri Iᵉʳ, roi d'Angleterre et duc de Normandie. C'était l'usage alors de fortifier les extrémités des ponts par des constructions militaires; le pont Valendré, à Cahors, en est encore un modèle existant : plus tard on bâtit aussi des maisons sur les ponts eux-mêmes, quelquefois des chapelles. Au xiiᵉ siècle, on vit se former en France et en Allemagne une association dite des *Frères Pontifices*, dans le but de rétablir les ponts les plus importants. Le premier qu'ils construisirent fut celui de la Durance, au-dessous de l'ancienne Chartreuse de Bonpas. Ils firent ensuite le pont d'Avignon (1177), celui de Pont-Saint-Esprit (1265), le pont de la Guillotière à Lyon, et celui du Saut du Rhône, sur le chemin de Vienne à Genève, remarquables, sinon par leur style, au moins par leur étendue. Les ponts d'une seule arche furent très-nombreux; on distingue ceux de Céret, de Villeneuve-d'Agen, de Castellane, de Nyons, etc., qui ont de 30 à 35 mèt. d'ouverture : celui de Brioude (1454) a 54 mèt. d'ouverture. En 1545, le cardinal de Tournon fit construire le *pont du Doubs*, près de Tournon. Il n'y a rien de monumental dans ces divers travaux, exécutés avec une grande économie et en vue de communications peu actives. En Allemagne, un des plus curieux monuments du moyen âge est le pont de Ratisbonne sur le Danube, bâti en pierre, de 1135 à 1146, probablement par la *Confrérie des ponts (Brückenbrüder)*.

Au commencement du xvᵉ siècle, Paris n'avait encore que des ponts en bois, fréquemment emportés par les inondations et les débâcles : le premier pont en pierre, élevé en 1412, et bientôt emporté aussi, fut remplacé en 1507 par le *pont dit de Notre-Dame*, œuvre de Fra Giocondo, et démoli en 1848. Le *Pont Neuf*, entrepris en 1578, fut achevé en 1606; puis, dans l'espace d'un demi-siècle, on éleva le pont Sᵗ-Michel, celui de l'Hôtel-Dieu, le Pont Marie, celui de la Tournelle, et le Pont Royal. — Les provinces suivirent l'impulsion donnée par la capitale. Aux ponts de Châtellerault et de Toulouse, l'anse de panier remplaça pour la première fois le plein

cintre. En 1666, on bâtit le pont de Saintes. En 1720, on éleva le pont de Blois, où l'on fit usage de cintres retroussés, et où l'on commença d'employer la méthode par caissons, due à l'ingénieur La Bélie. Du même temps à peu près datent les ponts d'Orléans, de Tours, de Moulins et de Saumur. Le pont de Pesmes est le premier où l'on ait donné aux voûtes la forme d'un arc de cercle moindre que la demi-circonférence. Sur la route de Calais à Saint-Omer, l'ingénieur Beffora a exécuté en 1750, d'après l'idée de l'ingénieur Barbier, un pont à quatre branches, qui réunit quatre canaux et le passage d'une grande route. De 1770 à 1790, l'ingénieur Perronet éleva les ponts de Pont-Sainte-Maxence et de Neuilly, et celui dit *de la Concorde*, à Paris, qui comptent parmi les plus belles et les plus hardies constructions de ce genre. Un pont très-remarquable encore est celui de la Basse-Terre (Guadeloupe), construit en 1773, d'une seule arche, sur la rivière du Galion. Depuis 1800, on a élevé les ponts d'Iéna à Paris, de Sèvres, de Rouen, de Bordeaux (*V. ce mot*), en maçonnerie; ceux de Bonpas (sur la Durance), d'Agen, d'Avignon, en charpente; ceux dits des Saints-Pères, des Arts, à Paris, en fer fondu. L'invention des ponts suspendus appartient aux Américains; un des premiers qui furent construits en Europe est celui de la Tess, en Angleterre (1741). L'essai en fut fait pour la première fois en France, en 1826, par les frères Séguin, sur le Rhône, entre Tain et Tournon. Les ponts de chaînes se propagèrent rapidement; mais un accident survenu à celui d'Angers, en 1850, qui se rompit pendant le passage du 11ᵉ régiment d'infanterie légère, jeta des doutes sur leur solidité, et, depuis, on a presque partout renoncé à en construire.

La science de la construction des ponts a fait de grands progrès de nos jours, même sous le rapport de l'économie. D'abord, on les fonde généralement sans pilotis, sur une masse de béton, qui ne forme plus que comme un seul banc de pierre; si l'on ne rencontre pas le bon terrain à une profondeur ordinaire, on descend des caisses hermétiques, vraies cloches de plongeur, au fond de l'eau, et, avec une machine à vapeur placée sur le rivage, on refoule tout ce qui reste d'eau dans les caisses, de manière à en chasser toujours l'eau; les ouvriers peuvent ainsi travailler et creuser le sol sans jamais être incommodés. A quelque profondeur que soit le bon terrain, on va le chercher en descendant au-dessous du lit du fleuve, où l'on peut toujours enfoncer de gros tubes de fonte, que l'on remplit de béton quand ils sont sur le bon sol; de cette façon le pont est fondé sur des colonnes de pierre revêtues d'une enveloppe de béton. C'est ainsi que l'ingénieur Fleur-Saint-Denis a procédé au pont du Rhin, à Strasbourg, où les piles de béton sont à 20 mèt. en contre-bas du fond du fleuve. Le système des fondations tubulaires, employé de temps immémorial dans l'Inde, a été introduit en Europe par les Anglais : Brunel s'en servit en 1825 pour la construction du puits de Rothertithe qui donna accès au tunnel de la Tamise; mais l'ingénieur français Triger l'a perfectionné en 1841. — Comme économie, nos ingénieurs actuels ont diminué de moitié au moins l'épaisseur des arcs, et ils prétendent que ces arcs ont la même force que dans les anciens ponts. Ensuite, ils ont employé la meulière équarrie pour les arcs de très-grande dimension, se contentant d'une simple tête de pierre de taille en aval et en amont, et quelquefois même n'employant que de la meulière nue ou couverte d'un enduit de ciment romain. — Le point où ils sont très-inférieurs à leurs devanciers, c'est celui de l'ornementation. Rien de plus pauvre, sous ce point de vue, que les ponts actuels, et notamment tous les ponts de Paris construits depuis 1850. Les ingénieurs semblent avoir voulu négliger, de parti pris, tout ce qui pouvait ajouter à l'agrément et à l'élégance de leur travail : les corniches sont d'une maigreur, d'une sécheresse, d'une nudité sans exemple; pas la moindre idée de varier l'ornementation ; ainsi, partout les parapets sont en gros balustres quadrangulaires; partout les piles sont découpées en refends, ainsi que tous les claveaux de tête; ce qui, pour les unes et les autres, paraît un contre-sens : aux piles, les refends offrent à l'eau des moyens d'affouillement pour détruire les joints; aux cintres, ils blessent la vue, et semblent une désagrégation là où l'œil a besoin d'être rassuré par un plein aspect de force. Enfin il n'y a pas jusqu'au chiffre de l'Empereur, taillé au-dessus des piles, qui ne soit dans ce système, car il est en relief, ce qui l'expose à une prompte destruction, tandis qu'en creux il aurait duré autant que la muraille même qui le porte. On peut dire de notre école de ponts d'aujourd'hui que, malgré ses mérites incontestables, il lui manque une qualité très-grande et très-estimée en France, celle du sentiment de l'art. B. ET C. D—Y.

PONT, en termes de Marine, plancher d'un bâtiment, fait en fortes planches de chêne et de sapin. Les petits bâtiments n'ont qu'un pont; les corvettes et les frégates en ont deux, les vaisseaux de ligne en ont trois, séparés entre eux par un espace dit *entre-pont* (*V. ce mot*). Le *premier pont*, ou *franc-tillac*, est celui qui est le plus près de l'eau. Le pont le plus élevé, tout à découvert et de plain-pied, est appelé *pont sur gueule* ou *pont courant*. C'est sur les ponts que s'établissent les batteries de canons. On nomme *pont coupé* celui qui n'a que l'acastillage de l'avant et de l'arrière, sans régner entièrement de la proue à la poupe. Un *faux pont* est un espace pratiqué entre la cale et le 1er pont, et où sont logés, dans des cabines, les derniers officiers, l'agent comptable, l'aumônier, les chirurgiens et les maîtres; les élèves occupent le milieu, depuis le grand mât jusqu'au mât d'artimon.

PONT (Équipage de). *V.* PONTON.

PONT A BASCULE, machine dont on s'est servi pour peser les voitures publiques et s'assurer si leur chargement n'excédait pas le poids déterminé par les règlements. C'est un tablier qui pèse sur des ressorts disposés dans un caveau inférieur, et auxquels correspond un indicateur précisant la force de pression supérieure, et conséquemment le poids. Les ponts à bascule, établis à l'entrée des villes par la loi du 29 floréal an x, ont été supprimés par la loi du 30 mai 1851.

PONT-AUDEMER (Église St-Ouen, à), édifice incomplet et inachevé, dont les parties appartiennent à différentes époques, et qui présente, malgré l'absence d'unité, un certain intérêt. Le chœur, vestige d'une église plus ancienne, a les caractères de l'architecture du XIe siècle : il est bas et étroit, les colonnes de ses arcades sont trapues et grossièrement exécutées. La nef, commencée vers 1470, est un morceau très-remarquable; les colonnes étaient autrefois ornées de statues, dont il ne reste plus que les consoles; la décoration des arcades et de la galerie qui les surmonte est riche et élégante : mais tout ce travail fut entrepris dans des proportions bien au-dessus des ressources de la localité, et, au lieu des belles et larges fenêtres qui devaient garnir la partie supérieure des travées, on ne voit que d'étroites ouvertures à la naissance d'une voûte en bois. Les collatéraux et leurs chapelles sont voûtés en pierre : ces chapelles ont de superbes verrières du XVIe siècle. A la même époque appartiennent les fonts baptismaux, près desquels on conserve l'ancien maître-autel, œuvre du temps de Henri IV. L'église avait un jubé en bois, que l'on a détruit à la Révolution. Son portail et les deux tours qui l'accompagnent ont été interrompus avant le XVIe siècle.

PONT-DE-L'ARCHE (Église de), joli spécimen du style de transition qui appartient encore à l'architecture ogivale tertiaire, et qui se ressent déjà des influences de la Renaissance. L'église, massive du côté des anciennes fortifications de la ville, offre, vers le midi, la richesse des constructions du XVe siècle. Elle est inachevée; les collatéraux, qui devaient faire le tour du chœur, s'arrêtent à la hauteur du maître-autel. On remarque les clefs pendantes des voûtes et quelques vitraux du XVIe siècle, la menuiserie du buffet d'orgues et le retable en bois sculpté, qui datent du XVIIe.

PONTE, nom donné dans les jeux de cartes où il y a un banquier, à tout joueur qui joue contre lui.

PONTENAGE.) *V.* ces mots dans notre *Dictionnaire*
PONTIFES. { *de Biographie et d'Histoire.*

PONTIFICAL, livre contenant toutes les règles que doivent suivre les papes et les évêques dans les cérémonies. Il est attribué aux papes Gélase et St Grégoire.

PONTIGNY (Église de), dans le département de l'Yonne, le type le plus pur des constructions de l'ordre de Citeaux. C'est une ancienne abbatiale, fondée en 1114, et remarquable par l'unité du plan et la sévérité de l'ornementation. Elle a 108 mèt. de longueur, 22 mèt. de largeur y compris les collatéraux, 50 mèt. au transept, et 21 mèt. de hauteur sous voûte. La nef est précédée d'un narthex bas et lourd, dont la porte est encore garnie de ses ferrures du XIIe siècle. Les collatéraux n'ont point de chapelles, mais il y en a onze autour de l'abside, dont les huit colonnes sont monolithes, et quatre dans le transept. Les fenêtres, simples, étroites, sans meneaux, sont dépourvues de vitraux peints. Des anciens bâtiments de l'abbaye, il ne reste plus qu'un vaste corps de logis du XIIIe siècle, renfermant de grandes salles voûtées, et les celliers des moines.

PONTIQUES, épîtres qu'Ovide écrivit pendant son exil sur les bords du Pont-Euxin. Elles forment 4 livres, contenant 46 élégies dont le fond roule toujours sur les malheurs de son exil.

PONT-LEVIS. *V.* PONT.

PONT-NEUF, nom donné aux airs de chansons vulgaires et de vaudevilles, parce qu'au XVIIe siècle les marchands de ces chansons se plaçaient sur le Pont-Neuf, à Paris.

PONTOISE (Église St-MACLOU, à). Cette église présente l'assemblage de plusieurs styles : le chœur et les chapelles environnantes, de style roman, paraissent remonter à la fin du XIe siècle ou au commencement du XIIe; le transept est de la fin du XIIe; la grande nef, le grand portail et la tour appartiennent au XVe, les collatéraux et la chapelle de la Passion au XVIe. Les sculptures du portail ont beaucoup souffert des injures du temps et des hommes. L'intérieur de l'édifice manque de symétrie : non-seulement il n'y a qu'un bas côté au midi, tandis qu'il y en a deux au nord, mais ces bas côtés ne sont pas parallèles à la nef, ils s'élargissent en s'approchant du chœur. La chapelle de la Passion, ornée de beaux vitraux, contient des boiseries remarquables, un Christ au tombeau et une Résurrection, monuments de sculpture de la Renaissance.

PONTON, nom qu'on donne, dans l'Art militaire, à des bateaux qui, placés sur des rivières à des distances déterminées, et joints ensemble par des poutrelles et des madriers, composent un pont pouvant donner passage à des troupes et à leur matériel. On en faisait autrefois en osier poissé recouvert de toile cirée, en cuir bouilli, en fer-blanc, en cuivre. Les pontons se transportent sur des voitures appelées *haquets*; mais, quand on peut les faire arriver par eau, on les assemble par quatre ou par huit, afin d'employer moins d'hommes à les conduire. Un *Équipage de pont* se compose de 35 haquets, 35 chariots de parc, 4 forges de campagne; en tout, 74 voitures à six chevaux de trait chacune. Les corps d'armée ne sont pas toujours pourvus d'un équipage de pont : dans ce cas, on utilise, pour traverser les rivières, les ressources locales, bateaux, tonneaux, etc. Les *ponts de chevalets* sont ceux qu'on établit sur des cours d'eau tranquilles et peu profonds, à l'aide de corps de support. On désigne sous le nom de *pont volant* une portion de pont construite le plus ordinairement sur deux grands bateaux : elle est fixée à un long cordage ou à une chaîne qui a son point d'attache dans le lit même de la rivière, et la force seule du courant fait passer le pont volant d'une rive à l'autre.

PONTON, en termes de Marine, grand bâtiment à fond plat et à quatre faces droites, un peu long que large, portant un mât au milieu, un cabestan à chaque extrémité, et dont on se sert dans les ports militaires pour toutes les opérations de l'intérieur. Les *pontons pour le carénage* sont de vieux vaisseaux rasés jusqu'au premier pont, munis de cabestans, mâts de redresse, palans, etc., et qui servent à coucher sur le côté les navires dont on veut découvrir les parties submergées. On appelle *curemole* ou *ponton à cuillers* une espèce de ponton garni de roues, de grandes cuillers et de chaînes, qu'on emploie à curer les ports. On a enfin donné le nom de *pontons* à de vieux vaisseaux de ligne désarmés, grillés à tous les sabords, où les Anglais, pendant leurs guerres contre Napoléon Ier, entassaient les prisonniers français.

PONTONNIERS, corps affecté au service des pontons, et à l'établissement des ponts militaires. Ce service fut fait d'abord par l'artillerie. En 1795, les pontonniers furent organisés en un bataillon composé de 8 compagnies à 72 hommes chacune; quoique réduit à 6 compagnies sous le roi Louis-Philippe, ce bataillon reçut le nom de régiment. Il fait aujourd'hui partie de l'arme de l'artillerie, et se compose de 16 compagnies.

PONTS ET CHAUSSÉES, nom qu'on donne en France à l'ensemble des travaux d'utilité publique se rapportant aux voies de communication. Le corps des ingénieurs chargés de la direction et de la surveillance de ces travaux ne date que du siècle dernier. Auparavant, on choisissait dans chaque Généralité les hommes qui avaient fait preuve de talent dans la pratique des constructions; ils n'avaient eu d'autre préparation à leur emploi que des études isolées, souvent incomplètes, ne possédaient même parfois aucune connaissance théorique, et sortaient rarement de leur province. En 1739, il se forma, sous la direction de Trudaine, intendant des finances, et de l'ingénieur Perronnet, une administration régulière des Ponts et chaussées, dont l'existence fut sanctionnée par un arrêté du Conseil du 9 juillet et par lettres patentes du 17 août 1750 : on établissait 1 architecte premier ingénieur, 4 inspecteurs généraux, 1 directeur du bureau des géographes et dessinateurs, 25 ingénieurs en commission pour les pays d'élection, et un certain nombre de sous-inspecteurs pour suivre les ouvrages; les pays d'États avaient leurs ingénieurs ou agents particuliers. Un arrêté du Conseil de 1770 créa trois nouveaux ingénieurs pour la Généralité de Paris, érigea les sous-inspecteurs en inspecteurs, en fixa le nombre à 50, et institua 3 ingénieurs pour les turcies et levées, 1 inspecteur et 1 ingénieur pour le pavé. La loi du 19 janvier 1791 fit passer l'administration des Ponts et chaussées de la direction du ministre des Finances sous celle du ministre de l'Intérieur; elle créa, 1° une *Administration centrale*, composée d'un premier ingénieur et de 8 inspecteurs généraux; 2° une *Assemblée des Ponts et chaussées*, formée du 1ᵉʳ ingénieur, des 8 inspecteurs généraux, des ingénieurs en chef inspecteurs de département, et des ingénieurs présents à Paris; 3° une *École des Ponts et chaussées*, pour former les ingénieurs nécessaires au recrutement du corps. Des modifications de détail furent apportées à cette organisation par une autre loi du 18 août 1791. Le décret impérial du 7 fructidor an XII (25 août 1804) constitua le corps des Ponts et chaussées à peu près comme il est aujourd'hui, et régla tout ce qui concerne le service, les nominations et les avancements. L'ordonnance royale du 19 oct. 1830 en modifia quelques dispositions; mais elle fut abrogée par celle du 8 juin 1832. C'est donc toujours le décret de 1804 qui fait loi, sauf les changements ou additions que contiennent les décrets du 13 oct. 1851 et du 17 juin 1854.

Chaque département possède un *Ingénieur en chef* de 1ʳᵉ ou de 2ᵉ classe (5 à 6,000 fr. et 4,500 fr. de traitement), ayant sous ses ordres un nombre variable d'*Ingénieurs ordinaires*, de 1ʳᵉ, 2ᵉ ou 3ᵉ classe (3,000, 2,500 et 1,800 fr.). Ceux-ci ont sous eux des agents appelés *Conducteurs* (V. ce mot) et *Piqueurs*. Les ingénieurs ont, en outre, les frais de bureau, et perçoivent des honoraires pour les travaux dont ils sont chargés par les départements et les communes. Ils ne peuvent devenir entrepreneurs ni concessionnaires de travaux publics. D'après une loi du 30 novembre 1850, le corps des ingénieurs se recrute partie parmi les élèves sortant de l'École des Ponts et chaussées, partie parmi les conducteurs. Des *Inspecteurs divisionnaires* parcourent tous les deux ans une des 16 circonscriptions dans lesquelles la France est divisée pour eux. Un certain nombre de ces Inspecteurs et les *Inspecteurs généraux* (12,000 et 10,000 fr. de traitement) forment le *Conseil général des Ponts et chaussées*. En 1836, l'administration des Ponts et chaussées avait été distraite du ministère de l'Intérieur et annexée à celui du Commerce; elle passa au ministère des Travaux publics en 1839, et dépend aujourd'hui du ministère de l'Agriculture, du Commerce et des Travaux publics. V. Ravinet, *Code des Ponts et chaussées et des Mines*, 2ᵉ édit., 1847, 4 vol. in-8°; Couderc, *Essai sur l'administration et le corps royal des Ponts et chaussées*, 1839.

PONTS ET CHAUSSÉES (École des). Cette école, placée à Paris, a pour mission de former les ingénieurs destinés au recrutement du corps des Ponts et chaussées. Elle a un inspecteur général directeur, un ingénieur en chef inspecteur des études, et un Conseil de direction. Les conditions d'admission ont été réglées par un arrêté ministériel du 18 février 1852 : l'École ne reçoit en qualité d'élèves ingénieurs que des élèves de l'École polytechnique ayant terminé leur cours d'études et satisfait à certaines conditions, mais elle admet des élèves internes, français ou étrangers, à participer aux travaux intérieurs; elle en admet d'autres à suivre les leçons orales. Les études durent 3 ans : pendant quelques mois de l'année, les élèves sont envoyés dans les départements auprès des ingénieurs pour s'exercer à la pratique. Au sortir de l'École, ils ont le grade d'aspirant ingénieur. — L'École fut instituée en 1747, supprimée de fait à la Révolution, et rétablie par décret de l'Assemblée nationale en date du 17 janv. 1791. La loi du 30 vendémiaire an IV (22 oct. 1795) et le décret du 7 fructidor an XII (24 août 1804) l'organisèrent sur des bases plus étendues. Elle a reçu encore de nouveaux développements par le décret du 13 oct. 1851.

POPE. V. ce mot dans notre *Dictionnaire de Biographie et d'Histoire*.

POPOLOUQUE (Idiome). V. MEXIQUE (Langues du).

POPULARITÉ, crédit dont on jouit auprès du peuple. C'est le résultat d'un entraînement irréfléchi ou d'un sentiment sympathique de ce peuple pour son souve-

rain, ou plus souvent pour un citoyen éminent par ses talents, son influence, ou sa position, et auquel il s'attache parce qu'il en attend, qu'il en reçoit, ou qu'il en a reçu des services. La popularité ou vient spontanément, ou se gagne honnêtement, et c'est la bonne, la vraie; ou elle se capte par des moyens détournés, ou se poursuit par une basse flatterie qui s'asservit à tous les désirs, à point de vue de la grandeur et de la gloire de la patrie. Henri IV, dans l'ancienne monarchie française, fut populaire sous ce double rapport. Napoléon Iᵉʳ le fut aussi : ses services et sa gloire militaire commencèrent sa popularité, et lui valurent d'être porté au pouvoir par l'opinion des masses, qui ne cessèrent de voir en lui le représentant de cette Révolution dont elles tenaient leur affranchissement et l'égalité politique. Jamais Napoléon ne flatta le peuple; cependant sa popularité fut si réelle, si profonde, que ses plus grands revers ne purent la lui faire perdre; elle survécut même à sa mort, et s'attacha à son nom par un instinctif sentiment de gratitude pour l'immense gloire dont il avait rempli les annales du pays, et qui formait comme une auréole à sa mémoire. Après la Révolution, où l'on avait voulu tout faire par le peuple, Napoléon avait mis en pratique la maxime contraire : « Tout pour le peuple, rien par le peuple, » c.-à-d. rien par les masses ignorantes et aveugles, que des sophismes ou de perfides suggestions peuvent entraîner si facilement. Pendant sa captivité à Sᵗᵉ-Hélène, faisant un retour sur ce passé d'hier, où il avait tenu une si grande place, à partir du siège de Toulon et de la journée du 13 vendémiaire, il disait : « Rien n'est plus dangereux que de flatter le peuple; il n'a pas ensuite tout ce qu'il veut, il s'irrite, et pense qu'on lui a manqué de parole; si alors on lui résiste, il hait d'autant plus qu'il se dit trompé. » — L'histoire de toutes les Révolutions abonde en exemples de ce fait; nous en citerons deux seulement pris dans la nôtre : le général La Fayette fut l'idole du peuple en 1789; deux ans après il en était l'exécration; et tomba devant sa tentative de révolte contre une démagogie avide de tout bouleverser. Mirabeau jouit d'une popularité plus immense encore, et lorsqu'il mourut, elle lui échappait déjà, parce qu'on le soupçonnait de vouloir arrêter la chute de la monarchie. La Fayette et Mirabeau avaient été des courtisans de popularité, et ils finirent comme tous les courtisans de ce terrible souverain qu'on appelle le peuple, d'autant plus despote qu'il a son trône dans la rue. Jamais rien de grand, ni de noble, ni de stable, n'est sorti des coureurs de popularité. Tout gouvernant, ou aspirant à gouverner, qui a le sentiment de sa propre dignité ou de sa force, et qui aime vraiment le peuple, doit attendre que la popularité vienne le chercher, et savoir, en même temps, la sacrifier à ce que lui dictent son devoir et ses propres lumières. Cela est de principe pour les honnêtes gens, même dans les gouvernements démocratiques, où la popularité joue un si grand rôle. Un des fondateurs de la liberté américaine, Alexandre Hamilton, a très-bien dit le compte que l'on doit faire de la fausse popularité; il l'a dit au peuple lui-même, dans le journal *le Fédéraliste*, où il s'exprimait ainsi :

« Il y a des gens près desquels le pouvoir exécutif ne saurait mieux se recommander qu'en se pliant avec servilité aux désirs du peuple ou de la législature; mais ceux-là me paraissent posséder des notions bien grossières sur l'objet de tout gouvernement, ainsi que sur les vrais moyens de produire la prospérité publique.

« Que si les opinions du peuple, quand elles sont raisonnées et mûries, dirigent la conduite de ceux auxquels il confie ses affaires, c'est ce qui résulte de l'établissement d'une constitution républicaine; mais les principes républicains n'exigent point qu'on se laisse emporter au moindre vent des passions populaires, ni qu'on se hâte d'obéir à toutes les impulsions momentanées que la multitude peut recevoir par la main artificieuse des hommes qui flattent ses préjugés ou trahissent ses intérêts.

« Le peuple ne veut, le plus ordinairement, qu'arriver au bien public, ceci est vrai; mais il se trompe souvent en le cherchant. Si on venait lui dire qu'il juge toujours sainement les moyens à employer pour produire la prospérité nationale, son bon sens lui ferait mépriser de pareilles flatteries; car il a appris par expérience qu'il lui est arrivé quelquefois de se tromper; et ce dont on doit s'étonner, c'est qu'il ne se trompe pas plus souvent, poursuivi comme il l'est toujours par les ruses des parasites et des sycophantes, environné par les piéges que lui tendent sans cesse tant d'hommes avides et sans ressources, déçu chaque jour par les artifices de ceux qui possèdent sa confiance sans la mériter, ou qui cherchent plutôt à la posséder qu'à s'en rendre dignes.

« Lorsque les vrais intérêts du peuple sont contraires à ses désirs, le devoir de tous ceux qu'il a préposés à la garde de ces intérêts est de combattre l'erreur dont il est momentanément la victime, afin de lui donner le temps de se reconnaître et d'envisager les choses de sang-froid. Et il est arrivé plus d'une fois qu'un peuple, sauvé ainsi des fatales conséquences de ses propres erreurs, s'est plu à élever des monuments de sa reconnaissance aux hommes qui ont eu le magnanime courage de s'exposer à lui déplaire pour le servir. »

Voilà, certes, de nobles et fières paroles, inspirées par un grand caractère, une profonde sagesse, et le vrai sentiment d'un homme d'État.

C. D—y.

POPULATION, universalité des individus qui habitent la terre, une contrée, un pays, une ville, sans distinction de sexe ni d'âge. On nomme *population absolue* le nombre d'habitants d'un pays quelconque, abstraction faite de l'étendue du terrain qu'ils occupent; et *population relative* ou *spécifique*, la quantité moyenne d'individus qui sont censés vivre sur une étendue donnée, par exemple sur un kilomètre carré. Par *mouvement de la population* on entend les phénomènes relatifs à l'accroissement ou à la diminution de la population, et les rapports qui existent entre les divers éléments dont elle se compose, comme le nombre des naissances et des décès, celui des mariages, celui des naissances masculines et féminines, légitimes et naturelles, etc.

Si l'on connaît généralement la population d'un pays civilisé, comme la France et l'Angleterre, il est très-difficile d'évaluer celle de la plupart des régions du globe. Aussi les estimations de la population totale de la terre ne peuvent-elles être qu'approximatives, et, par conséquent, très-variables. Volney comptait moins de 450 millions d'habitants sur la surface de notre globe; Malte-Brun en supposait 650 millions, Balbi 737, Letronne 900, Hassel 940. M. de Reden estimait de la manière suivante l'étendue et la population de la terre ferme :

Asie,	43,832,152 kilom. carrés,	763,000,000 hab.
Europe,	10,064,951 —	266,543,000
Amérique,	41,414,401 —	56,000,000
Afrique,	30,019,303 —	46,000,000
Australie,	9,042,731 —	3,945,000

Il y aurait donc 1,135,488,000 hab. sur la terre. Un autre statisticien, Dieterici, membre de l'Académie des sciences de Berlin, croit pouvoir porter à 1,283 millions d'habitants le chiffre total de la population de la terre, dont 272 millions pour l'Europe, 750 pour l'Asie, 59 pour l'Amérique, 200 pour l'Afrique, 2 pour l'Australie. Ce dernier chiffre, si par Australie l'auteur a entendu l'Océanie, est évidemment fort au-dessous de la vérité. C'est la population de l'Europe qui a le plus augmenté : elle était, en 1787, d'après un travail ordonné par Louis XVI, de 150 millions d'habitants, et, en 1805, elle atteignait à peine 200 millions. Il est remarquable aussi que l'hémisphère boréal de la terre est beaucoup plus peuplé que l'hémisphère austral, et que la masse de la population de l'ancien monde se trouve réunie à ses deux extrémités, c.-à-d. dans les pays occidentaux de l'Europe et dans les régions orientales de l'Asie.

Il y a des différences notables entre les divers pays par rapport à l'accroissement de la population. Il paraît qu'en 1066 l'Angleterre proprement dite ne comptait que 2 millions d'habitants; elle en a aujourd'hui 18 millions. La Gaule en avait 4 millions au temps de J. César, 9 millions à la fin de l'Empire romain ; la population de la France était de 20 millions en 1700, de 25 en 1790, de 29 en 1806, de 32 en 1831, de 37 en 1861. D'après l'examen des tables dressées depuis un certain nombre d'années, les statisticiens ont observé que l'augmentation moyenne annuelle de la population française est la 213ᵉ partie de cette population, et que, si l'accroissement reste le même, il faudra 148 ans pour qu'elle devienne double de ce qu'elle est maintenant. La France est, par conséquent, le pays de l'Europe où la population croît avec le plus de lenteur; car, d'après Moreau de Jonnès, la période moyenne de doublement de la population est établie comme il suit : Suisse et Portugal , 97 ans; Russie, 95; Wurtemberg, 91; Hanovre, 84; Danemark, 83; Bohème,

Bavière, Angleterre proprement dite , 77 ; Prusse, 70; Autriche, 68 ; Italie, 65; Turquie, 64; Suède, 59: Écosse et Espagne, 57; Saxe, 54; Grèce, 51 ; Irlande, 50; Belgique, 42 ; Bade, 34, etc. La population a augmenté dans les États-Unis de l'Amérique du Nord bien plus rapidement que partout ailleurs, soit en vertu de sa propre force expansive, soit à cause de l'arrivée des émigrants européens : depuis 1790 jusqu'à ce jour, elle a presque doublé dans chaque période de 20 années.

C'est une loi constatée, qu'à parité de circonstances, la population s'accroît en raison inverse de sa densité. Dans les pays qui ont encore peu d'habitants, comme la plus grande partie du Nouveau Monde, cet accroissement est très-rapide; il est lent, en général, dans les contrées de l'Ancien Monde, où le nombre des habitants est fort grand par rapport à la place qu'ils occupent. On trouve en Belgique 158 habitants par kilom. carré, 68 en France, 3 seulement dans certaines parties de la Russie.

En France, on compte 100 naissances pour 85 décès, ou 100 décès pour 117 naissances. Le nombre des naissances annuelles des garçons surpasse d'un seizième le nombre des naissances des filles; mais les décès annuels masculins dépassent les décès féminins. Sur 10,000 naissances, il y a en France 719 enfants naturels, tandis que la proportion est 729 en Prusse, 745 en Belgique, 892 en Danemark, 939 dans le Hanovre, 1,070 en Autriche, 1,162 dans le Wurtemberg, 1,369 en Saxe, 2,083 en Bavière.

Un fait incontestable, c'est que la fécondité générale des populations diminue en raison directe de leur prospérité matérielle : ainsi, en Prusse, c'est la Silésie, la province la plus affligée par le paupérisme, qui produit le plus de naissances; en Belgique, ce sont les deux Flandres, placées dans une situation économique analogue; en France, les départements formés de l'ancienne Bretagne, où le niveau de l'aisance générale s'élève si lentement; en Angleterre, quelques-uns des comtés du pays de Galles. C'est au sein des grandes villes que l'influence du bien-être sur la diminution de la fécondité se fait surtout sentir : dans les quartiers habités par les classes ouvrières et peu aisées, le rapport des naissances à la population est très-élevé; il est sensiblement moins dans les quartiers où domine la classe moyenne (négociants, marchands, rentiers, etc.), et il est extrêmement faible dans les quartiers riches. Cela est facile à expliquer : dans l'état de misère, l'homme perd promptement le sentiment de l'ordre, de l'économie, de la prévoyance, celui de sa dignité morale et de sa responsabilité, tandis qu'au milieu des classes plus élevées les jouissances de l'esprit prennent une plus grande part dans les plaisirs de l'homme, et les préoccupations de l'avenir sont plus vives.

Jusqu'à la fin du XVIIIᵉ siècle, ce fut une opinion universellement admise que tout accroissement de population est un bien, que la puissance et la prospérité des États se mesurent par le nombre de leurs habitants, et que les gouvernements doivent encourager les nombreuses familles. Mais alors une théorie nouvelle, qui eut un grand retentissement, et dont on compte encore aujourd'hui beaucoup de partisans, fut émise par Malthus; cet économiste posa, au sujet de la population, la loi suivante : « Lorsque la population n'est point arrêtée par aucun obstacle, elle va doublant tous les 25 ans, et croît de période en période suivant une progression géométrique. » Se demandant ensuite s'il existait entre l'accroissement de la population et celui des moyens de subsistance une correspondance parfaite, il crut qu'en raison de l'étendue limitée des terres et du haut degré de culture qu'elles ont déjà atteint, il était impossible d'en tirer un produit qui augmentât suivant une progression géométrique, et que « les moyens de subsistance, dans les circonstances les plus favorables, ne peuvent jamais augmenter que selon une progression arithmétique. » La population tendant de plus en plus à dépasser la limite des subsistances, il faut, suivant Malthus, attribuer à la reproduction excessive de l'espèce humaine la gêne, la misère et tous les maux contre lesquels luttent les individus et les sociétés. Par quel moyen faut-il y remédier? Comment conjurera-t-on les périls de l'avenir? Malthus résume ses conseils par les mots *moral restraint*, qu'on a traduits en français par *contrainte morale* : il veut d'abord que l'homme ne contracte mariage que lorsqu'il a les moyens actuels de nourrir une famille et des chances suffisantes de l'élever convenablement ; et ensuite que, dans le mariage, la raison domine l'instinct , que l'idée de la responsabilité modère les entraînements des sens, et que la population reçoive par la continence une limitation volontaire.

La théorie de Malthus, dégagée des raisonnements spécieux et des faits intéressants dont il l'avait entourée, est inexacte. Sa loi du développement continu et général de la population est loin d'être incontestable : pour raisonner sur la population avec quelque certitude, il faut d'autres prémisses que les faits relatifs à un coin du globe placé dans des circonstances exceptionnelles. Malthus a pris le tableau de la population anglaise depuis l'année 1688, époque où "Angleterre n'était guère qu'une puissance de second ·ordre; ce pays a grandi jusqu'à nos jours, mais il parait être arrivé à son apogée politique et commercial, et il est désormais impossible que sa population croisse aussi rapidement que par le passé. D'un autre côté, les causes qui modifient la population sont nombreuses et complexes; elles agissent de telle sorte qu'en réalité la population ne se développe qu'avec beaucoup de lenteur comparativement à la puissance théorique de reproduction dont l'espèce est douée. A certains moments le genre humain procrée en abondance, en d'autres instants il semble frappé de stérilité; ici la population gonfle, là elle se contracte; dans le même pays telle classe s'éteint, telle autre est restreinte par une force invisible; si l'on voit des peuples nouveaux surgir de temps en temps dans la suite des siècles, il en est d'autres qui périssent. — La loi d'accroissement des subsistances, telle que Malthus l'a formulée, n'est pas mieux fondée que celle de l'accroissement de la population. D'abord, l'économiste anglais n'a pas tenu compte des avantages réels qui résultent d'une certaine densité de la population, au point de vue de l'augmentation de la production elle-même. Ensuite, tous les perfectionnements des machines, des procédés et des arts nouveaux, les sciences qui les éclairent et les dirigent, la surabondance des produits, viennent infailliblement à la suite du développement de la population : dans la Grande-Bretagne, la population n'a été que doublée depuis un siècle, tandis que dans le même espace de temps le produit des manufactures est devenu mille fois plus grand; les moyens de subsistance ont donc progressé plus vite encore que la population. Si la loi de Malthus était juste, la quantité moyenne de subsistances dont un homme dispose serait moindre aujourd'hui qu'il y a un siècle : il est notoire, au contraire, que le genre humain est plus sainement et plus abondamment nourri, mieux logé, mieux vêtu, et que le confort, l'aisance, et même le luxe, vont toujours croissant au lieu de se restreindre. D'après Moreau de Jonnès, la production de la France en céréales fournissait, en 1700, 354 litres par habitant, et, en 1814, 457 litres, bien qu'entre les deux époques la population eût presque doublé. Sans doute, la surface du globe ne peut produire qu'une quantité d'aliments, et, à la rigueur, si la population augmentait simultanément sur tous les points avec rapidité, si la guerre, la peste, le désordre des idées et la corruption des mœurs, les révolutions et les mauvais gouvernements, ne venaient pas défaire dans certaines contrées et à certaines époques ce que font en d'autres lieux et en d'autres temps les habitudes d'ordre et de travail, la sainteté du mariage, le sentiment religieux, et les bons gouvernements, les prévisions de Malthus seraient réalisées un jour. Mais ce jour luira-t-il jamais? La surface du globe, ou seulement celle de l'Europe, n'approche pas de son maximum de culture et de produit. On s'accorde à reconnaître qu'en France il serait possible d'élever les subsistances au niveau d'une population double et même triple; or, la superficie de ce pays étant de 54 à 55 millions d'hectares, et celle des terres de notre globe de 13 milliards d'hectares, on trouve qu'en réduisant même ce dernier chiffre à 9 milliards à cause des terres polaires et des déserts, il reste une superficie habitable 170 fois plus grande que la France; si celle-ci peut nourrir 75 millions d'habitants seulement, c.-à-d. le double de sa population actuelle, la terre en nourrirait 12 milliards, c.-à-d. dix fois plus qu'aujourd'hui. Si donc l'état de l'Europe a inspiré des alarmes à certains économistes, ils ont eu tort de s'en prendre à la surabondance de la population; l'Espagne, qui est relativement dépeuplée, se trouve dans une position cent fois pire que l'Angleterre, la Belgique, et la Hollande, où la population est serrée et se condense chaque jour davantage. La population paraît excessive seulement parce qu'à certains moments, à cause de l'imprévoyance des individus et des sociétés, à cause de l'imperfection de l'organisation industrielle et des règles qui président aux relations internationales, le silence succède dans les ateliers à une activité démesurée, et que les bras se trouvent sans emploi, sans que rien ait été préparé pour subvenir aux besoins de l'ouvrier pendant les interruptions du travail.

V. Franklin, *Observations sur l'accroissement des hommes, sur le peuplement des pays*, etc., Philadelphie, 1751, in-8°; le marquis de Mirabeau, l'*Ami des hommes*, ou *Traité sur la population*, Avignon, 1756-60, 3 vol. in-4°; Süssmilch, l'*Ordre divin des mouvements de la population prouvé par la comparaison des naissances et des décès*, en allem., 4e édit., Berlin, 1775-76, 3 vol.; Herrenschwand, *De l'Économie politique moderne, Discours fondamental sur la population*, Londres, 1786, in-8°; Ortes, *Réflexions sur la population dans ses rapports avec l'Économie nationale*, en ital., Venise, 1790; Malthus, *Essai sur le principe de population*, Londres, 1798; Gray, *Recherches sur le principe de population et sur la production*, 1800; Sumner, *Essai pour démontrer l'accord du principe de population avec la sagesse et la bonté de Dieu*, Londres, 1815, 2 vol.; W. Godwin, *Recherches sur la population et sur la faculté d'accroissement de l'espèce humaine*, trad. de l'anglais par Constancio, Paris, 1821, 2 vol. in-8°; A. Everett, *Nouvelles idées sur la population*, trad. de l'anglais par Ferry, 1826; Weinhold, *De la population et de l'industrie*, Leipzig, 1828; Morel-Vindé, *Sur la population, ou Observations sur le système professé par Malthus et ses disciples*, Paris, 1829; Saddler, *La loi de la population*, en anglais, Londres, 1830, 2 vol. in-8°; Schmidt, *Recherches sur la population, les salaires et le paupérisme*, en allem., Leipzig, 1836; Archibald Alison, *Le principe de population dans ses rapports avec le bonheur humain*, en anglais, Londres, 1840, 2 vol. in-8°; Prichard, *Recherches sur l'histoire physique des populations*, en anglais, 4e édit., Londres, 1841-44, 4 vol. in-8°; Thornton, l'*Excès de population et remèdes à y apporter*, en anglais, Londres, 1846, in-8°; Doubleday, *La vraie loi de population*, en anglais, 2e édit., Londres, 1847, in-8°; Herbert Spencer, *Théorie de la population*, en anglais, Londres, 1852; Guillard, *Éléments de statistique humaine, ou Démographie comparée*, Paris, 1855, in-8°; Joseph Garnier, *Du principe de la population*, Paris, 1857.

PORC. Cet animal impur, frappé de réprobation par les Hébreux et les Égyptiens, est devenu, dans les légendes chrétiennes, l'image du démon. Placé aux pieds d'un saint, il signifie les voluptés vaincues, asservies.

PORCELAINE, poterie fine à pâte grenue, translucide, ne se laissant pas entamer par l'acier, et susceptible de recevoir une couverte, un vernis ou émail brillant et dur. La *porcelaine dure* a pour base le kaolin, terre argileuse blanche, et le pétunsé ou feldspath pur, remplacé quelquefois par un mélange de craie, de sable et de feldspath. On peut appliquer des couleurs ou de la dorure, soit sur la pâte, soit sur la couverte, en les fondant avec celle-ci à la même température, ou en les faisant adhérer par une température plus douce à l'aide d'oxydes ou fondants métalliques. La *porcelaine tendre* est un mélange d'argile marneuse et de minium : elle ne va point au feu, se raye facilement, et ne supporte guère la brusque transition du chaud au froid; mais les peintures, la dorure et les ornements de toute espèce y font plus bel effet, les couleurs s'y fondent mieux, s'y imbibent, et conservent plus de vivacité. La peinture sur porcelaine a été pratiquée avec succès à la manufacture de Sèvres; parmi ceux qui s'y distinguèrent pendant les règnes de Louis XV et de Louis XVI, sous la direction de Genest, on remarque : les peintres de fleurs Bouillat, Parpette, Micaud, et Pithou; les peintres d'oiseaux Armand, et Castel; les peintres d'arabesques Chulot, et Laroche; les peintres de paysages Rosset, et Évans; les peintres de figures Dodin, et Caton. Sous le premier Empire, Isabey, Swebach, Parent, Chenavard, Fragonard, portèrent à une grande perfection l'art du peintre en porcelaine. Depuis la Restauration, nous citerons, pour la peinture d'histoire : Leguay, Constantin, Béranger, Georget, Mmes Ducluzeau et Jaquotot; pour le paysage : Robert, Langlacé, Abel, Poupart; pour les fleurs et les fruits : Drouet, Schilt, Van Os, Jacobber; pour les camées : Degault; pour les coquillages : Philippine; pour la peinture de genre : Develly. Le mot *porcelaine* n'est pas chinois, il vient du portugais *porcolana*, signifiant vaisselle ou poterie de terre. V. les articles CÉRAMIQUE; CHINE — porcelaine; et A. Jacquemart et E. Le Blant, *Histoire artistique, industrielle et commerciale de la porcelaine*, Paris, 1861-1862, in-4°.

PORCHE, mot dont on a fait un synonyme de *péristyle* et de *portique* en l'appliquant à tout vestibule ou lieu couvert placé en avant-corps d'une façade, mais qui désigne proprement cette construction au devant d'une entrée d'église. Les *églises seules* ont eu primitivement des porches (V. NARTHEX), et c'est par imitation qu'on en fit aux palais, aux hôtels, et même aux maisons particulières. L'église St-Germain-l'Auxerrois, à Paris, a un porche. On voit à l'église *Della Pace*, à Rome, un porche circulaire, construit sur les dessins de Pietro di Cortone. Les porches ne furent pas élevés seulement dans un but de décoration, mais aussi dans un but d'utilité : ils défendaient l'entrée de l'église contre les injures de l'air ; on y rendit la justice, on s'y rassembla pour causer d'affaires ; couronnés de mâchicoulis et de créneaux, ils offraient une défense militaire ; quand ils étaient surmontés d'un étage, on y plaçait une sacristie, une école, etc. Il y avait quelquefois une fontaine, où les fidèles se lavaient les mains avant d'entrer dans l'église. On y faisait encore l'exorcisme avant d'admettre les enfants au baptême. V. Thiers, *Dissertation sur les porches des églises*, Orléans, 1679, in-12. B.

PORRECTION, en latin *Porrectio* (de *porrigere*, présenter), cérémonie en usage dans l'Église catholique quand on confère les ordres mineurs, et qui consiste à présenter, à faire toucher aux ordinands les objets qu'ils auront à employer dans leur ministère.

PORT (du latin *portus*), lieu où la mer, s'enfonçant dans les terres, offre aux bâtiments un abri contre les vents et les tempêtes. Il est *naturel*, quand la nature a tout fait ; *artificiel*, quand il est formé par des môles ou des jetées en mer. Un *port de toute marée* est celui où les navires peuvent entrer en tout temps, parce qu'il y a toujours assez d'eau ; un *port de barre* est celui dont l'entrée est fermée par un banc de sable ou de roche, et où l'on ne peut entrer qu'avec la marée. Tout port à marées, où la mer, en se retirant, laisse à sec les navires, est dit *port d'échouage*. Dans les ports dotés de bassins, la partie servant d'entrée, et dans laquelle se font sentir les effets de la marée, reçoit le nom d'*avant-port*. — Par extension, on appelle *port* tout lieu où les navires abordent, chargent et déchargent des marchandises. On distingue les *ports militaires* ou *de guerre*, et les *ports marchands* ou *de commerce*. Un *port franc* ou *libre* est celui où les marchandises ne payent point de droits, tant qu'elles n'entrent pas dans l'intérieur du pays. Le *mouvement* d'un port est le nombre de navires qui y entrent et en sortent chargés de marchandises, et dont on évalue le tonnage ou la capacité en tonneaux au moyen d'un jaugeage basé sur le poids et le volume de ces marchandises.

PORT (Capitaine, — Maître, — Officiers de). V. CAPITAINE, MAÎTRE, OFFICIER.

PORT, prix qu'on paye pour les transports de colis par voitures, messageries, chemins de fer, bateaux, etc., et pour les lettres mises à la poste.

PORT D'ARMES. Le droit de porter des armes, pouvant entraîner des dangers pour la vie des citoyens, a été de tout temps réglementé. Le port d'armes était interdit dans les rues à Athènes et à Rome. Après l'invention des armes à feu, la prohibition devint plus sévère : François Ier fit défense, même aux gentilshommes, d'en porter, sous peine de la corde. La défense fut renouvelée par ordonnances de juillet 1607, de septembre 1609, du 23 mars 1728, du 25 août 1737. Aujourd'hui, à moins d'être vagabond ou ancien condamné, chacun peut porter des armes pour sa sûreté, sauf les exceptions déterminées par la loi (V. ARMES PROHIBÉES). Il y a aussi des dispositions spéciales quant au port d'armes dans un attroupement (V. ATTROUPEMENT). — On donne quelquefois le nom de *port d'armes* au *permis de chasse*. V. CHASSE.

PORT DES LETTRES. V. TAXE.

PORT DE VOIX, manière d'articuler deux sons en montant ; elle consiste à les unir par une liaison du gosier.

PORTAGE, nom donné en Amérique à l'espace compris entre deux cours d'eau navigables, parce qu'un voyageant on y *porte* son canot d'une rivière à l'autre pour abréger le chemin. On appelle aussi *portage* tout endroit d'un fleuve où se trouve une chute, qui oblige à porter les canots sur le bord pour la franchir.

PORTAGE, droit féodal. V. notre *Dictionnaire de Biographie et d'Histoire*.

PORTAIL, désignation qu'on applique à tout frontispice d'architecture, à toute élévation servant de façade ou d'entrée principale à un grand édifice, quels que soient le caractère de son style ou la nature de ses ornements. Mais elle convient spécialement à l'entrée monumentale d'une église : car il n'existe pas, dans les monuments de l'Antiquité, de façades qui puissent recevoir le nom de

portails, et ce sont les constructions de l'architecture chrétienne qui en ont donné les premiers exemples. Les rangs de colonnes espacées que présentent les faces des temples gréco-romains ne forment pas des *portails*, mais des *péristyles* ou des *portiques*. Une église peut avoir trois portails, l'un à l'entrée des nefs, les autres aux extrémités du transept. Ceux-ci n'ont jamais qu'une porte, celui-là en a presque toujours trois. Un portail comprend tout ce qui encadre et surmonte les portes, voussures, tympans, galeries, roses, tours, etc.; il ne doit pas être confondu avec un *porche* (V. ce mot), avant-corps ou appentis se détachant tout à fait des principales lignes d'une façade. — On appelle *Avant-Portail* un avant-corps isolé, placé à distance d'un portail dans certaines églises : tel est celui qu'on voit en avant du *Portail des libraires* de la cathédrale de Rouen. B.

PORTE, mot qui désigne à la fois l'ouverture ou la baie pratiquée de plain-pied dans une muraille pour servir de dégagement et d'issue, et l'ouvrage mobile de bois ou de métal destiné à la clore. Celui-ci emprunte sa forme à celle-là. Certains peuples, comme les Chinois et les Arabes, ont donné à leurs portes des configurations singulières, telles que le trèfle ouvert, l'arc surbaissé ou chargé de dentelures : ce sont là des fantaisies contraires au bon goût et à la solidité. Les formes adoptées en architecture, selon les styles, sont le *quadrangle*, le *cintre* et l'*ogive*. La forme quadrangulaire a été employée la première, en raison de sa simplicité logique, et de l'usage facile des matériaux les plus grossiers : une porte de ce genre se compose de deux *jambages* ou *pieds-droits*, sur lesquels repose un *linteau*. Vitruve a distingué trois espèces de portes quadrangulaires dans les temples : l'ionique, la dorique, et la corinthienne. L'emploi des cintres en maçonnerie marque dans l'art de construire une période nouvelle, dont la date chez les Anciens ne saurait être déterminée d'une manière précise. Vitruve n'a point parlé des portes cintrées, mais les architectes modernes ont cherché à en fixer les proportions : dans l'ordre toscan, une porte doit avoir en hauteur deux fois sa largeur ; dans le dorique, deux fois et un sixième ; dans l'ionique, deux fois et un quart ; dans le corinthien, deux fois et demie. Au moyen âge, la forme ogivale des arcades, l'élancement des voûtes, l'usage des frontispices en pignon triangulaire, la difficulté de trouver d'assez grands linteaux d'un seul bloc de pierre, firent abandonner les portes quadrangulaires pour les portes en ogive, qu'on peut construire avec de petits matériaux. Les portes des grandes façades d'église sont souvent coupées en deux par un pilier vertical, sur lequel porte un tympan (V. ce mot). Au temps de la Renaissance, on revint à l'arc en plein cintre ou à l'arc surbaissé, en anse de panier, mais en lui donnant une ornementation beaucoup plus riche que dans l'Antiquité. Au XVIIIe siècle, on employa, dans la composition des portes de palais, les colonnes, les plates-bandes sculptées, les frontons ; on orna de trophées les pieds-droits, de bas-reliefs les entablements : de pareilles entrées ressemblent plutôt à des portiques qu'à des portes. Telles sont, à Paris, celles du Palais-Royal, du palais de la Légion d'honneur, du palais du Corps Législatif. Dans les maisons particulières, les portes se distinguent en *portes cochères* et *portes bâtardes*, selon qu'elles peuvent ou non laisser passer une voiture. — A l'intérieur des édifices, les portes qui servent d'entrée et de communication aux différentes pièces présentent, sauf quelques accessoires, les mêmes formes et la même décoration que celles du dehors. Elles sont souvent encadrées de *chambranles*, avec des moulures en plâtre ou en bois ; quelquefois elles sont surmontées de panneaux ou de tableaux appelés *dessus de porte*. Dans les palais, la hauteur des plafonds permet l'emploi des colonnes ou des pilastres, des frontons, des plates-bandes supportées par des consoles, des couronnements en sculpture, etc.

L'ouvrage servant de clôture dans une porte se compose d'un ou de deux *battants* ou *vantaux*. Les plus simples portes en bois sont arasées, et présentent une surface lisse. Quand les portes sont à compartiments, elles comportent des panneaux de tout genre, figures, mascarons, moulures en ove, en perle, en feuille d'eau, etc. Dans les riches intérieurs, on les fait en placages de bois précieux. Les portes des maisons de l'ancienne Grèce s'ouvraient en dehors, et ceux qui voulaient sortir de chez eux frappaient un coup du dedans, pour avertir les passants qu'ils eussent à se mettre à distance. Les portes des Romains s'ouvraient comme les nôtres ; on les ornait d'inscriptions, de dépouilles d'ennemis vaincus ou d'animaux tués à la chasse ; aux jours de fête, on les couronnait de guirlandes de fleurs et de feuillages; aux jours de deuil, on y suspendait des cyprès. Les Anciens ne mettaient des portes qu'aux baies extérieures; les baies intérieures étaient fermées par des voiles ou des tapis. Au moyen âge et à la Renaissance surtout, les portes en bois ont servi de champ aux sculpteurs, qui les ont couvertes de figures en bas-relief. On peut citer, parmi les monuments de ce genre : plusieurs portes des Loges du Vatican, sculptées par Jean Barile d'après les dessins de Raphaël ou de quelqu'un de ses élèves; les portes de l'église St-Maclou, à Rouen, qu'on attribue à Jean Goujon ; dans les galeries du Louvre, plusieurs battants sculptés sur les dessins de Lebrun ; la porte principale de Notre-Dame de Paris, faite sous la direction de Soufflot. La peinture a servi également à décorer les compartiments des portes. Des battants en bois ont été aussi recouverts de métal plaqué, comme ceux de la porte antique du Panthéon d'Agrippa, à Rome. Quant aux portes de bronze, elles ne remontent pas au delà du xie siècle, époque où furent fondues à Constantinople, par Staurachios Tuchitos de Chio, celles qui ornèrent la basilique de St-Paul. C'est de Constantinople que furent apportées, au xiiie siècle, les portes de l'église St-Marc à Venise. Mais déjà, en 1180, Bonanno, artiste de Pise, avait fondu les portes de la cathédrale de cette ville. Celles de la cathédrale de Novogorod en Russie sont de la même époque et de fabrication byzantine. Le chef-d'œuvre en ce genre, ce sont les portes du baptistère de Florence. Parmi les ouvrages modernes, on peut mentionner, à Paris, la porte qui sert d'entrée à la cour du Louvre par le côté de la Colonnade, celles de la galerie d'Apollon dans le même palais, et la porte de l'église de la Madeleine.

Les portes pratiquées dans les enceintes des grandes villes ont été généralement des constructions monumentales, surmontées de bâtiments ou garnies de tours. On en voit des restes grandioses en Égypte. Comme modèle romain en France, on peut citer la porte d'Arroux, à Autun (V. ce mot). Il ne faut pas, pour les constructions de ce genre, employer indifféremment les noms de Porte et d'Arc de Triomphe: dans les portes, il y a deux ouvertures ou arcades égales; dans les monuments triomphaux, il n'y a qu'une arcade, ou bien une grande arcade accompagnée de deux plus petites. Cependant l'usage a souvent confondu les deux termes, et de véritables portes ont été bâties par les Modernes dans le style consacré aux arcs de triomphe : telles sont, à Berlin, la porte dite de Brandebourg (V. Berlin) ; telles étaient, à Paris, les portes St-Antoine et St-Bernard (V. plus bas). Réciproquement, on a donné le nom de portes aux arcs élevés en l'honneur de Louis XIV à l'entrée des rues St-Denis et St-Martin (V. plus bas).

Dans les villes de guerre, au temps de la fortification dominante et avant l'emploi des ouvrages extérieurs, les portes étaient flanquées de deux tours, et on en défendait les approches à coups de flèches. Lorsque l'assiégeant fut préservé des traits au moyen de la tortue, et qu'il put, soit battre les portes avec le bélier, soit les attaquer par le feu, on les fortifia par des garnitures de métal, on les recouvrit de cuirs saignants, on établit des ouvertures pour pouvoir inonder les foyers incendiaires. Puis, au lieu de placer les portes entre deux tours rondes, on les mit au milieu d'une tour carrée, surmontée de mâchicoulis ; la baie fut garnie de doubles portes et de herses. Quand l'artillerie permit d'attaquer de loin et avec succès ces défenses, les portes furent protégées par de larges fossés, des ponts-levis et des barbacanes, par des palissades, des braies et des bretèches. L'attaque perfectionnant aussi ses moyens, se servit de pétards (V. ce mot), contre lesquels on a su se défendre encore, en cachant les portes à la vue du dehors, en les perçant dans un ravelin ou une demi-lune, en en couvrant les abords par des éperons, etc. B.

PORTE (La Sublime). V. notre Dictionnaire de Biographie et d'Histoire.

PORTE SAINT-ANTOINE, sorte d'arc de triomphe qui fut élevé à Paris, sous Henri III, en 1585. Il était percé d'une seule arcade. Au temps de Louis XIV, l'architecte Blondel y ajouta deux autres arcades, à peu près de même dimension et du caractère de celui qu'il conservait au centre. Deux Fleuves qui décoraient les imposte de l'arc avaient été exécutés par Jean Goujon ; il y avait dans des niches des statues par Anguier, et trois sur le couronnement, par Van Obstal. La porte St-Antoine ayant été démolie en 1778, les figures de Fleuves furent placées sur la place du jardin de Beaumarchais. B.

PORTE SAINT-BERNARD, arc triomphal élevé à Louis XIV,

sur le quai du même nom, par la ville de Paris. Construit en 1674 par Blondel, il était percé de deux arcades semblables, et décoré de bas-reliefs par Tuby.

PORTE SAINT-DENIS, monument triomphal élevé en 1673 par la ville de Paris à Louis XIV. La composition est de François Blondel, et présente beaucoup d'imperfections. Il y a une disproportion évidente de la face latérale de ce monument avec la grandeur imposante de son élévation. Il est percé d'un grand arc, et de deux petites portes pratiquées dans des piédestaux accolés aux pieds-droits. Du côté de la ville, au-dessus de ces piédestaux qui ne semblent pas appartenir au sujet principal, s'élèvent des obélisques chargés de trophées d'armes, et qui sont engagés sur la surface des pieds-droits jusqu'à la hauteur de l'entablement de l'édifice; les obélisques étaient alors appropriés plutôt à la décoration des tombeaux qu'à celle des arcs de triomphe. A leur pied, deux figures assises, sculptées sur les dessins de Lebrun, représentent les Provinces-Unies sous la forme d'une femme consternée, et le Rhin sous celle d'un homme vigoureux appuyé sur un gouvernail. Entre l'archivolte et l'entablement, un bas-relief, placé dans une table rentrante qui coupe l'imposte, représente Louis XIV, vêtu à l'antique, commandant le passage du Rhin. Du côté du faubourg, un bas-relief représente l'entrée du même prince dans Maestricht. Dans la frise de l'entablement, on lit l'inscription suivante en lettres de bronze doré : Ludovico Magno. Ce qu'on peut admirer sans réserve dans la porte St-Denis, ce sont les sculptures, commencées par Girardon, achevées par Michel Anguier. Le monument a 24m,65 de hauteur, 25 mèt. de largeur, 5 mèt. d'épaisseur; l'arcade a 15m,35 sous clef, et 8 mèt. d'ouverture; les petites portes ont 3m,30 sur 1m,70. Il a été restauré en 1807 par Célérier, et gratté il y a peu d'années. B.

PORTE SAINT-MARTIN, monument triomphal élevé à Louis XIV par la ville de Paris, en 1674, sur les dessins de Pierre Bullet, et en mémoire de la conquête de la Franche-Comté. Conçu dans les plus heureuses proportions, il est percé d'une grande arcade et de deux petites. Sa hauteur et sa largeur sont chacune de 17m,55, son épaisseur de 4m,50; l'arcade du milieu a 9m,70 sous clef, et 4m,85 d'ouverture; les petites arcades ont 5m,75 sur 3m,50. Les pieds-droits sont travaillés en bossages vermiculés. Entre le bandeau de l'imposte de la grande arcade et l'entablement, se trouvent des bas-reliefs d'une exécution assez faible, œuvre de Desjardins, de Marsy, de Lehongre et de Legros : du côté de la ville, une femme à genoux présente le traité de la Triple Alliance à Louis XIV assis sur son trône, et le même prince, sous la figure d'Hercule, est couronné par la Victoire; du côté du faubourg, on a représenté aussi sous des formes allégoriques la prise de Limbourg et la défaite des Allemands. La frise est ornée de consoles, placées sous chacun des modillons de l'entablement qui la divisent par métopes, dans lesquels sont les armes de guerre. Sur l'attique on lit ces mots : Ludovico Magno, Vesontione Sequanisque bis captis, et fractis Germanorum, Hispanorum et Batavorum exercitibus. Præfec. et ædil. poni. C. C. Les parties d'angle et les archivoltes des trois portes sont en bossages vermiculés. La Porte-Saint-Martin a été réparée sous la Restauration. B.

PORTE SAINT-MARTIN (Théâtre de la). Construit d'urgence, comme salle provisoire pour remplacer celle de l'Opéra qui venait d'être brûlée, il fut élevé en 86 jours par Alexandre Lenoir, et inauguré le 27 oct. 1781. Toute la construction était en pans de bois. Ce théâtre servit aux représentations de l'Opéra jusqu'au 8 thermidor an II. Fermé pendant 8 ans, il rouvrit en 1802 sous le nom de Jeux Gymniques, et l'on y donna des pièces à grand spectacle, des comédies et des ballets. Après le décret de 1807, il fut interdit d'avoir plus de deux acteurs parlant sur la scène, les autres devant se borner à la pantomime. Un pareil spectacle ne tarda pas à être abandonné. Le théâtre rouvrit en 1814, sous le nom qu'il porte aujourd'hui, et obtint de grands succès avec le mélodrame et le ballet, avec des acteurs tels que Frédérick Lemaître, Bocage, Potier, Mazurier et Mlle Georges. De cette période datent le Solitaire, le Vampire, le Moine, Mandrin, Trente ans ou la Vie d'un joueur, les Petites Danaïdes, les ballets du Meunier et de Jocko, etc. Puis la tragédie y fit une apparition heureuse avec le Marino Faliero de C. Delavigne. Mais le drame moderne conquit bientôt le premier rang : aux anciens artistes s'ajoutèrent ou succédèrent Ligier, Prévost, Mélingue, Chilly, Laferrière, Mme Dorval. Parmi les pièces à succès de cette nouvelle période, on remarque Richard d'Arlington, *la Tour de Nesle, Angèle, Marie Tudor, Lucrèce Borgia, la Nonne sanglante, les Sept enfants de Lara, la Duchesse de La Vaubalière,* etc. Fermé momentanément en 1840, et rouvert à la fin de la même année, ce théâtre attira de nouveau le public avec *les Deux serruriers* de Félix Pyat et la féerie de *la Biche au Bois.* Il y eut encore un moment de graves embarras en 1851. Depuis cette époque, il eut quelques brillants succès. La salle, brûlée en 1871, a été réédifiée près delà.

PORTE SAINTE. *V.* BASILIQUE.

PORTE-BALLE. *V.* COLPORTEUR.

PORTE-DRAPEAU dans un régiment. C'est un souslieutenant, qui fait partie de l'état-major. Avant Napoléon Ier, c'était un sergent.

PORTÉE, en termes d'Architecture, étendue libre d'une pierre ou d'une pièce de bois qui est placée horizontalement dans une construction et soutenue par des points d'appui. Quand la portée est trop grande, la pierre peut se briser et la poutre plier.

PORTÉE, distance où peut atteindre une arme de jet. Dans les armes à feu, elle dépend de la nature de ces armes, de la charge, de la qualité de la poudre, de la nature du projectile, et de l'angle de projection.

PORTÉE, en termes de Musique, assemblage de 5 lignes horizontales et parallèles, sur lesquelles ou entre lesquelles on place les notes. On les compte à commencer par la plus basse. Comme ces lignes ne suffisent pas à toutes les notes qu'on peut avoir besoin de placer, on ajoute, au-dessus ou au-dessous de la portée, des lignes supplémentaires dites *lignes accidentelles* ou *fausses lignes,* mais en ne leur donnant que la longueur nécessaire à chaque note. A la fin du xviie siècle et au commencement du xviiie, la portée était composée de 8 lignes pour la musique d'orgue et de clavecin. — La portée du plain-chant avait, dit-on, primitivement 8 lignes, une pour chaque degré de la gamme : elle n'en a plus que 4; généralement suffisantes pour des mélodies qui n'embrassent guère l'étendue d'une octave. Ce n'est point parce que la *portée* porte les notes qu'on lui a donné ce nom, mais parce qu'elle est la portée et l'étendue d'une voix ordinaire. B.

PORTEFAIX, ouvrier qui fait métier de transporter des fardeaux. Les portefaix des halles se nomment *forts de la halle* (*V. ce mot*). L'expression de *crocheteur,* dérivée des crochets dont se servent certains portefaix pour porter à dos leurs fardeaux, n'est employée que comme injure. Il existe à Marseille une nombreuse, riche et très-honorable corporation de portefaix, qui remonte à une haute antiquité; ils ont le monopole du chargement et du déchargement des navires. *V.* A. Rondelet, *les Portefaix de Marseille,* dans la *Revue contemporaine* du 30 avril 1862.

PORTEROOLLE, nom qu'on donnait à une espèce de régisseur dans les représentations des Mystères (*V. ce mot*). Il avait pour mission de parler au public, et faisait aussi l'office du souffleur. On l'appelait encore *protocole, maître* ou *meneur du jeu.*

PORTES ET FENÊTRES (Contribution des), une des quatre principales Contributions directes, établie sur les portes et fenêtres qui donnent sur les rues, cours ou jardins des bâtiments et des usines. Elle a été créée par la loi du 4 frimaire an VII (24 nov. 1798). On en exempte les portes et fenêtres servant à aérer les granges, bergeries, étables, greniers, caves, et autres locaux non destinés à l'habitation des hommes ou employés à des services publics. Elle est exigible contre les propriétaires, fermiers ou locataires principaux, sauf leur recours contre les sous-locataires. La quotité de l'impôt varie suivant le nombre des ouvertures de la maison, suivant la population de la commune, et suivant l'étage auquel sont situées les fenêtres. La moindre taxe est celle d'une ouverture dans une commune de 5,000 âmes au plus : elle est de 0 fr. 30 c. La plus forte est celle d'une ouverture (porte ou fenêtre ordinaire) située au rez-de-chaussée, à l'entre-sol, au premier ou au second étage, dans une ville de plus de 100,000 âmes : elle est de 1 fr. 80 c. Les portes cochères, charretières, et de magasin, payent une taxe qui varie, suivant la population, de 1 fr. 60 c. à 18 fr. 80 c. L.

PORTE-VOIX, instrument de cuivre ou de fer-blanc, en forme de trompette, largement évasé par sa partie inférieure, et dans lequel on parle en portant à la bouche la petite extrémité. Les Anciens s'en servaient dans les batailles, pour faire entendre au loin le commandement, et les Arabes en trouvèrent en Chine au IXe siècle, ce qui n'empêcha pas l'Anglais Samuel Morland et le P. Kircher

de s'en disputer l'invention. Il y a plusieurs espèces de porte-voix de marine : le *braillard,* employé à la main pour le commandement des manœuvres sur les bâtiments de moyenne dimension; le *gueulard,* qui s'allonge à volonté comme une lunette, se pose ordinairement sur un support, et à l'aide duquel on se fait entendre d'un bâtiment à un autre; le *porte-voix de combat,* qui est à demeure sur le pont et descend verticalement dans les batteries. C'est aussi un porte-voix vertical qu'on emploie sur les navires à vapeur pour donner des ordres au mécanicien. On fait, avec des tuyaux en caoutchouc, des espèces de porte-voix dans les habitations et les ateliers, pour porter la parole d'une pièce ou d'un étage à un autre. B.

PORTIER, celui qui a soin d'ouvrir, de fermer et de garder la principale porte d'une maison. Aujourd'hui presque tous les portiers ont pris le nom de *Concierges,* qui n'appartenait autrefois qu'à ceux qui avaient la garde d'une maison royale ou seigneuriale, d'un hôtel de ville, d'une prison. Le propriétaire est responsable des conséquences pécuniaires des délits et contraventions de son portier, pour les actes auxquels il l'a préposé ou qui font partie de ses fonctions ordinaires. Les locataires sont en droit de faire condamner le portier (et par suite le propriétaire) à des dommages-intérêts, s'il refuse d'ouvrir à toute heure du jour ou de la nuit, de recevoir les lettres et paquets, etc. *V.* PORTIER, dans notre *Dictionnaire de Biographie et d'Histoire.*

PORTIER-CONSIGNE. *V.* CONSIGNE.

PORTIÈRE, panneau mobile fermant l'entrée d'une voiture. C'est aussi une pièce d'étoffe fermant une baie de porte intérieure; ornement en usage de tout temps en Orient, chez les anciens Romains, et aussi en France pendant le xviiie siècle. Aujourd'hui on met souvent des portières en tapisserie, ou en étoffes plus ou moins riches, par-dessus les portes, comme supplément de clôture, surtout pour l'hiver.

PORTION CONGRUE. *V.* notre *Dictionnaire de Biographie et d'Histoire.*

PORTION DISPONIBLE. *V.* QUOTITÉ DISPONIBLE.

PORTIQUE (du latin *porticus*), galerie couverte, soutenue par des colonnes, des piliers ou des arcades. On donne aussi le nom de Portique à toute disposition de colonnes dégagées en forme de prostyle ou de péristyle. Chez les Anciens, les Portiques furent fort en usage : il y en avait autour des grands temples, des théâtres, des stades, des gymnases, des marchés. A Athènes, l'*Académie,* le *Lycée,* le *Cynosarge* avaient des portiques; c'était sous le *Pœcile* que se rassemblaient les disciples de Zénon, d'où leur est venu le nom de Stoïciens (du grec *stoa,* portique). Dans l'ancienne Rome, on remarqua les *Portiques de Livie, d'Octavie, de Philippe, de Pompée,* les *Septa Julia* de Lépide, les *Septa Agrippiana* d'Agrippa, l'*Hécatonstylon,* etc. On voyait aussi des portiques autour des cours intérieures des riches habitations. Les cloîtres (*V. ce mot*) du moyen âge étaient de véritables portiques. Au nombre des constructions modernes on peut citer les portiques de la place St-Marc à Venise, la vaste enceinte de la cour du Vatican à deux rangs de portiques par Bramante, la cour des Loges du même palais construite par une autre disposition sur les dessins de Raphaël, le Bazar du commerce à St-Pétersbourg, et enfin, à Paris, les galeries de la place Royale, de la cour des Invalides, du Palais-Royal, des rues Castiglione, de Rivoli, des Colonnes, etc. B.

PORTLAND (Vase de), ou vase *Barberin,* fameuse urne cinéraire, trouvée dans un caveau souterrain à Rome, pendant le pontificat d'Urbain VIII (de la famille Barberini), et que l'on croit avoir contenu les cendres de l'empereur Alexandre Sévère et de sa mère Julia Mammæa. Le sarcophage, en marbre pentélique, où était renfermé ce précieux monument, se trouve au Musée du Capitole; le vase, après avoir servi d'ornement à la bibliothèque Barberini, fut acheté, au siècle dernier, par W. Hamilton; il passa ensuite au duc de Portland, et il est aujourd'hui au Musée britannique de Londres. C'est un vase de 30 centimètres de hauteur sur 16 de diamètre, en verre bleu foncé, qui paraît noir quand on ne le présente pas à la lumière, et offrant un relief de figures d'un fini parfait, en verre blanc et opaque. Ces figures, exécutées au touret, sont du travail le plus exquis, et sont, au jugement des antiquaires, d'une époque antérieure à Alexandre le Grand. Winckelmann crut que le sujet représentait la fable de Thétis, qui prit diverses formes pour échapper aux poursuites de Pélée. Veltheim voulait y voir l'histoire d'Alceste, qu'Hercule ramena des Enfers à Admète. Wedgwood pensa que c'était la représentation allégorique de la mort d'un personnage, appui de sa famille, au moment où il passe de la vie à l'immortalité. En 1845, le vase de Portland fut renversé de son piédestal et brisé par un sot ou un fou, qui voulait par là s'immortaliser à la manière d'Érostrate : on a remédié aux suites de cet accident avec tant d'habileté, qu'on peut à grand'peine s'en apercevoir.   B.

PORTORIUM. *V.* ce mot dans notre *Dictionnaire de Biographie et d'Histoire.*

PORTRAIT (du vieux français *pour-traict*), imitation trait pour trait, image ressemblante d'une personne reproduite par les arts du dessin. Un portrait sculpté s'appelle *buste* (*V. ce mot*), s'il est en ronde-bosse ; *médaillon*, s'il est en bas-relief. On fait des portraits à la plume, au crayon, au pastel, à l'huile, à l'aquarelle, en miniature, sur émail, sur porcelaine, en gravure, en lithographie, au daguerréotype, etc. Chez les Anciens, si l'on excepte une femme, Lala de Cyzique, qui vivait au dernier siècle avant l'ère chrétienne, il n'y avait pas d'artistes adonnés exclusivement au portrait; cette partie de l'art était exercée par les peintres d'histoire, et Apelles fut celui qui y obtint la plus grande célébrité. Jusqu'au xviie siècle, ce furent également les grands peintres d'histoire qui excellèrent dans le portrait, Raphaël, le Titien, Holbein, Léonard de Vinci, Paul Véronèse, Van Dyck, Rubens, Rembrandt, Velasquez, etc. A partir du siècle de Louis XIV, il y eut des portraitistes proprement dits, qui étudièrent avec un soin tout particulier l'expression de la physionomie, mais qui se perdirent aussi trop souvent dans les accessoires : les furent Rigaud, Mignard, Largillière et Latour en France, Gainsborough et Reynolds en Angleterre. C'est à peine si, au temps de Louis XV, on se soucia de la ressemblance : les hommes aimaient à se faire peindre en Mars ou en Apollon, les femmes en Diane, en Flore, en Vénus, avec de grands yeux, de petites bouches, des joues roses et rondes. Mme Vigée-Lebrun et David ramenèrent la pureté, l'exactitude et le bon goût dans cette partie de l'art. Depuis cette heureuse révolution, certains peintres d'histoire ont encore traité le portrait de main de maître : nous citerons Gros, Gérard, Ingres, Scheffer, Paul Delaroche, L. Cogniet, Horace Vernet, Court, Flandrin, etc. Les plus célèbres portraitistes du xixe siècle sont Mme de Mirbel, Pérignon, Dubuffe, Winterhalter, etc.   B.

PORTRAIT, terme de Littérature. *V.* CARACTÈRE.

PORT-ROYAL. *V.* ce mot dans notre *Dictionnaire de Biographie et d'Histoire.*

PORTUGAISE (Langue), une des langues néolatines (*V. ce mot*), celle peut-être qui a conservé pour le fond, sinon pour l'apparence, le plus de ressemblance avec la mère commune. Elle sort presque intégralement du latin, au point que des érudits ont pu faire de longues pièces de vers latins avec des mots exclusivement portugais : mais c'est un latin très-gravement altéré par la prononciation des antiques Lusitaniens. Cette altération consiste principalement dans un système de contraction qui tient sans doute à la dureté de l'idiome antérieurement employé; ainsi, les Portugais font *mor* pour *mayor*, *ma* pour *mala*, *ceo* pour *cielo*, *te* pour *tiene*, *na* pour *la*, *somente* pour *solamente*, etc. Ils remplacent l'*r* par *l*, et disent *regra* pour *regla*, *branda* pour *blanda*, *branca* pour *blanca*, etc. — Un second caractère spécial de la langue portugaise est le son nasal contracté par lequel est rendue avec une seule émission de voix la finale *ion*, dérivée de l'*io* latin. Ainsi, pour *mencion*, ils disent *menção;* pour *resolucion, resolução;* pour *Camoens, Camoës*, etc. Cette contraction est indiquée dans l'orthographe (d'ailleurs conforme à la prononciation) par un trait porté sur les deux dernières lettres, et qui s'appelle *til.* — Bien que conquis par les Arabes avec le reste de la péninsule, les Lusitaniens n'ont conservé aucune des consonnes gutturales que l'arabe a imposées au castillan. Le *g* guttural castillan se remplace en portugais par *lh* mouillé : ainsi, pour *escoger* (choisir), ils disent *escolher.* Le *ll* mouillé des Castillans est rendu dans certains cas par *lh*, dans d'autres par *ch* : au lieu de *llegar* (arriver), ils disent *chegar*, et au lieu de *hallar* (trouver), ils disent *achar*, etc. Cette absence de sons gutturaux rend le portugais plus doux à l'oreille que le castillan ; plus concis d'ailleurs et moins efféminé que l'italien, il tient, sous le rapport de l'harmonie, le milieu entre les deux idiomes. Il a gardé la concision énergique du latin, et demeure une langue à la fois riche, noble et gracieuse, qui possède la familiarité aimable du castillan, sans en admettre les tons quelquefois trop libres. La richesse du portugais est telle, qu'un auteur fécond, Frey Luis de

Souza, n'use pas d'un seul mot emprunté à une langue étrangère. — Les Portugais se vantent de posséder un certain nombre de mots qui leur sont propres. Ils doivent aussi aux conquérants germains quelques vocables d'origine teutonique, comme *bosque, jardim, camisa, alvergar, esgrimir*, etc. André de Resende (*De Antiquitatibus Lusitaniæ*) a recueilli 500 mots d'origine grecque. On calcule que le portugais renferme environ un tiers de moins de mots arabes que le castillan.

La grammaire portugaise, comme celle des autres langues néolatines, possède les auxiliaires et l'article; mais, par un phénomène qui lui est particulier, elle supplée, dans certains cas, l'auxiliaire du passif par les pronoms personnels *me, te, se*, etc. : en latin *appellor, appellaris*, en portugais *chamo me, chamas te; movo me; vestior, visto me*, etc. Le portugais a des superlatifs : *bonissimo, christianissimo.* Il a aussi de nombreux dérivés : on en compte 15 formés du seul mot *pedra*, là où le latin n'en a que 6. La conjugaison portugaise a cela de particulier qu'elle applique la flexion à son infinitif même, pour distinguer la personne grammaticale à laquelle appartient l'auteur de l'acte qu'exprime le verbe. — Un autre remarquable phénomène, c'est que le portugais offre plus d'analogie avec le roman actuel du midi et l'ancien provençal qu'avec le castillan; ainsi, les Portugais disent *pai, mai*, au lieu de *padre, madre; eu*, pour *yo*. Ils emploient *abrandar, abrazar, ouvir, hums, outros*, qui sont du roman pur. Faut-il expliquer cette identité par le lien qu'établissait la mer entre la Lusitanie, la Galice et le S.-O. de la Gaule? Il est reconnu que le galicien et le portugais ne différaient pas à l'origine. Le second n'a dû sa politesse et ses développements ultérieurs qu'à l'établissement d'une cour et à la formation d'une nationalité.

L'âge de la plus grande pureté de la langue portugaise s'étend de 1540 à 1626, c.-à-d. de l'époque où fut reconstituée par Jean III l'Université de Coïmbre jusqu'au moment où parut la 1re partie de l'*Histoire de St Dominique* par Frey Luis de Souza. Plus tard, elle eut à souffrir de deux événements funestes : la conquête espagnole, qui entraîna l'oppression de la pensée; puis, l'influence des idées et de la littérature françaises. La langue dégénéra d'un côté par l'introduction du *gongorisme*, de l'autre par l'imitation du français. L'effacement de la langue portugaise suivit l'affaiblissement de la nationalité.

V. J. de Barros, *Grammatica da lingua portugueza*, Lisbonne, 1540, in-4°; Nuñez de Liao, *Ortographia da lingua portugueza*, Lisbonne, 1576, in-4°, et *Origem da lingua portugueza*, 1606, in-4°; Pereira, *Ars grammatica pro linguâ lusitanâ*, 1672, in-8°; De La Rue, *Grammaire française et portugaise*, Lisbonne, 1766, in-8°; Jean de Souza, *Vestigios da lingua arabica em portugueza*, Lisbonne, 1789, in-4°; José de Figueira, *Arte da grammatica portugueza*, Lisbonne, 1799; Siret, *Grammaire française et portugaise*, Paris, 1800, in-8°; Ant. de Moraes Silva, *Epitome da granda lingua portugueza*, Lisbonne, 1806, in-8°; Lobado, *Arte da grammatica da lingua portugueza*, Lisbonne, 1814, in-4°; Hamonière, *Grammaire portugaise*, Paris, 1820, in-12; Soares Barboza, *Grammatica philosophica da lingua portugueza*, 2e édit., Lisbonne, 1830; Constancio, *Grammatica analytica da lingua portugueza*, Paris, 1831, in-12; Fonseca, *Éléments de la grammaire portugaise*, 1838, in-12; Pereira, *Thesauro da lingua portugueza*, Lisbonne, 1670, in-fol.; le P. Bluteau, *Vocabulario portuguez e latino*, 1712-28, 10 vol. in-fol. ; Marquez, *Nouveau dictionnaire des langues portugaise et française*, Lisbonne, 1756, 2 vol. in-fol.; José da Fonseca, *Diccionario portuguez e latino*, Lisbonne, 1772, in-4°; Moraes Silva, *Dictionnaire portugais et latin*, Lisbonne, 1789, 2 vol. in-4°; Da Costa et Sa, *Dictionnaire portugais, français et latin*, Lisbonne, 1794, in-fol.; Santa-Rosa de Viterbeo, *Elucidario das palavras, termos e frases, que em Portugal antiguamente se usarão*, Lisbonne, 1798-99, 2 vol.; Da Cunha, *Dictionnaire français-portugais*, Lisbonne, 1811, in-4°; Francisco de Santo-Luiz, *Glosario das palavras e frases da lingua franceza que se tem introduzida na locuçao portugueza moderna*, Lisbonne, 1827; le même, *Ensaïo sobre alguns synonymos da lingua portugueza*, 1828, 2 vol.; Constancio, *Dictionnaire des langues portugaise et française*, Paris, 1830, 2 vol. in-16; Fonseca et Roquette, *Nouveau Dictionnaire français-portugais et portugais-français*, 1841, 2 vol. in-8°.   E. B.

PORTUGAISE (Littérature). — *Première période.* — L'antipathie des Portugais et des Espagnols semble accuser entre eux une différence de race; néanmoins la conformité des conditions, des influences sous lesquelles se sont développées la langue et le génie des nations néo-latines, n'a pas permis à la littérature portugaise d'avoir une physionomie très-distincte de la littérature espagnole, italienne ou provençale, surtout à l'origine. Jusqu'à l'avénement du roi Diniz (1279), et même encore à cette époque, la langue portugaise se confonde avec le galicien, qui lui-même n'est pas fort distinct du provençal littéraire. Les mêmes causes qui arrêtèrent si longtemps le développement du castillan agirent avec plus de force encore dans l'ancienne Lusitanie, où· probablement la civilisation romaine agit moins qu'en Espagne. Dans les troubles de l'invasion arabe, le portugais se dégage péniblement du latin décomposé, pour former, en prose des chroniques, en vers des chants de troubadours, où la Provence lui sert de modèle. Bernard de Ventadour, Raimbaud d'Orange, sont attirés dans ce pays avec le même empressement qu'à la cour de Castille ; les rois et les grands seigneurs donnent l'exemple de l'imitation des chants limousins et provençaux. Les plus anciennes de ces compositions sont celles d'Egaz Moniz Coelho, gouverneur d'Alphonse Henriquez (1125), et celles de Gonzalo Hermiguez. Les poésies du roi Diniz, que l'on savait exister sous le titre de Cantigas, ont été recueillies en 1847 par le vicomte de Carreira sous celui de Cancioneiro. Ce recueil contient aussi les poésies d'un fils illégitime de Diniz, don Pedro, comte de Barcellos; elles traitent en général de sujets moraux. Un autre don Pèdre, l'amant d'Inez de Castro, voulut éterniser en vers son amour malheureux : on lui attribue une ou deux pièces qui roulent sur la mort d'Inez. — Ainsi, durant cette période, les Portugais furent simplement imitateurs en poésie. — La prose ne produisit que de simples chroniques; dans les études théologiques, scientifiques et médicales, cultivées, comme en Espagne, sous les auspices des Arabes, on ne se servait que du latin. Les rois instituèrent de bonne heure des chroniqueurs d'office. Fernão Lopes (1380-1449) fut l'un des premiers gardiens du précieux dépôt d'archives réunies à la Torre do Tombo. Écrivain remarquable par l'exactitude, par les qualités du style, il a laissé la Chronique de ce don Pèdre surnommé le Cruel pour les vengeances terribles qu'il tira des meurtriers d'Inez, et celle du roi Ferdinand IX. Nous avons de Gomez Eannès de Azurara, qui hérita de l'emploi de Lopes, une Chronique du roi Jean Ier, une Chronique du comte don Pedro de Menesès, une Chronique de la découverte et conquête de Guinée. Ruy de Pina fut chargé, avec Duarte Galvam, d'une rédaction nouvelle des chroniques nationales, parmi lesquelles il faut noter celle du comte don Henrique; on a aussi de lui un Mémoire du plus haut intérêt sur l'arrivée de Christophe Colomb à son premier retour du Nouveau-Monde. Le comte de Barcellos ne se borna pas à la culture de la poésie : il devint un des créateurs de l'histoire en Portugal, par un Nobiliaire, où les historiens ont trouvé les origines les plus précises, comme les renseignements les plus curieux. Enfin les rois eux-mêmes cultivèrent la prose avec succès. Tel fut don Duarte, qui écrivit sur la morale et sur l'Art du cavalier : le premier de ces ouvrages, où le prince a déposé d'une manière touchante ses pensées les plus intimes, montre une grande instruction pour le temps, et le style en est souvent remarquable; il est intitulé El leal Conselheiro, et n'a été publié qu'en 1843, par M. Roquette. Alphonse V non-seulement encouragea l'étude de l'histoire, mais écrivit lui-même sur la tactique et sur l'astronomie. Son Traité de la milice fait connaître la manière de combattre des anciens Portugais. C'est encore à lui que est dû le premier Corps de Droit qu'ait possédé le royaume. Le roi Diniz fonda, en 1290, la célèbre Université de Coïmbre; et il permis de croire qu'un Français, précepteur de ce prince, Aymeric d'Ébrard, né à Cahors, n'y fut pas étranger. De cette Université, réformée par Jean III, qui sut y attirer des hommes comme Diégo de Teive, les frères Gouvea, et Buchanan, sortiront Ferreira, Sà de Miranda, Barros et Camoens.

Deuxième période. — Le grand siècle de la littérature portugaise commence avec le règne de don Manoel, et s'étend jusqu'à la conquête du pays par les Espagnols. La poésie pastorale, alors cultivée avec éclat, nous offre de gracieux modèles. Sous le beau ciel de la Lusitanie, les bergers, plus nombreux que les laboureurs, ressemblaient aux bergers de la Sicile; leurs loisirs, leurs richesses, les noms qu'ils portaient, leur donnaient quelque chose de plus poétique que dans le Nord. Les églogues portugaises présentent d'ailleurs une heureuse variété

dans les scènes et dans les personnages; les productions du bord de la mer y sont décrites comme celles du rivage des fleuves; le pécheur conte ses périls au berger, et le berger vante à son tour les moissons du laboureur. C'est à l'églogue que le Tage doit sa renommée poétique. Un gentilhomme de la chambre d'Emmanuel, Bernardin Ribeiro, a donné cinq églogues, et il a placé ses bergers sur les bords du Tage et du Mondego. Il se complait à retracer sans cesse le lent désespoir d'un amour malheureux; mais le poète sait varier ses tableaux et charmer par les grâces de sa poésie. Un habitant de Madère, Christoval Falcam, remarquable par la naïveté touchante de ses œuvres, dont la plupart ont péri, a, dans une longue églogue, rappelé, sous un nom supposé, les malheurs d'une captivité de cinq années, qu'il subit pour s'être marié contre le gré de ses parents. Sà de Miranda, Antonio Ferreira, Camoens, cultivèrent aussi avec bonheur la poésie pastorale : Sà de Miranda y fait paraître une admirable naïveté. — D'autres se distinguèrent encore au XVIe siècle dans la poésie bucolique ou le roman pastoral; on ne trouve pas chez eux la naïveté du siècle précédent, mais ils ont plus d'harmonie, plus d'élégance, et plus d'idées. Diogo Bernardes a été surnommé le prince de la poésie pastorale : son principal ouvrage est intitulé O Lyma; ce sont 20 églogues où l'amour des concetti dépare trop souvent ses vers; mais, par l'inimitable harmonie du style, il s'est placé sur la même ligne que les plus grands poètes de son pays. Diogo Bernardes, qu'on a accusé de s'être approprié quelques-uns des sonnets de Camoens, a laissé aussi des poésies religieuses. Les vers d'Andrade Caminha se distinguent surtout par le charme de la diction, l'harmonie et l'élégance, mais ils sont froids; ses ouvrages demeurèrent inédits jusqu'en 1791. Andrade Caminha a donné un grand nombre d'épitaphes, et c'est là peut-être qu'il déploie le plus de talent. Fernand Alvares do Oriente a composé un ouvrage célèbre sous le nom de Lusitania transformada, pastorale mêlée de prose et de vers, où la beauté des tableaux s'unit au charme de la versification. Rodriguez Lobo a été surnommé le Théocrite portugais. Ses principales pastorales, mêlées de prose et de vers, sont le Printemps, le Désabusement, et le Berger voyageur. La prose de Rodriguez Lobo a souvent la recherche qui commençait à s'introduire de son temps dans la littérature portugaise : on le voit dans son petit ouvrage de morale intitulé : La Cour au village ou les Nuits d'hiver. Manuel de Veiga ferme la liste des poètes bucoliques : l'ouvrage, aujourd'hui très-rare, qu'il donna au public, parut sous le titre de Laura de Enfrydo; on lui reproche son peu de correction.

L'impulsion donnée aux lettres par Jean III parut dans les genres élevés de la poésie. Sà de Miranda et Antonio Ferreira sont moins célèbres encore comme poètes lyriques que comme législateurs du Parnasse portugais; par une étude approfondie des Anciens, ils parvinrent à épurer le langage et à le rendre harmonieux; cela explique l'espèce de culte que les littérateurs portugais ont voué à ces deux auteurs, qui ne brillent peut-être pas autant que leurs successeurs. Sà de Miranda a donné des sonnets, des épitres, des hymnes à la Vierge, des Cançaões. Il déplora par une touchante élégie la mort de son fils. On lui doit une infinité de combinaisons métriques, de nouvelles lois pour la césure : c'est lui qui fit de l'hendécasyllabe, jusqu'alors à peu près inconnu, l'instrument principal de la poésie portugaise. — Ferreira, surnommé l'Horace du Portugal, en est plutôt le Malherbe car, si dans ses odes on retrouve trop les pensées d'Horace, on remarque sans cesse de nouvelles formes introduites dans le langage, à l'exclusion de ces locutions orientales qui avaient de bonne heure envahi le portugais et l'espagnol. Les Poemas lusitanos de Ferreira, publiés en 1598, sont bien des poésies nationales, écrites exclusivement pour le pays auquel elles s'adressent; on y trouve des épitres, des odes, des sonnets, des élégies, où l'imagination n'est pas toujours la qualité la plus saillante; on en fait cependant grande estime chez un peuple que cette imagination a quelquefois égaré, et qui la voit soumise alors par un homme d'un vrai talent, chez lequel la sagesse n'était point de l'impuissance. Dans les Œuvres diverses de Camoens se trouvent un grand nombre de poésies lyriques, odes, cançaões, sextines, élégies, sonnets ; à part les concetti, qui se montrent trop souvent quand le cœur cesse de parler (défauts dus au siècle), on y retrouve le poète tout entier, l'homme aux nobles impressions, aux fortes pensées.

Dans la poésie épique, Camoens s'éleva au-dessus des autres poëtes du Portugal, par son poëme des Lu-

siades (V. ce mot). Il fut un de ces hommes de génie qui fixent une langue par le charme de leur style, et qui ont le privilége d'animer tout un peuple par une grande pensée. Si l'on considère la poésie du côté de son heureuse influence sur le moral des nations, aucun poëte ne doit être loué à l'égal de Camoens; car son œuvre respire cet ardent amour de la patrie qui élève les cœurs et leur donne un noble enthousiasme. — Un autre poëte, Cortereal, entreprit de célébrer en vers épiques la gloire du Portugal. Son premier ouvrage, le Siége de Diu, n'eut pas grand succès, bien qu'il contienne des beautés; on y retrouve toujours le guerrier observateur, le grand peintre de la nature. Il fut plus heureusement inspiré dans le *Naufrage de Sepulveda*, histoire de deux époux, qui, après s'être unis dans les Indes, voulurent retourner en Europe, firent naufrage sur les côtes d'Afrique, et errèrent longtemps parmi des hordes barbares, avant que la mort vint terminer leur existence. Cet ouvrage, traduit en français par O. Fournier (Paris, 1844), nous choque par un mélange incohérent de la mythologie avec les pensées du christianisme; mais il contient bien des détails heureux et des développements pathétiques. Cortereal a donné encore, mais en espagnol, une *Austriada*, en l'honneur de don Juan d'Autriche. — Les poëtes épiques du Portugal sont éminemment nationaux; quand la poésie les exerce, ils cherchent à faire revivre son antique gloire. Mouzinho Quebedo de Castello-Branco a choisi pour sujet de ses chants Alphonse l'Africain, conquérant d'Arzila et de Tanger. Parmi bien des récits de batailles et des descriptions de paysages qui remplissent ce poëme en 12 chants, nous signalerons la manière touchante dont le poëte rappelle l'héroïsme de l'infant don Fernand, qui, tombé au pouvoir des Mores dans une campagne malheureuse, ne voulut point qu'on le rachetât par une énorme rançon, et préféra subir une longue captivité; la catastrophe d'Alcazar-Kébir a inspiré aussi à Quebedo un morceau digne des plus grands maîtres. Le poëme a les défauts communs à tous les épiques portugais : incohérence, absence d'unité, merveilleux pauvre et bizarre; mais le style est plein de grandeur et d'énergie. — Dans une *Ulyssea*, Gabriel Pereira de Castro a chanté la fondation de Lisbonne, qu'une tradition fabuleuse fait remonter au siége de Troie, en l'attribuant à Ulysse. Un autre monument élevé à la gloire nationale, c'est la *Conquête de Malacca*, par Francisco de Sà e Menezès. Le héros du poëme est Albuquerque, conquérant des Indes et d'une partie de la Perse. Il a appris la trahison ourdie contre les Portugais par les Arabes de Malacca; le complot a reçu un commencement d'exécution : Albuquerque part de Goa pour punir les Arabes de l'injure qu'ils ont faite à la nation portugaise. Une imagination brillante, singulièrement excitée par le succès, les découvertes, l'esprit d'aventure de l'époque, la lecture des fictions chevaleresques du temps, et l'imitation de l'Italie, ont permis à Sà e Menezès de tirer tout un poëme épique d'une simple expédition militaire. L'auteur a eu le goût de mettre le merveilleux chrétien à la place du merveilleux mythologique. Le style manque un peu de correction; les descriptions de batailles sont trop multipliées; mais il y a une heureuse opposition des mœurs portugaises et des mœurs orientales, beaucoup de couleur locale et de vérité dans les tableaux. — Braz Mascarenhas est auteur d'un poëme épique dont *Viriate* est le héros. Cet ouvrage, assez défectueux, fait connaître parfois d'une manière intéressante cet épisode des guerres romaines dans la Péninsule. — Luiz Pereira Brandam a célébré la bataille d'Alcazar-Kébir dans un poëme héroïque en 18 chants, intitulé : *Elegiada*; il avait assisté comme combattant à cette grande catastrophe.

La littérature du Portugal, surtout à ses débuts, présente tant d'analogie avec celle de l'Espagne, qu'il est permis d'attribuer une origine commune à l'art dramatique dans les deux pays. Les premiers divertissements publics sont des jeux guerriers ou chevaleresques : ces jeux sont le *behourdis*, les exercices équestres, un peu plus tard les tournois, les danses, et en particulier celles que les Portugais nommaient *judarias*, *mourarias*, empruntées aux populations moresques et juives. L'art dramatique est né moins de ces jeux que des débris du paganisme, de ses pompes, de ses fêtes, conservés par les habitudes populaires au milieu des sociétés chrétiennes. Le clergé, voyant l'inutilité des efforts qu'il dirigea contre ces souvenirs païens, imagina de les sanctifier en les appliquant aux fêtes du christianisme : les représentations scéniques firent partie des cérémonies religieuses, et souvent elles eurent lieu dans les églises,

après la célébration du culte divin. D'abord tout se borna à des dialogues rustiques, où des bergers s'entretenaient des fêtes qu'on devait célébrer, ordinairement de celle de Noël. Plus tard, on appliqua ces dialogues à des sujets tirés de la vie commune; en sorte que, dès le commencement, le théâtre se divisa en drame religieux et drame profane. Mais ces deux branches ne furent pas cultivées tout à fait parallèlement comme en Espagne; le théâtre profane finit par prendre le dessus. Les Portugais regardent Gil Vicente comme le père de leur théâtre; mais il fut un disciple de l'Espagnol Jean de la Encina, lui-même élève de l'Italie. Il cultiva à la fois le genre religieux et le genre profane; il fit des *autos*, des drames et des comédies. Dans un de ses *autos*, intitulé *a Feyra* (la Foire), on retrouve l'idée du *Voyage du pèlerin* de Bunyan. Sà de Miranda, enthousiasmé des Anciens, leur sacrifia son originalité. Il n'a laissé que deux comédies, les *Etrangers* (os *Estrangeiros*), et os *Vilhalpandos*; celle-ci offre de fréquentes intentions comiques, et le style en est encore admiré des Portugais. Antonio Ferreira donna en Europe la première comédie de caractère dans le *Jaloux* (*Cioso*), imitation assez naïve des Anciens : il n'y a pas de plan régulier, mais le style en est varié, souvent comique, et empreint d'une forte couleur locale. Ferreira avait déjà écrit, à l'imitation des Italiens, une comédie intitulée le *Bristo*, bien inférieure au *Jaloux* pour la marche. S'il est au-dessous de Sà de Miranda dans le style comique, il le surpassa dans la tragédie d'*Inès de Castro*, où l'on retrouve quelque chose de la gravité et de l'élévation morales, de l'élégance passionnée, de l'expression pathétique d'Euripide. Il y a aussi des moments où l'on croirait reconnaître l'énergique et rude simplicité de langage d'Alfieri. L'*Inès* est la seconde tragédie régulière qui ait paru en Europe; la première, la *Sophonisbe* du Trissin, ne lui est antérieure que de bien peu d'années. Il faut lire la scène pathétique où la malheureuse Inès comparaît devant Alphonse, et observer comment un auteur du milieu du xvi° siècle a traité cette situation qui fit, chez nous, la fortune de la tragédie de La Mothe. *Inès de Castro* a été traduite en français par Nicolas de Grouchy, et en 1835, par M. Ferd. Denis, dans la collection des théâtres étrangers. — Camoens écrivit trois pièces de théâtre, qui n'ont pas ajouté beaucoup à sa gloire : ce sont les *Amphitryons*, *Séleucus*, et *Filodème*. Vers le même temps, Jorge Ferreira composa l'*Ufrosina*, l'*Ulysippo*, l'*Aulografia*, trois comédies d'une longueur interminable, mais qui purent concourir aux progrès du langage dans le style comique. — Malgré les efforts de ces différents auteurs, les *autos* et les *farças*, où le sacré s'alliait au profane, l'extravagance à une naïveté quelquefois heureuse, continuèrent à avoir le plus grand succès pendant tout le xvi° siècle. Les comédies-féeries (*comedias magicas*) eurent aussi alors une vogue extrême; elles enchantèrent par la multitude des tableaux qu'elles offraient aux regards, mais on y observait encore moins de vraisemblance que dans les *autos*. Simon Machado fut le chef de cette nouvelle école, qui eut de l'influence jusque dans le xviii° siècle, et qui fit repousser l'excellent comique des auteurs français, que les gens instruits proposaient pour modèle.

Les historiens portugais racontent avec un véritable talent les exploits, les conquêtes, les découvertes de leurs compatriotes; on est surpris de leur verve, de leur tact à saisir les usages, et de l'instruction qu'ils déploient à une époque où il y en avait si peu. Hieronymo Osorio, évêque de Sylves, a écrit en latin une *Vie d'Emmanuel*, très-remarquable par la haute raison, l'indépendance, la tolérance et les lumières qu'elle suppose chez son auteur, qui n'hésite pas à condamner la persécution que ce roi dirigea contre les Juifs. Quand Don Sébastien préparait la malheureuse expédition qui amena la ruine de la patrie, il lui adressa les plus vives remontrances, tout en gardant ses paroles les plus sévères pour le confesseur du roi, Luiz Gonzalvès, fatal conseiller de cette déplorable entreprise. Ces *Discours*, publiés avec quelques autres pièces sous le titre de *Lettres*, resteront comme des modèles d'une noble éloquence et les preuves du plus beau caractère. — Jean de Barros, qui devait mériter le surnom de Tite-Live portugais, commença sa carrière littéraire par un roman de chevalerie, l'*Empereur Clarimond*, plus remarquable par le style que par l'imagination. Toutefois, on pouvait prévoir que l'auteur était destiné à écrire l'histoire d'une manière brillante plutôt que sage, chevaleresque plutôt que philosophique, mais en même temps singulièrement utile, parce qu'elle se ferait lire avec ardeur et développerait l'esprit national. Barros voulait raconter les découvertes et les conquêtes des Portugais ; mais il dut se borner à l'histoire de la conquête des Indes, et sa vie ne suffit même pour à cet ouvrage, qui est demeuré inachevé. L'Histoire de Barros n'est pas l'œuvre d'un simple chroniqueur : une certaine critique a présidé au choix des documents. Ce fut lui qui, le premier, fit bien connaître l'Inde aux Européens. Comme écrivain, il justifie l'enthousiasme que les Portugais ont pour lui : il réunit l'élégance à l'énergie, et, pour la pureté, il fait toujours autorité. — Diogo de Couto continua l'œuvre de Barros, et sut néanmoins garder son originalité. On a de lui aussi des *Observations sur les causes de la décadence des Portugais en Asie*. — Un fils naturel du conquérant des Indes, Alphonse Braz de Albuquerque, publia les *Commentaires d'Alphonse d'Albuquerque*, livre très-rare, où il a mis au nombre les Lettres de ce capitaine au roi Don Manoel. — Damian de Goes, ambassadeur de Jean III en Flandre et en Pologne, visita la Suède, le Danemark, la France, et a laissé sur ces pays de nombreux ouvrages en latin. Nommé intendant de la Torre do Tombo et historiographe du royaume, il écrivit la *Chronique du roi Don Manoel*, et la *Chronique du prince Don Juan* (depuis Jean II). Son style est remarquable par une certaine hardiesse philosophique, dont il avait sans doute puisé les principes dans ses relations avec les hommes éminents du Nord, Érasme, Olaüs Wormius, etc. C'est lui qui donna à Nicot les premiers plants de tabac, qui, envoyés à Catherine de Médicis, fructifièrent si bien dans Paris et dans toute la France. — Fernand Lopes de Castanheda, garde des archives de l'Université de Coïmbre, est auteur d'une *Histoire de la découverte et de la conquête des Indes par les Portugais*, et Diogo Bernardo Cruz, d'une *Chronique du roi Don Sébastien*.

L'archéologie étant une branche de l'histoire, nous placerons ici André de Resende, le plus grand antiquaire du XVIe siècle ; il s'appliqua à l'étude des monuments romains et de ceux des anciens peuples de la Lusitanie. Ses ouvrages sont intitulés : *De antiquitatibus Lusitaniæ*, et *Deliciæ Lusitanorum*.

Les voyageurs fournissent une autre espèce de matériaux à l'histoire : ils étendent ou rectifient les limites de la science géographique. Aucune nation n'en possèda plus que les Portugais. On ne connaît cependant qu'un petit nombre de relations remarquables, mais beaucoup de manuscrits sont enfouis dans les archives. Nous nommerons Vas de Caminha, compagnon de Cabral, auteur d'une *Lettre au roi de Portugal* sur la découverte du Brésil ; Magellan, et surtout Mendez Pinto, qui parcourut l'Éthiopie, l'Arabie heureuse, la Chine, la Tartarie, et la plus grande partie de l'Archipel oriental. La relation de ses voyages ne parut qu'en 1614 ; sous le rapport du style, il est mis au nombre des classiques, et son expression a une originalité que l'on saurait donner.

Le Portugal, dans cette période de gloire, eut aussi des moralistes : Frey Hector Pinto écrivit des *Dialogues*, célèbres encore par le charme du style et les principes enjoués d'une morale pure. Il est classique, et fait autorité parmi les meilleurs auteurs portugais. — Amador Arraiz, évêque de Portalègre, donna aussi des *Dialogues* remplis des meilleures idées, et remarquables par l'élégance des expressions.

L'exubérance d'imagination que l'on remarque dans les relations de voyages, et jusque dans les ouvrages historiques des Portugais, doit faire penser qu'ils étaient éminemment propres au genre romanesque : en effet, pendant quelque temps, les romans de chevalerie les plus célèbres ont été attribués à des écrivains de cette nation. De ce nombre est l'*Amadis de Gaule*, dont les historiens de la littérature font honneur à Vasco de Lobeira (V. AMADIS). — Francisco Moraès a passé aussi pour l'auteur original du *Palmerin d'Angleterre*, dont la 1re édition, selon les Portugais, serait antérieure à 1547 ; mais ils n'ont pu la produire. Moraès lui-même ne donna son ouvrage que comme une traduction du français de Jacques Vincent du Crest. Il est démontré que ce célèbre roman appartient à l'Espagnol Luis Hurtado, du moins pour la 1re et la 2e partie, et qu'il faut laisser aux Portugais les quatre dernières (V. *Opusculo acerca do Palmerin de Inglaterra e do su autor*, par Manuel Odorico Mendès, Lisb., 1860, in-8°). — *Palmerin d'Olive*, ce roman si estimé de Cervantes, est également regardé comme d'origine portugaise ; cependant on ne connaît que la version espagnole. M. Ferdinand Wolf l'attribue à une dame de Burgos, qui en aurait écrit la première continuation, le *Primaléon*. — Bernardin Ribeiro, outre ses *églogues*, laissa un roman intitulé

Menina e Moça, production fort remarquable pour le style, et justement célèbre. — Fernand Lopes de Castanheda écrivit aussi une sorte de roman de chevalerie, désigné sous le titre vague de *Livro de cavalleria* : une des aventures qui y sont rapportées a été transcrite dans la 3e partie du *Palmerin d'Angleterre*.

Troisième période. — L'expédition de Don Sébastien en Afrique et le désastre d'Alcazar-Kébir anéantirent les ressources du Portugal, et préparèrent son asservissement à l'Espagne (1580-1640). La décadence des lettres ne fut pas aussi prompte que celle des armes ; mais telle fut l'influence des circonstances, que les écrivains préférèrent souvent adopter le langage des vainqueurs, et qu'on ne sait maintenant dans quelle littérature les classer.

Un homme dont la pensée était plus vaste que le génie n'était pas lumineux, Bernardo Brito, entreprit d'écrire l'histoire du Portugal depuis l'origine du monde jusqu'à l'époque où il vivait : mais il mourut avant d'avoir pu traiter les temps modernes. Son ouvrage nous a conservé des documents précieux ; cependant il manque de critique, principalement en ce qui concerne les débuts de la monarchie. Sa *Monarchia Lusitana* parut de 1597 à 1690. On a du même historien un autre ouvrage, plus consulté que le précédent, bien que moins important : *Éloges des rois de Portugal* (Lisbonne, 1603, in-4°). Les travaux de Bernardo Brito lui ont valu une réputation beaucoup trop grande au XVIIe siècle, et on l'a peut-être trop rabaissé depuis ; il compte parmi les classiques, et a laissé quelques poésies. — Fray Duarte Nunez de Liäo est auteur de plusieurs ouvrages, parmi lesquels on distingue sa *Description du royaume de Portugal*, et la 1re partie des *Chroniques* de ses rois : son style est pur, simple, et quelquefois très-noble. Il a puisé à de bonnes sources, et mérite beaucoup de confiance. Freyre d'Andrade n'écrivit qu'une *Biographie*, celle de *Jean de Castro* ; c'était, pour un patriote, une belle histoire à retracer que celle de ce vice-roi des Indes. — Fray Luis de Souza est au nombre des classiques à cause de l'élégance et de la pureté de son style. Il écrivit la Vie de St Dominique et celle do Frey Bartholomeu dos Martyres, archevêque de Braga. — Faria de Souza a laissé une immense quantité d'ouvrages ; mais il écrivit surtout en castillan. Ses œuvres historiques, imprimées longtemps après sa mort, sont : *Europa portugueza*, Lisb., 1667 ; *Asia portugueza*, 1666, 1674, 1675 ; *Africa portugueza*, 1681. L'*America portugueza* fut, dit-on, achevée par l'historien, mais ne put pas être imprimée. On a de lui encore un vaste commentaire sur les poésies de Camoëns, 500 ou 600 sonnets, et une multitude d'églogues. Pour avoir écrit ordinairement en espagnol, il manque parfois de justesse quand il use de sa propre langue. — Jean de Lucena a été l'auteur élégant d'une Vie de St François-Xavier. — Antonio Boccaro donna une suite aux ouvrages de Diogo de Couto sous le titre de *Décades*, et conduisit l'histoire de l'Asie jusqu'à l'année 1617 : il est classé parmi les bons écrivains. Enfin, Brito trouva un habile continuateur dans Antonio Brandam. — La Bibliothèque impériale de Paris possède un grand nombre de manuscrits portugais relatant sur l'histoire, et dont la liste a été donnée dans les *Annales des sciences*, par le vicomte de Santarem.

On vit paraître à cette époque un homme d'un génie bizarre, connu par sa prodigieuse fécondité, et qui a souvent montré un véritable talent, le P. Macedo. Après une vie fort agitée, il s'établit à Venise, disputa avec les savants *de omni re scibili*, et proclama pendant huit jours ses fameuses conclusions connues sous le nom de *Rugissements littéraires du lion de St-Marc*. Elles roulaient sur une multitude de matières, et surprirent les hommes les plus accoutumés à ces sortes de discussions, où l'on mêlait le sacré au profane et les sciences à la poésie. Il doit y avoir des erreurs dans la liste que Barbosa donne des ouvrages du P. Macedo ; on y voit figurer 48 poëmes épiques, 110 odes, et 2,600 poëmes héroïques. Le prodigieux polygraphe rendit peu de services à la littérature de son pays, car il a presque toujours écrit en latin, en espagnol ou en italien.

La littérature portugaise avait déjà beaucoup produit ; la critique se forma, mais sans aucun goût. Manuel Faria Severim jouit dans ce genre d'une grande célébrité au XVIIe siècle ; on peut le regarder comme supérieur à son temps, bien qu'il en eût les défauts, c.-à-d. une érudition pédantesque qui, au lieu de s'attacher aux faits vraiment importants, ne roule que sur des mots. — Parmi les écrivains illustres de ce temps, il faut nommer encore Francisco Manoel de Mello, auteur de l'*Histoire des troubles et de la séparation de la Catalogne*, dont il fut témoin en bien des occasions, et qu'il écrivit en espagnol. Il a laissé d'autres ouvrages, la plupart inédits, parmi lesquels on cite des poëmes, un grand nombre de tragi-comédies, de comédies, de farces, d'*autos*, écrits presque tous en portugais, la *Sciencia cabala*, la *Carta de quia de Casados*, excellent livre de morale enjouée. Il était ami de Quevedo, qu'il semble avoir pris pour modèle dans ses *Apologues et Dialogues*. Au point de vue historique, on recherche encore de lui la relation de la campagne faite en 1640 dans le Brésil. — Le prosateur le plus extraordinaire du XVIIe siècle, dont il fut le plus grand prédicateur, est sans contredit le jésuite Antonio Vieira, auteur de six catéchismes en diverses langues pour les catéchumènes du Nouveau-Monde. On peut le comparer à Bossuet : il en a souvent la hardiesse et l'énergie. Raynal a traduit en français un des plus remarquables monuments de sa mâle éloquence. — Le dominicain Fra Antonio Veio fut aussi un grand prédicateur; une partie de ses œuvres ont été traduites en français par Hezecques, sous le titre de : *Doctes et rares sermons pour tous les jours de Carême.*

Les écrivains en prose de ce temps, vivant à l'abri du cloître, se dérobèrent assez bien à l'influence désastreuse qu'exerçait sur les lettres l'état politique du Portugal. Il n'en fut pas de même des poëtes : la poésie vit d'inspiration; or, quelle était la poésie possible, là où tous les sentiments vraiment nobles étaient comprimés? Le despotisme religieux et politique eut en Portugal les mêmes résultats funestes qu'en Espagne. Un peuple peut être réduit à perdre l'enthousiasme; mais, comme il ne saurait perdre son imagination, ne pouvant l'appliquer à des conceptions généreuses, il la répand sur des choses indifférentes ou futiles. On vit donc en Portugal toutes les erreurs d'imagination, toutes les extravagances de langage dont l'Espagnol Gongora avait donné l'exemple, et que Balthazar Gracian réduisit en système. Le seul titre des ouvrages annonçait la décadence du goût; c'étaient : le *Phénix ressuscité*, les *Échos rendus par la trompette de la Renommée, postillon d'Apollon*, etc. Une femme, Violante de Ceo, et Francisco Vasconcellos se distinguèrent dans ce genre d'extravagances. On vit paraître cependant un genre nouveau de poésie, qui tient de l'élégie, et est appelé *saudades*. Antonio Barbosa Bacellar le mit en vogue le premier : il l'a traité heureusement, malgré la recherche et la prétention qui étaient à la mode. Comme historien, les services qu'il a rendus sont plus réels; il publia le *Journal du siége et de la prise de Recife*, par Francisco Barreto (Lisbonne, 1654). — Le seul ouvrage de ce temps où il y ait quelque émanation du cœur, quelque poésie, ce sont les *Lettres portugaises*, qu'une religieuse de l'Alentéjo, Marianne d'Alcofarrada, adressa à un officier français, et que l'on peut comparer à celles d'Héloïse.

Quatrième période. — La révolution produite en Espagne par l'avénement de la maison de Bourbon fut opérée en Portugal par la restauration de la maison de Bragance. Rendu à l'indépendance, ce pays sembla vouloir renaître par l'esprit. Une *Académie d'histoire* fut créée sous Jean V, mais ses travaux restèrent à peu près sans utilité. Par une analogie de plus avec l'Espagne, le Portugal accepta l'ascendant littéraire de la France. Le comte d'Ericeyra était l'ami de Boileau; son esprit élégant comprit les avantages de la pureté du langage, mais il n'alla pas plus loin. Il donna l'*Henriqueïda*, poëme épique, dont Henri de Bourgogne est le héros, et l'expulsion des Maures le sujet; il manqua d'invention et d'originalité, bien qu'il s'agit d'une gloire nationale. Son talent le rendait plus propre à écrire l'histoire, et son ouvrage *De la restauration du Portugal* est encore fort estimé.

Pendant que le Portugal s'essayait à renaître à la vie littéraire, un nouveau désastre vint encore arrêter pour quelque temps le progrès des esprits : dans l'effroyable tremblement de terre de 1755, un grand nombre de bibliothèques furent brûlées, une foule d'ouvrages précieux périrent. On eut encore recours, pour relever la littérature, au remède d'une Académie, celle des *Arcades*, en 1756. Un homme remarquable par la force de sa pensée, Luis Antonio Viruez, eut peut-être plus d'influence; mais en rappelant l'attention vers les auteurs contemporains de Camoens, l'Académie des Arcades exerça une certaine action sur l'esprit de la nation. On vit paraître des poëtes lyriques de sens rassis, des imitateurs d'Horace et de Pétrarque; ce sont : Garçon, Diniz da Cruz, Domingo dos Reis. Il règne une plaisanterie assez heureuse dans le *Goupillon* de Diniz da Cruz, qui, prenant pour guide le *Lutrin* de Boileau et *la Boucle de cheveux*

enlevée de Pope, a su tirer beaucoup de sa propre imagination. — Il n'y avait plus de poésie : mais jamais on ne fut plus capable de dire en quoi elle consistait. Francisco Diaz Gomès est considéré par quelques écrivains comme le seul critique digne de ce nom qu'ait eu le Portugal. Ses poésies sont accompagnées de notes et de courtes dissertations, petits chefs-d'œuvre de philologie. Il existe encore de lui une dissertation étendue qui est un vrai modèle de critique littéraire.

La restauration des lettres fut plus heureuse dans le genre dramatique. Il y avait eu à peine un théâtre à Lisbonne sous la domination étrangère : on donnait de temps à autre des drames espagnols, auxquels on préféra bientôt des pièces du théâtre français. Enfin parut un auteur original, Antonio José, talent irrégulier, mais peu ennuyeux. Il ne tirait que de lui-même sa gaieté, souvent triviale, et sa vivacité fait absoudre ses extravagances. Ses pièces étaient des espèces d'opéras-comiques à grand spectacle. — Les imitateurs d'Antonio José, parmi lesquels se distingue S. Sylveiro, eurent ses défauts plutôt que ses qualités. Garçon et Diniz da Cruz essayèrent en vain de combattre le goût exclusif que semblait montrer la nation pour le genre de spectacle dont A. José offrait le modèle; mais leurs pièces n'étaient que médiocres. On goûtait aussi les comédies de Molière : Manoel de Souza donna en 1769, avec quelques modifications, la traduction de *Tartufe* et celle du *Bourgeois gentilhomme; le Malade imaginaire* fut imprimé en 1741.

La décadence des littératures est l'ère des faiseurs de classifications, des compilateurs biographes et lexicographes. Un ouvrage des plus estimables en ce genre est la *Bibliotheca lusitana* par Diego Barbosa : l'auteur est exact; il a eu à sa disposition des documents nombreux, mais il n'est purement que bibliographe. Un autre ouvrage devenu fort rare, et qui a beaucoup servi à Barbosa, c'est le *Theatrum Lusitania litterarum*, etc., œuvre de critique, où l'on trouve, en général, des jugements exacts et concis. Citons encore l'*Agiologio lusitano* de Jorge Cardoso, ouvrage plein de renseignements intéressants. — Les conquêtes des Portugais dans les Indes et en Afrique développèrent chez eux le besoin de connaître les langues orientales, et à cet égard peu de nations ont rendu plus de services, notamment en ce qui concerne le chinois et le japonais. Les orientalistes trouveront des indications précieuses dans la *Bibliotheca* de Barbosa. Il en est de même sur les divers idiomes africains, ceux des îles Canaries et du Brésil. On estime les travaux de João de Souza sur l'arabe.

Les ouvrages en prose indiquent seuls le mouvement des esprits dans une nation. Pour mesurer dans quel état le régime espagnol avait mis le Portugal, il suffit de dire que le XVIIe siècle ne produisit pas un seul livre remarquable en prose. A défaut d'ouvrages originaux, l'Académie des Sciences, fondée sous Joseph V, fit rassembler dans les couvents un grand nombre de chroniques et de documents, dont quelques-uns ont été publiés. Cette compagnie fit écrire aussi les *Éloges* des grands hommes de la nation, et l'on admire les parallèles ingénieux que Mello de Castro du roi Alphonse avec Vasco de Gama, et du roi Sanche Ier avec Édouard Pacheco. L'Académie entreprit aussi un grand *Dictionnaire de la langue*, dont il parut un volume en 1793, et qui n'a pas été continué. Cette Académie a publié une collection de *Mémoires* dignes d'estime.

Le XIXe siècle a produit en Portugal des poëtes, dont les plus connus sont Francisco Manoel do Nascimento, le docteur Da Cunha, Maximiano Torrès Azevedo, Souza da Camara, élégant et fidèle traducteur des meilleures tragédies de Voltaire, tous poëtes estimables, sans avoir rien de bien original. Il faut ajouter à ces noms Manoel Barbosa Du Bocage, plutôt improvisateur que poëte, chef d'une école dite *elmanisme*, du nom d'Elmano qu'il prit dans ses œuvres. La langue portugaise était pour Du Bocage l'objet d'un véritable culte : persuadé qu'elle convient à tous les genres de poésie, il ne voulut rien emprunter à l'Antiquité, et se renferma dans la connaissance des chefs-d'œuvre nationaux. Il a laissé des poésies très-populaires, et trois tragédies à peine ébauchées, *Viriatus, Alphonse Henriquez*, et *Vasco de Gama.*

Les Portugais considèrent l'*Orient* d'Agostinho de Macedo comme la première épopée moderne, jugement fort contestable; le sujet est le même que celui des *Lusiades*. Il y a encore d'autres épopées, comme la *Braganceïda* de M. Roque Carvalho Moreira. Almeida Garrett a composé un poëme à la gloire de Camoens, et un roman poétique intitulé *Adozinda*. Mouzinho de Albuquerque s'est fait un nom par ses *Géorgiques portugaises*, et J.-G. de Magalhaens par ses *Soupirs poétiques*. — Dans le genre dramatique, nous ne pouvons signaler que la *Nova Castro*, tragédie de J.-B. Gomez, considérée maintenant comme le chef-d'œuvre du théâtre portugais, et le *Triomphe de la nature*, drame de M. Pedro Nolasco. Avant que Gomez eut donné son *Inès de Castro*, on regardait *Osmia* comme la première *tragédie* moderne : cette pièce, conçue d'après l'école française, est de la comtesse de Vimieiro. Enfin, par des tentatives plus nombreuses que distinguées, M. Pimenta de Agusà a essayé d'être national dans deux ouvrages : la *Conquête du Pérou*, et *Viriatus*, qui ont été traduits en français par M. Ferdinand Denis, dans la *Collection des théâtres étrangers*. •

Si l'on veut avoir une idée exacte de la situation où se trouvent maintenant et les sciences et la littérature en Portugal, on consultera les *Mémoires de l'Académie*; on y verra qu'une nation, que l'on a cru arrêtée dans ses progrès, continue les plus importants travaux avec un zèle que l'Europe n'apprécie peut-être pas assez. A la tête des hommes de talent qui contribuent à la rédaction de ces *Mémoires*, doit être placé l'éminent administrateur de la Bibliothèque nationale de Lisbonne, M. Herculano, auteur d'une très-remarquable *Histoire du Portugal*.

V. Machado Barbosa, *Bibliotheca lusitanica*, Lisbonne, 1741-52, 4 vol. in-fol.; Andrès, *De l'origine, des progrès et de l'état actuel de la littérature* en ital., Parme, 1782, 7 vol. in-4°; le *Catalogue des auteurs portugais* qui est en tête du *Dictionnaire de l'Académie de Lisbonne*, 1793; Bouterweck, *Histoire de la poésie et de l'éloquence chez les peuples modernes*, en allem., 1801-1819, 12 vol. in-8°; Robert Southey, *Notice sur la poésie portugaise;* Costa e Sylva, *Essais biographiques et critiques sur les meilleurs poètes portugais*, en portugais; Sismondi, *Histoire des littératures du midi de l'Europe*, 1813, 4 vol. in-8°; Ferdinand Denis, *Résumé de l'histoire littéraire du Portugal*, Paris, 1826, in-18; Adrien Balbi, *Statistique du Portugal*, Paris, 1834, 2 vol. in-8°; J.-F. da Sylva, *Dictionnaire bibliographique*, Lisbonne, 1861, 5 vol. E. B.

PORTUGAISE (Numismatique). Les monnaies des premiers temps de la monarchie portugaise sont rares. Il y en avait deux principales : la *livre* d'argent, qui était d'origine française, que le prince Henri de Bourgogne introduisit dans les États à lui concédés par le roi de Castille ; et la *maravédis* d'or, dont l'usage était passé des Arabes chez les chrétiens, et qui paraît avoir valu 2 livres et demie. La livre se divisait en 20 *soldos* ou sous, pièces de billon dont on distinguait deux sortes : les *soldos brancos* (sous blancs), dans lesquels entrait de l'étain, et qui contenaient chacun 12 deniers ; et les *soldos pretos* (sous noirs), tout en cuivre. Il est également question de maravédis d'argent, valant 15 deniers. Ces diverses monnaies eurent cours jusqu'au règne d'Alphonse V. Le prince fit fabriquer des pièces nouvelles d'argent, qu'on désigne par le nom d'*alfonsim*, et auxquelles fut donnée la valeur nominale des monnaies anciennes, bien que leur poids métallique fût moindre. Sous le roi Diniz, les monnaies d'or furent appelées *dobras cruzadas* (doublons à la croix). Il en fallait 60 pour faire un marc ; celles qu'on fabriqua sous Pierre 1ᵉʳ représentèrent le 50ᵉ du marc. Le même prince émit, à l'imitation des monnaies de France, des *torneze* (tournois) et des *meio tornese* (demi-tournois), dont il y avait 65 au marc d'argent, et d'autres *torneze* plus petits, dont il fallait 130 pour former le marc. A son tour, dans la seconde moitié du xivᵉ siècle, le roi Ferdinand frappa plusieurs monnaies : le *gentil*, dont il y eut plusieurs types représentant 4 livres 1/2, 3 livres 1/2, et 3 livres 5 sous ; la *barbuda*, monnaie d'argent avec beaucoup d'alliage, à laquelle on donnait la valeur d'une livre, et qui empruntait son nom à une sorte de casque qu'on y avait gravé ; le *grave* (lance) et le *pilarte*, également d'argent, mais à très-bas titre, et qui recevaient aussi une valeur nominale excessive. Le désordre continua sous Jean Iᵉʳ, où l'on émit des *réaux* d'argent valant 9 deniers, et dont 72 faisaient un marc, puis d'autres réaux qui ne furent plus qu'au titre de 5 et de 4 deniers, tout en conservant la même valeur, et enfin des *sextils*, qui valaient la 6ᵉ partie d'un réal. — Une révolution monétaire dut être opérée par le roi Duarte (Édouard). Ce prince fit frapper des *reaes brancos* (réaux blancs), monnaie de cuivre avec un alliage d'un autre métal, ayant la valeur d'un vrai ancien, et des *reaes pretos* (réaux noirs), qui n'en représentaient que la 10ᵉ partie. Ses écus d'or furent de bas aloi. Du règne d'Alphonse V datent la *cruzade*, dont l'or est si fin qu'on

le rechercha longtemps pour dorer ; le *rudizio*, réal où était figurée une roue de moulin ; et l'*espadim*, monnaie de cuivre et d'argent, destinée à perpétuer le souvenir de l'ordre de la Tour et de l'Épée.

Avec les découvertes en Afrique et en Orient, les valeurs monétaires changèrent nécessairement. En 1499, Emmanuel le Fortuné fit frapper des *portugaises*, au titre de 24 carats, et valant 10 cruzades, puis une monnaie d'argent portant le nom d'*indios*, et dont il fallait 70 pour le marc ; les dernières années de ce règne, la croix de l'ordre du Christ, qui figurait sur les pièces d'or et d'argent, fit place à une sphère, d'où l'on vint à ces pièces le nom d'*espheras*. Au règne de Jean III se rapportent des monnaies d'or portant l'image de Sᵗ Vincent ou celle de Sᵗ Thomas, apôtre des Indes, ainsi que les *calvarios*, pièces d'or de 2 cruzades, où l'on avait gravé une croix sur un calvaire. Par ordonnances du 27 juin 1558 et du 22 avril 1570, Don Sébastien ordonna que l'on battrait en argent des *testons* (il en fallait 24 pour un marc), des *demi-testons*, des *vintens* et des *demi-vintens*, et que la monnaie de cuivre appelée *patacão*, qui valait 10 reis, n'en vaudrait plus que 3. — Pendant la domination espagnole, des monnaies d'or valant 4 cruzades circulèrent en Portugal. Après le triomphe de la maison de Bragance, Jean IV fit fabriquer des cruzades d'argent valant 100 reis, des demi-cruzades, des testons et des demi-testons, puis une monnaie d'or qui valut jusqu'à 12,000 reis. Sous Alphonse VI, il y eut émission de pièces d'or de 2,000 et de 4,000 reis ; les monnaies d'argent valurent 2 testons, 1 teston, et 4 vintens. Quelques pièces de billon frappées au temps où Pierre II n'était que régent du royaume : devenu roi, il émit des *moedas*, monnaies d'or de 4,400, 4,000, 2,000 et 1,000 reis, et des cruzades d'argent de 400 et 480 reis. En 1688, une loi, qui devait rester longtemps en vigueur, fixa le titre légal de l'or à 22 carats. En 1700, on commença de frapper des monnaies particulières pour le Brésil ; elles eurent, d'ailleurs, la même valeur que celles de la métropole. A partir du xviiiᵉ siècle, les monnaies du Portugal ont été fixées.

PORTUGAISE, monnaie d'or en usage dans le Portugal. Elle vaut un demi-dobrao ou 6,400 reis.

PORTUGAL (Architecture en). Les plus anciennes constructions que l'on trouve en Portugal offrent une grande ressemblance avec les monuments celtiques de la France (*V.* CELTIQUES). Ce sont : les *Antas*, espèces de cromlechs qu'on trouve, par exemple, entre Pegões et Vendas-Novas et près d'Arrayolos ; les *Castros* ou *Crastos*, enceintes circulaires de pierres dont il y a un grand nombre dans le pays de Tras-os-Montes, et qu'on a re-gardées à tort comme des restes de châteaux bâtis par les chrétiens pour se défendre contre l'invasion des Maures ; les *Mamoas* ou *Modorras*, élévations circulaires de terre, indiquant les tombes de quelques chefs. La domination romaine a laissé des traces durables en Portugal : nous citerons les restes d'amphithéâtre trouvés à Lisbonne, les bains de Cintra, que les habitants appellent la citerne des Maures, et, à Évora, non pas l'aqueduc, qui a été rebâti complétement sous Jean III, mais un temple corinthien qu'on croit avoir été dédié à Diane, et une tour carrée dite de Sertorius. Il existe aussi des constructions chrétiennes d'une grande antiquité : la cathédrale de Coïmbre remonte au temps des Goths; ses murailles, qui ressemblent extérieurement à celles d'un vieux château, paraissent être tout ce qui reste de cette époque. A la période gothique appartiennent également la cathédrale de Braga, dont on ne peut cependant déterminer la date précise, et l'église de Cedofeita (la bientôt faite), à Porto, fondée en 556. Parmi les monuments d'architecture sarrasine ou moresque, on cite le château de Feira, celui de Pombal, où l'on remarque aussi une chapelle dite des Templiers, les châteaux d'Alcobaça et de Cham. — Quand le Portugal forma une monarchie particulière, les arts prirent un grand essor. Sous le prince Henri furent fondées les cathédrales de Viseu et de Porto, et l'on voit encore à Guimaraens les vestiges d'un palais du même prince. Pendant le xiiᵉ siècle, on éleva le célèbre monastère d'Alcobaça (*V.* ce mot), et le couvent de Santa-Cruz à Coïmbre. Vinrent ensuite le couvent du Christ, à Thomar (*V.* ce mot), la cathédrale de Lisbonne, les couvents de Batalha et de Belem (*V.* ces mots), le palais royal de Cintra, celui de Mafra (*V.* ce mot), etc., qui représentent les divers âges de l'architecture du moyen âge et des temps modernes.

PORTUGAL (Musique en). La musique des Portugais présente une grande analogie avec celle des Espagnols. Ils ont un grand nombre d'airs nationaux d'une assez haute

93

antiquité, et qu'ils appellent *ladunes* et *modinhas* : mais ils ont abandonné de bonne heure leur style national, pour adopter la manière italienne. Un opéra italien fut établi à Lisbonne au XVIIIe siècle par Jommelli. Les compositeurs les plus connus de l'époque actuelle sont Bontempo, Portogallo, José Mauricio (mulâtre brésilien), Da Costa, Franchi et Schiopetta.

PORTULAN. *V.* ce mot dans notre *Dictionnaire de Biographie et d'Histoire.*

POSAUNE, nom que les Allemands donnaient autrefois au trombone. Ils l'appliquent encore, dans l'orgue, à la bombarde de 16 pieds et de 32 pieds, et à la trompette de pédale.

POSITIF, en Grammaire, se dit des mots qui énoncent la réalité, par opposition aux mots négatifs : ainsi, *égal* est un positif, et son contraire *inégal* un négatif. Il se dit également des phrases ; ainsi, *Faites le bien*, voilà une phrase positive; *Ne faites pas le mal* est une phrase négative. C'est par analogie qu'on dit, en parlant de quelqu'un qui n'a pas de défauts, qu'il a des *qualités négatives;* tandis que les *qualités positives* consistent en vertus réelles. — Dans les adjectifs et dans les adverbes, on appelle absolument le *positif* la forme que prennent ces *mots lorsqu'ils ne renferment aucune idée de comparaison*, d'augmentation, de diminution actuelle, lorsqu'ils gardent leur signification primitive et fondamentale sans aucun rapport au plus ou au moins dont ils sont susceptibles, soit absolument, soit relativement. Ainsi, un *bon* livre, les *bons* livres; il lit *bien*, il marche *lentement*, etc. *V.* COMPARAISON (Degrés de).   P.

POSITIF, buffet d'orgue plus petit que le grand buffet, et qui a son clavier particulier, ainsi que son abrégé. Il est ordinairement placé sur le devant du grand orgue; mais quelquefois il n'a pas de buffet particulier, et il est mis dans le soubassement du grand buffet. Les jeux que l'on peut employer au positif sont : le cornet, le prestant, les bourdons, la flûte de quatre pieds, le huit-pieds ouvert, le nasard, la quarte de nasard, la doublette, la tierce, le larigot, la fourniture, la cymbale, la trompette, le clairon, le cromorne, et la voix humaine. Ces jeux, dont le diapason et le nombre sont moindres que ceux du grand orgue, servent spécialement à accompagner le chœur.   F. C.

POSITION, nom que l'on donne, dans le jeu des instruments à manche, au *lieu* où la main se pose, selon le ton dans lequel on veut jouer. Quand la main est tout au haut du manche contre le sillet, en sorte que l'index pose à un ton de la corde à vide, c'est la position naturelle. Quand on demande, on compte les positions par les degrés diatoniques dont la main s'éloigne du sillet.

POSITIVISME, opinion qui n'admet de vrai et de certain que ce qui est mathématiquement démontré ou ce *qui tombe sous l'observation sensible.* Avouée ou non, cette manière de voir est aujourd'hui celle du grand nombre des savants. Au fond, c'est le matérialisme et le scepticisme moral. Elle a été réduite en système, régulièrement exposée et formulée par Auguste Comte. L'école dont il est le chef s'appelle *école positiviste;* sa philosophie, *philosophie positiviste.* Elle a un assez grand nombre d'adhérents, et s'accorde très-bien avec les habitudes d'un siècle matérialiste et sceptique. Peu d'hommes cependant ont assez de hardiesse pour en professer les principes et en adopter toutes les conséquences. A côté de ce système, on trouve un autre positivisme moins net, moins précis, qui offre différentes formes ; il se caractérise lui-même en proscrivant tout ce qui, selon lui, est *absolu* : c'est une sorte de scepticisme déguisé. Quelquefois il professe le probabilisme, ou il fait appel au sentiment. Plein d'inconséquences et d'équivoques, il est insaisissable, à cause du vague dont il s'enveloppe et des nuances dont se pare sa subtilité. Il y a ainsi un positivisme issu de toutes les écoles, du sensualisme, de l'idéalisme, du panthéisme, et du mysticisme, qui est ce qu'il y a de moins positif. — Un trait commun rapproche toutes ces sectes, c'est le rejet de la métaphysique comme n'appartenant pas au domaine de la science et agitant des problèmes insolubles à l'esprit humain. Mais encore ici les esprits ne s'entendent pas : les uns rejettent les faits de l'ordre intellectuel et les font rentrer dans les faits physiques; les autres les accueillent et leur font une place à part; seulement ils se divisent encore, renvoyant les uns à l'histoire ou à la philologie comparée, ou à l'étude des langues, les autres à l'observation de la conscience. — Quoi qu'il en soit de ces dissidences au sein du positivisme, voici les faits principaux de la philosophie positive telle que l'exposent Comte, et son

principal disciple, M. Littré, qui a consacré à cet apostolat son érudition et sa plume.

L'histoire de l'esprit humain offre trois époques distinctes et principales : 1° le règne de la *Théologie* ou des croyances religieuses; 2° le règne de la *Métaphysique* ou des systèmes; 3° le règne de la *Science.* L'humanité en est à ce dernier degré, son âge mûr. Ainsi les croyances religieuses, comme les systèmes, ont fait leur temps; la science, qui a pour objet les faits positifs et les lois qui les régissent ou les coordonnent, doit désormais guider l'humanité, régler les mœurs et les institutions, comme elle préside aux arts utiles et à l'industrie. Elle doit fonder même une religion et un art nouveaux. Seulement il faut que la science embrasse tous les ordres de faits, les faits moraux et sociaux comme les faits physiques; aux sciences *mathématiques* et *physiques* s'ajoutent la *biologie* et la *sociologie.*

Tout en excluant la métaphysique, cette école n'en donne pas moins une solution à tous les problèmes philosophiques : 1° elle a même sa métaphysique, toute négative, il est vrai, qui rejette comme insolubles toutes les questions agitées par les philosophes sur la matière et l'esprit, la substance des êtres, sur Dieu, le temps, l'espace, les causes, l'âme, le libre arbitre ou la liberté morale, etc. Les faits seuls que l'observation sensible atteste, les lois qui les généralisent ou les coordonnent, voilà l'unique domaine de la science. Le reste est en dehors de la portée de l'esprit humain. Ce résultat nettement formulé, c'est le scepticisme et l'athéisme, et si la négation formelle de l'esprit n'est énoncée, la confusion de la matière et de l'esprit équivaut au matérialisme ; c'est aussi le fatalisme, car les lois qui régissent la liberté humaine sont semblables à celles de la Nature. Voilà pour la métaphysique. — 2° La *cosmologie* ou la physique se compose des principaux résultats des sciences mathématiques et physiques coordonnés par certaines hypothèses ou lois générales. — 3° La *biologie* aboutit à une science de l'homme (ou anthropologie), où les facultés, à peine observées, sont confondues avec les organes, en sont les fonctions. L'âme est un mot; elle n'est, comme la vie, qu'une fonction du corps, un résultat de l'organisation; elle périt avec le corps. — 4° La *logique* positiviste, n'admettant d'autre instrument de connaissance certaine que l'observation sensible et ce que le raisonnement en infère ou en déduit, se borne à *constater* les opérations de l'esprit qui offrent les procédés de cette méthode : l'abstraction ou l'analyse, la généralisation ou la synthèse, l'induction empirique ou comparative, et la *déduction.* — 5° La *morale* est celle de l'*intérêt*, qui est censé engendrer tous nos devoirs. Seulement, à l'intérêt particulier s'ajoute l'intérêt général, et aux passions *égoïstes* les passions désintéressées, *altruistes*, pour parler comme cette école. La *sociologie* ou science sociale complète la morale, et représente ici la politique et la législation. Elle donne la solution de tous les problèmes sociaux conforme à la destinée de l'humanité, qui est la plus grande somme de bien-être matériel et moral des individus, cette destinée étant toute renfermée dans le cercle de la vie actuelle. — 6° Ce système, où l'on professe l'athéisme, a cependant aussi sa religion et son culte : le *culte de l'humanité.* Mais l'humanité étant un être abstrait, la collection de tous les individus de l'espèce humaine, dans le passé, le présent et l'avenir, au culte de l'humanité on substitue celui des grands hommes qui la représentent. La religion et ses cérémonies ont aussi pour but de conserver le souvenir des morts dans la mémoire des vivants. — 7° La vraie *théorie de l'art*, dans ce système, devrait être la reproduction ou l'*imitation* servile du réel, le *réalisme*, on lui donne pour but plus élevé un certain *idéal* qui est l'humanité, et pour mission d'exciter, d'exalter l'amour de l'humanité. Ce système se réfute déjà suffisamment par ses conséquences.   B–D.

POSPOLITE. *V.* ce mot dans notre *Dictionnaire de Biographie et d'Histoire.*

POSSESSIF, terme de Grammaire, appliqué aux pronoms et aux adjectifs qui servent à marquer la possession des personnes ou des choses qu'ils représentent. Ainsi : « Voilà *ma* part, et voici *la vôtre*; » *ma* est adjectif, et *la vôtre* pronom : en effet, *ma* détermine *part*, comme ferait tout autre adjectif; mais *la vôtre* rappelle ce même substantif, et, à ce titre, il est pronom. Les adjectifs possessifs sont, en français, *mon, ma, mes, notre, nos; ton, ta, tes, votre, vos; son, sa, ses, leur, leurs.* Dans l'origine de la langue, on disait encore *mien, tien, sien*, qui se joignaient au nom à l'aide d'un article défini ou indéfini; aujourd'hui, ces adjectifs ne sont plus employés que comme pronoms possessifs avec l'article défini : *le mien, la mienne, les liens, les siennes,* etc. Toutefois, on dit encore familièrement *un mien ami, un sien oncle.* Les autres pronoms possessifs sont : *le nôtre, la nôtre, les nôtres; le vôtre, la vôtre, les vôtres; le leur, la leur, les leurs.* Comme les adjectifs possessifs dérivent, par le sens aussi bien que par la forme, des pronoms personnels, on les appelle souvent *adjectifs pronominaux possessifs.* — En latin et en grec, il n'y a aucune distinction de forme entre les adjectifs possessifs et les pronoms possessifs. Ce qui caractérise le grec, c'est que l'adjectif ou le pronom possessif est très-souvent remplacé par le génitif du pronom personnel; et l'adjectif ou pronom de la 3ᵉ personne est même fort peu usité en prose. En latin, il n'y a point de pronom ni d'adjectif possessif à la 3ᵉ personne, si ce n'est dans le sens réfléchi; autrement, on emploie le génitif de l'un des pronoms de la 3ᵉ personne, [notamment *ejus, eorum, earum.* En grec, lorsque le nom est *déterminé,* le possessif est toujours, du moins en prose, accompagné de l'article. Dans l'une et l'autre langue, un démonstratif peut même accompagner le possessif. — En français, on met l'article, et non pas l'adjectif pronominal possessif, avant un nom en régime, quand un des pronoms personnels sujet ou régime y supplée suffisamment, ou que les circonstances ôtent toute équivoque : « J'ai mal à *la* tète; — Il a reçu un coup *au* bras. » — Dans la plupart des langues, c'est un adjectif possessif qui exprime ce qui est rendu en français par le pronom personnel accompagné de *à;* ainsi : « Cette maison est *à moi, à toi, à lui, à nous, à vous, à eux, à elles,* » au lieu de : « est *mienne, tienne, sienne, nôtre, vôtre, leur.* » — Il y a des adjectifs composés qui ne prennent pas le nom de possessifs, mais qui cependant expriment la possession : ainsi, en latin, *ignicomus,* qui a une chevelure rayonnante; *celeripes,* qui a des pieds rapides; *multicolor,* qui a beaucoup de couleurs; *multiforis,* qui a beaucoup d'ouvertures; *tricolor,* qui a trois couleurs. Quelquefois c'est un suffixe qui indique l'idée de possession; tel est *ig* en allemand. **P.**

POSSESSION, en Théologie, état d'une personne *démoniaque* ou *possédée* par le démon. Dans la *possession,* le démon agit en dedans, tandis que dans l'*obsession* il agit du dehors. *V.* le cardinal de Bérulle, *Traité des énergumènes,* Paris, 1631, in-12 ; Thyræus, *Dæmoniaci, hoc est de obsessis à spiritibus dæmoniorum hominibus,* Lyon, 1726, in-12 ; Semler, *Commentatio de dæmoniacis quorum in Novo Testamento fit mentio,* Halæ, 1770, in-12 ; Farmer, *An Essay on the demoniaci of the New Testament,* Londres, 1775, in-8° ; Gruner, *Commentatio de dæmoniacis à Christo,* Iéna, 1775, in-4°.

POSSESSION, en termes de Droit civil, détention ou possession d'une chose ou d'un droit que nous tenons ou exerçons par nous-même, ou par un autre qui l'exerce en notre nom (*Code Napol.,* art. 2228). La plupart du temps, la possession se confond avec le droit de propriété; mais comme ce dernier peut être contesté, il était nécessaire que, jusqu'à la solution de la contestation, la première ne fût ni incertaine ni vacante. La possession est *juste* ou *vicieuse,* elle est aussi *de bonne* ou *de mauvaise foi,* suivant que le possesseur a reçu la chose en vertu d'un titre légal, vente, donation ou legs, et dans l'ignorance qu'elle n'appartenait pas à son auteur, ou suivant qu'il avait cette connaissance. Dans le premier cas, le possesseur fait les fruits siens, et la loi respecte ses actes d'administration ou de disposition. La possession prolongée pendant un certain temps produit des effets importants : au bout d'un an, le possesseur de bonne ou de mauvaise foi peut se faire maintenir dans sa possession jusqu'à la fin du litige; prolongée pendant dix ans avec juste titre, elle devient une présomption légale de propriété, et même sans juste titre, lorsqu'elle a duré plus de trente ans (*V.* Prescription). La possession s'acquiert par l'appréhension de la chose, jointe à la volonté de posséder; cette volonté se maintient tant qu'une volonté contraire n'est pas manifestée. Le *Code Napoléon* pose ce double principe : 1° qu'en fait de meubles possession vaut titre, sauf le droit qui appartient au propriétaire d'un objet perdu ou volé de le revendiquer pendant trois ans contre celui dans les mains duquel il le trouve, et dans ce cas le détenteur a recours contre celui qui lui a transmis l'objet; 2° que si l'objet a été acheté dans une foire, un marché, une vente publique, ou d'un marchand vendant choses semblables, le propriétaire ne peut se le faire restituer qu'en remboursant au possesseur le prix d'acquisition, hors le cas où celui-ci est de mauvaise foi (art. 2279 et 2280). Les dépenses faites par le possesseur de bonne foi pour la conservation de la chose doivent lui être remboursées avec les frais et autres loyaux coûts. *V.* Savigny, *Traité de la possession en Droit romain,* trad. de l'allemand par Faivre d'Audelange, 1841, in-8° ; Bélime, *Traité du droit de possession et des actions possessoires,* 1842, in-8° ; Alauzet, *Histoire de la possession et des actions possessoires en Droit français,* 1849, in-8° ; Molitor, *Traité de la possession,* 1851, in-8° ; Garnier, *Traité de la possession et des actions possessoires,* 1847-52, 2 vol. in-8°. **R. D'E.**

POSSESSION. *V.* Envoi.

POSSESSION D'ÉTAT. C'est la possession, par un individu, des qualités qui constituent son état politique ou civil, dans la société ou dans la famille; ainsi, sa nationalité, sa filiation légitime ou naturelle, sa position d'homme marié ou non marié. A défaut d'actes de l'état civil ou de reconnaissance authentique, la possession d'état suffit légalement pour justifier la filiation légitime. **R. D'E.**

POSSESSOIRE (Action), action personnelle qui a pour objet la revendication de la possession d'un héritage ou d'un droit réel immobilier, soit qu'on en ait été privé, soit qu'on n'en jouisse pas paisiblement et sans trouble. Dans le premier cas, l'action prend le nom spécial de *réintégrande;* dans le second, celui de *complainte.* Elle s'appelle *dénonciation de nouvel œuvre,* si elle est dirigée contre un propriétaire qui fait sur son fonds, contre l'ancienne disposition des lieux, un ouvrage préjudiciant à l'héritage voisin, et si ce voisin demande la cessation du trouble ainsi fait à sa propriété ou à l'exercice de son droit réel. Les actions possessoires ne sont recevables qu'autant qu'elles ont été formées dans l'année du trouble par ceux qui, depuis une année au moins, étaient en possession paisible (*Code de Procéd.,* art. 23). Le possessoire et le pétitoire (*V. ce mot*) ne peuvent être cumulés (art. 25), c.-à-d. que le demandeur au possessoire ne peut, une fois l'instance engagée, et avant le jugement de ce premier procès, réclamer par l'action pétitoire le droit de propriété : réciproquement, le défenseur au possessoire ne pourrait justifier le trouble ou la violence dont il aurait usé pour s'emparer de la possession, en offrant la preuve de sa qualité de propriétaire, parce qu'avant toute décision sur le fond du droit, le respect dû à la possession exige qu'elle soit rétablie ou maintenue telle qu'elle existait antérieurement à la violence ou au trouble. Les mêmes principes veulent que le demandeur au pétitoire, s'il échoue dans sa demande, c.-à-d. s'il est jugé n'être pas propriétaire, ne puisse revenir par la voie possessoire contester la possession du défendeur; il ne saurait prétendre à se faire investir de la possession, qui n'est par elle-même que la manifestation du droit de propriété. *V.* Possession, et les ouvrages suivants : Aulanier, *Traité des actions possessoires,* 1829, in-8° ; Curasson, *Traité des actions possessoires,* 1842, in-8° ; Crémieu, *Des actions possessoires en Droit romain et en Droit français,* 1846, in-8° ; De Parieu, *Études historiques et critiques sur les actions possessoires,* 1850, in-8° ; Miroy, *Théorie des actions possessoires,* 1852, in-8° ; Carou, *Principes ou Traité théorique et pratique des actions possessoires,* 3ᵉ édit., 1857, in-8°.

POSTAGE, ensemble des *pièces gravées* et des *portevents* qui, dans un orgue, font parler les tuyaux placés ailleurs que sur les sommiers. On emploie le postage lorsque les tuyaux sont trop grands ou tiennent trop de place pour être mis sur les trous des chapes; tels sont les tuyaux de la montre, tant au positif qu'au grand orgue, les tuyaux en bois comme les flûtes et les bourdons, au moins dans leur partie grave, le cornet à cinq rangs, et plusieurs autres jeux. Les porte-vents sont en plomb, et sont fixés par une de leurs extrémités au trou de la chape et par l'autre à la pièce gravée qui porte le tuyau. **F. C.**

POSTCOMMUNION (du latin *post,* après, et *communio,* communion), antienne que le prêtre dit, à la Messe, immédiatement après la prière appelée *Communion.* Elle renferme une action de grâces, et rappelle l'objet de la fête du jour.

POSTDAM. *V.* Potsdam.

POSTDATE (du latin *post,* après, et du français *date*), date fausse et postérieure à la vraie date d'un acte, d'une lettre, etc.

POSTE, lieu occupé par un corps de troupe, qui en a la défense ou la garde. Dans les villes, chaque poste a des consignes particulières; il existe une consigne générale commune pour les cas d'alerte, d'incendie, etc. Le *chef de poste* est responsable de l'exécution des consignes, ainsi que des objets contenus dans les corps de garde. A l'armée, on distingue les *postes fortifiés* et les *postes d'observation*. Les *postes avancés* sont généralement occupés par les voltigeurs. On appelle *postes d'honneur* ceux qui sont fournis par les compagnies d'élite aux princes et aux officiers généraux, et ceux où le péril est jugé le plus grand. *V.* AVANT-POSTES.

POSTE (Maître de), celui qui tient une *Poste aux chevaux*, c.-à-d. un de ces relais de chevaux établis de distance en distance pour le service des voitures publiques ou des particuliers qui veulent voyager avec célérité. Une *poste* est de 2 lieues anciennes ou 8 kilomètres.

POSTE-AUX-CHOUX, petit canot affecté à la provision journalière pendant le séjour en rade d'un navire.

POSTES (Administration des), grande administration qui dépend en France du Ministère des Finances, et qui est chargée, par privilège, du transport des lettres, journaux et imprimés. Elle accepte aussi les sommes d'argent déposées à découvert, et en échange desquelles elle délivre des mandats pour un bureau quelconque, ainsi que les papiers de commerce et d'affaires, les échantillons, et les valeurs cotées. Les Postes ont un *directeur général* (20,000 fr. de traitement), aidé de deux *administrateurs* (12,000 fr.). Le service se fait par des *directeurs*, assistés de *commis*, et par des *facteurs*, chargés de la levée des *boîtes*, et de la distribution des lettres à domicile. Des *inspecteurs* (de 3,000 à 8,000 fr. de traitement) ont mission de surveiller le service. Le transport se fait sur routes ordinaires par des *malles-poste*, et sur les chemins de fer par des *bureaux-wagons*. Dans le budget de 1862, le produit des postes est évalué à 62,976,000 fr., et les frais d'exploitation à 45,449,589 fr. On transporte annuellement environ 265 millions de lettres. *V.* POSTE, dans notre *Dictionnaire de Biographie et d'Histoire*, et, dans le présent ouvrage, les articles AFFRANCHISSEMENT, AVIS, CARTES DE VISITE, ÉCHANTILLONS, IMPRIMÉS, LETTRE, TAXE, TIMBRE-POSTE, VALEURS COTÉES.

POSTES, nom qu'on donne, en Architecture, à un dessin d'enroulements placés à la suite les uns des autres et qui semblent se poursuivre.

POSTHUME (du latin *post*, après, et *humus*, terre), se dit de l'enfant né après la mort de son père. Il n'est reconnu légitime par la loi qu'autant que 300 jours ne se sont pas écoulés entre sa naissance et la mort du père. Un enfant posthume rompt par sa naissance le testament de son père dans lequel il est passé sous silence.

POSTICUM. *V.* ANTICUM.

POSTILLON, homme attaché au service de la poste aux chevaux pour conduire les voyageurs.

POSTLIMINIE. *V.* ce mot dans notre *Dictionnaire de Biographie et d'Histoire*.

POSTLUDE, nom donné quelquefois au morceau joué par les organistes à la fin de l'office, et qu'on appelle aussi une *sortie*.

POSTSCENIUM, partie d'un théâtre romain qui était derrière la scène, celle où se retiraient les acteurs pour changer de costumes, et où se plaçaient les décors et les machines.

POST-SCRIPTUM, c.-à-d. en latin *écrit après coup*, ce qu'on ajoute à une lettre après la signature. On le marque par l'abréviation P. S.

POSTSIGNANI, soldats romains de la 2e et de la 3e ligne de bataille, derrière (*post*) la première où étaient les enseignes (*signa*).

POSTULANTS (du latin *postulare*, demander), nom donné, dans l'Enregistrement et les Domaines, à ceux que, dans d'autres administrations, on appelle *Aspirants* ou *Surnuméraires*.

POSTULAT, en latin *Postulatum*, terme de Philosophie, qui désigne ce que l'on demande à son adversaire, au commencement d'une discussion, comme fait reconnu ou axiome. Il y a dans la philosophie de Kant trois *postulats :* ceux de la liberté, de l'immortalité de l'âme, et de l'existence de Dieu.

POSTULATION, en termes de Droit, action d'occuper pour une partie devant un tribunal. Le droit de postulation est exclusivement attribué aux avoués. L'usurpation de ce droit est punie d'une amende, de là confiscation du produit de l'instruction au profit de la Chambre des avoués, et de dommages-intérêts au profit des parties lésées. On nomme *délit de postulation* le concert frauduleux entre plusieurs personnes pour exploiter les bénéfices d'une étude d'avoué. — Dans le Droit canonique, la *Postulation* est une demande adressée à un supérieur qui a droit de confirmation, pour qu'il veuille bien pourvoir d'une dignité élective telle personne qui, pour dé-

faut d'âge, d'ordre ou de naissance, ne peut être élue.

POT A AUMONES. *V.* AUMONE.

POT A FEU, pièce d'artifice en forme de pot ou de vase, dont on se sert dans les siéges de villes.

POT-DE-VIN, ce qui est donné en manière de présent, après un marché, un bail, une transaction quelconque, en sus des prix convenu, par l'une des parties intéressées à l'autre partie. Le même nom s'applique à la gratification offerte à un tiers par qui une affaire s'est conclue ; dans les transactions privées, ce pot-de-vin, offert ouvertement, est licite ; mais, s'il est donné clandestinement dans le but de corrompre un mandataire ou un fonctionnaire public, il constitue le crime de corruption (*V.* ce mot).

POTENCE. *V.* ce mot dans notre *Dictionnaire de Biographie et d'Histoire*.

POT-EN-TÊTE, ancien casque d'infanterie, qui ne couvrait que le haut de la tête.

POTENTIEL, en termes de Philosophie scolastique, s'oppose à *actuel*, et désigne ce qui n'existe qu'en puissance et non réellement. — Dans la Grammaire grecque, la particule ἄν est dite *potentielle*, parce qu'elle indique d'ordinaire que l'action du verbe auquel on la joint est considérée comme possible, douteuse ou hypothétique.

POTEQUIN ou POTKIN, vieux mot qui signifiait *petit pot*.

POTERIE, mot qui désigne à la fois l'industrie du potier et tout vase fait d'argile ou d'autre matière inférieure (*V.* CÉRAMIQUE, VASES). — Les anciens Romains, pour économiser le temps et la matière, la charge et la dépense, plaçaient de distance en distance, dans les voûtes épaisses et dans les masses de maçonnerie, des pots de terre qui formaient naturellement comme de petits arcs de décharge. On voit de ces pots à Rome, au cirque de Caracalla. — Aujourd'hui on fait des plafonds entiers en poterie ; on l'emploie surtout dans les planchers à solives de fer, où les entrevous sont considérables.

POTERNE (du bas latin *posterna*, s.-ent. *porta*, porte de derrière), fausse porte placée dans le milieu ou dans l'angle d'une courtine et sur le terre-plein du rempart, pour donner issue dans les fossés et faciliter les sorties sans être vu des assiégeants. Des fossés on arrive par les *pas-de-souris* au chemin couvert et aux glacis.

POTICHE, nom donné aux vases en porcelaine de Chine et du Japon. Il y a quelques années, vers 1858, on appela *Potichomanie* l'engouement avec lequel on imitait cette porcelaine en collant des papiers peints à l'intérieur de vases en verre.

POTIERS, nom de deux anciennes corporations, formées vers 1260. Il y avait les *Potiers d'étain*, sous le patronage de St Fiacre : l'apprentissage était de 6 ans, et le compagnonnage de 3 ans ; la maîtrise coûtait 500 livres ; les derniers statuts de cette corporation dataient de 1631 ; et les *Potiers de terre*, ayant pour patron St Bon, et qui firent renouveler leurs statuts par Charles VII, en 1450, et Henri IV, en 1607. Cette corporation fut réunie, en 1776, à celle des faïenciers et des vitriers.

POTKIN. *V.* POTEQUIN.

POT-POURRI, production littéraire composée de morceaux rassemblés sans ordre, sans liaison, et le plus souvent sans choix ; — morceau de musique composé d'une suite d'airs différents et connus. Le nom est celui d'un ragoût composé de plusieurs sortes de viandes et de légumes, et servi dans le pot même où il avait cuit.

POTSDAM (Château royal de), en Prusse. Ce château, situé sur la rive droite de la Havel, fut commencé en 1660 par Philippe de Chiese, continué par Menhard et Nehring, et achevé en 1701 par De Bodt. Il a trois étages, et forme un carré long. On y montre les appartements de grand Frédéric, tels qu'ils étaient de son temps. En avant du château se trouve le *Lustgarten*, composé de deux parties : la place de la Parade, entourée de colonnades construites en 1745 par Boumann ; et le jardin, où l'on remarque un bassin, long de 113 mèt., large de 47, au milieu duquel se dresse un groupe colossal de Vénus et de Neptune entourés de Tritons.

POTSDAM (Le château de SANS-SOUCI, à), château construit de 1745 à 1747, sur les plans que donna Frédéric II lui-même, avec le secours de l'architecte Knobelsdorf. C'est un bâtiment à un étage, long de 97 mèt., profond de 16m,33, et haut de 9m,33 ; ses deux ailes, à deux étages, ont été reconstruites par Persius en 1841-42, et servent, l'une aux cuisines, l'autre aux hôtes étrangers et aux dames de la cour. Dans les appartements royaux on visite la bibliothèque de Frédéric II, sa chambre à coucher, le fauteuil où il est mort, diverses pièces ornées de tableaux de prix, et une salle circulaire soutenue par 16 colonnes monolithes de marbre blanc. Dans la terrasse qui est en avant de la façade du château, Frédéric II avait fait creuser un caveau, où il voulait être enseveli, et il disait, en le montrant au marquis d'Argens : « Quand je serai là, je serai sans souci. » Telle est l'origine du nom de cette résidence. Au bas de cette terrasse est un grand bassin de marbre, de 43 mèt. de diamètre, entouré de statues et de groupes mythologiques en marbre, et du milieu duquel jaillit un jet d'eau à une hauteur de 39 mèt. A la droite du château se trouve un édifice qui contient une galerie de tableaux, et, plus loin, le moulin à vent qui est devenu historique; à gauche, le *Cavalierhaus*, qui a servi tour à tour de théâtre et d'orangerie. Une colonnade de 88 colonnes corinthiennes se développe en demi-cercle par derrière le château. Le vaste parc de Sans-Souci contient un autre château, dit *Nouveau Palais*, bâti de 1763 à 1769 d'après les dessins de Brüning, et dont la façade, longue de 227 mèt. et percée de 322 fenêtres, se compose d'un corps de bâtiment principal et de quatre ailes. On remarque dans ce palais la *Salle de marbre*, longue de 33 mèt., large de 20, haute de 13, et dont le plafond a été peint par Vanloo. Dans le parc se trouvent également : le *Mausoleum* ou *Temple des antiques*, pastiche de la Rotonde ou Panthéon de de Rome, et qui renferme une belle statue de la reine Louise, en marbre, par Rauch; le *Temple de l'Amitié*, bâti en marbre, et contenant la statue de la margrave de Bayreuth, sœur de Frédéric II; une *Maison japonaise;* un *Bain romain;* le petit château de *Charlottenhof*, bâti en 1826 sur le modèle d'une villa italienne, et environné d'un jardin de roses; une *Faisanderie;* une *Tour chinoise;* le *Ruinenberg* (montagne des ruines), hauteur au sommet de laquelle on a construit des ruines artificielles, pour cacher le réservoir de 50 mèt. de diamètre et de 4 mèt. de profondeur, dont les eaux alimentent tous les jets d'eau et les bassins.

POUCETTES, corde ou chaînette à cadenas, avec laquelle on attache ensemble les deux pouces d'un prisonnier.

POUCHTOU (Langue). V. AFGHANS.

POUDRE A CANON.) *V. ces mots dans notre Dict.*
POUDRE A POUDRER.} *de Biogr. et d'Histoire.*
POUILLÉ.

POULAILLERS, ancienne corporation qui existait déjà au temps de Louis IX, pour vendre la volaille, le gibier, les agneaux, et les cochons de lait. On distinguait les *poulaillers de la ville* et les *poulaillers forains.*

POULAINE (de l'italien *pulena*), en termes de Marine, assemblage de pièces de bois formant une portion de cercle terminée en pointe et faisant partie de l'avant d'un vaisseau.

POULAINE (Souliers à la). V. notre *Dictionnaire de Biographie et d'Histoire.*

POULE, terme de jeu; réunion des mises de tous les joueurs, laquelle appartient à celui qui gagne la partie.

POUPE (du latin *puppis*), extrémité de l'arrière d'un navire, la partie opposée à la *proue* (V. ARRIÈRE). Dans les anciens bâtiments, elle était fort élevée (V. DUNETTE, CHATEAU); dans les vaisseaux de ligne, elle est décorée d'une ou de deux galeries. C'est à la poupe qu'est inscrit le nom du navire.

POUPÉE (du latin *pupa*, petite fille), petite figure humaine de bois, de carton, de porcelaine ou de cire, que les petites filles s'amusent à habiller. Les jouets de ce genre étaient connus des Perses et des Romains; on en a trouvé dans les tombeaux. A Rome, quand les jeunes filles étaient devenues nubiles, elles allaient suspendre leurs poupées aux autels de Vénus. — Les modistes et les tailleurs d'habits se servent de grandes poupées pour essayer les chapeaux et les vêtements; les modistes surtout en font qui sont les merveilles d'élégance; elles les expédient à l'étranger, tout habillées, dans des caisses contenant les toilettes commandées, afin de faire voir comment chaque pièce de vêtement doit être ajustée et portée. Cette ingénieuse coutume date du XIVᵉ siècle : la reine Isabeau de Bavière envoyait déjà, en 1391, à la reine d'Angleterre, Isabelle, sa fille, femme de Richard II, des poupées habillées à la dernière mode de France; en 1496, Anne de Bretagne, femme de Charles VIII, fit un semblable cadeau à la célèbre Isabelle de Castille. Au XVIIᵉ siècle et au XVIIIᵉ, les envois de poupées de ce genre continuèrent; c'était un besoin si réel chez les grandes dames étrangères que les recevaient, que, pendant la fameuse guerre de la succession d'Espagne (1701-1713), il y eut entre l'Angleterre et la France, parties belligérantes, une convention toute spéciale *pour laisser passer des poupées d'albâtre qui, de temps en temps, portaient à Londres les modes de la cour de France*. On voit aussi de nos jours, dans la montre des coiffeurs, des poupées en buste ou à mi-corps, dont le visage est de cire.

POURANAS. V. PURANAS.

POURPOINT (du bas latin *perpunctum*, fait à points de couture), nom donné à un vêtement de guerre qui couvrait la poitrine et le dos, et se mettait sous la cuirasse : il était fait de laine ou de coton piqué entre deux étoffes (V. GAMBISON). Plus tard, on appela pourpoint un vêtement de ville ayant un collet, des manches, et même des basques, et en usage surtout aux XVIᵉ et XVIIᵉ siècles. Les pourpoints *tailladés* vinrent d'Espagne. — Une corporation de *Pourpointiers* fut fondée à Paris en 1323.

POURPRE. V. ce mot dans notre *Dictionnaire de Biographie et d'Histoire.*

POURSUITE, en termes de Jurisprudence, mise en action d'un droit, ensemble des actes d'exécution qui se font contre quelqu'un pour le contraindre à respecter une obligation ou le punir de l'avoir enfreinte. Tout fait qui blesse un intérêt protégé par un contrat ou par une loi peut donner lieu à une poursuite. La poursuite d'un délit est distincte de l'*instruction*, car elle se prolonge après le jugement pour arriver à l'exécution (V. ACTION, PROCÉDURE). On nomme *poursuivant* celui qui exerce des poursuites, particulièrement en matière de saisie, d'expropriation forcée et de vente.

POURVOI, en termes de Droit, se dit de la voie de recours contre une décision judiciaire rendue en dernier ressort : ainsi, on dit *pourvoi en cassation, pourvoi au Conseil d'État;* cependant, dans ce dernier cas, le mot le plus usité est *recours.*

D'après la loi du 6 juin 1802, le délai du pourvoi en matière civile est de deux mois à compter du jour où la signification de la décision objet du pourvoi a été faite à personne ou à domicile. Ce délai est augmenté de huit mois pour les demandeurs absents du territoire français de l'Europe ou de l'Algérie pour cause de service et de navigation. Il est augmenté d'un mois lorsque le demandeur est domicilié en Corse, en Algérie, dans les Iles britanniques, en Italie, dans le royaume des Pays-Bas, dans les États ou Confédérations limitrophes de la France; de deux mois lorsqu'il est domicilié dans les autres États de l'Europe, ou du littoral de la Méditerranée et de la mer Noire; de cinq mois s'il est domicilié hors d'Europe en deçà des détroits de Malacca et de la Sonde, ou en deçà du cap Horn; de huit mois s'il demeure au delà. Ces délais sont doublés dans les pays d'outre-mer en cas de guerre maritime. Les délais sont francs, et comptés suivant le calendrier grégorien. — En matière d'expropriation, le délai du pourvoi contre le jugement qui prononce l'expropriation est de trois jours à partir de la notification ; il est de quinze jours contre la décision du jury à partir de la décision. — En matière criminelle, il est de trois jours francs contre les arrêts de la Cour d'assises à partir de la prononciation; de cinq jours contre les arrêts de la Chambre des mises en accusation; et de trois jours, par application du principe général, contre les jugements de police correctionnelle et de simple police. — Quant aux colonies, il existe des règlements d'administration spéciale. V. CASSATION. R. D'E.

POURVOI EN GRACE. V. RECOURS.

POURVOIRIE.) *V. ces mots dans notre Dictionnaire*
POU-SA. } *de Biographie et d'Histoire.*

POUSSÉE, en termes d'Architecture, effort que font les terres d'un rempart, d'un quai ou d'une terrasse contre le revêtement de maçonnerie qui les soutient. C'est aussi l'effort que fait un arc ou une voûte pour écarter les pieds-droits de l'aplomb où on les a élevés. On y résiste par des éperons, des contre-forts, des arcs-boutants, et des culées.

POUSSE-PIED. V. ACCON.

POUTRE (jadis *poultre*, du bas latin *pulpetrum*), grosse pièce de bois équarri, placée en travers sur des murs pour supporter les solives d'un plancher. On s'en sert aussi dans la construction des ponts de navire. Depuis quelques années, des poutres de fer laminé sont substituées avec succès au bois. V. CHARPENTE EN FER.

POUVOIR, faculté de faire et d'agir. En Droit, le mot *pouvoir* signifie la capacité de faire une chose, ou encore il est synonyme de *mandat* et de *procuration* (V. *ces mots*). C'est aussi en ce dernier sens que, dans une Chambre législative, on procède à la *vérification des pouvoirs* des députés nouvellement élus. En Politique, *Pouvoir* signifie autorité, droit de commander : le Pouvoir est dit *absolu*, quand il n'a ni limites ni contrôle. On distingue le *Pouvoir législatif*, le *Pouvoir exécutif* et le *Pouvoir judiciaire*. Le Pouvoir législatif est celui de qui émanent les lois : dans les États despotiques, il réside dans la personne du monarque seul ; dans les monarchies tempérées ou représentatives, il est partagé entre le prince et un ou plusieurs corps délibérants, car le prince donne aux actes de ces corps la sanction qui consomme la loi ; dans les républiques, il est dans le peuple ou dans ses représentants. Le Pouvoir exécutif est celui qui est chargé de faire exécuter les lois, de gouverner, de veiller au maintien de l'ordre et de la tranquillité publique, de commander les forces de terre et de mer, de nommer aux fonctions publiques, d'entretenir des relations avec les puissances étrangères : il peut être confié à un seul homme (empereur, roi, président, etc.), ou à plusieurs (le Conseil exécutif de 1793, le Directoire de 1795-99, les Consuls de 1799-1802, la Commission exécutive de 1848, etc.). Le Pouvoir législatif ne doit pas être dans les mêmes mains que le pouvoir exécutif : il serait à craindre que la puissance législative, chargée des difficultés de l'exécution, ne fît des lois pour chaque circonstance, ou que la puissance exécutive, préoccupée des prévoyances de la législation, n'appliquât la loi future au lieu de la loi présente. Le Pouvoir judiciaire est celui qui rend la justice et poursuit les infractions à la loi. Il émane du souverain, prince ou nation ; tantôt il a sa source dans l'élection, tantôt il possède l'inamovibilité comme garantie d'indépendance. — Eu égard à la nature de l'autorité exercée, on distingue encore le *Pouvoir temporel* et le *Pouvoir spirituel*. Le premier s'applique aux intérêts purement terrestres ; c'est le gouvernement civil et politique. Le second s'exerce sur les consciences au nom de la religion ; sa mission est d'enseigner les vérités de la foi et de les défendre. B.

POUVOIR DISCRÉTIONNAIRE. *V.* DISCRÉTIONNAIRE.

POUVOIRS GRACIEUX, en termes de Droit canonique, pouvoirs qui ne sont pas, comme ceux de célébrer la messe, de prêcher et de confesser, inhérents au sacerdoce, mais qu'on a reçus par octroi spécial, tels que ceux d'absoudre des cas réservés, d'indulgencier les croix et les chapelets, de bénir les ornements et les linges sacrés, etc.

POUZZOLES (Antiquités de). Cette ville des anciens États napolitains contient beaucoup de débris intéressants de l'art romain. Sans parler de nombreux tombeaux qui ont été découverts aux environs sur les routes de Naples et de Rome, et de deux temples de Neptune et des Nymphes, que la mer recouvre aujourd'hui presque complètement de ses eaux, la cathédrale, consacrée à St Procule, a été faite d'un temple que L. Calpurnius avait consacré à l'empereur Auguste. Pour abriter le port contre les vents du Sud, les Romains construisirent un môle, formé de piliers massifs liés par des arches, et supportant un portique pour les marchands : il en reste 16 piliers, qu'on a eu tort de confondre avec le *Pont de Caligula*, formé de bateaux réunis ensemble et couverts d'un terre-plein. On a découvert, en 1838, les beaux restes d'un temple qu'on croit avoir été élevé à Antinoüs. Près de la ville est un amphithéâtre qu'on appelle *Colisée*, par imitation de celui de Rome, auquel il est peut-être antérieur : il a 4 entrées, et on estime qu'il pouvait contenir 30,000 spectateurs ; les gradins sont soutenus par trois rangs d'arcades. Mais la principale curiosité de Pouzzoles est le temple de Jupiter-Sérapis, qui fut longtemps enfoui sous des terres et des broussailles, et qu'on a dégagé en 1750 ; depuis ce temps on en a enlevé ce qui était transportable, colonnes, statues, vases, etc. C'est aujourd'hui une enceinte carrée de 45 mèt. sur 38, qui était intérieurement garnie d'un portique à colonnes corinthiennes, ayant chacune une statue en avant. Autour de cette espèce d'atrium étaient distribuées des chambres servant de bains, alimentés par des eaux minérales dont les sources existent encore ; au centre, sur une élévation de quatre gradins, était un temple rond de 16 colonnes, dont il ne reste plus que trois, et, au milieu de ce temple, une cuve octogone, qui servait sans doute aux grandes ablutions. Les colonnes, de 13 mèt. d'élévation, sont d'un seul bloc. A une hauteur de plus de 3 mèt., leur fût a été rongé par les pholades ; comme ces animaux, dont on trouve encore les coquillages dans les trous qu'ils ont pratiqués, se tiennent à la surface de la mer, et ne demeurent ni dans le fond, ni dans les pierres au-dessus du niveau de l'eau, il est certain que la mer baignait à une certaine époque les parties corrodées. Or, comme la permanence de son niveau depuis 2000 ans est un fait établi, il faut admettre que le sol du temple a été exhaussé par quelque révolution souterraine, probable-

ment lors du tremblement de 1538, qui donna naissance au Monte-Nuovo. Le même sol paraît être entré dans une période d'abaissement ; car le pavé du temple, qui était à sec en 1807, est actuellement sous les eaux.

PRACRIT. *V.* PRAKRIT.

PRÆFÉRICULE. }
PRÆMUNIRE.. } *V.* ces mots dans notre *Dictionnaire*
PRÆTENTURA. } *de Biographie et d'Histoire.*
PRAGMATIQUE.

PRAGUE (Le château royal de). Ce château est situé sur le *Hradschin*, montagne qui domine au N.-O. la ville de Prague, et qu'on en regarde comme l'Acropole ou le Capitole. Commencé par le roi de Bohême Charles IV, en 1333, sur le modèle de notre vieux Louvre, modifié et agrandi par Wladislas II, il fut incendié en 1541. Ferdinand Ier l'ayant reconstruit, il eut à subir les dévastations des Bavarois en 1620, des Saxons en 1631, des Suédois en 1648, et des Prussiens en 1757 : Marie-Thérèse et Joseph II le firent réparer par l'architecte Lorngho, de 1758 à 1775. L'ex-roi de France Charles X y habita en 1831-32, et l'empereur d'Autriche Ferdinand après son abdication en 1849. Un incendie l'a encore fort endommagé en 1855. Le château de Prague enveloppe trois cours, dont l'une est ornée d'une statue équestre de St Georges, fondue en 1373 ; il contient 440 chambres, trois grandes salles, et plusieurs galeries. On remarque la *Chambre de l'hommage*, où les nobles de la Bohême prêtaient serment d'obéissance à leur souverain après son couronnement, et la *Chambre des États*, où se passa en 1618 la fameuse *défénestration* qui fut le signal de la guerre de Trente ans. Dans le jardin se trouve un belvédère, où l'astronome Tycho-Brahé observait les astres avec l'empereur Rodolphe II. B.

PRAGUE (Église métropolitaine de St-VEIT, à). Cette église, commencée en 1344, et qui rappelle dans quelques parties la cathédrale de Cologne, n'a pas été achevée ; Peter Arler de Gmünd l'amena, en 1385, au point où elle est encore actuellement. Beau modèle d'art ogival, étonnante par sa solidité, son élégance et sa hardiesse, elle s'arrête un peu au-dessous du transept. Sa tour a 128 mèt. d'élévation. L'intérieur de l'édifice est éclairé par 47 fenêtres ; alentour sont 12 chapelles, désignées chacune par un nom de roi ou de seigneur bohème. Dans celle de St Wenceslas, située près de l'entrée, et que décorent quelques tableaux byzantins et des fresques sur fond d'or peintes par Thomas de Mutina et Nicolas Wurmser, on montre une colonne faite avec le cuivre de canons pris sur les Hussites, ainsi que le casque et la cuirasse de Charles IV ; la chapelle communique, par une porte de fer à sept serrures dont les clefs sont confiées à la garde des sept personnages les plus considérables de la Bohême, avec une salle où sont conservés le sceptre d'or et la couronne des anciens rois. Au milieu de la nef de l'église, est entouré d'une grille d'un beau travail, s'élevait un mausolée en albâtre, construit en 1589 par Alexandre Colin de Nuremberg, sur l'ordre de Rodolphe II ; on l'a transporté dans une chapelle. Un autre monument a été consacré à St Jean Népomucène, patron du pays : la châsse qui renferme les reliques du saint est en argent ; le baldaquin qui la surmonte est supporté par quatre anges, aussi d'argent, et qui pèsent 910 marcs ; alentour sont suspendues 23 lampes d'argent et une lampe d'or. Le chœur, long de 48 mèt. large de 44 mèt. avec les bas côtés, n'a pas moins de 44 mèt. de hauteur ; le tombeau de St Veit est derrière le maître-autel. La sacristie, ornée de portraits d'archevêques, conduit au Trésor, où l'on conserve diverses reliques de la Passion de J.-C., la langue de St Jean Népomucène, les statues d'or de St Adalbert, de St Wenceslas, de St Veit et de St Ludmilla, un grand nombre de mitres et de chasubles précieuses, etc. B.

PRAKRIT, mot indien qui signifie *dérivé, inférieur, imparfait*, et par lequel on désigna la langue vulgairement parlée dans l'Inde depuis le IIIe siècle environ avant l'ère chrétienne. Quelques linguistes ont pensé que cette langue était un reste des idiomes antérieurs à l'introduction du sanscrit (*V. ce mot*) par les Brâhmanes ; mais on s'accorde généralement à la regarder comme un sanscrit altéré et corrompu dans la bouche des castes inférieures. Dans les drames indiens, les personnages distingués, les princes et les brâhmanes, ne parlent que le sanscrit, tandis que les personnages du peuple et les femmes emploient le prâkrit. Le prâkrit a cessé à son tour d'être langue vulgaire ; mais il est resté langue religieuse chez les Djaïnas, et il est sorti de lui plusieurs dialectes modernes, tels que le *patçachi*, le *maghadi*, le *mahratte*, etc. Certaines compositions littéraires de l'Inde offrent la réunion de plusieurs idiomes : les dieux y parlent le sanscrit, les génies bienfaisants le pràkrit, les démons le païçachi, les gens des plus basses classes le magadhi. Il existe aussi des poëmes composés uniquement en pràkrit, tels que le *Setu Bandha* ; la mesure des vers et des stances y varie plus que dans la poésie sanscrite. V. Colebrooke, *On the Sanscrit and Pracrit languages*, dans le t. VII des *Recherches Asiatiques* ; le même, *On Sanscrit and Pracrit poetry*, dans le t. X ; Bopp, *Analyse comparée du sanscrit et des langues qui s'y rapportent*, en allem., 1824, in-4° ; Hœfer, *De prakrita dialecto lib. II*, Berlin, 1836, in-8° ; Lassen, *Institutiones linguæ prakriticæ*, Bonn, 1837, in-8° ; Delius, *Radices pracriticæ*, Bonn, 1839, in-8°.

PRAME, grand et fort bateau à fond plat, tirant peu d'eau, allant à la voile et à la rame, et pouvant transporter de l'artillerie ou tous objets très-pesants.

PRATICIEN, mot dérivé du latin *pragmaticus* (homme d'action), et qui s'applique à quiconque possède une grande expérience dans un art. Il désigne spécialement l'ouvrier qui dégrossit les blocs du sculpteur et met au point ses statues.

PRATIQUE (du latin *pragmatica*), exécution des principes et des règles d'un art ou d'une science. On l'oppose à la *théorie* (V. ce mot), avec laquelle elle doit avoir un rapport plus ou moins direct, sans quoi ce ne serait que *routine*. Ce qui est exact dans la pratique ne peut pas être faux dans la théorie ; mais ce qui est vrai en théorie peut être inexécutable dans la pratique. — En termes de Palais, la *Pratique* est la connaissance des formalités de la Procédure, et du style des actes faits par les officiers ministériels. — Dans l'ordre moral et religieux, *Pratique* signifie l'exercice d'une vertu, l'*accomplissement* d'un devoir.

PRATIQUE, terme de Marine signifiant accès. Un navire est admis à la *libre pratique*, quand il lui est permis d'aborder, de communiquer avec la terre.

PRATIQUE, petit instrument de métal qu'on se met dans la bouche pour déguiser la voix. Ceux qui montrent les marionnettes s'en servent pour faire parler Polichinelle.

PRATISAKHYAS, nom donné, dans la Littérature indienne, aux traités spéciaux sur la grammaire védique.

PRÉALABLE (Question). V. QUESTION.

PRÉAMBULE (du latin *præ*, devant, et *ambulo*, je vais), espèce d'exorde qui précède certains écrits, et où l'on donne au lecteur quelques explications destinées à lui faire mieux comprendre ce qui va suivre, à le faire entrer dans l'esprit qui a présidé à la composition de l'ouvrage, à rendre compte des difficultés du sujet, ou à exciter d'avance l'intérêt et l'attention. Le Préambule diffère de la Préface en ce que, d'ordinaire, il ne se détache pas du récit même, et qu'il doit être, avant tout, court et précis. Il y a des préambules purement littéraires : dans les ouvrages de longue haleine, divisés en livres ou en grandes sections, ils sont un moyen de jeter un peu de variété dans la composition, à laquelle on les rattache toujours ; ils exigent un grand art et beaucoup de tact. Dans les poëmes didactiques, par exemple, les préambules bien choisis, adroitement rattachés à chaque sujet que l'on va traiter, aident à dissimuler la monotonie de la matière. Le *Roland furieux* de l'Arioste a, pour chaque chant, des préambules qui comptent parmi les parties les plus charmantes de ce poëme. — Chez les Anciens, la plupart des *Dialogues* de Platon sont précédés de préambules gracieux, animés, pittoresques ; Cicéron les a imités avec beaucoup de bonheur, dans plusieurs de ses ouvrages didactiques ou philosophiques, et surtout au début de son traité *Des Lois*. — Chez les historiens, le préambule forme souvent une courte introduction où l'on présente, soit le résumé de certains événements nécessaires à l'intelligence du récit, comme dans les livres I et V de l'*Histoire de Charles XII* par Voltaire, et au Ier livre de l'*Histoire du Consulat et de l'Empire* de M. Thiers ; soit le tableau général des événements qui vont être développés, comme au début des *Histoires*, chez Tacite ; soit l'impression qu'ils ont faite sur l'esprit de l'historien, par exemple, dans l'*Histoire romaine* de Tite-Live (liv. I et XXI), et chez Tacite, au début de la *Vie d'Agricola*. L'*Histoire naturelle* de Pline renferme un grand nombre de préambules écrits avec vigueur et non sans éloquence. Buffon les a multipliés dans les nombreuses sections de son *Histoire des animaux*, et là brille son art profond de la composition littéraire. Les préambules qui forment l'entrée en matière d'un assez grand nombre des *Vies des hommes illustres* de Plutarque semblent au premier abord des hors-d'œuvre ; mais, presque tous roulant sur un point de philosophie morale, ils sont bien placés dans un ouvrage où l'auteur se propose non-seulement de raconter la vie d'un grand homme, mais encore de donner des leçons de morale et de conduite.

La partie préliminaire des lois, édits, ordonnances, dans laquelle le législateur expose son intention, ses vues, la nécessité ou l'utilité du nouveau règlement, s'appelle aussi *Préambule*. Deux sont particulièrement célèbres : 1° celui des lois de Zaleucus, législateur de Locres (viie siècle av. J.-C.), composé de maximes élevées sur la nécessité de la piété, sur la pratique de toutes les vertus morales, sur l'oubli des injures, sur l'humanité envers les ennemis, sur la modération nécessaire au magistrat, etc. ; 2° celui de la loi Salique de Dagobert, remarquable par un accent poétique tout germain : c'est un éloge animé des vertus militaires et religieuses de la nation franke ; il se termine par un Vivat en l'honneur du Christ et par une invocation où le législateur prie Dieu d'inspirer et de protéger les rois. La Constitution de 1791 et celle de 1793 avaient pour préambule une *Déclaration des droits de l'homme et du citoyen*, imitée de celle qui précède la Constitution américaine. La Charte de 1814 et la Constitution de 1848 ont aussi des préambules. V. AVANT-PROPOS, INTRODUCTION, PRÉFACE, PROÈME, PROLOGUE.
P.

PRÉAMBULE, terme de Diplomatique. V. DIPLÔME.

PRÉAU, c.-à-d. *petit pré*, espace découvert au milieu d'un cloître ; — cour d'une prison, où les détenus peuvent prendre l'air.

PRÉBENDE. } V. ces mots dans notre *Dictionnaire de*
PRÉCAIRE. } *Biographie et d'Histoire*.

PRÉCAUTIONS ORATOIRES, ménagements que l'orateur doit prendre pour ne pas blesser son auditoire ; tours étudiés, adroits, insinuants, dont il se sert pour dire certaines choses qui, autrement, paraîtraient dures et choquantes. S'agit-il, par exemple, de faire passer un mot, une réflexion qu'on pourrait prendre en mauvaise part, il les adoucira en les faisant précéder d'une sorte d'excuse, comme *pour ainsi dire, si j'ose ainsi parler, passez-moi cette expression*, etc. Doit-il parler de matières délicates, dont la pudeur pourrait être blessée, il se servira de termes généraux et indirects, et couvrira sa pensée d'un voile que ceux-là seuls qui ont conscience du mal peuvent pénétrer. Quelquefois il préviendra ou apaisera un mécontentement, en protestant de la droiture de ses intentions, en alléguant la pénible nécessité où le place un indispensable devoir. Si c'est un fils qui plaide contre son père, un inférieur contre son supérieur, ils s'efforceront de concilier la défense de leurs droits avec les égards que demande la personne de l'adversaire. Cicéron, dans son discours pour Marcellus, faisant l'éloge de la clémence et de la générosité de César, le mettait dans l'impossibilité d'abuser de sa victoire et de commettre un acte de vengeance. Bossuet, pour ne pas produire une impression fâcheuse en rappelant de tristes souvenirs, se contentait, en faisant l'oraison funèbre de la reine d'Angleterre, d'une simple allusion à la mort de Charles Ier. Bourdaloue, par l'histoire du roi David et du prophète Nathan, fit sentir à Louis XIV le scandale qu'il donnait à sa cour. Les grands orateurs ont si souvent recours aux précautions oratoires, et ils ont porté jusqu'au scrupule la crainte de déplaire à leurs auditeurs : Périclès, à ce que rapporte Quintilien, priait les Dieux, toutes les fois qu'il allait monter à la tribune, de ne pas lui laisser dire un mot qui pût offenser le peuple athénien.
B.

PRÉCEINTE (du latin *præcingere*, entourer), ceinture de bordages épais placée dans un navire au-dessous de chaque rangée de sabords. La *grande préceinte* correspond à la hauteur du premier pont ; la 2° *préceinte* répond au deuxième pont ; la 3°, dite tribord ou lisse de plat-bord, répond au pont des gaillards ; la 4°, ou lisse de rabattue, répond au pont de la dunette.

PRÉCEPTE, règle, leçon ou maxime à laquelle il faut se conformer pour réussir dans un art. En matière religieuse, un précepte est ce qu'il faut pratiquer.

PRÉCEPTEUR, celui qui est chargé de l'instruction et de l'éducation d'un jeune homme.

PRÉCEPTION. } V. ces mots dans notre *Diction-*
PRÉCEPTORIALE. } *naire de Biographie et d'Hist.*

PRÉCHANTRE (du latin *præcantor*), chanoine qui, dans certaines églises cathédrales ou collégiales, remplit les fonctions de grand chantre. On le nomme aussi *paraphoniste, archiparaphoniste*, V. CHANTRE, et, dans notre *Dictionnaire de Biographie et d'Histoire*, les art. Capiscol, Écolatre, Primicier.

PRÊCHE, se dit du sermon prononcé par un ministre protestant, et, par extension, du lieu où les Protestants s'assemblent pour célébrer leur culte. Ils n'emploient pas ce mot, qu'ils regardent comme injurieux dans la bouche des catholiques, si ce n'est quand il s'agit du *prêche dans le désert* au temps des persécutions.

PRÉCIEUSES (Les), nom donné, dans la première moitié du XVIIe siècle, aux dames qui fréquentèrent l'hôtel de Rambouillet. Il n'eut, dans l'origine, rien que d'honorable, puisqu'il indiquait, chez celles qui le portaient, l'amour des entretiens polis, des nobles études, et des sentiments délicats et distingués. La marquise de Rambouillet, femme qui joignait à l'élévation du cœur la distinction de l'intelligence, blessée par la dépravation et le ton goguenard qui régnaient à la cour de Henri IV, ouvrit, vers 1608, sa *chambre bleue* aux nobles âmes et aux beaux-esprits faits pour aimer encore, en dépit des habitudes générales, la pureté des mœurs, le culte de la décence et de la vertu, les conversations sérieuses de littérature et de morale, et le beau langage. Là se rencontrèrent, avec quelques grands seigneurs et les gens de lettres les plus en renom, des dames spirituelles et gracieuses, qui formèrent autour de la marquise et de sa fille, Julie d'Angennes, comme une brillante couronne. La princesse de Condé et sa fille, qui devint plus tard la célèbre Mme de Longueville, Mme de Sablé, Mlle Paulet, la *lionne* de l'hôtel et l'une des correspondantes de Voiture, Madeleine de Scudéry, etc., telles furent les premières Précieuses. Ce petit cercle d'élite n'a pas seulement jeté comme une vernis d'élégance sur la corruption que les habitudes soldatesques du XVIe siècle avaient léguée à la société du temps de Louis XIII; il prit une part notable à la formation de notre langue classique. On a pu dire que Malherbe et Corneille avaient créé la poésie, Descartes et Pascal la prose : cette vérité n'ôte pas aux Précieuses le mérite d'avoir recommandé et répandu le goût du langage choisi, et enrichi notre idiome d'expressions qui leur ont survécu. À leur insu, elles recommencèrent l'œuvre avortée de la Pléiade; comme l'école de Ronsard, elles résolurent de *dévulgariser* la langue : seulement elles eurent le bonheur d'ignorer assez le grec et le latin pour ne pouvoir point appeler à leur aide ces langues mortes, et elles eurent le tact de faire sortir leur dictionnaire d'objets connus et d'images ordinaires. Elles trouvèrent qu'on pouvait dire : *laisser mourir la conversation; le mot me manque; revêtir ses pensées d'expressions nobles;* elles donnèrent cours au mot *urbanité*, que leur avait fourni Balzac; de l'avis de Voiture, elles préférèrent le mot *car* à la locution *pour ce que;* elles appelèrent les cheveux roux des cheveux d'un *blond hardi*, pour adoucir une vérité désagréable particulièrement à leur sexe; avant Molière, elles appelèrent l'hypocrisie le *masque de la vertu*. En même temps, elles s'appliquaient à l'orthographe, et retranchaient de certains mots les lettres parasites, écrivant *tête* au lieu de *teste, éclat* au lieu d'*esclat*. Enfin, elles éclairèrent de leurs critiques les écrivains qui leur soumettaient leurs œuvres avant d'affronter l'écueil de l'impression; si elles se trompèrent sur *Polyeucte*, elles avaient applaudi aux autres chefs-d'œuvre de Corneille, commenté le *Discours de la Méthode*, et l'on pourrait sans injustice attribuer quelques-unes des Maximes de La Rochefoucauld à Mme de Sablé et à ses amies. — Malheureusement les choses ne tardèrent pas à se gâter. Dès l'origine, les *concetti* italiens, le *gongorisme* espagnol, l'*euphuisme* anglais avaient mêlé l'afféterie à la grâce, et le raffinement au naturel. Pour n'avoir pas voulu *s'encanailler*, pour avoir trop évité de contrôler leurs propres jugements par des comparaisons salutaires avec le goût du grand public, les Précieuses ne s'aperçurent pas qu'elles substituaient l'empire de la mode et de l'esprit de camaraderie à celui du sens commun. Bientôt, selon l'expression de La Bruyère, « elles laissèrent au vulgaire l'art de parler d'une manière intelligible; une chose dite entre elles peu clairement en entraîna une autre encore plus obscure, sur laquelle on enchérissait par de vraies énigmes, toujours suivies de longs applaudissements. » Il eût fallu, pour prévenir ce péril, accepter l'épreuve de la publicité, courir le risque des moqueries même brutales du vulgaire, et les Précieuses n'eurent garde de s'y exposer. Le mal fut bientôt à son comble, lorsque se furent formées, sur le modèle de l'hôtel de Rambouillet, les *ruelles* de Chevreuse, de Scudéry, etc., et ces *alcôves* de province où l'on n'était admis qu'à la condition de connaître le *fin*

des choses, le grand *fin*, le *fin du fin*. Alors on appela un miroir le *conseiller des grâces*, et un fauteuil les *commodités de la conversation :* en supposant que Molière ait prêté gratuitement aux Précieuses ces termes ridicules, elles furent capables d'en créer d'équivalents. Attaquées par Desmarets dans sa comédie des *Visionnaires* dès l'année 1637, puis par l'abbé de Pure, les Précieuses succombèrent sous les coups que leur porta Molière dans ses *Précieuses ridicules*, en 1659, et dans ses *Femmes savantes*, en 1672. Sous l'influence du grand comique, on sembla dès lors reconnaître généralement qu'une femme en sait toujours assez,

Quand la capacité de son esprit se hausse
A connaître un pourpoint d'avec un haut-de-chausse.

Les Femmes savantes, III, 7.

Mais est-ce bien là le dernier mot de notre civilisation sur l'éducation des femmes, et faut-il entièrement y souscrire? Au reste, les Précieuses ont péri; mais la mode des salons, des ruelles et de la conversation, dont l'hôtel de Rambouillet a le premier donné le modèle, leur a survécu. Causer n'est-il pas un besoin et comme un privilège du Français? V. Rambouillet (Hôtel de), dans notre *Dictionnaire de Biographie et d'Histoire;* Rœderer, *Histoire de la société polie en France,* Paris, 1835; Somaize, *Grand Dictionnaire des Précieuses,* 1661, 2 vol. in-8°, réédité par Livet, 1856, 2 vol. in-18; Livet, *Précieux et Précieuses,* Paris, 1859, in-8°.   A. H.

PRÉCINCTION. V. ce mot dans notre *Dictionnaire de Biographie et d'Histoire.*

PRÉCIPUT (du latin *præ*, avant, et *capere*, prendre), en termes de Droit, prélèvement d'une certaine portion sur un tout. Ainsi, l'un des héritiers d'un défunt peut, par disposition testamentaire faite en sa faveur, prélever une part sur la succession, indépendamment de celle que la loi lui défère : ce préciput ne peut excéder la quotité disponible (V. Quotité); il peut être retenu même par l'héritier qui renonce à la succession (*Code Napoléon*, art. 919). On nomme *préciput conventionnel* l'avantage que par contrat de mariage reconnaît sur les biens de la communauté à celui des époux qui survivra (*Ibid.*, 1515-20).

PRÉCIPUT, traitement supplémentaire accordé à certains fonctionnaires, par exemple, aux doyens des Facultés.

PRÉCISION, qualité de la pensée et du style, qui consiste à séparer les idées qui ne doivent pas être réunies, à écarter celles qui sont étrangères ou inutiles au sujet, et à exprimer celles qui sont nécessaires, dans leur totalité, sans longueur comme sans insuffisance. La Précision est un élément de la clarté; elle a en outre le mérite de donner à la phrase de la rapidité et du mouvement.

PRÉCONISATION (du latin *præconium*, proclamation), acte par lequel un cardinal, et quelquefois le pape lui-même, déclare en plein consistoire que tel sujet, choisi pour un évêché par son souverain, et dont la nomination est soumise à l'agrément du Saint-Siège, possède les qualités requises. À la suite de la préconisation, le souverain pontife décerne les bulles d'institution canonique.

PRÉDESTINATION, en termes de Théologie, dessein que Dieu, selon quelques docteurs, aurait formé de toute éternité de conduire par sa grâce certains hommes au salut éternel. Les Thomistes, prétendant s'appuyer de l'autorité de St Augustin, admettaient la prédestination *absolue* et *antécédente*, c.-à-d. purement gratuite et non subordonnée à la prévision des mérites de l'âme prédestinée. Les Congruistes étaient pour la prédestination *conditionnelle* et *conséquente*, c.-à-d. fondée sur la prévision des mérites. Calvin soutint la prédestination absolue, qui fut décrétée aussi par le synode de Dordrecht; mais beaucoup de Protestants l'ont abandonnée depuis. La question fut vivement débattue au concile de Trente par les Dominicains et les Franciscains. — Les Musulmans entendent la prédestination dans le sens le plus large, comme les événements de ce monde : *Ce qui est écrit*, disent-ils, *est écrit*. La prédestination n'est alors autre chose que le fatalisme. V. Grace, Congruisme, Fatalisme, Déterminisme.

PRÉDÉTERMINATION ou PRÉMOTION, nom que donnaient les Thomistes à l'action de Dieu qui, suivant eux, *meut* et prévient la volonté de l'homme, en la *déterminant* à agir.

PRÉDICAMENT ou PRÉDICAT, terme de Philosophie scolastique. V. Attribut.

PRÉDICANT, dénomination jetée par dénigrement au ministre protestant dont la fonction est de prêcher.

PRÉDICATION (du latin *prædicare*, publier, proclamer, parler en public), action de prêcher, c.-à-d. d'annoncer en chaire la parole de Dieu et les vérités de la religion. Jésus-Christ confia à ses Apôtres le ministère de la prédication ; ceux-ci le transmirent aux évêques, qui, dans les premiers siècles de l'Église, en furent exclusivement chargés. Les premiers exemples que l'on connaisse de prêtres autorisés à prêcher sont ceux d'Origène et de St Jean Chrysostome en Orient, de St Félix de Nole et de St Augustin en Occident. Aujourd'hui, dans l'Église romaine, il faut être au moins diacre pour avoir le pouvoir de prêcher. Le droit d'autoriser les prédicateurs dans un diocèse n'appartient qu'à l'évêque ; les curés exercent ce droit dans leur paroisse. Certains ordres religieux se sont particulièrement consacrés à la prédication : tels sont les Dominicains, surnommés *Frères prêcheurs*, les Franciscains, les Carmes, les Augustins, les Jésuites, etc. La prédication suppose, non-seulement le talent de la parole, mais une étude approfondie de l'Écriture sainte et des Pères de l'Église, une connaissance suffisante du cœur humain et des mœurs de la société (*V.* CHAIRE — Éloquence de la). B.

PRÉDICTION, divination et déclaration nette d'événements futurs, qui sont au-dessus de la pénétration ordinaire de l'esprit humain, ou hors du cours de la nature. Elle se distingue de la *prévision*, qui a sa raison dans des connaissances acquises ; du *pressentiment*, dont le principe est une sensation, une aperception plus ou moins vague ; de la *prophétie*, qui est inspirée par Dieu ; et du *pronostic*, fondé sur certaines observations qui font présager d'ordinaire tel ou tel résultat.

PRÉEMPTION. *V.* DOUANES.

PRÉEXISTENCE, existence antérieure à la vie présente, et dont l'idée, impliquée dans toutes les théologies et les mythologies qui admettent la métempsycose, est devenue pour Platon, qui l'avait empruntée aux Pythagoriciens, l'objet d'un dogme philosophique. La préexistence des âmes se rattache, dans Platon, à la théorie de la Réminiscence (*V. ce mot*), et à l'explication du mal. L'âme, en concevant les vérités éternelles que Platon appelle *Idées* (*V. ce mot*), ne ferait que se ressouvenir de ce qu'elle aurait appris dans cette vie antérieure ; en même temps, le mal que l'homme subit en ce monde ne serait que la punition du mal commis précédemment. Sur le premier point, le reproche le plus grave qu'on puisse faire à la doctrine de Platon, c'est qu'elle est absolument hypothétique ; sur le second, d'autres considérations non moins graves viennent s'ajouter à cette objection fondamentale. Elle ne fait que reculer la difficulté ; car si le mal, en ce monde, est la punition de fautes commises antérieurement, ces fautes qui sont elles-mêmes un mal, il reste à savoir quelle en est l'origine et la cause. En outre, il nous paraît que la punition qu'on suppose manquerait son but de juste et utile expiation, en nous frappant pour des fautes dont nous aurions complètement perdu le souvenir. *V.* surtout dans Platon les Dialogues intitulés *Ménon* et *Phèdre*. B—E.

PRÉFACE (du latin *præ*, avant, et *fari*, parler), discours qu'un auteur met ordinairement en tête d'un livre qu'il publie, pour donner au lecteur quelques indications nécessaires sur le contenu ou le plan de ce livre, ou pour le prévenir favorablement. Une préface est souvent un peu apologétique ; elle doit répondre à certaines préoccupations de l'esprit public, combattre des préjugés, repousser ou discuter la critique envieuse, enfin s'imposer d'elle-même au lecteur par son à-propos. Les Préfaces de Racine pour les tragédies de *Britannicus* et d'*Iphigénie*, de Molière pour le *Tartufe*, de Voltaire pour la *Henriade*, *OEdipe*, *Mérope*, l'*Histoire de Charles XII*, sont, à divers titres, des modèles du genre ; ces grands écrivains ont su les rendre très-intéressantes, et ils y ont laissé l'empreinte de leur génie. Notre littérature compte encore deux chefs-d'œuvre dans la Préface de Dalembert en tête de l'*Encyclopédie*, et dans celle dont M. Villemain a fait précéder, en 1835, la 6e édition du *Dictionnaire de l'Académie française*. De nos jours encore on peut citer les Préfaces de Chateaubriand, dans diverses parties de ses *OEuvres complètes;* celles de C. Delavigne, pour sa tragédie de *Marino Faliero;* de V. Hugo, pour son drame de *Cromwell*, etc. P.

PRÉFACE, partie de la Messe qui précède le Canon, auquel elle sert de préambule. Elle commence par ces mots : *Sursum corda*. On la trouve dans les plus vieux sacramentaires, dans les plus anciennes liturgies, et l'usage

en paraît remonter au temps des Apôtres. Il y a, dans le sacramentaire de St Grégoire, des préfaces propres pour presque toutes les messes : le missel romain n'en a gardé que neuf. A la grand'messe, la préface est chantée par le célébrant : le chant est uniformément le même pour toutes les circonstances. Les Grecs n'ont qu'une Préface.

PRÉFECTURE, mot dont l'acception était différente chez les Anciens de celle qu'on lui donne aujourd'hui (*V.* PRÉFECTURE, dans notre *Dictionnaire de Biographie et d'Histoire*), et qui désigne pour nous, soit la charge de préfet, soit le lieu où il réside, soit le département soumis à sa juridiction. Par décret du 28 mars 1852, les préfectures ont été divisées en trois classes, dont les titulaires ont des traitements de 40,000, 30,000 et 20,000 fr. Le préfet de la Seine reçoit 50,000 fr. Les préfets peuvent être mis à la retraite à l'âge de 65 ans ; ceux qui cessent d'être en activité, et qui n'offrent pas les conditions voulues pour obtenir une pension de retraite, peuvent recevoir, pendant 6 ans, un traitement de disponibilité, qui est de 8,000 fr. pour les préfets de 1re classe, de 6,000 fr. pour les autres. Les *Conseillers de préfecture* sont aussi de trois classes, aux traitements de 3,000, 2,000 et 1,600 fr. ; ceux du département de la Seine ont 8,000 fr. Un *secrétaire général de préfecture* a rempli pendant quelque temps, avant 1854, les fonctions de *sous-préfet* dans l'arrondissement chef-lieu des plus grands départements ; il peut toujours être chargé par délégation d'une partie de l'administration départementale. — Chaque arrondissement forme une *Sous-Préfecture;* le traitement des sous-préfets est de 8,000, 6,000, et 4,500 fr. Ces fonctionnaires sont admis à la retraite à l'âge de 62 ans : s'ils n'ont pas, en cessant leur service, les conditions requises pour l'obtention d'une pension, ils ont droit pendant 6 ans, pourvu qu'ils aient au moins 6 ans de service, à un traitement de non-activité, fixé pour ceux de 1re classe à 3,000 fr., pour les autres à 2,400 fr.

PRÉFECTURE (Conseil de). *V.* PRÉFET DE DÉPARTEMENT, dans notre *Dictionnaire de Biographie et d'Histoire*.

PRÉFÉRICULE. *V.* PRÆFÉRICULE, dans notre *Dictionnaire de Biographie et d'Histoire*.

PRÉFET. } *V.* notre *Dictionnaire de Biographie et d'Histoire*.
PRÉFET MARITIME.
PRÉFET DE POLICE.

PRÉFETS DU PALAIS, fonctionnaires de la maison de l'Empereur des Français. Ils étaient au nombre de quatre : leurs fonctions consistaient dans un service d'honneur, la surveillance d'une partie de l'administration sous les ordres du grand maréchal du palais. Ils suivaient l'Empereur dans ses voyages. Cette charge existait sous le 1er Empire français ; elle disparut lors de la Restauration, et le 2e Empire l'a réinstituée.

PRÉFIX, en termes de Palais, ce qui est fixé à l'avance. On dit un *jour préfix*, un *terme préfix*, un *douaire préfix*, une *somme préfixe*.

PRÉFIXE, partie accessoire d'un mot, qui en précède la racine ou du moins le radical. Le préfixe consiste en une préposition ou en une particule inséparable qui modifie habituellement le sens originel et fondamental du mot : *in-utile*, *in-commode*, *dis-semblable*, *dé-faveur*, *mé-connaître*, *mé-créant*, *re-tenir*. On peut compter parmi les préfixes l'augment des verbes grecs et du participe passé allemand, le redoublement des parfaits grecs et de quelques parfaits latins. La connaissance des préfixes est très-utile pour l'intelligence du grec, de l'allemand, et aussi du latin. Quant aux langues néolatines, elles emploient généralement les mêmes préfixes que la langue latine, et n'en ont qu'un très-petit nombre qui leur soient particuliers. *V.* AFFIXE. P.

PREGADI. *V. ce mot* dans notre *Dictionnaire de Biographie et d'Histoire*.

PRÉJUDICIELLE (Question). *V.* QUESTION.

PRÉJUGÉ (du latin *præ-judicata*), opinion conçue à l'avance sur des questions que l'observation et l'expérience devraient seules résoudre. Les préjugés sont une des causes les plus fréquentes de nos erreurs : ils agissent sur nous de la même manière que les passions, avec lesquelles ils font souvent alliance; et telle est leur puissance, qu'ils faussent non-seulement nos jugements et nos appréciations, mais aussi nos observations elles-mêmes, en nous faisant voir dans les choses, non ce qui y est effectivement, mais ce que nous désirons y voir. Ils ont pour causes et pour origine un assez grand nombre de circonstances, dont les principales sont l'amour-propre, l'esprit de parti, de secte, de système, les habitudes acquises par l'éducation, le milieu dans lequel on a vécu.

Il est peu de Logiciens et de Moralistes qui n'aient plus ou moins-insisté sur les préjugés et sur leur influence pernicieuse. On lira avec un intérêt et un profit tout particulier, sur ce sujet, un des meilleurs chapitres de la *Logique de Port-Royal : Des mauvais raisonnements que l'on commet dans la vie civile et dans les discours ordinaires* (*Logique*, III° partie, ch. 19). B—E.

PRÉLART, toile goudronnée qui sert dans les ports à couvrir les objets et à les mettre à l'abri de la pluie. On l'emploie aussi pour fermer les écoutilles des navires.

PRÉLAT. V. ce mot dans notre *Dictionnaire de Biographie et d'Histoire*.

PRÉLATION (du latin *prælatio*, préférence), terme de notre ancienne Jurisprudence, désignant : 1° le droit qu'avait le roi de prendre une terre seigneuriale en remboursant l'acquéreur, avant-que celui-ci eût fait serment de foi et d'hommage; 2° le droit qu'avait le bailleur emphytéotique d'être *préféré* à tout autre dans l'*acquisition* de ce que le preneur voulait aliéner; 3° le droit pour l'enfant d'avoir par préférence les charges que son père avaient possédées.

PRÉLIMINAIRES (du latin *præ*, avant, et *limen*, seuil, entrée), ce qui précède, ce qui doit être examiné avant d'aborder une matière principale. Ainsi, en Diplomatie, les *préliminaires* sont des points généraux qui doivent être réglés avant d'entrer dans la discussion des intérêts particuliers. On nomme *préliminaires de paix* un traité provisoire conclu par un général d'armée ou par un diplomate, dans lequel est insérée la clause qu'il sera, dans un délai déterminé, remplacé par un traité définitif entre les souverains : si cette condition n'est pas remplie, les préliminaires n'ont d'autre effet que ceux d'une simple suspension d'armes. En Jurisprudence, le *préliminaire de conciliation* est la tentative que la loi prescrit de faire devant le juge de paix pour mettre d'accord les parties qui sont sur le point d'engager un procès.

PRÉLUDE (du latin *præ*, avant, et *ludere*, jouer), mot qui désigna d'abord, dans ce que nous appelons en Musique *Introduction*, et même *Ouverture* (V. ces mots), soit une improvisation sur l'orgue, et qui ne s'applique plus guère qu'aux pièces écrites dans un style de fantaisie pour servir d'exercices sur un instrument quelconque, ou aux traits qu'un exécutant fait entendre pour essayer un instrument, ou pour annoncer le ton du morceau qu'il va jouer. Bach, Handel, Albrechtsberger, Vanhall, Steibelt ont publié des recueils de préludes. Les Italiens donnent aux morceaux de ce genre le nom de *ricercari*, c.-à-d. pièces *recherchées* dans leurs combinaisons. B.

PRÉMÉDITATION, en termes de Droit criminel, dessein réfléchi d'exécuter un attentat contre les personnes. C'est une circonstance aggravante, qui entraîne une augmentation de peine : ainsi, le *meurtre* prémédité devient *assassinat*.

PRÉMICES (du latin *primitiæ*), premier produit de la terre ou du bétail. Les Hébreux les offraient à Dieu chaque année, et elles se prenaient depuis la 30° jusqu'à la 50° partie : ces prémices appartenaient à la tribu de Lévi. Les Grecs offraient aussi des prémices à Cérès et à Diane, les Romains aux Dieux Lares. Dans les premiers siècles de l'Église, les prêtres vécurent d'oblations, mais sans qu'il y eût à cet égard de disposition légale. Le pape Alexandre II fit du don des prémices un précepte religieux. Un concile de Bordeaux (1255) en fixa la quotité depuis la 30° jusqu'à la 40° partie du tout; un concile de Tours (1282), à la 60° partie.

PRÉMISSES, en latin *Præmissæ* (de *præmittere*, mettre en avant), propositions que l'on met en avant dans un raisonnement-pour en tirer une conséquence ou conclusion. On emploie ce mot pour toute espèce de principes, mais plus spécialement, et dans un sens rigoureusement technique, pour les principes du raisonnement déductif. Il désigne alors la majeure et la mineure des syllogismes, c.-à-d. les propositions dans lesquelles on compare successivement le grand terme, ou attribut de la conclusion, et le petit terme, sujet de la conclusion, au moyen terme, pour en opérer indirectement le rapprochement. V. MAJEURE, MINEURE, SYLLOGISME. B—E.

PRÉMOTION. V. PRÉDÉTERMINATION.

PRÉNOM (du latin *prænomen*, formé de *præ*, avant, et *nomen*, nom); nom qui se met avant le nom de la famille, pour distinguer l'individu qui le porte. Chez les anciens Romains, les gens de condition libre avaient seuls le droit d'avoir un prénom : dans les premiers temps, on le leur donnait à l'âge de puberté, 14 ans selon les uns, 17 ans selon les autres, c.-à-d. au moment où ils pre-

naient la robe virile; plus tard la coutume s'établit de le donner le neuvième jour après la naissance, et cet acte était précédé d'une cérémonie lustrale. Selon Varron, il y avait environ 30 prénoms. Le fils aîné recevait ordinairement le prénom du père, le second fils celui du grand-père, et les suivants ceux des ancêtres. Les femmes n'en portèrent pas dans le principe; puis elles prirent en se mariant celui de leur époux, en lui donnant une terminaison féminine; enfin elles en reçurent un le 8° jour après leur naissance. — Chez les peuples chrétiens, les prénoms, empruntés au calendrier des Saints, se confondent avec les *noms de baptême*. Sous la 1re République française, on remplaça par des noms de plantes, de légumes, et d'instruments aratoires. La loi du 11 germinal an XI (1er avril 1803) et le décret du 20 juillet 1808 défendent de donner aux enfants d'autres prénoms que ceux qui sont pris dans les calendriers reconnus, ou qui sont empruntés aux personnages connus de l'histoire ancienne; les officiers de l'état civil ne peuvent en admettre aucun autre dans leurs actes.

PRÉPARATION, en termes de Musique, une des règles de l'emploi des dissonances (*V. ce mot*). Elle consiste à faire entendre comme consonnant dans l'accord précédent le son qui va devenir dissonant. La préparation doit au moins égaler en valeur la durée de la dissonance; d'après ce principe, elle s'opère toujours par une syncope. B.

PRÉPOSITIF, terme employé quelquefois comme synonyme de Préfixe (*V. ce mot*).

PRÉPOSITION (du latin *præ*, devant, et *positus*, placé), particule ainsi appelée de la place qu'elle occupe ordinairement devant les noms, pronoms ou verbes. Les prépositions servent à exprimer les rapports indirects qui unissent deux mots entre eux : « Le livre *de* Pierre; j'ai donné un habit *à* ce pauvre; je ferai cela *pour* vous; il est arrivé *avant* moi; posez *ce* livre *sur* la table, etc. » D'après Port-Royal, les principaux rapports exprimés par les prépositions sont ceux de lieu (*à, auprès, autour, chez, jusque, près, par, proche, vers*, etc.); de temps (*durant, pendant*); de lieu et de temps à la fois (*dans, dès, en, depuis, sous, vers*); d'ordre (*avant, après, devant, derrière, entre*, etc.); de la cause efficiente (maison bâtie *par* un architecte), matérielle (maison *de* brique), finale (maison bâtie *pour* y loger des pauvres); d'union et de conformité (*avec, selon, suivant*); de séparation, d'exception, d'opposition (*excepté, hors, hormis, sans, sauf, contre, malgré, nonobstant*), etc. Il s'en faut beaucoup que chacun de ces rapports soit exprimé par une préposition spéciale; un même rapport peut être exprimé par plusieurs prépositions (il est *dans* Paris, *en* Italie, *à* Rome); et une même préposition peut marquer divers rapports (il est *en* France, il va *en* Italie, il viendra *en* trois jours, il est tombé *en* courant). — L'emploi des prépositions est d'autant plus fréquent qu'il y a moins de cas ou absence totale de cas dans une langue, puisque les cas sont destinés à signifier les rapports des noms, adjectifs et pronoms avec les mots qui les accompagnent. Il semble d'abord que les langues pourvues de cas devraient se passer de prépositions; mais les cas étant infiniment moins nombreux que les prépositions, les rapports qu'ils marquent sont encore plus étendus et plus vagues. Aussi le grec, le latin, l'allemand surtout, font un fréquent usage des prépositions, afin de donner aux cas plus de précision, et de rendre le langage plus net et plus clair. Le mot qui suit la préposition s'appelle son *complément*, parce qu'il en complète le sens; ou son *régime*, terme qui convient aux langues anciennes et à l'allemand, parce qu'elle semble imposer tel ou tel cas au mot complémentaire. — Les prépositions servent encore à former avec les autres mots, surtout avec les verbes, des mots composés qui contribuent beaucoup à la brièveté et quelquefois à l'énergie du langage : *con-disciple, détourner, par-achever, par-faire*. — Outre *les prépositions simples*, les diverses langues emploient des *prépositions composées* ou *locutions prépositives*, formées de la réunion de plusieurs mots; telles sont, en français, *à travers, à cause de*, etc. — Les mots *excepté, nonobstant, concernant, touchant*, que l'on classe parmi les prépositions, ne sont que de fausses prépositions : ce sont des participes auxquels la force de l'usage et une apparence trompeuse ont fait donner ce nom : cependant, comme on peut les remplacer exactement par des prépositions synonymes, il est plus commode, dans la pratique, de les considérer comme telles.

Aux prépositions il convient de rattacher certaines particules qui ne s'emploient jamais seules, mais s'attachent à la 1re syllabe du mot où elles entrent comme modificatifs, et qu'on appelle pour cette raison *particules inséparables*. Les Anciens leur donnaient le nom de prépositions, à cause de la place qu'elles occupent constamment; les Modernes les appellent souvent *préfixes*. Les principales sont, en grec : α, ὄυς; en latin, *in, dis;* en français, *in, dé, dis, mé,* etc. V. Préfixe. P.

PRÉROGATIVE, mot qui exprime un avantage particulier, un privilége quelconque attaché à certaines fonctions, à certaines dignités. Sous la monarchie constitutionnelle, on appelle *Prérogative royale, Prérogative parlementaire,* les droits et les pouvoirs que la Constitution accorde au roi, aux Chambres législatives. Les ambassadeurs jouissent, dans les pays où ils sont envoyés, de trois prérogatives principales, l'exterritorialité (*V. ce mot*), l'inviolabilité, et l'immunité ou exemption de la juridiction ordinaire.

PRÉSAGE, signe d'après lequel on juge de l'avenir. Les Anciens tiraient des présages, soit des paroles fortuites (les présages s'appelaient alors *omina*), soit du chant et du vol des oiseaux (c'était l'*oïonoscopie*), soit des volatiles (*auspices, augures*), soit des entrailles des victimes (*aruspices*). Ils interprétaient encore les tintements d'oreilles, les éternuments, les chutes imprévues, la rencontre de certains hommes ou de certains animaux, les noms, les éclairs, la foudre, etc.

PRÉSANCTIFIÉE (Messe), messe sans consécration, mais dans laquelle on communie avec des *hosties présanctifiées,* c.-à-d. consacrées la veille ou quelques jours auparavant. Dans l'Église latine, il n'y a de messe de ce genre que le Vendredi Saint; dans l'Église grecque, on en dit pendant tout le Carême, excepté le samedi et le dimanche.

PRESBYTÈRE (du grec *presbuteros*, prêtre), maison servant à l'habitation d'un curé ou d'un desservant. Dès les premiers temps du christianisme, les paroissiens donnèrent un logement à leur curé : plusieurs conciles en firent une obligation, et leur décision a été confirmée par le concile de Trente. Un décret de 1809 oblige les communes à fournir à leur curé ou desservant un presbytère, un logement, ou une indemnité pécuniaire. Les contestations à ce sujet ressortissent, non aux tribunaux, mais à l'autorité administrative. — St Paul donnait le nom de *Presbytère* à l'assemblée des prêtres. On appliqua aussi ce nom au *chœur* des églises, parce qu'anciennement les prêtres seuls avaient droit d'y prendre place.

PRESBYTÉRIENS. V. ce mot dans notre *Dictionnaire de Biographie et d'Histoire.*

PRESCIENCE, connaissance certaine et infaillible de l'avenir, comprise dans l'attribut divin de sagesse suprême. Incapables que nous sommes de faire sur les futurs événements autre chose que de simples conjectures, nous ne pouvons avoir de cette prescience infaillible qu'une idée bien incomplète; mais si nous ne comprenons pas clairement comment elle s'opère, du moins concevons-nous clairement qu'elle est un élément nécessaire de la perfection divine. Nous croyons donc, et nous affirmons de la manière la plus positive, que Dieu connaît certainement, de toute éternité, les événements futurs jusque dans leurs plus petits détails. On a dit souvent que « l'Intelligence infinie connaissant l'infinie et universelle vérité par un seul regard, où il n'y a ni progrès, ni succession, ni distinction, ni divisibilité» (Fénelon, *De l'Existence de Dieu*), il n'y a pour Dieu à proprement parler ni passé, ni futur. Cela nous paraît plus subtil que véritablement satisfaisant. On tombe d'accord que tous les êtres et tous les événements qui sont, qui ont été, ou qui doivent être, bien qu'embrassés simultanément par Dieu dans un acte unique, permanent et éternel, d'intelligence, ne laissent pas de lui apparaître comme étant les uns présents, « les autres devant, les autres après, par le rapport qu'ils ont entre eux »; dès lors, et malgré la supériorité infinie de cet acte unique sur nos conceptions successives, il n'en reste pas moins que Dieu voit et sait les choses comme futures, et nous ne sommes pas plus avancés qu'auparavant. C'est qu'en effet la prescience divine est une des vérités qu'une loi de notre intelligence nous fait concevoir et croire sans les comprendre — En tant qu'elle a pour objet les actions humaines, on l'oppose au Libre Arbitre, et l'on dit : « Comment peut-il se faire que l'homme garde la libre disposition d'actes que Dieu a prévus de toute éternité? Ou, si l'homme est libre jusqu'au moment de sa décision et jusque dans sa décision même, comment Dieu peut-il avoir prévu certainement de toute éternité les déterminations qu'il prendrait? » A prendre les choses dans ces termes, et toutes réserves faites sur la question du gouvernement exercé par Dieu sur le monde, ceci n'est, ni dans un sens, ni dans l'autre, une difficulté véritable, et l'on peut dire que si la Prescience divine et le Libre Arbitre considérés comme se faisant obstacle l'un à l'autre, cela tient à la confusion de certains mots, de certaines formes de langage, qui expriment deux choses bien différentes, tantôt la simple futurition, et tantôt la nécessité. Ainsi : « cette chose doit être » peut signifier, ou : « telle chose sera, » ou : « il est nécessaire que telle chose soit. » Dieu, comme intelligence parfaite, sait bien que telle chose sera, bien qu'il n'y ait, à ce qu'elle soit, aucune nécessité. Il en est de même des mots *certain* et *déterminé*. Il est certain, absolument parlant, qu'entre différents partis il en est un que je choisirai; mais cette espèce de certitude n'est pas ce qui détermine mon choix, lequel reste jusqu'au dernier moment à ma disposition. Une intelligence imparfaite ignore ce qu'il en sera. Moi-même j'ignore longtemps quel parti je prendrai. Dieu, au contraire, a prévu comment je choisirais. Mais sa prévision, bien qu'antérieure, en fait, à ma décision, ne laisse pas de lui être logiquement postérieure, puisqu'en réalité ce n'est pas ma décision qui se règle sur sa prévision, mais au contraire sa prévision qui a été, de toute éternité, formée sur mon choix futur. En un mot, la certitude avec laquelle Dieu prévoit les actions libres des hommes ne leur ôte pas plus leur caractère que ne le fait aux actions passées la certitude de nos souvenirs. Voilà, en résumé, ce qu'on peut répondre aux objections contre le Libre Arbitre, tirées exclusivement de la Prescience divine. Quant à celles qui font intervenir la Providence, elles exigent une *autre réponse*, et seront examinées dans un article subséquent (*V. Providence*). Sur l'un et l'autre sujet, V. Bossuet, *Traité du Libre Arbitre*, et Leibniz, *Essais de Théodicée.* B—E.

PRESCRIPTION CIVILE. Le *Code Napoléon* (art. 2219) définit la prescription « un moyen d'acquérir ou de se libérer par un certain laps de temps et sous les conditions déterminées par la loi. » Elle est donc rangée par lui dans les moyens d'acquérir la propriété, parce que, aux yeux du législateur, elle repose sur la présomption d'une acquisition ou d'une libération antérieures. La prescription ne peut être suppléée d'office par le juge; elle doit être opposée par la partie qui l'invoque. Elle peut l'être en tout état de cause. La prescription ne peut atteindre les choses qui ne sont pas dans le commerce, l'état civil des citoyens, les droits contraires à l'ordre public, ni même les droits facultatifs; de même le domaine public et ses dépendances.

Il y a deux obstacles à la prescription, une possession *précaire* ou *contraire au titre*. La possession précaire est la possession de ceux qui détiennent pour autrui; ainsi le fermier, le dépositaire, l'usufruitier, l'emphytéote, l'usager, l'engagiste. Ces détenteurs ne peuvent prescrire que si leur titre se trouve *interverti* soit par une cause venant d'un tiers, soit par la contradiction qu'ils ont opposée au droit du propriétaire. Quant au titre contre lequel on ne peut prescrire, c'est celui en vertu duquel on exerce des droits sur une chose.

La prescription est *interrompue*, soit *naturellement*, lorsque le détenteur est privé pendant plus d'un an de la jouissance de la chose, soit *civilement*, en vertu d'une citation en justice, d'un commandement ou d'une saisie signifiés à celui qu'on veut empêcher de prescrire. Il en est de même de la citation en conciliation, lorsqu'elle est suivie d'une assignation en justice dans les délais de droit, c.-à-d. le mois de la non-comparution ou non-conciliation. L'interruption est regardée comme non avenue, si l'assignation est nulle pour vice de forme, ou s'il y a désistement du demandeur ou péremption d'instance. La prescription est également interrompue par la reconnaissance que fait le détenteur ou débiteur du droit du propriétaire ou du créancier.

La prescription est *suspendue*, quand le créancier ne peut agir, soit pour des *causes personnelles*, soit pour des *causes extrinsèques*. Ainsi, sauf certaines exceptions, elle ne court pas contre les mineurs et les interdits. Elle ne court pas contre les femmes mariées sous le régime dotal, à l'égard de l'aliénation d'un fonds constitué selon ce régime. Elle ne court pas non plus contre les femmes mariées dans les cas où l'action ne pourrait être exercée qu'après une option à faire sur l'acceptation ou la renonciation à la communauté, et dans celui où l'action ne pourrait être exercée sans réfléchir contre le mari. Elle est suspendue au profit des militaires ou défenseurs de la patrie. Les causes extrinsèques de suspension sont la condition apposée à l'existence d'une créance, jusqu'à ce qu'elle se réalise; à l'égard d'une action en garantie, l'événement de l'éviction; à l'égard d'une créance à jour fixe, l'arrivée du terme.

La prescription se compte par jours, et non par heures; elle est acquise lorsque le dernier jour du terme est arrivé.

Le temps de la prescription est de trente ans pour toutes les affaires tant réelles que personnelles, sans qu'il y ait obligation de rapporter un titre, ou que l'exception de mauvaise foi puisse être opposée. Il est de dix ans en faveur de celui qui acquiert un immeuble de bonne foi et par juste titre, si le véritable propriétaire demeure dans le ressort de la Cour où est situé l'immeuble; de vingt ans dans le cas contraire. On entend par juste titre un titre habile à transférer la propriété. Le même délai de dix ans exonère les architectes et entrepreneurs de la responsabilité pour constructions et gros ouvrages qu'ils ont dirigés.

Il existe en outre d'autres prescriptions particulières qui ont pour caractère spécial de courir contre les mineurs et les interdits, sauf leur recours contre leurs tuteurs : la prescription de six mois, contre les maîtres et instituteurs, les hôteliers, traiteurs, ouvriers et gens de travail; la prescription d'un an, contre les médecins, pharmaciens, huissiers, marchands, maîtres de pension, domestiques; la prescription de deux ans, contre les avoués, pour le payement de leurs frais; la prescription de trois ans, pour assurer la possession des meubles, pour décharger du payement de l'impôt foncier, pour les arrérages des pensions dues par l'État. Les juges, avoués, huissiers, sont déchargés des pièces cinq ans après le jugement des procès. La prescription de cinq ans s'applique aux arrérages des rentes perpétuelles ou viagères, pensions alimentaires, loyers des maisons, prix de ferme de biens ruraux, intérêts des sommes prêtées, et à tout ce qui est payable par année ou à des termes périodiques plus courts. La prescription est de huit ans pour les lettres et objets non réclamés à l'administration des postes (Loi du 5 mai 1855).

PRESCRIPTION CRIMINELLE, droit accordé par la loi à l'auteur d'un fait délictueux de ne pas être poursuivi, et, s'il a été condamné, de ne pas subir sa peine après un certain laps de temps écoulé. De là deux prescriptions, la prescription du droit d'action, et la prescription de la peine. En cette matière, le moyen de prescription est d'ordre public, il doit être suppléé par le juge. Le *dies à quo* est compris dans la computation du temps. Le délai se suppute date par date. Quand il s'agit de crimes, les peines se prescrivent par vingt ans; par cinq ans, quand il s'agit de délits; par deux ans, quand il s'agit de contraventions. Le point de départ est toujours la décision qui a prononcé. L'action publique, au contraire, se prescrit par dix ans dans le premier cas, par trois ans dans le second, à partir du jour où le crime et le délit ont été commis; elle se prescrit par un an en matière de contraventions de police. L'action civile se prescrit par les mêmes délais; c'est aux juges civils qu'il appartient alors de statuer sur la qualification à donner au fait délictueux. La prescription est interrompue par les actes d'instruction et de poursuite, c.-à-d. ayant pour objet, soit de rechercher les preuves de la culpabilité du prévenu, soit de s'assurer de sa personne. Il y a en outre un certain nombre de prescriptions spéciales qui se trouvent indiquées aux matières qu'elles concernent. V. Delaporte, *Traité des Prescriptions*, 1810, in-8°; Vazeille, *Traité des Prescriptions*, 2° édit., 1832, 2 vol. in-8°; Bousquet, *Dictionnaire des Prescriptions en matières civile, commerciale, criminelle, etc.*, 1838, in-8°; Troplong, *Commentaire du titre XVIII du livre III du Code civil, De la Prescription*, 3° édit., 1841, 2 vol. in-8°; Berriat Saint-Prix, *Mémoire sur la durée et sur la suspension de la Prescription*, 1841, in-8°; Royer, *De la Prescription considérée comme moyen d'acquérir la propriété*, 1853, in-8°. R. D'E.

PRÉSÉANCE. V. ce mot dans notre *Dictionnaire de Biographie et d'Histoire*.

PRÉSENCE (Droit de), rétribution accordée aux membres de certaines compagnies ou associations, lorsqu'ils assistent aux assemblées. Les *jetons de présence* sont les médailles qui représentent cette rétribution.

PRÉSENCE RÉELLE, dogme de l'Église catholique qui enseigne que Jésus-Christ est réellement présent dans le sacrement de l'Eucharistie, et que c'est son corps et son sang que le fidèle consomme dans l'acte de la communion sous les espèces du pain et du vin consacrés. Les Calvinistes nient la présence réelle; les Luthériens, qui l'admettent, repoussent la Transsubstantiation (*V. ce mot*), et croient à la coexistence de Jésus-Christ et des espèces dans le sacrement, ce qu'ils appellent *consubstantiation* et *impanation*. V. COMMUNION, EUCHARISTIE.

PRÉSENT, temps de la conjugaison marquant qu'une chose est ou se fait dans le moment de la parole : « *J'écris une lettre.* » Il marque aussi l'état habituel du sujet, ou bien les choses qui sont et seront toujours vraies : « Le lion *est* fier et généreux. » Le présent s'emploie abusivement pour le futur, surtout pour un futur prochain, afin de donner plus de vivacité au discours : « Je *suis* de retour *dans un moment*. » De même pour le futur passé : « S'il *bouge*, il *est* mort (c.-à-d., s'il *bougera*, il *sera* mort). » Avec la conjonction *si*, le présent s'emploie constamment en français au lieu du futur : « Si vous *venez*, vous me ferez plaisir. » On met aussi le présent de l'infinitif après certains verbes qui, impliquant une idée d'avenir, demanderaient logiquement le futur : « J'espère *venir*, » c.-à-d. que je *viendrai*. Un usage fréquent fait employer le présent à la place du passé dans le style de la narration, afin de réveiller l'attention, et de frapper l'imagination en lui présentant les faits comme dans un tableau : « Gourville se moqua de lui; Vatel *monte* à sa chambre, *met* son épée contre la porte, et se la *passe* au travers du cœur. » Dans les propositions subordonnées à des temps passés, mais exprimant elles-mêmes quelque chose de durable ou d'éternellement vrai, le verbe se met au présent : « Je vous *disais* bien, je vous *ai* toujours *dit*, je vous *avais* averti que les flatteurs sont à craindre.» Au subjonctif, ce mode n'ayant pas de forme spéciale pour le futur, le présent en tient lieu : « Faites en sorte que cela se fasse demain. » — Les différents emplois du présent, que nous venons de mentionner, ont donné lieu à certains grammairiens, particulièrement à Beauzée d'imaginer des dénominations métaphysiques, plus ingénieuses qu'utiles; ainsi, ils ont distingué : le *présent actuel* ou proprement dit (je vous vois, j'écris); le *présent antérieur*, c.-à-d. employé pour le passé; le *présent postérieur*, c.-à-d. employé pour le futur; le *présent général* ou *indéfini*, c.-à-d. exprimant des propositions d'éternelle vérité; le *présent simultané* (je suis heureux quand je vous vois); le *présent d'habitude* (je passe l'été à la campagne et l'hiver à la ville), etc... P.

PRÉSENTATION, ancien terme de Droit, désignant l'acte par lequel un procureur déclarait se présenter pour telle partie. On dit aujourd'hui *constitution* d'avoué.

PRÉSENTOIRE, sorte d'ancien vase pour le service de table.

PRÉSIDENT, titre que prend le chef du pouvoir exécutif aux États-Unis de l'Amérique du Nord et dans quelques républiques de l'Amérique du Sud. Il y eut aussi en France un Président de république, de 1848 à 1852; le même titre a été rétabli en 1871. Celui qui dirige les débats d'une Assemblée législative porte aussi le nom de Président. Les Cours et les tribunaux ont des Présidents: celui d'une Cour a le titre de *premier président*; chaque Chambre d'une Cour a un président particulier, dit *président de chambre*; les *présidents des assises* sont des conseillers de Cour d'appel chargés temporairement de diriger les assises. Les attributions de ces divers magistrats ont été déterminées par le Code de Procédure civile (art. 138, 239, 325, 751), par la loi du 20 avril 1810, par les décrets des 6 juillet et 18 août 1810. — Tout membre d'une Académie, Société ou Compagnie quelconque, qui a été élu pour diriger les discussions et veiller à l'observation des statuts et règlements, porte aussi le nom de Président.

PRÉSIDES. } V. ces mots dans notre *Dictionnaire de*
PRÉSIDIAL. } *Biographie et d'Histoire*.

PRÉSOMPTION (en latin *præsumptio*; de *præsumere*, prendre d'avance, présumer, conjecturer), en termes de Droit, conséquence que la loi ou le magistrat tire d'un fait connu à un fait inconnu. On distingue la *Présomption légale* et la *Présomption simple*. La Présomption légale est celle qui est attachée par une loi spéciale à certains actes et à certains faits, qui dès lors sont présumés vrais; tels sont: 1° les actes que la loi déclare nuls, comme présumés faits en fraude de ses dispositions, par exemple ceux qui sont faits à des personnes présumées interposées; 2° les cas dans lesquels la loi déclare la propriété ou la libération résulter de certaines circonstances déterminées, telles que la présomption de mitoyenneté; 3° l'autorité que la loi attribue à la chose jugée; 4° la force que la loi attache à l'aveu de la partie ou à son serment. La Présomption légale dispense de toute preuve celui au profit duquel elle existe, à moins que la loi elle-même n'ait réservé la preuve contraire. Le législateur ne pouvant ni tout prévoir, ni appliquer des principes absolus à des intérêts très-divers et à des circonstances variables, les Présomptions simples sont celles qu'il a abandonnées aux lumières et à la prudence du magistrat : elles doivent être *graves, précises* et *concordantes;* elles ne sont d'ailleurs autorisées que dans les cas où la loi admet la preuve testimoniale, ou bien lorsqu'un acte est attaqué pour fraude ou dol.

PRÉSOMPTION D'ABSENCE. *V.* ABSENCE.

PRESQU'ILE, étendue de terre entourée d'eau, à l'exception d'un seul côté par lequel elle tient au continent. Les Grecs disaient *chersonèse,* et les Romains *péninsule;* ce dernier mot est encore employé aujourd'hui, mais pour désigner une presqu'île considérable, l'Italie, l'Espagne, par exemple.

PRESSE, mot qui s'entend de tous les produits de la *presse à imprimer,* c.-à-d. de tous les ouvrages imprimés. Les Journaux et les Revues constituent la *Presse périodique.* Par *Liberté de la presse,* on entend la liberté de mettre au jour, par la voie de l'impression, ses idées et ses opinions sur toutes sortes de matières, sans être obligé de les soumettre à la censure et sans être inquiété. C'est un droit aujourd'hui reconnu par la plupart des gouvernements, mais qui a passé par bien des alternatives de compression et de faveur. Toute liberté a des bornes : attaquer l'ordre social, les lois établies, les pouvoirs légitimes, les principes de toute morale, l'honneur individuel, n'est pas liberté, mais licence, sédition ou folie. Ni la société ni le pouvoir ne peuvent être désarmés. Seulement, quand il s'agit de déterminer la limite qui sépare la liberté et la licence, le droit et l'abus, on cesse d'être d'accord : ce qui est liberté aux États-Unis ou en Angleterre est licence à Paris, et la liberté des Français est licence en Autriche ou en Russie. Pour régulariser l'exercice de la liberté de la presse, les gouvernements ont admis deux moyens de répression : l'un, *préventif,* est la censure; l'autre, *pénal,* suit la perpétration du délit. La censure a été plus particulièrement employée sous l'ancienne monarchie française (*V.* CENSEUR ROYAL, CENSEURS DRAMATIQUES, CENSEURS DES JOURNAUX). Aujourd'hui, elle n'existe pas; cependant on retrouve véritablement le système préventif dans les conditions de l'imprimerie et de la librairie concédées par brevet, puisque les imprimeurs peuvent refuser d'imprimer, et les libraires refuser de vendre les ouvrages dont la publication entraînerait peut-être pour eux le retrait de leur privilège ou des condamnations. *V.* IMPRIMERIE, LIBRAIRIE.

Aucun livre ne pouvait publié autrefois en France sans une approbation spéciale (*V.* APPROBATION DES LIVRES), donnée dans le principe par l'Université, plus tard par le roi, en vertu d'un édit d'Henri II (11 déc. 1547); et cette approbation constituait un privilège pour le libraire qui l'avait obtenue. Une ordonnance du 10 sept. 1553 défendit, sous peine de la corde, de publier aucun ouvrage sans la permission du roi. Un édit de 1557 punit de mort les « auteurs, imprimeurs et colporteurs de livres tendant à attaquer la religion, à émouvoir les esprits, et à troubler la tranquillité de l'État. » L'ordonnance de Moulins (1566) diminua les rigueurs contre la presse; mais on les vit reparaître sous le ministère du cardinal de Richelieu, et, depuis cette époque jusqu'à la Révolution française, la liberté d'écrire fut très-limitée et très-précaire. L'Assemblée Constituante de 1789 inaugura un régime nouveau : la liberté de la presse fut proclamée par les Constitutions de 1791, de 1793 et de l'an III (1795). Mais les excès des journaux rendirent une réaction nécessaire, et elle devait à son tour dépasser le but. Les lois des 19 fructidor an V et 9 fructidor an VI (5 sept. 1797 et 26 août 1798) placèrent les journaux et les feuilles périodiques sous l'inspection de la police. La Constitution de l'an VIII (1799) ne fit plus mention de la liberté de la presse; un arrêté du 8 pluviôse de cette année (28 janvier 1800) fixa le nombre des journaux, et autorisa les Consuls à supprimer ceux qui énonceraient des doctrines contraires aux principes du gouvernement; un autre arrêté, du 4 vendémiaire (26 septembre), décida qu'aucun libraire ne pourrait vendre un ouvrage avant de l'avoir présenté à une commission de révision. La censure fut rétablie par décret du 5 fév. 1810, et un autre décret, du 3 août suivant, réduisit la presse périodique à un seul journal par département, à l'exception de Paris, qui en compta quatre. — La Charte de 1814 reconnut aux Français « le droit de publier et de faire imprimer leurs

opinions, en se conformant aux lois qui devaient réprimer les abus de cette liberté. » Néanmoins, l'ordonnance du 10 juin 1814 maintint provisoirement la législation antérieure, et une loi du 21 octobre rétablit la censure. Quiconque publiait un journal dut soumettre chaque soir l'épreuve de la feuille qui devait paraître le lendemain matin, et la censure y effaçait tout ce qui lui déplaisait. Puis on vit se succéder la loi du 17 mai 1819 sur la répression des crimes et délits commis par la voie de la presse, la loi du 26 mai 1819 relative à la poursuite de ces crimes et délits, la loi du 9 juin 1819 sur la publication des journaux. Aux rigueurs qu'elles contenaient, la loi du 25 mars 1822 ajouta que l'autorisation préalable du gouvernement serait nécessaire pour fonder toute espèce de journal ou de recueil périodique s'occupant de matières politiques et paraissant plus d'une fois par mois. Après l'arrivée de M. de Martignac aux affaires, en 1827, la censure fut supprimée, et une loi du 18 juillet 1828 fixa à nouveau, et dans un sens plus libéral, les conditions de la publication des journaux. Les ordonnances de juillet 1830 rétablissaient la censure, mais la Révolution qui suivit en empêcha l'exécution. La Charte de 1830 rendit à la presse toute sa liberté, et, d'après la loi du 8 oct. de la même année, les délits commis par la voie de la presse, rentrant dans le droit commun, furent soumis au jugement du jury : seulement, des dispositions pénales particulières furent prises pour la répression des attaques contre le roi ou contre les Chambres législatives. Mais, à la suite de l'attentat de Fieschi (1835), les lois dites de Septembre frappèrent de peines très-sévères les crimes et les délits de presse, lesquels, dans certains cas graves, furent soustraits à la connaissance du jury et soumis au jugement de la Cour des Pairs.

Après la Révolution du 24 fév. 1848, la presse eut un nouvel instant de liberté et même de licence : un décret du 6 mars abrogea les lois précédentes. Les sanglantes journées de juin suivant firent comprendre aux gouvernants la nécessité de mettre un terme au débordement des mauvaises passions. Le général Cavaignac, investi de la dictature, suspendit un grand nombre de journaux politiques; le rétablissement du cautionnement et du timbre en fit disparaître une foule d'autres; des mesures contre les excès de la presse furent édictées par les lois du 27 juillet 1849 et du 16 juillet 1850; cette dernière prescrivit de signer les articles politiques. Au coup d'État du 2 décembre 1851, d'autres journaux cessèrent encore de paraître. Le décret du 17 février 1852 soumit les journaux à l'obligation d'une autorisation préalable, du ministre de l'Intérieur, au cautionnement et au timbre, à la formalité du dépôt avant publication, les rendit justiciables des tribunaux de police correctionnelle, permit de les suspendre après deux *avertissements,* et les supprima après une *condamnation* pour crime commis par la voie de la presse, ou deux condamnations pour contraventions et délits dans l'espace de deux années. Après une seule condamnation, le gouvernement avait la faculté de prononcer la suspension ou la suppression du journal. Le journal pouvait encore être supprimé, sans condamnation préalable, par mesure de sûreté générale, en vertu d'un décret de l'Empereur. L'autorisation ne pouvait être accordée qu'à un Français majeur, jouissant de ses droits civils et politiques; elle était nécessaire aussi pour tous changements dans le personnel des gérants, rédacteurs en chef, propriétaires ou administrateurs du journal. Toute publication sans autorisation était punie d'une amende de 100 fr. à 2,000 fr. pour chaque numéro, et d'un emprisonnement d'un mois à 2 ans : celui qui avait publié le journal et l'imprimeur étaient solidairement responsables, et le journal cessait de paraître. Une feuille politique ou d'économie sociale publiée à l'étranger ne pouvait circuler en France qu'en vertu d'une autorisation du gouvernement : tout introducteur ou distributeur d'un journal non autorisé était puni d'un emprisonnement d'un mois à un an et d'une amende de 100 à 5,000 fr. Il était interdit aux journaux, sous peine d'une amende de 50 à 1,000 fr., de rendre compte des procès pour délits de presse; ils ne pouvaient qu'annoncer la poursuite et publier le jugement. Dans toutes les affaires civiles, correctionnelles ou criminelles, les Cours et tribunaux pouvaient interdire le compte rendu du procès; mais cette interdiction ne pouvait s'appliquer au jugement. On ne pouvait, sous peine d'une amende de 100 à 2,000 fr., publier les actes d'accusation et aucun acte de procédure criminelle, avant qu'ils eussent été lus en audience publique : en cas de récidive dans l'année, l'amende pouvait être doublée, et le coupable condamné à un emprisonnement de 10 jours à 6 mois. Il était interdit de rendre compte des procès pour outrages ou injures, et des procès de diffamation où la preuve des faits diffamatoires n'est pas admise par la loi : on pouvait seulement annoncer la plainte, sur la demande du plaignant ; on pouvait publier le jugement. Il était interdit, sous peine d'une amende de 200 à 3,000 fr. (le double pour la récidive), de publier les noms des jurés, excepté dans le compte rendu de l'audience où le jury avait été constitué, et de rendre compte des délibérations intérieures, soit des jurés, soit des Cours et tribunaux. Les journaux ne pouvaient d'abord, sous peine d'une amende de 1,000 à 5,000 fr., donner d'autre compte rendu des séances du Corps législatif que la reproduction du procès-verbal officiel ; depuis 1861, ils furent autorisés à publier les débats complets, sous condition de donner intégralement une discussion tout entière. Ils reproduisaient également les comptes rendus officiels des séances du Sénat. Les gérants étaient tenus d'insérer, en tête du journal et gratuitement, les documents, relations, renseignements, réponses et rectifications que leur adressait un dépositaire de l'autorité publique, à peine d'une amende de 50 à 1,000 fr., et le journal pouvait en outre, à raison des faits qui avaient nécessité cette intervention, être suspendu pendant 15 jours au plus. Si la publication d'un journal supprimé ou suspendu était continuée sous le même titre ou sous un titre supposé, les auteurs gérants ou imprimeurs étaient punis d'un emprisonnement d'un mois à 2 ans, et solidairement d'une amende de 500 à 3,000 fr. par chaque numéro. La publication d'un article politique ou d'économie sociale émanant d'un individu condamné à une peine afflictive ou infamante était passible d'une amende de 1,000 à 5,000 fr. Les éditeurs d'un journal étaient tenus d'y insérer la réponse de toute personne nommée et désignée dans le journal : l'insertion était gratuite lorsque la réponse ne dépassait pas le double de la longueur de l'article qui l'avait provoquée ; dans le cas contraire, le prix d'insertion était dû pour le surplus. Dans les trois jours de tout jugement ou arrêt définitif de contravention de presse, le gérant devait acquitter le montant des condamnations encourues. V. au *Supplément*.

En Angleterre, la presse jouissait de fort peu de liberté au XVIIe siècle : elle était alors placée dans les attributions de la Chambre étoilée, qui fixait le nombre des imprimeurs et des presses qu'ils pouvaient avoir, et nommait un commissaire surveillant sans l'autorisation duquel ils ne devaient rien imprimer ; les peines appliquées aux délits de presse étaient arbitraires et cruelles. En 1641, la Chambre étoilée ayant été supprimée, la connaissance des délits de presse fut attribuée au Parlement. Celui-ci remit le droit de censure aux autorités locales, qui finirent par en abuser. — L'Angleterre étant le pays modèle et toujours cité pour la liberté de la presse, c'est surtout à dater de 1689 qu'il faut examiner à quel régime elle fut soumise, nous allons donc présenter un résumé de l'histoire de cette presse, et dire ce qu'elle est aujourd'hui légalement et de fait. Nous emprunterons ce résumé à une célèbre circulaire que M. le comte de Persigny adressa aux préfets, lorsqu'il rentra au ministère de l'Intérieur, en décembre 1860, après son ambassade de Londres.

« ..... Jusqu'à l'anéantissement complet du parti des Stuarts, la législation anglaise sur la presse ne paraît avoir eu qu'un seul objet : défendre la nouvelle dynastie contre ses ennemis politiques ou religieux, et interdire, au nom de la liberté, en quelque sorte, les armes et les instruments de la liberté aux adversaires des nouvelles institutions du pays. En 1692, déjà sous Guillaume d'Orange, jusqu'à la chute du parti des Stuarts, à la place de la censure qui avait eu lieu quelque temps sous Guillaume, mais qui n'était qu'une douce mesure auprès de ce qui suivit, le régime de la presse, des livres, des journaux, des publications de tout genre, fut soumis à la juridiction du *Common Law*.

« Pour comprendre le caractère de cette juridiction, il faut savoir qu'à la différence du *Statute-Law*, qui est la loi écrite et votée par le Parlement, le *Common Law* est la loi non écrite, *lex non scripta*, qui demeure dans la mémoire et la conscience des juges interprétant les traditions du passé ; que cette loi donne pouvoir discrétionnaire aux juges de la couronne pour les peines à prononcer après la déclaration du fait par le jury ; et qu'ainsi,

pendant tout le temps que la maison de Hanovre eut à l'intérieur des ennemis politiques ou religieux, c.-à-d. pendant toute cette période de passions et de violence, les juges de la couronne ont exercé le droit rigoureux de condamner toute personne coupable d'avoir écrit, publié ou imprimé des attaques contre la couronne et contre l'État, non-seulement à l'amende, à la prison, au fouet et au pilori, mais même à la peine de mort, et cela non pas comme aujourd'hui sur une déclaration du jury portant sur l'offense même, mais sur la simple déclaration du fait : Un tel est-il l'auteur, ou l'éditeur, ou l'imprimeur de tel écrit ?

« Or, si l'on songe que les juges nommés par la couronne étaient choisis parmi les plus zélés partisans de la maison de Hanovre et même révocables par la couronne jusqu'en 1760, on peut s'imaginer ce qu'a dû être la liberté de la presse pour les partisans des Stuarts, pour les jacobites, pour les catholiques ou papistes, comme on disait alors, et autres ennemis de l'État. Ce n'est qu'à la fin du XVIIIe siècle, quand déjà depuis longtemps la maison de Hanovre était consolidée, le parti des Stuarts anéanti et celui des catholiques soumis, que l'opinion réclamant un adoucissement à cette rigoureuse législation, Fox obtint un bill du Parlement pour appliquer le verdict du jury, non plus au fait seul, mais au caractère de l'écrit séditieux ou du libelle, ce qui introduisit naturellement un tempérament considérable dans cette législation.

« Ici je ne veux pas m'appesantir sur les détails en fouillant dans l'arsenal que la législation anglaise tient à la disposition du pouvoir ; mais je citerai deux circonstances caractéristiques qui serviront à mettre dans tout son jour l'esprit de nos voisins en matière de presse.

« Vingt-cinq ans après le bill de Fox, quand l'Angleterre se voyait parvenue au plus haut degré de puissance et croyait pouvoir désormais jouir en paix de ses libertés, il arriva qu'à la suite d'une grave crise économique, causée par la cherté des subsistances et l'énormité des taxes après la guerre, et favorisée d'ailleurs par l'impopularité du prince régent, il arriva, dis-je, qu'une sorte de doctrine républicaine, se répandant dans le pays, donna de graves inquiétudes à l'ordre établi, et que le jury, intimidé ou gagné par la doctrine nouvelle, usant largement des dispositions du bill de Fox, enlevait souvent aux juges de la couronne la faculté d'appliquer aux délinquants la législation du *Common Law*.

« Dans ces circonstances nouvelles, le Parlement anglais n'hésita pas à donner au gouvernement les moyens de forcer le jury à la défense de l'État ; et, en conséquence, on fit une loi en 1819 qui frappa d'amende, d'emprisonnement et, en cas de récidive, de bannissement, l'auteur, l'éditeur et l'imprimeur de tout écrit ou libelle séditieux contre le roi, la famille royale, le régent, le gouvernement, la Constitution et l'une ou l'autre des deux Chambres, et à l'aide de dispositions tellement détaillées, tellement précises, qu'il aurait été presque impossible à la conscience du jury de se dérober aux nécessités de l'État.

« Mais lorsque arriva la crise de 1848, et avec elle de nouvelles émotions, de nouveaux partis hostiles à l'ordre établi, on éprouva encore des difficultés de la part du jury. On sentit alors la nécessité de préciser encore plus clairement, plus minutieusement, les attaques dont l'État pouvait être l'objet, et une nouvelle loi fut intitulée : *Acte pour mieux assurer la sécurité de la couronne et du gouvernement*, enrichit encore le terrible arsenal de la législation anglaise. Cette fois, le succès est complet ; l'arme a été si finement aiguisée qu'elle triomphe du jury irlandais lui-même, et, sur son verdict, deux journalistes coupables d'écrits séditieux, John Mitchell et John Machin, sont condamnés par les juges de la couronne à quatorze années de déportation avec travaux forcés.

« Et maintenant, croit-on que si ces expédients judiciaires, conformes au génie de la race anglo-normande, ne réussissaient pas, l'Angleterre s'arrêterait devant des théories ? Non certainement. Toujours fidèle à son grand principe, que pour être un peuple libre il faut être un peuple uni, qu'avant d'être un État libre il faut être un État fort, l'Angleterre, qui n'a reculé devant rien quand il s'agissait de défendre le dernier siècle la dynastie de son choix, ne reculerait pas davantage aujourd'hui si un nouveau péril menaçait l'État.

« En résumé, l'esprit de la législation anglaise, en matière de presse, peut se formuler ainsi : liberté complète pour tout ce qui est un avantage et n'est pas un danger pour l'État, et négation de toute liberté dès qu'il s'agit d'attaquer l'État; de sorte que la liberté anglaise, dont la presse jouit si complétement, n'est en réalité que l'expression de la situation politique et sociale du pays. Comme il n'y a aujourd'hui aucun parti, aucun homme sérieux qui songe un instant à renverser ou la reine, ou le gouvernement, ou le Parlement, ou la Constitution, personne n'a à se préoccuper en quoi que ce soit de la liberté de la presse, qui n'est alors qu'un avantage pour tous. Mais qu'un parti quelconque vienne à se proposer le renversement de l'État au profit d'une autre dynastie ou de toute autre doctrine, alors, à l'instant même, la liberté de la presse n'existe plus pour ce parti..... »

On voit d'après ce lucide exposé que la liberté de la presse repose sur un principe politique, pratiqué de tout temps par les peuples les plus sages, *Salus populi suprema lex esto*, c.-à-d. : « la Nation avant tout. » Aujourd'hui tout Anglais peut avoir des presses et faire un journal : nul cautionnement à fournir, nulle autorisation à demander, nulle formalité dilatoire à subir. Il suffit de faire devant les commissaires du timbre une déclaration qui énonce les matières qu'on veut traiter, les noms et demeures de l'imprimeur, de l'éditeur et de 2 propriétaires du journal. La liberté de la presse n'implique pas licence de *tout dire* : on applique aux journaux les lois du libelle.

En Belgique, la Constitution garantit aux citoyens la liberté de la presse, sous l'observation des lois spéciales qui la régissent. — En Suède, cette liberté est garantie aussi par la Constitution, et mise sous la sauvegarde des États. Le jury, inconnu pour les causes ordinaires, est appliqué au jugement des délits de presse. — En Allemagne, la diète de Spire (1529) soumit à la censure préalable tout ce qui devait s'imprimer. Au XVIIIe siècle, il se forma une législation particulière de la presse dans certains États; la censure la plus rigoureuse exista en Prusse après Frédéric II, et en Autriche sous Marie-Thérèse. Le congrès de Vienne, en 1815, régla la situation de la presse d'une manière à peu près uniforme pour tous les États de la Confédération germanique. En 1819, au lieu de consacrer la liberté proclamée en 1813, la Diète soumit la censure préalable à tous les écrits au-dessous de 20 feuilles d'impression. Le contre-coup de la Révolution de France en 1830 donna un peu plus de vie à la presse allemande, qui s'affranchit complétement en 1848. Mais, depuis cette époque, le triomphe de la réaction a replacé presque partout les journaux sous un régime qui leur impose de nombreuses entraves.

V. Peignot, *Essai historique sur la liberté d'écrire chez les Anciens et au moyen âge, sur la liberté de la presse depuis le xve siècle*, 1832, in-8°; Leber, *De l'état de la presse et des pamphlets, depuis François Ier jusqu'à Louis XIV*, 1834, in-8°; Ludovic Lalanne, *Curiosités bibliographiques*, 1845, in-18; Eug. Hatin, *Histoire politique et littéraire de la Presse en France*, 1859-60, 8 vol. in-8° et in-12; — H. Celliez, *Code annoté de la presse*, 1835, in-8°; Parant, *Lois de la presse*, 1838, in-8°; Pégat, *Code de la presse annoté*, 1837, in-4°; Grattier, *Commentaire des lois de la presse et de tous les autres moyens de publicité*, 1839-45, 2 vol. in-8°; Bonnin, *Commentaire des lois de la presse*, 1845, in-8°; Bories et Bonassies, *Dictionnaire pratique et complet de la presse*, 1852, 3 vol. in-8°; Chassan, *Traité des délits et contraventions de la parole, de l'écriture et de la presse*, 3e édit., 1846-51, 3 vol. in-8°; Hipp. Dubois, *Code manuel de la presse*, 1851, in-12; Gustave Rousset, *Nouveau Code annoté de la presse*, 1850, in-4°. B.

PRESSE DES MATELOTS. V. notre *Dictionnaire de Biographie et d'Histoire*.

PRESTANT, un des jeux à bouche de l'orgue. C'est un quatre-pieds ouvert, de moyenne taille, et en étain fin. Le prestant, auquel on donne toute l'étendue du clavier, parle une octave plus haut que le huit-pieds et une octave plus bas que la doublette; il est ordinairement placé dans le positif. Ce jeu est ainsi nommé du latin *præstare*, non pas à cause de la supériorité de son harmonie, mais parce que, tenant le milieu dans son étendue entre les sons les plus graves et les sons les plus aigus des autres jeux, il sert à les accorder. Lorsqu'il est employé à la pédale, le prestant prend le nom de *pédale de flûte de quatre-pieds;* il doit alors être fait en étoffe, et être de plus grosse taille. F. C.

PRESTATION (du latin *præstare*, fournir), redevance annuelle en grains, denrées, volailles, etc. La *prestation en nature*, d'un usage très-fréquent dans les contrats féodaux, est encore employée aujourd'hui dans les baux à ferme. De plus, elle est consacrée dans la langue du Droit administratif en matière de réparations des chemins vici-

naux. Les prestations de ce genre sont perçues en centimes additionnels au principal des quatre contributions directes, ou en journées de travail, dont le nombre ne peut excéder trois par an, et qui sont toujours rachetables. Aux termes de la loi du 21 mai 1836, tout habitant, chef de famille ou d'établissement, à titre de propriétaire, de régisseur, de fermier ou de colon partiaire, porté au rôle des contributions directes, pourra être appelé à fournir chaque année une prestation de trois jours, 1° pour sa personne et pour chaque individu mâle, valide, âgé de 18 ans au moins et de 60 ans au plus, membre ou serviteur de la famille, et résidant dans la commune; 2° pour chacune des charrettes ou voitures attelées, et en outre pour chacune des bêtes de somme, de trait, de selle, au service de la famille ou de l'établissement dans la commune. L.

PRESTIDIGITATEUR (de l'italien *presto*, preste, et du latin *digitus*, doigt), celui qui fait des tours subtils avec les doigts. C'est un nom plus relevé que celui d'*escamoteur* (d'*escamote*, petite balle de liége). L'abus que quelques-uns ont fait de leur adresse a valu au mot *escamoter* le sens de *tromper*, de *voler*. La prestidigitation est un talent qui tient jusqu'à un certain point aux connaissances physiques et chimiques. Parmi ceux qui s'y sont livrés avec succès, on cite Pinetti, Bienvenu, Olivier, Ledru dit Comus, Bosco, Comte, Robert Houdin, etc.

PRESTIMONIE, en termes de Droit canonique, revenu affecté par un fondateur à l'entretien d'un prêtre, sans qu'il y ait érection en titre de bénéfice.

PRÊT, acte par lequel on cède la jouissance temporaire d'une chose que l'on possède. Le contrat de prêt peut être *unilatéral* et de bienfaisance, ou *synallagmatique* et *commutatif*. Il doit être fait par une personne capable; toutefois, le prêt fait par un incapable astreint l'emprunteur à restitution, non pas en vertu du contrat, qui n'est pas valable, mais en vertu de l'obligation naturelle à laquelle il a donné lieu. Il y a trois sortes de prêts : le *Prêt à usage* ou *Commodat* (du latin *commodare*, prêter), le *Prêt de consommation*, et le *Prêt à intérêt*.

Par le *Prêt à usage*, une des parties livre gratuitement à l'autre une chose non fongible, mobilière ou immobilière, à charge de la rendre après s'en être servi. L'emprunteur, qui a reçu l'usage, et non la propriété de la chose prêtée, doit : 1° veiller, en bon père de famille, à la garde et à la conservation de cette chose; 2° ne s'en servir que pour l'usage déterminé par la convention ou la nature de la chose; 3° rendre la chose prêtée au terme convenu, ou, à défaut de convention, après qu'elle a servi à l'usage pour lequel elle avait été empruntée. Faute du soin nécessaire, il répond de toute perte et de tout dommage arrivés à la chose prêtée. Le prêteur est tenu de restituer à l'emprunteur les dépenses que ce dernier aurait faites pour la conservation de la chose, pourvu qu'elles aient été extraordinaires, nécessaires, et assez urgentes pour que le prêteur n'ait pu être prévenu. L'emprunteur ne peut retenir la chose prêtée en compensation de ce que le prêteur lui doit. Ce qui concerne ce genre de prêt est réglé par le *Code Napoléon*, art. 1874 et suiv.

Dans le *Prêt de consommation* ou simple prêt, une partie livre à l'autre une certaine quantité de choses qui se consomment par l'usage. Les Romains appelaient ce prêt *mutuum* (parce que l'objet devient *ex meo tuum*, de mien tien). Ici l'emprunteur devient propriétaire de la chose prêtée; elle périt pour son compte, de quelque manière que la perte arrive, et même quand il ait pu en user. Il est tenu de rendre au terme convenu la quantité de choses prêtées, dans la même espèce et qualité, ou bien leur valeur. Le prêteur garantit contre l'éviction, et est responsable du préjudice que les défauts de la chose prêtée auraient causé à l'emprunteur.

Le *Prêt de consommation* n'est pas essentiellement gratuit : s'il perd son caractère de bienfaisance et devient intéressé, il se nomme *Prêt à intérêt*. Il se rapproche alors du *louage*, sous le rapport du profit revenant au prêteur; mais il en diffère en ce que la propriété de la chose passe à l'emprunteur du moment de la livraison, et que le profit du prêteur reste le même, quoi que devienne la chose prêtée. Le prêt à intérêt doit être stipulé expressément et par écrit : la dette des intérêts ne pourrait être prouvée autrement, ni par témoins, ni par les livres et registres du créancier. L'argent est l'objet le plus fréquent du prêt à intérêt. V. INTÉRÊT.

Un prêt peut être très-fréquent sur les immeubles; il donne lieu à *hypothèque* (V. ce mot). Il peut aussi avoir lieu avec garantie sur choses mobilières; alors il s'appelle, suivant les circonstances, *Prêt sur dépôt* ou *consignation de mar-*

chandises (V. Consignation), *Prêt sur gage*, *Prêt à la grosse*. Le *Prêt sur gage* est un prêt garanti par un nantissement, par un objet d'une valeur le plus souvent supérieure à la somme prêtée. Autrefois il était loisible à tout particulier d'ouvrir des maisons de prêt sur gage : aujourd'hui, aucun établissement de ce genre ne peut exister sans l'autorisation du gouvernement, sous peine d'emprisonnement et d'amende (*Code pénal*, art. 411). Les maisons de prêt ont été remplacées par les Monts-depiété (V. *ce mot*). — Le *Prêt à la grosse* (sous-ent. *aventure*) est fait sur des objets exposés à la fortune de mer, avec cette condition que, s'ils arrivent heureusement, le prêteur obtiendra, outre le remboursement de ses avances, une somme à titre de profit, et qu'en cas de sinistre il ne pourra rien réclamer, sinon la valeur que ces objets auront conservée. Dans une convention de ce genre, l'intérêt doit être plus élevé que dans le prêt ordinaire, puisqu'il y a des chances particulières de perte. Le prêteur à la grosse a un privilége sur les objets, pourvu que son contrat soit prouvé par écrit, et enregistré dans les six jours de sa date au greffe du tribunal de commerce. Tout emprunt à la grosse, fait pour une somme excédant la valeur des objets sur lesquels il est affecté, est déclaré nul à la demande du prêteur, s'il est prouvé qu'il y a fraude de la part de l'emprunteur ; s'il n'y a pas fraude, il est valable jusqu'à concurrence seulement des objets affectés. Ce qui concerne ce genre de prêt est réglé par le *Code de commerce*, art. 314-331. V. Troplong, *Commentaire des titres X, XI et XII du Code civil, du Prêt, du Dépôt et du Séquestre*, 1831, 2 vol. in-8°.

prêt, terme d'administration militaire. V. Solde.

prêts d'honneur (Banques de), institutions recommandées aux préfets par une circulaire du ministre de l'intérieur, en date du 20 février 1850. Elles ont pour but de venir en aide, par des prêts d'argent dont le maximum est ordinairement fixé à 200 fr., aux besoins légitimes des classes laborieuses, et de combattre les abus de l'usure qui ruine les campagnes et les petites industries. On écrit sur deux registres distincts les noms des emprunteurs qui ont remboursé et ceux des débiteurs de mauvaise foi : c'est là toute la sanction. Quelques banques de prêts d'honneur ont été formées par des particuliers ; elles ont eu peu de succès.

prêts de l'enfance (Société des). V. au *Supplém*.

PRÊTE-NOM, celui qui prête son nom à autrui, et qui, agissant pour le compte d'un tiers, se présente comme intéressé apparent dans une affaire. Un prêtenom couvre une interposition de personnes, et réalise une stipulation défendue par la loi. Toutefois, il est licite d'y recourir dans une déclaration de *command* (V. *ce mot*).

PRÉTÉRIT, du latin *prœteritum* (*tempus*), *temps passé*. C'est le nom que Varron et Quintilien donnent au temps passé de la conjugaison latine, celui que nous appelons *parfait* (V. *ce mot*). Le terme de *prétérit* est plus généralement employé dans notre langue. On a donné le nom de *prétérit imparfait* à la forme verbale qui sert à marquer le passé avec rapport au présent (V. Imparfait); celui de *prétérit parfait défini*, ou simplement *prétérit défini*, à l'inflexion verbale qui indique une action ou un état passés absolument et ayant eu lieu dans un temps déterminé : « La bataille d'Austerlitz *se livra à la fin* de 1805; » celui de *prétérit (parfait) indéfini*, à la forme particulière de conjugaison indiquant une chose entièrement accomplie, mais dont l'époque peut être ou ne pas être déterminée : « L'Empire romain *a été renversé* par les Barbares du Nord; » celui de *prétérit antérieur*, à la forme qui signifie une chose passée, mais considérée par rapport à une autre qu'elle a précédée : « *Lorsque j'eus terminé* mon discours, l'assemblée *se retira*. » Enfin on appelle *prétérit plus-que-parfait* la forme verbale qui exprime doublement le passé (V. Plusque-parfait). Au lieu de dire *futur prétérit*, on dit *futur passé* ou *antérieur*; on dit également *conditionnel passé*, *passé de l'infinitif*. Au subjonctif, on dit *passé* ou *prétérit* et *plus-que-parfait*. — Le prétérit défini correspond à l'aoriste des Grecs; le prétérit indéfini, tantôt à ce temps, tantôt au parfait. Le parfait latin équivaut à ces deux formes de la conjugaison française. P.

PRÉTÉRITION ou PRÉTERMISSION (du latin *prœterítus*, passé, ou *prœtermissus*, omis), ou PARALIPSE (du grec *paraleípein*, laisser de côté), figure de Rhétorique par laquelle on feint de passer sous silence ou de ne toucher que légèrement des choses sur lesquelles néanmoins on insiste avec force. Ainsi, dans l'*Athalie* de Racine,

(acte III, sc. 3), le grand-prêtre Mathan dit à Nabal :

Qu'est-il besoin, Nabal, qu'à tes yeux je rappelle
De Joad et de moi la fameuse querelle ?...

C'est un moyen adroit de faire valoir, en les groupant, en les rapprochant, des preuves ou des circonstances secondaires qui, isolées, ne produiraient que peu d'effet; moyen puissant surtout lorsque, par une progression habilement ménagée, on les fait suivre de raisons fortes et concluantes.   G.

prétérition, en termes de Droit romain et dans nos anciens pays de Droit écrit, omission d'instituer héritiers ceux à qui le testateur devait au moins une portion légitimaire. Elle entraînait la nullité du testament.

PRÉTEUR.   } V. ces mots dans notre *Dictionnaire de*
PRÉTEXTE.   } *Biographie et d'Histoire*.
PRÉTOIRE.   }

PRÊTRE, en latin *presbyter* (du grec *presbýteros*, plus ancien, vieillard), se dit, en général, de tout ministre du culte, et spécialement, dans l'Église catholique, de l'ecclésiastique revêtu de la *prêtrise* (V. *ce mot*). Toute religion a eu ses prêtres. Ceux de l'ancienne Égypte formaient la classe la plus élevée dans l'État : après avoir gouverné au nom des Dieux, ils furent encore, depuis l'institution de la royauté, les interprètes de leur volonté dans la loi, les modérateurs des souverains; ils eurent l'administration de la justice, l'exercice des fonctions publiques les plus importantes, et à la puissance que leur donnait leur instruction refusée aux autres classes ils ajoutaient, comme possesseurs du tiers du pays, la force qui appartient d'ordinaire aux maîtres de la propriété. Chez les Hébreux, au-dessous du Grand-Prêtre (V. *ce mot* dans notre *Dictionnaire de Biogr. et d'Histoire*), les autres membres de la famille d'Aaron constituaient les *prêtres*, chargés des divers sacrifices, et les *lévites* avaient dans leurs attributions l'entretien du Temple, l'explication de la loi, l'administration de la justice et l'instruction du peuple. En Grèce, les rois firent primitivement l'office de sacrificateurs; les prêtres chargés spécialement des fonctions du sacerdoce étaient appelés *néocores*; d'autres croient que les néocores étaient seulement gardiens des temples. Quelquefois des familles entières étaient vouées à un sacerdoce particulier; chaque divinité avait ses prêtres. A Rome, les fonctions sacerdotales ne furent confiées d'abord qu'à des patriciens; puis, les plébéiens y furent admis. Les Anciens attribuèrent aussi une part du sacerdoce à des prêtresses, tantôt vierges, comme celles de Diane, de Minerve, et de Vesta, tantôt mariées, comme celles de Junon. Les prêtres des Gaulois se nommaient *Druides*, et ceux des peuples du Nord, *Drolles*; là aussi il y avait des prêtresses. — Dans les premiers temps du christianisme, on donna le nom de *Prêtres* aux anciens qui expliquaient aux fidèles les saintes Écritures, aussi bien qu'à ceux qui avaient reçu le pouvoir de célébrer la messe et d'administrer les sacrements. Aucune exclusion n'existe dans l'Église pour le sacerdoce : il est accessible aux hommes de toute condition. Les prêtres de l'Église d'Orient portent le nom de *papas* ou *popes* (pères). Chez les Protestants, les ministres du culte sont dits *ministres* ou *pasteurs*. Les prêtres des Indiens s'appellent *brâhmines* ou *brâhmanes*; ceux de la religion de Bouddha, *bonzes*. Les Musulmans distinguent les *muphtis*, les *imans*, les *mollahs*, les *derviches*.   B.

PRÊTRISE, le plus élevé des trois ordres majeurs dans le sacerdoce catholique, celui que confère le sacrement de l'Ordre (V. Ordre, Ordination). Pour être ordonné prêtre, il faut être âgé de 25 ans au moins, et avoir passé un an dans le diaconat.

PREUILLY (Église St-Pierre, à), dans le département d'Indre-et-Loire. Cette ancienne abbatiale bénédictine, bâtie de 1001 à 1009, a servi de type pour un grand nombre d'églises de la Touraine. Elle est en forme de croix latine, avec collatéraux, et déambulatoires autour de l'abside : sa longueur est de 57m,50, sa largeur de 18m (29m au transept), et sa hauteur, de 16m 50 à la nef principale, 15m aux bas côtés. A la naissance de chacun des croisillons était bâti un clocher; un seul, de 22m,50 d'élévation, est aujourd'hui apparent. Les toitures actuelles n'offrent pas la disposition des couvertures qu'elles sont remplacées : il y a lieu de croire que le comble primitif était presque plat et couvert en dalles. La nef et l'abside ont chacune cinq travées; il faut ajouter une travée pour le chœur, et une autre pour l'intertransept; trois chapelles sont pratiquées dans l'abside. Les piliers de la nef, carrés dans la masse, sont cantonnés de quatre colonnettes arrondies; les bases se rapprochent beaucoup du genre attique, et les chapiteaux présentent beaucoup de richesse et de variété. La voûte est à plein berceau dans la grande nef, et en arc-boutant dans les nefs latérales; la grande travée du chœur est seule voûtée avec nervures. Une crypte, maintenant remplie de décombres, existe sous le sanctuaire. La façade occidentale est remarquable par la science de l'appareil : à la partie inférieure s'ouvre la porte d'entrée, ornée avec sobriété; au 1er étage, une large fenêtre est flanquée de deux plus petites; au 2e s'étend une série de petits arcs cintrés, surmontée d'une fenêtre géminée donnant du jour sous la voûte de la nef; le tout est couronné par un pignon aigu.   B.

PREUVE, démonstration directe ou indirecte de la vérité (V. DÉMONSTRATION, ARGUMENT). — En Jurisprudence, le juge n'est pas tenu d'aller lui-même à la recherche des preuves; c'est aux parties en cause à les produire, et, en règle générale, la charge de la preuve tombe entière sur le demandeur; s'il ne la fournit pas, il est déclaré non recevable. Nulle preuve n'est admise contre les présomptions légales ni le serment décisoire. La loi admet, selon la nature des actions, diverses sortes de preuves : en matière civile, les preuves se font par titres ou par témoins; en matière criminelle, elles se font surtout par témoins. La *Preuve par titres* ou *Preuve littérale* résulte d'un acte écrit qui constate que tel fait a eu lieu, que telle convention a été arrêtée et conclue : quand cet acte a été dressé par un officier public, la preuve est dite *authentique*, et ne peut être attaquée que par l'inscription de faux ou autres voies extraordinaires; si l'acte est sous seing privé, la preuve a la même force, du moment que les parties en déclaré ne pas méconnaître leur signature. En l'absence de titres formels, il n'y a plus que des *demi-preuves*, pouvant donner lieu à un *commencement de preuve par écrit* : tels sont les écrits soussignés des parties, les lettres missives, les papiers domestiques, les copies de titres, etc. — La *Preuve testimoniale* n'est point admise en matière civile pour choses qui ont pu faire l'objet d'un contrat et dont la somme ou valeur excède 150 fr., à moins qu'il n'existe déjà un commencement de preuve par écrit, ou qu'il ait été impossible de se procurer la preuve littérale ou de conserver celle qu'on avait obtenue. Ainsi, la preuve par témoins est admise pour les obligations qui naissent des quasi-contrats, des délits ou des quasi-délits; pour les dépôts faits en cas d'incendie, ruine, tumulte, naufrage, ou par les voyageurs dans les hôtelleries; pour le cas où le créancier a perdu son titre par force majeure. En Droit commercial, les juges admettent, quand ils le croient nécessaire, la preuve testimoniale pour les achats et les ventes. En matière de contraventions et de délits, la preuve se fait par procès-verbaux ou rapports et par témoins. V. Desquiron, *Traité de la preuve par témoins en matière civile et en matière criminelle*, 1811, 2 vol. in-8°; Bentham, *Traité des preuves judiciaires*, 1830, 2 vol. in-8°; Gabriel, *Essai sur la nature des preuves*, revu par Solon, 1845, in-8°; Mittermaier, *De la Preuve en matière criminelle*, trad. de l'allemand par Alexandre, 1848, in-8°; Bonnier, *Traité théorique et pratique des Preuves en Droit civil et en Droit criminel*, 2e édit., 1852, in-8°.

Dans les premiers siècles de la monarchie française, on admit en Justice ces preuves étranges qu'on appelait *Jugements de Dieu* (V. ÉPREUVES JUDICIAIRES, dans notre *Dictionnaire de Biographie et d'Histoire*). C'est ce qu'on appelait la *Purgation vulgaire*, opérée de six manières différentes, par l'eau froide, par l'eau bouillante, par le feu, par le fer rouge, par le combat en champ clos, par la croix et par l'Eucharistie; ajoutons aussi la *cruentation*, c.-à-d. lorsqu'il découlait du sang de la plaie de l'homme homicidé, en présence de celui qui était accusé du meurtre. La *Purgation canonique* se faisait par le serment, et consistait à produire un certain nombre de témoins (V. CONJURATEURS, dans notre *Dictionnaire de Biographie et d'Histoire*). On employa encore trois preuves aussi vagues que les précédentes, celles qui résultaient de la probabilité du fait (*evidentia facti*), du bruit commun (*fama publica*), et de la fuite (*fuga*): A mesure que la civilisation fit des progrès, ces usages se perdirent. Dans l'état du Droit criminel en 1789, on admettait quatre sortes de preuves : la preuve *testimoniale*, qui se formait de la déposition des témoins; la preuve *instrumentale*, qui se tirait des écrits; la preuve *vocale*, résultant de l'aveu des accusés; et la preuve *conjecturale*, qui résultait des indices et présomptions.

PREUVES, raisons sur lesquelles l'orateur s'appuie pour convaincre. Elles seules peuvent donner du corps et du nerf au discours; elles font l'office, dit Cicéron, de chair,

de muscles et d'os. Il n'est pas toujours nécessaire de plaire et de toucher, il l'est toujours d'instruire et de convaincre; il y a même des circonstances où la preuve suffit pour amener les juges au sentiment de l'orateur. Les Preuves prennent différents noms suivant leur nature, leur origine et leur valeur. La preuve de fait s'appelle *cause*; la preuve de droit, *question*. Elle est *intrinsèque*, quand elle est tirée du fond même du sujet, ou des circonstances qui en dépendent; *extrinsèque*, quand elle est prise hors du sujet ou de ses accessoires. Aristote appelle celle-ci *artificielle*, et celle-là *naturelle*. La preuve est *péremptoire*, quand elle produit l'évidence; *probante*, lorsque, tout en démontrant la vérité, elle peut encore être contestée; *probable* ou *approchante*, quand, au lieu de la certitude, elle amène la plus grande probabilité; *hypothétique*, quand elle repose sur une hypothèse; *personnelle* (*ad hominem*), quand elle ne convient qu'à une seule personne; *spécieuse*, quand elle n'a que l'apparence de la vérité; *sophistique*, quand, étant fausse, elle est employée avec intention de tromper. L'orateur ne saurait donner trop de soin au choix et à la disposition des preuves; de l'ordre qu'il suit dépend souvent le succès de son discours (V. CONFIRMATION). Les rhéteurs distinguent les preuves elles-mêmes et la manière de les trouver, c.-à-d. les arguments et les lieux des arguments ou *lieux communs* (V. ces mots).   H. D.

PRÉVARICATION (du latin *prævaricari*, s'écarter de la ligne droite), action de trahir la cause qu'on doit soutenir, de manquer par mauvaise foi aux devoirs de sa charge, aux obligations de son ministère. Dans notre ancien Droit, ce mot désignait principalement l'infraction des officiers de justice à leurs devoirs. La prévarication comprend les crimes et délits connus aujourd'hui sous les noms de *forfaiture*, *déni de justice*, *concussion*, *corruption*, *abus d'autorité* (V. ces mots).

PRÉVENTION, préoccupation d'esprit qui ne permet pas d'apprécier les choses à leur véritable point de vue, de les juger avec impartialité.

PRÉVENTION, en termes de Droit, état de l'individu que la Chambre du conseil a renvoyé devant le tribunal de police correctionnelle à raison d'un délit, ou devant la Chambre des mises en accusation à raison d'un crime. Cet individu prend alors le nom de *prévenu*. — *Prévention* signifie aussi l'action de devancer l'exercice du droit d'un autre : ainsi, pour la recherche des contraventions, les commissaires de police ont prévention à l'égard des gardes champêtres. — En Droit canonique, la *Prévention en cour de Rome* était le droit qu'avait le pape de prévenir les collateurs dans la nomination aux bénéfices, en nommant par lui-même.

PRÉVOT.   ⎫ V. ces mots dans notre *Dict.*
PRÉVOTALES (Cours). ⎬ *de Biographie et d'Histoire.*
PRÉVOTÉ.   ⎭

PRIAMELN (du latin *preambulus*, préambule), nom qu'on donne en Allemagne à des recueils de sentences morales des XIVe, XVe et XVIe siècles, curieuses à étudier comme expression des mœurs et du caractère de l'époque. C'étaient comme les préambules de la sagesse populaire.

PRIAPÉE, en latin *Priapeia*, nom donné à toute collection de poëmes épigrammatiques, à tout ouvrage peint ou sculpté, dont Priape est le sujet.

PRIAPÉEN (Vers), espèce de vers grec et latin consacré aux chants en l'honneur de Priape : c'est la réunion du glyconique et du phérécratien, c.-à-d. que le 1er pied est trochée ou spondée (plus rarement iambe, tribraque, dactyle), le 2e un choriambe ou un ditrochée, le 3e un iambe, le 4e un trochée ou un spondée, le 5e un choriambe suivi d'une syllabe indifférente :

Talis | iste meus | stupor ‖ nil vi | det, nihil au | dit (CATULLE).

Quelquefois le choriambe prend la 3e place; alors le 2e pied est ou un spondée ou un trochée. Le vers priapéen était asynartète, comme on le voit par l'exemple suivant de Catulle, où la dernière syllabe du glyconique doit compter comme longue malgré la voyelle qui suit :

Nutrivi : magis et magis ‖ ut beata quotannis.   P.

PRIE-DIEU, meuble d'église, d'oratoire, ou de chambre à coucher. C'est une chaise basse sur laquelle on s'agenouille, et qui est garnie d'un support ou pupitre à hauteur d'appui. Au XVIe siècle on a fait en menuiserie des prie-Dieu fort élégants, délicatement sculptés, et, quand ils étaient destinés à s'appliquer contre un mur, on les surmonta d'un retable à volets, formant ce qu'on appelait un *autel domestique*.

PRIÈRE, acte de culte par lequel on adore ou invoque Dieu. La prière peut être *mentale* ou *orale*. Chez les Hébreux, il n'y eut d'abord aucune prière accompagnant les sacrifices, et, pour la prière particulière, Moïse l'abandonnait au sentiment individuel et à l'inspiration du moment. Le Pentateuque ne renferme que trois formules de prière : la bénédiction, que les prêtres prononçaient sur le peuple (*Nombres*, VI, 24-26); les actions de grâce, qu'on devait réciter en offrant les prémices (*Deutéronome*, XXVI, 5-10); et la prière, qu'il fallait prononcer en présentant la seconde dîme (*Ibid.*, 13-15). Esdras ordonna deux prières pour les jours ordinaires (le matin et le soir), trois pour le jour du sabbat, et composa 18 bénédictions que chaque Israélite devait dire chaque jour. Les Grecs personnifièrent les Prières, et en firent des filles de Jupiter : ils les représentaient boiteuses, timides, et marchant après l'Injure, pour guérir les maux qu'elle a faits. Les Romains priaient généralement debout, la tête voilée, en touchant de la main l'autel, ou en portant à la bouche; ou bien ils embrassaient les genoux des dieux. Chez les Chrétiens, l'ensemble des formules de prières appropriées aux diverses cérémonies s'appelle la *Liturgie*. Mahomet avait d'abord imposé à ses sectateurs la prière cinquante fois par jour; puis, en raison de la faiblesse humaine, il réduisit les prières à cinq, et elles se font avant le lever du soleil, à midi, avant et après le coucher du soleil, enfin à la première veille de la nuit : pour qu'elles soient efficaces, la loi musulmane exige l'état de propreté, la décence dans le vêtement, la direction du corps vers le temple de la Mecque, et la volonté ou l'intention. Les prières peuvent être faites en particulier chez soi, ou en plein air, ou en commun dans une mosquée sous la direction d'un iman; l'heure en est indiquée chaque fois par les muezzins. Tout musulman doit parler sa prière, parce que la prière mentale est de nulle valeur. B.

PRIEUR.
PRIEURÉ. } *V. ces mots dans notre Dict. de*
PRIMAIRES (Écoles). } *Biographie et d'Histoire.*
PRIMAT.

PRIME (du latin *prima pars*, part prélevée), somme accordée par l'État à titre d'encouragement pour quelque opération hasardeuse ou onéreuse de commerce, d'industrie, d'agriculture. Telles sont les primes pour la pêche de la baleine et de la morue, pour l'exportation de certaines marchandises. Le drawback (*V. ce mot*) est une espèce de prime. On donne aussi des primes pour la destruction des animaux malfaisants.

PRIME, terme de Liturgie. V. notre *Dictionnaire de Biographie et d'Histoire.*

PRIME (Marché à). *V.* **Bourse.**

PRIME, somme convenue entre un assuré et un assureur pour le prix des risques garantis par ce dernier.

PRIMICIER. } *V. ces mots dans notre Dictionnaire*
PRIMIPILAIRE. } *de Biographie et d'Histoire.*

PRIMITIF, mot d'où d'autres sont formés. Il s'oppose à *dérivé*. Tel est le mot *char*, par rapport à *chariot*, *charretier*, etc. On ne saurait toujours remonter à la source primitive d'un mot, car la plupart des mots s'altèrent par le long usage, ou perdent leur véritable signification par suite d'une foule de circonstances diverses; aussi donne-t-on généralement le nom de *primitifs*, dans les langues déjà vieillies, aux mots qui ne paraissent dériver d'aucun autre. Il est vraisemblable que la plupart des mots ont été, à l'origine, purement monosyllabiques, ou formés par onomatopée, de la répétition plus ou moins exacte du même son dans deux ou trois syllabes : tels sont les mots imitatifs *coucou*, *murmure*, *tictac*, *cascade*, etc. V. **Racine**, **Radical**. P.

PRINCE, titre de dignité. *V.* notre *Dictionnaire de Biographie et d'Histoire.*

PRINCE (Le Traité du), ouvrage de peu d'étendue, écrit en 1514, par Machiavel, pour l'adresser à Julien de Médicis, l'un des fils de Laurent le Magnifique, et frère de Pierre II. L'auteur discute ce que c'est que la principauté, combien il y en a d'espèces, comment elles s'acquièrent, comment elles se maintiennent, et pourquoi elles se perdent. Le but du gouvernement, selon Machiavel, est de durer, et cela n'est possible qu'à l'aide de rigueurs, « attendu que les hommes sont généralement ingrats, faux, turbulents; d'où il suit qu'il faut les contenir par la peur du châtiment. » Les cruautés sont nécessaires dans un gouvernement nouveau; et il faut plutôt se faire craindre que se faire aimer, quand on ne peut obtenir l'un et l'autre. Le prince doit avoir sans cesse à la bouche les mots de justice, de loyauté, de clémence, de religion,

mais ne pas s'inquiéter de leur donner un démenti toutes les fois que son intérêt l'exige. Quant à savoir si ce qui est bien doit être préféré à ce qui est mal, c'est une question qu'il faut laisser débattre à des moines. — Ces affreuses maximes, et une foule d'autres du même genre, qui composent ce qu'on a appelé la *politique machiavélique*, sont exposées sans passion, comme choses naturelles; en calculant froidement les moyens et le but, en présentant comme idéal César Borgia, Machiavel ne donne pas le mal comme bien, mais comme utile. La tranquillité avec laquelle il pose ses principes prouve qu'il n'y avait rien là qui répugnât à l'opinion courante, et qu'il a retracé simplement ce qui était alors d'une pratique commune, au lieu d'avoir été l'inventeur de l'art qui a reçu de lui son nom : le livre parut avec une autorisation et un privilège du pape Clément VII. On a cru à tort que Machiavel avait écrit ironiquement, pour faire haïr aux peuples l'autorité d'un seul, ou pour que les Médicis en vinssent par leurs excès à convertir la patience des Florentins en fureur : une lettre adressée en 1513 à l'un de ses amis, François Vettori, prouve au contraire que l'indigence le poussait à se charger de l'emploi de pervertir les princes pour arriver à leur plaire. D'ailleurs, il est impossible d'apercevoir l'intention satirique dans le traité du *Prince*; le sang-froid de la leçon en redouble l'atrocité. *V.* l'*Anti-Machiavel* de Frédéric II, et le livre de M. de Bouillé, *Commentaires politiques et historiques sur le Traité du prince de Machiavel, et sur l'Anti-Machiavel de Frédéric II*, Paris, 1827, in-8°. B.

PRINCIPAL, terme universitaire. V. notre *Dictionnaire de Biographie et d'Histoire.*

PRINCIPAL, nom qu'on donne, surtout en Allemagne, au jeu le plus important de l'orgue. On en fait les tuyaux en étain le plus pur, et on en place les plus grands en montre. C'est une flûte ouverte, dont le timbre varie selon la place qu'elle occupe. Chaque clavier a son Principal, auquel on donne, ainsi qu'aux jeux qui lui sont annexés, une qualité de son différente des autres jeux de même espèce. La grandeur de l'orgue se détermine ordinairement d'après celle du Principal : ainsi, un orgue de 32 pieds est celui qui a un Principal de 32 pieds. Quand on désigne un Principal comme ayant 24 pieds, cela signifie que le jeu ne descend que jusqu'au *fa*, ou que les tuyaux au-dessous de ce *fa* sont placés à l'intérieur.

PRINCIPE (du latin *principium*, commencement), vérité générale et fondamentale qui sert de point de départ et d'explication à d'autres vérités. Les principes peuvent être considérés, soit séparément, soit simultanément, sous un double point de vue : ou en eux-mêmes, ou dans l'intelligence qui les conçoit. Ainsi, c'est un principe que tout phénomène a une cause (principe de causalité); et cela doit s'entendre, et du fait lui-même, et de la connaissance que nous en avons. Autre exemple encore plus concluant : Dieu est le principe de tout ce qui est, et l'idée que nous avons de Dieu est le principe d'un grand nombre de nos connaissances. Ce sont ces deux points de vue que l'on désignait dans l'École sous les noms de *Principium essendi* et de *Principium cognoscendi*. Absolument, et en lui-même, le principe est toujours antérieur à ses conséquences. Il n'en est pas de même de la connaissance des principes; tantôt elle est antérieure, et tantôt postérieure : antérieure, quand il s'agit des vérités premières et évidentes par elles-mêmes, des axiomes métaphysiques, logiques, moraux, mathématiques, que l'entendement conçoit d'abord et nécessairement dans toute leur universalité; postérieure, lorsqu'il s'agit des lois de la nature, qu'il ne peut découvrir qu'à travers les faits particuliers dans lesquels elles trouvent leur application et auxquels elles impriment une forme commune. — Dans un sens un peu différent, *Principe* se dit des vérités sur lesquelles s'appuie la démonstration (V. **Démonstration**, **Raisonnement**, **Syllogisme**), et désigne parfois encore, il est vrai, des vérités évidentes par elles-mêmes, mais parfois aussi des vérités qui, démontrées par un raisonnement antérieur, servent à leur tour de point de départ à une démonstration nouvelle. B—E.

PRINCIPE (Pétition de), sophisme qui consiste à supposer prouvé ce qui est en question, ou à définir un objet par le mot qui a besoin d'être défini. Par exemple : « Pourquoi l'opium fait-il dormir? — Parce qu'il a une vertu dormitive; » ou encore cet axiome pris également chez Molière : « Je touche au but du premier coup, et je vous apprends que *votre fille est muette*. — Oui; mais je voudrais bien que vous puissiez me dire d'où cela vient. —

Il n'est rien de plus aisé; *cela vient de ce qu'elle a perdu la parole.* — Fort bien; mais la cause, s'il vous plaît, qui fait qu'elle a perdu la parole? — Tous nos meilleurs auteurs vous diront que *c'est l'empêchement de l'action de sa langue.* » Le remède à ce sophisme est la définition claire et précise de tous les termes. **H. D.**

PRISE A PARTIE, action civile dirigée contre un juge ou un greffier, pour le faire déclarer responsable des torts qu'il a causés dans l'exercice de ses fonctions, dans les cas de déni de justice, dol, fraude, concussion, etc. La prise à partie contre les juges de paix, les juges des tribunaux de commerce ou de 1re instance, les conseillers de Cour impériale, est portée à la Cour du ressort; la prise à partie contre une Cour d'assises ou une Cour d'appel est portée à la Haute Cour. Aucun juge ne peut être pris à partie sans la permission préalable du tribunal devant lequel la cause sera portée; une autre section ou une autre Cour d'appel que celle qui aura autorisé la partie juge sur le fond. Si le demandeur est débouté, il est condamné à une amende de 300 fr., au moins, sans préjudice des dommages-intérêts, s'il y a lieu.

PRISE D'EAU, action de détourner d'un cours d'eau général une certaine quantité d'eau pour les besoins de l'agriculture ou de l'industrie. Les prises d'eau se règlent par titres, par la jouissance, et aussi par des considérations d'utilité publique.

PRISE DE CORPS, action de saisir un homme au corps pour quelque affaire criminelle, en vertu d'un mandat du juge; — action de mettre la main au nom de la loi sur un débiteur, pour le forcer à payer. V. CONTRAINTE PAR CORPS.

PRISE D'HABIT, acte de revêtir l'habit religieux, et cérémonie dans laquelle s'accomplit cette consécration.

PRISÉE, action d'apprécier, de mettre à prix. C'est, en particulier, le nom qu'on donne à un état de lieux d'usine, et au prix que les commissaires-priseurs mettent aux choses inventoriées. V. ESTIMATION.

PRISES (Conseil des). V. CONSEIL DES PRISES, dans notre *Dictionnaire de Biographie et d'Histoire.*

PRISMATIQUES (Moulures), moulures affectant la forme d'un prisme. C'est un ornement de l'architecture romano-byzantine, qu'on rencontre assez fréquemment dans les archivoltes des portails.

PRISONS (du bas latin *prisio,* corruption de *prehensio,* action d'arrêter), lieux où l'on enferme les accusés et les condamnés. On en distingue aujourd'hui cinq espèces différentes. — Les *Maisons de police municipale,* établies dans chaque arrondissement de juge de paix, et dans les villes où il y a une maison d'arrêt, sont destinées à recevoir les individus condamnés à l'emprisonnement par les tribunaux de simple police; dans l'usage, les gardes nationaux y subissent aussi les peines dont ils ont été frappés. — Les *Maisons d'arrêt*; établies dans chaque arrondissement, reçoivent : 1° les inculpés, contre lesquels une information est dirigée; 2° les prévenus, jusqu'à ce que le tribunal correctionnel ou la Chambre des mises en accusation ait statué sur leur sort; 3° les condamnés à un emprisonnement qui ne dépasse point un an. — Les *Maisons de justice,* placées au chef-lieu judiciaire de chaque département, reçoivent : 1° les individus qui se pourvoient en appel devant les tribunaux de chef-lieu ou devant les Cours impériales; 2° les individus condamnés par le tribunal ou la Cour à un emprisonnement de très-courte durée; 3° les individus sous le poids d'une ordonnance de prise de corps et renvoyés devant la Cour d'assises en attendant leur jugement. — Les *Maisons de correction* reçoivent les enfants enfermés en vertu de la puissance paternelle, et ceux condamnés d'après les art. 66 et 67 du Code pénal. Elles sont peu nombreuses en France, et ordinairement les maisons d'arrêt en tiennent lieu. — Les *Maisons de détention* ou *de force,* dites aussi *Maisons centrales,* reçoivent les individus condamnés correctionnellement à plus d'un an de prison, ceux qui ont été condamnés par les Cours d'assises à la réclusion, les femmes condamnées aux travaux forcés, les condamnés aux travaux forcés âgés de plus de 60 ans. Il y en a 20 en France : 12 de ces maisons ne renferment que des hommes, 6 sont occupées par des femmes, et 2 (Clairvaux et Limoges) sont mixtes. — Quant aux *Bagnes,* leur suppression a été décrétée, et cette mesure a reçu en grande partie son exécution. V. BAGNE.

Les différentes espèces de prisons répondent aux différents genres de peines établies par les lois : mais, en ce qui concerne les Maisons d'arrêt et les Maisons de justice, la spécialité de leur destination n'est pas toujours observée, l'Administration pouvant avoir des motifs pour transférer les prisonniers d'une maison dans une autre. En beaucoup de chefs-lieux de département, une seule prison sert à la fois de Maison d'arrêt et de Maison de justice. C'est l'Administration qui est chargée de l'entretien des bâtiments, de la police intérieure, de la nomination des employés, et de l'exécution des peines prononcées. Les magistrats veillent sur la liberté individuelle, et s'assurent que les prisonniers ne sont pas détenus illégalement; mais ils ne peuvent s'immiscer dans l'économie réglementaire des prisons. Les permissions de communiquer avec les prisonniers sont accordées : pour un inculpé, par le juge chargé de l'information; pour un prévenu, par le ministère public; pour un condamné, par l'Administration.

La prison, au lieu d'agir avec efficacité sur l'esprit de ceux qui la subissent, ne fait le plus souvent que les pervertir davantage. Dans les Maisons d'arrêt et de justice, les prévenus et les condamnés, les innocents et les coupables, ont des communications et des conversations fréquentes. Le travail n'y est pas et ne peut pas être organisé d'une manière suivie : les prévenus ne sauraient être assujettis aux labeurs assidus et réguliers auxquels les condamnés doivent se soumettre. Le régime des Maisons de détention est plus régulier; la discipline y est mieux entendue. Les détenus sont occupés à divers travaux, dont le salaire, proportionné à la nature de la condamnation, diminue à mesure qu'elle s'accroît en gravité. La moitié du salaire est pour les détenus; une partie leur est délivrée, dans l'intérieur de la prison, sous le nom de *deniers de poche,* et peut être dépensée; le reste forme une masse de réserve qu'ils retrouvent à l'époque de leur libération. Le port d'un costume pénal est obligatoire pour eux, aussi bien que le travail. On les punit en les mettant au pain et à l'eau, en leur infligeant la cellule ou le cachot, et, en cas de violences, les fers. Pour les détenues, la surveillance est exercée par des femmes, laïques ou religieuses. Un aumônier est attaché à chaque prison : il dit la messe les dimanches et fêtes, fait une instruction religieuse une fois par semaine au moins, et enseigne le catéchisme aux jeunes détenus. Il y a des instituteurs dans toutes les maisons où la population est assez considérable pour appeler cette mesure.

Le régime des prisons a fréquemment varié. Dans l'Antiquité, et bien longtemps encore dans les temps modernes, la prison a été considérée, non comme un moyen de correction, mais comme un lieu de supplice et une vengeance : les prisonniers étaient enfermés dans un espace étroit, privés d'air et d'exercice, et livrés à la brutalité des geôliers. Avec le christianisme, on commença de s'occuper d'améliorer leur condition. Le concile de Nicée, en 325, chargea les *procureurs des pauvres* de visiter les détenus, et de travailler à leur délivrance. En 1557, Henri II, considérant que les prisons, « qui ont été faites pour la garde des prisonniers, leur apportent plus grande peine qu'ils n'avaient mérité, » autorisa les magistrats (la loi leur en fait aujourd'hui un devoir) à veiller par eux-mêmes à ce qu'ils y fussent traités humainement; mesure qui n'eut pas grande efficacité. Une ordonnance de 1560 proscrivit les cachots souterrains, en défendant que le gîte des détenus fût au-dessous du rez-de-chaussée. La nourriture des prisonniers était généralement composée de pain et d'eau. Un arrêt du 18 juillet 1717 décida « qu'on fournirait tous les quinze jours de la paille fraîche à ceux qui étaient enfermés dans des cachots noirs, et tous les mois à ceux qui se trouvaient dans des cachots clairs. » Il y avait alors différentes espèces de prisons : les *prisons ordinaires,* servant aux individus qui n'appartenaient à aucune juridiction spéciale; les *prisons d'État,* où l'on renfermait ceux qui avaient conspiré contre la sûreté de l'État, et plus souvent les malheureux sacrifiés à la haine ou à l'intérêt de personnages puissants; les *prisons des officialités* (V. ce mot dans notre *Dictionnaire de Biographie et "d'Histoire*), les *prisons militaires,* et les *prisons pour dettes.* Au XVIIe siècle, St Charles Borromée et St Vincent de Paul, inspirés par la religion, se consacrèrent au soulagement des captifs, et, au XVIIIe, J. Howard, Beccaria, Bentham, au nom de la philanthropie, poursuivirent la réforme des prisons. Notre siècle est entré avec ardeur dans la même voie, et a tenté, pour l'amélioration du sort des prisonniers, toutes sortes de moyens, dont le plus célèbre, le système cellulaire, organisé en France en 1847, est aujourd'hui presque complétement abandonné dans tous les pays (V. PÉNITENTIAIRE — Système). Après la Révolution française de 1848, le gouvernement provisoire supprima, par décret du 4 mars, le travail dans les prisons, qui était une loi depuis 1819; cette mesure, inspirée par une préoccupation trop vive du préjudice causé au travail libre par le travail forcé, portait atteinte aux textes du Code pénal qui avaient imposé le travail comme une des conséquences de la peine; la cessation du travail exerça les plus funestes effets sur la santé des condamnés. Il fallut le rétablir par une loi du 9 janvier 1849, modifiée en certains points de détail par décret du 25 février 1852. Un arrêté du ministre de l'Intérieur, du 25 mars 1854, a organisé un système de récompenses et de punitions qui a pour base l'augmentation ou la réduction des profits du travail. *V.* Howard, *Des prisons et des maisons de force* (en anglais), 1777, in-4°, trad. en français par Mlle de Kéralio, 1788, 2 vol. in-8°; Villermé, *Des prisons telles qu'elles sont et telles qu'elles devraient être*, 1820, in-8°; Danjou, *Des prisons et de leur régime*, 1821, in-8°; Julius, *Leçons sur les prisons*, trad. de l'allemand, 1831, 2 vol. in-8°; Appert, *Bagnes, prisons et criminels*, 1836, 4 vol. in-8°; Moreau (Christophe), *De l'état actuel des prisons en France*, 1837, in-8°, et *Code des prisons, ou Recueil des lois et ordonnances concernant leur régime intérieur, économique et disciplinaire*, de 1670 à 1850, 2 vol. in-8°; Léon Faucher, *De la réforme des prisons*, 1838, in-8°; Watteville, *Du travail dans les prisons et les établissements de bienfaisance*, 1850, br. in-12; Perrot, *Statistique des prisons et établissements pénitentiaires*, 1855-56, 2 vol. in-4°. B.

PRIVATIF ou PARTICULE PRIVATIVE, nom que l'on donne, en Grammaire, à certains préfixes qui indiquent que le mot où ils entrent comme partie composante perd tout ou partie de la signification du radical. Telle est la particule α en grec (*boulè*, conseil; *aboulos*, irréfléchi); *in* en latin (*munia*, charges; *im-munis*, exempt de charges); *mé* en français (prendre, se *méprendre*; connaître, *méconnaître*); *un* en anglais (*able*, capable; *unable*, incapable). Certaines prépositions jouent le rôle de particules inséparables : ainsi, *apo* en grec (*phèmi*, je dis, j'affirme; *apophèmi*, je nie; je me dédis); *de* en latin (*color*, couleur; *decolor*, privé de sa couleur); *dé* en français (*découvrir*, *défaire*, *déposséder*). P.

PRIVILÉGE (du latin *privata lex*, loi privée), nom que les anciens Romains donnaient à une loi qui n'était pas d'un intérêt général, mais qui ne concernait que des individus. On l'applique maintenant : 1° à la faculté concédée à un individu ou à une corporation de faire une chose ou de jouir d'un avantage qui n'est pas de droit commun; 2° à l'acte qui contient cette concession; 3° à tout avantage, droit ou prérogative de certains emplois ou états.

PRIVILÉGE, autorisation que donnait autrefois le roi de publier un livre, et garantie de propriété donnée à l'auteur ou à l'éditeur.

PRIVILÉGE, en termes de Jurisprudence, droit que donne la qualité de la créance à un créancier qui en est investi d'être préféré aux autres créanciers, même hypothécaires (art. 2095, *Code Napol.*). Il dérive donc, non de la convention, mais du fait d'où est née la créance. Entre les créanciers privilégiés, le rang est déterminé, non par la date, mais par la cause de la créance. On distingue d'abord :

I. *Les privilèges généraux sur les meubles.* — Voici dans quel ordre ils se présentent : 1° frais de justice; 2° frais funéraires; 3° frais quelconques de dernière maladie; 4° salaires des gens de service pour l'année échue et ce qui est dû pour l'année courante; 5° fournitures de subsistances faites pendant les six derniers mois par les marchands en détail, boulangers, bouchers et autres, et pendant la dernière année par les maîtres de pension et marchands en gros.

II. *Les privilèges spéciaux sur certains meubles.* — Ce sont : 1° les loyers et fermages des immeubles, sur les fruits de la récolte de l'année, le prix de tout ce qui garnit la maison louée ou la ferme, et tout ce qui sert à l'exploitation de la ferme; 2° les sommes dues pour semences, frais de récolte et ustensiles; 3° la créance sur le gage dont le créancier est saisi; 4° les frais faits pour la conservation de la chose; 5° le prix d'effets mobiliers non payés, sur les objets vendus, tant qu'ils sont en la possession du débiteur, et suivant diverses conditions que la loi spécifie; 6° les fournitures des aubergistes sur les effets des voyageurs transportés dans l'auberge; 7° en faveur du voiturier, les frais de voiture et les dépenses accessoires sur la chose voiturée; 8° les créances résultant d'abus et de prévarications commis par les fonctionnaires publics dans l'exercice de leurs fonctions, sur les fonds de leur cautionnement.

III. *Les privilèges spéciaux sur certains immeubles.*

— Ainsi : 1° le privilège accordé au vendeur sur l'immeuble vendu pour le payement du prix; 2° celui des cohéritiers, sur les immeubles de la succession, pour la garantie des partages faits entre eux et des soultes ou retours de lots; 3° le privilège des architectes, entrepreneurs, maçons et autres ouvriers, sur les bâtiments, canaux ou ouvrages quelconques qu'ils ont édifiés, reconstruits ou réparés; ce qui ne s'entend que des ouvrages d'art, et non pas en général des travaux d'agriculture: cependant la loi du 17 juillet 1856 a fait une exception à cet égard pour le drainage : ce privilège des entrepreneurs est soumis à des conditions spéciales. — De ces trois privilèges en découlent subsidiairement deux autres qui n'en sont à vrai dire que la conséquence : 1° celui des prêteurs de deniers ayant servi soit à payer l'acquisition d'un immeuble, soit à rembourser des ouvriers; il vient alors au lieu du privilège appartenant aux créanciers désintéressés; la loi en subordonne l'existence à la constatation authentique de la réalité; 2° le privilège des cessionnaires de créances privilégiées qui viennent au lieu et place de leurs cédants.

IV. *Les privilèges qui s'étendent sur les meubles et sur les immeubles.* — Ce sont tous ceux du § Ier, à cause de leur faveur spéciale. Il existe encore d'autres privilèges établis soit par le *Code de Commerce* dans l'intérêt des commissionnaires, pour la sûreté des contrats maritimes, etc., soit par des lois spéciales en matière de mines, marais, travaux publics, marchés de fournitures.

Le Trésor public jouit aussi de certains privilèges, pour le recouvrement des contributions directes, sur les fruits et revenus des immeubles, et sur la généralité des meubles; le premier assure le recouvrement de l'impôt foncier, le second celui de la contribution personnelle et mobilière. Il en est d'autres pour assurer le payement des droits de timbre, des mutations par décès, des droits de douane et des contributions indirectes, les frais de justice criminelle et les adjudications administratives.

Quant à la classification de ces divers privilèges, c'est-à-dire au rang qu'il faut leur attribuer respectivement, elle a soulevé tant de difficultés dans la théorie et dans l'application, qu'elle ne peut être indiquée que dans les traités spéciaux.

Les privilèges sur les meubles n'existent qu'autant que les meubles sont en la possession du débiteur. Les privilèges sur les immeubles ne se conservent que par leur inscription. *V.* Battur, *Traité des Privilèges et Hypothèques*, 2e édit., 1823, 4 vol. in-8°; Favard de Langlade, *Traité des Privilèges et Hypothèques*, 1812, in-8°; Hervieu, *Résumé de jurisprudence sur les Privilèges et Hypothèques*, 2e édit., 1846, in-4°; Valette, *De l'effet ordinaire de l'Inscription en matière de Privilèges sur les immeubles*, 2e édit., 1843, in-8°; Troplong, *Commentaire du titre XVIII du livre III du Code civil, Des Privilèges et Hypothèques*, 5e édit., 4 vol. in-8°; Mourlon, *Examen critique et pratique du Commentaire de M. Troplong sur les Privilèges*, 1855, 2 vol. in-8°; Taillefer, *Des Privilèges sur les meubles*, 1852, in-8°. R. d'E.

PRIVILÉGIÉES (Classes), classes d'une nation dont la supériorité sociale et politique est consacrée par les lois, et qui, pourvues de prérogatives exceptionnelles, sont encore exonérées de charges ou de prohibitions qui pèsent sur les autres citoyens. Telles étaient en France, avant 1789, la noblesse et le clergé.

PRIVILÉGIÉS (Cas). *V.* CAS PRIVILÉGIÉS.

PRIX, en termes d'Économie politique, valeur d'une chose qui est dans le commerce. On nomme *prix courant* le prix auquel en chaque lieu une chose trouve des acquéreurs. Par rapport à la monnaie, le *prix* est la mesure de la *valeur*. Si l'on achète un produit avec la monnaie que l'on tire de la vente d'un autre produit, ce qu'il coûte est son *prix relatif*; si on l'achète avec ce que l'on paye pour ses frais de production, c'est son *prix réel* ou *originaire*. Les variations dans le prix relatif changent la richesse réciproque des possesseurs des différents produits: ainsi, quand le sucre renchérit par rapport au prix des autres produits, les propriétaires de sucre sont plus riches, mais les propriétaires des autres produits sont plus pauvres d'autant. Les variations dans le prix réel ou originaire diminuent les richesses des nations quand le prix hausse, et les accroissent quand il baisse.

PRIX DÉCENNAUX. *V.* notre *Dictionnaire de Biographie et d'Histoire.*

PROAULION, mot qui désignait, chez les anciens Grecs, le vestibule d'un édifice quelconque, et aussi un prélude de flûte.

PROBABILISME, en termes de Théologie, système de

direction morale, fondée sur ce principe qu'entre deux opinions probables, même à des degrés différents, il est permis de choisir en se dirigeant soit par la raison, soit par l'autorité. La conscience et la loi religieuse fixent les grandes vérités, les principes fondamentaux de la morale ; mais il est des circonstances particulières que la loi ne peut prévoir, et dont la complication est pour la conscience, même la plus droite, une source d'embarras et d'hésitations ; c'est alors que le Probabilisme trouve son application. « Sans doute, à côté de l'usage légitime, il y a l'abus ; à force de disputer sur les règles de la morale et sur les actes humains, on peut obscurcir ce qui était clair, absoudre des actions coupables, incriminer des choses indifférentes, substituer aux autorités les plus graves l'opinion d'un docteur. » — C'est là la Probabilisme auquel Pascal s'est attaqué dans les Provinciales. — « Mais si l'on se renferme dans de justes limites, si l'on exige d'abord qu'une opinion vraiment probable ne soit contraire ni à l'Écriture Sainte, ni aux décisions de l'Église, ni à une raison évidente, ni au sentiment commun des Écoles ; si l'on se tient prudemment dans une ligne moyenne, également éloigné d'un rigorisme qui désespère et d'un relâchement qui corrompt, on n'est pas répréhensible, et le Probabilisme, entendu dans ce sens, n'a pas été et ne sera jamais condamné par l'Église. L'Église s'est contentée d'en réprimer les abus, et n'en a interdit l'usage que pour certains cas réservés, où il y a obligation de n'agir qu'avec des moyens sûrs ; notamment pour les juges dans leurs sentences, pour les médecins dans leurs remèdes, pour les prêtres dans l'administration des sacrements, ou bien encore quand il s'agit d'empêcher le dommage du prochain. » (Essai sur la Méthode dans les sciences théologiques, par M. l'abbé Bourquard.)

PROBABILITÉ (du latin proba, preuve, et habilitas, disposition), apparence de vérité. La probabilité a des degrés, la certitude n'en a pas.

PROBATION (du latin probare, prouver), temps d'épreuve qui précède le noviciat des religieux, et quelquefois le noviciat lui-même.

PROBATIQUE (Piscine). V. PISCINE.

PROBLÉMATIQUE (Jugement). V. APODICTIQUE.

PROBLÈME (du grec proballein, jeter en avant, proposer), question à résoudre, ou bien, question sur laquelle on n'a que des données contradictoires, ou qui est entourée d'obscurité.

PROCÉDURE (du latin procedere, marcher), ensemble des règles à suivre, des actes à faire pour obtenir une décision judiciaire, ou, dans certains cas, le moyen de parvenir amiablement au règlement de certains droits. On distingue la Procédure judiciaire et la Procédure extrajudiciaire, selon que la question en litige est ou n'est pas soumise au jugement des tribunaux. La Procédure judiciaire se divise en Procédure civile, quand elle tend à obtenir une décision de la juridiction civile ; Procédure commerciale, quand elle procède devant les tribunaux de commerce (les règles de ces deux juridictions sont réunies dans le Code de Procédure civile); Procédure criminelle, réglementée par le Code d'Instruction criminelle, et Procédure administrative, qui se trouve fixée par des lois différentes non codifiées.

PROCÉDURE CIVILE (Code de). L'instruction des affaires civiles était réglementée, avant 1789, par l'Ordonnance de 1667, qui avait réalisé d'énormes progrès sur la législation antérieure. Quelques obscurités de termes, l'absence de netteté dans ses classifications, faisaient désirer sa réforme. L'Assemblée constituante l'avait décrétée par la loi du 24 août 1790, art. 2. Le Décret du 3 brumaire an II (24 octobre 1793), promulgué par la Convention, vint, sous prétexte de simplification, jeter le plus grand désordre dans cette matière, et hâta la nomination d'une commission chargée de l'élaboration d'un Code. La discussion, ouverte le 30 germinal an XII (19 avril 1803), fut terminée, après 23 séances, le 29 mars 1806. Notre Code de Procédure civile se compose de 1,042 articles. La première partie, intitulée Procédure devant les tribunaux, comprend l'instruction des affaires devant les justices de paix, les tribunaux inférieurs et les Cours d'appel, ainsi que les voies extraordinaires pour attaquer les jugements, et les moyens de les exécuter. La seconde est consacrée à la réglementation de procédures diverses, tant celles relatives à l'ouverture d'une succession que celles relatives aux autorisations, séparations, interdictions, etc.

Le Code de Procédure civile n'a subi que fort peu de modifications : les plus importantes résultent des lois des 25 mai 1838, 11 avril 1838, 3 mars 1840 et 2 juin 1841. Sa dernière révision officielle est du 8 octobre 1842. V. Boucher, Traité de la Procédure civile et des tribunaux de commerce, 1808, in-4°; Lepage, Nouveau traité et style de la Procédure civile, 1811, in-4°; Locré, Esprit du Code de Procédure civile, 1816, 5 vol. in-8°; Auger, Traité élémentaire de Procédure civile, 1828, 2 vol. in-8°; Demiau, Explication du Code de Procédure civile, 1828, in-8°; Thomines-Desmazures, Commentaire sur le Code de Procédure civile, 1832, 2 vol. in-4°; Rauter, Cours de Procédure civile, 1834, in-8°; Chardon, Réformes désirables sur la Procédure civile, 1837, in-8°; Chauveau, Dictionnaire général et complet de Procédure, 1837, in-8°; Boncenne et Bourbeau, Théorie de la Procédure civile, 2e édit., 1837-1844, 6 vol. in-8°; J. Berriat Saint-Prix, Cours de Procédure civile et criminelle, 1835-56, 3 vol. in-8°; Pigeau, la Procédure civile des tribunaux de France, édit. de Crivelli, 1838, 2 vol. in-4°, et Introduction à la Procédure civile, édit. de Poncelet, 1841, in-18; Cardon et Péchard, Formulaire général, ou Modèles d'actes du Code de Procédure civile, 5e édit., 1842, 2 vol. in-8°; P. Bonnin, Commentaire de la Procédure civile, 1845, in-8°; Delzers, Cours de Procédure civile et criminelle, 1844-51, 2 vol. in-8°; Rodière, Cours de Procédure civile, 1850, 3 vol. in-8°; Rogron, Code de Procédure civile expliqué, 9e édit., 1853, 2 vol. in-8°; Bonnier, Éléments de Procédure civile, 1853, in-8°; Chauveau et Glandaz, Formulaire général et complet, Traité pratique de Procédure civile et commerciale, 1853, 2 vol. in-8°; Jeannin, Formulaire complet de Procédure civile et commerciale, 1854, in-8°; Carré et Chauveau, les Lois de la Procédure civile, 1854-55, 7 tomes en 8 vol. in-8°, et la Procédure administrative, 1 vol. in-8°; Seligman, Quelles sont les réformes dont notre Procédure civile est susceptible? 1855, in-8°; Gilbert, Code de Procédure annoté de Sirey, 1857, in-8°; Mourlon, Répétitions écrites sur le Code de Procédure civile, 1857-58, in-8°; Bordeaux, Philosophie de la Procédure civile, 1857, in-8°; Boitard et Colmet-Daage, Leçons sur toutes les parties du Code de Procédure civile, 1858, 2 vol. in-8°; Bioche, Dictionnaire de Procédure civile et commerciale, 1858, 6 vol. in-8°; le même, Formulaire de Procédure civile et commerciale, 1858, in-8°, et Journal de Procédure civile et commerciale, qui se publie depuis 1835. R. D'E.

PROCÉLEUSMATIQUE (du grec prokéleuein, exciter d'avance), pied de la versification grecque et latine, ainsi appelé peut-être parce qu'on l'employait dans les chansons par lesquelles les rameurs s'excitaient au travail. Il est composé de 4 brèves, et, par conséquent, équivaut soit au spondée, soit au dactyle, soit à l'anapeste, soit à l'amphibraque. On le trouve par licence dans les vers iambiques de la comédie latine et dans ceux de Sénèque : Plaute et Térence l'emploient aussi dans les tétramètres iambiques. Chez les Grecs, on le rencontre quelquefois dans les systèmes dochmiaques, où deux procéleusmatiques équivalent alors à un dochmius. On en trouve aussi des exemples dans les systèmes anapestiques, surtout dimètres. Dans les systèmes dactyliques, il n'était guère admis que pour les noms propres; Pindare en offre quelques exemples. — Il y eut, chez les Anciens, des vers procéleusmatiques de différentes mesures. P.

PROCÈS (du latin processus, marche), instance devant un juge ou un tribunal sur un différend élevé entre deux ou plusieurs parties. Tout procès commence par une demande, se continue et s'explique par une instruction, et finit par un jugement. Dans un Procès civil, le demandeur poursuit une réparation purement civile; un Procès criminel a pour but de faire prononcer une peine contre l'auteur d'un fait qualifié crime par la loi.

PROCESSION, cérémonie religieuse. V. notre Dictionnaire de Biographie et d'Histoire.

PROCESSION DU St ESPRIT, production éternelle du St Esprit, qui procède du Père et du Fils selon l'Église romaine, du Père seulement selon l'Église grecque.

PROCESSIONNAL, livre d'église, contenant les chants des Processions.

PROCÈS-VERBAL, acte par lequel un magistrat, un officier public, un agent de l'autorité, un arbitre, un expert, rend compte de ce qu'il a fait dans l'exercice de ses fonctions, de ce qu'il a vu, de ce qui s'est fait pour lui ou en sa présence. En matière civile, les procès-verbaux sont destinés à constater d'une manière authentique les faits qui doivent servir de base aux discussions d'intérêt privé : ils sont dressés par les notaires, les huissiers, les greffiers, les juges de paix, ou par des juges qu'un tribunal a commis à cet effet, et font foi de ce qu'ils contiennent jusqu'à inscription de faux. En matière de police, en matière correctionnelle et criminelle, les procès-verbaux ont pour but d'.`surer l'exécution des lois répressives : ils sont dressés par les officiers de police judiciaire, les gendarmes, les gardes champêtres, les préposés des Douanes, je la régie des Contributions indirectes, la direction des Domaines, du timbre et de l'enregistrement, etc. La preuve contraire par témoins ou par écrit est admise contre les procès-verbaux de ceux des agents de l'autorité auxquels la loi n'accorde pas le droit d'être crus jusqu'à inscription de faux. Les procès-verbaux judiciaires doivent être *affirmés* (V. AFFIRMATION); l'absence de cette formalité les vicie. V. Mangin, *Traité des procès-verbaux en matière de délits .et de contraventions*, 1840, in-8° ; Cotelle, *Traité des procès-verbaux de contravention en matière administrative*, 1848 ; in-8°.

PROCÈS-VERBAL DE COMPARUTION, acte dressé soit par un notaire, soit par un juge commis pour recevoir les déclarations des parties. Il a pour but de préciser leurs prétentions réciproques et les points de contestation.

PROCHRONISME. V. ANACHRONISME.

PROCLAMATION, allocution adressée dans des circonstances solennelles, soit par un chef d'armée à ses soldats ou aux populations chez lesquelles il porte la guerre, soit par un gouvernement à ses administrés ou à ceux d'un gouvernement ennemi. On nomme encore Proclamation l'acte par lequel on porte à la connaissance du·public un fait nouveau, comme l'installation d'un gouvernement, la nomination d'un haut fonctionnaire, un traité de paix, une amnistie, une fête nationale, etc. Autrefois les Proclamations se faisaient par la voix des hérauts; aujourd'hui on emploie les affiches.

PROCLITIQUE, c.-à-d. en grec *qui a la propriété de se pencher en avant* (de *pro* et de *klinô*), se dit des particules qui, n'ayant pas d'accent propre, s'appuient sur le mot suivant. Telles sont la conjonction ει, la préposition *èx*, les articles ό, ή, οἱ, αἱ, en grec; la plupart des prépositions monosyllabiques en latin et en français, l'article français, les pronoms personnels précédant le verbe, l'adverbe négatif *ne*. Dans ce vers de Racine (*Phèdre*, IV, 2) :

Le jour n'est pas plus pur que le fond de mon cœur,

les mots en *italiques* sont proclitiques. En grec, les proclitiques peuvent s'accentuer dans certains 'cas, par exemple lorsqu'ils sont suivis immédiatement d'un mot susceptible de perdre son accent. V. ENCLITIQUE. P.

PROCONSUL. } V. ces mots dans notre *Dictionnaire de Biogr. et d'Histoire.*
PROCURATEUR. }

PROCURATION (du latin *curàre pro*, prendre soin pour un autre), acte par lequel une personne donne à une autre le pouvoir d'agir en son nom comme elle pourrait le faire elle-même. La procuration peut être donnée sous seing privé; mais elle doit l'être par acte public, quand il s'agit de représenter une partie dans un acte de l'état civil, de récuser un juge, d'accepter une donation, de répudier une succession, de toucher les arrérages de rentes sur l'État. V. MANDAT.

PROCUREUR, mot par lequel on désignait surtout, avant 1789, les officiers ministériels qui s'appellent aujourd'hui *Avoués* (V. PROCUREURS, dans notre *Dictionnaire de Biographie et d'Histoire*), et qui ne s'applique plus qu'à certains membres du Parquet exerçant les fonctions de *Ministère public* (V. ce mot) près les Cours et tribunaux. Il y a un *Procureur général* près la Cour de cassation (V. ce mot), et un, près de chaque Cour d'appel. Celui-ci a sous sa direction des *avocats généraux*, chargés le plus souvent du service des audiences, et des *substituts*, chargés du service du Parquet. Il porte la parole aux chambres assemblées, aux audiences solennelles, et aux audiences des chambres quand il le juge convenable. Il exerce l'action de la justice criminelle dans toute l'étendue du ressort, veille au maintien de l'ordre dans tous les tribunaux, et a la surveillance de tous les officiers de police judiciaire et des officiers ministériels. Sous la dépendance hiérarchique du Procureur général sont les *Procureurs de la République* (autrefois *Procureurs du roi* et *Procureurs impériaux*), qui exercent les mêmes fonctions près les tribunaux de 1ʳᵉ instance, et qui ont aussi des substituts. Nul ne peut être nommé Procureur de la Rép. s'il n'a 25 ans, Procureur général s'il n'a 30 ans. Ces magistrats, institués par la loi du 28 floréal an XII (18 mai 1804) pour remplacer les *Accusateurs publics* et les *Commissaires du*

gouvernement, sont nommés par le chef de l'État, et amovibles. V. Massablau, *Manuel du Procureur impérial et du substitut*, 1857; 3 vol. in-8°.

PRODICTATEUR. V. ce mot dans notre *Dictionnaire de Biographie et d'Histoire.*

PRODIGUE (du latin *agère pro*, chasser devant soi), celui qui manque de mesure dans ses dépenses. La prodigalité était, dans notre ancienne législation, une cause d'*interdiction*; aujourd'hui elle donne seulement lieu à la nomination d'un *Conseil judiciaire* (V. ce mot).

PRODOMOS, nom donné quelquefois à la façade antérieure d'un temple, et au porche d'une église.

PRODROME (du grec *pro*, devant, et *dromos*, course), nom donné à certains ouvrages qui sont comme les avant-coureurs d'autres écrits destinés à paraître plus tard et dont ils donnent une idée.

PRODUCTION, dans le langage de l'économie politique, création des valeurs considérées indépendamment de leur distribution et de leur consommation. L'homme ne crée pas un atome de matière; mais il transforme la matière de mille manières, pour l'approprier à tous les besoins de sa vie. La Nature lui fournit tous les éléments; mais ces éléments, avant d'être combinés, élaborés par son intelligence et son activité, ne lui sont que d'une bien faible utilité. Mille sauvages vivent misérables et meurent quelquefois de faim au milieu d'une nature riche et belle, dans un canton de plusieurs lieues de superficie; un désert de la même étendue, transformé par l'activité humaine, nourrit plusieurs millions d'hommes au sein de l'abondance et dans toutes les jouissances de la civilisation. Ce qui accomplit ces merveilles, c'est la production de la richesse, c.-à-d. la transformation de la matière première en un produit, en une valeur propre à satisfaire nos besoins. Cette transformation est un changement, un mouvement, et, par conséquent, ne peut se faire que par l'application d'une force quelconque à la matière inerte. Or, l'application de cette force ne peut être faite que par un être ayant intelligence et volonté, que par l'homme. L'homme est donc l'agent de la production, dont il est, par conséquent, le principe, comme il en est la fin; l'homme est le seul producteur véritable, et il intervient sans cesse dans le phénomène de la production, à trois titres qui se trouvent le plus souvent réunis à des degrés divers par une même personne : 1° comme savant; 2° comme entrepreneur ; 3° comme ouvrier.

L'homme seul en face de la matière brute, c'est le sauvage grossier, se faisant à grande peine un arc et des flèches pour chasser, et couvrant sa nudité de plumes ou de peaux. Mais cette matière brute, il ne tarde pas, par ses premières tentatives de production, à la transformer, à se faire des haches, des couteaux, à amasser des provisions, à les échanger avec ses voisins ; et, avant même qu'il ne soit parvenu à un degré de civilisation bien avancé, il a déjà de nombreux instruments pour l'aider à produire. La matière brute apparaît moins, et se confond dans la classe des instruments de production. On distingue ces instruments en instruments *directs*, qui sont : les *agents naturels*, le *capital* et le *travail* (V. ces mots); et instruments *indirects*, qui sont : l'*échange*, la *circulation*, la *monnaie* (V. ces mots), auxquels il faut ajouter le *gouvernement*, qui, par de bonnes lois, peut faciliter la production et les échanges, et l'*instruction*, qui crée le capital moral, l'instrument le plus puissant et le plus fécond de la production.

Trois instruments servent directement à la production : les agents naturels, le capital, et le travail. C'est entre eux aussi que se partagent les *profits de la production*. L'homme, le producteur universel, n'intervient pas en personne dans le compte du partage; mais il est en réalité tout entier sous le second et sous le troisième chef, puisque le capital n'est que du travail accumulé, et que le travail n'est rien autre chose que l'homme agissant : sous ces trois chefs, il n'y a donc comme toujours que l'homme et la matière : à la matière le premier chef et une partie du second, à l'homme la meilleure partie du second et le troisième tout entier. Voici à quel titre se répartissent les profits de la production : les agents naturels, dont le principal est la terre, prélèvent leur part à titre de *rente* (V. ce mot). Le capital prélève la sienne, 1° à titre d'*intérêt* (V. ce mot); 2° à titre de *profit*, quand le capital a fait des avances dont il doit être remboursé, ou quand il doit être amorti dans un temps donné. C'est ce que fait un négociant, lorsque, établissant son inventaire, il compte, pour une machine qui lui a coûté 100,000 fr., 5,000 fr. comme intérêt de son capital, plus 10,000 fr. comme dépréciation de son capital, parce qu'il calcule qu'au bout de dix ans la machine sera usée, et que, s'il ne prélevait pas tous les ans 10 p. 0/0 de dépréciation, son capital serait consommé et perdu. Le travail prélève sa part des profits : 1° à titre de *salaires*, quand il s'agit d'un ouvrier, d'un employé, qui ne met dans l'entreprise que ses bras, et, assuré de sa rétribution, ne court pas de chances de pertes; 2° à titre de *profits*, quand il s'agit d'un entrepreneur qui hasarde son capital, qui met à la fois dans l'entreprise son temps, son intelligence et ses espérances, ou d'une personne qui, sans être l'entrepreneur même, court cependant avec lui les chances de perte et de gain de l'entreprise (*V.* SALAIRE).

L'industrie est la grande *source des produits.* Voici les différentes branches dans lesquelles on l'a divisée :

Industrie {
Extractive (mines, pêcheries, etc.).
Voiturière; c.-à-d. le commerce qui transporte les produits.
Manufacturière; c.-à-d. l'industrie proprement dite.
Agricole.
Libérale (beaux-arts, sciences, etc.).
}

Un produit nouveau n'est pas toujours une augmentation nouvelle de richesses. Voici les phénomènes économiques qui peuvent résulter de la création d'un produit: 1° si le produit brut n'a pas une valeur suffisante pour rembourser les avances faites par les agents naturels, le capital et le travail, il y a perte pour la société et diminution de richesse; 2° si le produit brut suffit juste pour rembourser ces avances, il n'y a ni perte ni profit, et la richesse reste la même ; 3° si le produit brut, après avoir remboursé toutes les avances, laisse un excédant, il y a profit, et cet excédant, qui constitue le *produit net*, est une augmentation de richesse. L.

PROÈME. *V.* PROŒMIUM.

PROFANATION (du latin *pro*, devant, et *fanum*, temple), irrévérence commise, soit volontairement, soit par oubli ou ignorance, envers les choses consacrées par la religion. Elle se distingue du *sacrilége*, crime commis avec intention envers la Divinité même : toutefois, dans la religion catholique, la profanation des saints mystères est un sacrilége, parce que la présence de Dieu en fait un attentat contre lui.

PROFANE, qualification donnée par les Anciens à quiconque n'était pas initié aux Mystères, et restait pour ainsi dire en dehors du temple. — En Littérature, on oppose les auteurs *profanes* ou païens aux auteurs *sacrés* ou chrétiens. — Par extension et au figuré, le nom de *profane* s'applique à celui qui ne possède pas une science ou un art quelconque.

PROFECTICES (Biens). *V.* BIENS.

PROFÉS. *V.* ce mot dans notre *Dictionnaire de Biographie et d'Histoire.*

PROFESSEUR (du latin *profiteri*, déclarer publiquement, enseigner), celui qui fait profession d'enseigner une science ou un art. Le titre de *professeur* n'appartenait autrefois qu'à ceux qui donnaient leurs leçons dans certains établissements publics, tandis que les maîtres de toute sorte le prennent aujourd'hui. Dans l'ancienne Université, il n'y avait de *professeurs* que ceux qui occupaient des chaires en Théologie, en Droit, et au Collége de France; les professeurs en Droit joignaient à ce titre celui d'*assesseurs*, et les professeurs royaux celui de *lecteurs*. Les professeurs de la Faculté de médecine étaient dits *docteurs régents*. Les professeurs des colléges s'appelaient *régents*, et ne l'était qu'après 20 ans de service qu'ils s'intitulaient officiellement *professeurs émérites*. — Dans les lycées actuels, les *professeurs* sont ceux qui, pourvus du titre d'agrégé, sont titulaires d'une chaire: ils étaient divisés en trois classes, au traitement de 2,400 fr., 2,200 fr. et 2,000 fr. dans les départements, de 4,500 fr., 4,000 fr. et 3,500 fr. à Paris et à Versailles, non compris un éventuel (*V. ce mot*) dont le minimum était alors fixé à 800 fr.; aujourd'hui, l'éventuel est supprimé, et, par compensation, le traitement a été augmenté. Quand le nombre des élèves exige que les classes soient divisées, les maîtres chargés de ces divisions prennent, s'ils sont agrégés, le nom de *professeurs divisionnaires*, et, s'ils ne le sont pas, celui de *chargés de cours*; le traitement de ces deux sortes de fonctionnaires est le même (*V.* CHARGÉS DE COURS). Le costume des professeurs des lycées est la robe d'étamine noire, la toque noire bordée de velours, le rabat blanc à petits plis, la chausse ou épitoge (*V. ce mot*), et une palme en or pour les officiers de

l'Instruction publique, en argent pour les officiers d'Académie, en soie violette pour les autres. Ils sont tous nommés par le ministre de l'instruction publique.

PROFESSION. Ce mot, qui désigne tout état ou emploi de la vie, s'entend aussi d'une déclaration publique par laquelle on se lie ; et, dans ce cas, s'il s'agit de religion ou de principes politiques, c'est une *profession de foi.* Dans le langage ecclésiastique, on nomme spécialement *profession* l'acte solennel par lequel on fait des vœux de religion (*V.* VŒU).

PROFESSIONNEL (Enseignement). Il existe deux sortes d'enseignements professionnels : l'un, presque exclusivement pratique, et qui consiste à apprendre aux enfants un métier, en même temps qu'on leur dispense l'instruction élémentaire; cet enseignement, donné dans des établissements tels que l'asile Fénelon à Vaujours et l'école St-Nicolas à Paris, est essentiellement du domaine primaire; — l'autre, qui ne forme pas des artisans pour tel ou tel métier, mais des hommes instruits pour les carrières agricole, industrielle, commerciale, et qui est donné, par exemple, dans l'école Turgot à Paris; il fait partie de l'enseignement secondaire.

PROFIL, autrefois *Porfil*, se dit, en Architecture, d'un dessin offrant la coupe ou section perpendiculaire d'une construction, qui en laisse voir l'intérieur, c.-à-d. la hauteur, la largeur, la profondeur, l'épaisseur des murailles, etc. C'est encore le contour d'un membre, corniche, base, chapiteau. On fait aussi des profils pour les travaux de fortification et de terrassement. — En Peinture, le *Profil* est le contour des objets. Le mot s'emploie presque exclusivement en parlant d'une tête vue de côté, comme sur une médaille.

PROFITS ET PERTES, nom donné, dans la tenue des livres en partie double, à l'un des comptes généraux qui représentent le négociant sur les livres duquel ils figurent. Le nom de ce compte indique les écritures qui doivent y figurer : tels sont les escomptes, les bonifications, etc. C'est à l'aide du compte de profits et pertes que se solde le compte de capital. *V.* BALANCE DES LIVRES.

PROGRAMME, c.-à-d. *ce qui est écrit auparavant* (du grec *pro*, avant, et *gramma*, écrit), nom donné autrefois à tout avis affiché ou répandu à la main, dans le but d'adresser un appel au public. Aujourd'hui, c'est l'indication brève des pièces jouées dans un spectacle, des morceaux exécutés dans un concert, des lectures qui seront faites au milieu d'une société savante. *Programme* est aussi employé comme synonyme de *Sommaire.* C'est encore un écrit où l'on indique le sujet et les principales conditions d'un ouvrage qu'il s'agit de composer et d'exécuter, par exemple d'un ouvrage mis au concours.

PROGRÈS (du latin *progressus*), avancement vers le mieux. La propriété qu'ont les individus et les sociétés de se rapprocher de la perfection se nomme *Perfectibilité.* L'avancement dans le bien-être est un progrès *matériel;* l'avancement dans la science, un progrès *intellectuel;* l'avancement dans le bien, un progrès *moral.* Les progrès de l'individu sont nécessairement bornés par la faiblesse de ses organes et par la durée de sa vie ; mais la société, qui dure toujours, peut faire des progrès indéfinis. Le progrès ne peut être le même en toutes choses : il est clair que l'homme est impuissant à changer les conditions naturelles de sa vie physique ; les périodes d'enfance, de jeunesse, de maturité et de vieillesse, que cette vie peut contenir, sont au-dessus de sa volonté, et il ne dépend pas plus de lui de grandir que d'atteindre à un âge avancé. Tout ce qu'il peut faire, c'est de donner par l'exercice à ses membres la souplesse et la force, et de concourir à sa santé par une hygiène bien entendue. Dans le domaine des lettres et des beaux-arts, qui dépendent de l'inspiration individuelle, le travail d'un homme ne peut aussi ajouter que fort peu de chose à celui de ses devanciers : il serait difficile, par exemple, de soutenir qu'il y a de plus grands poëtes qu'Homère, de plus grands philosophes que Platon, de plus grands orateurs que Démosthènes, de plus grands sculpteurs que Phidias. Lorsqu'il s'agit de progrès littéraire et artistique, on ne doit pas songer aux individus, sous peine d'engager d'insolubles querelles, comme celle qu'on soutint autrefois sur les Anciens et les Modernes (*V.* ANCIENS ET MODERNES). Il en est autrement des sciences et des arts industriels : il y a là des principes reconnus, des faits acquis, des procédés éprouvés, dont la tradition se transmet d'âge en âge et qui, dispensant d'entreprendre les mêmes recherches et les mêmes expériences, permettent de marcher toujours à des conquêtes nouvelles,

Quant au progrès non-seulement d'une société pendant le cours de son existence, mais encore des sociétés successives les unes sur les autres, il est de toute évidence : le progrès de la Grèce sur l'antique Orient et des temps modernes sur la société gréco-romaine est manifeste dans la religion, dans les institutions politiques, dans les conditions de la vie sociale, dans la moralité publique et privée, dans l'industrie, dans les sciences. Ceux qui contestent ce progrès objectent que les génies des temps modernes ne surpassent point ceux de l'Antiquité : il en peut être ainsi ; mais c'est dans la société en général qu'il faut chercher la trace du perfectionnement continu, et l'on ne saurait nier que la diffusion des lumières est plus grande, le niveau commun des intelligences plus élevé chez les peuples chrétiens que chez les païens, au XIXᵉ siècle que pendant le moyen âge. On dira, pour combattre la doctrine du progrès, que la civilisation était plus avancée dans les derniers temps de l'Empire romain que durant les siècles qui suivirent sa ruine ; ce fait est incontestable : mais on ne peut rien conclure d'un tel rapprochement ; de même que l'on ne comparerait pas un enfant avec un homme parvenu à l'âge mûr, il n'y a pas lieu d'opposer une société qui commence à une société qui finit. L'humanité peut bien, d'ailleurs, reculer à certains égards ; car, selon la remarque ingénieuse de Mᵐᵉ de Staël, elle n'avance pas en ligne droite, mais en spirale. Le moyen âge, inférieur à l'Antiquité sur beaucoup de points, la surpasse par la religion et par le sentiment moral. On nie enfin le progrès, en alléguant certains pays, comme l'Asie Mineure et le Nord de l'Afrique, qui sont loin d'être aussi florissants que dans les temps anciens : mais ces pertes ont été très-largement réparées ; le domaine de la civilisation n'est plus restreint aux contours de la Méditerranée ; la Russie, la Scandinavie, la plus grande partie de l'Allemagne, l'Amérique, l'Océanie, sont des conquêtes de la civilisation moderne.

Un des personnages d'Homère disait : « Nous valons mieux que nos pères, et nos enfants vaudront mieux que nous. » Cette pensée n'avait pas la valeur d'une doctrine, car l'Antiquité n'a jamais possédé l'idée du progrès et de la perfectibilité humaine. Peut-être n'existait-il pas derrière elle une assez grande quantité de faits dont l'observation pût lui révéler le lien qui les unissait et les faisait concorder tous vers un même but. D'ailleurs, les Anciens avaient une préoccupation trop vive de l'influence qu'exerçaient les individus dans la vie sociale, pour n'être point détournés de chercher la loi des événements ; ils étaient animés d'un égoïsme de cité, qui ne tenait aucun compte des nations étrangères dans le tableau des destinées humaines. Or, l'idée du progrès exclut tout développement isolé et indépendant ; elle suppose l'humanité, c.-à-d. la communauté d'organisation, d'affections et de but de tous les hommes entre eux. C'est au christianisme que le monde doit cette sympathie qui a confondu dans une même affection tous les membres de l'espèce humaine, et qui a pu les faire considérer comme un seul être vivant à travers les siècles (V. Sᵗ Augustin, Cité de Dieu, X, 14). L'idée du progrès est une idée chrétienne et toute moderne. François Bacon est un des premiers qui l'aient hautement exprimée (De Augm. scient., liv. II et VIII), mais il l'appliqua uniquement à l'histoire des lettres et des sciences. Pascal a formulé avec une admirable précision la loi de la perfectibilité, lorsqu'il a traité De l'autorité en matière de philosophie : il s'indigne que l'on puisse croire que les Anciens ne nous ont plus laissé de vérités à connaître, et, distinguant nettement les vérités qui dépendent de la religion et celles qui dépendent des sens et du raisonnement, il déclare que les premières seront changées et augmentées par l'homme. La loi de la perfectibilité lui sert, non pas à nier le christianisme révélé et immuable, mais à établir les limites respectives de la religion et de la science. Il déplore l'aveuglement des gens qui repoussent les découvertes physiques au nom de l'autorité, et innovent au nom de la raison dans les vérités religieuses. L'idée du progrès ne se présente pas chez Malebranche avec l'étendue et l'originalité qu'elle possède dans Pascal : elle naît du sentiment de supériorité que donnait aux hommes du XVIIᵉ siècle un magnifique mouvement des lettres, des arts et des sciences ; elle est plutôt l'expression de l'orgueil des Modernes qui se révolte contre l'Antiquité, que la conscience d'une loi. C'était une des vérités dont Leibniz était le plus convaincu, que, dans la nature, tout est nécessairement enchaîné, progressivement gradué. Il est le premier qui ait formulé l'idée du

progrès par la loi de continuité (V. ce mot) ; cette formule, généralisée depuis, a joué un grand rôle dans les systèmes panthéistes modernes ; elle a enfanté l'unité continue de Geoffroy Saint-Hilaire et le progrès continu des rédacteurs de la Revue encyclopédique. Charles Perrault est, après Pascal, celui qui a eu la conscience la plus claire et la plus large de la loi de perfectibilité : il développa ses idées à l'occasion de la querelle sur les Anciens et les Modernes ; mais, à la différence de Pascal, qui se gardait de conclure du monde moral au monde physique, il généralisa, et confondit sous une même loi la vie terrestre et animale, la vie de l'humanité, auxquelles il reconnaissait des âges successifs d'enfance, de jeunesse, de virilité et de vieillesse. Vico imagina trois âges de développement dans la vie de chaque peuple ; mais il parut méconnaître le progrès des peuples les uns sur les autres (V. PHILOSOPHIE DE L'HISTOIRE). C'est à Turgot qu'appartient la gloire d'avoir donné à l'idée du progrès toute son importance : il l'a présentée avec la puissance absolue d'un axiome, et en a fait l'application la plus nette à l'histoire, à la politique, à la morale, aux religions, à l'industrie, aux lettres, aux sciences, aux arts, en un mot à toutes les manifestations de l'activité humaine. Désormais la philosophie possède une formule claire et précise, féconde en applications. L'Allemagne l'emprunte à la France : Kant proclame à son tour que les phénomènes sociaux, comme tous les autres phénomènes de la nature, peuvent être ramenés à des lois ; Herder, avec la magie de sa magnifique imagination et l'enthousiasme de sa belle âme, embrasse l'histoire universelle au point de vue de la perfectibilité, mais il se laisse aller, avec Bonnet, à un système de transformation progressive des êtres (V. PALINGÉNÉSIE) qui fait que son histoire de la création entière est un panthéisme confus, où l'humanité n'a que la vie battue dans des règnes de la nature ; Lessing, partant de cette idée que les religions doivent se modifier à mesure que l'humanité se transforme, n'accorde aux révélations de l'Ancien Testament et de l'Évangile qu'un caractère transitoire, et prophétise, au nom de la perfectibilité, une révélation nouvelle. Par un autre genre d'erreur, Condorcet a soutenu qu'il n'existe pas de terme assignable au progrès humain : pour lui, les facultés de l'homme doivent se perfectionner indéfiniment, les maladies disparaître, la vie se prolonger, l'égalité parfaite s'établir entre les nations, entre les classes, et même entre les sexes, une langue universelle servir de lien à tous les peuples, et finalement l'homme atteindre à l'immortalité sur une terre immortelle. Telle est la marche qu'a suivie l'idée du progrès dans les temps modernes.   B.

PROHIBITION (du latin prohibere, empêcher, défendre), défense faite par une loi ou un décret. Ainsi, dans les temps de disette, on prohibe la sortie, c.-à-d. on défend d'exporter les denrées alimentaires ; en cas de guerre, on prohibe aussi à la sortie les armes, les munitions de guerre, les chevaux, etc. D'autres prohibitions sont fondées sur des considérations d'ordre public (V. ARMES PROHIBÉES, DÉTENTION D'ARMES), ou sur la nécessité de protéger les intérêts fiscaux (tabac, cartes à jouer, etc.). Les prohibitions à l'entrée, c.-à-d. la défense d'importer les marchandises étrangères, ont pour objet de protéger le travail national : elles peuvent être absolues, ou résulter de l'élévation des droits qui frappent ces marchandises et rendent impossible leur écoulement sur le marché. C'est un des moyens du système protecteur (V. ce mot).

PROJECTION. V. CARTES GÉOGRAPHIQUES.

PROLATION, en termes de Musique ancienne, manière de déterminer, après la clef, la valeur des notes semi-brèves sur celle de la brève, ou la valeur des minimes sur celle de la semi-brève. Lorsque, dans la composition, la semi-brève valait trois minimes, la prolation, dite parfaite, se marquait par un point dans un cercle pour le mode majeur, par un point dans un demi-cercle pour le mode mineur ; si la semi-brève ne valait que deux minimes, la prolation, dite imparfaite, se marquait par un cercle ou un demi-cercle sans point. — Dans le Plain-Chant, la Prolation est un groupe de plusieurs notes de suite sur une même syllabe ou une même corde, pour indiquer que le son doit être tenu plus longtemps. Prolation a signifié aussi le rapport des syllabes brèves avec les longues, comme quand on disait : « Chanter avec une bonne prolation et mesure. »   B.

PROLÉGOMÈNES (du grec pro, avant, et légō, je dis), sorte d'Introduction placée au commencement d'un livre, et contenant les notions nécessaires à l'intelligence des matières qui y sont contenues.

PROLEPSE.. *V.* Antéoccupation et Anticipation.

PROLÉTAIRES, ceux qui, dans l'ancienne Rome, composaient la dernière des 6 classes instituées par Servius Tullius, c.-à-d. les pauvres, ceux qui ne contribuaient à la force de l'État que par leur progéniture (*proles* en latin), et qu'on exemptait de la plupart des charges publiques. Les Modernes ont appliqué le même nom aux hommes qui ne possèdent rien en propre et vivent au jour le jour du travail de leurs mains.

PROLIXITÉ, défaut du style, opposé à la brièveté, et qui consiste à charger le récit de détails superflus, et à délayer le discours en vaines circonlocutions. Au lieu de dire : « Je m'embarquai, » on peut décomposer la pensée ainsi : « J'arrivai sur le port, j'aperçus un navire, je demandai le prix du passage, je fis marché, je montai, on leva l'ancre, on mit à la voile, nous partîmes. » La première manière est brève et concise; la seconde est prolixe, elle rapporte des détails inutiles et fastidieux, que l'auditeur ne peut manquer de supposer. La prolixité rend le style lâche et languissant. Scudéry, dans son poëme d'*Alaric*, donne un exemple curieux de prolixité; il ne lui faut pas *moins* de *cinquante* vers pour la description d'un palais. H. D.

PROLOGUE (du grec *pro*, avant, et *logos*, discours; avant-discours, avant-propos). Ce terme désignait, chez les Anciens, ce que nous appelons *préface, préambule, avant-propos, introduction*. Il s'appliquait spécialement à la littérature dramatique, et désignait la scène où se fait l'ouverture du sujet, et où l'on instruit le spectateur de tout ce qui s'est passé avant le commencement de l'action, de tout ce qu'il faut qu'il sache pour comprendre ce qu'il va voir. C'est, autant que possible, un personnage important qui explique, en s'entretenant avec le chœur ou avec un autre personnage, le sujet de la pièce. Eschyle et Sophocle excellaient dans cette partie du drame, qui n'est autre chose que ce que la critique moderne appelle *Exposition*. Dans les tragédies d'Euripide, le prologue est souvent dans la bouche d'un personnage isolé, quelquefois d'un personnage fantastique ou d'un Dieu amené sur la scène à l'aide d'une machine. — Dans la comédie latine, on trouve fréquemment aussi un Prologue détaché du reste de la pièce; il est même quelquefois récité par un personnage étranger à l'action, et qui ne paraît que dans la *protase* ou scène d'exposition (*V.* Protase). Ce personnage s'appelait lui-même *Prologue*, comme on le voit par l'*Hécyre* et l'*Héautontimoroumenos* de Térence. Les comédies de ce poëte sont parfois précédées d'un prologue apologétique, qui n'est pas sans analogie avec la *Parabase* de la Vieille Comédie.

Chez les Modernes, le prologue reparaît dès l'enfance de l'art théâtral : on le trouve au début des *Mystères*, sous forme d'exhortation pieuse ou de prière adressée à Dieu en faveur de l'auditoire. Dans les *Moralités, Sotties* et *Farces*, tantôt il forme l'exposé du sujet, tantôt c'est une harangue aux spectateurs, dont on cherche à captiver l'attention et la bienveillance; plus souvent encore c'est une facétie détachée, où l'on faisait rire les spectateurs à leurs propres dépens, et qui était débitée par un personnage appelé Gros-Guillaume, Gauthier-Garguille, Guillot-Gorju, Bruscambille, Turlupin. Elle recevait alors les noms de *prologue drôlatif* ou d'*avant-jeu*, pouvait être dialoguée, et former une petite action à part. Le prologue de l'*Amphitryon* de Molière rappelle ceux des anciennes farces; mais il a une perfection de style qui l'élève infiniment au-dessus de ces grossiers essais du théâtre naissant, et il a de plus le mérite de se rattacher étroitement au sujet même de la pièce. À l'époque de Molière, l'usage des Prologues était à peu près consacré dans les opéras : on remarque celui de l'*Amadis* de Quinault. Dans la tragédie classique, il n'y a d'autre exemple de Prologue que celui qui précède l'*Esther* de Racine : il n'a aucun rapport à l'action, mais il prépare et fait naître en quelque sorte avec beaucoup d'art les sentiments qu'éprouvera le spectateur en voyant se dérouler devant lui les événements de la fable; le poëte a su y faire entrer délicatement de magnifiques éloges du roi, de Mme de Maintenon, et de la communauté de St-Cyr. Au XVIIIe siècle, on fit des prologues dialogués entre l'auteur et un ami, le comédien et un ennemi de l'auteur, le directeur de théâtre et un spectateur qui cherche à se placer dans la salle, etc. : ce fut la prologue des pièces de Regnard pour le Théâtre-Italien, le prologue de Lesage, de D'Allainval, etc. Les dramaturges de nos jours ont recouru fréquemment au Prologue séparé, dont ils font

comme une pièce préliminaire où sont rapportés tous les faits antérieurs à l'action même qui fait le sujet; mais ce système est peu conforme à l'art : un pareil prologue ne dispense pas l'auteur de faire l'exposition du caractère et de la situation actuelle des personnages au moment où l'action commence, en sorte que la pièce a réellement une double exposition. On peut rattacher au genre des *Prologues* certaines épîtres adressées au public; telles sont celles que C. Delavigne écrivit en 1819 pour l'inauguration du second Théâtre-Français, en 1825 pour celle du théâtre du Havre, et celle aussi qu'il a mise en tête de sa comédie *le Conseiller rapporteur.*

En dehors de l'art dramatique, le terme *Prologue* s'applique particulièrement à certains travaux de St Jérôme sur les livres sacrés, au préambule de la loi Salique, à plusieurs préfaces des livres du *Gargantua* et du *Pantagruel* de Rabelais. La Fontaine fit également précéder la plupart de ses recueils de fables d'avant-propos auxquels on peut donner le nom de Prologues, puisqu'il a terminé son sixième livre par un petit morceau qu'il appelle *Épilogue :* quelques-uns sont des prologues apologétiques, notamment celui par lequel il commence son livre second, et qui est le plus piquant de tous; d'autres sont des espèces de dédicaces en vers. P.

PROLONGATION DE CONSONNANCES. *V.* Accord.

PROLONGE, chariot servant au transport des munitions, des agrès, ou des effets militaires. On donne encore le nom de *prolonges* aux cordages dont les artilleurs se servent dans la manœuvre des pièces de campagne, pour les traîner à bras d'une batterie à l'autre.

PROLUSIONS, en termes de Littérature, compositions que fait un auteur pour exercer ses forces et essayer son génie. Le grammairien Diomède donnait ce nom au *Moucheron* de Virgile et à ses autres opuscules.

PROMENOIR, vaste local couvert et bien aéré, ménagé sur le pourtour extérieur ou dans l'intérieur même d'un monument, pour servir de refuge contre la pluie, de salle d'attente ou de dégagement.

PROMESSE, assurance donnée de vive voix ou par écrit de faire ou de livrer une chose. Une promesse prouvée ou reconnue forme un engagement. La promesse écrite peut être faite par acte authentique ou sous seing privé. Dans ce dernier cas, elle doit être tout entière de la main de celui qui la souscrit, ou du moins porter, outre la signature, un *bon* ou *approuvé* portant en toutes lettres la chose promise : il y a exception pour les marchands, artisans, laboureurs, vignerons, gens de journée et de service. Une promesse de vente vaut vente lorsqu'il y a consentement des deux parties sur la chose et le prix. Une promesse n'oblige pas quand elle porte sur des choses qui ne peuvent faire l'objet d'un contrat. L'inexécution d'une promesse entraîne des dommages-intérêts.

PROMÉTHÉE. Le mythe de Prométhée (*V.* ce mot dans notre *Dictionn. de Biogr. et d'Histoire*), formé de traditions confuses, contradictoires et de diverses époques, remonte aux temps fabuleux de la Grèce. La *Théogonie* d'Hésiode est le livre le plus ancien qui nous le fasse connaître. Cinq siècles après, Eschyle composa trois tragédies dont Prométhée était le sujet : *Prométhée ravisseur du feu, Prométhée enchaîné, Prométhée délivré.* La seconde seule nous est parvenue; Prométhée y paraît comme le père de toute civilisation : il a donné aux hommes le feu qui leur fera trouver beaucoup d'arts; il leur a enseigné à se construire des habitations, à observer les astres, à distinguer les saisons, à accoupler les animaux sous le joug, à atteler les coursiers, à exploiter les mines; il a inventé l'écriture, la science des nombres, la médecine, l'art nautique, la divination. Des légendes postérieures nous le représentent ouvrant de son marteau le crâne de Jupiter pour en faire sortir Minerve, ou créant les hommes avec le concours de cette déesse; sur quelques monuments antiques, on voit Minerve donner la vie aux statues d'argile façonnées par le Titan, en posant sur leur tête un papillon, symbole de l'âme. C'est encore le créateur des hommes que le *Protagoras* de Platon et un apologue attribué à Ésope nous montrent dans Prométhée; Ménandre et Lucien en font le créateur de la femme, de Pandore, ouvrage de Vulcain selon Hésiode. Il appartenait surtout à Athènes, la ville de Minerve et des arts, d'honorer la mémoire de Prométhée : il avait, selon Pausanias, un autel dans l'Académie; une fête annuelle lui était consacrée (*V.* Lampadophories, dans notre *Dictionn. de Biogr. et d'Histoire*); de nombreux tableaux rappelaient le supplice qu'il avait enduré sur le Caucase; les Athéniens donnaient le nom de *Prométhées* aux sculpteurs, aux potiers, à tous les gens qui pétrissaient l'argile. Le mythe de Prométhée a jeté des racines vastes et profondes : les habitants de la région du Caucase prétendirent longtemps qu'on voyait dans leurs montagnes les os d'un géant brisé par la colère divine, et on lit dans Philostrate qu'ils faisaient une rude guerre aux aigles, pour venger Prométhée (c'était l'aigle, et non le vautour, qui, dans les traditions primitives, dévorait le foie du Titan). Il y a une sorte de Prométhée dans la poésie de l'Orient ; ce nom se trouve dans les *Védas* (*Pramathi*, épithète d'*Agni*). Il y en a un aussi dans la poésie du Nord : ce héros des *Sagas*, qui va, sur la montagne de feu, dérober au Dragon le secret de la métallurgie, n'est-il pas le Prométhée scandinave ?

Il n'est pas de mythe qui ait donné lieu à plus d'interprétations : selon Diodore de Sicile, Prométhée est un roi ou un gouverneur égyptien qui, en lutte contre les inondations du Nil, alors appelé Aigle à cause de la violence de ses eaux, fut délivré du fléau par l'intervention d'Hercule: Théophraste considère Prométhée comme un sage qui a fait part aux hommes de la philosophie. La tragédie d'Eschyle a principalement exercé la sagacité des interprétateurs; ainsi, les quatre fils de Japet sont les quatre grands types moraux de l'humanité : Atlas, la force patiente, mais dépourvue d'initiative ; Ménœtius, l'homme dont Prométhée et Épiméthée figurent la double nature : le premier, c'est l'intelligence, dans son principe le plus pur et le plus élevé, aux prises avec la matière et les obstacles extérieurs; le second, qui épouse Pandore, c'est aussi l'intelligence, mais dans un degré inférieur, et troublée par la passion, les faiblesses de l'âme et les misères de la vie. Ou bien, les aventures de Prométhée sont une image des luttes, des épreuves, des progrès de l'humanité; Prométhée enchaîné sur son rocher, c'est l'esprit se consumant dans les liens indestructibles qui retiennent son essor; le vautour qui déchire les flancs du Titan représente le travail de la pensée qui dévore sans cesse le cerveau du poëte, de l'artiste, du philosophe, du savant, et lui fait acheter cher ses triomphes et ses jouissances; la victoire de Jupiter sur Prométhée, c'est celle de la révélation religieuse sur les penchants matériels de l'homme, celle aussi des lois de la nature, de l'ordre éternel de l'univers, de la puissance infinie, sur la force libre et insoumise, mais finie, du génie humain. Quoique ce mythe soit profondément païen, on a voulu encore y voir des analogies avec la révolte de Satan, la chute d'Adam, et la rédemption du Christ. Pour ce dernier rapprochement, Lactance et Tertullien s'appuient sur cette ressemblance qui existe entre le Christ et Prométhée, que tous deux se sont dévoués pour le bonheur du genre humain. Depuis le xvie siècle, divers commentateurs d'Eschyle et des fables antiques ont présenté Prométhée comme le précurseur et l'image du Christ; ce sont Garbitius, Stanley, l'abbé Banier, etc. Joseph de Maistre (*Soirées de St-Pétersbourg*) a suivi la même voie et expliqué le mythe de Prométhée en faveur des croyances catholiques. — Parmi les interprétations scientifiques, il en est une qui fait d'Atlas portant le ciel, et de Prométhée enchaîné sur le Caucase, des observateurs attentifs au spectacle des phénomènes célestes. Une autre plus récente veut que les alchimistes aient retrouvé dans la fable de Prométhée les mystères de leur science. Enfin, dans une dissertation sur le *Prométhée* d'Eschyle (1820), Andrieux essaye de prouver que l'intention du poëte a été de cacher, sous le voile transparent d'une fable intéressante, de grandes leçons de morale et de politique : Jupiter serait le type du tyran qui redoute les lumières, et persécute dans la personne de Prométhée ceux qui les répandent. Eschyle aurait songé à l'oppression des Pisistratides, et aurait eu pour but, en rendant Jupiter odieux et en donnant à sa victime une âme fière, libre, inflexible, d'entretenir dans l'âme des Athéniens la haine de la tyrannie et la ferme volonté d'en empêcher le retour. Cette interprétation se trouve aussi dans le commentaire de Schütz.

Le mythe de Prométhée offrait, par son obscurité même, trop d'éléments d'inspiration, pour que les poëtes modernes ne fussent pas tentés de l'interpréter à leur tour; l'Espagnol Calderon a composé une comédie intitulée *la Estatua de Prometeo* : ce n'est pas le Prométhée impie et révolté qui est ici mis en scène, c'est le Prométhée bienfaiteur des hommes. Il a élevé un autel à Minerve, et fait une statue, qui n'est autre que Pandore. La déesse reconnaissante lui fournit le moyen de dérober un rayon du soleil pour animer sa création. Épiméthée s'éprend de la statue vivante, et la dispute à son frère. Qui l'empor-

tera de l'esprit ou de la matière ? L'esprit triomphe à la fin, et Prométhée épouse Pandore, qui est l'image même de l'humanité. Tel est le sens élevé et chrétien de cette comédie allégorique, qui est très-remarquable, malgré la bizarrerie de sa conception. Gœthe avait projeté une grande composition mythologique sur la colère qu'inspire à Jupiter la création de l'homme par Prométhée; il ne reste de cette ébauche qu'un prologue en trois petits actes (1773). Ce poëme date presque de la même époque que les premières scènes du *Faust*, et c'est peut-être à cette coïncidence qu'il faut attribuer l'analogie qui existe entre Faust et le Prométhée de la tradition, en tant qu'ils représentent l'un et l'autre la science humaine. Le charme que les poésies de Gœthe exerçaient sur Beethoven a pu lui inspirer l'idée de composer son ouverture de *Prométhée*. Un autre Allemand, Falk, poëte satirique, a écrit sur Prométhée un drame (1803) où il a développé, non sans talent, les idées philosophiques de son temps et les siennes propres. Nul sujet ne pouvait être plus sympathique à lord Byron que celui de Prométhée; il avoue dans ses Mémoires l'influence que l'œuvre d'Eschyle exerça sur lui, et reconnaît la ressemblance qui existe entre son Manfred et le héros du poëte grec. Une *Ode à Prométhée* (1816), qu'on trouve dans ses *Mélanges*, prouve encore combien le symbole grec le préoccupait : il compare le supplice de Prométhée à celui d'une âme fière et blessée qui aime mieux souffrir dans le silence et l'isolement que d'exciter la pitié; il glorifie le Titan d'avoir diminué la misère humaine par ses enseignements, et appris à l'homme aux prises avec la destinée à ne puiser sa force que dans son esprit. On doit à Shelley, l'ami de Byron, un drame en quatre actes qui a pour sujet le supplice et la délivrance de Prométhée : c'est moins une œuvre dramatique qu'un traité de métaphysique d'après les idées panthéistes et mystiques de l'auteur; les personnages sont des abstractions et n'ont aucune vie qui leur soit propre. En France, on ne peut citer au xviiie siècle que trois œuvres qui soient tirées du mythe grec : une tragédie lyrique de Voltaire, connue sous le nom de *Pandore*, et qu'il appelle aussi *Prométhée*; un opéra de Lefranc de Pompignan, portant le même titre, et où Voltaire, comme représentant la philosophie du xviiie siècle, est mis en scène sous le nom de Prométhée, pour avoir enseigné les arts aux hommes et leur avoir appris à mépriser les dieux; *les Hommes de Prométhée* (1774), petit poëme de Colardeau, dans le genre descriptif, et dont tout l'intérêt repose sur l'union du premier homme avec Pandore, la première femme, l'un et l'autre sortant des mains créatrices de Prométhée qui a ravi le feu céleste pour animer leur argile. De nos jours le côté sérieux et philosophique de la fable antique a été mieux compris et a donné naissance à des œuvres d'une plus haute portée. La plus considérable est le *Prométhée* de M. Edgar Quinet (1838, in-8°), poëme sous forme dramatique, divisé en trois parties qui répondent, comme dans la trilogie d'Eschyle, aux trois époques de la vie du Titan : la 1re nous montre Prométhée apportant aux hommes le feu céleste, c.-à-d. les arts, la civilisation, l'industrie; le supplice du Caucase est le sujet de la 2e; dans la 3e, le Dieu nouveau qui délivre Prométhée en renversant Jupiter, c'est le Christ, c'est la religion chrétienne s'établissant sur les ruines du paganisme. L'œuvre ne manque, dans son ensemble, ni d'originalité, ni de grandeur, mais la forme ne répond pas à la hauteur de l'idée; le vers est correct, mais froid et monotone; le rhythme semble être une lourde entrave pour l'imagination de l'auteur qui, en effet, a plus de chaleur et d'élan dans la prose. Nous citerons encore un poëme sur Prométhée qui fait partie d'un recueil de poésies intitulé *les Victimes*, par M. Lodin de Lalaire (Paris, 1838); un *Prométhée délivré* de M. L. de Senneville (Paris, 1844); un autre *Prométhée délivré*, drame en trois actes, par M. Édouard Grenier (*Revue nationale*, avril 1859). Ce dernier a adopté le dénoûment chrétien de M. Quinet; son vers plus souple et plus coloré fait lire son œuvre avec intérêt.

La grande figure de Prométhée n'a pas moins occupé les artistes que les poëtes : il nous reste de précieux monuments de l'art ancien qui reproduisent les faits les plus importants de son histoire fabuleuse; Prométhée est représenté soit seul, soit entouré de personnages symboliques, sur des vases peints, des bas-reliefs, des pierres gravées, des médailles, etc. Les artistes modernes que ce sujet a inspirés sont, entre autres, Flaxman, à qui l'on doit une suite de dessins d'après les tragédies d'Eschyle, et Pradier, dont on a, dans le jardin des Tuileries, une statue de *Prométhée délivré*. V. l'*Antiquité expliquée* par

Montfaucon, t. Ier; *Religions de l'antiquité*, par Creuzer, t. IV; *Musée de sculpture* par de Clarac, 1826-52, 6 vol. in-8°; *Études sur les tragiques grecs*, par M. Patin, Paris, 1858, 3 vol. in-8°; Œuvres choisies d'Andrieux, Paris, 1802, in-8°. P.—s.

PROMONTOIRE. V. Cap.

PROMOTEUR. V. ce mot dans notre *Dictionnaire de Biographie et d'Histoire.*

PROMOTION, nomination à un rang, à une dignité plus haute que celle qu'on possédait déjà. On nomme *promotion per saltum* (par saut) celle qui est faite d'un ordre ou d'un degré supérieur, sans avoir passé par le degré ou l'ordre inférieur.

PROMPTUAIRE (du latin *promptuarium*, dérivé de *promere*, extraire), titre qu'on donna autrefois à des recueils ou abrégés, principalement d'ouvrages de Droit.

PROMULGATION, acte par lequel les lois sont publiées avec les formalités requises, et qui les rend immédiatement exécutoires, sauf les délais exigés par les distances (V. Distance légale). La promulgation des lois résulte de leur insertion au *Bulletin des Lois*. — Chez les Hébreux, les lois étaient publiées devant le peuple assemblé, et déposées entre les mains des Lévites, qui en faisaient tous les sept ans une nouvelle publication. En Grèce et à Rome, on grava les lois sur des tables de bois, de pierre ou d'airain, qui furent exposées sur la place publique : c'était comme une promulgation permanente. Dans l'ancienne France, les lois furent promulguées dans les assemblées générales, puis dans les assemblées de provinces; après la création des parlements, les ordonnances royales furent enregistrées par ces compagnies, et cette formalité les rendit exécutoires. Ce fut la Convention qui ordonna la publication des lois dans un Bulletin officiel ; à cette insertion elle ajouta la publication à son de trompe et de tambour, qui a été supprimée depuis. B.

PRONAOS. V. Narthex.

PRONE. V. ce mot dans notre *Dictionnaire de Biographie et d'Histoire.*

PRONOM, l'une des parties du discours, à laquelle on a donné ce nom parce que les mots dont elle se compose, *je, me, moi, nous, vous, les, leur,* etc., tiennent là place ou d'un nom précédemment exprimé et dont on évite la répétition, ou d'un nom propre qu'il n'est point d'usage d'exprimer comme sujet lorsqu'il appartient à la personne qui parle ou à celle à qui l'on s'adresse : « *Je vous ai écrit* : quand *répondrez-vous?* » Défini d'une manière plus philosophique, le pronom est un mot qui désigne les êtres animés ou inanimés comme jouant dans le discours un des trois rôles marqués par les trois personnes (V. ce mot), ou, en d'autres termes, comme étant une des trois personnes du discours. Tels sont, en français, *je* et *nous* pour la 1re personne, *tu* et *vous* pour la 2e, *il, ils, elle, elles* pour la 3e. En latin, en allemand, les pronoms se déclinent; dans d'autres langues, la déclinaison est suppléée par l'emploi de diverses prépositions. Les pronoms de la 1re et de la 2e personne n'ont aucune variation de genres, ceux de la 3e ont des genres distincts. — Outre les pronoms *personnels* proprement dits, il y a des pronoms *personnels réfléchis,* qui servent à exprimer le retour de l'action exprimée par le verbe attribué sur le sujet même qui la fait, comme quand on dit : « *Je me vois, tu te vois, il se voit.* » Le pronom personnel réfléchi se distingue des trois autres en ce que, dans les langues à déclinaison, il n'a que les cas indirects, c.-à-d. ceux qui marquent un complément, cette espèce de pronom étant toujours l'objet d'une action et par conséquent toujours complément. Il ne varie pas selon le genre.

Outre les *Pronoms personnels,* il y a encore : 1° des *Pronoms démonstratifs,* au moyen desquels on désigne les personnes ou les choses en les montrant (V. Démonstratif); 2° des *Pronoms possessifs* (V. Possessif); 3° des *Pronoms relatifs* ou *conjonctifs* (V. ce mot); 4° des *Pronoms interrogatifs* (V. ce mot); 5° des *Pronoms indéfinis (plusieurs, certains, nul, aucun, tel, tous,* etc., lorsqu'ils sont employés sans être joints à un nom; *l'un, l'autre,* lorsqu'ils ne rappellent aucun nom déterminé. On joint souvent à cette dernière catégorie les mots français *on, personne* (ne), *rien* (ne), *autrui, chacun, quelqu'un*: mais ce sont plutôt, surtout les quatre premiers, des *substantifs* indéfinis que des *pronoms,* car ils ne tiennent réellement pas la place d'aucun nom. P.

PRONOMINAUX (Verbes), verbes qui se conjuguent toujours avec un *pronom complément* « L'orgueilleux

se *loue;* le coupable *se repent.* ». D'où il suit qu'à la 1re et à la 2e personne il y a toujours deux pronoms dans la conjugaison de ces verbes : « *Je me repens, tu te vantes, nous nous retirons, vous vous moquez,* etc. » Lorsque le verbe pronominal est formé d'un verbe actif, le 2e pronom est complément direct; s'il vient d'un verbe neutre, ce 2e complément est indirect; ainsi : « Vous *vous vantez* (c.-à-d. vous vantez *vous*); nous *nous succédons* (c.-à-d. nous succédons *à nous*). » Il y a des verbes pronominaux *accidentels,* comme les deux qui viennent d'être cités, et des verbes pronominaux *essentiels,* c.-à-d. qui n'existent que sous cette forme : ainsi les verbes *repentir, abstenir, emparer,* ne sont d'aucun usage en dehors de la forme pronominale *se repentir, s'abstenir, s'emparer.* Dans les verbes pronominaux essentiels, le pronom complément est toujours considéré comme complément indirect, si ce n'est dans le verbe *s'arroger,* qui est pour *arroger à soi.* — Certains verbes devenus accidentellement pronominaux doivent être considérés comme des verbes pronominaux essentiels, lorsque la forme pronominale a modifié leur signification et leur syntaxe : ainsi *apercevoir une chose* et *s'apercevoir d'une chose* expriment deux nuances de sens; *féliciter quelqu'un, se féliciter de quelque chose* semblent également deux verbes différents; *comporter* et *se comporter, attendre* et *s'attendre,* sont d'autres observations analogues. — Tous les verbes pronominaux conjuguent les temps composés à l'aide du verbe *être.* P.

PRONONCIATION, manière d'articuler les mots. La prononciation doit être *pure* ou *correcte, distincte, mesurée* ou *rhythmique.* Elle est pure, quand on n'y reconnaît aucun accent vicieux ou étranger, aucun cachet provincial, mais l'accent des hommes instruits et de la bonne compagnie, quand elle est conforme aux règles de la grammaire et de l'usage. On prononce distinctement, lorsqu'arrivent successivement à l'oreille, non-seulement tous les mots, mais toutes les syllabes, sans précipitation ni lenteur. La prononciation est mesurée, si l'on donne aux syllabes la durée relative qui leur convient, si l'on ne fait pas longues les syllabes brèves, et brèves les syllabes longues. Pour être bien entendu, une voix forte et élevée est beaucoup moins utile qu'une bonne prononciation. Il y a une prononciation conventionnelle pour chaque langue, et qui dépend du climat, de la conformation des organes vocaux, et des habitudes nationales. V. Mathieu, *Traité de la parole,* 1847, in-8°; Morin (de Clagny), *Traité de prononciation,* 2e édit., 1852, in-8°.

PRONUNCIAMENTO. V. ce mot dans notre *Dictionnaire de Biographie et d'Histoire.*

PROODE. V. Strophe.

PROOEMIUM (du grec *prooïmion,* composé de *pro,* avant, et *oïmé,* chant), espèce de prélude par lequel certains Aèdes ou Rapsodes commençaient la récitation de leurs compositions épiques, pour se concilier la faveur et attirer l'attention des auditeurs, avant d'en venir à leur sujet même. C'est à peu près ce qu'on appelle en français un *préambule,* en latin *exordium.* V. Exorde, Préambule. P.

PROPAGANDE (Congrégation de la). V. notre *Dictionnaire de Biographie et d'Histoire.*

PROPAGATION DE LA FOI (Association pour la), société religieuse établie en France pour l'extension des Missions catholiques. Elle publie des *Annales* tous les deux mois.

PROPERTY-TAX, c.-à-d. en anglais *taxe de la propriété,* contribution établie en 1798 en Angleterre pendant le ministère de William Pitt, supprimée en 1815, et rétablie en 1843. Elle frappe non-seulement la terre et les immeubles, mais toutes les valeurs quelconques, telles que l'intérêt des capitaux, etc.

PROPHÈTES. V. ce mot dans notre *Dictionnaire de Biographie et d'Histoire.*

PROPHÉTIE (du grec *pro,* avant, et *phémi,* je parle), prédiction des choses futures par inspiration divine.

PROPITIATION. } V. ces mots dans notre *Diction-*
PROPITIATOIRE. } *naire de Biogr. et d'Histoire.*

PROPORTIONS, en termes de Beaux-Arts, rapport qu'on entre elles les dimensions des diverses parties d'un tout. La justesse des proportions est une des conditions de la beauté. Chaque Ordre d'Architecture a ses proportions particulières (V. Module). Les peintres et les sculpteurs mesurent toutes les dimensions de la figure humaine par longueurs de *tête* ou de *face:* ainsi, les artistes anciens donnaient à leurs sujets 7 ou 8 longueurs de tête; les Modernes comptent de préférence par longueurs de face, et en donnent 10, ainsi réparties ; qu sommet de la tête à la naissance des cheveux, un tiers de face; de la naissance des cheveux au bas du menton, une face; du menton à la fossette entre les clavicules, 2 tiers de face; de cette fossette au-dessous du sein, une face; le ventre, 2 faces; des jambes au haut du genou, 2 faces; du haut du genou au coude-pied, 2 faces 1/2; du coude-pied au-dessous de la plante du pied, une demi-face.

PROPOSANT. *V.* PASTEUR.

PROPOSITION, expression d'un jugement. Elle a trois *termes* : le sujet, le verbe et l'attribut, mais ils ne sont pas nécessairement exprimés par trois mots distincts. Quelquefois le verbe et l'attribut sont renfermés en un seul et même mot; ainsi : « Je dors. » D'autres fois les trois termes sont contenus dans un seul mot, ce qui est presque constant en grec et en latin, et se voit quelquefois en italien, surtout en poésie: ainsi le latin *dormio*, on trouve *ego sum dormiens*, je suis dormant. Quelquefois le sujet seul ou l'attribut seul se trouve exprimé : alors il y a ellipse des deux autres termes; mais il faut pour cela que l'on puisse les suppléer facilement d'après ce qui précède. Ainsi, dans Corneille, la confidente de Médée (I, 5) demande à cette reine :

> Dans un si grand revers que vous reste-t-il? — Moi,

répond Médée. Ailleurs, le même poète fait dire par Prusias à Nicomède (IV, 3) :

> Et que dois-je être? — Roi,

répond Nicomède. Dans le premier cas, le verbe et l'attribut *reste* doit être suppléé; dans le second, c'est le sujet et le verbe : *Vous êtes* (devant être *roi*). — Chacun des termes de la Proposition peut avoir dans sa dépendance des mots qui le déterminent ou l'expliquent, et qui font en quelque sorte partie du mot par lequel le terme est exprimé. *La bonté de Dieu est grande* est une proposition dont les termes essentiels sont exprimés par les mots *bonté est grande*; le mot *la*, les mots de *Dieu* sont des dépendances du sujet, et ces quatre mots réunis, *la bonté de Dieu*, ne constituent qu'un terme, le sujet. Les mots accessoires qui allongent ainsi l'expression de la pensée en la précisant s'appellent *compléments*. Quand le sujet ou l'attribut n'ont pas de complément, ils sont dits *incomplexes*; s'ils en ont, ils sont dits *complexes*. — Deux ou plusieurs propositions unies entre elles à l'aide de conjonctions ou d'adjectifs conjonctifs sont dites *coordonnées*. Si les propositions sont tellement enchaînées, que l'une, sans le secours de l'autre, n'exprime pas une pensée complète, l'une est *principale* et l'autre *subordonnée*. Lorsqu'une proposition subordonnée, annoncée par un adjectif conjonctif ou par une conjonction, ou par un participe, est insérée dans la proposition principale ou dans l'une des propositions subordonnées dont elle fait partie, elle est dite *incidente. V.* INCIDENTE.   P.

PROPOSITION (Pains de). *V.* PAIN, dans notre *Dictionnaire de Biographie et d'Histoire*.

PROPOSITION, en termes de Rhétorique, deuxième partie du discours. C'est l'exposé clair, net et précis du sujet. La Proposition se place après l'Exorde; quand on a éveillé et captivé l'attention de l'auditeur, il faut lui faire comprendre le sujet dont on veut l'occuper. La Proposition est *simple*, quand elle ne renferme qu'un point à prouver; *composée*, quand elle en renferme plusieurs, et alors elle amène naturellement la Division, c.-à-d. la séparation du sujet en ses diverses parties. La Proposition et la Division (*V. ce mot*) forment le plan du discours.   H. D.

PROPOSITIONS (Les cinq). *V.* JANSÉNISME, dans notre *Dictionnaire de Biographie et d'Histoire*.

PROPRE, l'un des cinq Universaux de l'École; attribut nécessairement lié avec l'attribut essentiel qui forme la Différence. Par exemple, avoir le carré de l'hypoténuse égal à la somme des carrés des deux autres côtés, est le *propre* du triangle rectangle, comme suite de ce dernier caractère, avoir un angle droit qui est la différence spécifique. *V.* UNIVERSAUX, GENRE, ESPÈCE, DIFFÉRENCE, ACCIDENT.   B—E.

PROPRE, en termes de Liturgie, office particulier de certains jours, de certaines fêtes. Il y a le *Propre du temps* et le *Propre des saints*. On nomme *Propre d'une église* l'office particulier à cette église.

PROPRES (Biens), en termes de Droit, biens immeubles qui proviennent de succession. On a donné le même nom aux biens du mari et de la femme qui n'entrent pas dans la communauté conjugale.

PROPRÉTEUR.. *V.* ce mot dans notre *Dictionnaire de Biographie et d'Histoire*. :

PROPRIÉTAIRE, celui qui possède *en propre* un objet quelconque, et à qui la loi reconnaît le droit de propriété. Dans l'usage, le mot s'entend principalement de ceux qui possèdent le sol et les constructions qu'il supporte. La loi accorde au propriétaire un privilège sur les meubles de son fermier ou locataire, surtout ce qui sert à l'exploitation de la ferme, et sur les fruits de la récolte de l'année, pour les loyers et fermages des immeubles, pour les réparations locatives, et pour tout ce qui concerne l'exécution du bail (*Code Napol.*, art. 2102; *Code de Procéd.*, 819 et suiv.). En France, il y a 1 propriétaire foncier sur 9 habitants; en Angleterre, 1 sur 40. *V.* Toussaint, *Code de la Propriété*, 1833, 2 vol. in-8°; Agnel, *Code-Manuel des propriétaires*, 1848, in-12.

PROPRIÉTÉ, chose que l'on possède en propre, et droit d'en jouir et d'en disposer. La propriété se transmet et s'acquiert par *succession*, par *donation* entre vifs ou testamentaire, par l'effet des *obligations*; elle peut s'acquérir encore par *accession*, par *occupation*, par *prescription*, et par *invention* ou découverte (*V. ces mots*). La *pleine propriété* est celle à laquelle l'usufruit est joint; la *nue-propriété*, celle dont l'usufruit est séparé. Par rapport à la nature de l'objet possédé, la propriété est *mobilière* ou *immobilière*, *foncière*, *industrielle*, *littéraire*, et *artistique*.

L'homme a été jeté sur la terre avec une propriété qu'on ne saurait méconnaître, la propriété de ses bras, de ses forces et de ses facultés; car son âme et son corps, c'est lui-même, c'est son individualité distincte. Dire qu'il peut vouloir et agir pour son compte, c'est admettre que ce qu'il produira ne sera qu'une dépendance de son individualité, et devra lui appartenir : il y a quelque chose de lui dans l'œuvre que sa main fabrique sous la direction de son esprit, dans le champ qu'il ensemence, et qu'il féconde de ses sueurs. Ses facultés et ses organes sont bien à lui; l'emploi qu'il en fait lui assure la propriété de leurs créations. Le travail est l'origine de toute propriété. La propriété est donc de droit naturel; elle résulte, non d'une convention ou d'une loi, mais de la constitution même de notre être, et de nos différentes relations avec les objets qui nous environnent. Aussi la trouve-t-on établie comme un fait chez tous les peuples, quelque grossiers qu'ils soient, et le droit existe, sinon sous une forme rationnelle dans l'esprit, au moins à l'état d'instinct. Le sauvage chasseur se regarde comme propriétaire de son arc, de ses flèches, du gibier qu'il a tué; le nomade qui a élevé de nombreux troupeaux en échange les produits contre ceux qu'un agriculteur a fait naître du sol, et tous deux entendent bien avoir la propriété de ce qu'ils donnent ou reçoivent. Toutefois, en ce qui concerne la terre, il y a plutôt possession que propriété pour les âges primitifs : l'homme ne fait que passer sur le sol; il ne le conserve qu'autant qu'il le tient et qu'il a la force de le défendre; c'est alors surtout que la possession vaut titre.

Le droit de propriété n'existe avec des garanties que dans les sociétés régulièrement organisées; c'est la société qui assure la jouissance de la propriété, et la constitue ce qu'elle est dans les différents pays et dans les différents âges. L'homme peut alors s'éloigner de sa chose sans perdre ses droits sur elle; sa propriété a été marquée d'un signe propre qui sert à la reconnaître et à réclamer sur elle la preuve de l'identité. En ce sens, la propriété est de droit social. Mais on ne peut accepter l'opinion que J.-J. Rousseau, Montesquieu, Tronchet et Mirabeau soutenaient d'une manière absolue, à savoir : que la propriété est une émanation du Droit civil, et que la volonté politique donne seule à la jouissance d'un petit nombre un titre qui appartient à tous. La propriété a pu, dans certains temps et dans certaines contrées, sous la domination de pouvoirs despotiques, être attribuée au chef de l'État comme représentant de la Divinité, de telle sorte que la jouissance d'une partie de la terre ou de la richesse par les sujets était réputée une pure tolérance; elle a pu, ailleurs, procéder de la conquête et de l'usurpation. Mais ces faits n'infirment point le droit naturel que possédaient sur la terre à l'origine des choses les premiers occupants, et que possèdent encore aujourd'hui tous les hommes sur les fruits de leur travail.

La société donne une garantie à la propriété individuelle : en retour elle impose à ceux qui la possèdent certaines obligations, qui varient selon les conditions de l'organisation sociale : tel est, par exemple, l'impôt proportionné à l'étendue et à la qualité des biens, sorte de tribut payé à la société tout entière ; telles sont les limites que la loi apporte au droit d'user et d'abuser, quand elle interdit le prodigue pour sauvegarder les intérêts de ceux qui pourraient souffrir de ses folies, quand elle prescrit à la jouissance de la richesse certains modes qui ne mettent pas la masse des citoyens en danger de disette ou de ruine ; tels sont encore les droits de mutation et de succession perçus au profit de l'État. La société se réserve toujours, si l'intérêt public l'exige, la faculté d'expropriation (*V. ce mot*), moyennant une indemnité raisonnable.

L'homme a la propriété des fruits de son travail ; comme conséquence, il en possède la libre disposition. Il peut consommer sa propriété, l'affermer, l'échanger, la donner. Les lois positives ont consacré ce nouveau droit, et, quant à la transmission des biens après décès, elles ont pris encore un sage parti, en établissant l'hérédité directe, qui est conforme à l'instinct de la nature. Ces conditions de la propriété sont indispensables au développement de l'individu, de la famille, et de la civilisation. Par la propriété, l'individu est en pleine possession de sa personnalité et de sa liberté ; en elle il trouve un puissant stimulant à son activité. Ce n'est pas pour lui seul qu'il y aspire, mais pour la famille dont il est le chef, et, en la poursuivant, il n'a pas seulement en vue la stricte satisfaction des besoins, mais le bien-être et l'aisance. Les peuples à leur tour grandissent par l'élévation graduelle des familles, par l'accroissement de leur fortune et de leurs lumières. Sans la propriété, le travail n'a pas plus que but de résultat.

La propriété, attaquée aux différentes époques de l'histoire par les doctrines communistes (*V.* COMMUNISME), a trouvé de nos jours un adversaire original par la hardiesse et la crudité de ses aphorismes. Sa fameuse formule : *La propriété, c'est le vol*, si on la prenait au sérieux, serait un brutal défi à toutes les opinions reçues, à toutes les idées de justice, au sens commun lui-même. L'auteur en a plus tard donné la valeur véritable ; c'était « une machine de guerre, bonne pour l'insurrection, » et qui ne peut plus servir « qu'à contrister les pauvres gens, » un de ces coups bruyants par lesquels on attire l'attention du vulgaire. Au fond, M. Proudhon n'a rien nié, ni la propriété des fruits par le travail, ni le droit de vente et d'échange, ni l'hérédité : tout se borne à une chicane subtile sur une définition, à une substitution de mots qui ne peut pas changer la nature des choses ; ce qu'on nomme *propriété*, il l'appelle *possession*, et le *propriétaire* n'est plus qu'un *usufruitier*.

Histoire. — La propriété a subi bien des vicissitudes. En Orient, et particulièrement dans l'Inde, il n'y a qu'un propriétaire, parce qu'il n'y a qu'un être libre, à savoir, l'État ou le Prince. Cette identification de la propriété avec le Prince est dans l'ordre civil ce que le panthéisme est en religion. La propriété individuelle est l'exception, et la propriété domaniale la règle. Les fonds ruraux dans l'Inde sont annuellement distribués entre les habitants de chaque village, en proportion des moyens de travail que chacun d'eux possède : un fonctionnaire, généralement héréditaire, à la haute main dans toutes les affaires de la communauté, répartit les charges, touche les revenus communs, et en fait la distribution. Il y a donc communauté de la propriété foncière, et individualité de la propriété mobilière ; la propriété foncière repose entre les mains du chef qui régit l'ensemble du territoire. Le régime de la communauté est dans les mœurs de l'Inde, et on ne le trouve dans l'État que parce qu'il existe dans l'intérieur de la famille. La primogéniture, en effet, constitue un droit et un privilège : le droit à l'héritage paternel est indivis, et c'est le premier né qui régit la communauté. Seul il est apte à contracter et à passer tous les actes qui ont rapport à la propriété collective ; dispensé de rendre aucun compte de sa gestion, il peut, de sa pleine autorité, hypothéquer les immeubles de la succession, et vendre même les valeurs mobilières ; seul il a le droit de rompre le lien social, et de restituer à ses frères la libre jouissance de la part qui leur revient. Une telle organisation de la propriété explique la ruine des États asiatiques. Pourquoi travailler, pourquoi améliorer et bien entretenir la terre, quand on peut être dépossédé par le maître ?

La loi de Moïse, en partageant les terres entre les Hébreux, voulut prévenir les grandes inégalités que le temps amène. La possession fut limitée à un demi-siècle. A chaque terme ainsi fixé, une répartition nouvelle devait rétablir, autant que possible, l'égalité primitive des partages. Mais, comme l'inégalité des facultés et la violence des passions poussent les uns à leur ruine, les autres à l'envahissement, l'équilibre était bientôt dérangé, et le Jubilé avait tous les inconvénients de l'instabilité, sans aucun avantage bien réel. La loi mosaïque proclamait la légitimité des héritages : « Vous ne remuerez point les bornes posées pour séparer les héritages... Maudit soit celui qui déplace les bornes de l'héritage de son prochain ! » (*Deutéron.*, 19 et 27.)

En Grèce, la liberté politique fut grande, excessive même ; mais la liberté civile subit bien des entraves, et, sous prétexte que le citoyen est comptable de soi-même envers la patrie, l'État pénétra dans la famille pour surveiller les personnes et régler les actes ou les mœurs. Il eut la prétention d'être l'origine de la propriété, le surveillant de ses évolutions, et se crut maître de restreindre le droit du possesseur du sol. Platon proclame ce principe, dont toute la législation grecque ne fut qu'une application : « Que nos citoyens partagent entre eux la terre et les habitations, et qu'ils ne labourent point en commun, puisque ce serait en demander trop à des hommes nés, nourris et élevés comme ils le sont aujourd'hui ; mais que chacun se persuade que la portion qui lui est échue n'est pas moins à l'État qu'à lui. » (*Lois*, liv. V.) Et ailleurs : « Je vous déclare, en ma qualité de législateur, que je ne vous regarde pas, ni vous, ni vos biens, comme étant à vous-mêmes, mais comme appartenant à votre famille, et toute votre famille, avec ses biens, comme appartenant encore plus à l'État. » (*Ib.*, liv. XI.) De cette philosophie de la propriété découlait naturellement un préjugé dangereux, à savoir, que l'État est chargé de présider à la répartition des richesses entre les citoyens : par conséquent, on le rendait responsable de l'inégalité des fortunes, et on exigeait du législateur qu'il arrivât par ses règlements à l'égalité des biens. « Pour les législateurs, dit Aristote (*Politique*), le point capital est l'organisation de la propriété, source unique des révolutions ; » et ce philosophe nous montre comment les États grecs se sont consumés en efforts perpétuels pour maintenir des proportions égales dans la possession du sol et des biens. Les révolutions naissaient tour à tour de l'envie des pauvres d'avoir autant que les riches, et de l'irritation des hommes supérieurs en activité, en industrie, en talents, de n'avoir que la part commune. De là toutes ces lois qui avaient pour but de bannir le luxe, de faire régner la frugalité, la simplicité et une égalité chimérique : en fait, l'inégalité des fortunes régna dans toute la Grèce, à Sparte plus qu'ailleurs, malgré les précautions de Lycurgue.

Le monde romain nous offre de nouveau l'immixtion de l'État dans la propriété, mais avec de tout autres caractères : Rome reconnut, dans le territoire qu'elle conquit (*ager romanus*), deux sortes de propriété : la propriété privée (*ager privatus*), provenant d'une première occupation, ou de conquêtes, ou de conventions et contrats ; et la propriété publique (*ager publicus*), domaine propre de l'État, qu'il affermait par lots et temporairement à des particuliers moyennant redevance, laquelle servait à ses besoins d'administration et de guerre. Par ce système d'une double propriété, l'État ne dépendait pas de la propriété particulière, à laquelle il ne demandait rien ; il était assez riche par lui-même, et rien ne le gênait dans ses opérations ; il pouvait prévenir la misère des citoyens dépourvus de propriété privée, en leur donnant du travail et des aliments. La propriété privée, qu'on appelait le *domaine quiritaire*, était souveraine ; elle conférait le droit politique, la domination dans la cité (*dominium*), la qualité de quirite ou de citoyen romain. Elle ressentit peu les prescriptions arbitraires de l'État et sa propension à la réglementation : sans doute il y eut, à certaines époques, des impôts ruineux ou des confiscations terribles, mais on ne vit en aucun temps proclamer un droit de l'État à déposséder les particuliers. Les contrats par lesquels la propriété se meut et se déplace furent suffisamment libres ; la succession régla son cours sur des raisons de parenté ; le testament fut un acte de souveraineté individuelle. Dans les lois autant que dans les mœurs, le droit de l'État sur la propriété alla peu à peu se perdre dans l'oubli, et Cicéron déclarait déjà que la propriété avait son origine dans la loi même de la société humaine. La propriété publique s'était en même temps rapprochée des conditions de la propriété privée : malgré les *lois agraires* qui en avaient réclamé le partage entre les pauvres, elle resta entre les mains d'une aristocratie puissante, et, sans toutefois que le droit de l'État fût prescrit, elle devint susceptible de vente, d'échange, de donation, d'hypothèque, de transmission héréditaire, c.-à-d. qu'elle réunit par le fait tous les caractères de la propriété privée. Le christianisme contribua, comme les jurisconsultes romains, à établir la véritable nature de la propriété : car, d'après lui, la propriété émane de Dieu, c.-à-d. pour parler la langue des lois, du droit naturel ; elle est le fruit d'une occupation première et du travail, et non pas une concession de l'homme à l'homme ; elle est inhérente à la nature humaine, et le droit de l'individu n'est tempéré que par le devoir d'être largement charitable.

Autant qu'on en peut juger par les *Commentaires* de César (VI, 13-17), toute propriété était considérée, dans l'ancienne Gaule, comme dérivant des dieux, et se distinguait par sa destination en sacrée et profane. La propriété sacrée était réservée aux Druides ; ceux-ci jugeaient seuls toute question de revendication et de bornage, et c'était une un sacrifice que le vol était puni de mort. L'État pourvoyait à ses besoins par des impôts ou des prélèvements sur la fortune privée. Les Romains apportèrent en Gaule leur système de propriété : tout en laissant aux individus l'usage immédiat et la jouissance des biens, l'État se réserva la propriété, c.-à-d. un droit de domination, en vertu duquel tout lui était permis, surveillance, direction économique, imposition indéfinie. Les invasions des Barbares au vᵉ siècle modifièrent de nouveau la situation de la propriété. Quelques terres, laissées aux vaincus et grevées de charges, portèrent le nom de *terres tributaires* ou *censives*. Celles que s'arrogèrent les vainqueurs furent de deux sortes, les *alleux* et les *bénéfices* (V. ces mots dans notre *Dictionnaire de Biographie et d'Histoire*) ; ces terres finirent par se confondre sous le nom de *fiefs*, et cette transformation fut complète après Charlemagne. Le système féodal eut sa base dans la propriété foncière. « Point de seigneur sans terre, » disait-on à cette époque ; c.-à-d. que la souveraineté était intimement unie avec la propriété, et que quiconque n'avait point de terre ne pouvait posséder ni titre, ni pouvoir. Un autre caractère de cette organisation sociale, c'est que le seigneur était propriétaire originaire de tous les biens situés dans le ressort de sa souveraineté : de là ces contributions qu'il prélevait, non-seulement sur les produits, mais sur les mutations de la propriété dépendante, par exemple, le *relief*, la *mainmorte*, etc. Les plus grandes précautions furent prises pour immobiliser la propriété dans les familles seigneuriales : ainsi, le *droit d'aînesse* en assura la transmission intégrale ; le *retrait féodal* permit au suzerain de racheter la terre aliénée par son vassal. Quant aux anciennes terres censives et aux constructions élevées par les roturiers, elles furent exposées à toutes sortes de ravages ou d'usurpations pour l'avantage ou le plaisir des nobles.

Cependant, les progrès de l'industrie au moyen âge créèrent une nouvelle propriété, la propriété mobilière, qui devaient augmenter plus tard les métaux précieux de l'Amérique, et qui ne tarda pas à lutter contre la propriété foncière ou territoriale. Elle avait sur sa rivale l'avantage d'être mobile, divisible, accessible à tous ; elle permit encore plus tard d'acheter la propriété du sol. La propriété mobilière n'eut point, dès ses premiers jours, l'indépendance qui appartient à toute propriété : elle ne se produisait que dans le milieu des corporations industrielles, et elle dut se plier aux règles de ces corporations ; comme les conditions de l'apprentissage et de la maîtrise, la qualité des produits et les prix de vente étaient déterminés, la richesse mobilière ne put se livrer à une exploitation égoïste, asservir les travailleurs, accaparer par la concurrence le monopole de la production. D'un autre côté, l'Église, par ses anathèmes contre le prêt à intérêt, gêna pour longtemps l'emploi de la propriété mobilière.

Quand les rois eurent abaissé la féodalité, ils affichèrent les mêmes prétentions que les seigneurs en matière de propriété. Parmi les griefs du Parlement anglais contre Richard II, à la fin du xivᵉ siècle, était celui de s'être déclaré le maître des propriétés de ses sujets. En France, toute une école de jurisconsultes soutenait que le roi est présumé avoir le domaine direct de toutes les terres de son royaume. Ce principe fut posé dans le Code Marillac (art. 383), en 1629. Louis XIV le formula avec plus d'énergie dans un édit du mois d'août 1692. La Sorbonne, consultée sur un impôt, lui répondit que les biens de ses sujets étaient les siens. On lit dans le *Testament politique* de Louvois : « Tous vos sujets, quels qu'ils soient, vous doivent leur personne, leurs biens, leur sang, sans

avoir droit de rien prétendre. En vous sacrifiant tout ce qu'ils ont, ils font leur devoir, et ne vous donnent rien, puisque tout est à vous. » Dans un Mémoire anonyme publié à Amsterdam en 1689, et qui fait partie d'un recueil intitulé *les Soupirs de la France esclave*, il est dit que, sous le ministère de Colbert, on délibéra si le roi ne se mettrait pas en possession de toutes les terres, si on ne les réunirait point toutes au domaine royal, pour en jouir et les affermer à qui la cour jugerait à propos. Ce qui est hors de doute, c'est la conviction personnelle de Louis XIV, exprimée dans ses instructions au Dauphin : « Tout ce qui se trouve dans l'étendue de nos États, de quelque nature qu'il soit, nous appartient au même titre. Vous devez être bien persuadé que les rois sont seigneurs absolus, et ont naturellement la disposition pleine et libre de tous les biens qui sont possédés, aussi bien par les gens d'église que par les séculiers, pour en user en tout comme de sages économes. » Cette théorie monstrueuse a été renversée par la Révolution française, avec les privilèges attachés aux propriétés nobles ou ecclésiastiques, et le principe de l'égalité de tous devant la loi, proclamé par l'Assemblée constituante, a servi de base au *Code Napoléon*. Désormais en France la propriété est inviolable, accessible à tous, et les charges qu'elle supporte sont les mêmes pour tous.

Chez les peuples musulmans, le droit de propriété est aussi incontestable que chez les chrétiens. Le Koran a dit : « La terre appartient à Dieu ; il la donne à l'iman, et l'iman la répartit ensuite suivant son bon plaisir. » Mais c'était seulement chez l'infidèle que le musulman regardait la terre comme un don passager qui pouvait être pris par les ministres de Dieu. Chez lui, chez ses frères, dans sa cité, la propriété a un caractère inviolable. Les Arabes ont une grande répugnance à se dépouiller de leurs terres, même par des transactions. Chez les Turcs, la confiscation n'a jamais été l'exercice ni d'un droit politique, ni d'une loi religieuse, mais une mesure pénale, destinée à châtier une révolte ou une trahison.

V. G. Garnier, *De la Propriété dans ses rapports avec le Droit politique*, 1792, in-12 ; De Savigny, *Du droit de propriété*, 1803, in-8° ; Comte, *Traité de la Propriété*, 1834, 2 vol. in-8° ; Troplong, *De la Propriété d'après le Code civil*, 1830, in-8° ; Proudhon, *Traité du domaine de propriété*, 1839, 3 vol. in-8° ; Agnès, *De la Propriété considérée comme principe de conservation*, 1840, 2 vol. in-8° ; Chavot, *Traité de la Propriété mobilière suivant le Code civil*, 1839, 2 vol. in-8° ; Du Puynode, *Essai sur la Propriété territoriale*, 1843, in-8° ; Lebastier, *De la propriété et de son principe*, 1844, in-8° ; Fréd. Bastiat, *Propriété et Loi*, 1848, br. in-16 ; G. de Molinari, *les Soirées de la rue Sᵗ-Lazare, Entretiens sur les lois économiques et Défense de la Propriété*, Paris, 1849, gr. in-8° ; Thiers, *De la Propriété*, Paris, 1849, gr. in-18 ; Burdet, *Considérations sur la nature de la Propriété*, 1851, in-8° ; Rivière, *Examen de la Propriété mobilière en France*, 1854, in-8° ; Demolombe, *Distinction des biens, Propriété*, 1856, 2 vol. in-8° ; Lesenne, *De la Propriété avec ses démembrements*, 1858, in-8° ; Pellat, *Exposé des principes du Droit romain sur la Propriété*, 2ᵉ édit., 1853, in-8° ; Giraud, *Recherches sur le droit de Propriété chez les Romains*, Aix, 1838, in-8° ; Lescaret, *De la Propriété pendant l'époque féodale*, 1851, in-8° ; Laboulaye, *Histoire du droit de Propriété foncière en Occident*, 1839, in-8°.

PROPRIÉTÉ (Certificat de), acte par lequel un officier public atteste le droit de propriété ou de jouissance d'une ou de plusieurs personnes sur le capital et les arrérages d'une rente, d'une pension viagère de l'État, sur un cautionnement, sur des actions de la Banque de France, etc. Pour les rentes et les pensions viagères, il est produit dans les six mois du décès du titulaire ou du pensionnaire, à peine de déchéance. Le certificat est délivré par un notaire, lorsqu'il y a un inventaire ou partage par acte public, ou donation entre-vifs, ou transmission testamentaire ; par le juge de paix du domicile du décédé, sur l'attestation de deux témoins, s'il n'existe aucun desdits actes authentiques ; par le greffier du tribunal, lorsque la mutation résulte d'un jugement. Il doit être timbré, enregistré et légalisé.

PROPRIÉTÉ DU STYLE, rapport parfait du mot et de la pensée. « Parmi toutes les différentes expressions qui peuvent rendre une seule de nos pensées, dit La Bruyère, il n'y a qu'une qui soit la bonne : on ne la rencontre pas toujours en parlant ou en écrivant. Il est vrai néanmoins qu'elle existe, que tout ce qui ne l'est point est faible et ne satisfait point un homme d'esprit qui veut se faire entendre. » Le terme propre rend l'idée tout entière ;

un terme peu propre ne la rend qu'à demi ; un terme impropre la défigure. On pêche souvent contre la propriété par l'emploi de mots qui paraissent synonymes : chaque idée ayant son signe propre, il ne peut y avoir des termes entièrement synonymes. On doit toujours chercher le mot propre : cependant la bienséance veut qu'on l'évite quand il est obscène, dégoûtant ou bas. Il faut encore l'éviter quand il est technique, ou du moins l'expliquer, lorsque l'on s'adresse à des hommes versés dans l'étude des sciences. H. D.

PROPRIÉTÉ INDUSTRIELLE. V. BREVETS D'INVENTION, MARQUES DE FABRIQUE, CONTREFAÇON.

PROPRIÉTÉ LITTÉRAIRE ET ARTISTIQUE, droit que les écrivains et les artistes possèdent sur leurs œuvres. La loi, qui garantit à tous la propriété perpétuelle des biens meubles et immeubles, s'est montrée moins libérale pour les productions littéraires et artistiques. Dans l'ancienne monarchie française, la propriété était reconnue à perpétuité ou à temps, selon le bon plaisir du souverain, qui pouvait d'ailleurs s'y refuser absolument, ou subordonner sa garantie à diverses conditions. Ordinairement aucune limitation n'était fixée. L'ordonnance de Moulins de 1566, une déclaration de Charles IX en 1571, et des lettres patentes de Henri III, constituent toute la vieille législation en cette matière. Un auteur n'était investi à perpétuité de la propriété de son œuvre qu'à condition de ne la point céder à un libraire : en cas de cession, son droit finissait à sa mort, et l'œuvre tombait dans le domaine public. Une loi du 24 juillet 1793 donna à la propriété une durée de 10 ans après la mort des auteurs. Un décret du 5 février 1810 étendit cette durée à toute la vie de la veuve, et en outre, après elle, à 20 ans pour tous les descendants de l'auteur. C'est la loi du 8 mars 1854 qui régit aujourd'hui la propriété littéraire et artistique. Elle décide que les auteurs d'écrits en tous genres, les compositeurs de musique, les artistes, et leurs veuves, jouissent, durant leur vie entière, du droit exclusif de vendre ou de faire vendre leurs ouvrages, et d'en céder la propriété en tout ou en partie ; après eux, les enfants en jouissent pendant 30 ans ; si l'auteur ne laisse pour héritiers que des ascendants ou des collatéraux, la jouissance est réduite pour ceux-ci à 10 ans. Le cessionnaire des droits de l'auteur ou de ses héritiers en jouit pendant tout le temps concédé par la loi à ceux-ci, à moins que l'acte de cession n'ait fixé un temps plus court. Les propriétaires d'ouvrages posthumes sont assimilés en droit aux auteurs. Des lois et règlements ont déterminé la quotité des droits que perçoivent les auteurs sur les pièces de théâtre représentées (V. AUTEUR — Droits d'). Leurs intérêts sont également protégés contre la contrefaçon (V. ce mot). En érigeant en délit l'introduction en France d'ouvrages contrefaits à l'étranger, le législateur ne donnait pas aux intéressés une arme suffisante contre les coupables ; il fallait fermer aux contrefacteurs, à l'aide de traités internationaux, les débouchés qu'ils trouvaient dans les divers pays. Le gouvernement français n'est entré que tard dans cette voie : le premier traité de garantie réciproque pour la propriété littéraire et artistique a été conclu avec la Sardaigne en 1843. Depuis cette époque, des conventions semblables ont été faites avec un grand nombre d'États.

La Belgique, qui a été longtemps le centre des contrefaçons, suit aujourd'hui la loi française, ainsi que la Hollande. En Angleterre, la propriété est garantie aux auteurs pendant 42 ans à dater de la publication des ouvrages, et s'éteint 7 ans après leur mort. En Prusse, en Autriche, en Bavière, en Saxe, dans le Wurtemberg, et, en général, par toute la Confédération germanique, enfin en Italie et en Portugal, le droit s'éteint 30 ans après le décès ; le terme est de 25 ans en Russie, avec 10 ans de plus si une nouvelle édition a été publiée dans les cinq dernières années du premier délai ; il est de 15 ans en Grèce, et de 50 en Espagne.. En Danemark, il est de 30 ans, pourvu que les rééditions soient au moins quinquennales, sinon l'ouvrage tombe dans le domaine public. Aux États-Unis d'Amérique, le droit est de 14 ans ; il se prolonge de 14 autres années en faveur de l'auteur vivant ou de sa veuve, de ses enfants ou de ses petits-enfants.

V. Beuchot, Réflexions sur les lois concernant la propriété littéraire, 1817, in-8°; Auger, Observations sur la nature de la propriété littéraire, 1826, in-4°; Lemercier, Principes et développements sur la nature de la propriété littéraire, 1826, in-4°; Pinard et Lévesque, Traité de la propriété littéraire et industrielle, 1835, in-8°; Renouard, Traité des droits d'auteur dans la littérature, les sciences et les beaux-arts, 1838, 2 vol. in-8°; Nion, Droits civils des auteurs, artistes et inventeurs, 1846, in-8°; Villefort, De la Propriété littéraire et artistique au point de vue international, 1851, in-8°; Jobard, la Propriété intellectuelle, Bruxelles, 1851 ; Muquardt, la Propriété littéraire internationale, 1851 ; Blanc et Beaume, Code de la Propriété industrielle, littéraire et artistique, 1854, in-8°; Breulier, Du droit de perpétuité de la Propriété intellectuelle, 1854, in-8°; Calmels, De la Propriété et de la Contrefaçon des œuvres de l'intelligence, 1856, in-8°; Cappellemans, De la Propriété littéraire et artistique en Belgique et en France, in-12; G. de Champagnac, Étude sur la Propriété littéraire et artistique, in-12; Pataille et Huguet, Code international de la Propriété industrielle, artistique et littéraire, 1858, in-8°; Delalain, Législation française et belge de la Propriété littéraire et artistique, 1858, in-8°; Laboulaye, Études sur la Propriété littéraire en France et en Angleterre, 1858, in-8°; Laboulaye et Guiffrey, la Propriété littéraire au XVIIIe siècle, 1860, in-8°; Gastambide, Historique et théorie de la Propriété des auteurs, Paris, 1862 ; Oscar Comettant, la Propriété intellectuelle au point de vue de la morale et du progrès, 3e édition, Paris, 1862. B.

PROPYLÉES D'ATHÈNES. V. ce mot dans notre Dictionnaire de Biographie et d'Histoire.

PROPYLÉES DE PARIS (Les), nom donné par de Calonne, contrôleur général des finances, aux anciennes Barrières de Paris. Voici quelle fut leur origine : le grand chimiste Lavoisier, qui était en même temps fermier général, avait calculé que le nombre habituel des habitants de Paris requérait, proportionnellement, en objets consommables, un cinquième de plus que la quantité atteinte par l'impôt de l'octroi, ce qui faisait dans les taxes un déficit de près de six millions de francs. Il communiqua son observation et ses calculs au gouvernement, par un rapport qui resta enfoui plus de deux ans dans les cartons du Contrôle général des finances. Un pauvre commis, Mollien (qui fut ministre du Trésor sous Napoléon Ier), l'en tira, et Joly de Fleury, alors contrôleur général, ordonna d'en suivre l'exécution. Les préparations préliminaires conduisirent jusqu'en 1784, et de Calonne, successeur de Joly de Fleury, fit mettre la main à l'œuvre. Il voulut que, au profit de l'occasion pour donner aux portes de la capitale de la France un caractère monumental, on rappelât les célèbres Propylées d'Athènes. Mollien imagina, comme complément du mur de clôture, le boulevard extérieur, en vue de faciliter les communications, d'éclairer la surveillance des commis de l'octroi, et de diminuer la circulation des grosses voitures affluant dans la ville, en les obligeant à suivre cette voie le plus longtemps possible avant de franchir les Barrières pour arriver à leur destination. Ces boulevards devaient ajouter à l'effet des modernes Propylées, qui reçurent ce nom parce qu'elles devaient être élevées, et le furent en effet, en dehors du mur d'enceinte destiné à déjouer la fraude sur les octrois.

Il y eut soixante Propylées ou bâtiments de Barrières, dont la moitié au moins ne se composait que d'un seul bâtiment, élevé sur le côté de la route, qui était barrée par une grille de fer avec doubles portes, et tenant d'un côté au bâtiment, de l'autre à une grosse guérite de pierre. Les Barrières les plus importantes avaient un bâtiment en parallèle de chaque côté de la route. Ces constructions, ainsi que le mur d'enceinte, coûtèrent 25 millions de francs. Commencées en 1784, sur les plans et sous la direction de l'architecte Ledoux, la plupart élevées vers la fin de 1787 ; mais alors un avis du Conseil royal des finances, provoqué par Loménie de Brienne, qui succédait à de Calonne, fit arrêter les travaux, comme ruineux dans un temps où le Trésor était déjà obéré. Le contraste des nouvelles constructions avec ce qui existait ressortait d'autant plus, qu'un mur de moellons, chaperonné d'une épaisse dalle de pierre, remplaçait une misérable clôture de planches de sapin, ébréchées par le temps, et que les Propylées succédaient à de pauvres cabanes de bois, montées sur des galets de bois, qui même avaient valu pendant longtemps aux Barrières de Paris le nom de roulettes. Les travaux furent donc abandonnés, et, quatre ans après, l'Assemblée constituante ayant supprimé les octrois, tout devint inutile, bâtiments et mur d'enceinte. On ne les acheva qu'en l'an VII (1798) et années suivantes, après le rétablissement de l'octroi par le gouvernement directorial.

Les Propylées de Ledoux occupèrent beaucoup, dans le temps, l'attention du public et des artistes ; elles curent et conservèrent toujours une certaine célébrité par le caractère monumental des plus grandes, par l'originalité, la bizarrerie, ou l'élégance de toutes. Elles n'existent plus depuis 1860, époque où Paris reçut pour limites sa muraille bastionnée; il est donc intéressant, au point de vue de l'art, de conserver le souvenir de ces constructions, car, de quelque manière qu'on les juge, elles marquent un effort, plus d'une fois heureux, pour sortir des sentiers battus. Peu de bâtiments ont été autant critiqués et blâmés dans leur conception : ils avaient cependant certaines qualités d'ensemble, qui auraient, au besoin, prouvé que Ledoux n'était pas un architecte vulgaire. Au plus fort du déchaînement contre cet artiste novateur, Quatremère de Quincy, qui ne préconisait que les ordres grecs et le pur classique grec, écrivit néanmoins dans son *Dictionnaire d'architecture* le jugement suivant : « Lors de la formation des nouvelles Barrières de Paris, l'auteur ingénieux de ces monuments fantas-

tiques se plut à y reproduire l'ordre dorique sans base, qu'il crut propre à servir l'idée qu'il s'était faite du caractère convenable à des barrières... Cependant le caractère imposant et grandiose que l'*auteur* de ces monuments sut tirer de l'emploi de cet ordre, la fierté de la modénature, la hardiesse des profils, et l'aspect majestueux de quelques-unes de ces compositions, parmi lesquelles on retrouve quelques redites et des imitations des masses des anciens temples doriques, l'étrangeté même de style, contribuèrent à familiariser les yeux avec le goût et les proportions du dorique grec sans base. »

Maintenant nous allons entrer dans quelques détails, et montrer des spécimens.

Les trois Propylées ci-dessous sont de médiocres, et même de petites proportions, sans néanmoins perdre le caractère monumental dont Ledoux se préoccupait habituellement, et qu'il affecta souvent même pour ses compositions les moins importantes.

Barrière de Picpus.   Barrière du Combat.   Barrière des Réservoirs.

On trouvera « le caractère imposant et grandiose et l'aspect majestueux » dans la vue ci-dessous. Remarquez la sévérité du soubassement, dont les murs sont taillés en refends profondément fouillés et arrondis en bossages; observez ces frontons si larges portés sur de gros pilastres carrés, qui leur donnent un aspect de lourdeur autant que de force. Cette propylée se trouve au carrefour de deux routes, celle de Flandre à droite, et celle

d'Allemagne à gauche : voilà pourquoi il y a quatre guérites, deux à l'extrémité de chaque grille. Ces guérites ont un caractère de force remarquable, qui fait presque ressembler leurs arcs à des portes de forteresse. Mais le petit pavillon qui les coiffe fait, par sa légèreté, une singulière disparate avec le reste. Le grand bâtiment du centre subsiste encore, et sert comme de perspective au long bassin de La Villette.

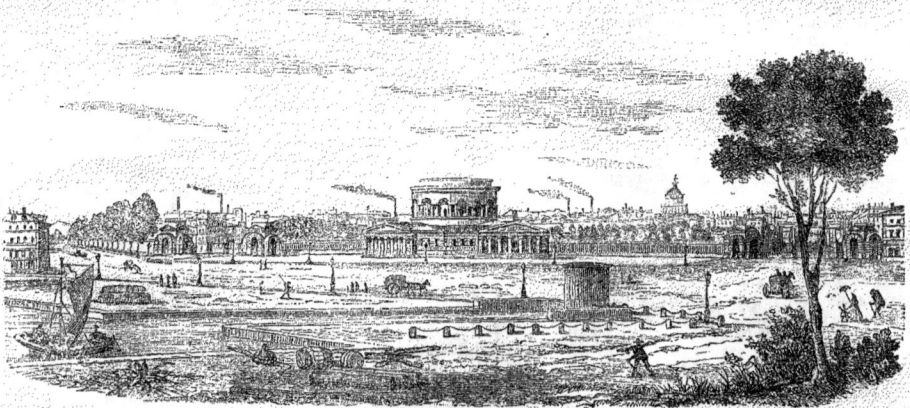

Barrière Saint-Martin.

On reconnaîtra encore le même caractère de grandiose et de majesté dans la vue ci-après de la *Barrière du Trône* ou *de Vincennes*; les colonnes triomphales qui occupent le centre de la composition portent les statues de Charlemagne et de St Louis, et reposent sur un piédestal qui servait de guérite. Elles subsistent encore, et donnaient un cachet d'élégance à la composition, cependant les bâtiments latéraux sont pleins de lourdeur.

Nous appliquerons à cette Barrière et à la précédente ce que Quatremère dit encore de nos Propylées : « Ces

édifices offrent de loin des masses pyramidales assez belles, et quelquefois imposantes, dont les dimensions générales paraissent annoncer dans l'éloignement un style large et grandiose. » — Obtenir cet effet pour des édifices tous destinés à être vus de loin, à frapper la vue de plus de passants que de regardants, dénotait déjà une très-habile intelligence du but que l'on avait dû se proposer. L'architecture est toujours faite pour être vue de loin, et l'artiste qui n'a pas l'intuition de l'effet des masses, plus encore que de celui des lignes (intuition généralement rare), n'élève que des monuments froids, sans charme, et sans grandeur morale.

Ledoux, voulant donner une grande variété à ses compositions, paraît les avoir quelquefois assorties au site

Barrière du Trône ou de Vincennes.

où elles devaient alors se trouver; c'est ainsi que quelques-unes ont l'aspect de petits châteaux de plaisance, quand elles étaient tout à fait en vue de la campagne; nous reconnaîtrions volontiers ce caractère aux barrières *Blanche* et *du Roule*, que nous donnons ci-dessous, et qui alors se trouvaient en pleine campagne.

Barrière Blanche.

Barrière du Roule.

En voici qui ont un caractère moitié temple et moitié maison, avec quelque chose du genre de Palladio; ce sont: la barrière de *Clichy*, immortalisée dans un charmant tableau d'Horace Vernet, et la barrière de *Belleville*.

Barrière de Clichy.

Barrière de Belleville.

Les trois spécimens figurés ci-après témoignent encore de la fécondité d'imagination de Ledoux, qui non-seulement puisait dans son propre fonds, mais, à l'occasion, s'inspirait aussi des édifices de l'antiquité. La première de ces deux vues, celle de la barrière de *Reuilly*, paraît évidemment une sorte de réminiscence du temple de Claude, à Rome. — La seconde, la barrière de *la Conférence*, a un caractère plus original: placée sur le bord de la Seine, où il y avait, en plein fleuve, une sorte de Douane, l'architecte a donné à son édifice un peu ce caractère. Une guérite, formant piédestal à une statue colossale assise de l'Abondance, est très-heureusement placée sur le mur du quai. Ce motif produit un heureux effet dans l'agencement général, et prouve encore que Ledoux entendait bien la distribution et la pondération des masses, chose si importante en architecture. — Quant à la troisième barrière, celle du *Mont-Parnasse*, choisie afin que l'on ne nous accusât pas de partialité pour l'artiste, elle ne paraît guère, malgré son nom, avoir été inspirée par le dieu des beaux-arts; c'est une de celles qui, par leur excessive bizarrerie, ont dû provoquer le plus de critiques, et davantage excuser jusqu'à un certain point, sans néanmoins le justifier, l'espèce d'anathème que les délicats en architecture, et peut-être aussi un peu les envieux, se plurent à jeter sur les Propylées de Paris. Nous reviendrons tout à l'heure, en parlant de la barrière de *l'Étoile*, sur ce petit et très-malencontreux édifice.

Barrière de Reuilly.

Barrière de la Conférence.

Barrière du Mont-Parnasse.

La barrière *Saint-Denis* rentre dans le caractère de château; son portique en colonnes, avec bossages supportant un fronton, est d'un effet assez mâle. Ce fronton, répété sur de petits avant-corps engagés sur les trois autres côtés, leur donne peut-être trop d'importance, bien que couronnant un simple mur percé de fenêtres, et n'ait à la valeur du portique de la façade. On remarquera la guérite massive, placée comme un avant-poste d'observation sur le boulevard, indépendamment des deux guérites plus simples au milieu de sa grille. — La barrière de *Charenton* représente deux temples doriques grecs, trop fidèlement inspirés du Parthénon, du temple de Thésée, à Athènes, du temple de Minerve au cap Sunium, etc. On croit que cette barrière a été faite, ou tout au moins terminée, par Molinos, architecte de la ville de Paris du temps du 1er Empire français.

Barrière de Charenton.

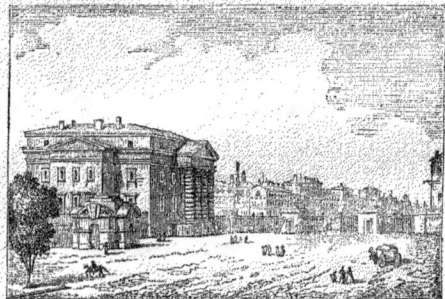

Barrière Saint-Denis.

Les défauts des Propylées de Paris sont l'exagération des contrastes, où la bizarrerie est quelquefois poussée jusqu'au choquant; l'abus de l'innovation dans les profils, bouleversant l'agencement des membres, mettant, par exemple, des quarts de rond à la place des doucines, et réciproquement; plaçant sur des colonnes d'un aspect robuste des tailloirs très-minces, que les architraves semblent devoir écraser; en un mot, affectant souvent un mélange de force et de sévérité, de sévérité et de caprice, qui n'ont ni grâce, ni grandeur. Ledoux remit les bossages en honneur, mais il en fit abus, soit dans les arcs, dont il hacha l'archivolte par des claveaux saillants en nombre égal aux claveaux lisses, comme à la barrière *du Trône*, par exemple; soit dans les chambranles de portes et de fenêtres, où il procéda de même, et, pour les fenêtres, comprit jusqu'à leurs appuis dans ses impitoyables bossages, ainsi qu'à la barrière *Saint-Denis;* soit enfin sur des colonnes, où, aux bossages peu saillants et à bords arrondis, à la manière florentine, il alla jusqu'à substituer des dés carrés, alternant avec des tambours circulaires, et coupant des fûts, les hérissant du haut en bas, de manière à leur faire perdre deux fois leur forme, de sorte qu'elles ne ressemblaient ni à des colonnes, ni à des pilastres (*V. la figure ci-après*); soit, enfin, en les accouplant par des assises horizontales, allant de l'une à l'autre, ainsi qu'on l'a vu plus haut à la barrière *du Mont-Parnasse;* ceci est vraiment de l'extravagance. Quant aux colonnes de la barrière de *l'Étoile*, peut-être pourrait-on dire que Ledoux les a coupées par des dés carrés, parce qu'elles devaient être vues de cette immense avenue de Neuilly, et qu'à distance cette bizarrerie était peu sensible, et donnait un aspect de force et de solidité à des fûts qui auraient pu paraître grêles. C'est là une explication que nous ne donnons pas pour excellente, mais que nous ne croyons pas dénuée de vraisemblance. En effet, si l'on veut bien examiner notre dessin, surtout pour les faces vues de profil, parallèlement à la route, la bizarrerie est bien moins choquante, et produit un effet de lignes qui n'est pas sans quelque agrément. N'oublions pas non plus que, quand Ledoux éleva ces deux Propylées, l'énorme Arc de l'Étoile n'existait pas pour faire contraste et les écraser.

Aucun travail du genre, et aussi considérable que celui des Propylées de Paris, n'avait encore été exécuté en aussi peu de temps et par un seul artiste. Les qualités et les défauts que montra Ledoux dans cette vaste entreprise influèrent sur le goût du temps; on le vit dans plusieurs hôtels construits alors, puis sous le Consulat et le 1er Empire, et dont il subsiste encore quelques-uns à Paris.

Nous éprouvons un regret triste en réfléchissant que cet article est une espèce d'oraison funèbre. Quelques mois après le 1er janvier 1860, jour néfaste pour nos Propylées, qui, malgré de graves défauts, particulièrement dans les détails, avaient cependant un vrai mérite d'originalité, elles ont disparu du sol, à peu près en masse; il n'en reste plus que les rares spécimens que nous avons nommés, et auxquels il faut ajouter un des moins méritants, la ci-devant *barrière de Chartres*, petit temple en rotonde, ins lration de St-Pierre-in-Montorio, de Rome; elle doit son salut à sa position dans le jardin public de Monceaux, dont elle forme la fabrique la plus importante, et la seule qui porte avec elle un vrai souvenir

Barrière de l'Étoile.

Paris, si splendide, si grandiose, si brillant, le magnifique Paris de Napoléon III, n'a plus aujourd'hui pour Propylées que des cahutes de 2 à 3 mèt. de hauteur, en pierre meulière, couvertes en dalles, et accotées au revêtement intérieur d'un bastion, derrière lequel elles se cachent. Tout cela est à peine décent pour une capitale qui prétend être à la tête de la civilisation et des beaux-arts. Il faudra bien refaire un jour des Propylées monumentales, si l'on veut donner à Paris l'harmonie de la majesté et de la splendeur, depuis ses extrémités jusqu'à son centre.   C. D—Y.

PROQUESTEUR. *V.* ce mot dans notre *Dictionnaire de Biographie et d'Histoire.*

PRORATA (Au), du latin *pro*, pour, et *rata*, réglée, sous-ent. *parte*, part; synonyme de *à proportion*. Dans une société commerciale, dans une liquidation, on reçoit *au prorata* de sa mise sociale, de sa créance.

PROROGATION (du latin *prorogare*, étendre), extension de temps. En Droit, la *Prorogation de délai* est accordée en procédure à raison de la distance. La *Prorogation de délai* est aussi le délai de grâce qu'un créancier accorde à son débiteur qui ne s'est pas libéré lors de l'échéance; elle ne décharge pas la caution, qui peut toujours poursuivre le débiteur (*Code Napol.*, art. 2039). On nomme *Prorogation d'enquête* l'autorisation donnée par le juge de continuer, dans certaines circonstances, l'enquête au delà du terme prescrit par la loi (*Code de Procéd.*, art. 40 et 279). Il y a *Prorogation de juridiction* quand une partie reconnaît la juridiction d'un juge qui n'a pas droit de connaître de l'affaire; elle ne peut avoir lieu qu'à raison d'exceptions portant sur la qualité des personnes, puisqu'il faut que le tribunal saisi soit compétent à raison de la matière. — Dans le langage politique, on appelle *Prorogation* l'acte par lequel un souverain déclare les travaux des assemblées législatives suspendus pendant un délai déterminé.

PROSAIRE, livre d'église contenant les *Proses*. On a dit aussi *Prosier.*

PROSAÏSME, défaut de poésie dans les vers. C'est le caractère de la majorité des rimeurs. Pour éviter le prosaïsme, il ne suffit pas d'être bien maître de la rime et de la mesure, il faut encore que les vers renferment des pensées nobles et belles, exprimées en termes heureusement choisis.

PROSATEUR, écrivain qui n'emploie que la prose comme expression de sa pensée.

PROSCENIUM. *V.* ce mot dans notre *Dictionnaire de Biographie et d'Histoire.*

PROSCRIPTION (du latin *scribere pro*, écrire devant tout le monde, afficher, publier), condamnation au bannissement ou à la mort, ordinairement prononcée sans aucune forme judiciaire, et que tout homme pouvait mettre à exécution. Elle était généralement accompagnée de la confiscation des biens. Les Anciens en firent un fréquent usage. A Athènes, quand la proscription avait été prononcée par le peuple, un héraut annonçait dans tous les lieux publics la somme promise à quiconque apporterait la tête du proscrit, et cette somme était déposée sur l'Agora ou sur l'autel de quelque divinité. Les Romains distinguèrent la *proscription civile* et la *proscription politique*. La première était faite, à la requête des créanciers d'un débiteur qui se cachait pour n'être point traduit en justice, par un édit du préteur affiché quatre fois à la porte de ce débiteur; puis, à défaut de comparution, les biens étaient partagés entre les créanciers ou vendus à leur profit. Dans la proscription politique, on affichait au Forum les noms des proscrits, sans même désigner leur crime: les plus fameuses *tables de proscription* furent celles de Marius, de Sylla, et des triumvirs Antoine, Octave et Lépide. Chez les Modernes, le massacre des Armagnacs en France sous Charles VI, les édits du roi d'Espagne Philippe II contre Guillaume de Nassau et ses adhérents, en France la St-Barthélemy, la révocation de l'édit de Nantes, les massacres des jours néfastes de la Révolution française, les exceptions aux lois d'amnistie rendues par Louis XVIII au début de la Restauration, les transportations de juin 1848, ont été de véritables proscriptions.   B.

PROSE (du latin *prorsa* ou *prosa oratio*, langage direct), se dit par opposition à *vers*. C'est le langage ordinaire des hommes, non gêné par la cadence, la rime poétiques; aussi les Latins l'appelaient-ils « langage libre et dégagé d'entraves » (*oratio soluta ac libera*). Les Grecs l'appelaient « langage pédestre » (en latin *sermo pedestris*), parce qu'ils comparaient sa marche à celle des gens de pied, dont le pas est plus tranquille et moins bruyant que celui des cavaliers. La prose n'est astreinte qu'aux règles grammaticales, à l'assortiment agréable des voyelles et des consonnes, à l'accord imitatif des mots avec les idées et des périodes avec les affections de l'âme. Toutefois, elle est susceptible d'une certaine harmonie qui n'est pas sans analogie avec celle de la langue des vers. Elle admet les mêmes figures, les mêmes images; mais ses tours sont moins hardis, et ils doivent toujours se rapprocher plus ou moins de ceux qu'emploie la conversation familière. Certaines proses, pour avoir parfois un air poétique, ne laissent pas que d'avoir un caractère de grande simplicité: telle est chez les Grecs la prose de Platon, chez les Romains celle de Cicéron et de Tite-Live, chez nous celle de Bossuet et de Fénelon. Cette teinte poétique se remarque surtout dans les discours oratoires dont le sujet est élevé, dans les descriptions, dans les tableaux que les orateurs et les historiens ont souvent occasion de mettre sous nos yeux; tel est, entre tant d'autres, le tableau de la déroute de Thrasimène, chez Tite-Live, et celui de la tempête essuyée par la reine d'Angleterre Henriette de France, dans l'oraison funèbre de cette princesse par Bossuet. Certains récits de Cicéron offrent une vivacité de peinture toute poétique : par exemple, les *Verrines*, la *Milonienne*, le traité des *Devoirs*, etc., en contiennent plusieurs de ce genre. Mais aucun prosateur peut-être n'a jamais réuni à un plus haut degré la simplicité noble et familière et la richesse des couleurs poétiques, que Platon, dans les mythes si ingénieux à la fois et si élevés par lesquels il a voulu rendre plus saisissantes pour l'esprit quelques-unes de ses théories philosophiques les plus neuves et les plus abstraites. Cicéron semble s'être inspiré de ces beaux modèles dans le célèbre épisode de sa *République*, connu sous le nom de *Songe de Scipion*.

Dans l'histoire littéraire, la prose paraît avoir été partout précédée par le langage poétique; ainsi, chez les Grecs, l'*Iliade*, l'*Odyssée*, les chants lyriques sous toutes leurs formes, les traités moraux et philosophiques en vers, ont enchanté les imaginations, enrichi les mémoires, avant qu'il eût encore paru un bon ouvrage en prose, et cet ouvrage est celui d'Hérodote, postérieur de quatre siècles au premier chef-d'œuvre poétique dans l'ordre des temps, aussi bien que du mérite. Chez les Latins, Ennius et Lucrèce sont antérieurs à César, à Cicéron, à Salluste; et lorsque parut notre Villehardouin, la littérature française n'avait d'autres monuments que les chants des Troubadours et des Trouvères.   P.

PROSE, terme de Liturgie.) *V.* notre *Dictionnaire de*
PROSÉLYTES.   (*Biogr. et d'Histoire.*

PROSÉLYTISME, mot qui ne s'est appliqué d'abord qu'aux efforts des diverses communions chrétiennes pour conquérir des âmes, et qu'on a étendu ensuite à l'esprit de propagande des partis politiques.

PROSEUQUE. *V.* SYNAGOGUE, dans notre *Dictionnaire de Biographie et d'Histoire.*

PROSIER. *V.* PROSAIRE.

PROSODIE, mot grec qui signifiait proprement la prononciation d'un mot selon la quantité et selon l'accent. Les grammairiens grecs nommaient *prosodies* les signes de la quantité et de l'accentuation, ainsi que ceux qui représentaient les esprits, et même l'apostrophe, l'hyphen et la diastole. Les Latins ont fait de ce mot à peu près le même usage que les Grecs. Mais, chez les Modernes, il ne s'applique généralement qu'à la quantité des syllabes, surtout lorsqu'il s'agit de l'Antiquité; car les langues modernes, et la nôtre en particulier, ont une prosodie bien moins nettement marquée que les langues anciennes. En allemand, la quantité longue se rencontre presque toujours sur le même tonique sur la même syllabe, ou plutôt c'est cet accent qui détermine la quantité longue. L'abbé d'Olivet a composé un *Traité de la Prosodie française*, où il établit les principes qui règlent la prononciation d'un grand nombre de mots. Nous avons toutefois conservé en partie le sens ancien du mot *prosodie*, lorsque nous l'avons appliqué à l'art, non-seulement de donner à chaque son ou syllabe le ton qui lui est propre, mais de marquer les mesures par les différents repos de la voix, et d'établir une juste harmonie entre la pensée et le débit ou la lecture (*V.* ACCENT, DÉCLAMATION). — Enfin on appelle *Prosodie* un traité sur la quantité des syllabes grecques et latines. Hermann, Spitzner, Matthiæ, J. Hubert, Gonod, ont traité de la prosodie grecque. Pour la poésie latine, le traité élémentaire le plus commode est celui de Lechevalier, revu par Dumas. *V.* l'*Essai philosophique sur le principe et les formes de la versification* par Ed. Duméril, et la *Théorie de la quantité prosodique* par Bergmann.   P.

PROSODIE, sorte de nome pour les flûtes, propre aux chants par lesquels les anciens Grecs commençaient les sacrifices.

PROSODIUM, ancien nom du Motet (*V. ce mot*).

PROSOPOGRAPHIE (du grec *prosôpon*, face extérieure, visage, physionomie, et *graphein*, décrire), en termes de Rhétorique, description des traits, de l'air, du maintien d'un homme ou d'un animal. La prosopographie du cheval, par exemple, a été donnée dans le livre de *Job*, dans les *Géorgiques* de Virgile, dans Buffon, etc. — De nos jours, on a employé abusivement le mot *Prosopographie* pour désigner la peinture de la vie et des caractères des personnages mentionnés ou mis en scène dans un auteur : ainsi Groen van Prinsterer a publié la *Prosopographie de Platon* (Leyde, 1823), et D'Estré la *Prosopographie d'Horace* (Amst., 1844).

PROSOPOPÉE (du grec *prosôpon*, personne, et *poiéô*, je fais, jo suppose), figure de Rhétorique, qui consiste à prêter le mouvement et la vie aux choses insensibles, à faire apparaître et parler les êtres invisibles, abstraits, imaginaires, et jusqu'aux morts qu'elle évoque de leurs

tombeaux. La Bible, et surtout les livres des Prophètes, sont remplis d'admirables prosopopées. Dans la *Pharsale* de Lucain, l'image éplorée de la Patrie apparaît à César au bord du Rubicon, et le conjure de ne pas aller plus loin. On peut citer encore la prosopopée où Socrate, dans le *Criton*, fait parler les Lois, qui commandent au condamné de ne pas se soustraire au supplice, même quand il est injuste. Bossuet, dans ses Oraisons funèbres, a souvent recours à cette figure, et l'on peut se représenter l'effet que ce grand orateur devait produire sur son illustre auditoire, lorsque, ranimant la cendre des morts, il les faisait tout à coup apparaître au milieu de ce monde qui les avait connus, et donnait ainsi par leur bouche aux grands et aux rois d'effrayantes et sublimes leçons. J.-J. Rousseau a fait une belle prosopopée, lorsque, dans son *Discours sur les Lettres*, il évoque l'ombre de Fabricius pour opposer aux désordres des Romains la pureté des mœurs de leurs ancêtres. La Prosopopée, du reste, est une figure qu'il ne faut employer qu'avec réserve, et surtout à sa place, c.-à-d. dont on ne doit faire usage qu'autant que l'importance et la majesté du sujet le comportent, et qu'il y a un certain degré d'exaltation chez l'orateur et dans l'auditoire. Les écrivains qui font de l'enthousiasme à froid n'arrivent qu'au ridicule, et rappellent l'emphatique plaidoirie de l'intimé, évoquant la famille désolée de son client, le chien Citron.   G.

PROSPARALEPSE. *V.* PARAGOGE.

PROSPECTUS (du latin *prospicere*, voir, considérer), sorte de programme qui se publie avant qu'un ouvrage paraisse, et dans lequel on en annonce le sujet, le caractère, l'étendue, le format, le prix, etc. On a étendu le mot aux avis distribués au sujet d'entreprises quelconques.

PROSPHERA, pains des oblations dans la liturgie grecque.

PROSTAS. *V.* ANTICHAMBRE.

PROSTHÈSE (du grec *prosthesis*, addition), addition d'une lettre ou d'une syllabe au début d'un mot. C'est une espèce de Métaplasme (*V. ce mot*). Ainsi, en latin, on a dit *gnatus* pour *natus*. L'augment syllabique était une prosthèse. On pourrait donner ce même nom au redoublement de certains parfaits latins (*pepuli*, *tetendi*, *cucurri*), au préfixe *ge* des participes passifs allemands, aux lettres ajoutées pour l'euphonie par le peuple en avant des mots qui en latin commencent par *sc*, *sp* (*scala*, échelle; *species*, espèce). Il y a une prosthèse dans *grenouille*, dérivé de *ranuncula*; dans *manoir*, dérivé de *umbilicus*; dans *loisir*, venant de *otiari* (la véritable origine de ce mot est *l'oisir*).   P.

PROSTYLE (du grec *pro*, en avant, et *stulos*, colonne), se dit, en Architecture, d'un édifice qui n'a de colonnes qu'à sa partie antérieure, à sa principale face. Notre-Dame de Lorette, à Paris, est une église prostyle.

PROSYLLOGISME, ou *Syllogisme continué*, argument composé de cinq propositions, formant deux syllogismes enchaînés de telle sorte que la conclusion du premier sert de majeure au second. Ex. : « Ce qui nous rend heureux est aimable; or, la vertu nous rend heureux; donc la vertu est aimable. Or, la justice est une vertu; donc la justice est aimable. » Le prosyllogisme n'est guère employé : il a quelque chose d'embarrassé et de lourd.

PROTAGONISTE, le principal acteur dans une pièce grecque, celui-sur qui toute la puissance du drame est concentrée. Quand une tragédie porte le nom d'un de ses personnages, c'est ce rôle que remplit le protagoniste.

PROTASE (du grec *protasis*, proposition), terme qui désigne généralement en grec ce que nous appelons *Proposition*. Il se prend soit dans le sens de *question à démontrer*, soit dans celui de *prémisse d'un argument*. Par extension, il désignait, en Littérature, la partie du drame où le sujet s'annonce et commence à se développer (à peu près notre 1er acte) ; et, en Grammaire, la 1re partie d'une période : on ce dernier sens il s'oppose à *Apodose* (*V. ce mot*).   P.

PROTATIQUE (Personnage), nom que les Anciens donnaient au personnage qui ne paraissait que dans la *protase* du drame, comme Dave dans le *Phormion*, Philotide et Syra dans l'*Hécyre* de Térence, et qui faisait en grande partie l'exposition des événements.   P.

PROTE (du grec *prôtos*, premier), celui qui, dans une imprimerie, dirige et surveille l'exécution des travaux. Il distribue l'ouvrage aux compositeurs, leur aplanit les difficultés qui s'y rencontrent, s'assure que les fautes marquées sur les épreuves ont été corrigées, veille à la bonne distribution des *blancs* et à l'exactitude du *registre*, etc.

Dans les grands établissements, il supplée le maître, soit pour entreprendre des impressions, soit pour en établir le prix avec les éditeurs ; il distribue la paye aux ouvriers, inscrit les feuilles qui ont été composées ou imprimées depuis la dernière paye, et met le prix à la fin de chaque article. Ses fonctions exigent de l'instruction, de l'activité, du soin et de l'ordre.

PROTECTEUR, titre politique. *V.* notre *Dictionnaire de Biographie et d'Histoire.*

PROTECTEUR (Système), en termes d'Économie politique, système qui consiste à écarter d'un pays, par des droits élevés ou même par une prohibition absolue, les marchandises étrangères qui pourraient faire concurrence à l'industrie nationale, et à donner des primes à ceux qui cultivent certaines industries. Jusqu'à la fin du moyen âge, les gouvernements s'inquiétèrent peu des importations et des exportations commerciales : les impôts qu'ils prélevaient à l'entrée et à la sortie des marchandises avaient un but exclusivement fiscal ; la noblesse avait le même mépris pour le commerce que pour l'industrie, et ceux qui se livraient à ces deux professions étaient également accablés de charges de toute sorte. D'ailleurs, il y a un sentiment naturel aux âges d'ignorance et de grossièreté, c'est que la vente dans un pays ne doit appartenir qu'aux habitants de ce pays, et que l'étranger doit acheter ce droit au prix d'une forte taxe. Ajoutons que le régime des corporations, en vigueur au moyen âge, devait entraîner comme conséquence l'institution des Douanes : ces corporations, créées d'abord pour faire obstacle à la concurrence du dedans, se liguèrent ensuite contre la concurrence étrangère, et érigèrent en principe le monopole. Enfin, partant de cette fausse idée, que, pour enrichir un pays, il faut autant que possible y attirer les métaux précieux, on prohiba, non-seulement l'exportation de l'or et de l'argent, mais encore l'importation des marchandises qu'on pouvait fabriquer dans le pays même, et l'on crut que, si l'exportation dépassait l'importation, la différence devrait se solder en métaux précieux : telle fut l'origine du *système mercantile* et de la *balance du commerce* (*V.* ces mots). Ces diverses raisons expliquent comment Colbert fut amené à établir un ensemble de prohibitions et de tarifs de douanes, qui peuvent se justifier comme mesures temporaires, nécessaires pour permettre à une industrie naissante de se développer, mais qui ne sont pas le régime normal et indéfini du commerce. Les autres États imitèrent la France. Mais on s'aperçut bientôt que le système protecteur tendait à se généralisant, qu'il isolait les peuples et resserrait les relations commerciales. De là vinrent les *traités de commerce*, c.-à-d. des transactions sur les douanes ; et beaucoup de guerres dans les temps modernes eurent pour causes des publications de tarifs contraires à ces traités. Les guerres de la Révolution et le *Blocus continental* (*V.* notre *Dictionnaire de Biographie et d'Histoire*) de Napoléon Ier donnèrent une nouvelle énergie au système protecteur en France (*V.* DOUANES) : il faut leur attribuer cette organisation de l'industrie, ce goût du monopole et des prohibitions, ces habitudes de routine, qui ont opposé de nos jours tant d'obstacles à la liberté des échanges.

Le système de la protection force les consommateurs à payer plus cher les objets, et, par conséquent, il diminue leurs revenus ; l'importation des marchandises leur est, au contraire, favorable, et leur intérêt passe avant celui d'un petit nombre de producteurs. Au lieu d'aider le travail national, la protection tend à le restreindre : plus il faut payer pour se procurer un objet, moins on dépense pour s'en procurer d'autres. Si l'importation des marchandises étrangères dans un pays était un mal, il s'ensuivrait que, quand un État veut écouler au dehors ses produits, il veut nuire à ses voisins, et il faudrait admettre encore, comme conséquence du même principe, que l'Angleterre, en ouvrant ses ports aux produits étrangers sur de vastes proportions, a dû travailler à sa propre ruine. Un fait constaté par l'expérience, c'est qu'en général l'importation des marchandises étrangères chez un peuple industrieux a une contre-partie naturelle, l'exportation d'une quantité correspondante de produits nationaux, bien que c'est un échange qui profite au travail chez les deux parties contractantes. L'expérience montre également que l'importation n'arrête pas la fabrication des produits similaires : dans les États du Zollverein, où la filature est protégée par des droits très-modérés, s'est agrandie, pendant un délai de 12 ans, de 130 p. 0/0, tandis qu'en France, sous le régime de la prohibition, elle ne s'est accrue que dans une proportion cinq fois moindre. La liberté des échanges n'a pas nui

aux États qui l'ont pratiquée : ainsi, la Saxe, qui n'a jamais connu le système restrictif, a fait son éducation industrielle sans tarifs de douanes, et s'est mise au premier rang des contrées manufacturières ; la Suisse, sans ports, sans canaux, sans voies de navigation importantes, et pourtant sans tarifs, sans prohibitions, a développé prodigieusement son industrie ; à Cuba, l'entière liberté du commerce a produit une étonnante prospérité ; les progrès des États-Unis de l'Amérique du Nord se mesurent chronologiquement à l'abaissement de leurs tarifs de douanes et à la décadence de l'esprit de prohibition. L'aiguillon de la concurrence étrangère provoque le bon marché par le progrès auquel il oblige les chefs d'industrie, et, sous l'influence de ce bon marché, la consommation s'accroît si bien, que le marché national offre un débouché à une production nationale toujours croissante, en même temps qu'à une certaine masse de produits étrangers. Une enquête commerciale ordonnée en France en 1833 aboutit au plus étrange résultat, et fit voir tout ce qui se cache d'égoïsme sous la question de la prohibition et du libre échange : chaque industrie ayant été appelée à faire valoir, à proposer ses moyens, les intéressés prouvèrent à l'envi qu'il fallait supprimer toutes prohibitions et toutes restrictions, excepté celles qui les favorisaient eux-mêmes ; ce ne furent que réclamations et griefs des maîtres de forges contre les propriétaires de forêts, des producteurs de machines, des agriculteurs, des armateurs contre les maîtres de forges, des fabricants de draps contre les producteurs de laine, des fabricants de tulle contre les filateurs de coton, etc. En un mot, les producteurs comptaient, pour s'enrichir, sur autre chose que leurs talents, leur persévérance, leur économie ; ils bâtissaient leur fortune sur un autre terrain que celui du travail, et constituaient le gouvernement, non pas le protecteur de tous les intérêts sociaux, mais le gardien de leurs priviléges. Il fut évident que l'on considérait, dans cette question, le sort de quelques intérêts, nés de la guerre, du monopole et de la faveur, mais nullement la richesse et la prospérité générales. Ce ne fut pourtant que 20 ans après, à la suite de l'Exposition universelle de 1855, où l'industrie française avait elle-même affirmé ses progrès, qu'une loi fut présentée au Corps Législatif pour la levée des prohibitions. Un nouveau délai fut encore, après enquête, accordé jusqu'en 1861, pour qu'on eût tout le temps de se préparer à un nouveau régime commercial. Depuis le 1er juillet 1861, les prohibitions inscrites dans les lois douanières ont été remplacées par des droits modérés, suffisants pour ménager certaines positions acquises, et pour ne pas enlever complétement au Trésor les ressources qu'il était accoutumé de trouver dans le régime des douanes. Le jour où les dernières traces du système protecteur pourront disparaître, certains intérêts privés seront encore prohibitionnistes.

PROTECTORAT, appui qu'une grande puissance donne publiquement à un petit État. Ainsi, les traités de 1815 ont donné à l'Angleterre le protectorat des îles Ioniennes. La France a établi son protectorat sur les îles Taïti, Wallis et Gambier, dans la Polynésie.

PROTESTANTS. *V.* ce mot dans notre *Dictionnaire de Biographie et d'Histoire.*

PROTESTATION (du latin *testari pro*, être en témoignage de...), action de déclarer qu'on ne laisse faire une chose que parce qu'on ne peut pas l'empêcher, qu'on tient un acte pour nul, qu'on entend se pourvoir contre. En Droit, les protestations faites contre un acte ou un jugement par celui à qui il est signifié, sont conservatoires de ses droits. Celui qui a perdu une lettre de change conserve ses droits, en notifiant une protestation aux tireurs et endosseurs. — En Politique, on a recours aux Protestations pour prévenir l'établissement d'un principe avancé par un État ou l'adoption d'une mesure nuisible, ou du moins pour qu'on n'interprète pas le silence comme un acquiescement.

PROTÊT (de *protester*), acte par lequel le porteur d'une lettre de change, d'un billet à ordre, fait constater le refus d'*acceptation* ou de *payement* de la part de celui sur qui la lettre a été tirée ou par qui le billet a été souscrit. Il doit être fait par deux notaires, ou par un notaire et deux témoins, ou par un huissier et deux témoins, le lendemain de l'échéance, et, si c'est un jour légal férié, le jour suivant. Cette disposition du *Code de Commerce* (art. 173) a été modifiée par un décret du 23 mars 1848, qui a supprimé les témoins. A Paris et dans les villes des départements les huissiers seuls font les protêts.

PROTHÈSE (du grec *prothésis*, addition), en latin *Oblationarium, Paratorium*, petite table qu'on plaçait autrefois soit à l'un des côtés de l'autel, soit dans une nef latérale, et où l'on posait les vases sacrés et les offrandes du pain et du vin nécessaires au sacrifice de la messe. Elle a été remplacée par la crédence (*V. ce mot*). Dans l'Église grecque, on prépare sur une prothèse tout ce qui est nécessaire pour la messe, pain, vin, vases, etc., et on la porte en procession à l'autel où l'on doit célébrer. — Dans certaines basiliques, on appelait *Prothèse* une petite abside placée du côté droit, et où l'on rangeait les offrandes faites par les fidèles, les vases précieux et les vêtements des prêtres.

PROTHYRUM.
PROTOCOLE.
PROTONOTAIRE. } *V. ces mots dans notre Dictionnaire de Biographie et d'Histoire.*
PROTOPAPA.
PROTOSYNCELLE.

PROTUTEUR, celui qui tient lieu de tuteur. On peut donner un protuteur au mineur qui possède des biens dans un lieu éloigné du siége de la tutelle; il doit rendre compte au tuteur (*Code Napol.*, art. 417).

PROUE (du latin *prora*), l'avant d'un navire. Chez les Anciens, la proue des bâtiments de guerre était armée d'un éperon en airain ou en fer, en forme de bec d'oiseau; de là son nom de *rostrum*.

PROVÉDITEUR. *V.* notre *Dictionnaire de Biographie et d'Histoire.*

PROVENÇALE (Langue), dénomination souvent employée comme synonyme de *Langue d'oc* (*V. ce mot*). Le *dialecte provençal*, qui s'est perpétué dans notre pays de Provence après la disparition de la langue littéraire, en a conservé la plupart des caractères; cependant c'est le plus défiguré, plus rapproché du français que les dialectes parlés en Languedoc et en Gascogne. *V.* Pellas, *Dictionnaire provençal et français*, Avignon, 1723, in-4°; Achard, *Vocabulaire provençal et français*, Marseille, 1785, in-4°; Avril, *Dictionnaire provençal-français*, Apt, 1840, in-8°; Honnorat, *Dictionnaire provençal-français*, Digne, 1846-47, 3 vol. in-4°; Guessard, *Grammaires romanes inédites du XIIIe siècle*, Paris, 1840, in-8°.

PROVENÇALE (Littérature), nom sous lequel on comprend les productions littéraires, non pas seulement de l'ancienne Provence, mais aussi du Languedoc, du Limousin, de l'Auvergne, de l'Aquitaine, et, en général, de tous les pays qui parlaient le *roman du midi* ou *langue d'oc* (*V. ce mot*). Ce n'est même pas la Provence qui fournit les meilleures de ces productions : Arnaud Daniel, Giraud de Borneilh, Bertrand de Born, Bernard de Ventadour, reconnus de leur temps comme les plus célèbres Troubadours, eurent pour patrie le Limousin, et les Italiens, les Espagnols, les Portugais désignent la littérature provençale sous le nom de *Lemosina.* Il est facile de comprendre pourquoi l'expression de *Littérature provençale* a prévalu. Au commencement du XIIIe siècle, les centres littéraires ou écoles de Troubadours qui s'étaient formées auprès des comtes de Rodez, d'Auvergne, de Poitiers, n'existaient plus; la croisade contre les Albigeois fit aussi disparaître la cour des comtes de Toulouse. La poésie romane du Midi, bien que profondément altérée dans son esprit, trouva un dernier refuge en Provence. C'est pour avoir recueilli l'héritage littéraire de tout le Midi, et pour avoir représenté, seule en-deçà des Pyrénées, la littérature méridionale pendant deux siècles et demi, que la Provence, dans l'esprit des hommes du Nord, a laissé son nom à cette littérature, cultivée primitivement entre la Loire, la Sèvre-Niortaise, l'Atlantique, les Pyrénées, la Méditerranée et les Alpes, c.-à-d. dans des contrées même qui, comme le Poitou, la Saintonge et une partie de l'Anjou, adoptèrent plus tard le *roman du Nord.*

Les poésies des Troubadours (*V. ce mot*) représentent en grande partie tout ce qui reste de la littérature provençale. Suivant une opinion assez générale, ces poésies ne seraient que de fades redites d'amour. Sans doute l'élégie amoureuse tient une grande place dans la poésie provençale; mais il s'en faut de beaucoup qu'à ce genre se réduisent les œuvres lyriques des Troubadours, c.-à-d. les pièces composées en strophes de mètres très-artistement combinés, toujours chantées avec accompagnement de rebec, et dont plusieurs sont encore notées en musique. En effet, il y a les *sirventes* ou pièces satiriques, du caractère des *ïambes* grecs; les *plaintes* (*planhs*), consacrés à la mémoire des braves; les chants de guerre (*cants*), destinés à célébrer la gloire des combats; les *prézies* (*prédicansas*) ou appels, ordinairement consacrés à relever le zèle des barons pour la défense de la foi : genres lyriques fort distincts de la poésie amoureuse, et

qui renferment les meilleurs titres des Troubadours à l'estime de la postérité. Certaines de ces pièces sont remarquables par une force et un éclat que l'on chercherait vainement alors dans le reste de l'Europe. Un des genres favoris des Troubadours, toujours dans le lyrique, était encore le *Tenson* (*contentio*), appelé *Jeu-parti* dans le *roman du Nord*, parce que deux interlocuteurs y sont toujours en présence, comme dans certaines églogues de Virgile : c'était pour eux une manière de déployer leur esprit, en agitant une question ou un cas douteux. Toutes ces compositions poétiques étaient néanmoins considérées comme secondaires par rapport à la *cansó* ou élégie amoureuse. La suprématie de la *cansó* (*V.* CANZONE) était liée, dans l'esprit des poëtes provençaux, à certaines idées plus raffinées sur la nature de l'amour vertueux, et sur ses effets : ils attribuaient à ce sentiment l'influence la plus haute et la plus heureuse sur les faits et gestes du chevalier, jusqu'à en faire la source certaine de tout mérite et de toute vertu. Cette théorie provençale de l'amour étant devenue l'un des éléments du système de sentiments et de mœurs connu sous le nom de *chevalerie*, on a pu dire que la chevalerie a eu sa plus complète expression dans la poésie provençale. Une des formes les plus gracieuses de cette poésie dans le genre amoureux est celle des *chants d'aube* (*albas*), petites pièces destinées à être chantées sous les fenêtres des dames au lever du jour (*V.* AUBADE).

Les Provençaux eurent encore un certain nombre de formes poétiques distinctes des genres lyriques en ce qu'elles étaient composées en tirades monorimes, déclamées en façon de récitatif, et non pas chantées. A cette classe de poésies, appelées *proses*, appartiennent les poëmes chevaleresques, les nouvelles, les pastourelles (*Pastorelas vaqueiras*), certains poëmes religieux du genre didactique, en grande partie d'origine vaudoise. — Sans être les inventeurs du roman chevaleresque, les Provençaux s'y sont exercés avec succès. Nous possédons les manuscrits d'un certain nombre de romans provençaux, tels que *Ferabras*, *Geoffroy et Brunissende*, *Flore et Blanchefleur*, *Gérard de Roussillon*, *Renaud de Montauban*, *Lancelot du Lac*, etc., et les indications d'un très-grand nombre d'autres (*V.* Fauriel, *Histoire de la poésie provençale*). Toutefois, la littérature du Nord est bien plus riche dans ce genre que le roman du Midi. — Les Provençaux reprennent l'avantage dans la *Pastourelle*, dont ils paraissent avoir créé le genre. Le troubadour Guiraud Riquier (1260) y excella, et fut souvent imité des Trouvères. Mais l'invention de ce genre remonte beaucoup plus haut que l'époque de Guiraud : on en trouve des exemples dans Cercancour, troubadour qui florissait avant 1150, et il est désigné comme auteur de pastourelles *dans le goût ancien.*

La littérature provençale a été comme le premier essor de l'esprit dans une civilisation naissante; ses productions, principalement en poésie, annoncent un vif sentiment de l'art. Mais le temps manqua aux Provençaux : leur langue, en tant que langue littéraire, et leur littérature furent emportées dans la révolution qui, en écrasant leur pays, détruisit leur nationalité. Voilà pourquoi la littérature provençale est moins riche en prose qu'en poésie. La prose est l'instrument de la raison, qui ne peut atteindre son développement qu'avec le temps et à l'aide de la civilisation. Or, la nationalité provençale fut éteinte dans son printemps, et la politique prit tous les moyens de l'empêcher de revivre. Au premier rang il faut placer le tribunal de l'Inquisition, fondé en 1229, et l'établissement de l'Université de Toulouse, imposé, la même année, à Raymond VII par Louis IX. On interdit l'emploi de la langue provençale dans les actes publics, et on proscrivit les livres écrits en cette langue. Dans cette proscription de tout ce qui rappelait la nationalité ou l'hérésie, disparurent une grande quantité d'écrits qu'avait fait naître la controverse religieuse. Les matières théologiques paraissent, en effet, avoir surtout exercé la plume des écrivains provençaux, et la bibliothèque de Cambridge a longtemps possédé beaucoup de Traités vaudois. Pierre Raimond le Preux composa un traité *Contre l'erreur des Ariens;* Raoul de Gassin traita de la *Doctrine des Albigeois et Tuschins.* On connaît aussi les titres de plusieurs ouvrages historiques par Geoffroy Rudel, Bertrand de Allamanos et Sordello. Ce dernier avait encore composé une *Somme du Droit.* Bastera mentionne, d'après Salviati, une traduction toscane de Tite-Live, empruntée au provençal, et il affirme que cette traduction d'un ancien en langue provençale est loin d'être la seule.

L'emploi de la langue d'oc ou provençale s'est prolongé dans les municipalités du Midi jusqu'à l'ordonnance de François Ier de 1525, rendant obligatoire, dans tous les actes publics, l'emploi de la langue française. Un grand nombre de chroniques, d'inscriptions et de documents rédigés en provençal font partie des archives de toutes les villes importantes du Midi. Cette langue est encore parlée dans les villes et les campagnes, et des siècles s'écouleront avant qu'elle ait totalement disparu. V. Millot, *Histoire littéraire des Troubadours*, Paris, 1774, 3 vol. in-12, ouvrage fort médiocre, rédigé d'après les matériaux de Sainte-Palaye; W. de Schlegel, *Observations sur la langue et la littérature provençales*, Paris, 1818, in-8°; Raynouard, *Choix des poésies originales des Troubadours*, Paris, 1816-21, 6 vol. gr. in-8°; Sismondi, *Histoire des littératures du midi de l'Europe*, 3e édit., Paris, 1819, 4 vol. in-8°; Mandet, *Histoire de la langue romane*, Paris, 1840, in-8°; Bruce-White, *Histoire des langues romanes et de leur littérature*, Paris, 1841, 3 vol. in-8°; Diez, *Poésie des Troubadours*, traduct. de l'allemand par Roisin, Paris, 1845, in-8°; E. de Laveleye, *Histoire de la langue et de la littérature provençales*, Bruxelles, 1845, in-8°; A. de Closset, *Histoire de la langue et de la littérature provençales*, Bruxelles, 1845; Fauriel, *Histoire de la poésie provençale*, Paris, 1846, 3 vol. in-8°; Gatien-Arnoult, *Monuments de la littérature romane depuis le xive siècle*, 4 vol. in-8°; Noulet, *Recherches sur l'état des lettres romanes dans le midi de la France au xive siècle*, 1860, in-8°. E. B.

PROVERBE, vérité morale tirée de l'observation et acceptée comme incontestable, formule heureuse et concise de la philosophie pratique. Le proverbe se distingue de la *sentence*, en ce qu'il est passé dans le domaine populaire; de l'*adage*, en ce qu'il n'exige que du sens et de la précision, tandis que l'adage veut de l'esprit et de la finesse. Au reste, ces mots se confondent dans l'usage ordinaire. — Les Proverbes ont existé de tout temps; on les rencontre à l'origine de toutes les littératures. Salomon les appelle la *voix de la sagesse*, et on en trouve une riche collection dans deux de ses ouvrages, les *Proverbes* et l'*Ecclésiaste*, ainsi que dans deux autres livres canoniques de l'Ancien Testament, la *Sagesse* et l'*Ecclésiastique*. En Grèce, les Proverbes étaient tenus en si grande estime, que, pour les avoir sans cesse présents, on les inscrivait sur les monuments publics, sur les Hermès, et sur les bornes des chemins; d'où leur nom de *parémies* (du grec *para*, en, et *oïmos*, chemin), c.-à-d. instructions prises sur les chemins ou recueillies dans les voyages. Pour cette raison Platon disait qu'en parcourant l'Attique on pouvait faire un excellent cours de morale. Les poëtes gnomiques et les philosophes attribuaient une extrême importance aux proverbes, généralement empruntés aux oracles, aux lois, aux doctrines des savants et des sages; ils les regardaient comme les restes de cette langue qui avait servi à l'instruction des premiers hommes, et que Vico appelle la « langue des Dieux. » Pythagore, Solon, Théognis, Phocylide, Socrate, Platon, Aristote, Théophraste, Chrysippe et Cléanthe en formèrent des recueils, renfermant de précieuses règles de conduite pour la vie privée et pour la vie publique. Plutarque a parsemé ses *OEuvres morales* de citations proverbiales; il a comparé les proverbes aux mystères: les premiers, selon lui, recélaient un sublime enseignement sous les expressions vulgaires, comme les seconds cachaient la divine sagesse sous les formes en apparence puériles de leurs cérémonies. Ce furent les Romains qui donnèrent aux vérités morales brièvement exprimées le nom de *Proverbes* (pro verbo), parce qu'elles devaient tenir lieu de longs discours. Caton l'Ancien, qui en a laissé quelques-uns de sa façon, en était très-amateur. Jules César les jugeait infiniment utiles, à cause du fréquent emploi dont ils lui paraissaient susceptibles pour les usages de la société et pour les besoins de la vie active, *ad agendum* (d'où fut tiré le nom d'*adage*). Les Proverbes tiennent une grande place dans les œuvres de Cicéron et de Sénèque; il s'en trouve aussi dans Horace. Sous l'empereur Adrien, ils furent l'objet spécial des travaux de deux grammairiens, Zénobius et Diogénien, qui en rassemblèrent une quantité considérable. Au iiie siècle parurent les *Distiques* de Dionysius Caton, dans lesquels la sagesse antique se trouve mêlée aux enseignements des premiers chrétiens.

Au moyen âge, les Proverbes jouirent aussi d'une grande faveur. Tandis que parmi les populations de la Germanie se répandait le *Hava-mal*, espèce de poëme gnomique des Scandinaves, on vit se propager en France les *Distiques* de Caton traduits en langue vulgaire, ainsi

que d'autres recueils de préceptes puisés dans la philosophie de l'Antiquité, dans les moralités orientales importées par les moines voyageurs et par les Croisés. Le clergé du xiie siècle fit revivre encore les traditions de la sagesse celtique consignées dans les *Triades galloises*, ainsi nommées parce qu'elles présentent les faits rangés trois par trois. On employa, pour désigner les expressions proverbiales, d'abord le mot *respit*, plus tard celui de *réprouvier*; au xiiie siècle on adopta le mot *proverbe* des Latins. Nos usages, nos mœurs, notre histoire ont donné matière à un grand nombre de proverbes, qu'on trouve dans les chroniques et les poëtes du xiie et du xiiie siècle, dans les romans de chevalerie, dans les poésies de Villon au xve siècle, dans les contes et les nouvelles du xvie, dans les pamphlets satiriques, tels que la *Ménippée*, l'*Apologie pour Hérodote* d'Henri Estienne, et les *Contes d'Eutrapel* de Noël du Fail. Clément Marot et tous les poëtes de son école firent usage de nos anciens proverbes; Régnier en a introduit beaucoup dans ses poésies. On en rencontre même dans les vieux recueils de notre Droit coutumier; ils étaient accrédités en justice, et considérés comme ayant presque la force d'une preuve testimoniale: on ne faisait en cela qu'obéir au conseil d'Aristote et de Quintilien, qui recommandent à l'orateur de les invoquer, à cause de leur caractère de vérité universellement reconnu. Les proverbes jouèrent enfin un grand rôle dans l'éducation: on faisait apprendre par cœur, dans l'Université, ceux de Salomon et des écrivains sacrés; les *Distiques* de Caton, traduits, imités et paraphrasés, furent mis entre les mains de la jeunesse pendant plusieurs siècles. — Les études parémiographiques prirent, après la découverte de l'imprimerie, un développement extraordinaire: on rassembla nonseulement les proverbes épars dans les écrivains d'Athènes et de Rome, mais encore ceux des Hébreux, des Pères de l'Église, des Arabes, des Indiens, et ceux qui avaient cours en Allemagne, en Espagne, en Italie et en Angleterre, dans toutes les langues, même dans les patois. Les plus importants de ces recueils sont le *Violier* d'Apostolius, le *Florilegium ethico-politicum* de Gruter, les *Adages* d'Érasme. Il existe un recueil de plus de 500 proverbes, écrits de la main de Luther; un libraire de Breslau l'a retrouvé en 1862. Cet engouement pour les proverbes, si vif au commencement du xvie siècle, disparut à la fin: on s'occupa moins de les recueillir que de les commenter et d'en expliquer l'origine. Étienne Pasquier a consacré le 8e chapitre de ses *Recherches sur la France* à cette curieuse étude. Trois autres livres originaux furent publiés sur cette matière dans le cours du xviie siècle; ce sont: l'*Étymologie ou Explication des proverbes français*, par Fleury de Bellingen, La Haye, 1656, petit in-8°; les *Origines de quelques coutumes anciennes et de plusieurs façons de parler triviales*, par Moisans de Brieux, Caen, 1672, in-18; les *Curiosités françaises pour servir de supplément aux Dictionnaires*, par Antoine Oudin, Rouen et Paris, 1656, in-12. Si les proverbes tombèrent dans le discrédit, il faut l'attribuer à l'abus qu'un foule d'auteurs en avaient fait: Cervantes semble avoir voulu s'élever contre cet abus par la bouche de Don Quichotte, qui, donnant des conseils à son écuyer Sancho sur la conduite qu'il doit tenir dans le gouvernement de l'île de Barataria, le tance vigoureusement sur sa manie de débiter des proverbes à tout propos. Rabelais est l'auteur qui prodigua le plus les proverbes, et qui, sans contredit, contribua le plus à en dégoûter notre nation. Une autre cause motiva cet abandon: c'est que le goût commençait à s'épurer. La comédie des *Proverbes*, du comte de Cramail, Adrien de Montluc, publiée en 1616, œuvre pleine de gaieté et de scènes plaisantes, acheva de perdre les proverbes dans l'opinion du beau monde, et ils furent relégués parmi les curiosités philologiques. Malherbe et Balzac les proscrivirent; Vaugelas leur ferma l'entrée du Dictionnaire de l'Académie française: les autres écrivains du même temps, à l'exception de Ménage et de Furetière, partagèrent cette antipathie. L'héritage du vieil esprit gaulois fut répudié, et notre littérature fut privée d'un assez grand nombre de locutions originales et pittoresques: toutefois, Mme de Sévigné, La Fontaine et Molière, qui s'en sont servis avec un tact infini et un à-propos des plus judicieux, les lui ont restituées en partie: la dernière édition du Dictionnaire de l'Académie (1835) a donné droit de cité à quelques-unes. Quoique moins estimés que dans l'antiquité et au moyen âge, et bannis en général de la langue académique, les proverbes ne sont pas moins intéressants et utiles à étudier. Comme leur style change avec les siècles, aussi bien que les opinions dominantes dont ils sont le reflet, ils éclairent l'histoire des faits et des idées. Les uns expriment des sentiments universels, et résument l'expérience du genre humain; leur cours est perpétuel par tous pays, et le temps ne fait que rajeunir leur forme; on les appelle la *Sagesse des nations*. Les autres sont particuliers à certaines nations, à certaines localités, et ils reproduisent la physionomie caractéristique du peuple qui les a créés. Il n'est pas une science, un art, un usage, un événement célèbre, qui n'ait donné lieu à des proverbes : religion, politique, législation, morale, histoire, astronomie, jurisprudence, lettres, médecine, professions diverses, métiers, coutumes, vêtements, meubles, nourriture, repas, etc.; tout est de leur domaine. Il est à remarquer qu'au milieu de cette variété de pensées inspirées par tous les sentiments qui agitent l'âme humaine, par toutes les vicissitudes de la vie, il ne s'en trouve pas une seule qui soit entachée d'athéisme ou dépourvue de moralité. V. G. de Backer, *Dictionnaire des proverbes français*, Bruxelles, 1710, in-8°; Panckoucke, *Dictionnaire des proverbes français*, Paris, 1758, in-12; La Mésangère, *Dictionnaire des Proverbes français*, 3e édit., 1823, in-8°; C. de Méry, *Histoire générale des proverbes, adages, sentences*, etc., Paris, 1828, 3 vol. in-8°; Crapelet, *Proverbes et Dictons populaires*, 1831, in-8°; Leroux de Lincy, *le Livre des proverbes français*, 1842, 2 vol. in-8°; Quitard, *Dictionnaire étymologique, historique et anecdotique des proverbes français*, 1842, in-8°; le même, *Études historiques, littéraires et morales sur les proverbes français et le langage proverbial*, in-8°; Duplessis, *Bibliographie parémiologique, Études bibliographiques et littéraires sur les ouvrages, fragments d'ouvrages et opuscules spécialement consacrés aux Proverbes dans toutes les langues*, Paris, 1847, in-8°; le même, *la Fleur des Proverbes français*, Paris, 1851, in-32; le P. Cahier, *Quelque six mille proverbes et aphorismes*, en 12 langues, Paris, 1856, in-12. Il existe des recueils de Proverbes italiens, par Cornazzano; espagnols, par Pinciano (Madrid, 1616 et 1804); hollandais et allemands, par Gruter; anglais, par Howell, Ray, Fielding, Kelly, Bennett, Chenevix Trench, etc. — P—s.

PROVERBES DRAMATIQUES. Au commencement du XVII° siècle, lorsque les proverbes furent exclus des livres sérieux et de toute conversation polie, on les exprima encore par des gestes, on les représenta en pantomimes, et quelquefois en de petites scènes dialoguées, dans lesquelles on les donnait à deviner. C'est ce qu'on appelait *jouer aux proverbes*. Ce jeu, tantôt mimique, tantôt parlé, fort en vogue sous Louis XIII, résulta un nouveau genre de composition littéraire, le Proverbe dramatique, que Mme de Maintenon se plut à cultiver. Le recueil qu'a laissé cette femme célèbre, et qui fut publié pour la première fois en 1829, contient 40 petites pièces à deux ou quatre personnages au plus, et où le nombre des scènes varie de deux à dix, suivant le développement qu'exige le proverbe qu'elle s'est proposé de mettre en action; la dernière scène est arrangée de manière à amener le mot même du proverbe, lequel tient lieu de conclusion morale. Mme de Maintenon composa ce livre pour ses pupilles de Saint-Cyr : les voyant près d'échapper à sa sollicitude, elle voulut leur dépeindre à l'avance et sous son véritable jour ce monde qui les réclamait, et leur communiquer un peu de la sagesse pratique que renferment les adages tels que ceux-ci : *N'éveillez pas le chat qui dort; — Méchant ouvrier n'a jamais bon outil; — Qui se fait brebis, le loup la mange; — Tant vaut l'homme, tant vaut la terre; — Les femmes font et défont les maisons*, etc. Ces vérités, profondes sous une apparence vulgaire, lui ont inspiré des bluettes d'un jet facile et d'un style simple, qui n'ont pas le temps de fatiguer l'enfant à qui elles s'adressent, mais qui, le faisant réfléchir sans effort, déposent dans son esprit comme une intuition précoce de la vie réelle. Ces scènes, jouées en famille au lieu d'être lues, exercent les jeunes personnes à une bonne diction, et obligent leur mémoire à retenir d'excellents conseils, d'autant plus efficaces qu'ils sont donnés indirectement et sous une forme aimable. — Des Proverbes de Mme de Maintenon, qui n'étaient pas destinés à franchir la pieuse enceinte de Saint-Cyr, à ceux qui devinrent à la mode vers le milieu du XVIII° siècle, et qui firent, dans les salons et les châteaux, les délices des riches désœuvrés, la distance est grande. Un paravent pour tout décor suffisait à la représentation de ces pièces légères et sans prétention. On avait commencé par les improviser sur un canevas convenu; mais, les difficultés de l'improvisation n'étant pas

toujours heureusement vaincues, il fallut en venir à écrire la pièce d'avance. Beaucoup d'hommes du monde et de beaux esprits se livrèrent à ce passe-temps : l'oubli a fait justice de leurs productions. Les Proverbes de Carmontelle, qui ont seuls été respectés, fournirent de nouveaux aliments à la passion de jouer la comédie, qui s'était emparée de la haute société; ils avaient une si grande vérité d'observation, une gaieté si naturelle, que les auteurs dramatiques les arrangèrent pour les théâtres publics, où la même faveur les suivit. Ils soutiennent encore aujourd'hui la lecture, quoiqu'ils portent le cachet d'une époque déjà bien éloignée de nous, moins par le temps que par la différence de ses mœurs, beaucoup moins prudes que les nôtres. — Les dernières années du XVIII° siècle et les premières du XIX° n'étaient guère favorables à la littérature légère : le goût de la comédie se ranima un peu à partir du Consulat, mais surtout après 1815. Les Proverbes de Gosse (Paris, 1819, 2 vol. in-8°) ne fournirent pas une longue carrière : trop loués d'un côté par le parti libéral, auquel l'auteur appartenait, ils furent trop dénigrés de l'autre, sous prétexte que les personnages n'y parlaient pas le langage de la bonne compagnie; mais si leur succès fut éphémère, il faut l'attribuer avant tout à leur médiocrité même. Théodore Leclercq fut plus heureux; il eut la vogue et la fécondité de Carmontelle, qu'il surpassa en finesse et en distinction. Homme de loisir et très-répandu dans le monde, observateur original et indulgent, railleur enjoué, écrivain indépendant et peu avide de renommée, il a peint les travers, les ridicules, les mesquines passions, les vices même, mais vus sous un aspect comique. Le cadre de ses tableaux est étroit, et cependant les personnages les plus différents de ton et de caractère s'y meuvent avec aisance et dans l'attitude qui leur est propre. Un grand nombre de ces esquisses pourraient passer pour de petites comédies, moins par l'intrigue, qui ne tient qu'à un fil, que par l'intérêt des situations et le sel du dialogue. Dans quelques-unes on remarque une teinte assez prononcée d'opposition au gouvernement de la Restauration. Après 1830, Théodore Leclercq continua de produire avec autant de bonheur. Cependant le goût des Proverbes, reflets d'un monde prosaïque et bourgeois, allait s'affaiblissant, lorsqu'un poète déjà célèbre, Alfred de Musset, adopta cette forme pour quelques-unes de ses créations. Ses Proverbes ne furent pas écrits pour être joués dans les salons ou au théâtre, mais pour être lus par un public d'élite. Parmi ceux qui plus tard ont été transportés sur la scène et qui sont sortis triomphants de cette épreuve, nous citerons deux chefs-d'œuvre de grâce et d'élégance : *Un caprice*, et *Il faut qu'une porte soit ouverte ou fermée*. Ce qui a fait la fortune de ces compositions, c'est la délicatesse du dialogue, la finesse de l'observation, l'originalité des personnages, l'absence de procédés vulgaires pour provoquer l'émotion, un heureux mélange de sensibilité et de gaieté, un certain tour d'esprit plein de piquant et d'imprévu, et surtout le don bien rare de nous entraîner dans les régions de l'idéal et de la fantaisie, tout en restant dans le vrai. Depuis quelques années, la comédie de salon est redevenue à la mode; les Proverbes ont repris faveur : mais les gens du monde qui cultivent ce genre suivent plutôt les traces de Théodore Leclercq que celles d'Alfred de Musset, qui sera peut-être longtemps un modèle inimitable. P—s.

PROVIDENCE. Ce nom, qui est celui d'un des attributs divins, semble, d'après son étymologie (*pro videre*, prévoir), signifier la même chose que Prescience. De fait, la Prescience est impliquée dans la Providence; mais celle-ci s'étend beaucoup plus loin, et comprend, outre la prévision des événements futurs, le gouvernement du monde en général, et particulièrement le gouvernement du monde moral, c.-à-d., en ce qui nous concerne, des déterminations de la volonté, conformément aux lois de la sagesse et de la bonté souveraine. Dieu étant conçu comme l'être parfait (V. DIEU—Preuves de l'Existence de), on peut immédiatement conclure sa Providence de l'ensemble de ses perfections. Il serait contradictoire que l'être parfait ne possédât pas la science et la puissance parfaites; ou que, les possédant, il ne s'en servît pas pour diriger toutes choses et spécialement la volonté des créatures libres, « ce qu'il y a de plus excellent dans l'univers », dit Bossuet. Réciproquement, on peut commencer par prouver que le monde est gouverné par des lois qui dénotent une sagesse, une bonté, une puissance infinies (V. *le même art.* et l'art. CAUSES FINALES), et prouver l'existence de Dieu par les manifestations éclatantes de sa Providence. Parmi les philosophes de l'antiquité, Socrate, Platon, les Stoïciens (ceux-ci non sans quelque inconséquence avec leurs opinions sur la destinée), sont ceux qui ont cru et professé le plus hautement le dogme de la Providence. Affaibli chez Aristote, ce dogme est absolument rejeté par les Épicuriens, qui, s'ils ne nient pas absolument l'existence des Dieux, veulent du moins qu'ils ne se mêlent point du tout des affaires humaines :

Ego Deûm genus esse semper duxi, et dicam cœlitum ;
Sed eos non curare opinor quid agat humanum genus.

ENNIUS, in Cicerone, *De Divinat.*, II, 56.

« J'ai toujours cru des dieux, et cru toujours aussi
« Que des faibles mortels ils n'avaient nul souci. »

Il tient naturellement une grande place dans la philosophie et dans la théologie chrétiennes; mais il y a soulevé des débats sans fin. En effet, ce premier point établi, que Dieu est tout-puissant et qu'il gouverne toutes choses, y compris notre volonté, on se demande comment celle-ci peut rester libre, malgré la direction qui lui est imprimée; et, si elle n'est pas libre, que deviennent notre responsabilité, nos mérites? Telle est, dans ses termes généraux et philosophiques, la question de l'accord de la Providence divine et de la liberté humaine. Suivez-la dans son application spéciale aux déterminations qui intéressent le salut ; ce sera la grande question théologique de l'accord du libre arbitre et de la Grâce.

Faut-il donc, sous prétexte de sauver la liberté, nier ou amoindrir l'efficacité toute-puissante du gouvernement divin? La raison et la foi s'y opposent également. Ferons-nous, au contraire, bon marché du libre arbitre? Entrerons-nous en défiance du sentiment intime qui nous avertit que nous sommes libres, c.-à-d. maîtres de choisir entre différentes déterminations? Et faudra-t-il nous persuader que, quand nous croyons choisir par nous-mêmes, nous cédons à notre insu à une influence irrésistible? Ceci est également insoutenable. Cependant, comme l'accord et la conciliation ne sortent d'aucun des systèmes *inventés* par les théologiens (*V.* dans le *Traité du libre arbitre* de Bossuet l'exposition sommaire des principaux d'entre eux, ou directement les art. *Science moyenne*, *Contempération*, *Délectation victorieuse*, *Prémotion physique*), comme ils laissent la balance incliner plus fortement ou du côté du libre arbitre, ainsi que firent les Pélagiens et les Molinistes, ou du côté de la grâce, ainsi qu'on le voit chez les Prédestinatiens, les Calvinistes et les Jansénistes; après avoir posé ce principe que nous empruntons à Bossuet : « La raison nous oblige à croire ces deux choses, quand même nous ne trouverions pas le moyen de les accorder ensemble, » nous nous bornerons à suggérer l'opportunité d'une déclaration d'incompétence. La question dont il s'agit n'est-elle pas une de celles qu'il ne nous est pas donné de résoudre? Précisément parce que Dieu est tout-puissant, et que notre intelligence imparfaite ne peut ni imaginer ni concevoir en quoi consiste la puissance infinie et les moyens qu'elle met en œuvre, le rapport de cette puissance infinie avec notre liberté nous échappe. Est-ce une raison pour nier l'une ou l'autre? En aucune façon. Nous ne comprenons et nous n'expliquons pas davantage l'influence réciproque du corps sur l'âme et de l'âme sur le corps : nous ne les révoquons pas en doute pour cela. Il doit en être de même ici, où nous nous trouvons en présence, non d'une contradiction absolue et démontrée, mais seulement de vérités simultanées dont le rapport nous échappe, et qui, une fois établies chacune à part, avec le genre d'autorité qu'elles comportent, l'une par l'évidence du sens intime, l'autre par l'évidence de la raison, ne sauraient, quoi qu'il advienne, se détruire l'une l'autre. *V.* Bersot, *Essai sur la Providence*, Paris, 1853, in-8°.　B—E.

PROVINCE. ⎫ *V.* ces mots dans notre *Dictionnaire*
PROVINCIAL. ⎰ *de Biographie et d'Histoire.*

PROVINCIALES (Les), nom qu'on donne à l'usage à un ouvrage de Pascal dont le véritable titre est : *Lettres écrites par Louis de Montalte à un provincial de ses amis et aux RR. PP. Jésuites sur la morale et la politique de ces Pères.* Ces Lettres, composées pour soutenir les solitaires de Port-Royal et les doctrines jansénistes contre la compagnie de Jésus, furent publiées successivement depuis le 23 janvier 1656 jusqu'en mars 1657, et eurent un très-grand succès : les premières furent tout à fait anonymes, et le pseudonyme *Louis de Montalte* ne parut que plus tard. La 1re et la 2e roulent sur deux questions théologiques qui étaient très-débattues au

xviie siècle, le *pouvoir prochain* et la *grâce suffisante* (*V.* GRACE) : elles ont perdu pour nous un peu de leur intérêt, ainsi que le sujet lui-même. La 3e est relative à la condamnation qui avait frappé Antoine Arnauld, à propos de sa querelle avec les Thomistes sur la *grâce suffisante* et la *grâce efficace.* Les Lettres suivantes, depuis la 4e jusqu'à la 18e, qui est la dernière, sont dirigées contre la morale des casuistes. Il avait été facile à Pascal de recueillir, dans des livres presque oubliés, certaines *maximes* de théologiens qui avaient écrit en des temps de trouble pour la pensée, maximes d'ailleurs attaquables on droit : les Jésuites eurent le tort de ne pas les abandonner, et, en essayant de les défendre, de s'exposer à l'ironie d'un de nos plus habiles et de nos plus grands écrivains. Voltaire, dont le témoignage est même suspect en cette matière, a dit dans son *Siècle de Louis XIV* : « Tout le livre (*Les Provinciales*) portait sur un fondement faux. On attribuait adroitement à toute la Société les opinions extravagantes de plusieurs Jésuites espagnols et flamands. On les aurait déterrées aussi bien chez des casuistes Dominicains et Franciscains ; mais c'était aux seuls Jésuites qu'on en voulait. On tâchait dans ces Lettres de prouver qu'il y avait un dessein formé de corrompre les mœurs des hommes, dessein qu'aucune secte, aucune société n'a jamais eu et ne peut avoir. Mais il ne s'agissait pas d'avoir raison, il s'agissait de divertir le public. » Ces réserves faites quant au but poursuivi par Pascal et au moyen qu'il employa pour l'atteindre, il est de toute évidence que *Les Provinciales*, ainsi que l'a dit M. Sainte-Beuve, ont tué la Scolastique dans la morale, comme Descartes l'avait tuée dans la métaphysique, et qu'elles ont beaucoup fait pour séculariser la notion de l'honnête, comme Descartes l'esprit philosophique. Admirables d'exécution, elles offrent au lecteur des séductions de tout genre, la finesse et la vigueur de la raillerie, la nouveauté des tours, la hardiesse de la dialectique, la grandeur même de l'éloquence. Il paraît que l'on peut relever plus d'une inexactitude dans les assertions de Pascal, qui écrivit plusieurs de ces Lettres d'après des notes qui lui étaient fournies à la hâte. *V.* l'abbé Maynard, *Les Provinciales..., publiées sur la dernière édition revue par Pascal, avec les variantes des éditions précédentes; et leur réfutation consistant en nombreuses notes historiques, littéraires, et théologiques*, Paris, 1851, 2 vol. in-8°.

PROVISEUR, titre donné autrefois au chef de certaines maisons (*V.* notre *Dictionn. de Biogr. et d'Histoire*), et qui, depuis la réorganisation de l'instruction publique en 1802, désigne le fonctionnaire placé à la tête d'un Lycée national. Comme l'indique son nom (en latin *provisor*, pourvoyeur), le proviseur pourvoit à tous les besoins de l'établissement : il surveille l'administration, l'instruction et la discipline, notifie et fait exécuter les règlements de l'autorité supérieure, et porte seul la responsabilité. Les autres fonctionnaires lui sont subordonnés, et il donne au recteur des notes sur leur compte. Il est amovible. Il a un traitement de 9,000 fr. à Paris et à Versailles; dans les départements, s'il est de 1re classe, il reçoit 7,500, 7,000, 6,500 ou 6,000 fr., selon la catégorie de lycées; de 2me classe, il a 7,000, 6,500, 6,000 et 5,500 fr.; il est, de plus, logé, éclairé et chauffé. C'est sur sa proposition que sont nommés les maîtres répétiteurs et le médecin de l'établissement. Il nomme directement les maîtres d'art et d'agrément, ainsi que les personnes de service. Tous les trois mois, il adresse des notes aux parents sur la conduite et le travail de leurs enfants. Pour devenir Proviseur, il fallait être, selon le décret du 17 mars 1808, docteur ès lettres et bachelier ès sciences : l'ordonnance du 26 mars 1829 n'exige plus que le titre de licencié ès lettres ou ès sciences.　　　　B.

PROVISION, en termes de Droit, ce qui est adjugé dans le cours d'une instance à une partie qui annonce des droits sur la chose demandée, en attendant le jugement définitif, mais sans préjudice des droits de l'autre partie au principal. C'est encore la somme allouée avant jugement à une partie dont le droit paraît certain, et lorsqu'il n'y a contestation que sur la quotité de la valeur demandée ; ainsi, dans la séparation de corps, on adjuge souvent à la femme, à titre de provision, une somme pour subvenir à ses besoins durant l'instance. La *Provision alimentaire* est la somme allouée par les tribunaux aux veuves ou aux femmes séparées sur les revenus de leurs époux, aux pères ou aux mères sur les revenus de leurs enfants. On accorde aussi des provisions aux faillis ou à leur famille sur les biens meubles ou immeubles, pour leurs besoins jusqu'au concordat ou au syndicat définitif. — En termes de Banque, la *Provision* est la valeur nécessaire pour assurer le payement d'une lettre de change. Elle doit être faite par le tireur, ou par celui pour le compte de qui la lettre de change est tirée, sans que le tireur cesse d'être personnellement obligé. *V.* PROVISIONS, dans notre *Dictionnaire de Biographie et d'Histoire.*

PROVOCATION (du latin *provocare*, appeler, exciter, pousser à quelque chose). La provocation à une action qualifiée crime ou délit constitue la *complicité* (*V. ce mot*). — La provocation s'entend encore des coups ou violences graves que peut alléguer comme excuse celui qui est poursuivi pour meurtre ou blessures.

PROXÈNES. *V.* ce mot dans notre *Dictionnaire de Biographie et d'Histoire.*

PROXÉNÈTE (du grec *proxenètès*, courtier), celui qui s'entremet pour faire conclure un marché, un mariage ou quelque autre affaire.

PRUDENCE (La), Divinité allégorique des Anciens, représentée tantôt avec une tête à deux visages regardant le passé et l'avenir, tantôt avec un miroir entouré d'un serpent, et quelquefois une lampe à la main. Les Égyptiens lui donnèrent pour emblème un serpent à 3 têtes, dont une de chien qui flaire, une de lion dont la gueule puissante est près d'agir, et une de loup qui médite une retraite en cas de besoin. — Pour les Chrétiens, la Prudence est une des quatre vertus cardinales.

PRUDERIE, affectation de sagesse, de décence, de délicatesse, dans le langage et dans le maintien. La pruderie joue les vertus morales, comme l'hypocrisie joue les vertus religieuses.

PRUD'HOMMES, mot qui eut autrefois des acceptions très-diverses (*V.* notre *Dictionnaire de Biographie et d'Histoire*), et qui désigne aujourd'hui les arbitres chargés de juger les contestations entre fabricants et ouvriers. Un décret du 18 mars 1806 créa le premier conseil de prud'hommes à Lyon : un règlement du 3 juillet décida que les membres de ce conseil, élus par les fabricants et les chefs d'atelier, devraient être âgés de 30 ans au moins, patentés, et eux-mêmes fabricants et chefs d'atelier depuis 6 ans au moins. Un décret du 11 juin 1809 invita les autres villes à réclamer l'institution de conseils semblables, et admit les contre-maîtres et les ouvriers patentés (travaillant chez eux) à en faire autant. Par décret du 3 août 1810, les prud'hommes, qui jugeaient les demandes jusqu'à la somme de 60 fr., sans formes ni frais de procédure et sans appel, purent prononcer jusqu'à concurrence de 100 fr.; on leur confia aussi les mesures conservatoires de la propriété des dessins industriels et des marques de fabrique. Après la Révolution de 1848, un décret des 27-29 mai reconstitua les conseils de prud'hommes sur de nouvelles bases; il a été modifié par la loi du 1er juin 1853, qui est aujourd'hui en vigueur. Les présidents et vice-présidents sont nommés par l'Empereur et peuvent être pris en dehors des éligibles; les secrétaires sont nommés par le préfet, sur la proposition du président. Sont électeurs : 1° les patrons âgés de 25 ans accomplis, patentés depuis 5 ans au moins, et depuis 3 ans dans la circonscription du conseil; 2° les chefs d'atelier, contre-maîtres et ouvriers âgés de 25 ans accomplis, exerçant leur industrie depuis 5 ans au moins, et domiciliés depuis 3 ans dans la circonscription. Sont éligibles les électeurs âgés de 30 ans accomplis, et sachant lire et écrire. Chacune des deux catégories d'électeurs nomme un nombre égal de prud'hommes. Les Conseils se renouvellent par moitié tous les 3 ans; ils sont rééligibles. Les jugements sont définitifs en appel quand le chiffre de la demande n'excède pas 200 fr. en capital; au-dessus de cette somme il peut y avoir appel au tribunal de commerce. Les Conseils peuvent être dissous par l'Empereur, sur la proposition du ministre compétent. *V.* Mollot, *De la compétence des Conseils de prud'hommes*, 1842, in-8°; Binot de Villiers, *Manuel des Conseils de prud'hommes*, 1845, in-12; Durut, *Code des prud'hommes*, 1837, in-12, et *Dictionnaire raisonné de la législation usuelle des prud'hommes et de leurs justiciables*, 1846, in-12; Lingée, *Code des prud'hommes*, 1854, in-12. Le Hir publie un *Journal des prud'hommes.*

PRUSSIEN (Idiome). C'est la langue allemande qu'on parle aujourd'hui en Prusse; mais il y eut autrefois, entre la Vistule et le Memel, un idiome distinct, le *borussien* ou *vieux prussien*, qui appartenait à la branche lettique des langues slaves, et qui s'était établi sous la nomination des margraves de Brandebourg. Il en reste un monument unique : c'est une traduction du *Catéchisme* de Luther, imprimée en 1561 pour quelques communes

rurales. On y remarque que le nombre des cas de la déclinaison est plus restreint qu'en lithuanien, et que le duel n'existe pas. *V.* Vater, *La langue des anciens Prussiens*, en allem., Brunswick, 1821; Nesselmann, *La langue des anciens Prussiens*, en allem., Berlin, 1845.

PRYTANÉE, PRYTANES. *V.* notre *Dictionnaire de Biographie et d'Histoire.*

PSALLETTE (du latin *psallere*, chanter), vieux mot synonyme de *Maîtrise.*

PSALMISTE, auteur de Psaumes. C'était aussi autrefois le nom des chantres.

PSALMODIE, chant des psaumes de David et des cantiques de l'Ancien et du Nouveau Testament. Suivant plusieurs Pères des premiers siècles, entre autres St Clément d'Alexandrie, les Grecs auraient formé leur mode dorien d'après les éléments de la psalmodie des Hébreux. Les psaumes sont divisés en versets offrant pour la plupart un sens complet. Le chant du premier verset d'un psaume est divisé en quatre parties distinctes : 1° l'*intonation* proprement dite ou commencement; 2° la *dominante*; 3° la *médiation*; 4° la *terminaison* (*V. ces mots*). Chaque ton du plain-chant a pour les psaumes une mélodie qui lui est propre. Le ton d'un psaume est subordonné à celui de l'*antienne* (*V. ce mot*) qui précède ce psaume. Dans la psalmodie, les syllabes sont *longues*, *brèves*, ou *communes*. Les dernières syllabes d'un mot suivi d'un monosyllabe sont toujours brèves, même lorsqu'elles sont naturellement longues; une syllabe brève ne peut entrer dans la formation de l'intonation, de la médiation, ou de la terminaison. Lorsqu'il se trouve à la médiation des versets des psaumes un mot hébreu ou un monosyllabe, on arrête la médiation sur une note élevée d'un ton au-dessus de la dominante, mais seulement dans la psalmodie des 2e, 4e, 5e et 8e tons. F. C.

PSALTÉRION (du grec *psalléin*, jouer d'un instrument), instrument de musique. Les anciens Grecs donnaient ce nom au *nablum* ou *nebel* (*V. ce mot*) que les Hébreux accompagnaient le chant de leurs psaumes, instrument à cordes obliques et du genre de la harpe. Le psaltérion mentionné par les écrivains du moyen âge, et qu'ils appelaient *psaltère*, *saltérion* et *salteire*, était imité de celui de l'Orient. Il consistait en une caisse sonore, carrée ou en forme de *delta* (△), sur laquelle était collée une table d'harmonie en sapin : sur cette table un certain nombre de cordes en métal ou en boyau étaient tendues par des chevilles, et accordées de manière à rendre tous les sons de la gamme. On attaquait ces cordes avec une plume. — On appela aussi *Psaltérion* une sorte de tympanon, qu'on frappait avec de petites baguettes. Un chœur d'enfants reçut encore le nom de *Psaltérion*, et ce mot était enfin appliqué pendant le XVe siècle, comme aujourd'hui le mot *Violon*, à la prison où l'on déposait pour une nuit les gens arrêtés. B.

PSALTEUR, vieux mot synonyme de *choriste* et de *chantre.*

PSAUMES, nom sous lequel on désigne spécialement les chants religieux et nationaux des Juifs, contenus dans l'Ancien Testament, et dont on attribue la composition au roi David, quoiqu'ils ne soient pas tous de lui. Les chants dits *psaumes de David*, dans lesquels sont racontées les merveilles des ouvrages de Dieu, sont au nombre de 150; ils forment un recueil nommé *psautier*. Les titres en attribuent 71 à David; mais un certain nombre de ceux-là même appartiennent à une époque plus récente. Le 90e psaume porte le nom de Moïse, le 72e et le 127e celui de Salomon. Plusieurs portent les noms de divers lévites, Asaph, Heman, Ethan ou Jeduthun. Un certain nombre qui sont consacrés à la tristesse pourraient bien provenir de prophètes persécutés. Les psaumes 119-134, chantés par les enfants de Coré, sont appelés *graduels*, parce que, suivant Dom Calmet, leur titre hébreu signifie *cantiques de la montée*, et qu'ils furent chantés au retour de la captivité de Babylone, quand les Juifs montèrent sur la colline de Sion. Les psaumes 6, 31, 37, 50, 101, 129 et 142 sont dits *Psaumes de la Pénitence*, parce qu'ils sont consacrés spécialement à l'expression du repentir du pécheur. Les psaumes étaient, au temps de David, chantés par 4,000 lévites, avec accompagnement d'instruments que le roi avait fait faire pour cet usage. Leurs mélodies, soit qu'elles nous viennent directement des Hébreux, soit qu'elles nous aient été transmises en passant par les Grecs, sont admirables par leur simplicité et leur variété. Le pape St Grégoire le Grand, au VIe siècle, disposa les mélodies des psaumes dans un ordre régulier, les appropria au service de la liturgie, les fit suivre d'une antienne qui correspondit avec elles sous le double rapport du texte et du ton, les classa suivant les exigences des Heures canoniales, et en forma un ensemble parfait (*V.* PSALMODIE). Les Protestants chantent aussi des psaumes dans leurs temples : ce sont des cantiques en langue vulgaire, imités des psaumes de David. En France, ils se servent d'une traduction commencée par Clément Marot, qui mit en vers 52 psaumes, et terminée par Théodore de Bèze ; dans les plus anciennes éditions, chaque psaume est précédé d'un verset en musique prise d'airs connus ou composée par divers maîtres, tels que Louis Bourgeois, Guill. Franc, et Claude Goudimel. Conrart et Labastide ont revu la traduction au xviie siècle ; de nos jours, la musique a été améliorée par Wilhem et Potier.

PSCHENT, coiffure des anciens rois d'Égypte, emblème de la toute-puissance. C'était une espèce de cône à sommet un peu arrondi. Voyez-en la figure sur la tête du serpent, à l'article APIS (Taureau).

PSÈQUES. *V.* CHEVELURE.

PSEUDISODOMON. *V.* APPAREIL.

PSEUDO-DIPTÈRE ; c.-à-d. *faux diptère*, ordonnance de colonnes que les Anciens employaient dans plusieurs de leurs temples. L'espace entre les colonnes et le mur de la cella était aussi large que dans le diptère, mais ces colonnes étaient sur un seul rang, au lieu de deux.

PSEUDONYME (du grec *pseudos*, faux, et *onoma*, nom), qui a un nom faux et supposé. Beaucoup d'ouvrages, dans l'Antiquité et chez les Modernes, ont été publiés sous des pseudonymes. Par exemple, le baron d'Holbach mit son *Système de la Nature* sous le nom du comte de Mirabaud ; Voltaire donna la plupart de ses écrits philosophiques et polémiques sous des noms supposés. *V.* Barbier, *Dictionnaire des ouvrages anonymes ou pseudonymes*, 2e édit., Paris, 1823 ; Quérard, *Les Auteurs déguisés de la littérature française*, 1845, br. in-8° ; *Les Supercheries littéraires dévoilées*, 1845-56, 5 vol. in-8°, et *Les ouvrages polyonymes et anonymes*, 1848 et suiv.

PSEUDO-PÉRIPTÈRE. *V.* PÉRIPTÈRE.

PSILITES. *V.* ce mot dans notre *Dictionnaire de Biographie et d'Histoire*.

PSYCHÉ. La fable de Psyché (*V.* notre *Dictionnaire de Biographie et d'Histoire*) a une origine orientale, et est postérieure à l'époque mythologique de la Grèce. De tous les écrivains grecs et latins dont les ouvrages nous sont parvenus, Apulée est le seul qui la raconte : il faut mettre sur le compte de son imagination la plupart des détails qu'il a multipliés autour de la légende primitive, car ils ne s'accordent pas avec les monuments de l'art grec inspirés par le mythe d'Amour et Psyché, et bien antérieurs au siècle d'Apulée. Parmi les interprétations de ce mythe, la première en date est celle de Fulgence Planciade, évêque de Carthage au vie siècle, qui l'a expliqué dans le sens des doctrines chrétiennes : selon lui, la flamme de la lampe que tient Psyché symbolise la flamme de la passion ; la goutte d'huile qui brûle l'épaule de Cupidon, c'est le stigmate du péché qui s'imprime dans notre chair. Les hypothèses des érudits modernes sont moins arbitraires et moins subtiles. Pour les uns, l'histoire d'Amour et Psyché est un mythe moral qui a pour but de représenter les dangers courus par la foi conjugale, la fidélité diversement éprouvée et triomphant en définitive des périls qui la menaçaient. Pour les autres, c'est une allégorie de la destinée de l'âme humaine, qui, d'origine céleste, est, dans sa prison du corps, exposée à l'erreur ; c'est pourquoi des épreuves lui sont prescrites, afin qu'elle puisse s'élever à une vue supérieure des choses et aux vraies jouissances. On a aussi voulu retrouver dans cette fable un dogme pythagoricien de la chute de l'âme ; une exposition vivante et animée des doctrines de Platon sur l'âme ; une image de l'alliance mystique de l'âme et de l'amour divin ; une théorie de l'amour idéal ; une théorie de l'expiation des péchés, etc. Quelques-uns enfin, renonçant à pénétrer le sens caché de l'allégorie, conjecturent qu'Apulée la reçut à l'état de tradition bien altérée, la modifia encore à sa guise, et considèrent la manière dont il l'a mise en scène comme une transition du récit mythologique aux contes de Fées et où le roman domine.

La fable de Psyché ne se prête pas seulement aux interprétations religieuses et philosophiques, mais mieux encore aux fantaisies des poëtes et des artistes. Sa popularité, en France, date de la publication (1669) des *Amours de Psyché et de Cupidon*, par La Fontaine, sorte de roman pastoral, mêlé de prose et de vers, et où l'auteur a su se montrer original, tout en imitant Apulée. En 1769, l'abbé Aubert donna un poëme en 8 chants

sur le même sujet. Au ive chant de ses *Veillées du Parnasse*, Lebrun a mis dans la bouche d'Apollon s'adressant aux Muses le récit de l'histoire de Psyché, qu'il regarde comme le chef-d'œuvre de l'imagination grecque. M. de Lamartine, dans son poème de *la Mort de Socrate*, a résumé en beaux vers cette allégorie, en décrivant la coupe de bronze où Socrate va boire la ciguë, et sur le contour extérieur de laquelle la sculpture l'a représentée. M. de Laprade a publié, en 1841, un poëme de *Psyché*, en 3 chants ; il affirme, dans l'introduction, mais sans en donner de preuve positive, la concordance du sens de cette fable avec les idées de la Genèse et de l'Évangile. On a enfin de M. E. de Calonne un poëme d'*Amour et Psyché*, qui ne manque pas d'intérêt. — Ce sujet a encore donné naissance à quelques productions dramatiques et musicales. Dans un de ses *Autos sacramentales*, le poëte espagnol Calderon a peint l'amour de l'âme pour Jésus-Christ sous le voile de l'amour de Psyché et de Cupidon. A peine le roman de La Fontaine fut-il répandu, que Molière, sur l'ordre de Louis XIV, y puisa le sujet d'une tragédie-ballet, qui fut représentée en 1670 ; il en avait fait le plan, écrit le 1er acte, la 1re scène du second, et la 1re scène du troisième ; le reste est de P. Corneille ; Lulli composa les airs de danse, et la musique chantée sur les paroles qu'on devait à la collaboration de Quinault. En 1678 parut, sous le nom de Thomas Corneille, un opéra de *Psyché*, en cinq actes ; mais Fontenelle y eut la plus grande part ; Lulli en fit aussi la musique. En 1857, on a représenté à Paris un opéra-comique de *Psyché*, musique de M. Ambroise Thomas.

Dans les œuvres d'art, Psyché est presque toujours représentée avec des ailes de papillon ; quelquefois elle est voilée comme les jeunes mariées, et cache un papillon dans son sein, comme pour retenir l'âme de son époux. Les statues antiques qui reproduisent son image, soit seule, soit formant groupe avec celle de Cupidon, sont nombreuses dans les musées de l'Europe. Le Louvre possède un groupe où l'on voit Psyché implorer à genoux la pitié de l'Amour, et une statue de Psyché persécutée par Vénus. Parmi les bas-reliefs, le plus remarquable est celui du Musée Britannique de Londres, représentant une sorte de banquet nuptial et d'hymen sacré. Un camée, gravé dans la collection du duc de Marlborough, offre une charmante composition, qui a le mérite rare d'être signée de son auteur, Tryphon, contemporain d'Alexandre. Parmi les œuvres modernes, nous citerons, au Louvre : deux groupes de Canova, *Psyché posant un papillon sur la main gauche de l'Amour*, et l'*Amour venant au secours de Psyché*; une statue de Pajou, *Psyché abandonnée* (1795) ; un autre de Milhomme (1810) ; une autre de Chaudet, représentant l'*Amour tenant un papillon et lui présentant une rose.* — Les œuvres de peinture inspirées par la fable de Psyché ne sont pas nombreuses, mais très-importantes : Raphaël a peint cette fable sur un plafond du palais Farnèse, à Rome. Il a aussi laissé des dessins qui traduisent toutes les situations du récit d'Apulée, et que Marc-Antoine Raimondi et d'autres graveurs ont reproduits dans 32 ou 38 planches. D'autres dessins furent composés par le même peintre pour les vitraux que Bernard Palissy exécuta en 1541 et 1542 au château d'Écouen (*V. ce mot*) : ils ont été reproduits en 45 gravures par Alex. Lenoir ; on les retrouve en partie, et bien mieux exécutés, dans 22 eaux-fortes d'Hyacinthe Langlois, conservées à la Bibliothèque de Rouen. Le musée du Louvre possède un tableau de *Gérard*, *Amour et Psyché*, que la gravure a popularisé. Prudhon peignit une *Psyché enlevée par les Zéphyrs* (1808). On a enfin de Chaudet un remarquable dessin qui a pour sujet le *Triomphe de Psyché*, à laquelle tous les peuples viennent rendre les honneurs divins. M. Renan a découvert, en 1861, aux environs de Saïda, en Syrie, une suite de peintures antiques, ayant pour sujet le mythe de Psyché. *V.* l'Introduction aux Œuvres d'Apulée, traduites en français par Bétolaud, Paris, 1862, 2 vol. gr. in-18 ; Fulgence Planciade, *Mythologiarum libri III*, Lyon, 1508, in-8° ; Montfaucon, *l'Antiquité expliquée*, Paris, 1719, t. II, in-fol.; *Description des principales pierres gravées du Cabinet du duc d'Orléans*, Paris, 1780, 2 vol. in-fol.; Alex. Lenoir, *Musée des monuments français*, Paris, 1803, t. VI ; Hirt, *Le livre des figures de la Mythologie, de l'Antiquité et de l'Art*, Berlin, 1805-1816, 2 vol. in-4°; Séroux d'Agincourt, *Histoire de l'art par les monuments*, Paris, 1823, 4 vol. in-fol.; Creuzer, *Religions de l'antiquité*, trad. par Guigniaut, t. III et IV, in-8° ; le comte de Clarac, *Musée de sculpture antique et moderne*, Paris,

1850, 7 vol. gr. in-8°; Saint-Marc Girardin, *Cours de littérature dramatique*, gr. in-18. P—s.

PSYCHÉ, grand miroir où l'on se voit en pied, et qu'on peut incliner à volonté au moyen d'un axe qui s'attache au milieu du montant d'un châssis.

PSYCHOLOGIE (du grec *psukè*, âme, et *logos*, discours), science de l'âme. La chose est presque aussi ancienne que la Philosophie; le nom ne date guère que du xviiᵉ siècle. Wolf, s'il n'est pas absolument le premier qui s'en soit servi, est du moins le premier écrivain de quelque célébrité qui ait spécialement désigné par là une des divisions de la Philosophie (*V.* WOLF, dans notre *Dictionnaire de Biographie et d'Histoire*). Il faut ajouter que, si la science de l'âme est restée longtemps innommée, cela tient à ce qu'elle n'était point traitée comme une science distincte, mais demeurait pour ainsi dire incorporée aux autres parties de la Philosophie, dont elle est le soutien et le point de départ. Que, d'ailleurs, l'étude de l'âme humaine ait attiré presque dès l'origine l'attention des philosophes; que Socrate, Platon, Aristote, les Stoïciens, les Pères de l'Église, les Scolastiques, aient amassé sur ce sujet, pour le transmettre à la philosophie moderne, un véritable trésor d'observations, qui n'a fait que s'accroître et se coordonner depuis que Descartes a établi plus scientifiquement, plus méthodiquement qu'on ne l'avait fait jusqu'alors, l'existence distincte du principe pensant: il ne pouvait en être autrement, suivant l'idée que nous nous faisons de la Philosophie (*V.* PHILOSOPHIE). Dans l'état actuel de cette dernière science, disons la place que doit y tenir la Psychologie.

La Psychologie a pour objet l'âme humaine, c'est-à-dire sa nature intime, ses attributs essentiels, ses différentes fonctions, les lois auxquelles elle est soumise. Dès le premier pas, elle se trouve en présence d'objections plus ou moins spécieuses, bien vieilles au fond, mais sans cesse renouvelées, qui ne vont à rien de moins qu'à nier sa légitimité, son droit à exister comme science distincte. L'âme, disaient les Épicuriens, est une partie de l'homme au même titre que les mains, les pieds et les yeux (*V.* Lucrèce, *de Naturâ rerum*, III, v. 95 et suiv.), et ils en concluaient que c'est à la Physique qu'appartient l'étude de l'homme tout entier. Avec plus de science et moins de décision, le matérialisme moderne dit, au fond, la même chose, lorsqu'il proclame que le moral n'est que le physique retourné (Cabanis), que toutes les facultés de l'homme sont attachées à son encéphale, que la pensée n'est qu'une sécrétion du cerveau (Broussais), et qu'il revendique à ce titre, pour la Physiologie, l'analyse des fonctions du moral humain, que la Métaphysique et l'Idéologie ont déclaré devoir être de leur domaine exclusif. Jouffroy, dans une polémique spécialement dirigée contre Broussais, a vivement combattu cette prétention., et établi par les faits les plus fortes la *Légitimité de la distinction de la Psychologie et de la Physiologie*: c'est le titre de son Mémoire sur ce sujet. Voici le résumé de son argumentation: Il ne suffit pas, pour prouver que la Psychologie a un objet qui lui est propre, de s'appuyer, comme on le fait ordinairement, sur la différence des phénomènes de la vie morale et de la vie animale, et de conclure de cette différence celle des principes de l'une et de l'autre vie. La différence des effets ne crée, en effet, qu'une présomption et nullement une certitude en faveur de la différence des causes. C'est à celles-ci qu'il faut remonter. Or, si l'on recherche la cause des phénomènes de la vie animale, on en est réduit aux hypothèses, comme lorsqu'il s'agit des forces purement physiques. La respiration, la digestion, etc., ont une cause; mais cette cause, qu'est-elle en soi? Est-elle une ou multiple? Nous l'ignorons.

Il n'en est pas de même de la cause des pensées, et surtout de la cause des volitions. L'homme lui-même, interrogé sur ce sujet, répondrait: C'est moi qui pense, c'est moi qui veux. Nous ignorons la cause des phénomènes de la vie animale: nous avons conscience d'être cause des phénomènes de la vie morale, et cette perception du sens intime embrasse à la fois la cause, l'effet, et l'opération par laquelle la cause produit son effet. En même temps, la conscience de l'activité personnelle est un fait permanent et non interrompu. D'où il suit qu'il y aurait contradiction à croire que la même cause tantôt eût conscience d'elle-même dans quelques-uns de ses actes, tantôt s'ignorât dans d'autres actes. Donc la cause des phénomènes physiologiques n'est pas identique à la cause des phénomènes moraux. Donc, réciproquement, celle-ci ne se confond pas avec celle-là; elle est un principe, un être distinct, sinon absolument indépendant, ayant ses

fonctions et son activité propre, et, à ce titre, elle est et doit être l'objet d'une science distincte. Ainsi se trouve établie: 1° la légitimité de la Psychologie, et, tout à la fois, 2° la portée et la nature intime du principe qui en est l'objet, l'âme ou le moi. La Psychologie n'embrasse pas seulement, comme on l'a cru et répété à satiété, l'étude des phénomènes, à l'exclusion du sujet de ces phénomènes: elle pénètre ce sujet jusque dans sa nature intime. Dire que l'âme a conscience d'elle-même n'a pas conscience d'elle-même, ou que, si elle en a quelque idée, ce n'est qu'une idée indirecte comme celle que nous avons de la substance matérielle à propos de ses qualités perçues, c'est jouer à plaisir sur les mots pour arriver à une conclusion radicalement fausse. L'âme, en réalité, se connaît mieux qu'elle ne connaît quelque autre chose que ce soit: elle se connaît comme une force. Toute la difficulté vient de notre penchant, naturel ou acquis, à vouloir nous représenter par l'imagination ce qui n'est pas susceptible de représentation. Ces différents points fixés, il n'est bien difficile de déterminer ni les limites ni la méthode de la Psychologie, ni ses rapports avec les autres sciences philosophiques. C'est un fait que l'âme et ses modifications, passives ou actives, sont l'objet d'une perception *sui generis*, que nous appelons conscience ou sens intime. La conscience dirigée et concentrée par la volonté prend le nom de réflexion: la réflexion est essentiellement la méthode de la Psychologie. Quant à ses limites, elles sont tracées par cela même. Où s'arrête la conscience, là devra s'arrêter la Psychologie. « Le monde interne, dit encore l'auteur que nous citions précédemment, est de toutes parts délimité par la conscience, et avec lui la Psychologie, car l'objet de la Psychologie est d'éclaircir ce que la conscience sait de nous-mêmes, et là où la conscience ne pénètre pas, il n'y a rien à éclaircir. » (*Mélanges. De la science psychologique.*) — La Psychologie, d'après son objet, est évidemment, non pas toute la philosophie, mais celle des parties de la philosophie à laquelle toutes les autres viennent se rattacher; la Logique et la Morale, « dont l'une nous enseigne à bien raisonner, et l'autre à bien vouloir, » supposent la connaissance théorique de l'Intelligence, des Passions, et de la Volonté. Il en est de même de la Théodicée: ce n'est que par la connaissance de nous-mêmes que nous pouvons nous élever à la connaissance de Dieu. L'âme humaine est, d'ailleurs, le centre commun où naissent toutes les idées, où viennent se réfléchir toutes les connaissances. Elle ne peut être sûre de rien, si elle n'est sûre d'elle-même. Ce ne sont donc pas seulement les sciences philosophiques proprement dites, mais toutes les sciences, qui sont en rapport plus ou moins direct avec la Psychologie. Partout où un système psychologique, c.-à-d. une certaine solution des questions psychologiques, a prévalu, les caractères de ces systèmes se sont reflétés dans les autres sciences. Le Cartésianisme, la philosophie de la sensation (Locke et Condillac), le Kantisme, en offriraient les exemples les plus remarquables. — Il ne faut pas songer à citer, même partiellement et avec choix, les ouvrages qui traitent de la Psychologie. Il n'est pas un livre de philosophie, depuis les *Dialogues* de Platon et le *Traité de l'âme* d'Aristote, qui ne lui fasse une large place. Bornons-nous à indiquer, avec les ouvrages des écoles éminemment psychologiques que nous venons de nommer, ceux des philosophes de l'école écossaise, Reid, Dugald-Stewart, Adam Smith, et à rappeler, parmi les écrits encore plus récents, les deux opuscules de Jouffroy que nous avons également cités dans le cours de cet article, et qui contiennent un résumé très-complet et très-méthodique des idées les plus générales sur l'objet et l'organisation de la Psychologie. B—E.

PSYCHOSTASIE, c.-à-d. en grec *Pesée des âmes*. La croyance qu'après la mort les actions humaines sont jugées avec une sévère équité a fait comparer cet examen à un pèsement, dans lequel la Divinité met en balance le poids de nos vertus et celui de nos fautes. Cette image de la rémunération future passant du langage dans les idées, on prit à la lettre la pesée des âmes. On en trouve, dès la plus haute antiquité, des preuves écrites ou figurées: sur plusieurs monuments de l'Égypte, Anubis, Horus, ou Thméi (déesse de la justice), pèsent les âmes dans une balance; dans la religion des Hindous, Dherma pèse aussi les bonnes et les mauvaises actions. La même idée métaphorique existe dans l'explication que Daniel donna des trois mots écrits par une main mystérieuse sur les murs du palais de Balthazar: « Vous avez été pesé dans la balance, et on vous a trouvé trop léger. » Il existe dans Homère (*Iliade*, xx, 210) et dans Virgile

(*Énéide*, XII, 725) des allusions à la Psychostasie. Winckelmann a publié une patère étrusque en bronze, sur laquelle Mercure pèse dans une balance deux petites figures d'hommes. Les premiers chrétiens adoptèrent la balance comme un symbole du Jugement dernier, et la Psychostasie est un sujet que traitèrent fréquemment les artistes du moyen âge dans les bas-reliefs et les fresques des églises, dans les peintures des manuscrits. On la voit représentée aux cathédrales de Paris, Bourges, Chartres, Amiens, Rouen, etc.   B.

PUBERTÉ (du latin *pubes*, duvet des joues), âge où l'on devient nubile. Chez les Romains, c'était 14 ans pour les garçons, et 12 pour les filles. Le *Code Napoléon* (art. 144) établit la puberté, par la permission du mariage, à 18 ans pour les garçons et à 15 pour les filles.

PUBLICAINS. *V.* ce mot dans notre *Dictionnaire de Biographie et d'Histoire*.

PUBLICISTE, celui qui écrit sur le Droit public, le Droit des gens, la Politique, l'Économie sociale, etc. Les connaissances qui lui sont nécessaires ont été résumées dans la *Bibliothèque de l'homme public*, par Condorcet, Peyssonnel et Lechapellier, Paris, 1790-92, et dans la *Science du publiciste*, par Fritot, 1819-23.

PUBLICITÉ, mot synonyme de *notoriété publique*, et signifiant également le caractère de ce qui est rendu public. La publicité des débats judiciaires est une maxime fondamentale de notre Droit depuis 1789. Celle des débats législatifs a été supprimée par la Constitution de 1852. Dans le journalisme, la publicité s'obtient par l'*annonce* (*V.* ce mot).

PUDEUR (La), divinité allégorique des Anciens. On la représente enveloppée d'un voile, assise dans une attitude modeste, avec un lis et une tortue pour symboles.

PUERILITIA, nom donné anciennement aux morceaux de chant qui devaient être exécutés par des enfants.

PUFF, mot anglais qui désigne tout genre de publicité mensongère qui a pour but d'attirer l'argent des gens crédules. Celui qui fait des *puffs* s'appelle *puffiste*.

PUGILAT. *V.* ce mot dans notre *Dictionnaire de Biographie et d'Histoire*.

PUISARD, endroit souterrain creusé en forme de puits et où se rendent les eaux inutiles d'une habitation ou les eaux des ruisseaux, qui se perdent ensuite dans la terre ou rejoignent un aqueduc. Il est ordinairement bâti à pierres sèches, et recouvert d'une pierre trouée ou d'une grille en fer. On nomme *puisard d'aqueduc* l'ouverture qu'on pratique dans la voûte d'un aqueduc pour y pénétrer. Un *puisard de source* conduit les eaux de cette source dans le sein de la terre. On fait usage de puisards pour les exploitations minérales : les eaux qui s'y amassent sont épuisées par des pompes à feu.

PUISETTE, vieux mot signifiant *petit seau*.

PUISSANCE, mot qui s'emploie quelquefois, en Psychologie, dans le sens de faculté : « Les puissances de l'âme humaine. » — Dans une acception toute spéciale, et propre à la Métaphysique péripatéticienne, la Puissance est opposée à l'Acte et désigne l'état d'indétermination de la matière, avant qu'elle soit passée à l'état d'Entéléchie par l'adjonction de la Forme, qui constitue l'acte proprement dit. *V.* ACTE et ENTÉLÉCHIE.   B-E.

PUISSANCE MARITALE, autorité attribuée au mari sur la personne et les biens de sa femme. *V.* MARIAGE, FEMME, COMMUNAUTÉ, DOTAL (Régime).

PUISSANCE PATERNELLE, autorité que le père exerce sur la personne et les biens de ses enfants. *V.* PÈRE.

PUISSANCES (Les). *V.* ANGES.

PUITS (du latin *puteus*), excavation de forme ordinairement circulaire, pratiquée dans le sol pour réunir les eaux qu'il renferme et en faire usage. On revêt de maçonnerie la surface intérieure, afin d'empêcher l'éboulement du terrain. Pour puiser l'eau, on se sert de seaux attachés à l'extrémité d'une corde qu'on enroule autour d'une poulie, et qui est tirée soit à bras, soit par un manège ou une machine. Quand on creuse des puits pour les maisons, il faut les éloigner des fumiers, des étables, des fosses d'aisances, de tous lieux dont les infiltrations peuvent gâter l'eau ; et il est bon, malgré quelques inconvénients, de les laisser découverts, parce que l'eau en est meilleure. — Nul ne peut creuser de puits sur sa propriété près d'un mur mitoyen, d'un mur de séparation, d'une cave, d'un autre puits ou d'une fosse d'aisances, sans laisser la distance prescrite par les règlements et usages locaux, ou sans faire les ouvrages que ces règlements ordonnent.

Il existe des puits d'un caractère monumental ; on en trouve, dans l'Inde, d'une profondeur et d'un dia-mètre considérables, et entourés de galeries jusqu'au niveau de l'eau. Le *puits dit de Joseph*, au Caire, construit par un prince arabe du nom de Youssouf, est taillé dans le roc, et a 93 mèt. de profondeur ou 14 de circonférence ; on y descend au moyen d'un escalier circulaire de 300 marches, séparé du puits par un mur qui n'a que 0ᵐ,16 d'épaisseur, et qui est percé de petites fenêtres destinées à éclairer la rampe. A peu près au milieu du puits se trouve une esplanade avec un bassin ; là, des bœufs tournent une roue qui fait monter l'eau dans le bassin, d'où d'autres bœufs, placés à la surface du sol, lui font franchir le reste de la distance. On voit à Orviéto, dans les États romains, un *puits de St Patrice*, construit par Ant. San-Gallo, sur l'ordre du pape Clément VII : il est revêtu en pierres de taille ; des mulets vont y chercher l'eau en descendant par un escalier en spirale et en remontant par un autre : ces escaliers, comme au puits du Caire, sont éclairés par des fenêtres pratiquées sur les parois. Le puits de Bicêtre, près de Paris, achevé en 1735 d'après les plans de Boffrand, a 57 mèt. de profondeur et 5 mèt. de diamètre : l'eau s'en extrait au moyen de deux seaux contenant chacun près de 270 litres d'eau et pesant 600 kilogr., lesquels montent et descendent au moyen d'une charpente tournante mue par 8 chevaux ; cette eau est reçue dans un réservoir qui en contient 10,728 hectol., et d'où elle est distribuée par 72 conduits dans l'établissement. A Coutras (Gironde), là où était un château du XVIᵉ siècle, se trouve un puits hexagone, recouvert d'une coupole que supportent des colonnes d'ordre dorique, et que couronne une petite lanterne surmontée d'une calotte en écaille et d'un dauphin. L'architrave, sculptée avec goût, offre alternativement, dans ses six compartiments, des armoiries mutilées, et un bras frappant d'un cimeterre plusieurs nœuds au-dessous desquels on lit : *Nodos virtute resolvo* (Je délie les nœuds par mon courage). La hauteur totale de ce monument est de 7 mèt. Il existe à Dijon, sous le nom de *Puits de Moïse*, autrefois *Puits des Prophètes*, un ouvrage intéressant du Hollandais Claux Sluter ; c'est le piédestal d'une croix de pierre qu'on a détruite pendant la Révolution ; il était placé au milieu du cloître de la Chartreuse, et élevé sur une pile de pierre qui formait le centre d'un puits de 7 mèt. de diamètre. Ce puits a été comblé, mais le piédestal a été conservé avec les six statues qui y sont adossées. Claux exécuta son travail de 1396 à 1402. Le mur circulaire qu'on voit autour du puits de Moïse supportait autrefois une toiture.   B.

PUITS ARTÉSIEN ou **PUITS FORÉ**, trou très-profond, d'un diamètre de 2 à 3 décimètres seulement, que l'on creuse au moyen de sondes ou tarières de mineur, jusqu'à ce qu'on ait atteint quelque rivière souterraine dont l'eau, venant d'un sol plus élevé, tend à remonter au même niveau. Le puits livre à cette eau une issue par laquelle elle arrive à la surface de la terre. On peut, sans chercher de source jaillissante, forer des puits pour étudier la nature des terrains ou trouver des mines. Les puits forés sont de toute antiquité ; on en a creusé en Égypte, dans les oasis du Sahara, en Chine, en Perse, en Médie, en Syrie, etc. L'administration française en a fait forer sur plusieurs points de l'Algérie. Le plus ancien que l'on connaisse en France est celui d'un couvent de Chartreux à Lillers en Artois (1126) ; là est venu le nom d'*artésiens* donné aux puits de ce genre. Le puits artésien le plus remarquable qu'on ait creusé de nos jours est celui de Grenelle. *V.* ce mot dans notre *Dictionnaire de Biographie et d'Histoire*.   B.

PUITS DE CARRIÈRE ou **DE MINE**, excavation verticale pratiquée pour l'exploitation d'une carrière ou d'une mine, et servant au passage des ouvriers et à l'extraction des pierres ou du minerai.

PUITS DE FEU, nom de certaines excavations pratiquées en Chine pour trouver de l'eau, et d'où s'échappent, au contraire, des gaz inflammables.

PUITS, en termes d'Art militaire, trou creusé au devant d'une circonvallation ou d'un retranchement, et qu'on recouvre de branchages et de terre pour y faire tomber la cavalerie ennemie ; — creux pratiqué dans la terre par les assiégés d'une place, pour découvrir et éventer les mines des assiégeants.

PUJOLS. *V.* TUMULUS.

PULCINELLA. *V.* POLICHINELLE, dans notre *Dictionnaire de Biographie et d'Histoire*.

PULLAIRES. ⎫ *V.* ces mots dans notre *Dictionnaire*
PULPITUM.   ⎬ *de Biographie et d'Histoire.*
PULVINAR.   ⎭

PUNCH, abréviation populaire de *Punchinello*, mot

qui désigne chez les Anglais un personnage grotesque, analogue à notre Polichinelle. Son nom sert de titre à un journal satirique de Londres.

PUNCTATOR. *V.* Piqueur.

PUNIQUE (Langue). *V.* Carthaginois.

PUPILLE (du latin *pupillus*, diminutif de *pupus*, enfant, poupon), enfant en bas âge ou mineur, qui, privé de ses père et mère, ou de l'un d'eux, est sous la conduite d'un tuteur. *V.* Tutelle, Tuteur.

pupilles de la garde impériale. *V.* notre *Dictionnaire de Biographie et d'Histoire*, au *Supplément*.

PUPITRE, meuble en bois qui sert à supporter des livres, des papiers, des parties de musique, etc. A l'église, le mot est synonyme de *Lutrin*.

PURANAS, mot qui pourrait se traduire assez exactement par *Antiquités*, et qui désigne certains poëmes indiens où sont renfermées des légendes humaines où divines, recueillies par leurs auteurs dans les traditions nationales et les anciens écrits des Brâhmanes. Ce sont des recueils où les faits relatés sont enchaînés les uns aux autres dans un ensemble poétique souvent assez mal ordonné, entaché même de contradictions visibles. Néanmoins, un travail critique judicieux pourra, dans l'avenir, rétablir entre ces faits l'ordre que les poëtes n'ont pas toujours su leur donner, et recomposer des séries véritablement historiques. Les récits contenus dans les recueils purâniques se rapportent aux plus grandes périodes de l'histoire de l'Inde, antérieurement au bouddhisme, et remontent souvent jusqu'à la période primitive du *Véda :* comme nous possédons ce dernier recueil, dont les hymnes sont d'une nature tout à fait historique et positive, les tableaux et les listes purâniques y trouvent naturellement leur contrôle, et servent à leur tour à les coordonner selon leur succession réelle. Les Indiens attribuent aussi une grande valeur historique et théologique aux *Purânas ;* la lecture du *Véda* et des épopées étant interdite aux castes inférieures, l'enseignement leur est donné par les *Purânas*, qui semblent avoir été composés expressément pour elles. Le nombre des *Purânas*, nommés ordinairement *Mahâpurânas*, c.-à-d. grands Purânas, est de 18 : les principaux sont le *Bhâgavata-purâna*, le *Vishnu-purâna*, le *Mâtsya-purâna*, l'*Agnéya-purâna*, le *Márkandéya-purâna*, le *Padma-purâna*, le *Brahmâ-purâna*. Les 18 recueils pris ensemble renferment 400,000 stances, en tout 1,600,000 vers; on est loin, en Europe, d'en posséder une traduction complète ; ils ne sont pas encore tous imprimés; nous n'avons pas même tous les manuscrits, et, parmi ceux que l'Inde s'est laissé ravir, plusieurs sont incomplets ou remplis de fautes. Comme les *Purânas* sont généralement très-populaires et font la lecture habituelle des femmes, ils ont été traduits en plusieurs dialectes modernes, pour être accessibles à tous les peuples entrés dans le système brâhmanique, mais ignorant la langue sanscrite.

La tradition attribue la composition des *Purânas* à Vyâsa, le même auquel on rapporte le *Mahâbhârata* et la récollection des *Védas*. Mais ce nom de Vyâsa est un terme général, une épithète que l'on donne aux auteurs des collections brâhmaniques, et qui n'implique nullement que ces sortes d'éditeurs soient les poëtes eux-mêmes qui ont composé ces chants. Les *Purânas* ne sont ni d'un même auteur ni d'une même époque. Il est difficile, d'ailleurs, d'admettre qu'un seul homme, après avoir composé le grand poëme épique, recueilli et mis en ordre le corps entier des *Védas*, ait encore trouvé le temps de rassembler les antiques traditions de l'Inde, de les coordonner, et de composer sur elles un million et demi de vers : il y aurait donc lieu de chercher pour chaque *Purâna* le nom de l'auteur auquel il appartient véritablement. Nous connaissons déjà, selon toute vraisemblance, plus d'un d'entre eux; on peut espérer que les autres seront également reconnus.

Un *Purâna* contient, en général, deux sortes de sujets très-distincts : de la cosmogonie, et des traditions plus ou moins historiques. La cosmogonie vient d'abord; les légendes forment les derniers chapitres du poëme. Ces deux sujets sont rattachés l'un à l'autre sans discontinuité : car la cosmogonie conduit naturellement le poëte, des principes abstraits d'où le monde est issu, aux divinités brâhmaniques qui en sont les personnifications diverses, et de ces divinités aux familles royales ou sacerdotales qui les reconnaissaient pour leurs auteurs. De plus, comme le sujet ordinaire des Purânas est Vishnu et ses incarnations successives, ce Dieu est donné dans la cosmogonie puranique comme l'auteur de toutes choses et le principe suprême, de même que, dans l'exposé des

traditions humaines, il reparaît nécessairement plusieurs fois sous les formes diverses par lesquelles il s'est manifesté. C'est donc le personnage divin de Vishnu, dont l'histoire est poursuivie à travers ses transfigurations, qui donne de l'unité à chaque *Purâna*, et même peut-être à la collection tout entière. Les doctrines religieuses exposées, quelquefois très-longuement, dans ces poëmes, appartiennent en majeure partie à la secte vishnuvite, ou, pour mieux dire, à la période de l'histoire de l'Inde où le dieu Vishnu a eu la prééminence dans les croyances publiques. L'intérêt même et la complaisance avec lesquels les poëtes s'attachent à décrire ses incarnations sont une preuve de l'importance qu'avait son culte au temps où les *Purânas* furent composés. Le *Vishnu-purâna* et le *Bhâgavata-purâna* renferment non-seulement le récit de ces *avatâras* ou descentes successives du Dieu, mais de nombreuses tirades de vers où l'auteur exalte avec une sorte d'effusion de cœur les vertus sublimes et les attributs métaphysiques de Vishnu. C'est autour de ce nom que se groupent les idées religieuses des poëtes, leurs théories mystiques; c'est lui qui est le centre de leurs croyances, l'objet de leur culte et de leur amour. Les *Purânas*, en général, appartiennent donc bien réellement à la période vishnuvite de la religion brâhmanique. — Au point de vue philosophique, il est bien difficile de démêler dans les expositions poétiques des *Purânas* la doctrine d'une école déterminée, et de rapporter ces poëmes soit aux *Védântistes*, soit au *Sânkhya*. Il semble même (c'est du moins ce que prouve la lecture du *Bhâgavata-purâna*) qu'il n'y ait point ici de doctrine arrêtée, et que l'auteur flotte pour ainsi dire entre toutes les écoles. Dans certains passages on trouve la pure métaphysique fondée sur la théologie issue du *Véda*; ces passages sont d'une parfaite orthodoxie, et sembleraient avoir été composés dans le plus beau temps des écoles brâhmaniques de l'antiquité. Dans d'autres, la philosophie rationaliste, connue sous le nom de *Sânkhya*, prend le dessus; le *Véda* est écarté pour un temps; le sens privé est mis à la place de l'autorité sacrée, et la raison au-dessus de la foi. Bien plus, les doctrines elles-mêmes se contredisent quelquefois de la manière la plus formelle, sans que l'auteur ait paru s'en apercevoir : Dieu, l'homme avec son *moi*, le monde avec ses révolutions à longue et à courte période, les sens, l'intelligence, l'esprit de logique et d'examen, la morale même, tantôt humaine et pratique comme la nôtre, tantôt mystique et impraticable, tout ce qui compose la philosophie de l'Inde y est présenté sous les jours les plus divers et parfois les plus opposés. En doit-on conclure que chacun de ces poëmes, de ceux du moins que nous connaissons, est l'ouvrage de plusieurs hommes, de plusieurs écoles, de plusieurs époques? Cette conséquence n'est point nécessaire. En effet, si l'on sort des *Purânas*, et que l'on se reporte aux épopées d'abord, puis aux *Védas* et à l'immense littérature brâhmanique fondée sur eux, on retrouve dans ces écrits des passages entiers que l'on avait lus dans les *Purânas*. Comme les *Védas* sont de beaucoup antérieurs aux épopées, et que celles-ci remontent elles-mêmes à une haute antiquité, on en conclut que c'est l'auteur puranique qui est le copiste, et les passages originaux et primitifs doivent être cherchés dans ces anciens écrits. D'ailleurs, l'extrême diversité qui se rencontre dans le style et même dans la langue de ces divers passages montre à elle seule que les *Purânas* qui les renferment sont des ouvrages de seconde main, et pour ainsi dire des compilations. Or, ce ne sont pas seulement les récits de faits tout humains, tels que les légendes royales, qui renferment de tels emprunts, c'est aussi la partie des poëmes où se trouve la cosmogonie avec les exposés philosophiques qui s'y rapportent. Les auteurs ont emprunté des morceaux tout faits à des ouvrages qui existaient avant eux et qui avaient acquis dans l'Inde une réputation étendue et une sorte d'autorité. Les écoles les plus opposées ayant tour à tour, parfois même simultanément, joui de cette autorité et de ce renom, les écrits des unes et des autres qui pouvaient servir au but de l'auteur lui ont également fourni des fragments philosophiques, sans qu'il ait paru se mettre en peine d'accorder ou de dissimuler les contradictions : de là cette espèce de syncrétisme, souvent grossier, qui dépare ces grands poëmes. Quand les études indiennes se seront portées tour à tour sur tous les monuments de la littérature sanscrite, on pourra vraisemblablement démembrer les *Purânas*, rendre aux ouvrages antiques les morceaux qui leur appartiennent, et reconnaître ce qui est vraiment l'œuvre de leurs auteurs. On peut dé à reconnaître comme l'œuvre de ceux-ci des chapitres entiers, souvent les derniers de chaque livre, où l'inspiration religieuse et la foi du poëte, laissant de côté toutes les citations et les légendes, s'exalte elle-même et s'épanche dans la contemplation des perfections adorables de Vishnu. Ces chapitres sont presque toujours les plus beaux, parce qu'ils sont les plus originaux et les plus naïfs.

Les conditions où se sont placés les poëtes purâniques ne leur permettaient guère de composer des œuvres littérairement bien faites : comment écrire, même sur un héros unique tel que Vishnu, un bon poëme avec des fragments empruntés à tous les temps et à toutes les écoles? Ils étaient d'ailleurs retenus dans les limites de la foi et de la tradition philosophique et littéraire des Brâhmanes. Aussi la composition des *Purânas* est-elle ordinairement confuse ; les développements sont diffus ; les parties sont disproportionnées, tantôt trop courtes pour être claires, tantôt trop longues pour l'importance relative des sujets. Les mêmes idées reviennent souvent, exprimées dans les mêmes termes. Comme l'auteur ne nomme pas les poëtes ou les ouvrages qu'il cite, on n'est point averti, et tout à coup l'on est transporté d'un morceau en style et en langue épique, emprunté par exemple au *Mahâbhârata* ou au *Râmâyana*, dans un autre tout différent de langue et de forme, et qui n'est autre chose qu'un hymne du *Véda*. Il n'y a donc d'unité littéraire ni dans l'ensemble ni dans les parties de ces poëmes. Le seul lien qui les rattache et forme un tout de ces éléments si disparates, c'est la foi en Vishnu et la pensée qu'il faut l'adorer ; mais c'est là une unité morale et non littéraire. — A un autre point de vue, les *Purânas* nous offrent de très-beaux modèles de style. A l'époque où ils furent composés, les hommes instruits possédaient non-seulement une langue parvenue à sa perfection, mais des connaissances poétiques, littéraires, grammaticales, extrêmement profondes et étendues. Là où l'auteur est redevenu lui-même et exprime ses propres sentiments comme il les éprouve, la langue sanscrite atteint un degré de perfection que l'on ne trouve ni dans les épopées ni même dans les drames. Le style de ces derniers est souvent maniéré, affecté, déparé par des figures de rhétorique qui lui ôtent une partie de son naturel ; celui des épopées, beaucoup plus simple, a généralement encore quelque chose de rude ou du moins de positif qui n'indique pas une longue culture littéraire. Quant au *Véda*, c'est presque un autre idiome ; ce n'est pas du moins le sanscrit proprement dit. Les passages empruntés aux anciens livres font dans les *Purânas* un contraste qui fait ressortir encore la beauté du style propre de leurs auteurs, cette délicatesse infinie de la pensée qui, sans perdre sa vigueur, est rendue dans ses nuances les plus charmantes ou les plus touchantes. Il y a aussi de fort beaux récits dans les *Purânas*, et qui n'ont rien à envier à aucune de nos narrations classiques les plus estimées. A ce point de vue leur étude offre un véritable intérêt. Enfin, ce qui caractérise peut-être le mieux ce genre et cette époque littéraire, c'est un mélange étonnant de poésie et de métaphysique. La littérature indienne a toujours uni ces deux choses, mais à des degrés et avec des succès divers : dans ces poëmes, la science la plus abstraite se fond avec la poésie la plus pénétrante. Les nombreux passages où elles s'unissent ainsi nous étonnent d'abord, puis nous charment par degrés, et enfin nous subjuguent.

Le *Purâna* est le *Véda* des femmes et des castes non brâhmaniques. Il n'est pas non plus l'œuvre des brâhmanes : c'est ce que prouvent l'étude de ces poëmes et les renseignements donnés par les grammairiens et par les commentateurs. En effet, il est hors de doute aujourd'hui que les grands *Purânas* ont été précédés par d'autres beaucoup plus anciens, moins nombreux et moins étendus. Ces anciens *Purânas* étaient au nombre de six : ils traitaient de la création, de la naissance et du règne des Manûs, et de l'histoire des familles qui en descendaient. On peut croire que les doctrines théosophiques qu'ils renfermaient dérivaient exclusivement du *Véda* ; car ils sont cités dans le *Râmâyana*, dans le *Mahâbhârata*, dans *Manú*, ouvrages appartenant aux premiers développements de la littérature sanscrite et antérieurs certainement au bouddhisme, c.-à-d. au VIᵉ siècle avant notre ère. Ils sont même cités dans les *Upanishads*, lesquelles appartiennent à la littérature du *Véda* et sont par conséquent antérieures aux productions en langue sanscrite. Il ne semble pas qu'il reste rien dans l'Inde de ces *Purânas* primitifs ; mais on voit que leur contenu

était sensiblement différent de celui de nos *Purânas*. Ceux-ci, en effet, contiennent des doctrines empruntées à des écoles brâhmaniques de beaucoup postérieures aux temps védiques et même temps post-modernes. Telles sont les parties de ces grands poëmes où l'on traite de la dissolution finale du monde (*pralaya*) ; de l'affranchissement ou de la délivrance par le moyen, non des œuvres, mais de la dévotion ; de Hari et de ses perfections ; et enfin des dêvas. Ces sujets ne sont pas indiqués comme faisant partie des *Purânas* primitifs, et nous savons par le fait qu'ils ont été l'objet d'études de beaucoup postérieures. Mais il y a toute apparence que les grands *Purânas* modernes ont été faits sur le modèle des anciens, avec cette différence qu'ils ont pris un aspect plus métaphysique et se sont surtout attachés à faire prévaloir le culte secondaire de Vishnu. Dans tous ces poëmes également, c'est la forme du dialogue qui est employée ; ou, pour mieux dire, il y a un narrateur et une personne qui écoute, n'interrompant que rarement, là où le récit est naturellement coupé. Ce narrateur porte invariablement le nom générique de *Sûta*, qui signifie *cocher* ou *écuyer* ; mais le nom de famille de cet écuyer n'est pas le même dans tous les *Purânas*. Or, nous savons que les Sûtas formaient dans l'Inde une caste, dont une des fonctions principales était celle de bardes ; fils d'une brâhmani et d'un xattriya, ils étaient à la guerre les écuyers des xattriyas, et, pendant la paix, ils mettaient en vers les actions héroïques de ces derniers ou leurs généalogies ; celles-ci, remontant aux dieux eux-mêmes, c.-à-d. aux êtres divins qui font mouvoir le soleil et la lune et qui président à la vie, conduisaient le poëte jusqu'aux temps de la création primitive et aux règnes successifs des Manûs. Ainsi se sont composés les anciens *Purânas*, lesquels ne pouvaient contenir de théologie et de métaphysique que ce qui en était enseigné ou permis à la caste des écuyers. Ce fait est d'autant plus curieux, que, dans la suite, lorsque des hommes tels que Vôpadêva (auteur probable du *Bhâgavata-purâna*) composèrent des poëmes sur les Antiquités, le caractère général des œuvres antiques des Sûtas se conserva, malgré les développements qui furent donnés à la partie cosmogonique. Les grandes épopées, soit les *itihâsas*, dont le *Mahâbhârata* fut le plus considérable, soit les *kavyas*, tels que le *Râmâyana*, furent au contraire l'œuvre des brâhmanes, et purent se développer avec une richesse de poésie et une liberté de pensée et de mouvement qu'un *Purâna* pouvait difficilement atteindre. Ces faits attestent néanmoins la force du génie indien, qui voyait naître, jusque dans la caste déclassée des écuyers, des poëmes devenus célèbres, et qui ont été par la suite des modèles et des objets d'étude pour les plus savants brâhmanes.

Est-il possible de déterminer l'époque où furent composés nos grands *Purânas*? Lorsque nous posséderons, imprimés, traduits et commentés, les 18 recueils purâniques, il est à croire que l'on aura les meilleurs éléments pour résoudre la question. Toutefois, la date approximative de ces ouvrages, comme de tous les autres écrits brâhmaniques, ne sera véritablement fixée que quand le corps entier de la littérature indienne sera connu de nous. Dans l'état présent de la science, la question de date ne peut être abordée que pour ceux des *Purânas* que nous possédons pleinement, et surtout pour le *Bhâgavata-purâna*. Sa rédaction est antérieure au commencement du XIVᵉ siècle de notre ère. Cette antériorité n'est pas sans doute très-considérable ; car la religion indienne ne s'est concentrée dans le culte de Vishnu qu'après l'expulsion définitive du bouddhisme de l'Inde ; encore le développement de ce culte a-t-il exigé un certain temps. Or, nous le voyons en pleine vigueur dans le *Bhâgavata-purâna*, poëme dont le titre est le nom le plus sublime qui ait été donné dans l'Inde à cette divinité. De plus, la confusion des doctrines philosophiques dans ce poëme montre que les écoles avaient depuis longtemps dépassé le point de leur plus grand développement, puisque nulle d'entre elles ne domine exclusivement dans la théosophie des *Purânas*. Si l'on ajoute les remarques que peut fournir la langue ou le style de l'auteur, on est conduit à considérer son œuvre comme assez récente et comme appartenant aux temps modernes. Mais ce fait n'ôte rien à sa valeur, soit comme pièce historique, soit comme monument de la littérature sanscrite. Car, si l'on en vient à penser que l'Inde n'a eu en réalité ni moyen âge ni âge moderne, et qu'elle en est encore à son antiquité, les œuvres faites il y a seulement quelques siècles devront paraître antiques, aussi bien que les épopées et les ouvrages antérieurs à l'ère chrétienne. Toujours très-supérieure en civilisation aux barbares qui l'ont tour à tour envahie, elle a continué sans interruption à développer ses idées, ses croyances et ses institutions, sans presque rien emprunter au dehors, tirant tout de son propre fonds, même le bouddhisme qui fut sur le point de produire en elle une révolution totale. Cette perpétuité de la race et du génie des Aryas donne à l'histoire de ce peuple une unité qui ne se trouve nulle part ailleurs ; les œuvres de littérature faites les dernières, et celles même qui se font aujourd'hui, ont le caractère antique au plus haut degré. Tels sont les *Purânas ;* de là vient que la valeur de ces grandes collections n'est point diminuée par leur peu d'ancienneté. Au contraire, il est beaucoup plus instructif pour nous de posséder des œuvres récentes d'une aussi grande valeur intrinsèque, lorsque nous avons, pour représenter les âges antérieurs, les drames, les ouvrages bouddhiques, les épopées, et, pour les temps primitifs, le *Véda* avec ses développements poétiques ou scolastiques. De la sorte il devient possible de suivre pour ainsi dire pas à pas le développement des idées et de la civilisation de l'Inde depuis un temps qui remonte au moins à douze ou quinze siècles av. J.-C. jusqu'à nos jours. Les *Purânas* forment l'un des derniers anneaux de cette chaîne continue, et sont eux-mêmes le point de départ et la plus belle expression des cultes modernes où l'Inde est parvenue. On voit ainsi la notion d'Agni, presque physique dans le *Véda*, s'idéaliser et s'abstraire, se transformer bientôt entre les mains des Brâhmanes, et devenir l'idée de producteur du monde et de père de la vie ; c'est ensuite Brâhma, l'être parfait, neutre, insaisissable à la pensée ; alors, pour expliquer l'origine et la formation des êtres, la notion abstraite de Brâhma se complète et engendre la doctrine tout indienne des incarnations. Cette doctrine était déjà dans toute sa vigueur au temps de Bouddha ; elle prit plus d'empire encore sur les esprits pendant la lutte de la réforme et du brâhmanisme ; de sorte que, quand la victoire fut restée aux anciennes institutions et que le bouddhisme eut été chassé de l'Inde, la foi populaire prenait pour centre et pour objet principal du culte l'une ou l'autre des figures humaines de l'antique divinité védique. Ainsi prévalurent les cultes de Vishnu, de Çiva, de Krishna, dans lesquels la crédulité d'un peuple asservi à des maîtres étrangers ne vit plus pour ainsi dire que des idoles. Mais si les hommes ignorants étaient conduits à l'idolâtrie, la caste supérieure demeurait fort au-dessus de ces croyances grossières, et comprenait encore la valeur métaphysique des anciens symboles. C'est à cet état des esprits que répondent les *Purânas*. Depuis lors, ils sont demeurés en honneur dans l'Inde entière ; ce sont eux qui contribuent le plus, parmi les livres sanscrits, à maintenir et à perpétuer les croyances indiennes ; car les *Védas* sont les développements ne sont presque plus compris de personne, ou ne sont étudiés que pour être interprétés dans un sens moderne qu'ils n'ont jamais eu. Les doctrines purâniques ont donc prévalu sur celles de l'Écriture sainte elle-même ; et c'est aujourd'hui dans les *Purânas* qu'il faut chercher le dépôt des croyances populaires de l'Inde. — La *Bhâgavata-purâna* a été publié, avec scolies, à Calcutta en 1830, à Bombay en 1830, et, avec traduction française par Eug. Burnouf, à Paris en 1840-44, 2 in-fol. Wilson a traduit en anglais le *Vishnu-purâna*, et donné, dans une Introduction à cet ouvrage, l'analyse des autres *Purânas*. V. Nève, les *Pourânas*, Paris, 1852.   Em. B.

PURETÉ, qualité du style qui consiste à n'employer que des mots consacrés par l'usage et par l'autorité des maîtres. On manque à la pureté de deux manières : par l'*archaïsme*, quand on emploie des formes vicillies ; par le *néologisme*, quand on emploie des formes nouvelles, des mots ou des tours empruntés aux langues étrangères. On altère encore la pureté d'une langue en y introduisant des mots techniques, c.-à-dire qui appartiennent exclusivement à une science ou à un art, et qui ne sont pas du fonds de la langue commune. L'affectation de la pureté et de la correction s'appelle *purisme*.   H. D.

PURGATION.) *V.* ces mots dans notre *Dictionnaire*
PURGATOIRE. (*de Biographie et d'Histoire.*
PURGE, un des moyens par lesquels on *purge*, c.-à-d. on affranchit les immeubles des priviléges et hypothèques dont ils sont grevés. Le *Code Napoléon* (art. 2167, 2181-2105) et le *Code de Procédure civile* (art. 834 et suiv.) en ont réglé les formalités. — *Purger une contumace*, c'est anéantir, en se constituant prisonnier ou par le fait d'être arrêté avant l'époque de la prescription, le jugement par lequel on a été condamné comme contumax.

Le délai pour purger la contumace est de 5 ans (*Code d'Instruct. crimin.*, art. 476 et suiv.).

PURGEOIR, espèce de filtre en sable et en cailloux, qu'on pratique à la tête d'un aqueduc, ou de distance en distance le long de sa rigole, pour purifier ses eaux.

PURIFICATION. *V.* ce mot dans notre *Dictionnaire de Biographie et d'Histoire.*

PURIFICATOIRE, morceau de toile de lin ou de chanvre qui sert à essuyer le calice après le saint sacrifice de la messe. On le plie en trois dans sa largeur, et il doit être assez long pour que, placé sur le calice, ses extrémités retombent sur le pied de ce vase.

PURISME, affectation excessive d'écrire ou de parler avec pureté. Cette prétention, qui ne se rencontre que dans des esprits médiocres, donne au langage et au style quelque chose de sec, de languissant, d'ennuyeux. On a comparé ce style ou ce langage sans impureté, mais sans substance, à un bouillon d'eau claire. « Il y a des gens, dit La Bruyère, qui ont une fade attention à ce qu'ils disent, et ceux qui l'on souffre dans la conversation de tout le travail de leur esprit ; ils sont comme pétris de phrases et de petits tours d'expression, concertés dans leur geste et dans tout leur maintien : ils sont *puristes*, et ne hasardent pas le moindre mot, quand il devrait faire le plus bel effet du monde ; rien d'heureux ne leur échappe, rien ne coule de source et avec liberté ; ils parlent proprement et ennuyeusement. » — « Le purisme est toujours pauvre, » a dit Voltaire ; et Domergue l'appelle l'*ennemi secret de la pureté*. Une grande connaissance de la langue, jointe à un esprit judicieux et éclevé, fait éviter le purisme : aussi les grands écrivains n'ont-ils jamais ce défaut ; et l'on trouve chez eux plus de fautes contre les règles que chez les écrivains de second et de troisième ordre ; seulement elles sont rachetées par de sublimes beautés dont ceux-ci n'offrent presque jamais aucune trace (*V.* les chap. 27, 28, 30, de la traduction du *Traité du Sublime*, de Longin, par Boileau). — Le purisme dans la critique est un défaut aussi grave que dans le langage et dans le style : il consiste à condamner des tours vifs, heureux, pleins d'originalité, trouvés par de grands écrivains, et qui mieux exprimé leur pensée que n'aurait pu le faire l'exactitude rigoureuse et la froide correction. Le puriste qui a blâmé l'hémistiche de Racine (*Phèdre*, V, 6) : « A ces mots *ce héros expiré*, » n'a pas tenu compte des priviléges de la poésie, ni de l'impossibilité où était le poète de s'exprimer autrement avec la même précision et la même vivacité. On a critiqué plus injustement encore le même poète d'avoir dit (*Mithridate*, I, 5), par une syllepse pourtant bien usitée dans notre langue :

Amant avec transport, mais *jaloux* sans retour,
Sa haine va toujours plus loin que *son* amour.

Avec le système de ces puristes, il n'y aurait presque pas de pages d'Homère, de Sophocle, de Pindare, de Démosthènes, de Cicéron, de Virgile, de Bossuet, de Racine, de La Fontaine, de Massillon, où il ne fallût signaler des négligences et des solécismes (*V.* Montaigne, *Essais*, livre Ier, chap. 25).   P.

PURITAINS. *V.* ce mot dans notre *Dictionnaire de Biographie et d'Histoire.*

PURVA-MIMANSA. V. INDIENNE (Philosophie).

PUSEYISME.) *V.* ces mots dans notre *Dictionnaire de*
PUTÉAL.   (*Biographie et d'Histoire.*

PUTICULES, sortes de puits d'ensevelissement, où les anciens Romains jetaient pêle-mêle les corps des esclaves et des gens de la plèbe. L'empereur Auguste les fit fermer.

PUY (Église Notre-Dame, au). Cette église cathédrale, assise sur la pente du mont Anis, appartient, pour ses parties les plus importantes, aux xie et xiie siècles. On y arrive par un immense escalier de 260 marches, taillées dans le roc, un crypto-portique, composé de trois travées ascendantes, et dont la voûte, élevée de 20 mèt. environ, recouvre un autre escalier de 108 degrés, supporte la nef principale de l'église, où l'on accédait autrefois par une ouverture pratiquée dans le pavé du transept ; disposition originale, qui permettait au prêtre officiant d'être vu du peuple répandu sur les degrés et jusqu'au bas de la montagne. Deux chapelles, consacrées à St Martin de Tours et à St Gilles, sont pratiquées dans ce vestibule : elles ont des portes en bois, couvertes de sculptures et d'inscriptions intéressantes. On y voit aussi deux magnifiques colonnes en porphyre rouge antique, de chaque côté de l'arcade qui donnait entrée dans l'église. Aujourd'hui l'on sort du crypto-portique par la gauche, en continuant de s'élever, et c'est latéralement qu'on pénètre dans l'église. L'intérieur de la cathédrale du Puy est divisé en trois nefs, basses et lourdes, soutenues par de gros piliers. Le croisillon septentrional a été supprimé, comme menaçant ruine. Les voûtes forment des espèces de coupoles correspondant aux travées, ce qui indique une influence des idées byzantines, sensible également dans quelques monuments du Midi et de l'Ouest de la France. On aperçoit aussi des traces de peintures byzantines, particulièrement une figure colossale de St Michel, auquel l'église, comme toutes les constructions élevées sur des hauteurs, avait été primitivement consacrée. L'orgue et la chaire, chargés de sculptures, sont dignes d'attention. Sur le maître-autel, fait en marbres de diverses couleurs, est une statue de la Ste Vierge, qui a remplacé celle apportée d'Égypte par Louis IX et brûlée en 1793. La grande façade de l'édifice, située au-dessus de l'entrée du crypto-portique, si simple et sévère : elle offre quatre ordonnances de colonnes supportant des arcades à plein cintre; à la grande nef et aux collatéraux correspondent des frontons triangulaires, qui dépassent considérablement la hauteur du toit. Du côté de l'évêché, il y a un beau porche à colonnes rudentées. Le clocher, carré jusqu'aux deux tiers de sa hauteur, et terminé en pyramide, est isolé de l'église. La cathédrale du Puy a conservé ses dépendances, une salle capitulaire et un cloître. B.

puy, nom donné, pendant le moyen âge, à des compagnies littéraires qui, à certaines époques de l'année, se réunissaient dans différentes villes de France, pour juger des concours de poésie. Les pièces dont s'agit avaient exclusivement pour objet les louanges de la Ste Vierge, ces compagnies étaient appelées Puys Notre-Dame. Le Puy d'Amiens fut institué en 1393; une copie des pièces qu'il avait couronnées, faite en 1517 pour la mère de François Ier, existe à la Bibliothèque impériale de Paris. On établit à Rouen, en 1486, le Puy de la Conception, ainsi appelé parce qu'il se tenait le 8 décembre, jour de la Conception de la Vierge; l'assemblée de Caen portait le même nom; elle remontait au XIe siècle. Quant à la dénomination de puy, on la fait généralement dériver du latin podium (colline), parce que les concours auraient eu lieu à l'origine sur des hauteurs; quelques-uns ont imaginé de la tirer d'un miracle opéré par Notre-Dame, qui aurait sauvé un enfant endormi sur le bord d'un puits. — Les Puys de musique ont été l'origine des Sociétés philharmoniques modernes. B.

puy-joly. V. Tumulus.

PYCNOSTYLE, le plus étroit des entre-colonnements employés par les architectes de l'Antiquité. Il était d'un diamètre et demi.

PYGMALION, sculpteur de l'île de Chypre, qui, selon la Fable, fit une statue de marbre à laquelle il donna le nom de Galatée, et qui, après avoir obtenu des dieux qu'ils lui donnassent la vie, la prit pour femme. Ovide (Métamorphoses, liv. X) a décrit en vers charmants la métamorphose de Galatée en femme. On a vu dans ce mythe l'enthousiasme naturel de l'artiste pour le produit de son intelligence, l'effet de son illusion sur la valeur de l'œuvre, ou bien encore la puissance créatrice de l'art poussée aux dernières limites de sa perfection. J.-J. Rousseau a écrit une scène lyrique intitulée Pygmalion. Gœthe a aussi traité le même sujet. On a de Falconnet, sculpteur français du XVIIe siècle, un Pygmalion estimé, et du peintre Girodet un tableau de Pygmalion et Galatée (1819), qui obtint un succès populaire. Un opéra-comique de Galatée, composition distinguée de M. Victor Massé, a été représenté à Paris en 1852. P—s.

PYLONE (du grec pulôn, grande porte), nom donné à un double massif de forme pyramidale, laissant un passage entre ses parties, et placé en avant des temples égyptiens. On montait au sommet par des escaliers intérieurs. Les faces étaient couvertes d'ornements, comme les parois des temples eux-mêmes.

PYRAMIDES. } V. ces mots dans notre Dictionnaire
PYRÉE. } de Biographie et d'Histoire.

PYROBALISTIQUE (du grec pur, feu, et balléin, lancer), se dit de toute arme ou machine de guerre qui lance du feu.

PYROPHORES. V. notre Dict. de Biogr. et d'Histoire.

PYROSCAPHE (du grec pur, feu, et scaphos, navire), mot synonyme de bateau à vapeur.

PYROSTÉRÉOTYPIE. V. au Supplément.

PYROTECHNIE (du grec pur, feu, et tekhnè, art), art de préparer les pièces d'artifice, soit pour les feux d'artifice, soit pour les besoins de l'artillerie. Il existe en France deux écoles de pyrotechnie, à Metz pour l'armée de terre, et à Toulon pour la marine.

PYRRHIQUE, pied de la versification grecque et latine, composé de 2 brèves, comme bŏnŭ, ăgĕ, fĕrŭs, et dont le nom venait de l'usage fréquent que l'on en faisait dans les airs de la danse pyrrhique. Le pyrrhique se substituait souvent à l'iambe final des vers iambiques; chez les lyriques éoliens, il précède quelquefois le vers choriambique, auquel il sert comme de prélude. On le trouve aussi à la fin de certains hexamètres héroïques (V. Miurus). Il y a dans les poésies d'Ausone un quatrain composé de pyrrhiques, qui, scandés deux à deux, donnent un tétramètre procéleusmatique catalectique; scandé par pyrrhiques, il donne des vers de sept pieds et demi. P.

pyrrhique, danse. V. notre Dictionnaire de Biographie et d'Histoire.

PYRRHONISME. V. Scepticisme.

PYTHAGORICIENNE (Philosophie). V. l'article Pythagoriciens, dans notre Dictionnaire de Biographie et d'Histoire.

PYTHAULE, nom par lequel on a désigné autrefois la musette et la cornemuse.

PYTHIEN (Nome). V. Nome.

PYTHIQUES, titre d'un recueil d'odes triomphales, consacrées par Pindare à la louange des vainqueurs dans les jeux pythiques.

PYXIS. V. Ciboire.

Q

Q, 17e lettre et 13e consonne de notre alphabet, à laquelle on donne l'articulation du k ou du c dur. Les anciens Grecs l'admirent d'abord, sous le nom de koppa, au nombre de leurs signes alphabétiques, et on la trouve figurée sur quelques monuments; puis, ils l'abandonnèrent comme faisant double emploi avec le kappa, mais la conservèrent parmi les signes de numération. La lettre Q manquait dans l'alphabet primitif des Latins, et les mots où on l'introduisit plus tard s'écrivaient par un C; Varron ne voulut même jamais l'employer. On s'en servit dans les mots où l'u qui l'accompagne formait diphthongue avec la voyelle suivante (quum, antiquus, qui, qua, quod, quotidie, reliquus, aqua), tandis qu'on employa le c lorsque les deux voyelles conservaient chacune leur valeur distincte (cui). Parfois les poètes, principalement Plaute et Lucrèce, employèrent pour un même mot l'une et l'autre orthographe, afin de faire une seule syllabe ou deux, selon les besoins de la mesure.

Au XVIe siècle, les érudits français supprimaient le son u, lorsque cette lettre accompagnait la consonne q; ils prononçaient, par exemple, kis, kalis, kantus, kankam, koniam, pour quis, qualis, quantus, quanquam, quoniam. Ramus soutint l'opinion contraire, et finit par l'emporter; Ménage défendit cependant encore, au XVIIe siècle, la prononciation antérieure. En français, il y a deux manières de prononcer le groupe qu : il n'a que la valeur du k ou du c dur, dans question, qualité, quantité, quatre, quarte, quinte, quête, quille, piqûre, etc.; on donne à l'u le son ou dans quatuor, quadrature, aquatique, aquarelle, équation, quadragésime, équateur, quadrupède, etc.; on le fait sonner dans questeur équilatéral, équitation, équestre. Le mot Quinquagésime offre la réunion des deux prononciations. La lettre q manque aux alphabets slavon, anglo-saxon, et irlandais. Au lieu du groupe qu, les Anglo-Saxons écrivaient kw, et les Allemands donnent encore au même groupe la prononciaciation *kv*. En anglais, où la lettre *q* est d'un assez fréquent usage, elle ne termine jamais un mot ; en français, elle est finale dans *coq* et *cinq*. — Dans les inscriptions romaines, Q est l'abréviation de *Quintus, Quinctius, Quirinus, Quirites, quirinalis, qui* ou *quœ, que* (et), *quœstor*, etc. ; Q Q signifie *quinquennalis* ; QK., *quœstor candidatus;* Q. R., *quœstor reipublicœ;* Q. V., *qui* ou *quœ vixit;* Q. B. V., *quod bene vertat;* Q. I. S. S., *quœ infra scripta sunt.* — Signe numéral, le *koppa* grec valait 90. Chez les Romains, Q valut 500, et, surmonté d'un trait horizontal ($\overline{\mathrm{Q}}$), 500,000. — Sur les anciennes monnaies françaises, Q était la marque de fabrication de Perpignan. B.

QANON, instrument de musique des Arabes. C'est une caisse en bois, de forme trapézoïdale, et surmontée d'une table sonore : à l'un des côtés sont 75 chevilles, pour 75 cordes en boyau, rangées trois par trois sur 25 rangs et appuyées sur un chevalet. L'étendue du qânon, qu'on peut considérer comme le germe du clavecin, est de 3 octaves et une quarte. On joue de cet instrument avec deux plectres en écaille, fixés à l'index de chaque main au moyen de dés en fer. B.

QUADRAGÉSIME. } *V.* ces mots dans notre *Diction-*
QUADRANS. } *naire de Biographie et d'His-*
QUADRANTAL. } *toire.*

QUADRAT, QUADRATIN (du latin *quadratus*, carré), en termes d'Imprimerie, petites pièces de fonte qui sont dans les casses, de même volume que les lettres, mais moins élevées, et qu'on met dans les espaces blancs du commencement et de la fin des lignes, dans les intervalles des titres, etc., pour tenir les formes en état, en remplissant les vides.

QUADRATAIRE (Art), nom qu'on donna, pendant le moyen âge, à l'art de faire des incrustations en marbres précieux, parce que les morceaux de marbre étaient carrés.

QUADRICINIUM, en termes d'ancienne Musique, composition à 4 parties.

QUADRIGAT. } *V.* ces mots dans notre *Dictionnaire*
QUADRIGE. } *de Biographie et d'Histoire.*

QUADRILLE (de l'italien *quadriglia*). Ce mot, qui fut d'abord féminin, désigna toute troupe de gens à cheval figurant dans un carrousel. Il y avait quatre quadrilles au moins, douze au plus, distinguées par des costumes et des couleurs. Devenu masculin, le mot *Quadrille* fut appliqué à tout groupe de quatre danseurs et quatre danseuses, se distinguant aussi des autres groupes par un costume particulier. Aujourd'hui il désigne un nombre pair de couples qui exécutent une contredanse, et l'air de la contredanse elle-même. B.

QUADRIRÈME. }
QUADRIVIUM. } *V.* ces mots dans notre *Dictionnaire*
QUADRUPLE. } *de Biographie et d'Histoire.*
QUÆSTORIUM. }

QUAI, mot dérivé, suivant Scaliger, du bas latin *cayare* (contraindre, resserrer), et qui désigne toute levée revêtue de maçonnerie ou en pierres de taille, destinée soit à contenir les eaux d'une rivière et à les empêcher de déborder, soit à retenir les terres de la berge. Les quais peuvent recevoir, dans les grandes villes, un développement considérable, et servir de lieu de promenade aux habitants. Les Anciens vantaient la beauté des quais de Babylone, le long de l'Euphrate. Ceux de Paris, de Pise et de Florence sont célèbres parmi les modernes; Rome et Londres n'en ont pas. Les quais élevés au bord de la mer, autour d'un port ou d'un bassin, facilitent le mouvement des voyageurs, l'embarquement et le débarquement des marchandises. B.

QUAICHE, navire. *V.* KETCH.

QUAKERS. *V.* ce mot dans notre *Dictionnaire de Biographie et d'Histoire.*

QUALIFICATIF, terme de Grammaire qui s'applique aux mots servant à marquer les qualités des personnes, des animaux, des objets. On l'emploie peu seul : il se joint habituellement au mot *adjectif;* ainsi, *beau* est un adjectif qualificatif. Dans cette phrase : « Abdolonyme devint roi, » *roi* est un nom qualificatif. P.

QUALITÉ, manière d'être des choses. On dit à peu près indifféremment dans le même sens *Qualité* ou *Attribut :* cependant *Qualité* exprime plutôt un rapport réel, et *Attribut* un rapport logique ou grammatical. La Qualité figure parmi les Catégories d'Aristote, celles des Stoïciens et celles de la philosophie indienne (*V.* CATÉGORIES). Aristote la définit *ce qui fait que l'on dit des choses qu'elles sont de telle ou telle façon*, et en distingue quatre espèces : 1° la Capacité et la Disposition ; 2° la Puissance

naturelle; 3° les Qualités sensibles; 4° la Figure et la forme extérieure (*V.* le *Traité des Catégories* d'Aristote, et l'Analyse de ce Traité dans le livre *De la Logique d'Aristote*, par M. Barthélemy Saint-Hilaire). B—E.

QUALITÉS PREMIÈRES ET QUALITÉS SECONDES DES CORPS. — Les corps ne nous sont connus que par leurs qualités; et c'est une loi nécessaire de l'Intelligence qui nous fait concevoir, à ces qualités, un fonds commun, substance ou sujet d'inhérence, de quelque nom qu'on l'appelle, qui est ce que nous avons en vue quand nous parlons de la Matière (*V.* ce mot). Les qualités, agissant par l'intermédiaire des organes sur les différents sens, nous affectent chacune d'une manière spéciale, et apportent à l'esprit des informations différentes et d'inégale valeur. Quoique l'opinion contraire ait été soutenue avec beaucoup de force et d'insistance (*V.* dans le *Dictionnaire des Sciences philosophiques* l'article *Matière*), nous croyons bien fondée la distinction des *Qualités premières* et des *Qualités secondes* admise par les Cartésiens, par Locke, par Condillac, et précisée par les Écossais et par Royer-Collard, les premières étant pour nous l'objet d'une perception immédiate et directe, et produisant tout d'abord la notion de l'extérieur, du non-moi corporel, les secondes n'étant que les causes inconnues de certaines sensations. En effet, quand on touche ou que l'on voit, outre les modifications internes dont on se sent affecté, on est informé, par le seul fait du toucher et de la vision, de l'existence d'un objet extérieur, étendu, figuré, solide. Un son, une odeur apportent-ils le même enseignement? Sur ce point, nous pensons, avec les Écossais, que tout se réduit d'abord à une sensation, c.-à-d. à une modification interne et par elle-même toute subjective. C'est seulement par une induction rapide, fondée sur l'expérience et sur l'association des idées, que nous passons de notre propre sensation à l'idée d'une cause extérieure, et que nous localisons cette cause dans les corps. Les Qualités directement perçues sont les Qualités premières; les autres sont les Qualités secondes. Les Qualités premières sont, selon Locke, la *Solidité*, l'*Étendue*, la *Figure*, le *Mouvement*, le *Repos*, et le *Nombre;* selon Reid, l'*Étendue*, la *Divisibilité*, la *Figure*, le *Mouvement*, la *Solidité*, la *Dureté*, la *Mollesse*, et la *Fluidité*. Royer-Collard réduit à l'*Étendue* et à la *Solidité* la liste des Qualités premières. — Ce qui distingue les Qualités premières des Qualités secondes, c'est, selon Descartes, que la notion des unes est plus claire que celle des autres; selon Locke, c'est que les Qualités premières sont tout à fait inséparables de la matière, tandis que les Qualités secondes peuvent en être séparées, ce qui manque d'exactitude. Reid, Stewart, Royer-Collard adoptent la distinction de Descartes et la précisent; Reid, en disant que l'inégale clarté de nos idées des Qualités vient de ce que la perception des unes est directe et celle des autres relative; Stewart, en montrant l'idée de l'étendue nécessairement renfermée dans toutes les qualités premières; Royer-Collard, en reproduisant l'opinion de Reid dans les termes suivants : « Ce qui sépare les Qualités premières « des Qualités secondes, c'est que nous connaissons les « unes, tandis que nous ne savons rien des autres, sinon « qu'elles existent et qu'elles sont les causes inconnues « de certaines sensations. » Cette distinction nous paraît fondée. Mais s'il est contre la vérité des faits d'assimiler les Qualités secondes aux Qualités premières, il est encore bien plus dangereux de faire le contraire, d'assimiler les Qualités premières aux Qualités secondes, et de vouloir que la Perception des unes soit tout aussi subjective que celle des autres; en d'autres termes, de confondre la Perception avec la Sensation (*V.* ces mots). Par là, en effet, on ôte encore une fois à l'Intelligence tout point d'appui pour saisir hors d'elle-même l'existence des corps. — Les différentes questions que l'on vient d'indiquer au sujet des Qualités, ainsi que celle de leur existence absolue : *Les Qualités sont-elles réellement dans les choses, ou ne sont-elles que des modes de notre faculté de sentir?* qui n'a pu être résolue dans ce dernier sens que par suite d'une confusion de la Qualité et de la Sensation, c.-à-d. de la cause et de l'effet; ces différentes questions, disons-nous, ont été traitées avec beaucoup de développements, de sens et d'exactitude, par Reid (*Essais sur les Facultés intellectuelles de l'homme*, Essai II), et par Royer-Collard, dans les fragments des Leçons publiés par Jouffroy dans sa traduction des *OEuvres de Reid*, t. II et III. B—E.

QUALITÉ DES PROPOSITIONS. Les Logiciens appellent ainsi la propriété que possèdent les propositions d'être affirmatives ou négatives. On rapporte à Alexandre d'Aphrodisie, commentateur d'Aristote, l'origine de cette désignation. B—E.

QUANTITÉ, ce qui est susceptible de mesure; en Logique, l'une des Catégories d'Aristote (V. CATÉGORIES); se dit en *Quantité discrète*, quand ses parties ne sont point liées, comme le nombre; et *Quantité concrète* ou *continue*, quand elles sont liées, comme l'étendue et le temps (V. le *Traité des Catégories* d'Aristote, et l'Analyse de ce Traité dans le livre *De la Logique d'Aristote*, par M. Barthélemy Saint-Hilaire). B—E.

QUANTITÉ DES PROPOSITIONS, se dit de la propriété qu'elles possèdent d'être universelles ou particulières. C'est au commentateur Alexandre d'Aphrodisie qu'on rapporte l'origine de la distinction entre la Qualité et la Quantité des Propositions. B—E.

QUANTITÉ, terme de Grammaire et de Versification, dérivé du latin *quantitas* (étendue, valeur). C'est le plus ou moins de durée de la voix sur une syllabe, la mesure qu'il faut observer dans la prononciation de cette syllabe. Si elle se prononce rapidement, la quantité est *brève*; si elle se prononce avec une certaine lenteur, la quantité est *longue*: ainsi, dans *malle*, la première syllabe est brève; dans *mâle*, elle est longue. En grec, on avait imaginé un caractère particulier pour représenter *e* long, un autre pour représenter *o* long: les autres voyelles n'ont conservé qu'un seul caractère, qu'elles fussent longues ou brèves; non distinguées pour l'œil, elles l'étaient pour l'oreille. En latin, en français, et dans les langues modernes en général, toutes les voyelles sont dans ce dernier cas; seulement, en français, lorsqu'elles sont longues, elles sont souvent surmontées de l'accent circonflexe. C'est l'usage, aidé de certaines règles, qui fait reconnaître la longueur et la brièveté des syllabes. Ainsi, nous observons très-bien, en lisant et en parlant, la différence de prononciation qui existe entre *patte* et *pâte*, entre *table* et *câble*, entre *cotte* et *côte*; nous savons que *i* est bref dans *lit*, et long dans *lie*. La différence non moins sensible existait pour les Latins entre les mots *os* (un os), qui se prononçait bref, et *os* (la bouche), qui se prononçait long; entre *pater* (a bref) et *mater* (a long). — La brève vaut la moitié de la longue: on reste *un temps* de la mesure sur la brève, et *deux temps* sur la longue. Voilà pourquoi on écrivait primitivement en grec ε pour marquer ε long, oo pour marquer o long; en latin on écrivait *aa* pour ^ long, et pareillement en français: *aage*, *baailler* de même, *rôle* s'est d'abord écrit *roolle*. — En règle générale, une syllabe est longue en grec et en latin, lorsqu'elle est suivie au moins de deux consonnes. En français, c'est plutôt l'inverse; une syllabe suivie d'une consonne redoublée est très-souvent brève; lorsque les deux consonnes ne sont pas les mêmes, il est difficile de fixer des règles. Une règle à peu près universellement observée dans notre langue, c'est que toute syllabe terminée par une voyelle immédiatement suivie d'un *e* muet est longue, et que toute syllabe masculine est toujours longue lorsqu'elle est suivie d'un *s*: ainsi *je jôue*; *des sels* (V. la *Prosodie française* de l'abbé d'Olivet, et le travail de Demandre sur la quantité des mots en français). — Il y a, dans les langues anciennes, des syllabes qu'on appelle *communes*, c.-à-d. qui, dans le même mot, peuvent être prises à volonté, surtout en poésie, soit comme longues, soit comme brèves; telle est, par ex., la 2ᵉ syllabe de *tenebræ*, l'*a* des cas indirects de *pater* (*patris, patri*), etc. En français, certaines syllabes naturellement brèves se prononcent longues lorsqu'elles tombent à la fin d'une phrase: ainsi « une éternelle amour, » mais « une amour éternelle. » Sur les syllabes naturellement brèves, mais devenant longues par position, ou plutôt qui sont comptées comme telles dans la versification, on peut consulter les observations curieuses d'Aulu-Gelle (liv. VI, ch. 15; VII, 7; IV, 17). Il résulte de ces passages que, dans la lecture des auteurs en prose et dans la conversation, on ne tenait pas compte, quant à la prononciation, de cet allongement accidentel, et que l'on faisait entendre la quantité naturelle des syllabes, à moins qu'il ne dût résulter du contraire un effet heureux. Ainsi, dans *objicit*, on prononçait trois brèves; de même dans *conjicit*. La même observation s'applique à la langue grecque. P.

QUARANTAINE, en termes de Marine et d'Administration sanitaire, temps pendant lequel les navires de certaines provenances sont obligés, avant de débarquer leurs passagers ou leurs marchandises, de rester dans un isolement rigoureux, d'où vient l'effet qu'on nomme Lazaret (V. ce mot dans notre *Dictionnaire de Biographie et d'Histoire*). Ce temps était primitivement de *quarante* jours, d'où vint le nom de Quarantaine. Les navires provenant de pays habituellement sains sont, à leur arrivée au port et après les visites d'usage, admis à la *libre pratique*; ceux provenant de pays qui ne sont pas habituellement sains ou qui sont accidentellement infectés, sont soumis à une quarantaine plus ou moins longue, selon que leur patente de santé, garantie par le capitaine et par l'agent consulaire du gouvernement, est *brute, suspecte* ou *nette*, c.-à-d. selon qu'elle constate la présence, le soupçon ou l'absence de quelque maladie contagieuse parmi les passagers. Le navire en quarantaine arbore le pavillon jaune au mât de misaine; on ne communique avec lui que par la voix; on lui fait passer à l'aide de perches ce dont il a besoin; les lettres et les papiers qu'on en reçoit sont passés au soufre et plongés dans le vinaigre; les marchandises sont déballées et exposées à l'air. S'il se déclare un cas de maladie, la durée de la quarantaine est doublée; en cas de peste, les effets sont brûlés et le navire submergé. — Ce furent les Vénitiens qui créèrent les premiers établissements réguliers de quarantaine en 1484; les États commerçants ont délivré des patentes de santé depuis 1665 seulement. Après la peste de Marseille en 1720, la France établit des quarantaines dans tous ses ports. Les lois du 9 mai 1793 et du 9 mars 1822, et le décret du 24 déc. 1850, ont réglé la matière. Une convention internationale de 1852 oblige chaque puissance à établir des lazarets, supprime les patentes suspectes, et fixe la durée des quarantaines: pour la peste, 10 jours au moins, 15 au plus; pour la fièvre jaune, 7, 5, et 3 jours; pour le choléra, 3 jours. B.

QUARANTAINE-LE-ROI. } V. notre *Dictionn. de Bio-*
QUARANTIE. } *graphie et d'Histoire*.

QUARREL, vieux mot, synonyme de *carreau*. V. ce mot.

QUART, en termes de Marine, temps durant lequel la moitié d'un équipage est de service, pendant que l'autre moitié se repose. On distingue le *quart de tribord* et le *quart de bâbord* (V. BABORD). Le quart est, terme moyen, de 12 heures par jour pour les matelots; la durée, pour chaque officier, est fixée à raison du nombre de ceux qui sont à bord. Le temps pendant lequel chaque officier commande sur le pont se nomme également *quart*. V. BORDÉE.

QUART, ancienne monnaie de cuivre, valant 4 deniers.

QUART DE CANON, nom donné, pendant le XVIᵉ siècle, à un canon ayant 17 calibres de longueur, pesant 1125ᵏ,86, dont la charge était de 3ᵏ,91 de poudre, et le boulet de 5ᵏ,87. On l'appelait aussi *verrat*.

QUART DE CONVERSION, en termes d'Art militaire, mouvement par lequel une des ailes d'une troupe parcourt un quart de cercle, tandis que l'autre aile pivote, de manière que le front devienne perpendiculaire à la direction qu'il occupait d'abord.

QUART D'ÉCU, monnaie d'argent frappée en France sous le règne de Henri III, et qui eut cours jusqu'en 1646. C'était environ le quart de l'écu d'or fixé à 60 sous en 1677.

QUART DE ROND. V. OVE.

QUARTE, en termes d'Escrime, manière de porter ou de parer un coup d'épée en tournant le poignet en dehors.

QUARTE, ancien vase, d'une capacité variable, ordinairement associé à l'aiguière.

QUARTE, en termes de Jeu, série de 4 cartes de même couleur qui se suivent.

QUARTE, en termes de Musique, intervalle de quatre degrés ou deux tons et demi. Une quarte est dite *simple* ou *naturelle*, quand elle comprend 5 demi-tons (de *ut* à *fa* en montant); *fausse* ou *diminuée*, 4 demi-tons (de *ut* dièse à *fa*); *augmentée* ou *superflue*, 6 demi-tons ou 3 tons (d'où le nom de *triton*). La quarte simple est aussi appelée *mineure*, et la quarte augmentée *majeure*. *Quarter*, chez les anciens musiciens, c'était procéder par quartes en faisant un accompagnement au plainchant. B.

QUARTE, un des jeux à bouche de l'orgue. Il est ouvert et de mutation, fait en étoffe, de grosse taille, et à toute l'étendue du clavier. Ce jeu, dont le nom réel serait *quarte de nasard*, est ainsi nommé, quoiqu'il soit à l'unisson de la doublette, parce qu'il sonne la quarte au-dessus du nasard. La quarte est le plus souvent mélangée avec les nasards et les tierces. On l'emploie au positif et à la pédale; dans le premier cas, on la fait de moins grosse taille, et on ne donne à son premier tuyau que 65 centimètres. F. C.

QUARTE CANONIQUE, quart de certains biens que les canons de l'Église attribuaient autrefois à l'évêque et au curé. La quarte épiscopale était prise sur les legs faits pour le bien des âmes des défunts. La quarte du curé, dite paroissiale ou funéraire, était payée pour tout paroissien qu'on faisait enterrer ailleurs.

QUARTE-ET-QUINTE (Accord de), accord dissonant, composé du son fondamental, de sa quarte et de sa quinte. La quarte est un retard de la tierce de l'accord suivant.

QUARTE-ET-SIXTE (Accord de), accord consonnant qui se fait spécialement sur la dominante, et qui se compose de la quarte juste et de la sixte majeure ou mineure. C'est le 2ᵉ renversement de l'accord parfait. Si la quarte est augmentée et la sixte majeure, l'accord provient du renversement de la quinte diminuée, et doit être traité comme l'accord de seconde, c.-à-d. comme le 3ᵉ renversement de la dominante.

QUARTENIER. V. ce mot dans notre Dictionnaire de Biographie et d'Histoire.

QUARTIER. Ce mot, qui signifie au propre la 4ᵉ partie d'un tout, a reçu dans l'usage un grand nombre d'acceptions différentes. Ainsi, on appelle quartiers les divisions administratives d'une ville, ou simplement certaines de ses parties que par habitude on isole. Dans le langage militaire, tout lieu occupé par un corps de troupes se nomme quartier, et le quartier général est le lieu où se trouvent les officiers généraux et leur état-major. A la guerre, une troupe ennemie qui se rend et qu'on épargne est reçue à quartier. Dans les lycées et les colléges, les quartiers sont les salles d'étude, et le maître d'études est dit aussi maître de quartier. — En termes de Blason, quartier signifie la 4ᵉ partie d'un écu écartelé, et aussi une des parties quelconques d'un grand écu qui contient des armoiries différentes. On nomme Quartiers de noblesse les degrés de descendance dans une ligne paternelle ou maternelle ; on ne pouvait être reçu autrefois dans certains Ordres de chevalerie sans avoir prouvé un nombre déterminé de quartiers ; il fallait 16 quartiers en France pour être admis dans les carrosses du roi.   B.

QUARTIER-MAITRE, nom donné jadis, dans les régiments, à l'officier du rang de lieutenant ou de capitaine qui était chargé du logement, du campement, des subsistances, des distributions, de la caisse et de la comptabilité. Il était le secrétaire du Conseil d'administration, et remplissait, en campagne, les fonctions d'officier de l'état civil. L'emploi de quartier-maître fut créé en 1762 ; aujourd'hui ce mot est remplacé par celui de trésorier. Dans quelques États, on nomme quartier-maître général un officier général qui remplit en partie les fonctions de chef d'état-major général. — Dans la Marine, le quartier-maître, dont le grade correspond à celui de caporal dans l'armée de terre, est chargé d'aider dans leurs fonctions le maître et le contre-maître : il dirige les matelots dans le service et la manœuvre du voilage, veille à la propreté du bâtiment et aux pompes, et fait exécuter les ordres du commandant.   B.

QUARTINHO. V. LISBONNINE.

QUASI-CONTRAT, engagement qui dérive de certains faits, et que néanmoins on ne peut nommer contrat, parce qu'il n'y a pas eu convention. Ainsi, la gestion volontaire et sans mandat des biens d'un absent est un quasi-contrat qui oblige à lui rendre compte. La répétition d'une chose non due et payée par erreur dérive également d'un quasi-contrat, car celui qui a reçu est soumis à l'obligation de restituer.

QUASI-DÉLIT. V. DÉLIT.

QUASIMODO, nom du dimanche de l'octave de Pâques, parce que l'introit de la messe de ce jour commence par les mots Quasimodo geniti infantes.

QUATERNE. V. LOTERIE et LOTO.

QUATORZE. V. PIQUET.

QUATORZIÈME, en Musique, réplique ou octave de la septième. Il faut former 14 sons pour passer diatoniquement d'un de ses termes à l'autre.

QUATRAIN, accouplement de 4 vers, de mesure quelconque, à rimes plates ou croisées, renfermant un sens complet. Le quatrain convient à l'épigramme, au madrigal, aux inscriptions et aux épitaphes. Un sonnet est composé de deux quatrains et de deux tercets. Les auteurs les plus connus de quatrains moraux sont Pibrac, P. Matthieu, et Morel de Vindé. Le quatrain s'applique à tout ; voici l'épitaphe du chevalier de Bouillers, faite par lui-même en un quatrain :

   Ci-gît un chevalier qui sans cesse courut,
   Qui sur les grands chemins naquit, vécut, mourut,

Pour prouver ce qu'a dit le sage,
Que notre vie est un passage.

QUATRE ARTICLES (Les). V. DÉCLARATION DU CLERGÉ, dans notre Dictionnaire de Biographie et d'Histoire.

QUATRE-FEUILLES, ornement de l'architecture ogivale divisé en 4 lobes et sculpté en creux ou en relief sur les murailles. On donne le même nom aux rosaces à 4 divisions qu'on voit dans le réseau des hautes fenêtres.

QUATRE FLEURS (Jeu des), jeu de hasard, qui n'est autre que le biribi (V. ce mot), avec cette différence qu'il y a 80 numéros, plus 4 fleurs (une à chaque coin) qui se jouent comme des numéros.

QUATRE-NATIONS (Collège des). } V. notre Diction-
QUATRE-TEMPS.   } naire de Biogr.
QUATRIENNAUX.   } et d'Histoire.

QUATUOR (du latin quatuor, quatre), morceau de musique vocale ou instrumentale à 4 parties. Un quatuor, soit vocal, soit instrumental, peut, lorsqu'il est concertant, c.-à-d. à 4 parties récitantes et obligées, être accompagné par l'orchestre. Le quatuor vocal n'a pas une origine ancienne : on n'en trouve dans les opéras que depuis les dernières années du XVIIIᵉ siècle. Entre autres quatuors célèbres, on remarque ceux de Don Juan par Mozart, de Stratonice et de l'Irato par Méhul, de Ma tante Aurore par Boïeldieu, de Joconde par Nicolo. Les quatuors pour instruments à cordes sont ordinairement écrits pour 2 violons, alto et violoncelle, et se composent de 4 morceaux, un Allegro, un Andante, un Scherzo ou Menuet, et un Finale. Haydn fut le créateur de ce genre de musique de chambre ; après lui, Mozart, Boccherini, Beethoven, Onslow, s'y sont particulièrement distingués. — En instrumentation, on nomme Quatuor l'ensemble des Instruments à cordes, par opposition à la masse des instruments à vent, dite Harmonie.   B.

QUATUORVIRS. V. notre Dict. de Biogr. et d'Histoire.

QUAYAGE, droit que l'on paye pour avoir la permission de déposer des marchandises sur le quai d'un port.

QUÉMINELS (de cheminée), anc. mot signifiant chenets.

QUENNE, ancien vase de forme allongée et d'une capacité convenue.

QUENOUILLE (du latin canna, roseau, bâton, ou de columna, colonne), bâton de fileuse, entouré, vers le haut, de chanvre, de lin, de laine, de soie, etc., que l'on étire avec la main. Chez les Romains, on portait derrière les nouvelles mariées une quenouille garnie de laine, pour signifier leurs occupations futures. La quenouille était un attribut des Parques, spécialement de Clotho. Dans le Blason, elle indique la ligne féminine. Un royaume tombe en quenouille, quand les femmes y succèdent à la couronne. Le musée de Cluny, à Paris, renferme un certain nombre d'anciennes quenouilles en bois sculpté : l'une d'elles, d'un travail florentin, est toute couverte de figures représentant les femmes fortes de l'Écriture. De semblables quenouilles étaient, en général, le principal ornement d'un coffret de noces au moyen âge.

QUENTIN (Église de Saint-); remarquable monument de l'architecture ogivale, qui avait autrefois titre de collégiale. C'est un édifice presque entièrement du XIIIᵉ et du XIVᵉ siècle ; la travée qui est sous la tribune de l'orgue remonte seule au XIIᵉ. Le plan général est à trois nefs, et en forme de croix archiépiscopale, c.-à-d. à deux transepts ; le croisillon de gauche du transept le plus oriental est du XVᵉ siècle. Le grand portail, construction moderne, lourde et massive, sert en même temps de clocher. Le vaisseau a 110 mèt. de longueur environ, 43 mèt. de largeur aux transepts, 30 mèt. de hauteur sous voûte. On compte 7 grandes travées depuis celle de l'orgue jusqu'au premier transept ; l'une des extrémités de ce transept offre un portail, avec tympan intérieur à jour, surmonté d'une belle galerie également à jour et d'une fenêtre de style flamboyant ; l'autre, qui n'a pas de porte, présente un premier étage formé de deux belles ogives, et, au-dessus, une fenêtre à trois compartiments, avec une rose au sommet. Le long des bas côtés de la nef, il y a quatre chapelles d'un côté, et trois seulement de l'autre ; celle des fonts baptismaux a un curieux retable en pierre ; le premier transept est séparé du chœur par une haute balustrade. Le chœur a 4 travées ; ses croisillons ne sont pas percés de portes, puis une abside à 7 travées, avec 5 chapelles. A l'ouverture de chacune de ces chapelles sur les collatéraux, il y a deux colonnes monocylindriques supportant des retombées, ce qui fait que chaque chapelle communique avec les nefs mineures par trois ogives ; cette disposition, très-rare, se retrouve dans l'église de St-Remi à Reims. Au-dessus des arcades ogivales règne autour de l'église une galerie aveugle, surmontée de fenêtres hautes de 13m,30, divisées en deux parties par un meneau, excepté dans le chœur, où elles sont à 3 compartiments et plus larges, et toutes couronnées par une rose élégante. B.

QUENTIN (Hôtel de Ville de SAINT-), édifice élevé sur l'un des quatre côtés de la grande place de la ville, spécimen intéressant de transition entre le style ogival, qui domine à la partie inférieure, et le style de la Renaissance, plus nettement caractérisé dans la partie supérieure. Il fut achevé en 1509. Le rez-de-chaussée est formé de 7 arcades, en arrière desquelles sont un corps de garde et des bureaux. Le premier étage est éclairé par 9 grandes fenêtres, avec niches dans les trumeaux. Rien n'est plus original et plus pittoresque que l'ensemble de ce monument, dont les ogives, les corniches, les chapiteaux et les frises sont ornés de figures fantastiques. Trois frontons triangulaires forment son couronnement : une élégante tour carrée, surmontée d'une lanterne à jour, s'élève au-dessus du fronton central. La lanterne renferme un carillon. A l'intérieur de l'édifice, on remarque la Salle des Conseils, qui a conservé son ancienne décoration. B.

QUESTEURS. V. ce mot dans notre Dictionnaire de Biographie et d'Histoire.

QUESTION (en latin quæstio; de quærere, chercher). En Droit, on nomme question tout point soumis à la décision des juges. Une question de droit est un point de Droit sujet à contestation dans l'application de la doctrine à l'espèce. Une question de fait est l'incertitude qui existe au sujet d'un fait allégué, lequel, quand il aura été prouvé, donnera naissance à un droit. L'examen de la question de fait précède donc logiquement et nécessairement celui de la question de droit. On nomme question préjudicielle celle qui s'élève dans le cours d'un débat, et dont la solution, pouvant influer sur le jugement de l'action principale, doit le précéder : il est de principe que le même juge prononce, à moins que la loi n'ait expressément attribué à une autre autorité la connaissance du fond de cette question.

QUESTION, moyen de Procédure. V. notre Dictionnaire de Biographie et d'Histoire.

QUESTION DE CABINET. V. CABINET.

QUESTION D'ÉTAT. V. ÉTAT.

QUESTION PRÉALABLE, en style parlementaire, formule par laquelle on écarte une motion comme intempestive ou inconstitutionnelle; c'est dire qu'on va discuter préalablement une autre question qui est à l'ordre du jour.

QUESTIONS PERPÉTUELLES. V. notre Dictionnaire de Biographie et d'Histoire.

QUÊTE, autrefois Queste (du latin quæsitum, chose demandée), action de recueillir des aumônes pour les pauvres ou pour une œuvre pie. Les quêtes ecclésiastiques ont été réglementées en France par un décret du 12 septembre 1806 et par un autre décret de 1809; les quêtes des bureaux de bienfaisance, par un arrêté du 25 mai 1803. Toute quête à domicile doit être autorisée par le maire de la commune.

QUÊTE, en termes de Marine, inclinaison en dehors de la partie de derrière d'un navire; elle allonge le navire, comme l'élancement à l'avant.

QUEUE, terme de Chancellerie. Une lettre est scellée sur simple queue, quand le sceau est sur la partie de parchemin qu'on coupe en forme de queue; sur double queue, quand il est sur une bande de parchemin traversant la lettre.

QUEUE, genre de coiffure. V. notre Dictionnaire de Biographie et d'Histoire.

QUEUE, instrument du jeu de billard. V. BILLARD.

QUEUE D'ARONDE OU D'HIRONDE (du vieux français hironde ou aronde, hirondelle), tenon en queue d'hirondelle fait dans une pièce de bois ou de fer, et qui doit entrer dans une entaille de même forme. C'est un puissant moyen d'assemblage pour les pierres de grand appareil et pour les charpentes. — Dans la Fortification, on nomme queue d'hironde une sorte de tenaille dont les branches se terminent en se rapprochant du côté de la courtine; quand les branches vont en s'élargissant, c'est une contrequeue d'hironde.

QUEUES ROUGES (Emploi des), en termes de Théâtre, rôles de bas comique, bouffons se rapprochant des Jocrisses.

QUEURRE, vieux mot signifiant chariot.

QUEUX. V. ce mot dans notre Dictionnaire de Biographie et d'Histoire.

QUICHE (Idiome). V. MEXIQUE (Langues du).

QUICHOTTE (Don), célèbre roman espagnol de Cervantes : il n'est personne qui ne connaisse le chevalier de la Manche, à qui les romans de chevalerie avaient tourné la tête, et son écuyer Sancho Pança; personne qui ne se rappelle la veille des armes dans l'hôtellerie, l'aventure des moulins à vent, la conquête de l'armet de Mambrin, la pénitence de Don Quichotte à l'imitation du Beau ténébreux, l'enchantement de Dulcinée, l'administration de Sancho dans l'île de Barataria, et tant d'autres mémorables aventures que termine cette défaite qui ramène Don Quichotte dans sa patrie, où il ne tarde pas à expirer, après avoir recouvré la raison. — Pour beaucoup d'esprits, même éclairés, l'Histoire de Don Quichotte n'est qu'une satire des romans de chevalerie; c'est en méconnaître la véritable portée : si le Don Quichotte ne se proposait que cette satire, eût-il été traduit dans toutes les langues de l'Europe? S'il se lit et se réimprime sans cesse, il faut nécessairement qu'à côté d'une fable des plus amusantes, se trouve un fond des plus sérieux; que parmi beaucoup d'aventures burlesques le lecteur rencontre des vérités de tous les temps; qu'à de faciles bouffonneries se mêlent des réflexions profitables à toutes les époques et à tous les hommes. L'Histoire de Don Quichotte n'est qu'un cadre où Cervantes a eu l'art d'introduire ses jugements personnels sur quelques-unes des questions les plus importantes de la littérature, de la morale et de la politique. Là même n'est pas la principale raison de la vogue extraordinaire de cet ingénieux ouvrage : elle vient de l'opposition du caractère des deux héros, et du jeu symbolique de ces deux caractères sur la scène du roman; car le Don Quichotte tient de très-près à l'apologue oriental : on retrouve avec le plus vif intérêt, dans la conduite et les discours du chevalier de la triste figure et de son écuyer, la reproduction de la nature humaine, et l'image de la vie, soumise à deux mobiles généraux, l'imagination et le bon sens. — Il faut noter aussi, pour prendre une idée complète de Don Quichotte, un grand nombre d'épisodes qui ne tiennent guère au dessein général de l'ouvrage qu'en supposant que, tout en ayant pour but d'écrire un livre utile à son siècle, Cervantes se proposait aussi de le rendre utile à son auteur. Tels sont : l'Histoire du Captif, le Curieux impertinent, les Aventures de Cardenio et de Lucinde, de Don Fernand et de Dorothée. On y trouve aussi de véritables pastorales, selon la mode d'alors, comme l'Histoire de Chrysostome et de la bergère Marcelle, et les fameuses Noces de Gamache, si agréables à Sancho. Tous ces ornements un peu disparates n'avaient pour but que d'attirer des lecteurs à l'ouvrage, en y semant des pièces de genres et de goûts divers.

Toutefois, ce serait nier l'évidence que de refuser à l'auteur de l'Histoire de Don Quichotte l'intention de faire la satire des romans de chevalerie. Cervantes ne s'élève pas contre les romans de chevalerie en général; ce qu'il attaque, ce sont les détestables imitations des romans primitifs, qui, par l'excès de leurs extravagances, menaçaient la raison et le goût en Espagne d'un naufrage universel.

La 1re partie du Don Quichotte parut à Madrid en 1605. Cervantes venait d'entreprendre la seconde, et l'annonçait en juillet 1613, lorsque fut imprimée à Tarragone, en 1614, une Suite à l'histoire de Don Quichotte, sous le nom d'un certain Avellaneda, pseudonyme qui cache, dit-on, le P. Aliaga, confesseur de Philippe III. Cet ouvrage, écrit par un ennemi de Cervantes, reproduit, non le portrait, mais la caricature de Don Quichotte et de Sancho; il a été traduit en français par Lesage, et depuis, par Germond de Lavigne, Paris, 1853. Devant cette impudente contrefaçon de son œuvre, Cervantes fit paraître, en 1615, la 2e partie de l'histoire de Don Quichotte, où il se vengeait, avec autant d'esprit que de dignité, de son plat imitateur. — Les meilleures éditions de Don Quichotte sont, en espagnol, celles de Pellicer, Madrid, 1797-98, 5 vol. in-8°, et de Clemencin, Madrid, 1833-39, 6 vol. in-4°. Ces deux éditions doivent beaucoup à l'édition donnée en Angleterre par J. Bowle, Salisbury, 1781, in-4°. Les traductions françaises les plus estimées sont celles de Filleau de Saint-Martin, de Viardot, de Damas-Hinard, et de Brotonne. Furne a essayé aussi une traduction dans le genre de celle de Florian, qui n'est qu'une imitation.   E. B.

QUICHUA (Langue). V. PÉRUVIENNES (Langues).

QUIDDITÉ (du latin quid, quelle chose?), terme barbare par lequel les Scolastiques désignaient la nature, l'essence, le caractère distinctif d'une chose; en d'autres termes, ce qui répond à la question : *Qu'est cette chose ?*

QUIESCENTES (Lettres), nom que les hébraïsants donnent à certaines lettres de l'hébreu qui ne se prononcent pas toujours, et qui sont alors comme en repos (en latin *quiescere*, se reposer).

QUIÉTISME. *V.* ce mot dans notre *Dictionnaire de Biographie et d'Histoire.*

QUILANDO, instrument de musique des habitants du Congo. C'est une très-grande calebasse, large par le fond, fort étroite au sommet, et qui sert à faire la basse du *cassuto* (*V. ce mot*).

QUILISME, nom d'un ancien agrément de chant représenté par une ligne brisée ou ondulée. C'était, selon les uns, une sorte de tremblement de la voix, et, selon les autres, un groupe de 3 ou 5 notes ascendantes. Quelques-uns identifient le quilisme avec la plique (*V. ce mot*).

QUILLAGE, droit que les navires marchands payent dans les ports de France, la première fois qu'ils y entrent.

QUILLE, longue pièce de bois, plus haute que large, qui va de la poupe à la proue d'un navire. C'est la base sur laquelle on construit toute la charpente, et, par conséquent, la première pièce qu'on place sur le chantier. En comparant la carcasse du navire à un squelette, la quille est l'épine dorsale, et les *couples* ou *membres* montés sur elle sont les côtes. La quille porte l'étambot à son arrière et l'étrave à son avant. *Emprunter sur la quille* d'un bâtiment, c'est hypothéquer le corps du bâtiment en gage du prêt.

QUILLE (FAUSSE-). *V.* FAUSSE-QUILLE.

QUILLES (Jeu de), jeu qui consiste à abattre, au moyen d'une grosse boule ou d'un disque qu'on fait rouler d'une certaine distance, neuf quilles de bois, rangées ordinairement en carré trois par trois. — Au jeu de *Quilles au bâton*, on se sert de 7 quilles grosses et hautes, qu'on plante sur une même ligne dans du sable, et qu'il s'agit d'abattre avec un bâton ; pour gagner, il faut en renverser un nombre pair. — Dans le jeu de *Quilles sur table*, un certain nombre de petites quilles, pouvant se redresser au moyen de cordons, sont rangées sur un plateau ; on fait tourner la boule autour d'une flèche à laquelle elle est attachée.

QUILLES DES INDES. *V.* TOUPIE.

QUIMPER (Église St-Corentin, à). Cette église cathédrale est le plus beau monument de style ogival que possède la Bretagne. Le chœur, ainsi que la chapelle Notre-Dame-de-la-Victoire qui en était primitivement séparée et qui forme actuellement l'abside, date du XIIIe siècle ; les troubles du XIVe ayant suspendu les travaux, on n'entreprit les voûtes du chœur qu'en 1408 ; le transept, les nefs, les deux tours du grand portail, s'élevèrent dans le cours du même siècle et dans les premières années du XVIe ; les flèches qui surmontent ces tours ont été bâties récemment. L'édifice a les dimensions suivantes dans œuvre : longueur, 92 mèt. ; largeur, 15m,70 ; hauteur, 20m,20. Il est en forme de croix latine, et fortement incliné sur son axe (*V.* AXE) ; la nef est accompagnée de bas côtés, et le chœur de déambulatoires. Bien que chaque période ogivale ait laissé, dans la cathédrale de Quimper, des signes de son influence, elle est remarquable par l'unité du plan. L'extérieur a de la grâce et de la majesté ; la façade occidentale, large de 34 mèt., offre une ornementation distinguée, où l'on reconnaît l'approche de la Renaissance. A l'intérieur, le chœur est la partie la plus belle : les chapiteaux des piliers y sont sculptés avec beaucoup de luxe et de goût ; au-dessus des arcades se déroule une frise, dont les dessins sont traités avec une verve pleine de fantaisie, puis un triforium d'une disposition originale, et enfin de larges fenêtres à trois meneaux. Les arcades de la nef sont un peu surbaissées ; les ornements n'ont ni la même ampleur, ni la même noblesse ; le triforium n'a point été achevé, et les fenêtres sont un peu plus larges qu'à l'abside. Dans les transepts, de grandes fenêtres à meneaux flamboyants tiennent lieu de roses. Il ne reste de verrières anciennes qu'aux fenêtres les plus élevées de l'édifice.   B.

QUINAIRE, monnaie. *V.* notre *Dictionnaire de Biographie et d'Histoire.*

QUINCONCE (du latin *quinque*, cinq), plant d'arbres espacés et disposés de manière à présenter des lignes droites de quelque sens qu'ils soient vus. Ces arbres sont ordinairement distribués par carrés de quatre en tous sens, avec un 5e au milieu. Il y a de beaux quinconces sur l'esplanade des Invalides à Paris, et sur la rive droite de la Gironde à Bordeaux.

QUINCONCE (Ordre en). *V.* ÉCHIQUIER.

QUINDÉCEMVIRS. *V.* ce mot dans notre *Dictionnaire de Biographie et d'Histoire.*

QUINE. *V.* LOTERIE et LOTO.

QUINEVILLE (Cheminée de), à 10 kilom. E. de Valognes (Manche). C'est une sorte de tour, creuse à l'intérieur, sans aucune trace de plancher ni de séparation, et dont l'ouverture, placée au N.-E., s'est agrandie de plus en plus par suite des dégradations. On remarque, à l'extérieur, des restes de moulures qui sembleraient indiquer qu'il existait jadis un escalier. La base de la tour a environ 6 mèt. de hauteur jusqu'au soubassement de la colonne, et est construite en pierre calcaire dans l'appareil réticulé. La circonférence, de 10 mèt. près du sol, va en diminuant jusqu'au point où commence le soubassement. La colonne est ronde, assez bien conservée, et ornée de 7 pilastres d'ordres corinthien et toscan, avec un entablement de ce dernier ordre ; elle est surmontée d'un dôme, soutenu par 18 colonnettes. Les antiquaires ne sont pas d'accord sur l'origine et la destination de ce monument : quelques-uns en font remonter la construction à l'époque de J. César ; d'autres y voient un phare, ou une *recluserie* du moyen âge.   B.

QUINQUAGÉSIME. *V.* notre *Dictionnaire de Biographie et d'Histoire.*

QUINQUÉ. *V.* QUINTETTE.

QUINQUENNAL. *V.* notre *Dictionnaire de Biographie et d'Histoire.*

QUINQUENNIUM, c.-à-d. en latin *espace de cinq ans* ; nom donné, dans l'ancienne Université, à un cours d'études comprenant 2 années de philosophie et 3 années de théologie.

QUINQUENOVE (du latin *quinque*, cinq, et *novem*, neuf), sorte de jeu à 5 et à 9 points, qui se joue avec deux dés.

QUINQUEPORTE (du latin *quinque*, cinq, et *porta*, porte), sorte de filet ou de nasse de pêcheur, de forme cubique, soutenu sur des cerceaux, et ayant 5 entrées qui correspondent à autant de faces du cube.

QUINQUÉVIRS. } *V.* ces mots dans notre *Dictionnaire*
QUINT.   } *de Biographie et d'Histoire.*

QUINTAINE (de l'italien *quintana*), pal ou poteau servant de but. La *joûte à la quintaine*, exercice du moyen âge, était une sorte de jeu de bagues.

QUINTANA. *V.* notre *Dictionnaire de Biographie et d'Histoire.*

QUINTE (du latin *quintus*, cinquième), intervalle consonnant, composé de quatre degrés diatoniques. La quinte *juste* ou *naturelle* comprend trois tons et demi (de *ut* à *sol* en montant). Si la quinte est altérée par diminution, elle est dite *mineure*, ou mieux *diminuée* (de *ut* à *sol bémol*), et renferme deux tons et deux demi-tons ; si elle est altérée par augmentation, elle est dite *augmentée*, et comprend trois tons et deux demi-tons. Les dénominations de *fausse quinte* et de *quinte superflue*, employées autrefois pour désigner la quinte diminuée et la quinte augmentée, ne sont pas rationnelles. Dans la composition musicale, il est défendu de faire deux quintes justes de suite, et même deux quintes cachées, entre deux parties qui marchent par mouvement semblable ou parallèle ; cette règle cesse si la seconde quinte est diminuée. — Autrefois, en accordant les orgues, on affaiblissait environ onze quintes d'un quart de *comma* ; comme on ne parvenait pas ainsi à l'octave juste, on faisait tomber tout ce qui manquait sur une seule quinte, qui devenait outrée, et on avait soin qu'elle se trouvât sur le ton le moins usité. Les facteurs l'appelaient *quinte du loup*.

QUINTE, nom donné quelquefois à l'Alto, parce que cet instrument est accordé à la quinte inférieure du violon. *V.* ALTO.

QUINTE, jeu d'orgues, le même que le nasard (*V. ce mot*).

QUINTE, terme du jeu de Piquet (*V. ce mot*).

QUINTEFEUILLE, en termes d'Architecture, rosace à cinq divisions.

QUINTER, ancien terme de monnayage, qui signifiait marquer l'or ou l'argent, après l'avoir essayé et avoir fait payer le droit du *quint*. — *Quinter* ou *quintoyer* était aussi un terme de l'ancienne Musique ; c'était procéder par quintes dans un accompagnement de plain-chant.

QUINTESSENCE (du latin *quinta essentia*, 5e essence), nom que les anciens philosophes donnaient à l'*éther* (*V. ce mot*), élément plus subtil que la terre, l'eau, l'air et le feu.

QUINTE-ET-SIXTE (Accord de), 1er renversement de l'accord de septième. Outre la quinte et la sixte, il contient aussi la tierce. La quinte s'y résout en descendant d'un degré.

QUINTETTE, autrefois *Quinque*, morceau de musique composé pour 5 voix ou 5 instruments. Les quintettes pour instruments à cordes sont ordinairement écrits pour 2 violons, 2 altos et un violoncelle ; ou bien, comme l'ont fait Boccherini et Onslow, pour 2 violons, un alto et 2 violoncelles. Reicha a composé des quintettes pour flûte, hautbois, clarinette, cor, et basson. En général, le quintette est divisé en 4 parties, comme le quatuor *V. ce mot*). B.

QUINTIL, ancien mot désignant une stance de 5 vers, dans laquelle il y avait 3 vers d'une même rime, entrecoupés par la seconde rime.

QUINTILLA. *V.* ESPAGNOLE (Poésie).

QUINTUPLE, monnaie d'or de Naples, valant 15 ducats ou 64 fr. 95 c.

QUINZE (Jeu du), jeu où l'on emploie deux jeux de cartes entiers, distribués de façon que tous les trèfles et les piques sont réunis dans l'un, tous les cœurs et les carreaux dans l'autre. Il se joue entre 2, 3, 4, 5 ou 6 personnes, qui ont chacune une cave. On distribue une carte à chaque joueur, en prenant en dessous du jeu, et non en dessus. Il est loisible alors de *passer* ou de *renvier*; dans ce dernier cas, on demande d'autres cartes, à l'aide desquelles il faut arriver au nombre de 15 points ou très-peu au-dessous; si l'on dépasse ce nombre, on perd sa mise : à égalité de points, la primauté l'emporte.

QUINZE-VINGTS. } *V.* notre *Dictionnaire de Bio-*
QUIPOS ou QUIPUS. } *graphie et d'Histoire.*

QUIPROQUO (du latin *qui pro quo*, l'un pour l'autre), méprise, malentendu. Les médecins du moyen âge intitulaient *Quid pro quo* tout chapitre où l'on indiquait, à défaut d'une drogue, une autre drogue de même vertu ; ces substitutions donnèrent lieu à des erreurs chez les apothicaires, et de là serait venu, dit-on, le sens moderne du mot *Quiproquo*.

QUIQUANDAINE, sorte de grand vase, avec ou sans anses, qui figure parmi les ustensiles de ménage au moyen âge.

QUIRAT, en termes de Droit maritime, part de propriété dans un navire. Les co-propriétaires sont appelés *quirataires*.

QUIRINAL (Palais), à Rome. Commencé par ordre de Grégoire XIII, vers 1574, d'après les plans de Flaminio Ponzio, il fut continué et achevé sur les dessins de Mascherini et de Dominique Fontana. Sous le pontificat de Paul V, C. Maderno l'agrandit ; le Bernin et Fuga y travaillèrent sous Paul V, et enfin il a été restauré au temps de Pie VII. La grande cour a 100 mèt. de long, sur 55 de large : trois de ses côtés sont entourés d'un portique soutenu par 44 pilastres ; le 4e côté, formant façade, est orné d'une horloge, e. d'un tableau en mosaïque d'après un dessin de C. Maratta. Sous le portique se développent deux escaliers, qui conduisent à des salles ornées de peintures par le Guerchin, le Corrège, l'Espagnolet, le Dominiquin, le Guide, Jules Romain, Annibal Carrache, etc. La chapelle est de même forme et de même grandeur que la chapelle Sixtine du Vatican ; elle a été peinte à fresque par le Guide. Derrière le palais sont de beaux jardins, qui ont environ un mille de circuit. On y remarque une fontaine qui rend des sons harmonieux produits par le jeu des eaux.

QUITTANCE, écrit par lequel un créancier déclare un débiteur *quitte*, c.-à-d. libéré de tout ou partie de son obligation. Une quittance peut être donnée sous seing privé ou par-devant notaire; les frais sont à la charge du débiteur, qui a, s'il a réclamé une pièce notariée, le choix du notaire. Si la quittance énonce la somme payée, sans exprimer la cause de la dette, le débiteur peut l'imputer sur la dette qu'il lui importe le plus d'acquitter ; si elle énonce la cause de la dette et non la somme payée, elle fait foi du payement de tout ce qui était dû pour la cause énoncée; si elle n'énonce ni la somme payée ni la cause de la dette, elle s'étend à tout ce que pouvait exiger alors le créancier qui l'a donnée, mais non aux dettes qui n'étaient pas exigibles à l'époque de la quittance. La quittance du capital, donnée sans réserve des intérêts, en fait présumer le payement.

QUITUS (Arrêt de). *V.* COMPTE.

QUOLIBET (du latin *quod libet*, ce qui plaît, comme on voudra), plaisanterie qui roule sur une phrase à sens volontairement équivoque. Sa qualité est la finesse, l'esprit, la gaieté, une clarté suffisante dans le sens satirique. Quelqu'un demandait au célèbre Dugazon, acteur de la Comédie Française, ce qu'il pensait d'un de ses ca-

marades qui jouait les rôles de valets avec un certain talent, mais froid, ce qui lui valait la réputation d'un artiste médiocre : « C'est, répondit-il, un excellent comique, plaisanterie à part. » Un calembour bien fait est un vrai quolibet. M. de Bièvre donne *le Séducteur*, comédie qui réussit beaucoup, bien que *très-imparfaite*; Laharpe en fait une vive critique dans *le Mercure*, et, peu de jours après, donne sa tragédie *les Brames*, qui n'obtient aucun succès. De Bièvre fait alors courir le quolibet suivant, comme une parole de Laharpe : « Quand *le Séducteur* réussit, *les Brames tombent* (les bras me tombent). » Un homme de qualité, qui faisait profession de pratiquer la charité chrétienne, avait mis dans ses armes une devise empruntée de St Augustin, et qui rappelait en lui la pratique habituelle de cette vertu. Un jour qu'il oubliait un peu ses sentiments d'indulgence pour tous, en parlant de quelqu'un dont il croyait avoir à se plaindre : « Monsieur le comte, lui dit un de ses auditeurs, cela n'accorde guère avec votre devise si touchante : *in omnibus caritas* (la charité sur tous). — C'est possible, repart le noble interlocuteur, mais je ne mets pas tout le monde dans mon *omnibus.* » — Autrefois on appelait *Quolibets* des questions équivoques, énigmatiques, quelquefois burlesques ou ridicules, qu'on adressait sur des matières métaphysiques aux étudiants en philosophie ou en théologie, pour exercer leur sagacité. — En Musique, le nom de *Quolibets* fut autrefois donné à des improvisations à 4, 5 et 6 voix, sur des thèmes populaires. C. D—Y.

QUOTE-PART. *V.* COTE.

QUOTITÉ DISPONIBLE, quote-part de biens dont le donateur ou un testateur a la libre disposition en faveur de qui lui plaît, par opposition à la portion de biens que le législateur frappe d'indisponibilité dans l'intérêt des successibles, et qui prend le nom de *Réserve légale*. Leur fixation a singulièrement varié suivant les principes qui prédominaient dans les différents systèmes législatifs que nous offre l'histoire. Elle se rattache intimement à l'organisation de la famille et à la liberté politique des nations. On peut admettre cependant que, dans certaines limites, cette réserve apportée à la faculté de disposer découle d'un principe de Droit naturel qui place au nombre des principales obligations de l'homme celle de pourvoir aux besoins de ses descendants, ou de ceux dont il a tenu l'existence.

Dans notre ancien Droit, les Coutumes admettaient toutes, en faveur des enfants, la *réserve* sous le nom de *légitime*. Mais son étendue était très-variable, ici de la moitié, là du tiers, ailleurs plus ou moins considérable, parfois même réglable, et fixée par la seule jurisprudence. Un droit analogue était reconnu aux frères et sœurs, et même aux collatéraux les plus éloignés, mais seulement en ce qui concernait les propres, dont cette législation assurait la conservation aux familles. Quant aux pays de Droit écrit, ils avaient consacré les principes du Droit romain, et accordaient une légitime aux descendants, à leur défaut aux ascendants, et même aux frères et sœurs, quand il n'y avait ni ascendants ni descendants. Sa quotité variait du tiers à la moitié, et s'augmentait avec le nombre des ayants droit.

La législation intermédiaire s'absorba dans le principe d'égalité absolue que des esprits extrêmes proclamaient alors comme un des droits essentiels de l'homme. La loi du 8 avril 1791 abolit toutes inégalités résultant, dans les successions *ab intestat*, « des qualités d'aîné ou de puîné, de la distinction des sexes, ou des exclusions coutumières. » La loi du 7 mars 1793 abolit la faculté de disposer. Celle du 5 brumaire an II, la complétant, réglementa les dispositions entre époux, et, proclamant l'égalité entre enfants ou entre collatéraux, permit la disposition du dixième de son bien si l'on avait des héritiers directs, du sixième si l'on avait des héritiers collatéraux, mais à condition que ces dispositions ne profitassent à aucun des successibles. Il existait encore de grandes lacunes; la Convention essaya de les combler par la loi du 17 nivôse an II, qui maintint en grande partie la loi précédente, mais statua sur des difficultés transitoires. Elle permettait entre époux et au cas d'enfants la donation usufructuaire de la moitié des biens. Le Consulat présagea le retour à des règles plus équitables. La loi du 4 germinal an VIII permit toutes libéralités, pourvu qu'au delà du disposant elles n'excédassent pas le quart des biens s'il laissait moins de quatre enfants, le cinquième s'il en laissait quatre, le sixième s'il en laissait six, et ainsi progressivement. La quotité disponible était de moitié s'il n'avait que des ascendants, des frères ou sœurs, ou descendants d'eux, des trois quarts s'il n'avait que des oncles ou grands-oncles, des cousins germains ou enfants d'eux. A défaut de ces ordres de parents, elle était de la totalité. Les libéralités pouvaient s'appliquer aux successibles, sans être rapportables. Cette loi du 4 germinal fut la dernière de celles désignées sous le nom de Lois intermédiaires.

Vint ensuite le système législatif édicté par le *Code Napoléon*. Il promulgua la liberté absolue de disposer, au cas d'absence d'héritiers réservataires; de sorte qu'ici la *quotité disponible* est le corollaire de la *réserve*. Ce droit de réserve est reconnu au profit des descendants d'abord, et ensuite au profit des ascendants. Les droits des frères et sœurs ont été écartés. La *réserve des descendants* est de la moitié des biens, s'il n'y a qu'un enfant; des deux tiers, s'il y en a deux; des trois quarts, s'il y en a trois ou plus. Toute donation atteignant cette quotité doit être réduite comme excessive. La *réserve des ascendants* est de la moitié, s'il existe des ascendants dans chaque ligne paternelle et maternelle; du quart, s'il n'en existe que dans une seule. Mais ce droit ne leur appartient que lorsqu'ils sont héritiers. Cette fixation nous donne le taux de la quotité disponible, qui frappe tout ce que la réserve ne comprend pas. Cependant la quotité disponible entre époux a ses règles spéciales. Lorsque les époux n'ont pas d'enfants ni de descendants, la quotité disponible ordinaire peut être augmentée de l'usufruit de la totalité de la portion dont la loi prohibe la disposition au préjudice des héritiers. S'ils laissent des enfants, ils peuvent disposer d'un quart en propriété et d'un quart en usufruit, ou de la moitié de leurs biens en usufruit seulement. Si l'un des époux avait des enfants d'un premier lit, il ne pourrait donner à son nouveau conjoint qu'une part d'enfant légitime le moins prenant.

La disposition d'un usufruit ou d'une rente viagère dont la valeur excède la quotité disponible laisse au réservataire l'option ou d'exécuter la disposition, ou de faire l'abandon de la propriété de la quotité disponible. La valeur en pleine propriété des biens aliénés à charge de rente viagère, à fonds perdu, ou avec réserve d'usufruit, à l'un des successibles en ligne directe, s'impute sur la quotité disponible, et doit, pour l'excédant, être rapportée à la masse héréditaire. Le don de la quotité disponible peut être fait en tout ou en partie par acte entre vifs ou par testament, sans être sujet au rapport, pourvu qu'il soit fait par préciput et hors part. V. Levasseur, *Portion disponible*, 1805, in-8°; Benech, *De la quotité disponible entre époux*, 2e édit., 1842, in-8°; Kuhlmann, *De la réserve légale en matière de succession*, 1846, in-8°; Saint-Espès-Lescot, *De la portion disponible et de la réduction*, 1849, in-8°; Jouaust, *De la quotité disponible*, 1851, in-8°; Vernet, *De la quotité disponible*, 1853, in-8°; Beautemps-Beaupré, *De la portion des biens disponibles et de la réduction*, 1856, 2 vol. in-8°. R. d'E.

R

R, 18e lettre et 14e consonne de notre alphabet. C'est une consonne linguale et liquide, qui s'unit facilement aux labiales, aux palatales et aux gutturales, ainsi qu'on le voit dans *bras*, *pris*, *front*, *vrai*, *crin*, *trop*, *dru*, *grand*. Les liaisons de l'r final avec le mot suivant qui commence par une voyelle sont toujours très-douces en français; c'est une lettre muette à la fin des infinitifs de la 1re conjugaison, et dans beaucoup de finales en *er* et en *ier*. Elle correspond au *rho* des Grecs (P, ρ), qui était, comme les voyelles, susceptible d'aspiration, et se marquait, en conséquence, tantôt de l'esprit doux, tantôt de l'esprit rude. On ne sait si l'aspiration précédait ou suivait l'articulation R : en français, les mots dérivés des mots grecs où le *rho* initial portait l'esprit rude commencent par le groupe *rh* (*rhétorique*, *rhythme*). Chez les Romains, Perse a appelé l'R une lettre *canine*, à cause de l'analogie qui existe entre le son de cette lettre et le grondement du chien. Les Chinois et quelques tribus indigènes de l'Amérique ne connaissent point l'articulation que nous exprimons par la lettre R; souvent même ils ne peuvent la prononcer dans les mots étrangers, et lui substituent L ou N, comme font certains enfants qui ont quelque difficulté à parler, et qui disent *blas*, *gland*, *plis*, au lieu de *bras*, *grand*, *pris*. Les Espagnols et les Portugais changent aussi quelquefois en L l'R de plusieurs mots empruntés à des langues étrangères. Il y eut chez les Romains permutation de l'R et de l'S : on dit primitivement *asena*, *lasibus*, *Fusius*, *Valesius*, l'*apisius*, au lieu de *arena*, *laribus*, *Furius*, *Valerius*, *Papirius*. De même, le mot allemand *haase* (lièvre) est devenu *hare* en anglais, et l'imparfait singulier du verbe substantif *war* en allemand et *was* en anglais. Les Romains permutèrent aussi R et L : on disait *lemures* et *remures*, *latialis* et *latiaris*, *Palilia* et *Parilia*. L'R existe dans les langues mongole et mandchoue, mais jamais comme initiale. — Signe d'abréviation dans les inscriptions latines, R est pour *rex*, *Roma*, *Ravenna*, *Regulus*, *Roscius*, *Rufus*; RP. pour *respublica*, Rc pour *rescriptum*: R.C. pour *romana civitas*; R. S. pour *responsum*. Dans le Commerce, R s'écrit pour *reçu*, R° pour *recto*. En Liturgie, ℟ est l'abréviation de *répons*. — Lettre numérale d'un grec, surmonté d'un accent (ρ'), valait 100, et, avec l'accent au-dessous (,ρ), 100,000. Chez les Romains, R valait 80, et, surmonté d'un trait horizontal (R̄), 80,000. — R fut autrefois la marque monétaire de Villeneuve-lès-Avignon et d'Orléans. B.

RAC

RABANA, espèce de timbale dont se servent les femmes indiennes pour accompagner leur chant.

RABANS, en termes de Marine, bouts de cordage qu'on emploie à faire divers amarrages. Les *rabans d'envergure* ou *de têtière* servent à attacher le côté d'une voile à la vergue qui doit la porter; les *rabans d'empointure* lient les coins supérieurs d'une voile à sa vergue; les *rabans de sabord* servent à maintenir fermes les mantelets de sabord; les *rabans de volée* tiennent fixée contre la muraille intérieure du bâtiment la volée des canons qui sont à la serre; avec les *rabans de ferlage*, on serre sur une vergue tous les plis d'une voile retroussée.

RABAT, partie de l'habillement. Pour les ecclésiastiques, c'est un morceau de toile ou de crêpe noir, uni, divisé en deux parties oblongues et bordées de blanc, et qui tombe du cou sur la poitrine. Le rabat des Frères de la doctrine chrétienne et de quelques autres congrégations est blanc. Il représente le col de la chemise, qu'on *rabattait* autrefois sur le collet de la soutane. Le rabat que le clergé porte aujourd'hui ne remonte pas plus haut que Louis XV; auparavant, il était tout blanc et beaucoup plus large. Les gens de robe et les professeurs de l'Université portent de longs rabats blancs à plis.

RABBAN, titre d'honneur chez les Juifs. Il ne fut porté que par 7 docteurs de la loi. Tout docteur de la loi s'appelait *rabbi* (maître), titre inférieur à celui de *rabban*.

RABBIN. V. ce mot dans notre *Dictionnaire de Biographie et d'Histoire*.

RABBINIQUE (Langue, — Littérature). V. Hébraïque.

RACAGE, en termes de Marine, sorte de collier qui lie une vergue à un mât.

RACCORDEMENT, en termes de Beaux-Arts, réunion et ajustement convenable de deux bâtiments non semblables, de deux systèmes différents de décoration en sculpture ou en peinture. Les constructions faites à Paris pour réunir le Louvre et les Tuileries sont un exemple de raccordement.

RACCOURCI, en termes de Peinture, aspect qu'offre une figure ou une partie de figure qui n'est pas vue dans tout son développement. Ainsi, dans un tableau, un bras qui vient plus ou moins directement vers le spectateur est vu en raccourci. Les raccourcis sont la principale condition de la composition dans les peintures de plafonds et de coupoles.

RACE ET FAMILLE. V. notre *Dictionnaire de Biographie et d'Histoire*.

RACES HUMAINES. *V.* ce mot dans notre *Dictionnaire de Biographie et d'Histoire*, et, dans le présent ouvrage, l'art. ETHNOGRAPHIE.

RACHAT ou RÉMÉRÉ (Faculté de), pacte par lequel un vendeur se réserve le droit de reprendre la chose vendue. *Réméré* vient du latin *rursùs emere*, acheter de nouveau, racheter. Dans le *contrat pignoratif* ou *contrat d'engagement*, celui qui engage conserve la propriété, et ne transfère que le droit de la posséder et d'en percevoir les fruits; dans la vente avec faculté de rachat, celui qui vend transfère la propriété, et conserve seulement le droit de la racheter. La faculté de rachat ne peut être stipulée pour un terme excédant 5 années; elle passe aux héritiers du vendeur, et peut aussi être cédée à un étranger. Faute par le vendeur d'avoir exercé son action dans le délai prescrit, l'acquéreur devient irrévocablement propriétaire. Si un acquéreur revend sans révéler le rachat dont l'objet est susceptible, le nouvel acquéreur, malgré sa bonne foi, peut être dépossédé. Le vendeur qui use du pacte de rachat doit rembourser le prix principal, les frais et loyaux coûts de la vente, les réparations nécessaires et celles qui ont augmenté la valeur du fonds; mais il n'est pas tenu des charges ou hypothèques dont l'acquéreur l'aurait grevé. S'il y a des récoltes sur pied au moment du rachat, elles sont partagées eu égard au temps qui s'est écoulé de l'année de la récolte. Le vendeur qui rentre dans son fonds est obligé d'exécuter les baux faits sans fraude par l'acquéreur.

RACHIMBOURGS. *V.* ce mot dans notre *Dictionnaire de Biographie et d'Histoire*.

RACINE, partie élémentaire des mots, celle qui exprime l'idée la plus générale et la plus simple. *Prob* est la racine du mot *probable*; *corp*, celle du mot *incorporer*, etc. La dérivation ou la composition font souvent subir aux racines une altération plus ou moins sensible, soit dans la prononciation, soit dans l'orthographe; ainsi, les mots *peuple, peupler, populeux, populaire, public*, ont pour racine commune *pop*. La racine véritable d'un grand nombre de mots français est souvent difficile à découvrir, et on ne la trouve d'ordinaire qu'en remontant à la forme latine de ces mots, parce que notre langue est presque tout entière dérivée du latin. Par exemple, la racine du mot *également* n'est pas *ég*, mais *éq* ou *œq*, ce mot étant dérivé du latin *œqualis*, dérivé lui-même du mot *œquus*; la racine du mot *témoin* est *tem* en apparence, mais en réalité *test*, ce mot étant une altération du latin *testimonium*; celle des mots *œuvre, ouvrer, ouvrier*, est dans les mots latins *opera, operari, operarius*, et, par conséquent, n'est ni *œuv* ni *ouv*, mais *op*. Au reste, il est rarement utile pour la connaissance pratique d'une langue de descendre jusqu'à une analyse aussi subtile, aussi abstraite : on donne généralement le nom de *Racine* au mot le plus simple d'une famille de mots, et l'on ne s'occupe guère d'en chercher la racine élémentaire; ainsi, *plaire* est admis comme la racine de *plaisir, plaisance, plaisanterie; témoin*, comme la racine de *témoigner, témoignage; présent*, comme celle de *présenter, présentement, représentation*, etc. Presque tous nos mots scientifiques ou techniques ont leur racine dans la langue grecque ancienne, comme *arithmétique, géométrie, physique, astronomie, musique, harmonie, grammaire, rhétorique, logique, psychologie, anatomie, physiologie, géographie, apogée, baromètre, épithète, stratégie, tactique, liturgie*, etc.; quelques-uns dans l'arabe ancien, comme *amiral, almanach, alcool, élixir, alcali*, etc. Bon nombre de termes industriels sont empruntés, soit à la langue grecque, soit au latin, à l'anglais ou à l'allemand, et c'est là qu'il faut en aller chercher la racine si l'on veut se rendre compte de leur vrai sens et de leur acception en français : tels sont, entre autres, *wagon, rail, express*, etc. (*V.* RADICAL). Le *Jardin des racines grecques*, par Lancelot et plusieurs autres savants de Port-Royal, contient une explication rimée. Fourmont en 1700 et Duplan en 1789 ont donné les *Racines de la langue latine*. P.

RACOLEURS. *V.* ce mot dans notre *Dictionnaire de Biographie et d'Histoire*.

RADE (du latin *ratis*, vaisseau, ou de l'anglais *road*, route, rade), partie de mer qui s'avance dans une anfractuosité de côte, et où les navires sont abrités des vents et des courants. Une rade est dite *foraine*, quand on y est exposé aux assauts de la vague. Parmi les plus belles rades de l'Europe, on cite celles de Spithead, de Brest, et de la Spezzia.

RADEAU, assemblage de pièces de bois, liées ensemble et formant une espèce de plancher où l'on peut placer des hommes, des chevaux, des objets de toute nature. On en fait usage, soit pour sauver un équipage après un naufrage, soit pour opérer des transports par eau. Dans les ports, on se sert de radeaux régulièrement fabriqués, encadrés d'un bordage, pour réparer les parties inférieures de la coque des navires; quelques-uns ont une petite cale, où l'on met des cordages, des palans, etc.

RADICAL, partie d'un mot qui reste après la suppression, par analyse, de la terminaison, et qui de sa nature est invariable; ainsi, *aim* est le radical du verbe *aimer* dans la plus grande partie de sa conjugaison. Au futur et au conditionnel présent, c'est l'infinitif qui sert de radical : j'*aimer-ai*, j'*aimer-ais*. *Consider* sert de radical au verbe *considérer*, à l'adjectif verbal *considérable*, au substantif abstrait *considération*, etc. Le *radical* n'est pas la même chose que la *racine* : celle-ci, envisagée dans son essence, est monosyllabique, tandis que le radical peut se composer de plusieurs syllabes. Lorsque le radical est monosyllabique, il n'en résulte pas toujours qu'il soit en même temps la vraie racine. Ainsi, *aimer, aimable*, ont pour radical *aim*; mais la racine de ces deux mots est *am*, qui se retrouve dans *ami, amour, amitié*, mots où s'est conservée la racine latine (*am-o, am-abilis, am-icus, am-or, am-icitia*). Le radical peut changer de forme dans une seule et même conjugaison; ainsi, celui de *mourir*, en français, prend tantôt la forme *mor*, comme dans *mort, morte*, tantôt la forme *mou*, comme dans *mourir, mourant, mourez*, et tantôt la forme *meu*, comme dans *je meurs, que je meure, ils meurent*. Cette confusion apparente a sa source dans l'analogie ou l'affinité qui existe entre les trois voyelles *o, ou, eu*. C'est ainsi qu'on dit à la fois *probable, probant, prouver, preuve; bœuf, bouvier, bovine* (race); *vœu, vouer, votif; œuf, oval, ovaire; œuvre, ouvrer*, etc. *V.* RACINE et AFFINITÉ. P.

RADICALISME, système politique qui pousse toutes choses jusqu'aux dernières conséquences d'un principe, et pour ainsi dire jusqu'à sa *racine* (en latin *radix*). On nomme *Radicaux* ceux qui professent un pareil système. En France, ce nom a été souvent donné à toutes les espèces de *Libéraux*, parce qu'ils veulent opérer une transformation plus ou moins complète de l'ordre de choses existant.

RADIER, construction en charpente ou en maçonnerie, immergée au fond de l'eau, et sur laquelle sont fondés les portes ou les écluses d'un bassin, les piles d'un pont, les murs d'un quai, etc.

RADOUB, en termes de Marine, réparation extérieure de la coque d'un navire. Pour *radouber* un bâtiment, il faut d'abord *éventer*, c.-à-d. mettre hors de l'eau la partie ordinairement immergée; puis les charpentiers et les calfats font les réparations nécessaires.

RAFIAU, petit bateau à voiles et à rames en usage dans la Méditerranée.

RAFLE, espèce de filet ou de tramail contre-maillé, dont on se sert pour prendre les petits oiseaux pendant la nuit; — filet de pêche garni d'ailes, et ayant plusieurs ouvertures à chaque extrémité.

RAFLE, coup du jeu de dés, dans lequel les dés amènent chacun le même point.

RAFLOUER, en termes de Marine, remettre à flot un bâtiment échoué.

RAGOUT, mot usité en Peinture au XVIIIe siècle, pour désigner un certain effet piquant, provenant de la vivacité et de la chaleur du coloris, d'une certaine facilité de la touche, et d'autres agréments propres à de petits sujets. On disait un pinceau, un crayon ragoûtant, pour dire une manière de peindre, de dessiner avec ragoût.

RAGRÉER, en termes de Marine, polir la surface extérieure, les bordages et les ponts d'un bâtiment dont la construction est achevée. — En Architecture, ragréer, c'est mettre la dernière main à un ouvrage de maçonnerie, réduire les superfétations, remplir les vides, en un mot faire disparaître les petits défauts du premier travail.

RAGUE, en termes de Marine, petit bloc en bois presque sphérique, percé diamétralement pour laisser passer un cordage, et qui facilite les mouvements de bas en haut et de bas en bas d'un racage (*V.* ce mot). Une rague est dite *goujée*, quand elle a deux goujures ou entailles à angle droit sur sa surface, l'une servant au passage d'un cordage dormant, l'autre recevant la ligne qui fixe la rague sur le dormant.

RAGUVANÇA. *V.* RAMAYANA.

RAIAS. *V.* RAYAS, dans notre *Dictionnaire de Biographie et d'Histoire*.

RAIL, mot anglais qui signifie *ornière, rainure*, et par

lequel on a désigné toute bande de fer, de bois ou de pierre, destinée à recevoir les roues des voitures. On l'applique encore aux bandes de fer sur lesquelles roulent les roues des locomotives, bien qu'elles ne soient plus creusées en ornière, et que l'on fasse au contraire les roues creuses. Les Anglais nomment les chemins de fer *rail-ways*, c.-à-d. *chemins à ornières*.

RAIMONDINS, nom donné, on ne sait pourquoi, aux pièces de monnaie de billon que frappaient au moyen âge les évêques d'Albi, et qui valaient environ 0 fr. 8 c. de notre monnaie. — C'était aussi le nom de sous frappés à Arles par l'archevêque Raimond de Montrond au xiie siècle.

RAINOUART, 14e branche de la chanson de *Guillaume-au-court-nez*. Guillaume trouve, dans les cuisines de l'empereur Louis, un marmiton d'une taille gigantesque. Il découvre que c'est le fils de Desramé, émir de Cordoue, et, par conséquent, le frère de la belle Orable. Il l'emmène avec lui, et le charge de venger la mort de Vivien. Rainouart combat avec un *tinel* (massue), et travaille si bien, qu'il finit par être baptisé, adoubé chevalier, et marié à la belle Aélis, fille du roi Louis, qui met au monde le géant Maillefers. — La chanson de *Rainouart* est conservée à la Bibliothèque nationale de Paris dans sept manuscrits, à la suite de la *Bataille d'Aleschans*. V. *Histoire littéraire de la France*, tome XXII. H. D.

RAINOUART (le Moniage), 16e branche de la chanson de *Guillaume-au-court-nez*. C'est une imitation comique du *Moniage de Guillaume*. Rainouart, devenu moine, est la terreur du couvent. L'abbé cherche à s'en défaire de mille manières. A bout d'expédients, il se donne à Mahomet pour livrer Rainouart aux Sarrasins. Mais Rainouart bat les mécréants, et fait la conquête d'Aljeste (Alger). Il revient mourir à Brioude. — Il existe de cette chanson, dont l'auteur est Guillaume de Bapaume, quatre manuscrits à la Bibliothèque nationale de Paris. V. *Histoire littéraire de la France*, tome XXII. H. D.

RAIS, en termes de Blason, bâtons pommetés et fleurdelisés, disposés comme les rayons d'une roue; — pointes qui sortent d'une étoile.

RAISON, forme supérieure de l'Intelligence. C'est, à proprement parler, la faculté de concevoir, à propos de ce qui est, ce qui doit être; à propos du contingent, le nécessaire; du fini, l'infini; de l'imparfait, le parfait. On la nomme aussi *Entendement pur*, *Intellection pure*. Les notions qui sont l'objet de cette faculté, telles que celles du *temps*, de l'*espace*, de l'*être*, de la *substance* et de la *cause absolues*, du *vrai*, du *beau*, du *bien*, etc., sont la base réelle de toutes nos connaissances, et se retrouvent dans tous nos jugements: leur caractère d'*universalité* indique celui de la Raison elle-même. Elles sont *impersonnelles*, c.-à-d. indépendantes des intelligences, auxquelles elles s'imposent; c'est comme la lumière qui éclaire tout homme venant en ce monde. Il y a, entre la Raison d'une part, la Perception externe et la Perception de conscience de l'autre, la même différence qu'entre le contingent et le nécessaire, le relatif et l'absolu. Les doctrines matérialistes ont nié cette différence, en cherchant à expliquer par l'Expérience l'origine des idées données par la Raison, et, par suite, en niant la Raison elle-même comme faculté spéciale: mais elles ont été réfutées de tout temps par les plus grands philosophes, depuis Platon, Aristote, Descartes, Malebranche, Leibniz, Bossuet, Fénelon, Kant, etc., jusqu'à l'école française de notre temps. — Le mot *Raison* reçoit encore, dans l'usage, d'autres significations. Ainsi, il s'entend de la faculté qu'ont tous les hommes de connaître, de juger, de raisonner, de discerner le vrai du faux, et alors il est synonyme d'*intelligence* et de *sens commun*. La Raison, quand elle s'exerce dans le domaine de la vérité pure ou de la science, est dite *spéculative*. Dans son rapport avec la volonté, et dans le cercle des vérités morales, elle s'appelle *Raison pratique*. Dans les jugements qu'elle porte sur la beauté dans les ouvrages de la nature et de l'art, c'est le *Goût* (V. ce mot). V. les *Méditations* et les *Entretiens métaphysiques* de Malebranche; le *Traité de l'existence de Dieu* par Fénelon; V. Cousin, 1re préface des *Fragments philosophiques*, et *Examen de la philosophie de Locke*, cours de 1828; Bouillier, *Théorie de la raison impersonnelle*. R.

RAISON D'ÉTAT, motif tiré des besoins de la politique pour justifier quelque grande mesure.

RAISON SOCIALE OU NOM SOCIAL, en termes de Commerce, s'entend du nom ou des noms sous lesquels des associés indiquent au public leur association, et qui figureront sur les lettres missives, billets et lettres de change. La signature du nom social oblige non-seulement celui qui signe, mais tous ses associés.

RAISON SUFFISANTE (Principe de la). V. CAUSE FINALE.

RAISONNEMENT (du latin *ratiocinatio*), opération de l'esprit qui consiste à faire passer sa croyance d'un jugement à un autre jugement. On raisonne par *Analogie*, par *Induction*, et par *Déduction*. Raisonner par analogie, c'est s'appuyer sur plusieurs ressemblances partielles entre plusieurs objets, pour affirmer une ressemblance totale; par induction, c'est observer des faits particuliers en plus ou moins grand nombre, pour s'élever à la connaissance des lois qui les régissent, c'est aller du particulier au général (V. ANALOGIE, INDUCTION). L'opération contraire, qui consiste à descendre du général au particulier, constitue le *raisonnement déductif*. Tout raisonnement de cette nature suppose au moins deux vérités acquises, et, par conséquent, deux jugements antérieurs ($A = B$, et $B = C$), de la comparaison desquels résulte le troisième ($C = A$). De plus, il faut que les deux jugements antérieurs, au lieu de quatre termes distincts, n'en renferment que trois (A, B et C), et que l'un d'eux (B) soit commun aux deux jugements; sans cette condition, toute conception de rapport entre eux serait impossible; avec elle, cette conception devient irrésistible et fatale, et il se produit un troisième jugement. Cette conception résulte d'une application que fait la Raison d'une vérité nécessaire: deux choses (A et C), égales à une troisième (B), sont égales entre elles; ou bien: ce (C) qui est dans le contenu (B) est aussi dans le contenant (A). Cela revient à dire que la même chose, substance ou mode, ne peut à la fois être et n'être pas; le Raisonnement a donc pour base le principe de contradiction. Il n'est accompli que quand notre raison a conçu un troisième rapport et porté un troisième jugement implicitement contenu dans les deux premiers. Il se compose donc de trois jugements: deux antérieurement portés et comparés, appelés *prémisses*; puis un troisième, déduit de l'une d'elles sur l'indication de l'autre, et qu'on appelle *conclusion*, expression de la *conséquence*, ou *rapport* entre les deux jugements comparés. Les deux premiers jugements ne renferment que trois termes distincts (A, B, C), dont l'un (B) est commun. Il est encore appelé *terme moyen*, parce qu'il sert à faire saisir un rapport entre les deux autres, qui sont les *extrêmes*, et se trouvent réunis dans la conclusion ($C = A$ ou $C < A$). Ainsi, trois jugements et trois termes distincts, dont chacun figure deux fois, tels sont les éléments de tout raisonnement déductif complet. V. DÉDUCTION et SYLLOGISME. R.

RAISONNEUR, emploi de comédie. Les raisonneurs sont les personnages qui parlent le langage de la morale et du raisonnement. Tel est Philinte dans le *Misanthrope* de Molière.

RALINGUE, en termes de Marine, cordage cousu autour des bords d'une voile pour la fortifier. La *ralingue de têtière* ou *d'envergure* borde la partie supérieure de la voile; la *ralingue de fond* ou *de bordage*, la partie inférieure; les *ralingues de chute*, les côtés verticaux. *Ralinguer* ou *mettre en ralingue*, c'est placer les voiles dans la direction du vent, de manière qu'elles ne le reçoivent ni sur l'une ni sur l'autre face.

RALLA, manteau des anciens Romains, en étoffe claire et légère.

RALLIEMENT (Mot de). V. MOT D'ORDRE.

RAMADAN. V. ce mot dans notre *Dictionnaire de Biographie et d'Histoire*.

RAMAYANA, c.-à-d. en sanscrit *Histoire de Râma*, l'une des deux grandes épopées indiennes. Râma était fils de Daçaratha, roi d'Ayôdhyâ (Oude), sur les rives de la Sarayû, l'un des affluents du Gange: le centre des événements, ou du moins le point de départ et le lieu où ils se terminent, est par conséquent au milieu de la vallée principale de l'Inde, dans un pays où la culture des terres, les arts et métiers, les parties les plus élevées de la science philosophique et théologique, étaient portés à un haut degré de perfection à l'époque même où fut composé le *Râmâyana*. Les castes étaient organisées depuis longtemps; la loi et les pouvoirs publics veillaient à leur conservation. On peut même voir, au 1er chant de cette épopée, que Râma y accomplissait une sorte de révolution que la force des choses avait amenée, et renfermait pour toujours entre les mains des Xattryas, c.-à-d. des seigneurs, l'autorité temporelle, dont son antique prédécesseur Paraçu-Râma avait mis une grande partie entre les mains des brâhmanes ou prêtres: ceux-ci demeurèrent hiérarchiquement les premiers dans l'ordre spirituel, mais se montrèrent depuis lors constamment soumis au pouvoir d'action de la royauté. Ce fut là une des causes qui rendirent célèbre, dans la poésie et dans l'histoire de l'Inde, le nom de notre Râma, appelé Râma-Tchandra pour le distinguer de l'antique brâhmane. Les événements racontés sous une forme poétique dans le *Râmâyana* contribuèrent aussi à la gloire de ce personnage : il ne s'agit, en effet, de rien moins que de la conquête des pays du Sud par les Aryas, et de l'extension de l'influence âryenne jusqu'à l'île de Ceylan. Si l'on en juge par le poëme, que confirment du reste toutes les données antérieures et postérieures, la puissance des Aryas avait alors pour limite, au Sud, les monts Vindhya. Arrivés dans les vallées de l'Indus, ils y avaient trouvé des hommes de couleur jaune ou noire appartenant au type chinois et au rameau dravidien, et ils les avaient soumis ou relégués dans les montagnes, où on les trouve encore aujourd'hui. La période des hymnes du *Véda* nous montre les Aryas établis dans les vallées de l'Indus, et touchant déjà à la Yamunâ (Jumna), affluent du Gange ; le pays de Hastinâpura (Delhi) est le centre des événements racontés dans le *Mahâbhârata* (*V. ce mot*) ; le *Râmâyana* nous porte encore plus vers l'Orient, de six degrés environ, et au milieu même de la grande vallée du Gange. Le Sud de la presqu'île, occupé par des hommes d'une autre race, auxquels, dans le poëme, on donne le nom de *Singes*, à cause de leur couleur et de leur laideur, est parcouru pour la première fois par Râma, qui fait alliance avec eux, parvient jusqu'à l'extrême promontoire méridional, au lieu appelé aujourd'hui *Ramnad* (Râma-nadî, fleuve de Râma), et, franchissant le canal, procède à la conquête de Ceylan. Cette île porte le nom de *Tâmraparna*, qui a produit celui de *Taprobane*, par lequel elle est désignée dans nos auteurs classiques. Si l'on s'en rapporte aux poésies indiennes de tous ces anciens temps, les Aryas avaient à lutter sans cesse contre une race d'êtres malfaisants nommés *Râxasas*, parmi lesquels on paraît ranger à la fois les hommes ennemis de la race conquérante, les animaux sauvages dont on avait à se garder, et aussi des conceptions fantastiques de l'imagination populaire : c'est contre ces puissances hostiles que Râma et ses alliés ont à lutter pendant tout le cours du poëme.

Issu de l'antique race d'Ixwâku, fils de Manu, Daçaratha régnait dans la ville d'Ayôdhyâ, et tous ses sujets étaient heureux ; les religions étaient respectées, les brâhmanes honorés par les trois autres castes. Il avait trois femmes légitimes qui lui avaient donné des fils, dont l'aîné était Râma, fils de la première reine Causalyâ. Le roi désira l'associer à l'empire. Mais la seconde épouse Caïkêyî, femme jalouse et violente, réclama l'accomplissement d'une promesse que le roi lui avait faite ; elle demanda l'exil de Râma, et la consécration royale pour son propre fils Bharata. Fidèle à sa parole, le roi exila son fils aîné, qui partit, accompagné de son jeune frère Laxmana et de sa femme, la belle et vertueuse Sîtâ. Tous trois franchirent à pied des forêts impraticables, des fleuves et des lacs, et, sur l'avis du sage Bharadwâja, s'établirent sur le mont Tchitracûta, où ils vécurent dans une agréable cabane, vêtus de peaux de chèvres et d'écorces. Pendant ce temps, Daçaratha mourut, pleurant l'absence de son fils. Poussé au trône par de nombreux brâhmanes ayant à leur tête Vasishtha, Bharata, plein de justice, refusa le pouvoir, et se rendit auprès de Râma : celui-ci, dont l'exil n'était point terminé, repoussa à son tour l'offre de son frère, et lui remit les chaussures, symbole de la royauté. Bharata, de retour, établit le siège du royaume à Nandigrâma, attendant la fin de l'exil de son frère aîné. Mais celui-ci, s'éloignant davantage, alla se fixer dans la forêt Dandaka, qu'il délivra du râxasa Virâdha, prit pour sa défense, sur l'avis du sage Agastya, l'arc du dieu Indra avec ses deux carquois inépuisables, et établit sa demeure dans le lieu nommé Pantchavatî. Infesté de râxasas horribles et malfaisants, ce pays n'avait d'espoir que dans Râma. Celui-ci, armé de son arc invincible, les détruisit au nombre de quatorze mille. Alors, en apprenant le sort de sa race, le célèbre et puissant Râvana, râxasa aux formes changeantes, se rendit, malgré les conseils des siens, à l'ermitage du héros. Là, usant de prestiges, il parvint à égarer Sîtâ, s'approcha d'elle, l'enleva et disparut. Bien des événements s'accomplissent avant que Râma ait pu découvrir le lieu où était retenue sa femme ; de plus, il lui fallait des alliés. D'après l'avis donné par le corps glorieux de Kabandha, tué et brûlé par Râma, celui-ci se rendit auprès d'une sainte femme, Çavarî ; sur la rive de la Pampâ, il rencontra le singe Hanumat, et par son conseil fit la connaissance de Sugrîva, roi des singes.

Sugrîva lui raconta son inimitié avec Bâli, autre prince de la même race, fit l'épreuve de la force et de l'adresse de Râma, et contracta avec lui une alliance solide. Ils partirent ensemble pour la caverne où se tenait Bâli ; Râma le tua dans la bataille, et établit à sa place Sugrîva. Après les quatre mois de la saison des pluies, Sugrîva convoqua tous les Singes, et les envoya toute la contrée à la recherche de Sîtâ. Sur l'avis du vautour Sampâta, Hanumat traversa la mer : arrivé dans l'île de Lancâ (Ceylan), il vit Sîtâ pensive, assise dans les jardins de Râvana, lui montra son signe de reconnaissance, lui fit savoir ce qui était arrivé, reçut d'elle un signe à son tour, et attaqua ceux qui, dans l'île, soutenaient l'autorité du grand râxasa. Après avoir tué cinq conseillers et cinq chefs d'armée, et atteint même le prince Axa, il fut pris ; mais s'étant dégagé de ses liens, il mit le feu à la ville de Lancâ, revit la belle Sîtâ, et, l'ayant consolée, s'en retourna vers son époux, auquel il raconta ce qui s'était passé. Accompagné de Sugrîva et de la troupe innombrable des singes, Râma descendit vers le Sud, et gagna le rivage de la mer. Là il lança dans l'Océan une de ses flèches divines ; l'Océan se fit voir à lui, et lui ordonna de construire le pont Nala entre la grande île et le rivage. Hanumat et la foule des Singes participèrent à cette grande construction. Par là, le héros d'Ayôdhyâ marcha vers la ville ennemie, tua le prince des Râxasas, et, dans la ville même, sacra roi Vibhishana, soutenu par un parti contraire. Joyeux d'une si grande action, les dieux, Indra à leur tête, rendirent honneur au fils de Daçaratha. Mais, dans le trouble de la victoire, Râma fit à sa femme un reproche qu'elle ne put supporter ; Sîtâ, affligée, se jeta dans les flammes. Aussitôt une brise s'éleva, une voix incorporelle se fit entendre, les cymbales des dieux retentirent, une pluie de fleurs tomba : Sîtâ, que le feu épargnait, retourna avec son époux bienheureux. Montés sur un char paré de fleurs, ils se rendirent à Nandigrâma. Le temps de l'exil étant terminé, Râma coupa sa chevelure de pénitent ; réuni à ses frères et à sa femme, il reprit la royauté des mains de Bharata qui l'attendait, et gouverna dans Ayôdhyâ ses peuples heureux.

Tels sont les événements qui se déroulent dans le *Râmâyana*. Ce poëme est l'œuvre d'un seul homme, Vâlmiki, dont la personnalité n'a été contestée ni chez les Indiens, ni par la critique européenne ; il y a unité dans le sujet et la suite des événements, égalité dans la poésie, unité de style et de langage, accord dans les traditions, symétrie dans la composition et dans la disposition des parties. On constate dans le *Râmâyana* un art inconnu aux auteurs du *Mahâbhârata*. L'étendue de l'ouvrage ajoute aussi quelque chose au mérite poétique de Vâlmiki : car il ne renferme pas moins de 48,000 vers ; et néanmoins, dans une action simple et qui ne languit pas, se trouvent rassemblés un nombre surprenant de faits, de mythes, de traditions, de tableaux de la nature, et de scènes humaines ou fantastiques de l'intérêt le plus varié.

Plusieurs caractères distinguent éminemment le *Râmâyana*. D'abord les descriptions des lieux et des grands phénomènes de la nature y offrent une ampleur et un éclat incomparables ; il n'existe rien de semblable dans toute la poésie grecque ; telle est, par exemple, la descente du Gange, au Ier livre. Ensuite les scènes touchantes, les sentiments tendres du cœur humain sont rendus avec un naturel et une expression pénétrante que les modernes n'ont point dépassés, ni peut-être atteints : la scène entre Râma et Sîtâ, lorsqu'il doit partir pour l'exil, nous semble laisser derrière elle, par le sentiment et l'élévation morale, les adieux d'Hector et d'Andromaque, dans l'*Iliade* ; citons encore l'épisode si touchant de la mort de Yajnadatta, au IIe livre. — Une valeur symbolique paraît avoir été donnée par l'auteur aux personnages et aux événements de son poëme. Sans compter, en effet, les récits de faits purement mythologiques, l'apparition d'êtres divins et la production de phénomènes surnaturels dont le poëme est comme parsemé, le héros principal, Râma, est lui-même une incarnation de Vishnu, laquelle occupe une place considérable parmi celles de ce dieu que l'Inde reconnaît. Sîtâ est un mot qui signifie le *sillon du labour*. Les Râxasas sont, dans la mythologie, des forces hostiles de la nature, qui se présentent sous mille formes, et luttent partout contre la race pieuse et agricole des Aryas. Il serait possible d'identifier, malgré la tradition, Râma, fils de Daçaratha, avec Bala-Râma, le porte-charrue, et de ne voir dans tout le poëme qu'un récit d'événements symboliques où serait représentée la propagation de la culture aryenne vers le Sud de l'Hindoustan. Telle est la tendance de l'école orientaliste allemande aujourd'hui. Nous ne nions pas que cette interprétation ait quelque vraisemblance; mais nous croyons que le poëme de Vâlmîki a une tout autre portée, et que, si la culture de la terre est pour quelque chose dans sa valeur symbolique, il renferme aussi le souvenir d'un des grands événements de l'histoire d'Orient, l'extension de la puissance âryenne jusqu'à Ceylan, la mer franchie, la religion védique portée chez des peuples qui, par elle, furent en partie transformés; de sorte que Râma, à l'arc divin, n'est pas seulement un agriculteur, mais un des grands propagateurs de la civilisation. Par le fait nous voyons, dans la suite de la littérature sanscrite, les Aryas établis jusqu'au bas du Gange, aussi bien que sur les rivages et dans les îles, leur langue se propager dans les diverses contrées du sud, et, bientôt, les populations prêtes à recevoir et à comprendre l'enseignement des missionnaires bouddhiques. Quant au rôle supérieur de Râma, comme incarnation de Vishnu, nous ne pensons pas qu'il soit nécessaire d'y voir une influence postérieure et de regarder comme des interpolations tous les vers ou fragments de vers qui le désignent de la sorte: car, dès les temps du *Véda*, Vishnu tend à devenir la personne divine qui se manifeste dans les intelligences supérieures, primitivement issues d'Agni (V. VÉDA). Et, si l'on tient compte de la distance qui sépare les *Hymnes* du *Râmâyana*, tel a pu être le rôle de Vishnu dans la doctrine religieuse au temps de Vâlmîki, avant que l'adoration exclusive de ce dieu eût engendré la secte des Vishnuvites.

Le caractère moral des personnages est ici fortement accusé. Envisagés simplement comme des êtres humains, Râma, Sîtâ, Laxmana, Bharata, ont leur nature propre et celle qui convient expressément à leur rôle. La vertu sublime et inspirée; cette force d'âme qui rend un homme juste, véridique, fidèle, constant, pur dans ses mœurs, attentif au bien de tous; ce sentiment réfléchi du devoir qui fait une âme courageuse et sereine, grande et douce à la fois; voilà, avec la beauté physique qui en est le reflet, ce qui met Râma au-dessus de tous les hommes et l'égale aux dieux. Sîtâ ne lui est point inférieure: la piété pour les dieux, l'admiration soumise pour son époux, le dévouement sans bornes, cette entière abnégation qui rend courageuse et dure pour elle-même une jeune femme accoutumée au luxe de la cour, un amour passionné et une pureté inviolable, voilà la belle et douce Sîtâ. Laxmana et Bharata ont aussi le caractère de leur rôle: l'un, fort, mais soumis, comme un jeune frère à son aîné, dévoué à Râma et à sa belle-sœur, les servant dans leur exil et dans les batailles; l'autre, sachant son devoir et la limite de ses droits, cédant avec plaisir un pouvoir dont il s'est chargé sans le désirer, parce que ce pouvoir ne lui appartient pas et qu'il n'en a que le dépôt. A ces caractères si grands et si touchants, le poëte oppose, dans l'action, Râvana, l'ennemi du héros et en qui sont réunis les vices opposés à ses vertus, les rivalités et les trahisons de Vibhishana et des autres Râxasas, et, dans un monde intermédiaire, l'agilité, la force et la ruse, tantôt violentes, tantôt bienfaisantes, de Sugrîva, de Hanumat et des singes, leurs sujets.

Les Indiens ont rangé le *Râmâyana* dans le genre littéraire qu'ils nomment *kâvyas*, c.-à-d. poëmes épiques, entendant par ce mot que chacun de ces poëmes forme une unité et est l'ouvrage d'un seul homme. Les épopées de cette espèce étaient assez nombreuses: parmi celles qui nous restent, outre le *Râmâyana*, il faut compter le *Raghuvança* ou histoire de la descendance de Raghu et particulièrement de Râma, et le *Kumârasambhava*, qui portent tous deux le nom de Kâlidâsa. Si ces deux poëmes sont bien réellement de cet auteur, et si Kâlidâsa vivait à l'époque de Vikramâditya ou de l'empereur Auguste, ils sont notablement postérieurs au *Râmâyana*: c'est, du reste, ce qui est indiqué par la composition très-savante et par la langue très-raffinée de ces deux *kâvyas*. La langue de Vâlmîki, au contraire, bien que précise et élégante, est simple et dépourvue de subtilité et de recherche. Les formes grammaticales des mots et les tournures des phrases sont également, dans notre épopée, d'une époque évidemment plus ancienne. Les poëtes indiens des temps postérieurs ont professé pour le style, l'art et l'influence morale de l'œuvre de Vâlmîki une admiration presque sans bornes. Le *Râmâyana* a été regardé par eux, et a été, en effet, la souche d'où sont sorties un grand nombre de compositions poétiques de toute longueur et de tout genre.

On doit opposer, comme l'ont fait les critiques indiens, le *Râmâyana* au *Mahâbhârata* d'un côté, et de l'autre, à la classe de poëmes nommés *Purânas* (V. ce mot). Le *Mahâbhârata* est un ensemble de morceaux épiques plus ou moins anciens, ajoutés, à diverses époques, à un fond primitif: ce fond et la plupart de ces morceaux étaient connus sous le nom d'*Itihâsas* (légendes). Leur réunion fut l'œuvre de Vyâsa, selon la tradition; mais, outre que l'on cite plusieurs Vyâsa, ce nom ne signifie pas autre chose ici que *compilateur*. Si l'on rend, autant que possible, à chaque époque historique les morceaux qui lui reviennent, on trouve un poëme initial d'environ 12 ou 15,000 distiques, ne renfermant que des récits de batailles dans un style fort antique, et qui se rapportent à la grande guerre des Kurus à Hastinâpura (Delhi). C'est à la période, probablement assez longue, comprise entre la fin des Hymnes védiques et l'époque des *Kâvyas* que se rapporterait la composition des *Itihâsas*. Vinrent ensuite les *Kâvyas*, qui sont aussi des épopées, mais d'une nature toute différente, puisqu'ils sont l'œuvre d'un seul homme, n'ont reçu dans la suite que de petites interpolations le plus souvent aisées à reconnaître, et se distinguent par l'unité de l'action, la vérité et la suite dans le développement des caractères, et un art de composer et d'écrire porté à une haute perfection. Jusqu'où s'étend cette période des poëmes épiques? C'est ce qu'il est difficile d'apprécier, puisque nous voyons le *Raghuvança* et le *Kumârasambhava* indiqués comme appartenant au commencement de l'ère chrétienne et se rapprochant peut-être même plus encore de nos jours. Quoi qu'il en soit, la période épique des compositions épiques est caractérisée par les *Purânas*, ouvrages où sont réunis, comme dans le *Mahâbhârata*, des traditions et des morceaux empruntés aux siècles antérieurs et même aux *Védas*, mais qui sont presque entièrement théologiques. Quoique attribués à des auteurs particuliers, et dont la réalité n'est pas plus douteuse que celle de Vâlmîki, ils n'offrent aucune unité d'action, ne répondent à aucune époque historique déterminée, mêlent les faits, les hommes, les doctrines, les langages, et ne semblent permettre au critique de laisser à leurs auteurs qu'une très-petite portion de leur immense étendue. Ces répertoires archéologiques sont d'un âge évidemment moderne, et ne remontent pas aux temps où les vraies compositions littéraires se sont produites dans l'Inde. De plus, les auteurs des *Purânas* et ceux des *kâvyas* n'appartiennent pas à la même caste. Les premiers sont des *Sûtas* (écuyers), hommes qui ne faisaient qu'à moitié partie de la caste brâhmanique, ou qui étaient au service des Xattriyas ou seigneurs. Ils ne possédaient donc qu'une portion de la science sacrée, et n'avaient pas sur elle un droit complet d'interprétation ni même d'exposition; leur rôle était surtout de recueillir les traditions et d'en former des volumes pour l'instruction des jeunes princes et des femmes. Le *Râmâyana* est, au contraire, l'œuvre d'un pur brâhmane, que la tradition nous représente comme un saint pénitent, vivant au désert, et ayant des relations directes avec Brahmâ lui-même, qui lui apparut et lui fit connaître Râma. Il en résulte que son poëme peut développer avec une entière liberté d'esprit non-seulement les doctrines religieuses et leur fond métaphysique, mais encore les lois, les devoirs, des hommes, des castes, des rois même, et donner à chacun des leçons pleines d'autorité pour la conduite de la vie. La tradition non plus n'enchaîne pas l'auteur; ne voyant dans plusieurs personnages de l'antiquité indienne que des figures symboliques propres à représenter les idées et les événements du développement de leur temps, il les rapproche sans scrupule. Ainsi, il est hors de doute que les deux Râma ont vécu à deux époques fort éloignées l'une de l'autre, puisque celui de Vâlmîki régnait sur la Sarayû et le Gange; que l'autre est d'un temps où les Aryas dépassaient à peine la Saraswati vers l'Orient, et qu'enfin toute la période des événements racontés dans le *Mahâbhârata* les sépare. Cependant le poëte fait converser ensemble les deux Râma. Ce merveilleux poétique, que les Indiens emploient plus encore que les Grecs, autorisait Vâlmîki à dépasser même cette limite, car il fait paraître et agir dans son poëme, à côté de Râma et avec lui, des personnages qui appartiennent au *Véda* lui-même, qui ont écrit des Hymnes védiques dont l'authenticité n'est point douteuse, et qui sont antérieurs à l'antique Paraçu-Râma. Tels sont Viçwâmitra, Vasishtha, Bharadwâja, et Atri. Cette liberté extrême prise par le poëte de rapprocher ainsi sur une même scène des personnages d'époques si différentes prouve deux choses:

c'est que Vâlmîki ne vivait pas au temps de Râma, mais beaucoup après; de sorte que Vâlmîki n'a pas lu son poëme en présence du héros, comme le disent les brâhmanes; et, secondement, que les poëtes védiques ci-dessus nommés étaient passés depuis assez longtemps pour que leurs figures fussent devenues en quelque sorte idéales, et pareilles à celles des dieux qui échappent au temps. Or, si l'on ne peut guère fixer la limite de la période védique plus près de nous que l'année 1500 ou 1600 av. J.-C., on ne peut pas non plus la reculer indéfiniment dans le passé. Si la période comprise entre les deux Râma comprend plusieurs siècles, et qu'un assez long temps se soit encore écoulé entre notre Râma et son chantre Vâlmîki, on voit que l'époque de ce dernier ne saurait guère être antérieure à celle d'Homère. D'un autre côté, l'on ne peut guère admettre que le *Râmâyana* soit postérieur à l'apparition du bouddhisme. La période des *Kâvyas*, ou du *Râmâyana*, serait ainsi comprise entre le milieu du VIIe siècle et le commencement du IXe. Les *Itihâsas* ont certainement précédé les *Kâvyas*; le *Mahâbhârata* primitif se trouve ainsi placé entre le *Râmâyana* et la guerre des Kurus, qui ellemême a suivi l'établissement des Aryas védiques dans les hautes vallées du Gange et de la Yamunâ. Cette guerre serait ainsi reportée à une date un peu antérieure à la guerre de Troie. Si le fond premier du *Mahâbhârata* est antérieur au *Râmâyana*, il n'en est pas de même de ses additions postérieures: une foule d'épisodes, des fragments très-longs de morale et de législation, des expositions de doctrine, et enfin de véritables poëmes philosophiques, tels que le *Bhagavad-Gîtâ* (*V. ce mot*), sont ou postérieurs au *Râmâyana*, ou même postérieurs au bouddhisme. Il faudra donc démembrer ce grand *Itihâsa*, et en rendre les diverses parties aux siècles auxquels elles appartiennent. Un tel travail ne sera pas à faire pour le poëme de Vâlmîki, du moins à peu d'exceptions près, car il est presque tout entier l'œuvre d'un seul auteur désigné.

D'après la tradition exprimée en tête du poëme, le *Râmâyana* a d'abord été composé et enseigné verbalement par Vâlmîki à ses disciples. Malgré ce que cette tradition peut avoir de surprenant pour un poëme d'une telle étendue, elle semble confirmée par ce fait qu'il existe dans l'Inde plusieurs recensions du *Râmâyana*. Ces recensions, faites en divers lieux et indépendamment les unes des autres, s'accordent entre elles quant aux événements, aux rôles et aux caractères des personnages. Mais elles suivent un arrangement différent; elles présentent, de plus, des divergences considérables dans les expressions. On en pourrait donc conclure avec vraisemblance qu'en effet le poëme n'a été fixé par l'écriture qu'un temps plus ou moins long après sa composition, et qu'il avait auparavant circulé de bouche en bouche dans une grande partie de l'Inde. On aura moins surpris de ces faits si l'on observe que l'enseignement oral et la récitation étaient le principal exercice des Brâhmanes, et que les maîtres exerçaient les novices à retenir ainsi par cœur la Sainte Écriture tout entière, et cela depuis l'époque où les hymnes avaient été composés. La seule édition complète que nous possédions du *Râmâyana* est celle de M. Gorresio (Paris, 1843 et suiv.), où le texte comprend 5 volumes: elle reproduit, sous le nom de *Gaudana*, la récension du Bengale. Les éditions antérieures de Carey (Sérampore, 1806-1810), et de Schlegel (avec traduction latine, 1829-38), offrent d'autres récensions, ainsi dit-on, que les manuscrits de Berlin.

Le nom de *kâvya*, donné dans l'Inde à un genre de poëmes épiques, dérive du mot *kavi*, qui veut dire *poëte*, et qui désigne toujours une personne réelle et non un être collectif tel que Vyâsa. Lorsque la littérature des *kâvyas* florissait, elle fut transportée par l'émigration indienne dans l'île de Bâli, voisine de Yava, et traduite en une langue qui porte le nom de *kavi*. Nous trouvons aujourd'hui dans ce pays des œuvres indiennes considérables, traduites du sanscrit en cette langue: tels sont le *Raghuvança* et le *Kumâra-Sambhava*, ainsi qu'une partie du *Mahâbhârata* lui-même. C'est un pays et une mine qui n'ont pas encore été suffisamment explorés.

Le *Râmâyana* tient dans la littérature indienne une place très-considérable; il est estimé presque à l'égal des livres saints, à cause des doctrines et des exemples qu'il propose; il est un objet d'études spéciales pour ceux qui apprennent la langue, la prosodie, l'art de la composition littéraire. Pour nous aussi, il est un des monuments les plus importants de la langue sanscrite. Pour les historiens, il offre un double *intérêt*: par les traditions antiques qu'il renferme, il projette un jour très-vif sur les temps qui ont suivi la période du *Véda*, et dont les développements religieux et philosophiques sont contenus particulièrement dans les livres nommés *Brâhmanas*; par son fond principal, il nous fait assister, à travers mille conceptions merveilleuses qu'il faut élaguer, à la marche des Aryas vers l'ouest et vers le sud de l'Hindoustan, c.-à-d. à l'un des plus importants mouvements que notre race ait exécutés sur la terre; on y voit agir non-seulement les Aryas conquérants et civilisateurs, mais les races primitivement établies sur ce sol, les unes s'alliant avec les Aryas et les aidant, les autres luttant contre leurs progrès. Après cette grande expédition du fils de Daçaratha, le Gange est parcouru et soumis dans toute sa longueur, la presqu'île est explorée, la mer est ouverte sur une grande étendue de côtes; Ceylan, tributaire des rois du continent, va devenir un point aussi important pour le commerce que pour la propagation à travers les mers des doctrines civilisatrices issues du *Véda*. — Outre les éditions déjà mentionnées du *Râmâyana*, et une traduction française par M. H. Fauche, nous en possédons un épisode, le *Yajnadattabada*, traduit par Chézy, 1827, in-4°, et qui se trouve aussi dans les *Fleurs de l'Inde*, Nancy, 1857; le texte même a été publié par Chézy et H. Burnouf, 1826. Le *Raghuvança* a paru avec une traduction en prose anglaise à Calcutta, 1832; Stenzler l'a donné avec une traduction latine, Londres, 1832, et Galanos avec une traduction grecque, Athènes, 1850. On doit aussi à Stenzler le *Kumâra-Sambhava*, texte et traduct. latine, Berlin, 1838. EM. B.

RAMBERGE (de *rame*, et de *berge* pour *barque*), ancien navire de guerre, dont les mâts portaient des gabies ou espèces de hunes.

RAMBOUILLET (Hôtel de). *V.* notre *Dictionnaire de Biographie et d'Histoire*, et, dans le présent ouvrage, l'art. PRÉCIEUSES.

RAME, pièce de bois dont on se sert pour faire avancer une embarcation. La partie qui plonge dans l'eau se nomme le *plat* ou la *palle*; celle que tient le rameur, *manche*.

RAME (de l'allemand *ramen*, liasse), quantité de 500 feuilles de papier, divisée ordinairement en 20 *mains* de 25 feuilles chacune. Mettre un livre d *la rame*, c'est le vendre au poids du papier.

RAMONAGE DES CHEMINÉES. Il doit se faire aux époques déterminées par l'usage des lieux, sous peine d'une amende de 1 à 5 fr., et est à la charge des locataires ou occupants.

RAMPANT, en termes de Blason, se dit des animaux qui, dans les armoiries, sont représentés debout et s'élevant comme le long d'une rampe. On l'oppose à *passant*. — En Architecture, toute ligne inclinée ou en pente est un *rampant*. On a aussi donné ce nom aux nervures qui descendent des croisées d'ogives vers la partie inférieure d'une clef pendante.

RAMPE, balustrade d'appui qui règne dans toute l'étendue des escaliers. Selon l'importance des bâtiments, on fait les rampes en balustres de marbre, de pierre, de bois ou de métal; on les couronne, soit par une platebande plus ou moins ornée, soit par une *main courante*, corps arrondi et continu sur lequel la main s'appuie. — Par extension, on appelle *Rampe* un plan incliné en pente douce, par lequel on monte ou descend, et qui tient lieu d'escalier dans des jardins, sur des quais, dans des ouvrages de fortification, etc.

RAMPE, rangée de lumières placée au bord de la scène dans une salle de spectacle, et qu'on lève ou baisse à volonté. Elle jette sa lumière principalement sur la scène et les acteurs.

RAMS, jeu de cartes qui se joue à 4, 5 ou 6 personnes, avec un jeu de piquet. Chaque joueur prend un nombre convenu de jetons, et reçoit 5 cartes. Le donneur, s'il veut tenir le jeu, échange l'une de ses cartes contre la *retourne*, qui a déterminé l'atout. Il est loisible de *passer*: si tout le monde passe, le donneur fait *rams*, et est débarrassé de 5 jetons. Quand on joue, on est tenu de fournir et de forcer sur la carte jouée, ou de couper, et même de surcouper. Celui qui n'a fait aucune levée prend cinq jetons de plus, il est *ramsé*; chaque joueur se débarrasse d'autant de jetons qu'il a fait de levées, et le premier à qui il n'en reste est le gagnant.

RANCON (de l'italien *rancone*, crochet), sorte de pique dont l'extrémité présentait à chacun des côtés une courbure en forme d'hameçon.

RANÇON (de l'italien *ranzion*), ce que l'on paye pour

tIrer un prisonnier des mains de l'ennemi. L'usage de donner des rançons a existé de toute antiquité, et jusqu'à la Révolution française. Pendant le moyen âge, les vassaux étaient obligés de payer la rançon de leur suzerain; c'était une des aides féodales. Louis IX, prisonnier en Égypte, donna la ville de Damiette pour sa propre liberté, et 400,000 besants pour celle de ses compagnons de captivité. Jean le Bon fut racheté aux Anglais au prix de 3 millions d'écus d'or. Dans un traité conclu en 1780 entre la France et l'Angleterre pour l'échange des prisonniers de guerre, la somme à payer pour un simple soldat ou un matelot était de 25 fr., et elle augmentait en raison du grade; un vice-amiral français, un amiral anglais commandant en chef, un maréchal de France, un feld-maréchal anglais, étaient estimés 60 matelots ou soldats. Aujourd'hui, les nations européennes ne font plus que des échanges de prisonniers à égalité de grade.

RANELAGH, nom emprunté à un établissement de divertissements publics des environs de Londres, et appliqué au local d'un ancien bal public du bois de Boulogne à Paris, près le château de la Muette. Le Ranelagh du bois de Boulogne a été détruit vers 1852.

RANGIER, meuble d'armoiries qui représente le fer d'une faux. Il paraît ordinairement en pal, la pointe vers le chef.

RANZ DES VACHES, antique mélodie nationale que les bergers de la Suisse chantonnent ou jouent en faisant paître leurs troupeaux. On raconte qu'autrefois les Suisses enrôlés comme mercenaires à l'étranger ne pouvaient l'entendre sans éprouver un invincible besoin de revoir leur pays, et qu'ils désertaient ou mouraient de langueur. C'était le souvenir de la patrie qui donnait au ranz cette puissance; car c'est un air fort simple, sans art, et même grossier; il ne produit son effet qu'au milieu des montagnes. C'est un trois-huit qui commence par un *adagio* plaintif de 4 mesures répétant les mêmes notes; puis vient un *allegro*, comme si l'âme secouait sa mélancolie; elle y retombe par un court *adagio*, se relève encore dans un nouvel *allegro*, et tout se termine par un *adagio* de 24 mesures. Le ranz n'est pas le même pour toute la Suisse; chaque canton possède le sien. *Ranz* signifie « suite d'objets qui vont à la file; » le ranz des vaches, c'est donc la *marche des vaches*. En effet, c'est surtout lorsque les vaches rentrent au village, à la fin de la belle saison, que l'on joue cet air. B.

RAOUL DE CAMBRAI, vieille Chanson de geste qu'on peut diviser en quatre parties. Dans la 1re, Raoul réduit en cendres l'abbaye d'Origni; dans la 2e, Bernier tue Raoul pour venger la mort de sa mère; dans la 3e, Bernier se réconcilie avec les parents de Raoul, et épouse la fille de Gerin le Sor; dans la 4e, il est tué par Gerin. Les faits racontés dans cette Chanson sont historiques, et se rapportent à l'an 943. C'est la lutte des enfants de Herbert de Vermandois contre l'usurpateur Raoul, comte de Cambrai, sous le règne de Louis d'Outre-mer. L'auteur de la Chanson est Bertolais de Laon. Son ouvrage est conservé dans un seul manuscrit du XIIIe siècle. On y reconnaît un grand nombre d'interpolations, dont la correction et l'élégance font un singulier contraste avec la rudesse et la simplicité du texte primitif. Ce roman a été publié par Edw. Le Glay, Paris, 1840. V. *Histoire littéraire de la France*, tome XXII. H. D.

RAOUT. V. Rout.

RAPATRIEMENT, renvoi dans leur patrie des hommes de tout navire perdu ou délaissé à l'étranger. Il se fait par les soins des agents consulaires, dans le plus bref délai possible, et aux frais des armateurs. On rapatrie également les enfants d'origine française abandonnés en pays étranger, ceux d'origine étrangère abandonnés en France, etc.

RAPIDES. V. Cataracte.

RAPPE, au pluriel *Rappen*, monnaie de compte de Suisse, valant un centime.

RAPPEL (contraction de *réappel*), action par laquelle on rappelle quelqu'un (V. Lettre de rappel). Dans les assemblées délibérantes, on se sert des expressions *rappel à la question*, *rappel à l'ordre*, qui s'expliquent d'elles-mêmes.

RAPPEL, en termes de Comptabilité, mesure par laquelle on alloue à un fournisseur déjà payé une somme complémentaire, à un fonctionnaire un traitement arriéré ou remontant à une époque antérieure à son entrée en fonctions.

RAPPEL, batterie de tambours ou sonnerie de clairons qu'on fait exécuter pour rassembler immédiatement une troupe de soldats.

RAPPEL (Association du). V. Acte d'union, dans notre *Dictionnaire de Biographie et d'Histoire*.

RAPPORT, compte-rendu ou exposé sommaire que l'on fait sur un travail dont on a été chargé, sur une mission que l'on a reçue.

RAPPORT, en termes de Droit, action de faire rentrer dans la masse d'une succession les objets donnés par le défunt à l'un de ses héritiers, pour qu'ils figurent dans le partage. Tout héritier est soumis à l'obligation du rapport, à moins que les dons et legs n'aient été faits *expressément* à titre de préciput et hors part, et pourvu qu'ils ne dépassent point la quotité disponible. Le rapport n'est dû qu'aux cohéritiers, et non aux légataires ou aux créanciers de la succession. Les frais de nourriture, d'entretien, d'éducation, d'apprentissage, d'habillement, ne sont pas présents d'usage, ne sont pas sujets au rapport. Il n'y a pas obligation de rapport pour l'héritier qui renonce à la succession (V. le *Code Napol.*, art. 843-869, 1408 et 1469).

RAPPORTEUR, celui qui fait un rapport sur un travail, sur une loi, etc., au nom d'une commission. Dans les tribunaux, le *Juge-rapporteur* est celui qui a été spécialement chargé d'une affaire, d'un règlement de compte, et qui en fait le rapport à une Chambre ou à une Cour. Dans les Conseils de guerre et de discipline, on nomme *Rapporteur* l'officier qui fait les fonctions de ministère public.

RAPT (du latin *raptus*), enlèvement par violence (V. Enlèvement). L'ancienne législation, outre ce rapt qui emporte toujours pour nous l'idée d'un crime, reconnaissait le *rapt par séduction*, parce que la violence était ici exercée contre les parents; presque toujours elle les punissait l'un et l'autre de mort.

RAQUETTE, instrument dont on se sert pour jouer à la paume et au volant; — nom que l'on donne chez plusieurs peuples à la fusée de guerre.

RAS DE CARÈNE, radeau dont on se sert pour les travaux de radoub et de carénage.

RAS DE MARÉE, élévation subite et bouillonnement de la mer à la rencontre de deux marées ou de deux courants opposés.

RASGADO (de l'espagnol *rasgar*, arpéger), prélude que les Espagnols exécutent en attaquant successivement toutes les cordes de la guitare avec le pouce, et en suivant la mesure et le rhythme des boléros et des séguidilles, dont il est la ritournelle ordinaire.

RASSEMBLEMENT. V. Attroupement, Émeute.

RASTREADOR (de l'espagnol *rastro*, trace du pied), nom qu'on donne, dans l'Amérique du Sud, aux limiers de justice, à ceux qui cherchent la piste des coupables.

RATELIER (du latin *rastellum*), sorte d'échelle attachée par l'un de ses montants le long du mur d'une écurie ou d'une étable, dans laquelle on met le foin ou la paille qu'on destine aux animaux. —Dans les corps de garde, on nomme *Râtelier* deux pièces de bois qui servent à poser et à soutenir les fusils.

RATIFICATION (du latin *ratum facere*, rendre certain), en termes de Droit, approbation donnée à un acte contre lequel la loi admettait la demande en nullité ou en rescision; — en Diplomatie, confirmation par le chef de l'État d'un traité que ses plénipotentiaires ont conclu.

RATION, portion journalière de vivres, de fourrages, etc., qui se distribue aux troupes et aux militaires. Elle est déterminée par les règlements. On y a droit même lorsqu'on ne la consommerait pas.

RATIONAL. V. ce mot dans notre *Dictionnaire de Biographie et d'Histoire*.

RATIONALISME, procédé de l'esprit qui consiste dans l'emploi exclusif du raisonnement et de la raison dans l'étude des questions religieuses et philosophiques. Cependant on peut distinguer deux sortes de *Rationalistes*. Il en est qui, avec l'emploi de la raison, admettent le fait d'une révélation primitive et commune à tout le genre humain; en accordant que la raison peut s'élever jusqu'aux vérités fondamentales, telles que l'existence de Dieu, l'immortalité de l'âme, ils ajoutent qu'elle n'est pas suffisante; presque tous les grands docteurs du moyen âge étaient rationalistes en ce sens. Mais on appelle plus exclusivement *Rationalistes* ceux qui n'admettent, au point de vue religieux, que la raison, sans tenir compte de la tradition et de la révélation; et, au point de vue philosophique, ceux qui ne voient qu'en dans la Raison la source de toutes nos connaissances. — On a donné le nom de *Rationalisme* au mouvement qui s'est propagé en Allemagne et qui a pour objet l'interprétation critique de l'Ancien et du Nouveau-Testament; comme ce mouvement conduisit aux doctrines de Semler, de Rœhr, de Wegscheider, de Paulus, de Genesius, de Strauss, de Feuerbach, doctrines qui ne vont à rien moins qu'à nier toute révélation, et auxquelles Spinoza avait imprimé une forte impulsion par son *Tractatus theologico-politicus*, le mot *Rationalisme* a désigné toute doctrine qui semblait vouloir marcher sans la Révélation. R.

RATIONNEL, en termes de Philosophie, ce qui est fondé sur la raison ou sur le raisonnement. Le mot s'oppose à *empirique*.

RATISBONNE (Église Sᵗ-Pierre, à), église cathédrale commencée en 1274 par André Egl, et encore inachevée aujourd'hui. On l'a restaurée en 1838. Malgré la réputation que lui ont faite les Allemands, elle témoigne de la décadence de l'architecture religieuse. La façade, qui est de la fin du xvᵉ siècle, rappelle plutôt un hôtel de ville qu'une église, avec son balcon du premier étage, sur lequel s'ouvrent deux grandes fenêtres, surmontées d'un pignon aigu dont le milieu est marqué par une tourelle féodale. Les deux tours qui accompagnent ce frontispice profane, et qui s'élèvent à une hauteur de 70 mèt., ne sont pas terminées; les sculptures qui y sont répandues sont de l'ordre le plus commun; l'une de ces tours, celle du Nord, est appelée *Tour de l'Ane*, parce que des ânes furent employés au transport des matériaux destinés à sa construction. La cathédrale de Ratisbonne a la forme extérieure d'une basilique, car la longueur de la croisée ne dépasse pas la largeur de la nef et de ses collatéraux. Une autre particularité intéressante, ce sont les trois chevets gothiques qui terminent les trois nefs. A l'intérieur, l'édifice a 111 mèt. de long, 52 de large, et 40 de haut. On y remarque : dans la nef majeure, le monument en marbre élevé en 1598 à l'évêque Ph. Guillaume, avec une statue en bronze; dans le collatéral de gauche, le tombeau du prince-primat Ch. de Dalberg, exécuté en albâtre par Zendemeneghi, d'après les dessins de Canova; divers mausolées d'évêques, rangés dans les bas côtés du chœur; le maître-autel, en argent massif; les vitraux, exécutés de nos jours d'après les dessins de Schnorr et de Ruben, etc. Les cloîtres voisins de la cathédrale sont du xvᵉ siècle; ils renferment des bustes et des statues antiques et du moyen âge, des tombeaux, des pierres sépulcrales. Sur leurs flancs se trouvent une petite église et un baptistère, antérieurs à la cathédrale actuelle.

RATISBONNE (Abbaye de Sᵗ-Emmeran, à), immense amas d'églises et de cloîtres, qui montre quel accroissement cette abbaye bénédictine, fondée en 652, agrandie par Charlemagne, et aujourd'hui sécularisée, prit de siècle en siècle. Une entrée gothique, façonnée au xvᵉ siècle dans un goût élégant, conduit à une sorte d'avant-cloître byzantin du xiᵉ siècle, d'où, l'on passe sous un grand portique roman, qui date peut-être de la fondation. On pénètre ensuite dans trois églises juxtaposées : celle du Nord est consacrée à Sᵗ Rupert; celle du Sud, reconstruite de 1642 à 1731, porte le nom de Sᵗ Emmeran, dont elle contient le tombeau; celle du milieu, accompagnée de bas côtés, offre les formes byzantines, défigurées par des constructions et des ornements du xviiiᵉ siècle, et, à l'une de ses extrémités, on voit, au-dessus d'une crypte, un vaste chœur provenant d'une basilique primitive. Les anciens bâtiments de l'abbaye sont, depuis 1809, le palais des princes de Tour-et-Taxis, qui ont fait bâtir, au milieu des cloîtres, une chapelle gothique, avec caveau sépulcral pour les membres de leur famille.

RATITES, nom que les antiquaires donnent aux médailles portant la figure d'une proue dans leur *rates*).

RATURE (du bas latin *radiatura*, action de rayer). Toute rature dans un acte authentique doit être faite de façon qu'on puisse compter le nombre des mots sur lesquels elle s'étend. Le nombre des mots annulés doit être mentionné par un renvoi à la marge ou à la fin de l'acte; il faut que toute mention de ce genre soit approuvée par les parties au moyen d'un parafe. L'omission de ces formalités peut entraîner la nullité de l'acte (Loi du 25 nivôse an xi; *Code Napol.*, art. 42).

RAVALEMENT (d'*aval*, en descendant), travail qu'on fait à un mur, à une façade, lorsque, après les avoir élevés, on les crépit du haut en bas. On retouche les angles et les parties apparentes des pierres, pour corriger les imperfections de leur taille; on sculpte les moulures des bandeaux, des fenêtres, et en général tous les ornements.

RAVALEMENT, terme de facture des orgues. Il désigne les notes ajoutées à l'étendue ordinaire des claviers. Un ra-

valement aux pédales part de l'*ut*, et peut se prolonger au-dessous de cette note jusqu'au *fa*. Les notes qui excèdent la 4ᵉ octave dans les dessus des claviers à la main constituent aussi un ravalement, qui, dans la plupart des orgues, augmente l'étendue ordinaire d'une demi-octave. F. C.

RAVELIN. *V.* Demi-lune.

RAVENNE (Baptistère de). *V.* Baptistère.

RAVENNE (Église Sᵗ-Vital, à), le type le plus complet de l'architecture byzantine en Occident. Elle fut élevée au vıᵉ siècle, pendant le règne de Justinien, sur un plan octogone. Ses façades extérieures, dénaturées par la construction d'un vestibule moderne, offrent peu d'intérêt aujourd'hui. A l'intérieur, huit piliers, correspondant aux huit angles, forment une espèce de galerie circulaire : entre les piliers s'élèvent deux à deux des colonnes supportant des arcades. Une galerie, établie au premier étage, forme des tribunes semblables à celles qui, dans les églises d'Orient, étaient réservées aux femmes. Une coupole hémisphérique, construite en vases d'argile emboîtés les uns dans les autres, couronne le monument, et l'éclaire par des fenêtres percées dans la partie basse de la voûte. Tout est revêtu de marbre. Les mosaïques du chœur ont conservé leur fraîcheur primitive : elles représentent Justinien précédé de son clergé et au milieu de sa cour, et l'impératrice Théodora apportant avec ses femmes des offrandes au temple. D'autres mosaïques, dont les sujets ont été tirés de l'Ancien et du Nouveau Testament, ornent le reste de l'édifice. On conserve, près du maître-autel, un précieux bas-relief en marbre de Paros, provenant d'un temple de Neptune, et, dans la sacristie, un autre bas-relief où est figurée l'apothéose d'Auguste.

RAVITAILLEMENT, introduction de vivres et de munitions dans une place forte. C'est une importante et difficile opération pour une armée de secours.

RAWIS, nom que donnent les Arabes à des espèces de rapsodes ou récitateurs qui débitent les compositions des poëtes.

RAYAS. *V.* ce mot dans notre *Dictionnaire de Biographie et d'Histoire*.

RAYONNANT (Style). *V.* Ogivale (Architecture).

RAZZIA. *V.* ce mot dans notre *Dictionnaire de Biographie et d'Histoire*.

RÉ ou RA, dieu du soleil chez les anciens Égyptiens. Il est représenté sous la figure d'un homme à tête d'épervier, surmontée du pschent, ou plus ordinairement du disque solaire.

RÉ, nom de musique, appelée D dans l'ancienne solmisation. C'est le 2ᵉ degré de notre échelle musicale. — On donne aussi le nom de *ré* à la 3ᵉ corde du violon, à la 2ᵉ de l'alto, du violoncelle et de la contre-basse, parce qu'elles sonnent l'unisson ou l'octave de la note *ré*.

RÉACTION, en Politique, action en sens contraire de ce qui se faisait auparavant. Les partis qui arrivent au pouvoir après avoir été opprimés apportent des maximes nouvelles ou opposées dans la conduite des affaires : mais la réaction ne se borne pas d'ordinaire à professer et à appliquer des principes, elle satisfait des rancunes et des vengeances.

RÉAL, monnaie. *V.* notre *Dictionnaire de Biographie et d'Histoire*.

RÉALISME, dans le langage de la Littérature et des Beaux-Arts, signifie *imitation systématique de la réalité*. La nature physique et morale peut être imitée dans les œuvres d'imagination et dans celles des arts représentatifs suivant deux méthodes différentes : ou l'on se propose de reproduire exactement la réalité, c.-à-d. les objets tels qu'ils sont extérieurement; ou l'on veut exprimer ce qu'on y voit, ce qu'on y sent, quelquefois ce qu'on y voudrait trouver. Dans le premier cas, c'est la *chose* qu'on veut peindre; dans le second, on veut rendre l'*idée* qu'on s'en forme. Le *réalisme* est la méthode qui renferme l'art dans la représentation de la chose; l'*idéalisme*, si l'on peut employer ce mot, est celle qui aspire à l'expression de l'idée. Contemplons, par exemple, la mer agitée : les vagues se soulèvent, s'abaissent, se succèdent, se choquent, sonnent, écument, se confondent, se relèvent. Qu'y a-t-il là-dedans? Une chose faite, il est vrai, pour étonner les yeux, étourdir les oreilles, donner le vertige; mais, si l'on se borne à l'extérieur, rien qu'une chose. Un spectateur inintelligent, mais doué des mêmes sens que vous, la percevrait comme vous. Essayez de la représenter par le langage, par la peinture, par la musique, vous ne rappellerez que des figures, des sons et des mouvements, vous ne parlerez qu'aux sens; à moins que, sans le vouloir, vous n'y mêliez quelque idée tirée de vous-même. Car il est presque plus facile, il est au moins plus naturel, d'animer ce tableau, c.-à-d. d'y introduire quelque chose de notre imagination toujours active, que de s'enfermer strictement dans la peinture de l'objet matériel. En effet, supposez sur ces flots agités un vaisseau et des hommes en danger : aussitôt ce désordre prend un sens, ce vain mouvement devient une menace. Peignez une digue opposée par les hommes à la fureur des flots; que la mer semble réunir ses forces pour s'élancer à l'assaut de ce rempart, derrière lequel s'abrite un peuple : alors l'élément soulevé prend un caractère; c'est une puissance ennemie, c'est un adversaire infatigable de l'homme. Donnez-lui encore un sens plus abstrait : qu'elle soit la saisissante image de la mobilité et de la diversité, ou une sorte d'emblème de l'infini. Pensez, rêvez, sentez; mais toujours faites en sorte que dans un objet sensible on voie quelque chose par où cet objet parle à notre esprit. — Il en est de même de la nature morale; elle peut à certaines conditions demeurer pour notre esprit une simple chose, un objet vide de sens. Les phénomènes intellectuels et moraux, les traits de caractère et de mœurs n'ont de signification qu'autant qu'ils nous paraissent se rattacher à l'ensemble de la nature humaine, telle que nous la connaissons par nous-mêmes et par l'expérience. En un mot, dans les faits psychologiques, nous ne comprenons que ceux dont nous apercevons la raison. Supposons quelque infirmité de l'intelligence, telle que l'idiotisme, la folie, les hallucinations; quelque monstruosité morale, telle que le goût du crime pour le crime même; considérons ces singularités en elles-mêmes, elles ne nous offriront aucun sens. Elles se trouvent pourtant dans la réalité, et peuvent être l'objet de l'imitation. Mais l'écrivain qui les représentera devra les lier avec leurs causes ou leurs effets, les mettre en opposition avec la nature saine, en faire ressortir des motifs de crainte, de haine, de compassion, enfin leur trouver quelque raison d'harmonie avec le fond de nos pensées et de nos sentiments; ou bien il n'aura fait qu'une représentation stérile, et en quelque sorte purement mécanique, il n'aura pas mis d'idée dans son œuvre.

Cette absence d'idée est-elle professée systématiquement? Existe-t-il des écrivains ou des artistes qui se soient attachés à reproduire scrupuleusement la réalité, sans y ajouter aucune idée venant de leur esprit? Si l'on répondait affirmativement, peut-être faudrait-il citer des noms, et des noms de contemporains, ce dont nous devons nous abstenir. Peut-être d'ailleurs aurait-on droit d'objecter que tel ou tel nom ne rappelle que l'impuissance d'un esprit fait pour reproduire comme un miroir la réalité, sans avoir la faculté de la féconder par la pensée; que tel enfin n'a pas une doctrine, mais seulement une manière, imposée par la stérilité de son imagination, et qu'il déguise de prétentions systématiques pour cacher la nudité de son génie. Laissons donc la question de personnes, et essayons de saisir les doctrines.

Nul ne professe le mépris de toute idée; mais plus d'un croit la réalité digne par elle-même d'être l'objet de l'imitation, et n'admet l'idéalisme que dans certaines limites. Il faut donc s'entendre : de quelle réalité et de quel idéalisme parle-t-on? Veut-on dire que l'art (nous prenons ce mot dans son acception la plus étendue) ne doit pas s'égarer dans le domaine des rêves, de manière à n'être plus que l'expression de la fantaisie de chacun; et que, pour l'empêcher de dégénérer en caprice individuel, il faut le ramener à l'étude et à l'imitation du réel, qui est le seul fondement solide des œuvres d'imagination? Tous les bons esprits souscriront à cette doctrine; mais ce n'est pas la peine de créer un nom nouveau pour une théorie aussi ancienne que l'art classique. Il s'agit donc d'autre chose; d'autant plus que tel écrivain dont on fait l'apôtre du réalisme ne renonce nullement à la liberté de concevoir les choses à sa manière, et même semble faire du réalisme une nouvelle forme de l'indépendance absolue du génie. Or, qu'est-ce que cette indépendance, sinon l'idéalisme poussé à sa dernière limite? Car, l'idée étant ce qui vient de l'auteur et ce qu'il impose aux choses sur lesquelles il travaille, plus il croit le relever que de son sens propre, plus il est porté à mettre ses idées personnelles à la place des choses. On arriverait donc à cette bizarre conclusion, que l'école qu'on appelle réaliste serait la plus idéaliste de toutes les écoles.

Mais nous sommes égarés par la rigueur des termes, tant il est difficile de s'entendre quand les termes sont mal définis; revenons à l'usage commun des mots, et ces-

sons d'être rigoureux pour être plus vrais. — Tous les maîtres, dans la poésie et dans les arts, ont cherché à donner à leurs créations une certaine perfection relative qui ne se trouve pas dans la réalité. Nul objet réel n'est accompli dans son genre. La beauté et la laideur, la bonté et la méchanceté ne sont, dans les œuvres de la nature, pour ainsi dire, qu'à l'état d'ébauche. L'observation aperçoit ce qui est, l'imagination conçoit ce qui manque. Le propre de l'art est d'exécuter ce qui est conçu par l'esprit, c.-à-d. de réaliser cette perfection qui n'était auparavant qu'une idée. Mais cette idée de perfection est-elle quelque chose d'absolu, qu'on saisisse du premier coup, et au delà duquel il n'y ait plus rien? Nullement : c'est une limite qui fuit toujours; on s'en approche sans cesse, on ne l'atteint jamais, ni par la pensée ni par l'exécution. Cette perfection insaisissable, et cependant toujours poursuivie, est ce qu'on appelle l'idéal. Il recule selon la portée de l'esprit qui le considère, et ainsi chaque esprit a son idéal : il diffère encore selon la nature du génie qui le conçoit; l'idéal de Michel-Ange n'est pas celui de Raphaël, Racine en a un autre que Corneille. De même diffère celui des simples spectateurs, des juges désintéressés des œuvres d'art : aussi chacun a-t-il son idéal, son artiste favori. Et cependant un ouvrage fait en vue d'un idéal, quel qu'il soit, porte un caractère auquel aucun bon juge ne se méprend, tant il s'éloigne de la simple représentation de la réalité.

Ce qu'il y a de commun entre tous ceux qui poursuivent l'idéal, c'est l'aspiration vers la beauté, la grandeur, la force, ou vers des qualités inférieures, mais de même genre; et, d'autre part, l'aversion pour ce qui est vulgaire ou mesquin; c'est l'enthousiasme pour tout ce qui peut élever l'âme en la touchant et la charmant, et le mépris pour tout ce qui affadit le cœur et rapetisse l'esprit. S'il existe une école, qu'on l'appelle réaliste ou autrement, qui se déclare contraire à cette noble manière de concevoir l'art, elle n'est digne que de la raillerie ou de la pitié. Proscrire des arts l'idéal, c'est nier l'art lui-même; déclarer qu'on s'en tient dans ses œuvres à la réalité, c'est répudier le glorieux titre de l'homme d'imagination, celui de créateur; s'enfermer dans la reproduction de la réalité, c'est aspirer au rang de manœuvre. Il faut sans doute beaucoup de talent pour peindre les choses telles qu'elles sont; mais on en peut dépenser beaucoup dans des œuvres stériles et funestes, et alors mieux vaudrait n'avoir rien fait. L'homme qui travaille pour faire dire qu'il a du mérite, bien que son œuvre soit en elle-même vaine ou mauvaise, n'est pas digne de l'attention des gens sensés. Quand vous aurez mis votre temps et votre talent à répéter ce qui ne m'intéresse pas ou me dégoûte, vous n'aurez rien changé à mes sentiments. Un écrivain qui a fait un livre en faveur du réalisme, en protestant qu'il ne sait pas ce que c'est, dit avec ironie : « Nul doute qu'à un moment donné, les critiques, pris dans leur propre piège, ne cherchent à diviser les écrivains en bons et en mauvais réalistes. » Nous ne savons pas encore s'il peut y en avoir de bons; ce que nous affirmons, c'est qu'il y en a de mauvais; ceux-là sont les écrivains, les peintres, les sculpteurs, les musiciens qui prennent sans choix autour d'eux leurs objets d'imitation; il y en a même qui choisissent le laid, le bas, le trivial, les figures sans expression, les passions sottes ou brutales, et qui s'attachent à reproduire ces objets avec une indifférence qu'ils prennent pour la sérénité de l'art. Ceux-là sont les mauvais réalistes, soit qu'ils se parent de ce nom, soit qu'ils le répudient.

Mais il y a une autre manière de se séparer de la grande tradition de l'art classique, qui a pour but l'idéal. L'idéal a un double caractère, général et personnel : il doit plaire à tous, et il est des méditations d'un seul. Il faut qu'il n'ait rien d'exclusif, et en même temps qu'il porte une empreinte particulière; aussi se forme-t-il, d'une part, par voie d'abstraction, et de l'autre, par voie d'invention. L'artiste choisit, dans les modèles divers que lui présente la nature, ce qui convient le mieux à son sentiment et à son dessein, et il néglige le reste. Car tout se trouve mêlé dans la nature, dont le plan est trop vaste et trop complexe pour les œuvres humaines; il faut donc choisir et isoler, c.-à-d. abstraire. D'autre part, le génie de l'auteur anime ces fragments et ces extraits, en les combinant sous une idée qui vient de lui par là il impose aux choses sa manière de voir. Les représentations qu'il donne des objets sont donc en même temps des représentations de ses pensées personnelles. Or, il peut sortir de ce double procédé deux exagérations : une abstraction indiscrète enlève à la nature sa vie et son mouvement, ou un excès de personnalité dans l'œuvre de l'artiste en fait, au lieu d'une imitation de la nature, une création capricieuse et tout à fait étrangère à la vérité. L'un de ces excès mène à la sécheresse et au style de convention, l'autre à la fantaisie effrénée. Le premier a produit dans notre siècle la froideur des faux classiques, le second a donné naissance aux exagérations du romantisme. Pour se placer entre ces deux extrêmes, il faut se tenir le plus près possible de la nature réelle. L'observation attentive et intelligente de la réalité peut seule empêcher l'esprit de s'égarer soit dans le vide, soit dans la fantaisie. La vraie nature est le correctif de la fausse nature. Ainsi, que l'art, fatigué d'exagérations contraires, qui ont troublé tous les esprits, revienne au modèle immuable de la réalité, rien de mieux, pourvu qu'il n'abdique pas ses titres de noblesse. Si le réalisme n'est pas autre chose qu'une réaction du bon sens contre l'oubli de la vraie nature, qu'il soit le bienvenu dans le domaine de l'art.

Un prodigieux génie, qu'on ne dira pas dépourvu du don de création, Gœthe, fut de son vivant accusé de réalisme. Il accepta l'accusation. Son réalisme consistait en deux points : ne pas exclure de ses créations les personnages humbles et les sentiments familiers, pourvu qu'ils offrissent des caractères intéressants; mettre toute son imagination à créer des êtres assez complexes, assez divers, pour qu'ils parussent sortir tout entiers, non de l'art, mais de la réalité. En un mot, tandis que les créations de l'art portent ordinairement le cachet de leur auteur, Gœthe a, quand il l'a voulu, dissimulé le sien. On voit l'œuvre, et l'on cherche en vain l'auteur. L'homme même, que Pascal se réjouissait de trouver dans l'écrivain, est absent : nulle trace de ses affections. De même, la nature paraît indifférente aux objets qu'elle enfante : ils vivent, et elle continue de produire. Ce genre de réalisme est le secret d'un génie qui n'a guère de pareils. Tel autre, qui affecte cette étrange indifférence, obtient du même coup la nôtre, ou révolte nos affections et notre honnêteté. Ce modèle est donc dangereux à suivre. Mais sur le premier point, Gœthe a devancé son siècle. Les révolutions de la société se propagent dans les arts. Depuis que les barrières que la naissance mettait autrefois entre les hommes se sont abaissées, l'art est devenu moins dédaigneux dans le choix de ses personnages. Il a découvert que les plus humbles ont une âme et un cœur, qui valent bien la peine d'être analysés et représentés. Il n'y a plus d'exclusion de conditions dans le domaine du beau. Si tous les hommes ont droit à l'attention de l'artiste, l'intérêt qu'ils inspirent s'étend nécessairement sur les lieux où ils vivent, sur les circonstances dans lesquelles se développent leurs sentiments et leurs pensées. Sans doute, dans le cadre où ils sont placés, comme dans leurs personnes mêmes, l'élégance et le charme des sens peuvent manquer. L'intérêt moral doit alors suppléer aux agréments physiques; de là, une révolution dans l'art : moins de grâce extérieure, et plus de sensibilité. De beaux talents ont donné l'exemple : ils ont montré l'attrait que peut offrir la peinture de la vie rustique, les drames que renferme la condition des obscurs travailleurs, les sources de pathétique qui sont cachées dans des régions trop longtemps méprisées. C'est en serrant de plus près la réalité, qu'ils ont ouvert ces voies nouvelles; mais, guidés par un juste sentiment de l'art, ils ont vu que cette réalité sévère avait aussi son idéal, et ils l'ont poursuivi.

Ce n'est pas à ces esprits, il est vrai, qu'on donne le nom de *réalistes* : on le réserve à ceux qui croient que la réalité toute crue, quelle qu'elle soit, est digne d'imitation; qui proscrivent l'idéal comme un mensonge; qui relèguent la poésie parmi les puérilités passées de mode, et qui placent l'avenir de l'art dans la négation même de l'art. Ce réalisme-là n'a pas encore d'histoire; il affirme lui-même n'être qu'une forme transitoire; il a raison : c'est le cauchemar d'une génération ennuyée et fatiguée, parce qu'elle n'a que des appétits sensuels, avec un esprit vide de toute généreuse aspiration. Ce malaise ne saurait durer longtemps, et peut-être avons-nous parlé trop longuement de ce qui ne mérite que l'oubli et sera vite oublié. V. Théry, le *Génie philosophique et littéraire*, Paris, 1861, in-8°; liv. IV, c. 2. **C.**

RÉALISME, terme de philosophie scolastique. V. SCOLASTIQUE.

REBAB, instrument de musique des Arabes. Il a la forme d'une tortue ou d'une sphère, avec un manche rond, et est monté de 3 cordes en crin, droites et non tressées; on en joue avec un archet, en le tenant sur les genoux. Il y a des *rebab* montés de deux cordes, et d'au-

tres qui n'en ont qu'une : on ne peut faire sur ceux-ci que 6 notes formant une sixte mineure. **B**

REBEC (de l'arabe *rebab*, ou de l'hébreu *rebiac*, ou du celtique *reber*), sorte de violon à 3 cordes accordées de quinte en quinte, *mi*, *la*, *ré*. On en jouait avec un archet. Instrument favori des anciens ménestrels, il avait la forme d'un battoir de blanchisseuse échancré par les quatre angles, au lieu d'être arrondi comme le violon moderne; on ne trouvait dans sa construction ni voûtes ni éclisses; la table d'harmonie, au milieu de laquelle était une rosace, était collée à plat sur les bords du corps de l'instrument. Il y eut des dessus, des hautes-contre, des tailles et des basses de rebec. Cet instrument s'est maintenu en France jusqu'à la fin du xviiᵉ siècle, et on la trouve encore aujourd'hui chez les paysans de quelques cantons de l'Angleterre. **B.**

REBEL, un des noms de la vielle au moyen âge.

RÉBELLION, résistance avec violence et voies de fait aux officiers ministériels, aux gardes champêtres et forestiers, à la force publique, aux percepteurs des taxes et contributions, aux porteurs de contraintes, aux préposés des douanes, aux officiers et agents de la police administrative ou judiciaire, agissant pour l'exécution des lois, des ordres ou ordonnances de l'autorité publique, des mandats de justice ou jugements. Procès-verbal de rébellion doit être dressé par tout officier public insulté dans l'exercice de ses fonctions. La rébellion est qualifiée *crime* : 1° quand elle a été commise par plus de vingt personnes, armées ou non armées; dans le premier cas, elle est punie des travaux forcés à temps; dans le second, de la reclusion; 2° quand elle a été commise par une réunion armée de trois personnes et plus jusqu'à vingt, elle est alors punie de la reclusion. Dans les autres cas, c'est un simple *délit*, puni correctionnellement (*Code pénal*, art. 209-221). Quand il y a rébellion d'un débiteur soumis à la contrainte par corps, l'huissier peut établir garnison aux portes pour empêcher l'évasion, et le débiteur est poursuivi conformément à la loi.

RÉBUS (du latin *res*, chose; abl. plur., *rebus*), expression figurée d'une pensée par une suite d'images, de chiffres, de syllabes et de mots. Ainsi, on représente un homme agenouillé qui tient sur sa main un grand I peint en vert, et on lit : *Un grand I vert main d'homme à genoux porte*, ce qui signifie : *Un grand hiver maint dommage nous porte*. Ménage appelle les Rébus « des équivoques de la peinture à la parole. » Rabelais les avait en aversion, et les traitait « d'homonymies ineptes, fades, rustiques et barbares. » Mais, en dépit des anathèmes, ils continuèrent d'être à la mode. — L'origine des Rébus est fort ancienne; c'est à la Bazoche de Picardie qu'il faut en attribuer le perfectionnement. Elle composait chaque année, au Carnaval, des espèces de libelles intitulés : *De rebus quæ geruntur*, « des choses qui se font, » c.-à-d. récit de ce qui se passe dans la ville. La partie satirique de ces récits était cachée sous des signes analogues à ceux que nous venons de citer, afin, sans doute, de piquer plus vivement la curiosité. Le goût de ces bizarres compositions avait été développé antérieurement par l'usage de porter des marques distinctives dans les tournois, et par les jeux littéraires de la confrérie de Notre-Dame-du-Puy. Le Rébus devint populaire dans la France septentrionale; il conquit un rang dans le Blason, dont il égaya les armes parlantes; il figura sur les enseignes et sur les monnaies des Fous; il se glissa même dans les épitaphes. La Bibliothèque impériale de Paris possède deux manuscrits (nᵒˢ 7.648 et 10,278) intitulés *Rébus de Picardie illuminés*, qui datent de la fin du xvᵉ siècle, et parmi lesquels il s'en trouve en patois picard. Étienne Tabourot, dans ses *Bigarrures du seigneur des Accords* (Rouen, 1648; Paris, 1662), consacre son chapitre IIᵉ aux *Rébus de Picardie*, et en donne de curieux échantillons. De nos jours, le Rébus est redevenu florissant : après avoir régné sur les tabatières, les éventails et les écrans, il a étendu son domaine jusqu'aux assiettes de faïence, jusqu'au papier qui enveloppe les bonbons; certains journaux publient aussi des *Rébus*. **P.—s.**

RECEL, détention de choses enlevées, détournées ou obtenues à l'aide d'un crime ou d'un délit, avec cette circonstance qu'on les sait provenir d'une source illicite. Le recéleur est puni comme complice. — On se sert plutôt du mot *Recèlement*, pour l'action de cacher un accusé et de le soustraire à la justice. Le recèlement est punissable, excepté de la part des père et mère, fils ou filles, époux, frères ou sœurs (*Code pénal*, art. 61, 83). Aux termes de la loi du 21 mars 1832, celui qui a recélé ou pris à son service un soldat insoumis est puni d'un emprisonnement dont la durée ne peut excéder 6 mois; s'il est *fonctionnaire public*, la peine peut être portée à 2 ans. — En matière civile, le *Recèlement* est l'acte de soustraire par fraude et en cachette certains objets qui dépendent d'une succession ou d'une communauté au partage de laquelle on a des droits. Si les objets sont enlevés ou détournés, l'action s'appelle *Divertissement*. L'héritier coupable de recèlement est privé du bénéfice d'inventaire, du droit de renoncer à la succession, et, dans certains cas, de sa part dans les objets distraits (*Code Napol.*, art. 791, 801, 1477). La veuve qui a diverti ou recélé quelques effets de la communauté est déclarée *commune*, nonobstant la renonciation qu'elle aurait faite; il en est de même à l'égard des ses héritiers. Le mari est privé de sa portion dans les effets soustraits à la communauté. Des omissions dans l'inventaire, faites sciemment et dans un but frauduleux, constituent le recèlement; si la fraude n'est pas constante, les objets sont seulement rapportés à la masse.

RECENSE, c.-à-d. *nouveau cens*, nouvelle marque que l'administration du contrôle applique, chez les orfèvres et les bijoutiers, sur les objets d'or ou d'argent, quand elle change le poinçon, pour dérouter les faussaires qui auraient contrefait la marque connue.

RECENSEMENT, opération administrative qui consiste à dénombrer, soit la population d'un État, soit les individus auxquels sont imposées certaines obligations particulières, comme le service militaire, le service de la garde nationale, etc. Les anciens Égyptiens et les Hébreux faisaient de fréquents dénombrements; on en trouve deux dans la Bible, celui de Moïse (*Nombres*, chap. Iᵉʳ), et celui de David (liv. des *Rois*). Dans l'ancienne Rome, le dénombrement de la population, accompagné d'une évaluation des fortunes, s'appelait *cens*; il avait lieu tous les 5 ans, et était fait par des magistrats spéciaux, appelés *censeurs*. C'était une opération importante, puisque les citoyens étaient rangés, d'après leur fortune, dans l'une des classes établies par Servius Tullius, et exerçaient une influence politique d'autant plus grande qu'ils faisaient partie d'une classe plus élevée (*V.* CLASSE, dans notre *Dictionnaire de Biographie et d'Histoire*). En France, le recensement de la population se fait tous les 5 ans; en Angleterre et aux États-Unis d'Amérique, tous les 10 ans : il sert à apprécier les forces de l'État, et à répartir également les charges.

RECENSEMENT (Conseil de). *V.* CONSEIL DE RECENSEMENT, dans notre *Dictionnaire de Biographie et d'Histoire*.

RECENSION, en termes de Bibliographie, révision des manuscrits originaux et des diverses éditions d'un livre, dans le but de préparer une édition nouvelle.

RÉCÉPISSÉ (mot latin qui signifie *avoir reçu*), écrit par lequel on reconnaît avoir reçu des papiers, des actes, des pièces quelconques.

RÉCEPTICES (Biens). *V.* BIENS.

RECETTE, mot qui se dit : 1° de l'action de recevoir ou de recouvrer ce qui est dû; 2° de ce qui est reçu en argent ou autrement; 3° du lieu ou du bureau où l'on reçoit.

RECEVEUR, fonctionnaire de l'administration des finances, chargé de percevoir les deniers publics. Les *Receveurs particuliers* résident dans chaque chef-lieu d'arrondissement, réunissent les fonds recueillis par les *percepteurs*, et les versent, tous les dix jours, ou à des époques plus rapprochées, s'il y a lieu, dans la caisse du Receveur général. Ils reçoivent aussi les fonds versés par les communes, par les établissements publics, par les corps de troupes, à titre de placements au Trésor; ils sont les préposés de la caisse des Dépôts et consignations; ils payent les mandats émis pour les dépenses du budget de l'État et des départements, sur le visa des Payeurs. A la demande des particuliers, ils achètent et vendent des titres de rentes. Ils font payer aux rentiers de leur circonscription, et sans déplacement, les arrérages de ces rentes. Ils sont responsables de la gestion des percepteurs, vérifient leurs actes dans une tournée annuelle d'inspection, et peuvent aussi les mander avec toutes les pièces nécessaires. Ils surveillent aussi les caisses et les écritures des receveurs spéciaux des communes et des établissements de bienfaisance, les caisses d'épargne et de prévoyance, la gestion des secrétaires agents comptables des établissements d'enseignement supérieur. — Ils exercent les fonctions de receveurs municipaux pour les communes dont les revenus ordinaires ne dépassent pas 30,000 fr. Leur traitement fixe est de 2,400 fr.; mais ils ont certaines remises, et des bonifica-

tions d'intérêts sur le recouvrement des contributions directes. — Les *Receveurs généraux* centralisent aux chefs-lieux de département toute la recette des arrondissements, répondent des fonds qu'ils ont en caisse et de la gestion des receveurs particuliers et des percepteurs, sont en compte-courant avec la caisse centrale du Trésor, lui doivent l'intérêt de l'argent qu'ils gardent, lui font des avances dont ils prélèvent à leur tour l'intérêt, émettent des bons dans le public, dirigent les sommes qui leur sont demandées sur la Banque de France ou sur les lieux où le service les rend nécessaires, et doivent, un an après la clôture de l'exercice, représenter à leurs risques et périls au compte de l'État tout le montant des contributions portées au rôle. Depuis 1864, ils ont reçu les attributions des Payeurs et le nom de *Trésoriers payeurs généraux*. Leur traitement est de 12,000 fr.; ils ont des remises et des bonifications d'intérêts. — Indépendamment des receveurs généraux et particuliers, il y a des receveurs de *douanes*, de l'*enregistrement* et des *domaines*, des *contributions indirectes*, des *octrois* (*V.* ces mots). L.

RECEZ. *V.* notre *Dict. de Biogr. et d'Histoire*.

RECHANGE, c.-à-d. *nouveau change*, action de se rembourser du principal d'une lettre de change non payée et protestée, ainsi que des frais de protêt et autres, sur le tireur ou sur l'un des endosseurs.

RÉCHAUD, récipient en tôle ou en fer forgé dans lequel on place de la braise allumée. Autrefois on se servait de *réchauds* montés sur roulettes pour chauffer l'intérieur des appartements. On en voit un qui est fort curieux dans la sacristie de l'église Sᵗ-Pierre, à Beauvais.

RÉCIDIVE (du latin *recidere*, retomber), action de commettre de nouveau un crime ou un délit pour lequel on a déjà été condamné. Quiconque commet un second crime emportant dégradation civique est condamné au bannissement; si le second crime emporte le bannissement, la peine est la détention; s'il emporte la détention, la reclusion, les travaux forcés à temps, on applique le maximum de la peine; s'il emporte la déportation, la peine est celle des travaux forcés à perpétuité. Pour un délit commis après une condamnation motivée par un crime, on applique le maximum de la peine correctionnelle, qui peut même être élevée jusqu'au double. Il en est de même pour les condamnés correctionnellement à un emprisonnement de plus d'une année, quand ils sont récidivistes, et de plus ils sont mis sous la surveillance pendant 5 ans au moins et 10 ans au plus (*Code pénal*, art. 56-58). *V.* Meynadier, *Des récidives en matière criminelle*, 1836, in-8°; Bonneville, *De la récidive, ou des moyens les plus efficaces pour constater, rechercher et réprimer les rechutes dans toute infraction à la loi pénale*, 1839, in-8°; Hoorebeke, *De la récidive, dans ses rapports avec la réforme pénitentiaire*, Bruxelles, 1846, in-8°.

RÉCIPIENDAIRE, celui qu'on reçoit avec un certain cérémonial dans un corps, dans une compagnie.

RÉCIPROQUE (Pronom). Ce pronom n'existe que dans la langue grecque, et est formé du mot *allos* répété deux fois et combiné avec lui-même, de manière à représenter d'abord le sujet, puis le complément. Il a toujours la terminaison plurielle. Ainsi, *allèlon*, *allèlois*, *allèlous*. En français, pour exprimer l'idée de réciprocité, on se sert du pronom réfléchi de la 3ᵉ personne avec ou sans l'addition de *l'un l'autre*, *les uns les autres*, ou des adverbes *entre eux*, *mutuellement*, *réciproquement*. P.

RÉCIPROQUE (Proposition), proposition telle que le sujet peut devenir l'attribut, et l'attribut le sujet : *l'Asie est la plus grande contrée de l'ancien monde*, et *la plus grande contrée de l'ancien monde est l'Asie*.

RÉCIPROQUES (Verbes). On appelle ainsi, en français, les verbes réfléchis dans la composition desquels entre la préposition *entre* : *s'entr'aider*, *s'entre-tuer*, etc. Souvent le simple pronom réfléchi suffit à exprimer la réciprocité : *les Anglais et les Français se sont longtemps combattus*. P.

RÉCIT, en termes de Rhétorique, est synonyme de *Narration* (*V.* ce mot). — En Musique, on appelait autrefois *Récit* tout ce qui était chanté par une voix seule, ou exécuté par un instrument seul : on se sert aujourd'hui du mot italien *Solo* (seul). On donne quelquefois le nom de *récit*, dans la symphonie, à l'instrument principal. On l'a aussi employé comme synonyme de *récitatif* (*V.* ce mot). B.

RÉCIT (Jeux de), jeux d'orgue qui correspondent au 3ᵉ clavier, dit *clavier de récit*. Les jeux que l'on peut faire jouer sur le sommier du récit sont : le huit-pieds ouvert, le bourdon de 8 pieds, le cornet de 5 tuyaux sur marche, la musette de 8 pieds, la voix humaine de 8 pieds, la flûte octaviante de 4 pieds, l'octavin de 2 pieds, la trompette harmonique de 8 pieds, le clairon harmonique de 4 pieds. On enferme actuellement ces jeux dans une *boîte* dite *expressive*, formée de jalousies qui peuvent s'ouvrir ou se fermer à volonté au moyen d'une pédale et donner un passage plus ou moins libre au son. On obtient ainsi des effets plus ou moins heureux d'éloignement et de rapprochement des sons. **F. C.**

RÉCITATIF, sorte de déclamation musicale, accompagnée par quelques notes d'orchestre. Le Récitatif n'est assujetti ni à la mesure, ni au rhythme; placé entre les airs, duos, trios et ensembles d'un opéra, il se chante d'une manière plus ou moins soutenue; c'est un langage de convention, qui tient le milieu entre la parole et le chant : il repose l'auditeur, que la continuité des morceaux fatiguerait aussi bien qu'il sert aussi à faire avancer un peu l'action. Il est syllabique, c.-à-d. que chaque note porte sur une syllabe : on n'y répète point les mots, comme on le fait dans les morceaux mesurés; les notes marquent l'intonation, mais non la durée des sons, qui est abandonnée au goût du chanteur. Le récitatif est dit *obligé*, quand ses intervalles de repos sont remplis par des traits de symphonie. Le premier emploi du récitatif est attribué à Peri et à Monteverde; il fut ensuite perfectionné par Carissimi et par Alexandre Scarlatti. **B.**

RÉCITATION, prononciation, sur un ton soutenu, d'un discours ou morceau littéraire quelconque appris par cœur. La récitation peut se définir une « déclamation simple et sans geste. » Bien réciter est chose assez rare q.e bien lire, et ce talent annonce l'intelligence nette de l'ensemble et des détails du morceau étudié, l'art d'en reproduire exactement le caractère, le ton, la couleur, et de rendre sensibles à l'auditeur jusqu'aux nuances les plus délicates. Une bonne récitation excite bien vivement l'intérêt que la lecture la plus parfaite, et, quoique moins animée, moins vivante que le débit d'un discours personnel ou qu'une improvisation, elle éveille en nous l'idée d'un orateur.

A Rome, sous l'Empire, le mot *Récitation* s'appliqua spécialement à la lecture que les beaux esprits faisaient de leurs ouvrages devant une réunion d'amis ou d'amateurs. Asinius Pollion, le premier, eut cette idée, dont l'empereur Auguste encouragea la réalisation; et bientôt les lectures publiques devinrent une mode. On « récitait » non-seulement chez soi, mais dans les lieux publics, sur les marches des temples, dans toutes les places. Auguste assistait à certaines lectures, et parfois en faisait lui-même. Claude, Néron surtout, l'imitèrent, et maintes fois ce César bel-esprit convoqua le peuple entier au théâtre pour se faire entendre. Sous son règne les Récitations devinrent une manie, une fureur; non-seulement elles pouvaient durer plusieurs heures, mais souvent elles se prolongeaient pendant deux ou plusieurs jours. Après Domitien commença la décadence, et la vogue des lectures diminua sensiblement depuis Trajan. C'est dans ces réunions littéraires que paraissent avoir été « récitées, » sinon « déclamées, » les tragédies dites de Sénèque, bon nombre des *Silves* de Stace, et presque toutes les pièces de poésie composées pendant le 1er siècle de l'Empire. Ce système de récitation a été funeste au goût : il encouragea chez les écrivains le penchant au ton déclamatoire, aux traits saillants et neufs, aux phrases à facettes, aux expressions ingénieuses et brillantes; défauts qui séduisaient toujours les auditoires nombreux. **P.**

RÉCLAME (du latin *reclamare*, rappeler), en termes de Typographie, mot qu'on mettait autrefois au-dessous de la dernière ligne d'une feuille ou d'une page, et qui était le premier de la feuille ou de la page suivante. Le mot *réclame* ne désigne plus guère aujourd'hui que la note manuscrite qui rappelle au correcteur ou au metteur en pages le dernier mot et le premier folio d'une épreuve. Les réclames facilitaient le travail du brocheur et du relieur, en leur permettant de vérifier d'un coup d'œil la jonction des pages entre elles. On y supplée maintenant par un numéro d'ordre, mis au bas de chaque feuille d'impression, sert, et qui a reçu le nom de *signature*. Il y a des réclames dans les manuscrits dès le xiⁱᵉ siècle, mais l'usage n'en devint général qu'au xivᵉ. Le premier livre où l'on rencontre des réclames par mots est le *Tacite* de Vindelin (Venise, 1468 ou 1469). V. Magné de Marolles, *Recherches sur l'origine et le premier usage des registres, des signatures, des réclames et des chiffres de pages dans les livres imprimés*, Paris, 1782, in-8°. **B.**

RÉCLAME, petit article inséré dans le corps d'un journal, au milieu des nouvelles et des faits divers, pour recommander un livre ou une marchandise dont l'*annonce* se trouve plus loin. Séparée de la partie de la feuille qui est ostensiblement consacrée à la publicité à prix fixe, la réclame est censée contenir une appréciation impartiale et indépendante. Cependant on la paye; ou bien elle en est une bonification que le journal fait à ceux qui achètent sa publicité. Dans ce cas, elle est calculée sur le pied de 10 p. 100, c.-à-d. que celui qui fait une annonce de 100 lignes a droit à une réclame gratuite de 10 lignes. On peut obtenir que la réclame ne passe que le lendemain du jour où paraît l'annonce. **B.**

RÉCLAME, terme de Liturgie. V. RÉPONS.

RECLUS (du latin *reclusus*, renfermé), nom donné autrefois à tout pénitent qui se condamnait à vivre enfermé dans une cellule, ordinairement attenante à une église ou à un monastère, pour s'y livrer à la prière et à la mortification. Il fallait la permission de l'évêque ou de l'abbé. On voit encore une cellule de ce genre contre la chapelle Sᵗᵉ-Barbe de la cathédrale de Bourges. **B.**

RECLUSION (du latin *recludere*, enfermer), peine afflictive et infamante, infligée par les Cours d'assises, et qui consiste à être détenu, pendant 5 ans au moins et 10 ans au plus, dans une maison de force, et à être employé, dans l'intérieur de cette prison, à des travaux déterminés par les règlements administratifs. Une partie du salaire de ces travaux est réservée aux condamnés, et leur est remise au moment de leur libération. La réclusion est de droit accompagnée de l'*exposition* (V. ce mot), et emporte nécessairement la dégradation civique et l'interdiction légale : il est donc nommé au condamné un tuteur, dont les fonctions cessent avec la peine. — Autrefois on appelait *Reclusion* l'action d'enfermer quelqu'un pour la vie dans un monastère.

RÉCOGNITIONS. V. CLÉMENTINES, dans notre *Dictionnaire de Biographie et d'Histoire*.

RÉCOLEMENT (du latin *recolere*, revoir, examiner de nouveau), en termes de Jurisprudence, lecture de leur déposition faite à des témoins qui ont été entendus dans une procédure criminelle, pour voir s'ils y persistent; — acte constatant qu'on a vérifié tous les effets et meubles compris dans un inventaire ou portés sur un procès-verbal de saisie; — en général, toute vérification d'une opération ou d'un compte antérieur.

RÉCOLTES. En Droit, les récoltes pendantes par racines, c.-à-d. encore attachées au sol, sont considérées comme *immeubles*; une fois détachées du sol, et quoique non enlevées, elles sont *meubles*. La loi accorde privilège sur la récolte de l'année pour l'exécution du bail. Le vol et la tentative de vol de récoltes, non commis à plusieurs et pendant la nuit, sont jugés correctionnellement, et punis des peines portées en l'art. 401 du *Code pénal*; commis par plusieurs et pendant la nuit, ils sont jugés par la Cour d'assises, et punis conformément à l'art. 388.

RECOMMANDATION, terme de Droit féodal. V. notre *Dictionnaire de Biographie et d'Histoire*.

RECOMMANDATION, opposition que l'on met à la sortie d'un prisonnier. Un créancier, qui a le droit d'exercer la contrainte par corps contre son débiteur, peut le *recommander* lorsqu'il est déjà détenu pour un délit ou pour toute autre cause, et même lorsque son élargissement a été prononcé. Les formalités à suivre en cette matière ont été réglées par le *Code de Procédure civile* (art. 792-796).

RÉCOMPENSE, en termes de Droit, indemnité que l'un des époux qui sont sous le régime de la communauté doit à l'autre, pour tout ce dont le premier aurait personnellement et abusivement profité des biens du second. V. le *Code Napol.*, art. 1436-37.

RÉCONCILIATION, en termes de Droit canonique, acte solennel par lequel un hérétique est absous des censures qu'il avait encourues; — cérémonie qui se fait pour rendre au culte une église profanée, par exemple quand il y a eu meurtre dans le saint lieu, effusion criminelle de sang, inhumation d'un excommunié, d'un hérétique ou d'un infidèle, ou lorsque l'église a été consacrée par un évêque excommunié ou hérétique.

RECONDUCTION (du latin *reconductio*, louage à nouveau), renouvellement d'une location ou d'un bail à ferme. La reconduction peut être *expresse*, c.-à-d. faite par écrit ou verbalement; ou *tacite*, par la continuation de la jouissance après la fin du bail, sans que le propriétaire s'y soit opposé. V. le *Code Napoléon*, art. 1759 et 1776.

RECONNAISSANCE. Dans la poésie épique et dramatique et dans les romans, ce mot désigne le moment où un personnage qui ne se connaît pas, ou qui ne connaît pas celui que qui il est en action, ou n'en est pas connu, acquiert ou fait acquérir cette connaissance. Ce sont les *reconnaissances de personnes*. Il y a aussi les *reconnaissances de choses*, par exemple, lorsqu'on reconnaît que l'on avait porté sur tel ou tel personnage un faux jugement, lorsqu'une accusation injuste se confonde, etc. Ces diverses Reconnaissances doivent naître du développement même de l'action ou de la peinture des passions et des caractères ; elle peuvent être amenées aussi par quelque circonstance extérieure, par un souvenir fortuit, une réflexion soudaine, un signe involontaire que l'inconnu laisse échapper ou aperçoir. L'*Odyssée* offre un bel exemple de ce dernier genre, dans la scène entre Ulysse et sa nourrice Euryclée. En général, la Reconnaissance prépare et amène la Péripétie (*V. ce mot*) ; quelquefois elle se confond avec elle, comme dans l'*OEdipe-Roi*, de Sophocle ; mais elle ne doit pas constituer le sujet même, et c'est en quoi le plan de l'*Héraclius* de Corneille est vicieux. Elle peut être *simple* ou *double* : simple, lorsqu'elle n'a lieu que pour un personnage ; double, lorsqu'un personnage, en se connaissant lui-même, en reconnaît un autre, ou réciproquement. Elle est simple dans *Athalie*, dans *Electre*; double ou mutuelle dans *OEdipe-Roi*, dans *Iphigénie en Tauride*; elle est mixte dans *Mérope*, car la reine se fait connaître d'Égisthe qu'assez longtemps après qu'elle a reconnu elle-même qu'il était son fils. La Reconnaissance, amenant la Péripétie, peut influer sur la Catastrophe ; mais il n'en est pas toujours ainsi : dans l'*Hippolyte* d'Euripide et la *Phèdre* de Racine, où l'innocence d'Hippolyte est connue trop tard, et dans *Zaïre*, où Orosmane connaît également trop tard son erreur et ses soupçons injustes, la Reconnaissance ne change rien au dénoûment, mais elle achève de jeter de l'intérêt sur les victimes. Corneille, dans son *Héraclius*, l'a placée après la Catastrophe : c'est, dans sa pièce, un défaut qui diminue beaucoup l'intérêt d'une situation intéressante en elle-même et répand de la froideur sur la dernière scène ; Phocas une fois mort et Héraclius proclamé empereur, qu'importe que le vrai Héraclius soit reconnu ?

Dans les romans, dans les drames, et les œuvres comiques, la Reconnaissance est un ressort d'un usage plus fréquent que dans l'épopée et la tragédie. Chez les Anciens, il était prodigué d'une manière un peu trop uniforme, autant qu'on en peut juger par ce qui nous reste de leur théâtre comique et de leurs romans. Toutefois il est employé avec beaucoup de bonheur dans les *Captifs* et l'*Amphitryon* de Plaute, dans le *Phormion* et l'*Andrienne* de Térence, et il y contribue à l'intérêt des situations. Au reste, les meilleures scènes de reconnaissance, dans les genres comiques, sont celles qui deviennent une source nouvelle de ridicules : les *Précieuses ridicules*, l'*Avare*, les *Fourberies de Scapin*, l'*Amphitryon*, de Molière ; la *Métromanie*, de Piron ; l'*Avocat Patelin*, de Brueys, etc., en offrent de bons modèles. Dans le drame, elles peuvent se rapprocher de l'émotion tragique : les deux scènes de l'*École des Mères*, de La Chaussée, où M. Argant se fait connaître à sa fille Marianne, et celle-ci à sa mère, sont à la fois naturelles et touchantes ; elles produisent la péripétie, rendent le dénoûment intéressant, et contribuent à la moralité de la pièce. P.

RECONNAISSANCE, en termes de Droit, acte écrit qui contient l'aveu d'un fait ou d'une obligation antérieure. Plusieurs *reconnaissances* conformes, soutenues de la possession, et dont l'une a 30 ans de date, dispensent de représenter le titre primordial. On nomme *reconnaissance de promesse* ou d'*écriture* la déclaration par laquelle une personne reconnaît qu'un écrit privé qu'on lui représente émane d'elle ou qu'elle l'a souscrit. — La *reconnaissance d'enfant* est la déclaration faite devant l'officier de l'état civil par laquelle on reconnaît être le père ou la mère d'un enfant naturel ; elle doit être inscrite sur les registres de l'état civil. L'intervention et le consentement de l'enfant ne sont pas nécessaires. La reconnaissance contenue dans un testament olographe est régulière et valable. Celle qui serait faite par l'un des époux au profit d'un enfant né du mariage et d'un autre que son conjoint, ne peut nuire ni à celui-ci ni aux enfants nés de ce mariage : toutefois, elle produirait son effet après la dissolution du mariage, s'il n'en restait pas d'enfants. L'enfant reconnu par son père a le droit de porter son nom ; il suit, sous le rapport de la nationalité, la condition de celui de ses père et mère qui l'a

reconnu. Ses père et mère peuvent mettre obstacle à son mariage, et, dans certains cas, requérir contre lui la détention correctionnelle ; mais leur puissance ne s'étend pas sur ses biens, et ils n'en ont point l'usufruit légal jusqu'à ce qu'il atteigne 18 ans. Les enfants reconnus ont certains droits sur les biens de leurs père et mère décédés, mais non sur les biens des parents de ceux-ci. Ils prennent la totalité de l'héritage, quand il n'y a point de parents au degré successible, c.-à-d. au 12e degré ; si le père ou la mère a laissé des descendants légitimes, l'enfant reconnu n'a qu'un tiers de la portion d'un enfant légitime ; il a la moitié, s'il ne reste que des ascendants ou des frères et sœurs, et les trois quarts, s'il ne reste ni descendants, ni ascendants, ni frères ou sœurs, ni descendants de frères et de sœurs. Le père et la mère ne peuvent attribuer à l'enfant reconnu, ni par donation entre vifs, ni par testament, une part plus forte que celle qui lui est assignée ; mais ils peuvent réduire cette part à la moitié, si l'enfant a reçu de leur vivant ce qui lui est attribué pour tenir lieu de ses droits dans la succession future. La succession de l'enfant est dévolue au père ou à la mère qui l'a reconnu, ou par moitié à tous les deux.

RECONNAISSANCE, en termes d'Art militaire, opération ayant pour but d'examiner le théâtre de la guerre, ou les forces, les dispositions, ainsi que la situation de l'ennemi. La reconnaissance des lieux est l'œuvre des officiers d'état-major.

RECONNAISSANCE, en termes de Diplomatie, action de reconnaître un gouvernement étranger et de nouer avec lui des relations officielles.

RECONNAISSANCE, écrit par lequel on constate qu'on a reçu une somme, soit par emprunt, soit en dépôt, ou autrement. Les Monts-de-Piété délivrent aux emprunteurs des reconnaissances qui constatent la nature et la valeur des objets déposés, et la somme prêtée.

RECONVENTION, en termes de Droit, demande qu'oppose le défendeur à celle qui a été formée contre lui. Tel est le cas d'un débiteur qui, sans nier la dette qu'on lui réclame, revendique de son côté une somme au moins égale que lui devrait son créancier. La reconvention n'est admise que quand il y a connexité entre les deux demandes. Un juge de paix peut prononcer sur des réclamations supérieures à celles que la loi laisse à sa compétence, quand il en est saisi par une demande reconventionnelle.

RECORD. } *V.* ces mots dans notre *Dictionnaire*
RECORDER. } *de Biographie et d'Histoire.*

RECORS, jadis *Record* (du vieux français *recorder*, rappeler, constater), nom donné aux individus dont un huissier se fait assister dans ses actes, pour lui servir de témoins, et au besoin pour lui prêter main forte.

RECOUPE, terme de Gravure. *V.* COUPE.

RECOUPEMENT, en termes d'Architecture, large retraite qu'on laisse à chaque assise de pierres dans les ouvrages construits sur un terrain à pente escarpée, ou dans ceux qui sont fondés sous l'eau, pour leur donner plus d'empattement et de solidité.

RECOURS, en termes de Droit, action en garantie ou en dommages-intérêts que l'on a contre quelqu'un. Ainsi, la loi accorde un recours au cohéritier qui a payé au delà de ce dont il était tenu dans les dettes de la communauté ; au codébiteur d'une dette solidaire, qu'il a payée en entier ; aux mineurs et aux interdits, contre leur tuteur ; aux femmes mariées, contre leurs maris (*V. Code Napol.*, art. 875, 942, 1214 et suiv.).

RECOURS EN CASSATION. *V.* CASSATION et POURVOI.

RECOURS EN GRACE, demande adressée au chef de l'État pour obtenir la remise ou la commutation d'une peine infligée par un jugement ou un arrêt.

RECOUSSE, en termes de Marine, reprise d'un bâtiment sur l'ennemi par un autre bâtiment de sa nation. Le navire est rendu à l'armateur, qui paye le tiers de sa valeur, comme droit de recousse. *V.* POSTLIMINIE.

RECRÉANCE, nom donné autrefois à un jugement provisoire qui maintenait ou envoyait dans la jouissance d'un bénéfice en litige, pendant la durée du procès, la partie dont les droits paraissaient le mieux fondés.

RECRÉANCE (Lettre de). *V.* LETTRE DE RECRÉANCE.

RÉCRIMINATION, en termes de Rhétorique, accusation opposée à une autre. Ainsi : « Milon a tué Clodius ; mais Clodius attentait à sa vie. — Oreste a tué sa mère ; mais Clytemnestre avait tué Agamemnon et vivait avec son complice. » Les rhéteurs grecs appelaient ce genre de discussion *Anticatégorie* (de *anti*, contre, et *katégoréin*, accuser), *Antenclème* ou *Anticlème* (de *anti*, contre, et *encléma*, reproche), et les Latins, *mutua accusatio* ou *concertativa oratio*.

RECRUE (du vieux français *recroître*, croître de nouveau), nouvelle levée de gens de guerre. Par extension, on a appelé *recrues* tous les jeunes soldats.

RECRUTEMENT, mot d'origine récente (*V.* **Recrutement**, dans notre *Dictionn. de Biographie et d'Histoire*), par lequel on désigne le mode de formation de l'armée en France. D'après la loi du 21 mars 1832, l'armée se recrute de deux manières, par *engagement* (*V. ce mot*), ou enrôlement libre, et par *appel* ou *engagement forcé*. Le service militaire, personnel et gratuit, est obligatoire pour tous les Français âgés de 20 ans. Les jeunes gens ayant atteint cet âge sont soumis au recrutement : des listes sont dressées à cet effet dans chaque canton, et l'ensemble des individus portés sur ces listes forme la *classe de l'année*. Une loi annuelle détermine le nombre d'hommes mis à la disposition du gouvernement (80,000 depuis 1830, 100,000 depuis 1860). Un tirage au sort fixe l'ordre dans lequel les jeunes gens d'une même classe seront examinés par les Conseils de révision, pour savoir s'ils sont propres au service. Ceux qui sont reconnus aptes au service forment la liste du contingent jusqu'à concurrence du nombre fixé par la loi ; ceux qui, par le bénéfice du sort, n'y sont pas compris, restent dans la réserve. Outre ceux qui, par leur taille ou leurs infirmités, sont impropres au service, la loi exempte : l'aîné d'orphelins ; le fils unique ou aîné, gendre ou petit-fils de veuve, de père aveugle ou septuagénaire ; le plus âgé de deux frères appelés au même tirage ; celui dont le frère est sous les drapeaux à un autre titre que celui de remplaçant ; celui dont le frère est mort en activité de service, ou réformé ou retraité par suite de blessures reçues à l'armée. Tout condamné à une peine afflictive ou infamante, ou même correctionnelle avec surveillance de la haute police, est exclu du service militaire. Sont considérés comme ayant satisfait à la loi : les élèves des écoles Polytechnique et Normale supérieure, et ceux des séminaires, pourvu qu'ils suivent leur carrière ; les membres de l'instruction publique qui ont signé un engagement de 10 années ; les grands prix de l'Institut ; les prix d'honneur du concours général des lycées de Paris. La loi ne reconnaît plus aux soldats, comme autrefois, le droit de *remplacement* (*V. ce mot*). Il y a, dans chaque département, un officier supérieur ou un capitaine commandant le dépôt de recrutement, et chargé du détail des levées ; il est assisté de deux sous-officiers. — Le recrutement de l'armée de mer fait l'objet de la loi du 3 brumaire an IV (25 oct. 1795) (*V.* **Inscription maritime**, dans notre *Dictionnaire de Biographie et d'Histoire*). *V.* Swanton, *Dictionnaire du recrutement*, 1838, in-8° ; Pradier-Fodéré, *Lois sur le recrutement*, 1854, in-12 ; Genvot, *Manuel du recrutement*, 3° édit., 1855 ; Corriger, *Recueil méthodique des dispositions qui régissent le recrutement de l'armée*, 1857, in-8°. *V.* **Recrutement**, dans le *Supplément*. B.

RECTEUR. *V.* ce mot dans notre *Dictionnaire de Biographie et d'Histoire*.

RECTO. *V.* **Folio**.

RECUITE, opération par laquelle le peintre sur verre ou en émail parfond ses couleurs, en soumettant la pièce peinte à l'action du feu.

RÉCUPÉRATEUR. *V.* ce mot dans notre *Dictionnaire de Biographie et d'Histoire*.

RÉCURRENT (Vers). *V.* **Anacyclique**.

RÉCUSATION (du latin *recusatio*, refus), action de décliner la compétence d'un tribunal ou d'un juge, de refuser un juré, un expert, un arbitre, un témoin, etc. Les causes de la récusation relatives aux juges sont applicables au ministère public, lorsqu'il est partie jointe ; mais il n'est pas récusable quand il est partie principale. Le *Code de Procédure civile* (art. 378) et le *Code d'Instruction criminelle* (art. 332, 339) déterminent les cas et les modes de récusation.

RECUSES, monnaies surfrappées, c.-à-d. qui ont été marquées de deux types l'un sur l'autre.

REDAN ou REDENT (par contraction du latin *recedens*, se retirant, rentrant), se dit, dans la Fortification, des lignes ou faces qui forment des angles rentrants et saillants, pour se protéger les unes les autres. Les redans se nomment encore *ouvrages à scie*. — En Architecture, *redan* est synonyme de *recoupement* (*V. ce mot*).

RÉDEMPTION (en latin *redemptio*, rachat), mot spécialement consacré pour signifier le rachat du genre humain par Jésus-Christ, appelé pour cette raison le *Rédempteur*. Autrefois, le rachat des chrétiens qui étaient au pouvoir des Infidèles se nommait aussi *rédemption*.

RÉDHIBITION (en latin *redhibitio*, action de ravoir), terme de Jurisprudence qui désigne l'action attribuée dans certains cas à l'acheteur d'une chose mobilière défectueuse, pour en faire annuler la vente. *V.* **Vices**.

RÉDIFS, c.-à-d. en turc *qui viennent après*, soldats organisés en Turquie à peu près sur la même base que la landwehr prussienne. On les oppose au *nizam* (*nouvel ordre*, ou première levée).

REDIMICULUM, ceinture des dames romaines qui entourait deux fois le cou, se croisait sur la poitrine, passait sur les côtés, et faisait quelques tours pour assujettir la robe sur les reins. Les anciens peintres chrétiens donnèrent cette espèce de ceinture au Bon Pasteur et aux Anges, sans doute parce qu'elle offrait la figure de la croix.

REDINGOTE (de l'anglais *riding-coat*, vêtement pour monter à cheval). C'était autrefois une espèce de vêtement plus ample que l'habit ordinaire, dont on se couvrait en temps de pluie ou de gelée, et pour monter à cheval : la France l'emprunta à l'Angleterre vers 1725. Aujourd'hui la redingote est un vêtement plus long que l'habit, de même forme jusqu'à la ceinture, mais dont les pans entourent le corps et couvrent une partie des jambes.

REDONDANCE, défaut du style, vicieuse superfluité de paroles qui nuit à la netteté du discours. C'est comme un bondissement de la pensée qui, après avoir frappé l'esprit, rejaillit et retombe avec moins de force.

REDONDILLA. *V.* **Espagnole** (Poésie).

REDORTE (du latin *retorta*), meuble de l'écu qui représente une branche d'arbre tortillée en quatre cercles l'un sur l'autre, et dont les deux bouts se trouvent au-dessus, vers le chef.

REDOUBLEMENT, en termes de Grammaire grecque, répétition de la consonne initiale d'un verbe devant l'augment syllabique au parfait de tous les modes ; ainsi, le verbe *basileuô* fait au parfait *b-e-basileuka*. Dans les verbes commençant par une voyelle, le redoublement affecte la forme de l'augment temporel ; ainsi, *agô* fait au parfait *êkha* : cependant certains verbes de ce genre ont un redoublement réel, qui consiste dans la répétition des deux premières lettres du radical ; tel est le verbe *égheirô*, dont le parfait rigoureusement régulier serait *égherka*, mais qui fait à ce temps *éghêgherka*. Ce redoublement est dit *attique*, quoiqu'il fût aussi usité dans les trois autres dialectes littéraires. Dans la langue homérique ou épique, le redoublement existe aussi à l'aoriste second de certains verbes : ainsi, *terpô* faisait *tétarpon* aussi bien que *étarpon*. Enfin les verbes dits *allongés* prenaient souvent devant leur radical un redoublement ; ainsi, le verbe *ghi-gnomai* (pour *ghi-ghénomai*) est l'allongement du primitif *ghénomai*. — Certains verbes latins offrent des particularités analogues : *tango* fait au parfait *tetigi* ; *pello*, *pepuli* ; *curro*, *cucurri*, etc.

Le redoublement des consonnes en français n'est qu'un simple fait orthographique, étymologique, ou de prononciation. Très-souvent le caprice seul l'a introduit, et ce n'est pas l'une des moindres difficultés de notre langue, au point de vue de l'orthographe, même pour les nationaux (*V.* Girault-Duvivier, *Grammaire des Grammaires*, pages 944-956, édit. Lemaire).

On redouble un mot, une expression, lorsqu'on veut y attirer l'attention du lecteur ou de l'auditeur, surtout lorsque le sentiment de celui qui parle a quelque chose de vif et de passionné, comme dans ce vers de Racine (*Athalie*, I, 1) :

> Rompez, rompez tout pacte avec l'impiété.

Quelquefois le redoublement se fait par un mot à peu près synonyme : « Retiré du milieu des *ruines* et des *débris* de la maison royale. » (Massillon.) Souvent l'idée, non le mot, est redoublée ; dans ce cas, on s'exprime d'abord en termes plus ou moins généraux, plus ou moins vagues, et la seconde forme de la pensée a quelque chose de plus précis, de plus particulier :

> L'arche sainte est muette, et ne rend plus d'oracles.
> (Racine, *Ibid.*)
> Dieu, qui hait les tyrans, et qui dans Jezraël
> Jura d'exterminer Achab et Jézabel. (Id. *ibid*, 2.)

Ou bien le redoublement de l'expression ajoute à la première, renchérit sur elle, lui donne plus de force et d'éclat, comme dans cette phrase de Massillon : « Rien ne lui paraît *digne de récompense* dans ses sujets que les *talents utiles à la patrie* ; les *faveurs* annoncent toujours le mérite ou le *suivent de près.* »

Dans notre versification, le mot *redoublement* s'applique au retour ou à la continuation de la même rime dans le cours d'une période, quelquefois d'une pièce entière. Bien employée, cette licence donne à un morceau un air de facilité, soutient l'harmonie, charme l'oreille, et peut produire un effet poétique; mais l'abus en est insipide et rebutant. La Fontaine l'a employée avec succès dans la pièce d'envoi qui précède la fable *le Chat et la Souris* (XII, 5) : les consonnances en *ts* s'entendent douze fois, mais entremêlées de rimes féminines variées; la fable elle-même présente cette rime cinq fois dans les 9 premiers vers. Dans *l'Homme et la Puce* (VIII, 5), les rimes en *er* et en *ue* sont redoublées avec bonheur. La poésie lyrique offre plusieurs beaux exemples de ces redoublements, particulièrement les chœurs d'*Esther* et d'*Athalie*. **P.**

.REDOUTE (de l'italien *ridotto*, réduit), en termes de Fortification, petit fort détaché, construit en maçonnerie ou en terre, et propre à recevoir de l'artillerie. Une redoute consiste en un simple rempart avec fossé, et présente de 3 à 8 fronts, selon les circonstances et les lieux. Elle sert à arrêter la marche de l'ennemi, à défendre un point stratégique, à prolonger la résistance d'une place. — Dans plusieurs villes d'Italie et de France, on nomme encore *Redoute* un endroit public où *l'on se réunit pour jouer ou danser.*

REDOWA, sorte de valse qui tient de la polka (*V. ce mot*). C'est la même mesure à 3 temps, mais avec un rhythme moins précipité.

RÉDUCTION, en termes de Beaux-Arts, opération qui consiste à copier un objet, en donnant à la copie une moindre grandeur qu'à l'original. Divers procédés mécaniques ont été inventés pour exécuter cette opération avec une précision mathématique (*V.* CARREAUX, DIAGRA-PHE, PANTOGRAPHE). Vasari parle d'un certain Alberti qui, au XVIe siècle, avait inventé un instrument pour copier les tableaux en les réduisant à volonté.

RÉDUCTION, ancien terme de Musique. *V.* DÉDUCTION.

RÉDUCTION (Action en), en termes de Jurisprudence, action dont le but est de ramener à moindre valeur une libéralité, une disposition dans laquelle a été excédée la faculté permise par la loi. Les libéralités entre vifs ou à cause de mort qui excèdent la quotité disponible sont réductibles à cette quotité lors de l'ouverture de la succession. L'action en réduction ne peut être exercée que par les héritiers à réserve, leurs successeurs ou ayants cause. Elle peut être dirigée et contre les donataires entre vifs et contre les tiers détenteurs des immeubles faisant partie de la donation.

RÉDUCTION A L'ABSURDE, en termes de Logique, argument par lequel on démontre une proposition en faisant voir que le contraire serait impossible ou absurde, ou conduirait à des conséquences entachées des mêmes vices.

RÉDUIT, en termes de Fortification, poste ménagé dans l'intérieur d'une demi-lune (*V. ce mot*), et où l'on se retranche quand celle-ci est enlevée. On peut de là, par un feu vivement soutenu, empêcher l'ennemi de s'établir dans la demi-lune, et même le contraindre de l'abandonner.

RÉDUPLICATION, nom donné autrefois à une répétition de neumes sur le dernier mot des grands répons. On la faisait pour donner le temps de rentrer au chœur après une station dans la nef.

RÉDUPLICATIVE (Proposition). *V.* CAUSALE.

RÉFACTION DE DROITS, réduction des droits de douane accordée aux marchandises qui ont été avariées par événements de mer, et qui n'ont plus la valeur fixée par le prix-courant des mêmes espèces de marchandises.

RÉFECTOIRE, salle où les moines d'un couvent, et, en général, tous ceux qui mènent la vie commune, tels que les élèves internes d'une maison d'éducation, se réunissent pour prendre leurs repas. Il s'y trouve une chaire, où quelqu'un fait de pieuses lectures.

REFENDS, en termes d'Architecture, traits horizontales ou verticales creusées régulièrement sur une face de construction, pour indiquer réellement ou en apparence la grandeur des pierres ou des assises, ou pour empêcher qu'on en aperçoive les joints. Les murs de la Maison carrée à Nimes, et ceux de l'église de la Madeleine à Paris, sont divisés à l'extérieur par des refends. Ces refends qui suivent les assises ont pour effet de les protéger contre les *intempéries*; c'est un contre-sens d'en mettre à des constructions susceptibles d'être lavées par des eaux courantes, telles que des piles de ponts. — — On nomme *Mur de refend* un mur intérieur qui sépare

les pièces d'un bâtiment; *Pierre de refend*, une pierre angulaire.

RÉFÉRÉ, recours exercé devant un juge dans le but, soit en cas d'urgence de faire statuer provisoirement pour la conservation d'un droit, soit de parvenir à résoudre des difficultés soulevées par l'exécution des jugements ou des actes exécutoires. Le principe de cette juridiction se retrouve dans l'Ordonnance de 1685. La connaissance des référés appartient aujourd'hui au président du tribunal de première instance ou au juge qui le remplace. Il y a trois modes de les introduire : 1° par assignation à l'audience des référés, en suivant les délais ordinaires; 2° à bref délai à l'audience ou à l'hôtel du président, ou sur l'heure, mais après en avoir obtenu l'autorisation préalable; 3° par ajournement sur les procès-verbaux des juges de paix, notaires, huissiers, gardes du commerce, etc. Les ordonnances ou jugements de référé sont toujours exécutoires par provision. L'ordonnance peut être exécutée sur la minute, mais toujours après signification à personne ou domicile. Elle peut être attaquée par la voie de l'appel, si la valeur du litige excède le taux du dernier ressort. L'appel doit être interjeté dans la quinzaine de la signification. Les décisions en matière de *référé* ne sont pas susceptibles de pourvoi, par ce motif qu'elles n'engagent pas le principal. *V.* Bilhard, *Traité des référés*, 1834, in-8°; Debelleyme, *Ordonnances sur requêtes et sur référés*, 3° édition, 1856, 2 vol. in-8°. **R. D'E.**

RÉFÉRENDAIRE. *V.* ce mot dans notre *Dictionnaire de Biographie et d'Histoire*.

RÉFÉRENDUM, dépêche qu'un agent diplomatique expédie à son gouvernement pour lui demander des instructions nouvelles, lorsque les négociations qu'il poursuit l'entraînent hors de la limite de ses pouvoirs. En attendant la réponse, il ne peut négocier que *ad referendum* et *sub sperati.*

RÉFLÉCHI (Pronom), pronom qui sert à exprimer l'objet d'une action lorsque cet objet représente le sujet même, comme lorsqu'on dit : « *Elmire se regarde*; » *se* est l'objet de l'action exprimée par le verbe *regarder*, et représente le sujet de cette action qui est Elmire. Le pronom réfléchi se distingue du simple pronom personnel, en ce qu'il ne peut jamais s'employer que comme régime. En français, il n'a de forme spéciale qu'à la 3° personne, *se, soi*, qui sert pour les deux nombres et les deux genres. A la 1re et à la 2° personne, l'idée réfléchie est exprimée par les simples pronoms personnels répétés sous leur forme de complément. Quelquefois le pronom est répété pléonastiquement avec l'addition de l'adjectif *même*. « *S'aimer trop soi-même* est un ridicule et un vice. » Il arrive souvent que, même à la 3° personne, le pronom personnel ordinaire fait fonction de pronom réfléchi, surtout lorsque le sujet n'est pas vague (l'*Empereur* réunit autour de *lui* tous les officiers), ou est du pluriel (les *prisonniers* priaient le vainqueur d'avoir pitié d'*eux*); enfin, lorsqu'il faut représenter par un pronom, sous forme de complément, dans une proposition subordonnée, le sujet d'une proposition principale : « *Diogène* voulut qu'on l'abandonnât sans sépulture après sa mort. »

En latin, le pronom réfléchi, dont la forme est *sui* pour le génitif, *sibi* pour le datif, *se* ou *sese* pour l'accusatif et l'ablatif des deux nombres, est plus fréquemment employé que le nôtre, et contribue beaucoup à la précision des phrases. L'emploi en a lieu invariablement toutes les fois que le pronom personnel se trouve dans la même proposition que le nom qu'il représente, ou même dans une proposition immédiatement dépendante de la principale où se trouve ce nom, soit comme sujet, soit comme complément. La langue grecque faisait également un usage très-précis du pronom réfléchi *héautoû, héautês, héautoû*. Ni en latin ni en grec le pronom réfléchi ne pouvait avoir de nominatif. Dans les deux langues anciennes, aussi bien que dans le français, le pronom réfléchi exprime très-souvent la réciprocité. *V.* RÉCIPROQUE (Pronom).

RÉFLÉCHI (Verbe), verbe dont le complément, soit direct, soit indirect, représente le sujet : « *L'orgueilleux* aime à *se louer*; — *Je me suis trompé*; — *Nous nous sommes égarés*.» Aux temps composés ces verbes se conjuguent avec l'auxiliaire *être*; mais comme cet auxiliaire remplace le verbe *avoir*, l'accord du participe se fait, par une espèce de syllepse, comme s'il était uni au verbe *avoir*, c.-à-d. que, si le pronom complément est employé comme complément direct, c'est avec lui que l'accord du participe a lieu, et que, si ce complément est indirect, le participe reste invariable. — Beaucoup de verbes français sont réfléchis par la forme, mais ont un sens passif, et se construisent, quant à la syntaxe, comme les verbes passifs : « Un mal invétéré ne saurait *se guérir* promptement (c.-à-d. *être guéri*) ; — Les États *se ruinent* par la discorde (c.-à-d. *sont ruinés*). » Un fait plus étrange, c'est la forme réfléchie donnée par un très-vieil usage à certains verbes neutres qui logiquement n'en sont point susceptibles ; tels sont *s'en aller, s'en venir, se mourir*, etc. Certains autres verbes ne s'emploient jamais que sous la forme réfléchie, comme *s'enfuir, se repentir, s'ingénier, s'arroger, s'obstiner*, etc. Enfin la forme réfléchie donne à certains verbes actifs ou neutres une nuance de sens toute particulière ; ainsi, *se douter de* n'offre qu'une analogie très-lointaine avec le verbe *douter*; *s'apercevoir de* exprime une idée un peu différente de celle du simple *apercevoir*. Il en est de même de *étudier* et *s'étudier à*, *aviser* et *s'aviser de*, *défaire* et *se défaire de*, etc. V. Pronominal (Verbe).

En latin, lorsqu'il s'agit de donner au verbe le sens réfléchi, on suit le même système qu'en français, sinon que la conjugaison même du verbe n'y est jamais modifiée. Il en est de même généralement en grec, avec cette seule différence que toujours l'adjectif correspondant au français *même* (*autos, autè, auto*) est ajouté au pronom de chaque personne ; ainsi on ne dit pas en grec *je m'aime* (*égô mé philô*), mais *j'aime moi-même* (*égô émauton philô*) ; et ainsi de suite, *tu aimes toi-même, il aime soi-même, nous aimons nous-mêmes*, etc. Dans un certain nombre de cas, la voix moyenne exprime d'une façon à la fois concise et stoïcienne, l'idée réfléchie. V. Moyen. P.

RÉFLECTEUR ACOUSTIQUE, plaque de métal concave qu'on adapte au pavillon des instruments à vent, et dont la mobilité permet de lui faire prendre toutes les directions voulues. A l'aide de ce réflecteur, inventé par Sax en 1839, on peut diriger les sons vers tel ou tel point.

RÉFLEXION (du latin *reflectere*, replier), acte par lequel l'esprit se replie en quelque sorte sur lui-même pour considérer les faits qui se passent en lui. La Réflexion n'est que l'*attention* ayant pour objet un phénomène interne ; le géomètre et le philosophe qui cherchent la solution d'un problème de mathématiques ou de morale font acte de *réflexion*. Cet acte embrasse les perceptions par les sens, les faits de la mémoire aussi bien que ceux de la conscience et de la raison ; les idées qui proviennent de ces différentes sources ont besoin du travail intérieur de la pensée pour devenir claires, et pour que l'esprit puisse les distinguer les unes des autres. On peut donc dire avec Locke que la Réflexion est la connaissance que prend l'âme de ses différentes opérations, mais sans en conclure comme lui qu'elle est elle-même une source d'idées nouvelles.   R.

RÉFLEXIONS ET MAXIMES, titre sous lequel Vauvenargues nous a laissé un certain nombre de Pensées à la manière de La Rochefoucauld. Les éditions qu'on en a données contiennent aussi plusieurs autres écrits ou fragments de philosophie morale, où l'on entrevoit également ce qu'il y eut de tendresse et d'élévation dans son âme, de distinction et de gravité dans son esprit. Ce sont : 1° un *Traité sur l'esprit humain*, en trois livres, où l'auteur considère successivement l'esprit en lui-même, puis les passions, puis le bien et le mal moral avec les dispositions de l'âme qui produisent l'un et l'autre ; œuvre incomplète et faiblement conçue, mais qui renferme pourtant quelques vues originales et fines ; 2° des *Réflexions* d'une certaine étendue *sur divers sujets* capricieusement rapprochés de philosophie, de littérature, de morale et de critique ; 3° des *Conseils à un jeune homme* sur la conduite de la vie ; leçons qu'on dirait parfois dictées par un stoïcien, et où Vauvenargues, malheureux jusqu'à son dernier jour, affirmait pourtant, en dépit de ses propres déceptions, que le mérite personnel et le courage finissent par triompher de tout ; qu'il faut être d'abord soi-même, en veut s'acquérir les étrangers, et qu'une âme courageuse ne doit demander qu'au travail une destinée digne d'elle ; 4° des *Réflexions critiques sur quelques poètes* du XVII° et du XVIII° siècle, où l'on relèverait aisément, à côté de plusieurs erreurs sur Corneille et sur Molière, et de complaisances inévitables pour le talent tragique de Voltaire, son ami, des jugements d'un bon sens exquis sur La Fontaine, Boileau et Racine ; suit une page éloquente sur Bossuet, Pascal et Fénelon, puis une appréciation très-solide et très-éclairée des *Caractères* de La Bruyère ; 5° des *Caractères* imités de La Bruyère et de Théophraste, parmi

lesquels brille le portrait de cet infortuné Clazomène (entendez Vauvenargues lui-même), « qui a eu l'expérience de toutes les misères de l'humanité, » mais qui n'eût pas voulu changer sa misère pour la prospérité des hommes faibles, car « si la fortune peut se jouer de la sagesse des gens vertueux, il ne lui appartient pas de faire fléchir leur courage ; » 6° deux *Discours sur la gloire*, après laquelle Vauvenargues soupira toute sa vie, suivis d'un troisième sur les plaisirs, où il se montre le censeur sévère des mœurs de son temps ; 7° des *Considérations sur le caractère des différents siècles*, où sa hardiesse éclairée et libérale défendait contre les attaques légères et dédaigneuses de ses contemporains les mœurs et même les superstitions des temps les plus anciens ; puis un Discours sur les mœurs du XVIII° siècle, véritable contre-partie du précédent opuscule, sorte de procès intenté à tous les vices de cette société corrompue, « bassement partagée entre l'intérêt et les plaisirs, et devenue incapable des grandes choses, depuis qu'elle avait appris le mépris de son temps ; la vertu ; » 8° un *Discours sur l'inégalité des richesses*, où Vauvenargues défendait la Providence en disciple de Pascal, de Bossuet et de Fénelon, peut-être plus encore qu'en philosophe. Le même sentiment chrétien, profond et sincère, qui avait animé déjà l'*Éloge funèbre* de cet Hippolyte de Seytres, ravi dès l'âge de 18 ans par la guerre à la tendre amitié de Vauvenargues, a également inspiré la *Méditation sur la Foi, la Prière à la Trinité, le Traité sur le libre arbitre, le Discours sur la Liberté*, et le morceau intitulé *Imitation de Pascal* sur la religion chrétienne, sur le stoïcisme, sur les illusions de l'impie et la vanité des philosophes. Enfin, au commencement de notre siècle, furent publiés 18 *Dialogues des Morts*, où l'on sent encore l'influence de Fénelon sur Vauvenargues ; agréables imitations qui rappellent, avec moins de force, le bon sens et la simplicité des Dialogues du modèle. Les relations et la Correspondance de Vauvenargues avec Voltaire l'ont fait appeler quelquefois son disciple. Il est vrai qu'il professa toute sa vie une admiration sincère et un tendre attachement pour le premier génie de son temps, qu'il demanda ses avis et le suivit ; il est vrai encore qu'il tint du grand apôtre de la tolérance et du chef des libres-penseurs au XVIII° siècle la haine de la persécution et le doute sur le dogme ; mais, du reste, il appartient plutôt au siècle précédent, non-seulement par le culte qu'il rendit ouvertement aux génies chrétiens contre lesquels guerroyait Voltaire, mais encore par la pureté, l'élévation et le caractère éminemment spiritualiste de ses *Pensées*. Tandis qu'autour de lui la vanité, le scepticisme moqueur et la volupté régnaient à peu près sans partage, il vanta, il prêcha presque la vertu, l'amour de la gloire, la confiance en Dieu et la soumission à la Providence. Il écrivit que « les premiers jours du printemps ont moins de grâce que la vertu naissante d'un jeune homme, » et que « les premiers feux de l'aurore ne sont pas si doux que les premiers regards de la gloire. » Il chercha en Dieu l'espérance et la force pour son âme triste et délaissée. Plus malheureux en cela que Pascal, qui du moins n'eut à lutter que contre sa raison, il eut à défendre les croyances où il se portait de cœur, et contre son propre esprit, et contre les mille objections dont l'obsédait son entourage. Ce combat courageux et perpétué contre le scepticisme, les petites passions, la misère, le découragement et même le désespoir, qui est comme les *Pensées* de Vauvenargues, constitue son originalité dans le XVIII° siècle et son plus beau titre de gloire auprès de la postérité.   A. H.

RÉFORME ou RÉFORMATION, terme d'Histoire religieuse. V. ce mot dans notre *Dictionnaire de Biographie et d'Histoire*.

RÉFORME, en termes d'Administration militaire, licenciement partiel d'une armée, réduction d'un corps de troupes à un moindre nombre ; — renvoi d'un homme impropre au service, soit quand il passe devant le conseil de révision, soit par congé (V. Congé) ; — position de l'officier sans emploi, prononcée pour infirmités incurables, ou pour inconduite habituelle, ou pour fautes graves commises soit dans le service, soit contre la discipline, ou pour prolongation au delà de 3 ans de la position de non-activité. L'officier réformé, n'étant plus susceptible d'être rappelé à l'activité, ne peut prétendre à une pension de retraite, mais seulement à un *traitement de réforme*, pourvu qu'il ait 7 ans de service accomplis ; s'il a moins de 20 ans de service, il reçoit, pendant un temps égal à la moitié de la durée de ses services effectifs, les 2/3 du minimum de la pension de retraite de son grade; s'il a plus de 20 ans de service, la quotité de son traitement est déterminée par le minimum de la retraite de son grade, à raison d'un 30ᵉ pour chaque année de service effectif.

RÉFORME DES MONNAIES, nom qu'on donnait jadis à l'acte de rétablir la valeur réelle des espèces dont on avait fictivement surhaussé le prix. Leur *réformation* était l'acte de les refrapper, sans les fondre, pour en changer ou la valeur ou l'empreinte.

RÉFORMÉES (Églises). *V.* ÉGLISES RÉFORMÉES, dans notre *Dictionnaire de Biographie et d'Histoire.*

RÉFRACTAIRES. *V.* ce mot dans notre *Dictionnaire de Biographie et d'Histoire.*

REFRAIN (du bas latin *referaneus cantus*, chant qui revient toujours), répétition d'un ou plusieurs mots, d'un ou plusieurs vers, dans les ballades, les rondeaux, triolets, chansons, rondes, vaudevilles, romances, barcarolles, etc. Le refrain des ballades se composait d'un même vers répété à la fin de chaque couplet et de l'Envoi. Dans le rondeau ordinaire, il consiste dans la répétition des premiers mots du 1ᵉʳ couplet à la fin du 2ᵉ et du 3ᵉ. Dans les rondeaux des opéras-comiques, le refrain forme une sorte de couplet initial, qui se répète après les deux couplets proprement dits. Dans les triolets, le refrain était la reproduction du premier vers après le 3ᵉ, et des deux premiers à la fin de la pièce. Dans les chansons, les refrains sont plus libres et plus variés : tantôt on répète un ou deux vers, soit au commencement, soit à la fin de chaque couplet; tantôt le premier et le dernier vers du 1ᵉʳ couplet reviennent dans les couplets suivants; quelquefois le même vers se répète à la fois au commencement et à la fin de chaque couplet; souvent c'est le couplet initial qui forme le refrain. Après avoir répété le refrain sans aucun changement un certain nombre de fois, on peut le modifier à la fin de la chanson. Il arrive aussi qu'il ne conserve dans le cours de la chanson qu'un mot ou une rime, et que l'idée fondamentale se modifie successivement à chaque couplet. Le refrain peut être double : il consiste alors dans la répétition d'un ou deux vers du couplet précédent au commencement de chaque couplet et avant le refrain régulier et périodique. Dans la chanson légère, le refrain consiste souvent dans le retour de certaines onomatopées, comme *ton ton tontaine ton ton*, *mironton mirontaine*, *plan plan rantanplan*, etc. Un refrain peut dans certains cas se bisser, ou se répéter trois, quatre et jusqu'à huit fois. La plupart du temps, il se chante en chœur, et, dans les rondes, on le chante en tournant. — Le refrain se trouve aussi dans la poésie lyrique élevée, soit dans les opéras, soit dans les tragédies où l'on a essayé d'introduire des chœurs. Les chœurs des tragédies et des comédies grecques en offrent déjà des exemples; les épithalames, les idylles, les églogues, les pièces pastorales ou érotiques, étaient souvent divisées en couplets avec retour périodique d'un ou plusieurs vers. Mais dans ce qui nous reste de petits poèmes anciens, le refrain ne se présente nulle part avec les formes variées que lui ont données nos auteurs de chansons et de vaudevilles. **P.**

REFRAPPÉES (Médailles), médailles dont les contours du type sont doubles, par l'effet des coups redoublés du marteau et du mouvement du flan.

REFRÉDOIR, vieux mot signifiant *vase à rafraîchir.*

RÉFUGIÉS POLITIQUES, nom par lequel on désigne les étrangers que des motifs, ou même des crimes politiques forcent de chercher un refuge en pays étranger. Les réfugiés, à leur arrivée sur le territoire français, doivent se présenter au maire de la première commune, qui leur donne une passe provisoire pour se rendre au chef-lieu du département. Là, le préfet peut leur délivrer un passe-port pour la résidence qu'ils ont choisie, en prévenant le ministre de l'Intérieur. Ils peuvent obtenir des secours de l'État. Le ministre a le droit de les expulser par mesure de police (Règlement du 30 mai 1848; Loi du 3 déc. 1849).

RÉFUTATION, en termes de Rhétorique, partie du discours qui se place ordinairement après la Confirmation, et qui a pour objet de ruiner ou du moins d'affaiblir les raisons de l'adversaire. Cicéron ne veut pas qu'on la sépare de la Confirmation : « Il n'y a, dit-il, qu'un seul procédé pour étayer vos preuves, et ce procédé renferme les deux parties qu'on voudrait disjoindre; car vous ne pouvez ni détruire ce qu'on vous objecte, sans appuyer ce qui prouve en votre faveur, ni établir vos moyens, sans réfuter ceux de l'adversaire; ce sont deux choses jointes par leur nature, par leur but, et par l'usage que vous en faites. » Malgré l'avis de Cicéron, les rhéteurs ont persisté à faire de la Réfutation une partie distincte du discours; mais ils laissent au discernement de l'orateur à déterminer la place qu'elle doit occuper. Quand l'auditeur est prévenu et circonvenu par les raisons de l'adversaire, il faut que la Réfutation commence dès l'Exorde, ou du moins qu'elle précède la Confirmation, et quelquefois même la Narration; il y a enfin espèce de discours qu'on appelle *Réplique*, et qui n'est d'un bout à l'autre qu'une réfutation. Dans cette partie du discours, l'orateur prend séparément chaque raison de l'adversaire, la dépouille de tous ses ornements, la ramène à l'expression la plus simple, et s'attache à prouver : ou que le principe de l'adversaire était faux; ou que d'un principe vrai il a tiré une conséquence fausse; ou qu'il a affirmé un fait douteux. Quand on ne peut arriver à une conclusion aussi précise, on cherche du moins à jeter dans l'esprit de l'auditeur quelque doute sur la valeur des preuves de l'adversaire. Les moyens les plus communs de la Réfutation sont : la *négation*, quand on nie absolument le fait; la *distinction*, quand on sépare le droit du fait, ou le fait du droit, ou le principe des conséquences; la *récrimination*, quand on montre que l'adversaire a fait aussi ce dont il vous accuse, moyen fort usité chez les Anciens, mais qui répugne à la politesse de nos mœurs, et qui d'ailleurs ne prouve rien, car on n'est pas justifié pour avoir montré qu'un autre est également coupable; l'*évasion*, quand on élude de répondre et qu'on détourne l'attention de l'auditeur; la *compensation*, quand à une action blâmable on oppose une action digne d'éloges, ce qu'on appelle chez nous les *circonstances atténuantes*; enfin, la *confutation*, quand on s'empare du côté ridicule des raisons de l'adversaire, pour le railler et faire rire à ses dépens. La Réfutation est la partie du discours où l'orateur doit surtout se montrer logicien : il lui faut une grande habitude de l'argumentation, une grande sagacité pour saisir la liaison des idées, discerner si elles se conviennent, et confondre les sophismes qui se cachent bien souvent sous les fleurs d'une éloquence facile et brillante. **H. D.**

RÉGALE (Jeu de), le plus ancien des jeux à anche de l'orgue. Ce jeu, formé d'anches battantes montées sur leur pied et sans tuyaux, était autrefois très-estimé; c'est pourquoi il reçut le nom de *régale* ou *jeu royal*. Aujourd'hui, il n'est plus en usage dans les orgues d'église; il n'existe que dans quelques orgues en tables. **F. C.**

RÉGALE, instrument de musique, le même que le claquebois (*V. ce mot*).

RÉGALE. — Droit de). } *V.* notre *Dictionnaire de Bio-*
RÉGALIENS (Droits). } *graphie et d'Histoire.*

REGARD, en termes d'Architecture, ouverture maçonnée, pratiquée pour faciliter la visite d'un conduit, d'un aqueduc, d'un égout. On nomme *regard de fontaine* l'ouverture d'un aqueduc où est établi un robinet servant à la distribution des eaux. — En Peinture, deux portraits de grandeur égale ou à peu près, peints de façon que les figures se regardent l'une l'autre, sont appelés *un regard*.

REGARDS, nom donné autrefois à de menues rentes qui accompagnaient les rentes principales. C'étaient ordinairement des volailles, des œufs, des pains, etc.

RÉGATES (de l'italien *regatta*), nom donné autrefois aux joutes de gondoles qui avaient lieu à Venise. On l'a étendu à toutes les courses en bateau ou en canot. Depuis 1853, le ministère de la marine en France accorde des prix aux régates qui ont lieu sur le littoral de la mer : c'est que ces joutes déterminent chez les constructeurs une rivalité dont la navigation peut recueillir des avantages.

RÉGENCE (du latin *regere*, gouverner), se dit du temps pendant lequel l'administration d'un État est confiée à une ou plusieurs personnes suppléant le souverain mineur, empêché ou absent, et du pouvoir que ces personnes, dits *régents*, exercent. En France, les ordonnances de 1403 et 1407 établirent quelques règles pour les régences; les reines-mères devaient être appelées à diriger l'État si elles vivaient, ainsi que *les plus prochains du lignage*. La loi de régence du 30 août 1842, rendue après la mort du duc d'Orléans, investissait de la régence le prince le plus proche du trône dans l'ordre de succession, et parvenu à l'âge de 21 ans accomplis. Aux termes du sénatus-consulte du 8 juillet 1856, sous un empereur mineur, dont le père n'aurait pas réglé la régence avant son décès, l'impératrice-mère serait régente; elle perdrait ce droit en convolant à de secondes noces. A défaut d'un régent institué d'avance ou de l'impératrice-mère, la régence appartiendrait au premier des princes français dans l'ordre de l'hérédité à la couronne, et, si aucun prince français n'était en âge de l'exercer, le sénat déférerait ce mandat. En tout cas, le mariage de l'empereur, les sénatus-consultes organiques, les traités de paix, d'alliance ou de commerce, devraient être soumis à la délibération du Conseil de régence, formé des princes français et d'un petit nombre de personnages choisis par l'empereur ou le sénat, convoqué et présidé par l'impératrice-mère, le régent ou leurs délégués.

RÉGENCE, nom donné à l'administration de certaines villes, comme Amsterdam et Kiel, et au gouvernement de certains États, notamment des États Barbaresques.

RÉGENT, celui qui est chargé de la *régence* d'un État. On donne le même nom aux membres du Conseil supérieur d'administration de la Banque de France, et aux maîtres chargés de l'enseignement dans les colléges communaux. Dans l'ancienne Université, le nom de *régents* était appliqué à tous les professeurs indistinctement, et on appelait *docteurs régents* les docteurs qui professaient la théologie, le droit ou la médecine.

RÉGICIDE (du latin *rex*, roi, et *cædere*, tuer), assassinat d'un roi, et celui qui le commet ou tente de le commettre. En France, avant 1789, les régicides étaient écartelés ou périssaient sur la roue; aujourd'hui ils subissent la peine du parricide (*V. ce mot*). On a aussi donné le nom de régicides aux membres du Parlement qui condamnèrent à mort Charles Ier en Angleterre, et à ceux de la Convention qui condamnèrent Louis XVI en France.

RÉGIE (du latin *regere*, diriger, gérer), administration de biens, à la charge d'en rendre compte. Un particulier donne ses biens *en régie*, quand il confie à un *régisseur*, moyennant salaire, la perception des revenus qu'ils peuvent produire. Un collége est en régie, lorsque le principal l'administre pour le compte de la ville. En matière d'administration publique, on nomme *Régie* toute administration chargée de la perception directe de certains revenus; ainsi, l'on dit la Régie des tabacs, la Régie des poudres et salpêtres, la Régie des contributions indirectes. Une régie est dite *intéressée*, quand le régisseur a une part des produits, comme cela a lieu pour les droits d'enregistrement. On met des *travaux publics en régie*, quand on les fait exécuter sous la surveillance d'agents de l'État, au compte du soumissionnaire qui n'a pas tenu ses engagements.

RÉGIME (du latin *regimen*, venant de *regere*, gouverner, conduire), en termes d'Économie sociale, toute manière de constituer une société, de gouverner un État. Ainsi l'on dit le *régime despotique*, le *régime constitutionnel*, le *régime féodal*, etc. En Droit, l'ensemble des dispositions législatives qui régissent la société conjugale se nomme *régime dotal* ou *régime de la communauté* (*V. ces mots*).

RÉGIME, en termes de Grammaire, mot immédiatement dépendant d'un autre, qui peut, en raison de cette dépendance, modifier sa propre forme. Cette modification n'a guère lieu que dans les langues riches en flexions grammaticales; ainsi, en grec, en latin, en allemand, un nom qui dépend d'un verbe actif se met à l'accusatif; d'autres verbes exigeront qu'il prenne la forme du datif. Les noms changent également de forme suivant qu'ils sont construits avec telle ou telle préposition, ou que cette préposition est prise dans un sens ou dans un autre. De là on dit qu'un nom est *régi* au génitif, au datif, à l'accusatif, etc., par tel ou tel mot, ou que ce mot *régit* ou *gouverne* le génitif, le datif, etc. Dans les langues dépourvues de flexions casuelles, le mot *complément*, comme plus général, est plus juste que le mot *régime*. On distingue, comme pour les compléments, le régime *direct* et le régime *indirect*. Le direct est celui qui modifie sa forme sans l'intermédiaire d'aucune préposition; l'indirect, celui qui, outre la modification casuelle qu'il éprouve, se joint au mot régissant à l'aide d'une préposition. Ainsi, en grec, les verbes passifs régissent directement le datif, indirectement le génitif, ce dernier cas ne s'employant qu'avec la préposition ὑπό, ou παρά, ou ἐκ, ou πρός. En latin, *scripsi ad patrem epistolam* présente deux accusatifs, dont le premier est régime indirect, le second direct. Dans *vestem dabo pauperi*, les deux régimes sont directs, comme dans *doceo pueros grammaticam, hoc te rogo*, etc. Ainsi un mot grec ou latin, directement régi à tel ou tel cas, peut avoir pour équivalent dans notre langue un mot servant de complément indirect, comme on le voit par la traduction des exemples cités : « J'ai écrit *à* mon père; je donnerai un habit *à* ce pauvre; j'instruis les enfants *sur* la grammaire; je demande cela *de* vous, etc. » V. COMPLÉMENT. P.

RÉGIMENT. *V.* ce mot dans notre *Dictionnaire de Biographie et d'Histoire*.

RÉGIOLES, *regiolæ*, petites portes placées au devant de la confession d'un autel dans les anciennes églises, et par lesquelles on introduisait les linges qu'on voulait faire toucher aux reliques.

RÉGISSEUR, celui qui est chargé de la *régie* d'un bien (*V. Régie*). Au théâtre, les fonctions de *régisseur* consistent à monter les pièces qu'il s'agit de représenter, et à répondre aux interpellations du public.

REGISTRE, en termes d'Imprimerie, correspondance que les pages des deux pages d'un même feuillet ont l'une avec l'autre. — Autrefois on appelait *registre* une petite table rappelant les premiers mots des feuillets qui composent la moitié de chaque cahier : c'est le moyen dont les imprimeurs se servirent d'abord pour régler et faciliter l'assemblage et la reliure des livres. Les plus anciens ouvrages où l'on trouve le registre sont les *Philippiques* de Cicéron et le *Tite-Live* imprimés par Ulric Han, en 1469 ou 1470.

REGISTRES DE L'ORGUE (du latin *regere*, régir, gouverner), règles mobiles en bois, percées de trous à des distances égales aux trous du sommier, servant à ouvrir ou à fermer les différents jeux ou séries de tuyaux de l'orgue. On fait marcher les registres au moyen des *tirants*, tringles carrées, placées à la droite et à la gauche de la fenêtre du clavier, et que l'organiste tire ou pousse, suivant qu'il veut ouvrir ou fermer le vent à telle ou telle série de jeux. — Par extension, on appelé *Registres de la voix* les sons graves, les moyens, et les aigus, qui forment comme trois jeux dans la voix humaine. Ou bien on ne distingue que deux registres, l'un comprenant tous les sons de poitrine, et l'autre les sons de tête ou de fausset. F. C.

RÈGLE (en latin *regula*; de *regere*, diriger), tout principe sur lequel s'appuie la pratique de la morale, du Droit, des sciences, des arts, etc. Il y a des règles auxquelles l'écrivain doit s'astreindre, s'il veut perfectionner son talent. Ces règles sont des conseils dictés par l'expérience, plutôt que des lois inflexibles, et ne détruisent pas l'indépendance de l'esprit : car, dit Quintilien, si on les prenait servilement pour guides, si l'on s'assujettissait à une seule méthode, ce serait vouloir éprouver la lenteur pénible des gens qui marchent sur une corde : le chemin public n'est pas une loi indispensable; nous le quittons souvent pour abréger la marche; si le pont est brisé, nous faisons un circuit, et si la porte est environnée de flammes, nous sortirons par la fenêtre. Les règles n'ont pas précédé, mais suivi les modèles; on admirait les chefs-d'œuvre de Sophocle et d'Euripide, avant qu'Horace eût tracé les règles de l'art dramatique; les préceptes ont été puisés dans les œuvres de ceux qui écrivaient de manière à plaire et à entraîner, et les critiques n'ont fait qu'observer et formuler. Les règles, comme on l'a dit, sont l'itinéraire du génie.

RÈGLE, ensemble des statuts que les religieux d'un Ordre sont tenus d'observer.

RÈGLEMENT, statut qui détermine et prescrit ce que l'on doit faire. Les décrets impériaux sont des *règlements*, qui obligent les citoyens comme les lois elles-mêmes. Les *règlements de police*, prescrivant des mesures relatives à la propreté, à la salubrité, à la sûreté et à la tranquillité publiques, sont faits par le préfet de police à Paris, par les préfets dans les départements, par les maires dans les communes, et sont obligatoires pour les administrés. On nomme *règlements d'administration publique* ceux qui établissent de quelle manière les lois, décrets et ordonnances doivent être exécutés. — Dans l'ancien Droit français, on appelait *Arrêts de règlement* les règlements que les Parlements rendaient soit sur la procédure, soit sur des questions civiles ou ecclésiastiques, et qui avaient force de loi dans les tribunaux : ils ont été supprimés par la loi du 24 août 1790. Aujourd'hui, en Procédure, le *Règlement de juges* est l'arrêt d'une autorité supérieure décidant devant quels juges un procès sera porté; cas qui se présente lorsque deux tribunaux se sont déclarés incompétents, ou lorsqu'ils veulent tous deux retenir la cause (*V.* le *Code de Procédure civile*, art. 363-367, et *Code d'Instruction criminelle*, tit. v, ch. 1).

RÈGLEMENT, en termes de Commerce, remise de valeurs destinées à solder un compte ouvert.

RÉGLET, petite moulure plate et droite qui sert, dans les compartiments et les panneaux, à en séparer les parties, et à former des guillochés et des entrelacs.

RÈGNE (du latin *regnum*), mot qui désigne le gouvernement d'un souverain. On l'emploie au figuré en parlant des choses qui ont de l'autorité, de l'influence, de la vogue, comme quand on dit le *règne de la justice*, le *règne des lois*, le *règne de la mode*.

RÉGNICOLE (du latin *regnum*, royaume, et *incola*, habitant), se dit, en Jurisprudence, des habitants d'un royaume, d'un pays, ayant droit comme tels à certains droits. On l'oppose à *étranger*.

REGRÈS, en termes de Droit canonique, retour à un bénéfice que l'on avait résigné ou permuté.

RÉGULIER, religieux soumis à une *règle*. Les Ordres monastiques forment le *clergé régulier*.

RÉGULIER, se dit, en Grammaire, de tout ce qui est conforme à certaines règles établies par l'usage et consacrées par les écrivains les plus distingués. Ce terme s'applique à la forme des mots isolés, à celle des vers, à la composition des stances, des strophes, à la syntaxe et à la construction des phrases, à l'ordonnance des ouvrages littéraires. On se sert quelquefois, dans la même acception, du mot *normal* (du latin *norma*, règle). Dans les langues modernes, le mot *régulier* s'applique surtout aux verbes dont la conjugaison est conforme aux paradigmes adoptés, parce que cette espèce de mots y est la plus susceptible de variations, souvent capricieuses. P.

RÉGULIERS (Tons ou Modes) se donne dans le Plain-Chant aux tons ou modes qui se terminent par leur note finale.

RÉHABILITATION (de la particule *re*, et *habilis*, habile, propre à), en termes de Droit, rétablissement d'un condamné dans ses anciens droits. Avant 1789, les *lettres de réhabilitation* accordées par le roi anéantissaient la condamnation prononcée contre un accusé, à qui l'on ne devait plus imprimer aucune note d'infamie. Il n'en est pas de même de la réhabilitation actuelle : elle fait seulement cesser les incapacités qui résultaient de la condamnation; il n'y a point de réhabilitation de la mémoire, puisqu'il ne s'agit que de réintégration dans l'exercice de droits personnels, abstraction faite du bien ou mal jugé, et sans aucun retour vers le procès; notre réhabilitation est une récompense de la bonne conduite du condamné, et s'applique à l'innocent comme au coupable. C'est faute d'avoir fait cette distinction qu'on n'a pas compris l'impossibilité de réhabiliter certains condamnés fameux. Tout condamné qui a subi sa peine, ou qui a été gracié, peut être réhabilité; pour les condamnés aux travaux forcés ou à la reclusion, la demande en réhabilitation ne peut être formée que 5 ans après l'expiration de la peine (ce délai n'est que de 3 ans pour les condamnés à une peine correctionnelle); pour les condamnés à la dégradation civique, le délai de 5 ans court du jour de l'exécution de l'arrêt. Un séjour de 5 ans dans le même arrondissement, de 2 ans dans la même commune, est encore exigé. La demande de réhabilitation est déposée au greffe, rendue publique, et, après avis de la Cour d'appel, le chef de l'État prononce en Conseil privé (*V.* le *Code d'Instruct. crim.*, art. 619-634, et la Loi du 3 juillet 1852). — En matière commerciale, le failli qui a intégralement acquitté ses dettes peut être réhabilité par une décision judiciaire; mais il n'y a pas de réhabilitation pour les banqueroutiers frauduleux (*V.* le *Code de commerce*, art. 526, 531, 604-614). — Autrefois il y avait une *réhabilitation de mariage*, que les Parlements ordonnaient pour réparer quelque vice de forme dont le mariage avait été entaché; on procédait alors à une nouvelle célébration, si les parties consentaient à rester unies.

RÉHABILITATION LITTÉRAIRE, tentative de jugement en appel devant la postérité, en faveur d'un ouvrage condamné depuis longtemps par l'opinion publique, et dont l'auteur est mort. Il arrive parfois qu'un ouvrage n'obtient pas le succès auquel il a droit; mais s'il a un vrai fond de mérite, l'opinion contemporaine revient, et il prend son rang. Quant au livre ou à l'ouvrage quelconque qui, après avoir eu un succès contemporain, n'est qu'une œuvre médiocre, il finit toujours par tomber. Quelques parties remarquables ne le soutiendront pas, et, malgré les efforts, les fantaisies de bon sentiment de quelques critiques dans la postérité, il est mort et bien mort, et on ne parvient pas même à le galvaniser. Certains ouvrages s'éteignent en conservant un petit éclat, reste de leur fortune première, un écho de leur réputation contemporaine; semblables à ces corps ensevelis dans les catacombes de Rome, gardant encore leur forme après des siècles, mais qui tombent en poussière dès qu'on les touche. *Thomas Corneille* a eu, de son vivant, de très-grands succès au théâtre, et aujourd'hui on ne connaît

plus que son nom; *d'Aubigné*, *Scudéry*, *Boursault*, *Lamotte*, *Dancourt*, etc., ont été dans le même cas. Vouloir exhumer de prétendus chefs-d'œuvre littéraires, c'est toujours perdre son temps, et courir après le plaisir et l'instruction pour n'atteindre que l'ennui et le dégoût. De là tant d'auteurs dont les noms surchargent les biographies, et qui ne laissent littéralement qu'un nom et le souvenir d'une réputation entièrement évanouie. Les tentatives de réhabilitations littéraires sont ordinairement des fantaisies de critiques, des thèses paradoxales que les critiques soutiennent pour faire briller leur propre esprit. Si la thèse est bien faite, elle amuse, on y peut rencontrer quelques parcelles d'or tirées d'un tas de décombres; mais elle ne persuade personne,

Et l'avare *Léthé* ne lâche pas sa proie.

C. D—Y.

REHAUTS, touches vives et brillantes par lesquelles le peintre ajoute à l'éclat des plus grandes lumières de son tableau, et, par là, à l'échelle de tons dans laquelle il s'était d'abord renfermé. Les rehauts du dessinateur sont des touches d'un crayon plus blanc que le papier dont il s'est servi. Les décorateurs usent, pour les rehauts, de feuilles d'or ou d'argent, et de clinquants de diverses couleurs.

REIMS (Arc de), monument romain connu sous le nom de *Porte de Mars*, élevé, selon les uns, en l'honneur de J. César au temps d'Auguste, et, selon les autres, par l'empereur Julien. Il servit de porte de ville jusqu'en 1544 : à cette époque on ouvrit une nouvelle porte, et l'arc fut enfoui dans le rempart. Il fut retrouvé en 1595, puis oublié de nouveau. On le débarra en 1677, mais il est resté enclavé dans le mur d'enceinte, et ne présente à la vue qu'une de ses faces. Il est percé de trois arcades, entre chacune desquelles sont deux colonnes corinthiennes engagées, d'un mètre de diamètre, de 13 mètres de hauteur, et qui reposent sur un soubassement. On voit encore, dans ces entre-colonnements, de grands médaillons, où étaient des bustes en demi-ronde-bosse, et des niches à fronton. La hauteur de l'arc, non compris l'attique, dont il ne reste de vestiges, est de 11 mèt.; sa largeur, de 28 mèt. L'arcade principale, dite des Saisons, à cause des bas-reliefs dont sa voûte est décorée, a 9m,50 de hauteur, sur 4m,50 de largeur; les deux autres, dites de Romulus et de Léda, ont 9m d'élévation, sur 3m,15 d'ouverture. B.

REIMS (Église NOTRE-DAME, à). Sur l'emplacement d'une église bâtie par les soins de St Nicaise vers 401, et dans laquelle Clovis reçut le baptême, un nouvel édifice fut élevé au temps de Louis le Débonnaire par l'architecte Romuald. Flodoard, dans son *Histoire de l'église de Reims*, en a décrit les magnificences. En 1211, un incendie dévora une partie de la ville, et l'église dut être reconstruite. On y travailla dès 1212. Robert de Coucy donna les dessins du monument actuel, qui occupe une superficie de 6,650 mèt., et qui est une des plus belles œuvres de l'architecture ogivale pour la régularité du plan, l'unité du style, l'ordonnance des parties, l'harmonie des détails et la perfection des ornements. Le chapitre put prendre possession du chœur en 1241; les tours de la façade principale furent achevées en 1430. Un incendie, en 1481, consuma cinq clochers qui surmontaient la croisée; on ne les a pas rétablis. — La cathédrale de Reims est en forme de croix latine : elle a 138 mèt. de longueur et 31 mètres de largeur; la croisée est large de 50 mèt. Robert de Coucy avait conçu son édifice avec des dimensions colossales, auxquelles on renonça bientôt : c'est ce que prouve la puissance des soubassements, à laquelle les étages supérieurs sont loin de répondre; on reconnaît qu'on a diminué, autant que possible, le volume primitif des points d'appui; la base des contre-forts a une saillie et une force que ne motive pas la légèreté de la partie supérieure. Le grand portail occidental, qui a 47 mèt. de largeur, est une merveille, et, dans les idées populaires, il constituerait avec la nef d'Amiens, le chœur de Beauvais, la flèche de Chartres ou de Strasbourg, un corps véritablement parfait. Sa partie inférieure, divisée par trois ouvertures, offre une certaine ressemblance avec la partie correspondante de la cathédrale d'Amiens : elle a peut-être moins de majesté dans l'ensemble, mais beaucoup plus de richesse dans les sculptures, et l'on ne saurait trouver rien de plus intéressant que cette réunion de niches, de dais, de statues et statuettes (au nombre de 530), de pinacles, de feuillages, d'aiguilles et de clochetons. Des trois arcades en ogive, celle du milieu est plus haute que les autres : elle a 11ᵐ,06 d'ouverture, et les autres 7ᵐ. Leurs parois latérales sont décorées de 35 statues colossales (2ᵐ,75 de hauteur) de patriarches, de prophètes, de rois, d'évêques, de vierges et de martyrs, reposant sur un stylobate d'assez mauvais goût et qu'on croit avoir été refait au xviiiᵉ siècle. Au pilier qui partage en deux l'entrée principale est adossée une statue de la Sᵗᵉ Vierge, et les bas-reliefs qui couvrent les faces de ce pilier représentent la chute du premier homme. La voussure offre cinq rangs de petites figures, au nombre de 160 ; ces rangs sont séparés par des guirlandes de fleurs. Les voussures des deux autres portes ont chacune 97 statuettes. Les tympans sont à jour et vitrés. Les pieds-droits et les linteaux des trois portes sont chargés aussi de sculptures historiques ou allégoriques. L'arcade du milieu représente le couronnement de la Vierge, celle de droite le Jugement dernier, et celle de gauche la Passion. Le second étage du portail présente quatre contreforts d'une rare élégance : ils accompagnent la grande rosace, surmontée d'un arc ogival dont la voussure est ornée de dix statues ayant rapport à l'histoire de David. Le sommet de la façade est formé par la galerie des Rois, où 42 statues de rois de France, depuis Clovis jusqu'à Charles VI, remplissent autant d'arcades aiguës, ornées de découpures en trèfles et surmontées de petits frontons triangulaires. Deux tours sveltes et élégantes, de 7 mèt. de côté, complètent cet ensemble : entourées de statues d'évêques, évidées à jour par de larges ouvertures, flanquées à leurs angles de tourelles également découpées, elles ont une apparence tout aérienne ; leur hauteur est de 83 mèt. — Les portails latéraux offrent aussi de beaux détails d'architecture et de sculpture. Du côté du Nord, il y a deux portes voisines l'une de l'autre, et de même dimension que les petites du grand portail : à l'une, qui est fermée depuis longtemps, on voit la résurrection des morts, le Jugement dernier, le supplice des réprouvés, et les joies du Paradis ; l'autre, flanquée de 3 grandes statues de chaque côté, présente, également en bas-reliefs, le martyre de Sᵗ Nicaise et les miracles de Sᵗ Remi. A l'extrémité de l'abside s'élève, de 18 mèt. au-dessus du toit, une gracieuse flèche en charpente recouverte de plomb, dite flèche de l'Ange, parce qu'elle porte à sa pointe un croix qui tient une croix : sa base est supportée par 8 figures colossales, espèces de cariatides, dont l'attitude, l'expression et les attributs ont exercé en vain jusqu'ici la sagacité des archéologues. Toute l'église est couverte en plomb. Alentour règnent 22 contre-forts à doubles arcs-boutants, et couronnés chacun par une statue d'ange ou de roi.

L'intérieur de la cathédrale de Reims a un aspect imposant. La voûte de la grande nef s'élève à une hauteur de 37ᵐ,60 ; elle est peinte en azur et parsemée de fleurs de lis, décoration qui fut faite pour le sacre de Charles X. Les nefs latérales, comme dans tous les édifices du xiiiᵉ siècle, sont dépourvues de chapelles, mais il y en a sept qui rayonnent autour du chevet. Les piliers sont ronds, cantonnés toutefois de quatre colonnes cylindriques d'un diamètre moins considérable, et portent d'élégants chapiteaux à volutes recourbées, à feuillages légers et gracieux, d'où s'élancent des colonnettes qui vont soutenir les nervures de la voûte. Les travées sont réunies les unes aux autres par de belles galeries, composées de petites colonnes à chapiteaux et d'ouvertures ogivales de 3ᵐ,30 d'élévation. Les fenêtres ont pour la plupart conservé leurs verrières ; les plus remarquables œuvres des peintres verriers dans cet édifice sont les roses des portails, surtout celle du portail méridional, qui représente le Père Éternel sous les traits et les attributs de Jupiter, et entouré des 12 Apôtres. La rose du Nord offre les 12 signes du zodiaque. Dans la cathédrale de Reims, le transept est beaucoup plus rapproché du chevet que dans la plupart des autres églises du moyen âge : il en est résulté que le chœur, trop étroit pour les grandes cérémonies du sacre des rois de France, a été agrandi aux dépens de la croisée et même de la grande nef, sur laquelle il empiète de trois travées. C'est une disposition défectueuse, qui a pour effet de rétrécir les proportions des autres parties : le chœur proprement dit et le sanctuaire ont leur destination naturelle ; mais l'arrière-chœur, qui renfermait avant la Révolution le Trésor de l'église, vases sacrés, reliquaires, saintes images, riches offrandes des rois, des seigneurs et des prélats, n'a plus d'emploi aujourd'hui. Il y avait autrefois une clôture de chœur en pierre sculptée et un très-beau jubé : ces œuvres ont été détruites. L'orgue, fait en 1481, réparé en 1647, et de nouveau par John Abbey en 1849, est

regardé comme un chef-d'œuvre : il est haut de 20 mèt., et on y employa 7,250 kilogr. d'étain. Dans le collatéral de droite, on voit le cénotaphe en marbre de Jovin, préfet de la Gaule celtique : c'est un des plus beaux morceaux de sculpture antique qu'il y ait en France. Il provient d'une église Sᵗ-Nicaise, détruite à la Révolution. Sa longueur est de 2ᵐ,78, sa largeur et sa profondeur de 1ᵐ,50 ; le bas-relief représente une chasse au lion. Au-dessus de la sacristie est une curieuse horloge à figures mécaniques. La cathédrale de Reims contient de nombreuses pierres tumulaires, parmi lesquelles on remarque celle de Hugues Libergier, architecte de Sᵗ-Nicaise ; elle a quelques précieux tableaux : Jésus et Madeleine, attribué au Titien ; une Nativité, par le Tintoret ; le Lavement des pieds, par Jérôme Muziano ; le Christ aux Anges, par Taddeo Zuccharo ; la Manne dans le désert, par le Poussin. Citons encore de curieuses tapisseries (V. TAPISSERIES), et un Trésor qui renferme, entre autres richesses : le reliquaire de Sanson (xiiᵉ siècle), celui de Sᵗ Pierre et Sᵗ Paul, tous deux en forme de petits monuments d'architecture ; le vaisseau de Sᵗᵉ Ursule, donné par Henri III ; le reliquaire de la sainte Ampoule ; les vases et ornements du sacre de Charles X ; une croix byzantine, divers ostensoirs, etc. V. Gilbert, Description historique de l'église métropolitaine de Reims, 1825, in-8° ; Povillon-Piérard, Description historique de l'église métropolitaine de Reims, in-8° ; Tarbé, Notre-Dame de Reims, in-8° ; Ch. Cerf, Histoire et description de Notre-Dame de Reims, Paris, 1861, 2 vol. in-8°, fig.   B.

REIMS (Église Sᵗ-REMI, à). Cette église, la plus ancienne de la ville, fut fondée en 1005, sur l'emplacement d'une chapelle dédiée à Sᵗ Clément martyr, puis à Sᵗ Christophe, et dans laquelle était le tombeau de Sᵗ Remi ; on la dédia en 1049, mais elle ne fut achevée qu'au milieu du xiiᵉ siècle. La partie méridionale du transept dut être reconstruite en 1481. On remarque, dans la galerie du transept septentrional, deux colonnettes en marbre gris, avec chapiteaux en marbre blanc, et, à la façade principale, plusieurs colonnes en granit, qui remontent à une époque plus ancienne que le monument lui-même ; on ne saurait dire si elles appartiennent aux constructions antérieures, ou si elles proviennent de quelque édifice gallo-romain. L'église de Sᵗ-Remi est en style romano-byzantin. Elle a 110 mèt. de longueur. L'extérieur offre des formes monotones et peu variées, et la façade est surmontée de deux clochers relativement modernes, couverts en ardoise. L'ordonnance intérieure est pleine de majesté. De belles galeries règnent sur toute la largeur des collatéraux, comme à Sᵗ-Étienne de Caen et à Notre-Dame de Laon ; elles s'ouvrent sur la nef par deux arcades cintrées qui reposent sur une élégante colonnette centrale. Le sommet de chaque travée est éclairé par une fenêtre à plein cintre surmontée d'un œil circulaire. Dans la région absidale, les arcades sont ogivales ; la galerie principale est surmontée d'une autre galerie, composée de six ouvertures étroites à ogive aiguë ; au-dessus s'ouvrent trois fenêtres à lancette simple. Une belle rose flamboyante éclaire le côté méridional du transept, et, de ce côté, le portail extérieur offre une ornementation remarquable. Le chœur, comme à l'église métropolitaine, est sorti de ses limites naturelles, et est entouré d'une riche clôture en style de la Renaissance, laquelle a beaucoup souffert : au fond s'élève un mausolée moderne de Sᵗ Remi, où l'on a employé 12 statues de pairs de France et un groupe de Sᵗ Remi catéchisant Clovis, qui appartenaient au mausolée ruiné pendant la Révolution. Les cinq chapelles absidales offrent une disposition architecturale pleine d'originalité, et qu'on ne retrouve que dans la collégiale de Sᵗ-Quentin (V. ce mot) ; celle de la Sᵗᵉ Vierge, qui occupe le fond, a 14ᵐ,28 de longueur, sur 7ᵐ,50 de largeur. V. Lacatte-Joltrois, Essai historique sur l'église de Sᵗ-Remi, Reims, 1843, in-12.   P

RÉINTÉGRANDE. V. POSSESSOIRE.

REIPUS (de l'allemand reif, corde, courroie, lien), somme que payait une veuve pour se remarier, d'après la loi Salique.

REIS. }   V. ces mots dans notre Dictionnaire de
REITRES. }   Biographie et d'Histoire.

REKHTA (Langue), c.-à-d. mélangée, nom qu'on donne dans l'Inde à l'ourdou. V. INDIENNES (Langues).

RELACHE (Droit de), droit qu'ont les navires, en cas de danger imminent, d'être reçus dans les ports non ouverts au commerce. Des traités garantissent et règlent ce droit. — En termes de théâtre, suspension des représentations pendant un ou plusieurs jours.

RELAIS (du latin relaxatus, reposé), station de poste

où l'on peut trouver des chevaux frais, soit de selle, soit d'attelage.

RELAIS, en termes de Fortification, espace réservé entre le pied du rempart et l'escarpe du fossé, pour recevoir les terres qui s'éboulent.

RELAIS, terrain. V. LAIS.

RELAPS. V. ce mot dans notre *Dictionnaire de Biographie et d'Histoire*.

RELATIF, en latin *Relativus* (formé de *relatus*, participe de *refero*, je rapporte), qui a rapport à quelque chose. Ce mot, en Grammaire, s'applique soit au sens d'une phrase : « La raison doit gouverner les passions (la raison est considérée ici dans ses rapports avec les passions, et réciproquement); » soit à la valeur d'un mot: ainsi *père*, *mère*, *fils*, *roi*, *citoyen*, *sujet*, *vie*, *mort*, *culte*, etc., sont des mots relatifs, car ils ne peuvent se comprendre sans une idée de relation. Les verbes transitifs sont également des mots relatifs ; car *aimer*, *haïr*, *louer*, *blâmer*, *lire*, *écrire*, *donner*, *recevoir*, *gouverner*, etc., ont toujours rapport à un objet quelconque de l'action ou du sentiment qu'ils expriment. Les noms propres, les adjectifs, les adverbes, les pronoms et l'article, sont des mots relatifs. Les grammairiens grecs et latins, et la plupart des grammairiens modernes ont donné spécialement le nom de *relatif* aux pronoms personnels, aux pronoms et adverbes conjonctifs, à certains adverbes de lieu (*en*, *y*; *inde*, *ibi*) très-souvent employés avec la valeur de pronoms aussi bien que les trois conjonctifs *où* (*ubi*, *quo*), *d'où*, *dont* (*unde*). Aujourd'hui l'usage a prévalu de restreindre cette dénomination aux adjectifs *qui*, *lequel*; au nom indéfini *de quoi*, *à quoi* (C'est de quoi j'ai besoin, C'est à quoi je pense); aux adverbes *où*, *d'où*, *par où*, *dont* (ce dernier classé à tort parmi les pronoms proprement dits, puisque, venu du bas latin *de-unde*, il est absolument synonyme du mot *d'où* (*de-ubi*, et n'en diffère que dans certains cas par des nuances que l'usage a consacrées). La dénomination d'*adjectif* ou d'*adverbe conjonctif* et celle de *pronom* ou d'*adverbe relatif* sont indifféremment employées; en effet, si je dis : « Dieu qui a créé le monde est tout-puissant, » le mot *qui*, servant à réunir les deux pensées *Dieu est tout-puissant* et *Dieu a créé le monde*, a la valeur d'une conjonction; et comme il est susceptible d'accord avec le mot auquel il se rapporte, il peut être considéré comme adjectif. D'autre part, comme le mot *qui* se *rapporte* au substantif *Dieu* et le *représente*, il peut à ce double titre s'appeler *pronom relatif*. Ce dernier terme est le plus usité (V. CONJONCTIF).

Dans l'analyse logique des propositions composées, on donne souvent le nom de *proposition relative* à toute proposition subordonnée commençant par un pronom relatif.

Dans la prosodie ancienne, on peut donner le nom de *quantité relative* à la quantité des syllabes qui sont brèves ou longues suivant l'occurrence; ainsi, *dominus*, absolument parlant, a sa finale brève, mais cette brève compte comme longue lorsqu'elle est suivie d'un mot commençant par une consonne. Certaines syllabes peuvent donc être longues ou brèves *relativement* à leur position dans un vers. P.

RELATIF (Mode), en termes de Musique, mode qui offre à la clef les mêmes signes de tonalité qu'un autre mode. Tout mode majeur a un mode mineur qui lui est relatif, et réciproquement. Chaque mode majeur a pour relatif mineur celui de sa 6e note, et chaque mode mineur a pour relatif majeur celui de sa 3e note : ainsi, le mode de *la* mineur est le relatif du mode d'*ut* majeur, le mode de *ré* majeur a pour relatif celui de *si* mineur, etc.

RELATION, en termes de Musique, rapport qu'ont entre eux les deux sons qui forment un intervalle. La relation est *juste*, quand les deux notes forment une consonnance exacte; *fausse*, quand la consonnance est altérée.

RELÉGATION. V. EXIL, dans notre *Dictionnaire de Biographie et d'Histoire*.

RELEVAILLES, acte de religion fait par une mère après sa délivrance. Cette cérémonie, toute de dévotion et sans caractère obligatoire, consiste dans la récitation d'une antienne et d'un psaume, l'aspersion et le signe de la croix fait par le prêtre, qui tient son étole au-dessus de la tête de la femme, pendant que celle-ci tient un cierge à la main. Les relevailles rappellent la Présentation de Jésus par la Ste Vierge au Temple de Jérusalem.

RELIEF, ouvrage de sculpture plus ou moins *relevé* en bosse. V. BAS-RELIEF.

- RELIEF (Droit de). V. notre *Dictionnaire de Biographie et d'Histoire*.

RELIEURS, ancienne corporation, dont tous les membres dépendaient de l'Université, excepté le relieur de la Chambre des comptes. Dans les cérémonies, ils prenaient rang après les libraires.

RELIGIEUX, RELIGIEUSE, celui et celle qui se sont consacrés à Dieu par un vœu solennel dans un Ordre monastique.

RELIGION. L'idée exprimée par ce mot repose sur les rapports de l'homme avec Dieu. L'homme a besoin que Dieu s'occupe de lui, et il a des devoirs envers lui ; l'accomplissement de ces devoirs sous une certaine forme appelée *culte*, constitue la *religion*, du latin *religare*, lier, la religion étant le lien qui relie l'homme à Dieu. La religion embrasse tous les devoirs, elle les sanctifie, et en rend l'accomplissement plus facile et plus sûr. C'est en quoi elle se distingue de la Morale, sans toutefois s'en séparer : la Morale indique à l'homme ses devoirs, elle lui dit ce qu'il doit faire sans égard aux conséquences; la religion montre à l'homme ses devoirs et les suites inévitables de la vertu et du vice; elle lui dit ce qu'il doit faire, ce qu'il doit craindre et ce qu'il peut espérer. La première s'adresse à la volonté par l'intelligence ; la seconde prescrit également, mais elle intéresse le cœur et parle à l'âme tout entière ; elle s'occupe de la destinée de l'homme avant et après cette vie.

Il y a une *religion naturelle*, fondée sur la raison seule, qui reconnaît l'existence de Dieu, l'immortalité de l'âme, le devoir; mais il faut qu'entre Dieu et l'homme il y ait un rapport direct et personnel; ce rapport se trouve dans la *religion positive*, au moyen du *culte*. Aussi, dans tous les temps et chez toutes les races humaines, on trouve une religion positive, mais sous des formes bien diverses. Cette différence provient de l'idée que les hommes se sont formée de la divinité à différentes époques. Sous ce rapport, les religions peuvent être divisées en deux grandes classes : les unes, fondées sur le *polythéisme*, les autres, sur le *monothéisme*. Parmi les premières, il faut citer le *Fétichisme*, la plus grossière de toutes les religions, et pratiquée par les hommes placés au plus bas degré de la civilisation; le *Sabéisme*, qui consiste dans l'adoration des corps célestes, soit séparément, soit tous ensemble; le *Polythéisme* grec et romain. Parmi les religions de la seconde classe, on compte : le *Judaïsme*, qui se divise en plusieurs sectes, dont les principales sont aujourd'hui la secte des *Talmudistes*, celle des *Caraïtes*, et celle des *Réchabites*; le *Christianisme*, qui comprend l'*Église latine* ou d'*Occident* (c'est l'*Église catholique*), l'*Église grecque* ou d'*Orient*, et le *Protestantisme*, dans lequel on embrasse les *Luthériens*, les *Zwingliens*, les *Calvinistes*, les *Remontrants*, les *Presbytériens*, les *Anglicans*, les *Mennonites* ou *Anabaptistes*, les *Quakers*, les *Frères Moraves*, les *Méthodistes*; l'*Islamisme* ou *Mahométisme*, dont les principales sectes sont celles des *Sunnites*, des *Chyites*, des *Wahabites*; le *Brahmanisme*, et son dérivé le *Bouddhisme*; le *Magisme* ou la Religion de Zoroastre.

Voici, d'après Balbi, le chiffre des adhérents de chacune des religions qui se partagent le globe :

Église latine (catholique)	139,000,000.
Église grecque	62,000,000.
Églises protestantes	59,000,000.
Judaïsme	4,000,000.
Islamisme	96,000,000.
Brahmanisme	60,000,000.
Bouddhisme	170,000,000.
Religion de Confucius, Magisme, Fétichisme, etc.	147,000,000.

On peut consulter, sur la *religion naturelle*, principalement Locke, Collins, Wissovatius, les écrits des Sociniens, J.-J. Rousseau, et J. Simon, *La Religion naturelle*: — sur les religions anciennes : les *Religions de l'antiquité*, par F. Creuzer; le *Génie des religions*, par E. Quinet; — sur le Catholicisme : l'*Exposition de la doctrine catholique*, par Bossuet; le *Dictionnaire de théologie* et le *Traité de la vraie religion*, par Bergier; les *Prælectiones theologicæ* du P. Perrone; les *Histoires ecclésiastiques* de l'abbé Fleury, de Dupin, d'Orsi, de Rohrbacher, etc.; — parmi les écrivains protestants, Basnage, Jurieu, Mosheim, Jablonsky, J. Matter, etc. — sur la religion en général : Benjamin Constant, *la Religion considérée dans sa source, ses formes et ses développements*, 5 vol. in-8°, Paris, 1824-1830; Anot de Mézières, *Code sacré, exposé comparatif de toutes les religions*, Versailles, 1836, in-fol.; Meiners, *Histoire critique de toutes les religions*, Hanovre, 1806-1807; Delacroix, *Dictionnaire historique des cultes*, Paris, 1775 et 1821.

RELIGION (*Entrer en*), se dit des personnes qui s'engagent par des vœux à suivre les règles de l'Ordre monastique dans lequel elles veulent entrer. C'est une application du sens étymologique du mot *religion ;* c'est encore en ce sens qu'on dit la *religion du serment.* R.

RELIQUAIRE, boîte, coffret, vase, de formes et de dimensions variables, où l'on renferme des *reliques.* Le *reliquaire* et la *châsse* (*V. ce mot*) diffèrent non-seulement par la forme, mais en ce que la châsse peut contenir des fragments d'assez grande proportion, tandis que le reliquaire ne contient que des parcelles toujours minimes. Le nom de *reliquaire* s'appliqua jadis aux ossuaires élevés dans les cimetières catholiques. Il existe encore aujourd'hui quelques édifices de ce genre en Bretagne, par exemple à Plestin, à Pleyben, à La Roche (près de Landerneau).

RELIQUAT (du bas latin *reliquatum*, dérivé de *relictum*, restant), en termes de Jurisprudence, de Comptabilité et de Commerce, reste de compte ou *débet.* Celui qui, après reddition de compte, reste devoir quelque chose, est dit *reliquataire.* Un tuteur doit l'intérêt du reliquat à partir du jour où le compte a été clôturé, et un mandataire, seulement à partir du jour où il a été mis en demeure (*Code Napol.*, art. 474 et 1996).

RELIQUES (du latin *reliquiœ*, restes), restes des corps des Saints, auxquels l'Église catholique rend un culte d'honneur et de vénération. On étend le même nom à tout ce qu'on a pu recueillir des instruments de la Passion. Le culte des reliques s'est introduit au IVᵉ siècle. Les Protestants le rejettent absolument.

RELIURE, art d'attacher, de *lier* ensemble les feuilles d'un livre, et d'y mettre une couverture, dans le but d'en prévenir la détérioration par le temps ou par un fréquent usage. Un livre entièrement recouvert en peau a une *reliure entière ;* si le dos seul est en peau, c'est une *demi-reliure.* Après avoir mis en cahiers par le *pliage* les feuilles imprimées, on les bat sur un bloc de marbre ou de pierre dure, avec un lourd marteau à tête un peu convexe, et on les tient en presse un certain temps ; puis on procède au *grécage*, qui consiste en plusieurs incisions faites en travers au dos du volume avec une scie à main, pour guider la brocheuse dans l'opération de la couture. On met alors les cahiers sur le *cousoir*, et on passe des fils autour de plusieurs ficelles qui entrent dans les incisions, et dont les bouts sont ensuite rattachés au carton de la couverture. On fait ensuite l'*endossure*, c.-à-d. qu'on frotte à plusieurs reprises le dos des feuillets avec de la colle de farine, ou de la colle-forte, jusqu'à ce qu'ils ne puissent plus bouger, et on le polit avec un *frottoir.* On *ébarbe*, on *rogne*, on *dore* ou *colorie* la tranche, on pose le *signet* et la *tranchefile*, on procède à un second battage. Quand on a appliqué sur le dos une bande de parchemin mouillé ou de toile, on colle sur le carton la peau, la toile ou le papier qui doivent le recouvrir. Le *racinage* consiste à donner à la peau d'agréables nuances. La couverture étant faite, il ne reste plus qu'à coller les *gardes*, à dorer le dos, et à mettre le titre. Les peaux que l'on emploie sont la *basane* ou peau de mouton, le *maroquin*, peau de bouc ou de chèvre, et le *veau.* Au XVIIIᵉ siècle, le célèbre Hunter fit relier en peau humaine un Traité sur les maladies de la peau. Une *Constitution de la République française*, imprimée à Dijon en 1793, et qui faisait partie de la bibliothèque de Villenave, était, d'après une note de ce savant, reliée en peau humaine.

Les manuscrits des Anciens, consistant en rouleaux d'écorce d'arbre, de papyrus ou de parchemin, n'ont pu recevoir une reliure pareille à celle de nos livres modernes; on se bornait à mettre les rouleaux dans des enveloppes en parchemin, et à les enfermer, pour les garantir de la poussière, dans des boîtes cylindriques garnies de couvercles. Quand on fit des livres carrés, on réunit les feuillets, cousus ou collés dans un dos mobile, entre deux planches de bois, de métal, d'ivoire ou de cuir, sur l'une desquelles on écrivit le titre, car ces livres furent d'abord couchés à plat dans les bibliothèques. V. Peignot, *Essai historique et archéologique sur la reliure des livres chez les Anciens*, Dijon, 1834; Géraud, *Essai sur les livres dans l'Antiquité*, Paris, 1839, in-8°.

Il est difficile de préciser ce que fut l'art de la reliure pendant le moyen âge; dès le Vᵉ siècle, les relieurs avaient recours aux orfèvres et aux lapidaires pour décorer les reliures. Bélisaire trouva dans le trésor de Gélimor, roi des Vandales, le livre des Évangiles orné de pierres précieuses. L'Évangéliaire grec donné à la basilique de Monza par Théodelinde, reine des Lombards, a une couverture formée de deux plaques d'or enrichies de pierres de couleur et de camées antiques. On conserve à la bibliothèque Laurentienne de Florence un exemplaire des *Pandectes* de Justinien, du VIᵉ ou VIIᵉ siècle, relié avec des tablettes de bois, couvertes de velours rouge et garnies d'ornements en argent sur les plats et aux angles. La Bibliothèque impériale de Paris est très-riche en reliures de ce genre ; celle du Louvre renferme le célèbre livre d'Heures écrit en lettres d'or sur parchemin de couleur pourpre, et pourvu d'une couverture en velours rouge, livre dont Charlemagne fit présent à la ville de Toulouse. Ce prince eut tellement à cœur la préservation des livres, qu'il accorda aux moines de Sithiu (Sᵗ-Omer) un droit de chasse illimité, afin de leur fournir les moyens de se procurer des peaux pour les couvertures. Geoffroy Martel, comte d'Anjou, donna aux moines d'une abbaye qu'il avait fondée à Saintes la dîme des cerfs et des biches qu'on prendrait dans l'île d'Oléron, pour servir à la reliure de leurs livres. Dans les contrées maritimes du Nord, on employait les peaux de phoque et de requin; ailleurs, la peau de truie. Hugues Capet possédait, dit-on, un almanach relié en peau de serpent avec des lames d'argent. Aux XIᵉ et XIIᵉ siècles, on fit des reliures en cuivre émaillé : le musée de Cluny, à Paris, possède deux plaques d'émail incrusté, de la fabrique de Limoges, qui ornaient sans doute la couverture d'un livre; l'une a pour sujet l'Adoration des Mages; l'autre représente Étienne de Muret, fondateur de l'ordre de Grandmont, conversant avec Sᵗ Nicolas. Les Croisades amenèrent un progrès dans l'art de la reliure : les Arabes apprirent aux Occidentaux à couvrir les livres avec des cuirs à empreintes dorées et argentées, et ces couvertures reçurent le nom d'*alœ* (ailes), à cause de leur analogie de position et d'éclat avec les ailes d'un oiseau à riche plumage. Les livres en langue vulgaire se multipliant, il fallait, d'ailleurs, les rendre moins lourds que les livres d'église : on employa encore, pour les couvrir, la laine, la soie et le velours; des clous de métal bordaient les plats, afin de préserver du frottement ces étoffes. Les plus belles reliures du XVᵉ siècle sont celles de la bibliothèque formée à Bude par Mathias Corvin, roi de Hongrie, et dont on trouve la plus grande partie aujourd'hui dans la bibliothèque publique de Munich. L'imprimerie fut d'abord fatale à l'art de la reliure : tant que les manuscrits avaient eu, en raison de leur rareté, une grande valeur, on les avait ornés de splendides reliures; les livres s'étant multipliés à l'infini, on ne les revêtit plus que de couvertures grossières.

Mais, au XVIᵉ siècle, à l'époque de la Renaissance, l'art de la reliure prit un grand essor. Le livre d'Heures de Marguerite de Savoie mérite surtout d'être cité. Le goût des reliures artistiques fut très-répandu en France. Les reliures que le trésorier-général Grollier fit exécuter en veau et en maroquin présentent des compartiments et des filets d'or mat, d'élégants entrelacements, des arabesques rehaussées d'or et de couleur; sur l'un des plats on voit sa devise en lettres d'or : *Portio mea, Domine, sit in terrâ viventium*, « que ma part, Seigneur, soit sur cette terre des vivants,» et, sur l'autre plat, son nom, ou les mots *Tanquam ventus est vita mea*, « ma vie est comme le vent.» Un amateur dont le nom ne nous est point parvenu eut aussi des reliures imitées de celles de Grollier; ses livres portent la devise suivante : *Nulli plus fortuna quàm consilium valet*, « un bon conseil vaut mieux que la fortune.» Maioli, amateur italien de la même époque, fit orner ses reliures de compartiments en or et couleur; quelques-unes ont une tranche gaufrée, ciselée, ou couverte de sujets peints. Les reliures à compartiments de couleur au nom et aux armes de Jacobus Malinfantius sont également très-recherchées. On a aussi quelques charmantes reliures d'un amateur appelé Laurin. Les reliures italiennes de François Iᵉʳ, presque toujours en veau fauve, portent son chiffre et sa devise, la salamandre. Sur quelques rares volumes, le nom, le médaillon et la devise de Charles-Quint sont gravés en or et en couleur. Marguerite d'Angoulême et Marguerite de Valois ont laissé plusieurs livres reliés à leur chiffre et à leurs armes; ceux de Henri II et de Diane de Poitiers, ornés de croissants et de chiffres sur les plats, sont d'une rare élégance. Catherine de Médicis, les ducs de Guise, le cardinal de Bourbon, Henri III avec sa tête de mort pour emblème, Henri IV avec l'H couronné semé à profusion sur les plats, ont laissé des reliures précieuses à la fois comme exécution et comme souvenirs. Nous ne mentionnons que pour mémoire les reliures historiées, ornées de métaux ciselés et fouillés, d'ivoire sculpté, de pierres précieuses, et où le relieur n'a que le mérite de l'ajustement.

Au XVIIIe siècle, l'art subit une transformation : les reliures italiennes, avec les arabesques et les entrelacs or et couleur, font place à des reliures simples et sévères, mais d'un excellent goût. L'historien De Thou entra le premier dans cette voie, et, parmi ceux qui l'y suivirent, on peut citer Richelieu, Mazarin, Habert de Montmort. Les livres aux armes de Louis XIII portent presque toujours aussi le chiffre de la reine Anne d'Autriche. Le luxe des reliures reparut à la cour de Louis XIV. Les livres de ce prince, reliés par Ruette, et semés d'L et de fleurs de lis d'or, sont généralement assez mal établis; on en trouve très-peu qui portent son emblème, le soleil. Ceux du chancelier Séguier, de Mme de Chamillart, sont beaucoup plus recherchés. — Pendant le XVIIIe siècle, l'art de la reliure a jeté un incomparable éclat : rien n'égale les reliures exécutées par Le Gascon, Enguerrand, Padeloup, les Derôme, Boyet, Du Seuil, Bisiaux, Bradel, Courtenval, pour le duc de La Vallière, Longepierre, le prince Eugène de Savoie, Marie Leczinska, le comte d'Hoym, et une foule d'autres. Mais, pendant la République, le premier Empire et la Restauration, il y eut une profonde décadence : seuls quelques artistes d'un talent consciencieux, Purgold, Bozerian, Closs, Simier, Thouvenin, luttèrent contre le mauvais goût et contre la théorie désastreuse du bon marché, et furent encouragés par Méon, Cailhava, Pixérécourt, Didot, Chardin, Langlès, Labédoyère et autres amateurs distingués. Les libraires Debure, Renouard, Brunet, Merlin, Techener et Potier; les bibliophiles Ch. Nodier, Aimé-Martin et Lober, sont parvenus depuis à relever la reliure; les meilleurs relieurs de notre époque sont : Bauzonnet, Trautz, Marius, Ottmann-Duplanil, Lenègre, Kœhler, Duru, Niédrée, Capé, Thompson, Lesné, Despierres, Lortic, Mme Gruel, Lardière. — Certains amateurs ont relié eux-mêmes leurs livres : De Tune, bibliophile de La Haye au XVIIe siècle, y montra un véritable talent; mais, si l'on en croit une épigramme de Maynard, M. de Marolles aurait fait des reliures aussi mauvaises que ses vers. Pendant la Révolution, un émigré, le duc de Caumont, tint un atelier de reliure à Londres. Le roi Louis XVIII aimait à relier; il faut bien avouer que ses essais n'ont aucune valeur.

Le plus ancien spécimen de la reliure anglaise est un psautier latin-saxon du IXe siècle, qui a récemment pris place dans la collection Stowe. C'est un volume grossier, lié avec des courroies en cuir, et revêtu de planches de chêne, dont les coins sont protégés par des plaques de cuivre. Quand la littérature classique fut remise en honneur, les livres devinrent un objet de luxe, et, dans les cloîtres, il y eut une pièce à part destinée à la copie et à la reliure des manuscrits, nommée le scriptorium. Les moines qui se livraient à ce travail étaient fort estimés; on cite surtout le frère Herman, habile relieur venu en Angleterre lors de la conquête normande, et qui devint évêque de Salisbury. Sous le règne d'Édouard III, on mentionne un livre couvert d'or émaillé, et enrichi d'un fermoir en rubis; sur les plats brillaient des croix de diamants et des lis en pierres précieuses. Mais le spécimen le plus curieux en ce genre est un missel, qui fut commandé par le duc de Bedford, oncle d'Henri VI; il y a plus de 59 tableaux en miniature avec encadrements d'or, fleurs coloriées, initiales bleu et or.

Il ne faut pas oublier le superbe livre d'Heures de la reine Élisabeth. Il est relié en or massif; sur la couverture est une peinture représentant le jugement de Salomon, et, de l'autre côté, Moïse avec le serpent d'airain. On y voit encore l'anneau où s'accrochait la chaîne d'or fixée à la ceinture de la reine.

Cependant les relieurs anglais des XVIe et XVIIe siècles, même du commencement du XVIIIe, sont bien inférieurs aux artistes français de la même époque. Après Harley, comte d'Oxford, ami de Pope et favori de la reine Anne, dont les livres se distinguent par leur reliure invariable de maroquin rouge, orné de filigranes d'or et d'une étoile sur la couverture, vint un relieur nommé Hollis, qui fit mille excentricités. Un artiste célèbre lui avait confectionné quantité de figures allégoriques, telles que bonnet de la Liberté, hibou de Minerve, caducée de Mercure, baguette d'Esculape, etc. Si un livre respirait l'ardent amour du patriotisme, Hollis y faisait appliquer sur les plats le bonnet de la Liberté; le caducée de Mercure ornait les livres d'éloquence; les traités de médecine avaient Esculape, et ceux de philosophie Minerve et son oiseau. Ces folies furent bientôt dépassées. On ne reliait plus les

livres sur la chasse qu'en peau de cerf; un fanatique fit même relier une histoire du célèbre ministre Fox en peau de renard (renard se dit en anglais fox). — C'est en 1766 que l'art de la reliure atteignit son apogée en Angleterre, avec Robert Payne. Ses reliures sont un modèle de bon goût et d'élégance; il affectionnait surtout un maroquin olivâtre, qu'il décorait du nom de maroquin à la vénitienne. Il était aussi passé maître dans l'art de restaurer les vieux livres et de refaire les caractères gothiques. On admire surtout son Eschyle de Glasgow (dans la bibliothèque de lord Spencer), dont la reliure coûta 16 liv. sterl. Les bibliomanes se disputent ses factures; rien de plus curieux : l'ouvrier y décrit complaisamment les moindres détails de son travail, entonne son éloge, et dénigre ses confrères. A côté de Payne, on remarque Baumgarten, Welcher et Kalthober. Dans notre XIXe siècle, les meilleurs relieurs anglais sont Clarke, Lewes, Hering, Rivière, Halloway, Bedford, Leighton, Hodge et Austin. B.

RELOTGE, en latin relotgium, vieux mot signifiant horloge publique.

REMANCIPATION. V. ce mot dans notre Dictionnaire de Biographie et d'Histoire.

REMBLAI, en termes de Construction, opération qui consiste à établir, au moyen de terres rapportées, un sol factice plus élevé que le sol naturel; par suite, on donne le même nom au résultat de l'opération. Les remblais doivent être maintenus par des murs de soutènement ou par des talus.

REMÈDES SECRETS, médicaments dont les inventeurs gardent par devers eux la formule, et dont ils se constituent une propriété. La vente et la distribution de ces remèdes sont prohibées en France; c'est un délit punissable d'une amende de 25 à 600 fr., et, en outre, lorsqu'il y a récidive, d'un emprisonnement de 3 à 10 jours. Les inventeurs doivent remettre la formule au ministre de l'Intérieur, qui fait examiner le médicament, et qui fixe, s'il y a lieu, l'indemnité à payer pour la divulgation de la découverte (Lois du 21 germinal an XI et du 29 pluviôse an XIII — 11 avril 1803 et 18 fév. 1805; — Décret du 18 août 1810).

RÉMÉRE. V. Rachat.

REMI (Arc de Saint-), dans le département des Bouches-du-Rhône. Cet arc triomphal romain, gravement endommagé, n'a qu'une seule arcade. Entre ses colonnes engagées, on voit encore des bas-reliefs, représentant des esclaves enchaînés : ces figures, de 2 mèt. de hauteur, sont mutilées, et deux têtes seulement ont échappé aux ravages du temps. Deux bas-reliefs représentant des Renommées ornaient, sur chacune des grandes faces, le dessus des impostes : on n'en voit plus que des traces légères sur la face occidentale; elles sont mieux conservées à l'Orient. Une guirlande de feuilles et de fruits sculptés avec une grande délicatesse décore l'archivolte. Dans la voûte est un compartiment de caissons hexagones, au centre desquels sont des rosaces. — Près de l'arc de St-Remi on voit un mausolée carré de la même époque. Il s'élève, sur un socle en gros quartiers de pierre, à une hauteur de 19 mèt., et forme une sorte de pyramide composée de trois ordonnances : d'abord, une sorte de stylobate quadrangulaire, orné, dans la partie supérieure de ses faces, de 4 bas-reliefs représentant des combats; puis, une riche ordonnance de portique et de colonnes cannelées et engagées, dont les chapiteaux sont corinthiens; enfin, un petit temple composé de 10 colonnes corinthiennes cannelées, qui portent un entablement surmonté d'une calotte parabolique. Au milieu de ce petit temple à jour sont placées deux statues d'hommes revêtus de la toge. Les frises et les archivoltes sont ornées de bas-reliefs. On pense que ce mausolée fut élevé par trois Romains de la famille Julia à la mémoire de J. César et d'Auguste. Certains antiquaires lui assignent cependant une date postérieure. V. Lamy, Description de deux monuments anciens près de la ville de St-Remi, 1737, in-8o; Malosse, Monuments antiques de St-Remi décrits et expliqués, Avignon, 1818, in-8o. B.

RÉMINISCENCE, dans son acception usuelle, aussi bien en Psychologie que dans le langage ordinaire, désigne un souvenir imparfait, une conception qui se présente à notre mémoire sans que nous en reconnaissions précisément l'origine; par exemple, un vers qui nous revient à l'esprit sans que nous nous rappelions quel en est l'auteur, un motif musical que nous redonnons sans savoir où nous l'avons entendu, l'idée que nous avons déjà vu quelque part une personne que nous rencontrons, etc. Dans un sens qui ne s'éloigne pas beaucoup du précédont, mais qui le restreint et le précise, Platon a fait de la Réminiscence (en grec *anamnésis*) le principe d'une théorie qui lui est propre. Les idées, selon lui, en tant que conçues par l'esprit, sont l'objet de réminiscences. C'est dans une existence antérieure à celle-ci (V. Préexistence) que nous avons connu le bien, le vrai, toutes les idées générales et absolues; maintenant nous ne faisons plus que nous en ressouvenir; et ce souvenir incomplet (car nous ne nous doutons pas que nous nous souvenons; le philosophe seul l'a deviné; et, au fond, l'objection la plus sérieuse qu'on puisse faire à son système, c'est qu'il repose sur une hypothèse tout à fait arbitraire), ce souvenir incomplet, disons-nous, cette réminiscence l'éveille en nous à mesure que quelques perceptions présentes en font naître l'occasion. On trouve partout dans Platon les traces de cette théorie; mais c'est surtout dans le *Ménon* qu'il l'a régulièrement exposée. Dans le *Phèdre*, les ailes de l'âme poussant à la vue de ce qui est beau pour l'emporter vers les régions idéales de la beauté en soi ont bien l'air de n'être encore qu'un symbole poétique de la Réminiscence. B—E.

RÉMINISCERE, nom du 2e dimanche de Carême. Il est ainsi appelé parce que l'introit de la messe commence par ces mots : *Reminiscere miserationum tuarum.*

REMISE, en termes de Droit, action de livrer à un débiteur le titre de son obligation. La remise volontaire de ce titre opère libération (*Code Nap.*, art. 1282-88).

remise, en termes de Banque, se dit des valeurs que les négociants font remettre à leurs correspondants, par lettres de change ou autrement, pour les couvrir de leurs avances. Ces valeurs doivent figurer plus tard en ligne de compte.

remise, lieu où l'on met une voiture à couvert. Les remises entrent dans l'ordonnance des bâtiments des écuries.

REMISES, en termes d'Administration financière, sommes qu'on abandonne à ceux qui sont chargés de faire les recettes. Elles s'ajoutent à leurs appointements ou en tiennent lieu. C'est le revenu principal des Receveurs généraux et particuliers.

RÉMISSION (du latin *remittere*, remettre, se relâcher), synonyme de *pardon* dans le langage ecclésiastique : la rémission des péchés.

rémission (Lettres de). V. Lettres de rémission, dans notre *Dictionnaire de Biographie et d'Histoire.*

REMONTE, achat de nouveaux chevaux pour la cavalerie. Il y a en France un corps de remonte générale, chargé d'acheter et de dresser les chevaux français propres au service; son effectif est de 90 officiers, avec un nombre de sous-officiers et de soldats qui varie selon les besoins. L'uniforme est l'habit bleu, avec collet, parements en pointe et grenades de retroussis garance; retroussis, brides d'épaulettes, passe-poil du collet et des parements bleu; boutons blancs ayant en relief un cheval; poches figurées par une patte à la Soubise; les épaulettes et le pantalon garance; le shako en tissu noir, avec ganse garance, pompon sphérique à flamme garance; la buffleterie blanche. Les officiers ont l'épaulette d'argent. V. dans notre *Dictionnaire de Biographie et d'Histoire*, l'article France, *Armée.*

REMONTRANCES. V. ce mot dans notre *Dictionnaire de Biographie et d'Histoire.*

REMORDS, phénomène complexe de conscience, composé d'un jugement par lequel l'auteur d'une mauvaise action la condamne, et d'un sentiment de douleur qui en est la suite. C'est une des sanctions de la loi morale. Les artistes ont figuré le remords par le vautour rongeant les entrailles de Prométhée, ou par un homme se mordant les poings et dont un serpent déchire le cœur.

REMORQUE (du latin *remulcum*, câble de halage), action de faire avancer sur l'eau un navire ou tout autre corps flottant, au moyen d'une corde attachée à un autre bâtiment mû par des rames ou des voiles, par des chevaux ou par la vapeur. On nomme *Remorqueurs* des bâtiments à vapeur spécialement destinés à traîner ainsi des navires, soit sur des fleuves, soit à l'entrée ou à la sortie des ports.

REMPART, tout mur, toute levée de terre qui entoure une place forte et sert à sa défense. On fit d'abord les remparts en maçonnerie pleine; mais, depuis l'emploi de l'artillerie dans les sièges, ce sont des massifs en terrasse, formés de la terre extraite du fossé qui est à leur pied, revêtus à l'extérieur d'un mur de soutènement, couronnés d'un parapet, terminés intérieurement par un talus où l'on pratique des rampes, et percés de portes et de poternes. Ils sont protégés et presque entièrement masqués par des ouvrages extérieurs, que l'assiégeant

doit enlever avant d'arriver au corps de place. V. Fortification.

REMPIÉTEMENT, reprise en sous-œuvre de la partie inférieure d'une construction.

REMPLACEMENT MILITAIRE. Le remplacement, autorisé en France par la loi du 21 mars 1832, est juste en lui-même, parce qu'il profite à ceux qui s'en servent, sans nuire à ceux qui ne s'en servent pas; il ne crée pas une inégalité, il est seulement une conséquence de l'inégalité des conditions humaines. A un autre point de vue, l'intérêt de l'agriculture, de l'industrie, des professions libérales, des carrières civiles, des sciences et des arts, défend d'imposer à tous indistinctement le métier de soldat pendant les années les plus fécondes de la vie. Mais la méthode de remplacement qui a été en usage durant plus de 20 années était très-défectueuse : des Compagnies d'assurance contre le recrutement se chargeaient de fournir des remplaçants moyennant une somme débattue avec les jeunes conscrits; elles cherchaient des hommes au meilleur marché possible, déguisaient leurs défauts physiques à l'aide de ruses infiniment variées, et ne trouvaient guère que des débauchés, des vagabonds et des paresseux; après un certain temps passé au corps, les infirmités de ces hommes reparaissaient, il fallait les réformer, et c'était l'État qui supportait les conséquences de la fraude. La loi du 26 avril 1855 a substitué à ce mode de remplacement l'*exonération* et le *rengagement* (V. ces mots). — Le remplacement entre parents ou par substitution de numéros, établi par la loi de 1832, a été également supprimé, si ce n'est entre les frères, beaux-frères et parents jusqu'au 4e degré; encore fallait-il, pour la substitution de numéros, que ce fût au tirage de la même classe et dans le même canton.

REMPLAGE, en termes de Construction, blocage en moellons, en briques ou en cailloux, dont on *remplit*, avec du mortier, l'entre-deux des parements d'un mur construit en pierres de taille; — en termes de Charpenterie, bois qu'on place dans un pan ou une cloison pour remplir les vides.

REMPLOI, en termes de Droit, placement de deniers qui proviennent de la vente d'un immeuble ou d'une rente, et que la loi oblige de *réemployer*. Le remploi des deniers dotaux est une des clauses ordinaires des contrats de mariage; celui des biens en communauté qui ont été aliénés durant le mariage est réglé par le *Code Napoléon* (art. 1433 et suiv.).

RENAISSANCE, dénomination qu'on applique particulièrement à la période qui suivit la prise de Constantinople par les Ottomans (1453), et qu'on appela plus tard le siècle de Léon X. Les Arts et les Lettres, qui paraissaient avoir péri dans le même naufrage que la société romaine, semblèrent refleurir, et, après dix siècles de ténèbres, briller d'un nouvel éclat : de là, comme s'ils eussent en effet reparu tout à coup à la lumière, le nom de *Renaissance*, choisi pour caractériser un événement qui avait été pourtant préparé dès le moyen âge. Un premier réveil des esprits avait eu lieu sous Charlemagne : mais les malheurs qui suivirent sa mort éteignirent ce faible rayon de politesse naissante, et reculèrent de trois siècles la restauration des Lettres. L'époque de Louis IX vit un nouvel essor des esprits, plus vigoureux cette fois et plus durable : alors naquirent ou se multiplièrent, en France, en Angleterre, en Espagne, en Italie, les Universités, qui tirèrent la science, en quelque sorte, de la prison des cloîtres et la sécularisèrent. Des guerres étrangères et des divisions intestines retardèrent en Espagne, en Angleterre et en France le mouvement intellectuel; mais en Italie, même au milieu des discordes civiles, l'action bienfaisante de Dante, de Pétrarque et de Boccace lui imprima au contraire un plus vif élan. Ce ne fut pas seulement par leurs propres œuvres que ces grands génies exercèrent une puissante influence sur les esprits; ils mirent aussi leur gloire à étudier et à répandre les écrivains de l'Antiquité. Dante prit Virgile pour maître et pour guide dans le voyage imaginaire de sa *Divine Comédie*; Pétrarque écrivit des Lettres sur la recherche des manuscrits anciens, et retrouva lui-même les *Institutions oratoires* de Quintilien, une partie des Lettres et des Discours de Cicéron, et quelques tragédies de Sophocle. Boccace, dès 1360, fit établir à Florence une chaire de langue grecque en faveur du Grec Léonce Pilate, qui rendit Homère à l'Occident. Ajoutons que les petites Républiques et les Principautés, entre lesquelles l'Italie était partagée, se disputaient les talents, et que le mérite, partout accueilli, pouvait braver la persécution et l'envie, changer de séjour sans changer de patrie, certain de rencontrer toujours, auprès du pape, ou du prince, ou de la cité libre, des juges éclairés et des protecteurs généreux. Enfin, les progrès des Turcs ayant amené des rapports plus fréquents entre l'Orient et l'Occident, les savants de l'Empire grec s'accoutumèrent à venir chercher en Italie un asile et la sécurité pour leurs études : Chrysoloras fit ses premières lectures publiques à Florence vers 1396, et l'enthousiasme qu'il excita détermina à un exil volontaire plusieurs de ses compatriotes. Le plus célèbre de tous, Bessarion, reçut la pourpre romaine en récompense de son mérite. V. ITA-LIENNE (Littérature).

La Renaissance ne fut donc pas une résurrection soudaine et imprévue des Lettres anciennes; seulement la chute de Constantinople, en jetant sur l'Italie les Lascaris et d'autres Grecs qui jusque-là ne s'étaient pas séparés de leur pays, précipita le mouvement, et lui communiqua une impulsion extraordinaire. Tandis que ces fugitifs apportaient à leur patrie nouvelle, pour prix de son hospitalité, les ouvrages des orateurs et des poëtes d'Athènes, on fouilla les monastères avec une ardeur incroyable, et l'on en tira des manuscrits latins. Par un hasard qu'on peut appeler providentiel, l'imprimerie fut découverte, et l'on put multiplier et perpétuer les chefs-d'œuvre : entre les années 1457 et 1500, on compte 1300 auteurs imprimés. C'est alors que les Juntes et les Manuces publièrent ces fameuses *éditions principes* des classiques, tant recherchées encore aujourd'hui.

Rien ne saurait donner l'idée de l'ardeur avec laquelle on cultiva alors l'Antiquité. Laurent de Médicis donnait à ses amis, le jour de la naissance de Platon, un banquet dont Marsile Ficin a consacré le souvenir; le cardinal Bembo ne lisait pas son bréviaire en latin, de peur de gâter son style; Érasme ne craignait pas d'appeler Cicéron un saint, et, pour un manuscrit de Tite-Live, Alphonse d'Aragon, roi de Naples, renonçait à faire la guerre aux Florentins.

Ce culte passionné des Anciens, qui fut d'abord le propre de l'Italie, les Français le rapportèrent de leurs expéditions dans la Péninsule, mais sans se douter que ce fût là le plus précieux résultat de leurs guerres. De toutes les nations modernes, la France est celle où la Renaissance littéraire a porté ses plus beaux fruits; aucune autre ne s'en est plus profondément ressenti (V. FRAN-ÇAISE — Littérature). Qu'est-ce, à vrai dire, que notre littérature du XVIIe siècle, sinon une heureuse fusion et l'union définitivement accomplie de la forme antique avec l'esprit moderne? Quelques amis du paradoxe ont déploré cette invasion de la France par l'Antiquité : à les en croire, l'enthousiasme même que nos écrivains du XVIe siècle professèrent pour les œuvres anciennes, et leurs efforts pour en reproduire les beautés, détournèrent l'esprit français de sa voie naturelle, et substituèrent des qualités d'emprunt et d'imitation à son originalité primitive. Autant vaut se plaindre que la Grèce conquise par les Romains ait subjugué ses farouches vainqueurs, qu'Homère ait inspiré Virgile, et la lyre d'Archiloque ou d'Alcée celle d'Horace. L'homme peut méditer les causes et les effets des événements, mais il ne saurait en arrêter le cours; et les faits historiques se subissent plutôt qu'ils ne se discutent. Le jour où Corinthe tomba, il était inévitable que la civilisation grecque envahît la société romaine; le jour où Mahomet II prit Constantinople et poussa sur l'Occident les vénérables débris de l'ancienne Grèce, il fut impossible que la vieille Hellade ne fît pas la conquête des peuples qui lui donnèrent asile. D'ailleurs, l'originalité est-elle incompatible avec l'imitation? Qui oserait soutenir que l'*Andromaque* ou la *Phèdre* de Racine, pour être imitées de l'*Andromaque* et de l'*Hippolyte* d'Euripide, ne sont pas des œuvres profondément originales, éminemment modernes, chrétiennes et françaises? Enfin, on s'accorde à reconnaître que la malice, la finesse, la grâce, le tour ingénieux et piquant, sont comme le fonds de l'esprit gaulois : les Grecs et les Romains ont-ils étouffé chez nous ces qualités aimables? En faut-il tant regretter qu'ils y aient ajouté l'ampleur de la forme, l'élévation, la grandeur, l'éclat?

La Renaissance eut un autre effet sur les destinées du monde moderne : elle fut l'occasion et l'une des causes de la Réforme. Elle en fut l'occasion; car c'est pour avoir voulu embellir Rome des chefs-d'œuvre de l'art, que Léon X épuisa son trésor, et fut réduit à autoriser cette vente des indulgences d'où sortit la querelle des Augustins et des Dominicains, et la révolte de Luther; elle en fut l'une des causes, lointaines à la vérité, puisqu'en éveillant les esprits, elle les prépara aux discussions religieuses et à la liberté. V. Hallam, *Histoire de la littérature de l'Europe pendant les XVe, XVIe et XVIIe siècles*, traduite de l'anglais par Borghers, 1839, 4 vol. in-8°; Charpentier, *Histoire de la Renaissance des lettres au XVe siècle*, 1843.
A. H.

La Renaissance littéraire du XVe et du XVIe siècle fut naturellement accompagnée d'une Renaissance artistique : l'esprit d'innovation et de réforme qui fermentait dans la société avait pénétré au milieu des artistes, aussi bien que parmi les politiques et les théologiens; de même que la connaissance plus générale et plus approfondie des écrits de l'Antiquité profane avait donné une direction nouvelle au génie littéraire, de même la découverte des manuscrits de Vitruve et les travaux de Brunelleschi, d'Alberti, de Palladio, de Vignole et d'autres architectes italiens, ramenèrent les artistes à l'étude des modèles grecs et romains. Le style classique ne remplaça pas immédiatement, en Architecture, le style chrétien du moyen âge, mais il y eut un mélange, une combinaison de formes d'origines différentes, et c'est là ce qu'on nomme, à proprement parler, le style de la Renaissance : ainsi, le plein cintre romain allia sa gravité à l'élégance de l'ogive, et revêtit les ornements du style flamboyant. On entreprit alors une quantité prodigieuse de monuments, d'un caractère plutôt privé que public, car on fit beaucoup moins d'églises que de palais, de châteaux et d'hôtels. Non-seulement l'originalité devint plus rare, puisqu'on se bornait à imiter plus ou moins heureusement les œuvres de la Grèce ou de Rome, mais le sentiment des convenances architecturales s'amoindrit : à force de prendre pour types les édifices antiques, les artistes en vinrent à une sorte d'uniformité dans le plan, qu'il s'agît de construire une église, un palais, une Bourse ou un théâtre. En ce qui concerne le plan des églises, la forme de la croix fut généralement conservée; mais, au lieu de suivre le modèle adopté depuis bien des siècles dans l'Occident, on le modifia suivant une foule de circonstances ou le caprice de l'architecte, et le transept fut placé tantôt à la partie supérieure comme dans la croix latine, tantôt au milieu comme dans la croix grecque. Les colonnes, qui avaient reçu tant de développement en hauteur dans les monuments gothiques, et qu'on avait composées d'un assemblage de colonnettes, revinrent à la forme sphérique, ou furent remplacées par des piliers quadrangulaires, décorés de pilastres. On les ramena les unes et les autres aux proportions indiquées par les Anciens, en établissant des rapports assez exacts entre le piédestal, le fût, le chapiteau et l'entablement. Le chapiteau affecta des formes antiques, mais on le couvrit aussi de dessins capricieux. Les arcades semi-circulaires prirent la place des arcs en tiers-point; cependant l'ogive alterna assez fréquemment avec le plein cintre, surtout aux portes et aux fenêtres. Le portail fut souvent cintré, tandis que les fenêtres conservèrent leur amortissement aigu, et même les légers compartiments et le réseau flamboyant du style gothique de la dernière époque. On continua de construire d'après les principes du style ogival les voûtes de grande portée, mais on les surbaissant, et on les couvrant de culs-de-lampe et de pendentifs ciselés; les voûtes plus petites furent ordinairement cintrées, et leur surface, divisée en caissons symétriques, reçut des sculptures très-variées, fleurs, fruits, emblèmes, têtes humaines, génies ailés, images fantastiques, etc. La science et la richesse de l'ornementation sont un des caractères distinctifs de la Renaissance : à aucune époque on n'a exécuté avec autant de pureté, d'élégance et de finesse, avec une telle perfection de profils et de contours, les moulures, les festons, les rinceaux, les arabesques, les fleurons, les guirlandes, les dentelles, les rosaces, les médaillons garnis de personnages en demi-relief. Mais on apporta des modifications qui ne furent pas toujours heureuses aux principes de l'Antiquité : ainsi, on fit des entre-colonnements inégaux, des pilastres d'une projection démesurée, des frontons circulaires ou brisés, etc.

La Renaissance des arts eut lieu dans le reste de l'Europe aussi bien qu'en Italie : les artistes italiens se répandirent en Allemagne, en Espagne, en France et en Angleterre (V. les articles de ce Dictionnaire consacrés aux arts de chaque pays).
B.

RENART (Le roman de), poëme allégorique et satirique fort célèbre au moyen âge. Les héros en sont Goupil (le renard) et Isengrin (le loup), en qui se personnifient la ruse et la force. Autour d'eux se meut tout un monde, qui est l'image du monde féodal avec sa hiérarchie, ses castes, ses préjugés, ses mœurs et ses lois : le roi *Noble*, le lion, et dame *Orgueilleuse*, sa femme; *Brun*, l'ours, et *Beaucent*, le sanguer, conseillers du roi ; l'archiprêtre *Bernart*, l'âne ; *Braiant*, le taureau ; le bon sire *Belin*, le mouton ; *Tardieu*, le limaçon, brillant et preux chevalier ; *Roonel*, le mâtin « qui sait de plusieurs latins, » un vieux routier ; l'abbé *Damp Petitpas*, le paon ; *Chanteclair*, le coq ; frère *Tybert*, le chat ; frère *Hubert*, l'escouffle (le milan), confesseur ; dame *Hersent*, la louve, épouse d'Isengrin ; *Hermeline*, la femme de Renart ; le juge *Brichemer*, le cerf ; *Grinbert*, le blaireau, parent de Renart ; dame *Ragueneau*, la guenon, vieille plaideuse, également parente de Renart ; *dom Espinart*, le hérisson ; le page *Rossel*, l'écureuil ; les huissiers (portiers) *Wankes*, le geai, et *Urediel*, le perroquet ; *Martin*, le singe, le jongleur, etc. — Le commencement du drame est la séduction de dame Hersent par Renart. Isengrin porte plainte devant le roi Noble, qui ne semble pas disposé à donner suite à l'affaire. Après un débat auquel prennent part Brun et Grinbert, après que dame Hersent a protesté de son innocence à la grande édification de Bernart, tout va s'arranger ; mais Chanteclair et dame Pinte (la Poule) viennent à leur tour accuser Renart, qui a tué la sœur de dame Pinte. Renart est condamné au gibet : on l'y traîne, et c'est à qui insultera le plus à son malheur, d'ailleurs mérité. Tremblant à l'aspect de l'instrument du supplice, il implore la grâce d'aller en pèlerinage à Jérusalem. Le roi refuse d'abord, puis consent, et le vaurien échappe au châtiment. Retombé entre les mains de la justice, la reine s'interpose, et le sauve encore. Après maintes aventures, Renart prie le hibou de recevoir sa confession, et celui-ci lui adresse un sermon, parodie de ceux des prêtres et des moines. Feignant d'être touché de componction, Renart saute sur son confesseur et l'étrangle. Tel est le sujet du *Renart* primitif, auquel ont été rattachées toutes sortes d'épisodes. La tendance générale de ce poème est la négation et la destruction de l'esprit chevaleresque ; il montre la ruse triomphant partout du droit et de la force. Il raille non-seulement les mœurs du moyen âge, mais trop souvent aussi ses croyances, enveloppant dans la même moquerie les sacrements, les miracles, les pèlerinages, les croisades, les tournois, les cours plénières, etc.

Le *Renart* remonte beaucoup plus haut que les manuscrits qui nous en ont été conservés, et qui sont du xIIIᵉ, du xIVᵉ et du xVᵉ siècle : plusieurs des fables qui furent mises en œuvre par les Trouvères appartiennent au vIIIᵉ ; mais on ne trouve pas avant le xIIᵉ un document qui atteste l'existence du roman dans une langue quelconque. C'est à cette époque qu'il faut placer deux poëmes latins qui ont pour titres *Isengrinus* et *Reinhardus*, et qui paraissent avoir été composés en Flandre. Vers le milieu du même siècle, Heinrich de Glichesœre composa un *Renart* allemand, dont le texte n'existe plus, mais qui servit de modèle à d'autres poëtes de la même nation. Enfin, dès les premières années du xIIᵉ siècle, la tradition de *Renart* était populaire en France. L'idée même de *Renart* est-elle française ou germanique ? Elle semble être née non loin du Rhin ; mais le *Renart* français paraît avoir été l'original du *Renart* allemand.

Ce vaste roman, dont l'ensemble ne forme pas moins de 80,000 vers, est divisé en une trentaine de *branches*, qui furent composées à diverses époques et par divers auteurs. Deux sont attribuées à Pierre de Saint-Cloud, qui écrivait au commencement du xIIIᵉ siècle, une à Richard de Lison (village de Normandie), et une autre à un curé de la Croix-en-Brie. A la fable primitive les Trouvères ajoutèrent bientôt de nouveaux épisodes, comme *Renart couronné*, attribué par Méon à Marie de France, *Renart le Nouvel* par Jackemars Giélée, *Renart le Bestourné* par Rutebeuf, et *Renart le Contrefait* par un Trouvère champenois du xIVᵉ siècle.

Les savants allemands cherchèrent les premiers l'origine de la fable de *Renart* y virent une allusion à certains événements accomplis dans leur pays. Eckhart au xVIIIᵉ siècle et M. Mone de nos jours, ont supposé que le loup Isengrin était Zwentibold, fils de l'empereur Arnulf et roi de Lorraine, qui fut en guerre avec un ministre perfide nommé Reginarius (Reinhart, Renart), et issu, comme lui, du sang de Charlemagne. Cette hypothèse a été combattue par Raynouard dans le *Journal des Savants* (juillet 1834), et l'on s'accorde à voir dans le roman de *Renart* une peinture satirique de la société féodale. Noble lion, le roi, n'est pas toujours le maître dans ses États ; Isengrin, le seigneur fort et brutal, est souvent battu par les ruses d'un ennemi moins vaillant et moins fort ; Bernart, le baudet, c'est la patiente Église, qui vit en paix avec tout le monde, et l'on voit en-

lieu des luttes affreuses, des combats qui divisent et ensanglantent la terre.

Le roman de *Renart* a été publié par Méon, Paris, 1826, 4 vol. in-8° ; M. Chabaille a donné une édition avec Supplément, Paris, 1835, in-4°. Il existe un texte flamand du xIIᵉ siècle, publié par J.-F. Willems, et traduit par Delepierre, Bruxelles, 1837. Un texte d'Henri d'Alkmaar en bas saxon a été reproduit, avec plus ou moins de fidélité, par Gottsched, Scheltema, Hoffmann de Fallersleben, etc. *Reinhardus* a été édité par M. Mone, Stuttgard, 1832, et *Isengrimus* par Grimm dans son recueil du *Reinhart Fuchs*, Berlin, 1834. Le roman de *Renart* a servi de modèle aux *Animaux parlants* de Casti, et Gœthe en a fait une élégante imitation dans un poëme en 12 chants. V. l'*Histoire littéraire de la France*, t. XXII ; A. Rothe, *Les romans de Renart examinés, analysés et comparés d'après les manuscrits les plus anciens*, Paris, 1854, in-8°. H. D.

RENCHIER, en termes de Blason, meuble de l'écu qui représente un cerf de la plus haute taille ; sa ramure, aplatie et couchée en arrière, est beaucoup plus longue que celle du cerf ordinaire. Le renchier est sans doute le renne des Lapons.

RENCONTRE, en termes de Blason, tête de quadrupède qui paraît de front dans l'écu. Ainsi l'on dit : un rencontre de cerf, un rencontre de bœuf, etc.

RENÉGAT (du latin *qui renegat*, qui renie), celui qui a renié la foi chrétienne pour embrasser une autre religion et particulièrement le mahométisme.

RENGAGEMENT, rentrée des anciens militaires au service. Il fut substitué, par une loi de 1855, à l'ancien système de *remplacement* (*V. ce mot*). Le rengagement pour sept années donnait droit : 1° à une somme de 1,000 fr. dont 100 fr. payables le jour du rengagement ou de l'incorporation, 200 fr. soit au jour du rengagement ou de l'incorporation, soit pendant le cours du service, sur l'avis du Conseil d'administration du corps, et 700 fr. à la libération du service ; 2° à une haute paye de 10 centimes par jour. Tout rengagement pour moins de sept ans donnait droit : 1° à une somme de 100 fr. par an, payable à la libération du service ; 2° à une haute paye de 10 centimes par jour. Après 14 ans de service, le rengagé ne recevait qu'une haute paye de 20 centimes. Les sous-officiers nommés officiers, ou appelés à un des emplois qui leur sont dévolus en vertu des lois et règlements, avaient droit, sur les sommes allouées pour rengagements, à une part proportionnelle à la durée du service qu'ils avaient accompli : il en était de même des militaires réformés et de ceux passant dans un corps qui ne se recrute pas par la voix des appels. Les sommes attribuées aux rengagés après libération étaient incessibles et insaisissables. En cas de mort, une part de ces sommes, proportionnelle à la durée du service, était dévolue aux héritiers ; en cas de déshérence, les sommes dues profitaient à la dotation de l'armée. La condamnation à une peine afflictive ou infamante, au boulet, aux travaux publics, à une peine correctionnelle de plus d'une année, entraînaient la déchéance de tout droit aux allocations non soldées. Le droit à la haute paye était suspendu par l'absence illégale, par l'envoi dans une compagnie de discipline, et pendant l'emprisonnement subi en vertu d'une condamnation correctionnelle. B.

RENIER, 17ᵉ branche de la chanson de *Guillaume-au-court-nez*. Renier, fils de Maillefer, a été enlevé au berceau, et porté chez les Sarrasins à Venise ; devenu grand, il se met à la recherche de son père, qu'il tire des mains des Infidèles. — L'auteur de cette chanson y rattache d'une manière ridicule tous les événements de son temps : on y voit figurer les Guelfes et les Gibelins, Robert Guiscard, etc. Il en existe un seul manuscrit à la Bibliothèque nationale de Paris. V. l'*Histoire littéraire de la France*, tome XXII. H. D.

RENOMMÉE (La). *V.* notre *Dictionnaire de Biographie et d'Histoire*.

RENONCIATION, en termes de Droit, action de répudier des droits acquis ou éventuels. La femme mariée ne peut renoncer à la communauté de biens, et ses héritiers ne peuvent y renoncer pour elle, que suivant certaines formes et dans certains délais après la dissolution du mariage (*Code Napoléon*, art. 1464-66). — La renonciation à un héritage est soumise à de nombreuses conditions (*Ibid.*, art. 784-793, 845, 1389) : ainsi, il ne dépend pas d'un héritier d'abdiquer une succession opulente et de frustrer ainsi ses créanciers du gage sur lequel ils ont dû compter, et ceux-ci peuvent, en cas de négligence ou de mauvais vouloir du débiteur, exercer les droits qui lui appartiennent. L'art. 181 ne permet pas de renoncer à la succession d'une personne vivante. — La rénonciation à la prescription ne peut avoir lieu que quand celle-ci est acquise (art. 2220-27).

RENTE, se dit en général de tout revenu annuel, et plus ordinairement de ce qui est reçu annuellement comme prix ou intérêt d'un fonds, d'un capital aliéné ou cédé. Avant 1789, la forme des rentes variait à l'infini; notre Droit actuel reconnaît deux sortes de rentes, les *rentes perpétuelles* et les *rentes viagères*, toutes deux déclarées biens meubles (*Code Napoléon*, art. 529), et dont les arrérages se prescrivent par 5 ans (art. 2277). Les *rentes perpétuelles* ont un nom assez impropre, puisqu'elles sont rachetables; seulement les parties peuvent convenir que le rachat ne sera pas fait avant un délai qui ne pourra excéder dix ans, ou sans avoir averti le créancier au terme qu'elles auront déterminé d'avance. Le débiteur d'une rente constituée en perpétuel peut être contraint au rachat : 1° s'il cesse de remplir ses obligations pendant deux années; 2° s'il manque à fournir au prêteur les sûretés promises par le contrat. Le capital de la rente devient aussi exigible en cas de faillite ou de déconfiture du débiteur. La rente s'éteindre par la prescription trentenaire, c.-à-d. s'il s'est écoulé 30 ans depuis sa création sans aucun payement d'arrérages. Les *rentes viagères* sont celles dont la durée est subordonnée au décès d'une ou plusieurs personnes indiquées au contrat; elles peuvent être constituées à titre onéreux ou à titre gratuit. Elles ne sont pas limitées, comme les rentes perpétuelles, au taux légal de l'intérêt. On ne peut les racheter; mais le créancier peut demander la résiliation du contrat, si le constituant ne donne pas les sûretés convenues. Une rente viagère ne peut être déclarée insaisissable dans le contrat que lorsqu'elle est constituée à titre gratuit. Elle s'éteint par la mort naturelle, mais non par la mort civile. V. Fœlix et Henrion, *Traité des rentes foncières*, 1829, in-8°; Menant, *Des rentes en Droit romain et en Droit français*, 1860, in-8°.

Les *rentes sur l'État* sont les sommes annuellement payées par le gouvernement pour les *intérêts* des emprunts publics : elles sont inscrites au *Grand-Livre de la dette publique*, et les titres délivrés aux rentiers s'appellent *inscriptions de rente*. Les rentes se désignent par le taux de l'intérêt qu'elles rapportent; ainsi l'on dit le 3; le 4, le 4 1/2, le 5 p. 100. Le *cours de la rente* est le taux auquel elle est cotée chaque jour à la Bourse, et d'après lequel l'on fait les achats et les ventes de titres ; ce taux subit des fluctuations continuelles, à cause de l'affluence ou de la rareté des titres sur la place. Les événements politiques exercent une grande influence sur le cours de la rente; on en jugera par quelques chiffres représentant la valeur du 5 p. 100 français à certaines époques importantes : en 1797, 6 fr. 95; en 1800, 47 fr.; en 1804, 55 fr.; en 1807, 76 fr. 40; en 1809, 86 fr.; en 1812, 82 fr.; en 1814, 51 fr.; en 1820, 71 fr.; en 1827, 100 fr.; en 1830, 109 fr.; en 1831, 75 fr.; au commencement de 1848, 116 fr., et, après la Révolution, 50 fr.; après les événements de Juin, 80 fr.; après le coup d'État de 1851, 110 fr. Le 5 p. 100 date de 1797; le 3 p. 100 et le 4 1/2 furent créés en 1825. Pour se libérer, l'État a deux moyens, l'*amortissement* (*V. ce mot*) et le *remboursement. Celui-ci* n'est guère qu'une mesure comminatoire, pour amener les rentiers à accepter une *conversion*, c.-à-d. une réduction de rente. La première opération de ce genre eut lieu en 1825 : vivement combattue par l'opposition libérale, elle ne put être imposée; mais les porteurs de rente 5 p. 100 eurent seulement la faculté de convertir leurs titres soit en 4 1/2 au pair, avec garantie de non-remboursement pendant quinze années, soit en 3 p. 100 au taux de 75 fr. Cette conversion toute volontaire procura au Trésor une économie annuelle de 6 millions. Sous le gouvernement de Juillet 1830, la Chambre des députés vota de nouvelles conversions de rentes; mais la Chambre des pairs les rejeta invariablement. Pendant la Présidence de Louis-Napoléon, un décret du 14 mars 1852 convertit toute rente 5 p. 100 en 4 1/2, avec faculté de remboursement au pair pour les rentiers qui le demanderaient, et garantie contre le droit de remboursement pendant 10 ans pour ceux qui accepteraient la conversion : sur une dette de près de 6 milliards, les remboursements s'élevèrent à peine à 30 millions, et la conversion fut pour le trésor une économie annuelle de près de 20 millions. En 1862, une autre conversion du 4 1/2 et du 4 en 3 p. 100 a été proposée, avec cette particularité que les rentiers devaient payer une soulte pour conserver avec leurs nouveaux titres la même quantité

de rentes : l'opération a en grande partie réussi. Depuis ce moment, la dette publique est presque unifiée, et le service des intérêts se fait, non plus par semestre, mais par trimestre. Un autre résultat du gouvernement de Napoléon III a été de démocratiser la rente, surtout par les divers emprunts nationaux qui ont été contractés : la rente n'est plus concentrée entre un nombre restreint de capitalistes, elle est dans toutes les mains. En 1847, il n'y avait que 207,000 rentiers, dont les trois quarts à Paris ; dès 1854, on en comptait 664,000, dont plus de la moitié dans les départements.

RENTOILAGE, opération par laquelle on enlève d'une toile pourrie ou usée la peinture à l'huile qui la recouvre, pour la transporter sur un fond neuf. Au siècle dernier, Hacquin et Picault, restaurateurs de tableaux, imaginèrent le procédé suivant : au moyen d'un encollage fait avec de la farine de seigle bien cuite et une ou deux gousses d'ail, on couvre entièrement le tableau, d'abord avec de la gaze, puis avec du papier fin, et ensuite avec du papier commun, ce qui se nomme *cartonnage;* la peinture étant plus fortement fixée sur la nouvelle superficie que sur l'ancien fond, on retourne le tableau, et on enlève avec précaution la toile; si quelques parties sont trop adhérentes, on les amincit en les frottant avec une pierre ponce. Après l'*enlevage*, on réapplique par une opération analogue la peinture sur un autre fond, enduit d'un mordant, et l'on tamponne en allant toujours du centre vers les bords, pour faire échapper l'air qui pourrait rester entre les toiles et y occasionner des boursouflures; puis on presse sur la toile neuve avec un fer chaud, ce qui rend la peinture plus adhérente et fait sortir l'excédant de la colle. Il ne reste plus alors qu'à enlever le cartonnage à l'aide d'une éponge, et le tableau se trouve *rentoilé*. On procède à peu près de même pour sauver les peintures qui recouvrent des panneaux vermoulus; mais souvent on amincit le bois avec de petits rabots, et, quand il n'en reste plus qu'un épiderme pour ainsi dire, on l'use aussi à la pierre ponce. Le tableau de *la Charité*, peint par André del Sarto en 1518, fut rentoilé par Picault en 1750; il est au musée du Louvre. Le même artiste rentoila ensuite le *St Michel* de Raphaël. On cite encore un autre tableau de ce peintre, *la Vierge de Foligno*, que Hacquin fils rentoila avec beaucoup d'adresse.   B.

RENTRÉE, terme de Commerce et de Finances, synonyme de *recouvrement.*

RENTRÉE, en termes de Musique, retour du sujet, surtout après un silence, dans une fugue, dans une imitation, etc. Une partie qui reprend après avoir été interrompue fait une simple *rentrée*, qu'elle reproduise ou non le sujet. — Dans les troupes dramatiques des théâtres permanents, les artistes ne sont pas astreints aux trois débuts, quand ils ont été reçus l'année précédente; ils font une simple *rentrée*, après laquelle le public prononce sur leur admission.

RENVERSEMENT DES ACCORDS. V. ACCORD.

RENVI, en termes de jeu, ce qu'on met par-dessus l'enjeu.

RENVOI, addition à un corps d'écriture, soit en marge, soit à la fin. D'après la loi du 25 ventôse an XI, les renvois dans les actes notariés doivent être écrits en marge, approuvés, signés ou parafés chacun par l'officier public, les parties et les témoins : le défaut d'approbation emporte la nullité des renvois, mais non celle de l'acte lui-même. Dans les actes sous seing privé, les renvois doivent être approuvés, signés ou parafés par les parties contractantes.

RENVOI (Demande en). On appelle ainsi, au civil, les conclusions d'une partie qui demande que le tribunal, mal à propos saisi, la renvoie devant les juges compétents. Au criminel, la demande en renvoi a pour objet d'obtenir, soit pour cause de sûreté publique ou de suspicion légitime, soit à défaut d'un nombre suffisant de juges pouvant connaître de l'affaire, que le jugement soit déféré à un autre tribunal : c'est la Chambre criminelle de la Cour de cassation qui statue en cette matière.

RÉPARATION D'HONNEUR. Celui à l'honneur duquel on a porté atteinte n'a d'autre moyen légal d'obtenir réparation que de s'adresser à la juridiction correctionnelle.

RÉPARATIONS, travaux d'entretien que nécessitent les bâtiments. Les *grosses réparations*, comme celles des murs, des planchers, des couvertures, sont à la charge des propriétaires. Les *menues réparations* ou *réparations locatives*, comme celles des vitres, des carreaux, des âtres, etc., incombent aux locataires, à moins que les dégradations ne proviennent de vétusté ou de force maleure; on les nomme *réparations viagères* ou *d'entretien*, quand elles sont à la charge de l'usufruitier.

RÉPARATIONS CIVILES, somme adjugée par un tribunal à la partie civile, pour la dédommager du tort qu'un crime ou un délit lui a causé; — dommages-intérêts accordés à un individu contre la personne qui l'a injustement accusé. Les réparations civiles entraînent la contrainte par corps.

RÉPARTITION, opération par laquelle, après que le budget des recettes a été voté par le Corps législatif, l'autorité centrale répartit entre les départements la somme à percevoir. La répartition est faite ensuite par l'autorité départementale entre les arrondissements, par l'autorité d'arrondissement entre les communes, et par l'autorité communale entre les individus. — En matière de faillite, le *Code de Commerce* (art. 513) a réglé le mode de répartition de l'actif mobilier du failli entre ses créanciers. Ceux d'entre eux qui n'ont pas fait l'affirmation de leurs créances ne sont pas admis au partage; la voie de l'opposition leur est ouverte jusqu'à la dernière distribution inclusivement, mais ils ne peuvent rien prétendre sur les répartitions consommées. V. FAILLITE, DISTRIBUTION, ORDRE.

REPAS. V. ce mot dans notre *Dictionnaire de Biographie et d'Histoire*.

RÉPERTOIRE, en latin *repertorium* (de *reperire*, trouver), table, recueil, inventaire où les choses, les matières sont rangées dans un ordre qui permet de les trouver facilement. Le mot s'emploie en Jurisprudence pour désigner les recueils où l'on enregistre les arrêts mémorables des Cours et tribunaux: ainsi, l'on a le *Répertoire universel et raisonné de jurisprudence* par Merlin (1827-28, 18 vol. in-4° ou 36 vol. in-8°), le *Répertoire général de législation, de doctrine et de jurisprudence* par Souquet (1846, 2 vol. gr. in-4°), le *Répertoire de la législation du notariat* (1837, 2 vol. in-4°), et le *Répertoire de la nouvelle législation civile, commerciale et administrative* par Favard de Langlade (1823, 5 vol. in-4°), etc. — Dans le Commerce, on nomme *Répertoire* un livre tenu par ordre alphabétique, une table des noms des débiteurs ou créanciers, qui sert à trouver avec facilité sur le grand-livre les divers comptes qui y sont portés. — Les notaires, greffiers, huissiers, commissaires-priseurs, ont un *Répertoire*, registre sur lequel ils sont tenus d'inscrire sommairement et par ordre de date les actes qu'ils reçoivent ou rédigent. — Dans le langage du Théâtre, le *Répertoire* est la nomenclature des pièces dont se compose le fonds particulier de chaque théâtre.

RÉPÉTITEUR, nom donné aux maîtres particuliers qui se chargent de *répéter* aux élèves les leçons des professeurs de l'enseignement public, de les exercer, de corriger leurs devoirs. Depuis un décret du 17 août 1853, c'est la qualification des fonctionnaires des lycées qu'on appelait précédemment *maîtres d'études* ou *maîtres de quartier*: les *maîtres répétiteurs* doivent être pourvus du diplôme de bachelier ès lettres ou ès sciences. Ils sont chargés de surveiller les élèves à l'étude, au réfectoire, au dortoir, pendant les récréations et aux promenades, de les diriger et de les aider dans leur travail; ce n'est que par exception qu'ils donnent des *répétitions*. Ils peuvent être appelés à faire les classes élémentaires et à suppléer les professeurs absents. Ils sont de deux classes, dont le traitement est de 1,000 fr. et de 1,200 fr.; tous sont logés et nourris au lycée. Pour être élevé à la 1re classe, le diplôme de licencié est obligatoire. C'est parmi eux que l'on prend les *surveillants généraux*, aux appointements de 1,400, 1,600 et 1,800 fr. Il y a des *aspirants répétiteurs*, dont on exige 18 ans d'âge, le diplôme de bachelier, et qui ont un traitement de 700 fr. Ces divers fonctionnaires sont nommés et promus par le ministre de l'Instruction publique, sur la proposition des Proviseurs et l'avis des Recteurs.

RÉPÉTITION, figure de Rhétorique qui consiste à employer plusieurs fois les mêmes mots ou le même tour pour donner plus d'énergie à la phrase. Fléchier dit, en parlant de la mort de Mme d'Aiguillon: « *Moment* fatal pour tant de pauvres, dont elle était la protectrice et la mère! *Moment* heureux pour elle, qui entrait en possession de l'éternité! *Moment* triste, mais utile pour nous, si nous apprenons à vivre et à mourir comme elle. » On appelle *Conversion* les répétitions faites symétriquement, comme dans ces vers de P. Corneille relatifs à Richelieu:

Qu'on parle mal ou bien du fameux cardinal,
Ma prose ni mes vers n'en diront jamais rien:

Il m'a fait trop de bien, pour en dire du mal;
Il m'a fait trop de mal, pour en dire du bien.

Les rhéteurs distinguent différentes sortes de Répétition par les noms d'*Anadiplose*, d'*Anaphore*, et d'*Antistrophe* (V. ces mots).

RÉPÉTITION (du latin *repetere*, redemander), en termes de Droit, action par laquelle on réclame ce qu'on a donné par erreur, ce qu'on a payé de trop, ce qu'on a avancé pour un autre.

RÉPÉTITION, leçon particulière dans laquelle un professeur *répète* les exercices d'une classe, pour les compléter ou pour aider l'élève à en résoudre les difficultés.

RÉPÉTITION, dans le langage du Théâtre, essai que l'on fait d'une pièce avant de la représenter en public.

REPIC. V. PIQUET.

RÉPIT, ancien terme de Droit, délai accordé aux débiteurs de bonne foi. Il s'obtenait en vertu de lettres de la grande Chancellerie ou par arrêt du Conseil.

RÉPLIQUE, en Musique, signifie la même chose qu'*octave*. En Composition, on appelle aussi *réplique* l'unisson de la même note dans deux parties différentes. Quand il s'agit d'une fugue, la *réplique* est la *reprise du sujet*. — On appelle encore *réplique* un fragment de mélodie pris dans la partie récitante et écrit en petites notes sur une partie secondaire, pour signaler à celui qui exécute celle-ci l'instant de la rentrée qu'il doit faire après un long silence.

RÉPONS, en bas latin *responsorium*, morceau composé de paroles empruntées à l'Écriture, et qu'on dit ou chante après chaque leçon des matines. Il est ainsi appelé, parce qu'après le verset qui en fait partie et que chantent deux choristes, le chœur *répond* en répétant une certaine portion du morceau nommée *réclame*. On chante aussi les répons aux processions et, avant les hymnes des laudes et des vêpres. Outre ces *grands répons*, il y a des *répons brefs*, d'un chant simple et uniforme, qui sont chantés à Tierce, à Sexte, et à None.

RÉPONSE. V. FUGUE.

RÉPONSES DE DROIT, nom que les Romains donnaient aux décisions des jurisconsultes sur les questions qui leur étaient soumises.

REPORT, en termes de Comptabilité, action de reporter une somme au total d'une page à une autre, ou d'un livre à un autre. La somme ainsi reportée se nomme également *report*.

REPORT, terme de Bourse. V. BOURSE.

REPORT DE FAILLITE, fixation de l'ouverture de la faillite à une époque antérieure au jugement qui l'avait déclarée.

REPORTERS, nom qu'on donne en Angleterre aux écrivains chargés de rendre compte, dans les journaux, des séances du parlement, des audiences des cours et tribunaux, des *meetings* publics et des discours qu'on y prononce. Une classe inférieure de *reporters* a reçu le nom de *penny-a-liners* (un sou la ligne); ce sont ceux qui recueillent les nouvelles locales et fabriquent ce qu'on nomme en France des *canards*.

REPOSOIR (du latin *repositorium*), sorte de chapelle temporaire élevée sur une place publique, dans une rue, ou à un carrefour, et qui est comme un lieu de *repos* pour les processions de la Fête-Dieu. On y dépose le St-Sacrement, et, après quelques prières, le prêtre donne la bénédiction à la foule.

REPOUSSÉ (Sculpture au), genre de travail qui consiste à repousser au marteau des feuilles de métal, de manière à leur donner la forme que l'artiste veut produire, et à exprimer à leur surface des figures ou des ornements en relief. Ce procédé est quelquefois désigné par le nom de *Sphyrélaton* (du mot grec qui signifie *étendu sous le marteau*). Il remonte à une haute antiquité: les objets métalliques dont parle Homère sont toujours travaillés au marteau. Le repoussé a été employé principalement dans la confection des armures de luxe et dans l'orfèvrerie, dans les bas-reliefs d'or ou d'argent, et l'on en terminait les ouvrages au ciselet.

REPOUSSOIR, outil, en forme de long ciseau, dont se servent les sculpteurs pour pousser des moulures.

REPOUSSOIR, en termes de Peinture, tout objet vigoureux de couleur ou très-ombré qu'on place sur le devant d'un tableau, pour repousser les autres objets dans l'éloignement.

REPRÉSAILLES, en latin barbare *repraesalia* (de *reprehendere*, reprendre ce qui a été pris), actes d'hostilité qu'un État exerce contre un autre ou contre ses nationaux, pour obtenir la réparation de droits méconnus ou violés, ou pour s'indemniser d'un dommage qu'il a éprouvé.

REPRÉSENTANT, celui qui tient la place d'un autre, et qui a reçu de lui des pouvoirs pour agir en son nom. Les ambassadeurs sont les *représentants* des souverains qui les accréditent. Dans quelques Assemblées législatives, les députés prennent le titre de *représentants* · il en a été ainsi en France à l'époque de la Convention, pendant les Cent-Jours, et après la Révolution de 1848. — En Droit, on nomme *représentant* celui qui est appelé à une succession, du chef d'une personne prédécédée et dont il exerce les droits.

REPRÉSENTATIF (Système), système d'organisation politique dans lequel la nation entière, ou seulement une partie de la nation offrant plus de garanties de lumières et d'indépendance, est appelée à élire les représentants ou députés, chargés de contrôler les dépenses publiques, de voter l'impôt, et de concourir à la confection des lois.

REPRÉSENTATION, mot qui signifie : 1° l'*exhibition*, la *production* d'un acte ou d'une pièce quelconque ; 2° l'état que tiennent certains fonctionnaires, et pour lequel une somme leur est allouée ; 3° l'action de jouer une pièce de *théâtre*, de donner un spectacle quelconque.

REPRÉSENTATION (Droit de), en Jurisprudence, subrogation légale d'un homme vivant à un homme mort. *V.* SUCCESSION.

REPRÉSENTATION NATIONALE, nom générique sous lequel on désigne les Assemblées représentatives.

RÉPRIMANDE, peine disciplinaire prononcée par les Conseils de discipline de l'ordre des avocats, les Chambres des avoués et des notaires, les Conseils de discipline de la garde nationale, les Conseils académiques et le Conseil supérieur de l'instruction publique, contre les manquements légers de leurs justiciables. Elle peut être faite avec ou sans publicité.

REPRIS DE JUSTICE, celui qui a subi une condamnation criminelle. Quand il est prévenu d'un délit, il ne peut être mis en liberté provisoire dans le cas où la loi accorde ce bénéfice à d'autres accusés.

REPRISE, terme de Droit. La *reprise d'instance* est l'acte par lequel on reprend un procès contre une nouvelle partie. On nomme *reprises matrimoniales* ce que chacun des époux a droit, par lui ou par ses représentants, de prélever avant partage sur les biens de la communauté qui a été dissoute. Les reprises de la femme s'exercent avant celles du mari ; en cas d'insuffisance de la communauté, elle exerce ses reprises sur les biens personnels de son époux. *V.* Jousselin, *Des prélèvements et reprises de la femme mariée*, 1855, in-8° ; Tossier, *Le droit de reprise de la femme*, 1857, in-8°.

REPRISE, en termes de Musique, partie d'un morceau qui doit être exécutée deux fois. La séparation des reprises se marque par deux barres perpendiculaires tracées sur la portée et accompagnées latéralement de deux points : lorsque ces points ne sont marqués que d'un côté, on ne répète que la partie qui suit ou qui précède, selon que les points sont à droite ou à gauche des barres.

REPRISE, représentation qu'on donne d'une pièce de théâtre qui n'a pas été jouée depuis un certain temps.

REPRISE, se dit des vers d'un rondeau, d'une ballade, d'un couplet de chanson, que l'on reprend, que l'on répète pour refrain.

REPRISE, commencement d'une phrase de Plain-Chant dont la première note est la même que la dernière de la phrase précédente.

REPRISE, terme employé dans la facture des orgues et particulièrement dans l'accord de certains jeux, tels que la fourniture, la cymbale, le plein-jeu, le clairon. Ces jeux ne pouvant, au moyen de la progression ordinaire, atteindre l'acuité des dessus d'un clavier de 54 notes par exemple, à cause de la petite dimension de leurs tuyaux et de leur intonation élevée, on *reprend* plusieurs fois dans le cours de la succession des notes l'intonation de l'octave précédente, et on arrive par ce moyen à la dernière note aiguë du clavier. C'est ainsi que le clairon de 4 pieds parlant difficilement à partir du 3° octave, on fait une reprise de cette octave pour former la 4° et compléter le dessus, de telle sorte que ces derniers tuyaux se trouvent à l'unisson de ceux de la trompette de 8 pieds auxquels ils donnent par ce moyen plus de rondeur et d'éclat.   F. C.

RÉPROBATION, en termes de Théologie, jugement par lequel Dieu exclut un pécheur du bonheur éternel, et le condamne aux supplices de l'Enfer.

RÉPUBLIQUE (du latin *res publica*, la chose publique), qui, s'appliquant à une forme de gouvernement, désigne, dans son sens le plus général, un gouvernement à la tête duquel un monarque n'est pas placé. Ce gouvernement peut reposer sur des principes divers : ainsi, un peuple dirigé par un corps sacerdotal est constitué en *république théocratique ;* Sparte, régie par un Sénat, fut une *république aristocratique ;* au moyen âge, Venise forma une *république oligarchique* (*V.* THÉOCRATIE, ARISTOCRATIE, OLIGARCHIE) ; Athènes, où le pouvoir était exercé par l'assemblée du peuple, était une *république démocratique* (*V.* DÉMOCRATIE). L'ancienne Rome eut un gouvernement républicain mixte, renfermant tout à la fois des éléments aristocratiques et des éléments démocratiques. Dans les temps modernes, les Provinces-Unies, sous le gouvernement des stathouders, avaient encore un système républicain d'une nature particulière. La Suisse et les États-Unis de l'Amérique du Nord forment des *républiques démocratiques fédératives*, c.-à-d. composées de cantons ou d'États indépendants quant à leur souveraineté intérieure, mais unis les uns aux autres par un lien fédéral, tandis que la République française, en 1792 et en 1840, a été *une et indivisible*. Dans une république démocratique d'une certaine étendue, le gouvernement est nécessairement représentatif, c.-à-d. que chaque citoyen, ne pouvant exercer directement son droit de souveraineté, le délègue à des représentants dont la réunion forme l'assemblée nationale. En France, au temps du Directoire, le pouvoir législatif fut partagé entre deux corps également électifs, le Conseil des Anciens et le Conseil des Cinq cents ; il en est ainsi aux États-Unis, qui possèdent un Sénat et une Chambre des représentants : cette division du pouvoir a été regardée comme une garantie d'ordre et de maturité des délibérations. Le pouvoir exécutif peut émaner, soit de l'Assemblée nationale, comme on le vit en France au temps de la Convention et du Consulat, soit directement du peuple par le suffrage universel, comme aux États-Unis, et dans la République française de 1848. Ce pouvoir peut être exercé collectivement par plusieurs citoyens, ou confié à un seul magistrat, appelé Président : le premier système fut en vigueur pendant la Convention, le Directoire, et le Consulat ; le second, appliqué en France en 1848, a toujours été adopté aux États-Unis. La base de toute république démocratique est le suffrage universel.

Cicéron signalait, dès l'antiquité, les écueils des républiques démocratiques : « Lorsque l'ardeur du peuple s'est enflammée d'une soif intarissable d'indépendance, et que, servi par des complaisants pervers, il a bu jusqu'à la coupe remplie de liberté sans mélange, alors si ses magistrats et ses chefs ne sont tout à fait mous et obéissants, s'ils ne lui versent à flots la liberté, il les poursuit, les incrimine, les accuse, il les appelle dominateurs, rois, tyrans. » La courte durée du pouvoir, incessamment renouvelé par l'élection, encourage les ambitieux, et fait naître les flatteurs des peuples. La multitude résiste trop souvent, en haine de toutes les supériorités, des chefs nouveaux, hardis, acharnés contre tout ce qui est grand. On ne tarde point à passer de la démocratie à la démagogie, et l'on ne sort de celle-ci que par le despotisme. Les publicistes n'hésitent pas à reconnaître que la république exige des citoyens un assemblage bien rare de qualités, désintéressement, instruction, patriotisme à toute épreuve, respect absolu de la loi, obéissance aux magistrats, etc. « Il ne faut pas beaucoup de probité, disait Montesquieu, pour qu'un gouvernement monarchique ou un gouvernement despotique se maintiennent ou se soutiennent. La force des lois dans l'un, le bras du prince toujours levé dans l'autre, règlent ou contiennent tout. Mais, dans un État populaire, il faut un ressort de plus, la vertu. » J.-J. Rousseau a dit à son tour : « Que de choses difficiles à réunir ne suppose pas ce gouvernement ! Premièrement, un État très-petit, où le peuple soit facile à rassembler, et où chaque citoyen puisse aisément connaître tous les autres ; secondement, une grande simplicité de mœurs, qui prévienne la multitude d'affaires et les discussions épineuses ; ensuite, beaucoup d'égalité dans les rangs et dans les fortunes, sans quoi l'égalité ne saurait subsister longtemps dans les droits et d'autorité ; enfin, peu ou point de luxe ; car, ou le luxe est l'effet des richesses, ou il les rend nécessaires ; il corrompt à la fois le riche et le pauvre, l'un par la possession, l'autre par la convoitise ; il vend la patrie à la mollesse, à la vanité ; il ôte à l'État tous ses citoyens pour les asservir les uns aux autres, et tous à l'opinion... Ajoutons qu'il n'y a pas de gouvernement si sujet aux guerres civiles et aux agitations intestines, parce qu'il n'y en a aucun qui tende si fortement et si continuellement à changer de forme, ni qui demande plus de vigilance et de courage pour être maintenu dans la sienne... S'il y avait un peuple de dieux, il se gouvernerait démocratiquement; un gouvernement si parfait ne convient pas à des hommes » (*Contrat social*, III, 4).

RÉPUBLIQUE (Traité de la). Nous possédons trois ouvrages célèbres qui portent le titre de *République*, et dont les auteurs sont Platon, Cicéron, et Bodin. L'ouvrage de Platon est, à proprement parler, une utopie : le philosophe grec bâtit sa république sur le plan de sa psychologie; distinguant dans l'âme un élément raisonnable, un élément irascible, et un élément sensuel ou passionné, il partage l'État en trois ordres qui leur correspondent, à savoir : les *juges*, qui gouvernent; les *guerriers*, qui défendent l'État; le *peuple*, livré aux travaux de l'agriculture et de l'industrie. Des quatre vertus que comprend la Morale de Platon, la *prudence* est le partage des juges, le *courage* est l'apanage des guerriers, la *tempérance* règle l'accord des classes supérieures et inférieures, la *justice* veille à ce que chaque ordre joue le rôle qui lui appartient. De même enfin que Platon compte cinq états de l'âme, dont l'un est sain et les quatre autres dépravés, de même il distingue cinq gouvernements ou états de la société : les quatre mauvais sont la *timocratie*, l'*oligarchie*, la *démocratie*, et la *tyrannie*, qui correspondent à l'état moral de l'*ambitieux*, de l'*avare*, du *passionné*, et du *coléreux;* le bon est l'*aristocratie* ou gouvernement des sages, de même que l'homme le plus heureux est celui qui obéit à la *raison*. Partant de l'inégalité nécessaire et éternelle des hommes, Platon les divise en castes qu'il subordonne les unes aux autres. A l'harmonie idéale qu'il cherche à établir, il sacrifie complétement l'individu : il anéantit en lui tout désir qui n'a pas pour objet le bien de la république; il détruit la propriété, le mariage, la liberté civile et politique. Tous les biens appartiennent à la république; toutes les femmes sont communes; les enfants sont les enfants de l'État, et nul n'a le droit de les regarder comme siens. Platon voulait la reporter sur la chose publique toute l'activité individuelle et en faire l'unique passion, l'unique amour. — La *République* de Cicéron ne nous est point parvenue en entier : longtemps on n'en connut que le fameux *Songe de Scipion* qui la terminait, et quelques passages cités par les anciens auteurs; en 1822, Angelo Mai retrouva, sur un manuscrit palimpseste, le 1er livre presque entier, un long fragment du 2e, quelques parties du 3e, du 4e et du 5e. L'ouvrage était primitivement 9 livres, qui furent ensuite réduits à 6. L'auteur suppose que, pendant les Féries latines, Scipion Émilien, Lélius, Fannius, Tubéron, Scévola et d'autres, discutent sur la meilleure forme de gouvernement. Les interlocuteurs cherchent quelles sont les conditions de la vie politique, comment une nation doit être constituée pour devenir et demeurer puissante; ils signalent les causes de la grandeur de Rome, et les moyens de suspendre une décadence dont les symptômes commençaient à se révéler. Cicéron n'a donc point fait une utopie, un but était tout patriotique. — Dans sa *République*, publiée en 1576, Jean Bodin examine les diverses sortes de gouvernements que l'histoire des nations nous présente, s'efforce de fixer leurs principes et leurs caractères, et, sans en condamner aucun, hormis ceux qui sont excessifs, tels que la tyrannie et l'anarchie, laisse voir son penchant pour la monarchie tempérée par des lois. Au lieu d'adopter, comme avait fait Machiavel, pour principe de la politique l'intérêt des princes, il prend pour point de départ l'intérêt général de la communauté. La nécessité du consentement des sujets pour lever des subsides, et l'inaliénabilité du domaine royal, lui paraissent des garanties des libertés publiques. Il met la famille et la propriété au-dessus du gouvernement, et condamne le communisme de Platon, de Thomas Morus, et des Anabaptistes. Il blâme l'altération des monnaies et la vénalité des charges. Il conseille d'alléger les droits d'entrée sur les articles dont le peuple ne peut guère se passer, mais de les faire peser sur les produits manufacturés, afin de forcer le peuple à se livrer à l'industrie. Il veut le moins possible d'impôts directs, mais il demande une contribution sur les objets de luxe et sur le revenu. Il s'étonne que l'impôt ne pèse que sur le peuple, et que la noblesse et le clergé en soient exemptés. Enfin il se montre partisan de la liberté du commerce.

RÉPUDIATION. V. ce mot dans notre *Dictionnaire de Biographie et d'Histoire.*

REQUÊTE (du latin *requisitum*, venant de *requirere*, réclamer), demande par écrit présentée suivant certaines formes établies à un tribunal ou à un magistrat. On donne le même nom aux Mémoires fournis par les avoués dans les causes qui sont instruites par écrit, et à l'acte par lequel une partie condamnée par défaut forme opposition motivée au jugement rendu contre elle. La *Requête civile* est une voie extraordinaire employée pour obtenir la rétractation d'un jugement rendu en dernier ressort, en démontrant au tribunal même dont il émane qu'il a commis une erreur : elle doit être précédée d'une consultation fournie par trois avocats, et le *Code de Procédure civile* (art. 480 et suiv.) en a déterminé les cas et la forme.

REQUÊTES (Chambre des). V. CASSATION (Cour de).

REQUÊTES (Maîtres des). V. notre *Dictionnaire de Biographie et d'Histoire.*

REQUIEM (accusatif du mot latin *requies*, repos), nom donné à la Messe des morts, parce que l'introït de cette messe commence par les mots suivants : *Requiem œternam dona eis.* Parmi les messes de *Requiem* en musique, on distingue celles de Palestrina, de Jommelli, de Mozart, de Winter, de Cherubini, de Vogler, de Neukomm, de Berlioz, etc.

RÉQUISITION (du latin *requirere*, demander), en termes de Droit, demande incidente formée à l'audience, par le ministère public ou par les parties, pour obtenir acte d'une assertion ou d'un fait articulé dans les plaidoiries, apport au greffe ou communication d'une pièce.

RÉQUISITION, acte de requérir pour le service public, soit des hommes, soit des denrées et autres objets appartenant à des particuliers. V. RÉQUISITION, dans notre *Dictionnaire de Biographie et d'Histoire.*

RÉQUISITOIRE, acte écrit contenant une *réquisition*, et, spécialement, demande faite à une Cour ou à un tribunal par le Ministère public.

RESCISION (du latin *rescindere*, retrancher, annuler), en termes de Droit, annulation d'un acte. Une action en rescision doit reposer sur des vices radicaux de l'acte attaqué, tels que la *violence*, le *dol*, l'*erreur*, la *fraude*, la *lésion*. Elle est arrêtée par la prescription deux ans après la date de l'acte, à moins qu'elle n'ait été interrompue pour cause de minorité du poursuivant. Les moyens employés pour obtenir la rescision sont dits *rescindants*, et la décision obtenue en vertu de ces moyens est dite *rescisoire*. La rescision peut être demandée : 1° par les mineurs non émancipés, pour simple lésion dans toute convention qui excède les bornes de leur capacité; 2° par les vendeurs d'immeubles, pour dol ou fraude lors de la vente, ou pour lésion d'outre moitié; 3° par les cohéritiers d'une succession à l'occasion du partage, pour lésion de plus d'un quart. Dans ce dernier cas, le défendeur à la demande en rescision peut en arrêter le cours, en offrant et en fournissant au demandeur le supplément de sa portion héréditaire, soit en nature, soit en numéraire, les objets étant estimés suivant leur valeur à l'époque du partage.

RESCRIPTION, mandement par écrit que l'on donne pour toucher une somme sur quelque fonds, sur quelque personne. Avant 1789, les *rescriptions* étaient des mandats fournis par les receveurs généraux à l'ordre du Trésor public. En 1795, on appela *rescriptions* les billets d'État substitués aux assignats, et ayant comme eux hypothèque sur les domaines nationaux.

RESCRIT. V. ce mot dans notre *Dictionnaire de Biographie et d'Histoire.*

RÉSEAU, en termes d'architecture, broderie du tympan d'une fenêtre ogivale.

RÉSERVE, nom donné, dans le langage militaire : 1° à tout corps de troupes momentanément distrait d'une armée par le général en chef, pour suppléer à l'insuffisance des premiers corps qui ont été engagés, et se porter aux endroits qui ont besoin de secours; 2° à la partie des forces militaires d'un État qui reste dans ses foyers, et qu'on peut appeler sous les drapeaux quand les circonstances l'exigent. On appelle *cadre de réserve*, par opposition au *cadre d'activité*, un cadre sur lequel sont portés les intendants militaires et les généraux de brigade à 62 ans, les généraux de division et les contre-amiraux à 65, les vice-amiraux à 68 ; ces officiers généraux reçoivent les 3/5 de leur solde, et ne peuvent plus être employés qu'en temps de guerre. Un général de division est maintenu au cadre d'activité, s'il a commandé un corps d'armée, ou du moins l'artillerie et le génie dans une armée composée de plusieurs corps.

RÉSERVE, en termes de Liturgie, saintes espèces que

l'on conserve pour la communion des malades et celle des fidèles communiant aux messes où l'on n'a pas consacré de petites hosties. Les vases servant à conserver les hosties, avant l'invention des tabernacles, s'appelaient aussi *réserves*.

RÉSERVE, terme de l'ancien Droit. V. notre *Dictionnaire de Biographie et d'Histoire*.

RÉSERVE LÉGALE. V. QUOTITÉ DISPONIBLE.

RÉSERVOIR, récipient destiné à tenir en *réserve* une quantité d'eau plus ou moins considérable. S'il est pratiqué dans un corps de bâtiments, il consiste ordinairement en un bassin revêtu de plomb; en plein air, c'est un bassin de forte maçonnerie, avec un double mur appelé *mur de douve*, et glaisé sur un pavé dans le fond. Il y a de très-vastes réservoirs dans l'Inde (V. INDIEN — Art). Le château de Versailles en a un, revêtu de lames de cuivre étamé, soutenu par 30 piliers de pierre, et qui contient 1270 hectolitres. Le réservoir de Sorèze a 1,559 mèt. de longueur, 780 mèt. de largeur, et 33 mèt. de profondeur.

RES FACTA, c.-à-d. en latin *chose faite;* on appelait ainsi au moyen âge la musique écrite, par opposition au *déchant* (V. *ce mot*) qu'on improvisait au lutrin.

RÉSIDENCE (du latin *residere*, être assis, demeurer), demeure ordinaire et habituelle d'une personne. Elle diffère quelquefois du *domicile*, qui est la demeure légale. Les maires délivrent des *certificats de résidence* dans le cas où il s'agit d'avoir la preuve des 6 mois de résidence qui établissent le domicile, avant de procéder à la célébration du mariage. — *Résidence* se dit aussi du séjour actuel et obligé d'un évêque, d'un préfet, d'un magistrat, d'un administrateur, etc., dans le lieu où ils exercent leurs fonctions. Le concile de Trente a ordonné la résidence à tous les ecclésiastiques qui ont charge d'âmes.

RÉSIDENT (Ministre), agent diplomatique de 3ᵉ rang, accrédité auprès d'un État de médiocre importance. Il n'a pas droit à la qualification d'*Excellence*, qui appartient aux ambassadeurs et aux envoyés extraordinaires.

RÉSIGNATION, entière soumission, sacrifice absolu de sa volonté à celle d'un supérieur ou de Dieu. — En Droit, c'est un abandon de biens ou de droits en faveur de quelqu'un, ou la démission d'une charge, d'un office, d'un bénéfice.

RÉSILIATION (du latin *resilire*, sauter en arrière, se retirer), annulation d'un acte. En matière de vente, il y a lieu à résiliation quand l'acquéreur est victime d'une éviction assez considérable pour qu'il n'eût point acheté s'il eût pu la prévoir, ou quand le fonds se trouve grevé de servitudes non apparentes et qui n'ont pas été déclarées par le vendeur. Les baux sont soumis à de nombreuses causes de résiliation (V. BAIL). La résiliation d'un marché à forfait a lieu par la seule volonté du maître, à charge par lui d'indemniser l'entrepreneur de ses dépenses et de ce qu'il aurait pu gagner dans l'entreprise. V. RESCISION.

RÉSILLE, ensemble des filets de plomb qui réunissent les verres d'une fenêtre.

RÉSOLUTION, en termes de Droit, annulation d'un contrat par jugement. C'est une peine que la loi prononce contre celle des parties qui manque à ses obligations. L'*action résolutoire* est celle qui a pour but de faire prononcer la résolution.

RÉSOLUTION, en termes de Musique, chute d'un intervalle ou d'un accord dissonant sur un intervalle ou un accord consonnant. Elle s'opère en faisant descendre d'un degré le son dissonant.

RÉSOLUTION (Méthode de). V. ANALYSE.

RESPECT HUMAIN, crainte qu'on a des discours et du jugement des hommes.

RESPECTUEUX (Acte). V. MARIAGE.

RESPONSABILITÉ, obligation de *répondre* de ses actes. Toute sanction des lois divines et humaines a pour base la *responsabilité morale* de l'homme, et celle-ci est la conséquence naturelle de la liberté. On nomme *responsabilité civile* l'obligation imposée à chacun par la loi de répondre du dommage qu'il a causé à un tiers, lui ou les personnes qui sont sous sa dépendance, ou les choses qui lui appartiennent, qui sont sous sa garde (V. Sourdat, *Traité général de la responsabilité*, 1852, 2 vol. in-8°). Les officiers ministériels sont responsables envers les parties dont ils ont compromis les intérêts par leur faute. Quant à la responsabilité des agents du gouvernement, ils ne peuvent être poursuivis pour des faits relatifs à leurs fonctions qu'en vertu d'une décision du gouvernement. La responsabilité des ministres diffère

selon que l'État est absolu ou constitutionnel : dans le premier cas, les ministres ne sont responsables qu'envers le prince, et doivent obéir sans restriction à ses ordres ; dans le second, outre la responsabilité à l'égard du prince, ils en ont une autre, plus importante dans la pratique, à l'égard de la Représentation nationale, et peuvent être attaqués, pour tous les actes du gouvernement, au lieu du prince lui-même, déclaré irresponsable. En France depuis 1815 jusqu'en 1848, un Ministère dont la politique était blâmée par la majorité de la Représentation nationale cédait la place à d'autres hommes; il en est toujours ainsi en Angleterre. Quand il s'agit de mettre des Ministres en accusation, c'est d'ordinaire la Chambre élective qui exerce ce droit, et l'autre Chambre qui juge; quelquefois il faut le concours des deux Chambres, ou bien une Cour spéciale instruit l'affaire et prononce. En Angleterre, l'accusation n'est admise qu'à raison d'actes qui tombent réellement sous le coup de la loi pénale; aux États-Unis, où l'accusation a un champ beaucoup plus large et s'étend aux simples fautes d'administration, tout se borne à faire perdre son emploi au ministre reconnu coupable et à l'exclure à l'avenir des fonctions publiques.

RESPONSAIRE ou RESPONSORIAL. V. ANTIPHONAIRE.

RESSAUT, en termes d'Architecture, toute partie de construction qui se projette en dehors de la ligne horizontale et fait une saillie sur cette ligne.

RESSAVIQUE (Idiome). V. SERBE.

RESSORT, étendue du territoire dans lequel un tribunal exerce sa juridiction, ou un officier public ses fonctions. *Ressort* se dit aussi des degrés de juridiction : un arrêt *en dernier ressort* est un arrêt non susceptible d'appel (V. APPEL).

RESTAURANT. V. ce mot dans notre *Dictionnaire de Biographie et d'Histoire*.

RESTAURATION, action de rétablir une chose dans son état primitif. En Politique, une *Restauration* est le retour à un régime qui avait été détruit, le rétablissement de dynasties et de principes renversés par des révolutions (V. RESTAURATION, dans notre *Dictionnaire de Biographie et d'Histoire*). Les Restaurations sont des événements funestes pour les peuples : outre qu'elles sont accompagnées de réactions et de représailles, elles ne peuvent réussir, parce qu'elles sont, plus ou moins, un pas en arrière, et que l'humanité n'aime pas à reculer. Si une société est arrivée à son extrême décadence, c'est une transformation qu'il lui faut, et non la Restauration d'une famille princière. Les Restaurations de France et d'Angleterre n'ont abouti l'une et l'autre qu'à une nouvelle et définitive révolution. Le rétablissement de l'Empire en 1852 n'a point été une Restauration, mais la consommation de la ruine de la Restauration bourbonienne, et la prise de possession définitive de la Révolution de 1789. — Le mot *Restauration* est d'un emploi très-fréquent dans la langue des Beaux-Arts. En Architecture, il s'applique aux *réparations* que l'on fait à de grands monuments, tels que les églises et les palais. Trop souvent on détruit sous prétexte de restaurer, lorsque, par exemple, on recouvre de badigeon les monuments anciens, ou quand on fait disparaître sous des couches de peinture les plus fines sculptures. Les élèves architectes qui ont obtenu le grand prix de l'Académie sont obligés, durant le temps de leur pensionnat à Rome, de *restituer*, de recomposer par l'étude et par des conjectures raisonnées quelque édifice en ruines, et ce travail se nomme aussi une *restauration*. Dans la sculpture, une restauration consiste soit à réunir certaines parties brisées et séparées, soit à réparer des parties mutilées, soit enfin à restituer des parties dont il ne reste rien. Parmi les sculpteurs qui s'entendirent le mieux en restaurations, on cite Guillaume della Porta, Sansovino Tatta, François-Jean Agnolo, Pierre Tacca, Salvetti, etc.; Michel-Ange a restitué le bras droit du groupe de *Laocoon*. Restaurer un tableau, c'est rétablir quelques parties enlevées, remplir les craquelures, repiquer les points où la toile se trouve à nu, faire disparaître une déchirure ou un trou par le maroufflage, etc. Les restaurations de tableaux à l'aide du pinceau exigent une connaissance approfondie des procédés employés dans les différentes écoles de peinture, et une longue expérience pour prévoir, dans le choix et l'emploi des couleurs, ce que le temps peut apporter de changement dans les teintes nouvelles. Le *rentoilage* (V. ce mot) est aussi un procédé de restauration. La restauration d'une gravure consiste à la recoller avec assez d'adresse pour faire disparaître les déchirures, à remettre une petite pièce dans les angles, à boucher les trous de vers, à donner au nouveau papier la teinte de l'estampe, a refaire quelques tailles, etc.

RESTAURATION DES SCIENCES (GRANDE), ouvrage du chancelier Bacon, plan général pour l'étude méthodique, et, par suite, du progrès de toutes les sciences humaines. Il l'intitula ainsi, parce que les méthodes alors en usage lui paraissaient, avec raison, essentiellement vicieuses, manquer de fondement, et ne tendre qu'à une stérile satisfaction de notre curiosité. Bacon voulait une *science active*, c.-à-d. qui eût pour but et résultat le bien-être, la prospérité, la grandeur de la race humaine; enfin une science dont découleraient des axiomes qui, exprimant les lois mêmes de la nature des choses, permettraient à l'homme d'approcher le plus possible de cette nature, et de la soumettre à son empire. Les moyens qu'il propose d'employer sont l'*observation*, et l'expérimentation à laquelle il donne le nom d'*induction*. En un mot, il veut substituer la puissance de la méthode à celle du génie. Son ouvrage est conçu en six parties, dont il a tracé le sommaire suivant :

I. Revue et répartition des sciences; de leur dignité et de leur accroissement.

II. Novum Organum, ou méthode pour l'interprétation de la Nature.

III. Phénomènes du Monde, ou histoire naturelle et expérimentale propre à servir de base à la philosophie.

IV. Échelle de l'entendement.

V. Science provisoire, prodromes ou anticipations de philosophie.

VI. Science définitive, ou philosophie seconde et science active, composée des vérités découvertes par la vraie méthode seule, et qui doit diriger l'homme dans l'action.

Le § I est une revue générale, une sorte d'inventaire des sciences, au moment où l'auteur commençait son ouvrage; il y constate leur faiblesse, montre les rapports qui les unissent, les progrès dont elles sont susceptibles, et signale leurs lacunes.

Le § II expose la nouvelle méthode qu'il propose. Nous en avons parlé au mot NOVUM ORGANUM.

Bacon n'a pu exécuter que ces deux premières parties; il n'a laissé des autres que des ébauches, ou même seulement l'idée. Le § III devait être une ample collection de faits, déduits de ses observations; — le § IV eût été consacré à en indiquer les causes, en tirer les conséquences, comme pour préparer à des découvertes plus complètes : c'était, dans sa pensée, comme une initiation, et voilà pourquoi il l'appela *Échelle de l'entendement*. — Le § V aurait réuni les vérités déjà démontrées, et les opinions les plus généralement admises et les plus répandues. — Enfin le § VI devait présenter le résultat général, les vérités démontrées par l'induction. Il donnait à cette partie le nom caractéristique de *philosophie seconde*, en vue de l'opposer aux vues intuitives et aux hypothèses, procédés ordinaires de l'ancienne science, et qui sont, en fait, la philosophie primitive de l'esprit humain.

Ce plan de Bacon était toute une Encyclopédie, et lui-même ne devait pas se dissimuler que son exécution complète était au-dessus des forces d'un seul homme, même quand cet homme n'aurait pas été, comme lui, distrait par les devoirs et les travaux d'une carrière politique. Les parties qu'il a pu terminer suffisent à sa gloire. Le *Traité de la Dignité et de l'Accroissement des sciences* est en 9 livres; on y trouve toutes les qualités vraiment encyclopédiques de la belle intelligence du philosophe, et c'est un de ses ouvrages les plus parfaits. Il débute par venger les sciences, en général, des mépris de leurs détracteurs, et fait voir leur grandeur et leur utilité. Il s'exprime en homme de génie convaincu et ému, et montre, dans ces espèces de prolégomènes, une éloquence presque sublime. Après avoir examiné ce qui a été fait pour les sciences et pour les savants, tant dans l'antiquité que dans les temps modernes, il présente un tableau de toutes les connaissances humaines. Nous l'avons donné page 190. La description dressée par Bacon ne contenait pas seulement toutes les sciences existant de son temps : fidèle à sa promesse de signaler les lacunes, il fit figurer dans son tableau synoptique plusieurs sciences dont il donna l'idée, telles que, par exemple, l'histoire littéraire, l'histoire de la philosophie, et d'autres. Il déclara la nécessité de les comprendre dans le tableau des destinées d'un peuple, en leur assignant la première place, car c'est l'histoire de l'esprit humain décrit par ses œuvres, et c'est de l'histoire littéraire en particulier que, sans elle, l'histoire politique ressemblait à Polyphème privé de son œil. Ces idées qui nous semblent si simples aujourd'hui, tant elles sont

justes, ne furent pas acceptées de ses contemporains. Il voulait aussi rattacher à l'histoire ecclésiastique une histoire secrète des conseils de Dieu dans le gouvernement des affaires du monde, cette grande idée de Bossuet dans son *Discours sur l'Histoire universelle*. Bacon ne s'enferme pas toujours dans la forme purement philosophique : joignant quelquefois l'exemple au précepte, il donne des fragments pleins d'intérêt ou d'élévation sur le sujet qu'il traite, lorsque, dans ses recherches et ses méditations, une inspiration impromptu est venue lui dicter quelques belles pages. Le livre VIII° se termine par un court traité de la rédaction des lois et des sources du Droit, véritable chef-d'œuvre qui assure à Bacon un rang éminent parmi les meilleurs publicistes. Il consacre le IX° livre, qui est très-court, à la *science de l'usage légitime de la raison humaine dans les choses divines*, et, là encore, il montre beaucoup de sagesse.

La classification de Bacon n'est pas irréprochable; cependant elle parut assez bonne à Dalembert qui l'adopta pour l'*Encyclopédie*, sauf quelques changements (V. le *Tableau* page 191). Mais la *Grande Restauration* est tellement pleine d'idées neuves et pratiques, touchant des améliorations que le progrès des lumières a forcé les gouvernements à réaliser depuis, que la classification des connaissances humaines n'y est vraiment que d'un intérêt secondaire, bien qu'elle ait fait oublier toutes les autres. Un écrivain français, M. Riaux, juge ainsi l'œuvre de Bacon : « Un pareil ouvrage, qui est presque une Encyclopédie, et qui est lui-même une analyse des plus brillantes, ne s'analyse pas. Il faut le lire pour apprécier cette raison vaste et profonde qui a tout vu, tout pesé, tout rapproché; qui marque à chaque chose sa place, à chaque connaissance son domaine; pour y sentir cet enthousiasme pénétrant pour la science, cet amour passionné pour l'humanité, ces élans d'une grande âme qui défend une grande cause, qui ont fait du livre *De la Dignité et de l'Accroissement des sciences* un des plus beaux monuments élevés à la gloire de l'esprit humain. »

Bacon publia d'abord son ouvrage en anglais en 1605, et en deux livres; vers la fin de sa carrière, il lui donna les développements qu'il a maintenant, le traduisit en latin et le republia en 1623, in-fol. Lasalle a traduit en français les Œuvres de Bacon, Dijon, 1799-1802, 15 vol. in-8°; M. Riaux a donné : Œuvres de Bacon, traduction revue, corrigée (c'est celle de Lasalle), et précédée d'une *Introduction*, Paris, 1843, 2 séries gr. in-18; *La Dignité et l'Accroissement des sciences* est dans la 1re série. V. aussi Ch. de Rémusat, *Bacon, sa vie, son temps, sa philosophie, et son influence jusqu'à nos jours*, chap. 3, 2e édit. Paris, 1852, gr. in-18.   **C. D—y.**

RESTITUÉES (Médailles), en termes de Numismatique, médailles d'un empereur romain frappées par l'ordre d'un de ses successeurs. Elles sont assez rares, et entièrement semblables, sauf la légende constatant la restitution, aux types primitifs.

RESTITUT (Chapelle de S^t-), près de St-Paul-les-trois-Châteaux (Drôme). C'est un petit monument carlovingien, qui s'est conservé jusqu'à nous dans son état primitif; on en rapporte la fondation à Charlemagne. Il offre un carré parfait, dont les faces sont décorées de portiques irréguliers. A une hauteur de 6^m,14, se trouve une corniche, avec une frise sculptée à personnages, à 1^m,50 plus haut; le plan carré devient octogone au moyen des quatre pendentifs soutenus par des trompes dont le centre est orné d'une coquille. Une seconde corniche, placée à 3^m,20 de la première, pourtourne l'octogone, et forme la naissance d'un dôme qui couronne la chapelle : au centre de ce dôme, qui est évidemment un diminutif de celui d'Aix-la-Chapelle, on a percé une ouverture circulaire d'environ un mètre de diamètre. A l'intérieur, la chapelle a 12^m,30 de hauteur, et 5^m,85 de côté. Elle est divisée dans sa hauteur en deux parties : la partie inférieure forme un caveau voûté en berceau plein cintre, et contenait autrefois les restes de St Restitut dans un magnifique sépulcre en marbre gris.

RESTITUTION, en termes de Droit, remise, volontaire ou forcée, de ce qu'on a indûment exigé. Les causes de restitution résultent, soit de la nature des contrats, soit de l'incapacité des contractants, soit de l'absence du libre consentement des personnes, soit du dommage dont elles se déclarent lésées. Celui qui a reçu de bonne foi ce qui ne lui était pas dû n'est tenu de rendre la chose qu'autant qu'elle existe encore en sa possession, ou qu'il s'en est enrichi, et dans l'état où elle se trouve : celui qui a reçu sciemment doit rendre la chose dans son intégrité, plus l'usufruit pendant tout le temps qu'il l'a possédée.

Les officiers publics qui auraient exigé de plus forts droits que ceux qui leur sont accordés par les tarifs sont soumis à la restitution, et même, s'il y a lieu, punis de l'interdiction. *V.* DÉPÔT, MINEUR.

RESTITUTION, terme d'Architecture. *V.* RESTAURATION.

RESTRICTION, terme de Droit, synonyme de *réduction* (*V. ce mot*).

RESTRICTION MENTALE, réserve d'une partie de ce que l'on pense, pour induire en erreur celui à qui l'on parle.

RÉSUMPTE, mot désignant autrefois, à la Faculté de théologie de Paris, la thèse que devait soutenir un docteur avant d'entrer en possession de tous ses droits. Elle roulait sur la critique ou l'herméneutique sacrée.

RÉSURRECTION (du latin *resurgere*, se relever), retour d'un mort à la vie. Ce ne peut être que le fait d'un miracle. Le prophète Élie ressuscita le fils de la veuve de Sarepta, et Élisée celui d'une femme sunamite. Le fils de la veuve de Naïm et Lazare furent ressuscités par Jésus-Christ; c'est en mémoire de sa résurrection à lui-même que l'Église célèbre la fête de Pâques. La résurrection des morts pour subir le dernier jugement est une croyance des Hébreux, des Chrétiens, et des Mahométans; on la trouve aussi chez les Parsis ou Guèbres, chez les Péruviens et quelques autres nations.

RETABLE, décoration qui surmonte les autels des églises catholiques, surtout ceux qui sont adossés à une muraille. Le marbre, la pierre, le stuc et le bois sont les matériaux employés à ces sortes de constructions. Le fond placé au-dessus de l'autel, en manière de panneau ou de lambris, et où l'on enchâsse un tableau, un bas-relief ou une statue, se nomme *contre-retable*. Il n'y eut point de retables fixes avant le XIIIᵉ siècle, parce qu'ils auraient concaché le siège de l'évêque, placé jusqu'à cette époque au fond de l'abside : mais on avait des retables meubles que l'on posait sur l'autel à l'occasion de certaines solennités; telle est la célèbre *pala d'oro* de l'église St-Marc à Venise; on peut citer encore un retable de cuivre repoussé et émaillé que l'on conserve dans la sacristie de l'église abbatiale de St-Denis, et celui qui est accroché dans le bas côté méridional du chœur de l'église de Westminster à Londres. On voit d'intéressants retables fixes de la période ogivale à Nevers, à Troyes, à Noyon, à St-Bertrand de Comminges, à La Celle (Eure), dans la chapelle du Saint-Lait à la cathédrale de Reims, à l'église de Brou, aux cathédrales de Cologne, et de Barcelone, etc. Le musée d'Autun, à Paris, possède le retable d'or que l'empereur Henri II donna à la cathédrale de Bâle. Depuis le XVᵉ siècle, les Italiens, les Espagnols et les Allemands ont couvert leurs retables d'un luxe de bas-reliefs, de niches, de clochetons, qui s'élevèrent jusqu'aux voûtes des églises. A partir de la Renaissance, cette décoration fut exécutée dans un style quasi païen, avec colonnes, corniches, entablements, etc. La chapelle de la Vierge, dans l'église St-Sulpice de Paris, a un beau retable, exécuté sur les dessins de l'architecte De Wailly; on remarque aussi les retables des chapelles latérales de l'église de la Madeleine, également à Paris. B.

RÉTENTION (Droit de), droit en vertu duquel le détenteur d'un objet qu'il est tenu de remettre à un tiers peut cependant en conserver la possession, jusqu'à ce qu'il ait été indemnisé des dépenses qu'il a faites dans l'intérêt de cet objet.

RETENUE, prélèvement d'une portion d'un traitement ou d'un salaire, soit pour payer un remplaçant, soit pour verser à une caisse de retraite (*V. ce mot*).

RÉTIAIRE. *V.* GLADIATEUR, dans notre *Dictionnaire de Biographie et d'Histoire.*

RÉTICENCE (du latin *reticere*, taire), ou APOSIOPÈSE (du grec *aposiôpaô*, s'interrompre en parlant, s'arrêter court), figure de Rhétorique qui consiste à s'arrêter brusquement au milieu d'une phrase, pour taire une chose qu'on allait dire, mais que la colère, la honte, l'horreur, l'inquiétude, le scrupule, ou quelquefois simplement l'empressement, le besoin de passer tout de suite à autre chose, a comme *retenue* au passage dans le gosier. Elle diffère de l'Ellipse, en ce que la chose omise laisse l'auditeur dans l'incertitude, ou exigerait de longs développements, tandis que l'Ellipse est l'omission d'un petit nombre de mots, omission ordinairement consacrée par l'usage, et qui ne doit jamais laisser ni doute ni obscurité dans l'esprit de l'auditeur ou du lecteur (*V.* ELLIPSE). Voici quelques exemples de réticence : — Alceste, indigné de l'excès d'indulgence de Philinte pour les vices de la société, s'écrie (*Le Misanthrope*, I, 1) :

Jo me verrai trahir, mettre en pièces, voler,

Sans que je sois..... Morbleu ! Je ne veux point parler,
Tant ce raisonnement est plein d'impertinence !

Britannicus, dans Racine, dit à Junie (*Britannicus*, II, 6) :

Néron vous plairait-il ? Vous serais-je odieux ?
Ah! si je le croyais!..... Au nom des dieux, madame,
Éclaircissez le trouble où vous jetez mon âme.

Racine a dit encore dans la même tragédie (IV, 2) :

J'appelai de l'exil, je tirai de l'armée
Et ce même Sénèque et ce même Burrhus,
Qui depuis,..... Rome alors estimait leurs vertus.

Neptune, dans Virgile, gourmande les Vents qui se sont déchaînés sans ses ordres, et ajoute avec menace, mais pour s'arrêter tout à coup (*Æneid.*, I, 135) :

Quos ego..... sed motos præstat componere fluctus.

« *Je devrais.....* mais il faut calmer les flots émus. »

Dans la conversation, l'esprit de médisance et de dénigrement emploie fréquemment la réticence avec une adresse et une perfidie qui manquent rarement leur effet. Rien n'est si aisé, ni si commun, ni si lâche que de calomnier à demi-mot. P.

RÉTICULAIRE (Appareil). *V.* APPAREIL.

RÉTICULE. *V.* ce mot dans notre *Dictionnaire de Biographie et d'Histoire.*

RETIRO (Château de BUEN-). *V.* BUEN-RETIRO.

RETOMBÉE, terme d'Architecture. La retombée d'un arc ou d'une voûte sont les claveaux qui sont le plus près du point d'appui horizontal, et dont la projection est assez peu considérable pour qu'ils puissent se soutenir au besoin par leur propre poids, alors que les autres seraient tombés. Ainsi l'on voit, surtout dans les églises de campagne, des nefs non achevées où les retombées des voûtes restent apparentes.

RÉTORSION (du latin *retorquere*, retourner), en termes de Dialectique, emploi que l'on fait, contre un adversaire, des preuves dont il s'est servi lui-même. Certains rhéteurs donnent à ce genre d'argumentation le nom de *Conversion*. — En termes de Droit international, on s'est quelquefois servi du mot *Rétorsion* comme synonyme de *Représailles*.

RETOUCHE, dernière façon qu'un peintre donne après coup à son ouvrage pour le perfectionner, ou à l'ouvrage d'un élève pour le corriger.

RETOUR (Compte de). *V.* COMPTE.

RETOUR (Droit de), droit en vertu duquel un donateur rentre dans la possession des objets par lui donnés, en cas de prédécès du donataire et de ses descendants. Il est dit *droit de retour conventionnel*, quand il est stipulé dans l'acte de donation. On appelle *droit de retour légal* ou *droit de réversion*, le droit en vertu duquel les ascendants succèdent, à l'exclusion de tous autres, aux choses par eux données à leurs enfants ou descendants décédés sans postérité, lorsque ces choses se retrouvent en nature dans la succession : si les biens ont été aliénés, les ascendants recueillent le prix qui peut en être dû; ils succèdent également à l'action en reprises que pourrait avoir le donataire. *V.* le *Code Napoléon*, art. 747, 833, 951.

RETOURNÉS (Vers). *V.* ANACYCLIQUE.

RÉTRACTATION, désaveu verbal ou écrit de ce qu'on a fait, dit ou écrit précédemment. Le mot s'applique spécialement, en Jurisprudence, à l'action de révoquer un jugement rendu par défaut.

RETRAIT, en termes de Droit, action de reprendre ce qu'on avait aliéné. Avant 1789, on distinguait : 1º le *retrait féodal* ou *seigneurial*, par lequel le seigneur pouvait retirer et retenir le fief mouvant de lui et vendu par son vassal, en remboursant à l'acquéreur le prix de son acquisition et les loyaux coûts; cela s'appelait aussi *prélation* et *retenue féodale*; 2º le *retrait lignager*, par lequel, en cas de vente d'un héritage, les parents de la ligne d'où provenait cet héritage pouvaient le retirer des mains de l'acquéreur, en lui remboursant le prix et dans un délai fixé; 3º le *retrait conventionnel* ou *coutumier*, qui s'exerçait en vertu de la faculté conventionnelle de réméré. Ces différents retraits et beaucoup d'autres ont disparu. Le *Code Napoléon* reconnaît : 1º le *retrait conventionnel*, résultant d'une convention stipulée dans le contrat de vente (*V.* RACHAT); 2º le *retrait de droits litigieux*, faculté accordée à celui contre lequel on a cédé un droit litigieux de s'en faire tenir quitte par le cessionnaire, en lui remboursant le prix de la cession ; 3º le *retrait suc-*

cessoral, faculté accordée aux héritiers ou à l'un d'eux d'écarter du partage toute personne qui se serait rendue cessionnaire d'une part de l'héritage, en lui remboursant le prix de la cession. *V.* Benoît, *Traité du retrait successoral*, Paris, 1846, in-8°.

RETRAITE, en termes d'Art militaire, mouvement d'un corps de troupes en arrière après un combat désavantageux. C'est une opération délicate et difficile, surtout quand elle se prolonge; car, en même temps qu'elle inquiète et intimide ceux qui l'effectuent, elle augmente la confiance et l'audace de l'ennemi, et l'on manque des moyens de se réorganiser. Une marche en retraite est toujours lente, parce que, tout ce qu'on laisse en arrière étant perdu, il faut tout rallier, et proportionner la marche à celle de ce qu'il y a de plus lent. Parmi les retraites célèbres, nous citerons celles des Dix Mille après la bataille de Cunaxa (401 av. J.-C.), du triumvir Antoine dans la guerre contre les Parthes, de Turenne en Alsace (1674), du maréchal de Belle-Isle (1742), de Jourdan et de Moreau (1796) en Allemagne, de Napoléon Ier en Russie (1812).

RETRAITE, signal donné aux militaires par le tambour ou la trompette, pour rentrer le soir au quartier. Dans les ports de l'État, il y a un *coup de canon de retraite*.

RETRAITE, éloignement où l'on se tient du monde pendant un temps plus ou moins long, pour se recueillir et ne vaquer qu'aux exercices de piété. Ainsi, une retraite précède la première communion; elle dure ordinairement trois jours. On fait des retraites préparatoires à la communion pascale. Il y a des retraites ecclésiastiques annuelles, où l'on fait venir une partie des prêtres d'un diocèse.

RETRAITE, en termes de Banque, signifie *nouvelle traite*. C'est une nouvelle lettre de change au moyen de laquelle le porteur se rembourse, sur le tireur ou sur l'un des endosseurs, du principal d'une lettre protestée, de ses frais, et du nouveau change qu'il paye (*Code de Commerce*, art. 178).

RETRAITE OU RETRAIT, en termes d'Architecture, diminution progressive de l'angle que le plan d'une construction inclinée en arrière forme avec la verticale du lieu. Un mur fait souvent retraite sur son empattement. Tout corps est en retraite d'un autre, quand il est en dedans du plan de ce dernier.

RETRAITE (Caisses de), caisses instituées pour recevoir les sommes versées par un certain nombre de sociétaires, et leur servir un revenu annuel à un âge déterminé. Le calcul des probabilités, appliqué aux chances de mortalité, est un élément des opérations de ce genre; car les annuités que payent les caisses de retraite sont calculées non-seulement sur le taux de l'intérêt composé des sommes versées par chaque dépositaire, mais encore sur la part dont les prédécédés ont grossi le fonds social. Dès l'année 1635, les pasteurs de Berlin établirent sur ces données une caisse au profit de leurs veuves. Dans la seconde moitié du xviii° siècle, plusieurs mathématiciens, Kritters, Samlung, Tetens, Gunther Fuss, Euler, essayèrent de donner une base scientifique aux institutions de ce genre, et l'on vit les caisses des veuves se multiplier en Prusse, en Danemark, et dans tout le nord de l'Allemagne. La czarine Catherine II en fonda une pour toute la Russie, en 1772. La même année, Mazères, mathématicien français, publia à Londres un projet de constitution de rentes viagères au profit des ouvriers : un projet de loi conforme à son plan fut admis par la Chambre des communes en 1773, mais repoussé par la Chambre des lords; une nouvelle proposition, appuyée sur les tables de mortalité de Price, ne devait pas avoir plus de succès en 1789. En 1778, une caisse de retraite générale fut fondée à Hambourg. Ces questions étaient également examinées en France : dès 1754, Chamousset avait tenté d'appliquer aux principales causes d'indigence, à la maladie et à la vieillesse, l'association mutuelle et le calcul des probabilités. Aux débuts de la Révolution, la *tontine Lafarge*, celle des *Sans-Culottes*, et l'*Administration nationale des économies du peuple*, furent des entreprises déloyales, où l'on abusa de la confiance des ouvriers qui avaient cru s'assurer par leur économie une retraite pour leurs vieux jours. La Convention se préoccupa d'organiser des caisses de retraite, et chargea le mathématicien Duvillard de lui proposer un plan d'association de prévoyance : mais les événements ne permirent pas de donner suite à ce travail, qui fut seulement imprimé. Un Mémoire sur le même sujet, présenté en 1809 par Mourgues au Conseil général des hospices de Paris, n'eut pas plus de résultat. Toutefois, un certain nombre de caisses de secours mutuels se formèrent à Paris et dans les départements, pour servir non-seulement des secours en cas de maladie, mais des pensions de retraite; leurs opérations furent de courte durée. Sous le règne de Louis-Philippe, des projets nouveaux furent élaborés en vue des classes laborieuses par le duc de Mouchy (*Lettre sur l'utilité des maisons de retraite comme complément des caisses d'épargne*, 1841), par l'ingénieur Cazeau (*Statuts d'une caisse générale de retraite et de pensions pour les travailleurs invalides*, 1842), par MM. Olinde Rodrigues et Macquet (*Statuts d'une caisse de retraite pour les classes laborieuses des deux sexes*, 1842), par M. Bergson (*Aperçu sur l'établissement des caisses de retraite et de prévoyance pour les classes laborieuses*, 1844), par M. de Romanet (*Des pensions viagères pour les vieillards des classes ouvrières*, 1847). C'étaient autant de provocations à l'initiative du gouvernement : aussi, un projet de loi sur les caisses de retraite venait d'être annoncé aux Chambres, lorsque la Révolution de 1848 arriva. Un rapport sur cette question fut fait à l'Assemblée constituante, le 6 octobre 1849, par M. Benoist-d'Azy; mais ce fut seulement l'Assemblée législative qui fonda la Caisse des retraites générale, par une loi du 18 juin 1850, loi modifiée par celle du 28 mai 1853, par un règlement du 18 août de la même année, enfin par une loi des 16-26 juin 1861.

Pour réserver le bienfait de la caisse des retraites à ceux qui en ont besoin et qui ne sauraient en abuser contre les intérêts de leur famille, on a fixé le maximum de la pension viagère à 1,000 fr.; cette pension est insaisissable jusqu'à concurrence de 360 fr. Les versements doivent être de 5 fr. au moins, et sans fractions de francs : ceux qui sont effectués au profit de deux conjoints doivent être de 10 fr. au moins, et multiples de 2 fr. On peut en faire au profit de toute personne âgée de trois ans au moins et jouissant des droits civils. Le versement opéré antérieurement au mariage reste propre à celui qui l'a fait; le versement fait pendant le mariage par l'un des conjoints profite séparément à chacun d'eux par moitié. Dans le cas où l'un des époux aurait atteint le maximum de rente fixé par la loi, les versements ultérieurs sont, jusqu'à la même limite, au profit exclusif de l'autre époux. Les versements au compte d'une même personne ne peuvent excéder 3,000 fr. dans le cours d'une année. Au premier versement, il faut déclarer : 1° si le capital est abandonné, c.-à-d. si, au décès du titulaire, le capital devient la propriété de l'État, ou s'il est réservé au profit, soit des héritiers ou légataires du titulaire, soit d'un tiers déposant; 2° à quel âge le titulaire veut entrer en jouissance de la rente. Ces circonstances influent nécessairement sur le montant de la rente. La pension ne peut être liquidée avant l'âge de 50 ans; mais, en cas de blessures graves ou d'infirmités prématurées, on la liquide en proportion des versements effectués. La caisse des retraites emploie le montant des versements en achat de rentes sur l'État.

L'utilité des caisses de retraite est incontestable : elles assurent la conservation des épargnes quotidiennes, donnent un avenir à des classes qui vivraient au jour le jour ou dans l'inquiétude, et diminuent, par conséquent, le nombre des mendiants et celui des pauvres admis dans les hospices; elles permettent au travailleur dont les forces déclinent de suppléer à l'insuffisance de son salaire. On a prétendu que les caisses de retraite, basées sur le calcul des chances de mortalité, et absorbant dans la masse commune les mises des prémourants, encourageaient les placements à fonds perdu, propageaient l'égoïsme, et tendaient à détruire l'esprit de famille, à abolir l'héritage. Mais c'est abuser ici du sens des mots. D'une part, il y a deux tables d'annuités, l'une avec aliénation du capital, l'autre pour le cas de restitution du capital aux héritiers du déposant, et l'option entre ces deux tables a été laissée au déposant. D'autre part, les déposants ne sont pas, comme dans une tontine, partagés en séries et en classes, dont les membres ont un intérêt mutuel à la mort de leurs associés : chaque dépôt constitue un contrat complet, et le livret constate le chiffre de rente correspondant au capital versé. Loin de porter préjudice à la famille, la caisse des retraites admet que tout versement du mari ou de la femme est supposé fait dans l'intérêt des deux époux, et profite par moitié à tous deux; elle vient en aide aux enfants, qui n'auraient pu assister suffisamment leurs vieux parents. A la différence des sociétés privées d'assurances sur la vie, elle a un maximum que les déposants ne peuvent dépasser et qui ne permet pas les opérations aléatoires, elle ne se prête point à des résiliations de contrat qui favoriseraient la dissipation, et elle n'exige pas des déposants, sous peine de déchéance, une continuité et une régularité de versements auxquelles il est impossible d'assujettir l'ouvrier. En se chargeant de la gestion des caisses de retraite, l'État ne court pas les risques auxquels l'expose l'organisation des caisses d'épargne : en effet, la dette qu'il contracte, au lieu d'être continuellement et instantanément exigible, n'est remboursable qu'à longs termes et par annuités échelonnées : il jouit donc d'une grande latitude pour faire des fonds qu'il a reçus un emploi productif. Quelques économistes ont pensé que toute personne vivant de salaire devrait être assujettie envers la caisse des retraites à une contribution forcée : mais, outre que l'État ne pourrait se servir utilement des sommes énormes qu'une telle mesure accumulerait dans ses caisses, outre qu'il serait impossible de percevoir la contribution dans les temps de chômage ou de crise, la retenue obligatoire supprimerait l'effet moral qu'on doit attendre de l'épargne volontaire. On créerait, d'ailleurs, sous un nom déguisé, une véritable taxe des pauvres, taxe d'autant plus vicieuse, qu'elle serait prélevée sur le capital même des gens peu aisés. Objectera-t-on que les patrons pourraient être tenus de verser dans la caisse des retraites une contribution égale ou même supérieure aux retenues faites à leurs ouvriers ? Dans ce cas, la contribution sera prise, soit sur les bénéfices toujours variables des patrons, ce qui en fait une charge injustement fixe et permanente, et transforme les annuités payées par la caisse des retraites en un subside humiliant, en un genre d'assistance qui répugne aux sentiments d'indépendance des ouvriers ; soit sur le salaire de ces ouvriers, qui seraient soumis ainsi à une double retenue, l'une directe, l'autre indirecte ; soit enfin sur la vente des produits, par une élévation de prix, dont souffriraient encore les ouvriers comme consommateurs et comme producteurs, puisqu'il leur faudrait payer les objets plus cher, et que la cherté des objets en restreindrait l'écoulement et la fabrication. Les établissements industriels où l'on a établi des caisses spéciales de secours ou de retraite échappent aux inconvénients de la retenue obligatoire qui serait faite par l'État : car l'ouvrier qui accepte d'y travailler sait à quoi il s'engage ; le contrat en vertu duquel il abandonne une certaine portion de son salaire est consenti par lui.

L'Angleterre a devancé la France dans la constitution des caisses de retraite : par deux bills du 10 juin 1833 et du 9 août 1834, les caisses d'épargne furent autorisées à acheter au Trésor des annuités immédiates ou différées. On exige du déposant la déclaration qu'il ne jouit pas d'un revenu de 150 liv. sterl. ; la pension de retraite peut s'élever à 30 liv. sterl. (750 fr.). Toutefois, le succès de l'opération a été médiocre. Il faut l'attribuer, 1° à la taxe des pauvres, qui dispense de toute prévoyance la classe malaisée ; 2° à l'existence d'un grand nombre de *Sociétés d'Amis*, riches associations qui possèdent des écoles, des hospices, des maisons de charité ; 3° à la concurrence des sociétés particulières d'assurances sur la vie, qui sont établies solidement et jouissent d'un grand crédit. — Depuis 1839, il existe en Prusse un système de retraites fondé par le gouvernement sur une sorte de tontines par séries ou par classes. — Une caisse générale de retraites a été organisée en Belgique par une loi de 1850. On admet tous les déposants, sans distinction de sexe, de profession, de fortune, et même les étrangers résidants : il faut seulement avoir 18 ans, parce que la mortalité des premiers âges est trop variable pour que les calculs de probabilité soient sérieux, et parce qu'une famille, avant de pourvoir à la vieillesse de ses membres naissants, doit consacrer ses ressources à leur éducation. Le maximum de la pension est fixé à 1,200 fr.

RETRAITE (Pensions de), rentes viagères attribuées aux anciens fonctionnaires, serviteurs et employés de l'État, à titre de droit, et comme rémunération de leurs travaux et services. Elles leur sont dues après un certain nombre d'années, abstraction faite des ressources propres qu'ils peuvent posséder ; elles se gagnent par l'ancienneté, par le payement des retenues dont leur traitement d'activité est passible, et ne sont ni une rémunération honorifique, ni un secours exceptionnel. L'établissement des pensions se justifie sans peine ; il importe à la considération de l'État que ceux qui l'ont servi ne soient pas exposés à l'indigence pendant leur vieillesse ou en cas d'infirmités ; leur traitement n'est généralement pas assez considérable pour qu'ils puissent faire des épargnes ; le système des retraites entretient leur dévouement, écarte d'eux les

tentations dangereuses pour la probité, les attache à leur profession, et leur rend le service de l'État préférable à celui de l'industrie privée. Pour obtenir ces divers avantages, un État ne doit pas craindre de s'imposer des sacrifices. — Le service des pensions de retraite peut se faire de trois manières différentes : tantôt les retenues faites sur les traitements sont versées dans des caisses spéciales, qui acquittent les pensions, à leurs risques et périls ; tantôt ces caisses sont subventionnées par l'État ; ou enfin l'État, confondant les retenues dans les recettes du trésor, prend directement les pensions à sa charge. Ce dernier mode est le plus conforme à la dignité du gouvernement, et le plus propre à maintenir son autorité sur les fonctionnaires, à garantir leurs intérêts : avec des caisses de retenues pour chaque administration, il est presque impossible de ne pas avoir un déficit, dont souffriraient les fonctionnaires et employés si l'État ne leur venait en aide ; l'octroi des pensions ne paraît être que la restitution d'un dépôt ; le pouvoir exécutif ne peut révoquer un mauvais serviteur, sans être accusé de confiscation.

Dans l'ancienne monarchie française, il n'y avait pas de pensions de retraite proprement dites. Le prince accordait à certains individus, ou même à certaines catégories de personnes, des gratifications qui dépendaient uniquement de sa générosité : chacun pouvait les solliciter et les obtenir, personne n'avait le droit de les réclamer ; elles étaient le prix de la flatterie, de la complaisance, de l'intrigue, aussi bien que la récompense des services ; aucune condition d'âge n'était imposée pour ces grâces pécuniaires, qui étaient même quelquefois héréditaires. Toutefois, quelques mesures furent prises en faveur des armées de terre et de mer : Colbert créa, en 1673, une caisse des Invalides de la marine, dotée de revenus spéciaux, et chargée de fournir des pensions aux marins qui auraient bien mérité de l'État ; une ordonnance de 1764 accorda aux officiers et aux soldats infirmes l'option entre l'admission à l'hôtel des Invalides et la jouissance au dehors d'un traitement de retraite proportionné au grade de chacun. L'organisation des pensions de retraite date de la Révolution. Par la loi du 22 août 1790, l'Assemblée Constituante supprima toutes les concessions antérieures, et fixa les conditions auxquelles les pensions seraient désormais accordées : 30 ans de service, 50 ans d'âge (à moins de blessures reçues ou d'infirmités contractées dans le service public), et absence de ressources personnelles. Le chiffre de la pension, croissant par chaque année au delà du minimum de 30 ans, ne pouvait dépasser le traitement d'activité ni en aucun cas excéder 10,000 fr. Le cumul de deux pensions était interdit, ainsi que le cumul d'un traitement d'activité et d'une pension de retraite. La pension n'était pas réversible ; seulement, si le fonctionnaire mourait dans le cours d'un service public et sans laisser de patrimoine, sa veuve pouvait obtenir une pension alimentaire, et ses enfants être élevés aux dépens de la nation. Une somme invariable de 10 millions de francs avait été affectée au payement des pensions civiles : ce fonds ne tarda pas à être insuffisant ; on fut obligé de conserver en place, aux dépens de l'intérêt public, un certain nombre de fonctionnaires usés ; d'autres durent attendre, pour faire valoir leurs titres, que la mort eût créé des vacances parmi les titulaires des pensions. Ces inconvénients suggérèrent la pensée de faire un prélèvement annuel sur les traitements d'activité, et de constituer ainsi un fonds destiné à fournir les pensions de retraite. Suivant l'exemple qui avait été donné avant 1789 par la Compagnie des Fermes, diverses administrations générales et locales, départementales et municipales, opérèrent, à partir de 1798, des retenues sur leurs employés, et il fut stipulé qu'une part des pensions serait réversible sur la tête des femmes et des enfants. Ces caisses distinctes de retraite devaient-elles être considérées comme des institutions exclusivement privées, comme des caisses d'épargne, ou comme des tontines ? Devaient-elles exonérer le Trésor ? Ces questions ne furent pas même posées, tant que les administrations purent remplir leurs engagements et se passer de subsides. Mais il ne pouvait être longtemps ainsi : on avait mal calculé le taux des retenues, le nombre et la durée des pensions à fournir ; on accueillit des titres antérieurs à l'établissement de l'association, on attribua ainsi des dividendes à des actionnaires qui n'avaient que peu ou point contribué à l'encaisse social. Dès le temps du premier Empire, l'État dut accorder des subsides à plusieurs caisses de retenue. Les événements de 1814 et 1815 créèrent de nouveaux embarras : les réactions politiques multiplièrent les retraites hâtives, pour faire place à de nouveaux fonctionnaires ; 41 départements ayant été détachés du territoire français, la plupart des agents, devenus inutiles, furent mis à la charge des caisses de retenue. Alors les pensions montèrent de 28 à 62 millions. Pour garantir aux fonds de retenue une comptabilité régulière et régulière, une loi du 28 avril 1816 chargea la Caisse des dépôts et consignations de les administrer. Pendant tout le gouvernement de la Restauration, et sous le règne de Louis-Philippe, les allocations réclamées par les caisses de retenue s'accrurent d'année en année; on discuta plusieurs projets qui avaient pour but d'établir un service de pensions régulier et uniforme, mais aucun d'eux n'aboutit. On régla seulement les pensions de l'armée de terre par la loi du 11 avril 1831, et celles de la marine par la loi du 18 avril de la même année ; ces lois ont été modifiées par celles des 15 et 17 juin 1861. Les pensions civiles n'ont été soumises à une règle commune et uniforme que depuis la loi du 9 juin 1853, complétée par un décret du 9 novembre suivant.

I. *Pensions civiles.* — Tous les agents rétribués par l'État, fonctionnaires ou employés, sont soumis au versement de la *retenue*, fixée au 20ᵉ de leur traitement; quand ce traitement s'accroît, l'augmentation du premier mois passe également à la caisse des retenues. Les ministres, les sous-secrétaires d'État, les préfets et les sous-préfets ne sont point passibles de la retenue. Le droit à la pension de retraite est acquis à 60 ans d'âge et à 30 ans accomplis de service. La pension est calculée sur la moyenne des traitements touchés pendant les 6 dernières années ; elle est réglée, pour chaque année de service, au 60ᵉ du traitement moyen, sans pouvoir excéder les 2/3 de ce traitement ni être supérieure à 6,000 fr. La veuve d'un fonctionnaire mort en jouissance de pension ou en possession de droits à cette pension a droit au tiers de la pension de son mari.

Ces règles générales souffrent quelques exceptions. Ainsi, pour les ambassadeurs, dont quelques-uns touchent des traitements de 150,000 et 200,000 fr., le maximum de la pension de retraite a été élevé à 12,000 fr. Aux fonctionnaires qui ont passé 15 ans dans les emplois désignés sous le nom de *service actif*, la loi ne demande que 55 ans d'âge et 25 ans de service; et même ils sont dispensés de toute condition d'âge, s'ils sont reconnus hors d'état de continuer leurs fonctions. En outre, les actes de dévouement accomplis et les accidents éprouvés par un fonctionnaire dans l'exercice de ses fonctions, s'ils ont eu pour effet de le rendre incapable de continuer son service, créent en sa faveur un titre exceptionnel à la pension; les infirmités contractées dans l'exercice des fonctions permettent aussi d'abaisser la limite d'âge et la durée du service.

Une loi du 11 sept. 1807 avait constitué de hautes pensions pour les grands fonctionnaires de l'État et pour leurs veuves; des abus criants la firent abroger en 1832, et, depuis cette époque, le gouvernement, pour récompenser des services exceptionnels, dut présenter aux Chambres des demandes spéciales. Une loi des 2-17 juillet 1856 a accordé à l'Empereur le droit de donner des pensions au maximum de 20,000 fr. aux ministres, aux présidents des grands corps de l'État, aux ambassadeurs, ainsi qu'à leurs veuves et à leurs enfants, aux veuves et aux enfants des maréchaux et des amiraux : ces pensions ne peuvent être cumulées avec d'autres; un fonds de 500,000 fr. pour cet objet est inscrit chaque année au budget. V. Delaroque, *Code des pensions civiles*, 1854, in-8°; Dareste, *Code des pensions civiles*, 2ᵉ édit., 1858.

II. *Pensions militaires.* — Jusqu'en 1855, deux choses ont donné droit à la pension de retraite : 1° l'ancienneté (30 ans accomplis de service effectif dans l'armée de terre, et 25 dans l'armée de mer, sauf à ajouter les années de campagne et de service faites en sus du taux légal) ; 2° les blessures graves et incurables, provenant d'événements de guerre, d'accidents éprouvés dans un service commandé, et les infirmités, également graves et incurables, résultant des fatigues ou des dangers du service militaire. Le taux des pensions s'échelonna, selon les grades, depuis 365 fr., minimum du soldat, jusqu'à 6,000 fr., maximum du général de division. Une loi du 26 avril 1855 a augmenté de 165 fr. le maximum et le minimum de la pension de retraite fixés par la loi de 1831 pour les sous-officiers, caporaux, brigadiers et soldats, et décidé que le droit à la pension par ancienneté serait acquis à ces militaires après 25 ans de service effectif. Des règlements ministé-

tériels fixèrent l'âge de la retraite des colonels à 60 ans, celui des lieutenants-colonels à 58 ans, celui des chefs de bataillon ou d'escadron à 55 ans.

D'après la loi de 1831, les femmes et les orphelins de militaire héritèrent du droit à la pension acquis par leur époux et leur père, pourvu que le mariage eût été contracté deux ans avant la cessation de l'activité ou du traitement militaire; les orphelins de père et de mère conservèrent, jusqu'à ce que le plus jeune eût atteint sa majorité, cette même pension de retraite, qui était fixée au quart du maximum de la pension d'ancienneté affectée au grade dont le défunt était titulaire, aucune toutefois ne pouvant être moindre de 100 fr. Une loi du 26 avril 1856 éleva cette pension du quart à la moitié, pour les veuves et orphelins des militaires et des marins qui avaient été tués sur le champ de bataille ou dans un service commandé, ou qui étaient morts des suites de blessures reçues et de maladies contractées dans les mêmes circonstances. La pension des veuves des maréchaux de France fut fixée à 6,000 fr.

Les pensions furent réglées comme il suit :

ARMÉE DE TERRE.

	Minimum.	Maximum.
Général de division.	4,000 fr.	6,000 fr.
Général de brigade.	3,000	4,000
Colonel.	2,400	3,000
Chef de bataillon ou d'escadron.	1,500	2,000
Capitaine.	1,200	1,600
Lieutenant.	800	1,200
Sous-lieutenant.	600	1,000
Sergent-major.	465	665
Sergent.	415	565
Caporal.	385	505
Soldat.	365	465

ARMÉE DE MER.

	Minimum.	Maximum.
Vice-amiral.	4,000 fr.	6,000 fr.
Contre-amiral.	3,000	4,000
Capitaine de vaisseau.	2,400	3,000
— de frégate.	1,800	2,400
— de corvette.	1,500	2,000
Lieutenant de vaisseau.	1,200	1,600
— de frégate.	800	1,200
Élève de marine.	600	1,000
Maître entretenu et conducteur de travaux de 1ʳᵉ classe.	600	1,000
Maître entretenu et conducteur de 2ᵉ et de 3ᵉ classe.	500	700
Second maître et contre-maître.	415	565
Aide et quartier-maître.	385	505
Matelot, novice et mousse.	365	465

Les pensions militaires, viagères et personnelles, sont incessibles et insaisissables, mais passibles de la retenue du 5ᵉ dans certains cas déterminés. — V. le *Suppl.*

III. *Pensions ecclésiastiques.* — Un décret du 28 juin 1853 a institué une Caisse de retraite pour donner des pensions aux ecclésiastiques âgés, ou infirmes et nécessiteux, qui justifient de plus de 30 ans de services et qui sont présentés par l'évêque diocésain. Les ressources de cette caisse se composent; 1° d'une subvention prélevée annuellement sur le budget des cultes; 2° des intérêts de la dotation de cinq millions accordée par l'Empereur sur le produit de la vente des biens de l'État que le décret du 27 mars 1852 a affecté à cette destination; 3° des dons et legs faits à cette caisse.

RETRANCHEMENT, en termes de Fortification, obstacle naturel ou artificiel dont on se fortifie contre une attaque ou une surprise de l'ennemi. Les retranchements naturels sont les ravins, les cours d'eau, les marais, les escarpements, les bois, etc. Un retranchement artificiel se compose, soit d'un talus en terre formé des déblais de la tranchée et sur lequel on peut dresser des palissades ou des chevaux de frise, soit d'ouvrages détachés qui se flanquent réciproquement.

RÉTROACTIVITÉ (du latin *retro agere*, agir en arrière, reculer), caractère d'une loi, d'un décret, d'une ordonnance ou d'un règlement qui revient sur le passé. La loi, dit le *Code Napoléon* (art. 2), ne dispose que pour l'avenir ; elle n'a point d'effet *rétroactif*. Pour qu'un délit puisse encourir une pénalité, il faut que cette pénalité ait été édictée et en vigueur à l'époque où le délit a été commis (*Code pénal*, art. 4) ; si, avant le jugement, une loi efface le caractère de délit ou de crime attribué à l'action que la justice poursuit, l'accusé doit être absous. *V.* Mailher de Chassat, *Traité de la rétroactivité des lois*, 1845, 2 vol. in-8°.

RÉTROCESSION (du latin *retrocedere*, rebrousser chemin), action de remettre à une personne un bien ou un droit qu'elle avait précédemment cédé.

RÉTROGRADES (Vers). *V.* ANACYCLIQUE.

RETROUSSIS, partie des pans ou basques d'un habit qui est ou qui semble retroussée; — pièce de cuir de couleur jaune qui se rabat ou paraît se rabattre dans le haut des bottes à revers.

RETS (du latin *rete*), filet de chasse ou de pêche fait de mailles carrées ou à losanges.

RÉUNION (Droit de). *V.* ASSOCIATION POLITIQUE.

RÊVE, état de l'esprit plongé dans le sommeil et pendant lequel il perd la direction de ses pensées; aussi le rêve est généralement regardé comme une folie passagère, résultant des sentiments, des idées et des actes de l'état de veille. La matière et la forme des rêves sont fournies par l'intelligence et l'imagination, mais sans ordre, au moins apparent; car, si nous pouvions saisir la liaison des idées, nous trouverions moins d'incohérence entre elles. Quoique l'âme paraisse entièrement passive dans le rêve, elle n'a cependant pas perdu son activité originelle; il arrive même quelquefois qu'on saisit parfaitement dans les rêves certaines volitions du moi; ce qui fait défaut, c'est la réflexion, et c'est la liberté qui manque plutôt que la volonté. Ce qui donne au rêve son caractère le plus frappant, ce sont des sensations fausses, relatives aux sens externes, et c'est là que l'imagination joue son plus grand rôle. Les sensations du goût et de l'odorat sont les moins fréquentes, celle du toucher se reproduit souvent; mais celles qui prennent la plus grande part aux drames fantastiques des rêves sont les sensations de l'ouïe et de la vue. Il y a un rapport évident entre ces phénomènes, l'organisme, et l'état de santé ou de maladie : les rêves des malades sont encore plus décousus et plus extravagants que ceux de l'homme en santé. On a demandé si, pendant le sommeil, l'âme rêve toujours; ceux qui penchent pour l'affirmative s'appuient sur ce fait que l'âme ne cesse jamais entièrement de penser, et que d'ailleurs il est certain que pendant le sommeil nous exécutons une foule de mouvements qui ne s'expliquent que par des sensations oubliées au réveil. — Le *rêve*, à l'état de veille, ne signifie plus que *chimère*, et se rapproche de la *rêverie;* celle-ci se distingue du *rêve* proprement dit, en ce qu'elle a lieu pendant la veille, et que l'esprit se complaît dans ses illusions, qui deviennent des *rêveries* (*V.* SOMMEIL, SONGE, SOMNAMBULISME). R.

RÉVÉLATION (du latin *re* pour *retro*, en arrière, et *velum*, voile), connaissance que Dieu donne à l'homme, par des moyens surnaturels, de vérités importantes que celui-ci ne pourrait découvrir par les seules lumières de sa raison. Toute religion positive a pour base une révélation, et le bouddhisme, le mahométisme prétendent être des religions révélées, tout aussi bien que le christianisme. La révélation a pris différentes formes dans l'histoire : tantôt Dieu se met en communication directe avec l'homme, comme lorsqu'il parle à Adam dans le Paradis terrestre ou à Moïse sur le mont Sinaï; tantôt il revêt la figure humaine, ainsi qu'il arriva dans l'incarnation de Jésus-Christ; tantôt il envoie un Ange annoncer quelque grand événement; ou bien enfin il procède par pure *inspiration*, comme à l'égard de ceux qui écrivirent l'Ancien et le Nouveau Testament. Des livres, qui demeurent, en général, dans les mains d'un corps sacerdotal, contiennent la doctrine révélée, qui peut ainsi se transmettre d'âge en âge.

RÉVÉLATION, en termes de Droit, est synonyme de *Dénonciation*, avec ce caractère qu'elle suppose complicité dans le crime dénoncé. *V.* DÉLATION, DÉNONCIATION.

REVENDICATION (du latin *rem vindicare*, réclamer une chose qui nous appartient), action par laquelle le propriétaire d'une chose la réclame à celui qui l'en a injustement dépouillé ou qui en est détenteur (*Code Napoléon*, art. 549 et 930). Le mot est synonyme de *Répétition* et d'*Action en restitution* (*V.* ces mots). La revendication de marchandises vendues et livrées à un failli, et dont le prix n'a pas été payé, est soumise à des règles particulières.

REVENU, somme des profits qu'une personne retire des fonds productifs qu'elle possède, c.-à-d. de ses terres, de ses capitaux, de sa capacité industrielle, etc. Le mot s'emploie comme synonyme de *rente* et d'*intérêt*. Le *Revenu public* comprend tout ce que l'État retire, soit de ses propriétés (*revenu domanial*), soit des contributions prélevées sur les citoyens (*revenu fiscal*), soit de services spéciaux qu'il rend aux particuliers, comme le transport des dépêches, le monnayage des métaux, la fabrication des poudres et salpêtres, le commerce des tabacs (*revenu industriel*).

REVENU (Impôt sur le). *V.* IMPÔT.

RÉVERBÈRE, grande lanterne en fer battu, vitrée tout autour et en dessous, et contenant une lampe munie d'un ou de plusieurs réflecteurs, et dont on se sert pour l'éclairage public dans les localités où l'éclairage au gaz n'a point pénétré. Les réverbères furent introduits à Paris en 1766.

RÉVÉRENCE.-*V.* notre *Dictionn. de Biog. et d'Histoire.*

REVERS, côté d'une médaille opposé à la *face.*

REVERSALES (Lettres), déclaration par laquelle un État s'engage à ne pas contrevenir à un usage établi ou à des arrangements antérieurement convenus.

RÉVERSION, terme de Droit. *V.* RETOUR.

REVERSIS, jeu de cartes qui se joue à quatre personnes, avec un jeu complet dont on a retiré les dix. Chaque joueur reçoit 11 cartes, et il en reste 4 au talon. La règle générale est de ne faire aucune levée, ou de réunir le moins de points possible dans celles qu'on s'est vu forcé de faire. Ces points se comptent ainsi : l'as 4, le roi 3, la dame 2, le valet 1. On se débarrasse donc, en renonce, de ses plus grosses cartes, ou l'on joue, sur les cartes moyennes, des cartes basses de la même couleur. La carte principale est le valet de cœur, appelé *quinola .* il ne faut ni le jouer le premier, ni le donner sur du cœur, mais toujours en renonce; si l'on s'en débarrasse, on gagne, non-seulement le panier des *bêtes* ou mises, mais une contribution convenue du joueur qui l'a reçu; s'il est placé *à la bonne*, c.-à-d. à la dernière levée, le payement est double; s'il fait levée, on double le panier, et on donne une consolation au joueur par qui l'on a été forcé. La réunion des 4 as, ou 3 as et le quinola, forment *espagnolette*, et donnent le droit de renoncer en toutes couleurs pendant les 9 premières levées, avantage qui fait presque toujours gagner la partie. — Le reversis est d'origine espagnole; son nom vient du latin *reversus* (retourné), parce qu'au rebours des autres jeux on y gagne en faisant le moins de levées.

REVERTIER ou REVERQUIER, jeu qui se joue sur un trictrac, et qui consiste à faire revenir toutes ses dames dans la table d'où elles sont sorties.

REVÊTEMENT, en termes d'Architecture, placage de plâtre, de mortier, de bois, de stuc, de marbre, etc., qu'on fait à une construction, pour la rendre plus solide ou plus riche. On donne le même nom au mur ordinairement en talus qui sert à fortifier l'escarpe ou la contrescarpe d'un fossé, ou à retenir les terres d'un fossé, d'un bastion, d'une terrasse.

REVÊTEMENT (DEMI-). *V.* DEMI-REVÊTEMENT.

REVINCTUM OPUS. *V.* APPAREIL.

RÉVISEURS, officiers de la Chancellerie romaine chargés par le dataire de réduire aux termes de Droit les supliques adressées à la cour de Rome.

RÉVISION, action de revoir, d'examiner de nouveau. On se sert de ce mot, en Politique, pour désigner les modifications que l'on fait subir par les voies légales aux traités, aux lois, aux Constitutions dont on a reconnu les inconvénients. — En Jurisprudence, la *Révision* est un nouvel examen d'un procès qui a été jugé en dernier ressort. Il a lieu à révision : 1° lorsque deux accusés ont été condamnés, chacun comme unique auteur du même crime, par deux tribunaux différents; le ministre de la justice, soit d'office, soit sur la réclamation des condamnés, ou de l'un d'eux, ou du procureur général, fait dénoncer les deux arrêts à la Cour de cassation, qui les casse et renvoie les accusés devant une autre Cour; 2° lorsqu'après une condamnation pour homicide on découvre l'existence de la personne dont la mort supposée a donné lieu à la condamnation; si le condamné n'existe plus, la Cour de cassation nomme un curateur à sa mémoire, sur lequel se fait la nouvelle instruction; 3° lorsqu'une Cour, convaincue que les jurés se sont trompés au fond, renvoie l'affaire à la session suivante pour être soumise à un nouveau jury, mesure qui ne peut être prise qu'en faveur de l'accusé, jamais contre lui.

RÉVISION (Conseil de). *V.* CONSEIL DE RÉVISION, dans notre *Dictionnaire de Biographie et d'Histoire.*

RÉVISION (Tribunal de), tribunal permanent, établi dans chaque arrondissement maritime, pour juger les appels des tribunaux maritimes. Il est composé du major général de la marine, président, et de 4 juges : le président du tribunal de 1re instance, le procureur de la république, un capitaine de vaisseau, et un commissaire de la marine. Il y a près chaque tribunal de révision un commissaire public, qui est un officier supérieur du corps de la marine ou de celui du commissariat. Si le tribunal dont le jugement a été attaqué était présidé par un officier général, le tribunal de révision doit être présidé par un officier du même grade; le major général, s'il n'a pas ce grade, ne siège que comme juge, et le capitaine de vaisseau ne prend point part à l'affaire.

RÉVISION DE COMPTE, opération qui se fait quand il y a eu erreurs, omissions, doubles emplois ou faux dans un compte. La demande de révision doit être portée devant les mêmes juges qui ont connu du compte (*Code de Procédure civile*, art. 541).

RÉVOCATION, action de retirer une fonction ou des privilèges concédés soit à une personne, soit à une classe de citoyens. — En Droit, une donation entre-vifs peut être *révoquée* en certains cas (*V.*, DONATION). Les donations entre époux faites pendant le mariage sont toujours révocables (*Code Napoléon*, art. 1096). Il en est de même des mandats (art. 2003). Un testament peut être révoqué. V. TESTAMENT.

RÉVOLTE. V. RÉBELLION.

RÉVOLUTION (du latin *revolvere*, rouler, revenir sur soi), tout changement considérable qui s'opère dans le gouvernement et les lois des nations, dans les mœurs, dans les opinions, dans les sciences et les arts.

REVOLVER, mot anglais qui désigne un pistolet à plusieurs canons, inventé aux États-Unis par le colonel Colt, et avec lequel on peut tirer rapidement plusieurs coups de suite. Les canons sont tournants, et, quand on monte le chien, cela met en mouvement un levier qui opère la rotation.

REVUE, en termes d'Art militaire, inspection qu'un officier supérieur fait d'un corps de troupe rangé en bataille. Il en examine la tenue, et lui fait exécuter quelques manœuvres.

REVUE, sorte de journal périodique qui paraît à des intervalles plus ou moins rapprochés, et qui a pour objet de *passer en revue* les questions à l'ordre du jour dans les lettres, les sciences, les arts et la politique. Les Revues ont généralement le format des livres, et beaucoup d'écrits ont passé par elles avant d'être mis en volumes. C'est en Angleterre que ce genre de publication a pris naissance, et qu'il a conquis aussi la plus grande importance; à la différence des Revues françaises, où la personnalité des auteurs tient une place considérable, les Revues anglaises ne contiennent que des articles anonymes. Tandis que la presse quotidienne ne donne aucune considération aux journalistes, les Revues donnent à leurs écrivains une position et parfois la direction des affaires, parce qu'elles représentent de grands partis politiques. Elles publient des *Essais* qui forment une si notable portion de la littérature anglaise moderne, et l'intérêt qui s'attache à elles est si vif, qu'elles peuvent ne paraître que tous les trois mois et cependant ne point décourager leurs lecteurs. Le *Monthly Review* date de 1749, et le *Critical Review* de 1756; mais ces deux Revues n'atteignirent jamais la hauteur où devait parvenir la *Revue d'Édimbourg*, fondée en 1808 par Sidney Smith, Jeffrey, Brougham, Leslie et Playfair, auxquels se joignirent bientôt Mackintosh, Hazzlet, Hamilton, etc. Puis on vit s'élever la *Quarterly Review* (1809), la *Westminster Review*, la *Foreign Review*, la *London Review*, la *Weekly Review*. — La France voulut suivre l'exemple de l'Angleterre; mais ses Revues ont pris de jour en jour un caractère plus frivole, en admettant le roman, la nouvelle, le proverbe. Les plus anciennes se consacrèrent à peu près exclusivement à la critique : ce furent la *Revue philosophique*, qui succéda à la *Décade*, et une *Revue encyclopédique* qui subsista de 1819 à 1831. En 1825, commença la *Revue Britannique*, composée d'articles traduits des diverses Revues anglaises, et qui subsiste encore aujourd'hui. Après la Révolution de 1830, la *Revue des Deux Mondes* et la *Revue de Paris* commencèrent leur brillante existence : la première, dirigée par M. Bulo., et dont George Sand, A. de Musset, Mérimée, Sainte-Beuve, Aug. Thierry, Alfred de Vigny, E. Quinet, Philarète Chasles, Lerminier, etc., firent la réputation, a pris et conservé la position la plus élevée; la seconde, à laquelle collaborèrent Ch. Nodier, Balzac, Alex. Dumas, cessa de paraître en 1845. Une *Revue du Progrès*, que le talent de Louis Blanc ne put faire vivre, fut remplacée en 1841, pour le parti démocratique, par la *Revue indépendante*, où travaillaient Pierre Leroux, George Sand

et Lamennais, et qui subsista jusqu'en 1848. La *Revue nouvelle*, entreprise à peu près vers la même époque, s'éteignit après un an d'existence, bien que soutenue par le gouvernement. Une nouvelle *Revue encyclopédique*, non politique, parut en 1846, et ne vécut que deux ans. Depuis la Révolution de 1848, les seules Revues importantes que l'on ait fondées sont la *Revue contemporaine*, la *Revue européenne*, qui a duré deux ans à peine, la *Revue germanique*, la *Revue nationale*. D'autres recueils sont étrangers aux questions politiques ; par exemple, la *Revue philologique* de M. Léon Renier, la *Revue archéologique* de M. Leleux, dirigée par M. L. Renier depuis 1860, la *Revue numismatique* de M. de La Saussaye, la *Revue de législation* de M. Wolowski, la *Revue scientifique* du Dr Quesneville, la *Revue de l'Orient*, etc.

REVUE, nom donné, dans le langage du Théâtre, à ces pièces de circonstance jouées sur les théâtres de vaudeville vers la fin de chaque année, et où l'on passe en revue les événements plus ou moins comiques, les modes, les bévues, les ridicules de cette année. Ce sont, en général, de très-médiocres compositions.

REYNOLD (Code), code de signaux maritimes, inventé par Reynold de Chauvancy, lieutenant de port à l'île de La Réunion, et rendu obligatoire à bord de tous les navires de commerce français depuis 1855.

REZ-DE-CHAUSSÉE, partie d'une maison qui est au niveau du terrain, immédiatement au-dessus des sous-sols et des caves.

REZ-MUR, surface des gros murs en dedans de l'œuvre.

RHAMESSÉUM. V. THÈBES.

RHAPSODES. } V. ces mots dans notre *Dictionnaire*
RHEDA. } *de Biographie et d'Histoire.*

RHÉTEUR, nom qu'on donnait dans l'Antiquité à ceux qui faisaient profession d'enseigner l'éloquence et qui en avaient laissé des préceptes.

RHÉTIEN (Idiome), appelé aussi *rhéto-romain*, *romanche* ou *roumanche*, idiome parlé dans le canton suisse des Grisons. Il appartient au groupe des langues romanes ou néo-latines, et s'est formé à la suite de l'occupation du pays par les Romains : il contient un certain nombre de racines celtiques, antérieures à la conquête, et des mots franciques ou tudesques en plus grande quantité qu'aucun autre idiome du même groupe. On y distingue *deux* dialectes : le *rumonique*, parlé à Coire, dans toute la vallée du haut Rhin, et près des sources de ce fleuve, et le *ladinique*, dominant dans l'Engadine, sur les deux rives de l'Inn.

RHÉTORIQUE (du grec *éró* ou *rhéô*, dire), art de parler. — *Définitions et caractères.* — Quintilien, après avoir critiqué plusieurs définitions de la Rhétorique, s'arrête à une seule formule adoptée généralement après lui, et *la plus convenable*, dit-il, à *l'essence de l'art oratoire* : « La Rhétorique est l'art de bien dire, définition qui comprend d'un mot toutes les qualités, et ensemble les mœurs mêmes de l'orateur; car il lui est impossible de bien dire, s'il n'est homme de bien. » La définition d'Aristote, sous une formule un peu sèche, n'est pas moins belle ni moins féconde : « La Rhétorique est, dit-il, la faculté de découvrir tous les moyens possibles de persuader sur quelque point que ce soit. »

L'Éloquence est le talent de persuader, c.-à-d. le don naturel et l'art tout ensemble. La Rhétorique n'est que *l'art*, c.-à-d. la réflexion et la méthode appelées au secours des dons naturels. « Ses préceptes, fondés sur les principes du bon sens et de la droite raison, ne sont autre chose que des observations judicieuses, faites par d'habiles gens sur les discours des meilleurs orateurs, qu'on a ensuite rédigées par ordre et réunies sous de certains chefs; ce qui a donné lieu de dire que l'éloquence n'était pas née de l'art, mais que l'art était né de l'éloquence. » (Rollin, *Traité des Études*, III, 1.)

Utilité et moralité de la Rhétorique. — Nous avons montré ailleurs (V. ÉLOQUENCE), par des exemples empruntés aux œuvres des poètes, que la Rhétorique ou l'art oratoire fait la supériorité de l'éloquence savante sur l'éloquence naturelle. A plus forte raison en est-il de même chez les orateurs. L'éloquence instinctive eût-elle plaidé seule ce grand procès de la *Couronne*, où, dans la personne d'Eschine et de Démosthène, étaient en cause la politique et la gloire d'Athènes? La haine eût-elle dicté seule à Cicéron les *Catilinaires* et les *Philippiques*? Dans l'éloquence religieuse, la foi et la piété eussent-elles inspiré toutes seules l'ordre merveilleux et la progression irrésistible des *Sermons* et des *Oraisons funèbres* de Bossuet, et la Rhétorique admirable que l'on pourrait tirer de ce grand homme? On sait quelles études solides les orateurs de la Révolution mirent au service des idées nouvelles et des passions ardentes de leur époque. La Rhétorique est moins populaire aujourd'hui. Les uns, trop familiarisés avec elle, en connaissent trop bien les procédés et le mécanisme. Les autres la dédaignent par une sorte d'insouciance rustique, et croient parler toujours assez bien du moment qu'ils se font entendre. D'autres, admirateurs exclusifs des sciences, ne demandent aux orateurs que la clarté et la précision du langage scientifique, sans croire que les sentiments et les idées aient rien à démêler avec les règles traditionnelles de la composition et du style. Ni l'homme ni les choses n'ont changé cependant. La chaire, le barreau, l'Académie, l'enseignement, sans être livrés aux rhéteurs, usent toujours de la Rhétorique. Les orateurs de nos assemblées politiques ne se condamnent plus sans doute aux études minutieuses demandées par Cicéron et par Quintilien ; mais ils n'en obéissent pas moins comme eux, depuis un demi-siècle, aux lois essentielles de la logique et de l'expérience, telles que les a établies la Rhétorique fondée. Les hommes se succèdent à la tribune : l'éloquence parlementaire réussit tour à tour par la gravité austère et puissante, par l'abondance pénétrante et lumineuse, par le pathétique d'un geste oratoire et d'une voix mélodieuse, par l'infatigable habileté d'une logique incisive et mordante. Mais, sous la variété des noms et des talents, où le public reconnaît toujours l'éloquence, l'homme de goût retrouve toujours l'intelligence et la pratique des grandes règles oratoires. Non, la Rhétorique n'est pas une vaine science de mots et de phrases symétriques. Ne lui reprochons pas non plus avec Platon (un si grand orateur cependant, et un rhéteur si habile!) qu'elle n'est bonne à rien, parce qu'elle sert à tout et n'a pas d'application spéciale. La Rhétorique est l'art de la parole mis à la portée de tout le monde, et le développement méthodique et réglé d'une faculté universelle.

Il n'est pas besoin de démontrer l'utilité morale de la Rhétorique. Souvent attaquée parce qu'elle donne les moyens de plaider le pour et le contre, elle ressemble par cet endroit à toutes les forces de la nature, qui s'emploient au mal comme au bien. On connaît l'apologue d'Ésope servant des langues à son maître Xantus, comme la meilleure et la pire chose qui soit au monde. « La mer, dit Montesquieu, engloutit les vaisseaux ; elle submerge des pays entiers ; et elle est pourtant utile aux humains. » La Rhétorique est comme la mer : elle porte son remède avec elle, et guérit les plaies qu'elle a faites. Elle fait descendre plus aisément la vérité parmi les hommes ; elle empêche les erreurs de la justice ; elle combat ses propres excès, et corrige même les scandales qu'elle donne. Enfin, comme le remarque Aristote, la bonne cause est plus facile à plaider que la mauvaise, et le bien se défend plus éloquemment que le mal. S'il en était autrement, et que l'homme, entre le sophisme et la vérité, s'attachât toujours au premier par instinct et par intérêt, il faudrait accuser la Providence.

Division de la Rhétorique. — Tous les rhéteurs ont divisé la Rhétorique en trois parties, l'*Invention*, la *Disposition*, et l'*Élocution*. — Si le sujet est laissé à la discrétion de l'orateur et de l'écrivain, l'*Invention* le trouve et le choisit. Si, comme il arrive d'ordinaire à l'orateur, le sujet est donné, l'*Invention* fournit les idées et les développements qui s'y rattachent ; les preuves, les arguments, le ton, les mœurs, les passions, en un mot, les moyens de la persuasion. — La *Disposition* détermine l'ordre de ces moyens et l'emploi de ces matériaux, les rapports et la progression des idées et des sentiments ; les divisions et le plan du discours. — L'*Élocution* ou le style traduit par le langage les résultats de l'*Invention* et de la *Disposition* ; elle ajoute à leur puissance la vigueur et l'éclat de l'expression.

On voit que cette division est commune à la Rhétorique et à tous les arts. Le peintre, comme l'orateur et comme le poëte, détermine en idée les personnages, les épisodes, les plans de son tableau ; il les dispose et en arrête l'ordonnance générale avant de commencer l'ébauche ; il peint enfin, et la couleur est pour lui ce que le style est pour l'écrivain.

A ces trois parties de la Rhétorique, que Cicéron appelle les *membres de l'éloquence*, il en ajoute deux, l'*Action* et la *Mémoire*. L'action est la traduction du discours par la voix et le geste. Celle des Grecs et des Romains était bien plus passionnée et plus violente que la nôtre. L'orateur frappait du pied ; il déchirait la robe de son client pour montrer les blessures qu'il avait reçues pour son pays. La tribune était pour lui un piédestal et comme un théâtre où il paraissait tout entier. On sait que Démosthène proclamait l'*action* à la fois la première, la seconde et la troisième condition de l'éloquence. Les Modernes ont plus d'écrivains que d'orateurs. L'action oratoire est d'ailleurs, de nos jours, bien plus calme et plus modérée. L'orateur à la tribune, l'avocat au tribunal, le prédicateur dans la chaire, sont cachés jusqu'à la moitié du corps. L'action a donc perdu naturellement le caractère théâtral qu'elle avait chez les Grecs et chez les Romains. Cependant on peut voir, dans le *second Dialogue sur l'éloquence*, que Fénelon la recommande au prédicateur, et en donne les règles. Les avocats et les orateurs en savent encore mieux le prix ; car l'auditeur est toujours sensible à son influence. — La *Mémoire* était encore une partie accessoire de la Rhétorique, élevée au rang d'une science, objet, sous le nom de *Mnémonique*, d'études longues et minutieuses. On en trouvera les singuliers détails dans Cicéron.

L'*Invention* oratoire se divise en trois parties, les *Preuves*, les *Mœurs*, et les *Passions* ; la *Disposition* comprend les subdivisions du discours, *Exorde*, *Confirmation*, *Péroraison*, et les autres. Pour ces différentes matières, ainsi que pour l'*Élocution* et le *Style*, nous renvoyons aux articles spéciaux où elles sont traitées.

V. chez les Anciens : Aristote, *Rhétorique* ; Longin, *Traité du sublime* ; Cicéron, les ouvrages techniques, les deux grands *Dialogues sur l'orateur et les orateurs célèbres*, et le *Traité de l'orateur* ; Quintilien, l'*Institution oratoire* ; Tacite, *Dialogue sur les causes de la corruption de l'éloquence* ; St Augustin, la *Doctrine Chrétienne* ; — chez les Modernes : Fénelon, *Dialogues sur l'éloquence* ; Rollin, *Traité des Études* ; Crévier, *Rhétorique française* ; l'abbé Batteux, *Principes de littérature* ; Dumarsais, *Traité des tropes* ; Marmontel, *Éléments de littérature* ; Maury, *Éloquence de la chaire* ; Blair, *Cours de Rhétorique* ; Victor Le Clerc, *Rhétorique*, etc. **A. D.**

RHÉTORIQUE (Chambres de). *V.* CHAMBRES DE RHÉTORIQUE, dans notre *Dictionnaire de Biographie et d'Histoire*.

RHÉTO-ROMAIN (Idiome). V. RHÉTIEN.

RHINGRAVE. *V.* ce mot dans notre *Dictionnaire de Biographie et d'Histoire*.

RHODES (Colosse de), fameux monument de l'antiquité, au sujet duquel les érudits sont loin d'être d'accord, et que Muratori a même traité de chimère. Selon la tradition générale, c'était une statue en bronze d'Apollon ou du Soleil, érigée par reconnaissance envers ce dieu, protecteur des Rhodiens, et envers Ptolémée Soter qui les avait délivrés de l'armée de Démétrius Poliorcète. Elle fut faite vers 300 ou 280 av. J.-C., par Charès de Lindos, disciple de Lysippe ; Pline l'attribue, au contraire, à Lachès, statuaire du même pays ; qui aurait consacré 12 ans à cette œuvre. Elle avait 70 coudées de hauteur (32 mèt.) ; peu d'hommes pouvaient embrasser son pouce, et la longueur de ses doigts surpassait la hauteur des statues ordinaires. On avait affermi cette masse de métal, en l'emplissant de grosses pierres. La dépense fut de 300 talents (1,650,000 fr.). Le colosse de Rhodes fut renversé par un tremblement de terre, 56 ans après son érection. En 655, les Arabes le mirent en morceaux, qu'ils vendirent à un Juif d'Émèse ; il aurait fallu, dit-on, 900 chameaux pour emporter la charge, ce qui, à 400 kilogr. par chameau, donnerait un poids de 360,000 kilogr. L'écartement des jambes du colosse ne pouvant, d'après sa hauteur, être de plus de 12 mèt., il n'a pu être placé, comme le dit la tradition, à l'entrée du grand port, où, d'ailleurs, le tremblement de terre l'eût précipité dans les flots. Il était au fond du port et en face de l'entrée, devant le bassin des galères, au-dessus de deux tours qu'on voit encore aujourd'hui.

RHODIEN (Style), genre de style mixte, qui tenait le milieu entre la sobriété *attique* et l'abondance molle et pompeuse du style *asiatique*. Il était caractérisé par une certaine langueur, un certain laisser-aller, qui n'était pas sans consistance : un critique de l'antiquité disait qu'on ne pouvait pas le comparer à l'eau d'une source limpide ni à celle d'un torrent limoneux, mais qu'il offrait plutôt l'image d'un lac paisible. Son nom lui vint de ce qu'on le remarqua pour la première fois, dans le IIIe siècle av. J.-C., chez quelques écrivains rhodiens, formés à l'école des successeurs d'Eschine, qui, vaincu dans sa lutte contre Démosthène à l'occasion du grand débat *sur la couronne*, et banni d'Athènes, alla fonder à Rhodes une école de rhétorique restée longtemps célèbre. **P.**

RHOPALIQUES (Vers), nom donné, chez les Anciens,

à une sorte de vers qui commençaient par un monosyllabe, et qui continuaient par des mots tous plus longs les uns que les autres. Le mot venait du grec *rhopalon* (massue), parce que ces vers ressemblaient à une massue, qui commence par un bout très-mince et finit par une grosse tête.

RHOTACISME, nom que les anciens Grecs donnaient à l'usage fréquent de la lettre ρ (rh). Telles sont ces formes de l'ancien dialecte laconien : *Timotheor* pour *Timotheos*, *Milesior* pour *Milesios*. Les Éléens et les Érétriens retinrent plus longtemps cet usage, et ces derniers étaient souvent tournés en ridicule, à cette occasion, par les poëtes comiques, surtout ceux de la vieille Comédie. Au reste, chez les Athéniens eux-mêmes, le ρ se substituait assez souvent au σ. Des changements analogues ont été observés dans le latin : *plures, plurima, lares, amare, labor, arbor*, etc., s'écrivirent primitivement *pluses, plusima, lases, amase, labos, arbos*, etc. En français, *orfraie* s'est formé de *ossifraga; varlet* s'est dit longtemps pour *vaslet*, abréviation de *vasselet*; les mots *apôtre, chapitre, épître*, renferment un *r* peu conforme aux mots originaux qui ont *l: apostolus, capitulum*, etc. *Diacre* s'est dit aussi par une sorte de rhotacisme au lieu de *diacne* (*diaconus*). P.

RHYPAROGRAPHES (du grec *rhuparos*, sale, impur, et *graphein*, tracer), nom que les Anciens donnaient aux peintres dont les sujets étaient licencieux ou d'une grande trivialité.

RHYTION ou **RHYTON**, coupe. *V. notre Dictionnaire de Biographie et d'Histoire.*

RHYTHME (du grec *rhythmos*, mouvement réglé et mesuré), en termes de Poétique et de Rhétorique, désigne un espace quelconque (vers ou membre de phrase) ayant un rapport, facile à saisir, avec un autre espace semblable, analogue, ou différent, et de ce rapport résulte ce qu'on appelle l'*harmonie*. Le rhythme est naturellement plus sensible dans les vers, grâce à la symétrie des sons et à la fixation régulière des espaces. Ainsi, dans notre vers alexandrin, la symétrie des rimes, l'égalité du nombre des syllabes de chaque vers, les repos de l'hémistiche symétriques à la fois entre eux et avec la fin du vers, constituent notre principal rhythme poétique. Dans la poésie lyrique, le rhythme se fonde en outre, non-seulement sur la symétrie des strophes et des stances entre elles, mais souvent encore sur la variété des mesures dont elles se composent, sur le mélange ou le retour alternatif des petites et des grandes mesures (*V.* STANCE, STROPHE). Le rhythme fait la base unique de notre versification, au lieu que dans celle des Grecs, adoptée depuis le IIe siècle av. J.-C. par les Latins, le rhythme s'unissait au mètre, lequel contribuait bien au rhythme, mais néanmoins s'en distinguait nettement. Ainsi, le rhythme de nos vers français de 12 syllabes ressemble assez bien, quant aux espaces mêmes, à celui du vers asclépiade de l'antiquité; mais celui-ci, outre le rhythme proprement dit, renferme encore un genre de mètre particulier, une variété de pieds prosodiques qu'il est impossible de reproduire dans notre versification (*V.* NOMBRE). Lorsque le sentiment de la quantité prosodique latine se perdit à l'époque de la décadence littéraire du VIe siècle, le rhythme fut néanmoins conservé; et le nouveau système d'assonances ou de consonnances en prit même le nom : de là le mot *rime*, dans les langues néo-latines. Les premiers exemples s'en rencontrent dans les *proses* chantées à l'église; elles offrent un rhythme sensible, mais tout à fait étranger aux règles qui avaient prévalu pendant la durée de l'Empire romain; car les syllabes n'y sont plus évaluées, mais simplement comptées.

Les ouvrages écrits en prose sont susceptibles d'un certain rhythme différent de celui des vers, mais non moins manifeste. Il repose sur une série d'espaces qui peuvent être fréquemment variés suivant les besoins de la respiration, la portée naturelle de l'oreille, l'expression progressive des idées ou des sentiments, enfin suivant la distinction naturelle des objets mêmes des opérations de l'esprit. L'exorde de l'Oraison funèbre de la reine d'Angleterre par Bossuet débute par une phrase où le rhythme n'est pas moins sensible que dans les vers les plus pompeux, et où il suit une progression frappante. *Celui qui règne dans les cieux | et de qui relèvent tous les empires* (ici le rhythme est à peu près égal ; il varie et s'étend dans le membre qui suit :); *à qui seul appartient la gloire, la majesté, et l'indépendance* (dans les deux derniers membres de la période il monte encore :); *est aussi le seul qui se glorifie de faire la leçon aux rois | et de leur donner quand il lui plaît de grandes et de terribles leçons*. Dans cet exemple, le rhythme suit une marche ascendante : quelquefois il suit une progression contraire. L'exorde d'un sermon de Bourdaloue sur la Résurrection (*Ces paroles sont bien différentes de celles*, etc...), et les dernières lignes de l'Oraison funèbre de Condé par Bossuet, en offrent deux exemples remarquables. Les Anciens, depuis Thrasymaque et Gorgias, portèrent souvent à l'excès l'amour du rhythme dans la prose. Isocrate, à force de bon goût, en modéra l'exagération ; mais c'est chez Démosthène qu'il faut chercher le vrai rhythme oratoire, celui qui est toujours en rapport avec la pensée et le sentiment, et qui varie pour ainsi dire de lui-même selon les diverses nuances qui s'offrent à l'esprit ou à l'imagination de l'orateur. Chez les Romains, Cicéron, disciple intelligent des Grecs, et surtout d'Isocrate et de Démosthène, n'a pas eu de rival pour la science du rhythme: s'il laisse voir, à cet égard, plus d'apprêt que Démosthène, du moins il échappe à la froideur, souvent mêlée de vague, d'Isocrate. Le rhythme, tant prisé des Anciens, a dû être beaucoup moins recherché par les modernes, dont les langues sont en général moins musicales que celles de l'antiquité, qui d'ailleurs préfèrent infiniment l'abondance et la justesse des idées à la richesse des cadences. Fléchier, plus que tout autre, s'est attaché à donner sur ce point à notre langue toute la perfection dont elle est capable ; mais, à cet égard même, il reste en général inférieur à Bossuet, qui, sans se préoccuper du rhythme, le trouvait d'inspiration, en faisait toujours l'emploi le plus naturel et le plus expressif, et toujours évitait cette monotonie qui règne dans tous les écrits de Fléchier et leur communique un certain caractère de froideur. *V.* Benlœw, *Précis d'une théorie des rhythmes*, 1862, in-8°. P.

RHYTHME, en Musique, signifie, non pas, comme on l'a dit, le nombre des mesures que contient une phrase de musique, mais la quantité et la valeur des signes ou notes qui servent à représenter les sons contenus dans une phrase, et dont les retours établissent un ordre quelconque entre les temps qui font partie de chacune des mesures. C'est l'arrangement symétrique des diverses valeurs de temps, et le retour périodique des formules de cet arrangement; c'est, si l'on veut encore, la symétrie appliquée au mouvement. Le rhythme est une des parties constitutives de l'art musical : sans lui la mélodie ne serait qu'une succession de sons sans caractère, tandis que, selon la disposition des valeurs, selon le degré de vitesse ou de lenteur avec lequel on l'exécute, elle exprimera ou la douleur ou la joie. Par le rhythme, on coordonne la succession des sons au moyen de l'emploi varié de leurs signes représentatifs, on les classe dans les cadres appelés mesures, on les fait entendre selon le besoin sur les temps forts ou sur les temps faibles de ces mesures, on établit un ordre entre les membres de phrase et les phrases qui forment les périodes du discours musical, lequel, pour être intelligible, a besoin d'être ponctué aussi régulièrement que le discours oratoire. Le rhythme est à la musique ce qu'est le mètre à la versification. Il est indépendant de l'intonation et de la mélodie : un tambour, ou tout autre instrument de percussion, nous transmet la nature du rhythme d'un chant quelconque. Il est d'autant plus sensible à l'oreille que le mouvement est plus rapide; plus il se ralentit, plus la sensation s'affaiblit. Le rhythme est *simple*, lorsqu'il ne renferme qu'un seul genre de mouvement; *composé*, lorsqu'il en renferme plusieurs : si un rhythme simple est facilement appréciable, il n'en est pas de même de celui dont les éléments sont multipliés, lequel exige de l'auditeur une certaine éducation musicale. Chez les anciens Grecs, le rhythme poétique et le rhythme musical étaient presque une seule et même chose, surtout à l'époque primitive où la poésie et la musique étaient étroitement unies, et composées d'un seul jet par le même artiste. Il y avait trois genres de rhythme : 1° le *rhythme égal*, où l'arsis était égal à la thésis (*V.* ces mots), et qui correspondait à notre mesure binaire; à ce rhythme se rapportaient le pied pyrrhique (2 brèves), le procéleusmatique (4 brèves), le spondée (2 longues), le dactyle (1 longue et 2 brèves), l'anapeste (2 brèves et 1 longue), le double spondée; 2° le *rhythme double*, où l'arsis était à la thésis dans le rapport de 2 à 1, ou de 1 à 2, répondait à notre mesure ternaire; il comprenait l'iambe (1 brève et 1 longue), le trochée (1 longue et 1 brève), le tribraque (3 brèves), et le molosse (3 longues); 3° le *rhythme hémiole* ou *sesquialtère*, où l'arsis était à la thésis comme 2 à 3, ou comme 3 à 2; le péon (5 brèves, ou 1 brève et 2 longues, ou 1 longue et 3 brèves) était particulier à ce rhythme, qui est à peu près perdu pour nous : on a pourtant essayé de créer une mesure à 5 temps, employée par Catel dans deux études qu'il écrivit pour le Conservatoire de musique de Paris, et par Boïeldieu dans l'allégro de l'air : *Viens, gentille dame*, de son opéra *la Dame blanche*. Un autre rhythme, l'*épitrite*, où les deux temps étaient l'un à l'autre dans la proportion de 4 à 3, fut peu usité : nous en avons des imitations dans un passage de *l'Enfance du Christ* par Berlioz, et dans la mélodie du *Voyageur* par Vaucorbeil, où il y a des alternatives régulières de 3 et de 4 temps. B.

RHYTHMIQUE, nom que les anciens Grecs donnaient à la science des durées, en tant que susceptibles de proportions entre elles, depuis les rhythmes de la nature et de l'instinct, tels que le battement des ailes de l'oiseau, les pulsations du cœur, la cadence des marteaux de forgerons, etc., jusqu'au rhythme artistique et musical, dont les parties ont des rapports qui peuvent s'exprimer par des nombres.

RHYTHMOMÈTRE. *V.* CHRONOMÈTRE.

RHYTHMOPÉE, nom donné par les anciens Grecs à l'art de choisir, d'employer, de varier, de mélanger les rhythmes. C'était la pratique des règles.

RHYTON. *V.* RHYTION.

RIBAUDEQUIN ou RIBAUDEAU, arbalète de grande dimension. — Espèce d'affût des anciens canons.

RIBAUDS. *V.* ce mot dans notre *Dictionnaire de Biographie et d'Histoire.*

RIBBONISME, nom donné, en Irlande, à une association secrète de paysans catholiques, dont le but, plus ou moins avoué, est de faire rentrer la propriété du sol aux mains des catholiques. Les membres de cette association, qui emploient l'incendie et l'assassinat, sont dits *ribbonistes* ou *riband-men.*

RIBORD. *V.* BORDAGE.

RICA. *V.* ce mot dans notre *Dictionnaire de Biographie et d'Histoire.*

RICERCARI. *V.* PRÉLUDE.

RICHELIEU (Château de). Ce château, que le cardinal Richelieu fit élever en 1637 par l'architecte Lemercier, et qui a été abattu à la Révolution, rivalisait en étendue et en magnificence avec les palais des souverains. Il s'élevait au milieu d'un parc immense, arrosé par l'Amable, et formait un quadrilatère régulier à quatre bastions, avec fossés remplis d'eau. Trois corps de bâtiments à double étage enclosaient une vaste cour. A chaque angle et au centre de l'aile opposée à la porte, ouverte dans une galerie à arcades, étaient des pavillons plus élevés que le reste des bâtiments; un arc triomphal, surmonté d'une statue de la Renommée, couronnait la grande porte, où l'on parvenait par un pont-levis. Deux cours précédaient le château; celle qui n'en était séparée que par le fossé était un carré de même surface que celui du château; les bâtiments des écuries la bordaient latéralement; la grande cour, au cour d'entrée, était carrée aussi, un plus large que l'autre, flanquée aussi de bâtiments divers, destinés à la suite du cardinal. La première porte s'ouvrait au centre d'un demi-cercle de murs, à la jonction de trois routes. Derrière le château, et comme lui entouré d'eau, était un jardin carré, ayant au centre un château d'eau, et formé de quatre parterres symétriques. D'autres parterres s'étendaient au delà du fossé, autour d'une grande pièce d'eau, et se terminaient par une galerie décorée de niches, de statues, de vases, etc. Ces différentes pièces étaient parfaitement symétriques entre elles : de vastes jardins, des potagers, de spacieux massifs d'arbres percés de belles allées, les entouraient; puis, des bois et des taillis complétaient le parc, qui était ceint d'une muraille. Dans cette demeure vraiment royale, les plus habiles artistes avaient prodigué leurs talents; de nombreux et précieux chefs-d'œuvre antiques le décoraient. *V.* une Notice de M. de Chergé dans les *Mémoires de la Société des Antiquaires de l'Ouest*, t. II.

RICHESSE. En termes d'Économie politique, tout ce qui a une valeur quelconque, c.-à-d. une utilité directe, comme l'air, les aliments, ou une utilité indirecte, comme l'argent, la marchandise dans la boutique d'un marchand, constitue une richesse. Il y a deux espèces de richesses : 1° les *richesses naturelles*, telles que l'air, l'eau, la terre, que l'homme n'a pas faites, mais qui n'ont pas moins pour lui une utilité bien réelle. Ces richesses n'ont pas de *valeur échangeable* (espèce de valeur bien différente de la valeur proprement dite) quand elles sont en telle abondance que chacun peut les procurer en aussi grande quantité qu'il le veut sans avoir besoin du secours de personne. Ainsi, dans un village situé au bord d'une grande rivière, l'eau n'a pas de valeur échangeable.

Ainsi encore, l'air n'a pas parmi nous une valeur échangeable; il en aurait une très-grande pour des gens placés dans un souterrain où ils étoufferaient. — 2° Les *richesses artificielles* ou *sociales*, qui sont un produit de l'activité humaine appliquée aux richesses naturelles. A d'autres points de vue, on distingue : les *richesses matérielles*, données par la nature (terres, forêts, animaux, mines, etc.), ou créées par l'homme (produits industriels ou manufacturés), et les *richesses intellectuelles* (instruction, œuvres de l'esprit); les *richesses réelles*, indépendantes de conventions (une terre, une maison, des récoltes, un capital), et les *richesses factices* (effets de commerce); les *richesses productives* (les capitaux qui, par le placement ou le travail, donnent un revenu), et les *richesses improductives* (bâtiments d'une usine, vivres, approvisionnements).

Relativement à la source de la richesse, les Économistes ne sont pas d'accord. Les uns l'ont uniquement trouvée dans l'*argent* : c'était le système de l'école mercantile, qui data de Colbert. Les autres, comme les Physiocrates du XVIIIᵉ siècle, l'ont placée dans les seuls *produits de la nature.* Adam Smith et ses disciples ont proclamé qu'il n'y avait de richesse que dans le *travail*, parce que le travail seul servait de mesure à toutes les autres richesses. Les trois écoles se montraient exclusives, et prenaient la partie pour le tout : c'est la réunion de ces divers éléments qui forme la richesse générale.

RICHESSES (Production, Distribution, Consommation des). *V.* PRODUCTION, DISTRIBUTION, CONSOMMATION.

RICINIUM, vêtement. *V.* notre *Dictionnaire de Biographie et d'Histoire.*

RICOCHET (Tir à). *V.* TIR.

RICOS HOMBRES. *V.* notre *Dictionnaire de Biographie et d'Histoire.*

RIDE, cordage qui sert à tendre les haubans. Cette tension se nomme *ridage.*

RIDEAU (de *ride*, à cause des plis de l'étoffe), voile ou pièce d'étoffe dont on couvre ou ferme quelque chose, et qu'on attache à des anneaux coulant sur une tringle, pour qu'on puisse la tirer à volonté. On met des rideaux surtout aux fenêtres et aux lits. Les Anciens n'employaient souvent pas d'autre moyen de fermeture pour les portes intérieures des maisons et des palais; les juges, dans les causes qui demandaient un examen réfléchi, laissaient tomber un rideau devant leur tribunal, afin de délibérer avant de rendre la sentence; dans les temples, on suspendait souvent un rideau devant la statue de la divinité pendant le temps qu'on ne sacrifiait point. — Au théâtre, il ne paraît pas que les anciens Grecs eu des rideaux entre la scène et le public; le *peripetasma* dont Pollux fait mention était plutôt une toile qu'on étendait par-dessus le théâtre pour mettre les spectateurs à l'ombre. Chez les Romains, la scène était fermée par un rideau (*aulœum*, *siparium*), orné de figures peintes, brodées ou tissues; mais on ne levait pas ce rideau, comme cela se pratique aujourd'hui; on le baissait, et il restait ployé sur la partie antérieure du *proscenium*, ou était reçu en dessous par une trappe.

RIDEAU (Lever de). C'était autrefois une gratification allouée aux auteurs, à la première représentation d'un ouvrage dramatique. Aujourd'hui, c'est une petite pièce qu'on joue au premier lever de la toile, pour donner le temps au gros du public d'arriver au commencement de la grande pièce.

RIDELLES. *V.* CHARRETTE.

RIDICULE. *V.* RÉTICULE, dans notre *Dictionnaire de Biographie et d'Histoire.*

RIEZ (Rotonde de) (Basses-Alpes), monument romain, formé de huit jolies colonnes corinthiennes de granit gris, placées sur un cercle en pierre qui leur sert de socle, et dont la circonférence est de 16ᵐ environ. On l'a surmonté d'une espèce de dôme octogonal, dont les faces correspondent au plan des entre-colonnements. On croit qu'il était consacré à Apollon.

RIFFLART (de *riffler* ou *raffler*), vieux mot qui désignait un sergent, un recors. — On s'en est servi pour désigner un énorme parapluie, depuis qu'un acteur de l'Odéon, jouant, en 1801, le rôle de Rifflart dans *la Petite ville*, comédie de Picard, parut en scène avec un meuble de ce genre.

RIGAUDON ou RIGODON (de l'inventeur *Rigaud?*), ancienne danse, dont l'air, d'un mouvement vif et gai, se battait à 2 temps et se divisait en 2 reprises, phrasées de 4 en 4 mesures et commençant par la dernière note du second temps.

RIG-VÊDA. *V.* VÊDA.

RILEK, sorte de lyre fort grossière, en usage chez les Russes.

RIME (corruption euphonique du mot *rhythme*), retour du même son à la fin de deux ou plusieurs vers. La rime est dite *masculine*, quand les mots se terminent par un son plein, par une syllabe sonore, sans *e* muet (*fierté, beauté; soupir, désir; armer, charmer*). Les troisièmes personnes du pluriel des imparfaits et des conditionnels en *aient* forment des rimes masculines, parce que ces syllabes ont le son de l'*e* ouvert. La rime est *féminine*, quand les mots se terminent par un *e* muet (*victoire, gloire; secrète, poète; belle, rebelle*), ou par un *e* muet suivi de consonnes qui ne se prononcent pas (*armes, charmes*); l'*e* muet ne se faisant point sentir et ne comptant pour rien, la ressemblance se tire de la pénultième syllabe. Le dernier hémistiche des vers à rime féminine a une syllabe de plus que celui des vers masculins; c'est la syllabe formée par l'*e* muet. Une rime est *riche*, si elle est formée par plusieurs syllabes identiques (*auteur, hauteur; souvenir, revenir*); *pauvre*, si la ressemblance n'est que dans le son final (*j'aimai, je parlai*); *suffisante*, quand il y a identité, non-seulement entre les voyelles finales, mais entre les consonnes qui les précèdent (*candeur, pudeur*); *insuffisante*, quand elle se borne à une seule lettre (*ennemi, ennui*).

Lorsque, dans un poëme, deux rimes masculines et deux rimes féminines alternent constamment, on a des *rimes plates* ou *suivies*: c'est le système adopté dans notre haute poésie. Quand on entrelace les deux espèces de vers, un masculin après un féminin, ou deux masculins de même rime entre deux féminins qui riment ensemble, comme dans l'ode, le rondeau, le sonnet, etc., on a des *rimes croisées*. Un certain nombre de rimes semblables qui se suivent sans interruption sont appelées *rimes redoublées*. Les *rimes mêlées* sont celles qui ne sont pas disposées dans un ordre uniforme.

La prosodie française exige, comme condition de la rime, que l'un des mots ne soit pas au singulier, et l'autre au pluriel; ainsi, *loi* ne rime pas avec *bois*, *honneurs* avec *bonheur*, *jeu* avec *feux*. Mais il est admis qu'un mot qui, au singulier, s'écrit avec *s* ou *x* à la fin, peut rimer avec un pluriel terminé par les mêmes lettres; par exemple, *un choix* avec *la voix*. — Deux mots terminés, l'un par *r*, l'autre par *rs* (*amour, recours*), forment une rime défectueuse. — La dernière lettre d'un mot à désinence masculine doit être la même ou du même ordre que celle de l'autre mot avec lequel on veut le faire rimer: ainsi, *exploit* ne rime pas avec *noix*, ni *genou* avec *goût* ou *courroux*, ni *an* avec *enfant*, ni *sultan* avec *pédant*. Mais, si la dernière lettre est la même ou de même ordre, on peut faire rimer des mots qui n'ont que la consonnance avec une orthographe toute différente: ainsi, *Goths* avec *nouveaux*, *accord* avec *fort*, *voix* avec *bois*, *mort* avec *bord*, *flanc* avec *sang*. La consonnance, tant pour les rimes masculines que pour les rimes féminines, doit tenir à la prononciation régulière, à l'accent le plus généralement accrédité dans le langage correct: on ne fera donc point rimer *fier* avec *altier*, *mer* avec *aimer*, *enfer* avec *étouffer*, *fiancés* avec *succès*. — Pour qu'une rime féminine soit bonne, il faut qu'en retranchant l'*e* muet final, ce qui reste offre une rime masculine suffisante et régulière: *monde* ne rime pas avec *demande*, mais peut rimer avec *profonde*. — On admet à rimer ensemble tous les mots dont la dernière syllabe a le son de la nasale *in*, de quelque manière qu'elle s'écrive: *main* et *chemin*, *faim* et *fin*, etc. — Les mots terminés en *ent* et en *aient* ne riment qu'avec des mots qui ont ces mêmes terminaisons: on ne ferait pas rimer *méprisent* avec *entreprise*, *surface* avec *surpassent*. Un mot terminé par *s* (*trépas*) ne peut rimer avec un mot terminé par *t* (*état*); ni une syllabe longue avec une brève (*maître* et *mètre*, *disgrâce* et *place*, *abattre* et *idolâtre*); ni une lettre mouillée avec une autre qui ne l'est pas (*fille* et *file*); ni le mot simple avec son composé (*prudent* et *imprudent*, *heureux* et *malheureux*, *juste* et *injuste*), à moins que le composé ne diffère tout à fait de sens avec le mot dont il dérive (*garder* et *regarder*, *courir* et *secourir*). Les deux hémistiches d'un vers ne doivent pas rimer ensemble. On doit encore éviter la rime dans les premiers hémistiches de deux vers qui se suivent.

La question de l'origine de la rime est fort incertaine. La rime peut avoir été suggérée par le phénomène physique qu'on nomme *écho*. Selon Jean Lemaire, elle aurait été inventée en Gaule, 700 ans avant la guerre de Troie, par un roi Bardus, dont le nom est resté aux Bardes. On a remarqué aussi que, dans la Bible, certaines conson-

nances se reproduisaient à la fin des versets; que la rime n'a point été inconnue dans l'Inde, dans la Chine, et même dans le Nouveau-Monde. Les consonnances semblables, dont on constate le retour dans certains vers des poètes de l'ancienne Rome, s'expliquent autrement que par le dessein de rimer (V. LÉONINS — Vers). La versification latine, comme la versification grecque, était établie sur la quantité prosodique, et non sur la rime: ce fut seulement dans le désordre inhérent à la décomposition du latin, qu'au lieu de prendre pour base dans les vers la longueur relative des sons, on prit chaque syllabe comme unité vis-à-vis de toute autre syllabe; on ne *mesura* plus les syllabes, on les *compta*. Il fallut alors que le poète marquât l'endroit où il avait accompli la seule condition qu'on exigeait désormais de lui: la rime parut; elle fut, dit M. Sainte-Beuve, placée au lieu qu'elle occupe, comme un coup de cloche pour avertir qu'un vers était fini et qu'un autre allait commencer. Le plus ancien chant latin rimé est peut-être la chanson de Clotaire II, antérieure à l'an 628. Dans les hymnes et les proses d'église, l'ignorance ou la simplicité abandonna comme profanes les rythmes de l'ancienne poésie latine, et les remplaça aussi par la rime: les stances de ces chants sacrés ont été composées de vers syllabiques rimant entre eux; le *Veni, sancte Spiritus* du roi Robert, le *Lauda Sion* de St Thomas d'Aquin, le *Dies iræ*, le *Stabat mater*, etc., en sont des exemples. Rien n'est donc moins fondé que l'opinion qui attribue l'invention de la rime aux Arabes, qui l'auraient communiquée à nos Troubadours du moyen âge.

Une fois ce nouvel élément adopté dans la versification, on en exagéra l'importance: la rime devint pour le poëte et fureur et fatigue. Ce fut surtout au XVe siècle qu'on poussa jusqu'à ses dernières limites la recherche des difficultés de rime. Ainsi, on appela rime *annexée*, *concaténée* ou *enchaînée*, une sorte d'anadiplose (*V. ce mot*) consistant à commencer un vers par la dernière syllabe du vers précédent, ou par une partie considérable du dernier mot, ou par ce mot tout entier. Ainsi:

> Dieu gard' ma maîtresse et *régente*,
> *Gente* de corps et de *façon*;
> *Son* cœur tient le mien dans sa *tente*,
> *Tant* et plus d'un ardent frisson.

Les vers dont la fin rimait avec le repos du vers suivant formaient une rime *bâtelée*:

> Quand Neptunus, puissant dieu de la *mer*,
> Cessa d'*armer* caraques et galées,
> Les Gallicans bien le durent *aimer*,
> Et réclam*er* ses grands ondes salées.
> CL. MAROT.

Les rimes *brisées* consistaient à construire des vers dont les repos rimaient entre eux, de façon qu'en les brisant on fît d'autres vers: Octavien de Saint-Gelais s'est beaucoup exercé en ce genre. Voici un exemple tiré de ses œuvres:

> De cœur parfait, chassez toute douleur;
> Soyez soigneux; n'usez de nulle feinte;
> Sans vilain fait entretenez douceur;
> Vaillant et preux, abandonnez la feinte.

La rime était *couronnée*, quand elle se présentait deux fois à la fin de chaque vers:

> Ma blanche Colom*belle, belle*,
> Souvent je vais *priant, criant*;
> Mais dessous la cor*delle d'elle*
> Me jette un cœur *friant, riant*.
> CL. MAROT.

La rime *empérière* était celle qui au bout du vers frappait l'oreille jusqu'à trois fois:

> Bénins lecteurs, très-dili*gens gens, gens*,
> Prenez en gré mes impar*faits faits faits*.

Dans les rimes *équivoques*, les dernières syllabes de chaque vers étaient reprises en un autre sens dans le vers suivant:

> En m'ébattant, je fais rondeaux en *rime*,
> Et *en rimant* bien souvent je m'*enrime*;
> Bref, c'est pitié entre nous *rimailleurs*,
> Car vous trouvez assez de *rime ailleurs*.
> Et quand vous plaît, mieux que moi *rimassez*,
> Des biens avez et de la *rime assez*.
> CL. MAROT.

On tombait dans l'ineptie, et une réaction était inévitable : mais, au lieu de se borner à *corriger* les abus de la rime, on essaya de la supprimer, et de revenir à la prosodie ancienne basée sur la quantité. De là les *nombreux* essais de vers métriques qui furent faits au xvie siècle (*V.* Vers). Notre langue, notre accentuation ne s'y prêtaient guère; le principe de la rime prévalut. Sans avoir autant de charme que la mesure des Anciens, elle plaît à l'oreille, soulage la mémoire, et impose à l'esprit du poète certaines entraves d'où il peut, s'il en triomphe, tirer de véritables beautés. *V.* Poésie.   B.

RIMINI (Arc de), arc honoraire romain, dédié à l'empereur Auguste à l'occasion du rétablissement de la voie Flaminienne depuis Rimini jusqu'à Rome. Il est construit en pierre blanche d'Istrie, et percé d'une seule arcade. Le fronton est porté par deux colonnes corinthiennes à demi engagées. Entre l'arcade et les demi-colonnes sont des médaillons contenant les bustes en demi-relief de Jupiter, de Vénus, de Neptune et de Minerve, sculptures d'un très-beau caractère. *V.* Briganti, *Illustrazione dell' arco di Augusto,* Rimini, 1825, in-fol.

RINCEAU, en termes de Beaux-Arts, branche d'ornement prenant naissance d'un culot, et formée de feuilles naturelles ou imaginaires, de fleurons, graines, boutons, etc. On en décore les frises, les gorges, les rudentures, les champs des pilastres et des panneaux, quelquefois les fûts de colonnes, les vases, les candélabres, etc.

RIOT-ACT. *V.* ce mot dans notre *Dictionnaire de Biographie et d'Histoire.*

RIPIENO, *mot italien qui signifie remplissage.* En Musique, les *ripieni* sont les parties de chœur ou d'orchestre qui ne se chantent ou ne se jouent que dans les ensembles, et qui se taisent pendant les solos.

RIPUAIRES (Lois des Francs). On en attribue la rédaction à Théodoric ou Thierry Ier, fils de Clovis et roi d'Ostrasie, mais la forme sous laquelle cette loi nous est parvenue ne paraît pas remonter plus haut que Dagobert. La loi ripuaire contient 89 ou 91 titres et 224 ou 277 articles (selon les distributions diverses); il y a 164 articles de Droit pénal, 113 de Droit politique ou civil, de Procédure civile ou criminelle. C'est donc une législation essentiellement pénale, comme la loi Salique; toutefois, le Droit civil y tient plus de place. Le combat judiciaire est plus souvent mentionné et mieux réglé que dans la loi Salique, comme la loi devenait plus puissante que la vengeance personnelle; le roi apparaît comme possesseur d'un plus vastes domaines et d'une plus grande autorité. L'Église est assimilée au roi, et les mêmes priviléges sont accordés à ses terres. Divers emprunts ont été faits aux lois romaines, particulièrement pour l'affranchissement des esclaves. *V.* Weber, *De legibus Salicâ et Ripuariâ,* Heidelberg, 1821 ; Rogge, *De peculiari legis Ripuariæ cum Salicâ,* Kœnigsberg, 1823 ; Davoud-Oghlou, *Histoire de la législation des anciens Germains,* Berlin, 1845, 2 vol. in-8°.

RIQUIER (Église de Saint-), à 10 kilomèt. d'Abbeville. Commencée dans les dernières années du xve siècle, cette église, autrefois abbatiale, est un des derniers monuments que l'on a élevés dans le style ogival. La façade, à laquelle on monte par un perron de cinq marches, a 28 mèt. de largeur, et présente trois portes pratiquées sous de profondes voussures. La porte centrale, séparée des autres par deux tourelles octogones qui montent jusqu'au sommet de la façade, est flanquée des statues de Louis XII et de François Ier, et de deux autres qu'on croit représenter St Benoît et St Maur; dans les bandeaux des voussures, on a figuré les principaux traits de la vie de St Riquier et de celle de St Angilbert, abbés du monastère; un arbre de Jessé occupe le tympan. Dans le fronton qui surmonte la porte, il y a un groupe de la Ste Trinité, et, de chaque côté de ce fronton, sur le mur de face, sont pratiquées des niches qui contiennent les statues colossales des Apôtres. Un fronton triangulaire qui les surmonte renferme les statues de la Ste Vierge, de Dieu le Père et de Jésus-Christ, et, un peu en retraite, s'élève, à une hauteur de 50 mèt., une tour carrée, percée de deux baies sur chacune de ses faces, et terminée par une balustrade à jour. Les portes qui donnent entrée dans les bas côtés sont disposées en arrière-corps : celle de droite est décorée des statues de Ste Marie-Madeleine et de Ste Catherine, et, dans les voussures, on reconnaît quelques traits de la vie de St Joachim, de Ste Anne et de la Ste Vierge; celle de gauche présente les statues de St Antoine et de St Roch, et les principaux traits de la vie de ces saints. Dans tout le pourtour de l'église, les murs sont lisses et sans ornements ; mais les contre-forts et leur double rang d'arcs-boutants donnent à l'ensemble une certaine légèreté. A l'intersection des transepts s'élevait autrefois un beau clocher en charpente, couvert en plomb; à la suite d'un ouragan, en 1800, il fut abattu. L'intérieur de l'église de St-Riquier, en forme de croix latine, se distingue par une *noble* simplicité, par la justesse et l'accord des proportions : il a 104 mèt. de longueur, 27 mèt. de largeur et autant de hauteur. Au-dessus des arcades règnent des tribunes bordées de balustrades à jour, et 19 grandes fenêtres, aujourd'hui privées de vitraux peints, éclairent tout l'édifice. Autour du chœur on compte onze chapelles : l'une d'elles, celle de la Ste-Vierge, offre un assez grand développement; on remarque dans son axe une déviation avec l'axe du chœur. La menuiserie des stalles du chœur est d'un beau travail. Le pourtour du sanctuaire a été défiguré par un corps d'architecture d'ordre ionique : au-dessus du maître-autel se trouve un très-beau Christ en bois, œuvre de Girardon. A droite du chœur, au-dessus de la partie d'un ancien cloître qui sert de sacristie, est une pièce voûtée en ogive et qu'on appelle la Trésorerie : on y conservait anciennement les châsses, les reliquaires et les vases sacrés; ce qu'elle offre de plus intéressant, ce sont des fresques qui représentent la translation des restes de St Riquier, et quelques scènes de la Danse macabre. *V.* Gilbert, *Description historique de l'ancienne abbaye de St-Riquier,* Amiens, 1836, in-8°.

RIS, en termes de Marine, partie des voiles destinée à être repliée quand le vent est trop fort. A cet effet, on y pratique en ligne horizontale un rang d'œillets, dans lesquels on passe, des garcettes ou cordes longues de 2m,30 à 3m,30, pendant par moitié de chaque côté des voiles, et servant à les lier sur les vergues. Les basses voiles n'ont qu'un ris, les huniers en ont trois ou quatre, espacés de 2 mèt. à 2m,60. *Prendre un ris,* c'est raccourcir la voile dans le sens de sa hauteur; *être au bas ris,* c'est avoir tous les ris pris; *larguer les ris,* c'est détacher les garcettes qui tiennent la voile repliée sur la vergue, lorsque le vent ne devient plus modéré.

RISDALE. *V.* Rixdale, dans notre *Dictionnaire de Biographie et d'Histoire.*

RISQUE (de l'espagnol *risco*), chance que l'on court d'une perte ou d'un dommage. *Prendre une affaire à ses risques et périls,* c'est s'exposer sciemment à tout ce qui peut en résulter. Les *risques locatifs* sont les faits dont la responsabilité incombe aux locataires vis-à-vis du propriétaire; tel est, par exemple, l'incendie : les compagnies d'assurances les garantissent à cet égard, moyennant une prime annuelle. On nomme *risques de mer* les chances résultant pour l'assureur d'un contrat d'assurance maritime.

RISTOURNE, en matière d'assurances maritimes, se dit de la dissolution d'un contrat à la grosse, soit pour défaut ou insuffisance d'objets exposés aux risques, soit pour fraude de la part de l'emprunteur.

RIT ou RITE (du latin *ritus*), manière ou ordre suivant lequel doivent se pratiquer les cérémonies du culte. Les rites diffèrent selon les religions, et il peut y avoir aussi différents rites dans une même religion : par exemple, dans la religion catholique, on distingue les rits *ambrosien, grégorien, romain, mozarabe,* etc. Il y a, à Rome, une *Congrégation des rits,* chargée de fixer les cérémonies; elle a été instituée par le pape Sixte-Quint.

RITOURNELLE (de l'italien *ritornello,* diminutif de *ritorno,* retour), nom donné primitivement, en Musique, à toute phrase d'accompagnement qui répétait une phrase de chant, soit comme prélude en tête d'un air, soit au milieu, pour donner au chanteur un temps de repos, soit à la fin comme conclusion. La ritournelle a pris ensuite plus d'importance, et est devenue une sorte de symphonie plus développée. Elle a surtout son emploi dans la musique dramatique; elle annonce le sentiment que le personnage va exprimer, et permet les jeux de scène. — Dans la poésie italienne, on nomme *ritournelles* de petits chants populaires, d'un caractère simple et mélancolique, et d'un rhythme arbitraire.

RITUEL, livre contenant les *rites* qu'on doit observer dans les cérémonies religieuses.

RIXDALE, monnaie. *V.* notre *Dictionnaire de Biographie et d'Histoire.*

ROB. *V.* Whist.

ROBE, vêtement ordinaire des femmes. Chez les Anciens, une sorte de robe fut aussi la partie principale du costume civil des hommes; tels étaient, chez les Romains, les vêtements appelés *toge, prétexte, trabée.* Nous donnons encore le nom de *robe* au costume des magistrats, des avocats, des professeurs, dans l'exercice de leurs fonctions. Par extension, le mot *robe* a désigné la profession de la judicature, comme quand on dit les *gens de robe*, la *noblesse de robe*. Autrefois les magistrats et les membres du clergé étaient dits *gens de robe longue*, et ceux qui portaient l'épée *gens de robe courte*.

ROBERT LE DIABLE, poëme d'aventures du XIIIᵉ siècle. Une duchesse de Normandie ne pouvait avoir d'enfants : après avoir vainement invoqué Dieu, la Vierge et les saints, elle s'adresse au diable, et devient mère; mais son fils porte la peine de son origine infernale. Impie, déloyal, féroce, il commet tant de crimes, qu'il inspire à tout le monde une profonde horreur. L'isolement où on le laisse le fait réfléchir à son passé; il se repent avec la même ardeur qu'il avait fait le mal, et, quand enfin il est convaincu, il refuse la main de la fille de l'empereur, qui lui est offerte pour prix de ses services. Les barons normands qui viennent le supplier de régner sur eux ne sont pas mieux accueillis : Robert demeure dans son ermitage, et y meurt en odeur de sainteté. — Ce roman existe à la Bibliothèque nationale de Paris dans un manuscrit du XIIIᵉ siècle; il a été publié par Trébutien, Paris, 1837. Dès 1496, on imprima à Paris *la Vie du terrible Robert le Diable, lequel fut après l'homme de Dieu* : c'est de là que fut tiré un vaudeville de *Robert le Diable*, joué en 1813, et l'opéra de même nom, écrit par Meyerbeer sur des paroles de Scribe et de Germond Delavigne, et représenté en 1831. Un *Miracle de Nostre Dame de Robert le Dyable* a paru à Rouen en 1836 : les éditeurs supposent que Robert le Diable n'est autre que Robert Courte-Heuse, fils de Guillaume le Conquérant. Mais on considère généralement Robert le Diable comme le type idéal de ces seigneurs grossiers et violents qui, après une vie de débauches et de rapines, allaient chercher dans les cloîtres l'oubli et le pardon de leurs crimes. La légende de Robert le Diable existe en prose dans les *Chroniques de Normandie*, œuvre du XIIIᵉ siècle. Elle a été reproduite en anglais et en espagnol; enfin elle a inspiré à Manzoni un épisode de son roman des *Fiancés. V.* l'*Histoire littéraire de la France*, t. XXII. H. D.

ROBIN, expression de dédain par laquelle les grands seigneurs et les gens d'épée désignaient autrefois les hommes de robe, c.-à-d. les magistrats et le barreau.

ROBIN ET MARION (Le Jeu de), pièce pastorale du poëte d'Arras, Adam de La Halle. On y voit figurer dix personnages, Robin, Marion, un chevalier, six bergers et une bergère. Le chevalier rencontre Marion et cherche à la séduire; mais il perd temps et ses paroles, et se retire fort peu satisfait. Arrive Robin, à qui son amie apprend tout : le pauvre berger, craignant le retour du son rival, court appeler d'autres bergers qui s'arment de bâtons. Cependant le chevalier revient, insulte Robin, et emmène de force Marion, que son amoureux n'ose défendre; elle se délivre enfin elle-même de l'importun chevalier, et, après divers jeux et divertissements, la pièce se termine par le mariage de Robin avec Marion. — Ce Jeu ne fut pas représenté du vivant de l'auteur; il paraît, d'après le prologue dont il est précédé, qu'il fut donné sur la scène pour honorer sa mémoire. Il a été publié par Monmerqué dans son *Théâtre français au moyen âge*, et par Renouard, *Fabliaux et Contes*, Paris, 1820. V. l'*Histoire littéraire de la France*, t. XX. H. D.

ROBIN HOOD ou ROBIN DES BOIS (Ballades de), groupe de chants populaires de la Grande-Bretagne, composés sur Robin Hood, chef d'Outlaws (*V.* ce mot dans notre *Dictionnaire de Biographie et d'Histoire*). Les Bardes ont personnifié, sous le nom de ce chef de bande, toutes les antipathies des Anglo-Saxons contre les Normands, leurs vainqueurs : toutefois, Robin Hood n'est pas un personnage imaginaire. Né, d'après la tradition, en 1160, il était comte de Huntingdon : après avoir perdu son patrimoine par ses prodigalités et par l'injustice d'un shérif et d'un abbé, il voua une haine implacable à la noblesse normande et au clergé, recruta quelques aventuriers avec lesquels il vécut au milieu de la forêt de Sherwood, se donna la mission de redresser les torts, et de venger la servitude populaire. Quelques critiques ont fait de lui un soldat de Simon de Montfort révolté contre Henri III; d'autres ont nié son existence. Son habileté à tirer de l'arc fut proverbiale, et les corporations d'archers en Angleterre instituèrent plus tard des jeux et

des fêtes en son honneur. Aujourd'hui encore on montre des pierres où il s'est assis, des citernes où il a bu. Son cor n'était pas moins célèbre que celui de Roland en France; on conserva son arc et une de ses flèches à Fountains-Abbey jusqu'à la fin du XVIIIᵉ siècle, et sa tombe est dans le cimetière de Hathersage. Les noms de ses lieutenants vivent aussi dans la mémoire du peuple : on remarque surtout Arthur, tanneur de Nottingham, et Petit-Jean (*Little John*). Les ballades de Robin Hood, en grande faveur au XVIᵉ siècle, dédaignées depuis le XVIIᵉ, attirèrent de nouveau l'attention quand Joseph Ritson en eut publié la plus grande partie en 1795, avec une sorte d'épopée qui a pour titre *Lyttle Geste*, et dont le franc archer est aussi le héros. *V.* Aug. Thierry, *Histoire de la conquête de l'Angleterre par les Normands;* Barry, *Sur le cycle de Robin Hood*, thèse, Paris, 1832; Mathew Gutch, *The Robin Hood garlands and ballads, with the tale of the Lyttle Geste*, Londres, 2 vol., 1850; J. Hunter, *The great hero of the ancient minstrelsy of England, Robin Hood*, ibid., 1852; L. Étienne, *Les ballades du cycle de Robin Hood*, dans la *Revue des Deux Mondes*, 1ᵉʳ octobre 1854.

L'Allemagne possède aussi son Robin des Bois : mais celui-ci n'est plus un chef de proscrits, un brigand vertueux; ce n'est autre chose que le génie du mal, venu sur la terre pour y faire des victimes. Un des mille moyens employés par ce génie malfaisant a fourni à Weber le sujet de son opéra de *Freyschütz* ou *Robin des Bois*.

ROBINSON CRUSOÉ (La Vie et les Aventures de), célèbre roman anglais, publié par Daniel de Foë en 1719. Le succès en fut tel, que l'auteur publia une suite, puis une 3ᵉ partie toute morale, qui ne réussit point. On ne saurait dire si De Foë eut autre chose en vue que de faire un livre amusant. En voyant son héros se reprocher sans cesse de n'avoir pas écouté les remontrances de son père, déplorer les dangers de sa carrière qui le frappent comme le juste châtiment de sa désobéissance, reporter douloureusement sa pensée vers les biens dont l'a privé sa funeste passion pour les voyages, on pourrait croire qu'il a voulu inspirer à ses concitoyens l'aversion des courses maritimes, et prêcher la moralité de son livre est qu'il y a folie à courir les aventures, quand on est à peu près assuré de vivre sur terre. Ce serait un but assez étrange chez un Anglais, jaloux de la gloire et de la prospérité de son pays. On peut supposer que, tout en donnant à Robinson un sentiment vif et profond de ses peines au moment où il les éprouve, et en même temps une passion irrésistible qui l'entraîne toujours à de nouveaux voyages, De Foë a voulu faire connaître aux jeunes marins de leur profession à des charmes qui surpassent tous les maux auxquels ils peuvent être exposés : il aurait ainsi servi les intérêts de sa patrie avec une étonnante adresse, puisqu'il aurait tendu et serait arrivé à ce but par des chemins dont la direction y semble opposée. Ce qui est certain, c'est que le *Robinson Crusoé* a toujours eu de nombreux et avides lecteurs dans la marine anglaise : le matelot prend un grand plaisir à tous les expédients que Robinson imagine pour se nourrir, se loger et se vêtir sur une terre abandonnée; il compte bien les mettre en usage et en inventer de meilleurs encore, si la tempête le jette seul aussi sur quelque plage déserte; les ressources que Robinson fournit d'avance à son esprit pour se tirer d'une position critique sont plus propres à lui déguiser les dangers de sa profession, que ses doléances ne sont capables de lui en inspirer le dégoût, et il doit lui sembler qu'en pareil cas il prendrait mieux son mal en patience, ni aux mêmes plaintes, ni aux mêmes terreurs. Sans avoir autant de popularité qu'en Angleterre, *Robinson Crusoé* a obtenu dans tous les pays de l'Europe un grand et durable succès. C'est partout le livre de l'enfance et de la première jeunesse, qu'il charme par l'intérêt des situations et le merveilleux des accidents, et qu'il captive en leur donnant des notions légères, mais assez fidèles, sur les arts mécaniques, la navigation, le commerce, les climats, les races d'hommes et d'animaux, les productions naturelles, les institutions sociales, etc. J.-J. Rousseau, qui y trouvait beaucoup d'analogies avec le système d'éducation naturelle qu'il préconisa dans l'*Émile*, en faisait une estime toute particulière. Pour les esprits les plus élevés et les plus difficiles, *Robinson Crusoé* se recommande par la naïveté des récits, des réflexions et du style : de tous les voyages imaginaires, c'est celui qui porte au plus haut degré d'illusion le caractère de la vraisemblance. Aussi fut-on longtemps persuadé que De Foë avait fait une relation d'aventures véritables, et qu'il avait publié, en changeant seulement les noms et les dates, le journal d'un matelot écossais, Alexandre Selkirk, abandonné de 1704 à 1709 dans l'île Juan-Fernandez. Toutefois, l'intérêt du roman faiblit lorsque Robinson n'est plus seul, lorsque Vendredi, puis deux autres personnages, viennent partager son sort et l'aider de leur industrie. L'ouvrage devrait finir, quand un vaisseau le tire de son île : tout ce qui suit est vulgaire et presque ennuyeux. Les lecteurs qui ne sont pas Anglais, et qui n'ont point pour les discussions religieuses le goût que l'Angleterre avait pour elles au temps de Daniel De Foë, peuvent encore blâmer les fréquentes et longues dissertations théologiques de Robinson, là où il s'agit de l'éducation chrétienne de Vendredi et de la conversion de Guillaume Atkins. — On a fait beaucoup d'imitations de *Robinson Crusoé* : la meilleure est *le Jeune Robinson*, par Campe, Hambourg, 1780, 3 vol. in-12. **B.**

ROBOTES (du slave *robota*, travail), nom qu'on donne aux corvées dans les pays slaves.

ROCAILLE, composition d'architecture rustique qui imite les rocailles naturelles, et qui représente des grottes, des fontaines, etc., à l'aide de pierres irrégulières et brutes. Il y a une salle en rocaille au château de Rambouillet. La grande cascade du bois de Boulogne, à Paris, est en rocaille. — On a aussi donné le nom de *Rocailles* à de petits meubles du temps de Louis XV, tels que pendules, vases, flambeaux, dont l'extérieur imite des rochers ou des amas de coquillages.

ROCAMBEAU, cercle en fer qui embrasse librement un mât; on y fixe une voile par son point d'amure ou de drisse, et cette voile est par là susceptible d'être amurée ou hissée à divers points de ce mât. Le rocambeau sert principalement à l'installation des focs.

ROCANTIN, nom donné jadis : 1° aux vieux militaires qu'on appelait aussi *mortes-payes*, et qui étaient préposés à la garde des *rocs*, des lieux fortifiés; 2° à une chanson composée de fragments de plusieurs autres, en guise de centon.

ROCH (Église de S¹-), à Paris. Cet édifice, un des plus ornés de la ville, mais aussi un des plus répréhensibles au point de vue du goût et de la pureté, est en style moderne. Lemercier le commença en 1632, mais il ne fut achevé qu'au siècle suivant. Robert de Cotte en dessina le portail, qui s'élève au-dessus d'un assez grand nombre de marches. Imitation assez médiocre du style de Mansard, ce portail se compose de deux ordres, dorique et corinthien, superposés et surmontés d'un fronton; sa largeur est de 28 mèt., son élévation de 26. La disposition intérieure de l'église S¹-Roch est fort singulière : au delà de la nef et du chœur, l'œil aperçoit trois chapelles qui se suivent dans l'alignement du portail; la 1ʳᵉ est celle de la Sᵗᵉ-Vierge, dont la coupole, peinte par Pierre, représente l'*Assomption*, et où l'autel offre une *Annonciation* exécutée sur les dessins de Falconnet; la 2ᵉ, autour de laquelle tournent les bas côtés de la nef, est celle de la Communion, dont l'autel est surmonté d'un groupe sculpté par Slodtz; la 3ᵉ, dite du Calvaire, est une espèce de rotonde coupée, ajoutée depuis à l'église, et dont la décoration, composée par Falconnet, a été sculptée par Michel Anguier. Ces trois chapelles sont éclairées par une lumière différente et dégradée à dessein, et l'on a ainsi obtenu un effet presque théâtral. Les diverses chapelles ont été ornées de tableaux et de statues, dont plusieurs ne sont point sans mérite : on peut citer le *Triomphe de Mardochée* par Jouvenet, la *Guérison du mal des ardents* par Doyen, un *Jésus* de Vien, le *Vœu à la Madone* par Schnetz, les statues de S¹ Joachim et de Sᵗᵉ Anne par Lemoine, de S¹ Augustin et de S¹ François de Sales par Pajou, du cardinal Dubois par Coustou, un *Jésus dans la crèche* sculpté par François Anguier, le buste de Le Nôtre par Coysevox, le monument du comte d'Harcourt par Falconnet, celui de l'abbé de l'Épée par Lassus et Préault. Au nombre des personnages illustres qui ont été enterrés dans l'église S¹-Roch, figurent Mᵐᵉ Deshoulières, P. Corneille, le président Hénault, les frères Anguier, Pontchartrain, Mably, Maupertuis. La chaire, qui passe pour une des plus belles de Paris, est surchargée d'ornements que Charles dessina, et qui ont été depuis restaurés par Laperche; les Vertus théologales qui la soutiennent manquent de grâce et de légèreté. **B.**

ROCHESTER (Cathédrale de), un des plus beaux monuments de l'architecture romano-byzantine en Angleterre, commencé par Gondulf, ancien moine de l'abbaye du Bec en Normandie, qui fut nommé évêque en 1077. La dédicace eut lieu en 1130. Cette église est bâtie sur le plan basilical, avec transept : une tour massive s'élève

au point d'intersection de la nef et du transept. La façade occidentale est construite avec beaucoup d'habileté : la porte est formée par une très-belle arcade en retraite, dont les moulures sont couvertes d'arabesques, de feuillages, de médaillons et de têtes d'animaux, et qui est supportée par quatre piliers annelés; deux de ces piliers sont en forme de caryatides, et présentent les statues du roi Henri Iᵉʳ et de la reine Mathilde; le linteau de la porte offre la figure des douze Apôtres, et, sur le tympan, on voit le Sauveur accompagné des symboles des quatre Évangélistes. Les arcs de la nef, semi-circulaires, ornés de zigzags, et entourés d'une archivolte couverte de pointes de diamant, reposent sur des piliers carrés, garnis de colonnettes sur leurs faces antérieure et postérieure. Le triforium est composé d'un grand arc, semblable à celui du premier étage, et encadrant deux arcs moindres, appuyés sur une colonnette; au-dessus de ces deux arcs est une ouverture en œil-de-bœuf. Les fenêtres sont également à plein cintre, et la voûte est en bois. Une vaste crypte s'étend sous une partie du chœur et sous le transept; on y trouve encore des traces de peintures à fresque. **B.**

ROCHET (de l'allemand *rock*, vêtement, robe), sorte d'aube courte, garnie de broderies et de dentelles, que portent les évêques, les abbés et les chanoines. Dans certains diocèses, les prêtres et même tous les gens de chœur portent des rochets dépourvus d'ornements. Le rochet a des manches et des poignets, ce qui le distingue du *surplis* (V. ce mot). — On donne aussi le nom de *rochet* au mantelet de cérémonie des Pairs d'Angleterre : le rochet des vicomtes a deux bordures et demie, celui des comtes en a trois.

ROCHETTE. V. FUSÉE.

ROCOCO (Style), nom qu'on donne à un certain style d'architecture et d'ornementation du xviiiᵉ siècle, lequel emploie les façades hérissées de lignes courbes, les frontons recourbés et brisés, les encadrements tout à fait arbitraires des portes et des fenêtres, les rocailles, les guirlandes de fleurs bizarrement entrelacées, et toutes sortes de formes tourmentées pour les tables, fauteuils, sofas, candélabres, etc. Tous les moyens de l'art y sont mis en œuvre mal à propos et uniquement en vue de l'effet. Le rococo fit place, vers la fin du siècle, à un nouveau style classique, qui mit à la mode tout ce qui était *à la grecque*.

RODAGE, droit féodal. V. notre *Dictionnaire de Biographie et d'Histoire*.

RODEZ (Église NOTRE-DAME, à). Cette église cathédrale, élevée sur l'emplacement d'un autre édifice qui s'écroula en 1275, est en une sorte de grès rougeâtre. Elle fut construite avec beaucoup de lenteur : les chapelles absidales et les premières travées du chœur appartiennent au xivᵉ siècle; pendant le xvᵉ, le chœur fut terminé et orné de stalles, on éleva le transept, la nef et la tour; enfin, au xviᵉ, un secrétaire du cardinal d'Armagnac, Philandrier, qui avait étudié l'architecture dans Vitruve et visité les œuvres de la Renaissance en Italie, exécuta le portail à fronton, et Bachelier éleva, dans le même style déplacé, la lourde tribune qui occupe le fond de la nef et se prolonge en partie sur les bas côtés. L'extérieur de la cathédrale de Rodez n'offre pas ces merveilles de sculpture qu'on trouve dans les monuments gothiques de la même époque; tout y est nu et sévère. La seule partie remarquable est la tour, achevée en 1501; elle est carrée jusqu'au milieu de sa hauteur, puis formée d'un corps octogonal, que flanquent quatre tourelles posées sur les angles de sa base, et portant chacune la statue d'un Évangéliste. Elle se termine par une plateforme, au milieu de laquelle est une coupole qui contient le timbre de l'horloge et qui porte une statue colossale de la Vierge. L'élévation de ce clocher est de 80 mèt. L'église n'a que des entrées latérales, et à l'endroit où se trouve d'ordinaire la principale en rée, en face du chœur, on voit un grand autel appuyé contre la muraille. La disposition intérieure de l'édifice présente la forme d'une croix latine, avec collatéraux et chapelles accessoires : la longueur est de 97ᵐ,45; la plus grande largeur, prise dans la croisée, de 36ᵐ; la hauteur sous voûte, de 33ᵐ. Les chapelles, au nombre de 27, n'ont pas toutes le même plan : celles qui accompagnent la nef, et les deux premières au delà du transept, sont élevées sur un plan carré, tandis que celles qui rayonnent autour du sanctuaire sont hexagonales. La chapelle du St-Sépulcre est remarquable par la voûte plate qui lui sert de plafond. La construction manque généralement d'élégance et de grâce : les piliers ne sont ornés que de simples nervures prismatiques ; les galeries sont lourdes et obscures ; de grêles colonnettes, contournées à leur partie supérieure en cœurs, en flammes ou en figures fantastiques, partagent les fenêtres en plusieurs compartiments. Le chœur seul est bâti dans des proportions harmonieuses et avec toute la perfection désirable. Le jubé, quoique mutilé, est une œuvre précieuse. Les boiseries du chœur sont un des plus curieux monuments de la sculpture à la fin du xvᵉ siècle : c'est un ensemble de dais très-riches, reliés aux stalles par un panneau rempli d'arcades simulées, d'ogives, d'arcs trilobés et de quatre-feuilles ; de chaque côté des stalles s'élèvent des colonnettes qui, partant d'une base commune, vont se réunir au dais supérieur. Le trône épiscopal est plus beau encore : la stalle est formée de trois panneaux, dont les deux latéraux sont découpés à jour ; le recouvrement supérieur projette un magnifique pendentif, et est surmonté d'une sorte de pyramide flanquée de clochetons à ses angles. V. l'abbé Magne, *Notice archéologique sur la cathédrale de Rodez.*   B.

ROE, vieux mot qui désignait un pupitre disposé en forme de *roue* tournante, soit horizontalement sur un pivot perpendiculaire au centre, soit verticalement sur un axe horizontal, de manière à maintenir la même inclinaison à tous les volumes qu'il soutenait. On l'appliquait aussi aux *couronnes de lumière* (V. ce mot).

ROG, instrument de musique. V. Russe (Art).

ROGATEURS. } *V.* ces mots dans notre *Dictionnaire*
ROGATION. } *de Biographie et d'Histoire.*

ROGATOIRE (Commission). V. Commission.

ROI, souverain d'un État qui porte le titre de *royaume* (V. Royauté). — Le mot *roi* a été employé dans d'autres acceptions que celle-là. Ainsi, il y avait, dans l'ancienne Athènes, un *archonte-roi*, chargé de présider à tous les sacrifices. Certaines corporations du moyen âge donnèrent à leurs chefs le nom de roi (V. Basoche, Ribauds, dans notre *Dictionnaire de Biographie et d'Histoire*, et, dans le présent ouvrage, les art. Merciers, Ménétriers).

ROI D'ARMES. } *V.* ces mots dans notre *Diction-*
ROI DES FESTINS. } *naire de Biographie et d'His-*
ROI DES SACRIFICES. } *toire.*

ROIS (Fête des). } *V.* ces mots dans notre *Dictionnaire*
ROIS (Livres des). } *de Biographie et d'Histoire.*

ROJOK, instrument de musique. V. Russe (Art).

ROLAND (La Chanson de) ou *Chanson de Roncevaux,* la plus ancienne et la meilleure de nos Chansons de gestes, appartient au cycle carlovingien. Le héros en est Roland, comte des Marches de Bretagne, et neveu de Charlemagne. Cette Chanson, sous la forme que nous connaissons, remonte au xiiᵉ siècle, et on y trouve le nom de son auteur, Turold ou Théroulde, sur lequel il n'existe aucun renseignement. Mais, d'après le témoignage même de Turold, il a puisé dans des œuvres antérieures, dans les *Gesta Francorum*, dans le livre d'un certain Gille, qui est demeuré complétement inconnu pour nous. Si, d'ailleurs, on se rappelle que Taillefer entonna la Chanson de Roland avant la bataille d'Hastings, en 1066, il devient évident qu'il y eut de cette Chanson un thème primitif, que Turold aura sans doute recueilli avec les changements et les amplifications que la tradition devait y apporter sans cesse. Le fonds de son œuvre est assurément plus ancien que celui de la Chronique de Turpin (V. ce mot). Voici la fable développée par Turold :

Marsile, roi musulman de Saragosse, instruit que Charlemagne venait attaquer ses États, lui députe Blancandrin, l'un de ses preux et conseillers, dans l'espoir que des présents et une promesse de se convertir arrêteront l'invasion. L'empereur assemble ses barons, et ne paraît pas éloigné d'accepter les propositions de Marsile ; Roland, qui en suspecte la véracité, demande à se rendre auprès du chef sarrasin : c'est Ganelon, son ennemi, qui est chargé de cette mission. Celui-ci, entraîné par la haine qu'il porte à Roland, s'entend avec les Musulmans pour le perdre, et, à son retour de Saragosse, persuade à Charlemagne que Marsile va se rendre à Aix-la-Chapelle pour recevoir le baptême. La retraite est résolue, et, par l'influence funeste de Ganelon, le commandement de l'arrière-garde est donné à Roland, qu'accompagneront les autres Pairs de France. Le gros de l'armée est déjà loin, quand une armée considérable de Musulmans fond sur les Français dans la vallée de Roncevaux. Roland, Olivier, l'archevêque Turpin et les autres paladins font des prodiges de valeur ; mais le nombre l'emporte, et, après cinq chocs furieux des deux partis, il ne reste plus que 60 chevaliers chrétiens. Ro-

land, couvert de blessures, sonne de son cor Olifan pour appeler du secours : Charlemagne, toujours trompé par Ganelon, ne tient pas compte de cet appel, et continue sa route ; mais le cor se fait entendre de nouveau ; l'empereur, désabusé par le duc Naisme, fait arrêter le traître, et revient sur ses pas. Il arrive trop tard, et ne trouve que des morts : pour les venger, il se met à la poursuite des ennemis, et ce n'est qu'après les avoir taillés en pièces, qu'il recueille les corps des paladins. Au moment où il va rentrer en France, l'amiral Baligant, venu de la Babylonie sur la nouvelle de la défaite de Marsile, lui offre une seconde bataille : il est vaincu et tué. Les mosquées de Saragosse sont détruites ; plus de cent mille habitants sont faits chrétiens. Charlemagne retourne dans ses États, dépose l'Olifan de Roland dans l'église Sᵗ-Séverin à Bordeaux, son corps à Blaye, et, arrivé à Aix-la-Chapelle, où la belle Alde, fiancée de Roland, meurt de douleur, il livre Ganelon au supplice. Le poëme se termine par la conversion de la veuve de Marsile.

Tel est ce poëme véritablement épique par l'unité du plan, la vérité et la variété des caractères, par la grandeur des événements. « Les beautés n'ont d'étincelle, dit M. Gérusez, nous frappent encore sous la rouille d'un langage inculte, sous la négligence d'une versification qui se contente, pour tout élément musical, du repos de l'hémistiche, du nombre régulier des syllabes, et trop souvent d'une assonance imparfaite bien éloignée de la rime. Toutefois l'expression simple et forte y traduit énergiquement de belles pensées et de nobles sentiments... Le caractère exclusivement guerrier et religieux de ce poëme, où la galanterie n'a point de place, où le merveilleux se laisse à peine entrevoir, le sentiment de patriotisme qui l'anime, la majesté de Charlemagne toujours respecté, toujours obéi, autorisent la critique à rattacher l'inspiration première de la Chanson de Roland au règne même de ce prince, quand l'autorité royale n'avait encore aucune atteinte, et quand les efforts de l'héritier des Césars pour constituer l'unité d'une grande nation avaient imprimé le patriotisme au cœur des peuples unis sous sa main puissante. C'est le seul qui ait conservé profondément l'empreinte de ce sentiment de nationalité que les divisions féodales devaient altérer si promptement. »

Le manuscrit de la *Chanson de Roland* est à la bibliothèque Bodléienne d'Oxford. Il a été publié par Francisque Michel en 1837, in-8°, et par Génin en 1850, in-8°. V. Monin, *Le Roman de Roncevaux,* Paris, 1833, in-8 ; et un article de M. Vitet dans la *Revue des Deux Mondes,* juin 1852.   B.

ROLAND AMOUREUX (Le), en italien *Orlando innamorato,* poëme romanesque du comte Bojardo, où le merveilleux de la féerie est étalé dans toute sa richesse. L'ouvrage est trop long et l'action trop vaste, trop compliquée ; mais pour qu'on puisse en faire une analyse suivie : mais il faut noter ce qu'il y eut de nouveau dans le plan de l'auteur, et dans sa manière de concevoir l'action et les personnages. Jusqu'alors les romanciers avaient respecté les caractères traditionnels, notamment celui de Roland, toujours représenté comme un modèle de toutes les vertus chevaleresques. Bojardo, le premier, en le montrant amoureux d'Angélique, l'a fait déchoir de cette hauteur morale où l'avaient placé les vieux auteurs. Non-seulement il changea la physionomie des personnages connus, mais il créa une foule de caractères de fantaisie : tels sont les rois Agramont, Sobrin, Mandricart, Sacripant et Rodomont. Ces caractères sont bien tracés, et contrastés avec art. Le plan du *Roland amoureux* est bien conçu et bien ordonné ; l'imitation des Anciens est sensible dans quelques parties. Malheureusement la mort empêcha Bojardo d'achever son poëme, et ce manque de dénoûment fait tort à l'ouvrage ; un misérable continuateur essaya de mener à fin les aventures de Roland. Le Berni osa entreprendre, après Domenichi, de refondre entièrement le *Roland amoureux,* en le dégageant des formes sérieuses que Bojardo lui avait données, et il y réussit, tout en suivant son auteur chant par chant avec la plus grande exactitude. C'est donc presque uniquement par le style qu'il a refait ; mais c'est surtout par le style que vivent les poëmes. Le *Roland amoureux,* refait par Berni, est, après le *Roland furieux* d'Arioste, le roman épique italien qu'on lit le plus.   E. B.

ROLAND FURIEUX (Le), en italien *Orlando furioso,* épopée romanesque qui parut en 1516. Arioste, attaché à la maison de Ferrare, et en particulier au cardinal Alphonse d'Este, tout en prenant pour sujet apparent de son ouvrage la folie de Roland, neveu de Charlemagne, se proposa en réalité de célébrer l'origine de la maison d'Este, qui prétendait descendre de Roger et de Bradamante. Ce sont les véritables héros du poëme, dont ils remplissent la plus grande partie : à côté d'eux nous retrouvons tous les personnages des romans carlovingiens et de la Chronique de Turpin, Charlemagne, Roland, Renaud de Montauban et son héroïque famille, Ganelon le traître, Roger et Bradamante, Angélique la belle reine de Cathay, Marfise l'Amazone, puis les Sarrasins obligés, Ferragus, Sacripant, Rodomont, enfin les enchanteurs et les bonnes et mauvaises fées, indispensables à ces sortes de compositions où le merveilleux joue un grand rôle.

Trois actions principales se partagent le poëme : 1° les amours et les exploits de Roger et de Bradamante, dont le mariage. forme le dénoûment de l'ouvrage ; 2° la guerre imaginaire que les Sarrasins firent à Charlemagne, et les efforts de cet empereur et de ses paladins pour délivrer la France et l'Europe de ces barbares ; 3° l'amour de Roland pour l'insensible Angélique, et sa folie à la fois terrible et touchante, quand il apprend le mariage de cette reine avec le beau Médor. Au milieu de ces trois actions, que l'auteur mène presque toujours de front, naissent une foule d'incidents merveilleux qui s'entre-croisent sans nuire à l'ensemble. Quelquefois même l'auteur oublie son sujet pour conter une histoire qui lui vient à l'esprit, comme, par exemple, celle de Joconde, après quoi il s'excuse auprès de son auditoire de sa distraction, et reprend le fil de son récit. L'épopée romanesque admettant tous les tons, Arioste a pu donner carrière à son génie inventif : tantôt il imite heureusement Virgile, comme lorsqu'il nous montre Buridan et Médor gardant le corps de leur malheureux roi Dardinel, épisode peut-être supérieur à celui d'Euryale et Nisus dans l'Énéide. Tantôt il lutte avec Catulle, comme dans ces gracieuses stances : « La jeune fille est semblable à la rose, » puis il nous raconte quelque fait incroyable, et ajoute avec une fine bonhomie : « Je ne l'aurais pas cru, mais Turpin l'a écrit. » Sans cesse nous assistons à de nouveaux combats, celui de Renaud et de Ferragus, de Sacripant et de Bradamante, de Roger et de Mandricart, etc., et Arioste trouve le moyen de varier à l'infini la description qu'il nous en fait. L'histoire d'Astolphe allant dans la lune chercher la raison de son cousin Roland, et y trouvant la sienne et celle d'une foule de gens que jusqu'alors il avait crus fort sages, est connue de tout le monde. Ces traits d'ironie profonde sont semés à profusion dans le Roland furieux. C'est ainsi que l'ange St Michel, envoyé sur la terre pour chercher le silence, se dirige aussitôt vers un couvent de moines, où il ne trouve que la discorde. Dans la description des jardins de l'enchanteresse Alcine, Arioste a imité le Tasse, et lui est resté inférieur ; mais il a réussi à créer des êtres fantastiques qui sont presque devenus réels, tant ils sont familiers à notre imagination : tel est ce cheval ailé, l'Hippogriffe, sur lequel voyagent Angélique et Roger. Au milieu des aventures merveilleuses de ses héros, Arioste a amené délicatement l'éloge de la maison d'Este, presque toujours sous forme de prédictions faites à Bradamante par les enchanteurs, et en particulier par la bonne magicienne Mélisse, qui fait passer devant les yeux de la jeune guerrière toute la postérité d'elle et de Roger. Chose triste à dire, le cardinal Hippolyte d'Este ne sut apprécier ni la louange ni le poëme ; mais la postérité lui a donné tort, et le Roland furieux est universellement regardé comme le modèle du genre, et même comme une œuvre unique, mélange de pathétique, de fine raillerie, et d'inventions originales qu'il est impossible d'imiter.

Le Roland furieux a été traduit en français par J.-B. Mirabaud, 1741 ; d'Ussieux, 1775 ; Tressan, 1780 ; Panckoucke et Framery ; A. Mazuy, 1839 ; A. Delatour, 1842 ; Philippon de La Madeleine, 1843. On a aussi des traductions en vers par Creuzé de Lesser et Duvau de Chavagne, et quelques courts fragments par Voltaire. La meilleure édition de l'original est celle de Panizzi, Londres, 1830, 8 vol. in-8°.

E. B.

RÔLE (du latin rotulus, rouleau), feuille de papier ou de parchemin, roulé ou non, sur laquelle on écrit des listes de noms, des états, des expéditions, etc. En ce sens on dit, dans la Marine, un rôle d'équipage ; dans l'administration des finances, le rôle des contributions ; au Palais, une affaire inscrite au rôle, ou plaidée à tour de rôle. Les expéditions des actes chez les notaires et les avoués se payent à tant le rôle, et par ce mot on entend un feuillet écrit des deux côtés et portant un nombre de lignes déterminé. — En Angleterre, on nomme rôles (rolls) les anciens actes du Parlement, les lettres royales, les titres ou chartes, et le Maître des rôles est un magistrat de la Cour de la chancellerie qui supplée le chancelier dans ses fonctions judiciaires.

RÔLE, en termes de Théâtre, partie d'une pièce que chaque acteur doit jouer. Dans la copie qui lui en est remise, on a écrit non-seulement les tirades et les phrases qu'il a à débiter, mais aussi les répliques, c.-à-d. les derniers mots de celles qui les précèdent, afin qu'il sache quand il faut prendre la parole. On y met également les indications des actions et des mouvements à exécuter sur la scène. Créer un rôle, c'est le jouer le premier ; composer un rôle, c'est se pénétrer du personnage qu'on représente, de manière que le jeu, la démarche, les gestes, la voix, le costume, portent l'empreinte spéciale de ce personnage. Un rôle muet est celui où l'acteur ne paraît sur la scène que pour dire ceux qui disent ceux qui sont chargés du dialogue, ou pour exécuter ce qu'ils commandent. — Par extension, Rôle est devenu synonyme d'emploi, et les rôles ont été soumis à une classification, d'après leur importance et leur caractère. Ainsi, on distingue : pour les hommes, les premiers rôles, les jeunes premiers, les pères nobles, les deuxièmes rôles, les troisièmes rôles et raisonneurs, les financiers, les amoureux, les comiques jeunes, grimes et marqués, les utilités, les accessoires; pour les femmes, les premiers et deuxièmes rôles, les jeunes premières, les coquettes, les amoureuses, les ingénuités, les duègnes, les mères nobles, les caractères, les soubrettes, les utilités, etc.

ROMAIN (Art). — I. Architecture. Les Romains ne furent pas doués d'un esprit original et créateur dans les arts : après avoir reçu des étrusques les premières notions de l'architecture, ils devinrent les élèves des Grecs. Inférieurs à ces derniers par le goût, ils mirent dans leurs constructions moins de pureté et de simplicité; mais ils imprimèrent à leurs œuvres un caractère remarquable de solidité et d'utilité pratique, et s'appliquèrent à divers genres de monuments que les Grecs avaient négligés, tels que cloaques, aqueducs, amphithéâtres, mausolées, voies publiques, arcs de triomphe, thermes, etc. Dans leurs imitations des ordres grecs, ils s'attachèrent peu au dorique et à l'ionique ; mais ils s'approprièrent le corinthien, qui devint pour ainsi dire leur ordre national, et auquel ils surent donner des formes nouvelles, sans qu'il perdît ses traits distinctifs. Ainsi, le temple de Vesta à Tivoli diffère autant de celui de Jupiter Stator à Rome, que celui-ci du monument choragique de Lysicrate à Athènes, et cependant tous les trois comptent parmi les modèles les plus beaux de l'ordre corinthien. Les Romains ont porté cet ordre dans les contrées soumises à leur domination, en Espagne, en Gaule, en Istrie, en Syrie, en Égypte, etc. L'emploi de l'arc, et, par suite, de la voûte, est un autre caractère de l'architecture romaine : plus de plates-bandes, plus de toits aigus comme dans le style grec, mais des arcades et des coupoles. A la place des poutres et des pierres d'un seul morceau et d'une étendue nécessairement limitée, qui formaient les plafonds et les entablements grecs, les Romains, par le moyen de l'arc, purent se servir de petits matériaux, surtout de briques, qui offraient encore l'avantage d'être peu dispendieuses et de pouvoir se préparer sur le lieu même où en avait besoin. Dans les monuments qui nous sont parvenus, on ne trouve qu'une très-petite quantité de colonnes et d'entablements en marbre ou en granit, et fort peu d'édifices en pierre travertine; le reste est en briques. Le Colisée, le Mausolée d'Adrien, le temple de la Fortune Virile et les anciens ponts du Tibre sont en travertin; les colonnes des principaux temples, les colonnes intérieures du Panthéon, l'extérieur des arcs de triomphe, les colonnes des cénotaphes de Trajan et d'Antonin, sont en marbre : mais tous les autres monuments, tels que le Panthéon (excepté le portique et les colonnes), les temples de la Paix, de Vénus et Rome, les thermes de Titus, etc., sont en briques. On doit attribuer à l'emploi de l'arc les vastes dimensions des édifices romains : mais ce moyen nouveau exigeait des points d'appui dont la masse fût assez solide, assez homogène pour résister au poids et à la poussée des voûtes; il fallait des matériaux d'une parfaite cohésion, et dont toutes les parties, dépourvues d'élasticité, se maintinssent par leur parfaite adhérence. A la différence des Grecs, qui obtenaient la solidité par la seule observation des lois de la pesanteur et sans usage des mortiers, les Romains composèrent leurs maçonneries avec de petits matériaux, des pierrailles et des cailloux jetés à bain de mortier, et enfermèrent ces blocages dans un encaissement de brique, de moellon ou de pierre de taille. Ils formèrent leurs voûtes sur cintres au moyen d'arcs de brique ou de pierre en tête et de béton battu sur couchis de bois.

C'est une opinion généralement admise, que les Romains s'adressèrent, pour la construction de leurs monuments, à des architectes grecs : toutefois, il ne faut rien exagérer à cet égard. Il serait étrange que des Grecs civilisés, devenus esclaves de maîtres barbares, eussent abandonné leurs traditions artistiques pour se plier si vite aux exigences d'un goût tout différent. Or, de même qu'on a trouvé à la villa d'Adrien (près de Tivoli), à Herculanum et à Pompéi, des candélabres, des vases et autres objets en style grec, qui prouvent qu'on les avait importés de la Grèce ou que les artistes grecs employés en Italie avaient conservé leur genre propre de travail, de même il faut admettre qu'il y eut en architecture une direction essentiellement romaine. Le style romain ne se distingue pas seulement du style grec par l'adoption presque exclusive de l'ordre corinthien et par l'emploi systématique de l'arc, mais encore par le mélange des arcades avec la disposition en colonnes. Ce mélange, qui fit naître les entre-colonnements inégaux et les entablements brisés, détruisit l'harmonie et la simplicité primitives de l'art grec ; on en vint aux combinaisons monstrueuses que présentent le palais de Dioclétien à Spalatro, le temple de Pallas et les ruines du Forum de Nerva à Rome. Que l'on compare l'intérieur du Panthéon dans son état primitif avec l'église actuelle de Ste-Marie-des-Anges, ou le temple de Jupiter Stator avec celui de la Concorde, et l'on verra combien la chute fut profonde. C'est peut-être pour avoir senti qu'on ne pouvait maltraiter de la sorte l'ordre corinthien, que les Romains imaginèrent le système hybride qu'on nomme ordre composite.

Bien que la construction du pont du Danube par Trajan soit un ouvrage des plus surprenants, les restes des constructions romaines publiques et privées font supposer que l'art de la charpenterie n'avait pas pris une grande extension : autrement, les Romains ne se seraient pas donné la peine d'employer des arcs, là où la charpenterie aurait été préférable. Il ne paraît pas non plus qu'ils aient connu la menuiserie : les parquets étaient remplacés par des pavages en mosaïque, et le stuc, destiné à recevoir des peintures, tenait lieu de lambris.

Jusqu'à l'époque des guerres Puniques, l'architecture romaine s'inspira des modèles étrusques. Sous les premiers rois, les temples furent de petits édifices carrés, couverts de roseaux, où la statue du dieu pouvait à peine trouver place ; les habitations n'étaient que de misérables cabanes, comme celle de Romulus, que l'on conserva soigneusement plusieurs siècles en la réparant. Ancus Marcius entoura Rome de murs, et creusa le port d'Ostie. Au temps de Tarquin l'Ancien s'élevèrent les premiers monuments remarquables, le Cirque, le temple du Capitole, et la Cloaque Maxime. Servius Tullius bâtit un temple à la Fortune sur le marché aux bœufs (Forum boarium), et la prison appelée de son nom Tullianum. Le plus ancien temple construit sous la République fut celui que Spurius Cassius dédia à Bacchus, à Cérès et à Proserpine ; Démophile et Gorgase l'ornèrent de statues et de tableaux ; sur les tympans du fronton étaient des statues d'argile et d'airain doré. Quand les Gaulois incendièrent Rome, en l'an 390 av. J.-C., la plupart des temples échappèrent à la destruction : la ville fut reconstruite avec précipitation et sans plan. Dans les guerres que les Romains faisaient aux peuples voisins, les généraux vouaient des temples aux divinités dont ils imploraient l'assistance, et le butin fait sur les vaincus était en partie consacré aux dépenses : parmi les édifices de ce genre, celui de Quirinus, bâti par Papirius Cursor après sa victoire sur les Samnites, excita un intérêt tout particulier, parce qu'on y avait établi le premier cadran solaire. A la même époque appartiennent l'aqueduc et la voie que le censeur Appius Claudius fit construire, et le tombeau de Scipion Barbatus.

La conquête de la Sicile, et surtout celle de la Grèce, développèrent le goût des arts chez les Romains, et substituèrent le luxe et l'élégance à la simplicité antique. Longtemps encore le progrès se borna à décorer, avec les statues et autres objets emportés des pays conquis, les édifices que l'on continuait d'élever dans le goût romain, et ce ne fut guère qu'au temps de Sylla qu'on se mit à imiter l'architecture des Grecs. Lorsqu'après la prise de Syracuse Marcellus rapporta à Rome de riches dépouilles,

on tira du butin les ouvrages d'art pour en décorer un temple de l'Honneur et de la Vertu, dont C. Mutius fut l'architecte ; de même, des dalles de marbre enlevées au temple de Junon Lacinienne à Crotone servirent à couvrir le toit du temple que Fulvius Flaccus avait voué à la Fortune Équestre pendant la guerre des Celtibériens. Vers cette époque, les riches Romains, qui avaient vécu jusque-là à la campagne, se fixèrent à la ville, et Rome commença à s'embellir : Caton l'Ancien bâtit la basilique Porcia, et Titus Sempronius la basilique Sempronia ; les censeurs Fulvius Flaccus et A. Postumius Albinus contribuèrent surtout à l'embellissement de la ville ; ils la firent paver et orner de portiques, agrandirent le Cirque, et établirent des voies publiques et des ponts au dehors de la ville. Le péperin et la brique avaient été employés presque exclusivement dans les constructions ; Métellus le Macédonique fit bâtir le premier temple en marbre, celui de Jupiter Stator, œuvre d'Hermodore de Salamine : toutefois on continua à se servir de briques pour remplir l'intérieur des murs et pour les voûtes, et de pierres de taille pour les parois des murs, le marbre étant généralement réservé pour les colonnes. Bien peu de Romains s'appliquaient à l'architecture et allaient l'étudier en Grèce : outre Mutius, que nous avons cité, on mentionne Cossutius, qu'Antiochus Épiphane prit à son service pour réédifier le temple de Jupiter Olympien à Athènes, et les frères Caïus et Marcus Stallius, chargés par Ariobarzane, roi de Cappadoce, de reconstruire l'Odéon incendié pendant le siège de la même ville par Sylla.

De ce personnage date une période nouvelle de l'architecture romaine. Peu de temps avant la 3e guerre Punique, le Sénat avait refusé aux censeurs Messala et Cassius l'autorisation d'élever un théâtre à Rome : à partir de Sylla, les constructions de ce genre se multiplièrent. Le théâtre de Scaurus, construit en bois, fut assez vaste pour contenir 80,000 spectateurs ; Pompée en fit bâtir un en pierre ; Curion imagina les amphithéâtres (V. ce mot). A cette époque appartiennent le Tabulaire (Archives et Trésor), qui se dressait sur la pente du Capitole, le temple de la Fortune Virile (auj. Ste-Marie-l'Égyptienne), et le temple de la Fortune à Préneste. Les constructions particulières se ressentirent aussi de cet essor des arts : on vit un Clodius habiter une maison qui lui coûtait 15 millions de sesterces ; les Scaurus et les Lucullus rivalisèrent de magnificence dans leurs palais et leurs villas. Mais c'est surtout le règne d'Auguste qu'on peut regarder comme l'apogée de l'architecture : l'ancien triumvir avait voulu faire de Rome la ville la plus belle de l'univers, et il put dire qu'après avoir trouvé une ville bâtie en briques, il la laissait une bâtie en marbre. Alors, en effet, s'élevèrent les portiques du cirque Flaminius, le portique d'Octavie, la pyramide de Cestius, le théâtre de Marcellus, le temple de Jupiter Tonnant, le mausolée d'Auguste, le Panthéon d'Agrippa, l'amphithéâtre de Statilius Taurus, une foule d'aqueducs, de bains, de fontaines, etc. Des architectes grecs furent amenés à Rome comme esclaves, d'autres y vinrent librement, mais nous n'en connaissons qu'un très-petit nombre : Cyrus, Posphorus, Saurus, Batrachus. Parmi les Romains, on remarque : L. Coccéius Auctus, qui creusa dans la montagne cette route qu'on appelle la Grotte de Pouzzoles, et que l'on suppose avoir bâti le temple de Pouzzoles dédié à Auguste ; Valérius d'Ostie, architecte du Panthéon, et qui imagina de couvrir les amphithéâtres ; enfin Vitruve, le plus important pour nous à cause de son Traité d'architecture, le seul ouvrage qui soit resté de l'Antiquité sur cette matière.

Après Auguste, l'architecture ne tarda point à dégénérer. Déjà l'arc de triomphe élevé par Tibère à son prédécesseur est démesurément large, soutenu par des piliers de maçonnerie, avec deux maigres colonnes, et un fronton mal posé qui les relie ; dans celui de Titus, les colonnes ont jusqu'à 9 diamètres et demi, et ce défaut sera encore exagéré dans la suite. Celui de Trajan à Ancône pèche par l'excès contraire, écrasé qu'il est entre deux piliers, et les soubassements, très-élevés, sont surchargés de moulures insignifiantes. Le goût des empereurs devait nuire aux beaux-arts : après l'incendie de Rome sous Néron, ce prince employa Céler et Sévérus à la reconstruction de plusieurs édifices, et principalement à cette Maison dorée dont les splendeurs inouïes ne peuvent rien avoir de commun avec le bon goût. Le Colisée de Vespasien et la colonne Trajane sont les seuls monuments de Rome qui portent encore un caractère de grandeur. Il n'y a pas de prince qui ait ordonné autant de constructions qu'Adrien, et son nom était écrit sur tant d'édifices, qu'on l'avait surnommé *le Pariétaire* : il fit bâtir le Môle ou Mausolée qui porta son nom et le pont Ælius à Rome, une villa à Tivoli, un amphithéâtre à Capoue, une muraille destinée à protéger les Bretons contre les incursions des Pictes et des Scots, etc. Les architectes connus de cette période sont Frontin, Rabirius, Apollodore de Damas, Julius Lacérus, Détrianus. Entre autres innovations qui éloignaient des modèles grecs les monuments romains, nous citerons les piédestaux sous les colonnes, les colonnes accouplées, les bas-reliefs sur les côtés extérieurs du bâtiment, les frontons ronds et de profil. — Sous les Antonins, on remarque le temple d'Antonin et de Faustine, la colonne Antonine et celle de Marc-Aurèle. Puis, on ne rencontre plus, avec des traces de décadence de plus en plus visibles, que l'arc de Septime Sévère, les thermes de Caracalla, le palais de Dioclétien à Spalatro, et l'arc de Constantin. La translation du siége de l'Empire à Byzance porta le dernier coup aux arts.

II. *Sculpture.* — Les premiers ouvrages de sculpture chez les Romains furent des statues des dieux, faites de bois et d'argile par des artistes étrusques. On éleva, dit-on, une statue de bronze à Horatius Coclès, une statue équestre à Clélie; ces œuvres étaient sans doute d'un travail fort médiocre. A partir des guerres Puniques, les Romains enlevèrent des pays vaincus une quantité prodigieuse de statues, et ces spoliations les dispensèrent sans doute de toute étude, puisque l'histoire de l'art n'a pas enregistré le nom d'un seul grand sculpteur romain. Les statues arrachées aux vaincus ne servirent d'abord qu'à orner les triomphes; puis on en remplit les places, les monuments publics, et les maisons des particuliers. Quelques chiffres peuvent donner une idée de la quantité d'ouvrages qui s'accumulèrent à Rome : 280 statues de bronze et 230 de marbre embellirent le triomphe de Marcus Fulvius sur les Étoliens ; l'abbé Barthélemy a établi que le nombre des statues et statuettes exhumées du sol de Rome dépasse 70,000. Le nom de Verrès rappelle à l'esprit le moyen si habituel aux Romains pour acquérir les chefs-d'œuvre de l'art. Depuis le temps de César, les sculpteurs grecs affluèrent à Rome : parmi eux on cite Pasitèle, Colotès, Stephanus, Arcésilas, Posis, Ménélas, Décius, Damasippe. L'Athénien Diogène fit les statues qui décoraient le fronton du Panthéon d'Agrippa. Le Gaulois Zénodore exécuta la statue colossale de Néron. Une œuvre très-importante de sculpture est la colonne Trajane, dont les bas-reliefs ne contiennent pas moins de 2,500 figures humaines, outre les chevaux, les trophées et les machines de guerre. Le buste célèbre d'Antinoüs date du règne d'Adrien. Il est certain que, jusqu'à l'époque de ce prince, il y eut de beaux ouvrages : cependant il y a relativement par rapport à l'art de la Grèce indépendante, en ce que l'idéal n'est plus la base de la conception et de l'exécution; le souffle intérieur, la poésie de l'inspiration ont disparu; les statues se rapprochent de plus en plus du portrait, et le style vise à la perfection du poli, au raffinement. La sculpture possède toujours la beauté harmonieuse de la forme, mais la séve native lui manque. Il faut remarquer que les artistes, adroits et élégants imitateurs de tous les styles, se sont exercés aussi bien sur les divinités égyptiennes que sur les dieux de la Grèce et de Rome : ils ont préparé de cette façon beaucoup d'erreurs aux antiquaires, qui peuvent rapporter certaines statues à un âge plus reculé que celui auquel elles appartiennent. — Après Adrien, la sculpture fit une chute rapide et profonde : quand on construisit l'arc de Constantin, les ouvriers étaient si peu habiles, qu'on fut contraint, pour l'orner, d'enlever des sculptures à l'arc de Trajan. Déjà Caligula avait donné l'exemple de faire décapiter une foule de statues, pour leur donner sa propre image : les empereurs des derniers siècles multiplièrent aussi leurs portraits ; on fit des bustes sans tête, afin de les changer à volonté. V. Gauric, *De sculpturâ sive statuariâ veterum*, Florence, 1504, in-4°; Alde Manuce, *De cœlaturâ et sculpturâ veterum*, comme inséré, comme le précédent, dans le *Thesaurus* de Gronovius; le comte de Guasco, *Dal'usage des statues chez les Anciens*, Bruxelles, 1768, in-8°; Hofstæter, *Essai d'une histoire de la sculpture chez les Anciens*, en allem., Vienne, 1778, in-8°.

III. *Peinture.* — On ne doit pas plus accorder aux Romains le goût de la peinture que celui de la sculpture. Ils ne s'en occupèrent nullement pendant plus de quatre siècles, et les plus anciennes peintures que l'on connaisse à Rome, du moins par tradition, furent exécutées par

des Étrusques. Depuis qu'ils eurent commencé à transporter dans leur capitale les dépouilles artistiques des peuples vaincus, on n'a vu chez eux aucun peintre recommandable. Les généraux victorieux étaient flattés d'étaler à leur triomphe les richesses dont ils s'étaient emparés; mais combien eût-on trouvé parmi eux, pour quelques hommes de goût comme les Scipions, de Mummius capables de laisser leurs soldats jouer aux dés sur les chefs-d'œuvre des peintres de la Grèce! L'estime que l'on faisait des tableaux était fondée, non sur la connaissance de l'art, mais sur le prix qu'y attachaient les peuples auxquels on les avait enlevés. Le Fabius qui fut surnommé *Pictor* (le peintre) pour avoir orné de peintures le temple de la déesse Salus, vers l'an 300 av. J.-C., dut avoir bien peu de mérite, puisque Pline s'y arrête à peine. Marcus Valérius Messala, Lucius Scipion, L. Hostilius Mancinus, représentèrent les combats qu'ils avaient livrés; Pline ne fait encore aucun éloge de leurs ouvrages. Le poëte Pacuvius peignit le temple d'Hercule, sur le Forum Boarium (marché aux bœufs). La peinture fut de moins en moins cultivée par les citoyens romains : on l'abandonnait aux étrangers. On remarque toutefois, au temps d'Auguste, le chevalier Turpilius, qui peignait de la main gauche, et Marcus Ludius, peintre de marines et de paysages; plus tard, Amulius, que Néron employa à la décoration de sa Maison dorée; Antistius Labeo, plein de vanité et objet de la risée publique; Corn. Pinus et Accius Priscus, contemporains de Vespasien. Tel est le petit nombre de peintres que Rome a produits. Les œuvres de quelque valeur furent exécutées par des Grecs.

IV. *Musique.* — V. MUSIQUE.

ROMAIN (Caractère). V. CARACTÈRES D'IMPRIMERIE.

ROMAIN (Droit), ensemble des règles de Droit en vigueur chez les Romains. Son histoire est *externe* ou *interne*, selon qu'elle embrasse les modifications successives subies par ces règles mêmes, ou qu'elle se borne à l'étude des sources auxquelles l'historien peut les étudier. L'histoire externe du Droit romain peut se diviser en quatre périodes : la première s'étend de la fondation de Rome à la promulgation des Douze Tables; la seconde, depuis la promulgation des Douze Tables jusqu'à Cicéron; la troisième, depuis Cicéron jusqu'à Alexandre Sévère; la quatrième finit à Justinien.

Première période. — Rome dut sa naissance à une fusion de peuples : son Droit civil se ressentit de cette origine et des circonstances qui présidèrent à la création de la vie nouvelle. Les citoyens y furent divisés en deux classes, *patriciens* et *plébéiens*. Aux premiers seuls le droit à l'*ager publicus*, aux charges publiques, et une sorte de noblesse héréditaire; les seconds formaient une sorte de bourgeoisie libre, et le patronat les rattachait en partie, sous le nom de *clients*, aux familles patriciennes. A la tête de l'État se trouvait le roi, chef unique et viager : à ses côtés le Sénat, corps délibérant composé de patriciens. Les lois étaient votées par le peuple en comices. Les anciennes lois furent colligées par un pontife du temps de Tarquin, Sextus ou Publius Papirius ; son recueil prit le nom de *Droit Papirien*. On suppose qu'il n'embrassait que les choses du culte.

Après l'expulsion des rois, le pouvoir passa à deux consuls choisis parmi les patriciens. Jusqu'aux Douze Tables, l'histoire de Rome est remplie de luttes entre les deux ordres, et des succès des plébéiens, obtenant successivement les tribuns, les édiles, des comices particuliers où ils votaient les *plébiscites*, et enfin la promulgation de règles de Droit générales réunies par des Décemvirs et transcrites sur 12 tables de pierre. Elles posaient le principe de l'égalité légale entre les deux ordres, précisaient le pouvoir judiciaire, donnaient la formule des actions. Elles furent jusqu'à Justinien la base du Droit public et privé. Exposées aux rostres, puis brisées par les Gaulois, elles furent ensuite reconstituées et remises à leur place primitive; on les y voyait encore au IIIᵉ siècle de l'ère chrétienne. Des auteurs modernes ont essayé de recomposer leurs fragments, entre autres Godefroy, Haubold et Dirksen.

Deuxième période. — A partir des Douze Tables se révèle une double source de Droit, le Droit écrit et le Droit non écrit. Le Droit écrit, ce sont 1° les *lois*, votées dans les comices par centuries, sur la proposition du magistrat qui présidait le Sénat; 2° les *plébiscites*, votés dans les comices par tribus, sur la proposition des tribuns du peuple; obligatoires d'abord pour les seuls plébéiens, ils le devinrent d'une façon générale : les lois et les plébiscites portaient les noms de ceux qui les avaient proposés; 3° les *sénatus-consultes*, édictés par le Sénat sans la participation du peuple; les plébéiens ne reconnurent leur force obligatoire que quand on ne contesta plus celle des plébiscites. Le Droit non écrit se puisait dans la tradition des ancêtres (*mores majorum*), l'opinion généralement reçue (*consuetudo*), et l'autorité de la chose jugée (*auctoritas rerum perpetuo similiter judicatarum*). Cette dernière se retrempait à une double source; la plus considérable était l'*édit du préteur*, magistrat annuel chargé de rendre la justice soit entre les Romains seuls (*prætor urbanus*), soit entre les Romains et les étrangers (*prætor peregrinus*). Ce fut surtout par les décisions de ce dernier que s'introduisirent un certain nombre de principes reconnus comme communs à tous les peuples (*jus gentium*), dont l'application, d'abord restreinte aux étrangers, s'étendit bientôt aux Romains. Chaque année, en entrant en fonctions, le préteur publiait l'ensemble des règles d'après lesquelles il rendrait la justice. C'était un moyen d'éviter le soupçon de partialité. Cet édit, après avoir fait de nombreux emprunts aux coutumes, était chaque année complété par les soins du nouveau préteur, si une lacune s'était révélée. C'est aux préteurs que le Droit romain fut redevable des *exceptiones* et *prœscriptiones*, moyens inventés par eux de repousser une demande injuste, mais conforme aux règles strictes du Droit civil; de même les *restitutiones* et les *fictiones juris*, moyens d'attaquer un acte régulier, quand l'équité en exigeait l'annulation. Ces édits n'étaient pas changés chaque année, mais se transmettaient de préture en préture, sauf les modifications qu'exigeait la marche des idées. Les *édiles* publiaient également un édit qui, bien que spécial aux affaires de police, n'était pas sans influence sur le Droit privé. La réunion des règles dues aux préteurs et aux édiles reçut le nom de *Droit prétorien* ou *honoraire*. Le Droit non écrit puisa à une autre source : dans les travaux des jurisconsultes, dans leurs consultations (*responsa prudentum*), dans leurs écrits. Ces écrits furent du reste postérieurs à l'époque où un secrétaire d'Appius Claudius, Cn. Flavius, lui déroba la formule des diverses actions de droit, et la connaissance du calendrier judiciaire (*dies fasti et nefasti*), suivant lequel il était permis ou défendu d'agir. Tibérius Coruncanius, le premier plébéien parvenu au pontificat, fut aussi le premier qui professa publiquement le Droit. Sextus Ælius Catus publia un nouveau recueil d'actions (*Jus Ælianum*). On cite également à cette époque Caton l'Ancien et ses Commentaires de droit, Publ. Mucius Scævola, Junius Brutus, et Manilius, considérés comme les fondateurs du Droit, enfin Hostilius, l'auteur des *Actiones Hostilianæ*, qui probablement étaient des formules de testament.

Troisième période. — Dans l'histoire romaine, c'est l'époque de la dissolution de la République sous les coups que lui portent des ambitions dévorantes : ces agitations sont terminées par le triomphe d'Octave à Actium. Il reçoit le nom d'Auguste, prend le titre de *princeps reipublicæ*, réunit dans sa main les plus importantes magistratures, et jette les fondements d'un pouvoir qui, sous ses successeurs, deviendra du pur despotisme. Les sources du Droit sont alors : 1° les décrets du peuple, *lois* ou *plébiscites*, dont le plus remarquable fut alors la loi *Pappia Poppæa*, qui avait pour but de restreindre le célibat; 2° les *sénatus-consultes*, votés sur la proposition du prince, que ce fût par écrit ou de vive voix (*per epistolam* ou *ad orationem principis*); 3° les *constitutions impériales* : *placita* ou *constitutiones*, ordonnances ou règlements rendus par le prince; *decreta*, décisions rendues sur les décisions dont connaissait en appel le conseil privé de l'empereur (*auditorium principis*); *rescripta*, instructions qu'il adressait soit aux particuliers, soit aux fonctionnaires; 4° les *édits des préteurs*, dont un tribun, Cornélius, fit prohiber les variations par une loi rendue l'an 687. Le premier travail d'ensemble fait sur l'édit fut celui d'Ofilius, ami de César. Ce n'était que l'œuvre d'un particulier; aussi plus tard, Salvius Julianus, arrivant à la préture, refondit complétement l'édit prétorien, avec l'assentiment de l'empereur Adrien, qui confirma son travail. Il fut suivi de plusieurs commentaires, parmi lesquels on distingua ceux de Julien lui-même et celui d'Ulpien; 5° les *avis des jurisconsultes*. Un certain nombre d'entre eux fut choisi par Auguste pour répondre en son nom. Plus tard, Adrien décréta que, quand leurs avis seraient unanimes, ils auraient force de loi. — De nouveaux progrès furent en outre réalisés dans la science du Droit par les travaux des jurisconsultes; seulement, depuis Auguste, ils semblent s'être divisés en écoles, dont

l'une, celle des *Proculéiens*, eut pour ses plus célèbres maîtres Antistius Labeo, Nerva, Proculus, et Celsus; et l'autre, celle des *Sabiniens et Cassiens*, compta Atejus Capito, Sabinus, Cassius Longinus, et Salvius Julianus. Depuis Adrien, les différences qui séparèrent ces écoles et qui furent vidées par les Constitutions ou par l'usage s'effacèrent insensiblement; mais on vit encore briller Marcianus, Pomponius, Gaïus, Papinianus, Ulpianus, Paulus et Modestinus. Les *Pandectes* offrent les noms d'un grand nombre d'autres, mais d'une autorité moins considérable.

Quatrième période. — Les changements que subit à cette époque l'Empire romain, la fondation de Byzance, l'adoption du christianisme par les Césars, les invasions des Barbares, et enfin la conquête de Rome par Odoacre, roi des Hérules (476), finirent par limiter l'ancienne domination romaine au seul empire d'Orient, qui subsista jusqu'à l'invasion des Turcs en 1453. Le Droit ne comprit plus, à vrai dire, que deux sources, les *Constitutions* et l'*usage*, et encore, avant Constantin, ces Constitutions font à peine autre chose qu'appliquer les anciens principes de Droit. On les distingue en *Constitutions générales*, auxquelles tous les sujets devaient se conformer, ce qui comprend les édits, et en *Constitutions personnelles*, spéciales à certains, et comprenant les mandements adressés aux magistrats (*mandata*), les décisions sur les procès soumis à l'empereur (*decreta*), les rescrits (*rescripta*). La décadence de la science du Droit, l'incertitude et l'arbitraire judiciaire résultant de la multiplicité des opinions, et de la confusion des sources, tel était l'état du Droit au commencement du Ve siècle. Constantin paraît avoir senti le besoin de porter dans ce chaos quelque lumière; il indiqua les jurisconsultes à l'opinion desquels il faudrait avoir égard, ce qui fut érigé en principe par une Constitution de Théodose II (426 de J.-C.), déclarée applicable à l'Occident par Valentinien III. Papinien, Paul, Gaïus, Ulpien et Modestin durent seuls être suivis. Le même désordre existait dans les Constitutions. Gregorianus et Hermogenianus, au IVe siècle, les réunirent en deux Codes, dont le premier embrassait les règnes d'Adrien à Constantin, le second ceux de Dioclétien et Maximien.

En 438, Théodose le Jeune, aidé par Antiochus, publiait un recueil d'édits, que Valentinien III adoptait pour l'Occident. Il était divisé en 16 livres, que l'on ne possède complets que depuis la moitié du sixième. Des fragments des autres livres ont été extraits du *Bréviaire d'Alaric*. Théodose II et Valentinien III publièrent en outre de nouvelles ordonnances, réunies à leur Code sous le nom de *Novellæ*. Les *Vaticana Fragmenta*, la *Notitia dignitatum Orientis et Occidentis*, la *Collatio legum Mosaïcarum et Romanarum*, la *Consultatio veteris Icti*, tels sont les seuls ouvrages que nous ayons à citer sur cette époque comme antérieurs à Justinien, et ils n'ont guère d'autre valeur que celle des fragments de jurisconsultes anciens qu'ils ont sauvés de l'oubli.

Ces recueils ne pouvaient être longtemps suffisants, et, après l'invasion, les Barbares eux-mêmes sentirent la nécessité de recueillir, pour l'usage des Romains soumis à leurs lois, les principes de Droit qui devaient les régir. De là, 1° chez les Ostrogoths, l'*Edit de Théodoric*, publié à Rome en 500, et applicable aux Ostrogoths comme aux Romains; 2° le *Breviarium Alaricianum* ou *Aniani*, qu'Alaric II, roi des Visigoths, fit extraire des Codes Hermogénien et Théodosien, et dont il fit revêtir les exemplaires de la signature d'Anianus, son référendaire. Cette compilation fut connue au moyen âge sous les noms de *Corpus Theodosianum*, *Lex Theodosiana*, *Liber legum*, *Lex Romana*; 3° la *Lex Romana* (517-534) pour les sujets romains des Burgondes, à qui une erreur de Cujas, plus tard reconnue par lui, a fait donner aussi le nom de *Papiniani liber responsorum*. — En Orient, on ne trouve aucun essai de codification jusqu'à l'avénement de Justinien, en 527. Les compilations qu'il ordonna sont nombreuses, et leur importance les a fait survivre jusqu'à nous. D'abord parut l'*ancien Code*, rédigé par une commission de dix jurisconsultes, dont faisait partie Tribonien, et qui comprenait en 12 livres les extraits utiles des Constitutions impériales. Il parut en 528; il est aujourd'hui perdu. En 530, Tribonien fut chargé avec seize autres jurisconsultes de compiler les ouvrages des légistes les plus considérés. En trois ans, le travail de la commission fut achevé, et les *Pandectes* furent promulgués. Elles parurent en 50 livres, sous le nom de *Digesta* ou *Pandectæ juris enucleati ex omni vetere jure collecti*. L'ordre de l'ancien Édit y avait été conservé pour faciliter les recherches. Justinien en défendit les Commentaires, et n'en permit que la traduction en grec, mot pour mot, et de simples concordances. De cette publication si étendue naquit l'idée d'en résumer les principes élémentaires dans un corps de Droit plus abrégé, dont la rédaction fut encore confiée à Tribonien, assisté de Dorothée et Théophile. Ce recueil reçut le nom d'*Institutes*. Ce n'était à proprement parler que la reproduction, modifiée et appropriée au temps, des *Institutes* de Gaïus. Théophile, l'un des collaborateurs, publia le meilleur commentaire que ce travail ait pu recevoir, sous le titre de *Paraphrasis græca Institutionum Cæsarearum*. Ces deux publications furent, sur l'ordre de l'empereur, suivies d'une révision du Code publié en 529; elle fut achevée l'année même où elle avait été commencée, et la nouvelle édition put être promulguée en 534. On le désigna sous le titre de *Codex repetitæ prælectionis*. Il est divisé en 12 livres, qui se subdivisent en titres. — Depuis 535 jusqu'en 565, Justinien rendit une multitude d'ordonnances, écrites partie en latin, partie en grec, et qui modifiaient ses premières décisions. Elles reçurent le nom de *Novellæ Constitutiones*. Après la mort de Justinien, on en colligea 168, dont 154 seulement lui appartiennent. Plus tard les glossateurs en firent 9 collations, comprenant 97 novelles, en 98 titres. Les autres qui n'y figuraient pas furent connues sous le nom d'*extravagantes* : elles sont réunies aux autres dans les recueils modernes.

Nous noterons après Justinien quelques ouvrages qui découlent des siens : un résumé de 125 Novelles publié par Julien en 570, avec le titre d'*Epitome* ou *Liber Novellarum*, et plus tard une traduction des Novelles que les glossateurs désignèrent sous le nom de *Corpus authenticum*.

Bientôt les traductions, les commentaires des livres de Droit dont nous venons de parler, abondèrent à un tel point, que la confusion qu'elles produisirent, jointe à l'accumulation des Constitutions postérieures, nécessita la rédaction de nouvelles compilations. Elles furent ordonnées par l'empereur Basile le Macédonien. La première, bien élémentaire, divisée en 40 livres, parut en 876 : ce fut le προχειρον των νομων. La 2e, plus considérable, comprenant 60 livres, ne vit le jour que sous le règne de Léon le Philosophe, qui lui donna le nom de *Basilica*. En 945, Constantin Porphyrogénète en fit paraître une nouvelle édition : *Basilica repetitæ prælectionis*, dont malheureusement une partie nous manque. De 887 à 893, l'empereur Léon fit paraître 113 Novelles qui portent son nom, et qui, traduites en latin par Agylæus en 1560, sont restées dans le *Corpus juris*. Aujourd'hui les Basiliques et les Novelles sont encore la base du Droit public des Grecs.

En Occident, les corps de Droit de Justinien pénétrèrent avec la conquête qu'il fit de l'Italie sur les Ostrogoths en 535. Le *Bréviaire d'Alaric* y fut cependant introduit plus tard. Vers 1100, un Lombard publia un abrégé de Droit civil intitulé *Brachylogus juris civilis*. Au XIIe siècle, l'École de Bologne fit refleurir en Italie l'étude du Droit, éclairé par les gloses et les leçons d'Irnerius, et de ses disciples Balduinus et Accurse. C'est aux glossateurs que l'on doit encore l'intercalation dans le Code des Constitutions postérieures qui l'avaient modifié. Ces extraits prirent le nom d'*authenticæ*. Ils y joignirent quelques extraits des ordonnances des empereurs d'Allemagne, Frédéric I et II; on les appela *Authenticæ Fridericianæ*.

La France, du temps des Francs, avait sa population romaine régie par le Bréviaire d'Alaric et le Code Théodosien. Mais avant les glossateurs, l'étude du Droit romain y eut quelques succès. Lanfranc, abbé du Bec, plus tard archevêque de Cantorbéry, enseigna le Droit romain, et c'est à un Français que doit être attribué le livre connu sous le nom de *Petri exceptiones legum romanarum*, qui contient de nombreux emprunts aux compilations justiniennes. Les succès de l'école de Bologne excitèrent en France une heureuse émulation. Le livre *Ulpianus de edendo*, cours de procédure tiré des livres de Justinien, est dû à la France ou aux Pays-Bas. Placentinus enseigna le Droit à Montpellier. Louis IX fit traduire des livres de Droit romain. Pierre Desfontaines composa au milieu du XIIIe siècle le *Coutumier français*, et le compara au Droit romain. Ce Droit continua à être honoré, malgré la défense du pape Honorius III, et c'est à lui que nous devons la grande école des jurisconsultes français du XVIe siècle. Il demeura d'ailleurs, jusqu'à la promulgation du *Code Napoléon*, la règle des pays de Droit écrit,

sauf les modifications introduites par les ordonnances des rois. Dans les pays de Coutumes, au contraire, il ne fut consulté qu'à titre de conseil et comme raison écrite. C'est la seule valeur qu'il ait aujourd'hui. De nos jours le Droit romain a encore force de loi en Allemagne, mais seulement pour les parties que la coutume et les lois ont consacrées.

V. Bach, *Historia jurisprudentiæ romanæ*, Lucques, 1762, in-4°; J. Berriat Saint-Prix, *Histoire du Droit romain*, 1821, in-8°; Hugo, *Histoire du Droit romain*, trad. par Jourdan et revue par Poncelet, 1821-22, 2 vol. in-8°; Savigny, *Histoire du Droit romain au moyen âge*, trad. par Guenoux, 1839, 3 vol. in-8°; Holtius, *Historiæ juris romani lineamenta*, 2e édit., 1840, in-8°; Giraud, *Histoire du Droit romain*, Aix, 1841, in-8°; Mackeldey, *Hist. des sources du Droit romain*, trad. de l'allem. par Poncelet, 1846, in-12; Ortolan, *Histoire de la législation romaine*, 4e édit., 1846, in-8°; Troplong, *De l'influence du christianisme sur le Droit civil des Romains*, 2e édit., 1855, in-12; Dupin, *Principia juris civilis tum romani tum gallici*, 1806-1818, 5 vol. in-12; Leclercq, *le Droit romain dans ses rapports avec le Droit français*, Liége, 1810, 8 vol. in-8°; Biret, *Application au Code civil des Institutes et des 50 livres du Digeste*, 1824, 2 vol. in-8°; Delvincourt, *Juris romani elementa*, 4e édit., 1823, in-8°; Benech, *Programme d'un Cours de Droit romain*, 1837, in-4°; Bravard, *Étude et enseignement du Droit romain*, 1837, in-8°; Savigny, *Traité du Droit romain*, trad. de l'allem. par Guenoux, 1840-49, 8 vol. in-8°; Poncelet, *Cours d'histoire du Droit romain*, 1843, in-8°; Mackeldey, *Manuel du Droit romain*, trad. de l'allemand par Beving, 1846, in-8°, et *Systema juris romani hodie usitati*, Leipzig, 1847, in-8°; Lagrange, *Manuel de Droit romain*, 5e édit., 1850, in-12; Molitor, *Cours de droit romain approfondi, avec les rapports entre la législation romaine et la législation française*, 1850 et suiv. R. D'E.

ROMAIN (Ordre). V. COMPOSITE.

ROMAIN (Rit), ensemble des règlements prescrits ou recommandés par l'autorité du Saint-Siége pour la célébration des offices divins, le choix des prières liturgiques et les cérémonies du culte.

ROMAINE (École), une des grandes écoles modernes de peinture italienne. Raphaël, qui en est le véritable fondateur, procédait de l'école ombrienne, par son maître Pierre Vanucci, dit *le Pérugin*, dont il eut la grâce ascétique, et de l'école florentine, dont quelques maîtres, principalement Fra Bartolomeo et Michel-Ange, exercèrent sur lui de l'influence par leurs conseils ou leurs exemples. Après Raphaël, on peut citer comme ayant honoré l'école romaine, d'abord ses élèves Jules Romain, Penni dit *il Fattore*, Perino del Vaga, Jean d'Udine, Polydore de Caravage, Tisio dit *le Garofalo*, puis Frédéric et Thaddée Zuccaro, Nicolas Circignani, Jérôme Muziano. L'école négligea, au XVIIe siècle, l'étude du dessin et de l'antique qui la caractérisait, et tomba dans la manière : celui qui représente le mieux cette nouvelle période est Joseph Cesari, plus connu sous les noms de Joséphin et de chevalier d'Arpino; on peut citer aussi Barocccio, André Sacchi, Pierre de Cortone, Domenico Feti, Domenico Cresti dit *Passignano*, Ciro Ferri, Francesco Romanelli, Louis Garzi, J.-B. Salvi dit *Sassoferrato*, Roncalli dit *Pomerance*, et Carlo Maratta. En opposition à ces peintres, qui professaient encore un certain idéalisme, Michel-Ange Amerighi dit *le Caravage* copia la nature sans choix et sans goût. Le paysage, dernier venu dans l'art de la peinture, atteignit, au milieu de cette décadence, son plus haut degré de perfection en Italie avec Gaspard Dughet dit *le Guaspre*. Les peintres du XVIIIe siècle sont loin de leurs prédécesseurs : les seuls qui méritent d'être mentionnés sont Jean-Marie Morandi, Pierre Nelli, J.-B. Gaulli, Raphaël Mengs, Pompeo Battoni.

ROMAINE (Langue, — Littérature). V. LATINE.

ROMAINE (Numismatique). V. NUMISMATIQUE.

ROMAINE (Philosophie). A Rome, la philosophie ne fut qu'une production exotique, une science empruntée à la Grèce; c'est à peine si elle y fut considérée comme science spéculative. Mais si elle ne fut pas un but pour le génie romain, elle fut étudiée comme un instrument utile, comme un moyen de se perfectionner dans l'art oratoire, la politique et la jurisprudence. La plupart des Romains qui s'occupèrent de philosophie étaient des poëtes, des orateurs, des jurisconsultes. La philosophie ne se montra dans Rome, où d'abord elle fut très-mal reçue, qu'après que la conquête eut ouvert le chemin de la Grèce et de l'Asie. L'*Epicuréisme*, qui attira plus facilement l'attention, eut pour premiers interprètes Amafinus, Rabirius, puis Lucrèce, qui fit oublier tous les autres. Le *Stoïcisme*, pratiqué par des esprits élevés, fut en quelque sorte une doctrine d'opposition sous les empereurs; il comptait dans ses rangs Brutus, qui se rattachait aussi à l'Ancienne Académie, et qui écrivait en grec un livre de morale, Sénèque, Perse, Épictète et son maître Musonius Rufus, l'empereur Marc-Aurèle, et une foule d'hommes remarquables qui apprenaient du stoïcisme à bien mourir. On vit quelques pythagoriciens : Nigidius Figulus, Sextius, auteur présumé des *Sentences*, et dont la belle et forte morale faisait dire à Sénèque, son disciple, que la philosophie de Sextius était faite de mots grecs et de mœurs romaines. L'*Ancienne Académie* était représentée par Varron et Pison, la *Nouvelle* par Cicéron principalement. Les deux caractères principaux de ses écrits philosophiques sont l'éclectisme et le scepticisme. Cicéron suit la Moyenne Académie dans les questions spéculatives, Platon dans la psychologie, Aristote et surtout Zénon dans la morale; il n'est dogmatique que sur ce dernier point. Cet éclectisme aboutissant au scepticisme se retrouve, moins fortement accentué, il est vrai, dans presque tous les écrivains romains qui parlent de philosophie ; tous représentaient plus ou moins l'esprit de l'époque, où il n'y avait de croyances bien arrêtées sur rien. Il n'y eut pas de philosophie romaine proprement dite; mais il est juste de constater l'influence que le stoïcisme exerça sur la jurisprudence à Rome; on comptait parmi ses adeptes les Tubéron, les Rutilius Rufus, les Scævola, les Lucilius Balbus, les Servius Sulpicius, et la secte des Proculéiens. R.

ROMAINE (Religion). La religion des anciens Romains n'a point eu, comme celle des différents autres peuples, une existence propre et originale, durant laquelle se seraient progressivement développés les dogmes et le culte : elle se forma en quelque sorte par voie d'accession, en s'assimilant les croyances et les rites des peuples qui subirent la domination romaine. Ce fut un des principes de la politique suivie par le Sénat, d'accorder le droit de cité aux divinités étrangères, aussi bien que d'adopter les institutions utiles qu'il trouvait chez les vaincus. Les Dieux primitifs de Rome furent ceux de l'antique Italie, et ses croyances paraissent avoir été empruntées aux Pélasges, aux Étrusques et aux peuplades aborigènes : au Latium appartenaient le culte de Saturne, de Janus, de Picus, de Faunus, et, entre autres rites, les Lupercales, les Lémurales et les fêtes de Palès ; de la Sabine vinrent les dieux Consus et Mamers ou Mavors, le culte des astres, et les idées d'une autre vie; l'Étrurie donna aussi quelques-unes de ses divinités, ses collèges de prêtres, et sa science augurale. A partir des guerres Puniques, les Romains empruntèrent aux Grecs les immortels habitants de leur Olympe; Apollon, Cérès, Proserpine, Mercure, Esculape, Castor et Pollux, etc., prirent place au Panthéon romain, et eurent des temples et des prêtres, comme les dieux nationaux de l'Italie. Sous l'Empire, toutes les divinités, toutes les superstitions de l'Orient furent à leur tour accueillies avec faveur : la pierre noire, image du Soleil pour les Syriens, fut apporté au Capitole par Héliogabale; on emprunta Sérapis et Isis à l'antique Égypte; les danses frénétiques des prêtres de Cybèle eurent autant de succès que le baptême du Taurobole. Ainsi, sans avoir par elle-même aucune supériorité, sans posséder ni une théogonie plus élevée, ni une morale plus pure, ni un cérémonial plus parfait, la religion romaine, par l'union même de tous les cultes, prit un caractère d'universalité dans le monde ancien. Elle imposa à tant d'éléments divers une forme toute latine, soutenue qu'elle était d'ailleurs par la prépondérance politique du peuple qui la professait. Toutefois, il y avait là un grave danger : l'admission de dieux et cultes exotiques implique une foi peu robuste : quand on a des convictions sérieuses et profondes, on ne passe point avec tant d'aisance à des convictions nouvelles. Les annexions religieuses pratiquées par les Romains ne pouvaient engendrer que le doute, l'incrédulité, ou l'indifférence. Les uns, à l'exemple de J. César, se moquaient ouvertement des dieux ; les autres, comme Alexandre Sévère, pouvaient associer dans un même oratoire les images de Jupiter, d'Orphée, d'Apollonius de Tyane et de Jésus-Christ. Les empereurs eux-mêmes occupent, par l'apothéose, une place considérable dans le culte : on adora leur *génie*, ils eurent des autels et des sacrifices.

Un autre caractère de la religion romaine fut son union intime avec la politique. Aucun acte de la vie publique ne s'accomplissait sans être précédé, accompagné ou suivi de quelque cérémonie. Les Patriciens, en possession, pendant plusieurs siècles, des fonctions sacerdotales, firent de la religion la servante de leurs intérêts ; les Augures pouvaient, sous prétexte de mauvais présages, différer ou dissoudre les assemblées, ou bien, en alléguant l'omission de quelques rites, annuler les délibérations et abroger les lois; ils faisaient parler à leur gré la voix des oiseaux, les éclairs et le tonnerre, les entrailles des victimes. A mesure qu'une province était conquise, Rome y faisait pénétrer par ses colonies son organisation religieuse; elle admettait sans doute les divinités locales, mais en les tenant dans un rang secondaire, ou en les identifiant avec des divinités latines; ses pontifes n'abandonnaient nulle part la direction des rites ; ils avaient la surveillance, non-seulement des cérémonies publiques, célébrées aux frais de l'État, mais des cérémonies privées, faites par les familles en l'honneur de leurs divinités domestiques.

Remarquons enfin, dans la religion romaine, la place immense qui était donnée au culte. La théogonie, le dogme n'est presque rien ; les rites sont à peu près tout. Le génie éminemment pratique des Romains a laissé ici son empreinte : ce qui leur importe, ce n'est pas de connaître les générations divines et les phases de l'existence du monde, ce sont les rapports entre les divinités et les hommes, c'est une règle morale. Il leur faut attirer la protection et la faveur des dieux, détourner leur colère, ils interrogent les phénomènes de la nature, pour y découvrir les marques des manifestations d'une pensée ou d'une volonté divine : de là ces actions de grâces, ces conjurations, ces expiations multipliées qui composent le culte romain. Un penchant à la superstition, naturel dans tous les temps aux populations italiennes, secondait, chez les Romains, les desseins de la politique : ils s'empressaient d'admettre les divinités étrangères à côté de leurs dieux nationaux, parce qu'ils croyaient saisir dans certains événements, dans des circonstances fortuites, la preuve de la puissance de ces divinités. En assiégeant une ville, ils avaient soin d'en conjurer les dieux; quand ils l'avaient subjuguée, ces dieux faisaient partie des trophées de la victoire. V. Hartung, *La Religion des Romains*, en allemand, Erlangen, 1836, in-8°; G. Zeiss, *Archéologie romaine*, en allemand, Iéna, 1842, in-8°; Creuzer, *Religions de l'Antiquité*, trad. par M. Guigniaut; Lacroix, *Recherches sur la religion des Romains*, Paris, 1846, in-8°; Preller, *Mythologie romaine*, en allem., Berlin, 1858, in-8°.

ROMAÏQUE (Langue). V. GRECS MODERNES (Langue des).

ROMAN. Un savant évêque du XVIIe siècle, Huet, a composé, à la prière de Segrais, sous le nom duquel avait d'abord paru le roman de *Zayde*, une dissertation *sur l'origine des romans*. Il les appelle « un agréable amusement des honnêtes paresseux, » et les définit « des fictions d'aventures amoureuses, écrites en prose avec art, pour le plaisir et l'instruction du lecteur. » Cette définition, qu'il a doctement développée, paraîtra peut-être bonne pour les lecteurs de son siècle, qui aimaient, comme Mme de Sévigné, à mêler au frivole un peu de solide, mais bien pauvre pour ceux du nôtre, que la prodigieuse variété du roman moderne a gâtés. Elle n'est pas cependant aussi surannée qu'on pourrait le croire; tout au plus est-elle incomplète. Né du besoin de distraction et du goût que tous les peuples ont pour les fables, le roman est un récit comme l'épopée, avec les différences qui séparent la prose de la poésie, la narration familière et facile de la narration régulière et sérieuse, la vie bourgeoise de l'idéal et des sentiments héroïques. Dans notre littérature même, le roman et l'épopée se confondaient à l'origine, et n'avaient qu'un même nom, tiré, selon Huet, du langage *romain* ou *roman*, c.-à-d. du latin transformé que parlaient *les conteurs de Provence*: cette étymologie en vaut bien une autre. L'art de conter en prose se forma plus tard, avec le besoin de faire du nouveau, et d'écrire plus facilement et plus vite. Les auteurs arrivèrent à peindre les mœurs, les sentiments, les passions de leur époque; et, lorsqu'ils eurent un talent supérieur, ils s'élevèrent à l'étude des caractères et à l'expression de la vérité générale et universelle. — On sait jusqu'où ils ont porté l'ambition. Déjà, en 1823, un homme d'esprit écrivait, dans la préface d'un roman qu'il appelait une *Histoire contemporaine* : « Tout peut être compris dans un genre qui, embrassant à la fois l'*Émile* et la *Cyropédie*, *Gulliver* et *Tom Jones*, *Corinne* et le *Roman comique*..., les créations de Rabelais et le chef-d'œuvre de Cervantes, appartient en même temps à la pastorale par *Paul et Virginie*, à la politique par *Bélisaire* et *Lascaris*, à l'histoire par *Ivanhoé* et *les Puritains d'Écosse*, à l'épopée par le *Télémaque* et *les Martyrs*. Vaste comme l'imagination, et changeant comme la société, le roman échappe à toute définition comme à toute entrave. Il pénètre avec Fontenelle dans le sanctuaire des sciences, il interroge l'Antiquité sur les pas de Barthélemy. Ses limites ne sont autres que celles du sentiment et de la pensée. Son domaine est l'univers. Mesurant sa marche sur les progrès de la civilisation, et enrichi par tout ce qui la développe, appauvri par tout ce qui l'altère, il réfléchit la vide image de cette reine du monde; c'est là son vrai titre et sa gloire. » (De Salvandy, préface d'*Alonzo*.)

Depuis ce brillant panégyrique, le roman moderne a fait encore du chemin : nous le voyons, depuis 1830 environ, agiter et résoudre, au gré de la passion ou du sophisme, les questions les plus délicates et les problèmes les plus redoutables de l'humanité. Il travaille « à l'instruction des lecteurs, » autrement certes que ne l'entendait le bon Huet, et sans se préoccuper comme lui de l'art et du style. Le public n'est cependant pas très-ambitieux, et l'on peut croire que le plaisir, comme le bon sens et le goût, s'accommoderait de moins d'audace et de plus de simplicité. Après tout, moral, historique ou philosophique, le roman se réduit à la peinture des mœurs ; et, comme l'a dit un juge que l'on aime à citer : « Ce que le savant évêque d'Avranches désignait comme la source unique des romans en est toujours la source la plus féconde et la plus heureuse. On ne peut inventer rien de mieux que l'amour; et de nos jours l'admirable Walter Scott, dans ses créations si éclatantes et si nombreuses, dans cette vie nouvelle qu'il a donnée au monde romanesque, en le rendant quelquefois plus vrai que l'histoire, emprunte encore ses plus touchantes inspirations à la peinture de cette passion, qui a si longtemps occupé les crayons des romanciers et des poëtes. » (Villemain, *Essai sur les romans grecs*.)

Dans une si grande variété de matière et de formes, les règles du genre ne peuvent être que les grandes règles du goût : vérité des caractères, observation juste et délicate, vraisemblance des événements, mesure et sobriété des analyses, des descriptions et des peintures, mouvement et rapidité du récit, surtout pour les lecteurs français. Est-il besoin d'ajouter la décence et la dignité? Malheureusement, les livres ont plus de libertés que le théâtre, qui cependant en a beaucoup ; et celles que les romanciers prennent trop souvent avec les mœurs ont rendu bien difficile le choix des bons romans. On doit proscrire avec la même sévérité les paradoxes ou les mensonges qui faussent ou détruisent les principes éternels de la morale et de la société. « Il y a, dit un autre critique qui, dans cette matière, a une double autorité d'une érudition peu commune et d'une raison aussi piquante que solide, — il y a des romans qui ont la prétention pernicieuse de mettre l'idéal hors du bien. Cette prétention est ordinairement celle des siècles dans lesquels la corruption passe du cœur à l'esprit, et où les passions cessent d'être des emportements des sens pour devenir des doctrines... Le sophiste s'ajoute au libertin : le plaisir ne suffit plus ; il faut le scandale, et le scandale poussé jusqu'à une sorte de victoire sur la morale, grâce à l'ébahissement des badauds, qui trouvent fier ce qui n'est qu'insolent. » (Saint-Marc Girardin, *Cours de littérature dramatique*, ch. xxxix.) Le xviiiᵉ et le xixᵉ siècle se sont rendus étrangement coupables de cette intrépidité d'imagination qui ne recule devant aucune licence, et des conceptions audacieuses qui, pour exciter le goût du public, mélangent dans des proportions effrayantes les éléments les plus dangereux. Mais une invention réservée à notre époque, c'était de faire du roman une espèce de marchandise littéraire, de le mettre en commandite, ou, pour mieux dire, en atelier, et de distribuer l'exécution et les détails à des collaborateurs, en réservant au chef de l'entreprise la direction suprême, l'honneur du nom d'auteur, et le principal bénéfice. C'est ainsi que nous avons vu se conduire et s'achever, au profit des journaux politiques aussi bien que des romanciers à la mode, ces longues ébauches des feuilletons, où la main inhabile et distraite trace des contours irréguliers et confus, mêle les couleurs, et s'inquiète peu de la ressemblance des portraits. Ainsi s'ajustent ces effets dramatiques, achetés à force d'invraisemblances et de concessions imposées au bon sens; ces canevas d'intrigues qui se brisent tous les jours à la fin de la page, pour se renouveler péniblement le lendemain, sans souci des oublis, des contradictions ou

des redites; ces amples narrations, renouvelées d'*Alaric* et de *Clélie*,

Où l'on voit comme il faut berner les nations,

et qui font regretter le bon temps où les romans avaient une fin. Encore Cyrus et Clélie parlaient-ils français ; tandis que leurs héritiers ont remplacé leur style précieux et leurs dissertations subtiles par un idiome plat et incorrect, quand il n'est pas prétentieux et ampoulé. Ceci est affaire de goût et de langage; mais l'honnêteté se révolte contre le système odieux des romanciers à bout d'invention, qui ont fait de la société une caverne de voleurs, et de la famille un repaire de vices dramatiques. Hâtons-nous d'ajouter que les *Revues* respectent le lecteur beaucoup plus que ne le font les journaux quotidiens; qu'en dépit de l'engouement du public, les œuvres immorales ou extravagantes font leur temps, ainsi que les platitudes, et que les bons romans surnagent seuls, comme tous les bons livres.

L'histoire du roman serait plus longue que *Clélie* et *Clarisse;* à peine pouvons-nous en indiquer les points essentiels. Les contes et les fables sont communs à tous les peuples. Les Arabes ont *les Mille et une Nuits*, les Indiens leurs interminables épopées. Chez les Grecs, le genre romanesque semble dater de Platon et de Xénophon. L'évêque d'Avranches même, avec le plus grand sérieux et le plus profond respect, le ferait presque remonter jusqu'aux paraboles des livres saints et aux allégories du *Cantique des Cantiques*. Sans aller si loin, il faut reconnaître dans la *Cyropédie* et l'*Atlantide* les caractères de la fiction, qui frappèrent même Cicéron. Mais la vie publique et poétique des Grecs, au temps de leur prospérité, se passait facilement de ce divertissement des « honnêtes paresseux, » parce qu'elle était bien remplie; et une civilisation qui tenait les femmes de condition honnête renfermées dans l'ombre du gynécée ne permettait guère les peintures de l'amour tel que l'entendent les Modernes. Il ne restait pour les contes et les romans que les lieux communs facilement épuisés, des aventures bizarres, des histoires de pirates et d'enfants enlevés, et des reconnaissances, qui étaient le fond monotone et obligé du genre. Les *Fables Milésiennes* ne nous sont connues que par la tradition; mais on devine aisément le caractère de ces productions de la molle et voluptueuse Ionie, puisqu'elles scandalisèrent les Parthes, qui les trouvèrent dans le bagage des lieutenants de Crassus, à peu près comme nos officiers virent en 1812, dans les riches bibliothèques de Moscou, les plus mauvais romans du xviiiᵉ siècle. N'oublions pas cependant que la poétique histoire de *Psyché* est donnée par Apulée comme une *fable milésienne*. — Dans la décadence des lettres grecques, le genre fabuleux devient à la mode, et Lucien écrit son *Histoire véritable* pour se moquer des voyages imaginaires. Le goût obstiné de Racine et la sévérité de Port-Royal ont popularisé le titre des *Amours de Théagène et de Chariclée*, premier type du roman d'amour, et ouvrage d'Héliodore, évêque de Tricca. On lira dans la lettre de Huet à Segrais, ou plutôt dans l'*Essai* de M. Villemain *sur les romans grecs*, ce qu'il est bon de savoir de ces compositions, qui peut-être n'amusaient pas trop leurs lecteurs, sauf la pastorale élégante et gracieuse de *Daphnis et Chloé*, traduite par Amyot d'un Longus inconnu, avec une naïveté qui n'appartient pas à l'auteur original.

Les Romains eurent le goût romanesque par imitation ; mais ils semblent l'avoir cultivé plutôt dans les *déclamations* des écoles que dans les récits d'imagination. A peine peut-on nommer le livre odieux de Pétrone, où les seuls passages lisibles sont de la critique et non du roman. Quant à l'*Ane d'or* de l'Africain Apulée, malgré des défauts de même nature, au moins offre-t-il des inventions plaisantes et bouffonnes dont on peut rire de bon cœur.

Avec le moyen âge, époque d'aventures, de hasards et de crédulité, le roman arrive à sa vraie forme et à sa popularité universelle. En prenant son nom moderne, il a d'abord le caractère épique, et une certaine grandeur poétique et morale qu'il doit aux idées et aux sentiments chrétiens. La femme a obtenu dans la société la place qu'elle y tiendra désormais; la chevalerie remplit les imaginations de sentiments au-dessus du vulgaire et d'aventures merveilleuses. Nous avons indiqué plus haut ce rapport de l'épopée classique et du roman populaire : la transition se fait par les *chansons de gestes* et les cycles épiques de *Roland*, du *Saint-Graal*, d'*Alexandre le*

Grand, de *Robin Hood* (*V. ces mots*). Ces légendes en vers amusent l'oisiveté et l'ignorance pendant les heures de solitude et les longues veillées. Mais on finit par se lasser de Roland et de ses « pairs. » Le roman devient allégorique : au XIVe siècle, il conserve la forme des vers, mais il s'essaye à la peinture des mœurs et à la satire dans le *Roman de la Rose*, et surtout dans le *Roman du Renard* (*V. ces mots*), long fabliau maintes fois imité : nous ne sommes pas loin de la prose et de Rabelais. — n sait tout ce que renferme « la vie très-horrifique » de *Gargantua* et de Pantagruel ; il manque cependant à ette verve prodigieuse d'invention, qui s'est tout permis, e grand élément du roman moderne, l'amour. Les conteurs de l'école de Rabelais, Bonaventure Despériers, la reine de Navarre elle-même, ne le connaissent pas beaucoup plus que lui. La galanterie légère et brillante de Boccace leur convenait mieux, et le *Décaméron* a plus d'une fois servi de modèle aux bons conteurs français, tandis que d'autres légendes italiennes fournissaient à Shakespeare, entre plusieurs sujets de drames, les amours désormais impérissables de Roméo et de Juliette et la jalousie d'Othello. — Rabelais avait porté le roman à la philosophie, la politique, l'esprit d'examen et de scepticisme qui doivent aller si loin après lui. Et néanmoins c'est de son temps, c'est au XVIe siècle que l'amour platonique, poussant jusqu'à l'extravagance l'idéal de la délicatesse, ressuscite la chevalerie dans les imaginations populaires, et fait éclore la renaître l'héroïque et nombreuse famille des *Amadis* (*V. ce mot*), qui a été transportée en Espagne et transformée : il eut le privilège de tourner la tête aux lecteurs espagnols et français, jusqu'à l'immortelle plaisanterie de Cervantes, plus meurtrière pour les romans de chevalerie que le bras même de la gouvernante et des bons amis de Don Quichotte. On ne connaît plus ces ouvrages. Nous avons aujourd'hui d'autres lectures, d'autres tentations et d'autres folies « que celles de l'ingénieux hidalgo de la Manche ; » mais une spirituelle leçon de M. Saint-Marc Girardin peut au moins nous donner une idée des sublimes amours d'Amadis et d'Oriane. Quant au *Don Quichotte*, il a suffi à faire la gloire littéraire de l'Espagne, puisque, du moins jusqu'à ce jour, le seul livre espagnol qui soit populaire en Europe est un roman, chef-d'œuvre d'invention philosophique et plaisante, où la comédie et le sentiment s'allient avec autant de bonheur que la folie et la raison dans le héros.

Une autre influence étrangère, celle des pastorales italiennes du Tasse et de Guarini, de l'*Aminta* et du *Pastor Fido* (*V. ces mots*), vint modifier en France le caractère du roman, et donner au goût une direction nouvelle. L'*Astrée* marque une époque dans l'histoire de ce genre, devenu tout français. Céladon remplace *Amadis ;* les amants se font bergers, et quittent la lance pour la houlette ; mais les sentiments délicats et la dévotion d'amour, que d'Urfé appelle « les effets de l'honnête amitié, » n'y perdent rien ; au contraire, l'analyse et la dissertation savante et subtile se mettent de la partie. L'Hôtel de Rambouillet en fait ses délices, et Mlle de Scudéry consacre la longue laborieuse de son imagination à en divertir *les précieuses et les honnêtes gens.* Tout le monde a ri des vigoureuses attaques de Molière et de Boileau contre les *héros de roman* et leurs admirateurs, contre les portraits de fantaisie, les intrigues sans fin. On sait encore le mépris que Bossuet témoigne, du haut de sa chaire, pour ces « froides et dangereuses fictions. » Elles ont amusé cependant d'excellents esprits. Mme de Sévigné et son ami La Rochefoucauld se prenaient, dit-elle, au style maudit et détestable de La Calprenède comme à de la glu. » Peut-être même préféreraient-ils les quinze intrigues de la *Cléopâtre* aux vingt volumes du *Cyrus* et de la *Clélie*, fidèle, mais trop longue expression des idées et des sentiments d'une société polie jusqu'à l'excès. — Il faut remarquer dans Mlle de Scudéry la part littéraire que les femmes commencent à se faire dans le roman, où leur imagination et leur sensibilité les appellent à de grands succès. Signalons aussi l'apparition de l'histoire, si défigurée qu'elle soit par les auteurs qui l'habillent à la française. Ces Grecs, ces Romains de fantaisie ne sont pas, comme les chevaliers errants, sortis tout armés du cerveau du narrateur ; ils portent des noms vrais, ils réveillent des souvenirs. Nous n'en sommes pas encore au roman historique ; mais on peut déjà le prévoir. En attendant, la peinture des mœurs devient plus simple et plus humaine, quoique toujours noble et délicate, sous la plume de Mme de La Fayette, dans *Zayde* et dans *la Princesse de Clèves.*

« Passer, dit Laharpe, de Mme de La Fayette à Scarron, c'est aller de la bonne compagnie à la taverne ; » mais le *Roman comique* justifie trop bien son titre pour ne pas compter, dans l'histoire du genre, comme le modèle le plus franc et le plus vif de la gaieté populaire qui parle français. Scarron fait penser aux comédies bouffonnes de Molière, Mme de La Fayette aux comédies héroïques de Corneille. Citons encore, comme modèle d'agrément, le roman de *Psyché*, où La Fontaine mêle si naturellement la fiction, la grâce et la plaisanterie. Nous ne ferons pas au *Télémaque* l'injure de le compter parmi les romans. Si Fénelon écrit en prose, s'il a l'esprit un peu chimérique, comme le lui reprochait Louis XIV, il appartient à la famille des grands poëtes par l'élévation, l'idéal, le sublime, la richesse de l'imagination et des couleurs. — Mais la fiction « aspire à descendre » des hauteurs sublimes d'autrefois, à suivre la pente de l'esprit et des mœurs du siècle nouveau. Lesage, qui tient encore du XVIIe siècle par le goût et le style, qui élève même le roman au rang de la haute comédie par la peinture des caractères, Lesage n'a plus cet amour du grand et de l'idéal dont ses devanciers avaient abusé ; la prose a pour longtemps remplacé la poésie. — Bientôt même le roman s'altère et se dégrade : il ne se propose plus de divertir, mais de détruire, à force de licence et d'impiété : c'est l'œuvre déplorable de Voltaire, et de ses imitateurs, qui n'ont pas son génie ; œuvre qui se poursuit jusque dans la Révolution, et au delà. Il y avait cependant, même au XVIIIe siècle, d'autres moyens de réussir. Laissons de côté la pédanterie philosophique de Marmontel, ennuyeux dans *Bélisaire* et dans *les Incas*, agréable avec effort, mais froid dans les *Contes moraux ;* laissons les fadeurs chevaleresques et pastorales de Florian. Le grand roman de l'époque fut *la Nouvelle Héloïse*, où la magie du style fit admirer des sentiments souvent déclamatoires et des situations fausses, auxquels on est moins sensible aujourd'hui. J.-J. Rousseau, d'ailleurs, avait dévoré des romans pendant son enfance, et il en fut toute sa vie. Au moins n'avait-il pas, comme Diderot et Crébillon fils, cherché de faciles succès dans la satire et le scandale. Ce mérite est également celui de l'abbé Prévost, peintre touchant, mais souvent diffus, de la passion, des fautes et du malheur. Il appartient surtout au premier et illustre élève de Rousseau, Bernardin de Saint-Pierre, qui purifie le roman par l'immortelle idylle de *Paul et Virginie.*

Ainsi, dans le XVIIIe siècle, le fond du genre s'était développé ; le cadre s'était agrandi ; à la forme première de la narration s'étaient ajoutées celles de la correspondance, des mémoires, des confessions ; effet d'une popularité qui augmentait tous les jours. Les autres peuples de l'Europe n'étaient pas restés en arrière de la France ; Swift, salué par ses compatriotes du nom de « Rabelais anglais, » fit servir le merveilleux à la satire mordante des folies humaines dans les *Voyages de Gulliver ;* Daniel de Foë, son contemporain, rencontra une inspiration de génie dans l'histoire de *Robinson Crusoé*, aux prises avec toutes les misères et tous les dangers de la solitude. Trente ans plus tard, l'Angleterre et la France applaudissaient, dans *Tom Jones*, à la gaieté naturelle et plaisante, quoique trop libre, de Fielding ; dans *Grandisson* et dans *Clarisse Harlowe*, aux longues et pathétiques peintures de Richardson, qui passionnaient Diderot. Citons aussi, parmi les bons ouvrages du genre, le *Vicaire de Wakefield*, où Goldsmith a donné l'expression consciencieuse, édifiante et un peu prolixe de la vie honnête, des sentiments honnêtes et de la vertu. — L'Allemagne en était encore à la chevalerie et au merveilleux un peu puéril de ses fantômes et de ses ondines, lorsque Gœthe vint ébranler profondément les imaginations avec les *Souffrances de Werther*, le seul bon roman qu'il ait fait. S'il est vrai, comme on l'a dit, que le suicide du son héros ait été contagieux parmi les étudiants allemands, cette fidélité trop scrupuleuse d'imitation serait une preuve singulière du danger des romans pour les têtes peu solides. C'était bien assez d'imiter de Werther les vagues désirs, les répugnances, le dégoût de la vie, ainsi que l'a fait à la même époque l'Italien Ugo Foscolo dans son roman de *Jacopo Ortis.*

Le XVIIIe siècle avait la passion des romans ; le XIXe en a eu la fureur. Cette littérature, lucrative et facile, nous a inondés de productions et de produits éphémères. C'est surtout depuis l'industrie du roman-feuilleton que l'on pourrait dire avec Boileau :

En pourrait-on trouver deux ou trois entre mille ?

On peut cependant choisir dans cette multitude, et s'arrêter à quelques grands noms et à quelques bons ouvrages. En premier lieu se présentent deux écrivains de génie, Mme de Staël et Chateaubriand, dont les livres ont inégalement résisté à l'action du temps. L'étude des caractères, le sentiment passionné des arts, même des scènes dramatiques, n'ont pas empêché *Delphine* et *Corinne* de vieillir. *Atala*, dont le prodigieux succès « enivra son auteur des jouissances de l'amour-propre, » a un peu perdu l'éclat et la richesse de son coloris. *René* seul, écrit avec la force du génie que la flatterie n'a pas gâté, est demeuré l'expression la plus originale et la plus belle de ce « vague des passions, » maladie du siècle, qui commence à Rousseau et ne finit pas avec Alfred de Musset. *Les Martyrs* (*V. ce mot*) n'ont pas été aussi heureux; en aspirant à l'épopée, l'auteur ne s'est pas élevé au-dessus du roman, sans être d'ailleurs franchement romancier, parce qu'il avait toutes les qualités du poëte, excepté le don des vers. — Après Chateaubriand, il paraîtrait presque ridicule de citer Fiévée et *la Dot de Suzette*, Mme Cottin et *Malvina*, et à plus forte raison les longues, sinistres et puériles élucubrations de Ducray-Duminil, imitées de l'Anglaise Anne Radcliffe, si ces ouvrages, oubliés aujourd'hui, et refaits d'ailleurs dans d'autres conditions, ne témoignaient du goût d'une génération. Ce sont des divertissements plus littéraires que les esquisses de caractères et de situations comme *Adolphe* de Benjamin Constant, *Ourika* de Mme de Duras, *Valérie* de Mme de Krudener. Les femmes ont excellé chez nous dans ces vives et courtes peintures, et rempliraient à elles seules une grande partie de l'histoire du roman. Mais le goût et le progrès des études historiques, qui sont la gloire du XIXe siècle, allaient ouvrir aux romanciers une vaste carrière : on a rencontré plus haut le nom et l'éloge de Walter Scott; peut-être sa popularité prodigieuse a-t-elle souffert du temps, comme celle de tous ses pareils; encore ne semble-t-il pas qu'*Ivanhoë* ou les *Puritains d'Écosse* puissent vieillir; et si tel est le privilége des tableaux historiques restitués par la longue patience de l'étude et du génie, on en peut dire autant de conceptions originales et touchantes comme *la Prison d'Édimbourg*. — De tels succès mirent le roman historique en grande faveur. Depuis le *Cinq-Mars*, sérieux et roide, d'Alfred de Vigny, jusqu'aux faciles et joyeux héros d'Alexandre Dumas, l'histoire fut fouillée, retournée, habillée et falsifiée de toutes les manières, sous prétexte de lui rendre son véritable costume. Dans cette profusion de livres souvent amusants à lire vite, comme l'interminable légende des *Trois Mousquetaires* de Dumas, se détache ce que l'école romantique appellerait le colosse du genre, *Notre-Dame de Paris*. La critique a fait bonne et sévère justice des invraisemblances, des antithèses systématiques, des tendances dangereuses, du mauvais goût, des contre-sens archéologiques; mais il reste à l'œuvre de Victor Hugo ce qui ne s'emprunte ni ne s'altère, c.-à-d. le mouvement, la vie et la puissance; on peut blâmer les traits qu'il donne à ses personnages : on ne les oublie pas. — *Les Misérables*, écrits trente ans après *Notre-Dame de Paris*, ont été l'objet d'un véritable engouement de la part des partisans déterminés de M. Victor Hugo; il y a cependant beaucoup à réduire de tout le bruit qu'on en a fait. L'auteur a voulu tout mettre dans cette vaste composition : drame, peinture des mœurs, histoire contemporaine, théories philosophiques, sociales, économiques, administratives; mais il use et abuse de tout; il applique avec une étrange complaisance sur des idées et des images immondes; il fatigue le lecteur par des digressions à perte de vue, par l'étalage d'une érudition prétentieuse et incommode, par un style qui pousse à bout tous les défauts de l'école, alliances de mots ambitieuses et forcées, néologismes indigestes ou même barbares, et jusqu'aux incorrections grammaticales, où le poëte n'était jamais tombé. Non pas qu'il ne se rencontre dans les *Misérables* des conceptions touchantes ou gracieuses, quelques peintures fortes, quoique toujours chargées, des touches de style excessives et vigoureuses : mais l'impression générale du livre est dangereuse, la composition diffuse, incertaine, souvent puérile, chargée d'invraisemblances et de contradictions que le talent incontestable de l'auteur ne suffit pas à faire accepter.

Ainsi nos romanciers se font moralistes et philosophes, comme ils s'étaient faits historiens. Nous rappellerons seulement, sans insister sur les détails, de quelle étrange manière a été accommodée la morale dans les laborieuses mais énergiques combinaisons de Frédéric Soulié, dans l'immense *Comédie humaine* de Balzac, dans les conceptions séduisantes, et trop souvent dangereuses, de George Sand, ajoutons dans les tableaux de mœurs contemporaines d'Eugène Suë et des deux Dumas. Est-ce donc une nécessité pour les sociétés trop civilisées de se complaire dans les peintures réelles et vivantes de leurs maux et de leurs plaies, exagérées encore par l'audace ou la fantaisie de l'écrivain ? ou bien encore d'accueillir, sous le couvert d'une richesse admirable d'imagination et d'un grand éclat de style, les attaques les plus pernicieuses contre des vérités dont le seul tort est d'être aussi vieilles que le monde ? La mode a partagé ses faveurs aux *Mémoires du Diable* de Frédéric Soulié; à *Lélia* de George Sand; au *Père Goriot*, aux *Parents pauvres* de Balzac; aux *Mystères de Paris*, à *Mathilde* d'Eugène Suë; à *Monte-Cristo* de Dumas père, sans s'inquiéter si les esprits faibles prendraient au pied de la lettre ces vilaines images de la société, comme le chevalier de La Manche tenait pour articles de foi les aventures des chevaliers errants.

Nous ne ferons pas à la littérature l'injure d'accepter pour un dédommagement de ces lectures dangereuses la gaieté populaire et grivoise de certains romanciers. Nous serions cependant injustes de ne pas signaler des compositions dont le succès prouve que le naturel et l'intérêt suffisent encore pour fonder la réputation d'un homme de talent et le conduire à l'Académie, depuis *Colomba*, de M. Mérimée, jusqu'à *la Maison de Penarvan* de M. J. Sandeau, et jusqu'au *Roman d'un jeune homme pauvre*, de M. Octave Feuillet. — Par là s'explique le succès que trouvent chez nous les romans étrangers, qui, d'ailleurs, changent de caractère pour répondre à la mobilité du public. Le jour où Walter Scott eut épuisé le roman historique, les Anglais revinrent avec Dickens au roman de mœurs et d'observation familières, tel à peu près que l'avaient compris, au XVIIIe siècle, Fielding et Richardson. L'Américain Cooper avait mis à la mode les scènes de la mer et de la vie sauvage. Lorsque de nombreuses imitations de ses romans *le Pilote* et *les Mohicans* eurent usé la mer et les sauvages, les romanciers américains adoptèrent le genre anglais; une forte et pathétique peinture de l'esclavage, sortie, sous le titre de *la Case de l'oncle Tom*, de la plume d'une femme, Mme Beecher Stowe, émut et toucha les deux mondes, à la veille de la lutte sanglante des deux Amériques. Le goût anglais, du reste, est celui des peuples du Nord; lorsque la Suède essaye d'exprimer dans les romans les idées et la vie de ses froides régions, elle adopte le ton, les manières et le tour d'esprit de l'Angleterre et de l'Amérique. — Dans cette vogue universelle du roman, il n'y a pas jusqu'à la piété qui n'essaye de combattre le mal par ses propres armes, et d'opposer le roman chrétien au roman philosophique et socialiste : un grave et pieux prélat refait dans *Fabiola* le roman des Martyrs, et appuie ainsi, peut-être involontairement, ce que l'évêque d'Avranches avait écrit pour la justification de ses amis.

Que faut-il conclure de cette revue si longue et cependant si incomplète où nous ne pouvions et ne devions pas tout dire? La sévérité proscrit des lectures presque toujours inutiles. Si l'on regarde seulement le bon emploi de notre vie, si courte et si troublée, ne dira-t-on pas de tous les romans ce que le curé de Don Quichotte dit de l'*Histoire du fameux Tirant le Blanc*, qu'il déclare d'ailleurs « le meilleur livre du monde pour le style et le naturel? avec tout cela, l'auteur eût mérité de passer le reste de ses jours aux galères, pour avoir débité tant de sottises sans y être contraint. » Cependant, les romans ont rencontré rarement des juges aussi sévères. L'indulgence tolère au moins les bons, dans l'intérêt de la faible humanité, qui demande une trève et une distraction aux préoccupations trop sérieuses de notre âge, et répète timidement après La Fontaine (VIII, fab. 4) :

Le monde est vieux, dit-on : je le crois; cependant
Il le faut amuser encor comme un enfant.

A. D.

ROMAN (Dialecte), nom donné quelquefois à l'idiome *rhétien* (*V. ce mot*).

ROMAN (Style). *V.* ROMANE (Architecture).

ROMANCE, mot qui désigna d'abord un poëme composé en langue *romance* ou *romane*, et qui s'est ensuite appliqué dans un sens restreint aux chants populaires de l'Espagne, célébrant les grands événements de l'histoire nationale, les hauts faits des héros et des rois. Ces *romances* espagnoles sont généralement divisées en couplets (*coplas*) de 4 vers; les vers ont 8 syllabes, et ne sont pas rimés, mais seulement assonants. *V.* ROMANCERO.

ROMANCE, petite pièce de vers, divisée en couplets d'égale étendue et de même mesure, et destinée à être chantée. La mélodie que le musicien lui applique est la même pour les divers couplets. La romance exprime particulièrement les sentiments tendres et langoureux, mais peut prendre un caractère dramatique ou passionné. L'origine de ce genre de composition remonte aux Troubadours et aux Trouvères. Celles de leurs pièces qui nous ont été conservées avec une notation musicale prouvent que la mélodie était courte, sans tonalité précise, d'un rhythme indécis, et consistait en quelques sons plaintifs, monotones, dont la persistance finissait par saisir l'oreille et toucher le cœur : tel est le caractère des chants du châtelain de Coucy, d'Adam de La Halle, de Lescurel, etc. A partir du XVIᵉ siècle, la romance française eut plus de vie et de mouvement, un rhythme plus accusé, et un air de grâce qui la fit rechercher par toute l'Europe : les musiciens qui s'y exercèrent avec le plus de succès furent Guill. Leheurteur, Pierre Vermond, Beaulieu, Deschamps, Claudin, Du Caurroy. On a des romances agréables de Louis XIII, de Guédron, son maître de musique, et, sous Louis XIV, de Lulli, de Boisset, de Lambert, de Bernier, de Colin de Boismont, de Bury, de Colasse, de Campra, etc. Vers le milieu du XVIIIᵉ siècle, la romance prit un développement analogue à celui de la musique elle-même, et l'on vit se manifester une multitude de fraîches inspirations, entre autres : *Que ne suis-je la fougère*, charmante idylle écrite par Riboutté sur un vieil air qu'on a faussement attribué à Pergolèse ; *Je l'ai planté, je l'ai vu naître*, par J.-J. Rousseau ; *O ma tendre musette*, paroles de Laharpe, musique de Monsigny ; *Il pleut, il pleut, bergère*, de Fabre d'Églantine, musique de Simon (directeur du théâtre des Variétés) ; *L'Amour est un enfant trompeur*, et *Plaisir d'amour ne dure qu'un moment*, petits chefs-d'œuvre du musicien J.-P. Martini ; *les Petits oiseaux*, par Rigel ; *J'ai vu Lise hier au soir*, par le hautboïste Garnier ; *J'aime à voir les hirondelles*, par Devienne ; *Pauvre Jacques*, œuvre de la comtesse de Travenet, que les royalistes chantaient dans les premiers temps de la Révolution. Certains compositeurs commencèrent à se consacrer tout entiers au genre de la romance ; mais la soprraniste Albanèse est le seul de ce temps-là qui ait laissé des recueils agréables encore aujourd'hui. Après les orages de la Révolution, sous le Directoire, le Consulat et le premier Empire, plusieurs musiciens donnèrent des romances qui jouirent d'une popularité méritée : de ce nombre étaient Garat, Boïeldieu, Pradher ; on n'a point oublié non plus Carbonnel, auteur de *Brigitte* et de *Pauvre Lise à quinze ans*, ni Lambert, qui nous a laissé *Les bords de la Loire*, et *De ma Céline amant modeste*, ni Choron, dont *la Sentinelle* fit le tour de l'Europe, ni Pollet, auteur de la romance *Fleuve du Tage*. Mais les compositeurs qui eurent les succès les plus nombreux et les plus prolongés furent Plantade et d'Alvimare, chez qui l'on commence à remarquer une certaine ambition dramatique dans les accompagnements. Quelques Italiens vinrent aussi cultiver la romance française ; tels furent Godefroy Ferrari, Lamparelli, Mengozzi, Ballochi, et surtout Blangini, auteur de délicieux nocturnes. Deux femmes se firent également une brillante *réputation*, Mᵐᵉ Gail, et la reine Hortense, auteur du chant *Partant pour la Syrie*, que le second Empire français a pris pour chant national. C'est à la reine Hortense qu'on doit l'idée de former des albums de romances, et celle de joindre un dessin à chaque morceau. — Pendant le gouvernement de la Restauration, le premier rang parmi les auteurs de romances appartint à Romagnesi, dont les mélodies claires, faciles, bien écrites pour la voix, ont cette juste mesure de gaîté et de sentiment qui est aussi éloignée du gros rire que de l'emportement de la passion. A côté de lui brillèrent Amédée Rousseau, dit de Beauplan, qui publia une foule de chansonnettes vives et piquantes ; Édouard Bruguière, dont les romances respirent une sensibilité touchante ; Mᵐᵉ Pauline Duchambge, Mᵐᵉ Malibran, Panseron, etc. A la suite de la Révolution de 1830, en même temps que triomphait dans la littérature l'école romantique, Hippolyte Monpou tenta une transformation analogue de la romance : son *Andalouse*, d'une tournure si cavalière, eut une vogue immense. Mais la mort prématurée de l'auteur dut avorter la musique romantique. Alors fut introduit un genre nouveau, que Loïsa Puget, qui en fut la créatrice, porta immédiatement à la perfection : ses romances sont de petits drames, de petits épisodes de la vie bourgeoise, mélangés de douce sensibilité, de bon sens et de gaieté tem-

pérée, avec des mélodies vives, bien rhythmées et faciles à saisir. Dans le même temps, Masini, originaire de Florence, mettait dans la romance la grâce et la limpidité qui caractérisent le génie italien ; il eut dans les salons de l'aristocratie la même vogue que Loïsa Puget avait obtenue chez les bourgeois. Il y eut moins de délicatesse, mais plus de franchise et de couleur, chez Théodore Labarre. A côté de Fréd. Bérat, plein d'émotion et de naturel, Grisar, Clapisson, Thys, Lagoanère, Latour, Chéret, Scudo, Vimeux, Vogel, Arnaud, Henrion, Nadaud, se sont fait de nos jours une réputation méritée.

ROMANCERO, c.-à-d. en espagnol *recueil de romances*. Il y a cette différence entre les *Romanceros* et les *Cancioneros* (V. ce mot), que les premiers ne renfermaient originairement que des chants populaires, tandis que les seconds furent consacrés à des compositions étudiées, dont les auteurs faisaient plus ou moins œuvre de poésie. Le *Romancero* espagnol, tel que l'a donné son dernier éditeur, M. Duran (Madrid, 1850), renferme des pièces d'une nature et d'un mérite très-différents, soit par le sujet, soit par la date de la composition. Il est arrivé, en effet, que les chants véritablement populaires et primitifs de l'Espagne ont été imités et remaniés par les poëtes depuis le XVIᵉ siècle, tels que Lope de Vega, Quevedo, Juan de Timoneda, Cervantès, en sorte qu'il se rencontre, sous la même rubrique, des pièces d'une qualité, d'une origine et d'un mérite extrêmement divers. Assigner à chaque pièce sa date approximative est une des plus graves difficultés qu'ait rencontrées M. Duran : il distingue des romances de huit époques différentes ; les anciennes sont les meilleures, et les plus curieuses comme écho naïf des sentiments et des opinions populaires. Après la diversité des dates vient la diversité des sujets. Le *Romancero* peut être considéré comme offrant les éléments d'une ou de plusieurs épopées : aussi les dramaturges castillans ont abondamment puisé dans ce riche trésor des traditions nationales. Nous distinguerons plusieurs groupes dans les romances espagnoles : 1° les romances chevaleresques ; 2° les romances historiques, qui se rapportent à l'histoire de l'Espagne ; 3° les romances de mœurs ; 4° les romances moresques ; 5° les romances, de beaucoup les plus mauvaises, qui se rapportent à l'antiquité fabuleuse ou historique.

Les *Romances chevaleresques* se divisent en plusieurs cycles, dont les principaux sont ceux de Charlemagne, de Bernard de Carpio, de Fernand Gonzalès, les sept infants de Lara, et du Cid. Dans ces divers cycles, les pièces véritablement anciennes, ou même celles qui, relativement modernes, renferment quelques éléments d'antiquité, offrent des morceaux de la plus belle beauté. Le sujet du cycle carlovingien tient à l'expédition de Charlemagne dans la vallée de l'Èbre, expédition qui se termina par le désastre de Roncevaux. Il fut donné au puissant empereur de remuer fortement les imaginations au Sud comme au Nord des Pyrénées ; mais la vanité espagnole se plut à opposer au chef des Francs un héros national dont l'histoire paraît assez fabuleuse, Bernard de Carpio, fruit des amours furtives du comte de Saldaña et de la sœur d'Alphonse le Chaste. Ces éléments fabuleux sont bien loin d'être incompatibles avec la poésie. Bernard humilie Charlemagne et les douze Pairs. — On trouve également des morceaux étincelants de beautés mâles et fortes, toutes colorées aux mœurs du temps, dans les cycles de Fernand Gonzalès et des sept infants de Lara. Fernand Gonzalès, dont la mémoire est encore fidèlement conservée à Burgos, fut un des premiers comtes de Castille ; il reconquit ce pays sur les Arabes ou Mores. On conçoit donc la vénération dont son nom est encore entouré. Quant à l'histoire des sept infants de Lara, traîtreusement livrés au fer des Mores par leur oncle Ruy Velasquez, et vengés par le bâtard Mudarra, elle est des plus dramatiques, et a inspiré quelques-unes des plus belles pièces du *Romancero*.

Mais quelque soit l'intérêt que présentent ces divers cycles, cet intérêt est cependant effacé pour les beautés du cycle du Cid. Nul héros, en effet, n'a mieux résumé les diverses qualités du caractère espagnol ; il n'y eut jamais de figure poétique plus chère à un peuple. L'imagination espagnole s'est donc plu à parer le Cid des plus aimables et des plus nobles qualités. De là un grand nombre de romances destinées à chanter les grandes actions du héros castillan par excellence, depuis son enfance jusqu'à sa mort ; elles célèbrent l'appui prêté par le Cid à don Sanche, sa fidélité à l'ingrat Alphonse, sa lutte contre les Mores, la conquête de Valence, le mariage de ses filles, doña Elvire et doña Sol, leur insulte vengée sur les infants de Carrion, principalement la vengeance de don Diègue, et l'histoire des amours avec Chimène. Les pièces que renferme le cycle du *Cid*, bien que de mérites très-divers, présentent toutes un grand intérêt. On doit regretter que la mâle légende ait été quelquefois affadie par les poëtes du XVIe siècle; l'introduction de la galanterie y gâte l'esprit héroïque du moyen âge. Mais on doit à ce mélange le *Cid* de Guilhem de Castro et de Corneille.

La classe très-intéressante des *romances historiques* embrasse l'histoire entière de l'Espagne jusqu'au XVIe siècle exclusivement. Dans ce vaste cadre, l'imagination populaire s'est naturellement emparée de tous les événements les plus propres à la frapper. Elle a donc chanté la perte de l'Espagne causée par l'amour de Roderic pour la Cava, la trop fameuse fille du comte Julien; la défense de Zamora par l'infant Urraca; les batailles du Rio Verde et du Rio Salado; le siége de Calatrava la Vieja; le dévouement de Diégo de Mendoza à la bataille d'Aljubarrota; la mort tragique d'Alvaro de Luna; le siége de Grenade et la fondation de Santa-Fé, etc., compositions charmantes, d'une vérité et d'une variété qui sont la source d'un inépuisable intérêt.

Les *romances moresques*, composées dans les derniers temps de la puissance des Arabes dans la Péninsule, ou même après la prise de Grenade, ne sauraient présenter l'intérêt puissant qui s'attache à la poésie naïve et passionnée de certaines romances du cycle chevaleresque ou historique; leur intérêt est d'un autre genre; il tient à la couleur originale qu'elles empruntent aux mœurs, aux usages qu'elles décrivent, et qui, grâce au caractère des Arabes d'Andalousie et à leur civilisation, étaient extrêmement poétiques. On retrouve dans ces petites pièces quelque chose de l'originalité de l'Alhambra; et on ne peut lire sans attachement les amours du beau Gazul et de Xarisa, les descriptions des joutes arabes sur la Vivarambla de Grenade, les défis d'Alboacem et de Ponce de Léon, la vengeance que Garcilaso de la Vega tire de l'insulte faite à l'Ave Maria. Qu'on ajoute la peinture des armes, des coursiers, des costumes, et toute la civilisation arabe de la péninsule reparaît aux yeux dans ces romances. Quel parti un génie tel que Walter Scott ne pourrait-il pas en tirer!

Il en est de même des compositions populaires que nous rangeons sous le titre de *Romances de mœurs*, faute d'en trouver un autre qui leur convienne mieux. Nous trouvons ici l'imagination du peuple espagnol dans toute sa liberté, prenant tour à tour le ton élégiaque, pastoral, burlesque, satirique, picaresque. Le cadre des romances est toujours restreint. La langue espagnole fournit aisément la rime; par conséquent, ce petit poëme n'excède pas la portée d'un esprit même inculte; de là la saveur particulière, l'agrément infini de cette classe de romances qui durent encore aujourd'hui et dureront probablement autant que le peuple espagnol lui-même. Les ballades anglaises et écossaises, d'une époque plus rude, n'offrent rien qui puisse être comparé à ces petits tableaux de la vie espagnole, composés en général durant le XIVe siècle.

Nous ne citons que pour mémoire les romances dont les sujets sont pris dans l'Antiquité. Il suffit de les nommer pour faire entendre qu'elles sont l'œuvre de poëtes érudits, et qu'elles n'offrent, par conséquent, aucun des caractères qui font le charme du *Romancero*, la spontanéité, la naïveté. Ce sont des compositions pédantesques et d'un genre faux. E. B.

ROMANCHE (Idiome). V. RHÉTIEN.

ROMANE (Architecture), nom inventé par M. de Gerville et généralement adopté pour désigner le style d'architecture qui fut employé en Occident depuis le Ve siècle de notre ère jusqu'au XIIe. C'est une transformation du style romain dégénéré, et l'expression de *style roman* a été formée, par analogie, de celle de *langues romanes*, qui désigne les langues dérivées du latin ou langue des Romains. Le *Comité historique des arts et monuments*, n'appliquant qu'aux constructions du XIe et du XIIe siècle la dénomination de *style roman*, a rapporté celles des âges antérieurs à un style particulier, dit *style latin*. L'art des premiers siècles du moyen âge portant l'empreinte, non-seulement de l'influence latine ou romaine, mais encore de l'influence grecque ou byzantine, l'abbé Bourassé a proposé l'expression d'*architecture romano-byzantine*, qui ne convient en réalité qu'aux monuments des XIe et XIIe siècles.

Les monuments de style latin sont rares, en France surtout: nous mentionnerons l'église St-Jean à Poitiers, et la Basse-Œuvre à Beauvais. D'après les descriptions

qu'on trouve dans les auteurs, il y a lieu de croire qu'il existait alors une grande variété dans la forme et la disposition des édifices consacrés au culte, et que la plupart des plans qu'avaient pu fournir les édifices profanes des Romains, basiliques, thermes, prétoires, cénacles, avaient été adaptés à cette destination. Toutefois, la forme basilicale, modifiée par l'adjonction d'un transept, paraît avoir été la plus générale. Les églises à trois nefs étaient peu nombreuses; les autres avaient la forme d'un rectangle terminé par une abside circulaire. La maçonnerie était de petit appareil; la brique simulait des assises régulières et de grossières archivoltes. Les colonnes ont fait place à de lourds supports, et les chapiteaux, quand ils existent, attestent que la sculpture était tombée dans la barbarie. L'entablement antique a été brisé: des trois parties qui le constituaient, il en est deux, l'architrave et la frise, qui ont disparu; la 3e, la corniche, est imparfaitement exécutée, et s'appuie, à l'extérieur, sur des corbeaux ou modillons de formes très-variées. Les arcades, les voûtes, les portes, les fenêtres, sont à plein cintre. Quelques fenêtres pourtant, percées en forme de meurtrières, se terminent à la partie supérieure par une espèce de linteau.

Après l'an mil, il y eut une véritable renaissance en Architecture, et on reconstruisit la plupart des églises, mais en suivant des règles rigoureuses. C'est surtout à partir du XIe siècle que l'influence byzantine se fit sentir, grâce aux communications que les Croisades établirent entre l'Occident et l'Orient. Le plan des églises se modifiant, les bas côtés de la nef s'allongent et tournent autour du sanctuaire, et l'on établit des chapelles absidales. L'aire du chœur est souvent plus élevée que le pavé de la nef, parce qu'elle recouvre une crypte. Les colonnes commencent à se grouper d'une manière assez élégante, et ont des chapiteaux historiés. Le plein cintre est toujours un caractère dominant; toutefois, on trouve aussi l'arc surbaissé ou en anse de panier, et l'arc outre-passé ou en fer à cheval. Les fenêtres sont de petites dimensions: leur baie extérieure est formée de claveaux très-réguliers et artistement appareillés; parfois elle est accompagnée de deux colonnettes, et surmontée d'une archivolte. On voit apparaître les fenêtres géminées. Dans plusieurs églises, des voûtes en coupole s'élèvent à l'intersection des transepts. Les tours, construites primitivement dans un but d'utilité, pour recevoir les cloches, se multiplient pour le coup d'œil et pour la régularité du plan. Les ornements le plus fréquemment usités sont les chevrons, les étoiles, les méandres ou frettes, les losanges enchaînés, les tores coupés, les pointes de diamant, les câbles, les torsades, les damiers, les têtes de clou.

Le XIIe siècle est un âge de transition. On découvre la première apparition d'une nouvelle forme d'arcade, l'ogive, qui caractérisera bientôt une nouvelle période d'architecture. L'ogive se montre timidement encore; elle est employée concurremment avec le plein cintre: il n'est pas rare alors de rencontrer une ogive encadrée dans un plein cintre, ou des arcades alternativement semi-circulaires et ogivales. L'ogive n'a point encore sa forme parfaite: tantôt elle s'éloigne peu du plein cintre, tantôt elle est très-aiguë, et elle conserve les ornements et les moulures propres à l'architecture romane. Les colonnes continuent de se perfectionner: leur fût est mieux profilé, plus élancé, et les chapiteaux historiés sont remplacés par les chapiteaux à feuillages. Les pieds-droits des portes reçoivent des statues, et la voussure elle-même se garnit de statuettes. Les fenêtres, comme les portes, sont encore à plein cintre, mais elles reçoivent des encadrements plus riches, et sont surmontées de roses. On applique l'ogive à la construction des voûtes. Dans l'ornementation, on aperçoit pour la première fois les trèfles et les quatre-feuilles.

Parmi les églises romanes postérieures à l'an mil, nous citerons: St-Germain-des-Prés, à Paris; les cathédrales d'Avignon, du Puy, et d'Angoulème; les abbayes du Mont-St-Michel, de Jumiéges, de Preuilly; St-Étienne, à Caen; la Trinité, à Angers; Ste-Croix, à Bordeaux; St-Remi, à Reims; Notre-Dame-la-Couture, au Mans; St-Paul, à Issoire; Notre-Dame-du-Port, à Clermont-Ferrand; les églises de St-Germer, de St-Georges de Bocherville; une partie de Notre-Dame de Noyon. B.

ROMANES (Langues), nom qui convient à toutes les langues issues du latin, parlé par les anciens Romains. *Romanes* est synonyme de *Néo-latines* (V. ce mot). Raynouard appelait *roman* ou *langue romane* un idiome unique, formé aussi par corruption du latin, et qui aurait été parlé dans tout le midi de l'Europe depuis le Xe siècle jusqu'à la fin du XIIIᵉ; de cet idiome, qui était le provençal, seraient sortis ensuite l'italien, le français, l'espagnol, et le portugais. Cette opinion, combattue par Fauriel et d'autres philologues, est aujourd'hui abandonnée. Les compositions des Troubadours provençaux, répandues hors de leur patrie, ont sans doute propagé la connaissance de leur langage, qui fut adopté dans la société polie et dans le monde littéraire, à Barcelone comme à Florence; le provençal eut une sorte d'universalité, comme le français au XVIIIᵉ siècle. Mais on ne peut pas admettre que le latin se soit corrompu d'une manière uniforme dans tous les pays où il avait eu cours : l'idiome des Troubadours n'exista loin de la Provence que dans le cercle étroit de la société des princes, et concurremment avec divers idiomes locaux, moins cultivés, mais populaires. Chaque langue romane ou néo-latine s'est formée indépendamment des autres, avec le concours d'idiomes différents, celte, ibérien, teuton, etc. *V.* Planta, *Histoire des langues romanes*, Coire, 1776; Roquefort, *Glossaire de la langue romane*, Paris, 1808, 3 vol. in-8°; Raynouard, *Grammaire de la langue romane*, Paris, 1816; le même, *Grammaire comparée des langues de l'Europe latine, dans leurs rapports avec la langue des Troubadours*, 1821, et *Lexique roman*, 1835; Bruce-White, *Histoire des langues romanes et de leur littérature*, Paris, 1841, 3 vol. in-8°; Diez, *Grammaire des langues romanes*, en allem., Bonn, 1836-43, 3 vol., et *Dictionnaire étymologique des langues romanes*, ibid., 1853.

ROMANESCA (La), danse. *V.* GAILLARDE.
ROMANISTES, nom donné en Allemagne aux jurisconsultes qui se livrent à l'étude spéciale du Droit romain.
ROMANO-BYZANTIN (Style). *V.* ROMANE (Architecture).
ROMANO-SLAVE (Langue). *V.* ROUMANE.
ROMANTISME. S'il est un nom heureusement né pour exprimer des doctrines mal définies; nom vague, sous lequel peuvent se réunir des aspirations, des tendances, des instincts qui ont quelque chose de commun, mais qui n'ont pas trouvé ou ne veulent pas de formule commune; nom de guerre, qui désigne un parti et non des idées, commode pour l'attaque et la défense, tant qu'on désire bien plus de combattre que de s'entendre; c'est le nom de *Romantisme*. Il paraît avoir pris naissance en Allemagne, vers la fin du XVIIIᵉ siècle, avec l'école poétique dont Louis Tieck fut l'un des principaux chefs. Mᵐᵉ de Staël l'a rapporté de ses conversations d'outre-Rhin, et naturalisé en France. Suivant elle, le nom de *Romantique* désignerait « la poésie dont les chants des Troubadours ont été l'origine, celle qui est née de la chevalerie et du christianisme. » Ainsi le romantisme serait l'esprit des races romanes opposé à l'esprit antique, c.-à-d. le génie moderne en lutte avec l'inspiration du génie grec et romain. Mais, s'il en est ainsi, pourquoi emprunter le nom de l'esprit moderne aux races romanes, qui tirent le leur de l'élément antique qu'elles renferment? C'était *Germanisme* qu'il eût fallu dire. En effet, les inspirations et les doctrines qui forment l'essence de ce qu'on appelle le Romantisme sont nées du fond même du génie que les plus anciens historiens ont reconnu comme propre aux peuples de la Germanie; et c'est chez les nations d'origine germanique que nous sommes allés prendre les exemples et les théories qualifiés de romantiques. Mais puisqu'on ne peut changer un nom devenu historique, essayons de dire ce qu'il désigne. On entend par *Romantisme* deux choses différentes, selon qu'on se place au point de vue exclusivement français, ou qu'on embrasse tout le mouvement littéraire de l'Europe dans les temps modernes. Le Romantisme est la plus grande révolution qui se soit accomplie dans les lettres et dans les arts depuis l'Antiquité classique; ou bien c'est simplement une école littéraire du XIXᵉ siècle en France. D'une part, c'est une transformation des genres et de l'idéal que nous avaient légués la Grèce et Rome, transformation qui s'accomplit soit naturellement, par la simple force du génie moderne, soit de parti pris, par la réflexion et la critique. De l'autre, c'est une réaction entreprise par un groupe de vaillants esprits, sous la Restauration, contre des principes de goût alors régnants.

I. Le mouvement littéraire d'un peuple peut être le développement naturel du génie propre à ce peuple, ou l'effort des imaginations conduites par la critique à la poursuite d'un idéal conçu et indiqué par elle. Si l'on veut apprécier l'esprit d'un temps ou d'une race, c'est dans les œuvres spontanées qu'il faut le chercher, bien plus que dans celles qui sont nées de la réflexion et de la volonté. Ainsi, pour examiner le caractère de l'esprit

moderne, laissons de côté tout ce qui nous paraîtra inspiré de quelque modèle étranger ou de quelque théorie savante : attachons-nous à ce qu'il y a de plus original dans les littératures modernes, et voyons si ces œuvres ne présentent pas au premier aspect des contrastes frappants avec les chefs-d'œuvre de l'Antiquité.

Qu'on passe en revue le Dante, Shakespeare, le vieux poëme germanique des *Niebelungen*, notre *Chanson de Roland*, le théâtre espagnol du XVIᵉ siècle, on y trouvera, malgré la variété des cadres, des pensées, plusieurs grands traits communs à opposer à d'autres traits communs de la poésie antique. La fatalité a disparu du monde : l'homme est libre, dépendant de sa volonté, et de la grâce divine, qui peut lui faire défaut, mais non le contraindre. La divinité désormais agit dans les cœurs, bien plus qu'elle n'intervient dans l'ordre physique des événements. L'homme devient une âme, le corps ne tient presque plus de place. La souffrance physique n'est plus un sujet de tragédie : Philoctète, Prométhée, font place aux damnés du Dante, qui souffrent dans une chair indestructible et mystique. L'amour se dépouille si bien des sens, qu'il devient parfois chimérique : c'est l'union et l'aspiration mutuelle de deux âmes à travers le temps, à travers l'espace, à travers la mort. La nature extérieure change d'aspect : elle est, comme l'homme, plus troublée, plus inquiète; il y voit un reflet de son âme; il la peuple, non plus de divinités occupées chacune de leur petit domaine, mais de puissances amies ou malfaisantes, d'âmes bonnes ou mauvaises; en un mot, de personnifications variées du bon et du mauvais principe qui se disputent le monde sous le gouvernement de Dieu. Mais la plus grande transformation est celle de la femme : elle a gagné, dans la poésie comme dans la société, l'égalité à l'égard de l'homme, non pas l'égalité d'intelligence, de volonté, de puissance réelle, mais l'égalité de dignité, de vertu, de respect. C'est peu dire, l'égalité, il faudrait dire souvent la prééminence. La religion la met de niveau avec l'homme, parce que l'âme de l'une pèse autant que celle de l'autre; l'amour la met plus haut : ce qui la rabaissait dans l'Antiquité la relève dans les temps modernes. — Ainsi partout l'âme, au lieu des sens, donnant aux choses leur prix, et partout des agents libres substitués à la fatalité : tel est le grand sens de cette révolution intellectuelle issue du christianisme et du génie des peuples germaniques.

De là aussi la transformation des genres, et une esthétique nouvelle. D'abord, l'esprit d'indépendance personnelle, inné chez les Germains, tend à s'affranchir du joug des formes étrangères, ou plutôt tend à prendre celles qu'il lui plaît, sans s'occuper de celles qui satisfont les autres. Qu'on ne parle donc pas à un Dante, à un Shakespeare, à plus forte raison aux vieux poëtes à demi anonymes, de s'enfermer dans le cadre des genres antiques : ils les ignorent, ou ils ne s'en soucient guère. Si quelqu'un prétendait le leur imposer, ils répondraient : Il faut que mon habit soit fait pour moi, et non pour un autre. — En second lieu, dans l'exposition du sujet et dans le style, différence forcée. Car le sujet ordinaire est l'âme et ce qu'elle a de plus intime; mystère inépuisable, où la curiosité enfonce et ne peut jamais se satisfaire; en même temps source d'émotions profondes, variées, inattendues. Difficilement le poëte gardera ces belles ordonnances des œuvres antiques, pleines de majesté, de sérénité, qui exigent plus de possession de soi et du sujet, quelque chose de mieux limité. Le poëte grec dessine des perspectives avec des horizons purs; le poëte moderne laisse flotter l'esprit dans le clair-obscur du drame intérieur, il n'ouvre à ses regards qu'un lointain mêlé de nuages. Le style n'aura pas non plus la pureté, la simplicité, la beauté du style antique. Le langage ne rend pas aisément ce qui n'offre aucune analogie avec les sens : à vouloir rendre ce que l'imagination ne saisit pas bien, il fait effort, se tourmente, prend quelque chose de singulier, quelquefois de bizarre. Le style, appliqué à des pensées quelquefois un peu trop sublimes pour la nature humaine, et seulement entrevues, ou à des émotions trop fortes pour la faiblesse commune, perd cette mesure exquise, cette noble discrétion de l'art antique. — Faut-il ajouter enfin qu'aucun peuple moderne n'a été doué pour les arts aussi bien que le fut le peuple grec, par qui les Romains à leur tour furent initiés au culte du beau ? Mais c'est là une cause pour ainsi dire accessoire : elle expliquerait d'ailleurs l'infériorité, et non la transformation.

En résumé, ce qui donne aux littératures modernes leurs caractères propres, c'est la naïveté et la sincérité avec lesquelles l'esprit moderne s'est pris lui-même pour sujet de ses œuvres. Qu'on exprime si l'on veut, avec Mᵐᵉ de Staël, cet esprit moderne par les mots de *christianisme* et de *chevalerie*, ou qu'on lui assigne d'autres noms et d'autres éléments; toujours y a-t-il, dans les peuples qui ont occupé l'ancien monde grec et romain, la source d'une poésie nouvelle, poésie légitime au même titre que l'ancienne, et qui diffère d'elle par son fond et par sa forme. Qu'on préfère la poésie antique comme *plus parfaite et moins ambitieuse*, c'est le droit de la critique éclairée par l'étude approfondie de l'Antiquité; mais on ne peut méconnaître la grandeur et la beauté particulière de cette poésie moderne, que nous appellerons maintenant romantique.

Mais, spectacle surprenant! ces peuples de l'Europe moderne, qui, en général, ont débuté d'instinct par une poésie originale, se sont presque tous réduits plus tard, leurs lumières croissant, à une poésie d'imitation. Il semble que le progrès du savoir ait éteint le génie en eux, et que le goût ait étouffé l'imagination; ou bien qu'ils n'aient pu voir les œuvres de l'Antiquité sans rougir des leurs. La plupart donc se sont mis à imiter, après avoir été originaux. Mais entre ces imitations il faut faire une différence. Les Français, au xviiᵉ siècle, ont imité directement les Anciens, et se sont créé par là une littérature, qui est la leur propre, bien plus que leur littérature du moyen âge, qu'ils ont oubliée et reniée. Les autres nations ont imité la littérature française du xviiᵉ siècle, et, par cette imitation de seconde main, n'ont fait qu'énerver leur génie pendant une période plus ou moins longue. La littérature française est donc devenue, au regard des autres littératures modernes, une nouvelle littérature classique, ou, si l'on veut, la continuation de l'Antiquité classique. C'est que l'esprit français est le seul dans l'Europe moderne pour qui l'esprit antique ne soit pas étranger: pour lui l'imitation des modèles grecs et romains n'était pas servilité ou mode, c'était une sorte de tradition de famille retrouvée. La preuve de cette assertion est dans notre littérature du xviiᵉ siècle, qui, en imitant les Anciens, est devenue un modèle: on n'en saurait citer une autre de qui l'on ne puisse dire autant. — Cependant cette nouvelle littérature classique est devenue pour la plupart des nations de l'Europe un joug: elle a fini par en devenir un pour la France. Formée sur les modèles antiques, mais bien plus encore sur certaines règles empruntées, ou que l'on croyait empruntées à l'Antiquité, elle tendit peu à peu à se prendre pour un type de perfection, qui devait être immuable. L'immobilité répugne à la nature humaine, et particulièrement dans les ouvrages de l'esprit, expressions d'idées qui changent sans cesse. Ajoutons que chaque nation a son génie propre, qui s'accommode malaisément de formes empruntées à des nations étrangères. S'il est vrai que les littératures antiques, par un merveilleux privilège des génies de la Grèce et de Rome, ne sont étrangères pour aucun peuple civilisé de l'Europe moderne, il n'en était pas de même de cette nouvelle littérature classique façonnée par le génie français. Elle portait si bien, malgré son caractère d'universalité, le cachet propre de notre esprit, qu'elle devenait une gêne pour le libre développement du génie original chez les peuples étrangers qui l'avaient prise un moment pour modèle. L'influence rayonnante de la littérature française au xviiᵉ siècle provoqua une réaction. Pendant même qu'elle régnait jusque dans les cours du Nord et dans la plupart des cours de l'Allemagne, elle rencontra un adversaire passionné et clairvoyant dans le critique Lessing. Cet esprit érudit et sagace consacra presque toute sa carrière à ruiner le crédit dont jouissait la littérature française, surtout dans le domaine dramatique. L'éclat de la poésie dramatique en Angleterre au temps de Shakespeare, en Espagne sous les premiers successeurs de Charles-Quint, ne s'était jamais beaucoup étendu au dehors, et, depuis, le théâtre français avait tout éclipsé. Lessing voulut détruire ce qui lui paraissait une tyrannie, pour rendre au génie allemand la liberté de ses mouvements. Il le fit de deux manières: en ruinant les théories sur lesquelles reposait tout l'art dramatique des Français, et en proposant d'autres modèles à l'admiration des Allemands. Le théâtre français s'appuyait principalement sur l'autorité d'Aristote, et subsidiairement sur celle d'Horace: Lessing entreprit de démontrer que les critiques et les poètes français ne comprenaient pas la *Poétique* d'Aristote, et qu'ils avaient substitué des règles arbitraires aux préceptes du philosophe de Stagyre, qu'il acceptait d'ailleurs pour à peu près infaillible. Tout le

monde reconnaît aujourd'hui les abus d'interprétation de la critique française du xviiᵉ siècle; mais ce qui paraît quelque peu paradoxal, c'est que Lessing, voulant montrer un exemple de l'application juste des enseignements d'Aristote, proposa aux Allemands le théâtre de Shakespeare, qui ne paraît guère s'être soucié des leçons du philosophe grec. Lessing transportait donc l'autorité, dans la théorie, des critiques français à leur maître mieux interprété, et, dans la pratique, des poètes français à Shakespeare. Ce nouveau modèle était, il faut l'avouer, beaucoup plus conforme à l'esprit germanique, et à la liberté du génie en général, que ceux auxquels on le substituait. L'Allemagne, excitée par Lessing, se jeta dans des voies nouvelles; l'esprit allemand rentra en possession de lui-même, et produisit sa littérature originale, celle qu'il a appelée sa poésie classique. Les grands noms de Gœthe, Schiller, Herder, en disent assez. Mais bientôt cette révolution littéraire, entreprise au nom de la liberté du génie, exigea plus de liberté, toujours plus de liberté. De là, l'école romantique, éclose au temps même de la pleine floraison des grands génies que nous venons de nommer, c.-à-d. dans les dernières années du xviiiᵉ siècle. La littérature allemande entrait dans sa période d'anarchie, qualifiée, par les esprits les plus autorisés, de *retour à l'état sauvage (Verwilderung)*. Comme si l'esprit moderne, pour garder son originalité, devait être toujours dans l'enfance, la poésie s'efforça de se replacer dans les temps du moyen âge, et d'en retrouver l'inspiration à la fois violente, bizarre et naïve. Cette résurrection fut une grande nouveauté; mais elle avait le tort d'être une sorte de tour de force, un pastiche ingénieux de sentiments et de croyances disparus. Aussi, après avoir ébloui un moment, devait-elle assez vite tomber dans le discrédit, surtout quand les néophytes maladroits commencèrent à exagérer les bizarreries de la secte.

Mais l'on n'aurait qu'une idée très-incomplète du mouvement romantique, si l'on n'y voyait que des poètes épris du moyen âge, et qui le ressuscient avec plus ou moins de goût. En réalité, c'est une grande révolution de la critique, qui provoque un renouvellement dans les arts, mais après avoir renouvelé toutes les idées religieuses et philosophiques du siècle. C'est, après la sécheresse de la philosophie négative et matérialiste du xviiiᵉ siècle, un retour passionné et plein d'intelligence vers les grandes sources d'émotion, la religion du cœur, et la sympathie enthousiaste pour tout ce qui est sincère et puissant. La critique destructive du xviiiᵉ siècle n'avait engendré que l'esprit d'examen: le romantisme est l'esprit d'examen uni à l'imagination, pour comprendre le passé qu'on venait de détruire; c'est un effort généreux pour refaire une foi nouvelle composée de critique et d'enthousiasme. De là, une vigoureuse impulsion donnée aux études religieuses et philosophiques en Allemagne, avec une largeur de vues jusqu'alors sans exemple. De là aussi, dans toute l'Europe et de proche en proche, un réveil des sentiments religieux et de toutes les plus nobles facultés de l'âme humaine; et dans la philosophie, dans les arts, dans la poésie du commencement du xixᵉ siècle, une réaction énergique de spiritualisme.

II. Quand Mᵐᵉ de Staël, de retour de son voyage d'Allemagne, ravie des lumières que la hardiesse et l'étendue des génies allemands répandait sur la critique et sur la poésie, voulut, avec son livre *De l'Allemagne*, propager en France, le mouvement romantique nous était encore étranger. Cependant, Chateaubriand avait déjà donné le *Génie du christianisme*, ouvrage inspiré de cette foi refaite par la critique, dont nous venons de parler. C'était bien commencer la révolution littéraire. Néanmoins, elle couva encore assez longtemps. Le livre de Mᵐᵉ de Staël demeura plusieurs années enseveli, par les soins de la police impériale. Tant que dura l'Empire, la littérature resta officielle, comme toutes les opinions et tout ce qui avait le droit de paraître. Il semblait que la poésie classique fût sous la haute protection du gouvernement, et que l'orthodoxie littéraire fît partie de la fidélité d'un bon citoyen. Cependant, si l'on examinait ces dogmes de la littérature soi-disant classique, et les œuvres qui s'en inspiraient, on n'y voyait, d'une part, qu'une foi superstitieuse aux préceptes de l'Antiquité, dénaturés par la théorie et la pratique du xviiᵉ et du xviiiᵉ siècle; et de l'autre, que de pâles imitations des chefs-d'œuvre de Corneille et de Racine, lesquelles prétendaient devoir être ainsi pour l'honneur des maîtres. Les esprits plus libres, et qu'irritait cette médiocrité tyrannique, commencèrent à prendre en haine les règles, et le nom de *classique*. Les unes parurent n'être que des chaînes nabilement jetées par l'impuissance sur le génie, et l'autre devint synonyme d'esprit étroit et stérile. Ainsi l'abus de l'autorité en matière de goût provoqua une violente et aveugle, où le sens des mots fut altéré comme les idées, et dont le mot d'ordre fut le mépris de toute règle. Ce fut sous la Restauration que ce mouvement éclata. L'imitation de l'Antiquité ayant été un des caractères de la Révolution et de l'Empire, il était naturel que la royauté rétablie tournât le dos à l'Antiquité. Ainsi fit la poésie. Elle devint à la fois royaliste, catholique et romantique : trois expressions d'une même idée, au moins à ce que l'on croyait, c.-à-d. triple forme de l'esprit de liberté, où l'on ne voulait voir qu'un retour aux anciennes traditions de l'esprit français, violemment rompues par la Révolution. Le Romantisme s'acclimata donc en France sous un air de piété pour le passé : la plus audacieuse des révolutions littéraires se prit peut-être elle-même pour une restauration.

Analyser les différentes formes du Romantisme et ses phases diverses sous la Restauration et jusque dans les premières années de la monarchie de 1830, serait un travail aussi considérable que difficile. Dans l'étrange effervescence des esprits, dans la confusion féconde des idées de cette époque, les divergences d'opinions sont innombrables, même entre les hommes qui paraissent combattre pour la même cause. Nous l'avons dit, le Romantisme est un nom de guerre: c'est assez dire toutes les passions et toutes les injustices qui s'y sont attachées. Les plus illustres combattants sont aujourd'hui presque tous survivants : les uns ont modifié leurs opinions de ce temps-là, d'autres les ont exagérées. Il n'est pas encore temps de faire l'histoire des personnes et des œuvres. Bornons-nous à indiquer les caractères principaux de ce grand mouvement des esprits.

Le Romantisme est d'abord une réaction contre les doctrines trop exclusives de l'école soi-disant classique. De là, son premier caractère, qui est une protestation absolue contre toutes les règles d'école. Ne lui demandez pas de se soumettre aux lois d'un genre; il ne reconnaît pas de définition formelle des genres : tout est mêlé, dans la nature vivante, tout se mêle; ainsi doit faire la poésie. Le premier livre du plus illustre poëte de l'école romantique portait le titre d'Odes et Ballades; des critiques dirent à l'auteur que ses odes n'étaient pas des odes, et que ses ballades n'étaient pas des ballades; il répondit: « Soit; qu'on leur donne tel autre titre qu'on voudra, j'y souscris d'avance. » Quand on lui parlait des convenances d'un genre, il déclarait « ne rien comprendre à tout cela; » il y cherchait, disait-il, « des choses, et n'y voyait « que des mots; » il lui semblait que « ce qui est réellement beau et vrai est beau et vrai partout. » Ainsi, l'unique règle du bien faire : bien faire; aux préceptes sur l'art de bien faire, le génie n'en veut pas. Il s'inspire de lui-même, et ses lumières sont plus sûres que toutes les traditions d'enseignement. Il ne s'agit donc plus de savoir si l'on a bien ou mal entendu Aristote : discuter une autorité, c'est admettre qu'il en peut exister. Le poëte ne relève que de son sens propre. Quant à la classification des genres, c'est une abstraction arbitraire, une œuvre de botaniste qui range des fleurs mortes dans un herbier. Dans la nature vivante, tout se mêle; ainsi doit faire la poésie. Elle a du tragique au comique, du sublime au grotesque, sans transition. Elle n'a de dégoût ni d'aversion systématique pour rien : le trivial existe au même droit que le noble, et, pourvu qu'il ait un sens, il est poétique : « La poésie est tout ce qu'il y a d'intime dans tout. » Loin donc l'idéal antique, ou du moins l'idéal pseudo-classique. Unité de couleur dans un ouvrage, dignité soutenue, beauté sans mélange : pure superstition! Le laid et le grotesque ont droit de cité dans la poésie comme dans la nature : les contrastes sont les grands moyens de l'art; les discordances sont les éléments de l'harmonie. L'art traditionnel s'appliquait à donner à la nature plus d'unité; l'art romantique s'attache à faire ressortir les oppositions qu'elle renferme.

Mais, disent les adversaires du Romantisme, la raison et le bon goût sont choqués de ces disparates. — Bon goût! Qu'entendez-vous par là? Dites : votre goût. De quel droit le prenez-vous pour la mesure du bien? Si l'ouvrage ne vous plaît pas, laissez-le, vous êtes libre. Mais ne prétendez pas assujettir le génie aux timidités de votre goût. Quant à la raison, qu'a-t-elle à faire avec la poésie? La poésie est l'œuvre de l'enthousiasme, et non de la raison. C'est l'imagination qui fait le poëte; et la raison ne peut créer, elle ne peut qu'enchaîner. Tout au plus la raison peut-elle former un critique. Mais qu'est-ce qu'un critique? Un oisif maussade ou enthousiaste, selon qu'il

est ou pour ou contre vous. Car, puisqu'il ne peut ni conseiller le génie, ni juger ses œuvres par principes, puisqu'il ne peut formuler d'autres jugements que ceux-ci : « Cela est bon, cela est mauvais, » et qu'il ne peut donner à ces appréciations d'autre autorité que celle de son goût personnel, il s'ensuit que la critique n'est rien, et qu'il y a, d'une part, le poëte, c.-à-d. le génie planant à une hauteur effrayante au-dessus des simples mortels, et, de l'autre, les spectateurs, admirateurs ou ennemis, mais sans droit de contrôle et sans influence légitime sur le vol sublime de cet être divin.

C'est par là que le Romantisme devait périr, se réduisant lui-même à n'être qu'une coterie, par cette superstition du génie envers son propre génie. On pouvait prévoir que le bon sens public ne se soumettrait pas longtemps à une pareille idolâtrie, et qu'il arriverait en France, plus encore peut-être qu'en Allemagne une génération auparavant, qu'on se lasserait de n'avoir affaire qu'à des génies qu'il fallait adorer sans les comprendre. Le mépris de la critique entraînait le développement exagéré de la personnalité, la concentration du poëte en soi, l'enivrement de soi-même, les airs de pythonisse sur le trépied, le dédain pédant pour le vulgaire ignorant, la hauteur à l'égard du bon sens qui protestait. Le nouvel idéal devait donner naissance à des œuvres difformes, quand le génie, qu'on ne supposait jamais absent, trahirait l'audace des faiseurs de contrastes, et que la disparate où la laideur resterait, sans la beauté et l'effet saisissant de l'opposition. Enfin l'anarchie absolue, où menait l'exagération de l'indépendance du génie, ôtant à chacun les forces qu'on puise dans des doctrines acceptées de tous, ne pouvait aboutir pour beaucoup d'esprits qu'à l'avortement, et pour la littérature qu'au chaos. — Ainsi finit l'école romantique, ou plutôt la secte romantique, laissant après elle le souvenir d'une ambition démesurée et d'affectations ridicules. Après quelques années de silence, elle a reparu métamorphosée, sous le nom de Réalisme (V. ce mot). Cette nouvelle secte n'est autre chose que le Romantisme dépouillé de ses ailes. Comme celui-ci avait la fureur de s'élever trop haut, l'autre a la passion de ramper.

Mais les excès du Romantisme ne doivent pas nous fermer les yeux sur les éclatants services qu'il a rendus à l'esprit humain, et à l'esprit français en particulier : il a proclamé la liberté du génie, et l'a conquise. On n'a pas à craindre que le vrai génie en abuse jamais; car un de ses caractères essentiels est l'instinct des véritables éléments du beau. Il a enhardi notre langue trop timide; il l'a débarrassée du style de convention, et de la fausse élégance. Il nous a dotés d'une poésie lyrique dont nous n'avions jamais eu l'idée : audacieuse, profonde, touchante et sublime. Il a fait du théâtre, qui est la moins bonne de ses créations, une arène où luttent les passions de la vie moderne, au lieu d'une académie où joutent l'archaïsme et le bon goût. Là aussi, il a commis des excès; mais à y avoir introduit la vie, après les froides représentations de la tragédie pseudo-classique, c'est l'avoir sauvé. Enfin, ce qui est plus grand encore, il a communiqué une vaillante impulsion à tous les arts, qui se sont rajeunis par son souffle; à la critique, dont il a élargi les horizons; à l'histoire, qu'il a animée de sa bienveillance intelligente pour le moyen âge, et de son génie pour ressusciter les figures des temps ténébreux; à la religion même, où il a fait circuler la sève de la poésie. On peut donc dire que le Romantisme a été le réveil de la littérature et des arts au xixe siècle : cela doit faire pardonner bien des erreurs. **C.**

ROME (Monuments de):

I. Antiquités.

II. *Basiliques chrétiennes.*

1° *Saint-Pierre*. V. PIERRE (Église de St-).

2° *Saint-Jean-de-Latran*. V. JEAN-DE-LATRAN (Église de St-).

3° *Sainte-Marie-Majeure*. V. MARIE-MAJEURE (Église de St-).

4° *Sainte-Croix-de-Jérusalem*. Cette église fut érigée sur le mont Esquilin par Ste Hélène, mère de l'empereur Constantin, pour y déposer une partie de la sainte croix, trouvée par elle à Jérusalem. L'église fut consacrée par le pape St Sylvestre Ier. Les constructions primitives ont depuis longtemps disparu, et l'édifice actuel ne date que de 1743; il a été élevé par ordre de Benoît XIV, par Gregorini. Il est divisé en trois nefs par 8 pilastres et 8 grosses colonnes de granit d'Égypte. Le maître-autel est isolé, et décoré de 4 belles colonnes de brèche supportant un baldaquin : sous cet autel on conserve, dans une urne antique de basalte, les corps de St Césaire et de St Anastase, martyrs. Les fresques de la voûte sont du Pinturicchio.

5° *Saint-Laurent-hors-les-murs*. Construite par Constantin, en 330, sur un terrain appartenant à Ste Cyriaque, à 1 kilomèt. environ de la ville, sur la voie Tiburtine, cette église fut rebâtie par Pélage II en 578, agrandie en 1216 par Honorius III, qui en éleva le portique, et restaurée par Alexandre VII en 1657. Le portique est soutenu par 6 colonnes antiques, et peint à fresque. A côté de la porte principale, un sarcophage romain, avec un bas-relief représentant un mariage, sert de tombeau au cardinal Fieschi. L'intérieur de la basilique est à 3 nefs, séparées par 22 colonnes ioniques de granit ou de cipollin, tirées de divers monuments antiques; dans la nef du milieu sont deux ambons de marbre. La tribune élevée au-dessus de la nef a une mosaïque du VIe siècle; on y voit un ancien siège épiscopal, et le sarcophage de St Zosime, orné de bas-reliefs représentant des sujets bachiques.

6° *Sainte-Marie-in-Cosmedin*. Construite, au IIIe siècle, sur les ruines du temple de Cérès et de Proserpine, restaurée en 782 par le pape Adrien Ier, cette église est séparée en trois nefs par 12 colonnes antiques de marbre. Le pavé est en cette mosaïque de pierres dures de couleur qu'on appelle appareil alexandrin (V. ce mot). Le maître-autel est décoré d'une urne antique en granit d'Égypte, et surmonté d'un baldaquin que soutiennent quatre colonnes de ce même granit. Dans la tribune est un siège pontifical de marbre. Sous le portique de l'église est la *Bouche de la vérité* (V. ce mot dans notre *Dictionnaire de Biographie et d'Histoire*).

7° *Sainte-Marie-in-Trastevere*. Cette église occupe l'emplacement d'un oratoire que St Calixte Ier avait érigé en 224; plusieurs fois renouvelée, elle date, dans son état actuel, du pontificat de Nicolas V (au milieu du XVe siècle), qui chargea des travaux Bernardin Rossellino. Puis Clément XI fit faire le portique. Les mosaïques de la façade remontent à l'année 1139. L'intérieur présente trois nefs, séparées par 21 grosses colonnes de granit rose d'ordre ionique, et provenant d'un temple d'Isis et de Sérapis. Le pavé est en appareil alexandrin. Au milieu de la voûte, le Dominiquin a peint une belle Assomption. Le grand autel est décoré d'un baldaquin soutenu par quatre colonnes de porphyre. La tribune offre des mosaïques du XIIe et du XIIIe siècle.

8° *Saint-Pierre-aux-Liens*. Cette église, située près des thermes de Titus, fut élevée en 442 par Eudoxie, femme de l'empereur Valentinien III, pour y conserver la chaîne avec laquelle Hérode fit attacher l'apôtre St Pierre dans la prison de Jérusalem. Le pape Adrien Ier la fit rebâtir; Baccio Pintelli la renouvela au temps de Jules II, et, en 1705, Fr. Fontana la mit en l'état où elle est aujourd'hui. L'intérieur est partagé en trois nefs par 20 colonnes en marbre antique. C'est là qu'est la célèbre statue de marbre de *Moïse* par Michel-Ange.

9° *Saint-Paul-hors-les-murs*. Cette basilique, située à 2 kilomèt. 1/4 de la ville, sur la route d'Ostie, fut fondée par Constantin, en 323, sur une propriété de Ste Lucine, où l'apôtre avait reçu la sépulture de Timothée, son disciple. Théodose l'agrandit en 388, et Honorius l'acheva 423, telle qu'on la voyait encore en 1823. A cette époque, le feu prit à la toiture, qui était construite en bois de cèdre, et l'incendie se propagea partout. Le pape Léon XII, à l'aide de souscriptions fournies par les catholiques de tous les pays, chargea l'architecte Poletti de reconstruire l'église, qui a été inaugurée en 1847. Le nouvel édifice, dont l'intérieur n'est pas encore achevé (1863),

a 106 mèt. de longueur, 69 mèt. de largeur au transept, et 30 mèt. de hauteur; il est divisé en 5 nefs par 80 colonnes corinthiennes en granit, avec bases et chapiteaux de marbre blanc. Au milieu de la nef se dresse l'autel, qui date de 1280 : il a un baldaquin soutenu par 4 colonnes d'albâtre oriental, présent de Méhémet-Ali, pacha d'Égypte. Les frises sont ornées des portraits des papes, en mosaïque. Les autels en malachite qui garnissent les extrémités du transept ont été donnés par l'empereur de Russie, Nicolas Ier. — Un beau cloître, de 1220, contenant des fragments et des inscriptions antiques, est contigu à la basilique. V. Nicolai, *Della basilica di San Paolo*, Rome, 1815, in-fol.

10° *Saint-Sébastien-hors-les-murs*. Cette église fut bâtie en 367, sous le pape Damase, à 1/2 environ de la porte Capène, et restaurée au XVIIe siècle par Flaminio Ponzio; elle n'a qu'une seule nef. Près de là on descend dans les Catacombes de Ste-Calixte. V. CATACOMBES DE ROME, dans notre *Dictionnaire de Biographie et d'Histoire*.

III. *Églises diverses.*

Sainte-Agnès. Cet édifice, situé sur la place Navone, occupe l'emplacement d'une église plus ancienne. Commencé en 1550 par Jérôme Rainaldi, achevé par Borromini, il a la forme de la croix grecque, et surmonté d'une coupole. L'intérieur est en marbre blanc jusqu'à l'entablement, orné de stucs dorés, et décoré de 8 colonnes corinthiennes en marbre. Les peintures de la coupole sont de Ciro Ferri et de Corbellini; celles des pendentifs ont été faites par Baciccio. Les quatre autels et les chapelles offrent des bas-reliefs et des statues; on remarque principalement une Ste Agnès voilée par ses longs cheveux, bas-relief exécuté par l'Algarde.

Une église de *Ste-Agnès-hors-les-murs*, à 1 kilomèt. 1/4 de la porte Pia, sur la voie Nomentane, est le modèle qui se rapproche le plus des basiliques des anciens Romains. On y descend par un escalier de 45 marches, parce que l'ancien sol a été rehaussé. L'église renferme une statue de la sainte, formée, dit-on, du torse d'une statue antique en albâtre oriental, un candélabre antique en marbre blanc, et une tête de Christ attribuée à Michel-Ange.

Saint-André-della-Valle. Commencée en 1591 par Olivieri, et finie par C. Maderno, cette église occupe, selon les uns, l'emplacement du théâtre de Pompée, et, selon les autres, celui de la curie où César fut tué, ainsi qui était contiguë à ce théâtre. Sa façade, une des plus belles de Rome, est de Ch. Rainaldi; elle est à deux rangs de colonnes d'ordres corinthien et composite, et décorée de statues sculptées par Dominique Guidi, Hercule Ferrato et Antoine Fancelli. L'intérieur de l'église contient des peintures célèbres : la coupole, de 18 mèt. de diamètre, a été peinte par Lanfranc, et, sur les quatre pendentifs, le Dominiquin a représenté les quatre Évangélistes. C'est ce dernier maître qui a peint aussi la voûte de la tribune.

Saint-Clément, sur le mont Esquilin, au S. des thermes de Titus. On y retrouve la forme basilicale des églises primitives. St Jérôme faisait déjà mention de cette église en 392; restaurée plusieurs fois, elle a été mise en l'état actuel par Clément XI, au commencement du XVIIIe siècle; Fontana en fut l'architecte. La porte est précédée d'un petit portique soutenu par 4 colonnes de granit; de ce portique on entre dans un atrium, environné d'un portique plus grand, que supportent 16 colonnes. L'église elle-même est divisée en trois nefs par 18 colonnes de marbres différents. Le maître-autel est isolé, avec un tabernacle porté sur 4 colonnes de marbre violet. Une balustrade de marbre enferme le chœur, et les côtés sont deux ambons (V. ce mot). Masaccio a peint l'histoire de Ste Catherine d'Alexandrie dans la chapelle de la Passion; ces fresques ont été altérées par le temps et par de fréquentes restaurations.

Église de Jésus. C'est une des églises les plus vastes et les plus riches de Rome; elle est dans le Corso et appartient aux Jésuites. Commencée en 1568 par Vignole, elle fut continuée depuis 1575 par Jacques della Porta. L'intérieur est remarquable par ses pilastres corinthiens, ses stucs dorés, ses sculptures en marbre et ses peintures. Les fresques de la coupole et de la tribune sont de Baciccio. On voit le tombeau du cardinal Bellarmin à côté du maître-autel. Les Jésuites ont accumulé toutes les magnificences dans la chapelle de St Ignace de Loyola, dont l'autel a été dessiné par Pozzi, membre de leur ordre. A côté des colonnes en lapis-lazuli, des bas-reliefs en bronze et en marbre, on distingue deux groupes par Théodon et Legros. La maison professe des Jésuites, où réside le général de l'ordre, est annexée à cette église.

Sainte-Marie-des-Anges. Michel-Ange donna le plan de cette église, qui était une salle des thermes de Dioclétien. La croix grecque qu'elle figurait a été altérée au xviiie siècle par Vanvitelli. L'édifice a 112 mèt. de longueur : on y remarque les tombeaux de C. Maratta, d'Alciat et de Salvator Rosa, une statue de St Bruno par Houdon, vrai chef-d'œuvre, une fresque du Dominiquin, enfin 8 colonnes corinthiennes d'un seul bloc de granit, hautes de 15 mèt., et d'une circonférence de 5 mèt. — Derrière l'église est un vaste cloître de Chartreux, dessiné par Michel-Ange, et où se trouve un portique soutenu par 100 colonnes de travertin.

Sainte-Marie-in-Ara-Cœli, église de Dominicains d'abord, aujourd'hui de Franciscains, bâtie sur l'emplacement de l'ancien temple de Jupiter Capitolin, mais en travers. On y monte par un large escalier de 124 marches. Elle est divisée en trois nefs par 22 colonnes diverses, mais presque toutes de granit d'Égypte. Quelques chapelles contiennent des fresques remarquables de Muziano et du Pinturicchio. On conserve dans cette église le *santissimo bambino*, petite statuette que la légende dit avoir été taillée d'un arbre du jardin des Oliviers, à Jérusalem, par un moine, et coloriée par St Luc, et qu'on expose dans une crèche pendant les fêtes de Noël.

Sainte-Marie-de-la-Minerve. Bâtie au xive siècle sur l'emplacement d'un temple de Minerve, près du Panthéon, elle est la seule église de Rome où l'on conserva une simplicité dénuée de tout ornement ; mais les Dominicains en ont récemment effacé le caractère sous les dorures et le clinquant de l'ornementation. On y remarque : le tombeau de Paul IV, par Pirro Ligorio ; ceux de Léon X et de Clément VII, par Antonio da San-Gallo, avec leurs statues par Raphaël dà Montelupo et Nani di Baccio Bigio, et des bas-reliefs par Baccio Bandinelli ; une statue du Christ debout, tenant la croix, par Michel-Ange ; diverses peintures de Baroccio, de Fra Angelico, de Filippino Lippi, de Baciccio, d'André Sacchi, de C. Maratta. — Le couvent attaché à cette église est la résidence du général des Dominicains. Il contient une célèbre bibliothèque.

Sainte-Marie-de-la-Paix. Elle fut construite en 1487 par ordre de Sixte IV, près de la place Navone, en action de grâces pour la paix entre les princes chrétiens, sur les dessins de Baccio Pintelli. La façade, avec un portique semi-circulaire, est de P. de Cortone. Le cloître est de Bramante. L'intérieur de l'église est composé d'une nef, un peu étroite, que complète bien une belle coupole octogone, peinte par C. Maratta, Balthazar Peruzzi, et Fr. Vanni. Mais l'œuvre d'art la plus importante est la fresque de Raphaël représentant les Sibylles.

IV. Palais.

Palais Barberini. Un des plus vastes de Rome, et l'un des plus remarquables par son apparence extérieure, il fut bâti pour le cardinal Barberini, neveu d'Urbain VIII. Carlo Maderno le commença vers 1624, et il fut continué par Borromini et le Bernin. Dans le grand salon, Pierre de Cortone a peint le *Triomphe de la Gloire*, un de ses plus beaux ouvrages. Le palais renferme un assez grand nombre de tableaux précieux et une bibliothèque considérable.

Palais Borghèse. V. BORGHÈSE.

Palais de la Chancellerie. Ce palais, résidence du cardinal vice-chancelier, et où siégea le parlement romain en 1848, est une œuvre capitale de Bramante. Il fut bâti pour le cardinal Riario, neveu de Sixte IV. La cour est entourée d'un portique à double étage, formé par 44 colonnes doriques, en granit, et provenant, dit-on, du portique Hécatonstylon, joint au théâtre de Pompée. Ce fut sur les premières marches de l'escalier que le ministre Rossi fut assassiné en 1848.

Palais Colonna. Construit par le pape Martin V, de la famille des Colonna, il sert de résidence à l'ambassadeur français. L'extérieur n'a rien de remarquable, mais les appartements intérieurs sont de la plus grande magnificence. La galerie de tableaux est fort belle. Les jardins s'étendent sur les hauteurs du Quirinal.

Palais des Conservateurs. Il est ainsi appelé parce que des magistrats municipaux, nommés *conservateurs*, et comparables à nos anciens échevins, y siégeaient autrefois. Ce qui le rend intéressant, ce sont les monuments de la statuaire antique qui ornent la cour et les apparte-

ments. On y conserve les célèbres fragments des *Fastes consulaires.* Les appartements sont aussi ornés de fresques par le chevalier Arpino, Annibal Carrache, Daniel de Volterre, etc.

Palais Corsini. Bâti pour les neveux de Sixte IV, habité au xviie siècle par la reine Christine de Suède, le cardinal Neri Corsini, neveu de Clément XII, l'acquit en 1732, et le fit reconstruire par l'architecte Fuga. Le vestibule et le double escalier ont un magnifique aspect. Le palais contient une galerie de tableaux et une riche bibliothèque.

Palais Doria Pamfili. C'est une réunion de trois palais ; aussi son architecture manque d'unité : la cour entourée de portiques est peut-être de Bramante ; mais on reconnaît une époque de décadence dans les façades, qui sont attribuées à Pierre de Cortone, au Borromini, et même au Bernin. La galerie de tableaux est importante.

Palais Farnèse. V. FARNÈSE.

Palais Massimi, chef-d'œuvre de Balthazar Peruzzi. Il n'est pas moins remarquable par l'habileté de son plan dans un espace irrégulier et étroit, que par la pureté et l'élégance de ses profils et de sa décoration. La façade consiste en une élévation circulaire. Un portique élégant, de 6 colonnes doriques, donne entrée dans un vestibule carré, qui semble être un atrium antique du dessin le plus heureux. C'est au palais Massimi que se trouve le *Discobole* trouvé sur l'Esquilin et que l'on croit être une copie du célèbre bronze de Myron.

Palais Quirinal. V. QUIRINAL.

Palais Rospigliosi. Il a été construit par le cardinal Scipion Borghèse, sur les ruines des thermes de Constantin, par Flaminio Ponzio, Vasanzio, puis Carlo-Maderno. On y visite de nombreux tableaux, mais particulièrement *l'Aurore* du Guide, qui orne la voûte du salon d'un pavillon du jardin.

Palais Spada. Bâti sous Paul III pour le cardinal Cupodifarro, par Jules Mazzoni, il fut remis à neuf par Borromini. C'est ce dernier qui a fait l'escalier. Indépendamment d'un certain nombre de tableaux modernes, ce palais renferme des antiquités ; par exemple, la statue colossale, en marbre, de Pompée, trouvée en 1552, et qu'on suppose être celle aux pieds de laquelle J. César tomba assassiné dans le sénat.

Palais du Vatican. V. VATICAN, dans notre *Dictionnaire de Biographie et d'Histoire.*

ROMÉRIES, fêtes villageoises en Espagne. *Romeria* signifie *pèlerinage*, et rappelle le sentiment religieux qui, dans l'origine, attirait les populations à ces fêtes.

ROMESTECQ, jeu de cartes qui se joue à 2, 4 ou 6 personnes, avec un jeu de piquet auquel on a ajouté les six. Son nom vient des mots *rome* et *stecq*, employés, le 1er pour exprimer une levée de deux cartes inférieures semblables, le 2e pour la dernière levée, qui compte toujours pour un point.

RONCEVAUX (Chanson de). V. ROLAND.

RONDACHE, bouclier. V. notre *Dictionnaire de Biographie et d'Histoire.*

ROND-CREUX. V. SCOTIE.

RONDE, visite qui se fait, surtout la nuit, pour s'assurer que les sentinelles et les corps de garde font leur devoir, et pour voir si tout est en bon ordre. Le même nom se donne à ceux qui font cette visite. Les rondes se désignent par le grade de l'officier qui les fait. Les rondes ordinaires d'officiers sont *reconnues* par le caporal de consigne, qui en reçoit le mot d'ordre ; les rondes major et d'officiers supérieurs sont reconnues par le chef du poste, qui donne le mot d'ordre après avoir reçu le mot de ralliement. Dans ce second cas seulement, la troupe prend les armes. Quand deux rondes se rencontrent, la moins élevée en grade donne le mot d'ordre à l'autre, qui lui rend celui de ralliement. Les sentinelles isolées reconnaissent les rondes sans les arrêter.

RONDE (Chemin de), voie pratiquée au haut du rempart d'une place ou autour d'un camp retranché, pour servir de passage aux officiers qui font la ronde. Il y a aussi un chemin de ronde autour des prisons, entre les bâtiments et le mur d'enceinte.

RONDE, note de musique, blanche, de forme ovale et sans queue, valant 2 blanches ou 4 noires. C'est la note la plus longue, celle qui sert d'unité de mesure.

RONDE, chanson dont les couplets sont chantés tour à tour par plusieurs personnes, avec un refrain en chœur.

RONDE, danse en rond, accompagnée de chant.

RONDE, sorte d'écriture arrondie, et dont les lettres sont presque perpendiculaires.

RONDEAU, petite pièce de poésie particulière à la littérature française. On distingue le *rondeau commun* ou *rondeau rouble*, le *rondeau redoublé*, et le *rondeau simple*. Le *rondeau commun* comprend 13 vers, roulant sur deux rimes seulement, dont la première est employée huit fois, et l'autre cinq, dans l'ordre suivant: le 1er vers, le 2e, le 5e, le 6e, le 7e, le 9e, le 10e et le 13e riment ensemble, et sont masculins ou féminins, comme on veut; le 3e, le 4e, le 8e, le 11e et le 12e riment pareillement entre eux, et la rime y est d'espèce différence de celle des autres. On forme avec les 13 vers deux stances de 5, séparées par un tercet, et l'on ajoute au tercet et à la dernière stance un refrain pris des premières paroles du rondeau. La grâce, la finesse, la naïveté, sont les caractères principaux de ce genre de poëme, où l'on emploie presque exclusivement les vers de 8 et de 10 syllabes. Voici un rondeau de Voiture:

> *Ma foi, c'est fait de moi, car Isabeau*
> M'a commandé de lui faire un rondeau.
> Cela me met en une peine extrême.
> Quoi! treize vers, huit en *eau*, cinq en *ême!*
> Je lui ferais aussi tôt un bateau.
>
> En voilà cinq pourtant en un monceau.
> Formons-en huit en invoquant Brodeau;
> Et puis mettons, par quelque stratagème,
>   *Ma foi, c'est fait.*
>
> Si je pouvais encor de mon cerveau
> Tirer cinq vers, l'ouvrage serait beau.
> Mais cependant me voilà dans l'onzième;
> Et si je crois que je fais le douzième;
> En voilà treize ajustés au niveau.
>   *Ma foi, c'est fait.*

Le *rondeau redoublé* est ordinairement composé de 5 quatrains, dont les quatre derniers se terminent successivement par un vers du premier. On y joint quelquefois un Envoi (V. ce mot), où se trouvent, par forme de refrain, les deux ou trois premiers mots de tout le poëme. Le *rondeau simple* consiste en 2 quatrains sur mêmes rimes, et séparés par un distique, auquel le refrain était attaché, ainsi qu'à la fin du dernier quatrain. — Le *Rondel* se compose de deux couplets de quatre vers, et d'un refrain de deux vers répété trois fois, au commencement, au milieu et à la fin; il est tout entier sur deux rimes Tel est cet exemple de Charles d'Orléans:

> Le temps a laissé son manteau
> De vent, de froidure et de pluie,
> Et s'est vêtu de broderie,
> De soleil luisant, clair et beau.
> Il n'y a bête ni oiseau
> Qu'en son jargon ne chante et crie:
> Le temps a laissé son manteau
> De vent, de froidure et de pluie.
>
> Rivière, fontaine et ruisseau
> Portent en livrée jolie
> Gouttes d'argent d'orfévrerie.
> Chacun s'habille de nouveau.
> Le temps a laissé son manteau
> De vent, de froidure et de pluie.

Selon Boileau, Clément Marot est le premier qui sut asservir le rondeau à des refrains réglés: toutefois, Charles d'Orléans et Villon en avaient déjà trouvé le tour et la forme. Saint-Gelais, Benserade et Voiture ont fait également de bons rondeaux.

En Musique, on nomme *Rondeau* toute œuvre dont le thème se reprend plusieurs fois. Ce thème commence le morceau, et doit aussi le terminer; les différentes redites en sont entrecoupées d'épisodes, de phrases accessoires, où l'on doit préparer avec art le retour du motif principal. On peut citer comme exemple le rondeau *Enfant chéri des dames*, dans l'opéra des *Visitandines* de Devienne. Beaucoup d'airs (V. ce mot) procèdent, pour la redite du motif, comme le rondeau; mais le nom de rondeau ne convient pas à un air où les épisodes ont autant et même plus d'importance que le thème primitif.

RONDE-BOSSE. V. BOSSE.

RONDELLE, bouclier. V. notre *Dictionnaire de Biographie et d'Histoire*.

ROND-POINT, partie semi-circulaire qui termine un édifice, comme les églises qui finissent en abside.

RONGO, sorte de cor en ivoire dont on se sert en Afrique, surtout dans le Loango.

ROQUEFAVOUR (Pont-aqueduc de), pont jeté sur la vallée de l'Arc, à 8 kilomèt. d'Aix, et, construit pour amener les eaux de la Durance à Marseille. Il se compose de trois ponts superposés qui joignent deux masses de rocs. Le premier a 12 arches, élevées à 34m,10 au-dessus

de l'étiage de la rivière; le second en a 15, à 38 mèt. de hauteur au-dessus du plain-pied du couronnement du premier rang; le troisième en a 53, à 10m,90 de hauteur au-dessus du deuxième rang. La construction, longue de 400 mèt., atteint une hauteur de 86 mèt. au-dessus de la rivière, non compris les fondations, qui ont de 9 à 10 mèt. de profondeur. Les piliers, espacés de 21 mèt. d'axe en axe, supportent des voûtes à plein cintre de 15 mèt. d'ouverture et arasées à 2m,50 au-dessus de la clef, qui a 1m,20 d'épaisseur. Pour diminuer le poids de de la construction, on a conservé vides les reins de ces voûtes en les recouvrant d'une petite voûte longitudinale de 3m,30 de largeur à plein cintre, sur laquelle est obtenu le passage de plain-pied du premier rang. Ce passage, d'une largeur de 5 mèt. sur les voûtes, franchit les piliers par une ouverture de 1 mèt. de largeur et de 2 mèt. de hauteur, que l'on a ménagée à chacun d'eux. Formée de blocs énormes posés en plates-bandes, cette allée produit l'effet le plus pittoresque, et se répète dans le deuxième rang d'arcades. Le pont-aqueduc de Roquefavour a été construit par l'ingénieur Mont-Richer, et achevé en 1848; c'est un des plus beaux ouvrages de l'architecture contemporaine.

ROQUELAURE, manteau fermé sur le devant par des boutons depuis le haut jusqu'en bas. Il tire son nom du duc de Roquelaure, qui le mit à la mode.

ROQUETAILLADE (Château de), dans le département de la Gironde, sur la route de Langon à Bazas. C'est un carré de 35 mèt. de côté, entouré de fossés et défendu par 6 tours: 4 aux angles et 2 devant la porte d'entrée. Du milieu de cet espace s'élève, à la hauteur de 35 mèt., un donjon crénelé, percé sur sa face occidentale de trois fenêtres superposées qui marquent les étages de l'intérieur. Toute la construction date du xive siècle. A l'époque de la Renaissance, on y pratiqua de vastes appartements, où sont de belles cheminées ornées de statues d'un bon style. A l'Ouest du château sont les ruines considérables d'un château antérieur, et, à l'Est, une chapelle du xiiie siècle.

RORAIRES. V. ce mot dans notre *Dictionnaire de Biographie et d'Histoire*.

ROSACE, terme d'Architecture. V. ROSE.

ROSAIRE (du latin *rosarium*, couronne de roses), grand chapelet composé de 150 petits grains, et de 15 grains plus gros qu'on nomme *roses* et qui séparent les autres de dizaine en dizaine. On récite un *Pater* sur les gros grains, et un *Ave Maria* sur les petits; sur la croix qui pend au bout du rosaire, on récite le *Credo.* V. CHAPELET.

ROSALIE, ancien terme de Musique, signifiant la répétition d'un même chant ou d'un même dessin de plusieurs mesures, faite sur un degré chaque fois plus bas ou plus haut. Les rosalies, quand elles étaient au nombre de trois, s'appelaient des *révérences*; par allusion aux trois révérences qui étaient de rigueur autrefois.

ROSE ou ROSACE, ornement d'Architecture en forme de rose, placé dans les caissons des voûtes et des plafonds, ou dans les intervalles qui séparent les modillons d'une corniche, ou au milieu de chaque face de l'abaque du chapiteau corinthien, etc.—On donne le même nom aux grandes fenêtres circulaires placées au-dessus des portails des églises. Les artistes du moyen âge les ont découpées en compartiments variés, dont les intervalles sont remplis de vitraux peints. Au xiie siècle, les roses offrent l'aspect d'une roue, dont les rais sont formés par de petites colonnes à bases et à chapiteaux, et ont été reliés entre eux par des arcs en plein cintre ou trilobés; on les nomme *roues de Ste-Catherine*. A partir du xiiie siècle, les compartiments qui rayonnent du centre sont formés d'ogives, de trèfles, de quatre-feuilles. Dans le style ogival tertiaire, les meneaux des roses se contournent en lignes sinueuses et s'entrecoupent avec un art infini.

ROSE, ouverture circulaire pratiquée sur la table des téorbes, des luths, des guitares, etc.

ROSE (Roman de la), poème allégorique, composé de deux parties; la 1re est l'œuvre d'un Trouvère du xiiie siècle, animé de sentiments chevaleresques, qui célèbre la galanterie des Cours d'amour; la 2e, écrite au siècle suivant, étale une érudition sceptique, et raille toutes les croyances du moyen âge. La conception même du poëme est des plus froides. L'Amant, qui n'est autre que le poète, est dans un jardin, et entouré de personnages allégoriques, les vices les et les vertus chevaleresques, Haine, Félonie, Vilenie, Courtoisie, Envie, Vieillesse, Papelardie, Pauvreté, et bien d'autres. Il s'éprend d'une Rose que défendent Dangler, Male-Bouche, Bassesse, Haine, Avarice, Chasteté, Honte, Jalousie et Peur. L'Amour adresse à l'Amant un long discours, où il expose les devoirs des amants fidèles, devoirs difficiles et remplis d'épreuves avant d'atteindre au bonheur. Bel-Accueil et Doux-Regard, écuyers du dieu d'amour, conduisent l'Amant vers la Rose ; mais Dangier, aussi vigilant que le dragon du jardin des Hespérides, déjoue tous leurs efforts, s'empare de Bel-Accueil, et l'enferme dans une tour construite par Jalousie. — Là s'arrête la 1re partie du poëme ; elle comprend environ 4,000 vers. L'auteur, Guillaume de Lorris, imite et traduit souvent l'*Art d'aimer* d'Ovide ; il est ingénieux et naïf, mais il manque de hardiesse et de poésie. C'est à peine si quelques traits heureux rompent parfois la monotonie de sa fade et ennuyeuse allégorie. Son style, doux et coulant, mais faible et langoureux, n'a rien qui puisse saisir et attacher le lecteur.

Jehan de Mehun ou Meung-sur-Loire, surnommé Clopinel ou le Boiteux, continua le *Roman de la Rose* : son œuvre forme environ 18,000 vers. Tout en acceptant la forme allégorique de la première partie, il s'inquiéta peu d'accorder ses opinions avec celles de Guillaume de Lorris. L'action continue. L'Amant se désole au pied de la tour où Bel-Accueil est enfermé : Raison survient, et lui donne d'excellents conseils pour se débarrasser de l'amour et des soucis qu'il entraîne ; mais elle ne peut persuader l'Amant et se retire. L'Ami prend la place de Raison auprès de l'Amant ; il le console, et lui apprend qu'il pourra posséder la Rose, s'il se peut aider de Richesse. Mais il ne peut s'entendre avec Richesse, et serait réduit au désespoir, si Amour ne lui promettait d'assiéger la tour. Le dieu mande toute sa baronnie, et commence le siège avec Noblesse de cœur, Franchise, Largesse, Courtoisie, Abstinence, Contrainte, Faux-Semblant. Celui-ci, déguisé en moine, pénètre dans la tour et égorge la garde. L'Amant se croit vainqueur ; mais Dangier survient et le bat. Amour ramène ses barons ; la mêlée devient furieuse ; la victoire est indécise. Alors Nature envoie son confesseur Génius au camp d'Amour ; la crosse en main, la mitre en tête, il harangue les barons avec tant d'éloquence, qu'ils sont tous transportés d'une ardeur nouvelle, culbutent l'ennemi, et demeurent maîtres de la tour. Courtoisie intercède en faveur de l'Amant, et lui fait octroyer enfin la Rose vermeille. — Jehan de Meung continue l'œuvre de son devancier, mais il n'en conserve pas le caractère. Son récit est semé de satires. Bien différent de Guillaume de Lorris, qui ne parle qu'avec respect de l'amour et des femmes, il fait de l'amour un plaisir tout physique, et de la femme un être capricieux, esclave des sens, dépourvu de tout principe d'honneur et de vertu. La royauté, la noblesse, l'Église, ne sont pas mieux traitées. Jehan de Meung ose écrire que le corps d'un noble « ne vaut pas une pomme plus que le corps d'un charretier. » Il explique l'origine de la royauté ; il ne la fait point procéder du droit divin, mais de l'élection des hommes, qui tiennent ainsi le roi dans leur dépendance. Le poëte ne se contente pas de poser ce principe ; il en tire cette conclusion peu conforme aux traditions monarchiques du moyen âge :

    Quand ils voudront
    Leur aide au roi retireront,
    Et le roi tout seul restera,
    Sitôt que le peuple voudra.

Les attaques contre l'Église tiennent aussi une place considérable dans le *Roman de la Rose*. Le mysticisme avait poussé beaucoup de monde dans les couvents ; les maisons religieuses, en se multipliant, avaient corrompu la pureté de leur institution, et leurs richesses étaient devenues un sujet de scandale. Jehan de Meung attaque ces moines qui s'ingéraient dans toutes les affaires publiques ou privées, et dont l'humilité s'accommodait fort bien des grandes affaires et des grandes pitances, sans se soucier en aucune façon des pauvres. C'est sous la figure d'un moine qu'il représente Faux-Semblant, l'hypocrite, un des ancêtres de Tartufe. Enfin il attaque la vie monastique comme contraire au vœu de la nature. Dame Nature, se confessant à Génius, se plaint de l'homme, qui, seul de tous les animaux, n'obéit pas à sa loi ; Génius prêche aussitôt sur ce texte : *crescite et multiplicamini*, et prononce l'excommunication contre quiconque ne pratique point ce précepte. Jehan de Meung développe une philosophie grossière et matérialiste, que n'arrête aucune monstruosité, pas même la communauté des femmes. D'interminables digressions coupent çà et là son récit, arrêtent l'action ; et il y expose toutes ses connaissances en philosophie, dans les lettres et dans les sciences. Il traduit Platon, Pythagore, Virgile, Ovide, Lucain, Cicéron, Horace, Juvénal, Suétone, Solin,

Claudien, l'*Almageste* de Ptolémée, les *Institutes* de Justinien : c'est un amas indigeste de connaissances confuses, une encyclopédie sans méthode. Malgré ces défauts, le poëme de Jehan de Meung parut une œuvre admirable à ses contemporains. Les esprits commençaient à se tourner vers les trésors de l'Antiquité ; le *Roman de la Rose* annonçait la Renaissance ; aussi fut-il accueilli comme le plus parfait ouvrage qui eût jamais été écrit en français ; il eut même tant d'admirateurs, qu'on dut bientôt redouter les effets pernicieux de sa morale relâchée. Gerson composa un traité pour condamner les erreurs de Jehan de Meung ; mais, en combattant ses doctrines, il rendait hommage à son érudition, et proclamait que personne en France ne pouvait lui être comparé. La Rose représente la femme aimée ; cependant l'éditeur de 1538 expliqua la fable dans un sens religieux, la Rose étant l'état de grâce ou la Sainte Vierge elle-même ; pour les alchimistes, la Rose était la pierre philosophale. Le *Roman de la Rose* a été publié par Méon, 1813, 4 vol. in-8°.   H. D.

ROSE D'OR. *V.* notre *Dictionnaire de Biographie et d'Histoire*.

ROSEAU, mot quelquefois employé comme synonyme de *rudenture*, de *baguette*, de *colonnette*.

ROSES (Baillée des). *V.* BAILLÉE DES ROSES, dans notre *Dictionnaire de Biographie et d'Histoire*.

ROSETTE (Inscription de). } *V.* notre *Dictionnaire de*
ROSIÈRE.   } *Biogr. et d'Histoire*.

ROSINE, ancienne monnaie d'or de Toscane, valant 21 fr. 54 c. Il y avait des demi-rosines.

ROSLIN (Église de), en Écosse, dans le comté de Midlothian, lieu de pèlerinage. Elle est située sur une hauteur appelée College-Hill et boisée, ce qui lui a fait donner le nom de *chapelle au milieu des bois*. Bâtie en 1445, dans le style gothique Tudor, elle est surmontée de 12 clochetons au nord et de 12 au sud, évidés de niches pour des statues, et couverts d'animaux bizarres, de la famille des gnomes et des démons. L'intérieur est à 3 nefs, a 26 mèt. de long, 11 de large, 13 de haut ; 5 grandes fenêtres l'éclairent de chaque côté. Les piliers sont composés d'un faisceau de colonnettes, avec chapiteaux à feuillages mêlés d'animaux. Il en est un, qu'on nomme *Pilier de l'apprenti*, dont la base est ornée de dragons en bas-relief et le fût garni de trois spirales de fleurs : selon la légende, l'architecte de l'édifice tua par jalousie un de ses apprentis qui avait sculpté ce pilier. Sous les dalles de la chapelle reposent les barons de Roslin, enterrés avec leur armure.

ROSSIGNOL, nom que l'on donnait, au commencement de notre siècle, à une sorte de chalumeau dans lequel on introduisait un piston, pour obtenir différents sons en raccourcissant plus ou moins la colonne d'air. Les enfants en font ainsi avec un bout de branche de tilleul, de saule, ou de peuplier, coupé au moment de la sève, et dont ils séparent le bois de l'écorce, en battant un peu celle-ci, sans la casser ; elle forme le tuyau, et le bois détaché fait le piston.

ROSTRALE (Colonne, — Couronne). } *V.* notre *Dict.*
ROSTRES.   } *de Biographie*
ROTE.   } *et d'Histoire*.

ROTISSEURS, ancienne corporation qui existait dès le XIIIe siècle. On les nommait *oyers* ou *oyeurs*, parce que les oies étaient un des mets les plus estimés à cette époque. Ils se confondirent plus tard avec les *maîtres queux* ou *maîtres cuisiniers*.

ROTONDE (du latin *rotundus*, rond), en termes d'Architecture, construction sur un plan circulaire, et particulièrement celle qui se termine par une couverture également circulaire ou sphérique, en bois, en fer, ou en maçonnerie. La rotonde ne fut praatiquée que chez les peuples où l'art de bâtir était déjà fort avancé. Les Égyptiens, chez lesquels cet art resta toujours presque à l'état primitif, ne la connurent pas. Les Grecs, plus avancés, plus calculateurs, trouvèrent les moyens de suspendre en l'air, avec solidité, de vastes toits de rotonde, soit en charpente, soit en maçonnerie. Ils appelaient *tholos* ce genre de construction. On voyait à Athènes une rotonde en marbre où les Prytanes avaient coutume de sacrifier. La rotonde porte directement sur les murs formant l'enceinte de l'édifice ; telle est celle du Panthéon de Rome, désignée souvent sous le nom de *la Rotonde* ; la grande *chapelle des Médicis*, à Florence ; l'église de l'*Assomption*, et la *Halle au blé*, à Paris, la première en bois, la seconde en fer, etc. Si la rotonde est une tour, dominant le reste du monument dont elle fait partie, comme St-*Pierre de Rome* et d'autres églises de la même ville; S¹ᵉ-Geneviève, les Invalides, le Val-de-Grâce, la Sorbonne, de Paris; la chapelle de l'Escurial; S¹-Paul, de Londres; S¹-Isaac, de S¹-Pétersbourg, etc., on l'appelle coupole, du nom seul de la couverture.

La Rotonde de Ravenne, construite en 530 pour être le tombeau de Théodoric, roi des Ostrogoths, bien que de médiocres proportions, montre ce qu'auraient pu faire en ce genre les Égyptiens, qui pratiquaient tant l'architecture avec d'immenses blocs de pierre, dont une seule formait quelquefois le plafond d'un temple. Cette Rotonde se compose d'abord d'un rez-de-chaussée décagone, orné d'une fausse arcade sur chaque face, et formant à l'intérieur une croix grecque; ensuite d'un étage circulaire, un peu en retraite, où l'on accède par deux escaliers extérieurs. L'étage forme une salle ronde, couverte par une coupole monolithe en pierre d'Istrie, et mesurant 11 mèt. de diamètre sur 0ᵐ,90 d'épaisseur. Elle pèse environ 470,000 kilog. Les petites parties en saillie, au nombre de douze, sont des espèces de poignées qui ont servi à élever cet énorme bloc. La hauteur totale du monument est de 18ᵐ,50. La salle supérieure, aujourd'hui convertie en une chapelle dédiée à la Vierge, n'est éclairée que par de petites fenêtres placées sous la frise. V. la figure ci-dessous.

Rotonde de Ravenne.

Le nom de Rotonde se donne aussi à des édifices circulaires, en arcades ou en colonnade, et à ciel ouvert : tel est le brillant Bosquet d'Apollon, dans le parc du château de Versailles.

On nomme Rotonde la caisse ordinairement arrondie qui forme le derrière des diligences. — On appela de même au xviiiᵉ siècle une espèce de fraise que portaient les élégants.   C. D—Y.

ROTRUENGE, vieux mot désignant une chanson que l'on chantait en ronde avec accompagnement de rote.

ROTULUM, nom latin des rouleaux, banderolles ou pancartes que tiennent certaines statues des portails des églises, et où sont écrits des textes de l'Écriture ou les noms des personnages.

ROTURIER. V. ce mot dans notre Dictionnaire de Biographie et d'Histoire.

ROU (Le Roman de), poëme composé vers 1170 par Robert Wace, et qui est comme une suite du roman de Brut (V. ce mot). L'auteur retrace l'histoire des Normands et de la Normandie depuis Rou, Roll ou Rollon, jusqu'à Henri Iᵉʳ (1106). Bien que ce ne soit qu'une seule et même histoire, les 750 premiers vers sont octosyllabiques; les 4414 suivants sont des alexandrins; puis on retrouve la première mesure dans la fin de l'ouvrage. Quelques critiques pensent que la 3ᵉ partie du roman pourrait bien être seule de Robert Wace, parce que : 1° les renseignements qui lui sont personnels se trouvent dans cette partie, tandis qu'il n'est ni nommé ni désigné dans les deux premières; 2° tous les anciens manuscrits aujourd'hui connus ne renferment que la 3ᵉ

partie, les deux autres ne s'y trouvant jointes que dans un seul manuscrit dont il ne reste plus qu'une copie moderne; 3° on lit dans le 3ᵉ partie une tirade sur l'origine du nom de Normandie qui se retrouve à peu près textuellement dans la première, et des emprunts de ce genre étaient alors très-fréquents; 4° il est difficile d'expliquer ce changement de rhythme dans l'ouvrage d'un seul écrivain; 5° l'auteur des vers alexandrins déclare qu'il ne veut s'en rapporter qu'aux témoignages garantis par le nom d'un historien, tandis que Wace s'appuie volontiers sur de simples traditions. Le Roman de Rou a été publié par Pluquet, Rouen, 1827, in-8°.

ROUAGE. V. RODAGE, dans notre Dictionnaire de Biographie et d'Histoire.

ROUBAYEH, monnaie d'or de Turquie, valant un tiers de sequin, ou 2 fr. 90 c.

ROUBB, monnaie d'argent de Turquie, valant 10 paras, environ 74 centimes.

ROUBLE, monnaie russe. V. notre Dictionnaire de Biographie et d'Histoire.

ROUCHI. V. WALLON.

ROUE (Supplice de la). V. notre Dictionnaire de Biographie et d'Histoire.

ROUE, nom donné à la bordure de certaines roses des églises ogivales , par exemple, celle de la cathédrale d'Amiens, où sont sculptés divers personnages dont les uns gravissent la rampe de l'orbite, tandis que les autres descendent, la tête en bas, du côté opposé. C'est une allégorie de la vie humaine.

ROUE. V. COURONNE DE LUMIÈRE.

ROUELLE , vieux mot signifiant disque, roue, et qui désigna, par extension, des médaillons et des enseignes de cette forme.

ROUEN (Église NOTRE-DAME, à). Cette église métropolitaine, une des plus importantes de la France, est, dans sa masse principale, l'ouvrage des premières années du xiiiᵉ siècle ; quelques parties, comme la base de la tour septentrionale du grand portail , sont plus anciennes; d'autres ont été ajoutées postérieurement, ou ont subi des modifications considérables. La chapelle de la S¹ᵉ Vierge est du xivᵉ siècle; les portails latéraux furent édifiés au xvᵉ, le portail occidental et la tour de droite dans la première moitié du xviᵉ, ainsi que la pyramide qui s'élevait au-dessus du centre des transepts et dont il ne reste que la partie inférieure. La gravité du style ogival primitif se trouve donc tempérée par l'alliance des formes les plus élégantes, et, malgré la différence des époques dont on reconnaît l'empreinte, on trouve dans ce monument l'unité de pensée et une certaine harmonie.

L'œil ne peut embrasser l'extérieur de la cathédrale de Rouen, dont les flancs sont bordés de rues étroites, et à laquelle s'adossent encore de chétives maisons particulières; l'abside est enclavée dans les bâtiments de l'archevêché, et les abords de l'édifice ne sont dégagés quelque peu qu'en avant du portail occidental. Ce portail, dont les travaux durèrent de 1509 à 1530, serait un modèle du style ogival de la dernière époque dans toute la richesse de son ornementation, si le temps et les hommes n'y avaient exercé d'effroyables ravages : c'est un assemblage étonnant de galeries à jour, de statues, de bas-reliefs, de feuillages découpés, de colonnettes, de dais, de pinacles, d'aiguilles, de fleurons, sculptés avec une grande finesse, mais mutilés par les calvinistes en 1562, ou rongés par l'humidité du climat. Trois portes, qui correspondent aux nefs intérieures, sont percées à la base de cette façade : la porte centrale, qui est la plus grande et la plus riche, offre un tympan où l'on a sculpté l'arbre de Jessé (V. ce mot); la porte de gauche a aussi un tympan, représentant la danse d'Hérodiade et la décollation de S¹ Jean-Baptiste; le tympan de la porte de droite est aujourd'hui méconnaissable. La tour qui termine la façade au Nord porte le nom de Tour S¹ Romain : elle est surmontée d'une pyramide de charpente, recouverte d'ardoise, qui fut placée en 1477; les cloches et le mécanisme de l'horloge y sont placés. La tour méridionale, comptée parmi les belles et les plus grandes constructions de ce genre, fut élevée de 1485 à 1507 ; elle a 77 mèt. de hauteur : on la nomme Tour de beurre, parce qu'elle fut bâtie avec le produit des aumônes faites par les fidèles, auxquels avait été accordée la permission de faire usage de beurre pendant le Carême. Elle contenait autrefois une cloche dite de Georges d'Amboise, pesant 18,000 kilogr., et qui, fêlée lors de l'entrée de Louis XVI en 1786, fut convertie en canons en 1793. Sur la tour de pierre dont il reste encore deux étages au centre du transept, Robert Becquet avait construit, jusqu'à une hauteur de 132 mèt., une élégante pyramide, que la foudre incendia en 1822 ; on l'a remplacée par une flèche en fer, dont Alavoine donna les dessins, et qui doit s'élever à 148 mèt. du sol. Cette œuvre, dont on évalue le poids à 600,000 kilog., est encore inachevée ; les lignes en sont dures et sèches, et l'effet général ne répond pas à ce que l'on avait espéré. — Le *Portail des Libraires*, à l'extrémité du croisillon septentrional, emprunte son nom à des libraires dont les boutiques en occupaient jadis les abords : commencé en 1280, il ne fut achevé qu'en 1478, et MM. Desmarest et Barthélemy l'ont habilement réparé de nos jours. Il est décoré d'un nombre infini de bas-reliefs, qui représentent, les uns des traits de l'histoire sainte, les autres des sujets bizarres et même grotesques. Le bas-relief du tympan de la porte n'a jamais été complété ; on n'a exécuté que les deux compartiments inférieurs, qui ont pour sujet la Résurrection des morts. Cette entrée, accompagnée de deux tours carrées, ajourées de grandes fenêtres ogivales, est précédée d'un avant-portail, construit en 1481, et que couronne une claire-voie fort curieuse. Du côté droit se trouve un cloître du XIIIe siècle, le plus beau qui nous soit conservé possédant un premier étage. Les travées inférieures sont larges, percées à la base par 4 arcades libres qui portent des colonnettes monolithes et au-dessus desquelles la claire-voie est vitrée. Une épaisse archivolte soutient un grand talus qui pénètrent les piles et trumeaux des fenêtres jumelles du 1er étage, et celui-ci est couronné par une corniche et une balustrade. Le cloître prenait, avec les bâtiments de la maîtrise, le *Cour de l'Albane*, ainsi appelée de l'archevêque Pierre de Colmieu, cardinal d'Albe. Le portail méridional, dit *de la Calende*, fut bâti vers la même époque que celui des Libraires, et présente à peu près la même disposition. Ses deux côtés de la porte sont de grandes statues plus ou moins mutilées, et de petits bas-reliefs à profusion. Le bas-relief du tympan, divisé en trois compartiments, représente Joseph vendu par ses frères, les Funérailles de Jacob, et Jésus sur la croix.

La cathédrale de Rouen est un des monuments gothiques dont la vue intérieure cause le plus d'impression, bien qu'elle ait été reblanchie en 1778. Le plan est en forme de croix latine, avec deux collatéraux jusqu'au transept, et quatre jusqu'aux chapelles absidales. Les bas côtés se prolongent dans les croisillons du transept. L'axe de l'édifice présente, au chevet, une inclinaison très-sensible (*V.* AXE). Les dimensions générales sont : longueur, 136 mèt. ; largeur, 32m,30 ; longueur de la croisée, 54m,60 ; hauteur de la grande nef sous voûte, 28m ; hauteur des collatéraux, 14m ; hauteur de la lanterne au centre de la croisée, 53m,30. Des chapelles, au nombre de 25, règnent dans toute la longueur de l'église ; celle de St Étienne, au pied de la tour méridionale, de proportions exceptionnelles ; elle servait à une paroisse de même nom, supprimée en 1791. Les fenêtres, dont on ne compte pas moins de 130, offrent des formes et des compartiments variés, suivant l'époque où elles furent construites ; celles à lancette, la plupart géminées, se remarquent particulièrement au pourtour de l'abside, et sont garnies d'éblouissants vitraux du XIIIe siècle ; les fenêtres rayonnantes et flamboyantes ne sont pas toutes pourvues de verrières, mais on distingue celles de la chapelle St-Romain, peintes au temps de la Renaissance. Les roses des trois portails sont d'un riche dessin ; les vitraux de celle de l'Ouest représentent le Père éternel environné d'Anges qui jouent de divers instruments de musique. Les arcades ogivales sont généralement très-aiguës ; celles qui se trouvent au point d'union des nefs et de la croisée sont d'une hardiesse prodigieuse ; les piliers, cylindriques autour du chœur, se composent partout ailleurs d'un faisceau de colonnettes ; les quatre qui soutiennent la lanterne n'ont pas moins de 12m,66 de circonférence. Les galeries du triforium ne sont à jour qu'autour du chœur et du sanctuaire ; dans le reste de l'église, leur balustrade se détache sur le fond de la muraille elle-même, et il y a là une opposition de tons sur deux plans différents qui produit un agréable effet. Dans l'encoignure du croisillon septentrional, un joli escalier gothique donne accès à l'ancienne bibliothèque du Chapitre. Autrefois, un jubé en pierre, délicatement sculpté, était en harmonie de style avec le reste de l'édifice, ornait l'entrée du chœur : par une faute de goût fort commune au XVIIIe siècle, on lui substitua, en 1777, le jubé d'ordre ionique en marbre blanc qui existe encore aujourd'hui ; la tribune qui règne dans la partie supérieure est surmontée d'un Christ en plomb doré, exécuté par Clodion ; deux petits autels s'élèvent au pied de ce jubé, et sont ornés chacun d'une statue d'un caractère païen, une Ste Vierge par Lecomte, et une Ste Cécile par Clodion. Le chœur, long de 36m, a des stalles sculptées en 1467, et dont les consoles sont décorées de sujets très-curieux, pleins de naïveté et de verve. Il contenait aussi jadis les tombeaux de Richard Cœur de Lion, de son frère Henri, de leur oncle Guillaume, et du fameux duc de Bedford ; mutilés par les calvinistes en 1562, ils disparurent quand on exhaussa le chœur en 1736. Des fouilles ont amené, en 1838, la découverte du cœur et d'une statue de Richard, et, en 1862, celle du cœur du roi Charles V. A la droite du chœur, dans le collatéral, on remarque la clôture en maçonnerie et en fer de la sacristie, ouvrages estimés, de la fin du XVe siècle.

Les monuments funéraires sont encore nombreux dans la cathédrale de Rouen, et plusieurs méritent de figurer parmi les chefs-d'œuvre de l'art. Dans la *chapelle* dite *du Petit St Romain*, la première du collatéral droit, près du transept, on voit sous un enfoncement cintré le tombeau de Rollon, 1er duc de Normandie : la statue couchée sur ce tombeau est d'un travail assez moderne, et fortement endommagée. La dépouille mortelle de Guillaume Longue-Épée, fils de Rollon, se trouve en face, dans la chapelle Ste Anne du collatéral opposé. Avant d'entrer dans la chapelle de la Ste Vierge, à gauche, on rencontre, sous une arcade à plein cintre, la statue couchée d'un évêque ; des Anges, aux ailes déployées, conduisent au ciel l'âme de celui-ci, représentée sous la figure d'un petit enfant ; à la partie inférieure du sépulcre, sont quelques bas-reliefs à demi effacés. Ce tombeau est celui de l'archevêque Maurice, mort en 1235. — La chapelle de la Ste Vierge, où l'architecture ogivale a étalé toutes ses richesses, est une des plus belles qui existent à l'abside des grandes cathédrales ; elle n'a pas moins de 29 mèt. de longueur. Au fond, un retable tout doré encadre une *Adoration des bergers*, par Philippe de Champagne. Sur le côté gauche de la chapelle on remarque trois tombeaux. Le premier, en pierre, sans inscription, sans statue, et néanmoins remarquable par ses gracieuses proportions, par l'élégance et la délicatesse de son architecture, est celui de Pierre de Brézé, comte de Maulevrier, grand sénéchal de Normandie, tué à la bataille de Montlhéry en 1465. Le second a été érigé à Louis de Brézé, petit-fils du précédent, par sa veuve Diane de Poitiers. Le cénotaphe est de marbre noir : au-dessus gît la statue en marbre blanc du sénéchal ; le corps est nu, et la mort y est peinte avec une vérité effrayante. Du côté de la tête, Diane est agenouillée, les bras croisés, et en habits de veuve ; aux pieds, la Ste Vierge, tenant l'enfant Jésus. Cette scène est encadrée de 4 colonnes en marbre noir, dont les chapiteaux et les bases sont en albâtre. Au-dessus de l'entablement, dans une arcade que soutiennent quatre caryatides, la Prudence et la Gloire d'un côté, la Victoire et la Foi de l'autre, on voit la statue équestre du sénéchal, en marbre blanc. Le couronnement est un attique formant une niche : elle contient une statue en albâtre, tenant une épée, et qui est la Force selon les uns, la Justice selon les autres. La corniche se termine par deux chèvres portant les armoiries du sénéchal. Toutes les frises sont en albâtre, les architraves et les corniches en marbre noir. Ce beau mausolée est attribué à Jean Cousin ou à Jean Goujon. Le troisième tombeau, ouvrage de M. Barthélemy, a été érigé en 1857 au cardinal prince de Croy, mort en 1844. Sur le côté droit de la chapelle de la Vierge s'élève le magnifique monument funéraire élevé de 1518 à 1525 aux deux cardinaux d'Amboise. La Renaissance n'a point d'œuvre qui lui soit supérieure. Deux belles statues en marbre blanc, agenouillées, la tête nue et les mains jointes, sont posées sur le tombeau de marbre noir. A la partie inférieure, dans des niches séparées par des pilastres, sont 6 charmantes statuettes en marbre blanc, représentant la Foi, la Charité, la Prudence, la Force, la Justice et la Tempérance. Sur le fond, derrière les grandes statues, un bas-relief représentant St Georges qui terrasse un dragon ; sur les côtés sont distribuées huit autres figures, parmi lesquelles on reconnaît la Ste Vierge et St Romain. Une voussure décorée de sculptures aussi remarquables par le bon goût que par la richesse des ornements soutient un attique, où l'on voit les 12 Apôtres, placés deux à deux dans des niches élégantes que séparent des pilastres. *V.* Pommeraye, *Histoire de l'église cathédrale de Rouen* ; Gilbert, *Description historique de l'église cathédrale de Notre-Dame de*

Rouen, Rouen, 1816, in-8°; Deville, *Tombeaux de la cathédrale de Rouen*, 1833, in-8°; Langlois, *Stalles de la cathédrale de Rouen*, 1838, in-8°. B.

ROUEN (Église St-Ouen, à). Cette église, la plus belle de toutes les abbatiales, et digne d'être comparée aux cathédrales les plus illustres, fut commencée en 1318 sous l'abbé Jean Roussel, dit Marc-d'Argent, par un architecte dont le nom est inconnu, et qui, dans l'espace de 21 ans, acheva le chœur, les chapelles absidales, les piliers et la plus grande partie du transept. Au siècle suivant, Alexandre de Berneval dirigea les travaux. Vers 1464, on bâtit deux travées de la nef ; le reste ne fut continué que vers la fin du xve siècle et au commencement du xvie. Le grand portail occidental n'a point été fait d'après les plans primitifs et grandioses qui nous ont été conservés ; deux massifs en lourde maçonnerie flanquèrent le bas de la nef pendant de longues années : on les a abattus de nos jours, et M. Grégoire a édifié le portail actuel, large de 38 mèt.

Trois portes s'ouvrent à la base de cette façade. La voussure de la porte centrale est à cinq cordons de statuettes et de dais, sculptés avec beaucoup de délicatesse : la baie est coupée par un pilier vertical, auquel s'adosse une statue du Christ ; les pieds-droits sont garnis des statues de 10 Apôtres, parmi lesquels St Paul a été substitué à St Matthias, et les deux autres Apôtres ont été ajoutés, après coup, un peu en saillie sur la façade. Les deux autres portes n'ont que deux cordons à la voussure, et deux statues sur chacun de leurs côtés : à gauche, Dagobert, St Éloi, St Philbert et Ste Austreberthe ; à droite, St Nicaise, St Romain, St Benoît et St Ouen. En retour sur les flancs de l'édifice sont percées deux portes semblables aux précédentes ; celle du Nord présente les statues de Clotaire Ier, de l'impératrice Mathilde, de Ste Clotilde, et de Charles de Valois (fils de Philippe le Hardi) ; celle du Sud, les statues des abbés Nicolas, Marc-d'Argent, Hildebert et Bohier. Elles n'ont aucune utilité, puisqu'elles donnent accès dans les petits vestibules qui sont à la base des tours de la façade, et où l'on pénètre déjà par les portes antérieures. Les cinq portes, contrairement à l'usage le plus répandu, n'ont point de tympan, mais, à la place, une rosace à jour. Elles sont toutes surmontées d'élégants frontons, découpés à jour, et couronnés d'un pinacle, sauf celui de la porte centrale, que termine un groupe de la Trinité. Au-dessus de cette porte et en arrière de son fronton s'ouvre une galerie vitrée, et, plus haut, une magnifique rose, à laquelle beaucoup d'archéologues ne reconnaissent d'égale en aucun lieu du monde. La façade est couronnée par une galerie ogivale, où sont contenues onze statues (St Wandrille, St Germer, les archevêques Flavius, Ansbert, Maurile et Geoffroy, Richard Ier, duc de Normandie, Richard II, Guillaume le Conquérant, Henri II, roi d'Angleterre, et Richard Cœur de Lion), et par un pignon élégamment sculpté, dont une statue de St Ouen occupe le point culminant. Les diverses statues du portail ont été faites par M. Victor Villain ou sous sa direction. Deux tours s'élèvent au-dessus des petites portes : elles ont deux étages de forme octogonale, en retraite l'un sur l'autre, et percés de longues baies ogivales sur leurs faces ; le 1er encadre la grande rose, le 2e dépasse le comble de l'édifice ; puis, des flèches également octogonales atteignent à une hauteur de 76 mèt. On reproche à l'ensemble du portail de n'être point assez en relief sur la nef de l'église, dont il masque la dernière travée, et aux flèches, de paraître un peu grêles à une certaine distance. — Sur le flanc septentrional de l'église est un petit cloître, qui servit longtemps de prison municipale, et dont on a fait une sacristie après l'avoir reconstruit. Le croisillon du même côté, attenant à l'Hôtel de Ville, qui était autrefois le dortoir des moines de l'abbaye, n'a point de portail ; on aperçoit seulement, au-dessus du comble de l'Hôtel de Ville, un pignon sculpté qui représente la partie culminante de ce portail. Au delà des bâtiments municipaux, dans le jardin public qui enveloppe tout le chevet de l'église, on remarque une petite tour en style du xie siècle, appelée *la Chambre aux clercs*, et qui paraît provenir d'une église plus ancienne : elle est divisée intérieurement en deux étages, dont l'un renferme le mécanisme de l'horloge. Rien n'est plus beau que la perspective de l'abside, avec ses contre-forts élancés, ses deux rangs d'arcs-boutants, et ses onze chapelles à toits pyramidaux en ardoise. En passant sur le côté méridional du monument, on trouve une autre sacristie, puis, à l'extrémité du croisillon, le *Portail des Marmousets*. C'est un des spécimens les plus élégants de l'archi-

tecture ogivale : la voûte, qui supporte une petite bibliothèque, projette deux pendentifs d'une exécution hardie ; le tympan de la porte contient un bas-relief divisé en trois parties, qui sont consacrées à l'ensevelissement de la Vierge, à son Assomption, et à son entrée dans le ciel : on n'a jamais rien sculpté de plus gracieux et de plus achevé. Plus bas que le croisillon, une petite porte donne accès dans l'église. — La grande tour qui s'élève au centre du transept, et qui est haute de 82 mèt., est un monument de force et de légèreté tout ensemble. Sa base carrée est percée sur chaque face de deux grandes fenêtres surmontées de pignons élégamment découpés. La partie supérieure, de forme octogone, est accompagnée de quatre jolies tourelles qui se rattachent aux angles de la tour. Une couronne travaillée à jour, et d'un effet incomparable, la surmonte. Qu'on l'examine de près dans ses moindres détails, ou des hauteurs qui avoisinent la ville, c'est un chef-d'œuvre unique en son genre.

A l'intérieur, l'église de St Ouen a 138m de longueur, dont 80 pour la nef et 35 pour le chœur ; 26m de largeur, dont 11m,33 pour la nef majeure et 7m,33 pour chaque collatéral ; 42m,22 de largeur au transept ; 32m,50 de hauteur sous voûte. Contre le premier pile de droite en entrant par le portail occidental, est un grand bénitier de marbre, où, par un effet d'optique assez curieux, se reflète l'église dans toute son étendue. Nul édifice peut-être ne frappe les yeux et n'étonne la pensée à un si haut degré ; la grandeur des proportions, la régularité de l'ensemble, l'harmonie des parties, la pureté des lignes, tout concourt à former l'impression qu'on éprouve à la vue de ce vaisseau, où aucun monument accessoire, aucun ornement superflu n'embarrasse la perspective ; où 125 verrières disposées sur trois rangs, sans y comprendre les trois roses, projettent leur lumière mystérieuse ; où enfin la pierre, noircie par les ans, et par les forges que la Révolution installa dans ces vastes nefs, ajoute à la sévérité de l'architecture. Le premier rang de fenêtres éclaire les collatéraux, ainsi que les chapelles absidales. Les piliers de la nef, élancés et largement espacés, sont flanqués de colonnettes élégantes, dont quelques-unes montent jusqu'au sommet de l'édifice, pour recevoir la retombée des nervures de la voûte. Un certain nombre de ces piliers offrent des consoles et des dais, entre lesquels devraient se trouver des statues. Le sommet des arcades à ogive est à 15m,23 au-dessus du sol. Une élégante galerie, de 6m,25 d'élévation, formée de colonnettes que couronnent des rosaces à cinq lobes, surmonte ces arcades dans tout le pourtour de l'église. Plus haut, une claire-voie compose le second rang de fenêtres. Le troisième rang est garni de vitraux, qui représentent, sur le côté méridional de l'édifice, les personnages les plus illustres de l'Ancien Testament et les figures des Sibylles, et, sur le côté septentrional, quelques saints évêques des premiers temps du christianisme, des Pères de l'Église, et des abbés de l'ordre de St Benoît. Les collatéraux n'ont pas de chapelles : une seule, de très-petite dimension, a été pratiquée près du croisillon méridional. Il en existe une autre, aussi peu importante, dans le croisillon septentrional. Les chapelles absidales sont décorées pauvrement et sans goût : la 1re à gauche du chœur contient les fonts baptismaux ; dans la seconde, on voit la pierre sépulcrale d'Alexandre de Berneval et d'un de ses élèves, qu'il tua, selon la légende, pour avoir exécuté dans le transept une rose supérieure à celle dont il était lui-même l'auteur. Dans quelques autres chapelles, il y a des autels à colonnes grecques. Le chœur était autrefois séparé de la nef par un beau jubé du xve siècle, dont on a conservé au moins le dessin ; il possède encore, autour du sanctuaire, plusieurs grilles en fer, bel ouvrage de serrurerie. Une chaire en bois, sculptée dans le style du xive siècle, et dessinée par M. Desmarest, a été placée dans la nef en 1861. V. Pommeraye, *Histoire de l'abbaye royale de St Ouen*, 1662, in-fol. ; Gilbert, *Description historique de l'église St Ouen de Rouen*, 1822, in-8°. B.

ROUEN (Église St-Maclou, à). Construite dans la seconde moitié du xve siècle, cette église est un charmant spécimen du style gothique fleuri. Son grand portail, de forme un peu convexe, offre cinq portes, dont deux ont été condamnées : celle du centre est surmontée d'un bas-relief qui représente le Jugement dernier. Le panneau de la porte voisine à gauche a été sculpté, dit-on, par Jean Goujon, et, au milieu d'arabesques, un grand médaillon renferme le *Baptême de Jésus-Christ*. On attribue au même artiste la porte qui sert d'entrée sur le flanc septentrional de l'église ; le relief principal est la *Mort de la*

Vierge. Du côté opposé se trouve un *attre*, où l'on a découvert les fragments d'une *Danse des Morts* (*V. ce mot*). Au-dessus de l'église St-Maclou, à l'entrée du chœur, s'élève une tour formant lanterne; elle était couronnée par une élégante pyramide, qui s'élançait jusqu'à 78 mèt. du sol, et qui, ébranlée par un ouragan en 1705, fut bientôt abattue: on la remplaça par le beffroi disgracieux en charpente recouverte d'ardoise qu'on voit encore aujourd'hui. A l'intérieur, l'édifice a 47 mèt. de longueur, sur 25 de largeur en y comprenant les collatéraux. On remarque l'escalier sculpté à jour qui conduit à l'orgue, et les vitraux des fenêtres, malheureusement mutilés. B.

ROUEN (Hôtel du BOURGTHEROULDE, à), édifice commencé vers la fin du xve siècle par Guill. Leroux, seigneur du Bourgtheroulde, et terminé par son fils, abbé d'Aumale et du Val-Richer. L'extérieur, sur la place de la Pucelle d'Orléans, offre un rez-de-chaussée avec un étage, dont les sculptures sont à peu près détruites. Le corps principal d'habitation, occupé aujourd'hui par le Comptoir d'escompte, est situé au fond d'une cour à peu près carrée: sa façade est somptueusement décorée de bas-reliefs. Le 1er bas-relief à gauche, sous la petite croisée, représente un triomphe; le 2e a été détruit; le 3e offre une salamandre au milieu des flammes, devise de François 1er; le 4e représente un phénix couronné dans les flammes. Les bas-reliefs de l'étage supérieur offrent des sujets analogues aux précédents. Les fenêtres du comble sont en ogive, et couronnées de frontons pyramidaux chargés d'ornements gothiques: sur le tympan de l'une, on voit un écusson supporté par des chevaux. A gauche de cette façade, une très-belle tourelle hexagonale est ornée de 6 bas-reliefs, qui représentent des scènes champêtres et pastorales, aussi remarquables par leur belle conservation que par le mérite du travail. Une galerie couverte, à 5 arcades, forme le côté gauche de la cour, et joint cette tourelle à la façade: on y voit, à hauteur d'homme, au-dessous des arcades, cinq bas-reliefs figurant l'entrevue de François 1er et de Henri VIII au *Camp du drap d'or*; ce sont de véritables chefs-d'œuvre, précieux pour la connaissance des costumes, mais que les intempéries de l'air et les mutilations ont singulièrement détériorés. Au-dessus des arcades est un entablement, dont la frise se divise en 6 panneaux, ornés d'autres bas-reliefs symboliques: les deux premiers sont à peu près détruits; le 3e représente un char traîné par des bœufs, et sous les roues duquel sont écrasés plusieurs personnages; sur le 4e, la Mort précède un char traîné par deux éléphants, et sur lequel une femme sonne de la trompette; le 5e offre un char couronné d'un dais, traîné par quatre chevaux, et entouré de diverses personnes; dans le 6e, les trois personnes de la Trinité sont sur un char que traînent un lion, un aigle, un bœuf et un ange, symboles des quatre Évangélistes, et sous les roues de ce char une foule de personnages figurent sans doute les hérétiques. Le bâtiment à droite de la cour n'a rien de remarquable. B.

ROUEN (Le Palais de Justice de), monument de l'architecture gothique, le plus beau de tous ceux qui sont affectés en France au service des tribunaux. Il fut bâti en 1499 pour l'Échiquier de Normandie par Roger Ango. Sa façade, exposée au midi a 65 mèt. de développement, et offre ce qu'on peut imaginer de plus riche et de plus délicat dans l'ornementation. L'élégante tourelle octogone qui occupe le milieu, les piliers angulaires que recouvrent de la base au sommet les dais et les statues, les fines sculptures dont sont entourées les fenêtres, la série d'arcades qui forment galerie sur toute la longueur de l'entablement, les belles lucarnes percées à la base du toit, tout est d'un excellent goût. Des statues, sculptées par M. Brun, représentent Louis XII, Anne de Bretagne, le cardinal d'Amboise, François 1er, la Justice, un laboureur, une villageoise, une dame, un seigneur, un moine, un artiste, c.-à-d. les personnages qui concoururent à l'érection de l'édifice, et les différentes classes de la société de temps. A l'intérieur, l'ancienne grande chambre du parlement, où siége aujourd'hui la Cour d'assises, est une merveille en son genre: le plafond, à compartiments et caissons, décoré de rosaces et d'ornements en bronze doré, est d'un bois de chêne que le temps a rendu couleur d'ébène; un Christ en croix, qu'accompagnent les statues de la Justice et de la Force, est placé à l'extrémité de la salle, au-dessus des siéges de la Cour. Dans la chambre du conseil, on remarque plusieurs portraits de présidents et conseillers au parlement de Normandie, et un Christ en croix, aux pieds duquel sont deux saintes femmes, précieux tableau sur fond d'or, donné par

Louis XII. — Le Palais de Justice a deux ailes en saillie vers le midi à ses extrémités: toutes deux sont flanquées à leurs angles de tourelles octogones qui contiennent des escaliers. Celle de l'Ouest, antérieure au corps principal, date de 1493, et fut construite pour servir de lieu de réunion aux marchands. Le rez-de-chaussée en est occupé par la Conciergerie et les prisons. Un vaste escalier extérieur donne accès au premier étage, en grande partie formé par la *Salle des Procureurs* ou *des Pas Perdus*. Cette salle, qui fait l'admiration des architectes, est longue de 48m,72, large de 16m,24, et sa voûte immense de charpente, en forme de carène de navire renversée, n'est soutenue par aucun pilier. D'élégantes niches, vides de statues, se détachent en relief sur les murailles. A l'une des extrémités de la salle, on a placé le modèle en plâtre de la statue de P. Corneille, par David, érigée en 1834 au centre du terre-plein du pont de pierre; à l'autre extrémité, par où l'on entre dans la salle des assises, sont les tombeaux du premier président Claude Groulard et de sa femme, provenant du château de St-Aubin-le-Cauf, près de Dieppe. L'aile de l'Est avait été bâtie au commencement du xviiie siècle en style moderne, qui faisait disparate avec le reste du monument: une partie de cette construction s'étant écroulée en 1812, on éleva l'aile actuelle, extérieurement semblable à celle qui lui fait face.

ROUEN (Faïences de). *V.* au *Supplément*.

ROUET, terme de Construction, synonyme d'*Enrayure* (*V. ce mot*).

ROUF, terme de Marine, qui a le sens de *carrosse* ou *dunette*.

ROULADES, nom donné vulgairement aux traits de chant qui consistent à exécuter avec rapidité plusieurs notes sur une même syllabe. La voix semble *rouler* en passant légèrement d'un son à un autre.

ROULAGE, transport des marchandises ou autres objets analogues par voitures à roues, sur les chemins publics ordinaires. Les conducteurs de ces voitures s'appellent *routiers*. On distingue le *roulage ordinaire*, dont la vitesse est de 30 à 40 kilom. par jour, et le *roulage accéléré*, qui fait 75 kilom. Par le 1er, le prix de transport d'un tonneau de marchandises à 4 kilom. de distance est de 0 fr. 90 c.; par le 2e, de 2 fr. 15 c. Pendant longtemps, les mesures furent prises pour protéger les routes contre les dangers qui paraissaient résulter pour elles de la circulation de voitures trop chargées ou mal construites; pour arriver à la limitation du poids, on employait deux moyens, la limitation du nombre des chevaux, et un système de pesage public (ponts à bascule). La loi du 30 mai 1851 a remplacé à peu près par la liberté cette protection économique; elle pose en principe que toute voiture peut circuler sans condition de poids; elle a réservé seulement, au point de vue de la conservation des routes, le principe de quelques dispositions relatives à la forme des bandes de roues et des clous de bandes, à la circulation pendant les jours de dégel, à la protection des ponts suspendus, et ces dispositions ont été l'objet d'un règlement d'administration publique, édicté le 10 août 1852. Ce règlement a pris aussi les mesures nécessaires pour prévenir les accidents qui résulteraient de la manière dont les voitures sont construites, attelées, chargées et conduites, et pour assurer la répression des contraventions. Les contraventions sont de la compétence du Conseil de préfecture du département où le procès-verbal a été dressé: elles peuvent être constatées par les maires et adjoints, les commissaires et agents de police, les ingénieurs des ponts et chaussées, les agents voyers, les conducteurs, les cantonniers-chefs, les gendarmes, les gardes champêtres, les agents forestiers ou des douanes, les employés des contributions indirectes, etc. *V.* Verlet-Dumesnil, *Police du roulage*, 1857, in-8°; Guilbon, *Traité de la police du roulage*, 1857, in-8°.

ROULEAUX DES MORTS. *V.* le *Supplément*.

ROULEMENT, batterie de caisse produite par le mouvement alternatif et très-rapide des deux baguettes. On fait un roulement pour ordonner à une troupe de reprendre son rang, de faire halte, de se préparer à une manœuvre, etc. — Dans un orchestre, on fait aussi des roulements sur les timbales: ils produisent un grand effet dans le *crescendo* et le *forte*. Plusieurs symphonies de Haydn commencent par un roulement de timbales.

ROULEMENT (Fonds de), en termes de Commerce et de Finances, somme en espèces métalliques ou en billets de banque nécessaire aux payements ordinaires et quotidiens.

ROULETTE, jeu de hasard. C'est un cylindre de

0^m,66 de diamètre environ, au centre duquel est suspendu un plateau mobile, et dont les bords sont garnis de petites cases numérotées. Les numéros 1 à 36, le zéro simple et le zéro double y sont mélangés, et alternativement inscrits en rouge et en noir. Le cylindre est placé au milieu d'un tapis vert, divisé lui-même en autant de compartiments sur lesquels les joueurs placent leurs pontes ou mises. Le banquier fait tourner le plateau, et y lance une bille d'ivoire qui, après un certain nombre de tours, d'ondulations et de soubresauts, se loge dans une des cases, dont le numéro est le gagnant. Si le joueur a spéculé sur un seul numéro, ou sur l'un des zéros, le banquier paye 36 fois la mise; si l'enjeu est sur deux numéros voisins, la sortie d'un seul rend 18 fois cet enjeu; s'il est sur quatre, 9; sur six, 6. Si toutes les mises étaient égales, le banquier, recevant 38, ne rembourserait que 36, et aurait toujours un 17e de bénéfice. Mais il s'est ménagé des chances bien plus profitables encore. Les joueurs, au lieu de poursuivre un numéro, préfèrent ordinairement jouer le *rouge* ou *noir*, le *pair* ou *impair*, le *passe* ou *manque* (1 à 18, ou 19 à 36); ce ne serait que la chance vulgaire de un contre un, si le banquier n'avait pour lui les zéros *rouge* et *noir* : un zéro sortant, la moitié des enjeux lui appartient. La roulette est donc un des jeux les plus dangereux pour les joueurs. Introduite en France dans les maisons de jeu sous la lieutenance de police de M. de Sartine, elle a été supprimée en 1838; mais elle existe toujours en Allemagne et en Italie.

ROULETTES. *V.* Propylées de Paris.

ROULIS, oscillation d'un bâtiment dans le sens de sa largeur. L'oscillation de poupe en proue se nomme *tangage.*

ROUMANCHE (Idiome). *V.* Rhétien.

ROUMANE ou ROUMAINE (Langue), une des langues néo-latines ou romanes, parlée par les habitants de la Valachie et de la Moldavie, qui aiment à se dire descendants des anciens Romains. Le fond de la langue est, en effet, le latin, apporté dans le pays au temps de l'empereur Trajan, après la soumission des Daces. Du nom de ce peuple on l'appelle *daco-romane*, et, à cause des éléments slaves qu'elle a conservés, elle a reçu encore la dénomination de *romano-slave*. Quelques racines grecques et turques y sont introduites. Parmi les termes d'origine latine, il en est qui ne se trouvent plus dans les autres langues néo-latines, par exemple : *alb*, *digit*, *vuorbe*, *masa*, *ruoga*, dérivés d'*albus* (blanc), *digitus* (doigt), *verbum* (parole), *mensa* (table), *rogare* (prier), etc. Dans beaucoup de substantifs, les Roumans se sont bornés à supprimer la consonne finale, sans altérer la voyelle précédente comme l'ont fait les Espagnols et les Italiens : ainsi, de *Deus* (Dieu), *domus* (maison), *fructus* (fruit), *ventus* (vent), *vinum* (vin), *templum* (temple), ils ont fait *Deu*, *domu*, *fructu*, *ventu*, *vinu*, *templu*, etc. Ils ont adopté l'article défini, mais ils l'emploient principalement sous forme de suffixe. Les augmentatifs et les diminutifs sont nombreux dans la langue roumane. Les degrés de comparaison s'expriment à l'aide de particules. La conjugaison, assez compliquée, a plus d'analogie avec celle des langues slaves qu'avec celle des langues néo-latines; l'emploi des auxiliaires y est fréquent, non-seulement pour la formation du passé, mais aussi pour celle du futur. Certains linguistes distinguent dans le rouman quatre dialectes : le *valaque* ou *munteni;* le *moldave* ou *moldoveni*, usité en Bessarabie aussi bien qu'en Moldavie; l'*ardialien*, parlé en Transylvanie et en Hongrie; et le *zinzar*, appelé aussi *macédo-valaque*, *vlaco-macédonien* et *thraco-valaque*. On remarque dans la prononciation du rouman les voyelles nasales *an*, *in*, *on*. Il s'écrit tantôt avec les caractères latins, tantôt à l'aide d'un alphabet de 28 lettres, dont les formes sont empruntées à celles de l'alphabet slave-illyrien. *V.* Klein et Schinkay, *Elementa linguæ daco-romanæ seu walachicæ*, Vienne, 1780, in-8°; J. Molnar, *Grammaire valaque*, Vienne, 1788, in-8°; J. Alexi, *Grammatica daco-romana*, Vienne, 1826, in-8°; Jean Bob, *Dictionnaire latin, roumain et hongrois*, Klausenburg, 1830, 3 vol.; J.-A. Vaillant, *Grammaire roumane*, Bukharest, 1840, in-8°; Poyenar, Aaron et Hill, *Dictionnaire français-valaque*, Bukharest, 1840, 2 vol. in-8°; Iszer, *Dictionnaire valaque-allemand*, Kronstadt, 1850, in-8°, et *Grammaire valaque*, ibid., 1855; Baritz et Munteau, *Dictionnaire allemand et roumain*, ibid., 1853-54, 2 vol. gr. in-8°; Schoimul, *Grammaire théorique et pratique de la langue roumane*, en allem., Vienne, 1855. — Les Moldo-Valaques ont des poésies na-

tionales. Un de leurs poëtes, V. Alexandri, a recueilli des *Ballades et chants populaires de la Roumanie*, et en a publié une traduction française, Paris, 1855, in-12.

ROUPIE, monnaie. *V.* notre *Dictionnaire de Biographie et d'Histoire.*

ROUSKI. *V.* Russe (Langue).

ROUSSNIAQUE. *V.* Russniaque.

ROUT, mot anglais qu'on prononce *raout*, et qui, après s'être originairement appliqué à une bande tumultueuse formée par des gens de la populace, désigne depuis le commencement du XVIIIe siècle toute assemblée du grand monde. — Un véritable Rout exige des salons spacieux, où deux cents ou trois cents personnes, la plupart inconnues les unes aux autres, se promènent en long et en large, et à peu près silencieusement. La suprême fashion exigeant que le Rout soit très-nombreux, on multiplie les invitations, de sorte que les promeneurs se pressent, se coudoient, se heurtent dans une circulation incessante, car il y a peu ou point de siéges dans le lieu de réception, et marcher vaut mieux que stationner; c'est au moins faire quelque chose. La plupart du temps les dames sont entre elles et se donnent le bras, et les hommes à part. Ces cohues aristocratiques, ou qui ambitionnent l'air aristocratique, ont un grand charme pour le flegme des Anglais. En 1802, la célèbre peintre Mme Vigée-Lebrun, se trouvant dans un magnifique Rout, y fut accostée par un gentleman qu'elle avait connu en Italie, et qui, rompant pour elle le silence général, lui dit, avec un air de satisfaction : « N'est-ce pas que ces réunions sont amusantes? — Vous vous amusez, repartit la spirituelle artiste, comme nous nous ennuierions. »   .C.—Y.

ROUTE, mot employé dans l'usage comme synonyme de *voie* et de *chemin*, mais qui éveille particulièrement l'idée qu'on peut y rouler en voiture. Il paraît, en effet, dériver du latin *rota* (roue), et les Anciens avaient personnifié les voies publiques sous la figure d'une femme appuyée sur une roue. En France, on distingue aujourd'hui : 1° les *routes impériales* (ci-devant *nationales* et *royales*), subdivisées en trois classes (14 mèt., 12^m, et 10 à 11^m de largeur), et qui, ayant pour but l'utilité générale de la nation, sont entretenues aux frais de l'État; 2° les *routes départementales*, subdivisées également en plusieurs classes (8 à 10^m de largeur), tracées pour l'utilité particulière des départements, et entretenues à leurs frais; 3° les *chemins de grande communication*, entretenus aux frais des départements et des communes intéressées; 4° les *chemins vicinaux* ou *communaux* (*V.* Chemin vicinal), destinés à établir les communications utiles à l'intérêt privé des communes, ouverts et entretenus aux frais de ces communes. Il y a, en outre, une catégorie de routes spéciales comprises dans le système général de défense du pays, sous le nom de *routes stratégiques*. En 1790, les routes furent placées dans les attributions du ministère de l'Intérieur; en 1799, on en chargea un conseiller d'État; depuis 1839, cette branche de l'administration dépend du ministère des travaux publics. Nos routes sont généralement empierrées ou macadamisées, si ce n'est aux abords et dans la traversée des villes ou villages, où l'on a presque constamment employé le pavé. L'entretien d'une route impériale est d'environ 0 fr. 82 cent. par mètre pour les parties pavées, et 0 fr. 30 c. pour les parties empierrées. Le prix de revient sont aussi à l'avantage de ces dernières (19 fr. par mètre, contre 44 fr.). Les routes pavées sont plus commodes pour les voitures allant au pas; les routes empierrées sont d'un moindre tirage pour les voitures allant au trot. Le rapport de l'effort de traction au poids traîné est de 1/40 à 1/60 sur les routes pavées, et de 1/25 à 1/50 sur les empierrements. Sur les routes bien entretenues, les frais de transport sont, pour le roulage ordinaire, par 20 centimes par tonne et par kilomètre, avec une vitesse de 28 à 40 kilom. par jour; et, pour le roulage accéléré, de 35 centimes, avec une vitesse de 65 à 70 kilom. La construction et l'entretien des routes appartiennent à l'administration des Ponts-et-chaussées.

On attacha, dès la plus haute antiquité, une grande importance aux voies de communication, qui sont, à vrai dire, l'un des signes de la puissance et de la richesse des nations. Il y a, entre Bagdad et Ispahan, une route très-ancienne qui remonte, dit-on, jusqu'au temps de Sémiramis. Les Égyptiens, les Hébreux et les Grecs distinguaient les routes selon qu'elles étaient d'un intérêt général ou d'une utilité particulière, et donnaient aux premières le nom de chemins royaux (*viæ regiæ*). Le soin de ces chemins était dans les attributions du Sénat à Athènes, et des premiers hommes de l'État à Sparte, à

Thèbes et dans d'autres villes : des officiers subalternes étaient chargés de la police des voies publiques, sur le bord desquelles on plaçait des dieux tutélaires. Ce furent les Carthaginois qui imaginèrent de paver les routes ; mais nous ignorons le mode de construction, de réparation et d'entretien qu'ils avaient adopté. Les Romains donnèrent à cette invention tous les développements dont elle était susceptible, et couvrirent leur Empire de voies considérables, dont quelques-unes ont duré jusqu'à nous (*V.* VOIES ROMAINES, dans notre *Dictionnaire de Biographie et d'Histoire*). Pendant les invasions des Barbares, nul, si ce n'est la reine Brunehaut, ne prit souci des voies de communication par terre, qui subirent d'irréparables détériorations ou furent entièrement détruites. Charlemagne tâcha de rétablir les voies romaines ; mais l'incurie reparut après lui. Dans les temps féodaux, chaque seigneur entretint les chemins qui traversaient son domaine, avec le produit des péages qu'il exigeait. Un système de surveillance générale sur la viabilité ne fut possible qu'après un accroissement notable du territoire et de la puissance des Capétiens. Philippe-Auguste et Louis IX surtout s'occupèrent de réparer les vieux chemins et d'en ouvrir de nouveaux. Philippe de Beaumanoir nous apprend qu'on distinguait alors le *sentier* de 4 pieds, la *carrière* de 8 pieds, le *chemin* de 32 pieds, le *chemin de César* de 64 pieds, et le *chemin royal*. L'habitude de planter des arbres sur les grandes routes semble avoir pris naissance à cette époque, bien qu'elle ne soit devenue générale que plus tard ; on en plantait du moins aux abords des villes, et une ordonnance de 1358 montre que le concierge du Palais avait un droit sur les ormes des environs de Paris. C'est aussi à une époque ancienne que remonte l'usage d'indiquer les directions par une main placée ou dessinée sur un poteau ; il en est question dans les romans de chevalerie du moyen âge. On construisait aussi, sur les chemins, des fontaines entourées de bancs de pierre ; il en existe encore quelques-unes. La guerre de Cent ans causa la ruine d'un grand nombre de routes, ou en empêcha l'entretien. Louis XII enjoignit aux tribunaux de contraindre les propriétaires des péages, pavages et barrages, à entretenir les ponts et les chaussées ; mais ces traitants continuèrent à percevoir l'impôt et à ne rien réparer. Lorsqu'en 1583 on eut attribué la surveillance des chaussées aux juges des Eaux et Forêts, les résultats ne furent pas plus satisfaisants. Henri IV, sentant toute l'importance des communications, créa, en 1599, un office de *grand voyer* : Sully, qui en fut revêtu, fit réparer les routes, rendit générale et maintint, malgré de nombreuses mutilations, la plantation des ormes. « C'est un Sully, disait le peuple en parlant de chacun de ces arbres ; faisons-en un Biron, » et ils le décapitaient. Louis XIII supprima, en 1626, la charge de grand voyer, et, genres ayant attribué la surveillance des grands chemins aux trésoriers de France, ne la réserva définitivement, mais sans faire aucune amélioration. Il était alors passé en principe que chaque ville devait fournir de ses deniers à la réparation des chemins ouverts sur son territoire ; toutefois, dans certaines provinces, c'était une charge inhérente à la propriété même des fonds de terre riverains. Sous Louis XIV, Colbert apporta un soin particulier à la construction des routes ; les intendants des provinces reçurent l'ordre d'achever l'œuvre de Sully, et bientôt Mme de Sévigné put écrire ce qui suit : « C'est une chose extraordinaire que la beauté des chemins ; on n'arrête pas un seul moment ; ce sont des mails et des promenades partout. Toutes les montagnes aplanies ; la rue d'Enfer est un chemin de paradis ; mais non, car on dit que le chemin en est étroit et laborieux, et celui-ci est large, agréable et délicieux. Les intendants ont fait des merveilles, et nous n'avons pas cessé de leur donner des louanges. Si jamais j'allais à Dieu, Dieu me préserve d'une autre route ! » Le progrès continua sous Louis XV : une administration spéciale fut créée pour les voies publiques. Les chemins étaient alors classés en *chemins royaux, chemins publics* ou *vicinaux,* et *chemins de traverse* : étaient réputés vicinaux ceux où il n'y avait ni postes, ni messageries, ni voitures publiques ; un chemin de traverse était celui qui communiquait d'une commune à une autre. On doit au ministre Trudaine les bornes placées sur les routes royales, à partir du parvis de Notre-Dame à Paris, d'abord de mille toises en mille toises, puis de lieue en lieue. C'est aussi de son temps que l'on fixa la largeur que chaque route devait avoir d'après son importance. En 1776, Turgot obtint un arrêt du Conseil qui établit une nouvelle division des chemins de la France et fixa des règles pour leur construction, leur entretien et leur réparation : il y eut quatre

classes de chemins, ceux qui menaient de la capitale aux principales villes du royaume, ceux qui conduisaient d'une province dans une autre, ceux qui établissaient des communications entre les villes d'une même province, et ceux qui servaient à la circulation des habitants d'un même bourg ou d'un même village. Napoléon Ier donna une grande impulsion à la construction des routes : on lui doit, entre autres, celles du Cenis, du Genèvre et du Simplon. Le règne de Louis-Philippe demeurera également célèbre pour ce genre de travaux d'utilité publique. Sous Napoléon III, des sommes considérables ont été affectées aussi aux voies de communication.

En Russie et en Norvège, où les pierres ne sont pas en abondance, on construit des routes en bois : des rondins mis en travers d'un chemin tracé au hasard forment la voie sur laquelle roulent, avec d'épouvantables cahots, des véhicules d'une construction grossière. *V.* X. Garnier, *Traité des chemins de toute espèce*, 1834-42, 2 vol. in-8o.   B.

ROUTE (Feuille de), sorte de passe-port militaire, écrit qu'on délivre à une troupe, ou bien à un soldat qui voyage isolément. On y indique les logements et le chemin à parcourir.

ROUTIER, en termes de Marine, grand livre contenant des cartes marines, des vues de côtes ou de terres, des instructions sur les routes à suivre, sur les écueils et les passages à éviter. — Une *carte routière* est une carte de géographie où les routes sont marquées.

ROUTIERS. *V.* ce mot dans notre *Dictionnaire de Biographie et d'Histoire*.

ROWDIES, nom par lequel on désigne aux États-Unis les vagabonds et les voleurs des grandes villes.

ROXBURGH-CLUB, société de bibliophiles qui se forma à Londres en 1813. Chacun des membres devait faire réimprimer à ses frais un livre devenu rare. *V.* BIBLIOMANE.

ROYAL DE BILLON, ancienne monnaie attribuée à tort à Philippe-Auguste, et qui fut frappée sous Philippe le Bel. Sa valeur était la même que celle des deniers tournois.

ROYAL D'OR, monnaie. *V.* notre *Dictionnaire de Biographie et d'Histoire*.

ROYALE. *V.* BARBE.

ROYALE (Place), à Paris. *V.* notre *Dictionnaire de Biographie et d'Histoire*.

ROYALISME, mot qui date de la Révolution de 1789, et par lequel on désigna le dévouement à l'idée monarchique, l'opposition au nouvel ordre de choses qui s'établissait sur les ruines de l'ancien régime. Sous le 1er Empire, les *Royalistes* furent ceux qui ne regardaient comme légitime que la monarchie ancienne, et qui en désiraient ou en secondaient le rétablissement. Pendant le gouvernement de la Restauration, on appela *Royalistes*, par opposition aux *Libéraux*, les hommes qui voyaient un danger dans les concessions faites par la Charte de 1814, et qui les auraient volontiers sacrifiées. Depuis la Révolution de 1830, leur nom fut réservé aux partisans de la branche aînée des Bourbons, ceux de la branche cadette prenant le nom d'*Orléanistes* ou de *Philippistes*.   B.

ROYAUTÉ, dignité, pouvoir de roi. La royauté remonte aux premiers temps des sociétés humaines, et elle a pris, à travers les siècles, des caractères très-divers. Dans l'ancien Orient, elle nous apparaît avec le plus fastueux appareil, entourée du respect et de l'admiration des peuples, consacrée par la religion : rattachés à la divinité même par leur généalogie, les princes la représentent sur la terre ; tout le monde s'incline devant leur pouvoir solitaire et sans contrôle. Vêtus comme on se figurait les Dieux, objet des mêmes hommages, à peu près invisibles dans leurs palais comme au fond d'un sanctuaire, ils puisaient dans la source apparente de leur autorité l'audace d'accomplir de grandes choses et aussi de commettre d'effrayants forfaits. Ninus, Sémiramis, Nabuchodonosor, les rois de Perse depuis Cyrus, sont les types de cette monarchie orientale qui s'est perpétuée presque sans modification jusqu'à nous au milieu des peuples de l'Asie. Il est vraisemblable que la théocratie précéda partout la royauté ; c'est, du moins, ce que l'on peut affirmer pour l'Égypte, où Ménès, chef de la classe des guerriers, enleva le pouvoir aux prêtres. Ceux-ci conservèrent néanmoins une grande influence dans l'État ; ils élurent les rois, déterminèrent par les règlements les plus minutieux l'emploi de toute leur vie, leur imposèrent, aussi bien qu'à la nation, des lois qu'ils disaient émanées des Dieux, et mirent un frein à leur despotisme par la menace du jugement public qui serait prononcé sur eux après la mort. La royauté égyptienne devint héréditaire après l'expulsion des Hyksos ou Pasteurs. — Chez les Hébreux, la royauté, telle qu'elle fut instituée par Samuel, n'était qu'un pouvoir exécutif permanent : le roi représentait Jéhovah lui même ; les prophètes et les prêtres, gardiens et interprètes des lois écrites, étaient ses conseillers ou les senseurs, selon qu'il était ou n'était pas fidèle au pacte fondamental qui fixait ses droits et ses devoirs. Ce pacte, nous n'en possédons plus le texte ; mais il y est fait de fréquentes allusions dans la Bible. Les rois juifs avaient le droit de juger en dernier ressort, de faire grâce, de déclarer la guerre et de conclure des traités ; leur pouvoir s'étendait aussi sur l'organisation du culte et des cérémonies. La couronne devait passer à l'un des fils du du roi, et, à défaut de fils, au plus proche parent. Saül, David et Salomon furent consacrés par la cérémonie de l'onction ; mais ce genre de sacre ne fut pas reproduit pour leurs successeurs, à l'exception de Jéhu, qui commençait une dynastie différente de celle de David. Salomon, par son goût pour la magnificence et les plaisirs, donna à la royauté hébraïque le caractère des autres royautés de l'Orient. — La royauté existait en Grèce pendant les temps héroïques ; les rois, que les poëmes homériques appellent les *pasteurs des peuples*, exerçaient une sorte de pouvoir patriarcal ; on les voit surtout présider les assemblées, commander les guerriers, administrer les choses de la religion, et ce sont les fonctions qu'ils conservèrent à Sparte, alors que la royauté avait fait place partout ailleurs à des gouvernements aristocratiques ou à la démocratie. — Chez les Romains, depuis Romulus jusqu'à *Tarquin le Superbe*, le gouvernement fut presque une monarchie constitutionnelle : à côté du droit d'un roi électif, il y avait le droit de la nation, représenté par le Sénat et les Comices. Lorsqu'à la République succéda l'Empire, un nouveau pouvoir se forma de la concentration des anciennes magistratures dans une seule main : rien ne paraissait extérieurement changé quant à la distribution des fonctions ; il y avait toujours des consuls, des tribuns, des censeurs, des préteurs, etc., rouages légaux dans la marche des affaires, mais l'empereur possédait l'essence de leurs divers pouvoirs, et, comme ces pouvoirs étaient autrefois donnés par le peuple, il se substituait au peuple lui-même dans sa souveraineté. Le dépôt de la souveraineté dans les mains des Césars étant personnel et viager, le peuple à leur mort était censé rentrer dans ses droits ; mais ce furent les soldats, et non le peuple entier, qui exercèrent le droit d'élection. Depuis Dioclétien, les empereurs se rapprochèrent, par le faste et l'étiquette, des rois de l'Orient : leur séjour à Nicomédie ou à Byzance les jeta au milieu des délices asiatiques ; la couronne de laurier et la robe de pourpre des anciens Césars furent remplacées par le diadème et par la robe de soie et d'or ; la personne du prince et son palais devinrent sacrés, et l'on n'approcha de lui qu'en se prosternant comme devant un Dieu. Il était, d'ailleurs, grand pontife du paganisme, et cette union du pouvoir politique et du pouvoir religieux dans le même homme explique pourquoi le christianisme ne put s'accorder avec l'Orient.

Avec les invasions germaniques, la royauté se présente sous une forme nouvelle. Par quelque filiation dont le souvenir s'est perdu, les rois des Barbares se rattachaient aux Dieux : à ce titre, les Amales chez les Goths, les Agilolfinges chez les Bavarois, les Mérovingiens chez les Franks Saliens, étaient des familles privilégiées dans lesquelles la royauté, bien qu'élective, se perpétuait. Mais les guerriers n'en choisissaient pas moins, pour les expéditions particulières, tel chef qui leur inspirait confiance par sa force physique et sa bravoure. Ces deux qualités étaient aussi celles qu'un roi devait posséder, pour être respecté et obéi : les derniers Mérovingiens, connus sous le nom de Rois fainéants, furent dédaignés par leur tribu. Le pouvoir royal était limité : absolu sur le champ de bataille, il s'évanouissait pendant la paix. Clovis impuissant à distraire du butin le vase de Soissons, dont il avait plus tard du soldat qui le lui a disputé ; Clotaire Ier battu par ses guerriers, pour n'avoir pas voulu marcher contre les Saxons ; Frédégonde obligée de comparaître devant l'assemblée des Franks, et de jurer que son enfant Clotaire II est le fils légitime de Chilpéric ; Gontran suppliant ses guerriers de le laisser vivre encore quelques années, afin qu'il puisse veiller sur la jeunesse de ses neveux ; Brunehaut menacée par les Ostrasiens d'être foulée aux pieds de leurs chevaux ; tous ces faits et beaucoup d'autres donnent une idée de la faiblesse des rois Barbares, même après leur établissement sur les ruines de l'Empire romain. Ce n'est pas que l'organisation de cet Empire, et la puissance impériale à laquelle ils succédaient, n'aient frappé d'étonnement quelques-uns d'entre eux ; mais Théodoric chez les Ostrogoths, plus tard Charlemagne chez les Franks, ne firent qu'une résurrection factice de l'administration romaine, et ne purent transmettre à leurs descendants ce pouvoir absolu que possédaient les anciens empereurs. Les seuls changements que l'invasion ait amenés dans la condition de la royauté barbare, c'est d'abord la substitution assez prompte de l'hérédité à l'élection ; c'est ensuite que la puissance des rois eut pour base la possession des terres conquises, et que les guerriers qui reçurent quelques portions de ces terres en *récompense* de leurs services devinrent dépendants, non plus par le respect, mais par des obligations auxquelles ils s'étaient astreints en retour. Ce caractère nouveau de la royauté devait causer sa ruine : car, à mesure que les rois s'appauvrirent par leurs dons, les propriétaires de terres furent moins dociles, et, après Charlemagne, ils s'attribuèrent sur leurs domaines tous les droits de la souveraineté ; en sorte que, pendant les temps féodaux, la royauté ne fut plus qu'un nom. Le clergé, il est vrai, la concevant comme un pouvoir social, comme une magistrature publique, avait essayé de l'élever au-dessus de toutes les forces individuelles, pour trouver auprès d'elle un rempart ; se rattachant à la tradition hébraïque, il avait sacré les premiers Carlovingiens, dans l'espoir que l'onction sainte leur attirerait la vénération des peuples. Mais les dignitaires de l'Église, évêques et abbés, puissants seigneurs eux-mêmes à cause des grands biens qu'ils avaient reçus, affermis désormais dans leurs domaines temporels et dans leur empire sur les esprits, s'isolèrent du trône à leur tour, pour être plus indépendants, et voulurent tenir leur rang dans la hiérarchie féodale.

Il fallut plusieurs siècles pour reconstituer la royauté en France. Les Capétiens, à l'origine seigneurs peu respectés de l'Ile-de-France, trouvèrent pour auxiliaires, dans leur lutte contre la féodalité, tous ceux qui avaient à souffrir de ce système social, c.-à-d. la bourgeoisie et l'Église : l'une, privée de droits politiques jusqu'au jour où elle forma des communes, l'autre, envahie par la corruption et l'ignorance des laïques. Les Capétiens avaient pu prendre sans opposition le titre de roi ; c'était même une sécurité pour les autres seigneurs, qui n'avaient plus à craindre, ainsi qu'au temps des Carlovingiens, la revendication de leurs domaines usurpés et la menace d'être ramenés à l'obéissance. Toutefois, le roi tenant le premier rang dans la hiérarchie féodale, les Capétiens devaient, du jour où ils auraient la force, imposer comme un droit leur autorité souveraine. Au reste, la royauté tend de jour en jour avec eux à exister indépendamment de la suzeraineté : elle s'érige en pouvoir d'équité, d'ordre et de paix, qui a mission et droit d'intervenir pour établir la justice et protéger les faibles, et dont la force réside, non dans quelque fait antérieur, mais dans son harmonie avec les besoins de la société, dans le remède qu'elle apporte ou promet aux maux qui la travaillent. Aussi les Capétiens cherchent-ils à faire renaître l'idée chrétienne qui voit dans le roi l'image de Dieu même : Hugues Capet renouvela la cérémonie du sacre ; il la demanda aussi l'onction sainte pour le fils qui doit le remplacer, et ses premiers successeurs, en imitant cet exemple, donnent à leur dynastie naissante le prestige de la religion et comme la garantie de la perpétuité. Sous les deux premières dynasties, à la mort de chaque roi, ses enfants se partageaient l'héritage, conformément aux coutumes de succession des anciens Germains : les Capétiens adoptèrent la loi d'hérédité du Droit féodal ; Hugues Capet fixa l'ordre de succession dans la ligne masculine par ordre de primogéniture, et assura de cette manière l'unité et par conséquent la force du pouvoir royal. Enfin les Capétiens, à partir de Louis IX, se rattachèrent à la tradition romaine ; c'était l'époque où le Droit romain commençait à être étudié avec ardeur ; les légistes répandirent dans la société les maximes les plus favorables au pouvoir absolu, et travaillèrent à subordonner les nobles, le clergé et les communes, à ce pouvoir public, général, qu'on nommait royauté. Le roi devint la *loi vivante*, et la jurisprudence formula cet axiome : « Si veut le roi, si veut la loi. »

Tels sont les éléments dont s'est formée la royauté capétienne, qui se développa principalement par les conquêtes de Philippe-Auguste, et par les lois de Louis IX et de Philippe le Bel. La guerre de Cent Ans semblait devoir lui être funeste : elle en sortit, au contraire, plus puissante, car elle prit en main la défense du pays compromis par les fautes des seigneurs, elle créa l'unité de la France, et fut le symbole de la nationalité. C'est ce qui donna la force à Louis XI d'abattre une nouvelle féodalité, la féodalité princière ou apanagée. François Ier mit la royauté *hors de pages*, c.-à-d. qu'il la délivra de tout contrôle et lui enleva tout contre-poids : le Concordat de 1516, en lui donnant la nomination aux bénéfices ecclésiastiques, plaça le clergé sous sa main ; la noblesse, déjà rompue à l'obéissance par les habitudes de la vie militaire pendant les guerres d'Italie, se transforma, au milieu des plaisirs et des intrigues de la cour nouvellement formée, en une sorte de domesticité des princes ; le Parlement, qui voulait profiter de la formalité de l'enregistrement pour contrôler les édits royaux, vit briser son opposition par l'emploi des lits de justice, et dut rentrer dans ses attributions judiciaires. L'arbitraire règne alors dans toutes les parties de l'administration publique, et l'absolutisme le plus complet est résumé dans cette formule de conclusion des ordonnances : « Car tel est notre bon plaisir. » L'anarchie des guerres de religion a pu faire faire à la royauté un pas en arrière ; les derniers Valois l'ont même avilie ; mais, après l'œuvre déjà réparatrice de Henri IV, le cardinal de Richelieu rétablit dans sa plénitude la prérogative royale, et à la porté de si rudes coups aux ennemis du trône, qu'ils n'ont pu, malgré leur vouloir, renverser Mazarin et prendre une revanche. Le gouvernement de Louis XIV marque l'apogée de la royauté en France : alors, en effet, triomphe la doctrine du *droit divin* (V. ce mot). Le caractère de la monarchie du XVIIe siècle, c'est de se donner comme la personnification de cette volonté unique, supérieure, essentiellement légitime, qui a seule le droit de gouverner la société, c.-à-d. de Dieu même. Dans les *Mémoires et Instructions* qu'il rédigea pour le dauphin, Louis XIV semble croire que les rois sont d'une nature supérieure au reste de l'humanité, et qu'ils reçoivent comme des illuminations d'en haut : « La fonction des rois consiste à laisser agir le bon sens ; un roi doit se décider lui-même, parce que la décision a besoin d'un esprit de maître, et que, dans le cas où la raison ne donne plus de conseils, il doit s'en fier aux instincts que Dieu a mis dans tous les hommes et surtout dans les rois... Celui qui a donné des rois aux hommes a voulu qu'on les respectât comme ses lieutenants, se réservant à lui seul le droit d'examiner leur conduite. Sa volonté est que quiconque est né sujet obéisse sans discernement. » Quoi d'étrange, après cela, que les rois aient disposé librement de la propriété (*V. ce mot*), de la liberté et de la vie de leurs sujets? On comprend aussi qu'ils aient cru participer de l'infaillibilité, de la sainteté de Dieu, et, quand le duc de La Feuillade entretenait un luminaire devant la statue de Louis XIV, c'était un hommage naturel plus encore qu'une flatterie. Non-seulement la royauté représente Dieu même, elle est encore la personnification de l'intérêt général ; tous les besoins, tous les pouvoirs se concentrent en elle : « L'État, c'est moi, » disait Louis XIV.

Arrivée à de pareils excès de doctrine, la royauté devait rencontrer une autre puissance, la souveraineté nationale, et succomber dans la lutte. Dès le milieu du XIVe siècle, dans les États Généraux de 1357, Robert Lecoq et Étienne Marcel avaient conçu une importante révolution ; la périodicité des assemblées représentatives et leur droit à voter l'impôt, c.-à-d. ce qui fait l'essence des monarchies tempérées par le pouvoir national. Les États de Tours, en 1484, avaient formulé les mêmes désirs. Depuis plusieurs siècles aussi, ces réformes, qui avaient paru prématurées en France, avaient été accomplies en Angleterre, où les libertés publiques se développaient sous un gouvernement constitutionnel. Après la Révolution anglaise de 1688, Locke, dans un *Traité du gouvernement civil*, destiné à justifier philosophiquement cette Révolution, posa le dogme de la souveraineté du peuple, proclama la séparation du pouvoir exécutif et du pouvoir législatif, la nécessité que la loi fût faite et l'impôt décrété avec le concours des députés de la nation, la révocabilité de l'autorité royale dont il serait fait mauvais usage, etc. Louis XIV crut la royauté menacée par ces doctrines ; en soutenant Jacques II contre Guillaume III, il combattit pour le droit absolu des rois. Vaincu sur la question de principe, puisqu'il reconnut au traité de Ryswyck le nouvel ordre de succession établi en Angleterre par la volonté nationale, il transmit à ses successeurs un pouvoir royal gravement compromis par cette défaite. Pendant le XVIIIe siècle, les idées anglaises se propagèrent en France, et Montesquieu en fut un apôtre convaincu. Mais tel était le degré d'abaissement où tombait avec Louis XV

la royauté elle-même, qu'elle fut emportée avec ses abus dans la tourmente de 1789. Les efforts de Mounier, de Malouet, de Lally-Tollendal, dans l'Assemblée constituante, ne purent faire adopter le mécanisme de la Constitution anglaise, et, quand il eut été décidé qu'une seule assemblée, investie d'une autorité souveraine, coexisterait avec la monarchie, ce dernier rouage ne tarda pas à disparaître. Le principe monarchique fut restauré par Napoléon Ier, et il a toujours subsisté depuis, sauf pendant le règne éphémère de la République de 1848. Mais il ne paraît pas qu'une monarchie, de quelque nom qu'on l'appelle, puisse désormais aspirer à vivre, sans accepter d'être limitée par une Constitution et par divers pouvoirs, et sans reconnaître le principe de la souveraineté nationale. Les idées libérales et les essais d'institutions représentatives pénètrent jusqu'au milieu des monarchies les plus absolutistes, jusqu'en Russie et en Autriche. V. A. de Saint-Priest, *Histoire de la royauté, considérée dans ses origines*, Paris, 1842. B.

RUBAN, bande de soie, de fil, de laine ou de coton, qui sert à lier ou à orner d'autres tissus, des vêtements, des tentures, des meubles, etc. Les rubans où entrent l'or et l'argent reçoivent généralement le nom de *galons*. Dès les temps les plus anciens, on se servit de rubans pour lier les cheveux, attacher les sandales, orner certaines chaussures. Au moyen âge, les fabricants de rubans, qu'on appelait *Tissutiers-Rubaniers* ou *Ouvriers de la petite navette*, formèrent une corporation, dont les statuts furent promulgués en 1403 et revisés en 1666 : l'apprentissage et le compagnonnage duraient chacun quatre ans. De 1680 date la mode des rubans gaufrés, sur lesquels on imprimait certains ornements, des fleurs, des oiseaux, des ramages, des grotesques. En notre siècle, la rubannerie de soie a pris des développements considérables : les rubans n'ornent plus, comme avant 1789, les coiffures et les habits des seigneurs, ils sont réservés aux femmes, et leur prix peu élevé permet aux classes tout à fait inférieures d'en porter, même à profusion.

RUBAN, nom donné quelquefois aux moulures appelées *baguettes*. V. ce mot.

RUBB, monnaie. V. ROUBB.

RUBEBBE, sorte de viole au moyen âge. Le dos de cet instrument était rond comme celui des mandolines, et sa table collée sur les bords. La rubebbe n'avait que deux cordes, qui s'accordaient à la quinte.

RUBRICATEURS, calligraphes qui exécutaient autrefois les *rubriques* dans les manuscrits.

RUBRIQUE, en latin *rubrica* (de *ruber*, rougé), nom que les Romains donnaient quelquefois au Droit civil, parce que, dans les manuscrits, les titres des lois étaient écrits avec de la *rubrique*, espèce de sanguine ou d'ocre rouge. Les titres des livres de jurisprudence moderne sont dits de même *rubriques* : telle loi se trouve sous telle rubrique. Après la découverte de l'imprimerie, on imprima en rouge tout ou partie des titres des ouvrages ; de là l'usage d'appeler *rubriques*, non-seulement ces titres, mais toutes les lettres rouges contenues dans un livre. Le lieu où l'on imprimait un livre se mettait aussi en rouge ; ce livre portait donc la *rubrique* du lieu. Par extension, on dit, dans le journalisme, qu'on lit telle ou telle nouvelle sous la *rubrique* de Londres, de Vienne, etc. Enfin, en termes de Liturgie, le mot *rubrique* désigne les règles placées au commencement du Bréviaire et du Missel, et qui déterminent l'ordre et la manière dont il faut dire ou faire les différentes parties de l'office de l'Église : ces règles étaient autrefois imprimées en caractères rouges. B.

RUCHE, bande plissée d'étoffe, de tulle ou de dentelle, qui sert d'ornement à diverses parties de l'habillement des femmes, tels que bonnets, chapeaux, robes, collerettes.

RUDENTURE (du latin *rudens*, corde), moulure en forme de corde ou de ruban, dont on remplit quelquefois les cannelures des colonnes jusqu'au tiers de leur hauteur. Ces colonnes sont dites *rudentées*.

RUDÉRATION, opération qui consiste à appliquer sur les parements d'un mur en moellons ou en pierres brutes un premier enduit de mortier grossier, sur lequel on étend ensuite l'enduit lisse et poli.

RUDIAIRES. V. ce mot dans notre *Dictionnaire de Biographie et d'Histoire*.

RUDIMENT, mot d'origine latine qui signifie *commencement*. Il se dit des premières notions d'un art enseignées aux esprits non encore formés. Despautère a donné ce titre à la 1re partie de ses *Commentarii grammatici*, et on l'a longtemps appliqué d'une manière toute spéciale aux livres élémentaires sur la langue latine : depuis Lhomond, il ne se dit plus guère que de la *Grammaire latine* de ce célèbre professeur.   P.

RUDIS. *V.* ce mot dans notre *Dictionnaire de Biographie et d'Histoire*.

RUE, voie publique bordée de bâtiments dans les villes, bourgs et villages. On fait venir le mot du latin *rupta* ou *ruga* (terre défrichée), ou du grec *rhéo* ou *rhuô* (couler), parce que c'est par les rues que s'écoulent les eaux. La salubrité, la sécurité publique, la belle ordonnance des villes, exigent que des mesures soient prises pour la largeur et le nettoyage des rues, pour la hauteur des maisons, etc. *V.* ALIGNEMENT, BALAYAGE, BOUES ET IMMONDICES, BATIMENTS (Police des), SALUBRITÉ, VOIRIE.

RUELLE. Outre sa signification propre de *petite rue*, ce mot désigne l'espace qui, dans les chambres à coucher, surtout dans celles qui ont des alcôves, se trouve libre entre le lit et le mur. Au xviie siècle, on appelait *ruelles* les alcôves, les chambres à coucher des *Précieuses* (*V.* ce mot) ; les visites y étaient reçues, et l'on y causait comme dans un salon. On peut visiter comme exemples la chambre à coucher de Louis XIV à Versailles, et celle d'Anne d'Autriche au Louvre.

RUHKENG (Dialecte). *V.* BIRMANE (Langue).

RULE BRITANNIA, c.-à-d. *Triomphe, Bretagne,* chant national des Anglais, dans lequel le poëte célèbre l'antique liberté de l'Angleterre, et revendique pour son pays la domination des mers. Il a été composé par Thomson, l'auteur du poëme des *Saisons,* dans un drame intitulé *Alfred,* pièce fantastique dite *à masque* par les Anglais, et joué en 1740, à Clifden, devant le prince et la princesse de Galles. Le chant se compose de six couplets en vers ïambiques de quatre pieds, à rimes croisées, et chaque couplet a 6 vers, y compris 2 vers pour le refrain. *Rule Britannia* est une des plus belles inspirations du génie poétique et du patriotisme le plus profondément senti ; on y trouve la calme fierté du caractère anglais. Le célèbre compositeur Arne en fit la musique, et rendit assez heureusement les sentiments énergiques exprimés par le poëte, surtout dans le refrain ; néanmoins, il ne l'égale pas. Ce chant a été inséré, sous le titre de *Ode in the mask of Alfred,* dans les œuvres de Thomson, car il lui appartient en propre, bien que la pièce d'*Alfred* ait été écrite en société avec le poëte David Mallet ou Malloch.

RUMONIQUE (Dialecte). *V.* RHÉTIEN.

RUNES, caractères particuliers d'écriture de la race germanique primitive. *Runa* signifiait *mystère,* les Runes étaient des signes mystérieux, qui avaient besoin d'interprétation. On fait aussi venir le mot de *runen* (faire une entaille), et c'est en effet de cette manière que se traçaient les runes sur la pierre ou le bois. Il existe en Norvége, et dans la province suédoise d'Upland, des rochers couverts d'inscriptions runiques. Plusieurs lettres de l'alphabet runique présentent un certain rapport avec les caractères sémitiques ; d'autres ont de l'analogie avec l'écriture cunéiforme : on ne sait ni comment ni à quelle époque elles arrivèrent aux Germains. Il n'y avait primitivement que 15 runes, exprimant les articulations *a, b, f, h, i, k, l, m, n, o, r, s, t, th, u.* Les Scandinaves ajoutèrent plus tard quelques caractères pour des sons subordonnés, et, en inscrivant un point dans ceux qui représentaient *k, i, t, b,* figurèrent les articulations *g, e, d, p.* De leur côté, les Anglo-Saxons constituèrent, au moyen de certains changements, retranchements ou additions faits aux anciens caractères, un alphabet de 24 caractères. Les *runes marcomans,* dont Raban Maur fait le premier mention au ixe siècle, sont regardés comme un remaniement des runes anglo-saxons, opéré par des savants, sans aucun but d'usage pratique. L'introduction du christianisme amena l'abandon des runes ; ils furent remplacés, chez les Goths, par un alphabet nouveau que créa Ulfilas au ive siècle, et plus tard, dans le nord et l'ouest de l'Europe, par l'alphabet romain. — Depuis le xvie siècle, on s'est occupé de réunir les inscriptions runiques ; mais leur interprétation donna lieu aux systèmes les plus divers et les plus hasardés, et les anciens ouvrages relatifs aux runes n'ont plus guère de valeur aujourd'hui qu'on raison des matériaux qu'ils peuvent contenir. C'est G. Grimm qui a donné à la théorie des runes une base scientifique.

Les runes n'ont pas seulement servi d'écriture ; on les employa comme moyen d'interroger le sort et de prophétiser. Nous lisons dans Tacite qu'on prenait un certain nombre de *bâtons runiques,* c.-à-d. sur chacun desquels on avait gravé un rune, et qu'après les avoir agités en-

semble, on les jetait sur un morceau d'étoffe déplié ; on cherchait ensuite à trouver un sens dans les caractères que le hasard avait juxtaposés. Les noms des lettres étant significatifs, une valeur magique fut attachée à chacune d'elles : ainsi, une *n,* dont le nom est *nath* (nécessité), tracée sur le revers de la main ou sur les ongles, préservait des trahisons féminines ; un *th* (*thur,* géant) inspirait l'épouvante ; il y avait des runes funestes, des runes propices, des runes médicinaux ; les uns assuraient la victoire, d'autres garantissaient des naufrages, etc. On gravait des runes, comme signes préservatifs et protecteurs, sur une foule d'objets, tels que cornes à boire, coupes, avirons, fléaux, fourreaux d'épée, manches de hache, etc. Ainsi, on trouva en 1734 à Gallehuus, près de Tondern, une corne d'or du ive siècle, couverte de runes : placée au musée de Copenhague, elle fut volée et fondue par des malfaiteurs. Une bractéate d'or du musée de Stockholm présente l'alphabet anglo-saxon de 24 lettres. Il existe d'anciens calendriers en bois, sur lesquels on a indiqué en caractères runiques les constellations, le nombre d'or, les lettres dominicales, les jours de la semaine ; on y voit souvent des gravures hiéroglyphiques qui représentent pour chaque jour, soit la qualité dominante du Saint, soit quelque circonstance de sa vie, par exemple, une harpe pour St David, une paire de souliers pour St Crépin, etc. — *V.* Grimm, *Sur les Runes allemands,* Gœttingue, 1821, et *Sur la littérature runique,* Vienne, 1828 ; Liljegren, *Runlœra,* Stockholm, 1832 ; Edelestand du Méril, *Mélanges archéologiques et littéraires,* Paris, 1850, in-8o.

RUPTURE, en termes de Peinture, opération par laquelle on forme sur la palette les couleurs variées, les tons et les teintes, par le mélange des couleurs primitives entre elles ou avec le noir et le blanc.

RURAL (Droit), droit spécial, encore à codifier, qui comprend dans son ensemble les dispositions législatives, traditions et usages auxquels sont soumises l'acquisition, la conservation et la transmission des propriétés rurales. Cette codification, plusieurs fois tentée, encore aujourd'hui promise par le gouvernement, n'a pas jusqu'à présent été réalisée, à cause des difficultés exceptionnelles qu'elle présente, et qui tiennent à la nature particulière de ce Droit. Le Code rural ne peut pas contenir de dispositions nouvelles : innover, ce serait ou provoquer l'inobservation de la loi, ou jeter dans les usages une perturbation dont les effets seraient incalculables. Ici il s'agit de réglementer les usages, essentiellement variables, et de leur donner une force nouvelle en augmentant leur publicité. Les eaux, les bois, les moissons, les mines, les privilèges et les restrictions apportés à la propriété foncière dans l'intérêt public, la fixation et la limitation des droits qui en découlent, comme les droits de chasse et de pêche, sont du ressort du Droit rural. Les rapports de propriétaire à fermier ou à colon, de maître à ouvrier, la législation des chemins, des cours d'eau, les charges qui grèvent la propriété foncière, l'impôt et son assiette, sont encore des accessoires du Droit rural, qui embrasse tous les moyens d'acquérir, de conserver, de protéger et d'aliéner la propriété foncière. On ne peut faire des vœux pour que l'ensemble de cette législation, réuni dans une compilation habile et complète, soit mis à la portée de tous, et mette fin aux difficultés qu'entretient en matière si grave l'ignorance ou l'oubli des usages ruraux. *V.* Vaudoré, *le Droit rural français,* 1823, 2 vol. in-8o ; Deverneilh, *Observations des commissions consultatives sur le projet de Code rural,* 1810-14, 4 vol. in-4o ; Biret, *Code rural,* 1824, in-8o ; Cappeau, *De la législation rurale et forestière,* 1824, 3 vol. in-8o ; Guichard, *Cours de Droit rural,* 1826, in-8o, et *Manuel de la police rurale et forestière,* 1829, in-8o ; Fournel, *les Lois rurales de la France,* 1833, 2 vol. in-12 ; Neveu de Rotrie, *Commentaire des lois rurales de la France,* 1845, in-8o ; Valserres, *Manuel de Droit rural ;* Bourguignat, *Traité complet de Droit rural appliqué,* 1852, in-8o.   R. D'É.

RUSPONE, monnaie d'or de Toscane, qui valait 3 sequins aux lis, c.-à-d. 36 fr.

RUSSE (Art). Les Beaux-Arts vivant d'inspiration et de liberté, les institutions de la Russie ne leur ont guère été jusqu'ici favorables. Une belle nature ne leur a pas moins fait défaut. Toutefois, le gouvernement n'a pas pu négliger un aussi puissant moyen de civilisation ; mais, s'il a donné des encouragements aux architectes, aux peintres, aux sculpteurs, aux graveurs, il n'est point parvenu à créer une école nationale, et les artistes qui vont se perfectionner à l'étranger en rapportent quelque telent, sans parvenir à l'originalité. — En Architecture, les Russes n'ont rien trouvé, et leurs imitations sont généralement peu judicieuses : le caractère des édifices n'est point en harmonie avec les conditions physiques au milieu desquelles la volonté des czars les a érigés. Les monuments religieux reproduisent ceux de l'art byzantin. On est étonné de retrouver le style italien dans les constructions civiles modernes, sans que rien, dans un pays d'une telle latitude, annonce ou justifie le choix de ce genre d'architecture. Ces toits horizontaux, si peu favorables à l'écoulement des neiges; ces statues de marbre, couvertes de frimas, et dont la nudité donne le frisson; ces façades à colonnes, dont les fenêtres manquent de lumière : tout cela est un non-sens.

Les Russes sont doués d'une heureuse organisation musicale. Leurs chants nationaux ont une mélodie douce, empreinte de mélancolie, et quelquefois vive et gracieuse. Les instruments de musique qui leur sont particuliers sont : le *rojok*, espèce de cornet des montagnes, qu'on croit être le chalumeau pastoral de Théocrite; le *dudka* (*V. ce mot*); la *gelaïka* ou *sipooka*, espèce de double flûte, semblable à celle des Grecs; la *swirella*, flûte de roseaux ou flûte de Pan; le *rog*, espèce de trompe de chasse; le *pilaï*, sorte de cornemuse; la *balaïka*, le *gudak*, le *gusli*, le *rilek* (*V. ces mots*); le *loschki*, modification du sistre antique. Les Russes ont aussi une musique de cors d'un caractère fort original (*V. Cor russe*). On cite, parmi les compositeurs, Bortniansky et Bérésoosky, dans la seconde moitié du xviiiº siècle, et Glinka, au xixº.

RUSSE (Langue), la plus répandue des langues slaves, celle qui a le plus fidèlement conservé les éléments empruntés au vieux slavon ou slavenski, et qui présente les traces les plus évidentes d'une origine aryenne. Le vieux slavon fut longtemps la seule langue littéraire de la Russie, et l'on ne jugea pas que le russe vulgaire, employé dans les relations ordinaires de la vie, fût digne d'être écrit. Mais, depuis Pierre le Grand, le slavon n'est plus qu'une langue liturgique ou ecclésiastique, désormais invariable : le russe, qui s'est élevé au rang de langue cultivée, contient, outre son vocabulaire spécial, certains mots tirés du slavon des livres, quelques termes grecs que la communauté de religion entre la Russie et l'Empire byzantin a naturellement introduits et qui expriment principalement des idées religieuses, enfin des mots tartares apportés par l'invasion des Mongols, des mots latins, allemands, hollandais, anglais et français, provenant du développement des relations politiques et commerciales. La langue russe possède une grande abondance de racines, et une singulière facilité pour faire des mots composés, des augmentatifs et des diminutifs. Elle a trois genres, que distinguent des flexions très-caractéristiques, mais seulement deux nombres, parce qu'elle n'a pas conservé le duel du slavon. Comme dans les autres langues slaves, il n'y a pas d'article défini. La déclinaison a lieu au moyen de désinences, et offre une grande complication de règles et d'exceptions : il y a 7 cas; certains grammairiens réduisent à 4 les paradigmes de déclinaison, tandis que d'autres en comptent 90 pour les substantifs et 40 pour les adjectifs. On a compté aussi 13 paradigmes de conjugaison, sans compter les verbes irréguliers et les verbes défectifs. Le russe ne peut, comme les autres langues slaves, employer partout le verbe sans pronom personnel; dans la plupart des cas, il est obligé d'y ajouter ce pronom. On peut, à l'aide de flexions particulières, ajouter à l'idée qu'exprime la racine du verbe certaines circonstances de l'action : par exemple, l'infinitif est susceptible d'être indéfini ou défini, simple ou fréquentatif. Des auxiliaires, signifiant *être* et *devenir*, entrent dans la composition du futur indéfini et de la voix passive; mais les temps passés ne se forment pas de cette manière. Le conditionnel et le subjonctif n'existent pas; on y supplée par des particules. Les conjonctions sont peu nombreuses. La syntaxe de la langue russe est simple et naturelle; bien que les cas de déclinaison permettent de prendre beaucoup de liberté pour l'ordre des mots, on remarque dans les écrivains une tendance de plus en plus prononcée à éviter les inversions. La prononciation, qui n'est pas toujours conforme à l'orthographe, a de la grâce et de l'harmonie, et le russe est incontestablement la plus douce des langues du Nord. Pour l'écrire, on emploie 34 caractères empruntés à l'alphabet slavon, et qui ont reçu une forme plus cursive. La langue russe (*rouski*) est parlée en plusieurs dialectes : ainsi, le *veliki-rouski* ou russe de la Grande-Russie, idiome de l'autorité et de la littérature,

a son type le plus pur à Moscou; le *malo-rouski*, appelé aussi *russniaque* et *petit russien*, s'éloigne du précédent pour l'acception de beaucoup de mots, pour la grammaire, et pour la prononciation (*V. Russniaque*); il en est de même du dialecte en usage dans la Russie Blanche, dans les gouvernements de Volhynie et de Podolie, dans une partie de la Pologne et de la Gallicie; le *souzdalien*, parlé dans le gouvernement de Vladimir, contient un certain nombre de mots étrangers aux langues slaves; le dialecte d'Olonetz est mêlé de mots finnois.

V. H.-W. Ludolf, *Grammatica russica*, Oxford, 1696, in-4º; Lomonosoff, *Grammaire russe*, 1755; Charpentier, *Éléments de la langue russe*, Sᵗ-Pétersbourg, 1768, in-12; *Grammaire de l'Académie impériale*, Sᵗ Pétersbourg, 1802; Maudru, *Éléments raisonnés de la langue russe*, Paris, 1802, 2 vol. in-8º; A.-W. Tappe, *Grammaire théorique et pratique de la langue russe*, en allemand, Sᵗ-Pétersbourg et Riga, 1810; J.-S. Vater, *Grammaire pratique de la langue russe*, en allem., Leipzig, 1815, in-8º; Heym, *Grammaire russe*, en allem., Riga, 1816; Puchmayer, *Grammaire russe*, en allem., Sᵗ-Pétersbourg, 1821; Hamonière, *Grammaire russe*, Paris, 1817; Gretsch, *Grammaire russe*, Sᵗ-Pétersbourg, 1823, traduite en français par Reiff, 1828; *Dictionnaire de l'Académie impériale*, Sᵗ-Pétersbourg, 1789-96, 6 vol. in-4º; Heym, *Dictionnaire russe-français-allemand*, Leipzig, 3 vol. in-8º; Reiff, *Dictionnaires français-russe et russe-français*, 1835, et *Dictionnaires parallèles des langues russe, française, allemande, anglaise*, Sᵗ-Pétersbourg et Leipzig, 1855, 2 vol.; Schmidt, *Nouveau Dictionnaire portatif russe-français et français-russe*, Leipzig, 1842; Lemontey, *Essai sur la littérature et la langue russe*, dans le t. V de ses OEuvres; Balbi, *Coup d'œil sur l'histoire de la langue slave*, dans son *Introduction à l'Atlas ethnographique*.

RUSSE (Littérature). Les plus anciens monuments authentiques de la littérature russe datent du xiº siècle : ce sont les lois d'Iaroslaf, dont le texte a été découvert seulement en 1738, et la *Chronique* de Nestor. Les chants populaires de la même époque et des âges précédents ne nous sont parvenus qu'après avoir subi des modifications ultérieures : les traditions mentionnent Boïan comme le plus célèbre des anciens poëtes, et l'œuvre la plus remarquable est l'*Expédition d'Igor contre les habitants de Polouts*, poëme composé vers l'an 1200, et retrouvé seulement en 1795 à Kiew, par le prince Mussin Pouchkine. Les discordes civiles et l'invasion des Mongols au xiiiº siècle arrêtèrent l'essor des esprits, et, pendant plusieurs siècles, les études ne furent guère cultivées que dans les couvents. Quelques chants en l'honneur de Vladimir le Grand et de ses chevaliers, les *Annales* écrites par Simon, évêque de Susdal, le *Livre des Degrés* du métropolitain Cyprien, et la *Chronique de Sophie*, qui embrasse les temps écoulés de 862 à 1534, tels sont les seuls ouvrages qu'on puisse mentionner jusqu'au xviº siècle, et ils appartiennent à la littérature slave proprement dite.

La littérature se ranima après la chute de la domination des Mongols. Iwan IV fonda des écoles, et créa, en 1564, la première imprimerie à Moscou. L'évêque métropolitain Macarius publia des Vies de Saints et d'Archimandrites, et Zizania une Grammaire russe. En 1644, Alexis Michaïlovitch fit imprimer une collection importante de lois russes, et, bientôt après, fut fondée l'Académie de Moscou, où l'on enseigna la grammaire, la rhétorique, la poétique, la dialectique, la philosophie et la théologie. Le ministre Matfiejeff, Nikon, le prince Constantin Basile d'Ostrog, méritèrent aussi des lettres par la protection éclairée qu'ils leur accordèrent. On vit paraître une foule d'Annales écrites soit en slave plus ou moins altéré, soit dans le dialecte russo-polonais usité en Lithuanie, et, par suite des relations commerciales et politiques, le polonais domina dans les réunions des boïards. A Kiew surtout, les étudiants se mirent à représenter des récits dialogués de la Bible; ces essais grossiers firent bientôt place à des drames composés par Siméon de Polocz, précepteur de Fédor III, et traducteur d'un *Psautier* en vers : ses pièces de *Nabuchodonosor* et de l'*Enfant prodigue* furent jouées avec succès à la cour, sous les auspices de la princesse Sophie.

Jusque-là, le russe n'avait pas encore été élevé à la dignité de langue littéraire. Pierre le Grand voulut qu'on fît au plus vite à la Russie une littérature, comme on bâtissait des villes et des manufactures. En 1689, Tessing, imprimeur à Amsterdam, fit paraître le premier livre russe, une sorte d'Histoire universelle. Un grand nombre d'ouvrages français, allemands et hollandais furent traduits en russe. En 1705, on imprima la première gazette russe à Moscou; une autre fut publiée à S¹-Pétersbourg en 1714. Pierre le Grand fonda, d'après le plan qui lui avait été fourni par Leibniz, l'Académie des Sciences de S¹-Pétersbourg, qui ne s'ouvrit toutefois qu'après sa mort, et à laquelle fut ajouté un Gymnase, destiné à former des maîtres. Ces fondations éveillèrent naturellement l'esprit littéraire et scientifique. Les principaux auteurs de cette époque sont : Dmitri ou Démétrius, évêque de Rostoff, auteur d'une Vie des Saints; Jaworski, prédicateur distingué; Prokopovitch, archevêque de Novogorod, qui publia plus de 60 écrits sur la théologie et sur l'histoire, et auteur d'une Oraison funèbre de Pierre le Grand dont l'éloquence est encore admirée; le moine Nicodème Selij, qui réunit beaucoup de matériaux pour l'histoire de sa patrie. Trediakovsky fixa les règles de la prosodie, mais ne donna lui-même qu'une médiocre traduction en vers du Télémaque. La poésie fut cultivée avec plus de succès par deux auteurs cosaques, Klimoffsky et Daniloff, et surtout par le prince Kantemir, auteur de fables et de satires, et qui a fait connaître à ses compatriotes Horace et Fontenelle. Enfin Tatischtscheff composa une Histoire de Russie, qui est encore estimée.

Le développement le plus brillant de la littérature russe date des règnes d'Élisabeth et de Catherine II. La première fonda l'Université de Moscou en 1755, et l'Académie des Arts en 1758 : sous la seconde, on créa l'École des Mines en 1772, une Académie pour le perfectionnement de la langue et des études historiques en 1783, et l'Académie des Sciences prit un rang éminent parmi les sociétés savantes, grâce aux travaux de Pallas, de Gmelin, de Gyldenstedt et de Roumovski. La gloire d'avoir nettement séparé l'ancien slave et le russe, et d'avoir fait prévaloir ce dernier idiome en poésie, appartient à Lomonosoff : il lui assigna des règles par la publication d'une Grammaire, apprit aux Russes, par ses études sur le rhythme, toutes les ressources poétiques de leur langue, et, unissant l'exemple au précepte, donna des modèles de tous les genres de style ; on distingue son Ode à la Paix, une Épitre sur le verre, des Psaumes, et des Éloges académiques. Le reproche qu'on peut lui adresser, c'est d'avoir cherché à ne former la langue que d'après le latin, à lui imposer en poésie les règles de la versification latine, et, par conséquent, de l'avoir soumise à des entraves contre nature. Soumarokoff, son contemporain et son émule, fonda le théâtre national, et fut secondé par un acteur de mérite, Théodore Volkoff, qui joua ses drames d'Hamlet, du Faux Dmitri, etc. Kniaschnine, dont on représente encore aujourd'hui quelques ouvrages, où il a peint divers ridicules de son temps, eut un style plus pur, plus noble, mais un peu froid. Wizine, célèbre pour ses contes en prose, écrivit deux spirituelles comédies, l'Enfant gâté et le Brigadier. Kapnist, poëte lyrique, composa aussi une tragédie d'Antigone, et une jolie comédie intitulée la Chicane. Ablesimoff peignit fidèlement les mœurs populaires dans son charmant vaudeville du Meunier. On a de Cheraskoff, outre des tragédies, des odes et des épîtres, deux poëmes épiques sur la conquête de Kazan et sur Vladimir le Grand : considéré de son temps comme l'Homère de la Russie, il est à présent presque oublié. Oseroff a composé des tragédies en vers alexandrins, telles que Fingal, OEdipe, Dmitri Donskoï, où il ne montre ni pureté ni élégance de style, mais une certaine énergie et des peintures pathétiques. Le prince Michaïlovitch Dolgorouki a écrit des odes philosophiques et des épîtres. On doit au comte Chwostoff des poésies lyriques et didactiques justement estimées; à Bobroff, beaucoup d'odes, imitations un peu emphatiques des poètes anglais, et un poëme descriptif, la Chersonida; à Pétroff, des odes riches d'idées et d'images, où il a célébré Catherine II, Potemkin et Romanzoff, et une traduction de l'Énéide en vers alexandrins; à Bogdanovitch, un gracieux poëme de Psyché; à Popovsky, une élégante traduction de l'Essai sur l'homme de Pope. Citons encore Chemnicer, dont les fables sont pleines de sel; Neledinsky, chansonnier national; Kostroff, traducteur de l'Iliade et des poésies d'Ossian. Cette période littéraire est close d'une manière brillante par Derzawine, le premier poëte de la Russie pour la sublimité des pensées : son Hymne à Dieu, reproduit dans la plupart des langues de l'Europe, a pénétré jusqu'au Japon et en Chine, où il a été inscrit dans les palais et les temples ; d'autres compositions, Felica, la Cascade, l'Épître à un Grand, le placent aussi au premier rang des chantres lyriques.

Il fallut plus de temps à la prose pour parvenir au degré de perfection qu'avait atteint la poésie. Elle dut ses premiers perfectionnements à la chaire évangélique, dont les productions déguisent pourtant le plus souvent l'absence de pensées sous une fausse rhétorique. On cite dans ce genre : Platon Levschine, métropolitain de Moscou, auteur d'une Histoire de l'Eglise russe, et de plusieurs sermons remarquables; Iwan Lewanda, archiprêtre de Kiew; les prélats Bodobiedoff et Bratanovsky, orateurs pleins de gravité et d'onction, dont le premier s'est surtout rendu fameux par l'Éloge funèbre de Catherine II. Dans le genre historique se distinguèrent : Tscherbatoff, auteur d'une Histoire de Russie qui n'annonce pas des recherches bien profondes; Hilkoff, collecteur de documents sur le même sujet ; Golikoff, qui a écrit l'Histoire de Pierre Ier; Boltin, critique judicieux des sources de l'histoire de sa patrie; Nowikoff, auteur d'ouvrages biographiques, et fondateur d'une revue satirique intitulée le Peintre; Gérard Fr. Müller, qui publia une multitude d'anciens manuscrits; Mourawieff, qui composa plusieurs traités d'histoire et de morale.

Avec le XIXᵉ siècle commence une ère nouvelle dans la littérature russe. Un désaccord profond s'était peu à peu manifesté entre les éléments nationaux et les éléments provenant de l'étranger. L'influence des idées étrangères était devenue si grande sur la noblesse et sur la classe des fonctionnaires, que Paul Ier en prit ombrage, et défendit à ses sujets de voyager sans une permission impériale. Il fonda néanmoins l'université de Dorpat. Après lui, Alexandre Ier porta le nombre des Universités à sept, fonda 4 Académies théologiques, 36 séminaires, et un grand nombre d'écoles de gouvernements et de cercles. Une classe pour l'enseignement des langues orientales fut créée à l'Université de S¹-Pétersbourg. Un nom domine toute cette époque; c'est celui de Karamsin, qui secoua le joug du classicisme imposé par Lomonosoff et dont Derzawine avait déjà essayé de s'affranchir. Après s'être fait connaître par d'élégantes poésies lyriques, par ses Lettres d'un voyageur russe, par une suite d'articles littéraires où il ridiculisait la manie de l'ode, l'enflure et le clinquant des poëtes, et rappelait la poésie à sa véritable source, la simplicité des sentiments humains, il publia son Histoire de Russie, monument immortel qui éleva la langue de la prose à son plus haut degré de perfection : en la dégageant de la roideur et de la complication des formes classiques, il lui donna une allure à la fois noble et facile, unissant la vivacité à l'harmonie, l'énergie à la simplicité. En même temps, Schiskoff montrait, dans son Traité sur l'ancien et le nouveau style, la supériorité de l'ancien slave sur tous les emprunts étrangers. Les poëtes ne manquèrent pas à l'école nouvelle. Dmitrieff publia des élégies, des contes et des apologues pleins de grâce ; le genre de la fable fut également cultivé par Izmailoff, et par Kryloff, celui de tous les Européens qui a le plus approché de La Fontaine. Dans l'art dramatique brillèrent : Alexandre Schachovskoï, poëte comique d'une imagination féconde et riante; Gribojedoff, auteur de la charmante comédie des Inconvénients de l'esprit; Kriukóvsky, célèbre par sa tragédie de Pozarskoï; Nicolas Polewor et Nestor Kukolnik, qui ont emprunté les sujets de leurs drames surtout à l'histoire nationale, tandis que Nicolas Gogol peignait gaiement dans ses comédies les mœurs des petites villes de la Russie. La poésie didactique et héroïque, soit originale, soit imitée, fut cultivée avec succès par Voïelkoff, traducteur de Virgile, et auteur d'ingénieuses épîtres ; Merzliakoff, heureux imitateur d'un grand nombre de poésies classiques; Gnieditch, qui traduisit l'Iliade d'Homère et le Roi Lear de Shakspeare ; Panaeff, auteur de gracieuses pastorales; Kozloff, émule de Byron, mais avec une inspiration plus religieuse et plus touchante, connu par un poëme remarquable intitulé le Moine, Raisch, qui a traduit les Géorgiques avec une rare fidélité. Dans le genre lyrique proprement dit, nous mentionnerons : Zukovsky, traducteur de la Jeanne d'Arc de Schiller, de la Lénore de Burger et des poésies de Hébel, auteur d'odes et de ballades originales, parmi lesquelles on distingue Svietlana et le Barde au camp des Russes; Batjuschkoff, qui a publié, entre autres poésies, la Mort du Tasse et une Épître aux Pénates, où règnent une grâce naïve et une touchante sensibilité; Pouschkine, auteur d'une tragédie de Boris Godunoff, des poëmes de Ruslan et Ludmila, du Prisonnier du Caucase, de la Fontaine, du Zigane, et dont toutes les poésies, portant le cachet de la nationalité, expriment admirablement les joies, les tristesses, la gloire, l'amour de la patrie et la gaieté du peuple russe; Lermontoff, le génie le plus remarquable de notre temps. A ces noms illustres on peut ajouter Baratynski, qui a laissé des épitres et des contes ingénieux; Wjazemski, inimitable dans ses poésies légères, et connu aussi comme critique; Delwig et Rosen, chansonniers renommés; enfin Iasikoff, Benediktoff et Podolinski, auteurs de poésies diverses.

L'Église russe a eu de bons orateurs au xixᵉ siècle, entre autres, Eugène Bolchovitinoff, évêque de Kiew, et Philarète Drosdoff, archevêque de Moscou, qui ont aussi écrit des ouvrages théologiques d'une profonde érudition. — Mersljakoff, professeur à Moscou, s'est fait un nom dans la critique, et Martynoff dans le genre de la traduction. Bischurine a publié des Mémoires et des Voyages remarquables. Sokoloff, Wostokoff, Kalaidovitch, Stroieff, et surtout Gretsch, se sont occupés avec zèle des monuments de la littérature russe et du développement progressif de la langue, tandis que Novikoff, Kaschine, Maximovitch, Makaroff et Sacharoff faisaient des collections de chants et de traditions populaires. Les travaux philosophiques de Golubinski, de Wellanski, de Sidonski, de Kodroff, se rattachent aux systèmes de l'Allemagne. Dans la jurisprudence on remarque Rewolin, Moroschkin et Nikita Kryloff. Mais les deux genres en prose qui ont fait le plus de progrès sont l'histoire et le roman. Au nombre des historiens se placent Ustrialoff, auteur d'un abrégé de l'histoire de Russie destiné aux écoles publiques; Podogine, qui a jeté une vive lumière sur les origines russes; Polewoy, auteur d'une Histoire de Russie très-étendue; Wasili Berg, dont on a plusieurs monographies de czars; Michailovski Damlevski, qui a laissé divers ouvrages sur les guerres de la Russie et de la France; enfin Glinka, Sirjegireff, Slovroff, Sreznewski, Samailoff, Solovieff, Strojeff, Neveroff, Arzenieff, etc. — Quant aux romans, nouvelles et contes russes, on y trouve, en général, la peinture d'un état social où la barbarie lutte contre la civilisation : Bestouchef, Boulgarine, Pavloff, Zagoskine, Uschakoff, Lazeschnikoff, le comte Solohub, le prince Odojevski, le baron Korff, Constantin Masalski, Senkovski, Gogol, Glinka, Grebenka, Kwitka (sous le pseudonyme d'Osnovianenko), etc., ont remporté dans ce genre de littérature les succès les plus honorables et les plus légitimes.

V. Goetze, Vladimir Iᵉʳ et sa Table-Ronde, Leipzig, 1819; le prince Certeleff, Collection d'anciennes poésies russes, St-Pétersbourg, 1822, 2 vol.

RUSSNIAQUE ou RUTHÈNE (Langue), appelée aussi malo-rouski et petit russien, une des langues slaves, parlée par les Russniaks de la Gallicie, de la Hongrie septentrionale, de la Podolie, de la Wolhynie et de la Lithuanie. Elle a beaucoup de ressemblance avec le polonais. C'était autrefois une langue écrite, comme on le voit par une traduction de la Bible imprimée à Ostrog en 1581. On se contenta de la parler depuis qu'au xviiᵉ siècle les Russniaks furent soumis aux Lithuaniens et aux Polonais; mais, de nos jours, on a recommencé à imprimer en russniaque. Des chants russniaques ont été recueillis et publiés par Waclaw (Piesni polskie i ruskie, Lemberg, 1833). Leivicki a donné en allemand une Grammaire de la langue russniaque, Przemysl, 1833.

RUSTIQUE (Écriture), écriture grecque ou latine des plus anciennes inscriptions. Les lettres n'y sont formées que des traits essentiels, ajustés inégalement et sans précision.

RUSTIQUE (Langue). V. FRANÇAISE (Langue).

RUSTIQUE (Ordre), en termes d'Architecture, ordre dans lequel les colonnes et les membres de l'entablement sont ornés de bossages vermiculés ou unis. — Une construction est dite rustique, quand elle est faite de pierres brutes ou de pierres taillées à l'imitation des pierres brutes. La grossièreté et l'irrégularité des ornements n'y sont qu'apparentes. Palladio a fait l'usage le plus heureux de ce genre.

RUSTIQUER, en termes de Construction, piquer le parement d'une pierre avec la pointe d'un marteau, pour lui faire perdre le poli du trait de la scie et lui rendre en quelque sorte sa rudesse primitive.

RUSTRE, en termes de Blason, macle percée en rond.

RUTHÈNE (Langue). V. RUSSNIAQUE.

RUYDER ou RYDER, c.-à-d. cavalier, nom sous lequel on désigne quelquefois le ducaton hollandais. V. DUCAT, dans notre Dictionnaire de Biographie et d'Histoire.

RYPER, monnaie d'or de Hollande, valant à peu près 3 ducats, ou, en monnaies françaises, 31 fr. 65 c.

S

S

S, 19ᵉ lettre et 15ᵉ consonne de notre alphabet. C'est une sifflante, dont l'articulation exige le concours de la langue et des dents. Le signe qui la figure en hébreu a les deux valeurs de notre sifflante s et de notre chuintante ch : ces deux sons ont, en effet, des rapports intimes; les Hébreux de la tribu d'Éphraïm, par un vice de prononciation qui leur était particulier, remplaçaient dans beaucoup de mots la chuintante par la sifflante, et il en est de même chez un certain nombre de nos enfants, qui prononcent sat, sien, au lieu de chat, chien, etc. Les Allemands de l'ancienne Souabe donnent aussi à l's le son de notre ch. Les Grecs et les Romains changeaient quelquefois la dentale t en sifflante; par permutation contraire, le français donne le son de l's au t dans certaines finales, comme dans action, captieux, martial, balbutier, etc. Le même phénomène se remarque en anglais, où le t qui termine la 3ᵉ personne du singulier dans les verbes allemands s'est changé d'abord en dentale sifflante th, puis en s : ainsi, de hat (il a), on a fait successivement hath et has. En latin, l's initiale représente souvent l'esprit rude d'un primitif grec : c'est ainsi que des mots grecs ex, epta, udôr, uper, us, marqués de l'esprit rude, sont venus les mots latins sex, septem, sudor, super, sus, etc. Dans le passage du latin au français, les mots qui commençaient par une s, suivie d'une autre consonne, ont reçu un e comme augment euphonique : spiritus, spatium, spes, scola, scribere, status, studium, ont fait esprit, espace, espérance, escole (école), escrire (écrire), estat (état), estude (étude). Dans quelques-uns de ces exemples, l's a fini par être supprimée; c'est une suppression semblable que rappelle l'accent circonflexe d'autres mots, comme honnête (du latin honestus), île (de insula), etc. En français, l's finale se fait entendre dans as, aloès, chorus, Mars, Reims, laps, vis, etc.; elle est muette dans un plus grand nombre, comme dans clos, dans, gris, pas, sous, très, etc.; quand elle se lie avec le mot suivant, elle a le son du z (mes amis, bons élèves). C'est ce même son que l'on donne dans le corps des mots à l's placée entre deux voyelles : on en excepte désuétude, monosyllabe, parasol, préséance, parce qu'il existe comme une séparation entre les deux parties de ces mots composés, et que l's est l'initiale de la seconde partie. Par exception à l'usage général qui donne à l's précédée d'une consonne le son s, on lui donne celui du z dans balsamine, transaction, transit, transiger, transition. Dans les langues française, anglaise, espagnole, portugaise, l's finale est le signe ordinaire du pluriel des noms; elle est aussi la caractéristique de la 2ᵉ personne du singulier dans les verbes français, excepté à l'impératif.

Dans les abréviations latines, S est pour sanctus, sacrum, sua, solvit, solutum; S. C. signifie senatus consulto; S. J., sacrum Jovi; S. M., sacrum Manibus; S. S., supra scriptus; S. P. Q. R., senatus populusque romanus. En tête des lettres missives, S. D. était la formule de salutation, salutem dicit. Chez nous, S. se met pour Sud, pour Saint; SS. pour Saints ou Sa Sainteté, S. M. pour Sa Majesté; S. H. pour Sa Hautesse; S. A. pour Son Altesse; S. E. pour Son Éminence ou Son Excellence, etc. Une S. traversée obliquement par une barre, est employée en Musique comme signe de renvoi. Précédée d'un nom de nombre, la lettre S voulait dire en latin semi; barrée ou précédée d'une barre, elle était le signe du sesterce. Dans le commerce, S/C signifie son compte; S. E. ou O., sauf erreur ou omission. On emploie encore S. V. P. pour s'il vous plaît. — Lettre numérale, le

Sigma grec, avec un accent en dessus (σ'), valait 200, et, avec l'accent en dessous (,σ), 200,000; l'S des Romains valait _7, et, selon quelques-uns, 90; surmontée d'un trait (S̄), c'était 90,000. — S a été la marque monétaire de la ville de Reims.   B.

SABAYE, cordage employé dans les canots pour leur servir d'amarre à terre, quand les grappins sont mouillés au large.

SABBAT. V. ce mot dans notre *Dictionnaire de Biographie et d'Histoire*.

SABBATINE, petite thèse que les écoliers des anciennes Universités soutenaient, les samedis, sans solennité, pour s'exercer à en soutenir d'autres publiquement.

SABÉEN (Alphabet). V. SYRIAQUE (Langue).

SABÉISME, culte des astres, répandu dans l'Arabie avant Mahomet, en Syrie, en Mésopotamie, en Perse, et même dans l'Inde. Les Sabéens regardaient les astres comme la demeure de certains Esprits, auxquels ils attribuaient une puissante influence sur l'homme et sur la nature physique qui l'entoure. Par suite, ils accordaient une grande influence aux talismans confectionnés d'après les préceptes de l'art astrologique.

SABELLIEN (Idiome), un des idiomes de l'antique Italie, parlé par les Marses, les Marrucins, les Picéniens et les Sabins.

SABLE, en termes de Blason, désigne la couleur de la martre zibeline, et, par suite, la couleur noire. Des traits croisés en sont l'image dans la gravure des armoiries. *Sable* dérive de *zabelle*, nom sous lequel on désignait jadis la martre zibeline. Le sable désignait symboliquement la terre, la sagesse, la mortalité, le deuil.

SABLIÈRE, en termes de Charpenterie, désigne : 1° toute pièce de bois posée horizontalement pour porter un pan de bois ou une cloison; 2° la pièce qui, à chaque étage d'un pan de bois, en reçoit les poteaux, et porte les solives d'un plancher; 3° les membrures qu'on attache aux côtés d'une poutre, et qui reçoivent par enclaves les solives dans leurs entailles.

SABORD, ouverture ordinairement carrée, faite dans la muraille d'un navire, soit pour servir de fenêtre, soit pour tirer le canon. C'est au côté supérieur des sabords que sont fixés les gonds des volets qui servent à les fermer et à les ouvrir. Les sabords d'un côté doivent être exactement opposés à ceux de l'autre; quand il y en a plusieurs rangs du même côté, ceux de la rangée supérieure se placent au-dessus du milieu de l'intervalle qui sépare deux sabords de la rangée au-dessous. Les grands vaisseaux de guerre ont trois rangs de sabords. On nomme *sabords de retraite* ceux qui sont percés dans la poupe, pour tirer encore sur l'ennemi devant lequel on se retire; *sabords de chasse*, ceux qui sont placés dans le sens de la longueur du navire pour tirer sur l'ennemi qui fuit. Les navires marchands ont quelquefois de faux sabords, exécutés en peinture, afin de passer pour bâtiments de guerre aux yeux de l'ennemi et de commander le respect; mais les vrais marins ne s'y laissent guère tromper. On appelle *sabords de charge*, de grandes ouvertures pratiquées dans la cale des navires, à l'avant et à l'arrière, au-dessous de la coiffe du premier pont et de la barre du pont, pour charger des mâtures et des bois de construction, et que l'on ferme ensuite avec soin. Les sabords ont été inventés en 1500 par Descharges, constructeur à Brest.

SABOT, nom par lequel on désigne : 1° une chaussure de bois faite tout d'une pièce, et creusée de manière à contenir le pied; 2° toute garniture de cuivre qu'on met au bas des pieds de certains meubles; 3° la pièce de fer creusée pour recevoir le bout d'un pilotis, et dont la pointe doit s'enfoncer en terre; 4° un outil de menuisier qui sert à pousser les moulures dans les parties cintrées; 5° un morceau de bois carré, dont se servent les maçons pour pousser des moulures; 6° la pièce de fer ou de bois, un peu courbée à rebords, qu'un mécanisme adapte aux roues d'une voiture pour enrayer; 7° une sorte de toupie que les enfants font pirouetter au moyen d'un fouet; 8° un crochet autrefois employé pour raccourcir la corde d'une harpe et la hausser d'un demi-ton. V. HARPE.

SABRE (de l'allemand *sabel*), arme offensive et d'escrime. C'est une sorte d'épée, dont la lame, moins longue, plus épaisse et plus forte que celle des épées ordinaires, n'a qu'un seul tranchant, et se courbe un peu vers la pointe. A l'époque des Croisades, le sabre allait en s'élargissant jusqu'au bout, recoupé en biais. Les modèles en ont, du reste, fréquemment varié. Aujourd'hui, en France, il y a trois modèles de sabre pour la cavalerie : le *sabre de la cavalerie de réserve* (carabiniers

et cuirassiers), dont la lame, appelée *latte*, est presque droite, et propre à pointer; le *sabre de la cavalerie de ligne* (dragons et lanciers), à lame cambrée, propre à pointer et à tailler; le *sabre de la cavalerie légère* (chasseurs et hussards), à lame cambrée et évidée, propre à tailler. L'infanterie, qui, jusqu'au milieu du XVIIIe siècle, porta l'épée, reçut ensuite le *sabre-briquet*, lame à un tranchant, légèrement cambrée, sans gouttière ni pans creux, avec un faux tranchant vers la pointe. En 1831, on l'a remplacé par le *sabre-poignard*, lame droite à deux tranchants, à gouttière et à pans creux, avec une croisière pour garde, et une poignée ciselée en écailles. Plus tard, on a imaginé le *sabre-baïonnette*, qui peut s'adapter au canon du fusil en guise de baïonnette, et qui est une arme particulière aux chasseurs d'Afrique. Le *sabre d'abordage*, à l'usage des marins, est légèremen. cambré, évidé, et long de 75 centimèt.; la poignée est en bois; la garde est formée par une coquille en fer forgé, avec branches portant une pièce de tôle qui protège la main.   B.

SABRETACHE (de l'allemand *sabel*, sabre, et *taschen*, poche), sorte de gibecière volante, attachée au ceinturon du sabre des hussards, par trois bélières en buffle, et qui pendait le long de la cuisse gauche. Sa face extérieure, en vache neuve et lisse, portait une plaque de cuivre estampé où était le numéro du régiment au milieu de feuilles de chêne et de laurier; l'intérieur était en basane noire. La sabretache a été supprimée en 1868.

SAC-A-TERRE, enveloppe de maçonnerie qu'on établit autour des soutes aux poudres pour les préserver.

SACCONI (Les), membres d'une congrégation des États romains, qui ont le droit de pénétrer partout pour s'assurer qu'on ne transgresse pas les prescriptions de l'Église relativement aux abstinences, et la mission de dénoncer les blasphémateurs, de fouiller dans les papiers des personnes suspectes. Ils perçoivent une partie des amendes qu'on inflige aux coupables. Leur nom vient de ce qu'ils ont un vêtement en forme de *sac*, avec un capuchon, une corde autour des reins, des sandales aux pieds, et, sur la figure, un voile percé de deux trous à la hauteur des yeux.

SACERDOCE (du latin *sacerdos*, prêtre), dignité et fonctions des ministres du culte.

SACOLÈVE, navire du Levant, très-tonturé, avec l'arrière élevé. Il a trois mâts à pible, et la voile à livarde.

SACOME. V. SAGOMA.

SACRAMENTAIRE, livre contenant des prières pour l'administration des sacrements et pour les bénédictions.

SACRAMENTAIRES. V. ce mot dans notre *Dictionnaire de Biographie et d'Histoire*.

SACRARIUM, nom donné par les auteurs ecclésiastiques : 1° à la sacristie d'une église; 2° à une sorte d'armoire creusée dans la muraille ou dans un pilier du côté de l'Évangile, et où l'on plaçait les espèces consacrées; 3° quelquefois au sanctuaire. — Petit oratoire, dans les grandes-maisons des riches Romains; on y gardait et on y honorait les dieux Lares; on y déposait aussi des papiers de famille; souvent ce petit temple domestique était somptueusement orné.

SACRE DES ROIS. ⎰ V. notre *Dictionnaire de Bio-
SACRÉE (Voie). ⎱   graphie et d'Histoire*.

SACREMENT. Chez les Romains, le mot *Sacramentum* désigna d'abord le serment que prêtaient les soldats, ensuite la caution qu'on était tenu de fournir en engageant une action judiciaire, et enfin toute chose consacrée aux Dieux. Il fut employé par les premiers chrétiens dans le sens de *secret*, et signifia toute chose ou doctrine mystérieuse. Depuis le XIIe siècle, on a appelé *Sacrement* le signe sensible d'un effet intérieur et spirituel que Dieu opère en nos âmes. En ce sens, la circoncision et les purifications étaient des sacrements pour les Hébreux. L'Église catholique a 7 sacrements : le *Baptême*, la *Confirmation*, l'*Eucharistie*, la *Pénitence*, l'*Ordre*, le *Mariage* et l'*Extrême-Onction* (V. ces mots). Outre la grâce sanctifiante que produisent tous les sacrements, trois d'entre eux impriment à l'âme un caractère ineffaçable, et, pour ce motif, ne peuvent être renouvelés : ce sont le Baptême, la Confirmation et l'Ordre. Les prêtres sont les ministres des sacrements; toutefois, en cas de nécessité, le Baptême peut être administré par toute personne raisonnable. Les conciles ont décidé qu'il n'est pas nécessaire, pour la validité des sacrements, que le prêtre qui les administre soit en état de grâce. L'administration des Sacrements est gratuite; les fidèles ont le droit de les recevoir sans rétribution, et ce qu'ils donnent au prêtre est une offrande volontaire. Il y a même des Sacrements pour l'administration desquels le prêtre ne doit rien recevoir; ce sont : la Pénitence, l'Eucharistie, et l'Extrême-Onction. — Sous le nom de *Saint Sacrement*, on désigne spécialement le sacrement de l'Eucharistie, et, par dérivation, l'hostie consacrée, ou même l'ostensoir qui renferme cette hostie. — L'Église grecque et les églises d'Orient admettent aussi sept sacrements, et les appellent *mystères*, équivalent grec du latin *sacramentum*. — Les Protestants n'ont que deux sacrements, le Baptême et la Cène.

SACRIFICATEUR, ministre d'un culte chargé des sacrifices.

SACRIFICATORIUM, nom donné quelquefois par les écrivains ecclésiastiques à l'autel des églises.

SACRIFICE (du latin *sacrum*, chose sacrée, et *facere*, faire), offrande d'une chose extérieure ou sensible, faite à la Divinité par un ministre légitime, pour apaiser sa colère ou pour lui rendre hommage. L'usage des sacrifices a existé de tout temps et dans toutes les religions, et ce fut, jusqu'au christianisme, une opinion universelle, que le pardon ne pouvait s'obtenir que par le sang. Chez les Hébreux, les *hosties* ou victimes étaient ordinairement des bœufs, des veaux, des moutons, des agneaux, des béliers, des boucs et des chevreaux. On appelait *holocauste* tout sacrifice où la victime était entièrement consumée sur l'autel; *sacrifice expiatoire*, celui où l'on ne mettait qu'une partie de la victime sur l'autel, le reste appartenait aux prêtres; *sacrifice de prospérité* ou *de reconnaissance*, celui où l'on ne brûlait que la graisse des animaux immolés. Celui qui avait offert la victime en mangeait une partie avec ses convives sur la table des sacrifices. — Chez les Païens, on offrait généralement à chaque divinité l'animal qui lui était consacré, le cheval à Neptune, le bouc à Bacchus, etc. Les bœufs, les taureaux, les moutons, les agneaux, les oiseaux, étaient les victimes les plus ordinaires. Un sacrifice de 100 bœufs se nommait *Hécatombe*; mais le plus souvent on n'immolait qu'un seul de ces animaux, et la valeur des autres était donnée aux prêtres. Il y avait à Rome un *Roi des sacrifices* (V. ce mot dans notre *Dictionnaire de Biographie et d'Histoire*). Les Germains sacrifiaient des chevaux à Odin. — Les Tyriens et les Carthaginois offrirent des victimes humaines au dieu Moloch; les Gaulois pratiquèrent aussi ces horribles sacrifices en l'honneur de Teutatès, et l'on raconte qu'ils entassaient leurs prisonniers de guerre dans de gigantesques statues en osier, auxquelles ils mettaient le feu. Les Européens qui découvrirent l'Amérique trouvèrent l'usage des sacrifices humains chez les habitants du Mexique et du Pérou. Il y en a aussi à Nouka-Hiva, dans l'Océanie. — Pour les chrétiens, il n'y a de sacrifice réel que celui de Jésus-Christ, qui s'est immolé pour le genre humain; et le sacrifice sanglant du Calvaire est représenté, et renouvelé d'une manière non sanglante dans la Messe, qu'on appelle pour cela le *Saint-Sacrifice*.

SACRILÉGE, profanation de ce qui est sacré. On distingue : le *sacrilége personnel*, par lequel on insulte un ecclésiastique dans l'exercice de ses fonctions; le *sacrilége local*, qui consiste à profaner les *lieux* sacrés, églises, autels, cimetières, etc. et le *sacrilége réel*, par lequel on profane les *choses* sacrées, telles que les sacrements, les vases sacrés, les hosties, les reliques, les croix, les images des saints, les ornements sacerdotaux, etc. V. SACRILÉGE, dans notre *Dictionnaire de Biogr. et d'Histoire*.

SACRISTAIN, celui qui a soin de l'église, et qui a la garde des vases et ornements sacrés, placés dans la *sacristie*. C'est généralement un laïque. A Rome, il y a un *sacristain du pape* ou *préfet de la sacristie*, qui est d'ordinaire évêque *in partibus*.

SACRISTIE (du latin *sacrarium* ou *secretarium*), partie d'une église où l'on conserve les vases et ornements sacrés, et où le clergé se revêt des habits propres à la célébration des offices.

SAFRAN, partie la plus large du gouvernail, et dont la surface, opposée à l'action des eaux vives qui fuient sous la carène, est le principal agent du mécanisme qui fait évoluer le navire.

SAFRE, en termes de Blason, aiglette de mer peinte dans quelques armoiries.

SAGAIE ou ZAGAIE, espèce de dard ou de javeline dont se servent les habitants de l'Océanie.

SAGARIDE, arme. V. notre *Dictionnaire de Biographie et d'Histoire*.

SAGAS, mot qui désignait, dans les anciennes langues du Nord, les récits concernant la vie des héros et des rois. Ces Sagas, qui forment une partie de la littérature

norvégienne et islandaise, se transmirent d'abord par tradition orale; puis, à partir du XIIIe siècle, on en composa par écrit. Elles sont en prose, d'un style simple et sans art, et ne contiennent que des faits. Au milieu du XIVe siècle, le goût public ayant changé, les récits historiques cédèrent la place à des récits romanesques, auxquels on conserva néanmoins le nom de Sagas. V. Müller, *Bibliothèque des Sagas*, Copenhague, 1817-20, 3 vol.

SAGE-FEMME, c.-à-d. *femme qui possède la science*, femme dont la profession est de faire des accouchements. Il y a, dans les Écoles de médecine, des cours pour les personnes qui se destinent à cette profession. Celles qui ne les ont pas fréquentés doivent avoir suivi pendant 2 ans les cours particuliers qu'on fait pour elles dans les grands hôpitaux des villes, et avoir pratiqué sous la surveillance d'un professeur. Le diplôme de 1re classe, conféré par les Facultés ou Écoles de médecine, est valable pour toute la France; celui de 2e classe, conféré par les Écoles préparatoires de médecine et de pharmacie, ne vaut que pour un département. L'un coûte 130 fr., l'autre 25 fr. Il est défendu aux sages-femmes d'employer les instruments dans les cas difficiles, sans appeler un docteur en médecine ou en chirurgie (Loi du 19 ventôse an XI, ou 10 mars 1803). A défaut du père de l'enfant nouveau-né, elles doivent faire à la mairie la déclaration de naissance.

SAGES (Les sept). V. notre *Dictionnaire de Biographie et d'Histoire*.

SAGES (Roman des). V. DOLOPATHOS.

SAGESSE, mot qui fut d'abord synonyme de *science*. Le *sage* était le *savant*; la sagesse consistait à savoir par réflexion, et à appliquer les conséquences des idées et des principes. Elle avait un sens tout spéculatif, et c'est dans ce sens que Bossuet a dit que la sagesse est la connaissance certaine des effets par les premières causes, comme quand on rend raison des événements par l'ordre de l'univers par la Providence. Ce qu'on appelait la *sagesse* des Égyptiens et des premiers philosophes n'était que leur *science*. On s'aperçut bientôt que cette science primitive ne répondait pas à la réalité, et la sagesse devint la *philosophie* (amour de la sagesse). Cette dernière prit alors un sens exclusivement moral et politique : ainsi, les sept Sages de la Grèce se montrent tous avec ce caractère commun, que leur *sagesse* était toute pratique. Pour Socrate, la *sagesse* était tout entière dans la morale, et c'est ainsi qu'on l'a comprise depuis; on vit en elle la conseillère de l'homme, en disant qu'il doit faire : elle est en quelque sorte une voix de la conscience. — Tous les écrits traitant de la Morale se rattachent à la sagesse; mais il y a plus spécialement le *Livre de la Sagesse*, attribué à Salomon; le *Traité de la Sagesse*, de Charron; les *Leçons de la Sagesse*, de Débonnaire; il faut citer aussi ce qu'on a des poètes gnomiques de la Grèce, et les *vers dorés* de Pythagore.

Les Grecs personnifiaient la Sagesse sous la figure de Minerve, avec une chouette à ses pieds, pour montrer que la sagesse veille toujours. R.

SAGESSE (Le livre de la). } V. notre *Dictionnaire de*
SAGIBARONS. } *Biographie et d'Histoire.*

SAGITTAIRE. V. DARIQUE, dans notre *Dictionnaire de Biographie et d'Histoire*.

SAGOMA, mot italien désignant l'étui qui contient une arme et qui en laisse deviner la forme. Par extension, il a signifié pour les artistes ce que nous appelons *silhouette* : ainsi, la *sagoma* d'une statue est la silhouette de son enveloppe ou de ses contours. De *sagoma* est venu le français *sacome*, qui signifie le profil exact d'un membre d'architecture.

SAGONTE (Théâtre de), un des monuments romains de l'Espagne. Dans la partie qu'occupait le public, on compte encore 33 gradins coupés en 8 divisions (*cunei*) par 9 escaliers, qui aboutissent à autant de vomitoires. Un rang de portiques règne à l'intérieur, tout autour de la partie supérieure des gradins. Il existe aussi un autre rang de portiques extérieurs, sous lesquels s'ouvrent les portes d'entrée. Les restes de ce monument sont encore assez considérables et en assez bon état pour qu'à la fin du siècle dernier on ait pu y donner une représentation théâtrale. Il contenait dix mille spectateurs.

SAGUM, vêtement. V. notre *Dictionnaire de Biographie et d'Histoire*.

SAIDIQUE (Dialecte). V. COPTE (Langue).

SAIE, vêtement. V. SAGUM, dans notre *Dictionnaire de Biographie et d'Histoire*.

SAIGA. V. FRANÇAISES (Monnaies).

SAIGNÉE. Elle fut, au témoignage d'Aulu-Gelle (*Nui-*

attiques, X, 8), un châtiment militaire dans l'Antiquité.

SAILLIE, se dit des constructions *saillantes*, c.-à-d. qui débordent les murs des bâtiments. A Paris, il ne peut être établi, sur les faces de ces maisons, aucunes saillies autres que celles qui sont déterminées par l'ordonnance de police du 24 décembre 1823. L'arrêté du 7 brumaire an IX charge les maires de surveiller, permettre ou défendre les ouvrages qui prennent sur la voie publique. On ne peut avoir de balcons ou autres semblables saillies sur la propriété close ou non close du voisin, s'il n'y a 1ᵐ,9 de distance entre le mur où on les pratique et cette propriété (*Code Napoléon*, art. 678).

SAINÈTE, nom donné en Espagne à tout Divertissement joué après une pièce principale. Le mot signifie *sauce, assaisonnement*, et a été employé pour la première fois par Louis Quinones de Benavente, dans ses *Joca-Seria*, en 1653. Les auteurs de nos jours qui se sont le plus distingués comme auteurs de saînètes sont Ramon de la Cruz et Gonzalès del Castillo.

SAINT (du latin *sanctus*), ce qui est pur, parfait, exempt de vices ou de souillures. Cette qualification, qui ne convient absolument qu'à Dieu, a été étendue aux hommes d'une vie exemplaire, irréprochable, et approchant autant que possible du caractère de la Divinité. Le nom de *saint* était autrefois donné honorifiquement aux évêques, et même aux rois; depuis le XIVᵉ siècle, il est réservé aux papes. Dans l'Église catholique, on nomme *Saints* les personnages qui ont été canonisés. V. CANONISATION.

SAINT (Le). V. notre *Dictionnaire de Biographie et d'Histoire*.

SAINT-ANGE (Château). V. MAUSOLÉE, dans notre *Dictionnaire de Biographie et d'Histoire*.

SAINT-AUGUSTIN. V. CARACTÈRES D'IMPRIMERIE.

SAINTE-BARBE, endroit d'un navire où sont renfermées la poudre et les munitions. On l'appelle ainsi du nom de la patronne des canonniers. La sainte-barbe est toujours un lieu séparé dans la première batterie, sous l'entre-pont, et à l'arrière du bâtiment.

SAINTES (Amphithéâtre de). Il se trouve hors de la ville, au fond d'un vallon qui sépare le faubourg Sᵗ-Maclou de la paroisse Sᵗ-Eutrope. Ce qui en reste suffit pour faire juger de sa forme et de ses dimensions. C'est une ellipse de 130 mèt. de longueur sur 108 de largeur. Il n'y avait qu'un étage de voûtes inclinées vers l'arène, et qu'une précinction avec trois rangs de gradins. On aperçoit encore les restes du *podium*. Autour de l'aire, et dans la partie inférieure de l'édifice, se trouvaient les loges des bêtes féroces; elles paraissent enterrées aujourd'hui, mais on voit les voûtes qui conduisaient aux vomitoires. Autant qu'on en peut juger par les ruines des piles, l'amphithéâtre devait contenir 60 voûtes; il n'y en a plus à l'extrémité méridionale que douze ou treize assez bien conservées. Tout porte à croire que l'arène servait non-seulement aux combats de gladiateurs, mais encore à des naumachies : c'est ce qui semble résulter de son assiette au fond d'une vallée, et de l'existence d'une voûte d'aqueduc dans la partie du coteau qui descend de l'Est. L'amphithéâtre de Saintes pouvait contenir de 20 à 22,000 spectateurs.

SAINTES (Arc ou Pont de). Un pont romain, jeté sur la Charente, donnait entrée à la ville. Ce pont, renouvelé et modifié à diverses époques, était précédé originairement d'une porte qui existe encore, et qui aujourd'hui se trouve au milieu du pont, probablement par suite des changements qui se seront opérés dans le lit de la rivière. La base de cette porte, au fond de l'eau, est un massif de maçonnerie de 20 mèt. de longueur sur 3ᵐ,65 de largeur. Au niveau du pont, l'édifice a 15 mèt. de largeur sur 10 de longueur, et consiste en deux arcades à plein cintre, de 4 mèt. d'ouverture chacune, et dont les piles massives sont en gros blocs de pierre. Des pilastres corinthiens reçoivent la retombée des archivoltes, et audessus des impostes il y a, à chaque angle, une petite colonne engagée qui supporte l'entablement; le tout est surmonté d'un attique, au-dessus duquel on voit des traces de créneaux. Sur chaque face du monument, la frise de l'entablement porte une inscription; on en distingue une autre sur l'attique, du côté de la ville : elles sont toutes très-altérées, mais on les avait recueillies avant leur entière dégradation. L'arc de Saintes fut élevé au temps de l'empereur Auguste, en l'honneur de Germanicus. L'architecte Blondel le restaura en 1665.

SAINTETÉ. V. ce mot dans notre *Dictionnaire de Biographie et d'Histoire*.

SAINTONGEOIS (Dialecte). V. POITEVIN.

SAINTRÉ (Histoire plaisante et Cronicque du Petit Jehan de) et de la jeune Dame des Belles Cousines, roman en prose du XVᵉ siècle. Jehan de Saintré, âgé de 13 ans, sert comme enfant d'honneur à la cour du roi Jean, et, grâce à ses habiletés, à sa douceur, à sa courtoisie, à sa gentillesse, il est aimé et loué du roi, de la reine, des seigneurs et des dames. Une jeune veuve, qu'on appelait la Dame des Belles Cousines, lui déclare, dans le but d'en faire un chevalier renommé, qu'elle veut être sa dame, lui fournit secrètement l'argent dont il a besoin pour paraître avec éclat, s'occupe de son éducation, lui trace les devoirs du fidèle amour qui chasse du cœur tous les vices et préserve l'homme de péché mortel. Elle lui ordonne de lire les histoires des anciens héros, afin de s'affermir par de beaux exemples dans la route de l'honneur et du devoir. Arrivé à l'âge de courir les aventures, Saintré fait une emprise d'un bracelet que sa dame lui attache au bras gauche, se rend en Aragon, où son vœu avait été publié, est vainqueur dans tous les combats, et revient en France couvert de gloire. Nommé chambellan du roi, il continue de servir la Dame des Belles Cousines avec tant de discrétion et de prudence, qu'on ne soupçonne leur amour. Pour obéir à sa requête, il demande au roi la permission d'aller en Prusse et de faire la guerre aux Sarrasins. Après avoir exterminé l'armée des infidèles, il fait une nouvelle emprise sans l'aveu de sa dame, qui, tourmentée d'inquiétude, se retire des terres pour penser à son ami absent. Mais là elle succombe à une indigne passion pour l'abbé d'un monastère voisin. Saintré, qui revient plein de joie pour annoncer à sa dame ses nouveaux succès, est accueilli d'abord comme un importun, puis insulté et bafoué; il se venge en perçant la langue de l'abbé d'un coup d'épée, et arrache à la dame sa ceinture bleue, symbole de loyauté. Il retourne à la cour, où la Dame des Belles Cousines est bientôt rappelée par la reine. Un soir, après souper, en présence du roi, de la reine et de toute la cour, Saintré, sans nommer personne, raconte ce qui s'est passé, et demande à chaque dame quel châtiment a mérité l'amie déloyale : toutes répondent qu'elle doit être chassée d'honnête compagnie. Saintré s'adresse à la Dame des Belles Cousines, elle-même, et veut qu'elle donne aussi son avis : éludant la question, elle dit que le chevalier n'eut mal gracieux d'enlever à la dame sa ceinture. Alors Saintré tire la ceinture de sa manche, et, un genou en terre, la rend à la Dame des Belles Cousines, qui fut ainsi déshonorée aux yeux de toute la cour. — Ce roman, d'un style simple, naturel et agréable, est un mélange de vérité et de fable. Les personnages ne sont point imaginaires : Jehan de Saintré était fils de Jeanne Chaudrié et de Jean de Saintré ou Xaintré, chevalier, sénéchal d'Anjou et du Maine. La Dame des Belles Cousines est toujours désignée sous le seul titre, mais elle appelle les ducs d'Anjou, de Berry et de Bourgogne ses *beaux oncles* : on suppose que c'était une petite-fille du roi Jean, Marie, fille de Jeanne, reine de Navarre; cette Marie épousa en 1394 Alphonse d'Aragon, duc de Candie. On comprend facilement que l'auteur n'ait point voulu la nommer, à cause du déshonneur qu'elle s'attira par sa déloyauté. L'histoire n'est pas toujours rapportée avec fidélité dans ce roman : les anachronismes y sont nombreux. La scène du roman est placée sous le règne de Bonne de Bohème; or, Bonne, première épouse de Jean, mourut en janvier 1349, et ne fut jamais reine de France, puisque Jean ne monta sur le trône que le 22 août 1350. Il ne régna que 14 ans, et l'auteur dit que les amours de Saintré et de la Dame des Belles Cousines durèrent 16 années; les aventures de Saintré n'ont donc pu s'accomplir pendant le seul règne de Jean. D'ailleurs, les ducs d'Anjou, de Berry et de Bourgogne sont appelés frères du roi, ce qui place la scène sous Charles V. Enfin l'auteur dit que le fameux Boucicaut accompagna Saintré dans son expédition de Prusse; la campagne de Boucicaut en Prusse est de 1383, sous Charles VI. Quoi qu'on pense de ces erreurs, qui furent peut-être volontaires, et qui sont toujours permises dans un roman, l'histoire du Petit Jehan de Saintré n'en est pas moins une peinture naïve de l'esprit et des mœurs du XVᵉ siècle; elle est surtout précieuse par la description exacte des armoiries de la plupart des grandes maisons de France. Ce roman fut écrit vers 1459 par Antoine de La Salle, qu'on suppose avoir été secrétaire de Jean d'Anjou, duc de Calabre et de Lorraine. H. D.

SAINTS (Actes des). V. ACTES DES SAINTS.

SAINT - SIMONISME, ensemble des doctrines religieuses, sociales et économiques, professées par l'école qui procédait de Saint-Simon. Exposées dans plusieurs livres du maître au temps de la Restauration, elles y sont noyées au milieu de grandes phrases vides de sens, et ne présentent le plus souvent que des divagations, des lieux communs plus ou moins bien dissimulés sous une terminologie nouvelle. Quand les disciples essayèrent, après la Révolution de 1830, de les mettre en pratique, ils n'aboutirent qu'à se rendre ridicules et à provoquer les rigueurs du pouvoir judiciaire.

Le saint-simonisme prétendit être une religion, et prit le nom de *nouveau christianisme*. Au fond, ce fut une sorte de *panthéisme*. « Dieu est tout ce qui est, disait Enfantin, l'un des principaux sectateurs de Saint-Simon; tout est en lui, tout est par lui. Nul de nous n'est hors de lui, mais aucun de nous n'est lui. » Les saint-simoniens firent de leur maître un prophète ou un Messie : Moïse, Orphée, Numa, avaient, disaient-ils, organisé les travaux matériels, Jésus-Christ les travaux spirituels, et Saint-Simon les travaux religieux; Saint-Simon avait résumé Moïse et Jésus-Christ; pour les hommes de l'avenir, Moïse devait être le chef du culte, Jésus-Christ le chef du dogme, et Saint-Simon le chef de la religion ou le pape.

Les théories sociales ne sont pas moins bizarres. Selon la secte, Jésus-Christ a préparé la fraternité universelle, Saint-Simon la réalise. L'Église nouvelle gouverne le temporel comme le spirituel, le for intérieur comme le for extérieur. La science est sainte, l'industrie est sainte. Des prêtres, des savants, des industriels, voilà toute la société; les chefs des prêtres, les chefs des savants, les chefs des industriels, voilà tout le gouvernement. Ces chefs doivent administrer la communauté dans la voie et selon la formule du maître, qui est l'*amélioration morale, intellectuelle et physique de la classe la plus nombreuse et la plus pauvre*. L'industrie doit occuper le premier rang, parce que c'est elle qui fournit les moyens de donner satisfaction à tous les besoins et à tous les désirs des hommes : la classe des *travailleurs*, sur laquelle repose l'existence de la société, a donc besoin d'être affranchie de l'esclavage où la retiennent les débris de l'organisation féodale et la puissance des banquiers ou capitalistes. Cette importance accordée à l'industrie a fait donner au saint-simonisme le nom d'*école industrialiste*. Saint-Simon fut un adversaire de la doctrine de la libre concurrence; il regrettait les corporations. — Les saint-simoniens furent accusés de prêcher la communauté des biens et la communauté des femmes; mais les chefs de la secte protestèrent énergiquement : « Le système de la communauté des biens s'entend universellement du partage égal entre tous les membres de la société, soit du fonds lui-même de la production, soit du fruit du travail de tous. Les saint-simoniens repoussent ce partage égal de la propriété, qui constituerait à leurs yeux une violence plus grande, une injustice plus révoltante que le partage inégal qui s'est effectué primitivement par la force des armes, par la conquête. Car ils croient à l'inégalité naturelle des hommes, et regardent cette inégalité comme la base même de l'association, comme la condition indispensable de l'ordre social. Ils repoussent le système de la communauté des biens; car cette communauté serait une violation manifeste de la première de toutes les lois morales qu'ils ont reçu mission d'enseigner, et qui veut *qu'à l'avenir chacun soit placé selon sa capacité et rétribué selon ses œuvres*. Mais, en vertu de cette loi, ils demandent l'*abolition de tous les privilèges de naissance*, sans exception, et par conséquent l'*abolition de l'héritage*, le plus grand de ces privilèges. Ils demandent que *tous les instruments du travail*, les terres et les capitaux qui forment aujourd'hui le fonds morcelé des propriétés particulières, *soient exploités par association et hiérarchiquement*, de manière que la tâche de chacun soit l'expression de sa capacité, et sa richesse la mesure de ses œuvres. Les saint-simoniens ne viennent porter atteinte à la constitution de la propriété qu'en tant qu'elle consacre pour quelques-uns le privilège de l'oisiveté, c.-à-d. de vivre du travail d'autrui ; qu'en tant qu'elle abandonne au hasard de la naissance le classement social des individus..... Le christianisme a tiré les femmes de la servitude; mais il les a condamnées pourtant à la subalternité, et surtout, dans l'Europe chrétienne, nous les voyons encore frappées d'interdiction religieuse, politique et civile. Les saint-simoniens viennent annoncer leur affranchissement définitif, leur complète émancipation, mais sans pour cela abolir la sainte loi du mariage. Ils demandent, comme les chrétiens, qu'un seul homme

soit uni à une seule femme; mais ils enseignent que l'épouse doit devenir l'égale de l'époux, et que, selon la grâce particulière que Dieu a dévolue à son sexe, elle doit lui être associée dans l'exercice de la triple fonction du temple, de l'État, et de la famille; de manière que l'individu social, qui, jusqu'à ce jour, a été l'homme seulement, soit désormais l'homme et la femme. »

Le saint-simonisme n'a eu aucune puissance comme religion ; il n'a pas non plus trouvé une bonne formule d'organisation sociale. Mais ses critiques ont du moins attiré l'attention sur plusieurs plaies de la civilisation moderne, à savoir, la misère du plus grand nombre contrastant avec l'opulence de quelques privilégiés, la propriété aspirant au monopole, l'héritage retournant au système de la mainmorte et de la substitution, l'oisiveté des élus de la fortune. Il a réhabilité le travail et le grand principe de la capacité ; il a suscité des questions dont la solution doit désormais préoccuper les publicistes et les gouvernements. Son influence est incontestable sur les divers socialismes de nos jours, qui ont tant gémi sur les souffrances des travailleurs et poursuivi le capital d'une haine si ardente. *V.* Socialisme, Communisme.   B.

SAINTZ, vieux mot qui désignait les *cloches*.

SAISIE, voie d'exécution forcée que la loi met à la disposition des créanciers, et qui leur permet de mettre sous la main de la Justice les biens meubles ou immeubles de leurs débiteurs, et de contraindre ceux-ci à l'exécution des obligations qu'ils ont contractées. Il y a pourtant des objets *insaisissables* (*V. ce mot*). Les saisies varient suivant la nature et l'importance des biens saisis ; on distingue : 1° la *saisie-arrêt*, au moyen de laquelle le créancier arrête aux mains d'un tiers les effets et deniers appartenant à son débiteur, et s'oppose à ce que remise lui en soit faite. Le payement fait par le tiers, au mépris d'une saisie-arrêt régulière, l'expose à payer deux fois. Les sommes arrêtées aux mains des dépositaires doivent être versées à la Caisse des dépôts et consignations (*Code de Procédure*, art. 561 et suiv.) ; — 2° la *saisie-brandon*, qui permet au créancier muni d'un titre exécutoire de saisir les fruits pendants par racines appartenant à son débiteur, et d'en opérer la vente pour s'indemniser à due concurrence lorsqu'ils seront parvenus à leur maturité ; elle ne peut être faite que dans les six semaines qui précèdent l'époque ordinaire de la maturité. La vente doit être faite un dimanche ou un jour de marché (*Ibid.*, art. 626-635) ; — 3° la *saisie conservatoire*, qui donne le droit au créancier, même dépourvu de titre, de faire saisir les effets mobiliers de ses débiteurs, avant qu'une décision judiciaire soit intervenue, à la condition de s'y faire autoriser par le président du tribunal de commerce ; — 4° la *saisie-exécution* ou *saisie mobilière*, au moyen de laquelle le créancier porteur d'un titre exécutoire peut faire saisir et vendre les meubles corporels de son débiteur, et se faire payer sur le prix ; elle doit être précédée d'un commandement fait un jour au moins avant l'exécution du jugement (art. 583 à 625) ; — 5° la *saisie foraine*, exercée même sans titre, avec la permission du président du tribunal de première instance, ou du juge de paix, et sans commandement préalable, sur les effets d'un débiteur forain, trouvés dans la commune qu'habite le créancier ; — 6° la *saisie-gagerie*, en vertu de laquelle un propriétaire ou principal locataire fait vendre, après jugement de validité, les objets nantissant les lieux par lui loués, et auxquels l'article 2102 du *Code Napoléon* lui accorde un privilège ; — 7° la *saisie immobilière*, qui permet au créancier, après les formalités de commandement, de transcription et autres préparatoires, d'exproprier les immeubles appartenant à son débiteur, et de se faire payer sur le prix. Elle a été réglementée à novo par la loi du 2 juin 1841 ; — 8° la *saisie des rentes*, qui arrête aux mains du débiteur les arrérages échus ou à échoir d'une rente, et permet d'arriver à l'adjudication publique du droit d'en percevoir les arrérages ; — 9° la *saisie-revendication*, au moyen de laquelle un créancier prétendant avoir des droits de propriété, de possession ou de gage sur une chose possédée par un tiers, la met sous la main de la justice, jusqu'à ce qu'il ait été statué sur le mérite de sa prétention (art. 826 et suiv.). *V.* Roger, *Traité de la saisie-arrêt*, 1837, in-8° ; Lachaize, *Traité de la vente des immeubles par expropriation forcée*, 1829, 2 vol. in-8° ; Paignon, *Commentaire théorique et pratique des ventes d'immeubles et biens immeubles*, 1841, 2 vol. in-8° ; E. Persil, *Commentaire de la loi du 2 juin 1841 sur les ventes judiciaires de biens immeubles*, 1842, in-8° ; Chauveau, *Code de la saisie immobilière*, 1842, 2 vol. in-8°; F. Berriat Saint-Prix, *Manuel de la saisie immobilière*, 1855, in-8°; Bressolles, *Explication de la loi du 21 mai 1858, contenant les modifications au Code de Procédure civile en matière de saisie immobilière*, Toulouse, 1858, in-8°; Grosse et Rameau, *Commentaire ou explication de la loi du 21 mai 1858*, 2 vol. in-8°; Ollivier et Mourlon, *Commentaire de la loi portant modification du Code de procédure sur les saisies immobilières*, 1858, in-8°; Piogey, *Commentaire de la loi du 21 mai 1858 sur la saisie immobilière*, 1858, in-8°; Seligman et Paul Pont, *Explication théorique et pratique de la loi du 21 mai 1858 sur les saisies immobilières*, 1859, in-8°. R. D'E.

- SAISIE, en matière de Douanes, arrestation que les préposés, et autres auxquels le droit en a été conféré, font des marchandises à l'égard desquelles les lois sur les importations, exportations et entrepôt ont été violées. Toute fausse déclaration dans la qualité ou l'espèce de la marchandise pour éluder un droit de 12 fr. et au-dessus, toute importation illicite ou tout débarquement sans permis de produits donnant ouverture à un droit de 3 fr. au moins, peuvent entraîner la confiscation. Un déficit dans le nombre déclaré, une omission au manifeste, ne sont passibles que d'une amende. L'administration des Douanes peut transiger sur les procès résultant des contraventions.

SAISINE, terme de Droit; c'est le fait d'être *saisi* d'une chose, c'est-à-dire la possession de cette chose. On distingue la *saisine de droit* et la *saisine de fait*. La première est attachée par la loi à certaines situations légales; ainsi, celle d'héritier légitime, par opposition aux enfants naturels, au conjoint survivant ou à l'État, qui doivent se faire envoyer en possession par justice des biens laissés par le défunt; — celle des héritiers à réserve, par opposition aux légataires, même universels, qui doivent leur demander la délivrance des biens légués; lorsqu'il n'y a pas d'héritiers à réserve, le légataire universel a la saisine; — celle d'exécuteur testamentaire, mais seulement au cas où elle leur a été donnée par le testateur. La saisine de fait suppose une possession réelle; ainsi, en matière d'action possessoire. V. Simonnet, *Histoire et théorie de la saisine héréditaire dans les transmissions de biens par décès*, 1851, in-8°. R. D'E.

SAISONS (Les), figures allégoriques auxquelles les Anciens ont donné des attributs rappelant chaque saison de l'année. Le *Printemps* est couronné de fleurs, et tient par la main un chevreau, ou trait une brebis; l'*Été*, couronné d'épis, tient d'une main un faisceau d'épis, et de l'autre une faucille; l'*Automne* a des grappes de raisin dans les mains, ou un panier de fruits sur la tête; l'*Hiver*, couvert de vêtements épais, tient d'une main des fruits secs, de l'autre des oiseaux aquatiques, et auprès de lui est un arbre dépouillé de verdure. V. au *Suppt.*

SALADE, casque. V. notre *Dictionnaire de Biographie et d'Histoire*.

SALADERO, nom qu'on donne, dans l'Amérique du Sud, à des abattoirs privés, appartenant à des particuliers ou à des compagnies.

SALADINE, cote d'armes du XII° siècle, ainsi appelée sans doute parce qu'on l'avait empruntée aux Musulmans commandés par Saladin.

SALAIRE, en latin *salarium* (de *sal*, sel; parce que dans l'origine les Romains payaient avec du sel), prix du travail journalier de l'ouvrier, et en général de tous les gens de service. Le *Code Napoléon* accorde pour le payement des salaires un privilège sur les meubles et sur les immeubles pour l'année échue, et pour ce qui est dû de l'année courante; l'action se prescrit par 6 mois.

L'Économie industrielle n'envisage dans le salaire que le prix de la main d'œuvre : elle a constamment en vue la réduction de ce prix, parce qu'elle ne se préoccupe que du débit des produits et de l'abondance des bénéfices, sans nul souci des agents du travail. Il en est autrement de l'Économie politique, dont l'objet est la prospérité sociale, et par conséquent la meilleure répartition possible entre tous des avantages sociaux. Elle s'inquiète sans doute aussi de la multiplicité croissante des produits, mais en même temps de la facilité de vivre pour ceux qui concourent à les faire naître; elle recherche les moyens par lesquels les travailleurs pourront vivre dans une certaine aisance. C'est là un des plus grands problèmes sociaux. Il est manifeste qu'un trop grand nombre d'hommes peuvent être condamnés à une sorte d'esclavage, si l'équité et la pleine liberté du contrat n'ont pas présidé à la distribution des salaires; que le salarié est souvent dominé par le besoin, et obligé de subir de dures conditions; que le salaire peut manquer ou être insuffisant. La seule différence qui sépare alors le salarié de l'esclave, c'est que nul ne peut par sévices le contraindre au travail ou punir sa résistance; mais du moins l'esclave est toujours nourri par son maître. Assurer par une bonne législation la suffisance constante des salaires, et faire en sorte que, dans les circonstances difficiles, les mœurs suppléent à ce que n'auraient pu faire les lois, voilà la question.

On a peine à comprendre que de nos jours on ait pu remuer et passionner les travailleurs avec un non-sens et une chimère aussi absurde que l'*égalité des salaires*. Évidemment l'homme qui travaille plus ou mieux qu'un autre a droit à une rémunération plus forte; ou bien il faudrait que toute idée d'équité fût bannie de la terre. L'égalité des salaires signifiait sans doute, pour ceux qui la réclamaient, l'élévation du salaire général au niveau des gains de certains privilégiés.

Le taux des salaires est nécessairement variable, comme le sont les prix de la matière première, le loyer des machines et des ateliers, et les frais généraux. Lorsque la main d'œuvre est abondante, la fabrication peu active, ou les produits peu recherchés, le salaire tend à la baisse; lorsque les produits sont demandés et les bras insuffisants, la main d'œuvre est à la hausse. C'est là une des lois les plus simples du mécanisme industriel. Ceux qui ont voulu faire intervenir l'autorité dans la fixation du salaire se sont étrangement trompés : toute liberté doit exister à cet égard, et le débat est entre l'ouvrier et le fabricant. Comment, d'ailleurs, fixer le taux du salaire? Serait-il le même pour toutes les professions? L'incapacité et la paresse seraient donc récompensées comme le talent et l'activité? L'inhabileté ne vivrait-elle pas aux dépens du mérite? A moins de la tyrannie la plus complète, toute fixation de salaire serait vaine : on a fait bien des tarifs en Angleterre, et aucun n'a subsisté; les *minimum* et les *maximum* fixés durant les crises sont toujours devenus inutiles au bout de quelques jours. Enfin la fixation des salaires serait nuisible à l'ouvrier : car, en haussant les salaires, on augmente naturellement les prix de vente; par suite, on diminue les achats, par conséquent la production elle-même. — V. Mac-Culloch, *Essai sur les circonstances qui déterminent le taux des salaires et la condition des classes laborieuses*, en anglais, Édimbourg, 1826, in-12; Senior, *Trois leçons sur le taux des salaires*, en anglais, Londres, 1830, in-8°; Carrey, *Essai sur le taux des salaires*, en anglais, Philadelphie, 1835, in-8°; F. Schmidt, *Recherches sur la population, les salaires et le paupérisme*, en allemand, Leipzig, 1835, in-8°; J. Garnier, *Étude sur les profits et les salaires*, Paris, 1848, in-8°.

SALAMALEC (de l'arabe *salam alat kom*, la santé soit avec vous), mot par lequel on désigne la salutation des Orientaux, accompagnée de révérences profondes.

SALAMANDRE, reptile dont les Anciens avaient fait l'attribut du feu, qu'on prétendait qu'elle pouvait vivre au milieu des flammes. Les poètes la prirent aussi pour emblème de l'amour.

SALAMANIE, flûte turque.

SALAMINIENNE (Galère). } V. notre *Dictionnaire de Biographie et d'Histoire*.
SALARIA (Voie). }

SALE, mot désignant autrefois une soucoupe sur laquelle on présentait divers objets à la reine de France.

SALICET, SALCIONAL ou SALICIONAL (du latin *salix*, saule), un des jeux de flûte de l'orgue. On le fait quelquefois à doubles lèvres.

SALIENS (Chants des). V. AXAMENTA.

SALIÈRE. V. au *Supplément*.

SALIQUE (Loi). V. notre *Dict. de Biogr. et d'Histoire*.

SALISBURY (Cathédrale de). Cette église, bâtie de 1220 à 1260, c.-à-d. à l'époque la plus brillante de l'architecture ogivale, est considérée comme la plus parfaite de l'Angleterre. Elle se distingue, en effet, par la régularité du plan, l'unité de style, la noblesse et la légèreté de la structure, l'élégante simplicité des détails, et l'harmonie de toutes les parties. Son plan est en forme de croix archiépiscopale, c.-à-d. à double transept. Le milieu des transepts est une tour bâtie au temps d'Édouard III : elle est formée de deux étages, distingués par des fenêtres que surmontent de petites arcades et des frontons d'ornementation; aux angles se dressent quatre clochetons aigus, qui dissimulent avec art le passage du carré à l'octogone, et une pyramide assez élancée, dont les longues lignes sont interrompues par des ornements d'un bon effet, atteint une hauteur de 123 mèt. au-dessus du sol; la pointe de la flèche est inclinée de

0m,50 environ. La façade occidentale de l'église est aussi remarquable par sa belle ordonnance que par la délicatesse des ornements. Trois portes un peu pauvres, et, au-dessus, trois hautes fenêtres, puis un pignon aigu; aux angles, des tourelles surmontées de clochetons; le tout, orné d'arcatures ogivales : tels sont les traits distinctifs de cette façade. L'intérieur de la cathédrale de Salisbury a 138m de longueur, 24m de largeur, 25m de hauteur; le premier transept est long de 65m, le deuxième de 44m,20, et leurs extrémités sont carrées, ainsi que l'abside. Tout est d'une froideur inexprimable, et cette froideur provient de l'absence complète de sculpture. L'édifice est éclairé par 365 fenêtres superposées en trois rangées, mais dont les vitraux peints ont été détruits au XVIe siècle ; on n'en a replacé de nos jours que dans le chœur, où Chantrey a sculpté les tombeaux du premier comte de Salisbury, qui vivait au XIIIe siècle, et d'un comte de Malmesbury. — Sur le flanc méridional de l'église, depuis le grand portail jusqu'au premier transept, se développe un beau cloître carré, de 55m de côté. Au milieu du côté oriental de ce cloître, un vestibule élégamment orné donne accès dans une salle capitulaire octogone, de 17m,67 de diamètre, éclairée par huit larges et hautes fenêtres. C'est un monument incomparable. Au centre de la salle s'élève un pilier composé d'un faisceau de colonnettes, comme soutien apparent des nervures ramifiées de la voûte. Une arcade est creusée à la partie inférieure des murailles, avec une plinthe saillante en pierre, où les chanoines s'asseyaient sur des tapis; des sujets tirés de l'Ancien Testament y ont été sculptés en bas-relief. La salle contient une table dont se servait le chapitre, reposant sur huit colonnettes que relient de gracieuses arcades ogivales : elle est un intéressant spécimen du mobilier du XIIIe siècle. V. John Britton, The history and antiquities of the cathedral church of Salisbury, Londres 1814.   B.

SALITE (de l'italien salita, montée, saillie). Ce mot, quelquefois employé dans la langue de l'architecture, désigne un genre de montée très-usité en Italie : c'est une pente plus ou moins douce, coupée, de mètre en mètre environ, par une traverse en pierre saillante de 9 à 10 centimètres, et à bord très-arrondi. Elle forme une espèce de contre-marche, dont le giron est en pente très-marquée. C'est une tradition de l'Antiquité, car on en a trouvé à Pompéi. Les salites tiennent la place de marches. On en fait quelquefois de très-longues, et elles ont cet avantage que les chevaux et autres bêtes de somme peuvent y monter, et même les carrosses, moyennant un cahot à chaque changement de giron. A Rome, la montée du Capitole moderne est en salite. C'est également une salite, mais en limaçon, qui conduit sur la plate-forme de la colossale basilique de St-Pierre. Les salites sont toujours construites en briques de champ, rangées en épi; le cordon seul est en pierre. On les appelle aussi escaliers à cordons.   C. D—y.

SALIVI (Idiome), un des idiomes indigènes de l'Amérique du Sud, parlé par les Salivis, sur les bords du haut Orénoque, entre ses affluents le Meta et le Guaviare. Il est plein de sons nasaux. Le P. Anisson en a rédigé la Grammaire.

SALLE (du celtique sala, maison), pièce plus ou moins grande d'une habitation privée, d'un palais ou d'un édifice public, destinée à un usage déterminé. Il y a des salles à manger, des salles d'armes, de bal, de concert, d'audience, de réception, de billard, de bain, etc.

SALLE CAPITULAIRE. V. CAPITULAIRE.

SALLE D'ASILE. V. ASILE.

SALLE DE POLICE, chambre d'arrêt pour les militaires coupables de fautes légères. Elle fait partie de la caserne, et est garnie d'un lit de camp. On n'y entre pas pour moins de 24 heures, et l'on ne peut y rester plus de 15 jours. Les détenus reçoivent la nourriture de l'ordinaire, sortent pour faire leur service et aller deux fois par jour à l'exercice, et sont astreints aux corvées de propreté dans les quartiers.

SALOMON (Enfants de). V. COMPAGNONNAGE.

SALON, pièce destinée dans une maison à recevoir la compagnie. On a donné le nom de Salon à la galerie où se font à Paris les expositions périodiques des Beaux-Arts, et à l'exposition elle-même, parce que les expositions n'avaient lieu primitivement que dans le grand salon carré du Louvre. Les membres des Académies de peinture et de sculpture avaient alors le droit exclusif d'y exposer leurs ouvrages.

SALONIKA, costume oriental. V. ABA.

SALOUNG. V. CHALLOUNG.

SALPÊTRIÈRE (La), hospice de Paris, destiné à recevoir les femmes indigentes, infirmes ou âgées de 70 ans, et en outre au traitement des folles. Fondé en vertu d'un édit du 27 avril 1656, on y renferma d'abord les mendiants, les vagabonds et les femmes de mauvaise vie. Les constructions premières furent élevées par Libéral Bruant; d'autres corps de bâtiment ont été ajoutés à mesure que le besoin s'en faisait sentir. L'église est bâtie sur un plan circulaire qui a près de 20 mèt. de diamètre, et couverte d'un dôme octogone : l'intérieur est percé de 8 arcades, qui communiquent à 4 nefs, de 23 met. de longueur, et à 4 chapelles; ces nefs et ces chapelles, disposées en rayons, aboutissent au centre de l'église, où est l'autel principal.

SALTARELLE (du latin saltare, danser), danse italienne, d'un mouvement rapide et toujours croissant, que le danseur accompagne avec sa guitare. Elle est à trois temps ou à six-huit; le premier temps de chaque mesure est fortement marqué, quoique commençant par une brève. On la danse au 3e acte de la Muette de Portici, grand opéra de Scribe et G. Delavigne, musique d'Auber.

SALTATION, nom donné par les anciens Romains à l'art qui comprenait la danse, la pantomime, l'action théâtrale et l'action oratoire.

SALTIMBANQUE (de l'italien saltare in banco, sauter sur des tréteaux), jongleur, bateleur, charlatan, qui fait ses exercices et débite ses drogues sur les places publiques. Les saltimbanques doivent être munis d'une permission de la police. A Paris, d'après une ordonnance du 30 nov. 1853, ils ne peuvent exercer avant 8 heures du matin, et doivent se retirer avant 6 heures du soir du 1er octobre au 1er avril, avant 9 heures du 1er avril au 1er octobre; il leur est interdit de se faire accompagner d'enfants au-dessous de 16 ans.

SALUBRITÉ PUBLIQUE, soin que l'Administration prend de la santé publique. Elle comprend notamment : les dessèchements de marais; la police sanitaire; la voirie; la surveillance des halles et marchés, avec celle des boutiques à comestibles et liquides, principalement des boulangers, bouchers, marchands de vins, limonadiers, épiciers, pharmaciens et confiseurs; l'arrosement; le balayage; l'enlèvement des immondices, des neiges et glaces. Le gouvernement prescrit les travaux généraux de salubrité qui intéressent les villes ou communes, et les dépenses en sont supportées par chacune d'elles. L'administration municipale prend les mesures nécessaires : d'abord pour assainir l'air, afin de prévenir ou d'arrêter les épidémies, les épizooties, les maladies contagieuses; ensuite pour l'observation des règlements concernant le nettoiement des voies publiques, les inhumations, les fosses d'aisances, le curage des mares, puits et puisards, l'enfouissement des animaux morts, et la suppression des comestibles gâtés ou corrompus. Elle impose des obligations spéciales pour l'établissement des manufactures et ateliers insalubres ou incommodes; elle surveille les échaudoirs, les salles de dissection et d'exposition de cadavres; elle interdit d'élever, sans autorisation, dans certaines localités, des volailles, lapins, pigeons, porcs, vaches, chèvres et moutons. A Paris, aux termes d'une ordonnance de police du 23 nov. 1823, les maisons doivent être tenues en état de propreté, pourvues de tuyaux et cuvettes, afin que les eaux aient un écoulement convenable sur la rue ou dans un égout ou puisard ; les loges de portier bien ventilées; les latrines sans odeur, avec tuyau d'évent et sol imperméable, le sol des écuries également imperméable, les fumiers enlevés chaque jour; les chambres louées en garni ayant au moins 14 mèt. cubes par personne. Il est défendu de jeter ou déposer dans les cours aucune matière pouvant entretenir l'humidité ou donner des exhalaisons ; le sol des ruisseaux doit être propre; enfin toutes les précautions d'assainissement et d'intérêt de santé publique font le complément d'une bonne salubrité. Les infractions aux règlements locaux concernant la salubrité sont punies d'amende, et, en cas de récidive, d'emprisonnement, par les art. 471, 474 et suiv. du Code pénal. V. Monfalcon et Polinière, Traité de la salubrité dans les grandes villes, Paris, 1846, in-8°; A. Tardieu, Dictionnaire d'hygiène publique et de salubrité, Paris, 1852-54, 3 vol. in-8°.   T.

SALUT ou SALUTATION, action de saluer, par respect, bienséance ou amitié. Chaque peuple a sa manière de saluer. La plupart des Européens se découvrent et s'inclinent; les Anglais, et surtout les Américains, se pressent la main sans se découvrir; les Turcs s'inclinent en portant la main droite sur le cœur, ou en élevant les mains au-dessus de la tête; les Japonais ôtent un pied de leur pantoufle; les habitants des Philippines prennent la main ou le pied de celui qu'ils veulent honorer, et s'en frottent le visage; certains nègres d'Afrique s'abordent en se serrant trois fois le doigt du milieu; les Lapons et les Otaïtiens se posent le nez l'un contre l'autre, etc. — Les paroles de salutation ne sont pas moins variées que les gestes. Les anciens Grecs disaient en s'abordant : *Travaille et prospère*, ou *Occupe-toi avec succès*. Les Romains disaient : *Combien valez-vous? ou Quelle est votre force? ou Sois robuste et bien sain (vale et salve)*. Les Français disent : *Comment vous portez-vous? ou Comment allez-vous?* Un Espagnol et un Italien ne manquent pas de dire : *Comment vous tenez-vous debout? (Como estad? — Come sta?)*. On dit en anglais : *Comment faites-vous faire? (how do you do?)*; en allemand : *Comment vous trouvez-vous? (wie befinden sie sich?)*; en hollandais : *Comment se tient votre manger? (smakelijk eten?)*, ou *Comment vous voiturez-vous? (hoc waart uwe?)*. Les Hébreux disaient : *La paix soit avec vous!* et les Turcs : *Le salut ou la santé soit sur vous!* — Il y a aussi des formules employées dans les lettres, dans les préambules des lois et ordonnances, des lettres patentes, des mandements, des bulles, etc. Ainsi, les Romains commençaient leurs lettres par cette formule de salut : S. D. (*salutem dicit...*). En tête des actes émanés de l'autorité royale en France, on lisait ; *A tous ceux qui ces présentes verront, salut*. Sous la 1re République, les lettres se terminaient par ces mots : *Salut et fraternité*. Autrefois, dans l'office divin, les Épîtres et les Préfaces portaient les mots : *Au lecteur, salut*.

Le *salut militaire* est un témoignage de respect ou d'honneur rendu par les militaires isolés ou en troupe au souverain, aux princes, aux grands dignitaires de l'État, aux officiers, aux décorés, etc. On distingue le *salut des armes*, le *salut du drapeau*, le *salut de l'épée*, le *salut à feu*, le *salut sans armes* (*V.* MILITAIRES — Honneurs). — Dans la Marine, les vaisseaux qui se rencontrent, ou qui passent devant quelque place, saluent, soit par le pavillon et les voiles, soit par le canon. Les coups de canon se tirent alternativement d'un bord et de l'autre. Lorsque le salut a lieu entre égaux, il se rend en nombre pareil; si celui qui salue est inférieur, le supérieur rend quelques coups de moins. Les bâtiments de l'État, salués par ceux du commerce, rendent ordinairement le tiers (*V.* l'ordonnance du 31 oct. 1827). B.

SALUT, dans le langage de la Religion, félicité éternelle qui attend le juste, mort en état de grâce. C'est un dogme que nous ne pouvons obtenir le salut que par Jésus-Christ, et que c'est pour nous le procurer qu'il est venu sur la terre. La maxime : *Hors de l'Église, point de salut!* s'applique, d'après les meilleurs théologiens, non à tous les hommes en général, mais à ceux qui, ayant eu connaissance de la vraie doctrine, n'ont pas voulu la suivre.

SALUT, en termes de Liturgie, ensemble des prières qui se chantent après Complies, ou dans un office spécial du soir, et qui se terminent par la bénédiction du Saint-Sacrement.

SALUT D'OR, monnaie d'or frappée en France à la fin du règne de Charles VI, et qui valait 15 sous tournois ou environ 11 fr. 41 c. Elle portait l'empreinte de la Vierge recevant la *Salutation angélique*.

SALUTATION, terme de Diplomatique. *V.* DIPLÔME.

SALUTATION ANGÉLIQUE, prière adressée à la Ste Vierge, et composée : 1° des paroles que l'Évangile met à la bouche de l'ange Gabriel, quand il annonça à Marie le mystère de l'Incarnation (*Ave, Maria*, etc.); 2° de celles que proféra Élisabeth, lorsqu'elle reçut la visite de Marie (*Benedicta tu...*); 3° de celles que l'Église emploie pour implorer l'intercession de la Mère de Dieu (*Sancta Maria*, etc.). Grégoire Ier décida que cette prière serait récitée par les prêtres, le 4e dimanche de l'Avent, à l'offertoire de la Messe; depuis le XIe siècle, elle est devenue commune aux laïques. *V.* ANGÉLUS.

SALUTATORIUM, nom donné autrefois à une sorte de sacristie des églises, où les prêtres entendaient les affaires, discutaient les causes, et où se tenaient même des synodes. On y venait *saluer* celui qui allait officier.

SALVATION, ancien terme de Pratique, désignant un écrit en réponse aux arguments de la partie adverse.

SALVE, décharge de coups de canon, en l'honneur de quelqu'un et pour le saluer, ou pour la célébration d'une fête, ou pour annoncer une bonne nouvelle.

SALVE REGINA, c.-à-d. en latin *Salut, reine*; antienne chantée en l'honneur de la Sainte-Vierge, depuis la Pentecôte jusqu'à l'Avent, et attribuée soit à Hermann

Contract, soit à Pierre de Monsoro, évêque de Compostelle, soit à Adhémar de Monteil, évêque du Puy.

SAMARITAIN (Idiome), idiome araméen qui se forma en Palestine, dans le pays de Samarie, lorsque les Cuthéens, venus du centre de l'Asie après la conquête du royaume d'Israël par les Assyriens, se furent mélangés avec les Hébreux laissés par les vainqueurs dans le pays. On y trouve naturellement un grand nombre de mots et de formes hébraïques. L'alphabet samaritain a été composé, avec les antiques caractères, et l'on n'y rencontre pas de signes représentatifs des voyelles. Quelques familles de la Syrie moderne descendent des Samaritains; elles possèdent en leur dialecte le *Pentateuque*, des livres de liturgie, et un grand nombre de chants religieux. *V.* Uhlemann, *Institutiones linguæ Samaritanæ*, Leipzig, 1837, in-8°; Gesenius, *De Pentateuchi Samaritanorum origine*, Halle, 1815, in-4°; Winer, *De versione Pentateuchi samaritanâ*, Leipzig, 1817, in-8°.

SAMARITAINE (La), pompe et château d'eau, construits de 1603 à 1608 à Paris, sur le côté occidental du Pont-Neuf, d'après les plans d'un Flamand appelé J. Lintlan, pour alimenter d'eau le Louvre et les Tuileries. Le nom venait d'un groupe en bronze doré, placé sur la façade, et représentant Jésus et la Samaritaine près d'un vase d'où tombait une nappe d'eau. Toute la construction, maladroitement restaurée en 1775, ornée d'une horloge et surmontée d'un carillon, fut démolie en 1813.

SAMA-VÊDA. *V.* VÊDA.

SAMBUE, vieux mot désignant la selle particulière aux femmes pour se tenir à cheval.

SAMBUQUE (du latin *sambucus*, roseau), sorte de flûte des Anciens, ainsi appelée parce qu'elle fut primitivement en bois de sureau. On donna le même nom au *trigone* ou cithare triangulaire, et à une trompette dont les tuyaux mobiles s'emboîtaient les uns dans les autres.

SAMBUQUE, engin de guerre des anciens Romains. C'était une sorte d'échelle qu'on appliquait aux murailles d'une place assiégée, et dont la forme rappelait, selon Plutarque, celle de l'instrument de musique qui portait le même nom.

SAMINE, vaisseau propre aux Samiens. Plutarque dit qu'elle avait le corps fort large, la proue très-basse, et néanmoins qu'elle était propre à la haute mer et légère à la course.

SAMNITE (Idiome), un des idiomes de l'ancienne Italie. Il paraît avoir eu de grands rapports avec l'osque (*V. ce mot*), puisqu'au dire de Tite-Live (X, 20), les Romains envoyèrent, pour espionner l'armée samnite, *des gens qui connaissaient l'osque*.

SAMOYÈDE (Idiome), un des idiomes ouralo-altaïques. Il a été étudié par Castrén, dont les travaux, composés et insérés dans les *Nouvelles Annales des voyages*, 5e série, et qui a publié une *Grammaire samoyède*, St-Pétersbourg, 1854, in-8°.

SAMPOGNE ou SAMPUNIA, sorte de musette (*V. ce mot*).

SAN-BENITO. *V.* CHEMISE ARDENTE.

SANCIR, en termes de Marine, couler à fond sous voiles et à l'ancre, en plongeant par l'avant.

SANCTIFICATION (du latin *sanctus*, saint, et *fieri*, devenir), action et effet de la Grâce qui nous rend purs et saints. Par *sanctification* des dimanches et des fêtes, on entend leur célébration suivant la loi et l'intention de l'Église.

SANCTION (du latin *sancire*, établir). Sanctionner une loi, c'est appliquer les peines ou décerner les récompenses attachées à la violation ou à l'observation de cette loi. La sanction ne s'adresse pas à la raison, mais à la sensibilité; elle n'est pas le principe même de la loi. La sanction est nécessaire pour retenir l'homme ou l'encourager; de là la pénalité introduite dans la législation civile, comme une sanction indispensable aux prescriptions légales. Au-dessus de cette sanction des lois positives, il y en a une supérieure, qui est celle de la loi morale. Celle-ci a diverses sanctions : 1° la satisfaction morale et le remords; 2° les conséquences des actes; 3° l'opinion; mais toutes ces sanctions, imparfaites et insuffisantes, appellent la sanction religieuse, qui repose sur l'immortalité de l'âme. R.

SANCTUAIRE (du latin *sanctuarium*), nom que l'on donnait à la partie la plus secrète et la plus intime du Temple de Jérusalem, au *Saint des Saints*, où l'on conservait l'Arche d'alliance, et où le grand-prêtre seul pouvait pénétrer. On applique également à la partie des temples païens où se trouvait la statue du Dieu, et, dans les églises catholiques, à la portion du chœur, ordinairement surélevée, qui contient le maître-autel, et que ferme une balustrade ou cancel.

SANCTUS, c.-à-d. *Saint*, mot latin par lequel commence la partie de la messe qui suit immédiatement la Préface. Le *Sanctus* paraît avoir été usité dès le II° ou le III° siècle. On le trouve désigné chez les Grecs par les noms d'*Epinicion* (chant de victoire) et de *Trisagion* (trois fois saint).

SANDALE, chaussure. V. SOLEA, dans notre *Dictionnaire de Biographie et d'Histoire*.

SANDALE, bateau de transport des côtes de la Barbarie.

SANDAPILA, cercueil grossier dans lequel on emportait les morts pauvres chez les anciens Romains.

SANDJAK. V. ce mot dans notre *Dictionnaire de Biographie et d'Histoire*.

SANDWICH (Idiome), idiome des habitants de l'archipel Sandwich. Il n'a que deux pronoms personnels, et deux particules pour déterminer le temps de l'action, l'une pour le futur, l'autre pour le passé.

SANDYX, tunique lydienne, du tissu le plus transparent, et teinte avec le suc du sandyx, plante de couleur rouge de chair.

SANGLIER. V. ce mot dans notre *Dictionnaire de Biographie et d'Histoire*.

SANGUINE, crayon fait avec du fer oligiste ou hématite rouge, et qui est d'un grand usage dans le Dessin. On voit au musée du Louvre des dessins à la sanguine par Raphaël, le Corrége, le Dominiquin, Pierre de Cortone, Carlo Maratta, Vouet, Van der Meulen, Rigaud, Largillière, Lesueur, Watteau, Bouchardon, Carle Vanloo, Pierre, Boucher, Cochin, Greuze, Demarteau, etc.

SANHÉDRIN. V. ce mot dans notre *Dictionnaire de Biographie et d'Histoire*.

SANKHYA (Philosophie). V. INDIENNE (Philosophie).

SANKO, instrument de musique des indigènes de la Sénégambie. C'est une boîte étroite, dont la partie supérieure est couverte d'une peau de crocodile : 8 cordes sont tendues sur un chevalet et attachées à un bâton fortement entaillé qui est fixé à l'extrémité de la boîte.

SANNIO, bouffon de théâtre chez les anciens Romains, celui qui cherchait à exciter le rire par des gestes grotesques, des mouvements ridicules, des contorsions du visage et du corps.

SANSCRIT (d'un mot composé qui signifie *achevé*, *parfait*), antique idiome de l'Inde, désigné par les premiers Européens qui en eurent connaissance sous les noms de *hanscret* et de *sanscredam*, où l'on reconnaît le nom véritable, et sous ceux de *nagrou* et de *grantham*, indiquant la langue écrite, la langue des livres. Des savants ont prétendu qu'on ne parla jamais le sanscrit, et que c'était une langue artificielle, créée par des ministres du culte et pour leur usage particulier ; mais il est impossible d'admettre qu'une langue dont on trouve les traces dans toutes les langues dites âryennes ou indo-européennes (*V. ce mot*) ait été une création capricieuse de quelques individus. Le sanscrit a été parlé dans des temps très-anciens sur les bords du Gange par les adorateurs de Brâhma. Ce n'est pas qu'il y ait pris naissance ; mais il fut apporté par cette race puissante qui habitait l'antique Arie, sur le revers de l'Hindou-kho, et qui a laissé de ses lointaines migrations, en des directions diverses, tant de témoignages irrécusables dans une foule d'idiomes. Apporté par des hommes plus avancés en civilisation que les habitants primitifs de l'Inde, il régna de la même façon que plus tard le latin dans les pays où l'imposa la conquête romaine. Quant à l'époque où il cessa d'être employé comme langue vulgaire, on ne saurait la préciser : des idiomes issus de lui l'ont remplacé (*V. INDIENNES — Langues*), et il n'est plus aujourd'hui que la langue de la religion, des lois et de la haute littérature.

Le sanscrit est la langue la plus achevée de toute la famille, celle qui satisfait le mieux à toutes les exigences du langage et qui offre le plus de ressources pour l'expression de la pensée. Sa grammaire, complexe en apparence, est en réalité d'une simplicité étonnante et qui laisse loin derrière elle celle du latin, du grec et de l'allemand. Synthétique par excellence, le sanscrit exprime avec une aisance pleine de clarté les idées les plus abstraites et les raisonnements les plus subtils ; c'est la vraie langue philosophique des hommes.

C'est aussi une des langues les plus poétiques, par la facilité qu'elle a de composer des mots, par la valeur pittoresque de ses expressions. Le génie synthétique de la race âryenne ne se montre nulle part aussi nettement, et nous pouvons attribuer à cette qualité des Aryas de l'Inde non-seulement la facilité qu'ils ont communiquée à leur langue d'exprimer dans une même phrase et par de simples changements dans la fin ou le commencement des mots un grand nombre d'idées avec leurs rapports, mais encore la puissance d'esprit avec laquelle ils ont composé leurs grandes épopées, non moins étonnantes par leur ensemble et par l'unité de l'intérêt que par la variété infinie des détails. C'est à ce même génie synthétique des Aryas de l'Inde qu'il faut attribuer, avec le caractère si éminemment philosophique de leur langue, la grandeur de composition qu'ils ont mise dans leurs conceptions religieuses et philosophiques. Il est à remarquer, en effet, qu'ils n'ont emprunté rien à personne, et que, séparés, dès l'origine, du tronc commun, ils ont à eux seuls donné à leur langue et aux idées qu'elle a exprimées toute la perfection qui s'y trouve.

Les racines de la langue sanscrite sont monosyllabiques, et, contrairement à ce qui s'observe dans les langues sémitiques, les voyelles importent ici au sens des radicaux, qui finissent en effet, en prenant des valeurs primitives différentes, tantôt par une consonne, tantôt par une voyelle. Le nombre des radicaux ne s'élève pas à plus de 1,700 ; mais des mots simples on peut former un nombre indéfini de mots composés. Ce n'est pas seulement dans l'identité des radicaux que consiste l'analogie du sanscrit avec les langues indo-européennes ; les mêmes rapports existent dans la structure grammaticale. Par exemple, le sanscrit présente l'*a* privatif, les augments et les redoublements du grec, les créments du latin ; il a, comme le latin et le grec, trois genres grammaticaux ; il a trois nombres comme le grec. Sa déclinaison offre huit cas (deux de plus qu'en latin, le locatif et l'instrumental) ; toutefois, au nombre duel, ils se réduisent à trois. Les adjectifs ont, aussi bien que les substantifs, les flexions casuelles. Comme en latin et en grec, la terminaison du nominatif singulier est ordinairement la voyelle *a* pour le féminin, et une nasale pour le neutre ; l'*s* est la finale la plus ordinaire du génitif. La conjugaison sanscrite présente 6 temps, 6 modes et 3 voix. L'indicatif a 3 présents et 2 futurs ; les modes subjonctif ou optatif, impératif, précatif, conditionnel et infinitif n'ont qu'un seul temps, le présent. A l'actif les verbes réguliers présentent, selon les différents grammairiens, de 7 à 14 conjugaisons. Le passif n'a qu'une seule forme, mais il faut y rattacher les verbes causatifs, désidératifs, fréquentatifs, qui en dérivent. La conjugaison n'admet qu'exceptionnellement l'emploi d'un auxiliaire, qui est le verbe substantif contracté. Nos prépositions sont souvent remplacées en sanscrit par les flexions casuelles des noms ; cependant cette langue abonde en particules de toute sorte. Le sanscrit est très-libre dans la construction grammaticale ; il offre dans la prose une grande variété de tours de phrases, et dans la poésie une grande richesse de mètres. Il a dans l'écrit un alphabet qui lui est propre, et dont la forme actuelle n'est pas très-ancienne, le *dévanâgari* (*écriture des dieux*), alphabet qui n'a pris son aspect actuel que du VII° au X° siècle, et qui comprend 14 voyelles et diphthongues, 2 caractères exprimant la nasalité et l'aspiration finales, et 35 consonnes : il n'y a ni ponctuation dans les phrases, ni séparation entre les mots, et la connaissance de la langue fait seule distinguer où chaque mot commence et où il finit. L'orthographe est toujours d'accord avec la prononciation.

Les linguistes reconnaissent dans le sanscrit deux états différents, qui correspondent aux deux périodes principales de son histoire. Les *Védas*, les monuments les plus anciens de la littérature indienne, s'éloignent beaucoup des ouvrages postérieurs qui se rapportent à l'âge classique de cette littérature. Le style en est irrégulier, presque informe ; les mots manquent souvent de cette nécessité grammaticale, les phrases sont courtes, et la construction très-simple ; on ne trouve pas cette recherche de l'euphonie, qui a été poussée si loin dans la suite, cette précision de formes qui distingue le sanscrit littéraire ; certains mots dans les *Védas* n'ont pas le même sens que dans la langue classique ; enfin les particules séparables y sont plus fréquentes.

Les principales Grammaires de la langue sanscrite sont celles de Colebrooke (Calcutta, 1805), de Carey (Serampour, 1806), de Ch. Wilkins (Londres, 1808), de H.-P. Forster (Calcutta, 1812), de Wilson (Londres, 1815), de W. Yates (Calcutta, 1820), d'Othmar Franck (Wurzbourg, 1823), de Fr. Bopp (Berlin, 1827), de W. Price (Londres, 1828), de Desgranges (Paris, 1845-1848, 2 vol. in-8°), de Benfey (Leipzig, 1852-54, 2 vol.), d'Em. Burnouf et Leupol (Nancy, 1860). Le P. Paulin de Saint-

Barthélemy en a publié une sous le titre de *Sidharubam, seu Grammatica samscrudonica* (Rome, 1790, in-4°), ainsi qu'un Dictionnaire intitulé *Amarasinha* (Rome, 1798, in-4°). V. aussi Yates, *Sanscrit Vocabulary*, Calcutta, 1820, in-4°; Bopp, *Glossarium sanscritum*, 1828-30; Wilson, *Sanscrit and English Dictionary*, Calcutta, 1832, in-4°; Loiseleur-Deslongchamps, *Amarakocha, ou Vocabulaire d'Amarasinha*, Paris, 1837, in-8°; Em. Burnouf et Leupol, *Dictionnaire sanscrit-français*, Nancy, 1863; Wilkins, *Radicals of the sanskrita language*, Londres, 1815, in-4°; Fr. Rosen, *Radices sanscritæ*, Berlin, 1827, in-8°; Monier Williams, *English and sanscrit dictionary*, Londres, 1851; Westergaard, *Radices linguæ sanscritæ*, Bonn, 1841, in-8°; Colebrooke, *On the sanscrit and pracrit languages*, dans le tome VII des *Recherches asiatiques*, et *On sanscrit and pracrit poetry*, dans le tome X; Bopp, *Sur le système de la conjugaison en sanscrit*, en allemand, Francfort-sur-Mein, 1816, et *Analyse comparée du sanscrit et des langues qui s'y rapportent*, en allemand, 1824, in-4°; Othmar Frank, *Chrestomathie sanscrite*, Munich, 1821-22; Fr. Adelung, *Essai sur la littérature sanscrite*, en allemand, St-Pétersbourg, 1837, in-8°; *Sroutabodha*, traité de prosodie sanscrite, composé par Kâlidâsa, traduit en français par Lancereau, 1855, in-8°.

SANS-SOUCI (Château de). V. POTSDAM.

SANTAR, nom qu'on donne en Corse aux *nuraghes* (V. ce mot).

SANTÉ (La), déesse allégorique des Anciens, fille d'Esculape. Les Grecs la nommaient Hygie, et les Romains Salus. On la représentait sous la figure d'une belle jeune fille assise sur un trône, tenant d'une main une patère, de l'autre un serpent, et couronnée d'herbes médicinales.

SANTÉ (La), nom donné quelquefois aux établissements placés dans les ports de mer pour recevoir les individus soumis à la quarantaine (V. ce mot). Les chaloupes au moyen desquelles ces établissements communiquent avec les navires suspects sont appelées *bateaux* ou *canots de santé*.

SANTÉ (Conseil de). V. CONSEIL DE SANTÉ, dans notre *Dictionnaire de Biographie et d'Histoire*.

SANTÉ (Corps de), corps chargé du service médical dans l'armée. Il se compose de *Médecins* et de *Pharmaciens* (V. ces mots), assimilés aux grades de la hiérarchie militaire ainsi qu'il suit :

Inspecteur	Général de brigade.
Principal de 1re classe	Colonel.
Principal de 2e classe	Lieutenant-colonel.
Major de 1re classe	Chef de bataillon.
Major de 2e classe	Capitaine.
Aide-major de 1re classe . . .	Lieutenant.
Aide-major de 2e classe . . .	Sous-lieutenant.

SANTÉ (Maison de). V. MAISON DE SANTÉ.

SANTÉ (Officier de). V. OFFICIER DE SANTÉ.

SANTIAGO ou St-JACQUES DE COMPOSTELLE (Cathédrale de). Un ancien sanctuaire de l'apôtre St Jacques, saccagé par les Sarrasins, forme au-dessous de la cathédrale actuelle une sorte de crypte. L'église a été commencée en 1082. La façade principale présente un harmonieux ensemble, à quatre corps, couverts à profusion de statues et d'ornements : les tours se terminent en coupoles à 67 mèt. de hauteur. La partie d'une des façades latérales est soutenue par une console d'une grande hardiesse, figurant une coquille que l'on regarde comme un chef-d'œuvre d'architecture. L'intérieur de l'édifice est en forme de croix latine, et mesure 75 mèt. de long sur 57 de large; 25 chapelles sont pratiquées dans le pourtour Une coupole s'élève sur le transept, à une hauteur de 33 mèt.; en travers on a suspendu, à deux arcs en fer, une poulie qui sert dans les solennités à manœuvrer un colossal encensoir. La chapelle de St-Christophe contient une *custodia* d'or et d'argent, joli temple de 1m,50 de haut, richement ciselé. Mais ce qu'il y a plus curieux dans la cathédrale de Santiago, c'est l'autel de la crypte, surmonté de la statue de St Jacques qu'environnent quatre rois agenouillés, et d'une pyramide où l'on a représenté le saint mettant les Maures en déroute; le tout est d'une grande magnificence, sinon d'un goût bien pur. A la cathédrale est attenant un cloître carré, de 39 mèt. de côté, dont on recouvre les murailles, le jour de l'octave de la Fête-Dieu, avec des tapisseries très-précieuses.

SANTIR, instrument de musique des Arabes, fait à peu près dans la forme du *qânon* (V. ce mot). Les cordes sont en métal; on les frappe avec de petites baguettes.

SANTONS. V. ce mot dans notre *Dictionnaire de Biographie et d'Histoire*.

SAOULE, jeu. V. SOULE.

SAPE (de l'italien *zappa*), action de *saper*, c.-à-d. de creuser sous les fondements d'un édifice pour le faire tomber. Dans le Génie militaire, la sape est tout travail de pic, de pioche et de hache, ayant pour objet d'ouvrir des tranchées, des chemins couverts, des boyaux qui conduisent les assiégeants sur le corps de la place qu'ils attaquent. Si les feux de l'assiégé ne peuvent produire que peu d'effet, on se contente d'un parapet élevé lestement avec des gabions; c'est la *sape volante*. Dans quelques positions, il faut deux parapets, et alors la *sape* est *double*. On nomme *sape ouverte* celle qui se fait sous terre. La *tête de sape* est le point le plus avancé du chemin qu'on creuse, et, par conséquent, le plus exposé : c'est un poste d'honneur.

SAPÈQUE, monnaie de Chine, le même que le *cach* (V. ce mot). On en a fait en fer, en plomb, ou en alliage de cuivre, de plomb, d'étain et de zinc. Les sapèques sont percées d'un trou carré, qui sert à les enfiler par centaines.

SAPEURS. V. ce mot dans notre *Dictionnaire de Biographie et d'Histoire*.

SAPHIQUE (Vers), hendécasyllabe grec et latin composé de 5 pieds et demi, dont le 1er est trochée, le 2e trochée ou spondée, le 3e trochée, le 4e et le 5e iambes. La strophe saphique se compose de trois de ces vers suivis d'un adonique. On trouve quelquefois en grec après le 3e pied une césure, qui est plus fréquemment observée par les poëtes latins. Horace en met souvent une après le 2e pied. Lorsque le sens unissait étroitement le mot final d'un vers avec le commencement du vers suivant, une élision pouvait avoir lieu d'un vers à l'autre; quelquefois même un mot était commencé à la fin d'un vers et terminé au suivant :

Rōmŭlæ gēntĭ dătĕ rēmquĕ prōlĕmquĕ
Et dĕcŭs ōmnĕ.

HORACE.

Thrăcĭō băchāntĕ măgĭs sŭb īntĕr-
lūnĭă vēntō.

ID.

P.

SAPHIR, pierre précieuse, de couleur bleu d'azur. Dans la Symbolique, le saphir représente l'espérance chrétienne, la sainte contemplation. Il était aussi l'image de Nephtali, de St Paul, et de St André.

SAPIENCE (du latin *sapientia*, sagesse, science), mot du vieux langage, qui n'est plus guère usité que dans cette phrase : *Le pays de Sapience*, pour désigner la Normandie. L'Université de Rome est ordinairement appelée *Collège de Sapience*, à cause de cette inscription latine placée sur l'édifice qu'elle occupe : *Initium sapientiæ timor Domini*.

SAPIENTIAUX (Livres). V. ce mot dans notre *Dictionnaire de Biographie et d'Histoire*.

SAPINE, embarcation légère en usage pour descendre quelques rivières.

SAQUEBUTE. V. ce mot dans notre *Dictionnaire de Biographie et d'Histoire*.

SARABALLA ou SARABARA, large et long pantalon que portaient les Parthes et quelques autres Asiatiques.

SARABANDE, danse espagnole à 3 temps, sorte de menuet dont le mouvement est grave et sérieux. L'air se compose de deux parties, chacune de 8 mesures, et doit être exécuté avec rapidité et énergie; on le chantait autrefois avec des paroles en s'accompagnant de castagnettes. Cette danse fut, dit-on, introduite en France par une comédienne espagnole, Zarabanda, qui lui a laissé son nom.

SARAPIS, tunique des anciens rois de Perse, d'un rouge pourpre, et décorée par devant d'une large bande blanche.

SARBACANE (de l'italien *cerbottana?*), tube droit de verre, de métal, de sureau, etc., qui sert à lancer quelque petit projectile en soufflant fortement. Les enfants tirent avec des sarbacanes sur les oiseaux. Sous Henri III et Henri IV, les courtisans se prirent d'une belle passion pour ces engins, avec lesquels ils jetaient des dragées au nez des passants. On a employé des sarbacanes pour lancer des flèches et le feu grégeois. Dans l'île de Bornéo, on ne parle au roi que par des sarbacanes.

SARCOPHAGE (du grec *sarx*, gén. *sarkos*, chair, et *phaghéin*, manger), nom que l'on donna, selon Pline, à une pierre de la Troade dont on faisait des cercueils, à cause de ses qualités caustiques et de la propriété qu'elle avait de dévorer promptement les chairs. Par extension, on l'appliqua à toute espèce de tombeau ou de cercueil. Les sarcophages qui nous sont restés de l'Antiquité portent quelquefois la statue du personnage qu'ils contenaient. Leur capacité est très-variable : il en est qui ont reçu les corps de deux époux ; au IIIe siècle de notre ère, on en fit de grandeur colossale, capables de contenir toute une famille. Les bas-reliefs qui les décorent offrent tantôt des compositions de pure fantaisie, tantôt des traits de la Fable ou de l'histoire, ou bien des allégories morales, des figures relatives à la profession ou aux goûts du défunt. Les chrétiens des premiers siècles ont conservé l'usage des sarcophages en pierre, et les ont décorés de sujets pieux, tirés presque toujours de l'Ancien et du Nouveau Testament. Pour les Modernes, le mot *sarcophage* est la partie d'un monument funèbre qui représente le cercueil, sans renfermer les restes du mort.

SARDE, agate rougeâtre, transparente, d'une teinte approchant de celle du feu. Dans la Symbolique, elle figure la foi et le martyre. Elle est aussi l'image de Ruben, à cause de la publicité des scandales représentée par la lumière. Comme on supposait qu'elle épouvantait les bêtes féroces, elle figurait aussi St Barthélemy, terrible au démon.

SARDE (Idiome), idiome dérivé du latin, et bien distinct de l'italien. On le parle dans les montagnes de l'île de Sardaigne, tandis que l'italien est employé dans les villes et pour les actes administratifs. On y distingue trois dialectes : celui de *Capo Suso* au N., celui de *Capo Giusu* au S., et l'*arborese*, parlé au centre, dans l'ancienne Arborea.

SARDONYX, pierre composée de sarde et d'onyx, d'une teinte brillante, pourpre, nuancée de plusieurs couleurs, et rappelant le plus souvent celle des grains de la grenade. Dans la Symbolique, elle figure la charité vive, que désigne aussi ce fruit ; sa variété de nuance rappelle la fécondité de cette vertu. Le Cabinet impérial de Vienne possède un sardonyx d'une dimension très-rare et d'une pureté remarquable : c'est un camée gravé sur les deux faces ; d'un côté est une aigle, de l'autre le buste de l'empereur Auguste. Il existe aussi une apothéose d'Auguste sur sardonyx au Cabinet des antiques de la Bibliothèque impériale de Paris.

SARISSE, arme. *V.* ce mot dans notre *Dictionnaire de Biographie et d'Histoire*.

SARRASINE. *V.* HERSE.

SARRASINE (Architecture). *V.* ARABE.

SAS. *V.* CANAL et ÉCLUSE.

SASSE, pelle creuse munie d'une anse ou d'une poignée, et qui sert à jeter l'eau hors des embarcations.

SATÉ, déesse suprême du Ciel dans l'ancienne Égypte, épouse de Kneph, et mère d'Anouké. Elle rappelle Isis par les cornes qui garnissent souvent sa coiffure, formée de la partie supérieure du pschent ; d'autres fois ces cornes sont remplacées par l'épervier étendant ses ailes sur la tête de la déesse, que couronne la tiare royale.

SATIRE, composition littéraire qui se rattache au genre didactique, à la poésie dont l'objet est d'enseigner directement aux hommes le bien, le beau et le vrai. Elle fait la guerre à tous les travers de l'esprit et du cœur, dirigeant tour à tour ses attaques contre les individus et contre les hommes en général, contre la société tout entière et contre les différentes classes qui la constituent. Sœur de la poésie comique, elle lui emprunte ses armes, l'ironie, le ridicule, l'invective, et une observation impitoyable ; et, sans monter sur la scène, elle poursuit le même but et traite les mêmes sujets. *Morale*, elle raille sous toutes leurs formes les faiblesses ou les vices inhérents à la nature humaine ; *religieuse*, elle démasque l'hypocrite, et, aveugle dans ses reproches, s'en prend parfois à Rome des excès dont celle-ci ne peut mais ; *littéraire*, elle attaque l'ignorance, la sottise et le mauvais goût, et revendique les droits du bon sens et de la raison ; *politique*, elle prend à partie les chefs d'État et leurs ministres, les institutions et les lois ; *personnelle*, elle apostrophe l'homme en particulier qui éveille ses colères, aujourd'hui Domitien, demain Messaline, un jour Pradon, une autre fois l'abbé Cotin. Son langage est varié comme ses sujets ; elle prend et parcourt tous les tons, depuis l'indulgent badinage d'Horace jusqu'à l'indignation amère, hyperbolique, d'un Gilbert ou d'un André Chénier. — Quels sont les droits de la satire à gourmander même le vice, à persifler et à régenter le monde ? Nous n'avons pas à considérer ici ce que les législateurs en ont pensé, ni les mesures qu'ils ont prises contre ses

excès, dans l'intérêt de la société, ou pour complaire soit à un despote ombrageux, soit à des privilégiés jaloux de leur dignité collective. Il y a longtemps que le comique Nævius payait de sa liberté le plaisir d'avoir décoché quelques épigrammes contre les Métellus, et que Cassius Sévérus expiait en exil le crime d'avoir médit de la personne sacrée d'Auguste. Il est clair que le poëte exerce à ses risques et périls sa veine sarcastique. Mais la critique peut se placer à un autre point de vue que le législateur ; elle est plus accommodante et plus libérale. Elle ne voudrait pas que l'auteur satirique consacrât son talent à la satisfaction de sa haine personnelle ; que la vengeance, l'intérêt, ou quelque autre passion basse et méprisable, lui mît la plume à la main ; que sa Muse, insouciante de la mesure et des convenances, violât sans scrupule ce qui, chez tous les hommes, mérite et commande le respect, c.-à-d. les droits de la liberté et de la dignité humaines ; que sa conduite enfin donnât lieu de retourner contre lui ses propres traits. Mais elle respecte en lui, comme dans tous les écrivains, les droits de la pensée et de l'inspiration ; elle comprend que l'indignation lui dicte ses vers (*facit indignatio versum*), de même que l'enthousiasme fait les poëtes lyriques ; elle considère que le génie, le caractère et l'intention de l'auteur, le choix du sujet, la puissance même des travers et des vices attaqués, sont ou peuvent être la meilleure justification de la satire ; qu'après tout, l'opinion publique demeure maîtresse de prononcer entre l'agresseur et ses victimes, que ses arrêts ne sont point aveugles, ni toujours favorables au poëte, et qu'ainsi la nécessité de complaire à ce tribunal suprême et de mettre les rieurs de son côté n'est pas seulement la première condition du succès, mais encore le frein le plus salutaire contre les oublis de la Muse. — Il faut pourtant le reconnaître, la satire a ses écarts ; et si son utilité n'est pas contestable, ses excès autoriseraient parfois le moraliste austère à lui faire son procès. Assurément, elle rend des services de plus d'un genre : elle a réformé, par Boileau, la poésie française ; dans l'ordre moral, elle nous ramène à résipiscence, en nous faisant rire des travers de notre voisin, qui sont aussi les nôtres ; et, comme l'a dit Boileau (*Art poétique*, ch. II), elle

Venge l'humble vertu de la richesse altière,
Et l'honnête homme à pied du faquin en litière ;

elle châtie du moins le coupable, quand elle ne l'amende pas ; elle marque comme d'un stigmate indélébile et dénonce à la haine et au mépris de la postérité les turpitudes d'une société corrompue, ou les débauches des grands une fois que leur puissance défend des insultes du présent. Mais cette punition a ses dangers. La crudité des termes et l'énergie des peintures, quand la pudeur n'en est pas effarouchée, risquent d'allumer l'imagination des lecteurs, et il est à craindre dès lors qu'ils n'arrêtent leurs regards devant certains tableaux du vice, moins pour le prendre en aversion ou en horreur, que pour goûter le plaisir coupable d'un spectacle qui flatte les mauvais instincts de la nature humaine. Et c'est ainsi que le poëte va directement contre le but qu'il se proposait, et, contre son attente, contribue à gâter encore les cœurs déjà malades, au lieu de les guérir et de les corriger.

Si l'on s'en rapportait au mot connu de Quintilien (*satira tota nostra est*), la satire serait d'origine romaine, et les Grecs, créateurs des autres genres littéraires, eussent laissé du moins à leurs imitateurs la gloire de découvrir celui-là. Mais le jugement trop absolu du critique latin souffre diverses restrictions. Horace raconte, à la vérité, que les premiers campagnards du Latium, une fois la moisson faite, célébraient la fin de leurs travaux, en offrant un porc à la Terre, du lait à Silvain, des fleurs et du vin au Génie qui nous rappelle la brièveté de notre existence ; puis, en vers dialogués, ils se renvoyaient alternativement des injures et des bouffonneries, d'où les premiers poëtes romains devaient tirer la satire. De plus, le mot *satire* est un mot exclusivement latin ; il signifiait d'abord la réunion de différents fruits qu'on offrait à Cérès, ou bien un plat de différents mets (*satura*, sous-ent. *lanx*). Quand Ennius entreprit d'enrichir les chants rustiques des vieux laboureurs romains, et de les soumettre à une forme régulière et déterminée, il divisa ses compositions nouvelles en plusieurs morceaux, et donna à chacun son mètre propre. De ce mélange de vers inégaux est sorti le nom que la satire n'a plus cessé de porter. En ce sens, elle est toute latine, et justifie le mot de Quintilien. Mais, qu'on néglige un instant la forme et la dénomination particulières que l'imagination romaine s'est plù à lui appliquer, pour l'envisager dans ses caractères essentiels, la Grèce reprend ses droits d'ancienneté. Et d'abord, si dans la satire on considère seulement l'invective, les Grecs en ont donné l'exemple : témoin Archiloque, dont les iambes poussèrent, au dire de la légende, une fiancée et un beau-père infidèles à se pendre de désespoir; témoin Simonide d'Amorgos, qui démontra, dans un poëme de 119 vers, que les femmes n'ont été créées que pour être le fléau de l'autre sexe; témoin le *Margitès*, œuvre d'un auteur inconnu, mais citée maintes fois, et où les poëtes comiques, selon le témoignage d'Aristote, avaient trouvé plus d'un personnage; témoin enfin Théognis de Mégare, qui, chassé de son pays par la faction démocratique, maudissait, dans des vers pleins d'amertume et de rage, la tyrannie de ses adversaires. Mais la satire n'est pas renfermée dans l'invective : c'est même à la condition d'en franchir les limites qu'elle a tout son prix, et, pour ainsi dire, sa vraie dignité. Elle n'atteint à la hauteur d'un genre littéraire qu'en s'élevant au-dessus des personnalités, pour faire la leçon aux travers et aux vices d'un siècle, d'un monde, de l'homme de tous les temps. Elle s'imposa de bonne heure cette tâche, et la remplit sous deux formes distinctes : tantôt elle mêla la prose à la poésie; tantôt elle se refusa ce mélange, et ne parla qu'en vers. Un Grec encore inventa le premier des deux genres, et l'on laissa son nom; c'est le philosophe Ménippe, le héros des Dialogues de Lucien. Il avait composé, en prose mêlée de vers, 13 livres de satires, où la plus haute morale, selon Cicéron, s'alliait à beaucoup d'esprit et de gaieté. On n'en a rien conservé, mais elles ont eu leurs imitations célèbres : dans l'Antiquité, les *satires Ménippées* de Varron, et le *Satyricon* de Pétrone; au XVIᵉ siècle, la *Satire Ménippée*, qui couvrit les Ligueurs de ridicule et acheva le triomphe d'Henri IV (V. MÉNIPPÉE). L'autre genre, plus particulièrement cultivé chez les Latins que chez les Grecs, a pour principaux représentants, à Rome, Lucilius, Horace, Juvénal et Perse. Lucilius n'a pas été flatté, du moins comme artiste et versificateur, par Horace : celui-ci lui reproche, et avec apparence de raison, des vers mal tournés, bizarrement mêlés de grec et de latin, dictés à la hâte, sans souci des règles de l'art et de l'harmonie, et il le compare au torrent qui roule beaucoup plus de limon que de paillettes d'or. Mais il ne fait pas difficulté de reconnaître que son prédécesseur osa le premier arracher le masque brillant sous lequel l'hypocrite cachait son hideux visage, et flageller de vers sanglants un Métellus ou un Lupus; il proclame que le vieux poëte, dont la haute naissance assurait l'impunité, n'eut d'égards que pour la vertu et les amis de la vertu. Pour la critique, Lucilius possède encore, outre cette ressemblance de caractère et d'intention morale avec le vieux Caton, son contemporain, un autre titre à l'estime publique et au souvenir de la postérité : il fut un novateur. Il força le grand vers, le vers épique, l'hexamètre majestueux, à se plier au genre si familier de la satire, et traça ainsi la route que ses successeurs ont suivie jusque dans les temps modernes. Il est regrettable que de 30 livres de satires qu'il avait composés en différents mètres, il ne reste que des fragments. — Horace, dans ses 18 satires comme dans le reste de ses œuvres, est tout d'abord ce que Lucilius ne fut jamais, un artiste consommé; sous sa plume industrieuse, l'hexamètre, assoupli et docile, reproduit la prestesse, l'allure aisée et légère, la verve et la variété de la conversation la plus spirituelle, et plusieurs de ses petites pièces sont de véritables comédies, au même titre que certaines fables de La Fontaine. Au lieu de s'indigner contre les débordements du siècle, et de traîner dans la boue, au risque de s'y salir lui-même, les vices de ses contemporains, il aima mieux, doux et modéré qu'il était, ne voir que le côté ridicule des choses, et il fut gai et plaisant, mais non pas irritant et acerbe; il s'interdit le plus souvent les personnalités blessantes, et, à part le débauché Nomentanus, un Rufillus trop parfumé, et un Gorgonius qui l'était trop peu, tous les Romains, et lui-même le premier, avaient droit de se reconnaître dans les travers qu'il persiflait avec tant de grâce piquante et tant de bon sens. Le lire lui-même est le moyen le plus charmant de connaître tout ce qu'il y avait de fin, d'attrayant et d'aimable dans cet esprit exquis. Pourquoi faut-il qu'il ait payé tribut à la corruption du temps, et qu'il faille jeter un voile sur plusieurs de ses expressions et de ses peintures? — Juvénal, au rebours d'Horace, fut tout indignation dans les 16 dia-

tribes tour à tour générales et personnelles, morales et politiques, qu'il a composées, « chronique privée d'une époque dont Tacite a écrit l'histoire publique. » Le jugement de Boileau (*Art poétique*, ch. II) sur les qualités et les défauts de son génie satirique demeure encore aujourd'hui le plus éloquent :

> Juvénal, élevé dans les cris de l'école,
> Poussa jusqu'à l'excès sa mordante hyperbole;
> Ses ouvrages, tout pleins d'affreuses vérités,
> Étincellent pourtant de sublimes beautés.

Perse l'avait précédé de quelques années : quoiqu'il fût mort à 28 ans, l'élève du philosophe Cornutus, le condisciple de Lucain, eut le temps d'écrire 6 satires, qui, pour être d'une obscurité proverbiale, peuvent se compter cependant parmi les inspirations élevées du Stoïcisme. Il n'appartenait qu'à une belle âme de trouver sur les méchants ce fameux vers (Pers., Sat. 3, v. 38) :

> Virtutem videant, intabescantque relictâ,

« Qu'ils voient la vertu, et se dessèchent du regret de l'avoir quittée. »

Citons enfin une contemporaine de Domitien, Sulpicia, qui, pour venger les philosophes et son mari qu'un édit avait chassés de Rome, composa contre le tyran une satire au demeurant médiocre, et, au dernier siècle des lettres latines, Claudien en ses invectives quelque peu longues contre Rufin et Eutrope : ils terminent la liste des satiriques romains.

Le genre reparaît et brille en France au XVIᵉ siècle. Mathurin Regnier et Agrippa d'Aubigné le représentent alors avec honneur : Regnier, disciple ingénieux des Anciens et de la Pléiade, imitateur d'Horace et des Italiens modernes, à la fois très-libre et très-vigoureux dans quelques-unes de ses peintures, et, dans les autres, d'une aimable nonchalance et d'une bonhomie qui n'exclut ni la malice, ni la finesse; ennemi de Malherbe et, pourtant, par les *grâces nouvelles* de son style, l'un des fondateurs de la poésie française; — d'Aubigné, le fougueux huguenot, l'auteur des sept diatribes intitulées *Tragiques*, né satirique, et qui le fut d'humeur et par besoin, pour ainsi dire, beaucoup plus que par imitation de ses contemporains et de l'Antiquité; « Juvénal du XVIᵉ siècle, dit M. Sainte-Beuve, âpre, austère, inexorable, hérissé d'hyperboles, étincelant de beautés, rachetant une rudesse grossière par une sublime énergie, esprit vigoureux, admirable caractère, grand citoyen. » — Au XVIIᵉ siècle, la satire, sous la plume de Boileau, rendit aux lettres un double service. Elle triompha d'abord du mauvais goût, que n'avait pu vaincre Malherbe; elle renvoya aux Espagnols leur emphase, aux Italiens leurs pointes et leurs fadeurs, et força les écrivains, comme le public, de revenir au goût du naturel et du vrai. Elle ramena ensuite les poëtes au respect d'eux-mêmes, et leur donna des leçons de dignité, qui n'étaient pas superflues à une époque où les auteurs faisaient encore partie de la domesticité des grands seigneurs, et où le prince de Condé, dans un jour de colère, frappait avec des pincettes son poëte Sarrazin. — Mentionnons, dans l'âge suivant, les *Philippiques*, invectives sanglantes que Lagrange-Chancel composa contre le régent Philippe d'Orléans; les *Iambes* d'André Chénier contre les proscripteurs de 1793, et les satires de son frère Marie-Joseph; mais laissons à Gilbert l'honneur d'avoir, dans ses deux pièces intitulées *le Dix-huitième siècle* et *Mon apologie*, porté dignement l'héritage de Boileau. Mort trop tôt, et sans avoir eu le temps d'épurer son goût, le malheureux champion des croyances morales et religieuses, l'adversaire hardi de Voltaire et de l'*Encyclopédie*, eut les défauts de Juvénal comme il en avait les qualités, et fut tour à tour sublime et déclamatoire dans ses invectives contre le tout-puissant parti des philosophes. — Le moment n'est pas venu de juger en toute franchise et sans préjugé les productions des satiriques de notre temps. Les *Iambes* de M. Barbier, tout en images matérielles et familières d'une singulière énergie, ne méritaient peut-être ni la vogue immense dont ils furent l'objet à leur apparition, ni le discrédit où ils semblent être tombés depuis. MM. Barthélemy et Méry se sont également signalés dans le même genre, tantôt en collaboration, tantôt l'un et l'autre, par des diatribes morales et politiques que l'avenir appréciera.

L'esprit satirique n'est pas la satire; il l'a précédée, et, depuis qu'elle est née, il n'a pas cessé d'inspirer ou d'animer d'autres œuvres; les arts mêmes, autant que la littérature, en ont subi l'influence. La liste serait longue des principales créations de l'esprit satirique à travers les siècles. Thersite et la mésaventure de Mars et de Vénus dans Homère ; la Pandore d'Hésiode ; tant de traits des comédies d'Aristophane ; les Dialogues de Platon, où Socrate, des traits de sa malicieuse ironie, perce à jour les travers des Sophistes ; les *Caractères* de Théophraste ; les Dialogues de Lucien : voilà pour la Grèce ; — les vers Fescennins ; les chansons des soldats derrière le char des triomphateurs ; les mimes ; certaines fables de Phèdre ; les épigrammes de Martial ; les romans, tels que l'*Ane d'or* d'Apulée : voilà pour les Romains. — Au moyen âge, les sirventes des Troubadours et les chansons des Trouvères ; certains Fabliaux pour ou contre les femmes, les prêtres, les moines et les maris ; le *Roman de la Rose* et le *Roman du Renard ;* les légendes sur les tours et les exploits du Diable ; les boutades de Villon ; les sermons politiques contre les Armagnacs et les Cabochiens ; les *Cent nouvelles nouvelles ;* et, sur le théâtre naissant, les *Clercs de la Basoche* et les *Soties ;* — dans les temps modernes, le *Gargantua* de Rabelais, les *Provinciales* de Pascal, plus d'une fable de La Fontaine, les *Caractères et Portraits* de La Bruyère, les *Lettres Persanes* de Montesquieu, les *Contes* de Voltaire, l'*Encyclopédie*, les romans de Diderot, et les *Mémoires* de Beaumarchais ; — depuis la Révolution, les Journaux, les Pamphlets, les Chansons, les Parodies ; devant tant d'exemples, peut-on conclure, sinon que le rire est aussi naturel à l'homme que l'admiration et l'enthousiasme, et que ces deux penchants vivront éternellement, destinés à se partager les œuvres humaines ? A. H.

SATISFACTION, dans le langage de la Religion, réparation qu'on doit à Dieu ou au prochain pour l'injure qu'on leur a faite. C'est une peine temporelle que les pécheurs pénitents s'imposent ou acceptent de leur confesseur.

SATRAPE. } V. notre *Dictionnaire de*
SATURNE (Temple de). } *Biographie et d'Histoire.*

SATURNIEN (Vers), le plus ancien vers romain, et qui domina jusqu'à ce qu'Ennius eût fait adopter le vers héroïque des Grecs. Horace semble regretter fort peu cet ancien rhythme, qu'il appelle *horridus* et *rusticus*, et même *grave virus*, à peu près comme nous dirions mauvaise drogue. Il se plaint qu'il reste encore de son temps des vestiges de l'antique rusticité, faisant peut-être allusion à Varron qui avait composé quelques pièces de ses *Saturæ* dans ce vieux mètre. Dans sa forme la plus régulière, le saturnien présentait quelque chose comme le dimètre iambique catalectique suivi d'un ithyphallique ; ainsi :

Dabunt | malum | Metel·li || Nævio poetæ.
Novem | Jovis | concord|es || filiæ sorores.

Mais les substitutions de pieds et les solutions de syllabes ou de pieds longs étaient fréquentes, comme dans celui-ci où les spondées et les dactyles remplacent les iambes et les trochées :

Oblit|i Rom|æ loqui|er || sunt latina lingua ;

et dans cet autre qui commence par un tribraque :

Sicili|enses | pacis|cit || obsides ut reddant.

On vient de voir le spondée dans l'ithyphallique final ; on y trouve aussi l'iambe et le dactyle ; et le trochée pouvait être admis dans la partie iambique. C'était donc un rhythme confus, et il n'est pas étonnant que tous les hommes de goût lui aient préféré les mètres réglés, riches et gracieux de la versification hellénique. — Les inscriptions trouvées sur le tombeau des Scipions sont en vers saturniens très-grossiers. On a cru découvrir des vers saturniens dans l'oracle delphique rapporté par Tite-Live (V, c. 16) à propos du siège de Véies. La fameuse prédiction du devin Marcius relative à la bataille de Cannes paraît également composée de saturniens. V. Dunzer, *De versu quem vocant Saturnino*, Bonn, 1838, in-8°. P.

SATYRES. V. notre *Dictionnaire de Biographie et d'Histoire.*

SATYRICON, titre d'un ouvrage qui nous est arrivé sous le nom de Pétrone, et qui semble avoir été composé sur le modèle des *Saturæ* de Varron et des *Ménippées ;* car il renferme des morceaux de prose et de vers entremêlés dans la suite du récit. Cet ouvrage ne nous est parvenu que par fragments, et nous en possédons peut-être au plus la dixième partie. Il présentait sans doute dans son ensemble la peinture des mœurs dépravées de la Rome impériale et des grandes villes de l'Italie, entre autres Néapolis. L'un des premiers fragments et le plus long de tous est la description du souper de Trimalcion, qui se fait en très-mauvaise compagnie et avec un faste ridicule dont l'auteur s'est étudié à outrer l'extravagance. Un autre fragment d'un caractère plus noble est l'historiette de la matrone d'Éphèse, rajeunie par La Fontaine. Plus loin, on lit une correspondance entre deux amants, Circé et Polyénos, qui ne manque pas d'élévation. Le livre est parsemé d'observations et de critiques littéraires mises dans la bouche d'un certain Eumolpe : le censeur s'élève avec chaleur contre le faux goût des écrivains du temps, contre l'abus des déclamations d'école ; on y remarque surtout une satire de la *Pharsale* de Lucain. Et, joignant l'exemple à la critique, Eumolpe trace l'esquisse d'un poëme sur la guerre civile. Ces vers, dont il nous reste environ 300, n'ont pas les défauts reprochés à ceux de Lucain ; mais ils n'ont pas non plus les fortes qualités qui distinguent le chantre de la *Pharsale ;* ils ont moins de coloris que d'élégance, moins de vigueur que de correction, et, s'ils se rapprochent davantage, en général, du bon goût, ils témoignent d'un talent moins original. Ce morceau est ce qui nous reste de plus remarquable dans toute l'œuvre. La prose de Pétrone, souvent spirituelle, rarement forte, presque toujours élégante, n'est pas sans afféterie ; les expressions sont quelquefois bizarres et obscures ; et quoique son style soit moins forcé que celui d'Apulée, il s'en rapproche presque toujours plus que de celui de Sénèque et de Pline le Jeune. Il a de la vivacité et de l'animation, mais il vise trop au pittoresque, et tombe ainsi dans maintes fois dans les défauts qu'il reproche à ses contemporains. Enfin l'obscénité de la pensée, l'infamie du sujet, se communiquent trop souvent à la forme elle-même. P.

SATYRIQUE (Drame), composition dramatique de l'ancien théâtre grec, tenant le milieu entre la tragédie et la comédie, ou plutôt prenant alternativement le ton de l'une et de l'autre. Dans l'origine on le joua seul ; mais, vers le temps de la 2e guerre médique, on ne le jouait déjà plus qu'après la représentation d'une trilogie tragique. Le nom de *Satyrique* lui vint de ce que le chœur était toujours composé de ces êtres mythologiques et bizarres qui formaient le cortège du grotesque Silène, les *Satyres*, et qui tantôt exécutaient des danses vives et sautillantes, particulièrement la *Sicinnis*, tantôt dialoguaient ou chantaient avec les dieux et les héros : ceux-ci étaient pris la plupart du temps parmi ceux qui avaient joué un rôle dans la trilogie. La scène offrait des bocages, des montagnes, des grottes, des paysages de toute espèce. La catastrophe du drame n'était jamais funeste, ou bien le malheur qui arrivait à l'un des personnages présentait un côté ridicule qui lui ôtait toute ressemblance avec le sérieux de la tragédie. Les traits, les bons mots, les bouffonneries, y étaient admis comme dans la comédie aristophanienne, mais sans aucune de ces mordantes personnalités qui la caractérisaient ; dans certaines scènes régnait un ton de dignité et d'élévation, qui contribuait, par le contraste, à l'effet comique général. Le drame satyrique s'appelait aussi *poésie satyrique*, ou, par abréviation, une *satyrique* (*satyrikè*), un *satyrique* (*satyrikon*), ou bien encore *satyre* (*saturos*) ou *satyres* (*saturoï*). — Ce genre de représentation théâtrale prit naissance, comme la tragédie et la comédie, dans les fêtes rurales en l'honneur de Bacchus ; il fut longtemps grossier, et ne revêtit quelque élégance qu'à dater de son introduction dans les villes. On rapportait chez les Anciens qu'Arion le premier imagina d'introduire les Satyres dans les chœurs dithyrambiques, dans la composition desquels, suivant Hérodote, il excellait. Pratinas de Phlionte transporta, dit-on, cette innovation en Attique, et donna 32 drames satyriques ; après lui, son fils Aristias, puis Chœrile, traitèrent avec un succès croissant ce genre demi-burlesque. Sophocle et Euripide composèrent également des drames satyriques ; mais, d'après le témoignage des critiques anciens, que nous ne pouvons plus contrôler, puisqu'il ne nous est parvenu qu'une seule pièce de ce genre, le *Cyclope* d'Euripide, ces deux poëtes restèrent inférieurs à Eschyle. Le sujet du drame satyrique d'Euripide n'est autre que l'aventure tragi-comique d'Ulysse et du Cyclope racontée au 9e chant de l'*Odyssée*, et mise en dialogue par le poëte athénien. Ulysse y conserve partout le caractère sérieux qu'Homère lui a donné, sauf la scène où, comme dans l'*Odyssée*, il dit au Cyclope s'appeler *Outis* (Personne) ; les rôles bouffons sont remplis par Silène et les Satyres, qui étaient tombés aux mains de Polyphème tandis qu'ils cherchaien à travers les mers leur maître Bacchus enlevé par des pirates. Les rodomontades du pacifique Silène, qui se vante d'avoir jadis pourfendu le terrible géant Encelade, sa passion naïve pour la liqueur vermeille de son ancien nourrisson, la poltronnerie des Satyres lorsque Ulysse réclame leur concours au moment où il s'apprête à crever l'œil unique du monstre à l'aide d'une tige d'olivier taillée en pointe avec son épée et rougie au feu, tels sont les éléments de gaieté de ce drame satyrique. — V. Casaubon, *De satyrica Græcorum poesi et romana satira;* Spanheim, *Préface de sa traduction franç. des Césars de Julien,* p. v-xx; M. Rossignol, *Dissertation sur le drame que les Grecs appelaient satyrique;* M. Patin, *Études sur les tragiques grecs* (1843), tome III, p. 442-459; et sur *le Cyclope,* M. Patin, *ibid.,* pages 459-483.   P.

SAUCÉES (Médailles), médailles de cuivre couvertes d'une mince feuille d'argent.

SAUCIERS, ancienne corporation, dont les statuts datent de 1394. Au commencement du xvi⁰ siècle, ils joignirent à leur nom ceux de *distillateurs, moutardiers* et *vinaigriers.* Les distillateurs formèrent une corporation distincte en 1537.

SAUCISSON, en termes d'Art militaire, désigne : 1° une espèce de fascine, confectionnée avec des troncs d'arbrisseau ou de grosses branches d'arbre, et servant dans les siéges pour la construction des épaulements de batteries ou pour réparer les brèches; 2° un sac de toile ou de cuir, long et étroit, rempli de poudre, et dont on se sert pour porter le feu dans la chambre ou le fourneau d'une mine.

SAUF-CONDUIT, permission donnée par une autorité publique d'aller dans un endroit, d'y séjourner pendant un certain temps et de s'en retourner, sans craindre d'être inquiété. Une personne munie d'un sauf-conduit est inviolable. On garantissait ainsi autrefois à un accusé qu'il pouvait se présenter devant la justice, et qu'il ne serait ni arrêté ni détenu préalablement. En Diplomatie, un *sauf-conduit* est une sorte de passe-port remis aux étrangers qui doivent se retirer d'un pays en guerre avec le leur. Un chef d'armée peut accorder un sauf-conduit à un de ses ennemis qui, pour affaires privées ou pour cause de santé, demande à passer sur le terrain qu'il occupe. Dans le Droit commercial, on nomme *sauf-conduit* la permission donnée par un tribunal à un failli ou à une personne placée sous le coup de la contrainte par corps, d'user provisoirement de sa liberté, moyennant une caution et certaines formalités (*Code de Comm.,* art. 466-469, 490; *Code de Procéd. civ.,* art. 782).

SAUMOIER, vieux mot synonyme de *psalmodier.*

SAUNAGE (du latin *sal,* sel), fabrication et débit du sel marin. Le *faux saunage,* ou débit du sel en fraude, est sévèrement défendu : autrefois il était puni des galères.

SAUNERIE, ensemble des bâtiments, puits, fontaines et instruments propres à la fabrication du sel.

SAUNIER, ouvrier qui travaille à faire le sel.

SAUT, terme d'Hydrographie. V. CATARACTE.

SAUT, en termes de Chorégraphie, pas de ballet où l'on élève tout le corps en l'air. Il est *simple,* quand les jambes ne font aucun mouvement; *battu,* quand les talons battent en l'air l'un contre l'autre une ou plusieurs fois.

SAUT DE CARPE, saut que les baladins exécutent à plat ventre en s'élevant et en retombant horizontalement.

SAUT DE LOUP, fossé que l'on fait au bout d'une allée, d'un parc ou d'un jardin, pour en défendre l'entrée sans borner la vue.

SAUTE-MOUTON, jeu d'enfants qui consiste à sauter de distance en distance les uns par-dessus les autres.

SAUTEREAU. V. CLAVECIN.

SAUTEUSE, espèce de valse à 2 temps et d'un mouvement très-rapide, que, dans les premières années du xix⁰ siècle, on faisait succéder à la valse ordinaire.

SAUTOIR, mot qui désignait anciennement un cordon de soie ou de chanvre couvert d'une étoffe précieuse, attaché à la selle d'un cheval, et servant d'étrier. Dans le Blason, il désigne une pièce honorable de l'écu, formée de la bande et de la barre mises de manière à former l'X ou croix de St-André. La dévotion à St André a pu rendre le sautoir fréquent en armoiries; la cause en serait aussi, dit-on, que, pendant les querelles des Armagnacs et des Bourguignons, ceux qui tenaient le parti du duc de Bourgogne prenaient la croix de St-André. — Un ordre de chevalerie se porte *en sautoir,* quand le cordon ou la chaîne tombe en pointe sur la poitrine en soutenant l'insigne de l'ordre.

SAUVAGE (de l'italien *selvaggio* ou *salvaggio,* dérivé lui-même du latin *silva,* forêt), se dit des hommes qui vivent dans l'état de nature, au milieu des bois, sans demeure fixe, sans lois, et s'oppose à *civilisé.* Parmi les paradoxes que soutint J.-J. Rousseau au xviii⁰ siècle, il en est un qui consiste à placer l'état sauvage au-dessus de l'état de civilisation, à considérer l'homme civilisé comme un être dénaturé. Loin d'avoir été créés pour la vie solitaire, notre existence n'est complète que dans l'état social. Le sauvage, toujours pressé par le besoin, devient égoïste et féroce; dans sa lutte contre les agents qui l'entourent, il ne développe que ses forces physiques : l'homme civilisé, assuré contre les premières nécessités, aspire plutôt à perfectionner ses facultés intellectuelles, et connaît les plaisirs moraux. Mieux et plus régulièrement nourri, il est même susceptible d'une puissance musculaire supérieure à celle du sauvage. Celui-ci, abandonné dans ses maladies, délaissé dans sa vieillesse imprévoyante, exposé aux bêtes féroces et même aux coups de ses semblables, est-il plus heureux que l'homme social, qui est préservé des maux extérieurs et entouré de soins affectueux? Il n'a point, si l'on veut, à subir l'oppression ou l'humiliation de l'inégalité des rangs et de la fortune; mais ces maux sont des accidents, et non l'essence de l'état social. On ne saurait admettre, d'ailleurs, que, pour se courber sous le joug des lois, l'homme abjure toute indépendance et ne conserve plus aucune dignité. Enfin, est-il plus glorieux pour l'homme de vivre comme la brute, que d'atteindre par son intelligence aux connaissances les plus élevées? La vie civilisée est si bien supérieure à la vie sauvage, que les peuplades barbares invoquent la science des Européens, redoutent leurs armes, étudient leur tactique, admirent les produits de leur industrie. On pourrait donc dire avec M. de Bonald que l'état sauvage est une dégradation de notre nature.

SAUVEGARDE (Lettres de). V. LETTRES DE SAUVEGARDE, dans notre *Diction. de Biographie et d'Histoire.*

SAUVETAGE. Un arrêté du 17 floréal an IX (7 mai 1801) a réglé tout ce qui est relatif au sauvetage des bâtiments naufragés. A défaut des armateurs, propriétaires, subrécargues ou leurs fondés de pouvoirs, le commissaire de l'inscription maritime, et, à l'étranger, le consul, est chargé des opérations du sauvetage, et de l'information sur les causes et circonstances du sinistre. Les intéressés ont un an et un jour pour réclamer ce qui leur appartient; après quoi, il y a lieu à vente publique par le commissaire, qui en verse le produit à la caisse des gens de mer. La vente peut être avancée en cas de dépérissement ou de danger pour les objets. On prélève sur le produit les frais dus à l'administration de la marine et de la douane, les frais d'expertise, les salaires des ouvriers et de l'équipage, l'enregistrement, etc.; le reste est réparti entre les intéressés, qui doivent payer à la caisse des invalides de la marine 0 fr. 15 c. p. 100, comme indemnité de dépôt.

SAVANES.   } V. notre *Dictionnaire de*
SAVANTS (Journal des).   } *Biographie et d'Histoire.*

SAVETIERS, ancienne corporation qui avait pris pour patron St-Pierre-ès-Liens. L'apprentissage était de trois ans; le compagnonnage de quatre. Le brevet coûtait 15 livres, et la maîtrise 360.

SAVEURS (Clavecin des). V. CLAVECIN.

SAVIN (Église de SAINT-), dans le département de la Vienne. Cette église, dont on fait remonter la fondation à Charlemagne, est une ancienne abbatiale, qui se distingue par le peu de largeur et la hauteur extraordinaire de sa nef. De chaque côté, 8 colonnes isolées et 2 piliers la séparent des bas côtés, fort étroits aussi, et dont la voûte surbaissée repose sur les mêmes chapiteaux qui supportent les arceaux à plein cintre de la voûte. Ces chapiteaux sont à rinceaux et à larges feuillages. Un transept à bras assez longs sépare la nef d'un chœur à 10 colonnes isolées, derrière lesquelles tourne un couloir étroit où s'ouvrent 5 chapelles. Toute la grande voûte, séparée en 4 zones dans toute une longueur de 48ᵐ,75, est couverte de peintures du ix⁰ siècle, représentant des sujets de l'Ancien et du Nouveau Testament, et ne comprenant pas moins de 250 figures. On entre dans l'église de St-Savin par un porche peu élevé, surmonté d'une tour, dont la flèche, de construction plus récente, est flanquée de quatre clochetons et garnie de crochets sur les arêtes. Une autre tour, d'un seul étage et à toit plat, s'élève sur la croix du transept.

SAVONNERIE (La), manufacture de tapisseries. V. notre *Dictionnaire de Biographie et d'Histoire.*

SAXE (Miroir de). V. MIROIR.

SAXHORN (de *Sax,* nom de l'inventeur, et de l'allemand *horn*, cor), nom. d'une famille d'instruments à vent et à bocal, en cuivre, à embouchure de cuivre, armés d'un mécanisme de cylindres, et destinés non-seulement à remplacer le bugle et l'ophicléide dans l'échelle générale des instruments, mais encore à combler les lacunes qui existaient précédemment. Cette famille comprend, en allant de l'aigu au grave : 1° le saxhorn-soprano en *si bémol* aigu, à l'octave supérieure de l'ancien bugle en *si bémol* ou de la clarinette en *si bémol*, ou encore une quinte au-dessus du petit bugle en *mi bémol;* 2° le saxhorn-mezzo-soprano en *mi bémol* aigu; 3° le saxhorn-alto en *si bémol;* 4° le saxhorn-ténor en *mi bémol;* 5° le saxhorn baryton-basse en *si bémol;* 6° le saxhorn contre-basse en *mi bémol;* 7° le saxhorn contre-basse grave en *si bémol;* 8° le saxhorn bourdon en *mi bémol;* 9° le saxhorn contre-bourdon en *si bémol*, deux octaves au-dessous de l'ophicléide. Chacun de ces instruments peut être exécuté un ton au-dessus, c.-à-d. en *ut* pour ceux en *si bémol*, et en *fa* pour ceux en *mi bémol*. Le saxhorn contre-bourdon, avec ses tubes additionnels, n'a pas moins de 16 mèt. de développement, et cependant on en joue avec facilité et sans fatigue. Les saxhorns se construisent ou droits en avant, ou avec le pavillon en l'air. Ils se sont introduits depuis 1843 dans la musique militaire et dans les orchestres : ils ont plus de force, d'éclat, de pureté et de justesse que n'en ont jamais offert le bugle et l'ophicléide. En 1851, Sax a inventé les *saxhorns doubles*, qui ont deux pavillons et sont armés de cinq cylindres : celui en *mi bémol* possède à lui seul l'étendue du soprano en *mi bémol*, du contralto en *si bémol*, et de l'alto-ténor en *mi bémol*.   B.

SAXON (Idiome). Ce n'est pas autre chose que le bas allemand ancien, parlé non-seulement dans la Saxe, mais depuis la Baltique jusqu'à la mer du Nord. Un des monuments les plus précieux de cet idiome est un poëme intitulé *le Sauveur*, d'après lequel Schmeller a composé son *Glossarium saxonicum*, Munich et Stuttgard, 1840. Il y a plus de 100 manuscrits saxons à la bibliothèque de Bourgogne à Bruxelles. *V.* Kinderling, *Histoire de la langue de la basse Saxe*, en allemand, Magdebourg, 1800, in-8°; Scholler, *Bibliognosie de l'idiome saxon bas allemand*, en allemand, Brunswick, 1826.

SAXON (Style). *V.* OGIVALE (Architecture).

SAXONS (La Chanson des), ou *Viduhind de Saxe*, un des romans des douze Pairs. Le sujet de ce poëme est la guerre de Charlemagne contre les Saxons. Guiteclins (Witikind) apprend la défaite de l'empereur à Roncevaux, et la mort d'Olivier et de Roland : il mande aussitôt ses barons, convoque tous les rois sarrazins, ses alliés, et envahit les possessions de Charles sur la rive droite du Rhin. L'empereur appelle ses barons; mais ils lui représentent qu'il les a retenus 14 années en Espagne, qu'ils sont fatigués de toujours faire la guerre sans profit, et déclarent qu'ils lui refuseront désormais le service militaire s'il ne fait payer l'impôt de quatre deniers à la gent de Hérupe (Maine, Anjou, Bretagne, Normandie). Charles envoie l'ordre au comte du Mans de payer cet impôt, et de venir à la tête de ses vassaux pour repousser les Saxons. Le comte convoque tous les barons de Hérupe, et leur communique le message de l'empereur : après une délibération fort tumultueuse, il est décidé que les barons attacheront les quatre deniers au bout de leurs lances, et iront en bataille défier l'empereur de venir recevoir l'impôt. En effet, ils se mettent en marche, pillent Paris et tout le royaume jusqu'au Rhin, et, arrivés à une petite distance d'Aix, envoient deux messagers à Charles pour lui porter leur défi. Charles les accueille avec courtoisie, et jure qu'il n'a jamais songé à leur demander d'autre que le service militaire. La paix est faite; les Hérupois retournent chez eux. Cependant les Saxons font des progrès; Guiteclins doit surprendre les Français et les exterminer. Mais la belle Sébile, femme de Guiteclins, est persuadée qu'un jour viendra où elle devra renoncer à la loi de Mahomet pour suivre celle du Christ. D'ailleurs elle a dans l'armée française un ami de cœur, Baudoin, le propre neveu de l'empereur. Elle écrit donc à Charles pour lui faire connaître en détail le plan d'attaque des Saxons. Les Français sont vainqueurs. Les Hérupois, que Charles avait mandés, arrivent et se couvrent de gloire. Mais Charles n'a pas encore passé le Rhin : pendant 2 ans et 4 mois il est retenu sur la rive gauche du fleuve, toujours gros et profond. Baudoin, appelé par l'amour, pénètre plusieurs fois dans le camp des Saxons. Charles le gourmande, et lui défend de s'exposer sans profit pour l'armée. Baudoin s'emporte, et reproche à son oncle de n'avoir fait encore aucune

prouesse contre les Saxons. Charles, irrité, sort de son camp le lendemain avant le jour, traverse le fleuve, et se dirige vers les Saxons. Il rencontre huit rois mores; il en tue cinq, les autres prennent la fuite. De retour parmi les siens, il appelle Baudoin, et lui déclare qu'il ne lui pardonnera son insulte de la veille qu'à une condition : c'est qu'il traversera le fleuve, qu'il embrassera sa mie à la vue des Saxons, et qu'il lui rapportera l'anneau d'or de la belle. Baudoin, obligé d'accepter cette condition, passe le fleuve encore une fois, tue l'infidèle Justamon, revêt ses armes, prend son cheval, et, ainsi déguisé, pénètre facilement dans la tente de Sébile. Mais pendant que les amants s'ébattent, un espion voit leurs jeux; il court avertir Guiteclins, qui arrive avec 500 hommes. Baudoin le défie en combat singulier, le renverse d'un coup de lance, et revient dans le camp de Charles, à qui il présente l'anneau de la belle. Jusqu'alors il n'y a pas eu de bataille générale; les deux armées sont toujours séparées par le fleuve. Le jour de la Pentecôte, une biche, poursuivie par des chiens, se jette dans le Rhin. Charles voit dans cet événement un avertissement de Dieu; il ordonne de construire en cet endroit un pont assez large pour laisser passer cent chevaliers de front. Les barons ne veulent pas faire métier de bûcherons, et se retirent. Charles leur fait dire que, s'ils ne reviennent aussitôt dans son camp, il va faire la paix avec Guiteclins, pour ensuite les exterminer. Les barons effrayés exécutent les ordres de l'empereur. Le pont est construit; une grande bataille se livre sur la rive droite du Rhin. Charles tue Guiteclins; Sébile reçoit le baptême, et devient l'épouse de Baudoin, à qui l'empereur donne le royaume de Saxe. Ici finit la première partie de la *Chanson des Saxons.* — Charles, avant de revenir en France, recommande expressément à Baudoin de ne pas s'engager dé bataille au cas qu'il soit attaqué par les Saxons, mais de lui demander promptement des secours. A peine a-t-il repassé le Rhin, que les Saxons se lèvent de tous côtés : Baudoin oublie les conseils de son oncle, et, après de brillants exploits, il est obligé de céder au nombre, et de se retirer dans sa capitale, où il est assiégé. C'est alors seulement qu'il demande des secours à l'empereur. Charles vient à la tête d'une armée : grande bataille; Baudoin tue Fieramor, un des fils de Guiteclins; mais il est lui-même blessé; entouré par un corps de Saxons, il succombe. Le lendemain, Charles accepte le défi de Dyalas, second fils de Guiteclins; il en triomphe, et l'emmène prisonnier. Dyalas promet de se faire chrétien : pour donner à Charles un gage éclatant de sa foi, il combat vaillamment contre les Saxons, qui sont complètement vaincus. Enfin il reçoit le baptême, et Charles lui donne le royaume de Saxe. Quant à Sébile, elle s'enferme dans un couvent pour pleurer son ami.

La *Chanson des Saxons* est un de nos plus anciens romans de chevalerie; elle remonte au XIIIᵉ siècle. L'auteur, Jean Bodel, était d'Arras; il n'a pas épargné dans son poëme les expressions empruntées au patois artésien, ce qui en rend quelquefois la lecture difficile. Du reste, c'est une œuvre véritablement héroïque. En voyant ces chevaliers qui se défient sur le champ de bataille, qui rappellent leurs exploits, qui se demandent leurs noms, qui se menacent et se battent en présence des deux armées, on croit assister à une des batailles décrites par Homère. Quant à l'exactitude historique, elle est nulle, comme dans tous les romans de chevalerie. Les Saxons sont représentés comme adorateurs de Mahomet, et l'on voit parmi leurs alliés des princes de Pologne, de Hongrie, de Turquie, de Perse, de Nubie, de Maroc, etc. Dans le roman, Witikind est tué par Charlemagne; dans l'histoire, il se fait chrétien : si l'auteur eût conservé le dénoûment historique, il n'aurait pu couronner l'amour de Baudoin, qui est le véritable héros du poëme. Baudoin fait mille prouesses pour l'amour de sa dame; c'est un parfait modèle de chevalerie. Les barons sont insolents vis-à-vis de l'empereur; ils lui marchandent leurs services; c'est bien la féodalité du XIIᵉ siècle, mais elle n'a rien de commun avec Charlemagne. Un épisode curieux est le siége de St-Herbert, dont la tradition s'est conservée pendant tout le moyen âge. Charles, avec les rois ses alliés, est tout entier à la guerre : les reines et les duchesses, qu'on a laissées à St-Herbert, y mènent joyeuse vie, et, pour se soustraire à la vengeance de leurs maris, elles se fortifient dans la place. Charles en fait le siége : après une belle défense, les dames sont vaincues. D'après l'ordre de l'empereur, chacun reprend sa femme, et il est convenu qu'on oubliera à jamais le siége de St-Herbert. Cet épisode a été retranché de plusieurs manuscrits, comme peu conforme à la réputation d'honneur des dames françaises. La *Chanson des Saxons* a été publiée par M. Francisque Michel, 1839. **H. D.**

SAXOPHONE (de *Sax*, nom de l'inventeur, et du grec *phôné*, voix, son), instrument de musique à vent, qu'on peut rapprocher de la famille des clarinettes, parce que le son y est produit, comme celles-ci, par une anche battant contre la table d'un bec. Le saxophone est un cône parabolique en cuivre, dans lequel les intonations se *modifient* par un système de clefs, qui sont au nombre de 19 à 22, suivant les individus de la famille. Différent de la clarinette par les nœuds de vibration de sa colonne d'air, il est accordé par octaves; en sorte que toutes les octaves sont justes, ce qui n'a pas lieu dans les clarinettes. Toutefois, dans une grande partie de sa famille, il jouit aussi de la faculté de donner l'harmonique de la douzième ou octave de la quinte. Le doigté, semblable à celui des instruments qui octavient, est peu différent de celui de la flûte ou du hautbois. Le son du saxophone est beau, sympathique, susceptible de toutes les nuances d'intensité : son timbre, qui n'est celui d'aucun autre instrument, offre de vagues analogies avec ceux du violoncelle, de la clarinette et du cor anglais, et une demi-teinte cuivrée lui donne un accent particulier. On distingue huit variétés de saxophones formant une famille complète et qui sont à la quinte ou à l'octave les unes des autres : 1° le saxophone soprano, en *ut* ou en *si bémol* (étendue chromatique deux octaves et une tierce); 2° le saxophone aigu en *mi bémol* (même étendue); 3° le saxophone alto, en *fa* ou en *mi bémol* (étendue chromatique de deux octaves et une quinte); 4° le saxophone ténor, en *ut* ou en *si bémol* (même étendue); 5° le saxophone baryton, en *fa* ou en *mi bémol* (même étendue); 6° le saxophone basse, en *ut* ou en *si bémol* (même étendue); 7° le saxophone contre-basse, en *fa* ou en *mi bémol* (étendue de deux octaves et une seconde); 8° le saxophone contre-basse, en *ut* ou en *si bémol* (même étendue). Tous possèdent la faculté d'enfler et d'éteindre le son comme dans l'orgue expressif. **B.**

SAXOTROMBA, instrument en cuivre à bocal, armé d'un mécanisme de cylindres. Il a été inventé par Adolphe Sax vers 1843. Il comporte une famille de sept membres, allant de l'aigu au grave, et divisés par quinte et quarte : 1° le saxotromba suraigu en *si bémol*, une octave au-dessus de l'ancien bugle en *si bémol*; 2° le saxotromba soprano en *mi bémol*, à l'unisson du petit bugle en *mi bémol*; 3° le saxotromba contralto en *si bémol*, à l'unisson du bugle ordinaire; 4° le saxotromba alto-ténor en *mi bémol*, à l'unisson de l'ophicléide alto; 5° le saxotromba baryton-basse en *si bémol*, à l'unisson de l'ophicléide basse en *si bémol*; 6° le saxotromba contre-basse en *mi bémol*, une octave au-dessous de l'ophicléide alto; 7° le saxotromba contre-basse grave en *si bémol*, une octave au-dessous de l'ophicléide basse. Chacun de ces instruments peut être exécuté un ton au-dessus, c.-à-d. en *ut* et en *fa*. La voix du saxotromba tient le milieu entre celles des trompettes et des trombones d'une part, des bugles et des ophicléides de l'autre; moins strident que les premiers, il n'a ni la lourdeur ni le son empâté des seconds. Le doigté est le même pour tous les membres de la famille. **B.**

SAXTUBA, instrument de cuivre à bocal, armé d'un mécanisme de cylindres. Il fut inventé vers 1850 par *Adolphe Sax*. Il surpasse en puissance tous les instruments connus jusqu'à ce jour, sans cesser pour cela d'être un instrument musical d'une sonorité claire, parfaitement saisissable. Sa famille comporte sept membres de l'aigu au grave, comme celle du saxophone. On se servit pour la première fois de saxtubas dans le *Juif errant*, opéra d'Halévy. Lors de la distribution des drapeaux à l'armée par l'empereur (20 mai 1852), 14 saxtubas dominèrent une masse de 1,500 musiciens militaires. **B.**

SAYNÈTE. *V.* SAINÈTE.

SAYON, espèce de casaque ouverte que portaient autrefois les gens de guerre.

SBIRE (de l'italien *sbirro*), nom donné en Italie, surtout dans les États de l'Église, aux employés de justice et de police. Chez nous le mot ne s'emploie qu'en mauvaise part.

SCABELLON (du latin *scabellum*, escabeau), en termes d'Architecture, sorte de piédestal ou socle sur lequel on pose les bustes ou les girandoles. Il a la forme d'un balustre, ou d'une gaîne qui va diminuant de bas en haut.

SCABILLUM.
SCABINS. } *V.* ces mots dans notre *Dictionnaire*
SCALDES. } *de Biographie et d'Histoire.*

SCANDALE, en termes de Droit canon, parole ou action qui donne occasion à autrui de pécher. Le *scandale actif* est celui dont nous nous rendons coupables par nos mauvaises actions ou par celles qui n'en ont que l'apparence; le *scandale passif* est celui dont nous sommes la cause, sans en être coupables, comme lorsque notre fortune ou notre état excite certaines personnes à l'envie.

SCANDER (du latin *scandere*, monter), terme de Prosodie. Dans les langues anciennes, c'est *mesurer* un vers, c.-à-d. compter combien il a de pieds, en indiquant dans la prononciation les longues et les brèves. Chaque espèce de vers se scande d'une façon différente, suivant le nombre et la nature des pieds dont il est composé. Dans les langues modernes, scander c'est mesurer les vers par le nombre de leurs syllabes.

SCANDINAVE (Mythologie). C'est par l'étude et la comparaison des différents poëmes composant les deux *Eddas* qu'on peut espérer de reconstruire le système mythologique des anciens Scandinaves. Il embrasse en même temps une cosmogonie et une histoire des Dieux.

Au matin du monde, quand la terre ni l'eau ni le ciel n'étaient encore créés, il n'y avait qu'un abîme dévorant, nommé le *Ginungagap*. Le *Nifelhem*, c.-à-d. le monde du froid et des ténèbres, situé aux extrémités du Nord, fut créé longtemps avant la terre. Au milieu du Nifelhem se trouvait la fontaine Hvergelmer. Mais il y eut aussi, aux extrémités du Sud, le *Muspelhem*, c.-à-d. le monde de la lumière et de la chaleur : Surtur habite sur la frontière de ce monde et en est le dominateur; il porte une épée flamboyante, et il viendra à la fin du monde pour combattre et vaincre les Dieux et détruire par le feu tout l'univers. De la fontaine Hvergelmer s'échappent douze fleuves, appelés Elivogor. Ils débouchent dans le Ginungagap, fort loin de leur source, et, comme la scorie du métal en fusion, le poison que contiennent leurs eaux se condense et forme une glace épaisse, dont les couches successives s'accumulent. La région du Ginungagap qui est située vers le Nord se remplit ainsi de glaces qu'entourent et pénètrent les vents et la tempête, tandis que celle qui est située vers le Sud est protégée par les étincelles qui sortent du Muspelhem et conserve ainsi une atmosphère tranquille. Peu à peu cependant la chaleur qui rayonne de ce côté atteint les glaces qui se sont formées vers le Nord; ces glaces commencent à se fondre goutte par goutte; les gouttes reçoivent la vie par l'énergie de celui qui a exhalé cette chaleur, et elles prennent la forme d'un être humain : c'est Ymer. Ymer est méchant, lui et toute sa descendance. Il s'endort et tombe en sueur. Alors naissent de dessous son bras gauche un homme et une femme, et d'un de ses pieds un fils : c'est l'origine de la race des Hrimthursar. Mais en même temps que Ymer les gouttes de la glace fondante ont engendré une vache nommée Audhumbla : quatre ruisseaux de lait coulent de ses mamelles, et Ymer s'en nourrit. Audhumbla elle-même lèche les rochers couverts de sel et de givre; il en sort le premier jour une chevelure humaine, le second jour une tête d'homme, et le troisième jour un homme entier : c'est Bure; il est beau, grand et fort; il a un fils, Börr; de la géante Bestla il a trois fils : Odin, Vile et Ve, maîtres du ciel et de la terre. Ceux-ci tuent le géant Ymer; au moment où il tombe, il s'échappe tant de sang de sa blessure, qu'ils y noient toute la race des Hrimthursar, excepté le seul Bergelmer, le sage géant, qui, avec sa femme, s'est échappé dans une barque. Ils forment à eux deux la tige des nouvelles familles de Géants. — Après la naissance du géant Ymer et de la vache Audhumbla, naissance due aux actions réciproques de l'obscurité et la lumière, de l'eau et du feu, du froid et du chaud, après la défaite des Géants par les grands Dieux, bienfaisants et organisateurs, issus de la vache Audhumbla, alors seulement les puissances propices entreprennent la création du monde ou plutôt l'ordonnance générale des parties de la matière. Ils prennent le corps d'Ymer; de sa chair ils forment la terre, de son sang la mer, de ses os les montagnes, de ses dents les pierres et les rocs, de ses cheveux les arbres, et de son crâne le ciel; de ses sourcils ils forment le séjour de Midgord pour les fils des hommes, enfin de son front ils façonnent les nuages épais. Mais le soleil ne savait pas encore où était sa demeure, les étoiles ne connaissaient pas leur place, et la lune ignorait quelle force elle avait en elle. Alors les saints Dieux, sur leurs siéges élevés, tiennent conseil. Ils prennent les étincelles jaillissant du Muspelhem, et les fixent dans l'espace, en haut et en bas, pour éclairer le ciel et la terre. Ils donnent leurs noms à la nuit, au matin et au midi. Ils façonnent la terre; par-dessus ils étendent les cieux, avec, aux quatre coins, les nains Orient, Occident, Nord et Sud. Au delà des rivages de la mer du monde qui entoure la terre, ils placent le pays des Géants ; en deçà du cercle extérieur de la terre, ils se choisissent à eux-mêmes une demeure, qu'ils protégent tout autour par un mur contre les Géants ; la demeure de ceux-ci est appelée Utgord, celle des Dieux et des hommes est appelée Midgord. Au milieu de Midgord ils se sont bâti une ville appelée Asgord. Là habitent les Dieux et leur descendance. Odin, avec les Dieux qui l'entourent, s'y est édifié un temple nommé Gladshem, avec douze siéges pour les Dieux et un haut siége pour lui-même. Ils ont élevé un autre temple, Vingolf, avec des autêls pour les Déesses. Ils ont ensuite construit des fourneaux, et fabriqué des instruments et des armes. Les choses en étaient là quand trois puissants Ases, fils de Bör, ayant quitté l'assemblée des Dieux, rencontrent sur un rivage deux arbres, dont ils façonnent deux êtres humains. Odin leur donne le souffle, Hüner l'intelligence, Loder le sens et la belle physionomie ; ils leur donnent aussi des vêtements et des noms : l'homme s'appelle Ask et la femme Embla. C'est d'eux que sortiront les enfants des hommes, à qui il sera permis d'habiter Midgord. Quant aux nains, issus des vers qu'avait engendrés le corps d'Ymer, les Dieux leur ont donné la forme et l'intelligence humaines, mais ils habiteront dans les entrailles de la terre et sous les rochers.

Les Dieux ont construit de la terre au ciel un pont appelé Bäfröst ou Pont des Ases. Il est de trois couleurs, et bâti avec un art admirable. Au point où ce pont rejoint le ciel, se trouve la demeure d'Heimdal ; c'est de là qu'Heimdal surveille les Hrimthursar et les Géants des montagnes qui pourraient vouloir escalader l'empire céleste. Ce pont est visible encore aujourd'hui : c'est l'arc-en-ciel ; le rouge qu'on y aperçoit, c'est le feu éclatant ; les eaux célestes bruissent tout autour. Il se brisera quand les fils de Muspel parviendront à l'escalader.

Mais le principal séjour des Dieux est à l'ombre du chêne Yggdrasil ; ses branches recouvrent le monde entier et s'élèvent jusqu'au ciel. Ses trois racines traversent l'abîme, le ciel et la terre. L'une pénètre jusqu'au Nifelhem, là où le serpent Nidhügg, dans la fontaine de Hvergelmer, ronge sa racine ; la seconde va jusqu'au Hrimthursar, et par-dessous est la fontaine de Mimer, où sont cachées l'intelligence et la sagesse. Un jour Odin vint à cette fontaine et voulut boire ; mais il fallut qu'il donnât un de ses yeux en gage, et c'est depuis lors qu'Odin est resté borgne. La troisième racine s'étend jusqu'au séjour des Ases et des hommes, et par-dessous on trouve la fontaine sacrée d'Urd. C'est là qu'est le tribunal des Dieux ; ils s'y rendent à cheval chaque jour en franchissant Bäfröst. — Un aigle, qui sait beaucoup de choses, se tient perché sur le haut du chêne. Dans la demeure pratiquée entre les racines de l'arbre, auprès de la source d'Urd, habitent les trois savantes sœurs, Urd, Verdande et Skuld (c'est-à-dire le passé, le présent et l'avenir). Ce sont les Nornes ; elles sont très-puissantes ; elles creusent les runes du destin pour les Dieux et pour les hommes, et leurs décrets sont irrévocables. Il y a d'autres Nornes encore, par exemple celles qui, présentes à la naissance d'un homme, filent la trame de son destin ; les unes sont bonnes et bienfaisantes, les autres méchantes et perfides.

Parmi les Dieux qui habitent le palais des Ases ou Asgord, le premier est Odin ou Allfader, le père universel. Deux corbeaux, perchés constamment sur ses deux épaules, Hugin (l'Esprit) et Munnin (la Mémoire), lui disent à l'oreille ce qu'ils ont vu ou appris dans leurs courses à travers le monde. — Freia ou Frigga, probablement la déesse Hertha des Germains, n'est autre chose que la Terre, principe de toute fécondité. — Thor, fils d'Odin et de Freia, est le dieu de la force par excellence ; il commande aux vents, aux saisons, particulièrement à la foudre. Il est armé contre les monstres et les géants d'un marteau qui revient de lui-même dans sa main après qu'il l'a lancé : il possède en outre une ceinture qui, pendant le combat, renouvelle ses forces à mesure qu'il les prodigue. — Parmi les Dieux du second ordre on rencontre : Balder, fils d'Odin, beau, sage et bon. L'éclat de son radieux visage se reflète dans la zone lumineuse qui brille au ciel les nuits d'été. Niord règne sur les vents et la mer. Brage est le dieu de l'éloquence et de la poésie. Loki personnifie enfin le mauvais principe. Trois monstres sont nés de lui : le loup Fenris, le serpent Midgord, Hel ou la Mort. Nous avons déjà nommé Heimdal, le dernier de ces Dieux secondaires. Viennent

ensuite les douze Déesses, qui entourent Freia : puis les douze Valkyries, chargées de verser l'hydromel aux braves du Valhalla, de choisir au combat ceux qui doivent être tués, et de faire pencher la victoire vers le côté que favorise Odin. Quant aux guerriers qui ont mérité l'immortalité, ils habitent après la mort le brillant Valhalla, dans lequel ils goûtent éternellement le plaisir de boire la bière et l'hydromel, ou celui de combattre sans se lasser.

L'arrivée des filles des Géants troublera le bonheur parfait qui aura été pendant un certain temps le partage des Dieux et des hommes. Vainement Loki, le génie du mal, aura été vaincu une première fois. Vainement la puissance et la vie même des Dieux auront-elles été assurées pendant la vie de Balder ; l'aimable Balder, au sort duquel est suspendu celui de la nature entière, avertit lui-même les Dieux que des songes lui annoncent une fin funeste. A la prière de Freia, sa mère, toute la nature promet de l'épargner ; toute la nature, excepté le gui, qui s'est trouvé omis dans cette prière universelle. Loki s'en aperçoit ; aussi, lors des jeux du Valhalla, en présence de tous les Dieux réunis, comme chacun lançait son arme sur la poitrine de Balder qu'on croyait invulnérable, Loki met dans la main de l'aveugle Hoder, frère du Dieu, une branche de gui, et lui fait commettre un fratricide involontaire. Les Ases veulent punir le méchant Loki ; mais il leur échappe sous la forme d'un saumon. Eux-mêmes d'ailleurs doivent bientôt périr. Le poëme intitulé Voluspa, dans l'ancienne Edda, décrit les signes précurseurs de la fin de ce monde : « L'arbre du monde craque et se fend d'horreur ; le loup Fenris rompt ses chaînes et dévore le soleil ; la flamme détruit le monde... » Mais tout aussitôt une nouvelle création commence : « Une terre admirablement verte sort du sein des flots. Les cascades se précipitent. L'aigle guette le poisson du haut des rochers. Les champs produisent sans être ensemencés. Tout malheur est détruit. Balder est de retour... »

Tel est le résumé de la cosmogonie et de la mythologie scandinaves, telles que les montrent les deux Eddas. Ce sont bien les dogmes d'un peuple qui croit à la guerre, à la force, à l'énergie de la personnalité humaine. On y retrouve quelques-unes des opinions et des espérances qui sont communes à toute l'humanité : celle d'une destruction universelle par la victoire du mal, mais celle aussi d'une autre vie, pendant laquelle le bien triomphera à son tour ; double témoignage d'un sentiment profond de l'imperfection des choses créées et d'une noble confiance dans la victoire définitive de l'éternelle justice.

Nous nous sommes appliqué à exposer ici, d'après les monuments écrits, la doctrine mythologique du paganisme scandinave. On sait combien c'est un travail aventureux que de chercher à interpréter de tels systèmes, qui le plus souvent se sont formés sous mille impressions diverses et à travers des époques fort différentes. Nous nous contenterons d'indiquer ici les livres où de telles interprétations ont été sérieusement tentées. Nous avons en français les travaux de M. Bergman, de Strasbourg ; ce sont des traductions des Eddas, accompagnées de commentaires perpétuels, fort savants, quelquefois obscurs. On a surtout en danois Finn Magnussen, la Doctrine de l'Edda (Edda laeren), 4 vol. in-12, 1824-26 ; du même : Prisca veterum Borealium Mythologiæ Lexicon, Havniæ, 1828, in-4° ; du même, une traduction, avec savants commentaires, de l'ancienne Edda, Ældre Edda, 4 vol. in-12, 1821-23 ; Grundtvig, Mythologie du Nord, Copenhague, 1832, in-8° ; N.-M. Petersen, Histoire du Danemark pendant le paganisme, 3 vol. in-12, 1er vol., 1834. V. aussi Suhr, Des croyances, des connaissances et la poésie des anciens Scandinaves, Copenhague, 1815 ; Nierup, Lexique des mythes scandinaves, ibid., 1816 ; Mone, Histoire du paganisme dans l'Europe du Nord, Heidelberg, 1822-23, 2 vol. in-8° ; Berger, Mythologie du Nord, 2e édit., 1824.   A. G.

SCANDINAVES (Langues), nom donné aux langues parlées dans la presqu'île scandinave et dans les pays et les îles qui en dépendent, c.-à-d. au danois, au norvégien, au suédois, et à l'islandais (V. ces mots), langues formant une des trois grandes branches détachées du tronc germanique sous le nom de Norræna (langue du Nord).

SCANDINAVISME, mot créé de nos jours pour désigner la tendance des esprits en Danemark et en Suède à reconstituer l'ancienne union politique des États scandinaves.

SCANSORIUM. V. Acrobaticon.

SCAPHISME (du grec *skaphè*, auge), genre de supplice en usage chez les anciens Perses. Le patient était placé sur le dos dans une auge échancrée, de manière que la tête et les mains passassent en dehors; une autre auge de même forme recouvrait la première, avec laquelle il était clouée. Dans cet état, le patient était abandonné aux tortures produites par la chaleur et par la piqûre des insectes.

SCAPIN. } *V.* notre *Dictionnaire de Biographie*
SCAPULAIRE. } *et d'Histoire.*

SCARABÉE, insecte dont les Égyptiens sculptaient l'image au bas des statues des héros, pour exprimer la vertu mâle et guerrière, exempte de faiblesses. Cela vient de ce qu'ils croyaient tous les scarabées mâles. Le scarabée était aussi pour eux le symbole de l'immortalité et l'image du soleil. Dans la Glyptique, on appelle *scarabées* les pierres qui ont la forme de cet insecte posé sur une base aplatie; elles sont tout à la fois intailles et camées. On en a de l'Égypte et de l'Étrurie.

SCARAGUAYTA, nom latin de l'échauguette (*V. ce mot*).

SCARAMOUCHE. *V.* ce mot dans notre *Dictionnaire de Biographie et d'Histoire.*

SCAZON (Vers). *V.* Choliambe.

SCEAU, pièce de métal qui a une face plate où sont gravés en creux certains signes, et qu'on applique sur de la cire ou toute autre matière molle : les empreintes détachées qu'on a ainsi obtenues s'attachent, par un cordon ou autrement, aux lettres ou actes auxquels on veut donner de l'authenticité. Les empreintes elles-mêmes se nomment *sceaux*. La *Sigillographie* ou *Sphragistique* (du grec *sphragis*, cachet, sceau) est intimement liée à la science de la Diplomatique; elle sert encore à connaître les armoiries des anciennes familles, et fournit des lumières sur les mœurs et les costumes. Pour trouver l'origine du sceau dans les actes, il faut remonter aux temps les plus reculés : on voit dans la Bible qu'Achab, roi de Jérusalem, avait un anneau dont Jézabel se permit de sceller un ordre qu'elle écrivit faussement au nom de ce prince. De l'Orient cet usage passa chez les Grecs, et des Grecs chez les Romains, dont la littérature mentionne fréquemment les anneaux à sceller, *annuli signatorii*, *annuli sigillarii* (*V.* Anneau). Les peuples qui s'emparèrent de l'Empire l'adoptèrent, et pendant très-longtemps la pratique n'en fut générale, bien qu'elle n'ait pas toujours eu la même importance. A une époque fort ancienne, on signait et scellait en même temps : au vii° siècle encore, nous voyons St Bertrand, évêque du Mans, faire mettre à son testament les signatures et les sceaux de sept personnes illustres. Mais, du viii° à la fin du ix°, dans une multitude de chartes, le sceau ne paraît plus; on se contente, pour toute marque d'authenticité, d'indiquer les témoins aux dernières lignes de la charte, ou de faire tracer par les parties intéressées une croix devant leurs noms au bas de la pièce. Même au xiv° siècle, il y avait des pays où l'on ajoutait foi à des actes non scellés : à Toulouse, les actes des consuls n'ont pas été scellés jusqu'à l'ordonnance relative à la création des notaires; il est vrai qu'à cette époque, c'était là un fait exceptionnel. Au xiii° siècle, le sceau est employé d'une manière à peu près constante, tant dans les contrats passés devant les baillis, les sénéchaux et les prévôts, que dans ceux que les parties rédigeaient elles-mêmes ou faisaient rédiger par des clercs sans intervention d'un officier public; et il était regardé comme suffisant pour rendre les actes authentiques, à défaut de la signature, qui ne pouvait être exigée dans un temps où peu de personnes étaient initiées à l'art de l'écriture. Il y eut plus; le sceau tint souvent lieu de témoin, comme le prouve cette formule : *Teste sigillo.* L'usage de sceller les actes sans les signer persévéra pendant le xiv° siècle en Angleterre, en Écosse et en Irlande, et jusqu'au xvi° en Suisse et en Allemagne : il en fut autrement en France; la signature était commune dès les premières années du xiv° siècle, et, au siècle suivant, on commençait à signer les actes sans les sceller.

L'importance attribuée aux sceaux explique les précautions prises pour prévenir leur contrefaçon et l'emploi frauduleux des sceaux véritables. On peut citer pour leur bizarrerie certaines pratiques, au fond assez insignifiantes, comme d'insérer dans la cire des cheveux, des poils de la barbe, d'y imprimer la marque de ses dents ou de ses doigts. Le *contre-sceau* (*V. ce mot*) était une précaution mieux imaginée et plus efficace : comment, sans briser ou du moins altérer une seconde empreinte, détacher le sceau de l'acte authentique auquel il était

appendu, pour l'appliquer à un acte supposé? On détruisait aussi le sceau lors du décès de l'individu auquel il appartenait : cet usage s'observait aux funérailles des papes, pour le sceau et pour l'*anneau du pêcheur*. Parfois, au lieu de détruire le sceau, on le plaçait dans le tombeau du défunt; il y a deux exemples célèbres de cette antique coutume : ce sont les 40 anneaux trouvés dans le tombeau de Marie, épouse de l'empereur Honorius, quand on jeta les fondements de la chapelle de St-Pierre au Vatican, en 1544, et le cachet de Childéric Ier, découvert à Tournai dans son tombeau en 1663.

L'anneau fut la première forme du sceau. Le mot *annulus*, qui servait à le désigner, tomba en désuétude au xii° siècle. Jusqu'au vi°, il avait eu pour synonyme le mot *signum*, qui, passé cette époque, change de sens, et s'applique d'ordinaire aux croix et aux monogrammes destinés à remplacer les signatures. *Bulla* (du grec *boulla*), qui s'est surtout employé pour indiquer les empreintes sur métal, s'est entendu, pendant un temps, de toute sorte de sceaux : aussi voyons-nous, dans le pays messin, le sceau public appelé *Burlete* ou *Bullette*. Dans d'anciens textes français, les sceaux sont souvent désignés par le terme de *coins*, qu'on trouve employé notamment dans les *Coutumes du Beauvoisis* de Beaumanoir et dans les *Assises de Jérusalem*. Mais, quelque vogue qu'aient eue ces divers noms, le mot *sigillum* (en français *sael*, *seel*, et postérieurement et par corruption *scel*, *sceau*), a été le plus fréquemment et le plus généralement employé. Il était connu de la plus haute antiquité, et désignait proprement l'empreinte du sceau : plus tard, à partir du ix° siècle, il désigna le type ou le moule du sceau, tout en conservant sa première signification.

On distinguait le *gros sceau*, le *sceau public*, le *grand sceau*, du *petit sceau*, du *sceau secret* ou du *secret*, du *signet* ou *contre-scel*. Le *sceau commun* paraît n'être autre que celui qu'on appelait en France *authentique en l'absence du grand*. La qualification d'*authentique*, attribuée plus particulièrement au *grand sceau*, n'empêche pas que les petits sceaux n'aient participé à l'authenticité des grands. Il n'en faut pour preuve qu'une foule d'ordonnances de nos rois, qui font foi comme les autres, tout en n'étant scellées que du *sceau secret*. L'ordonnance de Compiègne en 1358, conformément aux réclamations des États généraux, régla que les lettres patentes ne seraient plus, à peine de nullité, scellées du *sceau secret*, hormis en cas de nécessité ou quand il s'agirait du gouvernement de l'hôtel du roi. On a cependant des patentes du 18 mai 1370 signées du *signet* et du *scel secret*, pour lesquelles le roi réclame la même considération que si elles étaient signées de « son grant scel, lequel est absent. »

On remarque entre les sceaux une grande variété, soit qu'on les considère par rapport à la matière, ou par rapport à la forme, à la couleur, ou à la manière dont ils sont attachés aux actes. — *Matière des sceaux :* — Les auteurs de la *Nouvelle Diplomatique* rapportent à Charlemagne l'institution des sceaux d'or. Parmi les empereurs de Constantinople, Théophile est le premier qui ait employés; ce fait bien constaté doit faire écarter l'idée que les rois d'Occident ont emprunté cette magnificence à la chancellerie du Bas-Empire. Il est vrai que les successeurs de Théophile ont affecté plus que les autres princes de se distinguer par les sceaux d'or, dont ils usaient généralement dans les lettres qu'ils adressaient aux plus hauts personnages, aux rois et aux sultans. On connaît des sceaux d'or des rois d'Angleterre, d'Espagne, de Hongrie et de Bulgarie, des empereurs d'Allemagne, des rois de France et des papes. Le diplôme où Clément VII donne à Henri VIII, roi d'Angleterre, le titre de *défenseur de la foi*, fut scellé d'une bulle d'or. Au xvi° siècle, c'était l'usage dans la république de Venise d'attacher un sceau d'or aux chartes qui conféraient la dignité de chevalier. — Les sceaux d'argent, de bronze et d'étain ont été très-rarement employés. Le plomb, au contraire, a été très-fréquemment et dans tous les pays. Ficoroni a publié un certain nombre de sceaux en plomb des empereurs chrétiens d'Orient et d'Occident. Depuis Deusdedit, les souverains pontifes n'ont pas cessé de sceller en plomb. En Languedoc, les plus anciens sceaux pendants furent en cette matière, et l'usage en fut plus général et plus persistant que dans les autres contrées de la France. Les substances molles ont été employées pour servir d'empreintes aux sceaux concurremment avec des matières métalliques, comme la *creta*, terre de nature argileuse, d'un usage général du temps de Cicéron, le plâtre (*gypsum*), la glaise (*lutum*), la *maltha*, composée de poix, de cire, de plâtre et de graine, et enfin la cire diversement mélangée, qui fut préférée aux autres matières. La manière dont elle est préparée n'est pas indifférente pour distinguer les époques : ainsi, on ne saurait confondre les empreintes d'un ton blanchâtre et terne de certains sceaux carlovingiens avec la cire blonde et claire des XIIe et XIIIe siècles ; les sceaux fermes et résistants des rois de France des XIIIe et XIVe siècles avec ceux de leurs successeurs, surtout à partir de la fin du XVe siècle ; ces derniers sont en cire molle et ductile, et présentent des inscriptions et des reliefs peu distincts. Autant la matière des sceaux des anciens temps est sèche et dure, autant celle des sceaux des derniers siècles est onctueuse. — Au XVIe siècle on rencontre très-fréquemment des sceaux recouverts d'un papier faisant corps avec la cire et reproduisant l'empreinte du type. Le premier sceau de ce genre que l'on connaisse est suspendu à un acte de 1385 ; il a été signalé par M. Natalis de Wailly. — La cire à cacheter connue sous le nom de *cire d'Espagne* a été inventée ou plutôt introduite en France sous Louis XIII, par un marchand de Paris nommé Rousseau, qui en avait apporté le secret des Indes Orientales.

Forme des sceaux. — Ni chez les Anciens ni chez les Modernes, les sceaux ne nous apparaissent avec une forme constante. La forme carrée est celle d'une bulle de plomb de l'empereur Trajan. C'est aussi celle de deux bulles, du même métal, portant les noms des papes Serge et Étienne, et que l'on rapporte au VIIIe siècle. La simplicité de la forme ronde ou orbiculaire dut lui faire donner la préférence. On la remarque aux médailles et aux sceaux dont sont revêtus les actes les plus anciens. On a découvert un grand nombre de bulles de plomb, orbiculaires, des empereurs païens ; tels sont le sceau d'Antonin, et celui sur lequel on voit réunis les bustes de Marc-Aurèle et de Lucius Vérus. Les papes, les rois de France de la 1re race à l'exception de Childéric Ier et de Childéric III, les rois Carlovingiens, ceux-ci seulement pour leurs bulles d'or et de plomb, tous les rois Capétiens, moins toutefois le roi Robert, ont donné la préférence à la forme ronde. La forme ovale fut adoptée par les deux princes Mérovingiens dont nous venons de citer les noms, et par les Carlovingiens pour leurs sceaux de cire. Au XIIe siècle, les sceaux oblongs, affectant le plus généralement la forme ogivale, sont extrêmement nombreux. Ils étaient surtout employés par les évêques, les abbés, les abbesses, les monastères, les chapitres, les officialités, et par les dames. Les Bénédictins ne faisaient remonter l'origine des sceaux en ogive qu'au XIIe siècle : M. N. de Wailly a cité comme présentant cette forme un sceau du roi Robert, et un autre d'un évêque de Beauvais de 1090. Mais il ne faut voir là que des faits exceptionnels ; il demeure constant que l'ogive n'est pas ordinaire dans les sceaux avant le XIIe siècle. Rarement employée au XVe, la forme ogivale disparaît au XVIe. — Sur les sceaux, l'inscription n'occupe pas toujours le même plan que la figure, soit qu'elle soit plus basse, soit qu'elle soit plus élevée. Dans la seconde moitié du XIIIe siècle, on commence à rencontrer des sceaux appliqués dans une espèce de moule fait avec une cire différente de celle où a été frappée l'empreinte. Ils sont nombreux au siècle suivant. Aux XVe et XVIe siècles, les moules de cire sont souvent remplacés par des boîtes de bois, de cuivre ou de fer-blanc.

Couleur des sceaux. — Depuis les premiers temps de la monarchie française jusqu'à la fin du XIe siècle, le sceau royal a été appliqué sur une cire de nuance blanchâtre. Sous la 3e race, l'usage de la cire blanche était encore assez ordinaire. Les rois d'Angleterre jusqu'à Charles Ier ont presque toujours donné la préférence à la couleur blanche. — Le jaune étant la couleur naturelle de la cire, il semblait raisonnable d'en faire remonter l'usage à la plus haute antiquité ; et telle a été, en effet, l'opinion de certains diplomatistes. Mais Mabillon établit que l'emploi de cette couleur n'est point antérieur au XIIe siècle. M. de Wailly reconnaît que les diplômes, au XIe siècle, étaient habituellement scellés en cire blanche ; il pense toutefois qu'il serait plus prudent de ne pas nier d'une manière trop absolue l'usage de la cire jaune à cette époque, parce qu'on ignore jusqu'à quel point l'action du temps peut influer sur la coloration de la cire. — La cire rouge fut employée assez fréquemment sous les rois Mérovingiens. Adoptée sous la 3e race dès Louis VII le Jeune, elle ne fut pourtant d'un usage commun que postérieurement à la 1re moitié du XIIIe siècle, et encore faut-il noter que le grand sceau de

France ne présente jamais cette coloration après le règne de Louis VII. On voit la cire rouge à la plupart des sceaux plaqués des XIVe et XVe siècles, et à ceux imprimés avec l'*anneau du pêcheur* sur les brefs des papes à partir de Nicolas V. — L'usage de la cire verte ne remonte pas en France au delà du XIIe siècle ; on pense que Philippe-Auguste est le premier qui s'en soit servi. À la chancellerie royale, dès le règne du roi Jean, la cire verte était réservée aux ordonnances, aux édits, et, en général, aux lettres qui devaient durer à perpétuité, tandis que la cire jaune servait pour les *lettres royales* et les expéditions les plus ordinaires.

Différentes manières dont les sceaux sont attachés aux pièces. — Les sceaux sont distingués en *plaqués* et *pendants* : les premiers, *sigilla membranæ affixa, innexa diplomati, chartæ agglutinata* ; les seconds, *sigilla pendentia* ou *pentilia.* Les bulles métalliques ont toujours été pendantes ; les sceaux en substances molles ont été tantôt plaqués sur le papyrus ou le parchemin, tantôt suspendus à l'aide d'attaches de différentes natures. Les sceaux en cire des rois de France jusqu'au XIe siècle, ceux des empereurs d'Allemagne jusqu'à Frédéric Ier, des comtes de Flandre jusqu'à Baudouin la Hache, ont été plaqués sur les diplômes. Les chartes des évêques et des abbés offrent des sceaux en placard jusqu'au déclin du XIIe siècle. Abandonnés à cette époque, ces sceaux revinrent en faveur au XIVe siècle ; on en rencontre de fréquents exemples dans les ordonnances et les mandements des gens des comptes. — La place des sceaux plaqués sur les diplômes a varié : sous les rois Mérovingiens, ils sont un peu au-dessus des derniers mots de la date ; sous les Carlovingiens, ils sont après ou sur les traits des paraphes qui suivent le nom du chancelier. — L'application du sceau s'opérait au moyen d'une incision dans le bas du diplôme, pressée par le type, la cire débordait de l'autre côté, et se trouvait ainsi fixée d'une manière assez solide pour qu'un certain nombre de sceaux carlovingiens soient arrivés jusqu'à nous. — D'après Mabillon, Louis le Gros est le premier de nos rois qui ait fait usage de sceaux pendants ; mais depuis longtemps déjà les évêques et les grands du royaume s'en servaient. — On s'est servi, pour suspendre les sceaux, de lemnisques ou attaches de parchemin, de soie, de fil, de ruban, de cuir, de laine, de cordes ou de cordelettes. À la chancellerie des rois de France, on employait les lacs de parchemin pour les actes de moindre importance, et l'on réservait les lacs de soie rouge et verte pour les diplômes solennels. De même, à la chancellerie romaine, la matière et la couleur des lacs était et est encore déterminée par la nature des diplômes. — Vers le milieu du XIIIe siècle, on commença à sceller les chartes sur des parcelles mêmes de la pièce qu'on avait eu soin de découper : c'est ce qu'on appelait *sceller sur simple queue.* M. de Wailly cite un exemple de ce genre d'application du sceau, de l'an 1215. Attacher les sceaux aux actes avec une lanière distincte, une courroie, ou une cordelette de fil, de laine ou de soie, qui passait dans une double fente du parchemin et dont les extrémités venaient ensuite traverser le sceau, c'était *sceller sur double queue.* — Parfois on rencontre des inscriptions écrites à la main sur les lemnisques de parchemin qui servent d'attaches ; elles sont, en général, sans importance.

Des inscriptions, des ornements, symboles, etc., des sceaux. — Dans l'ancienne monarchie française, le grand sceau représentait le roi dans ses habits royaux et assis sur son trône ; sous la République, le sceau de l'État porta d'un côté la figure de la Liberté et la légende *Au nom du peuple français*, de l'autre une couronne de chêne et d'olivier enveloppant les mots *République française, une et indivisible*, avec la légende *Liberté, Égalité, Fraternité* ; sous le gouvernement de la Restauration, on y vit un écusson à trois fleurs de lis ; sous Louis-Philippe, il représenta un livre ouvert portant ces mots : *Charte de 1830*, et entouré de drapeaux tricolores ; sous l'Empire, il porte l'aigle, surmontée d'une couronne fermée et entouré du grand collier de la Légion d'honneur, avec le sceptre et la main de justice en sautoir.

V. Hœpingk, *De jure sigillorum*, Nuremberg, 1642, in-4 ; Saumaise, *De subscribendis et subsignandis testamentis et de antiquorum et hodiernorum sigillorum differentiâ*, Leyde, 1653, in-8° ; Heineccius, *De veterum Germanorum aliarumque nationum sigillis*, Francfort, 1709 et 1719 ; Ficoroni, *I piombi antichi*, Rome, 1740 ; Manni, *I sigilli antichi de' secoli bassi*, Florence, 1739, 8 vol. in-4° ; Strick, *De exceptione deficientis sigilli*,

Halle, 1702 ; Leyser, *De contrasigillis medii œvi*, Helmstadt, 1726, in-4° ; Beck, *De resignatione, avulsione et turbatione sigillorum*, Altorf, 1723 ; Bœhmer, *De jure et auctoritate sigilli authentici*, Halle, 1742, in-4° ; Thulemar, *De bulla aurea, argentea, plumbea ac cerea*, Heidelberg, 1682, in-4°, et *Opuscula de bullis*, 1697, in-fol. ; Muratori, *De sigillis medii œvi*, dans le t. III de ses *Antiquitates italicœ; Ch. Lenormant, *Trésor de numismatique et de glyptique; Chassant et Delbarre, *Dictionnaire de sigillographie*, in-12 ; De Wailly, *Notice sur les sceaux*, dans l'*Annuaire de la Société de l'histoire de France* pour 1840 ; et les divers Traités de Diplomatique et de Paléographie. **C. de B.**

SCEAU DES TITRES (Conseil du), Conseil créé par décret du 1ᵉʳ mars 1808 pour connaître des titres de noblesse et statuer sur les constitutions de majorat. Il se composait, sous la présidence de l'archi-chancelier de l'Empire, de trois sénateurs, de deux conseillers d'État, d'un procureur général, d'un secrétaire général et d'un trésorier. Une ordonnance du 15 juillet 1814 le remplaça par une *Commission du sceau*, que présidait le garde des sceaux, et qui fut elle-même supprimée le 31 octobre 1830. Un décret du 8 janvier 1859 a rétabli le Conseil du sceau des titres, qui se composa de trois sénateurs, deux conseillers d'État, deux membres de la Cour de cassation, trois maîtres des requêtes, un commissaire impérial et un secrétaire sous la présidence du garde des sceaux. Le Conseil donnait son avis sur les demandes en collation, confirmation et reconnaissance de titres, sur les demandes en vérification de titres, sur les demandes en remise totale ou partielle des droits de sceau. Des *Droits de sceau* furent perçus par le Trésor ainsi qu'il suit : pour les dispenses de parenté ou d'alliance, 294 fr. ; pour les dispenses d'âge, 172 fr. ; pour les additions et changements de noms, 650 fr. ; pour les autorisations de servir ou de se faire naturaliser à l'étranger, 660 fr. ; pour les admissions à domicile, les naturalisations et les réintégrations dans la qualité de Français, 172. Il faut ajouter un droit proportionnel d'enregistrement de 20 pour 0/0. **B.**

SCEAUX (Garde des). *V.* GARDE DES SCEAUX, dans notre *Dictionnaire de Biographie et d'Histoire*.

SCELLEMENT, en termes de Construction, action de sceller ou d'arrêter l'extrémité d'une pièce de bois ou de métal dans un mur, avec du plomb, du soufre, du plâtre ou du mortier.

SCELLÉS, apposition par un fonctionnaire public de bandes de papier maintenues par l'empreinte d'un sceau qui lui est propre, et qui a pour but d'interdire l'ouverture d'une armoire, d'un meuble ou d'un appartement. Cette apposition est ordinairement préalable à l'inventaire (*V. ce mot*), dont elle a pour but de garantir la sincérité. L'apposition des scellés est ordonnée par la loi lorsqu'il s'ouvre une succession ; si parmi les héritiers il s'en trouve de mineurs, d'interdits ou d'absents. Dans ce cas l'apposition a lieu d'office par le juge de paix du canton de l'ouverture de la succession. Elle peut être requise par les créanciers, sous certaines garanties. Elle est ordonnée par la loi, en cas de faillite, sur tous les papiers, registres, meubles et effets du failli (*V. Code Napol.*, art. 819-821 ; *Code de Procéd.*, art. 907 et suiv.). Il y a encore apposition de scellés, quand un individu disparaît et qu'il n'y a personne pour veiller à la conservation de ses effets et papiers. Il en est de même dans le cas de demande en séparation de corps, et lors d'une demande en interdiction lorsqu'il n'y a personne près du défendeur pour veiller à la conservation de ce qui lui appartient. *V.* Jay, *Traité des scellés*, 2ᵉ édit., 1854, in-8°. — Le *bris des scellés* est puni, suivant la gravité des cas, de la réclusion ou des travaux forcés (*Code pénal*, articles 249-256). **R. D'E.**

SCÈNE, partie d'un théâtre sur laquelle les acteurs jouent devant le public les ouvrages dramatiques. Le mot n'avait pas le même sens chez les Anciens (*V.* SCÈNE, dans notre *Dictionnaire de Biographie et d'Histoire*). — Par extension, le mot *Scène* désigne la décoration du théâtre, l'action elle-même, et enfin le lieu où un acteur suppose que l'action qu'il raconte s'est passée.

SCÈNE, division d'un acte d'ouvrage dramatique, où l'entretien des acteurs n'est interrompu ni par l'arrivée d'un nouvel acteur, ni par la sortie d'un de ceux qui sont sur le théâtre.

SCÈNE (AVANT-). *V.* AVANT-SCÈNE.

SCÈNE (Mise en). *V.* MISE EN SCÈNE.

SCÉNOGRAPHIE (du grec *skènè*, scène, et *graphéin*, décrire), représentation d'un corps en perspective sur un plan, c.-à-d. dans toutes ses dimensions, tel qu'il paraît à l'œil.

SCÉPHROS, nom d'un chant lugubre chez les anciens Grecs, analogue au *Linos* (*V. ce mot*).

SCEPTICISME. Ce mot, dérivé du grec (*skeptomai*, j'examine), ne donne pas une idée bien exacte de la nature et des caractères généraux du système qu'il désigne. Rien, en effet, n'est plus véritablement philosophique que l'esprit d'examen ; rien ne l'est moins que le scepticisme avec sa prétention de ne tenir quoi que ce soit pour assuré, avec le doute et l'incertitude perpétuelle à laquelle il veut condamner l'esprit humain. Le doute est excellent ; mais dans quelle mesure ? Descartes nous le dit : « Faisant réflexion en chaque matière sur ce qui pouvait la rendre suspecte et nous donner occasion de nous méprendre, je déracinais de mon esprit toutes les erreurs qui s'y étaient pu glisser auparavant. Non que j'imitasse pour cela les sceptiques, qui ne doutent que pour douter, et affectent d'être toujours irrésolus ; car au contraire mon dessein ne tendait qu'à m'assurer, et à rejeter la terre mouvante et le sable pour trouver le roc ou l'argile. » (*Discours de la Méthode*, 3ᵉ partie.) Ainsi le philosophe doute et suspend son jugement jusqu'à ce que, à l'aide d'une méthode sévère, il ait trouvé la vérité. Le sceptique ne veut pas que la vérité soit accessible à l'homme, soit parce que ses facultés sont essentiellement trompeuses, soit parce qu'il n'y a rien de vrai en soi ; et de ces principes désespérants il conclut, autant que le scepticisme permet de conclure, que nous ne pouvons rien croire ni rien affirmer. Pour l'un, le doute est le commencement de la science ; pour l'autre, il en est le dernier mot et le tout. Il est curieux de voir comment Montaigne exprime cette fantaisie : « L'ignorance qui se sçait, qui se juge et qui se condamne, dit-il, ce n'est pas une entière ignorance ; pour l'estre il faut qu'elle s'ignore soy-mesme : de façon que la profession des Pyrrhoniens est de bransler, doubter et s'enquérir, ne s'asseurer de rien, de rien ne se respondre... En tout ils cherchent qu'on les contredie pour engendrer la dubitation et surséance du jugement qui leur est fin. Ils ne mettent en avant leurs propositions que pour combattre celles qu'ils pensent que nous ayons en notre créance... Leurs façons de parler sont : je n'establis rien ; il n'est rien plus ainsin qu'ainsin ou que ny l'un ny l'autre ; je ne le comprends point ; les apparences sont égales partout ; la loy de parler est pour et contre est pareille ; rien ne semble vray qui ne puisse sembler fauls... Leur effect, c'est une pure, entière et très-parfaicte surséance et suspension de jugement ; ils se servent de leur raison pour enquérir et pour desbattre, mais non pas pour arrester et choisir. » (*Essais*, II, 12.)

Quelles sont donc les raisons ou plutôt les prétextes sur lesquels s'appuie le scepticisme ? Nous avons déjà dit que tantôt il s'en prend à la nature même des choses, tantôt à celle de l'esprit humain. L'esprit de l'homme, disait le sophiste Protagoras, est la mesure de toutes choses, c.-à-d., rien n'est absolument vrai ; la neige est blanche pour qui la voit blanche, noire pour qui la voit noire. En réalité, elle est blanche et noire tout à la fois, ou elle n'est ni blanche ni noire, ce qui revient au même, et je me trompe également, quoi que j'en affirme ou que j'en nie. Voilà bien la confusion, le chaos, l'incertitude, « la très parfaicte surséance et suspension de jugement » que l'on nous vantait tout à l'heure, produite par le fait même des choses. Il en sera de même si l'on considère l'intelligence du biais que veulent les sophistes. Les uns se bornent à en signaler avec complaisance toutes les méprises : illusions des sens, mirages de l'imagination et de la mémoire, écarts du jugement, contradictions du raisonnement, fluctuations et revirements de l'opinion, etc. Puis ils disent : comment se fier à un instrument tant de fois pris en défaut ? D'autres (il s'agit ici d'un scepticisme de date assez récente) vont plus avant, et, négligeant tous ces détails, c'est l'aptitude générale de l'intelligence à connaître la vérité qu'ils mettent en doute. On pourrait résumer ainsi leur argumentation : « En admettant qu'il y ait une vérité absolue, rien ne nous assure que ce soit celle que perçoit l'intelligence humaine. Rien ne nous assure que l'intelligence faite autrement n'aurait pas, de toutes choses, des idées tout à fait différentes ; et qu'ainsi, comme certaines personnes, par suite d'une disposition particulière de l'organe de la vision, éprouvent la sensation de vert là où d'autres éprouvent la sensation de rouge, toutes nos conceptions, même celles qui nous semblent les plus nécessaires, ne seraient pas entièrement changées, si les lois et la constitution de notre entendement étaient tant soit peu modifiées. » Le germe de ce scepticisme était dans Descartes. « Que sais-je, dit-il, si Dieu n'a point fait qu'il n'y ait aucune terre, aucun ciel, aucun corps étendu, aucune figure, aucune grandeur, aucun lieu, et que néanmoins j'aie les sentiments de toutes ces choses? Que sais-je n'a point fait que je me trompe aussi toutes les fois que je fais l'addition de deux et de trois, ou que je nombre les côtés d'un carré, ou que je juge de quelque chose encore plus facile, si l'on se peut imaginer rien de plus facile que cela? » Et s'il répugne à la bonté de Dieu que je sois déçu de la sorte, je puis supposer « qu'un certain mauvais génie, non moins rusé et trompeur que puissant, a employé toute son industrie à me tromper. » (1re *Méditation.*) Mais ce n'est, pour Descartes, qu'une supposition extrême. Encore une fois, il ne s'arrête pas au doute; il ne fait que le traverser pour arriver à des connaissances plus assurées. C'est Kant et l'École allemande qui, sur ce point, ont eu l'étrange hardiesse, ou, si l'on veut, l'étrange timidité de ne vouloir pas affirmer la réalité objective des conceptions de la raison, et de ne considérer les vérités nécessaires comme des formes subjectives de l'entendement (*V.* KANTISME, FORME, OBJECTIF). Nous ne pouvons ici ni exposer ni discuter ces théories. Bornons-nous à dire avec Jouffroy, quoique avec moins de sympathie pour le scepticisme, que la question, en Philosophie et dans les sciences en général, n'est pas de savoir ce que serait la vérité pour l'intelligence constituée autrement qu'elle n'est, mais de savoir ce qu'est la vérité pour l'intelligence telle qu'elle est; que d'ailleurs le scepticisme dont il s'agit, bien qu'invincible en théorie, est tout à fait sans danger dans la pratique, les hommes ne pouvant s'empêcher de croire; et que, s'il est impossible de démontrer que l'intelligence humaine voit les choses telles qu'elles sont, il est également impossible de démontrer le contraire. Quant au scepticisme vulgaire, la grande et très-décisive réfutation de tous ses arguments tirés de nos erreurs, c'est de dire que toutes ces erreurs, nous sommes capables de les reconnaître. Donc nous avons un *criterium* (*V. ce mot*) pour distinguer le vrai du faux; donc, si nous sommes accidentellement exposés à nous tromper, nous sommes par nature capables de connaître la vérité. Il ne s'agit que d'apporter dans sa recherche tous les soins et toutes les précautions nécessaires. Une fois que nous l'avons trouvée dans ces conditions, nous lui devons toute confiance.

Après avoir exposé les principes fondamentaux du scepticisme et en avoir indiqué les principaux aspects, il suffit de quelques mots et de quelques dates pour en esquisser l'histoire. Dans l'Antiquité, le scepticisme date presque de l'origine de la Philosophie; il se dégage, dans l'étrange timidité de premières luttes des systèmes qui représentent à cette époque le Sensualisme et l'Idéalisme (*V. ces mots*). Gorgias de Léontini, Prodicus de Céos, Protagoras d'Abdère, Hippias d'Élis, Thrasymaque de Chalcédoine, Polus d'Agrigente, Calliclès d'Acharnæ, Euthydème de Chio, Diagoras de Mélos (fin du ve siècle av. J.-C.), sont les coryphées de la sophistique. Un scepticisme frivole, mais universel, dit M. Cousin, faisait le fond de leur enseignement. Socrate réagit avec succès contre les Sophistes; mais après lui, et cette fois encore comme conséquence de l'antagonisme des grandes écoles socratiques, le scepticisme, qui trouve plus commode et plus court de mettre en doute que de chercher à rien concilier, reprit de nouvelles forces, et se développa, non sans quelque éclat, à ce qu'il semble, avec Pyrrhon (vers 340), qui en est resté longtemps comme la personnification et le type; avec Arcésilas (316-229) et Carnéade (215-126), dans la Nouvelle Académie (*V. Académie;*) avec Énésidème, contemporain de Cicéron, Agrippa (date incertaine, IIe ou Ier siècle ap. J.-C.) et Sextus Empiricus (IIe siècle ap. J.-C.). Longtemps étouffé par l'esprit dogmatique de la Philosophie chrétienne, il se ravive à l'époque de la Renaissance, et trouve dans Charron et dans son ami Montaigne les interprètes les plus capables de le faire accepter s'il était acceptable. Au XVIIe siècle, La Mothe Le Vayer, Bayle, et quelques autres continuent avec plus ou moins de force et de talent la tradition sceptique, destinée à subir plus tard, notamment avec Kant, la transformation que nous avons indiquée plus haut. Pour en revenir au XVIIe siècle, ce que cette époque eut de plus original, en fait de scepticisme, ç'a été de tourner le doute, comme une machine de guerre, non-seulement contre le libertinage et l'incrédulité, mais encore contre la raison et la philosophie, au profit exclusif de la Foi et de l'autorité. Montaigne en avait quelque-fois fait le semblant; mais il nous paraît bien difficile de le prendre au sérieux dans le rôle de défenseur du christianisme. Telle fut, au contraire, bien sincèrement la pensée de Huet, évêque d'Avranches, auteur d'une *Censure de la Philosophie cartésienne* et d'un *Traité philosophique de la faiblesse de l'esprit humain;* telle fut surtout celle de Pascal, qui mit, dans cette lutte obstinée contre la raison, toute la sombre ardeur et toute l'âpreté de son puissant et étrange génie. Nous pourrions citer plus près de nous de nouveaux exemples de cette tactique, moyen désespéré de précipiter de force l'esprit humain dans la Foi, en le dégoûtant de la Raison. Mauvaise tactique après tout, et dangereuse à la cause même qu'elle veut servir. Pour nous, non-seulement nous ne saurions nous résigner à ne voir dans la Raison, qui nous vient de Dieu comme le reste, qu'une lumière trompeuse propre à nous égarer; mais, à un autre point de vue, nous ne croyons pas que l'esprit qui se défie ainsi de lui-même puisse se reposer avec une parfaite quiétude dans la Foi. Nous n'en voudrions pour preuve que les angoisses incurables de cet illustre et infortuné Pascal, et nous trouverions encore ici la confirmation éclatante d'une pensée de Royer-Collard, que l'on a bien souvent citée : « On ne fait pas au Scepticisme sa part; quand il a pénétré dans l'entendement, il l'envahit tout entier. » B—E.

SCEPTRE (du grec *skêptron*, bâton d'appui), bâton de commandement, de forme variable, plus ou moins orné, et qui est un des insignes de la royauté. Dans Homère, les chefs grecs ligués contre Troie portent des sceptres d'or ou garnis de clous d'or : le sceptre d'Agamemnon était, au temps où chantait le poëte, conservé à Chéronée; mais les Phocidiens avaient enlevé les lames d'or dont le bois était recouvert. Tarquin le Superbe introduisit à Rome l'usage du sceptre comme attribut de la puissance souveraine. Plus tard, l'*imperator*, c.-à-d. le général victorieux et admis aux honneurs du triomphe, eut le droit de le porter. Le plus ancien des sceptres des rois de France était celui que tenait Clovis au portail de l'abbaye de St-Germain-des-Prés; c'était un bâton surmonté d'une aigle. Childebert avait son sceptre surmonté d'une touffe de feuilles semblable par la forme à une pomme de pin. Selon Velly, le sceptre des premiers rois était tantôt une simple palme, tantôt une verge d'or courbée par le haut comme une crosse : on ne connaît pas de sceptre de cette dernière forme. Sur le sceau de Dagobert, tiré des archives de St-Maximin de Trèves, on voit un sceptre qui ressemble à une branche composée de plusieurs rameaux. La partie supérieure du sceptre que l'on conserva longtemps au Trésor de l'abbaye de St-Denis sous le nom de sceptre de Dagobert, représente un homme placé sur le dos d'une aigle qui vole. Plus tard le sceptre des rois de France fut surmonté d'une fleur de lis double. Celui des empereurs d'Allemagne avait une aigle à deux têtes. — Jurer par le sceptre fut une pratique de l'Antiquité; on a aussi touché ou baisé le sceptre comme marque de soumission. B.

SCEVOPHYLACIUM (du grec *skeuos*, meuble, et *phylax*, gardien), nom donné, dans les églises grecques, au local où l'on renferme le mobilier précieux dont on se sert dans les cérémonies.

SCHABRAQUE, sorte de housse ou de couverture en peau de mouton ou en drap, qu'on étend sur la selle et qui couvre les fontes des pistolets. Elle a été importée en France en 1692 par les hussards hongrois. Les schabraques en peau sont garnies d'un galon en laine de couleur; celles en drap ont aussi un galon, avec le chiffre du régiment, ainsi qu'une grenade, deux lances, etc., selon l'arme. Les officiers ont deux galons d'or ou d'argent à leur schabraque.

SCHAH. *V.* CHAH, dans notre *Dictionnaire de Biographie et d'Histoire.*

SCHAH-NAMEH, c.-à-d. *le Livre des Rois*, poëme historique composé en persan par Firdoucy, d'après l'ordre de Mahmoud le Gaznévide, et consacré à la gloire primitive de la Perse. Il n'a point pour sujet un événement important, qui naît, se développe, et se termine par une catastrophe, mais il embrasse une série de faits qui se succèdent durant 37 siècles, jusqu'à l'introduction de l'Islamisme; on y trouve peu d'ordre, et l'art manque presque complétement dans la manière dont les épisodes sont rattachés à l'ensemble. L'unité de l'œuvre réside dans la lutte du mauvais génie contre le bon; de la civilisation contre la barbarie, des rois de l'Iran contre les 'hordes du Touran; dans les vicissitudes de l'ordre social, assis par Djemschid, régénéré par Zoroastre, ébranlé sans être abattu par Alexandre le Grand, opprimé par les Arsacides, relevé par les Sassanides, modifié par les

Arabes. Firdoucy ne s'est point vraisemblablement proposé pour but de faire tourner son poëme au profit de là morale ; il n'a eu d'autre intention que de raconter les faits qu'il avait recueillis dans les traditions persanes. On trouve dans le *Schah-Namèh* le pendant, sinon le modèle, des mœurs chevaleresques de notre moyen âge : Roustam et les autres héros de Firdoucy rappellent les personnages des poëmes de la Table ronde ou de Charlemagne, et vivent au milieu d'enchanteurs et de monstres fabuleux. La valeur poétique de l'ouvrage ne répond pas à son importance : des distiques composés sur une mesure constamment la même, formés de deux vers qui riment ensemble et renferment presque toujours un sens complet, ne présentent que de faibles moyens au génie quand il s'agit de grandes compositions. Le *Schah-Namèh* a été publié à Paris par Jules Mohl, avec traduction française et commentaires. Il en existe une traduction en prose arabe à la Bibliothèque impériale. *V.* Langlès, *Notice sur la vie et les ouvrages de Ferdoussi*, dans les *Fables et Contes persans* publiés en 1798 ; de Wallembourg, *Notice sur le Schah-Namèh*, Vienne, 1810 ; Silvestre de Sacy, article dans le *Magasin encyclopédique*, tome IV.   B.

SCHAKO (du hongrois *czako*), coiffure militaire, particulière aux hussards hongrois, ne fut d'abord en usage que dans les régiments de hussards et de chasseurs à cheval. Il était alors sans visière et orné de torsades. Au commencement du premier Empire, toute l'infanterie quitta le chapeau à trois cornes pour prendre le schako. Aujourd'hui les schakos sont, selon les corps, en feutre ou en drap de couleur noire ou bleue, soutenu par une carcasse en carton ou en bois qui se rétrécit au sommet ; on les orne de jugulaires, de plaques à aigles et portant le numéro du régiment, de galons, de cocardes, de crinières, aigrettes, panaches ou pompons.

SCHALL. *V.* Chale.

SCHAMANISME. *V.* Chamanisme, dans notre *Dictionnaire de Biographie et d'Histoire*.

SCHEEREN, nom qu'on donne aux récifs qui existent le long des côtes de la Suède et de la Finlande.

SCHEIKH. } *V.* ces mots dans notre *Dictionnaire*
SCHELLING. } *de Biographie et d'Histoire*.

SCHÉME (du grec *skéma*, forme, figure), mot employé autrefois en Construction comme synonyme de *Figure* ou de *Plan*. Il a désigné aussi toute *Figure* de Rhétorique. En Philosophie, Leibniz appelle *schème* le principe essentiel à chacune de nos idées et qui les distingue entre elles, tandis que Kant, faisant du même mot un synonyme de *Forme*, l'applique à tout objet qui existe dans l'Entendement indépendamment de la Matière. *Schématiser*, c'est considérer les objets comme des *schèmes* ou des abstractions ; faire des *schématismes*, c'est faire des actes résultant de l'application des formes de l'Entendement pur à celles de la Sensibilité physique pure.

SCHÉRIF. *V.* ce mot dans notre *Dictionnaire de Biographie et d'Histoire*.

SCHERZO, mot italien qui veut dire *badinage*, et qu'on emploie en Musique pour désigner les morceaux à trois temps des symphonies, quatuors, etc., qu'on nommait autrefois *menuets* (*V.* ce mot). Le mot *scherzando*, c.-à-d. *en badinant*, indique un mode d'exécution légère et badine. Les Italiens appellent *scherzi musicali* certaines œuvres plaisantes, telles que les fugues *qui, quæ, quod et hic, hæc, hoc* de Merula, les fugues trillées de Porpora, les canons burlesques du P. Martini, etc.

SCHIFATI, pièces de monnaie grecques de la Sicile au moyen âge, ainsi appelées parce qu'elles portaient la figure d'une barque (*scapha*).

SCHILDERBENT, association de peintres flamands qui existait à Rome pendant les XVIe et XVIIe siècles. Les désordres qu'elle commit amenèrent sa suppression par le pape Clément IX en 1720.

SCHISME. *V.* ce mot dans notre *Dictionnaire de Biographie et d'Histoire*.

SCHLAGUE (de l'allemand *schlag*, coup), punition militaire en usage en Allemagne, et qui consiste dans l'application de coups de canne.

SCHOENBRUNN, château impérial de la Basse-Autriche, à 6 kilomèt. S.-O. de Vienne. Il occupe l'emplacement d'un château de chasse bâti sous Maximilien II, et d'un palais d'été construit par Léopold Ier. L'impératrice Marie-Thérèse le fit élever en 1744 par Pacassi, d'après les plans de Valmagini. L'aspect du château de Schœnbrunn, avec ses volets peints en vert sur des murs badigeonnés en jaune, n'a rien d'imposant. En avant se

trouve un grand parterre, orné de 32 statues et groupes en marbre, et à l'extrémité duquel s'élève un amphithéâtre de verdure que couronne *la Gloriette*, vaste portique ouvert. Le château contient 1,441 chambret et 139 cuisines. Les appartements impériaux sont richement meublés, mais n'ont rien de particulièrement intéressant. On remarque la grande salle, où peuvent tenir 1,500 personnes, et qui a un beau plafond peint par Guglielmi ; la salle Hamilton, ainsi appelée à cause des peintures exécutées par Jean, Georges et Philippe Hamilton ; la salle des cérémonies, avec peintures par Meytens ; le cabinet bleu, où Marie-Thérèse se tenait de préférence ; la chambre habitée par Napoléon Ier en 1809, et où son fils, le duc de Reichstadt, mourut en 1832 ; le cabinet chinois, la galerie de tableaux, la chapelle, le théâtre, etc. Le jardin ou parc, d'une très-grande étendue, est une évidente imitation de celui de Versailles : il contient de magnifiques allées, de belles pièces d'eau, une faisanderie, une ménagerie, une orangerie, un jardin botanique, etc.   B.

SCHOENION, nom d'un air de flûtes chez les anciens Grecs. Il avait quelque chose de lâche et de flexible, comme le jonc (*schoînon* en grec).

SCHOLIES (du grec *skholê*, loisir), annotations apposées sur les marges des manuscrits grecs par leurs possesseurs, dans les *loisirs* d'une lecture assidue et réitérée. Par extension, on a appelé *Scholiastes* les auteurs de notes destinées à éclaircir certains passages des écrivains classiques, particulièrement des écrivains grecs. Les plus célèbres scholiastes sont Eustathe, Tzetzès, Didyme, Moschopulus, etc.

SCHOONER, nom que les nations du Nord donnent à la goëlette.

SCHOTTISH. *V.* Shottish.

SCHYARI, ancien instrument à vent, dont la structure ressemblait à celle de la cornemuse, si ce n'est qu'il était ouvert dans la partie inférieure. Outre les trous ordinaires pour les doigts et le pouce, il en avait d'autres qu'on bouchait avec la paume de la main. Le diapason du plus grand instrument de ce genre s'étendait du *fa* au-dessous des lignes avec clef de *fa*, jusqu'au si *bémol* au-dessus ; le plus petit, du *sol* au-dessus de la 4e ligne avec clef de *fa* jusqu'à l'*ut* du 3e espace à la clef de *sol*.

SCIAGRAPHIE (du grec *skia*, ombre, et *graphein*, tracer), mot employé par les anciens Grecs pour désigner ce que nous appelons soit le *clair-obscur*, soit la *silhouette*. — En Architecture, il signifie la coupe d'un édifice, c.-à-d. la représentation de son intérieur.

SCIE (Dent de). *V.* Dent de scie.

SCIENCE, en latin *scientia* (de *scire*, savoir). La science à son début n'était qu'une synthèse étroite, vague et confuse, comprenant l'ensemble du savoir humain, décoré du nom de *Sagesse* (*V.* ce mot). S'il était donné à l'esprit humain de s'élever jusqu'à une connaissance universelle et parfaite, la *Science* serait une synthèse complète, embrassant l'ensemble et les parties de l'univers dans leurs moindres détails et dans leurs rapports ; l'homme posséderait la *science absolue*, ce qui lui est impossible. Entre ces deux extrêmes il y a des parties de la *science* ou des synthèses partielles auxquelles l'homme arrive par des analyses de plus en plus exactes et profondes ; c'est ce qui donne lieu aux *sciences particulières*. Chaque science, ayant son objet propre, comprend les diverses connaissances des faits qui sont relatifs à cet objet, des lois qui régissent ces faits ; d'après cela, une *science* est un système de propositions qui, liées entre elles, dépendent d'un seul et même principe. Ce qui distingue la *science* de l'*opinion*, qui juge sans motif suffisant, et même de la *connaissance raisonnée*, qui ne s'appuie que sur des principes hypothétiques, tandis que *savoir*, c'est rattacher des notions positives à des principes clairs, évidents et incontestables. Toute science peut être considérée comme renfermant trois parties : la description des faits, la théorie des lois, et l'application de ces lois, qui constitue un *art*. C'est ce qui fait dans la marche de la civilisation ; mais cette marche est assez difficile à suivre pour la science dans les premiers temps. Chez les peuples antiques de l'Orient, l'imagination l'emportait de beaucoup sur l'observation et sur le raisonnement. En Grèce, la science se confond d'abord avec la philosophie (*V.* ce mot). Socrate sépara cette dernière des autres sciences, et Platon essaya de les diviser méthodiquement, en mettant au premier rang la connaissance de *Dieu* et des *Idées*, objet de la raison ; au second, les *mathématiques*, science intermédiaire entre la raison et l'*opinion* ; au troisième, les *connaissances physiques*, objet de l'opinion. Aristote, développant l'idée de Platon, constitua la Métaphysique, puis l'Histoire naturelle et la Météorologie descriptives, la Psychologie, la Morale, la Politique, la Rhétorique et la Poétique. L'école d'Alexandrie accrut le domaine des sciences, surtout en ce qui concerne la Mécanique, l'Optique, l'Astronomie, la Géographie mathématique. Au moyen âge, la science subit une éclipse, pendant laquelle tout se réduisait aux sept *Arts libéraux*, comprenant le *Trivium* (Grammaire, Dialectique, Rhétorique) et le *Quadrivium* (Astronomie, Géométrie, Arithmétique et Musique). Cependant, au xiiie siècle, Vincent de Beauvais essaya un résumé des connaissances humaines, dans son *Grand Miroir*, divisé en *Miroir naturel*, *Miroir moral*, *Miroir scientifique*, *Miroir historique*. La première classification sérieuse est celle de F. Bacon, à la fin du xvie siècle; elle fut adoptée au xviiie siècle par les auteurs de l'*Encyclopédie*, avec des corrections relatives surtout à la théologie, à la poésie et aux mathématiques (*V.* Arbre encyclopédique). Depuis, de nombreux essais ont été tentés pour arriver à une classification plus exacte. Ampère prit pour base ce principe : que l'observation des faits apparents et de ceux qui sont cachés, puis la détermination des lois et des causes, de ces phénomènes, constitue métaphysiquement la marche de l'esprit dans l'acquisition des connaissances. M. Cournot a publié en 1852 un *Essai sur les fondements de nos connaissances*, utile à consulter, ainsi que l'*Essai sur la classification d'Art-et-Science* de J. Bentham, et l'*Encyclopédie* d'Ersch et Gruber; on trouve aussi une tentative de classification dans la *Physiologie philosophique des sensations et de l'intelligence* du Dr Gerdy. Sans adopter exclusivement aucune de ces classifications plus ou moins arbitraires, il nous suffira de donner un tableau abrégé des sciences et de leurs applications dans les arts.

D'après la nature des objets dont elles s'occupent, les sciences peuvent être divisées en deux grandes classes : 1° les *Sciences de raisonnement*, comprenant : les Mathématiques pures (Arithmétique, Algèbre, Calcul intégral, différentiel; Calcul des variations, des probabilités, etc.; Géométrie, Trigonométrie, Géométrie analytique); les Mathématiques appliquées ou mixtes (application des sciences mathématiques aux sciences physiques et naturelles); et les Sciences métaphysiques (Ontologie ou Métaphysique générale, Métaphysique particulière, Théologie, Logique transcendante ou rationnelle, Morale transcendante ou rationnelle); 2° les *Sciences d'observation*, ayant pour objet les corps et leurs modes (Physique générale, Chimie, Gazologie, Hydrologie, Minéralogie, Botanique, Zoologie, Physiologie, Cosmographie, Astronomie, Géographie, Géologie, Dynamique, Mécanique, Statique), et le principe pensant et ce qui le concerne (Psychologie, Logique, Esthétique, Morale, Science historique, Industrie, Beaux-Arts et Littérature). A chaque science principale se rattache une application dans l'industrie ou dans l'art. Ainsi, à l'arithmétique correspond le calcul; à la géométrie, l'arpentage; à la mécanique pure, la mécanique appliquée; à l'astronomie, l'art de la navigation et de la fabrication des instruments dont a besoin; à la géologie, la métallurgie, et les arts du lapidaire, du joaillier, du bijoutier, etc.; à la physique, l'optique, l'acoustique et la fabrication des instruments nécessaires; à la chimie, la tannerie, l'amidonnerie, la brasserie, la distillerie, et, en général, les arts industriels; à la botanique, l'agriculture; à la zoologie, la médecine, l'art vétérinaire; à l'histoire, la politique; à la théologie, le culte.

Dans ce tableau ne sont pas comprises les *Sciences occultes*, par la raison qu'elles ne sont pas des sciences; au lieu de s'appuyer sur l'observation et le raisonnement, elles ont recours au mystère et se dérobent au jour; elles sont d'ailleurs tombées dans un discrédit que le progrès des *Sciences réelles* augmente toujours. Ces sciences étaient l'alchimie, l'astrologie, la cabale, la magie, la chiromancie, la nécromancie. R.

SCIENCES (Académie des), fondée en 1666 par Colbert, sur l'ordre de Louis XIV, mais sans acte officiel émané de l'autorité royale. Elle ne comprit d'abord que les sections de géométrie, d'astronomie, de mécanique, d'anatomie, de chimie, et de botanique; ses membres furent partagés en 4 classes : les membres honoraires, les membres effectifs, qui recevaient des émoluments, les associés, et les élèves; la 1re se composait de 10 membres, et les trois autres de 20 chacune. Le roi choisissait le président dans la 1re classe; le secrétaire et le trésorier étaient pris dans la 2e. Le régent Philippe d'Orléans supprima les élèves, et créa deux nouvelles classes, l'une de

12 adjoints, l'autre de 6 associés; on établit un vice-président, choisi parmi les membres honoraires, un directeur et un sous-directeur, qui devaient être membres effectifs. En 1785, on créa des classes d'histoire naturelle, d'agriculture, de minéralogie, et de physique. L'Académie des Sciences, supprimée en 1793, reparut modifiée dans l'Institut. Elle avait publié jusque-là 139 volumes in-4e de *Mémoires*. Aujourd'hui elle se compose de 63 membres, divisés en onze sections, savoir : pour les *Sciences mathématiques*, les sections de Géométrie, Mécanique, Astronomie, Géographie et Navigation, Physique générale; pour les *Sciences physiques*, Chimie, Minéralogie, Botanique, Économie rurale et Art vétérinaire, Anatomie et Zoologie, Médecine et Chirurgie. L'Académie des Sciences peut être regardée comme un véritable tribunal scientifique, dont l'Europe entière reconnaît l'autorité.

SCIENCES MORALES ET POLITIQUES (Académie des). Établie comme une des classes de l'Institut en 1794, supprimée par Napoléon Ier en 1803, elle ne fut rétablie qu'en 1832. Elle comptait alors 30 membres, répartis en 5 sections. Un décret impérial du 14 avril 1855 l'a divisée en six sections : 1° Philosophie; 2° Morale; 3° Législation, Droit public et Jurisprudence; 4° Économie politique et Statistique; 5° Histoire générale et philosophique; 6° Politique, Administration et Finances. En 1866, la 6e section a été réunie à la 4e. Ses membres sont au nombre de 40. Elle publie des Mémoires.

SCIENCES (Facultés des), établissements d'enseignement supérieur, au nombre de 15 en France : à Besançon, Bordeaux, Caen, Clermont, Dijon, Grenoble, Lille, Lyon, Marseille, Montpellier, Nancy, Paris, Poitiers, Rennes, et Toulouse. L'enseignement complet d'une Faculté des sciences comme celle de Paris, comprend l'astronomie physique, l'astronomie mathématique, l'algèbre, la mécanique, la mécanique physique, le calcul différentiel, la géométrie, le calcul des probabilités, la physique, la chimie, la zoologie, la botanique, la minéralogie, la géologie. Dans les Facultés des départements, le nombre des chaires varie de quatre à six. *V.* le *Suppl.*

SCIENCES (Écoles préparatoires à l'enseignement supérieur des) ET DES LETTRES, écoles instituées par décret du 22 août 1854. Ce sont des établissements municipaux, fondés et entretenus aux frais des communes, mais dont les professeurs, pris généralement dans le personnel des lycées, sont nommés par le ministre de l'instruction publique. Il y en a quatre : à Angers, Chambéry, Nantes et Rouen. L'enseignement comprend les mathématiques, la mécanique, la physique, la chimie, l'histoire naturelle, la littérature française, l'histoire de France, la géographie physique et politique, le dessin industriel. Les inscriptions prises dans les Écoles préparatoires peuvent être converties en inscriptions dans les Facultés des Lettres ou des Sciences. Ces Écoles délivrent des *certificats de capacité pour les sciences appliquées*.

SCINDAPSOS, instrument de musique des Anciens, monté de 4 cordes de laiton qu'on touchait avec une plume.

SCIOLTI (Vers). *V.* Italienne (Versification).

SCIOLTO. *V.* Détaché.

SCIPION (Bouclier de). *V.* Bouclier.

SCIPIONS (Tombeau des), monument romain situé près de Tarragone en Espagne. La tradition, qui ne repose sur aucun fondement, veut que ce soit le mausolée élevé par Scipion l'Africain à la mémoire de son oncle et son père, et l'on a prétendu que les deux statues mutilées qui le décorent représentent Cnéius et Publ. Cornélius Scipion : mais leur costume n'est pas celui des généraux romains; il ressemble plutôt à celui des esclaves. Des médailles d'Auguste, une urne funéraire contenant les cendres d'un enfant, et divers autres objets trouvés au pied de cette construction, paraissent remonter à un temps moins éloigné que le prétendu tombeau des Scipions.

SCIROPHORION. *V.* Parasol.

SCOLARITÉ (Privilège de), privilège en vertu duquel les causes des membres des Universités et celles des étudiants étaient autrefois portées devant les Conservateurs des privilèges de ces Universités.

SCOLASTIQUE, nom donné à la philosophie du moyen âge, et dérivé, dit-on, du latin *scolasticus*, titre de l'écolâtre qui enseignait dans l'école attachée aux cathédrales. Le caractère de la Scolastique n'était pas l'indépendance philosophique; mais sa soumission à l'autorité religieuse n'allait pas jusqu'à la servilité. L'histoire de la Scolastique se divise en 4 périodes : 1° du ixe siècle jusqu'à la fin du xi⁰, depuis Scot Érigène jusqu'à Roscelin ; 2° du xii⁰ siècle, depuis Roscelin, jusqu'au *Conceptualisme* d'Abailard, fin du xii⁰ siècle; elle contient la grande querelle des *Universaux*; 3° d'Abailard au xiv⁰ siècle, où triomphe le Nominalisme avec Guillaume Occam ; 4° de ce dernier jusqu'à la fin du xv⁰ siècle. — Dans la 1ʳᵉ période se montrent Scot Érigène, qui reproduisit, dans son ouvrage *De la Division de la Nature*, la doctrine des Alexandrins, et avec lequel la Scolastique reflète le panthéisme oriental ; Raban Maur, Lanfranc, Gerbert d'Aurillac, Sᵗ Anselme de Cantorbéry. Jusqu'alors le caractère de la Scolastique, sans être bien déterminé, inclinait à devenir ce qui fut le *Réalisme*; il n'en fut pas de même à la 2⁰ période. Vers la fin du iii⁰ siècle, Porphyre, dans une Introduction aux *Catégories* d'Aristote, s'était demandé, sans résoudre la question, si les genres et les espèces répondent par une existence réelle aux idées générales ; en un mot, s'ils sont des êtres. Roscelin, chanoine de Compiègne, reprit la question. Il s'agissait donc de savoir si l'*humanité*, par exemple, existe indépendamment des individus qui la composent, si l'idée générale *humanité* est un être, une *entité*, ou si elle n'est qu'une appellation collective donnée à un ensemble d'individus. Roscelin répondit négativement; il prétendit même que les idées générales ne sont que des mots, *flatus vocis*; que les idées générales, bien loin d'être des réalités préétablies, *universalia ante rem*, comme on disait, ne sont que des abstractions provenant des individus, *universalia post rem*. Ce *Nominalisme* de Roscelin, qui allait jusqu'à mettre en question la Trinité divine, souleva contre lui l'autorité religieuse, qui le força à se rétracter. Au point de vue philosophique, il fut combattu d'abord par Guillaume de Champeaux, chef des *Réaux* ou *Réalistes*. Ceux-ci soutenaient que les idées générales sont des entités réelles, qu'elles sont distinctes de l'esprit qui les conçoit, et des individus dont elles sont les types; bien plus, que les individus n'ont d'existence que par leur rapport avec elles; que c'est, par exemple, l'*humanité* qui existe réellement, et que les individus n'en sont que des parties sans existence propre; ainsi, d'après eux, les idées générales répondent à une nature universelle et réelle; de là vient qu'on appelle aussi toute cette polémique la question des *Universaux*. Abailard, disciple de Guillaume de Champeaux, tenta un compromis entre les deux doctrines opposées, en cherchant à établir que les Universaux ne sont ni des choses ni des mots, mais des produits, des conceptions de l'esprit; de là le nom de *Conceptualisme* (*V. ce mot*) donné à son système. Abailard mécontenta des deux partis. L'issue de cette première lutte fut la défaite du *Nominalisme*, qui eut contre lui tous les docteurs qui croyaient le dogme catholique intéressé dans le débat : Sᵗ Anselme, Alain de Rissel, Bernard de Chartres, Pierre le Lombard, surnommé *le Maître des Sentences*, comme auteur d'une *Theologia christiana sententiarum*, compilation qui fit loi dans les écoles pendant toute la Scolastique. L'époque suivante fut celle des traducteurs et des commentateurs; on y vit Robert de Lincoln, Michel Scot, Jean de La Rochelle, Guillaume d'Auvergne et Vincent de Beauvais. Il faut signaler principalement Albert le Grand, dominicain, qui professa en Allemagne et à Paris; il s'occupa beaucoup de physique; son principal mérite est d'avoir en grande partie traduit et commenté Aristote. Sᵗ Thomas, surnommé l'*Ange de l'École*, étudia aussi le Stagyrite, mais avec un esprit plus élevé et plus réellement philosophique. Grand métaphysicien et moraliste distingué, il remonte aux principes et en développe les conséquences avec un esprit de suite et de rigueur inconnu de son temps. Son Commentaire de la *Métaphysique* d'Aristote est un des meilleurs qui existent, et sa Somme, *Summa Theologiæ*, est un des grands monuments du moyen âge. Sᵗ Thomas était dominicain, comme Albert le Grand, son maître. Sa doctrine se trouva en opposition, sur plusieurs points, avec celle du franciscain Duns Scot, né l'année même de la mort de Sᵗ Thomas (1274). Celui-ci, tout en admettant la liberté de Dieu, était plus frappé de sa bonté et des lois de la nature; il fondait le bien, non sur la volonté de Dieu, mais sur sa nature : Duns Scot, au contraire, faisait sortir la loi morale de la volonté divine, ainsi que la création avec ses lois; de là l'école des *Thomistes* et celle des *Scotistes*, et la lutte entre ces deux écoles. Duns Scot, surnommé *le Docteur subtil*, est remarquable par son opinion sur l'origine de nos connaissances; il en parle en rationaliste éclairé; il est platonicien et réaliste, comme Henri de Gand. Il faut encore citer Sᵗ Bonaventure, qui s'adonna au mysticisme, déjà apparent à la fin

du xii⁰ siècle, dans l'école de Sᵗ Victor; Raymond Lulle, *Doctor illuminatus*, inventeur d'un *Ars universalis*, machine dialectique plus curieuse qu'utile; Roger Bacon, homme supérieur à son temps, et qui, dans un écrit remarquable, *Opus majus*, faisait pressentir la réforme opérée par son homonyme Fr. Bacon, trois siècles plus tard. Les travaux d'érudition de cette époque furent facilités par ceux des Juifs et des Arabes sur Aristote; les plus célèbres sont Alkendi, Alfarabi, Avicenne, Algazel, Tophaïl, Averroès, Moïse Maïmonide. La dernière période vit renaître la querelle des *Universaux*. Guillaume Occam, franciscain, reprit la cause du *Nominalisme*. Il eut pour protecteur Philippe le Bel et l'empereur Louis de Bavière, pour lesquels il prit parti contre Boniface VIII et Jean XXII. Plus tard les *Nominalistes* furent persécutés par Louis XI. Les Thomistes et les Scotistes se réunirent pour combattre une doctrine qui, dans la bouche d'Occam et des siens, annonçait une tendance assez prononcée au sensualisme et au scepticisme. Les principaux nominalistes d'alors furent, après Occam, Gabriel Biel, Durand de Saint-Pourçain, Jean Buridan, Pierre d'Ailly, etc. Gerson, une des plus imposantes figures du moyen âge, ne fut pas un réaliste exclusif; dans son traité *De Concordiâ Metaphysicæ cum Logicâ*, il tente un accord déjà cherché par Abailard; il accomplit l'œuvre de la dernière époque, qui était de juger les précédentes. Gerson est surtout célèbre comme mystique; sa *Theologia mystica* présente le mysticisme comme un système bien distinct, ayant ses conditions et ses lois. A partir de la fin du xiv⁰ siècle, la Scolastique s'efface graduellement; les découvertes, les événements religieux et politiques annoncent une ère nouvelle. Elle avait touché à toutes les grandes questions qui intéressaient l'homme, et, sans les avoir résolues, elle ne fut pas sans influence ni sans utilité pour les progrès de l'esprit humain dans les âges suivants.

Deux éléments constituent la Scolastique : l'esprit du catholicisme, et la philosophie proprement dite, mais, dans celle-ci, la Logique surtout. De là sa méthode et son principe. Sa méthode était le procédé déductif; son instrument, le syllogisme. Une majeure étant donnée, en tirer la conséquence : telle était l'unique tâche qui semblait lui être dévolue; ce qui aurait fait de la philosophie au moyen âge la *servante de la théologie*, si une soumission complète eût été possible. Son principe était le principe d'autorité, ce qui ajournait le libre examen. Il était difficile qu'il en fût autrement : au sortir de la barbarie, l'esprit humain ne pouvait pas trouver, dans les écoles fondées par Alcuin et Charlemagne, la méthode d'observation et d'analyse qui ne fut en usage que longtemps après. Cependant, si l'emploi exclusif du procédé déductif eut de grands inconvénients, il produisit aussi d'heureux résultats, en soumettant l'esprit et le langage aux habitudes sévères du raisonnement. *V.* Thomasius, *De doctoribus scolasticis*, Leipzig, 1676, in-4°; Salabertus, *Philosophia Nominalium vindicata*, Paris, 1651, in-8°; Ch. Meiners, *De Nominalium ac Realium initiis*, dans le t. XII des *Commentaires de la Société de Gœttingue*; Saint-René Taillandier, *Jean Scot Erigène et la philosophie scolastique*, 1843; Cousin, *Fragments philosophiques*, t. III; Patru, *De la philosophie du moyen·âge*, in-8°; X. Rousselot, *Études sur la philosophie du moyen âge*, Paris, 1840-42, 3 vol. in-8°; De Caraman, *Histoire des révolutions de la philosophie en France*, 1847, 3 vol. in-8°; B. Hauréau, *De la philosophie scolastique*, 1850, 2 vol. in-8°.   R.

SCOLASTIQUES, nom par lequel on désignait, chez les Romains, les maîtres d'éloquence attachés aux écoles impériales.

SCOLIES, couplets chantés vers la fin des repas chez les Grecs, et dont Terpandre passait pour être l'inventeur. Plutarque donne quelques détails à ce sujet, dans son livre des *Propos de table*, à la fin du 1ᵉʳ *Problème*. Il ne reste rien, ou à peu près, des scolies de Terpandre, d'Alcée, de Sappho; nous en avons un d'Hybrias de Crète, un de Callistrate d'Athènes, et quelques fragments de ceux de Pindare. *Scolie* vient du grec *skolios* (oblique, tortu), soit à cause de la course irrégulière de ce chant autour de la table, soit à cause des irrégularités de forme et des licences métriques qu'on s'y permettait. *V. Histoire de l'Académie des Belles-Lettres*, t. IX, p. 330.

SCORDATURA, mot italien qui n'a pas d'équivalent en français, et qui signifie l'action de désaccorder les instruments pour produire des effets particuliers. Le fameux violon Paganini fit souvent usage de la *scordatura*; les guitaristes y ont aussi recours.

SCORPION, machine de guerre. V. notre *Dictionnaire de Biographie et d'Histoire*.

SCOTIE, moulure ronde en creux bordée de deux filets plats, qui se place entre les tores des bases attiques, corinthiennes, et composites. Lorsqu'il y en a deux dans une même base, comme à la base corinthienne, on les nomme *scotie supérieure* et *scotie inférieure*. La scotie s'appelle aussi *Rond-creux* et *Trochile* (du grec *trokhos*, roue, cercle).

SCOTISTES. V. SCOLASTIQUE.

SCRAMSAX ou SCRAMASAX, poignard à double tranchant dont se servaient les Franks.

SCREEN. V. ÉCRAN.

SCRIBE (du latin *scriba*, écrivain), celui qui fait le métier de copiste. A la cour des rois de Juda, le mot *Scribe* désignait un haut personnage, faisant l'office de secrétaire. Dans *Jérémie* et *les Machabées*, il est appliqué à un commissaire d'armée, chargé de faire le dénombrement des troupes. Le plus ordinairement, la Bible appelle *Scribes* les docteurs qui interprètent la *loi*, qui copient et expliquent les livres saints ; on distinguait : 1° les *scribes de la loi*, dont les décisions étaient reçues avec respect ; 2° les *scribes du peuple*, qui étaient des magistrats ; 3° les *scribes communs*, remplissant les fonctions de notaires publics ou de secrétaires du Sanhédrin. Chez les Grecs et les Romains, les *Scribes* étaient des employés subalternes qui transcrivaient les lois, les édits, les jugements et tous les actes publics : il y avait des *scribes prétoriens*, *questoriens*, *édiliens*, etc.

SCRINIUM. V. ce mot dans notre *Dictionnaire de Biographie et d'Histoire*.

SCRIPTIONAL, nom donné autrefois au pupitre que l'on se mettait sur les genoux pour écrire, ou qui était monté sur pieds.

SCRIPTORIUM, salle des grands monastères où l'on transcrivait des manuscrits.

SCROBICULUS. V. AUTEL.

SCRUTIN (du latin *scrutari*, fouiller, examiner), opération qui consiste à recueillir les suffrages d'une assemblée délibérante. Dans le *scrutin secret*, chaque votant dépose dans l'urne une boule blanche ou noire, qui exprime son vote ; la boule blanche signifie l'acceptation, la boule noire le rejet de la proposition ou du projet sur lequel on délibère. Dans le *scrutin public*, les votants écrivent sur un bulletin leur nom avec *oui* et *non*. En matière d'élections, on distingue le *scrutin simple*, ou *individuel*, dans lequel les votants ne désignent sur leur bulletin qu'une seule personne, et le *scrutin de liste*, où l'on écrit sur le bulletin autant de noms qu'il y a de nominations à faire. Les *Scrutateurs* sont ceux qui recueillent les votes et en font le dépouillement. — Anciennement on appelait *scrutin* l'assemblée où l'on examinait les dispositions des catéchumènes.

SCUDO, monnaie. V. **notre** *Dictionnaire de Biographie et d'Histoire*.

SCULPTURE, en latin *sculptura* (de *sculpere*, graver, tailler au ciseau), l'un des Beaux-Arts (V. ce mot), celui qui forme une figure, une image, un ornement quelconque, soit en taillant à l'aide du ciseau une matière dure, comme le bois, l'ivoire, la pierre, le marbre, etc., soit en façonnant une pâte molle, soit en coulant des métaux. Envisagée par rapport aux objets qu'elle représente, la Sculpture comprend la *Statuaire* ou représentation des figures animées, et la *Sculpture d'ornements*, qui est inséparable de l'Architecture. D'après la manière dont elle représente les objets, elle se distingue en *ronde-bosse* ou *plein relief*, et en *bas-relief* (V. ces mots). Enfin au point de vue des procédés employés, cet art embrasse la *statuaire*, la *sculpture* proprement dite, le *modelage*, la *ciselure*, et l'art du *fondeur* (V. ces mots). On a réussi, depuis le XVIII° siècle surtout, à exécuter par des procédés purement mécaniques la plupart des ouvrages de sculpture. Les principaux de ces procédés sont le *moulage*, le *tour à portrait*, l'*estampage* (V. ces mots).

Sur l'histoire de la sculpture, on peut consulter, outre les articles de ce *Dictionnaire* qui lui ont été consacrés pour chaque pays, les auteurs suivants : Émeric David, *Recherches sur l'art statuaire*, 1805, et *Histoire de la sculpture française*, publiée par P. Lacroix et Duseigneur, 1853 ; Cigognara, *Histoire de la sculpture*, en italien, Venise 1813, et Prato, 1824 ; de Clarac, *Musée de sculpture antique et moderne*, 1827-52 ; Flaxman, *Leçons sur la sculpture*, Londres, 1829 ; Folkstone Williams, *Histoire de la sculpture sur bois*, en anglais, Londres, 1835.

SCULPTURE (Académie de Peinture et de). V. PEINTURE.

SCURRA, nom que les anciens Romains donnaient à tout citoyen pauvre qui s'attachait à un riche et se faisait nourrir par lui. Les *scurræ* ayant cherché à se rendre agréables par toutes sortes de flatteries, de bassesses et de farces, leur nom devint synonyme de *parasite* et de *bouffon*.

SCUTUM. } V. ces mots dans notre *Dictionnaire de*
SCYTALE. } *Biographie et d'Histoire*.

SCYTHIQUE (Ordre). V. ORDRE DE BATAILLE.

SCYTHIQUES (Langues), dénomination qu'on applique quelquefois aux langues *ouralo-altaïques* (V. ce mot).

SDRUCCIOLO, mot italien employé en Musique pour indiquer une certaine manière de glisser enharmoniquement avec la voix sur quelques sons. C'est un agrément employé surtout dans le *Cantabile*.

SEBKHA, nom donné en Afrique à des lacs formés au milieu de montagnes sans issue par les eaux qui viennent s'y réunir. Ces eaux sont généralement chargées de sel, dont le sol est imprégné. Elles s'évaporent pendant les chaleurs de l'été, et finissent quelquefois par disparaître.

SECEDERS, nom d'une secte dissidente de l'Église presbytérienne d'Écosse. Cette secte remonte à 1733 : elle n'a rien changé aux doctrines, mais son organisation est essentiellement démocratique ; tous les fidèles concourent à l'élection de leurs prêtres, qui ne connaissent aucune hiérarchie.

SÉCHERESSE, défaut du style qui consiste à ne faire qu'indiquer les idées, à ne leur donner aucun développement, à omettre tous les détails. Le style *précis* dit tout ce qu'il faut ; le style *sec* ne le dit jamais. Les idées qu'il exprime sont incomplètes, et l'on ne voit pas le rapport qu'elles ont entre elles ; la composition manque alors tout à la fois de clarté et d'intérêt.

SECHOUANA. V. SICHOUANA.

SECONDE, nom donné, dans les établissements d'instruction publique, à la classe qui vient au-dessous de la Rhétorique, celle-ci étant considérée comme la *Première*.

SECONDE, en termes de Musique, intervalle dissonant d'un degré conjoint. La *seconde mineure* est formée d'un demi-ton (*ut* à *ré bémol*) ; la *seconde majeure*, d'un ton (*ut* à *ré* naturel) ; la *seconde augmentée*, d'un ton et demi (*ut* à *ré dièse*). — L'*accord de seconde*, composé du son fondamental dissonant, de sa seconde, de sa quarte et de sa sixte (*fa*, *sol*, *si*, *ré*), est le 3° renversement de l'accord de septième : la seconde peut être mineure, majeure ou augmentée, la quarte juste ou augmentée, et la sixte majeure ou mineure. L'*accord de seconde et quinte* est composé du son fondamental, de la seconde et de la quinte (*fa*, *sol*, *ut*) : à quatre parties on y ajoute ou la sixte (*fa*, *sol*, *ut*, *ré*), ou la *quarte* (*ut*, *ré*, *fa*, *sol*), ou la tierce (*mi*, *fa*, *sol dièse*, *si*), ou la septième (*fa*, *sol*, *ut*, *mi*).

SECONDE, en termes d'Escrime, coup d'épée qu'on allonge à son adversaire en dehors et sous les armes. C'est comme la *tierce*, si ce n'est que la lame passe sous le bras de l'adversaire ; de là le nom de *tierce basse* qui lui est aussi donné.

SÉCOS, nom donné au *naos* (V. ce mot) des temples égyptiens.

SECOURS AUX ASPHYXIÉS ET AUX NOYÉS. Un échevin de Paris, nommé Pia, eut le premier l'idée, en 1772, de former des établissements pour ce genre de secours ; il fit établir des boîtes fumigatoires. Ces instruments furent perfectionnés ensuite par Seancgatti, et enfin, en 1776, les boîtes de secours, telles qu'elles existent aujourd'hui, furent composées d'après les avis de Réaumur et de Portal. Une instruction, rédigée par ordre de l'Administration, approuvée par le Conseil de salubrité en 1850, et affichée dans chaque corps de garde, indique les secours à donner aux asphyxiés et aux noyés ; une boîte de secours doit être déposée dans les mêmes lieux.

SECOURS MUTUELS (Sociétés de), sociétés formées par des personnes qui versent périodiquement dans une caisse commune une certaine cotisation, pour venir en aide, dans une mesure fixée à l'avance, aux sociétaires victimes des chances prévues par les règlements (chômage, maladie, etc.). De tout temps, les corporations, confréries et associations suscitées par l'esprit religieux, par la politique ou par l'intérêt industriel, ont assisté ceux de leurs membres qui tombèrent dans le besoin ; mais cette assistance était arbitraire, elle dépendait des générosités individuelles, et le secours ne pouvait être ni fixe ni certain. Au contraire, dans les sociétés de secours mutuels, la quotité des mises des sociétaires, les conditions, la forme et la proportion de l'assistance, sont déterminées. Le premier essai en France fut fait en 1754 par les six corps des marchands de Paris, sous le nom de *Maison d'association;* l'entreprise eut peu de suite. Il en fut de même d'une *Compagnie d'assurance pour la santé*, proposée en 1770 par Chamousset. A la Révolution, les ouvriers ayant voulu s'associer par spécialité d'état, l'Assemblée Constituante s'y opposa par décret du 14 juin 1791 : c'était, disait-on, l'office de la nation de fournir du travail aux valides et des secours aux infirmes ; mais l'État prenait ainsi des engagements qu'il ne devait ni ne pouvait tenir. En 1792, un médecin, Marsillac, conçut le projet de *Sociétés civiques* qui assureraient des secours aux artisans malades et nécessiteux, et de *Maisons d'industrie* qui donneraient gratuitement à leurs enfants une certaine éducation et des métiers. Toutefois les sociétés de secours mutuels formées par des ouvriers laborieux et économes ne se sont établies que depuis le commencement du xixe siècle. En 1800, la Société Philanthropique de Paris institua dans son sein un Comité chargé d'étudier l'organisation et de favoriser le développement de ces sociétés; en 1820, elle publia une instruction détaillée sur l'économie des *Sociétés d'amis* (*Friendly societies*) qui existaient déjà depuis longtemps en Angleterre. Depuis la Révolution de 1830 surtout, l'appui et le patronage des municipalités firent naître diverses associations dans les départements, par exemple à Rouen et à Nantes en 1832, à Metz et à Niort en 1838, à Poitiers en 1840, à Colmar en 1846, à Mulhouse en 1847.

Les sociétés de secours mutuels sont des institutions essentiellement locales. Leur intervention est préférable à tout autre mode d'assistance, parce qu'elle ne peut jamais avoir l'apparence humiliante de l'aumône. Dans le plus grand nombre de localités, elles sont ouvertes à des personnes de toute condition, et peuvent être composées à la fois de membres effectifs, soumis aux mêmes contributions, jouissant des mêmes droits, et de membres honoraires, qui, tout en payant la cotisation convenue, renoncent à profiter des profits qu'offre l'association. Dans les villes les plus importantes, les sociétés sont formées entre personnes de même profession ; elles ont l'avantage de constituer autant de familles, vivant de la même vie, animées du même esprit de confraternité, où l'on apprécie mieux les besoins de chacun, et où il est difficile de se faire donner des secours sans y avoir droit; mais elles ont aussi un danger, c'est de pouvoir plus facilement dégénérer en foyers de coalitions industrielles et même d'agitations révolutionnaires. Une loi du 15 juillet 1850, sans porter atteinte à la liberté des sociétés, a offert certains privilèges à celles qui se feraient reconnaître comme établissements d'utilité publique. Pour obtenir ce titre, elles doivent : 1° se borner à distribuer des secours temporaires, et ne point se mettre de pensions de retraite; 2° compter au moins 100 membres, et ne pas dépasser 2,000, à moins d'autorisation ministérielle accordée sur la demande du maire et du préfet; 3° accepter la protection et la surveillance de l'autorité municipale; 4° fixer la cotisation de leurs membres d'après les tables de maladie et de mortalité dressées ou acceptées par le gouvernement. A ces conditions, elles possèdent le droit de recevoir des donations et legs dûment autorisés, celui de faire des dépôts aux caisses d'épargne, l'usage gratuit des locaux nécessaires à leurs réunions, l'exemption des droits de timbre et d'enregistrement pour les actes qui intéressent l'association, et on leur donne les livrets et registres requis pour l'administration et la comptabilité. Un décret du 26 mars 1852 a cherché à écarter les périls que pourraient présenter les sociétés de secours mutuels : pour être *approuvées*, elles doivent réserver au chef de l'État la nomination de leurs présidents, consacrer l'admission de *membres honoraires*, ne pas promettre de secours en cas de chômage, stipuler que le nombre des membres ne peut excéder 500 (à moins d'une autorisation préfectorale), n'apporter aucune modification aux statuts et au règlement, sans autorisation préalable. Au 1er janvier 1868, on comptait en France 4,127 Sociétés *approuvées*, et 1,702 Sociétés simplement *autorisées*. Les premières comptaient plus de 700,000 membres participants; le nombre des membres honoraires dépassait 100,000. Les secondes ne comptaient que 9,096 membres honoraires et 108,383 membres participants. L'avoir total des sociétés était d'environ 46 millions.

En Angleterre, les *Sociétés d'amis* ont pris un développement considérable. On voit, par un rapport présenté à l'Assemblée législative de France, le 6 octobre 1849, qu'il y avait alors 33,223 sociétés, comprenant 3,052,000 individus, et possédant un revenu annuel de 125 millions de francs et un capital accumulé de 280 millions; elles embrassaient donc la moitié de la population mâle et adulte. — *V.* Cerfbeer, *Des sociétés de bienfaisance mutuelle*, 1836; Deboutteville, *Des sociétés de prévoyance et de secours mutuels*, Rouen, 1842; Ad. Bernard, *Traité pratique des Sociétés de secours mutuels*, Paris, 1853; Laurent, *Études sur les Sociétés de prévoyance ou de secours mutuels*, 1856, in-16. **B.**

SECOURS PUBLICS. *V.* ASSISTANCE, BIENFAISANCE, CHARITÉ LÉGALE, POLICE, etc.

SECRET, en latin *secretum* (de *secernere*, mettre à part). En termes de Procédure criminelle, *mettre au secret*, c'est isoler un prisonnier, et l'empêcher d'avoir aucune communication, même avec ses codétenus. La mise au secret ne peut avoir lieu qu'en vertu d'une ordonnance du juge d'instruction ou du président des assises. — Quiconque, chargé ou instruit soit officiellement, soit à raison de son état, du secret d'une négociation ou d'une expédition, le livre aux étrangers ou ennemis, est passible de la déportation (*Code pénal*, art. 76; Loi des 8-16 juin 1850). — L'action de livrer des secrets de fabrique à quelqu'un en France est puni d'un emprisonnement de 3 mois à 2 ans, et d'une amende de 16 à 200 fr.; si c'est à un étranger, l'amende est de 500 à 20,000 fr., plus une condamnation à réclusion (*Code pénal*, art. 418). — Pour le secret des lettres à la poste, *V.* LETTRE.

SECRÉTAIRE, meuble où l'on renferme les papiers précieux, et sur lequel on peut écrire. Les secrétaires ont souvent des serrures à secret; l'art de l'ébéniste s'y déploie dans toute sa richesse.

SECRÉTAIRE, celui dont l'emploi est de faire et d'écrire des lettres, de rédiger des actes, pour une personne à laquelle il est attaché. Dans les Ministères et dans les grandes Administrations, il y a des *secrétaires généraux*, *secrétaires du cabinet* ou *chefs du secrétariat*, qui ont mission d'ouvrir et de distribuer les lettres, de contresigner les actes administratifs, etc.

SECRÉTAIRES D'ÉTAT. } *V.* notre *Dictionn. de Bio-*
SECRÉTAIRES DE LA MAIN. } *graphie et d'Histoire.*

SECRETARIUM, abside secondaire des basiliques, servant de sacristie.

SECRÈTE, oraison que le prêtre récite tout bas à la messe, immédiatement avant la Préface. — On nomme *tables des secrètes* les trois tableaux d'autel sur lesquels l'officiant lit le Canon de la messe, le Lavabo, et l'Évangile de St Jean.

SECTE (du latin *secta*), parti composé de personnes qui font profession de la même doctrine. Le mot était employé chez les Anciens pour désigner les écoles philosophiques ou les partis politiques : ainsi, l'on disait la *secte stoïcienne*, la *secte de César*, etc. Pour les Modernes, il ne s'applique guère qu'aux partis religieux, et ceux qui s'en servent en parlant de leurs adversaires y attachent une idée d'erreur.

SÉCULAIRE (Poëme), nom donné chez les anciens Romains aux pièces de vers qui se chantaient ou se récitaient aux Jeux Séculaires (*V.* ce mot dans notre *Dictionnaire de Biographie et d'Histoire*). Nous avons le poëme séculaire (*Carmen seculare*) d'Horace.

SÉCULARISATION. } *V.* notre *Dictionnaire de Bio-*
SÉCULIER (Clergé). } *graphie et d'Histoire.*

SÉCURITÉ PUBLIQUE, condition essentielle de l'existence et de la prospérité des nations. Elle embrasse la sûreté de l'État, la protection des personnes et des propriétés. L'autorité qui en est chargée se nomme *Police*, dans le sens le plus large de ce mot. *V.* POLICE.

SÉDANOISE. *V.* CARACTÈRES D'IMPRIMERIE.

SÉDITION, en latin *seditio* (de *sedis exitio*, action de sortir du repos), révolte contre l'action légale des agents du pouvoir. Tout ce qui tend à compromettre la sûreté intérieure ou extérieure de l'État, la résistance avec attroupement aux ordres légaux de ceux qui sont revêtus de l'autorité publique, la dévastation et le pillage publics, les violences commises par plusieurs individus réunis dans le but d'empêcher autrui d'exercer ses droits civils ou politiques, les provocations à la révolte par discours publics, placards affichés, écrits imprimés ou non imprimés, constituent le crime de sédition, puni par les art. 60 et 82 du *Code pénal*. *V.* ATTROUPEMENT, ÉMEUTE, RÉBELLION.

SÉDUCTION. *V.* CORRUPTION, ENLÈVEMENT.

SÉEZ (Église NOTRE-DAME, à). Quelques antiquaires normands ont prétendu que ce monument remontait aux premières années du xie siècle; mais les caractères architectoniques de l'édifice permettent d'affirmer que le corps est de la fin du xiiᵉ siècle et du commencement du xiiiᵉ. On sait, d'ailleurs, qu'une église antérieure fut brûlée en 1048, et qu'une autre, pour laquelle on avait voulu employer les antiques fondations, s'écroula en 1114. Une consécration nouvelle eut lieu en 1126, et les travaux duraient encore 80 ans plus tard. La cathédrale de Séez subit ensuite des retouches nombreuses : ainsi, la nef, bâtie au commencement du xiiiᵉ siècle, fut remaniée dans sa partie supérieure un demi-siècle après ; le chœur, presque entièrement détruit par un incendie, dut être repris de fond en comble vers 1260 ; vers la fin du xivᵉ siècle, on renforça les contre-forts extérieurs du chœur. Toute la construction a fait de sérieux mouvements, et, malgré de fréquentes réparations, la cathédrale de Séez est un monument fort compromis. A l'entre-croisement des nefs et du transept, s'élevait une pyramide ; on lui substitua, au xviiᵉ siècle, un dôme quadrangulaire, qui lui-même a fait place à une flèche aiguë en forme d'obélisque. — L'extérieur de la cathédrale de Séez n'a rien de remarquable, sauf le grand portail, qui est d'une sévérité imposante, et qui présente, au-dessus de la porte d'entrée, deux étages d'arcades, disposition à peu près unique en France. Les statues et les autres sculptures ont été mutilées. Les deux tours, surmontées de flèches inégales et dont la plus élevée atteint 75 mèt., produisent un bel effet. L'intérieur de l'édifice se distingue par la légèreté de l'ensemble et l'harmonie des parties ; les voûtes sont largement exécutées ; les piliers, d'un profil élégant et hardi, ont des chapiteaux formés de riches feuillages. Les arcades et les fenêtres passent de l'ogive très-obtuse à l'ogive aiguë en descendant vers l'entrée. La portion la plus belle est le chevet, avec ses cinq chapelles profondes ; malheureusement la voûte du chœur, primitivement en pierre, s'est écroulée au commencement de notre siècle, et n'a été reconstruite qu'en bois. Le chœur contient quatre bas-reliefs du bon style, et dont les sujets sont tirés de la vie de la Stᵉ Vierge. Il y en a un autre très-beau à l'autel, qui représente l'extraction des reliques de Sᵗ Gervais et de Sᵗ Protais. Les deux extrémités du transept ont été décorées de deux magnifiques roses au xviᵉ siècle.   B.

SÉGESTE (Ruines de), en Sicile. Ces ruines, indépendamment de quelques débris informes, se composent d'un temple et d'un théâtre. Le temple, environné de profonds ravins, paraît avoir été isolé de la ville, et l'on ne sait à quelle divinité il était consacré. Il est d'ordre dorique, et forme un rectangle allongé, de 59 mèt. de longueur sur 25 de largeur ; 36 colonnes l'environnent, dont 6 sur chacune des faces orientale et occidentale, et reposent sur un stylobate divisé en quatre gradins : elles ont 9ᵐ,30 de hauteur, 2ᵐ de diamètre, et supportaient un entablement gigantesque de près de 3ᵐ. Des avances laissées aux pierres de la base, et quelques traces de cannelures commencées, donnent lieu de croire que l'édifice ne fut pas achevé ; il semble aussi qu'il n'eut jamais de toiture. Le théâtre de Ségeste, situé à 200 mèt. du temple, est tourné vers l'occident : la partie circulaire, adossée à un rocher et composée de 20 rangs de gradins, a 115 mèt. d'étendue ; une galerie s'étend derrière les gradins, et reçoit 5 escaliers, dont deux, aux extrémités, répondent à des vomitoires communiquant avec la montagne.

SÉGOVIE (Alcazar de). V. ALCAZAR.

SÉGOVIE (Aqueduc de), monument romain dont la grâce et la légèreté rappellent notre pont du Gard. Il en reste encore 119 arcades sur deux et parfois trois rangs superposés ; les pierres en ont été taillées avec une extrême précision, et ne sont liées entre elles par aucune espèce de ciment. Cet aqueduc, qui atteint une élévation de 34 mèt., traverse toute la ville, sur une étendue de 818 mèt., et domine la plupart des maisons situées dans la partie basse.

SEGUIDILLA, forme de vers particulière à la poésie espagnole (V. ESPAGNOLE — Poésie) ; — air de chant et de danse à 3 temps et d'un mouvement rapide. Il est moins étendu que le boléro et le fandango, dont il a le caractère ; la ritournelle se fait entendre au commencement et même au milieu de chaque couplet.

SEID. } V. ces mots dans notre *Dictionnaire de*
SEIGNEUR. } *Biographie et d'Histoire.*

SEILLE, ancien vase particulièrement employé pour porter l'eau bénite.

SEIM, nom que portait autrefois la Diète de Pologne.

SEINE ou SENNE, filet de pêche, beaucoup plus long

que large, garni en tête de flottes et en bas de plombs ou de cailloux, et que l'on traîne sur le fond des eaux et sur les grèves.

SEING (du latin *signum*, signe, marque), signature apposée par une personne au bas d'une lettre ou d'un acte, pour les confirmer ou les rendre valables. Un *blanc seing* est un papier signé d'avance et que l'on confie à un tiers pour qu'il le remplisse à volonté. On appelle *Seing privé* une signature qui n'a point été faite en présence d'un officier public, et on oppose les *Actes sous seing privé* aux *Actes notariés* ou *authentiques*. Toutes les transactions de la vie privée peuvent être faites sous seing privé, excepté les contrats de mariage, les donations, les actes respectueux, les constitutions d'hypothèques, les sociétés anonymes, les emprunts avec subrogation. Les parties peuvent charger des tiers de rédiger leurs actes sous seing privé ; mais il est d'usage qu'elles mettent au bas : *Approuvé l'écriture ci-dessus*, et elles doivent les signer. Les personnes qui ne savent pas signer ne peuvent faire des actes sous seing privé en y apposant seulement une croix. Tout acte sous seing privé contenant des conventions synallagmatiques doit, à peine de nullité, contenir la mention expresse qu'il en a été fait autant d'originaux qu'il existe d'intérêts distincts. Ces actes sont soumis au timbre ; la formalité de l'enregistrement leur donne seule une date certaine et authentique, et ceux qui ne l'ont pas sont rejetés par les tribunaux. V. Biret, *Manuel des actes sous signatures privées*, 1836, in-8° ; Malepeyre, *Traité pratique des actes privés*, 1836, in-18 ; Pivert, *Formulaire universel et raisonné des actes sous seing privé*, 1844, in-8° ; Frémy-Ligneville, *Dictionnaire général des actes sous seing privé*, 1850, 2 vol. in-8° ; Lhoste, *Le Praticien de la ville et de la campagne*, 1852, in-12 ; Lecerf, *Traité complet des actes sous seing privé*, 2ᵉ édit., 1854, in-12 ; Pilard, *Manuel des actes sous seing privé*, 1856, in-12.

SEL (Impôt du). V. GABELLE, dans notre *Dictionnaire de Biographie et d'Histoire*.

SÉLAM. V. FLEURS (Langage des).

SÉLANDRE. V. CHÉLANDE.

SÉLINONTE (Ruines de), en Sicile. Ces ruines, fort intéressantes pour les antiquaires et les architectes, ne présentent au premier abord que des monceaux de colonnes, de corniches, d'architraves, et des restes de fondations et de murailles. Mais on parvient ensuite à distinguer l'enceinte de l'Acropole, et, dans cette enceinte, trois temples dirigés parallèlement du côté de l'Orient, et différant entre eux par les dimensions. Le plus grand a mérité le nom de *Piliers des Géants* que lui donnent les habitants du pays, car c'était un des plus vastes de l'antiquité grecque : sa longueur est de 110 mèt., et sa largeur de 49 mèt. Deux métopes qui en faisaient partie, et qu'on a transportées au musée de Palerme, rappellent les types de la sculpture égyptienne ; elles offrent un intérêt d'autant plus grand, qu'elles sont antérieures à celles d'Égine, et indiquent, par conséquent, le passage entre le style égyptien et l'art grec. Le temple est périptère et hexastyle ; il est soutenu, dans sa longueur, par 17 colonnes, disposition dont on n'a pas d'autre exemple ; la hauteur des colonnes, y compris le chapiteau, est d'un peu plus de 16 mèt. V. Pisani, *Memoria sulle opere di scoltura in Selinunte ultimamente scoperte*, Palerme, 1824 ; Harris et Angell, *Sculptured Metopes discovered amongst the ruins of the temples of the ancient city of Selinus ;* Hittorff et Zanth, *Architecture antique de la Sicile*, Paris, 1827 et suiv. ; Martelli, *Le antichità dei Siculi*, Aquila, 1830 ; Serra di Falco, *Le antichità della Sicilia*, Palerme, 1834-37.

SELLE. V. ce mot dans notre *Dictionnaire de Biographie et d'Histoire.*

SELLETTE, petit siége de bois fort bas sur lequel, avant 1789, on obligeait un accusé de s'asseoir pour subir le dernier interrogatoire, lorsque les conclusions du ministère public tendaient à une peine afflictive.

SELLIERS, ancienne corporation, qui avait Sᵗ Éloi pour patron. Elle absorba les *Chapuiseurs*. Les limites qui la séparaient de celles des *Bourreliers* et des *Lormiers* furent souvent assez incertaines.

SEMAINE. V. ce mot dans notre *Dictionnaire de Biographie et d'Histoire.*

SEMAINIER, celui qui est chargé de faire un service quelconque pendant huit jours de suite.

SÉMANTÉRION ou SÉMANTRON, instrument de percussion des Grecs, consistant en une planche sur laquelle on frappait avec un marteau. C'était une espèce de crécelle, dont on se servit dans l'Église grecque pour appeler les fidèles aux offices de la Semaine sainte, quand les cloches sont muettes.

SÉMAPHORE (du grec *séma*, signal, et *phéró*, je porte), mât établi sur une côte ou dans un port, et qui sert, au moyen d'ailes semblables à celles du télégraphe aérien, à faire des signaux.

SEMBELLA, monnaie romaine. *V. notre Dictionnaire de Biographie et d'Histoire.*

SÈME ou **SEPME** (du latin *septimus*, septième), vieux mot désignant le service mortuaire qui se faisait autrefois le 7e jour après le décès.

SÉMÉIOLOGIE, SÉMÉIOGRAPHIE (du grec *séméion*, signe), termes employés quelquefois en Musique comme synonymes de *Notation* (*V. ce mot*).

SEMESTRE (Congé de). *V. Congé.*

SEMI-BRÈVE, ancienne note de Musique, en forme de losange. Elle correspondait à ce que nous nommons la *ronde.*

SEMI-DOUBLE, degré de festivité en usage dans l'Église catholique, et placé entre le *Double* et le *Simple.*

SEMI-FUSA, ancienne figure de notation musicale, répondant à notre croche.

SÉMINAIRE. } *V. notre Dictionnaire de Biographie et d'Histoire.*
SEMIS, monnaie. }

SÉMITIQUES (Langues), dénomination introduite dans la science par Eichhorn pour désigner les langues parlées par les peuples Sémites, et qui a remplacé celle de *Langues orientales*, devenue, par l'effet des progrès des études, insuffisante et peu précise. Elle est elle-même défectueuse, en admettant les données ethnologiques de la Bible, puisque les Phéniciens, dont l'idiome appartient à cette famille, descendent de Cham, et que les Élamites ou Perses, de race sémitique, ne parlaient pas une langue sémitique. La famille des langues sémitiques se divise en trois branches : 1° l'*araméen*, comprenant le *chaldéen* et le *syriaque* ; 2° le *cananéen*, dont font partie le *phénicien* et l'*hébreu* ; 3° l'*arabe*, auquel on peut rattacher l'*éthiopien* (*V. ces mots*). Ces langues présentent les caractères suivants, qui les distinguent essentiellement des langues indo-européennes (*V. ce mot*) : racines presque toujours composées des trois lettres ; système grammatical où dominent surtout la roideur de l'élément consonnant et la fluidité de l'élément vocal ; système orthographique d'après lequel il n'y a que les consonnes qui s'écrivent comme base véritable du mot, tandis que les voyelles n'y sont qu'accessoirement indiquées lorsqu'elles ne sont pas le plus ordinairement supprimées dans l'écriture ; prédominance des sons gutturaux. Tandis que les formes pour les divers temps manquent à la conjugaison, il y a abondance d'inflexions aptes à modifier la signification et à étendre la valeur des verbes, à la fin desquels s'unissent les suffixes des noms personnels. Dans le rapport du génitif, c'est le substantif qui se modifie au lieu de l'adjectif. Privées de particules et de conjugaisons propres à préciser le rapport des paroles entre elles, les langues sémitiques ne sont pas de nature à élever l'esprit à des idées abstraites et spéculatives ; elles sont, en revanche, très-favorables aux simples récits historiques, et à une exquise poésie de pures impressions et de sensations se succédant avec rapidité. Aussi n'ont-elles fourni aucune école de philosophie rationnelle, et, dans leurs plus sublimes compositions, on ne rencontre pas un seul élément de pensée métaphysique. Les plus hautes révélations de la foi, les prophéties les plus effrayantes, la plus sage morale, sont, dans la Bible, revêtues d'images corporelles : il faut en dire autant du Koran.

Un phénomène assez surprenant, c'est que la famille des langues sémitiques s'est réduite avec le temps à un seul idiome, l'arabe : aujourd'hui, tout ce qui s'écrit en sémitique dans le monde s'écrit sans la plus légère nuance de dialecte ; les idiomes parlés eux-mêmes diffèrent assez médiocrement l'un de l'autre. Tandis que les langues indo-européennes ont eu la facilité de former des langues analogues, et que le latin, par exemple, engendra les langues néo-latines, les langues sémitiques ont abouti à l'unité, mais non par développement organique. Ces langues ont aussi une nature primitive qui les distingue des autres. Partout, en effet, les langues nous apparaissent, à leur début, synthétiques, obscures, compliquées, chargées de flexions pour exprimer les rapports infiniment délicats de la pensée ; l'esprit y accumule les éléments dans une confuse unité, et perd dans le tout la vue analytique des parties : le besoin d'un langage facile porte les générations postérieures à abandonner la langue savante des ancêtres ; des dialectes plus clairs, plus explicites, correspondant à des progrès d'analyse, séparent ce que les anciens assemblaient, brisent les mécanismes de l'ancienne langue, pour donner à chaque idée et à chaque relation son expression isolée. Au contraire, plus on remonte vers l'origine des langues sémitiques, plus elles se montrent avec un caractère de simplicité : plus on s'éloigne de leur berceau, plus elles se complètent et s'enrichissent. Ce sont des langues essentiellement analytiques ; la synthèse n'existe pas pour elles, et ce n'est qu'avec le temps et par de longs efforts qu'elles sont arrivées à donner une expression complète aux opérations logiques de la pensée. Au lieu de rendre dans son unité l'élément complexe du discours, elles l'expriment terme à terme. Elles ignorent l'art d'établir entre les membres de la phrase cette réciprocité qui fait de la période comme un corps dont les parties sont connexes, de telle sorte que l'intelligence de l'un des membres fait possible pour qu'avec la vue collective du tout. C'est parce qu'elles furent analytiques dès le premier jour, qu'on remarque chez elles la tendance à remplacer les flexions par le mécanisme plus commode des temps composés et des particules. *V. Renan, Histoire générale et système comparé des langues sémitiques*, Paris, 1855 ; l'abbé Leguest, *Études sur la formation des racines sémitiques*, 1858.

SEMI-TON. *V. Ton.*

SEMI-VOYELLES, c.-à-d. *demi-voyelles*, en latin *semivocales*, en grec *hémiphones*, donné par les grammairiens grecs aux lettres λ, μ, ν, ρ, σ, ζ, ξ, ψ, qui, paraît-il, pouvaient se prononcer isolément, quoique d'une manière imparfaite : ils les opposaient aux lettres *muettes*, qui étaient les autres consonnes. En latin, le nom de semi-voyelles était donné aux consonnes dont le nom commençait par une voyelle, *f, l, m, n, r, s, x* (*ef, el, em, en; er, es, ix*) ; celles au contraire dont le nom faisait d'abord entendre la consonne, s'appelaient *muettes, b, c, d, p, t*, etc. (*be, ce, de, pe, te*, etc.). P.

SEMONCE, en termes de Marine, signal que fait un bâtiment de l'État à un navire de commerce, par un coup de canon à poudre ou à l'aide d'un porte-voix, pour lui enjoindre de s'arrêter et de se soumettre à une visite.

SEMONCEUR, SEMONDEUR ou **SEMONEUR**, vieux mots désignant autrefois le crieur d'enterrement, celui qui distribuait les lettres d'invitation, et aussi le porteur de cercueils.

SEMUR (Église Notre-Dame, à). Fondée en 1065 par Robert le Vieux, duc de Bourgogne, cette église fut bâtie en moins de 6 ans : aussi la principale nef et le portail avaient-ils été seuls construits avec soin, et il fallut, au xive siècle, reconstruire le reste. Un incendie, en 1504, consuma les campaniles dont étaient surmontées les deux tours du portail. La tour du Nord est aujourd'hui surmontée d'une horloge et d'un méridien sonnant. Au-dessus du chœur s'élève une flèche en pierre, dite *Clocher des morts*, qui renfermait autrefois un *tresseau* ou carillon de 13 cloches. L'édifice entier s'élève de 9 marches au-dessus du niveau du parvis. Il est précédé d'un joli porche du xve siècle, décoré de quatre contre-forts pyramidaux, et surmonté d'une galerie à jour : ce porche était orné, à l'intérieur, de nombreuses statues et de riches sculptures, qui ont été mutilées à la Révolution. Trois portes, dont les sculptures ont été mutilées, donnent entrée dans l'Église, qui a 66 mèt. de longueur. La voûte de la nef s'appuie sur 12 piliers à colonnettes, tandis que les arcs-doubleaux des bas côtés reposent sur des pilastres. Les bas côtés tournent autour du sanctuaire, qui est flanqué de cinq chapelles absidales. Un triforium règne autour de l'église ; seulement, dans le chœur, il y a un double rang de galeries. Le chœur et la sacristie sont revêtus de boiseries de bon goût ; le maître-autel a été sculpté par un artiste de Semur, Marion, sur les dessins de Bruzard. Dans une des chapelles, on remarque deux volets d'autel peints au xve siècle, et représentant l'un l'Adoration des Mages, l'autre la Circoncision. La chapelle dite des Drapiers est fermée par une belle grille en fer du xive siècle, et contient d'intéressants vitraux où l'on a représenté le tissage, la tonte, le peignage et le foulage du drap. Il y a aussi de curieux vitraux dans la chapelle des Bouchers. Une autre chapelle renferme un Saint Sépulcre du xve siècle. Au pied de l'escalier de la chaire, on voit une custode en pierre, haute de 3 mèt., sculptée à jour avec un goût exquis, et destinée jadis à renfermer les saintes huiles. La porte septentrionale de l'église, appelée *Porte des blés*, à cause des champs cultivés qui s'étendaient autrefois jusqu'aux murs où elle fut ouverte, présente quatre bas-reliefs, où l'on a représenté, dit-on, certains faits de la vie de Robert le Vieux. Il existe un charmant petit cloître sur le flanc méridional de l'église de Semur; il est malheureusement engagé dans des constructions plus récentes. *V.* Maillard de Chambure, *Histoire de Notre-Dame de Semur*, in-8°.   B.

SENACULUM. *V.* ce mot dans notre *Dictionnaire de Biographie et d'Histoire.*

SENAIRE, nom donné chez les Latins au vers iambique trimètre ou de 6 pieds (*versus senarius*). *V.* IAMBIQUE.

SÉNANQUE (Abbaye de), dans le département de Vaucluse. Cette abbaye cistercienne est en style roman du XIIᵉ siècle. L'église rappelle par son plan la basilique latine. A côté s'élève un cloître quadrilatère presque régulier, formé par des galeries entourant un préau : chaque face de ces galeries se compose de quatre arcatures; chaque arcature se divise en trois petites arcades plein cintre, supportées par deux faisceaux de colonnettes accouplées. La voûte des galeries est à plein cintre, avec quelques arcs-doubleaux qui portent sur des consoles ou têtes grimaçantes. La salle du chapitre est contiguë au transept septentrional de l'église; elle est longue de 9 mèt., large de 7, et la voûte en est soutenue par deux gros piliers flanqués de colonnettes en saillie : à l'étage supérieur se trouvent deux pièces, dont l'une est éclairée par une rose circulaire. Une partie des bâtiments de l'abbaye est construite sur des voûtes au-dessous desquelles coule un torrent.

SÉNAT.   ⎫ *V.* ces mots dans notre *Dic-*
SÉNATEUR.   ⎬ *tionnaire de Biographie et*
SÉNATORERIE.   ⎪ *d'Histoire.*
SÉNATUS-CONSULTE. ⎭

SENAU, grand bâtiment à deux mâts, gréé comme un carré, et ayant un mât de tapecu.

SÉNÉCHAL.   ⎫ *V.* notre *Dictionnaire de Biogra-*
SÉNÉCHAUSSÉE.   ⎬ *phie et d'Histoire.*

SENESTROCHÈRE, en termes de Blason, bras gauche mouvant du flanc dextre de l'écu. Il est ordinairement nu, et armé ou paré.

SENLIS (Église NOTRE-DAME, à). Cette église, autrefois cathédrale, et qui reconnaît pour patrons secondaires Sᵗ Gervais et Sᵗ Protais, fut bâtie dans la seconde moitié du XIIᵉ siècle. Incendiée en partie par la foudre en 1504, elle fut restaurée sous Louis XII et François Iᵉʳ. Il en résulte qu'on trouve dans ce monument la trace de diverses époques architectoniques. L'extérieur de la cathédrale de Senlis est un peu lourd : les contre-forts sont épais, et surmontés de deux petits clochetons à feuilles grimpantes. La façade principale est la partie la plus ancienne : elle présente, à sa partie inférieure, une large porte centrale à voussure, dont les statues, mutilées pendant la Révolution, ont été rétablies par le sculpteur Robinet, et deux portes latérales très-étroites; au-dessus de la grande porte est une fenêtre à meneaux, puis trois roses. Les deux tours du portail, l'une, celle du Sud, est surmontée d'une flèche élégante, à 8 pans, haute de 70 mèt., et l'une des plus belles de France : deux étages de clochetons de forme pyramidale se dressent aux angles de cette flèche, dont les arêtes sont ornées de crochets en pierre; son rez-de-chaussée sert de vestibule à l'un des collatéraux. La nef et le chœur appartiennent à la construction restaurée du XIIᵉ siècle. Les transepts furent édifiés par Jean Desieulx pendant le règne de François Iᵉʳ, et ont des portails de style gothique fleuri, flanqués de tourelles à dentelle de pierre; du chaque côté de la porte sont des colonnes torses; la salamandre, l'F de François Iᵉʳ, les fleurs de lis, se montrent parmi les ornements. Les bas côtés sont surmontés des tribunes, comme à Laon, à Paris, à Châlons, etc. Les colonnes monocylindriques alternent avec les piliers, comme à Noyon. La balustrade du chœur, qui était du même style que les balustrades des galeries, a été remplacée, au XVIIIᵉ siècle, par de lourds balustres. Tandis que les colonnettes des piliers de la nef montent jusqu'à la voûte, celles du chœur ne descendent pas jusqu'en bas, et se terminent par des culs-de-lampe qui reposent sur l'abaque des chapiteaux. On remarque de belles clefs pendantes dans deux chapelles latérales. L'église n'a pas de vitraux peints; quelques essais modernes n'ont pas été plus heureux que la restauration coloriée de la chapelle de la Vierge.   B.

SENNE, filet. *V.* SEINE.

SENS (Église Sᵗ-ÉTIENNE, à). Une première église métropolitaine avait péri par un incendie en 970; un autre édifice avait été dédié en 997, lorsque, par suite d'accidents graves, on le rebâtit presque entièrement de 1143 à 1168. Les bas côtés du sanctuaire remontent au XIᵉ siècle;

le chœur et la plus grande partie des nefs appartiennent à la fin du XIIᵉ et au commencement du XIIIᵉ, et l'on y trouve par conséquent le style romano-byzantin à sa dernière période avec le style ogival primitif; trois arcades à l'entrée de la grande nef, du côté droit, approchent du temps de la Renaissance. La cathédrale de Sens se distingue donc par son architecture mélangée : elle a de la grandeur et de la majesté plutôt que de belles proportions et de riches ornements, et ne peut être placée qu'à un rang secondaire parmi les édifices religieux de la France. Elle a 117ᵐ,35 de longueur, 38 mèt. de largeur, et 30 mèt. de hauteur sous voûte. Son plan est régulier dans l'ensemble : mais il n'y a pas de symétrie dans la disposition des chapelles, dont on compte 10 autour du chœur et 10 le long de la nef. On remarque deux petites absides sur le côté oriental des transepts. L'extérieur de l'édifice est d'une excessive sévérité : ce ne sont que surfaces nues, murailles lourdes, contre-forts massifs; les arcs-boutants sont rares et sans hardiesse, les fenêtres étroites et peu divisées. Le portail occidental avait seul reçu une belle ornementation; mais les statues et les bas-reliefs qui décoraient les trois portes ont été détruits à la Révolution. Dans cette façade à trois portes, d'un développement de 48 mèt., une large fenêtre rayonnante tient la place de la grande rose que présentent la plupart des édifices gothiques. Deux tours carrées la flanquent; on a placé dans l'une, dite *Tour de pierre*, et élevée de 73 mèt., deux cloches fameuses, fondues en 1560, la *Savinienne* (15,585 kilogr.), et la *Potentienne* (13,865 kilogr.). L'autre, appelée *Tour de plomb* à cause de sa couverture, a été découronnée de sa charpente en 1844, parce qu'elle menaçait de s'écrouler. Les portails latéraux, dits d'Abraham au nord et de Sᵗ-Étienne au sud, furent élevés, le premier de 1491 à 1506, le second au commencement du XVIᵉ siècle; ils ont également beaucoup souffert. A l'intérieur, la cathédrale de Sens offre quelques beaux vitraux, particulièrement ceux du chœur, de son bas côté septentrional, et de la chapelle de Sᵗ-Savinien, qui datent du XIIIᵉ siècle; les roses des transepts, aussi très-remarquables, furent exécutées au XVIᵉ. Il y a des vitraux attribués par les uns au Primatice, par les autres à Jean Cousin; la rose dite *du Paradis* est assurément de ce dernier. Le chœur, dont la porte est un bel ouvrage de serrurerie du XVIIIᵉ siècle, est séparé de la nef par un jubé en stuc, d'un goût déplorable, construit en 1672 : un beau baldaquin, supporté par quatre colonnes de marbre rouge, couronne le maître-autel. On vante avec raison le mausolée du Dauphin, père de Louis XVI, et sa femme Marie-Josèphe de Saxe, ouvrage de G. Coustou, placé dans la chapelle de Sᵗᵉ-Colombe. Le Trésor, malgré les pertes qu'il a faites, est peut-être encore l'un des plus riche de France; il renferme, entre autres objets précieux, une croix à doubles branches, donnée par Charlemagne; un ciboire en vermeil, qui fut volé en 1541, et pour la récupération duquel on célèbre une fête annuelle; une boîte ronde en ivoire, qu'on dit être du IIIᵉ siècle, et où l'on a sculpté une chasse aux lions; une autre boîte découpée à jour, portant des inscriptions en caractères arabes, et qui fut apportée d'Orient à l'époque des Croisades; une boîte carrée, également en ivoire, et du XVᵉ siècle, représentant quelques scènes de la Bible; un grand coffre en ivoire, à 12 faces, surmonté d'un couvercle de forme pyramidale, bordé d'un cercle de cuivre émaillé, appelé autrefois *catacombe* parce qu'il contenait des reliques, et orné de trois rangs de bas-reliefs exécutés à la fin du XIIᵉ siècle, et empruntés à l'histoire de Joseph et à celle de David; le peigne de l'évêque Sᵗ Loup, orné de figures d'animaux et de pierreries; l'anneau du même saint; un anneau du pape Grégoire XI (1378), qui avait été grand archidiacre de Sens; plusieurs bas-reliefs en argent, destinés à décorer la châsse de Sᵗ Loup et celles des SS. Potentien et Savinien; quatre magnifiques pentes exécutées en tapisserie; les habits pontificaux de Thomas Becket; un Christ en ivoire, admirable ouvrage de Girardon, etc. *V.* Quantin, *Notice historique sur la construction de la cathédrale de Sens;* Alex. de Laborde, *Monuments de la France*, t. II.

SENS, en termes de Grammaire, se dit pour *signification*. Le *sens absolu* est celui qui est achevé, complet; le *sens littéral*, celui qui résulte de la force naturelle des termes. On distingue encore le *sens propre*, qui est la première signification d'un mot, et le *sens figuré*, lorsqu'on change la signification pour lui en donner une qu'on emprunte à un autre ordre de faits. Dans le *sens composé*, un mot conserve sa signification à tous égards, et cette signification entre dans la composition du sens de toute la phrase; tel est cet exemple : « Les *idolâtres* n'entre-ront point dans le royaume des cieux. » Dans le *sens divisé*, ce n'est qu'en un certain sens et avec restriction qu'un mot conserve sa signification, comme dans cette phrase de l'Évangile : « Les *aveugles* voient, les *boiteux* marchent. » Les saintes Écritures ont un *sens littéral* et un *sens mystique*. Il y a aussi le *sens allégorique*, le *sens moral* d'une fable.

SENS, fonctions variées de l'Intelligence appliquée à la connaissance des objets extérieurs. La distinction des sens est motivée d'un côté par les différences spécifiques des sensations (*V. ce mot*), de l'autre par celle des appareils organiques qui servent d'intermédiaires entre les corps et l'intelligence. Aussi, malgré quelques tentatives faites pour étendre ou pour abréger la liste des sens, la division commune, fondée sur des faits positifs et faciles à saisir, a-t-elle prévalu. Elle admet cinq sens : 1° le *Tact*, qui s'exerce plus ou moins confusément par toutes les parties du corps, mais qui a pour instrument spécial la main, et qui, localisé dans cet organe, prend le nom de *Toucher;* 2° la *Vue;* 3° l'*Ouïe;* 4° l'*Odorat;* 5° le *Goût*. On a dit ailleurs (*V.* PERCEPTION) la part pour laquelle chaque sens contribue à la formation de la notion complexe des corps. Le Toucher est celui de tous les sens qui nous donne les notions les plus sûres, et qui embrasse les données les plus diverses : étendue, figure, solidité, dureté, mollesse, fluidité, température, etc. La Vue vient en-suite, avec les notions de l'étendue plane, de la lumière et des couleurs. Les données respectives des autres sens, sons, odeurs et saveurs, sont moins instructives et plus restreintes.

Ce n'est qu'à l'extérieur que les organes des sens sont variés et séparés les uns des autres. Toutes les impres-sions reçues par eux doivent, pour donner lieu à un acte de l'intelligence, être transmises au cerveau. Des expé-riences dues aux physiologistes les plus habiles ont fait connaître les nerfs par lesquels s'opère la transmission des sensations à cet organe, qui fait fonction de réceptacle commun des impressions organiques. Elles ont prouvé que la sensation et la perception peuvent être également empêchées, soit par la suppression ou la maladie de l'or-gane extérieur, soit par l'interception de l'impression en un point quelconque de son trajet de cet organe au centre cérébral, par paralysie, section ou ligature des nerfs con-ducteurs. Ainsi, la cécité résulte également de la des-truction de l'œil, et, l'œil restant intact, de la paralysie des nerfs optiques. Ce n'est pas à dire que le sens réside dans l'organe, encore moins lui soit identique. Dire que les sens sont les mains, les yeux, les oreilles, le nez, le palais, les nerfs ou le cerveau, serait le comble de l'ab-surdité. Mais, dans l'état de l'existence présente, les sens ne peuvent s'appliquer à leurs objets respectifs et la perception avoir lieu que par l'intermédiaire d'or-ganes déterminés. Les adeptes les plus passionnés du magnétisme animal ont la prétention de se mettre au-dessus de cette appropriation, et exhibent des *sujets* qui, dans le sommeil magnétique, voient avec les pieds et lisent avec les coudes : ces prétendues merveilles, qui n'ont ré-sisté à aucun contrôle sérieux, doivent, jusqu'à nouvel ordre, être mises sur le même rang que celles des presti-digitateurs.

Les philosophes sceptiques, et ceux qui ont considéré comme une des conditions du spiritualisme le dédain de la matière et le dénigrement des fonctions où le corps est intéressé, se sont étendus avec complaisance sur ce qu'ils ont appelé les erreurs et les illusions des sens. *Nos sens nous trompent* est devenu quelque sorte un des lieux communs de la philosophie. Si l'on examine de près ces prétendues erreurs, que Montaigne et Bayle, après Pyrrhon et Sextus Empiricus, et, dans un autre camp, Descartes, Huet, Malebranche, ont si ingénieusement ra-contées, on reconnaîtra qu'elles tiennent toutes à la pré-cipitation de nos jugements, soit que nous jugions sur des données manifestement insuffisantes, comme quand un corps est trop mal éclairé ou trop distant pour que nous le voyions distinctement, un son trop éloigné ou trop faible pour que nous puissions l'apprécier; soit sur-tout que, par suite de l'habitude où nous sommes d'asso-cier les perceptions aux sensations et de substituer les perceptions acquises aux perceptions naturelles, nous passions, entre les fonctions des sens, une véritable con-fusion. C'est entre les perceptions du Toucher et celles de la Vue que cette confusion a lieu le plus souvent. Habitué que l'on est à juger de la distance, de l'étendue, de la forme réelles, par la perspective, l'étendue et la forme visibles, on en vient à prendre tout cela pour une seule

et même chose; et lorsqu'on se trouve en réalité éloigné d'un objet qu'à le voir on avait d'abord cru très-proche, ou que l'on reconnaît que ce qui avait paru de loin une petite éminence est une montagne énorme, que le bâton qu'on voit brisé à son point d'immersion dans l'eau est, en réalité, parfaitement droit, on accuse d'erreur ou le sens de la Vue ou la Vue et le Toucher à la fois. C'est une injustice manifeste. La Vue, et, en général, tous les sens, ne nous ont pas été accordés pour doubler le Tou-cher, mais pour en compléter les données et, au besoin, pour y suppléer. Si facile et si naturelle que soit l'asso-ciation des apparences visibles avec l'idée des réalités tangibles, les données des deux sens ne sont identiques ni en elles-mêmes, ni par les impressions qu'elles pro-duisent sur nous. L'erreur consiste donc à prendre le signe habituel pour la chose même; et ce n'est pas au sens qu'il faut l'attribuer, mais à une précipitation de jugement, qu'il dépend de nous de réprimer. A propre-ment parler, il ne faut pas dire que les sens nous trom-pent, ce qui semble mettre en cause la sagesse ou la bonté de celui qui nous en a pourvus, et du même coup nous condamner toujours à l'erreur ou tout au moins au doute; mais il faut dire que nous nous trompons en usant mal des sens. Il dépend de nous d'atténuer de plus en plus nos chances d'erreur, non-seulement en surveil-lant les opérations des sens et les jugements qui en sont la suite, mais en exerçant judicieusement l'esprit et les organes, ce qui est un moyen de les perfectionner, et en faisant concourir avec eux les instruments artificiels qui en étendent la portée et en amplifient la puissance. — Sur les sens en général et sur les lois propres à chacun d'eux, *V.* Aristote, *De l'Ame*, liv. II; Descartes, *L'Homme;* Ma-lebranche, *Recherche de la vérité*, liv. I; Condillac, *Traité des sensations;* Reid, *Recherches sur l'Entendement* et *Essais sur les facultés de l'Esprit humain*, Essai II, ch. 1 et 2; Dugald Stewart, *Esquisses de Philosophie morale*, 1re partie, 2e section; *Éléments de la Philosophie de l'Es-prit humain*, ch. 1; *Essais philosophiques*, Essais I et II. Sur les erreurs des sens, on peut consulter les mêmes auteurs, et, sur le perfectionnement des sens par l'exer-cice et par la comparaison de leurs données, quelques-unes des meilleures pages de l'*Émile* de J.-J. Rous-seau, liv. II.
B—J.

SENS COMMUN. Dans une acception spéciale, désor-mais tombée en désuétude, les philosophes appelaient *Sens commun* une certaine faculté destinée suivant eux à opérer la réunion des sensations, et à en rapporter la cause à un objet unique, lorsque effectivement nous nous trouvons en présence d'un objet dont les qualités pro-duisent respectivement, sur chacun de nos sens, des impressions variées. Nous croyons qu'Aristote est le pre-mier qui en ait parlé en termes explicites (*Traité de l'âme*, liv. III, ch. 2). Bossuet, dans le *Traité de la connaissance de Dieu et de soi-même*, le définit « une faculté de l'âme qui réunit les sensations et ne fait qu'un seul objet de tout ce qui frappe ensemble nos sens. » On peut, ajoute-t-il un peu plus loin, douter du Sens commun. « En effet, l'hypothèse d'un sixième sens, ou d'un sens intérieur, comme on l'appelle encore, n'est pas nécessaire pour ex-pliquer ce qui se passe quand nous affirmons, par exemple, que c'est le même objet qui est blanc et doux. Il suffit de dire que les sens ne sont en réalité que les différentes fonctions de l'entendement, appliquées à la perception des objets extérieurs et du *moi* intelligent, per-cevant les différentes qualités et jugeant ses perceptions, qui opère ce rapprochement.

Voici maintenant quelque chose de plus important et de plus usuel. On appelle ordinairement *Sens commun* l'ensemble des notions et des jugements communs à tous les hommes, qui résultent du développement spontané des différentes facultés de l'Intelligence, et spécialement de la Raison. Le Sens commun, à ce titre, est appelé à exercer, sur les sciences en général, et notamment sur la Philosophie, une sorte de contrôle et de juridiction dont il convient de fixer l'origine et les limites. A moins de prétendre, ce qui nous paraît insoutenable (*V.* SCEPTI-CISME), que nous avons reçu de Dieu des facultés essen-tiellement trompeuses, on ne peut admettre que ces fa-cultés fassent fausse route, aussi longtemps du moins que la volonté n'entravera pas dans leur direction. Les con-naissances que par elles nous obtenons de toutes choses, sont superficielles et confuses, il est vrai, mais exactes. Toutes les erreurs qui ont eu et qui continuent d'avoir cours dans le monde sont l'œuvre, non du Sens commun, mais de la Réflexion qui, s'attachant d'ordinaire à un seul côté des choses, prend volontiers pour le tout qui lui échappe la partie que seule elle aperçoit, et tire, des données incomplètes qu'elle a recueillies, des conclusions prématurées et excessives. La science a plus de profondeur, plus de précision, mais moins de sûreté que le Sens commun, et aussi moins d'étendue. D'ailleurs, le temps et les soins qu'il faut lui consacrer en font naturellement la prérogative d'un petit nombre d'esprits, tandis que le Sens commun est le partage de tous. Lors donc qu'il s'agit des questions générales et fondamentales, à la solution desquelles nul homme ne saurait sans inconvénient demeurer étranger, on conçoit que le Sens commun (cette solution s'est produite spontanément) la tienne en réserve pour la comparer, à un moment donné, à celle que la science apporte sur le même sujet, et que les philosophes eux-mêmes s'en servent comme d'un *Criterium* (*V. ce mot*) pour juger leurs propres doctrines. Or, telle est la nature des questions philosophiques, que, sous une forme ou sous une autre, elles intéressent tout le monde. Il n'en est pas tout à fait de même des sciences physiques et mathématiques. A part quelques principes élémentaires, et quelques notions d'une utilité pratique, il n'est pas indispensable que tout le monde ait des idées arrêtées sur les questions dont elles s'occupent. Mais sur la distinction de la Matière et de l'Esprit, sur la nature et les phénomènes de l'Ame humaine, sur le Vrai et le Faux en général, sur Dieu, sur la Justice, sur le Bien et le Mal, etc., c.-à-d. sur tout ce qui fait l'objet de la Philosophie, qui pourrait se résigner à une ignorance absolue? Aussi a-t-il été pourvu non-seulement à ce que cette ignorance ne fût pas notre lot, mais encore à ce que les idées les plus communes sur ces divers sujets fussent aussi les plus vraies et les plus sûres. Est-ce à dire que toute la Philosophie soit implicitement contenue dans le Sens commun? Cette opinion n'a pas laissé d'avoir des partisans, parmi lesquels il faut citer au premier rang les philosophes de l'École écossaise. Ce que les Écossais désignent sous le nom de *Vérités* ou *Principes du Sens commun*, ce sont les principes mêmes de la Philosophie, et l'écrivain éminent qui, parmi nous, se borna d'abord au rôle modeste et laborieux de propagateur de la Philosophie écossaise, Jouffroy, a dit expressément : « Éclaircir par la Réflexion les intuitions obscures que tout le monde reçoit en présence des choses, voilà tout ce que la Philosophie peut, et tout ce qu'elle voudra, le jour où, se repliant sur elle-même, etc. » C'est faire trop grande la part du Sens commun, trop petite celle de la science. Le Sens commun (et c'est là son seul rôle) prévient, signale, réprime les écarts de la Philosophie; il n'en forme pas le cadre tout entier; car la réflexion, en s'appliquant aux questions philosophiques, y découvre des points de vue que le Sens commun, dans ses intuitions vagues et synthétiques, est incapable d'y saisir; et ces points de vue sont, à eux seuls, de grandes questions. — V. le P. Buffier, *Traité des premières vérités et de la source de nos jugements*, Reid, *Essais sur les facultés de l'Esprit humain*, notamment l'*Essai* VI; Jouffroy, *Préface de la traduction des Œuvres de Reid*, et *Mélanges, De la Philosophie et du Sens commun;* et un *Mémoire* de M. Amédée Jacques *sur le Sens commun comme principe et comme méthode philosophique.* B—E.

SENS ESTHÉTIQUE OU SENS DU BEAU. C'est la même chose que le *Goût* (*V. ce mot*).

SENS INTIME. *V.* CONSCIENCE.

SENS MORAL. Quelques philosophes, professant d'ailleurs, sur la nature du bien, des idées différentes, mais également frappés de ce fait, que l'acte par lequel nous distinguons le bien du mal est un acte simple et irréductible, ont cru devoir l'attribuer à un sens spécial et tout intérieur, et c'est ce prétendu sens qu'ils ont appelé le *Sens moral.* Shaftesbury, Hutcheson et Hume, sont, en tant que théoriciens, les principaux représentants de cette doctrine. Au premier abord, on pourrait croire qu'entre elle et celles qui réservent à la Raison, sous le nom de Conscience, le discernement du bien et du mal, il n'y a qu'une différence verbale : pourtant il n'en est pas ainsi; la faculté désignée sous le nom de Sens moral, procédant à la manière des Instincts, reconnaissant le bien exclusivement à ce signe qu'il lui agrée, et le mal au signe contraire, n'a ni la fixité, ni l'autorité de la Raison, dont les jugements reposent sur la conception d'un principe immuable et absolu. La doctrine du Sens moral, malgré quelques côtés estimables, est donc une doctrine incomplète et insuffisante. *V.* pour le développement de cette doctrine, Shaftesbury, *Essai sur le mérite et la vertu;* Hutcheson, *Recherches sur les idées du beau et du bien;* Hume, *Essai sur l'Entendement;* et pour la réfu-

tation, Jouffroy, *Cours de Droit naturel,* t. II, leçons 19 et 20. B—E.

SENS MUSICAL, faculté de comparer les sons et d'en établir les rapports; par suite, sensibilité qui se manifeste dans l'homme à l'audition des sons combinés sous le triple rapport de la mélodie, de l'harmonie et du rhythme. Le sens de l'ouïe n'est que le sens du son isolé, ce n'est point le sens de la musique, car la musique est la science du rapport des sons. Le sens musical ne résulte pas de telle ou telle conformation particulière de l'organe auditif, et c'est une mauvaise locution de dire qu'on a de l'*oreille,* qu'on a l'*oreille juste* ou l'*oreille fausse.* La conformation plus ou moins parfaite de l'organe ne peut exercer d'influence que sur la perception plus ou moins rapide, plus ou moins fine et délicate, et non sur la comparaison des sons pour en déduire des rapports. Le sens musical a son siége dans l'âme, non dans l'oreille; il se compose d'un élément sensible et d'un élément intellectuel. Non-seulement il distingue ce qui est beau, mais il connaît les moyens dont on s'est servi pour le produire. B.

SENSATION. Ce mot s'applique à deux sortes de faits que, d'ordinaire, on ne distingue pas suffisamment. Il désigne, d'une part, les impressions spéciales produites sur l'esprit par les objets physiques par leurs diverses propriétés, résistance, chaleur, froid, lumière, odeur, saveur, bruit, etc. ; de l'autre, les phénomènes affectifs du plaisir et de la souffrance. Ces derniers, que nous appellerions volontiers *Sensations affectives,* accompagnent, il est vrai, le plus souvent, les sensations de la première espèce ou *Sensations perceptives;* mais ils n'en sont pas inséparables. Il est tel contact, telle odeur, telle couleur, tel bruit, qui nous laissent indifférents, sans plaisir comme sans souffrance; et, d'un autre côté, nous éprouvons du plaisir et de la douleur, sans que les Sens y soient pour rien. Il y a donc bien réellement deux sortes de Sensations.

I. La réalité des Sensations, en tant qu'impressions produites sur nous par les objets extérieurs, ne peut être mise en doute. Odeur, son, saveur, ces phénomènes ne fussent-ils pas autre chose, seraient au moins des modifications internes, perçues par la conscience avec certitude. Leur caractère subjectif est tout aussi incontestable. La Sensation est un acte de l'Intelligence; mais c'est un acte incomplet et insuffisant pour nous procurer directement la notion de l'extérieur. Mais, ultérieurement, instruits par d'autres voies de l'existence des corps, habitués, par une expérience réitérée à associer nos Sensations soit à l'idée des corps en général, soit à l'idée de certains corps en particulier, nous jugeons que les causes des Sensations résident précisément dans les corps à titre de propriétés (*V.* QUALITÉS PREMIÈRES et QUALITÉS SECONDES), et, par une induction si naturelle et si rapide qu'elle en devient presque insaisissable, nous concluons de nos Sensations l'existence actuelle, la présence des corps, alors même que nous ne les percevons pas autrement. C'est ainsi que de l'intérieur d'une chambre, et sans avoir besoin de regarder dans la rue, nous inférons du bruit que nous entendons qu'il y passe une voiture, un corps de troupes, etc. (*V.* PERCEPTION). L'ouïe, l'odorat, le goût, ne procurent que des Sensations; la vue et le toucher donnent à la fois des Sensations et des Perceptions. Quoique faciles à distinguer en théorie, les Sensations et les Perceptions sont pour la plupart si étroitement unies et pour ainsi dire enveloppées les unes dans les autres, qu'il faudrait, pour en dresser la liste exacte, entrer à ce sujet dans une longue et minutieuse discussion. Il est essentiel surtout de ne pas assimiler la Perception à la Sensation; car la Sensation étant un fait subjectif et relatif, il suivrait de là que nous n'aurions aucune connaissance absolue des corps. C'est la conséquence forcée contre laquelle se débat vainement Condillac, lorsque, après avoir posé en principe que nous ne connaissons rien que par nos Sensations, c.-à-d. expressément par *nos propres modifications ou manières d'être,* il s'efforce de trouver dans les Sensations spéciales du toucher quelque chose qui décide l'esprit à transporter au dehors des qualités que jusqu'alors il n'avait considérées que comme siennes. Une autre confusion non moins grave, c'est celle des Sensations avec les qualités, soit que cette confusion se borne aux qualités secondes, soit qu'elle s'étende aux qualités premières. Elle s'explique en partie par ce fait, que les qualités secondes ne nous apparaissent qu'à travers nos Sensations et portent presque toujours le même nom; ce qui a peut-être été, dans l'origine, un effet de la confusion dont il s'agit, mais ce qui, en tout cas, contribue certainement à l'entretenir. Il ne faut pas se laisser abuser par cette équivoque. Odeur, saveur, etc., tous ces mots désignent *deux choses bien différentes* : les Sensations que nous éprouvons et qui sont en nous, et les qualités, c.-à-d. les causes des Sensations qui sont hors de nous; les premières relatives à la personne qui les éprouve, les secondes existant d'une manière absolue, du moins comme propriétés des corps, et subsistant alors même qu'elles ne sont pas senties. — On n'a indiqué, dans ce qui précède, que les conséquences, déjà fort graves, de la confusion de la Sensation et de la Perception. On n'examine point ici celles auxquelles on est conduit en réduisant à la Sensation, entendue dans un sens plus ou moins large, toutes les opérations de l'Esprit, et, entre autres, l'origine de toutes nos connaissances (*V. SENSUALISME*). Pour l'analyse des Sensations, on peut consulter Condillac, *Traité des Sensations*, et, sur les différentes questions auxquelles les Sensations peuvent donner lieu, Reid, *Recherches sur l'Entendement humain*, ch. 2-6, et *Essais sur les facultés*, Essai II; Dugald Stewart, *Éléments de la Philosophie de l'Esprit humain*, ch. Ier, et *Essais philosophiques*, Essais I et II; et les *Fragments* de Royer-Collard annexés par Jouffroy à la traduction des Œuvres de Reid.

II. La Sensation affective, c.-à-d. agréable ou douloureuse, souvent unie à la précédente, et, comme elle, subjective et relative, ne laisse pas d'en différer essentiellement. Elle est un des phénomènes les plus simples qui s'offrent à l'observation intime. Aussi ne peut-on la définir. Ses espèces sont, au point de vue de l'impression produite sur l'esprit, le plaisir et la douleur; au point de vue de leur origine, la sensation proprement dite ou sensation physique, et la sensation morale ou le sentiment (*V. ce mot*). Une des principales questions auxquelles l'étude de la Sensation peut donner lieu, c'est de savoir si l'âme, dans le phénomène de la sensation, est toute passive. Il faut ici s'entendre sur le sens qu'on prétend donner aux mots. Si l'on veut dire que l'âme ne produit pas ses sensations comme elle produit une partie de ses pensées et toutes ses résolutions volontaires, qu'elle les subit sans pouvoir les anéantir ou en changer la nature, l'âme sans doute est passive dans la sensation. Encore faut-il remarquer qu'à défaut d'une action présente et instantanée, elle peut exercer sur la sensation une action indirecte en s'y prenant de longue main, et arriver à la modifier, peut-être même profondément, par l'habitude (*V. ce mot*). Mais, en outre, l'activité de l'âme se manifeste dans la sensation : 1° en ce que l'intelligence réagit sur chacune des sensations pour en prendre connaissance, une sensation dont nous n'aurions pas connaissance étant comme non avenue; 2° le fait de sentir suppose une prédisposition à l'action, qui n'existe pas chez les êtres inertes et inanimés. Dans quelque acception qu'on l'entende la sensation, elle n'a lieu que parce qu'une excitation quelconque éveille en nous le pouvoir de sentir, que ne possèdent ni les plantes ni les minéraux. Or, ce pouvoir est évidemment une forme de l'activité. Si donc il est vrai de dire que cette activité n'est pas libre, au moins ne peut-on dire qu'elle n'est pas. Ainsi l'âme, dans la sensation comme dans le développement de toutes ses facultés, conserve les mêmes caractères et le même type, et demeure essentiellement la cause des phénomènes dont elle est aussi le sujet. B—E.

SENSIBILITÉ, *faculté de sentir*. Comme sentir est un phénomène parfaitement simple, la Sensibilité elle-même est une faculté irréductible, et ne peut, à proprement parler, se définir. En effet, ce n'est pas la définir, c'est seulement la diviser en ses différentes espèces, que de la qualifier de Faculté de jouir et de souffrir, ou bien, à un autre point de vue, de répartir les phénomènes sensibles, sensations et sentiments (*V. ces mots*), entre la Sensibilité *physique* et la Sensibilité *morale*. La Sensibilité, chez l'homme, paraît destinée à suppléer à l'imperfection de l'intelligence et de la volonté, qui ne se développent que lentement et progressivement, et qui, parvenues à leur maturité, sont encore sujettes à bien des défaillances. La Sensibilité, plus restreinte, mais non moins vive, dès le premier jour, qu'elle ne le sera plus tard, nous excite, par l'attrait du plaisir, à rechercher ce qui nous convient, par l'aiguillon de la douleur à éviter ce qui nous est nuisible. Les ressorts qu'elle presse sont les instincts (*V. ce mot*), qui correspondent eux-mêmes aux différents besoins de notre double nature. Ainsi, sans rien savoir, sans rien vouloir encore, l'enfant fait spontanément et aveuglément, sous l'incitation de la Sensibilité, ce que sa raison éclairée par l'expérience l'aurait décidé à faire librement et par choix. Plus tard, la

Sensibilité conserve un rôle analogue. Elle nous rappelle nos besoins et nos tendances naturelles, lorsqu'au milieu des distractions qui nous entourent et nous assiègent, nous serions disposés à les perdre de vue et à les négliger. Les phénomènes sensibles primitifs sont donc comme autant de signes de la satisfaction ou de la non satisfaction des tendances de notre nature. Tel est, du moins, le rôle de la Sensibilité dans son développement normal, et c'est à ce titre que l'étude des instincts peut être rattachée à celle de la Sensibilité. Mais, autant et plus que les autres facultés, la Sensibilité peut être détournée de ses voies naturelles et légitimes. Cela tient à plusieurs causes. La plus générale est notre *imperfection native*. En outre, la Sensibilité se trouve excitée par des causes et par des objets si variés et parfois si disparates, qu'entre tous ces objets il est difficile qu'elle garde un parfait équilibre. L'attrait, d'abord légitime, que nous ressentons pour certains plaisirs, bientôt s'accroît à ce point, que le goût des autres plaisirs s'affaiblit ou s'efface. Ainsi, trop souvent, la Sensibilité physique empiète sur les jouissances plus nobles de l'esprit et du cœur. C'est alors qu'il y a déviation et abus. Le plaisir est devenu un signe trompeur, puisqu'il ne correspond plus à la satisfaction de besoins réels et de tendances légitimes. Il en est de même de la Sensibilité excitée par les besoins factices que créent l'habitude et l'imitation. Il faut donc surveiller la Sensibilité, et la maintenir, par le concours de la raison et de la volonté, dans la ligne tracée par la Providence. Cela est d'autant plus important, que, par l'adjonction d'éléments nouveaux, les phénomènes primitifs se transforment en passions qui tiennent dans notre vie une place considérable (*V. PASSION*). Or, les passions, dès que leur origine n'est pas parfaitement irréprochable, deviennent bien vite dangereuses par leur vivacité même. Aussi, tandis que certains *philosophes* placent à tort dans les phénomènes de la Sensibilité les principes de la loi morale, voyons-nous les moralistes les plus sévères, les Stoïciens par exemple, et tous les ascétiques, recommander ou mettre en pratique l'anéantissement des passions et de la Sensibilité; ce qui est un excès contraire. — On ne peut guère citer de traités spéciaux sur la Sensibilité; mais les phénomènes que l'on dérivent ou qui s'y rattachent ont été de bonne heure étudiés, analysés et décrits. Platon, Aristote, l'École épicurienne et les Stoïciens avaient accumulé sur ce sujet une foule d'observations, que les Modernes ont considérablement accrues. *V. les Passions de l'âme;* Malebranche, *Recherche de la vérité*, liv. IV et V; Locke, *Essais sur l'Entendement;* Leibniz, *Nouveaux Essais*, liv. II, chap. xx; Reid, *Essais sur les Facultés actives*, Essai III; Dugald Stewart, *Esquisses de Philosophie morale*, 2e partie, chap. 1er; Adam Smith, *Théorie des sentiments moraux;* Jouffroy, *Mélanges philosophiques* (les morceaux intitulés : *De l'Amour de soi* et *Des Facultés de l'âme humaine*) ; Paffe, *De la Sensibilité*.

Kant a donné au mot *Sensibilité* (en allemand *sinnlichkeit*) un sens différent du sens ordinaire. Il définit expressément la Sensibilité « la capacité de recevoir des « représentations par la manière dont les objets nous « affectent. » Elle est l'origine expérimentale de nos connaissances, et embrasse à la fois les représentations des Sens extérieurs et celles de la Conscience, sous la double condition des concepts d'espace et de temps, qu'on nomme pour cette raison *Formes de la sensibilité* (*V*. FORME). La partie de la Philosophie critique consacrée à l'analyse de la Sensibilité porte chez Kant le nom d'*Esthétique transcendentale* (αἴσθησις, sensation). *V.* dans Kant toute cette partie de la *Critique de la raison pure*, et l'analyse qu'en a donnée M. V. Cousin dans son *Histoire de la Philosophie au XVIIIe siècle*, Ire série, t. V.   B—E.

SENSIBLE (Accord), nom donné à l'accord que porte la dominante du ton, parce que la note sensible est toujours la tierce de cette dominante.

SENSIBLE (Note), 7e note d'une gamme. Elle est ainsi appelée parce qu'elle est la plus souvent obligée de monter à la 8e note, qui est l'octave de la tonique, et qu'elle fait *pressentir* cette note. Dans le Plain-Chant, il n'y a pas de sensible, parce qu'aucune note n'a de tendance nécessaire vers une autre : si on la fait entendre dans l'harmonie, c'est seulement par euphonie, et dans les parties intermédiaires.

SENSIBLERIE, ridicule affectation de sensibilité.

SENSORIUM ou SENSORIUM COMMUNE. Dans l'hypothèse d'un sens intérieur ou sens commun (*V. ce mot*) destiné à réunir les sensations, on appelait *Sensorium* (en grec *aisthêtérion*) l'organe dans lequel on supposait que réside cette faculté. C'était, en général, celui que l'on considérait comme le siége de l'âme elle-même ; de sorte que, sur l'un ou sur l'autre sujet, les hypothèses philosophiques ont subi à peu près les mêmes variations. *V.* Ame (Siége de l'). ❀ B—E.

SENSUALISME, nom générique donné aux systèmes philosophiques dans lesquels un rôle prépondérant est assigné aux sensations. Il faut entendre ici par sensations non-seulement les impressions diverses produites sur nous par les objets matériels, mais l'élément expérimental qu'avaient en vue les auteurs de la maxime sensualiste par excellence : Rien dans l'Intelligence qui n'ait été d'abord dans la Sensation ; *Nihil in Intellectu quod non prius fuerit in Sensu.* C'est dire que la signification de ce mot est assez élastique pour que la famille des systèmes sensualistes embrasse des doctrines qui présentent, avec quelques grands traits communs, des différences encore très-importantes. Aussi n'essayera-t-on pas de faire ici l'histoire du Sensualisme, histoire trop vaste, et qui manquerait d'unité; mais on indiquera ce qui peut en être considéré comme les pôles opposés, en comparant deux philosophies bien différentes : d'une part, celle d'Aristote, dont le caractère sensualiste est on ne peut plus nettement marqué dès les premières lignes de la *Métaphysique :* « Les animaux naissent avec la faculté de sentir ; de celle-ci résulte, pour quelques-uns d'entre eux, la mémoire... De la mémoire provient pour les hommes l'expérience..., et l'expérience produit l'art et la science ; » — de l'autre, celle de Condillac, dans laquelle tout dérive également de la Sensation : « Toutes nos connaissances et toutes nos facultés, dit Condillac, viennent des Sens, ou, pour parler plus correctement, de la Sensation ; car, dans le vrai, les Sens ne sont que cause occasionnelle. C'est l'âme qui sent à l'occasion des organes, et c'est des sensations qui la modifient qu'elle tire toutes ses connaissances et toutes ses facultés. » — Ne semblerait-il pas que des principes, en apparence si semblables, doivent conduire à des doctrines semblables ? Il n'en est rien pourtant, et il suffit de la connaissance la plus légère de l'une et de l'autre pour dire que ce ne sont pas seulement les doctrines qui diffèrent, mais l'esprit même qui les inspire. Le Sensualisme, chez Aristote, est aussi mitigé que possible ; tandis que, chez Condillac, il est absolu et ne laisse place à aucun autre élément de philosophie que la Sensation, dans son acception la plus étroite. Que conclure de ceci ? Que des désignations très-générales, comme celle dont nous nous occupons et comme celles d'Idéalisme, d'Empirisme, de Rationalisme, etc., quoique justes dans une certaine mesure, et commodes dans certaines circonstances, restent nécessairement toujours un peu vagues, et ne caractérisent qu'imparfaitement un système. Nous sommes bien éloignés de vouloir en proscrire l'usage; mais il ne faut pas leur attribuer une valeur trop absolue, et on doit remarquer, en outre, que l'esprit humain est, suivant l'expression de Montaigne, si ondoyant et si divers, qu'il n'y a presque pas de système philosophique auquel une de ces qualifications puisse s'appliquer de toutes pièces, sans restrictions et sans réserves. B—E.

SENSUALITÉ, attachement aux plaisirs des sens.

SENTENCE, en latin *Sententia* (de *sentire,* sentir), proposition évidente, vérité qui tombe immédiatement sous le sens. Elle n'a point, comme la *Maxime,* un rapport nécessaire avec la Morale, avec la conduite qu'il faut tenir. *Connais-toi toi-même* est simplement une maxime et une sentence ; *Dieu est bon* est simplement une sentence.

SENTENCE, en termes de Jurisprudence, est synonyme de *jugement,* et se dit surtout des décisions arbitrales.

SENTIMENT, plaisir ou peine résultant d'une cause morale. C'est surtout par son origine que le sentiment diffère de la sensation proprement dite (*V.* SENSATION). Il en diffère aussi en ce qu'il ne peut être localisé dans aucune partie de l'organisme, sur lequel il ne réagit qu'indirectement, et seulement quand il est très-intense et très-vif. Alors, quelle que soit la nature du Sentiment, agréable ou pénible, il en résulte uniformément une souffrance.

...On pâme de joie ainsi que de tristesse :
Un excès de plaisir nous rend tout languissans,
Et, quand il surprend l'âme, il accable les sens.

P. CORNEILLE, *le Cid,* IV, 5.

D'ailleurs, le Sentiment, dans son expansion normale, est, comme la sensation, le signe des tendances satisfaites ou contrariées. Les sensations correspondent aux appétits,

les sentiments aux penchants et aux affections. *V. ces mots.* B—E.

SENTIMENT RELIGIEUX, sentiment qui naît en nous de l'idée de l'*infini,* appliquée à la puissance, à l'amour, à la sagesse du Créateur. Quelque accablante que soit cette idée pour la raison de l'homme, elle ne laisse pas de remuer son âme par les plus profondes émotions.

SENTIMENTALITÉ, exagération de la sensibilité. Elle a constitué pendant quelque temps en Littérature un genre dont l'*Obermann* de Sénancour est le type le plus complet, et où l'on a abusé des soupirs et des larmes, des imprécations contre la fatalité.

SENTINE (du latin *sentina*), la partie la plus basse d'un navire, située au fond de la cale, et le réceptacle de toutes les ordures.

SENTINELLE (de l'italien *sentinella,* fait du latin *sentire,* sentir, entendre), soldat armé qu'on charge de veiller près d'un poste, et de prévenir les surprises. On nomme *Sentinelle perdue* le soldat qu'on place dans un lieu avancé et dangereux. Les sentinelles ne doivent pas s'écarter de leur poste au delà de 30 pas : elles rendent les honneurs militaires à ceux qui y ont droit, arrêtent les rondes et patrouilles. Celles qui abandonnent leur poste ou qui s'endorment sont punies plus ou moins sévèrement, selon la gravité des cas.

SÉPARATION. On distingue en Droit la *Séparation de biens* et la *Séparation de corps.*

La *Séparation de biens* est la situation d'époux qui administrent leurs biens chacun séparément. Elle est *volontaire,* lorsqu'elle résulte des clauses du contrat de mariage : dans ce cas, la loi impose à l'époux, marié sous ce régime, qui devient commerçant, de la porter à la connaissance des tiers par un extrait publié aux greffes des tribunaux de commerce. Elle est *judiciaire,* et peut être demandée par la femme, lorsque sa dot est mise en péril, ou lorsque le mari, par le désordre de ses affaires, fait péricliter la garantie que ses biens doivent offrir aux reprises de la femme. Le *Code de Procédure civile* réglemente (art. 865 et suiv.) les formalités à suivre pour y parvenir. *V.* Dufour de Saint-Pathus, *Traité de la séparation de biens,* 1812, in-12 ; Dutruc, *Traité de la séparation de biens judiciaire,* 1853, in-8°.

La *Séparation de corps* est le moyen offert par la loi de relâcher le lien conjugal, et de suspendre la cohabitation des époux, lorsque la conduite de l'un d'eux rend la vie commune impossible. Les seules raisons admises par la loi sont : de la part de la femme, l'adultère ; de la part du mari, l'entretien d'une concubine dans le domicile conjugal ; de la part de tous deux, les excès, sévices ou injures graves, la condamnation à une peine infamante. La séparation de corps ne peut jamais avoir lieu par consentement mutuel. Elle entraîne toujours la séparation de biens. La chose jugée, l'exception tirée de la compensation des torts et de la provocation, la réconciliation, sont des fins de non-recevoir générales contre la demande en séparation de corps. Il en est une spéciale à la femme demanderesse, c'est le défaut de résidence dans le domicile qui, sur sa demande, lui a été désigné par le président au début de l'instance. La jurisprudence a appliqué à la séparation de la disposition tirée des règles du divorce, qui fait perdre à l'époux, contre lequel la séparation intervient, tous les avantages résultant de son contrat de mariage. Le *Code de Procédure civile* (art. 875 et suiv.) détermine les formalités des demandes en séparation de corps. *V.* Massol, *De la séparation de corps,* 1840, in-8° ; Demolombe, *Du mariage et de la séparation de corps,* 2 vol. in-8°.

On appelle *Séparation de dettes* une modification du régime de communauté, par laquelle les époux stipulent qu'ils payeront séparément leurs dettes personnelles, et qui les oblige à se faire raison, lors de la dissolution de la communauté, des dettes acquittées par elle à la décharge de chacun d'eux.

La *Séparation des patrimoines* est une faculté accordée aux créanciers d'une succession chargée de dettes, de demander que le patrimoine du *de cujus* ne soit pas confondu avec celui de l'héritier. Elle s'exerce contre les créanciers de l'héritier, mais n'est pas réciproquement exercée par eux. Elle ne peut plus s'exercer quand il y a eu novation de la créance, c.-à-d. quand les créanciers successoraux ont accepté l'héritier pour débiteur personnel. Elle se prescrit relativement aux meubles par le laps de trois ans, et peut être invoquée à l'égard des immeubles tant qu'ils ne sont pas sortis des mains de l'héritier. *V. Code Napoléon,* art. 878 et suiv. ; Blondeau, *Traité de la séparation des patrimoines,* 1840, in-8° ; Dufresne,

Traité de la séparation des patrimoines, 1842, in-8°; Hureaux, *Études sur le Code civil*, 1847-53, 3 vol. in-8°.   R. d'E.

SÉPIA, espèce d'encre provenant d'une vessie que les sèches (en italien *seppia*) ont auprès du cœur, et qu'on emploie plus particulièrement pour exécuter les lavis (*V. ce mot*). Elle diffère de l'encre de Chine par une couleur plus rougeâtre. Dans les dessins à la sépia, les couleurs s'appliquent par teintes superposées et plus ou moins foncées; il faut attendre qu'une couche soit sèche pour la couvrir d'une autre. Dans les endroits qui ont besoin de vigueur, les dernières touches se font quelquefois à la plume. On attribue la première idée d'employer la sépia à un Allemand nommé Seydelmann, en 1780.

SEPME. *V.* SÈME.

SEPTA.   } *V.* notre *Dictionnaire de Biogra-*
SEPTANTE (Les). } *phie et d'Histoire.*

SEPTAIN, stance de 7 vers, composée d'un quatrain et d'un tercet, ou réciproquement. Une des rimes du quatrain passe dans le tercet. Le septain est fort ancien dans notre poésie, et remonte au XIIᵉ siècle : presque toujours il y fut isomètre.

SEPTÉNAIRE, nom donné en latin : 1° au vers trochaïque tétramètre catalectique, c.-à-d. de 7 pieds et demi. Ex. :

Intulit se| bellicosi in | Romuli gen|tem feram.
Munifici co|fmesque amicis | nostris videa|mur viri.

2° au vers iambique de même mesure :

Quid immeren|tibus noces? | quid invides | amicis?
Domum redi|mus clanculum[; dormimus in]cœnati.
Et is mihi sua|det nuptias | quantum queam | maturem.

V. IAMBIQUE, TROCHAÏQUE.   P.

SEPTENAIRE, nom qu'on donnait autrefois au cours d'études de 7 années, comprenant le *Quadrivium* et le *Trivium.*

SEPTENNALITÉ, mot créé pour désigner la durée de *sept ans* qui a été assignée depuis 1716 à la Chambre des communes en Angleterre. Une loi du 16 juin 1824 établit la septennalité en France pour la Chambre des députés ; cette loi, à laquelle le parti libéral s'était vivement opposé, fut abolie par la Révolution de 1830.

SEPTIÈME, en termes de Musique, intervalle dissonant de sept notes. On distingue : la *septième majeure*, composée de 5 tons et un demi-ton (*ut* à *si* naturel); et la *septième mineure*, composée de 4 tons et 2 demi-tons (*ut* à *si* bémol). L'intervalle de septième n'est pas admis dans le plain-chant : on ne le trouve que dans la prose de la Pentecôte, à la strophe *Lava quod est sordidum*, et encore n'y est-elle que comme reprise de chant qui n'a pas de liaison avec ce qui la précède. — L'*accord de septième*, composé du son fondamental, de sa tierce, de sa quinte et de sa septième, est de trois sortes : 1° il a la septième mineure, et en ce cas il aura ou la tierce majeure et la quinte juste (*sol, si, ré, fa*), et alors il est aussi appelé *accord de dominante*, ou la tierce mineure et la quinte diminuée (*si, ré, fa, la*); 2° il a la septième majeure, la tierce majeure et la quinte juste; 3° il a la septième mineure, la tierce mineure et la quinte diminuée (*sol dièze, si, ré, fa*), quelquefois même la tierce diminuée (*ré dièze, fa, la, ut*).

SEPTIME-SÉVÈRE (Arc de). *V.* ARC DE TRIOMPHE.
SEPTIZONIUM.   } *V.* ces mots dans notre *Diction-*
SEPTUAGÉSIME.   } *naire de Biogr. et d'Histoire.*
SEPT SAGES (Le Roman des). *V.* DOLOPATHOS.

SEPTUM, barrière qui, dans les basiliques romaines, séparait les nefs et l'abside. *V.* TRANSEPT.

SEPTUOR, composition musicale à 7 parties de voix ou d'instruments.

SÉPULCRE, en latin *sepulcrum* (de *sepelire*, ensevelir), lieu destiné à recevoir un mort. A peu près synonyme de *tombeau*, le mot est assez peu usité aujourd'hui dans le langage ordinaire. On l'applique souvent à des groupes de sculpture qui représentent, dans certaines églises, Jésus-Christ au tombeau, et divers personnages. Un beau monument de ce genre est celui de l'église de Sᵗ-Mihiel, sculpté par Ligier Richier. On peut citer aussi celui de l'église Sᵗ-Jean, à Chaumont (Haute-Marne), qui est du XVᵉ siècle.

SÉPULCRE (Église du Sᵗ-), à Jerusalem. Par ce nom l'on désigne l'église qui renferme non-seulement le sépulcre de Jésus-Christ, situé dans le jardin de Joseph d'Arimathie, entre le lieu des exécutions et le rempart de la ville, mais le Calvaire ou les lieux consacrés par la Passion.

Elle est fort irrégulière, parce qu'il a fallu s'assujettir à l'irrégularité des lieux qu'on voulait y renfermer; pour déduire en plate-forme la surface inégale du Calvaire, on dut trancher le rocher en plusieurs endroits, et l'exhausser en certains autres. Les premiers travaux, entrepris par Sᵗᵉ Hélène, mère de l'empereur Constantin, durèrent de l'an 326 à l'an 335 : Eusèbe nous en a laissé la description. Le rocher du sépulcre fut détaché du flanc de la colline, de manière à former une masse isolée ; on l'entoura d'une chapelle qui fut appelée *Anastasis* (Résurrection) ; une autre chapelle, nommée *Martyrion*, fut élevée sur le lieu même de la Passion ; à l'orient du sépulcre s'ouvrait une basilique, séparée du dehors par deux cours, dont la première était entourée de portiques. L'édifice de Constantin fut ruiné, en 615, par les troupes de Chosroès II, roi de Perse. Mais, par l'intervention de la femme de ce prince, chrétienne et sœur de l'empereur grec Maurice, le moine Modeste, depuis patriarche de Jérusalem, put recouvrir de constructions nouvelles les lieux vénérés par les chrétiens : il y eut une église de la Résurrection, une église du Golgotha, une église de l'Invention de la croix, nommée aussi Martyrium, et une église de la Vierge. Ces monuments ayant été rasés en 1010 par le calife Hakem, des architectes grecs, sur l'ordre de l'empereur Constantin Monomaque, reprirent en 1048 les travaux en suivant le plan de Modeste, c.-à-d. qu'ils firent une rotonde et trois églises ou chapelles séparées. En 1130, les Croisés les réunirent en un seul monument, et l'on peut constater dans leur œuvre l'alliance du style roman et de l'ogive sarrasine. En 1808, un incendie détruisit presque complètement le Sᵗ-Sépulcre ; on l'a reconstruit depuis, sur un plan qui diffère peu de l'ancien. Il est aujourd'hui partagé entre des religieux de huit nations chrétiennes, qui l'habitent et le desservent : Grecs, Abyssins, Coptes, Arméniens, Nestoriens ou Jacobites, Géorgiens, Maronites, Latins ou Romains.

L'église du Sᵗ-Sépulcre, presque entièrement enveloppée de bâtiments élevés à diverses époques, n'est accessible que du côté méridional. Un parvis, qui a environ 20 mèt. carrés de superficie, et dont les côtés sont occupés par des chapelles, était autrefois précédé d'un portique, dont quelques chapiteaux attestent encore l'existence. A l'angle N.-O. de ce parvis est un clocher tronqué à base rectangulaire, percé de trois fenêtres sur deux de ses faces, et de deux seulement sur les deux autres. La façade du fond du parvis porte les caractères de notre architecture du XIIᵉ siècle : deux portes, dont une est murée actuellement, sont en ogive, et ornées d'archivoltes finement sculptées; une espèce de frise est couverte d'un bas-relief représentant l'entrée triomphante de Jésus à Jérusalem ; le premier étage est percé de deux fenêtres ogivales. Quand on a franchi la porte d'entrée, en laissant à gauche plusieurs chapelles arméniennes et à droite l'église du Calvaire, on rencontre la *Pierre de l'onction*, rectangle de marbre rouge presque au niveau du sol, mesurant 2 mèt. de longueur sur 0ᵐ,50 de largeur, et recouvrant la pierre sur laquelle le corps du Christ fut déposé et oint de parfums par les saintes femmes : à quelques pas à gauche, une pierre circulaire indique la place où se tenait la Vierge pendant l'embaumement. De là on entre dans une *Rotonde* de 20 mèt. de diamètre, autour de laquelle sont pratiquées des chapelles, et dont le mur contient les sépulcres de Joseph d'Arimathie et de Nicodème : 16 colonnes de marbre soutiennent, en décrivant 17 arcades, une galerie supérieure, également composée de 16 colonnes et de 17 arcades plus petites; des niches correspondantes aux arcades s'ouvrent au-dessus de la frise de la dernière galerie, et un dôme prend sa naissance sur l'arc de ces niches. Ce dôme, ouvert au sommet, est en bois et en plâtre, depuis l'incendie de 1808 qui a consumé sa belle charpente en bois de cèdre. Au centre de la Rotonde et au-dessous de l'ouverture qui donne entrée au jour, s'élève un édicule de forme pentagonale, long de 8 mèt., large de 5ᵐ,50, revêtu de marbre blanc et jaune, et soutenu par de maigres colonnes surmontées d'un dôme qui a un peu l'apparence d'une couronne. Cet édicule, d'un goût détestable, recouvre le saint tombeau. Une porte étroite, qu'on y a pratiquée à l'orient, donne accès dans une sorte de vestibule, appelé *Chapelle de l'Ange*, parce que, selon la tradition, ce fut là qu'un Ange annonça la Résurrection aux saintes femmes; la pierre carrée, qui est enchâssée au milieu, passe pour avoir recouvert le tombeau primitif. Une seconde porte très-basse conduit dans le sanctuaire ou chambre sépulcrale, qui n'a que 2 mèt. carrés, et qui est revêtue de marbre, ainsi que le sépulcre placé du côté droit : 2 tableaux et 42 lampes d'or et d'argent ornent ce sanctuaire. — Au N. de la Rotonde, on montre le lieu où Jésus apparut à Madeleine, l'endroit où celle-ci demeurait, la chapelle de la prison où Jésus fut enfermé avant le crucifiement, et un couvent de Franciscains latins, dont la chapelle marque le lieu où le Seigneur apparut à sa mère après la Résurrection, et con*ient un fragment de la colonne de la Flagellation. A l'E., en face de l'entrée de l'édicule de la Rotonde, se trouve l'*église des Grecs*, encombrée d'ornements de mauvais goût : on y remarque, dans le pavé, un cercle de marbre blanc, au milieu duquel est une petite colonne indiquant, disent les Grecs, le centre du monde ; le pourtour du chœur présente la chapelle de Longin, soldat juif qui perça le Christ de sa lance et se retira dans cette grotte après sa conversion ; celle où les vêtements de Jésus furent partagés; celle où la couronne d'épines, et qui contient la colonne *improperæ* (corruption d'*opprobrii*), bloc de marbre sur lequel il était alors assis.

Entre ces deux dernières chapelles, on descend, par un escalier de 28 marches, à l'*église de Ste-Hélène*, qui a 20 mèt. de long sur 12 de large. Elle est en partie taillée dans le roc, et surmontée d'une coupole surbaissée percée de fenêtres en meurtrières. Cette coupole est soutenue par 4 colonnes massives à chapiteaux corinthiens. L'édifice communique au S.-E. avec la grotte de l'Invention de la vraie croix, à laquelle on descend par un escalier de 13 degrés, et que le voisinage d'une citerne rend extrêmement humide.

Au sortir de l'église de Ste-Hélène, après avoir passé devant la chapelle du Couronnement d'épines, on monte par un escalier de 18 degrés à l'*église du Calvaire*, qui n'a que 10 mèt. sur 9. Cette église est, pour ainsi dire, à deux étages : la partie inférieure, dite *Chapelle d'Adam*, renfermait les tombeaux de Godefroy de Bouillon et de son frère Baudouin, détruits par les Grecs fanatiques durant l'incendie de 1808 ; l'autre partie, plus élevée d'une vingtaine de marches, renferme le trou où fut plantée la croix. Un escalier, en face de celui par lequel on est entré, ramène à la porte de la façade principale. B.

SEPULCRETUM. V. ce mot dans notre *Dictionnaire de Biographie et d'Histoire*.

SÉPULTURE, en latin *Sepultura* (de *sepelire*, ensevelir). Donner la sépulture aux morts est un devoir de religion pour tous les peuples civilisés, et la privation de sépulture a été considérée comme une punition sévère, quelquefois même comme une infamie. Le mode de sépulture a varié selon les temps : les Égyptiens embaumaient les morts pour les conserver, les Juifs les déposaient dans des sépulcres, les Grecs et les Romains les brûlaient; depuis le christianisme, on les met en terre (V. INCINÉRATION, INHUMATION). Les rois d'Égypte que l'assemblée de la nation avait condamnés après leur mort étaient privés des honneurs de la sépulture royale. Les Grecs et les Romains croyaient que ceux qui n'avaient point reçu la sépulture erraient pendant cent ans sur les bords du Styx, et c'est pour ce motif que les généraux victorieux aux îles Arginuses, bien qu'ils eussent été empêchés par une tempête de recueillir leurs morts, furent condamnés à l'exil ou à la peine capitale par les Athéniens. — Dans les pays catholiques, le clergé refuse la sépulture chrétienne à celui qui n'est pas catholique ou qui a abjuré sa foi, à celui qui a fait profession publique d'impiété ou d'erreur, qui est mort dans l'impénitence ou dans un flagrant délit. Par une décision du 16 juillet 1800, Napoléon 1er exigea que tout individu fût enseveli suivant le rit du culte qu'il avait professé toute sa vie, à moins qu'il n'eût formellement demandé le contraire. Notre *Code pénal* (art. 360) punit la *violation de sépulture* d'un emprisonnement de 3 mois à un an, et d'une amende de 16 fr. à 200 fr. — V. notre art. CIMETIÈRE, et E. Feydeau, *Histoire des usages funèbres et des sépultures des peuples anciens*, 1856, Paris, 2 vol. gr. in-4°, fig.

SÉQUELLE, ancien droit de demi-dîme, dû aux curés par ceux qui labouraient les terres dans leur paroisse.

SÉQUENCE (du latin *sequentia*, choses qui se suivent), en termes de Jeu, série de cartes de même couleur et dont les nombres se suivent.

SÉQUENCE, terme de Liturgie. V. PROSE, dans notre *Dictionnaire de Biographie et d'Histoire*.

SÉQUESTRATION, acte d'enlever par violence une personne et de la retenir comme en séquestre. C'est un crime puni des travaux forcés à temps, si la séquestration n'a duré qu'un mois, et des travaux forcés à perpétuité, si elle s'est prolongée au delà. Quand la personne séquestrée a été rendue à la liberté dans les dix premiers

jours et avant toutes poursuites, la peine est réduite à un emprisonnement de 2 à 5 ans. L'arrestation *exécutée* avec le faux costume, sous le faux nom ou par un faux ordre d'une autorité publique, entraîne les travaux forcés à perpétuité. Si le séquestré a été menacé de mort, s'il a été soumis à des tortures corporelles, la peine capitale doit être prononcée. V. le *Code pénal*, art. 341 et suiv.

SÉQUESTRE, terme de Droit. V. DÉPÔT.

SÉQUESTRES. }
SEQUIN. } V. notre *Dictionnaire de Biographie et d'Histoire.*
SÉRAI ou SÉRAIL. }

SÉRAPÉUM, nom de deux célèbres monuments égyptiens, l'un dans la ville d'Alexandrie, l'autre dans celle de Memphis. — Le *Sérapéum d'Alexandrie* était situé dans le quartier de *Rhacotis*, et se composait d'un temple de Sérapis, entouré de portiques et de vastes dépendances où l'on trouvait des exèdres (salles avec des sièges) pour la conversation des philosophes, des rhéteurs, des amis des lettres, et une bibliothèque célèbre par sa richesse. Le tout avait un caractère de magnificence, et la *colonne* faussement dite *de Pompée*, encore debout auprès d'Alexandrie moderne, ornait une des cours de ce Sérapéum.

Le *Sérapéum de Memphis* était un monument sépulcral. On nourrissait à Memphis et on adorait le bœuf Apis vivant, dans un temple dit *Apiéum*. Lorsqu'il mourait, on le portait en grande pompe à la nécropole de la ville, dans un temple de Sérapis, le plus ancien de tous ceux que cette divinité avait en Égypte. Il fut choisi parce qu'un mourant le bœuf Apis s'identifiait à Osiris, et recevait le nom d'Osir-Apis, Osor-Apis, en grec *Sorapis*. Ce Sérapéum est resté surtout célèbre, parce qu'on en a retrouvé une ruine importante dans les sables qui s'étendent entre les villages d'Abousir et de Sakkarah. Il était dans un *temenos*, grande enceinte carrée, un peu irrégulière, de 325 mèt. du N. au S., sur 300 de l'E. à l'O., et mesurait environ 130 mèt. sur 83. Là était, ou plutôt sur une descente qui conduit, à 10 mèt. de profondeur, à de vastes cavernes taillées en voûtes dans le calcaire, et composées d'une galerie principale haute de 8 mèt., large de 5, avec plusieurs embranchements semblables qui se croisent. La plupart des galeries sont bordées à droite et à gauche d'arcades formant autant de chambres sépulcrales, avec chacune le tombeau d'un Apis embaumé; c'est un grand sarcophage de granit poli, quadrangulaire, long de 5 à 6 mèt., haut de 3 mèt. à 3^m,30, et fermé par une énorme pierre surchargée encore d'un pan de mur pour en rendre la fermeture plus assurée. En outre, la chambre était murée à son ouverture sur la galerie.

Le Sérapéum sépulcral existait déjà 1700 ans av. J.-C., sous Aménophis III, roi de la 18e dynastie, la plus brillante de toutes, et il servit de sépulture aux Apis jusqu'à l'époque des derniers Ptolémées, au 1er siècle de l'ère vulgaire. Un Sérapéum grec, élevé par les Grecs d'Alexandrie, en conséquence des modifications apportées au culte de Sérapis sous les premiers Lagides, vers la fin du 4e siècle av. J.-C., ou plutôt peut-être un propylée, lui servait d'entrée à la ligne du désert. De là partait un *dromos* ou chemin, long de 2 kilomèt., large de 4^m,50, pavé en grandes dalles de pierre, et bordé de 160 statues de sphinx, couchés sur autant de grands piédestaux. Il aboutissait au pylône d'un petit temple placé à l'entrée de l'enceinte du grand, et y conduisant par une allée intérieure bordée de statues de poètes et de philosophes grecs illustres, tels qu'Homère, Lycurgue, Platon, Solon, et de divinités comme Pluton, Bacchus, etc., ou de Génies montés sur des animaux qui les symbolisaient.

Le Sérapéum de Memphis fut détruit du temps de Théodose, vers 390, par les chrétiens ; ses ruines et ses grottes ont été perdues aux regards depuis le 4e ou le 5e siècle de notre ère. Un membre de l'Institut d'Égypte, M. Jomard, avait indiqué avec assez de précision l'endroit où il devait se trouver ; mais on ne l'avait pas bien cherché. Situé dans une plaine. si sablonneuse que, du temps de Strabon, les vents y avaient déjà poussé des amas assez considérables de sables que les sphinx de la grande allée y fussent enterrés les uns à moitié, les autres jusqu'à la tête, il finit par disparaître entièrement quand la conquête, puis la destruction, eurent affligé cette contrée.

M. Aug. Mariette, chargé, en 1850, par le gouvernement français d'une mission scientifique en Égypte, entreprit la recherche du Sérapéum, qui fut entièrement déblayé sous sa direction après quatre années consécutives de travaux. La couche de sable enlevée avait, en certains endroits, de 25 à 30 mèt. d'épaisseur. Les monuments principaux que M. Mariette put tirer des fouilles se voient au Musée égyptien du Louvre, et consistent principalement* en grandes stèles, datées, où sont gravées des prières à Apis mort, en statues, statuettes, bijoux, vases, etc. — Nous avons rédigé cet article sur des notes que nous devons à l'obligeance de M. Mariette. *V.* les ouvrages suivants du savant égyptologue : *le Sérapéum de Memphis*, Paris, 1857 et suiv., in-fol. (en cours d'exécution; l'ouvrage aura 110 planches photolithographiées, avec un texte explicatif et critique); *Mémoire sur une représentation gravée en tête de quelques proscynèmes du Sérapéum*, Paris, 1856, in-4°; *Renseignements sur les 64 Apis trouvés dans les souterrains du Sérapéum*, suite d'articles publiés dans le *Bulletin archéologique de l'Athénéum français*, 1857-58; *Choix de monuments et de dessins découverts ou exécutés pendant le déblayement du Sérapéum de Memphis*, Paris, 1856, in-4°, 10 planches. *V.* aussi Strabon, *Geogr.*, liv. XVII. C. D—y.

SÉRAPHINE, petit instrument du genre de l'orgue expressif, construit en 1830 par le facteur Grün.

SÉRAPHINS. *V.* ANGES.

SÉRASKIER. *V.* ce mot dans notre *Dictionnaire de Biographie et d'Histoire.*

SERBE ou SERVIEN (Idiome), une des langues slaves comprises sous la dénomination générale d'*Illyrien*. La langue serbe se rapproche plus du russe que du polonais et du bohême. Comme, à la différence de ses sœurs, les voyelles y dominent, elle occupe parmi elles le premier rang pour la douceur et la mélodie : elle doit cet avantage à l'influence des langues italienne et grecque, dont l'une fut apportée par le commerce, l'autre par la religion. Beaucoup de consonnes sont supprimées ou transformées en voyelles, par exemple *l*. L'accent ne s'appesantit pas toujours sur une seule et même syllabe, comme en polonais sur l'avant-dernière. Le turc a introduit quelques-uns de ses éléments dans le serbe. Cette langue a de commun avec les autres langues slaves une déclinaison et une conjugaison complètes, ainsi que la liberté de la construction; elle se prête facilement aussi à reproduire les locutions des anciennes langues classiques, et même la mesure de leurs vers. Les Serbes, en adoptant l'alphabet cyrillien, y ont ajouté quelques signes, destinés surtout à exprimer l'*i* bref qui amollit et atténue les consonnes. On distingue dans la langue serbe trois sous-genres : l'*herzégovin* ou *herzégovique*, parlé dans l'Herzégovine et la Bosnie; le *razavique* ou *ressavique*, parlé sur les bords de la Razawa ou Ressava; le *syrmien* ou *syrmique*, parlé en Syrmie et en Esclavonie. *V.* Wouk Stéphanovitch, *Grammaire serbe*, Vienne, 1815, traduite en allemand par Jacob Grimm, Leipzig et Berlin, 1824; le même, *Dictionnaire serbe-latin-allemand*, Vienne, 1818; Berlic, *Grammaire serbe à l'usage des Allemands*, Agram, 1842; Babukic, *Grammaire serbe*, traduite en allemand par Frœhlich, Vienne, 1844; Frœhlich, *Grammaire serbe*, Vienne, 1854, in-16; Richter et Ballemann, *Dictionnaire allemand-illyrien et illyrien-allemand*, Vienne, 1839-40, 2 vol.; Mouzouranic et Ovzarewic, *Dictionnaire allemand-illyrien*, Agram, 1842; Schafarik, *Choix de lectures serbes*, ou *Examen historique et critique du dialecte serbe*, en allem., Pesth, 1833.

SERBE (Littérature). Les Serbes, dont on voit paraître le nom pour la première fois au commencement du VIIe siècle, se servirent d'abord, ainsi que les Bulgares, de l'*ancien slave* ou langue ecclésiastique. A partir du XIe siècle, cette langue, réservée au *style d'église*, se distingua du serbe vulgaire, employé pour le *style de chancellerie*. Les ouvrages qui nous sont parvenus en style d'église ne sont pas seulement des livres de prières, mais des écrits historiques, composés pour la plupart par des prêtres et des moines. Parmi les écrivains on mentionne: le roi Étienne (1195-1228), qui raconta la vie de son père Étienne Nemanja; son frère l'archevêque St Sava, dont on a des règles pour les couvents; Dometian, moine de Chiljendar, qui écrivit les Vies de St Siméon et de St Sava; l'archevêque Daniel, dont la *Chronique* retrace l'histoire de la Servie de 1276 à 1336. Quant aux ouvrages en serbe proprement dit, il est resté des diplômes, des lettres de donation, des actes de gouvernement, dont une partie a été publiée à Belgrade en 1840 : mais le plus important monument est le Code de lois promulgué en 1349 par Douschân.

La Servie ayant été conquise par les Ottomans à la fin du XIVe siècle, la littérature sacrée s'éteignit avec la liberté; une foule de manuscrits furent livrés aux flammes,

ou enfouis et oubliés dans les couvents. Toutefois, la langue nationale, abandonnée dans les villes, trouva un refuge au milieu des montagnes. Des poésies populaires, produits spontanés d'une imagination ardente et mélancolique à la fois, passèrent de bouche en bouche et de siècle en siècle : les unes peignent avec grâce et enjouement les plaisirs et les peines, les sensations individuelles des Serbes; les autres, plus solennelles et plus austères, retracent leurs luttes et leurs exploits, leur dévouement et leur martyre pour la foi des ancêtres. Nous citerons particulièrement le *Mariage de Maxime*, la *Fondation de Scutari*, les *Aventures de Marko*, la *Bataille de Kossovo*, et tous les chants dont Stéphanovitch composa le premier un vaste recueil. Une *Histoire de la Serbie*, écrite vers la fin du XVIIe siècle par Georges Brankovitch, est le dernier livre slavon de cette nation.

Le réveil de la littérature eut lieu dans les dernières années du XVIIIe siècle. L'archimandrite Jean Raitsch écrivit alors son *Histoire des Slaves* (Vienne, 1792-95, 4 vol.), dans un style ecclesiastico-slave, mêlé de russe et de serbe. Puis la langue populaire serbe fut élevée au rang de langue écrite par Obradovitch, auteur de plusieurs ouvrages d'éducation; par Solaritsch, renommé pour son érudition paradoxale; par Davidovitch, qui publia une *Gazette serbe* de 1814 à 1822, puis un *Almanach serbe*; par Wouk Stéphanovitch, connu par ses travaux sur la langue. Depuis ces hommes de talent, des *Annuaires serbes* ont été publiés par Spiridion Jovitsch à Vienne, Pavlovic à Pesth, Nikolic et Vozarovic à Belgrade. Mouschicki, archevêque de Carlowitz, s'est montré lyrique plein d'onction dans les *Poésies* qui ont paru à Ofen, 1840. On a de Miloutinovitch, sous le nom de *Serbianza*, une série de chants héroïques. Les plus importants des poètes serbes aujourd'hui vivants sont Branco Raditschevitz et Jovàn Ilitz. Des *Chants serbes* ont été publiés en allemand par Kapper (Leipzig, 1852, 2 vol.), en anglais par Bowring, en français par Mme E. Voïart (1834, 2 vol.), et par Aug. Dozon (1859, in-18).

SERDAR. } *V.* ces mots dans notre *Dictionnaire de*
SERDEAU. } *Biographie et d'Histoire.*

SÉRÉNADE (du latin *sera*, soir), concert donné le soir ou la nuit, en plein air, sous les fenêtres de quelqu'un. C'est de l'Espagne et de l'Italie que les sérénades sont originaires. On y exécute, sinon de la musique spécialement écrite pour cet emploi, du moins des romances et des barcarolles adaptées à la situation. Le nom de *sérénade* a été étendu aux morceaux exécutés dans les concerts nocturnes, et même à des compositions qui n'en rappellent que de fort loin le caractère ; tels sont le trio instrumental que Beethoven a intitulé *Sérénade*, la mélodie de Schubert qui porte le même nom, la canzonette exécutée dans le *Don Juan* de Mozart sous les fenêtres de la camériste, la barcarolle du dernier acte de l'*Otello* de Rossini, l'Introduction du 1er acte du *Barbier de Séville*, etc. B.

SÉRÉNISSIME. }
SERF. }
SERGENT. } *V.* ces mots dans notre *Dictionnaire de Biographie et d'Histoire.*
SERGENT D'ARMES. }
SERGENT DE BATAILLE. }
SERGENT DE VILLE. }

SERGENT-FOURRIER. *V.* FOURRIER, dans notre *Dictionnaire de Biographie et d'Histoire.*

SERGENT-MAJOR, le premier sous-officier d'une compagnie d'infanterie. Il doit connaître la conduite, les mœurs et la capacité des autres sous-officiers, des caporaux et des soldats de sa compagnie; il les commande en tout ce qui est relatif au service, à la tenue et à la discipline, et en est responsable envers les officiers. Il surveille le fourrier, chargé, sous sa direction, de faire les écritures. Il a pour signe distinctif un double galon d'or ou d'argent cousu diagonalement au-dessus de chaque parement des manches de son uniforme. Dans l'artillerie, la gendarmerie et la cavalerie, ses fonctions sont remplies par un *maréchal-des-logis-chef*. Le grade de sergent-major a été créé par une ordonnance de 1776; ce grade avait déjà existé depuis longtemps sous le titre de *sergent d'affaires*. Au XVIe et au XVIIe siècle, on appelait *sergent-major* un officier supérieur dont les fonctions étaient analogues à celles de nos Majors.

SERGENTERIE, nom donné en Normandie à des fiefs nobles patrimoniaux et héréditaires, qui passaient aux filles comme aux fils, dont l'exercice pouvait être affermé, et dont les propriétaires devaient foi et hommage. Ceux-ci avaient pour fonctions de maintenir le droit de justice par la force des armes; c'est pourquoi on les appelait *sergents nobles du plaid de l'épée* ou *sergents de la querelle*. Ils jugeaient provisoirement dans les affaires ordinaires, recevaient les plaintes, faisaient les informations, et *citaient* les parties devant le duc ou la cour de l'Échiquier.

SÉRINETTE, sorte d'*orgue à cylindre* (*V. ce mot*) dont on se sert pour instruire les serins. Son étendue est ordinairement d'une octave; elle peut jouer 4 ou 5 airs différents.

SERMENT, acte civil et religieux par lequel on invoque Dieu comme témoin de la vérité d'un fait, ou de la sincérité d'une promesse, et qui contient *implicitement* une sorte d'imprécation contre celui qui le prête, au cas où il se parjure. Le *serment* est dit *affirmatif* ou *assertoire*, quand il s'applique à un fait passé, sur lequel il y a incertitude; *promissoire*, s'il se réfère à une chose future. Chez la plupart des nations, il est accepté comme une sûreté des engagements, des témoignages ou des déclarations. Le Droit romain l'exigeait des tuteurs et curateurs avant leur entrée en fonctions. Le *serment politique* est celui qu'on exige des fonctionnaires publics dans un grand nombre de pays au moment de leur entrée en fonctions, et par lequel ils promettent obéissance aux lois de l'État et fidélité au souverain. La nécessité du serment de la part de tout fonctionnaire faisait pour ainsi dire partie du Droit public en France avant 1789; les rois le prêtaient au moment de leur sacre, et, pour les magistrats, on considérait qu'il accomplissait en eux le caractère de l'office et leur déférait la puissance publique. La Révolution maintint ce principe, et exigea le *serment civique* : on se rappelle les désordres que souleva la loi sur la Constitution du clergé en voulant l'exiger des prêtres. Les différentes Constitutions qui se sont succédé ont maintenu le serment des fonctionnaires, en modifiant seulement ses termes : ordonné par la loi du 31 août 1830, aboli en 1848, il a été rétabli en 1852. Un *serment professionnel* est imposé aux employés des Postes relativement au secret des lettres, ainsi qu'aux avocats en ce qui concerne le loyal exercice du ministère de la défense. Un autre genre de serment spécial à la fonction ou à la mission confiée est celui des experts et des interprètes, des jurés (*Code d'Instruction criminelle*, art. 312), des témoins en matière criminelle (*Ibid.*, art. 75, 155, 317). En matière civile, on n'exige des témoins que le serment de dire la vérité. — Le *serment judiciaire* s'applique aux objets des contestations entre particuliers, et est de deux sortes, le *serment décisoire* et le *serment déféré d'office*. Le serment décisoire est celui qu'une partie *défère* à l'autre, pour en faire dépendre le jugement de la cause : quand il a été accepté par l'adversaire, la rétractation n'est pas possible, et, après qu'il a été fait, on n'est point recevable à en prouver la fausseté. Mais le serment doit avoir pour objet un fait personnel à la partie à laquelle on le défère. Il ne peut être *référé*, lorsque le fait n'est pas celui des deux parties. Le plaideur qui refuse le serment qu'on lui défère, ou qui ne consent pas à le référer à son adversaire, succombe nécessairement; il en est ainsi de celui à qui le serment a été référé et qui le refuse. Un serment déféré d'office par le juge à l'une des parties ne peut être référé par elle à l'autre partie; il est appelé *serment supplétif* ou *supplétoire*, si la décision de la cause doit en dépendre, et *serment in litem*, s'il s'agit que de déterminer le montant de la condamnation. Le serment ne peut être déféré d'office que si la demande ou l'exception n'est pas pleinement justifiée, et si elle n'est pas non plus totalement dénuée de preuves. Le serment sur la valeur de la chose ne doit être déféré qu'au cas où il n'y a pas d'autre moyen de la constater, et le juge doit déterminer la valeur de la somme jusqu'à concurrence de laquelle le serment fait foi (*Code Nap.*, art. 1357, 1370). En général, le serment judiciaire doit être fait par la partie en personne et en audience publique : mais, en cas d'empêchement légitime et dûment constaté, il peut être prêté devant un juge commis par le tribunal et qui se transporte avec le greffier chez la partie ; en cas d'éloignement trop grand, il peut être ordonné que la partie prêtera le serment devant le tribunal de sa résidence. Il n'y a pas de termes prescrits par la loi pour la prestation du serment judiciaire; mais le juge doit exiger qu'il soit prêté suivant le rit de la religion que professe la partie. La personne à qui le serment a été déféré et qui est convaincue d'avoir fait un faux serment est punie de la dégradation civique (*Code pénal*, art. 366).

Chez les Anciens, le serment se prêtait devant les autels. Chez les peuples chrétiens, il s'est longtemps prêté la main sur l'Évangile ou sur des reliques ; aujourd'hui

on le prête debout, la tête découverte, la main droite nue et levée vers le ciel ou en face d'un crucifix. Les Juifs prêtent serment dans la synagogue, en présence du rabbin, et la main sur le Talmud. Les Quakers, s'appuyant sur un passage de l'Évangile de St Matthieu (v, 33), prohibent le serment. *V.* G. Walckenaer, *De ritibus in jurando à veteribus, Hebræis maximè ac Græcis, observatis*, 1755, in-4°.

SERMENT CIVIQUE, serment d'accomplir tous les devoirs du citoyen. En usage chez les Anciens, il n'a aucun sens parmi nous.

SERMENT CONSULAIRE.	*V.* ces mots dans notre *Dictionnaire de Biographie et d'Histoire.*
SERMENT DE GLADIATEUR.	
SERMENT MILITAIRE.	

SERMOLOGE, c.-à-d. *recueil de sermons*; nom donné autrefois à des livres qui contenaient des discours ou sermons des papes et autres personnes vénérées pour leur sainteté. On y faisait des lectures aux fêtes des Confesseurs depuis Noël jusqu'à l'octave de l'Épiphanie, à la Purification, à la Toussaint, et à quelques autres fêtes.

SERMON (du latin *sermo*, discours, entretien), discours du genre démonstratif, prononcé en chaire, dans une église, sur un sujet de morale ou de dogme. Dans le premier cas, on l'appelle *sermon de morale ;* dans le second, *sermon de mystère*. Les règles du sermon ont été développées par St Augustin dans son traité *De doctrinâ christianâ*, et par Fénelon dans ses *Dialogues sur l'éloquence*. Ce qui le distingue de l'Homélie et du Prône (*V. ces mots*), c'est qu'il exige un *texte*, un *exorde*, un plan régulier, et une *péroraison* (*V. ces mots*). Le texte, emprunté à l'Écriture sainte, renferme en substance le sujet du discours. L'exorde est terminé par une invocation, à la suite de laquelle les auditeurs disent tout bas un *Ave, Maria*. Le sermon est de tous les discours religieux celui qui comporte le mieux une *division* régulière : on le partage d'ordinaire en deux *points*; le sermon sur la Passion en a souvent trois. *V.* CHAIRE (Éloquence de la). B.

SERMONNAIRE, se dit tout à la fois d'un recueil de sermons, et du prédicateur qui s'est voué à ce genre de discours.

SERPENT, reptile dont on a fait le symbole du mensonge, de l'astuce et de l'envie, mais aussi l'emblème de la prudence et de la séduction. C'est sous la forme du serpent que le démon tenta Ève dans le Paradis terrestre. Dans l'ancienne Égypte, le serpent entourait la tête d'Isis, le sceptre d'Osiris, le corps de Serapis. Dans la mythologie grecque et romaine, des serpents arment le fouet des Furies et forment leur chevelure ; ils entourent le caducée de Mercure. Le serpent était l'attribut d'Esculape, dieu de la médecine, et d'Hygie, déesse de la santé, parce que, changeant de peau tous les ans, il rappelait le malade entrant par la santé dans une nouvelle vie. Un serpent sur un trépied marquait l'oracle de Delphes, sans doute en souvenir de Python, tué par Apollon à Delphes. Pour les chrétiens, le serpent est l'image de l'esprit malin ; il est représenté vaincu au pied de la croix, ou foulé sous les pieds de la Vierge immaculée. Un serpent qui mord sa queue est le symbole de l'éternité. Les habitants de la Nigritie rendent encore aujourd'hui un culte au serpent. B.

SERPENT, instrument à vent, longtemps employé pour soutenir le chant d'église, et même pour jouer la basse de l'harmonie dans la musique militaire. Il était composé de deux pièces de bois de noyer fort minces, accolées en regard l'une à l'autre de manière à former un tube rond, tortillé en S comme un gros serpent, recouvert d'un cuir très-fin ou d'une peau de chagrin, ouvert aux deux bouts, effilé vers l'embouchure, et grossissant peu à peu jusqu'à l'autre extrémité. Il était percé, sur le côté, de 6 trous, dont les trois supérieurs étaient bouchés par les doigts de la main gauche, et les trois inférieurs par les doigts de la droite. Sa musique était écrite sur la clef de *fa* 4e ligne. Le serpent, inventé en 1590 par un chanoine d'Auxerre, nommé Edme Guillaume, était un instrument imparfait : il avait des intonations fausses, et, à côté de notes très-fortes, on en rencontrait de bien faibles. Pour le perfectionner, on y ajouta des clefs, qui le rendirent plus juste, mais qui ne lui donnèrent pas d'égalité. Il a disparu complètement de nos jours, et a été remplacé par le basson russe ou par l'ophicléide. — Dans certaines orgues, il y a à la pédale de seize pieds, il y a un jeu d'anche appelé *serpent*. Le son en est plus faible que celui de la posaune (*V. ce mot*), mais plus fort que celui du basson, il imite le serpent de la musique militaire. B.

SERPENTEAU, fusée volante sans baguette, qui, au lieu de monter droit, va obliquement en zigzag et comme en serpentant; — cercle de fer muni de grenades chargées de pointes de fer, qu'on jette sur une brèche.

SERPILLIÈRE, toile grossière d'emballage, et, par extension, tente que les marchands placent au devant de leurs boutiques pour les garantir des rayons du soleil.

SERRE, lieu clos et couvert où l'on abrite pendant l'hiver les plantes qui redoutent le froid, et pendant toute l'année celles qui demandent une température constamment élevée. Les serres doivent être abritées contre le vent, tournées entre l'Est et le Sud, et vitrées d'un ou de plusieurs côtés pour laisser pénétrer les rayons du soleil. Il faut que les vitrages puissent s'ouvrir, afin de renouveler l'air. On nomme *Serre tempérée* celle qui se chauffe par les rayons solaires seulement, et *Serre chaude* celle qui se chauffe en outre au moyen de poèles ou de calorifères, ou par la vapeur de l'eau bouillante.   B.

SERRE-BOSSE, gros cordage qui tient une ancre soulevée par une de ses pattes, entre le bossoir où cette ancre est suspendue et le porte-hauban de misaine.

SERRE-FILE. *V.* File.

SERRURERIE, art qui fournit, non-seulement les serrures, dont il tire son nom, mais à peu près tous les ouvrages en fer qui entrent dans la construction des machines, des instruments et outils, et des édifices de toute espèce. Ce n'est aujourd'hui, à proprement parler, qu'une industrie; mais il fut un temps où l'on pouvait le placer parmi les Beaux-Arts : le maître serrurier ne devait pas se contenter de savoir travailler le fer, il fallait qu'il fût encore sculpteur, artiste, mécanicien. La serrurerie du moyen âge produisit de magnifiques ouvrages, grilles, croix, reliquaires, portes de tabernacles, pupitres, coffrets, plaques de serrures, ferrures de portes, etc. On citait les ferrures des portes de la cathédrale de Paris. Elle fut également florissante à l'époque de la Renaissance; on fit alors des clefs et des plaques de serrures remarquables pour leur fini fini, des bas-reliefs en fer repoussé et rehaussé d'or pour décorer les meubles. La grille de la galerie d'Apollon, au vieux Louvre, témoigne de la perfection à laquelle on était arrivé. Sous Louis XIV, la serrurerie produisit encore quelques beaux ouvrages.

SERRURIERS, ancienne corporation, qui prit pour patron St Éloi, et dont les statuts, accordés par Charles VI en 1411, furent confirmés par François Ier en 1543 et par Louis XIV en 1650. L'apprentissage et le compagnonnage duraient 5 ans chacun. Le brevet coûtait 30 livres, et la maîtrise 800. Les serruriers ne pouvaient, sous peine de punition corporelle, faire ouverture de serrures hors de la présence du propriétaire de la chose, ou du locataire de l'appartement. Il leur était défendu, sous peine de mort, de fabriquer des clefs sur modèles de terre ou de cire, sans avoir la serrure, ou de faire des ustensiles pouvant servir au faux monnayage.

SERVAGE.   }   *V.* notre *Dictionnaire de Bio-*
SERVANT D'ARMES.   }   *graphie et d'Histoire.*

SERVANTE, meuble qui commença à être en usage vers la fin du règne de Louis XIV. C'était une crédence de forme carrée, montée sur roulettes, avec deux ou trois tablettes et deux ronds pour y placer une bouteille et une carafe, et au moyen de laquelle un petit nombre de convives pouvaient se servir eux-mêmes sans le secours des domestiques et sans être obligés de se lever de table.

SERVANTS, artilleurs qui se tiennent de chaque côté d'une pièce pour la servir.

SERVICE (du latin *servire, servir*), état ou fonctions d'une personne qui sert en qualité de domestique. Le mot se dit encore de l'emploi de ceux qui servent l'État dans la magistrature, les finances, l'instruction publique, etc. La durée du service est déterminée par l'âge auquel on a droit à une pension de retraite (*V.* Retraite — Pensions de). — Le *Service militaire* a eu une durée très-variable. Chez les Hébreux, tout homme pouvait être appelé de 20 ans à 50. Chez les Spartiates, tout citoyen était soldat de 20 ans à 60; à Athènes, on servait de 18 à 40 ans; à Rome, de 17 à 45. Au moyen âge, chez les Franks, le *Leude* ou Fidèle devait le service à toute réquisition de son chef; l'*Ahriman* ou homme libre, seulement dans les guerres générales. A l'époque féodale, le service militaire que l'on des obligations du vassal envers son suzerain : il durait, chaque année, de 40 à 60 jours. Depuis le XVe siècle, l'armée en France se recruta par enrôlements volontaires; pour la Milice (*V.* ce mot dans notre *Dictionnaire de Biographie et d'Histoire*), la durée du service fut de 5 ou 6 ans. Depuis la Révolution qui soumit tous les citoyens

à la conscription, le service militaire fut fixé à 5 ans par la loi du 18 fructidor an VI, à 6 ans par celle du 18 févr. 1808, à 6 ans pour l'infanterie et à 8 ans pour la cavalerie et les armes spéciales par la loi du 10 mars 1818 : porté à 8 ans pour toutes ces armes par la loi du 9 juin 1824, il a été réduit à 7 par celle du 21 mars 1832. Il y eut des exemptions, et le remplacement fut permis (*V.* Recrutement, Exonération, Remplacement). *V.* le *Suppl.*   B.

service, en termes de Liturgie, célébration solennelle de l'office divin. Un *Service de bout de l'an* est celui qui se célèbre pour un défunt au premier anniversaire de son décès.

service (Lettre de). *V.* Lettre de service.

SERVICES FONCIERS. *V.* Servitudes.

SERVIEN (Idiome). *V.* Serbe.

SERVIETTE, linge de table qui, si l'on en croit Montaigne, ne fut en usage que depuis son temps, c.-à-d. à la fin du XVIe siècle : auparavant les convives s'essuyaient avec la nappe. Cependant, on trouve dans des temps antérieurs les mots *facitergium* (linge de figure) et *manumundium* (essuie-mains). Il fut un temps où, dans les grandes maisons, on changeait de serviette à chaque service, et même à chaque assiette. — De nos jours, on donne aussi le nom de *Serviette* à un grand portefeuille mou, à deux poches, en maroquin ou en basane, et que l'on porte sous le bras.

SERVITUDES, en termes de Droit, charges établies sur un héritage pour l'usage ou l'utilité d'un héritage appartenant à un autre propriétaire. On les nomme aussi *Services fonciers.* L'héritage auquel la servitude est due est dit *dominant;* celui qui la doit, *servant.* Les servitudes n'établissent, dit la loi, aucune prééminence d'un héritage sur l'autre, et dérivent ou de la situation naturelle des lieux, ou des obligations qu'impose la loi, ou des conventions intervenues entre les propriétaires : de là une distinction des *servitudes* en *naturelles, légales, conventionnelles.*

Les servitudes *naturelles* sont, par exemple, celles qui tiennent à l'écoulement des eaux (*V.* Cours d'eau), ou encore l'obligation au bornage entre propriétaires voisins. *V.* Bornage.

Parmi les servitudes *légales*, il y a d'abord celles qui ont pour objet l'utilité publique ou communale; ainsi, pour le marchepied le long des rivières (*V.* Marchepied), la construction ou la réparation des chemins : des règlements particuliers les régissent. Ce sont encore la mitoyenneté des murs, haies et fossés (*V.* Mitoyenneté, Haie, Fossé). La loi règle également au titre des Servitudes la distance et les ouvrages intermédiaires requis pour certaines constructions, telles que cheminées, fours, établer, fosses d'aisances, etc. Elle s'occupe du *droit de vue*, c.-à-d. qu'elle détermine la hauteur et la dimension des jours qui peuvent être ouverts dans les murs joignant la propriété d'autrui, et fixe la distance obligatoire pour l'ouverture des vues droites ou fenêtres d'aspect et celle des vues obliques. L'*égout des toits* doit être recueilli par chacun sur son terrain, ou projeté directement sur la voie publique; ce n'est qu'à titre de servitude qu'il peut être projeté sur le fonds voisin. Le *passage* sur le fonds voisin ne peut être exigé qu'au cas d'enclave : il se fixe alors moyennant indemnité, et s'exerce par l'endroit le plus court et le moins dommageable.

Les servitudes établies par le fait de l'homme sont susceptibles de toutes les variétés que la volonté humaine peut leur faire revêtir. La loi les respecte toutes, pourvu que l'usage et l'utilité soient revendiqués par un fonds en faveur d'un autre fonds et n'aient rien de personnel, pourvu encore qu'ils n'aient rien de contraire à l'ordre public. On les distingue en *servitudes urbaines*, lorsque leur usage est spécial à des bâtiments, et *servitudes rurales*, lorsqu'elles s'appliquent aux fonds de terre; en *servitudes continues* ou *discontinues*, suivant que leur usage a ou n'a pas besoin du fait de l'homme pour être continué; en *servitudes apparentes* ou *non apparentes*, suivant qu'elles ont ou n'ont pas un signe extérieur de leur existence. De ces servitudes, les unes peuvent s'acquérir par titre ou par la prescription trentenaire, ce sont les servitudes continues et apparentes; les autres ne peuvent s'établir que par titre, ce sont les servitudes continues non apparentes, ou discontinues apparentes ou non apparentes. A l'égard de la première catégorie, la destination du père de famille vaut titre.

Les frais nécessités par l'usage et la conservation de la servitude sont, à moins de conventions contraires, à la charge du fonds dominant : mais, au cas même où le fonds servant y est assujetti, on peut s'y soustraire en abandonnant le fonds assujetti au propriétaire du fonds dominant. Rien ne doit être fait ni par le propriétaire du fonds servant pour rendre l'usage de la servitude plus incommode, ni par le propriétaire du fonds dominant pour aggraver la situation du fonds assujetti. — Les servitudes s'éteignent lorsqu'elles se trouvent dans un état tel qu'on ne peut plus en user; elles revivent lorsque les choses sont rétablies, à moins qu'il ne se soit écoulé un temps nécessaire pour l'extinction du droit. Ce temps est fixé par la loi à 30 ans; il commence à courir, pour les servitudes discontinues, du jour où l'on a cessé de jouir; pour les servitudes continues, du jour il a été fait un acte contraire à la servitude. La réunion des deux fonds dans la même main amène l'extinction de la servitude. V. Lalaure, *Traité des servitudes réelles*, revu par Pailliet, 1828, in-8°; Solon, *Traité des servitudes réelles*, 1837, in-8°; Pardessus, *Traité des servitudes ou Services fonciers*, 8° édit., 1838, 2 vol. in-8°; Astruc, *Traité des servitudes réelles*, 1843, in-12; Jousselin, *Traité des servitudes d'utilité publique*, 1850, 2 vol. in-8°; Féraud-Giraud, *Servitudes de voirie*, 1851, 2 vol. in-8°; Gavini de Campile, *Traité des servitudes*, 1853; Demolombe, *Traité des servitudes ou Services fonciers*, 1856, 2 vol. in-8°. R. D'E.

SERVITUDES MILITAIRES, restrictions apportées, dans l'intérêt de la défense du territoire national, au droit de jouissance ordinairement inhérent à la propriété foncière. Il existe, autour des places de guerre et des postes militaires, trois *zones de servitudes*: dans la première, qui s'étend à 250 mèt. de l'enceinte de la place ou du poste, il ne peut être fait aucune construction, à l'exception des clôtures en haies sèches ou en planches à claire-voie, sans pans de bois ni maçonnerie; les haies vives et les plantations d'arbres ou d'arbustes formant haies y sont spécialement interdites. Dans la seconde zone, qui s'étend à 487 mèt., il est interdit, autour des places de premier ordre, d'exécuter aucune construction en maçonnerie et en pisé; mais on peut y élever des constructions en bois et en terre, à charge de les démolir, sans indemnité, à la première réquisition de l'autorité militaire, dans le cas où ces places seraient déclarées en état de guerre; pour les places de second ordre et les postes militaires, il est permis d'élever des constructions quelconques, sous cette même condition de démolition. Dans la troisième zone, qui s'étend à 974 mèt. pour les places, et à 584 pour les postes, il ne peut être fait aucun chemin, aucun arrachement de terrain, aucune fouille, aucun dépôt de matériaux, sans que leur alignement ou leur position n'aient été concertés avec les officiers du génie. Ces exceptions à ces règles peuvent être autorisées par le Ministre de la guerre, qui prescrit les conditions qu'il juge convenables. — Indépendamment des zones de servitudes, il y a la *zone des fortifications* ou le *terrain militaire*. C'est le sol sur lequel reposent les fortifications, les fortifications elles-mêmes, et les terrains accessoires indispensables au service de la défense. La zone des fortifications est limitée à l'intérieur par la *rue Militaire* ou *rue du Rempart*, destinée à assurer les libres communications le long de l'enceinte. Les contraventions aux lois et règlements sur les servitudes militaires sont constatées par les gardes du génie, et, au cas où des ouvrages seraient indûment exécutés par des particuliers, ils seraient démolis aux frais de ces derniers, sans préjudice des peines applicables aux contraventions analogues en matière de grande voirie.

Il existe, dans tous les départements frontières, une *zone frontière*, dans l'intérieur de laquelle les propriétaires sont soumis à des servitudes spéciales. De plus, sous le nom de *polygones* ou de *territoires réservés*, on désigne certains grands obstacles naturels, tels que fleuves, forêts, massifs de montagnes, etc., qui bordent les frontières, et sur lesquels l'État s'est réservé des droits au point de vue de la défense du pays. V. la Loi du 7 avril 1851, et le Décret du 16 août 1853; Delalleau, *Traité des servitudes établies pour la défense des places de guerre et de la zone des frontières*, 1836, in-8°.

SESQUI, particule employée par les anciens musiciens dans la composition de plusieurs mots qui servaient à exprimer différentes sortes de mesures. Elle signifiait trois moitiés, ou un et demi; ainsi, on appelait *sesqui-altère* la mesure à 3/2, parce qu'elle contient trois blanches ou trois moitiés de ronde; *sesqui-quarte*, la mesure à 9/4 ou neuf quarts de ronde; *sesqui-octave*, la mesure à 9/8 ou neuf huitièmes de ronde. Le *sesqui-diton* était la tierce mineure ou un ton et demi. — Il y a un jeu d'orgues appelé *sesquialter*, formé de deux rangées de tuyaux

en étain ou en étoffe, du diapason du Principal (V. ce mot). Il se compose d'une quinte et d'une tierce supérieure, de manière que les deux rangées donnent une grande sixte.

SESSION, en latin *sessio* (de *sedere*, être assis), temps pendant lequel un corps délibérant, un tribunal exceptionnel, une Cour d'assises, est assemblé.

SESTERCE.   \ V. ces mots dans notre *Dictionnaire*
SESTERTIUM. / *de Biographie et d'Histoire.*

SESTINA. V. ITALIENNE (Versification).

SETH, dieu égyptien, type de la force et de la victoire. Il est représenté avec la tête d'un animal à museau allongé et à oreilles droites. Quand on en fit un esprit malfaisant, son image fut martelée sur les monuments.

SEUIL, partie inférieure d'une porte, pierre ou pièce de bois qui est entre les tableaux; — pièces de bois qui ferment l'avant et l'arrière des bateaux. On nomme *seuil d'écluse* la pièce de bois qui, percée de travers entre deux poteaux au fond de l'eau, sert à appuyer par le bas la porte d'une écluse.

SÉVICES (du latin *sœvire*, sévir), mauvais traitements exercés par un mari envers sa femme, par un père envers ses enfants, par un maître envers ses serviteurs. Les sévices sont une cause de séparation entre mari et femme (*Code Napol.*, art. 231), et de révocation de donation entre-vifs (art. 955 et 1046).

SÉVILLE (Alcazar de). V. ALCAZAR.

SÉVILLE (Cathédrale de), un des plus beaux monuments de l'Espagne, dédié à la Ste Vierge. A part une vieille muraille moresque, située du côté du Nord, couronnée de créneaux et de mâchicoulis, soutenue par de lourds contre-forts, et qui est un reste de mosquée, l'ensemble de l'édifice appartient à la fin du xve siècle et au commencement du xvie: commencé en 1480, il était assez avancé en 1519 pour servir à la célébration du culte. La façade principale, du côté de l'E., a été achevée seulement en 1827. Le plan de la cathédrale de Séville est quadrilatéral; elle a 132 mèt. de l'E. à l'O., et 96 du N. au S. On y entre par 9 portes, surmontées presque toutes de statues en terre cuite exécutées par Lope Marin, et dont les plus intéressantes sont la porte de St-Christophe, près de laquelle Luis de Vargas a peint à fresque un St Christophe de 10 mèt. de haut, et la porte du Crocodile, sous laquelle est suspendu un énorme reptile, envoyé, dit-on, à Alphonse le Sage par le sultan d'Égypte. L'intérieur de l'église est à 5 nefs, sans compter un double rang de chapelles latérales, au nombre de 37: il est éclairé par 93 fenêtres, dont la plupart sont garnies de vitraux peints, dus à des maîtres flamands, tels que Charles de Bruges, Arnaud de Flandre et son fils. L'effet est majestueux et saisissant: aucune église d'Espagne n'a des proportions aussi imposantes; les piliers, formés de faisceaux de colonnettes, ont près de 50 mèt. de hauteur. Tout le sol dalles de grandes dalles de marbre blanc et noir. Il serait impossible d'énumérer toutes les richesses que contient cette cathédrale: l'œuvre la plus célèbre, bien que le goût n'en soit pas très-pur, est le retable du maître-autel, auquel Alexis Fernandez, Arfian, Antoine Ruiz et d'autres artistes travaillèrent pendant 68 ans; il est tout en bois de cèdre, et composé de 44 panneaux finement sculptés, où l'on a représenté en bas-reliefs les traits principaux de l'Ancien et du Nouveau Testament. Le chœur est fermé par des grilles de fer doré: il contient un orgue immense, 127 stalles de style gothique, un magnifique lutrin exécuté en 1570 par Bartolomé Morel; le cierge pascal, haut comme un mât de vaisseau, pèse 1,025 kilogr., et le chandelier de bronze qui le supporte a été copié sur le chandelier du Temple de Jérusalem. A l'entrée de la grande nef, une pierre tombale rappelle que là fut inhumé Ferdinand Colomb, fils de Christophe Colomb: pendant la semaine sainte, on élève sur cet emplacement un grand édifice de bois et de pâte, haut de 30 mèt., dans lequel on dépose le St-Sacrement, et qui produit, quand il est éclairé, dans la nuit du jeudi au vendredi, un effet vraiment merveilleux. Au nombre des chapelles, nous citerons: celle du Baptistère, où se trouve le fameux tableau de St Antoine de Padoue, par Murillo; celle de St-Pierre, qui a un beau retable de style gréco-romain, et neuf tableaux de Zurbaran; la Chapelle royale, longue de 27 mèt. et large de 20, à laquelle donne entrée un arc de 29 mèt. d'élévation orné de 12 statues de rois de l'Écriture, et qui renferme divers tombeaux, la châsse du roi St Ferdinand, l'étendard d'Espagne, etc. La sacristie contient, outre de précieux tableaux et un riche Trésor, le *Tenebrario*, chandelier triangulaire en bronze, haut de 7 mèt., portant 15 cierges pour les cérémonies de la semaine sainte, terminé par 15 figures qui représentent Jésus, ses apôtres et disciples, et une *Custodia* d'argent, construite en 1587 par Juan d'Arfe, haute de 4 mèt., que 24 hommes portent dans les processions.   B.

SÉVILLE (La Giralda, à). *V.* GIRALDA.

SÉVIRS. *V. notre Dictionnaire de Biographie et d'Histoire.*

SEWURI, espece de cithâre en usage dans l'Orient. Elle est montée de 4 cordes d'acier, et d'un rang de cordes doubles de laiton.

SEXACORDE, lyre à 6 cordes.

SEXAGÉSIME. ⎫
SEXTANS.   ⎬ *V. ces mots dans notre Dictionnaire*
SEXTE.   ⎭ *de Biographie et d'Histoire.*

SEXTUOR, composition musicale à 6 parties obligées de voix ou d'instruments. Comme chefs-d'œuvre de sextuors vocaux, on peut mentionner ceux de *Don Juan* et des *Noces de Figaro* par Mozart, de *Lucie de Lammermoor* par Donizetti.

SEXTUPLES (Mesures), nom qu'on donnait assez improprement dans l'ancienne musique aux mesures à 2 temps composées de six notes égales, trois pour chaque temps.

SFUMATO, mot italien employé en Peinture, pour désigner le moelleux extrême du pinceau, et la fusion très-douce des tons et des contours.

SGRAFFITO, c.-à-d. en italien *égratigné;* espèce de grand dessin qu'on trace avec une pointe sur un mur où l'on a préalablement appliqué une couleur noire ou grise. La pointe met à découvert le blanc qui est dessous. C'est ce qu'on nomme *Peinture de blanc et de noir* ou *Manière égratignée.* Les *sgraffiti*, imaginés en Italie, ont été peu durables, parce que le temps salit les murailles ; il existe encore quelques restes de ceux que Polydore de Caravage et Maturino, élèves de Raphaël, avaient exécutés.

SHAKO. *V.* SCHAKO.

SHERIFF.   ⎫
SHIP-MONEY. ⎬ *V. ces mots dans notre Dictionnaire*
SHIRE.   ⎭ *de Biographie et d'Histoire.*

SHOTTISH ou SCHOTTISH, air de valse à 2 temps. Il n'a d'écossais que le nom.

SHRAPNEL, nom qu'on donne quelquefois à l'*obus à mitraille.* C'est celui d'un colonel d'artillerie anglais qui en eut le premier l'idée.

SI, septième note de la gamme d'*ut.* Elle n'a été introduite que fort tard dans la musique : on y suppléait auparavant au moyen des *muances* (*V. ce mot*).

SIAM, jeu qui se joue avec des quilles et un disque en bois qui sert à les abattre.

SIAMOISE ou THAI (Langue), langue parlée depuis la frontière méridionale de la Chine jusqu'aux montagnes de la presqu'île de Malacca. Elle est monosyllabique; on y compte 5 tons ou accents qui donnent aux mots des significations différentes. *V.* J. Low, *A grammar of the Tai or Siamese language*, Calcutta, 1828, in-4°; Léon de Rosny, *Observations sur la langue siamoise et sur son écriture*, Paris, 1855, in-8°.

SIBYLLINS (Livres). *V. notre Dictionnaire de Biographie et d'Histoire.*

SICAIRE (du latin *sica*, poignard), mot synonyme d'*assassin* et de *meurtrier.* Il implique l'idée du crime salarié par le fanatisme religieux ou politique.

SICHOUANA ou BETJOUANA (Idiome), un des idiomes cafres (*V. ce mot*). Les articulations *d*, *j*, *v* et *z* lui manquent. Il y a peu de syllabes terminées par des consonnes, et très-rarement par deux consonnes de suite; l'abondance des voyelles et des lettres mouillées rend cette langue aussi douce qu'aucune autre. Les plus longs mots n'ont jamais plus de quatre syllabes, ni les plus courts moins de deux. La première syllabe de tout mot n'est qu'un préfixe, et elle joue le rôle qui appartient ailleurs aux terminaisons. L'unique cas oblique qui présente la déclinaison, et qui paraît avoir la valeur de l'ablatif ou plutôt du locatif, est caractérisé par la terminaison *ng*. Quant au cas direct, qui n'est que le nom avec sa particule inséparable, il sert à la fois de nominatif et tous les autres cas. Le vocabulaire des substantifs est riche, et exprime, dans l'ordre physique du moins, des nuances de signification fort délicates. La distinction des nombres se fait par un changement dans le préfixe; le préfixe se répète entre le substantif et l'adjectif son attribut. Placé entre un nom et un verbe, le préfixe répété répond au pronom relatif. Le vocabulaire des adjectifs est très-limité, et l'on fait par suite un fréquent usage du substantif comme attribut : ainsi l'on dit *homme d'amabilité au lieu de homme aimable.* Une même racine verbale peut passer par les formes effective, causative, relative, dans chacune desquelles elle est susceptible des voix active, passive, moyenne ou réfléchie, et souvent encore d'une voix réciproque. La conjugaison se forme en partie au moyen de deux auxiliaires, *na* pour le passé et *sta* pour le futur. Les personnes ne sont différenciées par la désinence qu'à l'impératif. Le verbe substantif s'emploie rarement. La construction grammaticale est directe. Le préfixe du sujet exerce une grande influence sur toute la phrase, dont il modifie, en lui imposant sa propre initiale, les pronoms et les prépositions. *V.* Casalis, *Études sur la langue sichouana*, Paris, 1841, in-8°.

SICILIEN (Dialecte), un des dialectes italiens, dont Vigo a trouvé des vestiges évidemment antérieurs à l'an 1000. Dante le vantait, pour l'opposer au toscan. La lettre *i* tient une grande place dans le sicilien, où elle est substituée à l'*e* presque partout. L'*o* des autres dialectes est de même chassé par l'*u*; *ll* se change en *dd*, *b* en *v*, *d* en *nn*, *l* en *r*, *fl* en *sci*, *que* en *chi*. Les Siciliens font une multitude d'élisions, de redoublements, de retranchements, de modifications particulières, qui rendent leur dialecte vif et énergique, mais peu élégant. *V.* Vigo, *Canti popolari*, Catane, 1857.

SICILIENNE, air de danse originaire de Sicile, dont la mesure est à 6/4 ou plus souvent à 6/8, et d'un mouvement modéré. Chaque mesure de cet air commence par trois croches, dont la première est pointée. — Le nom de *Sicilienne* a été donné aussi à des morceaux de chant; telle est la *Sicilienne* du 1er acte de *Robert le Diable* (*O Fortune, à ton caprice*).

SICILIENNE (Comédie). *V.* DORIENNE.

SICILIENNE (Littérature). La Sicile occupe une place importante dans l'histoire de la littérature grecque ancienne, et le dialecte dorien y donna ses plus beaux produits. A Sparte, chaque année, on lisait publiquement le traité de la *République*, composé par Dicéarque de Messine. Épicharme, l'un des premiers, donna une forme régulière à la comédie; Sophron inventa les mimes; Corax et Tisias ouvrirent les premières écoles de rhétorique. La poésie pastorale fut créée en Sicile par Stésichore, et, plus tard, perfectionnée par Théocrite et Moschus. Les sciences ne brillèrent pas d'un moins vif éclat : Icétas de Syracuse connut la rotation de la terre; Empédocle figura l'attraction et la répulsion newtoniennes dans l'Amour et la Discorde, et l'on prétendit même qu'il n'ignorait pas les phénomènes de l'électricité; Archimède a laissé des traces indélébiles dans l'histoire de la science. — Au moyen âge, selon Crescimbeni, les Provençaux rimèrent en Sicile avant les Siciliens; mais les premières poésies italiennes partirent de la Sicile; au nombre de ceux qui imprimèrent le mouvement, on doit citer Ciullo d'Alcamo (fin du XIIe siècle), l'empereur Frédéric II, son chancelier Pierre des Vignes, Mazzeo di Ricco, Nina de Messine, etc. De nos jours, l'abbé Meli a écrit de gracieuses poésies qui rappellent les bucoliques de l'Antiquité.

SICILIENNE (Numismatique). La Sicile est le pays qui a fourni les monnaies les plus belles de l'Antiquité : l'or y est beaucoup plus employé que dans la plupart des autres contrées. Le monnayage, qui existait dans cette île dès les temps les plus reculés, cessa à peu près sous le règne de Tibère. Parmi les types particuliers à la Sicile, on doit citer : la *triquetra*, formée de trois jambes humaines disposées en triangle, et faisant allusion aux trois promontoires de l'île; le taureau à tête humaine, emblème de Bacchus; les biges, triges et quadriges. Les noms des fleuves, Acragas, Aréthuse, Gélas, Hipparis, etc., sont souvent gravés sur les monnaies siciliennes. Les légendes sont écrites en grec, en punique, en latin; le grec est emprunté principalement au dialecte dorien. Il nous est parvenu de grands médaillons d'argent représentant à l'avers une femme voilée et couronnée d'épis, au revers une Victoire dans un quadrige; ils ont été frappés en l'honneur de la Sicile, on ne sait à quelle occasion. *V.* Torremuzza, *Siciliæ populorum et urbium nummi*, Palerme, 1781, in-fol.

SICILIQUE. ⎫
SICINNIS. ⎬ *V. ces mots dans notre Dictionnaire de*
SICLE.   ⎭ *Biographie et d'Histoire.*

SIDÉRISME (du grec *sidéros*, fer, acier), nom donné à la faculté que prétendent posséder certains individus de reconnaître sous terre l'existence de masses métalliques.

SIÈCLE (du latin *sæculum*), espace de 100 années. La division par siècles était en usage chez les Romains, qui, à chaque retour de siècle, célébraient des Jeux Séculaires. Chaque peuple compte les siècles à partir de l'ère qu'il a adoptée. Dans l'énonciation des années d'un siècle, la dernière seule (1800 par exemple) porte le nom du chiffre de centaine qui sert à écrire ce siècle. — Pline nous apprend que les Druides entendaient par siècle une durée de 30 ans seulement.

siècle, période indéterminée qui porte le nom d'un grand homme. On dit, par exemple, le *Siècle de Périclès*, le *Siècle d'Auguste*, le *Siècle de Léon X*, le *Siècle de Louis XIV*. V. Grecque, Romaine, Italienne, Française (Littérature).

siècle, mot qui s'entend de la vie mondaine, par opposition à la vie religieuse et cloîtrée. C'est de ce sens que dérivent les mots *séculier* (clergé) et *sécularisation*.

SIÉGE (du latin *sedes*), tout meuble fait pour s'asseoir ; tels sont les *bancs*, les *fauteuils*, les *chaises*, etc. (V. *ces mots*). — Par extension, *Siége* désigne le lieu où résident certaines autorités, par exemple un gouvernement, un tribunal, un évêque. C'est ce sens que Rome est appelée le *Saint-Siège*, parce que le pape y réside.

siège, action d'attaquer une place fortifiée, dans le but de s'en rendre maître. Si l'on se contente d'investir la place, d'occuper les points par lesquels elle pourrait recevoir des secours, et de l'amener par famine à se rendre, c'est un *blocus* (V. *ce mot*). Si on l'attaque de vive force, c'est un *siège* proprement dit. Avant l'invention de l'artillerie, les opérations consistaient en jets de pierres, coups de bélier et autres machines, mines, escalade ; aujourd'hui elles comprennent le tracé des *parallèles* et des *tranchées*, le travail de la *sape* et de la *mine*, l'établissement des *batteries*, la formation de la *brèche* et l'*assaut* (V. *ces mots*). Parmi les sièges célèbres, on peut citer ceux d'Azoth par Psammétichus (il dura, dit-on, 29 ans), de Troie par les Grecs, de Tyr par Nabuchodonosor et par Alexandre le Grand (585-573 et 332 avant J.-C.), de Syracuse par Marcellus (212), de Carthage et de Numance par Scipion Émilien (146 et 134), d'Alesia par César (52), de Jérusalem par Titus (70 ap. J.-C.), de Calais (1347) et d'Orléans (1428) par les Anglais, de Grenade par Ferdinand le Catholique (1492), de Rhodes (1522) et de Vienne (1529 et 1683) par les Turcs, de La Rochelle par le cardinal de Richelieu (1628), de Lille par les Autrichiens (1709 et 1792), de Mantoue par le général Bonaparte (1797), de Saragosse par les Français (1808), de Sébastopol (1855) etc.

siège (État de), mesure de sûreté publique qui suspend momentanément l'empire des lois ordinaires et remet tout pouvoir à l'autorité militaire. Les lois du 10 juillet 1791 et du 10 fructidor an v, le décret impérial du 24 déc. 1811 et la loi du 9 août 1849 ont successivement réglé cette matière. Dans les localités mises en état de siège, la justice civile fait place au régime des Conseils de guerre ; l'autorité militaire a le droit de faire des perquisitions le jour et la nuit dans le domicile des citoyens, d'éloigner les repris de justice et toute personne non domiciliée, d'enlever toutes les armes, d'interdire les publications et les réunions. V. le *Suppl.*

SIENNE (Le Dôme de), église cathédrale qu'on croit généralement avoir été bâtie au milieu du XIIIᵉ siècle. On l'admire moins à cause de sa beauté que de sa richesse. Elle est formée tout entière d'assises horizontales alternatives de marbre blanc et noir. La façade, attribuée à Giovanni de Pise, est couverte de sculptures, parmi lesquelles on remarque des Prophètes et des Anges par Jacques della Quercia, les animaux héraldiques des villes qui furent les alliées de Sienne, et un bas-relief représentant au-dessus de la grande entrée la vie de Marie. Le clocher a été élevé par Agnolo et Agostino de Sienne. A l'intérieur, Duccio di Buoninsegna plaça, au commencement du XIVᵉ siècle, ces pavages de marbre blanc qui produisent l'effet de nielles gigantesques, et où des traits de dessin gravés en creux ont été remplis de poix en fusion : c'est un ouvrage sans rival en Italie, et que l'on tient couvert d'un plancher mobile, pour qu'il ne soit pas usé par le frottement des pieds. Les voûtes sont peintes en azur, avec des étoiles d'or ; les arcades inférieures, sont à ogive. Les objets les plus précieux que contient l'édifice sont : les peintures du chœur, par Beccafumi ; le tabernacle en bronze du maître-autel, par Lorenzo di Pietro del Vecchietta (1472) ; les vitraux peints, exécutés par Pastorino, sur les dessins de Perino del Vaga (1549) ; la frise, ornée des portraits en terre cuite des papes et des antipapes ; la chaire, admirable ouvrage de Nicolas de Pise, qu'aidèrent ses enfants Gio-

vanni et Arnolfo ; les trophées de la bataille de l'Arbia (1250), qui ornent les pilastres au-dessous de la coupole. Au-dessous du chœur est un ancien baptistère, appelé aujourd'hui chapelle de Sᵗ-Jean : les fonts baptismaux sont décorés de bas-reliefs par Donatello, Ghiberti, Pollajuolo et Jacques della Quercia. La sacristie, qu'on appelle aussi la Librairie, parce qu'on y conserve des manuscrits précieux sur vélin, enluminés, a été peinte à fresque par le Pinturicchio, d'après des dessins de Raphaël : au milieu est un groupe exquis des trois Grâces, un peu mutilé, et que l'on trouva dans les fondations au XIIIᵉ siècle.
B.

sienne (École de), école de peintres italiens, rivale de l'école florentine, et remarquable par son style gai, franc et facile, en harmonie parfaite avec le caractère du peuple lui-même. Lanzi en fait remonter l'origine aux peintres grecs qui vinrent s'établir à Sienne pendant les Croisades : cependant cette ville comptait, dès le XIIᵉ siècle, un certain nombre de peintres, de miniaturistes surtout, et l'on conserve, entre autres manuscrits, un *Ordo officiorum de Senensi ecclesiâ*, enluminé par le chanoine Odorigo en 1213. Les Siennois furent les premiers, en Italie, qui apprirent des Grecs la méthode de peindre sur une couche de plâtre recouverte d'or. Le chef de l'école fut Guido ou Guidone (XIIIᵉ siècle), dont Mino dà Turrita, Simone di Martino (dit Simon Memmi), Ambroise et Pierre Lorenzetti, Bonaventure de Lucques, Ugolino de Sienne, et Duccio di Buoninsegna, paraissent avoir été les disciples. La fameuse peste de 1348 moissonna beaucoup d'artistes, et la fin du XIVᵉ siècle ne compta guère que deux maîtres célèbres, Berna et Taddeo di Bartolo. Au XVᵉ, l'école de Sienne se laissa devancer par celle de Florence : elle montrait un singulier esprit d'exclusion, au point qu'on avait établi une taxe et l'obligation d'une caution pour tout étranger qui voulait travailler dans le pays. Une décadence sensible dans l'art fit rouvrir Sienne aux étrangers, et l'on y attira le Pérugin, le Pinturicchio, Luca Signorelli, et Raphaël lui-même. Sous leur influence, la peinture prit un nouvel essor dans les œuvres de Fungaï, d'Andrea del Brescianino, de Pacchiarotto, et surtout d'Ant. Razzi, dit le Sodoma. Ce dernier eut pour élèves Anselmi, Bartolommeo Neroni, et Salimbeni. Puis, l'école eut pour chef Beccafumi, le dernier grand nom qui la représente, car Balthazar Peruzzi fut plus remarquable comme architecte que comme peintre. On ne trouve plus à mentionner ensuite que Ventura, Rustici, Manetti, Joseph Nasini, etc.—L'art de la mosaïque a pris à Sienne un caractère particulier. Duccio di Buoninsegna fut le premier à exécuter, sur le pavé des églises, des dessins à *sgraffito* (V. *ce mot*), remplis d'un mastic noir, auquel Matteo di Giovanni ajouta bientôt les marbres de diverses couleurs. Le secret de colorer les marbres pour imiter les mosaïques fut trouvé par Michel-Ange Vanni.

SIERRA.   ⎰ V. ces mots dans notre *Dictionnaire de*
SIEUR.   ⎱ *Biographie et d'Histoire*.

SIFFLANTES, nom donné en Grammaire aux lettres *s*, *z*, *c* (doux), *x*, parce qu'on ne peut les prononcer sans faire entendre un sifflement. F peut être regardée comme une demi-sifflante. Le *th* des Anglais est aussi une sifflante plus ou moins aspirée. Il en est de même du *théta* (Θ, θ) et du *dzéta* (Z, ζ) grecs : la 1ʳᵉ de ces lettres a même son que *th* des Anglais, et la 2ᵉ un son intermédiaire entre le *théta* et le *sigma*. Les Grecs avaient encore d'autres sifflantes : le *xi* (Ξ, ξ) et le *psi* (Ψ). — On appelle *mot sifflant, phrase sifflante, langue sifflante*, un mot, une phrase, une langue, où les sons sifflants, particulièrement *s*, reviennent fréquemment.
P.

SIFFLET, petit instrument avec lequel on siffle. La coutume de siffler les auteurs dont on est mécontent, remonte à l'antiquité : il en est question dans les Lettres de Cicéron (*Épît. famil.*, VIII, 2). C'est au temps de l'empereur Auguste que les coups de sifflet paraissent s'être introduits dans les spectacles comme signes d'improbation. Chez nous, Préville regardait le sifflet comme un avertissement utile, ce qui est aussi rare que des auteurs et des acteurs détestant la claque. Aujourd'hui, il n'est plus guère de bon ton de siffler au théâtre ; on murmure ou on garde le silence.

SIFOINE. V. Chifonie.

SIGILLOGRAPHIE. V. Sceau.

SIGISBÉE (de l'italien *cigisbeo*), nom donné en Italie à l'homme qui fréquente habituellement une maison, qui rend des soins assidus à la maîtresse et se tient à ses ordres. C'est ce qu'on appelle un *cavalier servant*.

SIGLES. V. Abréviations.

SIGMA, lit romain. *V.* notre *Dictionnaire de Biographie et d'Histoire.*

SIGNAL, tout moyen employé pour transmettre des ordres ou des avis à de certaines distances. Les feux, les fusées, les pavillons, les drapeaux, les coups de canon, les appareils télégraphiques, les batteries de tambour, les sons de la trompette, les coups de cloche, etc., deviennent des signaux, lorsque les combinaisons dans lesquelles on les fait entrer ont un sens connu de ceux à qui on les adresse. Dans la Marine, il y a un *Livre de signaux* où les signes à employer dans chaque circonstance sont indiqués, et que possèdent tous les commandants de bâtiment.

SIGNALEMENT, description d'une personne, faite par ses *caractères extérieurs*, et qu'on donne pour la faire reconnaître. Les passe-ports et les permis de chasse contiennent le signalement de ceux auxquels ils sont délivrés. On donne à la gendarmerie les signalements des déserteurs, des accusés, des malfaiteurs évadés.

SIGNATURE, nom d'une personne, écrit de sa main à la fin d'une lettre ou d'un acte. En Jurisprudence, la signature est nécessaire pour rendre un acte valable et obligatoire. Les actes peuvent ne pas être écrits de la main de ceux qui les signent, excepté les testaments olographes (*Code Napol.*, art. 260); les billets sous seing privé, portant obligation d'une somme d'argent ou d'une chose appréciable, doivent, s'ils ne sont pas écrits par celui qui les souscrit, avoir un *bon ou approuvé* (*V.* APPROBATION D'ÉCRITURE). Les signatures données en blanc se nomment *blancs seings* (*V. ce mot*). On n'est pas censé avoir signé un acte sans l'avoir lu : on ne peut dans ce cas le faire annuler qu'en prouvant qu'il est frauduleux et que la signature a été surprise. Ce qui est ajouté après la signature et sans approbation est regardé comme non écrit. Dans le cas où la signature d'un acte sous seing privé est déniée par son auteur, et dans celui où des héritiers déclarent ne pas la connaître, la vérification en est ordonnée en justice (*Code Napol.*, art. 1324). Les actes notariés doivent être signés par les parties, les témoins et les notaires; il doit être fait mention de la déclaration des parties ou témoins qui ne savent ou ne peuvent signer (Loi du 25 ventôse an XI). Un acte authentique faisant foi par lui-même de tout son contenu, celui qui nierait la signature qu'on lui oppose devrait prouver, par la voie de l'inscription de faux, que cette signature ne lui appartient pas. S'il est prouvé qu'une pièce est écrite ou signée par celui qui l'a déniée, il est condamné à 150 fr. d'amende, outre les dépens, dommages et intérêts. L'extorsion de signature par violence est punie des travaux forcés à temps. — La loi du 10 juillet 1850 exige que les articles de journaux sur les matières politiques, philosophiques ou religieuses, soient signés de leurs auteurs.

SIGNATURE, terme de Diplomatique. *V.* DIPLÔME.

SIGNATURE, rescrit du pape. *V.* notre *Dictionnaire de Biographie et d'Histoire.*

SIGNATURES, en termes d'Imprimerie, lettres ou chiffres qu'on met au bas de la première page d'une feuille, pour en indiquer l'ordre et faciliter le travail de l'assemblage des feuilles de tout un volume. Ce moyen a été employé pour la première fois dans les *Concordantiæ Bibliorum* de Conradus de Alemannia, en 1470.

SIGNATURES, caractères mystiques, de bon ou de mauvais augure, dont on croyait, au moyen âge, que chaque homme était marqué par l'astre sous lequel il naissait.

SIGNATURES, nom qu'on donne aux figures des gens de métiers ou d'arts qui se trouvent comme donataires au bas des vitraux peints.

SIGNAUX, nom donné autrefois aux gros grains qui forment les séparations entre les dizaines d'un chapelet.

SIGNE, fait visible qui a pour but de manifester une chose invisible à l'intelligence; il est un intermédiaire entre l'esprit et la chose signifiée. Il ne peut révéler cette chose qu'à la condition d'un rapport entre elle et lui; de plus, il faut que l'esprit conçoive ce rapport lorsque le signe paraît. Ce rapport étant naturel ou de convention, il suit qu'il y a, en général, deux sortes de signes : *naturels* et *artificiels*. Il y a, entre les signes et la pensée qu'ils sont appelés à manifester, des rapports étroits, qui donnent lieu à une influence réciproque. Cette liaison étroite est exprimée par le discours et l'analogie des mots : λόγος, parole, raison : *ratio*, *oratio*. Pour les Stoïciens, la Dialectique était la *science du signe et de la chose signifiée* (*V.* LANGAGE). Un ensemble de signes peut non-seulement manifester une pensée, une croyance, comme le *signe de la croix* (*V. ce mot*), c'est quelquefois

un système complet de langage, comme chez les sourds-muets.   **R.**

SIGNES ACCIDENTELS, en Musique. *V.* ACCIDENTS.

SIGNES D'ACCENTUATION. *V.* ACCENT.

SIGNET (diminutif de *signe*), un ou plusieurs petits rubans liés ensemble, tenant à un bouton ou à un peloton, et qu'on place au haut d'un livre, pour marquer les endroits qu'on veut trouver aisément, ou le lieu où l'on s'est arrêté.

SIGNIFÈRE. *V.* ce mot dans notre *Dictionnaire de Biographie et d'Histoire.*

SIGNIFICATION, en termes de Procédure, notification, connaissance que l'on donne d'un arrêt, d'un jugement, d'un acte quelconque par la voie judiciaire. Elle se fait ordinairement par ministère d'huissier, et, suivant les cas, *à personne* ou *domicile*, ou par acte d'*avoué à avoué*. En cas de refus d'une signification, l'original est visé par le procureur impérial, et le refusant peut être condamné à une amende (*Code de Procéd.*, art. 1039). Aucune signification ne peut être faite depuis le 1er octobre jusqu'au 31 mars avant 6 heures du matin ni après 6 heures du soir, et depuis le 1er avril jusqu'au 30 septembre avant 4 heures du matin ni après 9 heures du soir, non plus que les dimanches et les jours de fête légale, à moins d'une permission du juge s'il y a péril en la demeure (*Ibid.*, art. 1037). C'est à partir du jour de la signification que se comptent les délais de procédure. — Il y a des règles particulières à la signification de certains actes. *V.* AJOURNEMENT, CITATION, JUGEMENT, etc.

SIGNINUM OPUS. *V.* SIGNIA, dans notre *Dictionnaire de Biographie et d'Histoire.*

SIGNUM.   } *V.* notre *Dictionnaire de Biographie*
SILBERGROS. } *et d'Histoire.*

SILENCE (Le), divinité allégorique, représentée sous la forme d'un enfant qui tient un doigt appuyé sur ses lèvres.

SILENCES, en termes de Musique, interruptions mesurées comme les sons eux-mêmes, et signes de ces interruptions. Ils correspondent aux différentes valeurs des notes : en prenant la ronde pour unité de durée d'un son, le silence d'une ronde se nomme *pause;* celui d'une blanche, *demi-pause;* celui d'une noire, *soupir* (*V. ces mots*). La ronde avec un point se représente par une pause suivie d'une demi-pause; la blanche pointée, par une demi-pause suivie d'un soupir, et ainsi du reste.   B.

SILENTIAIRE. *V.* ce mot dans notre *Dictionnaire de Biographie et d'Histoire.*

SILHOUETTE, visage tiré de profil, d'après l'ombre qu'il projette. Ce genre de dessin était connu des Anciens, qui l'appelaient *Sciagraphie* (dessin des ombres); mais le nom en est tout moderne, et vient d'Étienne de Silhouette, contrôleur des finances sous Louis XV : les réformes que ce personnage entreprit ayant paru mesquines et ridicules, on appela *silhouettes* les dessins imparfaits où l'on se bornait à indiquer par un simple trait les contours des objets. Le nom de *silhouettes* est également donné à des figures découpées aux ciseaux dans du papier noir.

SILLAGE, trace qu'un navire laisse derrière lui sur les eaux et qui ressemble à un *sillon;* — par extension, espace qu'il parcourt dans un temps donné, et qui se mesure avec le loch (*V. ce mot*).

SILLES (du grec *sillos*, sarcasme), vers mordants chez les anciens Grecs. Xénophane en avait composé contre tous les poëtes et les philosophes de son temps. Timon de Phlionte et Didyme figurent aussi parmi les *Sillographes*.

SILLET, en italien *capotasto*, petit morceau d'ivoire, d'ébène ou autre bois très-dur, placé à l'extrémité supérieure du manche des instruments à cordes, pour servir de point d'appui aux cordes et les élever de manière qu'elles ne posent pas sur la touche.

SILO, mot d'origine espagnole par lequel on désigne une cavité souterraine où l'on dépose les grains pour les conserver. Il faut un terrain sec, à température constante, et où la pluie ne puisse pénétrer. Les silos ne furent, à l'origine, que des moyens adoptés contre le pillage : les Anciens les connaissaient; ils sont très-communs en Algérie, et l'on en trouve aussi en Chine, en Espagne, en Italie, en Russie, en Pologne, en Hongrie. On en voit à Amboise, sur le bord de la Loire. Ils sont tantôt circulaires, tantôt en forme de cône renversé, ou bien en cône évasé à sa partie supérieure, quelquefois revêtus d'une maçonnerie. On a réussi en France à faire de bons silos en fer battu, vernis à l'extérieur, et enfouis dans la maçonnerie. *V.* Doyère, *Conservation des grains par l'ensilage*, Paris, 1862, gr. in-8°.

SILVA. *V.* Espagnole (Poésie).

SILVES ou **SYLVES**, nom donné par les Latins à un recueil d'opuscules littéraires roulant sur différents sujets et disposés au hasard *comme les arbres d'une forêt.* C'est à peu près ce que nous appelons *Mélanges.* On appelait aussi du nom de *Silve* une simple pièce de vers ou de prose écrite avec toute la rapidité et la négligence d'un premier jet, et dont les détails avaient besoin d'être revus, élagués, retouchés, polis et mieux ordonnés; à peu près ce que nous nommons une *esquisse* ou une *improvisation.* Le seul recueil qui nous soit parvenu sous ce titre, c'est celui du poëte Stace, qui vivait au temps de Domitien. Il l'a nommé *Silves* à cause de la variété des matières, et parce que chacune des pièces qui le composent a été écrite de prime saut, et porte tous les caractères de la précipitation : au témoignage du poëte lui-même, quelques-unes, même assez longues, ne lui ont coûté qu'un jour de travail, et aucune pas plus de deux jours. Ce recueil contient 32 poëmes groupés en 5 livres. Stace y a déployé de merveilleuses ressources de style et de versification; l'esprit étincelle dans les mots, dans les tours; l'imagination du poëte enrichit et féconde de maigres et stériles sujets à l'aide de tous les procédés enseignés dans les écoles de rhétorique; tout y sent l'artifice; nulle part ne paraît la trace d'un sentiment, d'une pensée sortis de l'âme; nul naturel, nul abandon. Ces défauts ne viennent cependant pas du manque d'invention : Stace a des qualités sérieuses; mais il eut le malheur d'écrire à une époque où il était dangereux de se montrer hardi ailleurs que dans l'art d'agencer des mots ingénieux et brillants, et de cadencer d'harmonieuses périodes; où la force d'âme, la vérité, la franchise, menaçaient sans cesse l'orateur ou le poëte du sort d'Helvidius et de Lucain; où l'art suprême de faire fortune consistait à flatter les grands, l'empereur et ses affranchis. — Une des meilleures éditions des *Silves* est celle de Markland, Londres, 1728, in-4°, reproduite en partie dans la *Bibliothèque latine* de Lemaire, 1825, in-8°. Il existe une traduction française des *Silves*, par Rinn et Achaintre, dans la *Bibliothèque latine-française* de Panckoucke, Paris, 1829-30, in-8°. P.

SIMARRE (de l'italien *zimarra*, qu'on fait dériver du mot latin et grec *syrma*, robe à longue queue), habillement long et traînant que les femmes portaient autrefois. On donne le même nom à une ample et longue soutane que les prélats italiens et espagnols mettent en certaines circonstances, et à la grande robe que porte en France le chef de la magistrature.

SIMIKION, instrument de musique des anciens Grecs, qui, selon plusieurs auteurs, était monté de 35 cordes.

SIMILITUDE (du latin *similis*, semblable), ressemblance, rapport exact entre deux ou plusieurs choses, entre deux ou plusieurs personnes. En Rhétorique, la Similitude est une figure par laquelle on fait voir quelque rapport entre deux choses d'espèces différentes, afin de faire comprendre l'une par l'autre : ainsi, c'est par une Similitude que le prophète Nathan, dans la Bible, fait comprendre à David son péché.

SIMONIE. } *V.* ces mots dans notre *Dictionnaire de*
SIMOUN. } *Biographie et d'Histoire.*

SIMPLE (Genre ou Style), un des trois genres d'éloquence établis par les rhéteurs. Son caractère est la clarté, la précision. Il s'attache moins à persuader qu'à instruire; aussi n'a-t-il pas besoin de véhémence. Il fuit donc tous les artifices destinés à émouvoir les passions; il néglige le nombre, il marche avec facilité; mais, en évitant la contrainte, il ne se permet aucun écart, aucune licence. Comme il le veut, avant toute chose, être clair, il ne recule pas devant une construction qui peut paraître quelquefois languissante; il évite l'inversion, quand elle n'est pas nécessaire pour faire ressortir la pensée; il rejette bien loin les antithèses et toutes les figures qui trahissent le travail et l'artifice oratoire. Il ne craint pas de décomposer une pensée pour la faire mieux comprendre, mais il ne l'amplifie pas; il se renferme dans les détails nécessaires; il n'admet rien de superflu. Sobre et modeste, il ne crée point d'expressions nouvelles, il évite les mots vieillis; il est humble partout, et ne prétend pas produire cette harmonie qui remplit l'oreille d'un son divin. « Sa construction n'est point pleine et serrée; mais ces hiatus, ces voyelles qui se rencontrent, ont souvent je ne sais quel aimable abandon qui nous montre l'heureuse négligence d'un homme plus occupé des choses que des mots. Toutefois l'orateur, libre du travail de la période, de l'enchaînement de la phrase, a d'autres conditions à remplir : ces tours si rapides et si simples ne dispensent pas de toute application; il est un art de paraître sans

art. Comme il y a des femmes à qui il sied bien de n'être point parées, l'élocution simple nous plaît, même sans ornements : c'est une beauté négligée, qui a des grâces d'autant plus touchantes qu'elle n'y songe pas. » Mais la simplicité n'est pas la sécheresse, ni la bassesse, ni l'incorrection; et le style simple, quoique nu, doit être élégant. Il n'admet ni la parure ni l'éclat, mais il demande un goût exquis; l'amour des choses simples est la marque d'un jugement sain. L'écueil du style simple est la familiarité; en craignant d'être recherché, on manque souvent de noblesse, on emploie des expressions communes, on remplace la simplicité par la bassesse. « Le genre simple, dit Rollin, n'est pas le plus facile, quoiqu'il le paraisse. Comme le style qu'on y emploie est fort naturel, et qu'il s'écarte peu de la manière commune de parler, on s'imagine qu'il ne faut pas beaucoup d'habileté ni de génie pour y réussir; et, quand on lit ou qu'on entend un discours de ce genre, les moins éloquents se croient capables de l'imiter. On le croit, mais on se trompe; et, pour s'en convaincre, il ne faut qu'en faire l'essai; car, après bien des efforts, on sera contraint souvent d'avouer qu'on n'a pas pu y parvenir. Ceux qui ont quelque goût de la vraie éloquence, et qui y sont le plus versés, reconnaissent qu'il n'y a rien de si difficile que de parler avec justesse et solidité, et cependant d'une manière si simple et si naturelle que chacun se flatte d'en pouvoir faire autant. » Le style simple convient particulièrement à la preuve et à la narration parties du discours qui demandent plus de clarté que de force pour instruire les auditeurs. Il peut arriver qu'un discours tout entier appartienne à ce genre, lorsqu'il faut discuter une question de Droit, une ordonnance, un texte de loi. Cicéron nous en donne un exemple : « Mon plaidoyer pour Cécina, dit-il, roulait entièrement sur l'ordonnance du préteur; je me contentai d'éclaircir les points obscurs par des définitions; je fis l'éloge du Droit, j'expliquai les mots équivoques. » En dehors de l'art oratoire, il est plus d'un genre qui exige le style simple. L'histoire et la philosophie, quand elles se contentent d'exposer et d'éclaircir les faits, usent communément du style simple : tel est le *Siècle de Louis XIV* par Voltaire. Quand elles y ajoutent des considérations sur la destinée de l'homme ou sur les agrandissements et la décadence des empires, alors elles s'élèvent jusqu'au genre tempéré et quelquefois jusqu'au sublime, comme les *Annales* et les *Histoires* de Tacite et le *Discours sur l'histoire universelle* de Bossuet. Le style simple est celui qui s'accommode le mieux à l'usage de la vie. Dans les *Lettres*, quand elles ne sont pas familières, et dans les *Rapports*, si nombreux chez tous les peuples modernes, il doit régner à l'exclusion de tout autre. H. D.

SIMPULE, vase. *V.* ce mot dans notre *Dictionnaire de Biographie et d'Histoire.*

SIMULATION, mensonge inséré à dessein dans un acte, pour en cacher le sens et la portée, et faire croire à des conventions autres que celles qu'il semble constater. La simulation est faite dans un but de dol et de fraude. Elle entraîne la nullité de l'acte, si elle a été employée pour échapper à une prescription ou à une prohibition de la loi, pour couvrir une incapacité légale.

SINCA (Idiome). *V.* Mexique (Langues du).

SINDHI (Dialecte), un des dialectes indiens dérivés du sanscrit. On le parle dans les contrées du Sind ou Indus inférieur. Wathen en a publié une Grammaire (Bombay, 1836), et Stack un Dictionnaire (Bombay, 1849).

SINÉCURE (du latin *sine curâ*, sans soin, sans charge), se disait autrefois d'un bénéfice ou d'une dignité n'obligeant à aucune fonction. Le mot désigne aujourd'hui une charge salariée qui n'exige que peu ou point de travail.

SINGALAIS (Idiome). *V.* Cingalais.

SINGLER, en termes d'Architecture, mesurer au cordeau les parties courbes d'une construction.

SINGLETON, c.-à-d. *seul ton, seule couleur;* mot anglais qui désigne, au Boston et au Whist, l'unique carte d'une couleur qui se trouve dans la main d'un joueur, et qu'il joue pour pouvoir couper ensuite.

SINGULIER, terme de Grammaire. *V.* Nombre.

SINISTRE (du latin *sinister*, placé à gauche, et, par suite, de mauvais augure), se dit substantivement, en termes d'Assurances, des pertes et dommages qui arrivent aux objets assurés. En matière d'Assurance maritime, la loi distingue les *sinistres majeurs*, dont la survenance, important la preuve légale de la perte de l'objet assuré, autorise le délaissement (*V. ce mot*), et les *sinistres mineurs*, qui n'emportent point avec eux la preuve légale de la perte, et qui donnent simplement à l'assuré le droit de réclamer à titre d'avarie une indemnité proportionnelle au dommage éprouvé.

SINOLOGUE (du latin *Sina*, Chine, et du grec *logos*, discours), celui qui connaît la langue et la littérature chinoises.

SINOPLE, en termes de Blason, désigne la couleur verte. Dans la gravure des armoiries, le sinople se marque par des traits en bande, c.-à-d. qui vont de l'angle droit du chef de l'écu à l'angle gauche. *Sinople* vient, suivant Court de Gébelin, de l'arabe *stin*, herbe, verdure, et de *bla*, blé naissant et d'un beau vert.

SINTOISME. }
SIPARIUM.   }   *V.* ces mots dans notre *Dictionnaire*
SIR.   }   *de Biographie et d'Histoire.*
SIRE.   }
SIROCO. }

SIRVENTE, nom donné par les Troubadours à toute poésie lyrique qui ne roulait pas sur l'amour, et qui, par cela même, était, suivant eux, d'un ordre inférieur, une poésie de *servant d'armes* (*sirventese*, *de sirvent*), par opposition avec la poésie noble, qui roulait sur l'amour, et qui était appelée *cansô*. Les sirventes sont donc de caractères et de tons fort divers. La plupart appartiennent au genre satirique; mais beaucoup sont des chants de guerre, des appels à la croisade, des manifestes politiques; quelques-uns sont des élégies (*planhs*). Le sirvente satirique dut être d'abord pour les Troubadours un moyen d'exprimer leurs passions haineuses contre ceux qui les avaient excités; mais il servit bientôt à censurer les désordres des différentes classes de la société, à reprocher aux seigneurs, aux souverains, au Saint-Siège même, leurs vexations, leurs torts, leurs erreurs. Un des Troubadours qui réussirent le mieux en ce genre fut Bertrand de Born; il florissait en 1160. M. Villemain (*Littérature au moyen âge*, t. Ier) a donné une belle traduction d'un de ses chants de guerre. Bertrand de Born a laissé aussi une admirable élégie sur le trépas de Henri Court-Mantel, mort en 1183. *V.* E. Baret, *Espagne et Provence*, Paris, 1857, in-8°.   **E. B.**

SISACHTHIE. }
SISTRE.   }   *V.* ces mots dans notre *Dictionnaire*
SITICINE.   }   *de Biographie et d'Histoire.*
SITOPHYLAX. }

SIXAIN ou **SIZAIN**, petite pièce de poésie composée de six vers. On distingue deux sortes de sixains : les uns ne sont autre chose qu'un quatrain, auquel on ajoute deux vers d'une rime différente de celle qui a terminé le quatrain; comme dans l'exemple suivant de J.-B. Rousseau (*Odes*, I, 1) :

> Seigneur, dans ta gloire adorable
> Quel mortel est digne d'entrer?
> Qui pourra, grand Dieu, pénétrer
> Ce sanctuaire impénétrable,
> Où tes saints inclinés, d'un œil respectueux,
> Contemplent de ton front l'éclat majestueux !

Les autres comprennent deux tercets (*V. ce mot*), qui ne doivent jamais enjamber le sens de l'un à l'autre. Exemple :

> Qu'ils pleurent, ô mon Dieu, qu'ils frémissent de crainte,
> Ces malheureux, qui de ta cité sainte
> Ne verront point l'éternelle splendeur.
> C'est à nous de chanter, nous à qui tu révèles
> Tes clartés immortelles;
> C'est à nous de chanter tes dons et ta grandeur.
>   RACINE, *Athalie*, II, 9.

SIXAIN, monnaie de billon qui fut frappée sous François Ier, et qui prit la place du *petit blanc*, comme le *douzain* avait remplacé le *grand blanc*. C'était le demi-sou.

SIX BLANCS, monnaie. *V.* BLANC.

SIX-HUIT } (Mesures à). *V.* MESURE.
SIX-QUATRE }

SIXTE, en termes de Musique, intervalle formé de *six* sons diatoniques. On distingue : la *sixte mineure*, composée de trois tons et deux demi-tons (de *ut* à la *bémol*); la *sixte majeure*, composée de 4 tons et 1/2 ton (de *ut* à la *naturel*); la *sixte augmentée*, dite improprement autrefois *superflue*, composée de quatre tons et deux demi-tons (de *ut* à *la dièse*). Les deux premières sont consonnantes, la 3e est dissonante. L'intervalle de sixte est rarement employé dans le Plain-Chant. — L'*accord de sixte* est le 1er renversement de l'accord parfait; l'*accord de sixte et quarte* en est le 2e. L'accord *de sixte et quinte* est le 1er renversement de l'accord de septième. Il y a un ac-

cord *de sixte augmentée* dans le mode mineur (*fa, la, ré dièse*); à quatre parties, on y ajoute la quarte augmentée (*fa, la, si, ré dièse*) ou la quinte naturelle (*fa, la, ut, ré dièse*).

SIXTINE, pièce de poésie provençale, qui paraît avoir été inventée par Arnaud Daniel. Elle se composait de 6 couplets, et chaque couplet de 6 vers ne rimant pas entre eux. Les bouts rimés du 1er couplet étaient répétés à la fin de tous les couplets suivants dans un ordre régulier. Ceux du 2e couplet se composaient de ceux du 1er, en prenant alternativement le dernier et le premier, et successivement de bas en haut et de haut en bas jusqu'à ce que toutes les rimes fussent employées. Chaque couplet suivant se combinait d'une manière semblable avec le couplet précédent. La pièce se terminait par un Envoi, dans lequel tous ces bouts-rimés se trouvaient répétés.

SIXTINE (Chapelle). *V.* VATICAN, dans notre *Dictionnair de Biographie et d'Histoire.*

SKIE, sorte de patin dont se servent les Norvégiens et les Lapons pour marcher sur la neige. C'est une légère planche, longue parfois de plus de 2 mèt., large seulement comme le pied, terminée en pointe et recourbée à ses extrémités. On l'attache au pied avec une bride en cuir.

SKINDAPSOS. *V.* SCINDAPSOS.

SLANG, langue du monde excentrique en Angleterre. *V.* au Supplément.

SLAVE (ANCIEN), langue morte aujourd'hui, mais qui est conservée dans la liturgie des peuples slaves attachés à l'Église grecque. On la nomme encore *ancien slavon* ou *esclavon*, *vieux bulgare*, *langue ecclésiastique* ou *ecclésiastico-slave*, *langue cyrillique*. C'est la première des langues slaves qui ait été cultivée, et elle en est le type original, le modèle le plus accompli. Entre le VIIIe et le XIIe siècle, on la regarda comme l'égale des langues grecque et latine, tandis que les autres idiomes de l'Europe parvenaient à peine à l'état de langues écrites. Elle porte à un haut degré le caractère de langue synthétique, et elle est douée d'une richesse rare de racines, de formes et d'inversions. L'admirable symétrie et les désinences sonores de la langue sanscrite, dit Eichhoff, s'y retrouvent en grande partie. Riche d'un alphabet de plus de 40 lettres, qui réunit presque tous les sons de la voix humaine, elle rend facilement les nuances de la pensée par la simple modification des désinences. Sa déclinaison, sans article, offre trois genres, trois nombres, et sept cas (nominatif, vocatif, accusatif, génitif, locatif, datif, causatif). Sa conjugaison est moins parfaite quant aux finales, qui ne se distinguent qu'à l'indicatif présent, au prétérit aux participes, celles du subjonctif et du futur même étant confondues dans le présent; mais elle offre en revanche cette singularité remarquable, qu'au moyen de certaines additions faites dans le corps même du radical, elle peut exprimer, dans leurs gradations les plus délicates, non-seulement les modes et les temps, mais les différentes conditions de l'action, son étendue, son actualité, sa fréquence, son accomplissement. Des préfixes et des affixes, judicieusement déterminés, contribuent puissamment à l'abondance du langage, en même temps qu'ils amènent la précision la plus grande en dispensant de périphrases. L'ancien slave s'est conservé pur dans la traduction des saintes Écritures par Cyrille et Méthodius. L'antagonisme des Slaves convertis à la foi grecque et des Slaves convertis à la foi romaine empêcha que cette langue ne devînt le lien de toutes les tribus. *V.* Dobrowski, *Institutiones linguæ slavicæ dialecti veteris*, Vienne, 1822; Miklosich, *Radices linguæ slovenicæ veteris*, Leipzig, 1845, et *Lexicon linguæ slovenicæ veteris*, Vienne, 1850; Joannovics, *Grammatica linguæ ecclesiastico-slavicæ*, Vienne, 1851, in-8°.

SLAVENSKI. *V.* RUSSE (Langue).

SLAVES (Langues), une des grandes familles de langues indo-européennes (*V. ce mot*). On divise les langues slaves en deux groupes : 1° celles du sud et de l'est, c.-à-d. l'*ancien slave*, le *russe*, le *bulgare*, l'*illyrien* (comprenant le *dalmate*, le *croate*, le *wende*, et le *serbe* ou *servien*); 2° celles du nord et de l'ouest, c.-à-d. le *bohème*, le *polonais*, le *sorabe*. Certains linguistes y ajoutent le groupe des langues Lettiques (*borussien* ou *vieux prussien*, *lithuanien*, *letton* ou *livonien*), dont d'autres font une famille particulière. Tous les idiomes slaves sont beaucoup moins différents entre eux que ne le sont les idiomes germaniques. A l'égard de la grammaire, ils sont de beaucoup supérieurs à tous les idiomes germaniques et néo-latins. Le substantif n'a pas d'article, et le verbe se conjugue presque partout sans pronom personnel. L'existence de sept cas dans la déclinaison rend l'emploi des prépositions très-restreint. L'adjectif a, comme en allemand, deux formes : l'une déterminée, l'autre indéterminée. Le substantif a les trois genres; mais, au pluriel, le féminin et le neutre sont souvent confondus. Le masculin des objets animés se sert du génitif au lieu de l'accusatif pour se distinguer du masculin inanimé. Plus rapprochées de la souche première que les langues germaniques, les langues slaves ont naturellement des mots longs; par suite, elles ont beaucoup moins que l'allemand et le grec la faculté de former des composés. C'est aux langues slaves que les idiomes germaniques doivent les consonnes sifflantes *s*, *z* (*ts*), *tsch*, *sch*, et les diminutifs *el*, *lein*, *chen*, qu'on ne trouve ni dans l'ancien gothique, ni dans l'ancien scandinave, et qui ne paraissent que rarement dans l'ancien haut allemand et l'anglo-saxon. Dans les idiomes germaniques, les voyelles apparaissent en majorité; les consonnes, surtout les gutturales et les dentales, dominent dans les langues slaves; la plupart des consonnes y sont doublées, et même beaucoup de mots, tels que *bolk*, *pulk*, *lan*, ne s'y trouvaient primitivement que comme des agrégations, des triples consonnes (*blk*, *plk*, *lln*). C'est à la suite d'un mélange que les gutturales et les dentales pénétrèrent dans les langues germaniques. Ce qui s'est toujours opposé à la fusion des idiomes et des littératures slaves, c'est la diversité de leurs alphabets, tels que le cyrillique, le glagolitique, le latin, l'allemand. V. Schafarik, *Histoire de la langue et de la littérature slaves d'après tous ses dialectes*, en allemand, Bude, 1826; Talvi (Mlle de Iakob), *Coup d'œil historique sur la langue slave et ses divers dialectes*, en anglais, 1834; Eichhoff, *Histoire de la langue et de la littérature des Slaves*, Paris, 1839; Mickiewicz, *Cours sur la littérature slave*, en allemand, 4e édition, Leipzig, 1849; Schleicher, *les Langues de l'Europe moderne*, trad. de l'allemand par Ewerbeck, Paris, 1852.

SLAVES (Mythologie des). Les renseignements que nous possédons sur ce sujet peu nombreux, et ne concernent le plus souvent que telles ou telles tribus slaves. Toutefois, Hamsich (*la Science du mythe slave*, Lemberg, 1842) est parvenu à dégager des traditions diverses un certain nombre de faits généraux. Il n'est pas vrai, comme l'ont pensé la plupart des mythographes, que le culte primitif des Slaves ait été un culte grossier de la nature : ce fut, au contraire, un monothéisme qui s'obscurcit à la longue, qui admit des éléments étrangers et dégénéra en polythéisme. Si les Slaves ont honoré des divinités des champs, des forêts, des fleuves, etc., ils reconnurent un Dieu suprême, tout-puissant, qui laissait le soin de régir les événements terrestres à des Dieux subalternes, issus de lui. Ce Dieu, on le trouve mentionné sous les noms de *Swantevit*, *Swetovid* ou *Swiatovit*; c'est un Dieu de la guerre : un long glaive est suspendu à son côté, et sa main gauche tient un grand arc; près de son idole étaient déposés le frein et la selle que l'on mettait au cheval blanc qui lui était consacré, et que le grand prêtre seul avait le droit de monter! On croyait qu'il chevauchait la nuit sur ce mystérieux coursier, et allait combattre les ennemis de son peuple. Il avait à Arkona, dans l'île de Rugen, un grand temple, qui fut détruit par Waldemar Ier, roi de Danemark. Après Swantevit venaient : *Radegast* ou *Roswodiz*, dieu de la force, dont l'idole, placée à Rhétra, avait une tête de taureau, et portait un cygne sur la poitrine ; *Pérun*, dieu de la foudre; *Prove*, dieu de l'équité et des jugements, représenté sous les traits d'un vieillard au long vêtement, et ayant pour attributs le serpent, symbole de la prudence, et le fer chaud des ordalies ; *Siwa*, déesse de la vie et de l'amour, figurée par une jeune fille aux longs cheveux, couronnée de feuillages, tenant une pomme d'une main et une grappe de raisin de l'autre; *Sweitix*, dieu des rayons solaires, représenté recouvert de magnifiques vêtements et entouré de flammes; *Diewana* ou *Dziewonna*, déesse des forêts ; *Podaga*, qui présidait à la chasse, à la pêche, à l'élève des bestiaux et à l'agriculture, et qu'on figurait sous les traits d'un vieillard, court vêtu, coiffé d'un bonnet pointu, le front surmonté de deux cornes, tenant d'une main un olifan, de l'autre une houlette; *Zislbog*, dieu de la pleine lune et du temps; *Iutrebog*, dieu du matin ou du l'aurore; *Bjelbog*, le dieu blanc, dieu du bien; *Czernebog*, le dieu noir, dieu du mal, etc. Les images des Dieux slaves rappellent l'Inde d'une manière frappante : c'est la même multiplicité de têtes, de bras et de jambes. Les Slaves croyaient à la résurrection après la mort, à l'immortalité de l'âme, aux peines et aux ré-

compenses futures. Les prêtres, organisés en une hiérarchie régulière, ont dû être primitivement les chefs du peuple, leur nom de *Ksiadz* ou *Kniez* ayant la double signification de prêtre et de prince. Ils accomplissaient les cérémonies du culte dans des bois consacrés ou dans des temples : les sacrifices consistaient en bœufs, moutons, fruits; les sacrifices humains, introduits de l'étranger dans quelques tribus, n'y eurent qu'une durée éphémère.   B.

SLAVON. V. SLAVE.

SLOKA, mètre héroïque dans la poésie sanscrite.

SLOOP, petit bâtiment de cabotage à un seul mât. Il est construit comme le cutter, mais dans de plus petites proportions.

SLOVAQUE (Idiome), idiome parlé par les Slaves du nord de la Hongrie, et que l'on regarde comme un dialecte du *bohême* (V. ce mot). Il n'y a pas longtemps qu'il s'est élevé à la dignité de langue écrite. Parmi les écrivains qui l'ont manié avec succès, nous citerons, au siècle dernier, Bel et Krman, traducteurs de la Bible; Stephan Leschka, qui publia le premier un journal en slovaque; Bernolak, auteur d'une Grammaire. Dans notre siècle, Georges Palkovitch, chanoine de Gran, a traduit l'Écriture sainte; Plachy, Tablitsch, Holly, se sont fait un nom par leurs poésies. J. Kollar a publié une collection de chants populaires, 1834, 2 vol.

SLOVÈNE. V. WENDE.

SMACK, sorte de grand sloop à un mât, gréé d'une voile qui se hisse avec sa vergue. Il est en usage sur les côtes d'Écosse.

SMALA. V. ce mot dans notre *Dictionnaire de Biographie et d'Histoire*.

SMOGLEUR (de l'anglais *to smuggle*, faire la contrebande), petit bâtiment du Nord destiné à la contrebande. On nomme aussi *Smogleurs* ceux qui le montent.

SNAYPURE (Idiome), un des idiomes indigènes de l'Amérique du Sud, parlé dans le territoire du haut Orénoque. Il a quelque affinité avec le caraïbe tamanaque, mais des formes grammaticales moins abondantes. Dans sa construction, les prépositions suivent leurs compléments, et les conjonctions, dont le nombre est d'ailleurs très-restreint, se mettent à la fin de la phrase. La prononciation, exempte de sons gutturaux, a beaucoup de douceur.

SOBRIQUET (du grec *hybristicos*, injurieux, ou du latin *subridiculum* ; ou du roman *sobra*, sur, et *quest*, acquis), mot qui désigna, dans le principe, un geste, un acte outrageant, de la nature de la *chiquenaude*, de la *croquignole*, puis une injure en parole. C'est ce qui distingue le sobriquet du *surnom* proprement dit, lequel rappelle indifféremment les qualités et les défauts personnels. Le sobriquet n'exerce pas sa malignité seulement sur les individus, il s'attaque aussi à des catégories, à des agrégations de personnes, à des populations entières; et son caractère satirique lui assigne une place dans l'histoire des mœurs populaires, à côté des proverbes et des dictons, dont il ne diffère souvent que parce qu'il est exprimé en un seul mot. Les peuples de l'antiquité faisaient usage, les uns envers les autres, de qualifications qui leur étaient inspirées par des sentiments d'exclusion, d'inimitié, de mépris; les Hébreux ne connaissaient, en dehors de la postérité d'Abraham, que des *Gentils ;* les Grecs traitaient de *barbares* tous les autres peuples, et ils furent imités en cela par les Romains, qui traitaient encore en *coqs* (*galli*) les *puissants*, les *forts* (*gallu*) des bords de la Seine et de la Loire, et pour qui les Scots étaient des *bannis*, les Parthes des *fugitifs*, les Slaves des *serfs*. Les individus ne se ménageaient pas davantage entre eux : dans les poëmes d'Homère, les héros s'adressent des épithètes empreintes de la grossièreté des mœurs de ce temps-là, et qui ont dans le fond une certaine analogie avec les sobriquets modernes. Chez les Romains, les hommes distingués ne furent pas à l'abri de ces surnoms injurieux qu'impose souvent le caprice ou l'erreur de la malignité publique : un Calpurnius fut surnommé *la Bête* (*Bestia*); un Scipion, *l'Anesse* (*Asina*) ; un Fabius, *la Buse* (*Buteo*), etc. Au moyen âge, en France, le sobriquet fut une arme dont le peuple se servit contre ses oppresseurs. Les provinces, les villes, les hameaux qu'animait une haine réciproque, se poursuivaient d'épigrammes. Les sobriquets s'inspirèrent aussi des faits historiques, des institutions locales, des coutumes ou des travers particuliers à toute une région, à une cité, ou à une partie de ses habitants. On disait, par exemple, les *Bacouais* d'Amiens; *Bacouais* est un terme de mépris qui indique la niaiserie, un souvenir de l'époque où la ville d'Amiens se laissa prendre par les Espagnols, grâce à quelques sacs de noix. On disait les *Sots* de Ham, par allusion à la compagnie de Sots ou de Fous qui était autrefois établie dans cette ville. Les *Chanteurs* de Sens, les *Ribauds* de Soissons, les *Usuriers* de Metz, les *Friands* de Noyon, les *Ivrognes* de Péronne, les *Dormeurs* de Compiègne, les *Singes* de Chauny, les *Corbeaux* de La Fère, les *Larrons* de Mâcon, etc., sont des dénominations caractérisant la moralité et les habitudes véritables ou supposées de toute une ville. Leur goût pour la bouillie a valu aux Normands le sobriquet de *Bouilleux*. Le nom même de *Normand* se donne à quiconque est fort réservé dans ses paroles ou paye tribut au vice de la chicane, ou passe pour avoir la conscience un peu large. Le sobriquet de *Gascon* n'est pas pris en meilleure part. Ces deux sobriquets ont même cours à l'étranger; les habitants de Bade sont appelés les *Normands* de l'Allemagne; ceux de Berlin en sont les *Gascons*. On dit les *Guêpins* (du mot *guêpe*) d'Orléans, soit à cause de l'humeur difficile des Orléanais ont été accusés quelquefois, soit à cause des gens de palais nombreux, que l'on compara à des guêpes, et qui vivaient dans cette ville quand elle possédait une École de Droit. Des sobriquets furent aussi imposés à des partis politiques : tels sont ceux de *Cabillauds* et de *Hameçons* (*V.* Cabillauds, dans notre *Dictionnaire de Biographie et d'Histoire*), de *Chaperons blancs*, de *Gueux*, dans les Pays-Bas; de *Maillotins*, et, plus près de nous, de *Bleus*, de *Blancs*, de *Rouges*, en France. Dans les correspondances diplomatiques, pour ne point nommer les personnes dont on parle, on a quelquefois employé des sobriquets : il en est ainsi dans les dépêches de Villeroy, secrétaire d'État des affaires étrangères sous Henri IV. De nos jours, l'usage des sobriquets est encore très-répandu dans les campagnes, et principalement dans le nord de la France : un ridicule, une infirmité physique, une parole maladroite, une bévue, un acte de poltronnerie, une condamnation judiciaire, suffisent pour qu'un nom soit affublé d'un sobriquet, qui reste parfois héréditaire. Les peuples et certaines classes sociales n'en sont pas plus exempts aujourd'hui qu'autrefois. Sous le nom flétrissant de *Giaour* (chien), les Ottomans confondent tout ce qui n'est pas musulman. L'Anglais appelle dérisoirement *Yankees* (*V.* notre *Dictionnaire de Biographie et d'Histoire*) les commerçants de l'Amérique du Nord. Le peuple, en Angleterre, se nomme *John Bull;* aux États-Unis d'Amérique, *Jonathan;* en France autrefois, *Jacques Bonhomme.* On dit, dans un sens ironique, les *badauds* de Paris, les *cockneys* de Londres. Les artistes et les écrivains traitent de *bourgeois* quiconque ne sait tenir un pinceau ou une plume, ce qui signifie dans leur bouche qu'on est dépourvu d'imagination et d'intelligence. Récemment, Thackeray, célèbre romancier anglais, a infligé, comme marque de niaiserie, le sobriquet de *Snob* à cette classe de gens toujours prêts à admirer sottement les choses plates et vulgaires. P—s.

SOCCUS, chaussure. *V.* notre *Dictionnaire de Biographie et d'Histoire.*

SOCIABILITÉ. *V.* Société.

SOCIALISME, mot employé pour la première fois en 1835 par Louis Reybaud, et qui s'applique à tout système ayant la prétention de refaire à neuf la société entière. Les réformateurs qui veulent abolir toute propriété individuelle et mettre tous les biens en commun, sont dits *communistes* (*V.* Communisme); ceux qui veulent seulement transformer par l'association la propriété et la famille, sont les *socialistes* proprement dits. Les socialistes et les *utopistes* ont cela de commun, qu'ils prétendent non-seulement réformer la société, mais la changer de fond en comble; ils affectent un mépris égal pour la tradition et l'autorité établie; ils procèdent par la même méthode, une imagination sans frein. Mais ils diffèrent par un trait important : les utopistes, rêveurs solitaires, plus soucieux de l'idée que de la pratique, aspirent uniquement à cette propagande naturelle et insensible que tout auteur de bonne foi souhaite d'exercer en publiant ses pensées; ils n'ambitionnent pas le rôle de chefs d'école ou de chefs de parti, et Thomas Morus, par exemple, prenait lui-même le soin de déclarer que ses idées n'étaient pas réalisables. Au contraire, les socialistes ont à cœur de mettre en œuvre leurs conceptions; ils les déclarent immédiatement praticables; dévorés d'un prosélytisme ardent, ils sont impatients d'entraîner les masses, et ne négligent aucun moyen de propagande. Les uns, comme Saint-Simon et Fourrier, socialistes philosophes, veulent convaincre les hommes de l'excellence de leurs plans; les

autres, socialistes révolutionnaires et anarchiques, comme Babeuf et certains sectaires de 1848, spéculent sur la misère publique et font appel à la violence. Le socialisme proprement dit ne date donc que de la fin du XVIII° siècle.

Comme doctrine, on en a démontré le néant (*V.* Fouriérisme, Saint-Simonisme). Tout socialisme conduit au despotisme : un maître absolu, l'État, c.-à-d., après tout, cet ensemble d'individus que le hasard et l'intrigue, plus souvent encore que le mérite, mettent à la tête de affaires, commanderait à tous comme à des esclaves, distribuerait les occupations, les honneurs et les profits Selon les socialistes, il ne doit plus y avoir d'habitation isolées, ni d'entreprises particulières; hommes et choses, tout doit être associé. Sans doute, l'association est puissante et avantageuse; mais il faut, contrairement à ce qui aurait lieu dans le système, qu'elle soit libre et équitable, constituée de manière à entretenir l'émulation et non à ressusciter les corporations, de manière à respecter dans l'homme ses sentiments, ses instincts, ses idées, sa nature, et non à les combattre pour en faire un travailleur sans intérêt, un sociétaire sans liberté. Dans les systèmes socialistes, on institue des chefs qui règlent la production, répartissent le travail, fixent la consommation : l'homme n'a plus de droits propres, il est dépouillé de sa personnalité, il n'est que le rouage d'une vaste machine. On case chacun dans un métier; mais de quel droit? Et si l'ouvrier ne veut pas du métier? S'il en a voulu, et qu'il lui déplaise? S'ils vont tous au même? On fixe les salaires par voie de règlement; mais c'est méconnaître les lois de l'Économie politique (*V.* Salaire), et assurer en quelque sorte la paresse.

Si le socialisme scientifique a fini sa carrière, ce serait une erreur de croire que le flot d'idées et de passions qu'il a soulevé se soit à jamais retiré. Ce qui a fait la force et le succès des socialistes, ce ne sont pas les systèmes qu'ils ont proposés, mais les critiques qu'ils ont lancées contre les défauts et les abus de l'organisation sociale; critiques qui n'auraient pas ébranlé le monde, si elles n'avaient renfermé quelque part de vérité. Il faut qu'une sage politique et une philanthropie éclairée s'efforcent sans relâche, sinon de faire disparaître, du moins d'atténuer les imperfections de l'ordre social. *V.* Du Puynode, *Des lois du travail et des classes ouvrières*, Paris, 1845, in-8°; L. Reybaud, *Études sur les réformateurs ou socialistes modernes*, 1847, 5° édition, 2 vol. in-8°; Stein, *Le Socialisme et le Communisme en France*, 2° édit., 1847 (en allemand); Ozanam, *Les origines du Socialisme*, Paris, 1848, in-8°; Ch. Périn, *Les économistes, les socialistes et le christianisme*, 1849, in-8°; A. Sudre, *Histoire du Communisme, ou Réfutation historique des utopies communistes*, 2° édit., 1849, in-12; Thonissen, *le Socialisme depuis l'Antiquité jusqu'à la Constitution française du 14 janvier 1852*, Louvain, 1853, 2 vol. in-8°. B.

SOCIÉTÉ, réunion d'hommes assemblés par la nature ou par les lois. J.-J. Rousseau a voulu soutenir que l'état naturel de l'homme n'était pas l'état social, mais l'état sauvage, qu'il appelait *état de nature* (*V.* Sauvage); il a prétendu que la société n'avait d'autre origine qu'un contrat entre les hommes (*V.* Contrat social). Mais l'homme est évidemment fait pour la société : il y est poussé par un instinct irrésistible qu'on nomme *sociabilité;* ses affections, comme ses besoins, l'y appellent et l'y retiennent. Ceux qui, exagérant les imperfections de l'état social, et ne songeant pas que la société est l'œuvre du temps, prétendent reconstruire l'édifice de fond en comble, sont appelés *Socialistes.*

société, en termes de Droit, réunion de deux personnes ou plus, qui conviennent de mettre quelque chose en commun, dans la vue de partager les bénéfices et de contribuer aux pertes qui pourront en résulter. Toute Société doit avoir un objet licite, et être contractée pour l'intérêt commun des parties. Chaque associé doit y apporter ou de l'argent, ou d'autres biens, ou son industrie. La convention qui donnerait à l'un des associés la totalité des bénéfices, est nulle. Il en est de même de la stipulation qui affranchirait de toute contribution aux pertes les sommes ou effets mis dans le fonds de la Société par un ou plusieurs associés. Mais il n'est pas nécessaire que la part de chaque associé soit proportionnelle à son apport. Toute Société doit être rédigée par écrit, quand son objet est d'une valeur de plus de 150 fr., calculée sur le montant réuni des apports. La preuve testimoniale n'est point admise contre et outre le contenu en l'acte de société. Chaque associé peut, sans le consentement des autres, s'associer une tierce personne relativement à la part qu'il a dans la Société; mais il ne peut, sans ce consentement, l'associer à la Société. La Société finit : 1° par l'expiration du temps pour lequel elle a été contractée; 2° par l'extinction de la chose, ou la consommation de la négociation; 3° par la mort de quelqu'un des associés; 4° par l'interdiction ou la déconfiture de l'un d'eux; 5° par la volonté qu'un seul ou plusieurs expriment de n'être plus en Société. La dissolution de la Société par la volonté de l'une des parties ne s'applique qu'aux Sociétés dont la durée est illimitée; elle s'opère par une renonciation notifiée à tous les associés. Cette renonciation n'est pas admise si elle n'est point de bonne foi, c.-à-d. si l'associé renonce pour s'approprier à lui seul le profit que les associés s'étaient proposés de retirer en commun, ni si elle est faite à contre-temps, c.-à-d. lorsque les choses ne sont plus entières, et qu'il importe à la Société que sa dissolution soit différée. La prorogation d'une Société à temps limité ne peut être prouvée que par un écrit revêtu des mêmes formes que le contrat de Société.

On nomme *Sociétés civiles* celles qui n'ont pas pour objet un commerce ou des actes de commerce. Dans ces Sociétés, les associés ne sont pas tenus solidairement des dettes sociales, mais chacun pour une part égale seulement, encore que la part de l'un d'eux dans la Société soit moindre que celle des autres; à moins que l'acte de quelqu'un des associés restreint l'obligation de celui-ci sur le pied de cette part. L'un des associés ne peut obliger les autres, à moins qu'ils ne lui aient conféré le pouvoir, ou que l'obligation n'ait tourné au profit de la Société. Les *Sociétés civiles* sont *universelles* ou *particulières*. Il y a deux sortes de Sociétés universelles : 1° celles de tous biens présents, meubles et immeubles, des profits qu'ils peuvent produire, et de toutes espèces de gains; les biens à venir n'y entrent que pour la jouissance; 2° celles des gains seulement, ne comprenant que ce que les associés peuvent acquérir pendant la durée de la Société, les meubles que chacun d'eux possède à l'époque du contrat, et la jouissance de leurs immeubles personnels. La simple convention de Société universelle faite sans autre explication n'emporte que la Société universelle de gains. Nulle Société universelle ne peut avoir lieu qu'entre personnes respectivement capables de se donner ou de recevoir l'une de l'autre, et auxquelles il n'est point défendu de s'avantager au préjudice d'autres personnes : ainsi, elle ne peut exister entre un père ou une mère et son enfant naturel adultérin.—La Société particulière ne s'applique qu'à certaines choses déterminées, ou à leur usage, ou aux fruits à en percevoir. Le contrat par lequel plusieurs personnes s'associent soit pour une entreprise désignée, soit pour l'exercice de quelque métier ou profession, est aussi une société particulière.

Les *Sociétés commerciales* sont celles qui ont pour objet de faire un commerce ou des opérations commerciales. Elles sont réglées par les lois qui régissent les Sociétés civiles, par les lois particulières au commerce, et par les conventions des parties. Il y a quatre espèces de Société commerciale : la Société en nom collectif, la Société en commandite, la Société anonyme, et la Société en participation.

La *Société en nom collectif* est celle que contractent deux personnes ou un plus grand nombre, et qui a pour objet de faire le commerce sous une raison sociale. Elle doit être constatée par acte authentique ou sous seing privé : dans ce dernier cas, l'acte doit être fait en autant d'originaux qu'il y a d'associés. On ne peut suppléer à l'acte écrit, ni par la preuve testimoniale, ni par l'aveu ou le serment. Les clauses de l'acte de société doivent être rendues publiques : à cet effet, l'extrait de l'acte est enregistré au greffe du tribunal de commerce, affiché pendant trois mois dans la salle d'audience, et inséré dans le journal ou les journaux de l'arrondissement désignés pour les annonces judiciaires. Les associés sont tenus envers les tiers sur leurs biens personnels, chacun pour le tout et solidairement. Quand il n'est pas nommé de gérant, chaque associé a le droit de gérer et d'administrer, et, en contractant sous la raison sociale, il oblige la Société sans avoir besoin de mandat spécial, sauf aux autres associés à s'opposer aux actes avant qu'ils soient accomplis. Quand il y a des gérants, ils ont seuls le droit d'engager les autres associés, en contractant sous la raison sociale. Les pouvoirs des gérants ne sont pas révocables sans causes légitimes, si leur nomination a été faite par l'acte de Société; ils sont révocables si la nomination a été faite par acte postérieur.

La *Société en commandite* est celle qui est contractée entre un ou plusieurs associés responsables et solidaires

et un ou plusieurs associés simples bailleurs de fonds, que l'on nomme *commanditaires* ou *associés en commandite*. Elle est régie sous un nom social, qui ne peut être que celui d'un ou de plusieurs des associés responsables et solidaires. Le commanditaire n'est passible des pertes que jusqu'à concurrence des fonds qu'il a mis ou dû mettre dans la Société. Il ne peut faire aucun acte de gestion, ni être employé dans les affaires de la Société, même en vertu de procuration; sinon, il serait obligé solidairement pour toutes les dettes et engagements de la Société. L'acte de Société doit être publié; il porte les valeurs fournies ou à fournir par les commanditaires, sans que les noms de ces derniers y figurent. Quand le capital social n'est pas divisé en actions, la Société se nomme *commandite simple;* quand il est divisé en actions, elle se nomme *commandite par actions*. Les associés solidaires gèrent tous ensemble, ou délèguent l'administration à un ou plusieurs gérants; dans les Sociétés par actions, il y a des assemblées d'actionnaires, dans lesquelles les gérants exposent l'état des affaires de la Société, et un Conseil de surveillance qui, sans s'immiscer dans l'administration, veille aux intérêts des actionnaires et les représente auprès de la gérance, vérifie les livres, la caisse, le portefeuille et les valeurs de la Société. Une loi du 13 juin 1867 a décidé que le capital ne peut être divisé en actions ou coupons d'actions de moins de 100 fr., s'il n'excède pas 200,000 fr., et de moins de 500 fr., lorsqu'il est plus élevé; que la Société ne peut être définitivement constituée qu'après la souscription de la totalité du capital social et le versement du quart au moins des actions souscrites; que les souscripteurs sont responsables du payement total de leurs actions pendant deux ans; que les actions ou coupons sont négociables après versement du quart; que la majorité dans les délibérations des assemblées générales doit comprendre le quart des actionnaires, et représenter le quart du capital social en numéraire; que le Conseil de surveillance, composé de trois actionnaires au moins, est nommé la première fois pour un an, et est ensuite soumis à la réélection, aux époques et suivant les conditions déterminées par les statuts; que, quand une Société est annulée pour contravention aux prescriptions légales, les membres du Conseil de surveillance peuvent être déclarés responsables, avec les gérants, du dommage résultant, pour la Société ou pour les tiers, de l'annulation de la Société; que la même responsabilité atteint les fondateurs qui ont fait un apport en nature, ou au profit desquels ont été stipulés des avantages particuliers; que les membres des Conseils de surveillance sont responsables chacun de ses fautes personnelles dans l'exécution de son mandat, mais n'encourent aucune responsabilité en raison des actes de la gestion et de leurs résultats. L'émission d'actions ou coupons d'actions d'une Société constituée contrairement à la loi est punie d'une amende de 500 fr. à 10,000 fr. Les mêmes peines frappent le gérant qui commence les opérations sociales avant l'entrée en fonctions du Conseil de surveillance. Elles sont aussi applicables à ceux qui, se présentant comme propriétaires d'actions ou de coupons qui ne leur appartiennent pas, ont créé frauduleusement une majorité factice dans une assemblée générale, et à ceux qui ont remis ces actions, sans préjudice des dommages-intérêts envers la Société ou envers les tiers; et, de plus, un emprisonnement de 15 jours à 6 mois peut être prononcé. La négociation d'actions dont la valeur ou la forme serait contraire aux dispositions de la loi, ou pour lesquelles le versement du quart n'aurait pas été effectué, est punie d'une amende de 500 fr. à 10,000 fr. Sont punis d'un emprisonnement d'un à cinq ans, et d'une amende de 50 fr. à 3,000 fr. : 1° ceux qui, par simulation de souscriptions ou de versements, ou par la publication faite de mauvaise foi de souscriptions ou de versements qui n'existent pas, ou de tous autres faits faux, ont obtenu ou tenté d'obtenir des souscriptions ou des versements; 2° ceux qui, pour provoquer des souscriptions ou des versements, ont publié les noms de personnes désignées contrairement à la vérité comme étant ou devant être attachées à la Société; 3° les gérants qui, en l'absence d'inventaires, ou au moyen d'inventaires frauduleux, ont réparti des dividendes non acquis à la Société.

La *Société anonyme* n'existe pas sous un nom social, et n'est désignée sous le nom d'aucun associé : elle est qualifiée par l'objet de son entreprise. Elle peut être formée par un acte sous seings privés fait en double original, et sans l'autorisation du gouvernement. Il ne peut y avoir moins de 7 associés. Le capital est soumis aux mêmes conditions que dans les Sociétés en commandite. L'administration de la Société anonyme s'exerce par des mandataires élus pour 6 ans au plus par l'assemblée générale, et rééligibles sauf stipulation contraire; si les statuts les désignent sans qu'il y ait lieu de demander l'approbation de l'assemblée, ils ne peuvent être nommés pour plus de 3 ans. V. le Supplément.

La Société en participation est celle par laquelle deux ou plusieurs personnes conviennent de participer à une affaire, dans la proportion déterminée par leur convention. Elle est affranchie de toutes formalités, et n'est pas nécessairement constituée par un acte écrit. Le juge peut la constater par toutes sortes de preuves, livrés de commerce, correspondance, preuve testimoniale.

Il peut être porté dans les statuts de toute Société que le capital social sera susceptible d'augmentation par des versements des associés ou l'admission de nouveaux sociétaires, et de diminution par la reprise totale ou partielle des apports. Dans ce cas, le capital social ne peut être porté par statuts constitutifs de la Société au-dessus de 200,000 fr.; chacune des augmentations, décidée annuellement par l'assemblée générale, ne peut être supérieure à 200,000 fr.; les actions doivent être nominatives, même après leur libération, et les coupons ne peuvent être inférieurs à 50 fr.; la reprise des apports ne peut réduire le capital social au-dessous du 10°.

Dans tous les actes, factures, annonces, publications et autres documents émanés des Sociétés anonymes et des Sociétés en commandite par actions, la nature de ces Sociétés doit figurer en toutes lettres, sous peine d'une amende de 50 fr. à 1000 fr.

V. Mâlepeyre et Jourdain, Traité des Sociétés commerciales, 1833, in-8°; Troplong, Commentaire sur le contrat des Sociétés civiles et commerciales, 1841, 2 vol. in-8°; Delangle, Commentaire sur les Sociétés commerciales, 1843, 2 vol. in 8°; Frouard, De la Société en commandite par actions d'après l'ancien Droit 1858, in-8°.

SOCIÉTÉS BIBLIQUES. V. Bibliques.
SOCIÉTÉS CHANTANTES ou CHORALES. V. Orphéon.
SOCIÉTÉS D'AGRICULTURE. V. Agriculture.
SOCIÉTÉS DE SECOURS MUTUELS. V. Secours Mutuels.
SOCIÉTÉS DE TEMPÉRANCE. V. Tempérance.
SOCIÉTÉS SECRÈTES, associations formées dans les buts les plus divers : les unes religieuses, comme dans les Mystères (V. ce mot) de l'Antiquité, parmi les Esséniens de la Judée, les Illuminés du XVIIIe siècle, etc.; les autres philosophiques, comme la secte Pythagoricienne; celles-ci philanthropiques, comme la Franc-Maçonnerie; celles-là politiques, comme la Sainte-Vehme, le Tugenbund et le Burschenschaft en Allemagne, le Carbonarisme en Italie et en France, l'Hétérie dans la Grèce moderne, etc. V. Association politique.

SOCLE. V. Plinthe.
SOCQUES, chaussure en bois ou en cuir, à semelle claquée, qui se met par-dessus la chaussure ordinaire, pour garantir de la boue ou de l'humidité. Elle a été inventée en 1822 par un certain Duport.

SOCRATIQUE (Philosophie). Ce qui constitue la philosophie socratique ne consiste pas dans un système, ni même dans une école particulière. Par opposition aux écoles antérieures et aux Sophistes, Socrate changea l'objet de la philosophie, en s'attachant bien plus à la connaissance de l'homme qu'à celle du monde; sa marche, en substituant la philosophie pratique à de vaines spéculations; sa méthode, en remplaçant l'affirmation hardie et dénuée de preuves des premiers philosophes et les déductions sophistiques par l'observation, l'analyse et l'induction. En ajoutant à cela l'idée d'un Dieu-Providence, d'une sanction de la loi morale après la mort, on aura la philosophie socratique. Ce qui la distingue des écoles précédentes, c'est surtout son esprit moral : le sage, selon Socrate, ne s'occupe que de sa nature morale, ne consulte que lui-même pour savoir ce qui est vrai et faire ce qui est bien. Les Écoles qui sortirent du principe socratique l'appliquèrent diversement et partiellement : les Cyniques, les plus recommandables, ne présentèrent que son héroïsme moral; les Cyrénaïques, son sens pratique de la vie; les Mégariques, sa dialectique, mais tous avec exagération. L'école d'Élis ou d'Érétrie est regardée comme ayant marché plus fidèlement sur les pas du maître; peut-être est-ce parce que cette école a laissé moins de traces dans l'histoire. Platon et Aristote reproduisent la philosophie socratique dans sa méthode

et dans ses principes essentiels; on y retrouve l'esprit critique, qui n'était pas le scepticisme, et qui distinguait avec soin l'opinion de la science, deux choses que le scepticisme confond volontiers. Platon s'attache de préférence aux idées rationnelles du beau, du vrai, du bien et du juste, que Socrate avait laissé percer dans son enseignement. L'école d'Épicure et celle du Portique se rattachent aussi à quelques égards à Socrate; celui-ci anime de son souffle toute la philosophie grecque, dont il est en quelque sorte le fondateur, de même qu'on retrouve l'esprit de Descartes dans toute la philosophie moderne. R.

SODALICIUM.) V. ces mots dans notre Dictionnaire
SODALIS.) de Biographie et d'Histoire.
SOENDA ou SOUNDA (Idiome). V. Javanaise (Langue).
SŒUR, nom donné aux enfants du sexe féminin par les enfants du même père et de la même mère, ainsi que par les enfants qui n'ont de commun que le père ou la mère. On nomme sœur germaine celle qui est issue du même père et de la même mère; sœur consanguine, celle avec laquelle on n'a de commun que le père; sœur utérine, celle avec laquelle on n'a de commun que la mère. La belle-sœur est la femme du frère. La sœur hérite de ses frère ou sœur morts sans postérité (Code Napol., 750-752); V. Frère. — On appelle Sœurs les religieuses et certaines filles qui vivent en communauté; elles quittent leur nom propre pour prendre un nom de sainte, comme sœur Thérèse, sœur Marthe.

SOFA ou SOPHA, mot de la langue turque par lequel on désigne une estrade élevée, couverte de tapis, et sur laquelle le grand vizir donne ses audiences. S'il reçoit des ambassadeurs, on met leurs sièges sur le sofa; c'est accorder les honneurs du sofa. — Chez nous, un sofa est une sorte de lit de repos à dossiers ou à coussins.

SOFFITE (de l'italien soffita), en termes d'Architecture, dessous de tout ce qui est suspendu. C'est la surface de tout membre d'architecture qui se présente horizontalement au-dessus de nos têtes, notamment d'un plafond à compartiments et à caissons. La soffite d'architrave, de larmier, etc., est la face de dessous d'une architrave, d'un larmier, unie ou décorée d'ornements.

SOFIS. V. Sophis, dans notre Dictionnaire de Biographie et d'Histoire.

SOIERIES, étoffes de soie de tous les genres. Dans les temps anciens, la soie fut un produit spécial de la Chine, qui, pendant de longues années, en fit un objet de trafic. De la Chine l'industrie de la soie passa dans l'Inde, où elle fit de rapides progrès, puis en Perse, et les Phéniciens firent commerce de ses produits. Les soieries eurent un grand succès à Rome aussitôt que la conquête eut mis les Romains en rapport avec l'Orient; ils avaient longtemps ignoré la nature et l'origine de la soie, pensant que c'était tantôt un duvet très-fin qui naissait sur les feuilles de certains arbres et de certaines fleurs, tantôt une espèce de coton ou de laine très-déliée. Héliogabale fut, dit-on, le premier qui porta chez eux des vêtements de soie. Aurélien en refusa une robe à sa femme, parce qu'il ne voulait pas payer du fil au poids de l'or. Au temps de Pline, on fabriquait des soieries à Cos. Toutefois, ce fut l'empereur Justinien qui, le premier, voulut affranchir l'Occident du tribut qu'il payait à l'Asie, et surtout du monopole que les Perses s'étaient attribué : sur ses ordres, deux moines pénétrèrent jusqu'en Chine, et en rapportèrent, dans une canne creuse, des œufs de ver à soie, en 555. Les mûriers et leurs hôtes précieux s'acclimatèrent fort bien autour de Constantinople, en Grèce, et surtout dans le Péloponèse, qui prit pour ce motif le nom de Morée. En 1147, Roger II, roi de Sicile, ayant fait quelques conquêtes en Grèce, emmena des ouvriers en soie à Palerme, où s'élevèrent de belles fabriques. On présume généralement que c'est de la Sicile, et par les îles Baléares, que l'Espagne a connu le travail de la soie : cependant, d'après le témoignage d'Édrisi, les Arabes l'auraient introduit dans ce pays avant le XIIe siècle. Quoi qu'il en soit, les soieries de Séville, de Grenade, de Tolède, de Murcie, de Valence, rivalisèrent pendant le moyen âge avec celles de la Chine. En Italie, Naples, Florence, Venise, Milan, Bologne, Lucques et Gênes s'instruisirent à l'école de Palerme. D'Italie, la soie vint en Provence : ce seraient les papes d'Avignon qui auraient, selon les uns, importé le ver à soie et le mûrier; selon les autres, les premiers mûriers furent plantés sous le règne de Charles VII. Louis XI établit, en 1470, des ouvriers italiens aux environs de Tours. L'industrie de Lyon date seulement de 1520. En 1546, l'ambassadeur vénitien Marino Cavalli écrivait qu'il y avait en Touraine 8,000 métiers. En 1559, Henri II porta les premiers bas de soie, et les seigneurs élégants l'imitèrent à la cour. Les guerres de religion arrêtèrent l'essor de l'industrie : après le rétablissement de la paix, Olivier de Serres, en 1599, dédia au corps municipal de Paris son traité de *la Cueillette de la soie;* le succès de ce livre détermina Henri IV à faire planter des mûriers blancs dans toutes les maisons royales, et à en mettre 20,000 pieds dans le jardin des Tuileries, à l'endroit où Le Nôtre planta plus tard les deux massifs de marronniers qui existent encore : dans l'orangerie de ce jardin on éleva des vers à soie. Dès lors le commerce des soieries de Tours, Orléans, Paris et Lyon, acquit une grande importance : des lettres patentes de Louis XIII disent que plus de 25,000 ouvriers travaillaient la soie à Tours. Sous l'administration de Colbert, une prime de 20 sols fut accordée aux agriculteurs pour chaque mûrier qu'ils planteraient. Lyon devint, grâce aux frères Mascany, une fabrique au moins égale aux fabriques italiennes. Il y eut un moment de décadence après la révocation de l'édit de Nantes et jusqu'au milieu du XVIIIᵉ siècle : puis le travail se releva, et, au moment de la Révolution, les 18,000 métiers de Lyon fabriquaient par an pour plus de 100 millions d'étoffes de toute espèce. La République porta à son tour un coup fatal à cette industrie, qui ne se ranima que sous Napoléon Iᵉʳ. Ce fut alors qu'apparurent les appareils à la Vaucanson; le chauffage à la vapeur pour le dévidage des cocons, les régulateurs de Dutilleul pour faciliter le tissage, le système de Maissiat pour aider à la confection des étoffes brochées, et enfin la découverte de Jacquart. Aujourd'hui on évalue à 160,000 les métiers employés à l'industrie de la soie dans toute la France, et à plus de 400 millions de francs la valeur des soieries fabriquées annuellement. B.

SOIES (Condition des). V. CONDITIONNEMENT.

SOISSONS (Église Sᵗ-GERVAIS, à). Le corps de cette église cathédrale a été élevé pendant le XIIᵉ siècle, et appartient au style romano-byzantin ; les parties supérieures sont en style ogival primitif. Le plan général est régulier, avec cette particularité remarquable que le transept méridional est en forme d'abside comme à Noyon, et flanqué à l'Est d'une chapelle circulaire à deux étages comme à Laon. L'édifice a 100 mèt. de longueur, 26 de largeur, et 33ᵐ,30 de hauteur sous voûte. Le chœur est accompagné de 5 chapelles circulaires et de 8 chapelles carrées. V. Poquet et Daras, *Notice sur la cathédrale de Soissons,* in-8ᵉ.

SOL, en termes de Droit, fonds de la propriété. La propriété du sol emporte celle du dessus et du dessous : le propriétaire peut y faire toutes les plantations et constructions qu'il juge à propos, sauf le respect des servitudes et des règlements de police ; il peut y faire des fouilles et en retirer les produits, sauf le respect des lois et décrets relatifs aux mines (V. le *Code Napol.,* art. 552 et suiv.). Tout ce qui se réunit au sol par *accession* ou *alluvion* (V. ces *mots*) appartient au propriétaire, sous certaines conditions.

sol. monnaie. V. Sou, dans notre *Dictionnaire de Biographie et d'Histoire.*

sol, note de Musique, la 5ᵉ de la gamme d'*ut.* Les Allemands la nomment **G.**

SOLAMANIE, sorte de flûte des Turcs, faite avec un roseau ou un morceau de bois mince. Elle est ouverte aux deux bouts, sans embouchure, et, par conséquent, difficile à faire résonner : certains derviches excellent cependant à en jouer.

SOLAR. }
SOLARIUM. } V. ces mots dans notre *Dictionnaire de Biographie et d'Histoire.*

SOLDAT, tout militaire qui reçoit une *solde,* et spécialement celui qui n'est pas gradé. Suivant le baron de Reden, l'Europe compterait actuellement, en temps de paix, 2,731,085 soldats, c.-à-d. 1,02 pour 100 de sa population totale, et leur entretien exigerait annuellement la somme de 1,561,618,211 fr.; de sorte que chaque soldat coûterait 571 fr. 79 c., et que chaque habitant contribuerait pour 5 fr. 78 c. à l'entretien de l'armée. Le coût annuel de chaque soldat serait, approximativement : en Russie, de 362 fr. 78 c. ; dans les États allemands, de 400 fr. 83 c. ; en Turquie, de 549 fr. 52 c. ; en Espagne, de 718 fr. 63 c. ; en France, de 860 fr. 17 c. ; en Angleterre, de 2,344 fr. 78 c.

SOLDE (du latin *solidus, soldus,* sou, monnaie), ce qui est alloué aux militaires pour leur entretien et pour les dépenses qu'exige d'eux le service. La solde augmente en proportion du grade, et varie selon le pied de paix et le pied de guerre. *Le service de la solde* pourvoit à toutes les prestations en deniers et en nature qui composent le traitement des troupes. Les *prestations en deniers* sont :

la solde proprement dite, les suppléments de solde, les hautes payes, les frais de représentation, les indemnités représentatives de fourrages, les indemnités de logement et d'ameublement, les frais de bureau, les indemnités en remplacement de vivres, les indemnités pour le cas de rassemblement de troupes, les indemnités pour perte de chevaux ou d'effets, les gratifications de première mise d'équipement allouées aux sous-officiers promus officiers, les gratifications aux sous-officiers instructeurs, les gratifications d'entrée en campagne, la masse de première mise de petit équipement donnée à chaque soldat à son entrée au corps, la prime journalière d'entretien de la masse individuelle, la masse générale d'entretien allouée aux corps de troupes, et la masse d'entretien de harnachement et de ferrage. Les *prestations en nature* sont les subsistances et le chauffage. — Avec la solde proprement dite du soldat, on fait trois parts : la 1ʳᵉ, destinée à alimenter la *masse* (V. *ce mot*), reste en réserve dans la caisse du corps; la 2ᵉ est consacrée aux dépenses de l'*ordinaire* (V. *ce mot*) ; la 3ᵉ est remise à chaque homme sous le nom de *centimes de poche.* Les deux dernières sont distribuées à l'avance sous le nom de *prêt*, les 1ᵉʳ, 6, 11, 16, 21 et 26 de chaque mois. — La solde des militaires, inférieure à 600 fr., est insaisissable; quand elle excède 600 fr., elle est saisissable, mais pour le 5ᵉ seulement.

Nous avons donné, dans notre *Dictionnaire de Biographie et d'Histoire* (art. PAYE), l'historique de la solde. Voici le tableau des soldes d'activité accordées avant 1870, et, au *Suppl.*, celles données le 25 déc. 1875.

État-major général.

Maréchal de France.	30,000 fr.
Général de division (pied de paix). .	15,000
— (pied de guerre).	18,750
Général de brigade (pied de paix). .	10,000
— (pied de guerre).	12,500

Corps d'état-major.

Colonel.	6,250 **fr.**
Lieutenant-colonel	5,300
Chef d'escadron.	4,500
Capitaine de 1ʳᵉ classe.	2,800
— 2ᵉ classe. . .	2,400
Lieutenant.	1,800

Intendance militaire.

Intendant.	10,0(0 fr.
Sous-intendant de 1ʳᵉ classe.	6,250
— de 2ᵉ classe.	5,300
Adjoint de 1ʳᵉ classe.	4,500
— de 2ᵉ classe.	2,800

Garde impériale.

Colonel.	7,975 fr.
Lieutenant-colonel.	6,235
Chef de bataillon et major.	5,220
Médecin-major de 1ʳᵉ classe. . . .	6,525
— de 2ᵉ classe. . . .	4,900
Médecin aide-major de 1ʳᵉ classe. .	3,670
— de 2ᵉ classe. .	3,300
Capitaine de 1ʳᵉ classe.	4,200
— de 2ᵉ classe. . . .	3,500
Lieutenant de 1ʳᵉ classe.	2,930
— de 2ᵉ classe. . . .	2,655
Porte-aigle.	2,560
Sous-lieutenant . . . . }	2,475
Chef de musique. . . . . }	

Infanterie.

Colonel.	5,500 fr.
Lieutenant-colonel.	4,300
Chef de bataillon et major. .	3,600
Médecin-major de 1ʳᵉ classe. . . .	4,500
— de 2ᵉ classe. . . .	2,950
Médecin aide-major de 1ʳᵉ classe. .	2,000
— de 2ᵉ classe. .	1,800
Capitaine de 1ʳᵉ classe.	2,400
— de 2ᵉ classe. . . .	2,000
Lieutenant de 1ʳᵉ classe.	1,600
— de 2ᵉ classe. . . .	1,450
Porte-drapeau.	1,400
Sous-lieutenant.	1,350
Chef de musique.	1,350

Cavalerie.

Colonel.	6,000 fr.

Lieutenant-colonel..	4,700 fr.
Chef d'escadron et major.	4,000
Capitaine de 1re classe.	2,500
— de 2e classe	2,300
Lieutenant de 1re classe..	1,800
— de 2e classe.	1,600
Sous-lieutenant.	1,500

Artillerie.

Colonel.	6,750 fr.
Lieutenant-colonel.	5,700
Chef d'escadron et major.	4,900
Capitaine de 1re classe.	3,000
— de 2e classe.	2,600
Lieutenant de 1re classe.	2,050
— de 2e classe.	1,850

Génie.

Colonel..	6,250 fr.
Lieutenant-colonel..	5,300
Chef de bataillon et major.	4,500
Capitaine de 1re classe.	2,800
— de 2e classe.	2,400
Lieutenant de 1re classe.	2,050
— de 2e classe.	1,850

Gendarmerie départementale.

Colonel..	6,500 fr.
Lieutenant-colonel..	6,000
Chef d'escadron.	4,500
Capitaine commandant de compagnie } trésorier.	3,000
— command. d'arrondissem.	2,700
Lieutenant trésorier.	2,400
— d'arrondissement.	2,100
Sous-lieutenant trésorier..	2,100
— d'arrondissement..	1,800
Adjudant-sous-officier, à cheval..	1,536
— à pied.	1,386
Maréchal des logis chef, à cheval.	1,286
— à pied.	1,136
Maréchal des logis, à cheval.	1,136
— à pied.	986
Brigadier, à cheval.	1,036
— à pied.	886
Gendarme, à cheval.	900
— à pied.	750
Élève gendarme, à cheval.	800
— à pied.	650

Marine.

Amiral.	30,000 fr.
Vice-amiral.	15,000
Contre-amiral.	10,000
Capitaine de vaisseau de 1re classe.	5,000
— de 2e classe.	4,500
Capitaine de frégate.	3,500
Lieutenant de vaisseau de 1re classe.	2,500
— de 2e classe.	2,000
Enseigne de vaisseau.	1,500
Aspirant de 1re classe.	1,000
— de 2e classe.	600
Commissaire général de 1re classe.	10,000
— de 2e classe.	8,000
Commissaire de 1re classe.	5,000
— de 2e classe.	4,500
Commissaire-adjoint de 1re classe.	3,500
— de 2e classe.	3,000
Sous-commissaire de 1re classe..	2,500
— de 2e classe.	2,000
Aide-commissaire.	1,500

SOLDE DE COMPTE.—V. COMPTE.

SOLDURIERS. V. notre *Dictionn. de Biogr. et d'Hist.*

SOLE, en termes de Marine, fond des bâtiments qui n'ont pas de quille.

SOLEA, chaussure. V. notre *Dictionnaire de Biographie et d'Histoire.*

SOLÉCISME, faute contre la syntaxe. Le mot vient de *Soles*, colonie grecque en Cilicie; les habitants de cette ville altérèrent la langue de la mère patrie, où l'expression *parler comme un habitant de Soles*, faire un *solécisme*, signifia manquer aux règles de la grammaire. Il y a, suivant les grammairiens d'aujourd'hui, un solécisme dans ce vers de Boileau (*Sat.* IX) :

C'est à vous, mon esprit, à qui je veux parler;

Mais il faut se rappeler que ce pléonasme est dans le gé-

nie et la tradition de la vieille langue. V. Génin, *Lexique comparé de la langue de Molière*, au mot : A redoublé.

SOLENNEL, en latin *solemnis* (de *solus in anno*, qui se fait une seule fois l'an), degré de festivité dans l'Église catholique, celui des fêtes qu'on célèbre avec le plus de pompe. Il vient après l'*annuel*, et se divise en *solennel majeur* et *solennel mineur*.

SOLESMES (Abbaye de). Cette abbaye bénédictine, située sur la rive gauche de la Sarthe, à 2 kilom. de Sablé, n'a plus rien de remarquable aujourd'hui que son église, ancienne basilique à trois nefs, dont il ne reste néanmoins qu'une partie. Les voûtes se distinguent par l'élégance et la pureté de leurs nervures; une grosse tour carrée, dont la base est romane et la partie supérieure ogivale, fait saillie dans les murs de la nef, et est couronnée, à une hauteur de 40 mèt., d'un dôme à lanterne construit en 1731. Des sculptures attirent l'attention sur deux chapelles, dont l'une contient un Saint Sépulcre, et l'autre cinq grandes scènes de la vie de la Vierge, sa Pamoison, sa Mort, sa Sépulture, son Assomption, sa Glorification. Ces sculptures méritent la célébrité dont elles jouissent : on les a attribuées tantôt à Germain Pilon, tantôt à des artistes italiens, et même à des Allemands. — En 1833, une association de jeunes prêtres s'établit à Solesmes pour ressusciter l'ordre de Saint-Benoît, et se livrer à des travaux littéraires. Le pape Grégoire XVI érigea, en 1835, l'ancien prieuré en titre abbatial, et déclara cette association chef d'une nouvelle congrégation française.

SOLFÉGE, livre élémentaire dans lequel sont réunis tous les principes de la lecture musicale, et où l'on peut apprendre à *solfier* (V. SOLMISATION). Un solfége doit contenir une série de leçons écrites alternativement sur toutes les clefs, dans tous les tons, dans les deux modes majeur et mineur, et dans les différentes mesures. Ces leçons doivent être classées selon leur ordre de difficulté progressive. On les écrit d'ordinaire pour une voix, et quelquefois pour deux ou trois, afin d'accoutumer l'élève à entendre des sons différents de ceux qu'il émet et procédant par un rhythme tout autre, sans que la justesse de son intonation et la précision de sa mesure en soient altérées. L'étendue du diapason n'étant pas la même pour toutes les voix, puisque celles-ci varient selon les âges et les sexes, on a dû placer, dans les solféges complets, des leçons écrites tour à tour pour soprano, contralto, ténor et basse : autrement, le professeur doit recourir à la transposition pour élever ou abaisser l'échelle dans laquelle les leçons ont été écrites. Après avoir fait une étude approfondie du solfége, l'élève doit être en état de lire couramment toute espèce de musique. On estime les *Solféges* dits d'*Italie* et du *Conservatoire* (de Paris), ceux de Rodolphe, de Chelard, de Catrufo, de Garaudé, de Panseron, etc. —B.

SOLICITOR, nom donné, en Angleterre, aux avoués et aux fonctionnaires de l'ordre judiciaire qui portent la parole. Le *Solicitor general* est notre Procureur impérial.

SOLIDARITÉ, en termes de Droit, confusion établie entre les droits de plusieurs cointéressés, de telle sorte que chacun d'eux est obligé pour le tout comme s'il était seul débiteur, ou qu'il a une action pour le tout comme s'il était seul créancier. Ainsi, le *créancier solidaire* peut réclamer du débiteur la totalité de la créance, bien qu'en réalité il ne soit créancier que d'une partie; le *débiteur solidaire* paye non-seulement pour lui, mais pour autrui (*Code Napoléon*, art. 1197-1216). Une *obligation* est solidaire, quand chacun des obligés peut être contraint pour le tout. Ceux qui ont signé, accepté ou endossé une lettre de change, sont tenus à la garantie solidaire envers le porteur, c.-à-d. que celui-ci a une action pour le tout contre chacun d'eux. Un créancier peut actionner directement l'une quelconque des cautions solidaires de la créance. La solidarité ne se présume pas, et, à moins qu'elle ne soit prononcée par la loi, elle doit être expressément stipulée. La *solidarité légale* existe surtout en matière de quasi-délits, de délits et de crimes. L'obligation imposée à chacun de réparer le dommage qu'il a causé par son fait, s'étend à tous ceux qui ont pris part au fait dommageable; tous sont tenus à cette réparation au même titre et pour la totalité, parce que le fait est indivisible relativement à celui qui en a souffert. Les individus condamnés pour un même crime ou un même délit sont tenus solidairement des amendes, des restitutions, des dommages-intérêts et des frais (*Code pénal*, art. 55). La condamnation aux frais est prononcée dans toutes les procédures solidairement contre tous les auteurs et complices du même fait et contre les personnes civilement responsables du délit. V. Rodière, *De la solidarité et de l'indivisibilité*, 1852, in-8°.

SOLIDÉO. V. CALOTTE.

SOLIDUS, monnaie. V. notre *Dictionnaire de Biographie et d'Histoire*.

SOLIER, vieux mot qui paraît avoir désigné un appartement supérieur dans une maison.

SOLILOQUE (du latin *solus*, seul, et *loqui*, parler), discours d'un homme qui s'entretient avec lui-même. Le mot est synonyme de *Monologue*. St Augustin a composé, sous le nom de *Soliloques*, un traité qui a été traduit en français par Pélissier, 1853.

SOLIN, en termes de Construction, se dit : 1° de chacun des intervalles qui se trouvent entre les solives; 2° du plâtre qu'on met sur la poutre pour la séparer des solives; 3° de l'enduit de plâtre fait le long d'un pignon pour y joindre et retenir les premières tuiles.

SOLITAIRE, espèce de jeu de patience que l'on joue seul. C'est une tablette de bois percée de 37 trous, dans lesquels on introduit des fiches en os ou en ivoire. On enlève à volonté une des fiches, puis on prend à ce jeu de la même manière qu'à celui des Dames. Il faut qu'il ne reste en définitive qu'une seule fiche sur la tablette; s'il y en a plusieurs qui, se trouvant isolées, ne peuvent plus se prendre réciproquement, la partie est perdue.

SOLIUM. V. ce mot dans notre *Dictionnaire de Biographie et d'Histoire*.

SOLIVE, pièce de charpente qui sert à former un plancher, et qui porte sur les murs ou sur les poutres. On nomme *solive de brin*, celle qui est de toute la longueur d'un arbre équarri ; *solive de sciage*, celle qui est débitée dans un gros arbre; *solive passante*, celle qui fait la largeur d'un plancher sous poutre; *solives d'enchevêtrure*, les deux plus fortes solives d'un plancher, qui servent à porter le chevêtre, — et les plus courtes solives qui sont assemblées dans le chevêtre; *solive boiteuse*, celle dont une des extrémités est scellée dans le mur, et l'autre assemblée dans un chevêtre; *solive de remplissage*, celle qui est placée entre d'autres solives pour remplir les intervalles; *solive en empanon*, une solive assemblée en biais sous un linçoir.

SOLLERETS, nom donné, à la fin du XVe siècle, à des chaussures arrondies du bout, suivant la forme du pied.

SOLMISATION, action de *solmier*, verbe qui s'employait autrefois pour dire *solfier*. Le mot vient de ce que l'échelle diatonique sur laquelle était basé ce genre d'étude commençait par *sol*, et que les notes *sol* et *mi* constituaient les deux extrêmes du système des hexacordes adopté primitivement par la musique moderne. Solfier, c'est chanter en prononçant les syllabes qui servent de dénomination aux notes. Ces syllabes sont celles de la gamme de Gui d'Arezzo, *ut, ré, mi, fa, sol, la*, auxquelles on ajouta plus tard le *si*. Nous n'avons aucune syllabe usitée pour exprimer en solfiant les demi-tons de l'échelle : l'usage a repoussé toutes les innovations qui ont été tentées pour remédier à cette imperfection. Les anciens Grecs avaient pour solfier quatre syllabes ou dénominations de notes, qu'ils répétaient à chaque tétracorde, comme nous en répétons sept à chaque octave : ces syllabes étaient, du grave à l'aigu, *té, tè, tô, ta*. V. BOISATIO. B.

SOLO, mot italien francisé, par lequel on désigne un morceau de musique joué par un seul instrument ou chanté par une seule voix, avec ou sans accompagnement. On l'applique aussi à l'artiste qui, dans un orchestre, exécute les *solos* écrits pour son instrument : un *violon solo*, un *violoncelle solo*, etc. B.

SOLSTICES (du latin *solis statio*, arrêt du soleil), points de l'écliptique situés entre les équinoxes et dans lesquels se trouve le soleil lorsqu'il est le plus éloigné de l'équateur. Ils ont été ainsi appelés, parce que le soleil semble y être stationnaire pendant quelques jours. Le solstice arrive deux fois l'an : le 20 ou 21 juin, jour auquel le soleil, après s'être approché du pôle boréal, s'arrête à l'entrée du signe du Cancer, est le *solstice d'été*, le jour le plus long; le 20 ou 21 décembre, où, après s'être approché du pôle austral, il s'arrête à l'entrée du Capricorne, est le *solstice d'hiver*, le jour le plus court. Les cercles parallèles à l'équateur que le soleil semble décrire aux époques des solstices ont reçu le nom de *tropiques*. Le grand cercle qui passe par les pôles et par les points solsticiaux s'appelle le *colure des solstices*.

SOLVABILITÉ, état de celui qui est *solvable*, c.-à-d. qui peut payer, qui peut répondre d'une dette. La solvabilité d'une caution ne s'estime qu'eu égard à ses propriétés foncières, excepté en matière de commerce, ou

bien lorsque la dette est modique (*Code Napoléon*, art. 2019).

SOMAULIS (Idiome des), un des idiomes africains. On y remarque, dans le pronom et dans les terminaisons du verbe, la trace de l'influence sémitique. Il y a deux sortes de pronoms, les séparés et les préfixes. Le pronom possessif est indiqué par un suffixe. L'article se place en suffixe, et il existe une véritable déclinaison s'effectuant à l'aide de propositions. Les deux genres sont nettement distingués, et on les attribue, même arbitrairement, aux objets inanimés. V. Rigby, *An outline of the somauli language*, dans les *Transactions de la Société géographique de Bombay*, 1850.

SOMBRER, en termes de Marine, couler bas sous voiles par l'action d'un coup de vent. Le mot vient de l'espagnol *sombrero* (chapeau), parce qu'on s'abîme dans les flots, le vaisseau sur la tête en guise de chapeau.

SOMBRERO, chapeau à bords très-larges dont on se sert en Espagne pour se garantir du soleil. Il est ainsi nommé de ce qu'il *assombrit* le visage.

SOMMAGE, obligation féodale de fournir des chevaux et des voitures pour le transport des denrées ou des meubles du seigneur.

SOMMAIRE, abrégé contenant en peu de mots la *somme* ou la substance d'un chapitre, d'un traité, d'un ouvrage.

SOMMAIRES (Causes ou Matières). V. MATIÈRES SOMMAIRES.

SOMMATION, action de *sommer*, c.-à-d. d'enjoindre à quelqu'un, suivant certaines formes établies, qu'il ait à faire telle ou telle chose; sinon, qu'on l'y contraindra. Un général, avant de donner l'assaut à une place, lui fait sommation de se rendre. Lorsqu'il se forme des attroupements sur la voie publique, l'autorité doit faire trois sommations avant de les disperser par la force. — En Droit civil, *Sommation* se dit des actes par écrit contenant une sommation faite en justice. Les avoués font des sommations de donner des copies de pièces, de fournir des défenses, de venir plaider, etc. Les huissiers font des sommations de payer, de faire des ouvrages, d'être présents à telle opération. Dans certains cas, le créancier doit faire sommation à son débiteur pour le mettre en demeure (*Code Napoléon*, art. 1139). Dans les offres de payement, la sommation doit précéder la consignation (art. 1259 et 1264).

SOMMATION RESPECTUEUSE, synonyme d'*Acte respectueux*. V. MARIAGE.

SOMME (du latin *summa*), titre de certains ouvrages qui traitent en abrégé de toutes les parties d'une science, d'une doctrine. Le plus célèbre est la *Somme* de St Thomas d'Aquin, sorte d'encyclopédie de théologie et de métaphysique. La *Somme rurale* de Jean Bouthillier est un traité de Droit et de Pratique à l'usage du parlement de Paris.

SOMMEIL. Après un état de veille plus ou moins long, l'homme éprouve un sentiment de fatigue, les mouvements deviennent plus difficiles, l'intelligence se trouble, le besoin d'un repos qui répare les forces perdues se fait impérieusement sentir, et l'homme cède au sommeil. Alors les sens ne fonctionnent plus ; la vue cesse d'abord, puis le goût, l'odorat, l'ouïe, et enfin le tact. Le sommeil est profond ou léger, mais il arrive souvent que plusieurs organes de la vie de relation conservent leur activité, comme quand on dort debout, en marchant. Un ou plusieurs sens peuvent rester éveillés, le cerveau ressentir des manières d'être qui se développent; l'intelligence s'exerce également (V. RÊVE, SONGE, SOMNAMBULISME). L'esprit ne perd pas entièrement son activité, mais la volonté se repose. V. Aristote, *Du sommeil et de la veille*; Formey, *Essai sur les songes*, dans les *Mémoires de l'Académie de Berlin*, 1746; Cabanis, 10e Mémoire, *Du sommeil*; Maine de Biran, *Considérations sur le sommeil*; Jouffroy, *Recherches sur le sommeil*, dans ses *Mélanges*; Macnish, *Philosophy of sleep*, Glasgow, 1830; Charma, *Du sommeil*, 1851. R.

SOMMEIL (Le), divinité allégorique. V. notre *Dictionnaire de Biographie et d'Histoire*.

SOMMELIER (de *somme* argent, capital), celui qui, dans un Communauté ou dans une grande maison, surveille le linge, la vaisselle, le pain, le vin, etc.; — dans un sens plus restreint, celui qui a la charge de soigner le vin.

SOMMIER, en termes de Construction, première pierre qui pose sur les pieds-droits ou les colonnes, quand on forme un arc, une plate-bande ou quelque couverture carrée; — grosse pièce de bois qui porte sur deux pieds-droits de maçonnerie, et sert de linteau à une porte ou à une croisée; — pièce de bois à laquelle est suspendue une cloche, et dont les extrémités sont garnies de tourillons ferrés qui en facilitent le jeu.

SOMMIER, en termes de Comptabilité, gros registre où les commis inscrivent les sommes qu'ils reçoivent.

SOMMIER. C'est, dans l'orgue, la pièce sur laquelle sont implantés les tuyaux. Le sommier, placé au-dessus d'un réservoir d'air nommé laye, reçoit l'air qui lui est transmis par la soufflerie, et le distribue dans les différents tuyaux au moyen de registres (V. ce mot) que l'organiste fait mouvoir à volonté. En pressant les touches du clavier qui correspondent aux soupapes des sommiers, les tuyaux parlent chacun selon sa nature et son intonation. Il y a dans tout orgue autant de sommiers qu'il y a de claviers.   F. C.

SOMMISTE, officier de la chancellerie romaine dont les fonctions sont de faire faire les minutes, et de les plomber.

SOMNAMBULISME (du latin somnus, sommeil, et ambulare, marcher), état d'un homme endormi et qui marche, qui agit comme s'il était éveillé; c'est le cas du somnambulisme naturel. Dans le rêve ordinaire, le dormeur reste couché; dans le somnambulisme, il se lève, il exécute tous les mouvements volontaires de l'état de veille. La mémoire retrace au somnambule, et dans un enchaînement parfait, ses idées, ses affections, et l'imagination lui représente avec force et clarté les objets qui lui sont connus, et dans des rapports perçus durant la veille. Il est probable que l'organe de la vue n'est pas entièrement annulé dans le somnambulisme; mais le sens le plus éveillé est celui du toucher. C'est par lui surtout que le dormeur peut exécuter ses promenades périlleuses sur les toits, au bord des fleuves; comme il ne les fait que dans les lieux qu'il connaît, la mémoire lui est d'un grand secours. C'est encore au toucher que le somnambule doit de pouvoir écrire, et choisir, parmi les objets les plus ténus, ceux qu'il destine aux ouvrages les plus délicats. On a prétendu que le somnambule ne conserve aucun souvenir des faits qui constituent son état pendant le sommeil; mais il existe des exemples de somnambules qui conservaient quelque souvenir de cet état; le valet de Gassendi était dans ce cas. Le somnambulisme résulte d'une excitation du système nerveux qui agit sur le cerveau.

On rattache au somnambulisme naturel un état avec lequel il a de l'analogie, et qu'on désigne sous le nom de somnambulisme artificiel, ou magnétisme animal. Le corps et ses organes, ainsi que l'âme, sont amenés à cet état artificiellement, par les procédés du magnétiseur. Il en résulte une grande insensibilité externe, et pour l'intelligence une lucidité merveilleuse. Le sujet qui est amené au somnambulisme magnétique peut goûter des saveurs par le creux de l'estomac, percevoir les objets, lire à travers les corps les plus opaques et même à des distances sans bornes. Il est difficile de savoir ce qu'il y a réellement de vrai ou de faux dans ces prétentions, entachées pour le moins d'exagération. Les faits proclamés par les partisans du somnambulisme artificiel sont rendus suspects par tant de supercherie, et par des échecs si notoires, que le doute est permis pour une certaine catégorie de phénomènes extraordinaires; ceux qu'on peut admettre rentrent dans la classe des faits physiologiques et psychologiques ordinaires. V. MAGNÉTISME ANIMAL. R.

SOMPTUAIRES (Lois). V. notre Dictionnaire de Biographie et d'Histoire.

SON, mouvement de vibration ou d'ondulation imprimé à un corps sonore ou élastique, communiqué ensuite par ce corps à l'air qui l'environne, et transmis enfin par l'air à l'organe de l'ouïe, qui en reçoit l'impression. Un son est plus ou moins grave ou aigu, suivant le nombre des ondes qu'il produit en un certain temps dans l'air. L'intensité du son dépend des compressions plus ou moins fortes et des vitesses plus ou moins grandes que l'air a reçues du corps sonore et qui se transmettent jusqu'à l'ouïe. Le timbre des sons dépend de l'ordre dans lequel se succèdent les vitesses et les changements de densité dans les différentes tranches d'air qui sont comprises entre les deux extrémités de l'onde.

Il y a une infinité d'intonations possibles entre le son le plus aigu et le son le plus grave. Chacune de ces intonations étant un son distinct, leur nomenclature eût été un embarras pour la mémoire : mais, au delà d'un certain nombre de sons rangés dans un ordre ascendant ou descendant, les autres se reproduisent dans le même ordre, et n'ont avec les premiers d'autre différence que

celle qui résulte d'une voix aiguë à une voix grave qui s'accordent ensemble; on a été amené ainsi à reconnaître que, parmi les sons, les uns ne sont que la répétition des autres à une certaine distance, et c'est cette distance qui s'appelle octave. Pour nommer les sons, on n'a donc eu besoin que de 7 lettres, A, B, C, D, E, F, G, ou de 7 syllabes, ut, ré, mi, fa, sol, la, si. La série de ces lettres ou de ces syllabes est la gamme. Après avoir ainsi désigné les sons, on s'aperçut qu'il y en avait d'intermédiaires, que l'oreille appréciait parfaitement; qu'entre les sons désignés par ut et ré, par exemple, il y en avait un troisième également éloigné de l'un et de l'autre. Pour ne pas multiplier les noms, on supposa que ce son est quelquefois ut élevé, quelquefois ré abaissé; on nomma l'un ut dièse, l'autre ré bémol, et l'on fit de même pour les autres sons intermédiaires en conservant au mot dièse le sens d'élevé, au mot bémol le sens d'abaissé. La succession des sons se nomme mélodie (V. ce mot); de leur simultanéité résulte l'harmonie (V. ce mot). Le rapport d'un son à un autre est un intervalle (V. ce mot). La musique ne s'est pas bornée à nommer les sons, elle les écrit, elle en détermine l'intonation et la durée : l'ensemble des signes employés à cet effet constitue la notation musicale (V. ce mot). — Les sons appréciables sont ceux dont on peut trouver ou sentir l'unisson et calculer les intervalles. On compte 8 octaves et demie, depuis le tuyau de trente-deux pieds de l'orgue jusqu'au son le plus aigu de cet instrument. — Il y a aussi un degré de force au delà duquel le son ne peut plus s'apprécier : on ne saurait, par exemple, apprécier le son d'une grosse cloche dans le clocher même.   B.

SONS BOUCHÉS. V. COR.

SONS HARMONIQUES. V. HARMONIQUES.

SONATE (du latin sonare, jouer d'un instrument), toute pièce de musique écrite pour un instrument. Elle se compose ordinairement d'un allegro, d'un adagio, et d'un presto ou rondo; quelquefois on y joint un menuet ou scherzo. Sébastien Bach a fait des sonates à 4 et même à 5 morceaux. Les Italiens distinguaient autrefois la sonate de chambre et la sonate d'église, celle-ci demandant un style et une harmonie plus travaillée que celle-là. Quand la sonate est accompagnée par un ou deux instruments, elle prend le nom de duo ou de trio. La sonate est une étude, un exercice, et presque toujours très-difficile : elle demande à être jouée avec précision, sans broderies ni traits brillants. Au XVIIIe siècle, les compositeurs écrivirent un grand nombre de sonates; aujourd'hui c'est un genre abandonné pour les airs variés et les fantaisies. Les meilleures sonates de piano ont été faites par Ch.-Ph.-Em. Bach, Haydn, Mozart, Beethoven, Clementi, Dussek, Steibelt, Pleyel, Adam, Cramer, Kalkbrenner, Moschelès, Field, Hummel; celles de Sébastien Bach pour clavecin et violon sont des chefs-d'œuvre. Corelli, Tartini, Locatelli, Nardini, Leclair, Viotti, Baillot, Kreutzer, Rode, en ont composé pour le piano, Francischello et Duport pour le violoncelle, Krumpholtz pour la harpe. On en fait beaucoup moins pour les instruments à vent : on peut citer toutefois celles de Krommer, de Reicha, de Devienne, de Berbiguier, etc.   B.

SONGE (du latin somnium), mot employé souvent comme synonyme de Rêve (V. ce mot), et qui se dit particulièrement d'un rêve dont les idées sont bien suivies, qui a toute l'apparence de la réalité, et que l'on se rappelle dans son entier. V. SONGES, dans notre Dictionnaire de Biographie et d'Histoire.

SONHO (Idiome), dialecte de l'idiome congo (V. ce mot). Le P. Cannecattim en a publié un Dictionnaire, à la suite de sa Grammaire de la langue abounda.

SONNERIE, son de plusieurs cloches qui se font entendre soit ensemble, soit successivement; — totalité des cloches d'une église. V. CARILLON.

SONNERIE, air de trompettes ou de clairons indiquant un service de cavalerie. Il y a 28 sonneries; les principales sont le réveil, la générale, le boute-selle, l'appel, la retraite, la charge, etc.

SONNET, petite pièce de vers composée de deux quatrains, sur deux rimes, et deux tercets, sur d'autres rimes. Boileau, dans son Art poétique, en a tracé les règles. Il paraît certain que le sonnet remonte au temps des Trouvères, bien que Pétrarque passe pour en être l'inventeur : mais le sonnet, à cette époque, n'était qu'une pièce de vers en stances ou coblas, qu'on accompagnait au son d'un instrument. Le véritable sonnet, dont la forme poétique est due peut-être à l'influence des Arabes, n'apparaît en Sicile qu'au XIIIe siècle : ce n'est qu'au XVIe que nos poètes, Mellin de Saint-Gelais, Joachim Du Bellay et Pontus de Thiart, l'empruntèrent aux Italiens. La règle à laquelle ont toujours cru devoir s'astreindre les poëtes italiens, de terminer le sonnet par un trait brillant, est peut-être une des causes de ces *concetti* qu'on leur reproche. En France, le sonnet ne fut dans toute sa vogue que sous Louis XIII et au commencement du règne de Louis XIV. Les deux factions qui, sous le nom d'*Uranistes* et *de Jobelins*, divisèrent, en 1651, la cour et la ville, à l'occasion des sonnets assez médiocres de Voiture et de Benserade, montrent quelle importance on attachait alors à ce genre de poésie. Desbarreaux, Malleville, Hesnault, s'y distinguèrent. C'est l'époque enfin où Boileau proclamait le sonnet sans défaut égal à un long poëme. Le sonnet du *Misanthrope* fut la première protestation; et, dès ce moment, la vogue du sonnet déclina de plus en plus jusqu'au XVIIIᵉ siècle, où il fut totalement abandonné. Quelques-uns de nos contemporains ont essayé de le rajeunir : M. Sainte-Beuve, entre autres, a pris chaleureusement sa défense dans un sonnet où sont rappelés les noms de tous ceux qui s'y sont distingués; et c'est le motif qui nous détermine à le citer :

> Ne ris point du sonnet, ô critique moqueur;
> Par amour autrefois en fit le grand Shakspeare;
> C'est sur ce luth heureux que Pétrarque soupire,
> Et que Le Tasse aux fers soulage un peu son cœur.
>
> Camoëns de son exil abrège la longueur;
> Car il chante en sonnets l'amour et son empire;
> Dante aime cette fleur de myrte, et la respire,
> Et la mêle au cyprès qui ceint son front vainqueur.
>
> Spencer, s'en revenant de l'île des Féeries,
> Exhale en longs sonnets ces tristesses chéries;
> Milton, chantant les siens, ranimait son regard;
>
> Moi, je veux rajeunir le doux sonnet en France.
> Du Bellay, le premier, l'apporta de Florence,
> Et l'on en sait plus d'un de notre vieux Ronsard.

G.

SONNETTE, machine dont on se sert pour enfoncer des pilotis et des pieux. Elle porte le *mouton*, masse de bois, de fer ou de fonte, qu'elle élève en l'air et laisse ensuite retomber. La force du coup porte aplomb sur la tête des pilotis. On distingue deux sortes de sonnettes : 1° la *sonnette à tiraude*, composée d'un mouton glissant dans deux coulisses ou montants verticaux, et suspendu à une poulie placée au sommet des montants; la corde se divise, de l'autre côté de la poulie, en un faisceau de cordes, sur lesquelles des ouvriers tirent et qu'ils lâchent ensemble; 2° la *sonnette à déclic*, plus puissante que la précédente, est manœuvrée par un cheval placé dans un manège, qui par correspondance fait marcher un treuil autour duquel s'enroule la corde du mouton; la tête du mouton est saisie par des pinces en X, qui, arrivées à la hauteur voulue, s'engagent dans le déclic ou espèce d'entonnoir renversé qui les force à s'ouvrir et à lâcher le mouton; d'autres fois le déclic porte sur le treuil. *V.* au *Supplément.*   E. L.

SONOMÈTRE (du latin *sonus*, son, et du grec *métron*, mesure), appareil composé de plusieurs cordes parallèles, supportées par des chevalets mobiles. On s'en sert pour trouver les rapports des intervalles harmoniques.

SOPHA. *V.* Sofa.

SOPHIE (Basilique de Stᵉ-), à Constantinople. Après s'être établi à Byzance, Constantin avait bâti et dédié un temple à la Sagesse éternelle, à *Sainte Sophie*. Cet édifice, où l'on avait entassé les marbres les plus rares et les matières les plus précieuses, fut agrandi sous le règne de Constance, mais devint la proie des flammes dans une émeute soulevée par les Ariens contre St Jean Chrysostome en 404, sous le règne d'Arcadius. Théodose II le fit réparer en 415; mais, en 532, un nouvel incendie, allumé par les factions du cirque, le consuma complètement. Justinien ordonna aussitôt la construction d'une nouvelle basilique, dont les travaux, dirigés par Anthémius de Tralles et Isidore de Milet, employèrent 10,000 ouvriers. Quand le monument fut achevé, l'empereur, pensant au Temple de Jérusalem, s'écria avec orgueil : « Salomon, je t'ai vaincu! » La forme primitive de Stᵉ-Sophie était celle d'une croix grecque surmontée d'une coupole sphérique : un tremblement de terre ayant renversé le dôme en 558, l'architecte chargé de le reconstruire fit la voûte surbaissée et elliptique qu'elle était, et, pour lui donner plus de solidité, il plaça entre les grands piliers deux rangs superposés de colonnes de granit réunies par des arcades. C'est en cet état que les Turcs trouvèrent la basilique en 1453, époque où elle fut convertie en mosquée,

Le plan de Stᵉ-Sophie forme presque un carré : il mesure 82 mèt. de longueur, sur 74 de largeur. Deux galeries transversales, longues de 60 mèt., forment deux vestibules. Dans la 1ʳᵉ, dite *narthex*, et large de 6 mèt., les pénitents s'arrêtaient avec humilité. La 2ᵉ, large de 10 mèt., donne entrée dans l'église par 9 belles portes de bronze, ornées de bas-reliefs. L'édifice, vu de l'extérieur, présente un aspect peu agréable, par le mélange confus de constructions hétérogènes. Cependant l'effet du dôme, appuyé par d'énormes contre-forts, est imposant. Les Turcs ont élevé aux angles, dès les premiers temps de leur conquête, quatre grêles minarets (*V.* la fig. ci-dessous*). L'intérieur du monument était jadis

Basilique de Sainte-Sophie.

couvert de peintures et de fresques; ces œuvres intéressantes ont été masquées sous un badigeon par les Turcs. Le pavé, en mosaïque de vert antique et de porphyre, est caché par des tapis, pour que le bruit des pas du passant ou du visiteur ne trouble pas les prières des fidèles. Les colonnes de porphyre, de granit égyptien et d'autres marbres précieux, sont fort belles; mais elles ont été surmontées de chapiteaux mal assortis, et le mélange des ordres et des proportions indique que ce sont des débris d'autres temples, placés là sans goût et contre toutes les règles de l'architecture. Sur les parois des murs on voit des types sont écrits, en caractères arabes, les noms de Dieu, de Mahomet, et des quatre premiers califes, Abou-Bekr, Omar, Othman, et Ali. A la hauteur de la naissance de la voûte, au-dessus des bas côtés, règnent de spacieuses galeries, auxquelles on arrive par un chemin voûté et qui s'élève en spirale; elles étaient autrefois réservées aux femmes, qui, d'après le rit grec, devaient être séparées des hommes à l'intérieur des églises. La voûte, dorée à profusion, est composée de petits morceaux de pierre et de verre colorés, qui forment des groupes de fleurs ou des figures géométriques. La croix grecque est couverte d'une coupole de 34 mèt. de diamètre, reposant sur un tambour court, percé de 24 fenêtres petites et basses, qui éclairent l'église. C'est le premier modèle des coupoles soutenues à une grande hauteur sur des arcs et des pendentifs. La tentative fut d'autant plus hardie, que la courbe du dôme est très-médiocre, et que la profondeur du dôme n'égale pas un sixième de son diamètre. Des groupes de fleurs parfaitement peints ornent cette coupole; aux quatre angles sont quatre Archanges, avec leurs noms inscrits en colossales lettres turques; un grand nombre de lampes en verres de diverses couleurs, et mêlées de globes de cristal, d'œufs d'autruche, et d'ornements d'or et d'argent attachés à des cercles, sont suspendues au dôme. Une large abside, qui occupe le fond de la nef principale, formait primitivement le sanctuaire et contenait le maître-autel, le seul au reste qui existât dans toute la basi-

lique : on y conserve aujourd'hui l'exemplaire original
du Koran. Près de l'abside est le trône du sultan, en
marbre blanc uni ; du côté opposé est une chaire en
pierre, où le mufti monte tous les vendredis pour lire le
Koran au peuple. L'édifice ne renferme aucuns siéges
pour les fidèles. Quatre salles irrégulières, pratiquées
extérieurement à la rencontre des bras de la croix grecque, ont donné au plan de Ste-Sophie la forme carrée
qu'il présente actuellement.
B.

SOPHIS. V. ce mot dans notre *Dictionnaire de Biographie et d'Histoire*. •

SOPHISME, faux raisonnement qui provient de la
mauvaise foi. Il se distingue du *Paralogisme* (*V. ce mot*),
qui est l'effet de la faiblesse de l'intelligence. Le sophisme suppose l'intention de tromper ; c'est un argument faux, qui, revêtu d'une forme captieuse, est destiné
à exploiter notre faiblesse, nos préjugés, notre ignorance, au profit de la passion, du mensonge et de la subtilité. Les sophismes sont innombrables : toutes nos opinions, toutes nos erreurs peuvent devenir des sophismes.
Aristote les divise en *sophismes de mots* ou *de grammaire*
et *sophismes de raisonnement* ou *de logique*. Les premiers affectent le sens des termes ; les seconds sont des
vices de raisonnement, et sont relatifs, soit à l'induction, soit à la déduction. Les principaux sophismes de
mots sont : l'*équivoque*, le sophisme de *composition*, le
sophisme de *division*. Les sophismes d'induction sont :
le sophisme de la *cause*, le sophisme de l'*accident* ; le
dénombrement imparfait. Les sophismes de déduction
sont : l'*ignorance du sujet*, la *pétition de principe*, le
cercle vicieux (*V. ces mots*).
H. D.

SOPHISTES (du grec *sophos*, sage). Le nom de Sophiste se prit d'abord en bonne part, ensuite il devint
une sorte de flétrissure. A peu d'exception près, les Sophistes étaient des hommes avides et adroits, qui prétendaient tout savoir et tout enseigner. En Grèce, où la
parole donnait le crédit et la puissance, ils gagnaient la
jeunesse en lui enseignant la rhétorique, qui n'était pour
eux que l'art de fortifier les mauvaises causes, d'affaiblir
les bonnes, et de plaider indifféremment le pour et le
contre. Leur procédé consistait, selon Aristote, à combattre par des raisonnements captieux la proposition
établie, à amener leurs adversaires à avancer une chose
fausse ou à soutenir un paradoxe, à les mettre en opposition avec les règles du langage, à les faire tomber dans
des expressions tautologiques. Parmi ceux qui marquèrent comme philosophes, on cite Gorgias de Léontium,
qui voulut prouver : 1º que rien n'existe ; 2º que, lors
même qu'une chose existerait, nous ne pourrions la connaître ; 3º que, lors même que nous connaîtrions ce qui
existe, nous ne pourrions le faire connaître aux autres.
Cela revenait à dire que l'être et la vérité sont impossibles. Gorgias laissa la philosophie pour la rhétorique
comme plus lucrative ; Protagoras, dont le principe était
que l'homme est la mesure de toute chose, ce qui voulait dire que ce qui est vrai pour l'un ne l'est pas pour
l'autre, qu'une chose est et n'est pas à la fois, arrivait
au même résultat que Gorgias. On a prétendu que ces
deux Sophistes, hommes d'un talent réel, n'avaient pas
parlé sérieusement, et qu'ils s'étaient proposé, dans leurs
doctrines, de faire la critique des systèmes antérieurs,
surtout de ceux de l'école de Mégare et d'Héraclite.
Après eux, on cite Métrodore de Chio, Prodicus, Hippias, Diagoras, surnommé l'*Athée*, Anaxarque, Euthydème, et Critias, qui fut, à ce que l'on croit, l'un des
trente tyrans d'Athènes. La plupart étaient plus rhéteurs que philosophes ; mais tous avaient en commun un
esprit de négation qui distingue les *sophistes* des *sceptiques*, mais qui conduisait, par le dérèglement de la
raison, à méconnaître les vérités les plus précieuses et
les lois les plus sacrées de la morale, soutenant, comme
on le voit dans le *Gorgias* de Platon, que le juste et le
beau, dans l'ordre naturel, consistent dans le bonheur,
et le bonheur dans la liberté pour chacun de s'abandonner à ses passions. Cependant les Sophistes ne furent
pas sans utilité. Ils rendirent plus générale la culture intellectuelle, l'étude des lettres et des sciences ; par eux la
philosophie et l'enseignement en général revêtit les
formes d'un langage clair, élégant, et accessible à tous.
Ils firent comprendre les dangers d'un dogmatisme téméraire ; par leurs excès mêmes ils préparèrent Socrate.
V. la plupart des dialogues de Platon, et en particulier
Les Sophistes ou *Protagoras*, le *Gorgias*, le *Premier Hippias*, le *Théétète* ; Aristote, *Des argumentations sophistiques*.
R.

SOPHISTIQUE, mot qui s'entend de l'art des So-

phistes, et de la partie de la Logique qui traite des sophismes.

SOPRANO, mot italien qui s'emploie pour désigner la
plus aiguë des voix humaines (*V.* Voix) et des parties
vocales de la musique. On l'appelle en France le *Dessus*
(*V. ce mot*). Les voix de *soprani* sont celles des femmes,
des enfants, et des castrats (*V. ce mot*), et ces derniers
sont souvent désignés par le nom de *Sopranistes*. Un
mezzo soprano est une voix de femme intermédiaire
entre le *soprano* et le *contralto* (*V. ce mot*), et qui participe de l'une et de l'autre.
B.

SORABE (Idiome), appelé aussi *Vénède*, idiome slave
parlé dans une partie de la Lusace, depuis Lobau jusqu'à Lübben, et qui était jadis répandu entre la Saale,
l'Elbe et l'Oder, dans toute la contrée occupée par les
Sorbes ou Sorabes. Il est partagé en deux dialectes, rapprochés l'un du bohème, l'autre du polonais. Il a emprunté à l'allemand beaucoup de mots, l'article et autres
particularités inconnues aux idiomes slaves non mélangés.

SORBONIQUE, thèse qu'on soutenait autrefois en Sorbonne pour être reçu docteur en théologie : elle durait
depuis 6 heures du matin jusqu'à 6 heures du soir. On
appelait *Sorboniste* tout gradué de la Sorbonne.

SORBONNE. V. ce mot dans notre *Dictionnaire de
Biographie et d'Histoire*.

SORDONE ou SOURDON, instrument à vent formé
d'un double tube, comme le basson, et qui n'est plus en
usage.

SORITE (du grec *sóros*, monceau), raisonnement composé de plusieurs syllogismes, enchaînés entre eux de
telle sorte que l'attribut de la majeure devienne le sujet de
la mineure, l'attribut de la mineure le sujet de la proposition suivante, et ainsi jusqu'à la dernière proposition,
dont l'attribut doit être combiné avec le sujet de la première. C'est à l'aide du sorite que les Stoïciens démon-
traient que le sage est heureux et que la sagesse suffit
au bonheur. Voici ce raisonnement : « Qui est sage est
tempérant ; qui est tempérant est constant ; qui est constant est sans trouble ; qui est sans trouble est sans tristesse ; qui est sans tristesse est heureux : donc le sage
est heureux, et la sagesse suffit au bonheur. » Le sorite
abrége et simplifie tous les syllogismes dont il est composé ; aussi convient-il parfaitement aux sciences mathématiques, qui, opérant sur une seule idée, celle de
quantité, peuvent passer rapidement d'un rapport à un
autre, en supprimant les propositions intermédiaires
dont la répétition n'est pas nécessaire à la clarté de la
démonstration. Leibnitz remarque que les démonstrations
d'Euclide ressemblent à des arguments en forme, en se
rapprochant cependant beaucoup plus du sorite que du
syllogisme complet. Mais si le sorite est la forme la plus
commune des démonstrations mathématiques, il ne saurait être employé de la même manière dans les autres
sciences ; il demande une attention soutenue pour saisir
le rapport non exprimé des propositions entre elles ; et,
quand on opère sur des idées complexes, comme dans la
Jurisprudence ou la Philosophie, il faudrait une intelligence au-dessus de l'humanité pour suivre un raisonnement en sorites, sans jamais se laisser abuser par un
rapport mal établi entre deux idées, ou par une conséquence mal déduite.
H. D.

SORTIE, grand morceau d'orgue que l'on joue à la fin
de l'office divin, pendant que les fidèles se retirent.

SORTISATIO, nom latin que les vieux théoriciens de
la musique donnent à un déchant (*V. ce mot*) improvisé
à plusieurs voix, et en quelque sorte *devine*. En vieux
français, *sortisser* signifiait *deviner*.

SOTADÉEN ou SOTADIQUE (Vers), vers grec et latin,
ainsi appelé d'un certain Sotadès qui l'avait ou inventé
ou plutôt très-fréquemment employé. Il paraît avoir été
primitivement destiné à la récitation plutôt qu'au chant.
Il a pour base le mètre ionique majeur, et forme proprement un tétramètre brachycatalectique, c.-à-d. qu'il se
compose de trois ioniques et d'un trochée final ; quelquefois les ioniques sont remplacés par autant de ditrochées ;
d'autres fois, et c'est la forme la plus usitée, il commence
par deux ioniques suivis de trois trochées :

Ter corripu|i terribil|em man|u bi|pennem.
(PÉTRONE.)

Quelquefois l'un des trochées se résout en un tribraque :

Ferrum tĭmŭļi, quod trĕpĭd|o malļē dăbăt | usum.
(PÉTRONE.)

Le sotadéen pur, lu à rebours, pouvait former un hexamètre : Sotadès, dit-on, s'était amusé à ce jeu. Quintilien cite un vers de ce genre, improvisé par un de ses amis :

Messem a.·ea|, classes mare|, cœlum tenet | astra.

Les vers sotadéens étaient souvent employés dans les sujets licencieux, et Quintilien dit qu'il n'oserait pas exposer les règles de ce genre de poëme. **P.**

SOTIE, satire dramatique née du mélange de la Farce et de la Moralité. Ce nouveau genre fut mis en honneur par les *Enfants Sans Souci*, joyeuse réunion de jeunes gens dont le chef s'appelait le *Prince des Sots*. Ils furent autorisés par Charles VI à élever des échafauds sur la place des halles, pour y représenter leurs *soties*. La liberté de leurs attaques alla souvent jusqu'à la licence; ils ne respectèrent ni la religion, ni la politique, ni même la vie privée des personnages qu'ils mettaient en scène. Il est vrai qu'ils commençaient par se jouer eux-mêmes, et se livraient les premiers à la risée de la multitude. Néanmoins l'extrème hardiesse de leurs satires, le langage irrévérencieux qu'ils se permettaient dans des allusions que tout le monde pouvait comprendre, leur firent de nombreux ennemis parmi les gens de robe, d'église et d'épée. Mais ils furent presque constamment protégés par la royauté. Charles VIII seul, dans un moment de colère, leur enleva les priviléges qu'ils tenaient de Charles VI; Louis XII les leur rendit. Ce prince supporta avec une admirable patience les railleries souvent indécentes des Enfants Sans Souci : une seule fois la colère l'emporta, après une allusion blessante pour la reine Anne de Bretagne; mais il se calma bientôt, et, plus tard, quand il fut en lutte avec le pape Jules II, il se servit des Enfants Sans Souci pour faire approuver sa politique par l'opinion populaire. Sous François Ier, la liberté de ces représentations fut d'abord restreinte par l'institution de la censure, puis complétement abolie par l'interdiction des Farces et des Soties.

Les plus célèbres soties sont : *le Vieux-Monde, le Nouveau-Monde*, et le *Prince des sots*. *Vieux-Monde* est un vieillard décrépit, qui se plaint toujours. *Abus* l'engage à prendre du repos, et lui promet de gouverner le monde pendant son sommeil. Le vieillard est à peine endormi, qu'*Abus* appelle à lui tous ses amis. On voit alors arriver *Sot dissolu*, habillé en homme d'église, *Sot glorieux* en gentilhomme, *Sot corrompu* en robe de procureur, *Sot trompeur* en costume de marchand, *Sot ignorant*, grand niais qui représente le peuple, et *Sotte Folle*, qui persuade aux autres de tondre le Vieux-Monde et d'en bâtir un autre. Ils conviennent qu'ils construiront leur édifice sur *Confusion :* c'est Abus qui dirige les travaux comme architecte. Chaque Sot construit son pilier. Sot Dissolu met au rebut *Chasteté, Dévotion, Oraison, Humilité*, et compose son pilier d'*Ypocrisie, Ribaudise, Apostasie, Lubricité, Symonie, Irrégularité*. Sot Glorieux rejette *Noblesse* et *Libéralité*, et leur substitue *Lâcheté* et *Avarice*. Sot Corrompu repousse *Justice*, et envoie chercher *Corruption*. Sot Trompeur bâtit avec *Usure, Larcin* et *Fausse Mesure*. Sot Ignorant rejette *Innocence, Simplicité, Obéissance*, et s'accommode de *Murmure, Fureur* et *Rébellion*. L'édifice est construit; les Sots se disputent entre eux pour savoir à qui appartiendra la main de Sotte Folle. Dans la chaleur de la querelle, ils renversent le Monde qu'ils avaient à peine achevé. Abus les chasse; le Vieux-Monde se réveille, déplore l'imprudence des jeunes Sots, et engage les assistants à ne point bâtir comme eux sur Confusion. — La sotie du *Nouveau-Monde*, attribuée à Jean Bouchet, est une protestation contre les empiétements de la papauté. *Bénéfice Grant* est vacant. *Ambitieux* vient solliciter auprès du cardinal-légat. Celui-ci promet de séduire *Élection* et *Nomination;* mais il faut commencer par *Pragmatique*, vieille dame qui a la tête dure. Comme elle ne.veut pas entendre raison, l'on fait venir *Père Saint*, qui arrive avec un gros bâton dont il assomme Pragmatique. Élection et Nomination effrayées s'enfuient chez leur aïeule *Université*. C'est ainsi que les Enfants Sans-Souci mettaient à la portée du peuple les difficultés de la politique avec la cour de Rome. Trois ans après la représentation du *Nouveau-Monde*, c.-à-d. en 1511, la lutte était engagée avec le pape; il s'agissait de lever les scrupules de ceux qui pouvaient en avoir, et de prouver au roi lui-même, s'il hésitait, qu'il pouvait faire la guerre au pape légitimement et canoniquement. Tel est le but que se propose Pierre Gringore dans le *Jeu du prince des Sots*, qui fut représenté le mardi gras de l'an 1511. Cette pièce com-

mence par une espèce de prologue où sont passées en revue toutes les affaires du temps. Ensuite paraissent les Sots; d'abord la Noblesse, le seigneur de Nates, le seigneur de Joye, le général d'Enfance, le seigneur du Plat, le seigneur de la Lune; puis le clergé, les abbés de Plate-Bourse, de Frévaulx, de la Courtille; enfin le prince des Sots, bonhomme endurant et pacifique, qui n'est autre que Louis XII lui-même. Les États du royaume de Sottise sont ouverts; tous les Sots parlent à la fois, sur la paix, sur la guerre, sur les Jacobins, sur le pape, sur l'Université. *Sotte Commune*, qui s'appelait jadis *Povreté*, profite de la bonté des Sots pour dire aussi son avis : elle n'aime pas ces guerres lointaines dont il ne lui revient que des charges; car c'est elle qui paye toujours l'écot. Les doléances de Sotte Commune sont interrompues par la brusque arrivée de *Mère Sotte* sous les habits de l'Église; elle est accompagnée de *Sotte Fiance* et *Sotte Occasion;* elle arrive d'Italie, d'où elle apporte une drogue nouvelle qui s'appelle *Trahison*. Mère Sotte, à force de cajoleries, séduit les abbés; elle leur promet de rouges chapeaux. Mais les nobles repoussent avec indignation toutes ses offres, et demeurent fidèles au roi. Mère Sotte, furieuse, ordonne aux prélats de commencer l'assaut; le Prince hésite encore, mais enfin un Sot lui crie qu'il peut se défendre canoniquement. Bref, le Prince des Sots est forcé par ses sujets à faire la guerre : c'est la conscience du peuple, c'est l'honneur national qui se révolte contre les entreprises de l'Église sur la temporalité. **H. D.**

SOTTO VOCE, expression italienne employée dans la Musique pour signifier *à demi-voix* ou *à demi-jeu*.

SOU, monnaie. *V.* ce mot dans notre *Dictionnaire de Biographie et d'Histoire*.

SOUABE (Dialecte). *V.* ALÉMANNIQUE.

SOUABE (Miroir de). *V.* MIROIR.

SOUAGE, nom donné autrefois à une moulure, à une sorte de boudin, simple, double ou triple, enroulé autour du pied des pièces d'orfévrerie. Les souages étaient souvent *verrés*, c.-à-d. qu'ils se détachaient par la dorure sur l'argent. Il y avait aussi des souages aux bords supérieurs des vases, des corbeilles, et ils servaient quelquefois d'anses. Le mot fut appliqué, par extension, aux bordures des vêtements.

SOUBASSEMENT (de *sous* et de *base*), partie inférieure d'une construction, sorte de piédestal sur lequel semble porter tout l'édifice. Le mot s'emploie surtout en parlant des édifices à colonnes.

SOUBISE (Enfants du Père). *V.* COMPAGNONNAGE.

SOUBRETTE, en termes de Théâtre, suivante de comédie. Elle est rusée, bavarde, caustique, a le propos leste et l'œil mutin, et met ses bons offices auprès de sa maîtresse aux gages du soupirant le plus généreux, dont elle épouse souvent le valet.

SOUBREVESTE (de *veste*, et de l'espagnol *sobre*, par-dessus), sorte de justaucorps sans manches, que portaient autrefois les Mousquetaires.

SOUCHE, en termes de Généalogie, se dit du personnage auquel remonte une famille.

SOUCHE, en termes de Construction, partie du corps d'une cheminée qui sort du toit et s'élève au-dessus du comble.

SOUCHE, tube de fer-blanc peint couleur de cierge et en ayant la forme, qu'on met dans les chandeliers d'église, et dans lequel est un ressort de fil de fer en spirale qui pousse la bougie et la fait brûler jusqu'au bout.

SOUCHE, partie qui reste des feuilles d'un registre lorsqu'on les a coupées en zigzag. En rapprochant la partie détachée du registre et celle qui y reste, elles doivent se correspondre exactement. On se sert de *registres à souche* pour donner des quittances, délivrer des actions et des mandats, etc.

SOUCHETAGE, marque faite autrefois par les officiers des Eaux et Forêts après la coupe des bois, pour compter le nombre et la qualité des souches abattues ; — compte et marque des bois de futaie avant l'adjudication.

SOUDAN. *V.* ce mot dans notre *Dictionnaire de Biographie et d'Histoire*.

SOUFISME. *V.* ARABE (Philosophie).

SOUFFLAGE, en termes de Marine, revêtement en planches qu'on applique extérieurement sur la carène d'un navire, vers la flottaison, soit pour l'enfler, soit pour y remédier ainsi à un défaut de stabilité, soit pour le préserver du choc ou du contact de ce qui pourrait l'endommager.

SOUFFLERIE, ensemble des soufflets d'un orgue, et lieu où ils sont placés. Le nombre des soufflets dont se compose la soufflerie variait autrefois de deux à quatorze, suivant l'importance de l'instrument. Les soufflets sont mis en mouvement par un ou plusieurs hommes, tandis que l'organiste touche. La soufflerie est toujours placée le plus près possible de l'orgue. Dans les orgues modernes, la soufflerie a été de beaucoup simplifiée : un seul homme peut, au moyen d'un moteur ingénieux, emplir d'air plusieurs réservoirs placés dans diverses parties de l'orgue, et alimenter ainsi un grand instrument. V. SOUFFLET, au *Supplément.*　　　　　F. C.

SOUFFRANCE, en Droit féodal, surséance ou délai que le seigneur accordait à son nouveau vassal pour faire foi et hommage.

SOUILLARD, en termes de Charpenterie, pièce de bois assemblée sur des pieux, et que l'on pose au devant des glacis entre les piles des ponts ; — en termes de Construction, trou percé dans une pierre pour livrer passage à l'eau.

SOUILLE, lit qu'un navire se creuse dans la vase quand il y échoue.

SOULE ou SAOULE, jeu des paysans bretons. Il consiste à jeter un ballon, bien huilé en dehors pour le rendre plus glissant ; les joueurs le poursuivent en s'en disputant la possession : celui qui parvient à le saisir et à le porter dans une autre paroisse que celle où se fait le jeu, gagne le prix proposé.

SOULIER (du latin *solea*, semelle, sandale), chaussure de cuir qui couvre le pied en tout ou en partie, et qui s'attache par-dessus avec des cordons, une boucle ou des boutons. Il est formé de quatre parties : l'*empeigne*, destinée à couvrir le pied ; les *quartiers*, qui emboîtent le talon ; les *semelles*, superposées l'une sur l'autre ; le *talon*, qui sert à exhausser le derrière du pied. De nos jours, en fait des *souliers à vis*, sans couture.

SOULIERS A LA POULAINE. V. POULAINE, dans notre *Dictionnaire de Biographie et d'Histoire.*

SOULTE (du latin *solutum*, supin de *solvere*, payer), en termes de Pratique, est synonyme de *retour*, se dit, en matière de succession et de partages, de ce qu'un des copartageants doit payer aux autres pour égaliser les lots, lorsque celui qui lui est échu est d'une valeur plus grande et ne peut se diviser (*Code Napoléon*, art. 833 et 1476). — Dans le Commerce, *Soulte* est synonyme de *Solde de compte.*

SOUMISSION, en termes de Pratique, obligation que l'on prend en justice de faire une chose, d'effectuer un payement, d'exécuter un ouvrage. — Lorsque les administrations publiques proposent des marchés avec concurrence, pour fournitures ou travaux, ceux qui veulent s'en charger déposent des *soumissions* cachetées, contenant les clauses et conditions qu'ils acceptent. S'il s'agit d'opérations de quelque importance, on exige des *Soumissionnaires* le dépôt préalable d'une somme plus ou moins forte à titre de cautionnement, laquelle leur est restituée s'ils ne sont pas déclarés adjudicataires.

SOUNDA (Idiome). V. SOENDA.

SOUPENTE (du latin *suspensum*, chose suspendue), petit réduit, espèce de faux plancher à demi-hauteur d'une pièce un peu élevée, pour loger les domestiques ou pour tout autre usage.

SOUPER. V. notre *Dictionnaire de Biogr. et d'Histoire.*

SOUPIR, en termes de Musique, signe de silence dont la durée est égale à celle d'une noire. On le marque par un signe assez semblable à un 7 renversé. Le *demi-soupir* est le silence d'une croche ; le *quart de soupir*, d'une double croche ; le *demi-quart de soupir*, d'une triple croche.

SOUPIRAIL, baie pratiquée en abat-jour dans l'épaisseur d'un mur de fondation, ou aplomb dans le sommet d'une voûte, pour donner de l'air et un peu de jour aux caves et aux autres lieux souterrains.

SOUQUENILLE (du latin barbare *succania* ou *surcania*), espèce de surtout très-long, fait de grosse toile, et qu'on donne aux palefreniers pour s'en servir quand ils pansent leurs chevaux.

SOUQUER, en termes de Marine, roidir un cordage ou une amarre.

SOURDELINE, ancien instrument de musique à vent. C'était une espèce de musette (V. *ce mot*).

SOURDINE, petit morceau de bois, d'ivoire ou de métal, en forme de peigne, à 3 dents évidées, que l'on enchâsse sur le chevalet des instruments à cordes pour *assourdir* les sons et produire certains effets particuliers. — Les sourdines des hautbois et des clarinettes sont des pavillons rentrants en dedans et qui n'ont qu'une petite ouverture. La sourdine du cor est un cône de carton,

percé d'un trou à sa base, et qu'on place dans le pavillon. Celle de la trompette est un petit tube en bois que l'on place dans l'ouverture inférieure. Un mouchoir placé entre la double corde en boyau et la peau inférieure du tambour, intercepte les vibrations de cet instrument. Le voile d'étoffe qu'on jette sur les timbales produit aussi l'effet d'une sourdine, et donne au son un caractère sombre et mélancolique. Les pianos ont une pédale qui fait l'office de sourdine : elle fait mouvoir des *étouffoirs*, réglettes de bois garnies de peau, qui amortissent le son en s'appliquant sous les cordes.　　　　　B.

SOURDINE, sorte d'épinette (V. *ce mot*).

SOURDON. V. SORDONE.

SOURDS-MUETS. L'éducation des sourds-muets a été longtemps considérée comme impossible : c'était l'avis d'Aristote et du poëte Lucrèce, et St Augustin, prenant à la lettre les paroles de St Paul, *fides ex auditu*, croyait qu'un sourd-muet était incapable d'être admis dans le sein de l'Église. Ce fut dans Bède le Vénérable que Jean de Beverley, archevêque d'York au VIIe siècle, apprit à parler à un jeune sourd-muet, qu'il avait recueilli par charité. Au XVe siècle, Rodolphe Agricola, professeur à Heidelberg, dit avoir vu un sourd de naissance qui tenait une conversation par écrit. Au XVIe, Cardan démontra, mais d'une manière purement théorique, la possibilité d'instruire les sourds-muets, et bientôt Pedro de Ponce, bénédictin espagnol, apprit à plusieurs la lecture, l'écriture et le langage. Pendant le cours du XVIIe siècle, des essais furent faits avec bonheur par Juan Pablo Bonet, secrétaire du connétable de Castille, par John Bulwer, John Wallis et William Holder en Angleterre, par Van Helmont en Hollande et Conrad Amman en Suisse. Il paraît qu'on s'en occupait également en France ; car le parlement de Toulouse confirma, en 1679, le testament olographe d'un sourd-muet. En Allemagne, un certain Georges Raphel fit lui-même l'éducation de ses trois enfants sourds-muets, et publia sa méthode. L'éducation des sourds-muets a pris, à partir du XVIIIe siècle, un développement considérable : parmi ceux qui s'y sont consacrés avec le plus d'éclat jusqu'à nos jours, on remarque Rodrigues Pereira, Ernaud, l'abbé de L'Épée, l'abbé Deschamps, l'abbé Sicard, Daniel Guyot, Saint-Sernin, Laurent Clerc, Jean Massieu, Bébian et Ferdinand Berthier, en France ; Thomas Braïdwood, en Écosse ; le docteur Watson, en Angleterre ; Miguel d'Alea, en Espagne ; Samuel Heinicke et l'abbé Storck, en Allemagne ; Thomas Gallaudet, aux États-Unis.

La France possède aujourd'hui 51 institutions de sourds-muets. Celles de Paris, de Bordeaux et de Chambéry sont des institutions nationales, qui relèvent du ministère de l'Intérieur ; on y compte beaucoup de boursiers à titre gratuit, qui reçoivent une éducation professionnelle et industrielle autant que littéraire.

On a employé, pour instruire les sourds-muets, plusieurs méthodes. Tantôt on s'est borné à développer chez eux le langage naturel d'action, et à en faire d'excellents mimes ; tantôt on a créé pour eux un alphabet-manuel purement conventionnel, désignant chaque lettre par un signe particulier. Ce dernier système est appelé *Dactylologie*, c.-à-d. l'art de parler à l'aide des doigts. Les signes se rapprochent plus ou moins des formes de l'écriture ; pour indiquer la fin d'un mot, d'une phrase, la main trace une ligne horizontale de gauche à droite ; l'accentuation et la ponctuation sont tracées en l'air par l'index, qui peut aussi jouer le même rôle relativement aux chiffres.

V. Juan Pablo Bonet, *Reduccion de las letras y arte para enseñar a hablar los mudos*, Madrid, 1620, in-4° ; J. Bulwer, *Philocophus* (l'Ami du sourd-muet), Londres, 1648 ; Amman, *Surdus loquens*, Amsterdam, 1692 ; J. Wallis, *Epistola... de mutis surdisque informandis*, dans les *Transactions philosophiques* de Londres, 1698 ; Dalgarno, *Didascalocophus*, Oxford, 1778 ; l'abbé de L'Épée, *Institution des sourds et muets par la voie des signes méthodiques*, Paris, 1774, et *la Véritable manière d'instruire les sourds-muets*, 1784 ; l'abbé Deschamps, *Cours élémentaire d'éducation des sourds-muets*, Paris, 1779 ; Hervas y Panduro, *Escuela española de sordo-mutos*, Madrid, 1795, 2 vol. in-8° ; l'abbé Sicard, *Mémoires sur l'art d'instruire les sourds-muets de naissance*, 1789 ; le même, *Cours d'instruction d'un sourd-muet de naissance*, Paris, 1803, in-8°, et *Théorie des signes pour l'instruction des sourds-muets*, 1808 ; Bébian, *Essai sur les sourds-muets et sur le langage naturel*, Paris, 1817, in-8°, et *Manuel d'enseignement pratique des sourds-muets*, 1827, 2 vol. in-8° ; De Gérando, *De l'instruction des sourds-muets de naissance*, Paris, 1827, 2 vol. in-8°; Ferdinand Berthier, *Histoire et statistique de l'instruction des sourds-muets*, Paris, 1836, in-8°, et *Les sourds-muets avant et depuis l'abbé de L'Épée*, 1840; Léon Vaïsse, *Le mécanisme de la parole mis à la portée des sourds de naissance*, 1834, et *Essai d'une Grammaire symbolique à l'usage des sourds-muets*, 1839; le même, *Essai historique sur la condition sociale et l'instruction des sourds-muets en France*, 1844; Valade-Gabel, *Méthode à la portée des instituteurs primaires pour enseigner aux sourds-muets la langue française* sans l'intermédiaire du langage des signes, Paris, 1857, in-8°.

SOURIS, en termes d'Art militaire, appareil destiné à mettre le feu à un fourneau de mine, dit lui-même *Souricière*.

SOURIS (Pas de). *V.* PAS DE SOURIS.

SOUS-BARBE, en termes de Marine, pièce de bois qui soutient l'étrave d'un navire dans le chantier; — gros cordage en double ou chaîne qui descend du beaupré à la guibre, pour retenir le beaupré lorsqu'il tendrait à se relever dans les agitations du navire.

SOUS-BASSE, jeu de l'orgue employé principalement par les facteurs allemands pour donner plus de rondeur et de gravité aux jeux de fond des pédales, et introduit dans les grandes orgues en France depuis plusieurs années. C'est un huit-pieds bouché sonnant seize-pieds. Ce bourdon a un son plus fort que le bourdon ordinaire; il est de plus grosse taille, et absorbe une plus grande quantité de vent. Ses tuyaux sont en bois.   F. C.

SOUSCRIPTION, apposition que l'on fait de sa signature au bas d'un acte pour en approuver le contenu. *V.* DIPLOME.

SOUSCRIPTION, en termes de Librairie, engagement pris d'acquérir quelque grand ouvrage, que l'on paye d'avance en totalité, ou par fractions à mesure que sont livrées certaines parties de l'ouvrage. C'est un moyen par lequel le public peut venir en aide aux éditeurs, qui ne sont plus obligés d'enfouir dans une entreprise un capital considérable, et qui rentrent dans la totalité ou une partie de leurs débours. L'usage des souscriptions a pris naissance en Angleterre au milieu du XVIIᵉ siècle, à l'occasion de l'impression de la Bible polyglotte de Walton. D'Angleterre il passa immédiatement en Hollande; mais il n'arriva en France qu'en 1717, à propos du fameux ouvrage de Montfaucon sur l'*Antiquité expliquée*. En 1780, on payait encore généralement à l'avance, avant d'avoir rien reçu, la moitié de l'ouvrage que promettait l'éditeur; depuis 60 ans, on ne paye plus que sur livraison.

SOUS-DIACONAT, le 1ᵉʳ des ordres sacrés ou majeurs dans l'Église catholique. Il n'imposait point autrefois la nécessité du célibat. Les fonctions du *Sous-diacre* consistent à avoir soin des vases sacrés, verser le vin et l'eau à la messe, chanter l'épître, soutenir le livre de l'Évangile au diacre et le porter à baiser aux prêtres, porter la croix dans les processions, recevoir les offrandes du peuple, etc.

SOUS-DOMINANTE, la 4ᵉ note d'un ton quelconque. Ainsi, dans le ton d'*ut*, *fa* est la sous-dominante.

SOUS-FACE, mot employé quelquefois comme synonyme de *soffite* (*V. ce mot*).

SOUS-FAITE, pièce du comble posée de niveau au-dessous du faîte et liée par des croix de St-André ou des entretoises. Elle sert à rendre plus solides les assemblages de charpente.

SOUS-LIEUTENANT. *V.* LIEUTENANT.

SOUS-LOCATION. *V.* BAIL.

SOUS-MÉDIANTE, nom donné par quelques musiciens à la 6ᵉ note du ton, qui fait tierce au-dessous de la tonique comme la médiante au-dessus.

SOUS-OEUVRE (Reprise en). *V.* OEUVRE.

SOUS-OFFICIER. *V.* OFFICIER.

SOUSOU (Idiome), un des idiomes de la Nigritie maritime, parlé par les Sousous ou Suzees. C'est le premier dans lequel on ait publié des livres pour instruire les Nègres dans le christianisme.

SOUS-PRÉFECTURE. *V.* PRÉFECTURE.

SOUS-SECRÉTAIRE D'ÉTAT, titre donné à de hauts fonctionnaires qui, dans divers Ministères, furent à certaines époques chargés de diverses parties du service, et qui partagèrent la responsabilité comme le pouvoir des Ministres.

SOUSTRACTION, en termes de Droit criminel, action de prendre furtivement. Les soustractions commises par les dépositaires ou comptables publics, par les fonctionnaires publics de l'ordre civil ou judiciaire, par les particuliers dans les dépôts publics, sont punies des peines

portées par les art. 169-173 du *Code pénal*. Celles commises par l'un des époux au préjudice de l'autre ou de ses héritiers, par les enfants ou descendants au préjudice de leur père ou mère ou de leurs ascendants, par ceux-ci au préjudice de leurs enfants ou descendants, par les alliés au même degré, ne donnent lieu qu'à des réparations civiles; la loi ne prononce de peine que contre ceux qui ont recélé les objets soustraits par eux.

SOUTACHE, tresse de galon ou de lacet plat de soie, d'argent, ou d'or.

SOUTANE (de l'italien *sottana*, qui est en dessous), vêtement des ecclésiastiques, à manches étroites, et descendant jusqu'aux talons. La soutane est de couleur noire pour les simples prêtres, violette pour les évêques et archevêques, rouge pour les cardinaux, blanche pour le pape. Du XIIᵉ au XVᵉ siècle, la soutane fut portée aussi par les magistrats, les avocats, les médecins et les professeurs.

SOUTANELLE, petite soutane qui ne descend que jusqu'aux genoux.

SOUTE (de l'italien *sotto*, sous, au-dessous), nom donné à de petits magasins qu'on établit dans l'entrepont ou dans la cale des grands navires. Il y a la soute aux poudres, la soute au biscuit, la soute au vin, la soute aux légumes, la soute aux voiles, etc.

SOUTÈNEMENT, en termes de Comptabilité, raisons que l'on donne pour *soutenir* ou justifier les articles d'un compte.

SOUTÈNEMENT (Mur de). *V.* MUR.

SOUVENIR. *V.* MÉMOIRE.

SOUVERAIN, se dit adjectivement de tout ce qui est au plus haut degré en son genre, de ce qui ne reconnaît pas d'autorité au-dessus de soi. On appelle *Cour souveraine, Tribunal souverain*, une Cour, un Tribunal qui juge en dernier ressort; leurs arrêts sont des *jugements souverains*. — Pris substantivement, le mot *Souverain* s'applique à tout chef d'État.

SOUVERAIN, monnaie. *V.* notre *Dictionnaire de Biographie et d'Histoire*.

SOUVERAINETÉ. Si l'on entend par ce mot la pleine liberté, l'entière indépendance, Dieu seul est souverain, parce qu'il ne dépend que de lui-même et possède sur *toutes* choses un *pouvoir infini*. Le *pouvoir* en lui se confond avec la *souveraineté*. La créature dépendant de l'Être qui l'a créée, ne peut, à l'égard de cet Être, se qualifier de souveraine : nul homme n'est souverain, en ce sens que sa raison et sa volonté soient pleinement indépendantes; car elles relèvent des lois du vrai et du bien, qui ont leur origine en Dieu. Mais tout homme est souverain, en ce sens que ni sa raison, ni sa volonté, ni par conséquent ses actes, ne dépendent de droit d'aucun autre homme; il est primitivement et complètement libre à l'égard de ses semblables, il ne doit obéissance à aucun d'eux, et, à ce titre, il possède une souveraineté relative. L'homme ne vit pas isolé; sa condition normale est l'état de société : or, il existe deux sociétés humaines : la famille, et la nation ou la société civile et politique. La famille est fondée par l'ordre même de la nature, et il est de droit naturel, par conséquent de droit divin, que la volonté du père fasse loi pour ses enfants. Seulement, la société de famille ne durant pas toujours, la majorité émancipant les enfants, le père n'a plus de droit strict, il n'est plus chef que de nom et par déférence; l'autorité n'existe plus, et chaque enfant prend son tour possession de son indépendance, de sa souveraineté. La société civile et politique est, comme la famille, une nécessité naturelle, mais une nécessité durable et permanente : du moment qu'elle existe, c'est une des lois de l'organisation du monde qu'il y ait une puissance directrice. Ici, le mot *Souveraineté* prend une nouvelle acception; il désigne le pouvoir de *commander* à tous les *individus* qui composent la société, et le *souverain* est l'être, un ou multiple, qui exerce ce pouvoir.

La souveraineté sociale possède trois attributions principales : faire des lois, veiller à leur exécution, et en punir les infractions. Faire une loi, c'est prescrire ou défendre : or, un supérieur pouvant seul prescrire et défendre, et tous les hommes étant égaux par nature, un homme, un conseil de plusieurs hommes, une assemblée plus ou moins nombreuse, n'a pas le droit de faire, en son nom, la loi à tous les membres du corps social. Le droit de légiférer, attribut essentiel de la Souveraineté, n'émane donc pas des hommes. D'un autre côté, personne dans la société civile n'a le droit, à part le cas de légitime et immédiate défense, de se faire justice à soi-même. Si aucun individu n'a le droit de punir, comment les individus réunis le posséderaient-ils? Et cependant ce droit existe dans la société, il est aussi un des attributs de la Souveraineté. De tout cela il résulte que la souveraineté sociale possède et exerce des droits qui ne viennent pas de l'homme, et qui supposent une puissance supérieure. Cette puissance, c'est Dieu. Lui seul peut faire des lois, parce qu'il est supérieur aux autres êtres; lui seul peut imposer une obligation morale ou de conscience, parce qu'il est le principe de la justice et du bien; lui seul peut ôter la vie, parce que seul il la donne. C'est donc en son nom seul, ou, si l'on veut, au nom de l'éternelle justice et du souverain bien dont il est en quelque sorte la substance, qu'une souveraineté sociale a le droit d'imposer la loi, d'obliger les consciences, de redresser les torts. — De ce que tout pouvoir vient de Dieu, et de ce que les attributs de la Souveraineté n'existent qu'en lui et par lui, il ne faudrait pas conclure que ceux qui sont chargés du pouvoir sont institués par Dieu : ce genre d'intervention divine mettrait du surnaturel dans l'histoire, comme les miracles en mettent dans la nature. La société civile et politique ne se constitue pas par des miracles; elle est un produit naturel, et la Souveraineté, qui vient de Dieu, se réalise dans la société à la manière d'une propriété qui suit la nature de la chose. Il y a un passage tout naturel de la Souveraineté en puissance à la Souveraineté en acte. Dès qu'une société se constitue, elle ne peut pas ne pas produire spontanément un gouvernement qui la dirige. Elle agit exprime par l'exercice de la raison et de la volonté de ses membres; elle confère, par un consentement implicite ou explicite, la puissance qui lui vient de Dieu, soit à un homme, ce qui forme une monarchie, soit à plusieurs hommes, ce qui fait une aristocratie, ou bien ses membres gardent cette puissance pour l'exercer en commun, ce qui constitue une démocratie. Le pouvoir, c.-à-d. la Souveraineté en exercice, n'est donc légitime, dans l'ordre naturel, que s'il sort, nous ne dirons pas du *peuple* (le mot a reçu trop d'acceptions diverses), mais de la *société*, et, quand ce peuple ou cette société fait entendre sa voix, ce n'est pas lui seul qui parle, c'est le principe même de toute souveraineté qui parle en lui : *Vox populi, vox Dei.*

Une fois la Souveraineté constituée dans une société, quelle est l'étendue de ses droits? A cette question deux théories politiques diamétralement opposées ont donné une réponse identique : « Le souverain est absolu.» L'ancienne monarchie, dite de droit divin, ne reconnaissait en dehors d'elle-même aucun droit; les apôtres modernes de la Souveraineté du peuple attribuent de même au pouvoir constitué par le peuple un droit illimité. Dans l'une et l'autre théorie, l'individu est sacrifié, avec ses droits, avec tout ce qui lui appartient. Il ne peut pas y avoir de Souveraineté illimitée en ce monde, parce qu'elle impliquerait la perfection et l'infaillibilité, attributs qui ne conviennent qu'à la souveraineté de Dieu. Les individus conservent dans la société un certain nombre de droits qui sont supérieurs à tous les gouvernements. Toute autorité civile et politique est dominée par les règles immuables de la justice, et elle a mission de les appliquer. Ceux qui en sont les dépositaires ont pour obligations essentielles de garantir l'existence et les biens des individus, de protéger le développement de leurs facultés, d'empêcher l'iniquité et de punir les désordres, de donner aux intérêts légitimes une suffisante satisfaction, en un mot, de travailler au bien de tous et de chacun : c'est ainsi qu'ils fortifient par la vertu la légitimité de leur origine.   B.

SOUVIGNY (Église de), dans le département de l'Allier. Cette église, autrefois abbatiale de Bénédictins, est remarquable par sa longueur. La grande nef, un peu étroite, est d'une belle élévation; elle fut bâtie au XIVᵉ siècle. Les deux tours carrées qui ornent la façade paraissent appartenir à un édifice plus ancien. Deux chapelles contiennent les tombeaux des anciens ducs de Bourgogne : on remarque surtout celui de Charles Iᵉʳ et de sa femme Agnès de Bourgogne. — On nomme *Bible de Souvigny* un précieux manuscrit du XIIᵉ siècle que possédaient les religieux, et que l'on conserve actuellement dans la Bibliothèque de Moulins : il est sur très-beau vélin, d'une écriture fort nette, et enrichi de miniatures; sa couverture, en bois de chêne revêtu de peau de truie, estornée d'animaux fantastiques en cuivre.

SPADASSIN (de l'italien *spada*, épée), nom qu'on donna d'abord à tous les soldats, puis aux ferrailleurs seulement, à ceux qui ne respirent que duels.

SPADINS, pièces de monnaie frappées par les ducs de Lorraine aux XIIIᵉ, XIVᵉ et XVᵉ siècles

SPAHIS. V. ce mot dans notre *Dictionnaire de Biographie et d'Histoire.*

SPEAKER, c.-à-d. en anglais *orateur;* nom que l'on donne en Angleterre au président de la Chambre des communes, parce qu'il sert d'intermédiaire à cette Chambre dans ses rapports avec la couronne.

SPECIE, monnaie de Norvége, équivaut à 5 fr. 61 c.

SPÉCIFICATION, terme de Droit. V. ACCESSION.

SPECTACLE, en latin *spectaculum* (de *spectare,* regarder), tout ce qui attire et retient les regards, et, dans un sens restreint, représentation théâtrale donnée au public.

SPÉCULAIRE (Pierre). V. notre *Dictionnaire de Biographie et d'Histoire.*

SPÉCULATIF, SPÉCULATION (du latin *speculari,* observer), se dit des recherches et des études entreprises pour le seul plaisir de savoir et sans arrière-pensée d'utilité pratique. Les sciences, suivant la nature des questions dont elles s'occupent, présentent un caractère plus ou moins spéculatif : ainsi la Philosophie, dans son ensemble, est une science plus spéculative que la Physique; et entre les parties de la Philosophie, la Psychologie et la Métaphysique sont plus spéculatives que la Logique ou que la Morale, qui, sans se résoudre entièrement dans l'Art de penser ou de se conduire, ont un côté pratique que la Métaphysique ne présente pas, et que la Psychologie n'offre qu'indirectement.   B—E.

SPEOS, nom donné aux excavations faites de main d'homme dans les rochers en Égypte.

SPÉRONARE, petit navire maltais non ponté, à fond plat, gréant une voile à livarde sur un mât placé vers l'avant.

SPHÈRE (du grec *sphaïra,* globe, corps rond), nom donné vulgairement aux globes terrestres (V. GLOBE). On appelle *Sphère armillaire* (d'*armilla,* bracelet) un assemblage de cercles de métal, de bois ou de carton, au centre desquels est placé un petit globe figurant la terre : on l'emploie pour représenter le cours apparent du soleil et le mouvement des astres. Elle est dite *Sphère de Ptolémée,* bien que l'invention en ait été attribuée à Thalès, ou à Anaximandre, ou à Archimède. Il en existe une autre, la *Sphère de Copernic,* où la terre et les autres planètes sont placées à différentes distances du soleil, qui occupe le centre.

SPHÉRISTÈRE. V. notre *Dictionnaire de Biographie et d'Histoire.*

SPHÉRISTIQUE, partie de la Gymnastique des Anciens qui comprenait les exercices de la balle (en grec *sphaïra*).

SPHÉROMACHIE. } V. ces mots dans notre *Dictionnaire*
SPHINX.   }   *de Biographie et d'Histoire.*

SPHRAGISTIQUE. V. SCEAU.

SPHYRÉLATON. V. REPOUSSÉ (Sculpture au).

SPICATUM OPUS. V. APPAREIL.

SPICCATO, terme italien de Musique, synonyme de *staccato* (V. ce mot).

SPICILEGIUM, c.-à-d. en latin *collection d'épis, gerbe;* nom donné à des recueils de pièces, d'actes, etc. Tels sont le *Spicilegium* de D'Achéry (1633-77) et le *Spicilegium Solemense* de dom Pitra, 1853.

SPINOZISME, nom donné à la philosophie de Spinoza, citée comme un exemple frappant de l'abus que peut faire de la pure Logique un esprit vigoureux, parti de principes incomplets ou arbitraires. Spinoza avait trouvé, dans Descartes, cette définition de la Substance : « Lorsque nous concevons la substance, nous concevons seulement une chose qui existe en telle façon, qu'elle n'a besoin que de soi-même pour exister. En quoi il peut y avoir de l'obscurité, touchant l'explication de ce mot *n'avoir besoin que de soi-même;* car à proprement parler il n'y a que Dieu qui soit tel... » Quant à la notion que nous avons des substances créées, matérielles ou immatérielles, « pour entendre que ce sont des substances, il faut seulement que nous apercevions qu'elles peuvent exister sans l'aide d'aucune chose créée. » (*Principes de la Philosophie,* 51 et 52.) Restriction judicieuse dont Spinoza n'a pas tenu compte! Dans ce passage, il ne vit que la définition de la Substance, qu'il prit dans le sens le plus absolu dont elle fût susceptible : « Il ne fit, dit quelque part Leibniz, que cultiver certaines semences de la Philosophie de Descartes. » Ceci n'est vrai qu'à un point de vue; car cultivant ces semences à sa manière, les développant dans un sens exclusif, et par une méthode qui lui est propre, il en fit sortir un système étrange, dont les vrais cartésiens et les admirateurs de Descartes repoussent à juste titre la solidarité. D'abord, rien du sens opposé que sa méthode et la méthode de Descartes. Celui-ci part du sentiment intime de l'existence personnelle qu'il dégage du fait de la pensée; et Bossuet, avec sa puissance et sa clarté pour résumer à grands traits un système, n'est jamais plus cartésien que quand il écrit : « La sagesse consiste à connaître Dieu et à se connaître soi-même; *la connaissance de nous-mêmes nous doit élever à la connaissance de Dieu.* » Spinoza, tout au contraire, pose d'abord l'idée de Dieu, pour en déduire géométriquement, et par voie de démonstration, toute sa philosophie. C'est là toute sa méthode; méthode dangereuse, quand même les principes dont il partirait seraient irréprochables; et l'on sait déjà que le premier de ces principes est une définition équivoque de la Substance, définition interprétée de telle façon qu'il ne peut y avoir d'autre Substance que Dieu, et que dorénavant ces deux noms : *Dieu, la Substance,* n'exprimeront plus qu'une seule et même idée, celle de l'Être absolu et infini, hors duquel rien ne peut être conçu. La Substance, ainsi entendue, possède des attributs, sans quoi elle ne serait qu'une abstraction, ce que Spinoza nie énergiquement; et comme infinie, elle possède une infinité d'attributs infinis. Il faut bien comprendre, cependant, en quoi consiste, pour chacun de ces attributs, son infinité. Parlons des deux seuls qui nous soient connus, l'Étendue et la Pensée. L'Étendue, comme attribut de la Substance infinie, est infinie, mais seulement d'une infinité relative; c.-à-d. qu'infinie en tant qu'Étendue, elle n'est ni la Pensée, ni tout autre attribut de la Substance infinie; et de même la Pensée, infinie en tant que Pensée, n'est point absolument infinie, car si elle l'était, elle serait et l'Étendue, et tous les autres attributs de la Substance infinie, et la Substance infinie elle-même. Au reste, pourquoi l'Étendue et la Pensée sont-elles les seuls attributs de la Substance qui nous soient connus (car Spinoza ne nomme pas attributs de Dieu son éternité, son immutabilité, etc : il les considère que comme des conditions nécessaires et inhérentes de son existence)? pourquoi la faculté d'intuition rationnelle, qui nous les découvre, ne nous en découvre-t-elle pas d'autres? Nous aurions le mot de cette énigme s'il nous était permis de faire appel aux facultés expérimentales de l'intelligence : mais il ne faut pas oublier qu'elles n'ont rien à voir dans la philosophie de Spinoza. Il faut donc nous borner à prendre, telles qu'elles nous sont données, les assertions hardies de son auteur, et voir comment il conçoit le développement nécessaire de l'Être dans ces attributs et dans les modes qui les développent à leur tour. En effet, tout attribut a nécessairement des modes, et un attribut infini a une infinité de modes, la Pensée une infinité d'idées, l'Étendue une infinité de grandeurs, de figures et de mouvements; mais ici s'arrête l'analogie du rapport des attributs à la substance et des modes aux attributs.

Il y a pour chaque attribut une infinité de modes; mais chacun de ces modes est fini, déterminé, et n'exprime que d'une manière finie l'infinité de l'attribut. N'oublions pas que les modes sont unis aux attributs, les attributs à la substance, par un enchaînement nécessaire, et qu'ainsi modes, attributs, et substance, quoique distingués par l'esprit, forment un tout réellement indissoluble, dont la Substance est le fond et tout l'être : « J'entends par *Substance,* dit Spinoza (*Éthique,* 1re partie, Définitions), ce qui est en soi et est conçu par soi; par *Attribut* ce que la raison conçoit dans la Substance comme constituant son essence; par *Modes* les affections de la Substance. J'entends par *Dieu* un être absolument infini, c'est-à-dire une substance constituée par une infinité d'attributs infinis, dont chacun exprime une essence éternelle et infinie. » Et ailleurs : « Il est de la nature de la Substance de se développer nécessairement par une infinité d'attributs infinis infiniment modifiés. » Grâce à cette assimilation, à cette identification de Dieu et de la Substance, Dieu est infini. C'en est assez pour conclure qu'il est un; mais Spinoza ne se borne pas aux considérations très-simples qui font de l'unité une condition de l'infinité; pour la démontrer, il s'appuie sur un principe qui, bien que vrai, ne nous paraît ni suffisamment établi par la discussion, ni assez évident pour servir d'axiome; c'est à savoir, que deux substances d'attributs identiques se confondraient en une seule; cela nous paraît surtout le résultat, d'une part, de la Substance, de ses Attributs et de ses Modes de l'autre. On sait désormais positivement à quoi s'en tenir sur le véritable caractère du Spinozisme; on sait, non plus par ouï-dire et approximativement, mais très-précisément, et preuves en main, qu'il est l'absorption la plus complète, la plus absolue de toutes choses en Dieu, le type le plus complet du Panthéisme. On verra un peu plus loin ce qui

reste à l'homme et à la nature. Achevons l'exposition de l'idée de Dieu, autant que cela est possible dans un résumé aussi rapide et à l'égard d'un système où cette idée domine tout, explique tout, se retrouve partout. Un fait assez curieux, c'est que Spinoza, maître de cette idée par une intuition tout aussi sûre et évidente, à ce qu'il semble, que celles qui donnent naissance aux définitions fondamentales de la Géométrie, ait cru nécessaire d'en démontrer la réalité. Il est vrai que la preuve qu'il invoque pour démontrer l'existence de Dieu est la preuve que j'appellerais volontiers Leibnizo-Cartésienne, qui conclut l'existence de Dieu de son essence telle que nous la concevons (*V.* Dieu — *Preuves de l'existence de*). Dieu conçu comme parfait est conçu par cela même comme existant; car il ne saurait être parfait sans être. Toutes formes techniques mises de côté, ceci revient à dire : Nous croyons que Dieu existe parce que nous le concevons nécessairement, et c'est en définitive ce qu'il y a de plus vrai et de plus convaincant. Spinoza a eu, pour rendre cette pensée, une expression des plus heureuses : « Si Dieu n'existait pas, la pensée pourrait concevoir plus que la nature ne saurait fournir. »

Dieu est infini; c'en est assez pour conclure qu'il est un; mais Spinoza ne se borne pas aux considérations très-simples qui font de l'unité une des conditions de de l'infinité. Pour la démontrer, il s'appuie sur ce principe qui, bien que vrai peut-être, ne nous paraît ni suffisamment établi par la discussion, ni assez évident par lui-même pour servir d'axiome : que deux substances d'attributs identiques se confondraient en une seule. Ce principe admis, comme la Substance, telle qu'elle a été définie, ne peut être ni créée ni produite par une substance différente d'elle-même, il s'ensuit rigoureusement que Dieu est un; cela nous paraît partout le résultat d'une appréciation étroite et faible de l'intelligence divine. Cette prétention nous semble surtout intolérable et illogique ici, où, pour exclure le monde de la pensée de Dieu, il faut en quelque sorte scinder Dieu, le séparer de lui-même; et cela, quand toutes les autres parties du système tendent à l'unification la plus absolue, la plus excessive. — Nous ne pourrions, sans cette longue démesurément cet article, insister sur des points qui ont pourtant de l'importance; il faut donc glisser sur la manière dont Spinoza entend ce qu'il appelle la Liberté en Dieu, conservant le nom, supprimant la chose; car qui reconnaîtrait la Liberté dans cette activité qui n'a ni le choix des motifs, ni le pouvoir de ne pas faire ce qu'elle fait, et que Spinoza ne qualifie de Liberté que parce qu'il la considère comme déterminée par elle-même et par sa nature; en d'autres termes, parce que la Liberté, telle qu'on la comprend d'ordinaire, lui fait complètement défaut? Aussi est-il plein de dédain pour l'opinion puérile et superstitieuse, selon lui, qui fait de la création l'effet d'une détermination prise, à un moment donné, par la volonté divine. Non, Dieu n'est pas le créateur du monde, comme on l'entend vulgairement; mais il en est la cause immanente, créant sans cesse, et ce sens que sans cesse il se développe, « remplissant la durée infinie de l'inépuisable variété de ses effets. » Toutes choses, dans le monde, sont donc ce qu'elles doivent être; il ne faut pas en chercher hors d'elles-mêmes la cause finale; elles sont en vue d'une certaine fin, mais par la nécessité qui leur est inhérente; elles font partie d'un ordre immuable et nécessaire; tout est bien par cela seul qu'il est; il ne faut pas chercher d'autre idée du Bien. Voilà le principe métaphysique. On verra tout à l'heure quelles conséquences Spinoza en a tirées en Morale.

L'Âme, qui est une idée, ou, pour parler plus exactement, une collection d'idées, une suite de modes de la Pensée étroitement unie à une suite de modes de l'Étendue, en deux mots l'*idée du corps humain,* n'a point, à proprement parler, de facultés. Il serait assez difficile d'expliquer comment, au sein de ce grand tout dont elle n'est qu'un humble élément, elle garde la conscience de sa personnalité. Quant aux différentes fonctions de l'Entendement, quant à la volonté, ce sont des êtres de raison, sous lesquels on ne retrouve, au vrai, que telle ou telle pensée, ou telle ou telle volition déterminée. La pensée d'ailleurs et la volition ne sont pas différentes; la pensée est l'idée considérée comme représentative; la volition est encore l'idée, mais considérée comme active; deux points de vue différents sans doute, mais au fond tout tend à l'unité. L'Âme se connaît elle-même, voilà la conscience; elle connaît le corps humain, voilà le sens. L'impression des corps étrangers laisse des traces qui subsistent en leur absence. L'Âme, en saisissant ces traces, imaginé et se souvient ; en les saisissant dans leur liaison, elle associe ses idées. Tout cela constitue la portion la plus humble de l'intelligence, l'*Expérience vague*, au-dessous de laquelle il n'y a que cette perception très-imparfaite qui se fonde sur un simple ouï-dire, mais au-dessus de laquelle la perception des rapports, puis, en s'élevant toujours, la conception de l'Essence et de la cause immédiate des choses, sont le véritable acheminement à la science. De là une Logique que Spinoza lui-même a suivie, ou du moins s'est efforcé de suivre en toute circonstance avec toute la rigueur possible, allant droit, en tout, à la Substance. Une conséquence de tout ceci, conséquence qui reparaîtra bientôt en Morale sous un jour tout à fait singulier et inattendu, c'est que l'Ame s'élève, dans l'ordre de la pensée, vers la Substance, c.-à-d. vers Dieu, plus ses idées deviennent claires et adéquates, et plus, dans l'harmonie de la Pensée, de l'Être et de l'action, elle éprouve de jouissance et de bonheur. C'est, en effet, se tromper grossièrement que de séparer soit dans l'homme, soit en Dieu, l'action de la Pensée et de l'Être. La manifestation la plus énergique de l'activité, la volonté, n'est dans l'homme que l'effort naturel par lequel il tend à conserver et à augmenter son être. Quand cette tendance se rapporte à l'homme tout entier, corps et âme, pensée et étendue, Spinoza la nomme *Appétit*; quand elle se rapporte exclusivement à l'Ame, il la nomme *Volonté*. « Le *Désir*, ajoute-t-il, c'est l'appétit avec conscience de lui-même. » Il est impossible d'assimiler plus positivement le Désir et la Volonté, ce qui est une source féconde d'erreurs en Morale. Et de ces deux phénomènes, quel est celui au profit duquel cette assimilation a lieu, et dans lequel l'autre se trouve absorbé? Le Désir est fatal (*V*. Désir); selon nous et selon le sens commun, la Volonté est libre, tellement libre, qu'elle est la liberté elle-même (*V*. Volonté, Liberté, Libre Arbitre). Or, la liberté consistant pour Spinoza dans une activité qui n'est déterminée par aucune cause étrangère, qui se détermine par soi-même et se développe par la nécessité de la nature, non-seulement la liberté, au sens ordinaire du mot, ne se trouve nulle part, mais cette liberté nominale elle-même ne se trouve qu'en Dieu ; elle n'existe point chez l'homme. Si l'homme, dans le système de Spinoza, conserve quelque chose qui retient le nom de Volonté, ce n'est en réalité que le désir dont l'Ame est fatalement possédée de persévérer dans son être et de l'étendre. Et comme l'Ame, encore une fois, n'est qu'une collection d'idées, qu'ainsi c'est par les idées qu'elle existe, d'autant plus réelle qu'elle a des idées plus claires et plus adéquates ; comme il n'y a pas, ainsi qu'on l'a dit précédemment, d'idées plus claires et plus adéquates que celles qui résultent de l'intuition par laquelle la Raison pénètre les choses dans leur essence, et comme l'objet le plus noble auquel elle puisse et doive tendre, c'est l'Être infini et éternel qu'elle possède avec plénitude dès qu'elle le conçoit clairement, il s'ensuit, en dernière analyse, que le désir unique et suprême dans lequel Spinoza anéantit la volonté, et dont il fait dériver toutes les passions particulières, est ce désir de connaissance et de vérité qui ne peut être satisfait que par la fusion et l'absorption de l'Intelligence dans l'Être absolu. Tel est effectivement le dernier mot de la Morale de Spinoza (une Morale, chose étrange dans un système où tout est livré à la fatalité!) et le contre-poids qu'il oppose tout à coup aux conséquences déplorables avec lesquelles il a marché avec une hardiesse inouïe. En effet, livrés que nous sommes à des appétits et à des désirs qui deviennent joie ou tristesse, suivant qu'ils sont favorisés ou contrariés par l'action des causes étrangères, ne faisant pas notre destinée, mais la subissant, n'ayant pas à choisir entre le bien et le mal, dépourvus de vraie liberté, et réduits à l'état d'*automates spirituels*, que pourrions-nous faire de mieux que de chercher partout, toujours et à tout prix, la satisfaction de nos appétits et de nos désirs? Quel autre droit, quel autre devoir aurions-nous à remplir, si cette Morale égoïste n'était relevait tout à coup par l'apparition d'un principe qui vient tout épurer, l'amour de Dieu, identique à l'amour de la vérité? A la lumière de ce principe, tous les appétits bas, tous les grossiers désirs s'effacent et disparaissent, et l'Ame, enivrée, dès cette vie, de l'avant-goût de la vérité, commence à jouir de la béatitude qui lui est réservée pour l'éternité. Spinoza professe très-expressément la croyance à l'immortalité de l'Ame. On lui a reproché de n'avoir point, dans sa Métaphysique, les principes d'une démonstration légitime à ce sujet. Le reproche (il est vrai que c'est là ce qu'il y a de plus grave) ne me paraît fondé

qu'en ce qui concerne l'immortalité accompagnée de conscience. Quant à la persistance dans l'Être, elle résulte directement de la manière dont l'âme est définie : un mode de la Substance nécessaire, éternelle. Il en est de même du corps, dira-t-on. Aussi Spinoza ne croit-il pas qu'il soit détruit absolument, et sa Métaphysique hardie, qui veut, dans les corps, les modifications infiniment variées de l'Étendue infinie, ne s'éloigne pas trop des conclusions de la Physique moderne, qui ne voit; elle aussi, dans les phénomènes relatifs à la génération, à la vie et à la destruction des êtres matériels, qu'une suite de transformations. Quant à l'immortalité de l'Ame consciente d'elle-même, il faut avouer qu'elle paraît bien hypothétique dans un système qui n'admet ni la distinction fondamentale du bien et du mal, ni le libre arbitre; ni le mérite et le démérite, ni par conséquent la nécessité et la justice d'une réparation. Il est de fait cependant que Spinoza, tout en pensant que certaines actions de l'âme cessent avec les affections du corps qui les provoquent, déclare que la meilleure partie de l'Ame est immortelle, et que la vie future, loin d'exclure la personnalité, en fait une condition du bonheur dont nous devons y jouir.

Ce bonheur, on voit Spinoza en jouir par avance dans la vie austère, de solitude, de travail manuel et de méditation qu'il s'était faite, et que les biographes nous ont racontée. (*V*. pour les renseignements à ce sujet l'article Spinoza de notre *Dictionnaire de Biographie*). Ce n'est point une apologie de sa philosophie, mais une juste appréciation de son caractère. Cet homme, qui a embrassé l'erreur avec tant de résolution, semble n'avoir eu qu'une passion, celle de la vérité. Il est et il restera le type des esprits hardis qu'un premier pas jette à tout jamais en dehors de la bonne voie, et qui se perdent par leur ardeur et leur sincérité même. Aussi ne peut-on pas dire qu'il ait fait école. Le Spinozisme, malgré l'enthousiasme de quelques rêveurs, malgré la conformité plus apparente que réelle que présentent avec lui, sur certains points, les doctrines panthéistes de l'Allemagne contemporaine, n'est et ne sera jamais que la philosophie de Spinoza. Dans l'intention d'absoudre le Cartésianisme de la responsabilité d'une pareille doctrine, on a cherché récemment jusqu'à quel point elle pourrait être rattachée à la tradition rabbinique dont Spinoza, bien qu'en dehors de l'orthodoxie judaïque, devait être pénétré. Cette recherche a donné lieu à des travaux intéressants (de M. V. Cousin, dans le *Journal des Savants*, de M. Ém. Saisset dans la *Revue des Deux Mondes*); mais nous ne pouvons aborder ici cette discussion érudite et délicate. Sur le Spinozisme, *V*., outre les ouvrages indiqués à l'art. Spinoza de notre *Dictionnaire de Biographie*, l'article Spinoza du *Dictionnaire critique* de Bayle, et, dans le *Cours de Droit naturel* de Jouffroy, les deux leçons consacrées au Panthéisme. B—E.

SPINTHRIENNES (des *Spinthries*, compagnons de débauche de Tibère à Caprée), nom donné à certaines médailles de l'Antiquité, qui n'eurent jamais cours comme monnaies, et qui représentent des sujets licencieux.

SPIRE (Cathédrale de). Commencée vers l'an 916 par le roi Conrad Ier, continuée par Conrad II le Salique et Henri III, et terminée en 1097 sous le règne de Henri IV, cette église jouit d'une grande célébrité ; on en vantait les dimensions, la belle ordonnance et les six clochers. Un incendie la dévasta en 1105, et les archéologues rapportent à la restauration considérable qui suivit cet accident la coupole byzantine à huit pans qu'on voit aujourd'hui au-dessus du transept. A la suite de nouveaux incendies en 1289 et en 1450, il fallut encore procéder à des reconstructions. L'église de Spire eut ensuite à souffrir les horreurs de la guerre : les Français l'ayant livrée aux flammes en 1689, il n'en resta que les deux tours. Faute d'argent, on remit seulement le chœur en état de servir au culte; les nefs ne furent relevées que de 1772 à 1784. Dix ans après, l'édifice fut converti par les Français en magasin à fourrages; il a été réparé et achevé depuis 1823. — La cathédrale de Spire appartient à la famille romane des églises à deux clochers. Elle a 117 mèt. de longueur et 36 mèt. de largeur (58 au transept); le diamètre de l'hémicycle de l'abside est de 19m,50 ; les tours appliquées aux bras du transept ont 73 mèt. d'élévation. La décoration extérieure de l'église est simple, et néanmoins d'un grand effet; elle se compose surtout de lignes architecturales, de colonces et de colonnettes, de cordons, d'arcades et de moulures. L'intérieur est couvert de belles peintures murales, exécutées d'après les cartons de Schraudolph. Douze piliers carrés séparent la grande nef de ses collatéraux. Au milieu de la nef, on voit, à terre, 4 roses de pierre qui marquent la place où St Bernard prêcha la seconde Croisade. Une dizaine de marches conduisent de la nef au *Chœur des rois*, sous lequel Conrad II et sa femme Gisèle, Henri III, Henri IV et sa femme Berthe, Henri V, Béatrix, 2e femme de Frédéric Barberousse, Philippe de Souabe, Rodolphe de Habsbourg, Adolphe de Nassau, Albert d'Autriche, furent inhumés. Neuf degrés montent du Chœur des rois sous la coupole où s'élève le maître-autel. Sous la partie orientale de l'église s'étend une crypte, soutenue par 20 piliers massifs et courts; on y voit des fonts baptismaux du IXe ou Xe siècle; et un vieux tombeau de Rodolphe de Habsbourg. L'église de Spire avait un beau cloître, bâti en 1437; il n'existe plus. On regrette également la perte du Baptistère, édifice en forme d'octogone, orné de huit colonnes et surmonté d'un dôme.　B.

SPIRE, en termes d'Architecture, base d'une colonne lorsque le profil de cette base va en serpentant.

SPIRITISME, doctrine d'après laquelle les Esprits ou âmes qui ont animé autrefois des corps humains sont errants dans le monde invisible, et peuvent être évoqués et interrogés dans le nôtre. Un spirite définit le spiritisme : « la doctrine fondée sur l'existence, les manifestations, et l'enseignement des Esprits, » [ou, plutôt, par les Esprits]; car cet enseignement est surtout la grande prétention des spirites. Voici par quels faits et quels raisonnements ils furent conduits à cette découverte : vers 1850, aux États-Unis d'Amérique, divers phénomènes étranges, consistant en bruits, coups frappés, et mouvements d'objets inertes, attirèrent l'attention. Ils avaient lieu spontanément, disait-on, mais plus particulièrement (ce qui paraît moins invraisemblable) sous l'influence de certaines personnes, qui pouvaient en quelque sorte les provoquer à volonté. Ces personnes étant les intermédiaires entre les effets produits et la cause ou puissance inconnue qui les produisait, à peu près comme un fer aimanté dégage une attraction vers la foudre, on imagina de les appeler *médiums*. Ces magiciens naturels firent tourner des tables, des chapeaux, les firent même frapper un certain nombre de coups, à volonté. On attribua d'abord ces effets extraordinaires, et bien constatés, à un courant électrique ou magnétique, à l'action d'un fluide inconnu. C'était là la conjecture la plus naturelle à former, bien que ce ne fût pas une explication. A-t-on expliqué les phénomènes de l'électricité, ceux du magnétisme, etc.? On les a constatés, et, jusqu'à présent, la science n'a pu aller au delà. Les spirites, moins réservés, ont absolument voulu expliquer pourquoi une table, mise en rapport avec un *médium*, lui obéissait tant qu'il la touchait; se dirigeait à droite ou à gauche, suivant ce qu'il lui commandait, vers une personne présente désignée; frappait de ses pieds le nombre de coups qu'il lui demandait, battait la mesure, etc. Alors ils ont conclu que ce phénomène devait être exécuté par une *intelligence*; mais ne la voyant point dans le *médium* lui-même ou dans les assistants à l'expérience, alors ils supposèrent que tout cela s'exécutait par un être invisible, et imaginèrent un langage de convention pour cet être non moins muet qu'invisible : ce fut, après chaque question, un certain nombre de coups de l'Esprit frappeur, les uns signifiant *oui*, les autres *non*. On alla même, dit-on, jusqu'à faire un alphabet au moyen des coups, de sorte que l'Esprit pouvait converser avec autant de facilité, sinon de célérité, qu'un vrai sourd-muet de naissance, ou qu'un cadran de télégraphe électrique. Ce langage fut appelé *tables parlantes*, terme un peu ambitieux, car frapper ou faire des signes n'est pas parler. Quoi qu'il en soit, il paraît que les coups de pied furent si intelligemment donnés, que « tous les êtres qui se communiquèrent de cette façon, dit un spirite, interrogés sur leur nature, déclarèrent être des *Esprits*, et appartenir au monde invisible. » Cette déclaration n'est peut-être pas des plus concluantes; car, dans tous les mondes possibles, qui n'a pas l'ambition d'être un esprit, surtout en présence de gens disposés à vous croire tel? Quant à l'invisibilité, la déclaration était superflue, attendu que ce que l'on voyait le mieux dans chaque manifestation, c'est qu'on ne voyait pas l'Esprit qui l'effectuait.

Ces Esprits, ainsi que nous l'avons dit au début, étant des âmes, on demandera peut-être si la philosophie est venue enfin à bout de résoudre d'une manière formelle, positive, palpable, pour ainsi dire, la grande question de la nature de l'âme? Voici ce que répond un spirite : — « On se fait généralement des Esprits une idée complétement fausse; ce ne sont pas, comme beaucoup se les

figurent, des êtres abstraits, vagues et indéfinis, ni quelque chose comme une lueur ou une étincelle; ce sont, au contraire, des êtres très-réels, ayant leur individualité et une forme déterminée. On peut s'en faire une idée approximative par l'explication suivante : — Il y a en l'homme trois choses essentielles : 1° l'*Ame* ou *Esprit*, principe intelligent en qui résident la pensée, la volonté, et le sens moral; 2° le *Corps*, enveloppe matérielle, lourde et grossière, qui met l'Esprit en rapport avec le monde extérieur; 3° le *Périsprit*, enveloppe fluidique, légère, servant de lien et d'intermédiaire entre l'Esprit et le corps. Lorsque l'enveloppe extérieure est usée et ne peut plus fonctionner; elle tombe, et l'Esprit s'en dépouille comme le fruit se dépouille de sa coque ;... c'est ce qu'on appelle la *Mort*. L'Esprit ne meurt pas; il ne quitte que le corps matériel : il conserve le Périsprit, qui constitue pour lui une sorte de corps éthéré, vaporeux, impondérable pour nous, et de forme humaine, qui paraît être la forme type.... C'est à l'aide du Périsprit que l'Esprit agit sur la matière inerte. »

Voilà sans doute le lecteur bien instruit des forces de l'Esprit, et de l'idée « approximative » de sa forme. Quant à nous, cette forme « qui paraît être la forme humaine, » nous ne la voyons qu'à travers une perspective aérienne si éloignée, si éthérisée, que nous ne distinguons rien. Cependant, par impartialité, hâtons-nous de dire (toujours au rapport du spirite qui nous sert de guide) que : « les Esprits peuvent encore se manifester par la vue et par l'audition. Certaines personnes, dites *médiums auditifs*, ont la faculté de les entendre, et peuvent ainsi converser avec eux ; d'autres les voient; ce sont les *médiums voyants*. Les Esprits qui se manifestent à la vue se présentent généralement sous une forme analogue à celle qu'ils avaient de leur vivant, mais vaporeuse; d'autres fois, cette forme a toutes les apparences d'un être vivant, au point de faire complétement illusion, et qu'on les a quelquefois pris pour des personnes en chair et en os, avec lesquelles on a pu causer et échanger des poignées de main, sans se douter qu'on n'avait affaire à des Esprits, autrement que par leur disparition subite. »

A la rigueur, rien ne prouverait mieux un Esprit que cette disparition subite, car eux seuls peuvent être doués d'une telle prestesse. Mais le fait de leur présence, incontestable pour ceux qui en ont joui, n'est pas particulier aux *médiums*; bien d'autres personnes ont eu la même faveur, en tout temps, et l'ont encore, sans l'invoquer, il est vrai, mais à la condition d'être plongées dans le sommeil. L'apparition ne s'évanouit qu'à leur réveil, et en cela ces voyants ne sont pas des *médiums*.

Un autre point de supériorité des privilégiés du spiritisme, point attesté par des faits connus, c'est de pouvoir servir de secrétaires aux Esprits, et de se transformer momentanément, et à leur propre insu, en savants ou en artistes, sans être ni l'un ni l'autre. « L'écriture, dit encore un spirite, offre aux Esprits le moyen le plus complet, le plus rapide, et le plus commode d'exprimer leurs pensées; aussi est-ce celui qu'ils préfèrent. Par la même raison qu'ils peuvent faire former des caractères, ils peuvent guider la main pour faire tracer des dessins, écrire de la musique, exécuter un morceau sur un instrument; en un mot, à défaut de leur propre corps qu'ils n'ont plus, ils se servent de celui du *médium* pour se manifester aux hommes d'une manière sensible. »

Nous ajouterons que, sauf les phénomènes dont vient de parler un adepte de la science, le Spiritisme n'est autre chose que la métempsycose ou transmigration des âmes allant animer d'autres corps dans d'autres planètes, mondes supérieurs ou inférieurs, où elles vivent heureuses ou malheureuses, suivant le degré de mérite ou de démérite de leur conduite dans le monde dont elles sortent. Elles passent ainsi indéfiniment, disent les spirites, d'incarnation en incarnation, jusqu'à ce qu'elles arrivent, par l'exercice de leur vertu propre, acquis la perfection morale. Alors elles deviennent de *purs Esprits*, admis à jouir de la vue complète de Dieu et d'un bonheur sans mélange, durant l'éternité. Pendant les intervalles de ses existences corporelles, l'Esprit est errant ; mais l'erraticité n'ayant pas de durée déterminée, dans cet état il ressent un bonheur ou éprouve un malheur proportionnés au bon ou mauvais emploi de sa dernière existence. — Comment sait-on tout cela, direz-vous? Belle question ! Par ceux qui ont été y voir, par les Esprits eux-mêmes, gens les plus sociables du monde, sé communiquant avec plaisir, et décrivant volontiers leurs impressions de joies ou de peines, dit encore notre spirite, dans l'Empyrée où ils se promènent, en disponibilité pour un des milliers de mondes de l'univers. Quand ils entrent dans une nouvelle incarnation, ils n'ont plus conscience de la précédente; ils n'en gardent que les penchants, bons ou mauvais, qui sont les instincts ou les aptitudes de leur nouveau jeune âge, et qu'ils doivent développer ou combattre pour faire un nouveau pas vers la perfection.

Le Spiritisme a passé promptement d'Amérique en Europe, et aujourd'hui, dit-on, il est très-répandu dans notre vieux monde. L'esprit humain aime tant le merveilleux, que cela n'a rien d'invraisemblable. Il serait puéril de nier qu'il y a du surnaturel dans certaines pratiques du Spiritisme; mais la prétention de l'élever au rang de doctrine philosophique et religieuse ne nous paraît guère admissible de nos jours. Les raisonnements, les déductions sur lesquels ils s'appuient, nous ont involontairement rappelé ces jolis vers de C. Delavigne, dans son *Épître à l'Académie française:*

L'homme a dit : « Je sais tout, et j'ai tout défini;
J'ai pour loi la raison, pour borne l'infini ;
L'étude me ravit à des hauteurs sublimes;
De ce globe étonné j'ai sondé les abîmes ;...
Est-il quelques secrets cachés au fond des cieux
Qu'n'ait point pénétrés mon regard curieux? »
Moins fier de sa raison il eût mieux dit peut-être : .
« J'ai su tout expliquer, ne pouvant tout connaître. »

Il ne sera pas sans utilité de donner ici une courte exposition de la doctrine de la métempsycose chez les Grecs, qui la déduisaient ainsi : « Nous avons deux âmes, l'une sensitive, grossière, corruptible, périssable, composée des quatre éléments; l'autre intelligente, indissoluble, émanée de la divinité même. Je ne parlerai que de cette dernière; elle établit les rapports les plus intimes entre nous, les Dieux, les Génies, les animaux, les plantes, tous les êtres dont les âmes ont une commune origine avec la nôtre. Ainsi la nature animée et vivante ne forme qu'une seule et même famille, dont Dieu est le chef. C'est sur cette affinité qu'est fondé le dogme de la métempsycose, que nous avons emprunté des Égyptiens, que quelques-uns admettent avec différentes modifications, et auquel Empédocle s'est cru permis de mêler les fictions qui parent la poésie. — Cette opinion suppose la chute, la punition et le rétablissement des âmes. Leur nombre est limité; leur destinée, de vivre heureuses dans quelqu'une des planètes. Si elles se rendent coupables, elles sont proscrites, et exilées sur la terre. Alors, condamnées à s'envelopper d'une matière grossière, elles passent continuellement d'un corps dans un autre, épuisant les calamités attachées à toutes les conditions de la vie, ne pouvant supporter leur nouvel état, assez infortunées pour oublier leur dignité première. Dès que la mort brise les liens qui les enchaînent à la matière, un des Génies célestes s'empare d'elles; il conduit aux Enfers et livre pour un temps aux Furies celles qui se sont souillées par des crimes atroces; il transporte dans les astres celles qui ont marché dans la voie de la justice. Mais souvent les décrets immuables des Dieux soumettent les unes et les autres à de plus rudes épreuves : leur exil et leurs courses durent des milliers d'années; il finit lorsque, par une conduite plus régulière, elles ont mérité de se rejoindre à leur auteur, et de partager avec lui les honneurs de la divinité. — Empédocle disait : « J'ai paru successivement sous la forme d'un « jeune homme, d'une jeune fille, d'une plante, d'un « oiseau, d'un poisson. Dans une de ces transmigrations, « j'errai pendant quelque temps, comme un fantôme lé-« ger, dans le vague des cieux; mais bientôt je fus pré-« cipité dans la mer, rejeté sur la terre, lancé dans le so-« leil, relancé dans les tourbillons des airs. » (*Voyage d'Anacharsis*, ch. 64.)

Le Spiritisme, on le voit, ressemble à une opinion renouvelée des Grecs, avec cette différence, cependant, que les Spirites n'admettent pas la transmigration des âmes humaines dans des corps d'animaux, ou dans des plantes; les Grecs l'avaient renouvelée des Égyptiens; ce peuple ou plutôt ses prêtres l'avaient probablement reçue des Indes, où elle règne encore chez les Hindous et surtout les Banians, qui s'abstiennent de chair, respectent, et souvent donnent de la nourriture à toute espèce d'animaux ou d'insectes. Les Siamois, les Japonais, les noirs de la Guinée pratiquent la même croyance. Un point où les Anciens et les Modernes demeurent inférieurs aux spirites d'aujourd'hui, ce sont les tables tournantes, parlantes, frappantes, etc.; encore faut-il mettre là quelque réserve, car les castes religieuses

pourraient bien avoir connu et pratiqué ces phénomènes. Quant aux conversations avec les morts, à leur apparition, les Anciens avaient leurs évocations, et ils ont dû jouir de toutes ces faveurs spirituelles réservées à nos plus sensitifs *médiums*. Cette fonction était remplie chez eux par des personnes de la caste religieuse : devins, pythies, pythonisses, etc. Certains Esprits eurent un avantage sur les nôtres, ce fut de se rappeler leurs existences antérieures, comme Empédocle, que nous avons cité, comme Pythagore, qui affirmait avoir été Euphorbe au siége de Troie; ils l'affirmaient; disaient-ils vrai? La métempsycose, la divination, les évocations, voilà les compléments du Spiritisme.' En prenant l'ensemble de ces systèmes tant anciens que modernes pour des doctrines, l'une n'est pas plus explicable que l'autre dans le petit nombre de ses effets physiques réels, et l'une vaut l'autre au point de vue de l'utilité morale, bien que la dernière se dise le *spiritisme chrétien*, ce qui ne sera vrai qu'après que l'on aura prouvé que le christianisme et le déisme sont la même chose.

V. Allan Kardec, *Philosophie spiritualiste, le Livre des Esprits*, 5e édit., Paris, 1861, gr. in-18; *le Livre des Médiums*, Paris, 1862, gr. in-18; *le Spiritisme réduit à sa plus simple expression*, Paris, 1862, br. in-12; le docteur Castle, *la Phrénologie spiritualiste*, Paris, 1862, gr. in-18; de La Villemarqué, *l'Enchanteur Merlin*, Paris, 1862, gr. in-18; *Apollonius de Tyane, sa vie, ses voyages et ses prodiges*, par Philostrate, traduit du grec par Chassang, Paris, 1862, gr. in-18, etc. ; *Bibliographie catholique*, année 1861.   C. D—Y.

SPIRITUALISME (du latin *spiritus*, esprit). Le Spiritualisme est une doctrine philosophique qui a été diversement interprétée. On a nommé ainsi le système de ceux qui nient absolument la réalité de la matière, comme Berkeley, et qui ne croient qu'à celle de l'esprit. Ce n'est là qu'une des formes de l'*Idéalisme* (V. ce mot). Pour le distinguer de tout ce qui n'est pas lui, il faut voir dans le Spiritualisme la doctrine de ceux qui croient également au témoignage des sens et à celui de la conscience, à l'existence de la matière et à celle de l'esprit, du corps et de l'âme, du monde et de Dieu. Le véritable Spiritualisme repose sur cette vérité, que nous ne pouvons connaître de la même manière ce qui est en nous et ce qui est hors de nous. L'intelligence sent ce qui se passe au dedans, elle voit ce qui se passe au dehors, elle conçoit par la raison ce qui dépasse les limites des sens et de la conscience. Croire aux sens et ne pas croire à la conscience, c'est en même temps croire et ne pas croire à l'intelligence. Ainsi compris, le Spiritualisme, faisant droit à tous les moyens et ne niant aucune réalité, est en quelque sorte la doctrine commune du genre humain; la majeure partie des hommes sont spiritualistes, les uns sans se l'expliquer, les autres par réflexion et après un examen sérieux du matérialisme (V. ce mot, et l'article AME). Dans l'histoire de la philosophie, les matérialistes sont rares; le Spiritualisme, au contraire, outre qu'il est implicitement compris dans les religions qui, avec l'immortalité de l'âme, admettent la sanction de la loi morale dans une autre vie, est la doctrine des écoles les plus recommandables de l'Antiquité, comme celles de Pythagore, de Socrate, de Platon, d'Alexandrie; Aristote, tout en refusant la personnalité après la mort, distinguait cependant l'âme du corps. Chez les Modernes, Descartes l'a établie en distinguant d'une manière bien tranchée l'esprit de la matière : s'il a bien démontré l'existence de cette dernière, il ne l'a pas niée ; Bossuet, Fénelon, Locke lui-même, l'ont également soutenue. C'est la doctrine de l'École française actuelle, qui se rattache à Descartes et à Platon.   R.

SPIRITUALITÉ. En parlant de l'âme, ce mot indique la nature du principe pensant, différente de celle du corps, et que le *Spiritualisme* a pour but de faire connaître et de démontrer. *Spiritualité* est synonyme d'*immatérialité*, et, par conséquent, opposé à *matérialité;* ainsi, dire que l'âme est *spirituelle*, c'est dire qu'elle est *incorporelle*. Dans la pratique religieuse, et surtout dans la vie dévote, la *spiritualité* s'entend des pensées, des actions et de la conduite de l'âme; tels sont les *Entretiens spirituels* de St François de Sales. La *spiritualité* est quelquefois voisine du mysticisme, comme dans quelques écrits de Fénelon ; elle peut même devenir l'inspiration directe du mysticisme, comme Ste Thérèse ou Jean de La Croix. C'est alors qu'elle indique le rôle exclusif de l'esprit, au mépris et souvent au détriment des droits du corps. C'est de cette idée de *spiritualité* qu'on distingue dans l'interprétation des Écritures saintes le sens *spirituel* ou *mystique* du sens *littéral*. De là vient encore l'expression de *spirituel* en parlant de ce qui concerne l'Église, et la distinction du pouvoir *spirituel* et du pouvoir *temporel*. V. Pouvoir. R.

SPOLIAIRE. V. notre *Dictionn. de Biogr. et d'Histoire.*

SPOLIATORIUM. V. Bains.

SPONDAIQUE (Vers), nom donné dans la Versification grecque et latine au vers héroïque dépourvu de dactyle au 5ᵉ pied. Le vers totalement spondaïque est fort rare : on en trouve une douzaine d'exemples environ dans l'*Iliade* et l'*Odyssée*. A partir de Virgile, la poésie latine n'en offre plus d'exemple. Moins rares, surtout en grec, sont les vers n'offrant 1, 2 ou 3 dactyles que dans le 1ᵉʳ hémistiche ; Virgile en a encore quelques exemples. La manière la plus ordinaire de construire un vers spondaïque est de mettre un dactyle au moins au 4ᵉ pied. Le vers spondaïque avait une allure plus élégante et plus naturelle en grec qu'en latin : aussi les poëtes latins ne l'emploient-ils que dans les cas où la pensée demande une expression grave ; chez les Grecs, il suffisait qu'il fût harmonieux et coulant, et leurs poëtes ne paraissent pas l'avoir recherché en vue d'un effet littéraire. P.

SPONDÉASME, accident de la musique des anciens Grecs, qui élevait le son de trois quarts de ton.

SPONDÉE, en termes de Versification grecque et latine, pied composé de deux syllabes longues, comme *templăm*. Le nom vient du grec *spondè* (libation), parce que ce pied était en usage dans les chants qui accompagnaient les libations.

SPONTANÉITÉ. On nomme ainsi (du latin *sponte suâ*, de son propre mouvement) le second moment ou la seconde forme de l'activité. Celle-ci est d'abord *fatale*, dans l'organisme, elle produit les contractions du cœur, les pulsations des artères ; dans l'ordre psychologique, la pensée ; faits sur lesquels la volonté n'a aucun empire. L'activité devient ensuite *spontanée ;* c'est la volonté irréfléchie, produisant certains faits, mais pouvant les changer ou les arrêter, comme certains mouvements musculaires, certaines pensées. L'homme se porte d'abord à l'action sans avoir délibéré ni réfléchi, mais sans obéir, dans tous les cas, à une loi fatale de l'instinct. Il y a des actes spontanés qui excitent l'admiration, comme le cri : A moi, Auvergne ! dans d'Assas. Dans le cas, c'est la noblesse de la nature humaine qui se révèle, et l'on juge de la valeur morale d'un homme selon qu'il est plus spontanément porté au bien ou au mal. On distingue parfaitement un acte fatal d'un acte spontané ; celui-ci tient déjà de la liberté ; il ne résulte pas de la volonté, mais il est d'un caractère supérieur à l'instinct, et il peut résulter de l'habitude. R.

SPORT, mot anglais qui se dit de tout jeu ou divertissement en plein air, comme la chasse, la pêche, les combats de coqs, et les courses de chevaux. Le *sportsman* (homme du sport) est l'amateur de ces sortes de plaisirs.

SPORTULE. V. ce mot dans notre *Dictionnaire de Biographie et d'Histoire.*

SPRUCH-SPRECHERS, c.-à-d. *diseurs de bons mots,* improvisateurs allemands du xvᵉ siècle, qui s'en allaient dans les châteaux et les villes rimer et faire des bouffonneries pour quelque mince salaire. Parmi eux on citait Guillaume Weber, natif de Nuremberg.

SQUARE, mot anglais qui signifie *carré*, et qu'on emploie pour désigner une place publique dont le centre est occupé par un jardin clos de grilles. A Londres et dans quelques autres grandes villes de l'Angleterre, les squares appartiennent aux propriétaires des maisons riveraines, qui seuls en jouissent. Le chancelier Bacon, dans les premières années du xviiᵉ siècle, étant ministre, se fit autoriser à convertir en promenade les champs de Lincoln's Inn, et créa ainsi, à Londres, le premier square. — Depuis le règne de Napoléon III, les squares ont été, pour ainsi dire, importés à Paris, mais pour être rendus tout à fait publics, et fournir au peuple et à la petite bourgeoisie, dans leur quartier et sans dérangement, de vertes et fraîches promenades avec des bancs de repos et des chaises en fer et à claire-voie. Le premier square planté à Paris fut celui de la place *Vintimille* : il date de 1844, et, à la mode anglaise, resta propriété particulière jusqu'en 1862, que la ville en prit possession ; sa forme est ovale, et il a 822 mèt. de superficie. Les autres squares parisiens sont, par ordre de création, ceux : — de *la Tour Saint-Jacques*, ouvert en 1856, superficie, 5,897 mèt. ; — de *Sainte-Clotilde*, ouvert en 1856, superf., 1,797 mèt. ; — du *Temple*, ouvert en 1857, superf., 7,092 mèt. ; — de *Louvois*, ouvert en 1858, superf., 1,827 mèt. ; — du *Nouveau Louvre*, divisé en deux

parties, ouvert en 1859, superf., ensemble, 5,000 mèt. ; — des *Innocents*, ouvert en 1860, superf., 2,009 mèt. ; — des *Arts-et-Métiers*, ouvert en 1861, superf., 4,145 mèt. ; — de *Belleville*, ouvert en 1862, superf., 8,645 mèt. — Chaque square est encadré dans un petit soubassement de pierre, portant soit un joli treillage de fer, haut de 1ᵐ,10 ou 1ᵐ,20 ; soit une grille de fer, haute de 1ᵐ,60 à 2 mèt. ; soit enfin une balustrade de pierre, haute de 1ᵐ,10 : telle est, par exemple, celle du square des Arts-et-Métiers. Quelques-uns, ceux de la Tour Sᵗ-Jacques, des Innocents, de Louvois, ont à leur centre d'élégants monuments : le 1ᵉʳ, une belle tour gothique du xv1ᵉ siècle ; le second, une charmante fontaine de Jean Goujon ; le 3ᵉ, une belle fontaine dans le style Renaissance, œuvre de Visconti ; celui des Arts-et-Métiers est orné de 2 bassins de pierre, oblongs, avec une vasque et un jet d'eau entre deux statues de bronze assises de chaque côté ; celui du Temple a un petit lac où tombe, d'un rocher, une abondante nappe d'eau.

Ces charmants jardins s'augmentent chaque jour, grâce aux soins constants de l'Administration municipale pour l'embellissement de Paris et le bien-être des habitants de toutes classes : il y a encore en ce moment (novembre 1862) quatre squares en cours d'exécution, qui sont ceux : — de *Montrouge*, superf., 7,000 mèt. ; — des *Batignolles*, superf., 19,826 mèt. ; — de *la Réunion* (Charonne), superf., 1,803 mèt. ; — de *Malesherbes*, superf., 9,000 mèt. — On doit, en outre, transformer celui de l'*Archevêché*, en créer un très-beau à l'un des carrefours de la rue *La Fayette* prolongée, de sorte que, dans un temps prochain, Paris aura 16 de ces élégants et commodes jardins de quartier, car il faut compter parmi les squares le jardin de la *Place Royale* (*V.* Royale — *Place*, dans notre *Dictionnaire de Biographie et d'Histoire*) ; cette plantation ayant tout à fait, par sa position et sa forme quadrangulaire, le caractère de ce que les Anglais ont appelé *square*, il est probable qu'elle en aura donné l'idée, car elle fut terminée en 1612, sept ans avant l'entrée au ministère de l'illustre chancelier auquel Londres doit son 1ᵉʳ square. — Les squares sont créés et entretenus par l'*Administration des Promenades et Plantations de Paris,* sous la direction de M. Alphan, ingénieur en chef. On les ouvre au public dès 6 heures du matin, et on les ferme quelque temps après la chute du jour. C. D—Y.

SQUATTERS. V. Pionniers.

STABAT MATER, prose qu'on chante pendant la semaine sainte, et qui rappelle les souffrances de la Vierge pendant le crucifiement de Jésus. On en a attribué la composition au pape Jean XXII, ou à l'un des Grégoire, ou à Innocent III ; mais, selon l'opinion la plus probable, l'auteur est Jacoponus ou Jacques de Benedictis, jurisconsulte, puis franciscain du xiiiᵉ siècle. Le *Stabat mater* a été mis en musique par Palestrina, Astorga, Pergolèse, Boccherini, Haydn, Winter, Neukomm, Rossini, etc. B.

STACCATO, c.-à-d. en italien *détaché ;* mot usité en Musique pour indiquer un mode d'exécution dans lequel les sons doivent être vivement détachés et sans aucune liaison entre eux.

STADE. V. ce mot dans notre *Dictionnaire de Biographie et d'Histoire.*

STAGE (du bas latin *stagium*, demeure), temps d'épreuve dont on doit justifier pour être reçu apte à exercer certaines professions. Le mot s'entend de la résidence que le licencié en Droit est tenu de faire, lorsqu'il a prêté son serment, auprès d'une Cour ou d'un tribunal, afin de suivre les audiences : la durée de ce stage est fixée à 3 ans consécutifs, sans pouvoir être interrompue plus de 3 mois ; mais les Conseils de discipline ont le droit de la prolonger en certaines circonstances. La preuve du stage se fait par un certificat du Conseil de discipline, ou du procureur impérial, ou du président du tribunal. Les *avocats stagiaires* ne sont admis à plaider ou à écrire dans une cause que sur un certificat d'assiduité aux audiences pendant 2 ans, ou lorsqu'ils ont 22 ans accomplis. On ne peut être inscrit qu'après le stage sur le tableau des avocats (Décret du 14 déc. 1810 ; Ordonnance du 20 nov. 1822). — Pour être huissier, il faut, aux termes du décret du 14 juin 1813, avoir travaillé au moins pendant deux ans, soit dans l'étude d'un notaire ou d'un avoué, soit chez un huissier, ou pendant trois ans au greffe d'une Cour impériale ou d'un Tribunal de 1ʳᵉ instance. — Le stage exigé pour les notaires varie de 4 à 5 ans, selon qu'ils sont établis près d'une Cour impériale, ou d'un Tribunal de 1ʳᵉ instance, ou d'un Tribunal de paix. Le gouvernement accorde des dispenses aux individus qui ont exercé des fonctions administratives ou judiciaires (Loi du 24 ventôse an XI). — Il y a aussi un stage pour les avoués (V. Avoué). — Pour former un établissement d'instruction secondaire, il faut un certificat de stage, délivré par le Conseil départemental d'instruction publique, et constatant que le postulant a rempli, pendant 5 ans au moins, les fonctions de professeur ou de surveillant dans un établissement de même nature (Loi du 15 mars 1850). — Autrefois, dans certaines églises, on appelait Stage la résidence que devait faire un chanoine, pendant 6 mois ou un an, après la prise de possession, pour jouir des honneurs et revenus de son canonicat.

STALLE (du bas latin stallus, dérivé de stare), nom donné aux siéges en bois qui sont placés dans le chœur des églises, et qui se haussent et se baissent à volonté. On s'est aussi servi du nom de Forme. Quand la stalle est baissée, elle offre un siége assez bas; levée, elle présente un appui attaché sous le siége. Cet appui, en forme de console ou de cul-de-lampe, permet de s'asseoir : on l'appelait autrefois patience ou miséricorde, parce que l'usage était de chanter debout, et qu'on permettait seulement par tolérance au clergé de s'y appuyer. Les sculpteurs du moyen âge ont souvent orné les miséricordes de sujets grotesques et même indécents : ils aimaient à représenter les vices qui rampent dans les régions inférieures et amènent la chute de l'homme; mais ils abusèrent de cette idée symbolique pour se jeter dans des écarts blâmables. On nomme Accotoir ou Accoudoir, et, dans de vieux documents, Indulgence et Croche, la séparation des stalles, qui permet aux personnes assises de s'accouder lorsque les miséricordes sont relevées : il est élargi à son extrémité en forme de spatule, et fréquemment supporté par des animaux, des têtes, des figures ou des colonnettes. C'est à tort qu'on a dit que les accoudoirs étaient aussi appelés Museaux, parce qu'ils étaient ornés d'une tête d'animal : le museau de la stalle est l'extrémité de la pièce de bois dans laquelle s'engage la partie supérieure de la parclose (sponda), et par ce mot l'on entend le côté de la stalle auquel on a donné une échancrure et une courbe élégante. Dans les cathédrales et les grandes églises, il y a deux rangs de stalles : le dossier de celles du premier rang est très-bas; c'est le contraire pour le dossier de celles du second rang, orné tantôt d'armoiries, tantôt de bas-reliefs représentant des scènes empruntées à la Bible ou à la Vie des Saints, et quelquefois surmonté d'un dais ou baldaquin. La construction des stalles de chœur ne paraît pas remonter plus haut que le XIᵉ siècle : auparavant, les ecclésiastiques se servaient d'une espèce de béquille appelée tau, dissimulée sous les plis de leur robe, afin de se soutenir dans leurs longues prières. On voit de belles stalles aux cathédrales d'Albi, d'Amiens, d'Auch, de Bayeux, de Rodez, de Sᵗ-Claude, de Poitiers, de Rouen, à l'église abbatiale de Sᵗ-Denis, à Sᵗ-Bertrand de Comminges, à Notre-Dame de Brou, aux églises de Pontigny, d'Orbais (Marne), de Champeaux (Seine-et-Marne), de Sᵗ-Anatoile à Salins, de Solesmes, de Pecquigny (Somme), de Rue (Ibid.), de Sᵗ-Martin-au-Bois (Oise), de Mortain, de la Chaise-Dieu, etc. Il y a en a aussi de très-remarquables aux cathédrales d'Ulm, de Tolède, de Westminster, de Genève, de Lausanne, de Montréal (Sicile), etc.   B.

STALLES, nom donné, dans les salles de spectacle, à des siéges séparés et numérotés, qui ont ordinairement la forme de fauteuils. Dans le théâtre du Châtelet et le théâtre Lyrique, construits en 1862, pour la ville de Paris, par M. l'architecte Davioud, on a placé des stalles en fauteuils dont le siége se redresse, à la manière des stalles d'église, mais se redresse seul, par un mouvement mécanique agissant dès qu'on se lève.

STANCE (de l'italien stanza, arrêt, repos), période de vers formant un sens complet, et présentant un nombre déterminé de vers dont le mètre et les rimes sont assujettis à une règle qui s'observe dans toute la pièce. Une stance composée de 3 vers (c'est la plus courte) s'appelle tercet; de 4, quatrain; de 5, quintil; de 6, sixain; de 7, septain; de 8, huitain ou octave; de 9, neuvain; de 10, dizain; de 11, onzain; de 12, douzain. Les stances qui n'emploient qu'un mètre unique sont isomètres, par exemple, celles des odes VII et X du 2ᵉ livre de J.-B. Rousseau. Quelles que soient la nature et l'étendue de la stance, elle doit, autant que possible, embrasser une pensée unique; si elle contient plusieurs sens finis, ces divers sens doivent toujours dans leur ensemble présenter un cadre régulier : rarement le sens est suspendu pour continuer dans la stance suivante; cela est permis surtout lorsque celle-ci commence un discours, comme dans l'ode VI du 2ᵉ livre de V. Hugo. Les stances se terminent presque toujours par une rime masculine, et commencent par une rime féminine. Les rimes sont croisées; deux rimes plates peuvent s'y entremêler, mais avec discrétion, et seulement lorsque l'effet rhythmique devient ainsi plus sensible. Le chœur du 2ᵉ acte d'Esther en offre quelques beaux exemples.   P.

STANCES, pièce de poésie composée d'un certain nombre de stances. Telles sont les pièces qui composent le livre second des poésies de Malherbe. Au temps de Corneille, il était de mode de partager en stances un monologue dans les tragédies. On connaît, dans le Cid (fin du 1ᵉʳ acte), celles de D. Rodrigue, et celles de l'Infante (V, II); celles de Polyeucte (IV, II), imitées par Rotrou dans le Martyre de Sᵗ Genét, etc.   P.

STANGUETTES, en termes de Musique, barres de division dans les partitions, d'une partie à l'autre.

STAROSTIE.
STATÈRE.   } V. ces mots dans notre Dictionnaire
STATHOUDER. }   de Biographie et d'Histoire.

STATILÉGIE. V. Lecture.

STATION, en termes de Liturgie, tout lieu, église, chapelle, autel, reposoir, etc., où l'on s'arrête dans les processions ou les pèlerinages pour faire certaines prières. Le mot se dit aussi du temps pendant lequel on s'arrête. Dans le Chemin de la Croix (V. ce mot), il y a 14 Stations.

STATION, en termes de Marine, séjour que font pendant un certain temps les bâtiments de guerre en pays étranger, ou dans les colonies, pour faire respecter le pavillon national, protéger et favoriser le commerce. Le temps de ces stations est de 2 ou 3 ans.

STATIONNAIRE, en termes de Marine, petit bâtiment de guerre mouillé à l'entrée d'une rade ou d'un port, afin d'exercer une sorte de police sur les navires qui entrent et qui sortent.

STATISTIQUE, mot inventé par Achenwall en 1748, et qui signifie proprement Science de l'État (en latin status). C'est la science des faits naturels, sociaux et politiques, exprimée par des termes numériques. Elle ne doit rien laisser ignorer de ce qui concerne les États, territoire, population, forces de terre et de mer, finances, agriculture, industrie, commerce, etc. Elle dresse l'inventaire des sociétés à un moment donné, et donne l'état de l'humanité à telle ou telle époque. L'étude de la Statistique est indispensable à tout administrateur, à tout législateur; car, sans les connaissances qu'elle seule peut donner, on s'expose à commettre les erreurs les plus regrettables et les plus dangereuses, par exemple s'il s'agit d'asseoir un impôt ou de lever des soldats. Elle est nécessaire à tout historien qui veut apprécier sainement les progrès d'un pays, ou juger en connaissance de cause des raisons de sa décadence. Elle n'est pas moins utile aux économistes, aux financiers, aux commerçants, aux industriels, aux agriculteurs, aux moralistes, etc. A l'aide des éléments qu'elle fournit, on peut apprécier l'état des institutions, et, par suite, proposer ou prendre les mesures nécessaires.

Si le nom de Statistique est nouveau, la chose ne l'est pas, et quelques-uns des éléments que cette science embrasse ont figuré à toutes les époques dans les traités de Politique et d'Économie sociale. La Statistique exista en pratique, elle intervint dans les affaires gouvernementales, bien avant que la théorie en eût reconnu l'étendue comme science. Car les hommes ont toujours trouvé utile de se compter, de compter leurs ennemis, de nombrer leurs troupeaux et de supputer leurs richesses. La Bible nous offre l'exemple de plusieurs dénombrements; et, sous l'Empire romain, Auguste avait, au dire de Tacite, écrit de sa propre main un état des richesses de l'Empire, du nombre des citoyens et des alliés portant les armes, des flottes, des tributs et autres parties du revenu public, des dépenses ordinaires et des gratifications au peuple. Au moyen âge, la Statistique partagea le sort de toutes les sciences : on l'oublia, on la méconnut; des plus grosses erreurs se firent et furent acceptées. Ainsi, la Chronique de Sᵗ-Denis raconte qu'en 1404 Charles VI songea à rétablir les finances en frappant d'un impôt de 20 écus par an les villes, bourgs et villages de la France, et il les évalue à 1,700,000! Ce qu'il y a de curieux et de déplorable en même temps, c'est que de pareilles appréciations se perpétuaient : en 1593, les auteurs de la Satire Ménippée parlent à leur tour de 1,700,000 clochers. A combien de mécomptes n'était-on pas exposé dans une telle ignorance? Les faits de ce genre ne sont point particuliers à la France : en 1340, Édouard III, roi d'Angleterre, voulant lever un impôt de 50,000 liv. sterling, calcula sur 45,000 communes, et l'on n'en trouva que 9,000; en 1527, dans un Mémoire présenté à Henri VIII, on affirmait qu'il y avait en Angleterre 52,000 paroisses, et, quelque temps après, Camden constata qu'il n'y en avait pas tout à fait 10,000; en 1775 même, la Chambre des Communes, taxant chaque paroisse pour un impôt, supposa qu'il y en avait 45,000.

Des travaux un peu sérieux de Statistique n'ont commencé à être publiés que depuis le XVIIIᵉ siècle : on doit mentionner ceux de Vauban, de Messance, de Monthyon, de Necker, etc. Toutefois, les données publiées par ces savants avaient été obtenues au moyen de la méthode d'induction. Ainsi, on comptait dans une province combien il naissait d'enfants par an sur une étendue d'une ou deux lieues carrées, et l'on multipliait le chiffre obtenu par le nombre de lieues carrées dont se composait le territoire : or, il y avait là beaucoup de sources d'erreurs, la population n'étant pas également dense en tous lieux, ni la fécondité des mariages la même partout. Lavoisier, voulant établir le chiffre de la production, comptait le nombre de charrues. Arthur Young, après avoir étudié l'état physique et agricole d'un certain district de la France, puis évalué ses produits, découpait une carte divisée en provinces, prenait en guise de poids la parcelle contenant le district qu'il connaissait, pesait chaque morceau qui représentait une province, et multipliait les produits du district par le nombre de parcelles de papier que pesait la province. La nécessité des travaux de Statistique a été bien sentie depuis la Révolution. Sous le Consulat, un bureau de Statistique fut créé au Ministère de l'Intérieur; au temps de l'Empire, cette institution s'étendit aux autres départements ministériels. Mais les documents recueillis à cette époque furent méconnus et rejetés, après la chute de Napoléon Iᵉʳ, par la haine des partis; le gouvernement de la Restauration se borna à faire dresser quelques tableaux ou états, qui sont plutôt des pièces administratives que des données dont la Statistique puisse tirer profit. Enfin, des sociétés se sont formées dans les principaux pays de l'Europe pour hâter les progrès de cette science; des hommes de talent, MM. Charles Moreau, De Férussac, Ch. Dupin, Moreau de Jonnès, etc., se sont mis à l'œuvre; une Statistique générale de la France a été publiée de 1834 à 1852 par les soins du Ministère de l'Intérieur; un décret du 1ᵉʳ janv. 1852 a créé dans chaque chef-lieu de canton une commission de Statistique, dont les travaux doivent être centralisés dans ce Ministère. Les recherches particulières sont aujourd'hui assez précises dans un certain nombre d'États de l'Europe; mais il n'en est plus de même quand il s'agit des autres parties du monde, où la Statistique est à peu près ignorée. V. Achenwall, Introduction à la science de la description des États, en allem., Gœttingue, 1748; Gatterer, Idéal d'une statistique générale du monde, ibid., 1773; Arthur Young, Arithmétique politique, en anglais, Londres, 1774-1779, 2 vol. in-8°; J. Mader, Théorie et méthode de la statistique, en allem., Prague, 1793, in-8°; Gœss, De la statistique, en allem., Anspach, 1804, in-8°; A.-L. de Schlœzer, Introduction à la science de la statistique, traduit de l'allem. par Donnant, 1805, in-8°; Niemann, Abrégé de statistique, Altona, 1807; Krug, Idées sur la Statistique dans ses rapports avec l'Économie politique, Berlin, 1807; Tamassia, Del fine della statistica, Milan, 1808, in-8°; Cagnazzi, Elementi dell' arte statistica, Naples, 1808-1809, 2 vol. in-8°; Lüder, Histoire de la statistique, en allem., Gœttingue, 1817, in-8°; Graberg de Hemsœ, Théorie de la statistique, Gênes, 1821, in-8°; Padovani, Douze livres de la science statistique, en ital., Pavie, 1824, in-8°; Melchior Gioja, Filosofia della statistica, Milan, 1826, 2 vol. in-4°; Mone, Théorie de la statistique, trad. de l'allem. par Tandel, Louvain, 1834, in-8°; Dufau, Traité de Statistique, 1840; Moreau de Jonnès, Éléments de Statistique, 1847; G.-F. Kolb, Traité pratique de la Statistique comparée, en allem., Zurich, 1857. B.

STATOR. V. ce mot dans notre Dictionnaire de Biographie et d'Histoire.

STATUAIRE, se dit du sculpteur qui fait des statues, et de l'art de faire des statues. La statuaire est la partie la plus importante de la sculpture. Les Latins employaient le mot statuarius pour désigner l'artiste qui faisait des statues en bronze.

STATUE, ouvrage de sculpture qui représente la figure humaine en plein relief et isolée. Les statues se divisent en pédestres et équestres; quand la figure humaine n'est représentée que jusqu'au tronc, c'est un buste (V. ce mot). L'exécution d'une statue en marbre ou en pierre comprend : 1° la plastique, ou composition du modèle en matière molle; 2° le dégrossissement du bloc, exécuté par le praticien; 3° l'œuvre de l'artiste, qui se fait avec le ciseau. Pour les statues coulées en bronze, le travail comprend la composition du modèle, la fabrication du moule, et le coulage; cette dernière opération est l'œuvre du fondeur. V. CHRYSÉLÉPHANTINE, POLYCHROMIE.

STATULIBRE. V. ce mot dans notre Dictionnaire de Biographie et d'Histoire.

STATU QUO, mots latins qu'on emploie, surtout dans le langage de la Politique et de la Diplomatie, pour dire qu'une chose reste dans le même état qu'auparavant (in eodem statu quo ante).

STATUT (du latin statutum, ce qui est statué ou décidé), nom donné, dans l'ancien Droit, aux règlements locaux qui avaient force de loi. On distinguait les Statuts personnels, relatifs aux personnes, et les Statuts réels, relatifs aux choses. V. Mailher de Chassat, Traité des Statuts, 1845, in-8°. — En Angleterre, on nomme Statuts les lois faites par les trois grands pouvoirs de l'État. Statuts se dit aussi des règles établies pour la conduite d'une corporation, d'une compagnie, d'une communauté, etc.

STEAM, STEAMER et STEAM-BOAT (de l'anglais steam, vapeur), dénominations employées pour désigner les bateaux à vapeur.

STEEPLE-CHASE. V. COURSES DE CHEVAUX.

STÉGANOGRAPHIE (du grec stéganos, couvert, caché, et graphein, écrire), art d'écrire en chiffres. V. CRYPTOGRAPHIE, CHIFFRES.

STEINKERQUE, nom donné en 1692 à des cravates et à des fichus, en mémoire de la bataille de Steinkerque, où les officiers français, attaqués à l'improviste par Guillaume III, n'avaient eu que le temps de jeter négligemment leur cravate autour de leur cou.

STÈLE (du grec stélè, colonne), nom donné, chez les Anciens : 1° à un monument monolithe en forme d'obélisque ou de fût de colonne; 2° à une espèce de cippe ou de colonne brisée, destinée à porter une inscription funéraire ou autre; 3° à un poteau où l'on exposait les condamnés.

STELLIONAT, du latin stellionatus, fait de stellio, espèce de lézard dont le corps est marqué de petites taches qui brillent comme des étoiles (stellæ). Les Romains appelaient stellaturæ, stellionaturæ, stellionata, les vols et les mensonges, parce que les différentes taches de ce lézard représentent assez bien les artifices d'un faux vendeur. De même on a donné en français le nom de grivelées aux concussions, aux petits profits illicites que l'on fait dans un emploi, à cause de la variété du plumage de la grive, à l'imitation des Grecs, qui disaient tróctes (truite) pour désigner les voleurs et les menteurs, à cause des diverses marques du dos de ce poisson. En termes de Pratique, on comprend sous le nom de stellionat toute fraude qui n'a point de nom, et qui est employée pour se procurer de l'argent. Ainsi, celui qui vend deux fois le même effet à deux différentes personnes, celui qui vend comme sien ou qui hypothèque ce qui appartient à autrui, celui qui présente comme libres des biens hypothéqués ou qui déclare des hypothèques moindres que celles dont ses biens sont chargés, celui qui donne en gage des effets qui ne lui appartiennent pas, celui qui emprunte avec promesse de faire tel emploi et qui ne le fait pas, se rendent coupables de stellionat. Le stellionat est, comme on voit, un abus de confiance. Le stellionataire est passible de la contrainte par corps (Code Napol., art. 2059). Il n'est pas admis au bénéfice de cession de biens (Code de Procéd., art. 905), ni à la réhabilitation après faillite (Code de Comm., art. 642). B.

STÉNOGRAPHIE (du grec sténos, resserré, abrégé, et graphein, écrire), art d'écrire aussi vite que la parole à l'aide de signes abréviatifs et conventionnels. Cet art se propose de réduire à sa plus simple expression la représentation des sons du langage, et se fonde sur l'omission facultative de certaines lettres. Il a pris un très-grand nombre de formes, qu'on peut ramener à trois principales, la tachygraphie, l'okygraphie, et la sténographie proprement dite. La tachygraphie est une écriture syllabaire : chaque son est rendu d'après sa prononciation, sans égard à l'orthographe, et par un signe très-simple; mais les différentes syllabes du même mot se lient difficilement entre elles. Dans l'okygraphie, on écrit les lettres détachées sur plusieurs lignes tracées à l'avance comme les portées de la musique. Dans la sténographie, on trace, ou plutôt l'on devrait tracer tous les mots d'un seul jet, et sans jamais lever la plume, si ce n'est pour commencer le mot suivant : la ligne droite, le demi-cercle, la boucle et le point sont les signes que l'on emploie, en leur donnant des positions diverses.

L'emploi de signes abréviatifs a été connu des Anciens (V. ABRÉVIATIONS); en Grèce, Xénophon en fit usage le premier pour reproduire les discours de Socrate qu'il a publiés. Cet art ne fut point connu, ou du moins pratiqué, avant Cicéron : il fit recueillir les discours de Caton, soit au Sénat, soit au Forum, en postant plusieurs sténographes parmi l'auditoire. Tiron, affranchi de Cicéron, inventa une sorte de sténographie connue sous le nom de *Notes tironiennes*. Dès lors on continua d'user de ce moyen, même pour les travaux particuliers : des auteurs avaient des esclaves sténographes, et leur dictaient ce qu'ils composaient. D'autres déchiffraient ensuite ces dictées, les mettaient en écriture courante. Les deux Pline, entre autres, procédaient ainsi. Mais la véritable sténographie ne remonte pas au delà du xvie siècle. A cette époque, en Angleterre, Macaulay donna une méthode qui fut longtemps en vigueur. En 1659, Shelton en publia une nouvelle, qui fut introduite en France par le chevalier Ramsay en 1681, lorsque déjà un abbé Cossard s'était occupé de tachygraphie dans un traité *Sur l'art d'écrire aussi vite que l'on parle.* En 1743, de nouveaux procédés furent indiqués par Weston, et eurent un succès assez durable. Vinrent ensuite les méthodes de Coulon-Thévenot en 1779 et de Taylor en 1786. Depuis 1789, l'existence des Assemblées délibérantes rendit de plus en plus nécessaire l'emploi des moyens tachygraphiques. Parmi les nouvelles méthodes qui ont été proposées, on remarque celles de Montigny, de Conen de Prépéan, de Blanc, de Vidal, d'Astien, de Chauvin, de Lagache, de Midy, d'Aimé Paris, de Prévost, de Patey, etc. De 1790 à 1792, on fit usage d'un procédé appelé *Logographie* (V. ce mot). V. Jomard, *Comparaison des différentes méthodes tachygraphiques et sténographiques*, Paris, 1831, in-8°; Scott de Martinville, *Histoire de la sténographie*, 1849.

STENTÉ, terme de Peinture emprunté à l'italien *stentato*, et qui signifie *pénible*. Un *tableau stenté* est celui où se manifeste l'effort du travail. Le *faire stenté* est l'opposé du *faire facile*.

STEPPES. V. notre *Dictionn. de Biogr. et d'Histoire.*

STÉRÉOBATE, en termes d'Architecture, soubassement sans moulure et qui affecte la forme d'un vaste socle.

STÉRÉOGRAPHIE (du grec *stéréos*, solide, et *graphein*, décrire, tracer), art de représenter les solides sur un plan. C'est la Perspective des solides.

STÉRÉORAMA (du grec *stéréos*, ferme, fixe), carte topographique en relief, faite de pâte de papier.

STÉRÉOTOMIE. V. COUPE DES PIERRES.

STÉRÉOTYPIE (du grec *stéréos*, solide, et *tupos*, type, caractère), art de convertir en formes solides les planches d'imprimerie composées avec des caractères mobiles. Il y a trois procédés différents : 1° prendre l'empreinte de la page de caractères mobiles, en appliquant avec force cette page sur une matière métallique particulière, puis verser dans l'empreinte creuse, prise pour moule, un métal en fusion qui reproduit le relief de la page primitive (procédés Carez, F. Didot, Genoux); 2° employer, pour la composition en mobile, des caractères dont l'œil est frappé en creux, et qui servent eux-mêmes de moule pour la planche en relief (procédé Herhan); 3° prendre l'empreinte de la page avec du plâtre fin et liquide, ou avec une pâte de carton, enfoncée avec une brosse dans l'œil de la lettre, pour le reproduire en creux, la sécher au feu, et y couler un alliage métallique (procédé Durouchail et de Paroy). Ce dernier procédé, qu'on nomme *Clichage au papier*, est à peu près le seul employé aujourd'hui. Avec les *clichés* ou planches stéréotypées, on conserve indéfiniment la composition d'un ouvrage, et l'on peut tirer, à mesure des besoins, un nombre quelconque d'exemplaires. On a, de plus, le moyen d'épurer les textes et d'arriver à une exactitude de plus en plus grande : pour cela, on enlève avec un emporte-pièce le passage fautif d'un cliché, et l'on introduit à la place un nouveau morceau que l'on soude. — Les premiers essais d'imprimerie ont été de vrais stéréotypes, puisque tous les caractères d'une page étaient alors gravés en relief sur des planches solides. Vers 1725, Valleyre, imprimeur à Paris, eut, le premier, l'idée d'appli-

quer des caractères mobiles sur une matière argileuse, et de fondre un bloc en cuivre sur le moule ainsi obtenu. Peu d'années après, d'autres essais furent faits à Édimbourg par l'orfèvre William Ged, et à Erfurth par l'imprimeur Funkter. Hoffmann à Strasbourg (1784), Carez à Toul (1786); F. Didot et Herhan à Paris (1798), apportèrent à la stéréotypie de grands perfectionnements. En 1844, Duverger appliqua cet art à la reproduction de la musique et des cartes géographiques. Les graveurs en médailles ont recours au clichage pour faire épreuve de leurs ouvrages : à cet effet, ils appliquent le coin sur de l'étain en fusion.

STERLING. V. LIVRE, dans notre *Dictionnaire de Biographie et d'Histoire.*

STIBADIUM. V. notre *Dictionnaire de Biographie et d'Histoire.*

STICHODE (du grec *stikhos*, vers, et *ôdè*, chant), mot par lequel les anciens Grecs désignaient une sorte de Rapsodes (V. ce mot), ceux qui chantaient des vers simples, non combinés en systèmes, purs de tout alliage avec des vers d'autre mesure.

STICHOMÉTRIE (du grec *stikhos*, vers, et *métron*, mesure), numération des lignes d'un manuscrit. Les Anciens, qui ne connaissaient pas les divisions par paragraphes et chapitres, supputaient ainsi l'étendue des ouvrages. On mentionnait d'ordinaire à la fin d'un manuscrit combien il contenait de lignes ou de vers.

STIGMA, ancien caractère grec, composé du *sigma* et du *tau*, était employé comme lettre numérale, et valait 6.

STIGMATES, marques qu'on imprimait, dans l'Antiquité, sur l'épaule gauche des soldats enrôlés. On a donné le même nom aux marques des plaies de Jésus-Christ, miraculeusement imprimées sur le corps de St François d'Assise.

STILE, *Stilus*, nom qu'on donnait pendant le moyen âge à tout ouvrage qui exposait la procédure observée dans les tribunaux et les règles les plus usitées de la Jurisprudence. Tel était le *Stilus curiæ Parlamenti*, composé en 1330 par Guill. Du Breuil, avocat au parlement de Paris.

STIPS, monnaie. V. notre *Dictionnaire de Biographie et d'Histoire.*

STIPULATION, toute clause, condition ou convention qui entre dans un contrat.

STIRATOR (de l'italien *stirare*, tendre, étirer), cadre en bois dont les dessinateurs à l'aquarelle et au lavis se servent pour tenir leur papier bien tendu.

STOCK, c.-à-d. en anglais *provision*, s'emploie dans le Commerce pour signifier la quantité d'une marchandise qui se trouve en magasin dans les entrepôts ou sur les marchés d'une place de commerce. A la Bourse de Londres, on entend par *Stocks* toutes les actions, effets et obligations, et les *Stock-Jobbers* sont les agioteurs qui jouent sur la hausse ou la baisse de ces effets, et dont les opérations se soldent presque toujours par de simples différences.

STOÏCISME. Le Stoïcisme, dont les principaux représentants furent Zénon, Cléanthe, Chrysippe, Panætius, Possidonius, Sénèque, Épictète, Arrien et l'empereur Marc Aurèle (V. ces mots dans notre *Dictionnaire de Biographie*, et l'article STOÏCIENS), fut, dès son commencement, une philosophie morale et pratique; et ce caractère se prononça de plus en plus, lorsqu'elle eut passé de la Grèce à Rome. A ce point de vue le Stoïcisme est généralement bien connu, et, pour l'exposer, nous n'aurons qu'à rappeler et à résumer quelques idées déjà familières au plus grand nombre des lecteurs. Il n'en est pas de même de la Métaphysique stoïcienne, qui, bien qu'en décadence sur celle de Platon et d'Aristote, auxquelles elle est postérieure, ne mérite pas moins d'être étudiée, tant comme exemple de ce qui pouvait encore être essayé après le Platonisme et le Péripatétisme, que pour le jour qu'elle jette sur quelques points singuliers de la Morale. — Comme œuvre de décadence, la Métaphysique des Stoïciens est loin d'être exempte de contradictions : d'abord, considérée dans son ensemble, elle est plutôt une Physique qu'une Métaphysique, et elle en porte le nom. Hors de l'esprit, tout est corps; dans l'esprit, tout est perception sensible; tel est le double principe de l'Ontologie et de la Logique des Stoïciens. On parle souvent du caractère idéaliste de leurs doctrines, et il est bien vrai que l'idéalisme y domine à certains égards. A côté de ce principe, voilà une de ces contradictions dont nous parlions tout à l'heure : Tout est corporel; toute connaissance est connaissance sensible. Cela ne veut pas dire que toute connaissance reste à l'état de sensation particulière, et que nous ne puissions connaître que les corps limités et périssables avec lesquels nous sommes habituellement en rapport. L'esprit généralise ses sensations ; en cela consiste l'Anticipation ou Prolepse ; et, en les généralisant, il arrive à concevoir un principe (unique peut-être, peut être multiple, la question se présentera plus loin), l'Infini, qu'il serait plus exact de nommer l'Indéfini, nulle sensation, nulle expérience particulière ou généralisée ne pouvant donner l'Infini, principe qui est, comme tout le reste, corporel ; de sorte que le corps est partout, remplit tout, et que le vide, contrairement à l'opinion des Épicuriens, n'est nulle part ; principe enfin qui, en se déterminant, devient tout ce qui est, le monde, Dieu et l'homme tout à la fois. — Présenté sous ce jour, le Stoïcisme a tout l'air d'une philosophie panthéiste ; mais en arrivant au monde et à Dieu, on retrouve le Dualisme. Toute existence présente plus ou moins clairement un caractère de dualité : dans la pierre, il y a autre chose que les molécules matérielles ; il y a la force de cohésion qui les maintient agrégées ; de même les éléments constitutifs de la plante ne se ressemblent et ne se conservent que sous l'influence de je ne sais quelle force végétative ; dans les animaux, dans l'homme, la dualité est encore plus marquée. On peut hésiter et se méprendre sur la question de savoir si la vie elle-même est double ; mais on ne peut méconnaître la distinction de la matière et de la vie. Ces faits étaient frappants, et d'ailleurs une philosophie antérieure, celle d'Aristote, avait profondément tracé la distinction universelle de la matière et de la force. Cette distinction, les Stoïciens se l'approprièrent et en tirèrent parti conformément à leurs idées. Le monde tout entier résulte, suivant eux, de l'union de la substance ou de la matière (hylé) avec la force ou raison génératrice (logos spermatikos) qui s'appelle aussi la nature (physis). Comment se fait cette union, et qu'est-ce au juste que cette force génératrice qui s'unit à la matière ? C'est ici le lieu de dire quelques mots d'un nouveau principe qui reparaîtra à tous les degrés de l'existence, de la Tension, qui est, suivant les Stoïciens, le principe de tout bien, comme son contraire, le Relâchement, est le principe de tout mal. Or, c'est précisément par la tension de la force dans la matière que tout est produit. Il ne faut pas s'y tromper : la substance est corporelle ; mais la force l'est aussi. C'est ce corps plus subtil que l'air, plus subtil que le feu, qu'on voit si souvent figurer dans la Physique des Anciens ; l'Éther qui échauffe et pénètre toutes choses, qui porte partout la vie, et qui, combiné dans des proportions diverses avec la matière, devient force de cohésion dans le minéral, force végétative dans la plante, âme raisonnable dans l'homme, âme du monde dans le grand Tout. Rien n'est plus bizarre et plus curieux que les idées des Stoïciens sur la formation, la conservation et la destruction du Monde : il est, à leurs yeux, un grand être animé (Zôon) qui vit et respire comme les autres animaux. Il y a, dans le Monde comme dans les animaux, un véritable mouvement respiratoire, dont les alternations forment les phases de son histoire. Ainsi, au commencement l'Éther, la Raison ou l'Ame (c'est tout un) commence à se tendre, c'est-à-dire à se condenser. De là résulte, dans son sein, la formation d'un milieu plus dense, d'une sorte de noyau ; c'est l'Air. Puis la contraction se prolongeant, la sphère de l'Eau se forme dans la sphère de l'Air ; puis, dans celle-ci, la sphère solide ; ce qui n'empêche pas les combinaisons partielles d'où naissent les plantes, les animaux, etc. C'est là la période du développement. Quand le Monde est arrivé au terme de cette période, le relâchement, c'est-à-dire la dilatation, succède à la contraction, et, par un mouvement rétrograde, tout s'absorbe dans l'Éther après en être sorti, jusqu'à ce que, les choses étant revenues à leur état primitif, une nouvelle contraction recommence qui ramène les mêmes phénomènes, non-seulement dans leur ensemble, mais jusque dans leurs moindres détails, et ainsi de suite pendant toute l'infinité de la durée, où chacune de ces périodes occupe plusieurs milliers d'années. Les Stoïciens, qui aimaient à rattacher leurs idées aux croyances populaires et mythologiques, trouvaient, dans la fable du Phénix, le symbole de cette cosmogonie. Le Monde, comme l'oiseau, recommence indéfiniment son existence ; comme lui, il périt dans le feu (œther ; œthô, brûler) et renaît de ses cendres. — Ainsi l'Éther est, à proprement parler, l'esprit qui anime le grand Tout, l'Ame du monde : mens agitat molem..... Dans la théorie stoïcienne, il n'y a pas d'autre cause, pas d'autre Dieu, à

moins qu'on ne veuille donner ce nom à l'inexorable Fatalité, dont le dogme, par une contradiction non moins étrange que les précédentes, y subsiste à côté du dogme de la Providence. Les Épicuriens avaient nié la Providence, et étaient arrivés au fatalisme par la doctrine du hasard ; les Stoïciens y arrivèrent par la voie contraire, celle de l'universelle détermination des causes. En réalité, la Providence est la sagesse et la puissance de Dieu librement appliquée au gouvernement du monde. Rien de pareil chez les Stoïciens ; et, bien qu'ils attribuent à Dieu l'Intelligence et la Puissance, bien qu'ils le représentent comme s'occupant des affaires de ce monde, il est clair que c'est un soin stérile, qui ne peut rien changer à l'ordre immuable des choses, qu'une nécessité aveugle (fatum stoïcum) avait fatalement déterminé de toute éternité. C'est donc, pour ainsi dire, d'une manière subreptice, que ces idées de Providence et d'attributs moraux ont pénétré dans la théorie des Stoïciens.

Nous avons annoncé que ces spéculations métaphysiques des Stoïciens, toutes chimériques qu'elles soient, étaient propres à éclairer quelques points de leur Morale. Il s'agit surtout de la Tension, qui est, comme on l'a dit, le principe de tout bien, et non-seulement de tout bien, mais de toute science ; car, en ceci du moins, conséquents avec eux-mêmes, les Stoïciens ont toujours eu cette idée présente à l'esprit, dans leur Logique et dans leur Morale, aussi bien que dans leur Physique. Partout la force et l'effort. Hercule est le rénovateur de la Philosophie, et le stoïcien Cléanthe est le second Hercule. Donc, au lieu de se laisser aller au courant de l'opinion, dont les incertitudes troublent le sage, il faut tendre la raison, d'abord pour passer des images sensibles aux représentations compréhensives, qui les rapportent à leurs objets et à leurs causes, puis aux Prolepses qui expriment les rapports naturels et invariables des choses. De là à la science il n'y a plus qu'un pas, et c'est encore l'effet d'une tension nouvelle et supérieure.

A la réception passive des images, et aux trois degrés de tension qui lui succèdent, correspondent différents états de l'âme, la Représentation, l'Assentiment, la Compréhension, la Science, respectivement exprimés par les emblèmes de la main ouverte, demi-fermée, fermée, fermée et serrée fortement avec l'autre main. « Zénon, dit Montaigne, peignoit de geste son imagination sur cette partition des facultez de l'âme : la main espandue et ouverte, c'estoit Apparence ; la main à demy serrée et les doigts un peu crochés, Consentement ; le poing fermé, Compréhension ; quand la main gauche il venoit encores a clorre ce poing plus estroict, Science. »

La même préoccupation se fera sentir dans toutes les parties de la Morale. L'homme, constitué, comme tous les autres êtres, par l'union de la Matière et de la Force, qui est en lui Raison, a conscience de celle-ci et de sa supériorité sur la Matière. Assujetti, comme les autres animaux, aux fonctions de nutrition et de reproduction, il sait bien que ce sont là des fonctions inférieures, et que ce qui le fait homme, c'est, avec la Raison elle-même, l'amour de la science et de la vérité, les soins de la famille et de la société, l'exercice de la tempérance, du courage, de la grandeur d'âme, de la bienfaisance, qui ne sont autre chose que le développement de la Raison. Telle est la nature propre de l'homme, dans laquelle les derniers Stoïciens donnent surtout une grande place aux vertus sociales, à tout ce qui tend au salut et au bien des autres hommes. L'homme, dit Marc-Aurèle, est naturellement sociable et ami des autres hommes (philanthrôpos kai koinônikos). Or, pour tout être, le bien, c'est de vivre conformément à sa nature, et de maintenir sa constitution par des actes convenables. Ce sera là aussi le bien de l'homme, et par suite sa loi : Vivre conformément à la nature, formule célèbre, que l'on traduira pour lui en celle-ci : Vivre conformément à la Raison. Mais la Raison, c'est le principe de l'effort et de la tension. Il faut donc, ici encore, que l'homme tende sa raison, et qu'au lieu de céder à l'instinct, comme les animaux, il agisse par raison, même quand il s'agit de donner satisfaction aux besoins inférieurs de sa nature. A ce prix seulement, les fonctions naturelles (officia) deviennent actions droites et vertueuses. La vertu est un art, c'est l'art de la vie, ou l'art de devenir bon ; et l'on devient bon en rendant la Raison maîtresse des passions, qui sont un relâchement, une maladie de l'âme, produite, comme les maladies du corps, par l'atonie (a privatif, tonos, tension, défaut de tension) ; et l'on arrive à la perfection, en étendant aussi loin que possible cet empire de la Raison. — Jusqu'à présent cette Morale n'offre que de mâles et vigoureux préceptes; mais voici le moment où elle va dégénérer en paradoxes, par l'excès même d'élévation où elle s'efforce de monter. Comme rien n'est bon, suivant les Stoïciens, de ce qui n'est encore qu'un moyen d'être appliqué à de mauvaises fins, et comme on peut faire un mauvais usage des richesses, du pouvoir, de la santé, de la vie même, au lieu de nous montrer le sage gouvernant par la Raison les penchants qui portent l'homme à rechercher ces biens inférieurs, le Stoïcisme placera l'idéal de la sagesse dans je ne sais quelle vertu ascétique et hautaine, plus négative que positive, s'isolant du monde et de la vie active, et toute prête à rejeter l'existence même, pour peu qu'elle y sente un embarras et une cause de trouble. Il serait injuste, toutefois, de faire peser sur la secte entière la responsabilité de ces maximes, aussi bien que de quelques autres paradoxes bien connus, dont déjà, de son temps, Horace se moquait à bon droit. Le Stoïcisme, en descendant de ces hauteurs chimériques pour se mettre à la portée de l'homme, non tel que le veut et le conçoit l'esprit de système, mais tel qu'il est réellement, loin de rien perdre de sa puissance et de son autorité, a conquis, au contraire, par là les titres qui en font, malgré ses imperfections, une philosophie destinée à ne point périr.   B—E.

STOLE. *V.* ce mot dans notre *Dictionnaire de Biographie et d'Histoire.*

STONEHENGE. *V.* Celtiques (Monuments).

STOP, c.-à-d. en anglais *arrête*, mot adopté pour le commandement dans la Marine. On appelle *Stopper* une machine en forme de mâchoire, servant d'*arrêt* aux câbles-chaînes.

STORE (du latin *storea*, natte), rideau de coutil, de taffetas ou de toute autre étoffe claire et transparente, qu'on met, en le tenant bien tendu, devant une portière de voiture ou une fenêtre, pour se garantir de la poussière et du soleil. Il se lève et se baisse par le moyen d'un ressort.

STORTHING. *V.* ce mot dans notre *Dictionnaire de Biographie et d'Histoire.*

STRAMBOTTI, nom d'une sorte de poésie italienne, ordinairement en octaves, que les amoureux chantent à leur maîtresse. L'improvisateur Serafino l'inventa dans les dernières années du xve siècle.

STRAPASSON, ancien terme de Peinture, désignant l'artiste qui *strapassait*, c.-à-d. qui exagérait jusqu'à l'incorrection la forme et le mouvement des figures, qui affectait la science dont il était dépourvu. Le mot est une abréviation d'*extra-passer*, passer par-dessus toutes les règles et les mesures, peindre ou dessiner à tort et à travers.

STRAPONTIN (du latin *stratus*, couché, étendu, et *pons*, pont), siége qu'on met sur le devant d'une citadine, au fond d'un omnibus, ou dans les passages entre les banquettes des théâtres, et qui peut, comme un pont-levis, se lever et s'abaisser à volonté.

STRASBOURG (Cathédrale de). Cette église, bâtie à diverses reprises, laisse beaucoup à désirer dans l'ensemble, ce qui ne permet pas de la placer au premier rang de nos édifices religieux. Le chœur et le transept appartiennent aux xie et xiie siècles; le style romano-byzantin domine exclusivement dans les constructions basses de ces parties, tandis que, vers le haut, par suite de restaurations ultérieures, il se mêle au style ogival. La nef date de la fin du xiiie siècle, et présente tous les caractères du style ogival primitif. En 1277, l'évêque Conrad de Lichtenberg posa la première pierre du portail principal. Deux flèches devaient le couronner; une seule a été bâtie : les plans en furent donnés par Erwin de Steinbach, et l'exécution, continuée par son fils Jean, fut terminée en 1439 par Jean Hültz, maître de Cologne. La décoration de la façade et la flèche élancée qui la domine ont valu à la cathédrale de Strasbourg la célébrité dont elle jouit. La disposition générale du grand portail est à peu près la même que dans les autres cathédrales importantes : une porte centrale à 5 voussures, remarquable par ses dimensions, et deux autres portes plus petites; au-dessus, entre deux galeries, sculptées et transparentes, une rose de 50 mèt. de circonférence, et d'une grande magnificence; puis deux tours, qu'on a eu ensuite l'idée de relier ensemble par un corps de maçonnerie, percé de deux fenêtres ogivales juxtaposées, et dont le sommet forme balustrade à une hauteur de 60 mèt. Mais ce qui distingue ce portail, c'est le système de la décoration : les moulures y sont disposées sur deux plans différents, de telle sorte que les moulures extérieures se détachent complétement de celles qui sont en ap-

plication sur la muraille, et forment claire-voie; les ornements de la façade sont comme placés derrière un écran découpé à jour. La rose, en particulier, est précédée d'un cintre isolé, festonné en dentelles, et qui n'est soutenu que par ses tangentes et par des rosaces plus petites, placées aux angles du cadre dans lequel il est retenu. La flèche qui surmonte la tour du Nord s'élève à 142 mèt. au-dessus du sol, et l'on parvient au sommet à l'aide d'un escalier de 635 degrés : la tour, au-dessus de la balustrade, est flanquée de quatre tourelles rattachées à la pyramide octogone par le moyen d'arcs en forme de pont volant, et dont l'une contient un escalier à double spirale où deux personnes peuvent monter ou descendre en causant ensemble sans se voir. Cette flèche, la plus haute construction que les hommes aient élevée, offre une extrême légèreté de matériaux; elle est ouverte sur toutes ses faces. La foudre l'ayant endommagée à deux reprises au xviie siècle, les deux Heckler (Jean et Georges) la restaurèrent. — Les portails latéraux, comme la grande façade, ont beaucoup souffert pendant la Révolution; mais on a réparé tous les actes de vandalisme. Du côté du Nord, il y a un avant-portail, dit *de St-Laurent*, à cause des bas-reliefs qui rappellent le martyre de ce saint.

L'intérieur de la cathédrale de Strasbourg, long seulement de 112 mèt., large de 38 mèt. au transept, ne répond pas à la magnificence du grand portail : c'est un assemblage disparate de constructions de diverses époques, qui néanmoins ont leur intérêt pour les archéologues. La partie voisine de la façade est plus élevée que le reste de l'édifice, et forme comme un vestibule gigantesque, éclairé par la grande rose et par de vastes fenêtres à nombreux meneaux, dont les vitraux peints représentent d'un côté la création de l'homme, sa chute et le déluge, de l'autre le Christ au milieu des splendeurs de la Jérusalem céleste. La nef majeure, remarquable par la noblesse de ses proportions, mais d'une hauteur de 25 mèt. à peine, a aussi de belles fenêtres et de précieuses verrières, où l'on voit un grand nombre de Saints et de Saintes, quelques figures emblématiques ou allégoriques, et des traits de l'histoire sacrée. Les piliers, d'une coupe ingénieuse, sont couronnés de chapiteaux à feuillages sculptés avec élégance et délicatesse. Le chœur, d'une simplicité extrême, n'a que 14 mèt. de longueur, et il a fallu, pour l'agrandir, y ajouter tout le milieu de la croisée et une travée de la nef : il ne se termine à l'orient, ni, comme dans le système romano-byzantin, par une abside semi-circulaire, ni, comme dans le système ogival, par un octogone, mais carrément, par une ligne droite, et ce fond est percé d'une grande fenêtre, dont l'effet est peu agréable. Au-dessous du chœur sont pratiquées des cryptes, qui paraissent être antérieures au xe siècle : les colonnes qui en soutiennent les voûtes sont courtes, avec chapiteaux cubiques d'une excessive simplicité et dont quelques-uns portent des figures bizarres.

La cathédrale de Strasbourg possède quelques chefs-d'œuvre isolés. Tel est le *Pilier des Anges*, dans l'aile méridionale. C'est une masse centrale garnie de quatre grandes colonnes, entre lesquelles quatre autres plus petites sont interrompues par trois étages de statues de grandeur naturelle. Au bas sont les Évangélistes, caractérisés par leurs attributs symboliques; plus haut, quatre Anges embouchant des trompettes; enfin, le Christ, accompagné de trois Anges tenant les instruments de la Passion. Ces statues sont travaillées avec beaucoup de soin; on en attribue quelques-unes à Sabine, fille d'Erwin. Le baptistère, exécuté en pierre sur les dessins de Jodoce Dotzinger, en 1453, est une merveille de délicatesse et de fini. — La chaire, construite en 1486, sur les plans de Jean Hammerer, et restaurée en 1834, est de style ogival flamboyant; il n'en existe pas de plus belle, et on ne peut guère lui comparer que celle de la cathédrale de Mayence. Le dais qui la couvre a été fait en 1677 par Conrad Cullin et son fils, maîtres menuisiers à Strasbourg. — Les orgues, fabriquées en 1714 par André Silbermann, sont placées sur le côté gauche en entrant par la grande porte; le buffet en est entièrement doré. — Enfin on remarque dans l'intérieur de l'église une horloge très-curieuse, faite en 1842 par Schwilgué. Elle comprend une sphère céleste et un calendrier indiquant le temps sidéral, les fêtes mobiles, les éclipses, le lever et le coucher du soleil, les équations solaires et lunaires, les jours de la semaine, le temps moyen, les phases de la lune, les quatre âges, etc. Du côté gauche, quand midi va sonner, un coq de métal bat des ailes, chante trois fois, et les Apôtres défilent devant le Christ. **V.** Grandidier, *Essai historique sur la cathédrale de Strasbourg*, 1780, in-8°; Schweighœuser, *Dissertation nouvelle sur la cathédrale de Strasbourg*, 1780, in-8°; Miller, *Nouvelle description de la cathédrale de Strasbourg*, in-18; Guesber, *Essai sur les vitraux de la cathédrale de Strasbourg*, in-8°; Fréd. Piton, *La cathédrale de Strasbourg*, 1862, in-8°.   **B.**

STRATAGÈME (du grec *stratos*, armée, et *aghéin*, conduire), ruse de guerre. Deux ouvrages importants pour l'histoire de l'art militaire chez les Anciens nous sont parvenus sous le nom de *Stratagèmes*, l'un en grec par Polyen , l'autre en latin par Frontin.

STRATÉGE. **V.** ce mot dans notre *Dictionnaire de Biographie et d'Histoire*.

STRATÉGIE (du grec *stratègos*, général), partie de la science militaire. Bulow, dans son *Esprit du système de guerre moderne*, distingue la *Stratégie* et la *Tactique*. Pour lui , la *Stratégie* est la science des mouvements qui se font hors du rayon visuel réciproque des deux armées combattantes , ou , si l'on veut, hors de la portée du canon : la *Tactique* (du latin *tangere*, toucher) est la science des mouvements qui se font en présence de l'ennemi , et de manière à pouvoir être vu de lui et atteint par son artillerie. Par conséquent, les mouvements qui tiennent à un choc direct des troupes appartiendraient à la Tactique, les marches prolongées et les campements à la Stratégie. L'archiduc Charles a établi une distinction plus exacte et plus rationnelle. « La Stratégie, dit-il, conçoit et forme le plan des opérations de la guerre, en embrasse l'ensemble, et détermine leur marche. La Tactique enseigne la manière d'exécuter les plans de la Stratégie. Les plans généraux d'opérations militaires, et les mouvements d'armées qui en sont la conséquence, sont donc *stratégiques*, et les mouvements ou l'emploi particulier des troupes sont *tactiques*. » Selon d'autres, la *Stratégie* est l'ensemble des connaissances théoriques et pratiques que doit posséder un général ; les opérations dont la conception, la réalisation et les développements sont indépendants de la disposition particulière et des manœuvres de détail des troupes qui les exécutent, appartiennent à cet art : la *Tactique* est l'art qui règle l'ordonnance et les manœuvres des troupes de la manière la plus avantageuse relativement au but de leur emploi ; les différents ordres de bataille, de marche, de campement, l'armement et l'emploi des armes, sont de son ressort. La Tactique est une action , la Stratégie est une série de mouvements préparatoires. On peut être un bon tacticien, sans être un bon stratégiste, et réciproquement; mais il n'y a pas de grand général sans la réunion des deux qualités. **V.** J. de Maizeroy, *Cours de Tactique*, 1766-69 ; Guibert, *Essai général de Tactique*, 1772; l'archiduc Charles, *Principes de la Stratégie*, 1814, 3 vol.; Jomini , *Précis de l'art de la guerre*, 1822, *Traité des opérations militaires*, 1830, et *Tableau analytique des principales combinaisons de la guerre*, 1836; G. d'Arzac, *Traité de Tactique*, augmenté par Fr. Koch , 1832 ; Dekker, *Tactique des trois armes*, trad. par Fr. de Brack, 1836; Brémond, *la Tactique appropriée au mouvement des armes à feu*, 1853.

STRATOCRATIE (du grec *stratos*, armée, et *cratos*, pouvoir), mot employé quelquefois pour désigner le gouvernement militaire.

STRÉLITZ. **V.** ce mot dans notre *Dictionnaire de Biographie et d'Histoire*.

STRETTE (de l'italien *stretto*, dérivé du latin *stringere*, serrer), partie la plus brillante d'une fugue (**V.** *ce mot*), celle où le sujet est traité d'une manière plus serrée qu'au commencement. — On se sert du même mot pour indiquer le mouvement accéléré d'un finale.

STRIBORD. **V.** Tribord.

STRIE (du latin *stria*), en termes d'Architecture, est synonyme de *Cannelure*. Tout objet dont la surface porte des cannelures est dit *strié*.

STRIGILE. **V.** ce mot dans notre *Dictionnaire de Biographie et d'Histoire*.

STRIKE, nom qu'on donne en Angleterre à ces suspensions générales du travail que nous appelons *grèves*.

STROMATES (du grec *strómata*, tapisseries), mot employé dans le sens de *Mélanges*. Ainsi , les *Stromates* de St Clément d'Alexandrie se composent de sujets fort divers, historiques, philosophiques, théologiques, etc.

STROPHE. Dans l'ancienne poésie lyrique et religieuse des Grecs, ce mot désigne la partie de l'ode qui se chantait pendant le premier tour du chœur (*strophe;* de *stréphéin*, tourner) : ce premier tour se faisait de droite à gauche (**V.** **Antistrophe**). *Strophe* avait aussi une ac-

ception plus générale, et désignait le *retour* de certaines mesures et de certains rhythmes à intervalles égaux ou inégaux : c'était donc à peu près ce qui , chez les Modernes, s'appelle *couplet , stance, strophe*, etc. Dans la versification française, le mot *strophe* désigne les stances de l'ode. La strophe peut y admettre, soit un mètre unique, soit une combinaison de différentes mesures ; elle se compose généralement de 3 vers au moins, de 10 au plus ; il est rare d'y rencontrer plus de deux mesures différentes. Les strophes lyriques des chœurs d'*Esther* et d'*Athalie* ont une marche tout à fait libre : le poëte leur a donné une variété presque infinie; les mélanges de 3, de 4 mètres différents y sont très-usités.   **P.**

STROPHIUM. **V.** ce mot dans notre *Dictionnaire de Biographie et d'Histoire*.

STUC, en italien *stucco* (de l'allemand *stuck*, fragment), composition faite avec du marbre blanc pulvérisé, de la chaux éteinte et de la craie, qu'on gâche dans l'eau de manière à obtenir une espèce de mortier. On fait encore du stuc avec du plâtre cuit exprès, bien pilé et tamisé, puis gâché dans de l'eau chaude contenant de la colle de Flandre en dissolution. Il peut recevoir, au moyen de pâtes colorées, la couleur des divers marbres. Le stuc sert à faire des revêtements, des bas-reliefs, des corniches et autres ornements; outre qu'il peut recevoir le poli du marbre, il a sur le plâtre l'avantage de ne pas sécher presque subitement, et de conserver assez longtemps sa ductilité ; il devient aussi dur que la pierre, et n'est point sujet à se fendiller par le retrait ou en cédant à une pression. Les Romains connaissaient le stuc et en faisaient usage.   **B.**

STUD-BOOK (de l'anglais *stud*, haras, et *book*, livre), registre qu'on tient des chevaux entretenus dans les haras de l'État et de leur filiation. La France en a emprunté l'usage à l'Angleterre en 1853.

STUPAS. **V.** Tombeaux.

STYLE. Les Anciens écrivaient sur des tablettes recouvertes d'une légère couche de cire, et le mot *style* est venu de l'instrument qui leur servait à tracer leurs lettres : le style , *stylus*, était proprement un petit poinçon. En Littérature, on confond souvent le *style* avec l'*élocution* , bien qu'il y ait entre l'un et l'autre une notable différence ; l'élocution est un terme abstrait et général ; elle consiste à traduire la pensée par la parole ; c'est un art qui n'appartient proprement à personne, et que chacun est maître de cultiver à son gré. Le style indique, au contraire, l'originalité qu'un écrivain sait donner à l'expression de ses idées et de ses sentiments. Le style est donc personnel ; chaque auteur a le sien , que nul ne saurait lui dérober. Tout au plus est-il possible de le contrefaire, au risque d'y gagner la réputation d'un maladroit ou d'un impertinent imitateur. Ainsi l'entendait Buffon , lorsqu'il disait : « Le style est de l'homme même. » On peut ravir au savant ses découvertes, au philosophe ses principes, à l'historien ses observations morales sur l'homme et sur les progrès de la civilisation ; tout cela se répand, se propage, et finit par devenir en quelque sorte une propriété publique : mais on n'enlève point à l'écrivain son style ; par le style, il vivra ; faute de style, il périra. Tel est le sens précis de la parole de Buffon. On a prêté pourtant à cette maxime une autre signification, et plus d'une personne l'emploie, qui veut dire : Tel style, tel homme. Voulez-vous, par exemple, connaître l'humeur d'un écrivain ? Lisez ses œuvres; vous verrez s'y refléter, comme en un miroir, son caractère et ses secrètes inclinations. Cette interprétation, si elle est vraie, est arbitraire, et dépasse la vraie pensée de Buffon ; mais son mot y répugne si peu d'ailleurs, on peut affirmer qu'il en dérive, Sauf , ie style de l'écrivain est un bien inaliénable, qui défie le pillage et le vol dans le présent comme dans l'avenir ;' mais ce style même, d'où le tient-il, sinon de ses mœurs. de ses habitudes, du tour particulier de son esprit et de son imagination, de sa sensibilité, de tout ce qui fait enfin qu'il n'est ni vous ni moi, mais lui-même? De là vient aussi que chaque nation a un style différent, suivant son caractère et son génie. « Des figures fortes et hyperboliques donnaient une vive chaleur à celui des Orientaux; les Athéniens, peuple spirituel et poli, s'étaient formé un style précis, clair et soigné ; les Asiatiques, licencieux et amis du luxe, affectaient un style fleuri, mais diffus. On remarque les mêmes différences caractéristiques dans le style des Français, des Anglais et des Espagnols. En parlant du style en général, on dit qu'il est nerveux, faible **ou** vif, qualités qui, dans un écrivain, désignent à la fois et **sa** manière de sentir et sa manière de s'exprimer; tant il est difficile de les séparer l'une de l'autre. » L'illustre académicien avait donc raison, et ceux-là n'ont pas tort non plus, qui commentent sa parole dans un sens qu'il n'entendait pas lui donner. Le style est de l'homme même; mais c'est l'humeur qui fait le style.

Cette originalité qu'un grand écrivain sait communiquer à l'expression de sa pensée, le véritable artiste en laisse aussi l'empreinte sur ses productions. C'est ainsi que Michel-Ange imprimait à ses toiles une physionomie que n'offrent pas celles de Raphaël; que les mélodies de Mozart ont un caractère dont s'éloignent celles de Beethoven; que les statues de Phidias annoncent un autre ciseau que celui de Praxitèle. C'est pourquoi, pour marquer le talent particulier, la *manière* propre du peintre, du musicien, du statuaire, on emploie le même terme qui sert à distinguer entre eux les écrivains, et l'on dit le *style* de Rossini, comme on dit le *style* de Beaumarchais. Le mot a passé des individus aux écoles, et, dans l'histoire des arts, il s'applique parfois à des périodes entières où règne quelque genre spécial. De là ces expressions qui reviennent sans cesse sous la plume des critiques : *style roman, style gothique, style Renaissance, style Louis XV.*

La conclusion qui ressort de tout ce qui précède s'offre naturellement à l'esprit : de même que les humeurs sont aussi dissemblables que les visages, de même les styles sont aussi dissemblables que les humeurs. Ce n'est pas à dire pourtant que cette diversité soit sans bornes : il y a des limites immuables, marquées par le bon sens et le goût, en deçà desquelles les écrivains et les artistes sont tenus de se renfermer; au delà, l'originalité dégénère en bizarrerie, et conduit au ridicule. Pour ne parler que des Lettres, c'est le droit et le devoir d'un auteur d'être lui-même, mais à condition de respecter certaines lois préalables que lui impose la raison. Parmi ces règles générales, les unes regardent l'arrangement et la composition des ouvrages : tel est le prix d'un plan bien fait et mûrement étudié, que Buffon lui-même n'a pas craint de définir le style : « l'ordre et le mouvement qu'on met dans ses pensées; » comme s'il n'était pas possible que l'on conçût nettement la suite et l'enchaînement de ses idées, sans que les mots n'arrivent aisément et comme d'eux-mêmes pour les rendre Les autres portent sur l'expression, et déterminent les qualités de l'élocution indispensables à tous les écrivains; ce sont : la *clarté*, la *précision* et la *propriété*, la *correction* et la *pureté*, le *naturel* et la *noblesse*, l'*harmonie* (*V. ces mots*). — La Rhétorique ne s'est pas bornée à dresser ainsi la liste de ce qu'on appelle les *qualités générales du style*. Mais, considérant la variété des œuvres littéraires et la diversité des sujets qu'elles traitent sur des tons si différents, elle a cru le point établir une classification arbitraire en distinguant dans les ouvrages de l'esprit et dans le style trois genres, à chacun desquels elle assigne ses qualités respectives : le *genre simple*, qui recherche principalement la simplicité, la brièveté, la naïveté, la finesse, la délicatesse et la grâce; le *genre tempéré*, qui brille par la variété, l'abondance, la richesse, le sentiment, la vivacité, l'énergie et le trait; enfin le *style sublime*, qui s'accommode particulièrement de la véhémence, de la magnificence, de la profondeur et de l'enthousiasme (*V.* Simple, Tempéré, Sublime). Seulement, elle ajoute que les trois genres peuvent se rencontrer dans un même sujet, et notamment elle cite les *Oraisons funèbres* de Bossuet comme d'admirables modèles où tous les styles sont harmonieusement fondus. — Une autre subdivision, plus fondée peut-être, certainement plus impérissable, consiste à distinguer le *style de la poésie*, avec ses mouvements extraordinaires, ses tournures hardies, ses expressions originales, ses épithètes, ses synonymes, ses figures de prédilection, telles que l'inversion, l'ellipse, la périphrase, du *style de la prose*, avec ses termes de la langue commune, avec son allure libre et dégagée, faite pour répandre sur la pensée la clarté et la lumière. La langue française offre à peine quelques mots exclusivement propres au style poétique : un *coursier*, la *plaine liquide*, l'*éther*, etc.; mais les Latins en comptaient davantage, et, chez les Grecs, les deux idiomes avaient si bien leurs termes et leurs tours respectifs, qu'un critique Alexandrin put un jour traduire en prose l'*Iliade* d'Homère. Dans la prose même, on a distingué le *style scientifique*, celui du géomètre et du dialecticien, dont la perfection suprême semble être d'atteindre à la précision algébrique, et le *style littéraire*, où l'écrivain met quelque chose de son âme. Il appartient au goût de déterminer à quelles matières les différents styles sont le mieux assortis, et dans quelle mesure il convient, quelque sujet qu'on traite, d'en mêler les formes diverses. A. H.

style, en termes de Chronologie, manière particulière de supputer les années. Le *vieux style* est la manière dont on comptait avant la réforme de Grégoire XIII, et qui est encore en usage chez les Russes et les Grecs; le *nouveau style* est la manière dont on compte depuis cette réforme. Le vieux style est en retard de 12 jours sur le nouveau : le 1er janvier dans le vieux style est pour nous le 13.

style (Peinture de), nom donné quelquefois à la peinture d'histoire (*V. ce mot*).

STYLET, poignard à lame très-mince et ordinairement triangulaire. C'est l'arme favorite des Italiens et des Espagnols.

STYLITES. V. ce mot dans notre *Dictionnaire de Biographie et d'Histoire*.

STYLOBATE (du grec *stulos*, colonne, et *basis*, base), en termes d'Architecture, espèce de piédestal continu ou de soubassement qui a base et corniche, et qui forme avant et arrière-corps sous les colonnes qu'il porte. *Stylobate* a été aussi employé comme synonyme de *Plinthe*.

STYRIEN, dialecte parlé par les Wendes de la Styrie. V. Wende.

SUAIRE (du latin *sudarium*), nom donné d'abord à un linge dont on se servait pour essuyer la *sueur* du visage, puis à un voile dont on couvrait la tête et le visage des morts, enfin au linceul dans lequel on les ensevelit. Plusieurs églises du monde catholique prétendent posséder le *saint suaire*, qui servit à la sépulture de Jésus-Christ.

SUASORIÆ. V. Déclamations.

SUBALTERNES (Propositions), propositions formées avec le même sujet et le même attribut; opposées en quantité, l'une universelle, l'autre particulière; et de même qualité, toutes deux affirmatives ou toutes deux négatives. Telle est la nature de leurs rapports, que la vérité des propositions universelles entraîne celle des propositions particulières : *Si tout homme est animal, quelque homme est animal*; et *Si nul homme n'est parfait, quelque homme n'est pas parfait*. Mais la vérité des particulières n'entraîne pas celle des universelles. En revanche, la fausseté des universelles n'empêche pas nécessairement la vérité des particulières; quoiqu'il ne soit pas vrai que tout nombre soit exactement divisible, il est vrai que certains nombres sont exactement divisibles (*V. Logique de Port-Royal*, 2e part., ch. IV). B—E.

SUBARMALE. V. ce mot dans notre *Dictionnaire de Biographie et d'Histoire*.

SUBCONTRAIRES (Propositions). V. Contraires.

SUBHASTATION (du latin *sub hasta*, sous la pique), en termes de Droit romain, vente à l'encan. Il était d'usage de planter à l'endroit où devait se faire l'encan une pique, comme marque d'autorité, parce que les ventes ne se faisaient qu'en vertu d'une ordonnance du préteur.

SUBITAIRES. V. ce mot dans notre *Dictionnaire de Biographie et d'Histoire*.

SUBJECTIF. V. Objectif.

SUBJECTION, figure de Rhétorique, la même que l'Antéoccupation (*V. ce mot*).

SUBJONCTIF, mode des verbes qui exprime l'affirmation d'une manière subordonnée et comme dépendante d'un autre verbe, auquel le verbe au subjonctif est le plus souvent lié par le moyen d'une conjonction. Aussi le subjonctif ne s'emploie-t-il jamais que pour marquer une chose douteuse ou indécise. Les verbes du sens de *permettre, défendre, souhaiter, désirer, craindre, vouloir, ordonner, douter, nier*, etc., se construisent en français avec le subjonctif. D'autres verbes n'entraînent pas, par l'idée qu'ils expriment, l'emploi du subjonctif dans une proposition subordonnée, gouvernent ce mode dès qu'ils prennent la forme négative ou interrogative; c'est ainsi qu'on dit : « Je ne crois pas qu'il *vienne*; Croyez-vous qu'il *vienne*? » tandis qu'on dit : « Je crois qu'il ne *vient* pas. » Certains verbes se construisent avec l'indicatif ou avec le subjonctif selon la nuance de sens qu'ils expriment; ainsi le verbe *prétendre* signifie à la fois *affirmer* et *vouloir avec énergie* : dans le 1er cas, il est suivi de l'indicatif; dans le 2e, du subjonctif. *Il paraît, Il me semble*, se construisent avec l'indicatif : *Il ne paraît pas, Il semble*, avec le subjonctif. Toutefois, il peut arriver que *Il semble* ait pour complément une proposition exprimant une réalité, surtout si ce verbe laisse percer quelque ironie, comme dans cette phrase de La Bruyère : « Il semble que la Logique *est* l'art de convaincre de quelque vérité. » C'est sur l'idée d'indécision

Inhérente au subjonctif que repose l'emploi de ce mode après les pronoms conjonctifs, comme lorsqu'on dit : « Je cherche quelqu'un *qui* me *rende* service. » Il y a cependant telles manières de parler où il est difficile de rendre compte du subjonctif, comme lorsqu'on dit : « Le chien est le *seul* animal *dont* la fidélité *soit* à l'épreuve. » Le subjonctif n'est pas plus logique avec *avant que*, dans beaucoup de cas, que ne le serait l'indicatif ; la preuve en est qu'en grec et en latin les mots qui correspondent à cette locution conjonctive se construisent fréquemment avec l'indicatif. *Bien que* et *quoique* ne gouvernent pas essentiellement le subjonctif, et cependant toujours ces conjonctions sont suivies de ce mode. Comment se fait-il que la conjonction *que*, mise pour éviter la répétition de *si*, qui ne gouverne que l'indicatif, gouverne le subjonctif? Comment *si* ne gouverne-t-il en aucun cas ce mode? Ce sont là de pures décisions de l'usage ou de l'euphonie. Le subjonctif n'est pas toujours nécessairement accompagné d'une conjonction ; dans certains tours vifs de phrase, on l'omet avec avantage : « *Écrive* qui voudra.— *Puissé-je* y voir tomber la foudre! — Dieu vous *soit* en aide! » — Le subjonctif a différents temps, le *présent*, l'*imparfait*, le *parfait* ou *passé*, le *plus-que-parfait*, et, dans quelques langues, le *futur*, qui se confond le plus souvent avec le présent. P.

SUBLICACULUM. *V.* ce mot dans notre *Dictionnaire de Biographie et d'Histoire.*

SUBLIME (Genre ou Style), un des trois genres d'éloquence établis par les rhéteurs. « Il est riche, majestueux, éclatant, armé de toute la force de la parole. C'est cette élévation, cette grandeur de style qui a commandé l'admiration aux peuples, et leur a fait accorder, dans le gouvernement, tant de pouvoir à l'éloquence : je parle de cette éloquence qui se précipite et retentit comme un torrent, qui étonne, qui saisit, et qu'on désespère d'atteindre» (Cicéron). Le sublime est extraordinaire, ce merveilleux qui échauffe et remue l'âme, qui produit en nous une admiration mêlée d'étonnement et de surprise, qui nous enlève par ses mouvements et sa véhémence, et nous éblouit de ses tonnerres et de ses éclairs. Le style sublime admet la grandeur, la pompe, l'éclat de l'expression, et tout ce qui peut produire sur les auditeurs une impression durable. Mais il repousse les ornements et les fleurs qui font l'agrément du style tempéré ; son mérite n'est point dans la parure, mais dans sa force. Il existe par l'audace des pensées et la véhémence des passions ; il s'inquiète peu du choix des mots, et, loin d'en être esclave, il leur commande comme un tyran ; il les force à rendre sa pensée avec grandeur et noblesse, en négligeant souvent le nombre oratoire. Et pourtant c'est au style sublime qu'est réservée la grande période, avec toutes les figures et tous les moyens d'exciter les passions ; mais il ne les emploie pas sans repos, sans interruption ; il sait user à propos du simple et du tempéré ; il produit souvent tout son effet par un seul mot; d'ailleurs, il ne peut se soutenir également partout, car il fatiguerait les auditeurs.

On doit distinguer le *style sublime* du *sublime*. Les rhéteurs appellent *style sublime* celui qui déploie toutes les pompes de l'éloquence, et qui joint à la grandeur des pensées la majesté de l'expression, la véhémence, la fécondité, la richesse, la gravité, les grands mouvements pathétiques. Le *sublime* peut exister sans toutes ces conditions. « Tout ce qui est véritablement sublime, dit Longin, a cela de propre, quand on l'écoute, qu'il élève l'âme et lui fait concevoir une plus haute opinion d'elle-même, la remplissant de joie et de ce je ne sais quel noble orgueil, comme si c'était elle qui eût produit les choses qu'elle vient simplement d'entendre. » Le sublime suppose des sentiments élevés, un cœur généreux, qui n'a rien de bas ni de rampant; il conçoit l'idée dans sa plus grande élévation, et il l'exprime comme il la conçoit. Il y a plusieurs espèces de sublime : *sublime de pensée, sublime de sentiment, sublime d'image.* Le sublime de pensée est une grande idée exprimée soit avec simplicité, soit avec majesté. Longin cite, en le mettant au-dessus de tout ce qu'il y a de plus beau dans Homère, le verset de Moïse : « *Dieu dit : Que la lumière soit, et la lumière fut.* » Les premières paroles de l'Oraison funèbre de Louis XIV par Massillon, en présence du cercueil du roi, sont les suivantes : *Dieu seul est grand, mes frères!* Ici le sublime consiste dans la pensée, et nullement dans l'expression. Ces exemples justifient un philosophe qui dit : « Il n'y a point de style sublime; c'est la chose qui doit l'être. Et comment le style pourrait-il être sublime sans elle, ou plus qu'elle? » — Le sublime de sentiment nous

élève au-dessus de nous-mêmes, et nous pénètre d'enthousiasme, d'étonnement et de plaisir. On vient annoncer au vieil Horace que deux de ses fils ont été tués, et que le troisième a pris la fuite; il est indigné de cette lâcheté (*Horace*, III, 6) :

> — Que vouliez-vous qu'il fît contre trois? — Qu'il mourût.

« Voilà, dit Voltaire, ce fameux *Qu'il mourût*, ce trait du plus grand sublime, ce mot auquel il n'en n'est aucun de comparable dans toute l'Antiquité. » — Le sublime d'image est celui qui présente d'une manière vive et saisissante un grand objet, une grande action, comme dans ces vers de Corneille sur Pompée devant ceux qui allaient l'assassiner (*La Mort de Pompée*, II, 2) :

> et s'avance au trépas
> Avec le même front qu'il donnait les États.

L'écueil du style sublime est l'enflure. Quand on veut à tout prix être plus grand que son sujet, on entasse de grands mots sonores, des périodes ronflantes, des expressions qui paraissent hardies, mais qui ne sont que fausses; enfin on tombe dans le galimatias. Les auteurs les plus sublimes sont ceux qui offrent le plus grand nombre d'exemples de ce défaut. Voici des vers de Corneille où il est frappant (*Cinna*, I, 1) :

> Impatients désirs d'une illustre vengeance,
> A qui la mort d'un père a donné la naissance,
> Enfants impétueux de mon ressentiment,
> Que ma douleur séduite embrasse aveuglément,
> Vous régnez sur mon âme avecque trop d'empire;
> Pour le moins un moment souffrez que je respire...

Boileau trouvait dans ces paroles une généalogie des *impatients désirs d'une illustre vengeance*, qui étaient les *enfants impétueux d'un noble ressentiment*, et qui étaient *embrassés par une douleur séduite.* H. D.

SUBRÉCARGUE (d'un mot espagnol qui signifie *préposé au chargement*), nom donné autrefois à l'agent chargé, dans chaque comptoir des colonies espagnoles, d'acheter et de vendre les marchandises, et aujourd'hui au préposé choisi par un armateur pour veiller, sur le navire, à la conservation des marchandises formant la cargaison, pour en rendre compte aux divers chargeurs ou expéditeurs, pour faire les achats d'objets destinés au retour. Le subrécargue engage son armateur de la même manière qu'un commis engage son commettant.

SUBREPTION. *V.* OBREPTION.

SUBROGATION (du latin *subrogare*, mettre à la place), mot qui désignait, chez les anciens Romains, tout article ajouté à une loi. Il s'applique aujourd'hui à une fiction de Droit par laquelle une chose ou une personne est mise à la place d'une autre. La transmission qu'un créancier fait de tous ses droits et actions contre un débiteur, à celui qui le désintéresse, est une subrogation. La subrogation peut être *conventionnelle, légale* ou *judiciaire* (*Code Napol.*, art. 1249-52; *Code de Procéd.*, 612, 721). Elle diffère de la *cession*, en ce qu'elle peut avoir lieu à l'insu du débiteur et par la seule volonté du créancier. *V.* Mourlon, *Traité de la subrogation*, 1848, in-8°; A. Bertauld, *De la subrogation à l'hypothèque légale des femmes mariées*, 1853, in-8°; Gauthier, *Traité de la subrogation de personnes, ou du payement avec subrogation*, 1853, in-8°.

SUBROGÉ TUTEUR. *V.* TUTEUR.

SUBSIDES (du latin *subsidium*, secours), impôts que les peuples payent au chef de l'État pour subvenir aux besoins publics. Autrefois, on distinguait l'*impôt* proprement dit, établi par le gouvernement, et les *subsides*, réglés par la nation et donnés de son plein gré. Le secours d'argent qu'un État donne à un autre, son allié, en vertu de traités faits entre eux, se nomme également *subside.* — En termes de Droit canonique, on appelait jadis *subsides caritatifs* certains droits perçus par les évêques qui allaient à des conciles ou faisaient d'autres voyages pour l'utilité de leurs églises; le payement en était fait à titre de charité (*caritas*).

SUBSIDIAIRE, en termes de Droit, se dit de ce qui n'a lieu que comme un dernier recours, une dernière ressource : ainsi, des *conclusions subsidiaires*. *V.* CONCLUSIONS.

SUBSISTANCES MILITAIRES, partie du service des armées, consistant à pourvoir à leur alimentation, et dans laquelle on fait rentrer tout ce qui est relatif à l'habillement et à l'équipement des troupes. Ce service est confié au corps de l'*Intendance militaire* : en temps de guerre, les *Fournisseurs* ou *Munitionnaires* lui viennent en aide. — Un soldat *est en subsistance* dans un régiment, quand il y est nourri et soldé, en attendant qu'il puisse rejoindre le corps auquel il appartient et dont les circonstances l'ont éloigné.

SUBSTANCE, du latin *sub*, sous, et *stare*, se tenir, ou *sterni*, être étendu; d'où *substantia*, mot d'origine scolastique. La *substance* est donc une réalité que nous concevons dans tous les êtres, revêtant les qualités qu'ils possèdent : c'est le support, ou, comme on disait encore dans l'École, le *substratum* de toutes les manières d'être. Cette conception se fait en nous par une loi appelée *loi de la substance*, en vertu de laquelle nous concevons fatalement que tout adjectif suppose un substantif, tout attribut un sujet, toute *qualité* un *mode* une *substance*. C'est par l'idée que nous prenons d'abord de notre *moi*, que nous acquérons celle de substance, et, par-dessus tout, celle du *moi* comme cause. Pour *causer*, il faut *être*, et, en s'affirmant comme cause, le *moi* s'affirme comme substance. Les qualités des corps nous révèlent de même qu'il y a une réalité qui les revêt. S'il est impossible de ne pas concevoir sous les modes une réalité substantielle qui les supporte, il est impossible de la connaître en elle-même. C'est ce que tentèrent les premiers philosophes en cherchant à expliquer la nature des choses. Aristote, en disant que la *substance* peut s'entendre ou de la matière, ou de la forme, ou du composé des deux, ne fut pas beaucoup plus heureux. En comparant la *substance* aux *phénomènes*, on fut amené à dire, par opposition à l'*accident*, qu'elle est ce qui existe par soi-même. Cette définition n'était pas sans danger, car on ne peut nier la substance dans les êtres contingents ; ceux-ci n'existant point par euxmêmes, ils ne seraient plus que des modes de l'être, et on arriverait au panthéisme. Au-dessus des substances contingentes et finies, il faut reconnaître une substance nécessaire, qui est aussi la cause nécessaire et première, Dieu. Par là sont repoussés le panthéisme, qui nie la personnalité dans l'homme ; le naturalisme, qui ne voit dans la substance spirituelle qu'un assemblage de qualités sensibles ; l'idéalisme de Kant, qui ne voit dans la substance qu'une forme de la pensée, ainsi que celui de Berkeley, qui met en question la réalité de la matière.   R.

SUBSTANTIF, variété du *nom*, qui s'appelle ainsi lorsqu'il signifie quelque substance, quelque être ayant une existence propre. Tels sont : *esprit, corps, plante, arbre, pomme, fruit, grain,* etc. (*V.* Nom). — On donne aussi cette dénomination au verbe *être*, parce qu'il exprime par lui-même l'affirmation de l'existence d'une substance sans égard à aucun attribut : l'attribut doit être exprimé ensuite à part (Dieu est — juste). Le mot *substantif* s'oppose en ce cas à *attributif*, nom donné à tout verbe qui exprime tout à la fois en un seul et même mot l'affirmation de l'existence d'une substance et l'affirmation de l'attribut qui lui convient. Le verbe substantif s'appelle aussi verbe *abstrait*.   P.

SUBSTITUT, magistrat chargé de remplacer au parquet le procureur général ou le procureur impérial. Les substituts sont nommés par le chef de l'État : ceux des procureurs généraux doivent avoir 25 ans, ceux des procureurs impériaux 21.

SUBSTITUTION (du latin *substituere*, mettre à la place), en termes de Droit, disposition en vertu de laquelle on appelle à une succession un ou plusieurs héritiers après celui qu'on a institué, de manière que celui-ci, qui doit jouir de biens le premier, ne peut les aliéner. On nomme *grevé* celui qui reçoit ainsi à charge de conserver et de rendre à sa mort; *appelé*, celui qui doit succéder à l'héritier premier institué. Les substitutions, permises dans le Droit romain et l'ancien Droit français, furent prohibées par la loi du 14 novembre 1792, puis par le *Code Napoléon* (art. 896) : car elles avaient l'inconvénient d'enrichir une branche de la famille au préjudice des autres, d'exposer ceux qui contractaient avec un grevé à la perte de leurs créances après sa mort, et de nuire à la propriété elle-même, celui de grevé, simple usufruitier, cherchait à tirer le plus de produits possible. Toutefois, la loi permet aux pères et aux mères de donner à un ou plusieurs de leurs enfants tout ou partie de la *quotité disponible* (*V. ce mot*) de leurs biens, à charge de les rendre aux enfants nés ou à naître, au premier degré seulement, des donataires. La même disposition est accordée à celui qui ne laisse que des frères ou des sœurs, en faveur de leurs enfants nés ou à naître, aussi au 1er degré seulement. La loi du 17 mai 1826 a autorisé pour toute personne la substitution jusqu'au 2e degré ; on a voulu arrêter ainsi la division toujours

croissante de la propriété. La prohibition de substituer n'est maintenue qu'en ce qu'il n'est pas permis de grever le donataire de la charge de rendre à un étranger ; ce n'est qu'au profit des enfants que la substitution peut avoir lieu. — La loi n'assimile pas à la substitution la disposition par laquelle un tiers serait appelé à recueillir un legs, dans le cas où l'héritier ne pourrait en profiter, et où la disposition deviendrait caduque à son égard : c'est la *Substitution vulgaire*. Mais elle interdit le genre de substitution qu'on nomme *Fidéi-commis* (*V. ce mot*). *V.* Rolland de Villargues, *Des Substitutions prohibées par le Code civil*, 3e édit., 1833, in-8°; Saint-Espès Lescot, *Traité des Substitutions prohibées*, 1849, in-8°.

SUBSTITUTION, terme de Musique. *V.* Accord.

SUBSTITUTION DE DETTE ET DE DÉBITEUR. *V.* Novation.

SUBSTITUTION DE PART OU D'ENFANT, action de remplacer un enfant mort-né ou dont le sexe ne répond point aux vues que l'on peut avoir, par un enfant vivant ou par un enfant d'un sexe différent. Elle est punie de la réclusion (*Code pénal*, art. 345).

SUBSTITUTION DE PERSONNE, délit qui consiste à se présenter sous le nom d'un autre. Il a été prévu et puni par la loi du 21 mars 1832 sur le recrutement militaire.

SUBSTRATUM. *V.* Substance.

SUBSTRUCTION (du latin *sub*, dessous, et *structus*, construit), construction souterraine ou qui en supporte une autre. Le mot s'emploie surtout en parlant des édifices antiques, sur les restes desquels on a élevé des constructions modernes.

SUBUCULA. } *V.* ces mots dans notre *Diction-*
SUBURBANUM. } *naire de Biogr. et d'Histoire.*

SUBVENTION (du latin *subvenire*, venir au secours), secours en argent, accordé soit par les particuliers à l'État dans un cas pressant (c'est la *subvention de guerre*), soit par l'État à certains établissements, à certaines entreprises d'intérêt public, par exemple aux Lycées, à quelques théâtres, à des entreprises maritimes, à des journaux même. — Au XVIIIe siècle, on appela *Subvention territoriale* un impôt que le ministre De Calonne voulut établir sur la propriété foncière.

SUCCADES, vieux mot désignant les dragées, les épices qu'on servait dans le drageoir.

SUCCESSIFS (Degrés), en termes de Jurisprudence, degrés de parenté dans lesquels on peut hériter.

SUCCESSIFS (Droits), se dit des droits qu'on peut avoir à un héritage, et de l'impôt qu'on doit payer sur une succession à recueillir.

SUCCESSION (du latin *succedere*, prendre la place de), mot qui désigne à la fois la totalité des biens, droits et actions dont une personne est investie activement ou passivement au moment de son décès, et leur transmission à une ou plusieurs personnes qui survivent. Le *Code Napoléon* distingue : 1° la *succession contractuelle* réglée par le contrat de mariage des époux, qui s'attribuent, ou attribuent aux enfants à naître de leur mariage, une partie ou la totalité de la quotité disponible dans les biens qu'ils laisseront au jour de leur décès (*V.* Quotité disponible) ; 2° la *succession testamentaire*, c.-à-d. déférée par *testament* (*V. ce mot*); essentiellement révocable, elle diffère en cela de la précédente ; 3° la *succession légitime* ou *ab intestat*, transmise par la force même de la loi, en l'absence de dispositions contraires de la part du défunt (*V.* Ab Intestat). Une succession légitime est *régulière* quand elle est déférée aux parents légitimes du défunt ; *irrégulière*, lorsqu'elle est attribuée, par défaut d'héritiers légitimes, à des personnes qui n'avaient point en quelque sorte un titre régulier pour exiger cette attribution, par exemple aux enfants naturels, à l'époux survivant, ou à l'État.

Le partage d'une succession pouvant causer des discussions dans les familles, la loi a donné au père le droit de répartir de son vivant ses biens entre ses enfants : c'est ce qu'on nomme le *partage d'ascendants*. Il doit être fait dans la forme des donations entre vifs ou des testaments ; il n'est pas nécessaire qu'il comprenne la totalité des biens, mais il faut que tous les héritiers présomptifs soient appelés à y prendre part ; ceux des biens qui n'auraient pas été compris dans le partage sont partagés conformément à la loi. Le partage fait par l'ascendant peut être attaqué pour cause de lésion de plus du quart, ou s'il résulte des dispositions faites par préciput que l'un des copartageants aurait un avantage plus grand que la loi ne le permet. Les frais de cette action sont avancés par celui qui l'intente, et ils restent à sa charge s'il succombe dans sa demande.

Pour toute succession, il faut d'abord fixer l'époque de

l'ouverture et les formalités à remplir pour que la dévolution des biens s'opère par la *saisine* de l'héritier (*V.* SAISINE). L'ouverture de la succession est fixée, en général, par le fait du décès, et par l'acte qui en a été transcrit sur les registres de l'état civil; c'est à l'héritier qu'il appartient de procéder à l'établissement de cette preuve du décès. Mais l'ouverture de la succession peut aussi résulter d'une fiction de la loi, qui, dans certaines circonstances, suppose mort celui qui est ou peut être vivant, comme cela arrivait, avant 1854, dans le cas d'une condamnation à la *mort civile* (*V. ce mot*), et comme cela arrive toujours dans le cas d'une *déclaration d'absence* (*V. ce mot*). Quand il y a eu omission de la déclaration de décès, ou impossibilité de la faire, il faut s'adresser à la justice; les tribunaux apprécient les circonstances, et prononcent selon l'équité sur les droits de chacun. On a seulement posé quelques règles, par exemple : si plusieurs personnes, respectivement appelées à la succession l'une de l'autre, périssent dans un même événement, si l'on ne peut reconnaître laquelle est décédée la première, la présomption de survie est déterminée par les circonstances du fait; et, à leur défaut, par la force de l'âge et du sexe; si ceux qui ont péri ensemble avaient *moins de* 15 *ans*, le plus âgé sera présumé avoir survécu; s'ils étaient *au-dessus de* 60 *ans*, la présomption sera en faveur du moins âgé; si les uns avaient moins de 15 ans et les autres plus de 60, les premiers seront présumés avoir survécu; s'ils avaient tous 15 ans accomplis et moins de 60, le mâle est présumé avoir survécu lorsqu'il y a égalité d'âge ou que la différence n'excède pas une année, et, s'ils étaient du même sexe, la présomption de survie est en faveur du plus jeune.

La succession étant ouverte, il faut savoir à qui elle est dévolue. Comme il est de principe que la transmission ne peut s'opérer que *du mort au vif*, celui-là seul est habile à succéder qui était né à l'époque du décès de son auteur, ou tout au moins qui était conçu à cette époque et qui est né viable; celui qui n'est pas né viable est réputé n'être jamais né. Si l'enfant n'est pas né viable, il n'a pu rien recueillir; s'il a vécu un seul moment, cela a suffi pour qu'il ait dû recevoir et transmettre tous les droits qui se sont ouverts en sa faveur, il a une succession qui s'ouvre et ses héritiers qui recueillent de son chef.

L'héritier, étant subrogé dans les droits du défunt, recueille ses biens, mais aussi ses charges, comme s'il avait contracté les mêmes obligations. Mais la loi lui accorde la faculté de renoncer à la succession (*V.* RENONCIATION), ou celle de ne l'accepter que sous *bénéfice d'inventaire* (*V. ce mot*).

L'ordre des successions est déterminé d'après le droit de famille, dans un rapport direct avec les liens de parenté (*V. ce mot*). Les descendants légitimes en ligne directe sont préférés à tous autres héritiers; ils excluent les ascendants et tous les parents collatéraux. Après les descendants, viennent en seconde ligne les ascendants, qui ont droit à une réserve, mais qui pour cela n'excluent, parmi les collatéraux, ni les frères ni les sœurs; ils prennent tous part concurremment à la succession. En troisième ordre sont les parents collatéraux, autres que les frères et les sœurs : ici l'on ne fait que deux parts de la succession, attribuées aux lignes paternelle et maternelle; dans chacune de ces lignes, le parent le plus proche en degré prend toute la portion, et s'il y a plusieurs parents au même degré, ils partagent par tête. Le droit de succéder ne s'étend pas au delà du 12ᵉ degré; et, s'il ne se trouve pas, dans l'une des lignes, de parent au degré successible, c'est à l'autre ligne que le tout appartient (*V.* DÉVOLUTION).

Une fiction de Droit permet d'appeler les enfants des frères et sœurs à partager avec leur oncle ou leur tante, comme s'ils étaient de même degré, quoique dans l'ordre de la famille ils soient placés à un degré plus éloigné. C'est ce qu'on nomme la *représentation;* elle a pour effet de faire entrer les représentants dans la place, dans le degré et dans le droit du représenté. Du reste, les frères et sœurs, ou oncles et neveux, tantes et nièces, partagent entre eux par tête, si les frères et sœurs sont de même lit, et sous la condition que les enfants d'un frère ou d'une sœur ne compteront que pour une seule tête. Si les frères et sœurs sont de lits différents, la part qui leur est attribuée se divise en deux portions pour être distribuées aux deux lignes paternelle et maternelle. Les frères et sœurs germains qui appartiennent aux deux lignes viennent au partage dans chacune des deux portions; les frères et sœurs consanguins et utérins ne viennent chacun que dans leur ligne seulement. Les enfants qui se présentent par représentation exercent dans chacune des lignes les droits qui auraient été attribués à leur père ou à leur mère. La représentation est admise en ligne directe à l'infini au profit des descendants; elle ne l'est jamais au profit des ascendants, parmi lesquels le plus proche exclut toujours le plus éloigné.

La loi a déterminé certains cas où l'on est frappé d'incapacité en matière de succession (*V.* INDIGNE).

On nomme *succession vacante* une succession abandonnée par ceux qui auraient droit de la recueillir. Sur la réclamation des ayants droit, ou sur la réquisition du procureur impérial, le tribunal de 1ʳᵉ instance nomme un curateur à cette succession. Ce curateur a l'administration des biens, dont il fait constater l'état par un inventaire; c'est contre lui que peuvent être dirigées les actions qui intéressent la succession, et il en exerce et en poursuit les droits. Il ne peut faire que des actes de pure administration, sans qu'il lui soit permis de faire des transactions ou des compromis, encore moins d'aliéner et d'hypothéquer. Il ne doit toucher aucuns deniers, mais les faire verser dans la caisse des Dépôts et Consignations; il ne peut acquitter aucune dépense. Il faut qu'il soit toujours prêt à rendre compte de sa gestion.

Toute succession attribue aux héritiers une propriété nouvelle, pour laquelle ils sont tenus de payer des droits de *mutation* (*V. ce mot*).

Le droit de succéder, conséquence du droit de propriété (*V. ce mot*), a été reconnu chez tous les peuples civilisés; mais le mode d'exercice de ce droit a été très-variable. Tantôt la faculté de tester a été accordée, tantôt on l'a refusée ou restreinte. Ici le partage s'est fait également entre tous les enfants; là on ne voulut y admettre que les mâles; ailleurs, tous les biens furent réservés à l'aîné. De nos jours, le droit même de succéder a été mis en question par certaines écoles socialistes, notamment par les Saint-Simoniens.

V. Martin, *Traité des successions*, 1811, 2 vol. in-8°; Favard de Langlade, *Manuel pour l'ouverture et le partage des successions*, 1812, in-8°; Pailliet, *Législation et jurisprudence des successions*, 1823, 3 vol. in-8°; Malpel, *Traité élémentaire des successions*, 1826, in-8°; Fouet de Conflans, *Esprit de la jurisprudence des successions*, 1839, in-8°; Chabot, *Commentaire sur la loi des successions*, 1840, 2 vol. in-8°; Despréaux, *Dictionnaire général des successions*, 1841, gr. in-8°; Richefort, *Traité de l'état des familles légitimes et naturelles, et des successions irrégulières*, 1842, 3 vol. in-8°; Poujol, *Traité des successions*, 1842, 2 vol. in-8°; Genty, *Traité des partages d'ascendants*, 1850, in-8°; Nicolas, *Manuel du partage des successions*, 1855, in-8°; Vazeille, *Résumé et conférence des Commentaires du Code civil, sur les successions, donations et testaments*, 1847, 3 vol. in-8°; Dutruc, *Traité du partage des successions*, 1855, in-8°; Demolombe, *Traité des successions*, 1857-59, 3 vol. in-8°; Gans, *Histoire du droit de succession en France au moyen âge*, traduite de l'allemand par De Loménie, 1845, in-12.

SUCCURSALE (du latin *succurrere*, secourir, aider), se dit, en général, de tout établissement subordonné à un autre et créé pour lui venir en aide. Ainsi, les Banques, les Caisses d'épargne, les Monts-de-Piété, ont des succursales. — Dans une acception toute spéciale, une *Succursale* est une église où le service paroissial est fait par un prêtre qui n'a que le titre de *desservant*.

SUDARIUM. *V.* ce mot dans notre *Dictionnaire de Biographie et d'Histoire*.

SUDATORIUM. *V.* BAINS.

SUÈDE (Les Arts en). Pendant plusieurs siècles, les Suédois demeurèrent presque complètement étrangers aux beaux-arts : les sculptures, d'ailleurs assez rares, de leurs monuments étaient exécutées par des artistes venus de Flandre et d'Allemagne, et la fameuse cathédrale d'Upsal, bâtie sur le modèle de Notre-Dame de Paris, fut commencée par un architecte parisien, Bonœil ou Bonneuil. On avait construit déjà la cathédrale de Lund (1012-1123), décrite de nos jours par Brunius, et celle de Linköping (1134-1151). M. Mandelgren a publié, en 1862, un important ouvrage sur les anciens monuments d'architecture scandinave. — La Réformation du XVIᵉ siècle, avec ses tendances iconoclastes, n'était pas de nature à encourager les arts. Mais quand les Suédois prirent part à la guerre de trente ans, ils rencontrèrent en Allemagne une foule de chefs-d'œuvre, dont la vue éveilla leur goût et excita leur émulation. La reine Christine commença à former des collections de tableaux, de sculptures et de médailles; toutefois, pendant son règne, les arts furent encore cultivés par des étrangers : l'architecture, par Simon de La Vallée ; la peinture, par David Beck, Munichhoffen et Bourdalot. Charles XI appela à son tour auprès de lui les sculpteurs Chaveau et Laporte, auxquels on attribue les lions gigantesques placés devant le château royal de Stockholm, et les deux Renommées qui surmontent le grand portail du Nord. Alors aussi les Suédois se livrèrent enfin avec quelque succès à l'étude des beaux-arts : Olof Rūdbeck devint bon architecte et bon dessinateur ; Nicodème de Tessin éleva le château de Stockholm, celui de Drottningholm, la cathédrale de Calmar, et le tombeau de Benoît Oxenstierna à Upsal ; le peintre Ehrenstrahl, qui alla se perfectionner en Italie sous Pierre de Cortone, fit pour la grande église de Stockholm un *Jugement dernier* dont la réputation n'a point été usurpée ; Philippe Lembke peignit les batailles de Charles X, d'après les dessins du comte de Dahlberg ; Pilo réussit assez bien à imiter Téniers, et forma à son tour Wertmuller et Akerström ; Säfvenborn, élève de notre Vernet, se distingua comme paysagiste ; Hoffman se rendit célèbre par son tableau du maître-autel de l'église de Ste-Claire ; enfin Hillerström, après avoir étudié aux Gobelins de Paris, peignit de charmantes scènes comiques de la vie domestique. — Au XVIIIe siècle, le sculpteur français Bouchardon vint passer deux années en Suède, où il exécuta les médaillons des rois de ce pays ; ses exemples et ses conseils donnèrent une nouvelle impulsion aux arts. On vit bientôt paraître un grand artiste suédois, Sergell, élève d'un autre Français, Larchevêque : il sculpta d'abord un Faune, qui décore aujourd'hui le palais du Luxembourg à Paris, puis donna la statue du Spartiate *Othryadès*, le groupe de *Mars enlevant Vénus blessée par Diomède*, celui de *Diomède enlevant le Palladium*, les statues en bronze de *Gustave III* et du maréchal d'*Ehrenswœrd*, un bas-relief représentant la *Résurrection du Christ*, les mausolées de *Descartes*, de *Gustave III* et de *Linné*, enfin un *Cupidon* et une *Psyché*, qui sont deux chefs-d'œuvre. — Dans notre XIXe siècle, la Suède a produit le peintre d'histoire Westin, et les sculpteurs Göthe, Byström et Fogelberg. On a de Göthe une statue colossale de *Méléagre* et un *Bacchus*. Byström a laissé un bas-relief représentant la *Mère des Gracques*, un *Hercule allaité par Junon*, des statues de *Vénus* et de l'*Amour*, une statue colossale de *Charles XIII*, une foule de tombeaux, etc. Quant à Fogelberg, on lui doit un *Mercure*, des statues d'*Odin*, de *Thor* et de *Freya*, etc.

La Suède a eu de bonne heure des mélodies nationales : composées toutes dans le mode mineur, elles sont remarquables par leur douceur et leur mélancolie, et les compositeurs modernes les ont souvent prises pour thèmes de leurs fantaisies variées. Gergev et Afzelius ont publié une collection de chants populaires, avec les anciennes mélodies arrangées par Hefner d'Upsal. Les Suédois avaient, dès les temps reculés, des harpes et des violons ; mais ces instruments, entre les mains des paysans, sont demeurés fort imparfaits. Jusqu'au temps de Gustave Wasa, les musiciens furent considérés comme infâmes et dangereux à l'État : peu d'années avant ce prince, il existait une loi qui les bannissait du royaume et permettait même de les tuer partout où on les rencontrait. La musique n'est réellement goûtée et cultivée aujourd'hui que parmi les hautes classes et les classes intermédiaires de la nation ; ses progrès ont été l'effet des relations de la Suède avec les pays du Sud. Une Académie de musique a été fondée par Gustave III à Stockholm en 1772, et il y a dans cette ville un théâtre où l'on représente les opéras italiens et les opéras français. Les compositeurs les plus estimés de nos jours sont Bervald, Crusell, Ahlström, et le comte Skjöldebrand ; mais leur renommée ne s'est point étendue dans le reste de l'Europe. La Suède a produit une grande cantatrice, Jenny Lind. B.

SUÉDOISE (Langue). La Suède fit usage, dans les premiers siècles de son histoire, et jusqu'au XIVe environ, de la même langue qu'on parlait dans tout le reste du Nord et qu'on écrivit après l'époque de la conversion au christianisme ; c'est la langue *norrène*, conservée dans les anciens poëmes des deux *Eddas*, dans les inscriptions runiques datant de l'époque chrétienne, et dans les *Sagas* islandaises les plus anciennes ; l'Islande a parlé plus longtemps que le reste du Nord cet idiome, et sa langue ne s'en éloigne même pas beaucoup encore aujourd'hui : un paysan islandais comprend aisément de nos jours les anciens livres qu'un Danois, un Suédois ou un Norvégien a de la peine à interpréter. Au XIVe siècle, les idiomes

suédois et danois se sont dégagés du tronc commun, avec leurs différences essentielles. Les trois caractères distinctifs des langues scandinaves se retrouvent dans le suédois : l'article défini se place à la fin du substantif, avec lequel il fait corps ; le passif se marque par un simple changement de désinence ; enfin l'infinitif actif se termine toujours par une voyelle. Les substantifs et les adjectifs sont susceptibles des trois genres ; mais, tandis que les substantifs n'ont que deux cas, dont l'un, le génitif, a pour caractéristique une *s* finale, les adjectifs ont un 3e cas, qui représente à la fois l'accusatif et l'ablatif. Il y a 4 déclinaisons, 4 conjugaisons, et 5 verbes auxiliaires. Le suédois a puisé à la source finnoise un certain nombre d'expressions relatives à la pêche et aux travaux du ménage ; il a fait de plus nombreux et de plus importants emprunts à l'allemand, soit au moyen âge, où, sous les comtes de Holstein, il y eut souvent des troupes allemandes en Suède, soit lorsque florissait la Hanse, soit pendant la Réformation et la guerre de trente ans. Il se dépouille de l'énergie et de l'éclat de sa prononciation, surtout à mesure qu'on pénètre vers le Nord. La langue polie et écrite ne formait autrefois que le dialecte particulier de la province d'Upland, où se trouve la capitale. Les linguistes rattachent à ce dialecte les idiomes secondaires de la Dalécarlie et du Norrland, et reconnaissent un autre dialecte, le *suédois-gothique*, dominant en Gothie, et qui se rapproche plus que l'autre de l'allemand. Les lettres gothiques se sont longtemps conservées dans l'écriture suédoise : l'alphabet actuel diffère de l'allemand par l'absence du *ch*, auquel se substitue ordinairement le *k*, et l'emploi d'une lettre spéciale, *å*, qui se prononce comme un *o* très-ouvert. V. Jonas Peter, *Dictionarium latino - sueco - germanicum*, Linköping 1640, in-fol. ; Velerius, *Index linguæ veteris scythoscandicæ seu gothicæ*, Upsal, 1691, in-8° ; Spegel, *Glossarium sueco-gothicum*, Londres, 1712, in-4° ; Möller, *Dictionnaire suédois-français*, Stockholm et Upsal, 1754, in-4° ; Ihre, *Glossarium sueco-gothicum*, Upsal, 1769, 2 vol. in-fol. ; Bjorkegren, *Dictionnaire français-suédois*, Stockholm, 1795, 3 vol. in-4° ; Eric Nordforss, *Dictionnaire suédois-français*, ibid., 1805, 2 vol. in-8° ; Delen, *Dictionnaire français-suédois*, ibid., 1814, 2 vol. in-4° ; Hof, *Dialectus westro-gothica*, Holm, 1772, in-8° ; Suenon Tiliander, *Grammatica germano-svetica*, Stockholm, 1691, in-12 ; Nils-Tjallmann, *Grammatica suecana*, ibid., 1696, in-8° ; Sahlstedt, *Grammaire suédoise*, en allem., Lubeck et Leipzig, 1796, in-12 ; Rydquist, *Grammaire suédoise*, en suédois, Stockholm, 1852.

SUÉDOISE (Littérature). A vrai dire, il n'y a de littérature suédoise qu'à partir de la Réformation. Quelques traductions de nos poëmes français du moyen âge, et de fragments de la Bible, quelques éditions d'anciennes lois, enfin les chants populaires, tels sont les plus anciens monuments de la langue. Les traductions nouvelles des textes sacrés, faites par les prédicateurs de la Réforme, ont, à comme partout, servi particulièrement à émonder et fixer la langue vulgaire. Les œuvres dramatiques sont assurément au nombre de celles qui constatent le mieux l'existence d'une littérature. Or, il est curieux de remarquer que les premiers essais dramatiques en langue suédoise coïncident avec les traductions populaires de la Bible par les réformateurs : la comédie de *Tobia*, d'Olaüs Petri, est de 1550, et les traductions du Nouveau et de l'Ancien Testament par Laurentius Andræ et Laurentius Petri sont de 1526 et de 1541. La traduction de toute la Bible par Laurentius Petri a surtout exercé une grande influence sur la langue. Bientôt après, Jean Messenius (mort en 1637) se proposa de traiter toute l'histoire suédoise en 50 comédies ou tragédies ; il n'en écrivit que 6, assez platement. Son fils Arnold l'imita (mort en 1651). Jean réussit mieux comme historien, et sa *Scandia illustrata* (1620-1632), écrite en latin, est encore aujourd'hui une source importante pour l'histoire suédoise. — Le XVIe siècle fut d'ailleurs extrêmement fécond pour la Suède en œuvres historiques. On vit paraître (l'imprimerie avait été introduite vers 1483 ; l'évêque Brask avait établi la première presse à Linköping) de nombreuses chroniques ; les rois Charles IX et Gustave-Adolphe furent eux-mêmes historiens ; Erik Göransson Tegel (mort en 1636) donna une histoire de Gustave Ier et d'Éric XIV. L'archevêque Johannes Magnus (mort en 1541) écrivit en latin une curieuse *Histoire de tous les rois des Goths et des Suédois*, et son frère, Olaüs Magnus (mort en 1558), une *Histoire des nations septentrionales*, d'une égale importance, et aussi en latin. Ainsi se montrait, au début même de la littérature suédoise, la prédilection qui devait s'y montrer sans cesse pour les études historiques.

Vers le milieu du XVIIe siècle, un grand progrès s'accomplit : Gustave-Adolphe a réformé l'Université d'Upsal ; Christine a créé de nombreux gymnases ; une nouvelle Université est fondée à Lund, dans cette province de Scanie qui est précisément alors réunie à la Suède, et de riches Mécènes, comme le célèbre Axel Oxenstierna, Pierre Brahé le jeune, Magnus Gabriel de La Gardie, suscitent des savants et des littérateurs. La Suède, devenue si grande alors par la politique étrangère, aspire au même progrès dans la sphère intellectuelle et morale. Les deux principaux noms, pendant la seconde moitié du XVIIe siècle, sont ceux de George Stiernhielm et d'Olof Rüdbeck. Stiernhielm (1598-1672) a créé le style poétique par son poème d'*Hercule*, ses *Chants héroïques et de fête*, et ses *Ballets*, qu'il a composés pour la cour brillante de Christine, et il a eu de nombreux élèves : Samuel Columbus, qui a écrit des psaumes et des épigrammes ; Gustaf Rosenhane, qui a composé des chants d'amour à la manière italienne ; Lasse Lucidor, poète désordonné et passionné ; Haquin Spegel, archevêque d'Upsal, poète religieux. Olof Rüdbeck, mort en 1702, a été à la fois naturaliste, anatomiste, botaniste, ornithologiste ; mais ce qui rappelle surtout aujourd'hui son souvenir, c'est son grand ouvrage de l'*Atlantica*, où il cherche à faire de la Suède dans le passé le berceau de toute civilisation ; il s'est montré là, avec un pareil excès de qualités et de défauts, archéologue, antiquaire, historien, philologue fort érudit, et rêveur utopiste. Les mêmes rêveries patriotiques avaient animé Olof Verelius, mort en 1682, et ainsi s'était fondée toute une école, dans les rangs de laquelle il faut surtout nommer Peringskiöld, mort en 1720. — La littérature juridique de la même époque a produit Loccenius, mort en 1677, auteur de nombreux ouvrages (*Antiquitates sveo-gothicæ ; De jure maritimo ; Lexicon juris sveo-gothici*, etc.), et Stiernhöök, mort en 1675, auteur d'un livre resté célèbre dans le Nord pour la sûreté de ses vues sur le passé de la Suède (*De jure Sueonum et Gothorum vetusto*, 1672). — La science du Droit public a donné *Jus naturæ et gentium* de Puffendorf, qui habita la Suède de 1668 à 1688. — Les sciences naturelles commençaient aussi à être étudiées avec succès : il suffit de nommer, ici encore, Olof Rüdbeck.

La Suède parut vouloir racheter par l'essor des lettres les humiliations de l'époque dite de la liberté, qu'on nommerait mieux l'époque des partis, depuis la mort de Charles XII jusqu'au coup d'état de Gustave III ; le nom de ce dernier roi suffit ensuite à désigner toute une époque de développement intellectuel, artistique et littéraire. Dans la première de ces deux périodes paraissent avant tout des Mécènes comme le comte de Tessin, Höpken, Scheffer, Bielke, etc., et Louise-Ulrique elle-même. Dès 1710, une Société des sciences s'était formée à Upsal, qui devait être un jour honorée par E. Benzelius, Polhem, et le fameux Svedenborg ; c'est toutefois à l'*Académie des Sciences*, fondée en 1739 à Stockholm, que la Suède est vraiment redevable de sa gloire scientifique. Parmi les fondateurs mêmes de cette Académie, on rencontre tout d'abord Charles de Linné (1707-1778), qui forma de nombreux élèves : Hasselquist, voyageur en Palestine ; Forskäl, voyageur en Arabie ; Sparrman, navigateur autour du monde ; Thunberg, voyageur au Japon, etc. Torbern Bergman (mort en 1784), J.-G. Wallerius et C.-V. Scheele se distinguent comme chimistes ; Rosén von Rosenstein, Olof Akrell et Bierkén, comme médecins et chirurgiens ; Anders Celsius (1701-1744), comme astronome ; Samuel Klingenstierna et Melanderhielm, comme mathématiciens. C'est l'époque du grand ingénieur Polhem, constructeur du port de Carlscrona et du canal de Trollhätte ; et enfin de Svedenborg (mort en 1772), philosophe, poète latin, minéralogiste, zoologiste, astronome, ingénieur, théosophe et mystique. — Un si grand essor scientifique marquait évidemment en Suède un développement intellectuel dont la littérature devait profiter. La langue suédoise doit beaucoup à Jean Ihre (mort en 1780), professeur à Upsal, éditeur de la Bible gothique d'Ulphilas, dont le précieux et unique manuscrit (*Codex argenteus*) est à la bibliothèque de l'Université d'Upsal. On doit encore à Ihre un *Glossarium Sviogothicum* (1766), un *Dictionnaire des dialectes suédois*, une *Grammaire*, etc. — Les études historiques suscitaient aussi des noms devenus célèbres : Olof von Dalin (mort en 1763), auteur d'une *Histoire du royaume de Suède* allant jusqu'à Charles IX et écrite d'un style pur, mais sans

critique ; Sven Lagerbring (mort en 1786), professeur à Lund, chercheur érudit ; l'évêque Olof Celsius le jeune (mort en 1794), auteur d'une histoire de Gustave Ier et d'Éric XIV, et de la première histoire critique de l'église suédoise ; Jüran Norberg, auteur d'une *Histoire de Charles XII*, etc. Ajoutons les zélés érudits, comme Palmsköld (mort en 1719), dont les innombrables papiers, intéressant l'histoire de la Suède, sont conservés à la bibliothèque d'Upsal (*V. Notice et extraits des manuscrits concernant l'histoire ou la littérature de la France qui sont conservés dans les Archives de Suède*, par A. Geffroy, 1855). Warmholtz, Giörwell, Loenbom, etc., ont laissé de pareilles collections. L'archéologie comptait déjà Biürner, Göransson, auteur du célèbre *Bautil*, tous les deux élèves de Rüdbeck. — La poésie suédoise s'était faite, dès le commencement du siècle, l'imitatrice du goût français ; elle y fut encouragée encore par Olof von Dalin, dont les petits morceaux lyriques contribuèrent à épurer le langage. Bientôt se formèrent de nombreuses sociétés littéraires ; une des principales avait pour centre Hedvige-Charlotte Nordenflycht (morte en 1763), qui, avec les comtes Creutz (auteur de l'opéra d'*Atis et Camilla*) et Gyllenborg, fonda la société littéraire appelée *Utile dulci*. Cette création et plusieurs autres du même genre amenèrent l'institution, par Louise-Ulrique, de l'Académie des belles-lettres, dont le premier secrétaire fut Dalin, et dont Höpken, Ihre, Scheffer, etc., furent membres. Cette société succomba à la mort de la reine ; mais elle fut renouvelée en 1786, sous le nom, qu'elle porte encore aujourd'hui, d'*Académie royale des Belles-Lettres, Histoire et Antiquités*. La prédominance du goût français sur la poésie suédoise fut augmentée par l'institution de l'*Académie Suédoise* ou *des Dix-huit*, qui décerna son premier prix d'éloquence à Gustave III, son fondateur (20 mars 1786), devenu simple concurrent. Cette Académie compta surtout parmi ses membres J.-H. Kellgren (mort en 1795), auteur dramatique et lyrique ; Léopold ; J.-G. Oxenstierna ; C.-G. Adlerbeth ; Gustave III lui-même, qui écrivit des harangues, des éloges, et de pâles œuvres dramatiques, comme *Gustave Vasa, Gustave-Adolphe et Ebba Brahé, Siri Brahé et Jean Gyllenstierna*, etc. Mais tous ces écrivains, il faut le dire, noyaient dans leur imitation servile du goût classique français toute originalité propre, et l'on aime à signaler à côté d'eux pendant la même époque quelques « oiseaux sauvages » qui revendiquaient leur indépendance, comme Bellman (1740-1795), dont les chansons, d'une poésie souvent lyrique, sont encore dans toutes les mémoires ; Bengt ou Benoît Lidner (mort en 1793), poète passionné ; Hallman (mort en 1800), habile auteur comique ; J. Wallenberg (mort en 1778) ; Anna Maria Lenngren ; Thorild enfin (mort en 1808), en même temps poète et penseur éminent. Il y a de l'originalité aussi dans les deux petits ouvrages de l'amiral Ch.-Aug. Ehrensvärd (mort en 1800) : *Voyage en Italie*, et *Philosophie des Beaux-Arts ;* ce sont les principales œuvres esthétiques de ce temps.

La réaction suédoise contre le goût français date du commencement du XIXe siècle. Elle fut suscitée par Atterbom, qui fonda, en 1807, à Upsal une société littéraire nommée *Aurora*. Les membres de cette société, Palmblad, Ingelgren, Hammarsköld, etc., initiés au récent essor de la littérature allemande, exprimèrent leurs idées dans deux recueils périodiques : le *Polyphème* et le *Phosphoros*, d'où on appliqua aux disciples de cette jeune école le surnom de *Phosphoristes*. Ils publièrent en outre deux recueils : le *Journal de littérature suédoise*, et le *Calendrier poétique*. De cette école procèdent : Wallin, mort archevêque en 1839, poète et orateur sacré ; et Franzen (1772-1847), né en Finlande, et dont les poésies idylliques vivent dans toutes les mémoires. — En dehors des Phosphoristes, aussi bien que de l'école académique, se forma ensuite l'*École gothique*, représentée surtout par E.-G. Geijer (1783-1847), poète et historien, connu en France par une traduction de son *Histoire de Suède*. A côté de lui, et devenu pareillement célèbre en France même, il faut nommer l'évêque Esaïas Tegnér (1782-1846), l'auteur de la *Saga de Frithiof*, d'*Axel*, etc. P.-H. Ling (1776-1839), qui a donné un poème sur les *Ases*, s'est fait en même temps, par une inspiration semblable à celle de Jahn en Allemagne, le créateur de la gymnastique suédoise, adoptée aujourd'hui en Angleterre et dans tout le Nord de l'Allemagne. M. Arv.-Aug. Afzelius (né en 1785) a publié, de concert avec Geijer, les *Chants populaires suédois*, et a écrit dans un style épique les *Traditions du peuple suédois*, ouvrage devenu populaire et non encore terminé. M. B. von Beskow (né en 1796) est fort connu par un poëme intitulé : *Les Destinées de la Suède*. Ch.-Aug. Nikander (mort en 1839), poëte lyrique dans *le Roi Enzio*, *le Lion dans le désert*, *les Hespérides*, s'est montré poëte dramatique dans *le Glaive runique*, qui a été traduit en français. — Ce n'est pas une école très-différente d'inspiration et de principes qui a produit Atterbom (mort en 1855), auteur de poëmes distingués comme *l'Oiseau bleu* et *l'Île du bonheur*, et remarquable écrivain en prose dans son grand ouvrage intitulé : *les Poëtes et voyants suédois*, suite d'études sur Svedenborg, Ling, etc. Il faut encore nommer Stagnelius (mort en 1823), poëte lyrique supérieur, et poëte dramatique aussi (son drame des *Martyrs* a été traduit en français), et Vitalis, (Erik Sjöberg, mort en 1828), talent surtout satirique. — Réservons une place à part pour M. J.-L. Runeberg, le grand poëte finlandais ; il a chanté, dans une belle langue suédoise, avec l'énergie d'un sincère patriotisme et l'élévation d'un vrai sentiment lyrique, la résistance de sa patrie contre la conquête russe de 1809. Les deux parties de ses *Récits de l'enseigne Stål* forment une série de petits poëmes inimitables, et que l'auteur de cette notice a essayé de traduire en français.

Nous ne devons pas omettre les œuvres scientifiques de la Suède au XIXe siècle, celles de Berzélius en chimie, de Hisinger et Wahlenberg en géologie, de Ol. Swartz, Acharius, Elias Fries, Göran Wahlenberg et C.-A. Agardh en botanique; de Paykull, Dalman, Schönherr en zoologie; de Nilsson, Sundevall, B. Fries, Ekström pour l'entomologie ; de Svanberg à Upsal et de Hill à Lund pour les mathématiques; des astronomes Cronstrand et Selander; du physicien Rudberg; des médecins et chirurgiens André Retzius, Huss, Santesson, Florman, etc. — La science du Droit a produit Calonius (mort en 1817), et M. Schlyter, éditeur d'une excellente collection des anciennes lois suédoises qui se termine aujourd'hui ; la philosophie, Benjamin Höijer, professeur à Upsal (1776-1812); l'histoire enfin, outre Geijer, que nous avons nommé déjà, Strinnholm, mort en 1861 ; M. And. Fryxell, dont les *Récits de l'histoire suédoise* se continuent aujourd'hui encore avec succès ; M. Wieselgren, poëte, archéologue, biographe, historien, à qui l'on doit une excellente *Histoire de la littérature suédoise*, et qui a pris une large part à la publication du *Dictionnaire biographique suédois* en 23 volumes, dont une série nouvelle s'entreprend aujourd'hui ; M. Carlsson, professeur à Upsal, continuateur de l'*Histoire de Suède* commencée par Geijer; M. Malmström, etc. L'archéologie a produit de notre temps M. Nilsson, professeur à Lund, et M. Säve, d'Upsal, qui a étudié profondément l'ancienne langue et les monuments primitifs du Nord. — Le journalisme est florissant en Suède : M. Crusenstolpe, esprit satirique, publie une petite revue mensuelle fort curieuse, sous le titre de : *Situation et circonstances*. M. L. Hierta a fondé avec talent le principal journal suédois, l'*Aftonblad*. — Nous ne devons pas taire les noms de trois femmes qui honorent la littérature actuelle de la Suède : Mlle Frederika Bremer, dont les romans, naïves peintures de mœurs, *les Voisins*, *le Foyer de famille*, etc., ont été traduits dans toutes les langues; Mme Emilie Flygare-Carlén, et Mme Knorring, auteur des *Cousins*, etc. A. G.

SUÈVE (Monnaie). Il ne nous reste qu'un seul monument de la numismatique des Suèves en Espagne : c'est un denier d'argent, frappé par le roi Richiaire, vers l'an 470. Il porte d'un côté le buste et le nom d'Honorius, de l'autre une croix accostée des lettres B et R (*Braga*, en Lusitanie) et la légende IVSSV RICHIARII REGIS.

SUFFÈTES. *V.* ces mots dans notre *Dictionnaire*
SUFFIBULUM. } *de Biographie et d'Histoire.*

SUFFIXE (du latin *sub*, sous, après, et *fixus*, attaché), en termes de Grammaire, lettre ou syllabe qu'on ajoute à la fin d'un mot pour en modifier la signification. Ainsi, la plupart des désinences dans les déclinaisons et les conjugaisons sont des suffixes. Ex. : *rosa*, *rosarum*; *j'aime*, *j'aimerai*.

SUFFRAGANT, titre donné aux évêques relativement à leur archevêque métropolitain, soit parce qu'ils sont appelés à son synode ils y ont droit de *suffrage*, soit parce qu'ils ne peuvent être consacrés sans son suffrage ou consentement, soit parce que, dans l'origine, les évêques de chaque province ecclésiastique élisaient l'archevêque.

SUFFRAGE (du latin *suffragium*), voix que l'on donne dans une assemblée où l'on délibère sur quelque objet, où l'on élit quelqu'un pour une charge.

SUFFRAGE UNIVERSEL. } *V.* notre *Dictionnaire de Bio-*
SUGGESTUS. } *graphie et d'Histoire.*

SUICIDE (du latin *sui*, de soi, et *cædes*, meurtre), acte par lequel un homme est son propre meurtrier. Quelles que soient les causes qui le produisent, excepté l'état de folie, le suicide est un crime ; il sacrifie le devoir à une autre fin, ce qui est le renversement de toute morale. Il a donné lieu à plus d'un débat entre les moralistes; mais, en principe, rien ne peut l'autoriser. Tant qu'il s'agit du devoir, dit Kant , par conséquent tant qu'il vit, l'homme ne peut se défaire de sa personnalité ; il y a contradiction à supposer qu'il puisse s'affranchir de toute obligation. Détruire dans sa propre personne le sujet de la moralité, c'est, autant qu'il est en soi, faire disparaître du monde la moralité même, c'est avilir l'homme dans sa personne. La morale et la religion sont d'accord pour condamner le suicide. Il le fut dans l'Antiquité par les Pythagoriciens et les Platoniciens ; Virgile (*Enéide*, VI) livre les suicides au supplice de regrets éternels ; les Stoïciens, dans leur exagération, permettaient le suicide au sage, mais plus tard, sans le proscrire entièrement, ils le subordonnèrent à la pensée meilleure de la résignation, comme on le voit chez Épictète. Les lois civiles en Grèce, dans plusieurs États, étaient très-sévères à l'égard de ceux qui se donnaient la mort : Thèbes flétrissait leur mémoire, Athènes mutilait leurs cadavres et les privait de la sépulture. Depuis, la législation s'est montrée souvent plus sévère encore : le corps des suicidés était traversé d'un pieu, ou traîné sur la claie ; leurs biens étaient confisqués, leur mémoire flétrie.

On a vu des moments où le suicide devenait une maladie de l'âme, où il se propageait comme une contagion morale, soit dans les camps, soit au centre des villes ; on vit se former des sociétés dont les membres devaient finir par se donner la mort. *V.* Robeck, *De morte voluntariâ;* Buonafede, *Istoria critica e filosofica del suicido*, Lucques, 1761, trad. en français par Armellino et Guérin, 1841; Hermann, *Dissertatio de autochiria et philosophice et ex legibus romani considerata;* Stœudlin, *Histoire des opinions et des doctrines sur le suicide*, Gœttingue, 1824; J.-J. Rousseau, *Nouvelle Héloïse*, 3e partie, lettres 21e et 22e; Tissot, *De la manie du suicide et de l'esprit de révolte;* l'abbé Guillon, *Entretien sur le suicide;* Mme de Staël, *Réflexions sur le suicide*, 1812 ; Brierre de Boismont, *Du suicide et de la folie suicide*, 1855 ; E. Lisle, *Du suicide, statistique, médecine, histoire et législation*, 1856, in-8°; L. Bertrand, *Traité du suicide, considéré dans ses rapports avec la philosophie, la théologie, la médecine et la jurisprudence*, 1857, in-8°. R.

SUISSE (Langues de la). *V.* SUISSE, dans notre *Dictionnaire de Biographie et d'Histoire*, et les auteurs suivants : Bertrand, *Recherches sur les langues anciennes et modernes de la Suisse*, 1758; Stalder, *Dictionnaire des idiomes de la Suisse*, Genève, 1804, 2 vol. in-8°, et *Essai sur les idiomes suisses, avec des remarques étymologiques*, en allem., Bâle et Aarau, 1806 et 1812, 2 vol.

SUISSES (Cent-). *V.* CENT-SUISSES, dans notre *Dictionnaire de Biographie et d'Histoire.*

SUITE (Droit de), droit féodal en vertu duquel les seigneurs réclamaient l'héritage d'un homme né dans l'étendue de leur seigneurie, quoiqu'il se fût absenté depuis longtemps et eût établi son domicile dans un lieu franc.

SUITES, nom qu'on donnait autrefois aux *Sonates* (*V.* ce mot), parce qu'elles se composaient de plusieurs morceaux.

SUJET (du latin *subjectum*, placé dessous), en termes de Métaphysique, s'oppose soit à *objet*, soit à *qualité*. Dans le premier cas, il s'entend de l'être qui a conscience de lui-même, c.-à-d. du *moi*; dans le second, il est synonyme de *substance*.

SUJET, en termes de Grammaire, celui des termes de la proposition dont on affirme l'existence avec tel ou tel attribut. Il est représenté soit par un nom, soit par un pronom personnel, démonstratif, relatif, soit par un infinitif. Quelquefois c'est une proposition entière qui sert de sujet; mais, dans ce cas, il y a presque toujours un double sujet, l'un réel, et l'autre apparent, qui sert soit à annoncer le sujet réel, soit à le rappeler, soit à soutenir l'harmonie de la phrase. Ex. : « *Il* est temps *de faire de plus grands efforts;* — *Que je renonce* à mes principes, *(cela)* est impossible; — C'est une impiété *de ne pas aimer ses parents;* — *Tromper* sciemment l'acheteur sur la valeur de la marchandise, *(c')est* montrer sciemment la fausse route au voyageur égaré. » On voit par deux de ces exemples que l'infinitif employé comme sujet peut être précédé de la préposition *de*, qui est explétive. Cette construction était encore plus fréquemment usitée dans l'ancienne langue, soit en vers, soit en prose. Les vers suivants de Boileau (*Sat.* IX) en offrent un exemple :

> *De choquer* un auteur qui choque le bon sens,
> *C'est* ce que tout lecteur eut toujours droit de faire.

En principe, lorsqu'un verbe a un sujet multiple, il se met au pluriel ; néanmoins il arrive souvent qu'on le fait accorder avec le sujet le plus rapproché :

> ...Quel nouveau trouble *excite* en mes esprits
> *Le sang* du père, ô ciel ! et *les larmes* du fils?
> RACINE, *Mithridate*, IV, 4.

> ...Le *fer*, le bandeau, la *flamme est* toute prête.
> ID., *Iphigénie*, III, 5.

surtout si les deux sujets expriment des idées analogues :

> On dit que ton *front jaune* et ton *teint sans couleur*
> *Perdit* en ce moment son antique pâleur.
> BOILEAU, *Le Lutrin*, ch. I.

« La *sagesse* et la *piété* du souverain *peut* faire toute seule le bonheur des sujets. » (MASSILLON.)

La place du sujet est d'ordinaire et logiquement avant le verbe. Mais il y a des cas où il est placé après ; par exemple, dans les phrases interrogatives ; dans certaines phrases où cette inversion tient lieu de la conjonction *si*; dans les phrases exclamatives commençant par *puisse* ou un subjonctif quelconque : « Puissions-*nous* réussir! »

> Tombe sur moi *le ciel*, pourvu que je me venge !
> CORNEILLE, *Rodogune*, V, 1.

lorsque le verbe *dire*, *répondre*, *repartir*, etc., est mis en parenthèse dans une citation :

> Je crains Dieu, *dites-vous*, sa vérité me touche.
> RACINE, *Athalie*, I, 1.

C'était un usage général dans notre ancienne langue de placer le sujet après le verbe dans les phrases qui commençaient par certains adverbes ou adjectifs, surtout lorsqu'elles venaient comme principales à la suite d'une subordonnée. Cet usage ne s'est guère maintenu qu'après les adverbes *encore*, *aussi*, *toujours*, etc., et après l'adjectif *tel*. Dans les langues anciennes, grâce aux terminaisons casuelles, la place du sujet est indifférente ; il se met toujours au nominatif devant les modes personnels ; avec l'infinitif, souvent à l'accusatif. Dans les phrases incidentes qui ne renferment qu'un participe, le sujet, s'il est sans aucun rapport avec le sujet ou les compléments de la proposition principale, se met au génitif en grec, à l'ablatif en latin.   P.

SUJET, en termes de Musique, est synonyme de *thème* et de *motif*. V. FUGUE.

SULPICE (Église SAINT-), à Paris.) V. notre *Dict. de*
SULTAN.   ) *Biogr. et d'Hist.*

SUMARA, sorte de flûte double des Turcs. On se sert de l'un des tuyaux pour jouer l'air ; l'autre fait entendre un son semblable au bourdon de la musette.

SUNNITES. V. notre *Dictionnaire de Biographie et d'Histoire.*

SUOMI (Idiome). V. FINLANDAIS.

SUPERLATIF (du latin *super*, au-dessus, et *latus*, porté), en termes de Grammaire, degré de comparaison qui exprime la qualité portée soit à un très-haut degré, sans rapport à une autre chose ou à une autre personne, comme *très-sage*, *fort bien*; soit au plus haut degré, en la comparant avec les objets semblables, comme *le plus sage*, *la plus belle*. Dans le premier cas, le *Superlatif* est dit *absolu*; dans le second, il est *relatif*. On distingue aussi un *Superlatif d'infériorité*, qui s'exprime par les mots *le moins*, *la moins*. Dans les langues anciennes, le Superlatif s'exprime presque toujours par un changement dans la terminaison de l'adjectif : ainsi, en latin, *doctus* (savant), *doctissimus* (très-savant, le plus savant).

SUPERNATURALISME. V. SUPRANATURALISME.

SUPERPOSITION, nom donné autrefois à un jeûne où l'on passait 24 heures sans manger.

SUPERSTITION (du latin *superesse*, être superflu, ou de *superstare*, s'élever au-dessus, être au delà), mot par lequel les Anciens entendaient en général une crainte vaine et excessive des Dieux, qui donnait naissance à des pratiques ridicules. Il eut chez les Romains un sens restreint : il désignait tous les rites étrangers à la religion romaine, tout culte non autorisé. Quand le christianisme fut devenu triomphant dans le monde, le titre méprisant de *superstition* fut appliqué à toute pratique entachée de paganisme et qui tendait à dénaturer la religion nouvelle. La lutte des chrétiens éclairés contre les superstitions païennes n'a pas été complétement heureuse, puisque, aujourd'hui même, certains esprits croient encore aux songes, aux présages, aux nombres et aux jours funestes, aux accidents qui portent malheur, etc. Parmi les chrétiens aussi, il n'est pas rare de trouver des superstitions d'un autre genre, et l'on peut consulter, entre autres ouvrages sur ce sujet, ceux du P. Lebrun, *Sur les pratiques superstitieuses* (Paris, 1732-1736, 4 vol. in-12), et de J.-B. Thiers, *Traité des superstitions selon l'Écriture sainte*, 1769, in-12. Les femmes et les enfants sont plus superstitieux que les hommes mûrs, le simple paysan plus que l'homme éclairé, les nations barbares plus que les peuples civilisés. Les hommes deviennent plus superstitieux à mesure qu'ils éprouvent un plus grand nombre d'accidents dans le cours de leur vie ; les joueurs et les marins en sont la preuve frappante. Transporter à la créature le culte qui n'est dû qu'à Dieu, vénérer de fausses reliques, ajouter aux rites canoniques certaines cérémonies ou pratiques dont l'Église ne se sert point, porter des amulettes et des talismans, etc., voilà des actes de superstition. La superstition, étant le résultat d'un sentiment mal raisonné, se fonde souvent sur des faits vrais ; par exemple, beaucoup de personnes regardent le *vendredi* comme un jour funeste, parce que c'est ce jour-là qu'est mort N. S. Jésus-Christ, et elles n'entreprendraient rien un vendredi. D'autres ont une crainte superstitieuse pour le nombre 13, probablement parce que Judas était le 13e apôtre de Jésus-Christ. Voici un calcul qui a été fait, d'après le *Journal des règnes de Henri III et Henri IV*, par L'Estoile, sur le nombre 14 ; nous livrons ce calcul aux gens qui ont la superstition du 14. — Henri IV naquit 14 siècles, 14 décades et 14 ans après la nativité de Notre-Seigneur ; il vit le jour un 14 décembre, et mourut un 14 mai ; il y avait 14 lettres dans son nom (Henri de Bourbon); il vécut quatre fois 14 ans, quatre fois 14 jours et 14 semaines ; il fut roi, tant de France que de Navarre, 14 triétérides (période de 3 ans), il fut blessé par Jean Châtel 14 jours après le 14 décembre, en l'année 1594, entre lequel temps et celui de sa mort il n'y a que 14 ans, 14 mois et 14 fois cinq jours; il gagna la bataille d'Ivry le 14 mars ; le dauphin naquit 14 jours après le 14 septembre, et fut baptisé le 14 août ; le roi fut tué le 14 mai, 14 siècles et 14 olympiades après l'Incarnation ; l'assassinat eut lieu deux fois 14 heures après que la reine était entrée en pompe dans l'église de St-Denis pour y être couronnée; Ravaillac fut exécuté 14 jours après la mort du roi, en l'année 1610, laquelle se divise justement par 14, car 115 fois 14 font 1610. Sous la Restauration, le gouvernement fit fondre d'un seul jet, dans les ateliers du Roule, à Paris, une statue colossale, haute de 8 mèt., de l'infortuné roi Louis XVI. Au moment où l'on voulut la retirer du moule, on s'aperçut d'un singulier accident : la tête était séparée du corps, et la statue sortit décapitée. C'était l'effet d'un bouillon produit par le refroidissement de la matière. L'explication put être donnée sur-le-champ ; mais les témoins du Louis XVI n'y virent pas moins un funeste présage pour la royauté. V. Fr. Bernard, *Superstitions anciennes et modernes*, Amsterdam, 1733-36, 2 vol. in-fol.; Pluquet, *De la Superstition*, 1804.

SUPERSUS, nom qu'on donnait dans l'ancienne Musique au Dessus ou Soprano, quand il était très-aigu.

SUPIN (du latin *supinus*, couché sur le dos, nonchalant, parce qu'il semble oisif et sans action), forme verbale propre au latin et qui se rattache à la conjugaison de l'infinitif. Le supin est terminé tantôt en *um*, tantôt en *u*. La forme en *um* est une sorte d'accusatif équivalente au gérondif en *dum* accompagné d'une préposition : *eo visum* est comme s'il y avait *eo ad visendum*: il se met après tous les verbes qui expriment une direction vers un but déterminé. Le supin en *u* est une sorte de datif ou d'ablatif. Il se met après les mots qui renferment une idée de passivité, comme *facile*, *difficile*, *admirable*, *étonnant*, *affreux*, *agréable*, *honorable*, *honteux*, *bon*, *mauvais*, *incroyable*, etc. : *Facilis visu*, facile à voir; *mirabile dictu*, étonnant à dire; *jucundum lectu*, agréable à lire, etc. De là le nom de *supin passif* donné à cette forme en *u*, tandis qu'on donne celui d'*actif* à la forme en *um*. Quelquefois il y a confusion, au moins apparente, d'acception entre les deux formes; ainsi, *facilis ad narrandum* équivaut à *narratu facilis*; mais le gérondif *u*, dans ce cas, un sens passif. Le supin a pour équivalent dans les autres langues l'infinitif avec ou sans préposition. P.

SUPPARUM. V. ce mot dans notre *Dictionnaire de Biographie et d'Histoire.*

SUPPLÉMENT, ce qu'on ajoute à un livre pour le compléter. C'est tantôt une addition contenant les choses omises ou celles qui sont survenues pendant et depuis la publication, tantôt une partie qui comble les lacunes, comme sont les Suppléments de Tite-Live par Freinshemius et de Tacite par Brotier.

SUPPLÉTIF, en termes de Grammaire, se dit des mots dont la destination dans la phrase est de *suppléer* les idées accessoires de relation qui doivent être ajoutées à la signification primitive d'autres mots. La liaison des idées accessoires aux mots principaux se fait par des prépositions ou par des adverbes. Ainsi, dans : « roi de France, — aimer avec tendresse, — sincèrement honnête, » les expressions *de France, avec tendresse, sincèrement,* ajoutent à la signification du substantif *roi,* du verbe *aimer* et de l'adjectif *honnête* des idées accessoires de relation à la France, à la tendresse, à la sincérité.

SUPPLICATION. V. ce mot dans notre *Dictionnaire de Biographie et d'Histoire.*

SUPPLICE, châtiment corporel infligé par arrêt de la justice. Par *dernier supplice,* on entend la peine de mort. Les supplices ont été très-variés dans tous les temps, et l'imagination des hommes s'est souvent appliquée à en inventer d'horribles. Les Hébreux employèrent la lapidation, la décollation, la strangulation, le crucifiement, le précipice, la scie, le feu, le chevalet, la bastonnade, le fouet, l'avulsion des yeux, des cheveux, de la peau de la tête, la flagellation d'épines. L'écartèlement, l'écorchement, l'étouffement sous la cendre, furent pratiqués par les Perses. A Athènes, à Carthage, certains coupables étaient enfermés et roulés dans des coffres ou des tonneaux hérissés de clous. Ce furent les Grecs qui imaginèrent de donner la mort par la ciguë. Les Romains enterrèrent vivantes les Vestales qui avaient laissé éteindre le feu sacré; ils marquèrent d'une lettre au front les calomniateurs. Les persécutions dirigées contre le christianisme naissant engendrèrent des peines jusque-là inconnues, le gril ardent, le bûcher, les bêtes féroces, le plomb fondu et l'huile bouillante versés sur les plaies vives, etc. Au moyen âge, on ajouta aux supplices déjà usités le pilori, la question, l'estrapade, l'immersion, la roue, les oubliettes, les trappes, les basses-fosses, les cages de fer; on perça d'un fer rouge la langue des blasphémateurs; certains faux-monnayeurs furent bouillis dans de l'eau ou dans de l'huile. La Révolution de 1789 abolit en France tous les genres de supplices, et ne conserva que la décapitation par la guillotine; le carcan et la marque ont disparu depuis 1832. Mais les autres États n'ont pas tous suivi cet exemple : les Prussiens ont conservé les supplices du glaive, de la corde, de la roue, du feu; les Russes, le knout; les Anglais, la corde, les baguettes; les Espagnols, la garrotte, etc. Les Asiatiques ont pratiqué jusqu'à nos jours les supplices les plus barbares : ainsi, les Turcs ont le pal, les Chinois la cangue (*V. ces mots*) et la scie. On peut remarquer que, dans tous les pays, la barbarie des supplices est en raison directe du degré arriéré de la civilisation, et du manque des lumières de la religion bien comprise, ou de la philosophie. V. Beccaria, *des Délits et des Peines,* 1764, in-12. B.

SUPPORTS, terme de Blason. V. TENANTS.

SUPPOSITION, en termes de Droit, action de mettre une personne ou une chose à la place d'une autre. *Supposer un contrat* ou un acte quelconque, c'est arguer d'un titre nul, qui a bien les apparences extérieures d'un acte valable, mais qui n'a pas été réellement passé entre les personnes auxquelles il est attribué; c'est faire un *faux* (*V. ce mot*). La *Supposition de nom,* quand elle a pour but de tromper la surveillance de la police, est un délit justiciable des tribunaux correctionnels; en matière de passe-ports, elle est punie d'un emprisonnement de trois mois à un an. Quand elle s'attaque à la fortune d'autrui, elle se confond avec la *Supposition de personne,* laquelle résulte de fausses signatures, d'altération des actes, écritures ou signatures, d'intercalation ou addition d'écritures nouvelles sur des actes, et qui est punie des travaux forcés à temps. La *Supposition de part* ou d'en-*fant* consiste à présenter un enfant comme né de parents dont il n'est pas issu; cette fraude, qui a ordinairement pour but d'enlever à des collatéraux un titre ou une suc-

cession, en introduisant dans la famille un héritier direct, est punie de la reclusion.

SUPPOSITION, terme de Musique. Quand plusieurs notes montent ou descendent diatoniquement dans une partie sur une même note d'une autre partie, elles ne sauraient toutes faire harmonie ni entrer à la fois dans le même accord : celles qu'on y compte pour rien sont des *notes par supposition.* En général, si les notes sont égales, celles qui frappent sur le temps fort portent harmonie; celles qui passent sur le temps faible sont des notes par supposition. Quand les degrés sont disjoints, il n'y a point de supposition, et toutes les notes doivent entrer dans l'accord. On nomme *accords par supposition* ceux où la basse continue ajoute ou suppose un nouveau son au-dessous de la basse fondamentale, ou qui fait que de tels accords excèdent toujours l'étendue de l'octave.

SUPPÔT (du latin *suppositus*), nom donné autrefois à ceux qui étaient membres accessoires d'un corps et qui remplissaient certaines fonctions pour le service de ce corps. Ainsi, les imprimeurs et les libraires étaient les suppôts de l'Université. La Justice avait aussi ses suppôts.

SUPPRESSION, action de supprimer, c.-à-d. d'empêcher de paraître, ou de soustraire, ou d'anéantir. On distingue : la *Suppression d'actes* ou *de pièces,* qui rentre dans la classe des soustractions frauduleuses (V. Soustraction); la *Suppression d'écrits,* ordonnée par justice quand ils peuvent porter atteinte à la morale publique ou à l'honneur des particuliers (*Code de Procéd.,* art. 1026); la *Suppression d'état,* qui consiste dans l'enlèvement, la ou la soustraction des registres constatant l'état civil d'un citoyen, c.-à-d. sa naissance, son adoption, son mariage ou son décès, et qui est punie, selon les cas, de la reclusion ou des travaux forcés à temps (*Code Napol.,* art. 326-330; *Code pénal,* 345); la *Suppression de part* ou *d'enfant,* consistant à soustraire et cacher un enfant après sa naissance, et à le priver ainsi de son état civil, crime puni de la reclusion.

SUPRANATURALISME ou SUPERNATURALISME (du latin *supra, super,* au-dessus, et *natura,* nature). On donne ce nom à tout ce qui est en dehors des lois de la nature, et par suite au-dessus ou au-dessus de la raison. Les sciences occultes, comparées aux sciences véritables, pouvaient passer pour *surnaturelles.* En matière de Physique et de ce qui tient au somnambulisme et au magnétisme animal, le *supranaturalisme* se montre en Allemagne dans les écrits de Schubert, de Justin Kerner, de Keiser, et dans le curieux ouvrage de Gerber : *le Domaine nocturne de la nature.* En matière religieuse, le *Supranaturalisme* repose sur des données qui ont pour fondement la foi, et qui sont inaccessibles à la raison humaine. C'est encore en Allemagne qu'il prit son caractère le plus prononcé; ses principaux organes sont Tholuck, Guericke, Harms, Hengstenberg, Sartorius. R.

SURABONDANTS (Mots), terme de Grammaire grecque et de Grammaire latine qu'on applique aux noms et adjectifs ayant deux ou plusieurs formes de déclinaison. Tels sont, en grec, les mots *phylax* (3e décl.) et *phylacos* (2e décl.), gardien; *lagos* (*lagou*), *lagôs* (*lagô*), et *lagóos* (*lagóou*), lièvre; *taos* (*taou*), *taôs* (*taô*), et *taón* (*taónos*), paon; en latin, *vultur* et *vulturius* (vautour), *juventa* et *juventus* (jeunesse), *eventus* et *eventum* (issue), *senium, senecta* et *senectus* (vieillesse), etc. Quelques verbes latins, qui ont à la fois une forme active et une forme passive sans changer de sens, pourraient recevoir aussi le nom de surabondants : tels sont *fenero* et *feneror,* je place à intérêt; *ludifico* et *ludificor,* je me fais un jeu de; *assentio* et *assentior,* je donne mon assentiment; *impertio* et *impertior,* je donne ma part de, etc. P.

SURABONDANTS (Tons ou Modes). On nomme ainsi dans le Plain-Chant les tons ou modes qui montent ou descendent d'une, de deux ou de plusieurs notes au delà des limites de leur échelle diatonique. Un ton *authentique* (*V. ce mot*) est surabondant lorsqu'il s'élève au-dessus de l'octave de sa finale; un ton *plagal* (*V. ce mot*) est surabondant lorsqu'il descend de plus d'une quarte au-dessous de sa finale. F. C.

SURANNATION (Lettres de), nom donné, en termes d'ancienne Chancellerie, aux lettres qu'on obtenait pour rendre de la force et de la validité aux actes *surannés.* Ce dernier mot s'appliquait : 1o à certains actes publics, lorsque l'année au delà de laquelle ils ne pouvaient avoir d'effet était expirée; 2o aux concessions qui, faute d'avoir été enregistrées dans le temps prescrit, devenaient nulles.

SURARBITRE, terme de Droit, synonyme de *tiers arbitre* ou troisième arbitre.

SURBAISSÉ (Arc). *V.* Arc en anse de panier.

SURCHARGE, mot écrit sur un autre mot. Les surcharges sont interdites dans les actes, dans les registres, dans les pièces comptables; la rectification des erreurs commises ne peut se faire que par rature (*V. ce mot*).

SURCOT, riche vêtement que les dames au moyen âge mettaient par-dessus leur cotte ou robe. Plus tard, on donna le même nom au vêtement que les chevaliers de l'ordre de l'Étoile portaient sous leur manteau. Le surcot devint enfin commun aux deux sexes; ce fut une sorte de soubreveste descendant généralement jusqu'à la ceinture, quelquefois plus bas.

SURDASTRUM, nom donné anciennement à un tambour qui servait à accompagner la flûte de Pan dans les airs de danse.

SURENCHÈRE, *enchère* mise *sur* une enchère précédente. Dans les ventes immobilières, on distingue la *Surenchère sur aliénation volontaire*, accordée seulement aux créanciers qui ont hypothèque inscrite sur l'immeuble aliéné, et la *Surenchère sur expropriation forcée*, permise à toute personne indistinctement (*Code de Procéd.*, art. 710-12, 832-38, 2183-85, 2192). Dans les ventes d'immeubles appartenant à un débiteur failli, tout créancier a le droit de surenchérir : la surenchère ne peut être dans ce cas au-dessous du 10ᵉ du prix principal de l'adjudication (*Code de Comm.*, art. 565). *V.* Petit, *Traité des surenchères*, 1848, in-8°; Piogey, *Commentaire de la loi du 21 mai 1858 sur la saisie immobilière, l'ordre et surenchère sur aliénation volontaire*, 1858, in-8°.

SURÉROGATION (OEuvres de), en termes de Théologie, bonnes œuvres faites au delà de ce qui est prescrit par la loi.

SURESTARIE (du latin *super*, au delà, et *stare*, rester), en termes de Droit commercial, retard apporté dans le chargement d'un navire frété. Quand le délai convenu ou déterminé par l'usage des lieux est expiré, le fréteur qui a mis l'affréteur en demeure de tenir son engagement a droit à des dommages-intérêts appelés *frais de surestarie*.

SURETÉ GÉNÉRALE (Loi de), loi votée en 1858, et par laquelle le gouvernement a été armé, jusqu'au 31 mars 1865, de pouvoirs extraordinaires. Était puni d'un emprisonnement de deux à cinq ans, et d'une amende de 500 fr. à 10,000 fr., tout individu qui avait provoqué publiquement, aux crimes prévus par les art. 86 et 87 du *Code pénal*, lorsque cette provocation n'avait pas été suivie d'effet. Était puni d'un emprisonnement d'un mois à deux ans, et d'une amende de 100 fr. à 2,000 fr., tout individu qui, dans le but de troubler la paix publique, ou d'exciter à la haine ou au mépris du Gouvernement, avait pratiqué des manœuvres ou entretenu des intelligences, soit à l'intérieur, soit à l'étranger. Quiconque, sans y être autorisé, avait fabriqué ou fait fabriquer, débité ou distribué des machines meurtrières agissant par explosion ou autrement, ou de la poudre fulminante, était puni d'un emprisonnement de six mois à cinq ans et d'une amende de 50 fr. à 3,000 fr. La même peine était applicable au détenteur ou porteur, sans autorisation, des objets ci-dessus spécifiés. Ces peines étaient prononcées sans préjudice de celles que les coupables auraient pu encourir pour tous autres crimes et délits.

Les individus condamnés pouvaient être interdits, en tout ou en partie, des droits mentionnés en l'art. 42 du *Code pénal*, pendant un temps égal à la durée de l'emprisonnement prononcé.

Tout individu condamné pouvait être, par mesure de sûreté générale, interné dans un des départements de l'Empire ou en Algérie, ou expulsé du territoire français. La même mesure pouvait être appliquée aux condamnés pour crimes ou délits prévus: 1° par les art. 86 à 101, 153, 154, § 1ᵉʳ, 209 à 211, 213 à 221 du *Code pénal*; 2° par les art. 3, 5, 6, 7, 8 et 9 de la loi du 24 mai 1834, sur les armes et munitions de guerre; 3° par la loi du 7 juin 1848, sur les attroupements; 4° par les art. 1 et 2 de la loi du 27 juillet 1849. Pouvait être interné dans un des départements de l'Empire ou en Algérie, ou expulsé du territoire, quiconque avait été condamné, interné, expulsé ou transporté par mesure de sûreté générale, à l'occasion des événements de mai et de juin 1848, de juin 1849 ou de décembre 1851, et que des faits graves signaleraient de nouveau comme dangereux pour la sûreté publique. Tout individu interné en Algérie, ou expulsé du territoire, qui rentrait en France sans autorisation, pouvait être placé dans une colonie pénitentiaire, soit en Algérie, soit dans une autre possession française.

Les mesures de sûreté générale étaient prises par le ministre de l'Intérieur, sur l'avis du préfet du département, du général qui y commandait, et du procureur général.

SURFRAPPÉES (Monnaies), monnaies qui ont reçu un nouveau type légal.

SURHAUSSÉ (Arc). *V.* Arc surhaussé.

SURINTENDANT. *V.* ce mot dans notre *Dictionnaire de Biographie et d'Histoire*.

SUR-LE-TOUT, en termes de Blason, écusson posé sur un écartelé. On lui donne en largeur deux parties et demie des sept de la largeur de l'écu, et en hauteur trois parties des huit. Le sur-le-tout est ordinairement affecté aux armes propres de la famille, et les quartiers aux armes de succession ou d'alliance. En blasonnant, on nomme d'abord ces quartiers, puis le sur-le-tout. On nomme *Sur-le-tout-du-tout* un petit écusson posé sur le sur-le-tout : on lui donne, par rapport au sur-le-tout, les proportions qu'à celui-ci par rapport à l'écu.

SURNOM (du latin *supra nomen*, en sus du nom), désignation qui sert ordinairement à distinguer les individus d'une même famille. Dans l'origine, les surnoms ne furent pour la plupart que des *sobriquets* (*V. ce mot*), dérivés de quelque particularité physique ou intellectuelle, ou de quelque événement arrivé au personnage. Puis ils devinrent de véritables noms de famille. Tels sont *Le Sourd, Le Noir, Le Gris, Le Blanc, Le Gros, Le Roux, Le Jeune*.

SURNUMÉRAIRE (du latin *super*, au-dessus, et *numerus*, nombre), qui est au-dessus du nombre déterminé. Le mot se dit particulièrement, dans les Administrations, des commis qui travaillent sans appointements et font un temps d'épreuve avant d'obtenir une place rétribuée.

SURPLIS, pour *sur pelisse* (en latin *superpellicium*), vêtement que les ecclésiastiques portent par-dessus la soutane lorsqu'ils assistent au service divin ou qu'ils prêchent. C'est une sorte de tunique en toile ou mousseline blanche, sans manches, descendant jusqu'à mi-jambes, avec deux ailes plissées qui pendent des épaules par derrière et qui représentent les manches. Dans quelques diocèses, le surplis a de vastes manches pendantes.

SURPLOMBER, en termes de Construction, n'être pas aplomb, pencher, le haut avançant plus que le pied.

SURPRISE, en termes d'Art militaire, attaque préméditée par celui qui la fait, mais inopinée pour celui qui la reçoit. C'est une tentative d'un des deux adversaires pour saisir l'autre dans la disposition la plus défavorable à la défense. Les surprises de jour sont rares, et ne réussissent que par un concours de circonstances qu'il est difficile de réunir, à moins d'avoir affaire à un ennemi négligent ou inexpérimenté. Les surprises de nuit sont sujettes à de nombreux inconvénients, à de nombreuses méprises, qui peuvent les faire échouer.

SURSIS, délai accordé par le juge et pendant lequel la poursuite d'une affaire est suspendue. Le *Code Napoléon* (art. 1244, 2212) et le *Code de Procédure civile* (art. 127, 240) déterminent les cas où il y a lieu à sursis, et ceux où il est permis de l'accorder.

SURTOUT, sorte de justaucorps très-large, qu'on met par-dessus les autres vêtements; — grande pièce d'orfèvrerie qu'on place comme ornement sur la table dans les repas d'apparat.

SURVEILLANCE DE LA HAUTE POLICE, mesure de sûreté dont le but est de garantir la société contre les nouveaux crimes ou délits qui pourraient être commis par les condamnés libérés. La mise en surveillance est toujours prononcée, dans certains cas, comme une conséquence de la condamnation; dans d'autres, elle est facultative, et la loi s'en rapporte à cet égard à la prudence des juges. Elle donne au gouvernement le droit d'interdire certains lieux à un condamné. Celui-ci doit déclarer, à l'expiration de sa peine, l'endroit où il veut fixer sa résidence : il reçoit alors une feuille de route contenant un itinéraire qu'il ne peut s'écarter, et déterminant la durée du séjour qu'il peut faire dans chaque lieu de passage. Il est tenu de se présenter, dans les 24 heures de son arrivée, devant le maire de la commune; il ne peut changer de résidence sans avoir indiqué à ce magistrat, 3 jours à l'avance, le lieu où il compte aller habiter, et recevoir de lui une nouvelle feuille de route. La désobéissance à ces prescriptions entraîne un emprisonnement qui peut aller jusqu'à 5 ans. — L'*internement* est une sorte de haute surveillance administrative, mise en pratique en France depuis 1851, et qui consiste à imposer à une personne le séjour d'une ville, d'un endroit plus ou moins limité, avec obligation de se présenter devant les autorités certains jours et à toute réquisition. En cas de contravention, l'interné peut être éloigné de France. Pour sortir du département, il a besoin de l'autorisation du ministre de l'Intérieur, sauf quelques cas d'urgence.

SURVENANCE D'ENFANT, en termes de Droit, naissance d'un enfant légitime après une donation entre-vifs. Elle révoque les donations; celles-ci ne peuvent revivre ou avoir de nouveau leur effet ni par la mort de l'enfant du donateur, ni par aucun acte confirmatif; il faut pour cela une nouvelle disposition (*Code Napol.*, art. 953, 960-966). La révocation ne frappe pas les donations qui auraient été faites entre époux pendant le mariage (article 1096).

SURVIÉ (Gains de). *V.* GAINS DE SURVIE.

SURVIE (Présomption de). *V.* SUCCESSION.

SURVIVANCE, droit de succéder à un homme dans sa charge. C'était, avant 1789, un privilège que le roi accordait à quelqu'un, ordinairement aux enfants des titulaires de certaines charges; ce droit avait fini par devenir un abus, comme toutes les faveurs, et, dès le temps de Henri III, un si grand nombre de charges étaient devenues héréditaires, que ce prince en signala les *survivances* comme une des premières réformes à faire. Néanmoins l'abus subsista, et, sous le règne de Louis XIV, en 1661, le secrétaire d'État des affaires étrangères avait obtenu la survivance de sa charge pour son jeune fils, Loménie de Brienne. Il suffisait alors que la charge convînt à l'individu, peu importait que l'individu ne convînt pas à la charge. Les survivances sont un des plus criants abus que la Révolution a déracinés, et que seule elle pouvait détruire.
C. D—y.

SUSCRIPTION, terme de Diplomatique. *V.* DIPLOME.

SUSCRIPTION (Acte de), acte qui est écrit par un notaire sur la surface extérieure du papier clos et scellé contenant un testament mystique, ou sur la feuille qui lui sert d'enveloppe. Il doit être fait en présence de six témoins au moins, et être signé par le notaire, ainsi que par le testateur : si ce dernier ne sait ou ne peut écrire, un témoin de plus est appelé, et signe l'acte avec les autres (*Code Napol.*, art. 976 et 977).

SUS-DOMINANTE. *V.* TON.

SUSE (Arc de), arc honoraire romain, élevé à l'empereur Auguste. Il est assez bien conservé, et entièrement dégagé des constructions qui l'environnèrent pendant plusieurs siècles. Il ne consiste qu'en une seule arcade, dont l'archivolte retombe sur des pieds-droits formant pilastre. Aux quatre angles extérieurs du monument sont des colonnes corinthiennes engagées, qui supportent l'entablement. *V.* Massazza, *l'Arco antico di Suza*, Turin, 1750, in-fol.

SUSIN, pont brisé ou partie du tillac d'un vaisseau qui s'étend depuis la dunette jusqu'au grand mât.

SUSPECTS (Loi des). *V.* notre *Dictionnaire de Biographie et d'Histoire*.

SUSPENSE, en termes de Droit canonique, mesure par laquelle l'autorité diocésaine suspend un prêtre de ses fonctions ou le prive de l'usage de son bénéfice pendant un temps plus ou moins long. — On appelait autrefois *Charte de suspense* une charte royale en vertu de laquelle tout procès intenté à une personne absente pour le service ou par les ordres du prince était suspendu jusqu'à son retour.

SUSPENSION, figure de Rhétorique qui consiste à tenir l'esprit de l'auditeur en suspens, pour mieux piquer sa curiosité, et l'amener ensuite à une tout autre conclusion que celle qu'il avait prévue. Cette figure est également propre à tous les genres de composition. Bossuet (*Oraison funèbre de la reine d'Angleterre*) en offre un exemple : « Combien de fois a-t-elle remercié Dieu de deux grandes grâces : l'une, de l'avoir faite chrétienne; l'autre... Messieurs, qu'attendez-vous? peut-être d'avoir rétabli les affaires du roi son fils? non ; c'est de l'avoir faite reine malheureuse. » Dans le *Cinna* de Corneille (V, 1), lorsque l'empereur Auguste déclare à Cinna qu'il connaît tous ses projets, il y a aussi une longue suspension, qui se termine par cette terrible parole :

Cinna, tu t'en souviens, et veux m'assassiner !

Dans le genre simple, on connaît la fameuse Lettre de Mme de Sévigné à M. de Coulanges sur le mariage de Lauzun; la suspension y est prolongée indéfiniment, pour mieux faire ressortir ce que ce mariage avait d'extraordinaire.
B.

SUSPENSION, interdiction temporaire d'exercer une fonction. C'est une peine que les Cours, les Tribunaux, les Conseils de discipline des avocats, les Chambres des notaires et des avoués, peuvent prononcer contre ceux de leurs membres qui ont commis quelque faute dans l'exercice de leurs fonctions (*Code de Procédure civile*, art. 90; Décret du 30 mars 1808; Loi du 20 avril 1810). Elle est également applicable aux membres du corps enseignant (Loi du 15 mars 1850). La suspension pour les ecclésiastiques se nomme *suspense* (*V. ce mot*).

SUSPENSION, en termes de Musique, retard, sur la basse d'un accord, d'un ou plusieurs sons de l'accord précédent.

SUSPENSION D'ARMES, trêve de quelques jours, conclue par les belligérants pour l'accomplissement de certains devoirs indispensables, comme l'inhumation des morts.

SUSPENSION DE PAYEMENTS. Si elle n'a pas été suivie d'une cessation effective, elle ne donne pas ouverture à la faillite. Le commerçant qui a éprouvé un embarras momentané peut trouver ensuite des ressources et satisfaire à ses engagements.

SUSPICION. En Droit, il y a *Suspicion légitime*, quand on peut présumer qu'un tribunal saisi d'une affaire pourra se laisser influencer par des préoccupations étrangères. Le renvoi pour cause de suspicion légitime peut être invoqué en matière criminelle, correctionnelle, ou de police; il est porté devant la Cour de cassation (*Code d'Instr. crim.*, art. 542-52).

SUS-TONIQUE. *V.* TON.

SUTRAS. *V.* INDIENNE (Littérature).

SUTTIE. } *V.* notre *Dictionnaire de Biographie et*
SUZERAIN. } *d'Histoire*.

SWIRELLA. *V.* RUSSE (Art).

SYCOPHANTE. } *V.* notre *Dictionnaire de*
SYDENHAM (Palais de). } *Biographie et d'Histoire*.

SYLLABAIRE, petit livre dont on se sert pour apprendre à lire. On l'appelle ainsi parce qu'il enseigne à assembler les syllabes, c.-à-d. à épeler.

SYLLABE, voyelle seule, ou jointe à d'autres lettres (consonnes ou voyelles), qu'on prononce par une seule émission de voix. Les mots d'une seule syllabe sont dits *monosyllabes*; ceux de deux, *dissyllabes*; ceux de trois, *trisyllabes*; ceux de plusieurs en général, *polysyllabes*. La prosodie, dans toutes les langues, reconnaît des syllabes longues et des brèves.

SYLLABIQUE (Augment). *V.* AUGMENT.

SYLLEPSE, mot d'origine grecque (*syllepsis*, compréhension), et qui s'emploie en Grammaire pour désigner une figure par laquelle on fait accorder un mot, non pas grammaticalement avec le mot même auquel il se rapporte, mais logiquement avec l'idée *comprise* dans ce mot; comme dans cette phrase de Bossuet : « Quand le *peuple hébreu* entra dans la terre promise, tout y célébrait *leurs* ancêtres; » dans celle-ci de Racine (*Athalie*, V, 2) :

Entre le pauvre et vous, vous prendrez Dieu pour juge,
Vous souvenant, mon fils, que, caché sous ce lin,
Comme *eux* vous fûtes pauvre, et comme eux orphelin;

dans cette autre de La Bruyère : « *Les personnes d'esprit* ont en *eux* les semences de tous les sentiments. » C'est par syllepse que les verbes se mettent au pluriel après les collectifs partitifs suivis d'un nom pluriel, qui souvent même est sous-entendu : « *La plupart se laissent* emporter à la coutume. » C'est encore par syllepse qu'on dit en latin : *Mea unius opera factum est* (tout a été fait par mes seuls soins), phrase où *unius* a été mis au génitif parce que *mea* est l'équivalent de *mei*. Ce genre de syllepse n'est possible que dans les langues à flexion : aussi est-il commun dans la langue grecque. P.

SYLLOGISME (du grec *sullogismos*, raisonnement), argument régulier construit avec trois termes et trois propositions de la manière et d'après les règles suivantes : Toute connaissance se résout dans un jugement, c.-à-d. dans l'affirmation ou dans la négation d'un attribut par rapport à un sujet; de sorte que, si nous pouvions toujours percevoir clairement à première vue les rapports de deux termes quelconques, nous aurions par cela même la science universelle. Il n'en est pas ainsi. Un grand nombre de rapports nous échappent, et la plupart de ceux que nous pouvons saisir ne sont pas directement perçus, et nécessitent un travail de l'esprit analogue à celui que nous faisons pour apprécier le rapport de deux grandeurs, lorsque, ne pouvant pas les comparer directement, nous les comparons séparément à une troisième grandeur (l'unité, par exemple), et concluons leur rapport entre elles de celui que chacune d'elles présente avec cette grandeur moyenne. Tel est le mécanisme fondamental du raisonnement déductif ou de la déduction (*V. ce mot*), qui revêt, dans le syllogisme, sa forme la plus exacte et la plus rigoureuse. Le syllogisme est essentiellement composé de trois termes, les deux dont on cherche le rapport et que l'on nomme l'attribut *grand terme*, le sujet *petit terme*, et le *moyen terme* auquel on les compare successivement. Soit le syllogisme suivant :

Tout *être créé* est imparfait;
Le monde est un être créé :
Donc le monde est imparfait.

Imparfait est le grand terme, *monde* le petit terme, *être créé* le moyen terme. Or, il suffit qu'on sache le moyen terme contenu dans l'extension du grand terme, et le petit dans le moyen, pour que l'on conclue nécessairement que le petit est contenu dans le grand. C'est ce que certains logiciens, notamment quelques éditeurs d'Aristote et plus récemment Euler, ont voulu rendre sensible à l'œil, en figurant les termes par des cercles. Un cercle contenu dans un autre (*fig. 1 et 1re partie de la fig. 3*) représente une proposition affirmative universelle; deux circonférences qui se coupent (*fig. 2*) représentent dans

Fig. 2.   Fig. 1.

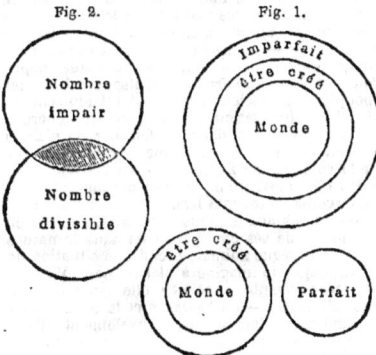

Fig. 3.

leur partie commune l'affirmation particulière, et dans leurs parties séparées la négation particulière; deux circonférences entièrement extérieures l'une à l'autre (*fig. 5*), la négation universelle. Nous devons nous borner à indiquer cette méthode d'exposition. On en trouvera le développement et les applications dans Euler (*Lettre à une princesse d'Allemagne*, IIe partie, Lettres 34-37). En résumé, quels que soient les rapports des termes et leurs dispositions, ces termes comparés deux à deux forment trois propositions : celle où l'on compare le grand terme au moyen terme est dite *majeure* (*a majore termino*); celle où l'on compare le petit terme au moyen terme est dite *mineure* (*a minore termino*). La majeure et la mineure portent en commun le nom de *Prémisses* du raisonnement, ce qui les range sous ce qu'on met en avant (*præ-missæ*). Il est bien entendu qu'il ne suffit pas, pour qu'il y ait conclusion, qu'il y ait un rapport quelconque entre le moyen terme et chacun des extrêmes. Ces rapports sont strictement déterminés par certains principes qui figurent soit dans les règles générales du syllogisme, soit dans les règles particulières applicables à ses différentes variétés (*V.* Modes et Figures du syllogisme). Les règles générales sont : 1° *Le syllogisme doit être composé de trois termes, le petit, le grand et le moyen;* 2° *les termes de la conclusion ne peuvent être pris plus universellement dans la conclusion que dans les prémisses;* 3° *la conclusion ne doit jamais contenir le moyen terme;* 4° *le moyen ne peut être pris deux fois particulièrement; il doit être pris au moins une fois universellement;* 5° *on ne peut rien conclure de deux propositions négatives;* 6° *on ne peut prouver une proposition négative par deux affirmatives;* 7° *la conclusion suit toujours la plus faible partie, c.-à-d. que, s'il y a une des deux prémisses qui soit négative, elle doit être négative, et, s'il y en a une particulière, elle doit être particulière;* 8° *de deux propositions particulières il ne s'ensuit rien.* — La théorie du syllogisme a été exposée de la manière la plus approfondie par Aristote dans son traité *Du Syllogisme* (*Premiers Analytiques*). Les nombreux travaux et commentaires que l'Antiquité, la Scolastique et la Renaissance ont accumulés sur ce sujet, n'y ont presque rien ajouté d'important. En effet, les historiens de la Logique n'ont rien de plus remarquable à citer à cet égard que l'invention de la 4e figure, soit par Galien, soit par Eudème et Théophraste, et les développements donnés par Boëce à la théorie du syllogisme hypothétique. Telle est d'ailleurs l'exactitude que ce sujet comporte et celle avec laquelle Aristote en a traité toutes les parties, que les réformateurs les plus hardis et les plus hostiles, Ramus, Bacon, n'ont pas cru devoir comprendre le syllogisme dans les attaques qu'ils ont dirigées contre la Logique péripatéticienne. C'est qu'en effet le syllogisme est, dans une sphère encore fort étendue quoique très-nettement circonscrite, l'instrument naturel du raisonnement et de la démonstration. Il ne convient pas de l'employer dans toutes sortes de sujets, et d'ailleurs il est facile d'en abuser en le faisant servir au développement de principes faux, chimériques ou mal établis. Mais lorsqu'on l'applique à des vérités claires et certaines, il en rend au jour toutes les conséquences avec une rigueur et une évidence que nulle autre méthode ne comporte. *V.* Barthélemy Saint-Hilaire, *Logique d'Aristote, traduite en français et accompagnée de notes perpétuelles* (*Premiers Analytiques*), et *De la Logique d'Aristote*, Mémoire couronné par l'Institut; Euler, *Lettres à une princesse d'Allemagne*; la *Logique de Port-Royal*, et nos articles Prémisses, Conclusion, Majeure, Mineure, Termes, etc.   B—e.

SYLVES. *V.* Silves.

SYMBOLE, SYMBOLISME, SYMBOLIQUE, mots dérivés du grec *symbolon*, signe. Un *Symbole* est l'expression figurée d'un objet qui ne tombe pas sous les sens, la forme corporelle, peinte ou sculptée, d'une idée. Le *Symbolisme* est cette langue mystérieuse qui, pour faire parvenir à notre intelligence certaines idées, frappe nos sens et notre imagination au moyen de signes physiques liés avec ces idées par une connexion intime. On nomme *Symbolique*, soit l'ensemble des symboles propres à une nation, à une époque, soit la science qui cherche à interpréter les symboles par la critique et l'histoire.

SYMBOLIQUE PAÏENNE.

I. *Symboles muets.* — Le symbole a préexisté aux époques historiques. Antérieur à toute institution civile, son histoire est celle de presque toutes les religions; il a régné longtemps dans la jurisprudence, et occupé une place importante dans le domaine des arts plastiques. Les premiers hommes se servirent, pour communiquer entre eux, d'une pantomime animée, d'images sensibles, de représentations figurées : les objets répandus sur la surface du globe, animaux, plantes, pierres, etc., furent, après le geste, les éléments de la langue symbolique. Les premiers instituteurs du genre humain, en présence du langage si pauvre et des organes si grossiers des peuples naissants, eurent également recours à des images prises dans la nature, pour faire comprendre leur enseignement : ainsi, par exemple, ils firent de l'œuf le symbole de la création, des forces productrices de l'univers; le serpent qui se mord le bout de la queue, en formant un cercle, signifia l'éternité de la vie générale, à cause de l'analogie qu'on avait remarquée entre le renouvellement annuel de la peau de ce reptile et celui des saisons. Ils ne se contentèrent pas de déposer dans les objets existants les vérités qu'ils voulaient transmettre; ils créèrent d'autres symboles en personnifiant la Divinité, et furent ainsi les premiers sculpteurs. Mais il y eut toujours de la disproportion entre la forme et le sens, entre l'expression et l'idée : de là, dans le symbole religieux, ce vague, cette indécision inhérente à tout symbole, mais propre à pénétrer l'âme d'une respectueuse terreur, car ce que l'homme ne fait que pressentir lui laisse une impression plus formidable que ce qui se présente ouvertement à ses yeux. Quand le symbole entreprend de tout dire, il devient confus, obscur, énigmatique; on appela *mystiques* les symboles de ce genre, parce qu'ils contenaient les *mystères*, les doctrines secrètes, et ne pouvaient être compris que des initiés. Ce nom convient surtout aux figures symboliques de l'Inde, de la Perse et de l'Égypte, à ces idoles monstrueuses et fantastiques, à ces Dieux à plusieurs têtes et à plusieurs bras, surchargés d'attributs dont l'intelligence se fatiguait à deviner ou à retenir le sens. L'absence de règle et de mesure, jointe à l'usage de représenter les divinités assises ou couchées, couvertes de riches étoffes et d'ornements de toute espèce, arrêta pour jamais les nations orientales dans la route du beau, tandis que les Grecs, simplifiant les attributs, renonçant à exprimer ce qui est inexprimable par son essence, adoptèrent le nu, prirent pour type la figure humaine, et surent allier, dans les limites du possible, la beauté de la forme avec la sublimité de l'idée. Des signes caractéristiques, soit dans la forme des membres, soit dans l'habitude générale du corps, des différences palpables fondées sur une convention réfléchie, établirent si bien les individualités divines, qu'à la fin le secours de leurs attributs particuliers n'était plus nécessaire pour les faire reconnaître. Ces statues symboliques, créées au plus beau temps de l'art, ont reçu le nom de *symboles plastiques.*

Il est des symboles qui se rattachent au symbole religieux et se confondent avec lui dans l'usage, bien qu'ils en diffèrent : ce sont l'*Allégorie* et l'*Emblème* (*V.* ces *mots*). L'Allégorie, soit muette, soit parlée, renferme un sens caché sous un figure ou un récit qui exprime une chose et en signifie une autre, tandis que le Symbole est l'idée même rendue sensible et personnifiée. L'*Emblème* est une image dépourvue de tout caractère auguste et sacré, où la pensée humaine se révèle bien plus que la pensée divine : il a un sens limité et fini, et rentre essentiellement dans l'allégorie ; la réunion de plusieurs emblèmes constitue une allégorie. Les Anciens avaient un si vif penchant pour ce mode d'expression, qu'ils ne négligeaient aucune occasion de l'employer ; ils allaient même quelquefois jusqu'à donner un sens allégorique à la matière de leurs ouvrages. Suivant Pausanias, une statue de Vénus, qu'on voyait à Temnus en Élide, était faite du bois d'un myrte femelle ; l'île de Naxos possédait un Bacchus fait d'un cep de vigne. Les sculpteurs choisissaient, dans une vue d'allégorie, la couleur des pierres qu'ils mettaient en œuvre, ou peignaient leurs statues : celles de Memnon et du Nil étaient noires, par allusion sans doute aux Éthiopiens ; Saturne était noir ou bleu foncé ; Jupiter, couleur de cendre ou de feu ; Mars était rouge ; le Soleil était d'or, et portait un sceptre d'or ; Vénus paraissait avec l'éclat du pourpre, mais le jaune et le blanc lui étaient aussi dédiés ; le temple de la Lune était en pierre verte, son image portée sur une vache blanche, et ses ministres, vêtus de vert ou de blanc ; le bleu était consacré à Mercure et à Neptune. On représentait aussi par des couleurs allégoriques les quatre saisons et les quatre éléments. *V.* COULEURS.

Voici des symboles antiques d'un autre ordre : les guêpes placées sur le tombeau d'Archiloque représentaient le trait acéré de l'iambe ; le papillon était le symbole de l'âme, et en même temps du sommeil (*V.* PSYCHÉ et MORT — Images de la) ; les *Herméracles* (*V.* HERMÈS) exprimaient souvent l'association de la force avec le génie d'invention. Il faut aussi ranger parmi les symboles les représentations figurées qui désignent sur les monnaies les provinces, les villes, et servent à les faire reconnaître (*V.* NUMISMATIQUE). Une autre variété de symboles consistait dans les *signes* qui servaient à la fois d'expression à certains dogmes enseignés dans les Mystères et de moyens de reconnaissance pour les initiés, tels que les cigales d'or portées par les Athéniens dans leurs cheveux, ou bien le triple triangle, formant cinq triangles et un pentagone, adopté pour les affiliés à la doctrine secrète des Pythagoriciens. Les Anciens désignèrent enfin sous le nom de *symboles* certains gages formés des deux moitiés d'une tablette brisée, que se donnaient deux personnes qui contractaient des liens d'hospitalité, et qui, conservés soigneusement, servaient aux hôtes à se reconnaître par la suite. Plus tard, on appela *symboles* tous les objets destinés à sanctionner les conventions, toute espèce de gages, tout signe et même tout mot de reconnaissance, tout signal à la guerre.

II. *Symboles parlés.* — On entend par là les symboles et les allégories qui emploient comme moyen d'expression le son ou la voix, qui prennent la route de l'oreille pour arriver au sens intérieur. A cette classe appartiennent le *Mythe,* l'*Apologue,* la *Parabole,* la *Sentence* et la *Maxime.* Le *Mythe* n'est autre chose qu'un récit plus ou moins étendu dont tous les personnages sont symboliques : quand il se compose d'antiques croyances, de dogmes religieux et autres, de leçons et de préceptes de morale, il est *théologique* ou *mystique ;* quand il renferme d'anciens événements, il s'appelle proprement la *tradition.* Le mythe était rhythmé, et on le chantait dans les fêtes publiques des Dieux et des héros ; mais peu à peu il se dépouilla des formes roides et sévères du symbole, et prit une forme plus douce, plus pure et plus humaine,

qui s'alliait mieux avec la poésie. Tel est dans ce sens l'*Hymne* homérique à *Cérès :* Déméter est la fécondité de la Terre, la Terre même, comme l'indique son nom, car *Dé* n'est qu'une forme de *Gê.* Perséphonè, fille de Zeus, qui est la pluie, et de Déméter, représente la végétation qui naît de la terre fécondée par les pluies du ciel ; elle est, dit Cicéron, la graine des plantes ; on l'appelle le plus souvent *korè,* forme féminine de *koros,* l'abondance. Elle est enlevée par Aïdès, l'invisible, le Dieu souterrain, parce que les graines des céréales disparaissent sous la terre. La tristesse de sa mère représente le deuil de la Terre pendant l'hiver, quand la végétation a disparu. Perséphonè passe un tiers de l'année avec son époux, le reste avec sa mère, et cette alternative de mort et de renaissance l'a fait regarder comme la Déesse des morts ; son retour à la lumière est le symbole de l'immortalité de l'âme. Les Grecs excellèrent dans ces récits ; leur imagination créatrice s'y donna carrière avec tant de charme et de fécondité, que leur pays peut passer pour la terre natale des mythes. — L'*Apologue,* dans sa forme primitive, est un symbole moral développé : il exprime, comme le symbole, une vérité importante, mais plutôt morale que profonde ou sublime, et prend également ses *images* dans le monde matériel ; il s'inspire des habitudes constantes des plantes, des lois invariables de l'instinct chez les animaux, c.-à-d. de l'immuable nature. C'est pour ses enseignements faciles à comprendre qu'il était quelquefois admis dans les harangues populaires, d'où le mythe était exclu. L'apologue existe chez tous les peuples de l'ancien monde qui atteignirent un certain degré de civilisation : chaque contrée chercha dans les races d'animaux, dans les familles de plantes qui lui étaient propres, les emblèmes naturels des actions et de la conduite de l'homme. — La *Parabole,* cet apologue des chrétiens, qu'ils se sont approprié par la supériorité de celles qu'inventa Jésus-Christ, fiction chère dans tous les temps aux nations orientales, au lieu de chercher la forme de ses enseignements dans la nature végétale et dans le règne animal, prend une situation de la vie humaine, qu'elle imagine à plaisir, pour offrir au peuple une leçon vivante. A ce titre elle figure dans la Symbolique religieuse. — La *Sentence* et la *Maxime* s'y rattachent également lorsqu'elles s'enveloppent d'une forme allégorique, comme celles dont se servaient quelques Sages de la Grèce, et particulièrement la secte des Pythagoriciens, pour communiquer aux initiés les vérités pratiques ou religieuses et les découvertes de la philosophie spéculative. Les symboles de Pythagore, au nombre de 75, avaient un sens propre et littéral, et un sens symbolique, sur lequel les interprètes ne sont pas toujours d'accord. Ainsi : « Ne t'assieds point sur le boisseau », signifiait, selon Porphyre : « Ne vis point inactif », et, selon Jamblique : « Ne transporte point les soins de la vie animale dans le domaine de l'esprit ; vis plutôt pour l'âme et pour la méditation que pour le corps et ce qui s'y rapporte. » — Les sentences des prophètes hébreux, les oracles des sibylles, sont aussi des symboles parlés. Il faut encore donner ce nom aux nombreuses applications symboliques que recevaient la musique et le chant, particulièrement dans le culte secret, chez les Grecs, les Indiens et les Égyptiens. *V.* NOME.

SYMBOLIQUE CHRÉTIENNE.

Les mots *Symbole* et *Allégorie* passèrent du paganisme dans le christianisme, mais avec un caractère différent et un sens tout spiritualiste. Les premiers chrétiens, pour entrer dans la voie du symbole, n'eurent qu'à imiter leur divin maître, qui leur avait donné l'exemple par ses paroles dans ses enseignements allégoriques, par ses actes dans l'institution du Baptême et de la Cène. La religion mosaïque avait eu, d'ailleurs, son Symbolisme : ainsi, le Tabernacle représentait la résidence de Jéhovah au milieu des Hébreux ; la circoncision était le symbole de l'élection du peuple juif ; le sabbat rappelait aux Hébreux le repos de Dieu après la création ; la Pâque et ses rites perpétuaient le souvenir des miracles qui accompagnèrent la sortie d'Égypte, et la fête des Tabernacles celui du séjour dans le désert, etc. Les 12 pierres précieuses qui ornaient le rational du grand prêtre avaient un sens symbolique. Les chrétiens symbolisèrent de bonne heure leurs principales doctrines. La Résurrection fut représentée dans le phénix sortant immortel de ses cendres ; le Sacrement de l'Eucharistie, par le raisin et l'épi de blé, ou bien par un agneau blessé, dont le sang, coulant du cœur et des pieds, tombait dans un calice. L'Église était désignée par l'Arche, et par le vaisseau sur lequel le Seigneur s'est endormi ; la pureté et l'innocence du chrétien, par la colombe, laquelle représentait encore les âmes de ceux qui avaient souffert pour la vérité. Plus tard, la colombe figura le St-Esprit, qui prit cette forme pour descendre sur la tête de Jésus au moment où St Jean le baptisa dans les eaux du Jourdain. Les Catacombes romaines sont remplies de peintures et de sculptures allégoriques, dont les sujets ont été empruntés à l'Ancien et au Nouveau Testament. Ainsi, Noé dans l'Arche, sur les eaux déchaînées, signifie la foi sûre de son avenir au milieu des persécutions ; Job sur le fumier prêche la patience ; Daniel parmi les lions est l'homme de désirs domptant par la prière les puissances du mal ; Élie, enlevé sur un char de feu, annonce le triomphe des martyrs ; la multiplication des pains, c'est la propagation de la parole sainte ; la guérison des paralytiques et des aveugles prophétise la renaissance morale et intellectuelle de l'univers. Les chrétiens des trois premiers siècles avaient aussi , pour se reconnaître entre eux, certains signes, tels que le signe de la croix, la récitation de la profession de foi des Apôtres ou le *Credo*, enfin des anneaux sur lesquels était représenté un poisson (*V. ce mot*). — Depuis Constantin le Grand, l'Église, libre et triomphante, multiplia ses symboles. Les plus beaux spécimens du Symbolisme catholique sont encore vivants aujourd'hui, et nous sont offerts par l'architecture, la sculpture et la liturgie.

I. *Architecture.* — Le Symbolisme se montre dans la construction matérielle des églises : elles ont la forme du vaisseau sur lequel le Seigneur s'est endormi ; la pureté et l'innocence du chrétien, par la colombe, laquelle représentait encore les âmes de ceux qui avaient souffert pour la vérité. Plus tard, la colombe figura le St-Esprit, qui prit cette forme pour descendre sur la tête de Jésus au moment où St Jean le baptisa dans les eaux du Jourdain. Les Catacombes romaines sont remplies de du vaisseau de St-Pierre, d'où le mot *nef* (du latin *navis*) appliqué à leur allée principale. Cette allégorie du vaisseau représente la condition de l'Église militante, poursuivant jusqu'à la fin des temps sa navigation laborieuse, et ballottée par les tempêtes du schisme, de l'hérésie et de l'incrédulité. « Une église, disent les Constitutions apostoliques, doit être de forme oblongue, et tournée vers l'Orient. » La forme oblongue était regardée comme le symbole d'un vaisseau ou de l'Arche qui doit nous sauver d'un monde orageux ; la coutume de prier en se tournant vers l'Orient était presque universelle dans l'Église primitive (*V.* ORIENTATION). — Le *plan* général de l'église doit avoir la forme d'une croix, afin de rappeler l'instrument de la rédemption, laquelle a encore inspiré l'idée de la déviation de l'axe longitudinal à partir de la naissance du chœur jusqu'au fond de l'abside (*V.* AXE). — On a donné quelquefois un sens mystique aux diverses parties d'une église : ainsi, les murailles désignent les Juifs et les païens qui accoururent des quatre coins du monde vers le Christ ; la chaux est le symbole d'un brûlant amour ; les tours sont les prédicateurs et les prélats, forteresses de l'Église, etc. — La doctrine de la *Trinité* est profondément tracée dans la structure des églises : à l'époque romane, elle est figurée par la nef et les deux bas côtés, par la triple division de la nef, du chœur et du sanctuaire, ou par la tour centrale, le chœur et la nef, par le triple arceau du chœur. Le nombre *trois* domine non-seulement dans le plan général, mais encore dans chacune des parties, comme en font foi la triplicité des arcades, le triple arrangement des moulures, les trois fenêtres percées dans la muraille orientale, les marches de l'autel qui vont trois par trois ou quelque multiple de trois, le triplet ou groupe de trois fenêtres accolées, les fenêtres en forme de triangle équilatéral, les trois portes d'entrée de la façade principale, les trois tours des grandes églises, etc. Pour le symbolisme des nombres, *V.* NOMBRES SACRÉS, dans notre *Dictionnaire de Biographie et d'Histoire*. — La doctrine de la *Régénération* est représentée par les baptistères et les fonts, ordinairement placés à l'entrée, car nous n'entrons dans l'Église que par la régénération ; ils sont de pierre, parce que Jésus-Christ est la pierre ; le couvercle, terminé en flèche, nous avertit qu'après être sortis des eaux purifiantes, nous devons rechercher les choses d'en haut. La plupart ont la forme octogone ; la création s'étant accomplie en sept jours, le nombre *huit* se prend pour indiquer la nouvelle création ou la régénération. — Le *Jubé*, qui sépare le chœur d'avec la nef, le clergé d'avec les laïques, exprime symboliquement la division entre l'Église militante et l'Église triomphante, c.-à-d. la mort des fidèles. Cette pensée se montre dans la croix qui le surmonte, dans l'image de Celui qui a vaincu la mort. Les saints et les martyrs apparaissent dans les panneaux inférieurs comme nos modèles dans la foi et la patience ; dans les couleurs qui brillent à la clôture même, le rouge cramoisi dépeint leurs tourments, l'or leurs victoires. Les sculptures à

jour sont l'emblème du voile qui cache encore à l'Église militante la vue des choses célestes ; à travers on aperçoit le sanctuaire lointain, les stalles massives qui représentent le repos éternel du ciel, la piscine qui rappelle que les élus ont lavé leur robe dans le sang de l'Agneau, et en dernier lieu l'autel, figurant avec ses cierges allumés et ses sculptures dorées la tête glorieuse du Christ, de même que la nef et ses transepts en rappellent le corps et les bras étendus.

II. *Sculpture.* — Les *animaux* tiennent une grande place dans la Symbolique chrétienne, et ils apparaissent sur les monuments avec les mêmes caractères, les mêmes attributs que dans les légendes et dans les écrits des mystiques, non plus comme une conception incohérente de la fantaisie individuelle, mais comme l'expression réfléchie de la tradition générale. Tout en adoptant la plupart des représentations matérielles de l'Antiquité, l'art en change la signification, et leur fait parler une langue nouvelle. Ainsi, le cerf, qui, d'après les écrivains païens, se rajeunit en mangeant des serpents, devient l'emblème du Christ, qui régénère le monde en écrasant le tentateur. La colombe, spiritualisée, n'est plus l'oiseau sensuel qui traînait le char de Vénus : altérée, comme les chrétiens, de ce breuvage divin que le Sauveur a versé aux hommes, elle est représentée, sur les sarcophages des Catacombes, becquetant des raisins et buvant dans une coupe ; ou bien, les ailes étendues, elle porte dans son bec le rameau d'olivier, gage de la réconciliation et de la nouvelle alliance. Le cerf, altéré, comme la colombe, de la parole divine, boit dans les eaux du Jourdain, le fleuve du baptême. Le serpent, indice de salut pour les Grecs, qui l'attribuaient au dieu de la médecine, et pour les Hébreux, auxquels il rappelait la figure d'airain élevée dans le désert, devint l'image de l'esprit du mal, et fut représenté vaincu au pied de la croix, puis foulé par la Vierge immaculée. La sirène, en qui s'unissent les deux natures humaine et animale, représente, par sa portion supérieure, l'excellence de l'âme, et par sa portion inférieure, la subordination du corps. L'ancienne chouette de Minerve est devenue le symbole de ceux qui voient dans les ténèbres, c.-à-d. qui sont sages et habiles dans les choses de la terre, mais dont les regards ne peuvent contempler les choses du ciel. Le lion, image de la force brutale, fut placé hors des églises avec un agneau ou un enfant dans la gueule ; ou bien il est un indice de force morale, et soutient la chaire épiscopale, le cierge pascal ou des colonnes. L'agneau seul, avec la croix, indique le Sauveur ; combiné avec l'image du Bon Pasteur, il exprime la communauté des fidèles. Le coq, en compagnie de St Pierre, c'est la vigilance ; avec la palme, c'est le triomphe des prédicateurs ; les martyrs sur la cruauté des bourreaux païens. Le dauphin est le symbole du trajet des âmes vers une rive hospitalière ; le pélican, celui de la charité. Le cheval, palmé comme le coq, c'est le fidèle qui a combattu vaillamment. L'antilope est la figure du chrétien ; ses deux cornes sont l'emblème de la connaissance des deux Testaments, c.-à-d. de la Loi ancienne et de la Loi nouvelle, qui sont l'armure de son âme. — Mais si, dans les premiers temps, le sens symbolique est transparent, il s'obscurcit et se complique en avançant à travers le moyen âge. S'éloignant des types offerts par la nature, les artistes évoquent dans leurs rêves des dragons à sept têtes et à dix cornes, des léopards avec des pieds d'ours et des gueules de lion, des sauterelles avec des visages d'homme et des queues de scorpion. Sur la cathédrale de Strasbourg, les Évangélistes sont représentés portant, au lieu de leur tête d'homme, celle de l'animal qu'on leur donne pour attribut. A cette époque, tous les êtres du monde réel et du monde de la vision se montrent dans les églises. De même que dans les écrivains ecclésiastiques les hommes sont toujours partagés en deux classes, les élus et les réprouvés, de même, dans la Symbolique, les animaux peuvent se diviser en deux catégories exprimant, l'une l'idée du bien, de la vertu, de la pureté, l'autre l'idée du vice, de la dégradation, de l'impiété : les premiers forment le cortège du Christ et des Saints, les seconds le cortège de Satan, des infidèles et des impies. Les représentations de Satan sont très-variées : on le trouve tantôt sous la forme d'un aspic, d'un loup, d'une couleuvre, d'un âne, d'un hibou, d'un crapaud, d'un corbeau, d'un bouc, tantôt unissant le type dégénéré de l'homme au type des bêtes dont il a les grossiers instincts. Représenté par le bouc ou le pourceau, il personnifie la gourmandise, la luxure, tous les plaisirs sensuels, et c'est pour cela qu'on le plaçait auprès de St Antoine, qui avait vaincu tant et de si pressantes tentations. Le loup et l'ours, à cause de leurs instincts féroces, paraissent aussi dans les sculptures comme des emblèmes secondaires du Diable. Il en est de même des gargouilles et de tous les êtres bizarres qui forment un contraste frappant avec les Anges et les Saints. La sirène dévorant un poisson, c'est le démon faisant sa proie du pécheur; le dragon aux pieds des Saints, c'est le démon vaincu ou l'idolâtrie terrassée (V. DIABLE). — Les vices et les passions sont, comme le Diable, symbolisés par des animaux. Pris en général, on les a figurés par des rats, parce qu'ils rongent celui qui leur donne asile en son cœur. L'orgueil est désigné par le cygne, dont le plumage blanc recouvre une peau noire; l'hypocrisie, par l'autruche, que ses larges ailes semblent devoir porter au ciel, et que ses lourdes pattes retiennent sur la terre; le scandale, par le dragon à la tête de femme et aux pieds de cheval; la rapacité et l'injustice, par le griffon; la prudence dans le mal, par le hibou, etc. Après avoir montré par des images sensibles le vice et le péché, l'art exprimait encore par des images nouvelles la rémunération des œuvres et les châtiments. La croyance générale, qui faisait de certains animaux les bourreaux des damnés, lui a fourni de nombreuses inspirations : dans l'église St-Sauveur à Dinan, un homme à cornes de bœuf est écartelé par des crocodiles fantastiques; sur un chapiteau de St-Trophime d'Arles, on voit des réprouvés dévorés par des lions; sur la façade méridionale de la cathédrale de Chartres, des démons poussent les damnés à coups de fourche dans cette large gueule de dragon qui, sur les théâtres du moyen âge, représentait l'entrée de l'Enfer. V. ANIMAUX SYMBOLIQUES.

III. *Liturgie.* — Le Symbolisme de la liturgie catholique ne le cède en rien à celui de l'architecture et de la sculpture. Les premières cérémonies dont une église est témoin sont la *Dédicace* (V. ce mot dans notre *Dictionnaire le Biographie et d'Histoire*), puis la consécration de l'autel. L'évêque seul peut dédier les églises et les autels, parce qu'il est l'image et le type de l'évêque par excellence, qui est J.-C. Ces cérémonies, éminemment symboliques dans leurs nombreux détails, étant achevées, le saint sacrifice commence. L'*Introït* de la messe signifie l'entrée du fils de Dieu en ce monde, la conversion des peuples qui furent introduits à une vie nouvelle. La *Collecte* que dit l'officiant en tenant ses bras ouverts depuis le coude et sans dépasser l'épaule, c'est le symbole des âmes qui s'élèvent vers Dieu. L'*Épître* qui se lit sur le pupitre symbolise la limite qui sépare la Synagogue et l'Église, l'Ancien et le Nouveau Testament, la supériorité de la loi chrétienne sur la loi figurative des Hébreux, la promulgation de l'Évangile. La *Préface* est un avertissement symbolique donné aux assistants sur le grand acte qui va s'accomplir. Le *Sanctus*, répété trois fois, signifie l'unité de Dieu dans la Trinité. Le prêtre qui, en célébrant la messe, va du milieu de l'autel au côté droit, exprime le passage de Jésus-Christ de la Passion à la gloire de sa Résurrection; quand il va de la droite à la gauche, il rappelle sa vie pénible et terrestre; lorsqu'il se tourne vers l'Orient, c'est encore pour rappeler que c'est là que le Sauveur a fait succéder la lumière aux ténèbres. L'encens brûlé avec profusion sur l'autel, c'est la multitude des prières qui s'élèvent continuellement vers le ciel. Le *calice*, c'est le symbole du sacrifice universel, la coupe de la vie céleste. Le *pain bénit* qu'on distribue pendant la grand'messe est un symbole de la foi commune des chrétiens, et de l'étroite union qui doit régner entre eux. Le saint sacrement, le ciboire, la patène, les corporaux, les burettes, sont autant de signes représentatifs d'idées spirituelles analogues à leur respective destination. Il en est de même de l'aube, de la chasuble, du surplis, de l'amict, de la chape, du manipule ou fanon, de l'étole, de la ceinture, de la dalmatique, de la mitre des évêques, du camail, de la croix pectorale, de la crosse, de l'anneau épiscopal, des gants, et, en général, des vêtements et ornements sacerdotaux. Ce symbolisme existe encore pour tous les meubles et ustensiles servant au cérémonial du culte, tels que l'encensoir, les chandeliers, le cierge pascal, les cierges ordinaires allumés en plein jour, le dais, le baldaquin, le siège élevé des évêques, le bénitier, le chrème, l'eau, le sel, le goupillon, le gonfanon ou bannière, les cloches, etc.

SYMBOLIQUE DU DROIT.

Le Droit, dans ses manifestations extérieures, n'a pas toujours exclusivement revêtu la forme de la parole ou de l'écriture : les premiers préceptes de morale, qui étaient le Droit des hommes primitifs, furent, pour être mieux compris, donnés sous une forme symbolique. Le symbole juridique a donc son origine dans les mêmes causes qui ont produit le symbole religieux. Dans sa signification la plus élevée, il est une véritable émanation du ciel, signe soudain, imprévu, qui avertit l'homme de son droit, qui règle une détermination, ou qui fixe la solution d'une difficulté judiciaire. Mais ordinairement il est pris dans une acception inférieure; c'est un signe qui a pour objet de représenter d'une manière fictive, soit une chose physique ou abstraite appartenant au monde de la vie usuelle, soit un acte ou une personne. Le symbole juridique a aussi ses formes diverses, qui sont le *mythe*, l'*emblème*, la *marque* ou *étiquette*, la *formule*, la *fiction de droit*. Le *mythe* est une légende ou croyance populaire qui raconte et conserve, sous une forme métaphorique, un ancien usage, un ancien fait juridique. L'institution de la propriété, en tant qu'idée abstraite, est figurée dans le mythe de Cérès. Mais cette institution amène la division du sol, sa mensuration, ses limites, éléments nécessaires de l'idée concrète de la propriété : de là le dieu Terme, pour représenter le principe pratique de l'institution. L'idée générale de la justice répressive respire dans les mythes de Némésis et des Euménides, ces vengeresses du crime. — L'*emblème* désigne, dans le Droit, une image ou représentation allégorique souvent accompagnée d'une légende ou devise, et se rattache à l'art héraldique, qui lui-même fait partie du domaine judiciaire, comme science des signes distinctifs des États et des villes, et comme explication des marques héréditaires des familles. — La *marque* ou *étiquette* que les fabricants appliquent sur leurs produits pour en prévenir la contrefaçon est un signe symbolique de propriété. — La *formule* juridique n'a de rapport avec le symbole que quand elle s'enveloppe dans l'obscurité et l'équivoque. Telle est cette terrible formule des Romains : *Ignis et aqua interdictio*, véritable mise hors la loi du citoyen qui l'avait encourue, et qui signifiait l'absence de toute protection du Droit civil figuré par l'eau, du Droit divin figuré par le feu. Les formules d'excommunication : *Sacer esto, diris devotus*, sont également symboliques. Il en est de même de cette formule du moyen âge : *Wargus sit, wargus habeatur*, appliquée à celui qui, banni et chassé de son pays, pouvait être tué impunément comme un loup, s'il y rentrait sans autorisation. — C'est par le fond et non par la forme que la *fiction de Droit*, comme image de la vérité, prend les caractères du symbole. Elle intervient entre deux faits pour les lier ensemble, en proclamant ce qui doit être, et en donnant à ce qui est une supposition l'autorité et la force de la vérité. C'est ainsi qu'elle devient emblématique, parce qu'elle est chargée de représenter le vrai, plutôt qu'elle ne le manifeste en réalité. La règle qui décide que la chose jugée est une vérité, celle qui veut que les lois soient connues de tous après leur promulgation officielle, le principe d'après lequel nul n'est censé ignorer la loi, sont des *fictions* de ce qui doit être, bien plutôt que l'expression de ce qui est.

Les symboles juridiques proprement dits peuvent se diviser en *symboles naturels* et *symboles artificiels*.

I. *Symboles naturels.* — Ils sont fournis par la nature inorganique (la terre et ses productions, le feu, l'eau), par la nature vivante (les bêtes), par la nature vivante et pensante (l'homme). Une *motte de terre*, une *glèbe*, pendant le moyen âge, figure un champ. L'*herbe* et le *gazon* ont le même sens symbolique. Dans le *Grand coutumier de France*, on trouve : *mettre le gazon de l'héritage en sa main*, pour signifier la saisie et le séquestre d'un héritage rural. L'herbe représente quelquefois une forêt. La *paille* fut employée partout dans le moyen âge pour l'investiture d'un champ, d'une prairie, d'un verger, d'une maison, etc. Elle servit aussi dans les cérémonies de l'hommage, dans le délaissement d'un duché; elle figura dans la déposition du roi Charles le Simple. C'est par le symbole de la paille, du *chaume* qui couvre les maisons, que Guillaume le Conquérant se saisit de l'Angleterre au moment de son débarquement. Au lieu de briser la paille, dont chaque contractant conservait une partie comme gage d'une promesse antérieure, on l'insérait souvent dans le diplôme, dans la charte; on l'y fixait, on l'y attachait, afin de donner à l'acte écrit un plus haut caractère d'authenticité. — Le *rameau* ou la *branche d'arbre* est un symbole très-usité dans tous les temps. Tantôt il est enfoncé dans la motte de terre ou de gazon, pour indiquer qu'on transporte non-seulement le sol, mais encore tout ce qui le couvre et ce qui en fait partie, y compris les colons et les serfs ; tantôt et le plus souvent il est seul, et néanmoins il est tout aussi bien l'image de la propriété foncière. La rupture d'un rameau était, chez les Romains, un mode d'interruption de la prescription des biens ruraux. Cette voie de fait est encore usitée en France, notamment en Normandie, comme symbole de prise de possession. — Les *fleurs* et les *fruits* jouent un rôle symbolique, chez la plupart des peuples, dans les cérémonies juridiques du mariage. On connaît le sens de la *couronne* et du *bouquet d'oranger*. Mais, en Russie, la *couronne blanche* n'est pas seulement le signe de la pureté de la jeune épousée, elle est encore un symbole de liberté ; car il n'y a que la fille libre ou affranchie qui puisse en orner son front le jour de son mariage ; la fille serve ne peut porter qu'un bandeau de laine. Les fruits (noix, figues, graines, blé, amandes, noisettes) sont un symbole de fécondité et d'abondance. — Le *feu*, dans les idées de tous les peuples, est considéré, au point de vue cosmogonique et religieux, comme un principe fécondant et générateur ; au point de vue juridique, comme image de la propriété : car il n'y a de propriété que par la culture, le défrichement, que le feu seul a rendu possible. A ces idées se rattache le feu allumé par l'acquéreur, en signe de prise de possession sur la propriété récemment acquise. Il y avait une formalité véritablement obligatoire dans ces *bouchons de paille* placés sur un fonds de terre destiné à être vendu par autorité de justice : pour consommer légalement la prise de possession, on mettait le feu à ces bouchons de paille, après que la vente avait été adjugée ; c'est de là qu'est venu le nom de la *saisie-brandon*, dont parle notre *Code de Procédure civile*. Symbole de la propriété, le feu est aussi nécessairement le symbole de la famille ; car avec la propriété s'est créée la famille, et ces deux institutions sont indissolublement unies l'une à l'autre. Les Grecs, en effet, comptaient par *feux* ou *fumées* les familles nombreuses composées de parents ou alliés ; chez les Romains et pendant le moyen âge, *feu* était synonyme de *famille* et de *maison* ; le même mot sert encore chez nous aujourd'hui à désigner, dans le langage légal, un ménage ou un chef de famille. — L'*eau* figure rarement dans les usages juridiques. Ce sont les peuples de l'Orient qui la font intervenir le plus fréquemment. L'eau répandue sur la terre, recueillie dans la main par l'acquéreur ou le donataire, et bue par lui, est, chez les Indiens, un mode d'aliénation d'un *fonds* ; en buvant cette eau, l'acquéreur fait acte de propriétaire, il s'assimile et s'approprie la chose. La *terre* et l'*eau* que demandaient Darius et Xerxès aux Athéniens étaient le symbole de la domination. C'est encore en vertu de l'*eau* puisée dans le Danube, d'un peu de *terre* et d'*herbe* porté à Arpad par son envoyé, que celui-ci envahit la Hongrie et la revendique comme sienne par la force de ces symboles.

Les *bêtes* et leur produit ne donnent naissance qu'à un petit nombre de symboles juridiques. Nous citerons le *coq*, comme un des principaux symboles de la maison, de la famille pendant le moyen âge. Dans les *Établissements* de St Louis, il désigne, en effet, le principal manoir, celui qui doit revenir à la fille aînée d'un gentilhomme, lorsqu'il ne laisse à son décès que des filles. De là peut-être l'usage de placer au-dessus du faîte des châteaux la figure d'un *coq*, qui en surmonte les girouettes. L'*abeille*, chez les Égyptiens, désigne soit un roi, soit un peuple obéissant à son roi : de là le manteau impérial semé d'abeilles d'or. Le *cheval blanc*, dans le moyen âge, représentait la domination, la suzeraineté ; les rois de France ont quelquefois usé de ce symbole à l'occasion de leurs entrées solennelles dans les villes de leur royaume, et surtout dans les villes et pays de conquête.

La personne de l'homme, avec ses membres principaux et ses gestes, son attitude, son regard, fournit de nombreuses variétés au Symbolisme juridique. La *main* représente la force physique et personnelle de l'homme ; elle devient dès lors le signe de sa puissance. De là l'usage, admis chez presque tous les peuples, d'employer la main comme symbole du pouvoir. A Rome, le fils de famille et l'esclave, pour être affranchis de la puissance du père et du maître, sont placés *hors de sa main* (*emancipatio, manumissio*) ; la femme qui prend un mari tombe en *sa main* (*in manu mariti*). Pendant le moyen âge, la tradition de la propriété est consacrée par le symbole de la main : pour l'acquisition comme pour la vente, la *main* est indispensable, car ces deux actes sont toujours suivis, l'un d'une *main mise* à la chose par l'acquéreur, l'autre d'une *main levée* de la part du vendeur ; les hommes qui n'avaient pas le droit d'acquérir, d'aliéner, de mettre leur main sur une chose, étaient appelés hommes de *main*

morte. Comme les gens d'une infime condition sont sans pouvoir, presque toujours sans propriété, on les nomma des hommes de *basse main*. Si la main est un symbole de puissance et d'autorité, elle est encore un symbole d'alliance, d'amitié, de fraternité, de fidélité, de paix et d'hospitalité. Jadis, dans une convention, le consentement était exprimé en donnant la main à celui avec lequel on contractait, et la convention ainsi formée recevait le nom de *manu datum*, qui est resté à un genre particulier d'engagement appelé *mandat*. Ces deux significations différentes, mais non opposées, appliquées à la main, d'une part comme symbole de puissance, d'autre part comme signe de fidélité, de consentement, naquirent du rit symbolique du serment féodal, qui consistait pour le vassal à mettre ses mains entre celles du suzerain ; formalité qui présentait un double sens, sens de consentement mutuel de la part du suzerain et du vassal, et sens de soumission de la part de ce dernier. De là la formule encore usitée : *prêter serment entre les mains de...*, et cette autre formule : *donner les mains*, pour *consentir, adhérer*. La *main nue* qu'on élève vers le ciel pour prêter serment est considérée comme le symbole du serment ; la Coutume de Reims fait du mot *main* le synonyme de *serment*. — Dans la Symbolique du Droit, le *pied* joue aussi son rôle. C'est en posant le pied sur la terre que l'homme l'occupe et se l'approprie naturellement, et de là est venu le mot *possession* (*pes-sitio, quasi pedum positio*) ; de là sans doute aussi, pendant le moyen âge, les mots *plain pied* pour signifier la plénitude du droit de propriété. — Les Germains avaient fait de la *bouche* le symbole de l'autorité, le signe du pouvoir royal comme du pouvoir domestique : le même mot, chez eux (*mund, bouche*), exprimait en même temps la tutelle, l'autorité civile, et l'autorité politique. On disait des hommes de guerre rangés sous un chef, qu'ils obéissaient à sa *bouche*. La bouche est, dans l'hommage féodal, le signe de la fidélité : l'hommage était, en effet, accompagné d'un baiser appliqué ordinairement sur la bouche, ce qui avait donné naissance à diverses locutions symboliques, telles que : *être engagé de la bouche; devenir l'homme de bouche et de mains de quelqu'un; devoir la bouche et les mains*. Mais il n'y avait que les nobles qui fussent admis au baiser ; les roturiers possédant des fiefs n'obtenaient pas un pareil honneur. — Dans tous les temps et peut-être chez tous les peuples, le *cœur* a été considéré comme le symbole de l'amour, de la conscience, de la vérité ; chez les nations modernes, il est, en outre, l'emblème de l'honneur. Les prêtres catholiques, au lieu de lever la main pour jurer devant les tribunaux, la placent sur leur cœur. C'est aussi la main placée sur son cœur que le chef du jury prononce le verdict, en disant que la déclaration du jury est rendue *sur son honneur et sur sa conscience*.

II. *Symboles artificiels*. — La *verge*, la *baguette*, le *bâton* surtout, furent longtemps usités dans la transmission de la propriété. Ce symbole, lorsqu'il était joint au rameau enfoncé dans la motte de gazon, représentait le droit et la puissance du maître sur la chose, sur les serfs. La verge ou le bâton étaient joints à l'acte écrit, et conservés avec soin. On les brisait quelquefois par le milieu après la formalité, et chaque partie contractante en prenait un morceau en témoignage de la convention. Le bris du bâton ou de la verge pouvait parfois signifier le sentiment du vendeur qui se séparait de la chose sans regret ; il indiquait aussi la rupture du lien juridique, la dépossession, ce qui s'appelait *exfestucare, exfusticare* (de *festuca* ou *fustis*). — L'*arc* et les *flèches* sont les signes de la force, de la puissance, du génie guerrier. Chez les Indiens, une fille de la classe militaire qui se marie avec un brahmane doit tenir une flèche, à laquelle son mari doit en même temps porter la main. Chez les anciens Perses, l'arc était le symbole de la royauté, de la puissance : *homme fort, homme de l'arc*, étaient synonymes ; sur les monuments de Persépolis, on voit cette arme entre les mains du monarque. La flèche et l'arc servirent, chez les Normands, à la tradition d'un fonds de terre ; ils transportèrent cet usage en Angleterre. Chez les Germains, et particulièrement chez les Lombards, la flèche servit dans la solennité de l'affranchissement. — La *lance* fut, chez les Romains, dans l'ordre des idées juridiques, le symbole du domaine quiritaire, acquis à la guerre. Elle était dressée devant le tribunal des centumvirs, juges des questions de propriété. Les ventes publiques se faisaient *sub hasta*, d'où notre ancien Droit a pris les mots *subhastation* et *subhaster*. Nos anciens rois, en montant sur le trône, recevaient une lance ou un javelot comme signe de leur pouvoir. La lance est encore le symbole de la propriété féodale : le royaume de France et les fiefs ne tombent point en *quenouille*, leur héritage appartient à la *lance;* d'où cette maxime : l'*hérédité passe de lance en quenouille*, pour exprimer que la fille est admise à la succession du fief. — *L'épée* sert de symbole dans le commandement militaire chez les anciens Francs. C'est par l'épée qu'on était admis chevalier, qu'on recevait l'investiture d'un royaume; de là, dans le sacre des rois de France, l'usage de tirer hors du fourreau l'épée du roi, dont il était ceint par l'archevêque. Dans l'investiture du duc, l'épée figurait le commandement militaire; dans celle du comte, elle était plus ordinairement le signe de la juridiction criminelle. — L'investiture des provinces, des grands gouvernements, des duchés, des évêchés, des villes, se faisait par un *étendard* ou une *bannière*. Il en était de même des royaumes ; c'est que un étendard que le pape Clément IV investit le frère de Louis IX du royaume de Sicile, et qu'Alexandre II octroya à Guillaume de Normandie la royauté d'Angleterre. Le *drapeau* est encore aujourd'hui le symbole de la nationalité, de la patrie. Il en est de même du *pavillon* d'un navire : lorsqu'il est hissé, le navire est le territoire de la patrie avec le pouvoir de juridiction et de souveraineté. — La forme symbolique du *gant* fut usitée chez tous les peuples de la race germanique, et particulièrement en France. Elle consistait, en matière d'investiture, à remettre son gant, communément celui de la droite, au magistrat, qui le passait à celui qu'il investissait de la chose donnée ou vendue. Comme signe de défi, le gant était jeté à terre par celui qui demandait le duel judiciaire; d'où notre expression : *jeter le gant.* — *L'anneau* (*V. ce mot*) a eu aussi son emploi symbolique. — Le *chapeau* ou le *bonnet*, symbole d'honneur et de liberté chez les Romains, tout en conservant un sens identique pendant le moyen âge, prit une signification opposée : il est tantôt le signe de l'autorité et de la puissance, tantôt celui de l'ignominie, de la faiblesse et du déshonneur. Le Roi garde le chapeau sur sa tête, tandis qu'autour de lui tous demeurent la tête nue; le vassal a la tête découverte quand il fait hommage à son seigneur; le débiteur qui fait cession de biens se présente à l'audience *descent et tête nue;* le juré qui prête serment est debout et découvert, tandis que le président qui reçoit le serment est assis et a la tête couverte; l'avocat, comme signe de son indépendance, plaide avec son bonnet carré sur la tête ; nous gardons notre chapeau à la main, en signe de salut, de soumission, de déférence; mais dans l'Orient c'est un acte de mépris et une grave incivilité que de se découvrir la tête en présence de quelqu'un. — Dans les idées des anciens Germains, le *manteau*, particulièrement celui des rois et des princes, des reines et des princesses, était un signe de protection. Le *manteau* ou le *voile* (*pallium*) était étendu sur les enfants qu'on voulait légitimer par le mariage : le Droit allemand les appelait *enfants du manteau*. Le manteau fut usité comme mode d'investiture dans la donation d'une maison à un couvent, dans la mise en possession d'une église, dans la nomination aux fonctions de gouverneur de la ville de Rome pendant le xiie siècle. — Chez les peuples du Nord de l'Europe, chez les anciens Hébreux, et dans notre moyen âge, la *chaussure* occupe une place importante dans la Symbolique judiciaire. Le soulier est un signe de dépendance, d'infériorité, d'humilité, de soumission ; par opposition, il est quelquefois aussi un symbole de supériorité et de puissance. Ainsi, chez les Francs Saliens, dans la formalité de la cession de biens, le débiteur abandonne son habitation en chemise et sans chaussure. Chez les anciens Hébreux, la cession de droits et de biens entre parents avait lieu en ôtant son soulier, et en le donnant à celui à qui on faisait cette cession. Dans le moyen âge, le fiancé présentait à sa future épouse ou lui faisait présenter un soulier; ordinairement c'était le sien, et quelquefois il en chaussait lui-même sa fiancée : par cet acte, il s'humiliait devant elle, et, d'un autre côté, en se déchaussant, il s'exposait à marcher d'un pas moins ferme, et se plaçait dans une condition inférieure vis-à-vis de sa fiancée. De là vient que, pour désigner un mari que sa femme gouverne, on dit encore aujourd'hui en France qu'il est « sous la pantoufle de sa femme. » — Le *lit* sur lequel l'homme repose est le symbole du mariage; d'où *enfant du premier lit, du second lit;* et, dans l'ancienne Coutume de Bar, *lit brisé*, pour signifier la séparation de corps, etc.

V. Creuzer, *Religions de l'antiquité*, ouvrage traduit de l'allemand par M. Guigniaut; Bœhr, *Symbolique du culte*

mosaïque, en allem., Heidelberg, 1837-39, 2 vol. in-8°; Mone, *Histoire du Paganisme dans l'Europe du Nord*, en allemand, Heidelberg, 1822-23, 2 vol. in-8°; Neale et Webb, *Du Symbolisme dans les églises du moyen âge*, traduit de l'anglais, Tours, 1849 ; Munter, *Symbola veteris Ecclesiæ artis operibus expressa*, Copenhague, 1819, in-4°; Cyprien Robert, *Cours d'hiéroglyphique chrétienne*, publié dans l'*Université catholique;* Félicie d'Ayzac, *Symbolisme des pierres précieuses*, dans le t. V des *Annales archéologiques*, 1846; Ch. Louandre, l'*Epopée des animaux*, dans la *Revue des Deux Mondes*, décembre 1853; Michelet, *Origines du droit français*, 1837, in-8°; Chassan, *Essai sur la symbolique du Droit*, Paris, 1847, in-8°.   P.—s.

SYMBOLE, formulaire de foi. *V.* notre *Dictionnaire de Biographie et d'Histoire.*

SYMÉTRIE (du grec *sun*, avec, et *métron*, mesure), rapport et proportion des parties entre elles, dans les ouvrages où doivent exister des parties égales et semblables. Par exemple, dans une œuvre d'Architecture où des parties similaires se répètent, s'il y a 4 colonnes ou 4 fenêtres d'un côté, il faut, pour la symétrie, qu'il y en ait 4 de l'autre. Des quatre façades de la cour du palais du Luxembourg, deux sont symétriques en elles-mêmes, sans être symétriques entre elles, et les deux autres sont symétriques entre elles, sans l'être en elles-mêmes. Dans la cour du Louvre, les quatre façades sont, du moins jusqu'à la naissance du troisième ordre, symétriques tout à la fois en elles-mêmes et entre elles. — La symétrie du style, en Littérature, est la correspondance des mots et des membres d'une phrase entre eux, ou de plusieurs phrases entre elles. — En Musique, la symétrie est un rapport de durée et d'intonation que les parties d'un air ont entre elles et avec le tout; c'est une répétition ou une correspondance de formes. *V.* CARRURE DES PHRASES.   B.

SYMPATHIE (du grec *sun*, avec, et *pathos*, affection), disposition naturelle à reproduire instinctivement en nous le sentiment ou la passion que nous croyons voir dans un être animé, et à nous placer ainsi dans un état sensible analogue à celui où nous le supposons; à souffrir de sa douleur, à jouir de son plaisir, à partager ses émotions; en un mot, à sympathiser avec lui. Ce sentiment s'étend à tout ce qui a vie et sensibilité, mais il devient plus vif à mesure que les êtres qui en sont l'objet se rapprochent de l'homme. La sympathie est un principe d'expansion et de bienveillance. Par elle nous cherchons le bien des autres, souvent même au détriment du nôtre, et, quoiqu'une émotion douce et agréable accompagne l'exercice de ces affections bienveillantes, on ne peut pas dire qu'elles aient ce plaisir personnel pour objet, puisque la sympathie s'exerce instinctivement et spontanément. Elle n'a rien d'intéressé ni d'égoïste; c'est de tous points l'opposé de l'*antipathie*, principe de concentration et de malveillance. Adam Smith, croyant qu'on pouvait juger les actions humaines selon le degré d'émotion sympathique ou antipathique d'un spectateur impartial, donna la sympathie pour base à la Morale; mais cette base est équivoque, car la passion est essentiellement partiale, et si l'on invoque l'impartialité de la raison, on détruit le système. De plus, cette règle est arbitraire, car la sympathie est un fait instinctif, qui n'a ni le caractère ni l'autorité que réclame la loi morale. — Une conformité d'humeur, de goûts, fait naître entre plusieurs personnes un sentiment qui est d'abord de la sympathie, et qui, selon les circonstances, peut devenir de l'amitié, de l'amour; la sympathie, à son tour, fait naître la pitié, la compassion, la charité, et quelquefois le dévouement.   R.

SYMPHONIASTE, compositeur de Plain-Chant.

SYMPHONIE (du grec *sun*, avec, et *phônè*, son), mot qui signifie proprement *réunion de sons*, et par lequel on a entendu tantôt un assemblage de voix ou d'instruments de différentes natures, tantôt la production simultanée de plusieurs sons. En ce dernier sens, il a été synonyme d'*harmonie* (*V. ce mot*), qui est aujourd'hui d'un usage général. On l'a encore employé pour désigner une ouverture d'opéra, par exemple dans les œuvres de Caldara. Les Modernes entendent par *symphonie* un grand morceau de musique d'orchestre, qu'on divise d'ordinaire en quatre parties : 1° un *Allegro*, d'un mouvement plus ou moins rapide, et divisé en deux sections dont la première se reprend ; le compositeur y développe toute sa science, au moyen de modulations, d'imitations, de canons et de fugues; 2° un *Andante* ou un *Adagio*, où la mélodie doit jouer le premier rôle, et qui s'écrit, soit dans le mode relatif du morceau précédent, soit dans le ton de la dominante ou de la sous-dominante de ce morceau ; il est divisé quelquefois en deux, plus souvent en quatre, cinq et même six reprises, dans lesquelles on développe et varie le motif ; 3° un *Menuet*, c.-à-d. un morceau écrit dans le style de l'air de danse qui porte ce nom, et composé de deux reprises d'un mouvement analogue, entre lesquelles se place un plus petit morceau de même caractère et aussi de deux reprises ; le compositeur traite ici son motif d'une manière un peu scolastique, et il termine par un épisode appelé *trio*, sans doute parce qu'il ne s'écrivit d'abord qu'à trois parties, mais qui ensuite en a compté quatre, cinq et même six ; 4° un *Rondeau* ou *Finale*, écrit d'un mouvement vif, dans le ton de la première partie, et où le motif reparaît sous toutes sortes de formes. Une symphonie est dite *caractéristique*, quand elle se propose pour but de peindre un caractère moral, comme le *Distratto* de Haydn, ou un phénomène physique, comme une tempête. — La symphonie était incidente dans les *concerti grossi* de Corelli, de Geminiani, de Vivaldi ; on fait figurer, parmi ceux qui la cultivèrent, Jean Agrell, Vanhall, Toelsky, Van Malder et Stamitz en Allemagne, Palludini et Sammartini en Italie ; mais ses formes régulières ne se sont établies qu'au xviiie siècle. Gossec, l'un des premiers, se distingua dans ce genre de composition, qui devait être bientôt porté à sa perfection par Haydn et Mozart ; Méhul et Pleyel y obtinrent aussi des succès, même après ces deux grands génies. De nouveaux effets ont été ensuite introduits dans la symphonie par Beethoven, depuis Beethoven, par Schneitzhœffer, et de nos jours, par Onslow, Mendelssohn, Reber, Berlioz et Félicien David, qui s'y sont encore acquis une réputation méritée.   B.

SYMPHONIE , un des noms de la vielle au moyen âge.

SYMPHONIE. On nommait ainsi autrefois, suivant Isidore de Séville et Cassiodoro, l'accord des sons graves et aigus. Suivant Hucbald, la symphonie, considérée comme intervalle harmonique, était un accord agréable de sons dissemblables réunis entre eux. La symphonie était donc le contraire de la Diaphonie (*V. ce mot*). On comptait six symphonies : l'octave, la quarte, la quinte, l'octave et la quinte, l'octave et la quarte, et la double octave.   F. C.

SYMPHONISTA, instrument de musique. *V. au Supplément.*

SYMPLOQUE, en grec *symplokè* (de *syn*, avec, et *plokè*, tissu), nom donné par quelques rhéteurs à la Figure appelée *Complexion* (*V. ce mot*).

SYMPOSIAQUES (du grec *symposion*, banquet), titre d'un ouvrage de Plutarque qui signifie proprement : « Choses relatives aux réunions de buveurs ou de convives, » et qu'on peut traduire en français par : « Propos de buveurs » ou « Propos de table. » Ces propos consistaient en questions ou problèmes roulant sur des matières faciles, agréables, de peu d'importance, propres à soutenir le ton de gaieté franche inspirée par les vapeurs légères d'un vin pris modérément , mais aussi sur des matières utiles, graves, et même élevées. Les Grecs recherchaient beaucoup les réunions à table, surtout en vue du plaisir de la conversation ; on ne s'y réunissait qu'entre amis et partant en petit nombre (neuf au plus généralement), de manière à pouvoir parler de tout librement, sans crainte, sans autre gêne que celle des règlements établis par le *symposiarque* ou chef du banquet pour maintenir les convives dans les limites de la modération et des bienséances : l'ouvrage de Plutarque est divisé en 9 livres, dont chacun traite une dizaine de questions. Une des parties les plus remarquables est la 1re question du IIe livre : elle renferme d'excellents préceptes sur la manière de se questionner entre convives, sur la nature des questions que l'on peut s'adresser, sur l'usage qu'on y peut faire de la plaisanterie, sur le genre de raillerie qu'on s'y peut permettre. Ailleurs, Plutarque traite du nombre et du genre de convives que l'on doit réunir suivant les différentes circonstances, et s'élève contre le ridicule et le désagrément de ces réunions si nombreuses qu'il semble qu'on assiste à une représentation musicale ou dramatique, ou à une assemblée de l'Agora (la Place publique) ; il veut qu'on abandonne cette manie aux gens qui ne songent qu'à étaler leur richesse, et qui ne l'estimeraient pas richesse, si elle n'avait beaucoup de témoins. Il condamne aussi l'usage d'amener avec soi à un repas où l'on est convié ce qu'on appelait des *ombres*, sauf certains cas qu'il énumère avec bon sens (Liv. VII, *quæst.* 6). Convient-il de mêler les instruments de musique à un banquet, et ne doit-on pas de préférence

se borner au simple chant , ou s'accompagnant tout au plus de la lyre? Quelles sont les choses bonnes à entendre pendant qu'on est à table? Convient-il d'y délibérer sur les matières politiques , d'y tenir conseil? Ce sont encore des questions où Plutarque déploie beaucoup de jugement et de finesse. Il est remarquable pour nous qu'il n'ait nulle part introduit aucune femme comme interlocutrice dans tout le cours de ses 9 livres ; mais l'usage de l'Antiquité excluait les femmes des repas où il y avait des invités ; on n'en voyait que dans les repas de débauche, et ce ne pouvait être par conséquent que des courtisanes.   P.

SYMPOSION. ⎰ *V. notre Dictionnaire de Biographie*
SYNAGOGUE. ⎱   *et d'Histoire.*

SYNALLAGMATIQUE (Contrat). *V.* CONTRAT.

SYNALŒPHE, terme de Grammaire grecque qui signifie *fusion, mélange* (*syn*, avec, ensemble; *aloiphè*, onction, frottement), et qui désignait d'une manière générale les divers moyens par lesquels les Anciens évitaient le choc des voyelles. La synalœphe comprenait l'*élision*, la *crase*, la *synérèse*, et d'autres sous-divisions imaginées par la subtilité des grammairiens, et qui reviennent à ce que nous appelons *contraction*. Le nom grec de cette figure correspond à peu près au latin *conglutinatio*.   P.

SYNATHROISME. *V.* ACCUMULATION.

SYNAULIE, en termes de Musique grecque, réunion de joueurs de flûtes qui exécutaient alternativement la même chose en se répondant l'un à l'autre.

SYNAXAIRE, nom donné dans l'Église grecque à un livre contenant en abrégé la vie des Saints, avec une courte explication du sujet de chaque fête. On appelle encore *Synaxaires* des tables qui se trouvent dans quelques exemplaires grecs manuscrits du Nouveau Testament, et qui indiquent les Évangiles qu'on lit dans les églises pendant tous les jours de l'année.

SYNCELLE. *V.* ce mot dans notre *Dictionnaire de Biographie et d'Histoire.*

SYNCHRONISME (du grec *sun*, avec, ensemble, et *khronos*, temps), rapprochement de personnes qui ont vécu à une même époque, ou d'événements qui sont arrivés simultanément dans divers pays. Des *Tableaux synchroniques* ont été dressés par Lamp, Bredow, Vater, Blair, Leclerc, Buret de Longchamps. On en trouve aussi dans les *Atlas* de Gueudeville, de Bucy de Mornas, de Kruse, de Lesage, etc.

SYNCOPE (du grec *syncopè*, coupure, retranchement), se dit de la suppression d'une lettre, et particulièrement d'une consonne, ou même d'une syllabe, au milieu d'un mot ; comme lorsqu'on dit en latin *amarunt* pour *amaverunt*, *amassem* pour *amavissem*, *dixti* pour *dixisti*, *exstinxem* pour *exstinxissem*, *cepse* pour *cepisse*, *valde* pour *valide*, *caldus* pour *calidus*. La syncope joue un grand rôle dans la formation des mots français tirés du latin ; c'est ainsi que *dubitare* s'est abrégé en *doubter*, puis *douter* ; *cubitus* en *coubde*, puis *coude* ; *magis* en *mais* ; *magister* en *maître* ; *oraculum, spectaculum*, en *oracle, spectacle*, syncopes déjà faites dans l'ancien latin, où l'on trouve *oraclum, spectaclum*. La syncope se borne à peu près dans les mots français à la suppression de l'*e* intérieur de certains mots, surtout en vers : comme *dévoûment, gaîté*, pour *dévouement, gaieté* ; *j'essairai* pour *j'essaierai*, etc.   P.

SYNCOPE, en Musique, prolongement sur le temps fort d'un son commencé sur le temps faible. Son emploi remonte au xive siècle.

SYNCRÉTISME, c.-à-d. en grec *réunion*. On désignait ainsi la réunion des villes rivales de la Crète contre l'ennemi commun. On l'employa ensuite pour exprimer le mélange de plusieurs doctrines différentes. A Alexandrie, le *syncrétisme philosophique* se montra avec Philon le Juif, Potamon, Numénius et d'autres. A la Renaissance, on vit le *syncrétisme* à la fois philosophique et religieux dans les tentatives de Pic de la Mirandole, de Reuchlin, de Marsile Ficin et de plusieurs autres, qui essayèrent de concilier les dogmes du christianisme, les uns avec Platon et la Kabbale, les autres avec les *doctrines* d'Alexandrie, de Pythagore et du Stoïcisme. Le nom de *Syncrétistes* fut donné, au xviie siècle, aux partisans de l'Allemand Georges Calixte ou Calisen, qui voulait réunir dans un même symbole les catholiques et les protestants. Le *syncrétisme* diffère de l'*éclectisme* en ce qu'il n'est qu'un *mélange sans choix et sans critique* de doctrines opposées et souvent inconciliables. *V.* ÉCLECTISME.   R.

SYNDÉRÈSE (du grec *syndiaïrésis*, déchirement, discernement), nom donné par les Théologiens à la *Con-*

science morale, au discernement naturel du bien et du mal, et aussi à la contrition de l'âme qui voit son péché.

SYNDIC (du grec *sun*, avec, et *dikè*, cause, procès), mandataire chargé de veiller aux intérêts d'un corps, d'une communauté, d'une association, d'une compagnie. Avant 1789, chaque corporation d'arts et de métiers avait son syndic, qui faisait exécuter les règlements, et on appelait *Syndicat* tout à la fois la charge de syndic et le temps que durait cette charge. Le titre de *Syndic* était aussi, dans beaucoup de villes, celui d'un magistrat municipal, dont les attributions avaient beaucoup d'analogie avec celles des maires actuels, et il est encore porté aujourd'hui par le premier magistrat de Genève. De nos jours, certaines corporations privilégiées, comme celles des agents de change, des notaires, des avoués, des agréés, des imprimeurs, ont leurs *Chambres syndicales*, espèce de tribunaux disciplinaires qui jugent les infractions aux règlements de la corporation ou aux devoirs imposés à ses membres. — Dans les faillites, on nomme *Syndics* ceux que le Tribunal de commerce délègue pour représenter la masse des créanciers dans les opérations, pour réaliser et gérer l'actif jusqu'à la conclusion d'un concordat (*V*. FAILLITE). Virolle a publié un *Guide des syndics*, 1838, in-8°. —.Dans la Marine, on nomme *Syndics des gens de mer* les employés qui, dans les sous-quartiers maritimes, exercent à l'égard des marins classés et de leurs familles le patronage attribué dans les quartiers aux commissaires de marine. Les sous-quartiers qu'ils administrent s'appellent *Syndicats*.

SYNECDOCHE ou SYNECDOQUE (du grec *synekdokhè*, compréhension), figure de Rhétorique par laquelle on donne une signification particulière à un mot qui, dans le sens propre, a une signification plus générale, et réciproquement; c.-à-d. qu'elle fait concevoir à l'esprit plus ou moins que le mot dont on se sert ne signifie dans le sens propre. Dans la Métonymie (*V*. ce mot), c'est un nom pour un autre; dans la Synecdoche, c'est le plus pour le moins, ou le moins pour le plus. Elle étend ou restreint la signification des mots : *cent voiles* pour *cent vaisseaux; deux cents feux* pour *deux cents maisons; mille âmes* pour *mille habitants*. Elle emploie le genre pour l'espèce (*les mortels* pour *les hommes*), l'espèce pour le genre, le singulier pour le pluriel (*le Français, né malin, créa le vaudeville*), le pluriel pour le singulier (*les Cicéron, les Virgile*), un nombre certain pour un nombre incertain (*vingt fois sur le métier remettez votre ouvrage*), la partie pour le tout (*j'ignore le destin d'une tête si chère*), le tout pour la partie (*Virgile parle d'un bouclier fait de trois taureaux*), la matière dont une chose est faite pour la chose même (*l'airain pour le canon* ou les *cloches*).   G.

SYNECPHONÈSE. *V*. SYNIZÈSE.

SYNÉRÈSE (du grec *sun*, ensemble, et *aïréin*, prendre), en termes de Grammaire, désigne une contraction de deux voyelles qui ne fait que changer en diphthongue les deux syllabes formées par ces voyelles. C'est par synérèse que les poëtes latins font de deux syllabes le mot *Orpheus* : les deux lettres contractées n'ont subi d'autre modification que d'être prononcées en une seule émission de voix. Lorsque les deux voyelles en se contractant forment une diphthongue qui ne reproduit pas les lettres primitives, il y a *crase* (*V*. ce mot).

SYNERGISTES. *V*. ce mot dans notre *Dictionnaire de Biographie et d'Histoire*.

SYNGRAPHE (du grec *sun*, ensemble, et *graphéin*, écrire), nom qu'on donnait autrefois à un acte souscrit de la main du débiteur et du créancier, et gardé par tous deux.

SYNIZÈSE ou SYNECPHONÈSE, énonciation de deux syllabes en une seule, lorsque l'une d'elles finit et l'autre commence par une voyelle. C'est ce qui arrivait en grec lorsqu'on faisait de *théoi* une seule syllabe, en latin lorsque *meus, tuus, eius, huius, nauem, Dauus*, devenaient, chez les poëtes comiques et sans doute aussi dans le langage usuel, monosyllabiques. Les syllabes françaises en *ie, io*, résultant de l'altération d'une voyelle latine simple comme *a, e, o*, se rattachent à la synizèse : ainsi, *chien*, de *canem; bien*, de *bene; lieu* de *locus*; (nous) *aimions*, (vous) *aimiez*, de *amabamus, amabatis*. La synizèse n'a plus lieu lorsque deux syllabes latines se sont conservées : ainsi, *action* forme trois syllabes (*actĭōnem*); *lien*, de *lĭ(g)âmen*, en forme deux. Voilà pourquoi les substantifs *passion* et *pression* sont trissyllabiques, tandis que (nous) *pressions*, (nous) *passions*, ne sont que dissyllabes. — La synizèse avait quelquefois lieu en grec d'un mot à un autre, lors même que la finale du 1ᵉʳ était

longue; ainsi, *mè ou* ne comptent presque jamais que pour une syllabe dans les vers; *épei ou* n'en forme que deux.   P.

SYNODE. *V*. ce mot dans notre *Dictionnaire de Biographie et d'Histoire*.

SYNONYME (Parallélisme). *V*. HÉBRAÏQUE (Versification).

SYNONYMES (du grec *syn*, avec, et *onyma*, nom), mot qui s'applique proprement à deux ou plusieurs mots différents par la forme, mais qui expriment le même sens et peuvent être employés indifféremment l'un pour l'autre. Tels sont, en français : *Benoît* et *Bénédict; Louis* et *Ludovic; Fabre, Favre, Lefèvre* et *Lefébure; hypothèse* et *supposition; péninsule* et *presqu'île, cap* et *promontoire, pénultième* et *avant-dernière, vaillant* et *courageux, immortel* et *impérissable;* en latin : *pater, parens, genitor, sator; mater, parens, genitrix; filius, natus; nata, filia; soboles, progenies*, etc. Toutefois, il arrive la plupart du temps que deux ou plusieurs mots, tout en désignant une même idée principale, ne sont pas véritablement synonymes lorsqu'ils se trouvent aussi exprimer des idées accessoires différentes qui ne permettent pas d'employer indistinctement et au hasard ces mots les uns pour les autres. Par exemple, le défaut contraire à l'application de l'esprit, à l'amour du travail, peut s'exprimer d'une manière générale en français par les mots *paresse, négligence, indolence, nonchalance;* mais on est *paresseux* par défaut d'action, *négligent* par défaut de soin, *indolent* par défaut de sensibilité, *nonchalant* par défaut d'ardeur. Considérés au point de vue de ces idées accessoires, ces quatre mots cessent d'être synonymes, et, si on les employait les uns pour les autres, on s'exposerait maintes fois à parler sans netteté et sans justesse. On pourrait donc définir plus exactement, au point de vue de la pratique, les synonymes, « des mots dont le sens a de grands rapports et des différences légères mais réelles. » (M. Guizot.) Il arrive fréquemment aux écrivains d'employer deux termes à peu près synonymes pour exprimer la même pensée, comme dans cette phrase de Massillon : « Toute sa vie n'a été qu'*un travail*, qu'*une occupation continuelle;* » et dans cette autre de Marmontel : « Dans tous les âges de la vie, *l'amour du travail*, le *goût de l'étude* est un bien. » Ce procédé est familier surtout aux poëtes et aux orateurs qui y cherchent un moyen de rendre leur pensée plus nette et plus expressive; mais il suppose une connaissance approfondie des ressources de la langue, et une intelligence parfaite des nuances les plus délicates et les plus subtiles qui différencient les mots de signification en apparence identique. Sans cela, on risque de tomber dans une insipide tautologie comme serait celle-ci : « Les corps après n'ont sont réduits *en cendre* et *en poussière*, » tandis que dans cette phrase : « Longin entend par le sublime ce qui fait qu'un ouvrage *enlève, ravit, transporte*, » la synonymie n'est qu'apparente, et les trois verbes enchérissent réellement l'un sur l'autre; un seul de ces verbes aurait été insuffisant pour rendre la pensée avec cette clarté et cette force que, réunis, ils lui communiquent.

Nous possédons un *Traité des Synonymes* en grec par Ammonius; A. Pillon l'a traduit en français, Paris, 1824. Laurent Valla, Ausone Popma, A.-D. Richter, se sont occupés de la synonymie latine; les *Synonymes latins* de Gardin-Dumesnil, et le *Traité des synonymes de la langue latine* par Barrault, Paris, 1853, in-8°, ont rendu inutiles leurs travaux. Pour la langue française, nous citerons : les *Remarques* de Ménage et de Bouhours; les *Synonymes français* de l'abbé Girard, 1736, 2 vol. in-12, et ceux de Beauzée, 1760, 2 vol. in-12; les *Nouveaux Synonymes français* de l'abbé Roubaud, 1785, 4 vol. in-8°; le *Nouveau Dictionnaire universel des Synonymes de la langue française* par M. Guizot, 1861, 5ᵉ édit., refondue, gr. in-8°; le *Dictionnaire complet des Synonymes français* par Em. Haag, 1835; les *Synonymes français* de Benjamin Lafaye, 1841 et 1855, in-8°.   P.

SYNOPTIQUE (du grec *syn*, ensemble, et *optomaï*, je vois), ce que l'on voit dans son ensemble, du même coup d'œil. On nomme *tableaux synoptiques* les travaux représentant sous un seul et même point de vue les principes, les classifications et les faits décrits en détail dans le cours d'un ouvrage. — On a appelé *synoptiques* les Évangiles de Sᵗ Matthieu, de Sᵗ Marc, de Sᵗ Luc, de Sᵗ Jean, et les Actes des Apôtres, parce qu'en raison de leur ressemblance dans les faits et dans les paroles ils se rencontrent souvent.

SYNTAGMA, mot grec qui signifie *ordre, arrangement*, et que les philosophes des XVIᵉ et XVIIᵉ siècles prirent souvent pour titre de leurs recueils de dissertations.

SYNTAGMA, corps des armées grecques. *V.* ARMÉE.

SYNTAXE, mot d'origine grecque (*syntaxis*, du verbe *syntassô*, coordonner) qui signifie en Grammaire *ordonnance régulière des mots*. Il y a deux sortes de syntaxes : la *syntaxe d'accord*, et la *syntaxe de régime* ou *de dépendance*. La syntaxe d'accord détermine les formes diverses que doivent prendre les mots lorsqu'ils se rapportent à un seul et même individu ou à plusieurs individus à la fois ; c'est ainsi que l'adjectif s'accorde en genre et en nombre avec le substantif qu'il détermine ou qualifie, et de plus en cas, dans les langues à flexion ; que le verbe suit le nombre et la personne du sujet auquel il se rapporte, etc. La syntaxe de régime ou de dépendance nous fait connaître quelle forme il convient de donner au mot qui complète l'idée commencée par un substantif, un adjectif, un verbe, comme : « La chambre *du* roi ; semblable *à* son père ; né *pour* les armes ; j'aime l'*étude* ; Marseille a été fondée *par* une colonie *de* Grecs venue *de* Phocée. » Dans les langues pourvues de cas, les flexions casuelles suffisent souvent pour exprimer le rapport de dépendance : « *cubiculum regis; similis patri; Massiliam* considere *Græci Phocæa* profecti; *mœrore* conficior.» A la syntaxe de régime se rattachent les règles qui déterminent la forme que doit prendre une proposition dépendante d'une autre proposition : « On *craint* qu'il ne se *venge;* on craignait qu'il ne se *vengeât;* j'espère *revenir* ou *que je reviendrai* bientôt. » La syntaxe d'accord et la syntaxe de régime ont pour objet commun la correction et la justesse du langage. Appliquer mal ou ne pas appliquer une règle de syntaxe s'appelle, en termes de l'École, faire un *solécisme* (*V.* ce mot.). P.

SYNTHÈSE (du grec *synthésis*, composition). Tout travail complet de l'intelligence comprend deux opérations fondamentales : l'une est la décomposition d'un tout en ses parties, l'autre la recomposition par suite l'exposé de la science. La *synthèse* est la partie de la méthode qui réunit ce que l'*analyse* a divisé ; elle combine les idées, saisit les rapports, et forme des principes ; elle va du simple au composé. De même qu'il y a deux sortes d'analyse, il y a deux sortes de synthèse : *expérimentale, logique;* ou *empirique, rationnelle.* C'est par la synthèse expérimentale qu'on recompose un corps décomposé par l'analyse, soit une machine démontée pour en étudier les parties, et qu'on remonte dans l'ordre voulu ; on connaît ses parties, leurs rapports entre elles et avec l'ensemble, on a une *connaissance synthétique*, exacte et complète. La synthèse logique part d'une vérité générale, déduit les conséquences qu'elle renferme, et arrive ainsi à démontrer un théorème ou à trouver la solution d'un problème. Elle va du général au particulier, du simple au composé. Comme procédé, la synthèse logique surtout est appelée *méthode de composition* et aussi *méthode d'enseignement.* Elle est plus *démonstrative* qu'*explicative;* c'est le contraire pour l'analyse. La synthèse suppose vrai le principe d'où elle part, et, de plus, identité entre le principe et les conséquences, ainsi qu'une gradation régulière et bien fondée, d'où dérivent la clarté et la légitimité dans les déductions et les démonstrations. R.

SYNTHÈSE, tunique romaine. *V.* notre *Dictionnaire de Biographie et d'Histoire.*

SYNTHÉTIQUE (Parallélisme). *V.* HÉBRAÏQUE (Versification).

SYNTHÉTIQUES (Conjugaisons). *V.* CONJUGAISON.

SYNTHÉTIQUES (Langues), langues qui ont la faculté de combiner en un seul mot plusieurs idées ; à l'aide de suffixes, de préfixes, de terminaisons et flexions grammaticales, de voyelles de liaison. Tels sont le sanscrit et le grec ancien. Ainsi, *lélumétha* exprime en un seul mot, dans la langue grecque, ce qu'en français nous exprimons par les quatre mots : *nous avons été délivrés.* Le latin est également une langue synthétique, mais à un degré inférieur par rapport au grec : ainsi, *lélumétha* ne peut y être traduit que par deux mots, *soluti sumus.* Le caractère synthétique s'étend aussi à la syntaxe ; ainsi , les mots latins *fortior patre* ne peuvent se rendre en notre langue que par cinq mots : *plus brave que son père.* Les langues synthétiques manqueraient de clarté et de précision , si elles n'étaient riches en inflexions variées destinées à marquer les différents rapports des mots entre eux : de là le système de déclinaisons et de conjugaisons qui les caractérisent. Le grec et le latin sont également synthétiques uant à la déclinaison ; mais cette égalité cesse au désavantage du latin en ce qui regarde la conjugaison et la composition. La conjugaison grecque est entièrement syn·thétique, excepté pour exprimer le futur

antérieur actif dans les propositions principales. La conjugaison latine devient analytique aux deux futurs de l'infinitif actif ; au passif, le parfait et tous les temps qui s'y rattachent dans les divers modes ne sont qu'analytiques. Quant à la faculté de composition, elle est relativement très-bornée en latin. Au reste, lorsqu'on dit qu'une langue est synthétique, le mot ne doit pas être pris dans une acception trop absolue : il signifie seulement que cette langue a une préférence marquée pour la synthèse, ou que c'est là le fond de son génie. Car elle admet aussi les procédés analytiques, comme on peut le voir et par le grand usage des prépositions et des conjonctions de subordination dans les deux langues classiques anciennes, et par la décomposition que subissent souvent en grec les formes verbales. De même, les langues *analytiques* sont ainsi appelées d'après leur caractère général ; car elles admettent aussi dans une certaine mesure les procédés synthétiques. On entend souvent dire que les langues synthétiques sont moins claires que les langues analytiques : ce jugement est faux dans sa généralité ; la clarté d'une langue bien faite ne dépend point de ses formes grammaticales et syntaxiques, mais de l'écrivain qui la manie : toute pensée bien et clairement conçue s'énonce clairement dans toute espèce de langue, et la langue française doit sa réputation de clarté, non pas à ce qu'elle est analytique (car toutes les langues modernes le sont), mais aux esprits éminemment nets et justes qui lui ont donné sa forme littéraire. P.

SYNTHRONOS. *V.* ABSIDE.

SYRIAQUE (Langue), une des langues sémitiques, de la branche araméenne. Masoudi, Ibn-Khaldoun et d'autres écrivains orientaux considèrent le syriaque comme l'idiome primitif des hommes; c'est, du moins, celui qui, de tous les idiomes de l'Orient, se rapproche le plus de l'hébreu par la forme et la signification des mots; c'est le seul qui puisse expliquer bien des particularités qui sont inexplicables dans l'hébreu considéré isolément. Certains linguistes, qui ne tenaient pas suffisamment compte de la différence des flexions grammaticales, ont été jusqu'à dire que le syriaque et l'hébreu ne se distinguaient que par la prononciation. Il y a aussi, entre le syriaque et le chaldéen, d'assez grandes analogies. Le dialecte qu'on parlait en Judée à l'époque de Jésus-Christ, et que le Nouveau Testament désigne sous le nom d'hébreu, mais que les orientalistes modernes appellent *syro-chaldéen*, tenait plutôt du chaldéen que du syriaque. Le syriaque eut plusieurs dialectes, tels que le *palmyrien*, le *sabéen*, le *nabathéen.* Il se modifia profondément par l'adjonction d'éléments persans, grecs, latins et arabes, et l'arabe finit par le supplanter comme langue vulgaire au moyen âge : il n'existe plus qu'à l'état de langue ecclésiastique chez les Maronites , les Jacobites et les Nestoriens. On prétend qu'il est encore parlé aujourd'hui par les Nosaïris du Liban et dans la petite ville de Mara. — Il existe plusieurs alphabets syriaques, désignés par les noms d'*estranghelo*, de *peschito*, de *nestorien* et de *sabéen.* Ce dernier fait entrer les voyelles dans le corps de l'écriture, tandis que les autres les placent au-dessus ou au dessous des consonnes. *V.* A. Caninius, *Institutiones syriacæ*, Paris, 1554; Amira, *Grammatica syriaca*, Rome, 1596, in-4°; Trost, *Lexicon syriacum*, Cœthen, 1623, in-4°; J. Buxtorf, *Grammatica chaldaica et syriaca;* Accurens, *Grammatica linguæ syriacæ*, Rome, 1647, in-8°; Gutbier, *Lexicon syriacum*, Hambourg, 1667; Zanolino, *Lexicon syriacum*, Padoue, 1742, in-4°; J.-D. Michaelis, *Traité de la langue syriaque, avec une Chrestomathie*, Gœttingue, 1772, et *Grammatica syriaca*, Hall, 1784, in-4°; J.-G. Hase, *Grammaire syriaque*, en allemand, 1791; E. Castell, *Lexicon syriacum*, Gœttingue, 1788, 2 volume in-4°; A.-T. Hoffmann, *Grammatica syriaca*, Halle, 1827, in-4°; Bar-Hebræus (Aboul-Faradj), *Grammatica linguæ syriacæ*, ouvrage publié par Butheau, Gœttingue, 1843, in-8°; Brian Walton, *Dissertatio de lingua syriaca*, dans les Prolégomènes de sa Bible polyglotte, Londres, 1657, in-fol.; J.-G. Hase, *Dissertatio de dialectis linguæ syriacæ*, 1787. Des Chrestomathies pourvues de Glossaires ont été publiées par Kirsch et Bernstein (Leipzig, 1834), par Oberleitner (Vienne, 1836), par Rœdiger (Halle, 1838).

SYRIAQUE (Littérature). La Syrie a été, pendant les premiers siècles de l'ère chrétienne, le centre d'un mouvement littéraire assez considérable, et les écrits qui sont sortis des écoles d'Édesse et de Nisibis ont une grande importance pour l'histoire de l'Orient. Il en est un certain nombre où l'on trouve la mention ou la traduction de livres persans et surtout de livres grecs dont les originaux sont perdus aujourd'hui. Les ouvrages syriaques sont principalement consacrés aux matières religieuses : ce sont des versions et des commentaires de l'Écriture sainte, des liturgies, des traités dogmatiques ou polémiques. Une des versions de la Bible date du IIᵉ siècle, et l'on peut la regarder comme la première traduction qui ait été faite de l'original : il y en a une autre de Philoxène, évêque monophysite d'Hiéropolis au vᵉ siècle, et une 3ᵉ dite de Palestine ou de Jérusalem. Le gnostique Bardesane composa des poésies syriaques au IIᵉ siècle. Au IVᵉ, Sᵗ Éphrem, auteur de poésies sacrées, de commentaires sur la Bible, et de traités contre les Marcionites et les Manichéens, se servit tantôt de la langue grecque, tantôt du syriaque. Théophile d'Édesse fit, en 770, une traduction syriaque des poëmes d'Homère. Bar-Hebræus (Aboul-Faradj) écrivit, pendant le XIIIᵉ siècle, une Histoire universelle, qu'il traduisit ensuite en arabe; il a laissé en outre deux Grammaires, l'une en vers et l'autre en prose. — L'attention de l'Europe savante n'a été attirée sur la littérature syriaque que depuis le pontificat de Clément XI, qui fit commencer une collection de manuscrits à la bibliothèque du Vatican. Dans notre siècle, le Musée britannique de Londres a acquis plus de 500 volumes syriaques, recueillis dans un couvent à Nitria (Haute-Égypte); on en a tiré, pour les imprimer, les Lettres de Sᵗ Ignace de Césarée et la Théophanie d'Eusèbe. V. Assemani, Bibliotheca orientalis, Rome, 1719-28, 4 vol. in-fol.; Rosen, Catalogus codicum manuscriptorum syriacorum, Londres, 1838; Wenrich, De auctorum græcorum versionibus et commentariis syriacis, Leipzig, 1842; Cureton, Spicilegium syriacum, Londres, 1855.

SYRIÈNE (Idiome), idiome finnois ou tartare, parlé par la tribu des Syriènes entre la Dwina septentrionale et le Mézen. Il a souvent des formes plus anciennes que le finnois ou finlandais; par exemple, il a la consonne t là où elle est remplacée par s dans les langues occidentales de la famille. Beaucoup de mots russes s'y sont introduits. La Bible a été traduite en syriène avec l'alphabet russe; mais on se sert aussi de l'alphabet latin. V. Gabelentz, Essai sur la grammaire syriène, en allem., Altenbourg, 1841; Castrén, Elementa grammatices syriènæ, et De nominum declinatione in lingua syriena, Helsingfors, 1844; Wiedemann, Essai sur la grammaire de la langue syriène, en allem., Revel, 1847.

SYRINGES, nom donné aux galeries des hypogées égyptiennes.

SYRINX. V. FLUTE DE PAN.

SYRMA, manteau. V. notre Dictionnaire de Biographie et d'Histoire.

SYRMIEN (Idiome). V. SERBE.

SYSSITIES. V. ce mot dans notre Dictionnaire de Biographie et d'Histoire.

SYSTÈME (du grec systéma, assemblage; dérivé de syn, avec, et tithémi, je place), littéralement, réunion de plusieurs choses pour former un seul tout. Scientifiquement, ce mot exprime la mise en ordre des idées, des matériaux d'une science, et son unité. Cet arrangement méthodique des parties d'une science est encore une synthèse. Il y a autant de systèmes qu'il y a de sciences particulières; et celles-ci contiennent des subdivisions, qui donnent lieu à des systèmes plus restreints. Un système, qui est le résultat d'une étude plus ou moins approfondie, est plus ou moins l'expression de la vérité, selon que les recherches ont été plus ou moins

exactes et complètes; tels sont : en astronomie, le système de Copernic; en philosophie, le spiritualisme; en histoire naturelle, le système ou la méthode des deux De Jussieu pour les végétaux, de Cuvier pour les animaux. Un système est le plus souvent un point de vue exclusif, incomplet, contenant partiellement la vérité, et, par suite, l'erreur. Ainsi la philosophie donne le matérialisme, l'idéalisme, le mysticisme, etc.; l'histoire naturelle donne les systèmes de Tournefort, de Linné, etc. En général, un système peut être faux d'autant plus de manières que l'analyse qui sert de base à la synthèse dont il est l'expression peut être inexacte. De là vient que le mot système se prend quelquefois en mauvaise part, une foule de tentatives dites scientifiques, surtout dans les temps anciens, n'offrant que des conceptions de l'imagination, comme on en voit tant d'exemples dans les systèmes hypothétiques des philosophes, des astronomes, des naturalistes, des médecins. — Système exprime encore un ensemble de parties liées entre elles et qui dépendent l'une de l'autre, comme le système alpique pour désigner la chaîne des Alpes. En Finances, le mot Système, employé seul, veut toujours dire le système de Law. Condillac a écrit un Traité des systèmes, surtout au point de vue philosophique. R.

SYSTÈME, nom donné, dans la Métrique ancienne, à un assemblage de plusieurs vers formant un enchaînement continu : telles sont les strophes lyriques grecques et latines. Il y avait le système trochaïque, le système dactylique, anapestique, etc. Tant que le système n'était pas terminé, on pouvait passer d'un vers à l'autre en coupant un mot; mais tout système devait se terminer sur un mot entier. Un système ne pouvait contenir des strophes de différentes espèces; mais une strophe pouvait contenir plusieurs systèmes, et l'on passait, par exemple, du système anapestique au système dactylique. Un fragment de Simonide présente des tercets dont le 1ᵉʳ vers est un héroïque, le 2ᵉ un élégiaque, le 3ᵉ un trimètre iambique, et la pièce tout entière devait se poursuivre dans cet ordre. P.

SYSTÈME, mot employé dans la Musique des anciens Grecs pour signifier, tantôt ce que nous appelons gamme ou échelle, tantôt un intervalle composé.

SYSTOLE (du grec systolè, resserrement, abréviation), terme de Grammaire et de Prosodie grecque, qui s'appliquait à l'abréviation d'une syllabe longue soit à la fin, soit au milieu des mots, lorsque cette syllabe était immédiatement suivie d'une voyelle. Ainsi l'oméga de axô compte comme bref devant hélón; la diphthongue ei de épei (après que) s'abrége devant la particule explétive è (donc); l'éta de dèïos (ennemi) s'abrége au besoin, surtout au génitif et au datif des trois nombres et à l'accusatif pluriel; la diphthongue oï du verbe poéô devient fréquemment brève chez les poëtes athéniens, etc. On retrouve en latin l'équivalent de ces systoles dans ces deux fins de vers de Virgile : sŭb lĭtŏ ăltŏ, Rhŏdŏpĕïă ărcēs; au commencement de celui-ci d'Horace : Sĭ mĕ ămās, inquit; dans l'abréviation de la pénultième des troisièmes personnes en erunt : miscŭĕruntquĕ herbās. Le contraire de la systole est l'Ectase (V. ce mot). P.

SYSTYLE (du grec syn, avec, et stylos, colonne), c.-à-d. à colonnes serrées, se dit, en Architecture, d'un édifice dont les colonnes sont distantes les unes des autres de deux diamètres ou quatre modules.

SYZYGIE, terme de Prosodie ancienne. V. DIPODIE.

T

T, 20ᵉ lettre et 16ᵉ consonne de notre alphabet, représentant une articulation à la fois linguale et dentale. Le t final dans les mots français est généralement muet : bât, fluet, lit, pot, fût, vent, part, mort, tant, il vaut, veut, sert, peint, meurt, etc.; mais on le fait entendre dans fat, net, granit, dot, brut, rapt, lest. Le t s'intercale quelquefois comme lettre euphonique entre le verbe et le pronom sujet, quand celui-ci est placé en dernier : a-t-il, aime-t-on, ose-t-elle. L'affinité naturelle qui existe entre les articulations t et d explique les permutations

qui ont souvent lieu entre elles : ainsi, dans les anciens manuscrits latins, on trouve set pour sed, quot pour quod, haut pour haud, adque pour atque; le mot latin tu a pour équivalent en allemand le mot du; les Allemands, qui distinguent difficilement, en parlant les langues étrangères, les articulations t et d, ont écrit leur nom national indistinctement teutsch et deutsch, et leurs mots gott et tag sont devenus en anglais god et day; nous avons écrit verd aussi bien que vert, et nous prononçons le d final comme un t, quand il est suivi d'un mot com-

TAB 1693 TAB

mençant par une consonne ou une *h* muette (*grand arbre, grand homme*). — Outre le *tau* (T, τ) qui correspond à notre *t*, les Grecs avaient une lettre appelée *thêta* (Θ, θ), dont l'articulation, aspirée et sifflante, était analogue à celle du *th* anglais. Nous la traduisons aussi par le groupe *th*, auquel nous ne donnons cependant pas d'autre son que celui du *t*. Toutefois, un son analogue à celui du *thêta* est attribué au *t* suivi de *i* dans certains mots : *abbatial, ambition, argutie, balbutier, factieux, initié, patient, partiel*, etc. — Comme abréviation dans les inscriptions et sur les médailles romaines, T indique certains noms d'hommes ou de lieux, *Titus, Tibérius, Tullius, Tarraco*. A Rome, les tribuns du peuple apposaient un T, lettre initiale de leur nom, sur les sénatus-consultes qu'ils approuvaient. Dans la notation musicale du moyen âge, T signifiait *ton* ou seconde majeure, TS *ton et semi-ton* ou tierce mineure, TT, *ton et ton* ou tierce majeure. T indiquait aussi la partie de *Taille*. Chez nous, T. F. veut dire *travaux forcés*; T. P., *travaux forcés à perpétuité*. Dans les prénoms, Th. est pour *Théodore, Thomas, Thérèse*. — Signe numéral, le *thêta* grec valait 9 ; le *tau*, 300, et, précédé d'un accent en bas (͵τ), 300,000. Pour les Romains, T paraît avoir représenté 160, et T 160,000. T a été la marque monétaire de Nantes. B.

TAALIK ou TALIK (Écriture). *V.* PERSE (Langues de la).

TABAC. L'impôt sur le tabac en France date de 1629 : il fut d'abord de 40 sous par 100 livres ; puis, en 1638, on le porta à 7 livres. Le gouvernement, frappé de la grande consommation de cette plante, se réserva bientôt le monopole de la fabrication et de la vente. Le privilége en fut affermé, en 1674, pour 6 ans, à un certain Jean Breton, moyennant 600,000 livr.; on fixa alors un *certain nombre de Généralités* où la culture du tabac fut permise. En 1718, la Ferme du tabac fut cédée à la Compagnie des Indes pour 4,000,000 de liv.; en 1771, elle était de 27 millions ; en 1789, de 32 millions. En 1791, le monopole fut supprimé et la culture rendue libre, moyennant des droits qui ne s'élevèrent pas en moyenne à plus de 15 millions par an. A la fin de 1810, le gouvernement décréta la reprise du monopole des tabacs, et le reprit au 1ᵉʳ juillet 1811, en payant 100 millions de fr. le matériel et les marchandises des fabricants. Le tabac a donné au Trésor des bénéfices toujours croissants : en 1824, de 42 millions ; en 1841, de 72 millions ; en 1850, de 122 millions ; en 1855, de 152 millions ; en 1861, de 183 millions. Le système du monopole ayant développé la contrebande sur une grande échelle, on vend, à prix réduits, dans les départements frontières, certains tabacs dits *de cantine;* mais ce moyen a peu d'efficacité pour neutraliser le mal. L'achat, la fabrication et la vente des tabacs, tant indigènes qu'étrangers, sont attribués exclusivement à la Régie des contributions indirectes. Nul ne peut avoir en sa possession des tabacs en feuilles, s'il n'est cultivateur dûment autorisé. Nul ne peut avoir en provision d'autres tabacs fabriqués que ceux des manufactures nationales, et cette provision ne peut excéder 10 kilogr. La culture du tabac est autorisée dans 12 départements : les Alpes-Maritimes, les Bouches-du-Rhône, la Dordogne, la Gironde, l'Ille-et-Vilaine, le Lot, le Lot-et-Garonne, la Meurthe-et-Moselle, le Nord, le Pas-de-Calais, la Haute-Saône, le Var. Il y a encore l'Algérie, et, à titre d'essai, la Corse et la Haute-Savoie. Les cultivateurs sont astreints à livrer leur tabac à la Régie à des prix déterminés. Les faits de vente illicite, de colportage, de possession de tabac au delà d'une certaine quantité, sont punis de peines spécifiées dans les décrets du 29 nov. 1810 et 12 janv. 1811, la loi du 26 avril 1816, et les ordonnances royales des 27 août 1839, 22 oct. 1843, 16 juin 1844, et 28 juin 1846. Une administration particulière est chargée de la fabrication des tabacs; on compte 16 manufactures nationales: Paris (Gros-Caillou et Reuilly), Bordeaux, Châteauroux, Dieppe, le Havre, Lille, Lyon, Marseille, Morlaix, Nantes, Nancy, Nice, Riom, Tonneins, et Toulouse; plus de 20,000 ouvriers, hommes ou femmes, y sont employés dans ces manufactures. On appelle *Bureaux de tabac* les licences concédées par le gouvernement pour la vente en détail des tabacs de la Régie; il y en a plus de 36,000. — En Belgique, dans les Pays-Bas, en Danemark, en Suède, en Russie et dans les États allemands du Zollverein, la culture, la fabrication, l'introduction et la vente des tabacs sont abandonnées à l'industrie particulière, qui paye seulement un impôt plus ou moins élevé sur l'importation et la fabrication. En Autriche, le gouvernement a le monopole, comme en France. Le système des fermes existe en Espagne et en Portugal. La fabrication est, en vente seul libres en Angleterre, sauf le payement de droits très-élevés ; mais la culture est interdite. B.

TABARD, ancienne espèce de surtout ou de tunique. Il fut porté d'abord par plusieurs classes d'hommes pendant le moyen âge, puis réservé aux hérauts d'armes. Il porta alors les armoiries du seigneur que le héraut représentait. Les manches du tabard, élargies par le bas, ne descendaient pas au-dessous du coude.

TABELLAIRE. } *V.* ces mots dans notre *Dictionnaire*
TABELLION. } *de Biographie et d'Histoire.*

TABERNACLE. Ce mot, outre le sens qu'il reçut chez les Hébreux (*V.* notre *Dictionnaire de Biographie et d'Histoire*), désigne un édicule de marbre ou de menuiserie qui est placé au centre de l'autel dans les églises catholiques, et où l'on renferme le ciboire et les hosties consacrées. Il y a des tabernacles isolés ; d'autres sont assemblés avec le retable et le contre-retable. La forme qu'on leur donne actuellement ne remonte pas à une époque très-ancienne; car, pendant plusieurs siècles, la réserve eucharistique fut conservée dans le *ciborium* (*V. ce mot*). L'art a souvent épuisé toutes ses ressources pour construire et décorer les tabernacles ; parmi les monuments de ce genre, on peut citer ceux de la cathédrale d'Ulm, des églises St-Laurent à Nuremberg, St-Martin à Courtray, St-Pierre à Louvain, des cathédrales de Tournai, de Grenoble et de St-Jean-de-Maurienne, de l'église St-Georges à Haguenau, etc. — Quelques archéologues donnent le nom de *tabernacle* au dais ouvragé qui surmonte les statues de la période ogivale. B.

TABLATURE (du latin *tabula*), nom donné, dans l'ancienne Musique, à la totalité des signes de la musique, à l'art de les employer pour noter un morceau vocal ou instrumental, et à l'art de les lire. Les Italiens disaient *Intavolatura*. Comme signes servaient alors les lettres de l'alphabet, majuscules pour la 1ʳᵉ octave ou la plus grave, minuscules pour la 2ᵉ, surmontées d'un petit trait horizontal pour la 3ᵉ, de deux petits traits pour la 4ᵉ, et qu'on employait encore d'autres signes pour indiquer la durée des sons, il y avait là des difficultés sérieuses de lecture. Aussi a-t-on dit proverbialement : *Donner de la tablature* à quelqu'un, pour dire qu'on lui donne de l'embarras. Depuis qu'on a préféré les notes aux lettres, les Allemands ont seuls conservé pendant quelque temps encore l'ancienne tablature. — *Tablature* a désigné aussi une certaine manière de noter par lettres les parties du luth, du théorbe, de la guitare, et de quelques instruments du même genre. On figurait les cordes par des lignes parallèles : A, sur la ligne d'une corde, marquait qu'il fallait la pincer à vide ; B, qu'il fallait mettre un doigt de la main gauche sur la première touche du manche, etc. — On appelle encore *Tablature* un tableau représentant un instrument à vent et à trous, flûte, flageolet, clarinette, basson, etc. : de chacun des trous partent des lignes horizontales, sur lesquelles reposent, de distance en distance, des O pleins ou vides; si l'O est plein, *il* indique que le trou doit être *bouché*; s'il est vide, le trou doit rester ouvert, pour former tel ou tel son désigné en marge. Comme la plupart des sons ne s'obtiennent que par le concours de plusieurs doigts, et même de tous les doigts ensemble, la tablature présente encore des lignes qui tombent perpendiculairement sur les lignes horizontales : en suivant cette autre direction, et en faisant attention aux O pleins ou vides qu'elle donne, on parvient à connaître la quantité de trous qu'il faut ouvrir ou fermer pour obtenir telle ou telle note. On trouve la tablature de chaque instrument en tête des Méthodes de cet instrument. Il y a quelquefois une tablature particulière qui marque le doigté de certains trilles, inexécutables avec le doigté ordinaire. B.

TABLE (du latin *tabula*), meuble de matière et de formes très-variées. Les anciens Grecs y apportèrent un grand luxe. Leurs tables étaient faites en bois poli avec art, les pieds peints de couleurs diverses; les uns prétendent qu'elles étaient circulaires, les autres qu'elles présentaient une parallélogramme. Les citoyens de condition moyenne n'employaient à la fabrication de ces meubles qu'un bois grossier, et des tréteaux pour le supporter ; les riches se servaient de bois précieux, et les supports ou pieds, travaillés en ivoire, représentaient des lions, des léopards ou quelque autre animal. Comme l'usage du linge n'était pas connu, on lavait les tables avec des éponges. — Les Romains, avant de pénétrer en Asie, n'eurent, comme nous l'apprend Horace, que des tables de frêne, d'érable ou de chêne, quadrangulaires, et à

TAB 1694 TAB

trois ou quatre pieds. Après leurs conquêtes en Orient, ils surpassèrent les Grecs en magnificence : leurs tables, rondes, portées sur un seul pied d'argent, d'ivoire ou d'airain, furent formées des bois les plus rares, enrichis de sculptures. C. Gracchus en eut une supportée par deux dauphins en argent massif. Les tables les plus recherchées étaient prises dans un nœud de la racine du citre, arbre qui croissait en Mauritanie, et leur mérite consistait dans certaines dispositions des veines du bois. Il y avait les tables *tigrines*, où les veines ondulées s'allongeaient comme les rayures de la peau du tigre; les *panthérines*, où les veines contournées et revenant sur elles-mêmes s'arrondissaient en forme de taches; les *apiates*, dont les veines, entassées et serrées, ressemblaient à un semis de graines de persil (*apium*). D'autres offraient des ondulations crêpées, estimées surtout si elles imitaient les yeux de la queue du paon. La nuance de vin miellé, avec des lignes brillantes, était celle qu'on préférait. La plus grande table en citre que l'on ait vue est celle de Ptolémée, roi de Mauritanie; elle avait 1ᵐ,50 de diamètre et 0ᵐ,8 d'épaisseur. Cicéron paya une table en bois de citre 1 million de sesterces (210,000 fr.); Asinius Gallus en avait une de 1,100,000 sesterces (231,000 fr.); une table provenant du roi Juba fut vendue 1,200,000 sesterces (252,000 fr.); Pline (XIII, 29-30) en mentionne une autre qui avait été achetée 1,400,000 sesterces (294,000 fr.). Les Romains eurent de petites tables appelées *abaques*, sur lesquelles ils étalaient des vases précieux; elles avaient un rebord destiné à empêcher la chute des objets. On se servit aussi d'abaques pour jouer aux dés.

Les premières tables à manger dont on ait gardé la tradition en France étaient des plateaux demi-circulaires, avec rebords ou galeries d'où tombaient des draperies qui cachaient les tréteaux : sur ces tables étaient posées seulement les choses solides, et quand le convive avait soif, il se levait pour aller boire au dressoir ou à la crédence; les plats eux-mêmes n'étaient pas toujours servis, et le buffet en était paré; les vins fins, les liqueurs, les épices, attendaient leur emploi sur de petites tables à demeure en bois, en métal, en marbre, quelquefois en argent ou en or, enrichies de mosaïques, d'incrustations, de peintures et de pierreries. Plus tard, les tables devinrent ovales, oblongues, à pieds droits, à devanture découpée, grillagée ou pleine, sur laquelle pour amusement se voyaient des sujets, des devises, des sentences d'hygiène ou de cuisine. Au rapport d'Éginhard, Charlemagne fit faire trois tables d'argent, sur lesquelles on avait représenté Rome, Constantinople, et tout le monde connu. Il y eut, au moyen âge, des tables tout étroites, pour manger deux seulement, non pas vis-à-vis, mais côte à côte. La grande table des festins était ce qu'elle est restée, une suite de planches assemblées sur des tréteaux, en fer à cheval presque toujours, les convives assis d'un seul côté, le dos au mur, afin d'être à l'aise pour voir les *entremets* ou divertissements; les domestiques servaient par devant. On fit sous Louis XI le guéridon, la table carrée à un pied, et la table à jouer. **B.**

TABLE, en termes d'Architecture, partie de mur unie et lisse, saillante ou renfoncée, et ordinairement de forme rectangulaire. Surmontée d'une corniche, elle est dite *table couronnée*. Quand une table saillante doit recevoir un bas-relief ou une inscription, on la nomme *table d'attente*.

TABLE, nom qu'on donnait autrefois en Hongrie à la Diète, qui se composait de deux chambres ou *tables*, la *table haute* et la *table basse*.

TABLE, tableau où certaines matières sont disposées de façon qu'on peut les embrasser d'un seul coup d'œil ou les trouver facilement; telles sont les *Tables chronologiques*.

TABLE (SAINTE), balustrade ou grille qui, dans les églises, sépare le chœur du sanctuaire, et où les fidèles viennent s'agenouiller pour recevoir la communion. Elle est garnie de nappes que les communiants tendent au-dessous de leur visage. — Par extension, *Sainte Table* s'entend de la Communion elle-même.

TABLE D'AUTEL, table de pierre élevée sur des piliers, de pierre aussi, ou sur un massif de maçonnerie, et sur laquelle on dit la messe. Ce peut être aussi une table de menuiserie.

TABLE DU BAN, nom donné, dans le Banat (royaume de Hongrie), à la Cour de justice qui siége à Agram et que le Ban préside.

TABLE D'HARMONIE. *V.* HARPE, PIANO.

TABLE ISIAQUE. ⎱ *V.* ces mots dans notre *Diction-*
TABLE DE MARBRE. ⎰ *naire de Biogr. et d'Histoire.*

TABLE DES MATIÈRES, liste, plus ou moins détaillée, et par ordre alphabétique, des matières traitées dans un livre. Elle se met ordinairement à la fin de l'ouvrage, et son but est d'y faciliter les recherches, quand, après l'avoir lu, ou même sans l'avoir lu, on veut le consulter, y faire ou refaire des lectures partielles. Les Tables des matières sont une invention de l'Antiquité latine, mais qui ne remonte pas plus haut qu'un contemporain et ami de Cicéron, le médecin Valérius Soranus : dans un ouvrage intitulé *Époptides*, il avait placé en tête un sommaire détaillé des chapitres. Columelle, dans son *Agriculture*, mit à la fin du onzième livre les arguments des livres précédents. Enfin Pline l'Ancien, publiant son immense recueil qu'il appela *Histoire naturelle*, le fit précéder, à l'instar de Soranus, dont il cite l'exemple, d'une table, détaillée chapitre par chapitre, des matières contenues dans chacun de ses 37 livres. Avant Soranus, on avait eu l'idée, pour jeter un peu de clarté dans les livres, qui se copiaient toujours à pages pleines; d'un bout à l'autre, de transcrire en marge de très-brefs sommaires de la matière traitée. C'était exactement ce que nous appelons aujourd'hui des *manchettes* (*V.* ce mot). — Les Anciens ne paraissent pas avoir connu la *Table analytique*, cette invention si précieuse pour faciliter les recherches et secourir la mémoire des savants. Il faut un certain talent pour bien dresser une pareille table, beaucoup d'exactitude, de la sagacité dans la lecture et le dépouillement préliminaire, enfin de la concision, pour ne mettre dans la rédaction ni un mot de plus, ni un mot de moins, et être toujours très-clair. **C. D—Y.**

TABLE RONDE. ⎫ *V.* ces mots dans notre *Dic-*
TABLE THÉODOSIENNE. ⎪ *tionnaire de Biographie et*
TABLES (Les Douze). ⎬ *d'Histoire.*
TABLES ALIMENTAIRES. ⎭

TABLES D'AMALFI. *V.* AMALFITAINES (Tables).

TABLES DES CÉRITES. *V.* notre *Dictionnaire de Biographie et d'Histoire.*

TABLES EUGUBINES. *V.* EUGUBINES.

TABLES DE LA LOI. *V.* notre *Dictionnaire de Biographie et d'Histoire.*

TABLEAU (du latin *tubula*), ouvrage de peinture exécuté sur une toile, ou sur une table de bois, de cuivre, etc. — Aux termes du *Code Napoléon* (art. 525, 534), les tableaux sont considérés comme immeubles quand ils sont placés à perpétuelle demeure; ils sont meubles, quand ils font partie d'une collection dans un cabinet ou une galerie.

TABLEAU, en termes d'Architecture, partie de l'épaisseur d'un bois de porte ou de fenêtre qui est en dehors de la fermeture; partie de l'épaisseur d'un mur qui forme le côté d'une baie, et s'étend depuis l'arête extérieure jusqu'à la feuillure.

TABLEAU, en termes de Marine, partie de la poupe d'un navire qui est en dessous des contours du couronnement, et où sont percées des fenêtres. Elle est généralement ornée de peintures et de sculptures.

TABLEAU, sorte de planche ou de cadre où des matières didactiques sont rangées méthodiquement, de manière qu'on peut les embrasser d'un coup d'œil et les retenir plus aisément. L'Histoire naturelle et l'Histoire ont été souvent mises en tableaux.

TABLEAU, en termes de Théâtre, nom donné aux divisions que l'on pratique de nos jours dans les actes des pièces, et qui sont marquées par un changement instantané de lieu et de décoration, sans que l'action cesse de l'une à l'autre.

TABLEAU D'OR, nom donné autrefois aux pièces d'orfévrerie estampées, représentant des scènes à personnages, et souvent rehaussées d'émaux ou de pierreries. Elles n'étaient souvent que d'argent doré, et le métal, y compris le cadre, pesait moins que la garniture de pierreries.

TABLEAU VOTIF, tableau consacré dans un temple pour satisfaire un vœu. *V.* EX-VOTO.

TABLEAUX VIVANTS, nom qu'on donne aux représentations d'œuvres de la peinture et de la plastique par des personnes vivantes. Mᵐᵉ de Genlis inventa, dit-on, ce mode d'instruction et d'amusement pour les princes d'Orléans, et s'aida des peintres David et Isabey pour en diriger la pratique. Lady Hamilton passe pour avoir imaginé de représenter, non plus les tableaux ou les groupes célèbres, mais l'expression corporelle des divers états de l'âme. De nos jours, les tableaux vivants ont eu, comme spectacle public, un moment de succès.

TABLETIERS, ancienne corporation dont faisaient aussi partie les *peigniers* ou marchands de peignes, les *tourneurs* et *tailleurs d'images*. Les statues de cette corporation furent renouvelés en 1507, et confirmés en 1578, 1600 et 1691.

TABLETTE, en termes d'Architecture, pierre plate qui termine les murs d'appui et autres pièces de maçonnerie; — planche de bois ou pièce de marbre qui est posée à plat sur le chambranle d'une cheminée ou sur l'appui d'une fenêtre.

TABLETTES, nom donné à des livres où les faits sont présentés sous formes de tables. Telles sont les *Tablettes chronologiques* de Lenglet-Dufresnoy.

TABLETTES A ÉCRIRE. *V.* notre *Dictionnaire de Biographie et d'Histoire.*

TABLETTERIE, industrie qui tient à la fois de l'art de l'ébéniste, et de ceux du marqueteur et du tourneur. Elle embrasse une foule de menus ouvrages d'écaille en lames ou fondue, de corne, d'ivoire, de nacre, d'os, de bois, tels que tabatières, peignes, pièces d'échiquier et de damier, billes de billard, jetons, fiches, dés, étuis, brosses de toilette, boutons, nécessaires de voyage, couteaux à papier, montures de cannes et de lorgnettes, bénitiers, crucifix, etc.

TABLIER (de *table*), pièce d'étoffe, quelquefois de cuir, qu'on s'attache à la ceinture, pour préserver les habits en travaillant. Chez les femmes d'une certaine condition, c'est un ornement de toilette.

TABLIER, en termes de Marine, doublage en toile à voiles qu'on ajuste au bas des huniers, pour les garantir du frottement.

TABLIER, table de tout jeu qui se joue avec des pièces mobiles sur une surface plane.

TABLIER, en termes d'Architecture, ensemble des poutres et des planches qui forment une des travées d'un pont de bois; — partie d'un pont-levis qui s'abaisse pour donner passage sur le fossé.

TABLINUM. *V.* ce mot dans notre *Dictionnaire de Biographie et d'Histoire.*

TABLOIN (de *table*), plate-forme de madriers, où l'on place les canons qu'on met en batterie.

TABOU.
TABOURET. } *V.* ces mots dans notre *Dictionnaire de Biographie et d'Histoire.*
TABULARIUM.

TABUREL, nom du *tambour* au moyen âge. Cet instrument a été aussi appelé *taborellus, tabornum, taburium, taburcinum, taborinum.*

TACET, c.-à-d. en latin *il se tait*, mot qu'on écrit dans la musique pour indiquer le silence d'une partie pendant un morceau.

TACHYGRAPHIE (du grec *takhus*, rapide, et *graphè*, écriture), tout système d'écriture abrégé qui a pour objet de transcrire le discours au fur et à mesure qu'il est prononcé. *V.* STÉNOGRAPHIE.

TACITE RECONDUCTION. *V.* RECONDUCTION.

TACTIQUE. *V.* STRATÉGIE.

TAEL, TAIL ou TALE, monnaie de compte usitée en Chine et au Japon, et qui vaut à peu près 8 fr. 25.

TAGALE (Langue), langue parlée par les Tagales de l'île de Luçon (Philippines). Riche, harmonieuse, plus compliquée dans ses formes que beaucoup d'autres langues malaises, elle possède trois passifs, un duel pour les trois personnes, et, outre le pluriel ordinaire, un autre pluriel de la 1re personne qui exclut celle à laquelle on parle. Elle omet presque toujours le verbe *être*, dont le sens est sous-entendu ou exprimé par la position des mots dans la phrase. Il y a une littérature tagale assez abondante, composée de productions ascétiques, de tragédies traduites de l'espagnol, et de poésies nationales. L'alphabet tagal est le plus incomplet que l'on connaisse : il contient seulement 14 consonnes et 3 voyelles.

TAGÉTIQUES (Livres). *V.* ACHÉRONTIENS.

TAILLE, ancien impôt. *V.* notre *Dictionnaire de Biographie et d'Histoire.*

TAILLE, petit bâton fendu par le milieu en deux parties, sur lesquelles, quand elles sont réunies, les boulangers marquent par de petites entailles les pains qu'ils vendent à crédit à leurs pratiques. Une des deux parties reste au marchand, et se nomme la *souche;* l'autre, dite *échantillon*, reste à l'acheteur.

TAILLE, quantité d'espèces monnayées qui doivent être faites d'un marc d'or, d'argent, ou de cuivre. On disait autrefois que les louis d'or étaient *à la taille* de 30 pièces, quand on faisait 30 louis avec un marc d'or.

TAILLE, en termes de Gravure, toute incision faite sur le métal avec le burin ou la pointe, ou creusée par l'eau-forte. La *taille-douce* est la taille faite au burin seul, et sans eau-forte, sur une planche de cuivre. *V.* CONTRE-TAILLE, GRAVURE.

TAILLE, aux jeux de Pharaon, de Trente-et-un, etc., se dit de la série des coups qui se suivent jusqu'à ce que le banquier ait retourné toutes les cartes du jeu qu'il a dans la main.

TAILLE, en termes de Musique, nom qu'on donnait autrefois à la voix d'homme intermédiaire entre la *haute-contre* et la *basse*, et aux parties de chant qu'elle exécutait. On distinguait la *haute-taille*, qui est notre *ténor* d'aujourd'hui, et la *basse-taille*, qui est notre *baryton* (*V. ce mot*). — Le mot *taille* a été aussi employé pour désigner une variété de la viole, ainsi qu'une espèce de hautbois à sons graves. B.

TAILLE DE FOND, TAILLE-POINT. *V.* CARGUE.

TAILLE DES PIERRES. *V.* COUPE DES PIERRES.

TAILLÉ, en termes de Blason, une des *partitions* de l'écu. Il le partage diagonalement de gauche à droite.

TAILLEURS D'HABITS, ancienne corporation, formée depuis 1655 par la réunion de deux communautés distinctes, les *Marchands tailleurs* et les *Pourpointiers*. Pour parvenir à la maîtrise, il fallait avoir été 3 ans apprenti et 3 ans compagnon, et produire un chef-d'œuvre.

TAILLEVAS, nom donné quelquefois au *pavois*, bouclier.

TAILLE-VENT, voile de grandeur moyenne qui remplace la grande voile dans les lougres, chasse-marées et bateaux de pêche, quand le vent souffle bon frais.

TAILLOIR. *V.* ABAQUE.

TAITIEN (Idiome), un des idiomes polynésiens, le plus doux de tous. En aucun cas on n'y rencontre deux consonnes de suite. Il lui manque les sons représentés par nos lettres *c*, *f*, *g*, *k*, *s*. Sa déclinaison a un duel. Les plus petits changements dans la prononciation des mots modifient leur valeur.

TAK-KAY, instrument de musique des Siamois, assez semblable à un lézard. Il est fait de bois dur, et garni tout autour d'un nacre de perle. Le corps est creux, et par derrière se trouvent trois ouvertures sonores. Trois cordes, une de cuivre et les deux autres en soie, sont tendues sur l'instrument d'un bout à l'autre, et accordées au moyen de longues chevilles. L'exécutant appuie sa main gauche sur les cordes, et les frappe avec le bout des doigts de la main droite.

TALAPOINS. *V.* ce mot dans notre *Dictionnaire de Biographie et d'Histoire.*

TALARO, monnaie d'argent de Venise, valant environ 5 fr. 25 c. Le talaro de Raguse ne vaut que 3 fr. 90 c.

TALAVA (Idiome), une des langues dravidiennes (*V. ce mot*) de l'Hindoustan, parlée dans la zone comprise entre les Ghattes occidentales et la mer d'Oman.

TALAYOTS (d'*atalaya*, tour d'observation), nom qu'on donne dans les îles Baléares à d'antiques monuments de forme conique, bâtis en grosses pierres posées sans ciment et par assises horizontales, et dont quelques-uns contiennent des escaliers intérieurs. Les plus grands Talayots sont accompagnés de plus petits qui semblent en dépendre. Quelques-uns sont environnés de cercles formés de pierres longues fichées en terre. On suppose qu'ils avaient tous une destination religieuse.

TALE. *V.* TAEL.

TALEMELIERS, ancien nom des boulangers (*V. ce mot.*)

TALENT, aptitude à exécuter quelque chose avec succès. Le talent est très-varié; on a le talent de la parole, de la musique, d'un art et d'une industrie quelconques, comme on a celui des affaires ou de l'intrigue. Le talent ne demande pas, comme le génie, un esprit créateur; un musicien, par exemple, passera pour avoir du talent dans son art, s'il est bon exécutant, et l'on n'exige pas de lui qu'il soit compositeur; un écrivain de talent n'a pas besoin d'avoir des idées neuves et de produire des aperçus nouveaux, il suffit qu'il dispose habilement et exprime avec élégance et clarté les idées qu'il a recueillies, et qu'il fasse ainsi une œuvre conforme aux règles de l'art et du goût. Le talent peut être un don naturel, comme le génie; mais il est beaucoup moins rare, et peut s'acquérir par le travail. Le génie est une inspiration en quelque sorte passagère, une illumination soudaine qui brille et disparaît tour à tour : le talent est une aptitude habituelle et permanente.

TALENT, monnaie. } *V.* notre *Dictionnaire de Biographie et d'Histoire.*
TALION (Loi du).

TALISMAN, c.-à-d. en arabe *consécration*, nom donné à certaines figures en métal ou en pierre, à certains signes gravés sur une matière quelconque, et auxquels la superstition attribue la propriété de porter bonheur à celui qui les possède, de lui donner une puissance supérieure et magique.

TALMA, sorte de manteau d'hiver, qui fut à la mode vers 1858 et années suivantes, et dont la forme rappelle celle de l'ancien *balandran* (*V. ce mot*).

TALMUD. *V.* ce mot dans notre *Dictionnaire de Biographie et d'Histoire*.

TALOCHE, vieux mot désignant un petit bouclier. — Les maçons donnent ce nom à une tablette de bois longue de 0ᵐ,50, environ, munie d'un manche court par derrière, et sur laquelle ils mettent, avec la truelle, du plâtre gâché, pour l'appliquer sur un plafond à enduire.

TALON, en termes d'Architecture, moulure concave par le bas et convexe par le haut. Si la partie concave est en haut, c'est un *talon renversé*. Le talon est composé d'un qua--t-de-rond et d'un *cavet*, dont la saillie égale la hauteur.

TALON, en termes de Jeu, portion de cartes qui reste après qu'on a distribué aux joueurs le nombre nécessaire.

TALON, partie d'un registre d'où l'on a détaché des quittances, des actions ou des titres quelconques, et qui reste à la souche. On y a répété les indications inscrites au titre délivré, dont la découpure doit se rapporter exactement à celle du talon.

TALON, en termes de Marine, extrémité arrière de la quille d'un bâtiment. Un navire *talonne* quand il touche le fond de l'eau avec son talon. — On nomme *Talonnier* une pièce de bois qui s'applique sous le milieu d'une varangue (*V. ce mot*) qui ne fournit pas de quoi former son talon ou support. — La *Talonnière* est la partie basse, le bout de la mèche du gouvernail.

TALONNIÈRES, ailes que Mercure porte aux talons.

TALPACHE. *V.* TOLPACHE.

TALUS, pente qu'on donne à un fossé, à une terrasse, à un épaulement, pour que les terres se soutiennent mieux.

TAMANAQUE (Dialecte). *V.* CARAÏBE (Langue).

TAMBOUR ou CAISSE (de l'espagnol *tambor*, dérivé de l'arabe *al tambor*), en latin *tympanum*, instrument de percussion dont on fait particulièrement usage dans l'armée. Il est composé d'une caisse ronde en cuivre jaune ou en bois, dont les extrémités sont couvertes d'une peau d'âne, de chèvre ou de veau, tendue au moyen de cerceaux et de cordes. Une double corde en boyau, tendue sur la peau de l'extrémité inférieure, donne du timbre à l'instrument. On bat le tambour avec deux baguettes. Les principales *batteries* sont : le *rappel*, la *générale*, la *marche*, la *charge*, la *retraite*, le *ban*, la *breloque*, la *diane*, le *roulement*, etc. — Le tambour a été connu de toute antiquité en Orient, où l'on s'en servait dans les fêtes de Cybèle et de Bacchus; mais il ne paraît pas avoir été en usage dans les armées chez les Grecs et les Romains, qui le remplaçaient par les timbales et la buccine. Importé en Europe par les Sarrasins, il était déjà adopté par les Espagnols, les Italiens, les Allemands et les Anglais, lorsqu'il fut introduit dans les troupes françaises en 1347. Divers noms lui étaient donnés pendant le moyen âge (*V.* TABUREL). On n'a cessé que de nos jours de l'employer dans les musiques de cavalerie. Il figure au théâtre dans les morceaux militaires. Le son du tambour n'étant pas de nature à être noté, les compositeurs figurent par une note arbitrairement choisie celle qu'ils sont censés attribuer à cet instrument; et ce n'est que par les valeurs assignées à cette note qu'ils indiquent à l'exécutant les roulements ou les coups qu'il doit frapper.

TAMBOUR, soldat porteur de l'instrument appelé *tambour* ou *caisse*, à l'aide duquel il cadence le pas de l'infanterie de ligne. En France, il y a aujourd'hui deux tambours par compagnie. Chaque régiment a une école de tambours, dont les élèves sont pris parmi les enfants de troupe, les enrôlés volontaires et les nouvelles recrues. L'habit des tambours est recouvert de galons de laine au collet de l'habit et aux manches. Tout détachement commandé par un officier est toujours précédé d'un tambour. Les tambours et les trompettes accompagnent les parlementaires chargés de négociations militaires en présence de l'ennemi. — Il y a, dans chaque bataillon, un *Caporal-tambour* ou *Tambour-maître*, chargé de l'instruction, de la police et de la discipline des tambours. — Dans chaque régiment, un *Tambour-major* surveille et commande les tambours et les clairons, et dirige leur instruction. On le choisit parmi les hommes de haute taille, et il a rang de sergent-major. Son habit est richement galonné d'or ou d'argent, avec deux épaulettes à graines d'épinard mélangées d'or ou d'argent et de soie de couleur; sa coiffure est un colback avec un plumet; son sabre, suspendu à un baudrier brodé, enfermé dans un fourreau de maroquin ou en métal doré, à la monture garnie d'ornements ciselés; il porte enfin une grande

canne à grosse pomme argentée, le long de laquelle s'entre-croisent deux chaînes de métal, et qui lui sert à faire les commandements. Le tambour-major s'appelait, au XVIᵉ siècle, *tambour-colonel* ou *capitaine-tambour*.

TAMBOUR, en termes d'Architecture, chacune des assises de pierres cylindriques, plus larges que hautes, qui forment le fût d'une colonne, ou le noyau d'un escalier à vis. On nomme *tambour de coupole* l'étage sur lequel porte la coupole. — Le nom de *tambour* est aussi employé comme synonyme de *tympan* et de *fronton*.

TAMBOUR, en termes de Menuiserie, enceinte de lambris avec une ou plusieurs portes, placée aux principales entrées des églises et autres édifices, à l'intérieur, pour empêcher le vent d'y pénétrer.

TAMBOUR, en termes de Fortification, retranchement qui couvre la porte d'une ville ou l'entrée d'un ouvrage.

TAMBOUR, coffre de plomb dont on se sert dans un bassin pour rassembler l'eau qu'on doit distribuer à différents conduits ou à plusieurs jets.

TAMBOUR, en termes de Marine, assemblage de planches clouées en forme de coffre pour couvrir soit la tête du gouvernail, soit une écoutille, soit les roues des bateaux à vapeur.

TAMBOUR DE BASQUE, petit tambour formé d'un cercle de bois de 4 à 5 centimèt. de large, avec une peau tendue a'un côté du cercle, et auquel sont attachés des grelots et des plaques de métal. On frappe la peau avec le dos de la main; pour faire résonner les grelots, on agite l'instrument, ou l'on glisse le pouce sur la peau. Steibelt a composé des bacchanales pour piano avec accompagnement de tambour de basque, dont la partie est notée. Le tambour de basque a toujours été inconnu aux Basques, dont il porte le nom on ne sait pourquoi. Il existait chez les Anciens, et il est souvent figuré dans les bas-reliefs et les peintures antiques.   B.

TAMBOURIN, sorte de tambour, moins large et plus long que le tambour ordinaire, sur lequel on bat avec une seule baguette, et qu'on accompagne ordinairement avec une petite flûte ou galoubet pour faire danser les villageois. On le nomme aussi *Tambour de Provence*. — Le nom de *tambourin* fut donné autrefois à une danse de théâtre, fort gaie, en mesure à 2/4, dont la musique imitait les airs du tambourin joint au galoubet. *V.* au *Suppl.*

TAMIL ou TAMOUL (Idiome), une des langues dravidiennes (*V. ce mot*) de l'Hindoustan, parlée sur la côte orientale depuis le cap Comorin jusqu'à Palicate, c.-à-d. sur les côtes du Coromandel et du Malabar. Cet idiome diffère peu du malabar (*V. ce mot*), avec lequel on l'a souvent confondu, et encore moins du karnatika (*V. ce mot*). Il est harmonieux, et n'a pas les aspirations si communes dans le karnatique et le télinga (*V. ce mot*). Il possède 3 genres et 2 nombres. Ses adjectifs sont indéclinables. Sa conjugaison a le passif et le mode subjonctif qui manquent au malabar, outre un mode interrogatif et plusieurs impératifs qui lui sont particuliers. Les prépositions sont jointes à la fin des substantifs, des pronoms et des verbes. La construction ne souffre aucune inversion. Le tamoul s'écrit avec un caractère qui s'éloigne plus du dévanâgari que ne le fait aucun des alphabets de l'Inde. *V.* Beschi, *Grammatica latino-tamulica*, Madras, 1816 et 1849; Brown, *Grammaire du langage tamoul*, Madras, 1840; Campbell, *Dictionnaire tamoul*, Madras, 1821 et 1848; Rottler, *Dictionnaire tamoul*, Madras, 1836; Dupuis et Mousset, *Dictionarium latino-tamulicum*, 1846. — Il existe beaucoup d'ouvrages écrits en tamoul, et ils servent souvent à comprendre les livres sanscrits; les plus anciens remontent à peu près à l'an 1000 de notre ère. Parmi les productions originales, on remarque les Sentences (*Kural*) de Tiruvalluver, dont Ariel a publié des extraits en français, Paris, 1852.

TAMPON, rouleau avec lequel les imprimeurs en taille-douce appliquent l'encre sur la planche gravée.

TAM-TAM ou GONG ou BEFFROI, instrument de percussion, originaire de la Chine ou de l'Inde. C'est un plateau de métal (4 parties de cuivre jaune et une partie d'étain), large et peu épais, qu'on porte suspendu à une corde, et sur lequel on frappe avec un marteau ou une forte baguette garnie d'un tampon de peau. Le son qui en résulte est d'un caractère lugubre; il a d'abord une très-grande puissance, puis se perd dans des vibrations lentes et prolongées. Le tam-tam, fort en usage dans la musique des Orientaux, n'est employé chez nous qu'avec beaucoup de réserve, par exemple dans les cérémonies funèbres, ou dans certaines scènes de musique dramatique où l'on veut produire des effets terribles. Ce fut aux funérailles de Mirabeau, le 4 avril 1791, qu'on entendit pour la première fois le tam-tam dans un orchestre. *V.* Stanislas Julien, *Notice sur la fabrication des tamtams*, dans les *Comptes-rendus des séances de l'Académie des sciences*, t. XXIV. B.

TANASSÉRIM (Dialecte). *V.* Birmane (Langue).

TANBOUR, sorte de mandoline des Arabes et des Turcs, dont on frappe les cordes de métal avec un plectre en écaille. L'échelle des tons est marquée sur le manche. Il y a des tanbours de diverses dimensions : 1° le *tanbour kebir-tourki*, dont la partie inférieure est bombée et un peu plus qu'hémisphérique; la table d'harmonie est plate; les cordes, au nombre de 8, sont accordées deux par deux à l'octave et à l'unisson, et donnent une échelle de 2 octaves et demie; — 2° le *tanbour charki*, long de 1ᵐ,12, et monté de 3 cordes doubles, dont 2 en laiton et une en acier; son échelle est de deux octaves et une quarte; — 3° le *tanbour bouzourk*, monté de 6 cordes, dont trois (en laiton) servent pour une seule note, deux (en acier) pour une autre note accordée un demi-ton plus haut, et la dernière (aussi en acier) pour une note à une quinte inférieure à la seconde; l'étendue de l'instrument est de deux octaves et demie; — 4° le *tanbour baghlamah*, ou mandoline d'enfant, ne différant du bouzourk que par la petitesse de ses dimensions, et ayant une étendue de 2 octaves; — 5° le *tanbour boulgkari*, excessivement orné, monté de 4 cordes, dont deux simples et une double, et d'une étendue de deux octaves.

TANENGSARI (Dialecte). *V.* Birmane (Langue).

TANGAGE. *V.* Roulis.

TANGON, en termes de Marine, espart double, placé en travers sur l'avant du mât de misaine, et saillant au delà du pont pour soutenir les ancres loin du bord ou pour amarrer les chaloupes, qui ne peuvent ainsi accoster les flancs du bâtiment.

TANNEURS, ancienne corporation formée en 1345, sous le patronage de Sᵗ Barthélemy. L'apprentissage était de 5 ans au moins.

TANTE, sœur du père et de la mère. *V.* Oncle, Neveu.

TANTEURISTE. *V.* Collier.

TANTRAS. *V.* Indienne (Littérature).

TANZIMAT. *V.* ce mot dans notre *Dictionnaire de Biographie et d'Histoire*.

TAO (Religion du). *V.* Chinois (Philosophie des).

TAORMINI (Antiquités de). Cette ville de Sicile, appelée autrefois *Taurominium*, possède des ruines antiques qui attestent sa grandeur passée. Ce sont : cinq réservoirs de grande dimension, et les aqueducs destinés à y conduire les eaux; des murailles en brique, de près de 120 mèt. d'étendue, ornées d'arcades et de niches, et ayant appartenu à un édifice considérable, naumachie, gymnase ou cirque; beaucoup de tombeaux; les restes d'un bain; les murs latéraux d'un petit temple dont on a fait une église. Mais le monument le plus important est un théâtre grec, agrandi et orné par les Romains, saccagé par les Normands au moyen âge, et réparé en 1748. Il a 69 mèt. de diamètre, et peut avoir contenu 25 à 30,000 spectateurs. Les gradins, qui paraissent avoir été au nombre de 28 ou 30, et qui étaient recouverts de plaques de marbre, sont aujourd'hui effacés; cette portion de l'édifice était bordée, à sa partie supérieure, par une double galerie couverte, construite en brique, et ornée de pilastres, de colonnes, et de statues dont les niches subsistent encore. On retrouve aussi la trace de deux escaliers pour les spectateurs, une partie des petits murs qui entouraient le podium, un étage de la galerie rectiligne qui forme l'avant-scène, deux salles voûtées, les galeries par lesquelles les acteurs entraient en scène, etc.

TAPAGE. *V.* Bruits et tapages.

TAPE, en termes de Marine, morceau de bois travaillé en cône tronqué, qui sert à boucher hermétiquement un écubier; — tampon en liége ou en bois qui sert à fermer la bouche d'un canon, pour empêcher l'eau d'y pénétrer.

TAPECU, en termes de Marine, petite voile trapézoïdale établie sur l'extrémité arrière des lougres et des chaloupes. On donne le même nom au petit mât qui porte cette voile.

tapecu, fermeture à bascule, spécialement adaptée aux poternes, et qui, roulant sur un axe horizontal, retombe sur les talons du sortant.

tapecu, petit cabriolet découvert et mal suspendu.

TAPER, en termes de Peinture, exécuter d'une touche très-libre, négligée en apparence, comme si l'on n'avait fait que *taper* la toile çà et là de quelques coups de brosse. Un tableau *tapé* doit être vu d'un peu loin.

TAPIS (du mot grec et latin *tapes*), pièce d'étoffe en laine ou en soie, à dessins variés, dont on couvre une table, une estrade, un carreau ou un parquet de chambre, etc. Il y a 6 genres principaux de tapis : 1° les *tapis veloutés* ou *de Savonnerie*, en haute lisse (*V.* ce mot), d'un seul morceau et des plus grandes dimensions; la laine n'est que passée, et non nouée à la chaîne; 2° les *tapis ras* ou *d'Aubusson*, à basse lisse, d'un seul morceau, dont le dessin s'exécute à l'envers et par la trame; 3° les *moquettes* (*V.* ce mot), qui se fabriquent sur un métier, et dont le dessin s'exécute par la chaîne; on les dit *veloutées* ou *épinglées*, selon qu'on a coupé ou non la boucle que forme la laine à chaque brin; 4° les *tapis écossais*, ou *à double face*, qui n'ont pas d'envers, et qui se fabriquent sur métiers à la Jacquart; 5° les *tapis vénitiens*, dont le dessin ne consiste qu'en rayures, et qui ne s'emploient que pour passages d'appartements et pour escaliers; 6° les *tapis jaspés*, dont le fond est rayé ou chiné, et qui se composent d'une grosse trame en étoupe revêtue d'un peu de laine.

Les premiers tapis consistèrent en tresses de jonc et de paille, et aujourd'hui encore il en arrive du Levant qui sont fabriqués avec une extrême délicatesse. L'Antiquité vantait les tapis d'étoffe fabriqués à Sardes, à Pergame, à Milet, à Samos, à Tyr et à Sidon. Plus tard, Alexandrie eut le monopole de ce genre d'industrie. Dans les premiers temps du moyen âge, les arts languirent; la fabrication des tapis ne reprit en France qu'au ixᵉ siècle. A la fin du xᵉ, l'abbaye de Sᵗ-Florent, à Saumur, se livra au tissage des étoffes ornées de fleurs et d'animaux. Au xiᵉ, la ville de Poitiers eut une manufacture dont les produits étaient fort recherchés : les tissus qu'elle exécutait offraient des portraits d'empereurs et de rois, des sujets tirés de l'Écriture sainte. A la même époque, les peuples du Nord, et surtout les Anglais, se distinguèrent aussi dans cet art nouveau, et l'on disait un *ouvrage anglais* pour *ouvrage brodé*; l'Orient envoya aux Occidentaux ces étoffes chargées d'écussons ou d'animaux, qu'on appelait *scultatæ* ou *ocellata vestes*, puis celles qui reçurent le nom de *tapis sarrazinois*. Aux xiiᵉ et xiiiᵉ siècles, les villes de Flandre fournirent de tapis toute la chrétienté. Le goût en était devenu si vif, qu'on les faisait entrer dans la confection même des tentes de guerre : les tapis de pied, de table ou de lit, qu'on plaçait à l'intérieur, se nommaient *aucubes*; on appelait *tref* (de *trifolium*) ceux qui recouvraient la charpente, parce que les draps de la tente étaient assemblés en trois lés. Sous le gouvernement des ducs de Bourgogne, Arras devint un grand centre de fabrication pour les tapis, d'où le nom d'*arrazzi* sous lequel on les désignait en Italie. On employait généralement la laine; la fabrication des tapis en soie en fils d'or se concentra surtout à Florence et à Venise. Au xviᵉ siècle s'ouvre une ère de perfectionnement et de progrès : en 1539, François Iᵉʳ fonde à Fontainebleau la première manufacture royale. Alors on se met à tisser les tapis d'une seule pièce, au lieu de les fabriquer par fragments, que l'on rapprochait ensuite en les recousant. Henri II continua d'encourager cette industrie, et créa une autre manufacture à Paris, dans l'hôpital de la Trinité. Sous Henri IV, il y eut au Louvre une fabrique de tapis de Perse ou de Turquie, nommés aussi tapis du Levant, sous la direction d'ouvriers musulmans attirés en France au moment où Philippe III venait de les chasser d'Espagne et des Pays-Bas. Louis XIII transporta cette manufacture près de Chaillot, dans la maison de la Savonnerie (*V.* ce mot), qui fut réunie sous Louis XIV à celle des Gobelins (*V.* ce mot). La manufacture de Beauvais fut fondée en 1664 par Louis Hinart.

tapis franc, en termes d'argot, lieu de refuge du plus bas étage, où les gens de mauvaise vie se réunissent dans les grandes villes pour jouer, boire, fumer et dormir.

tapis vert, vaste pièce de gazon, pleine et entière, qu'on trouve dans les grands jardins. Le Tapis vert du parc de Versailles est célèbre.

TAPISSERIE (de *tapis*), mot qui se dit : 1° de tout ouvrage fait à l'aiguille, sur du canevas, avec de la laine, de la soie, du fil, de l'or, etc. : c'est la *broderie* (*V.* ce mot); 2° des grandes pièces faites au métier avec de la laine, de la soie ou de l'or, représentant des tableaux, des personnages, des dessins de fleurs, et servant principalement de tentures. Le voile du Saint des Saints, chez les Hébreux, dont la broderie représentait diverses figures de Chérubins, était un magnifique ouvrage dû à l'habileté du tisserand. Chez les Babyloniens, on se servait de tapisseries pour retracer les mystères de la religion et perpétuer les faits historiques; les maisons royales étaient ornées de tapisseries tissées d'argent et d'or. Les Égyptiens paraissent avoir été également habiles dans la broderie et dans la tapisserie. Chez les Grecs, selon la Fable, Philomèle exécuta en laine la triste aventure de Progné; selon l'histoire, Pénélope broda sur la toile les événements qui avaient agité la vie d'Ulysse. L'Iliade d'Homère nous montre Hélène travaillant à un merveilleux ouvrage de broderie, où étaient représentés les combats des Grecs et des Troyens; Andromaque est occupée à un travail de ce genre, lorsqu'on vient lui annoncer la mort d'Hector. Aristote parle d'un Sybarite qui fit broder une tapisserie représentant les six grandes divinités de la Grèce; la bordure supérieure était ornée d'arabesques de Suze, et l'inférieure d'arabesques persanes. Les Romains eurent de riches tapisseries qu'ils nommaient aulœa, des couvertures qu'ils étendaient sur leurs lits et qu'ils appelaient vestes : souvent on y voyait représentés des sujets fabuleux ou héroïques. Caton d'Utique possédait un tapis babylonien qui valait 800,000 sesterces (163,667 fr.), et, au rapport de Pline (VIII, 48), Néron en paya un 4 millions de sesterces. Carthage connaissait aussi les tentures brochées, et ses tisseranderies jouissaient d'un grand renom. Au moyen âge, on voit fréquemment les étoffes brochées employées à la décoration des églises. Ce fut ainsi que Dagobert fit couvrir de tentures les murailles de l'abbaye de St-Denis. Les châtelaines et leurs suivantes brodent les gestes glorieux des ancêtres, et l'on orne de ces nobles souvenirs les murailles des châteaux. Non-seulement les tapisseries servent à tendre les appartements et à déguiser leur nudité, mais on les emploie dans les occasions solennelles, par exemple, aux entrées des princes, pour donner une physionomie joyeuse aux villes et aux places publiques. Les salles de festin sont tendues de riches tentures; dans les tournois, autour des lices et du haut des galeries jusque dans l'arène, se déroulent les exploits des preux; les caparaçons déploient aux yeux de la foule de riches housses ymagées. Un usage assez général à cette époque fut que les tapisseries portassent les armoiries de ceux à qui elles appartenaient ou par ordre desquels elles avaient été confectionnées; dans d'autres, au contraire, les personnages représentés offraient leurs propres armes sur leurs habits. Quant aux ymaiges, elles étaient très-variées : elles retraçaient des scènes tirées de l'histoire ancienne, les gestes fabuleux des héros, les faits historiques modernes, des chasses, des animaux bizarres, ou encore des occupations propres aux diverses saisons, enfin les principales scènes des romans de chevalerie. Ce qui prouve que l'Europe était loin de céder en cela aux Orientaux, c'est que Louis IX envoya en présent au khan des Mongols une tente en tapisserie représentant l'Annonciation, et qu'une partie de la rançon que Jean de Nevers paya à Bajazet Ier, après la bataille de Nicopolis (1396), était composée de tapisseries d'Arras représentant l'histoire d'Alexandre. Il nous est resté du moyen âge un certain nombre de tapisseries historiées, ou à personnages; voici quelques renseignements sur les plus célèbres :

I. Tapisserie d'Aix. — Achetée à Paris en 1656, pour la cathédrale d'Aix, elle provient d'Angleterre, et c'est une de celles que les Anglais vendirent lorsqu'après s'être séparés de l'Église romaine ils dépouillèrent les édifices religieux. Dans les grandes fêtes sur la place au-dessus des stalles des chanoines; en temps ordinaire, elle est roulée et renfermée dans la sacristie. Elle représente l'histoire de Jésus et celle de la Vierge, et se compose de 27 compartiments, qui offrent à eux tous une longueur d'environ 62 mèt.; elle est travaillée en laine mélangée de soie. Chaque panneau contient deux compartiments ou tableaux; le dernier n'en a qu'un seul. Il y a des armoiries de deux en deux compartiments; on remarque celles de Henri VIII, roi d'Angleterre, et de William Warhain, archevêque de Cantorbéry de 1506 à 1532. Le genre de la composition des sujets, ainsi que leur exécution, appartient à l'école flamande : cependant l'artiste s'en est écarté en ce qui concerne les femmes; les figures de femmes de la tapisserie d'Aix sont grandes, sveltes, d'une nature fine et déliée, bien éloignée du type flamand. Les costumes et les armes sont des xve et xvie siècles. On voit au moment où cette tapisserie a été faite (1541), l'ancien style et le goût gothique commençaient à céder à de meilleures compositions.

II. Tapisseries d'Aulhac ou Aulhat (Puy-de-Dôme). — Elles furent enlevées pendant la Révolution à leur propriétaire qui résidait à Aulhac, puis transportées à Issoire et déposées dans une des salles du palais de

justice. Le peu de soin qu'on en a pris depuis cette époque est cause qu'à cette heure elles sont détériorées. Les cartons d'après lesquels furent exécutées ces tapisseries en font des objets d'art d'un haut mérite. Elles sont en laine. On ignore le lieu où elles furent fabriquées, ainsi que la dimension totale de leur collection. Il est probable cependant qu'elles représentaient les principaux faits de la guerre de Troie. Leur hauteur est de 4m, 33. A en juger par les chaussures à la poulaine, les armures, les panaches, les vêtements, elles sont du xve siècle, et plutôt de là la seconde moitié que de la première.

III. Tapisserie de Bayard. — Elle décorait autrefois la grande salle du château de ce nom, près de Grenoble; elle fut vendue, en 1807, à un artiste de Lyon, qui la céda en 1837 à M. Achille Jubinal. Elle se compose de trois fragments qui se suivent sans interruption, et qui ont chacun 4m, 33 de hauteur sur 2m, 33 de largeur; mais elle devait être jadis bien plus considérable. L'architecture, les costumes, les armes, tout dénote qu'elle est du commencement du xve siècle; l'écriture des légendes qui expliquent le sujet offre même quelques caractères pareils à ceux de la fin du xive. Le sujet est tiré de l'Iliade d'Homère, et il est probable que ce poëme se trouvait reproduit en laine presque tout entier. Le premier compartiment représente la ville de Troie : les édifices sont construits dans un singulier système architectural qui n'appartient à aucune époque; quelques-uns cependant sont ornés de dentelures gothiques. On remarque au premier plan un groupe dont toutes les têtes sont d'une grande correction de dessin et ont beaucoup d'expression de physionomie; les personnages qui composent ce groupe portent leur nom écrit sur leurs vêtements, Eneas, Anthénor, le roy Priam, Panthasilea. Une légende tracée au bas du compartiment explique qu'il s'agit de Ponthésilée, reine des Amazones, venant avec ses guerriers au secours de Troie, où elle est reçue par Priam et sa cour. Les costumes et la coiffure se rapprochent des modes en usage sous Charles VII. Lesecond compartiment représente un combat dans lequel la lance de Poydamas se croise avec l'épée d'Ajax Thélamon; y voit aussi Philiménés qui combat, et la reine Penthesilea qui frappe de son glaive Diomède renversé de cheval. Le 3e compartiment offre une scène plus paisible. Sous une tente élégante, Pyrrhus, fils d'Achille, est debout; on l'arme chevalier avec les cérémonies du moyen âge; autour de lui se tiennent Ajax et Agamemnon, qui semblent lui servir de parrains; il saisit d'une main la bannière qu'on lui présente, et paraît ému de l'honneur qu'on lui décerne; à ses pieds est un écuyer qui lui chausse l'éperon. — Au résumé, toute cette composition est fort expressive. La tapisserie de Bayard est, en outre, curieuse par son travail, qui est en pièces de rapport comme les premières tapisseries de Flandre, par les costumes, qui sont riches et élégants, enfin par la beauté des figures.

IV. Tapisserie de Bayeux. — V. BAYEUX (Tapisserie de).

V. Tapisseries de Beauvais. — Il y en eut deux bien distinctes, représentant, l'une des sujets religieux, l'autre des sujets profanes. Les tapisseries religieuses, jadis en plus grand nombre qu'aujourd'hui, furent données vers 1460 à la cathédrale, dont elles ornèrent le chœur jusqu'au xviiie siècle, par Guillaume de Hollande, évêque de cette ville. Elles sont présentement dispersées, et plusieurs même ont péri. Les fragments qui ont été conservés représentent quelques faits miraculeux de la vie de St Pierre. Un de ces fragments, en la possession de M. Dusommerard, est remarquable à cause des costumes militaires et de l'architecture : c'est celui où est retracée l'évasion de St Pierre, conduit par un ange hors de sa prison, tandis que les soldats chargés de le garder sont endormis. Les autres fragments que conserve la cathédrale de Beauvais se distinguent aussi par la richesse des costumes et le naturel des physionomies; des inscriptions explicatives et en caractères gothiques sont placées au haut de chaque compartiment. — Les tapisseries à sujets profanes sont de la première moitié du xvie siècle, ainsi que l'indiquent le costume des personnages et la date de 1530 marquée sur l'une d'elles. On suppose qu'elles proviennent des manufactures d'Arras; et ne serait pas impossible non plus qu'elles fussent sorties de celles de Beauvais, qui ont eu aussi un grand renom. Elles sont relatives à la fondation des principales villes des Gaules, et offrent quelques-uns des personnages qui ont donné leurs noms aux anciennes divisions territoriales du pays, avec quelques lignes sur leur histoire plus ou moins apocryphe. Ces personnages sont, entre autres : Belgius, roi des Gaulois, fondateur de Beauvais;

Pâris, fondateur de Paris ; Lugdus, roi des Celtes, fondateur de Lyon ; Rémus, frère de Romulus, fondateur de Reims. Dans un compartiment qui représente la France et quelques contrées voisines, on voit sur une carte géographique un grand nombre de rivières et de pays suivants : le Rhin, Souisse, Savoye, Méditerranée, Loyre, Aquitaine, Gironde, Gascogne, France, Seine, Bretaigne, Angleterre, Normandie, Picardie, Flandres, Artois, Holande, Ardene. Tout cela est disposé d'après les quatre points cardinaux, dont les noms sont tracés aux quatre côtés de la tapisserie.

VI. *Tapisseries de Berne.* — Elles sont au nombre de dix. On les conserve dans la sacristie de la cathédrale, et elles sont exposées dans le chœur en des occasions solennelles, notamment lors de l'ouverture de la diète helvétique. Les couleurs en sont parfaitement conservées, et l'exécution en est remarquable. Six de ces tapisseries furent prises sur Charles le Téméraire à Granson et à Morat (1476) ; leur confection remonte à la première moitié du xve siècle. Les principaux sujets qu'elles représentent sont : l'Adoration des Mages ; Trajan écoutant la requête d'une veuve, faisant exécuter le meurtrier de son mari tué injustement, et, dans un dernier tableau, St Grégoire de Nazianze arrachant aux Enfers par ses prières l'âme de cet empereur ; César passant le Rubicon, et livrant diverses batailles (cette tapisserie a près de 8 mèt. de longueur sur 4m,50 de hauteur). Les quatre dernières tapisseries proviennent de l'ancienne fabrique de Berne, et datent de la première partie du xvie siècle. Les deux plus longues ont 5 mèt. de largeur sur 1m,50 d'élévation, ce qui est aussi la hauteur des autres. Le sujet, développé en divers tableaux, est la Vie de St Vincent de Saragosse, patron de la cathédrale de Berne.

VII. *Tapisseries de la Chaise-Dieu* (Auvergne). — Données en 1518 à l'église qu'elles ornent encore aujourd'hui par Jacques de St-Nectaire ou Sennectère, dernier abbé régulier, dont elles portent les armoiries, il serait difficile de désigner le lieu où elles furent fabriquées, et l'auteur des cartons originaux. Tout ce qu'on peut affirmer, c'est qu'elles ne sont pas un ouvrage flamand : le type de physionomie attaché à chacun des personnages est trop empreint d'idéalité pour ne pas démentir cette origine. C'est ce qui, joint à la finesse de l'exécution et à la richesse des sujets qu'elles représentent, fait penser qu'elles sont sorties des fabriques de Florence ou de Venise, ou qu'elles sont l'œuvre d'artistes italiens établis en France depuis l'expédition de Charles VIII. Ces tapisseries sont au nombre de 14, dont 3 de forme carrée, ayant 3m,33 en tous sens ; les autres ont 2 mèt. de largeur, sur 6 de longueur, à l'exception d'une seule qui n'a pas moins de 8m,50. Douze sont appendues au-dessus de la boiserie du chœur de la grande église ; les deux autres sont placées dans l'*église des Pénitents*, ancien réfectoire des moines qui forme aujourd'hui une chapelle. Les tapisseries de la Chaise-Dieu sont un tissu de laine et de soie fait au métier, et l'on aperçoit encore sur presque toutes des fils d'or et d'argent que le temps a respectés. Elles représentent l'histoire de l'Ancien et celle du Nouveau-Testament mises en regard, c.-à-d. la figure et la réalité. Chacune d'elles est divisée en trois compartiments formés par des colonnettes : celui du milieu est presque toujours occupé par un trait de l'histoire de Jésus-Christ, et les deux autres par les points de l'histoire de l'Ancien Testament qui sont la figure du Nouveau. Des exergues placés en haut renferment un quatrain en prose latine rimée ; les deux premières lignes sont tirées de la Bible et expliquent la figure, les deux dernières la réalité. Dans le milieu et en bas de la tapisserie, on lit des sentences tirées des Prophètes, des passages empruntés soit aux Psaumes, soit aux autres livres de la Bible, mais toujours relatifs au sujet représenté dans le compartiment où ils sont placés. Les trois compartiments carrées forment à elles seules un abrégé de l'histoire de Notre-Seigneur dans ses trois faits principaux, la naissance, la mort et la résurrection. La fabrication des tapisseries de la Chaise-Dieu doit remonter au commencement du xvie siècle ou à la fin du xve : elles dénotent, en effet, dans l'architecture et dans les costumes qu'elles reproduisent, les règnes de Charles VIII et même de Louis XI plutôt que ceux de Louis XII et de François Ier.

VIII. *Tapisserie de Dijon.* — Elle représente l'histoire du siège que soutint cette ville contre les Suisses en 1513, et est divisée en trois tableaux, qui retracent : le 1er, le siège à son commencement ; le 2e, la procession solennelle qui eut lieu dans un moment de trêve, le long du rempart, en l'honneur de Notre-Dame-de-Bon-Espoir ; le 3e, la fin du siège, ou l'exécution du traité conclu entre les habitants et les Suisses, ainsi que le témoignage de grâces que le gouverneur vient rendre à la Vierge. Cette œuvre dut être faite peu de temps après l'événement dont elle était destinée à perpétuer le souvenir, puisqu'elle représente avec exactitude les divers monuments de la ville, les costumes et les armes du xvie siècle. Le dessin se distingue par une expression naïve et par une grande richesse de composition, opposées à des fautes d'ordonnance et de perspective. La tapisserie de Dijon a 2m,384 de hauteur sur 6m,604 de longueur ; elle ne contient pas moins de 50 personnages par compartiment. On ignore de quelle manufacture elle sort, et par qui elle fut commandée. Elle dépendait anciennement du mobilier de la fabrique de Notre-Dame ; achetée pendant la Révolution à un brocanteur par le maire de Dijon, et placée dans une des salles de l'ancien hôtel de ville, d'où elle a passé au Musée en 1832, elle est aujourd'hui tendue dans la cage de l'escalier de ce Musée ; bien que le temps en ait altéré la fraîcheur, elle n'en est pas moins intacte, et assez bien conservée jusque dans ses moindres détails.

IX. *Tapisserie du Louvre.* — Cette tapisserie, après avoir passé en plusieurs mains depuis Richelieu, dans ses plus anciens possesseurs, fut achetée par le roi Charles X au peintre Révoil. L'architecture, les costumes et les légendes qu'elle offre placent son exécution vers le milieu du xve siècle ; malgré cette antiquité, elle est très-bien conservée, et n'a subi que peu d'altérations. Le sujet est un miracle de St Quentin, qu'expliquent huit quatrains en caractères gothiques placés au bas des personnages. Un larron a dérobé le cheval d'un prêtre ; il est pris, et condamné à être pendu. Le prêtre sollicite sa grâce, et elle lui est refusée ; il prie alors pour le coupable devant la châsse de St Quentin. On procède à l'exécution ; mais un accident arrivé au gibet fait que le patient tombe avant le moment fatal : le prévôt reconnaît dans ce fait un ordre du ciel. Le patient, délivré, s'agenouille devant la châsse du saint, et le remercie de son intervention. Autour de cette tapisserie, qui a environ 8m,33 de longueur sur 4 mèt. de hauteur, règne une magnifique bordure composée de feuillages, de fleurs, de fruits, et de divers ornements très-pittoresques. Le terrain lui-même est semé d'herbes et de fleurs sur fond vert. Le vêtement du prêtre est rouge, celui du prévôt violet, celui des gardes jaunâtre ; les coiffures consistent presque uniformément en une sorte de calotte ou bonnet rouge, ayant une partie qui se relève par derrière et s'attache sur le sommet. Le toit des maisons est tantôt en tuiles, tantôt en ardoises, à la manière flamande ; ce qui, indépendamment du type général du dessin, ferait penser que cette tapisserie peut provenir des anciennes fabriques d'Arras.

X. *Tapisseries de Nancy.* — L'une de ces tapisseries remonte à une assez haute antiquité : elle a d'abord appartenu à Charles le Téméraire ; prise dans la tente de ce prince par les Lorrains après la bataille de Nancy en 1477, elle servit au palais des ducs de Lorraine jusqu'à Charles IV, qui en fit don à sa Cour souveraine. Ce qui reste de cette tapisserie a 25 mèt. de longueur sur près de 4 mèt. de hauteur, et garnit aujourd'hui une des chambres de la Cour impériale et une autre salle inoccupée. C'est une de ces œuvres flamandes dont le tissu de laine très-fine est éclairé par de l'or et la soie, la soie et la laine subsistent encore, mais l'or ne s'aperçoit plus que dans quelques endroits et à l'aide d'un beau soleil. Le sujet est une histoire allégorique qui a pour but de représenter les inconvénients de la bonne chère. Les personnages, de grandeur naturelle, portent leur nom écrit sur eux ; ce sont, pour les amphitryons : *Dîner, Souper, Banquet ;* pour les convives : *Passe-temps, Bonne-Compagnie, Gourmandise, Friandise, Je Boy-à-vous, Je Plaise-d'autant, Acoustumance ;* pour les maladies qui attaquent les convives après le repas : *Apoplexie, Paralisie, Pleurésie, Colicque, Esquinancie, Ydropisie, Jaunisse, Gravelle et Goutte ;* pour les remèdes qui viennent à leur secours : *Sobriété, Pilule, Clistère, etc.* Des inscriptions en caractères gothiques, placées dans le haut, expliquent les scènes. L'histoire est incomplète, et le dénoûment perdu. La tapisserie a été coupée en plusieurs morceaux, et malheureusement ce n'est pas aux endroits indiqués comme changement de scène par les divisions de l'artiste lui-même. On n'a pas été plus heureux quand on a voulu rejoindre ces morceaux : on les a placés dans l'ordre où on les voit aujourd'hui ; mais l'ordre naturel a été rétabli dans la reproduction qui en a été faite par la gravure, grâce à une Moralité dont le sujet a été puisé dans cette tapisserie, et qui peut servir aussi à retrouver les scènes qui manquent. Cette Moralité a pour titre : *Condamnacion des banquetz*, et pour auteur Nicole de La Chesnaye ; on la trouve isolément, et dans un recueil dédié à Louis XII et intitulé : *La nef de santé avec le gouvernail du corps humain et la condamnacion des banquetz*, etc. On peut regarder les deux premières scènes de la tapisserie de Nancy comme le tableau fidèle d'un repas seigneurial au xv° siècle, tant sous le rapport des ornements de la salle du festin que sous celui des vases qui servent à table et des serviteurs qui assistent au repas. Le costume des personnages est aussi tout à fait caractéristique ; ce sont les vêtements et ornements en usage vers le milieu du xv° siècle, et la disposition artistique, le choix du sujet, l'exécution elle-même, portent bien l'empreinte du style des œuvres de cette époque. — Le local de la Cour d'appel de Nancy possède une autre tapisserie, qui n'a aucun rapport avec la précédente, et qui provient, dit-on, de la même source. Elle représente l'histoire d'Assuérus révoquant son édit contre les Juifs. Les principaux personnages, après le roi, sont : Esther, Aman et Mardochée. L'artiste, ayant voulu leur donner un costume oriental, les a affublés de vêtements de fantaisie, qui ne sont d'aucun peuple ni d'aucune époque. Comme dessin, les figures d'Esther et de ses trois dames d'honneur sont très-belles ; leur physionomie est d'une exécution remarquable, et, dans l'expression du visage, ainsi que dans la posture d'Esther, il y a quelque chose de cette langueur que donnèrent à leurs madones aux siècles suivants les grands génies de la peinture italienne.

XI. *Tapisseries de Reims*, dans l'église métropolitaine. — Il y en a environ 40, formant diverses collections, et représentant toutes, à l'exception de deux ou trois, des sujets religieux. L'église de S¹ Remi compte aussi dix tapisseries, toutes d'égale grandeur et de forme pareille, données en 1531 par Robert de Lenoncourt, abbé commendataire. Elles représentent la bataille de Tolbiac, le baptême de Clovis, la peste de Reims, et les événements qui donnèrent lieu aux miracles de S¹ Remi, et sont très-belles de couleur et de travail. C'est surtout à l'envers qu'il faut les voir ; les couleurs, garanties de ce côté contre l'action de l'air, ont conservé presque tout leur éclat. Sur les dix, il y en a quatre moins altérées que les autres et qui paraissent avoir moins servi. En effet, dans les processions et autres cérémonies, on n'étale en général que six tapisseries. La perfection du travail, l'agencement de la composition, l'habileté avec laquelle les dessins ont été tracés, peuvent être un objet d'étude et d'instruction pour les artistes de nos jours. Quant aux tapisseries de la cathédrale, elles sont pour la plupart constamment exposées dans les nefs collatérales et contre la grande porte centrale ; il en est aussi qu'on tient roulées dans la sacristie, et qu'on n'expose que dans les solennités. Parmi les tapisseries, il en est d'assez médiocres ; elles n'appartiennent point, comme les autres, au xvi° siècle, mais au xvii°, et sont l'ouvrage d'un nommé Pepersak, artiste flamand.

XII. *Tapisserie de Valenciennes*. — Cette ville, autrefois célèbre par ses manufactures de tapis de haute lisse, ne possède plus qu'un monument de ce genre, un de ces admirables ouvrages qui faisaient la gloire des fabriques de Flandre aux xv° et xvi° siècles. Découverte en 1830, par M. Vitet, dans un grenier de l'hôtel de ville, la tapisserie de Valenciennes occupe aujourd'hui une des grandes salles de l'édifice. La bordure seule est un peu endommagée, mais le fond est dans un parfait état de conservation. Elle a 5 mèt. de hauteur, sur 5ᵐ,50 de large. Elle représente un tournoi : 12 chevaliers, cuirassés des pieds à la tête, et montés sur des chevaux richement caparaçonnés et couverts de housses armoriées et étincelantes d'or, s'attaquent à grands coups de dague ; les lances courtoises ont été rompues, et leurs débris jonchent l'arène. Dans le fond, on voit des tribunes garnies d'un triple rang de spectateurs. Les costumes sont de l'époque de Maximilien (xv° siècle), et ont une origine allemande que révèlent la multiplicité des panaches et leur exagération ridicule. Le sujet pourrait bien appartenir à l'un de ces 36 tournois tenus en Allemagne jusqu'en 1487, et décrits par André Favin dans son *Théâtre d'honneur et de chevalerie*. L'ordonnance générale du tableau est parfaite ; une grande harmonie règne entre ses diverses parties ; les lois de la perspective, fort souvent oubliées dans des œuvres dans celle-là complétement observées. On y admire encore la fermeté et le fondu des nuances, la netteté et la franchise du dessin, la hardiesse et le charme de la composition. Dans la bor-

dure, formée d'un riche feuillage arabesque, et terminée du côté du tableau par une chaîne de pierreries merveilleusement imitées, on a placé vingt écussons où l'on a cru distinguer, autant que l'a permis l'altération des couleurs, les armoiries de quelques maisons du pays de Liége et des provinces rhénanes.

V. *Les anciennes tapisseries historiées*, ou *Collection des monuments les plus remarquables de ce genre qui nous soient restés du moyen âge, à partir du xi° siècle au xvi° inclusivement*, texte par Achille Jubinal, dessins de Sansonetti, Paris, 1838, 2 vol. in-fol. oblong ; *Recherches sur l'usage des tapisseries à personnages*, par A. Jubinal, 1840, in-8° ; *Mémoire sur la tapisserie du chœur de l'église cathédrale d'Aix*, par Fauris de Saint-Vincent, Paris, 1812, in-8° ; *Toiles peintes et tapisseries de Reims*, par Paris et Leberthais, 2 vol. in-4° ; *Notice sur les tapisseries de la cathédrale de Beauvais*, par l'abbé Santerre ; *Études sur les beaux-arts*, *Essais d'archéologie et Fragments littéraires*, par Vitet, Paris, 1847, 2 vol. in-12 ; Lacordaire, *Notice historique sur les manufactures impériales de tapisseries des Gobelins et de tapis de la Savonnerie*, Paris, 1853, in-8°.　P—s.

TAPISSIÈRE, voiture suspendue et couverte, mais ouverte sur les côtés, et dont les tapissiers se servent pour transporter des meubles. On l'emploie aussi pour les déménagements et pour le transport de certaines marchandises.

TAPISSIERS, ancienne corporation qui existait déjà au temps de Philippe-Auguste, et qui avait plusieurs priviléges de concession royale, entre autres l'exemption du guet. Les tapissiers étaient aussi appelés *Sarrazinois* (V. TAPIS) ; ils ne travaillaient pas en haute lisse. Une autre corporation, celle des *hauts lissiers*, se réunit à eux en 1302. En 1625, il y eut encore fusion avec les *courtepointiers*. Le patron de la corporation était Saint Julien des Ménétriers.

TAPON, gros tambour en usage dans l'Inde. On le frappe avec le dos de la main.

TAQUE, plaque de fer fondu, qui forme le contrecœur d'une cheminée.

TAQUET, morceau de bois taillé qui sert à maintenir l'encoignure d'un meuble ; — piquet qu'on enfonce en terre pour servir de repère dans les alignements ; — crochet en bois auquel les marins amarrent des manœuvres ; — pièce de bois sur laquelle on frappe pour appeler les oiseaux dressés à la chasse.

TAQUOIR, morceau de bois tendre, très-uni, et doublé de bois de chêne, sur lequel les imprimeurs en typographie frappent avec un marteau, pour égaliser les caractères dont la *forme* est composée.

TARAHUMARA (Langue). V. Mexique (Langues du).

TARANTASSE, grande et lourde voiture de voyage, dont la caisse repose sur deux longues traverses de bois flexibles, supportées par des essieux. On s'en sert dans le Midi de la Russie.

TARASQUE (Langue). V. Mexique (Langues du).

TARBOUCH, bonnet de couleur rouge terne, en drap, avec un long gland bleu, et qui commence à remplacer le turban chez les Musulmans. Cette espèce de révolution a été ordonnée par le sultan Mahmoud II.

TARE (de l'arabe *tarah*, rejeter), en termes de Commerce, désigne tout à la fois : 1° tout défaut ou déchet sur le poids, la quantité et la qualité des marchandises ; 2° le poids des colis ; 3° la déduction faite, pour le poids de l'enveloppe, sur les marchandises qui n'ont pu être posées à nu lors de la vente.

TARE DE CAISSE, perte qui a lieu communément sur les sacs d'argent, soit à cause des fausses espèces, soit à cause des erreurs auxquelles on est exposé en payant ou en recevant.

TARE D'ESPÈCES, diminution qu'on supporte dans le compte de l'argent lorsqu'on change un billet ou une monnaie, et qui est le droit du changeur.

TARENTELLE, danse d'un caractère gai, originaire du pays de Tarente. L'air en est à 6/8 ; il est court, mais se répète plusieurs fois. On l'accompagne d'ordinaire avec le calascione (V. ce mot) et le tambour de basque.

TARGE, bouclier. V. notre *Dictionnaire de Biographie et d'Histoire*.

TARGETTE, platine de métal qui porte un verrou plat, et qu'on met aux portes, aux guichets, aux croisées, à la hauteur de la main, pour servir à les fermer.

TARGUM. V. ce mot dans notre *Dictionnaire de Biographie et d'Histoire*.

TARI, monnaie de Sicile au moyen âge. Sur la fin du xii° siècle, on faisait 24 tari avec une once d'or ; le tari valait alors 2 fr. 63 c. d'aujourd'hui. Plus tard, on en tira 29 1/2 d'une once.

TARIF (d'un mot arabe signifiant *série*), tableau qui indique les prix de certaines denrées, de certains services, et le taux de certains droits. Il y a des tarifs pour la navigation, le passage ou le parcours des rivières, pour l'exportation ou l'importation des denrées et marchandises, pour les amendes et les frais judiciaires, pour les actes délivrés par les Administrations, pour les émoluments des officiers ministériels, etc. Le premier tarif général des Douanes en France fut établi par Colbert en 1664; d'autres tarifs ont été ensuite promulgués en 1791, en 1816, en 1835, en 1853, en 1861 (*V.* DOUANES, LIBRE ÉCHANGE, PROTECTEUR — Système). Les Cours souveraines fixaient autrefois les tarifs dans toute la juridiction de leur ressort : un tarif général pour les tribunaux de tous les degrés fut établi par la loi du 6 messidor an VI (24 juin 1798); un nouveau tarif des frais et dépens a été promulgué en matière civile par décret du 16 févr. 1807, en matière criminelle et de police par décret du 18 juin 1811.

TAROTS, grandes cartes à jouer, ainsi appelées, dit-on, de la ville de Taro, en Lombardie, où on les avait inventées. *V.* CARTES A JOUER.

TARRAGONE (Cathédrale de). Le portail de cette église, auquel on arrive par un large escalier, se compose d'une vaste arcade à voussure ogivale, dont les pieds-droits sont garnis de statues et flanqués de deux épais contreforts. En arrière d'un fronton obtus et uni qui surmonte cette arcade s'ouvre une rose à vitraux, et, au-dessus, la façade se termine par un autre fronton mutilé et décoronné. Un dôme octogone, lourd et peu gracieux, s'élève au milieu des transepts. La nef, très-vaste, est divisée en trois parties que séparent cinq arcs, soutenus par des piliers massifs ornés de colonnes corinthiennes. Le style de la voûte est ogival. Le maître-autel est décoré de bas-reliefs en marbre représentant diverses scènes de la vie de Ste Thècle. Des mausolées ont été élevés dans deux chapelles à deux archevêques de Tarragone. A l'église est attenant un grand cloître carré, dont la cour est décorée de colonnes doriques en marbre, avec chapiteaux sculptés avec beaucoup d'art et de goût.

TARTANE, petit bâtiment léger de la Méditerranée, portant une grande voile à antenne et un hunier au grand mât, une autre voile à antenne au mât de tapecu, et deux focs sur le beaupré. On l'emploie pour la pêche et le cabotage.

TARTANE, filet de pêche à manche, dont on se sert sur les côtes du Languedoc.

TARTARELLE ou TARTAVELLE. *V.* CRÉCELLE.

TARTARES (Langues), dénomination appliquée quelquefois à toutes les langues *Ouralo-Altaiques* (*V. ce mot*), mais que l'on réserve généralement à un groupe de cette famille, lequel comprend le *mongol*, le *bouriate*, le *kalmouck*, le *mandchou*, le *turc* (*V. ces mots*), etc.- *V.* Abel Rémusat, *Essai sur les langues tartares*, Paris, 1820, in-4°; W. Schott, *Essai sur les langues tartares*, en allem., Berlin, 1836; Roehrig, *Éclaircissements sur quelques particularités des langues tartares et finnoises*, Paris, 1855, in-8°.

TASSE ou TASSETTE, vieux mot signifiant *bourse*. Un *tassetier* était un faiseur de bourses. L'étymologie reporte ce mot au *tasche* des Allemands, des Italiens et de la basse latinité, et au mot *tasque* usité en France pendant le viii° siècle.

TASSEL, mot qui désignait autrefois un mors de chape, et tout ornement de forme carrée placé sur la poitrine.

TASSETTES, pièces de métal disposées sur quatre rangs et qui rattachaient autrefois la cuirasse aux cuissards.

TASTO SOLO, c.-à-d. en italien *à touche seule*, mots qu'on écrivait autrefois dans la partie de l'organiste pour lui indiquer qu'il ne devait pas accompagner la basse par les accords de la main droite.

TATOUAGE, action de *tatouer*, c.-à-d. d'imprimer des dessins indélébiles sur la peau du corps. On pique jusqu'au vif dans la peau avec un instrument aigu; on couvre immédiatement la partie dessinée de poudre à canon très-fine, et on y met le feu; l'explosion fait pénétrer dans la peau des particules de poudre, et le dessin se montre de couleur bleue. En mélangeant à la poudre des substances colorées, on obtient des dessins jaunes, rouges, noirs, etc. Tel est le procédé de tatouage usité en Europe chez un certain nombre de matelots, de soldats et d'ouvriers. Les peuples de l'Océanie et quelques

tribus de l'Inde se tatouent en versant des substances colorées dans les incisions qu'ils se sont faites; c'est un moyen de distinguer les races et les rangs, de constater des alliances contractées, de rappeler le souvenir d'événements mémorables. Il est question du tatouage dès l'Antiquité, chez quelques peuplades riveraines de la mer Noire, les Gélons par exemple, et chez les Pictes de la Grande-Bretagne.

TATTERSALL. *V.* au *Supplément*.

TAU, instrument en forme de *tau* grec (T, τ), que plusieurs divinités égyptiennes portent à la main. *V.* CROIX.

TAUD ou TAUDE, tente goudronnée qu'on établit sur les embarcations et entre les deux passavants des bâtiments, ou dont on couvre les marchandises sur les navires et dans les ports.

TAUPINS. *V.* FRANCS-TAUPINS, dans notre *Dictionnaire de Biographie et d'Histoire*.

TAUREAU, en termes de Marine, navire de charge, en usage dans la Manche. Il est très-enflé de l'avant, porte deux mâts (le plus grand est à l'avant) et deux voiles.

TAUREAUX (Combats de). Ces divertissements étaient en usage chez les anciens Grecs, notamment en Thessalie; selon Pline, ils furent introduits par César à Rome, où les empereurs, puis les papes, les interdirent. On n'en voit plus guère aujourd'hui qu'en Espagne, où on y assiste avec une véritable passion : il existe une école de *tauromachie* à Séville, et la plupart des villes possèdent des cirques destinés aux luttes de taureaux contre des chevaux et des hommes. Celui de Madrid, appelé *Coliseo de los toreros*, contient plus de 10,000 spectateurs. Les hommes qui combattent contre les taureaux se nomment *toréadors* (à cheval) et *toréros* (à pied); on distingue parmi eux les *picadors*, les *matadors* (*V. ces mots*), et les *chulos* ou *banderilleros*, armés de petites flèches à banderoles de toutes couleurs.

‚ TAUROBOLE. *V.* notre *Dict. de Biogr. et d'Histoire*.

TAUTOGRAMMES (du grec *tauto*, le même, et *gramma*, lettre), nom donné à des vers ou à des poëmes dont tous les mots commencent par la même lettre. *V.* ALLITÉRATION.

TAUTOLOGIE (du grec *légô*, je dis, et *tauto* pour *to auto*, la même chose). C'est proprement la répétition d'un mot ou d'une locution, mais presque toujours la répétition d'une seule idée sous deux ou plusieurs formes. C'est d'ordinaire un défaut qui donne de la lenteur au style et le refroidit. Voiture a fait cette tautologie : « Cicéron avait étendu les *bornes* et les *limites* de l'éloquence. » Il y a en grec une espèce de tautologie très-usité, qui consiste à exprimer une idée d'abord sous forme affirmative, puis avec une double négation, ou réciproquement. Rendue en français avec une exactitude matérielle, cette manière de s'exprimer est étrange; mais on en rend l'esprit à l'aide de l'expression *bien loin de*, ou autre semblable. Parfois néanmoins elle constitue un défaut réel. Il y a enfin une espèce de tautologie, fréquemment employée par les poëtes et les orateurs anciens et modernes, et qui consiste à redoubler l'expression d'une idée pour en faire ressortir la valeur et frapper plus fortement l'attention.　　　　　　　　　　　　　P.

TAVAIOLE (de l'italien *tavaglia*, nappe), linge très-fin, garni de dentelles, dont on se sert à l'église pour présenter un enfant au baptême, pour couvrir les brancards sur lesquels est placé le pain bénit, pour porter en procession les statues de la Vierge ou des Saints, etc.

TAVERNE (du latin *taberna*), cabaret, auberge de bas étage.

TAXE (du grec *taxis*, fait de *tassein*, régler), fixation faite par le juge des salaires, émoluments ou frais dus aux officiers ministériels, aux experts, aux témoins, etc. Les parties condamnées aux dépens peuvent toujours, avant de les payer, en exiger la taxe, et celle-ci se fait d'après un tarif établi par l'autorité.

TAXE, prix fixé par l'autorité pour certaines denrées (*V.* PAIN, BOUCHERS), ou pour certains services, comme les chevaux de poste.

TAXE DES LETTRES transportées par la poste. La taxe des lettres, en France, fut pendant longtemps progressive d'après la distance parcourue; ce mode fut établi en 1673, et réglé de nouveau par la loi du 15 mars 1827. Le poids normal d'une lettre était de 7 1/2 grammes, et la taxe de 2 décimes par 40 kilomèt. (*V.* POSTE, dans notre *Dictionnaire de Biographie et d'Histoire*). En 1848, l'Assemblée nationale, par décret du 24 août, établit une taxe unique de 20 centimes pour toute lettre affranchie, et 30 centimes pour les autres, dans toute la France, la Corse et l'Algérie, à partir du 1er janvier 1849. En 1862, un décret impérial éleva le poids normal de la lettre à

10 grammes, sans changer la taxe. Voici, dans les tableaux suivants, le tarif des lettres de tout poids, affranchies et non affranchies :

I. *De direction à direction.*

POIDS.	LETTRES affranchies.		LETTRES non affranchies.	
	fr.	c.	fr.	c.
Jusqu'à 10 grammes inclusivement.	»	20	»	30
De 10 à 20 gr.	»	40	»	60
De 20 à 100 gr.	»	80	1	20
De 100 à 200 gr.	1	60	2	40
De 200 à 300 gr.	2	40	3	60

et ainsi de suite, en ajoutant, par chaque 100 gr. ou fraction de 100 gr. excédant, 80 c. en cas d'affranchissement et 1 fr. 20 c. en cas de non-affranchissement.

II. *Dans l'étendue d'une même direction.*

POIDS.	LETTRES affranchies ou non.	
	fr.	c.
Jusqu'à 15 grammes exclusivement.	»	10
De 15 à 30 gr.	»	20
De 30 à 60 gr.	»	30
De 60 à 90 gr.	»	40
De 90 à 120 gr.	»	50

et ainsi de suite, en ajoutant 10 c. par chaque 30 gr. ou fraction de 30 gr. excédant.

III. *D'une ville pour la ville même* (Paris excepté)

POIDS.	LETTRES affranchies ou non.	
	fr.	c.
Jusqu'à 7 gr. 1/2 exclusivement....	»	10
De 7 gr. 1/2 à 15 gr.	»	20
De 15 à 30 gr.	»	30
De 30 à 60 gr.	»	40
De 60 à 90 gr.	»	50

et ainsi de suite, en ajoutant 10 c. par chaque 30 gr. ou fraction de 30 gr. excédant.

IV. *Intérieur de Paris*

POIDS.	LETTRES affranchies.		LETTRES affranchies ou non.	
	fr.	c.	fr.	c.
Jusqu'à 15 gr. exclusivement.	»	10	»	15
De 15 à 30 gr.	»	20	»	25
De 30 à 60 gr.	»	30	»	35
De 60 à 90 gr.	»	40	»	45
De 90 à 120 gr.	»	50	»	55

et ainsi de suite, en ajoutant 10 c. par chaque 30 gr. ou fraction de 30 gr. pour les lettres affranchies ou non affranchies. *V.* le *Supplément.*

Les lettres de l'intérieur de la France pour les soldats à l'étranger et sous le drapeau, pour les marins sous le pavillon dans les colonies, et réciproquement les lettres qu'ils envoient, ne supportent que la taxe de direction à direction, lorsqu'elles sont transportées exclusivement par des services français : elles doivent être déposées dans les bureaux de postes militaires, non dans les bureaux civils.

TAXE DES DÉPÊCHES TÉLÉGRAPHIQUES. Les taxes applicables à la correspondance télégraphique privée circulant à l'intérieur de la France furent fixées au début, depuis le 1er janvier 1862, par application de la loi du 3 juillet 1861. Pour une dépêche de un à vingt mots, adresse et signature comprises : 1° entre deux bureaux d'une même ville ou d'un même département, 1 fr.; 2° entre deux bureaux de départements différents, 2 fr.

(par exception les dépêches à destination de la Corse restent provisoirement soumises à une surtaxe de 1 fr. 50 c. Un avis nouveau fit connaître l'époque où ce supplément de prix cessa d'être perçu ; 3° entre un bureau de France et un bureau : 1° de l'Algérie, 8 fr. ; 2° de Tunisie, 10 fr. Pour chaque dizaine de mots ou fraction de dizaine au-dessus de vingt mots, les taxes précédentes furent payées le double. L'expéditeur peut comprendre dans sa dépêche la demande de collationnement ou d'accusé de réception par le bureau de destination. La taxe du collationnement est égale à celle de la dépêche. La taxe de l'accusé de réception avec mention de l'heure de la remise à domicile est égale à celle d'une dépêche simple pour le même parcours télégraphique. Les dépêches transmises pendant la nuit ne sont soumises à aucune surtaxe; mais il ne peut être échangé de dépêches de nuit qu'entre deux bureaux ayant un service de nuit permanent. Ces bureaux sont Bordeaux, Boulogne, Calais, Chambéry, Dijon, Lille, Lyon, Marseille, Montpellier, Nancy, Narbonne, Nice, Paris, rue de Grenelle, 103, et place de la Bourse, Toulouse, Tours. *V.* le *Supplément.*

TAXE DES PAUVRES. } *V.* notre *Dictionnaire de Biogra-*
TAXIARQUE. } *phie et d'Histoire.*

TAXOLOGIE ou TAXONOMIE (du grec *taxis*, ordre, arrangement, et de *logos*, discours, ou *nomos*, loi), théorie des classifications.

TAYSIER (de *tay*, boue, fumier), vieux mot qui paraît avoir signifié un décrottoir.

TCHÈQUE (Langue). *V.* BOHÊME.

TCHÉRÉMISSE (Idiome), idiome finnois parlé par les Tchérémisses des bords du Volga. Il a deux déclinaisons avec 6 cas, et une déclinaison spéciale pour les pronoms. Le comparatif se forme par l'addition de la particule *rak* au positif, et le superlatif en lui préposant la particule *pesch*. La conjugaison a 3 temps, le présent, l'imparfait et le plus-que-parfait (on exprime le futur en ajoutant un adverbe au présent); elle a 4 modes, l'infinitif, le passif, le neutre, et le causal, ayant chacun une conjugaison différente lorsque le sens est négatif. Les prépositions sont ordinairement ajoutées à la fin du mot qu'elles régissent. *V.* Wiedemann, *Essai sur la Grammaire de la langue tchérémisse*, en allem., Revel, 1847; le même, *Les Tchérémisses et leur langage*, dans les *Archives* d'Erman, 1839 ; Castrén, *Elementa grammatices tcheremissæ*, Kuopio, 1845, in-8°.

TCHERKESSE (Langue). *V.* CIRCASSIENNE.

TCHIBYZGA, instrument de musique des Tartares. C'est une flûte, ordinairement de roseau, quelquefois de bois, longue d'un demi-mètre ou un peu plus, avec trois ou quatre trous à l'extrémité. Elle a des sons désagréables.

TCHICKIRNÉ, gabarre de l'État turc. Ce bâtiment n'a qu'un mât à pible, au centre, et un beaupré. Il grée une voile à baliston, une grande voile, un hunier, un perroquet, une trinquette, et un foc.

TCHOUDES (Langues). *V.* FINNOISES.

TCHOUTCHI (Idiome), idiome parlé par les Tchoutchis, dans le Kamtchatka et sur la côte d'Amérique qui lui fait face. On le rattache aux idiomes eskimaux.

TCHOUVACHE (Idiome), idiome de la famille turque, parlé par les Tchouvaches de la Russie d'Europe. Il contient plus d'un tiers de mots d'origine finnoise. Les substantifs, les pronoms, les noms de nombre, se déclinent, mais non pas les adjectifs. On forme le pluriel des substantifs en ajoutant *zam* ou *sam* au nominatif singulier et en le déclinant ainsi. Les prépositions se placent après leur régime. La conjugaison à 3 temps à l'*indicatif* ; les autres temps n'ont qu'un temps. Il n'y a pas de passif.

TECHNIQUES (Mots), termes spéciaux dont on se sert pour indiquer les objets d'une science, les instruments et les procédés d'un art (en grec *tekhnè*, art).

TECHNOLOGIE (du grec *tekhnè*, art, et *logos*, discours), mot qui a signifié d'abord la science des termes techniques, c.-à-d. employés dans les arts industriels, et qu'on a transporté à la connaissance de ces arts mêmes.

TECTORIUM OPUS, sorte de mortier des Anciens, fait avec de la chaux et du sable, auquel on mêlait quelquefois un peu de marbre pulvérisé. On en étendait successivement trois couches sur les murailles des appartements; il acquérait une grande solidité, ne s'écaillait en aucune façon, et présentait une surface polie, qu'on recouvrait presque toujours de peintures. Les ruines de Pompéi et d'Herculanum ont fourni de précieux débris de ce genre d'enduit.

TE DEUM. *V.* ce mot dans notre *Dictionnaire de Biographie et d'Histoire.*

TEETOTALLER, nom qu'on donne, en Angleterre et

aux États-Unis de l'Amérique du Nord, aux membres des *Sociétés de tempérance. Le mot, peut-être un peu iro-nique, signifie partisan de l'abstinence totale.*

TEINTE, en termes de Peinture, s'entend de diverses nuances d'une même couleur, indépendamment des effets et des combinaisons du clair-obscur.

TEINTE (DEMI-). *V.* DEMI-TEINTE.

TEINTER, en termes de Peinture, colorier d'une cou-leur plate, plus ou moins foncée, comme on fait pour un plan d'architecture dont certaines parties sont teintées pour indiquer les diverses natures de travaux.

TEINTURIERS, ancienne corporation qui existait déjà au temps de Louis IX. Elle avait pour patron St Maurice.

TEKINICA (Idiome). *V.* FUÉGIENS.

TÉLAMONS. *V.* ATLANTES.

TÉLARQUE, commandant d'un *télos* chez les anciens Grecs. *V.* ARMÉE.

TÉLÉGA, charrette russe, sans aucune espèce d'abri.

TÉLÉGRAPHE (du grec *télé*, de loin, et *graphô*, j'écris), appareil destiné à transmettre rapidement au loin des nouvelles, des avis ou des ordres, par le moyen de si-gnaux qui répondent à des lettres de l'alphabet, à des mots ou à des chiffres. La *Télégraphie* est l'art d'em-ployer ces signaux. On en fit des essais dans l'Antiquité. Polybe raconte qu'au temps de Philippe III, roi de Ma-cédoine, on imagina de diviser en 5 colonnes les 24 lettres de l'alphabet grec : la vigie qui donnait un signal levait deux fanaux ; la vigie suivante en élevait un pareil nombre pour répondre qu'elle était prête ; la première vigie levait alors, à sa gauche, un nombre de fanaux in-diquant le numéro de la colonne où se trouvait la lettre à désigner, et, à sa droite, un nombre de fanaux indi-quant le rang de cette lettre dans la colonne. Cette mé-thode de transmission était longue, mais précise. Sur les voies romaines étaient élevées des tours de distance en distance ; on en voit encore à Uzès, à Bellegarde, à Arles, à Nîmes, à Besançon, etc. Suivant Suétone, Tibère ob-servait du haut des rochers de Caprée les signaux qui lui apportaient des nouvelles de Rome et des différentes par-ties de l'Empire. Un des bas-reliefs de la colonne Trajane nous offre la représentation d'un poste télégraphique. — Au moyen âge, l'art de la télégraphie fut négligé, et il faut regarder comme de simples et imparfaits signaux, non comme des signes télégraphiques, les feux, les drapeaux, les coups de canon, employés à la transmission d'avis dé-terminés. Au XVIe siècle, Porta, physicien de Naples, pro-posa d'employer, pour communiquer à de grandes dis-tances, quatre signes qui, combinés entre eux, pourraient tenir lieu des lettres de l'alphabet : le 1er, montré une fois, aurait représenté A, deux fois B, trois fois C, et ainsi de suite ; le 2e, montré une fois, aurait correspondu à H, deux fois à I, etc. Dans les dernières années du XVIIe siècle, l'Anglais Hooke, partant de cette idée que, pour *écrire* de loin à l'aide de la *télégraphie aérienne*, il faut *voir* de loin, imagina un appareil mettant en mouvement des caractères, des mots même, d'une grosseur suffisante pour être aperçus à une certaine distance : son système ne fut point appli-qué. Peu d'années après, vers 1690, Amontons proposa d'employer des lunettes d'approche ou longues-vues pour l'observation de signaux transmis par des postes fixes ; mais la tentative n'eut qu'un commencement d'exécution. Dans la seconde moitié du XVIIIe siècle, de nouveaux sys-tèmes de télégraphie furent proposés en France par Lin-guet, en Allemagne par Hoffmann et par Bergstrasser. Enfin, les frères Chappe, aidés de l'horloger-mécanicien Bréguet, imaginèrent, en 1792, le système que la Con-vention nationale adopta presque aussitôt, et qui a été appliqué jusqu'à nos jours. Leur appareil consistait en une grande branche ou régulateur, mobile sur un axe, et dont les ailes ou petites branches, indépendantes l'une de l'autre, pouvaient être mises en mouvement à l'aide de pédales, de cordes et de poulies. Le régulateur était susceptible de 4 positions : verticale, horizontale, oblique de droite à gauche, oblique de gauche à droite ; les ailes pouvaient former des angles droits, aigus ou obtus. Leurs mouvements, isolés ou combinés, exprimaient les lettres de l'alphabet, les syllabes, et un certain nombre d'idées générales. La distance entre les stations télégraphiques était, en moyenne, de 12 kilom. On put recevoir à Paris des nouvelles de Strasbourg (480 kil.) en 6 minutes et demie, par 44 télégraphes ; de Toulon (840 kil.), en 20 mi-nutes, par 100 télégraphes ; de Brest (600 kil.), en 8 mi-nutes, par 54 télégraphes. L'idée de pourvoir les navires d'un appareil télégraphique appartient au vice-amiral Rosily, en 1806. Le brouillard et l'obscurité interrompent la transmission des signaux de la télégraphie aérienne :

plusieurs systèmes furent proposés, notamment par MM. Vilalongue et Gonon, pour arriver à employer le télégraphe pendant la nuit ; mais les essais de télégraphie nocturne furent infructueux, à l'exception de ceux de M. Château, qui, vers 1845, fit fonctionner la ligne de Cronstadt à Varsovie.

Déjà l'on était entré alors dans une voie nouvelle, celle de la *télégraphie électrique.* Cavendish et Franklin con-çurent la possibilité d'employer l'électricité à la transmis-sion des dépêches. Dès l'année 1774, un Genevois d'origine française, Lesage, conçut le projet d'appliquer l'électricité à la télégraphie : on devait se servir de la machine élec-trique et de 24 électromètres, à chacun desquels était affecté un fil particulier ; en faisant passer la décharge de la machine à travers tel ou tel fil, on eût produit à l'autre extrémité l'effet représentatif de telle ou telle lettre de l'al-phabet. En 1787, le physicien Lomond construisit à Paris une petite machine à signaux, fondée sur les attractions et les répulsions des corps électrisés, et l'ingénieur Bet-tancourt se servit de bouteilles de Leyde, dont il faisait passer la décharge dans des fils allant de Madrid à Aran-juez. En 1794, un Allemand, Reiser, proposa d'éclairer à distance, au moyen d'une décharge électrique, les lettres de l'alphabet découpées sur des carreaux de verre recou-verts de bandes d'étain ; l'étincelle électrique devait se transmettre par 24 fils métalliques isolés correspondant aux 24 lettres. En 1796, le docteur Franç. Salva reprit en Espagne les essais de Bettancourt. La découverte de la pile de Volta ayant donné le moyen de faire agir l'élec-tricité à travers un espace fort étendu, sans déperdition sensible, Soemmering proposa à l'Académie de Munich, en 1811, un appareil télégraphique ayant pour principe la décomposition électro-chimique de l'eau : cet appareil se fût composé d'une pile et de 35 circuits métalliques, dont 25 représentant les lettres, et 10 des chiffres ; chacun de ces circuits eût été interrompu dans un vase plein d'eau distillée, qui, en se décomposant dès que le courant eût été établi, aurait indiqué une lettre ou un chiffre quelconque. Cette idée était d'une application difficile. La découverte de l'électro-magnétisme fit enfin faire un pas décisif à la question : OErsted ayant, en 1820, reconnu qu'un courant électrique fait dévier l'ai-guille aimantée de sa position normale, Ampère pensa qu'on pouvait appliquer ce fait à la télégraphie. Après que Schweiger eut découvert le *multiplicateur* ou *galva-nomètre*, qui permet de faire produire aux forces électro-magnétiques des effets sensibles, Schilling commença à St-Pétersbourg, en 1833, des expériences que poursui-virent Cooke et Wheatstone en Angleterre, Morse en Amérique, Steinheil en Allemagne, et qui amenèrent presque tout à coup la télégraphie électrique à sa per-fection. L'appareil adopté aujourd'hui en Angleterre et en France est celui que Wheatstone inventa en 1841. La première ligne de télégraphie électrique aux États-Unis fut établie, en 1844, entre Washington et Baltimore, d'après le système de Morse. La première en France fut celle de Paris à Rouen, en 1845. Le premier télégraphe sous-marin, celui qui relie l'Angleterre à la France par Douvres et Calais, date de 1850.

Les avantages de la télégraphie électrique, réservés d'abord à l'État, ont été mis à la disposition des particu-liers en France depuis 1851. Le service télégraphique comprend 10 inspecteurs divisionnaires, 1 directeur gé-néral, 3 inspecteurs généraux, 65 inspecteurs départe-mentaux, 14 sous-inspecteurs, 92 directeurs de trans-mission, plus les chefs de stations et les autres em-ployés inférieurs. Leurs traitements sont fixés ainsi qu'il suit :

	CLASSE unique.	1re.	2e.	3e.	4e.
Directeur général.........	25,000	»	»	»	»
Inspecteurs généraux.......	10,000	»	»	»	»
Inspecteurs..............	»	8,000	7,000	6,000	5,000
Sous-Inspecteurs.........	4,000	»	»	»	»
Directeurs de transmission.	»	3,500	3,000	»	»
Chefs de station.........	»	2,500	2,000	»	»
Élèves..................	1,800	»	»	»	»
Commis principaux........	2,000	»	»	»	»
Traducteurs.............	»	3,000	2,500	2,000	»
Gardes-magasins.........	3,000	»	»	»	»
Employés...............	»	1,800	1,600	1,400	»
Employés surnuméraires ...	»	»	»	»	»
Chefs surveillants........	1,400	»	»	»	»
Surveillants............	»	1,200	1,100	1,000	»
Facteurs...............	»	1,000	900	800	»

TÉLÉMAQUE (LES AVENTURES DE), poëme en prose ou roman poétique composé par Fénelon pour l'éducation du duc de Bourgogne, son élève. Les voyages de Télémaque, à la recherche d'Ulysse son père, que l'on ne voyait pas revenir du siége de Troie, font le sujet du livre. Télémaque, étant très-jeune, partit d'Ithaque avec Mentor, le plus fidèle ami d'Ulysse, et auquel ce prince, en allant au siége de Troie, avait confié son fils et sa maison. Mais la déesse du courage conduit par l'intelligence, Minerve, qui, à ce titre, protégeait les héros, veut, par une faveur spéciale, accompagner elle-même le fils d'Ulysse, afin de l'instruire dans l'art du gouvernement; elle prend la figure de Mentor, sans que Télémaque en sache rien, et part avec lui. Après qu'ils ont visité plusieurs pays, une tempête qui brise leur navire les jette dans l'île d'Ogygie, où règne la déesse Calypso. Elle avait connu Ulysse; elle s'intéresse à Télémaque, lui offre l'hospitalité, et lui demande le récit de ses aventures depuis son départ d'Ithaque. Télémaque lui raconte qu'il a été à Pylos, à Lacédémone; qu'il a fait naufrage sur la côte de Sicile; qu'il fut ensuite captif en Égypte; que, rendu à la liberté, il visita Tyr, l'île de Chypre, et la Crète, où il prit part à divers jeux et à diverses épreuves pour décider de l'élection d'un roi. La couronne lui fut proposée : mais il la refusa, préférant sa patrie, et se rembarqua pour rentrer à Ithaque. Alors une horrible tempête, suscitée par Neptune, à la prière de Vénus, les jeta dans l'île de Calypso. Cependant la déesse a conçu une vive passion pour Télémaque, qui, de son côté, s'est épris d'Eucharis, une des nymphes de Calypso. Mentor, afin de dérober le fils d'Ulysse au danger, construit un vaisseau pour quitter l'île; mais les nymphes l'incendient, excitées par Cupidon. A la vue des flammes, Mentor précipite Télémaque à la mer et s'y jette avec lui, pour gagner à la nage un navire phénicien en vue de l'île, et où ils sont recueillis. Adoam, qui le commandait, et qu'ils avaient connu à Tyr, leur raconte la mort de Pygmalion, roi de cette ville, et d'Astarbé son épouse. Adoam naviguait vers Ithaque, lorsque Vénus, toujours irritée, demande à Jupiter la perte de Télémaque; mais les destins s'y opposent : alors elle obtient de Neptune qu'une divinité trompeuse enchante les sens du pilote Acamas, et, comme il croyait entrer à Ithaque, il arrive dans le port de Salente. Idoménée, roi du pays, leur fait l'accueil le plus affectueux. Mentor arrête une guerre que les Manduriens allaient faire à son hôte, et la termine par un traité de paix. Télémaque va soutenir les Manduriens dans une guerre qu'ils ont avec les Dauniens. Idoménée fait connaître à Mentor l'état de son royaume, les intrigues de sa cour, les machinations de son favori Protésilas, qui lui a fait exiler Philoclès, ami sage et prudent. Mentor lui ouvre les yeux sur l'injustice de cette conduite : Idoménée rappelle Philoclès, et exile Protésilas. Cependant Télémaque gagne l'affection des alliés, celle même de Philoctète, qui lui raconte ses aventures, et, par sa valeur, donne la victoire aux Manduriens. Pendant leur séjour dans leur camp, averti en songe que son père Ulysse n'est plus sur la terre, il descend aux Enfers pour aller l'y chercher; là il rencontre Arcésius, son bisaïeul, qui lui assure qu'Ulysse est vivant. Il revient au camp. Une bataille est livrée, dans laquelle Télémaque tue Adraste, roi des Dauniens; il lui fait donner Polydamas pour successeur, et retourne à Salente, où il a admiré la prospérité que Mentor y a établie. Il s'éprend d'amour pour Antiope, fille d'Idoménée; mais il lui faut repartir pour Ithaque. Surpris par un calme en mer, nos héros descendent dans une île déserte; Mentor y reprend la figure de Minerve, aux yeux mêmes de Télémaque : la déesse lui donne ses derniers conseils, puis disparaît dans un nuage d'or et d'azur. Télémaque se hâte de se rembarquer, et arrive à Ithaque, où il reconnaît son père chez le bon Eumée.

Le *Télémaque* est une suite de l'*Odyssée*; aussi tout y est emprunté aux Grecs. Fénelon a pris pour modèles : Homère dans ses deux poëmes; Xénophon, dans sa *Cyropédie*; Platon, dans son *Criton* et ses traités de la *Politique*, de la *République*, et des *Lois*; enfin, il doit à Sophocle l'épisode tout entier de *Philoctète*. Il a fait de tous ces emprunts, à la manière des grands poëtes, sa propre substance; il en a tiré un ouvrage vraiment original. Néanmoins, son livre, sauf les principes de morale générale, ne pouvait être bien utile pour le prince auquel il le destinait; cette éducation à la grecque, ces dissertations philosophiques sur la paix et la guerre, ces préceptes utopiques d'administration, sont sans application dans nos États modernes; en les lisant, on ne peut s'empêcher de se rappeler les paroles de Louis XIV sur le bon

archevêque, que c'était le plus bel-esprit chimérique de France.

Fénelon n'avait point destiné son *Télémaque* à la publicité; il devait l'offrir au duc de Bourgogne, à l'époque où ce prince se marierait. Mais ayant dû quitter son élève deux ans auparavant, en 1695, pour prendre possession de l'archevêché de Cambrai, il conserva son ouvrage. Un domestique, chargé d'en transcrire le manuscrit, en 1698, abusa de sa confiance, et prit une copie subreptice, qui fut imprimée à Paris, en 1699, sous le titre de : *Suite du quatrième livre de l'Odyssée, ou les Aventures de Télémaque, fils d'Ulysse.* La cour y voulut voir des allusions satiriques à Louis XIV et à ses ministres. Le livre fut saisi et défendu avant même d'être entièrement imprimé. Les libraires de Hollande s'en emparèrent, et le *Télémaque* circula dans toute l'Europe, avec des clefs imaginées par la malignité : on dit qu'il fallait y voir Louis XIV dans les traits dont étaient peints Idoménée, Adraste, Pygmalion; Louvois dans Protésilas; Mme de Maintenon dans Astarbé. Fénelon repoussa avec force ces interprétations dans une lettre écrite en 1710 au P. Letellier, confesseur du roi. En effet, les seules allusions manifestes ont rapport au duc de Bourgogne, que Fénelon voulait éclairer sur ses défauts naturels, et instruire des devoirs et des périls de la royauté; quant au reste, il avait, à la manière des grands moralistes, peint les mœurs, les caractères généraux, en s'inspirant des modèles qu'il avait autour de lui, sans néanmoins en faire les portraits.

Ce mélange de faits contemporains, peints sous les couleurs d'une civilisation antique, avec un idéal fabuleux, jette un peu de froideur dans le *Télémaque*, bien que le plan en soit heureux, le récit rapide, et le style plein de cette verve tempérée, mais entraînante, qui est le propre du talent de Fénelon. Trop souvent, au moment où l'imagination de l'auteur nous emporte dans le monde d'Homère, un anachronisme de politique et de morale nous ramène involontairement en plein siècle de Louis XIV. C'était un des écueils et, en même temps, une des nécessités de ce sujet allégorique. D'une autre part, dans cette fable païenne, et malgré l'appareil mythologique, les idées sont celles du christianisme. Les dieux de l'Olympe ne figurent là que pour l'embellissement de la fable. Considéré dans son but, comme l'éducation morale d'un roi futur, le *Télémaque* est admirable; par le choix du sujet, Fénelon mettait sans cesse son élève en présence de lui-même; par la création d'un personnage de Mentor, il l'instruisait à rapporter tout le mérite de ses actions à la protection divine.

Le *Télémaque* a été publié le plus souvent en 24 livres; mais on sait maintenant que Fénelon l'avait lui-même partagé en 18 livres, ce qui est effectivement la division la plus naturelle, parce qu'ainsi chaque livre comprend une série complète d'aventures. Ce bel ouvrage a été traduit dans toutes les langues de l'Europe; des professeurs (Heurtaut, de Caen, 1729; Destouches, 1764; le P. Viel, 1808) ont cru lui rendre le caractère de poëme en le tournant en vers latins; tentatives malheureuses, que la réputation de l'original n'a pu faire vivre. — Les éditions françaises du *Télémaque* sont presque innombrables; nous citerons en première ligne, et pour l'exactitude, celles des Sulpiciens, dans les œuvres complètes de Fénelon, Versailles, 1820-24, 23 vol. in-8°, et de Lefèvre, Paris, 1844, grand in-16; et, comme édition plus littéraire, avec des notes et des appréciations littéraires et critiques de chaque livre, celle de M. Colincamp, Paris, 1853, in-12. — *V.* de Bausset, *Histoire de Fénelon*, t. III, liv. IV; Voltaire, *Essai sur la poésie épique*, conclusion; Laharpe, *Cours de littérature*, 2e partie, ch. III, sect. 2; Chateaubriand, *Génie du christianisme*, 1re partie, c. 8, et préface des *Martyrs*; Villemain, *Discours et Mélanges*, Notice sur Fénelon; D. Nisard, *Histoire de la littérature française*, t. III, ch. 13, § 8; Rigault, *Histoire de la querelle des Anciens et des Modernes*, 3e partie, chap. III *Recherches bibliographiques sur le Télémaque*, 2e édit., Paris, 1840, in-8°, très-intéressante brochure de M*** (l'abbé Caron), directeur au séminaire de Saint-Sulpice de Paris.   F. B.

TÉLÉOLOGIE (du grec *télos*, fin, but, et *logos*, discours), traité des causes finales (*V.* CAUSES FINALES). Les preuves qu'on en déduit en faveur de l'existence de Dieu sont dites *téléologiques*.

TÉLÉPHONIE (du grec *télé*, loin, et *phôné*, voix, son), art de correspondre à de grandes distances par le moyen des sons. C'est une *télégraphie acoustique* ou *musicale*. Elle a pour inventeur Sudre, qui en eut la première idée dès 1817; mais ce fut seulement 10 ans après, qu'il proposa l'emploi de son système pour la transmission des ordres dans l'armée. Il donnait aux sept notes de la musique et à leurs diverses combinaisons une valeur analogue à celle des signaux du télégraphe. Invité à modifier sa méthode de façon à n'employer que les notes du clairon d'ordonnance il y réussit en 1829, et, depuis cette époque, il simplifia encore en réduisant à trois le nombre des notes nécessaires, *sol*, *ut*, *sol*. Deux signaux successifs, dont l'un servait d'avertissement, suffisaient pour transmettre l'un quelconque des ordres inscrits à l'avance dans un livre de tactique militaire ou navale. Au lieu de clairons, Sudre faisait aussi usage du tambour, en substituant à chacune des trois notes une batterie particulière. Le canon même pouvait être utilisé dans les circonstances où les clairons et les tambours n'ont pas une portée suffisante. La faculté de changer à volonté la clef des signes garantissait le secret des dépêches. Enfin Sudre employait de la même façon trois disques colorés pendant le jour, trois fanaux pendant la nuit, trois fusées de couleurs différentes. Il est mort en 1862, avant d'avoir vu accepter sa téléphonie, bien qu'elle eût été l'objet de rapports favorables. B.

TÉLÈTE, chant d'initiation chez les anciens Grecs.

TÉLIAMBE, nom donné par certains grammairiens modernes aux vers hexamètres héroïques terminés par un iambe (du grec *télos*, fin, et *iambos*, iambe). Les critiques grecs l'appelaient *Meiouros* (*V.* MIURUS et ARSIS). Ce nom s'applique également aux vers *crétiques* et aux vers *bacchiaques* terminés par un iambe, comme ceux-ci de Plaute :

Melius an | no hõc mĭhĭ | nõn fŭĭt | dõmĭ (Crétique).
Põtĭõra ẽs | sẽ, cŭi cõr | mõdẽstĕ | sĭtŭm 'st.

(Bacchiaque) P.

TÉLINGA ou TÉLOUGOU (Langue), une des langues dravidiennes (*V. ce mot*) de l'Hindoustan, parlée dans le bassin inférieur du Godavéry et celui de la Kistnah. C'est de toutes la plus mélangée de sanscrit. Sa grammaire et sa syntaxe ressemblent à celles du tamoul et du karnatique (*V. ces mots*). Elle a fourni un certain nombre de mots au malais et au javanais. Son alphabet présente le même nombre de lettres que le dévanâgari. L'écriture, par ses formes arrondies, a un aspect tout différent de l'ancien type indien à forme carrée. V. A.-D. Campbell, *A Dictionary of the Teloogoo language*, Madras, 1821, gr. in-4°; Brown, *On the language and literature of the Telugu*, Madras, 1840, 2 vol.

TÉMOIGNAGE, TÉMOINS. Le témoignage des hommes s'entend proprement de la déposition de nos semblables, qui nous fait connaître des faits passés loin de nous ou avant nous, par un récit oral ou écrit. L'*autorité* de ce témoignage est la valeur qu'on doit lui reconnaître, et qui varie suivant le nombre et le caractère des témoins, et suivant la nature des faits. Elle a son fondement dans la confiance naturelle de l'homme en la véracité de ses semblables. Cette confiance est fondée sur l'induction ; elle est nécessaire, parce que nos moyens individuels de connaître sont limités en puissance et en étendue dans le temps et dans l'espace. Comme les hommes peuvent se tromper ou vouloir tromper, il y a certaines conditions, qui sont en résumé : la présence des témoins au fait, la capacité relative, la moralité reconnue, l'absence de passion et d'intérêt, le nombre. Ces conditions sont applicables aux faits contemporains ; quant aux faits passés, le témoignage se transmet ou par la *tradition*, ou par les *monuments*, ou par l'*histoire*, et souvent par ces trois moyens à la fois ; les conditions sont données par la *critique historique*, qui est l'art de juger la valeur des témoignages sur lesquels reposent les écrits du passé. La certitude qui résulte du témoignage est dite *morale*, parce qu'elle est fondée sur les lois qui régissent les hommes dans leurs rapports entre eux ; elle est dite *historique*, quand il s'agit du passé.

En Droit, le témoignage prend deux caractères, ce qui donne lieu à deux sortes de témoins : *judiciaires*, *instrumentaires*. Les *témoins judiciaires* déposent d'un fait dont ils ont connaissance. Pour que leur témoignage soit valable, ils doivent être âgés de 15 ans au moins ; cependant ils peuvent être entendus avant d'avoir 15 ans révolus, si cela est jugé nécessaire. Chaque témoin doit déclarer ses noms, profession, âge et demeure, s'il est parent ou allié de l'une des parties à quel degré, s'il est serviteur ou domestique de l'une d'elles ; il s'engage par serment à dire toute la vérité. Il doit n'avoir subi aucune peine afflictive ou infamante. Les juges peuvent se dé-

cider sur la déposition d'un seul témoin. En matière civile, la preuve par témoins n'est pas toujours admise (*V.* PREUVE). En matière criminelle, on ne reçoit pas les dépositions : 1° du père, de la mère ou de tout autre ascendant de l'accusé ; 2° des fils, fille, ou tout autre descendant ; 3° des frères et sœurs ; 4° des alliés aux mêmes degrés ; 5° du mari ou de la femme ; 6° des dénonciateurs récompensés pécuniairement par la loi. Si l'une de ces personnes a été entendue sans opposition, il n'y a pas nullité de la procédure. Les témoins peuvent être forcés de comparaître, sous peine d'amende et par voie de contrainte par corps. Une indemnité leur est due pour venir déposer en justice. Les personnes qu'on a le droit de *reprocher*, c.-à-d. dont on peut écarter la déposition, sont : les parents ou alliés jusqu'au 6° degré des parties ou de leurs conjoints, les héritiers présomptifs ou donataires, les serviteurs et domestiques, ceux qui ont bu ou mangé avec la partie et à ses frais. — En matière criminelle, le *faux témoignage* est puni des travaux forcés à temps ; en matière correctionnelle et en matière civile, de la reclusion ; en matière de police, de la dégradation civique, d'un an de prison au moins, et de cinq ans au plus. Chez les Anciens, le faux témoin était condamné à la peine encourue par l'accusé, en cas de culpabilité. Au moyen âge, la confiscation des biens, la langue coupée, la mutilation du poignet, et le plus souvent la mort, étaient la punition du faux témoignage.

Les *témoins instrumentaires* sont ceux qui assistent l'officier civil dans l'exercice de ses fonctions, pour donner plus d'authenticité à l'acte qu'il reçoit. Les témoins produits aux actes de l'état civil ne peuvent être que du sexe masculin ; ils doivent être âgés de 21 ans au moins. Pour les actes de naissance ou de décès, il faut deux témoins ; pour les actes de mariage, quatre ; pour les actes notariés, deux témoins, citoyens français, sachant signer, et domiciliés dans l'arrondissement communal où l'acte est passé. Pour un testament reçu par deux notaires, il faut quatre témoins, deux s'il est reçu par un notaire ; les témoins doivent être majeurs et jouir de leurs droits civils ; ils ne peuvent être ni légataires du testateur, ni ses parents ou alliés jusqu'au quatrième degré inclusivement, ni parents ou alliés des notaires présents. V. *Code Napoléon*, art. 37, 975, 980 ; *Code de Procédure*, art. 262, 271 ; *Code d'Instruction criminelle*, art. 71, 155, 189, 269, 317, etc.

Autrefois les *témoins dans un duel* se battaient souvent entre eux. Ils sont poursuivis aujourd'hui comme complices.

Par métaphore on nomme *témoins* : dans les travaux de terrassement, de petites élévations de terre qu'on laisse pour indiquer le niveau primitif et la hauteur des terres enlevées ; les arbres de lisière, et dans les forêts ceux qu'il est défendu d'abattre ; les feuillets que les relieurs ne rognent pas, pour montrer le soin qu'ils ont mis à laisser le plus de marge possible. R.

TEMPÉRA, en termes de Peinture, tout liquide avec lequel l'artiste mélange ses couleurs sèches, afin de pouvoir les appliquer au moyen d'un pinceau. Dans une acception plus restreinte, on a appelé *Peinture à tempera* ce que nous nommons la *Détrempe* (*V. ce mot*).

TEMPÉRAMENT, en termes de Musique, manière de modifier les sons, en accordant les instruments à clavier, de telle sorte qu'au moyen d'une légère altération dans la juste proportion des intervalles on puisse employer les mêmes cordes pour moduler en tous les tons sans déplaire à l'oreille.

TEMPÉRANCE (Sociétés de), associations dont les membres prennent l'engagement de ne pas s'adonner aux boissons spiritueuses, et surtout de s'abstenir, complètement ou dans une certaine mesure, de l'usage de l'eau-de-vie. Il en exista quelques-unes dès le XVIe siècle en Allemagne, notamment à Mayence. Mais elles sont devenues nombreuses de notre temps dans les États-Unis de l'Amérique du Nord : la première y fut fondée en 1828, et, deux ans après, on en comptait déjà 1,700. En Angleterre, le P. Mathew a été le principal apôtre des Sociétés de tempérance ; il a entrepris des tournées et provoqué des meetings à cette occasion. Certaines Sociétés prescrivent l'abstention absolue des liqueurs spiritueuses, ce qui est une exagération ; aussi, en 1844, le gouvernement prussien défendit aux militaires engagés sous le drapeau de s'affilier aux Sociétés de tempérance de cette sorte.

TEMPÉRÉ (Genre ou Style), genre d'éloquence qui se place entre le *simple* et le *sublime*. On l'appelle aussi *orné* ou *fleuri*, parce qu'il admet tous les ornements, toutes les fleurs de la Rhétorique. L'orateur ne parle pas seulement pour se faire entendre, il veut plaire et toucher; il ne doit donc pas se contenter d'être clair et intelligible; il faut qu'il charme l'imagination, et il ne peut y réussir qu'en empruntant son langage. « Le plaisir, dit Quintilien, aide à la persuasion, et l'auditeur est disposé à croire vrai ce qu'il a trouvé agréable. » L'agrément naît de la beauté, de la délicatesse, de l'éclat de l'expression, qui mettent en relief la solidité des pensées et des preuves. Le genre tempéré ne prétend pas à l'énergie; son caractère est la douceur. Plus riche que le simple, plus humble que le sublime, ce qui le distingue, c'est l'art de plaire. Il se présente avec une certaine gravité, qui n'est pourtant ni de la hauteur, ni de la dignité. Il recherche la phrase qui a du nombre et de l'harmonie; cependant il évite les grandes périodes. Il aime l'inversion, parce qu'elle donne au discours la variété avec l'élégance; mais il ne la cherche pas jusqu'à cesser d'être naturel. Il bannit les termes généraux; il admet toutes les figures de mots et quelques figures de pensées. « Il y a un genre d'éloquence qui est uniquement pour l'ostentation, et qui n'a d'autre but que le plaisir de l'auditeur, comme les discours académiques, les compliments qu'on fait aux puissances, certains panégyriques et d'autres pièces semblables, où il est permis de déployer toutes les richesses de l'art et d'en étaler toute la pompe. Pensées ingénieuses, expressions frappantes, tours et figures agréables, métaphores hardies, arrangement nombreux et périodique; en un mot, tout ce que l'art a de magnifique et de plus brillant, l'orateur peut non-seulement le montrer, mais même en quelque sorte en faire parade, pour remplir l'attente d'un auditeur qui n'est venu que pour entendre un beau discours, et dont il ne peut enlever les suffrages qu'à force d'élégance et de beautés. » Mais, même dans ces discours qu'on est convenu d'appeler académiques, et où il semble qu'il y ait plus de place pour une élégance recherchée et des ornements travaillés, il faut éviter que l'usage des fleurs dégénère en abus. Un plaisir trop prolongé amène la satiété et le dégoût; un éclat continu éblouit et fatigue les yeux; ainsi fait un discours dont les ornements ne sont pas variés. Le style tempéré doit être habilement mêlé de style simple; celui-ci, placé à propos, fait l'office des ombres qui donnent du relief à un tableau. Les ornements que le style tempéré reçoit ne doivent pas naître du caprice de l'orateur; ils doivent sortir du fond même du sujet pour être mâles, nobles et sévères. Car l'éloquence, même celle qui n'a d'autre but que de plaire, est ennemie de tout fard et de toute afféterie; sa véritable beauté est dans sa force. Tout ornement qui n'est pas nécessaire au sujet qu'on traite n'est pas naturel et, loin d'embellir le discours, il le dépare et lui ôte de sa vigueur. Il appartient à ce genre de style dont parle Quintilien, qui se complait dans le déréglement du langage, qui court sans cesse après de petites pensées froides et puériles, ou qui s'enfle outre mesure, ou qui s'égare en des lieux communs vides de sens, ou qui brille de je ne sais quelles petites fleurs qui tombent pour peu qu'on y touche. Cette élégance recherchée, ce travail minutieux pour polir et arrondir des phrases et pour y semer des traits d'esprit, n'a jamais séduit les génies sérieux; ce sont là des défauts communs chez les jeunes gens et dans les écoles, ils ne sont pas excusables dans un orateur. Le genre tempéré renferme les discours du genre démonstratif; il sert pour les discussions longues et soignées, pour les lieux communs qui n'ont pas besoin de véhémence. **H. D.**

TEMPLE, en latin *templum* (du grec *temnere*, couper, séparer), nom donné par les anciens Romains aux régions du ciel que les Augures formaient fictivement avec leur *lituus* ou bâton augural pour observer les présages, et à tout lieu qu'une consécration religieuse distinguait du terrain environnant. Par extension, on l'a appliqué à tous les édifices consacrés au culte de la divinité, et dont la construction varia selon les besoins de ce culte et selon le degré de civilisation des peuples. En France, on appelle *temples* les édifices où les Protestants se réunissent pour pratiquer leurs cérémonies, et on réserve la dénomination d'*églises* à ceux où l'on célèbre le culte catholique.

I. *Temples indiens.* — Les monuments sacrés de l'Inde, connus en Europe depuis un demi-siècle seulement, sont sans contredit les ouvrages les plus gigantesques, les plus extraordinaires que nous ait laissés l'Antiquité. Ils peuvent se diviser en trois classes : 1° les temples souterrains, comme ceux d'Ellora (V. *ce mot*), avec plusieurs étages de salles et de galeries immenses, soutenues par des piliers carrés dont des éléphants colossaux forment

souvent la base; 2° ceux qui sont construits au-dessus de terre, mais dont la partie inférieure est souterraine, et qui, se rapportant au second âge de l'architecture indienne, ont pour signe caractéristique la colonne à chapiteau circulaire; 3° ceux qui s'élèvent au-dessus du sol, et dont le style, correspondant à la troisième période de l'art, se distingue par une grande variété de colonnes, de chapiteaux et de bas-reliefs où les attributs du bouddhisme se mêlent aux symboles du culte de Brahma. V. **Indien** (Art).

II. *Temples assyriens.* — Les monuments religieux de Babylone se rattachent à deux époques distinctes, dont la première correspond au règne des dynasties nationales, et la seconde commence avec le règne des princes chaldéens, au VIIe siècle av. J.-C. De tous ces édifices, le type le plus remarquable était le temple ou tour de Bélus, de forme pyramidale, et dont le sommet était recouvert d'un dais sous lequel se trouvaient un grand siége et une table destinée aux *lectisternies* ou repas du dieu. Plus tard, sous les rois chaldéens, au pied du monument primitif on éleva un petit temple, pour recevoir les statues de Bélus, de Héra (Junon) et de Rhéa (Cybèle), qui formaient la trinité babylonienne.

III. *Temples égyptiens.* — V. **Égyptien** (Art).

IV. *Temples grecs.* — Les édifices religieux de la Grèce n'égalèrent jamais en étendue ceux de l'Égypte, mais ils les surpassèrent par la beauté des formes et la perfection des ornements. Voici quelles étaient les principales dispositions des temples chez un peuple dont le culte, tout extérieur, n'exigeait point de monuments à grandes proportions : — le *Naos*, appelé aussi *Cella*, ou partie principale de l'édifice, avait ordinairement la forme d'un carré long, et se trouvait quelquefois précédé d'une cour entourée d'une colonnade, comme aux temples d'Isis à Pompéi et de Jupiter Olympien à Athènes. Autour de la Cella s'étendait un portique où s'assemblait le peuple, et dont la partie antérieure s'appelait *Pronaos*, tandis que la partie opposée portait le nom de *Posticum* ou *Opisthodomos*. La façade, tournée vers l'Occident, était ornée d'un nombre pair de colonnes; au contraire, sur les côtés, les colonnes étaient toujours en nombre impair. L'ordonnance la plus simple fut celle du temple *à antes*; vinrent ensuite le *prostyle*, l'*amphiprostyle*, le *périptère*, le *pseudo-périptère*, le *diptère*, l'*hypèthre* (V. ces mots). Selon le nombre des colonnes de la façade, le temple était dit *tétrastyle*, *hexastyle*, *octostyle*, *décastyle*, etc. La partie supérieure de la façade était surmontée d'un *fronton*, parfois richement décoré de sculptures et de bas-reliefs. Dans l'intérieur du temple s'élevait la statue de la divinité à laquelle il était consacré; alentour on voyait encore d'autres statues de dieux ou de héros, ainsi que de riches offrandes consacrées par la piété des princes ou des particuliers. Les temples grecs, parmi lesquels se distingue encore le Parthénon d'Athènes, semblaient réunir toutes les perfections, la simplicité dans le plan, l'harmonie dans les proportions, l'élégance la plus exquise dans les détails. V. **Grecque** (Architecture).

V. *Temples romains.* — Les premiers monuments religieux de Rome furent construits d'après les règles de l'art étrusque, comme le temple de Cérès, bâti l'an 494 av. J.-C. Plus tard, Rome, victorieuse de la Grèce, lui prit son goût pour les arts, et fit élever, par des architectes et des ouvriers grecs, des temples qui avaient beaucoup de rapports avec ceux d'Athènes ou de Corinthe. Une différence essentielle se trouvait toutefois dans la disposition et le nombre des colonnes placées sur les deux faces latérales du monument. Du reste, les distributions et les ornements intérieurs étaient à peu près les mêmes.

Outre les édifices précédents, les Grecs et les Romains avaient des temples de forme circulaire, recouverts d'une coupole, et appelés *monoptères* ou *périptères* selon la disposition de la colonnade extérieure : tels sont le Panthéon à Rome, et la Rotonde de Philippe à Olympie.

Quant au jour qui devait éclairer les temples, il pénétrait par l'intervalle des colonnes dans les monoptères; mais, dans les périptères, comme dans les temples de forme carrée, il entrait par des fenêtres pratiquées au milieu du mur ou dans la partie supérieure du monument. Toutefois, quelques temples de petites dimensions étaient seulement éclairés par la porte, par exemple la *Maison carrée* à Nîmes (V. **Maison carrée**). Les temples hypèthres étaient éclairés par le haut. V. L. Allatius, *De templis Græcorum*, Cologne, 1645; J. Kool, *De templis antiquorum*, Leyde, 1695; Ballet, *Histoire des temples païens*, Paris, 1701, in-12; May, *Temples anciens et modernes*, Paris, 1774, gr. in-8°; Stieglitz, *Archéologie de* *l'architecture des Grecs et des Romains*, en allem., Weimar, 1801, 3 vol. in-8°. **B.**

TEMPLE (Églises du), nom donné en France, en Angleterre et en Allemagne, à des églises bâties pendant le moyen âge sur un plan circulaire, en l'honneur du St Sépulcre de Jérusalem. L'autel y était placé au centre, et entouré de colonnes.

TEMPLE (Le), à Jérusalem. } *V.* notre *Dictionnaire de*
TEMPLE (Le), à Paris. } *Biogr. et d'Histoire.*

TEMPOREL, revenu qu'un ecclésiastique tire de son bénéfice.

TEMPOREL (Augment, Pouvoir). *V.* AUGMENT, POUVOIR.

TEMPS. L'idée du temps ne peut pas se définir ; mais on conçoit le temps comme une quantité continue, au sein de laquelle tous les faits se produisent, se succèdent, s'écoulent, et sans laquelle aucune succession, aucun changement ne serait possible. L'idée du temps nous est donnée par la mémoire, et comme on ne se souvient que de ses propres modes et de ses états antérieurs, c'est en nous que nous trouvons l'idée d'une durée qui est la nôtre, et que nous appliquons ensuite aux choses du monde extérieur. Nous concevons ainsi, par la raison, une durée nécessaire, éternelle, le temps sans bornes. De même que nous trouvons en nous l'idée de durée, c'est en nous que nous trouvons le moyen de mesurer le temps ; et ce qui sert de base à cette mesure, c'est l'acte volontaire, l'effort de la volonté, comme l'a fait voir Royer-Collard. — Les recherches faites pour connaître la nature du temps n'ont donné aucune solution satisfaisante. Locke ne voyait dans le temps que l'idée de succession, identifiant ainsi les faits et le temps, le contenant et le contenu ; Clarke, adoptant l'idée de Newton, fait de l'espace et du temps deux attributs de Dieu ; Leibniz repousse cette opinion, pour ne voyait le temps que l'ordre des *successions*, comme il ne voyait dans l'espace que l'ordre des *coexistences;* pour Kant, le temps n'est qu'une des *formes* de la *sensibilité;* pour Schelling, c'est l'*activité* pure avec la négation de tout être. R.

TEMPS (Le), divinité allégorique. *V.* SATURNE, dans notre *Dictionnaire de Biographie et d'Histoire.*

TEMPS, se dit des moments précis où il faut faire certains mouvements distingués et séparés par des pauses, dans le maniement des armes, dans l'escrime, dans la danse.

TEMPS, modification spéciale de la forme du verbe pour exprimer si le jugement que nous portons d'une chose, objet de notre pensée, se rapporte à un temps *présent, passé* ou *futur.* Mais chacun de ces temps est susceptible de nuances, qui amènent de nouvelles modifications dans la forme de la conjugaison : ainsi , il peut y avoir un présent, un passé, un futur absolus, et chacun de ces temps peut être pris aussi dans une acception relative. L'état ou l'action exprimés par un verbe peuvent être par eux-mêmes passés, mais présents à l'égard d'un état ou d'une action également passés; ainsi : « Je *dormais* quand vous entrâtes. » Cette nuance du verbe a reçu le nom de *passé imparfait* ou de *passé simultané.* De l'une des deux états ou actions passés peut être antérieur à l'autre : « J'*arrivai* lorsque *vous fûtes parti* (c'est ce qu'on appelle *passé antérieur*); — vous *étiez parti* lorsque j'arrivai (c'est ce qu'on appelle *passé plus-que-parfait.* » L'expression de cette nuance peut être particulière au français. De même, il peut arriver qu'entre deux états ou actions appartenant à l'avenir, il y en ait un (ou une) qui soit passé par rapport à l'autre, comme lorsqu'on dit : « J'*aurai* terminé lorsque vous arriverez. » C'est le *futur antérieur* ou *passé.* Dans le passé proprement dit, on peut considérer l'action ou l'état, soit d'une manière indéfinie : « J'ai commis bien des fautes (c'est le *passé indéfini*), » soit d'une manière définie : « A ces mots, je me précipitai dans ses bras (c'est le *passé défini*). » Cette double nuance est encore particulière à la langue française. — On peut considérer aussi le passé, soit par rapport aux résultats actuellement durables de telle ou telle action (c'est le *passé parfait*), soit simplement par rapport à une époque plus ou moins vague et passagère (c'est le *passé aoriste*) : cette distinction appartient à la langue grecque. Tout ce qui n'est pas rigoureusement présent est passé ou futur; cependant on peut distinguer dans le présent même des nuances, selon qu'il exprime un sens général, une idée d'habitude, ou quelque chose d'actuel, d'instantané. Il n'existe pas de forme spéciale dans la conjugaison pour chacune de ces nuances.

Parmi les trois langues classiques, la plus riche en temps est la langue grecque; vient ensuite le français, et en troisième lieu le latin. Le grec compte à l'indicatif 7 nuances de temps : 1 pour le présent, 4 pour le passé (imparfait, aoriste, parfait, plus-que-parfait), 2 pour le futur (futur proprement dit et futur antérieur). Le mode *impératif* est susceptible de 3 temps, ainsi que le subjonctif (présent, aoriste, parfait). L'optatif, l'infinitif, le participe, ont tous les temps, excepté l'imparfait et le plus-que-parfait. En tout, le grec compte donc 31 temps. Le français compte à l'indicatif 8 nuances de temps, 4 au subjonctif, 2 au conditionnel, 1 à l'impératif, 2 à l'infinitif, 2 au participe; en tout 19. Le latin admet à l'indicatif 6 temps (présent, imparfait, parfait, plus-que-parfait, futur, et futur passé), 4 au subjonctif, 1 à l'impératif, 4 à l'infinitif (actif), 2 au participe (présent et futur à l'actif, passé et futur au passif); en tout 17. Les temps grecs se divisent, dans les méthodes à l'usage de l'enseignement, en temps *principaux* (présent, parfait, les 2 futurs) et en temps *secondaires* (imparfait, aoriste, plus-que-parfait). Ils ont pour caractères distinctifs d'être terminés, les premiers à la 3e personne du pluriel par un ι, à la 3e du duel par ον; les seconds, d'avoir la 3e personne du pluriel terminée par un ν à l'actif, un ο au passif et au moyen, et par ην au duel. Tous les temps du subjonctif sont considérés, relativement à ceux de l'optatif, comme temps principaux, et réciproquement, ceux de l'optatif comme temps secondaires, et ils en ont les formes caractéristiques. En français, on distingue les temps, soit en temps *primitifs* et en temps *dérivés*, division peu précise et sur laquelle il ne saurait y avoir accord, parce qu'elle est arbitraire, soit en temps *simples* et en temps *composés*, division beaucoup plus simple et plus nette; les temps simples sont ceux qui n'emploient ni l'auxiliaire *être* ni l'auxiliaire *avoir.* Au passif il n'y a que des temps composés, ou plutôt il n'y a pas de conjugaison. La conjugaison latine se prête parfaitement à la division en deux séries de temps, les uns exprimant l'action non accomplie (présent, futur de l'indicatif, imparfait), les autres l'action accomplie (parfait, plus-que-parfait, futur antérieur de l'indicatif). Au passif et dans les verbes déponents, les temps de la 2e série se conjuguent invariablement à l'aide du verbe *sum*, et il semble que ce soit la conjugaison déponente qui ait servi de type à la conjugaison française. Les temps à forme composée se retrouvent même dans quelques verbes de forme active, comme *audeo, gaudeo, fido*, etc. Le grec n'a de temps invariablement composé que le futur antérieur de l'actif : cette forme est régulièrement employée dans la prose attique à la 3e personne du pluriel du parfait et du plus-que-parfait passif de certains verbes.

La manière dont les temps se forment dans les diverses langues est extrêmement variée : tantôt c'est par un changement dans la finale, tantôt c'est par l'union de deux ou de plusieurs verbes. Quand il s'agit d'exprimer quelque circonstance de temps pour laquelle une langue ne fournit pas de forme particulière, on a recours, soit à des adverbes, tels que *hier, aujourd'hui, demain, récemment, bientôt;* soit à des noms spéciaux comme *heure, jour, semaine, mois, année, siècle*, unis à des adjectifs numéraux (*un, deux, trois, dix, premier, deuxième, vingtième, centième,* etc.) ou à des adjectifs formés de noms d'époque, comme en latin et surtout en grec : *inerant hesterna* (ils s'y trouvaient depuis hier, depuis la veille), soit enfin à des verbes ou à des locutions exprimant un passé ou un futur relatif et plus ou moins rapproché. **P.**

TEMPS, en termes de Musique, durée des sons marquée par la *mesure.* Une mesure contient autant de temps qu'elle a de parties égales : elle est à 2, à 3, à 4 temps, selon qu'elle se divise en 2, 3 et 4 parties. On nomme *temps faibles*, les temps pairs d'une mesure (c'est le 2e dans les mesures à 2 et à 3 temps, le 2e et le 4e dans la mesure à 4 temps; *temps forts*, les temps impairs (le 1er dans les mesures à 2 temps, le 1er et le 3e dans les mesures à 3 et à 4 temps). *V.* MESURE.

TEMPS LÉGAUX, en termes de Droit, tout ce qui est relatif aux prescriptions, déchéances, délais, dates, durées, âges requis par la loi. Il existe un *Dictionnaire des temps légaux* par Souquet, 1846.

TENAILLE, en termes de Fortification, ouvrage composé de deux faces qui présentent un angle rentrant vers la campagne, et qui sert à couvrir une courtine. Une *double tenaille* est celle qui a un angle saillant au milieu, entre deux angles rentrants. Dans le système de fortification à tenailles, les bastions manquent, et le rempart ne consiste qu'en angles saillants et rentrants. Quelquefois les extrémités de deux tenailles voisines sont reliées l'une à l'autre; c'est ce qu'ont pratiqué les

Ingénieurs hollandais Landsberg et Virgin, ainsi que Montalembert et Carnot.

TENAILLEMENT, supplice. *V.* notre *Dictionnaire de Biographie et d'Histoire.*

TENAILLON, en termes de Fortification, petite tenaille qu'on place des deux côtés d'une demi-lune.

TENANCIER. *V.* ce mot dans notre *Dictionnaire de Biographie et d'Histoire.*

TENANTS, nom qu'on donnait, dans les joutes et tournois, aux chevaliers qui s'engageaient à *tenir* contre tout assaillant.

TENANTS, en termes de Blason, figures d'hommes ou d'anges qui soutiennent un écu. Lorsque ce sont des animaux, on les appelle *Supports.* Ils ne paraissent sur les sceaux qu'à partir du XIVᵉ siècle.

TENANTS ET ABOUTISSANTS, circonstances qu'il faut avoir soin de mentionner dans tout acte relatif à un immeuble, afin de fixer la situation et la contenance de cet immeuble. Les exploits d'huissier et les procès-verbaux de saisie doivent les énoncer (*Code de Procédure*, art. 64 et 127).

TENDRE (Pays de). *V.* CLÉLIE.

TÉNÈBRES, terme de Liturgie. *V.* notre *Dictionnaire de Biographie et d'Histoire.*

TENEUR. *V.* DOMINANTE.

TÉNIE, terme d'Architecture. *V.* BANDELETTE.

TENON (de *tenir*), bout d'une pièce de bois ou de métal taillée de manière à entrer dans une mortaise.

TÉNOR, terme de Plain-Chant usité autrefois pour désigner le chant sur lequel étaient formées les différentes parties qui constituaient l'harmonie simultanée. *V.* ORGANUM, TRIPLUM.   F. C.

TÉNOR, la plus aiguë des voix d'hommes, égale en étendue à celle de *Soprano* (*V. ce mot*), mais à une octave plus bas. On la nommait autrefois *Taille* (*V. ce mot*). La voix qu'on appelait *Haute-contre* (*V. ce mot*) était une voix de ténor possédant à l'aigu quelques notes de plus que les voix ordinaires. On nomme aussi *Ténor* le chanteur qui possède une voix de ce genre. La musique écrite pour ténor est en clef d'*ut* 4ᵉ ligne ou en clef de *sol*. Les sons de la voix de ténor sont de deux sortes, les sons de poitrine et les sons de tête; le passage des uns aux autres, qui a lieu généralement entre le *fa* et le *sol* au-dessus du diapason, exige beaucoup d'art pour que la différence des timbres soit peu sensible. Dans les troupes lyriques, on nomme *fort ténor* le chanteur qui tient les premiers rôles de ténor dans le grand opéra (les rôles de Robert dans *Robert le Diable*, de Raoul dans *les Huguenots*, d'Éléazar dans *la Juive*, d'Arnold dans *Guillaume Tell*, etc., appartiennent à cet emploi); *ténor léger*, le premier ténor d'opéra-comique, lequel tient aussi certains rôles du grand opéra, comme ceux de Raimbaud dans *Robert le Diable*, de Léopold dans *la Juive*, etc.; *trial* (du nom d'un ancien acteur), le ténor comique. Le *laruette* (autre nom d'acteur), dans l'ancien opéra-comique, est aussi un ténor.   B.

TENSA. *V.* THENSA, dans notre *Dictionnaire de Biographie et d'Histoire.*

TENSEMENT, redevance en nature et en argent par laquelle les vassaux achetaient autrefois la protection de leur seigneur.

TENSON, pièce de poésie en dialogue, particulière à la poésie provençale, et dans laquelle ordinairement deux interlocuteurs défendaient tour à tour, par strophes de même mesure, et en rimes semblables, leur opinion contradictoire sur diverses questions d'amour, de chevalerie, de morale, etc. *Tenson* veut dire *débat*, et vient du latin *contentio*, qui subsiste tout entier dans *contencio*, nom par lequel les Troubadours désignent quelquefois ce genre de poésie. Le dialogue des Tensons était généralement partagé en *couplets* pairs suivis de deux *envois*, afin que chaque contendant eût un avantage égal dans l'attaque et dans la réplique. Ce dialogue était quelquefois divisé par distiques, et même vers par vers. La question qui faisait la matière de la *tenson* demeurait souvent indécise, et chaque interlocuteur, après avoir fait briller la finesse ou la subtilité de son esprit, s'en tenait à son opinion. Il arrivait aussi parfois que le sujet proposé était soumis, après la discussion, ou à des *Cours d'amour*, ou au jugement d'arbitres choisis par les poëtes.

La *tenson* était quelquefois une satire dialoguée entre deux personnages, qui se faisaient mutuellement des reproches hardis et injurieux, et dont chacun attaquait et combattait l'autre dans des couplets ordinairement improvisés, toujours sur une même mesure et sur les mêmes rimes. Parfois aussi elle contenait des plaintes

réciproques de deux amants, ou celles que l'un d'eux seulement adressait à l'autre. La plus célèbre *tenson* de ce genre est celle entre Raimbaud d'Orange et la comtesse de Die, qui offre quelque ressemblance avec la pièce d'Horace *Donec gratus eram tibi.*

Il est probable que des *tensons* étaient composées quelquefois par un seul et même poëte, qui se servait alors de cette forme pour louer plus adroitement sa dame, ou le seigneur dont il était protégé. C'est ainsi qu'il y a des *tensons* allégoriques entre un amant et un oiseau, ou même avec un être moral personnifié. Mais ces sortes de pièces étaient aussi l'ouvrage de Troubadours différents. Plusieurs *tensons* contiennent des injures, des accusations, des reproches, qui ne peuvent avoir été dictés que par la haine ou une franchise grossière. Les monuments du temps indiquent quelquefois les auteurs qui ont travaillé concurremment à ces sortes d'ouvrages. — Par allusion à la forme dialoguée des *tensons* et à la manière dont le sujet était souvent proposé, on les nomma aussi *partimen* (division), du verbe *partir* (séparer), souvent employé dans le sens de *diviser* une question proposée. Le titre de *partimen* s'appliqua particulièrement aux *tensons* qui avaient pour objet la discussion d'une question d'amour. On les nomma aussi *jocx partitz*, ou simplement *partia* : les Trouvères en firent *jeu-parti*, empruntant aux Troubadours le nom et la chose.

Les Troubadours les plus connus pour leurs tensons sont Guillaume de Mur et Guiraut Riquier, Raimbaud de Vaqueiras et Albert de Malespina, Geoffroy et Raynaud de Pons, Hugues de Saint-Cyr et le Dauphin d'Auvergne, Gaucelm Faydit, Savaric de Mauléon, etc.   E. B.

TENTATIVE (du latin *tentare*, essayer). La tentative de crime, manifestée par des actes extérieurs, et suivie d'un commencement d'exécution, est elle n'a été suspendue ou n'a manqué son effet que par des circonstances fortuites ou indépendantes de la volonté de l'auteur, est considérée comme le crime même (*Code pénal*, art. 2, 3, 86). La tentative de simple contravention n'est pas punie par la loi.

TENTATIVE, nom qu'on donnait autrefois à la thèse qu'il fallait soutenir pour obtenir le grade de bachelier en théologie, parce que c'était la première épreuve qu'on subissait devant les Facultés.

TENTE (du latin *tentorium*), espèce de pavillon ou de logement portatif, fait ordinairement de grosse toile de chanvre, et qu'on dresse en pleine campagne pour se mettre à l'abri du soleil et des intempéries de l'air. Les anciens patriarches, les Hébreux dans le désert, vécurent sous la tente; aujourd'hui même, la plus grande partie des populations Arabes et Tartares ne connaissent pas d'autre habitation. L'usage des tentes à la guerre exista dès l'Antiquité; il se perdit au moyen âge, parce qu'on ne faisait presque jamais campagne pendant l'hiver; mais on y revint en France au temps de Louis XIV, où l'on tint sur pied des armées dans toutes les saisons. Depuis la Révolution, la rapidité des mouvements stratégiques n'a guère permis de se servir de tentes; alors l'usage du *bivouac* (*V. ce mot*) s'est introduit. Aujourd'hui on ne voit plus de tentes que dans les camps de manœuvre. En Algérie, les soldats se servent de *sacs de campement* disposés de telle sorte que plusieurs réunis ensemble forment une tente improvisée. *V.* BARAQUE, CANONNIÈRE.

Dans la Marine, une tente se nomme *taud* ou *taude* (*V. ce mot*).

TENTURE (de *tendre*), toute pièce d'étoffe qui sert à tapisser un appartement. Le même nom s'applique aux étoffes de deuil que l'on tend, lors d'un convoi funèbre, à la maison mortuaire, dans l'intérieur et à l'extérieur de l'église, et qui sont placées par l'administration des Pompes funèbres.

TENUE, dans le langage militaire, s'entend de l'uniforme ou de la toilette du soldat. Il y a la *tenue d'hiver*, la *tenue d'été*, la *petite tenue*, la *grande tenue.*

TENUE, temps durant lequel se tiennent certaines assemblées, telles que les Chambres législatives et les Assises.

TENUE, en termes de Marine, qualité du fond d'un mouillage. Elle est bonne, quand l'ancre y mord bien.

TENUE DES LIVRES. *V.* COMPTABILITÉ.

TENURE, en Droit féodal, se disait de l'étendue d'un fief, de sa mouvance, et de la manière dont il était *tenu* ou possédé. On distinguait la *tenure féodale* pour les fiefs nobles, et la *tenure de roture* pour les fiefs roturiers. On tenait *par hommage*, *par parage*, *par bourgage*, etc.

TÉOCALLIS. *V.* ce mot dans notre *Dictionnaire de Biographie et d'Histoire.*

TÉORBE, instrument de musique. *V.* Théorbe.

TÉPIDARIUM. *V.* Bains.

TEPONAZTLI, instrument de musique des anciens Mexicains. C'était une sorte de tambour, formé d'un cylindre de bois qu'on avait creusé en dedans, mais sans autre ouverture que deux fentes parallèles dans le milieu, sur lesquelles on frappait avec de petites baguettes.

TÉRACHITE (Langue), nom donné par quelques philologues à la langue hébraïque, et dérivé de *Térach* ou *Tharé*, père d'Abraham.

TERCET (du latin *ter*, trois fois), couplet ou stance de trois vers. Il en entre deux dans le sonnet (*V. ce mot*). Le 1er vers rime avec le 3e, le 2e avec le 1er et le 3e du tercet suivant; ou bien il commence par deux rimes plates suivies d'un vers féminin rimant avec le 3e du tercet suivant, comme dans cet exemple de l'*Esther* de Racine (I, 5):

> TOUT LE CHŒUR.
>
> Le Dieu que nous servons est le Dieu des combats :
>   Non, non, il ne souffrira pas
>   Qu'on égorge ainsi l'innocence.
>
> UNE ISRAÉLITE, *seule.*
>
>   Hé quoi! dirait l'impiété,
>   Où donc est-il, ce Dieu si redouté
>   Dont Israël nous vantait la puissance?

Si les rimes plates sont féminines, le 3e vers est masculin. En tout cas, les deux premières rimes sont différentes dans l'une et l'autre stance.

TERCET. *V.* Espagnole (Versification).

TEREBRA, machine de guerre dont les Anciens se servaient pour percer les murs des villes assiégées. C'était une espèce de bélier qu'on faisait agir en le tournant sur lui-même, comme une tarière.

TERME, se dit des Idées (*V. ce mot*) employées comme éléments logiques du Jugement et de la Proposition, et y figurant comme sujet et comme attribut. Aristote (*Premiers Analytiques*, liv. I, ch. 1er) définit le terme : ce en quoi se résout la Proposition, c'est-à-dire l'attribut et le sujet, soit qu'on les unisse, soit qu'on les sépare par les idées d'être ou de non-être (affirmation ou négation). Deux termes étant donnés, l'un comme sujet et l'autre comme attribut, on peut toujours, dialectiquement du moins, en former quatre propositions, en affirmant ou niant, soit en totalité, soit seulement en partie, l'attribut du sujet. De là les quatre espèces de propositions : 1o affirmative universelle (tout A est B); 2o affirmative particulière (quelque A est B); 3o négative universelle (nul A n'est B); 4o négative particulière (quelque A n'est pas B); à quoi il faut ajouter celles que l'on peut former par le renversement des termes (*V.* Proposition et Conversion des propositions). Si l'on prend pour type des propositions la proposition affirmative universelle, on remarque que l'extension de l'attribut (*V.* Extension) y est nécessairement plus grande que celle du sujet. On ne peut affirmer l'attribut *divisible* du sujet *nombre pair*, par exemple, que parce que ce sujet est compris (avec d'autres, les nombres impairs non premiers) dans l'extension de l'attribut. De là, dans l'analyse du syllogisme, l'adoption des désignations suivantes : *Grand Terme;* on appelle ainsi l'attribut de la Conclusion, celui dont le rapport avec son sujet n'est pas d'abord tellement clair qu'on puisse le saisir au moyen d'une comparaison directe; d'où la nécessité du raisonnement, c'est-à-dire de l'intervention d'une idée intermédiaire; — *Petit Terme;* c'est le sujet de la Conclusion; — *Moyen Terme;* c'est l'idée intermédiaire qui, introduite entre le grand terme et le petit, permet d'opérer par voie indirecte le rapprochement ou la séparation que l'on n'avait pas le moyen de faire directement. Comparé au grand terme, le moyen forme avec lui la *Majeure;* il forme avec le petit terme la *Mineure.* Une fois le rapport du grand et du petit terme trouvé, le moyen disparaît; c'est une des règles générales du syllogisme, que *la Conclusion ne doit jamais contenir le Moyen.* — Aristote, et toute l'ancienne Logique à son exemple, ont indiqué certains procédés pratiques pour l'invention du moyen, qui est comme le nerf de la démonstration. C'est là l'objet propre du *Traité des Topiques.* Ailleurs (*Premiers Analytiques*, liv. I, ch. 27 et 28), il recommande plus simplement, deux termes étant donnés entre lesquels il s'agit de trouver un moyen, d'examiner tous les conséquents de l'un, tous les antécédents de l'autre (*V.* Antécédents et Conséquents), et si, dans le nombre, il se trouve quelque terme que l'on puisse donner à la fois comme attribut à l'un et comme sujet à l'autre, d'essayer si en le prenant

comme moyen on n'arrivera pas à la démonstration cherchée. Il faut dire que la Logique a renoncé à peu près complètement à ces procédés factices. Lorsqu'une question se pose, et qu'elle est susceptible de démonstration syllogistique, c'est dans l'étude approfondie du sujet, c'est en s'aidant de la sagacité naturelle de l'esprit fécondée par la réflexion, qu'on aura encore le plus de chances de trouver les éléments d'une solution bien solide et bien claire. *V.* Syllogisme, Majeure, Mineure, Prémisses.   B—e.

TERME, mot considéré dans son rapport avec l'objet qu'il représente. Ainsi, l'on dit que *coloris* est un *terme* de Peinture; mais on dira qu'il est un *mot*, et non un *terme*, de trois syllabes.

TERME, nom donné aux temps préfix de payement pour les choses qu'on tient à loyer. Par extension, on l'applique à la valeur même du loyer. On distingue d'ordinaire quatre *termes* par an, Noël, Pâques, la St-Jean, et la St-Michel; ou bien, les 1ers janvier, avril, juillet et octobre.

TERME, en Droit civil, limitation d'un temps donné pour faire une chose. Le *terme de rigueur* est celui passé lequel il n'y a plus de délai à espérer. Ce qui n'est dû qu'à terme ne peut être exigé avant l'échéance (*V. Code Napol.*, art. 1185-88). Il y a, pour le débiteur, déchéance du bénéfice du terme, s'il tombe en faillite ou en déconfiture, ou s'il a, par son fait, diminué les sûretés qu'il avait données par le contrat au créancier.

TERME, divinité allégorique. *V.* notre *Dictionnaire de Biographie et d'Histoire*.

TERME (Marché à). *V.* Marché.

TERMINAISON, nom donné, en Grammaire, aux suffixes qui terminent un mot et en caractérisent l'espèce, ou le nombre, ou le genre, ou le cas, ou la personne, etc. Ainsi, *ment* est la terminaison de la plupart des adverbes de manière en français (*utilement, méchamment*); *asse* est la terminaison de l'imparfait du subjonctif à la 1re personne du singulier dans les verbes de la 1re conjugaison; *ir* caractérise l'infinitif présent des verbes de la 2e, etc. En latin, *us* est la terminaison des noms de la 2e déclinaison au nominatif singulier, *os* celle de l'accusatif pluriel; *ibus* caractérise le datif et l'ablatif pluriel de là 3e déclinaison ; *is* les mêmes cas à la 1re et à la 2e. La terminaison modifie quelquefois la dernière lettre du radical : ainsi, *neuf* devient *neuv* dans *neuve, neuvième, neuvaine*, etc. Certaines terminaisons sont assez fréquentes dans telle ou telle langue pour la caractériser; et c'est surtout dans les noms propres que cela se remarque. Ainsi, une terminaison en *ôs* ou en *ês* ou en *idas* annonce généralement un nom grec; en *us*, un nom latin; en *er*, un nom allemand; en *o*, un nom italien. Une syllabe nasale ou un *e* muet annonce à coup sûr un nom français (*Durand, Bertrand, Marchand, Bertin, Guesclin, Gilles, Leblond, Lecomte, Laporte*, etc.). Au reste, les terminaisons des noms français sont extrêmement variées ; il a été tellement impossible de les ramener à des classifications rationnelles, qu'on a adopté la division en terminaisons *masculines* et terminaisons *féminines;* les 1res sont celles qui offrent un son plein ; les 2es, celles qui ne sont marquées que par un *e* muet : si bien qu'à vrai dire les unes se distinguent à peine des autres pour l'oreille, puisque, dans les noms à terminaison féminine, la pénultième porte l'accent tonique. Si faible que soit cette distinction, elle forme néanmoins une des bases de l'harmonie de nos vers. *V.* Rime.   R.

TERMINAISON, terme de Plain-Chant par lequel on désigne la modulation qui sert de cadence finale à chaque verset. Elle est indiquée dans les livres par les syllabes *seculorum amen* qui terminent la doxologie *Gloria patri : E u o u a e*. Comme tous les psaumes et les cantiques sont terminés, à de rares exceptions près, par le *Gloria patri*, on en a choisi les dernières paroles pour y placer les notes de la terminaison. La terminaison est la même pour tous les versets. La suite de sons qui forme la terminaison d'un verset de psaume s'appelait autrefois *neume* (*V. ce mot*). La terminaison est indiquée par l'une des sept premières lettres de l'alphabet : A, B, C, D, E, F, G. L'une de ces lettres est toujours la note finale de la terminaison. La terminaison est *complète*, lorsqu'elle a pour finale celle du ton auquel la mélodie appartient; on se sert alors d'une lettre majuscule pour la désigner. Elle est *incomplète*, lorsqu'elle ne finit pas par la note finale du ton, par exemple, lorsqu'elle finit par *fa* dans le 1er ton, au lieu de finir par *re*; par *la* dans le 3e, au lieu de finir par *mi*. Dans ce cas, on la désigne par une minuscule.   F. G.

TERMINISME, mot qui a été employé comme synonyme de *Déterminisme* (*V. ce mot*).

TERMINOLOGIE (du latin *terminus*, terme, et du grec *logos*, discours), science des termes ou expressions propres à une science, à un art.

TERNAIRE (Mesure). V. Mesure.

TERNE (du latin *ternus*, triple, trois à la fois), en termes de Loterie, réunion de trois nombres pris ensemble et qui sortaient au même tirage. Le *terne sec* se composait de trois numéros pris sans jouer sur les trois *extraits* ni sur les trois *ambes* que formaient ces numéros; il se payait 270 fois la mise. Le *terne déterminé* était celui où le joueur avait indiqué d'avance l'ordre dans lequel devraient sortir ses trois numéros; il gagnait 4,500 fois la mise.

TERPODION, instrument de l'espèce des clavi-cylindres, inventé vers 1817 en Saxe par Jean-David Buschmann.

TERPSICHORE. } *V. ces mots dans notre Dictionnaire*
TERRAGE. } *de Biographie et d'Histoire.*

TERRASSE, nom de la toiture d'un édifice quand elle est en plate-forme. On voit beaucoup de terrasses dans les pays méridionaux de l'Europe et en Orient.

TERRASSE, élévation de terre, ménagée dans un parc ou un terrain, ordinairement épaulée par de la maçonnerie, et plantée d'arbres, pour servir de promenade ou de point de vue. Telles sont les terrasses de St-Germain-en-Laye, de Meudon, de St-Cloud, etc. On nomme *Contre-terrasse* une terrasse bâtie au-dessus d'une autre, pour quelque raccordement de terrain ou élévation de parterre.

TERRASSE, nom que donnent les sculpteurs à la partie de la plinthe d'une statue où pose la figure.

TERRASSEMENT, opération de Construction qui a pour objet le *déblai* et le *remblai* des terres. Les ouvriers employés à ce genre de travail sont dits *Terrassiers.*

TERRE, l'un des quatre éléments des Anciens. L'opinion qui fait de la Terre un élément et l'un des principes substantiels de la Nature paraît remonter à Empédocle, qui, suivant ce que rapporte Aristote, l'ajouta à l'Air, à l'Eau et au Feu, reconnus au même titre par les autres philosophes de l'école Ionienne, et les soumit tous ensemble au pouvoir de l'*Amour* et de la *Discorde*, pris comme principes moteurs. V. Ionienne (École). B—E.

TERRE-PLEIN, amas de terres rapportées formant une surface plate et unie. C'est la partie supérieure d'un rempart où se trouvent les canons. C'est aussi tout terrain élevé, soutenu par des murailles, comme le terre-plein du Pont-Neuf à Paris.

TERRES CUITES, nom sous lequel on désigne les antiques en argile. Les Anciens employèrent la terre cuite pour les frises de leurs temples, pour les bas-reliefs de leurs frontons, et en firent aussi un grand nombre de vases et ustensiles. On distingue les ouvrages séchés uniquement à l'air, ceux qui ont été cuits tout simplement, ceux qui ont été cuits avec des couleurs étendues, mais non fixées, ceux dont les couleurs furent cuites, ceux où les couleurs sont mi-partie fixes et mi-partie peintes, enfin ceux qui sont plus ou moins richement dorés. Au XVIe siècle, les artistes se remirent à employer la terre cuite : Bernard Palissy se rendit célèbre par ses figures et ses vases; on exécuta en Italie des bustes et d'autres ouvrages. La terre cuite fut de nouveau délaissée aux XVIIe et XVIIIe siècles; elle a repris faveur de nos jours, et on l'emploie principalement, à cause de son bon marché, pour les ornements architectoniques. B.

TERRIER.
TERRIPAVIUM. } *V. ces mots dans notre Dictionnaire*
TERRITOIRES. } *de Biographie et d'Histoire.*
TERUNCIUS. }

TERZA RIMA. V. Italienne (Versification).

TERZETTO, terme italien de musique, signifiant *petit trio.*

TERZINA. V. Triolet.

TESSÉRAIRE. }
TESSÈRE. } *V. ces mots dans notre Dictionnaire*
TEST. } *de Biographie et d'Histoire.*
TESTAMENT. }

TESTAMENTAIRE (Exécuteur). V. Exécuteur.

TESTIÈRE ou TÊTIÈRE, partie de l'armure du moyen âge qui couvrait la tête du cheval.

TESTIMONIALE (Preuve). V. Preuve.

TESTON, monnaie. *V. ce mot dans notre Dictionnaire de Biographie et d'Histoire.*

TÊTE (Voix de). V. Fausset.

TÊTE DE CLOU. V. Clou.

TÊTE DE PONT, ouvrage de fortification qui ne diffère du redan que parce que les faces sont brisées, pour donner deux flancs dont les feux se croisent au saillant.

TÊTE DE PONC. V. notre *Dictionnaire de Biographie et d'Histoire.*

TÊTE DE TRÈFLE, sommet d'une arcade trilobée.

TÉTRACOMOS. V. Comos.

TÉTRACORDE (du grec *tétra*, quatre, et *khordè*, corde), en termes de Musique grecque, système de quatre cordes ou sons dont les extrêmes étaient à distance de quarte. Les Grecs divisaient l'échelle musicale en tétracordes, et non en octaves comme font les Modernes. A l'origine, les tétracordes n'étaient que diatoniques; par la suite ils devinrent aussi chromatiques et enharmoniques. V. Grecque (Musique).

TÉTRACORDE, lyre à quatre cordes.

TÉTRADRACHME, monnaie d'argent de 4 drachmes, chez les anciens Grecs. V. Drachme, dans notre *Dictionnaire de Biographie et d'Histoire.*

TÉTRAÉTÉRIDE (du grec *tétra*, quatre, et *étos*, année), en termes de Chronologie, cycle ou période de quatre années, en usage chez les anciens Athéniens.

TÉTRAFOLIÉ, en termes d'Architecture, qui est à 4 feuilles ou à 4 lobes.

TÉTRALOGIE (du grec *tétra*, quatre, et *logos*, discours), représentation de trois tragédies suivies d'un drame satyrique, chez les anciens Grecs. Un grammairien a cité celle-ci d'Eschyle : *Phinée*, *les Perses*, *Glaucus de Potnies*, tragédies; *Prométhée*, drame satyrique. On voit par ce témoignage qu'il n'était pas nécessaire que les trois pièces tragiques eussent aucun lien entre elles, non plus qu'avec la pièce finale. On sait encore, soit par des scoliastes, soit par des polygraphes, entre autres Élien, qu'Euripide donna une tétralogie ainsi composée : *Alexandre, Palamède, les Troyennes*, tragédies; *Sisyphe*, drame satyrique, en concurrence avec une tétralogie d'un certain Xénoclès, comprenant les tragédies d'*OEdipe*, de *Lycaon*, des *Bacchantes*, et le drame satyrique *Athamas*. *Médée* fut représentée avec *Philoctète* et *Dictys*, et les *Moissonneurs*. Enfin on cite une tétralogie d'Euripide sans drame satyrique, et composée des *Crétoises*, d'*Alcméon à Psophis*, de *Télèphe*, et d'*Alceste*. V. Patin, *Études sur les Tragiques grecs.* P.

TÉTRAMÈTRE, vers grec ou latin composé de quatre mesures représentant soit quatre pieds, comme dans les systèmes choriambique, dactylique, ionique, soit quatre dipodies, c.-à-d. huit pieds, comme dans les systèmes iambique, trochaïque, anapestique. Les vers bacchiaques et les vers crétiques admettent des tétramètres *téliambes* (*V. ce mot*). P.

TÉTRAMORPHE, réunion des quatre attributs des Évangélistes en une seule figure. Le tétramorphe, fréquemment représenté dans l'Iconographie grecque, très-rare dans l'Iconographie latine, marque que les quatre Évangélistes ne font qu'un, et ne doivent pas être séparés.

TÉTRAPHONIE, nom donné, dans l'ancienne Musique, à un chant à 4 parties.

TÉTRAPLES (Les), nom d'une Bible où Origène avait placé sur 4 colonnes les quatre versions grecques d'Aquila, de Symmaque, des Septante, et de Théodotion.

TÉTRARCHIE. V. ce mot dans notre *Dictionnaire de Biographie et d'Histoire.*

TÉTRASTIQUE, mot employé quelquefois comme synonyme de *quatrain.*

TÉTRASTYLE, édifice qui présente quatre colonnes à sa façade.

TÉTRATONON, dans la musique grecque, intervalle de quatre tons, ce que nous nommons une quinte augmentée, ou une sixte mineure.

TÉTRAVELA. V. Baldaquin.

TÉTROBOLE (du grec *tétra*, quatre, et *obolos*, obole), monnaie de 4 oboles des anciens Grecs. V. Obole, dans notre *Dictionnaire de Biographie et d'Histoire.*

TEUGUE ou TUGUE, en termes de Marine, sorte de gaillard qu'on fait à l'arrière d'un vaisseau pour le garantir des injures du temps.

TEXTE (du latin *textus*, tissu), en termes de Philologie, les propres paroles d'un auteur, par opposition aux notes et aux commentaires.

TEXTE, passage de l'Écriture sainte qu'un prédicateur prend pour sujet de son sermon, et qui revient souvent dans le discours, qui doit en être le développement ou l'application.

TEXTE (Gros—, Petit). V. Caractères d'imprimerie.

TEYEMMON. V. Ablution.

THAI (Langue). V. Siamois.

THALAMÈGUE, navire. *V.* notre *Dictionnaire de Biographie et d'Histoire.*

THALAMISTES. *V.* NAVALES (Constructions).

THALAMUS. } *V.* ces mots dans notre *Dictionnaire de*
THALER. } *Biographie et d'Histoire.*

THALMUD. *V.* TALMUD, dans notre *Dictionnaire de Biographie et d'Histoire.*

THALWEG. *V.* ce mot dans notre *Dictionnaire de Biographie et d'Histoire,* au Supplément.

THAUMATOPES. *V.* ce mot dans notre *Dictionnaire do Biographie et d'Histoire.*

THAUMATURGE (du grec *thauma,* merveille, miracle, et *ergon,* ouvrage), littéralement, *faiseur de miracles.* On donnait ce nom, surtout dans les premiers temps de l'Église, aux saints personnages; un disciple d'Origène, Grégoire de Néo-Césarée, fut surnommé *le thaumaturge,* à cause de ses nombreux miracles. Dans le même temps, les adversaires du christianisme lui opposaient de prétendus faiseurs de miracles, comme Apulée et le néoplatonicien Apollonius de Tyane; ils citaient aussi Pythagore. Les prêtres égyptiens qui luttèrent contre Moïse, Simon le Magicien, étaient des *thaumaturges;* on peut d'ailleurs donner ce titre à tous ceux qui prétendent, par des opérations quelconques, produire des phénomènes opposés aux lois de la nature. Dans le XVIII° siècle, J. Gassner fut regardé comme un thaumaturge, ainsi que le prince de Hohenlohe, évêque de Gross-Wardein en Hongrie. *V. Bibliothèque magique,* 1776, in-8°; le *Thaumaturgus physicus,* du P. Schott; Windischmann, *Essais de thaumaturgie.* R.

THÉÂTRALE (Législation). La liberté des représentations théâtrales peut, comme la liberté de la presse, dégénérer en licence, et un gouvernement ne saurait abandonner tout contrôle. En Angleterre, le pays le plus libre du monde, la formalité de l'autorisation préalable pour l'établissement d'un théâtre et la censure dramatique ont été établies en 1737. De même, en France, avant 1789, les représentations théâtrales ne pouvaient avoir lieu qu'en vertu d'une autorisation expresse du gouvernement. La loi des 16-24 août 1790 décida que les spectacles publics ne pourraient être permis et autorisés que par les officiers municipaux, et astreignit les directeurs et entrepreneurs alors existants à se pourvoir devant eux pour faire confirmer leur jouissance. Celle des 13-19 janvier 1791 permit à tout citoyen d'élever un théâtre pour y faire représenter des pièces de tous genres, sous la seule condition d'en faire préalablement la déclaration à la municipalité du lieu. Un décret du 8 juin 1806 décida qu'aucun théâtre ne pourrait s'établir à Paris sans autorisation de l'Empereur; que le ministre de l'Intérieur pourrait assigner à chaque théâtre un genre de spectacle déterminé; que, dans les grandes villes, les théâtres seraient réduits à deux, et que, dans les autres, un seul serait maintenu; qu'ils devraient tous être munis de l'autorisation du préfet; qu'aucune pièce ne pourrait être jouée sans l'autorisation spéciale du ministère de l'Intérieur. La loi du 9 septembre 1835, reproduisant à peu de chose près ce décret, porta que l'ouverture d'un théâtre ou la représentation de pièces non autorisées serait punie correctionnellement d'un emprisonnement d'un mois à un an, et d'une amende de 1,000 à 5,000 fr., sans préjudice des poursuites auxquelles pourraient donner lieu les pièces représentées; et que, pour des motifs d'ordre public, l'autorité pourrait toujours suspendre la représentation d'une pièce, et même ordonner la fermeture provisoire du théâtre. Cette législation fut abolie par le Gouvernement provisoire de 1848; mais la liberté illimitée ayant engendré des désordres, l'Assemblée législative, par une loi du 30 juillet 1850, rétablit l'autorisation préalable, laquelle pouvait toujours être retirée pour des motifs d'ordre public, et porta à l'égard des contrevenants la peine d'une amende de 100 fr. à 1,000 fr., sans préjudice des poursuites auxquelles les pièces pourraient donner lieu. Un décret de 1863 a proclamé la liberté des entreprises théâtrales : il n'y a plus de directeurs privilégiés qui prélèvent un cinquième de la recette brute sur tous les spectacles; mais le Droit des pauvres a été maintenu. Aujourd'hui les théâtres sont placés sous la direction du ministre de l'Intérieur; leur police est confiée à Paris, au Préfet de police; au préfet dans les chefs-lieux de département qui ont 40,000 âmes et au-dessus; et dans les autres communes à l'autorité municipale. L'exploitation d'un théâtre étant un acte de commerce, les acteurs, auteurs, créanciers qui ont des réclamations judiciaires à exercer contre le directeur, doivent le citer devant le tribunal de commerce.

V. Vulpian et Gauthier, *Code des théâtres,* 1829, in-18; J. Rousseau, *Code théâtral,* 1829, in-18; Vivien et Blanc, *Traité de la législation des théâtres,* 1838, in-8°; Maud'heux et Ch. d'Argé, *Répertoire raisonné de jurisprudence théâtrale,* 1843, in-8°; Simonet, *Traité de la police administrative des théâtres de Paris,* 1850, in-8°; Lacan et Paulmier, *Traité de la législation et de la jurisprudence des théâtres,* 1853, 2 vol. in-8°.

THÉÂTRE (du grec *théatron,* dérivé de *théaomai,* je regarde), édifice destiné aux représentations scéniques. Par extension, le nom de théâtre désigne l'ensemble des ouvrages dramatiques composés par un auteur (le *théâtre* de Corneille, le *théâtre* de Racine, etc.), ou qui figurent dans une littérature complète (le *théâtre* grec, le *théâtre* espagnol, etc.). Au point de vue de l'Architecture, les théâtres ont été, après les temples, les monuments les plus remarquables des Grecs et des Romains en grandeur et en magnificence.

I. *Théâtres antiques.* — La tragédie et la comédie sont également nées dans les fêtes de Bacchus. La partie sérieuse de ces fêtes, représentée par le *dithyrambe,* engendra la première; la partie joyeuse, ou le *cômos,* donna naissance à la seconde. Mais la fête entière eut toujours pour centre l'autel du dieu, sur lequel se brûlaient des parfums, et qui reçut à cause de cela le nom de *thymélé.* De bonne heure on prit l'habitude de réciter ou de chanter auprès de l'autel quelqu'un des faits relatifs à l'histoire de Bacchus : le récitateur se tenait d'un côté de la *thymélé;* les assistants se tenaient de l'autre côté. Dans la suite, au lieu de raconter simplement une aventure du dieu conquérant, le poëte mit en dialogue les parties du récit où une action se passait entre deux personnages, et s'adjoignit un répondant ou *hypocritès;* ce mot servit toujours depuis lors à désigner les acteurs dramatiques. En même temps, pour être plus en vue des assistants, ces acteurs montèrent sur une sorte d'estrade qui portait le nom de *scène,* et vis-à-vis d'eux l'on dressa des *gradins,* nommés *ikria,* sur lesquels se rangèrent les spectateurs. Tels furent les commencements du théâtre, dont on voit que les trois parties essentielles sont l'*autel,* la *scène* et les *gradins;* au fond, les théâtres antiques ne continrent jamais autre chose, et toutes les parties qu'ils reçurent en se développant ne furent que des accessoires ajoutés à ces trois éléments fondamentaux.

Les théâtres furent longtemps de bois : le premier théâtre de pierre fut construit à Athènes au temps d'Eschyle (70° olympiade, 500 ans av. J.-C.) sous le nom de Théâtre de Bacchus, après l'écroulement des anciens gradins de bois. Les théâtres qui furent élevés plus tard ne s'éloignèrent pas beaucoup des dispositions adoptées ici. On choisissait pour emplacement la pente de la colline qui, dans toutes les villes grecques, portait le nom d'Acropole; dans ce terrain, le plus souvent rocheux, étaient taillés les gradins, que l'on complétait au besoin par des blocs de rapport et par de la maçonnerie; ces gradins formaient un amphithéâtre demi-circulaire, d'où les spectateurs jouissaient ordinairement d'un horizon étendu. Le dernier gradin vers le bas dessinait ainsi une aire en demi-cercle, dans laquelle s'élevait l'autel. Cette aire portait le nom d'*orchestre,* parce que c'était là que le chœur exécutait en chantant les mouvements cadencés de la *strophe* et de l'*antistrophe* avec une sorte de danse (*orchésis*). On voit, par les grandes ruines de théâtres qui existent encore en Grèce et en Asie Mineure, que les mouvements du chœur étaient indépendants de ceux de la scène, et que des deux côtés de l'orchestre il y avait un passage qui lui permettait d'entrer et de sortir librement, selon les nécessités de l'action. Le front de la scène s'élevait en ligne droite devant l'hémicycle, à une petite hauteur au-dessus de l'orchestre. Quand l'usage du rideau se fut introduit, on le logea dans une rainure le long de cette *rampe,* et c'est là qu'il restait pendant la représentation : on disait donc *baisser le rideau* dans le même sens où nous disons *lever le rideau.* La scène formait en face des gradins une construction quelquefois très-considérable, et généralement composée de trois corps de bâtiments : celui du fond, qui portait le nom d'*épiscénion,* et ceux des côtés, qui étaient les *ailes.* Ces bâtiments étaient destinés à contenir le matériel du théâtre, les machines, les costumes, les masques, et à servir de vestiaires et de retraite aux acteurs pendant les représentations; ils remplissaient donc le rôle de garde-meuble et de coulisses. C'est devant ces façades intérieures que l'on dressait au besoin les décorations mobiles appropriées au sujet de chaque pièce; c'est entre elles que descendaient à ciel ouvert les dieux et les êtres aériens que l'on faisait souvent apparaître; l'art du machiniste consistait surtout à dissimuler les moyens de suspension qu'il employait. La surface scénique comprise entre l'épiscénium et les ailes était généralement très-étroite eu égard à sa longueur. Comme il paraissait rarement sur la scène beaucoup de personnages à la fois, et qu'on n'y voyait guère des peuples entiers ou des armées, chacun des acteurs sortait à son tour de l'une des ailes et rentrait dans l'autre. Face à face, et occupés de leur propre action, ils n'avaient pas sans cesse le visage tourné vers les spectateurs; on les voyait le plus souvent de profil, disposés de manière à ne pas se cacher les uns les autres; et ils ressemblaient ainsi à une suite de bas-reliefs se dessinant sur la façade de l'épiscénium. Le chœur n'étant point sur la scène, mais à l'orchestre, une faible profondeur de scène suffisait toujours, même dans les plus grands théâtres. D'ailleurs, cette disposition nous prouve que les décors ne pouvaient qu'être mis à plat contre les bâtiments de la scène, et qu'ainsi les théâtres grecs ne pouvaient offrir ces plans nombreux et ces effets de perspective obtenus aujourd'hui par les coulisses et les échafaudages. Du reste, les gradins supérieurs étaient assez élevés pour atteindre au niveau des constructions scéniques, et apercevoir au delà les montagnes et les horizons lointains. Comme les représentations se faisaient en plein jour, le paysage naturel servait de décor au fond de la scène. Aucune toiture, aucun abri ne couvrait les spectateurs et ne leur dérobait la vue du ciel.

La commodité du spectateur était entendue tout autrement qu'aujourd'hui. Car, s'ils étaient exposés à la chaleur du jour, ils avaient le plein air pour en tempérer la rigueur. Ils étaient assis sur la pierre; mais celle-ci était taillée suivant des plans bien conçus, comme on le voit au théâtre d'Épidaure, œuvre de Polyclète. La circulation se faisait aisément par les chemins qui montaient de l'orchestre aux gradins les plus élevés. Et le spectateur pouvait en outre prendre le frais sous une colonnade qui, le plus souvent, régnait au haut de l'amphithéâtre, d'une aile à l'autre.

L'illusion scénique semble également avoir été entendue ...t autrement que chez nous; en effet, d'une part, il n'est pas croyable que les décorateurs aient poursuivi une représentation pour ainsi dire servile de la nature, laquelle eût été à peine possible sous la lumière du soleil; ils ont dû, par conséquent, s'en tenir à de certaines conventions qui leur permettaient de simplifier leurs moyens et leurs ressorts. D'un autre côté, l'esprit artiste des Grecs n'eût jamais souffert qu'un acteur vînt, avec sa figure, représenter sur la scène un dieu, un héros, ou un être idéal; on comprend, en effet, qu'il eût paru fort déplacé au milieu d'objets qui avaient un sens trop étendu et trop général pour que sa personne pût se rencontrer parmi eux; enfin comprend-on qu'un peuple réellement artiste eût supporté, au milieu d'événements divins et sous un costume héroïque ou même céleste, le visage d'un homme que l'on rencontrait chaque jour dans la rue? L'art dramatique fit donc usage du *masque* de très-bonne heure; il ne tint nul compte de l'expression des traits du visage sur la scène, et trouva plus avantageux de les cacher sous une figure immobile douée d'une expression générale et appropriée au personnage et à l'ensemble des événements. Le masque avait pour effet de dénaturer les proportions du corps humain et de grossir monstrueusement la tête : de là naquit le besoin d'élever la taille de l'acteur au moyen du brodequin appelé *cothurne*, et d'allonger les vêtements en proportion. En somme, le personnage paraissait plus grand que nature, sa voix était amplifiée, son visage réduit à un type connu du peuple, ses gestes rendus plus lents et plus solennels; ces changements n'avaient aucun inconvénient, puisqu'ils rapprochaient l'acteur de l'idée qu'on se faisait vulgairement des héros et des dieux. Ces conditions scéniques imposées aux poëtes les obligeaient à ne point rechercher les petits moyens d'action, et à ne compter que sur les grandes péripéties et sur la force même du drame.

Les dimensions des théâtres antiques imposaient aux poëtes et aux acteurs les mêmes nécessités. Celles de nos théâtres modernes n'en donnent qu'une très-faible idée. Non-seulement on ne voyait aucune construction ou garniture analogue à nos loges et à nos galeries, mais la commode disposition du théâtre en gradins concentriques permettait à la fois de loger le plus grand nombre possible de spectateurs sur un espace donné, et d'étendre vers le haut cet espace à fort peu de frais. Ainsi, les gradins du théâtre de Bacchus à Athènes pouvaient contenir 30,000 spectateurs; ceux d'Épidaure avaient 146 mèt.

de diamètre; ceux de la petite ville de Sicyone, 130^m; ceux d'Éphèse, 214^m, et pouvaient contenir 150,000 spectateurs. La voix de l'acteur, amplifiée par le masque, renvoyée par les constructions de la scène, et concentrée par la galerie supérieure, devait remplir cette immense enceinte; la forme évasée que présentait l'ensemble des gradins était très-heureuse pour l'acoustique, à laquelle, d'ailleurs, nous savons que le plein air ne faisait aucunement obstacle. Le grand nombre des spectateurs et les vastes dimensions qu'il imposait aux théâtres avaient plusieurs causes chez les Grecs : d'abord, les représentations dramatiques faisaient partie d'une fête religieuse, et étaient un usage sacré auquel l'art des poëtes donna une puissance nouvelle sur les esprits; en second lieu, ces représentations étaient rares dans l'année et non quotidiennes comme chez nous, ce qui nécessairement devait attirer un grand nombre de personnes, préparées d'ailleurs par leur éducation à comprendre même les chefs-d'œuvre de l'art le plus élevé; enfin l'entrée au théâtre était gratuite, et permise aux hommes de toute condition. Cette institution des théâtres, dont les villes faisaient les frais, était donc entièrement démocratique. Elle ne l'a jamais été chez les modernes, et il est même à remarquer que les nouveaux théâtres construits chez nous éloignent de plus en plus par le prix des places les personnes que leur fortune trop médiocre retient chez elles; l'argent règne au théâtre. Les Grecs seuls, et, parmi eux, les peuples ioniens, les Athéniens surtout avec leurs colonies, ont su faire des théâtres de vrais établissements démocratiques : ce caractère est imprimé aussi bien à l'architecture des théâtres de la Grèce, aussi bien qu'aux œuvres de ses poëtes dramatiques.

Quand l'art dramatique passa de la Grèce en Italie et se fut établi dans Rome, son caractère religieux disparut d'abord. On alla au théâtre pour se récréer; les représentations furent données au public le plus souvent pour briguer ses suffrages; les théâtres furent élevés par de riches particuliers pour les plaisirs des électeurs populaires; le métier d'acteur fut avili, et l'auteur même fut soumis à une censure rigide et arbitraire. Tout le monde, du reste, y fut admis, hommes, femmes et enfants; et pour ne rien négliger de ce qui pouvait relever les donateurs aux yeux du peuple, on y déploya une magnificence inconnue aux Grecs. Tels furent le théâtre de Scaurus, celui de Pompée. Plus tard on en construisit dans tout l'Empire. Ce fut sur le modèle des théâtres grecs : seulement, le caractère sacré ayant disparu et avec lui l'origine même de l'art dramatique, il n'y eut ni *thymélé* ni chœurs; l'espace vide laissé par l'orchestre fut occupé par l'aristocratie romaine, tandis que les gradins s'étaient au peuple. On peut donc regarder les théâtres romains comme ayant formé la transition entre ceux de la Grèce et les théâtres modernes.

Aux théâtres on doit rattacher un genre d'édifices qui s'en rapprochaient beaucoup : ce sont les *Odéons* ou théâtres de musique (*V.* ODÉON). Le plus célèbre fut l'Odéon de Périclès à Athènes. Les concours musicaux n'ayant point une origine sacrée, il n'y eut point là d'autel de Bacchus; et comme on y allait pour entendre et non pour voir, on n'eut pas besoin de disposer les places en gradins. De plus, les dimensions de ces salles étant loin d'égaler celles des théâtres, on put les couvrir d'un toit de forme circulaire, et donner à tout l'édifice la forme ou rotonde. On voit par quels côtés les salles de musique se rapprochaient des théâtres et par quels côtés elles s'en éloignaient.

L'*Amphithéâtre* romain, entièrement inconnu des Grecs, n'est au fond qu'un théâtre où les *épiscénia* ont été supprimés avec la scène même, ce qui a permis de doubler les gradins et d'en former une enceinte unique et continue, presque toujours ovale, et où l'orchestre également doublé s'est trouvé transformé en *arène* ou espace sablé; et comme il n'était guère possible d'adosser un tel édifice à une colline, on l'éleva de toutes pièces sur un terrain plat, avec cet art des constructions voûtées qui, dans les ruines romaines, fait encore l'admiration des modernes. *V.* AMPHITHÉÂTRE.   EM. B.

II. *Théâtres modernes.* — On ne saurait déterminer d'une manière précise l'époque de la construction des premiers théâtres en Europe pendant le moyen âge. Les Mystères (*V. ce mot*) se représentaient sur des échafaudages dressés dans les places publiques ou dans de vastes salles. Ce fut seulement au XVIe siècle que des architectes italiens édifièrent des théâtres fixes. Tel fut celui que Bramante construisit en pierre, et dans la forme des théâtres antiques, à l'extrémité de la grande cour du Valicran. Palladio éleva à Vicence, en 1580, toujours d'après les modèles laissés par les Anciens, mais en ajoutant une toiture, un théâtre que l'on conserve encore aujourd'hui avec un soin religieux. Il est de forme demi-ovale; la scène offre 7 rues, avec des palais, des temples, des arcs de triomphe en relief; mais ces édifices étant nécessairement petits, le coup d'œil est d'un mauvais effet. Vincent Scamozzi modela également sur l'antique, avec plus de rigueur encore, le théâtre de Sabionnetta; en lui donnant la forme demi-circulaire, il rendit la scène visible pour tous les spectateurs. En 1618, J.-B. Aleotti construisit le théâtre de Parme, dont la forme générale est un hémicycle prolongé par des lignes droites : autour du parterre est un vaste amphithéâtre, surmonté de deux galeries ornées de colonnes et d'arcades; au-dessus est un acrotère avec des figures qui semblent porter le plafond; l'avant-scène offre deux rangs de niches ajustées avec de petites colonnes qui rappellent en grande partie la décoration des scènes antiques; vers les deux faces, en retour de l'avant-scène et en retour avec les loges, sont deux arcs de triomphe surmontés de figures équestres.

La disposition des théâtres antiques ne pouvait pas convenir aux usages modernes. On ne tarda pas à remplacer les gradins par des rangs de loges ou des balcons, et la scène devint plus profonde, afin de faire jouer les machines et de produire des effets pittoresques. Dans le xviie siècle, toutes les villes d'Italie voulurent avoir leur théâtre fixe, et ces théâtres furent construits à peu près sur le plan que nous avons conservé jusqu'à présent. Toutefois, si l'on excepte le théâtre de St Charles à Naples, et celui que Galli da Bibiena éleva à Bologne vers 1763, les anciens théâtres italiens ne présentaient pas les conditions que l'on exige aujourd'hui : point de façade extérieure qui les caractérise; point de portique pour tenir la foule à couvert avant l'ouverture de la salle; point d'abri pour descendre de voiture, ni le foyer pour la promenade des spectateurs pendant les entr'actes; point de café à l'intérieur.

En France, ce ne fut guère qu'au xviie siècle que l'on bâtit des théâtres durables. Un des premiers et des plus importants fut le théâtre construit dans le Palais-Royal par ordre du cardinal de Richelieu : l'intérieur de la salle consistait en 27 gradins et 2 rangs de loges; la noblesse occupait des banquettes sur les côtés de l'avant-scène (V. BANQUETTES); dans les gradins, les femmes de la cour se faisaient apporter des fauteuils ou des chaises; au parterre, on restait debout. Les autres salles ont dû présenter à peu près les mêmes dispositions. Les représentations n'avaient encore lieu alors que pendant le jour : les ordonnances de police prescrivaient de finir les spectacles, en hiver, à quatre heures et demie. Louis XIV fit construire aux Tuileries, par l'architecte italien Gaspard Vigarani, une salle de style composite qui occupait toute la largeur du pavillon Marsan. La scène avait 44 mèt. de profondeur, 10m,66 d'ouverture, et 11m,33 de hauteur; le dessus, pour la retraite des décorations, était de 12m,33, et le dessous de 5m. La partie livrée aux spectateurs avait 16m,33 de largeur, sur 31m de profondeur; la hauteur du parterre à la voûte était de 16m,33. Quand on donna les représentations le soir, il fallut éclairer les salles de spectacle : de là l'emploi du lustre (V. ce mot). On éclaira également la rampe, et tout d'abord avec des chandelles, car la salle de l'Odéon, à Paris, fut la première où l'on employa des lampes ou quinquets en 1784.

Les dispositions des théâtres modernes sont à peu près les mêmes chez toutes les nations européennes. Cependant, l'emploi des balcons appartient plus spécialement aux peuples du Nord, et les loges fermées à ceux du Midi. Les Italiens ne connaissent pas ces longues galeries qui, chez nous, font le tour de la salle en avant des loges. En Espagne, jusqu'à la fin du xviie siècle, les salles de spectacle ont été carrées : au-dessous des trois rangs de loges il y avait un amphithéâtre où se plaçaient les femmes; dans toute la façade du fond étaient des galeries grillées, réservées aux moines, et le parterre était disposé en gradins, avec un espace libre au milieu, qui répondait à l'orchestre antique.

Après bien des tâtonnements et des expériences, il a été reconnu que la meilleure forme pour les théâtres modernes est la forme elliptique. Tout spectateur, en se rendant au spectacle, se propose d'entendre et de voir; or, l'ellipse est la courbe la plus favorable à la libre circulation du son, et la disposition des loges et des galeries sur cette courbe est la plus avantageuse pour voir sur la scène. Si, après avoir fixé les deux foyers de l'ellipse, on

tire une ligne parallèle au petit diamètre et au quart de la longueur du grand, la longueur de cette ligne donne exactement les meilleures proportions de l'ouverture de l'avant-scène. Si l'on tire au delà de l'avant-scène une ligne parallèle au petit diamètre de l'ellipse et au huitième de la longueur totale du grand diamètre, si l'on tire ensuite deux lignes des extrémités du petit diamètre et passant aux extrémités de la ligne parallèle, le point d'intersection de ces deux lignes obliques donne celui de la profondeur nécessaire du théâtre, tant sous le rapport des rayons visuels que sous celui des lignes acoustiques. Il n'est possible, pour que les acteurs soient entendus, de donner plus de 25 mèt. à la salle, depuis l'avant-scène jusqu'au fond des loges du point opposé. Pour que des places latérales les plus élevées les spectateurs puissent voir convenablement sur la scène, il faut que le rang de loges ou de galerie le plus élevé de la salle ne surpasse pas en hauteur les deux tiers de la longueur totale de cette salle. C'est d'après ces principes qu'ont été construits beaucoup de théâtres italiens, qui peuvent servir de modèles, tels que : l'ancien théâtre de Fano, bâti sur les dessins de Torelli; celui de Mantoue, dû à Galli da Bibiena; celui d'Imola, œuvre de Cosme Morelli; le théâtre San-Benedetto à Venise, et la salle Argentina, à Rome, que le comte Teodoli a faite sur le même modèle; le grand théâtre de la Fenice, à Venise, construit par Selva; celui de la Scala, à Milan, par Piermarini; le nouveau théâtre de Parme, par Bettoli, etc. Les avantages de la forme elliptique étant connus, il en résulte que le plafond d'une salle de spectacle, surtout d'une salle d'opéra, doit être tracé sur une courbe elliptique, qu'il faut se garder d'interrompre par une ouverture au centre, comme on le fait sous prétexte de favoriser le renouvellement de l'air dans la salle : avec cette forme, il favorise autant que possible la circulation du son. Par suite, le plafond doit offrir une surface plane, nue pour ainsi dire, dépouillée de ces compartiments et autres fantaisies architecturales qui n'ont d'autre effet que de dénaturer la masse du son, de la disperser, et de donner aux voix un caractère différent en divers points de la salle.

Il est encore une forme que l'on peut donner aux théâtres avec succès : c'est celle du cercle, tronqué vers le quart par l'ouverture du proscenium, et au cinquième par celle du rideau. Elle a été adoptée complétement ou à peu près au théâtre St-Charles de Naples; au théâtre de Bordeaux, construit par Louis; au Théâtre Français de Paris, ouvrage du même architecte, mais où l'on a un peu perdu de la propriété du cercle par une trop grande élévation intérieure; dans la même capitale, au théâtre de la Porte-St-Martin, par Lenoir; au théâtre des Variétés, par Cellerier; au théâtre de l'Opéra, rue Le Peletier, par Debret. — On a fait à Londres un essai bizarre, et sans succès, celui d'une salle en forme de porte-voix, dont la partie la plus resserrée est vers la scène : si cette disposition a pu être déterminée par des raisons d'acoustique, elle privait entièrement des propriétés de l'optique les parties latérales de la salle.

Une des erreurs les plus grandes des architectes dans la construction des théâtres a été de séparer la scène et le reste de la salle par un mur avancé ou par une masse solide, soit que cette masse soit arrondie en forme d'architrave, soit qu'elle forme un encadrement. Ce mur ou cette masse solide sert un repoussoir qui d'une part rejette en arrière la voix des acteurs, et de l'autre produit une répercussion des effets de l'orchestre, laquelle dénature la qualité du son et ne le fait parvenir que réfléchi jusqu'au public. De même, les colonnes placées communément aux loges de l'avant-scène, avec leurs chapiteaux et l'espèce de fronton qu'elles supportent, non-seulement interrompent la ligne acoustique et gênent les effets de la vision, mais encore forment des gouffres où le son s'engloutit. Cet inconvénient a disparu dans le nouveau Théâtre impérial du Châtelet, ouvert à Paris en 1862 : l'architecte, M. Davioud, a prolongé jusqu'à la scène les galeries des spectateurs. Ce théâtre présente une autre innovation, qui est toute une révolution dans le système d'éclairage des salles : l'énorme lustre qui intercepte la vue à un certain nombre de spectateurs des galeries supérieures, et d'où se dégage, surtout depuis l'emploi du gaz, une chaleur suffocante, a été supprimé; le plafond de la salle est formé par un immense verre ovale, dépoli et ciselé, au-dessus duquel on a concentré de nombreux becs de gaz, et la lumière arrive en quelque sorte tamisée et singulièrement adoucie. Ce système d'éclairage a été encore adopté au Théâtre-Lyrique de la place du Châtelei, du même artiste, ainsi qu'au *théâtre de la Gaîté*, sur le square des Arts et Métiers, l'un et l'autre construits aussi en 1862. Au théâtre de la Gaîté, l'architecte, M. Cuilàin; a introduit quelques modifications heureuses : la décoration du plafond a la forme d'une véla disposée en panneaux; au centre est un grand cercle, rempli par une sorte de cul-de-lampe en verre dépoli et en cristaux, et fixé un peu en contre-bas du plafond, de sorte que la lumière se projette mieux dans la salle; l'extrémité des panneaux est plissée en demi-cercles par où la lumière pénètre encore; et en outre le milieu de chaque panneau à un médaillon qui est aussi une ouverture pour la lumière, et qui sort au-dessous de la véla, à peu près en demi-globe. Cette disposition donne un effet général plus lumineux.

Tous les matériaux ne peuvent être employés indifféremment dans les constructions intérieures d'une salle de spectacle. C'est ce qui ne préoccupe pas assez les architectes, dont les uns multiplient les corps durs qui répercutent le son avec sécheresse, et les autres emploient avec profusion les toiles et les étoffes qui l'absorbent. Il faut qu'une salle soit sonore, et qu'elle vibre dans son ensemble à peu près à la manière d'un instrument : la pierre, le fer et les autres métaux, ne vibrent point harmoniquement, et répercutent avec dureté; le bois, au contraire, et surtout le bois léger, tel que le sapin, a toutes les qualités propres à donner des vibrations faciles, et conséquemment à seconder la sonorité de la salle. Il suit de là que toute enceinte intérieure de salle de spectacle doit être faite en bois de cette espèce : plus le bois est compact, moins il facilite la résonnance; par conséquent, le chêne, l'orme, le charme doivent être rejetés; le hêtre est admissible. On recouvre souvent de toile le pourtour des galeries, dans le but de faciliter les travaux du peintre décorateur; c'est un mal par rapport à l'acoustique, car le son s'insinue et s'absorbe dans les mailles de cette toile.

La difficulté de disposer convenablement l'orchestre pour la bonne résonnance est assez grande. S'il est trop bas à l'égard de la scène, il devient sourd, et ne forme point un tout homogène avec les voix; s'il est assez élevé pour l'effet musical, il devient un obstacle à la vue des spectateurs les plus rapprochés de la scène. La meilleure position, sous le rapport de l'homogénéité des sons, est celle où l'extrémité du plancher de l'orchestre opposée à la scène forme avec le plancher de l'avant-scène un angle d'environ 25 degrés : mais il n'est possible d'élever autant l'orchestre qu'en donnant aussi beaucoup d'élévation au fond du parterre, afin d'obtenir une pente douce qui permette aux spectateurs les plus voisins de l'orchestre de voir la scène sans obstacle. V. ORCHESTRE.

Là décoration d'une salle de spectacle n'est point livrée au caprice du jour ou des hommes; elle est prescrite par le genre des représentations affectées à tel ou tel théâtre. Elle résulte essentiellement de la disposition architectonique, puis du ton local, et enfin des détails d'ornements allégoriques qui lui sont spécialement applicables. D'un autre côté, il n'est pas possible d'adapter à deux salles de différente grandeur une disposition semblable, par exemple un égal nombre de rangs de loges ou de loges fermées, sans violer les lois de l'optique.

V. Bulengerus, *De theatro ludisque scenicis lib. II*, 1603, in-8°; Boindin, *Discours sur la forme et la construction du théâtre des Anciens*, dans les *Mém. de l'Académie des Inscriptions*, t. I et IV; Poleni, *Degli teatri antichi*, Vicence, 1735, in-8°; J. Carpi, *Opere del teatro antico e moderno*, Vérone, 1769; Motta, *Trattato sopra la struttura de' teatri e scene*, Guastalla, 1676, in-fol.; Roubo, *Traité de la construction des théâtres*, Paris, 1776, in-fol.; Lamberti, *La regolata construzione de' teatri*, Naples, 1787, in-fol.; Ricati, *Della construzione de' teatri*, Bassano, 1790, in-4°; Saunders, *Treatise on theatres*, 1790, in-4°; Patte, *Essai sur l'architecture théâtrale*, 1782; Boullet, *Essai sur l'art de construire les théâtres*, Paris, an VIII; Genelli, *Le théâtre d'Athènes, son architecture et son mécanisme scénique*, en allem., Berlin, 1818, in-8°; J. Ferrario, *Storia e descrizione de' principali teatri antichi e moderni*, Milan, 1830, in-8°; E. Trélat, *Le Théâtre et l'architecte*, Paris, 1860, in-8°. B.

THÉATRE (Directeur de). Les théâtres des Anciens n'avaient pas de directeurs en titre : les archontes et les autres magistrats en Grèce, les édiles à Rome, présidaient à l'administration de ces établissements, qui étaient, pour la plupart, des propriétés de l'État : Chez nous, nul ne put, jusqu'en 1803, être directeur de théâtre ou de spectacle, sans un *privilége* ou une *tolérance*. Le

directeur privilégié était à peu près assuré de rester le maître de son entreprise pendant le temps qui lui était concédé par son privilége; le directeur par tolérance ne relevait que de la police, et pouvait, sur un simple ordre émané d'elle, être contraint de fermer de la veille au lendemain. A Paris, les directeurs de l'Académie impériale de musique, dite plus habituellement aujourd'hui l'*Opéra*, ceux de l'*Opéra-Comique*, du *Théâtre-Français*, du *Théâtre-Italien* et du *Théâtre de l'Odéon* sont subventionnés par le gouvernement; l'État a pris à sa charge l'excédent des dépenses nécessitées pour la splendeur de l'Opéra. Dans les départements, les directeurs privilégiés à résidence fixe reçoivent généralement des subventions des villes, tandis que ceux qui n'ont que des troupes d'arrondissement et qui desservent plusieurs localités sont à peu près abandonnés à leurs seules ressources.

THÉATRE (Moralité du). S'il est vrai que le premier théâtre digne de ce nom ait été construit dans Athènes par Eschyle, le père de la tragédie grecque, le glorieux prédécesseur et rival de Sophocle, on peut dire que les représentations dramatiques avaient pris naissance parmi les hommes sous les plus favorables auspices. La « hauteur divine » où d'abord avaient atteint les deux émules était faite pour justifier et recommander les spectacles naissants, par les sentiments élevés qu'ils excitaient dans l'âme des spectateurs. Mais, depuis, les différentes littératures ont vu naître d'innombrables aspirants à la gloire du cothurne, qui n'ont pas su toujours conserver à la tragédie sa beauté sévère et sa grandeur morale des premiers temps. D'autre part, la comédie, sortie du délire et de l'ivresse des Bacchanales, dès sa naissance et par la suite parcourut capricieusement tous les degrés qui séparent le haut comique du grotesque et du bouffon : tour à tour ou tout ensemble, dans Molière comme dans Aristophane, grossière, licencieuse, fantasque et élégante, fine, épurée, de bonne et honnête compagnie. Ajoutez qu'à toutes les époques, tragiques et comiques se sont montrés généralement plus soucieux d'être applaudis du spectateur que de lui donner, même indirectement, des leçons de vertu qu'il ne leur demandait pas. Pourvu qu'en somme le public se pressât aux représentations et battit des mains, n'avaient-ils pas atteint leur but? Mais la philosophie ni la religion n'ont été d'avis que le succès justifiât l'institution, et de bonne heure elles condamnèrent le théâtre.

Platon commença l'attaque. « Nous ne recevons, dit-il, dans notre République, ni la tragédie ni la comédie. » Admirateur des institutions de Lycurgue et du caractère spartiate, précurseur du Stoïcisme, il censurait les lamentations des théâtres, propres à exciter et à flatter en nous cette partie faible et plaintive qui s'épanche en gémissements et en pleurs, et cette autre partie plus emportée de notre âme, où règnent l'indignation et la colère; comme s'il y eût rien dans les choses humaines qui valût la peine qu'on s'en irritât et qu'on en versât des larmes. Il n'approuvait pas davantage cette pente aveugle et impétueuse à se laisser emporter par l'envie de rire, aussi capable que les représentations tragiques d'entretenir et d'augmenter en nous ce qu'il y a de déraisonnable. Par un autre principe encore plus universel, l'austère législateur, jugeant que tous les arts qui n'ont pour objet que le plaisir sont dangereux à la vie humaine, parce qu'ils vont le puissant indifféremment aux sources bonnes et mauvaises, était amené à exiler à la fois de sa cité idéale tous les poètes comiques, tragiques, épiques, Homère lui-même. Celui-ci, d'ailleurs, était en grande partie le créateur de la mythologie grecque; n'était-il donc pas pernicieux de nourrir de fables et de fictions l'esprit des jeunes gens? — Plus positif et plus pratique, mis en garde contre un esprit de système trop exclusif et trop absolu par le sentiment de la réalité qui, chez lui, contraste si fort avec le penchant de son maître pour l'utopie, Aristote rédigea les règles de l'art qu'avait réprouvé Platon. Et pourtant, il ne croyait point qu'on pût abandonner la jeunesse à la représentation des comédies, ni même des tragédies : il craignait les impressions que ces spectacles produiraient sur des âmes tendres et novices, trop facilement accessibles à l'émotion.

A Rome, Cicéron, qui, comme ami des lettres, goûtait les œuvres des vieux poètes latins au point de les savoir par cœur, raillait, *comme philosophe*, la comédie, qui mettait au nombre des dieux l'Amour, l'auteur des vices et de la luxure, et qui affichait néanmoins la prétention d'être une école de morale. Sénèque, plus sévère, renouvelle, sous l'inspiration de la doctrine stoïcienne, les acensations de Platon, et enseigne à son ami Lucilius qu'il n'y a rien de plus nuisible à l'âme que la fréquentation du théâtre. Il est vrai qu'il entend surtout parler du Cirque et des spectacles de gladiateurs. « C'est là, lui dit-il, que le plaisir introduit aisément le vice dans le cœur des hommes; on en sort toujours plus cupide, plus ambitieux, plus porté au luxe et au plaisir. » Il n'est pas étonnant, d'ailleurs, que la même philosophie qui conseille d'éviter le monde et les nombreuses compagnies recommande de fuir le théâtre, qui n'en est souvent que la séduisante et trompeuse image.

Le langage des philosophes fait pressentir celui des chrétiens. Les Pères de l'Église furent, en effet, d'accord pour condamner les spectacles, et ils devaient l'être. D'abord, le théâtre était une institution païenne, et il tenait par d'innombrables liens à la mythologie, contre laquelle combattaient unanimement tous les grands représentants du christianisme. D'autre part, soutiens et propagateurs d'une doctrine plus rigide encore que le Stoïcisme, laquelle prétendait apporter au monde le culte de la chasteté et tourner vers le ciel toutes les pensées des hommes, les représentations théâtrales avaient naturellement à leurs yeux le double tort de porter atteinte à la pureté des mœurs, et de préoccuper de plaisirs terrestres et mondains des âmes qui devaient chercher toutes leurs joies dans le service de Jésus-Christ et les espérances de l'autre vie. — Leurs arguments divers ont été reproduits dans la polémique qui s'engagea au XVIIe et au XVIIIe siècle sur la même matière. Le débat s'ouvrit en 1665 entre Desmarets de Saint-Sorlin et Nicole, qui représentait Port-Royal; mais ce qui fut plus intéressant peut-être que la lutte, ce fut le rôle inattendu qu'y joua Racine. Desmarets, l'auteur infortuné de la comédie des Visionnaires et du poëme épique de Clovis, las d'être poëte, dit Louis Racine dans ses Mémoires sur la vie de son père, voulut être prophète, et prétendit avoir la clef de l'Apocalypse. Il eut l'honneur d'être foudroyé par Nicole. Celui-ci composa contre ses prétentions des Lettres imitées des Provinciales, et qu'il intitula Visionnaires, parce qu'il les écrivait contre l'auteur de la comédie de ce nom, devenu lui-même un visionnaire d'un nouveau genre. Dans la première de ces Lettres, il faisait remarquer que ce prétendu illuminé ne s'était d'abord fait connaître dans le monde que par des romans et des comédies; puis il ajoutait : « De telles qualités, qui ne sont pas fort honorables au jugement des honnêtes gens, sont horribles, considérées suivant les principes de la religion chrétienne. Un faiseur de romans et un poëte de théâtre est un empoisonneur public, non des corps, mais des âmes. Il se doit regarder comme coupable d'une infinité d'homicides spirituels, ou qu'il a causés en effet, ou qu'il a pu causer. » C'est ce mot qui mit à Racine la plume à la main. Formellement invité, depuis ses liaisons avec les comédiens, à ne plus se présenter à Port-Royal, et cela par sa propre tante, qui faisait partie du couvent, il se persuada aisément que la sortie de son ancien maître contre les poëtes le regardait, se froissa, et, se laissant entraîner inconsidérément au premier mouvement de son dépit, répliqua par une Lettre fort vive, spirituelle et mordante, mais dans laquelle il tournait plutôt les Jansénistes en ridicule qu'il ne défendait le théâtre. Nicole ne répondit pas, et le bien : le silence, vis-à-vis d'un élève oublieux de ses devoirs, était de la dignité. Mais deux jansénistes, Dubois et Barbier d'Aucourt, ripostèrent, non sans succès. Racine alors acceptant le défi, et s'enivrant pour ainsi dire de son esprit, compose une seconde Lettre, plus piquante, plus amère, plus sarcastique encore que la première, et court la lire à Boileau. Celui-ci l'écoute avec calme, puis, pratiquant dès lors la sincérité courageuse qu'il recommande, dans son Art poétique, au critique honnête homme, répond d'un grand sang-froid à son ami : « Voilà un ouvrage qui fera honneur à votre esprit, mais qui n'en fera pas à votre cœur. Vous attaquez, après tout, des hommes fort estimés, et qui ont été vos maîtres. » Ce mot fit une révolution subite dans les dispositions de Racine; ce fut comme une lumière soudaine qui lui dessilla les yeux; jusque-là son amour-propre avait seul parlé, le naturel maintenant reprenait le dessus : Racine sentit sa faute et la reconnut noblement. L'esprit est souvent la dupe du cœur, a-t-on dit : c'est le contraire qui fut vrai dans cette circonstance. La lutte finit avec cet incident, qui, d'ailleurs, avait été une querelle personnelle plutôt qu'un débat général et régulier entre les défenseurs et les adversaires des spectacles. Il n'en fut plus de même en 1694, lorsque Bossuet descendit dans la lice. Nicole, il est vrai, dès 1675, et le prince de Conti, qui, de protecteur avoué de Molière, était devenu dévot sincère et janséniste, avaient d'avance publié l'un et l'autre, sur la comédie, des considérations qui nous expliquent de reste le nom dont Port-Royal flétrissait les poëtes dramatiques; mais Bossuet allait reprendre pour son propre compte leurs arguments et les animer de toute la force de son éloquence.

On venait de publier le Théâtre de Boursault, et, comme préface, on avait reproduit une lettre qu'on attribuait à un Théatin, le P. Caffaro, et où l'auteur s'efforçait de prouver qu'on pouvait très-innocemment composer, lire, et voir représenter des comédies. L'archevêque de Paris condamne publiquement la Dissertation, et retire au Théatin tous ses pouvoirs, tandis que Bossuet lui écrit une lettre de reproches et de réfutation. Le P. Caffaro se disculpa, et, selon l'expression de Bossuet, satisfit au public par un désaveu aussi humble que solennel; mais le grand prélat controversiste et militant du XVIIe siècle, désirant prémunir les faibles contre les principes qu'on cherchait à insinuer dans leur esprit, publia son ouvrage intitulé Maximes et Réflexions sur la Comédie, exposé complet des opinions de l'Église sur les spectacles. On avait dit, dès le début de la Lettre, que les comédies du jour étaient si épurées, qu'il n'y avait rien que l'oreille la plus chaste n'y pût entendre. Blessé de cette assertion aventureuse comme d'un sacrilége, Bossuet répond sans mesurer son irritation : « Il faudra donc que nous passions pour honnêtes les impiétés et les infamies dont sont pleines les comédies de Molière... Songez si vous osez soutenir à la face du ciel des pièces où la vertu et la piété sont toujours ridicules, la corruption toujours excusée et toujours plaisante, et la pudeur toujours offensée, ou toujours en crainte d'être violée par les derniers attentats, je veux dire par les expressions les plus impudentes, à qui l'on ne donne que les enveloppes les plus minces. » — L'inexorable théologien s'en prend ensuite à l'Opéra : à Quinault, qui a réduit en maximes la corruption, avec toutes ses invitations à jouir du beau temps de la jeunesse; puis à Lulli, qui ne sert qu'à insinuer les passions les plus décevantes, en les rendant plus agréables et plus vives encore par le charme de la musique. Puis enfin, à propos des tragédies de Corneille et de Racine qu'il enveloppe dans le même anathème, s'élevant à des considérations plus générales, il affirme et démontre que la représentation des passions agréables a pour objet de les exciter; que le succès de l'auteur est à ce prix; qu'il manque son but si les spectateurs ne sont pas, comme ses héros, épris des belles personnes, ne les servent pas comme des divinités, et ne leur sacrifient pas tout, sauf la gloire; et qu'ainsi ces peintures portent naturellement au péché. En vain prétendrait-on que le théâtre purifie l'amour en le faisant aboutir au mariage : cela fût-il vrai, répond-il, selon ces principes, on devrait au moins bannir du milieu des chrétiens les prostitutions qu'on voit toutes crues dans les pièces de Molière, où sont étalés au grand jour les avantages d'une infâme tolérance dans les maris, où les femmes sont sollicitées à de honteuses vengeances contre leurs jaloux. Mais une telle excuse est vaine, et ne défendra pas plus des vengeances de Dieu ceux qui s'en autorisent, que l'auteur du Malade imaginaire ou du Médecin malgré lui. Car on aime les personnages, au théâtre, non pas comme époux, mais comme amants, et c'est amants qu'on veut être, sans songer à ce qu'on pourra devenir après. La confession, disait la Dissertation, n'a pas encore manifesté les dangers des spectacles : comme si, réplique Bossuet, l'on ne pouvait pas être malade sans s'en apercevoir, et que les maladies dont le malade n'a pas conscience n'étaient pas les plus dangereuses! Et compte-t-on pour rien les crimes des chanteuses, des comédiennes et de leurs amants! « Quelle mère, je ne dis pas chrétienne, mais tant soit peu honnête, n'aimerait pas mieux voir sa fille dans le tombeau que sur le théâtre? » N'y a-t-il pas, d'ailleurs, des choses qui, sans avoir des effets marqués, mettent dans les âmes de secrètes dispositions très-mauvaises? « Qui saurait connaître ce que c'est en l'homme qu'un certain fonds de joie sensuelle et je ne sais quelle disposition inquiète et vague au plaisir des sens, qui ne tend à rien et tend à tout, connaîtrait la source secrète des plus grands péchés. » Que si vous alléguez enfin l'indulgence des lois civiles, le prélat vous dira que les lois de la cité sainte et celles du monde sont différentes, et que tout ce qui se permet au citoyen ne se permet pas au chrétien. — Après avoir ainsi montré que les spectacles sont mauvais en eux-mêmes, Bossuet discute les témoignages que l'histoire du christianisme fournit contre le théâtre, et démontre qu'à l'exemple des philosophes païens, les Pères de l'Église l'ont proscrit, et que les arguments qu'ils ont exposés ne s'appliquent pas moins aux laïques qu'aux membres du clergé. On avait mis en avant St Thomas, l'un des grands représentants de la Scolastique : Bossuet établit qu'il n'est pas certain que St Thomas ait parlé de la comédie; qu'il est plutôt certain qu'il n'en a pas voulu parler; qu'enfin l'eût-il approuvée spéculativement, la comédie moderne est explicitement condamnée par ses paroles. Tout au plus St Thomas s'est-il écarté de la doctrine primitive au sujet des divertissements, en montrant plus d'indulgence que les anciens Pères pour toutes les sortes de discours qui font rire. Rire ne convient pas aux disciples de Jésus-Christ, qui a dit qu'on rendra compte, au jour du jugement, même des paroles oiseuses. Concluez donc hardiment, si vous suivez les maximes chrétiennes, qu'il faut ranger la comédie parmi les choses les plus pernicieuses qui se puissent concevoir. Tel était le dernier mot de Bossuet.

Religieux au xviie siècle, le débat redevint philosophique au xviiie, prenant ainsi chaque fois quelque chose du caractère du temps. Il s'engagea, en 1758, entre J.-J. Rousseau et d'Alembert inspiré par Voltaire. Celui-ci venait de s'établir à Ferney : après avoir fait jouer dans son château, sur un théâtre privé, plusieurs de ses pièces, il eut envie d'un vrai parterre et d'applaudissements publics, à la place de ses invités intimes et de leurs éloges moins bruyants et qu'il pouvait croire quelque peu intéressés. Genève était près de Ferney : D'Alembert insère dans l'Encyclopédie un article sur Genève et conseille aux Genevois d'avoir un théâtre. Rousseau lit l'article, et répond par sa Lettre sur les spectacles, qu'il repoussait au nom de la famille et de l'État, comme Bossuet l'avait fait au nom de la religion. Son œuvre comprend trois parties : d'abord il justifie les pasteurs genevois sur certains sentiments que D'Alembert leur attribuait en matière de religion; puis il attaque les spectacles pris en eux-mêmes, et montre enfin que, quand la morale les pourrait tolérer, la Constitution de Genève ne lui permettrait pas d'en avoir. De ces trois points, le second seul nous intéresse. Parmi les arguments de Rousseau contre le théâtre, les uns sont reproduits, à son insu peut-être, de Bossuet, les autres lui appartiennent en propre. En voici le résumé. — Un spectacle est un amusement; or les amusements ne sont permis qu'autant qu'ils sont nécessaires; ils sont funestes, s'ils sont inutiles. Celui des spectacles est inutile, parce qu'il ne dérive pas de la nature de l'homme. « Un père, un fils, un mari, un citoyen ont des devoirs si chers à remplir, qu'ils ne leur laissent rien à dérober à l'ennui. » — Il est fâcheux pour les spectacles que leur espèce soit déterminée, non par leur utilité, mais par le plaisir qu'y goûte le spectateur. Un peuple féroce et bouillant veut du sang, des combats, des passions atroces; un peuple voluptueux veut de la musique et des danses; tous deux, des spectacles qui favorisent leurs penchants, au lieu qu'il faudrait qui les modérassent. Premier inconvénient. — La scène en général peint les passions humaines, mais en les flattant; sans quoi les spectateurs se rebuteraient, et ne voudraient plus se voir sous un aspect qui les fît mépriser d'eux-mêmes. Second inconvénient. — L'émotion, le trouble et l'attendrissement qu'on emporte du spectacle n'annoncent pas une disposition bien prochaine à surmonter et régler ses passions. L'image des peines qui naissent des passions n'efface pas celle des transports de plaisir et de joie qu'on en voit aussi naître. Ici Rousseau parle comme Bossuet et Nicole. — Le théâtre, dit-on, bien dirigé, rend la vertu aimable et le vice odieux. L'une était aimable et l'autre odieux avant qu'il y eût des spectacles. Ajoutez qu'il n'est pas rare de haïr les vices représentés beaucoup plus avant à la représentation qu'après. Conclusion : le théâtre est au moins inutile, sinon pernicieux. — Vous mettez en avant l'admiration que la tragédie produit dans les âmes. L'effet de cette admiration est de porter l'homme qui l'éprouve à s'applaudir de ses nobles instincts; précieux résultat, en vérité! Tout le monde saisit ici le paradoxe. — Le monde comique tragique est si différent du nôtre, que nous n'y voyons plus rien qui nous convienne : le moyen, après cela, d'en faire sortir une leçon? Les mœurs de la comédie se rapprochent davantage des nôtres; mais le plaisir du comique étant fondé sur un vice du cœur humain, il s'ensuit que plus la comédie est agréable et parfaite, plus son effet est funeste aux mœurs. Et à ce propos, Rousseau, prenant à partie Molière, dit que son théâtre est une école

de vices et de mauvaises mœurs, plus dangereuse que les livres mêmes où l'on fait profession de les enseigner. Regnard est encore beaucoup plus malmené. — L'amour fait le fonds des pièces françaises : elles ont donc pour effet de donner aux femmes l'ascendant sur les hommes, aux jeunes gens le pas sur les vieillards; double grief, dont le premier est déjà formulé dans Bossuet. — Bossuet avait signalé tous les dangers de la peinture de l'amour; Rousseau y revient et insiste. Il revient aussi sur les acteurs et les actrices. L'art du comédien, dit-il, est l'art de se contrefaire, de revêtir un autre caractère que le sien, d'oublier sa propre place à force de prendre celle d'autrui. C'est un métier par lequel on se donne en représentation pour de l'argent, on se soumet aux sifflets pour de l'argent. Ce trafic a déjà je ne sais quoi de servile et de bas; pourtant il y a quelque chose de pis encore, le désordre des actrices, désordre inévitable et qui entraîne inévitablement celui des acteurs.

Tels sont les principaux arguments de la philosophie et de la religion contre le théâtre. Que conclure? D'abord, on éprouve une répugnance instinctive à proscrire une des formes les plus belles et les plus élevées de l'inspiration poétique. En niant, au nom de la morale, les droits de la poésie dramatique, on tend à compromettre ceux de l'ode et de l'épopée : si le théâtre est absolument condamnable, en ce qu'il peint d'une manière séduisante les passions humaines, il faudrait condamner aussi toutes les œuvres de l'imagination, dans les Lettres et dans les Arts, puisqu'elles offrent ou peuvent offrir les mêmes peintures. En ce qui regarde la tragédie, il nous semble que la représentation des passions, même la plus forte et la plus vive, cesse d'être dangereuse quand elle a pour résultat d'élever l'âme par le spectacle du grand et du beau, ou de lui inspirer, par la vérité même de la peinture, l'horreur et l'effroi des passions criminelles et des vices. Que Corneille et Racine aient produit une seule fois cette impression (et, d'un accord unanime, ils y sont plus d'une fois parvenus), la tragédie est justifiée. Ce n'est pas sa faute si tous les poëtes dans toutes leurs œuvres ne lui donnent pas ce caractère. Pour la comédie, on peut dire, au point de vue des gens du monde, que, malgré les abus certains, le danger est moins grand qu'il ne le paraît à des esprits austères. Nous ne saurions convenir que le poëte comique prêche une mauvaise morale et préconise des exemples funestes, parce qu'en effet il ne prêche ni ne préconise rien; il peint les vices sans les proposer pour modèles; il en fait comme un miroir qu'il met devant les yeux des vicieux, ainsi que des honnêtes gens, et on ne voit guère que la corruption soit souvent sortie de ces tableaux. Pourquoi? Parce que le monde ne vient chercher au théâtre ni des leçons, ni des modèles, pas plus en mal qu'en bien, mais une pure distraction et des émotions de quelques instants : au sortir de là, nul ne prend au sérieux les fictions qu'il vient de voir, pas même ceux qui en ont été les plus touchés. Voilà 2,300 ans (en ne partant que des Grecs) qu'il y a un théâtre public, et il serait assez difficile de prouver que le monde a été en empirant. Descendons jusqu'aux temps modernes : à l'origine de notre théâtre, à l'époque des Mystères, où les drames n'étaient que des représentations du Nouveau Testament, voit-on que les mœurs fussent meilleures qu'aujourd'hui? Cela est plus que douteux. La prétention des partisans outrés du théâtre, d'y voir une sorte d'école philosophique, n'est pas très-soutenable non plus; nous leur répondrons par cette ingénieuse observation de M. Saint-Marc Girardin : « Nous ne croyons pas que le théâtre soit, de tous les genres de littérature, le plus dépourvu de morale. Image de la vie humaine, le théâtre est moral comme l'expérience; et ajoutons, hélas! pour ne rien déguiser de son inefficacité, moral comme l'expérience d'autrui, qui touche et qui corrige peu. » — Maintenant, pour les personnes qui veulent se placer au point de vue exclusivement chrétien, il leur est difficile de ne pas prendre pour règle le mot de Bossuet à Louis XIV, qui le consultait sur ce sujet : « Sire, il y a de grands exemples pour, et des raisons invincibles contre. » A. H.

THÉATRE FRANÇAIS. V. notre Dictionnaire de Biographie et d'Histoire.

THÉBAIDE (La), poëme latin de Stace. C'est une épopée en 12 chants, en vers hexamètres, dont le sujet est la guerre de Polynice contre Étéocle, sujet atroce où tout est sang et carnage. Il eut à Rome un grand succès, qu'il dut à la sagesse du plan et à l'élévation des pensées, bien que ce ne soit guère qu'une œuvre d'érudition mythologique. Stace s'est vraisemblablement inspiré de la Thébaïde d'Antimaque, aujourd'hui perdue. La *Thébaïde* a été traduite par Achaintre dans la *Bibliothèque latine-française* de Panckoucke, Paris, 1830-32, 2 vol. in-8°.

THÈBES (Ruines de), en Égypte. Ces ruines, dont la vue excita dans toute l'armée française, en 1798, une explosion d'enthousiasme, couvrent les deux rives du Nil, et sont répandues au milieu de villages arabes. Sur la rive occidentale du fleuve se trouvent les localités de *Kournah* ou *Gournah*, et de *Médinet-Abou;* sur la rive orientale, *Louqsor* et *Karnac*.

Le *Palais de Kournah*, appelé *Ménephthéum*, du nom du roi Ménephtha Ier, son fondateur, appartient aux temps pharaoniques. Par la disposition de son plan, il annonce l'habitation d'un homme, et, par ses décorations, celle d'une divinité. On y arrive par un pylône en partie détruit; une allée de sphinx, difficile à reconnaître aujourd'hui au milieu de bouquets de palmiers et de masures modernes, conduit à un portique qui a plus de 50 mèt. de long, 30 de hauteur, et que soutiennent 10 colonnes, dont le fût est un faisceau de tiges de lotus, avec chapiteau en boutons de cette même plante tronqués pour recevoir le dé. Trois portes pratiquées sous ce vestibule donnent accès dans l'intérieur de l'édifice. La salle du milieu a 16 mèt. de profondeur sur 11 de largeur, et le plafond en est soutenu par 6 colonnes semblables à celles du portique; deux longues inscriptions servent d'encadrement aux vautours ailés qui décorent ce plafond, et les parois des murs sont couvertes de bas-reliefs. C'était le *manôskh*, la salle d'honneur, le lieu où se tenaient les assemblées religieuses et politiques, où siégeaient les tribunaux. A droite et à gauche de cette salle sont trois petites chambres, avec une salle latérale couverte également de bas-reliefs; à l'extrémité, s'ouvrent cinq autres chambres, dont l'une, celle du milieu, conduit à une nouvelle salle soutenue par 4 piliers carrés. Au delà était enfin un sanctuaire; mais la dégradation de l'édifice ne permet plus d'en reconnaître la disposition. — Au N. du Ménephthéum, on trouve des *hypogées* royaux, dont les parois sont revêtues de bas-reliefs ou de peintures : les *tombeaux* dits de *Sésostris* et de *Memnon* sont particulièrement remarquables par leur étendue et leur ornementation.

En remontant le Nil à partir de Kournah, on arrive au village de *Médinet-Abou*. Là s'élèvent les restes du *Rhamesséum*, palais de Sésostris ou Rhamsès II, connu dans beaucoup de relations sous la dénomination de *Memnonium*, et qui a, dans ses inscriptions, celle d'*Aménophion*. Il est admis que l'édifice décrit par Diodore de Sicile sous le nom de *Tombeau d'Osymandias* n'est autre que le Rhamesséum, bien que les proportions de ce dernier ne concordent pas entièrement avec les données de l'historien grec. Le palais, dans son ensemble, se composait d'une entrée monumentale, d'une vaste cour ornée d'une double ligne de colonnes formant galerie, de deux grandes salles successives soutenues par de nombreuses colonnes, enfin d'une suite d'appartements; l'axe de toutes ces constructions, que saccagea vraisemblablement Cambyse, avait une longueur de 167 mèt. environ. Les deux pylônes qui formaient la façade, qui avaient une largeur totale de 68 mèt., et entre lesquels était la grande entrée, sont encore debout, mais dégradés; leurs bas-reliefs commençaient la série de tableaux historiques que se déployait sur le palais tout entier. La cour était presque carrée (56 mèt. sur 52); ses murs de clôture sont presque entièrement détruits, ainsi que les galeries soutenues par la double ligne de colonnes. Au fond de la cour qui fait face aux pylônes, un peu vers la gauche, gisent les débris d'une statue colossale de Rhamsès en granit rose de Syène; cette statue devait avoir plus de 11 mèt. de hauteur. La salle carrée où l'on pénètre en quittant la cour a 52 mèt. de largeur sur 43 de profondeur : une double rangée de colonnes, à droite et à gauche, y formait deux galeries; le côté de l'entrée et celui du fond n'avaient qu'une rangée de piliers à caryatides, hauts de 9m,50, et dont plusieurs existent encore; ce qui reste des murs est couvert de bas-reliefs. Trois perrons, dont l'un, celui du milieu, est flanqué de deux bustes colossaux, conduisent de cette première salle à un vestibule garni d'un rang de colonnes dans toute sa longueur de droite à gauche; de là on pénètre par trois portes, répondant aux trois perrons, dans la seconde salle, large de 41 mèt., profonde de 31 mèt. Les murs latéraux ont péri. On comptait 48 colonnes, disposées sur 8 rangées de 6 de profondeur; 5 rangées entières sont restées debout, et portent encore une partie des plafonds, qui étaient peints en bleu et semés d'étoiles d'or; le plafond du centre est plus élevé que les deux plafonds latéraux. Des chambres qui formaient le fond de l'édifice, il ne reste plus qu'une à peu près entière; le plafond, décoré d'un curieux tableau astronomique, est supporté par 8 colonnes. Quatre colonnes de la chambre suivante subsistent; tout le reste est détruit. — A peu de distance du Rhamesséum se trouve un vaste emplacement semé de débris, au milieu desquels on distingue les fameux *Colosses de Memnon* (V. ce mot dans notre *Dictionnaire de Biographie et d'Histoire*). — Médinet-Abou présente encore d'autres monuments intéressants. Le *Petit temple des Thoutmosis* est précédé d'une cour rectangulaire qui a 25 mèt. sur 39, et que des murs en talus ferment sur trois côtés; la porte d'entrée, large de 5 mèt., annonce, par les inscriptions dont ses montants sont couverts, que ces constructions appartiennent au temps des Antonins. Le fond de la cour est fermé par un double pylône, en avant duquel s'étend une rangée de 8 colonnes, que relient des murs d'entre-colonnement. On pénètre dans une seconde cour, où un autre pylône, qui date du VIIe siècle av. J.-C., et qui est à 15 mèt. du précédent, donne accès dans une troisième cour, de 19 mèt. de long. Celle-ci, dont la clôture est une addition du temps des Ptolémées, offre de chaque côté une rangée de 9 colonnes. On arrive enfin au temple, entouré de trois côtés par une galerie de piliers carrés, et du quatrième côté par un massif de 6 petites chambres. A 30 mèt. N.-O. du temple sont les restes d'un bassin carré revêtu de pierres de taille, et de 15 mèt. de côté, ainsi que les fragments de deux colosses en granit. Au S.-O., un mur rattache aujourd'hui le petit temple au *Pavillon de Rhamsès-Méiamoun*. Deux tours rectangulaires à murs inclinés en forment l'entrée. Des appartements dont il se composait, quelques-uns seulement subsistent encore : ce qu'ils offrent de plus digne d'attention, ce sont les peintures de leurs murailles. La partie supérieure du pavillon se termine par des créneaux. Le *Grand temple*, qui date aussi de Rhamsès-Méiamoun, est séparé du pavillon, dans la direction du N.-O., par un dromos de 83 mèt. d'étendue. Deux tours de forme pyramidale, réunies par un portail intermédiaire, forment comme un seul pylône de 63 mèt. de largeur et de 22 mèt. de hauteur. Quand on a franchi ce portail garni de bas-reliefs, on se trouve dans une cour de 34 mèt. sur 42, ayant à droite une galerie formée de 7 piliers à caryatides, à gauche 8 grosses colonnes circulaires à intervalles inégaux. Elle est encombrée de briques qui proviennent de constructions modernes. Un pylône forme le fond : deux portes, qui y sont pratiquées à l'extrémité des deux galeries, s'ouvrent sur un des escaliers qui conduisent à sa terrasse supérieure, garnie circulairement de cynoscéphales assis. La porte médiale de ce pylône donne accès à une seconde cour de 38 mèt. sur 41, qu'entourent des galeries formées à l'E. et à l'O. par 8 piliers à caryatides, au S. et au N. par 5 colonnes massives, peintes et ornées de figures emblématiques : les plafonds de ces galeries sont peints en bleu et semés d'étoiles, et les parois en sont couvertes de tableaux religieux et historiques. Au delà ce ne sont plus que des décombres.

Le *Temple de Louqsor*, œuvre d'Aménophis III et de Rhamsès II, était précédé d'un dromos, que recouvre aujourd'hui un monticule de décombres et de sable. A la partie antérieure des constructions sont quatre statues colossales, taillées dans un seul bloc de granit rouge de Syène, mais enterrées maintenant aux trois quarts; des deux obélisques monolithes qui les accompagnaient, l'un, haut de 23m,57, a été transporté à Paris en 1830, et l'autre mesure 25m,6. En arrière s'élèvent deux massifs pyramidaux, hauts de 23 mèt., distants l'un de l'autre de 30 mèt., et réunis par un portail de 17 mèt. de hauteur : après avoir passé ce pylône, on est dans une cour rectangulaire de 59 mèt. sur 52, encombrée par une mosquée et des mesures musulmans, et entourée d'un double rang de colonnes qui formaient une galerie continue surmontée de terrasses. Au fond de cette cour, on franchit le second pylône, derrière lequel 14 colonnes sur deux rangs, enfouies jusqu'aux deux tiers de leur hauteur, qui est de 15 mèt., se déploient sur une longueur de 53 mèt.; elles ont 3 mèt. de diamètre. A 18 mèt. de cette colonnade, il y a une seconde cour, large de 52 mèt., profonde de 48, avec deux galeries latérales de 12 colonnes sur deux rangs, et, au fond, un pronaos ou portique couvert, soutenu par quatre rangées de 8 colonnes chacune. Au delà de ce portique, sans doute à la place d'appartements antiques, les musulmans ont bâti de sordides constructions. Enfin on atteint le naos, grande salle dans l'intérieur de laquelle est une construction entièrement isolée, le sanctuaire, dont le plafond est colorié et les murs couverts de scènes religieuses. Après le naos, on se trouve dans une galerie transversale de 22 mèt. de longueur sur 9 mèt. de profondeur, soutenue par 12 colonnes sur deux rangs, et où 6 portes donnaient accès dans une suite de chambres, dont plusieurs existent encore.

Les ruines de *Karnac*, les plus vastes et les plus belles de toute l'Égypte, sont au N.-E. de Louqsor, à l'E. et en face de Kournah. On y arrive par une avenue de 2 kilom. de longueur, dite *Avenue des sphinx*, bordée d'une double rangée de 600 sphinx accroupis sur leur piédestal et dont la plupart sont mutilés; ils tiennent entre leurs pattes antérieures la statue du roi Aménophis II. Vient ensuite l'*Avenue des béliers*, un peu plus large que la précédente, longue de 300 mèt. environ, bordée à tête de bélier, et à l'extrémité de laquelle est une porte triomphale construite par Ptolémée Évergète. Au delà de cette porte, une nouvelle avenue de sphinx, dont plusieurs subsistent encore, conduit aux restes d'un temple consacré au dieu Khons par Rhamsès III, et d'un autre temple dédié par Évergète II à la déesse Athor. Au N. du temple de Rhamsès, se trouve le *Grand temple*. L'entrée, tournée vers l'O., c.-à-d. du côté du Nil, est formée par deux massifs de 44 mèt. de hauteur, de 15 mèt. d'épaisseur, entre lesquels est une porte précédée de deux statues colossales : ce portail a 113 mèt. de développement. Quand on l'a franchi, on arrive dans une cour longue de 84 mèt., large de 103; à gauche, 18 colonnes de 15 mèt. de hauteur forment une galerie de 2ᵐ,60 de largeur ; à droite, la colonnade est moins régulière, à cause d'un temple d'Ammon qui est encastré dans le mur d'enceinte et qui s'avance de près de 12 mèt. sur la cour; au centre de la cour sont les restes d'une avenue formée par deux files de 6 colonnes chacune, et, dans l'angle N.-O., les restes enfouis d'un petit édifice construit par Ménephtha II. Au fond de la cour, un perron de 7 marches, aux deux côtés duquel se dressaient deux colosses monolithes, donne entrée dans un vestibule pratiqué au milieu d'un énorme pylône, et de là l'on passe dans la *Salle des Colonnes*. Cette salle, qui a 102 mèt. de large sur 53 de profondeur, présente dans son axe une avenue de 12 colonnes qui ont plus de 10 mèt. de circonférence et 23 mèt. de hauteur ; 134 colonnes presque aussi colossales sont distribuées en quinconce de chaque côté de l'avenue, et supportent le plafond, plus bas ici de 10 mèt. Au delà d'un troisième pylône, à peu près ruiné comme le précédent, deux obélisques monolithes, dont l'un est aujourd'hui renversé, s'élevaient au milieu d'un espace découvert, large de 15 mèt. Un quatrième pylône, moins élevé que les trois premiers, et dont un vestibule de 13 mèt. de largeur sur 4 de profondeur occupe le milieu, sépare cet espace d'une nouvelle cour intérieure, large de 75 mèt., profonde de 19, et au pourtour de laquelle une galerie continue était formée par des piliers à caryatides. On sort de cette cour par un vestibule de 6 mèt. sur 12, et, au delà d'une petite enceinte découverte, on rencontre enfin le sanctuaire. Ce n'est plus maintenant qu'un amas de décombres, qu'on appelle les *Appartements de granit*. Derrière le sanctuaire, à une distance de 50 mèt., est le *Palais de Thoutmosis III*, fort délabré en général ; mais où l'on remarque la *Chambre des ancêtres*, importante par sa décoration intérieure. Au reste, toutes les constructions de Karnac sont couvertes de bas-reliefs très-intéressants. Elles étaient enfermées dans une vaste enceinte en briques crues, dont quelques parties sont encore reconnaissables, et au delà de laquelle on voit les ruines d'un petit temple construit sous Psammétichus et Amasis, celles plus considérables d'un *Temple d'Aménophis III*, les restes d'un bassin revêtu de pierre, une suite de colosses monolithes formant ce qu'on nomme les *Propylées du Sud*, etc.

Outre les ouvrages cités à notre article ÉGYPTIEN (Art), on peut consulter : Norden, *Drawings of ruins at Thebes*, Londres, 1741, in-4°; Letronne, *Mémoire sur le monument d'Osymandias*, Paris, 1831, in-4°, et *La Statue vocale de Memnon*, 1833, in-4°. **B.**

THÈBES (Le Roman de), poëme où est retracée l'histoire tragique d'Étéocle et de Polynice. L'auteur, Benoît de Sainte-Maure, peint les héros grecs avec les mœurs, les costumes et les sentiments de la féodalité. Ce roman du XIIIᵉ siècle forme, avec les romans de *Troyes* et d'*Énéas*, un des plus beaux manuscrits de la Bibliothèque nationale de Paris. *V. l'Histoire littéraire de la France*, t. XIX. **H. D.**

THECA, étui à renfermer les styles à écrire.

THÉISME (du grec *théos*, Dieu), croyance à l'existence de Dieu. Le mot s'oppose à *Athéisme*.

THÈME (du grec *théma*, position), tout sujet qu'on entreprend de traiter. Le *texte* (*V. ce mot*) d'un sermon peut être appelé *thème*. En Grammaire, on donne ce nom : 1° au radical primitif d'où un verbe a été tiré, et spécialement, chez les Grecs, au présent du verbe, parce que c'est le premier temps que l'on pose pour en tirer les autres; 2° aux morceaux que les écoliers doivent traduire de leur langue naturelle dans une autre langue qu'ils apprennent. En Musique, *thème* est synonyme de *sujet* ou de *motif*. Enfin, *thème* a désigné une circonscription militaire de l'Empire d'Orient. *V. notre Dictionnaire de Biographie et d'Histoire*.

THENSA, char. *V. notre Dictionnaire de Biographie et d'Histoire*.

THÉOCRATIE (du grec *théos*, Dieu, et *cratos*, pouvoir), gouvernement où Dieu est regardé comme l'unique souverain et où les lois sont des ordres émanés de lui. Les prêtres y sont les représentants du souverain invisible, qui confère aussi à d'autres la mission de parler et d'agir en son nom parmi les hommes. Le gouvernement des Hébreux était une véritable théocratie. Il en fut de même de celui de l'Égypte primitive, et de celui des Incas au Pérou. La théocratie est en vigueur dans le Thibet, où règne le Grand-Lama. On donne quelquefois le nom de Théocratie au gouvernement des papes, tel qu'il était constitué pendant le moyen âge.

THÉODICÉE (du grec *théos*, Dieu, et *diké*, justification). Ce mot fut introduit dans la philosophie par Leibniz, qui l'employa dans un ouvrage ayant pour titre : *Essais de Théodicée sur la bonté de Dieu, la liberté de l'homme et l'origine du mal*: il se proposait de repousser les attaques dirigées contre la Providence, les objections tirées de l'existence du mal contre la bonté divine, et de concilier la liberté humaine avec la sagesse suprême qui a tout prévu et tout ordonné d'avance. Il ne faut donc pas confondre la *théodicée* avec la *théologie rationnelle*, dont elle n'est qu'une partie. En Allemagne, les questions qu'elle embrasse étaient comprises dans la Métaphysique; en France, elle fut désignée dans l'enseignement comme une partie de la Philosophie, qui a pour objet de démontrer l'existence de Dieu, d'énumérer ses principaux attributs, d'étudier sa sagesse dans le plan de l'univers, afin de mieux pénétrer ses desseins sur l'homme, et d'apprendre à celui-ci, avec sa propre destination, ses devoirs envers le Créateur. — Avant Leibniz, les questions dont s'occupe la Théodicée avaient été traitées plus ou moins directement, surtout dans Platon, Cicéron, Sénèque; on peut même citer, avant eux, le *Livre de Job*. Depuis la Théodicée de Leibnitz, on a écrit sur le même sujet, entre autres ouvrages : *De origine mali*, de W. King; *De la Providence*, par G. Sherlock; la *Théodicée chrétienne* de Mgr Maret. Kant a laissé un petit écrit intitulé : *Du mauvais succès de tous les essais philosophiques en théodicée*. **R.**

THÉODISQUE. *V.* THÉOTISQUE.

THÉODORIC (Cycle de), nom que l'on donne quelquefois aux poëmes dont Théodoric, roi des Ostrogoths, est le héros, et qui sont réunis dans le *Heldenbuch* (*V. ce mot*).

THÉODOSIEN (Code). *V. notre Dictionnaire de Biographie et d'Histoire*.

THÉODOSIENNE (Colonne). *V.* COLONNES MONUMENTALES, dans notre *Dictionnaire de Biographie et d'Histoire*.

THÉODOSIENNE (Table ou Carte). *V.* PEUTINGER, dans notre *Dictionnaire de Biographie et d'Histoire*.

THÉOGONIE (du grec *théos*, Dieu, et *gonos*, race, génération), tout système imaginé par les païens pour expliquer l'origine et la filiation des Dieux. Chez les anciens Grecs, Musée, Orphée et quelques autres avaient composé des *Théogonies*; elles ont péri. Il ne nous est parvenu qu'une seule, sous le nom d'Hésiode, et quelques critiques l'ont attribuée à un certain Cynéthus de Chio. Ce n'est pas qu'Hésiode ait créé la mythologie grecque, ainsi que le croit Hérodote : il n'appartient pas à un seul homme d'imposer ses croyances à tout un peuple; c'est là une œuvre éminemment populaire, qui, ébauchée par l'instinct religieux et poétique des nations, ne peut s'achever que par le travail de plusieurs siècles. Mais ce que peut faire le génie d'un homme, c'est de rassembler et de concilier ces croyances populaires qui jusque-là étaient incertaines et flottantes, et de leur donner une forme double. Tel a été le travail d'Hésiode sur la vieille mythologie des Hellènes; après avoir recueilli toutes les traditions éparses, il les a constituées en un corps de doctrine. L'idée fondamentale de la *Théogonie* est la succession des générations divines représentant symboliquement les grandes phases de la formation du monde dans l'espace et dans le temps : on y reconnaît les efforts de l'imagination populaire pour peindre le chaos des vieux âges et peupler le vide de ces siècles dont toute trace avait disparu. Ce qui semble appartenir au siècle d'Hésiode, ce sont quelques mythes semés çà et là à travers son épopée divine; par exemple, celui de Prométhée, où apparaît la première révolte de l'intelligence humaine contre son Créateur, qui n'inspire déjà plus cet invincible effroi que l'homme dut éprouver d'abord à la vue de la Nature; ou bien celui de Pandore, gracieuse, mais satirique allégorie de l'origine du mal sur la terre. Ce qui appartient au poëte lui-même, c'est l'explication qu'il donne de certaines traditions, et les étymologies par lesquelles il essaye de justifier ces fables grossières aux yeux de la raison; on reconnaît là les premiers tâtonnements de la critique. La *Théogonie* d'Hésiode jouit d'une grande autorité dans la Grèce, et les croyances qu'il n'avait pu accorder restèrent désormais reléguées dans l'obscurité des cultes locaux. Elle ne nous est point parvenue intacte; on y reconnaît du désordre et des interpolations. *V.* Guigniaut, *De la Théogonie d'Hésiode*, Paris, 1835. B.

THÉOLOGAL. *V.* ce mot dans notre *Dictionnaire de Biographie et d'Histoire*.

THÉOLOGALES (Vertus). *V.* VERTU.

THÉOLOGEION, machine de théâtre des Anciens, placée dans la partie supérieure de la scène, et qui servait à faire descendre les Dieux.

THÉOLOGIE (du grec *théos*, Dieu, et *logos*, discours, traité), science de Dieu, ou, plus convenablement, relative à Dieu et aux choses divines. Les Anciens donnaient le nom de *théologiens* aux poëtes qui vivaient à l'époque de l'école dite *École de la vieille théologie*, et qui comprenait des personnages peut-être symboliques, tels que Orphée et Musée, jusqu'à Hésiode. La théologie ne devint une science proprement dite qu'à partir d'Aristote, qui en fit une partie de la Philosophie. St Jean Damascène est, parmi les écrivains chrétiens, le premier qui l'ait soumise à l'appareil des règles dialectiques, dans un livre de la *Foi orthodoxe*. Chez les Romains, on distinguait : la *Théologie mystique*, celle des premiers poëtes de la Grèce; la *Théologie physique*, qui s'unissait à la Philosophie; la *Théologie civile*, fondée par les législateurs. Avec le christianisme, la Théologie prend un caractère plus élevé. Dans le moyen âge, non-seulement elle se confond avec la Philosophie, mais elle cherche à l'annuler, sans y réussir entièrement. C'est le règne de la *Théologie scolastique*. Les docteurs de cette époque la traitent avec les procédés de la méthode en usage, et au nom du principe d'autorité. Le nombre des écrits théologiques d'alors est trop grand pour être tous cités; il suffit de rappeler ceux d'Abailard, *Sic et non* (*oui et non*), *Introduction à la Théologie*, et *Théologie chrétienne*; de Pierre Lombard, *Le Maître des sentences*; d'Alexandre de Halès, la *Somme théologique*; d'Albert le Grand, la *Somme de Théologie*, et l'*Abrégé de Théologie*; enfin du plus grand de tous, de St Thomas, la *Somme théologique*, et la *Somme contre les Gentils*. Ces grands docteurs eurent des continuateurs, parmi lesquels on remarque : Suarès, Tournely, Gabriel Vasquez, Jean de Salas, Billuart, Collet, dom Liguori, le P. Péronne, etc. A mesure que la Philosophie prenait une position plus indépendante, la Théologie arrivait à se distinguer en deux sortes : la *Théologie naturelle*, qui se base sur des conceptions et sur des principes rationnels (*V.* Wolf, *Theologia naturalis methodo scientifica pertractata*); la *Théologie révélée*, qui se distingue, au point de vue de l'enseignement, en *théologie positive* ou *dogmatique*, qui comprend le dogme, et *théologie morale*, ce qu'il faut pratiquer (*V.* la *Théologie dogmatique* de Schleiermacher). — Les traités de Théologie les plus suivis en France dans l'enseignement sont ceux de Mgr Gousset, de Mgr Bouvier, de Bailly, de Carrière. On a sur cette matière un *Dictionnaire des sciences théologiques* de Richard, 1670; un *Dictionnaire théologique* de Bergier, 1789, complété par Mgr Donnet; l'*Histoire de la Théologie* par Noël-Bonav. d'Argonne (jusqu'à St Bernard), Lucques, 1785, et par Staüdlin, en allemand, Gœttingue, 1810-11; un *Dictionnaire encyclopédique de la Théologie catholique*, publié par Wetzer et Welte, et trad. de l'allemand par Goschler, 25 vol.—A l'étude de la Théologie se rattache nécessairement celle de l'Écriture sainte, la Critique sacrée et l'Exégèse, ce qui a donné lieu,

en Allemagne, à une sorte de *Théologie rationnelle*, qui explique avec une grande liberté les textes sacrés et les monuments sur lesquels repose l'enseignement religieux.

THÉOLOGIE (Facultés de), corps d'enseignement supérieur. Il y a en France six Facultés catholiques de théologie : à Paris, à Aix, à Bordeaux, à Lyon, à Rouen, à Toulouse; et une seule faculté protestante, à Montauban. Les Facultés catholiques comprennent des chaires de dogme, de morale, d'histoire et de discipline ecclésiastiques, et d'Écriture sainte. Quelques-unes y ajoutent des chaires de Droit canon, d'hébreu, et d'éloquence sacrée. Il y a à Montauban une chaire de philosophie et une chaire de haute latinité et de grec. *V.* le *Supplément*. R.

THÉOPHILANTHROPES. *V.* notre *Dictionnaire de Biographie et d'Histoire*.

THÉORBE, en italien *tiorba*, instrument à cordes, inventé au XVIe siècle en Italie par un certain Bardella, ou, selon d'autres, par un Français nommé Hotteman, qui fut en usage jusqu'au milieu du siècle dernier. C'était une sorte de grand luth à deux manches accolés parallèlement; l'un portait le même nombre de cordes que le luth, pour y poser les doigts de la main gauche; l'autre soutenait huit cordes plus grosses qui servaient de basses et qu'on pinçait à vide. Le théorbe était en grande faveur parmi les dames du temps de Louis XIV; Ninon de Lenclos excellait à en jouer. — Il y avait, dans les anciennes orgues, au clavier à la main, un jeu d'anche de quatre pieds, peut-être de huit, qu'on appelait *théorbe*, parce qu'il imitait le son de cet instrument. B.

THÉORÈME, proposition qui doit être rendue évidente au moyen d'une démonstration.

THÉORIE (du grec *théoria*, contemplation), partie spéculative d'une science; elle est opposée à la *Pratique*. Dans ce sens, la connaissance n'est qu'une idée sans manifestation, une règle sans application. Mais il n'en est pas toujours ainsi. Quand l'objet dont on s'occupe est un fait dont toutes les circonstances ont été séparées par l'*analyse*, et rapportées aux lois qui paraissent les régir et les expliquer, la *synthèse* fournit une explication du fait qu'on appelle *théorie*, et qui permet de reproduire le fait à volonté, comme cela a lieu dans la médecine, la mécanique, etc. Une théorie ne peut être exacte et vraie qu'autant que l'analyse du fait a été scrupuleuse et complète. Les théories explicatives des faits régis par les mêmes lois et produits par les mêmes causes, présentées, réunies et comme liées entre elles par cette communauté, puis disposées dans un ordre méthodique, forment une science de théories, comme la physique, la chimie, l'astronomie, etc.

Dans l'Art militaire, la *Théorie* est l'ensemble des principes qui président au maniement des armes, aux exercices, aux manœuvres des troupes et à la tactique.

Les Grecs nommaient *Théories* des députations envoyées pour honorer certaines divinités à Delphes, à Tempé, et surtout à Délos. Elles étaient composées de deux chœurs de garçons et de filles, et conduites par des *théores*, ambassadeurs chargés d'offrir des sacrifices au nom de la ville qui envoyait la théorie. Les plus brillantes étaient celles des Athéniens. Depuis le départ du vaisseau qui portait la théorie à Délos jusqu'à son retour, la loi défendait de mettre à mort aucun condamné; son absence durait trente jours. R.

THÉOSOPHIE (du grec *théos*, Dieu, et *sophia*, science). Il y a cette différence entre la *Théosophie* et la *Théologie*, que, dans celle-ci, l'homme cherche à connaître Dieu, et que, dans celle-là, cette connaissance lui vient par illumination; dans l'une l'homme va à Dieu, dans l'autre c'est Dieu qui vient à l'homme. La *Théosophie* n'est qu'une aberration de l'esprit humain qui tient bien moins du mysticisme que de l'*Illuminisme*, dont elle n'est qu'une variété. On ne peut y voir qu'un syncrétisme où se trouvent confondus l'enthousiasme et l'observation de la nature, la tradition et le raisonnement, l'alchimie et la théologie, la métaphysique et la médecine. Son langage est ordinairement symbolique. On compte, parmi les *théosophes*, de grands esprits, dupes de leur imagination et d'un sentiment religieux mal compris et mal dirigé : les uns, moins savants et plus portés vers les idées religieuses, comme Paracelse, Jacob Boehme, Gichtel, Saint-Martin, Scheiblet; d'autres, plus instruits et plus portés à la discussion, comme Cornélius Agrippa, Valentin Weigel, Robert Fludd, Mercurius Van Helmont, Jean Amos. Les Néoplatoniciens se rattachaient bien plus à la théurgie qu'à la théosophie. — On a donné le nom de *Théosophisme* à la doctrine de quelques Cartésiens qui se rapprochent le plus de Malebranche, et qui attribuent à l'action directe de Dieu nos sentiments, nos pensées et nos volitions. Cette doctrine ne doit pas être confondue avec la *Théosophie*.   R.

THÉOTISQUE, THÉODISQUE ou TUDESQUE (de *theut*, *theud*, *Deut*, *Diet*, qui signifiait *nation*, *peuple*), nom qu'on donnait au langage francique, et, en général, à l'allemand. On l'a aussi appliqué au wallon.

THÉRAPEUTES. *V.* ce mot dans notre *Dictionnaire de Biographie et d'Histoire*.

THÉRAPIM, nom que la Bible donne à des statuettes du temps des premiers patriarches, en y attachant le plus souvent une idée de superstition et d'idolâtrie.

THÉRICLÉENS (Vases), vases à boire qui servaient dans les festins des Anciens. Pollux dit que leur nom venait de Thériclès, qui les avait faits; selon d'autres, il était tiré des animaux (en grec *thères*) sculptés sur ces vases.

THÉRISTRON, pièce d'étoffe carrée, dont les femmes de l'Antiquité se couvraient la tête pendant l'été.

THERMES.   ) *V.* ces mots dans notre *Dictionnaire*
THERMOPOLE.) *de Biographie et d'Histoire.*

THESAURUS. *V.* TRÉSOR.

THÈSE (en grec *thesis*; de *tithémi*, je pose, j'établis), proposition qu'on met en avant, avec intention de la soutenir. On soutient des thèses pour la licence et le doctorat devant les Facultés de Théologie et de Droit, pour le doctorat seul devant les Facultés de Médecine, des Lettres, et des Sciences. *V.* PARANYMPHE, SABBATINE, TENTATIVE, SORBONIQUE, RÉSUMPTÉ, VESPÉRIE.

THÉSÉE (Temple de), un des monuments les mieux conservés de l'ancienne Athènes, et servant aujourd'hui de musée. Élevé par Cimon, fils de Miltiade, il était un asile pour les esclaves et pour les citoyens de la classe inférieure poursuivis par des ennemis, et cela en mémoire de Thésée, dont la vie avait été consacrée à la défense des malheureux. Il servit aussi de lieu de réunion aux Thesmothètes; puis on y plaida, et il devint enfin une sorte de prison publique. Le christianisme l'a préservé, en le transformant en église dédiée à S¹ Georges. Le temple de Thésée, élevé sur deux gradins, est périptère et hexastyle d'ordre dorique. Il se compose d'un pronaos, d'une cella et d'un posticum, et a 31ᵐ,75 de longueur sur 13ᵐ,76 de largeur; de la base des colonnes jusqu'au-dessus de la corniche, il a 7ᵐ,62 d'élévation. On compte 13 colonnes sur les faces longitudinales. Il n'existe plus de traces des sculptures du fronton oriental; les dix métopes de la façade orientale représentent les exploits d'Hercule; les huit métopes en retour au Nord et au Sud, ceux de Thésée. La frise du pronaos offre, dit-on, la lutte de Thésée avec les Pallantides, et celle du posticum des combats de Centaures. Micon avait couvert de peintures l'intérieur de la cella.

THÉSIS, en termes de Prosodie, s'oppose à l'*Arsis*, et s'applique aux temps qui marquent la *pose* de la mesure ou le *frappé*. Ainsi, dans *Arma virumque cano*, la *thésis* porte sur *a*, *vir*, *que*, *can*; tandis que le ton s'élève sur *arm*, *um*, *o*. Dans l'hexamètre héroïque, la *thésis* porte donc sur les deux dernières syllabes du dactyle, sur la dernière du spondée. Très-rarement la *thésis* influait sur la quantité : cependant on trouve quelques exemples d'un trochée formant le 4ᵉ pied, et la *thésis*, tombant sur un repos, devient longue. *V.* ARSIS.   P.

THESMOTHÈTES. *V.* ARCHONTES, dans notre *Dictionnaire de Biographie et d'Histoire.*

THÉURGIE (du grec *théos*, Dieu, et *ergon*, ouvrage), science qui consiste à évoquer la divinité et les esprits bienfaisants. La théurgie n'est en réalité que la philosophie occulte, cherchant à se mettre en rapport avec Dieu, d'une manière sensible, quand l'esprit ne sait pas encore ou ne peut plus s'élever jusqu'à lui par la pensée. Les Égyptiens, les Chaldéens, les Persans pratiquaient la théurgie. Dans les derniers temps de la philosophie grecque, les Néoplatoniciens, qui se rattachaient à l'Orient, tombèrent dans les pratiques de la théurgie. Porphyre s'arrêta assez tôt sur cette pente pour se demander si la théurgie n'était pas le délire d'une âme religieuse qui fait de rien des montagnes. Après lui, Jamblique et ses successeurs la regardèrent comme le seul moyen de s'unir aux Dieux. La philosophie devint pour eux la théurgie, et la science hiératique, si pratiquée en Égypte, remplaça les doctrines de Platon et de Plotin. Julien fut un sectateur ardent de la théurgie, au sein de laquelle il fut initié par Maxime, le théurge le plus renommé de son temps. Proclus semble considérer la théurgie plutôt comme la doctrine commune d'une école

particulière que comme une croyance extravagante que quelques Alexandrins auraient partagée, et il attribue aux théurges plusieurs opinions sur des questions purement spéculatives, telles que la nature de Dieu et les hypostases divines. Cette opinion de Proclus rappelle celle des critiques qui rattachent la théurgie à certaines sectes de Gnostiques.   R.

THIASE (du grec *thiazéin*, inspirer), suite bruyante des orgiastes qui dansaient dans les processions de Cybèle et de Bacchus.

THIBÉTAINE (Langue), langue qu'Abel Rémusat rattachait aux langues tartares, et qui, envisagée au point de vue étymologique, présente beaucoup de racines communes avec le chinois, les langues de l'Indo-Chine et les langues indiennes. C'est avec le chinois qu'elle a le plus d'analogie pour les formes grammaticales et la construction. On y trouve beaucoup de sifflantes et de consonnes aspirées. Le thibétain est rangé d'ordinaire parmi les idiomes monosyllabiques : il contient néanmoins un certain nombre de polysyllabes et même de mots composés. Il n'a que deux nombres; le pluriel se forme en ajoutant une particule au singulier. Les genres existent seulement pour les noms d'objets animés, et ils s'expriment aussi par l'addition d'une particule. La déclinaison, où l'on distingue 8 cas, s'opère, sans aucune irrégularité, au moyen de suffixes. La distinction des personnes dans le verbe est indiquée, non par une désinence, mais par la présence du pronom personnel. Il y a quelques verbes auxiliaires, qui servent à l'actif et au passif, et dont les deux le plus fréquemment employés ont le sens de *faire* et de *devenir*. Les rapports des noms sont exprimés par des postpositions, au lieu de prépositions. Pour s'adresser à un supérieur, on remplace une foule d'expressions usuelles par des circonlocutions révérencieuses, ou par d'autres mots détournés à cet effet de leur signification naturelle. Les Thibétains ne connaissent pas la quantité prosodique; leurs vers ne sont mesurés que par le nombre des syllabes, et on y trouve accidentellement la rime. L'écriture ne paraît leur être connue que depuis le v11ᵉ siècle de notre ère. L'alphabet thibétain a été formé d'après le *dévanâgari* (*V.* SANSCRIT), mais il lui ressemble moins par la forme des lettres que par l'ordre dans lequel elles sont disposées. Il se trace de gauche à droite, et se compose de 30 caractères représentant des articulations simples, de 4 signes pour les voyelles, et de 2 signes de permutation. De plus, en groupant plusieurs consonnes, on a formé une nouvelle série de 209 caractères. Certaines abréviations semblent correspondre à des contractions faites dans la prononciation. Outre la forme de leur alphabet dit *doudjan* ou *douchan*, les Thibétains en ont une seconde, plus cursive, qu'ils nomment *dou-min* ou *dvumed*; une troisième, plus carrée, dite *bamyik*; et une quatrième, à traits moitié arrondis et moitié anguleux, nommée *brutsha*. V. Georgi, *Alphabetum tibetanum*, Rome, 1762, 2 vol. in-4°; Cassiano Beligatti, *Alphabetum tangutanum seu tibetanum*, Rome, 1773, in-8°; Csoma de Koros, *Grammaire de la langue tibétaine*, et *Essai d'un Dictionnaire thibétain et anglais*, Calcutta, 1834; Schmidt, *Grammaire thibétaine*, en allemand, S¹-Pétersbourg, 1839, et *Dictionnaire thibétain-allemand*, 1841; P.-E. Foucaux, *Grammaire de la langue tibétaine*, Paris, 1858.

THIBÉTAINE (Littérature). Le Thibet étant le centre du Bouddhisme, la littérature religieuse y a pris naturellement un grand développement. Les lamas ou prêtres ont transcrit en lettres d'or les livres de Bouddha, et employé, dit-on, à ce travail plus de 3,000 onces de métal. Deux volumineuses compilations, faites dans la première moitié du xviiiᵉ siècle, le *Kah-Gyur* (Recueil des commandements) et le *Stan-Gyur* (Recueil des instructions), ont embrassé tout ce qui existait alors de la littérature-thibétaine, dont quelques œuvres remontaient à un millier d'années. Ce sont, en général, des traductions du sanscrit, dont beaucoup d'originaux n'existent plus. Le *Kah-Gyur* forme 100 volumes, renfermant 1083 ouvrages d'histoire, de morale, de métaphysique, et de sciences diverses; le *Stan-Gyur* se compose de plus de 4,000 traités, en 225 volumes. Les Thibétains ont, en outre, un certain nombre d'ouvrages originaux, annales, chronologies, livres d'éducation, chants religieux, etc.

THIPHÈNE, nom d'un grand plat du moyen âge, qui avait quelque emploi particulier dans la fête des Rois ou de l'Épiphanie, appelée alors *Théophanie.*

THOGRA ou TOUGRA, nom du monogramme du sultan, enroulement de plusieurs lignes artistement entrelacées, qui se trouve sur tous les documents et sur la plupart des monnaies turques. Il contient les insignes impériaux et le nom du sultan.

THOLUS (du grec *thólos*, voûte, dôme), en termes de Construction, pièce de bois dans laquelle s'assemblent les courbes d'une voûte en charpente. On donne le même *nom* à la lanterne ou même à toute la coupole d'un dôme, et, en général, à une rotonde.

THOMISTES. *V.* SCOLASTIQUE.

THRACO-VALAQUE (Dialecte). *V.* ROUMANE (Langue).

THRANITES. *V.* NAVALES (Constructions).

THRÈNE, chant funèbre en usage dans les temps héroïques de la Grèce, entonné par des aèdes (*V. ce mot*) qu'accompagnaient des femmes avec des cris et des gémissements.

THUBAL, nom que les Allemands donnaient autrefois à un jeu d'orgue. On pense que c'était le *jubal* (*V. ce mot*).

THURIFÉRAIRE, acolyte ou clerc qui, dans les cérémonies de l'Église, porte l'encensoir et la navette, et qui encense.

THYMÉLÉ.　}
THYRSE.　　} *V.* ces mots dans notre *Dictionnaire*
TIARE.　　 } *de Biographie et d'Histoire.*

TIBBAR, poudre d'or servant de monnaie sur la côte d'Afrique.

TIBETAINE (Langue, Littérature). *V.* THIBÉTAINE.

TICAL, monnaie. *V.* notre *Dictionnaire de Biographie et d'Histoire.*

TIERCE (du latin *tertius*, troisième), en termes de Jeu, se dit d'une série de trois cartes de même couleur qui se suivent. L'as, le roi et la dame forment une *tierce majeure*. La tierce s'annonce par la carte la plus forte, *tierce au roi, tierce au dix*, etc.

TIERCE, terme d'Imprimerie. *V.* ÉPREUVE.

TIERCE, en termes d'Escrime, position du poignet tourné en dedans, dans une situation horizontale et au-dessus du bras de l'adversaire, dont on laisse l'épée à droite.

TIERCE, en termes de Blason, fasce formée de trois triangles. Elle est placée d'ordinaire horizontalement au milieu de l'écu, quelquefois en bande ou en barre.

TIERCE, terme de Liturgie. *V.* notre *Dictionnaire de Biographie et d'Histoire.*

TIERCE, en musique, intervalle de deux degrés diatoniques. On distingue : la *tierce diminuée*, renfermant 2 demi-tons (de *ut dièse* à *mi bémol*); la *tierce mineure*, renfermant un ton et un demi-ton (de *ut naturel* à *mi bémol*); la *tierce majeure*, qui comprend 2 tons (de *ut* à *mi* naturels); la *tierce augmentée*, qui a 2 tons et un demi-ton (de *ut naturel* à *mi dièse*). — En Composition, lorsque deux parties à distance de tierce majeure l'une et l'autre marchent par mouvement semblable sur un autre intervalle de tierce majeure, il y a une fausse relation; mais cette faute est tolérée quand on écrit à plus de deux parties, et dans une des parties intermédiaires. Autrefois, surtout dans la musique d'église, on terminait souvent par une tierce majeure les morceaux écrits sur le mode mineur : c'est ce qu'on appelait *tierce de Picardie*, parce que cet usage dura plus longtemps en Picardie qu'ailleurs, ou parce qu'il y avait pris naissance. Des compositeurs modernes ont employé, même au théâtre, la tierce de Picardie, pour obtenir certains effets heureux.

TIERCE, un des jeux à bouche de l'orgue. C'est un jeu de mutation, tout ouvert, qu'on fait en étoffe ou en étain, et de toute l'étendue du clavier. La tierce, dont le premier tuyau a 51 centimèt., est de grosse taille; elle parle à la tierce de la doublette, ou à l'octave de la grosse tierce. Ce jeu s'emploie au grand orgue, au positif et à la pédale.　F. C.

TIERCE (GROSSE-), un des jeux à bouche de l'orgue. C'est un jeu de mutation tout ouvert qu'on fait en étoffe, et de toute l'étendue du clavier. La grosse-tierce parle à la tierce du prestant; elle ne produit un bon effet que dans les orgues qui ont un bourdon de 16 pieds. Elle s'emploie au grand orgue et à la pédale; dans ce dernier cas, on la nomme *pédale de grosse-tierce*.　F. C.

TIERCE ET QUARTE (Accord de), 2e renversement de l'accord de septième. Il est composé du son fondamental, de sa tierce, de sa quarte et de sa sixte. La tierce et la sixte peuvent être majeures ou mineures; la quarte peut être juste ou augmentée. Dans le mode mineur, la sixte est ordinairement augmentée.

TIERCE OPPOSITION. *V.* OPPOSITION.

TIERCEFEUILLES, figure de Blason, semblable à la feuille du trèfle, dont elle ne diffère que parce qu'elle n'a pas de queue.

TIERCERON, nervure de voûte ogivale qui divise en deux parties l'angle compris entre le formeret et la croisée d'ogives.

TIERÇOYER, vieux terme de Musique, qui signifiait « faire la tierce » dans le déchant.

TIERS, en termes de Droit, quiconque n'est point partie dans un acte. Ainsi, en cas de contestation, les sommes en litige peuvent être déposées entre les mains d'un tiers. On nomme *tiers détenteur* celui qui est actuellement possesseur d'un bien sur lequel une personne autre que celle dont il le tient a une hypothèque à faire valoir ou un droit à exercer; *tiers opposant*, celui au nom duquel on fait une tierce opposition (*V. ce mot*); *tiers saisi*, celui entre les mains duquel on a fait une saisie-arrêt, une opposition.

TIERS ARBITRE. *V.* ARBITRAGE.

TIERS CONSOLIDÉ.　}
TIERS-ÉTAT.　　　 } *V.* ces mots dans notre *Diction-*
TIERS-ORDRE.　　　} *naire de Biographie et d'His-*
　　　　　　　　　 } *toire.*

TIERS-POINT (Arcade en). *V.* OGIVE.

TIGE DE JESSÉ. *V.* ARBRE DE JESSÉ.

TIGETTES. *V.* CAULICOLES.

TIL, petit signe qu'on met, en espagnol et en portugais, sur la lettre *n* placée entre deux voyelles, pour lui donner le son de *gn : doña, Marañon.*

TILBURY, mot anglais par lequel on désigne un petit cabriolet léger, à deux places, et ordinairement découvert.

TILLAC, en termes de Marine, pont ou plancher découvert qui fait l'étage supérieur d'un navire.

TIMAR, *V.* ce mot dans notre *Dictionnaire de Biographie et d'Histoire.*

TIMBALES (du latin *tympanum*), instrument de percussion formé de deux bassins semi-sphériques en cuivre, recouverts d'une peau d'âne qui se tend par un cercle en fer et des vis, et sur laquelle on frappe avec des baguettes recouvertes en peau. On change l'intonation des timbales au moyen d'une tension plus ou moins forte de la peau : elles sont accordées de façon que l'une sonne la tonique, et l'autre la dominante du ton où on les emploie; différence qui provient de l'inégalité des bassins. Les timbales, qui paraissent être originaires de l'Inde, furent introduites en Europe par les Sarrasins, et connues d'abord sous le nom de *naquaires* ou *nacaires*. En France, elles apparurent dans l'armée en 1457, mais on les réserva pour la cavalerie. Les timbaliers occupaient dans les marches la même place que les trompettes, et étaient choisis parmi les plus braves de l'armée. La prise des timbales par l'ennemi équivalait à la perte du drapeau. Supprimées pendant le règne de Louis XVI, elles reparurent dans quelques régiments de cavalerie légère sous le 1er Empire et la Restauration. Il n'y en a plus aujourd'hui que dans les carabiniers et les cuirassiers : on les place en avant de la selle, des deux côtés du cou du cheval. Les timbales figurent aussi dans les orchestres de théâtre, pour les symphonies, les ouvertures, les chœurs et les finales; ce fut Lulli qui les introduisit dans les concerts d'instruments. Pour pouvoir faire entendre les timbales ailleurs que sur la tonique et la dominante du ton, quelques auteurs en ont augmenté le nombre jusqu'à sept : dans le chœur des chevaliers du 2e acte de *Robert le Diable*, il y en a quatre. Berlioz en a mis douze dans le *Tuba mirum* de sa Messe des morts. Plusieurs musiciens, considérant la résonnance des timbales comme un bruit plutôt que comme un son, les ont placées quelquefois dans des combinaisons d'harmonie où leurs notes ne concordent pas : ce système, adopté par Rossini dans quelques-unes de ses compositions, n'est guère logique, car le son des timbales est appréciable pour une oreille délicate. — Le facteur Sax a imaginé des timbales plus portatives et moins encombrantes, en supprimant les bassins : elles se composent de deux cercles concentriques en métal, qui s'emboîtent l'un dans l'autre et ne laissent entre eux que l'intervalle nécessaire pour y introduire la peau, de façon à pouvoir la tendre comme on le fait communément; une traverse en bois ou en métal formant diamètre, et sur trois tringles formant trois rayons, s'adaptent au cercle inférieur et s'appuient au centre sur un support, qui est muni d'une vis pour élever plus ou moins la timbale, et d'un genou pour lui donner l'inclinaison désirable. La partie de timbales se note sur la clef de *fa* 4e ligne.　B.

TIMBALES (Jeu de), jeu d'orgue dont l'usage est plus répandu en Italie et en Allemagne qu'en France. Ce jeu, qui existe encore dans l'orgue de la cathédrale d'Avignon, construit par un facteur italien, se compose d'un bassin demi-sphérique en cuivre, recouvert d'une peau sur laquelle viennent frapper des baguettes de bois revêtues de peau.   F. C.

TIMBRE, sorte de petite cloche immobile et sans battant, et qui est frappée en dehors par un marteau. C'est au moyen d'un timbre que les horloges et les pendules sonnent les heures. On se sert aussi, depuis une vingtaine d'années environ, de timbres au lieu de sonnettes dans les appartements. Certains compositeurs de musique en ont introduit dans leurs œuvres.

TIMBRE, qualité sonore d'un instrument ou d'une voix. C'est, avec l'*intonation* et l'*intensité*, une des trois qualités essentielles du son ; elle en est en quelque sorte la matière. Le violon, la flûte, la trompette, tous les instruments, en un mot, ont dans le son un caractère distinctif, indépendant du ton et de la force ; c'est leur *timbre*. Des différences analogues existent entre la voix d'homme et la voix de femme, entre la voix de ténor et la voix de basse. Il y a des instruments dont le timbre est susceptible de plusieurs nuances, au moyen de changements que l'exécutant y pratique, ou d'après le mode de s'en servir : ainsi, le timbre du violon varie selon qu'on fait résonner l'instrument avec un archet, ou en pinçant les cordes, ou en employant la sourdine, ou en tirant des sons harmoniques ; un même trait, joué sur deux cordes différentes, prend un autre caractère ; on varie le timbre de l'orgue au moyen des registres ; une voix diffère de timbre, selon qu'elle rend des sentiments d'amour ou de colère, etc.   B.

TIMBRE, nom que les vaudevillistes donnent aux airs connus sur lesquels ils composent leurs couplets.

TIMBRE, double corde à boyau tendue contre la peau inférieure du tambour militaire, et qui vibre avec elle.

TIMBRE, en termes de Blason, ce qui se met sur l'écu, comme bonnets, mortiers, casques, etc., à cause de la ressemblance de ces objets avec le timbre d'une horloge. L'usage des timbres dans les armoiries est postérieur aux Croisades.

TIMBRE, marque imprimée par l'État sur le papier dont la loi oblige à se servir pour certaines écritures, comme les actes authentiques, les titres de propriété, les contrats, les effets de commerce, les actions et obligations négociables, les quittances des services publics, les bordereaux des agents de change et des courtiers, les polices d'assurances, les pièces destinées aux actes civils et judiciaires, et même pour certaines impressions, telles que les affiches, les prospectus, les journaux, etc. On distingue le *timbre de dimension*, dont le prix est en raison de la grandeur du papier employé, et le *timbre proportionnel*, dont le prix varie suivant les sommes et valeurs auxquelles il est destiné : le premier s'applique en encre noire, le second est frappé à sec. Chaque timbre porte son prix. Le timbre de dimension est exigé de tous les actes, extraits, copies et expéditions, soit publics, soit privés, devant ou pouvant faire titre, ou être produits pour obligation, décharge, justification, demande ou défense ; de tous les livres, registres, minutes de lettres, qui sont de nature à être produits en justice et dans le cas d'y faire foi, ainsi que des extraits, copies et expéditions qui en sont délivrés ; enfin, des actes passés aux colonies ou à l'étranger, et dont il fait usage en France. Le timbre des livres de commerce a été supprimé par la loi du 20 juillet 1837, et remplacé par 3 centimes additionnels au principal de la contribution des patentes. Tous les effets de commerce, tels que billets à ordre ou au porteur, les rescriptions, mandats, mandements, ordonnances, lettres de change ; les titres d'actions émises par les sociétés commerciales ; les obligations sous seing privé, etc., sont assujettis au timbre proportionnel. Depuis 1862, le timbre de dimension fut fixé ainsi qu'il suit : demi-feuille de petit papier, 0 fr. 50 c. ; feuille de petit papier, 1 fr. ; feuille de moyen papier, 1 fr. 50 c. ; feuille de grand papier, 2 fr. ; feuille de grand registre, 3 fr. La faculté d'abonnement établie par la loi du 5 juin 1850 au profit des sociétés, compagnies d'assurances et assureurs, s'exerça à raison de 0 fr. 03 c. par 1,000 fr. du total des sommes assurées. Les bordereaux et arrêtés des agents de change et des courtiers furent assujettis au droit de timbre pour les sommes employées aux opérations qui y sont mentionnées ; 0 fr. 50 c. pour les sommes de 10,000 fr. et au-dessous ; 1 fr. 50 c. au-dessus de 10,000 fr. Le prix pour le timbre proportionnel des effets de commerce fut de 5 c. jusqu'à 100 fr. inclusivement, de 10 c. jusqu'à 200, de 15 c. jusqu'à 300, de 20 c. jusqu'à 400, de 25 c. jusqu'à 500, de 50 c. depuis 501 fr. jusqu'à 1,000 ; au-dessus, le prix aug-

menta de 50 c. par 1,000 fr. jusqu'à 20,000 fr. Un acte écrit sur papier libre n'est pas annulable parce qu'il n'a point été écrit sur papier timbré : seulement, la contravention donne lieu à une amende de 5 fr., s'il fallait prendre du papier au timbre fixe ; l'amende est de 6 pour 100 des sommes exprimées, pour le souscripteur d'un billet ou obligation assujetti au timbre proportionnel. L'accepteur, le bénéficiaire ou premier endosseur de l'effet non timbré sont aussi passibles de l'amende de 6 p. 100, s'ils ne le font viser pour timbre dans les 15 jours de sa date et avant toute négociation. On appelle *timbre d l'extraordinaire* celui qui s'applique en noir sur les papiers présentés par les particuliers, comme les feuilles destinées à l'impression des journaux, des affiches, des prospectus, des écrits politiques qui ont moins de 5 feuilles, etc., les actes qui auraient dû être écrits sur papier timbré, les effets de commerce dont la valeur dépasse 20,000 fr. Sont exemptés les avis contenant une simple indication de domicile, les bulletins du cours des changes, les annonces et prospectus des journaux qui s'occupent exclusivement de science et d'art, les billets de faire part de mariage, naissance et décès. La musique n'est dispensée du timbre que depuis peu d'années. Le timbre des journaux, affiches et prospectus, est proportionnel à leur dimension, mais d'une quotité bien inférieure à celle qui est fixée pour les actes : pour les journaux, le droit fut de 6 c. par feuille de 72 décimèt. carrés et au-dessous, dans les départements de la Seine et de Seine-et-Oise, et de 3 c. partout ailleurs. Pour chaque fraction en sus de 10 décimèt. carrés et au-dessous, il fut perçu 1 cent. et demi dans les départements de la Seine et de Seine-et-Oise, et 1 c. partout ailleurs. Il faut encore mentionner, comme frappé de la contribution du timbre, les passe-ports et les ports d'armes de chasse. La contrefaçon des timbres de l'État est punie par la reclusion ou les travaux forcés et la dégradation civique. L'Administration du timbre fait partie de la Direction générale des Domaines et de l'Enregistrement, l'une des subdivisions du Ministère des Finances. — Le timbre fut établi pour la première fois en 538, par l'empereur Justinien, et reçut le nom de *protocole*, parce qu'on ne l'appliquait que sur la première feuille des actes. Introduit en Espagne et dans les Pays-Bas en 1553, puis en Allemagne et en Angleterre, il fut question de l'imposer en France en 1655 ; mais l'innovation ne fut consacrée que par les déclarations des 19 mars et 2 juillet 1673, et par un édit du mois d'avril 1674. Une ordonnance de juin 1680 désigna les actes qui devaient être timbrés. Cette ordonnance, une déclaration du 18 avril 1690 et un édit de février 1748, augmentèrent successivement les droits fixés d'abord par le tarif du 22 avril 1673. Un édit proposé en 1787, pour augmenter les recettes de l'impôt du timbre, fut un des prétextes de la Révolution. Cet impôt reçut de nouvelles extensions par les lois du 18 février 1791, du 9 vendémiaire an VI, et du 6 prairial an VII. La loi du 11 nivôse an IV établit la distinction du timbre de dimension et du timbre proportionnel. Les deux lois fondamentales de la législation du timbre sont celles du 13 brumaire an VII et du 28 avril 1816 ; les modifications qu'elles ont subies par suite des lois du 25 mars 1817, du 15 mai 1818, du 16 juin 1824, du 24 mai 1834 et du 5 juin 1850, ne sont guère relatives qu'à la quotité des droits et à la pénalité. Les journaux, soumis au timbre par un règlement du 9 vendémiaire an VII, en furent affranchis par décret du 6 mars 1848 ; mais ils y ont été soumis de nouveau par la loi du 27 juillet 1850. Une loi du 11 juin 1859 a créé, pour les effets de commerce venant, soit de l'étranger, soit des îles ou colonies dans lesquelles le timbre n'a pas encore été établi, des timbres mobiles que vend l'administration de l'Enregistrement, et que tout commerçant peut apposer lui-même sur ces effets payables en France, avant qu'ils soient endossés, acceptés ou présentés à l'encaissement. L'impôt du timbre était autrefois très-lourd pour les journaux en Angleterre : à la fin du siècle dernier, il était de 8 sous par feuille ; en 1836, on le réduisit à un penny (2 sous). Comme on ne timbre ni à Londres, ni à Dublin ni à Édimbourg, il faut faire venir de ces villes tout le papier timbré. V. Tardif, *Lois du Timbre et de l'Enregistrement*, 1826, 2 vol. in-8° ; A. Sorel, *Nouveau tarif ou Dictionnaire abrégé des droits de timbre, d'enregistrement, de greffe, d'hypothèques et de sceau*, 1854, in-12 ; Camps, *Code et Dictionnaire d'enregistrement, de timbre, de greffe, d'hypothèque*, etc., 1858, in-8°.   B.

TIMBRE, marque particulière que chaque bureau de poste en France imprime sur les lettres qu'il fait partir, pour indiquer le lieu et le jour du départ, et sur celle qu'il reçoit, pour constater le jour de l'arrivée.

TIMBRE-POSTE, estampille vendue par l'Administration des postes, et que l'expéditeur d'une lettre colle, pour l'affranchir, sur un coin de l'adresse. Elle porte l'effigie du souverain, ou les armes de la nation, ou quelque figure allégorique. Le taux des timbres-poste varie suivant le poids des correspondances. Il y en a, en France, de 6 couleurs différentes : gris-vert, valeur 1 centime ; vert-clair, 5 c. ; jaune, 10 c.; bleu, 20 c.; orange, 40 c.; rouge, 80 c. Toute lettre pour l'intérieur, revêtue d'un timbre-poste insuffisant, est considérée comme non affranchie, et taxée comme telle, sauf déduction du prix du timbre. Les lettres pour l'étranger, revêtues de timbres insuffisants, sont considérées comme non affranchies et ne peuvent avoir cours, si elles sont à destination de pays pour lesquels l'affranchissement est obligatoire. Le poids des timbres-poste est compris dans le poids des lettres sur lesquelles ils sont apposés. L'emploi fait sciemment d'un timbre-poste ayant déjà servi est puni d'une amende de 50 à 1,000 fr. (Loi du 16 oct. 1849). — L'idée première du timbre-poste remonte à l'année 1653 : la *Muse historique* de Loret (16 août) fait allusion à une Instruction adressée au public, conservée aujourd'hui à la Bibliothèque impériale de Paris, et par laquelle on était informé qu'on pouvait acheter d'avance, pour les attacher d'une manière ou de l'autre aux lettres, des billets portant les mots *port payé*, et sur lesquels on aurait à écrire le jour et le mois de l'envoi. Il y avait aussi, pour les personnes de la suite du roi quand il n'était pas à Paris, certaines marques qu'elles apposaient sur leurs lettres à destination de cette ville. Vers 1635 ou 1642, les membres du Parlement anglais obtinrent le privilége du port gratuit de leurs lettres ; il suffisait d'une enveloppe portant leur signature : les enveloppes signées en blanc devinrent l'objet d'un véritable commerce. En 1823, un Suédois, Treffenberg, lieutenant d'artillerie, proposa à l'ordre de la noblesse dans la Diète l'émission d'un papier timbré destiné à servir d'enveloppe aux lettres, qui se trouveraient ainsi affranchies : l'idée fut repoussée, mais elle a été reprise depuis en Prusse et en Russie. Le timbre-poste, tel qu'il existe aujourd'hui, est dû à sir Rowland Hill, et fut employé en Angleterre à partir de 1840. L'exemple a été suivi par la Belgique en 1847, la France en 1848, l'Espagne, la Suisse, la Prusse, l'Autriche et les principaux États de la Confédération germanique en 1850, le Piémont et le Danemark en 1851, la Hollande en 1852, la Suède en 1855, la Russie en 1857, la Grèce en 1861, la Moldavie en 1862. En France et ailleurs, on se sert de timbres-poste comme de papier-monnaie, pour le payement de sommes minimes. **B.**

TIMOCRATIE (du grec *timé*, cens, et *cratos*, pouvoir), constitution d'après laquelle les fonctions appartiennent aux citoyens payant un cens, c.-à-d. possédant une fortune déterminée.

TIMON (du latin *temo*), longue pièce de bois qui fait partie du train de devant d'un chariot ou d'un carrosse, et aux deux côtés de laquelle on attelle les chevaux. Les chevaux ainsi attelés sont dits *timoniers*.

TIMONNERIE, en termes de Marine, espace situé sur le gaillard d'arrière, près du mât d'artimon, et où se trouvent la roue du gouvernail, les habitacles, les compas de route, les horloges, les boussoles, etc. Le nom vient de ce qu'autrefois la barre du gouvernail s'appelait *timon*. Les *timoniers* sont les hommes de l'équipage à qui l'on confie le soin de diriger le navire. Le *Maître de timonnerie* est chargé de tout ce qui a rapport aux signaux, aux sondes, au loch, etc.

TIR, action de lancer, avec une arme quelconque, un projectile dans une direction déterminée. La théorie du tir constitue la science appelée *Balistique*. La ligne suivant laquelle on tire une pièce d'artillerie se nomme également *tir*, et l'on distingue le *tir plongeant*, le *tir perpendiculaire*, le *tir oblique*, le *tir rasant*, le *tir à ricochet* : ce dernier fut employé pour la première fois par Vauban au siége d'Ath, en 1607. Il y a, dans tous les régiments français, des *Écoles de tir*, où l'on décerne des prix : les instructeurs chargés de cet enseignement sont formés à l'*École normale de tir* qui est établie à Vincennes.

TIRADE, nom qu'on donne à tout long développement mis dans la bouche d'un personnage par le poëte dramatique. — Le même mot s'employait autrefois en Musique pour désigner une série de notes dont l'exécutant remplissait un intervalle, mais en procédant plus lentement que dans la *fusée* (*V. ce mot*).

TIRAGE, en termes d'Imprimerie, se dit de l'action

de mettre les feuilles sous presse pour les imprimer. Le tirage était confié à une classe distincte d'ouvriers, qui étalent l'encre sur la planche, étendent et fixent les feuilles blanches sur le tympan, font mouvoir la presse, etc. Tout ce travail a été singulièrement simplifié par l'invention des presses mécaniques. — Faire plusieurs tirages, c'est exécuter des réimpressions sur les mêmes formes ou planches.

TIRAGE AU SORT. *V.* RECRUTEMENT.

TIRAILLEURS, soldats d'infanterie qui se dispersent en avant d'une colonne pour commencer l'attaque. Ils se placent de 4 à 10 pas de distance les uns des autres, ou constituent de petites bandes, et exécutent leurs mouvements d'après des signaux de clairon. Le feu une fois engagé, ils se soutiennent mutuellement, de sorte que l'un ne décharge son arme que quand son voisin a fini de charger la sienne. Ils doivent être exercés à former, par de rapides mouvements de concentration, des groupes capables de se défendre à la baïonnette. Avant 1789, on se servait rarement de tirailleurs : ils étaient appelés en France *Chasseurs à pied* et *Enfants perdus*. Mais les guerres de la Révolution, où le temps manqua souvent pour discipliner les troupes, et où le combat isolé fut autant de mode que de nécessité, en virent naître de nombreuses bandes. Quand on revint à la guerre de manœuvres, le nom de *tirailleurs* cessa d'être une désignation de troupe. En 1811, Napoléon Ier créa 20 régiments de tirailleurs, rattachés à l'arme des grenadiers à pied, comme les *flanqueurs* l'étaient aux chasseurs. Ils furent licenciés après la chute de l'Empire. Pendant la Restauration, on s'occupa beaucoup, en théorie, de la tactique des tirailleurs, et ces études aboutirent à l'ordonnance du 4 mars 1831. En 1840, on donna le nom de *Tirailleurs* aux bataillons de nouvelle formation, qui ont été appelés ensuite *Chasseurs d'Orléans*, *Chasseurs de Vincennes*, *Chasseurs à pied*. En Algérie, les troupes indigènes d'infanterie sont dites *Tirailleurs algériens*, et ont reçu de nos soldats le nom de *Turcos ;* tous les officiers supérieurs, tous les capitaines, la moitié des lieutenants et des sous-lieutenants, les sergents-majors et les fourriers, y sont Français. **B.**

TIRANNAS, sorte d'airs populaires espagnols du genre des boléros et des seguidilles. Ils se chantent et ne se dansent pas. La mesure est à 3 temps, d'un mouvement un peu lent. On y introduit beaucoup de syncopes.

TIRANT, en termes de Construction, désigne : 1° une pièce de bois qui tient en état les deux jambes de force d'un comble ; 2° une barre de fer attachée à une poutre, et dont l'extrémité porte un œil qui reçoit une sorte d'ancre pour prévenir l'écartement du mur.

TIRANT D'EAU, quantité dont un navire enfonce dans l'eau, mesurée depuis le bas de la quille jusqu'à la flottaison (*V. ce mot*). Le tirant d'eau est marqué, à l'avant et à l'arrière, par des chiffres placés sur l'étrave et sur l'étambot.

TIRANTS. *V.* REGISTRES DE L'ORGUE.

TIRASSE, filet que l'on prend des cailles, des perdrix, des alouettes, en *tirant* les cordons qui le ferment.

TIRASSE, nom donné dans l'orgue à un clavier de pédale qui n'a point de sommier particulier et qui tire les basses des touches du clavier à la main. La tirasse ne se trouve que dans les orgues qui n'ont point de pédales séparées. **F. C.**

TIRA-TUTTO, registre qui ouvre tous les jeux de l'orgue à la fois.

TIRE, en termes de Blason, est synonyme de *rangée*.

TIRE-BALLE ou **TIRE-BOURRE**, instrument dont on se sert pour décharger les fusils.

TIRE-BORD, instrument en bois, à vis et à écrou, dont on se sert dans les chantiers de la Marine pour faire revenir à sa place le bordage d'un bâtiment qui s'en est écarté.

TIRE-FOND, anneau de fer terminé par une vis et qui sert à soutenir au plafond un lustre, un dais, un ciel de lit, etc.

TIRE-LIGNE, petit instrument terminé par deux lames d'acier à pointe mousse, qui se resserrent plus ou moins au moyen d'une vis, et qui sert aux dessinateurs pour tirer des lignes plus ou moins fines. On peut l'adapter à un compas.

TIRET, petit trait horizontal qui, dans un dialogue écrit ou imprimé, indique le changement d'interlocuteur, Il remplace aussi les points de suspension, ou indique que l'on passe d'un sujet à un autre.

TIROIR (Pièces à) ou *à travestissements*, pièces de théâtre du genre comique, composées d'une succession de scènes à peu près détachées les unes des autres, et qui déroulent autour d'un personnage toujours en scène l'action de plusieurs autres, ou l'action d'un seul sous divers travestissements. Molière a donné deux modèles du genre dans la *Critique de l'École des femmes* et dans les *Fâcheux*. On peut citer encore *le Mercure galant*, les *Fables d'Ésope* et *Ésope à la cour* de Boursault, *le Procureur arbitre* de Poisson, *les Originaux* de Fagan, etc. Le mérite des pièces à tiroir dépend du talent et du jeu des acteurs, de l'intérêt des détails et du style, car il n'y a ni incidents ni mouvement.

TIROIRS, se disait, au moyen âge, des lanières qui s'attachent aux fermoirs des livres.

TIRONIENNES (Notes). V. ABRÉVIATIONS.

TISSERANDS, ancienne corporation qui avait pour patron S' Blaise ou S' Roch. Ses statuts, rédigés en 1281, furent renouvelés en 1586, et confirmés en 1608 et 1640.

TITRE, degré de fin de l'or et de l'argent. V. BIJOUTERIE.

TITRE, inscription placée en tête d'un livre pour indiquer le sujet qu'y est traité. On donne le même nom à la page qui contient cette inscription. Le *faux titre* est un titre abrégé, imprimé sur le feuillet qui précède celui du titre entier. Le *titre courant* est la ligne en petites capitales qui est répétée en haut de chacune des pages d'un livre.

TITRE, subdivision dans les Codes de lois, dans les recueils de jurisprudence. Un *livre* se subdivise en *titres*, et les *titres* en *chapitres*.

TITRE, propriété d'une charge, d'un office, d'une chaire, etc. Celui qui possède un titre se dit *titulaire*.

TITRE, en termes de Jurisprudence, acte constatant une propriété, un droit ou une jouissance. Il est *authentique*, quand il a été reçu par un officier public; *exécutoire*, quand il emporte exécution parée contre l'obligé; *gratuit*, s'il n'entraîne aucune obligation; *onéreux*, si certaines charges ou conditions y sont attachées. Un titre fait foi de ce qu'il contient; il ne peut être détruit que par un titre contraire, ou par une inscription en faux reconnue fondée. La remise volontaire du titre par le créancier au débiteur fait preuve du payement ou de la remise de créance.

TITRE, qualification honorifique qu'on donne à certains individus, en raison de la position qu'ils occupent dans les rapports de la vie sociale. Tels sont les titres que portent les membres des maisons souveraines, et les titres de noblesse. V. NOMS ET TITRES.

TITULUS, placard attaché au bout d'un long bâton, et que, chez les Romains, les soldats portaient dans les triomphes, pour apprendre à la foule le nombre des prisonniers, la quantité du butin, les noms des villes et des pays soumis, renseignements écrits en gros caractères.

TITUS (Arc de). V. ARC DE TRIOMPHE.

TLAPANÈQUE (Idiome). V. MEXIQUE (Langues du).

TMÈSE (du grec *tmèsis*, coupure, retranchement), séparation des éléments qui concourent à former un mot composé; ainsi, les mots latins *circumdare*, *septentrio*, peuvent admettre un ou plusieurs mots entre *circum* et *dare*, entre *septem* et *trio* :

Talis hyperboreo *septem* subjecta *trioni*.
(VIRGILE, *Georg.*, III, 381.)

Ter squamea *circum*
Terga *dati*.
(Id., *Æneid.*, II, 218.)

Les mots terminés par le suffixe *cunque* peuvent se séparer ainsi : « *Quod judicium cunque subierat, damnabatur* (Cicéron). » La poésie grecque ancienne et la langue allemande offrent de nombreux exemples de cette figure de mots.   P.

TOAST, mot anglais qu'on prononce *tôste*, et qui est dérivé de *tostus* (participe de *torrere*, rôtir), proposition de porter une santé à quelqu'un, de boire au souvenir d'un événement ou à la réalisation d'un vœu. Le nom est une allusion à la tranche de pain que certains Anglais mettent dans le vin qui leur sert à boire des santés. Les toasts étaient connus dans l'Antiquité : c'est ce qu'on appelait à Rome *græco more bibere* (boire à la manière grecque), ou *ad numerum bibere* (boire un certain nombre de fois).

TOC (Jeu du), en italien *toccadegli* (touchez-les), en espagnol *toccatille*, sorte de trictrac qui était en grande vogue au XVIᵉ siècle, et où le seul but du joueur était de *toucher*, c.-à-d. de battre son adversaire.

TOCCATE, en italien *toccata* (participe féminin de *toccare*, toucher), pièce de musique écrite pour un instru-

ment à *touches*, tel que le clavecin, le piano, l'orgue. La toccate, qui a été remplacée par la sonate (V. *ce mot*), n'était le plus souvent composée que d'un seul morceau.

TOCSIN (du vieux français *toquer*, frapper, et *seing* ou *sing*, cloche), façon de battre une cloche à coups redoublés pour donner l'alarme. Autrefois on a aussi sonné le tocsin en signe de réjouissance.

TOGATAIRE. ⎫ V. ces mots notre *Dictionnaire de*
TOGATE.   ⎬ *Biographie et d'Histoire.*
TOGE.   ⎭

TOILETTE, mot d'origine peu ancienne, par lequel on désigna d'abord toute *petite toile* qui servait à envelopper des vêtements ou objets précieux, par exemple ce qui était nécessaire à l'ajustement d'une femme. Il s'est ensuite appliqué à la table sur laquelle on étendait cette toile pour y prendre les objets d'ajustement, et à l'ajustement lui-même.

TOISÉ, art de calculer les dimensions des ouvrages d'architecture civile et militaire, c.-à-d. les surfaces et les solidités de ces ouvrages.

TOIT (du latin *tectum*, fait de *tegere*, couvrir), couverture d'un bâtiment (V. COUVERTURE). Il prend les formes du *comble* (V. ce mot).

TOLÈDE (Cathédrale de). Cette église, primatiale de l'Espagne, a été commencée en 1227 par ordre de Sᵗ Ferdinand, sur l'emplacement d'un autre édifice que les Arabes, pendant leur séjour dans la ville, avaient converti en mosquée. Le plan est dû à l'architecte Pedro Perez, qui présida aux travaux pendant près de 50 ans. La dédicace n'eut lieu qu'en 1492. Le monument est en style ogival le plus pur, variant parfois de caractère en raison des époques. La grande façade occidentale présente trois portes garnies de statuettes et d'ornements délicatement sculptés; l'arc de celle du milieu est divisé en deux plus petits, et surmonté d'une sainte Cène. Deux énormes piliers en forme de tours, partagés symétriquement en étages et ornés de 20 statues, s'élèvent entre ces portes. Des deux tours d'angle, l'une est restée inachevée, et a été couverte d'un dôme octogone par Georges Teotocopuli. L'autre, dont l'effet est très-beau, a été terminée en 1535, et atteint une élévation de 90 mèt. Elle est partagée en trois grands corps : le 1ᵉʳ, de forme carrée, monté sur une base massive, est décoré de colonnettes et d'arcs gothiques, d'*azulejos* ou faïences vernies, et couronné par un balcon à jour; le 2ᵉ, en retrait sur le 1ᵉʳ, est octogone, flanqué à ses angles d'élégantes pyramides rattachées à la tour par des arcs-boutants, et présente sur chaque face une fenêtre ogivale double, terminée en fleurons; le 3ᵉ est une flèche octogone à la base, arrondie au sommet, cerclée de trois couronnes d'épines, et finissant par une série de globes et une croix de fer. La façade méridionale de l'église a deux portes : l'une, dite *Porte des lions*, précédée d'un parvis fermé dont la grille est soutenue par 6 colonnes surmontées de lions, forme une belle voussure où les statuettes et les dais ont été semés à profusion; l'autre, reconstruite en 1800, est d'ordre ionique, et fait un contraste malheureux avec le reste de l'édifice. La façade du Nord est encaissée entre les hautes murailles d'un cloître et quelques vieilles maisons particulières. — L'intérieur de la cathédrale de Tolède est à 5 nefs, séparées par 88 piliers, chacun de 16 colonnes groupées. Il a 113ᵐ de longueur, 57 de largeur, 45 de hauteur à la nef centrale, et est éclairé par 150 fenêtres ornées de vitraux de couleur. De riches chapelles sont pratiquées tout autour de l'édifice. La *Grande chapelle*, dont la grille, haute de 9ᵐ, large de 12, et surmontée d'un Christ colossal, a été exécutée par Francisco de Villalpando, contient un riche retable en bois de mélèze, un entassement bizarre de volutes, de consoles, de balustres, de chapiteaux, de nuages et de rayons solaires qu'on nomme *le transparent*, et les tombeaux d'Alphonse VII, de Sanche le Désiré, de Sanche le Brave, etc. La *chapelle mozarabe* renferme une belle mosaïque représentant la Conception, et des fresques gothiques où l'on a figuré des combats entre les Tolédans et les Mores. Dans la *Chapelle des rois nouveaux*, reposent Henri II, Jean II, Henri III, et les reines leurs femmes. On remarque encore le tombeau du connétable Alvaro de Luna dans la chapelle Sᵗ-Jacques, celui du cardinal Carillo de Albornoz dans la chapelle Sᵗ-Ildefonse, et, dans la chapelle du Sagrario, un riche monument de bronze et de marbre, appelé l'*Ochavo* en raison de sa forme octogone, et où l'on a renfermé un grand nombre de reliques. Le chœur attire l'attention par ses trois rangs de stalles, sculptées au XVIᵉ siècle par Philippe de Bourgogne et Berruguete; il a aussi d'énormes pupitres de bronze, et deux orgues de dimensions colossales. A la sacristie, dont la voûte a été peinte par Luca Giordano, est attenante une salle où l'on conserve, entre autres trésors, une *custodia* en argent doré de 3ᵐ de hauteur, un manteau de la Sᵗᵉ Vierge tout couvert de pierreries, plusieurs statues en argent massif, une urne contenant les ossements des rois goths Receswinde et Wamba, etc. B.

TOLÉRANCE, permission expresse ou tacite qu'un gouvernement accorde aux citoyens de pratiquer telle religion qui leur convient. C'est ce qu'on appelle la *tolérance civile*. Ainsi comprise, la tolérance ne date que de la Réformation du XVIᵉ siècle. Toutefois, elle n'est point inhérente à cette Réformation, puisque Luther, Calvin, les Anglicans, ont été très-intolérants à l'égard des catholiques, tout en réclamant la tolérance pour eux-mêmes. Il en est de même de l'Église grecque russe à l'égard des autres communions chrétiennes. Le luthéranisme obtint la tolérance en Allemagne à la suite d'une guerre de religion, par la paix d'Augsbourg, en 1555; le calvinisme ne s'y fit légalement une place qu'après la guerre de Trente Ans, lors des traités de Westphalie, en 1648. En France, les guerres de religion aboutirent, en 1598, à un édit de tolérance pour les calvinistes : ce fut l'édit de Nantes, que Louis XIV révoqua en 1685; la tolérance reparut au temps de Louis XVI, mais elle n'est devenue complète que depuis 1789. La tolérance la plus absolue règne aux États-Unis d'Amérique. L'intolérance dans l'ordre politique et civil deviendra de jour en jour plus rare chez les nations.   B.

TOLÉRANCE, différence que la loi tolère dans le poids légal des denrées, ou dans la fabrication des monnaies par rapport à l'alliage et au poids prescrits. V. DROIT ET ABUS.

TOLET, cheville en bois ou en fer enfoncée dans le plat-bord d'une embarcation pour retenir l'aviron.

TOLETIÈRE, renfort en bois placé sur le plat-bord d'un bateau à rames, et dans lequel on perce des trous pour recevoir les tolets.

TOLLENON, machine de siége. V. notre *Dictionnaire de Biographie et d'Histoire*.

TOLMAN, mot employé en Angleterre comme synonyme de *dolmen* (V. CELTIQUES — Monuments).

TOLPACHE ou TALPACHE, nom qu'on donnait autrefois aux fantassins hongrois.

TOMAHAWK, hache d'armes ou casse-tête des Indiens de l'Amérique du Nord (V. CASSE-TÊTE). Il est le symbole de la guerre, et l'on dit au figuré : *enfouir le tomahawk*, pour dire qu'on observe la paix.

TOMAN. V. ce mot dans notre *Dictionnaire de Biographie et d'Histoire*.

TOMBALES (Pierres), un des principaux ornements du pavé des grandes églises au moyen âge. Ces pierres, garnies d'inscriptions et de sculptures gravées en creux, ne paraissent pas remonter au delà du XIIᵉ siècle; mais, à partir du XIIIᵉ, elles reçurent une très-riche ornementation : les traits de la gravure furent remplis de mastics colorés, ou même de métal fondu. On représentait d'ordinaire le personnage défunt, les mains jointes sur la poitrine, les pieds appuyés sur un animal symbolique. Souvent la tête était abritée sous un dais, et de chaque côté s'élevaient des colonnettes ou des contre-forts simulés, interrompus de distance en distance par des niches garnies d'Anges ou de Saints. Parfois on voyait dans le couronnement Abraham portant dans son sein l'âme du défunt, à moitié cachée sous un voile tenu par ce patriarche. Tout autour des pierres tombales règne une inscription, où sont relatés les noms, titres, qualités du défunt, le jour de sa mort, son âge, avec une courte prière. Au XVᵉ siècle, la figure et les mains des grands personnages étaient souvent en marbre incrusté dans la dalle funéraire. On trouve de belles pierres tombales dans les églises de Rouen, de Troyes, de Noyon, de Laon, de Châlon-sur-Saône, etc. C'est principalement en Angleterre qu'on a incrusté du cuivre dans les dalles de pierre, pour représenter, soit la figure des morts, soit des emblèmes religieux.

TOMBEAUX, monuments élevés à la mémoire des morts, et empreints d'un caractère sacré en rapport avec la religion des peuples qui les érigent. Chez les Anciens, le culte du tombeau s'est partout mêlé au culte public, et c'est ce qui explique comment de simples monuments funéraires égalaient en grandeur et en magnificence les édifices consacrés à la Divinité. Sous le nom général de *tombeaux*, on comprend : les *tombes*, ou *pierres tombales*, *pierres tumulaires*, soit plates, soit dressées, qui recouvrent les modestes sépultures; les *tombeaux* proprement dits, petites constructions au-dessus des sépultures, ou qui renferment des morts; les *mausolées*, les *sépulcres*, les *hypogées*, les *cippes*, les *colombaires*, les *tumuli* (V. ces mots).

TOMBEAUX ANTIQUES.

Hindoustan. — Les *topes* ou *stupas*, monuments funéraires signalés pour la première fois par Elphinston, sont des édifices cylindriques couverts d'une coupole sphérique, mais dont les pierres ne sont pas appareillées par joints rayonnants. La chambre sépulcrale était petite, carrée, et placée au centre de la masse, que couronnaient souvent quatre sphères placées en pyramide. On compte quatre groupes principaux de topes : le 1ᵉʳ près de Peichaver, sur la rivière de Caboul; le 2ᵉ dans les environs de Jellabad; le 3ᵉ près de Caboul, où on l'appelle *burj* ou tours; le 4ᵉ à Béghram, au pied de l'Indou-Kouch. V. Ritter, *Die stupas*, in-8º, 1838. — Dans l'île de Ceylan, les tombeaux ou *dagobas* ont une grande analogie avec les topes. Ce sont, en général, des tumuli gazonnés, recouverts ou entourés d'un mur en brique. Le plus célèbre, appelé Djata-Ouana-Rama, est un cône de gazon qui repose sur une large plate-forme et que surmonte une construction ovoïde en brique parfaitement conservée; ce monument n'a pas moins de 80 mèt. de hauteur. Un peu au N.-E. d'Arenadjapura, on rencontre un grand nombre de dagobas entourés de rochers à pic et abrités par de belles plantations d'acacias.

Chine. — Les cimetières se placent hors des villes, sur quelque éminence garnie de pins ou de cyprès. Les pauvres se contentent d'un tumulus; les princes et les riches se font construire de vastes tombeaux contenant de nombreuses salles, et qui ressemblent plutôt à des palais qu'à des monuments funèbres. On trouve aussi en Chine des monuments tout à fait analogues à ceux de l'Inde : on les désigne par les noms de *tha* (tour), et de *sou-tu-po* (éminence).

Perse. — A 8 kilom. environ des ruines de Persépolis, la colline qui circonscrit la plaine de Mardascht renferme quelques sépultures royales. L'un de ces précieux monuments n'a pas moins de 33 mèt. d'élévation : la porte donne accès à plusieurs salles funèbres qui communiquent entre elles, et dont les parois étaient ornées de bas-reliefs aujourd'hui presque ruinés, et d'inscriptions qui ont permis de regarder les tombeaux qu'elles renfermaient comme ceux de Darius Nothus, d'Artaxerxès Longue-Main, d'Ochus, et d'Artaxerxès Mnémon. Quant au tombeau de Cyrus, nous savons par les traditions historiques qu'il était isolé, et bâti en forme de pyramide.

Asie Mineure. — Le monument funéraire le plus remarquable et le plus fameux est celui que la reine Artémise fit élever à Halicarnasse en l'honneur de son époux Mausole, roi de Carie : cette construction prit le nom de *mausolée*, qui ensuite a été donné aux monuments funèbres du même genre (V. MAUSOLÉE, dans notre *Dictionn. de Biographie et d'Histoire*). — Les tombeaux de la Lycie ont cela de particulier, qu'ils offrent un des premiers exemples de l'arc en ogive.

Palestine. — Près de Jérusalem se trouvent un certain nombre de tombeaux des anciens Juifs. Ainsi, dans le village arabe de Siloan, qui occupe une partie de la vallée de Josaphat, au milieu d'une multitude de débris, on distingue les tombeaux de Zacharie, de Josaphat, et d'Absalon. Au N. de la ville, près de la porte d'Ephraïm, sont les *Sépulcres des rois*, non pas des rois antérieurs à la captivité de Babylone, qui furent inhumés sur le mont Sion, mais des derniers rois de la Judée, successeurs d'Hérode. C'est un précieux monument d'architecture antique. On y pénètre par une excavation assez semblable à une carrière, et l'on arrive à une salle taillée dans le roc, de 10 mèt. de côté, et haute de 5 mèt. Au centre de l'un des côtés, une grande porte carrée, d'ordre dorique, surmontée d'une frise très-délicatement sculptée, donne accès à un couloir bas, qui aboutit par une pente assez roide à une nouvelle chambre carrée. Là, des trous de 2ᵐ de long sur 1ᵐ de large ont été pratiqués dans les parois, pour y placer des cercueils. Trois portes voûtées conduisaient de cette chambre dans d'autres chambres sépulcrales d'inégale grandeur, toutes taillées dans le roc vif, et où l'on voit aussi des trous pour les cercueils, et des fragments de cercueils en pierre ornés d'arabesques. Il est remarquable que les portes de ces chambres sépulcrales sont de la même pierre que la grotte, ainsi que les gonds et les pivots sur lesquels elles tournent. Un peu au N.-O. des sépulcres des rois, il y a d'autres tombeaux qu'on donne pour ceux des Juges d'Israël, Othoniel, Gédéon, Jephté, Samson, etc.

Égypte. — Les sépultures égyptiennes sont de différents genres. Il y a d'abord les *hypogées* ou *syringes*, creusés dans le flanc des montagnes, et dont les plus importants se rencontrent dans la Nubie et dans la Haute-Égypte. Depuis un certain nombre d'années, ils ont été visités et étudiés avec soin : on y a trouvé des bas-reliefs, des peintures aussi vives que lorsqu'elles furent appliquées, et où sont représentés tous les us et coutumes de ces époques reculées. La façade est ordinairement taillée verticalement dans le rocher, et ornée de peintures et de sculptures. La vallée de Biban-el-Molouk, dépendance de l'ancienne Thèbes, présente un hypogée royal, où ont été placés les souverains des 18ᵉ, 19ᵉ et 20ᵉ dynasties de l'Égypte. En second lieu, l'Égypte nous a laissé des monuments funéraires isolés, tels que les Pyramides, dont quelques-unes avaient une entrée apparente, tandis que celle des autres était masquée (*V.* PYRAMIDES, dans notre *Dictionnaire de Biographie et d'Histoire*). Enfin les *Nécropoles* étaient de vastes galeries souterraines où l'on empilait les corps grossièrement embaumés des gens du peuple. Les plus grandes qu'on ait visitées étaient celles d'Abydos et de Saïs. Il y avait des nécropoles particulières pour les animaux sacrés, tels que les crocodiles, les ibis, etc.

Grèce. — En Grèce, les lieux de sépulture étaient situés ordinairement hors des villes. A Athènes, on enterra d'abord les morts dans leur maison ; mais, aux temps historiques, les tombeaux furent relégués hors des murs. On les toléra dans l'intérieur de Sparte et de Mégare. Les tombes s'élevaient le plus souvent au bord des routes et près des portes des villes. Dans le principe, les monuments funéraires furent d'une grande simplicité ; ils se composaient d'un tumulus où l'on déposait l'urne cinéraire, qu'on entourait d'un mur, et qu'on surmontait d'une stèle ou d'une colonne commémorative, portant quelque figure allégorique et le nom du défunt. Plus tard, on déploya dans les tombeaux une magnificence que les magistrats essayèrent vainement plusieurs fois de réprimer. Ce fut ainsi que Solon défendit d'élever aucun tombeau que dix ouvriers ne pourraient bâtir en trois jours, et que Démétrius de Phalère interdit les monuments de plus de trois coudées de hauteur (1ᵐ,33). La décoration reçut les ordonnances dorique, ionique ou corinthienne, et il y eut de vastes tombeaux composés de plusieurs salles richement meublées et décorées, où les parents venaient à certains jours offrir des sacrifices aux divinités infernales. L'usage des peintures sur les parois était inconnu. On considérait les tombeaux comme des propriétés privées ; ils appartenaient exclusivement aux familles dont les membres y avaient été placés.

Étrurie. — Plusieurs colonies venues de pays divers apportèrent des coutumes différentes : c'est ce qui explique pourquoi, à Tarquinies et à Vulci, fondées par des peuples venus d'Orient, les cadavres étaient vêtus, et couchés dans les sépultures sur des lits funèbres ; à Castel d'Asso, à Norchia, à Bormazzo, suivant les usages des Aborigènes, les corps étaient déposés dans des sarcophages bruts ou décorés de peintures ; à Chiusi, à Volterra, à Toscanella, les cendres des corps brûlés étaient déposées dans des urnes de pierre sculptées, et plus tard dans des vases en terre cuite. Dans les plaines de Vulci et de Tarquinies, on creusait des galeries souterraines où se plaçaient les sépultures, et on les surmontait d'un tumulus conique, soutenu à sa base par un mur circulaire, et couronné d'une stèle ou de quelque figure symbolique. A Toscanella, les sépultures sont creusées dans la roche, et présentent, à l'extérieur, des portes en saillie, formées d'un soubassement du genre dorique, et surmontées d'une pyramide quadrangulaire ; à l'intérieur, de lourds piliers soutiennent les plafonds, remarquablement découpés en caissons couverts de peintures et de sculptures. Telles sont, notamment, les grottes de Corneto. *V.* ÉTRUSQUE (Art).

Rome. — Les sépultures romaines présentent les formes les plus diverses. Dans le principe, elles reproduisirent la forme des monuments funéraires de l'Étrurie ; le tombeau dit des Horaces et des Curiaces rappelle celui de Porsenna. Plus tard, les artistes romains s'inspirèrent des modèles de la Grèce, et créèrent une foule de monuments funéraires riches et gracieux, sur lesquels on lisait toujours, en tête de l'inscription, les mots *Dis Manibus*. Les tombeaux étaient placés en dehors des villes, et s'accumulaient près des portes en formant de longues avenues. La grande porte de Pompéi offre un modèle de ce genre de constructions. On distinguait plusieurs espèces de tombeaux : le *monumentum* était un édifice consacré à la mémoire d'une personne, de sorte que le même mort pouvait en avoir plusieurs ; le *sepulcrum* renfermait la dépouille mortelle ; le *cenotaphium*, *tumulus honorarius* ou *inanis*, était destiné à conserver la mémoire d'un homme dont on ne pouvait retrouver le corps ; le *mausoleum* était un édifice d'une grande magnificence ; il y avait encore les *pyramides*, les *columelles* ou *cippes*, qui formaient la classe la plus nombreuse des monuments funéraires des Romains. Quelques tombeaux ont atteint des proportions gigantesques, comme ceux d'Auguste et d'Adrien (*V.* MAUSOLÉE, dans notre *Diction. de Biographie et d'Histoire*). Il y avait des sépulcres souterrains (*conditoria*, *conditiva*) où l'on plaçait les cadavres qui n'avaient pas été brûlés. L'usage de déposer, dans les tombes, des vases, des objets chers aux défunts, a donné une bien grande importance aux recherches archéologiques, en faisant retrouver, encore intacts, après bien des siècles écoulés, tous les ustensiles dont se servaient les Romains dans la vie ordinaire.

Gaule. — *V.* CELTIQUES (Monuments).

Sardaigne. — Il existe dans ce pays des monuments qui remontent à une haute antiquité et auxquels on attribue un caractère funéraire. Ce sont d'abord des excavations pratiquées dans le flanc vertical des collines : les ouvertures, petites et carrées, rangées en ligne, ressemblent de loin à une file de fenêtres ; elles donnent entrée à des chambres basses, étroites et communiquant entre elles. Ailleurs, on voit des pierres rangées suivant un contour plus ou moins régulier, et rappelant les monuments druidiques de la Gaule ; on les nomme les *Sépultures des Géants*. Enfin viennent les *Noraghes*, constructions funéraires bâties sur un plan elliptique ou circulaire et le plus souvent terminées dans leur partie supérieure par une espèce de tour en forme de pain de sucre. Il y en a de très-compliquées, qui sont entourées de constructions adjacentes, et, suivant leur forme, on les distingue par les désignations de *simples*, *agrégées*, *réunies*, et *ceintes*. *V.* NORAGHES, dans notre *Dictionnaire d'eBiographie et d'Histoire.* — *V.* Bellori, *Veterum sepulcra*, Leydo, 1728, in-fol. ; Quensted, *De sepulcris veterum*, Viterbe, 1760, in-8°.

TOMBEAUX MODERNES.

Les premiers monuments funéraires des chrétiens furent les Catacombes (*V.* ce mot dans notre *Dictionnaire de Biographie et d'Histoire*). La forme la plus ordinaire des tombeaux depuis Constantin fut la forme circulaire. Ce prince, ayant perdu sa fille Constance, en déposa les restes dans le baptistère de Ste-Agnès, dont il fit une chapelle funéraire. Le monument le plus remarquable de cette époque est l'église du St-Sépulcre à Jérusalem, à laquelle on imprima un caractère funèbre en lui donnant la forme circulaire, tandis que l'église de Bethléem, où l'on ne devait entendre que des chants de fête, avait reçu la forme basilicale.

Dans les premiers temps de l'ancienne France, les tombes ne furent, la plupart du temps, que des auges de pierre massive, dont, dès le IXᵉ siècle, donner à Charlemagne un tombeau digne de lui, on n'imagina rien de mieux que de prendre un sarcophage antique représentant l'enlèvement de Proserpine. Plus tard, l'art s'empara des monuments funèbres. Le moyen âge et la Renaissance n'adoptèrent pas de formes particulières pour les tombeaux, qui furent successivement décorés suivant le goût variable des époques. A l'arcade romane et aux ornements byzantins succédèrent l'ogive et les découpures gothiques. Il nous est parvenu beaucoup de monuments funéraires du moyen âge ; on en avait érigé de très-remarquables, entre autres : ceux des comtes de Champagne, Henri Iᵉʳ et Thibaut III, dans l'église St-Étienne de Troyes, mais qui n'existent plus ; ceux des ducs de Bourgogne, Philippe le Hardi et Jean sans Peur, qui se voient encore à Dijon. La Renaissance italienne ramena la finesse des détails de l'art antique, et nous en avons de charmants modèles dans les tombeaux de Louis XII, de François Iᵉʳ, et de Henri II dans l'église abbatiale de St-Denis ; des cardinaux d'Amboise et de Pierre de Brézé dans la cathédrale de Rouen ; du duc de Bretagne François II, dans la cathédrale de Nantes ; de Marguerite de Bourbon, de Philibert le Beau et Marguerite d'Autriche, dans l'église de Brou ; de Charles le Téméraire et de Marie de Bourgogne, à Notre-Dame de Bruges. L'Allemagne vante avec raison le tombeau de S¹ Sébald à Nuremberg, et celui de l'empereur Maximilien I⁰ʳ à Insprück ; l'Italie, les tombeaux de Jules II et des Médicis par Michel-Ange, et celui du pape Alexandre VII par le Bernin. On aimait alors soit à placer l'image couchée du mort sur le sarcophage, soit à accompagner de statues le mausolée, et, tandis que les tombeaux de l'Antiquité ont été surtout des monuments de construction et d'architecture, les mausolées modernes sont plutôt des ouvrages de sculpture. Le xvii⁰ siècle introduisit un nouveau genre de mausolées, composés de la statue du personnage et d'un sarcophage accompagné de statues allégoriques, comme ceux de Colbert, de Mazarin, etc. De nos jours, la forme des édifices funèbres dépend du caprice de l'architecte, de même que la beauté dépend de son talent. Le cimetière du Père La Chaise ou de l'Est, à Paris, en renferme de très-remarquables, parmi lesquels nous citerons ceux d'Héloïse et d'Abailard, de Casimir Périer, de Talma, de Masséna, etc. L'œuvre la plus remarquable est le mausolée de Napoléon I⁰ʳ sous le dôme de l'église des Invalides (V. Mausolée, dans notre *Dictionnaire de Biographie et d'Histoire*). Les architectes modernes emploient avec succès le style ogival pour les tombeaux.

L'architecture musulmane a donné aux tombes des formes diverses ; mais les tombeaux de quelque importance sont couronnés d'une coupole. Les *turbés* ou chapelles funéraires se placent près des mosquées, auxquelles elles ressemblent pour la forme ; elles renferment les corps des fondateurs de la mosquée ; une grille laisse voir le tombeau, recouvert de riches tapis. À la tête du défunt est le turban ; aux pieds brûlent d'énormes cierges, et un grand nombre de lampes éclairent l'intérieur de l'édifice. On élève, en l'honneur des scheiks, des tombes qui deviennent un but de pèlerinage, comme celles qui renferment les corps des saints et qu'on appelle *santons*. Les tombeaux des simples musulmans sont indiqués par une stèle portant inscription et couronnée d'un turban. Dans l'Inde, les tombeaux des princes musulmans sont des édifices considérables, bâtis sur le même plan que les mosquées, et servant de lieu de réunion pour la prière : on en voit un grand nombre à Dehli et à Agra, parmi les plus remarquables nous citerons ceux de l'empereur Chah-Djihan, d'Akbar, et de Hyder-Ali. E. L.

TOMBELLE. V. Tumulus.

TOMBEREAU, ancien instrument de supplice dont on se servait pour plonger dans l'eau les femmes coupables de quelque violence ; — charrette remplie d'ordures ; qui portait les condamnés au dernier supplice.

TOMBOLA (de l'italien *tombolo*, culbute), sorte de loterie dont les lots sont, les uns en objets de valeur, les autres en objets ridicules ou plaisants.

tombola. V. Loto.

TOME (du grec *tomos*, coupe), partie d'un livre assemblée et reliée à part.

TON (en latin *tonus*, en grec *tonos*), terme de Musique. La gamme se compose d'une succession de huit sons différents : la valeur acoustique de l'éloignement qui existe d'un son ou degré le plus voisin se nomme *ton*. Toute gamme est divisée par *tons pleins* ou simplement *tons*, et par *demi-tons*. Les demi-tons se trouvent, dans le mode majeur, entre le 3⁰ et le 4⁰ degré, et entre le 7⁰ et le 8⁰ ; dans le mode mineur, le premier demi-ton est entre le 2⁰ et le 3⁰ degré. Les demi-tons peuvent être déplacés dans le cours de la mélodie par l'emploi des signes accidentels (V. Accidents). La gamme du mode majeur, comme celle du mode mineur, contient une valeur réelle de six tons. — Le mot *ton* désigne aussi le degré de l'échelle musicale que le compositeur choisit pour en faire la base et le point de départ d'un morceau, c.-à-d. pour lui faire prendre le rang de 1⁰ʳ degré : ainsi, un morceau est écrit dans le *ton d'ut*, dans le *ton de fa*, etc. ; la nature de la tierce du ton détermine le mode de ce ton, qui est *majeur* ou *mineur* (V. Mode). La note qui sert de 1⁰ʳ degré est la *tonique ;* celle du 2⁰, la *sustonique ;* du 3⁰, la *médiante ;* du 4⁰, la *sous-dominante ;* du 5⁰, la *dominante ;* du 6⁰, la *sus-dominante ;* du 7⁰, la *ensible ;* du 8⁰, l'*octave.* On attribue d'ordinaire aux tons certains caractères particuliers, qui varient l'expression musicale et ses effets : par exemple, les tons de *ré* et de *mi majeurs* seraient propres à exprimer des sentiments nobles et belliqueux, le ton de *fa mineur* serait lugubre, etc. C'est une erreur qui provient de l'usage des instruments à tempérament, c.-à-d. qui font le dièse et le bémol sur la même touche ou avec le même doigté ; presque toujours, sur ces instruments, certaines gammes

sont rendues plus justes aux dépens des autres : delà l'inégalité réelle des gammes et les effets différents qu'elles produisent sur nous. Mais pour la voix, à quelque degré qu'on prenne la tonique, les rapports des sons restent identiquement les mêmes ; si l'air affecte plus ou moins agréablement notre oreille, c'est qu'il a pour ainsi dire son point d'audition, hors duquel il perd de ses qualités. C'est pour cette raison qu'il est mauvais de transposer à l'orchestre certains morceaux, pour la commodité des chanteurs. On appelle *tons relatifs* ceux dont la gamme présente de l'affinité (V. *ce mot*) avec le *ton principal.* — Dans le Plain-Chant, le mot *ton* a reçu une acception particulière (V. Mode). — *Donner le ton, prendre le ton,* c'est, dans une réunion de musiciens, s'accorder avant de commencer (V. Accord des instruments). B.

TON , degré d'élévation , de gravité ou d'acuité, que prennent les voix ou sur lequel sont montés les instruments. En ce sens on dit que le *ton* d'un piano est trop haut ou *trop bas.*

TON, nom donné aux tubes qu'on ajoute à certains instruments, comme le cor, et dont le développement plus ou moins grand baisse ou hausse le diapason général.

TON , toute inflexion de la parole humaine. En ce sens on dira un *ton suppliant* , un *ton de maître*, le ton *plaisant* , le *ton oratoire*, etc. De là certaines locutions : *prendre un ton, changer de ton, baisser le ton*, etc.

TON , se dit du langage et des manières : le *bon ton ,* le *mauvais ton*, le *ton de la cour*, le *ton des halles*, etc.

TON, en termes de Peinture, exprime la nature des teintes, leurs degrés de force ou d'éclat : un *ton clair*, un *ton vigoureux*, etc.

TON , en termes de Marine, partie du mât comprise entre les barres de hune et le chouquet. Là s'assemblent, par en haut, et au moyen du chouquet, le bout du tenon du mât inférieur avec le mât supérieur ; par en bas, et au moyen d'une cheville de fer appelée *clef*, le pied du mât supérieur avec le tenon du mât inférieur.

TON D'ORGUE. Lorsque l'orgue était accordé d'après les proportions canoniques des longueurs de 32, ou 16, ou 8 pieds pour l'*ut* grave, cet accord constituait le ton d'orgue, et le distinguait du ton de l'orchestre, plus haut d'un demi-ton environ en 1796, et aujourd'hui élevé de plus d'un ton. Les facteurs de nos jours assimilent le diapason de l'orgue à celui de l'orchestre. Autrefois, en Italie, en Espagne et en Portugal, l'orgue était même accordé une tierce mineure au-dessous du ton du diapason moyen.

TON DU QUART, nom qu'on a donné dans la musique d'Église au plagal du mode mineur, qui s'arrête et finit sur la dominante au lieu de tomber sur la tonique. Il vient de ce que telle est la modulation du 4⁰ ton dans le Plain-Chant.

TONS DE CHASSE, petits airs que les piqueurs sonnent sur la trompe pour guider les chiens dans une chasse. Ils sont écrits à 6/8, dans un mouvement vif, et n'ont guère plus de 8 mesures. Ils sont au nombre de 19.

TONADILLA ou TONADILLE, nom qu'on donne en Espagne à une chanson bouffonne ou satirique dont la mesure et le mouvement changent plusieurs fois. On l'a appliqué de nos jours à une espèce de scène théâtrale, assez semblable à notre vaudeville, si ce n'est qu'on y introduit de grands morceaux empruntés aux meilleurs opéras.

TONALITÉ, en termes de Musique, propriété caractéristique d'un *ton* (V. *ce mot*). La tonalité d'un morceau est déterminée par la *note sensible* et l'*accord parfait*, qui établissent le ton et son mode. — On nomme aussi *Tonalités* les diverses manières de combiner les sons et d'en former un système. Chez les Anciens, la tonalité était formulée par les tétracordes ou séries de quatre sons qu'on ajoutait les uns aux autres, et dont la combinaison produisait 15 notes ou échelles tonales. Dans le Plain-Chant, les formules ou intonations de la psalmodie ont été le principe de quatre modes, subdivisés plus tard en huit, et dans lesquels est compris tout le chant du chant ecclésiastique. Dans la musique moderne, il n'y a plus que deux modes, le majeur et le mineur. Chacun des modes, dans chaque tonalité, a son expression propre, qui résulte des rapports et de l'affinité des sons dont il se compose, rapports qu'on ne peut altérer, soit dans la mélodie, soit dans l'accompagnement, sans changer immédiatement la tonalité, et, par conséquent, l'effet particulier du morceau. Il est mauvais, par exemple, d'associer, dans l'accompagnement d'une phrase de Plain-Chant, la tonalité actuelle avec la tonalité ecclésiastique, c.-à-d. d'y introduire des modulations, les modes mineurs ou majeurs, l'attraction d'une note vers l'autre, et toutes les autres combinaisons de l'art moderne. **B.**

TONARIUM, nom que Quintilien donne à la flûte avec laquelle on donnait le ton aux orateurs.

TONDIN (de l'italien *tondino*), en termes d'Architecture, petite baguette ou astragale placée au bas d'une colonne. Dans la facture des orgues, c'est un cylindre de bois dont on se sert pour former et arrondir les tuyaux.

TONGA (Idiome), un des idiomes polynésiens, parlé dans l'île Tonga et dans les îles du même archipel. Il a peu de prépositions, et un seul article, indéclinable comme toutes les autres parties du discours; mais il possède trois nombres pour les verbes et pour les pronoms personnels. La déclinaison compte sept cas; la conjugaison est dépourvue de passif. La prononciation est plus aspirée et moins douce que celle du tahitien.

TONIQUE, en termes de Musique, note sur laquelle le *ton* (*V. ce mot*) est établi, la première de la gamme de ce ton. Tous les airs finissent communément par cette note, surtout à la basse. C'est l'espèce de tierce que porte la tonique qui détermine le *mode* (*V. ce mot*). — Dans le Plain-Chant, il n'y a pas de tonique, parce qu'il n'y a aucune note qui porte plus qu'une autre le sentiment du repos, et qui caractérise ainsi la tonalité. **B.**

TONIQUE (Accent). *V. Accent.*

TONLIEU. *V.* ce mot dans notre *Dictionnaire de Biographie et d'Histoire.*

TONNAGE, capacité d'un navire, nombre de *tonneaux* qu'il peut contenir. On détermine le tonnage au moyen du *jaugeage* (*V. Jaugeurs*), et selon le mode établi par une loi du 12 nivôse an II. — Le *droit de tonnage* ou de *tonnelage* est un droit que tout navire paye à son entrée dans un port, proportionnellement à sa capacité. Ce droit concerne le bâtiment et non la cargaison. En France, il est de 4 fr. 12 c. par tonneau; les navires français en sont exempts, à moins qu'ils ne viennent d'Angleterre, cas auquel ils payent 1 fr. par tonneau, non compris les décimes.

TONNE, unité de poids employée pour l'application du tarif des marchandises qui circulent sur les chemins de fer : elle équivaut à 10 quintaux métriques, ou 1,000 kilog. Dans la Marine, la tonne est le demi-tonneau, environ 500 kilogr.

TONNE D'OR, valeur de 100,000 florins en Hollande, de 100,000 thalers en Allemagne.

TONNEAU, en termes de Marine, capacité de 13 mèt. cubes environ, et poids de 1,000 kilogr.

TONNEAU, coffre de bois élevé sur pieds à la hauteur d'un tonneau, et percé, au-dessus, de plusieurs ouvertures, dans lesquelles on cherche à jeter de loin des palets de cuivre, pour gagner un certain nombre de points. On ne joue guère à ce jeu qu'à la campagne.

TONNELAGE. *V. Tonnage.*

TONNELET. *V. Braconnière.*

TONNELET, vieux mot désignant un vase à boire, en forme de petit tonneau.

TONNELIERS, corporation qui avait pour patron St Nicolas. Antérieure à Louis IX, elle possédait des statuts plusieurs fois confirmés par nos rois. L'apprentissage était de 5 ans; le brevet coûtait 30 livres, et la maitrise 800.

TONNELLE, berceau de verdure; — filet en forme de tonneau ouvert, dont on se sert pour prendre les perdrix.

TONOTECHNIE (du grec *tonos*, ton, air, et *tekhnè*, art), art de noter de la musique sur les cylindres des orgues de Barbarie, des tabatières, pendules et tableaux à musique. Le P. Engramelle a publié une *Tonotechnie* en 1775.

TONSTRINE. *V.* ce mot dans notre *Dictionnaire de Biographie et d'Histoire.*

TONSURE, en latin *tonsura* (de *tondere*, raser, tondre), place de forme orbiculaire sur le derrière de la tête, où les cheveux sont rasés. C'est un signe distinctif des ecclésiastiques. La *tonsure romaine* ou *de St Pierre* est celle qui est généralement adoptée aujourd'hui; mais on distingue encore la *tonsure grecque*, qui s'étend sur toute la tête, et la *tonsure écossaise* ou *de St Paul*, qui va d'une oreille à l'autre sur le devant de la tête. Déjà, dans l'Antiquité, un crâne chauve était considéré comme l'un des signes honorifiques du corps sacerdotal. Ce fut le concile de Tolède, en 633, qui rendit la tonsure obligatoire. La tonsure se confère avant les ordres; généralement on ne peut y être admis avant l'âge de 14 ans : c'est le signe de la prise de l'habit ecclésiastique. D'après le rituel romain, la tonsure du simple tonsuré doit avoir

32 millimèt. de diamètre; celle du minoré, 4 centimèt.; celle du sous-diacre, 4 1/2; celle du diacre, 6; celle du prêtre, 8; celle du pape occupe presque toute la partie antérieure de la tête.

TONTINE, association de personnes qui placent chacune un capital en commun, pour en retirer une rente viagère à une époque déterminée, avec la condition que l'intérêt sera reversible, à chaque décès, sur les survivants. Le nom vient de Lorenzo Tonti, Napolitain qui proposa en 1653 au cardinal Mazarin une opération de ce genre : il s'agissait de faire un emprunt, et d'attirer les prêteurs par l'appât de bénéfices considérables en cas de survie. Mais le Parlement refusa d'enregistrer l'édit du ministre. En 1689, Louis XIV ouvrit une *tontine royale* de 1,400,000 livres de rentes, qui ne finit qu'en 1726. L'État eut encore plusieurs fois recours à ce genre d'emprunt, notamment en 1733 et en 1734; mais, comme on le reconnut trop onéreux, une déclaration du 21 novembre 1763 et un arrêt du Conseil de 1770 l'interdirent pour l'avenir. Les plus célèbres tontines particulières qui aient été fondées en France sont : la *Caisse Lafarge*, autorisée en 1759, supprimée en 1770, ouverte de nouveau en 1791, et la *Compagnie royale d'assurances*, autorisée en 1787. Les calculs de mortalité avaient été si erronés, les promesses de rente si exagérées, et par suite les déceptions si nombreuses, qu'un décret du 25 mars 1809 mit les tontines en gérance, et défendit d'en établir aucune sans autorisation du gouvernement. En 1819, une nouvelle Compagnie tontinière d'assurances sur la vie fut formée à Paris; d'autres ne tardèrent pas à suivre. Ces entreprises sont soumises à la surveillance de l'État, en vertu d'une ordonnance du 12 juin 1842 et d'un décret du 16 janvier 1854. *V. Assurance.*

TONTURE, en termes de Marine, courbure que présente de l'avant à l'arrière le pont d'un bâtiment, et qui fait que le milieu est dans un plan inférieur à celui des extrémités. Le mot vient de l'italien *tondo* (rond, arrondi).

TOPAZE, pierre précieuse d'un jaune brillant, figure symboliquement la sagesse, la chasteté, le mérite des bonnes œuvres. Elle était la 2e pierre du premier rang sur le rational du grand prêtre des Juifs, et portait gravé le nom de Siméon.

TOPES. *V. Tombeaux.*

TOPIARIUM OPUS, expression dont Pline se sert pour désigner une espèce d'ornement de jardinage qui consistait à donner toutes sortes de formes, même d'animaux, aux buissons de certains arbres ou arbustes. — Le mot *topia* signifiait aussi les paysages qu'on peignait sur les murs des appartements.

TOPIQUES, nom que les Anciens donnaient aux traités sur les *lieux communs* (en grec *topoï*) d'où l'on tire des arguments. Nous avons un traité des *Topiques* d'Aristote et un de Cicéron. La *Topique* est l'art de trouver les arguments. La *Topique grammaticale*, distincte de la Topique oratoire, traite de la façon qu'il faut assigner aux mots et aux phrases.

TOPOGRAPHIE (du grec *topos*, lieu, et *graphein*, décrire), description exacte et détaillée d'un lieu particulier, art de décrire un lieu et d'en lever le plan. Il y a, dans le cadastre, des employés chargés de la confection des *cartes topographiques*. Les officiers du génie militaire auxquels appartient cet emploi sont les *ingénieurs-géographes*. On enseigne la Topographie dans les écoles militaires.

TOPOLOGIE, théorie des principes que doit suivre un théologien pour choisir et traiter les arguments qu'il emprunte au texte de la Bible.

TOQUE (en espagnol *toca*; de *tocar*, couvrir), coiffure ronde de drap, de velours ou de soie, quelquefois brodée ou soutachée, et garnie d'un gland ou d'une houppe. On donne le même nom à la coiffure des juges, des avocats, et des membres de l'Université.

TOQUET. *V. Doquet.*

TORCHE (du latin *torquere*, tordre), sorte de flambeau fait avec de la grosse corde enduite de résine ou de cire, ou consistant simplement en un bâton de bois résineux entouré de cire ou de suif. Dans l'Antiquité, la torche était un des attributs de Diane, de Cérès, de Bellone, de l'Hymen et des Furies, ou représentait le Sommeil et la Mort tenant une torche à rebours. On portait des torches dans certaines processions, à la célébration des mariages et des funérailles. Les Modernes ne s'en servent plus que dans certaines cérémonies funèbres, et pour éclairer quelque cortège pendant la nuit. — Dans le service liturgique de l'Église catholique, on nomme *Torches* de longues tiges de bois contenant une souche (*V. ce mot*), et que l'on porte près du Saint-Sacrement à l'autel et dans les processions. B.

TORCHÈRE (de *torche*), vase de fer percé à jour, placé au bout d'un long manche, et dans lequel on met des matières combustibles pour éclairer momentanément les places et rues où l'on fait des réparations; — sorte de guéridon à pied triangulaire, et dont la tige soutient un plateau disposé pour porter un luminaire.

TORCHIER ou TORSIER, chandelier dans lequel on brûlait autrefois des torches, et qu'on plaçait dans le milieu des grandes salles. Il avait quelquefois l'apparence d'une tour de château fort.

TORCHIS, mortier fait de terre franche corroyée avec de la paille ou du foin haché, et employé dans les constructions rurales, soit pour lier les pierres d'un mur, soit pour garnir les panneaux des cloisons. Il se resserre en séchant, et subit les impressions de l'atmosphère, qui le dégradent; aussi lui préfère-t-on le pisé (*V. ce mot*).

TORE (du latin *torus*, corde), grosse moulure ronde qui fait ordinairement partie des bases de colonnes. Le style roman en a fait usage aussi dans les archivoltes, et le style ogival dans les nervures, les meneaux, les trèfles, etc.

TORÉADOR. *V.* TAUREAUX (Combats de).

TORELLAGE, droit que les seigneurs d'autrefois prélevaient sur les *torailles*, lieux où l'on faisait sécher les grains servant à la fabrication de la bière.

TOREUTIQUE, en grec *toreutikê* (de *toreuein*, découper, ciseler, tourner), mot par lequel on entend généralement l'art de travailler en relief le bois, l'ivoire, la pierre, le marbre, et toutes les matières dures. Winckelmann en limitait la signification aux œuvres d'art en argent ou en airain. Pline se sert du mot *Toreutique* pour désigner uniquement l'art du fondeur, et ne l'étend point aux œuvres produites par la sculpture ou par la gravure. Certains auteurs l'ont employé en parlant des figures en relief sur les vases ou sur les pierres taillées. Enfin, il a encore désigné le travail qui consiste à donner avec le ciseau le fini à une statue qui vient d'être fondue. B.

TORIES. *V.* notre *Dictionn. de Biogr. et d'Histoire.*

TORNADAS, dédicaces que les Troubadours mettaient à leurs pièces de vers.

TORNADO, c.-à-d. *tourbillon*, vent violent qui règne aux mois de juillet, d'août et de septembre, sur la côte d'Afrique, depuis le Sénégal jusqu'à l'équateur. Il tient de la nature de la trombe.

TORNEBOUTTE, ancien instrument de musique à vent, en usage en Angleterre. Il avait la forme d'une crosse, était percé de 10 trous, et s'embouchait avec une anche. Il n'était pas sans analogie avec le *cor anglais* (*V. ce mot*).

TORNEYAMEN, c.-à-d. en provençal *tournoiement*, nom qu'on donnait à la Tenson (*V. ce mot*) quand elle avait plus de deux interlocuteurs, parce que chacun avait régulièrement la parole à son tour.

TORQUE, terme de Blason. *V.* BOURRELET.

TORSADE (de *tors*), frange tordue en spirale, dont on orne les rideaux, les tentures, les draperies et certaines coiffures; — petits rouleaux de fils d'or ou d'argent dont sont faites les épaulettes des officiers généraux et des officiers supérieurs; — moulure romane qui imite un câble.

TORSE (de l'italien *torso*, trognon), nom qu'on donne, dans la langue des Beaux-Arts, 1° à la partie du corps humain qu'on nomme encore le *tronc*, 2° à toute statue antique mutilée, dont les membres et la tête ont été brisés. Le fameux *Torse du Belvédère*, qui est au Vatican, et dont une copie est à Paris, à l'École des Beaux-Arts, est regardé comme un fragment d'une statue d'Hercule.

TORSELLUM, nom qu'on donnait anciennement aux orgues composées de deux, trois ou quatre jeux accordés à la quinte ou à l'octave.

TORSIER. *V.* TORCHIER.

TORTILE, terme de Blason. *V.* BOURRELET.

TORTILLIS, espèce de vermoulure qu'on fait avec des outils sur le parement des bossages rustiques.

TORTUE, terme militaire. *V.* notre *Dictionnaire de Biographie et d'Histoire.*

TORTURE (du latin *torquere*, tourmenter), tourment accessoire qu'on faisait autrefois subir aux accusés, avant et après leur condamnation, pour les forcer à avouer leur crime et à révéler leurs complices. Les instruments les plus ordinaires de torture étaient les verges, la roue, le chevalet, les brodequins; ou bien encore on versait une grande quantité d'eau dans la bouche du patient, on lui brûlait les extrémités avec des torches ardentes, on

lui coulait du plomb dans les oreilles, etc. La torture a existé chez tous les peuples anciens. A Sparte, il était défendu de croire aux déclarations d'un esclave, s'il n'avait été mis à la torture. A Athènes, un citoyen ne pouvait y être soumis pour des crimes privés. La torture s'est perpétuée dans la plupart des États de l'Europe jusqu'à la fin du XVIIIe siècle. *V.* QUESTION, dans notre *Dictionnaire de Biographie et d'Histoire.*

TOSCAN (Ordre), le plus simple et le plus solide des cinq Ordres d'architecture. Il doit son origine à d'anciens peuples de Lydie qui vinrent habiter l'Étrurie ou moderne Toscane et y bâtirent des temples. Nous ne pourrions le connaître, si Vitruve, au temps duquel il y avait encore à Rome un temple de Cérès d'architecture toscane, n'en avait laissé une description. La hauteur de la colonne toscane, y compris le chapiteau et la base, était le tiers de la largeur du temple; le diamètre inférieur était égal à la 7e partie de la hauteur, et le fût diminuait du quart de son diamètre inférieur. C'est que qu'on a quelquefois rapporté à l'ordre toscan les colonnes monumentales de Trajan et de Marc-Aurèle à Rome, les édifices de Pæstum, et l'amphithéâtre de Vérone; on n'y retrouve pas les dimensions données par Vitruve. La colonne toscane n'est jamais ornée de cannelures; son chapiteau n'offre que de rares moulures, et la frise ne reçoit point d'ornements. *V.* BASE.

TOSCAN (Art). *V.* ÉTRUSQUE.

TOSCAN (Dialecte), un des dialectes italiens. C'est l'italien le plus pur, et il a eu la principale part dans la formation de la langue classique, en raison de ce que les plus grands poètes et prosateurs du XIVe siècle, où cette langue se forma, étaient tous Florentins ou Toscans. Toutefois, les Toscans reconnaissent qu'ils ne parlent pas le mieux l'italien, dont ils définissent l'idéal « la langue toscane dans une bouche romaine. » Ils donnent à l'*h*, au *c* dur et au *ch* la valeur du *ch* allemand ou de la jota (*j*) espagnole : ainsi, à Florence, on dit *hasa, hamera, hosta,* pour *casa, camera, costa.*

TOSKARIA ou TOSKE (Dialecte). *V.* ALBANAIS.

TOSTAO, monnaie de compte et monnaie d'argent en Portugal. C'est à peu près 0 fr. 60 c.

TOTONAQUE (Idiome). *V.* MEXIQUE (Langues du).

TOUAGE (de l'anglais *to tow*, tirer, attirer), action de *touer* une embarcation, c.-à-d. de la faire avancer en tirant d'un point fixe, à force de bras ou au moyen d'un cabestan, un cordage nommé *touée. V.* au *Supplément.*

TOUAILLE, vieux mot signifiant *serviette.*

TOUAREG ou TOUARIK (Idiome). *V.* BERBÈRE.

TOUCHE, nom donné, dans les instruments de musique à clavier, aux leviers sur lesquels les doigts agissent pour tirer des sons. Les touches destinées aux notes de la gamme naturelle d'*ut* sont blanches; celles destinées aux notes diésées ou bémolisées sont noires. — Dans les instruments à manche à cordes pincées, les touches sont les filets saillants, d'ivoire ou de métal, qui traversent le manche, et où il faut poser les doigts pour obtenir les diverses intonations. — Dans les instruments à archet, la *Touche* est la partie supérieure du manche recouverte en ébène, et sur laquelle les doigts pressent les cordes.

TOUCHE, en termes de Peinture, maniement du pinceau et des couleurs. La touche est *légère, ferme, hardie,* etc.

TOUE, embarcation plate, faite de planches de sapin assemblées avec des chevilles, et dont on se sert comme bac, ou pour le service d'un port, ou pour remonter une rivière avec un chargement de marchandises.

TOUÉE, en termes de Marine, gros câble.

TOUGH. *V.* ce mot dans notre *Dictionnaire de Biographie et d'Histoire.*

TOUGRA. *V.* THOGRA.

TOUL (Cathédrale de). Cette église, qui n'a pas conservé son évêché, est un des beaux édifices religieux de la France. Commencée dans les dernières années du Xe siècle, elle ne fut achevée qu'en 1496. Le portail, dont Jacquemin de Commercy donna les dessins en 1447 et dirigea la construction, est un chef-d'œuvre. Large de 33 mèt., il présente trois portes, dont les voussures sont garnies de niches nombreuses, à bases et à dais élégamment sculptés. Au-dessus de la porte principale, une rose, garnie de vitraux de couleur, est encadrée dans un vaste triangle ogival. Les trois galeries à balustres en feuilles de trèfle qui règnent sur toute la largeur du portail sont d'une élégance sans rivale. Deux tours, d'une hauteur de 76 mèt. environ, ont une couronne découpée à jour, et rappellent la magnifique tour de l'église de St-Ouen à Rouen. L'intérieur de la cathédrale de Toul est d'une excellente architecture : il est peu d'églises du moyen âge où l'ordonnance générale soit plus harmonieuse. Toutes les ouvertures sont en ogives à divisions paires, surmontées de vosaces. La nef principale a 80 mèt. de longueur et 30 mèt. de hauteur, et a deux collatéraux : la voûte en est soutenue de chaque côté par neuf colonnes accompagnées chacune de quatre colonnettes engagées, deux qui supportent les arcs-doubleaux des ogives de la nef, une pour l'ogive transversale des bas côtés, et la quatrième qui se prolonge jusqu'à la grande voûte, au-dessus des fenêtres qui l'éclairent. On a conservé une chaire en pierre, dite de St Gérard, et qui date du xiie siècle. Sur le flanc gauche de l'église est un cloître carré long du xiiie siècle, formant promenoir, et destiné originairement aux processions intérieures : il a 6 divisions parallèles à l'église, et 9 dans l'autre sens; le sol des galeries est de 11 marches plus bas que celui de l'église, et le préau est plus élevé que les galeries de toute la hauteur du soubassement. On remarque sur les murs de ce cloître une suite d'arcatures trilobées, sous chacune desquelles était sculpté un petit bas-relief porté sur une tablette saillante. B.

TOULINE (de l'anglais tow, remorquer, et line, corde), en termes de Marine, cordage au moyen duquel on traîne un bâtiment.

TOULOUSAIN (Dialecte). V. AGÉNAIS.

TOULOUSE (Cathédrale de). Cette église est placée sous l'invocation de St Étienne. La plus ancienne de ses parties est la nef, bâtie au commencement du xiiie siècle par Raymond VI, comte de Toulouse, dont on voit encore les armoiries sculptées sur l'une des clefs de la voûte. On devait construire une nef latérale; mais ce projet fut abandonné : de là, l'irrégularité de la disposition générale. Le chœur, brûlé dans les premières années du xviie siècle, fut reconstruit de 1609 à 1612; il représente le commencement d'une nouvelle église qui n'a pas été continuée, et son axe ne répond pas à celui de la nef. Il a quelques beaux vitraux. Un jubé à bas-reliefs et à arabesques de mauvais goût le sépare de la nef. Le portail est du xve siècle; il a beaucoup souffert des injures du temps, et du vandalisme de la Révolution : on y remarque néanmoins une rose à compartiments nombreux, ciselés avec délicatesse.

TOULOUSE (Église St-Sernin ou St-Saturnin, à), un des monuments les plus intéressants du midi de la France, construit au xie siècle. Cette église est en forme de croix allongée, à deux collatéraux. Des galeries supérieures, soutenues par des colonnes élégantes, donnent à l'ensemble une grâce toute particulière. Le chœur, dont les stalles sculptées sont couvertes de sujets satiriques, et à la voûte duquel on a peint Notre Seigneur entre les symboles des quatre Évangélistes, est bordé de chapelles, qu'on a malheureusement gâtées par des badigeonnages et des dorures de mauvais goût. L'église St-Sernin est une des plus vastes qui existent en style roman : elle mesure, dans l'œuvre, 105 mèt. de longueur et 30 mèt. de hauteur. Le collatéral du midi a deux portails : l'un, précédé par une arcade de la Renaissance, offre des chapiteaux sculptés qui représentent le massacre des Innocents et autres sujets sacrés, dans le goût le plus primitif; l'autre, plus grand et plus moderne, a des chapiteaux où l'on a représenté les sept péchés capitaux. Une crypte a été creusée sous l'église pendant le xive siècle, pour y placer le mausolée de St Saturnin : ce tombeau fut démoli plus tard, et les reliques furent recouvertes du riche, mais peu convenable baldaquin que l'on voit aujourd'hui. Le clocher de l'église St-Saturnin est postérieur aux autres constructions : il repose sur les piliers octogones qui ne sont pas en harmonie avec l'ordonnance générale. V. Roschach, Saint-Sernin, Études d'art et d'histoire, Toulouse, 1862.

TOULOUSE (Église des Jacobins à). Cette église, bâtie vers la fin du xiiie siècle, se compose d'un seul vaisseau divisé en deux nefs par une rangée de longues colonnes posées sur l'axe de ce vaisseau. Des chapelles rayonnent autour de l'abside unique. Sur le flanc septentrional de l'édifice, en avant des travées rayonnantes, s'élève, sur une base épaisse, un grand clocher octogonal, tout en briques, sauf les bandeaux, les gargouilles, les chapiteaux et les pinacles qui sont en pierre, et les colonnettes de la balustrade supérieure qui sont en marbre. Le rez-de-chaussée de ce clocher est seul voûté, à une hauteur de 24m,75; au-dessus de cette voûte, la construction est d'une seule venue, sans voûtes ni planchers. Le 1er étage, compris entre le dessus de la voûte et la corniche du vaisseau, est plus élevé que les autres, et présente, sur

chaque face, des arcades jumelles aveugles; les quatre autres étages, semblables entre eux comme hauteur et comme ordonnance, et en retrait les uns sur les autres, sont ajourés d'arcatures fermées, non par des archivoltes, mais par des imbrications formant des angles droits au sommet. Un escalier à vis accolé au clocher monte jusqu'à la hauteur de la corniche de l'église; de là au sommet de la tour on montait autrefois par des échelles. B.

TOUPET (du latin tufa, touffe), touffe de cheveux qui est en haut du front. Les Tartares se rasent la tête et ne conservent qu'un toupet. Un faux toupet est une petite perruque qui ne couvre que le sommet de la tête et qui se confond avec les cheveux naturels.

TOUPIE (pour turpie; du latin turbo), jouet d'enfant. Il est en bois, en forme de poire, et armé d'une pointe de fer sur laquelle on le fait tourner au moyen d'une corde. La toupie d'Allemagne est creuse, percée d'un côté, ce qui la fait bourdonner en tournant. Le jeu de toupie hollandaise ou de quilles des Indes se compose d'une table divisée en compartiments, dans lesquels sont rangées les quilles qu'on abat avec une toupie. Le sabot est une grosse toupie qu'on fait tourner en la fouettant d'une lanière.

TOUR (du latin turris), construction d'une grande hauteur par rapport à sa base, de forme ronde, ou carrée, ou à pans, dont on flanqua, dès l'antiquité la plus reculée, les murailles des villes et des forteresses. Les tours étaient destinées tout à la fois à protéger les longues lignes des murs et à fournir les moyens de découvrir au loin la contrée environnante. Les parties basses servaient de magasins ou de prisons : pendant la période romane, on les fit pleines, ce qui avait l'inconvénient de ne laisser à l'assiégé que le sommet des tours pour se défendre, et de livrer tous les soubassements aux mineurs ou pionniers ennemis. Au moyen âge les tours isolées étaient fort en usage pour la défense d'un défilé ou d'une position quelconque. Dans notre siècle, on a appelé tours maximiliennes, du nom de l'archiduc d'Autriche Maximilien de Modène, des ouvrages murés et isolés, et protégés par un fossé; on les a employées pour la première fois à la défense de Lintz. La tour se compose d'un rez-de-chaussée surmonté de deux étages et d'une plate-forme, dont les plafonds sont voûtés et à l'abri de la bombe, le tout haut de 11 mèt. ; la plate-forme est munie d'un parapet circulaire, et on y place des bouches à feu montées de manière qu'on puisse en diriger dix à la fois sur le même point; les deux étages sont également disposés pour recevoir du canon ; l'étage inférieur loge la garnison, forte de 150 hommes, et les munitions et provisions sont placées au rez-de-chaussée.

TOUR, sorte d'armoire ronde et tournante, placée dans l'épaisseur du mur des couvents de femmes ou des hospices d'enfants trouvés, et qui sert à faire passer ce qui vient du dehors, sans avoir besoin d'ouvrir la porte et sans être vu. La sœur chargée du service du tour est appelée tourière. — Les tours d'hospices, destinés à recevoir les enfants abandonnés, ont existé dans quelques localités avant d'avoir été légalement établis par un décret de 1811. La multiplication de ces tours est un encouragement à l'exposition des enfants, et à l'oubli des devoirs de famille. V. Hamel, Des enfants trouvés et du danger de la suppression des tours, Paris, 1838; Vaudoré, De la suppression des tours pour les enfants, ibid., 1838; d'Herbigny, Du tour des enfants trouvés, Bordeaux, 1839; Aug. Nicolas, Du tour des enfants trouvés, ibid., 1839; Perrot, Considérations sur la suppression des tours d'enfants trouvés, Paris, 1840; Nepveur, De la suppression des tours, Rouen, 1848.

TOUR ou ROC, pièce du jeu d'échecs qui se place de chaque côté et à l'extrémité de l'échiquier. Elle marche toujours en carré.

TOUR A PORTRAIT, machine au moyen de laquelle on reproduit un bas-relief ou une médaille sur métal, sur ivoire, ou sur toute autre substance convenable. Le tour à portrait se compose essentiellement d'une pointe émoussée, entraînée par un mouvement très-lent sur tous les points du modèle à copier, et qu'un ressort ou un poids force à pénétrer dans toutes les cavités qu'elle rencontre; et d'une pointe coupante, qui suit tous les mouvements de la première, et qui les reproduit sur une échelle égale, ou plus grande, ou plus petite. Quand la pointe émoussée s'enfonce dans une cavité de l'original, la pointe coupante creuse de la même manière la matière à tailler; lorsque la première est sur une saillie, la seconde entame la matière moins profondément. Des tours à portrait ont été construits de manière à donner bosse pour creux, et creux pour bosse; par leur moyen, une médaille peut donner un cachet.

TOUR DE BATAILLE, nom donné à des tours de bois dressées sur des chariots, et qui, dans l'Orient, surtout en Perse, faisaient partie de l'attirail de guerre. Cyrus en avait à la bataille de Thymbrée : elles étaient hautes de 15 pieds (4m,64); chacune contenait 20 archers; 8 paires de bœufs la traînaient. Elles furent rangées derrière l'infanterie, et les archers, se trouvant élevés à 8 ou 9 pieds au-dessus de la phalange, tiraient avantageusement sur l'ennemi par-dessus la tête des phalangistes.

TOUR D'ÉGLISE. V. CLOCHER.

TOUR DE LONDRES. V. LONDRES, dans notre Dictionnaire de Biographie et d'Histoire.

TOUR DE PORCELAINE. V. NANKIN.

TOUR DE SIÉGE, tour en bois, portée sur des roulettes, et qu'on garnissait de soldats, qui, poussés près d'une place assiégée, s'élançaient sur le rempart. On en fit usage dans l'Antiquité et au moyen âge.

TOUR DES VENTS. V. VENTS.

TOURS PENCHÉES. La plus célèbre des constructions de ce genre est le Campanile de Pisé, commencé en 1174 par Guillaume d'Inspruck et Buonanno de Pise, et terminé vers le milieu du XIVe siècle par Thomas de Pise. Il est cylindrique, haut de 56 mèt., et orné extérieurement d'une profusion de bas-reliefs et de statues; sur lui s'enroulent 207 colonnes formant sept étages, et dont les ordres ont été alternés avec goût; son diamètre est de 17 mèt. Son inclinaison est telle que, si l'on descend un fil à plomb du sommet, il s'écarte de 4 mèt. de la base. Cette inclinaison effrayante, qui ne paraît cependant avoir altéré en rien la solidité du monument, provient, suivant toute probabilité, d'un tassement inégal dans les fondations. La tour de Pise, construite tout en marbre, sert de clocher à la cathédrale, et contient 7 cloches; on monte à sa plate-forme à l'aide d'un escalier de 330 degrés. C'est là que Galilée fit ses célèbres expériences sur les lois de la gravitation. — Bologne possède deux tours penchées : la tour Asinelli, bâtie vers 1100 par la famille Asinelli, est haute de 102 mèt. et a une déviation de 4m,55; la tour Garisenda, bâtie en 1110 par Filippo et Odo Garisenda, n'a guère plus de 40 mèt. d'élévation, et incline de près de 3 mèt. B.

TOURBIÈRES. Elles ne peuvent être exploitées que par le propriétaire du fonds où elles se trouvent, ou avec son consentement. Il faut aussi, sous peine d'une amende de 100 fr., avoir obtenu une autorisation préfectorale. Les règles relatives à la police des mines sont applicables aux tourbières. Les contrevenants aux règlements d'administration publique sur l'exploitation sont contraints à cesser leurs travaux. Les habitants d'une commune ne peuvent se partager les tourbières communales, ni vendre celles dont ils jouissent en commun (Décret du 12 frimaire an XIII, Lois du 21 août 1810 et du 20 mars 1813).

TOURELLE, petite tour, le plus souvent en encorbellement, placée aux angles d'une construction. La tourelle est pour les Allemands ce qu'est le balcon pour les Italiens : mais le balcon est à découvert, tandis que la tourelle est fermée. Dans beaucoup de monuments, les tourelles renferment des escaliers.

TOURIE, grosse bouteille de grès, entourée de paille ou d'osier.

TOURIÈRE. V. TOUR.

TOURILLON, petite tour accolée à une plus grande.

TOURMENTIN. V. FOC.

TOURNAI (Église NOTRE-DAME, à). Cette église cathédrale est une des plus importantes que possède la Belgique, et peut-être la plus remarquable sous le rapport de l'art et de l'antiquité. On pense que la construction en fut commencée vers le XIe siècle, c.-à-d. en style roman; les portails latéraux de la seconde moitié du XIIe. Le chœur, incendié en 1213, fut reconstruit en 1242; il est d'architecture ogivale. La nef centrale, d'abord couverte d'un plafond, n'a été voûtée qu'en 1777. Le grand portail est un ouvrage conçu dans le mauvais goût du XVIIe siècle, lié à gauche avec la Bibliothèque et un établissement de vieux prêtres, à droite avec les bâtiments de l'archevêché. Il se compose d'un péristyle en avant-corps, à arcades ogivales d'inégale ouverture; au-dessus et en arrière, un oculus s'ouvre entre deux tourelles romanes à toit d'ardoise, et est surmonté d'un pignon. Quatre tours s'élèvent dans les angles des transepts : elles sont percées de plusieurs étages de croisées, toutes à plein cintre dans l'une, mais alternant avec l'ogive dans les trois autres, et supportent des toits élancés en ardoise. Les tours placées à l'occident des transepts sont portées par des piliers, et les autres sur des murs pleins avec voûtes de décharge. Au centre des transepts est un cinquième clocher. Les transepts sont terminés en abside. — La cathédrale de Tournai est à trois nefs : elle a 125m,50 de longueur, porche compris, 24 mèt. de largeur (67m,25 au transept), 23m,75 de hauteur. Les arcades romanes de la nef centrale reposent sur des piliers courts et trapus : au-dessus du rez-de-chaussée est un second rang d'arcades, formant une galerie qui règne au-dessus des collatéraux. Celle-ci supporte à son tour un triforium, surmonté lui-même de fenêtres à plein cintre. Dans les transepts, les colonnes sont très-élancées au rez-de-chaussée, plus courtes à la galerie; elles sont à cintre surhaussé. Chaque transept est composé d'une abside, à laquelle les faces opposées de deux clochers servent de parois, et d'une troisième partie qui sert d'entrée aux collatéraux du chœur, et de sortie aux collatéraux de la nef. La lanterne qui est au-dessous du clocher central s'élève à une hauteur de 48m,50. Le collatéral de droite de la nef, destiné dans le principe aux hommes, est plus large et plus haut que celui de gauche. Le chœur, avec la légèreté de ses colonnettes élancées et ses grandes fenêtres ogivales, forme un heureux contraste avec la sévérité de la nef; il en est séparé par un jubé en marbre blanc et noir, percé de trois arcades à plein cintre, et dont les archivoltes retombent sur des colonnes de marbre de couleur. Ce jubé, élevé en 1566 par Corneille de Vriendt ou Floris, est surmonté d'un St Michel terrassant le démon, groupe en bronze exécuté par Lecreux, artiste de Tournai. Le chœur a perdu ses belles stalles du XVe siècle, et n'a que des verrières modernes peintes par Capronnier. A gauche du maître-autel est une châsse de St Éleuthère, remarquable travail d'orfèvrerie qui porte la date de 1247. V. Le Maistre d'Anstaing, Histoire de la cathédrale de Tournai, 2 vol. in-8o; Capronnier, De Keghel, etc., Vitraux de la cathédrale de Tournai, in-fol. B.

TOURNEBRIDE. V. ce mot dans notre Dictionnaire de Biographie et d'Histoire.

TOURNELLE (La). V. PARLEMENT, dans notre Dictionnaire de Biographie et d'Histoire.

TOURNEVIRE, cordage roulé autour d'un cabestan, dont on fait usage sur les navires pour élever les ancres et autres corps pesants.

TOURNIQUET, croix de bois ou de fer, posée horizontalement sur un pivot dans une rue ou un chemin, pour ne laisser passer que des gens à pied et qu'une personne à la fois.

TOURNIQUET, disque autour duquel sont marqués des numéros, et portant au milieu un piton avec une aiguille de fer ou de baleine. On le fait tourner, et le chiffre où l'aiguille s'arrête indique la perte ou le gain.

TOURNIQUET, poutre garnie de pointes de fer qu'on place dans une brèche, pour disputer le passage à l'ennemi.

TOURNIQUET, rouleau de bois tournant autour d'un axe, qu'on place près des mâts ou des pompes d'un navire dans la direction des cordages, pour subir le frottement de ceux-ci quand on les manœuvre.

TOURNISSE, terme de Charpenterie, nom donné aux poteaux qui servent de remplissage dans les jouées de lucarnes, dans les cloisons où il y a des décharges, des croix de St André, etc.

TOURNOIR, vieux mot signifiant tournebroche.

TOURNOIS. V. ce mot dans notre Dictionnaire de Biographie et d'Histoire.

TOURNUS (Église de), dans le département de Saône-et-Loire. Cette église, ancienne abbatiale de Bénédictins, et placée sous l'invocation de St Philibert, fut commencée vers 960, et consacrée en 1019; les tours doivent avoir été terminées dans le XIIe siècle, et les chapelles latérales de la nef aux XIIIe et XIVe; le portail est d'une mauvaise construction du XVIIe ou du XVIIIe. La tour de gauche de ce portail a quatre étages : le 1er, sans ouvertures, est couronné par un cordon à dents de scie; le 2e et le 3e présentent chacun quatre fenêtres inscrites dans deux autres plus grandes et à plein cintre; le 4e est percé de trois fenêtres dont les archivoltes découpées de contre-arcatures reposent sur des colonnes très-ornées, quelquefois torses. A chaque angle de la tour sont des figures de Saints grossièrement sculptées. La tour de droite est semblable, sauf qu'elle n'a que trois étages. Entre les deux tours et au-dessus du portail, on remarque un assommoir en saillie, porté sur des mâchicoulis, et servant autrefois à défendre l'entrée de l'église. Un troisième clocher, également carré, s'élève au point d'intersection de la nef et du transept : il est à deux étages, dont le premier offre, sur chaque face, une arcature composée de six cintres égaux, et le second est percé de trois fenêtres polylobées. A l'extérieur du chœur, une rangée de losanges, surmontés de triangles rouges incrustés dans la pierre, règne au-dessus des fenêtres. L'église est précédée d'un vestibule ou narthex, long de 18m,70, large de 13m,65, divisé en trois nefs par deux rangs de piliers très-bas, d'un diamètre de 2m,60, terminés, au lieu de chapiteau, par un gros tore, et qui soutiennent une voûte d'arêtes cintrée : au-dessus de ce vestibule est une vaste salle, dont la voûte, également soutenue sur de gros piliers ronds, atteint la hauteur de celle de la nef. Le vestibule donne accès par trois portes dans l'intérieur de l'église, qui a la forme d'une croix latine, et 75 mèt. de long (y compris le vestibule) sur 13m,50 de large, et 17m,85 de hauteur. La nef est accompagnée de deux collatéraux; on y voit huit piliers analogues à ceux du narthex, mais plus élevés (9m,30 au lieu de 7 mèt.) et d'un moindre diamètre (1m,35). De leurs chapiteaux, espèces de pyramides tronquées dont les angles sont abattus, s'élèvent des colonnes engagées, qui reçoivent les arcs-doubleaux de la maîtresse voûte. Celle-ci se compose d'une série de voûtes en berceau transversales; les bas côtés sont des voûtes d'arêtes, et tournent autour du chœur. Toutes les fenêtres sont étroites, petites, cintrées et sans aucune décoration. Les piliers des transepts sont renforcés d'un massif carré. Le collatéral de gauche a été élargi pour recevoir une rangée de chapelles ogivales; le transept du même côté est terminé par une grande chapelle avec son abside. Un mur sépare du transept les collatéraux : il est percé, à droite, d'une porte cintrée, et, à gauche, d'une porte ogivale. La coupole ovoïde qui s'élève au centre de la croisée est une des plus élégantes qu'on ait faites en France durant le moyen âge : à sa base elle est décorée d'arcades bouchées retombant sur des colonnes à chapiteaux historiés. Les arcades du chœur, qui ont été bouchées, étaient fermées autrefois au moyen d'un grille en fer ouvragé. L'abside se termine par trois chapelles à pans qui ne servent plus au culte. Sous le chœur règne une crypte accompagnée de cinq chapelles, et divisée en trois nefs par deux rangs de petites colonnes cylindriques.

TOURS (Église St-GATIEN, à). Deux églises, fondées, l'une au temps de l'empereur Constantin par l'évêque Lidoire, l'autre au VIe siècle par St Grégoire, l'historien des Francs, et toutes deux sous l'invocation de St Maurice et de ses compagnons, précédèrent l'église métropolitaine actuelle de Tours, dont la première pierre fut posée en 1170. Après avoir été poussée pendant quelque temps avec vigueur, la construction de ce monument fut suspendue ; on la continua plus tard avec lenteur, et on y travaillait encore en 1547. Néanmoins un heureux accord règne entre toutes les parties. Ce fut la confrérie de St-Gatien qui acheva les travaux, et l'édifice prit le vocable de ce saint. Quelques parties peu importantes de la cathédrale de Tours proviennent, non pas de la basilique de St Grégoire, mais de constructions faites au XIe siècle pour la soutenir ou l'agrandir : ce sont quelques arcades romano-byzantines, à la base des deux tours du grand portail. L'abside, le chœur et les chapelles absidales, qui sont la plus belle partie du monument, appartiennent au style primitif ; le transept et deux travées de la nef, au style secondaire ; le reste de la nef, ses chapelles, le portail, au style tertiaire. Un clocher en bois avait été élevé en 1377 au-dessus de l'intersection de la nef et du transept ; il fut détruit par la foudre en 1425. Peu de temps après, un certain Guillaume Rufus ou Leroux exécuta la charpente des grands combles. La partie supérieure des tours fut bâtie pendant la période de la Renaissance : elles reçurent leur couronnement, l'une en 1507, l'autre en 1547 ; leur hauteur est de 70 mèt.

La cathédrale de Tours est en forme de croix latine, avec déviation très-sensible dans son axe longitudinal (V. AXE). Elle a 100 mèt. de longueur, 30 mèt. de largeur (46 à la croisée), et 28 mèt. de hauteur sous voûte : elle ne peut être comparée à certaines autres églises gothiques pour l'étendue des proportions, mais elle ne le cède à aucune pour la pureté du style, l'harmonie des lignes, la symétrie dans la disposition des masses, l'ordonnance pittoresque et l'élégance des détails. La façade occidentale est complète : trois portails sont chargés de ces ciselures fines et délicates qui caractérisent l'art du XVIe siècle, et surmontées de frontons pyramidaux découpés à jour ; mais les niches sont vides

de leurs statues, et bon nombre de bas-reliefs ont été dégradés par le vandalisme révolutionnaire. Quatre contre-forts, couverts de panneaux et de crosses végétales, s'élèvent jusqu'au sommet de la façade, et la divisent en trois parties : au milieu se déploie une belle rose. Au point où les tours ogivales se terminent d'ordinaire, reposent deux pyramides, tronquées à leur extrémité, et couronnées par une coupole hémisphérique; de la base au sommet, elles sont couvertes d'ornements; ce qui faisait dire à Henri IV : « Voilà deux beaux bijoux, il n'y manque que des étuis. » Dans tout le pourtour de l'édifice, les contre-forts et les arcs-boutants, surtout vers la région de l'abside, dessinent une charmante perspective.

— L'intérieur de la cathédrale de Tours est d'un effet très-remarquable. Rien de plus achevé que le chevet, dont l'ordonnance première n'a jamais subi d'altération : ses arcades, légèrement surélevées, lui communiquent un élancement qui étonne ; les chapiteaux à feuillages et à volutes des colonnes groupées sont d'une grâce exquise ; des galeries à jour, composées de trèfles, de quatre-feuilles, de rosaces, et les fenêtres encore garnies de leurs vitraux du XIIIe siècle, forment une merveilleuse décoration ; les voûtes, d'une construction savante, présentent des nervures toriques et des clefs sculptées. Les chapelles absidales sont disposées avec art et avec goût autour du chevet. Aux extrémités du transept brillent deux splendides rosaces, qu'on doit ranger parmi les plus extraordinaires productions de ce genre. La grande nef paraît un peu étroite par rapport au corps général de l'édifice ; les colonnes y conservent les mêmes proportions qu'au chœur et au transept, mais les chapiteaux sont remplacés par de simples feuillages ; les galeries et les fenêtres présentent les nombreux compartiments du style ogival flamboyant ; les voûtes, appuyées sur des arceaux prismatiques, sont embellies de clefs portant les armoiries de St Maurice, des papes et des évêques bienfaiteurs de l'œuvre, et, à leur sommet, une chaîne de feuillages s'étend d'une extrémité à l'autre. Une chapelle contient le tombeau en marbre blanc de deux enfants de Charles VIII et d'Anne de Bretagne, sculpté par les frères Lejuste, et restauré en 1825. V. Manceau et Bourassé, *Verrières du chœur de l'église métropolitaine de Tours*, 1849, in-fol.
B.

TOURS (Église St-JULIEN, à), ancienne abbatiale, construite dans la première moitié du XIIIe siècle, sauf la tour, qui provient d'un édifice antérieur. Cette tour carrée, haute de 25 mèt. seulement, supportait autrefois une pyramide en charpente, qu'on a abattue pendant la Révolution. Elle est soutenue par d'épais contre-forts d'angle, et ornée, sur chaque face, de deux étages de fenêtres à plein cintre : les fenêtres, primitivement ouvertes à l'Orient, ont été fermées au moment de la construction du nouvel édifice. L'église St-Julien a 46m,85 de longueur, 20 mèt. de largeur (dont 9m,90 pour la grande nef), 21 mèt. de hauteur sous voûte à la nef majeure, 9 mèt. aux nefs mineures. Le transept a 30 mèt. de longueur, et 8m,20 de largeur. Il y a deux collatéraux jusqu'aux branches du transept, et quatre dans la partie absidale, qui se termine par une muraille droite. Les chapelles établies en prolongement des collatéraux n'appartiennent pas au plan primitif, et furent ajoutées pendant le XVIe siècle. Les piliers de la nef majeure sont cantonnés de quatre colonnes, et surmontés de chapiteaux à feuilles recourbées ; ceux de la région absidale sont arrondis en forme de colonnes monocylindriques. On compte de chaque côté de la nef neuf arcades qui correspondent à autant de travées. La paroi du croisillon méridional, et la muraille qui suit le collatéral du même côté, sont ornées d'une série d'arcatures ; disposition qui ne se répète pas du côté opposé. Les galeries qui circulent tout autour de l'église s'ouvrent par de larges arceaux trilobés, dont la cintre repose sur une légère colonnette. Le triforium n'est pas transparent, parce que les rampants des toits des nefs mineures viennent buter au niveau de la partie inférieure des fenêtres principales. Les colonnettes de la galerie du fond du transept méridional sont appuyées sur des figures bizarres, idée peu commune et dont on trouve une autre application dans la cathédrale de Nevers. Le transept méridional est terminé par une rose, celui du nord par deux fenêtres à lancette. Une immense fenêtre, d'une très-belle construction, mais sans vitraux de couleur, est percée dans le mur de l'abside. Les voûtes de l'église St-Julien sont d'une exécution parfaite : seulement, toutes celles des nefs mineures ne sont pas ornées de pierres d'appareil, mais de libages revêtus d'un enduit sur lequel on a simulé les appareils avec de larges traits. La charpente des combles, en bois de chêne blanc, offre un grand intérêt. *V.* Manceau et Bourassé, *Notice sur l'église S*ᵗ*-Julien de Tours*, 1840, in-8º.　　　　　　　　　　　　　　　B.

TOURTEAU, en termes de Blason, même figure que le Besant (*V. ce mot*) ; seulement, le tourteau est toujours de couleur. Les tourteaux ont reçu différents noms selon leur couleur : on appelle *agoesses* ceux de sable, *gulpes* ceux de pourpre, *guses* ceux de gueules, *heurtes* ceux d'azur, *volets* ceux de sinople.

TOUTES TABLES (Jeu de). *V.* Trictrac.

TRABANS (de l'allemand *traben*, trotter,) anciens soldats des régiments suisses, vêtus à l'espagnole, armés d'une hallebarde et d'un estoc, et dont les fonctions étaient d'accompagner le capitaine et de le défendre.

TRABÉE, toge romaine. *V.* notre *Dictionnaire de Biographie et d'Histoire.*

TRABUCAIRES, soldats espagnols armés du *trabuco*. Le mot a été appliqué spécialement à des bandits qui infestèrent la Catalogne il y a trente ans.

TRABUCO. *V.* Espingole.

TRADITION (du latin *tradere*, livrer), en termes de Droit, action de livrer une chose à quelqu'un. Autrefois, la tradition réelle était nécessaire pour transférer la propriété, et, tant qu'elle n'était pas effectuée, le vendeur était encore maître de vendre et de transmettre à un autre l'objet déjà vendu. Le *Code Napoléon* (art. 1138) établit, au contraire, que l'obligation de livrer une chose est parfaite par le seul consentement des parties; il n'y a d'exception que pour les choses mobilières, dont la tradition s'effectue par la remise réelle ou par la remise des clefs des bâtiments qui les contiennent (art. 1606). La tradition des droits incorporels se fait par la remise des titres, ou par l'usage que l'acquéreur en fait du consentement du vendeur.

TRADITION, récit transmis oralement de génération en génération, et ce mode même de transmission. Avant l'invention de l'écriture, la tradition orale était le seul moyen de conserver le souvenir des événements, et c'est à cette source que puisèrent les premiers historiens. A défaut de preuves écrites et de monuments commémoratifs, la tradition peut fournir des renseignements utiles, mais à la condition d'être contrôlée par la critique; car elle est d'autant plus enveloppée de mythes et d'obscurités qu'elle remonte plus haut dans le temps. — Par *tradition*, l'Église catholique entend la parole non écrite de Jésus-Christ, c.-à-d. ses enseignements transmis oralement par les Apôtres, conservés par les Pères et par les évêques, qui, avec l'assistance du Saint-Esprit, se les transmettent fidèlement les uns aux autres; elle attribue à cette tradition une autorité divine, et en fait une des bases de ses dogmes. Les Protestants n'admettent la tradition comme fondement d'une vérité religieuse qu'autant qu'elle est confirmée par quelque passage de l'Évangile; ils ont cependant conservé plusieurs des usages qu'elle consacre.

TRADUCIANISME (du latin *traducere*, transmettre), doctrine suivant laquelle l'âme des parents est transmise par la génération dans le corps de l'enfant naissant.

TRADUCTION (du latin *traducere*, transmettre), action de faire passer un ouvrage d'une langue dans une autre. La première et la plus essentielle condition que doive remplir un traducteur est de se pénétrer profondément de l'esprit de l'ouvrage qu'il veut faire passer dans sa langue maternelle, et d'en rendre fidèlement le ton général, les idées partielles, et par suite d'en reproduire autant que possible le style. Dans le détail, il ne doit s'attacher à l'exacte reproduction des mots et des expressions qu'autant que cette fidélité pour ainsi dire matérielle ne blesse pas le génie et les habitudes de la langue dans laquelle il traduit. Il en est d'une traduction comme de la justice : on doit s'y garder de tout excès ; rien de plus infidèle qu'une extrême fidélité. Maintes fois une expression, dans l'original, est forte, hardie, ou élevée, et celle de la langue du traducteur qui y correspond directement est faible, ou étrange, ou basse ; une image vive, brillante, naturelle, en latin ou en allemand, est extraordinaire ou triviale en français; une période harmonieuse et expressive, si on veut la calquer de trop près, peut devenir languissante et raboteuse, parce que les deux langues n'ont pas le même génie, et que la construction des phrases obéit dans l'une et dans l'autre à des lois nécessairement différentes. Il faut donc, dans ces divers cas, recourir à des équivalents, se borner à conserver le fond de la pensée, le sens de chaque membre de phrase, rendre l'ensemble d'une manière conforme au caractère de notre langue, et ne pas s'exposer à re-

buter le lecteur par une étrangeté qui dans son esprit ne se distingue pas de l'obscurité. Chaque écrivain doit aussi être rendu avec la physionomie qui le caractérise : une traduction d'Homère et de Démosthène ne saurait être faite d'après les mêmes principes qu'une traduction de Lucien et de Sᵗ Jean Chrysostome ; la fécondité ingénieuse, mais souvent diffuse, d'Ovide doit reparaître sous la plume d'un habile traducteur, qui ne saurait, sans ridicule, adapter ses phrases procédés au style âpre et vigoureux de Lucrèce, à la précision forte et brillante de Virgile ; il ne tombera pas dans la faute grave du prince Lebrun, qui a traduit du même ton l'*Iliade* et la *Jérusalem délivrée.* Au reste, quoi que l'on fasse, une traduction est toujours, dans son ensemble, inférieure à l'original, elle ne peut donner d'un auteur étranger qu'une idée superficielle ; pour le connaître de près et à fond, il faut recourir à son texte, le lire dans sa langue. Il n'y a d'exception à ce sujet que pour les écrivains qui n'ont point d'originalité ou de talent sérieux, ou qui ont écrit dans une langue en décadence : souvent un habile traducteur donne à leurs ouvrages un cachet distingué et brillant, seul capable de les rendre lisibles; c'est ce qu'a fait souvent avec un remarquable bonheur Augustin Thierry pour les chroniques mérovingiennes. Sans doute une semblable *traduction* est *trahison*, selon le proverbe italien (*traduttore traditore*); mais du moins la trahison profite à l'auteur original, et ne lui fait pas le tort que la sèche et lourde prose de Larcher, par exemple, fait au coloris naïf et gracieux des récits d'Hérodote.

Quand on commence l'étude d'une langue, il faut s'astreindre pour la traduction à un double travail : d'abord reconnaître le sens de chaque mot et de chaque phrase, et les rendre, comme on dit, *littéralement*; puis, s'assimiler la pensée, et donner à la phrase originale le tour qu'elle aurait eu naturellement dans la langue du traducteur, si la pensée lui en avait appartenu. Dans les écoles, ce double travail se fait le plus souvent de vive voix après une préparation préalable; quelquefois aussi on s'aide de traductions imprimées, présentant d'une part le texte original et en regard la traduction française définitive, d'autre part les mots ou groupes de mots traduits exactement par les mots correspondants sans aucun souci de l'élégance, enfin des notes philologiques ou archéologiques destinées à lever les difficultés que la traduction ne suffit pas à résoudre, et qui ont besoin d'être éclaircies par des explications spéciales.

La traduction d'un morceau détaché en une autre langue s'appelle *Version*, si cette langue est la maternelle ; *Thème*, si c'est une langue étrangère. Ces mots sont surtout usités pour les exercices scolaires. *V.* Thème, Version.　　　　　　　　　　　　　　　　　　P.

TRAGÉDIE, l'un des deux genres principaux de composition dramatique, celui où l'on met en scène une action héroïque capable de provoquer la pitié, la terreur, l'admiration. Peindre l'homme aux prises avec une implacable destinée, avec les grandes douleurs, avec ses passions les plus fortes, tel est le but du poëte tragique ; et, pour peu que ses peintures soient vraies, il n'y a pas d'œuvre qui puisse offrir plus de charme, exciter un plus vif intérêt ; car, au plaisir instinctif que produit en nous toute imitation fidèle de la nature, s'ajoute ici la sympathie que nous éprouvons pour nos semblables. Aristote, Horace et Boileau ont établi dans leurs *Poétiques* les règles de la tragédie : mais si, parmi ces règles, les unes, fondées sur la raison et le goût, sont imprescriptibles et éternelles, les autres ne semblent reposer que sur la tradition et la convention, et sont par là même fort contestables. Ainsi, il est conforme au bon sens (Boileau, *Art poétique*, ch. iii) que

. . . . la passion émue
Aille chercher le cœur, l'échauffe et le remue,

parce que, selon le mot de Rousseau, singulièrement expressif par son exagération même et son air paradoxal, il n'y a que la raison qui ne soit bonne à rien sur la scène, et que l'impassibilité stoïcienne d'un Caton serait fort peu tragique. De même, il est, dans les convenances du genre que la tragédie, qui est, après l'épopée, la forme la plus digne et la plus belle de l'inspiration littéraire, emprunte à la poésie son langage; que le sujet s'explique dès les premiers vers; que le trouble croisse de scène en scène, et que l'intrigue se débrouille, tout à coup et sans peine, au moment voulu; que les personnages, s'ils sont connus d'avance, conservent le caractère que l'histoire ou la légende leur attribue; qu'ils soient, jusqu'au bout, tels qu'on les a vus d'abord; que chaque passion parle son langage propre et conforme à la nature. Ces préceptes ne sont que les inspirations du sens commun. Mais la raison n'oblige nullement à croire que la règle des trois unités (V. UNITÉS), à laquelle se sont péniblement asservis les tragiques français, soit légitimement obligatoire.

TRAGÉDIE CHEZ LES ANCIENS.

I. *Tragédie chez les Grecs*. — La tragédie prit naissance en Grèce, dans les fêtes de Bacchus. Chaque année, on chantait à Athènes un dithyrambe (V. ce mot) en l'honneur de ce Dieu mis en pièces par les Titans : un chorège (V. ce mot) rapportait quelque partie de la légende religieuse, tandis qu'un chœur de cinquante personnes hurlait en tournant autour d'un autel où l'on immolait un bouc. De là vint le mot *tragédie* (du grec *tragos*, bouc, et *ôdè*, chant), qui veut *chant du bouc*. Selon quelques-uns, les personnages du chœur se déguisaient en Satyres, avec des jambes et des barbes de bouc, pour figurer le cortège habituel de Bacchus. L'auteur du plus beau dithyrambe obtenait en récompense un bœuf, et non pas un bouc, comme l'ont dit Horace et Boileau. Thespis semble avoir, le premier, mis en action, en *drame* (*drama*), la légende, qui, jusque-là, n'était qu'un simple récit : le chœur suivit son rôle, mais non plus d'une façon continue ; de temps en temps un personnage s'en détachait et parlait seul, soit pour répondre aux cris du chœur, soit pour le provoquer à de nouveaux chants. Une seconde et plus importante innovation de Thespis fut de prendre quelquefois le sujet de ses drames en dehors de la légende consacrée, et d'émanciper la tragédie du cercle où la renfermait la religion : c'est ainsi qu'on lui attribue une *Alceste*. De ce jour, la tragédie, telle que nous la concevons aujourd'hui, était au moins ébauchée ; seulement le chœur la remplissait encore presque tout entière. Il appartenait aux successeurs de Thespis de réduire l'élément chorégraphique et musical, et de développer au contraire l'action proprement dite.

Eschyle, qu'on regarde comme le père de la tragédie grecque, a eu de glorieux prédécesseurs. Phrynichus, qui introduisit sur le théâtre les personnages de femmes, avait, dans l'une de ses œuvres intitulée *la Prise de Milet*, peint sous de vives couleurs si vives les malheurs de cette cité, qu'il fut mis à l'amende pour avoir réveillé trop fortement le souvenir d'une calamité nationale. En revanche, il conquit une grande popularité avec ses *Phéniciennes*, où il exposait, comme Eschyle dans sa tragédie des *Perses*, la défaite de l'Asie et la victoire de la Grèce à Salamine. Pratinas, à qui l'on rapporte l'invention du drame satyrique (V. ce mot), et Chœrilus, qui, dit-on, imagina les décorations de la scène et fit prendre aux acteurs le costume propre à leur rôle, vainquirent plus d'une fois Eschyle dans les concours poétiques. Le temps, en détruisant leurs œuvres, ne nous a laissé d'autre preuve de leur génie que le souvenir de leurs triomphes. Il n'a guère plus épargné, du reste, les compositions d'Eschyle, puisque, de 70 œuvres dramatiques que les critiques anciens lui attribuent, il ne nous en est arrivé que 7, avec quelques lambeaux d'autres pièces. Elles suffisent néanmoins pour attester la puissance et l'élévation de son génie. On pourrait dire qu'il y a trois poëtes dans Eschyle : le poëte lyrique, avec toutes les qualités qui le distinguent, l'enthousiasme, des images tour à tour sublimes et gracieuses, des pensées profondes, dignes d'un sage qui fut initié aux mystères d'Éleusis et compté parmi les adeptes de la philosophie pythagoricienne, et un style assorti à l'audace de ses conceptions ; le poëte épique, dont les récits ont la rapidité, la chaleur et l'éclat de ceux de l'*Iliade* ; le poëte dramatique, qui sait déjà l'art d'exposer un sujet à l'aide du chœur ou d'un personnage détaché, et de préparer les spectateurs aux scènes qui vont se dérouler sous leurs yeux ; bien plus, dans une action d'une simplicité extrême, où les personnages, animés d'un sentiment unique, n'apparaissent un moment que pour accomplir leur destinée, instruments aveugles et roides comme la Fatalité qui les pousse, il égale cependant du premier coup les plus grands maîtres par la vivacité du dialogue. Rien ne lui manqua que la mesure, qui fut le privilége de son jeune rival Sophocle. En effet, lorsque l'un pousse parfois la grandeur jusqu'au gigantesque, l'autre ne s'égare jamais au delà de certaines limites. Il en résulte que plusieurs personnages d'Eschyle, un Océan, un Prométhée même, nous surpassent et ne nous touchent plus guère ; ils excitent notre étonnement, ils frappent par le merveilleux notre imagination, mais sans remuer nos

cœurs ; ils nous sont devenus étrangers. Les héros de Sophocle demeurent au-dessus de nous, mais à une hauteur où l'humanité peut encore atteindre : s'ils nous sont supérieurs, ils restent cependant des hommes, et provoquent ainsi chez les spectateurs un intérêt qui ne risque point de s'affaiblir. La langue des deux poëtes présente le même contraste : Eschyle a des images outrées, des expressions bizarres, extraordinaires, imprévues ; le style de Sophocle est élevé, mais sobre ; assez savant pour être original et poétique jusque dans les détails familiers, il ne l'est pas au point d'offrir, comme celui de son émule, des difficultés insurmontables ; sévère autant qu'il faut pour éviter le trivial, il ne s'écarte nulle part de la saine et vraie simplicité. En un mot, la critique, qui regrette en Eschyle une inspiration trop souvent intempérante, admire en Sophocle un artiste consommé, une inspiration toujours réglée par un goût exquis. — Les personnages d'Eschyle se montrent à la fin du drame tels qu'ils étaient au début ; un seul sentiment les occupe tout entiers, et les mène, sans exaltation ni défaillance, au but marqué par la Fatalité. Sophocle, au contraire, observe dans la peinture des passions une progression pleine d'art et de goût ; en sorte que, dans Eschyle, les événements semblent créer les caractères, au lieu que, dans Sophocle, c'est le développement des caractères qui semble produire les événements. — Eschyle laissait au chœur une place importante, quelquefois la principale : Sophocle lui donne une part plus discrète. Avec lui les chants du chœur sont devenus comme le cri de la conscience publique, et l'expression des émotions diverses que le spectateur éprouve à travers les péripéties de l'intrigue ; son rôle désormais est à la fois scénique et moral. Par une révolution définitive, l'intérêt a passé du dithyrambe au dialogue, des choreutes aux personnages ; la vraie tragédie est constituée, et, dès son début, a atteint la perfection suprême.

Il est vrai qu'elle déclina presque aussitôt avec Euripide. Novateur, et, si l'on peut parler ainsi, représentant du romantisme en Grèce, il altéra les vieilles légendes et rabaissa les héros. Philosophe, il fit le procès aux Dieux en vrai disciple de Socrate, attaqua les superstitions, et sema inconsidérément dans ses pièces les sentences morales. D'autre part, il déplaça la Fatalité : chez Eschyle, elle était ce pouvoir aveugle et tyrannique qui contraignait invinciblement au crime les mortels, puis les punissait de leurs fautes involontaires ; Sophocle, âme éminemment religieuse, avait cherché à concilier ce dogme inique et redoutable avec les inspirations de la conscience et le sentiment instinctif de la justice, et ses personnages, victimes du Destin, l'étaient aussi de leurs passions coupables ; Euripide fit descendre du ciel dans le cœur humain la Fatalité, en présentant à l'homme, comme la cause souveraine de ses souffrances, ses propres faiblesses (V. FATALITÉ). Orateur, il ne se garda point assez des subtilités et des raffinements de la sophistique, et l'on vit les passions plaider sur son théâtre comme des avocats sur la place publique. Mais, en revanche, personne n'a connu plus profondément et décrit par des analyses plus délicates les passions humaines ; personne n'en a représenté d'une façon plus tragique les mouvements désordonnés. De là vient que chez lui le rôle principal est aux femmes ; il en a médit ; on l'a nommé leur ennemi (*misogyne*) ; il ne faut pourtant pas oublier ses touchantes figures d'Iphigénie, de Polyxène et d'Alceste. Eschyle avait pour lui l'enthousiasme, et Sophocle une majesté douce et sereine ; Euripide se distingua par la délicatesse exquise de sa sensibilité et quelque chose de féminin dans la nature de son génie. Son style est clair, harmonieux, coulant et flexible ; son langage se prête à tous les besoins de la pensée, et en illumine les plus fugitives nuances ; mais on y relève deux défauts, le trivial et la subtilité. Il inventa les prologues, en homme qui veut arriver tout de suite aux situations émouvantes, et le merveilleux, en homme qui, ayant épuisé le pathétique des situations, ne sait plus comment se retirer et finir. Sur un théâtre ainsi conçu, le chœur était au moins inutile, sinon gênant : aussi la matière de ses chants n'est-elle plus souvent qu'un lieu commun, très-indirectement lié au sujet.

Avec Euripide périt la tragédie grecque ; nous ne citerons que pour mémoire Ion de Chios, rival quelquefois heureux de Sophocle ; Achéus d'Érétrie, qui excella, dit-on, dans le drame satyrique ; Agathon, l'un des personnages du *Banquet* de Platon, auteur d'une tragédie intitulée *la Fleur*, où tout était d'invention pure ; Jophon et Ariston, fils de Sophocle ; Sophocle le Jeune, son petit-fils ; enfin Euripide le Jeune, fils ou neveu d'Euripide (V. Grecque —. Littérature). V. Patin, *Études sur les tragiques grecs*, 2e édit., Paris, 1858, 4 vol. gr. in-18.

II. *Tragédie chez les Romains.* — La tragédie latine est très-inférieure à la tragédie grecque, et il y a plusieurs raisons de cette infériorité. D'abord, la tragédie n'était pas une production du pays : il était difficile que les Romains y prissent le même intérêt que les Grecs, qui avaient vu le drame sortir et se dégager progressivement du culte d'un de leurs Dieux. Les premiers tragiques d'Italie, Livius Andronicus, Névius et Ennius, ne firent guère que traduire les œuvres des Athéniens ; tout au plus Névius hasarda-t-il quelques pièces où les mœurs étaient latines comme la langue. Et à quel auditoire offraient-ils leurs plagiats ? On était au temps des guerres Puniques, et les Romains généralement conservaient encore la rudesse et l'ignorance des siècles primitifs. Quel plaisir pouvait leur procurer la représentation de ces légendes grecques dont ils ignoraient le premier mot ? D'ailleurs, il faut des esprits déjà façonnés par la culture des lettres, pour trouver du charme aux spectacles tragiques. — Peu à peu cependant, et par l'influence de ces premiers spectacles, et grâce aux relations de la Grèce et de Rome, les chevaliers et les sénateurs se passionnèrent pour cet art nouveau, et la foule, entraînée par leur exemple et mieux éclairée, partagea dans une certaine mesure leur enthousiasme. Cette transformation s'opéra au IIe siècle avant notre ère, et maint passage de Cicéron atteste les applaudissements qui accueillirent le *Dulorestès* (Oreste esclave) de Pacuvius et le *Brutus* d'Attius. Le premier, tout en imitant les Grecs, savait mieux que ses prédécesseurs mettre déjà dans ses œuvres de l'âme et de l'originalité ; le second, à qui Eschyle avait communiqué quelque chose de son souffle puissant, eut la gloire de créer la tragédie nationale : élégance soutenue, noblesse, élévation, versification correcte et variée, telles paraissent avoir été ses qualités, déparées çà et là par des fautes de goût. Malheureusement, de l'un et de l'autre il ne nous reste que des fragments. Cette époque fut l'âge d'or de la tragédie latine, et cependant elle contenait déjà un germe puissant de décadence. En effet, les combats de gladiateurs s'étaient établis conjointement avec les théâtres, et leur firent dès l'origine une concurrence funeste : comment un peuple d'humeur belliqueuse et farouche eût-il senti vivement les délicatesses des fictions théâtrales, et goûté longtemps le plaisir purement intellectuel d'une représentation tragique, quand on l'accoutumait aux jouissances bien autrement âcres et fortes que donne la vue du sang humain coulant sur l'arène ? Les classes élevées se laissèrent elles-mêmes gagner à cette contagion. Ni Asinius Pollion, tant vanté par Horace (*Odes*, II, 1), ni Varius avec son *Thyeste*, ni Ovide avec sa *Médée*, ne ressuscitèrent la tragédie, morte avec Attius. Simples exercices d'esprits lettrés, leurs œuvres ne parurent pas sur la scène, ou n'y furent pas écoutées. Sénèque ne fut pas plus heureux : il emprunta quelques sujets à la Grèce, mais moins pour composer de véritables tragédies conformément aux règles établies, que pour enfermer dans un cadre d'un nouveau genre ses tirades stoïciennes. Philosophe dogmatique un jour, il rédigeait en prose un traité *De la Colère* ; versificateur dramatique le lendemain, il mettait en iambes, dans la bouche d'une Cassandre ou d'un Thyeste, des préceptes analogues. Aussi, dans ces œuvres d'un goût gâté moins encore par le siècle que par le spectacle des cruautés et des turpitudes de la cour, les dialogues, à part quelques situations fortes et vraiment tragiques, ne sont que des assauts de bel esprit ; les descriptions superflues y succèdent aux déclamations ampoulées, et les pensées subtiles aux lieux communs ; tous les personnages sont transfigurés en stoïciens, ou plutôt sont copiés tour à tour sur Sénèque et sur Néron, quelquefois sur l'un et l'autre à la fois. Tacite, dans son *Dialogue des Orateurs*, introduit un dernier représentant de la tragédie romaine, Maternus, défenseur ardent et inspiré de la poésie, champion passionné des Muses contre l'interlocuteur Aper, qui avait dénigré leur culte au nom de l'éloquence ; mais, s'il mérite d'être mentionné, c'est plutôt pour avoir bravé la mort en composant son drame de *Caton*, que pour la valeur de son œuvre, aujourd'hui inconnue et perdue (V. Latine — Littérature). V. Boissier, *Le poëte Attius, Étude sur la tragédie latine pendant la République*, Paris, 1857, in-8°.

TRAGÉDIE CHEZ LES MODERNES.

I. *Tragédie en France.* — C'est l'école aventureuse et réformatrice de Ronsard qui restaura la tragédie. Seule-

ment, Jodelle, le membre de la Pléiade qui s'était chargé de remettre au jour les tragiques anciens, ne nous rendit qu'un fantôme, une ombre du drame grec. Rien ne manquait à sa *Cléopâtre* de tout ce qui s'emprunte : l'appareil, le dialogue, les chœurs, et même le sacrifice du bouc ; mais rien ne s'y trouvait de ce qui ne s'emprunte pas, les caractères, la passion, la vie. Garnier, qui fit oublier Jodelle, suivit ses errements : il imita aussi les Grecs, mais à travers Sénèque, se jeta dans des monologues d'une longueur démesurée, dans des descriptions minutieuses, dans des récits plus épiques que dramatiques ; en même temps, comme Ronsard, il parla grec et latin en français, et, faute d'un théâtre public, il n'eut pas, pour l'engager et le soutenir dans la bonne voie, les applaudissements salutaires ou les sévérités de la foule. Son meilleur titre sera d'avoir élargi le cercle des sujets dramatiques : il emprunta une *Antigone* à Sophocle, mais composa aussi une *Bradamante*, tirée peut-être de l'Arioste ; il fraya la route à Corneille, en prenant pour héroïnes *Porcie*, la femme de Brutus, et *Cornélie*, la veuve de Pompée ; il devança Racine par son drame de *la Juive* ; il donna sur la scène française le premier modèle des imprécations tragiques, et sa Cornélie, qui maudit les assassins de Pompée, a peut-être inspiré celle de Corneille. — Hardy commença, assez grossièrement du reste, l'éducation du public. Vers 1600, une troupe d'acteurs s'établit à Paris, sur un théâtre autorisé, dans le quartier du Marais, et invita à ses représentations, non plus les lettrés et les savants officieux, mais quiconque put payer sa place au parterre. Pendant vingt ans, avec le nombre énorme de cinq ou six cents pièces de tout genre, de tout mérite, dont les meilleures étaient au plus médiocres, Hardy soutint cette troupe : à durer était le grand point. Bientôt Théophile apporta sa *Thisbé*, Mairet sa *Sylvie*, Sophonisbe surtout, où l'on vantait l'observation scrupuleuse des règles aristotéliques. Tristan, et principalement Rotrou, futur auteur du *Wenceslas* et du *Saint-Genest*, pièces qui vivent encore par quelques inspirations vraiment tragiques, achevèrent de préparer l'avénement de P. Corneille. Celui-ci, qui cherchait sa voie depuis 1629, après avoir prélude par quelques comédies d'essai et la tragédie de *Médée*, donna enfin, en 1636, l'immortelle « merveille du *Cid*. »

Dans les tragédies de Corneille, ce qui charme et subjugue, c'est la grandeur et l'héroïsme des principaux personnages ; et l'effet général est une admiration bienfaisante pour les hautes vertus dont la nature nous a faits capables. Cette élévation suit une marche ascendante depuis le *Cid* jusqu'à *Polyeucte* : il est beau que Rodrigue et Chimène fassent taire leur amour devant l'honneur de la famille ; il est plus beau que les affections de la famille soient sacrifiées dans *Horace* à l'honneur de la patrie ; à son tour, cet héroïsme est surpassé par celui d'Auguste, qu'aucun devoir n'invitait à la clémence, que l'intérêt de l'Empire autorisait, obligeait peut-être à se montrer sévère, et qui, « maître de lui comme de l'univers », pardonne à Cinna, son assassin. Qu'y a-t-il de supérieur à cette générosité ? Rien, sinon l'héroïsme de Polyeucte, et la victoire, sur tous les attachements terrestres, même les plus purs et les plus saints, d'une âme pleine de la grâce divine et de l'enthousiasme du martyre. — On doit trop peu sûr de Corneille lui a fait dépasser le but lorsqu'il choisit le sujet de *Théodore*, où la délicatesse morale et la pudeur de l'auditoire sont tenues à la gêne et dans une inquiétude étrange. Corneille fut un génie singulièrement inégal, et la critique est forcée de reconnaître que, sur plus de trente pièces qu'il a composées, quelques-unes seulement sont des chefs-d'œuvre ; il crut trop souvent qu'une intrigue industrieusement conduite valait en intérêt la peinture des caractères, et l'on doit reconnaître que, chez lui, la grandeur dégénère parfois en emphase, l'éloquence en déclamation, le raisonnement en subtilités sentencieuses ; que des idées d'ordre comique s'y mêlent aux plus nobles pensées ; qu'enfin il a payé tribut à la mode de son siècle en affadissant de galanteries déplacées le langage héroïque de ses vieux Romains. Ces défauts, moins le dernier, tenaient d'abord à la pente naturelle de son esprit et de son imagination, que la fausse grandeur semble avoir facilement séduite, puis aux modèles espagnols qu'il imita le plus complaisamment, parce qu'il y avait entre leur génie et le sien comme une affinité marquée, Guilhem de Castro et Lope de Véga parmi les modernes, Sénèque et Lucain parmi les Anciens. Quelque chose toutefois atténua ces faiblesses : il ne faut pas oublier que Corneille n'avait eu d'autres guides que les ébauches informes de ses prédécesseurs ou leurs calques froids et décolorés de la tragédie antique, qu'il eut véritablement à créer son art, et que, du premier coup, par la seule force du génie, il le porta à la perfection ; que telle fut la variété de ses conceptions, qu'il offrit à la fois le modèle de toutes les œuvres théâtrales, de la tragédie dans ses premiers ouvrages, de la comédie dans *le Menteur*, du drame proprement dit dans *Nicomède*, de la tragédie bourgeoise dans *Don Sanche*; et qu'enfin la gloire des grands hommes se doit mesurer aux moyens dont ils ont disposé pour l'acquérir.

On signale d'ordinaire entre Corneille et Racine deux différences principales d'où découlent toutes les autres : l'une a sa source dans les tendances particulières de leur génie, l'autre dans la façon dont ils ont conçu le drame. Corneille avait incliné à représenter le côté noble de l'âme humaine, Racine voulut peindre les hommes tels qu'ils sont ; Corneille avait imité de préférence les Espagnols, Racine aima mieux chercher ses modèles parmi les tragiques grecs. Ces dispositions allaient renouveler la tragédie française. — Puisque Racine aspirait à mettre sur la scène l'homme après le héros, la vérité commune après la vérité d'exception, le triomphe de la passion après celui du devoir, il était naturel qu'il recherchât surtout les sujets dont l'amour est le fond, parce qu'il n'y a pas, en général, de sentiment qui remplisse autant la vie humaine, et dont la peinture puisse intéresser et toucher plus d'esprits. Et s'il est vrai que la passion exerce particulièrement son empire sur le cœur de la femme, il était inévitable que, sur ce nouveau théâtre, les hommes cessassent de jouer les principaux rôles. Chimène, Camille et Pauline exceptées, les héroïnes de Corneille ont une âme toute virile. En effet, selon la remarque d'un critique éminent, Corneille « esprit plus vigoureux que délicat, plus subtil que pénétrant, n'avait pas la curiosité tendre et patiente qui nous fait lire au fond de ce système de mobilité et de persévérance, de dissimulation et d'abandon, d'amour et de haine, d'ambition et de dévouement que recèle le cœur d'une femme. » Cette analyse est, au contraire, le triomphe de son rival, que sa propre sensibilité éclairait sur tous ces mystères. Voilà pourquoi il a peint avec autant de variété que de profondeur, dans Hermione, Roxane et Phèdre, l'amour sensuel et violent; dans Iphigénie, Monime, Junie et Bérénice, l'amour innocent, ou du moins voilé, timide et contenu ; dans Andromaque, Clytemnestre et Josabeth, la tendresse maternelle; dans Agrippine et Athalie, la passion du pouvoir chez les femmes ; dans Esther enfin, les alarmes d'un cœur en qui le dévouement à la patrie juive se confond avec la crainte et l'amour de Dieu. Aussi, qu'on écoute les héros de Corneille et les héroïnes de son émule, et que l'on compare leur langage : les uns ne parlent, pour ainsi dire, que par sentences, et mettent en maximes les règles du devoir qui dicte leur conduite; les autres, dominées par la passion, en reproduisent dans leurs discours tous les mouvements divers, l'ivresse de l'espérance, l'emportement de la fureur et de la jalousie, les agitations, les inquiétudes, les défaillances, le désespoir. Corneille avait subjugué l'imagination ; Racine toucha les cœurs; l'un avait produit l'admiration, l'autre produisit l'émotion et arracha des larmes. Les personnages de Corneille, vainqueurs de la passion, recevaient le salaire de leur triomphe ; ceux de Racine, pour avoir succombé, périrent ou perdirent leur raison. Chaque théâtre eut ainsi sa moralité appropriée à son auditoire : Corneille écrivait pour les esprits indépendants et fiers de la Fronde; Racine, pour les courtisans assouplis et galants de Louis XIV. — La forme de leurs drames n'offrait pas moins de différence : sur les traces des Espagnols, Corneille avait penché de plus en plus vers les tragédies où les situations font les caractères, où la complication des événements se substitue à la peinture des passions; sur les traces des Grecs, d'Euripide en particulier, Racine demeura fidèle au système dramatique où les caractères font les situations, où l'analyse des sentiments tient la place des incidents, où de cinq mots : *Invitus invitam Titus Berenicen dimisit*, « Titus, malgré lui, malgré elle, congédia Bérénice, » on tire une tragédie. Euripide lui fournit trois sujets : Andromaque, Iphigénie, et Phèdre; il ne les imita qu'en les transformant pour les accommoder à l'esprit de son siècle, et il réalisa, pour sa part, l'idéal que la littérature poursuivait depuis la Renaissance : l'harmonieux accord de la forme antique avec les idées modernes. On a pu lui reprocher avec raison de convertir ses personnages grecs en contemporains de Louis XIV; mais la mauvaise foi

seule lui refuserait le mérite d'avoir, sous l'inspiration du christianisme, singulièrement épuré et ennobli les données de son modèle : la chaste fidélité d'Andromaque au souvenir de son premier époux, la touchante résignation d'Iphigénie, moins dramatique, si l'on veut, que les pleurs et les regrets de l'Iphigénie antique, enfin le sentiment profond que Phèdre a de sa faute, les remords qu'elle éprouve de ses « honteuses douleurs », ce sont là des vertus chrétiennes qui communiquent aux imitations de Racine autant d'originalité que d'élévation.

Quand on passe aux tragiques du XVIIIe siècle, on est tenté de croire que le génie même de Racine a porté malheur à la tragédie. L'incomparable beauté de son théâtre avait si fortement saisi les imaginations, que tous les poëtes y voyaient le type de la perfection. Ils imitèrent donc le maître avec une aveugle et déplorable obstination. Le fond de ses œuvres avait été la peinture de l'amour; l'amour devint la règle fondamentale de notre théâtre. Il avait débuté par une exposition , mêlé à l'action les récits, donné à ses personnages une dignité royale, à ses dialogues une noblesse soutenue ; ses habitudes furent désormais des lois. Il avait demandé plusieurs de ses sujets à Euripide; on traduisit et défigura les Grecs. Athalie, comme la Pauline de Corneille, avait eu un songe ; les songes furent en possession de la mode. Tel est le caractère commun que présentent, dans la diversité de leur génie, les poëtes dramatiques depuis la mort de Racine jusqu'à la Révolution. Et si parfois « un homme de talent, sorti de la foule des imitateurs, entrevoyait quelques effets tragiques dans la vérité de l'histoire, ou dans la libre hardiesse d'un théâtre étranger, il les ramenait aux conventions de notre scène, et, au milieu même d'une pensée originale, il évitait toute nouveauté dans les formes extérieures du drame. » C'est le reproche qu'on peut adresser à La Fosse, l'auteur de *Manlius*, qui consacra un incontestable talent à convertir en tragédie romaine des vieux âges un drame moderne et vénitien d'Otway ; à Lagrange-Chancel , le propre élève de Racine, qui épuisa sa faible sève à dénaturer des pièces antiques ; à Crébillon même, qui , laissant, comme il disait, le ciel à Corneille et la terre à Racine, et se jetant à corps perdu dans l'Enfer, sut tirer de la terreur quelques effets nouveaux ; à La Motte enfin, qui passa sa vie à protester contre les usages établis, contre les trois unités, les confidents, les monologues, les vers mêmes, et à respecter gauchement dans le corps de ses œuvres ce qu'il attaquait dans la préface. Un homme de génie devait seul opérer quelques-uns des changements dont La Motte n'avait eu que la théorie, et rajeunir la scène ; ce fut Voltaire.

Voltaire a quelques rapports de ressemblance lointaine avec Euripide. Inférieur à ses deux devanciers, comme Euripide à Eschyle et à Sophocle, il fut pourtant, comme lui , novateur ; il eut son originalité dramatique et son idéal. Chez Corneille et Racine, le devoir et la passion avaient lutté et vaincu tour à tour, selon le point de vue particulier du poëte; mais l'un et l'autre spectacle avait eu son enseignement moral : Voltaire cessa de mettre la passion aux prises avec le devoir ; il la peignit , le plus souvent du moins, en elle-même, et ne chercha d'autre effet que d'émouvoir les âmes. Ainsi, pareillement à la Fatalité, qui , toute-puissante chez Eschyle, puis associée dans Sophocle aux passions humaines, avait fini par jouer avec Euripide le moindre rôle, le principe moral , triomphant dans Corneille, combattu par la passion dans Racine, apparut à peine sur le théâtre de Voltaire ; de telle sorte que la tragédie française a été moins morale à mesure qu'elle est devenue plus pathétique ; si ce n'était pas un progrès, c'était du moins une transformation et un acte d'indépendance. — Euripide avait converti parfois ses personnages en disciples de Socrate ; Voltaire eut le tort aussi de faire de la scène une tribune, et de ses héros des philosophes, bien plus, des révolutionnaires avant la Révolution. Il fut mieux inspiré dans une autre innovation : il osa demander à tous les siècles des sujets tragiques, à l'antiquité, au moyen âge, aux temps modernes; il promena ses spectateurs sur toutes les terres et sur toutes les mers, de la Chine à l'Amérique, du palais de Sémiramis au sérail d'Orosmane; il parcourut capricieusement le champ de l'histoire ou le domaine illimité de l'imagination, tantôt sans guide, tantôt à la suite de l'italien Maffei, dont il imita la *Mérope*, tantôt sur les traces de Sophocle ou de Shakspeare, qu'il eut le tort de mal juger, de mal comprendre, de mal imiter, et dont il n'atteignit point la profondeur, le naturel et la vérité; enfin, dans l'intention systématique d'enhardir et d'animer la scène, il multiplia les effets du théâtre, précipita l'action, et, pour arriver plus sûrement au cœur, ne dédaigna pas d'intéresser les yeux par l'appareil et les pompes de la représentation.

Tant de hardiesses et de nouveautés n'affranchirent pas Voltaire des préjugés qui devaient le moins l'asservir. En ce qui concernait les formes extérieures du drame, il resta le disciple timide de Racine; aussi manque-t-il très-souvent de couleur locale. Ses successeurs crurent bien faire de-suivre son exemple, et l'on ne voit pas que le public ait songé jamais à se récrier contre cette servilité étrange, qui de plus en plus écartait de la vérité la tragédie française. On ne s'imaginait pas qu'on pût faire autrement, et, dans ce siècle de doute et de polémique, où la philosophie montait sur le théâtre pour attaquer publiquement toutes les traditions, la tradition du théâtre elle-même était respectée jusqu'à la superstition. Les formes transmises par le XVIIe siècle étaient devenues comme un nouveau lit de Procuste où l'on forçait d'entrer tous les sujets dramatiques, à quelque source qu'ils eussent été puisés; heureux encore lorsqu'à l'imitation de Racine on n'ajouta point par surcroît l'imitation de Voltaire, et que, dans l'éternel cadre des trois unités, on n'amalgama point bizarrement, aux applaudissements d'un parterre aveuglé par la mode, la philosophie et l'amour! C'est sur ce modèle que travaillèrent, avec des talents et des succès divers, Saurin (*Spartacus*), Lemierre (*Guillaume Tell*), Guimond de La Touche (*Iphigénie en Tauride*), de Belloy (*le Siège de Calais*). La Harpe, en traduisant le *Philoctète* de Sophocle, essaya de reproduire plus complétement sur la scène moderne un modèle antique; le succès ne répondit pas à l'intention. Ducis même, génie vigoureux, et talent très-incomplet, ne sut pas faire acte d'indépendance, et continua d'étreindre dans le moule français ses imitations de la Grèce et de Shakspeare. La Révolution, qui semblait vouloir ne rien épargner du passé, laissa pourtant subsister le respect des règles prétendues classiques; alors naquirent les tragédies républicaines, véritables pamphlets en cinq actes, remplies d'allusions propres à flatter les passions de l'époque : *Charles IX, Henri VIII, la Mort de Calas, Gracchus, Fénelon, Timoléon*, de M.-J. Chénier; *Marius à Minturnes* et *Lucrèce*, d'Arnault. Toutes ces pièces ont eu le sort des œuvres écrites pour un jour, et n'ont pu survivre aux circonstances qui les avaient inspirées; une seule, bien que froide et sans animation, le *Tibère* de Chénier, a été sauvée de l'oubli par des beautés exceptionnelles de style et de situation. Lemercier, Luce de Lancival, Raynouard, Ancelot, Baour-Lormian et Jouy, avec des imitations de l'antique telles qu'*Agamemnon* et *Hector*, ou des œuvres de fantaisie comme *Joseph*, ou des drames historiques comme *les Templiers* et *Louis IX*, ou des tragédies d'allusion comme *Sylla*, s'étaient disputé la faveur populaire, lorsque éclata la guerre des Classiques et des Romantiques (*V. ces mots*). Quelques hommes de talent, C. Delavigne sous la monarchie de 1830, et, de notre temps, MM. Ponsard et Legouvé, semblent avoir eu pour rôle de réconcilier les deux écoles en fondant ensemble les deux systèmes. Ils ont brisé résolûment avec les prescriptions trop rigoureuses et trop absolues des Classiques, mais ils ont conservé la tragédie qu'on avait proclamée déchue; seulement, pour la rajeunir, ils ont emprunté aux Romantiques plus d'indépendance dans la conduite du drame, plus de hardiesse dans les situations, plus de liberté dans l'allure, plus de simplicité et de familiarité dans le style. On peut croire qu'avec ces conditions nouvelles la tragédie survivra, à moins de prétendre que *les Enfants d'Édouard, Marino Faliero, Louis XI*, de C. Delavigne, la *Lucrèce* de M. Ponsard et la *Médée* de M. Legouvé, ne peuvent être appelées tragédies; que, le tragique et le comique, le noble et le bouffon, l'héroïque et le bas se heurtant sans cesse et partout dans la réalité, le goût se refuse à permettre qu'on détache l'un de l'autre dans aucune peinture idéale de la vie; que la nature ne créera plus à l'avenir aucun poète capable de trouver, soit en histoire, soit dans les profondeurs de son imagination, et de traiter avec génie quelque scène tragique; et qu'enfin la source de la pitié, de la terreur, et de toute émotion noble, est tarie dans l'âme humaine. Si l'homme plus sensible au spectacle des infortunes ou des grandeurs même fictives de l'homme, et que les larmes ou l'admiration lui soient aussi naturelles que le rire, il est difficile de contester que la tragédie doive durer aussi longtemps que la comédie. Toutes deux flattent un instinct de notre cœur, toutes deux répondent à un besoin de notre nature.

II. *Tragédie chez les autres peuples.* — Il est si vrai que la tragédie, prise comme peinture des passions humaines, comme représentation de la vie dans ce qu'elle a d'héroïque et d'attendrissant, est une des formes naturelles de l'inspiration poétique, qu'on la retrouve chez tous les peuples modernes où les Lettres ont été cultivées. Les Italiens, les Espagnols, les Anglais et les Allemands ont eu, comme nous, leur tragédie, mais sans la calquer, comme nous, sur des modèles étrangers. Ce n'est pas que leur théâtre n'offre en aucun temps nulle trace d'imitation : à l'époque de la Renaissance, les Espagnols dressaient en face de la scène nationale, une scène réservée aux œuvres reproduites de l'Antiquité, et, chez les Italiens, le Trissin composait des drames dans le goût des Grecs, comme Alfieri, deux siècles plus tard, composait les siens dans le goût français; sous les derniers Stuarts, les Anglais préférèrent aux drames de Shakspeare les pièces copiées sur celles que Charles II et son entourage avaient vu jouer à la cour de Louis XIV, et, au XVIIIe siècle, conformément à nos habitudes, ils acceptaient comme un principe fondamental la séparation, dans le drame, du sérieux et du plaisant. Il n'est pas jusqu'à Wieland, le Voltaire de l'Allemagne, qui n'ait subi l'ascendant des lettres françaises, et écrit quelques tragédies à demi classiques. Toutefois ces imitations de l'antique ou du moderne n'ont pas empêché ces peuples d'avoir leur tragédie propre et sortie, pour ainsi dire, du sol même. Lope de Véga, Shakspeare, Schiller et Gœthe en sont les plus illustres représentants.

On peut signaler, entre la tragédie telle que l'ont généralement conçue les grands hommes et la tragédie française, deux différences principales, dont l'une tient au choix des sujets, et l'autre à la façon dont les traiter. Le plus souvent, les poëtes français ont emprunté leurs sujets à l'histoire grecque et à l'histoire romaine; fort peu les ont tirés de l'histoire de France. Sans dédaigner les ressources que leur offraient les âges antiques, les tragiques étrangers ont puisé de préférence leurs inspirations soit dans les vieilles chroniques de leur pays, soit dans les légendes mystérieuses et terribles du moyen âge, soit dans les événements les plus dramatiques des temps modernes, soit enfin dans le domaine du romanesque, du fantastique et de la sorcellerie. Qui ne se rappelle *la Jeunesse du Cid, le Roi Léar, Roméo et Juliette, Marie Stuart*, la trilogie de *Walstein, le Comte d'Egmont, Macbeth*, etc.? L'amour est le fond obligé de toute tragédie française : ils ont composé des tragédies sans amour, telles que *Coriolan*, et *la Mort de César*. Des rois et des reines, des princes et des princesses, semblent les seuls personnages dignes de figurer avec leurs confidents sur notre scène : l'on introduit sur la leur des fous, des geôliers, des nourrices, quelquefois une foule entière, pêle-mêle avec les héros et les héroïnes de noble race. Racine et ses successeurs se seraient bien gardés de vouloir unir le tragique et le comique : chez les tragiques étrangers, les impuretés grossières ou les bouffonneries d'un Iago succèdent aux poétiques accents d'amour d'un Othello. Telle est la vie, dit-on; et l'on ajoute que le drames grecs présentent plus d'une fois ce mélange, témoin l'*Alceste* d'Euripide, et même l'*Antigone* de Sophocle.

Plus indépendants, plus hardis et plus variés dans leurs sujets, les tragiques étrangers se sont également affranchis des entraves que s'étaient librement imposées leurs rivaux français dans l'ordonnance et la conduite de leurs pièces : les uns, comme Shakspeare et Lope de Véga, ne connaissaient même pas les trois unités, excellente raison pour ne pas les mettre en pratique; les autres, comme Gœthe et Schiller, qui connaissaient la théorie classique, ont pris au-dessus ou pris pour cela plus de souci. — Ce n'est pas tout : on sait l'idée que Racine se faisait de la tragédie; à ses yeux, l'intérêt et la perfection du drame consistaient avant tout dans la peinture vraie des passions et dans le développement habilement ménagé des caractères : aussi, combien les incidents tiennent peu de place dans son théâtre! Les artistes dont nous parlons ont représenté comme lui les passions humaines; mais ils ne se sont pas interdit, quelque inférieur et quelque accessoire qu'il pût paraître à l'école classique, cet autre genre d'agrément qui répandent sur une pièce les coups de surprise précipités, la variété des situations, la multiplicité des changements et des péripéties. Une analyse pénétrante, pathétique et progressive de l'amour sous toutes les formes ou de l'ambition, tel semble être l'idéal de Racine; les autres ne cherchent pas moins à plaire par l'intérêt des événements, par le mouvement et par la vivacité de l'action. De là vient que, pour être goûtés, ils n'ont pas besoin d'un parterre aussi délicat, instruit et choisi que le poëte favori de Louis XIV et de sa cour.

Nous avons dit qu'à certaines époques la littérature dramatique des peuples modernes avait subi l'influence de la nôtre; l'effet a été réciproque. Déjà Corneille, au XVIIe siècle, après avoir pris *le Cid* aux Espagnols, avait fini par adopter leur système dramatique; ce qui l'induisit bientôt, malheureusement pour sa gloire, à croire que la tragédie la plus industrieusement embrouillée était aussi la plus parfaite. Au XVIIIe siècle, Voltaire injuriait Shakspeare; mais il lui emprunta sans scrupule une bonne partie de ses sujets, et lui fut ainsi redevable peut-être de ses plus heureux coups de théâtre, comme de ses plus beaux et de ses plus populaires succès. Ducis, à son tour, imita le poëte anglais avec plus de respect et autant de profit. Enfin, de notre temps, c'est dans le théâtre de Shakspeare, de Schiller et de Goëthe, que les Romantiques ont trouvé leurs arguments les plus solides et leurs meilleures armes pour attaquer les doctrines par trop rigoureuses des Classiques, et contraindre la tragédie racinienne à se transformer; transformation peu regrettable, si elle, comme nous le pensons, elle doit avoir pour effet de sauver la tragédie elle-même (*V.* ALLEMANDE, ANGLAISE, ESPAGNOLE, ITALIENNE — Littérature). A. H.

TRAGÉDIEN, acteur de tragédie, chez les Modernes. On donne spécialement ce nom aux artistes qui jouent les premiers rôles. Pour devenir un grand tragédien, il faut un génie naturel, de l'instruction, beaucoup d'étude, et de la sensibilité. « Selon moi, dit l'illustre tragédien Talma, la sensibilité n'est pas seulement cette faculté que l'acteur a de s'émouvoir facilement lui-même, d'ébranler son être au point d'imprimer à ses traits, et surtout à sa voix, cette expression, ces accents de douleur qui viennent réveiller toute la sympathie du cœur, et provoquer les larmes de ceux qui l'écoutent; j'y comprends encore l'effet qu'elle produit, l'imagination dont elle est la source, non cette imagination qui consiste à avoir des souvenirs tels que les objets semblent actuellement présents, ce n'est proprement là que la mémoire; mais cette imagination qui, créatrice, active, puissante, consiste à rassembler dans un seul objet fictif les qualités de plusieurs objets réels; qui associe l'acteur aux inspirations du poëte, le transporte à des temps qui ne sont plus, le fait assister à la vie des personnages historiques, ou à celle des êtres passionnés créés par le génie; lui révèle comme par magie leur physionomie, leur stature héroïque, leur langage, leurs habitudes, toutes les nuances de leur caractère, tous les mouvements de leur âme, et jusqu'à leurs singularités réelles. J'appelle encore sensibilité cette faculté de l'exaltation qui agite l'acteur, s'empare de ses sens, l'ébranle jusqu'à l'âme, et le fait entrer dans les situations les plus tragiques, dans les passions les plus terribles, comme si elles étaient les siennes propres.

« L'intelligence, qui procède et n'agit qu'après la sensibilité, juge des impressions que nous fait éprouver celle-ci; elle les choisit, elle les ordonne, elle les soumet à son calcul. Si la sensibilité fournit les objets, l'intelligence les met en œuvre. Elle nous aide à diriger l'emploi de nos forces physiques et intellectuelles, à juger des rapports et de la liaison qu'il y a entre les paroles du poëte et la situation ou le caractère des personnages, à y ajouter quelquefois les nuances qui leur manquent ou que le vers ne peuvent exprimer, à compléter enfin leur expression par le geste et la physionomie... Comme toutes nos émotions ont avec nos nerfs un rapport intime, il faut que le système nerveux soit chez l'acteur tellement mobile et impressionnable, qu'il s'ébranle aussi facilement que la harpe éolienne résonne au moindre souffle de l'air qui la touche. Si l'acteur n'est pas doué d'une sensibilité au moins égale à celle des plus sensibles de ses auditeurs, il ne pourra les émouvoir que faiblement; ce n'est que par un excès de sensibilité qu'il parviendra à produire des impressions profondes, et à émouvoir même les âmes les plus froides. La force qui soulève ne doit-elle pas avoir plus de puissance que celle qu'on veut ébranler?...

« Pour former un grand acteur, tel que Lekain, il faut la réunion de la sensibilité et de l'intelligence. Chez l'acteur qui possède ce double don de la nature, ils se fait un genre de travail particulier : d'abord, par des études répétées, il essaye son âme aux émotions, et sa parole aux accents propres à la situation du personnage qu'il a à représenter. Il va de là au théâtre exécuter non-seulement les premiers essais de ses études, mais se livrer encore à tous les élans spontanés de sa sensibilité, à tous

les mouvements qu'elle lui suggère à son insu. Que fait-il alors? Pour que ces inspirations ne soient pas perdues, sa mémoire recherche dans le repos, lui rappelle les intonations, les accents de sa voix, l'expression de ses traits, de son geste, le degré d'abandon auquel il s'est livré, enfin tout ce qui, dans ces mouvements d'exaltation, a concouru à l'effet qu'il a produit. Son intelligence alors soumet tous ces moyens à la révision, les épure, les fixe dans son souvenir, et les conserve en dépôt, pour les reproduire à sa volonté dans les représentations suivantes. Souvent même, tant ces impressions sont fugitives, faut-il qu'il répète, en rentrant dans la coulisse, la scène qu'il vient de jouer, plutôt que celle qu'il va jouer. Par cette sorte de travail, l'intelligence accumule et conserve toujours les créations de la sensibilité. C'est par là qu'au bout de vingt ans (il faut au moins cet espace de temps) une personne destinée à avoir un beau talent peut enfin offrir au public des rôles, à peu de chose près, parfaitement conçus et joués dans toutes leurs parties. Telle a été la marche qu'a constamment suivie Lekain, et que doivent suivre tous ceux qui ont l'ambition de marcher sur ses traces. » (Talma, *Réflexions sur Lekain et sur l'art théâtral,* p. 45 et suiv., in-18.)

On peut considérer tout ce que Talma vient de dire comme sa propre confession, au moins autant que comme la tradition sur Lekain; car, étant né en 1763, il n'avait sans doute pas connu Lekain, mort en 1778. Le fragment suivant achèvera de faire connaître le tragédien; c'est un jugement, ou plutôt ce sont des souvenirs de Mme de Staël sur Talma dans toute la plénitude et la perfection de son talent, juste après cette période de vingt ans qu'il jugeait lui-même nécessaire à l'éducation d'un acteur tragique. Mme de Staël le vit souvent dans ses plus beaux rôles, et l'a jugé avec un sentiment de l'art aussi vif que profond. Elle s'exprime ainsi :

« Quand il paraît un homme de génie en France, dans quelque carrière que ce soit, il atteint presque toujours à un degré de perfection sans exemple; car il réunit l'audace qui fait sortir de la route commune, au tact du bon goût qu'il importe tant de conserver, lorsque l'originalité du talent n'en souffre pas. Il me semble donc que Talma peut être cité comme un modèle de hardiesse et de mesure, de naturel et de dignité. Il possède tous les secrets des arts divers; ses attitudes rappellent les belles statues de l'antiquité; son vêtement, sans qu'il y pense, est drapé dans tous ses mouvements comme s'il avait eu le temps de l'arranger dans le plus parfait repos. L'expression de son visage, celle de son regard, doivent être l'étude de tous les peintres. Quelquefois il arrive les yeux à demi ouverts, et tout à coup le sentiment en fait jaillir des rayons de lumière qui semblent éclairer toute la scène.

« Le son de sa voix ébranle dès qu'il parle, avant que le sens même des paroles qu'il prononce ait excité l'émotion. Lorsque dans les tragédies il s'est trouvé par hasard quelques vers descriptifs, il a fait sentir les beautés de ce genre de poésie, comme si Pindare avait récité lui-même ses chants. D'autres ont besoin de temps pour émouvoir, et font bien d'en prendre; mais il y a dans la voix de cet homme je ne sais quelle magie qui, dès les premiers accents, réveille toute la sympathie du cœur. Le charme de la musique, de la peinture, de la sculpture, de la poésie, et par-dessus tout du langage de l'âme, voilà ses moyens pour développer dans celui qui l'écoute toute la puissance des passions généreuses et terribles.

« Quelle connaissance du cœur humain il montre dans sa manière de concevoir ses rôles! Il en est le second auteur par ses accents et par sa physionomie. Lorsque Œdipe raconte à Jocaste comment il a tué Laïus, sans le connaître, son récit commence ainsi : *J'étais jeune et superbe;* la plupart des acteurs, avant lui, croyaient devoir jouer le mot *superbe,* et relevaient la tête pour le signaler : Talma, qui sent que tous les souvenirs de l'orgueilleux Œdipe commencent à devenir pour lui des remords, prononce d'une voix timide ces mots faits pour rappeler une confiance qu'il n'a déjà plus. Phorbas arrive de Corinthe au moment où Œdipe vient de concevoir des craintes sur sa naissance : il lui demande un entretien secret. Les autres acteurs, avant Talma, se hâtaient de se retourner vers leur suite, et de l'éloigner avec un geste majestueux : Talma reste les yeux fixés sur Phorbas; il ne peut le perdre de vue, et sa main agitée fait un signe pour écarter ce qui l'entoure. Il n'a rien dit encore, mais ses mouvements égarés trahissent le trouble de son âme; et quand, au dernier acte, il s'écrie en quittant Jocaste :

Oui, Laïus est mon père, et je suis votre fils,

on croit voir s'entr'ouvrir le séjour du Tartare, où le Destin perfide entraîne les mortels.

« Dans *Andromaque*, quand Hermione insensée accuse Oreste d'avoir assassiné Pyrrhus sans son aveu, Oreste répond :

> Et ne m'avez-vous pas
> Vous-même, ici, tantôt, ordonné son trépas?

On dit que Lekain, quand il récitait ces vers, appuyait sur chaque mot, comme pour rappeler à Hermione toutes les circonstances de l'ordre qu'il avait reçu d'elle. Ce serait bien vis-à-vis d'un juge; mais quand il s'agit de la femme qu'on aime, le désespoir de la trouver injuste et cruelle est l'unique sentiment qui remplisse l'âme. C'est ainsi que Talma conçoit la situation : un cri s'échappe du cœur d'Oreste ; il dit les premiers mots avec force, et ceux qui suivent avec un abattement toujours croissant; ses bras tombent, son visage devient en un instant pâle comme la mort, et l'émotion des spectateurs s'augmente à mesure qu'il semble perdre la force de s'exprimer.

« La manière dont Talma récite le monologue suivant est sublime. L'espèce d'innocence qui rentre dans l'âme d'Oreste pour le déchirer, lorsqu'il dit ce vers :

> J'assassine à regret un roi que je révère,

inspire une pitié que le génie même de Racine n'a pu prévoir tout entière. Les grands acteurs se sont presque tous essayés dans les fureurs d'Oreste; mais c'est là surtout que la noblesse des gestes et des traits ajoute singulièrement à l'effet du désespoir. La puissance de la douleur est d'autant plus terrible, qu'elle se montre à travers le calme même et la dignité d'une belle nature.

« Dans les pièces tirées de l'histoire romaine, Talma développe un talent d'un tout autre genre, mais non moins remarquable. On comprend mieux Tacite après l'avoir vu jouer le rôle de Néron; il y manifeste un esprit d'une grande sagacité; car c'est toujours avec l'esprit qu'une âme honnête saisit les symptômes du crime; néanmoins il produit encore plus d'effet, ce me semble, dans les rôles où l'on aime à s'abandonner, en l'écoutant, aux sentiments qu'il exprime. Il a rendu à Bayard, dans la pièce de De Belloy (*Gaston et Bayard*), le service de lui ôter ces airs de fanfaron que les autres acteurs croyaient devoir lui donner : ce héros gascon est redevenu, grâce à Talma, aussi simple dans la tragédie que dans l'histoire. Son costume dans ce rôle, ses gestes simples et rapprochés, rappellent les statues de chevaliers qu'on voit dans les anciennes églises, et l'on s'étonne qu'un homme qui a si bien le sentiment de l'art antique sache aussi se transporter dans le caractère du moyen âge...

« On peut trouver beaucoup de défauts dans les pièces de Shakspeare adaptées par Ducis à notre théâtre; mais il serait bien injuste de n'y pas reconnaître des beautés du premier ordre; Ducis a son génie dans son cœur, et c'est là qu'il est bien. Talma joue ses pièces en ami du beau talent de ce noble vieillard. La scène des sorcières, dans *Macbeth*, est mise en récit dans la pièce française. Il faut voir Talma s'essayer à rendre quelque chose de vulgaire et de bizarre dans l'accent des sorcières, et conserver cependant dans cette imitation toute la dignité que notre théâtre exige.

> Par des mots inconnus, ces êtres monstrueux
> S'appelaient tour à tour, s'applaudissaient entre eux,
> S'approchaient, me montraient avec un ris farouche :
> Leur doigt mystérieux se posait sur leur bouche.
> Je leur parle, et dans l'ombre ils s'échappent soudain;
> L'un avec un poignard, l'autre un sceptre à la main,
> L'autre d'un long serpent serrait son corps livide :
> Tous trois vers moi ont pris un vol rapide,
> Et tous trois dans les airs, en fuyant loin de moi,
> M'ont laissé pour adieu ces mots : « Tu seras roi! »

« La voix basse et mystérieuse de l'acteur, en prononçant ces vers, la manière dont il plaçait son doigt sur sa bouche, comme la statue du silence, son regard qui s'altérait pour exprimer un souvenir horrible et repoussant; tout était combiné pour peindre un merveilleux nouveau sur notre théâtre, et dont aucune tradition antérieure ne pouvait donner l'idée...

« *Hamlet* est son triomphe parmi les tragédies du genre étranger. Les spectateurs le voient dans l'ombre du père d'Hamlet sur la scène française, l'apparition se passe en entier dans la physionomie de Talma, et certes elle n'en est pas ainsi moins effrayante. Quand, au milieu d'un entretien calme et mélancolique, tout à coup il aperçoit le spectre, on suit tous ses mouvements dans

les yeux qui le contemplent, et l'on ne peut douter de la présence du fantôme, quand un tel regard l'atteste. Lorsque, au troisième acte, Hamlet arrive seul sur la scène, et qu'il dit en beaux vers français le fameux monologue : *To be or not to be,*

> La mort, c'est le sommeil, c'est un réveil peut-être.
> Peut-être — Ah! c'est le mot qui glace, épouvanté,
> L'homme, au bord du cercueil, par le doute arrêté:
> Devant ce vaste abîme, il se jette en arrière,
> Ressaisit l'existence, et s'attache à la terre.

« Talma ne faisait pas un geste, quelquefois seulement il remuait la tête, pour questionner la terre et le ciel sur ce que c'est que la mort. Immobile, la dignité de la méditation absorbait tout son être. L'on voyait un homme, au milieu de deux mille hommes en silence, interroger la pensée sur le sort des mortels! Dans peu d'années tout ce qui était là n'existera plus, mais d'autres hommes assisteront à leur tour aux mêmes incertitudes, et se plongeront de même dans l'abîme, sans en connaître la profondeur. Lorsque Hamlet veut faire jurer à sa mère, sur l'urne qui renferme les cendres de son époux, qu'elle n'a point eu de part au crime qui l'a fait périr, elle hésite, se trouble, et finit par avouer le forfait dont elle est coupable. Alors Hamlet tire le poignard que son père lui commande d'enfoncer dans le sein maternel; mais au moment de frapper, la tendresse et la pitié l'emportent, et, se retournant vers l'ombre de son père, il s'écrie : « Grâce, grâce, mon père! » avec un accent où toutes les émotions de la nature semblent à la fois s'échapper du cœur, et, se jetant aux pieds de sa mère évanouie, il lui dit ces deux vers qui renferment une inépuisable piété :

> Votre crime est horrible, exécrable, odieux;
> Mais il n'est pas plus grand que la bonté des cieux.

« Enfin on ne peut penser à Talma sans se rappeler *Manlius*. Cette pièce faisait peu d'effet au théâtre : c'est le sujet de la *Venise sauvée*, d'Otway, transporté dans un événement de l'histoire romaine. Manlius conspire contre le Sénat de Rome; il confie son secret à Servilius, qu'il aime depuis quinze ans : il le lui confie malgré les soupçons de ses autres amis, qui se défient de la faiblesse de Servilius et de son amour pour sa femme, fille du consul. Servilius ne peut cacher à sa femme le danger de la vie de son père; elle court aussitôt le lui révéler. Manlius est arrêté, ses projets sont découverts, et le Sénat le condamne à être précipité du haut de la roche Tarpéienne.

« Avant Talma, l'on n'avait guère aperçu dans cette pièce, faiblement écrite, la passion d'amitié que Manlius ressent pour Servilius. Quand un billet du conjuré Rutile apprend que le secret est trahi, et l'est par Servilius, Manlius arrive, ce billet à la main; il s'approche de son coupable ami, que déjà le repentir dévore, et, lui montrant les lignes qui l'accusent, il prononce ces mots : « Qu'en dis-tu ? » Je le demande à tous ceux qui les ont entendus, la physionomie et le son de la voix peuvent-ils jamais exprimer à la fois plus d'impressions différentes? Cette fureur qu'amollit un sentiment intérieur de pitié, cette indignation que l'amitié rend tour à tour plus vive et plus faible, comment les faire comprendre, si ce n'est par cet accent qui va de l'âme à l'âme, sans l'intermédiaire même des paroles? Manlius tire son poignard pour en frapper Servilius, sa main cherche sans tremble de le trouver; le souvenir de tant d'années pendant lesquelles Servilius lui fut cher élève comme un nuage de pleurs entre sa vengeance et son ami.

« On a moins parlé du cinquième acte, et peut-être Talma y est-il plus admirable encore que dans le quatrième. Servilius a tout bravé pour expier sa faute et sauver Manlius; dans le fond de son cœur il a résolu, si son ami périt, de partager son sort. La douleur de Manlius est adoucie par les regrets de Servilius; néanmoins il n'ose lui dire qu'il lui pardonne sa trahison effroyable; mais il prend à la dérobée la main de Servilius, et l'approche de son cœur; ses mouvements involontaires cherchent l'ami coupable qu'il veut embrasser encore, avant de le quitter pour jamais. Rien, ou presque rien dans la pièce, n'indiquait cette admirable beauté de l'âme sensible, respectant son ami, sa longue affection, malgré la trahison qui l'a brisée. Les rôles de Pierre et de Jaffier, dans la pièce anglaise, indiquent cette situation, malgré une grande force. Talma sait donner à la tragédie de *Manlius* l'énergie qui lui manque, et rien n'honore plus son talent que la vérité avec laquelle il exprime ce qu'il y a d'invincible dans l'amitié. La passion peut haïr l'objet de son amour; mais quand le lien s'est formé par les rapports sacrés de l'âme, il semble que le crime même ne saurait l'anéantir, et qu'on attend le remords, comme après une longue absence on attendrait le retour. » (*De l'Allemagne*, c. 27.)

Après avoir lu ces pages, on ne peut s'empêcher de dire qu'un artiste, dont le talent et le génie ne peuvent laisser de traces que dans les souvenirs des contemporains, et qui emporte dans la tombe ses plus belles créations, est bien heureux de rencontrer des juges comme Mme de Staël.

TRAGÉLAPHE, animal symbolique figuré sur quelques monuments. C'est un cerf à tête humaine, saisi par un lion. On y voit l'image du chrétien attaqué par un démon.

TRAGI-COMÉDIE, dénomination autrefois appliquée aux pièces de théâtre dont l'action est sérieuse et se passe entre personnages considérables, mais n'a point un dénoûment tragique, ou est mêlée d'incidents et de personnages appartenant à la comédie. *Le Cid* et *Nicomède* de Corneille furent intitulés tragi-comédies.

TRAGIQUES (Les), titre d'une composition satirique en près de 9,000 vers, commencée par Agrippa d'Aubigné dès 1577, mais qui ne vit le jour qu'en 1616. L'ouvrage est divisé en 7 livres : dans le 1er, intitulé *Misères*, l'auteur retrace les calamités et les guerres civiles dont on désolé la France durant la dernière moitié du XVIe siècle, et qui ont été amenées par les vices des rois et des grands, qu'il flagelle dans le 2e livre, *les Princes*, et par la corruption et la bassesse des gens de justice, dont la satire est le sujet du 3e, *la Chambre dorée*. Le 4e, *les Feux*, est la peinture des persécutions exercées contre les Protestants, et le suivant, *les Fers*, celle de leurs combats et de leurs victoires. Le 6e, *Vengeances*, offre le tableau des châtiments dont Dieu a frappé sur cette terre les persécuteurs, en attendant l'expiation suprême à laquelle le poëte nous fait assister en décrivant, dans le *Jugement*, la fin du monde et le jugement dernier. D'Aubigné est en proie à une colère continuelle, qui finit par être monotone; il a des défauts qui sont un peu ceux de son temps, l'enflure, le fatras théologique, un certain mysticisme apocalyptique, mais aussi des qualités incontestables, beaucoup d'expressions fortes et bien frappées, des vers d'une large facture.

TRAHISON, HAUTE TRAHISON, termes généraux applicables aux attentats commis contre la sûreté extérieure ou intérieure de l'État. Les crimes contre la sûreté extérieure comprennent l'acte de porter les armes contre la France, les machinations, manœuvres, intelligences et correspondances coupables avec les ennemis de l'État, les communications de plans, le recel d'espions ou de soldats ennemis, toutes les actions hostiles non autorisées par le gouvernement et qui sont de nature à provoquer une déclaration de guerre ou des représailles. Les crimes contre la sûreté intérieure embrassent les attentats et complots contre le Souverain et contre les membres de sa famille, les actes tendant à troubler l'État par la guerre civile, etc. Les crimes de haute trahison étaient jugés autrefois par la Cour des Pairs; ils le sont aujourd'hui par la Haute-Cour de justice, quelquefois par les Cours d'assises. Les lois du 21 brumaire an v et du 21 prairial an VI, le décret du 16 mai 1793 pour les militaires, les art. 75 et suiv. du *Code pénal* pour les autres citoyens, en déterminent le châtiment.

TRAILLE (du latin *trahere*, tirer, traîner), mot synonyme de *bac* (V. ce mot).

TRAIN (du latin *trahere*, traîner), convoi de marchandises ou de voyageurs sur un chemin de fer. On nomme *trains de plaisir* les trains d'aller et de retour que les compagnies organisent pour les voyageurs seulement, entre un point et un autre, à prix réduits, mais dans un temps déterminé et toujours très-bref.

TRAIN, en termes de Typographie, partie de la presse sur laquelle on pose la forme, et qui se meut sous la platine. La *mise en train* est l'action de tout disposer pour le tirage d'une forme, de manière que celle-ci presse bien également sur le papier.

TRAIN, mot qui désigne le matériel roulant dont se compose un parc d'artillerie, les caissons de vivres et d'ambulance, etc. Jusqu'au Consulat, on s'était contenté de réunir au besoin les bêtes de trait et les gens d'équipage. Le général Bonaparte créa un corps spécial sous le nom de *train d'artillerie:* chaque régiment eut son train, sous les ordres d'un capitaine. Le train, primitivement formé de 38 bataillons, fut licencié en l'an IX, puis re-

constitué en 8 bataillons seulement; mais, à la fin du premier Empire, il s'était élevé à l'effrayant effectif de 30,000 hommes. Sous la Restauration, le train fut remis sur un pied nouveau; les bataillons devinrent des escadrons, dont on compta six, à 6 compagnies chacun, avec un cadre de dépôt en temps de guerre; il y eut en outre 3 compagnies du *train du génie*, en cas de guerre seulement. Le *train des équipages*, pour le transport des vivres, des effets de campement, des blessés et des malades, avait été constitué en entreprise vers 1807; il fut constitué, en 1823, en corps spécial militaire, et, après avoir été formé de 8 compagnies, fut réduit à 4 en 1821. Sous le règne de Louis-Philippe, les escadrons du train d'artillerie furent portés à 8 compagnies chacun; les compagnies du train du génie furent incorporées dans les régiments, et leurs hommes reçurent le nom de *sapeurs-conducteurs;* le train des équipages, successivement augmenté, compta 4 compagnies d'ouvriers, et 4 escadrons du train, avec 4 compagnies et un cadre de dépôt. De 1852 à 1870, il y eut : pour la garde impériale, un escadron des équipages, à 3 compagnies; pour l'armée 5 escadrons du train, et cinq compagnies d'ouvriers constructeurs. V. le *Supplément*.

TRAIN DE BOIS. V. FLOTTAGE.

TRAINE, en termes de Marine, cordage qu'on laisse pendre à la mer le long du bord, pour y attacher un objet quelconque que le bâtiment *traîne* à sa suite.

TRAINEAU, sorte de voiture sans roues qu'on fait glisser, en la *traînant*, sur la glace ou sur la neige. Les traîneaux sont les seuls véhicules des régions tout à fait septentrionales, et ils servent aux fantaisies du luxe comme au transport des provisions et des marchandises. Chez les Lapons et les Kamtchadales, on y attelle des rennes et des chiens.

TRAINEAU, grand filet qu'on traîne dans les champs pour prendre des alouettes, des cailles, des perdrix, ou dans les rivières pour prendre du poisson.

TRAIT, autrefois *traict* (du latin *tractus*, formé de *trahere*, tirer), toute arme qu'on lance à la main, ou avec l'arc et l'arbalète.

TRAIT, ligne qu'on trace avec le crayon, la plume ou tout autre instrument, et qui marque seulement le contour des objets. Les *dessins au trait* prennent en Architecture le nom d'*épures* (V. ce mot).

TRAIT, en termes de Musique, suite de notes rapides exécutée sur un instrument ou avec la voix. Ce mot se dit aussi d'une phrase mélodique, et d'une succession brillante d'harmonie.

TRAIT, en termes de Plain-Chant, psaume ou partie de psaume qu'on chante après le Graduel, en remplacement de l'Alleluia, dans les messes de l'Avent, du Carême, et des Morts. Ce morceau de chant tire son nom de la manière en quelque sorte traînante dont on doit l'exécuter. Il est toujours écrit dans le 2e ou dans le 8e ton. — *Trait* a été encore synonyme de *Plique* (V. ce mot).

TRAIT, en termes de Blason, se dit des carreaux de l'échiquier. L'échiquier est ordinairement de 6 traits; quand il y en a moins, on précise le nombre.

TRAIT, en termes de Marine, est synonyme de *voile*. On dit, par exemple, *aller à traits et à rames*. Un *trait carré* est un bâtiment dont les voiles principales sont carrées.

TRAIT D'UNION, signe d'écriture marquant la liaison entre plusieurs mots qui n'en forment plus qu'un ou qui sont accidentellement rapprochés : *chef-d'œuvre*, *tragi-comédie*, *vient-il*, etc.

TRAITANTS. V. PARTISANS, dans notre *Dictionnaire de Biographie et d'Histoire*.

TRAITE, lettre de change que les banquiers tirent sur leurs correspondants.

TRAITE (Droits de). } V. notre *Dictionnaire de Bio-
TRAITE FORAINE. } graphie et d'Histoire*.
TRAITE DES NOIRS. }

TRAITÉ, ouvrage où l'on *traite* de quelque art, de quelque science particulière : *Traité de botanique, Traité des pierres précieuses*, etc.

TRAITÉ, convention faite entre deux ou plusieurs États pour le rétablissement de la paix, la conclusion d'une alliance, un échange, une cession ou un partage de territoire, pour des intérêts de commerce, et propriété littéraire, etc. Les anciens Romains distinguaient le *traité d'amitié*, qui avait pour objet le maintien de la paix et la protection du commerce; le *traité d'alliance*, qui n'obligeait pas seulement au maintien de la paix, mais qui imposait une assistance active dans la guerre; le *traité d'isopolitie*, qui établissait une sorte d'égalité politique entre le Romain dans le municipe et le citoyen du municipe dans Rome ; le *traité d'hospitalité*, qui unissait entre eux soit de simples particuliers, soit des cités entières. *V.* Dumont, *Recueil des traités de paix*, *d'alliance, de commerce*, etc., Amst., 1710, 2 vol.: Rousset, *Recueil historique d'actes, négociations, mémoires et traités de paix*, La Haye, 1728-52, 25 vol. in-12 ; Koch, *Table des traités entre la France et les puissances étrangères*, Bâle, 1802, 2 vol. in-8° ; Martens, *Recueil de traités de paix, d'alliances, de trêves, de neutralité, de commerce*, etc., depuis 1761, Paris, 1857, 47 vol. in-8° ; Schœll, *Histoire abrégée des traités de paix*, 1832, 23 vol. in-8° ; Hoffmans, D'Hauterive et de Cussy, *Recueil des traités de commerce et de navigation de la France avec les puissances étrangères*, 1834-44, 10 vol. in-8° ; Garden, *Histoire générale des traités de paix et autres transactions générales entre toutes les puissances de l'Europe*, 1848 et suiv., 20 vol. in-8° ; Ghilland, *Recueil des traités de paix européens les plus importants*, trad. en français par Schnitzler, 1856, 2 vol. in-8°.

TRAITEMENT, émoluments accordés par l'État aux fonctionnaires publics. Il est saisissable pour un cinquième sur les premiers 1000 fr., un quart sur les 5000 fr. suivants, et un tiers sur ce qui dépasse 6000 fr.

TRAITEURS. *V.* Cuisiniers.

TRAJAN (Rempart de). *V.* Murailles, dans notre *Dictionnaire de Biographie et d'Histoire*.

TRAJANE (Colonne). *V.* Colonnes monumentales, dans notre *Dictionnaire de Biographie et d'Histoire*.

TRAMAIL. *V.* Hallier.

TRAMONTANE, nom donné par les Italiens au vent du Nord, qui leur vient d'au delà des Alpes (*trans montes*). On l'applique aussi à l'étoile polaire, qui indique le côté du Nord : de là l'expression *perdre la tramontane*, pour dire *s'égarer*, parce que les marins s'orientent à l'aide de l'étoile polaire.

TRANCHE, bord extérieur de l'épaisseur d'une médaille.

TRANCHÉ (Le), terme de Blason, une des *partitions* de l'écu qui le divise diagonalement de droite à gauche.

TRANCHÉE, ouverture pratiquée dans la terre pour asseoir les fondations d'un mur, placer des conduits pour les eaux ou le gaz, planter des arbres, faire un fossé, etc. En Architecture, on nomme *tranchée de mur* une entaille faite dans un mur pour y encastrer l'extrémité d'une poutre ou un tuyau de cheminée. En termes d'Art militaire, les tranchées sont des fossés que les assiégeants creusent pour se mettre à couvert du feu de la place qu'ils attaquent, et dont les terres, jetées du côté de cette place, forment un parapet (*V.* Parallèles) ; par extension, le mot s'applique au rempart qu'on fait avec des fascines, des gabions, des sacs remplis de laine ou de terre, quand le terrain est de roche ou difficile à creuser.

TRANCHEFILE, petit rouleau de papier ou de parchemin, recouvert de soie ou de fil, que les relieurs mettent aux extrémités du dos d'un livre pour soutenir la coiffe.

TRANCHOIR, table carrée qui fait le couronnement du chapiteau des colonnes.

TRANCHOIR. *V.* Pain-assiette.

TRANGLES, terme de Blason. *V.* Burelle.

TRANSACTION, en latin *Transactio* (de *transigere*, négocier, s'arranger), contrat par lequel les parties terminent une contestation née ou préviennent une contestation à naître. Ce contrat doit être rédigé par écrit, soit dans la forme authentique, soit sous seing privé. Pour transiger, il faut avoir la capacité de disposer des objets dont il est fait mention dans l'acte. Les transactions ont, entre les parties, l'autorité de la chose jugée en dernier ressort ; elles ne peuvent être attaquées pour cause d'erreur de droit, ni pour cause de lésion, mais l'erreur de calcul qui y serait intervenue doit être réparée. Il y a lieu à rescision, lorsqu'il y a erreur dans la personne ou sur l'objet de la contestation, lorsque la transaction a été faite sur un titre nul ou dans l'ignorance d'un titre nouveau caché par l'une des parties, enfin dans le cas de dol ou de violence. *V.* le *Code Napoléon*, art. 2044-58 ; Marbeau, *Traité des Transactions*, 1833, in-8° ; Rigal, *Traité des Transactions*, 1834, in-8° ; Troplong, *Commentaire du titre du Mandat, du Cautionnement et des Transactions*, 1841, 2 vol. in-8°.

TRANSACTIONS PHILOSOPHIQUES, célèbre recueil mensuel, publié par la Société royale de Londres, et composé surtout de Mémoires et d'Observations sur les sciences mathématiques et naturelles. La plupart des pièces sont en anglais, et quelques-unes en latin. La publication commença en 1665. Elle était annuelle. Interrompue plusieurs fois au XVIIIe siècle, elle a été reprise régulièrement, et compte auj. (1862) 151 vol. in-4°.

TRANSCENDANTALE (Philosophie). Doctrine philosophique qui recherche ce que l'homme apporte du sien dans la connaissance des objets ; sa méthode est *critique*, elle examine. Elle s'occupe du sujet, tandis que la *philosophie transcendante* s'occupe de l'objet, c.-à-d. de toute connaissance qu'on peut obtenir sans l'expérience. La *philosophie transcendantale* tend à réduire l'esprit humain à lui-même, la science à un seul de ses termes essentiels, le *sujet*, à mettre en doute la nature et Dieu, et enfin à les tirer du *moi*, comme on le voit dans Fichte. Kant est l'auteur de cette philosophie, dont il a exposé les principes dans la *Critique de la raison pure*. Cet ouvrage contient la théorie de la sensibilité pure, celle de l'entendement pur, celle de la raison pure. Par elles repose toute la philosophie transcendantale. La première traite du mode de génération des objets sensibles, de l'espace, et du temps ; ceux-ci sont les deux formes de la sensibilité, *subjectives*, dont l'entendement revêt les êtres et les faits, qui ne sont que des *phénomènes*. La 2e est la *logique transcendantale*, divisée en deux parties : l'une s'occupe du mode de génération des lois universelles qui règlent les objets sensibles, des catégories ou formes de la pensée, reposant sur les quatre formes de nos jugements : *quantité, qualité, relation, modalité ;* Kant nomme cette partie de sa logique *Analytique*, parce qu'elle consiste dans une analyse des fonctions de l'entendement. L'autre, nommée *Dialectique transcendantale*, a pour objet le mode de génération des objets intelligibles, les idées transcendantales, les paralogismes, les antinomies et l'idéal de la raison pure. Les preuves spéculatives de l'existence de Dieu, preuves qu'il est conduit à rejeter. Kant joint à ce qui précède une *Méthodologie transcendantale*, qui a pour but de déterminer les conditions formelles d'un système complet de la raison pure. La conclusion générale de la *philosophie transcendantale*, pour Kant, c'est que nous ne pouvons affirmer la réalité objective de rien. Elle aboutit au scepticisme. — Cette doctrine de Kant manquait de rigueur ; Fichte, son disciple, poussa la philosophie transcendantale à ses dernières conséquences, dans sa *Théorie de la science*. Pour lui, plus d'élément objectif ; tout est déduit d'un seul terme de la connaissance, du sujet. La Nature et Dieu ne sont que des développements du *moi ;* le *moi* est seul principe, il crée tout, il se crée lui-même. La philosophie transcendantale devint ainsi l'*idéalisme subjectif absolu,* dont les conséquences montrèrent toutes les erreurs renfermées dans le principe. Les successeurs de Kant et de Fichte la modifièrent et la transformèrent ensuite. Schelling, qui avait paru l'accepter d'abord dans son premier écrit : *Du moi comme principe de la philosophie,* y renonça bientôt, et du scepticisme de Kant elle arriva au dogmatisme de Schelling et de Hegel. La philosophie inaugurée par Kant, malgré ses défauts, imprima à l'Allemagne un immense mouvement philosophique et littéraire ; elle fut la pensée mère des grands travaux qui signalèrent ce pays à la fin du XVIIIe siècle et le commencement du nôtre. *V.* J. Willm, *Histoire de la philosophie allemande depuis Kant jusqu'à Hegel,* 4 vol. in-8°, Paris, 1849 ; et, dans le présent Dictionnaire, l'art. Allemande (Philosophie). R.

TRANSCRIPTION, en termes de Pratique et de Commerce, action d'insérer dans un acte un autre acte, un jugement ou un arrêt, de transporter sur un autre livre un article ou un compte. La *transcription hypothécaire* est le report intégral d'un acte translatif de la propriété d'immeubles sur le registre du conservateur des hypothèques de l'arrondissement où sont situés ces immeubles : le contrat de vente est parfait entre les parties par le seul effet de leur consentement, mais il n'a d'effet à l'égard des tiers qu'après la transcription. Cette formalité a pour but de prévenir certains abus : ainsi, un propriétaire ne peut plus vendre et se faire payer plusieurs fois le même immeuble ; il ne peut hypothéquer un immeuble déjà vendu. L'antichrèse, la concession d'une servitude, les baux de plus de 18 ans, les quittances anticipées de 3 années de loyer ou de fermages, ont été soumis à la transcription, en vertu d'une loi du 23 mars 1855. *V.* Bourne, *Transcription hypothécaire, Commentaires sur la loi du 23 mars 1855,* in-8° ; Hervieu, *Interprétation de la loi du 23 mars 1855 sur la Transcription hypothécaire,* 1856, in-8° ; Lemarcis, *Commentaire de la loi sur la Transcription,* 1855, in-8° ; Lesenne, *Commentaire théorique et pratique de la loi du 23 mars 1855 sur la Transcription hypothécaire,*

1856, in-8°; Rivière et François, *Explication de la loi du 23 mars 1855 sur la transcription en matière hypothécaire*, et *Questions théoriques et pratiques sur la transcription hypothécaire*, 1856, in-8°; Troplong, *Transcription en matière hypothécaire*, 1856, in-8°; Mourlon, *Traité théorique et pratique de la transcription*, in-8°.

TRANSEPT (du latin *trans*, au delà, et *septum*, enceinte), nef transversale qui, dans une église, sépare du chœur la grande nef et les bas côtés, et forme les deux bras d'une croix dont le chœur et la nef sont le montant. Le transept est aussi appelé *croisée*; ses deux extrémités ont reçu les noms de *transepts* (par abus), d'*ailes de croix*, *branches de croix*, et *croisillons*. L'*intertransept* est le centre du transept. Le transept se termine d'ordinaire carrément, parfois en abside ou en hémicycle. Certaines églises ont deux transepts, de sorte que leur plan représente une croix archiépiscopale. On trouve quelquefois, comme à l'église de La Charité-sur-Loire, un transept dans la chapelle de la Sainte Vierge.

TRANSFERT, acte par lequel on déclare transférer à une autre personne la propriété d'une rente sur l'État, d'une action de société, d'une marchandise en entrepôt, etc. Un agent de change doit certifier l'individualité du vendeur de rentes, la vérité de sa signature et des pièces produites, et en demeure garant pendant 5 ans après la déclaration de transfert.

TRANSIT. *V.* Douanes.

TRANSITIF, nom donné par les grammairiens modernes aux verbes qui marquent une action s'exerçant par le sujet sur la chose ou la personne qui sert de complément. Tous les verbes actifs et bon nombre de verbes neutres sont transitifs (*V.* Intransitif). — D'anciens grammairiens ont donné le nom de *transitifs* à certains mots ou réunions de mots servant à marquer une transition. Telles sont les conjonctions *au reste, cependant, or, après tout*, et autres de sens analogue. P.

TRANSITION (du latin *transire*, passer), en termes de Rhétorique, manière de passer d'un ordre d'idées à un autre, de lier ensemble les parties d'un discours. Les transitions ne sont pas des conjonctions grammaticales, mais de petites phrases pour ainsi dire copulatives, dont on se sert pour enchaîner l'une à l'autre plusieurs pensées. On ne peut y réussir qu'après avoir sérieusement médité son sujet, de manière à embrasser d'un coup d'œil toutes les parties et à en voir les rapports. P.

TRANSITION (Style de), nom donné en Architecture au style intermédiaire entre le roman et le gothique, et dans lequel se trouve un mélange de ces derniers.

TRANSITION, en termes de Musique, passage d'un ton à un autre. La *transition enharmonique* est celle dans laquelle une ou plusieurs notes, après avoir été entendues comme appartenant à un ton, sont employées comme notes d'un autre ton.

TRANSITORIUM, nom donné, dans le rit ambrosien, à l'antienne qu'on chante après la Communion.

TRANSMIGRATION DES AMES. *V.* Métempsycose.

TRANSPARENT, peinture exécutée sur toile fine enduite d'huile, ou sur papier serpente, et dont on fait ressortir les couleurs en la plaçant devant une vive lumière. Les transparents sont surtout en usage au théâtre, et pour les illuminations dans les fêtes publiques.

TRANSPORT, en termes de Jurisprudence, acte par lequel on cède à une autre personne une créance ou tout autre droit incorporel. Celui qui fait le transport est appelé *cédant*; le *cessionnaire* est celui au profit duquel l'acte a lieu. Cet acte peut être fait soit en la forme authentique, soit sous seing privé. *V.* Cession.

TRANSPORT, en termes de Marine, bâtiment affrété par le gouvernement pour porter des troupes ou des munitions. Quand l'État emploie à ce service ses propres navires, ce ne sont plus des transports, mais des corvettes de charge, des gabarres, et quelquefois des vaisseaux : on dit alors que ces bâtiments sont *armés en flûtes*. V. Flûte.

TRANSPORTATION, peine particulière à l'Angleterre, et qui consiste à être emmené dans quelque colonie lointaine. En France, elle a été une mesure politique et exceptionnelle, qui n'implique point un jugement comme la Déportation (*V. ce mot*). D'après une loi de l'an II, tout mendiant repris pour la 3e fois devait être transporté aux colonies. Après les journées de juin 1848, la transportation éloigna du pays une foule d'individus réputés dangereux. Elle fut également appliquée, depuis 1852, comme adoucissement de peine, aux condamnés renfermés dans les bagnes; on les transporte à la Guyane. La condition des transportés est régie par la loi du 4 janvier 1850 et le décret du 28 mars 1852.

TRANSPOSITION, en termes de Musique, changement par lequel un morceau est porté dans un ton différent de celui dans lequel il a été écrit. Une personne transpose naturellement et sans le remarquer, quand elle place l'air qu'elle chante dans la position la plus favorable à sa voix. Mais l'opération de l'instrumentiste qui accompagne ou joue un morceau en transposant est beaucoup plus compliquée; car elle consiste à faire d'autres notes que celles qui sont écrites, à introduire ou à supprimer des accidents, à faire des dièses là où sont indiqués des bémols, et réciproquement. Il est un moyen de simplifier cette opération : c'est de supposer une autre clef que celle qui est placée au commencement des portées, et de choisir celle qui correspond au ton dans lequel on veut transposer. Toutefois, la transposition demeure une des plus grandes difficultés de la musique au point de vue de la pratique; elle exige une aptitude particulière. Les facteurs Roller, Blanchet, Pfeiffer, ont imaginé de construire des pianos qui opèrent la transposition d'une manière *mécanique*, et qu'on nomme *pianos transpositeurs*. — Un instrument est dit *transpositeur*, quand le son qu'il donne est différent de la note écrite : tels sont les clarinettes, les cors, les trompettes, les cornets à pistons. B.

TRANSPOSITIVES (Langues), langues où, les rapports des mots entre eux étant indiqués par des terminaisons spéciales, on n'est pas obligé de placer ces mots dans l'ordre analytique, comme cela est presque toujours nécessaire en français. Le système de la transposition des mots est propre à l'ancien grec et au latin. Les langues modernes, la française surtout, ne les transposent qu'avec une extrême réserve. Aucune ne peut se permettre une inversion du genre de celle-ci, qui est cependant très-modérée en latin : *Cur me querelis exanimas tuis?* et qui, rendue mot par mot, donne un assemblage de mots inintelligible : *Pourquoi me par-plaintes désoles-tu tes?* Or, la construction de la phrase latine est très-naturelle, très-claire, et même très-simple. P.

TRANSSEPT. *V.* Transept.

TRANSSUBSTANTIATION (du latin *trans*, au delà, et *substantia*, substance), changement d'une substance en une autre. Le mot ne s'applique qu'au changement miraculeux de la substance du pain et du vin en la substance du corps et du sang de N. S. Jésus-Christ dans l'Eucharistie, par la vertu des paroles sacramentelles du prêtre. C'est un des dogmes de l'Église catholique.

TRAPÈZE, appareil de gymnastique, composé d'une barre de bois suspendue horizontalement par deux cordes, et sur laquelle on se livre à des exercices de force et d'adresse.

TRAPÉZITES. *V.* ce mot dans notre *Dictionnaire de Biographie et d'Histoire*, au Supplément.

TRAPPE (du bas latin *trappa*, dérivé de *trabs*, poutre), sorte de porte posée horizontalement sur une ouverture à rez-de-chaussée ou au niveau d'un plancher; — fenêtre qui se hausse et se baisse dans une coulisse.

TRAPPE, trou que l'on fait en terre, et que l'on couvre soit d'une bascule, soit de branchages et de feuillages, pour y faire tomber les bêtes fauves. De là le nom de *Trappeurs* donné dans l'Amérique du Nord aux chasseurs de profession.

TRAQUENARD (contraction de *traque-renard*), piége en forme de trébuchet, que l'on tend pour prendre les renards, les loups, les belettes et autres bêtes nuisibles.

TRAQUENARD, nom d'une ancienne danse dont les pas, prompts et mal réglés, étaient accompagnés de mouvements particuliers du corps. Le mot venait du *trac* ou mouvement de la haquenée.

TRAVAIL, action suivie, dirigée vers un but. Les Économistes définissent le travail « la puissance de l'homme appliquée à la Production. » L'ouvrier qui sait son métier a en réserve un capital; son métier ne lui suffit pas pour vivre; il faut qu'il applique cette science à la production; il faut qu'il travaille Le savant a un riche capital de science; mais ce capital est un bien inutile à la société et au savant lui-même, tant qu'il n'en use pas : il faut que par son travail il produise. Le travail est donc la mise en œuvre, par l'activité de l'homme, de ses facultés physiques et morales. Il est un des instruments directs de la Production; il en est l'élément moral, puisqu'il est l'intervention de la personnalité humaine.

L'homme est subordonné en partie au capital. S'il est vrai de dire que plus il y a de capitaux dans une nation, plus il y a de produits et de richesse, il n'est pas également vrai de dire que plus il y a d'hommes, plus il y a de travail et de richesse. Pour qu'un homme puisse employer ses bras, il faut qu'il y ait un capital qui lui en fournisse les moyens. On peut donc dire : il faut que les hommes dans le passé aient eu la prévoyance de travailler et d'épargner, pour que les hommes puissent travailler dans le présent. Il y a toujours au fond de cette doctrine un profond enseignement moral. Il s'ensuit que la population doit se proportionner dans un pays à la quantité de travail qui peut lui être fournie; et, comme le chiffre des naissances est presque toujours plus élevé que les moyens de subsistance ne le comportent, il arrive que, dans presque toutes les sociétés, il y a un grand nombre de malheureux, et que la mort se charge de rétablir l'équilibre. De là cette conséquence : multipliez les produits, et la population augmentera.

Un des moyens les plus puissants pour multiplier les produits est la *division du travail*. « C'est, dit Rossi, le grand levier de l'industrie moderne. » Une carte à jouer subit environ soixante-dix opérations avant d'être livrée à la consommation; toutes ces opérations sont d'une grande simplicité; chaque ouvrier n'est chargé d'en exécuter qu'une, deux ou trois au plus, et répète sans cesse le même travail, dans lequel il acquiert beaucoup d'habileté. Trente ouvriers font ainsi par jour 15,000 cartes : soit environ 500 cartes par ouvrier. Combien en ferait un ouvrier, s'il devait tout exécuter seul, depuis la fabrication du carton jusqu'à l'empaquetage des jeux? — La division du travail est souvent limitée par l'étendue du marché. A la campagne, l'épicier sera à la fois droguiste, pharmacien, marchand de nouveautés. Dans une grande ville, un marchand ne tiendra qu'un seul genre d'articles, parce qu'il aura un débit suffisant; le consommateur aura la marchandise à meilleur marché et en meilleure qualité. Aussi la division du travail ne peut-elle pas être prescrite par les règlements administratifs; c'est à la concurrence des producteurs à l'établir dans les limites possibles. — La *liberté du travail* est une des conditions importantes de la production, et les corporations d'arts et métiers qui existaient avant 1789 étaient autant d'entraves au développement de l'industrie (*V*. Arts et Métiers).
L.

TRAVAIL (Droit au), une des fausses doctrines que le Socialisme (*V. ce mot*) a mises en circulation pour agiter la multitude. C'est le droit qu'aurait tout individu sans occupation d'exiger de l' .tat un travail salarié. Admis plus ou moins implicitement dans les Constitutions de 1791 et de 1793, il fut proclamé par les décrets du 26 et du 28 février 1848. On a été amené ainsi à la création des *Ateliers nationaux* (*V. ce mot*), et à l'insurrection de Juin de la même année. *V*. Proudhon, *Le Droit au travail et le Droit de propriété*, 1848 et 1850; Léon Faucher, *Du Droit au travail*, 1848.

TRAVAIL (Organisation du), une des utopies socialistes destinées à éteindre la misère parmi les hommes. Elle a pour base l'égalité des salaires, et pour condition essentielle la direction universelle de l'industrie par l'État. *V*. Communisme, Fouriérisme, Icarie, Phalanstère, Saint-Simonisme; et Louis Blanc, *Organisation du travail*, 1830 et 1850; Michel Chevalier, *Lettre sur l'organisation du travail*, 1840; Du Puynode, *Des lois du travail et des classes ouvrières*, 1845, in-8°; Wolowski, *De l'organisation du travail*, 1848.

TRAVAUX (Les) et les Jours. *V*. OEuvres et Jours.

TRAVAUX FORCÉS, peine afflictive et infamante qui a remplacé les galères. Les hommes qui y sont condamnés, et que l'on nomme *forçats*, subissaient préalablement autrefois une exposition publique (*V*. Exposition). Ils sont employés aux travaux de l'État les plus rudes et les plus pénibles; ils traînent à leurs pieds un boulet, ou, lorsque la nature des travaux le permet, ils sont attachés deux à deux par une chaîne. Ils subissent leur peine dans les bagnes (*V. ce mot*), et, depuis la loi du 30 mai 1854, dans les colonies pénitentiaires. Les femmes et les filles subissent la peine dans une maison de force. Les travaux forcés sont à perpétuité ou à temps (5 ans au moins et 20 ans au plus); les premiers, avant 1854, entraînaient la *mort civile* (*V. ce mot*); les seconds emportent la *dégradation civique* et l'*interdiction légale* (*V. ces mots*). *V*. Libérés.

TRAVAUX PUBLICS, travaux qui intéressent la généralité des habitants du pays. Ce sont les routes, les chemins de fer, les cours d'eau navigables, les usines situées sur les cours d'eau, la police du roulage et de la navigation, les ports de commerce, les phares, les monuments publics, les dessèchements de marais, les mines et minières, etc. *V*. Agriculture (Ministère de l').

TRAVAUX PUBLICS, peine infligée aux militaires coupables de désertion. Les condamnés sont employés à des travaux militaires ou civils : ils ne portent ni chaînes ni fers; leurs vêtements ne doivent point avoir la couleur de ceux de l'armée; ils reçoivent le pain militaire, et une ration de riz ou de légumes secs.

TRAVÉE (du latin *trabs*, poutre), espace compris entre deux poutres et qui est rempli par un certain nombre de solives. On nomme *travée de comble*, la distance d'une ferme à l'autre sur deux ou plusieurs pannes; *travée de balustres*, un rang de balustres entre deux colonnes ou piédestaux; *travée de grille*, un rang de barreaux entre deux pilastres. Dans un pont, les *travées* sont les parties de la charpente qui forment les arches et supportent le tablier. En Architecture religieuse, on appelle *travée* chacune des divisions d'une nef d'église : elle comprend l'espace qui se trouve entre deux piliers, y compris la moitié de chaque pilier, et se compose, en élévation, de l'arc principal, de la galerie ou triforium, de la haute fenêtre et de la voûte.

TRAVERS (Droit de). *V*. notre *Dictionnaire de Biographie et d'Histoire*.

TRAVERS, en termes de Marine, côté d'un navire dans toute l'étendue comprise entre la poupe et la proue. *Mettre en travers*, c'est mettre en panne ou à la cape.

TRAVERSE, pièce de bois ou de métal que l'on met en travers à certains ouvrages pour les assembler ou les affermir.

TRAVERSE, nom donné, dans la Fortification, à des espèces d'épaulements qu'on élève entre des ouvrages, surtout dans les chemins couverts, pour qu'ils ne soient pas enfilés par les boulets de l'ennemi. Les soldats se mettent à l'abri derrière les traverses.

TRAVERSIN, en termes de Marine, se dit des pièces de bois posées en travers de la charpente d'un bâtiment. Ainsi, on nomme *traversin des bittes* une forte pièce de bois qui croise horizontalement les deux montants des bittes, afin de les lier l'une avec l'autre; *traversin d'écoutille*, un morceau de bois volant qui traverse l'écoutille par le milieu afin de la soutenir; *traversins de hune*, des pièces de charpente fixées en travers sur les élongés des mâts, et sur lesquelles reposent les hunes, etc.

TRÉBUCHET (de *trébucher*), piège à prendre les petits oiseaux. C'est une sorte de cage, dont la partie supérieure est couverte de grain et arrêtée si délicatement, que l'oiseau, en se posant, fait partir un ressort, et se trouve enfermé dans la cage.

TRÉBUCHET, engin de guerre du moyen âge. C'était une machine de jet, composée d'une verge ou flèche tournant autour d'un axe horizontal porté sur des montants : à l'une des extrémités de la verge on fixait un contrepoids, et à l'autre une fronde qui contenait le projectile. Pour bander la machine, c.-à-d. pour abaisser la verge, on se servait d'un treuil. Une machine de ce genre fut exécutée en 1850 par ordre du prince Louis-Napoléon, alors président de la République; la flèche avait 10m,30, le contre-poids était de 4,500 kilogr. : on lança un boulet de 24 à la distance de 175m, une bombe de 0m,22 remplie de terre, à 145m, des bombes de 0m,27 et de 0m,32 remplies de terre, à 120m.

TRECANUM, nom donné, dans les premiers siècles de l'Église, à un chant exécuté par le chœur pendant qu'on distribuait la Communion. On ne sait en quoi il consistait : c'était peut-être le Symbole des Apôtres, par lequel on exprimait la foi en la *Trinité*, ou simplement un répons à *trois* versets.

TRÈFLE, une des quatre couleurs des cartes, ainsi nommée de la feuille de trèfle qu'elles portent.

TRÈFLE, ornement d'Architecture imité de la feuille de trèfle. On nomme *trèfles de moderne*, dans les constructions ogivales, de petites roses à jour, formées par trois arcs en tiers-point.

TRÈFLE, en termes de Blason, figure du trèfle posée sur un écu et arrêtée d'une croix. On dit une *croix tréflée*, une *croix cantonnée de trèfle*.

TRÉFONDS (du latin *terra fundus*, le fonds du sol), fonds qui est sous le sol et qu'on possède comme le sol même. On appelle *tréfoncier* le propriétaire du fonds et du tréfonds.

TREILLE, terme de Fortification. *V*. Galerie.

TREILLES (Les), *las Treilhas*, danse du pays de Montpellier, exécutée par 8 à 12 couples de femmes, vêtues de blanc, avec des ceintures bleues pour la moitié des danseuses, roses pour les autres. Les danseuses portent des fragments de cerceaux, garnis de mousseline blanche et de nœuds bleus ou roses, dont elles tiennent les extrémités à la main. Elles exécutent des évolutions variées, pendant lesquelles les deux troupes se mêlent sans se confondre.

TREILLIS, ouvrage de bois ou de métal qui imite les mailles en losange d'un filet et qui sert de clôture.

TREILLIS, châssis divisé en compartiments ou carreaux, et qui sert à copier des tableaux qu'on veut porter à des dimensions plus grandes ou plus petites. V. CARREAUX.

TREIZIÈME, en termes de Musique, intervalle composé d'une octave et d'une sixte. Il comprend 13 tons et demi-tons.

TREKSCHUYTES (du hollandais trekken, tirer), barques pontées en usage sur les canaux de la Hollande, tirées par des chevaux, et servant au transport des voyageurs. Elles ont de 12 à 18m de longueur, et de 2 à 4m de largeur.

TRÉLINGAGE, gros filin qui attache les bas haubans de bâbord avec ceux de tribord.

TRÉMA (du grec tréma, trou), signe d'accentuation formé de deux points, que l'on place sur les voyelles e, i, u, lorsque, suivant une autre voyelle, elles doivent être prononcées séparément : Saül, ciguë, naïf. On ne l'emploie pas s'il peut être remplacé par l'e fermé : Chloé, poésie,

TRÉMAIL. V. HALLIER.

TREMBLANTS. V. BEDOUZES.

TRÉMIE (Bande de). V. BANDE.

TREMOLO, mot italien qui signifie tremblement. Il désigne, en Musique, l'effet produit sur les instruments à archet quand on fait aller et venir l'archet sur les cordes avec tant de rapidité, que les sons se succèdent sans laisser remarquer une solution de continuité. On obtient cet effet sur le piano, en frappant au moins deux touches alternativement et avec une grande célérité.

TREMPLIN (de trembler), planche inclinée et très-élastique, sur laquelle les gymnasiarques courent pour se donner de l'élan et faire des sauts.

TRÉNITZ, une des figures de la contredanse, ainsi nommée d'un M. de Trénitz, beau danseur de société, du temps du Directoire.

TRENTE-ET-QUARANTE, jeu de cartes où l'on se sert de 6 jeux entiers, mêlés ensemble, ce qui fait en tout 312 cartes. Il y a un banquier et des pontes ou joueurs. Sur la table sont deux cartons, l'un rouge, l'autre noir, où les joueurs mettent leurs enjeux. Le banquier, jouant d'abord pour la noire, découvre l'une après l'autre un certain nombre de cartes, jusqu'à ce qu'elles aient dépassé le nombre 30 et sans aller au delà de 40 (l'as compte pour 1, les figures pour 10, les autres cartes pour les points qui y sont marqués). La même opération a lieu ensuite pour la rouge. La couleur la plus favorable est 31, et ensuite celui qui en approche davantage. Le banquier double les mises de la couleur gagnante, et ramasse les enjeux mis sur l'autre couleur. Si le nombre 31 est amené, la moitié des enjeux appartient au banquier, et, au coup suivant, il ne court le risque d'aucune perte, parce que les joueurs qui gagnent à ce coup retirent simplement leur enjeu. En cas d'égalité de points, le coup est nul. — Le jeu de Trente-et-quarante avait remplacé, un peu avant 1789, le Pharaon et le Biribi. La ferme des jeux l'exploita concurremment avec la Roulette. Il est prohibé aujourd'hui.

TRENTE-ET-UN, jeu où l'on se sert, suivant le nombre des joueurs, d'un ou de plusieurs jeux de piquet. Chaque joueur reçoit une à une trois cartes, et, à chaque tour, celui qui donne en retire une. Si l'un des joueurs a dans ses cartes le nombre 31, il arrête le jeu; sinon, chaque joueur échange une de ses cartes contre une des cartes retournées, jusqu'à ce que le jeu ait été arrêté : on abat alors les cartes, et celui qui a le point le plus faible perd un jeton.

TRÉON, voile de forme carrée que les navires latins hissaient pendant le mauvais temps à la place de leurs voiles latines; c'est le tref des vieux documents.

TRÉPIE; ancien nom du triangle (V. ce mot).

TRÉPIED. V. ce mot dans notre Dictionnaire de Biographie et d'Histoire.

TRESCHEUR, en termes de Blason, une des pièces honorables de l'écu. Il est fait comme un filet mis en orle, et est ordinairement double.

TRE-SETTE ou TROIS-SEPT (Jeu de), jeu de cartes d'origine italienne, ainsi appelé à cause de l'importance qu'on y donne aux nombres 3 et 7. Il se joue entre 4 joueurs associés deux à deux, avec un jeu entier dont on a extrait les 8, les 9 et les 10. La plus forte carte du jeu est le 3; viennent ensuite le 2, l'as, le roi, la dame, le valet, le 7, le 6, le 5 et le 4. Les cartes sont partagées entre les joueurs, qui en reçoivent chacun dix en trois fois. La

partie est de 21 points, qui résultent des points qu'on a dans la main et des levées qu'on fait en jouant. Le 3, le 2 et l'as d'une même couleur forment une napolitaine, et valent trois points. Une napolitaine suivie de trois cartes pareilles s'appelle calladon; suivie de sept cartes de même couleur, elle est dite calladondrion; l'une et l'autre font gagner d'emblée. On compte un point pour chacune des cartes qui font une séquence à la napolitaine. On marque trois points pour trois 3, ou trois 2, ou trois as; 4 pour trois sept; 1 pour trois rois, ou trois dames, ou trois valets, ou trois 6, ou trois 5. Trois figures, de quelque couleur qu'elles soient, valent un point; les 3 et les 2 comptent comme les figures et se mêlent avec elles. Chacun des as compte pour un point. Chaque levée vaut aussi un point; la dernière en vaut deux. Si les associés parviennent au nombre 21 avant que leurs adversaires aient marqué 11, la partie leur est payée double.

TRÉSOR (du latin thesaurus), mot qui se dit vulgairement d'un amas d'or, d'argent ou d'autres choses précieuses mises en réserve, et que le Code Napoléon définit « toute chose cachée ou enfouie sur laquelle personne ne peut justifier de sa propriété, et qui est découverte par l'effet du hasard. » En ce dernier sens, le trésor appartient à celui qui l'a découvert dans son propre fonds; s'il est trouvé par un tiers dans le fonds d'autrui, il est partagé entre celui qui l'a découvert et le propriétaire du fonds. — Trésor se dit aussi du lieu où les choses précieuses sont renfermées. — Le Trésor public est l'endroit où l'on renferme les sommes provenant des impôts et autres revenus de l'État. Dans l'Antiquité, on donnait le nom de Trésor à certaines parties secrètes des temples, et à des temples tout entiers, qui servaient de trésors publics, comme à Athènes, par exemple, les temples de Jupiter Sauveur et de Plutus; à Rome, le temple de Saturne, etc. — Enfin au moyen âge, dans certaines églises cathédrales, on appela aussi Trésor une chambre ou une galerie attenant à l'église, et contenant beaucoup d'objets précieux sacrés ou profanes. Le Trésor de l'abbaye de St-Denis était célèbre dans ce genre.

TRÉSOR (Bons du). V. BONS DU TRÉSOR.

TRÉSON (Chambre du). } V. notre Dictionnaire de Biographie et d'Histoire.
TRÉSOR DES CHARTES. }

TRÉSORERIE, mot qui signifie tantôt le Trésor public ou même le Ministère des Finances, comme quand on dit en Angleterre les Lords de la Trésorerie: tantôt le mouvement des fonds qui appartiennent à l'État, comme dans ces expressions : service de trésorerie, opérations de trésorerie, etc.

TRÉSORIER, celui qui est chargé de garder, ou même de percevoir ou de distribuer les fonds d'un souverain, d'un État, ou d'un établissement quelconque. V. TRÉSORIER, dans notre Dictionnaire de Biographie et d'Histoire.

TRESQUE, terme de Blason. V. BOURRELET.

TRÈVE (de l'allemand treu, foi, promesse), convention par laquelle deux parties belligérantes suspendent pour un temps déterminé les actes d'hostilité sur tous les théâtres de la guerre (V. ARMISTICE, SUSPENSION D'ARMES). Une trève marchande est celle durant laquelle le commerce est permis entre deux États qui sont en guerre. On nomme trève pêcherie la convention de ne pas considérer, en temps de guerre, comme ennemis les navires qui font la pêche.

TRÈVE DE DIEU. V. notre Dictionnaire de Biographie et d'Histoire.

TRÈVES (Amphithéâtre de), monument romain, taillé dans le Marsberg, et déblayé par ordre du gouvernement prussien en 1817. Les uns en attribuent la fondation à l'empereur Auguste, les autres le croient postérieur à Trajan. Il est de forme elliptique, et a 75 mèt. de longueur sur 52 de largeur. Il pouvait contenir 6,000 personnes. Des portes flanquées de tours, et dont il ne reste aucune trace, y donnaient accès au N. et au N.-E.; on y entrait encore, du côté de la ville, par deux vomitoires ou passages creusés dans le roc : l'un de ces passages est actuellement fermé, l'autre sert de cave. C'est dans l'amphithéâtre de Trèves que Constantin, en 306 et en 313, livra des milliers de prisonniers franks aux bêtes féroces.

TRÈVES (La Porte noire, à), monument romain, situé au N. de la ville, et qui paraît avoir été bâti au temps de Constantin le Grand. C'est un bâtiment long de 38 mèt., large de 22, haut de 23, construit en blocs énormes posés sans ciment les uns sur les autres, et qui étaient liés autrefois par des crampons de fer dont on ne voit plus aujourd'hui que les morsures. Il a deux portails et trois étages, et est flanqué de deux tours. Au XIe siècle, la partie principale de ce monument fut transformée en église, en l'honneur d'un anachorète grec, nommé Siméon, qui s'y était tenu renfermé pendant 7 ans. A la fin du siècle dernier, les Français en firent un arsenal et un magasin. C'est aujourd'hui un musée d'antiquités.

TRÈVES (Cathédrale de). La construction de cet édifice appartient à plusieurs époques. Le vaisseau forme un carré long divisé en trois nefs. Aux deux extrémités de la nef centrale sont deux absides, occupées par deux chœurs. Les murs de la nef, depuis le chœur de l'Est jusqu'à la hauteur des avant-derniers piliers du côté de l'Ouest, sont, dit-on, de construction romaine, et auraient fait partie d'un palais d'Hélène, mère de Constantin. Le reste de l'église date du xie siècle, et est en style romano-byzantin. Au xiie on éleva les deux tours; à la fin du xviie, on accola à l'abside orientale la Rotonde ou chambre du Trésor. Un cloître du xiiie siècle est adossé au flanc méridional de l'église. Outre les tombeaux des anciens archevêques-électeurs, la cathédrale de Trèves contient beaucoup de reliques, parmi lesquelles la tunique sans couture de Jésus-Christ.

TRÉVIRE, en termes de Marine, cordage ployé en double, amarré en son milieu au sommet d'un plan incliné, et servant à faire rouler sur ce plan un corps cylindrique tel qu'une barrique, pendant que les deux bouts du cordage, un peu écartés l'un de l'autre, sont tirés ou lâchés doucement.

TRÉVIRS. V. notre Dictionnaire de Biographie et d'Histoire.

TRÉZALÉ, se dit, en peinture, d'un tableau dont la surface est couverte d'une multitude de petites fentes ou gerçures. Cet accident est ordinaire aux tableaux peints à l'huile sur une impression de détrempe, à ceux où l'on a fait entrer trop d'huile grasse, ou qui ont été exposés à l'ardeur du soleil.

TRI (Jeu de), jeu composé de 34 cartes. Il y manque le 6 de cœur, le 10, le 9 et le 8 de cœur, de trèfle et de pique, et tout le carreau, à l'exception du roi.

TRIADE (du grec trias, nombre ternaire), assemblage de trois unités, de trois personnes, de trois divinités. La Trimourti des Indiens (Brahma, Vichnou, Siva) était une triade. La mythologie égyptienne contenait un grand nombre de triades, composées chacune d'un Dieu, son épouse et de leur fils; le jeune Dieu des triades prenait le nom de Peschère ou Pekrouti (enfant, rejeton), qu'on retrouve dans celui d'Harpocrate ou Harpekroti, désignant Horus enfant. La triade thébaine, composée d'Ammon, de Mouth et de Khons, était manifestée sur la terre par une autre triade, Osiris, Isis et Horus, d'où dérivait une troisième, Horus, Isis et Malouli. Dans la ville d'Hermonthis, on adorait une triade formée de Mandou, Ritho et Harphré; à Edfou, Har-Hat, Athôr et Harsont-Tho; à Esnèh, Knouphis, Néith et Hâké; à Ombos, Serak-Ra, Athôr et Khons-Hor, Aroéris, Tsonônoufré et Pnevtho; à Memphis, Phtha, Bouto ou Ma, et Phré ou Ra (le Soleil). Chez les Grecs, il y avait la triade de Jupiter, Neptune et Pluton, celles des Grâces, des Parques, des Furies, etc.

TRIAGE (Droit de), privilège en vertu duquel les seigneurs possédaient autrefois le tiers des biens communaux.

TRIAIRE. V. ce mot dans notre Dictionnaire de Biographie et d'Histoire.

TRIAL. V. Ténon.

TRIANGLE, instrument de musique en acier, construit comme la figure appelée triangle, et dont on joue en le frappant intérieurement avec une verge de même métal. Il produit un bon effet dans la musique militaire, où il s'unit aux autres instruments de percussion; on l'emploie aussi dans quelques airs de danse. Selon Athénée (iv, 23), il est d'origine syrienne; au moyen âge, on l'appelait trépie.

TRIANON. V. Versailles, dans notre Dictionnaire de Biographie et d'Histoire.

TRIBANAU, nom que l'on donne en gallois à certaines poésies morales dont l'origine remonte aux temps druidiques, et qui sont partagées en couplets de trois vers liés par la même rime. Le mot revient à notre mot tercet.

TRIBONION (du grec tribôn, usé, vieux), nom qu'on donnait au manteau brun ou noir, souvent râpé et déchiré, que les philosophes grecs portaient par ostentation.

TRIBORD ou STRIBORD, côté droit d'un navire, en regardant de l'avant à l'arrière. Le mot est une corruption de dextribord, côté droit, ou de styrbord ou starboard, côté du gouvernail, parce qu'autrefois le gouvernail était à droite. V. Babord.

TRIBRAQUE (du grec treis, trois, et brakhus, bref), pied de la versification grecque et latine, composé de

trois brèves, comme ănĕmŭs en grec, et ănĭmă en latin. On l'appelle aussi Brachysyllabe. Ce pied, étant l'équivalent de l'iambe (⏑ —, ⏑ ⏑ ⏑) et du trochée (— ⏑, ⏑ ⏑ ⏑), entrait comme substitution dans les vers iambiques et trochaïques. P.

TRIBU. V. Tribus, dans notre Dictionnaire de Biographie et d'Histoire.

TRIBULE. V. Chausse-trappe.

TRIBUN. V. ce mot dans notre Dictionnaire de Biographie et d'Histoire.

TRIBUNAL, nom donné, chez les Romains, au siège du haut duquel les tribuns rendaient la justice. Il ne s'entend plus que du siége et de la juridiction d'un ou de plusieurs magistrats. En France, on distingue, suivant la nature des matières qu'ils ont à juger, les tribunaux de simple police, correctionnels, civils, criminels, les tribunaux de commerce, les tribunaux administratifs, les tribunaux maritimes; — suivant le degré de juridiction, les tribunaux de 1re instance, les tribunaux d'appel, anc. Cours impériales, et la Cour de cassation. Les Tribunaux se classent encore en ordinaires et extraordinaires ou exceptionnels. Les tribunaux ordinaires sont ou temporaires, comme les Cours d'assises, ou permanents, comme les tribunaux de simple police, les justices de paix, les tribunaux de 1re instance civils et correctionnels, les Cours d'appel et la Cour de cassation. Les tribunaux extraordinaires sont les Conseils de guerre, les tribunaux maritimes, la Haute Cour de justice, les Conseils de discipline, les Conseils de prud'hommes, le Conseil de l'Instruction publique, etc.

TRIBUNAL CIVIL OU DE PREMIÈRE INSTANCE, juridiction établie dans chaque arrondissement pour toutes les affaires civiles et correctionnelles qui ne sont pas spécialement attribuées à d'autres tribunaux. Au civil, il connaît des affaires civiles, et même des affaires de commerce quand il n'y a pas de tribunal de commerce dans l'arrondissement; de toutes les difficultés d'exécution des jugements rendus par les juges de paix, les arbitres, les tribunaux de commerce; de celles qui naissent des condamnations civiles prononcées par les tribunaux correctionnels. Il juge en premier et en dernier ressort les affaires mobilières et personnelles jusqu'à 1,500 fr. de principal, les affaires réelles ou mixtes dont l'objet principal est 60 fr. de revenu, les affaires où les parties ont consenti à être jugées sans appel, enfin les fautes de discipline des officiers ministériels. Une des Chambres dont se compose le tribunal juge en matière correctionnelle (V. Police correctionnelle). Les fonctions du ministère public sont exercées dans chaque tribunal par un procureur de la Rép. ou par un substitut. Il y a, près chaque tribunal, un greffier et des commis greffiers.

TRIBUNAL DE COMMERCE. V. Commerce (Tribunal de).
TRIBUNAL CRIMINEL. V. Assises (Cour d').
TRIBUNAL MARITIME. V. Maritimes (Tribunaux).
TRIBUNAL MILITAIRE. V. Guerre (Conseil de).
TRIBUNAL DE POLICE. V. Police.

TRIBUNAT FRANÇAIS. V. notre Dictionnaire de Biographie et d'Histoire.

TRIBUNE. V. Rostres, dans notre Dictionnaire de Biographie et d'Histoire.

TRIBUNE, un des noms donnés anciennement à l'abside des basiliques; — lieu élevé, muni d'une balustrade, d'où le regard domine dans toute une église.

TRIBUNE (Éloquence de la). V. Politique (Éloquence).

TRIBUNITIENNE (Puissance). V. notre Dictionnaire de Biographie et d'Histoire.

TRIBUT (du latin tributum, fait de tribuere, accorder), mot qui désignait, chez les anciens Romains, l'impôt public, et qui signifie, pour les Modernes, la redevance en argent ou en nature qu'un État paye à un autre, comme signe de dépendance.

TRICÉRION, dans notre Dictionnaire de Biographie et d'Histoire.

TRICHORIE (du grec treis, trois, et koros, chœur), danse lacédémonienne, ainsi nommée de ce qu'elle était exécutée par trois chœurs, représentant les trois âges de la vie, l'enfance, la jeunesse et la vieillesse, marchant dans cet ordre. Les vieillards commençaient et chantaient :

Nous avons été jadis
Jeunes, vaillants, et hardis.

Les jeunes gens ou hommes faits, par l'Antiquité comprenait dans la jeunesse ce que nous appelons la force de l'âge, répondaient :

Nous le sommes maintenant,
A l'épreuve à tout venant.

Enfin les enfants disaient à leur tou.:

> Et nous un jour le serons
> Qui bien vous surpasserons.

La Trichorie avait été inventée par Tyrtée ; on la chantait dans presque toutes les fêtes de Sparte.

TRICINIUM, dans la basse latinité, chant à 3 parties.

TRICLINIUM. *V. ce mot dans notre Dictionnaire de Biographie et d'Histoire.*

TRICOMOS. *V.* Comos.

TRICTRAC, jeu dont le nom, formé par onomatopée, rend assez bien le bruit que font des dés agités dans un cornet et jetés sur un tablier de bois. En allemand on l'appelle *bretspiel* (jeu de tables), en italien *tavoliere*, en espagnol *tablas reales*, en portugais *jogo de tabolas.* Il se joue à deux personnes, sur un tablier divisé en deux grands compartiments carrés, que sépare une cloison moins haute que les bords. De chaque côté des bords sont 12 petits trous garnis d'ivoire, dans lesquels on place un *fichet* chaque fois que l'on a gagné 12 points ; 24 flèches, de deux couleurs différentes, sont incrustées sur le fond noir du tablier, et opposées pointe à pointe. Chaque joueur a 15 dames d'une couleur particulière ; empilées d'abord à sa gauche, elles descendent une à une ou deux à deux à chaque coup de dé. Par exemple, si les dés ont amené 5 et 6, on a la faculté d'*abattre du bois*, c.-à-d. de placer deux dames sur les flèches correspondant aux numéros 5 et 6, ou d'abattre une seule dame sur le numéro 11, ou d'avancer dans la même progression une ou deux dames déjà casées. On joue généralement la partie en 12 *trous*. Les règles et les combinaisons du trictrac sont très-variées ; les *jans* ou coups ont reçu des dénominations bizarres, *grand jan*, *petit jan*, *contre-jan*, *jan de retour*, *jan de méséas*, etc. Le double as se nomme *beset* ou *ambesas* ; le double trois, *terne* ; le double quatre, *carme* ; le double cinq, *quine* ; le double six, *sonnez* ; le double deux est innommé. Le jeu de trictrac était connu des Anciens ; les Grecs l'appelaient *Diagrammismos*, et les Romains *Duodena scripta* ; la dénomination de *jan* vient peut-être de ce que les Romains l'avaient placé sous la protection de Janus. Il fut en grande vogue au temps de Louis XIV, mais la mode en passa sous la Régence. — Il existe des variétés de trictrac : ainsi, le *Jacquet*, le *Revertier*, le *Toc*, le *Back-Gammon* ou *Toutes tables*, etc.

TRIDENT.
TRIENNAUX.
TRIENS.   } *V. ces mots dans notre Dictionnaire de Biographie et d'Histoire.*
TRIÉRARQUE.
TRIÉTÉRIDE.

TRIFORIUM, mot imaginé par les antiquaires anglais pour désigner la galerie qui s'étend au-dessus des bas côtés d'une église, parce qu'elle s'ouvre communément sur la nef par trois arcades (*tres fores*). Il n'est ni heureusement trouvé, ni très-juste. Le triforium, partie essentielle des basiliques anciennes, est rare dans les églises romano-byzantines du XIᵉ siècle ; il y est seulement indiqué par des arcades aveugles. Au XIIᵉ siècle, il reprit des proportions plus vastes, et les conserva dans certains monuments de la période ogivale, comme à Notre-Dame de Châlons, à Laon, à Paris, etc., tandis que dans d'autres il fut un simple galerie de passage, tantôt aveugle, tantôt éclairée. *V.* Galerie.

TRIGE. *V. ce mot dans notre Dictionnaire de Biographie et d'Histoire.*

TRIGÉMINÉE (Baie), baie subdivisée en six parties.

TRIGLÈNE, pierre précieuse dont on faisait des boucles d'oreilles chez les Anciens. On ne sait ce qu'elle était. On suppose qu'elle était un onyx à plusieurs couches concentriques de couleurs différentes et qui offraient l'apparence de la prunelle de l'œil (en grec *glênê*).

TRIGLYPHE (du grec *treis*, trois, et *glyphê*, gravure, rainure), ornement quadrilatéral saillant, placé à des distances égales sur la frise dorique, entre les métopes (*V. ce mot*). Il présente sur la face deux cannelures ou rainures verticales, appelées *glyphes* ou *canaux*, et, sur les côtés, deux demi-cannelures, ce qui en fait trois. Les triglyphes représentent l'extrémité des poutres transversales posées sur l'architrave.

TRIGONALE. *V.* Balle, dans notre *Dictionnaire de Biographie et d'Histoire.*

TRIGONE (du grec *treis*, trois, et *gônia*, angle), nom que les Anciens donnaient à une cithare de forme triangulaire, inventée, dit-on, par les Phrygiens, et qu'on appelait aussi *Sambuque.*

TRIHÉMIMÈRE. *V.* Césure.

TRIHÉMITON, nom donné par les anciens Grecs à l'intervalle musical de tierce mineure.

TRIHORI, ancienne danse française.

TRILITHES. *V.* Celtiques (Monuments).

TRILLE (de l'italien *trillo*, tremblement), agrément musical consistant en une succession rapide et alternative de deux notes. On dit qu'il était depuis longtemps en usage sur les instruments, lorsqu'un chanteur de la chapelle pontificale, Lucas Conforti, imagina, en 1591, de le pratiquer avec la voix : le trille, longtemps appelé improprement *cadence*, était indiqué, sur la musique écrite ou gravée, par la lettre *t*, comme aujourd'hui par *tr*. L'abus des trilles est une preuve de mauvais goût. *V.* Battement, Diable (Cadence du). B.

TRILOBÉ, en termes d'architecture, qui a trois lobes.

TRILOGIE, nom donné chez les anciens Grecs à une réunion de trois pièces dramatiques représentées dans la même séance théâtrale, et généralement liées entre elles par l'analogie plus ou moins étroite des sujets. C'est ainsi qu'on désignait par le nom collectif d'*Orestie* l'*Agamemnon*, les *Coéphores* et les *Euménides* d'Eschyle. Dans sa comédie *les Femmes aux Thesmophories*, Aristophane parle d'une autre trilogie d'Eschyle intitulée *Lycurgie*, où le poëte avait dramatiquement développé les divers incidents de la lutte du roi de Thrace Lycurgue contre les sectateurs du culte oriental de Bacchus, qu'on essayait alors d'introduire dans les pays de l'Occident : elle comprenait les pièces intitulées *les Idones*, *les Bassarides* et *les Jeunes gens*. Lorsqu'à la trilogie tragique on ajoutait un drame satyrique, cet ensemble prenait le nom de *Tétralogie* (*V. ce mot*). — Quelques dialogues de Platon présentent aussi l'apparence de trilogies ; tels sont *la République*, le *Timée*, le *Critias*, d'une part ; et, de l'autre, le *Théétète*, le *Sophiste*, le *Politique*.   P.

TRIMÈTRE, vers grec et latin de trois mesures ou *dipodies* (*V. ce mot*). Il y a des trimètres *iambiques*, *trochaïques*, *anapestiques*, etc. Pour les vers *dactyliques*, *choriambiques*, *ioniques*, le mot *trimètre* désigne, non pas trois dipodies, mais trois pieds (*V. ces différents mots*).   P.

TRIMOURTI. *V. ce mot dans notre Dictionnaire de Biographie et d'Histoire.*

TRINCADOURES, nom donné à des péniches espagnoles qui font le service de garde-côte dans le golfe de Biscaye.

TRINGLE, moulure plate qui termine le triglyphe à sa partie inférieure.

TRINITÉ (du latin *trinus*, triple), mot qui désigne, dans la Théologie chrétienne, le mystère d'*un seul Dieu en trois personnes*, le Père, le Fils et le Sᵗ-Esprit. Il représente l'unité de trois personnes diverses, distinguées réellement, et l'identité d'une nature indivisible. C'est un dogme fondamental. — Les artistes du moyen âge ont imaginé diverses *représentations* de la Trinité : c'est d'abord une main placée au-dessus de Jésus crucifié, qu'elle bénit, et dont elle est séparée par la colombe, emblème de l'Esprit saint. Ensuite, c'est un vieillard portant l'enfant Jésus sur ses genoux, et laissant échapper vers lui une colombe. Ou bien le Christ en croix est entre les genoux du Père, de la bouche duquel la colombe s'échappe avec le souffle. Sur la voûte d'une chapelle latérale, à l'église de Saint-Pol-de-Léon, une peinture représente trois faces humaines réunies par le front, ayant un nez et une bouche chacune, mais trois yeux seulement pour le tout ; on réunit à volonté les yeux deux à deux, pour chaque face prise isolément. En plusieurs lieux de la Picardie, la Trinité est représentée tantôt par deux têtes humaines ayant trois yeux, tantôt par deux têtes avec des ailes. On l'a figurée encore par trois poissons à une tête, par un triangle, par trois cercles entrelacés. Dans un manuscrit du XVᵉ siècle, conservé à la Bibliothèque impériale de Paris, trois hommes en tunique sont l'image de la Trinité : au centre, le Saint-Esprit est sous la figure d'un jeune homme sans barbe, avec un nimbe surmonté d'une colombe ; à sa droite, le Père est coiffé de la tiare et porte un globe surmonté d'une croix ; à sa gauche, Jésus-Christ tient sa croix. *V.* au *Supplément.*

TRINQUART (de l'espagnol *trincar*, trancher), petit bâtiment léger dont on se sert dans la Manche pour la pêche du hareng.

TRINQUET, nom donné dans la Méditerranée au mât de misaine des bâtiments gréés en voiles triangulaires ou latines.

TRINQUET. *V.* Paume.

TRINQUETTE. *V.* Foc.

TRINUNDINUM. *V.* ce mot dans notre *Dictionnaire de Biographie et d'Histoire.*

TRIO, morceau de musique à trois parties concertantes de voix ou d'instruments. Il peut être accompagné par d'autres parties, peu obligées, sans cesser d'être trio. Les trios de Viotti, de Kreutzer et de Baillot pour le violon ne sont à proprement parler que de belles sonates, accompagnées d'un second violon et d'un violoncelle. Mozart et Beethoven en ont composé de très-beaux pour piano, violon et violoncelle. Les trios d'instruments à vent font peu d'effet. C'est dans l'opéra bouffe que Logroscino fit le premier essai du trio d'opéra, vers 1750. Il y a des trios célèbres dans *le Mariage secret* de Cimarosa, dans *l'Italienne à Alger,* dans *la Pie voleuse* et dans *Guillaume Tell* de Rossini. — On appelle aussi *trio* la 2e partie d'un menuet ou scherzo de symphonie, après laquelle on reprend le morceau principal.   B.

TRIODION, nom donné, dans l'Église grecque, au livre de chant qui contient le Commun des Saints.

TRIOLET, petite pièce de huit vers, dont le 1er se répète après le 3e, et le 1er et le 2e après le 6e; en sorte que, de ces huit vers, il y en a trois, le 1er, le 4e et le 7e, qui ne sont qu'un seul et même vers. C'est de cette triple répétition que ce genre de poëme est appelé triolet. Le mélange des rimes n'est pas déterminé. L'idée qui forme le fond du triolet doit être agréable et gracieuse; il faut que les refrains paraissent ramenés sans effort, et plus par agrément que par nécessité. Voici un joli triolet de Ranchin, poëte peu connu :

> Le premier jour du mois de mai
> Fut le plus heureux de ma vie :
> Le beau dessein que je formai
> Le premier jour du mois de mai !
> Je vous vis, et je vous aimai.
> Si ce dessein vous plut, Sylvie,
> Le premier jour du mois de mai
> Fut le plus heureux de ma vie.

TRIOLET, en termes de Musique, groupe de trois notes pour deux.

TRIOMPHALE (Voie). }   *V.* notre *Dictionnaire de*
TRIOMPHATEUR.   }   *Biographie et d'Histoire.*
TRIOMPHE.   }

TRIOMPHE (Arc de). V. ARC DE TRIOMPHE.

TRIOMPHE (La), jeu de cartes qui se joue comme l'écarté (*V. ce mot*); seulement on n'y écarte pas, et l'on ne compte pas de point pour le roi. — Dans certains jeux, la couleur de la retourne, ou *atout,* se nomme *triomphe.*

TRIOMPHÉS (Psaumes ou Cantiques), nom que l'on donnait autrefois à certains psaumes ou cantiques, tels que le *Magnificat,* le *Benedictus,* le *Cœli enarrant,* le *Laudate Dominum,* le *Dominus regnavit,* etc., lorsque entre chaque verset on répétait l'antienne, en tout ou en partie. C'était une marque de solennité.

TRIPET, vieux mot désignant une sorte de gobelet.

TRIPHOIRE, vieux mot synonyme d'*incrusté.*

TRIPHONE, instrument de musique en forme de clavecin droit, inventé en 1810 par un certain Weidner, de Fraustadt. Pour en jouer, on mettait des gants dont les doigts étaient enduits de colophane pulvérisée, et l'on frottait les cordes de haut en bas. Le son du triphone était agréable, et ressemblait à celui de la flûte.

TRIPHTHONGUE (du grec *treis,* trois, et *phthoggos,* son), syllabe composée de trois sons qu'on fait entendre en une seule émission de voix; par exemple, *eau.* Les mots *oui, lieu, yeux,* bien qu'écrits avec trois voyelles, sont des diphthongues, parce qu'ils font entendre deux sons.

TRIPITAKA. V. INDIENNE (Littérature).

TRIPLE CANON. V. CARACTÈRES D'IMPRIMERIE.

TRIPLES (Fêtes), degré de festivité dans certains diocèses catholiques, placé au-dessous du *Solennel.* Il y avait le *triple de 1re classe* et le *triple de 2e classe.* Le mot paraît être venu de ce qu'on disait trois fois les antiennes du *Benedictus* et du *Magnificat,* la 1re avant le cantique, la 2e avant le *Gloria Patri,* la 3e après le *Sicut erat.*

TRIPLET, groupe de trois fenêtres, placé assez communément aux façades des églises du XIIIe siècle. Il a une signification symbolique : c'est l'emblème de la Trinité. Une archivolte couronnant les trois fenêtres signifie l'unité dans la Trinité. Quelquefois une rosace à 4 ou 5 divisions est placée au-dessus du triplet, comme emblème de la couronne qui ceint le front du Roi des rois.

TRIPLUM, nom donné au contre-point à trois parties, c.-à-d. au déchant à trois voix. Francon de Cologne est le premier qui en a défini les règles. Quand on voulait faire un triplum, on ne devait pas perdre de vue le *ténor* et le *déchant* (*V. ces mots*), et s'arranger de manière que si la troisième voix discordait avec le ténor, elle concordât avec le déchant, et réciproquement. Il fallait ensuite que le triplum procédât par concordances, tantôt en montant avec le ténor, tantôt en descendant avec le déchant. F. C.

TRIPOT (du latin *tripudium,* trépignement, saut), mot qui signifiait originairement un jeu de paume, et qui ne désigne plus qu'une maison de jeu clandestine, un lieu de mauvaise compagnie.

TRIPTYQUE, mot d'origine grecque qui signifie *triple* ou *plié en trois,* et par lequel on désigne une tablette divisée en trois parties, dont les deux latérales se replient sur celle du milieu. Beaucoup de triptyques, représentant en relief des sujets sacrés, ont été portés au cou en guise d'amulettes ou de phylactères. Il en existe un assez grand nombre qui furent exécutés par des artistes byzantins. Pendant longtemps les tableaux d'église furent en forme de triptyques.

TRIQUE. *V.* COLLIER.

TRIQUETRA. *V.* SICILIENNE (Numismatique).

TRIRÈGNE, nom donné quelquefois à la tiare.

TRIRÈME. *V.* ce mot dans notre *Dictionnaire de Biographie et d'Histoire.*

TRISTAN DE NANTEUIL. *V.* le *Supplément.*

TRISTAN DU LÉONAIS, un des chevaliers de la Table ronde, héros d'un grand nombre de romans, soit en vers, soit en prose. Le sujet du roman roule sur les amours adultères de Tristan du Léonais et d'Iseult d'Irlande, femme du roi Marc. Le roman de *Tristan* passe pour le chef-d'œuvre des romans de la Table ronde : c'est un des thèmes qu'ont le plus exercé les poëtes. L'ouvrage le plus ancien sur Tristan fut écrit en latin, et traduit en prose française par Luce du Gast. Cette traduction fut imprimée pour la première fois à Rouen en 1489, et traduite elle-même dans toutes les langues de l'Europe. Chrétien de Troyes avait composé un roman en vers *Du roi Marc et d'Yselt la Blonde,* et l'on a cru longtemps que le poëme en vers sur Tristan, que l'on savait exister en Angleterre, était l'œuvre de notre trouvère : on y a reconnu depuis tous les caractères de la littérature anglo-normande, et l'on suppose que c'est l'œuvre d'un poëte anonyme de la cour de Henri II ou de Henri III. Les manuscrits du *Tristan* en prose sont nombreux à la Bibliothèque nationale; le *Tristan* en vers appartient à la bibliothèque d'un bibliophile anglais, M. Douce. — Quant à la morale de ces récits, où pas un mot de blâme n'est prononcé contre la femme adultère et parjure, où le mari est toujours ridicule, où ceux qui veulent défendre son honneur sont des traîtres, elle pourrait donner une triste idée des cours du XIIIe siècle. M. Francisque Michel a publié le *Recueil des poëmes de Tristan,* 1835 et 1848, 3 vol. *Y. Histoire littéraire de la France,* t. XIX.   H. D.

TRITAGONISTE, 3e acteur de la tragédie grecque primitive. C'est ordinairement une puissance étrangère et invisible, qui fait agir le Protagoniste ou le héros et est l'auteur de ses souffrances.

TRITON. V. QUARTE.

TRIUMVIRAT.   }   *V.* ces mots dans notre *Dictionnaire*
TRIUMVIRS.   }   *de Biographie et d'Histoire.*
TRIVIUM.   }

TROCHAIQUE (Césure). V. CÉSURE.

TROCHAIQUE (Nome). V. NOME.

TROCHAIQUE (Vers), vers grec et latin composé de trochées, ou dont le trochée fait la base. Il se scande par dipodies. Il pouvait être monomètre, dimètre, trimètre, tétramètre, pentamètre. La dernière syllabe est indifférente. Le monomètre ne s'employait que comme clausule d'un *système.* — Le dimètre est très-usité dans le théâtre grec; on n'en trouve d'exemples, parmi ce qui nous reste de pièces latines, que chez les auteurs de la décadence, Boèce, par exemple. Il admet comme substitution le tribraque aux pieds impairs. Les comiques en faisaient quelquefois au pied final. Le dactyle n'était admis que dans les noms propres. — Le *trimètre* est inusité dans le théâtre grec, et il ne nous en reste d'exemples latins que chez les grammairiens, qui ne citent point les auteurs, et les ont probablement forgés sur quelque patron grec. — Le *tétramètre* était inusité dans les tragédies et comédies d'Athènes; mais il est fréquent chez les comiques latins, non pas cependant sous sa forme pure : ils y admettent des substitutions de pieds avec une licence extrême; le spondée, le dactyle, le tribraque, l'anapeste, s'y rencontrent parfois de la manière la plus déréglée.

Les formes catalectiques, brachycatalectiques, hypercatalectiques de ces différents vers sont d'un grand usage. Le monomètre catalectique ne sert que de clausule, et se confond avec le crétique. Le monomètre hypercatalectique ne sert également que de clausule : le spondée peut y être substitué au 2ᵉ trochée. — Le dimètre brachycatalectique n'est autre que l'ithyphallique. Il ne s'emploie pas seul, et sert souvent de clausule. Lorsque le dimètre catalectique admet le dactyle ou le spondée au 2ᵉ lieu, il se confond avec le glyconique et le phérécratien. Sénèque offre quelques exemples de dimètres hypercatalectiques, avec le spondée au 2ᵉ et au 4ᵉ lieu, ou avec le spondée aux 2ᵉ et 3ᵉ pieds et l'anapeste au 4ᵉ. — Le trimètre brachycatalectique est le vers saphique avec substitution du spondée au 2ᵉ lieu, du dactyle au 3ᵉ, et le vers phalécien lorsque le spondée est au 1ᵉʳ pied, le dactyle au 2ᵉ. Le trimètre catalectique admet les mêmes substitutions que le saphique, mais se présente souvent pur. Le trimètre hypercatalectique reçoit le dactyle au 2ᵉ lieu, le spondée au 4ᵉ, au 5ᵉ et au 6ᵉ. — Le tétramètre brachycatalectique se trouve quelquefois au théâtre : il admet l'anapeste pour les noms propres. Le tétramètre catalectique est fort usité chez les tragiques et les comiques. On y remarque une césure après la 2ᵉ dipodie ; les longues y sont fréquemment résolues en brèves aux pieds impairs, surtout lorsqu'il y a une préposition ou des monosyllabes étroitement unis ; le spondée est fréquent aux lieux pairs, particulièrement au 2ᵉ et au 4ᵉ ; le dactyle se trouve quelquefois aux lieux impairs, surtout lorsqu'il y a un nom propre. Sénèque suit à peu près constamment les règles du trochaïque scazon : mais il admet aussi l'anapeste. On le retrouve encore assez pur dans l'hymne d'église attribuée à Sᵗ Bernard, Pange lingua, où l'on remarque la rime concurremment avec la mesure prosodique. Les comiques latins se sont donné les plus grandes licences dans la composition de ce vers, au point de le défigurer quelquefois : ainsi, le 7ᵉ pied, où ils maintiennent d'ordinaire le trochée qui a disparu des autres pieds, présente souvent un tribraque. Le vers est quelquefois asynartète (V. ce mot). Les iambographes faisaient usage d'un tétramètre scazon, c.-à-d. boiteux, parce que le 7ᵉ pied avait un spondée au lieu du trochée. — On trouve dans Callimaque des pentamètres catalectiques, ayant par conséquent 9 pieds et demi. P.

TROCHE, vieux mot désignant un assemblage de pierres précieuses et de perles en boutons, en fleurs, etc.

TROCHÉE, pied de la versification grecque et latine, formé d'une longue et d'une brève : tēlă. C'est l'inverse de l'iambe ; mais il a, comme lui, pour équivalent le tribraque. Ce dernier nom lui est même quelquefois donné par les Anciens, Cicéron et Quintilien entre autres. Trochée signifie proprement vif et rapide comme le mouvement d'une roue (trokhos), et on le traduisait exactement en latin par le mot rotatilis. Ce pied était fréquemment employé dans les airs de danse animés et dans les marches militaires. Le trochée remplace très-souvent le spondée final de l'hexamètre héroïque. Il entre dans la composition de certains mètres lyriques avec le rhythme desquels il peut s'accorder. Il fait la base du mètre trochaïque, termine les vers crétiques catalectiques, peut terminer l'adonique, etc. Dans l'hexamètre héroïque, particulièrement en grec, il fait césure après le 2ᵉ pied :

Ĭt proni dŭnt lōrŭ | : volat vi fervidus axis.   P.

TROCHILE. V. Scotie.

TROCHISQUES. V. Couleurs.

TROCHLÉON, instrument de musique inventé par Dietz en 1814. Il était de forme ronde ; ses touches métalliques étaient mises en vibration par un archet circulaire qu'une pédale faisait mouvoir.

TROCHUS. V. notre Dict. de Biogr. et d'Histoire.

TROIKA, voiture russe attelée de trois chevaux.

TROILUS (Légende de). V. au Supplément.

TROIS (Le nombre). Dans l'Antiquité, ce nombre était mystérieux et en quelque sorte fatidique. L'empire de l'Univers était partagé entre trois dieux, Jupiter, Neptune et Pluton ; il y avait trois Grâces, trois Parques, trois Furies, trois Harpies, trois Gorgones, trois Sibylles, etc. Diane avait aussi une triple déesse sous le nom d'Hécate. — Dans les cérémonies sacrées, le nombre trois était sacramental : les victimes d'un sacrifice étaient promenées trois fois autour de l'autel. Les superstitieux se crachaient trois fois dans le sein pour détourner un maléfice.

TROIS CHAPITRES (Les). V. notre Dictionnaire de Biographie et d'Histoire.

TROIS-MATS, terme générique par lequel on désigne les navires à voiles carrées qui ont un grand mât, un mât de misaine et un mât d'artimon.

TROIS-PONTS, bâtiment de guerre de la plus grande dimension, qui, indépendamment de la carcasse, contient 3 ponts ou étages de canons.

TROIS-SEPT (Jeu de). V. Tre-sette.

TROITZA (Couvent de). V. notre Dictionnaire de Biographie et d'Histoire.

TROMBA, nom italien de la trompette.

TROMBLON. V. Espingole.

TROMBONE, sorte de grande trompette composée de quatre branches ou tuyaux emboîtés les uns dans les autres, et qu'on allonge ou raccourcit à volonté, tout en le jouant, au moyen d'une pompe à coulisse, pour produire les différentes notes, données toutes en sons ouverts. Si l'on veut quitter la marche diatonique, la pression des lèvres suffit, comme dans le cor et la trompette, pour faire résonner la tierce, la quinte ou l'octave du ton sur lequel on s'est arrêté. Le trombone a trois dimensions, qui correspondent à trois étendues de son différentes : le trombone-alto, qui est en fa ; le trombone ténor, en si bémol ; et le trombone basse, qui est à l'octave inférieure de l'alto. La musique s'écrit pour le 1ᵉʳ sur la clef d'ut 3ᵉ ligne, pour le 2ᵉ sur la clef d'ut 4ᵉ ligne, pour le 3ᵉ sur la clef de fa, 4ᵉ ligne. Ces trois trombones s'emploient presque toujours ensemble à l'orchestre et dans la musique militaire. Ils sont surtout bien placés dans les symphonies, les ouvertures, les chœurs guerriers et religieux, les marches triomphales. Leur son, qu'on ne peut soutenir longtemps, est plus sec, plus dur et plus énergique que celui de l'ophicléide ; il a des effets propres, et qui ne ressemblent à ceux d'aucun autre instrument. On emploie, dans la musique militaire, un trombone d'une espèce particulière, appelé buccin (V. ce mot). — Le trombone nommé autrefois saquebute est originaire d'Allemagne, où on l'appela posaune. Il fut introduit en France par Gossec, qui le fit entendre pour la première fois en 1773, dans son opéra des Sabines. Il possède, à l'extrémité inférieure de son échelle, quatre notes énormes, dites pédales, et isolées des autres par une lacune d'une quarte augmentée : au moyen d'un piston adapté au corps de l'instrument, et que l'exécutant fait mouvoir avec le pouce de la main gauche en conservant la liberté de son bras droit pour agir sur la coulisse, le facteur Sax a comblé cette lacune, et, ajoutant ainsi au trombone les cinq demi-tons qui manquaient à sa première octave grave, lui a donné l'étendue de trois octaves et demie. Il existe des Méthodes de trombone par Braun, Frœlich, Schiltz, Vimeux, Berr et Dieppo, etc. — Le trombone à pistons, imaginé de nos jours, se prête mieux aux inflexions de la mélodie que le trombone à coulisse ; mais il a moins d'énergie.   B.

TROMPE, en termes d'Architecture, portion de voûte en saillie, servant à porter l'encoignure d'un bâtiment ou toute autre construction qui semble se soutenir en l'air ; telle est, par exemple, à l'église Sᵗ-Sulpice de Paris, la demi-tour qui contient la chapelle de la Vierge, en saillie sur la rue Garancière. On nomme trompe de voûte une trompe ronde faisant partie des voussoirs d'une niche ; trompe en niche, une trompe concave en forme de coquille ; trompe en tour ronde, une trompe dont le plan, sur une ligne droite, rachète une tour ronde par le devant, et qui est faite en forme d'éventail ; trompe sur le coin, celle qui porte l'encoignure d'un bâtiment ; trompe dans l'angle, celle qui est dans le coin d'un angle rentrant.

TROMPE, nom donné, pendant le moyen âge, non pas à la trompette proprement dite, mais à une trompette longue que les Grecs appelaient strombos. Puis on l'appliqua au cornet à bouquin (V. ce mot). On ne connaît plus aujourd'hui que la trompe de chasse, improprement nommée cor de chasse, instrument en cuivre inventé en 1680. Malgré le peu de justesse et le son rauque de quelques-unes de ses notes, l'éclat et la force de sa sonorité les rendent très-propre à l'emploi qu'on en fait à la chasse. La trompe est en ton de ré ; la musique qu'on écrit pour elle est toujours en ut.

TROMPE-L'ŒIL, nom donné à des tableaux où certains objets sont représentés avec une vérité qui fait illusion. On connaît l'histoire des raisins de Zeuxis, que les oiseaux vinrent becqueter, et celle du rideau de Parrhasius, qui trompa Zeuxis lui-même. Le Bassan peignit sur un tableau un livre avec tant de vérité, qu'Annibal Carrache y porta la main pour le prendre ; celui-ci représenta un cheval, dont la vue fit hennir un cheval vivant. Jean Rosa, peintre de l'école romaine, peignit des lièvres qui attirèrent des chiens. Des paons se mirent à becqueter un fraisier que Bernazzano avait peint dans une basse-cour. Jean Contarino fit un portrait si ressemblant, que des chiens et des chats le prirent pour leur maître, et vinrent le caresser. Le buste d'un abbé peint par Ch. Coypel, découpé et placé derrière une table, produisait une illusion telle, que plusieurs personnes le saluèrent. Gennari et Bramantino furent aussi très-habiles à exécuter des trompe-l'œil. Les peintures en grisailles de la grande salle de la Bourse de Paris sont des trompe-l'œil. Enfin les Panoramas sont la plus vaste application que l'on ait faite des peintures en trompe-l'œil.

TROMPETTE, en italien *tromba*, instrument de musique à vent. C'est un tube droit en cuivre, sans trous ni clefs, à petit pavillon, et avec lequel on produit des sons différents par la pression plus ou moins forte des lèvres sur l'embouchure. La trompette, employée d'abord seulement pour les fanfares de la cavalerie, puis admise dans les orchestres, sonne une octave au-dessus du cor, et peut, comme lui, changer ses intonations au moyen de tubes additionnels, qui permettent d'allonger le corps principal de l'instrument; mais elle n'a que des sons ouverts, et sa qualité de son est plus argentine, plus claire, plus pénétrante. La musique pour trompette est toujours notée en ton d'*ut* et en ton de *sol*. Les parties de trompette qu'on voit dans les opéras de Lulli offrent des difficultés surprenantes; mais c'étaient des trompettes à trous, dont le P. Mersenne nous a laissé la description. Au commencement de notre siècle, on a fait des trompettes semi-circulaires, qui n'étaient à proprement parler que de petits cors; mais leur son n'avait pas le même éclat, et l'on ne tarda point à les abandonner. Le *clairon* (V. *ce mot*) est une sorte de trompette. Il existe des Méthodes de trompette par Altenburg, Leroy, Bühl, etc. — On a fait de nos jours des *trompettes à coulisse*, conservant le son strident de la trompette ordinaire, tout en donnant la possibilité de produire d'autres notes; elles ont été inventées par Legeran. — Les Anciens ont connu la trompette, et ils ont eu de cet instrument bien des variétés, dont il est difficile aujourd'hui de préciser les différences. Les noms de plusieurs de ces trompettes, *clario*, *claro*, *clarasius*, ne témoignent que de l'éclat de leurs sons. D'autres noms, *taurea*, *cornix*, *salpinx*, indiqueraient plutôt leurs formes: on sait, en effet, que les pavillons des trompettes représentaient ici une tête de taureau, là une tête d'oiseau, ailleurs une tête de serpent. La *cornix* était appelée trompette *gauloise* ou *celtique*; la *taurea*, trompette *paphlagonienne*. La trompette *argienne* était droite, et l'*égyptienne* recourbée. Chez les Romains, la *tuba* était la trompette droite; le *lituus* avait l'extrémité recourbée.

TROMPETTE A CLEFS, instrument de musique à vent, dont l'inventeur, l'Anglais Halliday, au commencement du XIXᵉ siècle, croyait faire un perfectionnement de la trompette droite, mais qui est en réalité un instrument nouveau, dont le timbre et la qualité de son ont peu d'analogie avec ceux de cette trompette. Halliday nomma son instrument *bugle-horn*, d'où l'on a fait simplement *bugle*. Il en existe des Méthodes par Schiltz, par Baissières-Faber, etc.

TROMPETTE (Jeu de), un des jeux d'anche de l'orgue. Ses tuyaux sont coniques, et en étain fin; il a 2 mètres 60 centim. (8 pieds). Ce jeu, l'un des plus brillants et des plus éclatants de l'orgue, et auquel on donne toute l'étendue du clavier, sonne à l'unisson du huit-pieds ouvert, et parle une octave plus haut que la bombarde. Les grandes orgues ont deux et quelquefois trois trompettes sur le même clavier; on en met aussi une dans le positif. Quand on se sert de ce jeu à la pédale, il prend le nom de *pédale de trompette*; il doit alors avoir plus d'étendue dans les basses que les autres trompettes: il descend jusqu'à l'*F ut fa* du ravalement, ce qui donne à son tuyau une hauteur de 3 mètres 90 centim. (12 pieds). Le jeu de trompette employé au clavier de récit est nommé *trompette de récit*; on le fait alors de toute l'étendue du clavier. F. C.

TROMPETTE MARINE, ancien instrument de musique, consistant en une caisse de bois triangulaire, sur l'une des faces de laquelle s'étendait une grosse corde de boyau soutenue par un chevalet. On en jouait en pressant la corde avec le pouce de la main gauche, et en faisant agir le doigt un archet pour faire vibrer avec une plaque de verre ou de métal collée à la table. Le son avait de l'analogie avec celui qu'on tire de la conque du mollusque appelé Triton.

TROMPETTE PARLANTE, nom donné quelquefois au porte-voix dont on se sert en mer.

TROMPILLON, en termes d'Architecture, pierre qui sert de base à une trompe, et en forme pour ainsi dire la clef.

TRONC, nom donné quelquefois par les architectes au fût d'une colonne, et à la partie d'un piédestal qui est entre la base et la corniche.

TRONC, coffre en bois qu'on place dans les églises pour recevoir les aumônes des fidèles. Cet usage ne remonte pas en France au delà du XIIᵉ siècle.

TRONCHINE, robe que les dames du XVIIIᵉ siècle se faisaient faire pour les promenades du matin ordonnées par le médecin Tronchin.

TRONE (du grec *thronos*), siége élevé où les souverains prennent place dans les occasions d'apparat. On y monte ordinairement par plusieurs degrés, et il est surmonté d'un dais. Chez les anciens Grecs, le trône ne devint un attribut de la royauté que dans les temps postérieurs à Alexandre; jusque-là on l'avait réservé aux Dieux.

TRÔNE ÉPISCOPAL. V. CHAIRE ÉPISCOPALE.

TRONES (Les). V. ANGES.

TROPAIRE, nom donné, dans l'Église grecque, à un livre contenant des mélanges d'hymnes, de répons et d'antiennes.

TROPE, terme de Rhétorique. V. FIGURE.

TROPE, en termes de liturgie, désignait autrefois toute partie intercalée dans une pièce de plain-chant, pour en développer ou en expliquer le texte. On regarde les traînées de notes sur la dernière syllabe du *Kyrie* comme des tropes dont les paroles ont été retranchées. — *Trope* a été encore synonyme de *mode* ou *ton d'église*.

TROPHÉE.
TROPIQUES.
TROSSULES.
} V. ces mots dans notre *Dictionnaire de Biographie et d'Histoire*.

TROTTOIR, chemin élevé de 0ᵐ,20 environ au-dessus de la voie publique, et qu'on pratique le long des rues, des quais et des ponts, autour des places publiques, pour la commodité et la sécurité des piétons. Les trottoirs étaient connus des Anciens: on voit à Pompéi. Le peu de largeur des rues et la multitude des voitures empêchèrent longtemps d'en établir dans les villes modernes: les premiers trottoirs furent faits à Londres vers le milieu du XVIIIᵉ siècle. L'exemple ne fut suivi à Paris qu'au commencement du XIXᵉ, sous l'administration du préfet Chabrol de Volvic; on dalla d'abord les trottoirs en lave poreuse de Volvic (Puy-de-Dôme), puis, comme cette lave n'était pas assez dure, on lui substitua les granits de Normandie; on employa aussi la tuile, les cailloux roulés, la brique posée de champ; aujourd'hui l'on se sert beaucoup d'asphalte étendu sur un lit de béton, ou de petits pavés de grès, avec bordure de granit; mais la meilleure construction, et la plus fréquemment employée à Paris, est la dalle de granit. La loi du 17 juin 1845 permet de déclarer d'utilité publique l'établissement de certains trottoirs, et de mettre à la charge des propriétaires riverains la moitié de la dépense.

TROUBADOURS (du provençal *troubar*, trouver, inventer), poëtes qui ont employé la Langue d'oc (V. *ce mot*) pendant le moyen âge. L'institution des Troubadours est d'origine celtique. En effet, leur caractère était grave, et fort éloigné de cette fadeur que l'ignorance leur a prêtée depuis: on s'aperçoit, en lisant leurs poésies, que ce caractère était précisément celui des Bardes bretons, dont le rôle était si important auprès des rois celtes, et dont le rang et les priviléges sont réglés par un titre spécial du Code du roi Hoël. Sans ce caractère qui eut certainement quelque chose de sacré à l'origine, où les Troubadours auraient-ils puisé la hardiesse de leurs *sirventes* satiriques (V. SIRVENTE)? L'ivresse avec laquelle ils chantent la poésie des combats, l'enthousiasme avec lequel ils font l'éloge des braves, les amers sarcasmes dont ils poursuivent les couards, sont autant de traits communs aux Troubadours et aux Bardes, et doivent faire regarder les premiers comme les descendants des seconds. L'origine germanique de quelques Troubadours, tels que Bertrand de Born, n'est pas une objection: les conquérants adoptèrent, on le sait, plus d'une institution des peuples conquis. La poésie n'a pas fleuri dans tout le Midi de la France avec la même grâce, le même éclat; la Guienne, l'Auvergne et surtout le Limousin ont produit les premiers et les meilleurs Troubadours. Quand on embrasse dans son ensemble le développement général de cette poésie, on y distingue cinq écoles ou centres littéraires principaux, auxquels

correspondent autant de groupes de poëtes. L'*Ecole d'Aquitaine* se subdivise en : 1° *École Limousine*, à laquelle appartiennent Guillaume de Poitiers, Bertrand de Born, Gaucelm Faydit, Élias Cairels de Sarlat, Bernard de Ventadour, Élias d'Ussel, Hugues de Saint-Cyr, Gaspard de Puycibot, G. de Borneilh, Gir. de Salignac, Hugues de La Bachellerie; 2° *École de Gascogne*, dont font partie Geoffroy Rudel, Arnaud Daniel, Élias de Barjols, Ramond Jordan, Gir. de Calanson, Arnaud de Marveilh, Aymar de Belvezer, Marchebruse, Amanieu des Escas, Cercamons, Élias Fonsalada, Gaubert Amiels, Guillaume de La Tour; 3° *École de Saintonge*, où l'on voit Savarie de Mauléon, Renaud de Pons, Richard de Barbesieux. — L'*École d'Auvergne* comprend : Pons de Capdueil, P. du Vernègue, Guilhem de Saint-Didier, Bertrand de La Tour, Peirols, Pierre de Maensac, Pierre Pelissier de Marcil, Pierre Roger de Clermont, Guilhem Adhémar de Marvis, Gavandan le Vieux, Pierre d'Auvergne le Vieux, Perdigon, Pierre Cardinal, la dame Castelloze, Garins d'Apchier, Garins Le Brun, Gaubereau de Saint-Leydier, le moine de Montauday, le vicomte de Turenne. — A l'*École de Rodez* appartiennent Arnaud de Montcuc, Deudes de Pradesen, le comte de Rodez, et Hugues Brunet.— L'*École de Languedoc* se subdivise en : 1° *École de Toulouse*, où l'on remarque G. Leroux, Peyre Remond le Preux, Aymar de Péghilem, Peyre Vidal, Guillaume Anelier, Nat. de Mons; 2° *École de Narbonne*, comprenant Raymond de Mirevaux, Guillaume de Balaun, Guillaume Fabre, Guillaume Riquier; 3° *École de Béziers*, que représentent Raimond Gaucelm et Ermengaud. — Dans l'*École de Provence*, on distingue : 1° les *Provençaux proprement dits*, Raoul de Gassin, Bertrand d'Allamanon, Raimbaud d'Orange, Guill. de Montagnagout, Gui de Cavaillon, Folquet de Marseille, Raimbaud de Vaqueiras, Durand de Paernes, Ricard de Noves, Cadenet, Guilhem Figuières, Geoffroy du Luc, Anselme du Mostier, Bertrand de Pezars, Arnaud de Coutignac, Raymond de La Tour, Guillaume de Bargemon, Rostang Berengnier, Hugues de Loubières, Pierre de Saint-Remi, Boniface de Castellane, Albertet de Sisteron, Bertrand de Marseille, Guilhem des Amalric, Raymond Vidal, Raoul Bistors; 2° l'*École de Vienne*, représentée par Ogiers de Saint-Donat et Folquet de Romans; 3° l'*École de Montferrat*, à laquelle appartient Raymond de Vaqueiras. V. Provençale (Littérature), et les ouvrages suivants :.Galvani, *Osservazioni sulla poesia de' Trovadori*, Modène, 1839; Gidel, *Les Troubadours et Pétrarque*, 1857, in-8°.
E. B.

TROUBLE, en termes de Jurisprudence, interruption faite à quelqu'un dans sa possession. Il y a *trouble de fait*, quand on nuit par action au possesseur, par exemple en faisant labourer ou ensemencer la même terre, en récoltant les fruits, ou en empêchant le possesseur de le faire ; *trouble de droit*, lorsque, sans faire obstacle à la possession de fait, on empêche qu'elle ne soit utile pour la prescription, comme quand on fait signifier quelque acte au possesseur pour interrompre sa possession. Le propriétaire ou bailleur est tenu d'indemniser le locataire ou fermier troublé dans sa jouissance (*Code Napol.*, art. 1725-26).

TROUBLE ou TROUBLE, filet en forme de poche, monté sur un cercle ou un ovale, traversé par une perche qui en forme le manche, et avec lequel on pêche le long des rivages en troublant l'eau. Un *troubleau* est une petite trouble.

TROU DE CHAT, nom donné, dans la Marine, aux ouvertures qui se trouvent dans les deux côtés intérieurs des hunes de mât d'un grand bâtiment, et par lesquelles passent les hommes qui montent au haut du mât. Les Anglais disent *trou du lâche*, parce que les jeunes gens passent timidement par là.

TROU DE LOUP, nom donné, dans l'Art militaire, aux excavations qu'on fait sur trois rangs autour d'une redoute, pour en rendre les approches plus difficiles à l'infanterie et impraticables à la cavalerie.

TROU-MADAME, jeu d'adresse auquel on joue avec de petites boules d'ivoire, qu'on tâche de pousser dans des ouvertures en forme d'arcades plantées sur une table et marquées de différents chiffres.

TROUSSEAU (de l'allemand *tross*, bagage), ensemble des effets d'habillement qu'une fille reçoit de ses parents en se mariant. D'après l'ancien Droit coutumier de la France, les filles mariées, quand elles étaient appelées à la succession de leurs père et mère, devaient rapporter leur trousseau à la masse de la succession. Le *Code Napoléon* décide que, si le trousseau est estimé une certaine

somme par le contrat de mariage, cette somme fait partie de la dot et en partage les privilèges.

TROUSSES, nom qu'on donnait autrefois à de larges chausses.

TROUSSOUÈRE, vieux mot qui désignait l'agrafe servant à relever une robe.

TROUVÈRES. V. ce mot dans notre *Dictionnaire de Biographie et d'Histoire*.

TROUVÉS (Enfants, Objets). V. Enfants, Objets trouvés.

TROYES (Église de St-Pierre, à), église cathédrale, l'une des plus belles de la Champagne, commencée en 1208, et achevée seulement en 1492. L'abside, le chœur et les chapelles absidales sont en style ogival primitif; le transept et quelques piliers de la nef, en style secondaire ; la nef, les chapelles accessoires et le portail principal, en style tertiaire. Un ouragan renversa en 1365 un clocher qui s'élevait au centre de la croisée. Les fondements du grand portail et des tours furent jetés en 1506, et Martin Cambiche, de Beauvais, fut chargé de cette construction, que poursuivirent après lui Jean de Soissons et Jean Bailly. Tous leurs membres résistants et épais de la construction sont en matériaux petits, inégaux, de mauvaise qualité; les fondations sont composées uniquement de mauvais sable et de débris de craie; les meneaux, corniches et colonnes sont seuls en pierre de taille; les voûtes sont en craie. L'extérieur de la cathédrale de Troyes, bien qu'inférieur dans l'ensemble à celui de plusieurs autres monuments religieux, ne manque ni de grandeur ni de richesse. L'abside, avec ses arcsboutants et ses contre-forts couronnés de clochetons pyramidaux, est d'un effet pittoresque. Une balustrade en forme de créneaux règne autour du comble. Les flancs de l'édifice sont obstrués en plusieurs endroits. Le portail du transept méridional et les voûtes du chœur ont dû être reconstruits de nos jours. Le grand portail, divisé à sa partie inférieure en trois portiques à voussures profondes, séparés par des contre-forts solides, offre toute la richesse de décoration qui caractérise l'art voisin de la Renaissance. Il a 53ᵐ de largeur et 33ᵐ de hauteur. La rose flamboyante peut soutenir la comparaison avec les plus belles. Une seule tour, celle du Nord, a été achevée en 1648; elle atteint une élévation de 64ᵐ; elle est carrée, et présente des tourelles de 10ᵐ au sommet de deux de ses angles. Son étage supérieur, terminé par un couronnement corinthien, est en désaccord avec le reste de l'édifice. Le portail du croisillon septentrional, construit au xiiiᵉ siècle, est divisé horizontalement par des balustrades en trois étages : le porche, une colonnade ogivale formant fenêtres, et une rose de style rayonnant. Il a pour pignon terminal un dais fort peu recouvert d'ardoises et tout à fait disgracieux.—L'intérieur de l'église, à 5 nefs, tout badigeonné en 1779, se distingue par la richesse de la perspective et l'élégance des formes : la longueur totale dans œuvre est de 120 mèt. environ ; la largeur, au transept, de 48 mèt. ; la hauteur sous voûte, de 30 mèt. Les piliers sont flanqués de légères colonnettes destinées à supporter les retombées des voûtes; autour de l'abside, ce sont de grandes colonnes monocylindriques accompagnées de deux colonnettes qui ne leur sont réunies que par les bases et les chapiteaux : sur ces derniers s'élève un faisceau de trois colonnettes appliquées, qui soutiennent les voûtes du sanctuaire, et dont le fût est interrompu par des dais hexagonaux recouvrant autrefois des statues. La galerie ou triforium est à claire-voie. Les fenêtres qui éclairent la cathédrale de Troyes sont larges, divisées en quatre compartiments par des meneaux que surmontent des roses à six feuilles, et garnies de magnifiques verrières de toutes les époques. Les vitraux des roses du transept sont également très-remarquables. Les chapelles absidales sont admirables de tous points, surtout celle de la Sᵗᵉ Vierge; les chapelles des collatéraux sont moins grandes, et attirent peu l'attention par leur architecture.
B.

TROYES (Église Sᵗ Pantaléon, à), édifice construit en style de la Renaissance, et commencé en 1527. Le portail seul est du xviiiᵉ siècle. L'intérieur de cette église est digne d'intérêt. Les piliers qui soutiennent les voûtes sont ornés de dais richement sculptés, abritant des statues un peu moins grandes que nature et disposées sur deux rangs. On attribue ces statues à F. Gentil et à son associé Dominique. Les arcades de la nef et du chœur ont été garnies de 6 grands tableaux de Carré, élève de Lebrun, représentant la vie de Sᵗ Pantaléon, ainsi que de deux tableaux d'Harluison, qui représentent la Nativité et le Christ au tombeau. De bonnes grisailles, figurant l'histoire de Daniel, celle de J.-C., et diverses batailles, ont été peintes aux fenêtres pendant le XVIᵉ siècle par Macadie et Lutereau. La 1ʳᵉ chapelle à droite de la nef, disposée en Calvaire, contient plusieurs groupes remarquables, une Mère de pitié, Pilate montrant le Christ aux Juifs, et la Vierge soutenue par la Madeleine et Sᵗ Jean. Le retable de la chapelle qui suit immédiatement est décoré d'un groupe en pierre représentant Sᵗ Crépin et Sᵗ Crépinien occupés à fabriquer des chaussures, tandis que des soldats viennent les saisir. B.

TROYES (Église Sᵗ-URBAIN, à). Cette ancienne collégiale est un des chefs-d'œuvre de l'architecture ogivale; elle rappelle par sa légèreté, par la pureté et l'élégance de son style, la Sᵗᵉ-Chapelle de Paris. Elle fut fondée en 1263 par le pape Urbain IV, qui voulait perpétuer le souvenir de son origine dans une ville où il était né d'un pauvre cordonnier. L'édifice n'a pas été achevé : il ne contient que le chœur, les transepts, et les premières travées de la nef, dont la voûte a une hauteur de 26 mèt. A envisager la largeur des quatre piliers de la croisée, ils devaient supporter une tour probablement fort élevée. Deux porches profonds, bien abrités, donnent accès dans les deux branches de la croix : au-dessus du rez-de-chaussée, à la hauteur de 3ᵐ,30, toute la construction ne présente plus qu'une lanterne vitrée, d'une extrême légèreté, maintenue par des contre-forts pleins jusqu'aux chéneaux supérieurs. L'architecte de Sᵗ-Urbain a fait sa bâtisse résistante en pierre commune, dite de Bourgogne, sorte de moellon piqué, et tout ce qui n'était qu'accessoire, décoration, chéneaux, claires-voies, en pierres de Tonnerre, basses de banc, très-fermes, mais de grandes dimensions en longueur et en largeur; ces pierres ne sont réellement que des dalles de champ ajourées. La claire-voie du sanctuaire est un charmant monument de l'art du XIIIᵉ siècle, qu'on a eu de nos jours la malheureuse idée de masquer par une énorme décoration de sapin et de carton-pierre peinte en blanc. B.

TROYES (Église Sᵗˢ-MADELEINE, à). Cette église est la plus ancienne de la ville, car on y remarque des restes d'architecture du XIIᵉ siècle. Son plan forme une croix parfaite. A droite du portail s'élève une tour haute de 33 mèt. On remarque, à l'intérieur de l'édifice, un magnifique jubé, construit au commencement du XVIᵉ siècle par un maître maçon de Troyes, nommé Jean Guaylde ou Gualdo. Il consiste en une grande arche, dissimulée derrière des claveaux pendants qui forment un feston horizontal de trois arceaux gothiques ; de sorte que l'aspect de la construction est celui d'une large plate-bande. Une incroyable profusion de broderies, de petits dais et de pinacles garnissent la face de ce balcon aérien, jeté de la façon la plus hardie, sur une hauteur de 6ᵐ,45, sur un écartement de 11ᵐ,70. Pour résister à la poussée de l'arche, les deux piliers contre lesquels il s'appuie ont dû être enveloppés dans des massifs où l'on a sculpté des niches et des tableaux dans le goût du jubé lui-même. Les vitraux des chapelles qui entourent le sanctuaire sont remarquables par leur composition et l'éclat de leurs couleurs. B.

TROYES (Le Roman de), poëme de Benoît de Sainte-Maure. Le préambule en est curieux : l'auteur déclare qu'il suivra de préférence Darès le Phrygien, et non pas Homère, parce que celui-ci a rempli son poëme de fables en faisant combattre les dieux et les déesses. Ce passage prouve que les ouvrages d'Homère n'étaient point inconnus des Trouvères. Benoît de Sainte-Maure nous apprend que l'histoire de Troie n'avait pas encore été exploitée : en effet, les autres poëmes sur le même sujet paraissent avoir été composés après la première moitié du XIIIᵉ siècle. Benoît de Sainte-Maure transforme les héros grecs et troyens en chevaliers du moyen âge. Son Roman de Troyes est dans un magnifique manuscrit à la Bibliothèque nationale de Paris. V. Histoire littéraire de la France, t. XIX. H. D.

TRUBLE, filet. V. TROUBLE.

TRUC (de l'italien trucco), grand billard plus long et plus large que les billards ordinaires; — sorte de camion ou plate-forme montée sur des roues, où, dans les gares de chemins de fer, on élève, à l'aide d'un mécanisme, les voitures qui doivent être transportées; — appareil en usage dans les théâtres pour faire mouvoir certains décors et exécuter des changements à vue.

TRUCHEMENT. V. DROGMAN, INTERPRÈTE.

TRUMEAU, partie pleine entre deux fenêtres, ou entre deux baies de portes. — Le mot se dit aussi du parquet de glace qui est placé au-dessus d'une cheminée. — Dans l'architecture religieuse, on appelle encore trumeau le petit pilier qui sépare en deux les portes de certaines églises, et auquel est adossée ordinairement une statue. Dans de vieux titres, ce pilier est désigné sous le nom d'estanfiche.

TRUMELIÈRES, pièces d'armure, les mêmes que les Grèves.

TUBULAIRES (Ponts). V. PONT.

TUDESQUE (Langue). V. THÉOTISQUE.

TUDOR (Arc). V. ARC TUDOR.

TUGUE. V. TEUGUE.

TUILE. Les couvertures faites en tuiles sont d'une grande solidité, mais elles sont lourdes, surchargent les bâtiments, et imposent des dépenses plus considérables en murs de soutènement et en charpentes. On nomme tuiles plates ou à crochet celles dont on se sert pour couvrir les maisons; tuiles faîtières ou courbes, celles qui sont larges, de forme circulaire, et destinées à couvrir les faîtages; tuiles cornières ou gironnées, celles qui se mettent sur les angles, arêtes ou encoignures. Depuis quelques années on emploie des tuiles à recouvrements sur trois côtés, dont l'ensemble forme des quadrilles en losanges, et qui ne laissent aucun passage pour les neiges chassées par le vent. On se sert aussi de tuiles plissées, qui ont le même avantage. Ces tuiles, mieux fabriquées que les tuiles plates, sont moins épaisses, moins lourdes et tout aussi solides.

TUILERIES (Palais des). V. notre Dictionnaire de Biographie et d'Histoire.

TULLE (Église Sᵗ-MARTIN, à). La plus grande partie de cette église cathédrale offre les caractères architectoniques de la fin du XIᵉ siècle et du commencement du XIIᵉ. Elle a toute la gravité du style romano-byzantin. Son plan est celui de la basilique, sans chœur ni transept. La construction extérieure est lourde et pauvre d'effet, à l'exception de la tour et de sa flèche de pierre, une des plus belles œuvres de cette espèce, bâtie au temps de la Renaissance.

TULLIANUM. ⎱ V. notre Dictionnaire de Biographie
TUMULTE. ⎰ et d'Histoire.

TUMULUS, mot emprunté du latin, et qui désigne une colline factice, un amas de terre ou de pierres en forme de cône, entouré ou non entouré de fossés ou d'un cercle de pierres, et ayant servi de tombeau chez les peuples anciens. On trouve des constructions de ce genre dans toutes les parties du monde; elles recouvrent souvent des cercueils de pierre, des ossements, des armes, des idoles, des vases et ustensiles. Les noraghes de la Sardaigne, les barrows de l'Angleterre, les galgals de la Gaule, les kourganes de la Russie, les chullpas du Pérou, les stupas de l'Inde (V. ces mots), sont des tumulus. Les tumulus ont reçu, dans certaines localités de la France, les noms de Pujols et de Puys-jolis.

TUNDRA, c.-à-d. steppe de marais, nom que les Russes donnent aux plaines immenses qui bordent la mer Glaciale. Ce sont des terrains marécageux, en partie couverts de mousse.

TUNIQUE, vêtement des Anciens. V. notre Dictionnaire de Biographie et d'Histoire.

TUNIQUE, redingote d'uniforme, qui a été substituée à l'habit dans la plupart des armées européennes pour les troupes d'infanterie. Elle a été aussi introduite dans quelques corps de cavalerie. — La tunique est aussi l'uniforme des élèves internes des Lycées.

TUNIQUE, habillement que les évêques revêtent sous la chasuble, quand ils officient pontificalement ; — par-dessus l'habit richement orné, en forme de manteau, que portent les évêques; — dalmatique des diacres et des sous-diacres. V. DALMATIQUE.

TUNNEL, mot anglais qui veut dire tuyau, entonnoir, et par lequel on désigne tout passage souterrain pratiqué à travers une montagne ou sous une rivière. Les tunnels sont des ouvrages très-dispendieux : on estime que, dans ceux qu'on établit pour les chemins de fer, la dépense s'élève à 1,000 fr. par mètre de longueur. La prudence exige qu'ils soient voûtés : en France, on construit les voûtes en plein cintre; en Angleterre, on a adopté la forme elliptique. Quand le terrain n'est susceptible que d'exercer une pression verticale, on se contente de donner aux pieds-droits un peu d'inclinaison, et à la voûte une épaisseur qui varie de 0ᵐ,70 à 1ᵐ,20; quand il y a une poussée latérale, on supprime les pieds-droits, et on prolonge la voûte jusqu'au radier. La largeur pour un chemin à deux voies est de 7ᵐ,40, et la hauteur sous clef, de 5ᵐ,50. Les tunnels doivent avoir une pente pour l'écoulement des eaux, qu'on est toujours exposé à rencontrer. Il en est dont la longueur est considérable : on en voit 'un de 5 kilom. sur le chemin de Sheffield à Manchester; un de 4,100 mèt. à Blaisy, sur le chemin de Paris à Lyon; un de 4,620ᵐ, sur le chemin d'Avignon à Marseille. Celui du chemin de fer de Chambéry à Turin, à travers le mont Cenis, aura 12 kilom. Le plus important tunnel sous un fleuve est celui de la Tamise à Londres (V. Tunnel, dans notre *Dictionnaire de Biogr. et d'Histoire*).

TUPI (Idiome). V. Brésil (Langues du).

TUPINAMBAS (Idiome des), un des idiomes brésiliens, parlé dans les provinces de Para, de Maranhao, de Pernambouc, de Sergipe, et de Bahia. On le retrouve encore au confluent du Madeira et de l'Amazone.

TURBAN (de l'arabe *tulban*), coiffure des Turcs et de plusieurs autres peuples orientaux, faite d'une longue pièce de toile ou de taffetas qui est roulée et entrelacée autour d'un bonnet. Il n'est permis de porter le turban vert qu'à ceux qui sont de la race de Mahomet: les autres turbans sont blancs ou rouges pour les Musulmans, noirs ou bleus pour les Juifs et les Coptes. Le turban du sultan est surmonté de trois aigrettes; celui du grand vizir en a deux; les généraux n'en ont qu'une. Le turban commence à disparaître; il est peu à peu remplacé par le *tarbouch* (*V. ce mot*).

TURBINE, mot qui a été employé en Architecture comme synonyme de *tribune*. Il dérive du latin *turba*, foule.

TURCIES, nom donné jadis aux digues élevées pour contenir les fleuves et empêcher les inondations.

TURCOS. V. Tirailleurs.

TURDITAIN (Idiome), un des idiomes de l'Espagne avant la conquête romaine. Les Turditains possédaient des ouvrages écrits en vers, et se vantaient d'avoir des annales qui remontaient à 6,000 ans. Il n'est resté de leur langue que de courtes inscriptions à peu près indéchiffrables, et où les lettres grecques se mêlent à des signes phéniciens et lybiques.

TURF, mot anglais qui veut dire *gazon*, *pelouse*, et par lequel on désigne le terrain, effectivement gazonné, sur lequel ont lieu les courses de chevaux.

TURGOTINES. V. Messageries.

TURLUPINADES, insipides bouffonneries, ainsi nommées de l'acteur Henri Legrand, dit Turlupin, qui en débitait sur le théâtre de l'hôtel de Bourgogne à Paris, dans les premières années du XVIIᵉ siècle.

TURME. V. ce mot dans notre *Dictionnaire de Biographie et d'Histoire*.

TURPIN ou TILPIN (Chronique de), ouvrage faussement attribué à l'archevêque de Reims qui mourut vers l'an 800. Il a pour titre : *De vita et gestis Caroli magni;* mais il est bien éloigné d'embrasser tout le règne de Charlemagne. C'est un résumé très-sommaire des exploits de cet empereur jusqu'à son expédition contre les Sarrasins d'Espagne, et encore est-il incomplet. L'histoire de la guerre d'Espagne est le véritable sujet de la Chronique. L'auteur raconte que Charlemagne eut un songe où il vit St Jacques de Compostelle lui ordonner de délivrer ses reliques tombées aux mains des Sarrasins. Chemin faisant, il recommande au prince d'élever beaucoup de monastères pour n'être pas damné; et, après le récit de l'expédition, il arrive à la mort de Charlemagne. —On a cru quelquefois que la Chronique de Turpin était antérieure aux premiers romans carlovingiens, et qu'elle leur avait servi de modèle. C'est une erreur que la lecture de l'ouvrage peut facilement dissiper : on voit que cette Chronique est une compilation informe, tirée des chants populaires, dont elle reproduit rarement la grandeur et la naïveté. Elle fut d'abord écrite en latin, et, à ce qu'on suppose, par un moine de St-André de Vienne (Dauphiné) au XIᵉ siècle, puis traduite en français au XIIIᵉ, et de nouveau par Robert Gaguin. Des éditions en ont été publiées par Ciampi, Florence, 1822, et par Reiffenberg, Paris, 1836.
H. D.

TURQUE (Langue), dénomination sous laquelle on comprend l'*osmanli*, parlé à Constantinople et dans tout l'Empire ottoman, l'*oïgour* du Turkestan, et divers idiomes répandus autour de la mer Caspienne jusqu'au Volga. On croit y reconnaître quelques racines germaniques. Ces idiomes turcs ont avec les langues tartares, particulièrement avec le mongol et le kalmouck, beaucoup de ressemblance de mots et de formes grammaticales. L'oïgour est le plus rude dans sa prononciation, le plus simple dans sa structure, le moins mélangé d'éléments étrangers. Il fut, le premier, fixé par l'écriture : son alphabet, apporté par des moines nestoriens, est d'origine syriaque, et analogue au sabéen; il se trace de droite à gauche. L'osmanli a fait de nombreux emprunts à l'arabe et au persan, et demandé, pour l'expression des idées relatives aux sciences et aux arts, un certain nombre de termes grecs et italiens. Sa grammaire est simple et régulière. Il n'y a ni genres ni article. Les substantifs se déclinent et ont 6 cas; leur pluriel se forme par l'intercalation d'une syllabe particulière entre le radical et la désinence. L'adjectif est invariable. Le verbe substantif est à peu près le seul verbe irrégulier de 'a langue. La négation s'intercale dans le corps du verbe, auquel elle forme ainsi une sorte de voix spéciale. Certaines formes servent également à donner à un radical le sens potentiel, causatif, réfléchi, réciproque, etc. Les prépositions se mettent après leur complément. La construction est très-inversive. L'accent tombe sur la dernière syllabe des mots, quand elle n'est pas une flexion grammaticale. Les Turcs occidentaux ont adopté pour leurs vers la métrique des Arabes et des Persans. Leur alphabet comprend 28 lettres arabes, les 4 lettres que les Persans y ont ajoutées, et un autre caractère qui représente nos voyelles nasales *an*, *in*, *on*. M. de Saulcy, après examen des inscriptions cunéiformes de l'Asie, a démontré que c'est dans le turc principalement qu'on retrouve les débris de l'ancienne langue des Mèdes. V. Megiser, *Institutiones linguæ turcicæ*, Leipzig, 1612, in-4°; Duryer, *Rudimenta grammaticæ linguæ turcicæ*, Paris, 1633, in-4°; les PP. Bernard et Pierre, *Grammaire turque*, 1667; Seaman, *Grammatica linguæ turcicæ*, 1670, in-4°; Meninski, *Linguarum orientalium, Turcicæ, Arabicæ, et Persicæ institutiones*, Vienne, 1680, in-4°; Holdermann, *Grammaire turque*, Constantinople, 1730, in-4°; Viguier, *Éléments de la langue turque*, ibid., 1790, in-4°; Rhasis, *Vocabulaire français-turc*, Saint-Pétersbourg, 1828-29, in-4°; Jaubert, *Éléments de la grammaire turque*, Paris, 1834, in-8°; Bianchi, *Vocabulaire français-turc*, Paris, 1831; Kieffer et Bianchi, *Dictionnaire turc-français*, 1835, 2 vol. in-8°; Handjeri, *Dictionnaire français-turc-persan-arabe*, Moscou, 1840-1842, 3 vol. in-4°; Redhouse, *Grammaire raisonnée de la langue ottomane*, Paris, 1846, in-8°, et *Dictionnaire anglais-turc*, Londres, 1856, in-8°; Zenker, *Grammaire turque de Kasem-beg*, Leipzig, 1848; E. Bérésine, *Recherches sur les dialectes turcs*, Kazan, 1853, in-8°; L. Dubeux, *Éléments de la grammaire turque*, Paris, 1856; Kellgrenn, *Grammaire de la langue osmanli*, Helsingfors, 1856.

TURQUE (Littérature). On a cru longtemps à la barbarie intellectuelle des Turcs; cependant leur littérature est, sinon originale, au moins d'une grande richesse. Un de ses monuments les plus anciens, le *Trèfle du fauconnier*, composé de trois ouvrages sur la fauconnerie, offre beaucoup d'intérêt pour la philologie. Suivant M. de Hammer, le nombre des poëtes turcs s'élèverait à plus de 2,000; ils imitent presque toujours des modèles arabes ou persans. Parmi eux, nous citerons : Mohammed Tchelebi, qui a donné une collection des légendes relatives à Mahomet; Mescihy, poëte anacréontique, contemporain de Soliman Iᵉʳ; Lâmi, qui florissait sous Soliman II le Magnifique, et dont on a quatre poëmes épiques (*Wamik et Afra*, *Les Sages et Ramin*, *Absal et Selman*, *Ferhâd-Nâmèh*), ainsi que beaucoup de poëmes lyriques et didactiques; Fazli, au XVIᵉ siècle, auteur d'un poëme érotique allégorique, *la Rose et le Rossignol*; Bâki, poëte lyrique, mort en 1600. — Dans le genre du roman et du conte, on remarque le *Houmayoun-Nâmèh*, traduction d'une imitation persane des fables de Bidpaï, et le roman des *Quarante visirs*, par le scheick Sadé. — Il existe un corps d'histoire qui embrasse toute la dynastie régnante des Osmanlis depuis son origine jusqu'à la fin du XVIIIᵉ siècle : il est formé d'ouvrages composés successivement par Saad-Eddin, Naïma, Reschid, Tchelebisade, Sami, Schakir, Subhi, Issi et Wasif. Le style de ces divers auteurs est affecté, prétentieux, orné de métaphores recherchées et de comparaisons étranges. L'historien qu'on lit peut-être le plus souvent est Hâdji-Khalfa, qui est aussi l'auteur d'un Dictionnaire géographique. — Pour connaître la dogmatique musulmane, aucun livre n'est plus précieux que la *Doctrine de la Foi*, par Pir-Ali-el-Berkevy. On peut étudier le Droit des Turcs dans le recueil de *fetwas* ou décisions juridiques qui ont été publiées par Mustafa-el-Koudousi, Abd-our-Rhaïm, Numan-Effendi. Dans le domaine de la philologie, on peut signaler les Dictionnaires arabes de Djauhari et d'Asim-Effendi, le Dictionnaire persan d'Achmet-Emin-Effendi, le commentaire de Soudi sur le *Gulistan* de Saadi, etc. V. Donado, *Letteratura dei Turchi*, Venise, 1688, in-12; Toderini, *Letteratura turchesca*, Venise, 1787, 3 vol.; Chabert, *Notices sur des poëtes turcs*, trad. du turc de Latifi en allemand, Zurich, 1800; Hammer, *Histoire de la poésie des Osmanlis*, Pesth, 1836, 4 vol.

TUTELLE (du latin *tueri*, défendre, protéger), charge imposée à un individu, soit par la loi, soit par la volonté d'autrui, de prendre soin gratuitement de la personne d'un incapable, d'administrer ses biens, et de le représenter dans tous les actes civils. Sont soumis à la tutelle : le *mineur*, l'*émancipé*, l'*interdit* et le *prodigue*. Notre Code distingue trois sortes de tutelle : la *tutelle légitime*, *légale* ou *naturelle*, la *tutelle testamentaire*, et la *tutelle dative*. La tutelle légitime est celle qui appartient de plein droit au père, à la mère, ou, à leur défaut, à l'ascendant mâle le plus proche, et celle que la loi confère sur les enfants admis dans les hospices à l'un des membres de la commission administrative. La tutelle testamentaire est celle qui est déférée par le dernier mourant des père et mère; on la nomme ainsi, parce qu'elle résulte le plus souvent d'un testament, mais surtout parce qu'elle ne peut produire d'effet qu'après la mort de celui qui l'a déférée. La tutelle dative est celle qui est déférée par le Conseil de famille, lorsque le survivant des père et mère est excusé, exclu ou destitué, lorsque le tuteur élu par le dernier mourant est dans l'un de ces cas, ou lorsque l'ascendant le plus proche ne peut exercer la tutelle qui lui est dévolue par la loi. — La tutelle étant gratuite, et les devoirs qu'elle impose multipliés et délicats, peu de personnes l'accepteraient volontairement; aussi, pour que les mineurs ne restent pas sans défense, la loi a interdit aux personnes désignées la faculté du refus. Elle ne reconnaît que six motifs d'excuse ou de dispense : 1° les fonctions publiques et le service militaire; 2° la qualité d'étranger à la famille, lorsqu'il y a, dans la distance de quatre myriamètres, des parents ou alliés en état de gérer la tutelle; 3° l'âge avancé (65 ans); 4° les infirmités; 5° le nombre des tutelles; 6° le nombre d'enfants. La loi a déterminé aussi des causes d'incapacité, d'exclusion et de destitution : 1° l'état de minorité; 2° l'interdiction; 3° le sexe; 4° l'opposition d'intérêts; 5° l'inconduite notoire; 6° la gestion infidèle; 7° la condamnation à une peine afflictive et infamante; 8° la condamnation à une peine correctionnelle pour corruption de mineurs; 9° l'interdiction temporaire de certains droits civils.

TUTELLE (Conseil de), le père mourant peut nommer à la mère survivante et tutrice, et sans l'avis duquel elle ne peut faire aucun acte relatif à la tutelle. Cette nomination doit être faite par un acte de dernière volonté, ou par une déclaration faite soit devant notaire, soit devant le juge de paix assisté de son greffier (*Code Napoléon*, art. 391-392).

TUTELLE OFFICIEUSE, contrat de bienfaisance par lequel une personne âgée de plus de 50 ans, sans enfants ni descendants légitimes, s'oblige à élever gratuitement un mineur âgé d'au moins 15 ans, à administrer sa personne et ses biens, et à le mettre en état de gagner sa vie. Ce contrat a pour but de faciliter l'adoption à ceux qui, voulant adopter un mineur, craignent de mourir avant qu'il ait atteint sa majorité; car on peut adopter après 5 ans de tutelle officieuse.

TUTEUR, celui qui remplit les fonctions de la tutelle. Ses devoirs se réduisent à deux : 1° prendre soin de la personne du mineur, c.-à-d. pourvoir à son entretien, veiller sur sa conduite, et lui procurer une éducation convenable, en rapport avec son état et ses moyens; 2° administrer ses biens en bon père de famille, et le représenter dans les actes civils, tels que les contrats, les procès, etc. Il y a des actes qu'il a le droit de faire seul, par exemple, passer des baux, toucher des fermages, exercer des actions mobilières. Il en est d'autres pour lesquels il lui faut l'autorisation du Conseil de famille; ce sont les actions immobilières, l'acceptation ou le refus d'une succession, d'une donation, etc. Les actes qui ont pour objet de transiger, d'emprunter, d'hypothéquer ou d'aliéner des immeubles, doivent être préalablement soumis à l'homologation du tribunal. Il est interdit au tuteur d'accepter la cession d'aucun droit contre son pupille, ou de se rendre adjudicataire de ses biens, par lui ou par personnes interposées. Le tuteur qui a de graves sujets de mécontentement contre le mineur peut obtenir du Conseil de famille l'autorisation de provoquer sa détention dans une maison de reclusion. Tout tuteur est comptable de sa gestion quand elle finit : les père et mère ne sont pas exceptés de cette obligation. — On nomme *Tuteur ad hoc* celui qui est nommé pour un objet déterminé : ainsi, à défaut de parents, l'enfant naturel ne peut se marier avant 21 ans qu'avec le consentement d'un *tuteur ad hoc*. — Dans toute tutelle, il y a un *subrogé tuteur*, dont les fonctions consistent à veiller aux intérêts du pupille, et à les défendre lorsqu'ils sont en opposition avec ceux du tuteur. Il est toujours nommé par le Conseil de famille, et peut être dispensé ou révoqué pour les mêmes causes que le tuteur. Il ne remplace pas de plein droit ce dernier lorsque la tutelle devient vacante, et doit dans ce cas provoquer immédiatement la nomination d'un nouveau tuteur. Il a le droit de se pourvoir contre toute délibération du Conseil de famille qui n'a pas été prise à l'unanimité des voix. — Celui qui a été nommé *curateur au ventre* (*V. ce mot*) est de plein droit subrogé tuteur de l'enfant. — Le *co-tuteur* est celui qui est chargé d'une tutelle avec un autre. Autrefois, la mère qui n'avait pas 25 ans ne pouvait être donnée pour tutrice à ses enfants qu'en faisant nommer un co-tuteur qui demeurait responsable solidairement de l'administration avec elle. Aujourd'hui, si la mère se remarie, le second mari est cotuteur et responsable.

TUTTI, mot italien qui veut dire *tous*. Placé sur une partition de musique, il indique que toutes les parties doivent se faire entendre ensemble.

TUTULUS, coiffure. *V.* notre *Dictionnaire de Biographie et d'Histoire*.

TUYAUX D'ORGUE. Ils sont faits d'*étain fin*, ou d'*étoffe* (alliage de plomb et d'un douzième d'étain). Quelques-uns sont en *bois*; la forme alors en est carrée, et le son plus doux. Les tuyaux sont, pour la plupart, de forme cylindrique. Ils sont *ouverts* par le haut, ou *bouchés* : pour parler à l'unisson d'un tuyau ouvert, un tuyau bouché doit être de moitié plus court. Les jeux composés de tuyaux bouchés se nomment *bourdons* (*V. ce mot*); le son en est plus sourd et plus doux que celui des tuyaux ouverts. Certains tuyaux ont la forme de *fuseau*; d'autres sont *à cheminée*, c.-à-d. qu'ils consistent en un petit tuyau soudé en haut d'un plus gros. On obtient un son plus éclatant avec les tuyaux *coniques*, surtout si le cône s'évase en pavillon comme une trompette; au contraire, la forme conique renversée donne un son étouffé. — Pour faire parler les tuyaux, il y a deux modes : la *bouche* et l'*anche* (*V. ces mots*). — Le degré d'acuité ou de gravité d'un tuyau dépend de sa hauteur, de sa largeur, et aussi de la grandeur de la bouche, ou de la rapidité des vibrations de la languette de l'anche. Étant donné, par exemple, le 1er tuyau d'un jeu, le plus gros, celui qui doit donner la quarte au-dessus n'aura que les trois quarts de la hauteur, la quinte aura les deux tiers, etc.; il y a également des calculs proportionnels pour la hauteur et la largeur, et les chiffres sont invariables et nécessaires, parce qu'ils répondent aux intervalles naturels de la musique. — On accorde les tuyaux au moyen de la *partition* (*V. ce mot*). Si un tuyau n'est pas juste, on resserre ou l'on desserre légèrement la rasette pour les tuyaux à anche, et, pour les tuyaux à bouche, on élargit ou l'on rétrécit de force le haut du tube avec un outil conique appelé *accordoir*. — La qualité du son dépend : 1° de la matière dont le tuyau est fait; 2° de l'épaisseur du métal; 3° de la forme du tuyau. C'est là ce qui explique la différence des timbres et la variété des résonnances; c'est ce qui fait que les jeux ont un caractère spécial de flûte, de cornet, de hautbois, etc. — On désigne une orgue par la longueur en pieds de son plus long tuyau sonnant la note la plus grave du clavier. Ce tuyau a l'une des quatre grandeurs suivantes : quatre, huit, seize ou trente-deux pieds, selon l'importance de l'instrument. On dit : un orgue de trente-deux, de seize, de huit, de quatre pieds. Les tuyaux de 16 pieds de longueur en ont 3 de circonférence; ceux de 32 en ont 6.

TYMPAN, en termes d'Architecture, espace du fronton compris dans le triangle formé par les deux corniches et la base. (*V.* FRONTON). — Par extension, on a appelé *tympan de porte* ou *de fenêtre* la surface comprise entre l'intrados de l'arcade qui les couronne et une ligne horizontale passant par les points de naissance de cet arc. À partir du XIIe siècle, les tympans des portes d'église ont été ornés de bas-reliefs.

TYMPAN, nom donné en Typographie à des châssis formés de 4 barres de bois ou de fer, et sur lesquels est collée une feuille de parchemin ou de papier fort. On étend sur le *grand tympan* les feuilles à imprimer, et le *petit tympan* reçoit l'action de la platine.

TYMPANON ou **TYMPANUM**, mot qui désignait, chez les Anciens, toute espèce de tambour. Tout en conservant ce sens, le mot fut encore appliqué au *Psaltérion* du moyen âge.

TYPE (du grec *typos*, empreinte), empreinte faite sur

une masse molle, et, par extension, modèle, forme originale. Dans la philosophie de Platon, les *idées* sont les types des choses créées (*V.* ARCHÉTYPE, IDÉAL, PLATONISME). En Théologie, on nomme *type* tout ce qui, dans l'Ancien Testament, est la figure ou le symbole des mystères de la loi nouvelle : ainsi, l'agneau pascal est le type de Jésus-Christ, et la manne celui de l'Eucharistie. En Littérature, un *type* est un caractère fortement tracé, une puissante individualité formée par une combinaison savante de divers traits épars : Achille, Ulysse, Alceste, Figaro, sont des types. En Numismatique, la figure symbolique empreinte sur le revers d'une médaille se nomme *type*. Le mot *type* s'est dit, en Histoire, des ordonnances, rescrits et lettres des empereurs byzantins. Enfin, en Typographie, il est synonyme de *caractère*.

TYPOCHROMIE. *V.* CHROMOTYPIE, au *Supplément.*

TYPOGRAPHIE (du grec *typos*, caractère, et *graphein*, empreindre), mot synonyme d'*Imprimerie.*

TYPOLOGIE, doctrine qui considère les pratiques du culte des Hébreux comme autant de *types* d'une révélation postérieure.

TYPOMÉTRIE (du grec *typos*, type, et *métron*, mesure), art de composer et d'imprimer en caractères mobiles des cartes géographiques, des plans, des figures de mathématiques, des profils, des dessins d'histoire naturelle, des caractères symboliques, etc. Des essais furent faits au XVe siècle par Schweynheim, au XVIIIe par Haas de Bâle, au XIXe par Firmin Didot à Paris, Wegener à Berlin, Bauerkeller à Francfort; mais Raffelsberger, directeur de l'Imprimerie impériale de Vienne, est le seul qui ait obtenu, en 1839, des résultats satisfaisants.

TYPOTONE, sorte de diapason imaginé en 1829 par un certain Pinsonnat. C'était une languette de métal fixée sur une petite plaque de nacre ou d'argent que l'on plaçait entre les dents, et que l'on mettait en vibration au moyen du souffle de la bouche. L'idée vint ensuite de réunir plusieurs de ces languettes sur une même plaque et d'en faire un jouet d'enfant; puis on augmenta successivement le nombre des languettes et les dimensions de l'instrument, au point de ne pouvoir plus le jouer à la bouche. Alors on en fixa les lames à un petit soufflet qu'on faisait agir entre les mains, pendant que les doigts, appuyant sur un clavier de quelques touches, donnaient issue à l'air comprimé, ce qui mettait les lames en vibration : on était arrivé à l'*accordéon* (*V. ce mot*).

TYRAN. *V.* ce mot dans notre *Dictionnaire de Biographie et d'Histoire.*

TYRANNICIDE (du latin *tyrannus*, tyran, et *cædere*, tuer), meurtre d'un tyran. Le cordelier Jean Petit, après le meurtre du duc Louis d'Orléans par Jean sans Peur, duc de Bourgogne, en 1407, soutint publiquement qu'on a le droit de tuer un tyran. Cette doctrine, condamnée en 1416 par le concile de Constance, fut reproduite dans le traité *De rege* du P. Mariana, Tolède, 1479.

TYROLIENNE, chanson montagnarde du Tyrol, exécutée avec un mélange de la voix de tête, à laquelle on arrive par des coups de gosier particuliers et en franchissant de grands intervalles. — On donne le même nom à celle en valse, notée à trois temps et en triolets, comme celle du 1er acte de *Guillaume Tell*, par Rossini.

TYRONIENNES ou TIRONIENNES (Notes). *V.* ABRÉVIATIONS, sect. II, page 8.

U

U, 21e lettre et 5e voyelle de l'alphabet latin, et de ceux des langues modernes qui en dérivent. Elle n'a été en usage qu'à une époque assez tardive; car on ne la rencontre pas sur les anciens monuments graphiques, inscriptions lapidaires et médailles, où elle est remplacée par le V. Alors même qu'elle fut inventée, on la confondit encore avec cette lettre : Ramus proposa, au XVIe siècle, la séparation définitive des deux lettres; cependant, jusque dans la première moitié du XVIIIe, bien que fixées quant à leur valeur, elles furent mêlées ensemble dans les Dictionnaires. L'U fut introduit dans la Typographie française par Zeitner, imprimeur à Strasbourg, en 1629. Les Romains, qui n'avaient pas notre son *u*, prononçaient *ou* la voyelle U, et c'est la valeur que lui donnent encore les Italiens, les Espagnols et les Portugais : on retrouve un souvenir de cette prononciation dans certains mots français, qui offrent l'*u* latin remplacé par *ou*, tels que *sourd* (de *surdus*), *genou* (de *genu*), *moult* (de *multus*), *doux* (de *dulcis*). Toutefois, l'U latin ne doit pas s'être constamment prononcé *ou*; car on ne pourrait s'expliquer les changements orthographiques de *maximus* en *maximus*, d'*optumus* en *optimus*, *pessumus* en *pessimus*, *lubet* en *libet*, *Sulla* en *Sylla*, ni celle de *divos* en *divus*, etc. — L'upsilon (U, υ) des Grecs a probablement fourni le modèle de l'U latin. Mais il est difficile d'en déterminer le son d'une manière précise : certains mots, tels que *mus* (souris), transcription littérale du grec, offrent identité d'écriture avec sous doute de prononciation, tandis que dans d'autres, comme *Lucullus* (en grec *Loukoullos*), la transcription exige un groupe de lettres au lieu d'une lettre simple. D'un autre côté, les Grecs modernes donnent à l'*upsilon* le son de l'*i*, et, dans les mots français qui dérivent du grec, il est converti en *y*. — Les Allemands donnent ordinairement à l'U le son *ou*; mais ils connaissent notre son *u*, et s'en servent quand la lettre est surmontée d'un tréma (*über, fur*, etc.). Suivie de *q*, elle forme une articulation distincte, qui a la valeur de notre *v*. — En français, le son *u* n'est pas invariablement attaché à la lettre U. Cette lettre est presque toujours muette après le *q*, comme dans *que, qui, quoi, quatre, qualité, querelle, quittance, équilibre*, etc.; il n'y a d'exception que pour quelques mots, comme *équateur, aquatique, quadrature, quadrupède*, etc., où elle a la valeur phonétique *ou*,

et pour d'autres, comme *équitation, questeur, équestre*, où elle a le son *u*. Elle est muette encore dans *cueillir, recueil, cercueil, guet, guérite, guéridon, guidon, guitare*, etc., et ne sert qu'à indiquer le caractère guttural du C ou du G qui la précède. Il y a des groupes de voyelles que nous prononçons comme un simple *o*, et où l'U tient étymologiquement la place d'une *u* qu'on fait disparaître les phases de la dérivation; ce sont les groupes AU (*haut*, de *altus*; *aune*, de *alnus*; *faux*, de *falsus*) et EAU (*château, manteau, oiseau*, qui ont fait d'abord *châtel, mantel, oisel*, etc.). Un tréma sur l'U, ou l'interposition d'une H, détruit les fausses diphthongues AU et OU, et rend à chaque voyelle sa valeur propre : *Esaü, Saül, Antinoüs, Achéloüs, bahut, tohubohu*. Précédée d'un E, la lettre U forme avec elle un groupe qu'on prononce en une seule articulation particulière, comme dans *Eucharistie, Eustache, Euripide, heureux, jeune, meuble, meute*, etc.; il y a exception pour *j'eus, j'ai eu, j'eusse*, où l'on conserve au groupe *eu* le son *u*, et pour *gageure*, où il se prononce de même, en donnant au *g* qui le précède la valeur du *j*. De vieux mots, *meur, seur, veue*, se sont changés en *mûr, sûr, vue*. Le groupe UN représente un son nasal particulier : *brun, aucun, chacun, lundi*. Le son mixte entre l'*u* et l'*o*, adopté chez nous pour rendre les terminaisons latines en *um*, est conforme à la prononciation des Romains, car Plaute dit sans cesse *equom, quom* pour *equum, quum*. — En anglais, la lettre U possède trois valeurs phonétiques : *ou* (*flute*), *eu* (*but*), et *iou* (*mute*).

UBIQUISTES. *V.* ce mot dans notre *Dictionnaire de Biographie et d'Histoire.*

UBIQUITÉ (du latin *ubiquitas*), propriété d'être partout. Dieu seul est doué d'ubiquité.

UGAB. *V.* OUGAB.

UHLANS. } *V.* ces mots dans notre *Dictionnaire de*
UKASE. } *Biographie et d'Histoire.*
ULÉMAS. }

ULM (Le Munster d'), église cathédrale de style ogival, l'une des plus importantes de l'Allemagne. Commencée en 1377, elle fut interrompue en 1494, et on ne l'a point achevée depuis. Elle est toute en brique, excepté la façade, qui est en pierre, et, pour que cette partie de l'édifice pût avoir un caractère de magnificence sans faire un contraste choquant avec les autres, l'architecte l'a cillonnée, depuis la base jusqu'au sommet, de lignes hardies et élégantes. Une seule tour compose tout ce portail ; les proportions en sont gigantesques, et, bien qu'elle n'ait été élevée qu'à une hauteur de 112 mèt., au lieu de 158 qu'elle devait avoir, l'effet en est très-imposant. Sa base forme un porche à 3 portes de hauteur égale, haut de 15 mèt., profond de 2 mèt., orné de bas-reliefs et de statues du XVᵉ siècle. Avant d'entrer dans l'église, on traverse encore un vaste portique, qui supporte l'orgue. Tout l'édifice intérieur a 162 mèt. de longueur, 68 de largeur, 47 de hauteur, et est divisé en 3 nefs. Les piliers de la nef majeure sont tout couverts de sculptures exquises, qui ne se répètent jamais. Les œuvres remarquables que contient la cathédrale d'Ulm sont : un baptistère, sculpté dans le style de transition de l'art-gothique à l'art de la Renaissance ; la chaire en pierre, œuvre de Syrlin ou Sürlem le fils, artiste de la localité, et dont le dais, aussi élevé que la voûte même de l'église, représente un petit escalier qui tourne dans un berceau de trèfles et qui se rétrécit à mesure qu'il s'élève ; les stalles du chœur, sculptées de 1469 à 1474 par Syrlin le père, et où sont représentés, en trois étages, les personnages célèbres du paganisme, ceux de la Bible, et divers sujets du Nouveau Testament ; le tabernacle du maître-autel, sculpté en marbre en 1469 par Adam Krafft, et qui forme une riche spirale de 30 mèt. de hauteur ; les vitraux du chœur, peints en 1480 par Hans Wild et Cramer ; les fonts baptismaux, exécutés dans le xve siècle ; la chapelle Besserer, intéressante par ses vieux vitraux et ses vieilles peintures. B.

ULTIMATUM (du latin *ultimus*, dernier), mot qui désigne, dans les relations internationales, une résolution définitive et irrévocable à laquelle s'arrête un gouvernement au sujet d'une chose en litige, une condition sans l'acceptation de laquelle il sera impossible de s'entendre. Signifier un *ultimatum*, c'est faire acte d'intimidation, c'est intimer un ordre que devra suivre le recours à la force.

ULTRA.) *V.* ces mots dans notre *Diction-*
ULTRAMONTAINS. (*naire de Biogr. et d'Histoire.*

ULTRA PETITA, c.-à-d. en latin *au delà de ce qui a été demandé ;* mots qui s'emploient, en Jurisprudence, pour désigner ce qui a été accordé par le juge sans avoir été demandé par la partie. Les jugements où il a été accordé *ultra petita* peuvent être rétractés (*Code de Procédure*, art. 480).

UMBO. V. ce mot dans notre *Dictionnaire de Biographie et d'Histoire.*

UNCTUARIUM. V. Bains.

UNDA-MARIS, c.-à-d. en latin *eau de la mer ;* nom d'un jeu d'orgue à anches, de huit pieds, accordé un peu plus haut que les autres jeux, et formant, à cause de cela, une sorte de battement qui a quelque analogie avec le battement des flots.

UNIFICATION, action de s'unir à un autre être de manière à ne plus former qu'*un* avec lui. L'unification avec Dieu (en grec *aplosis, enôsis*) était la fin dernière pour les Néoplatoniciens et pour le philosophe chinois Lao-tseu.

UNIFORME, mot employé substantivement depuis le siècle dernier seulement, pour désigner l'habit militaire, qui est le même pour tous les hommes du même corps. Il s'applique, non-seulement à l'habillement proprement dit, mais aussi à la coiffure, à l'équipement, aux marques distinctives, à l'armement, au harnachement (*V.* Costume). — Par extension, le mot *uniforme* se dit aussi du costume des fonctionnaires publics autre que la robe.

UNILATÉRAL (Contrat). V. Contrat.

UNION (Contrat d'). V. Faillite.

union douanière. V. Zollverein, dans notre *Dictionnaire de Biographie et d'Histoire.*

UNIPERSONNEL (Verbe). V. Impersonnel.

UNISSON, en termes de Musique, rapport de deux sons absolument semblables entre eux pour le degré, l'intensité et la durée. L'unisson est produit par un égal nombre de vibrations de deux corps sonores dans un égal espace de temps.

UNITÉ. Au sens philosophique, c'est une notion qui se présente souvent, à différents titres : l'Unité de Dieu, l'Unité de l'âme humaine (*V.* Dieu et Ame) est tout autre chose que des hypothèses ; la première est démontrée par la raison, la seconde attestée par l'observation intérieure. D'ailleurs, ni en Dieu ni dans l'homme, l'unité substantielle n'exclut la multiplicité et la variété des attributs ; et une formule, dont on a peut-être abusé, mais de soi fort exacte, assigne l'unité dans la variété, et réciproquement, comme le principe de tout ordre et la loi de toute existence. Il n'est point d'être, en effet, qui n'ait son unité ; et, d'un autre côté, l'unité absolue sans aucune variété, en d'autres termes la substance sans attribut, n'est qu'une abstraction à peine intelligible pour la raison pure. C'est pourtant à ce principe, porté au plus haut degré de généralisation possible, que quelques systèmes philosophiques ont essayé de tout ramener. Ces systèmes sont les systèmes panthéistes anciens, la philosophie de l'école d'Élée, le Platonisme poussé à ses conséquences extrêmes, et surtout le Néoplatonisme alexandrin (*V.* Élée, Platonisme, Alexandrie — École d'). L'Unité joue encore un grand rôle ; quoique moins exclusif, dans la philosophie mathématique des Pythagoriciens (*V.* ce mot dans notre *Dictionnaire de Biographie et d'Histoire*). Les Pythagoriciens, qui considéraient le nombre comme le principe substantiel des êtres, et aussi comme la cause de leurs modifications et de leurs états divers, rapportaient, suivant ce que dit positivement Aristote, le nombre lui-même à l'Unité, comme à son origine ; et dans la liste des principes opposés deux à deux, par lesquels quelques-uns d'entre eux expliquaient l'existence et l'harmonie du monde, on trouve encore l'unité comme le contraire de la pluralité, à côté du fini et de l'infini, de l'impair et du pair, du repos et du mouvement, etc. B—e.

UNITÉS (Les trois). Les vers de Boileau (*Art poét.*, ch. III) sont la définition la plus précise de ce qu'on appelle, dans l'art dramatique, les trois unités :

Qu'en *un lieu*, qu'en *un jour* un *seul fait* accompli
Tienne jusqu'à la fin le théâtre rempli.

C'est à ce précepte, entendu souvent dans son sens le plus étroit et le plus rigoureux, que se sont généralement asservis les tragiques français. Ils n'ont produit sur la scène que des événements qui pussent s'accomplir en quelques heures ; tout au plus ont-ils osé réduire, sur le théâtre, à la durée d'une représentation, les faits qui eussent, dans la réalité, rempli la longueur d'un jour ; et tel est le plan sur lequel ils ont uniformément réglé la marche de leurs pièces ; que le drame le plus compliqué par la multiplicité des incidents ou la lutte des passions opposées n'a eu, pour s'exposer, se nouer et se dénouer, qu'une seule scène toujours la même, temple, palais, maison privée, appartement, simple vestibule ou antichambre. Ainsi, chose étrange ! les fondateurs du théâtre, en France, empruntaient aux Espagnols ou aux Grecs la tragédie, et, sur la foi d'Aristote, ils se refusaient systématiquement les libertés dont les uns et les autres avaient usé. En effet, les Espagnols et, en général, les modernes, qui n'ont pas connu les trois unités ; Lope de Véga, Shakspeare, Schiller et Gœthe les ont violées comme à plaisir ; et les tragiques grecs, dont les chefs-d'œuvre avaient précédé la venue du prétendu législateur de l'art dramatique, sont loin de les avoir toujours observées. Ajax, par exemple, dans la tragédie de Sophocle qui porte son nom, se tue, aux yeux des spectateurs, sur un coin écarté du rivage, et loin de la scène où tout à l'heure il déplorait avec amertume le déshonneur où l'avait jeté un instant de folie. Aristote lui-même n'a pas formulé la règle en toutes lettres : seulement, en comparant la tragédie et l'épopée, il remarque que la première s'efforce de mesurer sa longueur « sur une révolution de soleil ou à peu près, » tandis que la seconde ne s'impose « aucunes limites précises. » Comme il n'a prescrit nulle part en termes plus formels l'unité de lieu, les trois unités, ou du moins celles du lieu et du temps, sont d'invention moderne et presque exclusivement française.

Toutefois, il ne manque pas de bonnes raisons pour les justifier, sinon pour les imposer malgré tout à tous les sujets. Rien n'empêche, en effet, d'envisager la tragédie comme un moment suprême où la destinée des personnages, jusque-là suspendue, va s'accomplir enfin ; où des passions rivales viennent se chercher, se rencontrent et se livrent un dernier combat ; où quelque événement imprévu suscite tout à coup, dans l'âme d'un héros, entre des sentiments opposés, une lutte violente, mais d'un moment, et qui constituera tout le drame. L'OEdipe à Colone de Sophocle, l'*Athalie* de Racine, le *Cid* de Corneille, sont trois tragédies conçues et traitées sur ce modèle. OEdipe arrive près du bourg de Colone ; là il apprend qu'il est entré dans le bois sacré des Euménides, où, selon la promesse de l'oracle, doit s'achever avec sa vie la série de ses longues et douloureuses épreuves. Il adresse sa prière aux redoutables déesses ; il refuse de suivre Créon, son beau-frère, qui voulait le ramener à Thèbes; il maudit les fils qui l'ont délaissé; il remet ses filles entre les mains de Thésée, et enfin laisse aux Athéniens, comme récompense de leur hospitalité, son tombeau, gage mystérieux de victoires futures. Les trois unités ne sont-elles pas dans l'essence même de ce sujet? Quelques heures, au théâtre comme dans la réalité, ne suffisent-elles pas à Œdipe pour en finir avec ses destins? Et le poëte ne satisfait-il pas à la vraisemblance en amenant les uns après les autres tous ces personnages sur la place où va se débattre la dernière question qui puisse intéresser le vieil aveugle, celle de savoir où reposeront ses restes? — Un songe pousse Athalie dans le temple des Juifs; elle y retrouve le meurtrier de la prophétique vision, le jeune Joas, et veut l'en arracher; Joad la prévient, et fait couronner l'héritier de David. Encore ici, les trois unités ne s'offraient-elles pas naturellement au poëte? — Le comte de Gormas donne un soufflet à don Diègue: sur-le-champ, voilà Rodrigue obligé de provoquer l'agresseur en duel, Chimène de poursuivre le meurtrier de son père, tous deux de renoncer peut-être pour jamais à l'union qui semblait si proche. Faut-il donc plus de vingt-quatre heures pour nouer et dénouer cette intrigue, dût Rodrigue prendre le temps de battre les Mores sur la plage et à la clarté des étoiles? Tant il est vrai que, dans maint événement tragique, le poëte trouvera les trois unités, « non comme causes, mais comme effets, » et les observera plutôt pour se mettre d'accord avec le bon sens qu'avec les préceptes et les conventions d'école!

Néanmoins, il ne nous paraît guère possible d'enfermer indistinctement tous les sujets dans le cercle étroit de la théorie classique: le tenter serait s'exposer à violer la règle fondamentale du genre dramatique, la vraisemblance. Lorsque Lamotte, un des précurseurs, sur ce point, des romantiques modernes, commença, au XVIIIe siècle, la révolte contre les trois unités, il put soutenir qu'il fallait les hasards les plus invraisemblables, soit pour amener, comme dans le Cinna de Corneille, les divers personnages toujours au même lieu, qui sert aux entretiens du prince, au complot des conspirateurs, à la confidence des amants, soit pour mener à bonne fin en quelques heures l'intrigue la plus complexe. Il affirmait, avec autant de raison, que, du moment où les spectateurs d'un théâtre parisien se prêtaient si volontiers à l'illusion qui les transportait dans Athènes, dans Rome ou chez le Grand-Turc, leur imagination ne répugnerait pas davantage aux changements de lieu d'acte en acte, pour peu que la vraisemblance pût le réclamer ou seulement le autoriser. Et pour confirmer sa théorie par un exemple, il s'ingéniait à tracer le plan d'une tragédie de Coriolan; au 1er acte, on est sur le Forum; Coriolan, accusé par les tribuns, est condamné à l'exil. Au 2e acte, nous sommes au foyer du proscrit: sa mère, sa femme et ses enfants fondent en larmes; lui-même les quitte et s'éloigne partagé entre la douleur et le désir de la vengeance. Le 3e acte nous mène chez les Volsques: Coriolan se présente à leur chef, et lui propose la guerre contre Rome. Je ne serais pas étonné, disait Lamotte, qu'un peuple sensé, mais moins ami des règles, s'accommodât de voir ainsi distribuer en cinq actes cet épisode de l'histoire romaine. A notre tour, nous dirons: qu'un poëte, en lisant le récit des luttes que se livrèrent au moyen âge les papes et les empereurs, Grégoire VII et Henri IV, Alexandre III et Frédéric Barberousse, Innocent IV et Frédéric II, s'avise d'en tirer un sujet de tragédie. Les spectateurs se refuseront-ils à passer successivement, dans le cours de la représentation, de la demeure pontificale au palais des empereurs, et s'effaroucheront-ils si on les invite à supposer qu'ils ont mis plus d'un jour pour faire le voyage? Ce changement de scène ne leur semblera-t-il pas aussi naturel, plus naturel peut-être, que si tous les incidents du drame étaient systématiquement circonscrits entre les murs du Vatican, ou dans un salon de la grande comtesse Mathilde, la célèbre amie et protectrice des papes? Concluons que, des trois unités, celle d'action ou d'intérêt est la seule que le goût invite à ne pas violer; quant aux deux autres, les nécessités de la vraisemblance doivent déterminer dans quelle mesure il convient de les observer ou de les enfreindre. Les Anglais, les Allemands, les poëtes français de nos jours, ont secoué leur joug d'une manière nullement choquante et souvent heureuse; par là ils ont donné à leurs œuvres plus d'intérêt.   A. H.

UNIVERSAUX. Ce sont les idées ou les termes généraux, distingués logiquement en cinq classes, suivant ce qu'ils nous font connaître de la nature ou des propriétés des choses qu'ils expriment. Dans la nature des choses, les termes généraux se peuvent rapporter: 1° soit à ce qu'elles ont d'essentiel en commun avec d'autres choses: il est essentiel au triangle d'être une figure rectiligne; mais cela lui est commun avec beaucoup d'autres figures; à l'homme d'être animal, mais cela lui est commun avec les poissons et les oiseaux, etc.; c'est le genre; 2° soit à ce qu'elles ont d'essentiel et de propre à la fois, comme d'être une figure rectiligne à trois côtés, ou un animal raisonnable; c'est l'espèce; 3° dans leurs propriétés, soit à celles qui distinguent l'espèce du genre, et empêchent qu'elle ne soit confondue avec les autres espèces du même genre; dans les exemples précédents, raisonnable, avoir trois côtés; c'est la différence, appelée quelquefois plus précisément différence spécifique; 4° soit à quelque manière d'être, qui est une dépendance intime de la différence; par exemple, pour l'homme, parce qu'il est doué de raison, avoir la notion du beau dont les animaux sont privés, et, pour le triangle, avoir la somme des angles égale à trois droits: c'est le propre; 5° soit enfin à quelque manière d'être fortuite, nullement essentielle à l'espèce, et faute de laquelle elle ne laisserait pas de subsister; pour l'homme, d'être plus ou moins gai, bon, spirituel; pour le triangle, d'avoir telles ou telles dimensions; c'est l'accident. Aristote paraît avoir, le premier, fait ces distinctions ingénieuses, de peu d'usage pour la pratique peut-être; mais, s'il sert peu, comme disent les auteurs de la Logique de Port-Royal, de savoir qu'il y a des genres, des espèces, des différences, des propres et des accidents, du moins est-il important, de leur aveu, de reconnaître les vrais genres des choses, les vraies espèces de chaque genre, leurs vraies différences, leurs vraies propriétés, et les accidents qui leur conviennent. Bossuet, qui a fondu en grande partie dans sa Logique le petit traité de Porphyre, connu sous le nom d'Isagogé ou Introduction (De quinque vocibus, seu in Categorias Aristotelis Introductio), résume, dans les termes suivants, la nature des cinq Universaux: 1° le genre est ce qui convient à plusieurs choses différentes en espèces; 2° l'espèce est ce qui convient à plusieurs choses différentes seulement en nombre; 3° la différence est ce par quoi nous entendons qu'une chose diffère d'une autre en essence; 4° le propre est ce qui est entendu dans la chose comme une suite de son essence; 5° l'accident est ce qui peut être présent ou absent sans que la chose périsse. — Ce sont les Universaux qui donnèrent lieu à la fameuse querelle scolastique dite tantôt des Universaux, tantôt des Réalistes et des Nominalistes (V. SCOLASTIQUE). Sur les Universaux, au point de vue théorique, V. nos articles GENRE, ESPÈCE, DIFFÉRENCE, PROPRE, ACCIDENT; Aristote, Topiques; tous les anciens traités de Logique; la Logique de Port-Royal, I, 7, et Bossuet, Logique, I, 38-50.   B.

UNIVERSITAIRES (Produits). Ils se composent: 1° de la dotation, des rentes et des domaines appartenant à l'Université; 2° du droit annuel dû par les chefs d'institution et par les maîtres de pension; 3° des droits à percevoir dans les Facultés de Droit, de Médecine, de Théologie, des Sciences, et des Lettres, ainsi que dans les Écoles de pharmacie. Ils font partie des impôts directs.

UNIVERSITÉ. V. ce mot dans notre Dictionnaire de Biographie et d'Histoire.

UN PAR CONTRE, négociation de lettres ou billets de change contre d'autres.

UPANISHADS. V. INDIENNE (Littérature).

URANION, sorte de mélodium inventé en 1810 par un Saxon nommé Buschmann.

URANISTES et JOBELINS, nom donné à deux partis qui s'étaient formés au XVIIe siècle, et qui soutenaient la supériorité, l'un du sonnet d'Uranie par Voiture, l'autre au sonnet de Job par Benserade.

URBANITÉ (du latin urbanitas), mot d'origine et de famille latine, et qui a eu quelque peine à prendre droit de cité chez nous. Quintilien en donne cette définition: « On appelle Urbanité une manière de s'exprimer qui, dans les termes, le ton, la prononciation, fait d'abord reconnaître un certain goût particulier à la Ville, sorte de savoir pris dans le commerce des gens instruits; enfin, c'est le contraire de la Rusticité (Instit. orat., VI, 3). » C'était, comme il le dit plus bas, le ton propre à la société polie de Rome: « l'Urbanité, cette qualité propre à notre Ville, et qu'on n'a commencé de nommer ainsi qu'après qu'il fut reçu de dire la Ville, sans y ajouter le nom propre de Rome. » L'Urbanité romaine était compatible avec la licence d'esprit que pouvaient se permettre les honnêtes gens; ainsi la raillerie, la satire s'y mêlaient, au moins vers la fin de la République, du temps de Cicéron, qui s'exprime ainsi sur ce sujet : « La médisance ne veut que faire outrage...; si elle est enjouée, on la nomme *Urbanité* (*Pro Cælio*, 3). » — Et ailleurs : « C'est affaire aux ignorants de vouloir qu'après leur mort on donne des festins pour honorer leur mémoire. Comment ces festins se passent-ils, et comme vous vous exposez à toute l'*Urbanité* des hommes facétieux (*De Finib.*, II, 31) !» — C'est encore là, sauf des nuances que nous dirons tout à l'heure, le vrai sens du mot *Urbanité*, et il n'y aurait que par un fâcheux oubli des origines qu'on voudrait en faire une sorte de synonyme du mot *Politesse.* « L'Urbanité ne fut connue que tard à Rome, » dit Quintilien; cela devait être, car elle est le fruit d'une civilisation perfectionnée. En France, elle commença avec la société *précieuse* du XVII⁰ siècle : mais bien des gens repoussèrent le mot comme un mauvais néologisme, même après que l'Académie l'eut admis dans la 1ʳᵉ édition de son *Dictionnaire*, en 1694, avec cette définition : « Politesse que donne l'usage du monde. » Elle parut se repentir dans la 3⁰ édition, publiée en 1740, car elle mit à sa définition cette sorte de correctif : « Ne se dit guère qu'en parlant de la politesse des anciens Romains. » C'était encore l'opinion à peu près générale en 1771, lorsque l'on publia la 2⁰ édition du *Dictionnaire de Trévoux*. Assez longtemps auparavant, Marmontel, dans ses *Éléments de littérature*, avait donné la définition suivante, qui est celle de l'*Urbanité française*, mais qu'il appela le *bon ton* : « Le naturel dans la politesse, la délicatesse dans la louange, la finesse dans la raillerie, la légèreté dans le badinage, la noblesse et la grâce dans la galanterie, une liberté mesurée et décente dans le langage et les manières, et, par-dessus tout, une attention imperceptible de distribuer à chacun ce qui lui est dû de distinction et d'égards. » On voit que cette Urbanité est un perfectionnement de l'Urbanité romaine. La dernière édition du *Dictionnaire de l'Académie* (celle de 1835), de cette compagnie où l'on pratique éminemment, au moins dans les discours publics, tous les genres de civilisation polie et de fines convenances du meilleur monde, donne une définition incomplète et peu exacte de l'*Urbanité*, qu'elle confond avec la *politesse*, chose toute banale à laquelle tout le monde peut atteindre, saluts et révérences mis, pour ainsi dire, en paroles en même temps qu'en action : on peut être très-poli et très-gauche en même temps. L'Urbanité française, qui n'admet la gaucherie en rien, est donc, dans sa nuance la plus générale, cette fleur d'esprit plaisante, légère, piquante, satirique, toujours de bon ton et de bon goût, fine ou délicate, et dont Paris est et fut toujours le foyer le plus actif, comme le modèle le plus parfait. Ce qui rend la société parisienne si sympathique, si aimable, si amusante; ce qui fait qu'il éclôt, qu'il se produit, qu'il se dépense plus d'esprit en une seule journée à Paris que dans tel autre royaume tout entier de l'Europe, c'est l'Urbanité.   C. D—Y.

URCÉOLÉE (Corbeille), corbeille de chapiteau qui est un peu resserrée au-dessous de son sommet.

URNE. *V.* notre *Dict. de Biogr. et d'Histoire.*

URNI. *V.* Inᴅɪᴇɴ (Art).

US (du latin *usus*, usage, coutume), terme de Droit qui se joint presque toujours à *coutumes* (les *us et coutumes*), et qui signifie les règles, la pratique qu'on est habitué à suivre en quelque lieu touchant certaines matières.

USAGE (du latin *usus*), s'entend vulgairement d'une coutume, d'une pratique reçue. En termes de Jurisprudence, c'est « le droit de prendre sur les fruits d'autrui ce que l'on peut consommer pour ses besoins, ou ce qui est accordé par le titre constitutif. » Les droits d'usage s'établissent et se perdent de la même manière que l'*usufruit* (*V.* ce mot), avec cette différence qu'il n'y a point d'usage établi par la loi, comme il y a un usufruit. C'est ordinairement le titre qui établit les droits d'usage. Si le titre ne s'explique pas sur l'étendue de ces droits, l'*usager*, c.-à-d. celui à qui l'on a accordé l'usage des fruits d'un fonds, ne peut en exiger qu'autant qu'il lui en faut pour ses besoins et ceux de sa famille (ses descendants et les parents à qui il doit des aliments); autrement l'usage serait un droit d'usufruit. Il ne peut donc ni louer la chose, ni la céder gratuitement à un autre, même pour le simple usage, ni vendre les fruits superflus, comme le peut l'usufruitier. Le droit d'usage peut être établi par acte entre vifs ou de dernière volonté, à titre gratuit ou onéreux; on ne peut l'exercer sans

donner caution, et sans faire des états.et inventaires des choses soumises à l'usage (*Code Napol.*, art. 625-36). — Autrefois on distinguait les *francs usagers*, qui ne payaient rien ou presque rien ; les *gros usagers*, qui avaient le droit de prendre dans la forêt d'autrui un certain nombre de perches ou d'arpents de bois ; les *menus usagers*, qui n'avaient que le droit de pâturage et la liberté de prendre le bois mort et épars, tombé ou non. Les Archives générales de l'Empire, à Paris, possèdent une collection précieuse des *Déclarations d'usages* faites au XVII⁰ et au XVIII⁰ siècle par les communes qui étaient en possession de droits d'usage dans les forêts d'autrui.

USAGES LOCAUX, règles établies dans certains lieux pour l'exécution des conventions, et qui, sans être déterminées par la loi, sont adoptées par tous le monde. Ce qui est ambigu s'interprète par ce qui est d'usage (*Code Napol.*, art. 1159). Les usages locaux sont obligatoires en certains cas, surtout dans le silence de la loi ; par exemple, en matière de locations et de congés. *V.* Clausade, *Usages locaux ayant force de loi*, 1843, in-8⁰.

USANCE (du latin *usus*), en termes de Banque, délai de 30 jours qui est accordé pour le payement d'une lettre de change à celui sur qui elle est tirée. On dit en ce sens qu'une lettre est payable à deux ou trois usances. L'usance avait originairement l'étendue que lui donnait l'usage de chaque lieu ; c'est l'ordonnance de 1673 qui la fixa à 30 jours, disposition confirmée par notre *Code de Commerce.*

USATIQUES, titre d'un code de lois publié en latin à Barcelone en 1068, traduit en catalan en 1413, et qui était encore en vigueur dans la Catalogne au XVIII⁰ siècle.

USINE (du latin *usus*, utilité), se dit de tout établissement de fabrication industrielle dont les produits sont obtenus plutôt par l'action des machines que par le travail seul des ouvriers.

USTENSILE (du latin *uti*, se servir), se dit de toutes sortes de petits meubles servant au ménage, spécialement à la cuisine.

USTRINE.   ⎱ *V.* ces mots dans notre *Dictionnaire*
USUCAPION. ⎰ *de Biographie et d'Histoire.*

USUFRUIT (du latin *usus fructus*, usage du fruit, du revenu), droit de jouir des choses dont un autre a la propriété, comme le propriétaire lui-même, mais à la charge d'en conserver la substance. Il s'établit par la volonté de l'homme ou par la loi, c.-à-d. qu'il est *conventionnel* ou *légal.* L'usufruit légal est celui que la loi accorde aux pères et mères sur les biens de leurs enfants pendant que ceux-ci sont sous leur puissance, et au mari sur les biens de la communauté et sur les biens dotaux de sa femme. L'usufruit conventionnel peut être établi par testament, par donation entre vifs, ou par convention ; la loi permet de le constituer, soit purement et simplement, soit à durée fixe, soit sous une convention suspensive ou résolutoire; on peut en faire profiter des communes et des établissements publics, aussi bien que de simples particuliers. Celui en faveur duquel est constitué l'usufruit ne peut entrer en jouissance qu'après avoir fait dresser, en présence du propriétaire, un inventaire des meubles et un état des immeubles soumis à l'usufruit, et avoir donné caution de jouir en bon père de famille. L'usufruit est personnel; à moins de stipulation contraire, il ne passe point aux successeurs de la personne au profit de laquelle il a été établi. Tout usufruitier doit acquitter les charges annuelles de la propriété dont il jouit, telles qu'impôts et contributions, arrérages de rentes, et pensions alimentaires. Il a le droit de jouir de toute espèce de fruits, soit naturels, soit industriels, soit civils, que peut produire l'objet dont il a l'usufruit ; ce droit s'étend à tous les produits utiles ou de simple agrément, tels que chasse, pêche, etc. Toutefois, le mode de jouissance et l'étendue du droit varient suivant la nature des objets : si l'usufruit comprend des choses mobilières qui se détériorent par l'usage (linge, meubles meublants), il n'est tenu de les rendre, à la fin de l'usufruit, que dans l'état où elles se trouvent, pourvu qu'elles n'aient pas été détériorées par sa faute. S'il s'agit de choses fongibles, l'usufruitier doit en rendre de pareille quantité, qualité et valeur; d'animaux, il doit leur conserver leur destination ; de créances ou de rentes, il en perçoit les intérêts ou revenus; de maisons et bâtiments, il a le droit de les habiter ou de les louer, mais non de changer leur destination ou leur distribution ; de biens ruraux, il dispose des fruits naturels ou civils, à titre gratuit ou onéreux, des objets attachés au service du fonds, tels que bestiaux et ustensiles aratoires ; de bois et forêts, il doit observer l'ordre et la quotité des coupes selon l'usage constant des propriétaires, et ne peut toucher aux arbres de haute futaie, si ce n'est pour faire des réparations. L'usufruitier ne peut réclamer de dédommagements pour améliorations ou embellissements; mais il a le droit d'enlever les ornements qu'il aurait placés sur le fonds, en rétablissant l'ancien état des lieux. L'usufruit s'éteint : 1° par la mort de l'usufruitier; 2° par l'expiration du temps fixé pour sa durée, ou par l'événement de la condition résolutoire; 3° par la *consolidation*, c.-à-d. par la réunion en la même personne des droits de propriétaire et d'usufruitier; 4° par le non-usage; 5° par la perte totale de la chose; 6° par la renonciation de l'usufruitier; 7° par la résolution du droit de celui qui l'avait constitué; 8° par l'abus de jouissance. Attribué à des communautés, il s'éteint par 30 ans. V. Salviat, *Traité de l'usufruit, de l'usage et de l'habitation*, 1817, 2 vol. in-8°; Proudhon, *Traité des droits d'usufruit*, 3° édit., 1836-48, 7 vol. in-8°; Genty, *Traité des droits d'usufruit, d'usage et d'habitation d'après le Droit romain*, 1854, in-8°; Lesenne, *De la Propriété avec ses démembrements*, 1858, in-8°.

USURE (du latin *usura*, usage), mot qui signifia d'abord l'intérêt de l'argent, le loyer de son usage ou de sa jouissance, et qui, pris ensuite dans une acception défavorable, n'a plus désigné qu'un intérêt exorbitant, supérieur au taux fixé par la loi (V. INTÉRÊT). On nomme *usurier* celui qui prête à un taux illégal. Tout individu convaincu de se livrer habituellement à l'usure est puni correctionnellement d'une amende qui peut s'élever jusqu'à la moitié des capitaux qu'il aura prêtés à usure, et d'un emprisonnement de 6 jours à 6 mois; s'il y a eu escroquerie de sa part, il est, en outre, condamné à un emprisonnement qui ne peut excéder deux ans; un fait unique de récidive entraîne le maximum de la peine, que le juge peut encore porter au double (Lois du 3 sept. 1807 et du 19 déc. 1850). Les Économistes modernes pensent que le taux de l'intérêt ne devrait point être limité, et que, par conséquent, le délit d'usure ne devrait pas exister : l'argent, disent-ils, est une simple marchandise, un instrument d'utilité générale, un agent de production ou de travail, et, à ce titre, il doit être loisible à celui qui le possède d'en louer l'usage à telles conditions qu'il juge convenable, le prix étant librement débattu entre le prêteur et l'emprunteur; ils croient que la concurrence offrirait un correctif à l'avidité du prêteur, et maintiendrait l'intérêt de l'argent à un niveau assez bas pour être accessible à tous et dans un équilibre presque stable. V. USURE, dans notre *Dictionnaire de Biographie et d'Histoire*, et les auteurs suivants : J. Bentham, *Défense de l'usure*, Londres, 1787; Chardon, *De l'Usure dans l'état actuel de la législation*, Paris, 1823, in-8°; Garnier, *Traité de l'Usure*, 1826, in-12; Petit, *Traité de l'usure*, 1840, in-8°; Marin-Darbel, *De l'Usure*, in-18.

USURPATION (du latin *usu arripere*), en termes de Droit, action de s'emparer, par violence ou par ruse, d'un bien, d'un titre, d'une dignité qui appartient à un autre. L'usurpation d'une fonction publique est punie d'un emprisonnement de 2 à 5 ans; celle d'un costume officiel ou d'une décoration honorifique est punie d'un emprisonnement de 6 mois à 2 ans (*Code pénal*, art. 258 et 259). Les demandes qui ont pour objet les usurpations de terres, arbres, baies, fossés et autres clôtures, commises dans l'année, doivent être portées devant le juge de paix du lieu où est situé l'objet litigieux (*Code de Procédure*, art. 3).

UT, note de musique, la 1re de notre gamme naturelle. Les Allemands la nomment C. Les Italiens ont remplacé dans la solmisation la syllabe *ut* par la syllabe *do*, comme plus douce et plus sonore.

UTÉRIN, UTÉRINE, se disent des frères et sœurs nés de même mère, mais non de même père.

UTILITARISME, théorie professée au commencement de notre siècle par Jérémie Bentham, et d'après laquelle l'*utile* ou l'*utilité générale* doit être le seul principe du bien. Ceux qui l'acceptent sont dits *Utilitaires*. Bentham poussait jusqu'aux plus extrêmes conséquences l'application de sa théorie, non-seulement dans la législation et l'administration publique, mais encore dans la conduite privée des individus.

UTILITÉ, en termes d'Économie politique, propriété qu'ont les choses de servir à l'homme. L'utilité est *immédiate*, dans les objets dont on peut user immédiatement; ou *médiate*, dans ceux ayant une valeur qui peut servir à se procurer d'autres objets d'usage immédiat. Les objets de consommation ont une utilité immédiate; une somme d'argent, un titre de rente, un effet de commerce,

ont une utilité médiate. La mesure de l'utilité d'un objet est le prix que le jugement des hommes attache à cet objet et la satisfaction qu'ils en retirent : l'utilité est donc le fondement de la *demande* qu'on fait des produits, et par conséquent de leur *valeur*.

UTILITÉS, en termes de Théâtre, acteurs qui ne jouent que des bouts de rôle. Ils occupent un rang intermédiaire entre les *doublures* et les *comparses*.

UTOPIE (du grec *ou*, non, et *topos*, lieu), signifie une chose qui ne se trouve nulle part; c'est le nom que Thomas Morus donna à la République imaginaire dont, à l'exemple de Platon, il se plut à tracer le plan dans le livre intitulé : *De optimo statu reipublicæ deque nova insula Utopiæ*, Louvain, 1516, in-4°, plusieurs fois réimprimé. Tel fut le succès de ce livre chimérique, mais brillant; telles sont aussi les ressemblances que présentent entre eux les plans de réforme sociale sortis de l'imagination des écrivains qui n'ont été pour la plupart que des théoriciens, que le nom propre est devenu commun, et, par un effet rétroactif, s'applique même, dans le passé, à la *République* de Platon : ce livre, l'*Utopie*, la *Cité du Soleil* de Campanella, la *Nova Atlantis* de Bacon, l'*Oceana* d'Harrington, l'*Histoire des Sévarambes* de Vairasse d'Alais, la *Salente* de Fénelon, la *Polysynodie* de l'abbé de Saint-Pierre, et, de nos jours, les doctrines sociales et politiques de Saint-Simon, Ch. Fourier, Robert Owen et de leurs disciples, forment la liste des principales utopies. M. L. Reybaud, dans un livre agréable et instructif, a traité des Utopies contemporaines. L'auteur de cet article avait réuni les éléments d'un travail analogue sur les Utopies antérieures au xixe siècle. Devancé par un honorable et savant membre de l'Institut, M. Franck, qui en a fait le sujet de ses Leçons au Collège de France et d'articles publiés par différentes Revues, il a dû renoncer à son sujet. Nous tirons seulement des notes que nous avions recueillies quelques renseignements qui, en faisant connaître précisément dans ses traits principaux l'*Utopie* de Thomas Morus, donneront en même temps, en raison de la ressemblance précédemment signalée, une idée approximative assez exacte de toutes celles dont on n'a pas cru devoir donner ici une exposition spéciale.

Thomas Morus feint qu'il tenait ses renseignements sur l'histoire et les institutions de l'île d'Utopie d'un certain Rafaël Hytlodeus, voyageur portugais qu'il aurait rencontré à Anvers en 1513. L'itinéraire de Rafaël et la géographie des régions utopiennes, quoique présentés sous une forme un peu plus sérieuse, valent, au fond, ce que valent les plaisanteries inspirées à Rabelais bien évidemment par le livre de son illustre contemporain : « De là partans firent voile au vent de la Transmontane, passans par Méden (nul), par Uti (aucun), par Uden (rien), par Gelasen (pour rire), par les isles des Phées, et jouxte le royaume de Achorie (sans lieu); finalement arrivaient au port de Utopie, distant de la ville des Amaurotes par troys lieues et quelque peu davantaige. » Quoi qu'il en soit, et quelque part qu'elle soit située, l'Utopie est une île; ce détail n'est pas indifférent comme moyen de préserver ses habitants du contact des populations étrangères, et d'assurer la durée des institutions qu'ils ont reçues de leur roi Utopus. Son étendue est à peu près celle de la Sicile; elle contient 54 villes, toutes spacieuses et magnifiques, toutes bâties, autant que possible, dans les mêmes conditions, à égale distance les unes des autres et au centre de territoires équivalents, sinon absolument égaux; de sorte que qui a vu l'une d'elles a vu toutes les autres. Parcourons Amaurote, la capitale. Nous y trouverons de vastes bâtiments uniformes (*aulæ*), espèces de phalanstères habités chacun par un groupe de 30 familles désigné par le nom bizarre de *Syphograntie*. Ici arrêtons-nous un instant. Le mobile de Th. Morus, en composant son *Utopie*, a été, d'une part, la douloureuse indignation qui causait à son âme généreuse le spectacle des misères et des vices inhérents à l'état social, et, de l'autre, le désir d'y porter le remède comme tous les réformateurs de cette catégorie. Triomphant dans la critique et dans la négation, mais singulièrement inférieur dans l'invention de ce qu'il veut substituer à ce qui est, c'est surtout dans la propriété qu'il a vu l'origine des maux de la société, de la richesse excessive des uns et de l'extrême misère des autres, de la dureté de ceux-là et de l'envie farouche de ceux-ci, enfin des vices de tous; et il a cru que tout irait pour le mieux le jour où la propriété serait radicalement détruite. C'est dans cet esprit qu'est inspirée toute l'*Utopie*, œuvre franchement communiste. Ceci dit, c'est là l'idée que nous voyons se développer presque dans les plus petits détails du système, par exemple dans les habitations qui, belles et *commodes d'ailleurs, ne ferment que par des portes battantes, afin que chacun puisse, à chaque instant, pénétrer chez chacun, et qu'en outre on quitte au bout de 10 ans, à cette seule fin de ne pas trop s'habituer à l'idée d'un chez soi,* d'une demeure propre. Pour le même motif, les hôpitaux, secours réservés ailleurs, faute de mieux, à la souffrance indigente, sont, en Utopie, une institution générale et obligatoire. L'organisation politique *est essentiellement démocratique,* élective à *tous les degrés,* très-simple si l'on admet comme un fait réalisé la fameuse maxime de Montesquieu, que le ressort d'un État populaire est la vertu; dans le cas contraire, ouverte à tous les désordres, à toutes les brigues, à toute l'incohérence que comporte la démocratie pure. La famille, plus respectée par Morus que par Platon, se conserve par la *sainteté du mariage et par l'agglomération, sous certaines règles de détail, de ses membres autour du seul chef.* La première loi de sa vie intérieure et extérieure est le travail, qui, comme dû à la communauté, est aussi soumis à une réglementation minutieuse. Le travail agricole est de beaucoup le plus important dans une république d'où le luxe est proscrit. Les produits en sont déposés dans des magasins publics, où ils sont délivrés à chacun au fur et à mesure de ses besoins. D'ailleurs, *la vie commune, les récréations et les repas, tels qu'ils ont lieu dans un collége ou dans un couvent,* s'ils ne sont impérieusement prescrits, sont fortement recommandés par le législateur, qui a pensé que tout le monde serait amené à les accepter par l'avantage qu'on y trouverait, avantage matériel, cela est possible, mais gêne perpétuelle pour l'esprit, qui, passé une certaine époque de la vie, et hors de certaines conditions,

a besoin de maintenir son indépendance et son vindividualité. Il n'y a pas lieu de s'étonner en voyant un peuple réputé si heureux et si sage prendre ses précautions pour la guerre. La guerre peut toujours devenir une nécessité à l'égard de voisins entreprenants et injustement agressifs. Mais ce qui surprend et ce qui choque, c'est de voir Th. Morus admettre dans son Utopie l'odieux esclavage. On n'est pas moins péniblement affecté de ses idées sur le suicide, dont il fait presque une obligation au malheureux qui, atteint de souffrances incurables, est réputé ne pouvoir plus servir ni à lui-même, ni aux autres. Un système de religion, plutôt naturelle que positive, complète l'histoire des Utopiens, leur offre, après la mort, la perspective d'une vie nouvelle, heureuse ou malheureuse, selon leurs mérites, et sanctionne les principes de leur morale, sorte d'Épicuréisme tempéré qui repousse les faux plaisirs de la vanité et de la cupidité pour s'attacher aux plaisirs modérés des sens et de l'intelligence. Philosophiquement parlant, c'est là une des parties les plus heureuses du livre, à cause de la place qui y est faite à la tolérance.

Malgré l'excellence des intentions, malgré l'approbation des doctes amis de l'auteur, les Érasme, les Budé, l'*Utopie* de Th. Morus, comme toutes celles de la même famille, doit être jugée sévèrement. Toute pleine de maximes générales qui charment, au premier abord, par un faux air *d'élévation morale et de simplicité,* elle ne peut contenter à aucun égard des esprits instruits par la réflexion et par l'expérience à peser les difficiles conditions de la vie sociale, et à respecter la justice et les penchants de la nature humaine. *V.* ATLANTIDE, CITÉ DU SOLEIL, RÉPUBLIQUE. B.—E.

UTTARA-MIMANSA. *V.* INDIENNE (Philosophie).

UXMAL (Ruines d'). *V.* AMÉRICAINES (Antiquités).

V

VAC

V, 22e lettre et 17e consonne de notre alphabet. Cette lettre représente une articulation semi-labiale faible, dont la forte est représentée par la lettre F; aussi se prennent-elles souvent l'une pour l'autre. Par exemple, on prononce *neuv arbres,* pour *neuf arbres,* les adjectifs français terminés en *f* changent cette lettre en *v* pour le féminin (*neuf, neuve; bref, brève; sauf, sauve; actif, active*); on dit *nerf* et *nerveux, motif* et *motiver, neuf* et *neuvaine.* Le V permute avec le B (*V.* l'article B). Autrefois il porta le nom d'U *consonne,* lorsque cette dernière lettre n'avait pas encore reçu d'existence distincte. L'articulation de notre V est représentée en allemand par W, et le V de cette dernière langue a le son de notre F. — Sur les inscriptions et les médailles latines, V est une abréviation pour *Valerius, Valerianus, vir, vale, vixit, victor, venerabilis,* etc.; *V. C.,* pour *vir consularis* ; A. V. C., pour *ab urbe conditâ.* Chez nous, V. est pour *Victor,* V. M. pour *Votre Majesté,* V. S. pour *Votre Sainteté,* V. A. pour *Votre Altesse,* V. E. pour *Votre Excellence* ou *Eminence,* etc. Dans les écritures de commerce, *v*° signifie *verso.* — Signe numéral, V valait 5 chez les Romains, et, surmonté d'un trait horizontal (V̄), 5,000. Il sert, avec l'addition d'un I à sa gauche, à représenter 4; avec un, deux ou trois I à sa droite, il représente 6, 7 ou 8. — V a été la marque monétaire de la ville de Troyes.

VACANCE (du latin *vacare,* être vacant), état d'une fonction qui n'est point remplie ou occupée. On dit *vacances* au pluriel, pour désigner un temps de suspension périodique de certains exercices; telles sont les vacances données dans les Facultés, les lycées, les colléges et, en général, tous les établissements d'instruction publique. Les vacances des Cours et tribunaux, dites aussi *vacations,* commencent au 1er septembre et se prolongent jusqu'au mois de novembre : toutefois, les tribunaux de commerce, les chambres correctionnelles et les juges d'instruction ne prennent pas de vacances. Les vacances du corps enseignant sont établies moins pour les élèves que pour les maîtres, dont la santé a besoin de ce repos dans leur profession si fatigante. C'est dans le même

VAG

esprit que des vacances sont instituées pour les magistrats, dont les travaux exigent, outre la contention d'esprit, une assiduité sédentaire.

VACANTS (Biens). *V.* BIENS.

VACATION, *temps que certains officiers publics* (juges de paix, greffiers, notaires, avoués, huissiers, commissaires-priseurs, experts, etc.) *emploient à une opération.* Une vacation ne peut être moindre de trois heures. Par extension, le mot *vacation* désigne le salaire qui leur est dû.

VACATIONS (Chambre des), Chambre temporaire instituée dans les Cours et tribunaux pour prononcer, pendant les vacations ou vacances, sur les affaires civiles qui exigent une prompte décision.

VACHES (Ranz des). *V.* RANZ DES VACHES.

VADE (du latin *vade,* va), se dit, aux jeux de cartes, de la somme dont un joueur ouvre le jeu.

VADE-MECUM, c.-à-d. en latin *va* ou *viens avec moi,* mot qui désigne tout livre portatif, destiné à rappeler en peu de mots les notions principales d'un art, d'une science, etc.

VÆÇÊSHIKA (Philosophie). *V.* INDIENNE (Philosophie).

VA-ET-VIENT, en termes de Marine, cordage établi soit entre deux navires, soit entre un navire et la terre, soit entre deux rives opposées, et sur lequel un homme peut se haler.

VAGABOND (du latin *vagabundus,* errant), celui qui n'a ni domicile certain, ni moyens de subsistance, et qui n'exerce habituellement ni métier ni profession. Les lois de Solon proscrivaient les vagabonds. Dans l'ancienne Rome, ils étaient l'objet d'une surveillance spéciale de la part des censeurs; on les condamnait aux mines ou à d'autres ouvrages publics. D'après les *Établissements de Louis IX,* ils devaient être déportés. Une déclaration du 22 mai 1586 défendit expressément aux indigents « d'errer et de se transporter d'un lieu à un autre, » et souvent on confondit les vagabonds avec les mendiants (*V.* MENDICITÉ). Notre *Code pénal* fait du vagabondage un délit. Tout individu déclaré vagabond par jugement est puni de 3 à 6 mois de prison, et mis sous la surveillance de la haute police pendant 5 ou 10 ans (art. 271) ; s'il a moins de 16 ans, il est mis sous cette surveillance jusqu'à l'âge de 20 ans, à moins qu'avant ce temps il n'ait contracté un engagement militaire. Il peut, s'il est étranger, être conduit hors du territoire. Le vagabond porteur d'un faux certificat ou d'une fausse feuille de route est puni du maximum des peines portées en pareil cas ; le simple port d'armes, ou d'objets pouvant servir à commettre un délit quelconque, seulement même à pénétrer dans les maisons, entraîne un emprisonnement plus ou moins long.

VAGUEMESTRE (de l'allemand *wagenmeister*, maître de chariot, chef d'équipage), nom de plusieurs employés du service militaire. Le *vaguemestre d'armée* ou *vaguemestre général* est un officier de l'état-major d'un corps d'armée chargé de la conduite d'un équipage ; le *vaguemestre de division* est un sous-officier qui, dans chaque division militaire, réunit les voitures et les fait marcher en ordre convenable ; le *vaguemestre de corps* ou *de régiment* est un sous-officier qui a, dans chaque régiment, la surveillance des équipages, et qui retire de la poste et distribue les lettres, paquets, argent et effets adressés aux hommes de son corps.

VAGULATION. V. ce mot dans notre *Dictionnaire de Biographie et d'Histoire.*

VAIGRES, en termes de Marine, planches ou bordages qui revêtent intérieurement la muraille d'un navire. *Vaigrer* un bâtiment, c'est le revêtir de ses vaigres ; le *vaigrage* l'ensemble des vaigres.

VAINE PATURE. V. Parcours.

VAIR (du latin *varius*, varié, divers), nom donné autrefois à une fourrure de couleur bigarrée, blanche et grise. Le *menu-vair* était la peau de l'écureuil du Nord, celle que nous appelons *petit-gris*. — En termes de Blason, le *Vair* est un métal formé de plusieurs pièces égales, qui sont ordinairement d'argent et d'azur, rangées alternativement, et disposées de façon que la pointe des pièces d'azur est opposée à la pointe des pièces d'argent, et la base à la base. V. Contre-Vair.

VAISSEAU (du latin *vascellus*, dérivé de *vas*, vase), vase ou ustensile de matière quelconque, destiné à contenir des liquides.

vaisseau, en termes d'Architecture, se dit d'une église et de toute autre grande construction vue du dedans.

vaisseau, s'entend, dans le langage vulgaire, de tout bâtiment un peu considérable qui navigue sur mer. On dit des *vaisseaux de guerre*, des *vaisseaux marchands*. Mais les marins ne donnent le nom de *vaisseau* qu'à un bâtiment de guerre portant au moins 80 canons. La dénomination de *vaisseau de ligne*, par laquelle on distinguait autrefois les vaisseaux capables de combattre en ligne de ceux qui ne l'étaient pas, est aujourd'hui inutile. On distingue en France quatre *rangs* ou classes de vaisseaux : ceux du 1er rang sont à trois ponts et à quatre batteries, et portent 120 canons ; ceux du 2e ont deux ponts et trois batteries, armées de 100 canons ; ceux du 3e et du 4e rang ont aussi deux ponts et trois batteries, mais ne portent, les premiers, que 90 canons, et les seconds 80. Un vaisseau de 1er rang porte 1,087 hommes d'équipage ; de 2e rang, 915 ; de 3e, 810 ; de 4e, 677.

VAISSELLE, mot qui désigne l'ensemble des vases et vaisseaux plus ou moins creux qui servent à l'usage de la table, plats, assiettes, soupières, casseroles, etc. La vaisselle commune est faite de terre, de faïence, ou d'étain ; celle de luxe est en porcelaine, en plaqué, en argent, en vermeil ou en or. La *vaisselle plate* est la vaisselle d'argent (de l'espagnol *plata*, argent) ; l'expression s'explique encore par le mot *plata*, qui signifiait *lingot* ou *métal massif* dans les langues du Nord, et l'on a dit d'abord *vaisselle en plate* pour vaisselle en argent massif.

VAIVODE. V. Vayvode, dans notre *Dictionnaire de Biographie et d'Histoire.*

VAKIL ou **WAKIL**, c.-à-d. en arabe *vice-roi*, nom qu'ont pris quelques-uns des souverains de la Perse.

VALAQUE (Langue). V. Roumane.

VAL-DE-GRACE. V. ce mot dans notre *Dictionnaire de Biographie et d'Histoire.*

VALENÇAY (Château de), dans le département de l'Indre. Ce château, bâti au xvie siècle sur les dessins de Philibert Delorme, et qui a servi de résidence à Ferdinand VII et aux infants d'Espagne de 1808 à 1814, à Don Carlos de 1840 à 1845, a appartenu au prince de Talleyrand. Il est admirable par sa masse, sa noble architecture, son parc, ses jardins, ses belles eaux. Quoique le plan primitif ait subi des changements, inspirés par le caprice plutôt que par le bon goût des différents proprié-

taires qui s'y sont succédé, ce château a encore l'apparence d'un palais. Voici la description qu'en faisait, dans le siècle dernier, un écrivain qui l'avait visité avant qu'on eût dénaturé le plan du grand architecte contemporain de François Ier. « On y arrive par trois avenues qui conduisent à quatre différentes cours ovales, aux côtés desquelles sont les pressoirs et les ménageries. De ces cours on entre dans le château, entouré de grands fossés. L'entrée est décorée d'un fort grand pavillon, aux deux côtés duquel sont deux grosses tours, l'une desquelles communique à un grand corps de logis double. Les tours et le pavillon sont bordés de mâchicoulis sculptés de beaux ornements, de même que le corps de logis. La cour est carrée, et vis-à-vis du pavillon d'entrée il y a une muraille à jour qui a vue sur un grand vallon creusé en amphithéâtre. Le côté qui ferme la cour vers le Nord est un bâtiment qui a ses usages particuliers. La face du grand pavillon et celle du grand corps de logis ont, du côté de la cour, trois galeries, les unes sur les autres, qui communiquent à tous les appartements, et dont les arcades sont ornées de fort beaux trophées d'armes, sculptés en bas-relief. Sous ces galeries, il y en a une souterraine qui conduit aux offices situés sous le grand corps de logis. Le dedans du château a un beau vestibule et un bel escalier qui conduit à une grande salle, ornée d'ouvrages de peinture et de sculpture. Quelques-uns de ceux-là sont de Pierre de Cortone, et les autres de Jean Mosnier : mais l'on y fait surtout estime d'une Vierge ornée d'un fort beau cadre, donnée par le pape Innocent X à messire Henri d'Estampes, commandeur de l'ordre de Saint-Jean-de-Jérusalem, et grand-prieur de France, né en ce château. On va du corps de logis, par un pont de pierre qui traverse le fossé, sur une grande terrasse ornée de beaux ouvrages de sculpture, laquelle présente à la vue, du côté gauche, une perspective de prairies, coteaux et forêts, qui la bornent agréablement ; à la droite est un grand verger et un clos de vignes, séparés de la terrasse par une longue allée d'ormes, au bout de laquelle est une sortie qui mène dans une riante campagne. »

VALENCE (Église -Apollinaire, à). Cette église cathédrale, qui, avant de porter le nom de l'un de ses évêques, était consacrée à St Corneille et à St Cyprien, fut bâtie au xie siècle. C'est un des monuments les plus purs de l'architecture romano-byzantine. Le plan en est assez régulier : il y a deux collatéraux le long de la nef principale, sans chapelles accessoires : le transept est assez vaste, mais le croisillon septentrional a reçu des Modernes un badigeonnage du plus mauvais goût. Les fenêtres à plein cintre de l'abside et du transept sont surélevées, et entourées d'une archivolte ornée de grosses perles ; au-dessus, il y a de petites fenêtres géminées, également à plein cintre. Les grandes fenêtres sont séparées les unes des autres par des petits contre-forts en éperons, d'un aspect assez pauvre. La corniche au-dessous des combles est ornée de modillons fort simples. Les toits sont aplatis et recouverts de tuiles creuses. Quelques parties de l'église, dévastées pendant les guerres religieuses du xvie siècle, ont été rétablies en 1604, mais dans un style dégénéré d'architecture. Le portail a été fort endommagé par la chute de la tour, que la foudre renversa en 1806 : cette tour fut reconstruite en 1820, mais avec si peu d'habileté, qu'elle ne tarda pas à s'écrouler de nouveau. V. Jouve, *Notice sur la cathédrale de Valence*, Paris, 1847, in-8°. — Au N. de l'église St-Apollinaire, dans l'emplacement d'un ancien cimetière, on remarque un petit édifice funéraire à quatre faces, dont les angles sont ornés de colonnes corinthiennes à demi engagées. Sur les faces du levant et du couchant s'ouvrent deux vastes fenêtres. La porte, ornée de sculptures d'une grande délicatesse, est placée au nord. Les massifs de chaque face sont vermiculés, semés d'arabesques et d'animaux fantastiques. La corniche, richement décorée, est chargée des armoiries de la famille Mistral. Une toiture à quatre faces et se terminant en pointe couronne l'édifice. Ce petit monument, qui date de 1548, a été appelé le *Pendentif de Valence*, à cause de la construction de sa voûte, la première de ce genre qui ait été faite en France.

valence (Cathédrale de), en Espagne. Bâtie sur l'emplacement d'un temple romain de Diane, qui avait été consacré tour à tour au Sauveur par les Wisigoths, à Mahomet par les Arabes, puis à l'apôtre St Pierre par le Cid, elle fut commencée en 1262, et achevée seulement en 1561. Au-dessus de son entrée principale s'élève une tour octogone, et d'une hauteur de 45m,76 égale à sa circonférence. Le transept est surmonté d'une coupole octogone, percée de grandes fenêtres. L'intérieur de l'édifice, long de 98 mèt., large de 60 au transept, est partagé en trois nefs, que soutiennent 25 piliers carrés formés de pilastres à chapiteaux corinthiens. On y remarque la grille du chœur, en bronze, et le retable du maître-autel, fermé par des volets sur lesquels Paolo Areggio et Francesco Neapoli, élèves de Léonard de Vinci, ont peint plusieurs scènes de la vie de Jésus-Christ et de la S¹ᵉ Vierge. Au-dessus des fonts baptismaux est un immense tableau de Juan de Joanes. Le Trésor de l'église renferme un grand nombre de reliques et d'ornements précieux. Dans la salle capitulaire on voit les portraits de tous les évêques et archevêques du diocèse.

VALENCE (La Lonja ou la Bourse de), monument vaste, mais irrégulier, remarquable par l'originalité de sa construction plus encore que par la beauté ou l'élégance de ses formes. Ce monument, bâti en 1482, présente une façade de 54 mèt. de développement, divisée en trois parties. Le milieu est occupé par une tour massive et carrée, plus haute que le reste de l'édifice : l'une des ailes, dépourvue d'ornements jusqu'aux deux tiers de son élévation, présente ensuite une galerie de l'effet le plus pittoresque, où les deux architectures ogivale et moresque se mélangent, et, entre les riches fenêtres de cette galerie, d'élégantes colonnettes supportent les bustes et les armoiries des rois d'Aragon et de Castille. L'autre aile, au contraire, nue dans sa partie supérieure, est surchargée, jusqu'à la moitié de sa hauteur, d'une foule de détails d'architecture remarquables par la variété et la pureté de l'exécution. La totalité de l'édifice est couronnée de créneaux. A l'intérieur de la Lonja, la salle destinée aux réunions des marchands mesure 36 mèt. de longueur et 21 mèt. de largeur ; elle est partagée en trois nefs par 24 colonnes torses, dont 16 sont appuyées aux murs latéraux, et 8 isolées, supportant les arcs des voûtes.

VALENCIEN (Dialecte), un des dialectes de l'Espagne. Il paraît avoir été d'abord identique avec le catalan. Les différences qui les distinguent aujourd'hui ne sont même pas telles qu'elles empêchent les habitants des deux provinces de se comprendre, puisqu'elles ne consistent guère qu'en idiotismes locaux. La différence de prononciation est plus grande : le valencien a plus de douceur et d'harmonie.

VALET. V. ce mot dans notre Dictionnaire de Biographie et d'Histoire.

VALEUR (du latin valere, valoir), en termes d'Économie politique, ce que vaut une chose suivant l'estimation qu'on en fait. On distingue : la valeur usuelle, dépendant du prix que chacun attache aux choses qui peuvent satisfaire ses besoins; et la valeur vénale, ou rapport de quantité qui existe entre les choses au point de vue de l'échange. Une valeur peut être naturelle, comme celle du blé, ou factice, comme celle du diamant. La valeur de chaque chose est le résultat de l'évaluation contradictoire faite entre celui qui en a besoin ou qui la demande et celui qui la produit ou qui l'offre : elle a donc un double fondement, l'utilité, qui détermine la demande qu'on en fait, et les frais de sa production, qui bornent l'étendue de cette demande, par on cesse de demander ce qui coûte trop. La valeur des choses appréciée en monnaie est ce qu'on nomme leur prix. — Pour les monnaies, la valeur nominale est la valeur arbitraire que la loi leur donne; la valeur réelle ou intrinsèque est la valeur du métal dont elles font faites.

VALEUR, en termes de Musique, durée que doit avoir chaque note et qui est indiquée par la figure de cette note.

VALEUR REÇUE, mots qu'on est tenu d'employer dans les lettres de change et les billets à ordre, pour indiquer qu'on a reçu autant que la somme qui est spécifiée. On doit encore y ajouter en espèces, ou en marchandises, ou en compte, ou tous autres équivalents (Code de Commerce, art. 110).

VALEURS, toute espèce de biens disponibles. Les valeurs sont réelles, quand elles reposent sur des biens existant matériellement; fictives, quand elles reposent que sur des produits éventuels. On entend aussi par valeurs les signes représentatifs de choses évaluables, les titres au moyen desquels on peut se les procurer, lettres de change, billets à ordre, billets de banque, contrats de rentes, actions, obligations, etc.

VALEURS COTÉES, objets précieux de petite dimension que l'Administration des postes se charge de transporter. L'estimation d'une valeur cotée ne peut être fixée au-dessous de 20 fr., ni s'élever au-dessus de 1,000 fr. Les

valeurs cotées sont reçues à découvert, puis enfermées, en présence du directeur du bureau de poste, dans une boîte ou dans un étui, qui est ficelé et cacheté. La boîte ou l'étui ne doit pas avoir plus de 0ᵐ,10 de longueur, 0ᵐ,08 de largeur, et 0ᵐ,05 d'épaisseur. La boîte, avec ce qu'elle renferme, ne peut peser plus de 300 grammes. Le port est de 2 p. 100 de la valeur estimée, plus 35 centimes pour le timbre de la reconnaissance remise au déposant. Les valeurs cotées ne sont pas portées à domicile; le destinataire doit venir les retirer au bureau. En cas de perte d'une valeur cotée, l'Administration rembourse le prix d'estimation. V. le Supplément.

VALEURS DÉCLARÉES. V. le Supplément.

VALIDÉ (Sultane). V. SULTAN, dans notre Dictionnaire de Biographie et d'Histoire.

VALLAIRE (Couronne). V. COURONNE, dans notre Dictionnaire de Biographie et d'Histoire.

VALMAGNE (Abbaye de), à 27 kilomèt. de Montpellier. L'église, commencée dans la seconde moitié du XIIIᵉ siècle et achevée au XIVᵉ, a 82 mèt. de longueur, 22 mèt. de largeur (30 au transept), et 24ᵐ,33 de hauteur. La nef majeure, quoique formée d'arcades ogivales très-aiguës, n'a point une élévation suffisante. Dans tout l'édifice, les ouvertures sont rares; les roses de la façade et des croisillons paraissent n'avoir jamais été ouvertes dans tous leurs compartiments; mais on a percé dans leur diamètre, en les faisant s'accorder avec leurs autres découpures, de hautes lancettes géminées. Le chœur, les neuf chapelles qui l'entourent et les bras de la croix sont d'une grande légèreté de construction. Le cloître, construit à la même époque que l'église, a subi ultérieurement des réparations qui ont altéré la beauté de plusieurs parties. Le travail des sculptures y est très-soigné. Le préau est décoré d'une fontaine qu'entoure une galerie octogone, surmontée d'une voûte à jour.

VALSE ou WALSE, danse originaire d'Allemagne, où on la trouve dès le XIVᵉ siècle, et qui fut introduite en France vers 1790. L'air en est à 3 temps, à 2 reprises de 8 mesures chacune, et s'écrit à 3/4 ou à 3/8: son mouvement varie de l'allegretto à l'allegro et au vivace. Le retour périodique des temps forts en frappant détermine le rhythme d'une manière précise et caractérisée. La valse se danse à deux, un cavalier et une dame : en France, on a transformé l'abandon voluptueux, et le balancement que les Allemands lui donnent, en un mouvement précipité de rotation, qui lui enlève une partie de son charme. La polka, la mazurka, la redowa (V. ces mots), se rapprochent de la valse par la mesure et le mouvement. En Allemagne, où la valse est très-répandue, il est peu de musiciens qui n'en aient écrit : Haydn, Mozart, Weber, Beethoven n'ont pas dédaigné ce genre de composition; les auteurs de valses les plus populaires sont Lanner, Strauss, Gungl, Labitzky. On peut citer en France Tolbecque. B.

VALUE, vieux mot synonyme de valeur, et qui ne s'emploie plus qu'en Jurisprudence, dans les deux mots composés plus-value et moins-value.

VALVE, mot que certains archéologues appliquent à chacune des parties d'une voûte divisée par des nervures.

VAMPUMS, colliers composés de grains diversement colorés, au nombre et aux combinaisons desquels les Indiens de l'Amérique du Nord attachent un sens graphique, de manière à s'en servir pour transmettre par leur envoi certaines nouvelles, ou pour conserver le souvenir de certains événements.

VANDALES (Monnaies). On n'a point de monnaies d'or des Vandales; mais il en existe d'argent et de bronze, toutes taillées d'après la loi romaine. Les premières sont des quinaires : elles portent au revers, soit les lettres D. N. (Dominus noster), soit une femme tenant des épis dans chaque main, et la légende : FELIX CARTHAGO. Sur les monnaies de bronze, on voit les mêmes légendes, une tête de cheval (ancien type de Carthage), un guerrier debout, la femme tenant des épis, et des lettres numérales. Il reste un quinaire de Genséric sur lequel on lit ANNO IIII, légende indiquant une ère vandale qui ne nous est point connue autrement ; il porte aussi l'effigie d'Honorius, moins sans doute par respect des Vandales pour la majesté impériale qu'afin de faire accepter leurs espèces par les populations romaines.

VANDALISME, mot créé par l'abbé Grégoire, aux plus mauvais jours de la Révolution française, pour désigner toute aveugle dévastation des œuvres de l'art. C'est en souvenir des Vandales, qui détruisirent les monuments romains en Afrique.

VANNE (du latin vannus), en termes d'Architecture

hydraulique, porte se mouvant verticalement entre deux coulisses, et qu'on ouvre ou ferme au moyen d'une cré-maillère, d'un rouage à cric, etc., pour lâcher ou retenir les eaux d'un étang, d'une écluse, d'un canal. Une vanne qui s'abaisse pour que l'eau passe par-dessus s'appelle *vanne plongeante*. On nomme *vannes de décharge* ou *de secours* celles qui servent à faire écouler les eaux sura-bondantes amenées par les crues ; *vannes de chasse*, celles qui *sont* destinées à procurer des accumulations d'eau qu'on laisse ensuite s'échapper brusquement, pour entraîner la vase qui encombre un bassin ou un cours d'eau ; *vannes motrices*, celles qui ferment les orifices destinés à verser l'eau sur une roue hydraulique ; *vannes de compensation*, les vannes de décharge ouvrant un dé-bouché égal à celui qui est fermé par des vannes mo-trices. — On donne aussi· le nom de *vannes* aux deux cloisons d'ais soutenus d'une file de pieux dans un ba-tardeau.

VANNES (Église Sᵗ-Pierre, à). La construction de cette église cathédrale appartient à deux âges différents : la grande nef et le transept sont en style ogival tertiaire ; le chœur n'a été bâti que dans les dernières années du xviiᵉ siècle, et son architecture n'a rien de commun avec celle du reste de l'édifice. La nef n'a pas de collatéraux, mais est décorée de huit chapelles disposées d'une ma-nière élégante. Les deux extrémités du transept sont aussi occupées par deux chapelles. Les tombeaux de Sᵗ Vincent Ferrier et de l'évêque Bertin décorent l'église. A l'entrée du chœur s'élèvent deux énormes piliers sur-montés de vases de fleurs, et à la base desquels sont deux autels. L'extérieur de la cathédrale de Vannes est encombré de chétives maisons, qui nuisent à la perspec-tive que les galeries à jour, les contre-forts et les cloche-tons forment autour du monument. Le portail occidental est délicatement sculpté ; à gauche s'élève une tour, dont la base paraît être antérieure au reste de la façade, et dont la flèche, renversée par la foudre en 1824, a été remplacée par une construction de mauvais goût. La porte du croisillon septentrional est aujourd'hui murée ; sa décoration rappelle les beaux temps du gothique fleuri.

VANNET ou VANNETTE, meuble d'armoiries repré-sentant une coquille dont on voit le creux. Il est ainsi nommé de sa ressemblance avec un van à vanner le grain.

VANTAIL, un des battants d'une porte qui s'ouvre en deux parties.

VAPEUR (Bateaux à). *V.* BATEAUX A VAPEUR.

VARANGUES, en termes de Marine, pièces de bois po-sées en travers et par le milieu sur la contre-quille d'un navire, pour en former le fond et servir de base aux membrures qui en forment les côtes. La *maîtresse va-rangue* est celle qui se pose sur le maître-bau.

VAREC (Droit de), droit qui appartenait autrefois en Normandie à tout possesseur d'un fief baigné par la mer, de s'emparer de tous les débris apportés par les eaux ou qui arrivaient assez près de terre pour qu'un homme à cheval y pût toucher avec sa lance. Le mot vient de l'an-glais *wreck*, naufrage.

VARENNE, fond plat et marécageux entre des coteaux.

VAREUSE, sorte de blouse en grosse toile ou en grosse cotonnade de couleur, que portent ordinairement les ma-telots par-dessus leurs vêtements pour se garantir du goudron, de la peinture, etc. Elle ne descend que très-peu au-dessous des reins.

VARIANTE, en termes de Critique, leçon différente, c.-à-d. manière différente de lire un mot ou un passage. Pour les auteurs anciens, ce mot se dit des changements amenés dans les textes par la négligence ou l'ignorance de certains copistes, ou par les corrections de certains autres, et aussi des différentes leçons proposées par les éditeurs depuis l'invention de l'imprimerie. Dans les éditions sa-vantes, on met généralement en note, soit au bas de la page, soit à la fin du volume, les différentes leçons trou-vées dans les manuscrits ou proposées par les éditeurs précédents. Mais les manuscrits des ouvrages de l'Anti-quité ne sont que des copies, et les leçons d'éditeurs des conjectures, trop souvent sans autorité : toutes ces variantes n'offrent donc qu'un très-médiocre intérêt. — Il n'en est pas de même des variantes de nos grands écrivains modernes, soit dans les manuscrits originaux, soit dans les éditions de leurs ouvrages données par eux-mêmes. Dans ce cas, les variantes ont un caractère émi-nemment intéressant, utile et instructif. Des variantes de P. Corneille, de Bossuet, de Boileau, de Racine, de Voltaire, etc., formeront toujours un excellent sujet d'études, pour quiconque sait apprécier l'art d'écrire et de composer; aussi est-ce avec raison que l'on attache aujourd'hui beaucoup d'importance à la publication des variantes de nos meilleurs écrivains.　　　　P.

VARIATIONS des églises protestantes (Histoire des), grand et célèbre ouvrage de controverse religieuse com-posé par Bossuet contre le Protestantisme. Il y expose l'origine de la Réformation, fait l'histoire de ses diverses confessions, combat leurs erreurs, et analyse la multi-tude de leurs professions ‹ de foi, toutes différentes. Posant ce principe : « La véritable simplicité de la doc-trine chrétienne consiste essentiellement à toujours se déterminer, et en ceci regarde la foi, par ce fait certain : hier on croyait ainsi, donc aujourd'hui il faut croire encore de même ; car la foi qui change n'est point une foi, elle n'est pas la parole de Dieu, car elle est immuable ; » il ruine la prétention des novateurs de se rattacher aux premiers jours de la religion, ce qu'ils ne faisaient que par l'intermédiaire de quelques hérésies. Il prouve que leurs dissidences, entraînant l'instabilité, ont pour effet infaillible de rendre toute doctrine incertaine, et de conduire à l'indifférence en matière de dogme, puis à la négation de tous les dogmes chrétiens. Bossuet déploya dans cet ouvrage une immense et sincère érudition, et un talent supérieur comme dialecticien et comme écrivain ; « c'est le chef-d'œuvre de la méthode parfaite, dit M. Villemain, et de la parole précise et simple, dans l'orateur qui a le plus d'enthousiasme et de génie. » Les Protestants ont tenté de répondre à leur puissant adver-saire ; mais Bossuet, dans six *Avertissements*, complé-ments de cette grande controverse, n'a pas laissé debout une seule de leurs objections. — Cet ouvrage, qui de-mandait à la fois le concours du génie et les connais-sances les plus profondes dans l'histoire, la politique, la politique, fut achevé en trois ans. l'*Histoire des varia-tions*, commencée en 1682, interrompue forcément pour d'autres travaux, en 1683, 84, 85 et 86, parut en 1688, à Paris, en 2 vol. in-4°, renfermant quinze livres ; 2ᵉ édit., 4 vol. in-12, Paris, 1689. Les *Avertissements*, publiés en 1689-91, formèrent un 3ᵉ vol. in-4° ; 2ᵉ édit., Paris, 1717, 2 vol. in-12. Dans l'édition des *OEuvres de Bossuet*, Versailles, 1816-19, 43 vol. in-8°, les *Variations* et les *Avertissements* se trouvent aux tomes XIX et XX de la collection, et dans l'édition de Besançon, 1846, gr. in-8°, au tome VIIᵉ. *V.* le cardinal de Bausset, *Histoire de Bos-suet*, livre IX.　　　　C. D—Y.

VARIATIONS, nom par lequel on désigne en Musique de petites pièces où, sans altérer le fond du thème ou mo-tif, on lui donne, à l'aide d'agréments et de broderies, une apparence nouvelle.

VARIÉTÉS, nom donné à des *recueils littéraires*, con-tenant des morceaux sur divers sujets, et à une division des journaux où l'on place les articles dont le sujet n'est pas directement relatif à l'objet principal de ces jour-naux.

VARIÉTÉS (Théâtre des), nom que prit, au commence-ment de la Révolution, un théâtre de Paris, situé au Palais-Royal sur l'emplacement occupé aujourd'hui par la Co-médie-Française, et que dirigea Mˡˡᵉ Montansier. Ce nom venait de ce que l'on jouait des spectacles *variés*, tragédie, comédie, et opéra-comique. Plus tard, Mˡˡᵉ Montansier transporta sa troupe dans la salle dite maintenant du *Palais-Royal*, en conservant le nom de *Variétés*, et en se bornant au genre de pièces qui ont fait la réputation de ce théâtre. Le chevalier Aude, Désaugiers, Martinville, Brazier, Dumersan, etc., écrivirent avec succès pour les *Variétés*, et, parmi les acteurs, Brunet et Tiercelin occu-pèrent le premier rang. En 1807, sur les réclamations de la Comédie-Française, qui souffrait de cette concurrence, les acteurs des *Variétés* durent s'éloigner : après avoir occupé momentanément le *Théâtre de la Cité* (*V.* ce mot dans notre *Dictionnaire de Biographie et d'Histoire*), ils s'établirent sur le boulevard Mortmartre, dans une jolie salle bâtie par Celerier, et que le théâtre occupe encore aujourd'hui.

VARIORUM, sous-entendu *cum notis*, c.-à-d. *avec les notes de divers* ; nom qu'on donne à une collection d'une grande partie des auteurs classiques latins et de plusieurs auteurs grecs, tous anciens, imprimés dans le *format* in-8°, soit en Hollande, soit en Angleterre, pendant le xviiᵉ et le xviiiᵉ siècle. Elle comprend 70 auteurs, et forme 295 volumes. Les commentaires en sont médiocre-ment estimés.

VARLET. *V.* VALET, dans notre *Dictionnaire de Bio-graphie et d'Histoire*.

VARZY (Église de), dans le département de la Nièvre. Cette église, de style ogival secondaire ou rayonnant, fut consacrée en 1350, bien qu'on en eût jeté les fondements dès 1102. Elle a de belles et harmonieuses proportions, auxquelles on a cependant porté atteinte en exhaussant le pavé de manière à cacher la base des piliers. Le plan est à trois nefs, avec transept et large abside, mais sans déambulatoires ni chapelles accessoires. Le triforium est composé de longues arcades trilobées, d'une heureuse conception ; la galerie n'est ouverte qu'à l'intérieur de la nef. L'abside polygonale, éclairée par de hautes fenêtres à meneaux, que surmontent des quatrefeuilles et des roses, est d'un riche effet. On a eu l'étrange idée d'établir à une certaine hauteur dans le transept, d'une muraille à l'autre, des passages de communication. Le portail principal, d'une décoration sévère, a pour principal ornement une grande fenêtre à trois meneaux, dont l'amortissement est rempli par une belle rose. Deux tours carrées s'élèvent aux extrémités des bras de la croix. L'église de Varzy possède un beau tableau sur bois du xvie siècle, représentant le martyre de Ste Eugénie.

VASARIUM. V. ce mot dans notre *Dictionnaire de Biographie et d'Histoire.*

VASE (du latin *vas*), se dit, en général, d'un ustensile destiné à contenir des liquides ou autres objets, et spécialement d'un vaisseau de forme élégante, à lèvres évasées, monté sur un piédouche, et orné plus ou moins richement d'oves, godrons, guirlandes et figures en basrelief, avec des anses sculptées. On fait des vases en pierre, en marbre, en albâtre, en porphyre, en porcelaine, en bronze, en métaux précieux, pour orner les palais, les musées, les jardins, etc. — L'Antiquité nous a laissé des vases d'espèces très-variées. Parmi ceux qui étaient d'un usage journalier, nous citerons : l'*amphore*, le *diota*, le *rhyton*, le *canthare*, le *cratère*, la *patère*, le *simpule*, le *préféricule*, etc. Les musées européens conservent de très-beaux vases décoratifs en marbre, d'origine grecque, et dont les sujets, aussi bien que les formes, ont été souvent copiés par les modernes : on peut mentionner, entre autres, un vase gigantesque de la villa Albani (V. VILLA), dont les reliefs représentent les travaux d'Hercule, et le vase dit de Médicis, qui représente le sacrifice d'Iphigénie, et dont il existe une copie dans le parc de Versailles. On a trouvé en 1830 à Béthouville, près de Bernay, une grande quantité de vases d'argent, ornés de reliefs d'un travail admirable; ils ont été achetés pour le Cabinet des antiques de la Bibliothèque impériale. Un vase d'argent, fait en forme de mortier, a été trouvé à Herculanum; ses reliefs représentent l'apothéose d'Homère. Athénée parle d'un vase qui était consacré à Diane dans le temple de Capoue, et sur lequel on avait inscrit plusieurs vers d'Homère en or incrusté dans l'argent. Les vases antiques de pierres fines, d'agate et d'onyx, sont rares : les plus célèbres sont le *vase des Ptolémées* (V. AGATE), le *vase de Brunswick*, pris en 1629 dans le palais des ducs de Mantoue, et la *coupe du roi de Naples*, conservée au musée Pio-Clémentin de Rome. La collection de Paris contient plus de 800 vases de pierres précieuses ou de cristal de roche, richement montés en or ou émaillés, et dont le plus grand nombre fut rassemblé par le grand-père de Louis XV. On possède trèspeu de vases de verre, surtout ornés de reliefs : parmi les plus fameux se trouvent le *sacro catino* (V. ce mot), le *vase de Portland* (V. ce mot), et le vase bleu de la Bibliothèque nationale de Paris, sur lequel on a représenté en relief, presque en ronde bosse, Persée délivrant Andromède. V. Panofka, *Recherches sur les véritables noms des vases et sur leurs différents usages*, Paris, 1830. **B.**

VASE D'AMORTISSEMENT, vase qui termine la décoration d'une façade, ou qu'on emploie à l'intérieur d'un édifice, au-dessus d'une porte, d'une cheminée, etc., en bas-relief ou en ronde bosse.

VASE DE CHAPITEAU, masse évasée du chapiteau corinthien sur laquelle les feuilles et les volutes semblent être appliquées.

VASE D'ENFAITEMENT, vase qu'on place sur un poinçon de comble. Les vases de ce genre sont ordinairement en plomb.

VASES ACOUSTIQUES. V. ACOUSTIQUES (Vases).

VASES PEINTS, nom par lequel on désigne des vases antiques d'argile, sèche ou cuite, ornés de peintures. C'est, après les médailles, la classe la plus nombreuse de monuments que les Anciens nous aient laissés. L'attention ne s'est portée sur les vases peints que depuis la fin du xviie siècle. La Chausse en publia quelques-uns dans son *Museum Romanum* en 1690 ; Berger, Montfaucon, Dempster, Gori, Buonarotti, Caylus, s'en occupèrent à leur tour. Parce que la première découverte des vases avait

eu lieu sur le sol de la Toscane, ces savants leur donnèrent le nom de *vases étrusques* : mais Winckelmann entreprit, le premier, d'en démontrer l'origine grecque. Passeri, d'Hancarville, Hamilton, Heyne, Guarnacci, Fréret, Micali, et, de notre temps même, le prince de Canino, soutinrent néanmoins qu'on devait conserver ces monuments à l'Étrurie; l'opinion de Winckelmann, appuyée et développée par Tischbein, Bœttiger, Lanzi, Millin, Gerhard, Raoul Rochette, Maffei, Zanoni, a définitivement triomphé. Non-seulement les inscriptions des vases peints sont en langue grecque, les sujets empruntés à la mythologie grecque, mais encore, depuis les premières découvertes en Toscane, on a trouvé une quantité considérable de vases dans l'Italie méridionale, en Sicile, en Grèce, dans les îles de l'Archipel, sur plusieurs points de l'Asie Mineure, etc. Les plus anciens appartiennent incontestablement à l'art asiatique ou ont été exécutés sous son influence; les plus nombreux sont le produit de l'art hellénique; les vases de travail étrusque sont moins communs et de date plus récente. Bien qu'on doive faire une assez large part à l'importation par le commerce, on peut admettre en général que les vases peints ont été fabriqués dans les pays mêmes où on les découvre habituellement. Leurs formes sont très-variées : il y en a de simples et de compliquées; certains vases ont plus d'un mètre de hauteur, tandis que d'autres n'ont que 5 centimèt.; ils ont deux, trois anses ou plus. Tantôt les peintures sont tracées sur le corps même du vase, tantôt sur le col et sur le pied ainsi que sur les anses; plus rarement le vase est tout à fait noir, et il n'y a qu'une frise peinte autour du col. Les coupes offrent d'ordinaire des dessins à l'intérieur comme à l'extérieur. Le plus grand nombre des vases peints semble n'avoir pu servir qu'à la décoration, soit des temples, soit des demeures particulières; de leur poids et de leur forme on peut conclure qu'ils devaient rester à la même place; il en est même qui, dépourvus de fond, perforé d'un bout à l'autre, ne pouvaient rien contenir. Il fut d'usage de placer des vases dans les tombeaux, probablement ceux qui avaient appartenu au mort. Quelques-uns ont pu servir d'ustensiles de ménage. On sait que des vases peints étaient donnés en prix aux vainqueurs dans les Panathénées à Athènes; ceux qui portent des noms d'archontes éponymes sont de date positive. Il est vraisemblable que des vases étaient offerts aussi en présent. Les peintures qui décorent les vases représentent presque toutes des scènes mythologiques : les sujets bachiques sont les plus fréquents ; puis viennent les travaux d'Hercule; les scènes de la guerre de Troie forment également une série considérable; on voit encore des noces, des repas, des chasses, des combats, des jeux gymnastiques, des danses, des scènes de musique, de bain, de toilette, mais très-rarement des compositions empruntées à l'histoire. Les sujets funèbres, à peu d'exception près, appartiennent à la dernière période de l'art. Les inscriptions des vases peints présentent des noms mythologiques, des noms de personnages historiques, de simples particuliers, d'artistes ou de fabricants, des alphabets, des sentences, des dialogues, des acclamations; celles qui sont en langue et caractères étrusques sont peu nombreuses et sur des vases fabriqués à l'époque de la décadence de l'art.

Les vases de style primitif proviennent, la plupart, des îles de l'Archipel, de Corfou, de Rhodes, de Chypre, de la Troade. Ils sont de couleur blanchâtre ou jaune clair, et n'ont pour décoration que des zones brunes ou noires, des méandres, des chevrons, quelquefois des poissons, des oiseaux ou des serpents tracés au trait. Ils remontent au moins à 9, 10 et même 12 siècles avant l'ère chrétienne. Le Cabinet des médailles de la Bibliothèque impériale de Paris en possède une collection nombreuse bien choisie. — Les vases de style asiatique sont de deux sortes. Les uns, de grandes dimensions, destinés à contenir du vin ou de l'huile, sont ornés soit de cannelures, soit de bas-reliefs en forme de frise, offrant des animaux, des processions, des courses de chars, des combats, des chasses, le tout traité dans le goût oriental; on en a trouvé surtout dans les tombeaux d'Agylla ou Cœre, en Étrurie. Les autres, longtemps désignés sous le nom de *vases égyptiens*, sont peints, et présentent des figures d'animaux soit naturels, soit fantastiques, rangés en zones superposées; l'union des formes humaines au corps de certains animaux est un des caractères de l'art oriental. Les scènes mythologiques encadrées dans les zones d'animaux ne se trouvent que sur les vases les moins anciens. Ornements et figures, tout rappelle les bas-reliefs assyriens et les compositions gravées sur les cylindres babyloniens. Certains vases ont des peintures à teintes rouge, blanche et brune, superposées sur une couverte noire. Si l'on a trouvé des vases asiatiques dans les nécropoles de l'Étrurie, c'est qu'ils furent apportés dans ce pays par des navigateurs phéniciens. Le plus beau modèle est conservé à la galerie de Florence sous le nom de *vase François*. — On appelle *vases corinthiens* ceux dont les inscriptions sont en caractères de l'ancien alphabet employé à Corinthe. A cette catégorie appartiennent le célèbre vase de la chasse de Calydon, dit *vase Dodwell*, trouvé à Corinthe et qui est aujourd'hui au musée de Munich, et différents vases d'Agylla. C'est tout au plus au VIᵉ siècle av. J.-C. que ces derniers doivent être rapportés : on sait que Démarate vint de Corinthe se fixer en Étrurie, vers l'an 655, avec une troupe de colons où il y avait plusieurs artistes. — Les vases d'un travail véritablement étrusque sont en pâte noire, d'un émail terne, et de formes quelquefois très-bizarres. On y voit le plus souvent des sujets bachiques, quelquefois des divinités étrusques, rarement des inscriptions en langue étrusque. L'aspect en est généralement peu agréable. Il y en a qui offrent tous les caractères de l'archaïsme, et qui peuvent être antérieurs à la fabrication grecque ; mais on pense que les artistes étrusques continuèrent de travailler dans leur style particulier jusqu'à une époque très-rapprochée de la fin de la république romaine. — Des *vases italo-grecs*, les uns sont à fond jaune ou rouge, avec figures noires, dont les contours sont gravés au moyen d'un instrument pointu ; quelques détails des vêtements ou certains ornements sont rehaussés de violet ; les chairs des femmes, les cheveux et la barbe des vieillards sont coloriés en blanc. D'autres vases à fond noir ont les figures et les ornements réservés en rouge ou en jaune sur le fond ; les contours, les traits et les linéaments sont en noir, mais la plupart du temps le dessin a été ébauché à la pointe sèche. Les vases de Nola à peintures rouges se distinguent par la finesse de la terre, l'éclat de la couverte noire, l'élégance du dessin et la simplicité des sujets. Beaucoup de vases à peintures noires sur fond rouge, quelques-uns à peintures rouges ou blanches sur fond noir, portent la signature de Nicosthènes ; plusieurs portent les noms de Phanphaios, d'Eschyle, d'Andocide, de Chacylion, d'Euphronias, d'Euthymiadès, d'Épictète, de Phintias, d'Hiéron, de Zeuxithéos, etc. Les vases de la décadence de l'art grec dans l'Italie méridionale se reconnaissent à un dessin plus négligé, à la surcharge des ornements, à un émail noir plus terne ; cette fabrication paraît avoir persisté jusqu'à un siècle avant l'ère chrétienne. Les vases à peintures blanches superposées sont aussi de la fin de la céramique.

V. Passeri, *Picturæ Etruscorum in vasculis*, Rome, 1767 et 1770, 4 vol. in-fol.; d'Hancarville, *Antiquités étrusques, grecques et romaines, tirées du cabinet de M. Hamilton*, Naples, 1768, 4 vol. in-fol.; Tischbein, *Recueil de gravures d'après des vases antiques..., tirées du cabinet de M. Hamilton*, Naples, 1791 et suiv., 4 vol. in-fol.; Millin, *Description des peintures et des vases antiques, vulgairement appelés étrusques*, Paris, 1808-10, in-fol.; Dubois-Maisonneuve, *Introduction à l'usage des vases antiques*, Paris, 1817; Hans, *Dei vasi Greci*, Palerme, 1823; de Clarac, *Mélanges d'antiquités grecques et romaines*, Paris, 1830; Fea, *Storia de' vasi fittili dipinti etruschi*, Rome, 1832; De Witte, *Description d'une collection de vases peints et bronzes antiques, provenant des fouilles de l'Étrurie*, Paris, 1837.   B.

VASISTAS (de l'allemand *was ist das*, qu'est cela?), ouverture ménagée dans une porte ou une fenêtre, pouvant s'ouvrir et se fermer à volonté, et permettant soit de parler aux gens du dehors, soit d'aérer une pièce.

VASQUE (du latin *vasculum*), bassin rond et peu profond, en pierre, en marbre ou en bronze, qu'on place comme ornement sous une fontaine.

VASSAL. ⎫ V. ces mots dans notre *Dictionnaire de*
VATICAN. ⎭ *Biographie et d'Histoire.*

VA-TOUT (Faire son), en termes de Jeu, risquer tout l'argent qu'on a devant soi.

VAUDEVILLE, nom qui fut donné, au XVᵉ siècle, à des hansons joyeuses ou malignes. Olivier Basselin, maître foulon de Vire en Normandie, composa des poésies de ce genre, qui coururent tout le *val de Vire*, et se propageant plus loin, continuèrent d'être appelées *vaux-de-vire*. Une édition en a été donnée par M. J. Travers, Avranches, 1833, in-18. Un avocat de Vire, Jean Le Houx, en écrivit aussi à la fin du XVIᵉ siècle. Le mot *vau-de-vire* fut défiguré par l'ignorance : un musicien de l'Anjou, Jean

Chardavoine, fit imprimer, en 1575 et 1576, des *voix de ville*, et Jacques de Callières, dans son ouvrage *Des mots à la mode et des nouvelles façons de parler* (Paris, 1690 et 1693, in-12), nous apprend que le mot *vaudeville* date du XVIIᵉ siècle. On employa bientôt ce mot pour désigner autre chose que des chansons satiriques, grivoises ou politiques : ainsi, les comédies de Dancourt, faites sur des événements du jour et sur des anecdotes qui couraient, étaient appelées *vaudevilles*. Les *vaudevilles* furent ensuite des pièces de théâtre dans lesquelles entraient des couplets ; ces compositions dramatiques, qui prirent naissance vers 1700, aux foires Sᵗ-Germain et Sᵗ-Laurent, et auxquelles se livrèrent principalement Fuselier, d'Orneval et Lesage, *étaient rimées*, pour le dialogue comme pour les couplets. Puis, on mêla de la prose avec les vers, afin de mieux lier les couplets, et le vaudeville devint, vers la fin du XVIIIᵉ siècle, ce qu'il est resté jusqu'à nos jours, une petite comédie dont le dialogue en prose est entremêlé de couplets. Il se distingua de la *comédie à ariettes*, appelée *opéra-comique*, en ce que ses couplets furent adaptés à des airs vulgaires et connus. Les couplets qui terminent quelques comédies de Picard et *le Mariage de Figaro* de Beaumarchais ne font pas, de ces pièces, des vaudevilles dans le sens récent de ce mot. Le vaudeville se prête à tous les tons : comédies intriguées, scènes de boudoir, pièces villageoises, tableaux de circonstance, parodies, tout a été de son domaine.   B.

VAUDEVILLE (Théâtre du). Un théâtre de ce nom fut bâti en 1792 à Paris, entre la rue de Chartres et la rue Sᵗ-Thomas-du-Louvre, rues qui étaient sur l'emplacement de la galerie septentrionale et d'une partie de la cour du nouveau Louvre. Lenoir en fut l'architecte et l'éleva sur l'emplacement qu'occupait une salle de danse appelée *Vauxhall d'hiver* ou *Petit Panthéon*. Les auteurs qui contribuèrent successivement à la fortune de ce théâtre furent Barré, Piis, Radet, Desfontaines, les deux Ségur, Prévost d'Iray, Dieulafoy, Gersin, Désaugiers, Moreau, Francis, Rougemont, Dumersan, Théaulon, Dartois, Dupaty, Merle, de Jouy, Varner, Dupin, Mélesville, Delestre-Poirson, Carmouche, Scribe, Brazier, Frédéric de Courcy, Bayard, Saintine, Dupeuty, etc. La salle ayant été incendiée en 1838, les acteurs allèrent s'établir place de la Bourse, à l'ancien *Théâtre des Nouveautés*. Depuis 1874, le Vaudeville a été transporté sur le boulevard des Italiens.

VAUX-DE-VIRE. *V.* VAUDEVILLE.

VAUXHALL, jardin public de Londres, ainsi appelé d'un propriétaire de cet emplacement au XVIᵉ siècle. Par imitation, on a donné le même nom à des établissements du même genre soit à Paris, soit dans d'autres grandes villes.

VAVASSEUR. ⎫
VAYVODE. ⎪ *V. ces mots dans notre Dictionnaire*
VEAU D'OR. ⎬ *de Biographie et d'Histoire.*
VECTIGALIA. ⎭

VÉDANTA. *V.* INDIENNE (Philosophie).

VÉDAS. Ce mot, qui signifie *science*, désigne un ensemble d'œuvres poétiques formant la sainte Écriture des Indiens. Si, à ces compositions primitives, on ajoute les développements qu'elles ont reçus sous le nom de *brâhmanas* et de *sûtras*, on a le corps entier de ces livres sacrés. Dans leur état actuel, les *Védas* sont au nombre de quatre, le *Rig*, le *Sâma*, le *Yajur* et l'*Atharva*. De ces quatre recueils, les trois premiers sont reconnus, non-seulement comme authentiques, mais comme canoniques, par tous les savants de l'Inde ; l'*Atharva-véda* jouit d'une moindre autorité, étant sans doute d'une époque postérieure aux autres. Le *Rig-véda*, qui est souvent désigné par le simple nom de *Véda*, est à la fois le plus ancien et le plus vénéré de tous les livres : comme le *Sâma*, il ne renferme que des vers (*rik*) ; mais ce dernier recueil, qui forme en quelque sorte le rituel des cérémonies sacrées, se compose de vers empruntés au *Rig-véda*, et arrangés suivant les besoins du culte, de sorte qu'il n'est guère qu'une reproduction de celui-ci avec des variantes plus ou moins importantes. Le *Yajur-véda* contient des vers et de la prose : les vers appartiennent généralement au *Rig-véda* ; la partie de prose consiste en formules appartenant à des ordres diverses et signalant une époque plus avancée de la théologie indienne. Il forme deux recueils (*sanhitâ*) connus sous les noms de *Yajus* blanc et de *Yajus* noir, dont les sujets sont identiques, mais qui ne présentent pas le même arrangement : dans le premier on ne trouve que les formules du sacrifice, les explications et les développements étant rejetés dans le *brâhmana* ; dans le noir, au contraire, les formules sont ordinairement suivies des explications dogmatiques et de tout ce qui concerne le cérémonial. Quant à l'*Atharva-véda*, il est composé exclusivement d'hymnes en vers, ainsi que le *Rig-véda ;* il en renferme plus de sept cents : mais ces chants ont surtout pour objet les puissances malfaisantes de la nature, les animaux nuisibles, les maladies, les ennemis publics et surtout privés; et ils marquent une époque où les doctrines cosmologiques des temps antérieurs, tombées dans le bas peuple, y avaient déjà engendré de grossières superstitions.

L'examen du contenu et de la forme même des quatre *Védas* prouve qu'ils sont d'époques assez différentes et même de pays assez éloignés les uns des autres. Il est probable, en effet, sinon tout à fait certain, que l'*Atharva-véda*, qui est le dernier en date, a été composé dans l'Inde orientale, c.-à-d. dans les vallées gangétiques; le *Yajus* paraît se rapporter à l'Inde moyenne, à l'orient de la Saraswati; le *Sáma*, comme composé de vers extraits du *Rig*, lui est nécessairement postérieur, malgré la forme archaïque de beaucoup d'expressions. Or, il est certain que l'organisation définitive des cérémonies du culte a eu lieu sous le régime de l'institution bràhmanique, dans un temps où les Aryas s'étaient avancés de l'O. à l'E. jusque sur les affluents supérieurs du Gange, au midi des monts Himâlaya. Quant au *Rig-véda*, qui reste ainsi la plus ancienne des quatre collections, sa simple lecture ne laisse aucun doute sur les lieux où il a été composé. Il est certain, en effet, que c'est à une époque assez récente qu'il a été présenté par les bràhmanes sous sa forme actuelle de recueil, et que les hymnes y ont été rangés dans un ordre déterminé; mais ce travail a été analogue à celui qui fut fait sous la direction d'Esdras, quand il réunit et publia les anciens livres hébraïques, qui lui étaient de beaucoup antérieurs. Les hymnes du *Rig-véda*, conservés dans les familles sacerdotales, témoignent, à cent reprises, qu'ils ont été chantés dans un pays nommé *Saptasindhu* ou les Sept-rivières; ces rivières sont nommées, soit isolément, soit même toutes ensemble et dans leur ordre géographique; les noms qui leur sont donnés sont ceux qu'elles portaient au temps d'Alexandre le Grand, et que les Grecs ont plus ou moins défigurés; c'est encore ceux qu'elles portent aujourd'hui pour la plupart; leur direction vers le sud est plusieurs fois signalée dans le *Véda*, ainsi que leur réunion dans un bassin commun, qui porte constamment le nom de *Sindhu*. De tous ces faits il ressort que ces hymnes ont été composés dans les vallées de l'Indus et non dans celles du Gange, qui n'y est nommé qu'une fois, dans un hymne de la fin de la période. Cette contrée est donnée comme comprise entre le désert (désert de Marwar) et la montagne (l'Himâlaya); vers l'O., elle ne dépasse pas les monts Bolor; et à l'E., elle s'étend jusqu'à la Sarayû, affluent du Gange qui traverse la ville d'Ayòdhyâ (Aoude). Les membres central des monts d'Asie signalé dans le *Rig-véda;* mais il n'y est point question des pays situés au delà et arrosés par l'Oxus, bien que les rives de ce fleuve soient le berceau même de la race des Aryas; ce fait prouve qu'à l'époque des hymnes du *Rig*, la séparation des Aryas de l'Inde était accompli depuis fort longtemps.

Le *Rig-véda* n'est pas l'œuvre d'un seul homme : Vyâsa est le nom générique donné en sanscrit à tous les compilateurs indiens; les noms qui, dans le recueil, accompagnent chaque hymne, et dont beaucoup sont certainement authentiques, sont au nombre de plus de trois cents; ils appartiennent à des familles, à des époques et à des parties du Saptasindhu très-différentes les unes des autres; de sorte qu'on estime à trois siècles environ la durée de la période des hymnes. Mais cette période a elle-même été précédée d'une autre, partout signalée, pendant laquelle ont chanté les ancêtres des auteurs du *Rig*. c'est par cette antique période que ces traditions indiennes se rattachent à celles de la Perse, et de toutes les contrées européennes occupées par des peuples aryens. A quel temps faut-il rapporter les hymnes du *Rig-véda?* On ne saurait le dire d'une façon précise. Mais il est fort ancien : car le Bouddha est mort en l'an 544 ou 543 av. J.-C.; sa réforme, toute morale, supposait une civilisation déjà vieillie et usée, la civilisation bràhmanique. Celle-ci avait elle-même eu son point culminant, sa période de développement régulier, et son moyen âge, pendant lequel elle s'était élaborée. C'est ce moyen âge qui est caractérisé par la littérature des *Brâhmanas*, écrits en langue védique et non en sanscrit, aussi bien que les *Védas* eux-mêmes. Si l'on songe que cet immense développement d'idées, de civilisation et de puissance,

chez les Aryas de l'Inde, était spontané, solitaire, original et sans précédents, tandis que celui des Barbares de l'Occident avait été précédé par les Grecs et les Romains, et que le christianisme leur était donné tout fait, on sera plus que modéré en donnant mille années d'existence à la civilisation bràhmanique avant le Bouddha. On est ainsi reporté au xvie ou au xviie siècle av. J.-C. pour le temps où les hymnes du *Rig* furent composés; mais il se peut qu'ils soient plus anciens.

Comme œuvres littéraires, les hymnes sont l'unique monument de ce genre appartenant à notre race, puisque les hymnes antiques de la Grèce sont perdus sans exception. Ceux du *Rig-véda* sont classiques, dans leur fond et dans leur forme : la poésie est toute empruntée à la nature extérieure ou à la vie ordinaire des populations àryennes. Les phénomènes du jour naissant, de la foudre et des vents; ceux du feu sacré qui s'allume, se développe ou s'éteint; la marche des Aryas à travers les peuples ennemis et barbares; le labourage et les troupeaux; la naissance, le mariage, la mort avec la sépulture : tels sont les sujets ordinaires des hymnes, sujets qui y sont traités généralement avec une grande sincérité d'observation. A côté de ces faits réels, les hymnes présentent tout un monde de conceptions symboliques, offrant la plus grande analogie avec les divinités de la mythologie grecque : chaque ordre de phénomènes naturels est rapporté à une puissance vivante, à laquelle l'imagination prête une forme humaine, et qu'elle fait agir ensuite à la façon des hommes de ce temps; il y a donc un Panthéon védique, tout composé d'êtres idéaux présidant à la nature entière et la reproduisant d'une façon poétique et classique. On ne trouve pas dans le *Véda* ces êtres monstrueux qui sont en si grand nombre dans le Panthéon bràhmanique des temps postérieurs; il y a dans les idéaux védiques autant de beauté et de proportion que les artistes grecs en ont su donner aux divinités de leur pays.

L'état de la société où furent composés les hymnes est fortement retracé dans tout le recueil du *Rig-véda*. Les familles se rattachent étroitement par leur origine à des ancêtres presque divins et qui sont déclarés eux-mêmes les auteurs des dieux, c'est-à-dire des symboles. Comme, dans la doctrine mystique de ces temps, un même principe igné et intelligent anime tous les êtres vivants, se transmet à travers les générations et se manifeste sur l'autel où brûle le feu, les pères sont pour les fils non-seulement les auteurs de leurs formes corporelles, mais encore le principe même d'où la vie leur a été transmise. Et le principe de vie, ne pouvant périr, unit les générations les unes aux autres et devient le fondement de la famille. L'état primitif de la famille est indiqué par les noms de parenté, dont la langue védique donne la signification première. Les fonctions et les rapports de ses membres entre eux sont par là clairement aperçus. Le père est le chef, la mère est la maîtresse de maison, la fille est celle qui trait les vaches, et le fils est le défenseur; à un autre point de vue, le père est le nourricier de la famille, et la mère est la dispensatrice. Les mots védiques qui expriment ces relations sont les mêmes qu'en latin, en grec, en allemand, etc., mais n'ont de signification saisissable que dans la langue des hymnes. On doit dire toutefois que les rôles qu'ils expriment étaient déjà fort altérés au temps du *Véda*. En effet, tous ces mots supposent la monogamie, et il n'est pas contestable qu'elle a été et qu'elle est demeurée l'institution commune des Aryas de l'Inde : mais on voit déjà, dans le *Rig-véda*, quelques exemples de polygamie. Un hymne nuptial nous permet de suivre dans ses détails la cérémonie religieuse du mariage, et nous montre qu'une métaphysique sérieuse y présidait dès cette époque : la liberté de la femme est complète jusqu'au dernier moment; son autonomie ne fut point détruite par l'usage royal de la polygamie; il n'y eut jamais de marché toléré par la loi en pareil cas : il semble que cette pratique appartienne presque exclusivement aux sociétés sémitiques.

La division en castes de la société indienne n'existe pas encore au temps du *Rig-véda*; elle existe à l'époque de l'*Atharva-véda*; et il semble qu'elle existe même déjà au temps du *Yajus*. Il y a, dans le *Rig*, des bràhmanes, des *râjas* et le peuple, désigné sous le nom de *viç* : mais on peut être râja et bràhmane à la fois, comme le prouvent de nombreux exemples : il n'y a pas d'hérédité absolument établie dans les fonctions; on voit aussi des bràhmanes accomplir les actes qui plus tard furent réservés aux gens du peuple et même aux *çûdras*. Ce dernier mot ne se rencontre même que dans un hymne, reconnu pour appartenir aux temps postérieurs. Le brâhmane du *Rig-véda* est le père de famille dans l'exercice des fonctions sacrées; le roi est le père de famille commandant à l'armée et gouvernant son territoire en temps de paix; le viç, c'est le peuple des Aryas tout entier. Mais, à mesure que l'établissement des Aryas dans l'Inde fut plus ancien et plus solide, il se forma des familles sacerdotales conservant le dépôt de l'hymne et de l'enseignement sacré, et des familles féodales dont l'autorité, fondée d'abord sur la richesse, fut rehaussée par la cérémonie du sacre. Enfin il vint un temps où la richesse et le pouvoir d'action des seigneurs tinrent dans une sorte d'infériorité la classe sacerdotale, qui avait pour elle le pouvoir spirituel, fondé sur la tradition et la science : la hiérarchie des castes fut définitivement constituée lorsque les deux pouvoirs se trouvèrent réunis entre les mains d'une même famille, celle du grand poète védique Viçwâmitra. Cette révolution s'accomplit entre la période du *Rig* et celle du *Yajus* : elle engage le commencement de la société brâhmanique dans l'Inde ; mais ces faits se passaient encore dans les vallées du Saptasindhu et non dans les contrées du Gange. Jusque-là, tout l'ensemble de la constitution âryenne ressemble de la manière la plus frappante au système féodal de notre moyen âge : à partir de la fin des hymnes du *Rig-véda*, la société tend à se constituer héroïquement, à la manière de la société grecque du temps d'Homère, c.-à-d. à se partager en un nombre considérable de petites royautés.

Quant au culte, les *Vêdas* nous fournissent les détails les plus circonstanciés sur ses cérémonies. Toutefois, pour les rétablir sous leur forme la plus ancienne, il faut surtout les chercher dans le *Rig*, et constater ensuite leurs développements dans les autres recueils, ainsi que dans les *Brâhmanas* et les *Sûtras*. Ce culte est fort simple : point de temple; un autel de terre est dressé dans un lieu découvert; il y a une enceinte sacrée où les prêtres, au nombre de quatre, puis de sept, viennent se placer; chacun d'eux a son rôle. On allume le feu sacré par le frottement de deux pièces de bois l'une contre l'autre; la première étincelle est alimentée avec le beurre clarifié; le bûcher s'enflamme; les prêtres y portent l'offrande solide des gâteaux et la liqueur fermentée et alcoolique du *sôma*, qui, par l'intermédiaire du Feu, est offerte aux Dieux. Ceux-ci sont présents à la cérémonie; ils sont assis sur le gazon sacré répandu autour de l'autel. Pendant ce temps, les prêtres chantent l'hymne en l'honneur des Dieux. Tel est l'ensemble d'une cérémonie védique : on la répétait trois fois par jour, au lever de l'aurore, à midi, et au coucher du soleil. Dans des circonstances rares, on offrait aussi des sacrifices sanglants : on immolait un cheval précédé d'un bouc; et la chair de la victime, rôtie au foyer sacré, était partagée entre ceux des assistants qui en désiraient; ce sacrifice, étant fort coûteux, resta une cérémonie royale, connue sous le nom d'*açwamêdha*.

Tous les détails du culte védique étaient étroitement liés avec une métaphysique déjà profonde, partout exposée dans les *Vêdas* et dont voici les principaux traits. Le fond de cette doctrine consiste dans la théorie des *Asuras* ou principes de vie (*asu*). Les Aryas des temps primitifs ont été frappés par le spectacle de la vie répandue partout dans la nature, en cherchèrent l'explication; et ils pensèrent que son principe devait être lui-même vivant, parce qu'ils voyaient les êtres vivants s'enchaîner les uns aux autres sans interruption et provenir toujours d'êtres vivants. Ils constatèrent que la vie est partout unie au mouvement, et que, l'un s'arrêtant, l'autre s'arrête; ils furent donc portés à concevoir les principes de la vie comme doués de mouvement, et, ainsi, comme ayant un corps. Toutefois, l'ubiquité de leur action était pour ces premiers philosophes une difficulté; car il fallait que ces corps fussent en même temps universels et d'une durée sans fin : la vue des phénomènes de l'air, si puissant et pourtant invisible; des odeurs, qui, invisibles et impalpables, se répandent au loin; du feu surtout, qui semble exister dans tous les corps, depuis le bois qui brûle sur l'autel jusqu'au soleil et aux étoiles, et qui pourtant se dérobe avec tant de facilité; tous ces phénomènes les portèrent à concevoir l'idée des corps glorieux qu'ils donnèrent aux Asuras. Lorsqu'ils vinrent ensuite à chercher l'origine des animaux et de l'homme, comme ils y constatèrent la présence de l'intelligence et son union avec la vie, il leur fut aisé de prêter l'intelligence aux êtres supérieurs qu'ils

concevaient, et de faire d'eux les maîtres et les ordonnateurs du monde. L'anthropomorphisme était la conséquence naturelle de cet ordre d'idées; car le nom d'Asura est un nom commun, qui, dans le *Vêda*, s'applique à tous les êtres métaphysiques ou réels dans lesquels il est possible de voir un principe ou une cause de la vie. Plus tard, une révolution lente ayant substitué à ces premières conceptions un peu vagues des personnes divines mieux définies, on donna à celles-ci le nom de *dévas* ou dieux, et le mot *asura* désigna uniquement cette antique génération divine, analogue aux Titans et composée des ennemis des dieux. Mais ce progrès des idées était loin d'être accompli au temps du *Rig-véda*. Les principaux Asuras sont : *Agni* ou le Feu, qui est d'abord le feu qui brûle, extrait du bois, et nourri sur l'autel avec le corps de l'offrande; ce feu s'éteint, mais en réalité ne fait que se cacher, et peut renaître sans fin dans chaque cérémonie; Agni est aussi le feu de la vie qui se condense dans les végétaux et les animaux, le feu de la foudre qui se rassemble dans le nuage et qui, descendant avec la pluie, nourrit les plantes et entretient la vie; c'est ce même principe qui réside dans le beurre consacré, extrait du lait, première nourriture de tous les animaux, et par qui l'étincelle du foyer produit un embrasement. Comme principe de vie, il est aussi l'auteur des formes, et remplit les rôles de Prométhée et de Vulcain; enfin, comme les choses n'ont d'utilité que par leurs formes, Agni est le producteur de tous les biens. Envisagé dans les animaux, il se transmet de l'un à l'autre avec la semence, et porte le nom de *Purusha* ou principe masculin ; il est ainsi l'auteur des générations. Enfin, comme auteur de la lumière et producteur des formes, il est aussi l'auteur de l'intelligence qui les conçoit. Ce père universel des vivants réside donc en toutes choses : tel est l'Agni du *Rig-véda*. Les Asuras du ciel lui sont étroitement unis : les uns représentent les diverses énergies célestes du jour et de la nuit, sous les noms de *Mitra, Varuna, Aryaman*; les autres, celles du Soleil, dont le nom est *Sûria*, qui veut dire brillant. Comme voyageur céleste, Sûria est d'abord un nain, qui grandit et qui en trois pas parcourt le ciel tout entier; à son point culminant il porte le nom de *Vishnu*, qui signifie pénétrant. Sous le nom de *Savitri*, cet Asura est désigné comme producteur des formes, et sous le nom de *Pûshan*, comme nourricier. Enfin *Vivaswat* est le nom par lequel on veut dire qu'il pénètre dans tous les êtres et y habite : et ici son rôle se rapproche de celui d'Agni. En effet, l'énergie atmosphérique du soleil est symbolisée dans la personne d'*Indra*, dieu des airs, qui paraît le matin tout revêtu d'or, traîné sur un char ou par des chevaux jaunes, précédé par les Cavaliers célestes et par l'Aurore, escorté des *Maruts* les vents légers et sonores du Levant. Indra est un chef de guerre : il vient pour livrer bataille aux génies qui retiennent les eaux dans la nue et produisent la stérilité; le *Vêda* est rempli d'hymnes où est décrit le combat d'Indra, armé de la foudre et aidé des vents, contre ces génies de l'orage. Par sa victoire Indra fait pousser les plantes, nourrit les animaux et l'homme, et mérite par là le titre d'Asura. Comme symbole, il est surtout le dieu des guerriers. Vivaswat est l'auteur de la race humaine, et père de *Manu*, premier être pensant; il est aussi le père de *Yama*, dieu des morts et de la justice; ces deux personnages sont le Minos et le Rhadamante des Crétois. — Tous les détails de la mythologie védique se groupent autour de ces deux conceptions, le feu Agni et le Soleil. Or il arriva, du temps même des hymnes du *Rig*, que les prêtres âryens saisirent une étroite relation entre le feu terrestre, le feu de l'éclair et le feu solaire, et ne tardèrent pas à les identifier : car la race âryenne a toujours eu une tendance polythéiste en religion, et un besoin d'unité en métaphysique. Ce dernier besoin porta certains prêtres à donner la prépondérance à une divinité de leur choix, jusqu'au jour où, l'unité d'Agni ayant été entrevue, ils quittèrent l'ancienne doctrine des Asuras et cherchèrent à définir le principe unique et suprême. Mais dans le *Rig-véda*, cette définition n'est encore présentée que sous la forme de question et avec timidité : l'Être unique n'y a pas encore reçu son nom; toutefois la tendance panthéistique de la doctrine est fortement marquée dans plusieurs hymnes, lesquels forment le lien historique entre le polythéisme des temps antérieurs et la grande théorie du brahmanisme. Cette tendance est encore par la croyance, non à la métempsycose, mais à la réviviscence, constatée dans plusieurs hymnes où sont des scènes et des formules de résurrection.

On se demande comment, aussi divisée qu'elle l'était, la société aryenne de l'Inde a pu parvenir à l'unité de croyance partout attestée par le *Véda* : le *Véda* lui-même l'explique. En effet, il est incontestable que, si le culte a commencé par être privé, il est de bonne heure devenu public : la création des symboles, et ensuite leur interprétation, distingua les prêtres de la foule du peuple; et la nécessité de pourvoir aux autres besoins de la vie retenant les hommes ailleurs, il se forma des familles sacerdotales, attachées au culte et officiant pour tout le monde : il y en a un assez grand nombre de citées dans le *Véda*, et ce furent celles qui continuèrent d'être à la tête de la société brâhmanique. La perpétuation des cultes primitifs s'opérait dans ces familles par l'enseignement paternel, et, dans le peuple, par la répétition journalière des mêmes cérémonies; c'est ce qu'atteste mainte fois le *Rig-véda*. La présence de sept prêtres autour de l'autel, l'existence de nombreux aumôniers à la cour des rois féodaux, l'enceinte fermée au vulgaire, et enfin le petit nombre relatif des familles sacerdotales, montrent que le culte était public. Le roi en faisait le plus souvent les frais. Du reste, dans toute la période du *Véda*, il n'y a pas de clergé; le sacerdoce n'a point de hiérarchie; les brâhmanes sont égaux entre eux et indépendants les uns des autres. Si donc il s'établit une unité de doctrine, ce ne fut pas seulement la force des anciennes traditions qui en fut la cause, puisque les opinions particulières des prêtres entièrement libres; cette unité fut le résultat d'un accord entre les prêtres eux-mêmes. C'est ce que montrent plusieurs hymnes : le petit nombre des brâhmanes dans chaque village les rapprochait naturellement les uns des autres; leur réunion à la cour des seigneurs féodaux et dans les cérémonies solennelles était pour eux une occasion de discuter et de s'entendre sur les matières religieuses; enfin les voyages, même lointains, aux lacs sacrés et aux confluents, étaient déjà en usage au temps des hymnes du *Rig*, et, s'accomplissant chaque année aux mêmes époques, donnaient lieu à de grandes conférences métaphysiques, dont l'usage se perpétua dans les siècles suivants. Il se forma ainsi des écoles philosophiques et des systèmes, dont les premières bases furent posées dès le temps des hymnes, et qui avaient déjà reçu un grand développement à l'époque du *Yajur-véda*.

Les *Védas* nous font également connaître l'origine du pouvoir spirituel des prêtres chez les Aryas de l'Inde. Ce pouvoir se confondit primitivement avec l'autorité paternelle, parce que, le culte étant public, mais la doctrine se transmettant avec l'hymne dans les familles, le père était le précepteur de ses propres enfants, et leur donnait, par l'enseignement sacré, cette seconde naissance qui les faisait nommer *dwijas* chez les brâhmanes. La perpétuité de cet enseignement et sa transmission de père en fils constituaient l'hérédité du sacerdoce : de plus, le prêtre se trouvait, par sa science théologique, le seul homme capable de comprendre les symboles, d'appliquer les rites, d'offrir dûment le sacrifice, d'évoquer les dieux, et de leur demander, en échange de l'offrande, les biens dont ils disposaient, pour lui-même et pour ses assistants. C'est ce que l'on voit partout dans le *Véda*. Plus tard, au temps de l'*Atharva-véda*, la puissance de l'invocation sacerdotale était regardée comme si grande, qu'elle pouvait donner la victoire, chasser ou guérir les maladies, procurer toutes sortes de biens matériels, ranimer les mourants, ressusciter les morts; les prêtres avaient composé pour cela un grand nombre de formules en vers, qui sont dans ce dernier des *Védas*. Enfin, lorsque la société aryenne se fut constituée en castes et qu'elle eut pris les *çûdras* pour ses serviteurs héréditaires, les rôles étant légalement distribués, celui d'étudier et d'enseigner la science sacrée appartint exclusivement aux brâhmanes descendants des anciens auteurs des rites et des chantres du *Véda*. Leur indépendance réciproque leur donna une entière liberté de penser; ils s'enfoncèrent sans arrière-pensée dans les problèmes de la métaphysique, et arrivèrent à ce grand développement panthéistique qui caractérise l'Orient indien, mais qui n'a jamais enchaîné malgré lui aucun brâhmane. Ces conséquences sont toutes en germe dans les hymnes mêmes du *Rig-véda*.

Il est aisé de comprendre comment ces chants si antiques se sont conservés jusqu'à nos jours. Il est probable en effet que la *dernière* recension des recueils védiques n'a eu lieu que quelques siècles avant J.-C., et que la première ne remonte pas très-haut dans l'histoire. Mais l'hymne contient le dépôt de la foi antique et de la science traditionnelle; il est le fondement de la religion, de la loi et de la morale publique; toute la société repose sur le *Véda*. La conservation des cultes de famille étant la sauvegarde de la famille même, on avait un intérêt majeur à ne pas laisser périr les hymnes où les symboles de foi étaient contenus. On voit que les enfants les apprenaient de bonne heure en les entendant chanter par les pères autour de l'autel, et en les étudiant plus tard sous l'autorité paternelle. C'est ainsi que les hymnes se sont transmis pendant plusieurs siècles : de sorte que le jour où l'on a éprouvé le besoin de les recueillir et de les écrire, on n'a eu qu'à les demander aux descendants des anciens prêtres, qui les avaient conservés et qui les chantaient chaque jour à l'autel. Il n'y a donc pas lieu de douter de leur authenticité, attestée d'ailleurs par toute la littérature sanscrite des temps postérieurs jusqu'à nos jours.

Dans l'Inde, le *Véda* est le fondement de toute la constitution religieuse, comme l'Évangile chez les chrétiens et le Koran parmi les musulmans. Il est en outre la base de toute la constitution civile et politique et du système social des castes. Il n'y a donc dans ce pays aucun livre qui soit révéré à l'égal du *Véda*. Le grand mouvement religieux qui produisit les divers cultes brâhmaniques a son point de départ dans ce livre et ne peut trouver qu'en lui son explication. Les écoles dissidentes y sont déjà en germe; il y a des doctrines hétérodoxes signalées dans le *Rig-véda* lui-même; et un esprit critique s'y manifeste, auquel on peut rattacher les opinions de Kapila et de Patanjali (*V.* INDIENNE — *Philosophie*), et, après eux, la réforme bouddhique. On voit qu'il est impossible de suivre les courants d'idées qui se propagent de siècle en siècle à travers les trois mille ans de la civilisation indienne, si l'on ne remonte à la source, qui est dans le *Véda*, et surtout dans le *Rig*.

À un autre point de vue, le *Véda*, quoique appartenant aux Aryas de l'Indus, jette les plus vives lumières sur les temps primitifs et sur les anciennes croyances et institutions des autres peuples aryens. Les plus voisins de l'Inde étaient ceux de l'Iran moderne comprenant surtout les Mèdes et les Perses. Les peuples anciens de ces contrées nous ont laissé un livre sacré, l'*Avesta*, qui n'est guère moins ancien que le *Véda*, et qui offre avec ce dernier les plus grandes analogies. Mais il renferme un violent antagonisme contre la doctrine indienne des *Dévas*, qui a succédé à celle des *Asuras*, et il montre par là qu'il est d'une époque un peu postérieure aux hymnes védiques; le *Véda*, en effet, ne renferme aucune trace de cette rivalité. De plus, la grande conception métaphysique de l'*Avesta*, Ormuzd', porte en zend le nom d'*Ahura* (*V.* ZEND-AVESTA) qui n'est autre que celui d'*Asura*; ce qui rattache la doctrine iranienne à celle qui s'est développée dans les hymnes du *Rig* et du *Sáma*; et, comme elle l'est beaucoup plus dans ces recueils indiens que dans celui des peuples de l'Iran, elle y offre une clarté qui ne se rencontre pas ailleurs. Les cultes iraniens, identiques à ceux du *Véda*, ont beaucoup à gagner pour la critique, si on les compare à ces derniers; de sorte que l'étude des anciens temps de l'Asie occidentale ne peut faire de progrès sérieux sans la connaissance des hymnes indiens. Tel est l'état de la question. — Il en est de même à plus forte raison des Aryas européens, comprenant, au Sud, les Grecs et les Italiens, au Nord la plupart des peuples de notre continent devenus les nations modernes. Mais l'étude des traditions et des origines grecques est beaucoup plus difficile que celle des antiquités indiennes, parce que les Grecs ne nous ont pas laissé un livre tel que le *Véda*, et parce que leurs origines sont multiples et non exclusivement aryennes. Toutefois la majeure partie des anciennes religions grecques, ainsi que les institutions civiles et politiques du monde hellénique, appartenant à la race des Aryas, trouvent leur explication dans celles du *Véda* : non qu'elles procèdent de ces dernières, ni qu'elles soient d'une date plus récente; mais l'antiquité du *Véda* et la clarté de ses doctrines, où l'explication naturelle est presque partout à côté du symbole, permettent au critique d'y chercher des lumières que la Grèce même ne peut lui fournir. Il faut ajouter que les mots, qui, chez les Grecs, désignaient les dieux, les objets du culte, les degrés de parenté, les fonctions sociales, etc., n'ont presque jamais de sens dans la langue grecque elle-même, fort éloignée de son origine, tandis que ces termes se retrouvent dans la langue du *Véda* et y ont généralement une signification très-claire. Quand on procède à cette comparaison, on est frappé de ce fait, que les anciennes populations grecques, nommées Pélasges, avaient apporté des croyances et des institutions qui se rapprochent de celles du *Véda* beaucoup plus que celles des Hellènes proprement dits : de sorte que la période des Titans semble répondre à celle des Asuras, qui est de beaucoup antér'eure aux *Védas*, et qui durait encore au temps du *Rig*, tandis que les dieux nouveaux ou Olympiens répondent très-exactement au Panthéon brâhmanique, postérieur au *Véda*. Il est possible dès lors de comparer point par point ces anciennes traditions, et de comprendre celles de la Grèce beaucoup mieux qu'on n'a pu le faire avant la découverte des hymnes. Celle-ci est toute récente : le premier spécimen a paru en 1833 ; la traduction française du *Rig-véda* date de 1851 ; le texte complet est encore postérieur. Et cependant, malgré le peu que l'on sait encore sur le *Yajur* et sur l'*Atharva*, les anciennes traditions des Aryas européens du Nord ont déjà reçu de nombreux éclaircissements. Mais, si l'on excepte l'*Edda* de Sœmund, où se trouve consignée la mythologie scandinave et qui ne date que du XIᵉ siècle de notre ère, on n'a guère pour se guider que les traditions populaires répandues dans toute l'Europe, et dont un grand nombre ont été recueillies dans ces derniers temps. Or, il est visible qu'une analogie profonde existe entre ces croyances anciennes de nos contrées et celles qui sont longuement consignées dans le *Véda* : dispersées parmi nous, détachées de tout centre et étrangères aux doctrines chrétiennes qui les ont remplacées, elles sont obscures et souvent bizarres ; rapprochées de leurs analogues védiques, elles deviennent naturelles et intelligibles, et elles nous font entrevoir, dans le passé de nos ancêtres, un monde mythologique et métaphysique que, sans le *Véda*, l'on n'eût jamais soupçonné. Enfin l'apparition du texte du *Véda* en Europe a résolu, d'une manière définitive, une question depuis longtemps controversée, celle de l'origine de nos langues et de leur parenté. On les faisait venir du sanscrit, et l'on attribuait au grec une antiquité plus reculée qu'au latin et qu'aux langues du Nord ; mais quand on a vu que le *Véda* n'est pas en sanscrit, mais en une langue d'où le sanscrit est dérivé et qui se rapproche beaucoup de celle de l'*Avesta*, on a pu d'abord restituer cette dernière ; puis, reprenant la comparaison des langues de l'Occident avec celles de l'Orient, on s'est convaincu que le grec et le latin ne sont pas venus l'un de l'autre, que le celte est probablement antérieur à l'ancien allemand et au gothique, aussi bien qu'aux langues slaves et scandinaves, et que tous ces idiomes du Nord peuvent rivaliser d'antiquité avec ceux des Gréco-Latins ; qu'enfin, tous ensemble, les idiomes de l'Europe sont étrangers au sanscrit, et tirent directement leur origine de la langue primitive parlée jadis aux rives de l'Oxus. Ainsi s'est rétablie des éléments l'unité de la famille âryenne, nommée à tort indo-germanique. Parmi toutes les langues qu'elle a parlées ou qu'elle parle encore, il n'en est aucune dont l'étude soit aussi profitable que celle du *Véda*, parce que celle-ci, très-voisine de son origine, et, d'ailleurs, parfaitement pure de toute influence du dehors, sert d'explication à toutes les autres ; le sanscrit, qui s'en rapproche beaucoup, présente les mêmes avantages, mais à un moindre degré.

Le caractère de la langue, des idées et des traditions védiques est purement âryen : aucun mélange étranger ne s'y remarque. Avant de quitter le berceau central de leur race, les Aryas avaient pu être en contact, au nord, avec les populations touraniennes entièrement barbares ; au sud-ouest, ils n'ont été en contact avec les Sémites que par leur rameau iranien, et nullement par celui qui franchit les monts pour descendre sur l'Indus. Il n'y a dans le *Véda* aucune trace d'influence sémitique, aucune tradition hébraïque ou chaldéenne : tout ce qu'on y rencontre est même en opposition formelle avec ce que contiennent les livres de Moïse. De même, les premiers indices de relations entre les Hébreux et les Aryas, qui se remarquent dans la Bible, ne sont pas antérieurs au règne de Salomon, et se rapportent au commerce maritime. On en a conclu légitimement qu'au temps de ce roi les Aryas étaient parvenus au bord de la mer, ce qui eut lieu dans les temps héroïques postérieurs à la période des hymnes du *Rig*. Enfin les races jaunes, que les Aryas rencontrèrent à leur arrivée dans le bassin de l'Indus, étaient sauvages, et n'ont exercé aucune influence sensible sur les conquérants de race blanche jusqu'au jour où ils ont pu être en partie admis dans la société âryenne : or, ce fait n'avait pas eu lieu au temps du *Rig-véda*, qui nous les dépeint comme des ennemis acharnés. Il faut donc considérer les hymnes védiques et tout ce qu'ils

renferment comme un produit spontané et entièrement original de la race âryenne. Et si on envisage leur haute antiquité, ils doivent être regardés comme le monument primitif de notre race.

V. Colebrooke, *On the Védas*, dans les *Recherches asiatiques*, t. VIII ; Roth, *Littérature et Histoire des Védas*, en allem., 1846 ; Anquetil-Duperron, *Oupnekhat*, Strasbourg, 1801, 2 vol. in-4°, et *Ezour Vedam*, Yverdun, 1778, 2 vol. in-12 ; F. Nève, *Études sur les hymnes du Rig-véda*, Paris, 1842, in-8° ; Rosen, *Rig-vedæ specimen*, Londres, 1833, in-4°, et *Rig-véda Sanhita*, *lib. I*, ibid., 1838, in-4° ; Wilson, *Rig-véda Sanhita*, avec trad. anglaise, 1850 ; Max Müller, *Rig-véda Sanhita*, etc., *with the comment. of Sayanacharya*, Londres, in-4° ; *Rig-véda*, traduit en français par V. Langlois, 1851, 4 vol. in-8° ; Stevenson, *Sanhita of the Sama-véda*, Londres, 1843, gr. in-8°, et *Translation of the Sama-véda*, 1842 ; Benfey, *Die hymnen des Sáma-véda*, avec. trad. allemande, Leipzig, 1848, in-4° ; Weber, *The white Yajur-véda*, Berlin et Londres, 1851, 4 vol. in-4° ; Roth et Whitney, *Atharva-véda*, Berlin, 1855 ; Barthélemy Saint-Hilaire, *Des Védas*, Paris, 1854 ; Hauvette-Besnault, *Mémoire sur les hymnes du Rig-véda*, couronné par l'Institut en 1857 ; Ém. Burnouf, *Essai sur le Véda*, 1862, in-8°. Ém. B.

VÉDETTE (de l'italien *vedetta*, poste d'où l'on voit de loin), sentinelle à cheval. Les védettes doivent tenir à la main leur sabre ou leur carabine, et il leur est défendu de mettre pied à terre. Attaquées, elles font feu pour avertir le poste, et se retirent. On met des *védettes d'honneur* auprès des souverains et des princes qui commandent en chef.

VÉGÉTATIVE (Ame), nom que les Anciens et les Scolastiques donnaient au principe des fonctions organiques, c.-à-d. de la nutrition et de la reproduction, qui sont communes aux végétaux et aux animaux.

VEHME (Sainte-).
VEILLE.
VEILLÉE D'ARMES. } *V.* ces mots dans notre *Diction*
VÉLABRES. } de *Biographie et d'Histoire.*
VÉLAIRES.
VELARIUM.

VELETTE (pour *voilette*), nom donné, dans le Levant, à une petite voile latine qu'on grée sur la vergue du grand mât dans les mauvais temps.

VÉLIN (du latin *vitellina*, sous-ent. *pellis*, peau de veau), sorte de parchemin préparé avec des peaux de veau dont l'âge ne doit pas dépasser six semaines. Le meilleur vélin provient des veaux à poil blanc, des veaux mort-nés, et de ceux dont la mère a été tuée avant qu'ils fussent nés. Beaucoup d'anciens manuscrits sont sur vélin. On se sert encore aujourd'hui de vélin pour imprimer les titres et diplômes, pour dessiner et peindre en miniature.

VÉLITES. *V.* ce mot dans notre *Dictionnaire de Biographie et d'Histoire.*

VELLON, mot espagnol qui, en Numismatique, est synonyme du français *billon*.

VÉLOCIFÈRES (du latin *velox*, rapide, et *ferre*, porter), nom qu'ont pris, il y a un demi-siècle, certaines voitures publiques qui se prévalaient de leur rapidité.

VÉLOCIPÈDE. *V.* Draisienne.

VELTURE, en termes de Marine, forte ligature qui réunit l'un à l'autre deux mâts superposés.

VÉLUAU, vieux mot désignant une enveloppe d'étoffe où l'on renfermait quelque livre précieux.

VÉNALITÉ DES OFFICES. *V.* Offices.

VENDETTA, c.-à-d. en italien *vengeance;* nom par lequel on désigne un usage de la Corse qui oblige tous les membres d'une famille à venger le meurtre d'un des leurs, sur le meurtrier ou sur sa famille, sans recourir à l'intervention de la justice. Il est rare qu'on n'avertisse point son ennemi de la résolution où l'on est de le tuer, ou qu'on feigne une réconciliation pour le mieux frapper ; il n'y a peut-être pas d'exemple qu'on l'ait frappé chez soi si le hasard l'y conduisait. Celui qui s'est donné le plaisir de la *vendetta* est réduit, pour échapper à la rigueur des lois, à abandonner l'île.

VENDIDAD-SADÉ. Ce nom désigne l'ensemble des anciens livres sacrés de la Perse, comprenant le *Vendidad* proprement dit, le *Yaçna* et le *Vispered*. Cet ensemble fait lui-même partie de la collection connue sous le nom de *Zend-Avesta* (*V. ce mot*). Le *Vendidad* est une partie de la vingtième *naçka* (en persan *nosk*) attribuée par les Parsis à Zoroastre, qui, selon eux, en avait composé vingt et une ; c'est un livre de liturgie et de droit, contenant des données précieuses sur la géographie ancienne du nord de la Perse, ainsi que sur les institutions civiles et religieuses de ce pays. Le *Yaçna* (en persan *Iseschné*) est également un livre de liturgie, concernant particulièrement les sacrifices et les cérémonies pieuses; on y trouve aussi, comme dans le *Véda*, des doctrines métaphysiques relatives aux personnages divins et particulièrement à Ormuzd. (Ahuramazda). Le *Vispered* est un petit recueil d'invocations et de prières.— Le *Vendidad-Sadé* est tout entier en langue zende, et n'est guère moins ancien que les *Védas*. Il a été apporté en Europe par Anquetil-Duperron, qui en a déposé les textes à la Bibliothèque du Roi; il a été traduit en pehlvi à une époque inconnue; et le *Yaçna* l'a été de plus en sanscrit par Neriosengh; nous avons ces traductions. C'est d'après le persan qu'Anquetil a traduit le *Vendidad-Sadé*, sous le nom de *Zend-Avesta*, comprenant en plus les *Iescht*, le *Sirouzé* et le *Boundehesch*. La traduction sanscrite a permis à Eug. Burnouf de rectifier la traduction d'Anquetil dans son *Commentaire sur le Yaçna*, in-4°, 1833. *V.* Eug. Burnouf, *Vendidad-Sadé*, texte lithogr. in-fol., 1843; Olshausen, *Vendidad*, Hambourg, 1829, in-4°; Lassen, *Vendidadi capita quinque*, Bonn, in-8°, 1852; *Vendida Sade, die heiligen*, etc., *herausgegeben von* Brockhaus, Leipzig, 1852, gr. in-8°; *The Yaçna*, etc., *vith a gujarati translation, by Aspandiarji*, Bombay, 1843, 2 vol. in-8°.　　　　　　　　　Fni. B.

VENDOME (Colonne). *V.* COLONNES MONUMENTALES, dans notre *Dictionnaire de Biographie et d'Histoire*.

VENDÔME (Église de LA TRINITÉ, à), beau monument de style ogival. La façade présente trois portes, entre lesquelles sont percées des niches où l'on a mis de nos jours les statues des Apôtres, en remplacement de celles que le vandalisme révolutionnaire avait détruites. Les panneaux des portes sont couverts de sculptures représentant les anciennes cérémonies de l'Église; celle du milieu, surmontée d'un balcon de pierre, est divisée en deux par un pilier dans lequel est pratiquée une niche renfermant la statue du Christ. Le clocher, haut de 70 mèt., masse carrée assez lourde, accompagnée de petites tourelles, et que surmonte une flèche octogone dont les arêtes sont ornées de petits cordons en croix, est à droite du portail, et entièrement séparé de l'église. Au-dessus des contre-forts qui soutiennent l'édifice règne un balcon découpé à jour qui fait le tour du clocher. A l'intérieur, la nef offre de belles proportions : tout autour une galerie a été percée dans l'intérieur des murs à la hauteur de la voûte des bas côtés. Le chœur a de beaux vitraux et des stalles sculptées; la clôture du chœur n'existe plus, et a été remplacée par une grille.

VÉNÈDE (Idiome). *V.* SORABE.

VÉNÉRABLE, titre d'honneur, donné : 1° dans l'ancien Empire d'Orient, à une classe de hauts fonctionnaires, tels que les proconsuls, les secrétaires des ministres; 2° en France, à quelques rois, notamment à Philippe Ier et à Louis VI; 3° aux personnages morts en odeur de sainteté; 4° aux prêtres et aux docteurs en théologie; 5° aux francs-maçons qui président les loges.

VÉNERIE. *V.* CHASSE.

VENEUR (GRAND-). *V.* ce mot dans notre *Dictionnaire de Biographie et d'Histoire*.

VENGEANCE, action par laquelle on tire satisfaction d'un tort ou d'un outrage. Appliquée aux actes que la loi punit, la vengeance reçoit le nom de *justice* ou de *vindicte publique*; accomplie par les particuliers, elle est criminelle (*V.* VENDETTA). — Les Anciens avaient personnifié la Vengeance divine sous le nom de Némésis; les chrétiens, dans leurs tableaux, la représentent par un Ange brandissant une épée flamboyante.

VÉNIEL (Péché). *V.* PÉCHÉ.

VENISE (Église St-Marc, à). *V.* MARC (SAINT-).

VENISE (Le PALAIS DUCAL, à). Un palais des doges avait été commencé en 809, et incendié soixante-dix ans après. Le monument actuel, du XIV° siècle et en style ogival, a été élevé par Calendario. Il a quatre façades : l'une, du côté de l'église St-Marc, se confond avec les bâtiments qui font partie de cette basilique; une autre, de la fin du XV° siècle et en style de la Renaissance, regarde le canal della Paglia; les deux plus importantes sont sur la Piazzetta ou petite place St-Marc et sur la Riva ou le quai. Un incendie, en 1577, détruisit les principales salles et beaucoup de chefs-d'œuvre de la peinture vénitienne; la restauration de l'édifice fut faite d'après les plans d'Antonio da Ponte. Le Palais ducal frappe de surprise et d'admiration par la singularité, la hardiesse et la magnificence de son ensemble architectural autant que par le fini de ses détails. Une colonnade à fûts robustes, formant 17 arcades sur le quai et 18 sur la Piazzetta, soutient toute la construction; au-dessus règne un second rang de colonnes plus légères, formant une galerie trilobée et à jour. Tous les chapiteaux sont d'un goût exquis : leurs bas-reliefs représentent des chimères, des enfants, des anges, des animaux fantastiques, des sujets de la Bible ou de l'histoire. Une longue colonnette torse décore chaque angle de l'édifice. Les murailles, sur la Riva et la Piazzetta, sont plaquées de marbre blanc et rouge, dont les dispositions figurent des dessins dans le goût oriental. Une corniche se festonne en pyramides évidées et en aiguilles sur tout le sommet du Palais. — La porte d'entrée, dite della Carta, du nom d'une église voisine sous le péristyle de laquelle les écrivains du grand Conseil et du Sénat se réunissaient autrefois, est ornée de colonnettes, de trèfles et de statues; elle conduit par un passage voûté dans la grande cour intérieure, au milieu de laquelle sont deux citernes en bronze d'un travail très-estimé, l'une de Nicolas de' Conti, l'autre d'Albérghetti. Les façades de cette cour situées du côté de la Piazzetta et du quai ne sont pas terminées; la façade orientale, en style de la Renaissance, est pour architecte et sculpteur Ant. Rizzo et Ant. Scarpagnino; la façade où est l'horloge est décorée de huit statues. L'*Escalier des Géants*, magnifique ouvrage construit vers 1485 par Ant. Rizzo, avec des marbres précieux délicatement travaillés par Domenico et Bernardino de Mantoue, conduit de la cour à la seconde galerie; il tire son nom de deux statues colossales de Mars et de Neptune, posées en ha... de la rampe, et sculptées en 1554 par Sansovino; au pied de l'escalier sont les statues d'Adam et d'Ève, par Ant. Rizzo. La face interne de la porte est toute fleuronnée de volutes, toute plaquée de colonnettes et de statues, ouvrage de Bartolomeo. Dans la galerie, l'*Escalier d'or*, ainsi nommé à cause de ses riches décorations dirigées par Sansovino, et dont l'entrée est ornée d'un Hercule et d'un Atlas dus au ciseau de Titien Aspetti, conduit à la bibliothèque de St-Marc, ancienne salle du Grand Conseil. Autour de cette salle, longue de 53 mèt., large de 25, et où des armoires à livres ont remplacé les anciennes stalles des sénateurs, se déroulent d'immenses peintures représentant les fastes de la république de Venise, et qui sont de précieux spécimens de l'emploi primitif de l'huile sur la toile : dans la frise sont les portraits de 76 doges, au milieu desquels on remarque un tableau noir à l'endroit où aurait dû être Marino Faliero; le plafond, tout doré à compartiments carrés, octogones et ovales, présente trois grandes compositions de Paul Véronèse, sculptées par Tintoret, et de Palma le jeune. Outre la salle du Grand Conseil, le Palais ducal contient : un Musée archéologique, formé dans les anciens appartements des doges; la salle *della bussola*, ainsi nommée d'un tambour qui couvrait la porte, et où l'on voit une ouverture autrefois masquée par une tête de lion en marbre dans la gueule duquel on glissait les dénonciations secrètes; la salle du Conseil des Dix; la salle des Pregadi; la salle de l'Anti-Collège, où les ambassadeurs attendaient leur audience; la salle du Collège, où ils étaient reçus, etc. Toutes ces pièces sont décorées de précieux tableaux. Dans les caves du Palais sont les fameuses prisons connues sous le nom de *Pozzi* (puits), et, sous la toiture recouverte de plomb, celles qu'on appelait les *Plombs*. Un long corridor double, nommé *Pont des Soupirs*, met le Palais en communication avec la Prison, bel édifice construit en 1589 par Ant. da Ponte.　　　　　　　　　　　B.

VÉNITIEN (Dialecte), un des dialectes italiens, et le plus doux de tous. Il adoucit les consonnes : ainsi, il substitue le *z* au *g*; au lieu de *padre, madre, figlio, casa*, il dit *pare, mare, fio, ca*, etc. La prononciation est efféminée, presque enfantine. Le dialecte vénitien a eu, depuis le XVI° siècle, une littérature assez riche. *La Guerra de Nicolotti e de Castellani*, qui date de 1521, raconte les querelles des Nicolotti, gondoliers du parti démocratique, qu'on reconnaissait au bonnet et à la ceinture noirs, et des Castellani, gondoliers de l'État et des dignitaires, ayant le bonnet rouge. Au XVIII° siècle, on peut citer les chansons d'Ant. Lamberti, les fables de Franç. Gritti, les comédies de Goldoni. Un abbé Boaretti traduisit l'*Iliade* en dialecte vénitien, sous le titre bizarre d'*Omero in Lombardia*, et Mordini *la Jérusalem délivrée* sous celui de *Tasso alla barcarola*. Un nouveau chansonnier, P. Buratti, parut au commencement de notre siècle. On a publié, en 1817, une collection de poésies vénitiennes en 14 volumes. Des glossaires du dialecte ont été donnés par Gaspard Patriarchi, Padoue, 1775, et par Boerio, Venise, 1829. *V.* Gamba, *Serie degli scritti impressi in dialetto veneziano*, 1832.

VÉNITIENNE (École), une des écoles italiennes de peinture. Les premiers artistes furent des mosaïstes grecs, appelés à Venise au xie siècle pour décorer la basilique de St-Marc. Au xiiie, la République posséda des peintres à fresque ou à la détrempe, très-habiles pour leur temps, entre autres Jean de Venise et Martinello de Bassano : leur style n'avait déjà plus rien du caractère byzantin, ainsi qu'on en peut juger par le cercueil de Ste Julienne, qui offre, avec la figure de cette sainte, celles de St Blaise, abbé, et de St Cataldo, évêque. Au xive siècle on cite les noms d'Esegrenio, d'Alberegno et d'Étienne Pierano. La présence de Giotto à Padoue en 1307 donna à la peinture une impulsion qui se fit sentir dans les autres parties des États vénitiens, notamment à Murano. Les artistes de cette île, au milieu desquels ne tarda point à pénétrer l'usage de la peinture à l'huile, subirent aussi l'influence allemande, par suite des rapports qui existaient entre Venise et l'Allemagne, et l'on vit venir parmi eux le célèbre Albert Dürer. Toutefois, cette influence fut modifiée par les leçons de Squarcione, qui avait recueilli des fragments antiques dans ses voyages en Italie et en Grèce, et par les exemples de Mantegna, qui possédait à fond la science des raccourcis, l'art de draper et la perspective. Alors se forma une grande école, déjà remarquable dans ses premiers représentants, les Vivarini, Giovanni et Gentile Bellini, Cima da Conegliano, Rocco Marconi, Vittore Carpaccio, Jérôme Mozzetto, Marco Basaiti, et Palma le Vieux. Privée des encouragements que la peinture dut aux papes Jules II et Léon X pendant les premières années du xvie siècle, et des modèles antiques si nombreux à Rome et à Florence, l'École vénitienne chercha principalement à plaire aux yeux, et, avec cette tendance vers le coloris qui l'a toujours caractérisée, la peinture à l'huile y occupa une place bien autrement importante que la fresque et la détrempe. De plus l'école vénitienne, toute brillante de richesses extérieures, préoccupée avant tout de saisir la vie réelle, fut presque dépourvue d'idéalisme et de grandeur sévère ; dans ses œuvres, les sujets religieux perdirent tout cachet mystique et symbolique, et le sensualisme envahit l'art de jour en jour. Tels furent les caractères communs de Georges Barbarelli, dit le Giorgione, de Tiziano Vecelli, plus généralement nommé le Titien, de Paul Caliari, dit le Véronèse, de Jacques Robusti, dit le Tintoret, de Sébastien del Piombo, et à un degré moins élevé, de Jacopo dà Ponte, dit le Bassan, de Palma le Jeune, d'Andrea Schiavone, de Bonifacio, de Pordenone, de Paris Bordone, de Moretto. Avec le xviie siècle, la décadence de l'école devint manifeste : J.-B. Novelli, Carlo Ridolfi, Alexandre Varotari, Jules Carpioni, Pierre Liberi, J.-B. Piazzetta, n'ont laissé qu'un nom peu connu en dehors de l'Italie. Au xviiie siècle, J.-B. Tiepolo, Rosalba Carriera et Canaletto surent conquérir une illustration plus grande ; puis toute trace de génie disparut avec l'indépendance de Venise. *V.* Carlo Ridolfi, *Le maraviglie dell' arte, ovvero le vite de' pittori Veneti*, Venise, 1648, 2 vol. in-4e ; Longhi, *Compendio delle vite de' pittori Veneziani*, Venise, 1762, in-fol.

VENTAIL. *V.* Vantail.

VENTAILLE, nom donné au moyen âge à la visière des casques.

VENTE (du latin *venditio*), convention par laquelle l'un s'oblige à livrer une chose, et l'autre à la payer en argent. Si l'on donne une chose pour en recevoir une autre, c'est un *échange*, et non une vente, parce qu'il n'y a pas de prix. Si l'on transporte la propriété d'une chose moyennant un prix qui n'est pas sérieux, c'est une *donation*, et non une vente, dont le but est de mettre en jeu deux équivalents. Pour qu'une chose puisse être vendue, il faut qu'elle soit dans le commerce, que l'aliénation n'en soit prohibée par aucune loi, et qu'elle appartienne à celui qui la vend. La vente de la chose d'autrui est nulle, et peut donner lieu à des dommages-intérêts. Dans le Droit romain et l'ancien Droit français, le vendeur n'était pas tenu de transférer la propriété à l'acquéreur ; il suffisait qu'il fît tradition de l'objet vendu, et qu'il garantît l'acheteur contre l'éviction ; par conséquent, celui-ci n'aurait pas eu le droit de se plaindre, si on lui avait vendu un objet dont on se croyait à tort propriétaire. D'après le *Code Napoléon*, au contraire, le contrat de vente emporte l'obligation de transférer à l'acheteur, non-seulement l'usage paisible, mais la propriété même de la chose. Le consentement des parties, condition essentielle de tous les contrats, doit être entièrement libre, et

exempt d'erreur soit sur le prix, soit sur la chose, soit même sur la matière dont la chose est composée. La vente est parfaite et la propriété acquise de droit à l'acheteur, dès qu'on est convenu de la chose et du prix, et quoique la chose n'ait pas été livrée ni le prix payé. Le contrat de vente peut avoir lieu entre toutes les personnes que la loi ne frappe pas formellement d'incapacité. La vente peut être faite purement et simplement, ou sous une condition suspensive ou résolutoire ; par acte authentique ou sous seing privé (les frais sont à la charge de l'acheteur). La promesse de vente vaut vente : si elle a été faite avec des arrhes, chacun des contractants peut s'en départir, celui qui les a données en les perdant, celui qui les a reçues en restituant le double. Une *vente à l'amiable* est celle qui est faite de gré à gré ; une *vente judiciaire* est celle qui est faite en justice, suivant certaines formes déterminées par la loi. Les ventes judiciaires sont *forcées*, quand elles ont lieu par suite de saisie et d'expropriation ; *volontaires*, lorsqu'il s'agit de biens appartenant à des incapables, à des époux mariés sous le régime dotal, à des absents, à des condamnés par contumace. *V.* Dufour de Saint-Pathus, *Traité des contrats de vente, d'échange*, etc., 1823, 2 vol. in-12 ; Persil et Croissant, *Commentaire sur les achats et les ventes*, 1838, in-8° ; Troplong, *Commentaire du titre 6 du livre III du Code civil, de la Vente*, 4e édit., 1841, 2 vol. in-8°.

vente, en termes d'Eaux et Forêts, coupe de bois destinée à être vendue, ou partie d'un bois qui vient d'être coupée.

vente, terme de Politique. *V.* Carbonari, dans notre *Dictionnaire de Biographie et d'Histoire*.

vente au comptant, à découvert, à terme. *V.* Bourse.

VENTILATION, en termes de Droit, action de *ventiler*, c.-à-d. d'estimer les portions d'un tout vendu, non pas quant à leur valeur réelle, mais relativement au prix total.

VENTOUSE, ouverture pratiquée dans la muraille d'un bâtiment, pour aérer l'intérieur. *V.* Barbacane.

VENTRE (Curateur au). *V.* Curateur.

VENTRILOQUIE (du latin *venter*, ventre, et *loqui*, parler), art de parler sans remuer les lèvres, et de modifier sa voix au point qu'elle semble venir d'une autre personne ou d'un endroit éloigné. On nomme encore cet art *Engastrimysme* (du grec *en*, dans ; *gastér*, ventre, et *mythos*, parole). On dirait en effet que les ventriloques tirent leur voix du ventre. La ventriloquie était connue des Anciens, et il en est question dans les œuvres d'Hippocrate ; on suppose que les prêtres païens, les sibylles et les devins en firent usage pour tromper les peuples et rendre des oracles. Ce n'est plus aujourd'hui qu'un amusement de société. *V.* l'abbé de La Chapelle, *le Ventriloque ou l'Engastrimythe*, Londres, 1772, 2 vol. in-12.

VENTS (Tour des), un des monuments de l'ancienne Athènes, qui subsiste encore de nos jours. Construite par Andronicus Cyrrhestès, cette tour, revêtue de marbre, a la forme d'un octaèdre, de 8 mètres de diamètre, dont chaque face est ornée d'une sculpture d'un travail précieux et représentant l'un des principaux Vents. Au sommet s'élevait un Triton en bronze, qui tournait au souffle du vent et en indiquait la direction avec une baguette qu'il tenait à la main. Au-dessous de chacun des Vents était un cadran solaire. Une clepsydre était placée à l'intérieur de la tour. Chacune des deux portes par où l'on entrait était précédée d'un petit porche orné de deux colonnes. La tour des Vents ne s'est sans doute si bien conservée que parce que les derviches turcs en firent une chapelle.

VÉNUS, déesse de l'Antiquité qui a inspiré un grand nombre d'œuvres d'art. La *Vénus* dite *de Médicis*, que l'on conserve à Florence, est assurément un des chefs-d'œuvre de la sculpture antique : on a supposé qu'elle pouvait être une copie de la fameuse statue exécutée par Praxitèle pour le temple de Cnide ; mais elle appartient au sculpteur Cléomène. La *Vénus de Milo*, découverte dans l'île de ce nom en 1820, et achetée par le gouvernement français en 1834, orne une salle du musée du Louvre. Quelques-uns ont pensé que c'était la statue de Cnide ; mais on croit généralement qu'elle a été faite également par Praxitèle, mais pour le temple de Cos. Elle est du plus beau marbre de Paros, et a 2^m,25 de hauteur : elle tient une pomme à la main. Le buste s'est parfaitement conservé ; la partie inférieure du corps, que recouvre un vêtement ondoyant de manière à ne laisser apercevoir qu'un pied, a subi plusieurs restaurations. Il existe dans plusieurs musées de l'Europe, à Rome, à Florence, à Paris, des *Vénus accroupies*, qui se ressemblent entre elles comme ces choses qui naissent de la mode et ont la vogue d'un moment.

VÊPRES. *V.* ce mot dans notre *Dictionnaire de Biographie et d'Histoire.*

VÉRACITÉ. *V.* CRÉDULITÉ.

VERANDA, légère galerie, couverte de toile ou d'un tissu de jonc, et qui règne autour des habitations en Amérique et dans l'Inde.

VERBAL, se dit proprement, en Grammaire, de tout nom formé d'un verbe, comme en français *sauveur, libérateur, pourvoyeur, aimable, visible, navigable*, etc., mots correspondant par leur forme à des mots latins de même sens; et en grec bon nombre d'adjectifs en *ikos* et autres de valeur analogue. Mais, dans l'usage, on applique spécialement le nom de *verbal* à des participes français employés accidentellement comme adjectifs : une histoire *amusante*, une peinture *parlante*, une rue *passante*, des cris *perçants*, des sons *pénétrants*, etc. L'adjectif verbal diffère du participe en ce qu'il suit toutes les règles d'accord de l'adjectif, tandis que le participe proprement dit ne varie jamais en genre et en nombre. Certains mots uniquement employés aujourd'hui comme adjectifs ont dû l'être primitivement comme participes : tels sont les mots *puissant, savant, nonchalant*, qui se rattachent aux formes *je puis, savoir*, et au vieux verbe *chaloir* (s'échauffer pour une chose, s'en occuper activement). Plusieurs participes, en devenant adjectifs, ont changé l'orthographe de leur dernière syllabe, et ont pris *ent* au lieu de *ant*; ainsi, *adhérent, différent, excellent, négligent, président*, sont adjectifs; *différant, adhérant, négligeant, présidant*, appartiennent comme participes aux verbes *différer, adhérer, négliger, présider*. Quelques participes terminés en *guant* retranchent *u* lorsqu'ils deviennent adjectifs, comme *extravagant, fatigant*. La distinction orthographique entre l'adjectif verbal et le participe, ou plutôt la distinction grammaticale, est relativement récente, et ne paraît pas remonter plus haut que la moitié du XVIIᵉ siècle. On trouve maintes fois, depuis, chez les poëtes du moins, les participes écrits avec *s*, rarement avec *e*, lorsqu'ils se rapportent à un pluriel ou à un féminin; mais la prose observe constamment la règle fixée depuis environ deux siècles. — On appelle aussi spécialement *adjectifs verbaux*, en grec, des mots terminés en *téos* et en *tos*, qui sont formés directement d'un verbe, et expriment, les premiers une idée d'obligation, de devoir, de nécessité, les seconds une idée de possibilité ou quelquefois un état acquis : on remplace les uns en français par les verbes *falloir* ou *devoir* devant un autre verbe, et les autres répondent soit à certains participes passés employés sans auxiliaires et sans compléments, soit aux adjectifs en *able* et en *ible*. **P.**

VERBE, celui des trois termes de la Proposition qui, réunissant l'attribut au sujet, affirme que la manière d'être marquée par l'attribut convient au sujet. Très-souvent le verbe et l'attribut sont renfermés en un seul mot; mais l'analyse y retrouve distinctement ces deux termes; et, dans ce dernier cas, comme dans le premier, le verbe est toujours le verbe *être*. Le verbe *être* est donc le verbe proprement dit, le verbe par excellence; on l'appelle souvent *verbe substantif* ou *verbe essentiel*. Tous les autres verbes sont appelés *verbes attributifs* ou *verbes adjectifs*. Tout verbe attributif exprime soit l'action, soit l'état du sujet. Cependant le français, et en général les langues modernes, n'ont pas de verbes qui expriment proprement l'état, tandis qu'ils sont nombreux en grec et en latin : par exemple, *calere, florere, patere*, etc., que nous ne pouvons rendre que par le verbe *être* accompagné d'un adjectif : *être chaud, être en fleurs, être ouvert*, etc. Le verbe est susceptible de diverses modifications : il y en quatre, communes aux verbes qui expriment soit une action, soit un état : les *personnes*, les *nombres*, les *temps*, les *modes*. Ces verbes sont également susceptibles de flexions particulières, selon que le sujet est représenté comme agissant (le verbe est dit alors *actif*), ou comme recevant, éprouvant, souffrant l'action d'autrui (il est dit alors *passif*). *V.* ABSTRAIT, CONCRET, ACTIF, PASSIF, NEUTRE, RÉFLÉCHI, IMPERSONNEL, DÉPONENT, MOYEN, CONJUGAISON, AUXILIAIRE, MODES, TEMPS, DÉFECTIF, IRRÉGULIER, ATTRIBUTIF, TRANSITIF, INTRANSITIF, FRÉQUENTATIF, PRONOMINAL, RÉCIPROQUE. **P.**

verbe, terme de Théologie. *V.* LOGOS.

VERDICT (du latin *veré dictum*, dit sincèrement), déclaration du jury. Le mot a été emprunté à la législation anglaise pour désigner la réponse que fait le jury aux questions qui lui sont adressées sur la culpabilité des prévenus, et d'après laquelle les juges n'ont plus qu'à faire l'application de la loi.

VERDIER. *V.* ce mot dans notre *Dictionnaire de Biographie et d'Histoire.*

VERDUN (Église NOTRE-DAME, à). Cette église cathédrale, après avoir été l'un des monuments les plus intéressants de France, est devenue un déplorable témoignage des aberrations auxquelles le goût peut être entraîné. Bâtie dans les premières années du XIIᵉ siècle par un architecte nommé Garin, dédiée en 1147, elle offrait le même plan que les églises métropolitaines de Trèves et de Mayence. Elle avait deux chœurs, l'un à l'Orient, l'autre à l'Occident; l'entrée était sur le flanc septentrional de l'édifice, au milieu de sa longueur. Chacun des deux chœurs avait son transept, et chaque abside était flanquée de deux tours. Au lieu d'être prolongée en déambulatoires, les bas côtés se terminaient aux deux extrémités par des absides accessoires. Des cryptes étaient pratiquées au-dessous des deux chœurs. Le chœur oriental était environné de murs qui en cachaient la vue, et fermé par un jubé; le chœur occidental, élevé de 12 degrés au-dessus de son transept, était pavé d'une grande mosaïque exécutée en 1200, et représentant un évêque au milieu d'une vigne. Dans toute l'église, on admirait des tombeaux et des dalles sépulcrales. — Vers 1380, le chœur oriental, construit en style roman, fut remplacé par le chœur actuel, d'architecture ogivale, et plus élevé que l'ancien; l'architecte fut Jean Vautrec. A la même époque, on fit disparaître le toit de la nef, qui reposait sur des poutres travaillées et dorées, et l'on construisit des voûtes : les étroites fenêtres romanes à plein cintre ayant été fermées par la naissance de ces voûtes, on en ouvrit de nouvelles, qui sont également peu étendues, mais de forme ogivale; en sorte qu'il ne subsista de la construction romano-byzantine primitive que les piliers carrés, les arcades semi-circulaires de la nef, et quelques parties des collatéraux. A la suite d'un incendie qui consuma la toiture en 1755, le chapitre entreprit d'*embellir* la cathédrale. On abattit donc les quatre tours surmontées de flèches, et on construisit, à l'occident, les deux tours lourdes et écrasées que l'on voit aujourd'hui; on enfonça les fenêtres ogivales, avec leurs meneaux et leurs verrières, pour les remplacer par de grandes ouvertures circulaires à vitres blanches; on combla la crypte du chœur oriental et on en fit disparaître les voûtes pour abaisser le sol trop élevé; on détruisit le chœur occidental et sa crypte, et à la place on mit les orgues et les fonts baptismaux; on enleva les mausolées et les pierres funéraires, afin de poser un pavé neuf; on alla jusqu'à dégrossir les piliers romans, les creuser de cannelures et à les charger d'affreux ornements; des portes exécutées dans le même goût furent placées aux extrémités des transepts. Tel est l'état dans lequel des remaniements inintelligents nous ont laissé la cathédrale de Verdun. L'ancienne sacristie, convertie en chapelle du catéchisme, est une belle salle du XIIᵉ siècle, dont les voûtes semblent reposer sur un pilier central entouré de légères colonnettes. Sur le côté méridional de l'église est un beau cloître de style flamboyant, dont on a malheureusement badigeonné les murailles et enlevé les dalles funéraires.

VERGETTE, en termes de Blason, pal diminué, qui n'a que le tiers de la largeur du pal quand elle se trouve seule, et moins encore quand il y en a plusieurs dans l'écu.

VERGUES (du latin *virga*, verge, bâton), pièces de bois longues et arrondies, plus grosses au milieu qu'aux extrémités, et placées horizontalement le long des mâts de navires pour porter les voiles. *V.* ANTENNES.

VÉRIFICATEUR (du latin *verum facere*, rendre vrai ou authentique), celui qui est commis pour vérifier soit des comptes, comme les *Vérificateurs de l'Enregistrement*, soit des travaux exécutés, comme les *Architectes-vérificateurs*, ou bien pour examiner si certains règlements sont observés, comme les *Vérificateurs des douanes et des poids et mesures*, ou si une écriture est vraie ou fausse, comme les *Experts-vérificateurs* près les tribunaux.

VÉRIFICATION D'ÉCRITURES, mesure ordonnée en justice quand une partie, dans une contestation relative à quelque acte sous seing privé, désavoue son écriture ou sa signature, ou bien lorsque les héritiers d'un défunt contestent la vérité de sa signature ou de son écriture. Le *Code Napoléon* (art. 1156 et suiv.) et le *Code de Procédure civile* (art. 194-210) règlent les formalités à observer en pareil cas. Celui qui a donné lieu à une vérification dont le résultat ne lui est pas favorable est passible d'une amende de 150 fr. et de dommages-intérêts, et peut être condamné au payement du principal ainsi qu'à tous les frais.

VÉRIFICATION DES CRÉANCES. *V.* FAILLITE.

VÉRIFICATION DES POUVOIRS, examen qu'on fait, dans une Assemblée législative, des titres d'un député ou représentant nouvellement élu.

VÉRITÉ. La vérité résulte de l'évidence. Si tout ce qui peut être l'objet de la connaissance était évident pour nous, nous aurions la vérité sur toutes choses; la science et la vérité seraient universelles et complètes. L'une et l'autre sont impossibles dans les limites de notre intelligence. La vérité consiste donc pour l'homme dans certaines vérités partielles, comme la science en quelques sciences particulières; elle se reconnaît à la conformité d'un jugement certain avec la réalité, c'est la *réalité de-\venue évidente.* En Logique, la *vérité* consiste dans la conformité de l'objet avec l'idée, son contraire est l'*erreur*; en Morale, c'est le parfait accord de la parole et de la pensée, son contraire est le *mensonge.* Le scepticisme, mettant la certitude en question, conteste à l'esprit humain le pouvoir d'arriver à la vérité, ou partiellement, comme Kant, qui n'admet qu'une vérité *subjective,* ou plus généralement, comme Hume et l'ancien pyrrhonisme (*V.* TRANSCENDANTALE — Philosophie, et SCEPTICISME). Toutefois, la réalité des faits de conscience n'est pas mise en doute; quant au reste, l'affirmation du scepticisme suffirait seule à prouver son erreur.

Il y a, pour chaque science, un ordre de vérités qui sont constatées par la certitude, car l'esprit ne se sent *certain* qu'en présence de la *vérité.* Les sciences physiques et naturelles ont leurs vérités, les sciences mathématiques ont les leurs, la métaphysique les siennes; il y a les vérités *déduites,* données par le raisonnement, et les vérités *premières,* conçues par la raison. Celles-ci sont les *premiers principes,* base de tous les autres; Aristote, Kant, l'école écossaise ont cherché à en dresser la liste.

Les Anciens avaient fait de la Vérité une divinité. Fille de Jupiter, elle était mère de la Justice et de la Vertu. Apelles l'avait représentée, dans son tableau de la Calomnie, sous les traits d'une femme modeste. On lui met à la main un miroir de forme ronde. On la représente ordinairement sortant du fond d'un puits, et l'air effrayé de l'accueil que lui font les humains. R.

VERMICULÉ, se dit, en Sculpture, d'un ouvrage rustique avec certains entrelacs gravés à la pointe, de sorte qu'on croit voir des sillons faits par les vers.

VERMILLON, nom donné quelquefois à l'harmonica (*V. ce mot*).

VÉRONE (Amphithéâtre de), monument romain, le mieux conservé de tous ceux de ce genre qui existent encore. On l'attribue généralement à l'empereur Auguste, tandis que Sigonius le rapportait au temps de Maximien. Il est de forme ovale et construit en marbre. Sa longueur est de 154^m,66, et sa largeur de 122^m,33 ; l'épaisseur des constructions est de 40 mèt. L'arène a 75 mèt. sur 45. L'élévation générale de l'amphithéâtre est de 31 mèt. ; elle se compose de trois rangs d'arcades, 72 par étage. Sur les pieds-droits qui divisent ces arcades sont les avant-corps formant pilastres, qui n'appartiennent à aucun ordre. L'appareil général est à bossages. Sur la galerie supérieure était un rang de colonnes portant des figures. Les deux entrées principales, pratiquées dans le podium, et percées sur le grand axe, étaient couronnées de tribunes fermées par des balustrades sur le devant et sur les côtés, et réservées aux personnes de distinction. Quarante-six rangées de gradins en marbre rouge, disposés circulairement, et ayant 32 issues dans les arcades, pouvaient recevoir 25,000 spectateurs. On pense que l'arène était quelquefois remplie d'eau pour les naumachies. *V.* Maffei, *Degli anfiteatri e singolarmente del Veronese,* Vérone, 1798; Guilari, *Fouilles de l'amphithéâtre de Vérone,* ibid., 1818, in-4°.

VERRAT. *V.* QUANT DE CANON.

VERRE. La découverte du verre est attribuée par Pline l'Ancien aux Phéniciens. Il est certain que le peuple qui, avec les Égyptiens, celui qui a pratiqué le plus anciennement l'art de la verrerie. On ne fabriquait guère que des vases, des coupes destinées à la table des grands, des urnes pour leurs tombeaux. De Pauw prétend que les coupes égyptiennes représentaient des figures dont l'aspect était changeant; qu'en Égypte on ciselait le verre, on le travaillait au tour, on savait le dorer. Rien n'est plus commun, dans les ruines égyptiennes, que les pâtes de verre colorées et non colorées. Un beau et grand plateau de verre blanc orne le musée du Louvre. Strabon affirme qu'on fabriquait de temps immémorial à Thèbes des verres très-transparents, dont la couleur imitait l'hyacinthe, le saphir, le rubis, et que Sésostris avait fait couler, en verre de couleur d'émeraude, une statue qu'on dit ailleurs avoir existé à Constantinople jusqu'au temps de Théodose. Appien affirme aussi qu'un colosse de même matière se voyait dans le Labyrinthe d'Égypte. Pline dit que le théâtre de Scaurus était composé de trois ordres, dont un était en verre. On lit dans Clément d'Alexandrie que St Pierre se rendit dans un temple d'Aradus pour y voir des colonnes de verre d'une grosseur extraordinaire. Il est question dans Claudien d'un globe céleste construit en verre par Archimède. Bien qu'au dire de Pline certains verres clairs et blancs fussent estimés à l'égal de la vaisselle d'or ou d'argent, il est difficile d'admettre que la matière en fût supérieure à celle de notre verre à vitre : quand le même auteur parle de deux coupes de moyenne grandeur que Néron paya 6,000 sesterces, c'étaient sans doute de ces merveilles dont le vase de Portland (*V. ce mot*) nous donne une si haute idée, de ces coupes où les grands artistes ne dédaignaient pas de ciseler des bas-reliefs en émail blanc sur un fond de verre coloré. Les verreries de l'Antiquité fabriquaient des vases à filets de couleurs diverses, dont les Modernes ont vainement essayé d'atteindre la perfection. Les Vénitiens, auxquels l'art des Anciens sembla s'être transmis par une tradition non interrompue à travers le moyen âge, n'ont même pas réussi à imiter ces petites urnes égyptiennes à filets dentelés que l'on retrouve dans les tombeaux de Memphis et de Thèbes. Pour les Grecs et les Romains, les objets en verre furent toujours des objets de luxe, et le prix en était exorbitant. Ce fut seulement au iie ou iiie siècle qu'on employa le verre aux vitres : on avait auparavant fait usage de cette matière pour paver les maisons d'une espèce de mosaïque. — Après la chute de l'Empire romain, l'art de la verrerie fut négligé dans presque tout l'Occident. Mais, en Égypte et en Syrie, il y eut toujours des fabriques importantes. On peut s'en convaincre en lisant la description des trésors du calife Mostanser-Billah au xie siècle, lequel possédait plus de 20,000 vases de verre unis ou ciselés, une multitude de miroirs, et de larges bassins sur lesquels se dessinaient des figures et des feuillages. La verrerie ne jeta un grand éclat dans les pays chrétiens qu'à Venise et à Murano. Dans le mélange d'émail pointillé bleu et blanc qu'on rencontre fréquemment sur les coupes de cette provenance, on reconnaît l'ornementation propre aux verriers du Levant, celle que l'on trouve, par exemple, sur le précieux verre arabe conservé à Chartres, et dont la tradition faisait un des présents envoyés par Haroun-al-Raschid à Charlemagne, mais dont l'époque, nettement déterminée par les caractères coufiques de la légende, doit être fixée au milieu du xiiie siècle. Quant à l'émail appliqué au pinceau et qui s'élève en saillie, en dessinant, sur le verre incolore et transparent, des sujets ou des fleurs les ouvriers orientaux l'employaient aux xiie et xiiie siècles avec une solidité de procédés et une beauté de couleurs que les manufactures vénitiennes n'ont jamais atteintes. Il suffit, pour se rendre compte de cette supériorité des maitres de la verrerie arabe, de voir dans les mosquées du Caire et de Damas ces belles lampes sur lesquelles sont inscrits, au milieu des arabesques et des fleurs émaillées, les noms des sultans fondateurs de ces mosquées. Une coupe du musée de Cluny, ornée d'inscriptions antiques, prouverait encore l'habileté des verriers de l'Égypte et de la Syrie, et l'antériorité de leurs produits sur les produits de Venise. Au xve siècle, les verreries de l'Orient n'ont cessé d'exister ; Murano entra alors dans la période brillante de sa fabrication : ses buires, ses coupes sont recherchées dans toute l'Europe, et parviennent même aux princes musulmans de l'Asie; leurs formes se modifient, leurs dessins se varient, et néanmoins, dans cette industrie devenue indépendante, on reconnaît encore les procédés premiers et le goût qui a dirigé son ornementation. L'Allemagne fut la première à s'affranchir du monopole de Venise; la France, qui resta plus longtemps sa tributaire, ne fabriqua elle-même d'excellents produits que depuis le règne de Louis XIV et par les soins de Colbert (*V.* GLACES). A mesure que l'industrie française a fait des progrès, l'art proprement dit a dégénéré : en effet, au lieu que toutes les facultés de l'ouvrier s'appliquent, comme autrefois, à satisfaire les délicatesses du goût le plus raffiné, la création des fantaisies de l'imagination lui est de plus en plus interdite; cette imagination est même éteinte par l'obligation d'un travail presque mécanique; car il faut fabriquer le plus grand nombre possible de pièces identiques en un temps donné, et, dans la lutte contre la concurrence, on est plus préoccupé de trouver des méthodes expéditives que de créer des objets d'art. L'art de la verrerie, dans ses conditions actuelles, ne peut donc ni reproduire les chefs-d'œuvre de l'Antiquité et de la Renaissance, ni les surpasser de toute la supériorité du verre fabriqué de nos jours. La matière seule est supérieure à ce qu'elle fut jadis. Vers le milieu du XVIIIe siècle, un certain Bucher apporta de Bohême en France l'art de tailler les cristaux; la taille et la gravure se firent ensuite avec plus de promptitude, grâce à la découverte de l'acide fluorique par Scheele en 1771. La verrerie de vitres s'est perfectionnée en même temps : le verre avait été longtemps employé en panneaux à losanges plombés; en 1711, on commença à l'employer en carreaux enchâssés dans la menuiserie de la fenêtre. B.

VERRE (Châteaux de verre). V. CHATEAUX DE VERRE.

VERRE (Peinture sur). Le verre coloré fut connu des Anciens, et, à cause de sa ressemblance avec les pierres précieuses, et de la lumière affaiblie qu'il transmettait, ils le préférèrent au verre blanc pour les édifices consacrés au recueillement et au culte. Les vitraux ne se composèrent, au début, que de compartiments de diverses couleurs, dont l'effet agréable résultait de leur agencement et de leur combinaison. Plus tard, les vitriers cherchèrent à reproduire les ornements employés dans l'architecture, et ils arrivèrent enfin à la représentation de scènes à personnages. Il paraît que les premiers essais de cette peinture sur verre furent faits dans le IXe siècle de notre ère, puisqu'au dire de l'historien de St-Bénigne de Dijon il existait dans cette église un vitrail du temps de Charles le Chauve, où était figuré le martyre de Ste Paschasie. Quelques verrières de la nef de la cathédrale d'Angers, celles de l'abside de l'abbaye de St-Denis et de la cathédrale de Bourges, celles du chœur de la cathédrale de Lyon, remontent au XIIe siècle. Mais, jusqu'au XIVe, les progrès de l'art furent très-lents, puisqu'on se bornait à de simples traits sans ombres, ou accompagnés de quelques hachures pour donner un peu de relief aux figures. Avec des couleurs très-intenses, telles que le bleu, le vert, et surtout le rouge, la lumière n'eût passé que difficilement; on fabriqua des verres de couleur composés de deux couches, l'une de verre diaphane incolore, l'autre de verre coloré et moins épaisse; puis on enlevait à la meule une portion de la couche colorée, afin d'obtenir en blanc telle broderie ou tel dessin où l'on pouvait appliquer une nouvelle couleur. On distingue trois manières successives dans la peinture sur verre. Dans la première, qui fut en usage aux XIIIe et XIVe siècles, les verrières sont formées d'un nombre plus ou moins grand de cartouches, qui renferment de petits sujets se rattachant à une même légende, on les nomme, pour ce motif, verrières légendaires. Le fond sur lequel se détachent les cartouches est ordinairement une espèce d'ornement réticulaire plus ou moins orné, où le bleu et le rouge dominent; et de riches bordures encadrent le tableau. Le même genre d'ornements est appliqué aux roses des portails; celles de Notre-Dame de Paris peuvent servir d'exemple. A la même période de l'art appartiennent les verrières de la Ste-Chapelle, les cathédrales de Chartres, de Reims, de Cantorbéry. Une seconde manière fut adoptée au XVe et au XVIe siècle : participant aux progrès que firent alors tous les arts du dessin, la peinture sur verre produisit ses plus belles œuvres, dont les couleurs émaillées au feu font corps avec le verre; le modelé des figures passa bientôt dans les draperies et les armures; les ornements, mieux travaillés, présentèrent un fini jusqu'alors inconnu; personnages de grande dimension, sujets religieux, scènes empruntées à la Bible, à la Vie des saints, à l'histoire ou à la vie civile, tout se trouve sur les vitraux de cette nouvelle époque, qui fournissent ainsi de précieux renseignements sur les costumes et les mœurs. On peut citer principalement les verrières de Rouen, de Beauvais, de Sens, de Troyes, de Tours, d'Amiens, de Notre-Dame de Brou, de Bourges, d'Auch, de Vincennes, de Metz, de Tournai, etc. Parmi les maîtres verriers on distingue, au XIVe siècle, Clément de Chartres, Jehan de Damery, Jacquemin, Guill. Canonce; au XVe Guill. de Graville, Guillaume et Jean Barbe, Geoffroy Masson, Arnould de La Pointe, Cardin Joyle, Robin Dumeigne, Henri Mellein, en France, Jacques l'Allemand et Albert Dürer en Allemagne; au XVIe, en Flandre, Valère Proùuval, Gérard Ornaire, et, en France, Claude et Guil-

laume de Marseille, les frères Gontier, Cornouailles, Arnaud Desmoles, Angrand-le-Prince, Cordonnier, Gabriel Havène, Michel Germain, Jean Soubdain, Michel Besoche, Pierre Anquetil, Valentin Bouch, Olivier Tardif, Jean Lequier, Derhode, les Évrard, Bernard Palissy, Pinaigrier et Jean Cousin. Les artistes français allaient alors décorer les églises de Bologne, d'Arezzo, de Rome, et trouvaient de dignes rivaux à Bruxelles, à Gouda, à Cologne et à Ratisbonne. Mais, arrivé à son apogée, l'art déclina : les peintres verriers, trop fiers de la richesse de leur palette, se mirent à mépriser l'emploi du verre coloré dans sa masse, procédé qui avait pourtant assuré aux œuvres de leurs devanciers cet éclat de couleur, cette solidité de tons qu'on ne dépassera jamais. Ils se livrèrent presque exclusivement à la peinture en apprêt, qu'on peut regarder comme la troisième manière de la peinture sur verre; mais, malgré leur habileté, leurs ouvrages trahirent bientôt l'insuffisance de ce nouveau procédé. Cette cause de décadence ne fut pas d'ailleurs la seule : le progrès même des beaux-arts devait être funeste à l'art des maîtres verriers. En effet, comme on ornait les églises de tableaux à fresque et à l'huile, il fallut, pour en apercevoir les beautés, laisser pénétrer dans les édifices une lumière plus pure et plus vive. On ne fit bientôt plus que des grisailles, et, pendant le XVIIe siècle, on substitua aux vitraux peints des vitraux en verre blanc ou entourés seulement d'une bordure en verre coloré. Jacques de Paroy en Bourgogne, Sempy, Perrin, Michu, Pierre Tacheron, Claude et Israël Henriet, et la famille des Linck en Alsace, luttèrent vainement contre cette décadence. La peinture sur verre se réfugia dans les vitraux, blasonnés et de petites dimensions, dits vitraux suisses, comme on en voit à Bâle, à Fribourg, à Constance.

Au XVIIIe siècle, P. Leviel fit encore d'inutiles efforts en France pour ranimer les grandes traditions : elles ne furent conservées qu'en Angleterre, comme l'attestent les verrières d'Oxford, exécutées par Jervayse. L'art a reparu de nos jours avec éclat, grâce aux restaurations qui ont été entreprises dans les églises du moyen âge et de la Renaissance, et aux imitations que l'on a faites de ces édifices dans les constructions nouvelles. La peinture sur verre a été renouvelée à la manufacture de Sèvres par Robert, sous le gouvernement de la Restauration; on s'y livre aussi avec succès depuis 1823 dans la verrerie de Choisy-le-Roi. Dihl, Brongniart, Demarne, Leglay, Mortelègue, Paris, Leclair, Constantin, Vatinelle, Béranger, Vigné, Hesse, Schilt, Maréchal, Lobin, Thévenot, Thibaud, Bontemps, Lusson, Gérente, Didron, Oudinot, ont contribué à la renaissance de l'art.

L'oubli dans lequel était tombée la peinture sur verre à la fin du siècle dernier avait accrédité l'opinion qu'on en avait perdu le secret. Mais les procédés de cet art ont toujours été parfaitement connus, et beaucoup de livres nous les ont conservés. Voici en quoi ils consistaient :

Après avoir fait un carton, c.-à-d. une aquarelle sur papier du sujet qu'on voulait exécuter, on calquait sur un autre papier le trait de ce carton, et on y indiquait par des teintes plates les différentes couleurs. Ce calque ayant été découpé en autant de parties que l'exécution demandait de morceaux de verre, on indiquait par un trait sur le carton original toutes les pièces découpées, dont on pouvait, à l'aide de numéros de repère, retrouver l'assemblage. Quand les ouvriers avaient taillé sur ces patrons les verres colorés (et ils choisissaient le verre le moins fusible), les peintres les plaçaient le carton, et calquaient tous les traits qu'ils voyaient au travers, à l'aide d'une drague, pinceau long et effilé, et d'un émail noir composé de battitures de fer broyées avec de l'eau gommée et mélangées avec un verre très-fusible. Ce même émail servait encore employé pour ombrer les draperies. Les anciens peintres de vitraux ne se servaient que d'un petit nombre de couleurs, telles que le rouge, émail dont la sanguine ou l'hématite était la base, et le jaune, produit par l'argent. On peignait quelquefois sur les deux côtés du verre; mais une des couches de couleur était une teinte à plat, et là, ombres se trouvent toujours du côté où est le trait. Le travail du peintre étant achevé, on fixait les couleurs qu'il avait appliquées en soumettant le verre à la cuisson. Plus tard, la fabrication journalière des émaux employés dans la mosaïque fit découvrir d'autres couleurs applicables sur le verre, le pourpre, le bleu, le vert, le violet, etc., et des procédés plus parfaits pour l'application et la fixation des couleurs. La méthode des premiers peintres, qui employaient le verre coloré dans sa masse, est préférable à la simple peinture sur verre blanc ; outre qu'il y a économie de travail, elle donne des tons plus brillants et plus solides, et certains effets qu'on ne peut obtenir avec des couleurs d'application. *V.* Leviel , *Traité de la peinture sur verre*, in-8° ; Alex. Lenoir, *Histoire de la peinture sur verre*, Paris, 1804, in-8° ; Hyacinthe Langlois, *Essai sur la peinture sur verre*, Rouen, 1832, in-8° ; de Caumont, *Cours d'antiquités monumentales*, 6e partie, chap. 5; Émeric David, *Discours sur la peinture;* Schmithals, *Traité de la peinture sur verre chez les Anciens*, en allemand, Lemgo, 1826 ; F. de Lasteyrie, *Histoire de la peinture sur verre d'après les monuments*, 1837, in-fol. ; Bourassé, *Essai sur la peinture sur verre*, dans son *Archéologie chrétienne*, 1841, in-8° ; Jouve, *Aperçu historique sur l'origine et l'emploi des vitraux peints dans les églises*, Aix, 1841. in-8° ; Gessert, *Histoire de la peinture sur verre en Allemagne et dans les Pays-Bas*, Leipzig, 1842; Thibaud, *Considérations historiques et critiques sur les vitraux*, Clermont, 1842; Thévenot, *Essai historique sur le vitrail*, dans les *Annales scientifiques et littéraires de l'Auvergne*, 1837 ; Batissier, *Traité de la peinture sur verre*, Paris, 1850.   B.

VERRIÈRE, verre à vitre dont on enveloppe les châsses et les reliquaires, ou qu'on met devant les tableaux, pour les garantir de la poussière; — grande fenêtre d'église, le plus souvent garnie de verres colorés. Dans le premier cas, on dit aussi *Verrine* et *Vitrine;* dans le second, *Vitrail.*

VERRINES, nom sous lequel on connaît les sept discours composés par Cicéron contre Verrès, préteur de la Sicile, accusé d'abus de pouvoir monstrueux dans sa charge.

VERROTERIE , nom qui désigne toutes sortes de petits ouvrages en verre, colliers, bracelets, pendants d'oreilles et autres ornements.

VERS DANS LES LANGUES ANCIENNES. Le vers est un assemblage de mots mesurés et cadencés selon certaines règles fixes et déterminées. Chez les anciens Grecs, la base des vers était la *mesure* ou la *quantité* des syllabes. Leur vers le plus beau, le plus usité et le plus ancien, était le vers héroïque de *six mesures* ou *hexamètre*, dont la base était le dactyle (*V.* Dactylique, Hexamètre). Ils faisaient aussi un grand usage du vers de 5 mesures ou pentamètre, construit alternativement avec un hexamètre (*V.* Pentamètre). D'autres vers reposaient sur l'*iambe*, le *trochée*, l'*anapeste*, le *choriambe*, le *tribraque* (*V.* ces mots). Beaucoup de vers avaient reçu des noms particuliers de certains poëtes ou de certains pays, tels que *Aristophanien*, *Asclépiade*, *Eupolidien*, *Alcaïque*, *Saphique*, *Ionique*, etc. (*V.* ces mots). Les Romains n'eurent pas plus tôt connu les œuvres de la poésie grecque, qu'ils en adoptèrent la versification en la modifiant peu à peu dans certains détails pour la mettre mieux en harmonie avec le caractère de la langue latine, et renoncèrent à la versification grossière de leurs chants primitifs (*V.* Saturnien).   P.

VERS DANS LES LANGUES MODERNES. En français, les vers sont rimés, et composés d'un certain nombre de syllabes. Le plus grand vers, qu'on nomme *alexandrin* (*V.* ce mot), se compose de 12 syllabes, et est généralement coupé après la 6e, c.-à-d. divisé en deux hémistiches : cette versification serait monotone, si l'on ne savait varier à propos les coupes (*V.* Coupe). Certaines langues ont des vers de 11 syllabes (*V.* Hendécasyllabe) ; cette mesure est inusitée en français. Le vers de 10 syllabes (*V.* Décasyllabe) est, au contraire, fort usité, et l'a été surtout dans les derniers temps du moyen âge et jusqu'à la fin du XVIe siècle : il a une césure après la 4e syllabe, très-rarement après la 5e; il est susceptible des mêmes variétés de coupes que l'alexandrin. Les vers de 9 syllabes, assez rares, ont une césure après la 3e. Le vers de 8 syllabes, très-usité au moyen âge, et depuis dans les pièces légères, n'est soumis à aucune césure; le poëte la place à son gré. Il existe aussi un vers de 7 syllabes, employé surtout dans la poésie lyrique (*V.* Heptasyllabe) ; un vers de 6 syllabes, dont on se sert rarement seul, et qu'on entremêle presque toujours avec d'autres vers de différentes espèces. Les vers qui ont moins de 6 syllabes ne sont guère propres qu'aux sujets simples et badins. — Dans la versification française, l'e muet final, placé devant un mot commençant par une voyelle, s'élide; mais il compte toujours devant une consonne, soit au milieu, soit à la fin des mots. Les mots terminés en *ées*, *ies*, ne peuvent se placer qu'à la fin d'un vers. Ceux qui ont la terminaison *ent* muet, comme *ils aiment* font compter leur finale devant une voyelle,

mais ne peuvent jamais être placés à l'hémistiche dans le vers alexandrin, ni à la césure du vers de 10 syllabes. Il faut éviter la rencontre d'une voyelle sonore, telle que *a, é, i, u*, avec un mot commençant par une voyelle : autrement dit, l'hiatus est banni des vers français (*V.* Césure, Élision, Enjambement, Hémistiche, Hiatus, Rejet, Rime).

On nomme *Vers libres* des vers de différentes mesures, entremêlés selon le goût ou le caprice du poëte, et qui ne sont liés entre eux que par le sens et les rimes. Tels sont ceux des *Fables* de La Fontaine, et, en général, la plupart des fables en vers, des *opéras* de Quinault, de presque toutes les pièces destinées à être mises en musique, etc.

Au XVIe siècle, quelques écrivains voulurent composer des vers métriques, à l'exemple des Anciens. Un poëte du nom de Mousset, aujourd'hui complétement inconnu, en eut le premier l'idée, et entreprit en 1530 une traduction de l'*Iliade*, dont il ne nous est parvenu que ce seul vers :

Chanté, Dĕ-|ĕssĕ,lĕ | cœur fŭrĭ-|eŭx ĕt | l'ĭrĕ d'A-|chĭllēs.

Dorat, Ronsard, Belleau, Baïf, Pasquier, Desportes, Ramus, Nicolas Rapin, Jean Passerat, Henri Estienne, Scévole de Sainte-Marthe, d'Aubigné, etc., s'exercèrent aussi dans la poésie mesurée. Mais leurs efforts furent stériles, ainsi que ceux de Turgot, qui publia en 1778, sous le titre de *Didon*, une traduction en hexamètres du 4e chant de l'*Énéide* de Virgile, et ceux du comte de Saint-Leu, ancien roi de Hollande. La plupart de nos syllabes ont une valeur relative presque inappréciable, et ne sont ni longues ni brèves; elles tiennent leur quantité du caprice ou de l'habitude particulière de celui qui les prononce, et, même parmi les lettrés, il n'existe pas d'uniformité parfaite dans la prononciation. Cette raison rend impossible l'introduction des vers métriques dans notre littérature. D'ailleurs, la liberté illimitée de l'inversion donnait aux Anciens la faculté de rapprocher, et de disposer les mots de manière à composer facilement tous les mètres admis dans leur versification : notre construction analytique, qui permet rarement à la poésie elle-même d'enfreindre ses lois, s'oppose aux transpositions de mots, aux combinaisons de longues et de brèves.

Les autres versifications modernes reposent généralement sur le *nombre* des syllabes, mais sont de plus soumises à certaines règles d'*accent;* en anglais et en allemand, la rime n'est pas toujours obligatoire. Les vers non rimés s'appellent *vers blancs*. On a vainement essayé d'en faire en notre langue, qui ne peut se passer de la rime.   P.

VERS DORÉS. *V.* Dorés (Vers).

VERS TECHNIQUES, vers faits pour aider la mémoire, en rappelant beaucoup de faits et de peu de mots. On en a fait usage, par exemple, dans la *Grammaire latine* de Despautère , et dans le *Jardin des racines grecques* de Lancelot.

VERSAILLES (Château de). *V.* notre *Dictionnaire de Biographie et d'Histoire*.

VERSANTS, pentes ou revers d'une chaîne de montagnes. Dans la même chaîne, les deux versants opposés n'ont pas généralement la même inclinaison : l'un s'incline doucement, l'autre offre une pente abrupte ou rapide. Quand on parle du versant d'une mer, on entend l'ensemble des terres qui s'inclinent vers cette mer et lui envoient leurs eaux : un versant maritime peut contenir un ou plusieurs bassins (*V.* ce mot).

VERSELLER, en latin du moyen âge *versilare*, vieux mot qui signifiait chanter les psaumes alternativement et par versets.

VERSET, division d'une phrase par membres et par sections,écrits chacun en alinéa. C'était ce que l'on appelait *versus* en latin, que nous avons traduit par *verset*. Ce fut dans les premiers temps du christianisme que l'on eut l'idée de découper ainsi les phrases de la Bible, pour en rendre l'enseignement et l'intelligence plus faciles à des multitudes de chrétiens ignorants, qui n'en comprenaient peut-être pas même la traduction latine. Les rhéteurs et les grammairiens avaient déjà pratiqué ce moyen pour les auteurs classiques qu'ils mettaient entre les mains de leurs écoliers, et du temps de Claude, peut-être même avant, il existait des ouvrages de Cicéron et de Démosthène ainsi transcrits en versets; comme les versets étaient numérotés, les commentateurs s'en servaient pour leurs citations. C'est ainsi que l'Ancien et le Nouveau Testament sont restés divisés de cette manière, ainsi que beaucoup d'autres livres de sainteté ou de piété, qui tous sont écrits en prose. L'idée de la division de la Bible en versets remonte au ive siècle, au temps de St Jérôme. La division adoptée aujourd'hui est due à Robert Estienne. Le signe typographique qui marque les versets est celui-ci : ỳ. C. D—Y.

VERSIFICATION, art de faire les vers, ou exposé des procédés propres à chaque langue pour construire les vers. La versification grecque repose sur la *quantité* des syllabes et sur les différentes combinaisons des *longues* et des *brèves;* celle des Latins est entièrement calquée sur celle des Grecs.—La versification française repose sur le *nombre* des syllabes et sur la *rime.*—Celle des Italiens, des Espagnols, des Allemands, des Anglais, repose sur le *nombre* des syllabes et des accents, et sur la *rime* ou parfois l'*assonance.*—La versification est à la poésie ce que le style ou la forme, en prose, est à la pensée, ou ce que la Rhétorique est à l'Éloquence. La poésie consiste surtout dans l'imagination, dans la conception des idées d'ensemble et de détail; la versification n'est que la forme extérieure dont elles sont revêtues. Les véritables poëtes sont toujours d'excellents versificateurs, parce que toujours ils savent trouver la forme convenable aux conceptions de leur génie et donner un tour naturel aux détails créés par leur imagination. Ainsi, Homère est le meilleur versificateur de l'ancienne Grèce, parce qu'il en est le plus grand poëte; nul poëte latin n'offre une forme de vers plus régulière, plus nette, plus riche et plus variée que Virgile, le premier entre tous par le génie. Corneille, Molière, La Fontaine, Racine, nos plus grands poëtes, sont également nos plus purs modèles de versification. Le talent de versifier, sans le génie ou sans le goût, n'est qu'un talent froid et stérile : un habile versificateur peut flatter l'oreille aussi bien qu'un prosateur habile à ordonner de pompeuses périodes; le poëte seul sait aller jusqu'à l'âme et enthousiasmer les imaginations.—Le mot *Versification* s'applique aussi à la manière spéciale à chaque poëte de tourner les vers. P.

VERSION. Ce terme, comme synonyme de *traduction,* s'emploie spécialement pour désigner les traductions du texte hébreu de la Bible en grec, en latin, en syriaque, en arabe. Ainsi on dit la *Version* des Septante, la *Version* de St Jérôme, etc.—En termes de Pédagogie, le mot *Version* s'applique aux exercices de traduction du grec, du latin, de l'allemand, de l'anglais, en français, qui font la base de l'enseignement secondaire : seulement, au lieu de dire *version du grec, du latin* en français, on dit, par une abréviation inexacte, mais que l'usage a conservée, *version grecque, version latine.* Les exercices de version consistent en morceaux extraits des différents auteurs appartenant aux meilleures époques littéraires, et que l'on varie de manière à former les jeunes intelligences aux styles les plus divers, et à les initier à presque tous les sujets, historiques, philosophiques, moraux, didactiques, oratoires, épiques, lyriques, dramatiques, descriptifs, critiques, etc. L'exercice de la version est fructueux pour l'esprit : la lutte que l'élève soutient pour reproduire dans sa langue maternelle une page de prose ou de vers écrite avec élégance, avec éclat, avec éloquence, éveille son amour-propre, excite son émulation, le force à étudier les ressources de sa langue, lui apprend à la manier avec souplesse, tout en étant sévère sur le choix des expressions et sur la convenance des tours et du style. P.

VERSION, se dit des différences qui existent entre des récits relatifs à un même fait.

VERSO. *V.* FOLIO.

VERTU. Ce mot servit d'abord à exprimer le courage; en grec *arétè,* de *Arès,* Mars; en latin *virtus,* de *vir,* homme. On l'appliqua ensuite à tous les genres de courage, surtout à la force qui consiste à vaincre ses passions. C'est en ce sens moral qu'on peut dire que la vertu est le sacrifice de la passion et de l'intérêt au devoir. Selon Aristote, la vertu, au point de vue moral, naît de l'habitude : entre les *habitudes,* dit-il, on nomme *vertus* celles qui sont dignes de louange. A côté des *vertus morales,* il distinguait les *vertus intellectuelles,* qui sont plutôt des facultés; de même qu'en parlant des propriétés des corps on dit, par exemple, la vertu d'une plante. Le contraire de la *vertu,* c'est le *vice.* La plus ancienne division des vertus est celle faite par les philosophes grecs en *vertus cardinales,* au nombre de quatre : la force, la prudence, la tempérance, et la justice. Dans Xénophon, Socrate remplace la prudence par le respect de la divinité. Platon adopte la première division, en lui donnant un caractère psychologique : aux sens il ap-

plique la tempérance, au cœur la force et le courage, à l'esprit la science; de l'accord de ces trois vertus il forme la justice. On trouve cette division chez les Stoïciens et dans Cicéron, d'où elle passa chez les modernes. Le christianisme, trouvant cette division incomplète, y ajouta les *vertus théologales.:* la Foi, l'Espérance et la Charité.

Dans la hiérarchie céleste, les Vertus forment le troisième ordre; c'est le chœur des Anges placé entre les Dominations et les Puissances : on leur attribue le pouvoir de faire des miracles, et de fortifier les Anges d'ordre inférieur dans l'exercice de leurs fonctions.

Comme divinité allégorique, la Vertu, fille de Jupiter, était représentée vêtue de blanc, tenant tantôt la pique et le sceptre, tantôt la couronne de laurier; elle était ailée, ou assise sur un cube de marbre, image de la solidité. R.

VERTUGADINS. *V.* PANIERS.

VERVE, nom qu'on donne, en Poésie, à la vive représentation d'un objet dans l'esprit et à une émotion du cœur proportionnée à cet objet.

VÈSE, nom de la musette ou cornemuse dans plusieurs régions de la France.

VESICA PISCIS. *V.* AMANDE.

VESPASIENNES. *V.* COLONNES.

VESPÉRAL, livre d'église qui ne contient que le chant des Vêpres.

VESPERIE (du latin *vesper),* nom d'une thèse dans l'ancienne Université de Paris, parce qu'on la soutenait le soir.

VESPILLONS. *V.* ce mot dans notre *Dictionnaire de Biographie et d'Histoire.*

VEST, vieux terme de Jurisprudence, désignant l'acte solennel par lequel l'acquéreur d'un héritage tenu en roture était *investi,* par le seigneur foncier, du droit de propriété sur cet héritage. Le *Dévest* était la permission que le propriétaire d'une terre donnait à un acquéreur d'entrer en possession de cette terre.

VESTIAIRE (du latin *vestis),* lieu où l'on conserve les vêtements ou costumes des membres d'une assemblée, d'un tribunal, etc.—Dans l'Empire byzantin, le *Vestiaire* était un fonctionnaire qui avait soin des habits de l'empereur, une sorte de grand maître de la garde-robe.

VESTIBULE, en latin *vestibulum,* pièce par laquelle on entre dans un palais, dans un château, ou dans tout autre grand édifice. Le mot est dérivé de *Vesta,* parce que les Anciens entretenaient souvent du feu en l'honneur de cette déesse dans les pièces de ce genre. Le vestibule communique ordinairement à la cour ou au jardin; il donne accès au rez-de-chaussée, et le principal escalier vient y aboutir. C'est là aussi que restent les gens de service. Un vestibule ne comporte ni meubles, ni glaces, ni tableaux, ni riches ornements; on le décore avec des pilastres, des colonnes simples, quelquefois des statues. Il est dit *simple,* quand il a ses deux faces également décorées, comme celui des Tuileries; *figuré,* lorsqu'il forme des avant-corps et des arrière-corps revêtus de pilastres et de colonnes; *à ailes,* quand il a, outre le passage principal, des espèces de bas côtés, comme au Louvre.— Chez les Romains, le vestibule était une petite place devant la façade des grandes maisons.

VÊTEMENTS. *V.* COSTUME.

VÉTÉRANS. } *V.* ces mots dans notre
VÉTÉRINAIRES (Écoles). } *Dictionnaire de Biogra-*
VÉTO. } *phie et d'Histoire.*

VÊTURE, acte par lequel un novice revêt solennellement l'habit d'un ordre religieux. La *vêture* précède d'un an la profession (*V.* ce mot).

VEUVAGE, état du mari ou de la femme qui a perdu son conjoint. Chez les Hébreux, s'il n'était né d'enfants de la première union, le beau-frère, et, à son défaut, d'autres parents devaient épouser la veuve : quand celle-ci ne trouvait pas de mari, ou était, par son âge, hors d'état d'avoir des enfants, la loi pourvoyait à sa subsistance. A Rome, les veuves âgées de moins de 50 ans devaient convoler à de secondes noces, si elles voulaient échapper aux peines dont les célibataires étaient frappés. Dans les premiers temps du christianisme, les veuves qui n'avaient connu qu'un seul mariage et qui avaient atteint 60 ans étaient associées à certaines fonctions du sacerdoce : elles visitaient les malades et les prisonniers, portaient des secours aux pauvres, recevaient et nourrissaient les étrangers, instruisaient et surveillaient les vierges chrétiennes, ensevelissaient les morts, etc. L'Église catholique admet aux ordres sacrés l'homme veuf d'une première union, mais les interdit à celui qui se trouve veuf pour la seconde fois. Chez les Germains, les veuves se remariaient rarement : la loi des Francs Saliens voulait que le second mariage eût lieu la nuit (V. Noces). Au moyen âge, la veuve qui renonçait à la succession de son mari, pour ne point-payer ses dettes, déposait sur le cercueil sa ceinture, sa bourse et les clefs de la maison. Longtemps les veuves portèrent, comme les religieuses, un bandeau qui couvrait leurs cheveux. Les reines veuves restaient enfermées pendant les 40 premiers jours de leur deuil. Chez les Hindous, ce n'est point par la contrainte, mais par l'attrait des récompenses célestes, que la veuve se brûle sur le bûcher de son époux. Le *Code Napoléon* a réglé avec soin la condition des veuves (V. Femme); il ne leur permet de contracter un nouveau mariage qu'après dix mois révolus depuis la dissolution du mariage précédent. V. Venant, *Code de la veuve*, Paris, 1854, in-8°. B.

VEXILLAIRE. | V. ces mots dans notre *Dictionnaire*
VEXILLE. | *de Biographie et d'Histoire.*

VÉZELAY (Église Ste-Madeleine, à). Les parties les plus anciennes de cette église autrefois abbatiale, c.-à-d. la façade et la nef, ont dû être bâties dans la première moitié du xie siècle, sur l'emplacement d'un édifice antérieur; à la suite d'un incendie, en 1165, on réédifia le chœur et la voûte d'une partie de la nef, et ce fut aussi sans doute vers le même temps qu'on refit l'étage supérieur de la tour méridionale; le narthex, où le plein cintre et l'ogive sont mêlés, porte les caractères de l'architecture romano-byzantine de la fin du xiie siècle; les chapelles absidales et la galerie du chœur appartiennent au style ogival primitif. L'église de Vézelay présente une façade à trois portes, qui était accompagnée de deux tours : la tour septentrionale a été détruite par les calvinistes en 1569. Les portes sont à plein cintre, ainsi que les étages inférieurs des tours, décorés de quelques arcatures; les voussures se composent de tores épais, de quelques rosaces et de zigzags; dans les tympans il y avait des bas-reliefs, qui ont été brisés pendant la Révolution. L'étage supérieur de la tour méridionale a des arcades à lancette décorées de colonnettes. Au-dessus de la porte centrale, une verrière à arceaux trilobées garnies de statues produit un effet assez original. Le pignon a été reconstruit au xiiie siècle. Les trois portes de la façade conduisent dans un narthex, qu'on désigne encore par le nom de *porche des catéchumènes*, au-dessus duquel, à une hauteur de 19 mèt., règne une tribune qui donne sur la nef. Ce vestibule ouvre à son tour dans la nef par trois portes, dont les tympans ont conservé leurs bas-reliefs : ce sont des sculptures grossières et naïves; à la porte du milieu on a représenté le Christ en gloire et entouré de ses Apôtres, et, aux autres, l'Adoration des Mages, l'Annonciation, la Nativité, et les disciples d'Emmaüs; une des archivoltes présente un calendrier symbolique, divisé en 29 médaillons. La nef a 123m de longueur, dont 35 pour le chœur, et 26m de largeur y compris les bas côtés (30m au transept). Les arcades de la nef sont en plein cintre, renforcées d'arcs-doubleaux, les piliers trapus et peu décorés. La voûte du chœur est en ogive, ainsi que les arcades qui l'entourent, et plus élevée de 2m que celle de la nef majeure. Les voûtes des bas côtés s'appuient sur des piliers carrés qui ont une colonne engagée sur chacune de leurs faces. Les piliers du sanctuaire sont élancés, ronds et monolithes. Au-dessous du chœur est une crypte que soutiennent 12 colonnes. Le bras méridional du transept se termine par un clocher dit de St-Antoine, et dont la flèche est tronquée; le clocher qui lui faisait pendant au Nord a été détruit par les Protestants. On voit encore, à l'extrémité du croisillon méridional, une salle capitulaire et quelques débris d'autres constructions romano-byzantines. B.

VIABLE, se dit de l'enfant qui, au moment de sa naissance, est assez fort et d'une organisation telle qu'on peut espérer qu'il vivra. Tout enfant né pendant le 180e jour de gestation, ou même le 180e, est réputé viable. Il ne suffit pas qu'un enfant soit né vivant pour être viable, il faut encore que les organes aient pu suffire à la vie prolongée. La viabilité est une question importante de la médecine légale, pour les cas d'infanticide.

VIADUC (du latin *via*, voie, chemin, et *ducere*, conduire), pont en arcades, semblable à un pont-aqueduc et construit comme lui au-dessus d'une route, d'une rivière ou d'une vallée, mais servant pour le passage d'un chemin de fer. Les viaducs sont plus communs en Angleterre que sur le continent. Le plus grand viaduc du continent a été construit sur le chemin de fer saxon-bavarois pour franchir la vallée de Gœltzch : il a 680 mèt. de longueur,

et 80 mèt. de hauteur au-dessus du point le plus profond de la vallée. Sur le chemin de fer de Londres à Brighton, l'*Ouse-viaduc* consiste en 37 arches de 10 mèt. d'ouverture chacune, et élevées de 30m au-dessus de la rivière. Le viaduc du val Fleury, construit par l'ingénieur Payen sur le chemin de fer de Paris à Versailles (rive gauche), n'a que 140m de longueur; mais son élévation hors de terre est de 30m, la première rangée d'arcades en comprenant 10, et la seconde 20; les fondations ont 12m de profondeur.

VIAGER, ce qui est à vie, ce dont on doit jouir la vie durant. Nous en avons déjà parlé au mot Rente; nous donnerons ici quelques considérations sur la moralité des emprunts en viager; nous les empruntons à Mollien, qui fut ministre du Trésor sous le 1er Empire français. Il les publia en 1789, à propos d'emprunts en viager proposés par Necker dans son premier ministère, et qui étaient à 10 p. 100 sur une tête, 10 p. 100 sur deux têtes, et 8 p. 100 sur trois têtes. Mollien représenta que : — « Les emprunts en viager devaient détruire l'esprit de famille, porter les hommes à s'isoler des générations futures; ces emprunts, ajoutait-il, restreignaient l'avenir des sociétés au lieu de l'étendre; leur effet devait être de diminuer la somme du travail dû à la société par tous ses membres, puisqu'en doublant au moins la revenu que tout autre placement pouvait promettre, ils favorisaient le goût de la vie oisive; qu'ils accoutumaient l'homme à ne rien voir au delà de soi, à limiter la durée du monde à la sienne; qu'ils détournaient du noble désir de se survivre à lui-même en laissant d'honorables traces de son existence dans l'amélioration des propriétés immobilières, dans les établissements utiles, dans les bienfaits qu'ils pourraient transmettre aux autres; que chacun de ceux qui s'intéressaient dans les emprunts viagers devrait s'interroger sur ce qu'ils seraient devenus si leurs pères avaient fait le même emploi de ce qu'ils possédaient. » (*Mémoires*, t. Ier, p. 72, in-8°.)

VIATEUR. | V. ces mots dans notre *Dictionnaire de*
VIATIQUE. | *Biographie et d'Histoire.*

VIBORD, en termes de Marine, grosse planche posée de champ, qui borde et embrasse le tillac ou pont supérieur d'un navire, et qui lui sert de parapet. Le mot paraît dériver de *vice-bord* (qui tient lieu de bord).

VICAIRE. V. ce mot dans notre *Dictionnaire de Biographie et d'Histoire.*

VICAIRE DE WAKEFIELD (Le), célèbre roman anglais d'Olivier Goldsmith, publié en 1766. C'est un livre classique en Angleterre, et répandu dans toute l'Europe. Le but en est éminemment moral : Goldsmith a voulu établir qu'il n'est aucune infortune à laquelle ne puisse résister l'homme de bien, avec une conscience irréprochable et une humble soumission aux décrets de la Providence. Le principal personnage du roman, le docteur Primerose, en butte à tous les genres d'épreuves à la fois, ruiné, malade, captif, privé de ses enfants, est un modèle accompli de toutes les vertus sociales et domestiques; pour ajouter à la vraisemblance, l'auteur lui a donné quelques-unes des faiblesses humaines, une petite dose de pédantisme et d'amour-propre littéraire. Déborah, l'épouse du docteur, contrariant ses sages projets par vanité maternelle; leurs deux filles, Olivia et Sophie, qui présentent, par la diversité de leur humeur, un agréable contraste : tout cela compose un tableau d'intérieur que l'on n'a peut-être jamais surpassé. Goldsmith a également bien réussi dans la peinture des situations pathétiques, dans les scènes plaisantes, dans la description des mœurs et des occupations champêtres. L'action du *Vicaire de Wakefield* est intéressante, l'intrigue habilement conduite, et le dénoûment amené avec art; une foule de réflexions judicieuses et d'aperçus ingénieux sur le cœur humain décèlent chez l'auteur une grande finesse d'observation. B.

VICE. V. Vertu.

VICE-AMIRAL, le second grade dans la marine militaire en France, correspondant à celui de général de division dans l'armée de terre. Il fut créé en 1669. Les vice-amiraux peuvent commander en chef les armées navales; ils remplissent les fonctions de gouverneurs des colonies, inspecteurs généraux, préfets maritimes, membres du Conseil d'amirauté, etc. Le vaisseau monté par un vice-amiral porte le pavillon carré au grand mât; si cet officier n'est qu'en second dans l'armée navale, ou s'il ne commande qu'une escadre, son pavillon est hissé au mât de misaine.

VICE-ROI, celui qui gouverne au lieu et place d'un roi. Les rois d'Espagne ont eu jadis des vice-rois en Sicile, au Mexique, au Pérou; il y eut aussi des vice-rois dans les Indes portugaises. Ce titre a été porté par quelques gouverneurs de l'Irlande, ainsi que par le prince Eugène Beauharnais, chargé par Napoléon Ier d'administrer l'Italie.

VICES, en termes de Droit, défauts qui peuvent causer un préjudice quelconque. On distingue les *Vices de la chose* et les *Vices de forme*. Les *Vices de forme* ne peuvent être opposés aux actes qu'on a confirmés, ratifiés ou exécutés volontairement dans les formes et à l'époque déterminées par la loi; ceux d'une donation entre vifs ne peuvent être réparés par aucun acte confirmatif, et le donateur doit la refaire dans la forme légale (*Code Napoléon*, art. 1338). — Les *Vices de construction* peuvent dégager le locataire de toute responsabilité en cas d'incendie (*Ibid.*, art. 1733). — Les *Vices rédhibitoires* sont les défauts cachés dont l'acheteur n'a pu se convaincre par lui-même et qui peuvent donner lieu à une action en rescision : par exemple, dans la vente d'un cheval, la pousse, la morve, le farcin, la courbature, sont des vices rédhibitoires. *V.* Lavenas, *Nouveau manuel des vices rédhibitoires d'après la loi du 20 mai 1838*, in-12; Arbaud, *Des vices rédhibitoires*, 1840, in-8°; Huzard et Harel, *De la garantie et des vices rédhibitoires*, 1844, in-12; Galisset et Mignon, *Nouveau traité des vices rédhibitoires*, 2° édit., 1852, in-8°; Dejean, *Traité de l'action rédhibitoire dans le commerce des animaux*, 1856, in-12.

VICÉSIME.
VICOMTE.
VICTIMAIRE.   } *V.* ces mots dans notre
VICTIME.   *Dictionnaire de Biogra-*
VICTOIRE (La). *phie et d'Histoire.*
VICTOIRES (Place des).

VICTORIA (Pont), pont tubulaire jeté sur le fleuve St-Laurent, à Montréal (Bas Canada). Les deux culées ont chacune 80 mèt. de long et 30 mèt. de large. Les tubes sont supportés par 24 piliers, distants les uns des autres de 80 mèt., sauf les deux du milieu, que sépare un espace de 110 mèt.; la largeur de chaque pilier est de 5 mèt., excepté celle des deux piliers du centre, qui est de 6 mèt. Les piliers rapprochés des culées contiennent chacun 6,000 tonnes de maçonnerie; ceux qui supportent le tube central en contiennent 8,000. On estime la maçonnerie totale du pont à un poids de 222,000 tonnes; les blocs de pierre qui entrent dans les piliers pèsent de 7 à 10 tonnes. Les tubes de fer, dont le poids total est de 10,400 tonnes, sont liés et rivés ensemble : chacun d'eux a 5^m,30 de largeur, 6^m,30 de hauteur à chaque extrémité et 7^m,50 au milieu. La dépense a excédé 30 millions de francs. Le pont Victoria est le travail le plus gigantesque qu'il y ait au monde.

VICTORIAT, monnaie. } *V.* notre *Dictionnaire de Bio-*
VIDAME.   *graphie et d'Histoire.*

VIDIMUS, c.-à-d. en latin *nous avons vu;* ancien terme de Pratique, par lequel on certifiait sur un transcrit ou copie de pièce qu'il avait été collationnée avec l'original. Collationner un acte, c'était, en terme d'ancienne pratique, le *vidimer*.

VIDRECOME (de l'allemand *wieder*, de nouveau, et *kommen*, venir), grand verre à boire que l'on se passe, en Allemagne, à chaque santé qui se porte, et que chacun doit vider à son tour.

VIE (du grec *bios*, ou du latin *vita*). Considérée d'une manière générale, la vie est l'ensemble des phénomènes variables qui s'observent dans chaque être susceptible de formation, de développement, de décadence et de mort. Dans son principe, elle consiste en une force unique ou multiple qui produit ces phénomènes (*V.* VITAL — Principe). On distingue trois sortes de vies : *végétative, animale, humaine;* elles sont comprises dans le *règne organique*. Plusieurs systèmes, chez les Anciens et chez les Modernes, ont attribué la vie et l'animalité à toutes les parties de l'univers, sans exception; tous ces systèmes, quelle que soit leur forme, reviennent au panthéisme (*V.* ce mot, et AME DU MONDE). Dans le *règne inorganique*, les corps inertes ne naissent pas; ils se forment par agrégation; ils se développent par juxtaposition; ils ne meurent pas, à proprement parler. Dans le règne organique, les corps vivants naissent d'un individu vivant, par scission, par bouture, par germe, en un mot, chez les végétaux et les animaux, par génération. Le développement des corps animés a lieu du dedans au dehors par intus-susception, par nutrition, par assimilation, en vertu d'une organisation spéciale; après une vie plus ou moins longue, vient une période de décadence,

et enfin la mort, quand les organes ne peuvent plus fonctionner.

Dans la *vie humaine*, il faut considérer : la *vie de nutrition*, qu'elle partage avec les végétaux et les animaux inférieurs à l'homme, et qui comprend les opérations organiques nécessaires au développement et à la conservation de l'individu, comme la respiration, la nutrition, la digestion, la circulation du sang, etc.; la *vie de relation*, qui met l'animal en rapport avec les êtres extérieurs; l'homme la partage avec les autres animaux, mais il s'y joint d'autres faits qui lui sont exclusivement propres, et qui constituent la *vie humaine proprement dite*, ou la *vie morale*. De même que la vie des végétaux s'arrête devant la sensibilité et le mouvement volontaire, de même celle des brutes s'arrête aux limites de la parole et de la raison.

On a cherché à savoir quel était le siége de la vie, comme on avait fait pour l'âme. C'était la même question; ainsi, Aristote plaçait dans le cœur le principe de la vie et de l'intelligence; d'autres dans la poitrine ou dans la tête. Les physiologistes modernes ont recherché quels sont les organes par lesquels l'âme reçoit les impressions du corps, et lui fait, à son tour, subir sa propre influence. Dans ce double rapport, le système nerveux cérébro-spinal joue nécessairement le premier rôle. Selon M. Flourens, la vie aurait pour siége un point de la moelle allongée, appelé le *nœud vital. V.* Aristote, *De plantis*, lib. I, cap. 1, et *De animâ*, lib. II, cap. 10; Descartes, *l'Homme;* Glisson, *De naturæ substantia energetica, sive de vitæ natura*, Londres, 1672; Stahl, *Theoria medica vera;* Bonnet, *Contemplation de la nature*, 10° partie, chap. 30 et 31; Barthez, *De principio vitali*, Montpellier, 1773; Bichat, *Considérations sur la vie et la mort;* Legallois, *Expériences sur le principe de la vie*, 1812; Tiedemann, *Traité complet de physiologie de l'homme;* Alquié, *Précis de la doctrine médicale de Montpellier*, 1846; Flourens, *Recherches sur les fonctions du système nerveux;* Tissot, *la Vie dans l'homme, ses manifestations diverses*, etc.   R.

VIE, en Littérature, est employé comme synonyme de *biographie* : on dit *les Vies* de Plutarque, de Cornélius Népos, de Brantôme; *les Vies des Saints*, etc.

VIE (Certificat de), certificat qui a pour objet de constater l'existence d'un individu. Une ordonnance du 6 juin 1839 et une circulaire du 27 juin suivant ont déterminé les cas dans lesquels les certificats de vie sont exigibles et les formes à suivre pour leur délivrance. Pour demander le payement des arrérages d'une rente viagère, d'une pension ou de prestations en nature également viagères, il faut justifier de l'existence soit du créancier, soit de la personne sur la tête de laquelle la rente a été constituée. Les certificats de vie sont délivrés soit par les notaires, soit, gratuitement, par les présidents. Pour les rentiers et pensionnaires de l'État résidant hors du territoire français, ils peuvent s'adresser pour certifier leur existence aux chancelleries des légations et des consulats, et aux magistrats du lieu ayant qualité à cet effet, mais en faisant légaliser leur certificat par les agents diplomatiques.

VIE FUTURE. La croyance à une vie future est de tous les temps et de tous les lieux; il n'est pas de peuple qui n'y ait cru, pas de religion qui ne l'ait enseignée, et, parmi les écoles philosophiques, les plus recommandables se sont efforcées d'en démontrer la réalité. Les Égyptiens y croyaient; on prétend même que c'est de chez eux que vient le dogme de la métempsycose; chez les Juifs, les Sadducéens seuls ont cherché à repousser une croyance générale. Si le panthéisme de l'Inde ne semble pas s'accorder avec ce dogme, la religion de Zoroastre ouvre aux âmes des justes le *béhescht*, et à celles des criminels l'*abîme*. Cette croyance est également répandue chez les nations les moins civilisées : les Scandinaves avaient le palais d'Odin ouvert aux braves, et le Niflheim aux lâches et aux coupables; les Gaulois croyaient à une nouvelle vie dans d'autres mondes; les Sauvages eux-mêmes parlent du *pays des âmes*. Si l'on remonte aux opinions à la fois religieuses et philosophiques les plus anciennes, on trouve un dogme de la vie future commun aux *Orphiques* et aux *Pythagoriciens*. Platon attribue aux disciples d'Orphée le dogme de la chute des âmes dans les corps, de la vie envisagée comme pénitence, et de la nécessité d'une vie sainte pour les fautes autrefois commises. La doctrine de Pythagore, outre la métempsycose, posait l'existence d'un Ciel où les purs seraient réunis, et d'un Enfer où les méchants seraient châtiés. Quant à Platon lui-même, sans parler des mythes du *Phédon*, du *Gorgias* et d'autres dialogues, on sait qu'il donna le premier des preuves d'une vie future, séparant en cela la religion de la philosophie. Celle-ci se borne à démontrer que l'âme ne meurt pas avec le corps, sans chercher à dire quelle sera sa nouvelle vie; une religion va plus loin. Le polythéisme parlait du Tartare et des Champs Élysées; le christianisme ne s'en tient pas aux raisonnements du spiritualisme. *V.* Th.-H. Martin, *la Vie future suivant la foi et suivant la raison*, Paris, 1858, 2e édit., 1 vol. gr. in-18. R.

VIÈLE, ancien instrument de Musique. *V.* VIOLE.

VIELLE, instrument de Musique, monté de cordes qui sont mises en vibration au moyen d'une roue enduite de colophane. Cette roue correspond à une manivelle placée extérieurement, et à l'aide de laquelle l'exécutant lui imprime un mouvement plus ou moins rapide. Lorsque la vielle est débarrassée du *bourdon*, corde qui donne toujours le même son et forme une espèce de pédale, les sons qu'on en tire ont, dans la partie aiguë, de l'analogie avec ceux du violon. Les sons s'obtiennent au moyen d'un clavier, dont les touches, en s'enfonçant, pressent les cordes contre la roue, qui, par le mouvement que lui communique la manivelle, fait à peu près l'effet d'un archet. — La vielle est dérivée de l'*organistrum* (*V. ce mot*), qui était de plus grande dimension. Au moyen âge, elle porta les noms de *rote, symphonie, chifonie* ou *sifoine;* elle ne figurait pas dans les concerts d'instruments, et était abandonnée aux aveugles et aux mendiants, qu'on appelait pour cette raison *chifonieus;* la Chronique rimée de Du Guesclin la qualifie d'*instrument truant*. La vielle prit faveur à la cour de France au temps de Henri III, et, sous Louis XIV, Janot et La Rose s'en servirent avec habileté. On l'a de nouveau délaissé vers la fin du siècle dernier, et on ne la voit plus guère qu'aux mains des enfants de la Savoie qui sollicitent la charité publique. B.

VIELLE ORGANISÉE, nom par lequel on désigne quelquefois l'orgue à cylindre.

VIENNE (Église St-ÉTIENNE, à), l'un des plus beaux monuments de l'ancienne architecture allemande. On en posa les premiers fondements en 1144, et un architecte de Cracovie, Octavien Jalkner, dirigea les travaux. Des incendies, en 1258 et en 1265, ruinèrent l'édifice, sauf la façade occidentale et ses deux tours, dites *tours des Païens*, qui subsistent encore. Ottocar, roi de Bohème, ordonna la reconstruction de l'église, mais l'ouvrage n'avança qu'avec lenteur : Albert II, duc d'Autriche, fit exécuter des ouvrages dont nous ignorons l'importance; en 1326, le chevalier Ulric de Tirna éleva à ses frais la chapelle de la Croix, placée aujourd'hui sous le vocable de St-Eugène; sous le duc Rodolphe IV, Georges Hauser bâtit les voûtes de la nef, le chœur, et la base des deux clochers du transept. La grande flèche du croisillon méridional, commencée en 1359 par Wenzel de Klosterneubourg, élevée par lui jusqu'aux deux tiers de sa hauteur, poursuivie par Hans Prachatiez de 1404 à 1429, fut enfin terminée en 1433 par Ant. Pilgram. En 1450, on chargea Jean Buschbaum d'édifier sur le même plan et avec la même magnificence la tour déjà fondée du croisillon septentrional ; mais ce travail fut bientôt abandonné, et il n'a jamais été repris : seulement, au-dessus de la tour haute de 63 mèt., on a bâti un petit clocheton en 1579.

L'église métropolitaine de Vienne est en forme de croix latine, et a les dimensions suivantes : longueur totale hors œuvre, 105m,25; longueur du transept, 70 mèt. ; largeur des nefs, 36m,30; largeur de la façade, 44m,60. La charpente qui la couvre, et qu'on nomme la *Forêt*, est composée de 2,889 pièces de bois; elle n'a pas moins de 33 mèt. d'élévation au-dessus de la nef, et de 20 mèt. au-dessus du chœur, et supporte une couverture en tuiles vernissées, blanches, rouges et vertes, qui forment des dessins géométriques et encadrent l'aigle d'Autriche. La grande porte d'entrée, dite *Porte du Géant*, entre les tours des Païens, offre tous les caractères du style romano-byzantin en usage au xiie siècle : elle est ornée d'une statue du Christ, qu'entourent deux Anges et les Apôtres, et surmontée d'une très-longue fenêtre ogivale, puis d'une galerie qui joint les deux tours, hautes de 60 mèt. Aux extrémités du transept sont de beaux porches, sculptés au xive siècle par Henri Kumpf et Christophe Horn de Dünkelspül; on y a représenté, entre autres sujets, la mort de la Ste Vierge et son couronnement dans le ciel. Sur le mur septentrional on remarque une chaire de pierre, d'où le moine franciscain Jean Capistran prêcha la croisade contre les Turcs en 1451. Mais ce qui attire surtout l'attention à l'extérieur de l'église

St-Étienne, c'est la tour du Sud ; la pointe de sa flèche hardie, qui inclinait sensiblement vers le Nord, par suite d'un tremblement de terre ou du tassement des matériaux, a été enlevée en 1839, et rétablie en 1842. Cette flèche, au sommet de laquelle on monte par un escalier de 553 marches, atteint une hauteur de 135 mèt. Les cloches sont placées dans la tour : la plus grosse, qui pèse plus de 17,000 kilog., a été faite, en 1710, avec 180 canons pris aux Turcs.

L'intérieur de la cathédrale de Vienne est à trois nefs, d'égale hauteur (27m,20). Il est éclairé par 31 grandes fenêtres, et soutenu par 18 piliers isolés et 18 pilastres. Les piliers sont ornés chacun de six statues, dont quatre suivant deux diagonales et à la même hauteur, les autres sur les faces et plus élevées. Tous les autels des chapelles sont en marbre, et quelques-uns surmontés de tableaux de maîtres. Le chœur, où l'on compte 86 stalles sculptées, est divisé en trois parties : un chœur principal et deux chœurs latéraux. Dans le chœur dit de la Passion, on voit le sarcophage en marbre de l'empereur Frédéric IV, exécuté par Lerch, artiste de Strasbourg : il est décoré de 240 figures en relief. La chapelle de Ste-Catherine contient les fonts baptismaux, œuvre charmante de la fin du xve siècle, et un crucifix avec les 12 Apôtres, sculptés en marbre par Lerch en 1513. Dans la chapelle de St-Eugène, que ferme une grille en fer du xviiie siècle, d'une richesse inouïe, se trouve le monument doré du prince Eugène de Savoie. La chaire en pierre, terminée en 1430, est un chef-d'œuvre, bien qu'on y sente un trop grand amour du fouillé et de la recherche : la base est composée de colonnettes, de contre-forts et d'arcs-boutants, de pinacles, de feuilles finement découpées, et de niches où sont logées de gracieuses statuettes; le corps offre les bustes des quatre grands docteurs de l'Église latine, entourés de moulures, de feuillages et de fleurons variés à l'infini ; le couronnement, qui est en bois, est couvert de bas-reliefs représentant les sept Sacrements, et terminé par une pyramide chargée de feuilles épanouies ; sous la rampe de l'escalier, un personnage, qu'on croit être Ant. Pilgram, se penche par une espèce de fenêtre carrée. Le buffet d'orgues est encore une œuvre digne d'être mentionnée. Sous l'église de St-Étienne une crypte, où les membres de la famille impériale ont été ensevelis du xve au xviie siècle. B.

VIENNE (Église St-MAURICE, à), dans le Dauphiné. Cette église cathédrale fut fondée, en 1052, sur l'emplacement d'un édifice antérieur ; les travaux, interrompus en 1080, furent repris en 1120, mais, par défaut de ressources et par suite des guerres du moyen âge, le monument ne reçut son complet achèvement qu'en 1533. Il eut beaucoup à souffrir des dévastations des Calvinistes en 1562 et en 1567. La façade occidentale, large de 38 mèt., a une élévation de 30 mèt., est couronnée de figures et d'une tour carrée, qui la domine de 10 mèt. ; elle est érigée sur un parvis où l'on monte par 28 degrés. Cette façade appartient au gothique fleuri ; les voussures des portes sont remplies de charmantes statues. Des deux côtés des portes latérales, on remarque des colonnes antiques en marbre blanc, enlevées sans doute à des monuments romains. Le portail de gauche est orné d'un zodiaque à l'intérieur. L'intérieur de la cathédrale de Vienne a la forme d'une basilique terminée par trois absides ; sa longueur est de 96 mèt., et sa largeur de 31 mèt. (dont 11 pour la nef majeure, 8 pour les deux bas côtés, 12 pour les chapelles latérales) ; la voûte de la grande nef a 27 mèt. d'élévation. Les piliers de la nef sont décorés de pilastres cannelés et rudentés; des colonnes engagées soutiennent les retombées des arcades, et les chapiteaux des uns et des autres sont historiés et de style byzantin. Les arcades en ogive sont entourées de billettes. Une galerie percée d'arcades ogivales règne autour de la nef et du chœur : les arcades autour du chœur reposent sur des colonnettes gothiques, tandis que dans le reste de la galerie les colonnes sont remplacées par des nervures. Dans le chœur, au-dessus et au-dessous de la galerie, il y a un cordon d'ornements rouges, avec frise composée de palmettes, d'arabesques, de figures d'hommes et d'animaux ; le tout est d'un dessin grossier, mais d'une bonne exécution. La cathédrale de Vienne renferme un beau mausolée du cardinal Montmorin, mort en 1723.

VIERGE (Images de la Ste). L'historien Nicéphore (II, 23) a tracé de la Ste Vierge un portrait emprunté à St Épiphane : d'une taille moyenne, dit-il, elle avait le teint couleur de froment, les cheveux blonds, les yeux vifs, la prunelle tirant sur le jaune et à peu près de la couleur d'une olive, les sourcils d'un beau noir et bien arqués, le nez assez long, les lèvres vermeilles, la figure ovale, les mains et les doigts longs. On ne saurait dire si ce portrait est ressemblant, non plus que ceux qui ont été peints dans les Catacombes de Rome, où la Vierge est représentée assise, voilée, avec les traits de la jeunesse, de la modestie et de la pureté, tenant l'Enfant-Dieu sur ses genoux, tantôt en pied, tantôt en demi-figure, toujours d'une manière qui paraît conforme à un type hiératique. Des sarcophages et des verres peints nous la montrent encore dans l'attitude de la prière, ou entre deux arbres, ou accompagnée de Sᵗ Pierre et de Sᵗ Paul; ouvent on voit des colombes auprès de sa tête. L'Église applique à la Vierge ces paroles de l'amante du Cantique des cantiques : *nigra sum* (je suis noire), paroles que l'on entend d'ordinaire dans un sens mystique. Cependant on les a prises à la lettre, et il est des pays où l'on vénère des Vierges noires : la plupart de ces statues sont en bois, et en vieillissant le bois devient naturellement très-brun; quant à celles en pierre, la couleur noire leur est commune avec un grand nombre de statues de Saints, et elle provient de quelque vernis. Il en est qui ne sont autre chose que des statues en basalte, rapportées d'Orient à l'époque des Croisades. *V.* Gumppenberg, *Atlas Marianus, sive de imaginibus Deiparæ*, 1657, in-18; Bombelli, *Raccolta delle imagine della beata Maria Virgine*, Rome, 1792, 4 vol. in-8°; A. Égron, *Le culte de la Sᵗᵉ Vierge dans toute la catholicité*, Paris, 1842, in-8°.

VIGIE (du latin *vigilare*, veiller), en termes de Marine, matelot qui est en observation pendant le jour au haut des mâts d'un navire, pour signaler l'apparition d'autres bâtiments ou de la terre. On dit aussi : être *en vigie*, pour dire *veiller*. Sur les côtes, on nomme *Vigie* le poste de guetteurs chargés de signaler les bâtiments aperçus au large. — Les marins appellent encore *vigies* de petits écueils à fleur d'eau.

VIGILE. ⎫ V. ces mots dans notre *Dictionnaire*
VIGINTIVIRS. ⎬ *de Biographie et d'Histoire.*

VIGNE, terme de Fortification. *V.* GALERIE.

vigne, nom qui a été appliqué aux maisons de plaisance voisines des villes en Italie.

VIGNETTE, petite estampe qu'on met comme ornement dans les livres. Le nom vient de ce que c'était, dans l'origine, un ouvrage en miniature qui représentait des feuilles de *vigne*. Par extension, on a appelé *vignettes* toutes les estampes des livres *illustrés*.

VIGUIER. ⎫ *V.* ces mots dans notre *Dictionnaire de*
VILAINS. ⎬ *Biographie et d'Histoire.*
VILLA. ⎭

villa albani, une des plus remarquables villas de Rome, située hors de la porte Salaria. Le cardinal Alessandro Albani la fit bâtir, au milieu du xviiⁱᵉ siècle, par l'architecte Carlo Marchioni. Elle contient une riche collection d'antiquités, à l'organisation de laquelle Winckelmann prit une grande part. On y remarque : la *Canéphore*, chef-d'œuvre de Criton et de Critolaüs; un *Mercure*, par Étienne, élève de Praxitèle; le bas-relief d'*Antinoüs*, découvert à la villa d'Adrien; un *Apollon Sauroctone*, le *Repos d'Hercule*, etc.

villa d'adrien, villa bâtie près de Tibur (Tivoli) par l'empereur Adrien, au retour de ses voyages dans les provinces. Elle avait un périmètre de 8 à 10 milles, et embrassait un certain nombre de monuments imités de ceux qui avaient le plus vivement attiré l'attention du prince. Il n'existe aujourd'hui aucune trace du Lycée, de l'Académie ni du Prytanée d'Athènes; mais on croit encore reconnaître une muraille du Pœcile, quelques restes du Sérapéum de Canope, le proscenium et les gradins d'un théâtre, la cella d'un temple de Vénus, des bains, un cirque ou naumachie, une caserne de Prétoriens, un palais impérial, le portique d'un Nymphée, une vallée de Tempé avec un ruisseau pour Pénée, etc. La villa d'Adrien paraît avoir été ruinée au temps de Totila, roi des Ostrogoths : à diverses époques, les Romains y sont venus prendre des matériaux pour leurs constructions, et on en a tiré aussi beaucoup de richesses artistiques pour les musées de l'Europe.

VILLANCICO, espèce d'ode sacrée que les Espagnols chantent dans les églises à la fête de Noël.

VILLANELLE (de l'italien *villano*, paysan), ancienne pièce de poésie pastorale, originaire de l'Italie ou de l'Espagne, et composée de plusieurs couplets de 3 vers avec refrain; un quatrain la terminait. La villanelle fut mise à la mode en France au xviⁱᵉ siècle par Grevin; Passerat et Honoré d'Urfé y excellèrent. En voici un exemple de Passerat :

J'ai perdu ma tourterelle;
Est-ce point elle que j'oi?
Je veux aller après elle.

Tu regrettes ta femelle ;
Hélas ! aussi fais-je, moi.
J'ai perdu ma tourterelle.

Si ton amour est fidèle,
De même est ferme ma foi ;
Je veux aller après elle.

Ta plainte se renouvelle ⯈
Toujours plaindre je me doi ,
J'ai perdu ma tourterelle.

En ne voyant plus la belle,
Plus rien de beau je ne voi :
Je veux aller après elle.

Mort, que tant de fois j'appelle,
Prends ce qui se donne à toi !
J'ai perdu ma tourterelle,
Je veux aller après elle. B.

VILLE, assemblage considérable de maisons réunies par des rues et quelquefois entourées de murs. Le mot est dérivé du latin *villa* (ferme, métairie), parce que beaucoup de villes modernes durent leur origine à des agglomérations de maisons autour d'une ferme.

VILLÉGIATURE, mot emprunté à la langue italienne, où il signifie une partie de plaisir que l'on fait dans une *villa*. Il nous sert à désigner le séjour que les personnes aisées font à la campagne pendant la belle saison.

VILLENAGE, ensemble des services que devaient autrefois les vilains au seigneur.

VILLICUS. *V.* ce mot dans notre *Dictionnaire de Biographie et d'Histoire.*

VIMAIRE (du latin *vis major*, force majeure), en termes d'Eaux et Forêts, dégât causé par une force majeure, telle qu'un ouragan, la foudre, etc.

VINAGE. *V.* ce mot dans notre *Dictionnaire de Biographie et d'Histoire.*

VINAIGRETTE. *V.* BROUETTE.

VINAYAS, nom donné aux livres bouddhistes qui traitent des préceptes, des règles et des ordonnances.

VINCENNES (Château de). Ce château, commencé par Philippe de Valois en 1337, et achevé seulement sous Charles V, a reçu, depuis, plusieurs additions et modifications. En 1560, Catherine de Médicis fit dresser les plans et jeter les fondations des Pavillons du Roi et de la Reine, qui ne furent construits et terminés que sous Louis XIII, de 1610 à 1614. En 1662, Louis XIV réunit les deux extrémités de ces pavillons par deux galeries couvertes, dont l'une a été démolie en 1843 et l'autre est cachée actuellement par des casemates. Tout le château formait alors, comme aujourd'hui, un parallélogramme rectangle de 382 mèt. sur 224; mais il était flanqué de neuf tours adjacentes au mur d'enceinte : ces tours, qui avaient 31ᵐ,60 de hauteur, ont été, de 1808 à 1810, rasées au niveau du mur, et servent de bastions. Napoléon Iᵉʳ a fait également démolir plusieurs constructions qui encombraient les cours. Sous Louis-Philippe on a construit des casemates pour la garnison, et on a annexé, du côté de l'Est, un fort entièrement neuf à l'ancienne forteresse. Avant la Révolution, le château de Vincennes a été résidence royale et une prison d'État : parmi les personnages qui y furent renfermés, on remarque Henri de Navarre en 1574, le prince de Condé en 1617, d'Ornano en 1626, le duc de Beaufort en 1643, les princes de Condé et de Conti et le duc de Longueville en 1650, le cardinal de Retz en 1652, Fouquet en 1661, Mᵐᵉ Guyon en 1695, Latude et Diderot en 1749, Mirabeau en 1777. On établit à Vincennes une fabrique de porcelaine en 1740, une école militaire en 1751, une manufacture d'armes en 1757. On y jugea le duc d'Enghien en 1804. Aujourd'hui Vincennes est une forteresse, une caserne, un arsenal, et une école de tir. — Quand on a franchi la porte d'entrée et passé entre une double ligne de bâtiments affectés à divers services, on entre dans la grande cour, où se trouvent, à gauche, la salle d'armes, la chapelle, le pavillon de la Reine, et, à droite, le donjon et le pavillon du Roi. La salle d'armes, construite en 1819, comprend un rez-de-chaussée destiné à remiser le matériel d'artillerie, un 1ᵉʳ étage où il y a des armes en quantité suffisante pour armer 120,000 hommes, et un 2ᵉ étage réservé à la sellerie. La chapelle, fondée en 1379, achevée en 1552, est d'un beau style ogival, très-simple à l'intérieur, richement ornée au dehors; on y admire sept verrières exécutées par Jean Cousin d'après Raphaël ; un monument qu'on y avait élevé au duc d'Enghien, œuvre médiocre de Deseine, a été transporté dans une ancienne sacristie. Le pavillon du Roi est converti en caserne, et celui de la Reine affecté au logement du gouverneur et à divers services. Le donjon, entouré autrefois d'un fossé indépendant de celui du château, une tour carrée, de 52 mèt. de hauteur, avec une tourelle en saillie à chaque angle. Un escalier de 237 marches en spirale, d'une construction hardie, conduit à la plate-forme, à l'un des angles de laquelle s'élève une guérite en pierre d'une grande délicatesse. Le donjon est divisé en cinq étages ; chacun d'eux présente une chambre carrée, dont la voûte est soutenue par un fort pilier central, et des chambres d'angle, pourvues comme elle d'une cheminée. Quand Vincennes était résidence royale, le rez-de-chaussée du donjon servait aux cuisines ; le roi occupait le 1er étage, la reine et les enfants le 2e, les frères et proches parents du roi le 3e, les officiers de service et les domestiques le 4e et le 5e. Au 3e étage est une galerie extérieure en saillie qui fait le tour du donjon.

VINCENT DE PAUL (Église SAINT-), à Paris. V. notre *Dictionnaire de Biographie et d'Histoire.*

VINDEX.)
VINDICES. } V. ces mots dans notre *Dictionnaire de Biographie et d'Histoire.*
VINDICTA.)

VINDICTE PUBLIQUE, poursuite et punition des crimes et délits. En France, elle n'appartient qu'au Ministère public.

VINEA, appareil de siége. V. notre *Dictionnaire de Biographie et d'Histoire.*

VINGTAIN (Droit de), le même que le droit de *Champart.* V. ce mot dans notre *Dictionnaire de Biographie et d'Histoire.*

VINGT-ET-UN, jeu de cartes qui se joue entre un banquier et des pontes. On se sert d'un ou de plusieurs jeux, selon le nombre des joueurs. Les figures valent 10 ; les autres cartes valent le point qu'elles indiquent, sauf l'as, qui compte indifféremment pour 11 ou pour 1, suivant l'intérêt du joueur. Les pontes ayant fait leur mise, le banquier donne une carte à chacun d'eux, en commençant par la droite, et à lui-même, puis une seconde. Si l'un des joueurs a dans ses deux cartes le point de 21, les autres payent ; tous les joueurs abattent leur jeu comme lui, le banquier ramasse les enjeux de ceux dont le point est inférieur au sien, et paye ceux qui ont plus. Si, après la distribution des cartes, personne n'a 21, le banquier offre une carte à qui la veut, en prend une lui-même s'il le juge à propos, puis on abat, et l'on procède comme précédemment ; le joueur à qui la 3e carte a fait dépasser le point de 21 *crève,* c.-à-d. perd. Il y a, d'ailleurs, plusieurs manières de jouer ce jeu. Ainsi, dans le *Macao* on ne distribue qu'une carte à chaque joueur (les figures et les dix ne comptent pas), et c'est le point de *neuf* qui gagne.

VINS (Halle aux), à Paris. V. notre *Dictionnaire de Biographie et d'Histoire.*

. VIOLE, en italien *Viola,* nom que portait autrefois toute une famille d'instruments de musique à cordes et à archet. Le mot *Vièle,* employé par les anciens auteurs, désignait une viole. La caisse de la viole était d'abord conique et bombée ; elle devint insensiblement ovale ; elle avait deux ouïes, en forme d'oreille, au-dessous des cordes. Le manche, court et large, se terminait souvent par une espèce de trèfle orné, semblable à une violette, et qui aura pu motiver le nom de l'instrument. L'archet, long et léger, ne portait qu'un fil d'archal. Plus tard, la viole allongea son manche, aplatit sa caisse et en échancra les flancs. On n'avait primitivement distingué que deux violes : la *rubebbe,* montée de deux cordes accordées à la quinte ; et la *viole* proprement dite, qui en avait cinq, accordées de différentes manières. Dans la suite, on reconnut plusieurs espèces de violes, qui tirèrent leur dénomination de l'étendue relative et du diapason de chacune d'elles : 1° la *Violette,* ou le *Pardessus de viole,* petit instrument dont les dames surtout aimaient à jouer ; 2° le *Dessus de viole ;* 3° la *Haute-contre de viole,* sonnant un ton plus bas que le Dessus ; 4° la *Taille de viole,* une quarte au-dessous de la Haute-contre ; 5° la *Basse de viole,* accordée une quarte plus bas que la Taille, et appelée par les Italiens *viola da gamba* (viole de jambe), parce que, pour en jouer, on la tenait entre les jambes, non à l'épaule gauche comme la *viola di braccio ;* il y en avait à cinq et à six cordes ; 6° le *Violone,* instrument de très-grande dimension, monté de six cordes, et qu'on peut appeler *contre-basse de viole ;* on le voit dans le tableau

des *Noces de Cana* par Paul Véronèse. L'*Accordo* ou *Accord* (V. ce mot) était une variété de *violone.* En Italie, la Taille et la Haute-contre ne faisaient qu'un même instrument à la quinte de la Basse, dont le Dessus rendait l'octave. On appelait *Viole bâtarde* une viole qui ne différait de la Basse de viole que par sa caisse, plus longue et plus étroite. J.-S. Bach imagina la *Viole pompeuse,* qui s'accordait en quinte, comme le violoncelle, avec une cinquième corde à l'aigu. — Tous ces instruments ont disparu ; la Basse de viole a été remplacée par le violoncelle, et le Violone par la contrebasse. Il n'est resté que deux violes, celle qu'on a nommée depuis *Quinte* et *Alto* (V. ce mot) et la *Viole d'amour.* L'ancienne viole d'amour était montée de quatre cordes en boyau attachées comme aux autres instruments, et de quatre cordes en laiton, passant sous la touche, accordées à l'unisson avec les précédentes, et rendant des sons harmoniques quand celles-ci étaient touchées à vide : la viole d'amour actuelle, montée de sept cordes, dont la plus grave sonne le *sol* de la 1re ligne en clef de *fa,* et les autres *ut, sol, ut, mi, sol, ut,* a des sons pleins de douceur et de charme ; elle sert à accompagner la *Violette* de Raoul au 1er acte des *Huguenots.* On ne lui donne quelquefois que 6 cordes, en supprimant la plus grave.

B.

VIOLE (Basse de), un des jeux à bouche de l'orgue. C'est un huit-pieds, mais de même taille que le prestant à l'unisson duquel il parle, car on le fait octavier. Ce jeu, dont l'usage est très-peu répandu en France, est fait en étain ; il occupe toute l'étendue du clavier, et s'emploie au grand orgue ou au positif. En ajoutant une autre rangée de tuyaux parlant une octave plus haut sur la première rangée, on peut faire de la Basse de viole un jeu composé.

F. C.

VIOLENCE, contrainte physique ou morale exercée sur une personne pour l'obliger à un acte quelconque. En Droit, elle donne lieu à une action en rescision des contrats, obligations et transactions de toute sorte.

VIOLETTE, instrument de musique. V. VIOLE.

VIOLETTE (La), ou GÉRARD DE NEVERS, le plus agréable et le plus parfait de nos romans de chevalerie. En voici le sujet : — Le roi Louis tenant une cour plénière au Pont-de-l'Arche, Gérard, comte de Nevers, y chante la beauté et la fidélité de sa dame ; Liziart, comte de Forest, fait le pari de séduire la belle Euriante, et le défi est accepté. Liziart se rend à Nevers, reçoit l'hospitalité chez le père d'Euriante, et fait sa déclaration : ses soupirs, son éloquence, son désespoir ne produisent aucun effet. Mais, à l'aide d'une vieille qui ne pense qu'à mal, il peut apercevoir Euriante au bain ; il lui voit sur le corps un signe, une violette, et retourne à la cour, où il déclare qu'il a vu, comme preuve de son succès. Euriante est déclarée infidèle, malgré son innocence, et le comté de Nevers, enjeu du pari, devient la propriété de Liziart. Gérard emmène Euriante dans une forêt : il va lui trancher la tête, quand arrive un énorme serpent ; il l'attaque et le tue, puis il abandonne Euriante. Cependant il veut revoir son ancien domaine ; là il entend une conversation de Liziart et de la vieille, et reconnaît l'innocence d'Euriante : il se met aussitôt à sa recherche. Il délivre une châtelaine, la belle Aiglante des persécutions du cruel Galerant, s'éloigne sans vouloir l'épouser, fait une maladie à Châlons, puis arrive à Cologne. Le lendemain, la ville est assaillie par les Saxons ; Gérard y fait tant de prouesses, que les infidèles sont repoussés. Sa vaillance, sa courtoisie, sa bonne mine, lui gagnent tous les cœurs ; il plaît à Aiglantine, fille du duc de Cologne, laquelle lui fait boire un philtre au moyen duquel il oublie Euriante. Pendant ce temps, celle-ci est accablée d'infortunes : une alouette lui enlève l'anneau qu'elle avait reçu de Gérard ; elle repousse l'amour d'un chevalier nommé Méliatir, qui tue près d'elle, en croyant la frapper pendant la nuit, une autre femme, et l'accuse ensuite de l'avoir commis ce crime. Gérard est sur le point d'épouser Aiglantine : mais, dans une partie de chasse, son épervier lui apporte une alouette qui avait au cou un anneau ; il reconnaît l'anneau d'Euriante, et, sans revoir Aiglantine, il s'éloigne de Cologne pour chercher son amie. Il délivre en route une belle dame, et la rend à son époux. Puis il tue en combat singulier le géant Brudigolans. Enfin, il rencontre une compagnie de chevaliers qu'il accompagne à Miès, et, ayant appris l'histoire d'Euriante, déclare qu'il sera son champion contre quiconque osera l'accuser d'avoir commis le meurtre. Méliatir, obligé d'accepter le combat, est vaincu, et confesse son crime. Enfin, après avoir remporté le prix dans un tournoi à Montargis contre le comte de Forest, Gérard se présente devant le roi, accuse Liziart de mensonge et de trahison envers Euriante, et le défie en combat singulier : le roi ordonne que cette querelle soit vidée le jour de la Pentecôte, en présence de toute la cour. Liziart vaincu avoue son crime; le roi le fait attacher à la queue d'un cheval, puis pendre à un arbre; la vieille est bouillie dans une chaudière, et Gérard épouse Euriante. — Ce poëme, en vers de huit syllabes, fut composé par Gibert ou Gyrbert de Montreuil, au commencement du XIIIᵉ siècle. Il est dédié à Marie, comtesse de Ponthieu, fille de Guillaume III, beau-frère de Philippe-Auguste. L'action, ingénieusement conçue, s'expose clairement, se noue et se dénoue avec facilité, et emprunte une grâce toujours nouvelle du récit, qui n'est jamais interrompu par des lieux communs amoureux ou théologiques. On y trouve d'admirables tableaux d'histoire et de genre, des descriptions de combats, de tournois, de repas, de costumes, d'armes, et en général, des peintures de mœurs à la manière d'Homère. Le sujet de ce roman n'est point historique : aucun comte de Nevers ne s'est appelé Gérard, et il n'a jamais existé un comte de Forez du nom de Liziart. Quant au roi Louis dont il est question ici, M. Paulin Paris veut que ce soit Louis le Débonnaire; M. Francisque Michel pense que c'est Louis VIII, et fonde cette assertion sur ce que le roi tient sa cour plénière à Pont-de-l'Arche, qui ne fut pas réuni à la couronne avant 1204. Cette observation ne nous paraît pas avoir une grande valeur dans un poëme qui est tout d'imagination, et qui nous reporte aux guerres contre les Saxons, au siége de Cologne, avec un autre dénoûment, mais avec les mêmes détails et les mêmes noms que dans le poëme de Witikind. La traduction en prose (XVᵉ siècle) de ce roman place l'action sous le règne de Louis le Gros.

Les imitations du roman de *la Violette* sont fort nombreuses. Il existe un roman en prose *Dou roi Flore et de la biele Jehane*, dont le sujet est au fond le même, et dont le style paraît être des premières années du XIIIᵉ siècle; peut-être a-t-il précédé le poëme de Gibert de Montreuil. Un imitation en vers du XIIIᵉ siècle est intitulé *le Comte de Poitiers* : l'action se passe sous le règne de Pépin; elle est la même que dans le roman de *la Violette*. Enfin nous trouvons encore une imitation du même sujet dans un manuscrit du XIVᵉ siècle ainsi intitulé : *Cy commence j. miracle de Nostre-Dame, coment Ostes, roy d'Espaingne, perdi sa terre pour gagier contre Bérengier, qui le tray et li fist faux entendre de sa femme, en la bonté de laquelle Ostes se fioit, et depuis le destruit Ostes en champ de bataille.* Boccace, dans la 2ᵉ journée du *Décaméron*, et Shakspeare, dans *Cymbeline*, ont aussi imité le roman de *la Violette*. Ce roman fut traduit en prose au XVᵉ siècle par un anonyme : il existe deux éditions anciennes de cette traduction, l'une de 1520, l'autre de 1526. Le roman en prose a été traduit en allemand par Mᵐᵉ Helmina de Chézy, Leipzig, 1804. Ce sujet fut représenté sur la scène française en 1810, au Cirque Olympique. Mᵐᵉ de Chézy écrivit en vers allemands un grand opéra en trois actes, intitulé *Euryanthe*, dont la musique fut faite par Weber (Vienne, 1823); son poëme ne rappelle en aucune manière l'aventure de *la Violette* : aussi Castil-Blaze le refit-il complètement, quand il traduisit l'œuvre de Weber pour l'Académie royale de Musique (Paris, 1831). Déjà, en 1828, le théâtre de l'Opéra-Comique avait donné une pièce en trois actes, intitulée *la Violette*, paroles de Planard, musique de Carafa; mais ce n'était qu'une imitation éloignée assez ridicule du poëme original. — Le roman de *la Violette* a été publié par Francisque Michel, Paris, 1834; celui *Dou roi Flore et de la biele Jehane*, 1859; *le Comte de Poitiers*, 1831. H. D.

VIOLI-CEMBALO, instrument de musique inventé en 1609 par Jean Haydn à Nuremberg. Il avait la forme d'un piano. Sous les tangentes se trouvaient dix ou douze petites roues garnies en côté de parchemin frotté de colophane, et mises en mouvement par une roue plus grande au moyen d'un cordon à plusieurs poulies. Cette roue était mue elle-même à l'aide d'une pédale, soit par l'exécutant, soit par une autre personne. Quand les touches se baissaient, les tangentes serraient les cordes, qui étaient toutes métalliques, contre les petites roues, et l'on obtenait l'effet d'un archet passant sur les cordes. Le son durait tout le temps que la touche était abaissée, et son intensité dépendait de la plus ou moins grande pression de la touche. — Des instruments du même genre furent fabriqués ensuite par Garbrecht, Greiner, Poulleau, etc. On doit ranger parmi eux le *clavecin à archet* de Hohlfeld, et le *clavecin-vielle* (V. CLAVECIN). Dans le

violi-cembalo de l'abbé Trentin, à Venise, les cordes étaient toutes en boyau : chaque touche mettait en mouvement un levier, qui pressait la corde entre sa tête d'ivoire et une barre horizontale garnie de peau; l'archet, composé de fils de soie cousus à leurs extrémités sur un tissu de laine, et un peu élevé vers le milieu, était étendu horizontalement sur les cordes d'un côté à l'autre de la table d'harmonie, et tournait continuellement autour de deux petits cylindres de métal placés aux deux extrémités; le mouvement lui était imprimé par une pédale à roue que faisait marcher l'exécutant. On connaît encore un *violi-cembalo* du P. Louis Tiparelli, d'Azeglio. B.

VIOLON, en italien *Violino*, instrument de musique à cordes et à archet, monté de quatre cordes en boyau, dont la plus grave, qui est filée en laiton et s'appelle *bourdon*, donne le *sol;* les trois autres portent *ré, la, mi*, par quintes du grave à l'aigu. La plus petite se nomme *chanterelle*. Plusieurs bois entrent dans la construction du violon : le fond de la caisse, le manche, les éclisses et le chevalet sont en érable; la table, la barre (petite pièce collée au-dessous de la grosse corde), les coins, les tasseaux, les contre-éclisses, l'âme, sont en sapin; la touche, les filets d'ornement, les sillets, les chevilles, le cordier ou queue et son bouton, en ébène. La table est percée, à droite et à gauche des cordes, près de la partie échancrée de la caisse, de deux ouvertures en forme d' *f*. Le diapason du violon commence au 3ᵉ *sol* du piano, et est de 4 octaves environ; mais on peut l'étendre plus haut encore au moyen des sons harmoniques. Le violon est l'instrument le plus important de l'orchestre : son timbre joint la douceur à l'éclat; il a la faculté de soutenir, d'enfler et de modifier les sons; il peut être tour à tour simple, touchant, gracieux, noble et grandiose, plein d'audace et de feu; il est propre à tous les tons, à toutes les modulations, et il n'est pas de traits rapides, pas de difficultés qu'il n'exécute. Il peut servir tour à tour au chant et à l'accompagnement; l'archet pouvant faire parler plusieurs cordes à la fois, a les ressources de l'harmonie aussi bien que le don de la mélodie. D'habiles exécutants parviennent même à en tirer des sons qui imitent ceux de plusieurs autres instruments. Autrefois en Italie on distinguait le violon de concerto et le violon d'orchestre : on appelait le premier *voix humaine*, le second *voix argentine*. La musique pour le violon s'écrit sur la clef de *sol* 2ᵉ ligne. Les méthodes de violon les plus connues sont celles de Zanetti, Montéclair, Geminiani, L. Mozart, Tartini, Lœhlein, Galeazzi, Cartier, Baillot, Rode, Kreutzer, André, Mazas, Campagnoli, Guhr, etc.

Le violon était connu dès le Xᵉ siècle, et s'appela d'abord *Rebec;* il n'avait alors que trois cordes. Sa forme actuelle date du XVᵉ siècle : ce fut la viole (V. ce mot) réduite à de plus petites proportions et bornée à quatre cordes. Il y a lieu de croire que cette transformation se fit en France, car le violon est indiqué dans les partitions italiennes du XVIᵉ siècle sous le nom de *piccolo violino alla francese* (petit violon à la française). Le plus ancien violon qu'on ait conservé porte le nom de Jean Kerlin, luthier breton, et la date de 1449. La supériorité des sons du violon sur ceux des violes lui fit bientôt donner la préférence, et il devint d'un usage général. Des luthiers se formèrent en France, en Italie et en Allemagne, et de leurs ateliers sortirent d'excellents violons, qui sont encore très-recherchés aujourd'hui des virtuoses. Parmi les luthiers on remarque : le Tyrolien Duiffoprugéar; Nicolas et André Amati, de Crémone, à la fin du XVIᵉ siècle; Antoine et Jérôme Amati, fils d'André; Paul Magini, Ant. Stradivari, Pierre-André et Joseph Guarneri, Jacques Steiner, élèves des Amati. La fabrication des violons n'a point décliné entre les mains de Bergonzi, Maggini, Cappa, Guadani, Clots, et, dans notre siècle, Pichl, Lupot, Gand, Guersan, Salomon, Chanot, et Vuillaume ont donné de très-bons instruments. Dans la seconde moitié du XVIIIᵉ siècle, on a fabriqué des instruments appelés *petits violons*, plus petits en effet que les violons ordinaires, et montés une quarte plus haut : leur accord était, en partant du grave, *ut, sol, ré, la.* Les sons en étaient maigres. L'unique avantage de ces instruments était de pouvoir être joués par de petites mains.

L'usage du violon se borna pendant un assez long temps à jouer des airs populaires ou à faire danser. Plus tard on l'introduisit dans l'orchestre; mais, au temps de Lulli encore, ceux qui en jouaient étaient si peu habiles, que ce compositeur se plaignait de ne pouvoir leur confier que des parties d'une extrême simplicité. Ce fut seulement à la fin du xviiᵉ siècle que Corelli fonda en Italie la première école sérieuse de violon : il introduisit des traits, des combinaisons de doigté et des coups d'archet dont on n'avait pas d'idée avant lui. Albinoni, Torelli, Geminiani, Valentini, Marietto, Vivaldi, Tartini, Veracini, Ferrari, Locatelli, Nardi, Somis, Pugnani, Mestrino, étendirent à leur tour le domaine de l'instrument que Corelli avait en quelque sorte créé; Viotti recula encore, par son exécution merveilleuse, les limites qu'ils avaient atteintes, et surpassa Jarnowick, qu'on voulait lui opposer. On distingue parmi ses successeurs Rovelli, Giacomo Costa, et Alexandre Rolla. Dans notre siècle, Paganini a commencé pour le violon une ère nouvelle, celle de la difficulté vaincue : sa main prodigieusement grande lui offrait les moyens d'exécuter des passages que nul autre ne pouvait faire comme lui. Le maniement de l'archet fut la partie faible de son jeu; toute son attention se porta sur la main gauche, et il y a fait une révolution complète. Il est le premier qui ait exécuté des traits dans lesquels la main gauche pince certaines notes tandis que l'archet en joue d'autres, et qui ait trouvé le moyen de jouer, sur la 4ᵉ corde, des morceaux entiers qui sembleraient exiger toutes les cordes de l'instrument. Depuis Paganini, l'Italie a encore produit des exécutants remarquables, les sœurs Milanollo, les sœurs Ferni, Sivori, Bazzini, Nicosia, etc. —En France, le premier violoniste remarquable fut Leclère, dont la main appartenait à l'école de Corelli. Madin et Pagin, qui vinrent ensuite, eurent plus de grâce dans leur jeu, mais moins de largeur dans le style et dans le son. On peut citer encore La Houssaye, Gervais, Saint-Georges, Fodor, Bertheaume, Guénin. Jusque-là on s'était surtout occupé de la main gauche : Gaviniès porta son attention sur le maniement de l'archet, et y acquit une habileté que Viotti lui-même admira. Après lui commence l'école moderne, dont Kreutzer, Rode et Baillot sont les chefs : elle a été la plus brillante de l'Europe par la perfection de son mécanisme et l'élévation de son style. De cette école proviennent Boucher, Lafont, Habeneck, Mazas, Alard, Maurin, Massart, Ch. Dancla, Girard, Herman, Armingaud, etc. — La Belgique a pris aussi, au xixᵉ siècle, un rang glorieux dans l'art du violon, avec De Bériot, Artot, et Vieuxtemps. —L'Allemagne a été un rival de tous les pays voisins. Wagner, Pisendel, J.-Th. Graun, Stamitz, et Mozart père sont les premiers violons de talent que l'on cite. Une école de violon ne fut réellement fondée que dans la seconde moitié du xviiiᵉ siècle par Benda. Depuis cet artiste, Ramnitz, Rust, Matthes, Guil. Cramer, Danner, Eck, Frænzel, Maurer, Mœser, se mirent à la tête des exécutants de leur nation. Dans notre siècle, Spohr a été le chef des violonistes allemands, parmi lesquels on doit citer Mayseder, Ernst, et Joachim. La Pologne a produit de nos jours Wienawski. B.

VIOLON (Jeu de), nom donné dans l'orgue à un jeu de pédale plus large par le haut qu'à la bouche, fait le plus souvent en sapin, et qui a seize pieds ou huit pieds. Ce jeu, qui n'est en usage qu'en Allemagne, est très-souvent confondu à tort avec le *viola di gamba-bass*, qui n'a pas le même diapason. Le jeu de violon a la propriété de faire entendre l'octave avant le son fondamental. F. C.

VIOLONS (Roi des). V. MÉNESTRELS.

VIOLONCELLE (de l'italien *violoncello*), instrument de musique à cordes et à archet, qu'on nomme aussi *Basse*, parce qu'il est la basse du violon. Il a remplacé l'ancienne *basse de viole* (V. ce mot), mais en ne conservant que 4 cordes, dont deux filées en laiton et deux en boyau. Ces cordes, accordées en quinte, sont, du grave à l'aigu, *ut*, *sol*, *ré*, *la*. Le diapason naturel du violoncelle est de quatre octaves environ. On doit à cet instrument, ainsi qu'à la contre-basse, la puissance et les grands effets de nos orchestres ; mais il ne sert pas seulement d'accompagnement, il est susceptible d'exécuter la mélodie; sa qualité de son est pénétrante, et d'une analogie avec la voix humaine; il se prête merveilleusement à l'expression des sentiments tendres et mélancoliques. La musique de violoncelle s'écrit sur la clef de *fa* 4ᵉ ligne, et sur toute autre clef quand il y a lieu d'outre-passer la portée. Les violoncelles de la fabrique de Stradivarius sont presque tous plats ; ils ont un son énergique qui les rend propres au concerto : ceux des Amati, bombés et voûtés, ont le son plus suave, et sont propres à l'accompagnement de la voix, de la harpe, du piano, du quatuor et du quintette. De nos jours, les meilleurs fabricants de violoncelles sont Thibout à Paris, Mongaard à Amsterdam, Padevelt à Carlsruhe, Mirmont à New-York. — Des *Méthodes* pour le violoncelle ont été publiées par Cor-

rette, Kauer, Gunn, Raoul, Olivier Aubert, Louis Duport, Stiastuy, Dotzauer, Baillot (celle dite *du Conservatoire*), et Baudiot. Dans la seconde moitié du xviiiᵉ siècle, on fit de *petits violoncelles*, montés une quarte plus haut que le violoncelle ordinaire : un Allemand, nommé Riedel, excellait à en jouer. — Le violoncelle, dont on attribue l'invention, soit à un Italien nommé Buononcini, maître de chapelle du roi de Portugal, soit au P. Tardieu, de Tarascon, fut introduit à l'Académie royale de musique de Paris par un certain Battistini, de Florence, vers la fin du xviiᵉ siècle. Un Romain, Franciscollo, qui vivait au commencement du siècle suivant, se rendit le premier célèbre dans l'exécution des solos. Berthaud doit être considéré comme le chef de l'école française pour cet instrument : parmi ses élèves on compte les frères Janson et les deux Duport. L'école a produit ensuite les Levasseur, Bréval, Lamare, Baudiot, Muntz-Berger, et, dans des temps tout à fait rapprochés de nous, Vaslin, Bénazet, Norblin, Franchomme, Alexandre Batta, Servais. L'Allemagne se glorifie avec raison d'avoir produit Romberg, Bohrer, et Dotzauer. L'Angleterre nomme aussi avec un juste orgueil Crossdill et Lindley. B.

VIOLONE, instrument de musique. V. VIOLE.

VIOLON-VIELLE, instrument de musique inventé en 1790 par un certain Dlaine. Il imitait, dit-on, parfaitement le violon, et n'avait point le son nasal de la vielle.

VIRELAI. V. LAI.

VIREMENT (de *virer*, tourner), en termes de Marine, rotation d'un bâtiment sur lui-même pour présenter au vent le côté opposé à celui par lequel il le recevait. On dit alors qu'on a *viré de bord*. *Virer au cabestan*, c'est faire tourner le cabestan sur lui-même pour lever l'ancre ou tout autre poids au moyen de la barre-vire.

VIREMENT, terme de Banque et de Commerce. V. BANQUE.

VIRES, en termes de Blason, annelets posés l'un dans l'autre.

VIRETON, arme. V. notre *Dictionnaire de Biographie et d'Histoire*.

VIREVAUT ou VIREVEAU, treuil horizontal placé sur l'avant des petits navires marchands pour leur tenir lieu de cabestan.

VIREVOLE, nom donné, dans les jeux de la Bête et de l'Hombre, au joueur qui, ayant entrepris de faire la vole, c.-à-d. toutes les levées, n'en fait que une.

VIRGINALE, instrument à cordes à clavier, dont on trouve le nom dès l'année 1530. On a donc dit à tort que ce nom était une flatterie pour Élisabeth, reine d'Angleterre, qui aimait à en jouer; il vient plutôt de la douceur du timbre.

VIRGULE (du latin *virgula*, diminutif de *virga*, baguette), signe de ponctuation qui sert à séparer les divers membres d'une même phrase. — Dans l'ancienne Musique, on appelait *virgule* la partie des notes qui se nomme aujourd'hui *queue*. Les signes neumatiques, les petits points placés, sans lignes ni clefs, horizontalement, perpendiculairement ou obliquement, au-dessus des textes liturgiques dans les anciens manuscrits, pour indiquer aux chanteurs la position des sons, étaient dits aussi *virgules*.

VIROLET, en termes de Marine, rouleau de sapin long et de petite dimension, qui sert à empêcher les cordages de frotter contre les corps durs.

VIRTUEL (du latin *virtus*, force, puissance), se dit, en Métaphysique, de ce qui est seulement en puissance. On l'oppose à *actuel*.

VIRTUOSE (de l'italien *virtuoso*, habile), celui qui a un talent remarquable pour la musique, principalement comme exécutant.

VIRURE, en termes de Marine, toute la largeur d'un bordage, d'un bout à l'autre du navire.

VIS ou VIZ, nom qu'on donnait jadis aux escaliers en hélice ou en limaçon.

VISA (du latin *visa*, sous-entendu *res*, chose vue), formule qui se met sur un acte, pour attester qu'il a été vu et vérifié par celui dont la signature rend cet acte authentique ou valable, ou simplement pour certifier qu'il a été présenté.

VISIÈRE, pièce des anciens casques, qui se haussait et se baissait à volonté, et à travers laquelle l'homme d'armes voyait et respirait. Tantôt c'était une grille, tantôt une pièce pleine, percée de trous pour les yeux et la bouche. — On a aussi quelquefois appelé *Visière* un petit guichet pratiqué dans une porte, et qui permet de reconnaître ceux qui s'y présentent.

VISION, toute chimère de l'âme, assez vive pour qu'elle semble provenir d'une apparition véritable. C'est un effet d'hallucination. *Ceux qui ont des visions sont appelés* Visionnaires.

vision béatifique, en termes de Théologie, action par laquelle les bienheureux voient Dieu dans le ciel.

vision en dieu. C'est une des hypothèses destinées à combler le vide creusé par la Philosophie Cartésienne entre le monde intellectuel et le monde matériel. On a souvent répété que Descartes lui-même niait la communication des deux substances, pensante et étendue, qu'il avait si bien distinguées. Descartes ne nous paraît pas avoir été explicite à ce point : il nous semble que, chez lui, cette opinion est à l'état de tendance plutôt que de théorie décidément arrêtée (*V.* la 6e *Méditation* et les *Principes de la Philosophie,* 2e partie). Mais ce qui nous semble au moins douteux pour Descartes est très-certainement vrai de ses disciples, surtout de Leibniz (*V.* Harmonie préétablie) et de Malebranche. Quoique Malebranche parle, comme tout le monde, de l'union de l'âme et du corps, il est loin d'entendre par là ce qu'entend le sens commun; pour lui, l'âme de l'homme est si peu unie, dans le sens ordinaire de ce mot, à son corps, et, par le corps, aux autres corps de la nature, que c'est seulement par la voie très-indirecte de la Révélation qu'elle est assurée de leur existence. « Il est vrai, dit Malebranche (Préface de la *Recherche de la vérité*), que l'âme est unie au corps; mais elle est unie à Dieu d'une manière bien plus étroite et bien plus essentielle. Le rapport de l'âme à Dieu est naturel, nécessaire et indispensable : il n'en est pas de même du rapport de notre esprit à notre corps. » On va voir que, de plus, dans sa pensée, l'un de ces rapports est immédiat, tandis que l'autre est tout à fait indirect, et pour ainsi dire tout extérieur. L'Étendue et la Pensée sont trop différentes, substantiellement et essentiellement, pour exercer l'une sur l'autre une influence quelconque; aussi, lorsqu'à propos des modifications de la substance pensante le corps est agité de certains mouvements, c'est que Dieu intervient, par un acte exprès de sa volonté, pour les produire. Tel est le principe de l'*assistance divine*, déjà indiqué par Descartes, et qui fait le fond du système des *Causes occasionnelles* (*V. ce mot*). Il s'agit ici de l'action inverse, c.-à-d. de la manière dont apparaissent à l'esprit les idées des réalités extérieures. Le système de Malebranche appartient à la famille des systèmes idéalistes; c.-à-d. qu'un de ses principes est que nous connaissons les choses, non par elles-mêmes, mais par les Idées, en entendant par Idée *non* pas seulement un acte de l'esprit (ce qui est l'opinion vulgaire, et à notre avis parfaitement sensée), mais un *être* distinct et de l'esprit et des objets (*V.* Idéalisme), et qui est lui-même « l'objet immédiat ou le plus proche de l'esprit quand il aperçoit quelque chose. » Sans s'arrêter longtemps à la question de savoir si les Idées sont matérielles ou immatérielles, si elles sont ou ne sont pas la représentation de quelque objet existant réellement hors de l'âme, Malebranche, après avoir établi qu'elles sont distinctes des pensées de l'esprit, et que, par conséquent, elles ont leur existence propre, passe immédiatement à la question de leur origine. « Il est absolument nécessaire, dit-il, que les idées que nous avons des corps, et de tous les autres objets que nous n'apercevons point par eux-mêmes, viennent de ces mêmes corps ou de ces objets; ou bien que notre âme ait la puissance de produire ces idées; ou que Dieu les ait produites avec elle en les créant, ou qu'il les produise toutes les fois qu'on pense à quelque objet; ou que l'âme ait en elle-même toutes les perfections qu'elle voit dans ces corps; ou *enfin qu'elle soit unie avec un être tout parfait, et qui renferme généralement toutes les perfections des êtres créés.* » Il parcourt successivement ces différentes hypothèses, réfute les cinq premières, et s'arrête à la dernière qu'il développe à peu près comme il suit : Dieu seul possède en lui les idées de tous les êtres créés, et de toutes leurs perfections. Les idées que nous avons de ces êtres ne peuvent donc nous venir que de lui. Dieu est le lieu des idées, et *c'est en lui que nous les voyons.* Les idées ne sont pas Dieu, mais elles en sont une émanation; elles sont, par rapport à Dieu, ce que la lumière est par rapport au soleil, quelque chose de distinct de lui, qui nous fait apercevoir les objets. Comment s'opère la communication des idées de l'Intelligence divine, où elles sont toutes contenues, à l'esprit de l'homme? Il faut savoir, dit encore Malebranche, que Dieu est très-étroitement uni à nos âmes par sa présence. Comme il est le lieu des idées, il est aussi le lieu des esprits, de sorte que c'est en lui, et par une communion de l'esprit avec son Intelligence, que les êtres extérieurs nous sont connus. Cette

communion de l'esprit de l'homme avec Dieu, c'est la Raison, une pour tous les hommes par cela même qu'elle est, en chacun, une participation à la suprême Raison de leur Auteur. Cela met les esprits créés dans une véritable et entière dépendance de Dieu; car nous ne saurions rien voir que Dieu ne veuille bien que nous le voyions, et que Dieu même ne nous fasse voir ce que nous voyons. Mais si l'esprit est ainsi dans une étroite dépendance de Dieu, c'est pour en recevoir la lumière : « Car c'est Dieu qui est proprement la lumière de l'esprit et le père des lumières. C'est lui qui enseigne la science aux hommes. En un mot, c'est la véritable lumière qui éclaire tous ceux qui viennent en ce monde. » Telle est, dans ce qu'elle a de plus général, la théorie des Idées de Malebranche et l'hypothèse systématique de la Vision en Dieu. Nous voyons tout en Dieu; Dieu est le lieu des Idées. Mais de Dieu lui-même, y a-t-il une idée? Dans la doctrine de Malebranche, il n'y a pas d'idée de Dieu, et il ne peut pas y en avoir; car l'idée, intermédiaire entre l'esprit et l'objet, est d'une nature plus excellente que son objet. Si donc il y avait une idée de Dieu, cette idée serait quelque chose de plus grand et de plus relevé que Dieu lui-même, ce qui est une supposition absurde. Outre cette première raison, il y en a une autre : c'est que l'idée est un être créé, particulier et fini. Elle peut bien représenter d'autres êtres particuliers et finis, mais elle ne saurait représenter l'être sans restriction, l'être immense et universel. Il n'y a donc pas d'idée de Dieu. Est-ce à dire que nous ne connaissions Dieu d'aucune manière? Loin de là : nous le connaissons d'une vue immédiate et directe, par cette union intime où nous sommes avec lui. Rien ne peut le représenter; mais nous le connaissons par lui-même, quoique la connaissance que nous en avons en cette vie soit très-imparfaite, et nous connaissons les choses corporelles par leurs idées, c.-à-d. en Dieu, puisqu'il n'y a que Dieu qui renferme le monde intelligible où se trouvent les idées de toutes choses. »

Nous résumerons sous un petit nombre de chefs principaux les critiques qui peuvent et doivent être adressées au système de la Vision en Dieu : 1° L'existence des idées, telles que Malebranche les conçoit, est purement hypothétique; 2° On pourrait s'y passer du Monde et des objets extérieurs. Que Dieu existe, et en Dieu les Idées; que l'esprit de l'homme voie les idées en Dieu, cela suffit; et tout se passera absolument de la même manière, soit qu'il y ait réellement ou qu'il n'y ait pas d'objets auxquels ces idées correspondent, ou qui correspondent à ces idées; 3° Il est impossible de se faire une idée nette de cette union dans laquelle, suivant Malebranche, l'esprit de l'homme se trouve avec l'Intelligence divine, aussi bien que du rapport vrai de celle-ci avec les Idées; 4° Enfin, et c'est là, à ce qu'il nous semble, ce à quoi l'on fait le moins attention, la philosophie de Malebranche est grosse de conséquences que son auteur à coup sûr eût repoussées avec horreur. Elle est à deux pas du Panthéisme; et voici comment nous le prouvons : quoique Malebranche ne prétende nulle part expressément que les Idées soient identiques à Dieu (elles ne sont pas Dieu, dit-il, mais elles *en émanent,* et ceci sent déjà le Panthéisme); quoiqu'il n'absorbe pas non plus absolument la substance de l'âme dans la substance divine, cette maxime de l'Apôtre, qu'il répète avec complaisance : « C'est en Dieu que nous sommes, que nous vivons et que nous avons le mouvement, » entendue dans son sens le plus strict, si elle n'énonce pas cette absorption d'une manière complète, s'en rapproche singulièrement. *Donc,* unification, ou peu s'en faut du moins, en Dieu, des idées qui peuvent être sans aucun inconvénient substituées aux objets, et de l'esprit humain, qu'est-ce autre chose, encore une fois, que le Panthéisme (*V. ce mot*)? La pensée de Malebranche, toute pénétrante qu'elle est, n'a pas été à ces conséquences extrêmes, qui l'eussent fait reculer avec effroi; mais les systèmes ont leur logique, par laquelle il faut les juger; et en vérité ce n'était pas la peine de qualifier Spinoza de *misérable* et de *théisme* d'*épouvantable chimère,* pour finir par en approcher de si près. B—E.

VISITE (Droit de). *V.* Droit de visite, dans notre *Dictionnaire de Biographie et d'Histoire*.

visite domiciliaire. *V.* Perquisition.

VISITES, nom que l'on donnait, au xviie siècle, aux représentations que Molière et sa troupe allaient faire chez le roi, les princes ou les particuliers.

VISPERED. *V.* Vendidad-Sadé et Zend-Avesta.

VITAL (Principe). Dès l'Antiquité on avait cherché à savoir si la vie a un principe distinct de la matière et de l'âme, ce qui avait donné lieu à différentes hypothèses. Hippocrate, et plus tard Galien, attribuaient l'harmonie des phénomènes organiques à une sorte de principe divin ; Aristote semble avoir considéré l'âme, qu'il nomme *entéléchie*, comme le résumé des propriétés de la vie. Le moyen âge, marchant sur les traces les plus visibles de l'Antiquité, admettait trois sortes d'âmes ou principes, pour se rendre compte de la vie : *végétative, sensitive, raisonnable*. Depuis la Renaissance, Paracelse attribua la génération, l'accroissement et la conservation de tout être vivant à un *archée, corps astral*, logé dans l'estomac, et qui nous défend contre les agents extérieurs de destruction. J.-B. Van-Helmont fit de cet *archée* le principe qui préside aux fonctions de la vie et qui donne aux corps la forme qui leur est propre : *il le nommait imago seminalis*. En opposition à ces hypothèses, vinrent les *iatromécaniciens*, qui voulaient rapporter les fonctions vitales aux lois de la mécanique et de l'hydraulique, et les *iatrochimistes*, qui expliquaient la vie par la chimie de leur temps. Pour les réfuter, Stahl, dans sa doctrine de l'*Animisme*, donna à l'âme le rôle de l'*archée*. Il fut remplacé par l'école des *organicistes*, dont Bichat et Broussais furent les principaux représentants ; mais, dans l'école de Montpellier, l'*animisme* devint le *vitalisme*. Barthez, le chef de cette école, pensait que le *principe vital* est essentiellement distinct de la matière organisée, et qu'il tient peut-être en quelque façon à l'âme. Cette question du *principe vital* est une des plus intéressantes dont la Philosophie et la Physiologie puissent s'occuper. R.

VITCHOURA, vêtement polonais garni de fourrure, que l'on met en guise de par-dessus pour se garantir du froid.

VITONIÈRE, en termes de Marine, ferrure qui attache le gouvernail au bâtiment.

VITRAIL. V. VERRIÈRE.

VITRE (Verre à). V. VERRE.

VITRIERS, ancienne corporation dont les membres, à la fois artisans et artistes, garnissaient de verre les panneaux de plomb, les châssis de bois, les cadres d'estampes et de tableaux, et se livraient à la peinture sur verre. Leurs statuts dataient du règne du Louis XI, et furent modifiés par Louis XIV en 1666. L'apprentissage était de quatre ans, et le compagnonnage de six.

VITRINE. V. VERRIÈRE.

VIVANDIERS, VIVANDIÈRES. V. CANTINE.

VIVIER (du latin *vivarium*), bassin entouré de murs en terre ou en maçonnerie, rempli d'eau ordinairement courante, et destiné à recevoir du poisson d'eau douce. Des grilles en bois ou en fer laissent un passage ouvert à l'eau, en même temps qu'elles empêchent le poisson de s'échapper. Les riches Romains avaient presque tous des viviers auprès de leurs villas : on cite Lucullus, C. Hérius, Védius Pollion, comme ayant fait pour cet objet des dépenses prodigieuses ; le dernier jetait, dit-on, vivants à ses lamproies les esclaves qu'il avait condamnés à mort. Quelquefois on creusait des viviers dans les rochers près de la mer, afin d'y faire arriver l'eau salée. — Chez les anciens Romains, on appelait encore vivier (*vivarium*) un parc où l'on élevait de gros gibier de chasse.

VIVIEN (Les Enfances), 11ᵉ branche de la chanson de *Guillaume-au-court-nez*. Vivien, enfant, est remis aux Sarrasins d'Espagne, en échange de son père, qu'ils retenaient prisonnier depuis huit ans. Il est enlevé par des pirates, et acheté par une marchande, qui le fait passer pour son fils. Bientôt il retourne en Espagne à la tête de quelques jeunes gens, et bat les Infidèles ; mais il est assiégé dans une forteresse par une armée innombrable. Sa mère adoptive accourt en France, et obtient que l'empereur envoie des secours, grâce auxquels Vivien demeure vainqueur. — La suite de ses aventures, qui forme la 12ᵉ branche de la chanson de *Guillaume-au-court-nez*, a pour titre le *Chevalier Vivien et la bataille d'Aleschans*. A son retour d'Espagne, Vivien est adoubé chevalier par son oncle, et fait vœu de ne jamais reculer devant les Sarrasins ; il commence contre eux une guerre d'extermination. Blessé et poursuivi par une armée entière, il s'enferme dans un château. Guillaume accourt, et alors s'engage la terrible bataille d'Aleschans, où il coula tant de sang que les pierres en sont encore rouges aujourd'hui. Vivien y périt après d'héroïques exploits.

Les *Enfances Vivien* sont conservées à la Bibliothèque nationale de Paris dans cinq manuscrits ; le *Chevalier Vivien et la bataille d'Aleschans*, dans sept manuscrits du XIIIᵉ siècle. La bibliothèque de l'Arsenal en possède un. V. *Histoire littéraire de la France*, t. XXII. H. D.

VIZIR. V. ce mot dans notre *Dictionnaire de Biographie et d'Histoire*.

VLACO-MACÉDONIEN (Dialecte). V. ROUMANE (Langue).

VLADIKA, titre du chef des Monténégrins.

VOCABLE (du latin *vocabulum*), se dit en général de tous les mots qui composent une langue, et particulièrement des substantifs. — On l'emploie aussi en parlant du nom du Saint sous le patronage duquel une église est placée : ainsi, telle église est *sous le vocable de* Sᵗ Pierre.

VOCABULAIRE (du latin *vocabulum*, nom), liste de mots disposés communément dans un ordre alphabétique et accompagnés d'une courte explication. Le Vocabulaire est moins développé que le Dictionnaire. Il est spécialement une liste de termes propres à un art, à une science. V. DICTIONNAIRE, LEXIQUE. P.

VOCALISATION, partie de l'art du chant qui consiste à bien gouverner sa voix dans les modulations, les roulades et les traits rapides. On nomme *Vocalises* les exercices destinés à donner de l'agilité et de la souplesse à la voix : ces exercices se font sans paroles, et sur une seule voyelle, *a* ou *e* par exemple. *Vocaliser*, c'est solfier sans prononcer le nom des notes, en donnant à la voix ses diverses inflexions sur cette seule voyelle.

VOCATIF (du latin *vocare*, appeler), flexion casuelle des substantifs, adjectifs et participes, indiquant qu'on s'adresse à une personne ou à une chose personnifiée. Cette forme est propre à l'ancien grec et au latin. Le vocatif a généralement la même forme que le nominatif, excepté dans les noms masculins et féminins de la 2ᵉ déclinaison. Il est souvent accompagné de l'interjection O.

VOCATION (du latin *vocatio*, appel), penchant prononcé qui nous porte à suivre telle ou telle carrière. Dans un sens religieux, c'est cette voix intérieure par laquelle Dieu nous invite d'une manière toute spéciale à la pratique de ses lois. On nomme *Vocation d'Abraham* le choix que Dieu fit de ce patriarche pour être le chef de son peuple. La *Vocation des Gentils* est la grâce que Dieu leur a faite en les appelant à la connaissance de l'Évangile.

VŒU, promesse faite à Dieu d'une chose qu'on n'est point tenu de faire, mais que l'on croit lui être agréable. C'est une obligation de surérogation que l'on s'impose, en dehors des obligations légales. Les vœux étaient connus des Hébreux, et le chap. 27 du *Lévitique* entre dans de grands détails à ce sujet : on y voit que les vœux devaient être libres et volontaires ; que Moïse en condamnait l'indiscrétion, la précipitation, la témérité ; qu'il était permis de modifier et même d'annuler ceux qui étaient contraires à la prudence. Ainsi dut-il en être du célèbre vœu de Jephté. La loi chrétienne n'a pas formellement ordonné des vœux, mais elle ne les défend pas ; et s'il existait, dans l'ancienne loi, des moyens de cassation, de dispense ou de modification des vœux, à plus forte raison doit-il en exister dans la nouvelle. L'Église catholique admet que les vœux du baptême obligent en conscience, et qu'il peut y en avoir d'autres que ceux-là ; elle reconnaît, par exemple, les *vœux monastiques* de pauvreté, de chasteté, d'obéissance, de clôture. Les canonistes distinguent : 1° le *vœu simple*, promesse faite à Dieu en particulier ou dans une communauté non autorisée : c'est un empêchement prohibitif du mariage ; 2° le *vœu solennel*, qui se fait avec certaines formalités dans un corps de religion approuvé par l'Église ; c'est un empêchement dirimant du mariage ; 3° le *vœu absolu*, qui est sans condition, et qu'on est obligé d'exécuter aussitôt qu'il a été fait ; 4° le *vœu conditionnel*, qui n'oblige qu'après l'événement de la condition ; 5° le *vœu réel*, qui a pour matière une chose hors de la personne qui le fait ; 6° le *vœu personnel*, qui se prend dans la personne même ou dans ses actions ; 7° le *vœu mixte*, qui tient du personnel et du réel. Dans l'ancienne France, où les institutions religieuses étaient inséparablement unies avec les institutions civiles, les ordonnances réglaient l'âge de l'émission des vœux, la forme, la solennité et toutes les conditions de ces vœux. Un décret du 15 février 1790 prononça l'abolition des vœux de religion en supprimant les communautés religieuses. La Constitution de 1791 déclara que la loi civile ne reconnaîtrait plus les vœux religieux. Bien que ce principe n'ait pas été exprimé dans le *Code Napoléon*, il subsiste toujours ; c'est ce qui résulte, par exemple, de la déclaration de ce Code, que le vœu n'empêche point le mariage civil. Un décret du 18 février 1809, qui rétablit les sœurs hospitalières, limita à 5 ans la durée de leurs vœux. La loi du 24 mai 1825, qui a légalisé l'existence de toutes les communautés de femmes, n'a rien statué de nouveau sur ce point. Il n'est permis de faire des vœux que dans les congrégations religieuses autorisées par l'État et après l'âge de 16 ans accomplis. Jusqu'à 21 ans, leur durée ne peut excéder un an. — *Vœu* désigne aussi l'offrande promise par un vœu. *V.* Ex-Voto.

VOGUES, nom donné aux fêtes patronales dans certaines parties de la Provence.

VOIES DE COMMUNICATION. *V.* Canal, Chemin, Pont, Routes.

VOIES DE DROIT, en termes de Jurisprudence, recours à la justice suivant les formes légales. *V. F.* Lenormant, *Des voies de recours*, 1857, in-8°.

VOIES DE FAIT, actes de violence contre les personnes. Les voies de fait sont poursuivies correctionnellement ou criminellement, selon leur gravité (*Code pénal*, art. 209-212, 228-233).

VOIES ET MOYENS, en termes de Législation et de Finances, revenus de tous genres que l'État applique à ses dépenses.

VOIES ROMAINES. *V.* notre *Dictionnaire de Biographie et d'Histoire*.

VOILE, pièce d'étoffe destinée à dérober un objet à la vue, et, spécialement, celle dont les femmes se couvrent le visage; dans ce dernier cas le voile est un tissu blanc ou noir, léger, et à demi-transparent. Dans le Tabernacle des Juifs, un voile précieux cachait la vue de l'Arche d'alliance aux profanes. L'usage du voile parmi les femmes est très-ancien : dans la *Théogonie* d'Hésiode, Minerve couvre Pandore d'un beau voile; dans l'*Odyssée* d'Homère, Pénélope ne se montre que voilée à ses poursuivants. S¹ Clément d'Alexandrie dit que de son temps les voiles étaient de couleur rouge. En Grèce et à Rome, les nouvelles mariées ne sortaient sans voile que trois jours après leurs noces. C'est encore aujourd'hui un usage que les jeunes filles se parent d'un voile le jour de leur mariage; il en est de même de celles qui font leur première Communion. Le voile est une partie indispensable du vêtement des religieuses : *prendre le voile* est devenu synonyme d'embrasser la vie religieuse, et la *prise de voile* est la cérémonie qui a lieu à cette occasion. Le Droit canonique distingue : le *voile de probation*, qu'on donne aux novices, et qui est ordinairement blanc; le *voile de profession*, donné aux religieuses quand elles font leurs vœux; le *voile de prélature*, qu'on donne aux abbesses. Il y avait encore autrefois le *voile de consécration*, que l'évêque seul donnait aux vierges à certains jours; le *voile d'ordinaire*, dont on ornait les diaconesses; le *voile d'observation*, réservé aux veuves.

VOILES, larges pièces de forte toile, destinées à transmettre l'effort du vent à un bâtiment, au moyen de leviers qui sont les mâts. Elles prennent généralement les noms des mâts sur lesquels elles sont fixées, et ont des dimensions et des qualités de toile différentes, selon la place qu'elles occupent et l'usage auquel elles servent. A mesure qu'elles sont plus élevées, elles ont moins de force et de largeur; en sorte que toute la voilure déployée d'un mât présente une forme pyramidale. Les voiles, suivant la place qu'elles occupent, sont dites *voiles d'avant* et *voiles d'arrière* : les premières, qu'on nomme en masse *fort d'avant*, sont toutes celles qui ont leur appui sur le beaupré et le mât de misaine; les secondes, celles qui appuient sur le grand mât et le mât d'artimon. On distingue encore les voiles d'après leur forme. Les *voiles carrées*, généralement en usage sur les Océans, sont attachées aux vergues, et sont dites *hautes* ou *basses voiles*, selon qu'elles tiennent aux hautes ou basses vergues. Les basses voiles ont la forme d'un parallélogramme; les *huniers*, les *perroquets* et les *cacatois* (*V. ces mots*) ont celle d'un trapèze. Les voiles carrées peuvent se rapetisser au moyen des *ris* (*V. ce mot*). Les *bonnettes* (*V. ce mot*) sont les auxiliaires des voiles carrées. Les *focs* (*V. ce mot*) sont des voiles en pointe, de forme triangulaire, fixées à l'extrême avant sur les étais du mât de misaine, avec des bagues ou anneaux mobiles qui font l'effet d'anneaux de rideau et servent à les hisser et à les amener. La *voile d'artimon*, à l'extrême arrière, est un puissant auxiliaire du gouvernail. On nomme *voiles d'étai* des voiles de toile légère, variant de forme selon la place qu'elles occupent, et qui, placées sur les étais, entre les mâts, viennent border le pont; elles y sont fixées, comme les focs, par des bagues mobiles. Les *voiles de cape* sont celles dont on se sert dans les tempêtes : c'est l'artimon, le foc d'artimon, le grand hunier (tous les ris pris), la misaine, et le petit foc. La *voile de fortune* est une grande voile carrée qui n'est pas fixée sur la vergue, mais qui s'y place provisoi-

rement par le moyen de trois poulies, dont deux aux extrémités et une au milieu : elle sert pour le vent arrière ou le grand largue, dans les goëlettes et les cutters. La *voile livarde*, en usage chez les Hollandais, est une voile à peu près carrée, lacée au mât par l'un de ses côtés, et qui se déploie au moyen d'un espare fixé par ses deux extrémités aux deux angles opposés : ce genre de voile est aussi très-usité dans les petites embarcations. On appelle *voiles latines*, parce qu'elles furent d'abord en usage sur les galères du pape, des voiles triangulaires, attachées à une vergue flexible par le côté de leur hypoténuse, par conséquent terminées en pointe par le bas : on en voit beaucoup dans la Méditerranée. La *voile aurique* est à quatre pointes : elle est lacée d'un côté à son mât, et enverguée sur une petite vergue qu'on nomme corne. La *voile de houari* est une voile aurique dont la vergue est tellement apiquée qu'elle semble faire la continuation du mât. La *voile à bourcet* est quadrangulaire; le point de drisse est au tiers de sa vergue, ce qui lui fait donner aussi le nom de *voile au tiers*. — *Amener* une voile, c'est la faire descendre le long du mât quand elle a été hissée; la *carguer*, c'est la serrer ou plier contre la vergue. *V.* Ferler, Déferler, Larguer.

VOILIER, se dit d'un navire considéré par rapport à sa marche sous voiles. On dit qu'il est *bon* ou *mauvais voilier*.

VOIRIE (de *voie*), mot qui désigna originairement le chemin sur lequel on jetait les immondices et vidanges, et qui signifie, d'après nos anciennes Coutumes, *voie*, *chemin*, *carrière*, *sentier*, ou *rue commune*. Dans l'ancienne Rome, les édiles eurent les premiers l'administration de la Voirie; en France elle était autrefois un moyen de fiscalité pour les seigneurs. Entendue comme partie de l'administration publique, la Voirie a pour objet les travaux des ponts et chaussées, la confection, l'entretien, l'alignement, l'amélioration et la police de toutes les voies publiques; elle tend à rendre les communications promptes, faciles et sûres. Son organisation est fort ancienne; car, dès que les hommes commencèrent à enclore leurs terrains, à construire des habitations, ils durent faire des réserves aux besoins généraux par la nécessité d'établir des voies de circulation dont ils jouissaient tous : mais l'homme étant naturellement envahisseur, il a fallu des lois spéciales pour faire cesser les empiétements et l'encombrement des chaussées publiques, qui sont une propriété commune hors du commerce, à laquelle personne ne peut toucher sans permission, une propriété imprescriptible et sur laquelle on ne peut acquérir aucun droit, aucune servitude, quelle que soit la durée de la possession. On distingue la *grande voirie* et la *petite voirie*. La grande voirie, placée dans les pouvoirs de l'administration, comprend : les routes impériales et les routes départementales; les quais et rues qui, dans les villes et villages, font suite aux grandes routes; les chemins de fer, avec leurs talus et levées; les fleuves et rivières navigables ou flottables, avec leurs chemins de halage; les canaux, avec leurs francs-bords; les ponts, bacs et bateaux publics; les ports maritimes de commerce; les fossés et les plantations le long des routes; enfin tout ce qui concerne les grandes communications par terre et par eau; les acquisitions de terrains; l'extraction de matériaux; la perception des droits d'octroi et de péage; la police du roulage; la démolition des bâtiments menaçant ruine. D'après les lois des 14 octobre 1790, 29 floréal an x, et 18 juillet 1837, les préfets dans les grandes villes, les maires ailleurs, accordent les permissions de bâtir, et donnent les alignements de maisons, de clôture et de soutènement, pour constructions, réparations, démolitions et saillies des bâtiments sur ou joignant la voie publique. Les dépenses concernant la grande voirie sont à la charge de l'État, sauf les contributions communales et individuelles. Ce sont les Conseils de préfecture qui statuent, sauf recours au Conseil d'État, sur les contraventions en matière de grande voirie, consistant en anticipations, dépôt de fumier, détérioration des arbres, fossés et ouvrages d'art, contraventions qui ont été constatées par les maires, adjoints, commissaires de police, ingénieurs, conducteurs, piqueurs, agents de la navigation, gardes champêtres et gendarmes. Les propriétaires riverains des voies publiques sont assujettis à différentes obligations, telles que : subir l'expropriation pour cause d'utilité et moyennant indemnité; subir la fouille de leurs terrains pour l'extraction des matériaux nécessaires aux routes; planter des arbres le long de ces routes; couper les bois, épines et broussailles qui les bordent; souffrir l'écoulement des eaux de la voie publique, quand elles débordent les fossés. Une loi du 21 mai 1836 a divisé en deux classes les chemins *vicinaux* ou propriétés communales, conduisant d'un pays au pays voisin, savoir : les chemins ordinaires, qui sont à la charge des communes, sauf l'impôt de prestation; et les chemins de grande communication, placés sous l'autorité du préfet, et à la dépense desquels le département contribue. Conformément à la loi du 18 juillet 1837, les chemins *ruraux*, appartenant également aux communes, et qui ne servent habituellement qu'aux riverains, pour l'accès des fontaines, abreuvoirs ou pâturages, sont réglementés par les maires. L'administration des ponts et chaussées est chargée de l'exécution de ce qui concerne la grande voirie, et du règlement de sa comptabilité. A Paris, où toutes les voies publiques appartiennent à la grande voirie, le préfet de la Seine s'occupe des travaux de communication par terre et par la navigation, du pavage et des trottoirs, de la délimitation des quartiers affectés à l'exploitation du gaz, de la construction et de l'entretien des égouts, de la distribution des eaux, de la consolidation des anciennes carrières, des constructions en général, de l'ouverture des voies nouvelles, de l'inscription des rues, du blanchiment et du numérotage des maisons. Il rappelle, ainsi que le préfet de police, à l'exécution des lois; il fait publier les règlements, suspend les constructions dangereuses, gênantes, ou contraires aux règles de l'art, et prend enfin toutes mesures d'intérêt général et de sûreté publique.

La petite voirie, placée dans les pouvoirs municipaux qui pratiquent la police de conservation, comprend les communications dont l'utilité est purement communale. Elle se divise en *voirie vicinale*, pour les chemins sans habitations agglomérées, et, pour les autres voies, en *voirie urbaine*, dont l'objet est l'établissement, la conservation et la police de ces voies publiques dans l'enceinte des communes; elle surveille la confection et l'entretien des chemins vicinaux, des rues, places, promenades, quais, passages et impasses qui ne font partie ni des routes, ni des chemins de grande communication. Les préfets et les maires font vérifier par des agents-voyers la solidité des constructions, la fouille des caves, la conservation des lieux de sépulture, la clôture des terrains pouvant servir de refuge aux malfaiteurs ou de dépôt d'immondices, le nettoiement et l'éclairage, la sûreté et la liberté de circulation. Les contraventions aux ordonnances concernant la petite voirie sont du ressort des tribunaux de simple police, qui prononcent les peines d'amende, et, s'il y a lieu, d'emprisonnement, édictées par les articles 464, 471 et suivants du *Code pénal*, et qui ordonnent, au besoin, la démolition de toute œuvre irrégulièrement élevée, la suppression de toute saillie non autorisée, ou l'exécution de tous travaux prescrits dans un intérêt de salubrité.

Les décrets des 27 oct. 1808 et 24 décembre 1823 ont fixé les droits de grande et de petite voirie pour la capitale. Il est établi que ce qui excède le nu du mur des maisons forme une saillie que l'autorité municipale peut accorder ou refuser, tolérer ou supprimer. Il est de principe général qu'aucun propriétaire ne peut construire ni réparer un bâtiment ou une clôture donnant sur la voie publique, sans avoir obtenu préalablement une autorisation écrite donnée, soit par le préfet s'il s'agit de grande voirie, soit par le maire s'il s'agit de petite voirie. Pour Paris, le décret du 10 oct. 1859 a réuni la grande et la petite voirie dans les attributions du préfet de la Seine. *V.* Isambert, *Traité de la voirie urbaine*, 1828-29, 3 vol. in-12; Fleurigeon, *Code de la voirie*, 5e édition, revue par Ménestrier, 1833, in-8°; Gillon et Stourm, *Code de la grande voirie*, 1834, in-12; Daubenton, *Code de la voirie des villes, des bourgs et des villages*, 1836, in-8°; Davenne, *Recueil méthodique et raisonné des lois et règlements sur la voirie*, 1836, 2 vol. in-8°, et *Traité pratique de la voirie urbaine*, 1858, in-8°; Husson, *Traité de la législation des travaux publics et de la voirie en France*, 2e édit., 1850, 2 vol. in-8°; Herman, *Traité pratique de la voirie vicinale*, 1854, in-8°; Cotelle, *Des alignements et permissions de voirie urbaine*, 1836, in-8°; Féraud-Giraud, *Servitudes de voirie*, 1850, 2 vol. in-8°; Martel, *Manuel de la salubrité, de l'éclairage et de la petite voirie*, 1859, in-12. **T—Y.**

VOITURE (du latin *vectura*, action de transporter), véhicule à deux ou à quatre roues, destiné au transport des personnes, des marchandises et des objets quelconques, et que traînent des chevaux ou des bêtes de somme. Il y a des voitures d'utilité et des voitures de luxe : la structure, la forme et l'ornement des unes et des autres ont varié à l'infini, selon les temps et les lieux. Ainsi, les Romains ont eu 16 ou 17 espèces de voitures, portant des noms différents : *benna, carpentum, carruca, cisium, covinus, essedum, pilentum, plaustrum, rheda, thensa*, etc. (*V. ces mots*). Parmi les voitures qui servent au transport des matières de toute sorte, on peut citer la *charrette*, le *tombereau*, le *haquet*, le *camion*, le *chariot*, le *fourgon*, la *tapissière*, etc.; parmi celles qui servent au transport des personnes, le *cabriolet*, le *cab*, le *tilbury*, le *phaéton*, la *berline*, le *coupé*, le *landau*, la *calèche*, le *char-à-bancs*, l'*américaine*, la *patache*, l'*omnibus*, le *fiacre*, la *diligence*, etc. (*V. ces mots*). Tous les essais que l'on a faits de *voitures mécaniques*, marchant sans le secours des chevaux, de *voitures à air comprimé*, de *voitures à vapeur*, n'ont pas été assez heureux jusqu'ici pour que l'on puisse espérer jamais d'obtenir des résultats vraiment utiles. Par exemple, un ingénieur militaire, Cugnot, exécuta à Paris, en 1770, une voiture à vapeur qui devait rouler sur les routes ordinaires; après quelques essais, elle fut reconnue insuffisante. En 1804, un mécanicien américain, Olivier Evans, parcourut les rues de Philadelphie dans une nouvelle voiture à vapeur; mais les parties délicates du mécanisme ne résistaient pas au choc du pavé, et les mouvements précis que chaque pièce exigeait devenaient presque impossibles après un parcours de quelques kilomètres. Plus tard, deux Anglais, Vivian et Trevithick, prirent une patente pour des voitures à vapeur : ils ne purent garantir les voyageurs de la fumée et de la chaleur produites par la chaudière. En 1862, les voitures et les chevaux ont été soumis à une taxe, déterminée de la manière suivante :

	VOITURE		CHEVAL de selle ou d'attelage.
	à 4 roues.	à 2 roues.	
Paris..................	60 fr.	40 fr.	25 fr.
Communes autres que Paris ayant plus de 40,000 âmes de population....	50	25	20
Communes de 20,000 à 40,000 âmes..........	40	20	15
Communes de 3,001 à 20,000 âmes..........	25	10	10
Communes de 3,000 âmes et au-dessous......	10	5	5

Les voitures et les chevaux employés en partie pour le service du propriétaire ou de la famille, et en partie pour le service de l'agriculture ou d'une profession quelconque donnant lieu à l'imposition d'une patente, ne sont point passibles de la taxe. Ne donnent pas lieu au payement de la taxe : 1° les chevaux et les voitures possédés en conformité des règlements du service militaire ou administratif, et par les ministres des différents cultes; 2° les juments et étalons exclusivement consacrés à la reproduction; 3° les chevaux et voitures exclusivement employés aux travaux de l'agriculture ou d'une profession quelconque donnant lieu à l'application de la patente. Il est attribué aux communes un dixième du produit de l'impôt, déduction faite des cotes ou portions de cotes dont le dégrèvement aura été accordé. **B.**

VOITURE (Lettre de). *V.* LETTRE DE VOITURE.

VOITURE CELLULAIRE, voiture à compartiments, dans laquelle on transporte les prisonniers au lieu de leur destination, sans qu'ils communiquent ensemble pendant la route. Depuis 1837, elle a remplacé la chaîne des forçats.

VOITURES PUBLIQUES. Tout individu qui veut mettre en circulation une voiture publique doit préalablement la faire examiner par l'autorité, et prendre, après autorisation, une *licence*, un *laissez-passer*, et une *estampille*; celle-ci est apposée sur la voiture. Les entrepreneurs de voitures publiques sont assujettis à des règlements qui font loi entre eux et les autres citoyens. Ils payent un impôt spécial, qui fait partie des contributions indirectes, et qui est du dixième du prix payé pour le transport des voyageurs et des marchandises : toutefois, la perception détaillée de cet impôt peut être remplacée par un abonnement. Ils doivent tenir registre de l'argent, des effets et des paquets dont ils se chargent : ils sont responsables de leur perte ou de leur avarie, à moins qu'ils ne prouvent que ces faits ont eu lieu par cas fortuit ou par force majeure (*Code Napoléon*, art. 1782-86). Ceux qui contreviennent aux ordonnances concernant la solidité et le chargement des voitures, le nombre et la sûreté des voyageurs, l'indication du nombre et du prix des places, du nom du propriétaire, etc., sont punis d'une amende de 6 à 10 fr. (*Code pénal*, art. 475). V. OMNIBUS, FIACRE, MESSAGERIES, ROULAGE.

VOITURIN, en italien *Vetturino*, celui qui loue des voitures attelées de deux chevaux et qui conduit lui-même les voyageurs. Ces voitures sont des espèces de berlines, à *4 places au moins*, *allant à petites journées* et couchant chaque soir. Elles font des voyages de plusieurs jours, par exemple, de Rome à Naples.

VOIVODE. V. VAYVODE, dans notre *Dictionnaire de Biographie et d'Histoire*.

VOIX, en termes de Grammaire, flexion particulière que prend le verbe selon que le sujet est représenté comme agissant et comme faisant directement subir son action, à autrui, ou au contraire comme recevant, éprouvant, souffrant l'action d'autrui. Dans le 1er cas, on dit que le verbe est à la *voix active* ; dans le 2e cas, qu'il est à la *voix passive*, et, par abréviation, que le verbe est *actif* ou *passif*. Les verbes qui expriment un simple état ou une action qui reste tout entière dans le sujet sans avoir besoin d'en sortir ne sont pas susceptibles de la voix passive, et s'appellent verbes *neutres*. La langue grecque ancienne reconnaissait entre la voix active et la voix passive une voix intermédiaire qu'on appelait *voix moyenne* : cette forme verbale, généralement semblable à la voix passive, était plus souvent active quant au sens, et en général répondait à ceux de nos verbes pronominaux, formés de verbes actifs, sont suivis d'un complément direct et ont pour complément indirect le pronom qui les précède immédiatement, lequel, étant implicitement exprimé dans la forme moyenne, n'est pas rendu directement en grec. V. ACTIF, DÉPONENT, MOYEN, PASSIF. P.

VOIX, ensemble des sons que l'homme peut faire entendre en chassant l'air de l'intérieur de ses poumons. Les physiologistes ne sont pas d'accord sur le mécanisme de la voix humaine, et le comparent les uns à un instrument à vent, les autres à un instrument à cordes. La *voix parlante* et la *voix chantante*, si différentes entre elles, sont cependant produites par les mêmes organes. Relativement à l'acuité, une voix est *grave, moyenne ou aiguë*. Une bonne voix est celle qui a de la pureté, du timbre, de l'étendue, de la douceur et de la force tout à la fois ; une voix est mauvaise, quand elle est faible, voilée, aigre, nasillarde, gutturale, etc. La voix fausse est le résultat d'une conformation imparfaite des organes vocaux, et non de la fausseté de l'oreille : car on voit journellement des individus incapables d'exécuter avec justesse la gamme la plus simple, et cependant qui signalent avec intelligence les aberrations de tonalité et prennent plaisir à l'audition de la musique. La voix varie avec l'âge et suivant les sexes. Faible et aiguë dans l'enfance, celle de l'homme change à l'âge de la puberté : alors a lieu la *mue*, pendant laquelle la voix est rauque, d'une *émission pénible, quelquefois impossible*; puis la voix se trouve avoir pris de la force et de la gravité, elle a baissé d'une octave ou d'une octave et demie. Il n'y a que le castrat (*V. ce mot*) qui conserve sa voix première. La voix des hommes d'autant plus forte que leur larynx est plus développé et la capacité de leur poitrine plus grande. Chez la femme, le timbre vocal change beaucoup moins que chez l'homme, et il conserve presque toujours les caractères de l'enfance. Le timbre vocal peut être modifié par les habitudes des individus : ainsi, ceux qui se livrent à des professions bruyantes ou qui vivent au milieu des champs, obligés de dominer en parlant des bruits intenses ou de se faire entendre au loin, exercent et développent davantage les organes de la voix. Le climat doit avoir de l'influence sur les organes vocaux : car les peuples du Midi ont, en général, la voix plus belle et plus sonore que les habitants des pays froids ; la voix est aussi plus belle et plus aiguë dans les saisons chaudes, plus rauque et plus grave pendant l'hiver ; la Picardie produit plus de voix de basse qu'aucune autre province de France, le Languedoc plus de ténors, la Bourgogne et la Franche-Comté plus de voix de femmes. La situation de l'âme influe d'une façon marquée sur la voix, qui diffère selon le sentiment qu'elle exprime, et c'est là ce qui fait de la voix humaine le plus beau moyen d'exécution que l'art musical possède. On distingue, par rapport à la qualité, quatre espèces de voix : 1° la voix aiguë de femme, appelée *soprano* ou *dessus*; 2° la voix grave de femme, ou *contralto;* 3° la voix aiguë d'homme, ou *ténor;* 4° la voix grave d'homme, ou *basse* (*V. ces mots*). On reconnaît encore une voix intermédiaire chez les femmes, le *mezzo-soprano*, et une autre chez les hommes, le *baryton* (*V. ce mot*). L'étendue de toutes ces voix, réunies et mises en ordre, donne cinq octaves. Les voix aiguës d'hommes sont naturellement, et par l'effet d'une conformation physique différente, plus graves d'une octave que les voix aiguës de femmes ; de même, le contralto est à l'octave supérieure de la basse. Les peuples du Midi aiment beaucoup les voix aiguës, ceux des pays tempérés préfèrent les moyennes, ceux du Nord semblent donner la préférence aux basses : cela peut expliquer pourquoi, en général, les premiers rôles d'hommes dans les opéras ont été remplis en Italie par des soprani, en France par des ténors, en Allemagne par des basses. La voix comprend deux séries de sons très-distinctes, les sons ou la *voix de poitrine*, et la *voix de tête* ou *de faucet* (*V. ce mot*); la liaison de ces deux espèces de voix est une des grandes difficultés de l'art du chant.   B.

VOIX (Mise de). V. MISE DE VOIX.

VOIX ANGÉLIQUE. V. ANGÉLIQUE.

VOIX HUMAINE, nom que -les Italiens donnent au cor anglais.

VOIX HUMAINE (Jeu de), un des jeux d'anche de l'orgue, qui sert à imiter la voix humaine. Ce jeu, fait en étain, et dont les tuyaux sont très-courts et n'ont pas de mesure fixe, à toute l'étendue du clavier auquel il correspond. Il est construit comme le cromorne, à l'exception de son ouverture, qui est à moitié couverte pour en adoucir le son. Il sonne à l'unisson du huit-pieds ouvert. Le jeu de voix humaine, qui était autrefois employé à l'écho et dans le positif, n'est mis maintenant que dans le grand orgue ou dans le positif. Il est rare d'en rencontrer un bon : celui de l'orgue de Fribourg jouit d'une réputation méritée.   F. C.

VOL, action de prendre furtivement ou par force la chose d'autrui pour se l'approprier. Notre *Code pénal* distingue le *vol simple* et le *vol qualifié*. Le vol simple est un délit, puni correctionnellement d'un emprisonnement d'un an à cinq ans, et d'une amende de 16 fr. à 500 fr. ; les juges ont la faculté d'ajouter l'interdiction des droits civiques et civils et la surveillance de la haute police pendant 5 à 10 ans. Le vol qualifié est celui qui est accompagné de circonstances aggravantes ; tels sont : le *vol domestique*, commis par des personnes qui sont aux gages de celui qui a été volé; le *vol avec effraction*, fait en brisant et forçant quelque clôture; le *vol de grand chemin*, le *vol de nuit*, le *vol de deniers publics*. Les vols qualifiés sont des crimes, dont connaît la Cour d'assises; les peines édictées par la loi varient depuis les travaux forcés à perpétuité jusqu'à la réclusion (*V. le Code pénal*, art. 379-401). La soustraction, même frauduleuse, entre époux ou parents et alliés en ligne directe n'est qualifiée ni crime ni délit, et ne donne lieu qu'à des réparations civiles. — Il existe dans l'Inde certaines familles où le vol est pour ainsi dire une profession : ceux qui s'y livrent ont une étonnante adresse; pour commettre leurs rapines, ils sont armés, nus et frottés d'huile, de sorte qu'il est aussi dangereux de les arrêter que difficile de les retenir. Diodore de Sicile raconte que, dans l'ancienne Égypte, ceux qui voulaient suivre la profession de voleur se faisaient inscrire chez le chef reconnu des gens de cette espèce, et lui rapportaient tout le fruit de leur industrie : ceux qui avaient été volés faisaient, chez ce même chef, une déclaration écrite, contenant l'indication des objets qu'ils réclamaient, et celle du temps et du lieu où ils leur avaient été enlevés; par une sorte de transaction de l'ordre social avec les passions humaines, on laissait, pour la restitution des objets, le quart de leur valeur à la société des voleurs. On raconte encore que les jeunes Spartiates étaient encouragés au vol comme moyen d'exercer leur adresse, et que, s'ils étaient pris, on les punissait, non comme coupables d'un crime ou délit, mais parce qu'ils avaient été malhabiles. Dans le reste de la Grèce et chez les Romains, le fouet et l'amende furent le châtiment du vol ordinaire : accompagné de violences, le vol entraînait, suivant les cas, le bannissement, la condamnation aux mines, certaines mutilations corporelles, et même la mort. Chez les Germains, il n'était puni que d'une amende. Dans l'ancienne France, les voleurs de grand chemin étaient condamnés au supplice de la roue. D'après le Code pénal de 1791 et la loi du 25 frimaire an VIII, les peines contre le vol variaient depuis 2 ans de fers jusqu'à la mort.

vol, en termes de Blason, deux ailes étendues comme quand l'oiseau vole. On appelait *demi-vol* une seule aile. Le vol mis au cimier se nommait *vol banneret*.

VOLANT (Jeu du), jeu dans lequel deux personnes armées de raquettes se renvoient alternativement une petite boule de liége garnie de peau, et dans laquelle on a planté de petites plumes qui ralentissent et régularisent son mouvement.

VOLANTS, garnitures légères, unies, plissées ou tuyautées, qu'on met en même temps, sur pourtour des robes de femmes, et dont on met un ou plusieurs rangs.

VOLE (Faire la). C'est, à certains jeux de cartes, faire seul toutes les levées.

VOLÉE, en termes d'Artillerie, décharge de plusieurs pièces en même temps. On nomme encore *volée* d'un canon la partie de la pièce comprise entre les tourillons et la bouche.

VOLÉE, pièce de bois de traverse qui s'attache au timon d'une voiture et à laquelle les chevaux sont attelés.

VOLÉE, en termes d'Architecture, est synonyme de *rampe*. Par *volée d'un arc*, on entend sa courbure, l'espèce d'ascension qu'il opère.

VOLERIE, en termes de Fauconnerie, chasse qui se fait avec des oiseaux de proie. On distingue : la *haute volerie* ou volerie du faucon sur le héron, les canards, les grues; et la *basse volerie*, celle du tiercelet sur la perdrix, la pie, etc.

VOLET, fermeture de menuiserie placée au dedans du châssis d'une croisée. On nomme *volet de parement* celui qui est tout d'une pièce; *volet brisé*, celui qu'on peut replier sur l'écoinçon. On a étendu le nom de *volets* aux contrevents extérieurs. V. aussi COLOMBIER.

VOLIGE, planche mince de bois blanc; — latte qu'on emploie pour porter l'ardoise.

VOLITION, acte de la volonté. Elle est à celle-ci ce que l'effet est à la cause. Locke définit la volition « un acte de l'esprit exerçant avec connaissance l'empire qu'il suppose avoir sur quelque partie de l'homme, pour l'appliquer à quelque action particulière ou pour l'en détourner; » il ajoute que la volonté est la faculté de produire cet acte. Celui-ci est en raison de la valeur des motifs et de l'énergie de la volonté : faible, si le choix est douteux; mais quand il est motivé par une conviction entière et invariable, il se manifeste avec la même force et la même énergie. C'est par erreur qu'on a confondu quelquefois la *volonté* et la *volition*.   R.

VOLONTÉ. Considérée dans sa manifestation, la volonté est le pouvoir de prendre une détermination; dans sa nature, c'est la liberté spontanée éclairée et conseillée par l'intelligence. *Vouloir*, c'est se diriger soi-même au lieu de se laisser diriger; c'est, à la place d'une détermination qui vient du dehors, en prendre une qui vient de nous; c'est user de nos facultés pour atteindre un but. La volonté a dû s'éveiller en nous spontanément; il faut que nous ayons voulu spontanément, pour savoir que nous pouvons vouloir; mais il suffit d'un seul fait pour nous l'apprendre à toujours, et pour que la conscience nous atteste que, même quand nous ne voulons pas, nous pouvons toujours vouloir. La volonté se confond avec l'existence et la causalité du *moi*; aussi, comme dit Descartes, elle est ce qu'il y a en nous de plus proprement nôtre, ou plutôt elle est nous-même, et constitue pour ainsi dire à elle seule la personne humaine. C'est par la volonté que l'homme est réellement *cause et responsable;* c'est ce qui le distingue de la sensibilité et de l'intelligence, qui sont de leur nature fatales. C'est par suite de cette différence qu'on oppose la *volition*, qui est libre et imputable, au *désir* qui est instinctif, spontané, non imputable en lui-même. L'homme a la volonté, pour qu'il tende lui-même à son bien; il en résulte qu'elle est en rapport constant avec les autres facultés, dont elle subit l'influence et sur lesquelles elle réagit d'une manière puissante. Ce rapport l'a fait souvent confondre avec ce qui n'est pas elle. Platon ne la distinguait pas du désir; Malebranche eut le même tort; les Cartésiens ne l'ont pas toujours assez distinguée de l'entendement. Pour Condillac et son école, la Volonté était la réunion de la sensation agréable ou désagréable, du besoin, du malaise, de l'inquiétude, du désir, de la passion, de l'espérance, et du phénomène spécial que l'espérance, jointe à la passion, détermine. La confusion est facile à éviter : les autres facultés sont au *moi*, la volonté est le *moi* lui-même; c'est à elle seule qu'appartient, dans la variété des éléments de notre nature, cette unité si manifestement proclamée par la conscience. V. Debs, *Tableau de l'activité volontaire*, 1844.   R.

VOLTE (du latin *volutus*; de *volvere*, tourner), en termes d'Escrime, mouvement qu'on fait pour éviter les coups de l'ennemi. *Volter*, c'est changer de place pour éviter l'adversaire. — En général, *faire volte-face*, c'est se retourner pour faire face à l'ennemi qui poursuit.

VOLTE, en termes de Marine, action de se placer pour livrer le combat.

VOLTE, ancienne danse, originaire d'Italie, dans laquelle le cavalier faisait tourner plusieurs fois sa dame, et terminait en l'aidant à faire un bond en l'air. Elle était du genre de la gaillarde; l'air était écrit en mesure à 3/4.

VOLTIGEUR, mot qui, après avoir désigné l'individu qui pratique la *voltige* sur une corde ou sur un cheval, a été appliqué à certains soldats d'infanterie. Le premier consul Bonaparte décréta, en 1804, l'institution des compagnies de voltigeurs; il les attacha d'abord à l'infanterie légère, et bientôt après à l'infanterie de bataille. Aujourd'hui, les compagnies de voltigeurs attachées à chaque bataillon sont des compagnies d'élite, que l'on compose d'hommes agiles et bons tireurs, destinés à combattre en tirailleurs. Ils occupent la queue du bataillon, et sont à la gauche en bataille. Ils se distinguent à leurs épaulettes et autres ornements, qui sont jaunes, et aux cors de chasse brodés en jaune sur le collet et les pans de leurs habits. — Depuis 1822, il y a en Corse un bataillon de *voltigeurs corses*, qui sert d'auxiliaire à la gendarmerie.

VOLUCRAIRES, compositions du moyen âge, écrites ordinairement en vers, et contenant des descriptions d'oiseaux, ainsi que de leurs mœurs, avec des réflexions rappelant aux fidèles quelques vérités morales ou religieuses. Les *Volucraires* font presque toujours partie des *Bestiaires* (V. ce mot). V. Hippeau, *le Bestiaire divin de Guillaume, clerc de Normandie*, Introduction, Caen, 1852, in-8°.   C. D—Y.

VOLUME, en latin *volumen* (de *volvere*, rouler, tourner), nom que les Romains donnaient à leurs livres, composés de plusieurs feuilles collées bout à bout et roulées autour d'un bâton. De là leur expression *evolvere librum* (dérouler un livre), équivalant à celle de *lire un livre*, parce que pour le lire il fallait le dérouler. Pour nous, le mot *volume* désigne tout livre relié ou broché, considéré surtout par rapport à son format : on distingue des volumes in-folio, in-quarto, in-octavo, in-douze, etc.

VOLUPTUAIRE, en termes de Droit, se dit de toute dépense d'agrément, de luxe ou de fantaisie. Le vendeur de mauvaise foi doit rembourser à l'acquéreur les *dépenses même voluptuaires* qu'il aurait faites (*Code Napoléon*, art. 1635).

VOLUTE, enroulement en spirale qu'on voit aux chapiteaux ionique, corinthien, et composite (V. les fig. au mot ARC, les colonnes de la fig. *Arc en décharge*, p. 194, et aux mots COMPOSITE et CORINTHIEN). Il y a quatre volutes au chapiteau ionique ancien, et huit au moderne; il y en a seize au chapiteau corinthien, dont huit angulaires, et huit plus petites qu'on appelle *hélices*; il y en a huit au chapiteau composite. Le centre de l'enroulement, ordinairement rempli par un fleuron ou rosette, s'appelle *œil* de la volute, et sa cannelure se nomme *canal*. Vitruve dit que les volutes représentent la coiffure des femmes et les boucles de leurs cheveux; d'autres les croient imitées de l'écorce roulée du bouleau, ou de la corne du bélier. On met aussi des volutes comme ornements aux modillons et aux consoles.

VOMITOIRES. } V. ces mots dans notre *Dictionnaire*
VORORT.   } *de Biographie et d'Histoire.*

VOTE (du latin *votum*), se dit tout à la fois de l'acte par lequel un citoyen exerce le droit de suffrage, et du vœu exprimé par cet acte. On vote soit *au scrutin*, soit *par assis et levé*. Dans l'ancienne France, on appelait *vote par ordre* une manière de voter dans les États-Généraux, laquelle consistait, pour chacun des trois ordres, noblesse, clergé, tiers-état, à voter isolément comme corps, et non par tête : c'est ainsi que, chez les Romains, on votait par *curies*, ou par *tribus*, ou par *centuries*; on exprimait le vote du groupe, et non les votes individuels. Sous la Restauration, on nomma *double vote* le droit qu'eurent les électeurs les plus fort imposés de voter deux fois dans la même élection, la première fois avec les autres électeurs dans le collège d'arrondissement, la seconde dans le collège départemental où eux seuls étaient admis. V. BULLETIN, ÉLECTION, SCRUTIN.

VOTIFS (Boucliers, — Tableaux). V. BOUCLIER, EX-VOTO.

VOUSSOIR, en termes d'Architecture, chacune des pierres disposées pour former une voûte; c'est la même chose qu'un *claveau* (V. ce mot). Les voussoirs sont taillés en forme de coin tronqué par le bas ; celui du milieu reçoit le nom de *clef de voûte* (V. Clef). La Hire a démontré le premier, en 1695, que le calcul, et non le hasard, doit régler la forme et le poids de chaque voussoir.

VOUSSURE, en termes d'Architecture, portion de voûte qui sert d'empattement à un plafond, et qui en fait la liaison avec la corniche de la pièce ; — toute courbure en voûte qui est moindre qu'une demi-circonférence ; — intrados biais et décoré de figures des grands arcs qui couronnent les portes d'église, ou encore chacun des compartiments longitudinaux de cet intrados.

VOUTE (autrefois *voulte* ; de l'italien *volta*, dérivé du latin *volutus*, participe de *volvere*, tourner, rouler), construction formée par un assemblage de *voussoirs* (V. ce mot), et destinée à recouvrir un espace vide compris entre deux murs perpendiculaires qu'on nomme *piedsdroits* de la voûte. Le poids des voussoirs, ainsi que celui des masses soutenues par la voûte, se porte sur les piedsdroits, qui doivent toujours être très-solides, parce qu'ils ont à résister tout à la fois à un effort vertical et à un effort horizontal ou de *poussée*. Les voussoirs sont en nombre impair : le plus élevé, qu'on place le dernier, s'appelle *clef* ; les adjacents sont la *contre-clef* ; ceux qui posent immédiatement sur les pieds-droits, à la *naissance* de la voûte, se nomment *sommiers*. L'*intrados* et l'*extrados* sont la surface intérieure et la surface supérieure de la voûte. Les *reins* de la voûte sont le dessus de la voûte aux deux côtés de la clef, c.-à-d. l'espace compris entre un plan vertical qui s'élèverait de la naissance de l'extrados de la voûte, et un plan horizontal tangent au sommet de cet extrados. L'épaisseur des voussoirs est ordinairement déterminée par les dimensions qu'offrent les pierres à employer ; ils comprennent chacun une partie égale de l'intrados ; leurs joints doivent être normaux à la courbe de ce dernier. En principe général, il faut éviter que les voûtes exercent sur leurs appuis une poussée trop considérable : on diminue la poussée en augmentant le nombre des voussoirs, en diminuant l'épaisseur de la voûte de la naissance au sommet, et en taillant l'extrados des voussoirs suivant des plans horizontaux. La construction d'une voûte se fait sur un *cintre* (V. ce mot).

Les voûtes affectent un grand nombre de formes. Dans une *voûte à plein cintre* ou *en berceau*, l'arc est une portion de cercle de 180 degrés, c.-à-d. un demi-cercle parfait ; le centre est dans le plan de la naissance de la courbe : c'est le genre de voûte qui produit le moins de poussée oblique, parce que les parties les plus basses de l'arc tombent perpendiculairement sur les appuis. — Les *voûtes surbaissées* sont celles dont la hauteur est moindre que l'écartement des deux points d'appui. Tantôt elles sont formées par une portion plus ou moins considérable du demi-cercle, et elles présentent alors, parmi toutes celles de cette espèce, le moins de difficultés d'exécution ¡t l'aspect le plus satisfaisant ; tantôt elles sont établies, soit suivant une ellipse, en prenant le grand axe pour largeur et la moitié du petit axe pour hauteur, soit suivant une courbe formée par plusieurs portions de cercle. Dans ce dernier cas, elles sont dites *en anse de panier* : il y en a à 3, à 5, à 7 ou à 9 centres, suivant le nombre d'arcs de cercle que leur section présente (V. Anc, p. 194, col. 1), et leurs arcs extrêmes se raccordent toujours avec les surfaces des pieds-droits. Quand une voûte surbaissée a un rayon si éloigné qu'on sent à peine la courbure, on la nomme *voûte plate*. — Les *voûtes surhaussées* ou *surmontées* sont celles qui ont une hauteur plus grande que l'écartement des deux pieds-droits, en d'autres termes, qui ont plus d'élévation que le demicercle. C'est en elles que la poussée est la plus grande. Elles peuvent être établies, soit suivant une ellipse, en prenant le petit axe pour largeur et la moitié du grand axe pour hauteur, soit suivant plusieurs arcs de cercle qui se raccordent, soit enfin en prenant deux arcs de cercle qui se croisent au sommet. Cette dernière disposition donne la *voûte en ogive*, qui est le caractère distinctif de l'architecture ogivale. — La *voûte en arc de cloître* est formée par l'intersection de deux voûtes cylindriques, de manière que celles-ci produisent, par leur rencontre, des angles dièdres rentrants. Les pierres de ces angles étendent leurs bras dans les deux voûtes, et portent à leur partie supérieure une échancrure destinée à recevoir la pierre supérieure. La clef est carrée en plan, et porte en dessous le raccordement ou plutôt la réunion des quatre arêtes rentrantes. Lorsque les *voûtes* sont *biaises*, l'appareil se modifie suivant le biais, qui porte entière-

ment sur les pierres d'arêtes. — La *voûte d'arête* est constituée, comme la précédente, par l'intersection de deux voûtes cylindriques, avec cette différence que les angles dièdres de rencontre sont saillants au lieu d'être rentrants, et forment quatre arêtes vives qui viennent se réunir à la clef. L'appareil diffère de celui de la voûte en arc de cloître, en ce que les pierres d'angles portent leur échancrure en dessous au lieu de l'avoir dans la partie supérieure, et que la clef de voûte est à quatre bras au lieu d'être carrée. — La *voûte annulaire* est celle qui porte sur deux murs circulaires. concentriques. Une des variétés de ce genre est la *voûte en vis* ou *en limaçon*, dite encore *voûte hélicoïdale*, dont l'axe s'élève suivant une suite de spires. — On nomme *voûte en cul-de-four* une voûte sphérique ou sphéroïde, surhaussée ou surbaissée, élevée sur un plan circulaire. Les voûtes de ce genre sont les premières qui apparaissent dans l'architecture romane ; elles couvrent les absides (V. ce mot). Quand elles ont peu d'élévation de cintre, on les appelle *voûtes en calotte*. — La *voûte en coquille* a la forme plus ou moins régulière d'une demi-coupole. Elle sert à couvrir une niche. L'appareil de cette voûte se trace par des divisions également espacées sur la façade verticale qui est un arc de cercle, et venant aboutir à un point central inférieur, de manière à former un arbre courbe ; les claveaux, étroits en bas, vont en grandissant à mesure qu'ils s'élèvent. A l'époque de la Renaissance, on a souvent décoré les voûtes en coquille, ainsi que les caissons, soit avec des ornements en demi-relief. — Une voûte conique est celle qui est circulaire en plan, et angulaire en coupe ; elle est formée d'un cône creux. Si son axe est horizontal au lieu d'être vertical, on la nomme *voûte en canonnière*.

Les anciens Égyptiens, selon l'opinion générale, n'auraient pas connu l'art de construire les voûtes : cependant la partie supérieure des murs, dans quelques constructions de Médinet-Abou, prouve que les plafonds, aujourd'hui tombés, devaient être voûtés en pierre. Strabon parle des voûtes des monuments de Babylone. On ne peut pas dire que les Grecs aient ignoré la voûte, puisque l'on trouve des voûtes dans plusieurs monuments d'un âge reculé, par exemple, à Orchomène et à Mycènes : mais il est positif qu'ils n'en firent point usage dans les beaux temps de leur architecture, au moins d'une manière générale ; ils préféraient les plates-bandes. C'est, au contraire, l'emploi de l'arc et de la voûte qui distingue l'architecture romaine : mais, des différentes voûtes que nous connaissons, la seule qu'on y admit fut le plein cintre. Les Romains surent alléger la maçonnerie en y employant de petits vases ou tubes de terre cuite évidés et enfilés verticalement les uns dans les autres : ce genre de construction se retrouve plus tard dans la coupole de l'église Sᵗ-Vital à Ravenne, et il a été renouvelé chez les modernes par l'architecte Louis, quand il bâtit le Théâtre-Français à Paris. ฿.

VOYAGE DU JEUNE ANACHARSIS EN GRÈCE, Voyage fictif composé par J.-J. Barthélemy pour servir de cadre à un tableau de la Grèce ancienne dans le milieu du IVᵉ siècle avant l'ère vulgaire ; il commence quelques années avant la naissance d'Alexandre le Grand, et finit à l'époque où Philippe de Macédoine a dompté toutes les petites républiques grecques. L'auteur suppose un jeune Scythe de nation, descendant du philosophe Anacharsis, curieux de connaître les Grecs et de s'instruire dans leur civilisation, vient se fixer à Athènes, d'où il fait plusieurs voyages dans les provinces voisines, observant partout les mœurs et les usages des peuples, assistant à leurs fêtes, étudiant la nature de leurs gouvernements ; quelquefois consacrant ses loisirs à des recherches sur les progrès de l'esprit humain ; d'autres fois, conversant avec les grands hommes qui florissaient alors, tels qu'Épaminondas, Phocion, Xénophon, Platon, Aristote, Démosthène, etc. Dès qu'il voit la Grèce asservie par Philippe, il retourne en Scythie, après une absence de 22 ans environ, et rédige son voyage.

Cette composition, très-ingénieuse, est en même temps une grande œuvre d'érudition, car Barthélemy en a puisé les faits et jusqu'aux moindres détails dans tous les auteurs de l'antiquité grecque et latine, et ses autorités sont citées au bas des pages de son texte. Au point de vue de la science, de l'étendue et de l'exactitude des recherches, l'ouvrage ne laisse rien à désirer, surtout pour l'époque où il fut fait ; mais le plan et l'exécution ont essuyé d'assez graves critiques : on a reproché au plan de n'être qu'une fiction, où sont introduits quelques personnages imaginaires qui n'ont et ne pouvaient avoir aucun intérêt à côté des personnages historiques mis en scène; la donnée acceptée, l'auteur n'en a pas tiré tous les avantages qu'elle devait produire. « Ce plan, dit M. Villemain, ce n'est pas une analyse, ce n'est pas un récit, c'est l'imitation de la vie, la traduction littérale, pittoresque de tout ce que le spectacle de la Grèce aurait donné d'émotions et d'idées à un contemporain. Barthélemy s'était donc imposé à lui-même cette vivacité de coloris, ce naturel dans les détails, cette expression du moment dont je lui reproche d'avoir manqué. » Avant M. Villemain, on avait déjà remarqué que dans l'*Anacharsis* la peinture, soit de scènes vivantes, soit des sites ou des monuments, bien qu'exacte, manquait d'animation, de vérité, de couleur locale; c'était sans doute un peu le défaut du temps, qui ne comprenait rien à l'Antiquité, et que l'auteur crut lui faire goûter en l'accommodant en contemporain; c'était aussi, il faut bien le dire, la faute du tempérament de Barthélemy : il n'avait point visité la Grèce, où l'amour de son sujet aurait dû le conduire, et son imagination trop calme pour suppléer par une intuition de génie à tout ce que la vue même des lieux lui aurait pu inspirer. Enfin, Barthélemy commença son ouvrage à 47 ans et le finit à 72 ans, et peut-être faut-il chercher encore dans ces dates l'origine de plusieurs des défauts dont nous venons de parler. Malgré tout, le *Voyage d'Anacharsis* n'en reste pas moins un livre digne de la plus haute estime : « On ne pourra facilement l'égaler, et moins encore le faire oublier, » dit encore M. Villemain, avec autant de justesse que de justice. Cet ouvrage d'une placide beauté parut en 1788, Paris, 4 vol. in-4° et atlas; il fut accueilli avec une sorte d'enthousiasme; pendant un demi-siècle il a été très-souvent réimprimé, et on l'a traduit à l'étranger. S'il est aujourd'hui moins populaire, il garde et gardera toujours un haut rang parmi les meilleures œuvres françaises d'érudition solide et de littérature élégante et sérieuse. *V.* M. Villemain, *Tableau de la littérature au* XVIIIe *siècle*, 42e leçon. C. D–y.

VOYAGE DU PÈLERIN (Le), célèbre ouvrage anglais, composé par Bunyan. C'est une sorte d'épopée en prose mystique, une allégorie de la vie chrétienne, qui a eu en Angleterre un succès incroyable. Nulle part ailleurs la langue anglaise n'a plus de précision, de vigueur et de richesse. Le *Voyage du Pèlerin* est lu avec édification par les ouvriers et les paysans eux-mêmes. On ignore la date de la 1re édition de ce livre; la 2e parut en 1678. Il en existe une traduction française sous ce titre : *le Pèlerinage des chrétiens à la Cité céleste, décrit sous la similitude d'un songe*, Paris, 1831, in-12.

VOYAGE SENTIMENTAL (Le), ouvrage où l'auteur anglais Sterne raconte ce qui lui arriva, vers la fin de sa vie, dans un voyage en France, et qui fut publié en 1767. Le livre est naturellement épisodique, et composé d'une suite de scènes, de petits tableaux détachés : on y remarque une exécution savante, une rare perfection de détails. En rendant compte de ses sentiments et de ses pensées, Sterne se montre observateur profond, subtil même et un peu trop enclin à moraliser : les élans de vive sensibilité donnent un grand charme au *Voyage sentimental*, mais parfois aussi l'on sent près de l'afféterie et du sentimentalisme précieux. Au pathétique se mêle le plaisant, aux traits touchants les saillies de gaieté; Sterne pousse le goût de l'originalité jusqu'au paradoxe, l'enjouement jusqu'à la bouffonnerie. Son style ne vise ni à la pureté ni à l'harmonie; il a tout à la fois des néologismes et des locutions archaïques; mais il est flexible, animé, pittoresque, et rencontre au besoin des expressions d'une délicatesse peu commune.

VOYAGES. On distingue les *voyages terrestres* et les *voyages maritimes*, et, parmi ces derniers, les *voyages de cabotage* (*V. ce mot*) et les *voyages de long cours*, entrepris généralement dans un intérêt de commerce. Les *voyages de circumnavigation* ou *voyages autour du monde* ont pour but de faire des découvertes, des explorations de régions peu connues. Les voyages ont toujours été considérés comme le complément de toute bonne éducation : dès l'Antiquité, on se formait en voyageant, et ce n'était qu'au retour de longues excursions qu'on devenait législateur ou philosophe. Lycurgue, Pythagore, Solon, Hérodote voyagèrent dans les pays étrangers, pour

en étudier les institutions, les mœurs et l'histoire. Les relations de voyages sont pour le géographe ce que les Mémoires sont pour l'historien : elles lui fournissent une partie des matériaux qui lui sont nécessaires pour la composition de ses ouvrages. C'est ainsi que les *Périples* (*V. ce mot*) des Anciens nous donnent des renseignements précieux; mais on ne saurait ranger parmi les relations de voyages les *Itinéraires* (*V. ce mot*) parvenus jusqu'à nous. Si l'on excepte les récits de pèlerinages en Terre Sainte, le moyen âge chrétien offre peu de relations intéressantes; il en existe, au contraire, un certain nombre dans les littératures arabe et juive. À l'approche des temps modernes, le génie du commerce provoqua, notamment chez les Vénitiens, les recherches et les descriptions utiles : puis les découvertes maritimes du XVe et du XVIe siècle, coïncidant avec l'invention de l'imprimerie, multiplièrent les entreprises d'exploration. Dès lors, la littérature de voyages est devenue très-féconde. On peut consulter l'*Histoire générale des Voyages* par l'abbé Prévost, 1746, 20 vol. in-4°, et la *Bibliothèque universelle des voyages* par Albert Montémont, 1833-36, 46 vol. in-8°.

VOYAGES DE GULLIVER. *V.* GULLIVER.

VOYELLES (du latin *vocalis*, sonore), lettres qui ont par elles-mêmes un son, par opposition aux *consonnes*, qui ne sonnent qu'avec le concours d'une voyelle. Il y a en français 5 voyelles, *a, e, i, o, u*; 6 en comptant *y*, qui fait double emploi avec *i*, sinon comme caractère, du moins comme son. Aux voyelles proprement dites s'ajoutent d'autres voyelles composées de deux ou de plusieurs lettres, mais formant un son simple, comme *au, eau; ai, aie; eu, ou*. Enfin il y a les voyelles dites *diphthongues*, parce que, bien que prononcées en une seule émission de voix, elles laissent entendre un double son, comme *ui* dans *lui*, *ié* dans *amitié*, *ieu* dans *lieu*, etc. Les voyelles *æ, œ*, étaient propres aux Latins, mais ont eu probablement une origine grecque. Les voyelles grecques se divisaient en *propres* et *impropres* : celles-ci comprenaient tout ce qui est appelé, dans l'enseignement de cette langue morte, diphthongue. — La langue française a une espèce de voyelles qui lui est particulière : ce sont les voyelles nasales, formées de la combinaison des voyelles simples avec la consonne *n* ou la consonne *m*, comme *an, on, en, in, un, ym* (thym); *am, aim, ein*, etc. *V.* NASALES, BRÈVES, LONGUES, SEMI-VOYELLES. P.

VOYERS (Agents), fonctionnaires chargés de l'entretien et de la rectification des chemins vicinaux. Dans chaque département, un agent voyer en chef dirige le service sous l'autorité immédiate du préfet, et centralise au chef-lieu toutes les opérations; il a sous ses ordres les agents voyers d'arrondissement, qui sont préposés aux travaux des chemins de grande communication, et les agents voyers cantonaux, chargés de surveiller les chemins de petite communication. Le traitement des agents voyers est fixe, et déterminé par les Conseils généraux.

VUE, en termes d'Architecture, toute ouverture pratiquée à un bâtiment pour y faire pénétrer le jour ou faciliter l'aspect des objets extérieurs. Une vue peut être ou *droite*, ou *de côté*, ou *d'en haut*, ou *d'en bas*. Elle est dite *faîtière*, quand elle est prise vers le faîte d'un comble; *dérobée*, lorsqu'elle est faite au-dessus d'une corniche, d'une plinthe, ou dans quelque ornement. — Du droit de se clore résulte pour le propriétaire le droit d'empêcher autrui d'avoir des vues sur son héritage : aussi la loi a-t-elle déterminé d'une manière précise les droits et devoirs des voisins en ce qui concerne les vues et jours. *V.* MITOYENNETÉ, SERVITUDE.

VUE (Seconde), faculté que certains individus prétendent posséder de voir ce qui existe ou ce qui arrive à de grandes distances. Une sorte de seconde vue est attribuée à Socrate par Platon dans son *Théagès*, et à Apollonius de Tyane par Philostrate. Les phénomènes de ce genre, dont rien ne démontre la réalité, sont rangés dans la même classe que ceux du somnambulisme magnétique.

VULGATE. *V.* ce mot dans notre *Dictionnaire de Biographie et d'Histoire*.

W

W, lettre particulière aux idiomes germaniques, et qui s'est introduite assez tard dans l'alphabet des langues néolatines. Les Allemands la nomment *vé*, les Anglais *double U*, et, quand on l'emploie en français à la transcription de mots d'origine étrangère, on l'appelle *double V*. Selon Mabillon, les deux V furent séparés jusqu'au XIIᵉ siècle, époque où on les réunit en un seul caractère : cependant le W se trouve dans un diplôme de Clovis III, à la fin du VIIᵉ siècle. En allemand, le W se prononce comme notre V simple, lequel reçoit le son de notre F ; il ne paraît pas néanmoins qu'il en ait été toujours ainsi, car l'U de certains mots (prononcé *ou*) a remplacé le W qui s'y trouvait anciennement : par exemple, *frau* (femme) s'est écrit primitivement *frawe*. En anglais, le W au commencement des mots s'articule *ou ;* à la fin, tantôt il est muet, comme dans *row, low*, etc., tantôt il indique une valeur exceptionnelle dans la voyelle qui le précède, comme dans *law, new*, etc. Nous avons conservé au W la valeur *ou* dans les mots venus de l'anglais : ainsi, *whist* se prononce *ouist ;* cependant *wagon* se prononce et commence déjà à s'écrire *vagon*. Dans le passage d'une langue à une autre, il y a eu souvent permutation du W et du G : *guerre* vient de *wehr*, *garantie* de *warrant ;* les *Gaulois* et leurs descendants sont appelés *Wallons* par les Flamands ; notre nom propre de *Gauthier* répond à l'anglais et à l'allemand *Walter, Guillaume* à l'anglais *William* et à l'allemand *Wilhelm ;* le nom que nous donnons au pays de *Galles* vient de celui de *Wales*, qui lui est donné par les Anglais. Le W n'existe pas dans les alphabets slaves ; quand on écrit les noms russes *Souwarow, Nowogorod, Oczakow, Iwan*, etc., on emprunte cette orthographe à des transcriptions allemandes. — Le W a été la marque de fabrique des monnaies frappées à Lille.

WAGON, mot anglais qui signifie *chariot*, et que l'établissement des chemins de fer a fait passer dans notre langue. Il désigne les voitures de transport sur les voies ferrées.

WAGUEMESTRE. *V.* VAGUEMESTRE.

WAKASH (Langue), ou NOUTKA, une des langues indigènes de l'Amérique du Nord, parlée dans le Nouveau-Hanovre, aux îles du roi Georges et Quadra-Vancouver. Elle abonde en aspirations, en consonnes difficiles à prononcer, en terminaisons sourdes. C'est une des plus dures que l'on connaisse. Beaucoup de ses mots finissent en *th* et *tz*, comme dans la langue aztèque.

WAKF ou WAKOUF, nom qu'on donne en Turquie aux biens des mosquées et des fondations pieuses. Ces biens sont exempts d'impôts, à l'abri de toute confiscation, et insaisissables.

WAKIL. *V.* VAKIL.

WALHALLA. *V.* ce mot dans notre *Dictionnaire de Biographie et d'Histoire*.

WALI, nom que portent les gouverneurs de districts chez les Arabes.

WALLON (Idiome), idiome parlé par les populations des provinces belges de Hainaut, de Namur, de Liége, de Luxembourg, et dans une partie du Brabant. C'est un vieux dialecte roman qui est demeuré sans culture. Il se distingue du français par une quantité plus grande de mots latins ou à tournure latine qui s'y sont conservés. On y trouve aussi des mots empruntés au flamand et à l'ancien haut-allemand. Raepsaet (*Analyse des droits politiques et civils des Belges et des Gaulois*, Gand, 1825) a soutenu que le wallon était un débris de la langue celtique : il a été réfuté par Schayes (*Nouvelles Archives historiques des Pays-Bas*, avril 1830). Le mot de *wallon*, qui dérive du vieux mot allemand *whale* (étranger), a été synonyme de *gaulois*. *V.* Grandgagnage, *Dictionnaire étymologique de la langue wallonne*, 1845-50, 2 vol. in-8º ; Hubert, *Dictionnaire wallon-français*, 1856, in-12 ; Remach, *Dictionnaire wallon-français*, Liége, 1857, 2 vol, in-8º.

WALNICA, chalumeau en usage parmi les paysans de la Russie, et qui consiste en une vessie de bœuf où l'on place deux ou trois roseaux.

WALSE. *V.* VALSE.

WALTHER D'AQUITAINE, ancien poëme latin dans lequel sont racontées les aventures d'un personnage qui joue aussi un rôle important dans les *Niebelungen* (*V. ce mot*). En voici le sujet : Attila, roi des Huns, attaque les Franks, qui obtiennent la paix en payant tribut et en donnant pour otage Hagen, fils d'un de leurs chefs, puis les Burgondes, dont le roi livre également sa fille Hildegonde, et enfin le roi des Aquitains, qui donne son fils Walther. Il fait élever les trois enfants comme s'ils étaient les siens. Quelques années plus tard, il confie à Hagen et à Walther le commandement de ses armées ; Hildegonde est chargée de la garde des trésors de la reine. Le roi des Franks ayant rompu le traité, Hagen s'enfuit du camp d'Attila, et retourne dans son pays. Bientôt Walther s'échappe à son tour avec Hildegonde, qui lui avait été fiancée autrefois par son père : après quarante jours de marche, ils traversent le Rhin, et entrent dans le pays des Franks. Arrivé sur l'un des sommets des Vosges, Walther s'endort pour la première fois depuis sa fuite ; Hildegonde veille pendant qu'il repose. Elle voit briller des lances, et réveille son fiancé, qui examine les ennemis et reconnaît Hagen parmi eux : de son côté, Hagen a reconnu Walther ; il engage le roi des Franks à ne pas attaquer un guerrier si redoutable, et déclare qu'il se tiendra à l'écart pendant la lutte. Le roi fait assaillir Walther par onze de ses plus vaillants guerriers, qui succombent tous sous les coups de l'Aquitain. Le roi conjure alors Hagen de le secourir ; celui-ci finit par céder ; ils se mettent en embuscade, et fondent sur Walther au moment où, quittant la montagne, il s'engage dans la plaine. Le combat, commencé à la deuxième moitié du jour, se prolonge jusqu'à la neuvième ; les trois guerriers se font de terribles blessures ; enfin Hagen et Walther se réconcilient, et ce dernier retourne en Aquitaine, où, dit le poëte, il régna durant trente ans fort aimé de ses peuples. — Là s'arrête le poëme, qui a moins de 1,500 vers. Le premier manuscrit en fut trouvé dans un monastère de Bavière au milieu du siècle dernier, et publié par Jonathan Fischer, Leipzig, 1780, in-4º. Deux ans après, Frédéric Molter découvrit un second manuscrit dans la bibliothèque de Carlsruhe, et en publia une mauvaise traduction en vers allemands. Enfin, au commencement de notre siècle, on trouva deux nouveaux manuscrits, l'un à Bruxelles, l'autre à Paris, avec une dédicace contenant le nom de l'auteur, un certain Gérald, qu'on suppose, d'après cette dédicace, avoir été moine à l'abbaye de Fleury ou Saint-Benoît-sur-Loire. Le poëme est dédié à l'évêque Archambauld, frère de l'auteur : cette indication ne peut servir à déterminer avec certitude la date de l'œuvre, parce que nous n'avons pas la liste complète des évêques de la Gaule franque. Fischer pencherait pour le VIᵉ siècle, mais le style paraît appartenir plutôt à l'époque de Charlemagne. L'auteur dit qu'il a mis en vers une vieille histoire populaire, et comme les aventures de Walther sont aussi racontées dans les *Niebelungen*, les Allemands ont voulu en faire une légende d'origine germanique. Mais, outre que le poëme latin est beaucoup plus ancien que les *Niebelungen*, le caractère même de Walther prouve que cette tradition n'est point germanique : Walther est ennemi des Franks, il les méprise, il les considère comme des barbares et des brigands, il leur est toujours supérieur par la force et le courage ; en un mot, il représente la résistance des Gallo-Romains défendant leur indépendance contre les Germains. Aussi ses exploits ne paraissent-ils pas être ceux d'un seul homme ; la tradition les aura embellis d'âge en âge, en y ajoutant les hauts faits des héros qui remportèrent quelque victoire sur les Germains. Une Chronique anonyme, écrite vers l'an 1060 dans le monastère de la Novalèse, au pied du mont Cenis, raconte que Walther, après un long règne et des prouesses sans fin, était venu s'enfermer dans ce monastère pour s'occuper de son salut éternel : ce trait rappelle la fin de Waifre, le plus célèbre et le plus digne adversaire des Franks en Aquitaine. Ainsi, la tradition de Walther appartient à la Gaule ; mais elle pénétra de bonne heure chez les Germains, sans doute à cause de l'influence que les Gallo-Romains civilisés surent prendre sur leurs vainqueurs. Elle se répandit même chez les Scandinaves et les Slaves : on la retrouve dans la *Wilkina-Saga*, composée par Biorn en 1250, et Boguphali, évêque de Posen, écrivant une histoire de Pologne vers le milieu du XIIIᵉ siècle, y inséra les exploits de Walther comme des faits d'histoire nationale. H. D.

WANDRILLE (Abbaye de SAINT-). Cette abbaye, fondée par Sᵗ Wandrille en 684, à 8 kilom. S. d'Yvetot, s'appela d'abord *Fontenelle* (d'une source voisine du monastère), et ne prit le nom de son fondateur que dans le XIᵉ siècle. L'église, incendiée en 756, détruite par les Normands en 862, fut encore la proie des flammes en 1250. Le monument ogival qui la remplaça ne fut jamais achevé, et la nef, par exemple, ne fut voûtée que jusqu'à la 3ᵉ travée. La tour, en s'écroulant en 1631, renversa une grande partie du chœur, et détruisit entièrement la nef : le service divin fut rétabli en 1647, mais on n'acheva les réparations que 80 ans plus tard. La longueur de l'édifice, hors œuvre, était de 82 mèt.; la largeur de la nef, de 16 mèt., y compris les collatéraux; celle du chœur, de 24 mèt.; la nef avait 23 mèt. d'élévation sous voûte. Le centre de la croisée était voûté en forme de coupole. En 1672, on éleva à l'entrée du chœur un jubé surmonté de statues. De l'abbaye de Sᵗ-Wandrille il ne subsiste aujourd'hui que le cloître et le réfectoire, utilisés pour des entreprises industrielles; l'église n'est plus qu'un monceau de ruines. V. Langlois, *Essai historique et description de l'abbaye de Sᵗ-Wandrille*, Paris, 1827, in-8°.

WARRANT, mot anglais qui veut dire *garantie*, et qui désigne, dans la Jurisprudence anglaise, tout ordre écrit (assignation, mandat d'amener, etc.) dont le porteur agit par autorité, et avec toute garantie contre les poursuites auxquelles pourrait donner lieu l'exécution de cet ordre. En termes de Commerce, un warrant est un certificat de dépôt de marchandises dans un dock ou entrepôt; ce certificat est négociable comme effet de commerce, et a pour garantie la valeur constatée des marchandises qu'il représente.

WARWICK (Vase de), célèbre vase antique colossal, en marbre blanc, trouvé dans les ruines de Tivoli en Italie, et que sir W. Hamilton fit transporter en Angleterre en 1774. Il orne aujourd'hui le château de Warwick, situé sur l'Avon. Ce vase, que l'on croit être du sculpteur Lysippe, était resté enfoui pendant une longue suite de siècles dans la villa d'Adrien. La coupe en est presque entièrement sphérique. Deux ceps de vigne entrelacés se détachent du marbre pour former les anses, et, serpentant avec grâce autour du bord élégamment renversé, l'ornent de leurs grappes et de leur feuillage. Au milieu sont des têtes de Satyres en grand relief, et au-dessous, une peau de panthère avec le thyrse de Bacchus et d'autres embellissements. La capacité du vase de Warwick est de 800 litres environ.

WATCHMAN (de l'anglais *watch*, veiller, et *man*, homme), gardien de nuit en Angleterre. Les *watchmen* parcourent les rues et proclament l'heure à haute voix.

WEHME (La SAINTE-). V. VEHME, dans notre *Dictionnaire de Biographie et d'Histoire*.

WEHRGELD. V. ce mot dans notre *Dictionnaire de Biographie et d'Histoire*.

WELCHE (Idiome). V. GALLOIS.

WELLS (Cathédrale de), en Angleterre, dans le comté de Somerset. Cette église de style ogival, commencée dans la première moitié du XIIIᵉ siècle, sur l'emplacement d'un édifice antérieur, ne fut entièrement achevée qu'en 1465. Elle est en forme de croix archiépiscopale, à moins que les chapelles de Sᵗ Jean et de Sᵗᵉ Catherine, qui se correspondent, ne soient pas considérées comme formant un véritable transept. La façade occidentale est accompagnée de deux tours carrées, hautes de 42 mèt., garnies de contre-forts saillants et d'un charmant effet. Les ornements y sont multipliés et très-délicats : du côté droit, des hauts-reliefs figurent les différentes scènes de la Création, le Déluge, et les actions les *plus* importantes des Patriarches; du côté gauche, ce sont les principales circonstances de la vie de J.-C. Au-dessus, deux rangs de statues plus grandes que nature, placées dans des niches, représentent les rois, des reines, des saints, des évêques, des moines, et les patrons de l'église. Auprès du fronton, le Sauveur, entouré par des Anges et par ses 12 Apôtres, préside au Jugement dernier. Dans la composition de toute la façade, on ne compte pas moins de 450 statues, dont 150 sont de gran-

deur naturelle. La cathédrale de Wells a une tour centrale, haute de 52 mèt. A l'intérieur, elle a 100 mèt. de long (dont 64 pour la nef et 36 pour le chœur), et 45 mèt. de large au transept. Les voûtes sont soutenues par 46 piliers, composés, dans la grande nef, de plusieurs faisceaux de colonnettes, et couronnés de chapiteaux à feuillages. Les arcades sont ornées de nervures à leur intrados, et entourées d'un seul gros tore, qui forme archivolte et s'appuie sur une espèce de console saillante. La galerie ou triforium s'ouvre sur la nef par une série de petites arcades à lancette, toutes semblables entre .elles. Les nervures des voûtes retombent sur des colonnettes très-courtes, portées en encorbellement sur des feuillages au niveau de la tête des arcades du triforium : c'est une disposition qui manque de grâce et de légèreté, et l'on peut également blâmer la lourdeur des arceaux qui séparent les croisillons de l'intertransept. La chapelle de la Sᵗᵉ Vierge est généralement regardée comme le chef-d'œuvre de l'architecture religieuse en Angleterre. — Sur le flanc méridional de l'église il existe un vaste cloître, composé de 30 travées de voûtes. Sur le flanc septentrional s'élève une salle capitulaire, chef-d'œuvre du genre, bâtie au-dessus d'une crypte. Au centre de l'octogone de cette salle est un pilier formé de colonnettes groupées, et duquel partent des nervures qui s'épanouissent à la voûte comme les branches d'un palmier. B.

WENDE (Langue), une des langues slaves, parlée entre la Croatie, la mer Adriatique, l'Isonzo et la Drave. On la nomme aussi *Slovène* et *Couroutane*. Ses principaux dialectes sont le *carniaque*, le *carinthien* et le *styrien*. Le wende est un idiome antique, mais très-peu cultivé, qui se rattache au slavon liturgique; il présente toutefois des déviations assez notables dans sa prononciation et dans son orthographe, représentée jadis par l'alphabet glagolitique et maintenant par des lettres romaines. Kopitar a publié en allemand une *Grammaire de la langue slave en Carniole, en Carinthie et en Styrie*, Laybach, 1808. Murko est aussi l'auteur d'une *Grammaire wende* (Gratz, 2ᵉ édition, 1843), et Jarnik, d'un *Essai étymologique sur l'idiome slovène* (Klagenfurt, 1832). — Parmi les productions écrites en langue wende, nous citerons la traduction de l'Évangile par Truber et Dalmatin au XVIᵉ siècle, celle de la Bible par Iapel (1800), et les poésies de Vodnik (1806).

WÉNÈDE (Idiome). V. VÉNÈDE.

WESTMINSTER (Abbaye de). Cette abbaye, dont le nom signifie *monastère de l'Ouest*, fut ainsi appelée à cause de sa situation dans la partie occidentale de Londres. Elle porte aussi le nom d'*Église collégiale de Sᵗ-Pierre*. On en attribue la fondation à Sᵗ Mellitus, qui fut le 1ᵉʳ évêque de cette ville, au commencement du VIIᵉ siècle. Les Danois l'ayant détruite au IXᵉ, Sᵗ Dunstan la releva, et le nouvel édifice fit place encore à un autre plus somptueux, que fit bâtir Édouard le Confesseur, et dont la dédicace eut lieu en 1065. Henri III commença la reconstruction de l'église de Westminster par la chapelle de la Sᵗᵉ Vierge, dont il posa la première pierre en 1220 : tout le monument, fait en style ogival, fut achevé en 1285, sous le règne d'Édouard Iᵉʳ. D'après le registre des comptes, on avait dépensé environ 5 millions de francs de notre monnaie. Plus tard, Henri VII rebâtit encore la chapelle de la Sᵗᵉ Vierge, et l'architecture de la fin du XVᵉ siècle y déploya toute la richesse de ses ornements. L'entrée occidentale de l'église et ses deux tours, qui s'harmonisent assez mal avec le reste de l'édifice, datent du XVIIIᵉ siècle ; les dessins en furent donnés par Christophe Wren : la grande fenêtre est un morceau remarquable de peinture sur verre. L'extérieur de l'abbaye de Westminster est généralement lourd ; la partie la plus remarquable est le portail gothique de la croisillon septentrional, appelé *Porte de Salomon;* les bâtiments du cloître sont situés au midi. L'intérieur, en forme de croix, a de la légèreté et de l'élégance : toutefois, la vue y est en partie obstruée par des cloisons en bois, des grilles et des constructions accessoires. Des piliers d'une grande hardiesse soutiennent la voûte, qui a 33 mèt. d'élévation ; l'édifice a 92 mèt. de long, 25 mèt. de large dans la nef et 66ᵐ,33 dans le transept. Il est encombré de sculptures, de tombeaux, de statues, d'œuvres d'art de tous les âges, qui lui donnent l'aspect d'un Panthéon ou d'un musée, mais dont la plupart ont peu ou point de valeur artistique; dans le nombre il n'y a que quelques beaux ouvrages de Roubiliac, de Rysbrach, de Nollekens, de Bacon, de Chantrey et de Flaxman. La nef offre les monuments ou tombes de Ben Johnson, de W. Temple, de Congrève, de Pitt, de Fox, etc. Dans le transept septentrional, on remarque les tombes de Grattan, de Canning, de Castlereagh, les monuments de l'amiral Vernon, de lord Chatham, de Warren Hastings, les statues-portraits de Canning et de Wilberforce. Une partie du transept méridional a reçu le nom de *Coin des poètes*, parce qu'on y trouve les monuments de Chaucer, Spencer, Shakspeare, Butler, Davenant, Cowley, Prior, Gay, Thomson, Goldsmith, Southey, la statue d'Addison, les bustes de Milton et de Dryden, etc.; dans le reste de ce transept on a placé les monuments de Casaubon, de Camden, du duc d'Argyle, de Handel, de Garrick, etc. Le chœur, où a lieu le couronnement des souverains d'Angleterre, a un magnifique pavé en mosaïque, disposé par des ouvriers de Rome en 1260, sous la direction d'un certain Oderic, et représentant le temps de la durée du monde ou le *primum mobile* suivant le système de Ptolémée. Mais un autel de style grec en détruit l'unité. Il y a 9 chapelles : celles de St-Benoît, de St-Edmond, de St-Nicolas, de St-Érasme, de St-Jean-Baptiste, et de l'abbé Islip, ne renferment pas d'œuvres d'un grand mérite. On conserve, dans une salle annexe de la chapelle St-Jean, les figures en cire des reines Marie et Anne, et celle de Nelson, ornées de leurs costumes d'apparat. La chapelle St-Paul contient un monument élevé à la mémoire de James Watt; celle de St-Édouard le Confesseur, les tombeaux de ce prince et de sa femme Édith, de Henry III, d'Édouard III et de sa femme Philippa, de Richard II, de Henry V, l'épée d'Édouard II, le casque et le bouclier de Henry V, enfin les deux sièges en pierre qui servent au couronnement, et dont l'un est la célèbre pierre de Scone des anciens rois d'Écosse. Mais la plus belle et la plus importante chapelle est celle de la St-Vierge ou de Henry VII, construite par le Florentin Torrigiano : plus élevée que le pavé du reste de l'abbaye, elle a de belles portes de chêne sculptées et dorées, et se compose d'une nef centrale avec plusieurs petites chapelles à son extrémité, et de deux ailes latérales; les bannières et les stalles appartiennent aux chevaliers de l'ordre du Bain, qui y recevaient autrefois leur investiture. Les tiges des arceaux jaillissent avec une légèreté inouïe vers la voûte, dont les clefs pendantes ont une magnificence au-dessus de toute expression. Un artiste a appelé cette voûte « le ciel des sculpteurs. » La chapelle de Henry VII est longue de 30 mèt., et haute de 20. Là sont les monuments de Henry VII et de sa femme, de Marie Tudor, d'Élisabeth, de Marie Stuart, de Jacques Ier, de Monk, d'Édouard V et de son frère Richard d'York; Charles II, Guillaume III, les reines Marie et Anne, George II, le duc de Cumberland, etc., y ont été également inhumés. Extérieurement la chapelle est ornée de 16 tours. *V.* John Dorth, *The History and antiquities of the abbey church St-Peters Westminster*, in-fol., pl.; J. Tismith, *Antiquities of Westminster*, 1807, in-4°; Braylen, *The history and antiquities of the abbey church of St-Peter, Westminster*, Londres, 1822, in-4°; Cottingham, *Plans, elevations, details and views of the magnificent chapel of king Henri the seventh, at Westminster abbey church*, Londres, 1822, in-fol. B.

WESTMINSTER-HALL, immense édifice de Londres, situé sur la rive gauche de la Tamise, entre ce fleuve et l'abbaye de Westminster. Il occupe l'emplacement de l'ancien palais royal de Westminster, qu'un incendie dévasta en 1834, et a été construit depuis 1840 sur les plans de l'architecte Barry. C'est la plus grande construction de style gothique qui existe au monde. Elle a quatre façades : la principale, qui donne sur la Tamise, et dont le pied est baigné par les eaux, n'a pas moins de 300 mèt. de développement. Trois tours principales dominent tous les bâtiments : la tour royale ou Victoria, à l'angle S.-O., s'élève, sur une base de 25 mèt. carrés, à une hauteur de 113^m,33; la tour du centre a 20 mèt. de diamètre et 100 mèt. d'élévation; la tour de l'horloge ou du clocher, placée à l'extrémité septentrionale de l'édifice, est haute de 106^m,06. Un grand nombre d'autres tours, moins élevées, rompent les lignes d'une vingtaine de toits de manière à réunir la beauté architecturale à la noblesse de style. Les frais de construction se sont élevés à près de 40 millions de francs. De l'ancien palais, on a conservé, dans l'édifice nouveau, où elle tient lieu de vestibule, une ancienne salle construite par Guillaume II et réparée dans les dernières années du xive siècle : cette salle, dont la toiture de bois de noyer sculpté est admirable, a 92 mèt. de longueur, 63^m,33 de largeur, et 30 de hauteur; elle avait été construite pour y donner des fêtes de cour, et Richard II, lors de son couronnement, y traita 10,000 convives; elle a servi jadis aux séances du Parlement, et c'est là que furent jugés W. Wallace,

Thomas Morus, le comte de Strafford, Charles Ier, les nobles rebelles de 1745, et Warren Hastings. La Chambre des Lords occupe la partie méridionale des nouvelles constructions; elle y siége dans une salle de 32 mèt. de long, 15 mèt. de large et 15 mèt. de haut. La partie septentrionale est assignée à la Chambre des Communes, dont la salle a 20 mèt. de longueur, 15 mèt. de hauteur et 15 mèt. de largeur. Les bâtiments de Westminster-Hall contiennent aussi les locaux où siégent la Cour de l'Échiquier, la Cour des plaids communs, la Cour de chancellerie et la Cour du banc de la reine. B.

WHIGS. *V.* ce mot dans notre *Dictionnaire de Biographie et d'Histoire.*

WHIST, mot anglais qui veut dire *chut!* ou *silence!* et par lequel on désigne un jeu de cartes où le mutisme est de rigueur. Il se joue avec un jeu entier de 52 cartes, entre quatre personnes, deux contre deux. L'as est la plus forte carte; puis viennent, dans leur ordre naturel, le roi, la dame, le valet, etc., jusqu'au deux. On joue en parties liées, et les *partners* qui les ont gagnées ont fait un *rob* (mot dérivé de *robre*, prononciation anglaise de *rubber*, partie liée). La partie est ordinairement de 10 points; si on la joue en 5, c'est un *short-whist* (whist court). Pour donner les cartes, on fait couper à droite, et l'on distribue 13 cartes à chaque joueur, une à une, de gauche à droite; la dernière se retourne, et détermine l'atout. Chaque levée (*trick*) au-dessus de six compte deux points au whist ordinaire, et un seul au short-whist; trois honneurs dans les mains des associés valent deux points, les quatre honneurs en valent quatre. Une manche gagnée, c.-à-d. 10 points marqués sans que les adversaires en aient pu marquer un seul, est comptée *triple*, et l'on prend 3 fiches; si les adversaires n'ont pas marqué plus de quatre points, elle est *double*, et l'on n'a que 2 fiches; s'ils en ont marqué plus de quatre, elle est *simple*, et l'on n'a qu'une fiche. Ceux qui gagnent le rob reçoivent, outre les fiches gagnées dans les manches, un nombre convenu de fiches dites *de consolation*, ordinairement 3 ou 4, et, si l'on a joué trois manches, on défalque les fiches de la manche gagnée par les perdants. Le prix de la fiche est conventionnel. Si les partners font un *chelem*, c.-à-d. les 13 levées, ils gagnent 10 fiches, et la partie continue. Le jeu de whist exige de l'attention et de la mémoire, car il faut se rappeler les cartes qui ont été jouées depuis la première jusqu'à la dernière. La manière de bien jouer la carte ne peut s'acquérir que par la pratique : il est, par exemple, telle façon d'attaquer qui indique au partner à peu près ce qu'il devra jouer quand il aura pris la main. Sur chaque coup de cartes, on est tenu de fournir la couleur demandée; si l'on n'en a pas, on peut, soit couper avec de l'atout, soit renoncer, afin de laisser au partner la possibilité de faire la levée. On peut gagner la partie par les honneurs qu'on a dans la main; mais on doit jouer le coup, parce que les adversaires peuvent, en marquant des points, diminuer le nombre des fiches qu'ils perdent, et même les points gagnent avant les honneurs. On joue quelquefois *à l'enfilade*, c.-à-d. qu'on reporte sur la manche suivante les points faits en plus de 10. Des Traités de whist ont été publiés par Hoyle (1786) et Deschapelles (1839).

WHITE-BOYS. *V.* ce mot dans notre *Dictionnaire de Biographie et d'Histoire.*

WHITEHALL, palais de Londres, au N. de St-James-Park. C'est un vaste édifice quadrangulaire, bâti au xiiie siècle, embelli au xvie par le cardinal Wolsey, confisqué après la disgrâce de ce personnage par Henri VIII, et où résidèrent les rois d'Angleterre jusqu'à la fin du xviie siècle. Whitehall fut dévasté par un incendie en 1697, sauf la partie que Jacques Ier avait fait reconstruire par Inigo Jones, et que l'on nomme *Banquetting-house* (maison des banquets), à cause des repas publics qui y furent donnés autrefois. Le dôme de la chapelle est peint par Rubens, et représente, dans une suite de neuf tableaux, qui ont été restaurés par Cipriani, l'histoire et l'apothéose de Jacques Ier. Whitehall est occupé aujourd'hui par le commandant des *horse-guards*, sauf l'extrémité méridionale, où sont les bureaux du Ministère des affaires étrangères. Ce fut contre ce palais que fut élevé l'échafaud où périt Charles Ier, près de l'endroit où s'élève maintenant une statue en bronze de Jacques II par Gibbons.

WIGWAM, cabane de peuplades indigènes et sauvages de l'Amérique australe.

WIHARA, nom donné, dans l'île de Ceylan, aux temples de Bouddha.

WILDGRAVE, c.-à-d. *comte du gibier*, titre féodal

particulier à l'Allemagne, et que prenaient, à une époque très-ancienne, les petits seigneurs des bords du Rhin.

WILHELMSHOEHE, château de plaisance situé à 5 kilomètres de Cassel (Hesse). Une magnifique avenue de tilleuls, bordée de maisons et de jardins, conduit de Cassel au pied de la hauteur où est bâti ce château, qui date de 1701. Le parc qui l'entoure est justement célèbre par ses beautés naturelles, par ses pièces d'eau, et par les ornements de toute espèce que l'art y a réunis. On y remarque principalement : une cascade haute de 43 mèt., large de 17 ; la grande fontaine, jet d'eau de 63 mèt. de haut ; le bassin des Géants, où Encelade est enseveli sous des masses de rochers ; les cascades, longues de 300 mèt., larges de 13m,33, interrompues, dè 50 mèt. en 50 mèt., par de vastes bassins ; le château des Géants, octogone dont la plate-forme, soutenue par 192 colonnes toscanes, supporte une pyramide de 32 mèt., que couronne, sur un piédestal de 4 mèt., un Hercule en cuivre forgé de 10m,33 de hauteur. B.

WINA, instrument de musique de l'Inde, consistant en un corps de bambou attaché à deux grandes courges, et qui est monté de plusieurs cordes qu'on appuie sur des chevalets avec les doigts.

WINCHESTER (Cathédrale de), en Angleterre, dans le comté de Hants. On prétend qu'une portion de cette église remonte à l'édifice qui fut bâti par le roi anglo-saxon Ethelwold et consacré en 980. Certaines parties, reconnaissables aux arcs en plein cintre, aux chevrons brisés, aux billettes et autres ornements usités dans l'architecture anglo-normande, peuvent être rapportées avec plus de certitude au temps de Guillaume le Conquérant ; tel est, en particulier, le croisillon septentrional. La façade occidentale et la nef furent rebâties en style ogival très-pur, dans la seconde moitié du xive siècle ; on reconstruisit également la partie orientale de l'église au xvie siècle, avec toute l'élégance de la période des Tudors. Vue du dehors, la cathédrale de Winchester a peu d'apparence : mais l'intérieur en est beau. La nef a onze travées de chaque côté ; le transept est plus rapproché de la région absidale que dans d'autres monuments d'Angleterre. De vieux vitraux et de remarquables grotesques en bois sculpté ornent le chœur. Au-dessous de l'abside il y a d'anciennes cryptes. Alfred le Grand et plusieurs autres princes anglo-saxons ont été inhumés dans la cathédrale de Winchester, où se trouvent aussi divers tombeaux sculptés par Flaxman et Chantrey. Au-dessus de l'autel est une célèbre Résurrection de Lazare, peinte par West. V. Milner, Histoire et description des antiquités de Winchester. B.

WINDSOR (Château de), une des résidences royales d'Angleterre, dans le comté de Berks, à 35 kilomèt. O. de Londres, sur la rive droite de la Tamise. Ce château, bâti par Guillaume le Conquérant, reconstruit sous Henry Ier, puis sous Édouard III, fut encore embelli au temps de Charles II et de George IV. Les appartements en sont décorés avec la plus grande magnificence et ornés de belles peintures. La chapelle St-George, où sont les portraits des chevaliers de la Jarretière, est un remarquable morceau de style ogival fleuri ; un caveau où reposent George III, George IV, Guillaume IV et plusieurs autres membres de la maison de Brunswick, en occupe l'extrémité orientale. La chapelle d'Urswick renferme le monument de la princesse Charlotte, et les restes de Henry VI, de Henry VIII, de Jeanne Seymour, d'Édouard VI et de sa femme, et de Charles Ier. Le château de Windsor est entouré d'un parc qui n'a pas moins de 100 kilomèt. de circuit ; le jardin est décoré de statues de bronze et de marbre ; la terrasse, longue de 575 mèt., et d'une largeur proportionnée, est unique en son genre. B.

WISBY (Code de), compilation de règlements maritimes faite pendant le xive siècle à Wisby, dans l'île de Gothland (Suède). Les 12 premiers articles furent empruntés au code de Lübeck ; les 24 suivants le furent des rôles d'Oléron et des jugements de Damme et Westcapelle ; la plupart des autres étaient conformes aux coutumes d'Amsterdam, d'Enchuysen, de Stavern. Le code de Wisby devint la règle commune des navigateurs qui fréquentaient la Baltique, la mer du Nord, et les parages de la Hollande et de la France. B.

WISIGOTHS (Lois des). Les premières furent promulguées par le roi Eurik, dans la seconde moitié du ve siècle : le travail de ce prince n'est parvenu jusqu'à nous que refondu par ses successeurs. Léovigilde, au siècle suivant, en fit une édition corrigée et amplifiée, que nous ne possédons pas davantage. Pendant le viie siècle, Récarède, Gondemar, Sisebut, Sisenand,

Chindaswinde et Receswinde rendirent un grand nombre de lois nouvelles. Le code des Wisigoths que nous possédons aujourd'hui est un recueil de toutes ces législations éparses, qui reçut sa forme définitive au viiie siècle, puisqu'on y trouve plusieurs dispositions émanées des rois Wamba, Ervige et Égiza. Les lois des Wisigoths furent écrites en latin, et c'est à tort que le jurisconsulte Savigny a pensé qu'on se servait, dans la pratique, d'une traduction faite par les Goths en leur propre langue et qui se serait perdue. Une traduction des lois wisigothiques fut faite en Espagne pendant le xiiie siècle sous le titre de Fuero juzgo (Forum judicum). Merlin de Douai dit que la loi des Wisigoths est la plus belle et la plus ample des lois barbares ; ce fut celle aussi qui conserva le plus longtemps son autorité. Elle régit, en effet, les provinces méridionales de la Gaule longtemps après que la puissance des Goths y eut été ruinée ; elle régna dans l'Espagne pendant tout le moyen âge, et elle a servi de base aux législations espagnole et portugaise. Ses auteurs ont visé à l'originalité, à l'élégance, et même à des idées philosophiques ; ils ont prétendu tracer des règles exclusives en déclarant que le jugement royal suppléerait à la loi dans les cas non prévus. Le code wisigoth est divisé en 12 livres, chaque livre en titres, et chaque titre en un certain nombre de constitutions, dont chacune est précédée soit du nom du prince qui l'a rendue, soit du mot antiqua qui annonce une règle ancienne et d'origine inconnue. Partout on y reconnaît une imitation du code Théodosien. Le texte a été publié pour la première fois par Pithou en 1579 ; l'Académie royale de Madrid a donné, en 1815, une édition accompagnée de l'ancienne traduction espagnole. On le trouve aussi dans le Corpus juris germanici de Walter. V. Davoud-Oghlou, Histoire de la législation des anciens Germains, Berlin, 1845, 2 vol. in-8° ; Haenal, Lex romana Visigothorum, Leipzig, 1847-48, 2 vol. gr. in-4°. B.

WISKI, voiture légère et très-élevée, qu'on importa d'Angleterre en France vers la fin du siècle dernier, et qui fut à la mode sous la Restauration.

WITTENAGEMOT. V. ce mot dans notre Dictionnaire de Biographie et d'Histoire.

WLADIKA. V. VLADIKA.

WOIVODE. V. VAYVODE, dans notre Dictionnaire de Biographie et d'Histoire.

WOLOF, OUOLOF ou GHIOLOF (Idiome), langue parlée dans la Sénégambie. Son système grammatical a plus d'un trait commun avec celui des langues sémitiques. Dans cette langue, le verbe est susceptible de 17 modifications, qui consistent à ajouter à chaque radical une ou deux syllabes, et qui en étendent ou restreignent l'acception : ce caractère la rattache aux idiomes africains. L'article suit le substantif et fait corps avec lui ; il en modifie le sens selon que l'objet est présent ou absent, proche ou éloigné. On ne distingue le genre que dans les objets qui en ont naturellement. Les sons nasaux sont dominants dans le wolof, et cependant cette langue riche en voyelles, est harmonieuse. Un certain nombre de mots arabes et portugais s'y sont glissés. V. J. Dard, Grammaire wolofe, Paris, 1826, in-8°, et Dictionnaire français-wolof, ibid., 1825 ; l'abbé Boilat, Grammaire de la langue ouolof, 1859, in-8°.

WORCESTER (Cathédrale de), église consacrée à St Pierre en 1218 : le chœur, la chapelle de la Ste-Vierge, le transept oriental, qui appartiennent au style ogival primitif, devaient être achevés à cette époque. La nef ne tarda point, du reste, à être édifiée ; quelques changements y furent opérés pendant la seconde moitié du xive siècle. La tour élevée à l'intersection de la nef et du chœur avec le grand transept s'étant écroulée, il fallut la relever ; celle qui existe maintenant, et qui atteint une élévation de 65 mèt., paraît avoir été finie en 1374, bien que le couronnement ait dû être refait à une époque plus moderne. La cathédrale de Worcester est en forme de croix archiépiscopale : elle a 130 mèt. de longueur dans œuvre, 26 mèt. de largeur y compris les collatéraux, et 32 mèt. de hauteur. Le transept de l'Ouest a 42 mèt. de longueur et 10 mèt. de largeur ; celui de l'Est, 40 mèt. de longueur et 8 de largeur. Les arcades de la nef sont ogivales ; le triforium est composé de deux petites arcades ; la claire-voie manque de hauteur. La plupart des colonnettes sont annelées. Dans ce monument on remarque : la chaire, faite d'une seule pierre ; la tombe du prince Arthur, fils de Henri VII, entourée d'un travail sculpté très-délicat ; le tombeau de l'évêque Heugh, par Roubiliac ; celui d'Élise Dogby, par Chantrey. Sous le chœur est une crypte, qui se compose d'une nef terminée en abside semi-circulaire et de deux ailes: la nef a été divisée en quatre couloirs par trois rangées de colonnes ajoutées, et chaque aile en deux par un autre rang de colonnes. A l'église est attenante une salle capitulaire ronde, de 32 mèt. de diamètre. Il y a aussi un cloître carré, de 33ᵐ,33 de côté ; il est orné de sculptures, dont l'une représente la généalogie des rois d'Israël et de Juda. V. Wild, *An illustration of the architecture, etc., of the cathedral church of Worcester*, Londres, 1820, in-4°.

WORK-HOUSE, nom qu'on donne en Angleterre à des maisons de travail forcé où l'on place les indigents valides et où l'on reçoit aussi les vieillards et les infirmes. Pour ceux-ci le work-house est un hospice, pour ceux-là un pénitencier. Tous sont astreints à un vêtement uniforme. Le travail imposé est purement mécanique, celui du moulin à bras ou du moulin à pied. La nourriture est inférieure en qualité et en quantité à celle des travailleurs libres. Aussi le work-house est-il généralement un épouvantail pour la paresse.

WORMS (Cathédrale de). Dès l'année 638, une basilique consacrée à Sᵗ Pierre avait été élevée sur l'emplacement occupé par cette cathédrale; elle fut réduite en cendres en 872, et les incursions des Normands empêchèrent longtemps de la relever. Ce ne fut qu'à la fin du xᵉ siècle qu'on reprit les travaux, et l'édifice actuel fut consacré en 1016. C'est une église romane à double abside, surmontée de deux dômes. Le dôme oriental, de forme byzantine, porte les caractères du xiᵉ siècle ; près de lui est bâti un transept. Le dôme occidental est plus orné, et l'on y aperçoit plusieurs ogives. Dans la région occidentale du monument, il y a deux tours, l'une du xiiᵉ siècle, l'autre du xvᵉ. Les fenêtres de la cathédrale de Worms sont à plein cintre, avec archivolte ornée de dents de scie; les arcades sont également semi-circulaires, et les chapiteaux des colonnes formés de simples moulures. Les chapelles accessoires appartiennent au style flamboyant. Le portail méridional, qui est orné de belles sculptures, date de 1472. Du même siècle date la chapelle du Baptême, entièrement isolée, avec une porte donnant sur la nef : la voûte en est soutenue par deux colonnes à chapiteaux décorés de feuilles de chêne; on y remarque des fonts baptismaux, autour desquels est figuré Jésus environné des Apôtres, et plusieurs tombeaux sculptés dans un style qui se rapproche de celui de la Renaissance française. B.

WOTIÈQUE (Idiome), idiome de la famille ouralienne, parlé par les Wotièques des gouvernements russes de Wiatka, d'Orenbourg et de Kazan. Les substantifs s'y déclinent de six manières différentes, selon les six pronoms possessifs qui les précèdent. Le verbe n'a que deux conjugaisons, et la négation, en s'y intercalant, produit de grands changements. Les prépositions suivent leurs régimes : quelques-unes ont trois terminaisons différentes, non d'après les genres, que cette langue ne distingue pas dans les objets qui en sont naturellement privés, mais d'après les personnes.

WOUGUI (Idiome). V. Célébiens (Idiomes).

WRIT. V. ce mot dans notre *Dictionnaire de Biographie et d'Histoire*.

WURST, c.-à-d. en allemand *boudin*, caisson d'artillerie de forme allongée, sur lequel les canonniers étaient placés à cheval les uns derrière les autres. Originaire de l'Autriche, il a été abandonné, comme peu commode, en 1792.

wurst, nom que l'on donne à une calèche longue et découverte, qui sert à la promenade.

X

X

X, la 23ᵉ lettre de notre alphabet. Elle est la 24ᵉ de l'alphabet des langues germaniques, en raison de la place que le W y occupe avant elle. Elle était la 21ᵉ pour les Romains, qui ne distinguaient pas le J de l'I, ni l'U du V. Comme forme, l'X est semblable au *khi* (X, χ) des Grecs ; comme articulation, il répond à leur *ksi* (Ξ, ξ), inventé, dit-on, par Simonide. Aucun mot d'origine latine ne commence par X ; les Romains employaient ce caractère comme lettre médiale (*maximus, mixtus, uxor*) et comme lettre finale (*lux, nox, pax, rex, vix*). Dans les cas obliques des noms qui se terminaient au nominatif par *x*, cette lettre faisait place à l'un des deux éléments phoniques dont elle représente la réunion : *pax, pacis; rex, regis; nox, noctis; lux, lucis*. Les deux éléments phoniques de l'*x* se font sentir dans la prononciation des mots français : le *c*, dans *axe, excuse, fixe, luxe, sphinx, Pollux*, etc. ; le *g* (suivi du son *z*), dans *examen, exemple, exil, exonération, exhaler, exhibition, Xavier, Xénophon*, etc. On donne encore à l'*x* le son du *k* dans *excès, exception, exciper*; de l's dans *six, dix, soixante, Xaintrailles, Auxerre, Auxonne, Bruxelles*; du z dans *sixième, dixième*. Il est muet à la fin des mots (*doux, faux, heureux, prix, voix*), à moins qu'il n'y ait liaison euphonique avec le mot suivant, cas auquel il se prononce z (*doux espoir, faux ami, heureux état, six aunes, prix élevé, voix humaine*). L'*x* est la marque d'un grand nombre de pluriels en français, soit avec modification de la désinence (*égal, égaux; cheval, chevaux; travail, travaux; vitrail, vitraux*), soit par simple addition (*bateau, bateaux; étau, étaux; feu, feux; chou, choux*). La lettre X n'existe pas en italien : dans les mots dérivés de mots grecs et latins où elle se trouvait, on la remplace par S simple ou double (*esatto, exact; esprimere, exprimer; assioma, αξιωμα; Alessandro, Alexandre*), ou par C double (*eccellensa, excellence*). En espagnol, on donne ordinairement aujourd'hui à l'X la valeur de notre consonne double *cs* ; cependant il a conservé le son guttural de la *jota* (J) dans certains mots, comme *Ximénès, Xucar, Xérès, Xalapa*. En portugais, l'X a plusieurs va-

XYS

leurs, dont la plus ordinaire est celle du *ch* français. En russe, il se prononce comme le *khi* des Grecs.

Le signe X, qu'on voit sur beaucoup de médailles romaines, est, selon quelques antiquaires, l'initiale du mot grec *khréma* (pièce de monnaie). Coupé par un *rho* (P), il forma avec cette lettre, depuis Constantin, un monogramme qu'on a expliqué comme représentant le nom du Christ. Ce monogramme, placé en marge des manuscrits, est une abréviation du grec *khrésimon* (utile), destinée à appeler l'attention du lecteur sur certains passages. — Signe numéral, le *ksi* des Grecs valait 60, et, précédé d'un accent (͵ξ), 60,000; le *khi*, 600. Dans la numération romaine, X vaut 10, et, surmonté d'un trait horizontal (X̅), 10,000. Quand plusieurs X se suivent, chacun d'eux représente une dizaine (XX = 20 ; XXX = 30). Un I, placé à la gauche de l'X, retranche de la dizaine une unité (IX = 9). Placé après un signe numéral plus fort, X y ajoute 10 (LX = 60) ; placé avant, il en retranche une dizaine (XL = 40, XC = 90). Couché sur le côté (⋈), il a valu quelquefois 1000. — La lettre X fut autrefois la marque monétaire d'Amiens.

XÉNAGIE. V. Armée, *Grèce*, page 213, col. 1.

XÉNÉLASIE.⎫ V. ces mots dans notre *Dictionnaire*
XÉNIES.   ⎬ *de Biographie et d'Histoire.*
XÉROPHAGIES.⎭

XENORPHICA, clavecin à archet, inventé à Vienne (Autriche), par Rœllig, vers la fin du siècle dernier.

XYLHARMONICON ou XYLOSISTRON, instrument de musique, du genre de l'Euphone (V. *ce mot*), inventé par Uthe.

XYLOGRAPHIE (du grec *xylon*, bois, et *graphéin*, écrire, tracer), art de graver sur bois (V. Gravure). Avant l'invention de la typographie, on fit des impressions xylographiques, c.-à-d. à l'aide de planchettes en bois dans lesquelles les mots étaient taillés en relief.

XYLORGANON, instrument de musique, espèce de claque-bois (V. *ce mot*).

XYSTE. V. ce mot dans notre *Dictionnaire de Biographie et d'Histoire.*

Y

Y, 24ᵉ lettre de notre alphabet, considérée par beaucoup de grammairiens comme une 6ᵉ voyelle, tandis que, selon d'autres, elle tient à la fois de la voyelle et de la consonne. Nous l'appelons *i grec*, bien qu'elle ait été formée sur le modèle, non de l'*iota* (I), mais de l'*upsilon* (Υ). Les Grecs anciens ont prononcé l'*upsilon* tantôt comme notre *u*, tantôt comme notre *i*; les Grecs modernes ont adopté ce second mode, et donné quelquefois aussi à l'*upsilon* le rôle de nos consonnes F et V; les Romains adoptèrent le son *u*, puisqu'ils écrivaient indistinctement *satura* et *satyra*, *Sulla* et *Sylla*. Dans beaucoup de mots français dérivés du grec, l'*y* tient la place d'un *upsilon*: tels sont *hymen*, *hymne*, *hypocrite*, *martyr*, *mystère*, *physique*, *polygone*, *syntaxe*, *synonyme*, *système*, *style*. En français, l'Y représente plusieurs articulations : tantôt *i*, comme dans *yeux*, *hier*, *payen*, *hyène*, *yatagan*, *Yonne*, *Mayence*; tantôt deux *i* distincts, comme dans *pays*, *paysan*, *royal*, *moyen*, *essuyer*, *payer* (pai-is, paisan, roi-ial, moi-ien, essui-ier, pai-ier); tantôt *aille*, comme dans *Blaye*, *Biscaye*. L'Y a disparu de certains mots, tels que *ami*, *lis*, *roi*, *gai*, *Douai*, *Tournai*, qu'on écrivait jadis *amy*, *lys*, *roy*, *gay*, *Douay*, *Tournay*, etc. En allemand, l'Y a le son de l'*i*; cette lettre l'a même remplacé récemment dans beaucoup de mots, puisqu'on écrit, par exemple, *bei* (près de) pour *bey*, *sein* (être) pour *seyn*, etc. En anglais, Y a aussi le son de l'*i*: *yes*, *York*, etc. : il a encore le son *ai* à la fin de certains mots (*glory*, gloire; *vanity*, vanité), et, dans d'autres, un son composé, intermédiaire entre les sons *é* et *i*, ou assez semblable à *ail* (*by*, *my*, *rely*, *lay*, *may*). Les Espagnols, qui prononcent comme I leur Y dans *yo* (je) et *rey* (roi), font entendre le son de l'Y après la double *ll*. Le caractère Y est étranger à l'écriture italienne. Les Russes ne connaissent pas l'Y que nous employons comme lettre initiale dans la transcription de certains noms, tels que *Yermolof*; leur Y se prononce *ou*, et ils ont une sorte d'*upsilon* tronqué, qui a le son tantôt de l'*i*, tantôt du *v*.
— Lettre numérale, l'*upsilon* valait 400, et, précédé d'un accent (‚υ), 400,000. *Chez les Romains*, Y marquait le nombre 150', et, surmonté d'un trait horizontal (Ȳ), 150,000. Il a été la marque monétaire de Bourges.

YACHT, petit bâtiment de luxe, allant à voiles et à rames, et dont se servent les riches Anglais pour des promenades en mer ou pour de courtes traversées. Il a deux mâts, et est gréé en sloop, en cutter, en goëlette, suivant ses *dimensions*; son port varie de 80 à 100 tonneaux. De nos jours, on a fait des yachts de plus grande dimension, et l'on y a appliqué la vapeur. Il existe en Grande-Bretagne des associations appelées *yachtclubs*, qui entretiennent une foule de charmants yachts : elles ont été imitées en Hollande et à Saint-Pétersbourg.

YACHT, partie du pavillon anglais située à l'angle supérieur de la gaîne. C'est un carré coupé de diagonales et de croix en bandes rouges, bleues et blanches. Le yacht des États-Unis porte sur un fond bleu un nombre d'étoiles égal à celui des États de l'Union.

YAÇNA ou IZESCHNÉ. V. VENDIDAD-SADÉ et ZEND-AVESTA.

YAJUR - VÊDA. V. VÊDAS.

YANKEE-DOODLE, nom de l'air national des Yankees ou Américains du Nord. Il fut composé, dit-on, en 1755, par un médecin nommé Schuckburgh, qui le fit passer pour une marche célèbre qu'on jouait dans toutes les armées européennes et que devait adopter toute nation civilisée. D'autres prétendent qu'il est tiré d'une marche que jouaient, pendant la guerre de l'Indépendance, les troupes hessoises à la solde de l'Angleterre. Quoi qu'il en soit, les paroles en sont niaises, et la mélodie triviale. Un autre chant, appelé *Hail-Colombia*, commence à le remplacer.

YATAGAN, arme des Orientaux, un peu plus longue que le poignard; la lame en est oblique, et le tranchant forme vers la pointe une courbe rentrante.

YDRE ou YDRIE (du grec *udôr*, eau), vieux mot désignant un grand vase en forme de cruche, quelquefois fermé à clef.

YEOMAN, nom donné jadis en Angleterre aux hommes libres qui tenaient le milieu entre la noblesse et les prolétaires. Le yeoman devait posséder un héritage paternel d'environ 130 liv. sterl., et il avait le droit de paraître partout vêtu comme un seigneur, si ce n'est dans la maison d'un lord. De nos jours, le mot *yeoman* n'est qu'un titre d'honneur, donné aux gros fermiers et aux petits propriétaires fonciers. A l'époque de la Révolution française, on forma en Angleterre, pour la défense des côtes, une cavalerie qui fut appelée *yeomanry*, et dans laquelle entrèrent comme volontaires les plus riches fermiers et bon nombre de gentilshommes. A Londres on appelle *yeomen* un corps de soldats de parade, dont le service se borne à monter la garde dans la Tour; ils sont armés de pertuisanes et d'arquebuses, et portent le costume du temps de Henri VIII.   B.

YOGA. V. INDIENNE (Philosophie).

YOLE, canot fort léger et très-effilé, construit pour marcher à l'aviron plutôt qu'à la voile, et qui n'est pas propre à porter de lourds fardeaux. Dans la Marine militaire, les yoles servent particulièrement aux officiers supérieurs.

YORK (Cathédrale d'). Une première église fut bâtie à York, en 627, sur les débris d'un temple païen, par Edwin, roi de Northumberland; Oswald, successeur d'Edwin, remplaça cette construction, qui était toute en bois, par un édifice de pierre, qu'un incendie, en 741, puis les pirates danois mirent en ruines. Après la conquête de l'Angleterre par les Normands, une nouvelle église, plus importante que les premières, fut construite par ordre de l'archevêque Thomas de Bayeux : un incendie la consuma encore en 1137. Le monument actuel fut commencé en 1171 par le chœur, auquel on travailla pendant plus de vingt ans; le croisillon méridional et la salle capitulaire s'élevèrent dans la première moitié du XIIIᵉ siècle, le croisillon septentrional en 1260, et l'on n'entreprit la nef qu'en 1291. On reconstruisit le chœur en 1361, dans un style ogival plus riche que celui des autres parties de l'édifice, et vers le même temps on éleva la tour centrale. — La cathédrale d'York est la plus vaste et la plus belle de l'Angleterre. La façade occidentale, large de 46 mèt., est surmontée de deux tours de 58 mèt. d'élévation. Ce qui en fait la richesse, ce n'est point, comme ailleurs, la profusion des statues, mais l'adroite combinaison des lignes architecturales, la finesse des moulures, l'abondance et l'heureuse distribution des feuillages et des fleurons, qui attestent la patience et la dextérité des sculpteurs. Au-dessus de la porte centrale, s'ouvre, au lieu de rose, une grande fenêtre, la plus riche peut-être qu'il y ait au monde, et dont on voit la reprise au fond de l'église, dans la muraille de l'Est; cette dernière, haute de 25ᵐ, large de 10, a des vitraux de couleur exécutés en 1405 par Jean Thornton de Coventry. Les deux tours sont partagées en trois étages par des fenêtres élégantes. Une troisième tour carrée, couronnée de créneaux, s'élève au-dessus de la croix du transept, à une hauteur de 70ᵐ. La salle capitulaire attenante à l'église est de forme octogone, et a 19ᵐ de largeur; les fenêtres sont divisées par quatre meneaux très-légers, et terminées à leur sommet par trois jolies roses superposées. Le plan de la cathédrale d'York est en forme de croix, et à trois nefs : les collatéraux accompagnent le transept, de la même manière que la grande nef. Le transept est situé à égale distance de la façade et de l'abside : celle-ci se termine carrément. Les dimensions de l'édifice sont considérables : sa longueur est de 156ᵐ, sa largeur de 34ᵐ (70ᵐ au transept), et sa hauteur sous voûte de 33ᵐ. En 1829, la cathédrale d'York fut incendiée par un stupide matelot nommé Martin; elle fut encore la proie des flammes en 1840, par suite de l'imprévoyance d'un ouvrier : la restauration en est aujourd'hui achevée. Parmi les objets d'art que l'église renferme, on remarque les mausolées de l'évêque Scrope et de sir George Saville, et le jubé, morceau de sculpture d'une exquise délicatesse, orné des statues des rois d'Angleterre depuis Guillaume Iᵉʳ jusqu'à Henri VI. V. Franç. Dracke, *Historical antiqui-*

ties of the city of York, Londres, in-fol.; Britton, Antiquities cathedrals of England, in-4°; Wiebekink, les Cathédrales d'York et de Reims comparées, in-fol. B.

YOROUBA (Idiome), une des langues de la Sénégambie. Son système grammatical est d'une régularité remarquable. On y observe un ensemble complet de préfixes qui, en se joignant au verbe, donnent naissance à une foule d'autres mots : le radical passe ainsi de l'idée abstraite d'action à toutes les idées concrètes dérivées. C'est encore l'addition d'un préfixe qui transforme le substantif en verbe de possession. Un même adverbe varie de forme et même de nature, suivant l'espèce de mots qu'il qualifie. V. Samuel Crowther, A Vocabulary of the yoruba language, Londres, 1852, in-8°.

YOURTE, nom de la demeure souterraine que se creusent les Kamtchadales pour y passer l'hiver. On l'étend aux villages de Sibérie.

YOUYOU, bateau chinois ordinairement habité par une famile.

YPRES (Hôtel de ville d'), plus connu sous le nom de HALLE AUX DRAPIERS, monument colossal, le plus vaste, le plus commode et le mieux conservé qui existe en ce genre. Il a, dans sa sévère et forte unité, le caractère de grandeur que les villes du moyen âge en Flandre imprimaient à leurs constructions. Sa forme est celle d'un trapèze irrégulier, de 133 mèt. de longueur. La première pierre en fut posée en 1201 par le comte Baudouin, qui devint empereur de Constantinople; mais l'œuvre ne fut achevée qu'en 1342. Un beffroi, tour carrée que flanquent quatre tourelles, surmonte l'édifice; il passe pour en être la partie la plus ancienne. La façade, composée d'un rez-de-chaussée, avec portiques en arcs-ogives portés sur des colonnes, a deux étages : entre les fenêtres du 1er étage on voyait autrefois 12 statues colossales de comtes et de comtesses de Flandre; des démagogues les brisèrent en 1792; on les a remplacées depuis par des statues modernes. Une aile seulement de l'édifice sert d'hôtel de ville.

YPRES (Église St-MARTIN, à). Cette église, cathédrale depuis 1559 jusqu'en 1801, est une des plus intéressantes de la Belgique. Le chœur, qui date de 1221, est un morceau remarquable de la transition entre le style roman et le style ogival; le transept et les nefs appartiennent au XIVe siècle, la tour au XVe. L'entrée latérale du Midi est décorée d'un très-beau porche, surmonté d'une magnifique rose. Le chœur renferme la pierre tumulaire du fameux Jansénius. On voit dans la cathédrale d'Ypres un Paradis terrestre, tableau en six compartiments, qu'on a faussement attribué à Jean Van Eyck, et qui parait être de P. Porbus.

YRMILIK, demi-piastre turque.

YUCATÈQUE (Langue). V. MEXIQUE (Langues du).

Z

Z, 19e consonne et 25e lettre de notre alphabet. Sa forme a été imitée de celle du dzêta, 6e lettre de l'alphabet des anciens Grecs, que les Grecs modernes appellent zita, et qu'ils prononcent, non plus comme les doubles dz ou ds, mais comme notre z. Chez les Romains, le Z se prononçait ds selon Victorinus, ss selon Priscien. Il y avait, en grec, analogie et permutation entre le delta et le dzêta, puisque Zeus (Jupiter) faisait au génitif Dios : de même, en latin, le D fut quelquefois substitué au Z, comme dans Medentius pour Mezentius. En français, le Z a le son qui lui est propre dans azur, douze, onze, zigzag, zèbre, zóne, etc.; mais il prend le son de l's à la fin des noms propres (Coblentz, Cortez, Metz, Rodez), et, dans d'autres noms, son rôle ne consiste qu'à donner le son fermé à l'e qui le précède (nez, assez, chez, avez, aviez, auriez, ayez, eussiez). Il a été autrefois, concurremment avec l's, la caractéristique du pluriel : ainsi, on écrivait beautez, vérilez, etc. Le son z est souvent donné à l's dans le corps des mots (buse, chose, Lise, Muse, maison, misère, peser, usage); il appartient aussi à l's et à l'x dans les liaisons euphoniques (mes amis, les enfants, deux arbres, trois hommes, six habits). Pour un défaut de prononciation, les enfants donnent souvent au J le son du Z (ze zoue, pour je joue); et ce défaut a été de mode au temps du Directoire parmi les Incroyables et les Merveilleuses. Le Z a, en portugais, le même son qu'en français; en espagnol, il se prononce comme le thêta des anciens Grecs ou le th anglais; en italien, on lui donne la valeur tantôt de ts (fazzoletto, mouchoir), tantôt de dz (mezzo, milieu); en allemand, il a le son ts, et en russe le son z. L'arabe et l'arménien ont un caractère appelé za, et qui se transcrit exactement par notre z. Les Polonais emploient le groupe sz pour représenter l'articulation ch, et cz pour l'articulation tch. — Lettre numérale, le dzêta grec valait 1, et, avec un accent en dessous, 7,000. Le Z des Romains représentait 2,000, et, surmonté d'un trait horizontal (Z̄), 2,000,000. Dans la marge des manuscrits grecs, un dzêta est l'initiale du mot dzêtei (cherche), et indique qu'à cet endroit le sens ou le texte est douteux. — Le Z a été la marque monétaire de Grenoble.

ZA, nom du si bémol dans le Plain-Chant.

ZAGAIE. V. SAGAIE.

ZAHRA (Palais de). V. ALCAZAR.

ZAMBO, nom qu'on donne à l'enfant d'un nègre et d'une Américaine ou d'une mulâtresse.

ZAMORIN. V. ce mot dans notre Dictionnaire de Biographie et d'Histoire.

ZAMPOGNARI. V. PIFFERARI.

ZAMR ou ZOURNA, sorte de grand hautbois des Arabes. On distingue : le grand zamr ou gabâ zournâ, percé de 7 trous sur le devant et d'un seul en dessous, et dont on tire deux octaves et une tierce en faisant octavier l'instrument par les sons aigus; le zamr moyen, d'une quarte plus aigu que le grand ; et le petit zamr ou zamr-el-soghayr, plus élevé d'une quarte que le moyen. On les joue tous trois avec une anche.

ZANI, personnage niais et bouffon de la comédie italienne, dérivé du Sannio des Atellanes (V. ce mot), et analogue à notre Jeannot.

ZAOUIA, nom que les Arabes donnent à des établissements qui comprennent à la fois un tombeau de famille, une mosquée, une bibliothèque, une hôtellerie, un hôpital et une école.

ZAPOTÈQUE (Idiome). V. MEXIQUE (Langues du).

ZARZUELAS, drame lyrique espagnol, qui ressemble beaucoup à l'opéra-comique français.

ZÉKAT, aumône légale prescrite par le Moukhtaçar (V. ce mot). C'était originairement une espèce de taxe des pauvres, portant sur les biens meubles et immeubles, sur les successions, sur les revenus de toute sorte, afin de secourir les indigents. Plus tard, la zékat, perdant son caractère religieux, fut perçue par les pouvoirs publics, et appliquée aux besoins administratifs et politiques. Le Moukhtaçar exclut formellement les chrétiens des secours provenant de la zékat.

ZEND, une des langues indo-européennes (V. ce mot), la souche de la famille iranienne. C'était l'antique langue des Mages, celle dans laquelle Zoroastre rédigea sa doctrine. Elle avait déjà cessé d'être langue vulgaire à l'époque de l'ère chrétienne, et elle ne subsiste plus aujourd'hui que dans la liturgie des Guèbres ou Parsis, disséminés en Perse et dans l'Inde. Nulle langue n'est aussi chargée de voyelles, et les mots sont exempts d'aspiration. On y trouve un n nasal, qui répond à peu près au son an du français. Le zend présente, comme le sanscrit et le grec, un a et même un e privatifs. Il a les trois nombres, mais n'admet pas la distinction des genres grammaticaux, ni l'article défini. On n'y remarque pas de prépositions proprement dites, mais un grand nombre d'affixes à l'aide desquels on forme des espèces de cas dans les noms. Le zend possède, après le grec et le latin, l'écriture la plus rigoureusement alphabétique que l'on connaisse. Il s'écrivit d'abord avec les caractères cunéiformes (V. ce mot) : aujourd'hui son alphabet ressemble au chaldéen par la forme des caractères, et il s'écrit de droite à gauche; mais il reproduit les voyelles usitées en Europe et toutes les articulations du sanscrit. Cet alphabet se compose de 43 lettres, dont 30 consonnes et 13 voyelles; l'articulation que nous rendons par la lettre *l* y fait défaut, et est remplacée par *r*. V. Burton, *Historia veteris linguæ Persicæ*, Londres, 1657; Paulin de Saint-Barthélemy, *De antiquitate linguæ Zendicæ*, Rome, 1798; Rask, *Sur l'âge et le caractère original de la langue zende*, en allem., Berlin, 1826, in-8°; De Bohlen, *De origine linguæ Zendicæ*, dans le *Journal des Savants* d'août 1832; J.-A. Vullers, *Institutiones linguæ Persicæ cum Sanscritâ et Zendicâ linguâ comparatæ*, Giessen, 1840; Fr. Bopp, *Grammaire comparée du sanscrit, du zend*, etc., en allem., Berlin, 1833-42, in-4°; Eug. Burnouf, *Commentaire sur le Yaçna*, Paris, 1833, 2 vol. in-4°, et *Études sur la langue et les textes zends*, dans le *Journal Asiatique*, 1840-44.

ZEND-AVESTA, collection des écritures sacrées des Parses, aussi nommés Parsis ou Guèbres, qui en attribuent la rédaction à Zoroastre (*V.* ce mot dans notre *Dictionnaire de Biographie et d'Histoire*). Une partie de cette collection, le *Vendidad*, fut apportée en Europe en 1723, et déposée à la bibliothèque d'Oxford, où elle demeura sans pouvoir être lue de personne. Ce fut pour en étudier la langue et en donner la traduction qu'en 1754 Anquetil-Duperron entreprit le voyage de l'Inde, d'où il rapporta, entre autres livres, le texte du *Zend-Avesta*, avec une traduction française faite sous les yeux des destours parsis, et publiée en 1771. L'*Avesta* se compose de deux ordres d'ouvrages : le *Vendidad-sadé* et le *Boundehech*. Le *Vendidad-sadé* comprend lui-même trois écrits : le *Vendidad* proprement dit, le *Yaçna* nommé en persan *Izeschné*, et le *Vispered;* à ces livres fondamentaux sont annexés les *Iechts* et les *Sirouzé*. Le *Vendidad-sadé* est écrit en langue zende. Le *Boundehech*, beaucoup plus récent, est en pehlvi; mais il passe, assertion douteuse, pour être la traduction d'un livre zend dont l'original n'existe plus.

Quel que soit le temps où l'on fasse vivre Zoroastre et où l'on reporte la rédaction définitive de l'*Avesta*, il est certain que les doctrines contenues dans ces livres étaient admises dans l'Asie centrale à une époque fort reculée et longtemps avant Darius, fils d'Hystaspe; les Mages, qui étaient les prêtres de cette religion, sont de beaucoup antérieurs à la dynastie Achéménide : Zoroastre n'est donc pas l'auteur premier des dogmes iraniens, mais on peut dire qu'il les coordonna et leur donna un ensemble définitif. Les croyances de l'*Avesta* n'étaient pas seulement celles de la Perse, ni même de la Médie; elles étaient, sauf les points de dissidence, communes à la plupart des peuples de l'Asie centrale situés à l'O. de la Bactriane, et elles s'étendirent à presque toute l'Asie Mineure : croyances pleines de grandeur et de pureté, dont la connaissance nous montre dans les Perses, non des barbares, mais des peuples doux et pieux, parvenus à une haute civilisation. Dans la suite, les doctrines de l'*Avesta* se divisèrent et s'amoindrirent, abaissées par les superstitions populaires; et lorsque le monde romain, las d'un polythéisme usé, chercha dans l'Orient des dogmes réparateurs, il n'emprunta à la Perse qu'une partie de la religion de Zoroastre, le culte de Mithra. — Le nom des Mages ne vient pas du sanscrit *mayá* (illusion magique); les Mages n'étaient pas des magiciens : leur nom dérive de *mazda*, nom zend d'Ormuzd (*Ahura-mazda*), lequel paraît signifier la Suprême Intelligence. Quant au nom de Zoroastre, en zend *Zarathustra*, le sens n'en est pas encore éclairci; mais à .coup sûr il ne signifie pas *astre de vie*.

Les éléments dont se compose la doctrine du Mazdéisme ou Magisme ne sont pas empruntés aux livres hébreux, comme on a pu le croire au siècle dernier, dans un temps où ni l'Inde ni ses livres sacrés n'étaient connus : les traits de ressemblance entre le Mazdéisme du *Vendidad* et le Judaïsme, traits d'ailleurs fort rares, sont tout extérieur, et n'atteignent le fond des doctrines que si on les dénature par des interprétations systématiques. Les anciennes croyances de l'Iran, de la Perse, de la Médie et des autres contrées où s'étendit le Mazdéisme, tirent leur origine de la Sogdiane et de la Bactriane, et elles ont, comme le Brahmanisme, leur point de départ et leur point d'appui dans le *Véda* (*V.* ce mot); non-seulement la langue zende est venue de la langue védique comme le sanscrit, mais la plupart des êtres divins, des dogmes et des usages religieux contenus dans l'*Avesta* descendent directement de ceux qui sont célébrés dans les Hymnes védiques. Il ne faut donc voir ici que le

grand fait admis désormais par les savants, celui de la séparation dernière des peuples aryens et des religions asiatiques dont les origines se retrouvent également dans ce recueil sacré qui, entre autres choses, produisit, d'une part, le Brahmanisme dans l'Inde, et, de l'autre, le Magisme dans l'Asie centrale. Les traces de cette division se rencontrent à chaque pas dans l'*Avesta;* on y voit que non-seulement ces deux rameaux de la race blanche, les Aryas et les Iraniens, ont pris leur direction en deux sens opposés, mais que, s'étant établis dans deux vastes contrées voisines l'une de l'autre, ils sont demeurés dans un antagonisme perpétuel. Cette hostilité, soutenue par d'antiques traditions et consacrée par les croyances religieuses, les peuples médo-persiques l'ont portée dans leurs relations avec les races grecques, dans le polythéisme desquelles ils ont vu une doctrine analogue à celle des Aryas de l'Inde. Quant aux Hébreux, à leur Loi et à leur Dieu, il n'y est fait aucune allusion dans l'*Avesta*.

Le *Zend-Avesta* roule principalement sur le dogme et sur le culte : il ne contient pas, comme les lois de Manu, toute une organisation sociale, politique et civile; il n'y est parlé de la royauté, des castes et des autres éléments de la société iranienne que par allusion et comme de faits existants et non contestés; c'est donc la religion des anciens Perses et des peuples voisins que l'on y doit chercher avant tout. Malgré l'obscurité qui règne encore sur beaucoup de points, on peut dire que cette religion n'est pas le dualisme, comme on a cru le faire croire et le culte de Mithra qui en descendait, et le Manichéisme, véritable Mazdéisme réformé. Mais nous admettons moins encore qu'elle soit analogue à la doctrine chrétienne, et qu'elle pose comme son point de départ le dogme de la création. Le Zervane-akerene, premier principe des choses, n'est pas un être vivant et agissant, comme le Dieu des juifs et des chrétiens; c'est une conception toute métaphysique; qu'on lui donne le nom d'*Éternel*, d'*Infini* ou d'*Être absolu*, il n'arrive à produire quelque chose qu'en se développant sous une forme définie et personnelle, que les peuples de langue zende nommèrent *Ahura-mazda* (Ormuzd) et qui est le véritable créateur. Il n'y a dans cette doctrine encore vague que le pendant de la doctrine indienne des deux Brahma (*V.* BRAHMANISME), c.-à-d. le fond même du panthéisme; et si l'on demande l'origine de cette première idée qui de la Perse s'étendit dans l'Asie Mineure et dans la Grèce et vint revivre dans Platon, il la faut chercher dans le *Rig-véda*. Mais on doit observer en même temps que le principe abstrait des êtres ne paraît presque jamais dans les livres saints de l'Iran, qu'on ne lui offre aucun sacrifice, qu'on ne lui adresse aucune prière; culte inutile, en effet, puisque ce principe, absolument immuable, n'est là que pour expliquer l'existence du créateur Ormuzd.

Ormuzd est le premier être issu du principe éternel, et, par conséquent, n'est pas l'être absolu lui-même. Il n'est pas non plus le feu ni le soleil, comme on l'a dit, et c'est une erreur de regarder les anciens Perses comme des adorateurs du Feu. Ormuzd est le premier des Amschaspands (*Amscha-çpenta*, Saints immortels), le seigneur de la science, le principe actif de tout bien et l'origine de la vie; s'il a pu être pris pour le soleil, c'est qu'en effet cet astre est son emblème, puisque de lui émanent la lumière qui donne la connaissance des objets et la chaleur qui nourrit les êtres vivants; aussi Ormuzd est-il appelé seigneur de la lumière, et dit-il de lui-même qu'il était avant que le ciel fût, avant le feu, l'eau, la terre, les arbres et les troupeaux, avant l'homme, avant les esprits purs et les esprits impurs. Cet agent suprême de la création est véritablement le principe de tout le bien qui s'y trouve, bien physique et bien moral; non-seulement il est l'auteur de la lumière et de la vie, mais il est le foyer d'où émanent, avec la science, la bonté et la sagesse, la loi, la pureté, le bonheur et la vie éternelle.

Ahriman, né en même temps qu'Ormuzd, est son plus puissant ennemi, mais non son égal. A ce dernier trait, on reconnaît une doctrine qui n'est pas absolument dualiste, puisque la lutte des deux principes n'est ni égale, ni éternelle. Le nom d'Ahriman (*Aghrô-mainyas*) signifie proprement *Esprit malin*, et n'a, par conséquent, aucune analogie avec le nom védique d'Aryaman. L'Esprit mauvais des Iraniens est, au moral, la cause active de l'ignorance et de l'erreur, de la malice et du mensonge, du vice et du crime; c'est le tentateur; au physique, il est l'auteur de tout ce qui souille, attaque ou détruit les hommes, de leurs souffrances et de leurs malheurs. Quand Ormuzd créa le paradis, Ahriman fit l'hiver quand Ormuzd créa la Sogdiane et son fleuve purificateur le Çugda, Ahriman y produisit les émanations pestilentielles, les insectes malfaisants, les animaux impurs et les plantes vénéneuses. C'est pour que l'homme pût soutenir la lutte contre cet ennemi puissant qui parcourt la terre de l'Iran, qu'Ormuzd a donné primitivement à Djem-schid (en zend *Yima-khchaétô*, qui est Yama, fils de Vivaswat) les livres de la Loi et lui a enseigné le sacrifice (*yaçna*).

Au-dessous d'Ormuzd sont les six autres *Amschaspands*, dont il est à la fois l'auteur et le chef. Ces esprits célestes le secondent dans l'œuvre du bien et dans la lutte contre le mal. Le créateur a partagé entre eux la terre et le temps; ils protégent la terre, et président aux différentes parties de la durée, comme aussi aux organes du temps, qui sont les astres; par eux arrivent aux êtres d'ici-bas les biens de toute sorte dont Ormuzd est la source première, biens de l'âme et du corps; ce sont eux aussi qui dirigent les grandes révolutions périodiques du ciel, les mouvements du soleil, de la lune et des planètes, la distribution de la chaleur et de la lumière dans l'espace, les jours, les mois, les années; les sept premiers jours du mois leur sont consacrés. Les Amschaspands ont pour rivaux les *Darvands*, dont Ahriman est le chef, darvand lui-même : à chaque œuvre bonne que les grands Esprits célestes accomplissent, les Darvands opposent une œuvre mauvaise; les désordres de la nature, dont l'homme et les êtres purs sont les victimes, la nuit, l'hiver, le froid, les guerres impies, les grands crimes, tous ces maux sont suscités par les Darvands, sous la direction d'Ahriman. — Ormuzd préside à toute une hiérarchie d'esprits célestes, et Ahriman à une hiérarchie d'esprits mauvais : les Amschaspands ont en effet pour ministres les *Izeds* (en zend *Yazatas*, c.-à-d. à qui l'on sacrifie), dont le nombre est plus grand et l'empire moins étendu; et les Izeds ont eux-mêmes pour seconder la foule immense et variable des *Ferouers* (en zend *Fravachi*), types divins des êtres intelligents et anges gardiens de chacun d'eux. Tous ensemble ils forment une milice céleste, dont plus d'une religion et plus d'une philosophie nous offrent l'analogue; elle sert, dans la cosmogonie iranienne, à expliquer cette variété infinie de biens dont la nature est remplie; la hiérarchie des chefs, obéissant à l'ordre suprême de la première intelligence, Ormuzd, en explique l'harmonie et l'unité. Mais de même qu'à chaque bien moral ou physique est opposé un mal, Ahriman, pour le produire, a mis sous l'empire des Darvands la troupe innombrable des *Dews* (en zend *Daêva*).

Tel est l'ensemble de la cosmogonie contenue dans l'*Avesta*. Le culte rendu aux esprits célestes y est également exposé et presque interprété. Ce culte, qui consiste, avant tout, dans le sacrifice (*yaçna*), est donné dans l'*Avesta*, non-seulement comme enseigné par Ormuzd à l'antique Djem-schid (Yama), mais comme pratiqué par Ormuzd lui-même et par les esprits célestes. C'est le sacrifice védique dans son essence : il consiste dans une offrande présentée à la divinité, consommée par la bouche du prêtre et de l'assistance, accompagnée de prières liturgiques. Le lieu du sacrifice (qui n'est jamais un temple), les jours et les heures, sont fixés d'avance; le feu sacré destiné à préparer le corps de l'offrande, les ustensiles et vètements nécessaires pour la cérémonie, sont entretenus par les prêtres, qui sont en même temps les défenseurs et les interprètes de la loi, les chefs des fidèles et les ministres du sacrifice. Le corps de l'offrande, créé jadis par Ormuzd, représente la double source de la vie matérielle, le suc des plantes et la chair des animaux. Le sacrifice védique du cheval, l'antique *asvamêdha*, nous montre peut-être l'origine de l'offrande de chair dans les cérémonies iraniennes; mais ce qui est certain, c'est que l'offrande de *hôm* (en zend, *haôma*), prescrite par l'*Avesta*, n'est autre que l'offrande védique du *sôma*, suc de l'asclépiade acide : le nom, la préparation, les instruments, le vase de l'élévation, les vertus mystiques de cette liqueur, tout est identique dans les deux religions issues du *Véda*. Cette offrande même que le hôm est offert dans le ciel par les plus grands esprits divins n'appartient pas moins à l'Inde qu'à l'Iran, car elle fait partie essentielle des institutions religieuses du *Véda*. — Le feu fait aussi partie du sacrifice, non pas seulement comme purificateur, fixe qui appartient surtout à l'eau bénite, mais parce qu'il est l'instrument du sacrifice et l'agent réel de la vie. Fils d'Ormuzd, et produit dès l'origine des choses, il servit à Vivangham, père de Djem-schid (*Vivaswat*, père de Yama), à préparer le corps du sacrifice,

c.-à-d. le hôm et les gâteaux sacrés. Mais ce feu avait été lui-même précédé par la prière nommée *honover*, qui est la propre parole d'Ormuzd. Aussi, de même que le hôm et le reste de l'offrande, la prière exerce pour le bien des hommes une influence toute-puissante. La prière s'adresse à chacun des esprits célestes, mais elle commence et finit toujours par une invocation à Ormuzd, dont ils ne sont que les agents, et auquel on demande la pureté de pensée, de parole et d'action, l'obéissance à la loi et le ciel, l'éloignement d'Ahriman et des ministres du mal. La prière peut se réciter ailleurs qu'au jour et au lieu du sacrifice; elle embrasse toute la vie du Parse; l'*Avesta* contient des prières pour toutes les circonstances importantes de la vie, et pour celles qui reviennent périodiquement chaque jour, chaque mois, chaque année; c'est à ce titre surtout, et pour sanctifier la vie entière, que la loi de Zoroastre attache une si grande importance aux divisions du temps : à chacune d'elles est attaché un esprit divin, Amschaspand, Ized ou Ferouer, et à chacune se rapporte une prière; le Parse prie à son lever, avant et après son repas, à son coucher; la naissance, le mariage, la mort, ne s'accomplissent point sans un acte pieux; on prie pour les morts, et l'*Avesta* dit que cette prière allège pour eux les peines de l'autre vie, hâte leur résurrection bienheureuse, et prépare la conversion d'Ahriman. La pureté en toutes choses est le but moral qui semble avoir le plus préoccupé le législateur de l'Iran; cette pensée se rattache non-seulement à beaucoup de vertus admirables qu'il exige des fidèles, mais à une foule de pratiques purificatoires dont il donne les règles.

La religion de l'*Avesta* reconnaît pour son point de départ géographique la Sogdiane, d'où elle s'est répandue dans l'Iran et dans une grande partie de l'Asie occidentale. La montagne sainte, œuvre et séjour d'Ormuzd, autour de laquelle gravitent les astres, organes du temps, est appelée *Bordj* ou *Albordj* par les Persans, et en zend *Berezat*, d'où les Grecs ont tiré le mot *Bérécynthe*. Cette montagne fait partie de la grande chaîne de l'Elbourz, à laquelle se rattachent vers l'est le Mérou et l'Himâlaya, et qui, vers l'ouest, se termine au grand Olympe. C'est sur ces sommets purs et exempts des intempéries d'ici-bas, que, chaque jour, Mithra, Ized du Soleil, offre le sacrifice éternel; c'est là qu'Ormuzd l'a établi pour être le médiateur entre les hommes et lui-même. De là découle la source sainte *Ardviçur*, origine des fleuves purificateurs. Là doivent se réunir, au jour de la grande résurrection, les justes conduits par les Izeds; ils y seront suivis par les méchants dont le feu et la douleur auront purifiés; Ahriman lui-même, avec les Dews et les Darvands, offrira le sacrifice; tous les êtres entoureront le trône d'or d'Ormuzd à côté des Amschaspands; et de ce jour le monde purifié commencera une nouvelle existence. V. Anquetil-Duperron, grande traduction du *Zend-Avesta*, Paris, 1771; le même, trois Mémoires dans le *Recueil de l'Académie des Inscr. et belles-lettres*, t. XXXIV, XXXVII et XXXVIII; l'abbé Foucher, *Traité historique de la religion des Perses*, dans le même recueil, t. XXV, XXVII et XXIX; Pastoret, *Zoroastre, Confucius et Mahomet*, 1787, in-8°; Eug. Burnouf, *Commentaire sur le Yaçna*, Paris, 1833, 2 vol. in-4°; Reynaud, art. *Zoroastre*, dans l'*Encyclopédie nouvelle*; Pavie, *Mémoire sur les Parsis*, dans le t. I er du *Recueil de la Société ethnologique de Paris*; De Hammer, *Mémoire sur le culte de Mithra*, publié par J. Spencer Smith, Paris, 1833, in-8°; Lajard, *Recherches sur le culte public et les mystères de Mithra*, Paris, 1847-48, in-fol. et in-4°. Les éditions complètes du texte original de l'*Avesta* ont été commencées avec traduction anglaise par Westergaard (Copenhague, 1852), et avec traduction allemande par Spreger (Leipzig, 1853). Olhausen a publié le *Vendidad*, et Müller une traduction du *Boundehech*. Em. B.

ZÉPHYRS, troupes d'Algérie. V. ce mot dans notre *Dictionnaire de Biographie et d'Histoire*.

ZÉRO. En Musique, le zéro placé au-dessous d'une note, dans une partie d'instrument à cordes à manche, indique que cette note doit être attaquée à vide.

ZÉTÉTIQUE (du grec *zétéô*, je cherche), terme peu usité de Philosophie, par lequel on désigne toute méthode d'invention ou de recherche, et spécialement la méthode analytique.

ZEUGITES. V. ce mot dans notre *Dictionnaire de Biographie et d'Histoire*.

ZEUGMA, figure de Rhétorique dont le nom, tiré d'un verbe grec qui veut dire *joindre* (*zeugnumi*), signifie proprement *jonction* ou plutôt *jointure*. Ce terme s'applique aux constructions dans lesquelles un seul et même mot domine une série de membres de phrase devant chacun desquels, pour une régularité rigoureuse, il devrait être répété. Cette figure est donc une variété de l'ellipse. En voici des exemples : « Si *ses sujets*, si *ses alliés*, si l'*Église* universelle a profité de ses grandeurs, etc. » (Bossuet.)

> Je *les peins* dans le meurtre à l'envi triomphants,
> *Rome* entière noyée au sang de ses enfants,
> *Les uns* assassinés.......
>
> (Corneille.)

D'autres fois le zeugma consiste à mettre un mot, qui a plusieurs compléments, en rapport seulement avec un seul. Ainsi, Boileau a dit : « de mérite et d'*honneurs revêtu*, » quoique ce participe fasse avec *mérite* une alliance incohérente ; mais, de fait, la phrase équivaut à « revêtu d'honneurs acquis par son mérite ; » et ailleurs :

> Et la *faux* à la *main*, parmi vos marécages,
> Allez *couper vos joncs et presser vos laitages*.

Le zeugma fait généralement dans les langues anciennes un plus heureux effet que dans le français, grâce à la facilité des inversions et à la variété des cas. Les grammairiens anciens, mais seulement au point de vue de la construction même, avaient distingué trois espèces de zeugma : le *protozeugma*, lorsque le mot dominant était le premier ; le *mesozeugma*, lorsque ce mot était placé dans le corps de la phrase ; l'*hypozeugma*, lorsque le mot dominant se trouvait à la fin de la phrase.   P.

ZÉZAYEMENT, vice de prononciation qui consiste à remplacer l'articulation du *j* ou du *g* doux, quelquefois même du *ch*, par celle du *z* : *pizon, zuzube*, pour *pigeon, jujube*.

ZIGEUNES, ZINGANES ou **ZINGARI** (Langue des). *V.* Bohémiens.

ZIGZAGS, ornement d'Architecture, suite de chevrons formant des angles alternativement saillants et rentrants. — Dans la Fortification, on donne le nom de *zigzags* à des tranchées peu larges, formant une suite d'angles aigus, et tracées de manière à ne pas rencontrer la face des ouvrages qu'on attaque.

ZIKRE, cérémonie religieuse expiatoire des Musulmans.

ZINCOGRAPHIE, procédé qui consiste à substituer le zinc à la pierre pour graver et imprimer des cartes géographiques ou des dessins. La zincographie a été inventée en 1828 par Bruguot, et pratiquée avec succès par Kœppelin.

ZINZAR (Dialecte). *V.* Roumane (Langue).

ZITHER, instrument de musique à cordes pincées, originaire de la Hongrie, et fort à la mode aujourd'hui en Hongrie, en Bavière et dans les provinces rhénanes.

ZODIAQUE. } *V.* ces mots dans notre *Dictionnaire*
ZOLLVEREIN. } *de Biographie et d'Histoire.*

ZONE (du grec *zonè*, bande), nom donné à des bandes circulaires que les géographes déterminent sur la surface terrestre. Il y en a cinq : la *zone torride* ou *intertropicale*, qui s'étend à 23 degrés et demi de chaque côté de l'Équateur jusqu'aux Tropiques ; la *zone tempérée septentrionale*, entre le Tropique du Cancer et le Cercle polaire arctique, et la *zone tempérée méridionale*, entre le Tropique du Capricorne et le Cercle polaire antarctique, larges de 43 degrés chacune ; les deux *zones glaciales*, comprises, l'une dans l'hémisphère septentrional de la terre entre le Cercle polaire arctique et le Pôle nord, l'autre dans l'hémisphère austral entre le Cercle polaire antarctique et le Pôle sud, ayant chacune une largeur de 23 degrés et demi.

ZONE DE SERVITUDE, ZONE FRONTIÈRE. *V.* SERVITUDES MILITAIRES.

ZOOLATRIE, culte des animaux. *V.* Animaux.

ZOOLIQUE, bateau à manège inventé par Guilbaud de Nantes, en 1822.

ZOOPHORE. *V.* Frise.

ZOTHECA. *V.* Alcove.

ZOUAVES. *V.* ce mot dans notre *Dictionnaire de Biographie et d'Histoire.*

ZOUGGARAH, instrument de musique des Arabes. C'est une sorte de cornemuse composée d'une peau de bouc et de trois bouts de roseau, percés tous trois de quatre trous qui peuvent donner chacun quatre sons différents.

ZOULOU (Idiome), un des idiomes cafres (*V. ce mot*). Il en existe un Vocabulaire dans le tome II du *Voyage dans l'Afrique australe* par Delegorgue, Paris, 1847.

ZOURNA ou **ZURNA**, instrument de musique. *V.* Zamr.

ZWANZIGER (de l'allemand *zwanzig*, vingt), pièce de monnaie autrichienne, valant 20 kreutzers, environ 80 centimes.

ZYGITES. *V.* Navales (Constructions).

ZYRIANE ou **ZYRIÈNE** (Idiome). *V.* Syriène.

DICTIONNAIRE
DES LETTRES
DES BEAUX-ARTS
ET
DES SCIENCES MORALES ET POLITIQUES

SUPPLÉMENT A LA CINQUIÈME ÉDITION

ACCOLADE, signe orthographique qui sert à réunir plusieurs articles en un tout, ou à montrer, en les rapprochant, ce qu'ils ont entre eux de commun et d'analogue. Inventé au temps de l'empereur Auguste, il n'avait pas alors le même emploi qu'aujourd'hui : quand les copistes arrivaient à la fin d'une ligne, pour ne pas porter à la ligne suivante un mot qui complétait le sens, ils le plaçaient sous le dernier mot de la ligne avec une accolade, afin d'indiquer qu'il appartenait à cette ligne.

AGE DE PIERRE, nom donné, en Archéologie, aux siècles primitifs de l'humanité, durant lesquels la pierre servit presque exclusivement à façonner des armes et divers ustensiles. On divise ce premier âge de la *pierre brute* ou *paléolithique* et âge de la *pierre polie* ou *néolithique*. L'homme se fit d'abord une sorte de poignard avec une pointe d'os ou de corne, ou avec un éclat de silex ; plus tard, avec divers cailloux, à l'aide du choc ou du frottement, il façonna des dagues, des haches, des pointes de flèches ou de lances, des pierres de frondes. Les premiers spécimens d'armes de l'âge de pierre nous sont venus de la région scandinave : ils furent trouvés dans les cavernes à ossements et dans les amas côtiers (*kjokkenmoeddings*). Le Danemark, en outre des pièces dont il a enrichi la plupart des collections de l'Europe, possède à peu près 35,000 instruments de silex ; le musée de Stockholm en renferme 16,000 environ. On a trouvé aussi des monuments de l'âge de pierre en Irlande et en Suisse, quand on a découvert dans la tourbe les habitations *lacustres* (*V. ce mot*), ainsi que dans les *tumuli* de l'Esthonie, de la Livonie et de la Courlande, dans le bassin français de la Somme, en Espagne et en Italie.

A l'âge de pierre succéda l'*âge de bronze* ou *âge celtique*, qui, à son début, se confond avec celui de la pierre polie. L'homme alors employa le bronze pour la fabrication de ses armes, de ses instruments de travail, et d'une foule d'autres objets. Cet âge, représenté en Amérique et en Espagne par un *âge de cuivre*, est relativement récent, l'usage du bronze ayant été importé en Europe par les premières invasions aryennes (20 siècles av. J.-C.?). Sa durée a été aussi relativement. très-courte.

L'*âge du fer* est le troisième âge de l'humanité. Ce n'est réellement qu'à partir de cette époque que l'homme a pu marcher à grands pas dans la civilisation. Le feu et les métaux ont été les éléments primordiaux du progrès : sans l'un, l'homme ne serait jamais sorti de l'état de la brute; sans les autres, il ne serait jamais

sorti de l'état sauvage. V. plus loin GERMAIN (SAINT-).

AGENCES MATRIMONIALES. Ces institutions singulières sont de date récente. En 1732, un bourgeois de Hambourg imagina d'ouvrir un bureau où l'on signalait les partis disponibles ; il lançait de temps en temps des avis, mais ne négociait pas lui-même les mariages. La première agence régulièrement constituée fut fondée à Paris, sous le Directoire.

AGRIMENSORES, collection de 16 auteurs latins, qui ont écrit autant de petits traités ou de fragments sur l'arpentage. Goes, en latin Goesius, en a donné une bonne édition avec notes, observations, glossaire, etc., sous le titre de *Rei agrariæ auctores, cum antiquitatibus et legibus agrariis,* Amsterdam, 1674, in-4°, avec planches. Ces divers ouvrages, assez arides en eux-mêmes, ont une certaine importance par les détails que l'on y rencontre touchant l'histoire de la constitution et de la législation romaines. Le nom de *Agrimensores,* pris du sujet de ce recueil, a prévalu parmi les philologues. La plupart de ces auteurs sont inconnus : il y a dans la collection un Traité de l'empereur Arcadius.   C. D—Y.

ALINÉA, disposition orthographique qui sert à séparer les diverses parties d'un texte. Elle date de l'invention de l'imprimerie. On distingua d'abord : les *Alinéa alignés,* qui étaient de niveau avec les autres lignes de la page ; les *Alinéa saillants,* qui dépassaient de quelques lettres les autres lignes ; et les *Alinéa rentrants,* qui laissaient un espace libre au commencement de la ligne. Ces derniers sont seuls usités aujourd'hui. Auparavant on marquait les divisions d'un texte au moyen de signes conventionnels, qui variaient suivant les copistes.

AMBOTRACE, nom donné à un instrument qui permet d'écrire simultanément, sur des papiers séparés, deux copies du même texte. Des ambotraces ont été inventés par Cottoneuve à la fin du XVIIIᵉ siècle, puis par Lhermite, La Chabeaussière, Obrion, etc. Les procédés autographiques ont été préférés.

AMORCES ou **CAPSULES DE GUERRE.** En 1610, l'écrivain militaire Rivault proposa d'employer l'or fulminant pour mettre le feu aux armes de guerre. Cette idée passa inaperçue, et ne fut reprise que dans notre siècle, à l'époque de l'invention de la platine à percussion. Le chlorate de potasse et l'argent fulminant furent d'abord expérimentés, mais sans succès. Le mercure fulminant fut employé sous forme de pastilles ou de globules. L'idée de l'enfermer dans une petite capsule de cuivre naquit en Angleterre, vers 1818, et cette invention fût introduite en France, en 1820, par l'armurier parisien

Deboubert. On commença par fabriquer les amorces fulminantes au balancier et à l'aide de procédés très-lents; mais, en 1842, le capitaine d'artillerie Humbert inventa une machine qui, mue par un seul homme, produisait chaque jour 50,000 amorces.

ANDRIENNE, nom donné, au commencement du XVIIIe siècle, à un vêtement de déshabillé pour femmes, consistant en une robe longue, ouverte et abattue. Ce vêtement avait été imaginé par la comédienne Dancourt pour jouer dans l'*Andrienne* de Térence, traduite par Baron.

AQUEDUC DE LA DHUYS. — Cet aqueduc, qui amène des eaux pures à Paris, a une longueur de 139 kilom. Il prend naissance à Pargny (Aisne), traverse les dép. de l'Aisne, de Seine-et-Marne, de Seine-et-Oise et de la Seine, et aboutit au réservoir de Ménilmontant. Il est construit, partie en maçonnerie (118 kilom.), avec pentes régulières de 0m,10 par kilom., partie en siphons ou conduites forcées en fonte franchissant les vallées, avec charge de 0m,55 par kilom. L'aqueduc maçonné est construit en souterrain sur une longueur de 10 kilom.; les principaux souterrains sont ceux de Montmenard, Montretout, Monceaux et Quincy, qui ont de 700 à 2,000m de développement. Les principaux siphons sont ceux du Petit-Morin, du Grand-Morin, de la Marne et de Villemomble, qui ont de 1,000 à 4,500m de longueur. Le réservoir de Ménilmontant est divisé en deux étages. L'étage supérieur a le plan de son trop-plein à 108m au-dessus du niveau de la mer, et il reçoit les eaux de source. Sa capacité est de 100,000m cubes (ou 100 millions de litres); la profondeur de l'eau y est de 5m. Il est recouvert d'une couche de terre engazonnée, qui maintient le liquide à une température constante et suffisamment fraîche. Entre les piliers en maçonnerie hydraulique qui supportent le radier et les murs d'enceinte du réservoir supérieur, est établi le réservoir inférieur, dont la capacité est de 30,000m cubes, et qui reçoit les eaux de la Marne amenées de Charenton et montées par les machines de Saint-Maur. A Belleville, point plus élevé que Ménilmontant, on a construit un autre réservoir, qui reçoit les eaux du premier à l'aide d'une machine à vapeur de 15 chevaux de force, et qui est également fractionné en deux étages, l'un pour les eaux de source, l'autre pour les eaux de rivière. On est ainsi à même d'affecter spécialement les eaux de source aux usages domestiques, et de restreindre l'emploi des eaux de rivière aux services publics (fontaines monumentales, squares, arrosage de la voie, etc.). Les travaux de l'aqueduc furent commencés en 1863, et les eaux arrivèrent à Ménilmontant en 1865. On a employé 160,000m cubes de pierre, 88,000m de sable, 38 millions de kilogr. de ciment, 10 millions de kilogr. de fonte, 140,000 kilogr. de plomb. Les premiers devis portaient le coût du travail à 40 millions de francs.

ARMÉE. — *Allemagne.* — Le chef de l'armée allemande est le roi de Prusse. Dans la monarchie fédérative que forme actuellement l'empire d'Allemagne, les liens militaires qui attachent les États allemands à la Prusse sont de diverses espèces et partagent ceux-ci en groupes distincts. Les rois de Saxe, de Wurtemberg et de Bavière ont conservé une certaine autorité personnelle sur leurs troupes qui forment respectivement les corps portant les numéros 12, 13, 1er et 2e bavarois. Le 14e corps, fourni par le grand-duché de Bade, les troupes des duchés de Mecklembourg qui font partie du 9e corps, celles de Brunswick qui sont comprises dans le 10e, celles de Hesse-Nassau-Cassel et des duchés de Saxe, qui forment le 11e, constituent des contingents séparés, mais sont instruites, commandées et administrées par les soins de la Prusse : les troupes provenant du Schleswig-Holstein et comprises dans le 9e corps, celles du Hanovre qui sont comprises dans le 10e, celles d'Alsace-Lorraine qui forment le 15e, celles de quelques petites principautés et celles des villes anséatiques sont entièrement absorbées dans l'armée prusienne qui, à elle seule, forme, du reste, 8 corps d'armée et un corps de la garde. — Chacun de ces 17 corps d'armée réside en permanence sur une étendue déterminée du territoire allemand où il se recrute et dont la population est environ de 230,000 habitants : le corps de la garde se recrute sur le territoire de l'ancien royaume de Prusse. — Les corps d'armée ont tous la même composition ; ils comprennent, sur le pied de paix : les états-majors du corps d'armée, des divisions et des brigades : 2 divisions, chacune à 2 brigades de 2 régiments d'infanterie et à 1 brigade de 2 ou 3 régi-

ments de cavalerie : 1 bataillon de chasseurs à pied : 1 brigade d'artillerie de campagne à 2 régiments : 1 régiment d'artillerie à pied : 1 bataillon de pionniers : 1 bataillon du train : divers services particuliers : 17 districts de bataillon de landwehr. — L'infanterie de ligne comprend 148 régiments, dont 9 de la garde, 17 de grenadiers et 13 de fusiliers : il y a, en outre, 26 bataillons de chasseurs à pied : tous les bataillons sont à 4 compagnies et troupes d'occupation. La cavalerie comprend 93 régiments. L'artillerie de campagne comprend 37 régiments, dont 19 ont 8 batteries de 6 pièces et 18 ou 9 batteries de 6 pièces. L'artillerie à pied contient 18 régiments à 2 bataillons. Il y a 18 bataillons de pionniers et 18 bataillons du train. L'effectif total, sur le pied de paix, est de : 17,033 officiers, 401,659 combattants, 3,644 non-combattants, 96,158 chevaux. — Chaque corps d'armée mobilisé, c'est-à-dire mis sur le pied de guerre, se fractionne en troupes de campagne, troupes de remplacement et troupes d'occupation. Les troupes de campagne sont formées par 2 divisions dont chacune contient : 4 régiments d'infanterie en 2 brigades, 1 régiment de cavalerie, 4 batteries d'artillerie et 1 compagnie de pionniers : le corps d'armée comprend, en outre 9 batteries, des services de pionniers, du train et de santé : l'effectif de ces troupes est de : 881 officiers, 32,000 combattants, 3,900 non-combattants, 10,600 chevaux. 102 pièces, 1,100 voitures. Toutes les troupes de campagne de l'armée allemande comprennent : 17,600 officiers, 599,000 combattants, 75,000 non-combattants, 200,000 chevaux, 1,860 pièces, 22,500 voitures. Mais il y a lieu de remarquer qu'il s'agit seulement ici de 18 corps d'armée, tandis que le nouveau plan de mobilisation de l'armée allemande doit en contenir 22, dont chacun aura 30,000 hommes d'infanterie et 4 batteries de plus que jusqu'ici, en sorte que l'on peut estimer à 1,200,000 hommes au moins l'effectif de l'armée allemande et à 2,800 celui des pièces. — Les troupes de remplacement contiennent les dépôts destinés à compléter les vides qui se produisent dans les troupes de campagne ; elles les unes et les autres sont entretenues par l'appel des hommes de 20 à 27 ans, dont le nombre annuel est de 180,000 environ, ce qui, déduction faite des pertes, donne à peu près un total de 1,300,000 soldats. — Les troupes d'occupation sont fournies par la landwehr qui comprend les hommes de 27 à 32 ans et dont l'effectif moyen est environ de 600,000 hommes : elles sont renforcées par le landsturm, levée en masse organisée en tout temps, comprenant tous les hommes de 17 à 42 ans qui ne sont dans aucune des catégories précédentes, et dont il est impossible d'estimer la force approximative.

Angleterre. — Les armées de la *Grande-Bretagne* comprennent : 1o l'armée active qui se compose elle-même de l'armée permanente, des troupes indigènes et de la première classe de la réserve : 2o l'armée auxiliaire, qui comprend la seconde classe de la réserve, la milice et le corps des volontaires. — L'armée permanente contient 9,895 officiers, 184,991 hommes, 26,445 chevaux et 1,362 pièces attelées ; elle comporte 148 bataillons d'infanterie formant 112 régiments, 248 troupes de cavalerie formant 31 régiments : 227 batteries d'artillerie dont 112 de campagne, comprises dans 1 régiment : 43 compagnies de génie et des services divers : 63,000 hommes et 12,000 chevaux font partie de l'armée des Indes; celle-ci comprend, en outre, 120,000 indigènes. — La première classe de la réserve compte 10,000 hommes ; il y en a 25,000 dans la seconde. — La milice est constituée par 132 bataillons d'infanterie, 240 troupes d'Jeomanry et 30 régiments d'artillerie ; elle a un effectif de 155,000 hommes environ, dont 25,000 doivent, d'après certaines conditions pécuniaires, servir au même titre que la première classe de la réserve. — Le corps des volontaires comprend : 120,000 rifles à pied, 300 rifles à cheval, 34,000 artilleurs, 5,000 sapeurs du génie, 600 cavaliers légers, c'est-à-dire 160,000 hommes. — Le total des forces militaires de l'Angleterre est donc de 660,000 hommes environ.

Autriche-Hongrie. — L'effectif des troupes de campagne austro-hongroises est fixé à 800,000 hommes pour une période de 10 ans, de 1868 à 1878 : il convient d'y ajouter, en outre, 600,000 hommes de landwehr. — La composition de l'armée active est la suivante : 80 régiments d'infanterie à 5 bataillons de guerre de 4 compagnies et 1 de dépôt ; 40 bataillons de chasseurs à

4 compagnies, dont 4 de guerre, 7 de ces bataillons étant compris dans le régiment des chasseurs tyroliens : 61 régiments de cavalerie à 7 escadrons, dont 1 de dépôt : 13 régiments d'artillerie de campagne à 13 batteries de 8 pièces : 12 bataillons d'artillerie de place : 2 régiments de génie : 1 régiment de pionniers : les services accessoires ; effectif total, 15,315 officiers, 253,040 hommes, 46,667 chevaux. — Cette armée active est portée à 800,000 hommes lors de la mobilisation par l'incorporation de 532,000 hommes de réserve : elle peut former 13 corps d'armée contenant 40 divisions d'infanterie, 5 divisions de cavalerie et 1 réserve générale d'artillerie : son total est alors de 24,762 officiers, 795,953 hommes, 148,623 chevaux, 1,672 pièces, 23,604 voitures. — La landwehr est distincte selon qu'elle appartient aux provinces cisleithanes ou aux provinces transleithanes ou au Tyrol. L'effectif de la landwehr cisleithane est de 250,000 hommes. Celui de la honwed, c'est-à-dire de la landwehr hongroise ou transleithane, doit être, en 1878, de 5,300 officiers, 319,350 hommes, 44,300 chevaux, 900 mitrailleuses et 4,000 voitures : son organisation réelle en fait une armée de seconde ligne. Le Tyrol et le Vorarlberg fournissent 13,000 landes-schützen auxquels il convient d'ajouter les deux bans du landsturm comprenant tous les hommes valides de 18 à 45 ans et qui existe légalement dans cette seule province de la monarchie austro-hongroise.

Belgique. — L'armée belge comprend, sur le pied de paix : 3,200 officiers, 41,500 hommes, 7,200 chevaux, 160 pièces attelées. Elle est constituée de la façon suivante : 19 régiments d'infanterie, dont 18 à 3 bataillons actifs de 4 compagnies et à 1 non-actif : 8 régiments de cavalerie à 5 escadrons, dont 4 de guerre ; 7 régiments d'artillerie, dont 4 de campagne, ayant chacun 10 batteries à 6 pièces : 1 régiment du génie et divers services. — Au cas de mobilisation, l'effectif de l'armée belge ne peut dépasser 80,000 hommes.

Danemarck. — L'armée danoise comprend l'armée active, la réserve et le renfort. — L'armée active n'a qu'un faible noyau à titre d'armée permanente : quand elle est mobilisée, elle contient : 38,100 hommes, 5,300 chevaux et 64 pièces ; elle est alors composée de 21 bataillons d'infanterie à 4 compagnies, 11 escadrons de cavalerie, 8 batteries de campagne à 8 pièces, 8 compagnies d'artillerie de place, 10 compagnies du génie et divers services. — La réserve compte environ 11,700 hommes et le renfort en a 10,300. — L'effectif total, sur le pied de guerre, est à peu près de 60,000 hommes, 8,000 chevaux et 96 pièces.

Espagne. — La situation intérieure dans laquelle se trouve l'Espagne par suite des luttes incessantes auxquelles donne lieu la forme du gouvernement, rend difficile à apprécier exactement l'effectif des forces militaires de ce pays. Toutefois, on peut estimer que l'armée espagnole comprend environ 100,000 hommes sur le pied de paix et qu'il peut être porté à 250,000 hommes sur le pied de guerre ; on y trouve 40 régiments d'infanterie, 20 bataillons de chasseurs, 20 régiments de cavalerie, 5 régiments d'artillerie de campagne, 2 de montagne, 4 de forteresse et 2 régiments du génie. Il convient d'y ajouter environ 100,000 hommes, dont 30,000 de troupes régulières, qui sont employés dans l'île de Cuba.

France. — L'armée française, sur le pied de paix, a un effectif de 440,787 hommes, dont 27,014 pour la gendarmerie et dont 52,558 résident en Algérie : le nombre des chevaux y est de 108,791 dont 14,667 pour la gendarmerie et 14,953 pour l'armée d'Algérie. — Cette armée forme 18 corps d'armée en France et un 19e en Algérie. Les quartiers généraux des corps d'armée sont les suivants : 1, Lille ; 2, Amiens ; 3, Rouen ; 4, Le Mans ; 5, Orléans ; 6, Châlons ; 7, Besançon ; 8, Bourges ; 9, Tours ; 10, Rennes ; 11, Nantes ; 12, Limoges : 13, Clermont : 14, Grenoble : 15, Marseille : 16, Montpellier ; 17, Toulouse ; 18, Bordeaux ; 19, Alger. Les troupes tenant garnison à Paris et à Lyon sont respectivement placées sous les ordres d'un gouverneur militaire. — La composition des 18 corps d'armée de France est la suivante : 2 divisions d'infanterie, 1 brigade de cavalerie, 1 brigade d'artillerie, 1 bataillon de chasseurs à pied, 1 bataillon du génie, 1 escadron du train des équipages militaires, les états-majors et les services accessoires. — L'infanterie comprend : 144 régiments de ligne à 4 bataillons de 4 compagnies, plus 2 compagnies de dépôt : 30 bataillons de chasseurs à pied à 5 compagnies dont 1 de dépôt ; 4 régiments de zouaves

à 4 bataillons de 4 compagnies, plus 1 compagnie de dépôt ; 3 bataillons d'infanterie légère d'Afrique à 6 compagnies ; 4 compagnies de fusiliers de discipline ; 1 compagnie de pionniers de discipline ; 1 légion étrangère à 4 bataillons de 4 compagnies ; 3 régiments de tirailleurs algériens à 4 bataillons de 4 compagnies, plus 1 compagnie de dépôt ; au total : 251,676 hommes et 2,916 chevaux. La cavalerie comprend : 74 régiments à 5 escadrons dont 1 de dépôt, savoir : 12 de cuirassiers, 26 de dragons, 32 de chasseurs, 10 de hussards ; 4 régiments de chasseurs d'Afrique et 3 de spahis à 6 escadrons ; 8 compagnies de cavaliers de remonte ; 20 dépôts de remonte et d'étalons ; au total : 65,035 hommes et 51,505 chevaux. L'artillerie comprend : 19 régiments à 3 batteries à pied, 7 batteries montées et 2 batteries de réserve ; 19 régiments à 7 batteries montées, 3 batteries à cheval et 2 batteries de réserve ; 1 régiment de pontonniers à 14 compagnies ; 10 compagnies d'ouvriers, 3 d'artificiers et 57 du train ; au total : 55,629 hommes, 28,102 chevaux et 2,394 pièces de campagne. Le génie comprend : 4 régiments à 5 bataillons de 4 compagnies, plus 1 compagnie de chemin de fer et 1 compagnie de sapeurs-conducteurs ; au total : 10,960 hommes et 733 chevaux. Le train des équipages comprend : 20 escadrons à 3 compagnies : 12 compagnies mixtes en Algérie ; au total : 7,392 hommes et 7,680 chevaux. Le personnel en dehors des corps de troupe comprend : 26,407 hommes et 4,362 chevaux. — La force de l'armée française mise sur le pied de guerre ne peut être donnée exactement, la loi n'ayant pas fixé les effectifs des troupes mobilisées ; mais, d'après les contingents annuels, on sait que les 9 classes formant les troupes de campagne peuvent contenir 1,800,000 hommes, dont 1,300,000 instruits. — L'armée territoriale, qui comprend les hommes de 29 à 34 ans, et la réserve de l'armée territoriale, dont font partie les hommes de 34 à 40 ans, sont réparties par corps d'armée. L'armée territoriale est seule organisée ; chaque région de corps d'armée est partagée, à cet effet, en 8 subdivisions à raison de 1 par régiment d'infanterie de ligne ; chaque subdivision fournit à l'armée territoriale : 1 régiment d'infanterie à 3 bataillons de 4 compagnies, plus 1 cadre de compagnie de dépôt. Chaque région de corps d'armée fournit, en outre : 1 régiment d'artillerie, 1 bataillon du génie, 1 escadron du train des équipages militaires, des escadrons de cavalerie et des compagnies du train d'artillerie. La force moyenne de l'armée territoriale peut être évaluée à 600,000 hommes et celle de la réserve de cette armée à 600,000 hommes.

Grèce. — L'armée grecque ne contient environ que 8,000 hommes sous les drapeaux ; son effectif de guerre est de 25,000 hommes environ. Elle comprend : 16 bataillons d'infanterie de ligne, 4 bataillons de chasseurs, 6 escadrons de cavalerie, 10 batteries d'artillerie de campagne. Il y a, en outre, 60,000 hommes de garde nationale et 30 corps de volontaires contenant 15,000 hommes.

Hollande. — L'armée des Pays-Bas est forte de 30,000 hommes et elle peut atteindre le chiffre de 65,000 hommes sur le pied de guerre. Elle comprend : 8 régiments d'infanterie à 4 bataillons, 4 bataillons de chasseurs à pied, 4 régiments de cavalerie, 18 batteries d'artillerie de campagne. La garde civique peut donner environ 65,000 hommes. L'armée des Indes contient, en outre, 30,000 hommes dont 13,000 Européens.

Italie. — L'armée permanente de l'Italie contient : 13,000 officiers, 205,000 hommes, 26,000 chevaux et 800 pièces de campagne. Sa composition est la suivante : 80 régiments d'infanterie de ligne à 3 bataillons, 10 régiments de bersaglieri à 4 bataillons, 20 régiments de cavalerie à 6 escadrons, 10 régiments d'artillerie de campagne à 10 batteries de 8 pièces, 4 régiments d'artillerie de place, 2 régiments du génie, des états-majors et des services accessoires. — Sur le pied de guerre, cette armée contient 12,000 officiers, 329,000 hommes, 56,000 chevaux et 800 pièces de campagne ; elle forme 20 divisions et des troupes complémentaires qui constituent 10 corps d'armée. — L'effectif de mobilisation est obtenu par le rappel d'une partie des hommes en congé illimité qui sont au nombre de 240,000. — Il convient encore de signaler l'existence de la milice provinciale qui contient environ 200,000 hommes.

Portugal. — L'armée permanente du Portugal a un effectif moyen de 30,000 hommes. Elle comprend : 18 régiments d'infanterie de ligne à 3 bataillons, 12 bataillons de chasseurs à pied, 8 régiments de cavalerie à 6 escadrons, 1 régiment d'artillerie de campagne à 12 batteries de 6 pièces. Sur le pied de guerre, cette armée peut contenir environ 80,000 hommes; mais le Portugal n'a pas de troupe analogue à notre armée territoriale, tandis qu'il en existe à peu près dans tous les États européens.

Roumanie. — L'armée permanente de Roumanie contient environ : 1,000 officiers, 29,000 hommes, 5,000 chevaux, 96 pièces de campagne. Elle se compose de : 8 régiments d'infanterie de ligne à 3 bataillons, 4 bataillons de chasseurs à pied, 16 escadrons de cavalerie, 16 batteries d'artillerie de campagne à 6 pièces. Cette même armée mobilisée peut, avec l'armée territoriale, la milice et la garde nationale, atteindre un effectif de 125,000 hommes et contenir : 100 bataillons d'infanterie, 75 escadrons de cavalerie, 100 pièces d'artillerie de campagne.

Russie. — Les forces militaires de la Russie se divisent en armée permanente et en milice. L'armée permanente comprend : l'armée active et sa réserve, dans lesquelles tout sujet russe est compris de 20 à 35 ans, les troupes cosaques, les troupes asiatiques. La milice contient toute la population mâle valide, de 20 à 40 ans, ne faisant pas partie de l'armée permanente. — L'armée permanente est organisée en divisions et en brigades; les troupes de la garde forment un corps d'armée ; celles de la lieutenance du Caucase, forment une armée. — Les troupes de la Russie d'Europe contiennent : 600 bataillons, 650 escadrons, 2,000 canons de campagne, 300 mitrailleuses; il y a, sur le pied de paix, 19,000 officiers et 520,000 hommes ; sur le pied de guerre, 24,000 officiers et 1,100,000 hommes. L'armée de la lieutenance du Caucase contient : 128 bataillons, 260 escadrons, 300 canons, 50 mitrailleuses ; il y a, sur le pied de paix, 4,000 officiers et 140,000 hommes; sur le pied de guerre, 5,000 officiers et 200,000 hommes. Les troupes asiatiques contiennent : 61 bataillons, 300 escadrons, 120 canons; il y a, sur le pied de paix, 1,800 officiers et 7,800 hommes, sur le pied de guerre, 2,500 officiers et 122,000 hommes. L'ensemble des forces militaires de la Russie en y comprenant les services généraux est de : 787 bataillons, 1,217 escadrons, 2,352 canons de campagne, 376 mitrailleuses; en paix, il y a 34,000 officiers et 800,000 hommes; en guerre, 43,000 officiers et 1,530,000 hommes. — Cette armée pourrait former 24 corps d'armée de campagne, non compris la garde impériale et les troupes du Caucase.

Servie. — L'armée de la Servie n'a que 6,000 hommes et 1,200 chevaux entretenus à l'état permanent. En cas de guerre, par le rappel des réserves et par la mobilisation des milices, cette armée peut contenir 140,000 hommes formant 7 divisions et comprenant : 129 bataillons d'infanterie, 34 escadrons de cavalerie et 45 batteries d'artillerie de campagne à 6 pièces.

Suède. — L'armée permanente suédoise contient 6,500 hommes : à cette armée permanente est ajoutée une réserve de 80,000 hommes. Une sorte d'armée territoriale, analogue aux anciens régiments-frontières d'Autriche, contient environ 27,000 hommes. Enfin, il convient d'ajouter environ 20,000 francs-tireurs formés en compagnies. Cette masse de 130,000 hommes environ dispose de 200 pièces d'artillerie de campagne. L'armée norvégienne se compose de la ligne, de la réserve et de la landwehr. La ligne contient 12,000 hommes sur le pied de paix, un son effectif est porté à 18,000 hommes sur le pied de guerre ; la réserve compte 20,000 hommes; la landwehr est forte de 12,000 hommes: il convient d'ajouter 12,000 soldats du train et le landsturm, levée en masse qui renferme tous les hommes valides de 18 à 50 ans non liés au service. En résumé, les forces du royaume scandinave sont environ de 200,000 hommes.

Suisse. — L'armée suisse a le caractère d'une milice : elle n'existe pas à l'état permanent. Cette armée se compose de l'élite, forte de 119,676 hommes âgés de 20 à 32 ans, et de la landwehr, forte de 106,292 hommes âgés de 32 à 44 ans. — L'élite est seule organisée ; elle peut contenir : 96,232 hommes d'infanterie répartis en 98 bataillons de ligne et 8 bataillons de carabiniers, les uns et les autres à l'effectif de 767 hommes et se composant de 4 compagnies ; 3,396 hommes de cavalerie formant 24 escadrons de dragons et 8 compagnies de guides ; 12,100 hommes d'artillerie servant 48 batteries de campagne et 2 batteries de montagne, les unes et les autres à 6 pièces, ou incorporés dans 10 compagnies de pontons, 10 compagnies de parc, 10 compagnies de train de parc et 2 compagnies d'artificiers; 4,148 hommes du génie, répartis en 12 compagnies de pionniers, 6 compagnies de pontonniers, 2 compagnies de parc et 8 compagnies d'ouvriers de chemins de fer; enfin, 1,640 hommes de troupes sanitaires, 2,160 hommes de troupes d'administration et l'état-major fédéral. Cette armée peut former 8 divisions de campagne ayant un effectif moyen de 12,000 hommes.

Turquie. — Les forces militaires de l'Empire ottoman, déductions faites des régences et des principautés qui en sont simplement tributaires, comprennent: l'armée permanente, les réserves, la levée en masse, les troupes irrégulières. — L'effectif de l'armée permanente est de 143,740 hommes, 18,700 chevaux, 624 pièces sur le pied de paix ; elle comprend : 168 bataillons d'infanterie, 158 escadrons de cavalerie, 104 batteries d'artillerie de campagne, 7 régiments d'artillerie de place, 2 bataillons du génie ; sur le pied de guerre, elle peut atteindre le chiffre de 171,010 hommes et 38,258 chevaux. Les réserves forment deux bans de même force dont l'ensemble est estimé à 192,000 hommes. La levée en masse n'est pas du tout organisée, mais elle est évaluée à 250,000 hommes. Quant aux troupes irrégulières, elles se composent surtout de bachi-bouzouks dont le nombre est au maximum de 30,000.

Récapitulation. — Voici quelle est, en résumé, la situation approximative des forces que les armées européennes peuvent contenir, sans tenir compte de la levée en masse analogue à la réserve de notre armée territoriale.

PAYS.	TROUPES DE CAMPAGNE.	TROUPES TERRITORIALES.
Allemagne	1,200,000	600,000
Angleterre	350,000	300,000
Autriche-Hongrie	800,000	600,000
Belgique	40,000	40,000
Danemark	45,000	15,000
Espagne	260,000	40,000
France	1,000,000	600,000
Grèce	25,000	75,000
Hollande	65,000	25,000
Italie	330,000	200,000
Portugal	80,000	»
Roumanie	30,000	60,000
Russie	1,000,000	500,000
Servie	30,000	60,000
Suède-Norvège	50,000	100,000
Suisse	120,000	105,000
Turquie	170,000	190,000
	6,300,000	3,500,000
	9,800,000	

ARMES A FEU. La première arme à feu portative est de la fin du xive siècle : elle paraît originaire de Bologne, et porte le nom de *scolpetos*, d'où l'on ne tarda pas à faire *sclopeti* et *escopette*. Vers le commencement du xve siècle, on vit paraître la *couleuvrine à main*, dont il y a un spécimen au musée d'artillerie de Paris. C'est un canon de fer, long de 0m,87, foré au calibre de 22 millimètres, lié à un fût de bois par des brides, et pour la manœuvre duquel il fallait deux hommes: l'un portait la couleuvrine; l'autre, au moyen d'une mèche, mettait le feu à la poudre d'amorce placée dans un petit calice au centre duquel était percée la lumière. Lorsque étant à cheval on voulait se servir de la couleuvrine à main, on l'appuyait sur une fourchette rivée au pommeau de la selle (v. COULEUVRINE, dans notre *Diction. de Biogr. et d'Hist.*). Vint ensuite l'*arquebuse à croc*, portant au milieu de son canon un croc, au moyen duquel on la fixait sur un chevalet au moment du tir. On reconnut bientôt les inconvénients d'armes qu'on ne pouvait utiliser qu'en mettant le feu avec la main : ce fut en Espagne qu'on imagina le mécanisme du *mousquet* ou arquebuse à mèche (V. ARQUEBUSE, dans ce *Dictionnaire*). Cette arme se transforma à son tour en *mousquet* ou arquebuse à rouet, dont les armées allemandes et italiennes furent pourvues dès le xvie siècle, tandis qu'en France on continuait à se servir de l'arquebuse à mèche. Le calibre et la longueur de l'arme à rouet ayant été diminués pour que le cavalier la maniât plus facilement, on eut un nouvel engin de guerre, le *pistolet*, qui, allongé ou raccourci suivant les époques, donna lieu par la suite aux *carabines* et aux *mousquetons*. Vers la moitié du XVIIe siècle, les Espagnols imaginèrent les platines *à la miquelet*, dans lesquelles la mèche et le rouet étaient remplacés par le chien et la batterie : on eut alors une nouvelle arme appelée *fusil* (*V.* ce mot dans le *Dictionnaire*).

L'idée de remplacer les canons lisses par des canons rayés remonte à plus d'un demi-siècle. En 1793, on fit à la manufacture d'armes de Versailles quelques carabines rayées, dont on arma les officiers et les sous-officiers des troupes légères. Mais la difficulté de les charger et leur peu de portée les firent abandonner. En 1813, on essaya cependant d'armer un bataillon avec ce genre de carabines, auxquelles on adapta, non plus une baïonnette simple, mais le sabre-baïonnette. En 1826, le principe de la rayure fut repris par un officier d'infanterie, Delvigne, qui imagina un nouveau forcement pour le projectile ; son arme n'eut aussi que peu de portée. En 1839, on adopta pour les tirailleurs algériens la carabine Pontcharra. En 1840, un nouveau modèle qui avait moins de rayures fut présenté. En 1842, la carabine rayée fut donnée aux bataillons de chasseurs à pied. Le colonel d'artillerie Thouvenin, en 1844, et le capitaine Minié, en 1846, présentèrent de nouvelles armes. En 1857, les armes rayées ont été adoptées pour toutes les troupes.   B.

ARMES HÉRALDIQUES. Aux exemples donnés dans le *Dictionnaire*, nous croyons utile d'ajouter les suivants :

Bade : d'or, à la bande de gueules ; — *Brunswick* : de gueules, au cheval effrayé d'argent ; — *Hesse* : d'azur, au lion burelé d'argent et de gueules, couronné d'or ; — *Holstein* : de gueules, à 3 œillets d'argent mis en pairle et à 3 feuilles d'ortie du même posées en triangle, mouvants d'un écusson d'argent, coupé de gueules ; — *Hongrie* : fascé d'argent et de gueules de 8 pièces ; — *Lucques* : de France, à la bordure de gueules, chargée de 8 coquilles d'argent ; — *Mecklembourg* : à une tête de buffle de sable, couronnée de gueules, accornée et bouclée d'argent ; — *Modène* : d'azur, à l'aigle d'argent couronné d'or ; — *Monaco* : fuselé d'argent et de gueules ; — *Nassau* : d'azur, semé de billettes d'or, au lion couronné du même ; — *Oldenbourg* : d'or, à 2 faces de gueules ; — *Parme et Plaisance* : d'azur, à 3 fleurs de lis d'or, à la bordure de gueules, chargée de 8 coquilles d'argent ; — *Pologne* : de gueules, à l'aigle d'argent, membrée et couronnée d'or ; — *Toscane* : d'or, à 5 tourteaux de gueules, rangés en orle, surmontés en chef d'un écu rond d'azur à 3 fleurs de lis d'or ; — *Empire Birman* : d'argent, au coq de gueules mis de profil, entouré d'un cercle aussi de gueules ; — *Brésil* : de sinople, à la croix potencée de gueules, bordée d'or, chargée d'une sphère armillaire d'or, et environnée d'un cercle d'azur bordé d'argent et chargé de 18 étoiles du même ; — *Mexique* : d'azur à l'aigle au naturel, posé sur un tronc d'arbre, et tenant dans une de ses serres et dans son bec un serpent aussi au naturel ; — *Rio de la Plata* : coupé d'azur et d'argent ; l'argent chargé d'une Bonne Foi au naturel, tenant une pique de fer surmontée d'un bonnet phrygien d'argent, brochant sur l'azur.

Les villes ont aussi des armes. Ainsi, *Paris* : de gueules, au navire antique d'argent, voguant sur des ondes du même ; au chef semé de France ; — *Lyon* : de gueules, au lion grimpant d'argent, tenant de sa patte dextre un glaive de même ; au chef cousu de France ; — *Marseille* : d'argent ; à la croix d'azur ; — *Bordeaux* : de gueules, au château d'argent, ouvert du champ, maçonné et ajouré de sable, à 5 tours couvertes en clochers et girouette d'or, accompagné en chef d'un lion léopardé du 4e émail, et en pointe d'un croissant du second ; au chef semé de France ; — *Lille* : d'azur, à une fleur de lis d'or ; — *Nantes* : de gueules, au navire d'or habillé d'hermine, voguant sur des ondes au naturel ; au chef cousu d'hermine ; — *Rouen* : de gueules, à l'agneau pascal d'argent, portant une bannière d'azur, au chef cousu de France.

ARTIFICE (FEUX D'). L'art de faire des feux d'artifice en signe de réjouissance paraît avoir été cultivé de très-bonne heure dans la Chine et dans l'Inde, et, aujourd'hui même, il est encore fort avancé dans le premier de ces deux pays. S'il faut en croire les historiens grecs, un feu d'artifice aurait été tiré par ordre d'Alexandre le Grand en mémoire de son aïeul Babylone. Flamininus, le vainqueur de la Macédoine, trouva les feux d'artifice en usage dans les principales villes

qu'il conquit. Le rhéteur Philostrate nous apprend qu'on utilisait les artifices à la défense des villes, et cite, près du fleuve Hyphésis, une place considérée comme imprenable, parce que ses habitants lançaient des foudres et des éclairs. Claudien, décrivant les fêtes organisées à Rome sous Théodose, mentionne les serpenteaux et les girandoles. En ce qui concerne l'Europe, les connaissances pyrotechniques ont été assez bornées jusqu'à l'introduction de la poudre à canon ; on s'était servi jusque-là de divers mélanges incendiaires. Les feux d'artifice prospérèrent en Italie vers la fin du XVe siècle, où on les employait particulièrement pour la célébration des solennités religieuses ; les Florentins et les Siennois se montraient les plus habiles dans la pyrotechnie. Cet art passa d'Italie en France, en Espagne et en Flandre. En 1559, un feu d'artifice représentant un combat naval fut tiré à Rennes en l'honneur de Henri II. En 1606, dans une fête donnée à Fontainebleau par Sully, il y eut aussi un simulacre de combat. Depuis le XVIIe siècle, les feux d'artifice ont pris un développement toujours croissant, et ils atteignent aujourd'hui les limites du merveilleux, grâce aux travaux des Ruggieri.   B.

ARTILLERIE. Un décret du 13 mai 1867 constitua de la manière suivante les troupes de l'artillerie française :

Garde impériale : 1 régiment de 6 batteries toutes montées ; 1 régiment de 6 batteries à cheval ; 1 escadron du train, de 2 compagnies.

Ligne : 15 régiments (nos 1 à 15), ayant chacun 4 batteries non montées et 8 batteries montées : 1 régiment (no 16), composé de 14 compagnies de pontonniers ; 4 régiments (nos 17 à 20), ayant chacun 8 batteries à cheval ; 10 compagnies d'ouvriers ; 6 compagnies d'artificiers ; 1 compagnie d'armuriers ; 2 régiments du train, composés chacun de 12 compagnies.

D'après l'organisation de 1875, l'artillerie française comprend, pour l'armée active :

1° 38 régiments, tous stationnés en France, et constituant 19 brigades à 2 régiments, à raison de 1 brigade par corps d'armée. Le premier régiment de chaque brigade est à 13 batteries, dont 3 à pied, 8 montées, 2 montées de dépôt et de sections de munitions. Le deuxième régiment est à 13 batteries, dont 8 montées, 3 à cheval, 2 montées de dépôt et de sections de munitions ;

2° 14 compagnies d'ouvriers d'artillerie, chargés de la construction de la partie du matériel de l'artillerie, du génie et du train des équipages militaires, dont la confection ne serait pas confiée à l'industrie privée ;

3° 5 compagnies d'artificiers ;

4° 38 compagnies du train d'artillerie, à raison de 2 par brigade d'artillerie. Chacune de ces deux compagnies est placée, pour l'administration, la police et la discipline, à la suite d'un des deux régiments de la brigade.

Le service permanent de l'artillerie en Algérie est assuré : 1° par des batteries à pied détachées des régiments de l'intérieur et dont un certain nombre sont organisées en batteries montées et en batteries de montagne ; 2° par des compagnies du train d'artillerie fournies également par les corps de l'intérieur.

ASSIGNATS. L'énorme consommation des assignats vint surtout de leur dépréciation. On la devine aisément par ce qui a été dit à cet article : les dépenses publiques y sont pour la moindre part. La dépréciation commençait dans les mains mêmes du gouvernement à l'occasion des services qu'il avait à payer hors de France, non-seulement aux armées, mais à ses agents et correspondants. Pour cela il fallait de l'argent, car l'assignat n'avait aucune valeur au delà de nos frontières. Or l'argent n'était plus alors, en France, qu'une marchandise, et encore fort rare, qu'il fallait acheter à des capitalistes. Les assignats étant l'instrument d'achat, on devait en donner des monceaux pour des sommes relativement petites. Un état de situation, fourni le 14 frimaire an IV (22 décembre 1795) au Directoire par les commissaires de la Trésorerie nationale, porte, entre autres choses, ceci : 2,800,000 fr., à payer mensuellement en numéraire pour le prêt des troupes, coûtent 470 millions en assignats ; — 21 millions, en numéraire, nécessaires pour le service courant, reviennent à 3 milliards 500 millions en assignats. — Ce fut 17 jours seulement après la remise de ce rapport, que le Conseil des Cinq-Cents ordonna la fabrication de 40 milliards en assignats. *V.* Gaudin, duc de Gaëte, *Mémoires*, t. I. p. 272. C. D—Y.

AUGUSTIN (Église Saint-), bâtie par Victor Baltard, dans le VIIIᵉ arrondissement de Paris, à l'angle du boulevard Malesherbes et de l'avenue Portalis. Le portail est un rectangle couronné d'un pignon, que surmonte une croix accotée d'Anges portant le calice et la couronne d'épines et sculptés par Schroder. Au rez-de-chaussée s'ouvre un porche à trois arcades, dont les pieds-droits biseautés sont ornés de deux étages de niches à colonnes, et portent à leur aplomb l'aigle, le lion, le bœuf et l'ange, emblèmes des quatre Évangélistes sculptés par Jacquemart. Les trois portes ont été exécutées en cuivre galvanoplastique par Christofle. Sur la partie supérieure des deux portes latérales, Mathurin Moreau a représenté de petits Anges qui portent les insignes de la Passion, et, sur la partie supérieure de la porte centrale, les quatre Vertus cardinales. Les statues qui ornent les niches sont : Moïse et Élie, par Cavelier; Jérémie, par Chambard; Isaïe, par Farochon; Daniel, par Chardigny; Ezéchiel, par Gruyère. Au-dessus du porche règne une large frise qui sépare le rez-de-chaussée du clair-étage ; cette frise est décorée de bas-reliefs de Jouffroy, représentant le Christ et les douze Apôtres, dont les nimbes d'or brillent sur la pierre à la façon byzantine. Au-dessus, une immense arcade à gorge, dont l'archivolte fleuronnée est doublée d'un cordon dorique, occupe tout l'étage supérieur; sa voussure mord sur le tympan du pignon. Au fond de cette arcade est une grande rose en métal, décorée de vitraux à vives couleurs par Lafaye, et flanquée de deux Anges sous des palmiers tenant les tables de l'Ancien et du Nouveau Testament, œuvre de Lepère. — Les profils du portail sont, au rez-de-chaussée, ajourés par une arcade dont les pieds-droits possèdent également deux rangées de niches. Au-dessus, deux contreforts à pilastres composites contre-butent le grand cintre du portail, et sont amortis par des groupes d'enfants et des torchères. Les statues des faces latérales sont : saint Léon le Grand, par Farochon; saint Grégoire le Grand, par Chambard ; saint Augustin et saint Thomas d'Aquin, par Cavelier; saint Jean Chrysostome, par Desprez; saint François d'Assise, saint Louis, saint Dominique, par Lequesne; saint Basile, par Gruyère. — L'édifice a la forme d'un parallélogramme irrégulier, dont le portail occupe la face la plus étroite. L'architecte a cherché à dissimuler l'irrégularité de cette coupe par l'obliquité des lignes latérales du rez-de-chaussée; de sorte que les bas-côtés, étroits à l'origine, vont s'évasant jusqu'au transept, tandis qu'au-dessus le clair-étage file en ligne droite. Ces imperfections se traduisent à l'intérieur par un défaut de parallélisme dans les passages des collatéraux. Les faces du transept, au lieu d'être percées de portes selon l'usage, projettent entre les tourelles latérales une saillie trigonale, sorte de tour engagée dans l'œuvre, qui est coiffée d'une calotte hémisphérique à hauteur de premier étage. Ces tours engagées, les quatre tourelles et deux autres saillies qui se voient à proximité du porche, forment des reliefs destinés à tromper l'œil et à dissimuler les écarts qu'il a fallu faire pour tirer parti d'une surface étrangement coupée. L'église Saint-Augustin est surmontée, à l'endroit du sanctuaire, par un dôme accompagné de tourelles et auquel une lanterne en métal sert d'amortissement. — A l'intérieur, les verrières à figures des fenêtres hautes ont été exécutées par Maréchal et Claudius Lavergne, les grisailles des fenêtres basses par Oudinot, Nicod et Lusson. Les voûtes des chapelles polygonales des bras de la croix ont été décorées de grands sujets, saint Pierre et saint Paul, par Bonguereau. Sur les pendentifs du dôme, Signol a peint les quatre Évangélistes; dans la voûte de la grande coupole, Bézard a représenté seize grandes figures des fondateurs de la religion. Dans deux niches au-dessus des portes des sacristies, Brunet et Taluet ont placé des statues de saint François de Sales et de saint Charles Borromée. La chapelle de la Vierge contient des statues de la Vierge par Jaley, de sainte Marthe par Perrey, et de sainte Marie, par Leharivel. B.

AUTEUR (Droits p'). A partir du 1ᵉʳ janvier 1861, le droit des auteurs et compositeurs au théâtre de l'Opéra a été fixé à 500 fr. pour tout le spectacle, quel que soit le nombre des représentations des ouvrages. La somme est répartie conformément au tableau suivant :

Un ouvrage seul......................	500 fr.
Un opéra en 5, 4 ou 3 actes......	375 } 500
Un ballet en 1 acte................	125 }
Un opéra en 4 ou 3 actes.........	300 } 500
Un opéra en 2 ou 3 actes,.........	200 }
Un opéra en 2 actes..............	250 } 500
Un ballet en 2 ou 3 actes.........	250 }
Un opéra en 1 acte.	200 } 500
Un ballet en 2 ou 3 actes;	300 }
Un opéra ou ballet en 2 ou 3 actes.	250 } 500
Un opéra ou ballet en 1 acte.......	125 }
Un opéra ou ballet en 1 acte......	125 }
Un opéra en 1 acte................	200 } 500
Un ballet en 1 acte................	150 }
Un ballet en 1 acte................	150 }

Un acte emprunté à un ouvrage en plusieurs actes est rétribué comme un ouvrage en un acte. Les droits d'auteur sont partagés par moitié entre l'auteur du poëme et le compositeur de la musique, s'il s'agit d'un opéra; s'il s'agit d'un ballet, ils sont partagés par tiers entre le compositeur de la musique, l'auteur du programme et le compositeur de la chorégraphie. Pour les opéras dont les poëmes sont traduits en parodies, les avantages sont réduits de moitié, sans que cette réduction puisse influer sur la rétribution de l'ouvrage représenté dans la même soirée.

B

BANQUET, titre que certains écrivains grecs et latins donnèrent à des ouvrages où leurs personnages, groupés autour d'une table, exposaient et discutaient leurs opinions avec élévation ou familiarité. Ainsi nous avons les *Banquets* de Platon et de Xénophon, le *Banquet des savants* d'Athénée, les *Banquets des Saturnales* de Macrobe, etc.

BARRAGES. Au nombre des grands travaux exécutés par les Français en Algérie, on doit remarquer ceux qui ont pour but d'empêcher les eaux fluviales de se perdre, de les emmagasiner dans des barrages-réservoirs, et de les distribuer au moyen de nombreux canaux. Le *barrage du Sig*, construit en amont de la petite ville de Saint-Denis-du-Sig, a été commencé par le génie militaire, et achevé en 1858 par l'administration des ponts et chaussées sous la direction de l'ingénieur Aucour. Il contient 3,300,000 mètres cubes d'eau, déversés dans la plaine par deux canaux qui n'ont pas moins de 30 kilom. de développement. Depuis l'achèvement de ce travail, la plaine du Sig s'est couverte de riches cultures, de nombreuses plantations de coton, d'importantes usines. Le *barrage de l'Habra*, beaucoup plus important, a été exécuté pour le compte et par les soins d'un riche capitaliste, M. Debrousse ; il sert à irriguer 36,000 hectares de terres. La digue n'a pas moins de 41 mètres à sa base; sa hauteur est de 34 mètres, et sa longueur de 346 mètres, dont 125 pour le déversoir. Le réservoir contient 35 millions de mètres cubes d'eau.

BATARD DE BOUILLON (Le), chanson de geste, terminant la série des poëmes qu'on a rattachés au cycle de la croisade. C'est une œuvre du XVIᵉ siècle, dont l'auteur est inconnu; on n'y trouve ni renseignements historiques ni valeur littéraire. (V. *Histoire littéraire de la France*, t. XXV.)

BATEAU A AIR, appareil plus spacieux que la cloche à plongeur, et destiné à la remplacer pour les petites profondeurs. C'est une grande caisse en fer, ouverte par le bas, et que l'on maintient étanche au moyen de l'air comprimé. L'ingénieur français Coulomb eut la première idée de cet appareil en 1778; mais elle n'a été pratiquement résolue qu'en 1845 par l'ingénieur De la Gournerie, qui employa le bateau à air pour les travaux du port du Croisic. On a construit, pour le service de la Seine, des bateaux à air qui peuvent contenir 40 ouvriers.

BAUDOIN DE SEBOURG, nom d'une chanson de geste originaire des provinces wallonnes dans la première moitié du XIVᵉ siècle. Sa langue n'en est pas très-pure, et elle compte environ 29,000 vers. Elle est placée dans le cycle de la croisade. Le chevalier Baudoin est aventureux, jovial, d'humeur amoureuse, et ses histoires semblent avoir subi l'empreinte satirique des fabliaux. Un certain Gaufroi, dominé par des passions impies, matérialistes et avides, le trahit, le dépouille, et prétendrait peut-être au trône; mais la fortune l'arrête au dernier moment, et il paraît mourir au gibet. La chanson de Baudoin a été analysée dans l'*Histoire littéraire de la France*, t. XXV, et imprimée à Valenciennes, 1842, 2 vol. in-8°.

BAYLE (DICTIONNAIRE HISTORIQUE ET CRITIQUE DE), recueil de biographies choisies des hommes qui, dans tous les siècles et chez tous les peuples, ont le plus influé sur les doctrines religieuses, politiques et philosophiques, et de récits ou exposés des faits de ce même caractère. Bayle fait ainsi connaître, dans sa préface, le plan qu'il s'était tracé : « J'ai divisé ma composition en deux parties, dit-il : l'une est purement historique, un narré succinct des faits ; l'autre est un grand commentaire, un mélange de preuves et de discussions où je fais entrer la censure de plusieurs fautes, et quelquefois même une tirade philosophique.» L'idée de cet ouvrage, espèce de dictionnaire de raisonnement, est heureuse et grande ; mais Bayle l'a gâtée par son scepticisme et par un esprit de système qui, sur les matières religieuses, lui fait reproduire les objections des anciens hérésiarques, en leur prêtant encore des armes nouvelles. D'une autre part, l'ouvrage n'est point composé : chaque article est accompagné d'un commentaire, pour lequel il y a dans le texte de fréquents renvois, ce qui est très-fatigant, car on sent que tout cela aurait dû se fondre, s'agencer avec le texte. En outre, le style en est incorrect, toujours lâche et diffus. Bayle n'a consacré que quatre ans à faire ce long travail, et sa rédaction a été écrite au courant de la plume et pour ainsi dire improvisée. Ce Dictionnaire parut en 1697, à Rotterdam, en 2 vol. in-fol.; une 2e édition fut publiée à Amsterdam, en 1701, 3 vol. in-fol.; puis, dans l'espace de 35 ans environ, 8 autres éditions parurent à Rotterdam, Amsterdam, Genève, Bâle et Trévoux. L'édition d'Amsterdam, 1740, 4 vol. in-fol., fut la plus estimée jusqu'à celle de Beuchot, Paris, 1820-24, 16 vol. in-8°. L'éditeur a rempli plusieurs lacunes dans les citations, et donné au livre un caractère plus critique, en y ajoutant les notes extraites de Chaufepié, Joly, La Monnoye, L.-J. Leclerc, Le Duchat, Prosper Marchand, etc., et un certain nombre de notes nouvelles. C. D—Y.

BLANCANDIN, roman d'aventures du XIIIe siècle, composé de 3,240 vers. Blancandin est fils d'un roi de Frise, qui va se mêler aux exercices militaires et amoureux des chevaliers. Le manuscrit de ce roman est conservé à la Bibliothèque nationale de Paris. (V. Histoire littéraire de la France, t. XXII.)

BLINDAGE DES NAVIRES. On croit généralement que la construction des vaisseaux cuirassés est une invention toute moderne. Mais Bosio, historien de l'Ordre de Saint-Jean-de-Jérusalem, parle d'une caraque ou grosse galère de guerre, appelée Santa-Anna, que les chevaliers avaient blindée en plomb pour la défendre contre les boulets. Ce navire, construit à Nice en 1530, fit partie de l'expédition de Charles-Quint contre Tunis : il avait six ponts, une nombreuse et puissante artillerie, un équipage de 300 hommes ; sa cuirasse de plomb, fixée par des boulons d'airain, ne fut pas endommagée par les projectiles. On voit encore aujourd'hui une image de la Santa-Anna au milieu des anciennes fresques du palais des Hospitaliers à Rome. Il paraît que des navires plus ou moins analogues à celui-ci furent projetés par la suite dans divers pays, mais aucun ne fut exécuté. Les bâtiments cuirassés actuels dérivent des batteries flottantes créées, en 1854, par l'empereur Napoléon III pour attaquer les forteresses russes de la Baltique et de la mer Noire. Le premier qui ait été exécuté est la frégate la Gloire, construite à Toulon en 1858-59, d'après le plan de Dupuy de Lôme. Depuis cette époque, toutes les nations maritimes ont suivi l'exemple de la France. Les navires cuirassés sont tous à vapeur et à hélice. Ils portent sur leur pont une ou deux tourelles ou coupoles, tantôt fixes, tantôt tournantes, et qui sont destinées à renfermer des canons ; l'idée première de cette construction appartient au capitaine anglais Cowper Coles. Il est, enfin, des navires dont le pont est surmonté d'un blockhaus ou petit fort, crénelé pour la mousqueterie, et qui a pour objet d'abriter le commandant et les timoniers. B.

BRÉSILIENNE (Littérature). Pendant toute la durée de la domination portugaise, le Brésil fournit un contingent assez considérable à la littérature de la métropole. Deux écrivains seulement cherchèrent à y fonder une littérature nationale, Basilio da Gama et Duram ou Durão : l'un chanta, dans son poème de l'Uruguay (1769), l'anéantissement de la puissance des Jésuites dans les Missions ; l'autre publia, en 1781, Caramurù ou la découverte de Bahia, poème épique, dont une traduction française a été donnée par Eug. de Monglave (Paris, 1829, 3 vol. in-12). On remarqua aussi les compositions d'un poète populaire, Domingo Caldas Barbosa, homme de couleur, mort en 1800, et les Poésies sacrées et profanes de Souza Caldas (1821).

Depuis que le Brésil est séparé du Portugal, on y distingue deux écoles littéraires : l'école portugaise, dont Pereira da Silva est le chef, se fait une loi de suivre sévèrement les préceptes et les exemples des bons écrivains portugais, tandis que l'école indigène s'inspire de la nature du pays, peint les mœurs de ses habitants, et incline vers un idiome nouveau. Magalhaens a été le fondateur de cette littérature nationale. Agent diplomatique en Europe, où il fut témoin de la lutte des romantiques et des classiques, il rapporta au Brésil l'idée d'une régénération intellectuelle. On l'a surnommé le Lamartine brésilien : ses Soupirs poétiques procèdent, en effet, de la même inspiration que les Méditations, toutefois avec moins de penchant au doute. On lui doit aussi une épopée en l'honneur d'une peuplade indigène, la Confédération des Tamoyos. — Plus franchement romantique, Araujo Porto-Alegre a transporté dans la poésie les procédés de la peinture, dans laquelle il excella. Chantre de l'Italie méridionale dans ses Environs de Naples et des merveilles de sa patrie dans les Brésiliennes, son œuvre capitale est un poème de Colomb, où il a surtout développé le côté religieux du caractère de ce navigateur, et qui est écrit en un style éblouissant.—Les guerres des Indiens ont été décrites, avec plus de délicatesse que de force, dans les Poésies américaines de Gonçalvez Diaz. Noberto de Sousa e Silva, par ses Modulations poétiques, a naturalisé la ballade au Brésil. Le ton mélancolique et la fin prématurée de Dutra Mello éveillent le souvenir de Millevoye. Junqueira Freire, mort à 22 ans, eut néanmoins le temps de donner la mesure de son génie ; ses Inspirations du cloître prouvent qu'il serait devenu un des premiers, sinon le premier poète du Brésil.

Ce pays a trouvé non-seulement des poètes pour chanter ses beautés naturelles, mais encore des historiens pour raconter les luttes de son indépendance. Rocha Pitta a laissé une histoire des temps coloniaux jusqu'au XVIIIe siècle. Pereira da Silva, après avoir écrit une histoire des hommes illustres du Brésil pendant les temps coloniaux, a entrepris une Histoire de la fondation de l'Empire brésilien.—Le roman, qui ne fleurit d'ordinaire que dans la maturité et plus souvent au déclin des littératures, a été cultivé au Brésil dès les premières années de la Renaissance. Mais on n'y rencontre ni aventures multipliées, ni intrigues savamment conduites, ni analyses délicates du cœur humain : il a retracé les mœurs des tribus indigènes. De même que les riverains de la Delaware et du Mississipi, qui ont eu leur peintre dans Cooper, les peuplades de l'Amazone et du Parahyba ont inspiré Alencar pour son roman du Guarani. Pereira da Silva a mis en scène, dans une œuvre où la légende est mêlée à l'histoire, Jeronymo Corteréal, ami et élève de Camoëns. — Bien que le théâtre soit un amusement cher à la population brésilienne, on se borne le plus souvent à traduire ou à imiter les pièces françaises. Parmi les œuvres originales on doit citer : Antonio José, drame en vers de Magalhaens ; la Mère, drame d'Alancar ; Luxe et Vanité et le Nouvel Othello, de J. de Macedo.—La littérature politique est fort abondante au Brésil : parmi les hommes qui se livrent à ce genre, on distingue Sales Torres Homem, ancien ministre des finances, les sénateurs Parañhos, Firmino et Alencar, puis Nabuco, Uruguay, etc. (V. Ferdinand Denis, Résumé de l'histoire littéraire du Portugal et du Brésil; Adolphe de Varnhagen, Epicos Brazileiros, 1845, et Florilegio da Poesia Brazileira, 1850-53, 3 vol.; Pereira da Silva, Plutarcho Brazileiro.)

BROCHAGE. En 1857, Sulzberg, relieur à Frauenfeld (Suisse), imagina une Brocheuse mécanique, machine à plier et à brocher les feuilles des livres : il s'associa avec le mécanicien Graf pour la construire, et en montra un premier modèle à Leipzig en 1859. Ce n'était encore qu'un appareil imparfait. Avec l'aide d'un autre mécanicien, nommé Tanner, un nouveau modèle fut produit en 1862 à l'exposition de Londres, et adopté par les relieurs. Cette brocheuse, mue par deux jeunes garçons, dont l'un la met en mouvement et l'autre l'alimente de feuilles, plie, pique et satine au moins 1,000 feuilles à l'heure, tandis qu'auparavant une habile ouvrière, travaillant 10 heures par jours, ne pouvait plier et brocher que 2,500 feuilles.

BRODERIE. On ne sait à quelle époque précise furent inventés les *papiers quadrillés* pour la mise en carte des dessins de broderie et de tapisserie. Les plus anciens livres qui renferment des travaux de ce genre ont été publiés à Venise en 1554 et 1559. Quelques années après, Ant. Bellin et Mayol Larme firent paraître à Lyon un recueil semblable. En 1587, Vinciolo publia ses *Singuliers et Nouveaux Pourtraicts pour toutes sortes d'ouvrages de lingerie.* Vers le même temps parut le *Model Fusch* d'Hélène Furstin, de Nuremberg. Vers 1745, Gatin appliqua une gravure plus savante aux systèmes de mise en carte de ses devanciers. Plus tard, Bellin et, au commencement de notre siècle, Natto et Lehman perfectionnèrent encore cet art. Les artistes allemands ont surtout fait avancer la fabrication des dessins de broderie; ce sont Müller (de Vienne), Wittich, Grünthal, Herz et Wegener (de Berlin). En France, des essais furent exécutés, depuis 1815, par Aug. Legrand, Mallez, Robert, Helbronner et Martin; en 1839, Rouget de Lisle introduisit quelques améliorations. C'est depuis 1840 que Sajou a fait des dessins aussi parfaits que ceux de l'Allemagne.

A la France appartient l'idée des *Brodeuses mécaniques.* Des tentatives furent faites dès 1821; mais la première machine qui ait fonctionné d'une manière satisfaisante ne fut donnée qu'en 1829, par Josué Heilmann, de Mulhouse. Parmi les autres brodeuses inventées depuis cette époque, on remarque celle de Chevolot, de Paris, qui permet de produire à la fois de 40 à 100 broderies semblables, imitant les dessins au plumetis à la main. La plupart des machines à coudre peuvent, dans beaucoup de circonstances, être employées pour la broderie.

C

CADENAS, serrure de fer primitivement fixée aux derniers anneaux de toute chaîne qu'on passait autour d'un coffre ou dans les barreaux d'une grille pour les fermer. On a prétendu à tort qu'Ehrmann, de Nuremberg, en avait été l'inventeur en 1540; car le cadenas était connu des Romains, qui l'appelaient *Sera*, et on en a trouvé des spécimens dans leurs monuments en ruine. Au moyen âge, les cadenas s'appelaient *Ploustres.* Les cadenas à combinaisons datent du xvi⁰ siècle: Cardan (*de Subtilitate*, Nuremb., 1550) en a décrit un qui avait été construit par Janellus Turrianus, mécanicien de Crémone. Au commencement de notre siècle, Régnier, mécanicien de Paris, inventa un cadenas dont les viroles étaient susceptibles de 331,776 combinaisons.

CÆCOGRAPHIE, art d'apprendre à écrire aux aveugles. Pour atteindre ce but, le docteur Franklin, au siècle dernier, se servait de feuilles d'ivoire disposées d'une certaine manière. D'autres procédés ont été proposés par Pingeron (1786), Lhermina (1784), Bérard (1801). La machine de Julien Leroy (1817), appelée d'abord Nyctographe, reçut, à la suite de perfectionnements, le nom de *Cæcographe.* En 1838, Ferdinand Léger inventa un système de tablettes qui, après diverses améliorations, fut approuvé par la Société d'encouragement en 1851. L'appareil à écrire que construisit en 1843 l'aveugle-né Foucauld, est encore le plus employé aujourd'hui. En 1838, la Société d'encouragement accueillit avec faveur deux nouveaux appareils: celui de Colard-Viénot, de Paris, et celui de Massé, de Tours. Enfin, en 1862, un rapport a été fait à l'Académie des sciences sur le *Cæcirègle* de Duvignau.

CAISSE D'ESCOMPTE, établissement de crédit provoqué par Turgot, pour favoriser le commerce en général, et particulièrement celui de Paris, et qui fut créé par un arrêt du Conseil du roi ou Conseil royal des finances, du 24 mars 1776. Son capital fut fixé à 12 millions de livres, divisés en quatre mille actions de 3,000 livres chacune. Circonscrite dans ses opérations de banque, la Caisse fit pour 60 millions d'escompte, ce qui n'était pas extraordinaire. Comme dans ce temps-là l'argent n'était pas encore assimilé à une marchandise, qui doit avoir un cours variable, le taux de l'escompte de la Caisse fut fixé à 4 p. 100 en temps de paix et 4 1/2 en temps de guerre. La Caisse d'escompte rendait de grands services; mais, entraînée par les affaires, elle fit des émissions imprudentes, prêta son crédit au gouvernement et, en 1783, se trouva embarrassée, au point de ne pouvoir rembour-

ser ses billets qu'en lettres de change. Alors le gouvernement l'obligea d'augmenter son capital de 3 millions de livres; de garder une réserve de 2,500,000 livres; lui interdit d'escompter des effets à plus de 90 jours; lui imposa d'avoir un encaisse égal au quart de ses billets en circulation; enfin, de ne dépasser jamais 6 p. 100 dans la distribution des dividendes à ses actionnaires. Ces mesures assurèrent sa prospérité pendant 4 ans. mais en 1787 elle prêta de nouveau à l'État, d'abord 70 millions, puis, en 1789 et 1790, 170 millions, dont elle ne fut remboursée qu'en assignats. Necker avait tenté de faire déclarer cette caisse *Banque nationale.* Lorsque vinrent les mauvais jours de la Révolution, quand les énergumènes eurent inventé le crime de *négociantisme*, qu'il n'y eut plus ni commerce ni affaires, et par conséquent nulles transactions dans les banques, la Caisse d'escompte n'existait plus pour ainsi dire que de nom. La Convention, par un décret du 24 août 1793, la supprima. C. D — y.

CALCOGRAPHE, appareil inventé, en 1838, par Ch. Chevalier, ingénieur-opticien à Paris, pour faciliter le tracé sur le papier des images fournies par la chambre claire. Depuis, Rouget de Lisle a construit, sous le même nom, un instrument spécialement applicable à la reproduction des dessins de fabrique, mais qui peut servir aussi pour dessiner les objets vus en perspective.

CANNE. A diverses époques, on a imaginé d'ajouter des accessoires à la canne, pour la faire servir à plusieurs fins. Ainsi la *canne à fusil* devient, entre les mains du promeneur paisible, une arme de chasse; la *canne à vent* est tantôt une sarbacane, tantôt un diminutif du fusil à vent; la *canne à ligne* est destinée au pêcheur; la *canne-abri* se déploie en une tente portative; la *canne-fauteuil* fournit un siége au voyageur fatigué; la *canne à lunette* se change à volonté en longue-vue, etc. On a eu même l'idée d'enfermer dans une canne du gaz comprimé, ce qui a produit la *canne-flambeau* ou la *canne à gaz.* Quant à la *canne hydraulique*, tube pourvu d'une soupape à sa partie inférieure, et qu'on peut employer à élever les eaux et lui imprimant un mouvement de va-et-vient, ce n'est qu'un objet de curiosité.

CANON. Les premiers canons n'avaient pas les accessoires qu'ils présentent aujourd'hui. Vers 1428, on commença à les renforcer à la culasse. Le renforcement de la bouche vint un peu plus tard, ainsi que les tourillons. Les anses et le cul-de-lampe ne furent communs que sous Charles-Quint. Le grain de lumière, déjà connu à la fin du xvi⁰ siècle, reçut sa forme actuelle à l'époque de Louis XV, lors de la réforme de l'artillerie par Gribeauval.

L'usage de prendre le diamètre du boulet comme base des dimensions des pièces date du xve siècle: Moritz Meyer le fait remonter, il est vrai, au fondeur Hartmann, de Nuremberg, en 1540; mais un texte cité dans les œuvres de Napoléon III prouve qu'il existait en 1431. Le calibre des canons a beaucoup varié: dans les premiers temps, il y avait des canons de toutes dimensions; mais on reconnut bientôt l'utilité de les ramener à un petit nombre de types. Le système de Gribeauval fut adopté par les États d'Europe. En 1819, le colonel Paixhans proposa un *canon à bombes*, pouvant lancer des boulets explosifs, et qu'on a employé pour la défense des côtes et l'armement des navires. Napoléon III a introduit l'unité de calibre dans l'artillerie de campagne, par la création du canon-obusier de 12, qui lance indistinctement des projectiles creux et des projectiles pleins.

Les résultats obtenus par les carabines à tige et les balles cylindro-ogivales ont donné l'idée de fabriquer des *canons rayés*, lançant des boulets coniques ou cylindro-coniques. Les premiers essais importants furent faits, en 1845, à Acker (Suède), par le major piémontais Cavalli, et répétés aussitôt en Angleterre. Le problème fut résolu en France à la suite des expériences du capitaine Lepage, en 1854, du capitaine Tamisier, en 1855, et du major de Chanal, en 1856; les nouveaux canons furent employés dans la guerre de la Grande-Kabylie, en 1857. Ceux qui figurèrent aux batailles de Magenta et de Solferino, en 1859, étaient l'œuvre du commandant Treuille de Beaulieu. Depuis cette époque, les canons rayés ont été adoptés partout, avec des modifications de détail: ceux de France se chargent par la bouche; les canons italiens de Cavalli, les canons anglais de Whitworth, d'Armstrong, de Horsfall, les canons prussiens de Wahrendorff, se chargent par la culasse.

L'artillerie de place et de marine a pris également les pièces rayées.

L'invention du blindage des navires à l'aide de plaques de fer a été ensuite le signal d'une révolution dans l'artillerie de terre et de mer : il fallait renforcer la puissance des canons, afin de percer ces armures métalliques, dont on a même revêtu les batteries de terre. Le bronze, trop mou pour la résistance qu'on demandait désormais aux bouches à feu, a été abandonné; les États-Unis ont adopté la fonte, soit seule, soit soutenue par d'autres métaux; mais le fer forgé et surtout l'acier, qui est moins cher, tendent à prévaloir. On en est arrivé à fabriquer de monstrueux engins; les projectiles des canons prussiens de Krupp pèsent de 100 à 200 kilogr., ceux des canons anglais de Blakely, 700 livres (avec une charge de 70 livres de poudre); ceux des canons américains de Rodman et Dahlgren, 500 kilogr. On a vu, à l'Exposition universelle de Paris (1867), un canon suédois de Finspong, pesant 13,600 kilogr.; un canon Armstrong, 23,865 kilogr.; un canon Krupp, 50,000 kilogr.; un canon français, 38,000 kilogr. La marine a dû élever ses calibres de 16 à 24 et à 26 centimètres.

CANT, idiome répandu en Angleterre parmi les classes dangereuses, argot des bohémiens, des vagabonds et des malfaiteurs. Le mot *cant* n'est pas, ainsi que l'a dit Addison, le nom d'un prédicateur écossais, Andrew Cant, qui employait les termes intelligibles à d'autres personnes qu'à ses adeptes; il vient de *cante* (chanter), mot d'argot signifiant *parler* et faisant allusion à la mélopée plaintive des mendiants. Le *cant* est différent du *slang* (V. ce mot plus loin). Il a un fonds de vieille date, où l'on reconnaît des mots hébreux, persans, slaves, etc.; puis des emprunts ont été faits aux langues vivantes européennes, l'allemand, l'italien, l'espagnol, le français, l'anglais. Un tel mélange s'explique par la vie nomade des gens qui parlent le *cant*. A ce langage ont quelquefois puisé les auteurs dramatiques, Ben-Jonson, Beaumont et Fletcher, même Shakespeare. (V. Richard Head, *Canting Academy*, 1674; Francis Grose, *Classical Dictionary of the vulgar tongue*, 1785; *A Dictionary of modern Slang, Cant, and vulgar Words*, par un antiquaire de Londres, 1864; Forgues, *la Langue du monde excentrique en Angleterre*, dans la *Revue des Deux Mondes* du 15 septembre 1846.) B.

CAPET (Poème de HUGUES), chanson de geste composée au XIVe siècle par un auteur inconnu, et publiée pour la première fois, en 1864, par le marquis de La Grange, d'après le manuscrit unique de Paris, dans la *Collection des anciens poètes de la France*. Contrairement à la tradition qui fait descendre Hugues Capet du Saxon Witikind, le poëte donne pour père au premier roi de la 3e dynastie un chevalier de l'Orléanais, Richier, seigneur de Beaugency, vivant à la cour du roi Louis V (il l'appelle par erreur le *Débonnaire*), et pour mère Béatrix, fille de Simon, riche boucher de Paris. Son but était sans doute de glorifier l'alliance de la royauté capétienne avec le peuple. Hugues Capet arrive au trône comme gendre de Louis et avec l'assentiment des bourgeois. Il y a donc ici un poëme politique plutôt qu'une chanson de geste proprement dite. Un autre caractère du poëme, c'est l'ardeur avec laquelle la loi salique y est défendue : on en peut conclure qu'il fut écrit vers l'avènement de Philippe VI de Valois, quand il s'agissait d'écarter le roi d'Angleterre, prétendant à la couronne de France, et, à ce titre, il est l'expression de l'opinion publique. Le poëme de Hugues Capet, jeté dans le moule des chansons de geste, diffère de ces anciennes compositions; moins héroïque et plus littéraire, il est sobre de détails : les dialogues y suppléent les récits; l'auteur intervient quelquefois, en mêlant à l'action ses sentences et ses réflexions. Traduit en prose allemande au XVe siècle par Élisabeth de Lorraine, comtesse de Vaudemont, mariée au comte de Nassau-Saarbrück, il a été très-populaire au delà du Rhin, sous le titre de *Hug Schapeler*, comme respirant le sentiment démocratique; Bülow l'a rajeuni dans ses *Nouvelles* (Brunswick, 1841). On n'en connut longtemps en France qu'un extrait inséré dans la *Bibliothèque des romans*. B.

CARICATURE. Les anciens Grecs, qui assignaient pour but à l'art l'imitation de la nature, relevée par le sentiment d'une beauté idéale, ont généralement évité de reproduire le laid. Les peintres Athénis et Bupalus, en se pendant de désespoir à cause des épigrammes du poëte Hipponax, dont ils avaient fait la caricature, prouvèrent que leur art avait peu de crédit. Aristote et Aristophane exprimènt le mépris dont était l'objet, au siècle de Périclès, le peintre Pauson, qui avait cultivé le genre grotesque. En Béotie, une loi proscrivait la caricature. Cet art n'a guère pris faveur que vers l'époque macédonienne, et n'a fleuri qu'à l'époque romaine : les monuments de la peinture et de la sculpture où l'on trouve le grotesque ont été tirés des villes d'Herculanum et de Pompéi, et ne représentent que l'art grec dégénéré. Le grotesque, chez les Grecs, fut moins dans les arts du dessin que dans la littérature, et les comédies d'Aristophane en donnent la plus complète idée; certains vases peints offrent des souvenirs de représentations comiques. — Les grotesques qui nous sont parvenus ne sont pas des types grecs; on y reconnaît souvent les personnages des Atellanes, Maccus, Bucco, Dorsennus, Pappus, Manducus, etc. Les principales formes de la parodie, les principaux procédés pour produire le grotesque, avaient été trouvés par les artistes de l'âge gréco-romain : ainsi ils rapetissent, ils suppriment les proportions, ils mettent des têtes énormes sur des corps grêles, ainsi que l'a fait Dantan de nos jours; ou bien, comme Grandville dans les *Fables de la Fontaine*, ils travestissent l'homme en bête. (V. Champfleury, *Histoire de la Caricature antique*, 1865.) B.

CARRICK, espèce de casaque, munie de plusieurs collets tombants superposés pour garantir les épaules de la pluie. Les carricks furent à la mode dans les premières années de notre siècle.

CARTOUCHE, mot employé autrefois dans l'armée comme synonyme de *congé*. Sur papier blanc, elle était délivrée aux libérés des travaux publics; sur papier jaune, aux soldats dégradés, passés par les verges, ou renvoyés du corps comme indignes.

CAUTIONNEMENT DES JOURNAUX. La chute du second Empire amena des modifications dans la presse. Par décret du 10 octobre 1870, le gouvernement de la Défense nationale supprima le cautionnement des journaux et écrits périodiques. Une loi rendue par l'Assemblée nationale, le 11 juillet 1871, établit un nouveau cautionnement : dans le département de la Seine, 24,000 fr. sont versés par le journal ou écrit périodique paraissant plus de trois fois par semaine, et 18,000 fr. si la publication a lieu trois fois et moins; dans les autres départements, si la ville compte 50,000 âmes et plus, le journal qui paraît plus de trois fois verse 12,000 fr., et tout autre 6,000 fr., la moitié des deux sommes n'étant payée que dans les villes moins importantes. Quand un journal a été définitivement frappé d'une condamnation à l'amende et à des réparations civiles affectant son cautionnement, un délai de quinze jours lui est accordé pour reconstituer ce cautionnement; sinon il n'est plus permis de le publier.

CÉSAR (JULIUS), roman du XVIe siècle, qui se rattache au cycle de l'antiquité grecque et romaine. L'action, imitée de la *Pharsale* de Lucain, est conduite jusqu'à l'entrée triomphale de César dans Rome. Ce roman n'est pas écrit en vers de huit syllabes, comme les autres imitations des épopées antiques, mais en alexandrins formant des couplets monorimes, comme ceux des chansons de geste. Le manuscrit de *Julius César*, qui date de 1280, porte le nom d'un Jacques de Forez. (V. A. Joly, *Revue contemporaine*, 15 mai 1870.)

CHALCOTYPIE, procédé de gravure en relief sur cuivre, inventé, en 1851, par Heims, de Berlin. On exécute les dessins par les moyens ordinaires de la gravure à l'eau-forte, et on imprime à la presse typographique.

CHAMBRE CLAIRE, en latin *Camera lucida*, appareil d'optique à l'aide duquel on obtient, sur un écran ou sur du papier blanc, l'image des objets de la nature dans tout l'éclat de leurs couleurs et suivant les lois de la perspective. On peut ensuite marquer au crayon ou à la plume les traits et les contours des images projetées, et même appliquer les couleurs exactes aux endroits où elles sont reproduites. La chambre claire reproduit également les gravures et les tableaux. Imaginée au XVIIe siècle par l'Anglais Robert Hook, perfectionnée par Wollaston, en 1803, par Amici, vers 1814, elle fut introduite à Paris, en 1810, par Charles et Vincent Chevalier, ingénieurs-opticiens, qui l'ont encore améliorée. — La *chambre obscure* ou *chambre noire*, qui sert aux mêmes usages, mais dont la construction est différente, a été inventée par Léonard de Vinci, ainsi que l'on dans les notes de la traduction de Vitruve par Césariano (Côme, 1521). Léo Alberti paraît être un des premiers qui s'en servent pour en obtenir des dessins réduits de tableaux ou de paysages. Ch. Chevalier a donné une grande perfection à l'appareil, qui est devenu très-important depuis l'invention de la photographie.

CHAPEAUX. Jusqu'au milieu. du XVIII° siècle, on ne fit guère que des *chapeaux de feutre*. L'industrie des *chapeaux de soie* naquit alors à Florence; elle fut introduite peu de temps après en France. Le plus ancien *chapeau de castor* dont on fasse mention fut porté par Charles VII en 1438. Les *chapeaux pliants* ou *mécaniques* paraissent avoir été inventés en Angleterre, en 1824, par Robert Loyd et James Rowbashaw; le chapelier Gibus les importa à Paris en 1834, et, dix ans après, Duchêne y adapta un ressort qui permit de les ouvrir et de les fermer par une très-légère pression. Les *chapeaux de paille* les plus beaux se fabriquent en Toscane avec la paille d'une variété de froment que.l'on coupe en vert; ceux de paille de riz viennent surtout des environs de Modène. Les *chapeaux* dits *de Panama*, sans doute parce que les premiers furent apportés de ce port en Europe, se font au Pérou, dans la Nouvelle-Grenade et dans l'Équateur, avec les feuilles du bombonaxa, plante-arbuste de la famille des palmiers.

CHAPINS, chaussure en usage chez les dames espagnoles au XVII° siècle. C'étaient des espèces de sandales où l'on passait le soulier et qui grandissaient prodigieusement; mais on ne pouvait marcher avec qu'en s'appuyant sur deux personnes.

CHARGEMENT, en termes de Marine, tout ce qui est chargé sur un bâtiment. Sur un vaisseau de guerre, ce sont les armes, les munitions et les vivres; sur un navire de commerce, ce sont les marchandises. On ne peut charger un navire dans un port que de jour et avec un permis délivré par les agents de la douane, sous peine de confiscation des marchandises et de 100 fr. d'amende.

CHARLES LE CHAUVE, titre d'une chanson de geste au XIV° siècle. Cette œuvre, de peu de valeur, n'offre aucun intérêt historique; il ne s'agit que d'aventures avec les Sarrasins. Le manuscrit est conservé à la Bibliothèque nationale. (*V. Histoire littéraire de la France*, t. XXVI.)

CHAUFFERETTES ou CHAUFFE-PIEDS. On a trouvé, dans des tombeaux mérovingiens, des chaufferettes en terre cuite, semblables à celles dont se servent encore aujourd'hui les femmes pauvres. Pendant plusieurs siècles, on fit très-peu de chose pour les améliorer. A la fin, les élégantes se servirent, non d'un vase de terre, mais d'une boîte de bois, où était enfermé un récipient rempli de braise ou de cendres chaudes. En 1814, une dame Augustine Chambon de Montaux imagina de remplacer la braise par une petite lampe à huile, au-dessus de laquelle était un bassin de tôle rempli de sable: les chauffe-pieds de ce genre furent appelés *augustines*. Puis on substitua à la lampe à huile une lampe à esprit de vin. Enfin on a supprimé tout combustible, et fait des chaufferettes avec de l'eau chaude.

CHEMINS DE FER. Les voies ferrées que l'on construit pour mettre en rapport les différents quartiers d'une grande ville ont reçu le nom de *chemins américains*, parce que ce sont les ingénieurs des États-Unis qui les ont imaginées. Elles se composent de rails en forme d'ornière, et les voitures y sont traînées par des chevaux. Le plus ancien chemin do ce genre fut construit à New-York en 1845. Paris en possède un qui commence à la place de la Concorde. — En Angleterre, il existe, pour le service de l'agriculture, des *Chemins de fer portatifs*. Ils sont formés de longrines garnies de bandes de fer, réunies par des traverses, et constituant des cadres que deux hommes peuvent déplacer et installer; ces cadres se réunissent les uns aux autres d'une manière très-simple, et l'on établit ainsi une voie où de petits wagons attelés d'un cheval transportent des engrais et autres choses pesantes.

CHROMOTYPIE ou TYPOCHROMIE, art d'imprimer les dessins en plusieurs couleurs par les procédés ordinaires de la typographie. On trouve, dans le psautier exécuté en 1427 par Pierre Schœffer, un B rouge et bleu, qui a été produit d'un seul coup de presse, au moyen de bois gravés à part et rentrant l'un dans l'autre, qui avaient été encrés séparément. Le procédé, retrouvé vers 1822 par l'Anglais Congreve, et introduit en France par Firmin Didot et Gauchard, est une impression par *juxta-position*. Vers le même temps, un autre Anglais, William Salvage, employa le système *par superposition*, qui donne de meilleurs résultats; son procédé a été perfectionné par Haas, à Prague, et par Sil-

bermann, à Strasbourg. En combinant un petit nombre de planches imprimées l'une après l'autre, on obtient toutes les nuances de la peinture.

CIMENT. Le *ciment de Portland*, inventé, en 1826, par un maçon anglais de Leeds, et ainsi nommé parce que sa couleur est à peu près celle de la pierre de Portland employée dans les constructions de Londres, s'obtient soit par un mélange artificiel d'argile avec de la craie ou des calcaires marneux, soit à l'aide de marnes naturelles renfermant environ 20 pour 100 d'argile. — Le *ciment Scott*, qui porte le nom d'un capitaine anglais du génie, s'obtient en faisant arriver de l'acide sulfurique sur la chaux vive chauffée. — M. Kuhlmann, de Lille, prépare un ciment en mélangeant à froid le marc de la fabrication de la soude artificielle avec le résidu laissé par la pyrite de fer après qu'elle a été grillée et lessivée. — Il existe plusieurs *ciments métalliques*. Celui de Chenot est préparé avec des minerais ou des battitures de fer; on en forme des enduits et des moulages très-durables et très-économiques. Celui de Sorel s'obtient en délayant de l'oxyde de zinc dans un chlorure liquide de même base; il sert aux mêmes usages que le précédent, et peut encore être employé à la place des peintures à l'huile pour la conservation des boiseries.

COALITIONS. La loi du 25 mai 1864 sur les coalitions a modifié le Code pénal. Est puni d'un emprisonnement de 6 jours à 3 ans et d'une amende de 16 fr. à 3,000 fr., ou de l'une de ces deux peines seulement, quiconque, à l'aide de violences, voies de fait, menaces ou manœuvres frauduleuses, a amené ou maintenu, tenté d'amener ou de maintenir une cessation concertée de travail, dans le but de forcer la hausse des salaires ou de porter atteinte au libre exercice de l'industrie ou du travail. S'il y a eu plan concerté, les coupables peuvent être mis en outre sous la surveillance de la haute police pendant 2 ans au moins et 5 ans au plus. Sont punis d'un emprisonnement de 6 jours à 3 mois et d'une amende de 16 fr. à 300 fr., ou de l'une de ces deux peines seulement, tous ouvriers, patrons et entrepreneurs d'ouvrages qui, à l'aide d'amendes, défenses, proscriptions, interdictions prononcées par suite d'un plan concerté, ont porté atteinte au libre exercice de l'industrie ou du travail. —Ces dispositions sont applicables aux propriétaires et fermiers, ainsi qu'aux moissonneurs, domestiques et ouvriers de la campagne.

COLONIAL (Régime). — Un sénatus-consulte du 10 juillet 1866 a permis aux colonies de prendre une part active au règlement de leurs propres affaires. Le Conseil général statue sur les acquisitions, aliénations et échanges des propriétés de la colonie qui ne sont pas affectées à un service public, sur leur changement de destination ou d'affectation, sur leur mode de gestion, sur les baux de biens donnés ou pris à ferme ou à loyer sur les actions à intenter ou à soutenir au nom de la colonie, sur l'acceptation ou le refus des dons et legs, sur le classement, la direction et le déclassement des routes, sur les concessions de travaux d'intérêt colonial, sur la part contributive de la colonie dans la dépense des travaux à exécuter par l'État, sur les assurances des propriétés de la colonie. Il vote les taxes et contributions de toute nature nécessaires pour l'acquittement des dépenses, les tarifs d'octroi de mer et les tarifs de douane sur les objets de toute provenance étrangère. Il délibère sur les emprunts à contracter, sur le mode de recrutement et de protection des immigrants, sur le mode d'assiette et les règles de perception des contributions et taxes, sur les frais des services de la justice, des cultes, de l'instruction publique, de la police et des prisons, sur l'établissement, le changement ou la suppression des foires et marchés. Il donne son avis sur les changements de circonscription des arrondissements, des cantons et des communes, et sur la désignation des chefs-lieux. Après la chute de l'Empire (1870-71), les colonies ont recouvré le droit d'envoyer des députés à l'Assemblée nationale.

COMTE DE POITIERS (Le), roman d'aventures du XIII° siècle, composé de 1,700 vers, où l'on reconnaît beaucoup d'emprunts faits à la *Violette* (*V.* ce mot). Il comprend deux suites, qui n'ont aucun lien: dans la première, le comte de Poitiers triomphe du duc de Normandie dans une rivalité amoureuse; dans la seconde, l'empereur Noiron (Néron), transformé en prince chrétien, est délivré des mains des infidèles. Fr. Michel a publié le *Comte de Poitiers*, Paris, 1831, in-8°. (*V. Histoire littéraire de la France*, t. XXII.)

COOPÉRATION, en termes d'Économie politique, association des efforts de plusieurs individus pour atteindre un même but. C'est une des lois du travail. Un seul homme, s'il voulait fabriquer une montre, serait obligé d'abord d'extraire du sol et de préparer les matières premières dont se sert l'horlogerie (or, argent, cuivre, fer), puis de les fondre, de fabriquer les ressorts, etc. Que de temps serait nécessaire ! et quelle serait l'imperfection du produit ! De même, l'élevage des moutons, le lavage et la préparation de la laine, la filature, le tissage, la teinture sont des opérations qui aboutissent à un produit dernier, le vêtement, et qu'un seul travailleur ne pourrait effectuer. — On appelle *sociétés coopératives* les associations d'ouvriers qui unissent leurs bras, leurs épargnes, leurs intelligence, pour exercer une industrie de la même façon qu'un patron individuel. Ces sociétés achètent les matières premières, les façonnent et les vendent; les bénéfices et les pertes se partagent suivant l'intérêt et le travail de chacun dans l'association. (*V.* Association, dans le *Dictionnaire.*)

COQUET, nom d'une petite chaloupe au moyen âge.

COQUETIER, ustensile de table dont l'usage fut longtemps inconnu. Jusqu'au XVᵉ siècle, on l'appela *engin à mettre et asseoir l'œuf*, ou encore *chose d'argent à mettre l'œuf.*

D

DÉBOUCHÉS, en Économie politique, moyens d'effectuer l'échange des produits fabriqués, et lieux où l'on en peut trouver l'écoulement. Le mot est à peu près synonyme de *marchés.*

DÉLAIS. Le Corps législatif a voté, le 25 mars 1862, une loi portant modification des *délais en matière civile et commerciale*. En voici les dispositions :

« Si celui qui est assigné demeure hors de la France continentale, le délai sera: 1° pour ceux qui demeurent en Corse, en Algérie, dans les Iles Britanniques, en Italie, dans le royaume des Pays-Bas, et dans les États ou Confédérations limitrophes de la France, d'un mois ; 2° pour ceux qui demeurent dans les autres États, soit de l'Europe, soit du littoral de la Méditerranée et de celui de la mer Noire, de deux mois ; 3° pour ceux qui demeurent hors d'Europe, en deçà des détroits de Malacca et de la Sonde, et en deçà du cap Horn, de deux mois ; 4° pour ceux qui demeurent au delà des détroits de Malacca et de la Sonde et au delà du cap Horn, de huit mois.—Les *délais ci-dessus seront doublés pour les pays d'outre-mer* en cas de guerre maritime.

« Le délai pour interjeter appel sera de deux mois. Il courra, pour les jugements contradictoires, du jour de la signification à personne ou à domicile; pour les jugements par défaut, du jour où l'opposition ne sera plus recevable. L'intimé pourra néanmoins interjeter appel incidemment, en tout état de cause, quand même il aurait signifié le jugement sans protestation. Ceux qui demeurent hors de la France continentale auront, pour interjeter appel, outre le délai de deux mois depuis la signification du jugement, le délai des ajournements réglé ci-dessus. Ceux qui sont absents du territoire européen de l'Empire ou du territoire de l'Algérie pour cause de service public auront, pour interjeter appel, outre le délai de deux mois depuis la signification du jugement, le délai de huit mois. Il en sera de même en faveur des gens de mer absents pour cause de navigation.

« La requête civile sera signifiée avec assignation dans le délai de deux mois à l'égard des majeurs, à compter du jour de la signification du jugement attaqué à personne ou à domicile. Le délai de deux mois ne courra contre les mineurs que du jour de la signification du jugement, faite depuis leur majorité, à personne ou domicile. Lorsque le demandeur sera absent du territoire européen de l'Empire ou du territoire de l'Algérie pour cause de service public, il aura, outre le délai ordinaire de deux mois depuis la signification du jugement, le délai de huit mois. Il en sera de même en faveur des gens de mer absents pour cause de navigation. Ceux qui demeurent hors de la France continentale auront, outre le délai de deux mois depuis la signification du jugement, le délai des ajournements réglés ci-dessus.

« Le jour de la signification et celui de l'échéance ne sont point comptés dans le délai général fixé pour les ajournements, les citations, sommations et autres actes faits à personnes ou domicile. Ce délai sera augmenté d'un jour à raison de 5 myriamètres de distance. Il en sera de même dans tous les cas prévus, en matière civile et commerciale, lorsqu'en vertu de lois, décrets ou ordonnances, il y a lieu d'augmenter un délai à raison des distances. Les fractions de moins de 4 myriamètres ne seront pas comptées ; les fractions de 4 myriamètres et au-dessus augmenteront le délai d'un jour entier. Si le dernier jour du délai est un jour férié, le délai sera prorogé au lendemain.

« Le porteur d'une lettre de change tirée du continent et des Iles de l'Europe ou de l'Algérie, et payable dans les possessions européennes de la France, ou dans l'Algérie, soit à vue, soit à un ou plusieurs jours, mois ou usances de vue, doit en exiger le payement ou l'acceptation dans les trois mois de sa date, sous peine de perdre son recours sur les endosseurs, et même sur le tireur, si celui-ci a fait provision. Le délai est de quatre mois pour les lettres de change tirées des États du littoral de la Méditerranée ou du littoral de la mer Noire sur les possessions européennes de la France, et réciproquement du continent et des Iles de l'Europe sur les établissements français de la Méditerranée et de la mer Noire. Le délai est de six mois pour les lettres de change tirées des États d'Afrique en deçà du cap de Bonne-Espérance, et des États d'Amérique en deçà du cap Horn, sur les possessions européennes de la France, et réciproquement du continent et des îles de l'Europe sur les possessions françaises ou établissements français dans les États d'Afrique en deçà du cap de Bonne-Espérance, et dans les États d'Amérique en deçà du cap Horn. Le délai est d'un an pour les lettres de change tirées de toute autre partie du monde sur les possessions européennes de la France, et réciproquement du continent et des Iles de l'Europe sur les possessions françaises et les établissements français, dans toute autre partie du monde. La même déchéance aura lieu contre le porteur d'une lettre de change à vue, à un ou plusieurs jours, mois ou usances de vue, tirée de la France, des possessions ou établissements français et payable dans les pays étrangers, qui n'en exigera pas le payement ou l'acceptation dans les délais ci-dessus prescrits pour les distances respectives. Les délais ci-dessus seront doublés en temps de guerre maritime pour les pays d'outre-mer. Les dispositions ci-dessus ne préjudicient néanmoins pas aux stipulations contraires qui pourraient intervenir entre le preneur, le tireur et même les endosseurs. — Les lettres de change tirées de France et payables hors du territoire continental de la France en Europe étant protestées, les tireurs et endosseurs résidant en France seront poursuivis dans les délais ci-après : d'un mois pour celles qui étaient payables en Corse, en Algérie, dans les Iles-Britanniques, en Italie, dans le royaume des Pays-Bas, et dans les États ou Confédérations limitrophes de la France ; de deux mois pour celles qui étaient payables dans les autres États, soit de l'Europe, soit du littoral de la Méditerranée et de celui de la mer Noire ; de cinq mois pour celles qui étaient payables hors d'Europe, en deçà des détroits de Malacca et de la Sonde, et en deçà du cap Horn ; de huit mois pour celles qui étaient payables au delà des détroits de Malacca et de la Sonde, et au delà du cap Horn. Ces délais seront observés dans les mêmes proportions pour le recours à exercer contre les tireurs et endosseurs résidant dans les possessions françaises hors de la France continentale. Les délais ci-dessus seront doublés, pour les pays d'outre-mer, en cas de guerre maritime.

« Le délaissement doit être fait aux assureurs dans le terme de six mois à partir du jour de la réception de la nouvelle de la perte arrivée aux ports ou côtes d'Europe, ou sur celles d'Asie et d'Afrique, dans la Méditerranée, ou bien, en cas de prise, de la réception de celle de la conduite du navire dans l'un des ports ou lieux situés aux côtes ci-dessus mentionnées; dans le délai d'un an après la réception de la nouvelle ou de la perte arrivée ou de la prise conduite en Afrique en deçà du cap de Bonne-Espérance, ou en Amérique en deçà du cap Horn; dans le délai de dix-huit mois après la nouvelle des pertes arrivées ou des prises conduites dans toutes les autres parties du monde; et, ces délais passés, les assurés ne seront plus recevables à faire le délaissement. — Si, après six mois expirés, à compter du jour du départ du navire ou du jour auquel se rapportent les dernières nouvelles reçues pour les voyages ordinaires, après un an pour les voyages de long cours, l'assuré déclare n'avoir reçu aucune nouvelle de son navire, il peut faire le délaissement à l'assureur et demander le payement de l'assurance, sans qu'il soit besoin d'attestation de la perte. Après l'expiration des six mois ou de l'an, l'assuré a pour agir les délais établis ci-dessus.

« Le délai pour interjeter appel des jugements des tribunaux de commerce sera de deux mois, à compter du jour de la signification du jugement, pour ceux qui auront été rendus contradictoirement, et du jour de l'expiration du délai de l'opposition, pour ceux qui auront été rendus par défaut; l'appel pourra être interjeté du jour même du jugement.

« Le délai des ajournements devant les tribunaux d'Algérie pour les personnes domiciliées en France sera d'un mois. »

Une autre loi, en date du 9 mai 1862, a réglé les délais des *pourvois en matière civile* devant la Cour de cassation. En voici la teneur :

« Le délai pour se pourvoir en cassation sera de deux mois, à compter du jour où la signification de la décision, objet du pourvoi, aura été faite à personne ou à domicile. A l'égard des jugements et arrêts par défaut qui pourront être déférés à la Cour de cassation, ce délai ne courra qu'à compter du jour où l'opposition ne sera plus recevable. Le demandeur en cassation est tenu de signifier l'arrêt d'admission à la personne ou à domicile, dans les deux mois après sa date; sinon, il est déchu de son pourvoi envers ceux des défendeurs à qui la signification aurait dû être faite. Le délai pour comparaître sera d'un mois à partir de la signification de l'arrêt d'admission faite à la personne ou au domicile des défendeurs. Les délais fixés relativement au pourvoi en cassation et à la comparution des défendeurs seront augmentés de huit mois en faveur des demandeurs ou défendeurs absents du territoire français de l'Europe ou de l'Algérie pour cause de service public, et en faveur des gens de mer absents de ce même territoire pour cause de navigation. Il est ajouté au délai ordinaire du pourvoi, lorsque le demandeur sera domicilié en Corse, en Algérie, dans les Iles-Britanniques, en Italie, dans le royaume des Pays-Bas, et dans les États ou Confédérations limitrophes de la France continentale, un mois; s'il est domicilié dans les autres États, soit d'Europe, soit du littoral de la Méditerranée et de celui de la mer Noire, deux mois; s'il est domicilié hors d'Europe, en deçà des détroits de Malacca et de la Sonde, ou en deçà du cap Horn, cinq mois; s'il est domicilié au delà des détroits de Malacca et de la Sonde, ou au delà du cap Horn, huit mois. Les délais ci-dessus seront doublés pour les pays d'outre-mer en cas de guerre maritime. »

DÉLIT, terme de construction. La plupart des pierres ont été formées dans les carrières par des dépôts successifs qui, en prenant de la consistance, sont devenus des couches ou des *lits* superposés d'épaisseur et de dureté variables. Si donc une pierre est posée dans un sens contraire à celui où elle se trouvait dans la carrière, et que les tranches soient verticales au lieu d'être horizontales, elle perd de sa force et peut *se déliter* ou s'ouvrir.

DETTE PUBLIQUE, nom qui désigne les engagements financiers d'un État. Ils sont de trois sortes : temporaires, viagers ou perpétuels. En France, on nomme les premiers *Dette flottante*; les seconds, *Dette viagère*; les troisièmes, *Dette inscrite* ou *perpétuelle* (V. EMPRUNTS PUBLICS). La dette dite *perpétuelle* se compose de rentes à servir pour emprunts faits; néanmoins sa perpétuité, obligatoire pour les créanciers, est facultative pour l'État, qui peut se libérer soit en amortissant sa dette par des rachats successifs sur le marché de la rente, soit même en offrant le remboursement direct à ses créanciers, par application du principe qu'un débiteur est toujours en droit de se libérer quand il lui plaît, à moins de conventions contraires : l'État n'en prend pas ordinairement de ce genre; mais lorsqu'il en existe, on a vu des gouvernements les faire annuler par une loi, lorsque cela paraissait de l'intérêt public. — Des économistes regardent une Dette comme une plaie pour un État; d'autres prétendent qu'elle leur donne du ressort et peut créer un capital presque inépuisable. De nos jours, Alexandre Hamilton, un des secrétaires de la Trésorerie des États-Unis d'Amérique, disait à ses concitoyens : « Il y a une espèce de capital existant qui exclut toute inquiétude sur le manque de capital, c'est la Dette fondée. » Une espèce de

capital n'est pas un capital; mais Hamilton voulait dire que tout gouvernement qui remplit ses engagements avec fidélité, quelle que soit sa Dette, trouve toujours à emprunter. L'emprunt est, en effet, une ressource précieuse pour les gouvernements dans certaines circonstances graves; il les met à même de soutenir une guerre imprévue, d'entreprendre une expédition lointaine pour sauvegarder l'honneur ou l'indépendance de la nation; car dans de tels moments il est toujours difficile, et souvent impossible, d'augmenter les impôts, parce qu'à la veille ou par la simple menace de pareils événements les sources naturelles du revenu public diminuent, le crédit particulier, qui alimente l'industrie, se resserre ou se tarit, et il y a gêne ou pénurie pour les gouvernés; leur demander alors un surcroît de sacrifices, ce serait, comme disait Turgot, vouloir faucher plus que l'herbe. Tout gouvernement qui travaille pour le présent, préparant en assurant aussi l'avenir, il n'est pas injuste que l'avenir supporte une partie des charges qui auront assuré sa sécurité, sa prospérité, quelquefois même son existence. Les emprunts publics sont donc une habile et salutaire invention que l'Antiquité n'a point connue, et qui sauve aux gouvernements bien des mesures iniques, arbitraires, et par conséquent immorales et tyranniques. La chose difficile, c'est de n'en point abuser comme on a fait assez souvent dans les temps modernes, depuis et avant Louis XIV, jusqu'à nos jours.

Certains économistes ont prétendu qu'un État devait toujours avoir une Dette, que c'était un signe de force et de prospérité. Cela peut être vrai, mais dans une mesure restreinte. La fortune des États, qui sont des êtres immortels, ne se règle pas comme celle des particuliers : un État qui se crée une Dette, a des siècles, s'il veut, pour la rembourser; un particulier n'a que peu d'années, et, s'il transmet à ses héritiers des dettes un peu considérables, il fait acte de mauvaise gestion. Ensuite l'État, en empruntant judicieusement, accomplit un devoir et crée, en outre, des intérêts qui se rattachent directement aux siens, ce qui ajoute à sa force morale. Mais, nous le répétons, il faut que des circonstances impérieuses nécessitent l'emprunt.

Parmi ces circonstances, des économistes font entrer l'exécution de travaux publics extraordinaires pour le développement de la richesse du sol ou de l'industrie du pays; d'autres nient la nécessité pour l'État de se charger d'une Dette dans ce cas; ils veulent que de telles entreprises soient abandonnées à l'industrie privée. Peut-être ont-ils raison, mais ils n'éviteront pas la création d'une Dette publique; car ces travaux ne pouvant se faire que par des associations de capitaux, c'est, en fait, et sous une autre forme, une Dette publique; et d'autant plus, pour citer des exemples de nos jours, que, pour des entreprises telles que des chemins de fer, on réclame souvent l'intervention du gouvernement comme caution d'un certain taux d'intérêt à payer aux actionnaires.

Nous avons fait l'historique de la Dette publique de France au mot EMPRUNT. En Angleterre, la Dette publique date de 1694, et débuta par un prêt de 1,200,000 liv. sterl. (30,252,000 fr.) fait par la Banque au gouvernement. Ce pays, comme sous Louis XIV, une fois la voie ouverte, on usa largement de cette ressource; ainsi, en 1772, la Dette était déjà de 3 milliards 500,000 fr.; de 5 milliards passés en 1784, et après la grande lutte avec la Révolution française, et surtout avec Napoléon Ier, elle s'élevait, en 1815, à 28 milliards de fr.; aujourd'hui elle est encore de 20 milliards, et son service absorbe une somme équivalente environ à celui de tout le revenu foncier de l'Angleterre.

Les sommes payées pour intérêt de Dette publique, cette décharge du présent sur l'avenir, mais non décharge absolue, grèvent le présent d'une manière assez sensible : en France, les intérêts de la Dette, fournis par l'impôt, comme partout, absorbent presque le quart du revenu public; en Angleterre, près de la moitié; en Espagne, les deux tiers environ; en Autriche, les trois huitièmes; en Prusse, le quart; en Russie, le dixième.

Le baron Louis, ministre des finances après la Révolution de 1830, disait à ses collègues : « Gouvernez bien, et vous ne dépenserez jamais autant d'argent que je pourrai vous en donner. » Cela prouve que la Dette publique vient moins souvent des nécessités politiques, que de l'inhabileté ou de l'imprudence des gouvernements. Les nombreux engagements dont tous les États, à peu près, sont grevés aujourd'hui, montrent encore une chose : c'est qu'en matière de Dette publique, les vrais principes de la science économique sont trop peu connus ou trop souvent méconnus. C. D—Y.

DOCTEUR (le), ou le PÉDANT, un des personnages de la Comédie Italienne, un des masques de la *commedia dell'arte*. Ce personnage, originaire de Bologne, portant le vêtement noir des docteurs de l'Université de cette ville, était un savant, un jurisconsulte ou un médecin; il prétendait babiller sans fin et proférait des sentences sans discontinuer. Le Docteur, transporté à Paris avec une troupe italienne en 1663, modifia son costume : il prit une culotte courte, une grande fraise molle et une veste à la Louis XIV. Il fut remarquable, plus qu'en *Italie*, par le pédantisme. Dans les comédies françaises, le personnage du Pédant apparut glouton, malpropre, et tint un langage burlesque : on en trouve la preuve dans les pièces de Larrivey, de Cyrano de Bergerac, de Scarron, etc.

DOUANES. Par suite des lois publiées en 1872 et 1873 sur le recrutement et sur l'organisation de l'armée, un décret relatif aux douaniers a été rendu le 8 avril 1875. Le personnel du service actif des douanes entre dans la composition des forces militaires du pays. Chaque inspection des douanes forme, pour la mobilisation, un bataillon de douanes ayant un nombre de compagnies généralement égal à celui des capitaineries de l'inspection. Dans chaque bataillon, les compagnies formées pour la mobilisation sont divisées en deux catégories : les unes, contenant des hommes propres au service de campagne, seconderont les opérations de l'armée active; les autres, comprenant tous les préposés valides, seront appelées à concourir au service de l'armée territoriale. Les officiers peuvent être pris dans l'armée; ils sont nommés par le président de la République, sur la présentation du ministre de la guerre, et d'après les propositions du ministre des finances. A dater du jour de l'appel à l'activité, les bataillons de douanes jouissent des mêmes droits, honneurs et récompenses que les corps de l'armée.

DOU-YAZAN, roman arabe qui porte aussi les titres suivants : *Seyf zou'l-yesen, Seyf el-yesen,* et *Seyf el-yesel.* Il a pour sujet les aventures d'un roi de l'Yémen, Seyf, fils de Dou-Yazan, qui vivait dans le vi° siècle de notre ère. Il n'a pas été imprimé et forme deux volumes manuscrits, qui sont rares. Il est connu en Égypte; mais on le lit surtout en Afrique, dans la Régence de Tunis et en Algérie. Le style s'est conservé assez correct.

DROIT (Facultés de). Depuis le 1er janvier 1876, les rétributions éventuelles qu'on avait allouées aux professeurs et aux agrégés, à titre de droit de présence aux examens, ont été supprimées. Le traitement est fixé ainsi qu'il suit : professeurs à Paris, 15,000 fr.; professeurs dans les départements, de 6,000 fr. à 11,000 fr.; agrégés à Paris, 7,000 fr.; agrégés dans les départements, de 3,000 fr. à 3,500 fr.

E

ECTYPOGRAPHIE, procédé d'impression au moyen duquel on produit des livres dont les lettres ressortent en relief sur le papier, de manière à pouvoir être lues au toucher par les aveugles. L'Ectypographie a été inventée, en 1784, par Valentin Haüy, directeur de l'institution des Jeunes Aveugles de Paris. Des perfectionnements y furent apportés ensuite par Guillé et Dufau.

ÉLIE DE SAINT-GILLES, chanson de geste du xiii° siècle, formée d'environ 2,700 vers, d'un style vif et net. Élie, fils du comte Julien de Saint-Gilles, est enlevé des mains des Sarrasins par son père, par l'empereur Louis et par Aimeri de Narbonne. Il ne peut épouser Rosamonde, fille de l'amiral sarrasin Macabre, parce qu'il lui a servi de parrain quand elle embrassa le christianisme. L'empereur lui donne en mariage sa sœur Avise, avec les fiefs d'Orléans et de Bourges. Aux événements de cette histoire est mêlé un personnage qui figure dans d'autres chansons de geste, le messager Galopin, alerte, subtil, sorcier et ivrogne. La Bibliothèque nationale possède le manuscrit de la chanson d'Élie de Saint-Gilles. (*V. Histoire littéraire de la France,* t. XXII.)

ÉMAIL. L'Asie a été le berceau de l'émaillerie. De l'Inde, l'art de faire des émaux cloisonnés passa dans l'Asie inférieure, puis de l'Asie en Égypte. Le Musée du Louvre à Paris possède deux bijoux égyptiens décorés au moyen de ce procédé : un petit épervier et un bracelet. On ne sait si les Grecs ont pratiqué cet art; parmi les ornements et bijoux qui ont été découverts en Grèce, il n'y a pas d'émaux. Peut-être le goût des grandes choses, traitées avec tant de délicatesse dans ce pays, fit-il rejeter un art imparfait alors, et qui ne pouvait supporter la comparaison avec les pierres gravées. Quant aux Romains, ils avaient perdu tout souvenir des bijoux émaillés avant le siècle d'Auguste, et Pline n'en touche pas un mot. C'est alors qu'apparut dans la Gaule celtique la champlevée; mais cette industrie fut bientôt abandonnée, car elle n'était plus en usage du temps de Clovis. L'émaillerie, délaissée pendant quelque temps en Europe, était toujours en faveur en Orient, et c'est là que les Byzantins en reprirent le secret : au ix° siècle, elle avait un haut degré de perfection à Constantinople, et c'est à cette époque que les Grecs commencèrent à faire le commerce de leurs émaux avec l'Occident. En 1069, Didier, abbé du Mont-Cassin, qui devint pape sous le nom de Victor III, fit venir des émailleurs de Constantinople, et établit sous leur direction, dans son monastère, des écoles d'où sortirent vraisemblablement les artistes qui répandirent en Italie la pratique de cet art. Les émailleurs italiens ne fabriquèrent que des émaux cloisonnés jusqu'à la fin du xiii° siècle; mais, dès la fin du x°, des artistes grecs, attirés en Allemagne par les empereurs de la maison de Saxe, avaient fait connaître l'émaillerie sur ciselure en relief, et ce fut plus tard de la Lotharingie (Lorraine) que Suger fit venir des émailleurs pour la décoration de l'église de Saint-Denis. On pense que c'est d'après les modèles laissés par ces artisans que se forma l'école de Limoges (*V.* ce mot dans le *Dictionnaire*), dont les productions firent oublier celles des Allemands et des Italiens. Au xiv° siècle, l'adoption des émaux translucides fit passer le goût de l'émaillerie par incrustation; puis, un siècle après, la découverte de la peinture en couleurs vitrifiées sur émail ruina les procédés antérieurs. Le plus intéressant de tous les vieux émaux par son antiquité comme par son exécution est la *pala d'oro,* retable de l'autel de Saint-Marc de Venise. — Depuis que les émailleurs sont devenus des peintres, leur art a produit un très-grand nombre d'ouvrages. Ceux de la Renaissance sont particulièrement remarquables pour le dessin et le clair-obscur. Les artistes français les plus célèbres dans les siècles suivants sont : Jean Toutin, orfèvre de Châteaudun (1650); Grihelin, Dubié, Morlière, Vauquer (1670); Pierre Chartier, de Blois, peintre de fleurs très-habile; Jean Petitot, mort en 1691, dont les portraits sont des chefs-d'œuvre, et son beau-frère Bordier. La peinture sur émail tomba en décadence et fut abandonnée dans la seconde moitié du xviii° siècle. Elle s'est relevée de nos jours. La peinture en émail sur lave, inventée par Mortelèque, a été employée à l'ornementation des édifices : on peut citer, à Paris, l'autel de l'église Sainte-Élisabeth par Abel de Pujol, une peinture de Perlet dans l'église Saint-Leu, les médaillons de Perrin, d'Orsel et d'Étex qui ornent les cours du palais des Beaux-Arts. D'autres essais ont été faits par Jolivet au porche de l'église Saint-Vincent de Paul. (*V.* Labarte, *Recherches sur la peinture en émail dans l'antiquité et au moyen âge,* 1865, in-4°.)

ÉMBLÈMES. Les différents États ont adopté des emblèmes, dont voici quelques exemples :

Perse ancienne : une aigle d'or portée sur un char; — *Égypte ancienne :* un épervier; — *Empire romain :* une aigle tenant la foudre dans ses serres (remplacée, à partir de Constantin, par le labarum); — *République française :* un bonnet phrygien; — *Irlande :* une harpe d'or; — *Francfort-sur-le-Mein :* une aigle éployée; — *Lubeck :* une aigle à deux têtes; — *Hambourg :* une forteresse; — *Hanovre :* un cheval blanc; — *Suisse :* une croix blanche; — *Brème :* une clef posée en bande; — *Moldavie :* une tête de bœuf; — *Venise :* un lion; — *Rostock :* une chimère vomissant des flammes; — *Malte :* une croix rouge; — *îles Ioniennes :* une croix byzantine; — *Riga :* clefs en sautoir; — *Courlande :* une aigle blanche; — *Perse moderne :* un lion couché; — *Siam :* un éléphant blanc; — *Empire Birman :* un paon faisant la roue; — *Chine :* un dragon à 5 griffes; — *Surate :* une pleine lune entourée de 3 croissants; *Mahrattes :* un croissant; — *Pérou :* un lama; — *Haïti :* un palmier vert; *République de l'Equateur, Bolivie,*

Costa-Rica, Guatemala : une montagne ; — Uruguay, Buenos-Ayres : un soleil ; — Chili : une étoile blanche ; — États-Unis : autant d'étoiles qu'il y a d'États dans la confédération ; — Tunis : un croissant et une étoile.

ÉMIGRETTE, jeu à la mode en France à la fin du xviiie siècle. Il consiste en un disque de bois, d'ivoire ou d'écaille, creusé dans son pourtour à une certaine profondeur, et traversé par un cordon qu'un double mouvement successif, un peu sec et vertical, d'abaissement et d'élévation, fait enrouler autour de la rainure, de sorte que le disque remonte le long du cordon.

ENDIGUEMENT. Nous avons parlé des endiguements au point de vue législatif et administratif ; ici, nous allons en parler au point de vue de l'art, et comme grands travaux d'utilité publique. Il y en a de deux sortes, les fluviaux et les maritimes. L'endiguement des grands fleuves consiste ordinairement à leur tracer un lit majeur, la plupart du temps à sec, mais capable de contenir leurs crues les plus grandes ; quelquefois, à resserrer leur lit dans certains endroits pour le rendre plus navigable. L'endiguement maritime a pour but de protéger des terrains mis à contre l'invasion de la mer. Nous citerons des exemples de ces trois sortes d'endiguements, pour le Pô, la Loire, la basse Seine, et les côtes de la Hollande.

Endiguement du Pô. — Ce fleuve, le plus grand de l'Italie, a parmi ses affluents une foule de torrents qui donnent à ses eaux un accroissement subit et souvent considérable ; aussi est-il un de ceux pour lesquels on a exécuté le plus de travaux d'endiguement. Depuis Turin jusqu'à l'Adriatique, le Pô traverse d'immenses plaines, qu'il peut submerger sur une longueur de 260 kil., en ligne droite, sur une largeur variant de 10 kil. jusqu'à 40 et 60 ; c'est pour s'opposer à ces submersions que l'on a établi un vaste système d'endiguement, étendu à tous ses affluents, torrents ou rivières. Les ingénieurs ont adopté le mode si rationnel d'un lit majeur. La largeur de ce lit est, en la plupart des endroits, de 2,000 à 4,000 mèt., et, sur deux points, de 6,000 et de 6,700 mèt. C'est dans la région moyenne du fleuve, au point où tombent ses plus forts affluents, que l'on a ménagé ces grandes largeurs : elles forment comme des réservoirs qui exercent sur les crues une action régulatrice si bien calculée et si sensible, qu'elle leur permet de s'écouler par un lit qui finit par n'avoir pas plus que 300 mètres de large, tandis qu'aux environs de Pavie il en a un de 5,000 mètres au moins dans une longueur de 50 kilom. environ, et un semblable et même plus long en aval de Crémone.

Le lit majeur, préparé pour les crues maxima, est néanmoins cultivé sur les deux rives naturelles du fleuve. On donne à ces champs le nom de golènes, comme qui dirait terrains de gorge. Pour les garantir des crues moyennes, il y a, partout où cela est nécessaire, des digues secondaires dites de golènes, élevées sur les rives mêmes du fleuve. Les autres, appelées maîtresses digues, tantôt touchent au fleuve, tantôt s'éloignent de l'une ou de l'autre de ses rives à des distances parfois de 5 kilom. Elles sont en bonne terre, épaisses de 6 à 8 mètres au sommet, gazonnées dans les talus éloignés, et plantées d'oseraies dans les parties plus habituellement atteintes par les eaux. Leur hauteur est de 8 à 9 mètr. au-dessus des basses eaux de l'étiage, et de 0m,75 et 0m,80 au-dessus des plus hautes crues. Ces digues maîtresses sont continues de Pavie à la mer, et leur surveillance est très-bien organisée en temps de crue. L'État les entretient. Celles des affluents sont à la charge des communes, et celles de golènes à la charge des particuliers, et construites par les riverains. M. Comoy, inspecteur général des ponts et chaussées, qui a étudié avec autant de soin que de lumière les endiguements dont nous venons de parler, s'exprime ainsi : « La vallée du Pô appelait les endiguements par la disposition et l'étendue des terrains exposés à la submersion ; mais c'est en plaçant les digues des deux rives à de grandes distances l'une de l'autre, et laissant ainsi des largeurs considérables aux lits majeurs du fleuve et de ses affluents, que l'on a pu prendre les endiguements aussi efficaces qu'ils le sont. » (V. Annales des ponts et chaussées, 1860, novembre et décembre.)

Endiguement de la Loire. — La Loire est un des fleuves les plus inconstants de France. Non-seulement il est sujet à des crues rapides, mais roulant presque partout sur un lit de sables mouvants, son chenal change souvent de place d'un jour à l'autre ; de là une largeur considérable qui va de 300 à 400 mètres, avec peu d'eau une navigation difficile, qui ne peut se faire par halage, ainsi qu'elle se pratique sur presque tous les grands fleuves, mais seulement à la voile, et que les basses eaux suspendent pendant 4 et 5 mois de l'année. L'endiguement de la Loire, soit pour la rendre plus navigable, soit pour combattre ses débordements, a occupé les ingénieurs depuis plus de dix siècles. Toute la rive droite du fleuve, de Blois à Angers, sur une longueur de 160 kilom., est munie d'une digue qu'on appelle la Levée, et dont l'origine remonte à Charlemagne et à Louis le Débonnaire. Elle a été surtout perfectionnée vers la fin du xviie siècle ; sa base a de 25 à 75 mèt. sur 6 à 12 à son sommet, en un talus revêtu d'un empierrement buté sur deux rangs de pilotis. A partir du Bec-d'Allier, au confluent de l'Allier et de la Loire, il y a des digues dans une multitude d'endroits, jusqu'à Nantes et au delà ; mais on s'est contenté de réunir des îles, de faire des barrages, sans chercher à obtenir un lit régulier ; il en est résulté qu'à de grandes largeurs ont succédé d'étroits passages, et réciproquement, ce qui devait de toute nécessité rendre à peu près nuls les travaux entrepris : la Levée, une des digues les mieux construites, fut rompue vingt-sept fois de 1496 à 1711. Il faudrait appliquer à la Loire le système qui a si bien réussi pour le Pô, un lit majeur, avec des digues longitudinales, et un lit mineur pour la navigation en temps ordinaire.

Endiguement de la basse Seine. — La basse Seine ressemble un peu à la Loire, en ce qu'elle est aussi une rivière folle, à une vingtaine de kilomètres au-dessous de Rouen, où c'est son état habituel. Le problème à résoudre était inverse de celui du Pô, car on trouve un thalweg ou lit naturel majeur, et beaucoup trop majeur. En effet, à La Mailleraye, à 21 kilomèt. au-dessous de Rouen, et 61 en suivant les sinuosités du fleuve, le thalweg mesure de 500 à 600 mèt. ; à 11 kilomèt. plus bas, il a déjà 1,100 mèt. ; à Quillebeuf, 3,000 ; et sur d'autres points jusqu'à 5,250 ; au droit de Berville, à 8 kilom. en aval du point précédent, 5,600 ; enfin à Honfleur, 10,000 mètres. Il fallait réduire ce thalweg à des proportions telles que la navigation en fût rendue plus facile, moins périlleuse, et qu'en même temps la section réduite offrît encore d'assez larges débouchés aux grandes eaux. Le projet des ingénieurs fut celui-ci : endiguer les deux rives du fleuve depuis La Mailleraye jusqu'au Havre, sur une longueur de 52,250 mèt., ce qui fait 104,500 mèt. pour les deux rives ; donner au thalweg 500 mèt. de largeur à Quillebeuf, 800 mèt. à Berville, 1,000 à Honfleur ; rejeter le fleuve tout de ce côté, et endiguer, sur la rive droite, toute la partie de la baie de la Seine à partir de Tancarville jusqu'au Havre, en laissant encore à Honfleur et au Havre une très-vaste embouchure. — Ce projet, dont l'enquête commença en 1844, fut accepté en partie, à la suite de longs débats, et les travaux commencèrent en 1847. Après trois ans, presque tous les endiguements étaient élevés depuis La Mailleraye jusqu'à Tancarville. Un des effets de ce grand travail fut de diminuer sensiblement une barre qui existe près de Quillebeuf, et qui devra disparaître, en raison de ce qu'ingénieux moyen de faire travailler le fleuve, en comprimant ses eaux, à fouiller lui-même son lit dans les endroits où il a des hauts-fonds ; en outre, le chenal fut très-sensiblement approfondi dans ce parcours. Les digues sont en terre, et revêtues de pierrées du côté du fleuve. — Cette opération n'est pas moins remarquable au point de vue économique et commercial : on a calculé que la navigation et le commerce en retiraient déjà une économie annuelle de plus de 3 millions de francs ; en outre, toutes les parties conquises sur un thalweg démesurément large ont fait retour à l'agriculture. Dans la portion déjà exécutée, on a retrouvé déjà 5,000 hectares d'excellentes prairies évaluées de 8 à 10 millions de francs, et dont les riverains ont payé à l'État, aux termes de la loi du 16 sept. 1807, une plus-value de 2,800,000 francs environ. Le travail s'arrête aujourd'hui (1862) à la pointe de La Roque, sur la rive gauche du fleuve, à 4,200 mèt. en aval de Tancarville, sur la rive droite. Le tracé proposé de là au Havre s'exécute, on retrouvera encore 15,000 hectares environ de bonnes terres à prairies, outre de nouveaux avantages pour la navigation. Les projets de ce magnifique travail ont été faits par MM. les ingénieurs en chefs Bleschamp et Doyat ; ce dernier en a commencé l'exécution en 1847 ; la poursuite en fut ensuite confiée à M. Beaulieu, puis à M. Émery.

De quelques endiguements fluviaux dans le Royaume-Uni de la Grande-Bretagne. — Il y a deux cents ans environ que l'on demande et que l'on discute l'endiguement de la Seine. En Angleterre, où les travaux publics qui intéressent la navigation et le commerce obtiennent en général une prompte faveur, il existait déjà, avant l'entreprise de l'endiguement de la basse Seine, des rivières à marées considérablement améliorées, c.-à-d. approfondies par des endiguements longitudinaux, qui ont fait disparaître jusqu'à des barres formées à leur embouchure; nous citerons entre autres la Clyde, en Écosse, à Glasgow, endiguée depuis 1768 et surtout 1844; en Angleterre, la Witham, à Boston, et le Welland, à Spalding, depuis 1837; la Nene, à Wiesbeach, depuis 1843; la Severn, à Glocester et Worcester, depuis 1840 et 1843. Dans la Clyde, les digues sont en enrochements, et, dans les autres localités citées, en fascines, dont chaque couche est séparée de la précédente par un lit d'argile, genre de construction qui résiste très-bien, même aux efforts de la mer. — Ces travaux sont beaucoup moins considérables que ceux de la basse Seine.

Digues maritimes de la Hollande. — Sur la mer du Nord, depuis l'embouchure de l'Escaut jusqu'à la pointe du Helder, au détroit de Texel, sur une longueur de 200 kilomètres, les côtes de la Hollande sont défendues par quatre digues remarquables, que séparent et continuent des dunes, faisant l'office de digues naturelles. La première protège l'*embouchure de l'Escaut occidental*, sur la rive gauche du fleuve. — La seconde, appelée *Digue de Westcapelle*, et qui date du IXᵉ siècle, enveloppe toute la partie extérieure de l'île de Walcheren, sur 4,000 mèt. de développement, et munit la rive droite de l'embouchure de l'Escaut occidental. — La troisième, nommée *Digue de Petten*, ferme, sur une longueur de 3,200 mèt., la partie de la côte où débouchait autrefois l'une des branches septentrionales du Rhin. C'est un des endroits les plus périlleux de cette vaste défense. Enfin, la *Digue du Helder* défend la pointe de cette langue de terre. Construite en 1774 pour arrêter les envahissements de la mer, elle a 4,575 métr. de longueur, 30 mètr. de profondeur, et 15 hectares de superficie. Elle est en pierres sèches, et défendue par des enrochements et des épis. — La même précaution est prise pour les autres digues, qui sont de sable couvert d'une couche d'argile épaisse d'un mètre, et armées de rangées de gros pieux formant des brise-lames. Le pied est, en outre, défendu par des couches de fascines entremêlées d'argile, ou simplement par de grands tapis en fascines, construits à terre et échoués à leur pied. Le talus des digues est considérable du côté de la mer (15 à 16 mètr. de base sur un dehauteur), afin que les vagues venant rouler dessus, leur choc s'en trouve amorti. — Quant aux dunes, leur partie hors de l'eau est défendue de l'action des vents et fixée par des plantations de l'herbe marine appelée *helm;* et, dans les cas urgents, à défaut d'helm, par de petits faisceaux de paille de 0ᵐ,15 de diamètre, longs de 1ᵐ,50, ployés en deux, et plantés, à l'angle en bas, à des intervalles de 0ᵐ,52.

L'intérieur de la Hollande est rempli de digues, car depuis la fin du XIVᵉ siècle tous ses fleuves sont endigués; la plupart des digues, même maritimes, sont construites en fascines posées les unes en long, les autres en travers, avec une couche d'argile entre chaque assise, et au sommet, une charge de pierres apportées de Norwége, ou de grandes briques d'Arnheim, dans la Gueldre, pour augmenter la stabilité de la construction. Très-souvent, le sommet sert de chemin, et même de route. C'est en Hollande que l'on admire surtout le génie et la patience de l'homme en lutte perpétuelle contre la nature : dans les tempêtes, à la moindre apparence de danger, le tocsin sonne, le cri d'alarme retentit, et toute la population accourt sur le point menacé. Il y a toujours, de place en place, d'immenses quantités de fascines, de roseaux, d'argile, de paille, de bois, de pierre, pour parer aux brèches qui peuvent se déclarer. L'entretien des digues coûte fort cher (environ 20 millions de francs par an), mais c'est à ce prix que la Hollande existe; d'une autre part, la vente des *Schorres* (*V.* ce mot plus bas) vient, pour l'État, en allégement de ces dépenses. (*V. Annales des ponts et chaussées*, année 1846, sept. et oct.; *Essai sur l'hist. hydraulique de la Néerlande*, par M. Lacroix).
C. D—y.

ENDUITS HYDROFUGES, mélange de cire, de ré-sine, de corps gras, d'huile de lin cuite, qu'on emploie pour rendre imperméable l'intérieur des constructions, en les faisant pénétrer dans les murs au moyen d'une chaleur très-intense. Ils préservent les murs de l'humidité, arrêtent la formation du salpêtre, et empêchent la détérioration des peintures. Thénard et d'Arcet inventèrent les enduits hydrofuges en 1813; on a pu ainsi garantir de l'infiltration des eaux fluviales la coupole du Panthéon de Paris, et préserver les peintures du baron Gros. — On emploie souvent, surtout pour les rez-de-chaussée, des mélanges bitumineux. On obtient aussi de bons résultats, dans les appartements, en recouvrant les murs de feuilles de plomb fixées avec des clous de cuivre ou sur lesquelles on colle le papier de tenture : on peut remplacer le plomb par l'étain dit *paillon de Cooke*, ou par un alliage de plomb, étain, bismuth et zinc, imaginé par Rousseau et Poisson.

ENFANTS (Travail des). L'Assemblée nationale a voté (19 mai — 5 juin 1874) une loi sur le travail des enfants et des filles mineures employés dans l'industrie. Ils ne peuvent être admis dans les manufactures, usines, ateliers ou chantiers avant l'âge de douze ans révolus, et employés plus de 12 heures par jour, divisées par des repos. Si une commission administrative permet d'employer des enfants âgés de dix ans révolus, on ne peut les assujettir à une durée de travail de plus de 6 heures par jour, divisés par un repos. Les enfants ne peuvent être employés à aucun travail de nuit jusqu'à l'âge de seize ans révolus. La même interdiction est appliquée à l'emploi des filles de seize à vingt-un ans, mais seulement dans les usines et manufactures. Les enfants de moins de seize ans et les filles de moins de vingt-un ans ne peuvent être employés à aucun travail, par leurs patrons, les dimanches et fêtes reconnues par la loi. Dans les usines à feu continu, les enfants peuvent être employés la nuit ou les dimanches et jours fériés : on leur assure le temps et la liberté nécessaires pour l'accomplissement des devoirs religieux. Aucune fille n'est admise dans les travaux souterrains des mines, minières et carrières. Nul enfant, ayant moins de douze ans révolus, ne peut être employé par un patron qu'autant que ses parents ou tuteurs justifient qu'il fréquente une école publique ou privée. Tout enfant admis avant douze ans dans un atelier doit, jusqu'à cet âge, suivre les classes d'une école pendant le temps libre du travail; il doit recevoir l'instruction pendant deux heures au moins, si une école spéciale est attachée à l'établissement industriel. Aucun enfant ne peut, avant l'âge de quinze ans accomplis, être admis à travailler plus de 6 heures par jour, s'il ne justifie qu'il a acquis l'instruction primaire élémentaire. Sur la demande du maire, les chefs d'industrie ou patrons ont un registre pour les enfants, leur font connaître et appliquer les conditions de la loi, leur interdisent certains travaux insalubres, et tiennent les ateliers dans un état constant de propreté et convenablement ventilés. L'État désigne des inspecteurs pour le travail des enfants. Les manufacteurs, directeurs ou gérants d'établissements industriels et les patrons qui ont contrevenu aux prescriptions de la loi et des règlements de l'administration, sont poursuivis devant le tribunal correctionnel, et punis d'une amende de 16 à 50 fr. chaque fois, et pouvant aller jusqu'à 500 fr.

ÉOLICORDE, instrument à vent et à clavier, inventé à Paris, en 1835, par le facteur Isoard. Le son y est produit au moyen d'un courant d'air dirigé par une embouchure sur une corde de piano.

ESCAUFAILLE, chaufferette à main en usage depuis le XIIIᵉ siècle jusqu'à la fin du XVIᵉ. C'était une boule creuse de métal, au centre de laquelle on plaçait un panier rempli de braise, disposé de manière à ne pouvoir se renverser, quels que fussent les mouvements de l'appareil.

ESPRIT, mot de sens très-variés qu'emploient les savants, les moralistes, les critiques et le vulgaire, et qui se prête à l'expression des choses les plus diverses. La science distingue dans l'homme l'effet des *esprits animaux* ou *vitaux;* la psychologie note l'*esprit de corps* parmi nos faiblesses, et range l'*esprit de conversation* au nombre des penchants qui nous distinguent des autres êtres; enfin la critique dogmatique ou simplement les entretiens polis des honnêtes gens mettent sous le mot esprit une foule de significations différentes. Et d'abord il veut dire le *tour d'esprit* particulier à chaque écrivain : c'est ainsi qu'on peindra l'*esprit* de Bossuet et l'*esprit* de Fénelon par les qualités respectives qui constituent l'originalité propre de ces deux génies. Il exprime aussi les *habitudes d'esprit* qui finissent par établir entre les écrivains comme des catégories distinctes : Pascal l'entendait en ce sens quand il écrivait l'*esprit géométrique* par opposition à l'*esprit de finesse;* et c'est conformément à la même signification que nous distinguons l'*esprit littéraire* de l'*esprit phylosophique.* Ces distinctions sont légitimes et fondées sur la réalité; il est manifeste que le littérateur lira les *Méditations* de Descartes avec d'autres yeux que le philosophe. — Ailleurs, l'*esprit* signifiera le *caractère,* et les plus ignorants comprennent quand on dit que l'*esprit anglais* n'est pas l'*esprit français;* que Napoléon Ier avait l'*esprit grand,* mais *emporté;* qu'un enfant a l'*esprit mâle et ferme,* ou *doux et docile.* D'autres fois, il s'applique au raisonnement : quiconque raisonne bien a l'*esprit droit et juste;* quiconque raisonne mal a l'*esprit faux et de travers.* Pourquoi rencontre-t-on souvent des esprits, assez justes d'ailleurs, qui sont absolument faux sur des choses importantes? Par faiblesse naturelle, par vanité, par présomption, par un effet de notre éducation, de notre entourage, de notre vie. Tant d'influences du dedans et du dehors obscurcissent la lumière naturelle, déjà si faible, si bornée par elle-même! Les philosophes signalent avec raison deux grandes maladies d'avoir l'esprit faux : c'est d'abord de déduire hardiment les conséquences d'un principe, avant d'avoir examiné si le principe lui-même est vrai. « Les ignorants sont des sots; or, vous êtes un ignorant, donc vous êtes n sot; » un homme qui nous tiendrait ce langage serait non-seulement un être grossier, mais encore un esprit faux, quoique son raisonnement fût irréprochable; il partirait, en effet, d'un principe faux, car l'ignorance et la sottise ne sont pas des termes synonymes. C'est ensuite de tirer des conséquences fausses d'un principe vrai : ainsi ferait un juge qui, parce que l'homicide est défendu, condamnerait un homme qui tue son assassin.

Enfin, il y a l'*esprit* proprement dit, cette chose que tout le monde voudrait avoir, et dont la nature se montre si peu libérale. Ils sont rares, en effet, les hommes qui savent trouver les idées ingénieuses, les comparaisons neuves, les allusions fines, les traits imprévus, même les jeux de mots; qui ont l'art de dire des choses communes d'une façon nouvelle et piquante, de substituer l'image saisissante et la métaphore singulière à l'expression propre ou vulgaire, bref, qui sont *hommes d'esprit.* Il ne faut pas confondre l'*homme d'esprit* et le *bel esprit :* l'un tient de l'autre, il est vrai; seulement le premier terme ne se prend jamais en mauvaise part, et le second est quelquefois prononcé ironiquement. La raison de cette différence, c'est Voltaire, c'est qu'*homme d'esprit* ne signifie pas esprit supérieur, talent marqué, tandis que *bel esprit* le signifie; *homme d'esprit* n'annonce point de prétention, et *bel esprit* est une affiche; c'est un art qui demande de la culture, c'est une espèce de profession, et cela même expose à l'envie et au ridicule. — L'esprit n'est pas de mise partout, et ne saurait tenir lieu de tout le reste. Il y a longtemps qu'on a dit que les grandes pensées viennent du cœur; ce qui signifie que l'esprit peut inspirer les pensées agréables, mais ce n'est pas la source des sentiments élevés. D'où il suit que de l'homme d'esprit à l'homme de cœur la distance n'est pas médiocre. Et si nous considérons les écrits, que d'œuvres où l'esprit joue le moindre rôle, où même il disparaît et doit disparaître sous peine d'être un défaut! Le sublime et le simple, voilà ce qui fait la vraie beauté des grands ouvrages dont le but est d'instruire et de toucher. On ne conçoit guère une tragédie proprement spirituelle, parce que les personnages tragiques sont sous le joug d'une passion, et que la passion ne court point après l'esprit. Cherchez les fautes de goût qu'a laissé échapper Corneille; beaucoup proviennent de ce que l'auteur s'est substitué un moment à ses héros, et leur a prêté des propos recherchés, des mots d'esprit à contre-sens. Pourquoi Voltaire a-t-il échoué dans la comédie? Parce qu'il avait tant d'esprit, qu'il ne pouvait s'empêcher d'en donner à tous ses personnages, et leur ôtait ainsi leur naturel. Tant il est vrai que l'esprit a ses inconvénients et ses périls !   A. H.

F

FACTITIVE (Forme), forme particulière de la conjugaison dans certaines langues (arménien, arabe, hébreu, etc.), par laquelle on rend *actif* un verbe neutre, et *médiale* une action simple. En hébreu, la lettre h est le signe caractéristique de cette forme; le *hiphil* représente le mode factitif actif, et le *hophal* le passif; on les distingue par la différence des points voyelles. Ex. : *katal,* il a tué; le *hiktil,* il a fait tuer; *hoktal,* il a été tué sur l'ordre de quelqu'un; *iachab,* il était assis; *hochib* il fit asseoir. — Parmi les langues modernes, la langue allemande est la seule qui se soit approprié cette forme à l'aide de l'inflexion de la voyelle du radical, ou du changement de la consonne : *trinken,* boire; *trünken,* faire boire, abreuver; *sitzen,* être assis; *setzen,* asseoir; *stehen,* être debout; *stellen,* placer debout. Le dialecte des Allemands méridionaux a seul conservé cette forme dans un grand nombre de verbes que l'Allemagne septentrionale a eu le tort de négliger.

FONDATIONS. Le système des *fondations tubulaires* est originaire de l'Inde, d'où les Anglais l'ont apporté. Les Indiens creusent le sol jusqu'à la rencontre de l'eau, placent alors une couronne de bois, construisent au-dessus un tube en maçonnerie de briques, et font ensuite descendre ce dernier par dragage intérieur et chargé de poids. Ils établissent plusieurs files de tubes semblables; puis, quand ils sont parvenus au terrain solide, ils les remplissent de béton, et assoient sur leur sommet les premières assises de l'édifice. Brunel paraît avoir, le premier en Europe, employé en grand le système des fondations tubulaires en 1825, pour établir à Rotherhite le puits qui donne accès au tunnel de la Tamise. En 1839, les Anglais remplacèrent les puits en maçonnerie par des tubes en fonte : dans le principe, on fit descendre ces tubes par le procédé indien; mais, en 1843, Potts imagina de les enfoncer en faisant le vide; en 1845, l'ingénieur français Triger créa la méthode par l'air comprimé, qui est suivie aujourd'hui.

FORMAT DES LIVRES. — Les plus anciens livres imprimés sont in-fol. Le plus ancien *in-4°* connu est le *Vocabularium,* publié en 1467, à Eltwil, près de Mayence. Alde Manuce employa pour la première fois l'*in-8°,* en 1500, pour une édition de Virgile. L'*in-12* paraît avoir été connu dès 1472; il fut réservé d'abord aux livres de piété. Le plus ancien *in-32* est l'*Office de la sainte Vierge,* imprimé à Venise en 1473 par Nic. Jenson. Les Elzéviers ont mis à la mode l'*in-16* et l'*in-24* du XVIe siècle.

FORMES DE RADOUB. Avant l'invention de ce genre de bassins en maçonnerie, on était obligé, pour radouber un navire, de l'abattre en carène ou de le haler sur une cale. Les plus anciennes formes de radoub ont été établies en Angleterre au milieu du XVIIIe siècle. La première qu'il y eut en France a été faite à Brest. Les *docks flottants* se rattachent, par leur destination, aux Formes de radoub. Ce sont de grandes caisses qu'on remplit d'eau de manière à les faire enfoncer assez pour qu'il soit possible d'amener au-dessus le navire à réparer; après quoi on les vide, ce qui leur permet de soulever le bâtiment et de l'amener à la surface. Ce sont des appareils indispensables pour la réparation des navires en fer.

FUSIL. En 1800, un armurier de Paris, *Pauly,* exécuta le premier fusil se chargeant par la culasse, ce qui simplifie le chargement et permet un tir plus rapide; mais son invention n'eut pas de succès. Il en fut de même du système présenté en 1813 par *Julien Leroy,* dans lequel le canon se rabat sur le côté gauche, parallèlement à lui-même, en tournant autour d'un axe horizontal parallèle au canon; le fusil manquait de solidité. Le système *Lefaucheux* est impropre aux armes de guerre, parce que le canon s'y brise au tonnerre, et que le soldat doit toujours pouvoir se servir de la baïonnette. Dans le système *Robert,* la tranche postérieure du tonnerre se découvre au moyen d'un levier à poignée qui fait l'office de culasse : le soldat introduit la charge, qui est une cartouche munie d'une amorce fulminante, et referme la culasse; lorsqu'on presse la détente, le chien vient écraser l'amorce sur une sorte d'enclume intérieure, et le coup part. Dans le système *Treuille de Beaulieu,* qui fut appliqué au mousqueton des Cent-Gardes, le tonnerre se découvre en abaissant une culasse mobile, au moyen de la sous-garde elle-même qui forme ressort; ce ressort, jouant le rôle du chien lorsqu'on presse sur la détente, vient choquer une petite tige métallique reposant sur la capsule, qui est placée verticalement dans le culot de la cartouche. Dans le système *Chassepot,* le canon se termine postérieurement en un manchon où vient s'engager une pièce mobile, munie d'une poignée et d'un système obturateur : cette culasse mobile sert à ouvrir ou à fermer le canon, en glissant dans le manchon. Le système *Manceaux* a pour culasse mobile un cylindre creux, aux extrémités duquel sont fixés, d'un côté, l'appareil obturateur, et, de l'autre, une poignée à l'aide de laquelle on peut démasquer l'entrée du canon. Le fusil *Spencer* se charge par la culasse. Il est à deux canons superposés : le canon inférieur contient 6 charges en réserve, venant une à une prendre la place de la 7ᵉ cartouche, qui se trouve dans le canon supérieur. Le canon-réservoir est plus légèrement établi que le véritable canon; néanmoins l'arme est lourde, incommode à manier, et se détériore facilement en campagne. — Un armurier d'Erfurth, Dreyse, qui avait travaillé à Paris, chez Pauly, inventa, en 1827, le *fusil à aiguille*, ou fusil prussien. Du côté droit du canon à la place du chien, il y a une *clef*, bout de fer haut de 0ᵐ,05 et de 0ᵐ,02 de diamètre; en frappant un petit coup sec du creux de la main droite contre cette clef, elle se déplace, et le canon s'ouvre sur une longueur de 5 ou 6 centimètres; on dépose la cartouche dans la cavité, on donne un léger coup à la clef en sens inverse, et le canon se ferme hermétiquement. A l'extrémité du canon, au-dessus de la crosse, se trouve un bouton en fer terminé par un anneau : en le tirant d'un mouvement du pouce, on comprime un ressort en spirale auquel est attachée une aiguille d'acier. Quand on presse la détente, le ressort devient libre, lance l'aiguille dans la matière fulminante dont le bas de la cartouche est garni, et produit l'explosion. Le premier fusil de Dreyse se chargeait par la bouche du canon, et l'aiguille partait de l'intérieur de la culasse; c'est en 1835 que le chargement par la culasse fut essayé. Après divers perfectionnements, un modèle fut adopté, en 1841, par l'armée prussienne.

G

GAITÉ (Théâtre de la). Ce théâtre fut démoli, sous le second Empire, en 1864, pour le percement du boulevard du prince Eugène. Une nouvelle scène fut alors bâtie sur le square des Arts et Métiers. En 1869, l'acteur Ballande tenta d'y donner, le dimanche, des représentations de jour, généralement consacrées à des ouvrages classiques; chaque pièce était précédée d'une conférence qui exposait le sujet et en faisait valoir les beautés.

GARDES FORESTIERS. Un décret du président de la République, du 8 avril 1875, a créé une organisation militaire au corps forestier. A l'ordre de mobilisation, les agents et préposés sont organisés, par conservation des forêts, en *compagnies* ou *sections de chasseurs forestiers*, les unes *actives*, les autres *territoriales*. Ses règlements sont les mêmes que pour les douaniers. (V. plus haut DOUANES.)

GASCON (Dialecte), une des variétés de la langue d'Oc, entre Bordeaux et Toulouse. L'agénois (V. *ce mot*) en est le type principal. On peut juger du gascon par les chansons imprimées : Pey de Garros, *Poesias gasconas*, Toulouse, 1567, in-4°; G. Bedout, *lou Parterre gascoun*, Bordeaux, 1642, in-4°; *Recueil des poètes gascons*, Amsterdam, 1700, 2 vol. in-8°; Cénac-Moncaut, *Littérature populaire de la Gascogne*, Paris, 1868, in-18. Ce dernier a aussi publié un dictionnaire gascon du département du Gers, Paris, 1863, in-8°.

GERMAIN-EN-LAYE (Château de SAINT-). Le musée gallo-romain de ce château, dont la formation fut décrétée en 1862, a été ouvert en 1867. La première salle contient les objets trouvés dans les alluvions quaternaires, c'est-à-dire à la suite des grands déluges; ce sont les silex grossièrement travaillés que l'on a trouvés mêlés à des ossements d'animaux dont l'espèce est éteinte (*elephas primigenius*), rhinocéros à narines cloisonnées, grand hippopotame, cerf d'Islande, ours des cavernes, etc.); les brèches ossifères des cavernes de la Dordogne, avec les débris du renne, de l'auroch, du bouquetin; les ossements ciselés, gravés, creusés, façonnés aux usages domestiques ou hiératiques; une collection d'armes en silex donnée par le roi de Danemark; les résultats des fouilles pratiquées dans les sablières du bassin de la Seine; les objets découverts dans la Somme par Boucher de Perthes. La deuxième salle est consacrée aux monuments sépulcraux mégalithiques, aux *dolmens* et aux *menhirs*. Ici l'industrie

de l'homme se développe; déjà il sait polir la pierre et ébranler les masses rocheuses; il taille le silex, et, en l'ajustant dans un bois de cerf fendu, s'en fait une arme; il fait sécher l'argile au soleil, et invente l'art du potier; il aiguise des os, et d'une arête de poisson se fabrique une aiguille. — Le grand *tumulus-dolmen* de Gavr'inis occupe à lui seul, quoique en réduction, la troisième salle. — Dans la quatrième salle sont réunies les inscriptions et les médailles gauloises.

Au second étage, où l'on monte par l'escalier de François 1ᵉʳ, se trouvent d'abord les objets appartenant à l'époque lacustre, qui a vu la fin de l'âge de pierre et le commencement de l'ère de bronze. Ce sont des haches de silex, des dards, des couteaux, des outils, des instruments en os, en écaille, en arête, en bois dur à moitié dégrossi; des vases en terre ou en bronze, si hermétiquement clos, que des grains de céréales et des glands s'y sont conservés jusqu'à nous.— La galerie voisine est consacrée à l'âge du bronze. La pierre cède le pas au métal : les épées, les lances, les haches creuses, à gaîne, à oreillettes, à un ou deux tranchants, les marteaux, les poignards ont succédé aux armes de jet et au casse-tête du sauvage. Avec l'airain se présentent les ustensiles de la vie domestique, les fragments de tissus, les engins de pêche et de chasse, les menus objets de toilette féminine, colliers, bracelets, épingles à cheveux, agrafes, etc. — Une autre salle est consacrée à la Gaule de Brennus. On ne se contente plus du bronze : on travaille aussi le fer, l'or et l'argent. Il y a là encore des échantillons de poteries : ce n'est que de la terre cuite, sans couverte et sans émail.

GLACIÈRE. L'usage des glacières est de temps immémorial dans plusieurs parties de l'Asie. Les Grecs et les Romains l'empruntèrent aux Orientaux; ils les disposaient à peu près de la même manière qu'on le fait aujourd'hui. En France, on ne connaissait pas encore les glacières, lorsqu'en 1553 le médecin-naturaliste Pierre Belon décrivit celles qu'il avait vues en Turquie. Quelques années plus tard, on en établit à Paris. Le mot *glacière* ne figurait pas encore dans les dictionnaires en 1630.

GORMONT ET ISEMBART, chanson de geste du XIIᵉ siècle, dont un fragment de 600 vers a été retrouvé de nos jours et publié par M. de Reiffenberg dans son édition de la *Chronique rimée de Ph. Mouskes*, Bruxelles, 1838, in-4°. Le sujet se rapporte évidemment à la bataille de Saucour. Gormont, chef normand, envahit le Ponthieu, accompagné d'Isembart, seigneur de la Ferté, exilé pour ses crimes, et qui compte sur les Normands pour reconquérir son domaine et se venger du roi Louis III, son oncle. Ici les Normands sont changés en Sarrasins.

GUDRUN, poème allemand de la fin du XIIᵉ siècle, l'épopée la plus complète de la littérature germanique après les *Niebelungen*, une sorte d'Odyssée à côté d'une autre Iliade. En voici le sujet : Hagen, fils d'un roi d'Irlande, enlevé par un griffon, avait été sauvé miraculeusement et nourri par trois filles d'autres rois qui avaient eu le même sort. De retour dans sa patrie et devenu roi, il épousa une de ses compagnes, Hilde, dont il eut une fille qui porta le même nom. Hagen fit tuer plusieurs seigneurs, prétendants à la main de cette enfant, mais périt dans cette lutte, et Hettel, roi de Hegelingen, se maria avec la jeune Hilde. De cette union naquit l'héroïne du poème, Gudrun. C'est après les combats livrés à Hettel par les rois Siegfrid, du pays des Maures, Hartmut, de Normandie, Herwig, de Seeland; et après sa mort les soldats soutinrent l'effort. Gudrun prit pour protecteur l'un des rivaux, Herwig, dont elle devint enfin la femme. Les diverses scènes se sont passées en Allemagne, en Frise, en Danemark, en Normandie, en Irlande, etc.

Le poème de *Gudrun* l'emporte sur les *Niebelungen* par la richesse des pensées, l'éclat des images, l'originalité des caractères et des situations, la délicatesse d'expression, qui semble indiquer, non pas l'origine ancienne de l'œuvre, mais un remaniement postérieur. Il doit être le travail d'un seul auteur, et non un assemblage de vieux chants. On l'a publié pour la première fois dans le *Heldenbuch* (livre des héros', par Hagen, Berlin, 1820, puis seul dans les *Classiques allemands du moyen âge*, par Bartsch, Leipzig, 1865, 2 vol.

GUI DE WARWYKE, roman d'aventures, supposé du XIIIᵉ siècle. Un jeune varlet anglais, Gui, est épris de la fille de son seigneur. Pour la mériter, il se distingue dans les tournois, et va rendre des services à l'empereur d'Allemagne, au roi de Constantinople contre le soudan de Babylone, etc. Ce poëme, quoique peu intéressant, a été très-répandu en Angleterre. Le manuscrit, contenant 11,230 vers, est à la Bibliothèque nationale de Paris. (V. *Histoire littéraire de la France*, t. xxii.)

GUIDE-ACCORD ou SONOTYPE, appareil inventé vers 1853, par Delsarte, pour faciliter l'accord des instruments à cordes et à clavier. Il simplifie le travail de l'accordeur, et permet même de ne pas recourir à lui.

H

HARMONIFLUTE, sorte d'accordéon perfectionné par Busson. Outre qu'il est d'un maniement plus facile que l'accordéon ordinaire, les sons qu'il donne se rapprochent beaucoup de ceux de la flûte. On peut y adapter un clavier chromatique analogue à celui des orgues et des pianatos.

HOCHE-PLIS, nom qu'on donnait, au xvie siècle, aux cerceaux de fer, de bois ou de baleine, qui soutenaient les robes des femmes. C'est ce qu'on appela plus tard *paniers* et *vertugadins*.

HOQUET, en latin du moyen âge *Hochetus* ou *Hocesut*, terme de l'ancienne musique, désignant une certaine manière d'attaquer les notes isolément, en les séparant de celles qui les précèdent et de celles qui les suivent par des pauses ou des soupirs, ou bien d'entrecouper et interrompre les notes par des silences. On avait ainsi un chant brisé (*truncatus*) et non lié (*copulatus*).

HIALOGRAPHIE, art de graver sur verre. Les anciens, comme les modernes, exécutaient des dessins sur le verre au moyen du sable et de l'émeri appliqués sur une petite roue qui, en tournant, traçait des lignes creuses d'une légère profondeur. On croit qu'ils se servaient quelquefois du diamant. Vers 1670, Henri Schwanhard, de Nuremberg, grava sur verre des dessins en creux et en relief au moyen d'un corrosif dont on ignore la nature. En 1725, Mathieu Pauli, de Dresde, attaqua le verre avec un mélange d'acide nitrique et d'émeraude verte de Bohême ou fluate de bohême. En 1790, l'acide fluorhydrique, récemment découvert par Scheele, fut employé à Leipzig par Klindworth et à Strasbourg par Renard pour exécuter les échelles des thermomètres : en 1810, le peintre Lendelle en fit usage pour graver des glaces, tandis que Gay-Lussac et Thénard perfectionnaient le procédé. On ne grave guère le verre aujourd'hui que par l'acide fluorhydrique.

I

INTERMÉDIAIRES, en termes d'Économie politique, agents qui se placent entre les producteurs et les consommateurs. Ce sont les commerçants, et leurs services sont indispensables : sans eux, on serait exposé à être trompé sur les qualités, à prendre des marchandises qui ne conviendraient pas tout à fait; il faudrait faire des provisions, avoir des locaux pour les contenir, et il y aurait chance de pertes par avaries. Le bénéfice qu'on paye au commerçant est un léger salaire dû à son expérience, à ses soins, et la compensation des risques qu'il court.

INTERNATIONALE (Société), association qui a pour principe l'annulation des nationalités, et pour but l'union des travailleurs de tous les pays contre le capital qui les exploite, la défense des salaires, les intérêts divers des corporations. Un nombre plus ou moins considérable d'associés, groupés ensemble parce qu'ils appartiennent à un *même corps de métier*, ou parce qu'ils habitent la même *ville* ou le même *quartier*, forme une *section*. Certaines sections ou groupes élémentaires, par suite de circonstances particulières, restent isolées; mais d'ordinaire les sections d'une même région forment une *fédération*. Toutes les fédérations d'un même pays constituent une *branche*. L'ensemble de toutes les *sections*, de toutes les *fédérations*, de toutes les *branches*, forme l'*Association internationale des travailleurs*. Les membres de chaque section choisissent parmi eux des délégués qui les représentent, les uns au *Conseil fédéral*, les autres au *Congrès* annuel. Le Congrès, à son tour, élit les membres du *Conseil*

général, qui gouverne l'association entière. — Les meneurs qui sont parvenus à composer une section ou une fédération sont à peu près certains d'en rester les délégués : officiellement leur autorité vient d'elle, en réalité c'est elle qui n'a d'existence que par eux. Aussi l'Internationale, une des plus grandes forces qui existent actuellement en Europe, est une société dangereuse : les associés sont conduits par un petit nombre de chefs qui disposent de la caisse où sont versées les cotisations, qui suscitent ou soutiennent les grèves d'ouvriers ; ils peuvent être poussés au combat dans un but et pour des intérêts qu'ils ignorent.

INTERPELLATION. Le droit d'interpellation, que la Constitution de 1852 refusait au Corps législatif et au Sénat, leur a été donné par décret du 19 janvier 1867. Toute demande d'interpellation devait être signée par cinq membres au moins : cette demande, indiquant sommairement l'objet des interpellations, était remise au président, qui la communiquait au ministre d'État et la renvoyait à l'examen des bureaux. Deux bureaux au Sénat et quatre au Corps législatif devaient autoriser l'interpellation, pour qu'elle pût avoir lieu.

J

JACQUELINES, pots de grès en usage dans les Pays-Bas et dans le nord de la France. Le nom en serait emprunté, dit-on, à Jacqueline, comtesse de Hollande dans les premières années du xve siècle, parce qu'au milieu de ses parties de chasse elle se faisait porter à boire dans des pots de grès, qu'on abandonnait ensuite.

JEHAN DE PARIS, roman populaire, dont l'auteur inconnu vécut vers le milieu du xvie siècle. Jean, fils d'un roi de France, se rend en Espagne pour réclamer une infante qui lui a été fiancée. Il voyage en compagnie avec le roi d'Angleterre, le bafoue tout le long du chemin, et lui enlève la princesse à laquelle il espérait prétendre. Le roman de *Jehan de Paris*, d'un ton plaisant et d'une lecture agréable, fut d'abord publié en abrégé dans la *Bibliothèque bleue*. Des éditions entières furent ensuite données par Em. Mabille, dans la collection de Jannet, Paris, 1855, in-18, et par A. de Montaiglon, 1867, in-16.

JURY. Les art. 381 et suiv. du Code d'instruction criminelle de 1808 organisèrent le jury en France, en indiquant les conditions d'aptitude et en désignant les classes dans lesquelles devaient être pris les jurés. Les préfets formaient une liste de 60 jurés toutes les fois qu'ils en étaient requis par les présidents des Cours d'assises; cette liste était réduite à 36 par les présidents pour chaque session. La loi du 2 mai 1827 déclara que les jurés devaient être pris parmi les membres des colléges électoraux et certaines catégories de personnes. Elle chargea aussi les préfets de dresser les listes; mais, au lieu d'une liste spéciale pour chaque session, ils devaient dresser une liste générale pour le service d'une année, et, sur cette liste, le premier président de la Cour royale tirait au sort 36 jurés pour chaque session. L'Assemblée nationale de 1848 institua une commission chargée de dresser la liste annuelle dans chaque département; mais cette loi du 7 août 1848 fut abrogée par celle du 4 juin 1853. Celle-ci, n'admettant pas pour base la qualité d'électeur, confia à une commission cantonale le soin de dresser pour chaque canton une liste préparatoire : elle créa une seconde commission qui se réunit au chef-lieu de l'arrondissement et qui choisit sur les listes préparatoires le nombre de jurés nécessaire pour former la liste d'arrondissement; enfin elle donna au préfet la mission de dresser la liste annuelle du département sur les listes d'arrondissement, et ce fut sur cette liste que s'opéra, par le président de la Cour impériale, le tirage au sort des 36 jurés formant la liste de chaque session. Un décret du 14 octobre 1870 abrogea cette loi de 1853, et remit en vigueur celle de 1848.

Une nouvelle loi fut promulguée le 24 nov. 1872. Nul ne peut être juré s'il n'a 30 ans accomplis, et s'il ne jouit des droits politiques, civils et de famille. Sont incapables d'être jurés : les individus qui ont été condamnés, soit à des peines afflictives et infamantes, soit à des peines infamantes seulement; les condamnés à des peines correctionnelles pour des faits qualifiés crimes par la loi; les condamnés à un emprisonnement de trois mois au moins; les condamnés à l'amende ou à l'emprisonnément, quelle qu'en soit la durée, pour vol, escroquerie, abus de confiance, soustraction commise par des dépositaires publics, attentats aux mœurs, délit d'usure, outrage à la morale publique et religieuse, attaque contre le principe de la propriété et les droits de la famille, vagabondage ou mendicité; ceux qui sont en état d'accusation ou de contumace; les notaires, greffiers et officiers ministériels destitués; les faillis non réhabilités; ceux qui sont sous mandat d'arrêt ou de dépôt; les interdits, les individus pourvus de conseils judiciaires; ceux qui sont placés dans un établissement public d'aliénés. Les fonctions de juré sont incompatibles avec celles de député, ministre, conseiller d'État, membre de la Cour des comptes, sous-secrétaire d'État ou secrétaire général d'un ministère, préfet et sous-préfet, secrétaire général et conseiller de préfecture, membre de la Cour de cassation ou des Cours d'appel, juge titulaire ou suppléant des tribunaux civils et des tribunaux de commerce, officier du ministère public près les tribunaux, juge de paix, commissaire de police, ministre d'un culte, militaire ou marin en activité de service et pourvu d'emploi, fonctionnaire ou préposé du service actif des douanes, des contributions indirectes, des forêts et des télégraphes, instituteur primaire communal. Ne peuvent être jurés : les domestiques et serviteurs à gages; ceux qui ne savent pas lire et écrire. Sont dispensés des fonctions de jurés les septuagénaires, ceux qui ont besoin pour vivre de leur travail manuel et journalier, ceux qui ont rempli lesdites fonctions pendant l'année courante ou l'année précédente. La liste annuelle du jury comprend, pour le département de la Seine, 3,000 jurés, et, pour les autres départements, 1 juré par 500 habitants, sans que toutefois le nombre des jurés puisse être inférieur à 400 et supérieur à 600. Le préfet les répartit par arrondissement et par canton, proportionnellement à la population. Une commission composée, dans chaque canton, du juge de paix, de ses suppléants et des maires des communes (du maire et de deux conseillers désignés par le Conseil municipal, si le canton est formé d'une seule commune), dresse une liste préparatoire de la liste annuelle, contenant un nombre de noms double de celui fixé pour le contingent du canton. La liste annuelle est dressée, pour chaque arrondissement, par une commission composée du président du tribunal civil, des juges de paix et des conseillers généraux; cette commission peut porter sur la liste les noms de personnes non inscrites sur les listes cantonales, en n'excédant pas le quart de la liste. La liste de l'arrondissement est transmise au greffe de la Cour ou du tribunal chargé de la tenue des assises. La commission de l'arrondissement où se tiennent les assises dresse une liste spéciale de jurés suppléants (300 pour Paris, 50 pour chaque département), pris parmi les jurés de la ville des assises. Le premier président de la Cour d'appel ou le président du tribunal chef-lieu d'assises dresse la liste annuelle du département, conformément aux listes d'arrondissement, et la liste spéciale des jurés suppléants. Il tire au sort, en audience publique, sur la liste annuelle, les noms des 36 jurés qui forment la liste de chaque session, et ceux de 4 jurés suppléants.

L

LACUSTRES (Habitations), nom donné par les archéologues à des cabanes bâties sur pilotis au bord ou au milieu des lacs, dans des temps très-reculés. Elles furent découvertes d'abord en Irlande. En 1853, on en trouva sous la tourbe au bord des lacs de la Suisse. Les habitations lacustres ont fourni beaucoup de monuments de l'*Age de pierre*. (V. ce mot dans le *Supplément*.)

LATINE MODERNE (Littérature). — Lorsque les Barbares entrèrent dans l'Empire romain, la décadence avait commencé depuis longtemps pour la littérature latine : tous les genres, en prose ainsi qu'en poésie, étaient épuisés, et la langue n'avait plus qu'à achever de se corrompre et à disparaître, du moins comme langue vivante et parlée. Tel est le spectacle auquel on assiste à partir du IVᵉ siècle jusque vers l'époque des croisades. Cet intervalle peut se diviser en deux périodes, que sépare le règne de Charlemagne. Ce prince réagit, en effet, contre le courant qui entraînait à sa ruine toute la littérature romaine; mais, après lui, l'Occident tomba

dans des ténèbres de plus en plus épaisses jusqu'au jour où le monde, qui s'était cru un moment condamné à périr avec l'an 1000, sembla vouloir sortir enfin de son long sommeil et revivre aussi de la vie de l'esprit. De là date l'œuvre des littératures modernes; mais la littérature latine ne devait pas survivre au naufrage de l'ancien monde. — Toutefois une distinction est ici nécessaire. Rien n'égale, il est vrai, la stérilité dont sont frappées, à l'époque des invasions barbares, les lettres païennes ou profanes; mais le christianisme, surtout au IVᵉ et au Vᵉ siècle, entretient encore dans les intelligences le mouvement et la vie. La langue latine, déjà corrompue par les hordes germaniques, se travestit encore par la nécessité d'exprimer toutes sortes d'idées pour lesquelles elle n'avait pas été faite; mais dans ces œuvres, où l'érudit chercherait en vain le vieil idiome romain (saint Jérôme, saint Ambroise, saint Augustin), sont agités avec éclat les problèmes de l'ordre le plus élevé (V. dans ce *Dictionnaire* l'art. PÈRES DE L'ÉGLISE). Au VIᵉ siècle, malheureusement, et dans les âges qui suivent, cette agitation féconde va de plus en plus s'affaiblissant; les malheurs des temps ôtent le goût ou le loisir de s'instruire, et le nombre des lettrés diminue progressivement dans les rangs des clercs non moins que parmi les laïques; ce sera un mérite, au IXᵉ siècle, de savoir encore lire et écrire. — Au reste, dès le IVᵉ siècle, la critique renonce à séparer la prose de la poésie, et à suivre isolément leurs destinées. Toutes deux, d'abord, ne vivent plus que par leurs productions inférieures : l'une a tout au plus des grammairiens, des rhéteurs, quelques panégyristes et beaucoup de chroniqueurs; l'autre n'a que des épitaphes, des élégies, des morceaux descriptifs de courte haleine, d'autres qu'on ne sait à quelle catégorie rattacher. Ensuite il n'est pas rare de voir le même auteur cultiver à la fois les deux genres, composer aujourd'hui un chant de noces, écrire demain une légende, ou mieux encore, pour prêter sans doute à la prose les charmes de la poésie, rédiger en vers l'histoire merveilleuse d'un saint dont les vertus ont frappé vivement les imaginations contemporaines. Aussi n'avons-nous pas ici à analyser des œuvres, mais des noms à énumérer.

A première vue, le IVᵉ siècle ferait encore quelque illusion. Il se présente, en effet, à la critique avec Ausone et Claudien, versificateurs au demeurant assez estimables; avec l'orateur Symmaque, cet autre Pline le Jeune, que ses contemporains disaient trop prévenus en sa faveur; avec les historiens Ammien-Marcellin, Eutrope et Sulpice Sévère, *le Salluste chrétien*; enfin avec un cortège presque imposant des grammairiens et des rhéteurs, parmi lesquels brillent : Donat, moins connu par son *Commentaire* de Térence que pour avoir été le maître de saint Jérôme; Népotien, ami d'Ausone, lequel dut à sa réputation d'être nommé gouverneur d'une province; Mamertin, panégyriste attitré des empereurs, fils d'un autre Mamertin qui fut le premier décoré de ce titre; Delphide de Bordeaux, dont saint Jérôme a écrit qu'en prose et en vers il avait illustré toutes les Gaules par son génie, etc. Mais quand on y regarde de plus près, l'illusion se dissipe, et l'on est forcé de reconnaître que, de toutes ces œuvres qui firent en leur temps plus ou moins de bruit, pas une n'offre la trace d'une inspiration originale et ne mérite une considération sérieuse.

Le Vᵉ siècle ne pâlit pas trop d'abord à côté de l'âge précédent. A Ausone et à Claudien il oppose Rutilius Numatianus et Sidoine Apollinaire. Rutilius, qui naquit à Poitiers ou peut-être à Toulouse, était préfet de Rome lorsque l'invasion barbare vint couvrir de ruines son pays natal. Il conçut alors le désir de revoir la Gaule, se mit en route et, chemin faisant, raconta en vers élégiaques son voyage. Ce poëme, connu sous le nom d'*Itinerarium*, et dont il ne reste que le 1ᵉʳ chant et une partie du 2ᵉ, a été sauvé de l'oubli par quelques descriptions gracieuses. Sidoine Apollinaire, originaire de Lyon, fut plus fécond, quoique beaucoup moins pur. Dans ses œuvres fort diverses on compte des épithalames, des panégyriques, un éloge de Bacchus, un autre du monastère de Lérins, et neuf livres de lettres en vers. De même, si le IVᵉ siècle s'est glorifié de ses rhéteurs et de ses grammairiens, s'il se vante d'avoir produit un Symmaque, le Vᵉ répond par les noms de Mamert Claudien, de Marcien Capella, de Macrobe et de Priscien. Mamert Claudien écrivit un traité sur la nature de l'âme qui a survécu jusqu'à nos jours, comme pour montrer qu'il y avait encore à cette époque des esprits capables de métaphysique. Marcien Capella, qui naquit à Madaure, près de Carthage, composa un *Satyricon* en neuf livres, mêlés de vers et de prose; c'est une sorte d'encyclopédie qui commence par une allégorie bizarre, l'apothéose de la philologie et son mariage avec Mercure, et qui se termine par un traité des sept arts libéraux, tels que les étudia le moyen âge (la grammaire, la dialectique et la rhétorique, matière du *trivium;* la géométrie, l'arithmétique, l'astronomie, la musique, sujet du *quadrivium*). Macrobe a laissé un commentaire sur le *Songe de Scipion*, de Cicéron, avec une exposition platonicienne du système du monde, et un recueil de conversations intitulé *les Saturnales*, ouvrage en sept livres, dont quatre sont consacrés à l'examen critique des poésies de Virgile, et les autres traitent des fêtes, du calendrier, de la vie privée des Romains, etc. Enfin Priscien, qui naquit à Césarée et tint une école fameuse à Constantinople, entre autres œuvres, composa une grammaire que mirent souvent à contribution les grammairiens du moyen âge. — Toutefois, dans cette comparaison entre les deux siècles, le v⁰ a un désavantage considérable aux yeux de la critique littéraire : c'est que la langue qu'il parle est beaucoup plus incorrecte. Les Barbares contribuèrent à corrompre de toutes manières l'idiome des vaincus. Ils apportaient avec eux des idées inconnues aux Romains, surtout dans les relations de la société : la langue latine manquant de termes pour les rendre, il fallut avoir recours aux mots des vainqueurs, qu'on latinisa. Quelquefois les Barbares apprirent tels ou tels mots latins pour exprimer les choses de la vie usuelle; mais ils les apprirent mal et les rendirent dénaturés aux Romains, qui, soit insouciance, soit nécessité, les adoptèrent en cet état : c'est ainsi qu'on disait *antistis* pour *antistes*, *contempto*, *fructo*, pour *contemptu, fructu*. Les règles de la grammaire furent altérées : on employa des masculins pour des féminins; les verbes qui gouvernaient l'accusatif gouvernèrent l'ablatif, et ainsi du reste. Souvent aussi le Barbare voulut s'éviter la peine d'apprendre le mot latin, et y substitua le mot de sa langue.

Ajoutez que les bouleversements qui signalèrent la conquête barbare réduisirent singulièrement le nombre des gens lettrés, et que, dès 460, Mamert faisait ainsi l'*Épitaphe des sciences :* « On néglige la langue latine; on méprise la grammaire; on a peur de la dialectique; on redoute la musique, la géométrie, l'arithmétique. »

Il y avait encore cependant de paisibles asiles où les œuvres de l'esprit étaient en honneur, et où les lettres devaient trouver leur dernier refuge : ce sont les monastères, au fond desquels s'accomplissent des travaux de trois genres différents : ici se copient et se conservent les chefs-d'œuvre de l'antiquité; là s'élaborent des chroniques naïves, qui partent souvent de la création du monde et sont conduites jusqu'à l'année même où les voit éclore; ailleurs, des méditations obstinées enfantent des œuvres où la philosophie marche de pair avec la théologie et l'histoire. Voilà comment, au v⁰ siècle, la littérature religieuse présente encore quelques noms considérables. Salvien, moine de Lérins, puis prêtre de Marseille, surnommé par ses contemporains le guide des évêques, fait paraître, en 455, un *Traité de la Providence*, dans lequel il attribue aux crimes des Romains les désastres de l'Empire. Cassien, de Marseille, voulant atténuer l'opinion de Pélage sur les rapports de la grâce et de la liberté, prétend s'interposer entre les partisans exclusifs de la grâce ou Prédestinatiens et ceux de la liberté ou Pélagiens, fonde ainsi le semi-pélagianisme, et soulève dans l'Église des débats auxquels prennent part, d'un côté, Fauste de Riez, abbé du monastère de Lérins, Arnobe le Jeune et Vincent de Lérins; de l'autre, saint Hilaire d'Arles, saint Prosper d'Aquitaine et saint Augustin. Ces démêlés, où la littérature en elle-même n'a rien à voir, ont inspiré toutefois à saint Prosper son poëme sur *les Ingrats* (*ingrati* qui repoussent la grâce). Enfin Paul Orose l'Espagnol compose, à la demande de saint Augustin, une histoire du monde (*Pauli Orosii Mœsta mundi*), ouvrage moitié moral, moitié historique sur les calamités dont la terre a été affligée depuis la création; réponse aux païens qui rendaient la religion chrétienne responsable de la ruine de l'Empire romain.

Cassiodore et Boëce font la transition du v⁰ au vii⁰ siècle, c'est-à-dire de la décadence profonde à la véritable barbarie. Cassiodore, après avoir été ministre de Théodoric le Grand et de ses premiers successeurs, se retira dans ses domaines en 538. Là il fonda un ordre monacal con-

sacré surtout à la copie des manuscrits anciens, et composa lui-même la plupart des ouvrages qui ont fait sa réputation littéraire : les *Institutions aux lettres divines*, programme de l'enseignement tel qu'on le suivit au moyen âge; un *Traité de l'âme;* des livres de grammaire, de mathématiques, de musique. Il avait écrit en douze livres une *Histoire des Goths*, qui s'est perdue, et dont l'on n'a qu'un abrégé par le Goth Jornandès; plus une *Chronique universelle* partant du déluge et finissant à l'an 5 0 après J.-C. Mais son œuvre la plus importante, bien que sans caractère ni prétention littéraire, est le recueil des rescrits et ordonnances qu'il avait rédigés dans son administration; ce sont douze livres (*Variorum libri XII*) remplis de détails minutieux et curieux sur le gouvernement de l'Italie, sur la constitution disciplinaire de l'Église et sur l'état intellectuel du pays. Boëce, ministre de Théodoric, comme Cassiodore, composa, pendant les tristes loisirs de la captivité qui précéda sa mort, un livre *De la Consolation de la philosophie*, dialogue en prose et en vers où l'auteur, parlant de la Providence, s'élève à une grande hauteur de pensées et de sentiments. On a aussi de lui plusieurs compositions philosophiques et des traductions avec commentaires des traités de dialectique d'Aristote, ouvrages qui ont été longtemps suivis pour l'enseignement scolastique du moyen âge.

Après ces deux personnages encore illustres, l'âge des ténèbres commence; les écoles se ferment; le clergé lui-même voit ses rangs envahis par des Barbares que tentent le titre d'évêque et les richesses épiscopales, et dont l'ignorance brutale fait un triste contraste avec la science de leurs prédécesseurs. Saint Grégoire, évêque de Tours, est auteur d'une *Histoire ecclésiastique des Francs*, qui n'a d'intérêt que pour les historiens. Fortunat, Italien, devenu évêque de Poitiers, a laissé une Vie de saint Martin en vers, et une Vie de sainte Radégonde, des hymnes, des poëmes sur des violettes, sur des châtaignes, sur du lait, etc. Saint Césaire, évêque d'Arles, versé dans la connaissance de l'Écriture et des Pères, porta le dernier coup au semi-pélagianisme dans le Concile d'Orange. Saint Avite, évêque de Vienne (Dauphiné), écrivit divers traités contre les hérétiques de son temps, une homélie sur les Rogations et un poëme sur la Création, dont plusieurs morceaux ont pu soutenir la comparaison avec quelques passages correspondants de Milton. Saint Gildas, dit *le Sage*, né dans le pays de Galles, et qui passa une partie de sa vie au monastère de Glastonbury, est auteur d'une lettre (*liber querulus de excidio Britanniæ*) où il donne un précis de l'histoire de la Grande-Bretagne depuis l'invasion des Romains jusqu'à son temps.

Au vii⁰ siècle, l'affaissement des esprits est plus triste encore. La contagion de l'ignorance a gagné de proche en proche toutes les classes; la langue s'est corrompue au point que les mots en sont devenus méconnaissables, et l'historien Frédégaire annonce dans une préface qu'il n'usera pas de tout son savoir, et qu'il parlera moins purement qu'il ne pourrait le faire, « de peur de n'être pas compris de tout le monde ». Aussi quelques hommes seulement de cette époque ont une sorte de notoriété; encore est-ce comme historiens et non point comme littérateurs qu'ils l'ont acquise. Le moine Marculfe a rédigé un recueil de deux livres des formules usitées dans les actes qui se passaient : 1⁰ au nom du roi; 2⁰ entre les particuliers. Frédégaire a continué Grégoire de Tours dans une sorte d'histoire universelle poussée depuis Adam jusqu'à la quatrième année du règne de Clovis II. Saint Columban, missionnaire d'Irlande, a laissé plusieurs ouvrages religieux tels qu'une *Règle monastique*, un *Pénitentiel*, etc., et trois petits poëmes ascétiques, avec une épigramme sur la comparaison d'Ève et de la sainte Vierge. Bède le Vénérable mit à profit sa grande érudition dans une *Chronique* qui commence avec l'origine du monde et finit avec l'an 720 après J.-C. Enfin, d'Isidore de Séville il y a une *Chronique* qui va jusqu'en 615 après J.-C., et deux *Abrégés historiques* sur les Barbares qui occupèrent l'Espagne (les Visigoths, les Suèves et les Vandales).

Après le triomphe des Austrasiens, les évêchés et les abbayes tombèrent aux mains des compagnons de Charles Martel, qui se soucièrent fort peu d'y conserver les écoles, et l'on vit les bibliothèques devenues inutiles, habitées comme à Fontenelle (Saint-Wandrille), par les chiens du seigneur.

Tel était l'état des choses lorsque parut Charlemagne, qui forma le dessein d'arracher son siècle à l'ignorance;

et il y réussit au moins pour un moment. Il contribua au réveil des études par ses lois et par son exemple. A titre de monarque, il établit à sa cour l'école dite Palatine, renouvelée peut-être d'une école analogue qui avait existé naguère à Trèves dans le palais des empereurs romains ; il restaura les écoles épiscopales et celles des monastères, honora les savants, et l'on sait les menaces qu'il fit aux enfants des seigneurs qui ne purent répondre à ses questions, jurant que les places et les bénéfices iraient trouver les enfants des pauvres s'ils étaient plus savants qu'eux. Comme homme avide de science ou comme auteur, il se mit sur les bancs, il épela des lettres, il s'exerça à bien écrire ; il apprit les langues, l'astronomie ; il étudia la grammaire, l'orthographe, la rhétorique, la dialectique ; s'il ne rédigea pas tous ses Capitulaires, il n'en reste pas moins constant que c'est son génie qui les a dictés, et qu'il fut l'âme de tout ce qui se composait sous ses yeux ; il écrivit des lettres au pape, aux évêques, aux rois des autres nations, aux empereurs de Constantinople ; activité prodigieuse et qui eût été digne de produire des faits plus durables.

Charlemagne apparaît dans l'histoire environné d'un brillant cortège de savants qu'il attira de tous les pays d'Europe à sa cour, et qui, joignant leurs efforts à ceux du maître, tirèrent les esprits de leur léthargie. Les principaux ouvriers de cette première Renaissance, éphémère parce qu'elle était prématurée, furent Alcuin, Éginhard, Angilbert, Théodulfe, Leidrade, Agobard, Paulin d'Aquilée, Pierre de Pise et Paul Warnefried.

Les œuvres d'Alcuin, considérées au point de vue littéraire, sont au-dessous de leur réputation, car elles sont plutôt d'un Père de l'Église que d'un homme de lettres. Elles n'en ont pas moins exercé en leur temps une influence considérable. Les unes concernent l'Écriture sainte, les autres sont des traités de théologie ; celles-ci ont pour objet de combattre les hérésies du temps ; celles-là regardent la liturgie ; d'autres enfin se rapportent plus particulièrement aux sept arts libéraux ; joignez-y des poésies de différentes sortes, et vous aurez une idée de la fécondité de ce puissant esprit. — La belle œuvre d'Éginhard, celle à laquelle il est redevable de sa réputation, est sa *Vie de Charlemagne*, qui est restée comme la grande autorité de cette époque. — Angilbert n'a laissé que quelques poésies insignifiantes ; sa gloire est d'avoir été l'un des membres de l'école palatine, et d'avoir servi pour sa part les desseins de son roi. — Théodulfe, appelé d'Italie par Charlemagne à l'évêché d'Orléans, fonda dans son diocèse quatre grandes écoles, et recommanda à tous ses prêtres et curés d'ouvrir dans chaque bourg une école où les enfants des pauvres seraient gratuitement enseignés. Il composa, d'autre part, des poésies diverses qui lui firent une grande réputation, bien qu'elles n'offrent aujourd'hui que peu d'intérêt. — Leidrade, né dans le Norique, passa aussi les Alpes à la voix de Charlemagne pour diriger l'archevêché de Lyon. Écrivain peu fécond, il aime mieux propager les lettres en multipliant les écoles dans son diocèse qu'en composant de longs et nombreux ouvrages. Agobard, son disciple et son successeur, a laissé, au contraire, une trentaine d'écrits parmi lesquels on distingue un *Traité contre le duel judiciaire*, qu'il fit abolir par le fils et successeur de Charlemagne. — Paulin d'Aquilée, dont le grand empereur se plaisait aussi à consulter les lumières de l'expérience, n'écrivit rien qui marque une préoccupation purement littéraire ; mais son ardeur épiscopale lui inspira des ouvrages de polémique religieuse et de morale qui tiennent une place honorable parmi les productions contemporaines. — Pierre de Pise enseignait à l'école de Pavie lorsque Charlemagne vint assiéger cette ville et mettre fin à la monarchie lombarde ; il fut emmené en France pour y vainqueur pour y continuer ses leçons, et fut regardé comme la part la plus précieuse du butin. — Enfin Paul Warnefried, dit le Diacre, auteur d'une histoire des Lombards (*De gestis Longobardorum libri sex*), reçut de l'empereur la mission de composer différents ouvrages pour le clergé de France et, entre autres, un recueil d'homélies tirées des saints Pères, lequel fut envoyé à tous les lecteurs des églises. On lui doit également une histoire des évêques de Metz.

Tels sont les hommes les plus remarquables du règne de Charlemagne, ceux dont les écrits et les actes inspirés, récompensés, commandés quelquefois par leur illustre protecteur, suspendirent environ pendant un quart de siècle la décadence de la littérature latine. Il ne devait rien rester de cette glorieuse tentative, et quand ces instruments d'une grande pensée eurent disparu avec le maître qui s'en était servi, la barbarie ne tarda pas à reconquérir le terrain qu'elle avait perdu. Les invasions normandes ne pouvaient qu'accélérer son triomphe. Le IXe siècle, à la vérité, se ressent encore des vigoureux efforts du VIIIe, et produit quelques noms dignes de souvenir ; tels sont : Ermoldus Nigellus, poëte ; Thégan, l'Astronome ; Aimon et Fréculfe, historiens ; Walafrid-Strabon et Florus, théologiens et poëtes ; Raban Maur, autre théologien non moins renommé que les deux précédents ; Jean Scot, précurseur de la scolastique. Hincmar, homme d'écrit et d'action, qui donne à la fois des leçons aux papes et aux princes ; puis, bien au-dessous de ce si grand personnage, le poëte Milon et les théologiens Ratramne et Paschase-Radbert de Corbie ; Loup, abbé de Ferrières, et Gothescalc, moine de l'abbaye de Fulde. Mais le xe siècle compte à peine deux ou trois représentants fort médiocres, tels que Flodoard, auteur d'une histoire de Reims et d'une chronique plus générale, précieuse par quelques faits dont la mention ne se retrouve point ailleurs, et Abbon, qui raconta le siège de Paris par les Normands et dut une certaine célébrité à la triste popularité de son sujet. N'oublions cependant pas, en Allemagne, la célèbre abbesse de Gandersheim, Hroswita, auteur de plusieurs drames imités de Térence, qu'on avait beaucoup vantés jusqu'ici, mais dont l'authenticité vient d'être attaquée par un critique très-distingué de l'Allemagne même, M. Joseph Aschbach (*Gazette d'Augsbourg*, 14 septembre 1867). Ainsi, abstraction faite des discussions théologiques, voilà donc les sujets dans lesquels est maintenant confinée la langue latine : des poëmes de tout genre et de toute dimension, qui n'ont guère d'autre mérite que d'avoir été lus en leur temps et d'attester le réveil de l'esprit humain après les terreurs de l'an 1000, et des chroniques ou des biographies.

Parmi les poëtes du XIe siècle se distinguent Hugues, évêque de Langres, Guy, évêque d'Amiens, et Odon, évêque de Cambrai. Un distique du premier, adressé à Guillaume le Conquérant, excita une admiration générale ; nous le citons, afin que par cet échantillon on puisse juger du reste :

Si quis in ante videt qui te circumspicit, ex te
Colligit, ante comes, rex modo Cæsar eris.

Gui d'Amiens écrivit un poëme sur la conquête de l'Angleterre par les Normands, et Odon de Cambrai, rebroussant vers un passé qui semblait oublié, chanta les vieux héros de la guerre de Troie. Les chroniqueurs principaux de la même époque sont : Raoul Glabor, du monastère de Cluny ; Guillaume de Pouille, Geoffroy de Malaterra, Aimoin, Gérard, Bernon, Raoul Tortaire, ces quatre derniers sortis du monastère de Fleury ; Guibert de Nogent, Milon Crespin, de l'abbaye du Bec, etc. Mais nous voici venus aux croisades. Au moment où elles commencent, les idiomes modernes ont déjà une existence, une physionomie distincte, et ils ne tarderont pas à produire eux-mêmes leurs œuvres durables et vraiment littéraires : témoin le récit de la quatrième croisade par Villehardouin, bientôt suivi des mémoires du sire de Joinville. Le latin pourtant ne périt pas ; on continue et on continuera de le parler et de le dénaturer, bruyamment ou silencieusement, dans les églises et dans les écoles de la scolastique, jusqu'à ce que la Renaissance remette en honneur la vieille langue romaine. (Voyez RENAISSANCE.) C'est alors qu'apparaissent, en Italie d'abord, puis en France et dans toute l'Europe, ces savants qui se piquent d'écrire aussi purement le latin que Cicéron lui-même et ses contemporains, et dont quelques-uns cultivent à la fois les vers et la prose (Poggio, Laurent Valla, Budé, Érasme, Sadolet, Bembo, les Scaliger, Robert Estienne, Paul Manuce, Muret, Casaubon, etc.). D'autres cependant s'exercent plus particulièrement à la poésie, et l'on voit ainsi se transmettre d'âge en âge, comme une tradition, et en dehors des écoles, le culte du vers latin. Au XVe siècle brillent Pétrarque et Ange Politien ; le XVIe, plus fécond, présente, non sans orgueil, Sannazar, Vida, Bembo, Bèze, Du Bellay, Muret, Joseph Scaliger, Passerat, l'Hospital, Sainte-Marthe (*Sammarthanus*) et l'Écossais Georges Buchanan. Ceux-ci à leur tour ont, au XVIIe siècle, leurs successeurs : en Hollande, Heinsius et Gaspard Barlæus ; en Pologne, Sarbievius ; en Écosse, Arthur Johntons; en Angleterre, Owen, May et le grand Milton; en Italie, le P. Ceva, Segardi et Strozzi; en France, Claude Quillet, Ménage, Rapin, Commire, Santeuil. Le XVIIIe, qui laisse affaiblir sensiblement l'étude de l'antiquité, est encore représenté par Desbillons, Vanière, Lebeau, Rollin. Mais au XIXe il n'y a plus un seul nom vraiment digne d'être cité. Le vers latin survivra-t-il à l'engouement dont la génération présente est saisie pour les sciences et au discrédit dont sont frappées les études classiques? C'est le secret de l'avenir. A. H.

LETTRES (Facultés des). A dater du 1er janv. 1870, toutes les rétributions éventuelles qu'on attribuait aux professeurs et agrégés furent supprimées. Le traitement fut fixé ainsi qu'il suit : professeurs à Paris, 15,000 fr.; professeurs dans les départements, de 6,000 à 11,000 fr.; agrégés à Paris et dans les départements, 2,000 fr.

LIBERTÉ PROVISOIRE. La loi du 14 juillet 1865 décide qu'en toute matière le juge d'instruction peut, sur la demande de l'inculpé et sur les conclusions du procureur impérial, ordonner que l'inculpé sera mis provisoirement en liberté. En matière correctionnelle, la mise en liberté est de droit, cinq jours après l'interrogatoire, quand le maximum de la peine prononcée par la loi sera inférieur à deux ans d'emprisonnement. Cela ne s'applique ni aux prévenus déjà condamnés pour crime, ni à ceux déjà condamnés à un emprisonnement de plus d'une année. Si, après avoir obtenu sa liberté provisoire, l'inculpé ne comparaît pas, on peut décerner contre lui un mandat d'arrêt ou de dépôt, ou une ordonnance de prise de corps.

LION DE BOURGES, chanson de geste du XIIIe siècle, faisant partie du cycle carlovingien. Herpin de Bourges, duc de pure invention, s'était enfui en Italie pour avoir frappé Clarion, chevalier de la race de Ganelon, dont la félonie n'était pas encore connue. Il lui naquit un enfant, qu'il dut abandonner forcément, et qu'une lionne éleva dans une forêt. Le roman raconte les aventures du jeune Lion, son mariage avec la fille du roi de Sicile, ses victoires sur les Sarrasins; enfin Lion se rend à Bourges, où les héritiers de Herpin l'acceptent comme duc. La Bibliothèque possède Lion de Bourges, qui n'a pas moins de 20,000 vers alexandrins en tirades monorimes, imité de plus en 40,000 vers de huit syllabes.

LITTÉRATURE. Ce mot, dans son acception la plus abstraite et la plus étendue, s'applique tantôt à la théorie générale, tantôt à l'histoire des œuvres de l'esprit humain, tantôt à l'une et à l'autre en même temps. Ainsi l'on dit qu'un homme a de la littérature quand il a pris quelque teinture des ouvrages qu'un pays a produits en ses différents âges, et que l'étude l'a rendu capable d'apprécier un livre avec goût, et selon les règles assignées par l'art et la critique aux genres littéraires. Telle est, en effet, la variété qui règne entre les diverses productions des Belles-Lettres, qu'on les a soumises, comme celles de la Nature, aux procédés de la classification. D'abord on a distingué la Prose et la Poésie; on a défini l'une la langue de la raison, l'autre celle de l'imagination et du sentiment, et l'on a établi les caractères propres qui conviennent à chacune d'elles. Ce n'est pas que la raison soit ou puisse être sacrifiée dans les œuvres poétiques, ou que l'imagination et le sentiment n'apparaissent point dans les œuvres de la prose; mais il demeure vrai que la raison domine dans celles-ci, comme dans celles-là les mouvements passionnés, l'éclat et la vivacité des peintures. — A leur tour, la poésie et la prose se sont divisées en plusieurs genres. La première a produit, comme genres principaux, la poésie lyrique, la poésie épique, la poésie dramatique et la poésie didactique; comme genres secondaires, la satire, la poésie pastorale, l'apologue, l'élégie et, à un degré inférieur encore, les poésies légères. La seconde comprend trois grands genres : l'éloquence, l'histoire, la philosophie, et trois genres secondaires : le genre épistolaire, la critique et le roman. De sorte qu'un cours complet de Littérature serait celui qui passerait successivement en revue, dans toute leur variété, toutes les œuvres de l'esprit, avec leurs divisions et subdivisions, pour en marquer l'origine, les caractères, les règles et l'histoire.

Au sens historique, le mot littérature sert à désigner dans leur ensemble les ouvrages d'esprit qui se produisent d'âge en âge chez les différents peuples, et qui constituent comme leur patrimoine littéraire. Sous ce rapport, les nations ne sont pas également partagées : tandis que la Grèce et Rome aux temps antiques, et la France dans les temps modernes, brillent au premier rang par la riche variété de leurs chefs-d'œuvre, combien de peuples semblent aujourd'hui déshérités de la gloire des Lettres, les uns, après avoir jeté jadis un plus ou moins vif éclat, les autres attendant encore, ce semble, l'heure marquée par la Providence! Qu'est devenue, depuis le Camoëns, la littérature portugaise, et, depuis Cervantes, la littérature espagnole? Quand est-ce que la littérature américaine prendra véritablement son essor? Cette inégalité a ses causes : le climat, la situation et la configuration géographique, la vie politique d'un peuple, l'époque enfin où il vient remplir son rôle sur la scène de l'histoire, sont autant de circonstances qui exercent une action puissante, décisive même, sur le développement de la littérature. Les mêmes causes influent sur l'âme et l'imagination des écrivains, et impriment à leurs écrits un caractère particulier qui détermine ce qu'on appelle l'esprit de la nation. Chaque auteur a beau conserver son originalité; vainement un La Fontaine, un Molière, un Corneille, un Racine, un Boileau ont eu leur génie distinct : la critique ne retrouve pas moins entre eux comme un air de famille, qu'ils tiennent de leur origine commune et de ce qu'on est convenu de nommer l'esprit français. (V. ce mot.) Tout peuple a son esprit, qu'il répand dans ses livres, s'y peignant à son insu en traits expressifs et ineffaçables. Les Nuits d'Young peignent aussi fidèlement, sur un certain côté, les Anglais, que les comédies d'Aristophane peignaient jadis les Athéniens; et, s'il nous est donné de nous mirer dans certains contes de Voltaire, les Allemands ont également le privilège de se reconnaître dans les élucubrations de leurs métaphysiciens.

On s'est plu à reconnaître dans le développement des Littératures trois époques : l'enfance, l'âge d'or et la décadence. L'histoire de la Grèce et de Rome ne contredit pas cette division; il serait aisé de déterminer, chez les deux peuples, le commencement et la fin des trois périodes. Nous conviendrons même que cette division a quelque chose de fondé; n'est-il pas naturel que la vie littéraire d'une nation se ressent des vicissitudes de sa vie politique, et que l'une se développe parallèlement à l'autre? N'est-ce pas le spectacle que nous offre l'histoire de notre pays? Depuis ses origines jusqu'au règne de Louis XIV, ne semble-t-il pas que la langue et la nationalité françaises se forment, progressent et se constituent, pour ainsi dire, ensemble, et que les destinées de l'une soient les destinées de l'autre? Cependant, il est d'un vrai, plus d'une Littérature moderne nous paraît se plier difficilement, sinon résister, à l'application de cette théorie. La nôtre même y répugne. La langue proprement dite, telle que l'ont parlée les contemporains de Louis XIV, s'est altérée dès le XVIIIe siècle; l'invasion des Littératures étrangères, le mélange systématique du vocabulaire des Sciences avec celui des Lettres, les passions politiques qui ont falsifié le sens de bien des termes, enfin les habitudes peu scrupuleuses du journalisme l'ont gâtée davantage encore de notre temps. Mais, d'autre part, on ne peut nier que l'école dite Romantique n'ait renouvelé les sources de la poésie; que les enseignements de la Révolution française n'aient fait naître une méthode beaucoup plus philosophique et jusqu'ici inconnue d'étudier, d'interpréter et d'écrire l'histoire; que la critique enfin, s'affranchissant de toute règle qui relevait moins du bon sens que de la convention, n'ait trouvé le secret de porter, sur les œuvres de l'esprit, des jugements approfondis, des appréciations originales, au point que plusieurs de ces livres sont eux-mêmes des monuments. Nous refusera-t-on le droit d'en conclure que la Littérature française a subi depuis le XVIIIe siècle, non pas une véritable décadence, comme on l'a prétendu, mais plutôt une transformation? A. H.

LLOYD, grand établissement de Londres, qui a son administration centrale dans les bâtiments de la Bourse. C'est tout à la fois une compagnie d'assurances maritimes et une agence de correspondance fournissant tous les renseignements possibles sur les bâtiments en cours de navigation dans toutes les parties du globe. Il a plus de mille sociétaires divisés en trois classes : 1° celle des assureurs, en leur propre nom; 2° les agents des compagnies d'assurances maritimes; 3° les courtiers de navires. Quiconque veut devenir sociétaire de l'une des deux premières classes paye 25 livres sterling (625 fr.) lors de son admission, et, de plus, une cotisation annuelle de 4 livres (100 fr.); ceux de la 3e classe ne payent que la cotisation annuelle. Les affaires de la

Société sont dirigées par un comité de 25 membres. — Le Lloyd entretient dans tous les ports de quelque importance des agents spéciaux qui lui transmettent toutes les informations aussi promptement et aussi régulièrement que possible. Le secrétaire du comité reçoit leur correspondance, dont la teneur est transcrite et classée très-méthodiquement sur des registres ouverts à tous les membres sociétaires, avec renvoi à un livre principal qui contient les renseignements détaillés sur les points où le navire a touché à telles dates, les rencontres qu'il a faites en route, les sinistres qu'il a essuyés, etc. — C'est vers la fin du XVIIe siècle que le Lloyd prit naissance à Londres, dans les environs de la Bourse : son berceau fut un petit café tenu par un nommé Lloyd dans Lombart-street. Là se réunissaient des armateurs, des assureurs de navires, des courtiers, qui finirent par se constituer en société, avoir un local à eux, puis s'installèrent dans la Bourse même, vers 1727. Le Lloyd fut le premier établissement de ce genre, et c'est à son exemple qu'il s'en établit d'autres dans de grandes villes de commerce anglaises, françaises, allemandes, etc. — Le plus célèbre après le Lloyd britannique est le *Lloyd autrichien*, qui a pris à peu près les mêmes attributions, dans un cercle moins vaste, et qui, de plus, est une grande compagnie de navigation à vapeur pour la Méditerranée, et surtout l'Adriatique et l'Orient. Il est établi à Trieste, où il fut fondé en 1833, et se divise en trois départements : celui des assurances maritimes, qui date de l'origine de la société; celui de la navigation à vapeur, créé en 1836; celui dit littéraire et artistique, institué en 1850, et dont les attributions sont tout ce qui concerne la publicité de l'établissement, les livres, journaux, cartes, plans, dessins, etc. Chaque département a un directeur, et les trois directoires relèvent de l'autorité supérieure d'un conseil de délégués. — Il y a encore le *Lloyd de l'Allemagne septentrionale*, fondé à Brême en 1857, société qui fait la navigation à vapeur transatlantique, celle du Weser, le remorquage fluvial et les assurances maritimes. Il a des succursales pour les assurances à Marseille, à Hambourg, à Amsterdam et à Rotterdam. — Une puissante *compagnie russe*, dont le siége est à Odessa, y fut fondée en 1856, sous le nom de *Société de commerce et de navigation;* on l'appelle aussi, par analogie, *Lloyd russe.* Elle a pour but de développer le commerce de la Russie méridionale au moyen d'une véritable flotte à vapeur desservant un grand nombre de lignes, non-seulement sur le littoral de la mer Noire et de la mer d'Azof, mais encore dans la Méditerranée et l'Adriatique, avec stations à Trieste et à Marseille. En 1860, elle avait déjà en service plus de 40 bâtiments à vapeur.   C. D — y.

LOCOMOTIVE, machine de traction sur les chemins de fer. Le travail produit par une locomotive s'élève de 250 à 300 chevaux-vapeur, dont 150 seulement utilisés pour le remorquage des voitures. Un cheval-vapeur équivalant à peu près à 3 chevaux ordinaires, un train est donc comme emporté par 450 chevaux. Construites pour traîner peu et aller vite, les machines à voyageurs marchent avec une vitesse minimum de 40 kilom. à l'heure, traînant 15 voitures; elles peuvent atteindre une vitesse de 60, 80 et même 100 kilom., mais alors elles ne peuvent remorquer que 8 ou même 6 wagons; ce qu'on gagne en vitesse, on le perd en force. Les machines à marchandises vont plus lentement et remorquent davantage; leur vitesse ne dépasse pas 30 kilom. Les machines mixtes, qui servent à deux fins, marchent à des vitesses comprises entre 35 et 50 kilom. Arrêts compris, un train-omnibus fait 30 kilom. à l'heure. Un express fait 40 à 50 kilom. L'express direct entre Londres et Paris marche avec une vitesse plus grande, ainsi que le train de la malle des Indes, dont la rapidité de marche approche de 100 kilom. — Une locomotive Crampton, remorquant 12 wagons, consomme 8 kilogr. de coke par kilom. en été, et 8 1/2 en hiver. Une locomotive mixte, avec 18 voitures, dépense autant. Une Engerth à marchandises consomme 16 kilogr. de houille en été et 18 en hiver. Somme faite des dépenses en combustible, huile, graisse, suif, chiffons, éclairage, eau, entretien, personnel, le parcours kilomètrique coûte en moyenne 93 centimes. — Les machines s'usent assez vite : après un parcours moyen de 300,000 kilom., il faut la reconstruire, ce qui coûte environ 40,000 fr. Par an, une machine fait de 20 à 25,000 kilom. ; la vie d'une locomotive est donc de dix ans. Une locomotive munie de son tender revient en moyenne à 60,000 fr. Les Engerth coûtent près du double. — Une machine Crampton chargée, avec tender approvisionné, pèse 45,000 kilogr.; une machine mixte, 35,000 kilogr.; une Engerth, 63,000 kilogr. Ces poids énormes expliquent pourquoi, peu à peu, il a fallu consolider les rails et leur donner, par mètre courant, jusqu'à 30 et 38 kilogr.

LOUIS (Chant de), en allemand *Ludwigslied*, monument de l'ancienne poésie allemande, qu'on croit avoir été écrit par un ecclésiastique du Xe siècle. C'est le chant de victoire du roi de France Louis III sur les Normands à Saucourt, en Picardie. Il est divisé en strophes de 4 et de 6 vers. (V. L. Gautier, *les Épopées françaises*, Paris, 1865, in-8°, t. 1er.)

LUNETTES. Les Anciens connaissaient l'effet des verres concaves pour éclaircir la vue des myopes, et Pline rapporte que Néron se servait d'une émeraude ainsi taillée pour mieux voir les combats de gladiateurs. Mais si l'on employa, à Rome, le *monocle* ou lorgnon à un seul verre, il ne paraît pas qu'on ait eu l'idée d'ajuster deux verres lenticulaires dans une même monture pour former des *besicles*, ou lunettes proprement dites. Cet instrument était, au contraire, connu des Chinois de temps immémorial. On ne sait à quelle époque les lunettes ont paru en Europe, ni par qui elles furent inventées : Ducange ayant prouvé qu'elles existaient en 1150, leur invention n'est due, comme on l'a prétendu, ni à Roger Bacon ni au Florentin Salvino degli Amati, son contemporain, et encore moins à Alexandre de Spina, moine dominicain du XIVe siècle, ou au Napolitain J.-B. Porta. On fixa d'abord les lunettes au moyen d'un bandeau qu'on attachait derrière la tête; plus tard on imagina de réunir les deux verres à l'aide d'un ressort, ce qui produisit les *pince-nez.* C'est à une époque tout à fait moderne qu'on adapta des branches au ressort.

M

MAGHOL ou MAGHUL, instrument de musique des Hébreux. Le P. Kircher croit que c'était une sorte de viole. Forkel lui suppose la forme d'un violon, dont les dépressions latérales n'offriraient pas d'angles dans la partie moyenne. D'autres pensent que c'était un luth à huit cordes, ou bien un instrument à percussion comme le sistre.

MARSEILLE (FAÏENCES DE). On trouve en 1697, à Marseille, dans le quartier Saint-Jean-du-Désert, un faïencier du nom de Clérissy, parent des Clérissy établis à Moustier (V. ce nom) : à la pharmacie de l'hôpital de Narbonne était garnie de pots façonnés et peints chez lui. En 1709, Jean Delaresse fut un des premiers céramistes en faïence blanche, qui remplaça les faïences brunes d'Avignon, très-élégantes de formes, mais rentrant par leur couverte dans le domaine de la poterie proprement dite. En 1749, Honoré Savy introduisit la faïence à décors polychromes, qui remplaça l'ancienne faïence à camaïeu bleu et violet. Les faïenceries de Marseille étaient nombreuses et prospères, lorsqu'un grand nombre d'ouvriers, à la suite de contestations avec leurs patrons, émigrèrent à Gênes, et, quand vint la Révolution, la concurrence des produits génois avait fait tomber presque toutes les fabriques marseillaises. Dès 1784, Savy avait cherché un dédommagement en créant une manufacture de porcelaines. (V. Davillier, *Histoire des faïences et des porcelaines de Moustiers, Marseille*, etc., 1863.)

MATÉRIAUX. En construction, on emploie un certain nombre de *matériaux artificiels.* Les Romains, comme les modernes, obtenaient des blocs en moulant des bétons dans des caisses de bois. Les matériaux de ce genre furent oubliés pendant le moyen âge. En 1776, l'ingénieur italien Calamata s'en servit, mais sans succès, pour consolider le môle de Civita-Vecchia. On ne réussit pas mieux en France, quelques années après, pour la digue de Cherbourg et les jetées de Saint-Jean-de-Luz. Mais les grands travaux de Vicat sur les chaux hydrauliques résolurent le problème en 1823. Poirel en fit la première application heureuse, après 1830, pour défendre le môle d'Alger contre l'action destructive de la mer. Avec les mortiers et ciments de Vicat on fait, par le moulage, des dalles pour trottoir, des seuils et marches d'escalier, des carrelages, des conduites pour l'eau et le gaz, des voûtes, des vases, des colonnes, des statues, des bas-reliefs, des ponts, et jusqu'à des maisons entières. A. Bérard a proposé, pour les travaux à la mer, des matériaux formés, par la fusion, avec les scories de forges. Dumesnil en a imaginé qui s'obtiennent avec des mélanges de plâtre aluné, de chaux, de sable et d'ocre jaune. Le *grès factice* de Durand (1845) s'obtient en mélangeant à chaud du sable, de la chaux et du bitume; on peut remplacer le sable par de la chaux ou de la craie. La *pierre artificielle* de Ransome se prépare avec du sable, de l'argile pulvérisée, de la craie et du silicate de soude liquide, le tout mélangé à froid, puis plongé dans une dissolution de chlorure de calcium.

MATIÈRES PREMIÈRES, en termes d'Économie politique, tout ce que la production doit transformer. Elles font partie du capital circulant ou mobile.

MÉGALITHIQUES (Monuments), nom donné aux monuments des âges très-reculés, consistant en grosses pierres, non taillées par l'industrie humaine, mais telles que la nature les donnait.

MÉGASCOPE, instrument d'optique au moyen duquel les objets opaques sont représentés en grand de la même manière que les objets transparents le sont dans la lanterne magique, et qui sert à obtenir des copies amplifiées de statuettes, de bas-reliefs, de tableaux, de gravures. On en attribue l'invention au physicien Charles, en 1780. Le *mégascope réfracteur achromatique*, inventé en 1838 par l'opticien Charles Chevalier, puis amélioré par son fils Arthur, sert pour agrandir les épreuves photographiques.

MÉLOPHONE, instrument de musique à vent et à anches libres, extérieurement semblable à une grande vielle. L'air est introduit dans des tuyaux par un soufflet à double vent que l'exécutant manœuvre avec la main droite, tandis que de la main gauche il attaque de petites saillies servant de touches. Le mélophone fut inventé par Leclerc, horloger parisien, en 1830.

MÉTAUX PRÉCIEUX, nom qu'en Économie politique on donne aux deux métaux qui servent à faire la monnaie, l'*or* et l'*argent*. (V. ces mots dans le *Dictionnaire*.) En tant que monnaie, ce sont des types auxquels on rapporte la valeur de toutes choses (V. MONNAIE); leur abondance ou leur rareté exerce de l'influence sur les transactions, sur la distribution de la richesse, et occasionne des perturbations quelquefois profondes. La production considérable de l'or dans notre siècle paraît devoir amener la baisse de ce métal : toutefois cette baisse est amoindrie par plusieurs causes, telles que l'augmentation de la population appelant une extension correspondante de la monnaie, la naissance d'États nouveaux dans des régions jusqu'alors vouées à la solitude (Australie, États-Unis), le retour de pays déchus à une civilisation avancée (Turquie), le mouvement qui porte les peuples vers les jouissances du luxe, et par conséquent vers un emploi de plus en plus grand des métaux précieux, l'activité de l'industrie et du commerce, qui augmente la somme des monnaies circulantes, etc. L'Espagne et la Belgique, craignant que la valeur relative de la monnaie d'or et de toutes choses ne fût bouleversée, ont pris des mesures pour diminuer la circulation de cette monnaie, que la Hollande supprima même quelque temps. Une baisse de l'argent se produira peut-être par l'exploitation de gisements qui n'ont pas encore été touchés en Amérique, ou par un meilleur mode d'exploitation des anciens. — Il n'est pas vrai que l'or et l'argent soient l'unique richesse ou la richesse par excellence; le *système mercantile* (V. ce mot) était fondé sur cette erreur. (V. aussi BALANCE DU COMMERCE.)

MINE. L'usage des mines de guerre remonte à une époque reculée. Énée, le tacticien, qui vivait au IVe siècle avant Jésus-Christ, en parle comme d'une chose déjà très-ancienne. Les mines étaient alors des galeries souterraines au moyen desquelles l'assiégeant cherchait à pénétrer dans la place. Quelquefois il les arrêtait sous les remparts, dont il démolissait les premières assises sur une certaine étendue, mais en les étançonnant; puis, en mettant le feu aux étais, il faisait écrouler la muraille et ouvrait une brèche pour l'assaut. Depuis le XVe siècle de notre ère, on charge les mines avec de la poudre. L'idée d'employer l'électricité pour enflammer la charge remonte aux travaux de Franklin, en 1751; mais elle n'est devenue praticable qu'après l'invention de l'appareil de Rhumkorff, en 1853, et ce progrès est dû principalement aux expériences de Gregorio Verdu, lieutenant-colonel du génie en Espagne.

MINISTRES. Les ministres sans portefeuille ont été supprimés en 1863, et leurs attributions données au ministre d'État et au ministre présidant le Conseil d'État. D'après un décret du 19 janvier 1867, chacun des ministres put, par une délégation spéciale de l'empereur, être chargé, de concert avec le ministre d'État, les président et membres du Conseil d'État, de représenter le gouvernement devant le Sénat et le Corps législatif, dans la discussion des affaires et des projets de loi.

MOINEAUX, espèces de guérites qu'on établissait au XVIe siècle, dans les fossés des places fortes, pour en défendre le passage. On leur donnait aussi le nom de *casemates*, qui prit ensuite une autre signification.

MOUSTIERS (FAÏENCES DE), en Provence. Ces faïences, longtemps attribuées à Rouen, à Saint-Cloud, à Marseille, remontent au commencement du XVIIe siècle. On fabriquait d'abord de la poterie ordinaire; un Jean Clérissy, mort en 1689, travaillait la terre dans un genre analogue aux travaux de Palissy. On voit un Antoine Clérissy fonder à Fontainebleau, en 1641, une fabrique de terre sigillée. Un autre Antoine Clérissy, fils présumé du précédent, établi à Moustiers, paraît avoir appris d'un moine servite, venu des îles de Lérins, le secret de l'émail blanc, qu'il décora d'ornements bleus; l'essor de son industrie fut encouragé par les ordonnances de Louis XIV qui, dans les moments de crise, contraignit ses sujets à porter leur argenterie à la Monnaie et à la remplacer par de la vaisselle de faïence et de terre. Pierre Clérissy, fils d'Antoine, anobli par Louis XV, en 1743, adopta comme décoration des sujets mythologiques : ses œuvres consistent en plats, bassins, pots de pharmacie, fontaines, hanaps, encriers, vases de jardin, décorés de camaïeux bleus, avec sujets copiés sur des gravures connues du temps. Au milieu du XVIIIe siècle le camaïeu bleu ne fut plus le seul procédé des Clérissy ; car on sait que Mme de Pompadour commanda à leur fabrique un service orné d'une décoration polychrome. La donnée décorative changea en même temps : on entra dans l'ère des écussons d'armoiries, des entrelacs et des Amours, des baldaquins abritant des Vénus marines et des Neptunes. Joseph Olery fut le principal représentant de cette école nouvelle. La Révolution engloutit les faïenceries de Moustiers, comme celles de Nevers et tde Rouen. (V. Davillier, *Histoire des faïences et des porcelaines de Moustiers, Marseille*, etc., 1863.)

MUSICOGRAPHE, appareil destiné à écrire la musique à mesure qu'on la compose. Les musicographes présentés jusqu'à présent n'ont guère réussi. (V. PIANO.) Dans celui du vicomte Dumoncel (1854), qu'il appelle *Enregistreur électrique des improvisations musicales*, l'électricité rend le piano libre de tout mécanisme encombrant; l'appareil peut être placé en tel endroit que l'on veut. Il est construit de manière à faire réagir électriquement les touches du piano sur un petit clavier composé d'aiguilles de fer et mis à portée d'un mécanisme enregistreur électro-chimique.

N

NATURALISATION. Une loi de 1867 décide que l'étranger qui, après l'âge de vingt et un ans accomplis, aura obtenu l'autorisation d'établir son domicile en France et y aura résidé pendant trois années, peut être admis à jouir de tous les droits de citoyen français ; que le séjour en pays étranger pour l'exercice d'une fonction conférée par le gouvernement français est assimilé à la résidence en France.

NAVALES (Constructions). Dès 1805, les Anglais cherchèrent à utiliser le fer dans les constructions navales, soit pour augmenter la vitesse en raison de la diminution du poids de la coque, soit pour augmenter la quantité du fret utile en diminuant le poids mort. Les bateaux en fer apparurent alors sur les canaux. En 1821, Napier fit construire à Horsley le premier bateau en fer, qui, muni d'une machine à vapeur, se rendit de Londres au Havre, et remonta la Seine jusqu'à Paris. En 1822, la maison Cavé, en France, entreprit à son tour des navires en fer. Ce fut seulement en 1838 que l'*Ironside* fut construit en Angleterre pour la navigation de mer; depuis ce temps, on a fait des bâtiments en fer de 2 à 3,000 tonneaux. Outre l'avantage de la durée et de la légèreté qu'ils ont sur les navires en bois, les passagers et les marchandises y trouvent plus de garanties de sécurité, soit contre l'incendie, soit contre les voies d'eau, soit contre les causes de dislocation.

Notre époque voit s'opérer dans les constructions navales, pour la marine militaire, une révolution très-importante : c'est non-seulement la fin prochaine des bâtiments à voile, remplacés par les bâtiments à vapeur, mais la création des *navires cuirassés*. A l'époque de la guerre de Crimée (1854-1856), on voulut procurer aux murailles des navires de guerre une force de résistance au canon plus considérable que le bois ne pouvait leur en donner. L'idée n'était pas nouvelle ; elle germait dans l'esprit des constructeurs depuis près d'un siècle, et, sous le règne de Louis-Philippe, le général Paixhans proposa et préconisa l'emploi du fer. Mais le premier essai n'en fut fait qu'en 1855 : la France envoya, pour réduire Kinburn, trois *batteries flottantes*, vilains bâtiments au point de vue pittoresque, très-peu faits pour tenir la mer, mais tirant peu d'eau, et portant une artillerie considérable par le nombre et le calibre, sous la protection d'une cuirasse de fer impénétrable aux coups de l'ennemi. Il fut démontré qu'on arriverait ainsi à détruire les plus redoutables fortifications. Les Anglais suivirent cet exemple, mais en appliquant le système de la cuirasse plutôt à des canonnières qu'à des batteries flottantes. C'est encore à un Français, M. Dupuy de Lôme, qu'appartient l'invention des *frégates cuirassées* : la frégate cuirassée *la Gloire* fut mise en chantier à Toulon en 1858, et ce fut seulement l'année suivante, quand on allait la mettre à l'eau, que les Anglais, se décidant à l'imiter, commencèrent la construction du *Warrior*. Depuis cette époque, les frégates cuirassées se multiplient dans les deux pays, bien que l'on ne soit pas encore complètement fixé sur le système qu'il faut préférer : on essaye le fer seul, le bois et le fer réunis, une combinaison de fer et de caoutchouc, ou de fil de fer et de chanvre, etc. Le procédé le plus général consiste à blinder les frégates avec des plaques de fer, épaisses de 3 pouces à 4 pouces 1|2. On a pu se convaincre immédiatement de l'invulnérabilité de ces navires par l'ancienne artillerie : aussi les ingénieurs se sont-ils appliqués à donner aux projectiles la force nécessaire pour percer les cuirasses. Des expériences qui ont été faites en Angleterre et en France, il n'est résulté rien de très-concluant : il a été constaté toutefois que ce n'est point avec des bouches à feu d'un énorme calibre, avec des boulets d'un volume extraordinaire, qu'on peut arriver à percer les plaques, mais qu'il faut avant tout se préoccuper de la vitesse du projectile au moment où il atteint le but. Comme les gouvernements gardent, au sujet de leurs essais, un secret qu'il est difficile de percer, on ne saurait dire s'il existe, en ce moment, des pièces d'artillerie, canons rayés ou autres, qui donnent aux projectiles une impulsion assez vigoureuse, ni des boulets d'une nature et d'une forme particulières, qui aient une force de pénétration suffisante. D'ailleurs, aucun combat de frégates cuirassées n'a indiqué jusqu'ici comment ces frégates se comportent. Dans la guerre qui a éclaté entre les Américains des États-Unis en 1861, on a vu employer deux bâtiments de formes nouvelles, le *Merrimac* et le *Monitor*, bientôt imités par les constructeurs : on fait de ces navires rasés autant que possible sur l'eau, presque immergés, pourvus d'une artillerie peu nombreuse, mais de fort calibre, cuirassés sur le pont comme autour de la coque, et présentant l'aspect d'une vaste carapace de fer, percée seulement d'étroits sabords pour laisser passer les canons. On donne aussi à la carapace une extrême déclivité, de façon que le boulet rencontre toujours une surface fuyante et ne puisse battre de plein fouet. Les Américains ont imaginé aussi d'armer d'un fort éperon l'avant des navires cuirassés, afin de percer et de couler l'ennemi par un choc à toute vapeur. Ils élèvent enfin sur le navire une tour cuirassée mouvante, d'où l'on peut tourner des canons dans toutes les directions, ce qui permet de balayer le pont s'il était envahi à l'abordage. Les ravages exercés par le *Merrimac* dans la flotte de bois des États du Nord ont prouvé d'une manière effrayante les avantages des navires cuirassés. On avait contesté longtemps que les frégates cuirassées pussent bien tenir la mer : *la Gloire* est sortie victorieuse des tempêtes de la Méditerranée. Sa vitesse est, en outre, au moins égale à celle des meilleurs marcheurs. Enfin l'envoi de la *Normandie* au Mexique, en 1862, a établi que les nouveaux navires ne sont point impropres aux plus longues navigations. **B.**

NEVERS (FAÏENCES DE). L'autorisation d'établir une faïencerie à Nevers fut accordée par Henri III, en 1578, à Dominique de Conrade, gentilhomme d'Albissola, près de Savone, et la fabrication se développa sous la protection des Gonzague, ducs de Nivernais. Les faïences furent une imitation presque servile des majoliques italiennes : sur un fond bleu ondé se détachent des dieux marins, avec des tons violets de manganèse et, au xviie siècle, avec des tons jaunes tirant sur l'orangé. Après Dominique de Conrade, son fils Antoine fit prospérer cette industrie ; puis un autre Dominique, fils d'Antoine, retourna en Italie en 1651. Mais la faïencerie nivernaise n'en continua pas moins ses travaux, sous la direction de six générations de Custode. Dans ce second âge, l'imitation italienne disparut, et le goût persan éclata dans des bouquets de fleurs et en oiseaux exotiques, points en jaune et en blanc sur fond bleu lapis appliqué par immersion. On mit aussi à contribution les figures et les motifs des modèles chinois, mais sans leurs fraîches et chaudes nuances : c'est toujours du bleu, du blanc, du jaune sèchement découpés l'un sur l'autre, et du vert quelquefois, produit par un mélange de ce jaune et de ce bleu. Au milieu du xviiie siècle, une statuaire grotesque sortit des ateliers de Nevers, pour l'ornement des jardins, et l'on imita maladroitement les faïences de Moustiers et de Rouen. (V. ces mots.) Enfin la faïencerie nivernaise mourut pendant la Révolution, dont elle mit les emblèmes sur ses dernières pièces, toutes pesantes et d'un galbe disgracieux. (V. Du Broc de Sagange, *Les Faïenciers et les Émailleurs nivernais*, 1863, in-4°.)

NINFALI, ancien instrument de musique italien. Il paraît avoir été un petit psaltérion ou un petit tympanon à touches.

O

OIRON (FAÏENCES D'), faïences fabriquées à Oiron, près de Thouars en Poitou, et dont on connaît seulement 67 pièces disséminées dans diverses collections. Quelques-unes portent le monogramme H.-C., signifiant Henri II et Catherine de Médicis : de là le nom de *faïences de Henri II*, donné improprement à toute la collection. La fabrique d'Oiron fut fondée, après 1524, par Hélène de Hangest, veuve d'Artus Gouffier, sire de Boisy, précepteur de François Ier, et placée sous la direction d'un habile potier, François Cherpentier ; protégée par les Gouffier jusqu'en 1568, elle fut ensuite soutenue par l'industrie privée jusque sous le règne de Henri III. Le caractère propre de la faïence d'Oiron était l'incrustation des parties colorantes dans les parties concaves réservées à cet effet : on les remplissait, et on cuisait sous vernis. Les plus anciennes pièces ont des ornements incrustés d'une seule couleur, ou un petit nombre de parties coloriées autrement qu'en brun noir, en brun plus clair ou en rouge d'œillet : elles sont au nombre de 13. Dans 40 autres, plus compliquées de détails, on trouve des monogrammes apocryphes (H couronnés, écussons à fleurs de lis, croissants), ajoutés pour en augmenter la valeur vénale ; l'influence de Palissy se fait sentir par l'emploi encore timide d'animaux en haut-relief comme motifs de décors. Pour les 14 dernières pièces, les anciens procédés ont été abandonnés pour ceux de la plupart des manufactures contemporaines. (V. Fillon, *l'Art de terre chez les Poitevins*, 1863.)

OPÉRA DE PARIS. La façade de ce monument, éclairée par quatre grands candélabres en bronze, s'élève sur un perron de pierre. Elle offre un soubassement percé de sept arcades à plein cintre, dont les deux extrêmes sont en avant-corps. Entre les arcades centrales sont quatre statues du *Drame*, du *Chant*, de l'*Idylle* et de la *Cantate*, surmontées de médaillons présentant les profils de Bach, Haydn, Pergolèse et Cimarosa. Aux avant-corps on a placé quatre groupes : la *Musique*, la *Poésie lyrique*, le *Drame lyrique* et la *Danse*. Les arcades paraissent un peu étroites, et contrastent par leur aspect sombre avec la pompe du grand étage supérieur. Le rez-de-chaussée sert à l'entrée des piétons.

L'étage se compose d'un ordre corinthien de colonnes accouplées, monolithes, de 10^m,20 de hauteur, séparant sept grandes baies, et formant ce qu'on appelle en Italie une *loggia*. Deux frontons, s'arrondissant sur l'entablement des avant-corps, rompent heureusement l'horizontalité de la ligne. Sous un climat plus clément que le nôtre, la colonnade eût pu rester ouverte; mais il a fallu fermer les baies par lesquelles le vent et la pluie se fussent engouffrés. Le vide a été comblé de la façon la plus ingénieuse. Entre les colonnes accouplées, dont la blancheur se détache d'un fond en marbre du Jura, s'encadre un petit ordre formé de deux colonnes en marbre jaspé, aux chapiteaux dorés; au-dessus de la frise qu'il supporte et portée, entre deux consoles, richement ornées et terminées par des masques de théâtre dans un champ de marbre de couleur, un grand œil-de-bœuf ajouré, encadrant le buste en bronze doré d'un compositeur célèbre. Chaque buste pose sur un pié-douche blasonné des armes d'une ville; sur une plaque en marbre vert de Corse, incrustée dans la frise, figure le nom du musicien en lettres gravées et dorées. Un balcon en encorbellement, dont les balustres sont en marbre vert de Suède, achève de remplir la travée, et sa projection est assez forte pour permettre, en se penchant un peu, de jouir du profil de l'édifice. Cette disposition se répète dans tous les entre-colonnements. Dans le tympan du fronton droit, on voit deux figures adossées à un écusson portant ces mots : *Peinture, Sculpture*, et accompagnées de petits génies. Le tympan du fronton gauche est rempli par un motif analogue; l'écusson a pour inscription : *Architecture, Industrie*. Les frises d'inscriptions dans l'entablement de l'ordre sont en marbre de Cannes, dit rouge antique, et présentent ces mots en lettres gravées et dorées : au centre, *Académie nationale de musique*; à droite, *Poésie lyrique*; à gauche, *Chorégraphie*. Un cordon de bronze richement orné arrête la ligne extérieure de l'entablement.

L'ordre corinthien supporte un attique. Là, au-dessus de chaque groupe de colonnes accouplées de la façade, s'élève un groupe de deux femmes et d'un enfant qui soutiennent un médaillon couronné, en porphyre de Finlande, historié du monogramme impérial. Entre les groupes, sur le champ de l'attique, des bas-reliefs, représentant des enfants presque en ronde bosse, qui se détachent d'un fond en mosaïque d'or, ont pour centre des disques en marbre vert de Suède, marqués alternativement aux initiales N et E. Des bandes de marbre de couleurs variées forment des cadres à ces bas-reliefs. Un cordon de masques tragiques et comiques, en bronze doré, termine l'édifice sur la ligne du ciel. A chaque angle de la façade, entre deux trépieds dorés, se dresse un groupe de trois figures également dorées, de 7 mètres de hauteur, les ailes comprises : l'un de ces groupes représente l'*Harmonie*, l'autre la *Poésie*, accompagnées de deux *Renommées*. Les groupes sont de Gumery; les femmes et les enfants supportant les médaillons, de Maillet; les masques tragiques et comiques, de Klagmann; les sculptures d'ornement, de Villeminot.

L'impression première de la façade de l'Opéra est surtout un effet de couleur; c'est comme un grand panneau de pierre sur lequel un artiste aurait peint des décorations. L'architecte a voulu éviter la pâleur froide des monuments monochromes, et cherché la coloration par la variété des matériaux gardant leurs nuances naturelles. Tandis que les parties essentielles d'architecture sont en pierre blanche, il a employé pour l'ornement et les constructions plus légères les ressources des marbres diversement colorés, des bronzes et des ors. Cette diversité des tons est en harmonie avec l'édifice : un Opéra est un monument de luxe et de joie; il doit exprimer une idée de fête, et, dès sa façade, enchanter les yeux; des lignes dures, des profils austères, une coloration grise défigureraient sa physionomie. Mais il y a une mesure à garder. On reproche à la façade de l'Opéra une ordonnance compliquée à l'excès, une ornementation fatigante par la multiplicité des reliefs et la trop grande variété des couleurs; on blâme les disques verts de l'attique, qu'on a appelés des « boutons de livrée »; la dorure des bustes, qui brouille les contours et altère la ressemblance, l'encadrement qui donne aux œils-de-bœuf un air d'étagère en bois découpé, la prodigalité des inscriptions, les bordures de bronze, qui doivent maculer la pierre de traînées d'oxyde.

En regardant de loin la façade, on voit que les grandes divisions de l'édifice sont annoncées et mises en relief par la construction extérieure. Une coupole, portée par des pilastres et percée de fenêtres rondes, accuse et recouvre la salle; son couronnement est revêtu de bronze orné de sobres dorures. Plus loin, un comble

gigantesque annonce l'emplacement de la scène ; le grand pignon de ce comble est terminé de chaque côté par un Pégase, œuvre de Lequesne, et dominé par un groupe de Millet, représentant Apollon qui lève sa lyre d'or. Ces parties si diverses sont raccordées entre elles avec beaucoup d'art et d'habileté.

Sur les côtés de l'édifice, l'enceinte périmétrique est déterminée par une balustrade en pierre polie, avec balustres en marbre bleu pâle. Cette balustrade est coupée par onze entrées de grilles; elle est surmontée de 22 statues lampadaires en bronze et de 8 colonnes en marbre bleu foncé qui portent chacune trois lanternes. Les façades latérales sont d'une ornementation plus sobre que la façade principale. L'emploi des marbres y est plus rare. Deux pavillons en rotonde marquent, l'un, sur la façade du nord, la loge du chef de l'État, et, l'autre, sur la façade du Sud, l'entrée et la sortie du public venu en voiture. Le premier, précédé de deux colonnes rostrales porte-lanternes en granit d'Écosse, est muni d'une double rampe douce, qui permet aux voitures de s'arrêter dans un vestibule clos et couvert; le second, percé à jour par de hautes arcades, offre une descente à couvert aux voitures. Les couronnements de ces pavillons, formés d'aigles aux ailes déployées et de galères aux rames dressées, ne sont pas d'un effet heureux. Au-dessus des fenêtres des façades sont des bustes de musiciens placés dans des niches circulaires. Ces bustes, auxquels on a donné des dimensions colossales parce qu'ils sont placés très-haut, font paraître, par comparaison, les fenêtres plus petites qu'elles ne sont réellement. Aux extrémités des façades, les frontons sont ornés de figures qui personnifient la *Comédie* et le *Drame*, la *Science* et l'*Art*, le *Chant* et la *Poésie*, la *Musique* et la *Danse*.

La partie postérieure de l'Opéra est formée par les bâtiments de l'administration, où sont installés les services du théâtre, les bureaux, une partie des loges d'artistes et des magasins. Le mur adossé à la scène, dont le mur se termine par un fronton triangulaire portant à chaque coin une sorte de pyramide funéraire. On n'avait pas besoin ici d'une riche ornementation; l'architecte s'est appliqué surtout à bien aérer cette partie des constructions. La cour placée en avant des bâtiments est fermée par un mur circulaire; une grande porte monumentale et deux grilles servent à l'entrée et à la sortie des chariots de décors.

Pour pénétrer dans l'intérieur du théâtre, après avoir franchi les grilles qui ferment les arcades de la façade, on se trouve dans un vestibule éclairé par quatre groupes de lanternes reposant sur des gaines de marbre, et orné des statues assises de Lulli, Rameau, Glück et Hændel. Dix marches donnent ensuite accès à un second vestibule, destiné au service du contrôle, et orné de gracieux candélabres et de huit panneaux sculptés. Puis on arrive au grand escalier, de chaque côté duquel des escaliers secondaires conduisent à tous les étages de la salle, et auquel le public entré par le pavillon du Sud accède en traversant un vestibule circulaire placé au-dessous de la salle. Le grand escalier, dont la décoration est une merveille d'élégance et de richesse, mène entre le foyer et la salle. Après un avant-foyer, dont la voûte est revêtue de mosaïque, le foyer, espèce de la loggia par cinq portes vitrées, se déploie sur une longueur de 54 mètres; il a 13 mètres de largeur et 18 mètres de hauteur. La tonalité générale de ce foyer est l'or vieux. Il est orné de 20 colonnes accouplées, que surmontent 20 statues, de splendides tentures en soie couleur d'or, de glaces de Saint-Gobain hautes de 7 mètres, ainsi que de beaux lustres dorés. Au-dessus de la corniche s'épanouissent les compartiments qui entourent les peintures de Paul Baudry. Aux extrémités du foyer sont de grands salons octogones, dont on admire les cheminées monumentales.

La salle proprement dite, qu'entourent de vastes couloirs, est bien coupée, et de toutes les places on en peut voir l'ensemble. Elle contient 2,156 places. Le plafond, sorte de coupole de cuivre, sur laquelle Lenepveu a peint les heures du jour et de la nuit, repose sur un couronnement composé de 12 œils-de-bœuf grillés et de 12 panneaux également à jour. L'entablement qui soutient ce couronnement est garni de globes éclairés au gaz; dans les frises, des médaillons à jour sont remplis de pierres que le gaz fait briller comme des topazes et des émeraudes. Le lustre central a 340 lumières. Huit grandes colonnes, dorées en divers points, supportent la partie supérieure de la salle. La couleur générale des loges est rouge et or. La scène est la plus grande qui existe en largeur et en hauteur; on peut en augmenter la profondeur, en prenant le couloir de. fond, qui a 4 mètres de large, puis le foyer de la danse, de manière à obtenir près de 50 mètres. Les dessous du théâtre, où peuvent descendre les décors, n'ont pas loin de 20 mètres. Le foyer de la danse, dont le mur de fond est formé de trois glaces, a un lustre de 104 lumières; on y a peint, dans des médaillons, 20 portraits de danseuses célèbres. Le foyer du chant est également orné de portraits d'artistes. Quatre-vingts loges, réparties dans l'étendue de deux étages, sont destinées aux sujets du chant et de la danse. Il existe aussi de grandes loges pour les différentes sortes de choristes et de comparses, un foyer pour les répétitions, des magasins de costumes et d'accessoires, des salles de couture et de coiffure, des archives, une bibliothèque musicale, une bibliothèque dramatique, etc.

Tel est l'ensemble de l'Opéra de Paris, édifié par Ch. Garnier de 1861 à 1874, et décoré sous sa direction par un grand nombre d'artistes (Peintres : Barrias, Benouville, Boulanger, Delaunay, Harpignies, Pils; Sculpteurs : Carpeaux, Chabaud, Carrier-Belleuse, Cavelier, Denéchaux, Dubray, Falguière, Guillaume, Gumery, Jacquemard, Jouffroy, Perraud, etc.). Quand on creusa les fondations, on rencontra une nappe d'eau de 5 mètres; et il ne fallut pas moins de 8 pompes à vapeur pour opérer le dessèchement du terrain. L'ensemble des conduites de gaz représente une longueur de 25 kilom.; elles sont en communication avec 10 compteurs, d'une capacité totale de 9,200 becs. Une partie des sous-sols est occupée par 14 calorifères à l'eau chaude ou à l'air chaud, consommant tous ensemble 10,000 kilogr. de charbon de terre par jour; en outre, on brûle du bois dans 450 cheminées. Les conduits de chauffage ont un développement de près de 5 kilomètres, et le jeu de 650 bouches de chaleur permet de régler la température. La ventilation de la salle s'opère au moyen de prises d'air placées au-dessus et autour de la coupole. La canalisation de l'eau emploie 6,918 mètres de tuyaux; 9 réservoirs et 2 tonnes permettent de tenir en réserve 105,000 litres d'eau, qui serviraient en cas d'incendie. L'Opéra occupe une superficie de 11,237^m,70; il a environ 15,000 mètres de toiture. Sa longueur, du bas du perron à la grande porte de l'administration, est de 172^m,70; la largeur de la façade principale, de 70 mètres, et sa hauteur, de 32^m,12; la hauteur, depuis le sol jusqu'à la terrasse supérieure du comble de la scène, de 55^m,97,

P

PALISSY (FAÏENCES DE). La vue d'une coupe en majolique de Ferrare éveilla le génie de Bernard Palissy, qui avait été d'abord étranger à l'art céramique. Les *pièces rustiques* qu'il fabriqua furent destinées à orner les crédences et armoires du siècle des Valois; ce sont des vases et des plats chargés de végétaux, de coquilles, de poissons, etc., moulés sur nature; il en est bien peu de défectueux, parce que l'auteur brisait ses rebuts. On doit à Palissy des formes et des ornements empreints du beau style de la Renaissance; mais les couleurs sont plus criardes que fraîches, et le sombre y domine. Il n'y a pas de lui une seule pièce d'un blanc pur; le brun de manganèse, le vert de cuivre, un bleu passable, deux tons de jaune, un gris dérivé du bleu; voilà le cercle dans lequel il tourne. Les faïences de Palissy furent contrefaites : on reconnaît les imitations au brun marron des dessous au revers, tandis que les mêmes parties, dans les pièces originales, sont jaspées de jaune et de bleu; la pâte de la faïence de Palissy, qui est de la terre de pipe, est aussi plus blanche et surtout plus dure. Beaucoup de parties de son émail sont craquelées : c'est un accident de fournée, et non, comme dans la porcelaine de Chine, une imperfection avouée et utilisée. Palissy voulut garder ses secrets de fabrication, et ses écrits ne nous apprennent, en effet, rien de très-positif; mais les pièces qu'il a laissées et les recherches de la chimie moderne ont permis de retrouver tous les procédés, et, de nos jours, des imitations de Palissy, celles d'Avisseau notamment, ont surpassé les modèles. (V. A. Dumesnil, *Bernard Palissy*, Paris, 1851, in-18; C. Duplessis, *Étude sur Palissy*, 1835; H. Morley, *The life*

of H. Palissy, his labours and discoveries in art and science; Londres, 1852, 2 vol. in-8°.)

PÉNITENCIER. Indépendamment des pénitenciers militaires, il y a des pénitenciers pour les jeunes détenus à Petit-Bourg, à Cîteaux, à Toulouse, et trois pénitenciers agricoles en Corse (Casabianca, Chiavari et Castellurcio).

PERSE (FAÏENCES DE LA). Ces faïences ont été longtemps confondues avec les porcelaines de la Chine et du Japon. La fabrication en remonte très-haut, puisqu'on trouve des terres émaillées, des revêtements céramiques jusque dans les ruines de Babylone. Ceux de la mosquée de Tabriz (xve siècle) en sont un des plus anciens monuments restés debout. L'âge le plus florissant des faïences persanes s'étend de l'avènement des Sofis à la mort de Schah Abbas (1502-1628) : les mosaïques et peintures en faïence du palais et de la mosquée d'Abbas à Ispahan, les dômes dorés du tombeau des enfants d'Ali, les faïences à reliefs peints qui décorent le tombeau de Mahomet Ier, les revêtements du minaret et de la mosquée de Nicée, le tombeau de Koda Benda à Sultanieh, sont de beaux spécimens de cet âge. Les faïences anciennes les plus connues sont à fond bleu, avec dessins blancs en relief; il est vraisemblable que les potiers italiens, nivernais et rouennais en connurent des échantillons, mais ils n'égalèrent jamais la pureté et la beauté de leur émail. Une autre sorte de faïence, que son aspect rapproche de la porcelaine brune, a des reliefs bleus, rouges et verts alternés. Il y a aussi une porcelaine émail, dont la pâte translucide ne semble appartenir en rien à la faïence, et où il ne se trouve pourtant pas de kaolin; c'est presque du verre. Enfin, la Perse a produit une quantité de vaisselle d'une composition ambiguë, qu'une translucidité naissante rattacherait aux porcelaines, si elle n'eût été produite uniquement par un excès de cuisson qui a fait naître la vitrification : l'émail est blanc et profond; les couleurs sont fraîches, glacées; les émaux sont chatoyants, notamment un cuivre chaud de ton, rival de l'or bruni, d'un bel effet et admirable sur les fonds de couleurs, tels que le lapis-lazuli. La faïencerie persane est tombée dans une complète décadence depuis deux siècles.   B.

PHARES. Il existe sur les côtes du Royaume-Uni de la Grande-Bretagne et d'Irlande 405 phares, dont 213 en Angleterre, 114 en Écosse et 78 en Irlande.

L'administration des phares est confiée à quatre corporations distinctes : 1° le Bureau du Commerce, département ministériel dont le chef change avec le cabinet, et dont les membres ne sont pas choisis en raison de leurs connaissances spéciales dans le service des phares; 2° la corporation de *Trinity-House*, qui a la surveillance et la direction de tous les phares, feux flottants et balises de l'Angleterre, du pays de Galles, des îles du détroit de Gibraltar et de Helgoland, à l'exception de ceux qui sont placés sous la surveillance des autorités locales; 3° les commissaires du Nord, soumis en quelques circonstances au contrôle de Trinity-House et à l'approbation du Bureau du Commerce; ils ont dans l'Écosse et l'île de Man l'administration des phares et balises, sauf ceux placés sous la surveillance des autorités locales; 4° le bureau de Ballast de Dublin, qui jouit en Irlande des mêmes droits, sous les mêmes réserves et restrictions. Enfin, un certain nombre de feux sont placés sous la direction de corporations locales.

Aux États-Unis, les phares sont placés sous la direction d'un bureau central organisé en 1852 et composé d'un membre du gouvernement, d'ingénieurs, d'officiers de l'armée et de la marine, et de personnages scientifiques.

En Suède, les phares sont sous la dépendance de l'amirauté, et administrés par un directeur et des officiers de l'armée et des ingénieurs; les côtes sont divisées en districts et sous-districts répartis entre ces fonctionnaires. — En Norvége, le service relève de la marine royale, avec un directeur et des employés.

En Turquie, le service dépend de l'amirauté.

Dans le Hanovre, le service est confié à la direction générale des eaux; les bouées sont placées par les pilotes, et les phares et balises sont visités par les inspecteurs du service des eaux.

A Hambourg, les phares dépendent de la commission des ports et de la navigation, sont placés sous la direction du commandant et de l'inspecteur du pilotage.

—En Espagne, le régime est le même qu'en France; les phares, les feux, etc., sont du ressort des travaux publics, et dirigés par une commission permanente composée d'ingénieurs des ponts et chaussées et d'officiers de marine. — Dans le Danemark, le service dépend du ministère de la marine, et est confié à un ingénieur des phares et à deux inspecteurs des balises, qui reçoivent des instructions pour leur service respectif.

En Russie, la direction est confiée au département hydrographique. — En Hollande, l'administration des phares et balises ressortit au ministère de la marine, qui a sous ses ordres un inspecteur général et sept inspecteurs.

En Belgique, la construction des phares regarde le ministère des travaux publics ; mais, une fois construits, les phares sont remis à la direction générale de la marine, qui dépend des affaires étrangères. Les phares, ainsi que les feux flottants et les balises, sont sous la surveillance des inspecteurs de pilotage.

En Autriche, la haute direction des phares et balises appartient à l'amirauté. Les députés de la Bourse de Trieste s'occupent de l'exécution des phares, de leur administration, de la perception des droits, etc. Le service du balisage rentre dans les attributions des employés inférieurs de la marine.

On voit donc que partout, à l'étranger, le service de l'éclairage des côtes, vu son importance et les connaissances spéciales qu'il exige, est centralisé par le gouvernement, et confié à des personnes au courant de ces questions. En Angleterre, au contraire, la pratique semble avoir été de confier l'éclairage des phares à des personnes qui, par leur position, ne semblent pas avoir des connaissances spéciales à ce sujet.

PHOTOSCULPTURE, procédé de sculpture mécanique inventé à Paris, en 1863, par François Willème, et au moyen duquel on obtient un nombre de reproductions sculpturales d'un même type, en opérant sur des photographies de ce type. On place la personne ou l'objet au milieu d'une salle autour de laquelle sont braqués 24 objectifs ; on obtient donc, au même moment, 24 silhouettes du même modèle. Chacune de ces images, grandie par un procédé d'optique, se reflète ensuite sur une glace dépolie, derrière laquelle on promène l'une des branches d'un pantographe ; l'autre branche, armée d'un ébauchoir, dégrossit mathématiquement une masse de terre glaise qui, à la suite du vingt-quatrième dégrossissement, se trouve avoir suivi les 24 silhouettes de l'individu et reproduit exactement sa statuette ou son buste.

PIANO. La fabrication des pianos, introduite aux États-Unis en 1823, y a pris, dans la maison Chickering, à Boston, un développement considérable. Il s'agissait de construire des instruments capables de résister aux brusques variations du climat ; après des essais infructueux de divers facteurs, Jonas Chickering résolut le problème en 1838, par l'application d'un barrage de fonte dans l'intérieur du piano, qui, maintenu, protégé par cette armature robuste, put défier les températures extrêmes et les longs voyages. Chickering a encore inventé le *plan circulaire*, c'est-à-dire la répartition, sur une ligne courbe, des marteaux des notes du clavier ; on obtenait ainsi l'égalité et la puissance nettement graduée des registres. En 1857, en ajoutant au cadre ou barrage de fonte une barre de fonte faisant partie de ce barrage et sur laquelle les agrafes sont vissées, la maison Chickering a enfin décuplé la solidité des pianos, et leur a donné une fixité d'accord extraordinaire. Ces divers perfectionnements ont fait la supériorité des pianos américains de l'Exposition universelle de 1867.

L'idée de donner aux instruments à clavier la propriété de soutenir les sons pendant un certain temps est plus ancienne qu'on ne le croit d'ordinaire : elle a été appliquée, dès 1600, aux clavecins de Jean Heyden, facteur à Nuremberg. De nos jours, les frères Boisselot, à Marseille, ont fabriqué des *pianos à sons soutenus* (1843). — Les *pianos organisés* réunissent les effets du piano à ceux de l'orgue : ils se composent d'un piano ordinaire et d'un jeu d'orgue à anches libres, et leur mécanisme permet de jouer des deux instruments à la fois, ou seulement de l'un d'eux. Tels sont le *Piano-melodium* d'Alexandre et l'*Harmonicorde* ou *Harmonium* de Debain. Les deux espèces d'orgues peuvent se soutenir et se corriger l'une par l'autre, la corde suppléant à la faiblesse d'attaque de la lame vibrante, et celle-ci voilant l'effet mourant de la première. Dans le *piano à prolongement* d'Alexandre, les deux sons n'en forment qu'un au moment de l'attaque ; la vibration

de la corde venant à diminuer d'intensité pour cesser bientôt complètement, le son de l'anche libre, qui se prolonge seul, est tellement identique avec celui de la corde, qu'il serait impossible de supposer que ce prolongement ne soit pas dû à la corde elle-même. B.

PIERRE DE PROVENCE ET LA BELLE MAGUELONE, ancien roman populaire, qui montre Pierre, héritier du comté de Provence, se faisant aimer de Maguelone, fille du roi de Naples, et, après de nombreuses aventures, arrivant à l'épouser. Selon V. Leclerc, ce roman aurait été composé par le chanoine Bernard de Triviez, et écrit en provençal ou en latin au XIVe siècle. Fauriel ne l'attribuait qu'à la littérature provençale. Ce qui est certain, c'est que la première rédaction n'en est pas antérieure au XVe siècle. *Pierre de Provence* a été refait par le comte de Tressan pour entrer dans sa *Bibliothèque des romans* (1779) ; mais on a publié des éditions plus fidèles, non-seulement en français, mais en flamand, en allemand, en danois, en espagnol et même en vers grecs.

PRESSE. — Une loi du 9 mars 1868 supprima l'autorisation préalable ; pour publier un journal ou écrit périodique, il suffit de faire, à Paris, à la préfecture de police, et dans les départements à la préfecture, quinze jours au moins avant la publication, une déclaration contenant le titre du journal, les époques de sa publication, le nom, la demeure et les droits des propriétaires autres que les commanditaires, le nom et la demeure du gérant, l'indication de l'imprimerie. Le droit de timbre fut réduit. (V. TIMBRE.) Aucun journal ou écrit périodique ne put être signé par un membre du Sénat ou du Corps législatif en qualité de gérant responsable : en cas de contravention, le journal était considéré comme non signé, et l'amende de 500 à 3,000 fr. prononcée contre les imprimeurs et propriétaires. Toute publication d'un fait de la vie privée constitua une contravention, punie d'une amende de 500 fr., si la partie intéressée portait plainte. Une condamnation pour crime commis par la voie de la presse entraîna de plein droit la suppression du journal. Dans le cas de récidive pendant deux années après une condamnation pour délits de presse autres que ceux commis contre les particuliers, les tribunaux purent, en réprimant le nouveau délit, prononcer une suspension du journal de 15 jours à 2 mois. Une suspension de 2 à 6 mois put être prononcée pour une troisième condamnation dans le même délai ; elle put l'être également par un premier jugement, si la condamnation était encourue pour provocation à l'un des crimes prévus par les art. 86, 87 et 91 du Code pénal ou pour délit prévu par l'art. 9 de la loi du 17 mai 1819. Les gérants de journaux furent autorisés à établir une imprimerie exclusivement destinée à l'impression du journal.

PRÊTS DE L'ENFANCE (Société des) ou DU PRINCE IMPÉRIAL, société de bienfaisance créée en France en 1862, et placée sous le patronage du Prince impérial. Elle avait pour but de faire des avances aux classes laborieuses pour l'achat des instruments de travail. Son fonds fut constitué à l'aide de souscriptions volontaires, consistant en fondations de 100 fr. et en dons quelconques. La Société était dirigée par un Conseil supérieur et une Commission permanente. Des comités locaux étaient placés dans les villes et même dans les cantons ruraux où les besoins des populations agricoles et manufacturières les rendaient nécessaires. Chacun d'eux comprenait : le maire ou un adjoint, président ; le curé, et, là où l'un des cultes reconnus par l'État est publiquement exercé, un ministre de ce culte ; un nombre indéterminé de membres, tirés des diverses communes du canton. Des dames patronesses étaient chargées de recevoir les cotisations. La Société n'exigeant aucune autre garantie que celle de l'honneur du débiteur et de sa famille, on ne pouvait entre faits qu'aux personnes d'une conduite régulière et d'une moralité justifiée. Toute personne qui se présentait pour emprunter devait se faire assister de deux témoins, qui attestaient son identité, ses besoins et sa moralité. Les deux témoins devaient être domiciliés dans la même commune que l'emprunteur, être choisis parmi les personnes que leur profession ou leurs occupations mettaient en relations habituelles avec l'emprunteur, et savoir écrire. Leur responsabilité était purement morale ; leur témoignage ne pouvait donner ouverture à aucune action civile contre eux. N'étaient pas admis au bénéfice des prêts les enfants d'un emprunteur qui avait manqué à ses engagements, les héritiers d'un débiteur mort sans avoir soldé sa dette, sauf le cas où les uns et les autres avaient eux-mêmes acquitté la dette de leur auteur. Tout emprunteur devait justifier d'un séjour non interrompu d'un an au moins dans la commune où il formait demande. La durée des prêts ne pouvait dépasser trois ans. En cas de maladie, d'appel au service militaire ou de toute autre cause grave régulièrement justifiée, il pouvait être accordé un renouvellement. Les prêts étaient remboursables, soit en totalité à une échéance déterminée, soit par fractions à des époques successives. Les intérêts étaient payables par semestre, sauf convention contraire. La Société avait le droit de surveiller l'emploi des fonds prêtés. La dette devenait immédiatement exigible, si le débiteur manquait de satisfaire à une de ses échéances, soit de capital, soit d'intérêts; s'il changeait de domicile, sans en avoir préalablement donné avis au comité local et lui avoir fait connaître son nouveau domicile, enfin, s'il quittait le territoire français. Les comités locaux ne pouvaient admettre à l'instruction les demandes de prêts pour une somme supérieure à 500 fr. Ils pouvaient faire directement les prêts qui n'excédaient pas la somme de 200 fr. Le taux de l'intérêt était fixé à 2 1/2 pour 100.   B.

PUPILLES DE LA MARINE (Les), établissement créé à Brest par un décret du 15 novembre 1862. Il est destiné à recevoir : 1º les orphelins de père et de mère, fils d'officiers-mariniers et de marins morts au service, ou morts en jouissance d'une pension de retraite ou d'une pension dite demi-solde; 2º les enfants des officiers-mariniers et des marins mentionnés au paragraphe ci-dessus, dont les mères existent encore; 3º les enfants qui ont perdu leurs mères et dont les pères, officiers, mariniers ou marins, sont en activité de service; 4º les orphelins ou enfants de marins victimes d'événements de mer à bord de navires de commerce ou de bateaux de pêche.

Les orphelins de père et de mère peuvent être admis à l'établissement des Pupilles dès l'âge de sept ans; les enfants compris dans les autres catégories ci-dessus indiquées ne sont reçus qu'à partir de neuf ans révolus. Les Pupilles de la marine, dès qu'ils ont atteint l'âge de treize ans, sont admis à l'École des mousses avec les autres enfants de marins. Sont rayés des contrôles des Pupilles de la marine et rendus à leurs familles : les enfants qui ne sont pas jugés aptes au service de la marine, ou qui, âgés de treize ans révolus, refusent d'entrer à l'École des mousses. Le mode d'admission à l'établissement des Pupilles de la marine est déterminé par un arrêté du ministre de la marine et des colonies.

PYROSTÉRÉOTYPIE, procédé d'impression typographique de la musique, inventé en 1861 à l'Imprimerie nationale de Paris. On grave en creux sur bois avec la machine à brûler usitée dans l'indiennerie; en versant du métal en fusion dans ce moule matrice, on obtient des planches solides fondues d'un seul jet, au moyen desquelles on effectue le tirage à la presse typographique. La pyrostéréotypie peut également servir pour l'impression de toutes les figures au trait, à lignes courbes ou diagonales.

R

RECRUTEMENT. — Allemagne. — Tout sujet de l'empire allemand est soumis au service militaire personnel; il y a exception pour celui que les infirmités rendent impropre et pour celui qui s'est rendu indigne de la qualité de citoyen. L'obligation dure de 17 à 42 ans; de 17 à 20 ans, le jeune homme est inscrit sur les contrôles du landsturm ou levée en masse; de 20 à 23 ans, il est présent sous les drapeaux; de 23 à 27 ans, il fait partie de la réserve de l'armée active; de 27 à 32 ans, il est compris dans la landwehr; de 32 à 42 ans, il est placé dans le landsturm. — Le nombre des jeunes gens atteignant annuellement l'âge de 17 ans est de 350,000 environ; sur ce nombre 180,000 sont jugés bons et disponibles pour le service de l'armée active, quand ils ont atteint l'âge de 20 ans; il n'y a pas plus de 120,000 qui, désignés par le sort, passent sous les drapeaux. Ce nombre est fixé de façon à maintenir, dans la proportion de 1 º/º de la population, l'effectif de l'armée permanente; le reste constitue une réserve de recrutement. — Chacun des 17 corps d'armée se recrute sur l'étendue du territoire qu'il occupe : la circonscription du

corps d'armée se divise en 4 départements de brigade d'infanterie; chaque département de brigade comprend 4 districts de bataillon de landwehr : chacun de ceux-ci est partagé en 4 districts de compagnie. Chaque régiment d'infanterie se recrute toujours dans les deux mêmes districts de bataillon de landwehr : les régiments de dragons et de hussards se recrutent toujours dans le même département de brigade d'infanterie : les bataillons de chasseurs à pied, les régiments de fusiliers, les régiments de cuirassiers et d'uhlans, les régiments d'artillerie, les bataillons de pionniers et les bataillons du train se recrutent dans toute l'étendue de la même circonscription de corps d'armée : la garde se recrute sur le territoire de la monarchie prussienne.

Angleterre. — L'armée de la Grande-Bretagne est la seule de l'Europe qui se recrute exclusivement par l'enrôlement volontaire. — Dans l'armée permanente, l'engagement volontaire est contracté pour 12 ans, et il peut être renouvelé pour 9 années; le nombre annuel des engagés volontaires est de 23,000. — La réserve se compose de deux classes distinctes : la 1re classe comprend des hommes de l'armée permanente qui, après être restés 3 ans sous les drapeaux, consentent à faire partie de la réserve, à condition d'y rester deux années pour chaque année de service à faire encore dans l'armée permanente et des miliciens qui reçoivent une indemnité pécuniaire en échange de l'engagement contracté par eux d'être incorporés dans l'armée active en cas de besoin : cette classe de la réserve est destinée à compléter l'effectif des troupes de campagne lors de la mise sur le pied de guerre. La 2e classe doit toujours rester à l'intérieur; elle comprend des militaires retraités après 21 ans de service et des militaires rengagés après 12 ans de service, mais consentant à rester 18 ans dans la réserve au lieu de 9 dans l'armée permanente. — La milice se compose d'hommes engagés pour 5 ans, moyennant une prime d'argent. — Le corps des volontaires se compose d'hommes ne prenant d'autre engagement que d'assister à des exercices annuels; les compagnies, troops et batteries qu'ils forment n'ont d'existence légale et n'ont droit à une indemnité que si les unités d'organisation atteignent un effectif déterminé. — L'armée des Indes est composée d'une partie de l'armée active et de cipayes, troupes indigènes dont le recrutement se fait par les appels et les enrôlements volontaires.

Autriche-Hongrie. — Tout sujet de l'empire austro-hongrois est astreint au service militaire pour 12 années, dès qu'il a atteint l'âge de 20 ans. Il y a cependant des cas de dispense, comme en Allemagne et en France, tant dans l'intérêt général de l'État que dans l'intérêt particulier des familles; mais les jeunes gens qui sont dispensés ou libérés par anticipation sont tenus de verser, à la caisse des Invalides, une somme proportionnée à leur fortune, et ils restent, pendant 12 ans, prêts à répondre au premier appel pour remplir un emploi spécial en cas de besoin. — Le contingent annuel est fixé pour une période de 10 ans, de façon à fournir un effectif disponible de 800,000 hommes sur le pied de guerre : ce contingent est de 95,474 dans l'armée et de 9,576 dans la réserve de remplacement; il est prélevé sur un nombre de 300,000 inscrits, dont 150,000 sont reconnus bons au service. Les jeunes gens qui font partie du contingent affecté à l'armée permanente servent pendant 3 ans sous les drapeaux, 7 ans dans la réserve et 2 ans dans la landwehr; quant aux jeunes gens qui sont placés dans la réserve de remplacement, ils y comptent pendant 10 ans, puis ils servent 2 ans dans la landwehr. La dernière partie de la classe, forte de 45,000 hommes environ, est directement versée dans la landwehr, où elle compte pendant 12 ans. — Le landsturm, ou levée en masse, n'est pas organisé; il doit, en cas de besoin, se former par des engagements volontaires : cependant, dans le Tyrol et le Vorarlberg, le landsturm existe en tout temps; il se compose de deux bans : le 1er ban comprend tous les hommes de 18 à 39 ans; dans le second ban sont les hommes de 39 à 45 ans. — Le territoire de la monarchie austro-hongroise est partagé en 81 cercles de recrutement, à raison de 1 par régiment d'infanterie à 5 bataillons.

Belgique. — L'armée belge est recrutée par des appels annuels : le service militaire n'y est pas obligatoire. Tous les jeunes gens âgés de 20 ans tirent au sort : ceux qui n'ont aucun motif de dispense ou d'exemption et que le sort a désignés pour faire partie de l'armée active peuvent se faire remplacer soit directement, soit en payant une prime à l'État. Le nombre des inscrits est annuellement de 45,000 environ ; celui des appelés est de 12,000. La durée du service est fixée à 8 années, mais les soldats ne restent que 2 ans 1/2 à 4 ans sous les drapeaux, selon les armes auxquelles ils appartiennent : pendant leur séjour dans l'armée permanente, ils ont, en outre, droit à un congé de 6 semaines par année de service.

Danemark. — Tout sujet danois doit le service militaire obligatoire et personnel : il est inscrit sur les rôles de recrutement à l'âge de 16 ans, mais il n'est contraint au service qu'à 22 ans. Le nombre des appelés est de 2,650 environ. La durée du service est de 16 ans, dont 5 ans dans l'armée permanente, 3 ans dans la réserve, 8 ans dans le renfort. En fait, la présence effective sous les drapeaux n'est pas continue : dès que les jeunes soldats ont été instruits, ils sont presque tous licenciés, puis ils sont rappelés chaque année pour les manœuvres, de sorte que le soldat d'infanterie reste, par exemple, environ 10 mois 1/2 sous les drapeaux.

Espagne. — Le service militaire personnel n'est pas obligatoire en Espagne, car tout jeune homme appelé par le sort à faire partie de l'armée peut s'exonérer en versant une indemnité dans les caisses de l'État. Ce principe de remplacement a été conservé dans les divers lois et décrets concernant l'armée et rendus depuis le 29 mars 1870 jusqu'au 10 février 1875. — D'après la loi du 29 mars 1870, la durée du service était de 8 ans dans l'armée active et de 2 ans dans la 1re réserve : l'armée devait être entretenue par un contingent annuel, qui fut de 25,000 hommes en 1870, de 35,000 en 1871 et de 40,000 en 1872 ; le reste de la classe formait une 2e réserve, où le service était de 6 ans. — La loi du 17 février 1873 décida que l'armée ne comprendrait plus que des volontaires s'engageant à servir pendant deux ans au moins et que le contingent annuel des inscrits âgés de 26 ans formerait une réserve où le service durerait trois ans, mais que l'on pourrait mobiliser. — Le décret du 18 juillet 1874 appela sous les armes tous les célibataires ou veufs sans enfants âgés de 22 à 35 ans, qui conservaient le droit de s'exonérer ; sinon ils devaient servir pendant toute la durée de la guerre civile. — Le 10 février 1875, un décret a appelé sous les drapeaux tous les jeunes gens âgés de 19 ans qui ne pourraient s'exonérer : ils doivent servir 4 ans dans l'armée permanente et 2 ans dans la réserve. — Il n'y a donc en Espagne aucune disposition formelle sur le service militaire : il faudrait de l'instabilité dans les esprits pour que les institutions militaires soient établies conformément aux idées qui sont admises dans la plupart des grands États européens.

France. — La loi du 27 juillet 1872 a introduit en France le principe du service militaire obligatoire et personnel. Le contingent annuel est prélevé sur le nombre de 296,504 hommes qui ont atteint l'âge de 20 ans dans le courant de l'année précédente. Sur ce nombre, en 1874, 25,659 jeunes gens ont été reconnus impropres à tout service actif ou auxiliaire dans l'armée ; 42,033 ont été dispensés du service d'activité en temps de paix, savoir : 2,336, comme aînés d'orphelins de père et de mère ; 18,705, comme fils uniques ou aînés de fils, ou, à défaut de fils ou de gendre, petits-fils uniques ou aînés des petits-fils d'une femme actuellement veuve ou d'une femme dont le mari a été légalement déclaré absent, ou d'un père aveugle ou entré dans sa soixante-dixième année ; 258, comme aînés de deux frères appelés à faire partie du même tirage ; 15,983, comme frères de militaires dans l'armée active ; 5,651, comme frères de militaires morts en activité de service, ou réformés, ou admis à la retraite pour blessures ou pour infirmités contractées dans les armées de terre et de mer. — 21,355 jeunes gens ont été ajournés à un nouvel examen du conseil de révision, savoir : 7,022, pour taille inférieure à 1m,54 ; 14,333, pour faiblesse de complexion. — 22,387 ont été annotés sur les listes comme présents sous les drapeaux, savoir : 168 élèves de l'École polytechnique et de l'École forestière ; 7,348 engagés conditionnels d'un an ; 11,391, comme servant en vertu d'un engagement volontaire de cinq ans, d'un brevet ou d'une commission ; 3,480 inscrits maritimes. — 4,318 ont été dispensés du service militaire à titre conditionnel, savoir : 2,369, comme se destinant à l'enseignement ou y étant déjà employés ; 1,949, comme se vouant au ministère dans les cultes salariés par l'État. — 179,852 sont donc susceptibles d'être appelés sur-le-champ, dont 152,425 pour le ser-

vice armé et 27,427 pour les services auxiliaires. Les 152,425 jeunes gens disponibles pour le service armé sont partagés en deux portions : la 1re portion, qui doit rester pendant cinq ans sous les drapeaux, fournit 6,056 hommes à l'armée de mer, dont le contingent annuel de 7,700 hommes est complété par 1,644 engagés volontaires, et 95,086 hommes à l'armée de terre ; la 2e portion, susceptible d'être renvoyée après un an ou six mois de service, est forte de 57,339 hommes. — L'effectif de la 1re portion du contingent est diminué de 5,485 jeunes gens reconnus comme soutiens indispensables de famille et de 337 jeunes gens maintenus en sursis d'appel ; il est augmenté de 6,797, ajournés l'année précédente et reconnus ensuite propres au service actif, de 16,000 engagés volontaires et de 4,738 rengagés. — L'armée permanente comprend, en outre, des troupes recrutées parmi les étrangers ou des indigènes des colonies, dans lesquelles le principe du service militaire personnel n'a pas été rendu obligatoire ; le nombre annuel de ces volontaires est de 1,739. — La durée du service est de 20 ans, dont : 5 en activité ou en disponibilité, 4 ans dans la réserve de l'armée active, 5 ans dans l'armée territoriale, 6 ans dans la réserve de l'armée territoriale. — Les jeunes gens dispensés du service d'activité en temps de paix, les jeunes gens dispensés à titre de soutiens de famille et les jeunes gens maintenus en sursis d'appel sont astreints à certains exercices ; ils sont soumis à toutes les obligations de leur classe quand les causes de leurs dispenses cessent ; ils sont appelés en cas de guerre, comme les hommes de leur classe. — Au point de vue de la répartition des forces sur le territoire, la France est partagée en 18 régions de corps d'armée ; chacune de celles-ci comprend 8 subdivisions, à raison de une par régiment d'infanterie d'armée territoriale ; il convient d'ajouter, en outre, 8 subdivisions pour les départements de Seine, Seine-et-Oise, Rhône, qui appartiennent au territoire de plusieurs corps d'armée. Les hommes qui sont appelés sous les drapeaux peuvent être et sont presque toujours incorporés dans des troupes ne résidant pas dans la région où les hommes ont été inscrits et examinés par les conseils de révision ; les hommes de la disponibilité et de la réserve sont appelés au service actif d'après le même principe ; en un mot, les troupes de campagne ne se recrutent pas sur le territoire où elles tiennent garnison. L'armée territoriale, qui est organisée en tout temps, et la réserve de l'armée territoriale, qui ne serait organisée qu'en cas de danger, sont, au contraire, recrutées et constituées par subdivision de région ou par région, selon les armes. — Le service militaire compte à partir du 1er juillet de l'année du tirage au sort ; les libérations successives ont lieu le 30 juin ; les soldats peuvent se marier dès qu'ils ont quitté le service actif, mais ils sont soumis aux obligations de service imposées à la classe dont ils font partie ; toutefois, ceux qui sont pères de quatre enfants sont placés de droit dans l'armée territoriale.

Grèce. — L'armée grecque se recrute par des appels, avec faculté de remplacement ; le service militaire obligatoire et personnel n'y est pas connu.

Hollande. — L'armée hollandaise se recrute par des appels, avec faculté de remplacement ; le principe du service militaire obligatoire et personnel n'a pas encore été admis dans ce pays. L'armée des Indes hollandaises contient un grand nombre d'Européens de tous pays, qui sont des engagés volontaires.

Italie. — L'armée italienne se recrute par un système qui participe à la fois des appels avec remplacement et du service militaire obligatoire et personnel. Le nombre des jeunes gens atteignant annuellement l'âge de vingt ans est de 240,000. Sur ce nombre, 120,000 sont disponibles pour le service ; ils sont partagés en 2 catégories. La 1re catégorie, forte de 65,000 hommes, constitue le contingent budgétaire ; elle doit le service pendant 12 ans, sauf dans la cavalerie, où la durée n'est que de 9 ans ; les soldats restent 4 ou 5 ans sous les drapeaux, 4 ou 5 ans en congé limité, c'est-à-dire en réserve ; et 4 ans dans la milice provinciale. La 2e catégorie sert pendant 9 ans, dont 4 ou 5 ans en congé illimité et 4 ou cinq ans dans la milice provinciale. Les jeunes gens qui sont désignés par le sort pour faire partie de la 1re catégorie peuvent permuter avec d'autres jeunes gens de la même classe, qui y sont portés pour faire partie de la 2e catégorie. Le territoire italien est partagé en 62 districts pour les opérations de recrutement ; la milice seule est organisée par districts ; les hommes sous les drapeaux et en congé illimité sont incorporés dans toutes les troupes du royaume indistinctement.

Portugal. — Le principe du service militaire obligatoire et personnel n'est pas admis en Portugal, où l'armée se recrute par le système des appels, avec faculté de remplacement.

Roumanie. — L'armée de Roumanie se recrute d'après le principe du service militaire obligatoire et personnel. Tout Roumain doit le service de 25 à 50 ans; pendant 8 ans, il est sous les drapeaux ou à la disposition de l'armée active; si le tirage au sort l'a désigné, il reste ensuite pendant 8 ans dans la réserve; si le sort ne l'a pas appelé au service actif, il compte dans la milice. De 36 à 50 ans, il fait partie de la garde urbaine s'il est habitant d'une ville, et de la garde rurale s'il habite la campagne.

Russie. — L'armée de l'Empire moscovite se recrute d'après le principe du service militaire obligatoire et personnel; cette armée comprend des troupes russes, cosaques, asiatiques. — Les troupes russes disposent annuellement de 600,000 jeunes gens âgés de 20 ans; ceux-ci sont désignés par le sort pour faire partie de l'armée permanente ou de la milice. Le service dans l'armée permanente dure 15 ans; dont 6 sont sous les drapeaux et 9 ans dans la réserve. — La milice comprend toute la population masculine valide, de 20 à 40 ans. Le 1er ban de la milice, composée des 4 dernières classes, est appelé à compléter les vides de l'armée active, en cas de guerre; le 2d ban forme des corps auxiliaires. — Les troupes cosaques sont astreintes à un service de 22 ans, dont 15 ans au service extérieur à leur province et 7 ans au service intérieur dans leur province; mais l'incorporation effective n'a lieu que pour le tiers environ des inscrits, et le service extérieur ne dure généralement pas plus de 3 ans; toutefois, tous les Cosaques doivent répondre à l'appel en cas de guerre. — Quant aux troupes asiatiques, elles ont le caractère d'une milice permanente.

Servie. — L'armée de la Principauté serbe se recrute d'après un système analogue à celui de l'armée roumaine, c'est-à-dire par l'application du principe du service militaire personnel.

Suède et Norvége. — L'armée suédoise se compose de 3 portions distinctes : la værfvade, armée permanente, se compose de volontaires recevant une indemnité d'engagement; l'indelta, sorte de troupe de frontière, est formée de volontaires entretenus par les propriétaires de biens ruraux; la beværing, sorte de réserve, comprend tous les jeunes gens de 20 à 25 ans qui ne font pas partie des deux premières catégories et tous ceux qui, âgés de moins de 40 ans, ont été libérés du service. — En Norvége, l'armée se recrute par des appels, avec faculté de remplacement; la durée totale du service est de 10 ans, dont 7 sous les drapeaux ou dans la réserve et 3 ans dans le landwærn, sauf pour les cavaliers, qui servent seulement pendant 7 ans.

Suisse. — En Suisse, le service militaire est obligatoire et personnel; il est dû pendant 24 ans, dont 12 ans dans l'élite et 12 ans dans la landwehr. — Les forces militaires de la République helvétique n'ont pas le caractère permanent; elles constituent, à la vérité, une sorte de milice qui se réunit annuellement pour des exercices; ces cours d'instruction et de répétition ne concernent même que l'élite, la landwehr n'étant pas du tout organisée : on peut estimer que leur durée moyenne est de 120 à 200 jours pour tout homme ayant servi de 20 à 32 ans dans l'élite. Quant à la landwehr, elle est réunie au moins une fois pendant un jour dans le courant de chaque année, et les hommes qui en font partie sont astreints à un exercice de tir annuel.

Turquie. — Le service militaire est obligatoire dans l'Empire ottoman pour tout sujet musulman. Les hommes qui ne pratiquent pas la religion de Mahomet sont exclus de l'armée. La durée du service est de 20 années, c'est-à-dire de 20 à 40 ans d'âge, savoir : 4 ou 5 ans dans le nizam, ou armée active; 2 ou 1 an dans l'ikhtiat, ou disponibilité de l'armée active; 3 ans dans le 1er ban de la réserve; 3 ans dans le 2e ban de cette réserve, à laquelle on donne le nom de rédif; 8 ans dans la levée en masse, moustafiz. Le tirage au sort désigne les jeunes gens appelés au service et dont le nombre annuel est de 25,000 environ; mais les exemptions et les dispenses sont nombreuses, outre que le jeune soldat appelé peut se faire remplacer ou se racheter moyennant indemnité payée à l'État.

RÉGLEMENTATION, ensemble de législation par lequel l'autorité publique s'attribue la mission de diriger plus ou moins entièrement un grand nombre de travaux et de transactions qui sont du domaine de l'activité privée. Elle est une gêne plutôt qu'un secours. En général, on peut s'en rapporter à l'intérêt privé du soin de faire ce qui est opportun, et le seul soin que devrait prendre le gouvernement serait d'empêcher que l'intérêt des uns ne porte préjudice aux droits des autres ou du public. Cependant il est des cas où la réglementation est nécessaire. Par exemple, il est dans les attributions de l'autorité publique d'assurer la conservation des bois des montagnes, d'en régler l'exploitation, parce que le défrichement de ces bois entraînerait la dévastation des plaines; elle a le droit de réglementer la pêche et d'interdire certains procédés qui dépeupleraient les eaux; de régler l'usage des cours d'eau de manière à empêcher qu'il n'en résulte un dommage public et à leur donner la plus grande utilité possible; de veiller sur la construction des bâtiments bordant la voie publique, sur le nettoiement de cette voie, sur la tenue des lieux ouverts au public, etc.

RENGAGEMENT. — La loi militaire de 1872 en France décida qu'il n'y aurait dans les troupes ni prime en argent ni prime quelconque d'engagement. Mais, d'après une loi votée en 1878, un rengagement peut être contracté par les sous-officiers seuls. Il est alloué pour la première période de cinq ans : 1o une mise d'entretien de 600 fr., payée en totalité ou en partie après la signature de l'acte d'engagement, soit en espèces, soit en un livret de la caisse d'épargne; 2o une indemnité de 2,000 fr. dont le capital est payé à l'expiration de l'engagement et dont l'intérêt est servi par trimestre au taux de 5 %. Cette somme de 2,000 francs est acquise intégralement au sous-officier rengagé qui est réformé pour blessures reçues dans un service commandé; en cas de décès, elle est réversible sur sa veuve non séparée de corps, ou, à défaut de veuve, sur les héritiers. Un deuxième rengagement de cinq ans donne droit : 1o à une seconde mise d'entretien de 600 francs, payable comme la première : 2o à une pension de retraite de 365 francs après quinze ans de services, en outre des 2,000 francs dus pour la première période. Cette pension peut être cumulée avec le traitement afférent à un emploi civil. Après dix ans de services, un sous-officier peut demander un emploi de l'État en satisfaisant d'ailleurs aux examens prescrits, et il participe à tous les avantages stipulés par la loi spéciale du 24 juillet 1873. Enfin, à partir du jour où compte son rengagement effectif, le rengagé a droit à une haute-paie journalière de 0,30 cent., qui sera augmentée de 0,20 cent. par jour pour une seconde période de cinq ans, c'est-à-dire après dix ans de service.

RETRAITE (Pensions de). Le chiffre des pensions de retraite dans l'armée a été élevé par une loi de juin 1878. Le tableau suivant présente la situation précédente et la situation actuelle :

	Antérieurement	*Actuellement*
Général de division	de 5,200 fr. à 7,800...	de 6,500 fr. à 10,000
Général de brigade	de 3,900 fr. à 5,200...	de 5,800 fr. à 7,500
Colonel	de 3,120 fr. à 3,000...	de 4,500 fr. à 6,000
Lieutenant-colonel	de 2,310 fr. à 3,120...	de 3,700 fr. à 5,000
Chef de bataillon	de 1,950 fr. à 2,500...	de 3,000 fr. à 4,000
Capitaine	de 1,500 fr. à 2,000...	de 2,400 fr. à 3,300
Lieutenant	de 1,120 fr. à 1,680...	de 1,700 fr. à 2,500
Sous-lieutenant	de 840 fr. à 1,400...	de 1,500 fr. à 2,300

Les assimilés profitent de la même augmentation. La retenue qui sert à constituer le fonds de retraite est élevée de 2 à 5 pour cent. La veuve d'un officier touche le tiers de la retraite à laquelle l'officier a eu droit.

RÉUNIONS PUBLIQUES. Une loi du 25 mars 1868, modifiant la législation antérieure (V. ASSOCIATION, dans le *Dictionnaire*), a décidé que les réunions n'ayant pas pour objet de traiter de matières politiques et religieuses peuvent avoir lieu sans autorisation préalable. Il suffit de déposer à la préfecture de police à Paris, à la préfecture dans les départements, une déclaration signée par sept personnes domiciliées dans la commune, avec indication de l'objet de la réunion, du lieu, du jour et de l'heure où elle doit avoir lieu. Trois jours francs doivent s'écouler entre la délivrance du récépissé de cette déclaration et la séance. Toute réunion doit être tenue dans un local clos et couvert. Un fonctionnaire de l'ordre judiciaire ou administratif, délégué par l'administration, peut y assister; il prend une place à son choix; il a le droit de dissoudre l'assemblée, si le bureau laisse mettre en discussion un sujet étranger à l'objet de la réunion, ou si la séance devient tumultueuse. Des réunions électorales peuvent avoir lieu à partir de la promulgation du décret de convocation d'un collége pour l'élection d'un député, jusqu'au cinquième jour avant celui fixé pour l'ouverture du scrutin; un jour doit s'être écoulé depuis la délivrance du récépissé de la déclaration; ne peuvent assister à ces réunions que les électeurs de la circonscription et les candidats qui ont rempli les formalités requises. Toute contravention est punie d'une amende de 100 fr. à 3,000 fr. et d'un emprisonnement de 6 jours à 6 mois. Pour résistance à l'ordre de se disperser, l'amende est de 300 fr. à 6,000 fr. et l'emprisonnement de 15 jours à 1 an, sans préjudice des peines portées par le Code pénal. Le port d'armes apparentes ou cachées dans une réunion est puni d'un emprisonnement d'un mois à un an et d'une amende de 300 fr. à 10,000 fr. Toute réunion qui paraîtrait de nature à troubler l'ordre ou à compromettre la sécurité publique peut être ajournée par les préfets, interdite par le ministre de l'intérieur.

ROUEN (FAÏENCES DE). Dès le temps de François Ier, on fabriquait des revêtements de faïence à Rouen; car, à côté de ceux de Girolamo della Robbia, il y avait au château de Madrid (près de Paris) des carreaux quadrangulaires d'un potier rouennais, Maclou Abaquesne. Les couleurs, enluminant des motifs italiens de la Renaissance, en sont vives et variées; l'émail est pur et glacé. Cette belle industrie s'éteignit. Un siècle plus tard, un Custode de Nevers vint initier la Normandie aux procédés nivernais. En 1673, Edme Potherat, sieur de Saint-Étienne, s'abritant sous le nom de Nicolas Poirel, huissier de la Chambre de la reine, installa définitivement à Rouen la manufacture royale de faïences, dont il mourut directeur en 1687. Le mode de décoration propre aux faïenceurs rouennais consistait à faire rayonner autour du centre des pièces plates, et pendre sur la panse des vases, des bordures bleues sur blanc, travaillées à jour, au lieu d'orner d'émaux blancs des fonds bleus. Rouen eut aussi sa statuaire céramique, bien supérieure à celle de Nevers, dans la première moitié du XVIIIe siècle. A la même époque, interprétant avec liberté les porcelaines de Chine, les potiers en tirèrent ces paysages fantastiques et à oiseaux, dragons, marinos, fabriques, etc., qui ornent les spécimens quelquefois énormes de l'art normand. Aux approches de la Révolution française, la faïence de Rouen périt, frappée par les accroissements de la porcelaine et par la concurrence des produits anglais. B.

ROULEAUX DES MORTS, bandes de parchemin roulées autour d'un cylindre (d'où le nom de rotuli), que les moines s'envoyaient d'un couvent à un autre, pour annoncer la mort d'un frère ou bienfaiteur et demander quelques prières. L'usage en exista dès le VIIIe siècle et jusqu'au XIVe. On distingua trois espèces de rouleaux des morts: 1° les rouleaux perpétuels, portant les noms de tous les morts d'une abbaye, qu'on lisait une fois l'an devant les fidèles; 2° les rouleaux annuels, où figuraient les morts que des églises associées recommandaient aux prières chaque année; 3° les rouleaux individuels, envoyés après la mort de chaque personnage important, et qui contenaient son histoire, ses vertus, son éloge. Ces derniers rouleaux étaient augmentés, chez les moines qui les avaient reçus, de certaines réponses ou additions à l'éloge funèbre, qu'on appelait des titres. Ainsi, on compte 178 titres écrits sur le rouleau de saint Bruno, 206 sur celui de saint Vital, fondateur du couvent de Savigny, et 250 sur le rouleau de Mathilde, abbesse de Caen. Les rouleaux contenaient parfois des vers et des jeux de mots.(V. Histoire littéraire de la France, t. IX et XXIV; Léopold Delisle, Bibliothèque de l'École des chartes, 2e série, vol. III.)

ROUPILLE, large surtout, brodé d'une croix blanche, que portaient autrefois les rocantins. (V. ce mot dans le Dictionnaire.) Leurs chausses, qui renfermaient toute la jambe, se nommaient rabach (du celtique rabe, jambe).

S

SAISONS (Les), poëme descriptif anglais, publié en 1730 par James Thomson. C'était la réunion, sous un titre commun, de quatre poëmes qui avaient paru successivement, l'Hiver en 1726, l'Été en 1728, le Printemps en 1729, l'Automne en 1730. On peut reprocher à Thomson du vague, de l'emphase, l'abus des ornements, la profusion des couleurs. Mais il a de l'inspiration, de l'originalité dans les pensées et dans le style; ses descriptions sont remarquables tout à la fois d'exactitude et de magnificence. A de nombreux tableaux on voit qu'il sent et aime la campagne. Il est arrivé au pathétique et au sublime dans la peinture de l'hiver au milieu des contrées hyperboréennes, et des souffrances de l'homme égaré parmi les neiges et les glaces. Thomson a semé son poëme d'épisodes bien liés avec le sujet, tantôt touchants et gracieux, comme celui de Musidore surprise au bain, tantôt animés du plus ardent enthousiasme, quand il chante les grandes renommées de la vertu et de la liberté antiques ou les héros de l'Angleterre. — La littérature française a aussi son poëme des Saisons, par Saint-Lambert (1759). Ce poëme, que Voltaire trouvait supérieur à celui de Thomson, le luxe des ornements, le luxe des ornements. Mais il trouva aussi les plus violentes critiques de la part de Clément et de Mme du Deffant. Le fait est que les Saisons de Saint-Lambert sont une œuvre froide et monotone. B.

SALIÈRE, ustensile de table qui, jusqu'au XVIe siècle, ne se trouva guère que chez les rois. C'était presque toujours une pièce remarquable d'orfévrerie. Dans les festins qui n'étaient pas royaux, la salière était un morceau de pain creusé pour recevoir le sel et que chaque convive plaçait à côté de son assiette.

SCHORRES. On nomme ainsi, dans la Néerlande, les alluvions produites dans la mer par certains courants, le long des côtes, et qui appartiennent à l'État. Un Schorre est mûr quand il dépasse un peu le niveau des hautes marées et commence à se couvrir d'herbes fines. Alors l'État le vend ou concède à une compagnie particulière, qui commence par l'endiguer pour le mettre en valeur. L'État prescrit et surveille l'endiguement. Un Schorre n'est livré à la spéculation qu'après que l'on a reconnu par un sondage que son sol renferme l'argile et le sable nécessaires à son endiguement. La province de Zélande, particulièrement, s'agrandit de temps en temps par des conquêtes de ce genre, dont l'installation est coordonnée suivant un plan d'ensemble. Il se forme aussi des Schorres dans le Zuyderzée. C.D—Y.

SCIENCES (Faculté des). A partir de 1876, le traitement a été fixé: professeurs, à Paris, 13,000 fr.; partout ailleurs, de 6,000 à 10,000 fr.; agrégés, en tous lieux, 2,000 fr.

SERVICE MILITAIRE. France. D'après la loi de 1868, la durée du service pour les jeunes gens incorporés à l'armée active était de 5 ans, à l'expiration desquels ils devaient servir 4 ans dans la réserve; la durée du service pour les jeunes gens laissés dans la réserve était de 5 ans. Suivant la loi du 17 juillet 1872, tout Français qui n'est pas déclaré impropre à tout service militaire peut être appelé depuis l'âge de 20 ans jusqu'à 40. Il fait partie de l'armée active pendant 5 ans, de la réserve de l'armée active pendant 4 ans, de l'armée territoriale pendant 5 ans, et de la réserve de l'armée territoriale pendant 6 ans. La durée du service compte du 1er juillet de l'année du tirage au sort. Le ministre de la guerre fixe chaque année le chiffre des hommes appelés au service actif, lesquels sont pris par ordre de numéros sur la liste de recrutement; les autres, auxquels on ne fait faire qu'une année de service, et même 6 mois s'ils prouvent une instruction suffisante, restent dans leurs foyers, mais toujours à la disposition du gouvernement jusqu'à l'expiration de 5 ans. Les hommes en disponibilité de l'armée active et les hommes de la réserve peuvent se marier, tout en restant soumis aux obligations de service imposées à leur classe; il n'y a que les pères de quatre enfants qui passent de droit dans l'armée territoriale. Le militaire de l'armée active qui ne devait rester qu'un an sous les drapeaux est retenu une seconde année, s'il ne sait pas lire et écrire, et s'il ne satisfait pas aux examens de ses chefs. — En Hollande, la durée du service nominal en temps de paix est fixée à 5 ans; une loi, qui doit être votée annuellement, peut prolonger cette durée. Le service effectif n'est que de 3 mois par an. — En Belgique, la durée du service exigible est de 8 années; mais les soldats ne restent que 2 ans et demi sous les armes, puis passent dans la réserve. (*V.* Armée, dans le *Dictionnaire* et au *Supplément*.)

SIÉGE (État de). Cette situation anormale d'un pays a été régie par une loi du 3 avril 1878, ainsi qu'il suit :

Art. 1er. — L'état de siége ne peut être déclaré qu'en cas de péril imminent, résultant d'une guerre étrangère ou d'une insurrection à main armée.

Une loi seule peut déclarer l'état de siége : cette loi désigne les communes, les arrondissements ou départements auxquels il s'applique. Elle fixe le temps de sa durée. A l'expiration de ce temps, l'état de siége cesse de plein droit, à moins qu'une loi nouvelle n'en prolonge les effets.

Art. 2. — En cas d'ajournement des Chambres, le président de la République peut déclarer l'état de siége, de l'avis du conseil des ministres, mais alors les Chambres se réunissent de plein droit, deux jours après.

Art. 3. — En cas de dissolution de la Chambre des députés, et jusqu'à l'accomplissement entier des opérations électorales, l'état de siége ne pourra, même provisoirement, être déclaré par le président de la République.

Néanmoins, s'il y avait guerre étrangère, le président, de l'avis du conseil des ministres, pourrait déclarer l'état de siége dans les territoires menacés par l'ennemi, à la condition de convoquer les colléges électoraux et de réunir les Chambres dans le plus bref délai possible.

Art. 4. — Dans le cas où les communications seraient interrompues avec l'Algérie, le gouverneur pourra déclarer tout ou partie de l'Algérie en état de siége, dans les conditions de la présente loi.

Art. 5. — Dans les cas prévus par les articles 2 et 3, les Chambres, dès qu'elles sont réunies, maintiennent ou lèvent l'état de siége. En cas de dissentiment entre elles, l'état de siége est levé de plein droit.

Art. 6. — Les articles 4 et 5 de la loi du 9 août 1849 sont maintenus, ainsi que les dispositions de ses autres articles non contraires à la présente loi.

SLANG, mot que les Gypsies ou Zingari anglais emploient comme synonyme de *rommany*, langue bohême. Il désigne la langue changeante et capricieuse des familiarités à la mode, ce qu'on appelle de nos jours à Paris la *langue verte* et que les Anglais nommaient autrefois *flash*. Le *slang* diffère du *cant* (*V.* ce mot): il a un fonds plus homogène, plus national; les expressions archaïques, adaptées aux besoins du jour, s'y combinent avec les nouveautés les plus hasardeuses; les affluents étrangers s'y font moins sentir. C'est essentiellement le langage du jour, non celui de la veille ou du lendemain; il n'a ni emploi sérieux, ni raison d'être; il est produit par le heurt continuel des causeries familières, par le choc des répliques improvisées; il se forme de mots empruntés de toutes parts, fabriqués de toute main, ou détournés de leur sens; il varie selon les classes qui le parlent, et il se renouvelle pour chaque génération. Le *slang* de l'*Hudibras* de Butler n'est plus intelligible pour nous; Swift, Arbuthnot, les auteurs comiques ont employé le *slang* des époques où ils vivaient, et ils n'eussent point compris celui que forgent aujourd'hui, pour les besoins de chaque semaine, les rédacteurs du *Punch*. La chaire, le théâtre, le monde politique, le public des courses, les gens de loi, les étudiants, la finance, la classe ouvrière, tout a son *slang*.   B.

SOCIÉTÉS COMMERCIALES. On nomme *Sociétés à responsabilité limitée* celles dans lesquelles aucun des associés n'est tenu au delà de sa mise. D'après la loi du 23 mai 1863 qui les organisa, les administrateurs devaient être propriétaires d'un nombre d'actions déterminé par les statuts : ces actions, nominatives, inaliénables et déposées dans la caisse sociale, étaient affectées à la garantie des actes de la gestion. Il était tenu, chaque année au moins, une assemblée générale; elle devait être composée d'un nombre d'actionnaires représentant le quart au moins du capital social. Elle nommait un ou plusieurs commissaires, associés ou non, pour faire un rapport sur la situation de la société, sur le bilan et les comptes présentés par les administrateurs; à son défaut, le président du tribunal de commerce procédait à cette nomination, sur la requête de tout intéressé. Toute société devait dresser, chaque semestre, un état résumant sa situation active et passive, et, chaque année, un inventaire. Il était fait sur les bénéfices nets

un prélèvement d'un vingtième au moins, affecté à la formation d'un fonds de réserve; ce prélèvement cessait d'être obligatoire lorsque le fonds de réserve avait atteint le dixième du capital social. En cas de perte des trois quarts du capital social, les administrateurs réunissaient l'assemblée générale pour faire décider s'il y avait lieu de faire prononcer la dissolution de la société. A leur défaut, tout intéressé pouvait demander la dissolution devant les tribunaux. La dissolution pouvait être prononcée sur la demande de tout intéressé, lorsque le nombre des associés avait été, depuis un an, réduit à moins de sept. Les associés représentant le vingtième au moins du capital social pouvaient, dans un intérêt commun, intenter une action contre ses administrateurs, sans préjudice de celle que chaque associé pouvait intenter en son nom personnel. La nullité prononcée contre des actes de la société ne pouvait être opposée aux tiers par les associés : les fondateurs auxquels elle était imputable et les administrateurs en fonction au moment où elle avait été abolie étaient responsables envers les tiers, sans préjudice des droits des actionnaires. La loi sur les sociétés à responsabilité limitée a été abolie en 1867, et ces sociétés ont été converties en *Sociétés anonymes*, auxquelles s'appliquent les dispositions précédentes.

SOLDE. Les tarifs de solde pour l'armée ont été révisés par décret du président de la République, en date du 25 décembre 1875. En voici le tableau :

État-major général.

Maréchal de France	30,122 45
Général de division (pied de paix).	19,836 73
Général de division (pied de guerre). . . .	21,765 31
Général de brigade (pied de paix)	13,224 49
Général de brigade (pied de guerre). . . .	14,510 20

Corps d'État-major.

Colonel.	9,073 47
Lieutenant-colonel	7,457 14
Chef d'escadron.	6,281 63
Capitaine de 1re classe	3,783 67
Capitaine de 2e classe	3,379 59
Lieutenant	2,681 63
Sous-lieutenant	2,497 95

Intendance militaire.

Intendant général inspecteur (pied de paix). . . .	19,836 73
Intendant général inspecteur (pied de guerre). . .	21,765 31
Intendant (pied de paix).	13,224 49
Intendant (pied de guerre).	14,510 20
Sous-intendant de 1re classe	9,073 47
Sous-intendant de 2e classe	7,457 14
Adjoint de 1re classe	6,284 63
Adjoint de 2e classe.	3,783 67

Infanterie.

Colonel.	7,897 96
Lieutenant-colonel	6,131 69
Chef de bataillon et major.	5,253 06
Médecin-major de 1re classe	6,281 63
Médecin-major de 2e classe	3,783 67
Médecin aide-major de 1re classe	2,681 63
Médecin aide-major de 2e classe	2,608 16
Capitaine de 1re classe	3,600 00
Capitaine de 2e classe	3,306 12
Lieutenant de 1re classe	2,497 96
Lieutenant de 2e classe	2,424 49
Sous-lieutenant	2,314 20

Cavalerie.

Colonel.	8,185 71
Lieutenant-colonel	6,557 14
Chef d'escadron et major.	5,528 57
Capitaine de 1re classe	3,716 93
Capitaine de 2e classe	3,361 22
Lieutenant de 1re classe	2,641 89
Lieutenant de 2e classe	2,554 49
Sous-lieutenant	2,424 49

Artillerie et Génie.

Colonel.	9,073 47
Lieutenant-colonel	7,457 14
Chef d'escadron.	6,231 63
Capitaine de 1re classe	3,783 67
Capitaine de 2e classe	3,379 59
Lieutenant de 1re classe	2,681 63
Lieutenant de 2e classe	2,608 16

Gendarmerie départementale.

Colonel.	8,779 59
Lieutenant-colonel	7,787 75
Chef d'escadron	5,840 82
Capitaine de compagnie et capitaine trésorier . .	3,783 67
Capitaine d'arrondissement	3,489 80
Lieutenant trésorier.	3,122 45
Sous-lieutenant trésorier.	2,828 57
Lieutenant d'arrondissement	2,718 87
Sous-lieutenant d'arrondissement . . .	2,434 49

SONNETTES, *tintinnabula*. Ces instruments étaient connus des Anciens, et servaient aux mêmes usages qu'aujourd'hui. (*V.* CLOCHETTES.) Les sonnettes mises en mouvement dans les maisons au moyen de fils de fer ne datent que des dernières années de Louis XIV. Depuis l'invention du télégraphe électrique, on les a remplacées, dans les grands établissements, par des timbres sur lesquels frappent des marteaux mis en *mouvement* par l'électricité ; ces nouveaux appareils, dus à Bréguet, sont appelés *Sonneries électriques.* · B.

SONOTYPE. *V.* GUIDE-ACCORD.

SOUFFLET. Cet appareil consista originairement en un simple tuyau de bois ou de métal, dans lequel on injectait l'air avec la bouche. Plus tard est venu le *soufflet à main*, dont on a attribué l'invention au Scythe Anacharsis, mais qui est mentionné dans Homère. Des soufflets semblables aux nôtres sont représentés sur les monuments grecs et romains; ils sont tous à un seul vent. C'est à la fin du XVIᵉ siècle ou au commencement du XVIIᵉ qu'on a imaginé les soufflets à deux vents. Les modernes ont fabriqué *toutes sortes de machines soufflantes* pour lancer l'air nécessaire à l'alimentation des feux dans les établissements métallurgiques, ou à l'aérage des mines, des édifices publics, etc.

SYMPHONISTA, sorte d'harmonium inventé vers 1850 par Guichené, curé de Mont-de-Marsan, pour accompagner le chant d'église. Le clavier ordinaire fait résonner un jeu d'anches, mis en mouvement par une soufflerie. Au-dessous est un autre clavier, dont les larges touches en bois portent le nom des notes. En posant le doigt sur la touche de ce second clavier, dont le nom correspond à la note du chant, on fait entendre une harmonie complète et redoublée dans plusieurs octaves.

T

TAMBOURIN, ancien instrument de musique, en bois. Il était fait en triangle et fort long, monté d'une seule corde qu'on frappait avec un petit bâton.

TATTERSALL, établissement de Londres qui est à la fois un marché où les éleveurs de chevaux de pur sang adressent leurs produits, et une sorte de Bourse où se règlent les prix des courses. Il date de 1780, et tire son nom de Richard Tattersall, son fondateur.

TAXE DES LETTRES. En 1872, dans l'espoir d'augmenter le revenu de l'État, on releva la taxe de la lettre comme avant 1848. L'affranchissement fut de 0 fr. 25 c. jusqu'à 15 grammes inclusivement; 0 fr. 50 c., au-dessus de 15 grammes jusqu'à 30 grammes inclusivement; 0 fr. 75 c., au-dessus de 30 grammes jusqu'à 50 grammes inclusivement; 0 fr. 50 c., au-dessus de 50 grammes augmenté par 50 grammes ou fragment de 50 grammes. La lettre non affranchie payait, selon le poids, 40 c., 80 c., 1 fr. 20 c. — D'après la loi sur la réforme postale de 1878, en commençant le 1ᵉʳ mai, la taxe des lettres affranchies est fixée à 0 fr. 15 c. par 15 grammes ou fraction de 15 grammes; celle des lettres non affranchies, à 0 fr. 30 c., pour toute la France et l'Algérie. En dehors de ces pays, les taxes des lettres affranchies sont de 25 et 35 c. selon la distance; les lettres non affranchies payent 50 et 60 centimes. Désormais aussi, la carte postale est abaissée pour toute la France à 0 fr. 10 c., et la carte de visite non cachetée à 5 c.

TAXE DES DÉPÊCHES TÉLÉGRAPHIQUES. Depuis le 1ᵉʳ mai 1878, toute dépêche pour l'intérieur de la France n'est taxée que 5 centimes par mot, à la seule condition que la dépêche ne contienne pas moins de dix mots.

THÉOLOGIE (Facultés de). Depuis le 1ᵉʳ janvier 1876, les professeurs de théologie catholique reçoivent un traitement de 5,500 fr. à 6,500 fr. à Paris, de 3,500 fr. à 5,500 fr. dans les autres facultés. Les professeurs de théologie protestante reçoivent 4,500 à 6,500 fr.

TIMBRE. La loi du 9 mars 1868 réduisit le timbre des journaux à cinq centimes dans les départements de la Seine et de Seine-et-Oise, et à deux partout ailleurs; celui des écrits périodiques ne dépassant pas six feuilles d'impression, à quatre centimes par feuille. Elle assujettit au timbre, aussi bien que le journal, les feuilles d'annonces qui y sont annexées ou qui leur servent de couverture, et n'en dispense les suppléments qu'autant qu'ils ne comprennent aucune annonce. Furent affranchies du timbre les affiches électorales d'un candidat contenant sa profession de foi, une circulaire signée de lui, ou seulement son nom.

TOM JONES, célèbre roman anglais, publié par Fielding en 1750. L'auteur a accumulé sur son héros tous les genres d'infortunes, pour faire ressortir les dangers de l'imprudence, et c'est là la conclusion morale de l'ouvrage. La fable est bien conçue et réellement attachante, les personnages et les aventures habilement diversifiés, les épisodes choisis avec art, et, à l'exception d'un seul, celui de l'Homme de la montagne, rattachés naturellement au sujet. L'action se développe sans embarras, et l'intérêt augmente progressivement. Une étude sérieuse des caractères fait de *Tom Jones* le premier modèle du roman de mœurs en Angleterre : Tom Jones est un jeune homme franc, généreux, brave, mais inconsidéré, sévèrement puni de ses étourderies par de nombreuses disgrâces; il semble que Fielding ait voulu prouver qu'on ne doit pas se fier aux apparences en fait d'éducation, et qu'un caractère ouvert et loyal, quoique passionné, est préférable chez les jeunes gens à un caractère prudent, mais froid et hypocrite. Le personnage de Sophie Western est un modèle de douceur, et de grâce, de bon sens et de modestie; sensible, mais chaste, respectueuse et soumise, mais capable de résolution, il ne lui manque qu'un peu plus de délicatesse morale. Un excellent caractère est aussi celui de sir Allworthy, type des vertus sociales, véritable philosophe chrétien, bienfaisant sans ostentation, vertueux sans aucun excès. Blifil est un fourbe dont la duplicité, l'égoïsme et l'avarice font ressortir la franchise et la générosité de Tom Jones. On voit encore, par le personnage de lady Bellaston, que Fielding excellait à peindre les femmes du grand monde. Sir Western, père de Sophie, brutal, cynique et lâche; sa sœur, d'humeur flegmatique et d'habitudes cérémonieuses; Honora, suivante et confidente de Sophie; Partridge, valet et compagnon de Tom Jones dans toutes ses aventures, destiné à égayer le roman par sa poltronnerie, sa naïveté et ses balourdises, mais trop souvent babillard et pédant : voilà autant de caractères d'une vérité et d'un naturel généralement soutenus. On peut reprocher à Fielding de se montrer trop à découvert, de prodiguer sur la conduite de ses personnages les explications et les conjectures qui enlèvent au lecteur la satisfaction de réfléchir et de juger, de multiplier les conversations vulgaires et les dialogues de bas comique, de ne point raconter avec assez de sobriété les querelles de taverne et les scènes de pugilat, enfin d'affecter parfois dans son style les images poétiques, les périphrases et les comparaisons ambitieuses. Les différents livres de *Tom Jones* sont précédés de dissertations morales ou littéraires, qui n'ont point été reproduites dans toutes les éditions : ces digressions coupent, en effet, le récit et ralentissent l'action; elles sont néanmoins intéressantes, et, selon la remarque de Walter Scott, ce sont peut-être les chapitres qui plaisent le plus à une seconde lecture. B.

TOUAGE. Ce système de remorque sur les canaux et les rivières paraît avoir été expérimenté pour la première fois en 1732, par le maréchal de Saxe, qui se servait de ses chevaux pour faire tourner les treuils. En 1813, Sullivan, mécanicien de Paris, essaya de mettre ces appareils en mouvement au moyen d'une machine à vapeur. De 1819 à 1821, Tourasse et Courteault, ingénieurs-mécaniciens à Lyon, établirent leur système sur la Saône; il a été adopté pour la Seine dans la traversée de Paris. Le système consiste à faire agir le treuil du bateau toueur sur un câble en fer installé dans le lit du fleuve et sur toute la longueur du trajet à parcourir. On l'a appliqué, dans ces dernières années, sur la Seine, de Paris à Rouen.

TRAIN DES ÉQUIPAGES MILITAIRES. D'après l'organisation de 1875, il comprend 20 escadrons tous stationnés en France. Chaque escadron est à 4 compagnies. Le service de l'Algérie est assuré par un certain nombre de compagnies mixtes rattachées pour l'administration aux escadrons de l'intérieur.

TRINITÉ (ÉGLISE DE LA), à Paris. Cette église s'élève dans le quartier de la Chaussée-d'Antin, sur les derniers restes des bâtiments et jardins du hameau des Porcherons. Elle est précédée d'un square d'environ 3,000 mèt. de superficie. Ce square, de forme ovale, est emprisonné dans un mur que surmonte une balustrade en pierre, ornée d'élégants candélabres en bronze. Trois fontaines en décorent le fond : chacune d'elles se compose de trois vasques superposées, dans lesquelles les eaux tombent en cascade. Sur les piédestaux engagés dans la partie supérieure de la balustrade qui entoure le bassin des fontaines, on a placé trois statues en marbre blanc, la Foi, l'Espérance et la Charité. En arrière des fontaines, deux rampes carrossables conduisent sous le porche de l'église. — La Trinité couvre un espace de 2,000 mèt.; elle a 90 mèt. de longueur sur 30 mèt. de largeur, et est percée de trois grandes portes à la façade, de deux plus petites sur les côtés, de quatre autres à la partie postérieure. La construction générale est dans le style florentin du xvie et du xviie siècle. La façade se compose d'un vaste porche, surmonté d'un étage avec rosace, et d'un clocher qui atteint 65 mèt. de hauteur. Les voussures du porche ont été rehaussées de laves brillantes, inaltérables, ouvrage des frères Balze. Quatre groupes, placés en amortissement aux angles de la balustrade de la façade, représentent la Prudence, la Justice, la Force et la Tempérance, accompagnées d'enfants ou génies ; ils sont dus aux sculpteurs Cavelier, Carpeaux, Crauck et Maillet. Les statues des Évangélistes, qui se détachent aux angles du campanile, sont l'œuvre de Cugnot, de Gauthiert, de Gilbert et de Fesquet ; Guillaume, Loison, Aizelin et Doublemard ont sculpté les saints des niches extérieures. Une balustrade découpée à jour court sur le mur pignon, que couronnent à droite et à gauche deux tourelles ; celles-ci renferment les escaliers qui mènent aux tribunes et aux parties supérieures de l'édifice.

L'intérieur de l'église n'est point divisé en nefs ; c'est un grand vaisseau, de chaque côté duquel s'ouvrent quatre travées formant chapelles, avec tribunes au-dessus. Les pilastres qui séparent ces chapelles les unes des autres sont à deux étages de niches et de colonnes engagées dans la masse, et se terminent dans les combles par des arcs doubleaux, dont la courbe paraît légèrement ogivale. Les chapelles elles-mêmes et les tribunes qui les surmontent sont divisées en deux travées secondaires par une colonne et deux archivoltes : le sommet forme une arcade trilobée en pénétration dans la voûte, et reproduit ainsi, mais dans des dimensions colossales, le dessin des fenêtres. Les grands médaillons des arcades trilobées ont été décorés de peintures sur fond d'or par Barrias et Jobbé-Duval. Entre les arcs doubleaux, la voûte est ornée de rosaces et teintée dans les pendentifs, avec petits bouquets d'épis. Tout ce qui est sculpture, moulage, relief quelconque dans ce décor, les rinceaux, les caissons, les arêtes, tout est doré. — Aux deux tiers de la longueur de l'église, le sol s'élève, et un escalier aux marches spacieuses conduit au chœur, formé d'un ordre corinthien en avancement sur la nef. Dans les retraites que forme cet avancement, deux portes latérales donnent accès à deux sacristies. Tout au fond la chapelle de la Vierge, dont les peintures ont été exécutées par Émile Lévy et Delaunay ; la statue de la Vierge est de Paul Dubois. Le grand arc de l'abside a été peint par Barrias et Jobbé-Duval ; les bénitiers sont de Gumery ; on doit les statues des niches intérieures à Lebourg, Chatrousse, Bosio, Dantan jeune, etc., et les sculptures d'ornement à Murgey et Libersac. Les verrières sont d'Oudinot et Nicod.

La Trinité est une église destinée au monde élégant: tout y semble fait pour le plaisir des yeux ; des lustres d'or l'éclairent de leurs girandoles de feux ; les pieds reposent sur un parquet de chêne, où s'ouvrent, de distance en distance, les bouches d'un calorifère. Les cérémonies de la mort ne mêlent pas leurs tristesses aux joies du baptême et du mariage. On a réservé une chapelle souterraine, aux piliers et aux fortes arcatures en fer recouvert de stuc. M. Ballu a été l'architecte de la Trinité, consacrée en 1867.   B.

TRISTAN DE NANTEUIL, chanson de geste anonyme, du xive ou xve siècle, et dont on fait une suite d'Aye d'Avignon et de Gui de Nanteuil. Tristan, fils de Gui, seul à son enfance sur un navire et nourri par une sirène, grandit au milieu de mille dangers. Il épouse Blanchandine, qui donna le jour à Raymond de Saint-Gilles. Comme il fut ensuite assassiné, Dieu sauva la veuve en la changeant en homme, Blanchandin. Le poëme de Tristan de Nanteuil, fort de 24,000 vers, et que possède la Bibliothèque nationale, a été publié par P. Meyer dans les Anciens poëtes de la France..

TROILUS (LÉGENDE DE). Dans l'Iliade, Priam déplore la mort de son fils Troïlus. Précisant cette vague mention d'Homère, Stasinus de Chypre dit que Troïlus fut tué par Achille. Ce fut sans doute un espace de légendes postérieures sur la guerre de Troie que Phrynichus et Sophocle tirèrent le sujet de leurs tragédies consacrées au jeune Troyen et qui sont aujourd'hui perdues. Un trouvère du xiie siècle, Benoît de Saint-Maure, nous a laissé un poëme tout à fait fictif ou puisé à quelque source actuellement inconnue, et dont voici le sujet réduit à sa plus simple expression. Le chevalier troyen Troïlus aime Briséïda ou Cressida, fille du transfuge Calchas. Celui-ci, en abandonnant Troie, n'a pu emmener sa fille : il la réclame, et l'obtient en échange du prince Anténor, prisonnier des Grecs. Briséïda quitte Troïlus désolé, avec de grandes protestations de fidélité, et cependant le trompe pour le vaillant capitaine Diomède. Cette fable, imitée en prose latine par le médecin sicilien Guido delle Colonne, passa ensuite entre les mains de Boccace, qui en fit son poëme italien de Filostrato, en y introduisant une figure nouvelle, celle de Pandaro. Reprise en Angleterre par Chancer, elle donna encore naissance, au xive siècle, à un roman en prose, écrit par le seigneur de Beauvau, sénéchal d'Anjou. Enfin elle a fourni l'une des premières pièces de Shakspeare. (V. Molant et d'Héricault, Nouvelles françoises en prose du xive siècle, Paris, 1858.)   B.

TSARSKOÉ-SÉLO, résidence d'été de la famille impériale de Russie, à 20 kilom. de Saint-Pétersbourg. La façade du palais était jadis dorée ; mais la dorure ne put résister au froid, et a été remplacée par du bronze. Il n'y a plus de doré que la coupole de l'église, toute bleue à l'intérieur et ornée d'excellents tableaux ; on y conserve une clef de la ville d'Andrinople. Une des salles du palais est en lapis-lazuli, une autre en ambre du plus bel effet. Une salle chinoise, où se tient d'ordinaire l'impératrice, est une merveille. Le parc est un des plus beaux qui existent : statues, lacs, fabriques, colonnes y abondent, ainsi que des arbres magnifiques. Un petit château-fort renferme une admirable collection d'armes anciennes.

V

VALEURS COTÉES. Les bijoux ou objets précieux circulant par la poste acquittent aujourd'hui un droit fixe de chargement de 0 fr. 50 c., et une taxe de 1 p. 100 de leur valeur jusqu'à 100 fr. et de 0 fr. 50 c par chaque 100 fr. ou fraction de 100 fr. en plus.

VALEURS DÉCLARÉES, valeurs qu'un expéditeur a insérées dans une lettre et déclarées au bureau de poste, afin de s'assurer le remboursement en cas de perte, sauf le cas de force majeure. La déclaration est portée en toutes lettres à la partie supérieure de la suscription de l'enveloppe. Jusqu'au 1er mai 1878, la taxe fut le port de la lettre, le droit fixe de 0 fr. 50 c., et un droit de 0 fr. 20 c. par 100 fr. ou fraction de 100 fr. déclarés. Actuellement le droit à payer est abaissé de 20 à 10 cent. par 100 fr. ou fraction de 100 fr. déclarés.

VOLONTARIAT. (V. RECRUTEMENT.)

W

WAGON, voiture de transport sur les voies ferrées. Les wagons de 1re classe pèsent 5,000 kilogr., de 2e classe 6,200, de 3e classe 6,000. Les anciennes diligences pesaient 4,000 kilogr. Une voiture de 1re classe revient aux compagnies à 10,000 fr., et, avec coupé, à 11,000 fr.; une voiture de 2e classe à 6,000 fr., et une voiture de 3e à 5,000 fr.

FIN DU SUPPLÉMENT